LANGENSCHEIDT'S CONDENSED MURET-SANDERS GERMAN DICTIONARY

LANGENSCHEIDT'S CONDENSED MURET-SANDERS GERMAN DICTIONARY

German-English

BY HEINZ MESSINGER
AND THE LANGENSCHEIDT EDITORIAL STAFF

LANGENSCHEIDT
BERLIN · MUNICH · VIENNA · ZURICH · NEW YORK

Words included in this work which are believed to be trademarks have been marked herein by the designation (TM) (after the word). The inclusion of any word in this dictionary is not an expression of the publisher's opinion on whether or not such word is a registered trademark or subject to proprietary rights. It should be understood that no definition in this dictionary or the fact of the inclusion of any word herein is to be regarded as affecting the validity of any trademark.
In a few cases it was found necessary to omit the names of particular makes of products or specific trademarks.

Als „Trademark" geschützte Wörter werden in diesem Wörterbuch durch das Zeichen (TM) kenntlich gemacht. Das Fehlen eines solchen Hinweises begründet jedoch nicht die Annahme, daß eine Ware oder ein Warenname frei ist und von jedem benutzt werden darf.
In einigen Fällen mußte auf die Aufnahme einer Ware oder eines Warennamens ganz verzichtet werden.

Printed in Germany

PREFACE

Calling a dictionary the "Condensed Muret-Sanders" inevitably imposes an obligation to explain the origin of this name. The first dictionary to bear the name "Muret-Sanders" was the "Encyclopaedic English-German and German-English Dictionary", completed in 1901 after more than 32 years of research. Its authors were Professors Eduard Muret and Daniel Sanders, hence the name "Muret-Sanders – Unabridged Edition" on the title-pages of its four volumes.

Shortly before the publication of the "Unabridged Edition" a two-volume "Abridged Edition (for School and Home)" came on to the market. Both editions set new standards in bilingual lexicography and were regarded from the beginning of this century as the most comprehensive standard English-German/German-English dictionaries. In the case of the abridged edition, a complete revision and the addition of supplements ensured that it regularly met the requirements of the time.

In the year 1950 the publishers decided to undertake a complete revision of the "Muret-Sanders", the final volume of this revised edition in four volumes appearing in 1975. The "Condensed Muret-Sanders" is the publishers' reply to the increasing demand in recent years for a "Muret-Sanders" in the format of the old two-volume dictionary.

The present German-English volume of the "Condensed Muret-Sanders" is based on the revised four-volume edition, though it is by no means simply the result of a systematic halving of the larger dictionary. A team of experienced lexicographers devoted eight years to producing a new manuscript, involving a word-for-word scrutiny and careful sifting of the original material. While the lexicographic merits of the four-volume Muret-Sanders have been retained, care was taken to accommodate developments of recent years both in everyday language and specialized fields of knowledge.

Spanning over 1,300 pages and comprising some 140,000 entry words and a vast range of variant translations, the German-English "Condensed Muret-Sanders" offers far more than merely half of what its more extensive predecessor has to show. Indeed, to those users who penetrate more deeply into its comprehensive treatment of the general and specialized vocabularies of both languages, including idiomatic usage, the word "Condensed" in the title will appear to be somewhat of an understatement. Since the four-volume Muret-Sanders has virtually become a synonym for the largest English-German dictionary, however, we regard this understatement as justified.

It goes without saying that this new dictionary in its lexicographic presentation has preserved the time-honoured principles embodied by the four-volume Muret-Sanders: the clear arrangement of the entries, the three-column division of each page, and the general readability of this dictionary make the finding of words a quick and easy matter. The exemplary quality of its predecessor is similarly reflected in the balanced typography with its subdivisions and differentiating styles of type, as well as in the numerous explanations in italics, the precise labelling of levels of usage in the translations, and its system of cross references. Special care has been taken to render semantic differences and nuances as accurately as possible, and all entries contain a systematic semantic breakdown allowing for the most subtle variations of meaning. We refer the user here to the detailed account of the dictionary's various lexicographic features in the section entitled "Arrangement of the Dictionary and Guide for the User" (cf. p. 13ff.).

The primary aim in the compilation of this dictionary was to provide an exhaustive treatment of the respective languages from the point of view of general usage, including idiomatic expressions, and specialized terminology. Particular attention has been devoted to the lexicographic "flesh" of the dictionary, as it were, in providing an extensive selection of sample phrases, idioms, sayings, and proverbs. The specialized vocabulary included in this work seeks to fulfil the needs of a large range of users. Needless to say, due consideration has been given to American English, as is evident in the case of thousands of translations.

Adherence to tradition alone, however, does not make for a good dictionary, but has to be supplemented by considerations of up-to-dateness. Thus, within the scope of the 140,000 entries contained in the German-English "Condensed Muret-Sanders", the aim has been to remain at the forefront of modern usage in all fields. Even in the final stages of revision, neologisms were continuously incorporated into the dictionary.

The number of new words which had to be taken into consideration in compiling a dictionary of this size naturally ran into many thousands. The broad spectrum they cover reaches from modern scientific terminology to the language of the "T-shirt generation", from neologisms found daily in newspapers and magazines (e.g. Wirtschaftsgipfel, nachrüsten, Wiederaufbereitungsanlage, Endlagerung, Einstiegsdroge; Beijing, Simbabwe) to the detailed treatment of entire new areas of vocabulary.

The following excursion into one of the semantic fields included in the "Condensed Muret-Sanders" will serve to demonstrate how thoroughly these new word-fields have been exploited in the selection of entries (entry words are printed in italics):

"Within his *Umwelt* man is permanently exposed to new *Umwelteinflüsse*. The house he lives in is dependent on certain *Umweltbedingungen* and the food he eats is affected by *Umweltverseuchung*. The means of transport he uses are *umweltfreundlich* or *umweltfeindlich*. Though occasional *Umweltkrisen* are unavoidable, man nevertheless hopes to evade the great *Umweltkatastrophe*. He places his confidence in *Umweltplanung* and *Umweltpolitik*, even if he is not involved in *umweltpolitische* matters. At any rate, he is forced to pay taxes to support *Umwelterhaltung* and *Umweltverbesserung*. *Umweltbedingt* so to speak.

Modern man is thus a hater of *Umweltverschmutzer* and *Umweltsünder*. Not everyone of course can be an *Umweltschutzexperte* or *Umweltschutzfachmann*, but all are keen to make their contribution to *Umweltschutz* and *Umweltentlastung*. The most active *Umweltschützer* is naturally the *Umweltminister*, whose job it is to fight against *Umweltzerstörung* and *Umweltverschmutzung*. The task of the *Umweltministerium* he heads is to draw up *Umweltschutzgesetze* and to see to it that *Umweltschutzvorschriften* are maintained and *Umwelt-*

schutzmaßnahmen and *Umweltschutzprogramme* carried out. No doubt in this decade *Umweltforschung*, *Umweltlehre*, and *Umweltstudien* will play their part in bringing about *Umweltveränderung*.

Those people, however, who constantly worry their neighbours with "genuine" cases of *Umweltschäden* and *Umweltprobleme* and who are permanently in search of *umweltschädliche* and *umweltzerstörende* elements (even *Umweltschutzpapier* can be *umweltverschmutzend*) are themselves an *Umweltbelastung*. They are, properly speaking, *umweltgeschädigt* themselves."

For the native speaker of English this dictionary provides a wealth of grammatical information. Details on declension, conjugation, and other grammatical forms are to be found in brackets following the respective entry words. Reliable information is given on the construction of the past participle and the separability of the prefix and primary verb in the inflected forms of compound verbs. We refer the reader here to the full discussion of these individual grammatical problems in the "Guide for the User" (cf. p. 13 ff.). The pronunciation of the German entry words is given in international phonetic transcription (IPA).

The user will undoubtedly welcome the guidelines on the syllabification of the German words too. Abbreviations and first names as well as biographical and geographical references are contained in the comprehensive appendix, which also offers valuable information on Weights and Measures, Proofreader's Marks, Irregular Verbs and Mathematical Symbols.

At this point special mention must be made of Heinz Messinger, whose name already adorns the title-pages of other English dictionaries produced by this publishing house, and to whom we owe the greater part of the compilation and arrangement of the present work. To him and to Gisela Türck, who critically examined the draft manuscript and produced the fair copy, we would like to express our warm thanks.

Besides this reliable and perfectly co-ordinated team, the editorial staff of Langenscheidt played their part in the successful completion of this dictionary. We are grateful particularly to those who devoted several years to working on the project, namely Heinz Schellerer, who compiled extensive sections of the manuscript, and K. H. Buller, who also contributed to the compilation, not to forget Inge Spörer and Dr. Ursula Spreckelsen-Kawasch, who in the proofreading stage subjected the manuscript to their exceptionally critical gaze.

In the year 1753, shortly before Samuel Johnson's great lexicographical work came out, the "Complete English Dictionary" was published. Its name left little room for modesty, and the pronouncement on the title-page even less: "The Author assures you, he thinks this is the best English Dictionary in the world." The lexicographers of today have resorted to humbler claims. It is nevertheless our hope that, by virtue of its comprehensiveness, modernity, and meticulous treatment of the two languages concerned, this German-English "Condensed Muret-Sanders" will meet the demands and wishes of as wide a range of users as possible and thus be received as warmly as all the other dictionaries which bear the name Muret-Sanders, rendering valid for the nineteen-eighties and for the present work the catchphrase: "Hier muß der alte-unvergleichliche Muret-Sanders ran".*

LANGENSCHEIDT

* Cf. Arno Schmidt: *Der Triton mit dem Sonnenschirm*. Stuttgart, 1969.

VORWORT

Wer ein Wörterbuch den „Kleinen Muret-Sanders" nennt, kommt nicht umhin, auf den Ursprung des Namens einzugehen. Der erste Namensträger war das „Enzyklopädische englisch-deutsche und deutsch-englische Wörterbuch", das im Jahr 1901 nach über 32-jähriger Arbeit vollständig vorlag. Seine Verfasser waren die Professoren Eduard Muret und Daniel Sanders; daher stand auf der Titelseite der vier Bände „Muret-Sanders – Große Ausgabe".

Kurz vor der Publikation der „Großen Ausgabe" erschien bereits eine „Hand- und Schulausgabe" des Muret-Sanders in zwei Bänden. Beide Ausgaben setzten neue Maßstäbe in der zweisprachigen Lexikographie; sie galten seit Beginn dieses Jahrhunderts als die größten maßgebenden englisch-deutschen/deutsch-englischen Wörterbücher. Die Hand- und Schulausgabe wurde durch eine Neubearbeitung und durch Nachträge immer wieder den Erfordernissen der Zeit angepaßt.

Im Jahr 1950 entschloß sich der Verlag, eine vollständige Neubearbeitung des „Muret-Sanders" in Angriff zu nehmen. Der letzte Band dieser Neubearbeitung in vier Bänden erschien 1975. Um die in den achtziger Jahren steigende Nachfrage nach einem „Muret-Sanders" in der Größe der alten zweibändigen Ausgabe zu befriedigen, legt nun der Verlag in der Reihe seiner Großwörterbücher den „Kleinen Muret-Sanders" vor.

Der vorliegende deutsch-englische Band des „Kleinen Muret-Sanders" basiert auf der Neubearbeitung des vierbändigen Muret-Sanders. Er ist jedoch nicht das Ergebnis einer einfachen schematischen Kürzung um die Hälfte. Über acht Jahre arbeitete ein Team von erfahrenen Lexikographen an der Erstellung eines neuen Manuskripts, dem eine Wort-für-Wort-Überprüfung und Straffung des Ausgangsmaterials zugrunde lag. Unter Beibehaltung der lexikographischen Vorzüge des „Großen Muret-Sanders" wurde überdies den Entwicklungen der letzten Jahre Rechnung getragen – im Bereich der Allgemeinsprache ebenso wie im Bereich der Fachsprachen.

Mit einem Umfang von rund 1300 Seiten, über 140000 Stichwörtern und einem Vielfachen an Übersetzungen bietet der deutsch-englische „Kleine Muret-Sanders" weit mehr als die Hälfte seines Vorbildes. Wer in die umfassende Darstellung der Allgemeinsprache, der Idiomatik und der Fachsprachen näher eindringt, wird daher das Wort „Klein" im Titel des vorliegenden Wörterbuchs als ein „Understatement" empfinden. Da der „Große Muret-Sanders" jedoch fast schon zu einem Synonym für das größte englisch-deutsche Wörterbuch geworden ist, schien uns dieses „Understatement" gerechtfertigt.

Es versteht sich von selbst, daß das vorliegende neue Wörterbuch die bewährten Grundsätze des „Großen Muret-Sanders" in der lexikographischen Darstellung beibehält. Der übersichtliche Artikelaufbau, die Seitenaufteilung in drei Spalten und die gute Lesbarkeit erleichtern den schnellen Zugriff zu dem gesuchten Wort. Die ausgewogene Typographie mit den differenzierenden Schriftarten und Untergliederungen, die zahlreichen Erläuterungen in Kursivschrift, die genaue Beachtung der Sprachgebrauchsebenen bei den Übersetzungen und das Verweissystem seien als weitere Beispiele für diese Grundsätze genannt. Besondere Sorgfalt wurde auch auf die semantische Differenzierung verwandt. Alle Stichwortartikel unterliegen bis zur kleinsten Übersetzungsvariante einer sinnvollen semantischen Gliederung. Eine eingehende Beschreibung der Einzelheiten in der lexikographischen Darstellung findet der Benutzer in dem Abschnitt „Anlage des Wörterbuchs mit Hinweisen für den Benutzer“ (vgl. S. 13ff.).

Das Ziel der inhaltlichen Kompilation war eine umfassende Darstellung der Allgemeinsprache, der Idiomatik und der Fachsprachen. Auf das „Fleisch“ im lexikographischen Sinn – eine ausgedehnte Phraseologie, Anwendungsbeispiele, Redensarten und Sprichwörter – wurde besondere Sorgfalt verwandt. Das fachsprachliche Vokabular versucht möglichst vielen Benutzerkreisen Rechnung zu tragen. Die selbstverständliche Einbeziehung des Amerikanischen Englisch manifestiert sich in Tausenden von Übersetzungen.

Tradition allein genügt nicht. Modernität und Aktualität des Inhalts müssen hinzukommen. Im Rahmen der 140000 Stichwörter des „Kleinen Muret-Sanders“ Deutsch-Englisch wurde daher versucht, auf allen Gebieten die Grenzen der lexikographischen Aktualität zu erreichen. Selbst in den letzten Revisionsphasen des Werkes wurden noch laufend Neologismen eingearbeitet.

Bei einem Wörterbuch dieser Größenordnung handelt es sich dabei um viele Tausende von Neuwörtern, die berücksichtigt werden mußten. Die Spannweite dieser Neologismen ist beträchtlich: sie reicht von der modernen Fachsprache der Wissenschaft bis zur Ausdrucksweise der „Turnschuhgeneration“, von den Neologismen in der täglichen Zeitungslektüre (z.B. Wirtschaftsgipfel, nachrüsten, Wiederaufbereitungsanlage, Endlagerung, Einstiegsdroge; Beijing, Simbabwe) bis zur eingehenden Darstellung des Wortschatzes ganzer Neuwortbereiche.

Bewegen wir uns im folgenden einmal in einem bestimmten Neuwortbereich des „Kleinen Muret-Sanders“, um zu illustrieren, wie gründlich diese Neuwortbereiche bei der Auswahl der Stichwörter ausgewertet wurden. Die im Wörterbuch vorhandenen Stichwörter aus diesem Bereich wurden dabei durch Kursivschrift hervorgehoben.

„Der Mensch ist in seiner *Umwelt* ständig neuen *Umwelteinflüssen* ausgesetzt. Sein Haus ist bestimmten *Umweltbedingungen* unterworfen; seine Nahrungsmittel werden durch die *Umweltverseuchung* beeinflußt. Er reist mit *umweltfreundlichen* oder *umweltfeindlichen* Verkehrsmitteln. Gelegentliche *Umweltkrisen* wird er nicht vermeiden können, der großen *Umweltkatastrophe* hofft er jedoch zu entgehen. Man vertraut der *Umweltplanung* und der *Umweltpolitik* – auch wenn man nicht *umweltpolitisch* engagiert ist. Für die *Umwelterhaltung* und *Umweltverbesserung* werden in jedem Fall Steuergelder benötigt. *Umweltbedingt* sozusagen.

Der Mensch der achtziger Jahre haßt daher *Umweltverschmutzer* und *Umweltsünder*. Auch wenn nicht jeder ein *Umweltschutzexperte* oder *Umweltschutzfachmann* sein kann, so wird man doch versuchen, etwas zum *Umweltschutz* und zur *Umweltentlastung* beizutragen. Der aktivste *Umweltschützer* ist natürlich der *Umweltminister*. Er hat *Umweltzerstörung* und *Umweltverschmutzung* zu bekämpfen. Sein *Umweltministerium* hat die *Umweltschutzgesetze* vorzubereiten sowie die *Umweltschutzvorschriften*, *Umweltschutzmaßnahmen* und *Umweltschutzprogramme* zu überwachen. Sicherlich werden auch *Umweltforschung*, *Umweltlehre* und *Umweltstudien* in den achtziger Jahren ihren Teil zur *Umweltveränderung* beitragen.

Der Mensch jedoch, der seine Mitmenschen ständig mit „echten" *Umweltschäden* und *Umweltproblemen* beunruhigt, der ständig auf der Suche nach *umweltschädlichen* und *umweltzerstörenden* Faktoren ist (auch *Umweltschutzpapier* kann noch *umweltverschmutzend* wirken!), ist bereits selbst eine *Umweltbelastung*. Er ist *umweltgeschädigt* im wahrsten Sinne des Wortes."

Dem englischsprechenden Benutzer bietet das vorliegende Wörterbuch eine Fülle von grammatischen Auskünften. Ausführliche Angaben zur Deklination und Konjugation und andere grammatische Formen stehen in Klammern hinter den betreffenden Stichwörtern. Über die Bildung des Partizips Perfekt erhält der Ausländer ebenso zuverlässig Auskunft wie über die Trennbarkeit von Präfix und Grundverb in den flektierten Formen eines zusammengesetzten Zeitwortes. In diesem Zusammenhang sei auf die ausführliche Darstellung dieser grammatischen Einzelauskünfte in den Benutzerhinweisen (vgl. S. 13ff.) aufmerksam gemacht. Die Ausspracheangaben für die deutschen Stichwörter erfolgen in Internationaler Lautschrift (IPA).

Auch die Angabe der Silbentrennungsmöglichkeiten in den deutschen Stichwörtern wird sicherlich für den ausländischen Benutzer sehr hilfreich sein. Abkürzungen, Vornamen, biographische und geographische Namen sind Teile des ausführlichen Anhangs, der dem Benutzer auch wertvolle Informationen über Maße und Gewichte, Korrekturzeichen, unregelmäßige Verben und mathematische Symbole bietet.

Heinz Messinger, dessen Name die Titelseite anderer englischer Wörterbücher des Verlags bereits ziert, trug auch bei der Kompilation und Gestaltung dieses Wörterbuchs die Hauptlast der Verantwortung. Ihm und Gisela Türck, die das erste Manuskript kritisch überprüfte und das Druckmanuskript erstellte, sei deshalb an dieser Stelle herzlich gedankt.

Neben diesem bewährten und eingespielten Team trug auch die Langenscheidt-Redaktion ihren Teil zum Gelingen dieses Wörterbuchs bei. Einige Mitglieder der Redaktion, die über mehrere Jahre an dem vorliegenden Wörterbuch tätig waren, seien hier genannt: Heinz Schellerer, der erhebliche Teile des Manuskripts erarbeitete, K. H. Buller, der gleichfalls bei der Kompilationsarbeit mitwirkte, sowie Inge Spörer und Dr. Ursula Spreckelsen-Kawasch, die besonders kritisch Korrektur lasen.

Im Jahre 1753, kurz vor der Publizierung des großen Wörterbuchs von Samuel Johnson, erschien "The Complete English Dictionary". Der Titel dieses Wörterbuchs war nicht unbescheiden und der folgende Satz auf der Titelseite noch weniger: "The Author assures you, he thinks this is the best English Dictionary in the world." Die Wörterbuchmacher von heute sind bescheidener geworden. Trotzdem hoffen wir, daß der vorliegende deutsch-englische „Kleine Muret-Sanders" durch Umfang, Modernität und Intensität der Bearbeitung den Wünschen möglichst vieler Benutzerkreise Rechnung trägt und eine ebenso gute Aufnahme finden wird wie alle anderen Wörterbücher, die den Namen Muret-Sanders tragen. „Hier muß der alte-unvergleichliche MURET-SANDERS ran"* – diese Aussage würde dann auch für die achtziger Jahre und für das vorliegende Werk gelten.

LANGENSCHEIDT

---

* Vgl. Arno Schmidt: *Der Triton mit dem Sonnenschirm*. Stuttgart, 1969.

INHALTSVERZEICHNIS — CONTENTS

Vorwort Englisch 5

Vorwort Deutsch 8

Inhaltsverzeichnis 11

Anlage des Wörterbuchs mit Hinweisen für den Benutzer 13

A. Allgemeines 13
- I. Schriftarten 13
- II. Anordnung der Stichwörter 13
  - 1. Alphabetische Reihenfolge 13
  - 2. Zusammengesetzte Stichwörter 13
  - 3. Ableitungen 14
  - 4. Wortbildungselemente 14
  - 5. Eigennamen und Abkürzungen 14

B. Aufbau eines Stichwort-Artikels 14
- I. Deutsches Stichwort 15
  - 1. Silbentrennpunkte 15
  - 2. Exponenten 15
  - 3. Bindestrich 15
  - 4. Tilde 15
  - 5. Unregelmäßige Formen 16
  - 6. Verbalsubstantiv 16
- II. Aussprache 16
- III. Ursprungsbezeichnung 17
- IV. Wortartbezeichnung 18
- V. Grammatische Formen 18
  - 1. Substantiv 18
  - 2. Adjektiv 19
  - 3. Verb 19
- VI. Bezeichnung der regionalen Verbreitung 20
- VII. Bezeichnung des Sachgebiets 21

English Preface 5

German Preface 8

Contents 11

Arrangement of the Dictionary and Guide for the User 13

A. General Information 13
- I. Styles of Type 13
- II. Arrangement of Entries 13
  - 1. Alphabetical Order 13
  - 2. Compound Entries 13
  - 3. Derivatives 14
  - 4. Combining Forms 14
  - 5. Proper Names and Abbreviations 14

B. Treatment of Entries 14
- I. The German Entry Word 15
  - 1. Syllabification 15
  - 2. Superscription 15
  - 3. Hyphen 15
  - 4. Tilde 15
  - 5. Irregular Forms 16
  - 6. Verbal Noun 16
- II. Pronunciation 16
- III. Indication of Origin 17
- IV. Part-of-speech Label 18
- V. Grammatical Forms 18
  - 1. Noun 18
  - 2. Adjective 19
  - 3. Verb 19
- VI. Geographical Label 20
- VII. Subject Label 21

VIII. Bezeichnung der Sprachgebrauchsebene ... 21
IX. Englische Übersetzung des deutschen Stichworts ... 21
1. Rechtschreibung, Genusangabe und Numerus ... 22
2. Unübersetzbare deutsche Ausdrücke ... 22
3. Zusätze und Erläuterungen ... 22
X. Hinweise zur Rektion ... 23
XI. Anwendungsbeispiele ... 24
XII. Besondere Redewendungen ... 24
XIII. Verbindungen mit Präpositionen . 24
XIV. Verweise ... 24

Erläuterung der phonetischen Umschrift ... 25
A. Vokale ... 25
B. Konsonanten ... 26
C. Lautsymbole der phonetisch nichteingedeutschten Stichwörter englischen Ursprungs ... 26
D. Betonungsakzente in Zusammensetzungen ... 27
E. Liste der Präfixe und Suffixe, die gewöhnlich ohne Lautschrift gegeben werden ... 27

Verzeichnis der im Wörterbuch verwandten Abkürzungen ... 28

Deutsch-Englisches Wörterverzeichnis 31—1246

ANHANG

I. Abkürzungen ... 1247
II. Biographische Namen ... 1261
III. Vornamen ... 1269
IV. Geographische Namen ... 1273
V. Maße und Gewichte ... 1279
VI. Temperatur-Umrechnungstabellen .. 1283
VII. Zahlwörter ... 1285
VIII. Deutsche Korrekturzeichen ... 1287
IX. Unregelmäßige Verben ... 1289
X. Mathematische Symbole ... 1293

VIII. Level-of-usage Label ... 21
IX. The English Translation of the German Entry Word ... 21
1. Spelling, Gender, and Number . 22
2. Untranslatable German Words and Phrases ... 22
3. Additional Information and Explanations ... 22
X. Indication of Grammatical Context 23
XI. Illustrative Phrases ... 24
XII. Idiomatic Expressions ... 24
XIII. Verb Phrases ... 24
XIV. Cross References ... 24

Guide to Pronunciation ... 25
A. Vowels ... 25
B. Consonants ... 26
C. Symbols in Phonetically Non-germanized Entries of English Origin ... 26
D. Stress Marks in Compound Words .. 27
E. List of Initial and Final Elements normally given without Phonetic Transcription ... 27

Abbreviations Used in this Dictionary ... 28

German-English Dictionary ... 31—1246

APPENDIX

I. Abbreviations ... 1247
II. Biographical Names ... 1261
III. Christian Names ... 1269
IV. Geographical Names ... 1273
V. Weights and Measures ... 1279
VI. Conversion Tables of Temperatures 1283
VII. Numerals ... 1285
VIII. German Proofreader's Marks ... 1287
IX. Irregular Verbs ... 1289
X. Mathematical Symbols ... 1293

ANLAGE DES WÖRTERBUCHS MIT HINWEISEN FÜR DEN BENUTZER

ARRANGEMENT OF THE DICTIONARY AND GUIDE FOR THE USER

A. ALLGEMEINES

I. SCHRIFTARTEN

In diesem Wörterbuch werden vier Schriftarten verwendet:

halbfett	für die deutschen Stichwörter und für die als Stichwörter verzeichneten Wortelemente und unregelmäßigen Formen,
Auszeichnungsschrift	für die deutschen Anwendungsbeispiele und Redewendungen sowie für Verweise und die in Spitzklammern verzeichneten grammatischen Formen des Stichworts,
Grundschrift	für die englischen Übersetzungen des Stichworts sowie der Anwendungsbeispiele und Redewendungen und
kursiv	für alle erklärenden Zusätze, Definitionen, Ursprungsbezeichnungen, grammatischen Angaben, Bezeichnungen des Sachgebietes, der regionalen Verbreitung oder der Sprachgebrauchsebene eines Stichworts.

II. ANORDNUNG DER STICHWÖRTER

1. Alphabetische Reihenfolge

Die halbfetten Stichwörter sind streng alphabetisch geordnet. Unregelmäßige Formen und orthographische Varianten sind an ihrem alphabetischen Platz verzeichnet mit Verweis auf das Stichwort, unter dem sie behandelt werden. Außerhalb der alphabetischen Reihenfolge stehen die als halbfette Stichwörter aufgeführten Verbindungen von Verben mit Präpositionen, die dem betreffenden Verbartikel unmittelbar folgen (vgl. XIII).

2. Zusammengesetzte Stichwörter

Zusammensetzungen sind als halbfette Stichwörter an ihrer alphabetischen Stelle verzeichnet.

A. GENERAL INFORMATION

I. STYLES OF TYPE

Four different styles of type are used in this dictionary:

boldface	for the German entry words and any word elements and irregular forms listed as entry words,
lightface	for illustrative German phrases and idiomatic expressions, for cross references and for the grammatical forms of the entry word listed between angular brackets,
plain	for the English translation of entry words as well as of illustrative phrases and idiomatic expressions, and
italic	for all explanations and definitions, for labels indicating the origin of an entry word, its part of speech, its specialized meanings, its regional distribution, and its level of usage.

II. ARRANGEMENT OF ENTRIES

1. Alphabetical Order

Every boldface entry is given in its alphabetical order. Irregular forms and variant spellings are listed in the proper alphabetical order with cross reference to the entry word where they are treated in full. Verb-preposition phrases, printed in boldface type, are not entered in alphabetical order but are treated directly in the appropriate verb entry (cf. XIII).

2. Compound Entries

Compounds are entered in boldface type at their proper alphabetical place.

3. Ableitungen

Ableitungen stehen als halbfette Stichwörter an ihrer alphabetischen Stelle.

4. Wortbildungselemente

a) Häufige Wortbildungselemente, besonders technischer Art, wurden aufgenommen, damit der Benutzer aus Platzgründen nicht verzeichnete Begriffe selbst bilden kann:

te·le..., Te·le... *in Zssgn* tele...

b) Die Bildung von Komposita, die im Wörterbuch nicht aufgeführt sind, wird dem Benutzer auf folgende Weise ermöglicht:

Bahn... *in Zssgn* a) railway (*Am.* railroad) (*bus, installations, official, police, etc*) ...

5. Eigennamen und Abkürzungen

Wichtige Eigennamen aus der Bibel, Götternamen, Namen aus der antiken Mythologie, von historischen Stätten und Gebäuden sowie von Sternen sind im Hauptteil behandelt, desgleichen Ableitungen von Orts- und Personennamen wie **Frankfurter** und **sokratische** (ohne Angabe der Aussprache). Dagegen sind Orts- und Personennamen selbst sowie Abkürzungen in besonderen Verzeichnissen mit Angabe der Aussprache am Schluß des Werkes zusammengestellt.

B. AUFBAU EINES STICHWORT-ARTIKELS

Die Unterteilung eines Stichwort-Artikels geschieht im allgemeinen durch

1. römische Ziffern zur Unterscheidung der Wortarten (Substantiv, transitives oder intransitives Verb, Adjektiv etc.),
2. arabische Ziffern (fortlaufend im Artikel und unabhängig von den römischen Ziffern) zur Unterscheidung der einzelnen Bedeutungen,
3. kleine Buchstaben zur weiteren Bedeutungsdifferenzierung innerhalb einer arabischen Ziffer.

Die Elemente eines Stichwort-Artikels in ihrer Reihenfolge sind:

I. Deutsches Stichwort
II. Aussprache
III. Ursprungsbezeichnung (bei nichteingedeutschten Stichwörtern)
IV. Wortartbezeichnung
V. Grammatische Formen
VI. Bezeichnung der regionalen Verbreitung
VII. Bezeichnung des Sachgebiets
VIII. Bezeichnung der Sprachgebrauchsebene
IX. Englische Übersetzung des deutschen Stichworts
X. Hinweise zur Rektion
XI. Anwendungsbeispiele

3. Derivatives

Derivatives are listed in boldface type at their proper alphabetical place.

4. Combining Forms

a) Some of the more frequent German combining elements, particularly in the technical field, are given to enable the user to form terms not included for lack of space:

te·le..., Te·le... *in Zssgn* tele...

b) Compounds which are not included in the dictionary may be formed as follows:

Bahn... *in Zssgn* a) railway (*Am.* railroad) (*bus, installations, official, police, etc*) ...

5. Proper Names and Abbreviations

The more important proper names from the Bible, names of gods, names occurring in Greek and Roman mythology, names of historical places, of buildings, and of stars are included in the main vocabulary, as are words deriving from geographical and proper names (e.g. **Frankfurter, sokratisch**), though here the pronunciation is not given. Geographical and proper names as well as abbreviations are listed in special appendixes at the end of the dictionary together with their pronunciation.

B. TREATMENT OF ENTRIES

Subdivisions may be made in the entries by means of

1. Roman numerals to distinguish the various parts of speech (noun, transitive or intransitive verb, adjective, etc.),
2. Arabic numerals (running consecutively through the entire entry, irrespective of the Roman numerals) to distinguish the various meanings,
3. small letters for further differentiation of the meanings of a word within a subdivision marked by an Arabic numeral.

The various elements of a dictionary entry are given in the following order:

I. The German Entry Word
II. Pronunciation
III. Indication of Origin (for nonassimilated foreign entry words)
IV. Part-of-speech Label
V. Grammatical Forms
VI. Geographical Label
VII. Subject Label
VIII. Level-of-usage Label
IX. English Translation of the German Entry Word
X. Indication of Grammatical Context
XI. Illustrative Phrases

XII. Besondere Redewendungen
XIII. Verbindungen mit Präpositionen
XIV. Verweise

I. DEUTSCHES STICHWORT

Das Stichwort erscheint in halbfetter Schrift entweder nach links ausgerückt oder, im Falle von Ableitungen und Zusammensetzungen, innerhalb des fortlaufenden Textes der Spalte.

Für die Schreibung war im wesentlichen „Duden, Rechtschreibung der deutschen Sprache und der Fremdwörter" (18. Aufl.) maßgebend.

1. Silbentrennpunkte. Bei mehrsilbigen Stichwörtern und Wortelementen (aber nicht bei den in Auszeichnungsschrift gegebenen grammatischen Formen) ist die Trennmöglichkeit durch auf Mitte stehenden Punkt oder durch den Betonungsakzent angezeigt; im Falle von Vertikalstrich oder Tilde fällt der Silbentrennpunkt weg.

Bei Wörtern mit **ck** geben wir die Trennungsmöglichkeit durch (*getr.* **-k·k-**) an.

Bei Wörtern, in denen sich durch Trennung ein Doppelkonsonant (ff etc.) verdreifacht, steht (*getr.* **-ff·f-**).

2. Exponenten. Wörter gleicher Schreibung (Homonyme, Homographe) erhalten Exponenten; die Reihenfolge wird durch Häufigkeit bzw. Wichtigkeit bestimmt.

Im allgemeinen unterbleiben Exponenten bei Homonymen, die durch Groß- und Kleinschreibung klar unterschieden sind.

3. Bindestrich. Mußte ein mit Bindestrich geschriebenes deutsches Wort an der Stelle des Bindestrichs getrennt werden, so wurde der Bindestrich am Anfang der folgenden Zeile wiederholt.

4. Tilde

a) halbfette Tilde. Folgen einem ausgerückten Stichwort eine oder mehrere angehängte Zusammensetzungen mit diesem Stichwort als erstem Bestandteil, so wird es nicht jedesmal wiederholt, sondern durch eine halbfette Tilde (**~**) ersetzt:

> **Ace·tat** [atse'ta:t] *n* ⟨-**s**; -**e**⟩ *chem.* acetate. **~ˌfa·den** *m* acetate rayon (*od.* filament). **~ˌsei·de** *f* ...

b) magere Tilde. In Anwendungsbeispielen ersetzt sie das gesamte vorausgehende Stichwort, das selbst mit Hilfe der halbfetten Tilde gebildet sein kann:

> **Alarm** ... **~beˌreit·schaft** *f* ... **sich in ~ befinden** be on the alert ...

Bei Verben in Verbindung mit Präpositionen vertritt sie nur das Verb, nicht die Präposition:

> **ge·hen** ... **~ auf** *v/i* ... **II** ⟨*dat*⟩ **11.** walk (*od.* go) on; *colloq.* **auf allen vieren ~** go on all fours ...

XII. Idiomatic Expressions
XIII. Verb Phrases
XIV. Cross References

I. THE GERMAN ENTRY WORD

The German entry word is printed in boldface type and appears either at the left-hand side of a column (slightly further over into the left margin than the rest of the text) or is–in the case of derivatives and compounds–run on after the preceding entry.

"Duden, Rechtschreibung der deutschen Sprache und der Fremdwörter" (18th edit.) has been used as guide for orthography.

1. Syllabification. In entry words and word elements of more than one syllable (but not in the grammatical forms printed in lightface type) syllabification is indicated by centred dots or by the stress marks; in the case of a vertical bar or of a tilde no syllabification dots are given.

The division of words with **ck** is indicated by (*getr.* **-k·k-**).

Words where division at the end of a line involves the trebling of a double consonant are followed by (*getr.* **-ff·f-**).

2. Superscription. Different words with the same spelling (homonyms, homographs) have been given numbers in superscript. Frequency and/or importance have determined their order.

On the whole no superscription has been used when two homonyms are differentiated by the capitalization of one of the two homonyms.

3. Hyphen. Whenever hyphen and division mark coincide in the division of a hyphenated German word, the hyphen is repeated at the beginning of the next line.

4. Tilde

a) boldface tilde. When a left-margin entry word is followed by one or more compounds (with the entry word as their first element), the entry word has not been repeated every time but has been replaced by a boldface tilde (**~**):

> **Ace·tat** [atse'ta:t] *n* ⟨-**s**; -**e**⟩ *chem.* acetate. **~ˌfa·den** *m* acetate rayon (*od.* filament). **~ˌsei·de** *f* ...

b) simple tilde. In illustrations this replaces the whole preceding entry word, which may in its turn be formed with the help of the boldface tilde:

> **Alarm** ... **~beˌreit·schaft** *f* ... **sich in ~ befinden** be on the alert ...

In verb-preposition phrases the simple tilde stands for the verb only, and not the preposition:

> **ge·hen** ... **~ auf** *v/i* ... **II** ⟨*dat*⟩ **11.** walk (*od.* go) on; *colloq.* **auf allen vieren ~** go on all fours ...

Ist das ausgerückte Stichwort bereits selbst eine Zusammensetzung, die durch die nachfolgende Tilde nicht als Ganzes wiederaufgenommen werden soll, sondern nur mit ihrem ersten Bestandteil, so steht hinter diesem ersten Bestandteil ein senkrechter Strich. In den darauffolgenden angehängten Stichwörtern ersetzt die halbfette Tilde also nur den vor dem senkrechten Strich stehenden Bestandteil des ausgerückten Stichworts. Um den Wechsel zwischen Groß- und Kleinschreibung bei den mit Tilde angehängten Stichwörtern anzuzeigen, wurde die Kreistilde benutzt:

ˈ**Anˌstands|beˌsuch** *m* formal (*od.* duty) call. **~ˌda·me** *f* chaperon, *Am. a.* chaperone ... **≗ˌhal·ber** *adv colloq.* ...

5. Unregelmäßige Formen. Nur die unregelmäßigen Formen der sogenannten starken und einiger anderer Verben sind an ihrer alphabetischen Stelle gesondert verzeichnet mit Hinweis auf ihre jeweilige Grundform, unter der sie behandelt werden:

bän·de [ˈbɛndə] *1 u. 3 sg pret subj of* **binden**.
brach·te [ˈbraxtə] *1 u. 3 sg pret*, **bräch·te** [ˈbrɛçtə] *1 u. 3 sg pret subj of* **bringen**.

6. Verbalsubstantiv. Bei Verbalsubstantiven, die englische Entsprechungen auf **-ing** haben, wird im allgemeinen nur die erste **-ing**-Form vor den anderen Übersetzungen aufgeführt:

tau·schen ... **I** *v/t* ... exchange, trade, *bes. beim Tauschhandel*: barter, truck, *colloq.* swop, swap ... **III** ≗ *n* ⟨**-s**⟩ a) exchanging (*etc*), b) exchange, trade ...

II. AUSSPRACHE

Grundsätzlich ist bei jedem einfachen Stichwort die Aussprache ganz oder teilweise angegeben. Die Aussprachebezeichnung erfolgt nach den Grundsätzen der „International Phonetic Association". Alle im Wörterbuch verwendeten Lautzeichen werden in der Lauttabelle auf den Seiten 25–27 erklärt. Die phonetischen Angaben werden nach einem der folgenden Grundsätze gemacht:

1. Bei jedem Stichwort, das nicht eine Zusammensetzung von an anderer Stelle verzeichneten und phonetisch umschriebenen Stichwörtern ist, wird die Aussprache in eckigen Klammern – in der Regel unmittelbar hinter dem Stichwort – gegeben:

Blü·te [ˈblyːtə]

Nachfolgende Stichwörter, die gleich ausgesprochen werden und die – ohne Berücksichtigung der Klein- und Großschreibung – gleich geschrieben werden, haben keine Aussprache in eckigen Klammern:

brach[1] [braːx] ...
brach[2] *adj* **1.** ...

2. Zusammengesetzte und abgeleitete Stichwörter, die zusammengeschriebene oder durch Bindestrich verbundene Komposita aus zwei oder mehr

When the left-margin entry word is itself a compound of which only the first element is to be repeated by the following tilde, this element is separated off by means of a vertical bar. In the run-on entry words following, the boldface tilde repeats only that element of the left-margin entry word which precedes the vertical bar. To indicate that the initial letter of run-on entry words represented by a tilde changes from small to capital or vice versa, the following symbol has been used: ≗

ˈ**Anˌstands|beˌsuch** *m* formal (*od.* duty) call. **~ˌda·me** *f* chaperon, *Am. a.* chaperone ... **≗ˌhal·ber** *adv colloq.* ...

5. Irregular Forms. Only the irregular forms of the so-called strong verbs and a few others are listed separately in their proper alphabetical place with cross references to their infinitives where they are treated:

bän·de [ˈbɛndə] *1 u. 3 sg pret subj of* **binden**.
brach·te [ˈbraxtə] *1 u. 3 sg pret*, **bräch·te** [ˈbrɛçtə] *1 u. 3 sg pret subj of* **bringen**.

6. Verbal Noun. Where verbal nouns correspond to English words ending in **-ing**, only the first **-ing** form is given and precedes the other translations:

tau·schen ... **I** *v/t* ... exchange, trade, *bes. beim Tauschhandel*: barter, truck, *colloq.* swop, swap ... **III** ≗ *n* ⟨**-s**⟩ a) exchanging (*etc*), b) exchange, trade ...

II. PRONUNCIATION

As a general rule either full or partial pronunciation is given for every simple entry word. The symbols used are those laid down by the International Phonetic Association. All the phonetic symbols used in the dictionary are explained in the Guide to Pronunciation on pp 25–27. The following principles determine the pronunciation:

1. Every left-margin entry word that is not compounded of words listed and phonetically transcribed elsewhere in the dictionary is followed by the pronunciation in square brackets:

Blü·te [ˈblyːtə]

Subsequent homophonous homographs–irrespective of capital or small initial letters–are not followed by the pronunciation in square brackets:

brach[1] [braːx] ...
brach[2] *adj* **1.** ...

2. Compound and derivative entries, whether written as one word or hyphenated, formed with elements listed and phonetically transcribed else-

an anderer Stelle phonetisch umschriebenen Stichwörtern sind, haben nur Betonungsakzent vor den betonten Silben. Das Zeichen [ˈ] stellt den Hauptakzent, das Zeichen [ˌ] den Nebenakzent dar. Die Aussprache ist beim jeweiligen Simplex nachzuschlagen und mit dem bei der Zusammensetzung gegebenen Betonungsschema zu kombinieren:

ˈBrotˌaufˌstrich (siehe unter **Brot** und **auf** und **Strich**)
Geˈbell (siehe **bel·len**)
geˈra·ten (siehe **ra·ten**)

Dies bedeutet nicht, daß diese zusammengesetzten und abgeleiteten Stichwörter – historisch oder deskriptiv gesehen – in jedem Fall Zusammensetzungen aus den betreffenden Stichwörtern oder Ableitungen zu den betreffenden Stichwörtern sein müssen:

ˈArmˌbrust ist historisch keine Zusammensetzung aus **Arm** und **Brust**; **verˈläß·lich** ist nicht von **ˈläß·lich** abgeleitet, sondern von **verˈlas·sen** (sich verlassen auf).

3. Auch bei den – im Deutschen wenig zahlreichen – Zusammensetzungen, die getrennt geschrieben werden, sind Betonungsakzente angegeben. Die Aussprache ist beim Simplex nachzuschlagen:

ˈAuf ˌund ˈAb

4. Stichwörter, die als Ableitungen an ein Simplex angehängt sind, werden häufig nur mit Betonungsakzenten und Teilumschrift versehen. Die Aussprache des nicht umschriebenen Wortteils ist unter Berücksichtigung eines eventuellen Akzentumsprungs dem vorausgehenden Stichwort zu entnehmen:

au·then·tisch [aʊˈtɛntɪʃ] *adj* ... **au·then·tiˈsie·ren** [-tiˈziːrən] ... **Au·then·ti·ziˈtät** [-titsiˈtɛːt] *f* ...

Eine Anzahl der häufiger vorkommenden Anfangs- und Endteile, die in Ableitungen und Zusammensetzungen auftreten, sind jedoch nicht bei jeder Ableitung, sondern nur in einer zusammenfassenden Liste S. 27 phonetisch umschrieben:

fröh·lich [ˈfrøːlɪç] *adj* ... **2keit** *f* ...

III. URSPRUNGSBEZEICHNUNG

Bei fremdwörtlichen Stichwörtern wird manchmal die Herkunftssprache angegeben. In solchen Fällen ist die gegebene Aussprache fremdsprachlich:

Ac·cent| ai·gu [aksãtɛˈgy] (*Fr.*) *m* ...

Wenn in der eckigen Klammer zwei oder mehr Aussprachen stehen, so werden zuerst die Aussprache(n) im Deutschen und dann die Aussprache(n) in der Fremdsprache gegeben:

where in the dictionary are provided with stress marks in front of the stressed syllables. The notation [ˈ] stands for main stress, the notation [ˌ] for secondary stress. For the pronunciation of the different elements the user should consult the respective simple entries and combine what he finds with the stress scheme given within the compound entry:

ˈBrotˌaufˌstrich (cf. **Brot** and **auf** and **Strich**)
Geˈbell (cf. **bel·len**)
geˈra·ten (cf. **ra·ten**)

This does not imply that these compounds and derivatives are necessarily compounded with or derived from the respective entry as far as diachronic or synchronic linguistics is concerned:

Diachronically **ˈArmˌbrust** is not a compound consisting of **Arm** plus **Brust**; **verˈläß·lich** is not derived from **ˈläß·lich** but from **verˈlas·sen** (sich verlassen auf).

3. Stress marks are also given in the case of the–relatively infrequent–German compound entries written as two or more separate words. For their pronunciation the user should consult the respective simple entries:

ˈAuf ˌund ˈAb

4. Derivatives run on after a simple entry are often given only accents and part of the pronunciation. That part of the word which is not transcribed phonetically has, except for differences in stress, a pronunciation identical with that of the corresponding part of the preceding entry:

au·then·tisch [aʊˈtɛntɪʃ] *adj* ... **au·then·tiˈsie·ren** [-tiˈziːrən] ... **Au·then·ti·ziˈtät** [-titsiˈtɛːt] *f* ...

A number of the more common initial and final elements occurring in derivatives and compounds have not been transcribed phonetically after every derivative entry. They are collected, together with their phonetic transcription, in a comprehensive list on p 27:

fröh·lich [ˈfrøːlɪç] *adj* ... **2keit** *f* ...

III. INDICATION OF ORIGIN

Phonetically nonassimilated foreign entry words are marked with the label of their origin. In these cases the pronunciation given is the foreign one:

Ac·cent| ai·gu [aksãtɛˈgy] (*Fr.*) *m* ...

When two or more pronunciations are given in square brackets, the first pronunciation(s) will be German, the last pronunciation(s) will be foreign:

ˈ**Dirt-ˌTrack-ˌRen·nen** [ˈdœrtˌtrɛk-; ˈdɜːttræk-] (*Engl.*) ...

IV. WORTARTBEZEICHNUNG

Die Angabe der Wortart (*adj*, *v/i*, *v/t*, *v/impers*, *v/reflex*, *adv*, *pron*, *prep*, *conj*, *interj*, *npr*) folgt meist unmittelbar auf die Aussprache; Substantive werden durch die Angabe des grammatischen Geschlechts (*m*, *f*, *n*) gekennzeichnet.

Gehört ein Stichwort mehreren grammatischen Kategorien an, so steht die Wortartbezeichnung hinter der römischen Ziffer.

V. GRAMMATISCHE FORMEN

Grammatische Formen stehen in Auszeichnungsschrift zwischen spitzen Klammern (ohne Silbentrennpunkte).

1. Substantiv. Bei allen Substantiven, die sich nicht aus selbständigen Substantiven zusammensetzen, werden Genitiv Singular und Nominativ Plural in folgender Form verzeichnet:

Dienst [diːnst] *m* ⟨-es; -e⟩ ...
Blätt·chen [ˈblɛtçən] *n* ⟨-s; -⟩ ...
Na·ti·on [naˈtsĭoːn] *f* ⟨-; -en⟩ ...

Erhält die Pluralform einen Umlaut, wird er durch zwei Punkte über dem Strich angedeutet:

Mut·ter[1] [ˈmʊtər] *f* ⟨-; ¨-⟩ ...
Blatt [blat] *n* ⟨-(e)s; ¨-er⟩ ...

Doch muß, um Mißverständnisse zu vermeiden, häufig das ganze Wort oder ein ganzer Wortteil im Plural verzeichnet werden:

ˈ**Ausˌkunft** *f* ⟨-; Auskünfte⟩

Bei Wörtern wie (der) Gelehrte oder (der, die) Genesende wurden nur die grammatischen Formen verzeichnet, wie sie mit dem bestimmten Artikel gebraucht werden:

Geˈlehr·te[1] *m* ⟨-n; -n⟩ ...
Geˈne·sen·de *m, f* ⟨-n; -n⟩ ...

Bei zusammengesetzten Substantiven gelten die grammatischen Angaben beim Grundwort:

ˈ**Bleiˌbergˌwerk** *n* ...

Ausnahmen bilden diejenigen zusammengesetzten Substantive, die entweder anders dekliniert werden als die entsprechenden Grundwörter oder solche, bei deren Grundwörtern die Pluralbildung schwankt:

ˈ**Langˌmut** *f* ⟨-; *no pl*⟩ ...
Mut [muːt] *m* ⟨-(e)s; *no pl*⟩ ...
ˈ**Feu·erˌwehrˌmann** *m* ⟨-(e)s; ¨-er *u.* -leute⟩ ...

Andere Spezialfälle werden durch die folgenden Beispiele veranschaulicht:

a) Substantive, die im Nominativ Singular auf -ß enden:

Geˈbiß *n* ⟨-sses; -sse⟩ ...

ˈ**Dirt-ˌTrack-ˌRen·nen** [ˈdœrtˌtrɛk-; ˈdɜːttræk-] (*Engl.*) ...

IV. PART-OF-SPEECH LABEL

As a rule the part-of-speech label immediately follows the pronunciation (*adj*, *v/i*, *v/t*, *v/impers*, *v/reflex*, *adv*, *pron*, *prep*, *conj*, *interj*, *npr*); nouns are marked by the indication of their grammatical gender (*m*, *f*, *n*).

When an entry word functions as more than one part of speech, the part-of-speech label is given after the Roman numeral.

V. GRAMMATICAL FORMS

Grammatical forms are printed in lightface type and placed between angular brackets (without syllabification dots).

1. Noun. For all nouns which are not compounds formed from other independent nouns, *gen sg* and *nom pl* have been indicated as follows:

Dienst [diːnst] *m* ⟨-es; -e⟩ ...
Blätt·chen [ˈblɛtçən] *n* ⟨-s; -⟩ ...
Na·ti·on [naˈtsĭoːn] *f* ⟨-; -en⟩ ...

Whenever the plural form has umlaut, it is indicated by two dots over the dash:

Mut·ter[1] [ˈmʊtər] *f* ⟨-; ¨-⟩ ...
Blatt [blat] *n* ⟨-(e)s; ¨-er⟩ ...

To avoid misunderstandings, frequently the entire word or an entire part of the word is printed in full:

ˈ**Ausˌkunft** *f* ⟨-; Auskünfte⟩

For words like (der) Gelehrte or (der, die) Genesende the grammatical information had to be restricted to the form with the definite article:

Geˈlehr·te[1] *m* ⟨-n; -n⟩ ...
Geˈne·sen·de *m, f* ⟨-n; -n⟩ ...

The grammatical forms given under the base word apply to compounds:

ˈ**Bleiˌbergˌwerk** *n* ...

The only exceptions are those compounds whose declension differs from that of their last member when used by itself, or these whose base words have a varying plural:

ˈ**Langˌmut** *f* ⟨-; *no pl*⟩ ...
Mut [muːt] *m* ⟨-(e)s; *no pl*⟩ ...
ˈ**Feu·erˌwehrˌmann** *m* ⟨-(e)s; ¨-er *u.* -leute⟩ ...

Other special cases will be illustrated by the following examples:

a) nouns whose *nom sg* ends in -ß:

Geˈbiß *n* ⟨-sses; -sse⟩ ...

b) Substantive, die im Nominativ Singular auf **-nis** enden:

Erˈkennt·nis[1] *f* ⟨-; -se⟩ ...
Geˈdächt·nis [-ˈdɛçtnɪs] *n* ⟨-ses; -se⟩ ...

c) Substantive, die im Nominativ Singular auf **-mus** enden:

Neo·lo·gis·mus [neoloˈgɪsmʊs] *m* ⟨-; -men⟩ ...

d) Substantive, die im Nominativ Singular auf **-um** enden:

Fu·tu·rum [fuˈtuːrʊm] *n* ⟨-s; -ra [-ra]⟩ ...

e) Substantive, die nur im Singular vorkommen:

Falsch *m* ⟨-; *no pl*⟩ ...

f) Substantive, die nur im Plural vorkommen:

ˈKo·sten *pl* ...

Anm.: Die Angabe *no pl* wird nicht gesetzt bei Verbalsubstantiven, da diese ausnahmslos nur im Singular vorkommen.

Die Angaben *no pl* oder bei Einzelbedeutungen *only sg* werden auch nicht gesetzt bei vielen Zusammensetzungen, deren Vorkommen im Plural praktisch nicht zu belegen, aber theoretisch denkbar ist.

2. Adjektiv. Die einzigen grammatischen Angaben bei Adjektiven sind die Bildung des Komparativs und des Superlativs, und auch diese werden nur bei einfachen Adjektiven verzeichnet, nicht bei zusammengesetzten und auch nicht bei Ableitungen mit den Endsilben: **-abel, -al, -ant, -ar, -at, -bar, -en, -ent, -ern, -haft, -ibel, -ig, -il, -isch, -iv, -lich, -os, -sam.**

Also: **schlimm** [ʃlɪm] **I** *adj* ⟨-er; -st⟩ ...
hold [hɔlt] **I** *adj* ⟨-er; -est⟩ ...
alt [alt] **I** *adj* ⟨⸚er; ⸚est⟩ ...
fromm [frɔm] *adj* ⟨-er *od.* ⸚er; -st *od.* ⸚st⟩ ...
glatt [glat] **I** *adj* ⟨-er, *a.* ⸚er; -est, *a.* ⸚est⟩ ...
gut [guːt] **I** *adj* ⟨besser; best⟩ ...

3. Verb

a) Bei regelmäßigen (sogenannten schwachen) Verben ohne Präfix wird nur angegeben, ob das Partizip Perfekt mit **haben** oder **sein** verbunden wird:

ma·chen [ˈmaxən] **I** *v/t* ⟨h⟩ ...
fol·gen[1] [ˈfɔlgən] *v/i* ⟨sein⟩ ...

Das Fehlen der Vorsilbe **ge-** im Partizip Perfekt wird durch den Vermerk *no* **ge-** gekennzeichnet:

dik·tie·ren [dɪkˈtiːrən] **I** *v/t* ⟨*no* ge-, h⟩ ...
mar·schie·ren [marˈʃiːrən] *v/i* ⟨*no* ge-, sein⟩ ...

b) Bei unregelmäßigen (sogenannten starken) Verben werden außerdem noch verzeichnet:

3. Person Singular Präsens
3. Person Singular Präteritum
Partizip Perfekt

b) nouns whose *nom sg* ends in **-nis**:

Erˈkennt·nis[1] *f* ⟨-; -se⟩ ...
Geˈdächt·nis [-ˈdɛçtnɪs] *n* ⟨-ses; -se⟩ ...

c) nouns whose *nom sg* ends in **-mus**:

Neo·lo·gis·mus [neoloˈgɪsmʊs] *m* ⟨-; -men⟩ ...

d) nouns whose *nom sg* ends in **-um**:

Fu·tu·rum [fuˈtuːrʊm] *n* ⟨-s; -ra [-ra]⟩ ...

e) nouns which occur only in *sg*:

Falsch *m* ⟨-; *no pl*⟩ ...

f) nouns which occur only in *pl*:

ˈKo·sten *pl* ...

Note: The indication *no pl* is omitted with all verbal nouns which without exception occur in *sg* only.

The indication *no pl* or, after an Arabic numeral, *only sg* is also omitted in a great many compounds whose occurrence in *pl* has not been attested for the time being but is theoretically quite possible.

2. Adjective. In the case of adjectives the formation of comparative and superlative is indicated, but only for those which are not compounds or which are not derivatives ending in one of the following final elements: **-abel, -al, -ant, -ar, -at, -bar, -en, -ent, -ern, -haft, -ibel, -ig, -il, -isch, -iv, -lich, -os, -sam.**

Hence: **schlimm** [ʃlɪm] **I** *adj* ⟨-er; -st⟩ ...
hold [hɔlt] **I** *adj* ⟨-er; -est⟩ ...
alt [alt] **I** *adj* ⟨⸚er; ⸚est⟩ ...
fromm [frɔm] *adj* ⟨-er *od.* ⸚er; -st *od.* ⸚st⟩ ...
glatt [glat] **I** *adj* ⟨-er, *a.* ⸚er; -est, *a.* ⸚est⟩ ...
gut [guːt] **I** *adj* ⟨besser; best⟩ ...

3. Verb

a) In the case of regular verbs (the so-called weak verbs) without a prefix the only grammatical information provided refers to the use of **haben** or **sein** to form the present perfect tense:

ma·chen [ˈmaxən] **I** *v/t* ⟨h⟩ ...
fol·gen[1] [ˈfɔlgən] *v/i* ⟨sein⟩ ...

The absence of the prefix **ge-** in the past participle is indicated by *no* **ge-**:

dik·tie·ren [dɪkˈtiːrən] **I** *v/t* ⟨*no* ge-, h⟩ ...
mar·schie·ren [marˈʃiːrən] *v/i* ⟨*no* ge-, sein⟩ ...

b) In the case of irregular verbs (the so-called strong verbs), the following grammatical forms are given:

3rd sg present
3rd sg past
past participle

Auch hier wird angegeben, ob das Partizip Perfekt mit **haben** oder **sein** verbunden wird:

> **ge·hen** ['ge:ən] **I** *v/i* ⟨geht, ging, gegangen, sein⟩ ...

c) Bei zusammengesetzten regelmäßigen Verben wird außer der Perfektbildung mit **haben** oder **sein** noch zusätzlich angegeben, ob das Partizip Perfekt mit **-ge-** gebildet wird oder nicht:

> **'ein·kla,rie·ren I** *v/t* ⟨*sep, no* -ge-, h⟩ ...
> **'ein,läu·ten** *v/t* ⟨*sep*, -ge-, h⟩ ...

d) Bei zusammengesetzten unregelmäßigen Verben werden die beim Grundverb gegebenen grammatischen Formen nicht wiederholt. Durch die Angabe *irr* sind sie als unregelmäßig gekennzeichnet; die Formen sind beim entsprechenden Grundverb nachzuschlagen. Verzeichnet wird außer der Bildung des Perfekts mit **haben** oder **sein**, ob das Partizip Perfekt mit **-ge-** gebildet wird oder nicht:

> **'ein,brin·gen I** *v/t* ⟨*irr, sep*, -ge-, h⟩ ...
> **'fal·len,las·sen** *v/t* ⟨*irr, sep, no* -ge-, *bes. pass* -ge-, h⟩ ...

e) Trennbarkeit oder Nichttrennbarkeit von Präfix und Grundverb in den flektierten Formen eines zusammengesetzten Verbs wird durch *sep* bzw. *insep* bezeichnet:

> **'durch,bre·chen**[1] **I** *v/t* ⟨*irr, sep*, -ge-, h⟩ ...
> **,durch'bre·chen**[2] **I** *v/t* ⟨*irr, insep, no* -ge-, h⟩ ...

Untrennbare Verbalableitungen mit den Präfixen **be-**, **ent-**, **er-**, **ge-**, **ver-**, **zer-** werden nicht eigens als untrennbar bezeichnet; dagegen wird das Fehlen der Vorsilbe **ge-** im Partizip Perfekt durch den Vermerk *no* **ge-** angedeutet:

> **ent'grä·ten** [-'grɛ:tən] *v/t* ⟨*no* ge-, h⟩ ...

f) Für Verben, bei denen **ge-** nicht Präfix ist, sondern schon im Infinitiv vorhanden ist, wird das Partizip Perfekt voll ausgeschrieben:

> **ge'brau·chen** *v/t* ⟨*pp* gebraucht, h⟩ ...

g) Ändert sich mit der Verbkategorie (*v/t* in *v/i* und umgekehrt) zugleich die Bildung des Perfekts (**haben** in **sein** und umgekehrt), so werden die grammatischen Angaben nicht mehr wiederholt; es wird nur noch **h** bzw. **sein** verzeichnet:

> **'über,set·zen**[2] **I** *v/t* ⟨*sep*, -ge-, h⟩ ... **II** *v/i* ⟨h *u.* sein⟩ ...

VI. BEZEICHNUNG DER REGIONALEN VERBREITUNG

Stichwörter, die als Ganzes oder in einer besonderen Bedeutung auf ein bestimmtes größeres Gebiet beschränkt sind, sind mit der Angabe ihrer regionalen Verbreitung (*Austrian, Swiss, Southern G., Northern G.* etc.) versehen. Diese Bezeichnungen sind annähernde Hinweise auf gegenwärtige

In addition, the use of **haben** or **sein** to form the present perfect tense is indicated:

> **ge·hen** ['ge:ən] **I** *v/i* ⟨geht, ging, gegangen, sein⟩ ...

c) In the case of regular compound verbs the entry shows whether the past participle is formed with **-ge-** or not, as well as whether the perfect tense is formed with **haben** or **sein**:

> **'ein·kla,rie·ren I** *v/t* ⟨*sep, no* -ge-, h⟩ ...
> **'ein,läu·ten** *v/t* ⟨*sep*, -ge-, h⟩ ...

d) In the case of irregular compound and derived verbs the grammatical information given with the base verb is not repeated. Their irregularity is shown by the abbreviation *irr*. The user should consult the base verbs for the principal parts. The use of **haben** or **sein** in forming the perfect tense, and the presence or absence of **-ge-** in the past participle is indicated:

> **'ein,brin·gen I** *v/t* ⟨*irr, sep*, -ge-, h⟩ ...
> **'fal·len,las·sen** *v/t* ⟨*irr, sep, no* -ge-, *bes. pass* -ge-, h⟩ ...

e) The separability or inseparability of the prefix in the conjugated forms of a compound verb is indicated by *sep* or *insep*:

> **'durch,bre·chen**[1] **I** *v/t* ⟨*irr, sep*, -ge-, h⟩ ...
> **,durch'bre·chen**[2] **I** *v/t* ⟨*irr, insep, no* -ge-, h⟩ ...

Inseparable verbs formed with the prefixes **be-**, **ent-**, **er-**, **ge-**, **ver-**, **zer-** are not specifically marked as inseparable. However, the absence of the prefix **ge-** in the past participle is indicated by *no* **ge-**:

> **ent'grä·ten** [-'grɛ:tən] *v/t* ⟨*no* ge-, h⟩ ...

f) Where **ge-** is not a prefix but is already present in a verb's infinitive the past participle is printed in full:

> **ge'brau·chen** *v/t* ⟨*pp* gebraucht, h⟩ ...

g) Where alteration of the verbal category from transitive to intransitive, or from intransitive to transitive, brings with it a change in the formation of the perfect tense (**sein** instead of **haben** or **haben** instead of **sein**) **h** or **sein** is indicated but the other grammatical information is not repeated:

> **'über,set·zen**[2] **I** *v/t* ⟨*sep*, -ge-, h⟩ ... **II** *v/i* ⟨h *u.* sein⟩ ...

VI. GEOGRAPHICAL LABEL

Entry words which as such or in a special meaning are used only or chiefly in a particular section of the German-speaking area are marked with a label of geographical distribution (*Austrian, Swiss, Southern G., Northern G.*, etc.). These labels are to be taken as approximate indications of present

Sprachverhältnisse oder berücksichtigen die historische Entwicklung.

Wo immer sich der Sprachgebrauch von Deutschland, Österreich und der Schweiz in Schreibung, Aussprache, Wortschatz, Wortform oder Wortbedeutung unterscheidet, ist dies sorgfältig registriert. Andererseits wurden im allgemeinen mundartliche oder lokal begrenzte Wörter und Wortbedeutungen nicht verzeichnet.

VII. BEZEICHNUNG DES SACHGEBIETS

Stichwörter, die einem besonderen Sachgebiet angehören, sind mit einer entsprechenden Bezeichnung versehen:

> **Bär** [bɛːr] *m* ‹-**en**; -**en**› **1.** *zo.* bear ... **2.** *astr.* **der Große** ~ the (Big) Dipper ... **3.** *tech.* a) (*Ramm*≈) ram ...

Die Stellung der Sachgebietsbezeichnung innerhalb des Stichwort-Artikels richtet sich danach, ob sie für das ganze Stichwort gilt oder nur für einige Bedeutungen. Unmittelbar hinter den grammatischen Angaben eines ausgerückten Stichworts kann sie für alle angehängten Ableitungen und Zusammensetzungen gelten, sofern diese nicht selbst andere Sachgebietsbezeichnungen tragen.

VIII. BEZEICHNUNG DER SPRACHGEBRAUCHSEBENE

Bei Stichwörtern, die auf irgendeine Weise von der deutschen Hochsprache abweichen, ist vermerkt, welcher Sprachgebrauchsebene sie angehören (*vulg.*, *sl.*, *colloq.*, *dial.*, *poet.*, *obs.*, *hist.* etc.).

Steht eine englische Übersetzung auf einer niedrigeren Sprachgebrauchsebene als ihre deutsche Entsprechung, so wird dies entsprechend gekennzeichnet:

> **Ver'lob·te** ... fiancé(e), *colloq.* my, etc intended ...
>
> **ver'dammt** ... **1.** *colloq.* (*verflucht*) damn(ed), darn(ed), confounded, *Br. sl.* bloody ...

IX. ENGLISCHE ÜBERSETZUNG DES DEUTSCHEN STICHWORTS

Die englische Übersetzung des deutschen Stichworts erscheint in Grundschrift. Bei der Anordnung der verschiedenen durch arabische Ziffern getrennten Bedeutungen wurden die häufigsten und wichtigsten Bedeutungen zuerst aufgeführt.

Besteht zu einem Fachwort im Englischen ein der Allgemeinsprache entnommenes Synonym, so wird dieses an erster Stelle verzeichnet.

Mußte ein mit Bindestrich geschriebenes englisches Wort an der Stelle des Bindestrichs getrennt werden, so wurde der Bindestrich am Anfang der folgenden Zeile wiederholt.

linguistic conditions or as referring to the historical development.

Whenever the linguistic usage of Germany or Austria or Switzerland shows differences in spelling, pronunciation, vocabulary, grammatical form, or meaning, these differences have been carefully recorded. As a rule, words or meanings restricted to dialectal or local use have not been included.

VII. SUBJECT LABEL

Entries belonging to a particular field of knowledge are labelled accordingly:

> **Bär** [bɛːr] *m* ‹-**en**; -**en**› **1.** *zo.* bear ... **2.** *astr.* **der Große** ~ the (Big) Dipper ... **3.** *tech.* a) (*Ramm*≈) ram ...

The position of the subject label within an entry depends on whether it refers to the entry as a whole or only to one or more meanings within the entry. A subject label immediately following the grammatical information of a left-margin entry word can refer to all run-on derivatives and compounds, unless these are marked by different subject labels.

VIII. LEVEL-OF-USAGE LABEL

When an entry deviates in any way from standard German, the level of usage is indicated (*vulg.*, *sl.*, *colloq.*, *dial.*, *poet.*, *obs.*, *hist.*, etc.).

When the level of usage of an English translation deviates from that of the corresponding German word or phrase, this is indicated accordingly:

> **Ver'lob·te** ... fiancé(e), *colloq.* my, etc intended ...
>
> **ver'dammt** ... **1.** *colloq.* (*verflucht*) damn(ed), darn(ed), confounded, *Br. sl.* bloody ...

IX. THE ENGLISH TRANSLATION OF THE GERMAN ENTRY WORD

The English translation of the German entry word is printed in plain type. In the arrangement of the separate meanings (indicated by Arabic numerals) the most frequent and most important have been listed first.

If a specialized English word has a synonym taken from common speech, this is placed first.

If a hyphenated English word had to be divided at the hyphen, the hyphen was repeated at the beginning of the following line.

1. Rechtschreibung, Genusangabe und Numerus.

Unterschiede in der britischen und amerikanischen Rechtschreibung werden in der folgenden Weise angedeutet:

colo(u)r
defen/ce (*Am.* -se)
program(me *Br.*)
sulphate (*Am.* -f-)

Die Hinzufügung von *bes.* in *bes. Am.* und *bes. Br.* deutet an, daß die betreffende Rechtschreibung zwar auch im britischen bzw. amerikanischen Englisch vorkommt, aber viel weniger häufig.

Besteht entweder im britischen oder amerikanischen Englisch eine zusätzliche Variante, so wird sie mit *Br. a.* bzw. *Am. a.* gekennzeichnet.

Bei Zusammensetzungen, in Anwendungsbeispielen oder erläuternden Zusätzen konnten diese Angaben jedoch meist nicht wiederholt werden; in solchen Fällen muß der Benutzer beim Grundwort nachschlagen.

Die Verwendung des Bindestrichs bei Zusammensetzungen im britischen Englisch läßt sich nicht in Regeln fassen. Die Tendenz im amerikanischen Englisch ist es, Zusammensetzungen auseinander oder – wenn der Vertrautheitsgrad wächst – zusammenzuschreiben. Im britischen Englisch ist die Bindestrich-Schreibung jedoch noch weit verbreitet; es existieren aber manchmal verschiedene Schreibweisen nebeneinander, z. B. flowerpot, flower-pot, flower pot.

Die Fixierung einer Schreibvariante dieser Art im vorliegenden Wörterbuch besagt deshalb nicht, daß nur diese Schreibvariante im britischen Englisch vorkommt.

Die Angabe des grammatischen Geschlechts bei den englischen Übersetzungen bleibt weg; in den verhältnismäßig seltenen Fällen wie **ship, sun, moon** wird es durch Anwendungsbeispiele gegeben.

Numerusangabe erfolgt immer nur dann, wenn einem deutschen Stichwort im Singular eine englische Übersetzung im Plural oder umgekehrt einem deutschen Stichwort im Plural eine englische Übersetzung im Singular entspricht:

Ge'bein *n* <-(e)s; -e> *lit.* **1.** bones *pl* ...
Mö·bel ['mø:bəl] *n* <-s; -> **1.** *pl* furniture *sg* ...

2. Unübersetzbare deutsche Ausdrücke werden in Kursivschrift erläutert:

Abi·tu·ri·ent ... *student who is about to take or has just taken the "Abitur" examination.*

3. Zusätze und Erläuterungen

Kursive Zusätze in Klammern hinter der Übersetzung geben

1. Spelling, Gender, and Number.

Differences in spelling between British and American English are indicated as follows:

colo(u)r
defen/ce (*Am.* -se)
program(me *Br.*)
sulphate (*Am.* -f-)

The addition of *bes.* in *bes. Am.* and *bes. Br.* indicates that the spelling so marked is not completely unknown though much less frequent in British or American English respectively.

If there is an additional variant in either British or American English this too is noted as *Br. a.* or *Am. a.*, as the case may be.

However, in compounds, illustrative phrases, and explanations these variants for the most part had to be ignored; the user can find them by consulting the basic entry words.

The use of the hyphen in compound words in British English cannot be formulated according to rule. In American English the tendency is to write compounds either as two separate words or–as they become more frequent–as a single word. In British English on the other hand the use of the hyphen is still widespread. However, varying spellings may often exist side by side, e.g. flowerpot, flower-pot, flower pot.

The choice of one spelling of this kind in the present dictionary does not therefore imply that this is the only form to be found in British English.

The grammatical gender of nouns in English translations has not been given; in a few special cases like **ship, sun, moon** it can be inferred from illustrative phrases.

In the case of nouns there is an indication of number only if a German entry word in singular is rendered by an English translation in plural, or if a German entry word in plural is rendered by an English translation in singular:

Ge'bein *n* <-(e)s; -e> *lit.* **1.** bones *pl* ...
Mö·bel ['mø:bəl] *n* <-s; -> **1.** *pl* furniture *sg* ...

2. The Meaning of **Untranslatable German Words and Phrases** is illustrated in italics:

Abi·tu·ri·ent ... *student who is about to take or has just taken the "Abitur" examination.*

3. Additional Information and Explanations

Italicized additions in brackets following the translation offer

a) zusätzliche Erläuterungen:

ˈVa·len·tinsˌtag ... (Saint) Valentine('s Day) (*February 14th*).

b) Anwendungsmöglichkeiten und typische Verbindungen:

töd·lich ... deadly (*weapon, etc*), lethal (*poison, dose, etc*) ...

verˈge·ben[1] ... place (*an order*), ... award (*a contract*) ...

Kontextbildende Elemente ohne deutsche Entsprechung stehen in Kursivschrift ohne Klammern vor oder hinter der Übersetzung:

Trä·ne ... **unter ~n** in tears *he confessed* ...

X. HINWEISE ZUR REKTION

Bei transitiven Verben stehen vor der englischen Übersetzung häufig Akkusativobjekte (kursiv und in Klammern), die der Veranschaulichung dienen:

ˈaufˌru·fen *v/t* ‹*irr, sep*, **-ge-**, **h**› ... **4.** (*Banknoten*) call in, (*Obligationen*) call (*for repayment od. redemption*). **5.** *jur.* (*Zeugen, Sache*) call; ...

Bei intransitiven Verben stehen zur Veranschaulichung dienende grammatische Subjekte (kursiv und mit Doppelpunkt) vor der englischen Übersetzung:

ˈeinˌrei·ßen ... **II** *v/i* ‹**sein**› **7.** *fig. Unsitte etc*: spread ...

Ist ein deutsches transitives Verb nicht transitiv übersetzt, so wird die abweichende Rektion bei der englischen Übersetzung angegeben:

verˈabˌre·den I *v/t* ‹*no* **-ge-**, **h**› agree upon ...

Bei deutschen Stichwörtern (Substantiven, Adjektiven, Verben), die von einer bestimmten Präposition regiert werden, sind diese Präpositionen (in Auszeichnungsschrift) und ihre englischen Entsprechungen (in Grundschrift) angegeben. Folgende Anordnungen sind möglich:

1. Steht die deutsche Präposition (wenn nötig, mit Kasusangabe) zusammen mit der englischen Rektionsangabe (meist Präposition) am Anfang aller englischen Übersetzungen, dann gilt die englische Rektionsangabe für alle folgenden Übersetzungen:

ˈausˌson·dern *v/t* ‹*sep*, **-ge-**, **h**› **1.** (*heraussuchen*) (**aus** from) sort (*od.* single, pick) out, select ...

2. Steht nur die deutsche Präposition vor den englischen Übersetzungen und die englische Rektionsangabe jeweils hinter den einzelnen Übersetzungen, dann gilt die englische Rektionsangabe nur für die Übersetzung oder die Übersetzungen, die ihr unmittelbar vorausgehen:

a) additional explanations:

ˈVa·len·tinsˌtag ... (Saint) Valentine('s Day) (*February 14th*).

b) examples of use and typical collocations:

töd·lich ... deadly (*weapon, etc*), lethal (*poison, dose, etc*) ...

verˈge·ben[1] ... place (*an order*), ... award (*a contract*) ...

Elements employed in illustrative examples for which no German translation is given are rendered in italics, but not in brackets, and immediately precede or follow the translation:

Trä·ne ... **unter ~n** in tears *he confessed* ...

X. INDICATION OF GRAMMATICAL CONTEXT

The English translation of transitive verbs is often preceded by one or more direct objects (italicized and in brackets) which help illustrate the specific meaning of the verb in each case:

ˈaufˌru·fen *v/t* ‹*irr, sep*, **-ge-**, **h**› ... **4.** (*Banknoten*) call in, (*Obligationen*) call (*for repayment od. redemption*). **5.** *jur.* (*Zeugen, Sache*) call; ...

Similarly, grammatical subjects (italicized and followed by a colon) are placed before the English translation of intransitive verbs:

ˈeinˌrei·ßen ... **II** *v/i* ‹**sein**› **7.** *fig. Unsitte etc*: spread.

When a German transitive verb cannot be translated by an English transitive verb, the preposition or other grammatical indication has been added to the English verb:

verˈabˌre·den I *v/t* ‹*no* **-ge-**, **h**› agree upon ...

Prepositions governing certain German entry words (nouns, adjectives, verbs) have been entered in lightface type, followed by their English equivalents in plain type. The following arrangements are possible:

1. When the German preposition (if necessary followed by indication of case) and its English equivalent precede all translations, the English preposition (or other grammatical indication) applies to all translations which follow:

ˈausˌson·dern *v/t* ‹*sep*, **-ge-**, **h**› **1.** (*heraussuchen*) (**aus** from) sort (*od.* single, pick) out, select...

2. When only the German preposition precedes the English translations of a subdivision and the English prepositions (or other grammatical indications) follow each individual translation, the latter apply only to the translation or translations immediately preceding:

ˈ**Ab**ˌ**nei·gung** *f* ⟨-; **-en**⟩ (*Widerwille*) (**gegen**) dislike (of, for), distaste (for), *stärker*: aversion (to, for, from), loathing (for) ...

Bei den deutschen Präpositionen, die sowohl den Dativ als auch den Akkusativ regieren können, wird in Rektionsangaben stets der Kasus verzeichnet:

erˈ**in·nern** [-ˈʔɪnərn] **I** *v/t* ⟨*no* **ge-**, **h**⟩ remind; **j-n an** (*acc*) **et.** ~ a) remind s.o. of s.th. ...

3. Entspricht einem im Deutschen singularischen Substantiv im Englischen ein Substantiv im Plural oder umgekehrt, so steht hinter der betreffenden Übersetzung *sg* bzw. *pl*; d.h. im syntaktischen Bezug muß der Numerus des Verbs dem des Substantivs entsprechen. Englische Substantive, die zwar Plural sind, aber singularisch konstruiert werden, erhalten den Zusatz *pl* (*als sg konstruiert*):

Elek·tro·nik [elɛkˈtroːnɪk] *f* ⟨-; *no pl*⟩ **1.** *phys.* electronics *pl* (*als sg konstruiert*) ...

XI. ANWENDUNGSBEISPIELE

Sie dienen der weiteren Information über das Stichwort (Konstruktion im Satzzusammenhang, Wendungen etc.) und stehen in Auszeichnungsschrift unmittelbar nach der englischen Übersetzung des Stichworts.

XII. BESONDERE REDEWENDUNGEN

Bei sehr umfangreichen Stichwörtern sind idiomatische Wendungen und sprichwörtliche Redensarten in einem gesonderten Abschnitt „*Besondere Redewendungen*" am Ende des Stichwortartikels zusammengefaßt (Beispiele: **Finger, Herz, Kopf**).

XIII. VERBINDUNGEN MIT PRÄPOSITIONEN

Bei sehr umfangreichen Stichwörtern sind Verbindungen mit Präpositionen als halbfette Stichwörter in einem gesonderten Abschnitt unmittelbar an den jeweiligen Artikel angehängt (Beispiele: **bringen, gehen**).

XIV. VERWEISE

Verweise (→) stehen in folgenden Fällen:

1. Bedeutungsgleichheit zwischen zwei Stichwörtern:

Eger·ling [ˈeːɡərlɪŋ] *m* ⟨**-s**; **-e**⟩ *bot.* → **Champignon.**

2. Zwei Stichwörter unterscheiden sich lediglich in der Schreibung:

Cya·nid [tsyaˈniːt] *n* ⟨**-s**; **-e**⟩ → **Zyanid.**

3. Ein Anwendungsbeispiel oder eine Redewendung ist bei einem anderen Stichwort zu finden:

ˈ**ein**ˌ**ge·hen** ... **8.** *colloq. Mensch*: a) (*sterben*) die, ...; → **Primel.**

ˈ**Ab**ˌ**nei·gung** *f* ⟨-; **-en**⟩ (*Widerwille*) (**gegen**) dislike (of, for), distaste (for), *stärker*: aversion (to, for, from), loathing (for) ...

For German prepositions which can govern both the dative and the accusative, the required case is indicated:

erˈ**in·nern** [-ˈʔɪnərn] **I** *v/t* ⟨*no* **ge-**, **h**⟩ remind; **j-n an** (*acc*) **et.** ~ a) remind s.o. of s.th. ...

3. When a singular German substantive corresponds to a plural English one, or when a plural German substantive is to be translated by a singular English one, the translation is followed by *pl* or *sg* as the case may be; this means that syntactically the number of the verb must correspond to the number of the substantive. English nouns which are plural in form but are construed as singular are marked *pl* (*als sg konstruiert*):

Elek·tro·nik [elɛkˈtroːnɪk] *f* ⟨-; *no pl*⟩ **1.** *phys.* electronics *pl* (*als sg konstruiert*) ...

XI. ILLUSTRATIVE PHRASES

These have been supplied to give further information on the entry word (e.g. on the construction within a given sentence, idiomatic usage, etc.). They follow the English translation of the entry word; the German phrase is printed in lightface type.

XII. IDIOMATIC EXPRESSIONS

In some instances, where the entry is very long, idiomatic expressions and proverbs have been collected in a special paragraph ("*Besondere Redewendungen*") at the end of the entire entry (e.g. **Finger, Herz, Kopf**).

XIII. VERB PHRASES

In some instances, where the entry is very long, verb phrases have been collected and entered in boldface type in a special paragraph at the end of the entire entry (e.g. **bringen, gehen**).

XIV. CROSS REFERENCES

Cross references (→) are made in the following cases:

1. When the meaning of two entry words is identical:

Eger·ling [ˈeːɡərlɪŋ] *m* ⟨**-s**; **-e**⟩ *bot.* → **Champignon.**

2. When two entry words merely differ in spelling:

Cya·nid [tsyaˈniːt] *n* ⟨**-s**; **-e**⟩ → **Zyanid.**

3. When an illustrative phrase or idiomatic expression is to be found under a different entry:

ˈ**ein**ˌ**ge·hen** ... **8.** *colloq. Mensch*: a) (*sterben*) die, ...; → **Primel.**

ERLÄUTERUNG DER PHONETISCHEN UMSCHRIFT

GUIDE TO PRONUNCIATION

The phonetic alphabet used in this dictionary is that of the International Phonetic Association (IPA).

Vowel length is indicated by [ː]. [˘] placed over a vowel indicates that the vowel in question is non-syllabic. Stress is shown by [ˈ] (main stress) and [ˌ] (secondary stress); [ˈ] and [ˌ] are placed at the onset of the stressed syllable. [-] indicates a phonetic syllable boundary; it can also stand for a whole phonetic syllable or a sequence of phonetic syllables, e.g. **ˈErzˌva·ter** [ˈɛrts-] instead of [ˈɛrtsˌfaːtər]. The glottal stop [ˀ] has been omitted when the first sound of an entry word is a vowel, e.g. **Abend** [ˈaːbənt] instead of [ˈˀaːbənt].

A. Vowels

Phonetic symbol	German example	Remarks
[iː]	Vieh [fiː]	long, resembles English *ee* in *see*, but closer than this
[i]	binär [biˈnɛːr]	short, otherwise like [iː]
[ɪ]	mit [mɪt]	short, resembles English *i* in *hit*, but closer than this
[eː]	Weh [veː]	long, resembles the first sound in English *ay*, e.g. *day* [deɪ], but somewhat closer than this
[e]	Tenor [teˈnoːr]	short, otherwise like [eː]
[ɛː]	Zähne [ˈtsɛːnə]	long, resembles English *e* in *bed*, but opener than this
[ɛ]	wenn [vɛn]	short, resembles [ɛː], but slightly opener than this
[ə]	zahle [ˈtsaːlə]	short, resembles English *a* in *ago*, but closer than this
[yː]	Düse [ˈdyːzə]	long, resembles French *u* in *muse*
[y]	Physik [fyˈziːk]	short, otherwise like [yː]
[ʏ]	Hütte [ˈhʏtə]	short, opener than [yː]
[øː]	böse [ˈbøːzə]	long, resembles French *eu* in *trieuse*
[ø]	Ödem [øˈdeːm]	short, otherwise like [øː]
[œ]	Hölle [ˈhœlə]	short, opener than [øː]
[uː]	gut [guːt]	long, resembles English *oo* in *boot*, but closer and more retracted than this
[u]	Musik [muˈziːk]	short, otherwise like [uː]
[ʊ]	Bulle [ˈbʊlə]	short, resembles English *u* in *bull*, but closer and more retracted than this
[oː]	Boot [boːt]	long, resembles English *aw* in *law*, but closer than this
[o]	Modell [moˈdɛl]	short, otherwise like [oː]
[ɔ]	Gott [gɔt]	short, resembles English *o* in *got*, but closer than this
[aː]	Base [ˈbaːzə]	long, resembles English *a* in father, but more advanced ("clearer") than this

[a]	hatte [ˈhatə]	short, otherwise like [a:]
[ɛ̃:]	Teint [tɛ̃:]	long, approximately nasalized [æ]
[ɛ̃]	Interieur [ɛ̃teˈrĭø:r]	short, otherwise like [ɛ̃:]
[œ̃:]	Parfum [parˈfœ̃:]	long nasalized [œ]
[œ̃]	Lundist [lœ̃ˈdɪst]	short nasalized [œ]
[õ:]	Fond [fõ:]	long nasalized [o], but opener than this
[õ]	Fondue [fõˈdy:]	short, otherwise like [õ:]
[ã:]	Gourmand [gʊrˈmã:]	long nasalized [a]
[ã]	Entree [ãˈtre:]	short nasalized [a]
[aɪ]	Beil [baɪl]	resembles English *i* in *while*
[aʊ]	Haus [haʊs]	resembles English *ou* in *house*
[ɔʏ]	heute [ˈhɔʏtə]	falling diphthong consisting of [ɔ] and [ʏ]

B. Consonants

The following German consonants resemble their English counterparts: [p, b, t, d, k, g ("hard"), m, n, f, h].

Phonetic symbol	German example	Remarks
[ˀ]	beeiden [bəˈˀaɪdən]	glottal stop
[ŋ]	Ding [dɪŋ]	like English *ng* in *thing*
[l]	lallt [lalt]	similar to British English *l* in *light*
[r]	1. rot [ro:t]	rolled or flapped consonant, with the uvula or with the tip of the tongue; also uvular fricative
	2. Heer [he:r], Heers [he:rs]	mostly weak uvular fricative after long vowels in final position or before consonant
	3. Wasser [ˈvasər], Wassers [ˈvasərs]	very weak uvular fricative in [ər] in final position or before consonant; or [ər] becoming [ɐ] (centralized [a])
[v]	Welt [vɛlt]	resembles English *v* in *vice*, but with less friction
[s]	Gasse [ˈgasə]	resembles English *s* in *miss*, but with a sharper hiss
[z]	Base [ˈba:zə]	similar to English *z* in *blazer*
[ʃ]	Masche [ˈmaʃə]	resembles English *sh* in *cash*, but with more lip-protrusion
[ʒ]	Genie [ʒeˈni:]	resembles English *s* in *measure* [ˈmeʒə], but with more lip-protrusion
[ç]	mich [mɪç]	voiceless palatal fricative. It can be made by unvoicing a fricative [j]. Some English speakers use [ç] instead of [hj], e.g. *human* [ˈçu:mən] instead of [ˈhju:mən]
[j]	ja [ja:]	resembles English *y* in *yes*
[x]	Bach [bax]	similar to Scottish *ch* in *loch*

C. Symbols in Phonetically Non-germanized Entries of English Origin

Phonetic symbol	English example	Phonetic symbol	English example	Phonetic symbol	English example	Phonetic symbol	English example
[æ]	gag [gæg]	[ɑ:]	father [ˈfɑ:ðə]	[ɪə]	here [hɪə]	[θ]	thick [θɪk]

[ɜː]	first [fɜːst]	[ɑ]	not [nɑt]	[əʊ]	show [ʃəʊ]	[w]	well [wel]
[ɔː]	law [lɔː]	[eɪ]	lady ['leɪdɪ]	[eə]	there [ðɛə]	[ð]	this [ðɪs]
[ʌ]	come [kʌm]	[ɔɪ]	boy [bɔɪ]	[ʊə]	gourd [gʊəd]		

D. Stress Marks in Compound Words

It has not been possible to indicate the different grades of secondary stress in compound words containing two or more secondary stresses. The grades have to be established according to the immediate constituents of the compound word in question, e.g. **'Haupt,bahn,hof** = 'Haupt + ,bahn,hof, the secondary stress of -,bahn- being stronger than that of -,hof; **'Haus,halts,jahr** = 'Haus,halts + ,jahr, the secondary stress of -,jahr being stronger than that of -,halts-.

In the boldface entry words the stress marks ['] and [,] are placed at the onset of the stressed syllable in agreement with the rules of orthographic syllabification, which often differs from phonetic syllabification, e.g. **ka'sta·ni·en,braun** [kas'taːnĭən,braʊn], **Ko·lo·ni'al,zeit** [kolo'nĭaːl,tsaɪt].

E. List of Initial and Final Elements Normally given without Phonetic Transcription

Initial elements

be- [bə]	ent- [ɛnt]	miß- [mɪs]	ver- [fɛr]
er- [ɛr]	ge- [gə]	un- [ʊn]	zer- [tsɛr]

Final elements

-äugig [ˀɔʏgɪç]	-ernde [ərndə]	-iglich [ɪklɪç]	-maßen [maːsən]
-bar [baːr]	-erst [ərst]	-igs [ɪçs]	-mütig [myːtɪç]
-chen [çən]	-ert [ərt]	-igt [ɪçt]	-n [n]
-e [ə]	-es [əs]	-in [ɪn]	-nahme [naːmə]
-ei [aɪ]	-est [əst]	-innen [ɪnən]	-nis [nɪs]
-el [əl]	-et [ət]	-isch [ɪʃ]	-nisse [nɪsə]
-elchen [əlçən]	-fach [fax]	-keit [kaɪt]	-pflichtig [pflɪçtɪç]
-eln [əln]	-farben [farbən]	-kunft [kʊnft]	-s [s]
-elnd [əlnt]	-förmig [fœrmɪç]	-länder [lɛndər]	-sal [zaːl]
-elnde [əlndə]	-füßer [fyːsər]	-ländisch [lɛndɪʃ]	-sam [zaːm]
-elst [əlst]	-füßig [fyːsɪç]	-lei [laɪ]	-sch [ʃ]
-elt [əlt]	-gänger [gɛŋər]	-lein [laɪn]	-schaft [ʃaft]
-em [əm]	-glied(e)rig [gliːd(ə)rɪç]	-ler [lər]	-sche [ʃə]
-en [ən]	-haft [haft]	-lich [lɪç]	-seitig [zaɪtɪç]
-end [ənt]	-haftigkeit [haftɪçkaɪt]	-ling [lɪŋ]	-seits [zaɪts]
-ende [əndə]	-haltig [haltɪç]	-lings [lɪŋs]	-st [st]
-ens [əns]	-heit [haɪt]	-los [loːs]	-stel [stəl]
-entlich [əntlɪç]	-icht [ɪçt]	-lose [loːzə]	-t [t]
-er [ər]	-ig [ɪç]	-losigkeit [loːzɪçkaɪt]	-tägig [tɛːgɪç]
-erchen [ərçən]	-ige [ɪgə]	-m [m]	-te [tə]
-erei [əraɪ]	-igem [ɪgəm]	-macher [maxər]	-teilig [taɪlɪç]
-erin [ərɪn]	-igen [ɪgən]	-macherei [maxəraɪ]	-tum [tuːm]
-erisch [ərɪʃ]	-iger [ɪgər]	-machung [maxʊŋ]	-tümer [tyːmər]
-ern [ərn]	-iges [ɪgəs]	-malig [maːlɪç]	-ung [ʊŋ]
-ernd [ərnt]	-igkeit [ɪçkaɪt]	-mals [maːls]	-wärts [vɛrts]

VERZEICHNIS DER IM WÖRTERBUCH VERWANDTEN ABKÜRZUNGEN

ABBREVIATIONS USED IN THIS DICTIONARY

a.	*also*, auch
acc	*accusative*, Akkusativ
adj	*adjective*, Adjektiv
adm.	*administration*, Verwaltung
adv	*adverb*, Adverb, *adverbial phrase*, adverbialer Ausdruck
aer.	*aeronautics*, Luftfahrt
afrik.	afrikanisch, *African*
agr.	*agriculture*, Landwirtschaft
allg.	allgemein, *generally*
Am.	*American English*, amerikanisches Englisch
amer.	amerikanisch, *American*
anthrop.	*anthropology*, Anthropologie
antiq.	*antiquity*, Antike
arch.	*architecture*, Architektur
archeol.	*archeology*, Archäologie
asiat.	asiatisch, *Asiatic*
astr.	*astronomy*, Astronomie
astrol.	*astrology*, Astrologie
attrib	*attributively*, attributiv
austral.	australisch, *Australian*
belg.	belgisch, *Belgian*
bes.	besonders, *especially*
Bes. Redew.	Besondere Redewendungen, *idiomatic expressions*
Bibl.	*Bible*, Bibel
biol.	*biology*, Biologie
bot.	*botany*, Botanik
Br.	*British English*, britisches Englisch
brasil.	brasilianisch, *Brazilian*
BRD	Bundesrepublik Deutschland, *Federal Republic of Germany*
brit.	britisch, *British*
b.s.	*bad sense*, in schlechtem Sinne
cf.	*confer*, vergleiche
chem.	*chemistry*, Chemie

chines.	chinesisch, *Chinese*
choreogr.	*choreography*, Choreographie, Tanz
civ.eng.	*civil engineering*, Bauwesen
collect.	*collective noun*, Kollektivum
colloq.	*colloquially*, umgangssprachlich
comp	*comparative*, Komparativ
conj	*conjunction*, Konjunktion
contp.	*contemptuously*, abwertend
dat	*dative*, Dativ
DDR	Deutsche Demokratische Republik, *German Democratic Republic*
d-e, *d-e*	deine, *your* (*nom*)
dial.	*dialect*, Dialekt
dim.	*diminutive*, Diminutiv
d-m, *d-m*	deinem, *to your*
d-n, *d-n*	deinen, *your* (*acc*)
d-r, *d-r*	deiner, *of your*, *to your*
d-s, *d-s*	deines, *of your*
dt.	deutsch, *German*
Eastern G.	*Eastern German*, Ostdeutsch
Eastern Middle G.	*Eastern Middle German*, Ostmitteldeutsch
econ.	*economics*, Wirtschaft
e-e, *e-e*	eine, *a* (*an*) (*nom*)
electr.	*electricity*, Elektrizität
e-m, *e-m*	einem, *to a* (*an*)
e-n, *e-n*	einen, *a* (*an*) (*acc*)
engl.	englisch, *English*
(*Engl.*)	*English*, Englisch
engS.	in engerem Sinne, *more strictly taken*
e-r, *e-r*	einer, *of a* (*an*), *to a* (*an*)
e-s, *e-s*	eines, *of a* (*an*)
esp.	*especially*, besonders
etc	*et cetera*, und so weiter

euphem. — *euphemistically*, euphemistisch
europ. — europäisch, *European*
ev. — *evangelisch*, Protestant

f — *feminine*, feminin
fenc. — *fencing*, Fechtkunst
fig. — *figuratively*, übertragen, bildlich
(*Fr.*) — *French*, Französisch
franz. — französisch, *French*

gastr. — *gastronomy*, Gastronomie
gen — *genitive*, Genitiv
geogr. — *geography*, Geographie
geol. — *geology*, Geologie
Ggs. — Gegensatz, *antonym*
griech. — griechisch, *Greek*
gym. — *gymnastics*, Turnen

h — haben, *have*
her. — *heraldry*, Heraldik
hist. — *historical*, historisch, *history*, Geschichte
holl. — holländisch, *Dutch*
hort. — *horticulture*, Gartenbau
humor. — *humoristically*, humorvoll
hunt. — *hunting*, Jagd

ichth. — *ichthyology*, Fischkunde
imp — *imperative*, Imperativ
ind. — indisch, *Indian*
indef — *indefinite*, indefinit
inf — *infinitive*, Infinitiv
insep — *inseparable*, untrennbar
interj — *interjection*, Interjektion
interrog — *interrogative*, interrogativ
iro. — *ironically*, ironisch
irr — *irregular*, unregelmäßig
islam. — islamisch, *Moslem*
(*Ital.*) — *Italian*, Italienisch
ital. — italienisch, *Italian*

jap. — japanisch, *Japanese*
j-d, *j-d* — jemand, *someone* (*nom*)
Jh., **Jh.** — Jahrhundert, *century*
j-m, *j-m* — jemandem, (*to*) *someone*
j-n, *j-n* — jemanden, *someone* (*acc*)
j-s, *j-s* — jemandes, *someone's*
jüd. — jüdisch, *Jewish*
jur. — *jurisprudence*, Recht

kanad. — kanadisch, *Canadian*

(*Lat.*) — *Latin*, Lateinisch
lat. — lateinisch, *Latin*
ling. — *linguistics*, Sprachwissenschaft
lit. — *literary*, literarisch
Low G. — *Low German*, Niederdeutsch

m — *masculine*, maskulin
mar. — *maritime terminology*, Schiffahrt
math. — *mathematics*, Mathematik
m-e, *m-e* — meine, *my* (*nom*)
med. — *medicine*, Medizin
metall. — *metallurgy*, Metallurgie
meteor. — *meteorology*, Meteorologie
metr. — *metrics*, Metrik
mexik. — mexikanisch, *Mexican*
mil. — *military terminology*, Wehrwesen
min. — *mineralogy*, Mineralogie
mittelamer. — mittelamerikanisch, *Central American*
m-m, *m-m* — meinem, *to my*
m-n, *m-n* — meinen, *my* (*acc*)
mot. — *motoring*, Kraftfahrwesen
mount. — *mountaineering*, Bergsteigen
m-r, *m-r* — meiner, *of my*, *to my*
m-s, *m-s* — meines, *of my*
mus. — *music*, Musik
myth. — *mythology*, Mythologie

n — *neuter*, neutral
n.Chr. — nach Christus, *Anno Domini*
neg — *negative*, verneinend
niederl. — niederländisch, *Dutch*
nom — *nominative*, Nominativ
nordamer. — nordamerikanisch, *North American*
nördl. — nördlich, *northern*
Northern G. — *Northern German*, Norddeutsch
npr — *proper name*, Eigenname
nucl. — *nuclear physics*, Kernphysik

obs. — *obsolete*, veraltet
od. — oder, *or*
opt. — *optics*, Optik
orient. — orientalisch, *oriental*
orn. — *ornithology*, Vogelkunde
österr. — österreichisch, *Austrian*
östl. — östlich, *eastern*

parl. — *parliamentary term*, parlamentarischer Ausdruck
pass — *passive*, passivisch
ped. — *pedagogy*, Pädagogik

(*Pers.*)	*Persian*, Persisch
pers.	persisch, *Persian*
pers	*personal*, persönlich
pharm.	*pharmacy*, Pharmazie
philat.	*philately*, Philatelie
philos.	*philosophy*, Philosophie
phot.	*photography*, Photographie
phys.	*physics*, Physik
physiol.	*physiology*, Physiologie
pl	*plural*, Plural
poet.	*poetical*, dichterisch
pol.	*politics*, Politik
(*Portug.*)	*Portuguese*, Portugiesisch
portug.	portugiesisch, *Portuguese*
possess	*possessive*, possessiv
pp	*past participle*, Partizip Perfekt
pred	*predicatively*, prädikativ
prep	*preposition*, Präposition
pres	*present*, Präsens
pres p	*present participle*, Partizip Präsens
pret	*preterite*, Präteritum
print.	*printing*, Buchdruck
pron	*pronoun*, Pronomen
psych.	*psychology*, Psychologie
rail.	*railway*, Eisenbahnwesen
R.C.	*Roman Catholic*, römisch-katholisch
relig.	*religion*, Religion
röm.	römisch, *Roman*
rumän.	rumänisch, *Romanian*
(*Russ.*)	*Russian*, Russisch
russ.	russisch, *Russian*
schott.	schottisch, *Scottish*
schwed.	schwedisch, *Swedish*
sculp.	*sculpture*, Bildhauerei
s-e, *s-e*	seine, *his*, *one's* (*nom*)
sep	*separable*, trennbar
sg	*singular*, Singular
skandinav.	skandinavisch, *Scandinavian*
sl.	*slang*, Slang
s-m, *s-m*	seinem, *to his*, *to one's*
s-n, *s-n*	seinen, *his*, *one's* (*acc*)
s.o., *s.o.*	*someone*, jemand, -em, -en
sociol.	*sociology*, Soziologie
s.o.'s, *s.o.'s*	*someone's*, jemandes
Southern G.	*Southern German*, Süddeutsch
SouthwesternG.	*Southwestern German*, Südwestdeutsch
(*Span.*)	*Spanish*, Spanisch
span.	spanisch, *Spanish*
s-r, *s-r*	seiner, *of his*, *of its*, *to his*, *to its*
s-s, *s-s*	seines, *of his*, *of one's*
s.th., *s.th.*	*something*, etwas
subj	*subjunctive*, Konjunktiv
subtrop.	subtropisch, *subtropical*
südafrik.	südafrikanisch, *South African*
südamer.	südamerikanisch, *South American*
südl.	südlich, *southern*
sup	*superlative*, Superlativ
surv.	*surveying*, Landvermessung
synth.	*synthetics*, Kunststoff
tech.	*technology*, Technik
tel.	*telegraphy*, Telegraphie
teleph.	*telephony*, Telephonie
TV	*television*, Fernsehtechnik
Textil.	Textilindustrie, *textile industry*
thea.	*theatre*, Theaterwesen
(*TM*)	*trademark*, Warenzeichen
türk.	türkisch, *Turkish*
u., *u.*	und, *and*
UdSSR	Union der Sozialistischen Sowjetrepubliken, *Union of Socialist Soviet Republics*
ungar.	ungarisch, *Hungarian*
USA	*United States of America*, Vereinigte Staaten von Amerika
v.Chr.	vor Christus, *before Christ*
vet.	*veterinary medicine*, Tiermedizin
v/aux	*auxiliary verb*, Hilfsverb
v/i	*intransitive verb*, intransitives Verb
v/impers	*impersonal verb*, unpersönliches Verb
v/reflex	*reflexive verb*, reflexives Verb
v/t	*transitive verb*, transitives Verb
vulg.	*vulgar*, vulgär
weitS.	im weiteren Sinne, *more widely taken*
westafrik.	westafrikanisch, *West African*
westl.	westlich, *western*
z.B.	zum Beispiel, *for instance*
zo.	*zoology*, Zoologie
zs.-, *Zs.-*	zusammen, *together*
Zssg(n)	Zusammensetzung(en), *compound word(s)*

A

A, a [a:] *n* ⟨-; -⟩ **1.** A, a (*Buchstabe*); *fig.* **wer A sagt, muß auch B sagen** (*Sprichwort*) in for a penny, in for a pound; *colloq.* **von A bis Z** from A to Z, from beginning to end, from first to last, thoroughly; **ein Buch von A bis Z lesen** read a book from cover to cover; **das A und (das) O** Alpha and Omega, *weitS.* (*gen* of) the essence, the be-all and end-all; **das A und O der ganzen Geschichte** the crux of the matter. **2.** *mus.* a) (the note) A, *a*. a, b) **a**, **A** A (*concert pitch*), c) **a** (= *a-Moll*) A minor, d) A (= *A-Dur*) A major; **das Werk steht in A(-Dur)** the work is in (the key of) A (major). **3. a** *econ. od. colloq.* **eins a, I a, 1 a** A one, A 1, first quality, Grade A, top grade.

à [a] *prep bes. econ.* (at) ... each (*od.* a piece); **5 Flaschen ~ 7 Mark** 5 bottles 7 marks each.

Ä, ä [ɛ:] *n* ⟨-; -⟩ A (*od.* a) modified, A (*od.* a) umlaut.

ä! [ɛ:] *interj* → **äh.**

A-a, Aa [ˈaˈʔa; aˈʔa; aˈʔa:] *n* ⟨*undeclined*⟩ (*children's language*) number two; **A-a machen** do number two, do big jobs.

Aal [a:l] *m* ⟨-(e)s; -e⟩ *ichth.* eel; *fig. colloq.* **sich winden** (*od.* **krümmen**) **wie ein ~** wriggle like an eel; **glatt wie ein ~** → **aalglatt.** **~ˌbrut** *f* eel-fry, elvers *pl.*

aa·len [ˈa:lən] **I** *v/i* ⟨h⟩ fish for eels. **II** *v/reflex colloq.* **sich ~** laze, lounge (about); **sich in der Sonne ~** bask in the sun.

ˈAal|ˌfang *m* a) eel fishing (*od.* catching), b) eel catch. **~ˌga·bel** *f* eel prong. **≈ˈglatt** *adj fig.* slippery, (as) slippery as an eel; *colloq.* **ein ~er Bursche** a slippery customer. **~ˌkorb** *m* eel-pot, eel-basket. **~ˌlei·ter** *f* fishladder, fishway. **~ˌquap·pe, ~ˌrau·pe** *f* burbot. **~ˌreu·se** *f* eel-trap. **~ˌste·chen** *n* spearing of eels.

Aar [a:r] *m* ⟨-(e)s; -e⟩ *poet.* eagle.

Aa·ron [ˈa:rɔn] *npr m* ⟨-(s); *no pl*⟩ *Bibl.* Aaron.

ˈAa·rons|ˌschlan·ge *f Bibl.* Aaron's rod. **~ˌstab** *m* → **Aron(s)stab.**

Aas [a:s] *n* ⟨-es; *rare* -e⟩ **1.** carrion (*without indefinite article or pl*), carcass; **wo ~ ist, da sammeln sich die Geier** (*Sprichwort*) where there is carrion there are sure to be vultures. **2.** *Gerberei:* a) flesh, b) (*Scherfleisch*) fleshings *pl.* **3.** ⟨*pl* **Äser**⟩ *humor.* rascal, *stärker:* beast; **sie ist ein freches ~** she is a cheeky brat. **4.** ⟨*pl* **Äser**⟩ *vulg.* bastard, bugger, (*Frau*) bitch; **du faules ~!** you lazy bastard! (*etc*); **kein ~ ließ sich blicken** not a damn soul turned up. **ˈaa·sen** *v/i* ⟨h⟩ *fig. colloq.* **~ mit** waste, squander, spend *s. th.* right and left.

ˈAas|ˌflie·ge *f* carrion fly. **~ˌfres·ser** *m* carrion feeder, scavenger. **~ˌgei·er** *m* **1.** *orn.* (Egyptian) vulture. **2.** *fig. colloq.* vulture, shark.

aa·sig [ˈa:zɪç] **I** *adj* **1.** (*faulig*) carrion(like), putrid, foul. **2.** *fig.* (*widerlich*) disgusting, loathsome. **II** *adv* **3.** *colloq.* (*sehr*) awfully, beastly; **er hat ~ viel Geld** he is filthy rich.

ab [ap] **I** *adv* **1.** (*weg, fort*) off, away; **wir sind vom Wege ~** we are off the path (*od.* track), we have lost our way; **rechts ~** (to the) right; **von der Küste ~** offshore. **2.** (*herunter*) off; *colloq.* **der Henkel ist ~** the handle is (*od.* has come, has broken) off; → **Bart** 1. **3.** *zeitlich:* **von ... ~** *cf.* 9. **4. ~ und zu,** *rare* **~ und an** now and then, from time to time, off and on, (every) once in a while. **5.** *thea.* exit (*Othello, etc*), *mehrere Personen:* exeunt; **nach verschiedenen Seiten ~** exeunt severally. **6.** *bes. econ.* (*abzüglich*) less, minus, deducting (*expenses, ten per cent, etc*). **7.** *colloq.* (*erschöpft*) (all) worn out (*od.* whacked), all in. **II** *prep* **8.** ⟨*dat*⟩ *örtlich:* from (*Paris, etc*); **Köln ~** *auf Fahrplänen:* departure from Cologne. **9.** ⟨*dat, a. acc*⟩ *zeitlich:* from ... (on), as from; **~ 7 Uhr** from 7 o'clock (on); **~ heute** from (*od.* starting, as of) today; **~ diesem Zeitpunkt, von da ~** from that time on, *adm.* as of this date. **10.** ⟨*dat*⟩ *bei Altersangaben:* **~ 16 Jahren** from 16 years onward(s). **11.** ⟨*dat*⟩ *econ.* **~ Berlin (Fabrik, Lager** *etc*) ex Berlin (works, warehouse, *etc*); **~ dort** loco your town; **~ hier** loco here, (to be) delivered here; **die Preise verstehen sich ~ hier** prices are quoted from here. **12.** ⟨*dat*⟩ *bei Preisangaben:* from ... upward(s). **III** *interj* **13.** *colloq.* **~!, ~ nach Kassel!, ~ durch die Mitte!** off with you!, beat (*od.* hop) it!, scram! **14.** *mil.* **Gewehr ~!** order arms!; *aer.* **~!** jump!; → **Hut**[1] 1.

Aba·kus [ˈa:bakʊs] *m* ⟨-; -⟩ *antiq. arch. math.* abacus.

ˈabˌän·der|bar, ~lich *adj* alterable, modifiable, *ling.* variable, *jur.* amendable, *Urteil:* commutable.

ˈabˌän|dern *v/t* ⟨*sep,* **-ge-, h**⟩ **1.** alter, change *s. th.* (partially), modify, (*berichtigen*) rectify, correct, amend. **2.** *jur.* (*Urteil*) commute, *in zweiter Instanz:* reverse. **3.** *parl.* (*Gesetzesentwurf, Verfassung*) amend, (*Gesetz*) revise. **≈de·rung** *f* ⟨-; -en⟩ **1.** alteration, change, modification, (*Berichtigung*) rectification, correction, amendment. **2.** *jur.* commutation. **3.** *parl.* amendment. **4.** *biol.* variation; **nichterbliche ~** modification.

ˈAbˌän·de·rungs|ˌanˌtrag *m parl.* (motion for) amendment; **e-n ~ einbringen** (*od.* **stellen**) move an amendment. **≈ˌfä·hig** *adj* alterable, modifiable. **~ˌvorˌschlag** *m* **1.** proposal for alteration (*od.* modification). **2.** *parl.* a) proposal for amendment, b) proposed amendment.

Aban|don [abãˈdõ:] *m* ⟨-s; -s⟩ *econ. mar.* abandonment. **≈donˈnie·ren** [-dɔˈni:rən] *v/t* ⟨*no* **ge-, h**⟩ abandon.

ˈabˌängs·ti·gen *v/reflex* ⟨*sep,* **-ge-, h**⟩ **sich ~ um** worry o. s. to death about (*od.* over).

ˈabˌar·bei·ten I *v/reflex* ⟨*sep,* **-ge-, h**⟩ **sich ~** wear o. s. out, slave, toil, drudge, overwork o. s. **II** *v/t* (*Schuld etc*) work out; **s-e Überfahrt ~** work one's passage; *colloq.* **sich** (*dat*) **die Finger ~** work one's fingers to the bone.

ˈabˌär·gern *v/reflex* ⟨*sep,* **-ge-, h**⟩ *colloq.* **sich ~** fret o. s. to death; **sich ~ mit** have a lot of trouble (*od.* bother) with.

ˈAbˌart *f biol. u. fig.* variety. **ˈabˌar·ten** *v/i* ⟨*sep,* **-ge-, sein**⟩ vary, deviate from type.

ˈabˌar·tig *adj* abnormal, *sexuell: a.* perverted, sexually deviant; **~ veranlagt sein** have abnormal (sexual) tendencies. **≈keit** *f* ⟨-; -en⟩ abnormality, *sexuelle: a.* perversion, sexual deviance.

ˈabˌäsen *v/t* ⟨*sep,* **-ge-, h**⟩ *hunt.* crop, feed upon, browse.

ˈabˌästen *v/t* ⟨*sep,* **-ge-, h**⟩ prune, trim, lop.

ˈabˌät·zen *v/t* ⟨*sep,* **-ge-, h**⟩ **1.** *med.* remove *s. th.* by caustics, cauterize. **2.** *tech.* corrode *s. th.* off.

ˈabˌbal·gen *v/t* ⟨*sep,* **-ge-, h**⟩ *hunt.* skin, flay.

ˈAbˌbau *m* ⟨-(e)s; *no pl*⟩ **1.** *tech.* a) *e-r Anlage, Maschine etc:* disassembly, dismantling (*a. mil.*), dismounting, taking apart, b) *e-s Gebäudes, Zeltes etc:* → **Abbruch** 1. **2.** ⟨*pl* **-e**⟩ *Bergbau: von Kohle etc:* mining, winning, working, *e-s Lagers etc:* working, exploitation; **~ unter Tage** underground working. **3.** *physiol.* catabolism, breakdown (*of fats, etc*). **4.** *chem.* (*Zersetzung*) decomposition, disintegration, *bes. von Plastikmüll:* degradation. **5.** *meteor.* dissolution, disintegration. **6.** *fig. der Kräfte:* decline, failure, waning. **7.** *fig. von Ausgaben:* retrenchment, cutback, cut(s *pl*), *von Löhnen, Preisen etc:* reduction, *von Behörden etc:* retrenchment, *von Personal:* (staff) reduction, *einzelner Angestellter etc:* dismissal, laying off, *von Beschränkungen:* (gradual) lifting (*of restrictions*), relaxation (*of controls*). **8.** *fig. von Mißständen etc:* (gradual) removal, *von Haß, Vorurteilen etc: a.* (gradual) overcoming.

ˈabˌbau·en I *v/t* ⟨*sep,* **-ge-, h**⟩ **1.** *tech.* a) (*Maschine etc*) disassemble, dismount, take *s. th.* apart, *a. weitS. mil.* dismantle, strip, b) (*Gebäude, Zelt etc*) → **abbrechen** 2, 3. **2.** *thea.* (*Dekoration*) strike. **3.**

(*Kohle, Erz etc*) mine, work, extract, (*Grube*) exploit, work. **4.** *physiol.* catabolize, break down (*fats, etc*). **5.** *chem.* decompose, disintegrate, degrade, (*zerlegen*) decompound. **6.** *fig.* (*Ausgaben etc*) cut (back), *a.* (*Behörden, Personal*) retrench, reduce, (*einzelne Angestellte etc*) dismiss, lay off, (*Auftragsüberhang etc*) work off, (*Schulden*) repay, (*Beschränkungen*) (gradually) lift. **7.** *fig.* (*Mißstände*) (gradually) remove, (*Vorurteile etc*) *a.* (gradually) overcome, reduce. **II** *v/i* **8.** (*schwächer werden*) get weak(er), weaken, *altersbedingt*: *a.* grow feeble, lose one's strength, *Sport*: flag, sag, wilt, *allg. a.* let up; **er hat sehr abgebaut** he has gone off considerably. **III** *v/reflex* **sich ~ 9.** *meteor.* break up, dissolve. **10.** *Alkohol etc im Körper*: catabolize, be broken down. **11.** *chem.* decompose, disintegrate.

ˈab|bau|ˌfä·hig *adj* → **abbauwürdig.** **≈ge|rech·tig·keit** *f Bergbau*: mining rights *pl* (*od.* concession). **≈pro|dukt** *n chem.* decomposition product, *physiol.* catabolic product. **≈|strecke** (*getr.* **-k·k-**) *f Bergbau*: gate (road). **~|wür·dig** *adj* workable.

ˈab|bee·ren *v/t* ‹*sep*, **-ge-**, **h**› **1.** strip (*bush*) of berries. **2.** pick off (*berries*) (from a bunch).

ˈab·be|hal·ten *v/t* ‹*irr, sep, no* **-ge-**, **h**› *colloq.* **den Hut ~** keep one's hat off, remain uncovered.

ˈab|bei·ßen *v/t* ‹*irr, sep*, **-ge-**, **h**› bite off; **beiß mal ab!** have a bite!; **sich** (*dat*) **die Nägel ~** bite one's nails; → **Maus** 1.

ˈab|bei·zen *v/t* ‹*sep*, **-ge-**, **h**› remove *s. th.* with corrosives (*od.* mordant), (*Stahl*) pickle, dip. **ˈAb|beiz|mit·tel** *n* mordant, corrosive, *für Lack*: paint remover, *für Stahl*: pickle.

ˈab·be|kom·men *v/t* ‹*irr, sep, no* **-ge-**, **h**› **1.** (*losbekommen*) get *s. th.* off (*od.* loose). **2.** *colloq.* (*kriegen*) get, *weitS. a.* come in for; **et. ~** a) *a.* **sein Teil ~** get (*od.* come in for) one's share, b) (*verletzt od. beschädigt werden*) be hit, get hurt, *Sache*: be damaged, be battered; *iro.* **er hat sein Teil ~** he's got his!; **sie hat k-n ~** she's been left on the shelf.

ˈab·be|ru|fen *v/t* ‹*irr, sep, no* **-ge-**, **h**› call *s. o.* away, (*Gesandte etc*) recall, *von e-m Amt*: remove (*od.* relieve) *s. o.* (from office *od.* one's post); *lit.* **Gott hat ihn ~** God has called him home. **≈fung** *f* ‹-; **-en**› **1.** *e-s Botschafters etc*: recall (**von, aus** from), *von e-m Amt*: removal (from office). **2.** *lit.* death, demise, passing away. **≈fungs|schrei·ben** *n pol.* letters *pl* of recall.

ˈab·be|stel|len *v/t* ‹*sep, no* **-ge-**, **h**› **1.** (*Ware etc*) cancel one's order for, countermand, (*bes. Zeitung*) cancel one's subscription for, stop (*the paper*). **2. j-n ~** ask s. o. not to come. **≈lung** *f* ‹-; **-en**› cancellation (of one's order), countermand, counterorder.

A-B-Be|trieb [aːˈbeː-] *m teleph.* A-B service.

ˈab|bet·teln *v/t* ‹*sep*, **-ge-**, **h**› **j-m et. ~** wheedle s. th. from (*od.* out of) s. o.

ˈab·be|zah·len *v/t* ‹*sep, no* **-ge-**, **h**› → **abzahlen.**

ˈab|bie|gen I *v/i* ‹*irr, sep*, **-ge-**, **sein**› **1.** *Auto, Fußgänger etc*: turn (off), swerve (off); **von der Straße ~** turn off the road; **nach rechts ~** turn (to the) right; **in e-e Seitenstraße ~** turn into a side street. **2.** *Straße etc*: turn (off), (*abzweigen*) branch off. **II** *v/t* ‹**h**› **3.** (*Draht etc*) bend. **4.** *fig. colloq.* (*Gefahr, Sache etc*) head (*od.* ward) off, avert, prevent, (*Gespräch, Thema*) steer (*the conversation*) away from the subject. **≈ger** *m* ‹-s; -› *mot.* vehicle (*od.* driver) turning off.

ˈAb|bie·ge|ˌspur *f* turning lane. **~ver|bot** *n* no turning (off), no turns. **~ver|kehr** *m* right- or left-turning traffic.

ˈAb|bie·gung *f* ‹-; **-en**› (*Kurve*) bend, turn, *e-s Weges etc*: branch, junction, juncture, fork.

ˈAb|bild *n* **1.** (*Nachbildung*) copy, duplicate, reproduction, replica. **2.** *a. fig.* picture, portrait, representation. **3.** (*Ebenbild*) image, likeness; **das** (**wahre**) **~ s-s Vaters** the living (*od.* spitting) image of his father. **4.** *fig.* (*Widerspiegelung*) reflection. **ˈab|bil·den I** *v/t* ‹*sep*, **-ge-**, **h**› **1.** copy, reproduce, model (*in wax, etc*). **2.** *a. fig.* picture, represent, portray, (*zeichnen*) draw; **wie oben abgebildet** as illustrated (*od.* shown) above. **3.** *math.* plot, map. **4.** *opt.* form an image of. **II** *v/reflex* **sich ~ 5.** *opt. u. fig.* be reflected. **ˈAb|bil·dung** *f* ‹-; **-en**› **1.** ‹*only sg*› representation, illustration, portrayal. **2.** picture, illustration, (pictorial *od.* graphic) representation, *bes. math. tech.* graph, diagram; **mit ~en** with illustrations; **~ 4** figure (*abbr.* Fig.) 4; **ein Buch mit ~en versehen** illustrate a book.

ˈab|bim·sen *v/t* ‹*sep*, **-ge-**, **h**› *tech.* pumice.

ˈab|bin·den I *v/t* ‹*irr, sep*, **-ge-**, **h**› **1.** untie, unfasten, (*Schürze, Krawatte etc*) take off, undo. **2.** (*abschnüren*) tie (off), *med. a.* ligature, apply a tourniquet to. **3.** *tech.* (*Faß*) hoop, (*Holzkonstruktion*) bond, join (*the timberwork*), (*Kabel*) seize, serve. **II** *v/i* **4.** *Zement etc*: set, bind; **~ lassen** allow to set.

ˈAb|bit·te *f* ‹-; *no pl*› *lit.* apology; **j-m ~ leisten, j-m ~ tun** make a full apology (*od.* apologize) to s. o. (**für, wegen** for), (*zu Kreuze kriechen*) eat humble pie. **ˈab|bit·ten I** *v/t* ‹*irr, sep*, **-ge-**, **h**› **j-m et. ~** beg s. o.'s forgiveness for s. th., apologize to s. o. for s. th.; **et. öffentlich ~** make a public apology for s. th. **II** *v/i* → **Abbitte** (*leisten*).

ˈab|bla·sen *v/t* ‹*irr, sep*, **-ge-**, **h**› **1.** (*Staub etc*) blow off (*od.* away). **2.** *fig. colloq.* (*Reise, Streik etc*) call off, cancel, (*Angelegenheit*) *a.* give up, drop (*the matter*). **3.** *tech.* (*Dampf, Gas etc*) blow off, release. **4.** (*Insektizide etc vom Flugzeug aus*) spray, dust. **5. die Jagd** (**Hunde**) **~** call off the hunt (hounds). **ˈAb|bla·se|rohr** *n* blowoff (*od.* blast) pipe.

ˈab|blas·sen *v/i* ‹*sep*, **-ge-**, **sein**› → **verblassen.**

ˈab|blät·tern I *v/i* ‹*sep*, **-ge-**, **sein**› *u.* **sich ~** *v/reflex* ‹**h**› **1.** *Farbe, Lack etc*: flake off, peel (off), *Haut*: peel off, *med. a.* desquamate. **2.** *Blume*: drop its petals, *Baum*: shed its leaves. **3.** *Gestein*: spall, *Beton*: scale. **II** *v/t* ‹**h**› **4.** strip the leaves from, defoliate. **5.** (*Gestein*) spall, (*Beton*) scale.

ˈab|blei·ben *v/i* ‹*irr, sep*, **-ge-**, **sein**› *dial. colloq.* **wo ist es abgeblieben?** where has it got to?; **wo ist er abgeblieben?** what has become of him?

ˈab|blen·den I *v/t* ‹*sep*, **-ge-**, **h**› **1.** (*Licht*) dim (out), turn down, *durch e-n Schirm*: screen. **2.** (*Scheinwerfer*) dip, dim. **II** *v/i* **3.** *mot.* dip the headlights. **4.** *phot.* stop down.

ˈAb|blend|ˌlicht *n mot.* dipped (*Am.* dimmed) headlights *pl.* **~|schal·ter** *m* dip (*od.* dimmer) switch.

ˈab|blit·zen *v/i* ‹*sep*, **-ge-**, **sein**› *colloq.* (**bei j-m**) **~** meet with a rebuff (*od.* snub) (from s. o.), be snubbed (by s. o.); **er ist bei ihr abgeblitzt** she gave him the cold shoulder; **j-n ~ lassen** send s. o. packing, give s. o. the brush-off.

ˈab|blocken (*getr.* **-k·k-**) *v/t u. v/i* ‹*sep*, **-ge-**, **h**› block, *fig. a.* ward off.

ˈab|blü·hen *v/i* ‹*sep*, **-ge-**, **h** *u.* **sein**› cease flowering (*od.* blooming); **abgeblüht sein** have faded (*od.* withered).

ˈab|bö·schen *v/t* ‹*sep*, **-ge-**, **h**› slope, scarp.

ˈAb|brand *m* **1.** *der Elektroden*: consumption. **2.** *metall.* melting (*od.* scaling) loss. **3.** *Reaktor*: burn-up.

ˈab|brau·sen I *v/t* ‹*sep*, **-ge-**, **h**› spray, (*Haare*) rinse, (give *s. o.* a) shower; **sich ~** (take *od.* have a) shower. **II** *v/i* ‹**sein**› *colloq. Auto etc*: roar (*od.* zoom) off, *Person*: rush (*od.* dash) off.

ˈab|bre·chen I *v/t* ‹*irr, sep*, **-ge-**, **h**› **1.** break off; (**sich** *dat*) **e-n Zahn ~** break a tooth; *fig. colloq.* **sich** (*dat*) **e-n ~** (**bei**) nearly kill o. s. (doing *s. th.*), bend over backwards (to do *s. th.*); **brich dir bloß k-n ab!** don't make a fuss. **2.** (*Haus etc*) pull down, demolish, (*a. Gerüst*) take down; → *a.* **abbauen** 1. **3.** (*Zelt*) strike, (*Lager*) *a.* break (*camp*). **4.** *print.* (*Wort, Zeile*) break, divide; **nicht ~** run on. **5.** *Computer*: truncate (*program*). **6.** *fig.* (*Beziehungen, Diskussion etc*) break off, *abrupt*: *a.* cut short, (*Streik, Jagd*) call off, (*Versuch, Studium etc*) abandon, give up, (*Spiel, Kampf*) stop, (*Belagerung*) raise; **die Arbeit ~** stop working. **II** *v/i* ‹**h** *u.* **sein**› **7.** ‹**sein**› break off. **8.** ‹**h**› *fig.* (*aufhören*) break off, stop; **kurz** (*od.* **plötzlich**) **~** stop short, break off (abruptly); **wir wollen hier ~!** we'll stop (*od.* leave off) here.

ˈab|brem|sen I *v/t* ‹*sep*, **-ge-**, **h**› **1.** (*Auto etc*) brake, slow down, decelerate; **die Rakete wird durch die Luft abgebremst** air resistance acts as a brake on the rocket. **2.** (*Aufschlag, Fall etc*) cushion, absorb. **3.** *aer. vor dem Start*: run (*od.* rev) up, power-test (*the engine*). **4.** *nucl.* (*Teilchen*) moderate. **5.** (*Motor*) brake-test. **II** *v/i* **6.** *Fahrer*: slow down, brake, put on (*od.* apply) the brakes. **III ≈** *n* ‹-s› **7.** braking (*etc*). **≈sung** *f* ‹-; *no pl*› **1.** → **abbremsen** 7. **2.** *aer. des Triebwerks*: run(ning)-up test, power-test. **3.** *des Automotors*: (brake-)test. **4.** *nucl.* moderation.

ˈab|bren·nen I *v/i* ‹*irr, sep*, **-ge-**, **sein**› **1.** *Haus etc*: burn down, be destroyed by fire; **völlig** (*od.* **bis auf den Grund**) **~** burn to the ground. **2.** *Feuer etc*: die down, *Kerze, Streichholz etc*: burn down; **abgebrannte Streichhölzer** spent (*od.* used) matches; → *a.* **abgebrannt. 3.** *chem.* **rasch ~** deflagrate. **II** *v/t* ‹**h**› **4.** burn (*one's house, etc*) down. **5.** (*Feuerwerk*) let (*od.* set) off. **6.** (*Unkraut etc*) burn off, (*Rasen*) burnbeat. **7.** (*Federn etc*) singe, burn off. **8.** *tech.* (*Porzellan*) give the final firing to. **9.** *chem. rasch*: deflagrate. **10.** *mil. hist.* (*Gewehr etc*) fire (off).

ˈAb|brenn|schwei·ßung *f* flash(-butt) welding.

ˈab|brin·gen *v/t* ‹*irr, sep*, **-ge-**, **h**› **1. j-n von e-r Sache ~** divert s. o. from s. th., talk s. o. out of (doing) s. th., dissuade s. o. from doing s. th.; **j-n vom Thema ~** get s. o. off a subject; **j-n von e-r Meinung** (**e-m Vorurteil**) **~** disabuse s. o. of an opinion (a prejudice); *bes. fig.* **j-n vom rechten Weg ~** lead s. o. astray; **j-n von e-r Gewohnheit ~** break s. o. of a habit; **er ließ sich nicht von s-m Ziel ~** nothing would divert him from his aim; **sie läßt sich nicht von dieser Forderung ~** she won't budge from her demand; **von dieser**

Überzeugung lasse ich mich nicht ~ I won't change my mind (about this), I'll stand my ground, *colloq.* I stick to my guns; **von der (richtigen) Fährte** (*od.* **Spur**) **~** throw (*dog, fig. s. o.*) off the scent. **2.** *mar.* (*gestrandetes Schiff*) refloat. **3.** *colloq.* (*Deckel etc*) get *s. th.* off.

ˈabˌbröckeln (*getr.* **-k·k-**) *v/i* ⟨*sep*, **-ge-, sein**⟩ **1.** crumble away (*od.* off), *Farbe etc*: flake off, peel (off). **2.** *fig.* *Anhänger etc*: fall away, drop away (*od.* off). **3.** *econ.* *Kurs etc*: crumble (away), drop off, give way.

ˈAbˌbruch *m* **1.** *e-s Gebäudes etc*: demolition, pulling down, *a. e-s Gerüsts*: taking down; **auf ~ verkaufen** sell (*a house*) at demolition value, sell (*a ship, etc*) for scrap; **~ des Lagers (der Zelte)** striking camp (tents). **2.** *fig.* breaking off (*of diplomatic relations, etc*), *e-s Streiks etc*: calling off, call-off, *der Feindseligkeiten*: cessation, *bes. Sport*: break-off, stop(ping) (*of a fight*), *e-s Spiels*: *a.* abandonment; *Boxen*: **~ in der dritten Runde** referee stops contest in third round; **Sieger durch ~** → **Abbruchsieger. 3.** *fig.* **e-r Sache ~ tun** detract from (*od.* impair, damage, prejudice) s. th.; **~ erleiden** be impaired, suffer damage; **das tut der Sache k-n ~** that makes no difference. **4.** *print. am Zeilenende*: break, division. **~ˌar·beit** *f meist pl civ.eng.* demolition work *sg.* **~ˌar·bei·ter** *m* demolition worker, *Am.* wrecker. **~ˌhö·he** *f aer.* break-off height. **~ˌli·nie** *f geol.* fault line, rift. **∿ˌreif** *adj* **1.** *Bauwerk*: due for demolition, condemned, dilapidated, derelict. **2.** *tech.* due to be scrapped. **~ˌsie·ger** *m Boxen*: winner on technical knockout (*abbr.* t.k.o.). **~ˌun·terˌneh·men** *n* demolition contractors *pl*, *Br. a.* house-breakers *pl*, *Am.* wrecking company.

ˈabˌbrü·hen *v/t* ⟨*sep*, **-ge-, h**⟩ **1.** *gastr.* (*Gemüse etc*) (par)boil, (*Geflügel*) scald, (*Mandeln etc*) blanch. **2.** *Textil.* boil out (*od.* off), scald.

ˈabˌbrum·men *v/t* ⟨*sep*, **-ge-, h**⟩ *colloq. for* **absitzen** 1.

ˈabˌbu|chen *v/t* ⟨*sep*, **-ge-, h**⟩ **1.** *econ.* **e-e Summe von j-s Konto ~** debit a sum to s. o.'s account, debit s. o.'s account with a sum. **2.** → **abschreiben** 3. **∿chung** *f* ⟨**-; -en**⟩ *econ.* **1.** debit entry. **2.** payment by standing order. **∿chungsˌauf·trag** *m econ. an Bank*: debit order, direct debit mandate.

ˈabˌbum·meln *v/t* ⟨*sep*, **-ge-, h**⟩ *colloq.* (*Überstunden*) loaf away.

ˈabˌbür·sten I *v/t* ⟨*sep*, **-ge-, h**⟩ (*Staub etc*) brush off, (*Kleidung*) brush (down); **j-n ~** brush s. o. down, *fig. colloq.* blow s. o. up. **II** *v/reflex* **sich ~** brush o. s. down.

ˈabˌbü·ßen *v/t* ⟨*sep*, **-ge-, h**⟩ **1.** *bes. jur.* **e-e Strafe ~** serve a sentence; **et. mit Geld ~** pay a fine (*od.* penalty) for s. th. **2.** *relig.* (*Sünde etc*) expiate, atone for.

Abc [aːbeːˈtseː] *n* ⟨**-; -**⟩ **1.** ABC, alphabet; **nach dem ~** alphabetically, in alphabetical order. **2.** *fig.* rudiments *pl*, ABC, elements *pl.* **~-ˌBuch** *n* spelling book, primer. **~ˌschüt·ze** *m* abecedarian, ABC learner, *fig.* mere beginner, tyro, tiro.

ABC-|ˌStaa·ten [aːbeːˈtseː-] *pl pol.* ABC powers (*Argentina, Brazil, Chile*). **~ˌWaf·fen** *pl* CBR (*od.* NBC) weapons.

ˈabˌda|chen I *v/t* ⟨*sep*, **-ge-, h**⟩ slope, slant. **II** *v/i* slope. **III** *v/reflex* **sich ~** *geol.* slope down, shelve down. **∿chung** *f* ⟨**-; -en**⟩ slope, incline, declivity, *sanfte*: glacis.

ˈabˌdäm|men *v/t* ⟨*sep*, **-ge-, h**⟩ **1.** dam (up), (*bes. Fluß*) *a.* embank, (*Land*) dike, dyke. **2.** (*Stoß*) absorb. **3.** *fig.* (*Entwicklung*) dam up, stem off, stay. **4.** *tech.* (*Bohrlöcher*) tamp. **5.** *electr., a. phys.* (*Schall*) insulate, (*Schwingungen*) dampen, attenuate. **∿mung** *f* ⟨**-; -en**⟩ **1.** *bes. e-s Flusses*: embankment, *von Land*: dike, dyke. **2.** *electr. phys.* insulation.

ˈAbˌdampf *m* exhaust (*od.* waste, spent) steam. **ˈabˌdamp·fen I** *v/i* ⟨*sep*, **-ge-, sein**⟩ **1.** *Zug etc*: steam off (*od.* away), pull out, *fig. colloq.* clear (*od.* push, shove) off. **2.** *chem.* evaporate, vaporize, volatilize. **II** *v/t* ⟨**h**⟩ **3.** *chem.* (*a.* **~ lassen**) evaporate, vaporize, volatilize.

ˈabˌdämp·fen *v/t* ⟨*sep*, **-ge-, h**⟩ → **dämpfen** 1, 4, 5, 11.

ˈAbˌdampf|ˌhei·zung *f* waste-steam heating. **~ˌrohr** *n* exhaust pipe. **~-ˌrückˌstand** *m chem.* residue from evaporation, *mot.* gum. **~turˌbi·ne** *f* exhaust-steam turbine. **~verˌwer·tung** *f* waste-steam utilization.

ˈabˌdan|ken I *v/i* ⟨*sep*, **-ge-, h**⟩ resign (office), *Herrscher*: abdicate, *mil.* take one's discharge, leave the service. **II** *v/t obs.* (*entlassen*) dismiss, discharge, *mil.* dismiss from the service, (*in Ruhestand versetzen*) retire, superannuate; **abgedankter Offizier** retired officer. **∿kung** *f* ⟨**-; -en**⟩ resignation, retirement, (*Thronverzicht*) abdication; → *a.* **Entlassung.**

ˈabˌdar·ben *v/t* ⟨*sep*, **-ge-, h**⟩ **sich** (*dat*) **et. ~** stint o. s. of s. th.

ˈAbˌdeck|ˌband *n* masking tape. **~ˌblech** *n* cover sheet (*od.* plate).

ˈabˌdecken (*getr.* **-k·k-**) **I** *v/t* ⟨*sep*, **-ge-, h**⟩ **1.** (*abnehmen*) take off, uncover. **2. den Tisch ~** a) clear the table, b) remove the tablecloth; **das Teegeschirr ~** clear (*od.* remove) the tea things. **3. das Bett ~** a) turn back (*od.* take off) the bedcover, b) strip the bed. **4.** (*Dach etc*) take off, untile, strip, (*Gebäude etc*) take the roof off, unroof, untile. **5.** (*zudecken*) cover (up), cover over (*with straw, etc*); **mit e-m Holzbelag ~** plank. **6.** *phot.* block out, mask, (*Linse*) cap, occult, (*Licht*) screen off, stop out. **7.** *econ.* (*Schuld*) meet, cover, settle, (*Defizit*) make up (*od.* good), (*Deckung gewähren*) provide cover for. **8.** *print.* stop out. **9.** *Sport*: a) (*Gegner*) mark, cover, b) *Boxen*: guard, cover up. **10.** *obs.* (*abhäuten*) skin, flay. **II** *v/i* **11.** clear the table. **12.** *Boxen*: guard (o. s.), cover (up). **III** *v/reflex* **sich ~ 13.** push back the bedcover. **ˈAbˌdecker** (*getr.* **-k·k-**) *m* ⟨**-s; -**⟩ knacker. **ˌAb·deckeˈrei** (*getr.* **-k·k-**) *f* ⟨**-; -en**⟩ knacker's yard, knackery.

ˈAbˌdeck|ˌfo·lie *f phot. für Diapositive*: metal foil mask, *beim Kopieren*: transparent ruby mask. **~ˌgit·ter** *n e-s Schachtes*: covering grid plate. **~ˌlei·ste** *f* capping. **~ˌpla·ne** *f* tarpaulin. **~ˌplat·te** *f* cover(ing) plate. **~ˌrah·men** *m phot.* masking frame. **~ˌstein** *m* coping stone.

ˈab·de·stilˌlie·ren *v/t* ⟨*sep*, *no* **-ge-, h**⟩ *chem.* distil(l) (off *od.* out).

ˈabˌdich|ten *v/t* ⟨*sep*, **-ge-, h**⟩ make *s. th.* (water-, air-, gas-, *etc*) tight, seal, *gegen Auslaufen*: *a.* make *s. th.* leakproof, *gegen Zugluft*: *a.* make *s. th.* draughtproof (*Am.* draftproof), *gegen Lärm*: insulate, (make *s. th.*) soundproof, (*Maschinenteil*) pack, (*Schiff, Ritzen*) ca(u)lk. **∿tung** *f* ⟨**-; -en**⟩ **1.** sealing (*etc*). **2.** → **Dichtung**[2] 2. **∿tungs...** *in Zssgn* → **Dichtungs ...**

ˈabˌdie·nen *v/t* ⟨*sep*, **-ge-, h**⟩ **1.** (*Zeit etc*) serve; **s-e Militärzeit ~** do one's national service. **2.** *obs.* (*Schuld etc*) work out.

ˈabˌding·bar *adj econ. jur.* alterable, modifiable. **∿keit** *f* ⟨**-;** *no pl*⟩ alterability, modifiability.

Ab·do·men [apˈdoːmən] *n* ⟨**-s; -** *u.* Abdomina [-mina]⟩ *anat. zo.* abdomen.

ab·do·mi·nal [apdomiˈnaːl] *adj*, *a.* **Ab·do·miˈnal ...** *in Zssgn* abdominal.

ˈabˌdon·nern *v/i* ⟨*sep*, **-ge-, sein**⟩ *colloq.* *Auto etc*: roar off.

ˈabˌdor·ren *v/i* ⟨*sep*, **-ge-, sein**⟩ dry (*od.* shrivel, wither) up.

ˈabˌdrän·gen *v/t* ⟨*sep*, **-ge-, h**⟩ **1.** push (*od.* shove, force) *s. o., s. th.* aside (*od.* away); **ein Auto seitlich ~** *beim Überholen*: force a car aside (*stärker*: off the road). **2.** → **zurückdrängen** 1. **3.** *aer. mar.* force (*od.* deflect) *s. th.* from its course, *a. fig.* push *s. o., s. th.* off course.

ˈabˌdre·hen I *v/t* ⟨*sep*, **-ge-, h**⟩ **1.** *colloq.* (*Radio, Licht etc*) turn (*od.* switch) off, (*Licht*) *a.* turn out. **2.** (*Deckel, Mutter etc*) unscrew, twist off, (*Gewinde*) strip. **3. e-m Huhn den Hals ~** wring a chicken's neck; *fig. colloq.* **j-m den Hals ~** ruin s. o. **4.** (*abwenden*) turn away (*one's face, etc*). **5.** (*Filmaufnahmen etc*) finish (shooting). **6.** *tech.* (*Drehteile*) turn, machine, (*Stirnflächen*) face, (*Schleifkörper*) true. **II** *v/i* **7.** *aer. mar.* turn away, sheer off, *mar. a.* veer, change one's course, *aer. mil.* break away. **III** *v/reflex* **sich ~ 8.** turn away.

ˈAbˌdrift *f* ⟨**-; -en**⟩ → **Abtrift.**

ˈabˌdros·seln *v/t* ⟨*sep*, **-ge-, h**⟩ → **drosseln.**

ˈAbˌdruck[1] *m* ⟨**-(e)s; -e**⟩ **1.** printing. **2.** print, text, (*Exemplar*) copy, (*Probedruck*) proof, (*Nachdruck*) reprint.

ˈAbˌdruck[2] *m* ⟨**-(e)s; Abdrücke**⟩ **1.** casting, mo(u)lding. **2.** (*Fuß∿, Finger∿ etc*) (im)print, mark, (*Siegel∿, Wachs∿, a. med. Zahn∿*) impression, (*Gips∿*) cast, *e-s Fossils*: mo(u)ld.

ˈabˌdrucken (*getr.* **-k·k-**) *v/t* ⟨*sep*, **-ge-, h**⟩ print (off); **(wieder)~** reprint.

ˈabˌdrücken (*getr.* **-k·k-**) **I** *v/t* ⟨*sep*, **-ge-, h**⟩ **1.** (*Gewehr etc*) fire (**auf** *acc* at), pull the trigger of. **2. j-n ~** force s. o. aside. **3.** *colloq.* **j-n ~** hug (*od.* squeeze) s. o.; **j-m die Luft ~** choke s. o.; **j-m das Herz ~** *Angst etc*: choke s. o., *Mitleid etc*: wring s. o.'s heart. **4.** take an impression (*od.* make a mo[u]ld, make a plaster-cast) of s. th. **II** *v/i* **5.** pull the trigger; **er hat auf den Einbrecher abgedrückt** he fired (*od.* aimed a shot) at the burglar. **III** *v/reflex* **sich ~ 6.** leave an impression (*od.* an imprint, a mark), be imprinted.

ˈAbˌdruck|ˌrecht *n* right of reproduction. **~ˌstem·pel** *m* impression block.

ˈabˌducken (*getr.* **-k·k-**) *v/t, v/i u.* **sich ~** *v/reflex* ⟨*sep*, **-ge-, h**⟩ *Boxen*: duck.

Ab·duk·tor [apˈduktɔr] *m* ⟨**-s; -en** [-ˈtoːrən]⟩ *anat.* abductor (muscle).

ˈabˌdun·keln *v/t* ⟨*sep*, **-ge-, h**⟩ **1.** (*Licht etc*) darken, dim, *vollständig*: black out. **2.** (*Farben*) deepen.

ˈabˌdun·sten *v/i* ⟨*sep*, **-ge-, sein**⟩ *chem.* evaporate.

ˈabˌdu·schen *v/reflex* ⟨*sep*, **-ge-, h**⟩ **sich ~** take (*od.* have) a shower.

ˈabˌeb·ben *v/i* ⟨*sep*, **-ge-, sein**⟩ **1.** *Hochwasser etc*: ebb away. **2.** *fig.* *Aufruhr, Zorn etc*: die down, *Lärm*: *a.* subside, abate, *Verkehr etc*: ease off.

Abel [ˈaːbəl] *npr m* ⟨**-s;** *no pl*⟩ *Bibl.* Abel.

Abend [ˈaːbənt] *m* ⟨**-s; -e**⟩ **1.** evening, night; **jeden ~** every evening, nightly; **am ~**, *lit.* **des ~s** in the evening; **am späten ~** late in the evening, late at night; **am ~ vorher** (on) the previous evening; **am ~ des 14. Juni** on the night of June 14th; **der heutige ~** this evening; **es wird ~** evening is drawing on;

eines ~s one evening; **j-m guten ~ sagen** say good evening to s. o.; **j-m e-n guten ~ wünschen** bid s. o. good evening; **zu ~ essen** dine, have dinner (*od.* supper); **vom Morgen bis zum ~** from morning till night; **es war schon gegen ~ als** it was getting dark (*od.* on for evening) when; → **Tag** 1. **2.** (*Veranstaltung*) *kulturelle*: evening, night, *gesellschaftliche*: party, (social) evening; **erster ~** first night, première; **ein ~ mit Werken von Mozart** a Mozart evening (*od.* night, recital); **bunter ~** variety show (*od.* entertainment); **literarischer ~** literary evening; → **Abendkonzert. 3.** (*Vor*2) eve; **Heiliger ~** Christmas Eve; **am ~ vor dem Ball** on the eve of the ball. **4.** *poet.* the West, the Occident. **5.** → **Lebensabend.**

ˈ**abend** *adv* **morgen ~** tomorrow evening; **gestern ~** yesterday evening, last night; **heute ~** this evening, tonight; **vorgestern ~** the night before last; **Sonntag ~** Sunday evening; **bis heute ~!** see you this evening!

ˈ**Abend|ˌanˌdacht** *f* evening prayer(s *pl*), evensong. **~ˌanˌzug** *m* evening dress(-suit); **(bitte) ~!** black tie, formal dress. **~ˌausˌga·be** *f e-r Zeitung*: evening edition. **~ˌblatt** *n* evening paper. **~ˌbrot** *n* → **Abendessen. ~ˌdäm·me·rung** *f* dusk, twilight, nightfall, *poet.* gloaming; *poet.* **in der ~** in the dusk of evening.

ˈ**aben·deˌlang** *adv* night after night.

ˈ**Abend|ˌes·sen** *n* supper, *als Hauptmahlzeit*: dinner, evening meal. **~ˌfal·ter** *m zo.* sphinx, hawkmoth. **2ˌfül·lend** *adj Film etc*: full-length. **~geˌbet** *n* evening (*od.* bedtime) prayer(s *pl*). **~geˌläut, ~geˌläu·te** *n* evening bells *pl*. **~geˌsell·schaft** *f* (evening) party, soiree, soirée, *mit Diner*: dinner party. **~ˌgot·tesˌdienst** *m* evening service, *bes. R. C.* vespers *pl*. **~gymˌna·si·um** *n* evening school (*that prepares students for university entrance*). **~ˌhim·mel** *m* evening sky. **~ˌkas·se** *f thea.* box office. **~ˌkleid** *n* evening dress (*Am.* gown). **~ˌklei·dung** *f* evening dress, dinner clothes *pl*; **~ erwünscht** evening dress requested. **~konˌzert** *n* evening concert (*od.* recital). **~ˌküh·le** *f* cool of the evening. **~ˌkurs, ~ˌkur·sus** *m* evening classes *pl*. **~ˌland** *n* <-(e)s; *no pl*> West, Occident. **~ˌlän·der** *m* <-s; ->, **~ˌlän·de·rin** *f* <-; -nen> Westerner, Occidental. **2ˌlän·disch** *adj* Western, Occidental. **~ˌläu·ten** *n* evening bells *pl*.

ˈ**abend·lich I** *adj* (of the) evening; **der ~e Himmel** the evening sky; **die ~e Kühle** the cool of the evening. **II** *adv* in the evening(s), at night, nightly.

ˈ**Abend|ˌlied** *n* evening song (*od.* hymn). **~ˌluft** *f* evening air. **~ˌmahl** *n* <-(e)s; -e> **1.** *relig.* **das (Heilige) ~** (Holy) Communion, Lord's Supper, the Eucharist, the (Blessed *od.* Holy) Sacrament; **das ~ nehmen (empfangen)** take (receive) Communion. **2.** *Bibl.*, *Kunst*: **das (Letzte) ~** the Last Supper. **3.** *dial. for* **Abendessen.**

ˈ**AbendˌmahlsˌbrotI** *n relig.* consecrated (*od.* sacramental) bread, Host. **~ˌfei·er** *f*, **~ˌgot·tesˌdienst** *m* Communion service. **~ˌtisch** *m* Communion (*od.* Lord's, holy) table. **~ˌwein** *m* sacramental (*od.* Communion) wine.

ˈ**Abend|ˌmahlˌzeit** *f* → **Abendessen. ~ˌmes·se** *f R. C.* evening mass. **~ˌnachˌrich·ten** *pl* evening news *pl* (*als sg od. pl konstruiert*). **~ˌrot** *n*, **~ˌrö·te** *f* sunset glow, afterglow.

ˈ**abends** *adv* **1.** in the evening; **spät ~** late in the evening; **bis ~** till evening; **um 7 Uhr ~** at seven o'clock in the evening (*od.* p. m.). **2.** every evening, *bes. Am.* evenings; **Montag ~** (on) every Monday evening.

ˈ**Abend|ˌschu·le** *f* evening classes *pl*, night (*od.* evening) school. **~ˌschü·ler** *m*, **~ˌschü·le·rin** *f* student attending evening classes. **~ˌsen·dung** *f Radio, TV*: evening broadcast. **~ˌson·ne** *f* evening (*od.* setting) sun. **~spaˌzierˌgang** *m* evening walk (*od.* stroll). **~ˌstern** *m* evening star. **~ˌstil·le** *f* quiet of the evening. **~ˌstim·mung** *f* evening mood. **~ˌstu·di·um** *n* evening classes *pl*. **~ˌstun·de** *f* evening hour, hour of the evening; **zu später ~, in den späten ~n** late in the evening. **~ˌun·terˌhal·tung** *f* evening entertainment. **~ˌun·terˌricht** *m* evening classes (*od.* courses) *pl*. **~ˌvorˌstel·lung** *f thea.* evening performance. **~ˌwa·che** *f mar.* first watch. **~ˌwind** *m* evening breeze. **~ˌzei·tung** *f* evening paper. **~ˌzug** *m* evening train.

Aben·teu·er [ˈa:bənˌtɔyər] *n* <-s; -> adventure, (*Wagnis*) *a.* venture, risky undertaking, hazardous enterprise, (*Liebes*2) (love) affair, (amorous) adventure; **auf ~ ausgehen** (*od.* **ausziehen**), **~ suchen** go (out) in quest of adventures. **~ˌbuch** *n* adventure book. **2ˌdur·stig** *adj* thirsting for adventure. **~ˌfilm** *m* adventure film. **~geˌlü·ste** *pl* longing *sg* for adventure.

ˈ**Aben·teue·rin** *f* <-; -nen> adventuress.

ˈ**aben·teu·er·lich** *adj* adventurous, (*riskant*) risky, hazardous, *bes. econ. a.* wildcat, (*unwahrscheinlich*) fantastic, unbelievable, (*seltsam*) strange, eccentric, odd, outlandish; **ein ~es Leben führen** lead an adventurous life. **2keit** *f* <-; -en> adventurousness, hazardous nature, fantastic nature (*od.* quality), strangeness, eccentricity, oddness.

ˈ**Aben·teu·er|ˌlust** *f* spirit of adventure. **2ˌlu·stig** *adj* longing for adventure.

aben·teu·ern [ˈa:bəntɔyərn] *v/i* <h> *lit.* go adventuring, go in quest of adventures, lead an adventurous life.

ˈ**Aben·teu·er|roˌman** *m* adventure novel. **~ˌspielˌplatz** *m* adventure playground.

ˈ**Aben·teu·rer** *m* <-s; -> adventurer, *weitS. a.* soldier of fortune, (*Schwindler*) swindler, sharper. ˈ**Aben·teu·re·rin** *f* <-; -nen> adventuress.

ˈ**Aben·teu·rer|ˌle·ben** *n* adventurous life. **~tum** *n* <-s; *no pl*> adventuring, *fig.* irresponsibility.

aber [ˈa:bər] **I** *conj* **1.** (*doch, indessen*) but, however, though; **~ andererseits** but then, but on the other hand; **er wird ~ bald hier sein** however (*od.* but) he'll soon be here. **2.** *einschränkend*: but, yet; **~ doch, ~ dennoch** yet, still; **es ist seltsam, ~ wahr** it is strange yet true. **3.** *verbindend*: but; **er schimpfte heftig, bereute es ~ sogleich** he scolded vehemently but regretted it immediately; **~ schließlich** but then; **oder ~** otherwise, or else. **II** *interj* **4. ~ freilich!, ~ gewiß (doch)!, ~ ja!, ~ sicher!** but of course!, (why) certainly!, *colloq.* you bet!; **~ nein!** of course not!, *verwundert*: not really?, you don't say!, (*überhaupt nicht*) not at all!; **du kommst ~ früh!** Goodness! You are early; **ich habe ~ nicht gelogen** but I didn't lie; **jetzt hör ~ auf!** now, do stop it!; **~, ~!** *beruhigend*: there, there!, *ärgerlich*: now then!, come, come!, tut, tut!; **~, ~, Kinder!** really, children!; **das ist ~ fein!** how nice!; **~ schnell!** and make it quick!; **~ tüchtig!** and how!, *sl.* with knobs on!; **(tu's) ~ ja nicht!** don't you do that! **III** *adv* **5.** *rare* again; **~ und abermals** again and again, over and over again; **tausend- und ~ tausendmal** thousands and thousands of times, a thousand times over; **Tausende und ~ Tausende** thousands upon thousands.

ˈ**Aber** *n* <-s; -> but, objection; **die Sache hat ein ~** there is a but (about it), there is a catch to it; **ohne Wenn und ~** without any ifs and buts; **hier gibt es kein ~!** don't argue!

ˈ**Aber|ˌglau·be(n)** *m* superstition, superstitiousness. **2ˌgläu·bisch** [-ˌglɔybɪʃ] *adj* superstitious.

ˈ**aberˈhun·dert** *adj* <*invariable*> hundreds and (*od.* upon) hundreds of, many hundreds of.

ˈ**ab·erˌken|nen** *v/t* <*irr, sep* [ˈapˀɛrˌkɛnən] *od. insep* [ˌapˀɛrˈkɛnən], *no* -ge-, h> **j-m et. ~** deny s. o. s. th.; *jur.* **j-m** *ein Recht* **~** deprive s. o. of; **j-m** *e-e Sache* **~** declare s. o. disentitled to, dispossess s. o. of *s. th.* by judg(e)ment; **e-n Anspruch ~** *Schadenersatz*: disallow a claim. **2nung** *f* <-; *no pl*> denial, *jur.* deprivation, dispossession; **~ der bürgerlichen Ehrenrechte** deprivation (*od.* loss) of civil rights, civic degradation.

ˈ**aber|ˌma·lig** *adj* repeated, renewed; **nach ~er Erwägung** after reconsideration; **nach ~er Durchsicht** on second reading. **~ˌmals** *adv* once more, once again; → **aber** 5.

ˈ**abˌern·ten** *v/t* <*sep*, -ge-, h> (*Getreide*) harvest, gather, reap, (*Obst*) pick.

Ab·er·ra·ti·on [apˀɛraˈtsĭo:n] *f* <-; -en> *astr. opt.* aberration.

ˈ**aberˈtau·send** *adj* <*invariable*> thousands and (*od.* upon) thousands of.

ˈ**Aber|ˌwitz** *m* <-es; *no pl*> folly, madness. **2ˌwit·zig** *adj* mad, crazy.

ˈ**abˌes·sen I** *v/t* <*irr, sep*, -ge-, h> **1.** (*Rosinen etc vom Kuchen etc*) eat off. **2.** clear (*one's plate*). **3.** (*Knochen etc*) pick. **II** *v/i* **4.** finish eating (*od.* one's meal).

Abes·si|ni·er [abɛˈsi:nĭər] *m* <-s; ->, **2nisch** [-nɪʃ] *adj* Abyssinian, Ethiopian.

ˈ**abˌfackeln** (*getr.* -k·k-) *v/t* <*sep*, -ge-, h> *tech.* flare, burn off.

ˈ**abˌfahr·beˌreit** *adj* → **abfahrtbereit.**

ˈ**abˌfah·ren I** *v/i* <*irr, sep*, -ge-, sein> **1.** leave, depart, *Person*: *a.* set off (*od.* out), *Schiff*: *a.* sail, *Zug*: *a.* pull out, *im Wagen*: drive off, *mit dem Fahrrad*: ride (*od.* cycle, pedal) off; *rail.* **~!** ready!, go!; **e-n Zug ~ lassen** start a train; *fig. colloq.* **fahr ab!** beat it!, clear off!; **mit j-m ~** send s. o. packing, tell s. o. where he gets off. **2.** *Skiläufer etc*: start (off), run downhill, *Bergsteiger*: glissade. **3.** → **abblitzen. 4.** *colloq.* **auf j-n (et.) (voll) ~** dig s. o. (s. th.) (the big way), fall for s. o. (s. th.) (like a ton of bricks), get (absolutely) turned on by s. o. (s. th.). **II** *v/t* <h> **5.** (*Waren, Schutt etc*) carry (*od.* transport, take) *s. th.* away, cart *s. th.* away (*od.* off). **6.** (*Strecke*) cover, travel, (*Grenze etc*) drive (*od.* travel) along, (*Gelände etc*) travel (all) over, traverse, *Polizei etc*: patrol, *mar.* (*Küste etc*) sail along. **7.** (*Reifen etc*) wear down, abrade; (**völlig**) **abgefahren** *a.* bald. **8.** (*Film, Tonband etc*) start, run; **~!** *colloq.* roll it! **9. ihm wurde ein Bein abgefahren** he lost a leg in a car (*od.* railway) accident. **10.** (*Fahrkarte*) use up. **III** *v/reflex* <h> **sich ~ 11.** *Reifen etc*: wear out.

ˈ**abˌfah·rend** *adj* outgoing.

ˈ**Abˌfahrt** *f* <-; -en> **1.** departure, *mar.* sailing. **2.** (*Autobahn*2) exit, slip-road. **3.** *Sport*: downhill skiing (*od.* run, race), (*Bob*2) run, *beim Bergsteigen*: glissade; → *a.* **Abfahrtsstrecke. 2beˌreit** *adj* ready to leave (*od.* depart), *mar.* ready to sail, *colloq. Person*: all set to go.

ˈ**Abˌfahrts|ˌbahnˌsteig** *m* departure

platform. **~ˌha·fen** *m* port of sailing. **~ˌhal·le** *f* departure hall. **~ˌlauf** *m* → Abfahrtsrennen. **~ˌläu·fer** *m*, **~ˌläu·fe·rin** *f* downhill skier (*od.* racer), downhiller. **~ˌren·nen** *n* a) downhill racing, b) downhill race. **~siˌgnal** *n* **1.** *rail.* guard's whistle. **2.** *mar.* sailing signal. **~ˌski** *m* downhill ski. **~ˌstel·le** *f an der Autobahn*: exit (point). **~ˌstrecke** (*getr.* -k·k-) *f Skisport*: downhill run (*od.* course), descent. **~ˌta·fel** *f rail. etc* departure timetable. **~ˌtag** *m* day of departure, *mar.* sailing day (*od.* date). **~ˌzeit** *f* (time of) departure, departure time, *mar.* sailing (time).

ˈ**Abˌfall**[1] *m* ‹-(e)s; Abfälle› **1.** *a. pl* waste (*a. tech.*), (*Müll*) refuse, rubbish, *Am.* garbage, trash, (*herumliegender* ~) litter; **radioaktive Abfälle** radioactive waste *sg.* **2.** *meist pl* (*Speisereste*) scraps *pl*, leftovers *pl*, leavings *pl*. **3.** *tech.* (*Späne*) cuttings *pl*, chips *pl*, filings *pl*, shavings *pl*, (*Schrott*) scrap, *in Schlachterei, Lederindustrie etc*: offal, *metall.* tailings *pl*. **4.** *chem.* residue.

ˈ**Abˌfall**[2] *m* ‹-(e)s; *no pl*› **1.** *des Geländes*: slope, dip, incline, declivity, *bes. e-r Straße etc*: gradient; **jäher** ~ sudden dip, steep slope. **2.** *tech.* drop, *fig.* (*Leistungs*≈) *a.* decline, fall. **3.** *pol.* desertion, *von e-r Partei etc*: defection, falling away, *e-s Bündnispartners*: *a.* secession; ~ **zu** desertion to; *hist.* **der** ~ **der Niederlande** the revolt of the Netherlands. **4.** *relig.* apostasy, renegation. **5.** *mar.* drift. **6.** (*ungünstiger Gegensatz*) (unfavo[u]rable) contrast (**gegen** to, with), *colloq.* come-down.

ˈ**Abˌfall|beˌhäl·ter** *m* waste (*od.* refuse) container, litter bin, *Am.* trash can. **~beˌsei·ti·gung** *f* disposal of wastes, waste removal. **~ˌei·mer** *m* dustbin, *Am.* garbage can.

ˈ**abˌfal·len** *v/i* ‹*irr, sep,* -ge-, sein› **1.** *Blätter etc*: fall (*od.* drop) off, *Putz etc*: come off. **2.** (*übrigbleiben*) be left over, go to waste, *bes. tech.* come off as waste (*od.* a waste-product), *als zufälliges Nebenprodukt*: be a spin-off. **3.** *fig. colloq. Gewinn etc*: be gained; **bei dem Geschäft fällt ganz schön was ab** the business yields a handsome profit, there are some nice pickings to be had; **fällt nichts für mich dabei ab?** isn't there anything in it for me? **4.** *Gelände etc*: slope, dip, fall away. **5.** (*abnehmen*) go down, deteriorate, fall (off), *a. tech.* drop, *Geschwindigkeit etc*: decrease, slacken, *Hochwasser*: subside. **6.** *fig. Sorge etc*: fall away, leave; **ich fühlte, wie alle Angst von mir abfiel** I felt all fear fall away from me. **7.** ~ **gegen** compare badly with. **8.** (*sich abwenden*) fall away, desert, *von e-r Partei etc*: break away, defect, *relig.* apostatize (**von** from); **vom Glauben** ~ renounce one's faith. **9.** *hist.* revolt, rebel; *Bibl.* **von Gott** ~ rebel against God. **10.** *mar.* fall off, fall to leeward. **11.** *print.* slip. **12. körperlich** ~ lose weight, grow thin. ˈ**abˌfal·lend** *adj* **1.** *Gelände etc*: sloping; **steil** ~ precipitous. **2.** *bot. zo.* caducous.

ˈ**Abˌfall·enerˌgie** *f* waste energy.

ˈ**Abˌfal·ler** *m* ‹-s; -› *Schwimmen*: statue dive, dead man's drop.

ˈ**Abˌfall|erˌzeug·nis** *n tech.* waste product. **~ˌgru·be** *f* refuse pit. **~ˌhau·fen** *m* rubbish (*od.* refuse) heap, *Am.* trash pile. **~ˌholz** *n* waste (*Forstwesen*: refuse) wood.

ˈ**abˌfäl·lig I** *adj Bemerkung etc*: disparaging, derogatory, *Kritik etc*: adverse, unfavo(u)rable, *Meinung*: *a.* poor, low. **II** *adv* **von j-m** ~ **sprechen** speak disparagingly of s. o., run s. o. down; ~ beurteilen take a poor (*od.* dim) view of.

ˈ**Abˌfall|ˌkorb** *m* wastepaper basket, *bes. Am.* wastebasket, *in Parks*: litter bin. **~ˌkü·bel** *m* → Abfalleimer. **~ˌöl** *n* waste oil. **~paˌpier** *n* wastepaper. **~proˌdukt** *n* waste product, *verwertbares*: residuary product, by-product. **~ˌsäu·re** *f chem.* residuary (*od.* spent, waste) acid. **~ˌton·ne** *f* refuse bin, dustbin, *Am.* garbage can. **~ˌtü·te** *f* litter bag. **~verˌwer·tung** *f* waste utilization, salvage. **~ˌwär·me** *f* waste heat.

ˈ**abˌfäl·schen** *v/t* ‹*sep,* -ge-, h› *Fußball etc*: divert, deflect; **den Ball zur Ecke** ~ deflect the ball for a corner.

ˈ**abˌfan·gen** *v/t* ‹*irr, sep,* -ge-, h› **1.** (*j-n*) catch, intercept, get hold of, buttonhole. **2.** (*Brief, Meldung, mil. Flugzeug, Angreifer etc*) intercept. **3.** (*Verbrecher*) catch, seize. **4. j-m die Kunden** ~ entice the customers away from s. o., steal s. o.'s customers. **5.** (*Fahrzeug*) get under control, (*Flugzeug*) right, *aus dem Sturzflug*: pull out, *aus dem Gleitflug*: flatten out, *vor dem Aufsetzen*: level off. **6.** *tech.* (*Mauer etc*) prop (*od.* shore) up, support, (*Stoß, Schlag*) cushion, absorb, (*Wasser etc*) trap, *metall.* (*Schmelze etc*) tap. **7.** *Sport*: (*Ball, Paß*) intercept, (*Boxhieb*) parry, (*Läufer etc*) catch (up with). **8.** *fig.* (*verhindern*) stop, check, ward off, (*Angriff etc*) *a.* foil. ˈ**Abˌfangˌjä·ger** *m aer. mil.* interceptor (plane).

ˈ**abˌfär·ben** *v/i* ‹*sep,* -ge-, h› lose its colo(u)r, stain, fade; **das Hemd färbt ab** the colo(u)rs of the shirt run; **der Pullover hat auf das Hemd abgefärbt** the colo(u)r of the sweater has run into the shirt; *fig.* ~ **auf** (*acc*) rub off on.

ˈ**abˌfa·sen** *v/t* ‹*sep,* -ge-, h› *tech.* bevel, chamfer.

ˈ**abˌfa·sern I** *v/t* ‹*sep,* -ge-, h› (*Bohnen etc*) string. **II** *v/i u.* **sich** ~ *v/reflex Tuch etc*: fray (out).

ˈ**abˌfas|sen** *v/t* ‹*sep,* -ge-, h› **1.** (*verfassen*) write, compose, pen, (*aufsetzen*) draft, *bes. amtlich*: draw up, (*formulieren*) word, phrase; **kurz abgefaßt** concise(ly worded); **e-n Brief höflich** ~ couch a letter in polite terms. **2.** (*erwischen*) catch (**j-n beim Stehlen** s. o. stealing). **3. j-n** ~ → **abfangen** 1. ≈**sung** *f* ‹-; -en› composition, drawing up, drafting, wording, phrasing.

ˈ**abˌfau·len** *v/i* ‹*sep,* -ge-, sein› rot off, rot away.

ˈ**abˌfe|dern** *v/t* ‹*sep,* -ge-, h› *tech.* **1.** spring(-load), cushion; **gut abgefedert** well sprung. **2.** (*Stöße etc*) absorb. ≈**de·rung** *f* ‹-; -en› springing, spring mounting (*od.* suspension).

ˈ**abˌfe·gen** *v/t* ‹*sep,* -ge-, h› sweep *s. th.* (off).

ˈ**abˌfei·len** *v/t* ‹*sep,* -ge-, h› *tech.* file *s. th.* off (*od.* away).

ˈ**abˌfeil·schen** *v/t* ‹*sep,* -ge-, h› → **abhandeln** 1.

ˈ**abˌfer·ti|gen** *v/t* ‹*sep,* -ge-, h› **1.** (*Ware etc*) (get *s. th.* ready for) dispatch, forward, expedite, *zollamtlich*: clear. **2.** (*Kunden*) attend to, serve, (*a. Auftrag etc*) deal with, *bes. adm.* (*Anträge etc*) process. **3.** *aer. mar. etc* clear, dispatch, (*Passagiere*) check in; **e-n Zug** ~ start a train, *an der Grenze*: clear a train for entry into the country. **4.** *Sport*: dispose of, make short work of. **5.** *colloq.* **j-n (kurz)** ~ be short (*od.* off-hand) with s. o., send s. o. packing (*od.* about his business). ≈**gung** *f* ‹-; -en› **1.** *von Waren etc*: dispatch (*a. aer. rail. etc*), *zollamtliche*: (customs) clearance, (*Versand*) expedition. **2.** *von Kunden*: service, *a. von Aufträgen etc*: attendance (*gen* to), dealing (*gen* with), *bes. adm.* processing. **3.** *fig.* (*Abfuhr*) rebuff, snub. **4.** *Sport*: beating, trouncing. **5.** (*Fluggast*≈) check-in counter. **6.** → **Abfertigungsstelle.**

ˈ**Abˌfer·ti·gungs|ˌschal·ter** *m* dispatch (*od.* luggage, clearance) counter, *aer.* check-in counter. **~ˌstel·le** *f rail.* dispatch (*od.* forwarding, *Am.* freight) office. **~ˌzeit** *f* hour(s *pl*) (*od.* time) of dispatch (*od.* clearance), handling time.

ˈ**abˌfeu·ern I** *v/t* ‹*sep,* -ge-, h› **1.** (*Gewehr etc*) fire (off), discharge, let off; **e-n Schuß auf j-n** ~ fire (a shot) at s. o. **2.** *Fußball*: *colloq.* (*Schuß*) let fly, let go with. **II** *v/i* **3.** *Fußball*: *colloq.* shoot, let fly.

ˈ**abˌfin|den I** *v/t* ‹*irr, sep,* -ge-, h› *bes. jur.* (*Gläubiger*) satisfy, pay (off), *durch Vergleich*: compound with, (*Teilhaber*) buy out, (*entschädigen*) pay *s. o.* compensation, indemnify, make a separate settlement on; *fig.* **j-n mit ein paar Versprechungen** ~ put s. o. off with a few promises. **II** *v/reflex* **sich** ~ a) **mit e-r Sache:** reconcile o. s. to s. th., submit to s. th., acquiesce in s. th., *widerwillig*: resign o. s. to s. th., put up with s. th., b) **mit j-m:** come to terms (*od.* settle, compound) with s. o.; **sich mit den Tatsachen** ~ face the facts; **ich kann mich damit nicht** ~ I cannot accept it. ≈**dung** *f* ‹-; -en› *e-s Gläubigers*: satisfaction, paying off, *auf dem Vergleichsweg*: composition, (*Übereinkommen*) agreement, settlement, (*Entschädigung*) compensation, indemnification, indemnity; **pauschale** ~ lump-sum settlement; **j-m e-e** ~ **zahlen** pay s. o. an indemnity, indemnify s. o.; **als** ~ as (*od.* by way of) compensation; **gegen e-e** ~ **von DM 1000** against (*od.* on) payment of DM 1,000 as indemnity; → ≈**dungsˌsum·me** *f* (sum of) indemnity, indemnification, compensation, *an Gläubiger*: composition, *für Angestellte*: severance pay. ≈**dungs·verˌtrag** *m* compensation agreement.

ˈ**abˌfi·schen** *v/t* ‹*sep,* -ge-, h› (*leer fischen*) fish out; ~ **nach** fish (*a pond, etc*) for.

ˈ**abˌfla|chen I** *v/t* ‹*sep,* -ge-, h› **1.** make *s. th.* flat, flatten *s. th.* (out). **2.** *tech.* (*Gewinde*) truncate, (*Muttern*) flatten. **II** *v/i* ‹sein› **3.** *fig. Leistung etc*: deteriorate, fall off. **III** *v/reflex* ‹h› **sich** ~ **4.** *Berg etc*: flatten (out), *Straße etc*: level out, *Wasser*: (become) shallow. ≈**chung** *f* ‹-; -en› flattening (*a. tech.*), (*abgeflachter Teil*) flat portion, (*Untiefe*) shoal, *an den Polen*: oblateness, *e-s Kristalls*: bevel.

ˈ**abˌflau·en** *v/i* ‹*sep,* -ge-, sein› *Wind etc*: drop, *a. fig. Wut, Leidenschaft*: die down, subside, *Verkehr, fig. Krise, Spannung*: ease off, *Konjunktur, Geschäft*: slacken off, *Preise, Kurse*: sag, give way, *fig. Interesse, Begeisterung etc*: flag, wane, ebb; **sein Eifer flaut ab** his zeal is flagging (*od.* failing).

ˈ**abˌflei·schen** [-ˌflaɪʃən] *v/t* ‹*sep,* -ge-, h› *Gerberei*: flesh, scrape.

ˈ**abˌflie·gen I** *v/i* ‹*irr, sep,* -ge-, sein› **1.** *Pfeil, Vogel*: fly away, fly off, *Flugzeug*: leave, start, take off; **wir fliegen um 9 Uhr ab** our plane leaves at 9 o'clock. **II** *v/t* ‹h› **2.** (*Verwundete etc*) (**nach** to) fly, transport *s. o.* by plane. **3.** ‹h *u.* sein› (*Strecke, Gebiet*) patrol (by plane).

ˈ**abˌflie·ßen** *v/i* ‹*irr, sep,* -ge-, sein› flow off (*a. econ. Kapital etc*), run off, drain off; ~ **lassen** run (*od.* drain) *s. th.* off.

ˈ**abˌflit·zen** *v/i* ‹*sep,* -ge-, sein› *colloq.* dash (*od.* zoom) off.

ˈabˌfluch|ten *v/t* ⟨*sep*, **-ge-**, **h**⟩ *tech.* align. **≳tung** *f* ⟨**-**; **-en**⟩ alignment.

ˈAbˌflug *m aer.* takeoff, start, *a. der Zugvögel*: departure, flight. **~...** *in Zssgn* takeoff (*speed, weight, etc*). **~ˌha·fen** *m* (air)port of departure, departure airport. **~ˌzeit** *f* (time of) departure.

ˈAbˌfluß *m* **1.** flowing off, draining off, discharge (*a. med.*), (out)flow, *electr.* leakage, *bes. geol.* runoff. **2.** (*~stelle*) drain(-pipe), waste-pipe, outlet. **3.** *fig. des Geldes etc*: outflow, withdrawal, drain (*gen* on); **~ ins Ausland** efflux, foreign drain. **~ˌbecken** (*getr.* **-k·k-**) *n für Schmutzwasser*: sink, basin. **~geˌbiet** *n geol. e-s Flusses*: catchment area (*od.* basin), *e-s Sees od. Meeres*: drainage area (*od.* basin). **~geˌschwin·dig·keit** *f* velocity of flow. **~ˌgra·ben** *m* drainage ditch, *unterirdisch*: culvert. **~kaˌnal** *m* drain channel, discharge conduit, *am Staubecken*: spillway. **~ˌlei·tung** *f*, **~ˌrohr** *n* drain(-pipe), waste-pipe. **~venˌtil** *n* drain (*od.* discharge, outlet) valve. **~ˌwas·ser** *n* waste water, sewage.

ˈAbˌfol·ge *f* ⟨**-**; **-n**⟩ succession, (*Reihenfolge*) order, sequence.

ˈabˌfor·dern *v/t* ⟨*sep*, **-ge-**, **h**⟩ **j-m et. ~** demand s. th. of (*od.* from) s. o., *stärker u. fig.* exact s. th. from s. o.; **er forderte mir das Ehrenwort ab** he demanded my word of hono(u)r; *a. Sport*: **j-m alles ~** take it out of s. o.

ˈabˌfor·men *v/t* ⟨*sep*, **-ge-**, **h**⟩ mo(u)ld, model, shape, form, (*abgießen*) cast, shape.

ˈabˌfor|sten *v/t* ⟨*sep*, **-ge-**, **h**⟩ deforest. **≳stung** *f* ⟨**-**; **-en**⟩ deforestation.

ˈabˌfra·gen I *v/t* ⟨*sep*, **-ge-**, **h**⟩ **1.** *ped.* **j-n** *et.* **~** quiz (*od.* question) s. o. about; **e-n Schüler die Aufgaben ~** hear a pupil repeat his lessons; **j-n** (*od.* **j-m**) **die Vokabeln ~** run through the vocab with s. o., test s. o. on the vocab. **2.** *Computer*: interrogate. **II** *v/i* **3.** *teleph.* accept a call, answer (a calling subscriber).

ˈabˌfrä·sen *v/t* ⟨*sep*, **-ge-**, **h**⟩ mill off (*od.* away).

ˈabˌfres·sen *v/t* ⟨*irr, sep*, **-ge-**, **h**⟩ browse on, (*Gras*) *a.* graze down, (*Blätter etc*) *a.* nibble away, *völlig*: eat (*od.* strip) (*field, etc*) bare.

ˈabˌfrie·ren *v/i* ⟨*irr, sep*, **-ge-**, **sein**⟩ *Blüten etc*: freeze off, be killed (*od.* nipped) by the frost, *a. Gliedmaßen*: be frostbitten; **ihm sind zwei Zehen abgefroren** *a.* he lost two toes through frostbite.

ˈab·frotˌtie·ren I *v/t* ⟨*sep, no* **-ge-**, **h**⟩ **j-n ~** rub s. o. down. **II** *v/reflex* **sich ~** rub o. s. down.

ˈabˌfüh·len *v/t* ⟨*sep*, **-ge-**, **h**⟩ → **abtasten.**

ˈAbˌfuhr *f* ⟨**-**; **-en**⟩ **1.** (*Beseitigung*) removal, disposal, hauling off, haulage, *am Haus*: collection; → **Müllabfuhr. 2.** a) *Sport*: (crushing) defeat, beating, trouncing, b) *fig.* (*Zurückweisung*) rebuff, brush-off; **j-m e-e ~ erteilen** *Sport*: beat s. o. (hollow), trounce (*od.* clobber) s. o., *fig.* rebuff s. o., give s. o. the brush-off; **e-e ~ erleiden, sich** (*dat*) **e-e ~ holen** *Sport*: get a beating, get clobbered, *fig.* meet with a rebuff, be given the brush-off, (*abgelehnt werden*) be turned down flat.

ˈabˌführ·bar *adj econ. Steuern etc*: payable.

ˈabˌfüh·ren I *v/t* ⟨*sep*, **-ge-**, **h**⟩ **1.** (*bes. Gefangenen etc*) lead (*od.* take) *s. o.* away; **j-n ~ lassen** a) have s. o. (*od.* order s. o. to be) taken away, b) have s. o. arrested (*od.* taken into custody); **~!** take him (her, *etc*) away! **2. j-n vom Weg ~** take (*od.* lead) s. o. out of one's way; *a. fig.* **j-n vom rechten Weg ~** lead s. o. astray. **3.** (**an** *acc* to) (*Steuern*) pay (over), (*Gewinn etc*) *a.* surrender, turn over, (*Schuld*) pay off, discharge, (*abzweigen*) divert, set aside. **4.** *tech.* (*Wasser etc*) drain off, divert, (*Gase*) draw off, (*Wärme*) carry off, dissipate, (*Dampf*) exhaust. **5.** *fenc.* disable. **II** *v/i* **6.** *med.* open the bowels, have a laxative effect, act as a laxative. **~d** *adj med.* purgative, laxative, aperient.

ˈAbˌführ|ˌmit·tel *n* aperient, laxative, purgative. **~ˌpil·le** *f* laxative pill. **~ˌtee** *m* aperient tea.

ˈAbˌfüh·rung *f* ⟨**-**; **-en**⟩ **1.** *von Geldern etc*: payment, transfer. **2.** *tech.* drainage, *e-s Wasserlaufs*: diversion. **3.** *med.* purgation. **4.** *fenc.* disablement.

ˈAbˌfüllˌanˌla·ge *f für Fässer*: racking plant, *für Flaschen*: bottling equipment.

ˈabˌfül·len *v/t* ⟨*sep*, **-ge-**, **h**⟩ **1.** fill; **in Säcke ~, in Tüten ~** bag; **Wein ~** rack wine; **Bier in Fässer ~** cask (*od.* barrel) beer; **in** (*od.* **auf**) **Flaschen ~** bottle. **2.** (**in** *acc*) draw off (*liquid into a smaller container*).

ˈAbˌfüll·maˌschi·ne *f* filling machine, filler, *für Flaschen*: bottling machine, *für Fässer*: racker, racking machine.

ˈAbˌfül·lung *f* ⟨**-**; **-en**⟩ bottling (*etc*); **„eigene ~"** "bottled by the grower".

ˈAbˌfüllˌwaa·ge *f* weigher-filler.

ˈabˌfüt·tern¹ *v/t* ⟨*sep*, **-ge-**, **h**⟩ (*Vieh, a. humor. Gäste*) feed.

ˈabˌfüt·tern² *v/t* ⟨*sep*, **-ge-**, **h**⟩ (*Kleid etc*) line.

ˈAbˌga·be *f* **1.** *allg.* delivery, (*Übergabe*) surrender, handing over, *des Gepäcks*: depositing, leaving, *Am.* checking; **gegen ~ von** upon delivery of. **2.** (*Paket≳*) parcels counter. **3.** ⟨*only sg*⟩ *e-s Schusses*: firing. **4.** ⟨*only sg*⟩ (*gen*) *e-r Meinung*: delivering (of), *e-s Gutachtens*: giving (of *an expert opinion*), *e-s Angebots*: making (of *an offer*); **~ e-r Erklärung** (making of a) statement; **~ der Wahlstimme** casting one's vote, voting, polling. **5.** *econ.* sale, selling. **6.** *pl* (*Steuer*) tax, (*Kommunalsteuer*) rate, *Am.* local tax, (*Zoll≳*) duty, (*Beitrag*) contribution, tribute; **öffentliche ~n** rates and taxes; → **Sozialabgaben. 7.** *meist pl jur.* (*Gebühr*) fee. **8.** *phys. tech. von Strahlen etc*: emission, *von Energie*: release, *electr. von Leistung*: output. **9.** *Sport*: (*Abspielen*) passing (of the ball), (*Zuspiel*) pass; **e-e ungenaue ~** a bad pass. **10.** *bes. jur. pol. e-s Amtes etc*: laying down, relinquishing. **~ˌkurs** *m econ.* rate of issue, issue price. **~ˌlei·stung** *f electr.* power output.

ˈabˌga·ben|ˌfrei *adj* **1.** duty-free. **2.** tax-exempt, tax-free. **≳ˌfrei·heit** *f* exemption from duties (*od.* taxes, rates).

ˈAbˌga·be|ˌpflicht *f econ.* liability to pay taxes (*od.* duties, rates). **≳ˌpflich·tig** *adj Person*: subject (*od.* liable) to payment of duties (*od.* taxes, rates), *Einkommen etc*: taxable, assessable, rat(e)able, *Waren etc*: dutiable. **~ˌpflich·ti·ge** *m, f* ⟨**-n**; **-n**⟩ person liable to pay taxes (*od.* rates, duties), *a.* taxpayer, ratepayer. **~ˌpreis** *m* **1.** selling price, *für Gas, Wasser, Strom*: rate. **2.** → **Ausgabekurs.**

ˈAbˌgang *m* **1.** *a. fig. e-r Person*: going (away), leaving, departure, exit; *fig.* **sich** (*dat*) **e-n guten ~ verschaffen** make a graceful exit. **2.** *fig.* a) (*Ausscheiden*) leaving, *in den Ruhestand*: *a.* retirement, *vorzeitiger, e-s Ministers, Vorstands etc*: resignation (**aus** from), b) member of the staff (*od.* worker) who has left (*od.* is leaving) (the company), *pl a.* separations, c) → **Abgänger. 3.** *thea.* a) exit, b) (*Text*) exit line. **4.** (*Tod*) decease, demise, *pl mil.* losses. **5.** (*Abfahrt*) *rail. etc* departure, *mar.* sailing. **6.** *der Post, e-r Sendung*: dispatch. **7.** *gym.* a) *vom Gerät*: dismount, b) finish of exercise. **8.** (*Ausgang*) *am Schalter*: way out, *e-r Unterführung etc*: way down. **9.** *econ.* a) → **Absatz** 2, b) *Bankbilanz*: items *pl* disposed of, c) *a. tech.* (*Verlust*) loss, (*Abfall*) waste, *beim Wiegen*: shortage, *bei Flüssigkeit*: leakage, ullage, d) (*Verminderung*) reduction, decrease. **10.** *med. von Blut, Eiter, Urin etc*: discharge, *von Kot, Steinen etc*: passage, *von Kind bei Geburt*: expulsion; → *a.* **Abort²** 1. **ˈAbˌgän·ger** *m* ⟨**-s**; **-**⟩ school leaver, *Am. a.* graduate. **ˈabˌgän·gig** *adj* **1.** *bes. Austrian Person*: missing, lost. **2.** *tech.* **~e Hitze** waste heat.

ˈAbˌgangs|ˌal·ter *n* school-leaving age. **~ˌbahnˌhof** *m* station of departure, *für Waren*: station of dispatch. **~ˌha·fen** *m* port of clearance (*od.* sailing). **~ˌklas·se** *f ped.* top class. **~mi·kroˌphon** *n* sound-emission microphone. **~ˌprü·fung** *f ped.* leaving (*Am.* final) examination. **~ˌzeit** *f* **1.** → **Abfahrtszeit. 2.** *e-r Sendung*: time of dispatch. **~ˌzeug·nis** *n* (school-)leaving certificate, *Am.* diploma.

ˈAbˌgas *n tech.* waste (*od.* flue) gas, emission, *mot.* exhaust gas (*od.* fumes *pl*), (*Raffinerie≳, Reaktor≳*) off-gas. **~entˌgif·tung** *f* waste gas (*od.* flue gas) cleaning (*od.* scrubbing). **≳ˌfrei** *adj mot.* emission-free. **~ˌrohr** *n* tail (*od.* exhaust) pipe. **~ˌtest** *m* fume emission test. **~turˌbi·ne** *f aer. tech.* exhaust-gas turbine. **~venˌtil** *n tech.* exhaust (*od.* blow-through) valve. **~verˌschmut·zung** *f* pollution with exhaust and waste gas. **~verˌwer·tung** *f* waste- (*od.* exhaust-)gas utilization.

ˈabˌgau·nern *v/t* ⟨*sep*, **-ge-**, **h**⟩ *colloq.* **j-m et. ~** swindle (*od.* diddle) s. o. out of s. th.

ˈab·geˌar·bei·tet *adj* toilworn, worn out, overwrought.

ˈab·geˌben I *v/t* ⟨*irr, sep*, **-ge-**, **h**⟩ **1.** (*Brief etc*) hand (in), deliver (**bei** to), (*Schlüssel etc*) leave (**bei** with); **abzugeben bei Herrn X** care of (*abbr.* c/o) Mr X. **2.** (*Geld, Fahrkarte etc*) hand over (**an** *acc* to), (*Schulhefte, a. Geräte*) hand (*od.* turn) in, (*Gepäck etc*) (**bei** at) leave, deposit, *Am.* check. **3. j-m von e-r Sache ~** give s. o. a piece (*od.* part, some) of s. th., share s. th. with s. o. **4. e-n Schuß ~** fire (*Sport*: deliver) a shot. **5.** (*Angebot, Erklärung etc*) make, (*Meinung, Versprechen*) give, (*Stimme*) cast; → **Urteil** (*etc*). **6.** *econ.* (*Ware etc*) sell (**an** *acc* to), let *s. o.* have, dispose of; **et. billig ~** sell s. th. cheap. **7.** (**an** *acc* to) (*Posten, Kommando, Macht*) hand over, (*Sache, Rechte*) surrender, make over, assign, (*Mitarbeiter etc*) transfer, (*Gebiet etc*) cede. **8.** *Sport*: a) (**an** *acc* to) (*Spiel, Satz*) lose, (*Punkt, Tor etc*) concede, b) **den Ball ~** pass the ball. **9.** *tech.* (*Wärme, Dampf etc*) give off, emit, (*Energie*) release, (*Strom*) deliver, (*erbringen*) yield, (*dosieren*) *Automat etc*: dispense; **abgegebene Leistung** (power) output, *electr. a.* wattage. **10.** *colloq.* (*darstellen, sein*) be, act as (*referee, etc*); **er würde e-n guten Lehrer ~** he would make a good teacher. **11.** (*Hintergrund etc*) form, serve as, be, (*Thema etc*) provide. **II** *v/i* **12.** *Karten*: deal last. **13.** *Sport*: pass (the ball). **III** *v/impers* **14.** *colloq.* **es wird et. ~** → **setzen** 28. **IV** *v/reflex* **15. sich ~ mit** deal (*od.* have to do) with, occupy (*od.* concern) o. s. with, *viel*: spend (*unnütz*: waste) much time on; **geben Sie sich damit nicht ab!** don't bother about it!; **damit kann ich mich nicht ~!** I can't be bothered with that!; **sich mit j-m ~** occupy (*od.* concern) o. s. with s. o., (*mit j-m umgehen*) associate with s. o., mix with *people*; **mit ihm gebe ich**

mich gar nicht ab I want no truck with him, I have no time for him.

ˈab·ge|ˌblen·det *adj Scheinwerfer*: dipped. **~ˌbrannt** *adj fig. colloq.* (*mittellos*) broke, on the rocks; total ~ stony(-broke), *Am.* stone-broke; (total)~ sein *a.* not to have a bean. **~ˌbro·chen** *adj* → abgehackt. **~ˌbrüht** *adj fig.* hard-boiled, hardened, callous.

ˈab·geˌdro·schen *adj fig. Redensart, Melodie*: hackneyed, trite, *Witz*: stale; ~es Zeug banalities *pl.* **⁀heit** *f* ⟨-; *no pl*⟩ *fig.* banality, triteness.

ˈab·geˌfeimt *adj* cunning, sly, wily, *stärker*: base, vile; ein ~er Schurke an out-and-out (*od.* utter) scoundrel. **⁀heit** *f* ⟨-; *no pl*⟩ cunningness, slyness, *stärker*: vileness, baseness.

ˈab·ge|ˌflacht *adj* flattened, (oben) ~ flat-topped, *an den Polen*: oblate. **~ˌgrast** *adj fig. Gebiet*: well-covered, well worked-over, thoroughly explored. **~ˌgrif·fen** *adj* **1.** *Buch etc*: well-thumbed, *Münze etc*: well-worn. **2.** → abgedroschen. **~ˌhackt** *adj fig. Sätze*: disjointed, *Redeweise*: disconnected, abrupt, chopped, staccato. **~ˌhalf·tert** *adj fig. colloq. Beamter etc*: sacked. **~ˌhan·gen** *adj gastr.* hung. **~ˌhärmt** *adj* careworn, haggard. **~ˌhär·tet** *adj* (gegen to) inured, *a. fig.* hardened, *vom Wetter*: weather-beaten.

ˈabˌge·hen I *v/i* ⟨*sep*, -ge-, sein⟩ **1.** *Person*: go off, go away, leave, *thea.* go (off), leave (the stage), make one's exit; *colloq.* abgegangen werden be expelled; *thea.* nach links ~ go out on the left; Othello geht ab exit Othello; alle gehen ab exeunt omnes. **2.** *Zug etc*: leave, depart, move (off), be going, *Schiff*: sail. **3.** *Ware, Post etc*: go off, be dispatched, be sent; ~ lassen dispatch, forward. **4.** *von der Schule*: leave (school), *Am. a. erfolgreich*: graduate (from). **5.** *Knopf, Farbe etc*: come off, *Fleck*: *a.* come out. **6.** *med. Urin etc*: be discharged, *Steine, Würmer etc*: pass, *Blähungen etc*: be expelled. **7.** *Schuß*: go off. **8.** *fig.* (*ändern*) depart (von from); von e-r Sache ~ alter (*od.* change) s. th.; von s-r Meinung ~ alter one's opinion, change one's view; nicht von e-r Sache ~ insist (up)on (*od.* persist in, stick to) s. th.; davon gehe ich nicht ab nothing can change my mind about this. **9.** (*abweichen*) (von from) *vom Thema etc*: digress, *vom Weg, Glauben, von den Regeln etc*: deviate. **10.** (*aufgeben*) (von *acc*) *e-m Vorhaben etc*: abandon, drop. **11.** *fig.* (*fehlen*) be missing, be wanting, be lacking; j-m geht et. ab s. o. lacks s. th.; was ihm abgeht, ist Mut what he wants is courage, he has no courage; ihm geht nichts ab he doesn't go short of anything; ihr soll nichts ~ she shall not want for anything; sich (*dat*) nichts ~ lassen deny o. s. nothing; *colloq.* du bist mir sehr abgegangen I missed you badly. **12.** *econ.* von e-m Preis ~ a) *Person*: come down from a price, lower a price, b) *Betrag*: be deducted; davon gehen 10 Mark ab minus (*od.* less) 10 marks; bei sofortiger Zahlung gehen 10 Prozent ab 10 per cent deduction for cash payment. **13.** *colloq.* sell, go; reißend ~ find a ready sale, sell like hot cakes; billig ~ go cheap. **14.** (*abzweigen*) *Straße etc*: branch (*od.* fork) off. **15.** *fig.* (*enden*) end; gut ~ pass off well; schlecht ~ turn out badly; es kann nicht gut ~ there is sure to be trouble. **II** *v/t* ⟨h⟩ **16.** (*Straße etc*) go (*od.* walk) the length of, (*Gelände etc*) patrol. **ˈabˌge·hend** *adj Post, Züge, Schiffe, a. electr. teleph.* outgoing, *mar. Ladung*: outward bound.

ˈab·ge|ˌhetzt *adj* **1.** panting, breathless. **2.** worn-out, tired out, run down. **~ˌkämpft** *adj* **1.** *Soldaten*: battle-weary. **2.** *fig.* (*erschöpft*) exhausted, worn-out, tired out, spent. **~ˌkar·tet** *adj colloq.* prearranged, fixed, put-up; e-e ~e Sache, ein ~es Spiel a put-up job, a frame-up. **~ˌklap·pert** *adj colloq.* **1.** (*klapperig*) ramshackle, rickety. **2.** ein ~er Gaul an old jade (*od.* crock). **3.** → abgedroschen.

ˈab·geˌklärt *adj fig. Person*: mellow(ed), sage, *Urteil etc*: detached, judicious, balanced. **⁀heit** *f* ⟨-; *no pl*⟩ *fig.* mellowness, serenity, *e-s Urteils etc*: detachment, judiciousness.

ˈab·ge|ˌla·gert *adj Wein*: matured, aged, mellow, *Holz, Tabak etc*: (well-) seasoned. **~ˌlatscht** *adj colloq. Schuhe*: worn-down, down-at-(the-)heel(s). **~ˌlebt** *adj* **1.** decrepit. **2.** *lit.* (*vergangen*) past, outmoded.

ˈab·geˌle·gen *adj* remote, distant, faraway, (*abgeschieden*) secluded, retired, out-of-the-way, ⟨*pred*⟩ out of the way. **⁀heit** *f* ⟨-; *no pl*⟩ remoteness, seclusion.

ˈab·ge·ˌlei·ert *adj colloq.* hackneyed, *Melodie etc*: trite.

ˈabˌgel|ten *v/t* ⟨*irr, sep*, -ge-, h⟩ (*Ansprüche etc*) satisfy, settle, (*Schulden*) settle, pay off, clear, discharge; Urlaub durch Bezahlung ~ offer (*od.* give) payment in lieu of holidays. **⁀tung** *f* ⟨-; -en⟩ satisfaction, settlement, compensation, payment; zur ~ von Barleistungen in lieu of cash.

ˈab·ge|ˌmacht *adj colloq.* **1.** arranged, settled; ~! agreed!, done!, it's a bargain (*od.* deal)! **2.** → abgekartet. **~ˌma·gert** *adj* emaciated, skinny; völlig ~ sein be nothing but skin and bone. **~ˌmes·sen** *adj fig.* measured (*steps, words*), *Redeweise etc*: formal, stiff. **~ˌneigt** *adj* ⟨*pred*⟩ **1.** e-r Sache ~ sein be averse to s. th., be unfavo(u)rably disposed toward(s) s. th., dislike s. th.; e-m Glas Wein nicht abgeneigt sein not to mind a glass of wine. **2.** ~ sein, et. zu tun be disinclined (*od.* loath) to do s. th., be averse to doing s. th., *stärker*: be unwilling (*od.* reluctant) to do s. th.; ich bin nicht ~ zu *inf* I'm quite prepared to *inf*; ich wäre nicht ~, et. zu trinken I wouldn't mind a drink. **3.** j-m ~ sein be ill-disposed toward(s) s. o., have an aversion to (*od.* for) s. o., dislike s. o. **⁀ˌneigt·heit** *f* ⟨-; *no pl*⟩ → Abneigung 1. **~ˌnutzt** *adj Kleidung etc*: worn-out (*a. fig.*), *Reifen etc*: worn-down, *Schneide, Bohrer etc*: blunt.

ˈAb·geˌord·ne·te *m, f* ⟨-n; -n⟩ **1.** (*Delegierte*) delegate, deputy. **2.** Member of Parliament (*abbr.* M. P.), *Am. des Kongresses*: representative, congressman (congresswoman).

ˈAb·geˌord·ne·ten|ˌhaus *n* chamber of deputies, *in Großbritannien*: House of Commons, *in den USA*: House of Representatives. **~manˌdat** *n* (electoral) mandate. **~ˌwahl** *f* parliamentary election.

ˈab·ge|ˌpackt *adj Lebensmittel etc*: packaged, prepacked. **~ˌplat·tet** *adj* → abgeflacht. **~ˌris·sen** *adj fig.* **1.** (*zerlumpt*) *Kleidung etc*: ragged, shabby, *Person*: *a.* in rags and tatters, down-at-heel; ich bin ganz ~ I haven't a thing fit to wear. **2.** *Sätze, Gedanken etc*: disjointed, incoherent, disconnected, *Redeweise etc*: *a.* jerky. **~ˌrun·det I** *adj* **1.** *Zahl*: rounded. **2.** *fig. Stil, Bildung etc*: well-rounded, *Leistung etc*: *a.* polished, finished. **II** *adv* **3.** in round figures.

ˈAb·geˌsand·te *m, f* ⟨-n; -n⟩ **1.** *pol.* emissary, envoy, delegate. **2.** (*Bote*) envoy, messenger.

ˈab·geˌschie|den I *adj Ort*: secluded, isolated. **II** *adv* ~ leben lead a solitary life, live in seclusion. **⁀de·ne** *m, f* ⟨-n; -n⟩ *lit.* deceased (*od.* departed) person; die ~n the deceased. **⁀den·heit** *f* ⟨-; *no pl*⟩ **1.** *e-s Ortes etc*: seclusion, loneliness, isolation. **2.** *e-r Person*: secluded life, solitary existence.

ˈab·ge|ˌschlafft *adj colloq.* dead beat, all in, whacked, *weitS.* washed(-)up; → abschlaffen. **~ˌschla·gen** *adj* **1.** → abgespannt. **2.** *Sport*: clearly defeated, far behind; ~ enden be (*od.* come in) nowhere.

ˈab·geˌschlos·sen *adj* **1.** *Ausbildung etc*: completed. **2.** *fig.* retired, secluded; ~ leben live in seclusion, shut o. s. up. **3.** *chem. math. tech.* closed; in sich ~ (*unabhängig*) independent, self-contained (*unit, a. apartment, etc*). **⁀heit** *f* ⟨-; *no pl*⟩ **1.** isolation, seclusion. **2.** completion, *ling. a.* perfectivity, perfective aspect.

ˈab·geˌschmackt [-gəˌʃmakt] *adj fig.* (*ohne Geschmack*) tasteless, *nachgestellt*: in bad (*od.* poor) taste, (*taktlos*) tactless, (*albern*) fatuous, (*fad*) vapid. **⁀heit** *f* ⟨-; -en⟩ tastelessness, bad (*od.* poor) taste, tactlessness, fatuousness, vapidness.

ˈab·ge|ˌschnit·ten *adj* cut-off; von der Außenwelt ~ cut off from the outside world; durch Schnee ~ snowbound. **~ˌse·hen** *adv* ~ von apart (*Am. a.* aside) from, except for, with the exception of, save; ~ davon except for that, leaving that out of consideration; ~ davon, daß except for the fact that; vom finanziellen Verlust ganz ~ not to mention (*od.* to say nothing of, let alone) the financial loss.

ˈab·geˌspannt *adj fig.* exhausted, weary, fatigued, worn-out. **⁀heit** *f* ⟨-; *no pl*⟩ exhaustion, fatigue, weariness.

ˈab·ge|ˌspielt *adj Schallplatte etc*: worn (by frequent playing). **~ˌstan·den** *adj allg.* stale (*a. fig.*), *Bier etc*: *a.* flat. **~ˌstor·ben** *adj* **1.** *Pflanze etc*: dead. **2.** (*gefühllos*) numb, dead. **3.** *med.* devitalized, *Gewebe*: dead, necrotic.

ˈab·geˌstumpft *adj* **1.** *fig. Geist, Verstand etc*: dulled, deadened, blunted, *Person*: (gegen to) insensitive, indifferent. **2.** *math. Kegel, Pyramide etc*: truncated. **3.** *chem.* neutralized. **⁀heit** *f* ⟨-; *no pl*⟩ *fig.* indifference, dul(l)ness, apathy.

ˈab·ge|ˌta·kelt *adj fig.* seedy, down-at-heel. **~ˌtan** *adj* ⟨*pred*⟩ *Sache*: finished, over and done with. **~ˌtra·gen** *adj Kleidung*: worn-out, shabby, threadbare, *Schuhe*: worn-down, down-at-heel. **~ˌtre·ten** *adj Absätze, Schuhe*: worn-down, *Stufen*: worn-out, *Teppich*: threadbare. **~ˌwetzt** *adj* badly worn, shiny, worn-out, shabby, threadbare. **~ˌwin·nen** *v/t* ⟨*irr, sep, pp* abgewonnen, h⟩ **1.** j-m (beim Kartenspielen) Geld ~ win money from s. o. (at cards); j-m e-n Vorteil ~ gain an advantage over s. o.; e-r Dame ein Lächeln ~ win a smile from a lady. **2.** der Wüste Ackerland ~ wrest arable land from the desert; dem Meer Land ~ reclaim land from the sea. **3.** earn, win, gain; j-m Achtung (Liebe) ~ win (*od.* gain) s. o.'s respect (affection). **~ˌwirt·schaf·tet I** *pp* ~ haben *Unternehmer etc*: be finished, be done for, *Politiker*: *a.* be on one's way out; die Regierung hat ~ the government has collapsed. **II** *adj Gut etc*: run-down, *stärker*: ruined (by mismanagement). **~ˌwo·gen** *adj fig. Worte etc*: well-considered.

ˈab·geˌwöh|nen I *v/t* ⟨*sep, pp* abgewöhnt, h⟩ **1.** j-m et. ~ (*das Rauchen, Lügen etc*) cure s. o. of s. th., break s. o. of (the habit of) s. th., make s. o. (*od.* get s. o. to) give up s. th., (*e-e Auffassung etc*) wean s. o. (away) from s. th.; **das muß er sich** ~ he'd better drop that; **sich** (*dat*) **das Rauchen** ~ stop (*od.* give up, leave off) smoking. **II** ℒ *n* ⟨-s⟩ *humor.* **noch ein Glas zum** ℒ! just one for the road. ℒ**nung** *f* ⟨-; *no pl*⟩ breaking (*od.* dropping) of a habit.

'ab·geˌzehrt *adj* emaciated, gaunt, haggard.

'abˌgie·ßen *v/t* ⟨*irr, sep,* **-ge-,** h⟩ **1.** (*Flüssigkeit*) pour off, *bes. chem.* (*a. Wein*) decant, (*Kartoffeln etc*) strain (off). **2.** *tech.* (*Metall*) pour, (*Form*) cast *s. th.* (**in Bronze** in bronze).

'abˌgit·tern *v/t* ⟨*sep,* **-ge-,** h⟩ fence (*od.* rail) *s. th.* off, separate *s. th.* by a railing.

'Abˌglanz *m* ⟨-es; *no pl*⟩ reflection, *fig. a.* reflected glory (*od.* splendo[u]r); *fig.* **schwacher** (*od.* **dürftiger**) ~ (*gen* of) pale reflection, feeble copy.

'Abˌgleich [-glaiç] *m* ⟨-(e)s; *no pl*⟩ *Radio*: alignment; → *a.* **Abgleichung.**

'abˌglei·chen *v/t* ⟨*irr, sep,* -ge-, h⟩ **1.** (*ebnen*) level (off), make *s. th.* level. **2.** *tech.* equalize, (*justieren*) adjust, *electr.* (*Empfänger*) align, (*Brücke*) balance. **3.** *print.* justify. **4.** *econ.* (*Konten*) square, balance. **'Abˌglei·chung** *f* ⟨-; -en⟩ **1.** level(l)ing off. **2.** *tech.* equalization, adjustment, *electr.* balancing, balance. **3.** → Abgleich. **4.** *print.* justification.

'AbˌgleichˌwiderˌStand *m electr.* balancing resistance.

'abˌglei·ten *v/i* ⟨*irr, sep,* -ge-, sein⟩ **1.** *Person, Fuß etc*: slip (off), *Waffe etc*: glance off, *Blick, Augen*: wander away (**von** from); *fig.* **alle Vorwürfe gleiten von ihm ab** he is deaf to all reproaches, criticism runs off him like water off a duck's back. **2.** *fig.* slide (*od.* go) down, *Leistungen, Qualität etc*: fall off, *Person*: *vom Niveau etc*: lapse (from), *ins Banale, in Phrasen etc*: lapse (into); (**vom rechten Wege**) ~ go astray.

'Abˌgott *m relig. u. fig.* idol; *fig.* **das Kind ist der** ~ **s-r Eltern** the child is idolized by its parents; **zu e-m** ~ **machen** worship, idolize, make an idol of. **ˌAb·göt·te'rei** *f* ⟨-; *rare* -en⟩ *relig.* idolatry, *fig. a.* idolization. **'ab·ˌgöt·tisch** [-ˌgœtɪʃ] **I** *adj* idolatrous. **II** *adv* idolatrously, to the point of idolatry; ~ **verehren** idolize, worship; ~ **lieben** *a.* adore, (*bes. Kind*) dote on.

'Abˌgottˌschlan·ge *f* boa (constrictor).

'abˌgra·ben *v/t* ⟨*irr, sep,* **-ge-,** h⟩ dig off (*od.* away), level, (*Wasserlauf*) drain (*od.* draw) off; *fig. colloq.* **j-m das Wasser** ~ cut the ground from under s. o.'s feet.

'abˌgrä·men *v/reflex* ⟨*sep,* **-ge-,** h⟩ **sich** ~ grieve, pine away (with grief), eat one's heart out.

'abˌgra·sen *v/t* ⟨*sep,* **-ge-,** h⟩ **1.** (*Weide etc*) graze (down). **2.** *fig. colloq.* a) (*Gebiet, Gegend*) (**nach** for) scour, comb, b) *econ.* (*Markt etc*) cover; **abgegrast sein** *Studiengebiet etc*: be quite worked out.

'abˌgra·ten [-ˌgraːtən] *v/t* ⟨*sep,* **-ge-,** h⟩ *tech.* (de)bur(r), trim.

'abˌgrät·schen *gym.* **I** *v/i* ⟨*sep,* **-ge-, sein** *u.* h⟩ straddle-vault. **II** ℒ *n* ⟨-s⟩ straddle vault (*od.* dismount).

'abˌgrei·fen *v/t* ⟨*irr, sep,* **-ge-,** h⟩ **1.** → **abtasten** 1. **2.** (*Seiten etc*) wear out (by constant handling), thumb. **3.** (*Entfernung*) (**mit den Fingern**) ~ measure off *s. th.* (with the fingers); **mit dem Zirkel** ~ measure *s. th.* with dividers. **4.** *teleph.* tap.

'abˌgrenz·bar *adj räumlich*: (de)limitable, *zeitlich*: estimable, *begrifflich*: definable; **schwer** ~ difficult to define (*od.* distinguish). **'abˌgren·zen I** *v/t* ⟨*sep,* **-ge-,** h⟩ **1.** (*Grundstück etc*) mark off, mark the boundaries of, (*Territorium*) (**gegen, von** from) delimit, demarcate. **2.** *fig.* mark off, (*Befugnisse, Bereich etc*) (**gegen, von** from) delimit(ate), demarcate, (*unterscheiden*) differentiate, (*trennen*) *a.* keep distinct, (*genau umschreiben*) define, circumscribe. **II** *v/reflex* **3. sich** ~ **von** *Person*: dis(as)sociate o. s. from. **'Abˌgren·zung** *f* ⟨-; -en⟩ **1.** demarcation, delimitation, *begriffliche*: definition. **2.** → **Abgrenzungslinie.**

'Abˌgren·zungs|ˌkon·ten *pl* deferrals and accruals. ~**ˌli·nie** *f* dividing (*od.* demarcation) line, line of demarcation, (*Grenzlinie*) boundary (line). ~**ˌpo·sten** *pl econ.* deferred and accrued items.

'Abˌgrund *m* **1.** abyss, gulf, chasm, (*Steilhang*) precipice; **gähnender** ~ yawning abyss; *fig.* **j-n in den** ~ **treiben** bring ruin (*od.* disaster) on s. o.; → **Rand** 1. **2.** *fig. der Hoffnungslosigkeit etc*: abyss, *der Seele etc*: depths *pl,* (**zwischen** *Menschen etc* between) deep chasm, great gulf; ~ **der Gemeinheit** unutterable meanness; ~ **des Elends** abject poverty (*od.* misery); **in e-m** ~ **der Verzweiflung** in the depths of despair. ℒ'**häß·lich** *adj* (as) ugly as hell (*od.* sin).

'abˌgrün·dig, 'abˌgrund'tief *adj* abysmal, unfathomable (*a. fig.*).

'abˌgucken (*getr.* **-k·k-**) *v/t* ⟨*sep,* **-ge-,** h⟩ *colloq.* **j-m et.** ~ learn s. th. by watching s. o., copy s. th. from s. o.; *bes. ped.* **et. von** (*od.* **bei**) **j-m** ~ crib s. th. from s. o.

'AbˌguB *m* **1.** casting, (*Gips*ℒ *etc*) *a.* mo(u)lding, (*Nachguß*) second cast. **2.** *chem.* decanting. **3.** *print.* (stereotyped) plate.

'abˌha·ben *v/t* ⟨*irr, sep,* **-ge-,** h⟩ *colloq.* **1. et.** ~ **von** (*abbekommen*) have a share of; **willst du et.** ~? do you want some (*od.* a bit) (of it)? **2.** (*den Hut etc*) have *s. th.* off.

'abˌhacken (*getr.* **-k·k-**) *v/t* ⟨*sep,* **-ge-,** h⟩ chop (*od.* cut, hack) off; → *a.* **abgehackt.**

'abˌha·ken *v/t* ⟨*sep,* **-ge-,** h⟩ **1.** tick (*Am.* check) off; *fig.* **et.** ~ cross s. th. off (one's list). **2.** unhook, take *s. th.* off (the hook).

'abˌhalf·tern *v/t* ⟨*sep,* **-ge-,** h⟩ (*Pferde etc*) take the halter off; *fig. colloq.* **j-n** ~ give s. o. the sack, sack (*od.* oust) s. o., (*Politiker*) *a.* make s. o. walk the plank.

'abˌhal|ten I *v/t* ⟨*irr, sep,* **-ge-,** h⟩ **1.** (*zurückhalten*) (**von** from) stop, restrain, (*abschrecken*) deter, discourage; **j-n davon** ~, **et. zu tun** prevent (*od.* keep, stop) s. o. from doing s. th.; **ich lasse mich durch nichts** ~ nothing shall stop me; **laß dich nicht** ~! don't let me disturb you! **2.** (*aufhalten*) detain, delay, keep; **ich bin abgehalten worden** I have been detained. **3.** (*abwehren*) (*Angriff, Feind, Fans etc*) hold off, (*Besucher etc*) keep away; **et.** (**j-n**) **von sich** ~ keep s. th. (s. o.) away from o. s. **4.** (*Regen, Kälte etc*) keep out (*od.* off), (*Schlag*) ward off. **5.** (*Konferenz, Prüfung, Feier etc*) hold, (*Fest*) celebrate, keep, observe, (*Unterrichtsstunde*) give, (*Vorlesung*) give, deliver; **abgehalten werden** be held (*etc*), take place. **6.** (*weghalten*) hold away; **von sich** ~ hold (*a picture, etc*) away from o. s. **7.** *colloq.* (*Kind*) hold (*a child*) out (*od.* over the pot). **8.** *mar.* bear (*od.* keep) off. **II** *v/i* **9.** *mar.* bear off (*od.* away), fall off. ℒ**tung** *f* ⟨-; -en⟩ **1.** *e-s Festes etc*: celebration. **2.** *meist pl* (*Verhinderung*) engagement; ~**en haben** be otherwise engaged, be prevented (**durch** by).

'abˌhan·deln *v/t* ⟨*sep,* **-ge-,** h⟩ **1. j-m et.** ~ make a deal with s. o. for s. th., *feilschend*: haggle s. th. out of s. o.; **j-m 20 Mark (vom Preis)** ~ knock 20 marks off s. o.'s price, beat s. o. down by 20 marks. **2.** (*Frage, Geschäft etc*) settle, handle, negotiate, (*Thema etc*) treat (of), deal with, (*Problem etc*) discuss *s. th.* (at length).

ˌab'han·den [-'handən] *adv* ~ **kommen** get lost, go astray, be mislaid; ~ **gekommen sein** be lost, be missing; **mir ist m-e Brille** ~ **gekommen** I have lost my spectacles.

'Abˌhand·lung *f* (**über** *acc,* **von** on, upon) *schriftliche*: treatise, essay, paper, *mündliche*: discourse, discussion, *wissenschaftliche*: dissertation, article, *relig.* tract.

'Abˌhang *m* slope, incline, declivity, *steiler*: precipice, drop; ~ **e-s Hügels** hillside, slope of a hill.

'abˌhän·gen I *v/t* ⟨*sep,* **-ge-,** h⟩ **1.** *rail.* uncouple, take off. **2.** (*abnehmen*) take down, unhook, detach. **3.** *gastr.* (*Fleisch*) hang. **4.** *fig. colloq.* (*Verfolger, Konkurrenten etc*) leave *s. o.* (far) behind, shake *s. o.* off, give *s. o.* the slip, lose, get rid of. **II** *v/i* ⟨*irr, sep,* **-ge-,** h⟩ **5.** *fig.* (**von** on, upon) depend, *a. finanziell etc*: be dependent, *von Umständen*: *a.* be contingent, be conditional, *von e-r Zustimmung, Vorschrift etc*: be subject (**von** to); **letztlich** ~ **von** hinge (*od.* turn) (up)on; **vom Zufall** ~ be at the mercy of chance; **es hängt von dir ab** it lies (*od.* rests) with you, it's for you to decide. **6.** *teleph.* ⟨*pp* **abgehängt**⟩ ring off, *Am.* hang up.

'abˌhän·gig *adj* **1.** *allg.* dependent (**von** on, upon); ~ **sein von** → **abhängen** 5; **et.** ~ **machen von** make s. th. conditional on; *pol.* ~**es Gebiet** → **Abhängigkeitsgebiet**; *econ.* ~**e Gesellschaft** controlled company. **2.** *ling. math.* dependent, *Satz*: *a.* subordinate; ~**e Rede** indirect (*od.* reported) speech. **'Ab·ˌhän·gi·ge** *m, f* ⟨-n; -n⟩ dependent; *jur.* **Unzucht mit** ~**n** seduction of persons in one's charge (*od.* custody). **'Abˌhän·gig·keit** *f* ⟨-; *no pl*⟩ **1.** (**von**) dependence (on, upon), *von Drogen etc*: *a.* addiction (to); **gegenseitige** ~ interdependence, *bes. Statistik*: correlation; **in** ~ **geraten** become dependent, lose one's independence; *math.* **in** ~ **von** as a function of. **2.** *ling.* subordination.

'Abˌhän·gig·keits|geˌbiet *n pol.* dependency, non-selfgoverning territory. ~**geˌfühl** *n* feeling of dependence. ~**ver·ˌhält·nis** *n* (**zu**) (state of) dependence (upon), dependent relation(ship) (to); **in e-m** ~ **zu j-m stehen** a) be dependent upon s. o., b) be subordinate to s. o.

'abˌhär·men *v/reflex* ⟨*sep,* **-ge-,** h⟩ **sich** ~ pine (*od.* waste) away (**über** *acc,* **vor** *dat* with); **sich wegen** (*od.* **über** *acc,* **um**) **et.** ~ grieve (*od.* fret) over s. th.; → *a.* **abgehärmt.**

'abˌhär|ten I *v/t* ⟨*sep,* **-ge-,** h⟩ (**gegen**) harden (against, to), inure (to), toughen *s. o.* up (against). **II** *v/reflex* **sich** ~ harden (*od.* toughen, inure) o. s., become hardened; → *a.* **abgehärtet.** ℒ**tung** *f* ⟨-; *no pl*⟩ (**gegen**) hardening (against), inurement (against, to).

'abˌhas·peln *v/t* ⟨*sep,* **-ge-,** h⟩ (*Garn, a. fig. colloq. Gedicht etc*) reel off.

'abˌha·sten *v/reflex* ⟨*sep,* **-ge-,** h⟩ **sich** ~ rush, bustle (along), *weitS.* tire (*od.* wear) o. s. out.

'abˌhau·en I *v/t* ⟨*irr, sep,* **-ge-,** h⟩ **1.** (*abhacken*) cut (*od.* chop) off, (*Baum*) cut down. **2.** (*wegschlagen*) knock off. **3.** *ped. colloq.* **et. von j-m ~** crib s. th. from s. o. **II** *v/i* ‹sein› **4.** *fig. colloq.* (*weggehen*) push (*od.* buzz) off, (*fliehen*) make off, bolt, *sl.* beat it, *Sport*: (*dem Feld davongehen*) break away, leave the pack; **hau ab!** push off!, piss off!, beat it!, get lost!, scram!

ˈabˌhäu·ten *v/t* ‹*sep*, **-ge-**, h› skin, flay.

ˈAbˌhe·be·geˌschwin·dig·keit *f aer.* lift-off (*od.* getaway) speed.

ˈabˌhe·ben I *v/t* ‹*irr, sep,* **-ge-**, h› **1.** take (*od.* lift) off, *teleph.* (*Hörer*) *a.* pick up. **2.** (*Geld*) withdraw, take out, (*Zinsen etc*) collect, cash. **3.** (*Karten*) cut. **4.** (*Maschen*) slip. **5.** *tech.* (*Späne*) take off, cut off, remove, (*Werkzeug vom Werkstück*) clear, lift. **6.** *bes. Kunst*: contrast, bring out in relief; **et. vom** (*od.* **gegen den**) **Hintergrund ~** set s. th. off against the background. **II** *v/i* **7.** *Kartenspiel*: cut; **wer hebt ab?** whose turn to cut? **8.** *aer.* take (*od.* lift) off. **9.** answer the phone. **10.** *fig.* **~ auf** (*acc*) refer to, be driving at. **III** *v/reflex* **sich ~ 11.** (**gegen, von**) stand out (against), stand in contrast (to), contrast (with), *fig. Person, Leistung*: stand out (from); **sich gegen e-n Hintergrund ~** stand out (*od.* be set off, be silhouetted) against a background. **IV** 2 *n* ‹-s› **12.** taking off (*etc*). **13.** *von Geld*: withdrawal. **14.** *aer.* takeoff; **beim 2 des Flugzeugs** *a.* as the plane took off. **15.** *Kartenspiel*: cut.

ˈabˌhe·bern [-ˌheːbərn] *v/t* ‹*sep*, **-ge-**, h› (*Flüssigkeiten*) siphon off.

ˈAbˌhe·bung *f* ‹-; -en› *von Geld*: withdrawal. **ˈAbˌhe·bungs·beˌfug·nis** *f* right of withdrawal.

ˈabˌhef·ten *v/t* ‹*sep*, **-ge-**, h› **1.** (*Akten etc*) file. **2.** (*Falte etc*) tack.

ˈabˌhei·len *v/i* ‹*sep*, **-ge-**, **sein** *u.* h› heal (up).

ˈabˌhel·fen *v/i* ‹*irr, sep,* **-ge-**, h› (*e-r Sache*) help, remedy, (*e-r Beschwerde, e-m Übel*) redress, (*e-m Fehler*) correct, (*e-m Mangel*) overcome, (*Schwierigkeiten*) remove, (*e-m Bedarf*) supply, meet, satisfy; **dem ist nicht abzuhelfen** that cannot be helped.

ˈabˌhet·zen I *v/reflex* ‹*sep*, **-ge-**, h› **sich ~ 1.** *colloq.* rush (like mad), *weitS.* wear (*od.* tire) o. s. out, exhaust o. s. **II** *v/t* **2. j-n ~** drive s. o. hard, harass s. o. **3.** (*Pferd*) override, overdrive.

ˈabˌheu·ern *mar.* **I** *v/t* ‹*sep*, **-ge-**, h› **j-n ~** pay s. o. off, discharge s. o. **II** *v/i* sign off.

ˈAbˌhil·fe *f* ‹-; *no pl*› relief, remedy, redress, *für e-n Fehler*: correction; **~ schaffen** take remedial measures, afford relief; **hier muß man ~ schaffen** this must be remedied. **~ˌmaßˌnahme** *f* remedial measure.

ˈAbˌhit·ze *f* ‹-; *no pl*› *tech.* waste heat.

ˈabˌho·beln *v/t* ‹*sep*, **-ge-**, h› plane *s. th.* off, (*Parkett*) dress, (*Leder*) shave.

ˈabˌhocken (*getr.* **-k·k-**) *gym.* **I** *v/i* ‹*sep*, **-ge-**, **sein**› squat off. **II** 2 *n* ‹-s› squat-off.

ˈabˌhold *adj* ‹*meist pred*› *lit.* **~ sein** be ill-disposed toward(s) *s. o.*, (*a. e-r Sache*) be averse to *s. o., s. th.*

ˈAbˌholˌdienst *m* pickup (*od.* collection) service.

ˈabˌho|len *v/t* ‹*sep*, **-ge-**, h› **1.** (go and) get, fetch, call for, pick up, collect; **~ lassen** send for. **2.** (*Person*) call for, collect, *bes. mit dem Wagen*: pick *s. o.* up; **j-n von der Bahn ~** go to meet s. o. at the station; **s-n Sohn von der Schule ~** collect one's son from school. **3.** *colloq.* (*verhaften*) come for *s. o.*, take *s. o.* away, arrest. **2lung** *f* ‹-; *no pl*› *Post*: collection, clearance.

ˈabˌhol|zen *v/t* ‹*sep*, **-ge-**, h› deforest, clear *s. th.* (of trees), (*Bäume*) cut down, fell. **2zung** *f* ‹-; **-en**› deforestation.

ˈAbˌhör|afˌfä·re *f* wire-tapping (*sl.* bugging) affair. **~ˌanˌla·ge** *f*, **~apˌpaˌrat** *m* listening (*sl.* bugging, *Radio*: monitoring) device.

ˈabˌhor·chen *v/t* ‹*sep*, **-ge-**, h› **1.** *med.* auscultate, sound. **2.** → **abhören** 2.

ˈAbˌhörˌdienst *m* monitoring (*mil.* interception) service.

ˈabˌhö·ren *v/t* ‹*sep*, **-ge-**, h› **1.** → **abfragen** 1. **2.** (*Gespräch*) listen in on, eavesdrop on, (*überwachen, a. tech.*) monitor, *mit Mikrophon*: *sl.* bug, (*Telephon*) tap. **3.** (*Tonaufnahme*) play back. **4.** → **abhorchen** 1.

ˈAbˌhör|geˌrät *n* → **Abhöranlage, Abhörmikrophon. ~kaˌbi·ne** *f* → **Abhörraum. ~mi·kroˌphon** *n* hidden microphone. **~ˌraum** *m Radio*: monitor room. **~skanˌdal** *m* wire-tapping (*sl.* bugging) scandal. **~sta·tiˌon, ~ˌstel·le** *f bes. mil.* listening (*od.* monitoring, interception) station (*od.* post). **~ˌvorˌrich·tung** *f* → **Abhöranlage.**

ˈAbˌhub *m* ‹-(e)s; *no pl*› **1.** *bei Erdarbeiten*: removal, stripping. **2.** *e-s Werkzeugs*: clearing. **3.** *metall.* dross, scum.

ˈabˌhül·sen *v/t* ‹*sep*, **-ge-**, h› shell, husk.

ˈabˌhun·gern *v/t* ‹*sep*, **-ge-**, h› **1. sich** (*dat*) **et. ~** pinch and scrape for (*od.* in order to get) s. th., get s. th. by pinching and scraping. **2.** (*Gewicht*) starve off.

Abi [ˈabi] *n* ‹-s; *no pl*› *colloq. for* **Abitur.**

ˈabˌir·ren *v/i* ‹*sep*, **-ge-**, **sein**› stray, wander, *fig. a.* deviate (**von** from); **vom** (**richtigen**) **Weg ~** lose one's way, *fig.* go astray; **vom Thema ~** stray (*od.* digress, wander) from the subject. **ˈAbˌir·rung** *f* ‹-; **-en**› **1.** digression. **2.** aberration.

Ab·itur [abiˈtuːr] *n* ‹-s; *no pl*› *ped.* school-leaving (*Am.* final) examination (*at German secondary schools*); **das ~ machen** (*od.* **ablegen**) take (*mit Erfolg*: pass) one's school-leaving examination. **Ab·itu·ri·ent** [abituˈrĭɛnt] *m* ‹-en; -en›, **Ab·itu·riˈen·tin** *f* ‹-; **-nen**› *student who is about to take or has just taken the "Abitur" examination.* **Ab·iturˌzeug·nis** [abiˈtuːr-] *n* school-leaving certificate (qualifying for university entrance), *in England*: General Certificate of Education.

ˈabˌja·gen I *v/t* ‹*sep*, **-ge-**, h› **1. j-m et. ~** snatch s. th. away from s. o., (*wieder ~*) recover (*od.* retrieve) s. th. from s. o.; *fig.* **j-m die Kunden** *etc* **~** steal (*od.* take) s. o.'s customers *etc* away from s. o. **2.** (*Pferd*) override, overdrive. **3.** *hunt.* (*Revier*) shoot over, (*Wild*) kill off. **II** *v/reflex* **sich ~ 4.** → **abhetzen** I.

ˈabˌkäm·men *v/t* ‹*sep*, **-ge-**, h› **1.** *fig.* **ein Gebiet** *etc* **~** comb an area, *etc* (**nach** for). **2.** (*Wolle etc*) comb, card. **3.** comb *s. th.* off.

ˈabˌkämp·fen I *v/t* ‹*sep*, **-ge-**, h› **j-m et. ~** wrest s. th. from s. o. **II** *v/reflex* **sich ~** wear o. s. out, toil and moil; → **abgekämpft.**

ˈabˌkan·ten *v/t* ‹*sep*, **-ge-**, h› **1.** *tech.* (*runden*) round off, (*abschrägen*) bevel, chamfer, (*Blech*) edge, border, (*falzen*) fold. **2.** (*Tuch*) cut off the selvages of.

ˈabˌkan·zeln *v/t* ‹*sep*, **-ge-**, h› *colloq.* **j-n ~** give s. o. a dressing-down, blow s. o. up.

ˈabˌkap·seln I *v/reflex* ‹*sep*, **-ge-**, h› **sich ~ 1.** *fig. äußerlich*: seclude o. s., *innerlich*: retire into one's shell; **sich von der Außenwelt ~** shut o. s. away from the world. **2.** *med.* become encapsulated, *Parasiten*: get encysted. **II** *v/t* **3.** *med.* (*Eiterherd etc*) seal off.

ˈabˌkar·gen *v/t* ‹*sep*, **-ge-**, h› **sich** (*dat*) **et. ~** → **absparen.**

ˈabˌkar·ten *v/t* ‹*sep*, **-ge-**, h› *colloq.* plot, fix, prearrange; → **abgekartet.**

ˈab·kasˌsie·ren *v/i u. v/t* ‹*sep, no* **-ge-**, h› *colloq. Kellner*: settle up (s. o.'s bill), *Schaffner*: collect the fare(s) (from); *fig.* (**schwer**) **~** cash in heavily.

ˈabˌkau·en *v/t* ‹*sep*, **-ge-**, h› (*Bleistift etc*) chew; **sich** (*dat*) **die Fingernägel ~** bite one's (finger)nails.

ˈabˌkau·fen *v/t* ‹*sep*, **-ge-**, h› **j-m et. ~** buy (*od.* purchase) s. th. from s. o.; *fig. colloq.* **das kaufe ich dir nicht ab!** tell that to the marines!, tell me another!, I won't buy that!; → **Schneid.**

ˈAbˌkehr *f* ‹-; *no pl*› (**von**) turning away (from), abandonment (of), break (with), (*Entfremdung*) estrangement (from); **~ vom Glauben** abandonment (*od.* renunciation) of one's faith; **~ von e-r Politik** departure from a policy; **~ von s-n Freunden** turning one's back upon (*od.* withdrawal from) one's friends.

ˈabˌkeh·ren[1] *v/t* ‹*sep*, **-ge-**, h› → **abfegen.**

ˈabˌkeh·ren[2] **I** *v/t* ‹*sep*, **-ge-**, h› (*Augen etc*) (**von** from) turn away, avert. **II** *v/reflex* **sich ~** (**von**) *fig. von der Welt, von Freunden etc*: turn away (from), abandon (*acc*), break (with), turn one's back (on), *von e-r Politik etc*: depart (from), abandon (*acc*), drop (*acc*); **sich vom Glauben ~** turn away from (*od.* renounce) one's faith.

ˈabˌket·ten *v/t* ‹*sep*, **-ge-**, h› **1.** (*Hund etc*) unchain, let loose. **2.** (*Maschen*) fix, hook up.

ˈabˌkip·pen I *v/t* ‹*sep*, **-ge-**, h› **1.** (*Erde etc*) tip, dump. **2.** (*Kiste etc*) tilt. **II** *v/i* ‹**sein**› **3.** (*umfallen*) tilt (over). **4.** *aer. nach vorne*: pitch down, *in e-r überzogenen Kurve*: stall. **ˈAbˌkipp·geˌschwin·dig·keit** *f aer.* stalling speed.

ˈabˌklap·pen *v/t* ‹*sep*, **-ge-**, h› fold (*od.* turn) down.

ˈabˌklap·pern *v/t* ‹*sep*, **-ge-**, h› *colloq.* (*Gegend etc*) scour, go all over the place (**nach e-r Sache** looking for s. th.), (*Wohnungen, Verwandte etc*) make the round of, (*Sehenswürdigkeiten etc*) do; **alle Geschäfte nach et. ~** chase around the shops after (*od.* looking for) s. th.

ˈabˌklä·ren *v/t* ‹*sep*, **-ge-**, h› **1.** *bes. chem.* (*a.* **sich ~**) clarify, clear, (*bes. Bier, Wein*) fine. **2.** → **klären.**

ˈAbˌklatsch *m* ‹-es; -e› **1.** ‹*only sg*› *fig.* **ein** (**schwacher**) **~** a poor copy, a weak (*od.* feeble) imitation. **2.** *print.* stereotype, (*Bürstenabzug*) brush proof, (*Probeabzug*) proof sheet, (*Reibedruck*) rubbing. **ˈabˌklat·schen** *v/t* ‹*sep*, **-ge-**, h› **1.** *fig.* make a poor copy (*od.* imitation) of. **2.** *print.* copy, reproduce, print (off), make a brush proof (*od.* proof sheet) of, (*Korrekturbogen*) strike off, (*Reiberdruck*) rub. **3. j-n ~** *beim Tanzen*: cut in on s. o. (by clapping one's hands). **4.** (*Ball*) palm *s. th.* away.

ˈabˌklau·ben *v/t* ‹*sep*, **-ge-**, h› pick off.

ˈab·klaˌvie·ren *v/t* ‹*sep, no* **-ge-**, h› *colloq.* **sich** (*dat*) **et. an den** (**fünf** *od.* **zehn**) **Fingern ~** figure s. th. out (for o. s.), put two and two together.

ˈabˌklem·men *v/t* ‹*sep*, **-ge-**, h› pinch (*od.* nip) *s. th.* off, *electr.* disconnect, *med.* clamp.

ˈabˌklin·gen *v/i* ‹*irr, sep,* **-ge-**, **sein**› *Lärm etc*: abate, *Töne etc*: fade (*od.* die) away, *Sturm*: subside, abate, drop, *Druck, Spannung*: ease (off), relax, *Fieber, Schwellung*: go down, *Schmerzen*: ease, *Wirkung e-r Droge etc*: wear off, *Ärger, Erregung etc*: subside, die down,

Begeisterung etc: flag, ebb, wane, dwindle.

ˈabˌklop·fen I *v/t* ⟨*sep*, -ge-, h⟩ **1.** *allg.* knock *s. th.* off, (*Zigarettenasche etc*) flick off; **den Staub vom Mantel** ~ dust off one's coat. **2.** (*Brust, Wand etc*) sound, *leicht*: tap, *med. a.* percuss. **3.** *fig. colloq.* (*untersuchen*) scrutinize (**auf** *acc* for). **4.** → **abklappern**. **II** *v/i* **5.** *Dirigent*: stop the orchestra. **6.** *Ringen*: strike the canvas.

ˈabˌknab·bern *v/t* ⟨*sep*, -ge-, h⟩ *colloq.* nibble *s. th.* off (*od.* away), (*Knochen*) pick.

ˈabˌknal·len *v/t* ⟨*sep*, -ge-, h⟩ *colloq.* shoot *s. o.* down, pick *s. o.* off, *sl.* bump *s. o.* off.

ˈabˌknap·pen, ˈabˌknap·sen *v/t* ⟨*sep*, -ge-, h⟩ *colloq.* j-m et. ~ take s. th. off s. o.; sich (*dat*) et. ~ stint o. s. of s. th.

ˈabˌknei·fen *v/t* ⟨*irr, sep*, -ge-, h⟩ pinch (*od.* nip) *s. th.* off.

ˈabˌknicken (*getr.* -k·k-) **I** *v/t* ⟨*sep*, -ge-, h⟩ **1.** (*Zweig etc*) break (*od.* snap) off. **2.** (*Draht etc*) bend, kink. **II** *v/i* ⟨sein⟩ **3.** *Ast, Stengel etc*: break, snap. **4.** *tech.* buckle. **5.** *Person, seitlich etc*: bend. **~d** *adj mot.* ~e **Vorfahrt** *left-hand* (*od. right-hand*) *turn of a main* (*od. major*) *road at a road junction.*

ˈabˌknip·sen *v/t* ⟨*sep*, -ge-, h⟩ *colloq.* **1.** pinch (*od.* nip) *s. th.* off. **2.** (*Film*) finish off.

ˈabˌknöpf·bar *adj* detachable. **ˈabˌknöp·fen** *v/t* ⟨*sep*, -ge-, h⟩ **1.** unbutton, detach. **2.** *fig. colloq.* **j-m et.** ~ get s. th. out of s. o.; **j-m Geld** ~ sting s. o. for money.

ˈabˌknüp·fen *v/t* ⟨*sep*, -ge-, h⟩ untie, undo.

ˈabˌknut·schen *v/t* ⟨*sep*, -ge-, h⟩ *colloq.* kiss and hug; **sich** (**gegenseitig**) ~ smooch, snog.

ˈabˌko·chen I *v/t* ⟨*sep*, -ge-, h⟩ **1.** boil, (*bes. Milch*) scald. **2.** → **auskochen**. **3.** *chem.* decoct. **II** *v/i* **4.** cook (in the open air), make a campfire meal, *bes. Am.* cook out. **5.** → **absahnen** II.

ˈab·kom·manˌdie|ren *v/t* ⟨*sep*, no -ge-, h⟩ *mil.* detach, detail, assign, order *s. o.* off, (*Offizier*) second *s. o.* (for a special task); **abkommandiert sein** be on detached duty. **2rung** *f* ⟨-; -en⟩ assignment, detached duty.

ˈAbˌkom·me [-ˌkɔmə] *m* ⟨-n; -n⟩ *lit. for* **Nachkomme**.

ˈAbˌkom·men *n* ⟨-s; -⟩ **1.** *pol.* (*Vertrag*) agreement, treaty, accord; **ein** ~ (**ab**)**schließen** (*od.* **treffen**) make (*od.* enter into) an agreement; *hist.* **das Münchner** ~ the Munich Agreement (*od.* Accord). **2.** (*Absprache*) agreement, arrangement, *mit Gläubigern*: composition.

ˈabˌkom·men I *v/i* ⟨*irr, sep*, -ge-, sein⟩ **1.** **vom** (**richtigen**) **Weg** ~ lose one's way, *fig.* go astray; **vom Kurs** ~ deviate from (*od.* get off) its (*od.* one's) course; **von der Spur** ~ lose the trail; *mot.* **von der Straße** ~ veer off the road. **2.** *fig.* **von** *e-r Idee, e-m Plan etc*: get away from, abandon, drop, **von** *e-r Ansicht, Absicht*: change one's view (*od.* mind) about, **von** *e-r Gewohnheit etc*: get rid of, break o. s. off, **vom** *Thema*: stray (*od.* digress) from, **von** *e-m Verfahren, der Wahrheit etc*: depart (*od.* deviate) from; **davon ist man jetzt abgekommen** this (practice) has now been abandoned (*od.* discarded), *von e-m Brauch*: it has fallen into disuse, *a. von e-r Mode*: it went out (of fashion). **3.** *Schiff*: get off. **4.** *aer.* take off, become airborne. **5.** *Sport*: (**gut**) ~ *Läufer*: get away (well). **6.** *beim Schießen*: (**hoch, links**) ~ aim (high, to the left). **II** **2** *n* ⟨-s⟩ **7.** *beim Schießen*: point of aim. **8.** *Sport*: start.

ˈAbˌkom·men·schaft *f* ⟨-; *no pl*⟩ descendants *pl*, offspring, issue, progeny.

ˈabˌkömm·lich [-ˌkœmlɪç] *adj* ⟨*meist pred*⟩ available; **er ist nicht** ~ he cannot be spared, he cannot get away; → *a.* **unabkömmlich**.

ˈAbˌkömm·ling [-ˌkœmlɪŋ] *m* ⟨-s; -e⟩ **1.** *jur. for* **Nachkomme**. **2.** *chem.* derivative.

ˈAbˌkomm|ˌpunkt *m mil.* point of aim. **~ˌschie·ßen** *n* subcalib/re (*Am.* -er) firing.

ˈabˌkön·nen *v/t* ⟨*irr, sep*, -ge-, h⟩ *dial. colloq.* **1.** (*ausstehen*) stand. **2.** (*vertragen*) (*bes. Alkohol*) take.

ˈab·kon·terˌfei·en *v/t* ⟨*sep*, no -ge-, h⟩ portray.

ˈabˌkop·peln *v/t* ⟨*sep*, -ge-, h⟩ **1.** (*Anhänger etc*) uncouple. **2.** *Raumfahrt*: undock. **3.** (*Hunde*) unleash.

ˈabˌkrat·zen I *v/t* ⟨*sep*, -ge-, h⟩ **1.** scrape *s. th.* off; **s-e** (*od.* **sich** *dat* **die**) **Schuhe** ~ scrape one's shoes. **II** *v/i* ⟨sein⟩ **2.** → **abhauen** 4. **3.** *colloq.* (*sterben*) kick the bucket, peg out.

ˈabˌkrie·gen *v/t* ⟨*sep*, -ge-, h⟩ *colloq.* → **abbekommen**.

ˈabˌküh·len I *v/t* ⟨*sep*, -ge-, h⟩ cool (down *od.* off) (*a. fig.*), *tech. a.* refrigerate, (*Glas*) anneal. **II** *v/i* ⟨sein⟩ cool off (*od.* down), get cool(er). **III** *v/reflex* ⟨h⟩ **sich** ~ cool off (*od.* down) (*a. fig.*), (*sich erfrischen*) refresh. o. s.; **die Luft hat sich abgekühlt** the air has grown cool; **es hat sich von 15° auf 5° abgekühlt** the temperature has fallen from 15° (down) to 5°. **ˈabˌküh·lend** *adj fig. Wirkung*: cooling, calming, moderating.

ˈAbˌküh·lung *f* ⟨-; *no pl*⟩ **1.** cooling (down) (*etc*), *tech. a.* refrigeration. **2.** decline (*od.* drop, fall) in temperature. **3.** *fig.* damper.

ˈAbˌküh·lungs|geˌschwin·dig·keit *f tech.* rate of cooling. **~ˌzeit** *f* cooling-off period.

ˈAbˌkunft *f* ⟨-; *no pl*⟩ **1.** descent, extraction, lineage, origin; (**von**) **edler** (*od.* **hoher, vornehmer**) ~ of noble descent (*od.* origin, birth); **deutscher** ~ of German extraction. **2.** *ling. von Wörtern*: derivation, etymology.

ˈabˌkup·peln *v/t* ⟨*sep*, -ge-, h⟩ (*Eisenbahnwagen, Anhänger etc*) (**von** from) uncouple, detach, disconnect.

ˈabˌkür|zen I *v/t* ⟨*sep*, -ge-, h⟩ **1.** shorten, (*Namen, Wort*) *a.* abbreviate, (*Inhalt*) abridge, condense, (*Verfahren etc*) shorten, abridge; (**den Weg**) ~ take a short cut; **abgekürzte Ausgabe** abridged (*od.* concise) edition; **abgekürzte Fassung von** condensed from; **abgekürztes Verfahren** short cut. **2.** (*vorzeitig beenden*) (*Rede, Urlaub, Besuch etc*) cut short. **II** *v/i* **3.** *Weg*: be a short cut. **2zung** *f* ⟨-; -en⟩ **1.** shortening (*etc*). **2.** *des Weges*: short cut, *e-s Namens etc*: abbreviation, *e-s Verfahrens etc*: abridg(e)ment, short cut, (*Kurzwort*) contraction.

ˈAbˌkür·zungs|ˌfim·mel *m colloq.* mania for abbreviations. **~ˌspra·che** *f* language interspersed with abbreviations. **~verˌzeich·nis** *n* list of abbreviations. **~ˌweg** *m* short cut. **~ˌzei·chen** *n* (sign of) abbreviation.

ˈabˌküs·sen *v/t* ⟨*sep*, -ge-, h⟩ **j-n** ~ smother s. o. with kisses; **sich** (**gegenseitig**) ~ be kissing (each other) heartily, *Verliebte*: *a.* bill and coo.

ˈAbˌla·de|komˌman·do *n* unloading party. **~ˌko·sten** *pl* unloading charges.

ˈabˌla·den *v/t* ⟨*irr, sep*, -ge-, h⟩ **1.** (*Waren etc, a. Lastwagen*) unload, (*Seefracht, a. Schiff*) *a.* discharge, (*Schüttgut, a. fig. colloq.*) dump, *Bus etc*: (*Personen*) discharge, *bes. mil.* **von Lastwagen**: debus, **vom Zug**: detrain; *econ.* **nach Bremen abgeladen** shipped to Bremen. **2.** *fig. colloq.* a) **auf j-n** ~ → **abwälzen** 2, b) (*Sorgen etc*) **bei j-m** ~ unburden o. s. of *s. th.* to s. o., off-load *s. th.* on s. o., c) **s-e Wut** ~ vent one's anger. **ˈAbˌla·deˌplatz** *m* **1.** place of unloading, *econ.* port of discharge. **2.** → **Schuttabladeplatz**. **ˈAbˌla·der** *m* ⟨-s; -⟩ **1.** unloader. **2.** (*Verschiffer*) shipper.

ˈAbˌla·ge *f* ⟨-; -n⟩ **1.** ⟨*only sg*⟩ (*Ablegen*) a) *von Akten*: filing, b) *von Eiern*: laying. **2.** a) (~*korb*) filing tray, b) (*abgelegte Akten*) files *pl*, records *pl*. **3.** (*Kleider2*) cloakroom, *Am.* checkroom. **~ˌfach** *n* pigeon-hole. **~ˌkorb** *m für Briefe etc*: letter tray. **~ˌmap·pe** *f* letter folder (*od.* file).

ˈabˌla|gern I *v/t* ⟨*sep*, -ge-, h⟩ **1.** *chem. geol. med.* deposit. **2.** (*Wein etc*) let *s. th.* age (*od.* mature), (*bes. Holz, Tabak*) season. **II** *v/i* ⟨h *u.* sein⟩ **3.** age, mature, *Holz etc*: season. **III** *v/reflex* **sich** ~ ⟨h⟩ **4.** deposit, *chem. a.* precipitate. **2ge·rung** *f* ⟨-; -en⟩ *chem. geol.* **1.** deposition, sedimentation. **2.** deposit(s *pl*), sediment.

ˈabˌlan·dig [-ˌlandɪç] *adj mar.* off-shore.

ˈabˌlän·gen *v/t* ⟨*sep*, -ge-, h⟩ *tech.* cut *s. th.* to length.

ˈAbˌlaß *m* ⟨-sses; ⸚sse⟩ **1.** *tech.* outlet, outflow. **2.** *R. C.* indulgence. **3.** *obs. for* **Nachlaß** 3. **4.** **ohne** ~ incessantly, without letup. **~ˌbrief** *m R. C. hist.* letter of indulgence.

ˈabˌlas·sen I *v/t* ⟨*irr, sep*, -ge-, h⟩ **1.** (*Wasser, Öl etc*) drain (off), run off, let *s. th.* out, bleed, (*Wein etc*) draw off, (*Luft, Gas*) let (*od.* blow) off, (*Wanne, Kessel etc*) drain, empty; **die Luft aus e-m Reifen** ~ deflate a tyre (*Am.* tire); **Dampf** ~ blow (*a. fig.* let) off steam. **2.** (*Ballon, Brieftauben etc*) release, send up, let fly, (*Zug*) start, dispatch. **3.** *colloq.* **j-m et.** ~ let s. o. have s. th., *econ.* sell s. th. to s. o.; **unter dem Selbstkostenpreis** ~ sell *s. th.* below cost price. **4.** *econ.* **et.** (**vom Preis**) ~ (*nachlassen*) take (*od.* knock) s. th. off the price. **II** *v/i* **5.** (*aufhören*) stop, cease; ~ **von** *der Arbeit etc*: stop (*doing*), leave off, *e-m Vorhaben etc*: desist (*od.* budge) from, *vom Rauchen etc*: refrain from, *vollständig*: give *s. th.* up, give up (*doing*); **von j-m** ~ give s. o. up; **laß** (**davon**) **ab!** stop it!

ˈAbˌlaß|erˌtei·lung *f R. C.* dispensation of an indulgence. **~ˌgeld** *n* indulgence money. **~ˌhahn** *m tech.* drain cock (*od.* valve), *für Dampf*: blowoff cock. **~ˌhan·del** *m R. C. hist.* sale (*od.* selling) of indulgences. **~ˌhänd·ler** *m* seller of indulgences. **~ˌpre·di·ger** *m* indulgence preacher, pardoner. **~ˌrohr** *n tech.* drain-pipe, *senkrechtes*: downpipe. **~venˌtil** *n* escape valve. **~ˌzet·tel** *m* → **Ablaßbrief**.

Ab·la·tiv [ˈablatiːf, ˈap-; ablaˈtiːf, ap-] *m* ⟨-s; -e⟩ *ling.* ablative (case). **Ab·la·ti·vus ab·so·lu·tus** [ˈablatiːvus apzoˈluːtus] *m* ⟨- -; **Ablativi absoluti** [-vi -ti]⟩ ablative absolute.

ˈabˌlat·schen *v/t* ⟨*sep*, -ge-, h⟩ *colloq.* (**sich** *dat*) **die Schuhe** ~ wear out (*od.* down) one's shoes.

ˈAbˌlauf *m* ⟨-(e)s; **Abläufe**⟩ **1.** ⟨*only sg*⟩ (*Abfließen*) flowing off, draining away, discharge, *bes. geol.* run-off. **2.** *tech. etc* → **Abflußrohr**. **3.** (*Verlauf*) course, run, (*bes. Arbeits2 etc*) process, flow, (*Programm2*) order of events; **der** ~ **der Ereignisse** (**Geschichte**) the course of events (history); **für e-n glatten** (*od.* **reibungslosen**) **~ sorgen** see to it that everything goes (off) smoothly. **4.** ⟨*only sg*⟩ *bes. econ. jur.* (*Beendigung*) end, expiration, lapse, *e-s Vertrages*: *a.* expiry, termination, *e-s Wechsels*: maturity; **nach (vor, mit) ~ (der Frist)** at (before, upon) expiration of the term; **bei ~ des Wechsels** on (*od.* at) maturity of the bill; **mit** (*od.* **nach**) **~ des Jahres** by (*od.* at) the end of the year; **noch vor ~ e-r Stunde** before an hour has passed. **5.** ⟨*only sg*⟩ *Sport*: start, start(ing) line; **an den ~ gehen** line up for the start. **6.** *mar.* launch(ing). **~ˌbahn** *f* **1.** *aer.* runway. **2.** *mar.* launching way, slipway. **~ˌberg** *m rail.* (double) incline, hump.

ˈabˌlau·fen I *v/i* ⟨*irr, sep,* **-ge-, sein**⟩ **1.** *Wasser etc*: flow (*od.* run) off, drain away, *aus e-m Gefäß*: run out, *Hochwasser etc*: recede, flow back; **~ lassen** let *s. th.* (run) out, drain *s. th.* off; *fig.* **das läuft alles an ihm ab** that leaves him cold, that runs off him like water off a duck's back. **2.** (*abtropfen*) drip off, drip down. **3.** *fig.* (*vonstatten gehen*) go, proceed, take its course; **die Sache läuft planmäßig (reibungslos) ab** things are proceeding according to plan (are running smoothly). **4.** *fig.* (*ausgehen*) turn out, go off; **für j-n gut (schlecht) ~** go off well (badly) for s. o.; **es lief anders ab, als ich dachte** it turned out differently from what I had expected; **das wird nicht gut ~** it will come to no good. **5.** *fig.* (*enden*) expire, *Frist etc*: *a.* (e)lapse, come to an end, *Vertrag, Amtszeit etc*: *a.* terminate, run out, *Wechsel*: mature, become (*od.* fall) due. **6.** *Uhrwerk*: run down, stop; → **Uhr** 2. **7.** *Faden etc*: unwind. **8.** *Film*: run, reel off. **9.** *Boden etc*: slope, be sloping. **10.** *Sport*: start; *Fechten*: **s-n Gegner ~ lassen** parry (an assault of) one's opponent; *fig. colloq.* **j-n ~ lassen** snub s. o., send s. o. about his business. **11.** *mar.* **~ lassen** launch. **II** *v/t* ⟨**h**⟩ **12.** (*Strecke*) run over, cover *s. th.* by walking (*od.* running); **die Läden ~** scour the shops (**nach** for). **13.** (*Schuhe etc*) wear down (*od.* out); *fig. colloq.* **sich** (*dat*) **die Beine (nach et.) ~** run one's legs off (trying to get s. th.).

ˈAbˌlauf|ˌfrist *f* term, time-limit. **~ˌrohr** *n* waste-pipe, *e-r Dachrinne*: downpipe, drainpipe. **~ˌtag** *m e-s Vertrages etc*: day of expiration. **~terˌmin** *m e-s Vertrages etc*: date of expiration, *e-s Wechsels*: (date of) maturity.

ˈAbˌlau·ge *f Papierherstellung*: waste (*od.* spent) liquor (*Färberei*: lye). **ˈabˌlau·gen** *v/t* ⟨*sep,* **-ge-, h**⟩ remove *s. th.* by caustics.

ˈabˌlau·schen *v/t* ⟨*sep,* **-ge-, h**⟩ **j-m et. ~** (*Geheimnis etc*) learn s. th. from s. o. by listening (*od.* eavesdropping); *fig.* **dem Leben abgelauscht** taken from life, life-like.

ˈAbˌlaut *m* ⟨**-(e)s**; *no pl*⟩ *ling.* ablaut, (vowel) gradation, apophony. **ˈabˌlau·ten** *v/i* ⟨*sep,* **-ge-, h**⟩ change (*od.* modify) the radical vowel, undergo ablaut.

ˈabˌläu·ten I *v/t* ⟨*sep,* **-ge-, h**⟩ **1.** *Radrennen*: end (*od.* interrupt) *s. th.* by ringing a bell. **II** *v/i* **2.** *Schaffner*: ring the bell for departure. **3.** *teleph.* ring off.

ˈabˌlau·tend *adj ling.* strong; **~es Zeitwort** → **Ablautverb**.

ˈAbˌlaut|ˌrei·he *f ling.* ablaut (*od.* gradation) series. **~ˌverb** *n* strong verb, verb with vowel gradation.

ˈabˌle·ben *lit.* **I** *v/i* ⟨*sep,* **-ge-, sein**⟩ (*sterben*) decease, depart (from) this life. **II ≗** *n* ⟨**-s**⟩ death, demise, decease.

ˈabˌlecken (*getr.* **-k·k-**) *v/t* ⟨*sep,* **-ge-, h**⟩ **1.** lick *s. th.* (off). **2.** lick *s. th.* clean.

ˈabˌle·dern *v/t* ⟨*sep,* **-ge-, h**⟩ polish *s. th.* with a shammy.

ˈabˌle·gen I *v/t* ⟨*sep,* **-ge-, h**⟩ **1.** (*niederlegen, absetzen*) lay (*od.* set, put) down, deposit. **2.** (*Hut, Mantel etc*) take off, (*Stock, Tasche etc*) put away; → **Trauer** 3. **3.** (*alte Kleider*) cast off, discard, put away; **abgelegte Kleider** *a.* cast-offs. **4.** *fig.* (*Titel, Rang*) renounce, (*a. Namen*) drop, give up. **5.** *fig.* (*Gewohnheit, Fehler etc*) give up, drop, shed, discard, get rid of, (*Ängste, Vorurteile etc*) cast aside, rid o. s. of; **e-e Gewohnheit ~** *a.* break o. s. of a habit. **6.** *fig.* (*ein Gelübde etc*) take (*a vow, etc*); → **Beichte** (*etc*). **7.** *fig.* (*e-e Prüfung*) take, undergo, sit (*od.* go in) for, *erfolgreich*: pass (*an examination*); → **Probe** 2. **8.** (*Briefe, Akten*) file. **9.** (*Spielkarten*) cast off, discard. **10.** *print.* (*den Satz*) distribute. **11.** (*Pflanzen*) lay(er). **12.** *zo.* (*Eier etc*) deposit, (*Haut etc*) cast off. **II** *v/i* **13.** *Besucher etc*: take off one's things (*od.* coat, hat). **14.** *mar.* put out (to sea), put off (from the shore). **15.** *Kartenspiel*: cast off (a card). **III ≗** *n* ⟨**-s**⟩ **16.** → **Ablegung**.

ˈAbˌle·ger *m* ⟨**-s**; **-**⟩ **1.** *hort.* scion, cutting, slip, (*Absenker*) layer, (*Ausläufer*) runner, sucker, (off)shoot. **2.** *fig. colloq.* a) (*Person*) scion, b) (*Zweigunternehmen*) offshoot. **3.** *print.* distributor.

ˈAbˌle·geˌsatz *m print.* dead matter.

ˈAbˌle·gung *f* ⟨**-**; *no pl*⟩ **1.** laying down (*etc*); → **ablegen** I. **2.** *e-s Gelübdes, e-r Prüfung etc*: taking. **3.** *hort.* layerage. **4.** *print.* distribution.

ˈabˌlehn·bar *adj* refusable, rejectable.

ˈabˌleh|nen I *v/t* ⟨*sep,* **-ge-, h**⟩ **1.** (*Angebot, Amt etc*) refuse, (*Bitte, Gesuch, Antrag*) *a.* turn down, *höflicher*: decline (**e-e Einladung** an invitation), *als unannehmbar, unbrauchbar etc*: reject (*merchandise, ideas, etc*), (*ausschließen*) rule out, dismiss (*a proposal, etc*), (*die Verantwortung etc*) refuse to accept, repudiate (*responsibility, etc*); *econ.* **die Zahlung ~** refuse payment. **2.** (*mißbilligen*) disapprove of, object to, reject, view *s. th.* with disfavo(u)r, (*a. Theaterstück etc*) condemn, damn; **j-n (als Menschen) ~** reject s. o., find s. o. unacceptable; **ich lehne diese Denkweise ab** I cannot accept this way of thinking; **ich lehne es ab, dies zu glauben** I refuse to believe that. **3.** *parl.* (*e-n Antrag*) reject, *colloq.* throw out, *durch Abstimmung*: *a.* vote down. **4.** *jur.* dismiss, (*e-n Richter, Zeugen etc*) challenge (**wegen Befangenheit** for bias). **II** *v/i* **5.** refuse, decline; *a. iro.* **er lehnte dankend ab** he declined with thanks. **~nend** *adj* **1.** *Bescheid, Antwort, Haltung*: negative; *adv* **sich ~ verhalten** take up a negative attitude. **2.** (*mißbilligend*) disapproving, critical; *adv* **e-r Sache ~ gegenüberstehen** disapprove of s. th., view s. th. with disfavo(u)r (*stärker*: distaste), be opposed to s. th. **≗nung** *f* ⟨**-**; **-en**⟩ **1.** refusal, *stärker*: rejection, *höflicher*: declining, declination, *von Waren etc*: rejection, non-acceptance; **~ der Verantwortung** refusal to accept the responsibility. **2.** (*Mißbilligung*) (*gen*) disapproval (of), objection (to), *von Ideen, e-r Person*: *a.* rejection (of), *a. thea. etc* condemnation (of). **3.** *parl.* rejection (**e-r Gesetzesvorlage** of a bill); **Antrag auf ~ e-r Vorlage stellen** move a rejection of a bill. **4.** *jur. e-s Antrags etc*: dismissal (*of a motion, etc*), *e-s Richters, Zeugen etc*: objection to, challenge (**wegen Befangenheit** for bias).

ˈAbˌleh·nungs|ˌanˌtrag *m jur.* motion for (the) rejection. **~beˌscheid** *m* notice of rejection. **~ˌfall** *m bes. jur.* **im ~(e)** in case of refusal (*od.* rejection).

ˈabˌlei·ern *v/t* ⟨*sep,* **-ge-, h**⟩ *fig. colloq.* rattle (*od.* reel) off.

ˈabˌlei·sten *v/t* ⟨*sep,* **-ge-, h**⟩ fulfil(l), perform, (*Dienstzeit*) serve, pass, do, (*Eid*) take.

ˈabˌleit·bar *adj* (**von, aus** from) derivable, inferable, deducible.

ˈabˌlei·ten I *v/t* ⟨*sep,* **-ge-, h**⟩ **1.** *tech.* divert, deviate, turn off, (*Flüssigkeiten*) discharge, drain off, (*Wärme etc*) carry off, *electr.* (*Strom*) shunt, (*Blitz*) deflect. **2.** *fig.* (**aus** from) deduce, infer, *a. chem. ling. math.* derive; **s-e Herkunft ~ von** trace one's origin back to; **Folgerungen ~** draw conclusions; *econ.* **abgeleitetes Einkommen** derived income. **II** *v/reflex* **3.** *bes. ling.* **sich ~** (**aus** from) be derived, derive. **ˈAbˌlei·ter** *m* ⟨**-s**; **-**⟩ *electr.* conductor.

ˈAbˌleit|kon·denˌsa·tor *m electr.* by-pass capacitor. **~ˌstrom** *m* leakage current.

ˈAbˌlei·tung *f* ⟨**-**; **-en**⟩ **1.** *e-s Flusses etc*: diversion. **2.** *electr.* leak (*od.* shunt) conductance. **3.** *ling. math. philos. etc* a) derivation, b) (*das Abgeleitete*) derivative. **4.** *fig.* (*Folgerung*) inference, deduction.

ˈAbˌlei·tungs|ˌsil·be *f ling.* a) derivative syllable, b) (derivative) suffix (*od.* affix). **~taˌbel·le** *f* a) table of derivations, b) etymological table. **~ˌwort** *n* ⟨**-(e)s**; **⸗er**⟩ derivative. **~ˌwi·derˌstand** *m electr.* leak(age) resistance.

ˈAbˌleitˌwi·derˌstand *m Elektronik*: bleeder resistor.

ˈabˌlenk·bar *adj* **1.** *Magnetnadel etc*: deviable, *opt.* deflectable. **2.** *fig.* **leicht ~** *Person*: easily distracted.

ˈabˌlen·ken I *v/t* ⟨*sep,* **-ge-, h**⟩ **1.** (**von** from) (*Ball, Kugel etc, a. Funk- od. Radarstrahl*) deflect, *phys.* (*Licht*) diffract, (*Schallwellen*) refract, (*Ballon, Fluß etc*) divert, *bes. Sport*: (*Schlag, Stoß*) ward off, (*Schuß*) *Torwart*: turn (*the ball*) away. **2.** *fig.* (*j-n, j-s Aufmerksamkeit od. Gedanken*) divert, distract, (*Gespräch, Gedanken*) *a.* turn in another direction, (*zerstreuen*) *a.* amuse, entertain; **j-n von der Arbeit ~** distract s. o. from working; **j-n von s-n Sorgen ~** take s. o.'s mind off his worries; **sich leicht ~ lassen** be easily distracted; **den Verdacht von sich ~** divert suspicion from o. s. **II** *v/i* **3.** (*von et. anderem sprechen*) change the subject. **4.** be a diversion, be distracting; **das lenkt** *von Sorgen etc* **ab** that takes one's mind off things. **III** *v/reflex* **sich ~ 5.** *fig.* divert (*od.* amuse, entertain) o. s.

ˈAbˌlenk|ˌplat·te *f* **1.** *tech.* baffle (plate). **2.** *electr.* deflector plate. **~ˌspan·nung** *f electr.* deflecting voltage. **~ˌspu·le** *f* deflecting (*od.* deflection) coil.

ˈAbˌlen·kung *f* ⟨**-**; **-en**⟩ **1.** deflection, diversion, warding off (*etc*); → **ablenken** 1. **2.** *fig.* (*j-s, j-s Aufmerksamkeit, a. Zerstreuung*) diversion, distraction; **zur ~** to divert s. o. (*od.* o. s.).

ˈAbˌlen·kungs|ˌanˌgriff *m mil.* diversion(ary attack). **~maˌnö·ver** *n mil. u. fig.* diversion, *fig. colloq. a.* red herring; **ein ~ vornehmen** (*od.* **durchführen**) create a diversion, *colloq.* draw a red herring across the trail. **~ˌwin·kel** *m phys.* angle of deflection.

ˈabˌles·bar *adj bes. tech.* readable.

ˈAbˌle·se|ˌfeh·ler *m tech.* reading error. **~geˌnau·ig·keit** *f* reading accuracy. **~geˌrät** *n* direct-reading instrument. **~ˌmar·ke** *f* reference point, index mark.

ˈabˌle·sen *v/t* ⟨*irr, sep,* **-ge-**, **h**⟩ **1.** (*Beeren, Raupen etc*) pick *s. th.* off. **2.** (*Rede, Skala, Instrument*) read (off), (*Barometer, Stromzähler etc*) read; *fig.* **j-m et. vom Gesicht** (*od.* **von den Augen**) ~ read s. th. in s. o.'s face; **j-m et. von den Lippen** ~ read s. th. from s. o.'s lips; **j-m e-n Wunsch von den Augen** ~ anticipate s. o.'s wish.

ˈAbˌle·se|ˌstrich *m tech.* graduation mark, reading line. **~ˌvorˌrich·tung** *f* reading device. **~ˌwert** *m tech.* reading.

ˈAbˌle·sung *f* ⟨-; -en⟩ *bes. tech.* reading.

ˈabˌleuch·ten *v/t* ⟨*sep,* **-ge-**, **h**⟩ pass a light over (*od.* along), inspect *s. th.* with a lamp, *bes. mit Scheinwerfern*: search, sweep.

ˈabˌleug|nen *v/t* ⟨*sep,* **-ge-**, **h**⟩ deny, disavow. **2nung** *f* ⟨-; -en⟩ denial, disavowal.

ˈabˌlich|ten *v/t* ⟨*sep,* **-ge-**, **h**⟩ **1.** photocopy, photostat. **2.** → **photographieren.** **2tung** *f* ⟨-; -en⟩ **1.** photocopy, photostat. **2.** → **Photographie.**

ˈabˌlie·fern *v/t* ⟨*sep,* **-ge-**, **h**⟩ (**bei**) deliver (to, at), (*herausgeben, a. mil. Waffen*) hand over (to), surrender (to); → *a.* **abgeben.** **ˈAbˌlie·fe·rung** *f* ⟨-; -en⟩ **1.** *bes. econ.* delivery; **bei** (*od.* **nach**) ~ on delivery. **2.** *bes. mil.* (*Herausgabe*) surrender. **ˈAbˌlie·fe·rungs...** *in Zssgn* → **Liefer ..., Lieferungs ...**

ˈabˌlie·gen *v/i* ⟨*irr, sep,* **-ge-**, **h** *u.* **sein**⟩ **1.** (**von** from) lie at a distance, be (*od.* lie) far away (*od.* off); **das Haus liegt weit von der Straße ab** the house is well off the road. **2.** ⟨**h**⟩ *fig.* **das liegt zu weit von unserem Thema ab** that is too far-fetched.

ˈabˌli·sten [-ˌlɪstən] *v/t* ⟨*sep,* **-ge-**, **h**⟩ **j-m et.** ~ (*Geld etc*) trick (*od.* diddle) s. o. out of s. th., (*Versprechen etc*) wangle s. th. out of s. o., (*Geheimnis etc*) worm s. th. out of s. o.

ˈabˌlocken (*getr.* **-k·k-**) *v/t* ⟨*sep,* **-ge-**, **h**⟩ **j-m et.** ~ coax s. th. from s. o.; **j-m ein Lächeln** ~ draw a smile from s. o.

ˈabˌlös·bar *adj* **1.** detachable, removable. **2.** *econ. Schuld, Anleihe etc*: redeemable, repayable, *Verpflichtungen*: commutable, dischargeable.

ˈabˌlö·schen *v/t* ⟨*sep,* **-ge-**, **h**⟩ **1.** (*Feuer etc*) extinguish. **2.** (*Tinte etc, feuchte Schrift*) blot. **3.** (*Tafel*) clean, wipe, (*Schrift*) wipe off. **4.** *tech.* quench, (*Kalk*) slake. **5.** (*Mehlschwitze etc*) add a dash of cold water (*od.* milk) onto.

Ab·lö·se [ˈapˌløːzə] *f* ⟨-; -n⟩ → **Ablösesumme.**

ˈabˌlö·sen[1] **I** *v/t* ⟨*sep,* **-ge-**, **h**⟩ *allg.* remove, *a. tech.* detach, (*Tapete, Rinde etc*) strip (*od.* peel) *s. th.* off, (*Fleisch*) cut off. **II** *v/reflex* **sich** ~ *Farbe, Tapete etc*: come off, *a. Haut, Rinde etc*: peel off.

ˈabˌlö·sen[2] *v/t* ⟨*sep,* **-ge-**, **h**⟩ **1.** *bei der Arbeit, e-r Tätigkeit etc*: take turns with, *bes. mil.* (*Posten, Wache*) relieve; **sich** (*od.* **einander**) ~ relieve one another (**bei** at), **beim Rudern** *etc*: take it in turns to row, *etc*, row, *etc* alternately, **bei der Arbeit**: *a.* work in shifts. **2.** (*ersetzen*) replace, take the place of, supersede; *fig.* **der Tonfilm löste den Stummfilm ab** the sound film replaced the silent film. **3.** *euphem.* relieve *s. o.* of his duties. **4.** *fig.* (*folgen auf*) follow, succeed; **ein Jahr löst das andere ab** *a.* year follows year. **5.** *econ. jur.* (*Anleihe, Hypothek, Rente etc*) redeem, (*Schuld etc*) *a.* pay off, repay, (*Verpflichtungen*) discharge, (*laufende Abgaben*) settle *s. th.* by block payment.

ˈAbˌlö·seˌsum·me *f Sport*: transfer fee.

ˈAbˌlö·sung *f* ⟨-; -en⟩ **1.** *bei der Arbeit*: relief. **2.** (*Ersetzung u. Ersatz*) replacement. **3.** *euphem.* (*Entlassung*) dismissal. **4.** *fig.* (*Aufeinanderfolge*) succession, sequence. **5.** *econ. jur. e-r Anleihe, Hypothek etc*: redemption, *e-r Schuld*: repayment, composition, *von laufenden Abgaben*: settlement by block payment.

ˈAbˌlö·sungs|ˌanˌlei·he *f econ.* redemption loan. **~ˌfonds** *m* redemption (*od.* sinking) fund. **~ka·piˌtal** *n* redemption capital. **~ˌmann·schaft** *f mil.* relief. **~ˌrecht** *n* right of redemption. **~ˌren·te** *f* redemption annuity. **~ˌurˌkun·de** *f* deed of composition. **~ˌwert** *m* surrender (*od.* redemption) value. **~ˌzah·lung** *f* redemption (*od.* composition) payment.

ˈabˌlot·sen, ˈabˌluch·sen *v/t* ⟨*sep,* **-ge-**, **h**⟩ **j-m et.** ~ *colloq. for* **ablisten.**

ˈAbˌluft *f* ⟨-; *no pl*⟩ *tech.* waste air, *mot.* exhaust air. **~ˌstut·zen** *m mot.* exhaust air vent.

ˈabˌlut·schen *v/t* ⟨*sep,* **-ge-**, **h**⟩ *colloq.* suck, (*ablecken*) lick (off).

ˈabˌma|chen *v/t* ⟨*sep,* **-ge-**, **h**⟩ **1.** *allg.* remove, take off, (*Schnur etc*) *a.* undo, (*Bild etc*) *a.* take down; → **ablösen** I. **2.** → a) **ableisten,** b) **absitzen.** **3.** (*Angelegenheit etc*) settle, arrange, (*Ort, Zeit, Bedingungen etc*) fix, settle, decide (*od.* agree) on; **et. vertraglich** ~ settle s. th. by contract; **das muß er mit sich allein** (*od.* **für sich**) ~ a) he must decide that for himself, that's his affair (*colloq.* headache), b) he'll have to get over it by himself; **das ist so gut wie abgemacht** that's as good as settled; **abgemacht!** agreed!, all right!, I'm on!, done!, it's a deal! **2chung** *f* ⟨-; -en⟩ settlement, arrangement, agreement, understanding, *colloq.* deal; (**mit j-m**) **e-e** ~ **treffen** make an arrangement (*od.* agreement, *colloq.* a deal) (with s. o.) (**über** *acc* about).

ˈabˌma|gern **I** *v/i* ⟨*sep,* **-ge-**, **sein**⟩ grow (*od.* get) thin, lose flesh, *stärker*: waste away (**auf** *acc,* **bis zu** to). **II** *v/t* ⟨**h**⟩ *a. fig.* slim *s. th.* down. **2ge·rung** *f* ⟨-; -en⟩ loss of flesh, (*Auszehrung*) emaciation. **2ge·rungsˌkur** *f* reducing (*od.* slimming) diet.

ˈabˌmä·hen *v/t* ⟨*sep,* **-ge-**, **h**⟩ mow.

ˈabˌmah·nen *v/i* ⟨*sep,* **-ge-**, **h**⟩ *lit. for* **abraten** I.

ˈabˌma·len **I** *v/t* ⟨*sep,* **-ge-**, **h**⟩ **1.** paint (a portrait of), portray. **2.** copy. **3.** *fig.* depict, portray. **II** *v/reflex* **sich** ~ **4.** *fig.* **sich in j-s Gesicht** ~ *Erstaunen etc*: be reflected (*od.* show) in s. o.'s face.

ˈAbˌmarsch *m* **1.** *mil.* marching off, *von Fahrzeugen*: moving off; **vor dem** ~ **stehen** be prepared to march (*od.* move off). **2.** start(ing out), departure. **~beˌfehl** *m mil.* marching (*bes. mot.* moving) order. **2beˌreit** *adj* ready to march (*od.* move off).

ˈab·marˌschie·ren *v/i* ⟨*sep, no* **-ge-**, **sein**⟩ **1.** *mil.* march off, *Fahrzeuge*: move off. **2.** start (*od.* set) out, set off.

ˈAbˌmaß *n tech.* deviation, variation, off-size.

ˈabˌmei·ßeln *v/t* ⟨*sep,* **-ge-**, **h**⟩ chisel off.

ˈAbˌmel·de|beˌschei·ni·gung *f* certificate of registration of (s. o.'s) change of address. **~for·muˌlar** *n* form of notification (*od.* registration) of (s. o.'s) change of address.

ˈabˌmel|den **I** *v/t* ⟨*sep,* **-ge-**, **h**⟩ **1.** *bei e-r Behörde etc*: **j-n** ~ give notice of s. o.'s change of address; *colloq.* **bei j-m abgemeldet sein** be blotted out (*od.* be well taken care of) by s. o.; **er ist bei mir abgemeldet** I am through with him. **2.** *bei e-m Verein etc*: **j-n** ~ cancel s. o.'s membership. **3.** *bei e-m Vorgesetzten*: **j-n** ~ report s. o. off duty. **4.** (*Radio, Auto*) stop (*od.* deregister) the licen/ce (*Am.* -se) of, cancel the registration of. **5.** (*Besuch*) cancel, call off. **II** *v/reflex* **sich** ~ **6.** *bei e-r Behörde etc*: give notice of (*od.* notify) (one's) change of address. **7.** *bei e-m Verein etc*: cancel one's membership. **8.** *bei e-m Vorgesetzten, vom Dienst*: report off duty; **sich zum Urlaub** ~ report for leave. **2dung** *f* ⟨-; -en⟩ **1.** *bei e-r Behörde etc*: notice of change of address. **2.** *bei e-m Verein etc*: (**von**) notice of withdrawal (from) (*od.* leaving [*s. th.*]). **3.** *e-s Radios, Autos etc*: cancellation (*od.* termination) of the licen/ce (*Am.* -se).

ˈabˌmel·ken *v/t* ⟨*irr, sep,* **-ge-**, **h**⟩ *agr.* milk (*a cow*) (dry).

ˈabˌmes|sen *v/t* ⟨*irr, sep,* **-ge-**, **h**⟩ **1.** (*Zimmer, Größe etc*) measure, (*1 Meter, 3 Liter etc*) measure off (**von** from), (*Zucker, Mehl etc*) measure out. **2.** *fig.* (*Worte*) weigh, measure, (*Ausmaß, Schaden etc*) assess, estimate, calculate. **2sung** *f* ⟨-; -en⟩ measurement; **~en** *pl a.* dimensions, size *sg.*

ˈabˌmil·dern *v/t* ⟨*sep,* **-ge-**, **h**⟩ (*scharfe Äußerung, Gegensatz etc*) tone down, (*Aufprall etc*) soften, break the force of, (*Strafe etc*) mitigate.

ˈab·monˌtie·ren **I** *v/t* ⟨*sep, no* **-ge-**, **h**⟩ take off, detach, remove, dismount, (*Gerüst, Werksanlagen etc*) dismantle, (*Gerüst etc*) *a.* take down. **II** *v/i colloq. Flugzeug etc*: break up (in the air).

ˈabˌmü·hen *v/reflex* ⟨*sep,* **-ge-**, **h**⟩ **sich** ~ take (great) pains (*od.* trouble), toil and moil, try hard (*to do s. th.*); **sich mit e-r Sache** ~ a) take great trouble (*od.* pains) over s. th., b) struggle (*od.* wrestle) with s. th.

ˈabˌmurk·sen *v/t* ⟨*sep,* **-ge-**, **h**⟩ *colloq.* **1. j-n** ~ *sl.* do s. o. in, scrag s. o., waste s. o. **2.** (*Motor*) stall.

ˈabˌmu·stern **I** *v/t* ⟨*sep,* **-ge-**, **h**⟩ **1.** (*Seeleute*) pay off, discharge. **2.** (*Stoffe*) pattern. **II** *v/i* **3.** *mar.* sign off.

ˈabˌna·beln [-ˌnaːbəln] *v/t* ⟨*sep,* **-ge-**, **h**⟩ **ein Kind** ~ cut the (*od.* an infant's) umbilical cord.

ˈabˌna·gen *v/t* ⟨*sep,* **-ge-**, **h**⟩ **e-n Knochen** ~ *Tier*: gnaw (the meat off) a bone, *Mensch*: pick a bone.

ˈabˌnä|hen *v/t* ⟨*sep,* **-ge-**, **h**⟩ *Schneiderei*: take in, tuck. **2her** *m* ⟨-s; -⟩ tuck, dart.

ˈAbˌnah·me[1] *f* ⟨-; *no pl*⟩ **1.** → **abnehmen**[1] III. **2.** removal. **3.** *econ.* (*Kauf*) purchase, (*Bestellung*) order, (*Entgegennahme*) acceptance, taking delivery, *e-r Bilanz*: approval; **bei** ~ **größerer Mengen** on purchase of large quantities; **reißende** ~ **finden** *colloq.* sell like hot cakes. **4.** *e-r Parade*: review (of the troops). **5.** *med.* amputation. **6.** *tech.* a) (*Annahme*) acceptance, b) → **Abnahmeprüfung.** **7.** *Bibl.* ~ **Christi vom Kreuz** Descent from the Cross.

ˈAbˌnah·me[2] *f* ⟨-; *no pl*⟩ **1.** → **abnehmen**[2] III. **2.** (*Verringerung*) decrease, diminution, reduction, fall, (*Verlust*) loss(es *pl*), (*Gewichts2*) loss (of weight), reduction (in weight), *der Kälte etc*: abatement, *der Flut*: recession, fall, *der Sehkraft etc*: deterioration, failure; ~ **der Geschwindigkeit** loss of speed; ~ **der Kräfte** decline (*od.* loss) of strength, weakening. **3.** *fig. an Größe, Bedeutung etc*: decrease, decline. **4.** *electr. der Spannung*: fall, drop. **5.** *math.* reduction, *e-r Funktion*: decrement.

ˈAbˌnah·me|atˌtest *n econ.* acceptance certificate. **~beˌam·te** *m* quality inspector (*od.* control engineer). **~beˌricht** *m tech.* acceptance report. **~beˌschei·ni·gung** *f* → Abnahmeattest. **~ˌfahrt** *f* **1.** *mot.* test drive. **2.** *mar.* acceptance trial trip. **~ˌfrist** *f econ.* time for accepting delivery. **~ga·ranˌtie** *f bei Wertpapieremissionen*: underwriting guarantee. **~in·ge·niˌeur** *m* → Abnahmebeamte. **~konˌtrol·le** *f* quality control (*od.* inspection). **~ˌlauf** *m e-s Motors etc*: acceptance run. **~ˌleh·re** *f* inspection ga(u)ge. **~ˌpflicht** *f* obligation to take delivery. **~pro·toˌkoll** *n* production test document. **~ˌprü·fung** *f tech.* acceptance test, *werkseigene*: inspection test. **~verˌwei·ge·rung** *f* **1.** *econ.* refusal to take delivery. **2.** *tech.* rejection. **~verˌzug** *m econ.* **in ~ sein** be in default of taking delivery. **~ˌvorˌschrif·ten** *pl tech.* quality specifications.

ˈabˌnehm·bar *adj* removable, detachable.

ˈabˌneh·men[1] **I** *v/t* ‹*irr, sep,* -ge-, h› **1.** *allg.* (**von** from) take off, remove, (*Kragen, Kapuze etc, a. tech.*) *a.* detach, (*Mantel, Hut*) *a.* doff, (*Bilder, Gardinen, Flagge etc*) take down; → Hörer 3. **2.** (*Bart*) shave off; **sich** (*dat*) **den Bart ~ lassen** have one's beard shaved off. **3. j-m et. ~** *allg.* relieve s. o. of s. th., (*Paket etc*) *a.* take s. th. from s. o., *fig.* (*Mühe, Weg*) *a.* save s. o. s. th., (*Verantwortung etc*) *a.* take s. th. off s. o.'s shoulders; **darf ich Ihnen den Mantel ~?** a) may I help you out of your coat?, b) may I take your coat? **4. j-m et. ~** (*wegnehmen*) take s. th. away from s. o., (*berauben*) *a.* rob (*od.* deprive) s. o. of s. th., (*abfordern*) charge s. o. an amount, *zuviel*: overcharge s. o.; **j-m Geld ~** rob (*humor.* relieve) s. o. of (his) money, *a.* win money from s. o. (*at cards, etc*). **5.** *econ.* a) purchase, buy, b) order. **6.** (*Bilanz, Geschäftsbericht*) approve. **7.** *tech.* a) accept, b) (*prüfen*) inspect, (make an acceptance) test. **8. die Parade ~** review the troops. **9.** *jur.* **j-m den Eid ~** administer the oath to s. o.; → **Beichte, Versprechen. 10.** (*Prüfung*) hold. **11.** *fig. colloq.* **das nimmt dir k-r ab!** (*glaubt niemand*) nobody will believe (*Am. sl.* buy) that!, tell that to the marines! **12.** *med.* a) (*Glied*) take (*od.* cut) off, amputate, b) (*Blut*) draw. **13.** *electr.* (*Strom*) collect. **14.** (*Obst vom Baum*) gather, pick. **15.** (*Maschen*) cast off, decrease. **II** *v/i* **16.** *beim Stricken*: cast off, decrease. **17.** *teleph.* answer the telephone. **III** ≈ *n* ‹-s› **18.** taking off (*od.* down) (*etc*).

ˈabˌneh·men[2] **I** *v/i* ‹*irr, sep,* -ge-, h› **1.** (*sich verringern*) *Anzahl, Vorräte etc, a. fig. Einfluß etc*: decrease, diminish, dwindle, *Einnahmen, Nachfrage etc*: *a.* drop (*od.* fall) off, *Sturm etc*: abate, subside, *fig. Macht etc*: *a.* wane, *Temperatur, Druck etc*: drop, *Fieber, Schwellung etc*: go down, *Druck, Spannung etc*: ease (off), relax, *Schmerzen*: ease, *Wirkung e-r Droge etc*: wear off, *Geschwindigkeit*: decrease, slacken, *Ärger, Erregung etc*: subside, die down, *Begeisterung etc*: flag, diminish, *Kräfte*: begin to fail, dwindle, *Gesundheit, Sehkraft etc*: fail, deteriorate, grow weak (*od.* feeble), *Mond*: (be on the) wane, *Tage*: draw in, grow shorter. **2.** *an Gewicht*: lose weight, grow thin(ner), *durch Diät*: be reducing, be slimming. **3.** *colloq.* **es nimmt mit ihm ab** he's going downhill. **II** *v/t* **4. sie hat 10 Pfund abgenommen** she has lost 10 pounds (in weight). **III** ≈ *n* ‹-s› **5.** decreasing (*etc*). **~d** *adj* **1.** *Mond*: waning (*a. fig.*), old, on the wane (*nachgestellt*), *fig.* decreasing, diminishing; **in ständig ~em Maße** decreasingly.

ˈAbˌneh·mer *m* ‹-s; -› **1.** *econ.* buyer, purchaser, *a.* taker, customer; **~ finden** sell (well), find a (good) market; **k-e ~ finden** find no market (*od. a. weitS.* no takers); *colloq.* **dafür (für Briefmarken) bin ich jederzeit ~** I'm always interested in that (in stamps); → *a.* **Verbraucher. 2.** *electr.* collector. **3.** (*Ton*≈) pick-up. **~ˌarm** *m electr.* trolley pole (*od.* arm). **~ˌbür·ste** *f* collector brush. **~ˌgrup·pe** *f,* **~ˌkreis** *m econ.* consumer group, consumers *pl.* **~ˌland** *n* (**für** for) customer (country), importing country.

ˈAbˌnei·gung *f* ‹-; -en› (*Widerwille*) (**gegen**) dislike (of, for), distaste (for), *stärker*: aversion (to, for, from), loathing (for); (**natürliche**) ~ (natural) antipathy (gegen to, for); **e-e ~ gegen j-n (et.) fassen** take a dislike to s. o. (s. th.); **gegen Fußball hat er e-e besondere ~** football is his pet aversion; **s-e Neigungen und ~en** his likes and dislikes.

ab·norm [apˈnɔrm] *adj* ‹-er; -st› abnormal, (*außergewöhnlich*) *a.* exceptional, unusual.

ab·nor·mal [ˈapnɔrmaːl; apnɔrˈmaːl] *adj* abnormal.

Ab·nor·mi|tät [apnɔrmiˈtɛːt] *f* ‹-; -en› **1.** abnormality, anomality. **2.** *med.* (*Mißbildung*) deformity, (*mißgebildetes Wesen*) freak, *stärker*: monstrosity. **~ˈtä·ten·ka·biˌnett** *n* freak show.

ˈabˌnö·ti·gen *v/t* ‹*sep,* -ge-, h› **1. j-m Respekt (Bewunderung) ~** command (*od.* compel) s. o.'s respect (admiration). **2. j-m et. ~** (*Versprechen, Geld, Lächeln etc*) wring s. th. from s. o., (*Geld etc*) *a.* extort s. th. from (*od.* out of) s. o.

ˈabˌnut·schen *v/t* ‹*sep,* -ge-, h› *chem.* filter *s. th.* (by means of suction).

ˈabˌnut·zen, ˈabˌnüt·zen I *v/t* ‹*sep,* -ge-, h› (*Kleidung, Motor etc*) wear out, (*Schuhe, Reifen etc*) *a.* wear down. **II** *v/reflex* **sich ~** wear out (*a. fig.*), get worn out (*od.* down), be subject to wear and tear. **ˈAbˌnut·zung, ˈAbˌnüt·zung** *f* ‹-; -en› *a. tech.* (**normale ~** fair) wear and tear (*a. fig.*), (*Verschleiß*) wear, *durch Abrieb*: abrasion, attrition.

ˈAbˌnut·zungs|be|stän·dig·keit *f tech.* resistance to wear, wearability. **~erˌschei·nung** *f* **1.** sign of wear. **2.** *med.* sign of degeneration (*od.* overstrain). **~ˌflä·che** *f tech.* wearing surface. **~ˌfonds** *m econ.* depreciation reserve. **~geˌbühr** *f* charge for wear (and tear). **~ˌkrieg** *m* war of attrition. **~ˌprü·fung** *f* wear test. **~stra·teˌgie** *f mil.* strategy of attrition.

Abo·li·tio|nis·mus [abolitĭoˈnɪsmʊs] *m* ‹-; *no pl*› *hist.* abolitionism. **~ˈnist** [-ˈnɪst] *m* ‹-en; -en› abolitionist.

Abon·ne·ment [abɔn(ə)ˈmãː; *Swiss a.* -ˈmɛnt] *n* ‹-s; -s, *Swiss a.* -e [-ˈmɛntə]› **1.** (*Zeitungs*≈ *etc*) subscription (**auf** *acc* to). **2.** *thea.* a) (*Platzmiete*) subscription, b) → **Abonnement(s)karte** 1. **3.** *im Restaurant*: lunch voucher, *Am. a.* meal ticket.

Abon·neˈment(s)|ˌkar·te *f* **1.** *thea. etc*: subscription (*od.* season) ticket. **2.** → **Abonnement** 3. **~konˌzert** *n* subscription concert. **~ˌpreis** *m* subscription price (*od.* rate). **~ˌvorˌstel·lung** *f thea.* subscription performance.

Abon·nent [abɔˈnɛnt] *m* ‹-en; -en› **1.** (*Zeitungs*≈ *etc*) subscriber. **2.** *thea. etc*: season-ticket holder.

abon|nie·ren [abɔˈniːrən] **I** *v/t* ‹*no* ge-, h› (*Zeitung, Theaterkarten etc*) subscribe to; **e-e Zeitung abonniert haben** *cf.* **abonniert. II** *v/i* **~ auf** (*acc*) subscribe to. **~ˈniert** *adj* **auf e-e Zeitung ~ sein** be a subscriber to (*od.* have subscribed to, take) a (news)paper.

ˈabˌord|nen *v/t* ‹*sep,* -ge-, h› **1.** (*Bevollmächtigten etc*) (**zu, nach** to) delegate, depute, *Am. a.* deputize; **j-n zu e-r Konferenz ~** *a.* send s. o. as a representative to a conference. **2.** *bes. mil.* (**zu** for) detail, detach. **≈nung** *f* ‹-; -en› **1.** (*Vorgang u. Gruppe*) delegation. **2.** *mil.* detachment.

Ab·ort[1] [aˈbɔrt; ˈapˌʔɔrt] *m* ‹-(e)s; -e› toilet, lavatory, *colloq.* lav, *mil.* latrine.

Ab·ort[2] [aˈbɔrt] *m* ‹-s; -e› **1.** *med.* miscarriage, abortion; **künstlicher ~** induced abortion. **2.** *Raumfahrt*: abort.

Abˈort|ˌbecken (*getr.* -k·k-) *n* toilet basin (*od.* bowl). **~ˌgru·be** *f* cesspool.

ab·or·tie·ren [abɔrˈtiːrən] *v/i* ‹*no* ge-, h› *med.* miscarry, abort. **Ab·or·tus** [aˈbɔrtʊs] *m* ‹-; -› → **Abort**[2] 1.

ˈab·oxyˌdie·ren *v/t* ‹*sep, no* -ge-, h› *chem.* oxidize *s. th.* off.

ˈabˌpach·ten *v/t* ‹*sep,* -ge-, h› rent, lease (j-m from s. o.).

ˈabˌpacken (*getr.* -k·k-) *v/t* ‹*sep,* -ge-, h› pack, package; **je 10 Stück in Schachteln ~** pack ten to a box. **ˈAbˌpack·maˌschi·ne** *f* packaging machine. **ˈAbˌpackung** (*getr.* -k·k-) *f* ‹-; -en› **1.** packaging. **2.** package.

ˈabˌpas·sen *v/t* ‹*sep,* -ge-, h› **1.** (*Gelegenheit etc*) watch (*od.* look out, wait) for; **s-e Zeit** (*od.* **e-n günstigen Moment**) **~** bide one's time; **gut (schlecht) abgepaßt** well-(ill-)timed. **2. j-n ~** wait (*od.* watch) for s. o., lie in wait for s. o., *iro.* waylay s. o. **3.** *tech.* adjust, fit.

ˈab·pa·trouilˌlie·ren *v/t* ‹*sep, no* -ge-, h› patrol.

ˈabˌpau·sen *v/t* ‹*sep,* -ge-, h› trace.

ˈabˌpel·len *v/t* ‹*sep,* -ge-, h› *dial.* (*Kartoffeln, Obst etc*) peel, (*Wurst etc*) skin.

ˈabˌpfei·fen *Sport* **I** *v/t* ‹*irr, sep,* -ge-, h› (*Angriff etc*) stop *s. th.* (by blowing a whistle); **das Spiel ~** → **II** *v/i* stop the game, *bei Spielende*: blow the final whistle. **ˈAbˌpfiff** *m* ‹-(e)s; -e› *Sport*: final whistle.

ˈabˌpflöcken (*getr.* -k·k-) *v/t* ‹*sep,* -ge-, h› stake out.

ˈabˌpflücken (*getr.* -k·k-) *v/t* ‹*sep,* -ge-, h› **1.** (*Blumen, Früchte*) pick, gather. **2.** (*Baum, Strauch*) strip *s. th.* (of fruit).

ˈabˌplacken (*getr.* -k·k-) *colloq.*, **ˈabˌpla·gen** *v/reflex* ‹*sep,* -ge-, h› **1. sich ~ mit** have a good deal of trouble with (*s. o., s. th.*), *e-m Problem etc*: *a.* struggle with. **2.** → **abrackern.**

ˈabˌplat·ten *v/t* ‹*sep,* -ge-, h› → **abflachen** I.

ˈabˌplat·zen *v/i* ‹*sep,* -ge-, sein› *Gips, Farbe etc*: flake, peel (off), chip (off), *Metallteile etc*: break away, split off, *Knopf*: fly off.

ˈabˌprä·gen I *v/reflex* ‹*sep,* -ge-, h› **sich ~ 1.** *Muster etc*: leave (*od.* make) an impression (*od.* imprint) (**auf** *dat* on). **2.** *fig.* leave a mark (*od.* trace, imprint) (auf, *in dat* on); **die Sorgen haben sich auf s-m Gesicht abgeprägt** the worries have left their mark on his face. **II** *v/t* **3.** → **prägen** 1.

ˈAbˌprall *m* ‹-(e)s; *rare* -e› **1.** rebound, bounce. **2.** *von Geschossen*: ricochet.

ˈabˌprall|len *v/i* ‹*sep,* -ge-, sein› **1.** *Ball etc*: rebound, bounce (off). **2.** *Geschoß*: glance off, ricochet. **3.** *fig.* have no effect, leave no impression; **das prallt von ihm ab** that leaves him cold, that glances off his thick hide. **≈ler** *m* ‹-s; -› rebound(ing ball).

ˈAbˌprallˌwin·kel *m* angle of rebound (*e-s Geschosses*: of ricochet).

ˈabˌpres·sen *v/t* ⟨*sep*, -ge-, h⟩ **1.** *fig.* j-m et. ~ extort s. th. from s. o. **2.** (*Arterie etc*) compress. **3.** *print.* (*Buch*) back. **4.** *tech.* squeeze off.

ˈabˌprot·zen *v/t* ⟨*sep*, -ge-, h⟩ (*Geschütz*) unlimber, dismount.

ˈabˌpum·pen *v/t* ⟨*sep*, -ge-, h⟩ pump off.

ˈabˌput·zen I *v/t* ⟨*sep*, -ge-, h⟩ **1.** (*Schmutz etc*) clean (off), *mit Lappen etc*: wipe off, (*Nase*) clean, wipe; **sich** (*dat*) **die Schuhe** (*od.* **Füße**) ~ wipe one's feet. **2.** *civ. eng.* (*Hauswand*) rough-cast, plaster. **II** *v/reflex* **3. sich** ~ wipe o. s.

ˈabˌquä·len I *v/reflex* ⟨*sep*, -ge-, h⟩ **sich** ~ *seelisch*: worry (o. s.), fret, torment o. s., *körperlich*: → **abrackern**; **sich mit j-m (et.)** ~ struggle (*od.* wrestle) with s. o. (s. th.). **II** *v/t* **sich** (*dat*) **et.** ~ produce s. th. strenuously (*od.* with great pains); **sich ein Lächeln** ~ force a smile.

ˈab·qua·li·fiˌzie·ren *v/t* ⟨*sep*, *no* -ge-, h⟩ dismiss *s. o.* (**als** as).

ˈabˌquet·schen *v/t* ⟨*sep*, -ge-, h⟩ squeeze off; **ihm wurde der Finger abgequetscht** he got a finger crushed.

ˈabˌrackern (*getr.* -k·k-) *v/reflex* ⟨*sep*, -ge-, h⟩ **sich** ~ *colloq.* drudge, slave, toil (and moil).

ˈab·raˌdie·ren *v/t* ⟨*sep*, *no* -ge-, h⟩ erase, rub out.

Abra·ham [ˈaːbraham] *npr m* ⟨-s; *no pl*⟩ *Bibl.* Abraham; *fig.* **in ~s Schoß** (**ruhen**) a) (rest) in Abraham's bosom, b) (be) safe and sound.

ˈabˌrah·men *v/t* ⟨*sep*, -ge-, h⟩ (*Milch*) skim.

Abra·ka·da·bra [ˌaːbrakaˈdaːbra] *n* ⟨-s; *no pl*⟩ abracadabra, *fig. colloq. a.* mumbo-jumbo.

ˈab·raˌsie·ren *v/t* ⟨*sep*, *no* -ge-, h⟩ **1.** shave off (**sich** [*dat*] **den Bart** one's beard). **2.** *fig. colloq.* (*Gebäude*) raze *s. th.* to the ground, (*Baum*) fell.

ˈabˌras·peln *v/t* ⟨*sep*, -ge-, h⟩ rasp off.

ˈabˌra·ten I *v/i* ⟨*irr*, *sep*, -ge-, h⟩ **j-m von et.** ~ advise (*od.* warn) s. o. against s. th. (*od.* doing s. th.), dissuade s. o. from doing s. th. **II** *v/t* **ich rate dir ab, das zu tun, ich rate es dir ab** I advise you against doing (*od.* not to do) that.

ˈAbˌraum *m* ⟨-(e)s; *no pl*⟩ *Bergbau*: overburden.

ˈabˌräu·men I *v/t* ⟨*sep*, -ge-, h⟩ **1.** (*Tisch etc*) clear. **2.** (*Geschirr etc*) clear away, (*Schutt etc*) *a.* remove. **II** *v/i* **3.** clear the table. **4.** *Kegeln*: make a strike.

ˈAbˌraum|ˌhal·de *f Bergbau*: waste dip. **~ˌsal·ze** *pl chem. geol.* abraum (*od.* rubbish) salts.

ˈabˌrau·schen *v/i* ⟨*sep*, -ge-, sein⟩ *colloq.* (**stolz, wütend** *etc*) ~ sweep off, *eilig*: rush off.

ˈab·reaˌgie·ren I *v/t* ⟨*sep*, *no* -ge-, h⟩ (*Ärger etc*) (**an** *dat* on) work off, *psych.* abreact. **II** *v/reflex* **sich** ~ work off (*psych.* abreact) one's frustration(s), *etc*, *colloq.* let off steam.

ˈabˌrech·nen I *v/t* ⟨*sep*, -ge-, h⟩ **1.** (*Unkosten etc*) deduct, (*Ausgaben, Spesen etc*) *a.* account for, (*10% etc*) *a.* take off, allow; **j-m e-n Betrag** ~ debit a sum to s. o.'s account; *fig.* **et.** ~ make allowance for s. th.; *fig.* **das abgerechnet** apart from (*od.* except for) that, leaving that out of consideration. **2.** (*Konto*) settle, balance, clear, (*Kasse*) balance, make up. **II** *v/i* **3.** settle (*od.* balance) accounts; **mit j-m** ~ a) square (*od.* settle up) with s. o., b) *fig.* settle (*od.* get even) with s. o. **III** ♀ *n* ⟨-s⟩ **4.** deducting (*etc*).

ˈAbˌrech·nung *f* ⟨-; -en⟩ **1.** → **abrechnen** III. **2.** allowance (*for losses, etc*), deduction; **nach ~ von** upon (*od.* after) deduction of; **Beträge in ~ bringen** (*od.* **stellen**) allow for (*od.* deduct) sums paid (in advance). **3.** (*Ausgleich*) a) *von Konten*: settlement, balance, b) *Bankverkehr*: clearing. **4.** (*Rechnungsaufstellung*) (statement of) account, statement, bill. **5.** *fig.* (*Vergeltung*) requital, retribution, *colloq.* payoff; **mit j-m ~ halten** settle (*od.* get even) with s. o.; **Tag der** ~ day of reckoning.

ˈAbˌrech·nungs|beˌleg *m* settlement statement. **~ˌkurs** *m* rate of settlement, settlement (*od.* clearing) rate. **~pe·riˌode** *f* accounting period. **~ˌsal·do** *m* clearing balance. **~ˌstel·le** *f* clearing house (*od.* office). **~ˌtag, ~terˌmin** *m* settlement (*od.* settling, account) day. **~verˌkehr** *m* **1.** clearing business. **2.** → **~ˌwe·sen** *n* clearing system.

ˈAbˌre·de *f* **1. et. in ~ stellen** deny s. th.; **man kann diese Tatsachen nicht in ~ stellen** *a.* there is no getting away from these facts. **2.** (*Vereinbarung*) agreement, understanding, arrangement; **das ist wider** (*od.* **gegen**) **unsere** ~ that is contrary to our agreement.

ˈabˌre·gen *v/reflex* ⟨*sep*, -ge-, h⟩ *humor.* **sich** ~ calm (*colloq.* simmer) down; **reg dich ab!** cool off!, take it easy!, relax!

ˈabˌrei·ben I *v/t* ⟨*irr*, *sep*, -ge-, h⟩ **1.** (*Rost, Schmutz etc*) rub off, *stärker*: scrape off, scour off, (*abschleifen*) abrade. **2.** (*frottieren*) rub *s. o.* down, give *s. o.* a rub-down. **3.** (*reinigen*) wipe *s. th.* clean, (*Schuhe etc*) *a.* polish. **4.** (*Zitrone etc*) grate. **II** *v/reflex* **sich ~ 5.** rub o. s. down, give o. s. a rub-down. **6.** *Lackschicht etc*: wear off (*od.* away), rub off, *Reifen etc*: abrade, wear down, *Haut*: get chafed, *Seil*: chafe.

ˈAbˌreibˌfe·stig·keit *f tech.* resistance to abrasion.

ˈAbˌrei·bung *f* ⟨-; -en⟩ **1.** *med. der Haut*: rub-down, *mit Handtuch*: towel(l)ing, *nasse*: sponge-down; **kalte** ~ cold rub-down. **2.** *tech.* abrasion. **3.** *geol.* detrition. **4.** *fig. colloq.* (*Prügel, Niederlage*) beating, thrashing, (*Rüffel*) dressing-down.

ˈAbˌrei|se *f* ⟨-; -n⟩ departure; **bei m-r ~ nach Berlin** on my departure for (*od.* to) Berlin. **♀sen** *v/i* ⟨*sep*, -ge-, sein⟩ depart, set out (on one's journey), leave, *mit dem Schiff*: *a.* sail. **~sen·de** *m, f* ⟨-n; -n⟩ person departing, travel(l)er. **~seˌtag** *m* day of departure.

ˈAbˌreiß|ˌblock *m* ⟨-(e)s; -s⟩ tear-off pad. **~ˌbrem·se** *f tech.* automatic braking device.

ˈabˌrei·ßen I *v/t* ⟨*irr*, *sep*, -ge-, h⟩ **1.** tear (*od.* pull, rip) off; **ein Kalenderblatt** ~ tear a page (*od.* sheet) off the calendar; *colloq.* **man wird dir den Kopf nicht gleich ~!** (don't worry,) they won't eat you! **2.** (*Gebäude etc*) pull down. **3.** *colloq.* (*Kleidung etc*) wear out. **4.** (*Faden, Schuhband etc*) snap. **5.** *sl.* (*Jahre*) *im Gefängnis etc*: do. **II** *v/i* ⟨sein⟩ **6.** come off, break (off *od.* away, loose), *Faden, Seil etc*: break, snap. **7.** *fig.* (*unterbrochen werden*) *Verbindung, Gespräch etc*: break off (suddenly), *Gesang etc*: *a.* stop (abruptly); **nicht ~d** ceaseless, without end; **das reißt nicht ab** there's no end to it; **die Arbeit reißt nicht ab** there's no end of work.

ˈAbˌreiß|ˌfun·ke *m electr.* wipe (*od.* break, contact-breaking) spark. **~ˌgriff** *m des Fallschirms*: rip-cord handle. **~kaˌlen·der** *m* tear-off (*od.* block, *Am.* pad) calendar. **~ˌknopf** *m der Handgranate*: pull-cord ball, *des Fallschirms*: rip-cord button. **~ˌlei·ne** *f am Fallschirm*: rip cord. **~ˌschnur** *f der Handgranate*: pull cord. **~ˌzün·dung** *f* → **Abrißzündung**.

ˈabˌrei·ten I *v/t* ⟨*irr*, *sep*, -ge-, h⟩ **1.** (*Strecke*) ride along (*od.* down), (*Gebiet*) ride over, *zur Kontrolle*: patrol (*od.* survey) *s. th.* on horseback; *mil.* **die Front** ~ ride past the troops. **2.** (*Pferd*) a) break in, train, b) override. **3.** *mar.* ride out (*a storm*). **II** *v/i* ⟨sein⟩ **4.** ride away (*od.* off).

ˈabˌren·nen *colloq.* **I** *v/i* ⟨*irr*, *sep*, -ge-, sein⟩ **1.** run (*od.* rush) off. **II** *v/t* ⟨h⟩ **2.** (*Stadt etc*) run all over. **3. sich** (*dat*) **die Beine** ~ → **III** *v/reflex* ⟨h⟩ **4. sich** ~ run o. s. off one's legs (**nach et.** looking for s. th.).

ˈabˌrich|ten *v/t* ⟨*sep*, -ge-, h⟩ **1.** (*Tiere*) train, (*bes. Pferde*) break (in); **e-n Hund auf den Mann** ~ train a dog to attack s. o. on command; *fig. contp.* **Kinder (Personal) (darauf) ~ zu** *inf* train (*od.* drill) children (personnel) to *inf.* **2.** *tech.* (*einpassen*) adjust, fit, (*zurichten*) dress, (*Blech, Holz*) plane, straighten. **♀ter** *m* ⟨-s; -⟩ **1.** *von Tieren*: trainer, *bes. von Pferden*: horsebreaker, *von Falken*: falconer. **2.** *tech.* a) adjuster, dresser, b) (*Werkzeug*) dressing tool. **♀tung** *f* ⟨-; -en⟩ **1.** training, *bes. von Pferden*: breaking-in. **2.** *tech.* adjustment, dressing.

ˈAbˌrieb [-ˌriːp] *m* ⟨-(e)s; *no pl*⟩ *tech.* **1.** abrasion, attrition, wear. **2.** (*Abfall*) rubbings *pl*, *von Kohle*: breeze, *von Metall*: fines *pl*, *von Schleifmaterial*: grit, (abrasive) dust. **♀ˌfest** *adj tech.* non-abrasive.

ˈabˌrie·geln *v/t* ⟨*sep*, -ge-, h⟩ **1.** (*Tür etc*) bolt (up), bar. **2.** (*Feuer*) localize. **3.** *durch Barrieren*: block off, *durch Polizei*: cordon (*mil. a.* seal) off.

ˈabˌrin·den [-ˌrɪndən] *v/t* ⟨*sep*, -ge-, h⟩ → **entrinden**.

ˈabˌrin·gen *v/t* ⟨*irr*, *sep*, -ge-, h⟩ **1. j-m et.** ~ (*Geständnis etc*) wring (*od.* wrest) s. th. from s. o. **2. dem Meer Land** ~ reclaim land from the sea. **3. sich** (*dat*) **ein Lächeln** ~ force a smile.

ˈabˌrin·nen *v/i* ⟨*irr*, *sep*, -ge-, sein⟩ **1.** run off, flow down. **2.** drain away.

ˈAbˌriß[1] *m* **1.** (*kurze Darstellung*) outline, short survey, abstract, summary, (*Zs.-fassung, Buch*) compendium; **im** ~ in outline; **~ der englischen Grammatik** Concise English Grammar. **2.** *mot.* firing point.

ˈAbˌriß[2] *m e-s Gebäudes etc*: pulling down, demolition.

ˈAbˌrißˌzün·dung *f mot.* make-and-break ignition.

ˈabˌrol·len I *v/t* ⟨*sep*, -ge-, h⟩ **1.** (*Kabel, Faden etc*) unwind, unreel, (*Tapete etc*) unroll. **2.** *Sport*: **die Fußsohlen** ~ roll on one's feet. **II** *v/i* ⟨sein⟩ **3.** unwind, unreel, *Tapete etc*: unroll; **ein Seil ~ lassen** pay out a rope; **e-n Film ~ lassen** run (*od.* show) a film. **4.** *Flugzeug*: taxi (off), *Zug etc*: move off, depart. **5.** *fig.* (*vonstatten gehen*) pass (off), go, *Drama etc*: be enacted, unroll, *Ereignisse*: follow quickly upon each other, *Jahre*: roll by; **das Programm rollte reibungslos ab** the program(me) went (off) well; **ihr Leben rollte noch einmal vor ihren Augen ab** her life unfolded in front of her eyes.

ˈabˌrub·beln *v/t u.* **sich** ~ *v/reflex* ⟨*sep*, -ge-, h⟩ *colloq. for* **abreiben** 2, 5.

ˈabˌrücken (*getr.* -k·k-) **I** *v/t* ⟨*sep*, -ge-, h⟩ **1.** (**von** from) move (*od.* push, pull) *s. th.* away, (*Stuhl*) draw (*od.* set) back. **II** *v/i* ⟨sein⟩ **2. von j-m (et.)** ~ draw away (*od.* back) from s. o. (s. th.), *sitzend*: move one's chair away from s. o., *fig.* dissociate o. s. from s. o. (s. th.). **3.** *bes. mil. Truppen*: march off, *Fahrzeuge*: move off.

ˈAbˌru·dern *n Sport*: end of the rowing season.

ˈAbˌruf *m* **1.** calling away, *offizieller*: recall; **sich auf ~ bereithalten** stand by, be on call. **2.** *econ.* **Gelder auf ~** money on (*od.* at) call; **~ aus Lagerbeständen** order from stocks. **3.** *Computer*: (key-board) request, fetch. **≈beˌreit** *adj* on call.

ˈabˌru·fen *v/t* ⟨*irr, sep,* -ge-, h⟩ **1.** (**von** from) call away, *offiziell*: recall; **j-n aus e-r Sitzung ~** call s. o. away from a meeting; *lit.* **aus dem Leben abgerufen werden** depart this life. **2.** *econ.* a) (*Waren*) call (for), b) (*geliehenes Geld*) call (in), c) (*Bankkonto*) close. **3.** a) (*Zug*) announce the departure of, b) (*Haltestelle*) call out, announce. **4.** *aer.* order (*a plane*) to land. **5.** *Computer*: call in (*od.* up), poll; **Daten vom Speicher ~** read back data from storage. **6.** *hunt.* (*Jäger, Hunde*) call off.

ˈabˌrun|den I *v/t* ⟨*sep,* -ge-, h⟩ **1.** (*Kanten etc*) round (off), make *s. th.* round, (*Schleifscheibe*) dress, true, (*Getriebezähne*) chamfer, (*Gewinde*) radius. **2.** *fig.* (*Zahl, Besitz, Bildung, Stil etc*) round off; **et. nach oben (unten) ~** bring s. th. up to (down to) round figures; **e-e Zahl auf volle Einer ~** round off a number to the next unit; → **abgerundet. II** *v/reflex* **3.** *fig.* **sich ~** round itself off. **≈dung** *f* ⟨-; -en⟩ **1.** rounding off. **2.** (*abgerundete Stelle*) roundness, rounding. **3.** *fig.* rounding off, completion, perfection.

ˈabˌrup·fen *v/t* ⟨*sep,* -ge-, h⟩ pull out, pluck (off), (*abfressen*) crop.

ab·rupt [apˈrʊpt; aˈbrʊpt] *adj* ⟨-er; -est⟩ abrupt.

ˈabˌrü|sten I *v/i* ⟨*sep,* -ge-, h⟩ *mil. pol.* disarm. **II** *v/t civ. eng.* (*Lehrgerüst*) take down. **≈stung** *f* ⟨-; -en⟩ *mil. pol.* disarmament. **≈stungs ...** *in Zssgn* disarmament (*agreement, conference, talks, etc*).

ˈabˌrut·schen *v/i* ⟨*sep,* -ge-, sein⟩ **1.** *Schnee, Erde etc*: slide (*od.* slip) down. **2.** *Person*: (**von** from) slide (*od.* slip) (down *od.* off); **er ist mit dem Fuß abgerutscht** his foot slipped (off). **3.** *Messer etc*: slip. **4.** *fig. colloq. Person*: go down (*od.* off), sag, *Niveau etc*: go down, degenerate; **er ist in den Leistungen abgerutscht** his standard has gone down. **5.** *aer.* a) *seitlich*: sideslip (*a. Skisport*), b) *rückwärts*: tail-slide, c) stall.

ˈabˌsä·beln *v/t* ⟨*sep,* -ge-, h⟩ *colloq.* hack (*od.* cut) off.

ˈabˌsacken (*getr.* **-k·k-**) **I** *v/i* ⟨*sep,* -ge-, sein⟩ **1.** *Boden etc*: sag, subside, *a. Schiff*: sink, *aer.* drop (suddenly), *beim Landen*: pancake. **2.** *colloq. Person*: wilt, sag. **3.** *mus. colloq. Chor*: go flat. **II** *v/t* ⟨h⟩ **4.** (*Getreide, Mehl etc*) pack *s. th.* in bags, bag.

ˈAbˌsackˌwaa·ge *f* bagging scale.

ˈAbˌsa|ge *f* **1.** *e-r Einladung etc*: refusal, *höflicher*: declining; **j-m e-e ~ geben** tell (*od.* write) s. o. that one is unable to accept the invitation. **2.** *e-s Künstlers etc*: cancel(l)ation (of. s. o.'s appearance). **3.** (*Ablehnung*) refusal, negative reply, (*Abfuhr*) rebuff, *fig.* rejection (**an** *acc* of); *lit.* **~ an die Welt** renunciation of the world. **4.** *Radio, TV* sign-off. **≈gen I** *v/t* ⟨*sep,* -ge-, h⟩ **1.** (*Veranstaltung, Besuch etc*) call off, cancel; **s-n Auftritt ~** *cf.* 4. **2.** (*Sendung, Programm etc*) sign off. **II** *v/i* **3.** cry off, *Besucher*: decline (the invitation), beg off; **(j-m) brieflich (telefonisch, telegrafisch) ~** write (telephone, send a telegram) (to s. o.) declining the invitation; **wir müssen leider ~** we regret we are not able to come; **er hat ~ lassen** he has sent word that he isn't able to come. **4.** *Künstler etc*: a) cancel one's appearance, b) *als Weigerung*: refuse to appear. **5.** *lit.* **e-r Sache ~** renounce s. th.

ˈabˌsä·gen *v/t* ⟨*sep,* -ge-, h⟩ **1.** (*Ast, Brett etc*) saw off, cut off. **2.** *colloq.* dismiss, fire, sack.

ˈabˌsah·nen I *v/t* ⟨*sep,* -ge-, h⟩ skim, cream. **II** *v/i colloq. humor.* cash in; **kräftig ~ (bei)** make a pretty penny (on, out of), rake in a lot of money (from).

ˈabˌsat·teln *v/t* ⟨*sep,* -ge-, h⟩ (*Pferd etc*) unsaddle.

ˈAbˌsatz *m* **1.** (*Schuh≈*) heel; **Schuhe mit hohen (niedrigen) Absätzen** high-heeled (low-heeled) shoes; → **kehrtmachen. 2.** *econ.* a) (*Verkäufe*) sale(s *pl*), b) (*Vertrieb*) selling, marketing; **guten** (*od.* **leichten**) **~ finden** find a ready market, sell easily; **dieser Artikel findet k-n ~** there is no market (*od.* no demand at all) for this article; → **reißend** 4. **3.** *bes. print.* a) (*Abschnitt*) paragraph (*a. jur. abbr.* para.), b) (*Einrückung*) indentation; **neuer ~** new paragraph (*od.* line); **e-n ~ machen** indent (a line), make a (new) paragraph, (*Korrekturvermerk*) run out. **4.** (*Unterbrechung*) stop; **in Absätzen** at intervals, intermittently. **5.** (*Treppen≈*) landing. **6.** *geol. im Gelände*: terrace, *e-r Felswand*: platform, *im Gestein*: shelf, ledge, (*Ablagerung*) deposit. **7.** *tech. e-r Welle, e-s Bolzens etc*: shoulder, step. **8.** *agr.* weaning.

ˈAbˌsatz|beˌdin·gung *f meist pl econ.* marketing condition. **~beˌle·bung** *f* increase in sales. **~ˌchan·ce** *f meist pl* sales prospect. **≈ˌfä·hig** *adj* marketable, sal(e)able. **~ˌfä·hig·keit** *f* ⟨-; *no pl*⟩ marketability, sal(e)ability. **~fi·nanˌzie·rung** *f* financing of sales. **~ˌflau·te** *f* slack period in sales (*od.* business). **~ˌfleck** *m* ⟨-(e)s; -e⟩ *am Schuh*: heeltap. **~ˌför·de·rung** *f econ.* sales promotion. **~ˌfor·schung** *f* market(ing) research. **~geˌbiet** *n* market(ing area). **~geˌstein** *n geol.* sediment(ary rocks *pl*). **~konˌtrol·le** *f econ.* sales control. **~kreˌdit** *m* sales credit. **~ˌkri·se** *f* sales crisis, slump in sales. **~ˌla·ge** *f* state of the market, market situation. **~ˌland** *n* importing country, country of destination. **~ˌlen·kung** *f* controlled distribution, sales control. **≈los** *adj Schuh*: heelless. **~ˌmarkt** *m econ.* market, outlet. **~ˌmen·ge** *f* sales volume, sales *pl*. **~ˌmög·lich·keit** *f meist pl* a) sales prospect (*od.* potential), b) market, outlet. **~ˌschwie·rig·keit** *f meist pl* marketing difficulty. **~ˌstei·ge·rung** *f* **1.** increase of trade (*od.* in sales). **2.** → **Absatzförderung. ~ˌstockung** (*getr.* **-k·k-**) *f* stagnation (of trade), stagnant market, falling-off (*od.* slump) in sales. **~ˌweg** *m meist pl* channel of distribution. **≈ˌwei·se** *adv* **1.** by paragraphs. **2.** at intervals. **3.** *tech.* by steps. **~ˌzei·chen** *n print.* paragraph (*od.* break) mark. **~ˌzif·fer** *f meist pl econ.* sales figure.

ˈabˌsau·fen *v/i* ⟨*irr, sep,* -ge-, sein⟩ *colloq.* **1.** *Bergbau*: be flooded, drown. **2.** *Person*: drown, be drowned, *Schiff*: go down. **3.** *aer.* lose height. **4.** *Motor*: be flooded; **den Motor ~ lassen** flood the engine.

ˈabˌsau|gen *v/t* ⟨*sep,* -ge-, h⟩ **1.** (*Teppich etc*) vacuum(-clean), *Br. a.* Hoover. **2.** *bes. tech.* (*Flüssigkeit*) siphon (*od.* draw, suck) off, (*Gas, Späne etc*) exhaust. **≈ger** *m* ⟨-s; -⟩ → **Absauggebläse. ≈geˌvor·rich·tung** *f tech.* suction apparatus.

ˈAbˌsaug|geˌblä·se *n tech.* extraction fan, exhauster. **~ˌkol·ben** *m chem.* filter (*od.* suction) flask. **~ˌpum·pe** *f tech.* exhaust (*mot.* scavenging) pump.

ˈAbˌsau·gung *f* ⟨-; *no pl*⟩ *bes. tech. von Flüssigkeit*: (removal by) suction, *von Gas etc*: exhaust.

ˈabˌsau·sen *v/i* ⟨*sep,* -ge-, sein⟩ *colloq. Auto, Rennfahrer etc*: zoom off, *Person*: *a.* dash off.

ˈabˌscha·ben *v/t* ⟨*sep,* -ge-, h⟩ **1.** scrape, (*Häute, Felle*) *a.* flesh, (*Haut*) *a.* abrade, (*Farbe, Putz etc*) scrape off (**von** from). **2.** *colloq.* (*Kleidung*) wear out; **abgeschabt** shabby, threadbare. **ˈAbˌschab·sel** *n* ⟨-s; -⟩ scrapings *pl*.

ˈabˌschaf|fen *v/t* ⟨*sep,* -ge-, h⟩ **1.** *allg.* abolish, do away with, (*Gesetz etc*) *a.* repeal, abrogate, (*Mißstand*) redress, put an end to. **2.** (*Auto etc*) get rid of, part with. **≈fung** *f* ⟨-; *no pl*⟩ abolition, abolishment, *e-s Gesetzes*: *a.* repeal, abrogation, *von Mißständen*: redress, removal.

ˈabˌschä·len *v/t* ⟨*sep,* -ge-, h⟩ → **schälen** 1.

ˈabˌschalt·bar *adj* capable of being switched off (*etc, cf.* **abschalten**), *electr. a.* disconnectible, *tech.* disengageable.

ˈabˌschal·ten I *v/t* ⟨*sep,* -ge-, h⟩ **1.** (*Licht, Motor, Radio etc*) switch (*od.* turn) off, (*Motor*) *a.* cut, (*Kontakt*) break, disconnect, (*Strom*) cut off, (*Reaktor*) shut down. **II** *v/i* **2.** switch off. **3.** *fig. colloq.* switch off (one's mind), (*sich erholen*) relax.

ˈAbˌschalt|ˌlei·stung *f electr.* breaking capacity. **~reˌlais** *n* cut-off (*mot.* cut-out) relay. **~ˌstrom** *m* breaking current.

ˈAbˌschal·tung *f* ⟨-; -en⟩ *electr.* cutoff.

ˈabˌschat·ten *v/t* ⟨*sep,* -ge-, h⟩ **1.** (*verdunkeln*) shade, protect *s. th.* against the light. **2.** → **abschattieren.**

ˈabˌschat·tie·ren *v/t* ⟨*sep, no* -ge-, h⟩ (*Farben*) shade (off), (*Zeichnung*) shade.

ˈabˌschätz·bar *adj* **1.** assessable, rat(e)able. **2.** → **absehbar.**

ˈabˌschät|zen *v/t* ⟨*sep,* -ge-, h⟩ (*Zahl, Größe, Entfernung etc*) estimate, (*Fähigkeit, Qualität, Situation, Zustand etc*) assess, appraise, *colloq.* (*a.* j-n) size up. **~zend** *adj Blick*: speculative. **~zig** *adj Blick, Ton etc*: contemptuous, disdainful, *Bemerkung etc*: *a.* disparaging, derogatory, *Meinung*: low. **≈zung** *f* ⟨-; -en⟩ estimate, assessment, appraisal.

ˈAbˌschaum *m* ⟨-(e)s; *no pl*⟩ **1.** *auf Flüssigkeiten*: scum, *metall.* dross. **2.** *fig.* scum, dregs *pl*, offscourings *pl*; **der ~ der Menschheit** the scum of the earth; **der ~ der Gesellschaft** the dregs of society.

ˈabˌschäu·men *v/t* ⟨*sep,* -ge-, h⟩ skim (off).

ˈabˌscheid·bar *adj chem.* precipitable.

ˈabˌschei|den I *v/t* ⟨*irr, sep,* -ge-, h⟩ **1.** *allg.* (**von** from) separate, part, sever. **2.** *physiol.* (*Galle, Tränen etc*) secrete, (*Urin etc*) excrete, *med.* (*Eiter etc*) discharge, *bot.* (*Saft*) excrete. **3.** *chem.* (*Salze etc*) precipitate, deposit, (*Gase*) set free, liberate. **4.** *metall.* a) separate, part, b) refine. **II** *v/i* ⟨sein⟩ **5.** *euphem.* (*sterben*) pass away, depart this world. **III** *v/reflex* ⟨h⟩ **sich ~ 6.** (**von** from) separate, be separated. **7.** *chem.* precipitate, deposit, be deposited, *Gase*: be set free, be liberated. **≈der** *m* ⟨-s; -⟩ *chem. tech.* separator. **≈dung** *f* ⟨-; -en⟩ **1.** separation. **2.** *chem.* precipitation, *von Gasen*: liberation, (*Niederschlag*) deposit, precipitate. **3.** *metall.* refining, (*Trennung*) separation, (*Niederschlag*) deposition.

ˈabˌsche·ren[1] *v/t* ⟨*irr, sep,* -ge-, h⟩ **1.**

(*Haar, Bart*) cut (off), *vollständig*: shave off, (*Wolle*) shear off. **2.** *tech.* shear off.

ˈabˌsche·ren² **I** *v/t* ‹*sep*, -ge-, h› *Rudern*: feather. **II** *v/i* ‹sein› *mar.* sheer off, *vom Kurs*: sheer.

ˈAbˌscher|ˌfe·stig·keit *f metall.* shear(ing) strength. **~ˌkupp·lung** *f mot.* shear-pin clutch.

ˈAbˌscheu *m* ‹-(e)s; *no pl*›, *rare f* ‹-; *no pl*› (**vor** *dat od.* **gegen**) disgust (at, for), loathing (for), abhorrence (of, for), horror (of); **j-m ~ einflößen** fill s.o. with disgust (*od.* loathing); **e-n ~ haben vor** abhor, detest, loathe, hold *s. th.* in abhorrence, have a horror of; **Gegenstand des ~s** abomination.

ˈabˌscheu·ern **I** *v/t* ‹*sep*, -ge-, h› **1.** (*Schmutz etc*) scrub (*od.* scour) off, (*Fußboden etc*) scrub, scour. **2.** (*Lack etc*) rub off, *durch Abnutzung*: wear *s. th.* away. **3.** (*Kragen etc*) fray, (*Haut etc*) chafe, abrade. **II** *v/reflex* **sich ~** **4.** wear off (*od.* away), *Kragen etc*: fray, *Haut*: chafe.

ˈabˌscheu·erˌre·gend *adj* revolting, repulsive, disgusting.

ˌabˈscheu·lich **I** *adj* **1.** abominable, horrible, horrid, dreadful, awful (*alle a. colloq.*), *Verbrechen etc*: *a.* heinous, atrocious, *colloq. Wetter etc*: *a.* filthy, vile. **2.** *colloq.* (*böse, frech*) nasty, beastly. **II** *adv* **3.** abominably (*etc*). **4.** *colloq.* (*sehr*) terribly, awfully. **2keit** *f* ‹-; -en› **1.** loathsomeness, repulsiveness, hatefulness. **2.** (*Untat*) heinous (*od.* atrocious) deed, atrocity.

ˈabˌschicken (*getr.* -k·k-) *v/t* ‹*sep*, -ge-, h› → **absenden.**

ˈabˌschie|ben **I** *v/t* ‹*irr, sep*, -ge-, h› **1.** push (*od.* shove) away (**von** from). **2.** *fig.* (*Schuld, Verantwortung etc*) shuffle off (**auf** *acc* onto); **e-e Arbeit auf j-n ~** push a job off on to s.o. **3.** *fig. colloq.* **j-n ~** shelve s.o., relegate s.o. to the background, (*loswerden*) get rid of s.o., send s.o. off (**nach** to). **4.** *jur.* (*Ausländer*) deport, (*Landstreicher*) expel. **II** *v/i* ‹sein› **5.** *colloq.* (*weggehen*) push (*od.* clear, shove) off. **2bung** *f* ‹-; -en› **1.** shuffling off (*etc*). **2.** *jur. von Ausländern*: deportation, *von Landstreichern*: expulsion.

ˈAbˌschied *m* ‹-(e)s; *obs.* -e› **1.** parting, leave-taking, farewell, (*Abreise*) departure (*a. fig.*); **ein schwerer ~** (quite) a wrench; **beim ~, zum ~** at (*od.* on) parting, when saying goodby(e); **~ nehmen (von)** take leave (of), bid *s.o.* farewell, *a. von et.*: say goodby(e) (to); *fig.* **sein ~ vom Verein** his departure from the club. **2.** (*Entlassung*) dismissal, *bes. mil.* discharge; **s-n ~ bekommen** (*od.* **erhalten**) be dismissed, be discharged, *strafweise*: be cashiered. **3.** (*Rücktritt*) resignation, (*Ausscheiden*) retirement; **s-n ~ einreichen** tender (*od.* hand in) one's resignation, resign; **s-n ~ nehmen** retire, hand in one's resignation (*od.* papers), *als Offizier*: resign one's commission. **~ˌneh·men** *n* leave-taking, parting, saying goodby(e).

ˈAbˌschieds... *in Zssgn meist* farewell (*dinner, gift, letter, party, visit*). **~ˌabend** *m* **1.** farewell party. **2.** *mus. thea.* farewell evening (*od.* performance). **~ˌanˌspra·che** *f* farewell address (*od.* speech), *ped. Am.* valedictory. **~geˌsuch** *n* (letter of) resignation; **sein ~ einreichen** tender (*od.* send in, hand in) one's resignation. **~ˌgruß** *m* farewell (greeting). **~ˌkuß** *m* good-by(e) kiss. **~ˌre·de** *f* → **Abschiedsansprache.** **~ˌschmerz** *m* grief (on parting), wrench. **~ˌstun·de** *f* hour of parting. **~ˌträ·nen** *pl* tears at (*od.* on) parting. **~ˌtrunk** *m* farewell drink, stirrup cup. **~ˌvorˌstel·lung** *f* farewell performance. **~ˌwor·te** *pl* words of farewell.

ˈabˌschie·ßen **I** *v/t* ‹*irr, sep*, -ge-, h› **1.** a) (*Geschoß etc*) fire (off), shoot, (*Pfeil*) shoot, let fly, loose, (*Gewehr etc*) fire (off), discharge, (*a. Feuerwerk*) let off, (*Rakete, Torpedo*) launch; *fig.* **wütende Blicke ~** look daggers. **2.** (*Person*) shoot down, pick off, *sl.* bump off, (*Flugzeug, Vogel*) shoot (*od.* bring) down, (*Panzer*) knock out, disable, destroy; *fig. colloq.* **j-n ~** (*s-e Entlassung etc bewirken*) make s.o. walk the plank, put the skids under s.o. **3.** *Boxen*: **e-n Schlag ~** release (*sl.* uncork) a blow. **4.** (*Arm, Hand etc*) shoot off; **j-m ein Bein ~** shoot s.o.'s leg off. **II** *v/i* ‹sein› **5.** *Fußball*: a) take the goal-kick, b) shoot, let fly.

ˈabˌschil·fern *v/i u.* **sich ~** *v/reflex* ‹*sep*, -ge-, h› peel off, scale off.

ˈabˌschin·den **I** *v/t* ‹*irr, sep*, -ge-, h› **1.** (*tote Tiere*) skin, flag. **2.** → **schinden** 1. **3.** → **abschürfen** II. **II** *v/reflex* **sich ~** **4.** *colloq.* drudge, slave, toil (and moil).

ˈAbˌschirm|ˌbe·cher *m Radio, TV* screening can. **~ˌblech** *n* **1.** *mil.* baffle plate. **2.** *electr.* screening plate. **~ˌdienst** *m mil. pol.* counterintelligence.

ˈabˌschir|men **I** *v/t* ‹*sep*, -ge-, h› **1.** (*Arbeitsplatz etc*) screen off. **2.** *Radio, TV* (radio-)screen, *Am.* (-)shield. **3.** (**gegen, vor**) shield (from), screen (from), protect (against, from), guard (against). **4.** *econ.* protect *s. th.* by tariff barriers. **5.** *mil. durch e-e Nebelwand*: screen, *durch Beschuß*: cover. **6.** *Raumfahrt*: shield (against radiation). **II** *v/reflex* **sich ~** **7.** protect (*od.* shield, cover) o.s. **III 2** *n* ‹-s› **8.** screening (*etc*). **2mung** *f* ‹-; *no pl*› **1.** → **abschirmen** III. **2.** protection. **3.** (electric) screen (*od.* shield). **4.** *mil.* cover(ing), protection, security, *aer.* umbrella. **5.** *aer.* glow screen. **6.** *pol.* counterespionage.

ˈabˌschir·ren *v/t* ‹*sep*, -ge-, h› unharness.

ˈabˌschlach·ten *v/t* ‹*sep*, -ge-, h› slaughter, butcher, *fig. a.* massacre.

ˈabˌschlacken (*getr.* -k·k-) *v/t* ‹*sep*, -ge-, h› *metall.* slag (off), scum.

ˈabˌschlaf·fen **I** *v/t* ‹*sep*, -ge-, h› wear *s.o.* out, take it out of *s.o.* **II** *v/i* ‹sein› *Person*: flag, wilt, go all limp; → **abgeschlafft.**

ˈAbˌschlag *m* **1.** *econ.* (*Preisrückgang*) drop, fall, decline (in price), (*Rabatt*) discount, rebate, reduction, allowance, (*~szahlung*) part payment, instal(l)ment, payment on account, (*Vorschuß*) advance payment; **auf ~** on account; **auf ~ bezahlen** pay by instal(l)ments; **mit e-m ~** at a discount; **mit ~ verkaufen** sell at a reduced price. **2.** → **Disagio.** **3.** *Fußball*: goal-kick, *Hockey*: free hit, *Golf*: (*~stelle*) tee, (*Schlag*) tee-off.

ˈabˌschla·gen **I** *v/t* ‹*irr, sep*, -ge-, h› **1.** knock (*od.* strike, beat) *s. th.* off, knock (*od.* beat) *s. th.* down, (*Baum*) cut down, fell, (*abtrennen*) cut off; **j-m den Kopf ~** cut off s.o.'s head, decapitate s.o., behead s.o. **2.** (*Gerüst*) take down, (*Lager, Zelt*) strike (*camp, the tent*). **3.** *fig.* (*ablehnen*) refuse, reject, decline, turn *s. th.* down; **er schlug mir die Bitte rundweg ab** he gave me a flat refusal; **Sie dürfen es mir nicht ~** I will take no refusal. **4.** (*Angriff, Feind etc*) beat off, repulse. **5.** (*Raum*) partition off. **6. et. vom Preis ~** grant a reduction. **7.** *Fußball*: (*Ball*) kick out, *Golf*: tee off; → **abgeschlagen.** **8. den Dritten ~** (*Kinderspiel*) play twos-and-threes. **9.** (*Segel*) unbend, unlace. **10.** *Textil.* (*Maschen*) knock over, (*Faden*) slough, (*Farben*) strike off. **11.** → **Wasser** 6. **II** *v/i* **12.** *Fußball*: take the goal-kick, *Golf*: tee off. **III** *v/reflex* **sich ~** **13.** *Dampf etc*: condense.

ˈabˌschlä·gig [-ˌʃlɛːgɪç] **I** *adj* negative; **~e Antwort** negative reply, refusal; **e-e ~e Antwort erhalten** *cf.* **II** *adv* negatively; **~ beschieden werden** meet with a refusal; **j-s Bitte ~ bescheiden** reject (*od.* refuse, turn down) s.o.'s request; **j-n ~ bescheiden** turn down s.o.'s request, turn s.o. down.

ˈAbˌschlags|diˈviˌden·de *f econ.* interim dividend. **~ˌklau·sel** *f* clause on part payments of wages. **~ˌsum·me** *f* instal(l)ment, sum paid on account.

ˈAbˌschlagˌstel·le *f Golf*: tee.

ˈAbˌschlag(s)ˌzah·lung *f econ.* payment on account, (*Teilzahlung*) part payment, (payment by) instal(l)ment.

ˈabˌschläm·men *v/t* ‹*sep*, -ge-, h› **1.** *chem.* (*abgießen*) decant, elutriate. **2.** *tech.* (*Erze*) wash, (*Kreide*) purify, (*Zucker*) clarify.

ˈabˌschlecken (*getr.* -k·k-) *v/t* ‹*sep*, -ge-, h› *dial. for* **ablecken.**

ˈabˌschlei·fen **I** *v/t* ‹*irr, sep*, -ge-, h› **1.** (*Rost etc*) grind off, *mit Schmirgelpapier etc*: smoothe (*od.* rub) off, *mit Sandpapier*: sandpaper, (*glätten*) polish, smoothe. **2.** *fig.* polish, refine. **II** *v/reflex* **sich ~** **3.** *bes. tech.* wear away (*od.* down). **4.** *fig. colloq. Gegensätze*: become less pronounced, *extreme Ansichten*: soften, tone down, *Manieren*: become more refined, *Person*: acquire polish.

ˈAbˌschleppˌdienst *m mot.* breakdown (*od.* recovery, *Am.* wrecking) service.

ˈabˌschlep·pen **I** *v/t* ‹*sep*, -ge-, h› **1.** *mot.* tow (away *od.* off), take (*od.* have) *s. th.* in tow. **2.** *mar.* tow off. **3.** drag (*od.* lug) *s. th.* away. **4.** *colloq.* drag *s. o.* off. **5.** (*Acker*) drag. **II** *v/reflex* **6. sich mit et. ~** wear o.s. out carrying s.th., struggle under the weight of s.th.

ˈAbˌschlepp|geˌrät *n* towing equipment (*od.* tackle). **~ˌha·ken** *m* tow-hook. **~ˌko·sten** *pl mot.* towing charges. **~ˌkran** *m* salvage (*od.* towing, *bes. Am.* wrecking) crane. **~-ˌPanzer** *m mil.* tank recovery vehicle. **~ˌseil** *n* tow(ing)-rope. **~ˌstan·ge** *f* tow(ing)-rod. **~ˌwa·gen** *m* breakdown lorry, *Am.* wrecking truck, wrecker.

ˈabˌschleu·dern *v/t* ‹*sep*, -ge-, h› **1.** hurl (*od.* throw, fling) (off). **2.** *aer.* catapult. **3.** *tech.* centrifuge, spin (off).

ˈabˌschließ·bar *adj* lockable; **die Tür ist nicht ~** the door cannot be locked.

ˈabˌschlie|ßen **I** *v/t* ‹*irr, sep*, -ge-, h› **1.** (*Tür, Schrank*) lock, (*Haus, Laden*) lock up. **2.** (*isolieren*) isolate, cut (*od.* shut) off. **3.** (*beendigen*) end, terminate, (bring to a) close, (*Brief, Rede etc*) conclude, close, finish, wind up (**mit** with), (*Aufgabe*) complete, finish; **das Essen mit Kaffee ~** top off the dinner with coffee. **4.** *als Verzierung*: finish *s. th.* off. **5.** (*Vertrag etc*) conclude, enter into, sign, finalize (*an agreement*). **6.** (*Geschäft, Handel*) transact (*a business*), strike (*a bargain*), close (*od.* clinch) (*a deal*), (*Verkauf*) effect, (*Versicherung*) effect (*insurance*), take out (*an insurance od. a policy*); **e-n Vergleich ~** compound (**mit Gläubigern** with creditors). **7.** *econ.* (*Bücher*) close, balance, (*Konten, Rechnungen*) settle. **8.** *tech.* close, shut off, *gas-, wasser-, luftdicht*: seal (off). **II** *v/i* **9.** (*enden*) end, close, finish; *econ.* **aktiv (passiv) ~** close with a credit (debit) balance. **10.** *mit e-r Verzierung etc*: be finished off. **11.** *colloq.* **mit j-m ~** finish with s.o.; **mit dem Leben abgeschlossen haben** have done (*od.* finished) with life; **ich hatte bereits mit dem Leben abgeschlossen** I thought my last hour had come. **12.** *econ.* come to an agreement, close (a *od.* the deal); **mit j-m ~** *a.* come to terms with s. o.; **mit j-m über 100 000 Mark ~** close with s. o. for 100,000 marks. **13.** *thea. etc* sign (a contract). **III** *v/reflex* **sich ~ 14.** *fig.* isolate o. s., shut (*od.* cut) o. s. off (**von** from). **~ßend I** *adj Worte etc*: concluding, closing, final, (*endgültig*) definitive, final. **II** *adv* in conclusion, finally; **~ sagte er** he concluded (*od.* wound up) by saying.

ˈAbˌschluß *m* ⟨-sses; Abschlüsse⟩ **1.** *luftdichter etc*: seal. **2.** (*Ende, Beendigung*) conclusion, close, end(ing), completion, termination; **e-e Sache zum ~ bringen** bring a matter to a conclusion (*od.* close); **mit et. zum ~ kommen** conclude (*od.* close) s. th.; **nach ~ s-s Studiums** after having finished his studies. **3.** *ped. univ.* final examination. **4.** (*abschließende Verzierung*) border. **5.** *e-s Handels, Vertrags etc*: conclusion, signing, *e-r Versicherung*: effecting, taking out (*an insurance od. a policy*). **6.** *econ. von Konten etc*: settling, settlement, *der Bücher*: closing, balancing; **beim ~ unserer Bücher** (on) closing our books. **7.** (*Geschäft*) transaction, deal, bargain, (*Verkauf*) sale, (*Vertrag*) contract; **Abschlüsse tätigen** do business, effect sales; **ein ~ über 1000 Tonnen Weizen** a contract for 1,000 tons of wheat. **8.** *econ.* (*Jahres*≗ *etc*) (*annual, etc*) statement of account.

ˈAbˌschluß|beˌricht *m* final report. **~biˌlanz** *f econ.* annual balance sheet. **~ˌdeckel** (*getr.* **-k·k-**) *m tech.* cover plate, sealing cover. **~ˌdich·tung** *f* seal. **~exˌamen** *n* → **Abschlußprüfung** 1. **~ˌfei·er** *f* school-leaving celebrations *pl.* **~geˌbühr** *f econ.* fee payable on completion (of agreement *od.* contract). **~ˌhahn** *m tech.* stopcock. **~ˌka·bel** *n electr.* waterproof cable. **~ˌklas·se** *f ped.* final-year class (*od.* form). **~ˌkundˌge·bung** *f* final meeting (*od.* rally). **~ˌkurs** *m econ.* **1.** agreed price (*od.* rate). **2.** *Börse*: closing price (*od.* rate). **~ˌlei·ste** *f tech.* border, cover strip. **~ˌmel·dung** *f* final report. **~ˌprä·mie** *f econ.* **1.** final bonus (*od.* commission). **2.** sales premium. **~pro·toˌkoll** *n* final report, minutes *pl.* **~pro·vi·siˌon** *f econ.* **1.** signing (*od.* final) commission. **2.** sales commission. **~ˌprü·fer** *m* auditor (of the annual accounts). **~ˌprü·fung** *f* **1.** *ped.* school-leaving (*Am.* final) examination, finals *pl*, *Am. a.* graduation; **s-e ~ machen** graduate (**an** at, *Am.* from). **2.** *econ. der Bücher*: audit. **~ˌrech·nung** *f econ.* final accounts (*od.* results) *pl.* **~ˌsit·zung** *f* final session. **~terˌmin** *m* **1.** closing date. **2.** *econ.* settlement (*od.* settling, account) day. **~verˌgü·tung** *f econ.* end-of-year bonus. **~ˌzah·lung** *f* final payment, final instal(l)ment. **~ˌzeug·nis** *n* (school-)leaving certificate, *Am.* (high-school) diploma. **~ˌzif·fern** *pl econ.* profit and loss figures.

ˈabˌschmat·zen *v/t* ⟨*sep*, **-ge-**, **h**⟩ *colloq.* **j-n ~** smother s. o. with kisses.

ˈabˌschmecken (*getr.* **-k·k-**) *v/t* ⟨*sep*, **-ge-**, **h**⟩ **1.** (*probieren*) taste, check the seasoning of. **2.** (*würzen*) season (*od.* flavo[u]r) (to taste); **die Suppe mit Salz u. Pfeffer ~** season the soup with salt and pepper. **ˈAbˌschmecker** (*getr.* **-k·k-**) *m* ⟨-s; -⟩ *gastr.* taster.

ˈabˌschmei·cheln *v/t* ⟨*sep*, **-ge-**, **h**⟩ **j-m et. ~** coax (*od.* wheedle) s. th. out of s. o.

ˈabˌschmei·ßen *v/t* ⟨*irr, sep*, **-ge-**, **h**⟩ *colloq. for* **abwerfen**.

ˈabˌschmel·zen I *v/i* ⟨*irr, sep*, **-ge-**, **sein**⟩ **1.** *Gletscher etc*: melt (away). **2.** *metall.* melt off. **II** *v/t* ⟨**h**⟩ **3.** (*Wachs, Schnee etc*) melt (off). **4.** *metall.* melt away (*od.* down), fuse, (*bes. Erz*) smelt, separate *s. th.* by smelting.

ˈAbˌschmelz|konˌstan·te *f tech.* fusion coefficient. **~ˌschwei·ßung** *f* flash welding.

ˈabˌschmet·tern *v/t* ⟨*sep*, **-ge-**, **h**⟩ *colloq.* turn *s. o., s. th.* down flat, (*Antrag etc*) *a.* reject *s. th.* out of hand, throw out, (*Angriff etc*) block off, beat back.

ˈabˌschmie·ren I *v/t* ⟨*sep*, **-ge-**, **h**⟩ **1.** (*Auto, Maschine etc*) lubricate, grease. **2.** *colloq.* a) copy *s. th.* carelessly, b) *ped.* crib; **von j-m ~** crib off s. o. **3.** *colloq.* (*verprügeln*) clobber. **II** *v/i* ⟨**sein**⟩ **4.** *aer.* crash.

ˈAbˌschmier|ˌfett *n* lubricating grease. **~ˌgru·be** *f mot.* repair (*od.* working) pit. **~ˌnip·pel** *m tech.* grease nipple. **~ˌpres·se** *f* grease gun.

ˈAbˌschminkˌcreme *f* cleansing cream.

ˈabˌschmin·ken *v/t* ⟨*sep*, **-ge-**, **h**⟩ take off (*od.* remove) *s. o.'s* make-up; *humor.* **das kannst du dir ~!** forget it!

ˈabˌschmücken (*getr.* **-k·k-**) *v/t* ⟨*sep*, **-ge-**, **h**⟩ strip *s. th.* of its finery (*od.* trimmings), take down the decorations from.

ˈabˌschnal·len I *v/t* ⟨*sep*, **-ge-**, **h**⟩ **1.** (*Gürtel etc*) unbuckle, (*Koppel etc*) unbelt. **2.** (*Ski etc*) take off. **II** *v/reflex* **sich ~ 3.** unfasten one's seatbelt. **III** *v/i colloq.* be flabbergasted.

ˈabˌschnap·pen I *v/t* ⟨*sep*, **-ge-**, **h**⟩ **1.** *colloq. for* **abfangen** 1. **II** *v/i* ⟨**sein**⟩ **2.** *colloq.* peg out, kick the bucket. **3.** stop short, break off abruptly.

ˈabˌschnei·den I *v/t* ⟨*irr, sep*, **-ge-**, **h**⟩ **1.** cut off, *mit der Schere*: *a.* snip off, (*kürzen*) cut down, *in Scheiben*: slice off, *hort.* cut away, lop off, prune, trim, *bes. tech.* shear off, (*Fingernägel etc*) cut, pare, trim, (*Haare*) crop; **j-m den Hals ~** cut (*od.* slit) s. o.'s throat (*a. fig.*); **Rosen ~** cut roses; **sich** (*dat*) **ein Stück Kuchen ~** cut o. s. a piece of cake. **2. den Weg ~** a) *Person*: take a short-cut, b) *Pfad etc*: be (*od.* provide) a short-cut. **3.** *fig.* (*Zufuhr, Rückweg, j-n von der Außenwelt*) cut off, (*Personen*) *a.* maroon, *mil. taktisch*: isolate; **j-m den Weg ~** cut off (*od.* bar) s. o.'s way, intercept s. o. **4.** *fig.* **j-m das Wort ~** cut s. o. short; **j-m e-e Möglichkeit ~** rob s. o. of an opportunity; **j-m die Ehre ~** blacken s. o.'s reputation, ruin s. o.'s good name. **II** *v/i* **5. gut** (**schlecht**) **~** do (*od.* perform) well (badly), come off (*od.* acquit o. s.) well (badly); **am besten ~** come off best, come out top. **6.** *unterwegs*: take a short-cut. **III** ≗ *n* ⟨-s⟩ **7.** cutting off (*etc*). **8.** (*Leistung*) performance.

ˈabˌschnel·len I *v/i* ⟨*sep*, **-ge-**, **sein**⟩ **1.** *Pfeil etc*: speed off (*od.* away). **2.** *Springer*: take off. **II** *v/t* ⟨**h**⟩ **3.** (*Pfeil etc*) loose, speed. **III** *v/reflex* ⟨**h**⟩ **4. sich ~** *allg.* bounce off, *Springer*: take off.

ˈabˌschnip·peln, ˈabˌschnip·seln *v/t* ⟨*sep*, **-ge-**, **h**⟩ *colloq.* snip off (*od.* away).

ˈAbˌschnitt *m* ⟨-(e)s; -e⟩ **1.** (*Abgeschnittenes*) section, cut(ting). **2.** (*Kontrollblatt e-s Schecks etc*) counterfoil, stub, *e-r Aktie, e-s Dividendenscheins*: (dividend) warrant, (*Zinsschein, a. Rationierungsmarke*) coupon, (*Stückelung*) denomination, (*Appoint*) item; **Banknoten in kleinen ~en** bank notes in small denominations. **3.** *e-r Seite, e-s Buches, e-s Gesetzes etc*: section, paragraph. **4.** (*Gebiet*) *bes. mil.* sector. **5.** *biol. math.* segment. **6.** (*Zeit*≗) stage, phase, *e-r Entwicklung, Krankheit*: *a.* stadium, *e-r Reise*: stage, leg; **ein neuer ~ in j-s Leben** a new chapter in s. o.'s life.

ˈAbˌschnittsˌlei·tung *f mil.* **1.** sector control. **2.** *aer.* (*durch Radar*: radar) area control.

ˈabˌschnitt(s)ˌwei·se *adv* **1.** *bes. print.* by (*od.* in) sections. **2.** *zeitlich*: in phases (*od.* stages). **3.** *mil.* in sectors.

ˈabˌschnü·ren *v/t* ⟨*sep*, **-ge-**, **h**⟩ **1.** → **abbinden** 2. **2.** (*abwürgen*) strangle, strangulate; **das schnürt mir die Luft ab** that chokes me; *fig.* **Angst schnürte ihr die Kehle ab** she was choked with fear; *colloq.* **j-m die Luft ~** have a stranglehold on s. o. **3.** *fig.* (*Stadt etc*) cut off.

ˈabˌschnur·ren I *v/t* ⟨*sep*, **-ge-**, **h**⟩ (*Gedicht etc*) rattle (*od.* reel) off. **II** *v/i* ⟨**sein**⟩ *Spule etc*: whirr off.

ˈabˌschöp·fen *v/t* ⟨*sep*, **-ge-**, **h**⟩ (*Fett, Rahm etc*) skim off, *fig.* (*Gewinn etc*) *a.* siphon off, (*Kaufkraft*) absorb.

ˈAbˌschöp·fungs|ˌanˌlei·he *f econ.* absorptive loan. **~beˌtrag** *m* price-adjustment levy, equalization levy.

ˈabˌschot·ten *v/t* ⟨*sep*, **-ge-**, **h**⟩ *mar.* provide *s. th.* with bulkheads; *fig.* (**sich**) **~ gegen** insulate (o. s.) against.

ˈabˌschrä|gen I *v/t* ⟨*sep*, **-ge-**, **h**⟩ (*Dach etc*) slope, slant, (*Kante etc*) level, chamfer, (*Böschung etc*) slope, batter; **abgeschrägte Wände** sloping (*od.* slanting) walls. **II** *v/reflex* **sich ~** slope, slant. **≗gung** *f* ⟨-; -en⟩ **1.** slanting (*etc*). **2.** slope, slant, (*Mauerwerk*) batter. **3.** *tech.* bevel, chamfer.

ˈabˌschram·men *v/t* ⟨*sep*, **-ge-**, **h**⟩ (*Farbe etc*) scratch off, (*Haut etc*) graze, scrape.

ˈabˌschraub·bar *adj* unscrewable, detachable.

ˈabˌschrau·ben *v/t* ⟨*sep*, **-ge-**, **h**⟩ screw off, unscrew; **sich** (**leicht**) **~ lassen** unscrew (easily).

ˈabˌschrecken (*getr.* **-k·k-**) *v/t* ⟨*sep*, **-ge-**, **h**⟩ **1.** deter, discourage, put *s. o.* off, (*einschüchtern*) intimidate, scare (away); **er läßt sich durch nichts ~** nothing deters him; **j-n** (**davon**) **~, et. zu tun** deter (*od.* discourage) s. o. from doing s. th. **2.** *metall.* plunge, quench, chill. **3.** *gastr.* (*Ei*) dip in cold water, (*Kaffee, Suppen etc*) clear with a dash of cold water, (*Nudeln*) rinse in cold water. **~d I** *adj* **1.** deterrent; **als ~es Beispiel dienen** serve as a warning example; **~e Strafe** exemplary punishment. **2.** (*einschüchternd*) forbidding, stern. **3.** (*abstoßend*) repulsive, repellent. **II** *adv* **4. ~ wirken** act as a deterrent.

ˈAbˌschreck|ˌhär·tung *f metall.* quench hardening. **~ˌmit·tel** *n* **1.** → **Abschreckungsmittel** 1. **2.** *metall.* quenching (*od.* chilling) agent.

ˈAbˌschreckung (*getr.* **-k·k-**) *f* ⟨-; -en⟩ **1.** (*Abhaltung*) deterrence (*a. jur.*), deterrent, discouragement, (*Einschüchterung*) intimidation. **2.** → **Abschreckungsmittel** 1.

ˈAbˌschreckungs|ˌmit·tel *n* **1.** deterrent. **2.** → **Abschreckmittel** 2. **~po·liˌtik** *f* deterrent policy, policy of determent. **~ˌstreitˌmacht** *f mil.* deterrent (force). **~ˌwaf·fe** *f* deterrent.

ˈabˌschreib·bar *adj econ.* depreciable.

ˈabˌschrei|ben I *v/t* ⟨*irr, sep*, **-ge-**, **h**⟩ **1.** copy (out), make a (written) copy of, (*Notizen, Stenogramm etc*) transcribe. **2.** *ped. contp.* (**von** from) crib, *weitS. literarisch etc*: *a.* plagiarize. **3.** *econ.* (*Forderungen*) *gänzlich*: write off (*a. fig. colloq. j-n od. et.*), *teilweise*: write down, (*Wert*) depreciate, (*Summe abziehen*) deduct. **4.** (*Bleistift*) wear down, (*Farbband etc*) wear out. **II** *v/i* **5.** *ped.* crib. **6. j-m ~** a) write to s. o. cancel(l)ing an arrangement, b) write s. o. asking him not to come, c) write s. o. that one cannot come.

III *v/reflex* sich ~ 7. *Bleistift etc*: wear down, *Farbband etc*: wear out. **≈ber** *m* ⟨-s; -⟩ 1. copyist, copier, transcriber. 2. *bes. ped. contp.* cribber, *weitS.* plagiarist. **≈bung** *f* ⟨-; -en⟩ *econ.* write-off, sum written off, (*Wertminderung*) depreciation; ~en für Devisenverluste write--offs for losses of foreign exchange; ~ an Maschinen depreciation on machinery; Konto „Abschreibungen" depreciation account; nach ~ aller Verluste after charging off all losses.

ˈAbˌschrei·bungs|beˌtrag *m econ.* (*Abzug*) depreciation (amount *od.* charge). **~ˌfonds** *m* depreciation fund. **~meˌtho·de** *f* method of (calculating) depreciation. **~ˌsatz** *m* rate of depreciation. **~verˌgün·sti·gung** *f* tax privilege in respect of depreciation.

ˈabˌschrei·ten I *v/t* ⟨*irr, sep*, -ge-, h⟩ (*Entfernung etc*) pace off (*od.* out), (*Straße etc*) walk the length of; *mil.* die Front ~ inspect the line of troops; die Ehrenkompanie ~ inspect the guard of hono(u)r. II *v/i* ⟨sein⟩ stride off.

ˈAbˌschrift *f* ⟨-; -en⟩ copy, *von Notizen etc*: transcript, (*Duplikat*) duplicate; beglaubigte ~ certified (*od.* exemplified) copy. **≈lich I** *adj* copied (out), duplicate. II *adv* as a copy, in duplicate.

ˈabˌschrub·ben, ˈabˌschrup·pen *v/t* ⟨*sep*, -ge-, h⟩ 1. (*Boden, Rücken etc*) scrub, scour, (*Schmutz etc*) scrub (*od.* scour) off. 2. *tech.* rough-plane. 3. *colloq.* (*Kilometer etc*) make.

ˈAbˌschub *m* ⟨-(e)s; *no pl*⟩ 1. → Abschiebung 2. 2. *mil.* evacuation.

ˈabˌschup·pen I *v/t* ⟨*sep*, -ge-, h⟩ (*Fische*) scale. II *v/i u.* sich ~ *v/reflex* → schuppen II.

ˈabˌschuf·ten *v/reflex* ⟨*sep*, -ge-, h⟩ sich ~ → abrackern.

ˈabˌschür|fen I *v/t* ⟨*sep*, -ge-, h⟩ (*Haut*) scrape off, graze, chafe; sich (*dat*) das Knie ~ scrape (*colloq.* bark) one's knee. II *v/reflex* sich ~ *Haut*: chafe, abrade. **≈fung** *f* ⟨-; -en⟩ 1. grazing (*etc*), excoriation. 2. abrasion.

ˈAbˌschuß *m* ⟨-sses; Abschüsse⟩ 1. *e-r Schußwaffe*: firing, discharge, *e-r Rakete etc*: launch(ing); → abschießen. 2. *mil. e-s Flugzeugs*: bringing down, downing, (*Luftsieg*) kill, victory in aerial combat, *e-s Panzers*: knocking out, kill. 3. *e-s Geschützes*: a) shot, b) fire. 4. *hunt.* killing, shooting, (*Jagdstrecke*) kill(ing), bag. 5. *colloq. e-s Beamten etc*: ousting. 6. *humor.* das ist der ~! that's the (ultimate) end! **~ˌba·se, ~ˌba·sis** *f mil. für Raketen*: launching base.

ˈabˌschüs·sig [-ˌʃʏsɪç] *adj Gelände etc*: sloping, *geol.* shelving, (*steil*) (very) steep, precipitous; *fig.* auf die ~e Bahn kommen (*od.* geraten) go off the rails. **≈keit** *f* ⟨-; *no pl*⟩ slopingness, declivity, *stärker*: steepness, precipitousness.

ˈAbˌschuß|kan·diˌdat *m colloq.* 1. expected failure (*in an examination*), *Am.* prospective flunk. 2. s.o. who's in for it, marked man. **~ˌli·ste** *f* 1. *hunt.* → Abschußplan. 2. *e-s Attentäters etc*: assassination (*od.* death) list; auf der ~ stehen (auf die ~ setzen) be (put *s.o.*) on the assassination (*od.* death) list. 3. *fig. colloq.* auf der ~ stehen be a marked man, be in for it; j-n auf die ~ setzen decide to put the skids under s.o. **~ˌplan** *m hunt.* list of game to be killed off. **~ˌram·pe** *f* (*Raketen≈*) launching platform (*od.* pad). **≈ˌreif** *adj hunt.* mature enough to be hunted.

ˈabˌschüt·teln *v/t* ⟨*sep*, -ge-, h⟩ *allg.* (*Schnee, a. fig. Joch, Verfolger etc*) shake off, *fig. a.* get rid of, cast off.

ˈabˌschüt·ten *v/t* ⟨*sep*, -ge-, h⟩ pour off.

ˈabˌschwä|chen I *v/t* ⟨*sep*, -ge-, h⟩ 1. (*Wirkung, Explosion etc*) weaken, lessen, diminish, reduce, (*Farben, Kontraste, Äußerung, Ansicht etc*) tone down, (*Ansicht, Gegensatz etc*) *a.* moderate, (*Aufprall, Schlag etc*) soften, cushion, break the force of, (*Ausdruck etc*) soften, qualify, (*Strafe etc*) mitigate, modify. 2. *phot.* (*Negativ*) reduce. II *v/reflex* sich ~ 3. *Einfluß, Macht etc*: weaken, wane, *Lärm, Sturm etc*: subside, *meteor. Hoch, Tief*: weaken. 4. *econ. Kurse, Preise*: ease off, weaken, sag; die Börse hat sich abgeschwächt there are signs of weakness on the stock exchange. **≈chung** *f* ⟨-; -en⟩ 1. weakening (*etc*), diminution, reduction, *von Ansichten etc*: moderation, *e-s Ausdrucks etc*: *a.* qualification, *e-r Strafe etc*: modification, mitigation. 2. *econ. der Kurse*: sagging, *der Geldsätze*: easing-off. 3. *phot. e-s Negativs*: reduction.

ˈAbˌschwä·chungs|tenˌdenz *f der Börse*: downward (*od.* bearish) tendency (*od.* trend). **~ˌwi·derˌstand** *m electr.* a) reducing resistance, b) reducing resistor.

ˈabˌschwar·ten *v/t* ⟨*sep*, -ge-, h⟩ 1. *hunt.* (*Schwarzwild*) skin. 2. (*Holz*) slab.

ˈabˌschwat·zen, *dial. a.* **ˈabˌschwät·zen** *v/t* ⟨*sep*, -ge-, h⟩ *colloq.* j-m et. ~ talk (*od.* coax, wheedle) s.th. out of s.o.; dem Teufel ein Ohr ~ talk the hind leg off a donkey.

ˈabˌschwei|fen *v/i* ⟨*sep*, -ge-, sein⟩ 1. *vom Weg etc*: (von from) deviate, depart, stray. 2. *fig.* go (*od.* fly) off at a tangent, *vom Thema etc*: (von from) digress, stray, wander; schweifen Sie nicht ab! keep to the point!; mit s-n Gedanken ~ allow one's thoughts to wander. **≈fung** *f* ⟨-; -en⟩ deviation, *fig.* digression.

ˈabˌschwel·len *v/i* ⟨*irr, sep*, -ge-, sein⟩ 1. *Geschwulst etc*: go down. 2. *fig. Lärm etc*: subside, die away, *Sturm etc*: subside, abate, *Flut*: fall.

ˈabˌschwem·men *v/t* ⟨*sep*, -ge-, h⟩ *bes.* (*Erde, Schmutz etc*) wash (*od.* carry) off (*od.* away), *bes. tech.* float off.

ˈabˌschwen·ken I *v/i* ⟨*sep*, -ge-, sein⟩ 1. *Person, Wagen etc*: change direction, turn (off), swerve; nach links ~ turn left. 2. *mil.* wheel. 3. *fig.* change sides, turn one's coat; ~ von (*Kurs, Parteilinie etc*) deviate (*od.* veer) (from); vom Studium ~ give up one's studies. II *v/t* ⟨h⟩ 4. (*Schmutz etc*) rinse (off).

ˈabˌschwim·men I *v/i* ⟨*irr, sep*, -ge-, sein⟩ → wegschwimmen. II *v/t* ⟨h⟩ *colloq.* (*Strecke, Zeit*) swim, *colloq.* (*Pfunde*) swim off.

ˈabˌschwin·deln *v/t* ⟨*sep*, -ge-, h⟩ j-m et. ~ cheat (*od.* trick, *sl.* con) s.o. out of s.th.

ˈabˌschwin·gen I *v/i* ⟨*irr, sep*, -ge-, h⟩ *Skisport*: a) turn, b) check. II *v/reflex* sich ~ *gym.* (von from) vault (off), swing down.

ˈabˌschwir·ren *v/i* ⟨*sep*, -ge-, sein⟩ *Insekten etc*: whirr (*od.* whizz) off (*od.* away), *a. fig. colloq. Person*: buzz off.

ˈabˌschwit·zen *v/t* ⟨*sep*, -ge-, h⟩ (*Gewicht*) sweat off.

ˈabˌschwö|ren *v/i* ⟨*irr, sep*, -ge-, h⟩ *e-r Sache, dem Glauben etc*: abjure, forswear, renounce, (*widerrufen*) recant; dem Alkohol ~ swear off alcohol, take the pledge. **≈rung** *f* ⟨-; *no pl*⟩ abjuration, renunciation, *bes. in der Öffentlichkeit*: recantation.

ˈAbˌschwung *m* 1. *gym.* dismount. 2. *Golf*: follow-through. 3. *econ.* downswing. **~ˌpha·se** *f econ.* downward phase.

ˈabˌse·geln I *v/i* ⟨*sep*, -ge-, sein⟩ 1. (nach) sail (away *od.* off) (for, to), set sail (for). 2. *fig. colloq.* buzz (*od.* clear) off. 3. ⟨h⟩ close the sailing (*od.* yachting) season with a final cruise. II *vt* ⟨h⟩ 4. (*Strecke*) sail (through), (*Gebiet, Gewässer*) cruise (around). III ≈ *n* ⟨-s⟩ 5. closing (*od.* close) of the sailing season.

ˈabˌseg·nen *v/t* ⟨*sep*, -ge-, h⟩ *fig. iro.* give one's placet (*od.* blessing) to *s.th.*

ab·seh·bar [ˈapˌzeːˑ; ˌapˈzeː-] *adj Zeit*: foreseeable, near, *Folgen etc*: predictable; in ~er Zeit in the foreseeable (*od.* near) future, before long; nicht ~ sein be impossible to foresee (*od.* predict), *Schaden*: be impossible to estimate.

ˈabˌse·hen I *v/t* ⟨*irr, sep*, -ge-, h⟩ 1. foresee; es ist kein Ende abzusehen there is no end in sight; die Folgen sind nicht abzusehen there is no telling what will happen, this may have dire consequences. 2. j-m et. ~ learn s.th. from s.o. (by watching); j-m e-e Fertigkeit ~ learn the knack (*od.* trick) of s.th. from s.o. 3. *ped.* crib (von from). 4. → ablesen 2. 5. es auf j-n abgesehen haben *feindlich*: have it in for s.o., be out to get s.o., *humor.* have one's eye on s.o., have designs on s.o.; es auf et. abgesehen haben have an eye on s.th., be after s.th.; es darauf abgesehen haben, et. zu tun be intent (*od.* bent, keen) on doing s.th.; das war auf dich abgesehen that was aimed at (*od.* meant for) you. II *v/i* 6. (*verzichten auf*) (von from) refrain, desist. 7. ~ von (*nicht in Betracht ziehen*) take no account of, leave *s.th.* out of consideration, disregard. 8. (*abschreiben*) (von from) copy, crib.

ˈabˌsei·fen I *v/t* ⟨*sep*, -ge-, h⟩ (clean *s.th.* with) soap, (*Kind, Körper*) soap (down). II *v/reflex* sich ~ soap o.s. (down).

ˈAbˌseihˌbeu·tel *m* straining bag.

ˈabˌsei·hen *v/t* ⟨*sep*, -ge-, h⟩ strain (*od.* filter) (off), (*Teigwaren etc*) strain the water off.

ˈabˌsei·len I *v/t* ⟨*sep*, -ge-, h⟩ 1. (*Bergsteiger, Last etc*) rope down, abseil. 2. (*absperren*) rope off. II *v/reflex* sich ~ 3. *mount.* rope down, abseil. 4. *fig. colloq.* (*sich drücken*) dodge it, make o.s. scarce.

ˈabˌsein *v/i* ⟨*irr, sep*, -ge-, sein⟩ *colloq.* 1. *Knopf, Farbe etc*: be (*od.* have come) off. 2. (*entfernt*) (von from) be away, be distant. 3. (*erschöpft*) be all in, be whacked.

ˈAbˌsei|te *f* ⟨-; -en⟩ *Textil.* wrong (*od.* reverse, rear) side. **~tenˌstoff** *m Textil.* reversible fabric. **≈tig** *adj lit.* 1. (*abgelegen*) out-of-the-way, remote, distant. 2. (*abwegig, ausgefallen*) unusual, odd, eccentric. 3. (*unnatürlich*) perverse.

ˈabˌseits I *adv* 1. (*beiseite*) aside, apart, off; ~ stehen, sich ~ halten stand aside, *fig.* keep (*od.* hold) (o.s.) aloof. 2. (*entfernt*) (von) off (*s.th.*), away (from), remote (from); ~ vom Wege off the road; ~ vom Großstadtlärm remote from the bustle of the city; ~ gelegen out-of-the-way, remote. 3. *Sport*: offside; ~ stehen, ~ sein be offside; nicht ~ onside; j-n ~ stellen put s.o. offside. II *prep* ⟨*gen*⟩ 4. *lit.* off; ~ der Straße off (*od.* back from) the road. III ≈ *n* ⟨-; -⟩ 5. *Sport*: offside; ins ≈ laufen run offside; im ≈ stehen be offside; *fig.* ins (politische *etc*) ≈ geraten get (politically, *etc*) isolated, be relegated to the background. **≈ˌfal·le** *f Sport*: offside trap. **≈ˌre·gel** *f* offside rule. **≈ˌstel·lung** *f* offside position. **≈ˌtor** *n* goal scored from an offside position.

ˈabˌsen·den *v/t* ⟨*bes. irr, sep*, -ge-, h⟩ 1. (*Brief, Paket etc*) send (off), dispatch, *mit der Post*: post, *bes. Am.* mail, (*Geld*) remit, (*Güter*) dispatch, forward, consign, ship. **2.** (*Boten etc*) send (out), dispatch, (*Beauftragten*) send, delegate.

'Ab|sen·de|ort *m econ.* place of dispatch.

'Ab|sen·der *m* <-s; -> sender, *econ. a.* consignor, shipper, *e-r Überweisung etc*: remitter; **„zurück an ~!"** "return to sender". **~|an|ga·be** *f* sender's address.

'Ab|sen·de|tag *m* day (*od.* date) of dispatch.

'Ab|sen·dung *f* <-; -en> sending (*etc*), dispatch.

'ab|sen·gen *v/t* <*sep*, -ge-, h> (*Haare, Federn etc*) singe (off), (*Geflügel etc*) singe.

'ab|sen·ken I *v/t* <*sep*, -ge-, h> **1.** (*Wasserspiegel etc*) lower, (*Talsperre*) draw down, empty. **2.** (*Schacht etc*) sink, (*Brunnen*) *a.* bore. **3.** *hort.* (*Ableger*) set, train, lay, (*Pflanzen*) layer, propagate *s.th.* by layering. **II** *v/reflex* **4. sich ~** *Boden*: sink, settle.

'Ab|sen·ker *m* <-s; -> *hort.* layer.

ab·sent [ap'zɛnt] *adj obs.* (*abwesend*) absent. **ab·sen·tie·ren** [apzɛn'tiːrən] *v/reflex* <*no* ge-, h> **sich ~** absent o.s., *heimlich*: steal away. **Ab·sen·tis·mus** [apzɛn'tɪsmʊs] *m* <-; *no pl*> absenteeism.

'ab·ser|vie·ren I *v/t* <*sep*, *no* -ge-, h> **1.** (*Geschirr*) clear away. **2.** *fig. colloq.* **j-n ~** (*fertigmachen*) demolish (*od.* squash) s.o., *Sport*: *a.* polish s.o. off, clobber s.o., *bes. pol.* put the skids under s.o., (*entlassen*) give s.o. the chop, (*umbringen*) *sl.* bump s.o. off. **II** *v/i* **3.** clear the table.

'ab|setz·bar *adj* **1.** *Beamter*: removable. **2.** *Waren etc*: sal(e)able, marketable; **leicht ~** easy to sell; **nicht ~** unsal(e)able. **3.** *Ausgaben*: deductible, allowable for deduction; **steuerlich ~ sein** be deductible for taxation (purposes), be subject to (tax) exemption. **2keit** *f* <-; *no pl*> **1.** *e-s Beamten*: removability. **2.** *der Waren*: sal(e)ability, marketability. **3.** *der Ausgaben*: (*steuerliche* ~ tax) deductibility.

'Ab|setz||becken (*getr.* -k·k-) *n civ. eng.* settling (*od.* sedimentation) basin (*od.* tank). **~be|we·gung** *f mil.* withdrawal, disengagement.

'ab|set·zen I *v/t* <*sep*, -ge-, h> **1.** (*Hut, Brille etc*) take off. **2.** (*Last etc*) put (*od.* set, lay) down, deposit. **3.** (*aussteigen lassen*) set (*od.* put) *s.o.* down, (*a. Fallschirmspringer*) drop. **4.** (*abwerfen*) (*Reiter*) throw. **5.** (*wegnehmen*) take (away) (**von** from), (*das Gewehr*) put (*od.* take) down; **das Glas (vom Mund) ~** take the glass from one's lips; **ohne die Feder abzusetzen** without lifting the pen; **den Bogen ~** a) lift the bow, b) stop playing (the violin). **6.** (*streichen*) (*Film etc*) take off, withdraw, (*Tagesordnungspunkt etc*) remove, cross off, (*Termin, Veranstaltung etc*) cancel; **ein Stück (vom Spielplan) ~** take off a play, take a play off the program(me *Br.*). **7.** *econ.* (*Ausgaben, Posten etc*) strike (*od.* write) off, (*Spesen, Betrag etc*) deduct (**steuerlich** from one's taxable income). **8.** (*Beamten etc*) remove *s.o.* (from office), dismiss, oust, (*Minister, Regierung etc*) *a.* unseat, (*Herrscher*) depose, dethrone. **9.** (*abheben*) (**gegen**) set off (against), contrast (with); **Farben gegeneinander ~** gradate colo(u)rs. **10.** (*Waren etc*) sell, dispose of, market; **sich leicht (schwer) ~ lassen** sell readily (badly), meet with a ready (slow) market; **sich nicht ~ lassen** be unsal(e)able. **11.** *chem. geol. tech.* deposit. **12.** *mar.* push (*od.* shove) (*a boat*) off. **13.** *tech.* shoulder, step. **14.** *arch.* (*Mauer etc*) offset. **15.** *mus.* play (*od.* say) *s.th.* staccato, separate. **16.** *print.* (*Manuskript*) set (up) *s.th.* in type, set, (*Wort*) separate; **e-e Zeile ~** begin a new line (*od.* paragraph). **17.** *med.* a) (*Glied*) amputate, *im Gelenk*: disarticulate, b) (*Behandlung, Medikament*) discontinue, stop taking (*a medicament*), go off (*a drug*); **j-n von e-r Dosis** *etc* **~** discontinue giving a dose, *etc* to s.o. **18.** (*Säugling, a. Jungtier*) wean. **19.** *jur.* (*Prozeß*) stop, quash. **20.** (*Funkspruch*) transmit. **21.** *zo.* (*Eier*) deposit. **II** *v/i* **22.** (*aufhören*) stop, break (*od.* leave) off; **ohne abzusetzen** without a break (*od.* halt), without stopping, *beim Trinken*: at a draught, in one gulp, *beim Schreiben*: without lifting the pen. **23.** *mar.* (*abstoßen*) bear off (**vom Land** from the land *od.* shore). **III** *v/reflex* **sich ~ 24.** (*sich abheben*) (**gegen**) stand out (against), contrast (with). **25.** *colloq.* (*sich entfernen*) make off, retreat (**nach** to), *Sport, Läufer*: break away (**von** from). **26.** *colloq. von Freunden, e-r Idee etc*: disassociate o.s. (**von** from). **27.** *mil.* disengage (o.s.), retreat, withdraw; **sich vom Feind ~** disengage o.s. from the enemy. **28.** *chem. geol.* (form a) deposit. **IV** *v/impers* **29.** → **setzen** 18. **V 2** *n* <-s> **30.** taking off (*etc*). **31.** *im Reden etc*: pause, break. **32.** *aer. mil.* parachute drop. **33.** *mil.* disengagement. **34.** → **Absatz** 2.

'Ab|set·zung *f* <-; -en> **1.** → **absetzen** V. **2.** *e-s Theaterstücks etc*: withdrawal, *e-s Termins etc*: cancel(l)ation. **3.** (*Amtsenthebung*) removal (from office), dismissal, *e-s Herrschers etc*: deposal, deposition, *e-s Königs*: *a.* dethronement. **4.** *econ.* (*abgesetzter Betrag etc*) deduction, write-off. **5.** *chem.* (*Niederschlag*) precipitation, sedimentation. **6.** *e-s Manuskripts etc*: composition. **7.** *med.* removal, amputation. **8.** *e-s Säuglings*: weaning, ablactation. **9.** *jur. e-s Prozesses*: discontinuance, discontinuation.

'ab|si|chern I *v/t* <*sep*, -ge-, h> **1.** → **sichern. 2.** (*Kredit*) secure, provide security for. **II** *v/reflex* **sich ~ 3.** cover o.s. (*a. econ.*), safeguard o.s. **2che·rung** *f* <-; -en> **1.** safeguarding (*etc*), cover; **~ von Marktrisiken** providing cover against market risks; **zur ~ unvorhergesehener Fälle** to cover (*od.* guard against) unforeseen contingencies. **2.** (*Schutz*) safeguard, protection. **3.** *econ.* security, collateral.

'Ab|sicht *f* <-; -en> **1.** (*Wollen*) intention, intent, (*fester Vorsatz*) purpose, design, (*Ziel*) aim, object, end (in view), (*Plan*) plan, project, scheme, *jur.* (specific) intent (→ *a.* **betrügerisch** 2, **böswillig** 2); **böse ~** evil design; *jur.* **verbrecherische ~** criminal intent; **die ~ haben, et. zu tun** be planning to do s.th., have the intention of doing (*od.* to do) s.th., intend doing (*od.* to do) s.th.; *adm.* **es besteht die ~ zu** *inf* there are plans to *inf*; *colloq.* **~en auf j-n haben** have one's eyes on s.o.; **ohne besondere ~** without a special purpose (in mind); **war das ~?** was that intended (*od.* intentional)?; **es war nicht m-e ~, ihn zu beleidigen** I did not mean to offend him; **aus** (*od.* **mit**) **böser ~** with (an) evil intention, *stärker*: out of spite (*od.* malice); **in guter ~** with good intention, in good faith, bona fide; **in der besten ~** with the best of intentions; **das lag nicht in m-r ~** I didn't intend (*od.* mean) that, that was not my intention; **mit ~** → **absichtlich** II; **mit der ~, et. zu tun** with the intention of (*od.* with a view to) doing s.th.; **mit e-r bestimmten ~** for a purpose; **ohne ~** unintentionally; **nicht ohne ~** not without intent(ion) (*od.* design).

ab·sicht·lich ['apˌzɪçt-; ˌap'zɪçt-] **I** *adj* intentional, intended, *stärker*: deliberate, *bes. jur.* wil(l)ful, premeditated; **e-e ~e Täuschung (Kränkung)** a deliberate deception (insult); **~e Zerstörung** wil(l)ful destruction. **II** *adv* on purpose, intentionally, with intent, deliberately; **das hat er ~ getan** he did that on purpose (*od.* expressly); **et. ~ übersehen** a) overlook s.th. intentionally, b) turn a blind eye to (*od.* on) s.th.; **du scheinst mir ~ auf die Nerven zu gehen** you seem to make a point of getting on my nerves. **2keit** *f* <-; *no pl*> deliberateness, *stärker*: wil(l)fulness.

'ab|sichts·los *adj* unintentional(ly *adv*).

'Ab|sichts|satz *m* → **Finalsatz.**

'ab|sichts|voll *adj* → **absichtlich.**

'ab|sickern (*getr.* -k·k-) *v/i* <*sep*, -ge-, sein> run (*od.* drain) away (slowly), *Grundwasser etc*: seep away (*od.* off).

'ab|sin·gen *v/t* <*irr*, *sep*, -ge-, h> (*Lied etc*) sing (through), *vom Blatt*: sing *s.th.* from the score (*od.* at sight).

'ab|sin·ken *v/i* <*irr*, *sep*, -ge-, sein> **1.** *Schiff etc*: sink; **auf den Grund ~** sink to the bottom. **2.** *fig. Niveau, Leistung etc*: deteriorate, go down, fall off, drop, *Interesse etc*: flag, diminish; → **sinken** 1.

Ab·sinth [ap'zɪnt] *m* <-(e)s; -e> absinth(e).

'ab|sit·zen I *v/t* <*irr*, *sep*, -ge-, h> **1.** *colloq.* (*Zeit*) sit out, (*Strafe etc*) serve, *sl.* do, **s-e Strafe ~** serve a sentence (*od.* one's time); **s-e** (*od.* **ein paar**) **Jahre ~ (wegen)** *sl.* do time (for). **II** *v/i* **2.** <sein> *vom Pferd*: dismount. **3.** *colloq.* <h *u.* sein> sit (far) away (**von** from *the table, etc*).

ab·so·lut [apzo'luːt] **I** *adj allg., a. chem. math. phys. philos. pol. etc* absolute (*geometry, majority, monarchy, music, temperature, truth, value, etc*), (*völlig, unbedingt*) *a.* perfect, positive, total; **~e Schönheit** perfect beauty; **~es Gehör** absolute (*od.* perfect) (sense of) pitch; **~e Kunst** abstract art; **~er Nullpunkt** absolute zero; **~er Unsinn** absolute (*od.* utter, sheer) nonsense; **er ist ein ~er Versager** (*od.* **e-e ~e Null**) he is an absolute (*od.* a total) failure. **II** *adv colloq.* absolutely, positively (*impossible, useless, etc*); **er hat ~ k-e Bedenken** he has no scruples what(so)ever; **ich kann ~ nicht verstehen, warum** I can't (for the life of me) understand why; **~ nicht** by no means; **er will ~ recht haben** he wants to be right at all costs; **wenn du ~ gehen willst** if you insist on going.

Ab·so'lu·te, das <-n; *no pl*> *philos.* the Absolute.

Ab·so'lut·heit *f* <-; *no pl*> absoluteness.

Ab·so·lu·ti·on [apzolu'tsi̯oːn] *f* <-; -en> *relig.* absolution; **j-m ~ erteilen** give s.o. absolution (*a. iro.*)

Ab·so·lu|tis·mus [apzolu'tɪsmʊs] *m* <-; *no pl*> absolutism. **~'tist** [-'tɪst] *m* <-en; -en> absolutist. **2'ti·stisch** *adj* absolutist(ic).

Ab·so'lut|wert *m math.* absolute value.

Ab·sol|vent [apzɔl'vɛnt] *m* <-en; -en>, **~'ven·tin** *f* <-; -nen> **1.** (school-) leaver, *Am.* graduate. **2.** graduate; **er ist ~ e-r technischen Hochschule** *a.* he has graduated from an institute of technology. **2'vie·ren** [-'viːrən] *v/t* <*no* ge-, h> **1.** (*Schule etc*) attend (and complete), *Am.* graduate from, (*Hochschule etc*) graduate from, take one's degree at. **2.** (*Kurs etc*) attend, take (part in), complete, (*Lehre, Dienstzeit*) serve. **3.** (*Prüfung*) pass. **4.** *colloq.* (*Arbeit, Übung etc*) do, *bes. mühsam*: go (*od.* get) through, (*Gastspiel etc*) give. **5.** *relig.* absolve (**von** of). **~ˈvie·rung** *f* ⟨-; *no pl*⟩ *e-r Schule etc*: completion; **nach ~ s-r Studien** after completing (*od.* [up]on completion of) his studies.

ˌabˈson·der·lich *adj* peculiar, strange, odd, bizarre; **ein ~er Mensch** a peculiar (*od.* quaint, an eccentric) person, a strange (*od.* an odd) fellow; **e-e ~e Angewohnheit** a strange habit. **2keit** *f* ⟨-; -en⟩ peculiarity, strangeness, oddity.

ˈabˌson|dern I *v/t* ⟨*sep*, -ge-, h⟩ **1.** (**von** from) separate, segregate, (*Kranke etc*) isolate. **2.** *physiol. etc*: secrete, discharge, excrete; **Harz ~** secrete (*od.* exude) resin. **II** *v/reflex* **sich ~ 3.** (**von** from) seclude (*od.* isolate) o.s., cut o.s. off, keep (*od.* hold) o.s. apart (*od.* aloof). **4.** *physiol.* be secreted, be discharged, be excreted. **~dernd** *adj physiol.* secretory, excretory. **2de·rung** *f* ⟨-; -en⟩ **1.** (**von** from) separation, segregation, *a. fig. von der Welt etc*: isolation, *fig.* seclusion. **2.** *physiol.* secretion, discharge, excretion. **3.** *econ. jur.* preferential treatment (of a creditor).

ˈAbˌson·de·rungs|beˌrech·tig·te *m, f* ⟨-n; -n⟩ *econ. jur.* secured creditor. **~ˌdrü·se** *f physiol.* secretory gland. **~ˌrecht** *n econ. jur.* preferential claim.

Ab·sor·bens [apˈzɔrbɛns] *n* ⟨-; -benzien [-ˈbɛntsĭən] *u.* -bentia [-ˈbɛntsĭa]⟩ *chem. med.* absorbent.

Ab·sor·ber [apˈzɔrbər] *m* ⟨-s; -⟩ **1.** → **Absorbens. 2.** *tech.* absorber.

ab·sorˈbier·bar *adj* absorbable. **2keit** *f* ⟨-; *no pl*⟩ absorbability.

ab·sor|bie·ren [apzɔrˈbiːrən] *v/t* ⟨*no* ge-, h⟩ **1.** *chem. phys.* absorb (*a. fig.*); **wieder ~** resorb. **2.** *bes. sociol.* assimilate. **~ˈbie·rend** *adj* absorbing (*a. fig.*), absorptive, (*a.* **~es Mittel**) absorbent.

ˈabˌsor·gen *v/reflex* ⟨*sep*, -ge-, h⟩ **sich ~** worry (o.s. to death) (**um** about).

Ab·sorp·ti·on [apzɔrpˈtsĭoːn] *f* ⟨-; -en⟩ *allg.* absorption (*a. fig.*), *bes. sociol.* assimilation.

ab·sorp·tiˈons|ˌfä·hig *adj chem. phys.* absorptive. **2keit** *f* ⟨-; *no pl*⟩ → **Absorptionsvermögen.**

Ab·sorp·tiˈons|geˌwe·be *n biol.* absorbing tissue. **~ˌkraft** *f* → **Absorptionsvermögen. ~ˌkreis** *m electr.* absorption circuit. **~ˌmit·tel** *n chem. phys.* absorbent. **~ˌspek·trum** *n nucl. phys.* absorption spectrum. **~verˌmö·gen** *n biol. chem. etc* absorbing power (*a. econ.*), absorptivity.

ab·sorp·tiv [apzɔrpˈtiːf] *adj phys.* absorptive.

ˈabˌspal|ten I *v/t* ⟨*irr, sep*, -ge-, h⟩ *allg., a. chem. u. fig.* split off (**von** from). **II** *v/reflex* **sich ~** *fig.* (**von** from) *Gruppe, Gebiet etc*: split off (*od.* away), secede. **2tung** *f* ⟨-; -en⟩ **1.** splitting off, *chem. u. fig. a.* separation, *fig. a.* secession. **2.** *bes. pol.* break-away (*od.* splinter) group.

ˈabˌspa·nen *v/t* ⟨*sep*, -ge-, h⟩ *tech.* cut, machine.

ˈabˌspä·nen *v/t* ⟨*sep*, -ge-, h⟩ (*Fußboden*) rub (*od.* clean) *s.th.* with steel wool.

ˈAbˌspann *m* ⟨-s; -e⟩ *Film, TV* credit titles *pl* (at end of film).

ˈabˌspan·nen I *v/t* ⟨*sep*, -ge-, h⟩ **1.** (*Tiere, Wagen etc*) unhitch (**von** from), (*Geschirr abnehmen*) unharness. **2.** → **ausspannen** 4, **entspannen** 5. **3.** *civ. eng.* (*Mast etc*) guy, stay, anchor. **4.** *tech.* unclamp. **5.** *electr.* (*Strom*) step down (*the voltage*), (*Draht*) terminate. **II** *v/reflex* **sich ~ 6.** relax.

ˈAbˌspann|ˌklem·me *f electr.* straining clamp. **~ˌseil** *n tech.* guy (*od.* stay) rope.

ˈAbˌspan·nung *f* ⟨-; -en⟩ **1.** *tech.* guy ropes (*od.* cables) *pl*, bracing. **2.** → **Abgespanntheit.**

ˈabˌspa·ren *v/t* ⟨*sep*, -ge-, h⟩ **1. sich** (*dat*) **et. ~** (*nicht gönnen*) stint o.s. of s.th. **2. sich** (*dat*) **et.** (**vom Munde**) **~** (*um es zu bekommen*) stint o.s. (*od.* pinch and scrape) in order to get s.th.

ˈabˌspecken (*getr.* -k·k-) **I** *v/t* (*Fett, Gewicht*) get rid of, lose, *fig.* slim *s.th.* down. **II** *v/i* → **abnehmen**[2] 2.

ˈabˌspei·sen I *v/t* ⟨*sep*, -ge-, h⟩ **1.** *colloq.* (*Personen*) feed. **2.** *fig. colloq.* put (*od.* fob) *s.o.* off (**mit** with). **II** *v/i* **3.** *obs.* finish one's meal.

ˈabˌspen·stig [-ˌʃpɛnstɪç] *adj* **~ machen** alienate, estrange, *a. econ.* entice *s.o.* away (**von** from); **j-m die Freundin ~ machen** steal s.o.'s girlfriend; **j-m et. ~ machen** fetch s.th. away from s.o.

ˈabˌsper·ren I *v/t* ⟨*sep*, -ge-, h⟩ **1.** *durch Barrieren etc*: block off, *durch Polizei etc*: cordon (*od.* seal) off. **2.** (*Wasser, Gas etc*) turn (*od.* shut) off, *durch Behörde etc*: cut off. **3.** *dial. for* **abschließen** 1. **II** *v/reflex* **sich ~ 4.** *fig. von der Welt etc*: cut o.s. off (**von, gegen** from).

ˈAbˌsperr|ˌgit·ter *n der Polizei*: crowd barrier. **~ˌhahn** *m tech.* stopcock, *Am.* shutoff cock. **~ˌket·te** *f bes. polizeiliche*: cordon. **~ˌklap·pe** *f* → **Absperrventil. ~komˌman·do** *n* cordon (of police). **~ˌschie·ber** *m tech.* stop valve.

ˈAbˌsper·rung *f* ⟨-; -en⟩ **1.** (*Barriere*) barricade, barrier. **2.** → **Absperrkette. 3.** *von Strom, Gas etc*: cutoff. **4.** *fig. des Verkehrs etc*: stoppage.

ˈAbˌsperr·venˌtil *n tech.* stop valve, shutoff (valve).

ˈabˌspie·geln I *v/t* ⟨*sep*, -ge-, h⟩ reflect, mirror (*a. fig.*). **II** *v/reflex* **sich ~** *a. fig.* be reflected (*od.* mirrored) (**in, auf** *dat* in).

ˈAbˌspiel *n* ⟨-(e)s; *no pl*⟩ *Sport*: pass(ing).

ˈabˌspie·len I *v/t* ⟨*sep*, -ge-, h⟩ **1.** (*Platte, Tonband etc*) play, *zur Überprüfung*: *a.* play back. **2.** (*Lied etc*) play; **vom Blatt ~** play *s.th.* at sight (*od.* from the score). **3.** *Sport*: (*Ball*) pass. **II** *v/i* **4.** *Sport*: pass the ball (**an j-n** to s.o.). **III** *v/reflex* **sich ~ 5.** (*sich ereignen*) take place, happen, occur, (*los sein*) be going on; **was hat sich hier abgespielt?** what has been going on here?; **der Unfall hat sich so abgespielt** the accident happened like this; *thea.* **die Szene spielt sich in X ab** the scene is laid in X; *colloq.* **da spielt sich nichts ab** nothing doing!; **bei mir spielt sich nichts ab!** a) you won't get anywhere with me!, b) you can count me out!

ˈAbˌspiel|ˌkopf *m* playback head. **~ˌtisch** *m für Tonaufnahmen*: transcription turntable.

ˈabˌsplit·ten [-ˌʃplɪtən] *v/t* ⟨*sep*, -ge-, h⟩ *civ. eng.* (*Straße*) grit.

ˈabˌsplit·tern I *v/i* ⟨*sep*, -ge-, sein⟩ *Holz etc*: split off, *Porzellan etc*: chip off, *Farbe etc*: come off, flake off, *Henkel etc*: come off in splinters. **II** *v/t* ⟨h⟩ splinter (*od.* split, chip) off. **III** *v/reflex* ⟨h⟩ **sich ~ von** *e-r Partei etc*: split off (from).

ˈAbˌspra·che *f* ⟨-; -n⟩ (verbal) agreement, (verbal) arrangement; **nach vorheriger ~** according to prior agreement; **laut** (*od.* **gemäß unserer**) **~** → **2geˌmäß** *adv* as agreed, as per agreement.

ˈabˌspre·chen I *v/t* ⟨*irr, sep*, -ge-, h⟩ **1.** discuss, (*vereinbaren*) agree (up)on, (*festlegen*) decide on, settle, fix; **das war von vornherein abgesprochen** that was agreed upon beforehand. **2. j-m et. ~** (*Fähigkeit, Verdienst etc*) dispute (*od.* deny, question) s.o.'s *talents, etc*; **Talent kann man ihm nicht ~** there's no denying that he is talented. **3.** *jur.* **j-m ein Recht ~** deprive s.o. of a right. **II** *v/reflex* **4. sich mit j-m ~** (**über** *acc* about, on) agree with s.o., come to an agreement with s.o.

ˈabˌsprei·zen *v/t* ⟨*sep*, -ge-, h⟩ **1.** (*Hand, Finger etc*) spread (out). **2.** *Bergbau*: prop, stay. **3.** *tech.* (*absteifen*) brace, strut.

ˈabˌspren·gen[1] *v/t* ⟨*sep*, -ge-, h⟩ **1.** blast off, shoot off, blow off. **2.** *mil.* (*Truppenteil*) cut off.

ˈabˌspren·gen[2] *v/t* ⟨*sep*, -ge-, h⟩ sprinkle.

ˈabˌsprin·gen *v/i* ⟨*irr, sep*, -ge-, sein⟩ **1.** jump (*od.* leap) off (*od.* down); **vom Pferd ~** jump (*od.* leap) off (*od.* dismount from) a horse; **vom fahrenden Zug ~** jump out of a moving train. **2.** *Knopf*: fly off, *Fahrradkette etc*: come off, *Glasur etc*: chip (off), *Feder, Saiten*: snap. **3.** *Ball, Stein etc*: rebound, bounce off. **4.** *bes. Sport*: jump off, take off. **5.** *aer.* parachute, (make a parachute) jump, *bei Notabsprung*: bail out. **6.** *fig. colloq.* **~ von** *e-r Partei etc*: leave, desert *one's party, etc*; **vom Thema ~** drop (*od.* change) a subject abruptly, go (*od.* fly off) at a tangent; **von s-m Plan ~** abandon one's plan; **von e-m Handel ~** back out of a bargain. **7.** *fig. colloq.* **und was springt für mich ab?** what's in it for me?

ˈabˌsprit·zen I *v/t* ⟨*sep*, -ge-, h⟩ **1.** (*Auto etc*) hose (*od.* wash) down, (*Dreck etc*) wash (*s.th.*) away (with a hose), *hort.* (*Pflanzen*) spray. **2.** *gastr.* **et. ~ mit** add a dash of *lemon, etc* to s.th. **II** *v/i* ⟨sein⟩ **3.** (**von**) *Wasser etc*: splash back (from), splash (off), *Tropfen, Funken etc*: spatter (off). **4.** *colloq. Person*: zoom off.

ˈAbˌsprung *m* ⟨-(e)s; ⸚e⟩ **1.** jump, leap, *Sport*: takeoff, *gym.* dismount; **den ~ verfehlen** miss the takeoff. **2.** *aer.* (parachute) jump, drop, *bei Gefahr*: bailout; **~ mit verzögerter Öffnung** delayed jump. **3.** *fig.* (*Rückzug*) backing out. **~ˌbal·ken** *m Sport*: takeoff board. **~ˌba·sis** *f aer.* jump-off base (*od.* airfield). **~ˌbrett** *n Sport*: takeoff board. **~geˌbiet** *n aer. mil.* drop(ping) (*od.* jump, landing) area. **~ˌhö·he** *f* drop altitude. **~ˌstel·le** *f* takeoff, jumping-off point. **~ˌtisch** *m e-r Schanze*: jumping-off platform, takeoff.

ˈabˌspu·len *v/t* ⟨*sep*, -ge-, h⟩ *allg.* unreel.

ˈabˌspü·len *v/t* ⟨*sep*, -ge-, h⟩ **1.** rinse off, wash off; **et. gut ~** give s.th. a good rinse. **2.** *a. v/i* (**das Geschirr**) **~** wash (*od.* do) the dishes, wash up. **3.** *geol.* (*Ufer etc*) wash away, erode.

ˈabˌstam|men *v/i* ⟨*sep*, -ge-, sein; *pp rare*⟩ **1. ~ von** descend (*od.* be descended) from, come of. **2.** *chem. ling.* (**von** from) be derived, derive. **2mung** *f* ⟨-; *no pl*⟩ **1.** descent, origin (*beide a. biol.*), birth, lineage, parentage; **von adliger** (**niederer**) **~** of noble (humble) birth; **von deutscher ~** of German extraction; **geradlinige ~**, **~ in gerader Linie** lineal descent; **~ von e-r Seitenlinie** collateral descent. **2.** *chem. ling.* derivation, origin.

ˈAbˌstam·mungs|geˌschich·te *f* (history of) human evolution. **~ˌleh·re** *f* theory of the origin of species. **~ˌnachˌweis** *m Tierzucht*: certificate of origin. **~ˌta·fel** *f* genealogical table, pedigree, family tree.

ˈAbˌstand *m* ⟨-(e)s; ⸚e⟩ **1.** distance

(**von** from); **im ~ von drei Metern** three metres apart, at a distance of three metres; **in gleichem ~** at an equal distance; *fig.* **mit ~** by far; **mit ~ besser** far better; **mit ~ der Beste** far and away the best. **2.** (*Zwischenraum*) space, distance, interval, *tech.* (*Spielraum*) clearance, (*Gewinde*≈) pitch, (*Lücke*) gap; **der ~ zwischen den Löchern** the space between the holes, the spacing of the holes; **in gleichen** (*od.* **regelmäßigen**) **Abständen** at equal distances, spaced equidistantly, at regular intervals; *mil.* **~ nach rechts halten!** extend to the right! **3.** (*zeitlicher ~*) interval, space (of time); **in regelmäßigen Abständen** at regular intervals, periodically; **in Abständen von 15 Minuten** at 15-minute intervals. **4.** *fig.* (*Unterschied*) difference, disparity, gap; **der qualitätsmäßige ~** the difference in quality; **der ~ der Jahre** the disparity of years. **5.** *fig.* (*Distanz*) distance, aloofness; **~ halten** (*od.* **wahren**) keep one's distance, keep aloof; **zu j-m (et.) ~ halten** keep away from s.o. (s.th.); **ich muß (davon) ~ gewinnen** I must get away from all that, I must get over it; **er hat k-n ~ von den Dingen** he cannot see things in (their proper) perspective. **6.** (*Vorsprung*) margin; **mit ~ gewinnen** win by a wide margin; **j-n mit ~ hinter sich lassen** outdistance s.o. **7.** *fig.* **von et. ~ nehmen** refrain (*od.* desist) from (doing) s.th.; **von e-m Anspruch ~ nehmen** renounce (*od.* waive) a claim. **~ˌnah·me** *f* ⟨-; *no pl*⟩ desistance (**von** from).

ˈAbˌstands|ˌgeld *n* → **Abstandssumme.** **≈ˌgleich** *adj* equidistant. **~ˌlicht** *n aer.* marker light. **~ˌstück** *n tech.* spacer, shim. **~ˌsum·me** *f econ.* compensation, (cash) indemnity, indemnification, forfeit (money), *Börse*: option money, *für Arbeitnehmer*: severance pay. **~ˌwin·kel** *m astr.* (angle of) elongation. **~ˌzün·der** *m mil.* proximity fuse.

ˈabˌstat·ten [-ˌʃtatən] *v/t* ⟨*sep*, **-ge-**, **h**⟩ *lit.* **j-m e-n Besuch ~** (pay a) call on s.o., pay s.o. a visit; **(j-m) e-n Bericht ~** give an account (to s.o.), (make a) report (to s.o.); → **Dank** 1.

ˈabˌstau·ben I *v/t* ⟨*sep*, **-ge-**, **h**⟩ **1.** (*Möbel etc*) dust, remove the dust from. **2.** *colloq.* (*mitgehen lassen*) help o.s. to, lift, swipe. **II** *v/i* **3.** *colloq. Fußball*: score an opportunist goal.

ˈAbˌstau·ber *m* ⟨-s; -⟩ *colloq. Fußball*: opportunist goalscorer. **~ˌtor** *n* opportunist goal.

ˈabˌste·chen I *v/t* ⟨*irr, sep*, **-ge-**, **h**⟩ **1.** (*Schwein etc*) stick, *hunt. u. colloq.* stab. **2.** (*Stahl etc*) tap off, (*Wein etc*) *a.* draw off; **den Hochofen ~** run off the iron. **3.** *bes. tech.* cut (*od.* part) off, (*Torf etc*) cut, (*Rasen*) trim the edges of. **4.** *mit Zirkel*: mark off (*s. th.*) with a pair of dividers. **5.** (*Muster etc*) prick off (*od.* out). **6.** *fenc.* disable. **II** *v/i* **7. ~ gegen** (*od.* **von**) contrast with, stand out against, *Person, Leistung*: stand out from; **sie sticht sehr von ihrer Schwester ab** she is totally unlike her sister; **er stach durch s-e Schüchternheit von den anderen ab** his shyness singled him out from the others.

ˈAbˌste·cher *m* ⟨-s; -⟩ **1.** (**nach** to) side-trip, excursion. **2.** *fig.* excursion, digression.

ˈabˌstecken (*getr.* **-k·k-**) *v/t* ⟨*sep*, **-ge-**, **h**⟩ **1.** (*Grundstück etc*) stake off, *weitS.* mark (*od.* lay) out, (*Grenzen etc*) mark, demarcate, *fig.* (*Positionen etc*) define. **2.** (*Saum etc*) pin, (*Kleid*) fit (by pinning). **3.** *mar.* (*Kurs*) prick off, plot. **4.** (*Ggs. anstecken*) unpin.

ˈAbˌsteck|ˌlei·ne, ~ˌschnur *f* tracing cord (*od.* line).

ˈabˌste·hen I *v/i* ⟨*irr, sep*, **-ge-**, **h** *u.* **sein**⟩ **1.** ⟨**h**⟩ be (*od.* stand) off (*od.* away) (**von** from); **voneinander ~** be apart. **2.** (*wegstehen*) stick (*od.* stand) out, protrude, project; **s-e Ohren stehen ab, er hat ~de Ohren** his ears stick out. **3.** ⟨**sein**⟩ *lit.* **von e-r Sache ~** refrain (*od.* desist) from (doing) s.th., *von e-m Anspruch etc*: renounce (*od.* forego, waive) s.th. **4.** (*schal werden*) get stale, go (*od.* get) flat. **II** *v/t* ⟨**h**⟩ **5.** *colloq.* (*Zeit*) stand for *two hours, etc*; **sich** (*dat*) **die Beine ~** wear one's legs out standing.

ˈabˌstei·fen *v/t* ⟨*sep*, **-ge-**, **h**⟩ *civ. eng.* support, prop (up), shore (up), stay, (*verstreben*) strut, brace, reinforce.

ˈAbˌstei·ge *f* ⟨-; -n⟩ *colloq. for* **Absteigequartier.**

ˈabˌstei·gen *v/i* ⟨*irr, sep*, **-ge-**, **sein**⟩ **1.** get off (**vom Fahrrad** *etc* one's bicycle, *etc*), (**von** from) dismount, alight, climb down, descend; **ins Tal ~** climb down into the valley. **2.** (**in** *e-m Gasthaus etc* at) stay, put up; **bei Freunden ~** stay with friends. **3.** *Sport*: be relegated, go (*od.* move) down. **~d** *adj Kurve, Tonleiter etc*: descending; *fig.* **auf dem ~en Ast sein** be on the downgrade, be going downhill.

ˈAbˌstei·ge·quarˌtier *n* **1.** (overnight) accommodation, *sl.* kip. **2.** sleazy hotel, *sl.* dosshouse, *Am.* flophouse. **3.** love nest.

ˈAbˌstei·ger *m* ⟨-s; -⟩ *Sport*: relegated team (*od.* club).

ˈAbˌstell|ˌbahnˌhof *m* railway (*Am.* railroad) yard. **≈bar** *adj* **1.** *Maschine etc*: that can be stopped (*od.* switched off). **2.** *Fehler, Mißstand etc*: that can be put right (*od.* remedied).

ˈabˌstel·len I *v/t* ⟨*sep*, **-ge-**, **h**⟩ **1.** (*Koffer, Eimer etc*) put (*od.* set) down (**auf** *dat* on). **2.** leave (**bei** with); **kann ich mein Rad bei euch ~?** *a.* may I leave my bike in your care? **3.** *aer. mot.* park, *rail.* shunt, side-track. **4.** (*Licht etc*) switch (*od.* turn) off (*od.* out), (*Motor etc*) switch (*od.* turn) off, (*Radio*) *a.* tune out, (*Maschine, Motor*) *a.* stop, *mot.* (*Blinker*) cancel, (*Wasser, Gas etc*) turn (*od.* shut) off, *behördlich*: cut off, (*Reaktor*) shut down. **5.** → **abkommandieren. 6.** *fig.* (*Mißstände, Fehler etc*) remedy, redress, rectify, (*Korruption etc*) put an end to, abolish, (*schlechte Angewohnheit etc*) break with, stop, cut out. **7.** *fig.* (**auf** *acc*) (*Reklame, Propaganda, Erziehung etc*) gear (to), aim (at), focus (on), (*Anstrengungen etc*) direct (towards), concentrate (upon), (*Kritik etc*) direct (against), level (at); **darauf abgestellt sein zu** *inf a.* be calculated to *inf.* **II ≈** *n* ⟨-s⟩ **8.** putting down (*etc*); **das ≈ von Fahrrädern ist verboten** no bicycles! **9.** → **Abstellung.**

ˈAbˌstell|ˌflä·che *f für Autos*: parking space. **~ˌgleis,** *a.* **~geˌlei·se** *n rail.* siding, sidetrack; *fig. colloq.* **j-n aufs ~ schieben** shelve s.o., relegate s.o. to the background. **~ˌhahn** *m tech.* stopcock. **~ˌkam·mer** *f* → **Abstellraum. ~ˌplatz** *m aer. mot.* parking area. **~ˌraum** *m* storeroom. **~ˌtisch** *m* stand, dumbwaiter.

ˈAbˌstel·lung *f* **1.** → **abstellen** 8. **2.** *electr.* disconnection. **3.** *fig.* (*Beseitigung*) abolition, elimination, removal. **4.** *von Personen*: assignment, *bes. mil.* detachment.

ˈabˌstem·men I *v/t* ⟨*sep*, **-ge-**, **h**⟩ chisel *s.th.* off. **II** *v/reflex* **sich ~** push o.s. off (**von** from).

ˈabˌstem·peln *v/t* ⟨*sep*, **-ge-**, **h**⟩ **1.** (*Ausweis etc*) stamp, (*Wertzeichen*) cancel, (*Brief etc*) postmark. **2.** *fig.* **j-n ~ als** label (*od.* stamp) s.o. as.

ˈabˌstep·pen *v/t* ⟨*sep*, **-ge-**, **h**⟩ (*Saum*) stitch, (*Decke etc*) quilt.

ˈabˌster·ben *v/i* ⟨*irr, sep*, **-ge-**, **sein**⟩ **1.** die (*a. fig.*), die off, *bot. a.* wither, *Gewebe*: mortify; → **abgestorben. 2.** *Finger, Beine etc*: go numb, go dead. **3.** *Motor*: stall, *colloq.* conk out.

ˈAbˌstich *m* **1.** *metall.* tap(ping). **2.** *von Rasen, Torf*: cutting.

ˈAbˌstieg *m* ⟨-(e)s; -e⟩ **1.** descent (*a. aer.*), climb-down; **beim ~** on the way down. **2.** *fig.* decline. **3.** *Sport*: relegation.

ˈAbˌstiegs|geˌfahr *f Sport*: danger of relegation. **≈geˌfähr·det** *adj Sport*: *team, etc* in danger of being relegated. **~kan·diˌdat** *m* candidates *pl* for relegation.

ˈabˌstil·len *v/t* ⟨*sep*, **-ge-**, **h**⟩ (*Kind*) wean.

ˈAbˌstimmˌanˌzei·ger *m Radio*: (visual) tuning indicator, tuning (*od.* magic) eye.

ˈabˌstim·men I *v/i* ⟨*sep*, **-ge-**, **h**⟩ **1.** *pol.* vote (**über** *acc* on); **über et. ~ lassen** put s.th. to the vote. **II** *v/t* **2.** (*Instrumente etc*) tune, (*Orgelpfeifen*) (re)voice. **3.** (*Farben etc*) match, harmonize; **fein abgestimmte Mischung** harmonious blend. **4.** *fig.* (*Arbeiten, Interessen etc*) (**auf** *acc* with) coordinate, harmonize; (*Uhr, a. Vorhaben etc*) **zeitlich aufeinander ~** synchronize. **5.** → **abstellen** 7. **6.** *Radio*: tune (**auf** *acc* to), (*modulieren*) modulate. **7.** (*Konten etc*) balance, check (off). **III** *v/reflex* **sich ~ 8.** come to an agreement.

ˈAbˌstim·men·de *m, f* ⟨-n; -n⟩ *pol.* voter.

ˈAbˌstimm|ˌknopf *m Radio*: tuning knob. **~kon·denˌsa·tor** *m* tuning capacitor. **~ˌkreis** *m* tuned circuit. **~ˌschär·fe** *f* tuning sharpness, selectivity. **~ˌska·la** *f* tuning scale.

ˈAbˌstim·mung *f* ⟨-; -en⟩ **1.** voting (*etc*). **2.** *pol.* vote (**über** *acc* on), poll; **geheime ~** (secret) ballot; **ergebnislose ~** inconclusive vote; **mündliche ~, ~ durch Zuruf** vote by acclamation; **namentliche ~** vote by roll call; **offene ~** vote by open ballot; **~ durch Erheben der Hand** vote by (a) show of hands; **~ durch Erheben von den Sitzen** voting by rising; **et. zur ~ stellen** put s.th. to the vote; **die ~ vornehmen** take the vote. **3.** *von Farben etc*: harmonization. **4.** *fig.* (**auf** *acc* with) coordination, *zeitliche*: *a.* synchronization; **in ~ mit** in coordination with. **5.** *Radio*: tuning; **feine (grobe, breite** *od.* **unscharfe) ~** sharp (coarse, broad) tuning; **selbsttätige ~** automatic tuning control.

ˈAbˌstim·mungs|erˌgeb·nis *n* result of the voting, voting result. **~ˌnie·derˌla·ge** *f bei Volksabstimmung*: poll defeat, *im Parlament*: division defeat. **~ˌsieg** *m bei Volksabstimmung*: poll win, *im Parlament*: division win. **~ˌzet·tel** *m* ballot-paper.

ˈAbˌstimmˌvorˌrich·tung *f Radio*: tuning device (*od.* control), tuner.

ab·sti·nent [apstiˈnɛnt] *adj* abstinent, abstemious.

Ab·sti·nenz [apstiˈnɛnts] *f* ⟨-; *no pl*⟩ abstinence, abstemiousness, *von Alkohol*: *a.* temperance; **völlige ~** *von Alkohol*: total abstinence, teetotalism. **~beˌwe·gung** *f* temperance movement.

Ab·stiˈnenz·ler *m* ⟨-s; -⟩ teetotal(l)er.

ˈabˌstop·pen I *v/t* ⟨*sep*, **-ge-**, **h**⟩ **1.** (*Fahrzeug, a. fig. Produktion etc*) stop, halt. **2.** (*Zeit*) clock, (*Läufer etc*) *a.* time. **II** *v/i* **3.** *Fahrzeug*: a) stop, (come to a) halt, pull up, b) slow down.

ˈAbˌstoß *m* **1.** *Fußball*: goal-kick. **2.** *beim Eislaufen etc*: push-off.

ˈabˌsto|ßen I *v/t* ‹*irr, sep,* **-ge-, h**› **1.** (*Boot etc*) push (*od.* shove) off; **stoß mich mal ab!** give me a push. **2.** knock (*od.* break) off, (*Porzellan etc*) chip. **3.** (*Manschetten etc*) fray, wear out, (*Schuhe etc*) scuff. **4.** *fig.* repel, revolt, disgust. **5.** *fig. colloq.* (*loswerden*) get rid of, (*Schulden*) get out of, (*Waren etc*) dispose of, sell off, (*bes. größeren Posten*) unload. **6.** *Textil.* (*Wasser etc*) repel, be (water-*etc*)repellent. **7.** (*Federn, Geweih, Haut etc*) shed; → **Horn** 1. **8.** *med.* (*Organ, Gewebe*) reject. **9.** (*Atomteilchen*) eject. **10.** *Raumfahrt*: jettison. **II** *v/i* **11.** *Boot*: push off. **12.** *fig.* repel, be repulsive (*od.* revolting, disgusting). **13.** *Fußball*: take a goal-kick. **III** *v/reflex* **sich ~ 14.** push off. **15.** *Manschetten etc*: fray, wear through. **~ßend** *adj fig.* repulsive (*a. phys.*), repellent, revolting (*alle a.* **~ häßlich**), disgusting. **Ձßung** *f* ‹**-; -en**› **1.** *econ.* disposal. **2.** *phys. u. fig.* repulsion. **3.** *med.* rejection.

ˈabˌstot·tern *v/t* ‹*sep,* **-ge-, h**› *colloq.* pay for *s.th.* in (*od.* by) instal(l)ments, get *s.th.* on the never-never.

ab·stra·hie·ren [apstraˈhiːrən] **I** *v/i* ‹*no* **ge-, h**› abstract (**von** from), *Kunst*: *a.* create abstractions. **II** *v/t philos.* (*Gesetz, Prinzip etc*) abstract, consider *s.th.* abstractly. **~d** *adj philos.* abstractive.

ˈabˌstrah·len *v/t* ‹*sep,* **-ge-, h**› **1.** *phys.* (*Energie etc*) radiate, emit. **2.** *tech.* sandblast.

ab·strakt [apˈstrakt] **I** *adj* ‹**-er, -est**› *Denken etc*: abstract, *Kunst*: *a.* non-representational; **~er Künstler** abstract artist. **II** *adv* in the abstract, abstractly; **~ malen (denken)** paint (think) abstractly. **III Ձe, das** ‹**-n**› the abstract. **Abˈstrak·ten** *pl* **1.** *Kunst*: die **~** the abstract painters. **2.** *mus. der Orgel*: trackers. **Abˈstrakt·heit** *f* ‹**-;** *no pl*› abstractness. **Ab·strak·ti·on** [apstrakˈtsi̯oːn] *f* ‹**-; -en**› abstraction; **die Fähigkeit zur ~** the ability to think in abstract terms (*od.* abstractly). **Ab·strak·tiˈonsˌstu·fe** *f* level of abstraction. **Ab·strak·tum** [apˈstraktum] *n* ‹**-s; -ta** [-tal]› *ling.* abstract noun.

ˈabˌstram·peln *v/reflex* ‹*sep,* **-ge-, h**› **sich ~** *colloq.* a) pedal hard, b) → **abrackern.**

ˈabˌstre·ben *v/t* ‹*sep,* **-ge-, h**› *tech.* brace, strut.

ˈabˌstrecken (*getr.* **-k·k-**) *v/t* ‹*sep,* **-ge-, h**› (*Beine, Arme etc*) stretch out.

ˈabˌstrei·chen I *v/t* ‹*irr, sep,* **-ge-, h**› **1.** scrape off; **die Asche von der Zigarette ~** knock the ash off one's cigarette; **sich** (*dat*) **die Füße an der Matte ~** wipe one's feet on the mat. **2.** (*Rasiermesser*) strop, strap. **3.** (*abhaken*) tick off, *Am.* check off. **4.** (*abziehen*) deduct, knock off, (*kürzen*) cut, curtail; *fig.* **von dem, was er sagt, kann man viel ~** much of what he says must be discounted. **5.** (*ausstreichen*) cancel, strike out. **6.** *math.* (*Dezimalen*) point off. **7.** (*Gebiet*) (**nach** for) search, scour, *mil. mit Scheinwerfer, MG-Feuer*: sweep, rake. **II** *v/i* ‹**sein**› **8.** *Vögel*: fly off (*od.* away).

ˈabˌstrei|fen I *v/t* ‹*sep,* **-ge-, h**› **1.** (*Kleidung, Ring etc*) slip off, take off. **2.** (*Leine, Zaum etc*) slip. **3.** (*Beeren etc*) strip (**von** from). **4.** (*Asche*) knock (*the ash*) off. **5.** (*säubern*) scrape, wipe (*one's shoes*). **6.** *fig.* (*Hemmungen, Sorgen etc*) shed, cast off (*od.* aside), (*Maske, Verstellung etc*) throw off. **7.** (*Gelände*) scour (**nach** for, in search of), *mil.* patrol. **8.** *zo.* (*Haut etc*) cast (off), shed. **II** *v/i* ‹**sein**› **9.** *vom Weg etc*: stray (**von** from) (*a. fig.*). **Ձfer** *m* ‹**-s; -**› doormat.

ˈabˌstrei·ten *v/t* ‹*irr, sep,* **-ge-, h**› **1.** (*Schuld, Verbrechen etc*) deny; **es läßt sich nicht ~, daß** there is no denying the fact that. **2. j-m ein Recht ~** contest (*od.* dispute) s.o.'s right.

ˈAbˌstrich *m* **1.** (*Kürzung*) (in, an *dat* in) cut, curtailment; **~e am Etat** (*od.* **im Haushaltsplan**) **machen** make cuts in the budget; *fig.* **~e machen** a) moderate one's demands, lower one's sights, b) make certain reservations (**bezüglich** concerning). **2.** *med.* (**an** *dat* of) smear, *an den Mandeln etc*: swab; **e-n ~ machen** take a smear (*od.* swab) (**von** from). **3.** (*Schrift*) downstroke, downward stroke. **4.** *mus.* down-bow.

ˈabˌstricken (*getr.* **-k·k-**) *v/t* ‹*sep,* **-ge-, h**› **1.** (*Pullover etc*) knit *s.th.* from a pattern. **2.** (*Maschen*) cast off.

ˈabˌströ·men *v/i* ‹*sep,* **-ge-, sein**› **1.** *Wasser etc*: flow (*od.* stream) away (*od.* off), *Gas*: escape, flow off. **2.** *fig. Menschenmenge*: stream away. **3.** *mar.* drift with the current, flow (*od.* float) off (*od.* down).

ab·strus [apˈstruːs] *adj* ‹**-er; -est**› abstruse.

ˈabˌstu|fen I *v/t* ‹*sep,* **-ge-, h**› **1.** arrange *s.th.* in steps, (*Garten*) lay out in terraces, terrace. **2.** *fig.* (*Löhne, Steuern etc*) graduate, grade, scale. **3.** (*Haare*) taper, layer. **4.** (*Farben*) shade off, gradate. **5.** *mus.* (*Klangfarbe etc*) shade. **II** *v/reflex* **sich ~ 6.** *Garten*: be terraced. **7.** *fig. Steuern etc*: be graduated. **8.** *Farbe*: shade off, gradate. **Ձfung** *f* ‹**-; -en**› **1.** step, terrace. **2.** *fig.* (*Staffelung*) grad(u)ation. **3.** *von Farbtönen etc*: gradation, shade, *a. fig.* nuance. **4.** *math.* **geometrische ~** geometrical progression.

ˈabˌstump|fen I *v/t* ‹*sep,* **-ge-, h**› **1.** (*Schneide etc*) blunt, dull, (*Messer etc*) take the edge off. **2.** *fig.* (*Gefühl, Gewissen*) dull, deaden, blunt, (*Person*) make *s.o.* unfeeling (*od.* insensitive), desensitize, indurate. **3.** *chem.* (*Säure*) neutralize. **4.** *math.* (*Kegel etc*) truncate. **5.** (*Straßendecke*) skidproof. **II** *v/reflex* **sich ~** *u. v/i* ‹**sein**› **6.** *Schneide etc*: become blunt, get dull, *Messer*: lose its edge. **7.** *fig. Gefühl, Gewissen*: become dulled (*od.* stupefied), *Person*: become unfeeling (*od.* insensitive); **abgestumpft gegen jedes Gefühl** hardened to all feeling. **~fend** *adj fig.* stupefacient. **Ձfung** *f* ‹**-;** *no pl*› *fig.* stupefaction, desensitization.

ˈAbˌsturz *m* ‹**-es; ⸚e**› **1.** (sudden) fall, plunge, *bes. aer.* crash; **zum ~ bringen** bring (*od.* shoot, force) down. **2.** *geol.* (*Abgrund*) precipice.

ˈabˌstür·zen *v/i* ‹*sep,* **-ge-, sein**› **1.** fall, plunge, *bes. aer.* crash; **brennend ~** crash in flames. **2.** *geol. Felswand*: drop abruptly. **~d** *adj Felswand*: precipitous.

ˈAbˌsturz|geˌfahr *f* danger of falling. **~ˌstel·le** *f* **1.** *aer.* scene of a crash. **2.** scene of a climbing accident.

ˈabˌstut·zen *v/t* ‹*sep,* **-ge-, h**› → **stutzen**[1].

ˈabˌstüt|zen I *v/t* ‹*sep,* **-ge-, h**› prop, support, *tech. a.* (*verstreben*) brace, strut, *civ. eng. a.* shore. **II** *v/reflex* **sich ~ von** support o.s. on. **Ձzung** *f* ‹**-; -en**› support(s *pl*), stay(s *pl*), (*Verstrebung*) brace(s *pl*), strut(s *pl*).

ˈabˌsu·chen *v/t* ‹*sep,* **-ge-, h**› **1.** (**nach** for) (*Gelände etc*) search, scour, comb, *mit den Augen*: scan, rake, *mit Scheinwerfer*: sweep, *mit Schleppnetz*: drag (*a lake, etc*), *mit Radar*: scan. **2.** *colloq.* (*Taschen etc*) search, rummage in. **3.** (*Ungeziefer etc*) pick.

Ab·sud [ˈapˌzuːt; ˌapˈzuːt] *m* ‹**-(e)s; -e**› *med. pharm.* decoction, extract.

ab·surd [apˈzurt] **I** *adj* ‹**-er; -est**› **1.** absurd, preposterous; **~es Theater** Theatre of the Absurd. **II Ձe, das** ‹**-n**› **2.** the absurdity. **3.** *thea. etc* the absurd. **Ab·sur·diˈtät** [-diˈtɛːt] *f* ‹**-; -en**› absurdity.

ab·sze·die·ren [apstseˈdiːrən] *v/i* ‹*no* **ge-, h**› *med.* suppurate. **Ab·szeß** [apsˈtsɛs; apˈstsɛs] *m* ‹**-sses; -sse**› *med.* abscess.

Ab·szis·se [apsˈtsɪsə; apˈstsɪsə] *f* ‹**-; -n**› *math.* abscissa.

Abt [apt] *m* ‹**-(e)s; ⸚e**› *relig.* abbot.

ˈabˌta·keln *v/t* ‹*sep,* **-ge-, h**› *mar.* unrig.

ˈAbˌtast|ˌband *n* ‹**-(e)s; ⸚er**› *TV*: scanning belt. **~ˌblen·de** *f* scanning diaphragm (*od.* aperture). **~ˌdo·se** *f des Plattenspielers*: pickup box. **~ˌeinˌrich·tung** *f* **1.** *TV*: scanning device. **2.** *des Plattenspielers*: pickup.

ˈabˌta|sten *v/t* ‹*sep,* **-ge-, h**› **1.** feel (**nach** for), *med.* palpate; **die Taschen nach dem Schlüssel ~** feel one's pockets for the key; **j-n nach Waffen ~** search s.o. for weapons, frisk s.o.; *fig.* **j-n mit den Augen ~** look s.o. all over. **2.** *Boxen*: (*Gegner*) feel out, study, *fig.* (*Gesprächspartner*) sound (*od.* feel) out, probe. **3.** *TV, Radar*: scan, sample, *Computer*: *a.* read, sense. **Ձster** *m* ‹**-s; -**› *TV, Radio*: scanner, *Computer*: sampler.

ˈAbˌtast|ˌfeld *n TV*: scanning field (*od.* frame). **~freˌquenz** *f Computer*: sampling frequency. **~mi·kroˌskop** *n opt.* scanning (*od.* flying spot) microscope. **~ˌstrahl** *m* scanner beam. **~ˌvorˌrich·tung** *f TV*: scanner. **~ˌzei·le** *f* scanning line.

ˈAbˌtau·au·toˌma·tik *f im Kühlschrank etc*: automatic defroster.

ˈabˌtau·en I *v/i* ‹*sep,* **-ge-, sein**› *Eis, Schnee*: thaw. **II** *v/t* ‹**h**› (*Eis*) thaw (off), (*Kühlschrank etc*) defrost.

ˈAbˌtausch *m* ‹**-(e)s;** *no pl*›, **ˈabˌtau·schen** *v/t* ‹*sep,* **-ge-, h**› *Schach*: exchange.

Abˈtei *f* ‹**-; -en**› *relig.* **1.** abbey. **2.** (*Amt*) abbacy. **~ˌkir·che** *f* abbey (church).

Ab·teil [ˈapˌtaɪl; ˌapˈtaɪl] *n* ‹**-(e)s; -e**› *rail.* compartment, *im Keller, Schrank etc*: *a.* section.

ˈabˌtei·len *v/t* ‹*sep,* **-ge-, h**› **1.** divide (up), subdivide; **in Fächer ~** divide *s.th.* (up) into sections; **Land (in Parzellen) ~** parcel out land, divide land into plots. **2.** (*Raum etc*) partition off (**von** from). **3.** *in Gruppen etc*: divide (*od.* split) up (into). **4.** (*Meßgeräte*) graduate. **5.** (*Haar*) part. **6.** *ling.* (*Wörter nach Silben*) divide (up), split (up). **7.** (*absondern*) separate, segregate.

ˈAbˌtei·lung[1] *f* ‹**-; -en**› **1.** division. **2.** partitioning. **3.** splitting up. **4.** separation.

Ab·tei·lung[2] [ˌapˈtaɪlʊŋ; ˈapˌtaɪlʊŋ] *f* ‹**-; -en**› **1.** *e-s Betriebes, Warenhauses etc*: department (*a. ped. univ.*), *bes. adm.* *a.* section, division, (*Gefängnis*Ձ, *Krankenhaus*Ձ) ward. **2.** *mil.* detachment, detail, unit, (*Zug*) platoon, (*Kompanie*) company. **3.** *Sport*: squad, section. **4.** (*Abschnitt*) section (*a. biol.*). **5.** *math.* group (*of figures*), division. **6.** *geol.* series, group. **7.** hunting district, shoot. **8.** *e-s Schiffes*: section, compartment. **9.** (*Fach*) compartment.

ˌAbˈtei·lungs|ˌchef, ~ˌlei·ter *m* head of a department, departmental head, *bes. adm. a.* head of a section.

ˈab·te·le·graˌphie·ren, ˈab·te·le-

pho,nie·ren *v/i* <*sep, no* -ge-, h> *colloq.* → absagen 3.

'ab,teu·fen *v/t* <*sep*, -ge-, h> (*Schacht etc*) sink, put down.

'ab,tip·pen *v/t* <*sep*, -ge-, h> *colloq.* type (out).

Äb·tis·sin [ɛp'tɪsɪn] *f* <-; -nen> *relig.* abbess.

'ab,tö|nen *v/t* <*sep*, -ge-, h> (*Farbe*) gradate, tone (down), shade (off). **♀nung** *f* <-; -en> gradation.

'ab,tö·ten *v/t* <*sep*, -ge-, h> **1.** *med.* (*Bakterien etc*) kill, destroy, (*Schmerz*) deaden, (*Nerv*) kill. **2.** *fig.* (*Gefühl*) deaden, (*Leidenschaften*) kill; *relig.* das Fleisch ~ mortify the flesh.

'ab,tra·ben *v/i* <*sep*, -ge-, sein> *colloq.* trot off.

'Ab,trag [-,traːk] *m* <-(e)s; ⸗e> ~ tun (*dat*) do *s.o., s.th.* harm, *dem Ruf etc*: be damaging (*od.* detrimental) to, detract from, *der Gesundheit*: be detrimental to, be bad for.

'ab,tra·gen I *v/t* <*irr, sep*, -ge-, h> **1.** (*Geschirr, Speisen etc*) clear away. **2.** (*Kleidung etc*) wear out. **3.** (*Mauer etc*) demolish, pull down, (*Erdmassen etc*) clear away, (*Hügel etc*) level. **4.** *geol.* (*Boden etc*) erode. **5.** (*Geschwulst etc*) excise. **6.** (*Schulden*) pay off, clear (off), discharge, settle, (*Hypothek*) redeem, amortize. **7.** *math.* (*Strecke etc*) mark off, (*Kurve*) plot. **8.** *obs.* (*Dank*) render, give. **II** *v/reflex* sich ~ **9.** *Kleidung etc*: wear out.

'ab,träg·lich [-,trɛːklɪç] *adj* **1.** (*dat* to) *Einfluß etc*: detrimental, harmful; e-r Sache ~ sein *cf.* Abtrag. **2.** *Äußerung etc*: disparaging, depreciatory.

'Ab,tra·gung *f* <-; -en> **1.** *e-s Hauses etc*: demolition, taking down. **2.** *geol.* erosion. **3.** *med.* removal (*a. tech.*), resection. **4.** *e-r Schuld*: paying off, clearing, *e-r Hypothek*: redemption, amortization. **5.** *math.* measuring off, plotting.

'Ab·trans,port *m* transporting away, transportation, *bes. contp.* carting off, *mit Gewalt*: *a.* removal, *mil. von Bevölkerung*: *a.* evacuation. **'ab·trans·por,tie·ren** *v/t* <*sep, no* -ge-, h> (*Waren, Personen etc*) transport (away), *bes. contp.* cart off, *mit Gewalt*: *a.* remove, *mil. a.* evacuate.

'ab,trei·ben I *v/t* <*irr, sep*, -ge-, h> **1.** drive off (*od.* away); *Wind, Strömung etc*: e-n Schwimmer ~ carry a swimmer out of his direction; ein Schiff von der Küste ~ force (*od.* carry) a ship away from the shore. **2.** *med.* (*Würmer etc*) purge off, (*Kind*) abort; ein Kind ~ lassen procure the abortion of a child. **3.** (*Vieh von der Alm*) drive (*od.* bring) down. **4.** *chem. metall.* separate. **5.** *Forstwesen*: (cut) clear. **6.** *hunt.* (*Revier*) beat. **II** *v/i* <sein> **7.** *aer. mar.* be blown (*od.* forced, driven) off course. **8.** *med. Frau*: have an abortion, abort, *Arzt*: induce an abortion. **~d** *adj med.* (*a.* ~es Mittel) abortifacient, abortive.

'Ab,trei|ber *m* <-s; ->, **~be·rin** *f* <-; -nen> *jur.* abortionist.

'Ab,trei·bung *f* <-; -en> *med.* abortion; selbst herbeigeführte ~ self-induced abortion; e-e ~ vornehmen perform an abortion (an j-m on s.o.).

'Ab,trei·bungs|,mit·tel *n pharm.* abortifacient, abortive. **~pa·ra,graph** *m jur.* section of the penal code referring to criminal abortion. **~ver,such** *m* attempted abortion.

'ab,trenn·bar *adj* separable, severable (*a. jur.*), detachable; nicht ~ nondetachable.

'ab,tren|nen I *v/t* <*sep*, -ge-, h> **1.** (*Fläche etc*) separate, divide off, (*Raum*) *a.* partition off. **2.** (*Coupon, Briefmarke etc*) detach, tear off; hier ~! detach here. **3.** (*Saum etc*) unpick, undo, (*Futter etc*) take out, (*Knopf*) take off. **4.** (*Gebiet etc*) separate, detach. **5.** (*Glied*) *durch Unfall*: sever, *med. a.* remove, amputate, (*Haut etc*) detach. **6.** *chem.* separate. **7.** *jur.* (*Verfahren*) sever. **8.** *electr.* disconnect. **II** *v/reflex* sich ~ **9.** separate. **♀nung** *f* <-; -en> **1.** *e-r Fläche etc*: separation, *e-s Raums*: *a.* partition. **2.** *e-s Coupons, e-r Briefmarke etc, a. von Futter, Knöpfen etc*: detachment. **3.** *pol.* separation, detachment. **4.** *e-s Glieds*: severance, *med. a.* removal, amputation, *der Haut etc*: detachment. **5.** *chem.* separation. **6.** *jur. e-s Verfahrens*: severance. **7.** *electr.* disconnection.

'ab,tre|ten I *v/i* <*irr, sep*, -ge-, sein> **1.** go off (*od.* away), withdraw, retire, leave, *thea. u. fig.* (make one's) exit; → *a.* abgehen 1. **2.** *Regierung etc*: resign, *Minister etc*: *a.* retire from office, *a. jur. Zeuge*: stand down. **3.** *mil.* fall out, *nach Alarm*: stand down; ~ lassen dismiss; ~! dismiss! **II** *v/t* <h> **4.** (an *acc* to) *allg.* give *s.th.* up, (*Amt, Besitz*) *a.* resign, (*Platz*) *a.* offer, *bes. jur.* cede (*a. Gebiet*), make over, transfer, surrender, sign away; j-m et. ~ *a.* let s.o. have s.th. **5.** (*Teppich, Stufen etc*) wear out, (*Absätze*) wear down. **6.** (*durch Treten abtrennen*) tread off. **7.** wipe (*od.* scrape) off; tritt (dir) die Schuhe auf der Matte ab! wipe your shoes (*od.* feet) on the mat. **♀ter** *m* <-s; -> **1.** doormat. **2.** *jur.* transferor, assignor. **♀tung** *f* <-; -en> *jur.* (an *acc* to) transfer, cession, assignment (*a. e-r Forderung*), surrender, *von Grundbesitz*: *a.* conveyance.

'Ab,tre·tungs,ur,kun·de *f jur.* transfer deed, *a. für Forderungen*: deed of assignment, *für Grundstücke*: deed of conveyance.

'Ab,trieb *m* **1.** *e-r Waldfläche*: clearing, deforestation. **2.** driving down of cattle from the mountain pasture. **3.** *e-s Getriebes*: output drive. **4.** *phys.* downward pressure. **~s,dreh·zahl** *f tech.* output speed.

'Ab,trift *f aer. mar.* drift, *mar. a.* leeway. **~ge,schwin·dig·keit** *f aer.* drift (*od.* lateral) velocity. **~,mes·ser** *m aer.* drift indicator. **~,win·kel** *m aer. mar.* drift angle.

'Ab,tritt *m* **1.** *thea.* exit. **2.** → Rücktritt 1. **3.** *dial. for* Abort[1].

'Ab,trocken,tuch (*getr.* -k·k-) *n colloq.* tea towel.

'ab,trock·nen I *v/t* <*sep*, -ge-, h> **1.** (*Hände, Geschirr etc*) dry, wipe (dry), *mit Handtuch*: *a.* towel, (*Tränen*) dry (*od.* wipe) away. **II** *v/i* <sein *u.* h> **2.** <sein> dry (up), *Boden etc*: dry (off), *Geschirr*: *a.* drain. **3.** <h> dry up, dry the dishes. **III** *v/reflex* <h> sich ~ **4.** dry (*od.* towel) o.s.

'Ab,tropf,brett *n* draining board, *Am.* drainboard.

'ab,trop·fen *v/i* <*sep*, -ge-, sein> **1.** *Flüssigkeit*: drip (*od.* trickle) off (*od.* down). **2.** *Geschirr etc*: drain.

'Ab,tropf|ge,stell *n* plate rack. **~,scha·le** *f tech.* drip pan.

'ab,trot·ten *v/i* <*sep*, -ge-, sein> trot off.

'ab,trot·zen *v/t* <*sep*, -ge-, h> j-m et. ~ wrest (*od.* wring) s.th. from s.o.

'ab,tru·deln *v/i* <*sep*, -ge-, sein> **1.** *aer.* go into (*od.* come down in) a spin. **2.** *colloq.* push (*od.* toddle) off.

'ab,trump·fen *v/t* <*sep*, -ge-, h> j-m e-e Karte ~ trump s.o.'s card.

'ab,trün|nig [-,trʏnɪç] *adj* unfaithful, disloyal, *bes. relig.* apostate; *s-r Partei etc* ~ werden a) become disloyal to, b) → abfallen 8; s-m Glauben ~ werden renounce one's faith, apostatize. **♀ni·ge** *m, f* <-n; -n> renegade, turncoat, deserter, *bes. relig.* apostate. **♀nig·keit** *f* <-; *no pl*> unfaithfulness, disloyalty, *bes. relig.* apostasy.

'ab,tun *v/t* <*irr, sep*, -ge-, h> **1.** *colloq.* (*Kleidung, Maske etc*) take off, remove. **2.** *fig.* (*Vorschlag, a. j-n*) dismiss (als as), (*Zweifel etc*) dismiss *s.th.* (from one's mind); et. verächtlich ~ pooh-pooh s.th.; et. mit e-m Lachen (Achselzucken) ~ laugh (shrug) s.th. off. **3.** *fig.* (*Gewohnheit etc*) shed, give up, drop, get rid of. **4.** *obs.* (*Angelegenheit etc*) settle, dispose of; das ist alles abgetan that's over and done with; et. kurz ~ make short work of s.th. **5.** *colloq.* kill.

'ab,tup·fen *v/t* <*sep*, -ge-, h> dab, (*Wunde etc*) *a.* swab; sich (*dat*) die Stirn ~ dab one's forehead.

'ab,ur·tei|len *v/t* <*sep*, -ge-, h> **1.** *jur.* a) try (*s.o. od. a case*), bring *s.o.* to trial, b) sentence, pass sentence on. **2.** *fig.* condemn *s.o., s.th.* (out of hand). **♀lung** *f* <-; -en> **1.** *jur.* (*Urteil*) sentence, (*Gerichtsverfahren*) trial. **2.** *fig.* condemnation.

'ab·ver,die·nen *v/t* <*sep, no* -ge-, h> *obs.* (*Schuld etc*) work out.

'ab·ver,lan·gen *v/t* <*sep, no* -ge-, h> j-m et. ~ demand s.th. of (*od.* from) s.o.; j-m e-n überhöhten Preis ~ overcharge s.o.; sich (*dat*) das Äußerste ~ a) strain (*od.* excert) o.s. to the utmost, b) set o.s. the highest standards; *a. Sport*: j-m alles ~ take it out of s.o.

'ab,wä|gen *v/t* <*irr, sep*, -ge-, h> **1.** *fig.* (*Worte, Chancen etc*) weigh, consider carefully; eins gegen das andere ~ weigh one thing against the other. **2.** *obs.* (*Waren etc*) weigh (out). **♀gung** *f* <-; -en> weighing, consideration; bei ~ aller Umstände on balance.

'Ab,wahl *f pol.* voting out (of office). **'ab,wäh·len** *v/t* <*sep*, -ge-, h> vote *s.o.* out (of office).

'ab,wäl·zen *v/t* <*sep*, -ge-, h> **1.** roll off (*od.* down). **2.** *fig.* (auf *acc* onto) (*Schuld, Verantwortung etc*) shuffle off, (*Arbeit etc*) push off, offload, (*Kosten etc*) pass; die Verantwortung auf j-n ~ *a.* shift the responsibility onto s.o., *colloq.* pass the buck to s.o. else.

'Ab,wälz|,frä·sen *n tech.* hobbing. **~,fräs·ma,schi·ne** *f* hobbing machine, hobber.

'ab,wan|del·bar *adj ling.* capable of inflection, *Nomen*: declinable, *Verb*: conjugable. **~deln I** *v/t* <*sep*, -ge-, h> **1.** vary, modify, alter; e-e Melodie beliebig ~ *a.* ad-lib a melody. **2.** *ling. allg.* inflect, (*Nomen*) *a.* decline, (*Verb*) *a.* conjugate. **II** *v/reflex* sich ~ **3.** modify, vary. **♀de·lung** *f* <-; -en> **1.** modification, variation, alteration, (slight) change; in ~ des bekannten Sprichworts paraphrasing the well-known proverb. **2.** *ling.* inflection, *e-s Nomens*: declension, *e-s Verbs*: conjugation.

'ab,wan|dern I *v/i* <*sep*, -ge-, sein> **1.** *aus e-m Gebiet*: migrate, move, *Bevölkerung*: *a.* drift away. **2.** (*loswandern*) wander off (*od.* away). **3.** *econ. Kapital etc*: leave the country, be drained off; *ins Ausland* ~ *a.* find its way into foreign countries. **4.** *meteor.* move, drift. **5.** *chem. phys. zo.* migrate. **6.** *pol.* (zu to) switch (over), go over. **7.** *Sport*: leave (the club). **II** *v/t* <h> **8.** (*Gegend*) wander through (*od.* over). **♀de·rung** *f* <-; -en> **1.** *von Arbeitskräften, der Landbevölkerung etc*: migration (*a. zo. chem. phys.*), drift, exodus; ~ von Wissenschaftlern *a.* brain drain. **2.** *econ. des Kapitals etc*: exodus, outflow, drain. **3.** *meteor.* movement. **4.** *pol.* switch(over).

ˈAbˌwand·lung *f* ⟨-; -en⟩ → **Abwandelung.**

ˈAbˌwär·me *f tech.* waste heat. **~ver·ˌwer·tung** *f* utilization of waste heat.

ˈabˌwar·ten I *v/t* ⟨*sep*, -ge-, h⟩ **1.** (*e-n Zeitpunkt etc*) wait for, await; **die Gelegenheit** ~ wait for (*od.* watch) one's opportunity; (**s-e Zeit**) ~ bide one's time, (*Zeit gewinnen*) temporize; **das bleibt abzuwarten** that remains to be seen; **wir wollen es** ~ let's wait and see. **2.** (*Gewitter etc*) wait out, await the end of. **II** *v/i* **3.** (*sich gedulden*) wait; ~, **bis man an die Reihe kommt** (a)wait one's turn; → Tee 2. **~d** *adj Politik, Haltung etc*: cautious; **e-e ~e Haltung einnehmen, sich ~ verhalten** take a wait-and-see attitude, play a waiting game, sit on the fence, (*Zeit gewinnen*) temporize.

ˈabˌwärts *adv* down, downward(s), (*berg~*) downhill; **den Fluß** ~ down the river, downriver, downstream; *fig.* **vom Oberst** ~ from the colonel down; → **abwärtsgehen.** **≈beˌwe·gung** *f* downward movement (*a. econ.*), *des Kolbens*: downstroke. **~ˌge·hen** *v/impers* ⟨*irr, sep*, -ge-, sein⟩ *fig. colloq.* **es geht abwärts mit j-m** (**et.**) s.o. (s.th.) is going downhill; **mit s-r Gesundheit geht es abwärts** his health is failing; **mit s-n Geschäften geht es abwärts** his business is on the downgrade. **~ge·ˌneigt** *adj* sloping downward(s). **~ge·ˌrich·tet** *adj* **1.** directed (*od.* pointing) downward(s). **2.** (*umgekehrt*) inverted. **≈ˌhub** *m des Kolbens*: downstroke. **≈·ˌnei·gung** *f* inclination, declivity. **≈·tenˌdenz** *f econ.* downward tendency (*od.* trend), downturn. **≈trans·for·ˌma·tor** *m electr.* step-down transformer. **~trans·forˌmie·ren** *v/t* ⟨*sep, no* -ge-, h⟩ step *s.th.* down.

ˈAbˌwasch *m* ⟨-es; *no pl*⟩ **1.** washing-up, *Am.* dish-washing; **den ~ machen** wash the dishes; *fig. colloq.* **das ist ein** (*od.* **das geht in einem**) ~ that can be done in (*od.* at) one go. **2.** dirty dishes *pl.* **≈bar** *adj Tapete, Tischtuch etc*: wipe-clean, *a.* washable. **~ˌbecken** (*getr.* -k·k-) *n* (kitchen) sink.

ˈabˌwa·schen I *v/t* ⟨*irr, sep*, -ge-, h⟩ **1.** (*Gesicht etc*) wash, (*Geschirr*) *a.* do, (*Wagen, Tür etc*) wash down, (*Gläser*) rinse; **sich** (*dat*) **die Hände** ~ wash one's hands. **2.** (*Schmutz etc*) wash off, (*Farbe, Fleck etc*) *a.* wash out, *fig.* (*Schande etc*) wipe out. **II** *v/i* **3.** (*Geschirr spülen*) wash (*od.* do) the dishes, wash up. **III ≈** *n* ⟨-s⟩ **4.** → **Abwasch** 1.

ˈAbˌwasch|ˌkü·che *f* scullery. **~ˌlap·pen** *m* dishcloth, dishrag. **~ˌmit·tel** *n* washing-up liquid. **~ˌschüs·sel** *f* washing-up bowl, *Am.* dishpan. **~ˌtuch** *n* → **Abwaschlappen.** **~ˌwas·ser** *n* dishwater; *colloq.* **wie ~ schmecken** taste like dishwater.

ˈAbˌwas·ser *n* ⟨-s; **Abwässer**⟩ (*Industrie≈*) waste (water), (*Kanalwasser*) sewage, sullage. **~ˌauf·beˌrei·tung** *f* sewage treatment. **~beˌsei·ti·gung** *f* sewage (*od.* waste-water) disposal. **~kaˌnal** *m* sewer. **~ˌklärˌanˌla·ge** *f* (sewage) clarification plant. **~ˌlast** *f e-s Gewässers*: waste (*od.* sewage) content. **~ˌlei·tung** *f* sewerage. **~ˌrei·ni·gung** *f* sewage clarification.

ˈAbˌwäs·se·rungs·geˌbiet *n geol.* drainage area (*od.* basin).

ˈabˌwech·seln I *v/i* ⟨*sep*, -ge-, h⟩ **1.** *Ebbe u. Flut etc*: alternate, come alternately, *Freude u. Trauer etc*: alternate with (*od.* succeed) one another, come by turns. **2.** *Personen*: take turns (**bei** in), relieve one another; **sich mit j-m am Lenkrad** ~ take turns at the wheel, drive alternately; **wollen wir mal ~?** shall I relieve you? **3.** *bes. jur. pol.* (*turnusmäßig wechseln*) rotate. **II** *v/t* **4.** (*ablösen*) relieve, take over from; **sich** (*od.* **einander**) **beim Fahren** ~ take it in turns to drive, drive alternately. **5.** *mil.* (*Wache etc*) change, relieve. **6.** (*abwechselnd gestalten*) vary, give variety to. **III** *v/reflex* **sich** ~ *cf.* I. **~d I** *adj* **1.** (*in Abständen wechselnd*) alternate, alternating. **2.** (*mannigfaltig*) varying, varied. **3.** *math.* periodic(al). **4.** (*turnusgemäß wechselnd*) rotating. **5.** *med. meteor.* intermittent. **II** *adv* **6.** alternately, (*der Reihe nach*) by turns, in turn; ~ **rot und blaß werden** grow red and pale by turns. **7.** *meteor.* intermittently; ~ **heiter und regnerisch** intermittent(ly) rain and sunshine.

ˈAbˌwech·se·lung, ˈAbˌwechs·lung *f* ⟨-; -en⟩ **1.** *regelmäßige*: alternation, succession; **zyklusmäßige** ~ rotation. **2.** *im Alltag etc*: change, variety, diversity, relief, (*Zerstreuung*) diversion; **e-e willkommene** ~ a welcome change; **zur ~, der ~ halber** for a change, for variety's sake; ~ **nötig haben** (*od.* **brauchen**) need a change; ~ **bringen in** (*acc*) give variety to, relieve (the monotony of) *s.th.*, liven *s.th.* up.

ˈabˌwechs·lungs|ˌhal·ber *adv* for variety's sake, for a change. **~los** *adj* (*eintönig*) monotonous, (*ereignislos*) uneventful. **~ˌreich, ~ˌvoll I** *adj* **1.** varied, diversified. **2.** (*ereignisreich*) eventful; **e-e ~e Karriere** a chequered (*bes. Am.* checkered) career. **II** *adv* **3.** ~ **gestalten** diversify, give variety to, vary. **~ˌwei·se** *adv* → **abwechselnd** II.

ˈAbˌweg *m* ⟨-(e)s; -e⟩ *meist pl fig.* wrong track; **auf ~e geraten** (*od.* **kommen**) a) get on the wrong track, be mistaken, b) go astray, stray from the path of virtue; **j-n auf ~e führen** mislead s.o., put s.o. on the wrong track, *a. moralisch*: lead s.o. astray.

ˈabˌwe·gig [-ˌveːgɪç] *adj* (*falsch*) wrong, incorrect, (*unsinnig*) absurd, (*wirklichkeitsfremd*) unrealistic, (*undenkbar*) unthinkable, (*unangebracht*) inept, out of place, (*belanglos*) irrelevant, ⟨*pred*⟩ not to the point, (*weithergeholt*) far-fetched. **≈keit** *f* ⟨-; -en⟩ wrongness (*etc*), absurdity, irrelevance.

ˈAbˌwehr *f* ⟨-; *no pl*⟩ **1.** *e-s Angriffs, Feinds etc*: repulse, *e-s Schlages etc, a. fig.* warding off, parrying, *fig. a.* (*Abwendung*) averting, (*Ablehnung*) rejection, refusal, (*~haltung*) defensiveness. **2.** (*Verteidigung*) defen/ce (*Am.* -se), (*Widerstand*) resistance; **sich in ~ befinden** be on the defensive; **auf ~ stoßen** meet with resistance. **3.** *Sport*: (*Ball≈*) save, clearance, (*Hintermannschaft*) defen/ce (*Am.* -se). **4.** → **Abwehrdienst.** **≈beˌreit** *adj* **1.** *mil.* ready (*od.* prepared) for defen/ce (*Am.* -se). **2.** *Sport*: ready to defend, *zur Ballabwehr*: ready to clear. **~beˌreit·schaft** *f mil* readyness (*od.* preparedness) for defen/ce (*Am.* -se). **~ˌdienst** *m* military intelligence.

ˈabˌweh·ren I *v/t* ⟨*sep*, -ge-, h⟩ **1.** (*Angriff, Feind etc*) beat back (*od.* off), repulse. **2.** *fenc. Boxen*: ward (*od.* fend) off, parry, *Boxen, Fußball*: block. **3.** *fig.* (*drohende Gefahr, Unglück etc*) avert, ward (*od.* stave, head) off. **4.** (*zurückweisen*) (*Vorwurf, Einmischung etc*) fend off, reject, (*Besucher etc*) keep (*od.* fend) off. **II** *v/i* **5.** *Sport*: parry, block. **6.** *fig.* (*ablehnen*) refuse, say no. **~d** *adj* **~e Geste** gesture of refusal; **~e Haltung** defensive attitude, defensiveness.

ˈAbˌwehr|ˌfeh·ler *m Sport*: defensive error. **~ˌfeu·er** *n mil.* defensive fire. **~ˌgriff** *m Ringen*: counterhold. **~ˌkampf** *m mil.* defensive action (*od.* combat). **~ˌkraft** *f* **1.** power of resistance; **die Abwehrkräfte des Körpers** the body's defences; **die ~ steigern** build up resistance. **2.** *mil.* defensive power (*od.* strength). **~ˌmaßˌnah·me** *f meist pl* (**gegen** against) **1.** precautionary (*od.* preventive, protective) measure. **2.** *mil.* a) (*Taktik*) defensive measure, b) *Spionageabwehr*: security measure. **3.** *physiol.* defen/ce (*Am.* -se) reaction. **~me·chaˌnis·mus** *m biol. med. psych.* defen/ce (*Am.* -se) mechanism. **~ˌmit·tel** *n* (**gegen** against) **1.** means of defen/ce (*Am.* -se), protection, preventive. **2.** *med.* prophylactic, preventive. **~re·ak·ti·on** *f biol. med.* defen/ce (*Am.* -se) reaction, *psych.* defensive reaction (**gegen** to). **~ˌrei·he** *f Sport*: defence, *Am.* defense. **~ˌschlacht** *f mil., a. Sport*: defensive battle. **~ˌschwä·che** *f des Körpers*: lowered resistance. **~ˌspiel** *n Sport*: defensive play. **~ˌspie·ler** *m* defending player, defender, *pl a.* defence, *Am.* defense. **~ˌstoff** *m meist pl biol. med.* antibody, antitoxin. **~ˌwaf·fe** *f mil.* defensive weapon.

ˈabˌwei·chen[1] **I** *v/t* ⟨*sep*, -ge-, h⟩ (*Briefmarke etc*) soak off. **II** *v/i* ⟨sein⟩ *Etikett etc*: soften and come off.

ˈabˌwei·chen[2] **I** *v/i* ⟨*irr, sep*, -ge-, sein⟩ **1.** (**von** from) deviate, diverge, stray, swerve, depart, wander; **vom Kurs** ~ deviate from the course, *aer. mar. etc* go off course, depart from its course; *fig.* **von der rechten Bahn** ~ stray from the straight and narrow; **von der Norm** (**Parteilinie**) ~ deviate (*od.* diverge) from the norm (party line); **von der Regel** ~ a) depart from the rule, b) be an exception to the rule; **vom Thema** ~ digress from the subject. **2.** (*differieren*) differ, vary; **von j-s Ansicht** ~ differ from s.o.; **weit** (*od.* **stark**) **voneinander** ~ differ widely. **3.** *mar. Kompaßnadel*: deviate (**um** by), decline; **vertikal** ~ dip. **II ≈** *n* ⟨-s⟩ **4.** deviating (*etc*). **~d** *adj* **1.** *Kurs etc*: deviating, *Meinung etc*: different, diverging, divergent, *pol. a.* dissident, *Schreibweise, Lesart etc*: variant, varying, different; **von der Regel** ~ atypical; *sociol.* **~es Verhalten** deviance. **2.** *ling.* irregular. **3.** *jur.* ~ **von** § 17 article 17 notwithstanding; ~ **von der früheren Regelung** contrary to the former regulation.

ˈAbˌweich·ler *m* ⟨-s; -⟩ *pol.* deviationist.

ˈAbˌwei·chung *f* ⟨-; -en⟩ **1.** → **abweichen**[2] 4. **2.** (**von** from) *allg.* deviation (*a. mar. math. phys. pol.*), divergence, swerve, departure; *fig.* ~ **von e-r Regel** exception to a rule; ~ **vom Thema** digression (from the subject). **3.** (*Differenz*) difference, variation, *stärker*: discrepancy; **~en in den Auffassungen** differences of opinion, varying opinions. **4.** *der Magnetnadel*: declination. **5.** *tech. bei Prüfwerten*: deviation, variation, tolerance, allowance. **6.** *ling.* irregularity, anomaly.

ˈabˌwei·den *v/t* ⟨*sep*, -ge-, h⟩ (*Gras, Wiese etc*) crop, graze down.

ˈabˌwei|sen *v/t* ⟨*irr, sep*, -ge-, h⟩ **1.** (*Besucher etc*) turn away, refuse to see; **höflich abgewiesen werden** meet with a polite refusal; **j-n barsch** (*od.* **schroff**) ~ rebuff s.o.; **sich nicht ~ lassen** take no refusal (*od.* denial). **2.** (*Angebot etc*) decline, refuse, reject, *stär-*

ker: spurn, *(Gesuch, Kandidaten etc)* turn down, reject, *(Freier) a.* refuse. **3.** *jur. (Klage, Forderung)* dismiss. **4.** *econ. (Wechsel)* dishono(u)r, protest. **5.** *mil. (Angriff etc)* repulse, beat back *(od.* off). **6.** *(fernhalten)* repel, keep off; **Stoff, der Wasser abweist** water-repellent fabric. **~send** *adj Haltung, Miene etc*: unfriendly, cool, cold, *Antwort, Gebärde etc*: of refusal; **in ~em Ton** *say s.th.* in a tone of rejection. **2ser** *m* ⟨-s; -⟩ **1.** *civ. eng.* guardstone. **2.** *(Buhne)* groyne, breakwater. **2sung** *f* ⟨-; -en⟩ **1.** *e-r Person*: refusal, rejection; **grobe ~** rebuff. **2.** *e-r Bitte etc*: rejection, refusal, turning down, *schwächer*: declining. **3.** *(Wegschicken)* sending *(od.* turning) away. **4.** *jur. e-r Klage*: dismissal. **5.** *econ.* nonacceptance.

ˈabˌwel·ken *v/i* ⟨*sep*, **-ge-, sein**⟩ *a. fig.* wither, fade.

ˈabˌwend·bar *adj Gefahr etc*: preventable, avertible, avoidable.

ˈabˌwen|den I *v/t* ⟨*bes. irr, sep*, **-ge-, h**⟩ **1.** *Kopf, Augen etc)* avert, turn away *(od.* aside); **ich konnte den Blick nicht von ihr ~** I couldn't take my eyes off her; *fig.* **s-e Gedanken von et. ~** avert one's thoughts *(od.* mind) from s.th. **2.** *(Hieb, Stoß etc)* parry, ward off, *fig. (Gefahr, Unheil etc)* avert, prevent, ward *(od.* stave, head) off. **II** *v/reflex* **sich ~ 3.** turn away **(von** from); *fig.* **sich von der Welt ~** turn one's back (up)on the world; **das Glück wandte sich von ihm ab** fortune forsook him; **sich (innerlich) von j-m ~** withdraw (one's affection) from s.o. **~dig** *adj obs. for* **abspenstig. 2dung** *f* ⟨-; *no pl*⟩ **1.** averting *(etc).* **2.** *fig. e-r Gefahr etc*: prevention. **3.** → **Abkehr.**

ˈabˌwer|ben *v/t* ⟨*irr, sep*, **-ge-, h**⟩ *(Arbeitskräfte)* entice *s.o.* away *(a. pol.)*, *(a. Kunden)* lure *(od.* woo) *s.o.* away. **2ber** *m* ⟨-s; -⟩ *s.o. enticing employees, etc away from their jobs.* **2bung** *f* ⟨-; -en⟩ enticing away *(of employees, etc).*

ˈabˌwer·fen *v/t* ⟨*irr, sep*, **-ge-, h**⟩ **1.** *(Kleidung etc)* throw *(od.* cast, fling) off; *fig.* **die Maske ~** throw off one's mask; **die Fesseln ~** throw *(od.* shake) off one's bonds. **2.** *(Gewinn)* yield, bring in, *(Zinsen)* bear, earn; **das Geschäft wirft nichts (zuwenig) ab** the business does not pay (enough). **3.** *aer. (Bomben)* release, *(a. Flugblätter etc)* drop, *bei Gefahr*: jettison, *mit Fallschirm*: parachute, paradrop, air-drop. **4.** *bot. (Blätter)* shed. **5.** *zo. (Haut, Geweih etc)* shed, cast. **6.** *(Reiter)* throw, unseat. **7.** *Sport*: *(Spieler mit dem Ball)* get out, *(Latte beim Hochsprung, Hindernis beim Rennen)* knock down, *(Ball)* throw out, *(Speer etc)* hurl. **8.** *(Karten)* discard, get rid of.

ˈabˌwer|ten *v/t* ⟨*sep*, **-ge-, h**⟩ **1.** *econ. (Währung)* devalue. **2.** *fig. (Begriff, Ideal etc)* depreciate, disparage, derogate; **~ als** dismiss as. **~tend** *adj Bemerkung etc*: depreciative, depreciatory, derogatory. **2tung** *f* ⟨-; -en⟩ **1.** *econ.* devaluation, downward adjustment. **2.** *fig.* depreciation, derogation.

ˈAbˌwer·tungs|ˌklau·sel *f econ.* devaluation clause. **~po·liˌtik** *f* devaluation policy.

ˈabˌwe·send *adj* **1.** absent, *(nicht im Hause)* out *(pred)*, away *(pred)*. **2.** *fig. (geistes~)* absent-minded, lost in thought, *Blick*: faraway. **ˈAbˌwe·sen·de** *m, f* ⟨-n; -n⟩ absentee; **die ~n** *a.* those absent. **ˈAbˌwe·sen·heit** *f* ⟨-; *no pl*⟩ **1.** absence, *unentschuldigte*: absenteeism; **in (während) m-r ~** in (during) my absence; *colloq.* **durch ~ glänzen** be conspicuous by one's absence. **2.** *jur.* nonappearance, failure to appear; **in ~** in absentia. **3.** *fig. (Geistes2)* absent-mindedness.

ˈAbˌwe·sen·heits|kuˌra·tor, ~ˌpfle·ger *m jur.* curator absentis. **~ˌurteil** *n Zivilrecht*: judg(e)ment by default, *Strafrecht*: sentence in absentia *(od.* absence). **~verˌfah·ren** *n* proceedings *pl* in contumacy.

ˈabˌwet·tern *v/t* ⟨*sep*, **-ge-, h**⟩ *mar. (Sturm)* weather (out).

ˈabˌwet·zen *v/t* ⟨*sep*, **-ge-, h**⟩ **1.** → **abschleifen. 2.** *fig. (Hose etc)* wear out; → **abgewetzt.**

ˈabˌwickeln *(getr.* **-k·k-**) **I** *v/t* ⟨*sep*, **-ge-, h**⟩ **1.** *(Faden etc)* unwind, unroll, unreel, wind *(od.* reel) off, *(Kabel etc) a.* uncoil. **2.** *med. (Verband)* unwind, take off. **3.** *math. (Fläche)* develop, *(Kurve)* unwind. **4.** *fig. (erledigen) (Aufträge etc)* deal with, handle, effect, *adm.* process, *(Geschäft etc)* transact, *(zu Ende führen)* settle, conclude. **5.** *(durchführen) (Programm, Reform etc)* carry out. **6.** *jur. (Schulden)* clear, settle, *(Unternehmen)* wind up, liquidate. **II** *v/reflex* **sich ~ 7.** *Draht etc*: unwind, unreel, uncoil. **8.** *fig. Ereignisse*: pass *(od.* go) off. **9.** *Verkehr*: run; **sich reibungslos ~** run smoothly.

ˈAbˌwick|ler *m* ⟨-s; -⟩ *jur.* liquidator, *bei Schadensfällen etc*: adjuster. **~lung** *f* ⟨-; -en⟩ **1.** *fig.* carrying-out, execution, management; **reibungslose ~ e-r Angelegenheit** smooth handling of a matter. **2.** *des Verkehrs*: regulation. **3.** *e-s Geschäfts*: a) transaction, b) settlement, completion. **4.** *jur.* winding up, liquidation. **5.** *math. e-r Fläche*: development, *e-r Kurve*: unwinding.

ˈabˌwie·geln I *v/t* ⟨*sep*, **-ge-, h**⟩ **1.** calm *s.o.* down, placate. **II** *v/i* **2.** be placating. **3.** say peaceably.

ˈAbˌwie·ge·maˌschi·ne *f tech.* weighing *(od.* dosing) machine.

ˈabˌwie·gen *v/t* ⟨*irr, sep*, **-ge-, h**⟩ **1.** *(Ware etc)* weigh (out), *bes. Am.* weight. **2.** *aer. (Ballon)* trim, ballast up.

ˈabˌwim·meln *v/t* ⟨*sep*, **-ge-, h**⟩ *colloq. (j-n, et.)* get rid of, *(j-n)* brush *s.o.* off.

ˈAbˌwind *m meteor. aer.* katabatic *(od.* downward) wind.

ˈabˌwin·den *v/t* ⟨*irr, sep*, **-ge-, h**⟩ → **abwickeln** 1.

ˈabˌwin·keln *v/t* ⟨*sep*, **-ge-, h**⟩ *(Arme etc)* bend.

ˈabˌwin·ken I *v/i* ⟨*sep*, **-ge-, h**⟩ make a sign of refusal, gesture refusal, decline; *er wollte zu mir kommen*, **aber ich habe gleich abgewinkt** *(humor.* **abgewunken)** but I put him off politely. **II** *v/t Motorsport*: flag (off).

ˈabˌwirt·schaf·ten I *v/i* ⟨*sep*, **-ge-, h**⟩ be ruined (by mismanagement); → **abgewirtschaftet. II** *v/t* ruin *s.th.* by bad management.

ˈabˌwi·schen *v/t* ⟨*sep*, **-ge-, h**⟩ wipe *s.th.* off *(od.* clean), give *s.th.* a wipe, *mit e-m Schwamm*: sponge, *gründlich*: wipe down; **(sich** *dat*) **die Hände (das Gesicht)** wipe one's hands (face); **(sich** *dat*) **die Stirn ~** mop one's brow; **(sich** *dat*) **die Tränen ~** wipe away *(od.* dry) one's tears.

ˈabˌwracken *(getr.* **-k·k-**) [-ˌvrakən] *v/t* ⟨*sep*, **-ge-, h**⟩ *(Auto, Schiff etc)* break up, scrap. **ˈAbˌwrackˌfir·ma** *f* firm of shipbreakers, scrapping firm.

ˈAbˌwurf *m* **1.** *aer.* dropping, *von Bomben*: *a.* release, *bei Gefahr*: jettisoning; **~ von Versorgungsgütern** supply dropping. **2.** *Handball etc*: goal-throw, *Fußball*: throw-out. **3.** *hunt.* shed antlers *pl.* **~beˌhäl·ter** *m* aerial-delivery container *(od.* unit), *für Kraftstoff*: drop *(od.* slip, belly) tank. **~ˌhö·he** *f* drop *(od.* [bomb] release) altitude, dropping height. **~ˌstan·gen** *pl* → **Abwurf** 3. **~ˌstel·le** *f aer.* drop point. **~ˌvorˌrich·tung** *f* bomb-release mechanism, *für Lasten*: dropping device. **~ˌziel·geˌrät** *n* bombsight.

ˈabˌwür·gen *v/t* ⟨*sep*, **-ge-, h**⟩ **1.** strangle, throttle, *fig. colloq. a.* choke off, *(Diskussion etc)* stifle. **2.** *(Motor)* stall, kill, *(Schraube)* strip.

ˈabˌzahl·bar *adj in Raten*: payable by instal(l)ments, *(tilgbar)* redeemable.

ˈabˌzähl·bar *adj* countable, *math. a.* denumerable.

ˈabˌzah·len *v/t* ⟨*sep*, **-ge-, h**⟩ *in Raten*: pay *s.th.* by *(od.* in) instal(l)ments, *(Auto etc) a.* make payments for, *vollständig*: pay the last instal(l)ment of, pay off, *(Schulden)* discharge, settle, *(Hypothek)* redeem.

ˈabˌzäh·len I *v/t* ⟨*sep*, **-ge-, h**⟩ **1.** *(Besucher etc)* count (up), *(Geld etc)* count (out); **das Geld abgezählt bereithalten** have the exact amount ready; → **Finger** *Bes. Redewendungen.* **II** *v/i* **2.** *bes. mil.* number *(Am.* count) off; **zu zweien ~** number off in twos. **3.** *Kinderspiele*: count out.

ˈAbˌzählˌreim *m* counting(-out) rhyme.

ˈAbˌzah·lung *f* ⟨-; -en⟩ *econ. (Ratenzahlung)* payment by instal(l)ments; **et. auf ~ kaufen** buy s.th. by instal(l)ments, buy s.th. on the instal(l)ment plan *(od.* system).

ˈAbˌzah·lungs|geˌschäft *n econ.* **1.** part payment transaction, *(Kauf, Verkauf)* sale on the instal(l)ment plan *(od.* system), *(Mietkauf)* hire-purchase transaction. **2.** *(Firma)* instal(l)ment *(od.* hire-purchase) shop *(bes. Am.* store). **~ˌkauf** *m* purchase by instal(l)ments *(od.* on the instal[l]ment plan). **~ˌkon·to** *n* charge *(od.* credit) account. **~ˌplan** *m* instal(l)ment plan. **~ˌra·te** *f* instal(l)ment, (part) payment. **~verˌtrag** *m* instal(l)ment contract *(od.* agreement), *Mietkauf*: hire-purchase contract.

ˈAbˌzählˌvers *m* → **Abzählreim.**

ˈabˌzap·fen *v/t* ⟨*sep*, **-ge-, h**⟩ *(Bier, Wein)* tap, draw (off); **j-m Blut ~** draw blood from s.o., bleed s.o.; **Harz vom Baum ~** bleed a tree; *fig.* **j-m Geld ~** squeeze money out of s.o., milk *(od.* bleed) s.o.

ˈAbˌzapfˌhahn *m* draw-off cock.

ˈabˌzap·peln *v/reflex* ⟨*sep*, **-ge-, h**⟩ **sich ~** *fig. colloq.* **1.** *(sich eifrig bemühen)* struggle **(mit** with), (nearly) kill o.s. **(mit et.** over s.th., doing s.th.), work o.s. into a frazzle, *bei der Arbeit*: *a.* fight the hands of the clock. **2.** *(sparen)* pinch and scrape.

ˈabˌzäu·men *v/t* ⟨*sep*, **-ge-, h**⟩ *(Pferd)* unbridle.

ˈabˌzäu·nen *v/t* ⟨*sep*, **-ge-, h**⟩ fence off *(od.* in).

ˈabˌzeh|ren I *v/t* ⟨*sep*, **-ge-, h**⟩ emaciate, waste, consume; **j-n ~** *a.* sap s.o.'s strength; → **abgezehrt. II** *v/i* ⟨**sein**⟩ waste away, grow thin, lose flesh. **III** *v/reflex* ⟨**h**⟩ **sich ~** *vor Kummer*: pine away. **2rung** *f* ⟨-; *no pl*⟩ emaciation, wasting away, consumption.

ˈAbˌzei·chen *n* **1.** *(Vereins2, Partei2 etc)* badge, *mil. (Rang2)* badge *(od.* insignia) (of rank), *(Ehren2)* decoration, medal. **2.** *(Merkmal)* mark *(od.* sign) (of distinction). **3.** *(Hoheits2)* emblem, *aer.* marking. **4.** *zo. (Farbfleck)* mark (of different colo[u]r), macula.

ˈabˌzeich·nen I *v/t* ⟨*sep*, **-ge-, h**⟩ **1.** draw, sketch, copy; **von e-r Vorlage ~** copy *(od.* draw from) an original. **2.** *(unterschreiben)* initial, sign. **II** *v/reflex* sich ~ 3. (gegen) stand out (against), contrast (with). 4. *Tendenz etc*: (begin to) show, become visible, emerge, be in the offing, *Gefahr, Krise etc*: loom (up).

ˈAbˌziehǀap·paˌrat *m* 1. *tech.* mimeograph. 2. *print.* proof press, *Am.* galley press. 3. *Brauerei*: bottling (*od.* racking) apparatus. **~ˌbild** *n* transfer, *tech. auf Holz, Keramik etc*: decal(comania). **~ˌbil·der·verˌfah·ren** *n* metachromotype process. **~ˌbo·gen** *m print.* proof paper, tympan sheet. **~ˌbür·ste** *f* letter brush.

ˈabˌzie·hen I *v/t* ⟨*irr, sep,* -ge-, h⟩ 1. (*Bettbezug, Reifen, Hut etc*) take (*od.* pull) off, (*Ring, Handschuhe etc*) a. draw off, slip (off), (*Folie etc*) peel off, (*Bett*) strip. 2. *gastr.* (*Pfirsiche, Tomaten etc*) skin, (*Bohnen*) string. 3. (*Hasen etc*) skin, (*Robbe etc*) flag, (*Haut*) strip off. 4. withdraw, take out; **den Schlüssel ~** withdraw the key (from the lock). 5. (aus, von from) withdraw, draw off; **Truppen ~** withdraw troops, *econ.* **Geld(er) ~** siphon off funds; *fig. lit.* **die Hand von j-m ~** withdraw one's favo(u)r from s.o. 6. (*Pistole etc*) press (*od.* pull) the trigger of, fire, (*Handgranate*) pull the igniter of. 7. (*ablenken*) (von from) divert, distract, draw away. 8. *math.* (von from) subtract, deduct. 9. (*Skonto, Rabatt etc*) take (*colloq.* knock) *s.th.* off, discount, deduct; **20 Prozent vom Preis ~** take (*od.* allow) 20 percent off the price. 10. (*Bier, Wein etc*) draw off; **auf Flaschen ~** bottle. 11. (*Abziehbild etc*) transfer. 12. (*vervielfältigen*) mimeograph; **e-e Matrize ~** run off a stencil. 13. *print.* (*Bogen*) pull (*od.* print, strike) off; **in Fahnen ~** take a rough proof (*od.* galley) of. 14. *tech.* (*Messer*) sharpen, (*Rasiermesser*) strop, hone. 15. *metall.* (*Blockformen*) strip, (*Schlacke*) slag off, tap, draw off. 16. (*Parkett*) surface, sand, (*Brett*) plane down. 17. (*Fotos vom Negativ*) print. 18. *Textil.* (*Maschen*) remove, (*Farbe*) strip, (*Glanz*) delustre, (*Garn*) draw, (*Seide*) degum, boil off. 19. *med.* (*Eiter etc*) aspirate, (*Haut*) excoriate. 20. *gastr.* beat up; **die Suppe mit e-m Ei ~** mix an egg into the soup. 21. *colloq. Sport*: (*schlagen*) defeat, trounce, clobber, (*schießen*) let go with a shot. 22. *colloq.* (*veranstalten*) give, throw (*a party, etc*); → Schau 2. **II** *v/i* ⟨sein⟩ 23. *Gas, Rauch etc*: escape, go out, find a way out; **~ lassen** let *s.th.* escape (*od.* out). 24. *Wolken, Nebel etc*: move off (*od.* away), disperse. 25. *Zugvögel*: leave, depart. 26. *bes. mil. Truppen*: march off, *a. Fahrzeuge*: move off, (*Lager abbrechen*) decamp, (*sich zurückziehen*) withdraw, *Wache*: be relieved, come off duty. 27. *colloq.* (*weggehen*) go off, go away, leave, clear off (*od.* out); **mit leeren Händen ~** come away empty-handed; **enttäuscht (unverrichteterdinge) ~** come away disappointed (without accomplishing anything). 28. ⟨h⟩ *bes. mil.* pull (*od.* press) the trigger.

ˈAbˌzie·her *m* ⟨-s; -⟩ 1. *print.* proofer, prover. 2. → Abziehmuskel.

ˈAbˌziehǀˌmes·ser *n tech.* drawknife, drawing knife. **~ˌmus·kel** *m anat.* abductor (muscle). **~paˌpier** *n print.* proof(ing) paper. **~ˌpres·se** *f* proof (*od.* galley) press. **~ˌrie·men** *m* strop. **~ˌstein** *m tech.* rubber, grindstone. **~ˌzün·der** *m* 1. *tech.* friction igniter (*od.* ignitor). 2. *e-r Handgranate*: pull igniter (*od.* ignitor).

ˈabˌzie·len *v/i* ⟨*sep,* -ge-, h⟩ **~ auf** (*acc*) *Maßnahme, Bemerkung etc*: aim at, be aimed (*od.* directed) at (*doing*) *s.th.*, be calculated (*od.* meant, intended) to *do s.th.*; **worauf zielst du ab?** what are you driving at?; **das war auf ihn abgezielt** that was aimed at (*od.* meant for) him.

ˈabˌzir·keln *v/t* ⟨*sep,* -ge-, h⟩ 1. measure (*od.* mark) *s.th.* (out) with compasses. 2. *fig.* define *s.th.* precisely, (*Worte*) choose *s.th.* carefully.

ˈabˌzi·schen *v/i* ⟨*sep,* -ge-, sein⟩ 1. *Dampf etc*: escape with a hissing noise. 2. *colloq.* zoom off.

ˈabˌzit·tern *v/i* ⟨*sep,* -ge-, sein⟩ *colloq.* make off, clear off.

ˈabˌzot·teln *v/i* ⟨*sep,* -ge-, sein⟩ *colloq.* toddle off.

ˈAbˌzug *m* ⟨-(e)s; ⸗e⟩ 1. *bes. econ.* deduction, subtraction; **nach ~ aller Kosten** all expenses (*od.* charges) deducted; **nach ~ der Steuer(n)** tax deducted, after taxation; **vor ~ der Steuern** before taxation (*od.* taxes); **ohne ~ von Steuern** free of tax(es), tax-free; **in ~ bringen** deduct (*cf.* 2). 2. *econ.* allowance, rebate, (*Skonto*) discount; **in ~ bringen** allow; **bei allen Barkäufen kommen 3% in ~** less 3 percent on all cash purchases; **(bar) ohne ~** net cash; **e-n ~ von 3% gewähren** allow a discount of 3 percent. 3. *econ. jur.* (*Einbehaltung*) keeping back, retention. 4. *print.* proof, pull; **endgültiger (korrigierter, unkorrigierter) ~** final (clean, foul) proof; **~ in Fahnen** slip proof, galley (proof); **photographischer ~** photoprint. 5. *phot. vom Negativ*: print, copy; **e-n ~ machen** make a print (von from). 6. ⟨*only sg*⟩ *mil.* marching off, *von Fahrzeugen*: *a.* moving off, (*Rückzug*) withdrawal, retreat, (*Lagerabbruch*) decampment; **freier, ehrenvoller ~** orderly retreat with the hono(u)rs of war. 7. (*Gewehr*2 *etc*) trigger, (*Widerstand*) pull-off; **e-n leichten ~ haben** have an easy pull-off. 8. *tech.* vent, outlet, *chem.* (fume) hood, (*~skanal*) conduit, drain.

ˈAbˌzugǀˌbo·gen *m print.* proof (sheet). **~ˌgra·ben** *m* drainage (*od.* field) ditch, *unterirdisch*: culvert.

ˈabˌzüg·lich [-ˌtsyːklɪç] *prep* ⟨*gen*⟩ *econ.* less, deducting, minus.

ˈAbˌzug·paˌpier *n* 1. *print.* proof paper. 2. duplicating paper.

ˈAbˌzugsǀˌbü·gel *m des Gewehrs*: trigger guard. **2ˌfä·hig** *adj econ. Ausgaben etc*: deductible. **~ˌhau·be** *f über dem Herd*: cooker hood. **~ˌlei·ne** *f e-s Geschützes*: lanyard. **~ˌrohr** *n* 1. waste-pipe, drain-pipe. 2. *für Gas etc*: escape-pipe. **~ˌschach** *n* discovered check.

ˈAbˌzugˌvorˌrich·tung *f* 1. *mil.* firing (*od.* trigger) mechanism. 2. *tech.* outlet, exhaust (facility).

ˈabˌzup·fen *v/t* ⟨*sep,* -ge-, h⟩ (*Beeren*) pick, (*Blätter*) pluck (*od.* pull) off, (*Haare*) pluck out.

ˈabˌzwacken (*getr.* -k·k-) *v/t* ⟨*sep,* -ge-, h⟩ 1. *colloq. for* abzwicken. 2. *fig. colloq.* **j-m et. ~** squeeze s.th. out of s.o.; **sich (*dat*) et. ~** stint o.s. of s.th., (*Zeit*) spare.

ˈAbˌzweig *m* 1. *electr.* branch. 2. *colloq. for* Abzweigung. **~ˌdo·se** *f electr.* junction (*od.* branch, distribution, conduit) box.

ˈabˌzwei·gen I *v/t* ⟨*sep,* -ge-, h⟩ 1. (*Baum*) lop, prune. 2. (*Mittel etc*) divert, earmark, set aside, (*sparen*) put aside. 3. *bes. electr.* branch, take off. **II** *v/i* ⟨sein⟩ 4. *Weg, Fluß etc*: branch off, (*sich gabeln*) fork, bifurcate.

ˈAbˌzweigǀˌgleis *n rail.* branch line (*od.* track). **~ˌka·sten** *m electr.* junction (*od.* distributing) box. **~ˌklem·me** *f* branch terminal. **~ˌlei·tung** *f* branch line. **~ˌrohr** *n tech.* branch pipe. **~ˌstecker** (*getr.* -k·k-) *m electr.* distribution plug. **~ˌstel·le** *f* branching-off point. **~ˌstrom** *m* derived (*od.* shunted) current.

ˈAbˌzwei·gung *f* ⟨-; -en⟩ 1. *e-r Straße etc*: a) junction (*a. rail.*), (*Gabelung*) bifurcation, b) branch, turning. 2. *electr. tech.* branch line. 3. *econ. von Kapital etc*: diversion. 4. *von Nerven, Adern etc*: branch, ramification. **ˈAbˌzwei·gungsˌpunkt** *m* → Abzweigstelle.

ˈabˌzwicken (*getr.* -k·k-) *v/t* ⟨*sep,* -ge-, h⟩ (*Draht etc*) nip off, pinch off.

ˈabˌzwit·schern *v/i* ⟨*sep,* -ge-, sein⟩ *colloq.* clear off (*od.* out), buzz (*od.* rush, zoom) off.

A-capˈpel·la-ˌChor [akaˈpɛla-] *m mus.* a cappella choir.

Ac·centǀ aigu [aksãtɛˈgy] (*Fr.*) *m* ⟨- -; -s -s [aksãzɛˈgy]⟩ *ling.* acute (accent). **~ cir·con·flexe** [aksãsirkõˈflɛks] (*Fr.*) *m* ⟨- -; -s -s [aksãsirkõˈflɛks]⟩ circumflex (accent). **~ grave** [aksãˈgraːv] (*Fr.*) *m* ⟨- -; -s -s [aksãˈgraːv]⟩ grave (accent).

Ac·ces·soires [aksɛˈsõaːr(s); aksɛˈswaːr] (*Fr.*) *pl Mode*: accessories.

Ace·tat [atseˈtaːt] *n* ⟨-s; -e⟩ *chem.* acetate. **~ˌfa·den** *m* acetate rayon (*od.* filament). **~ˌsei·de** *f* acetate rayon (*od.* silk).

Ace·ton [atseˈtoːn] *n* ⟨-s; *no pl*⟩ *chem.* acetone.

Ace·tyl [atseˈtyːl] *n* ⟨-s; *no pl*⟩ *chem.* acetyl. **~cel·luˌlo·se** *f* acetylated cellulose, cellulose acetate.

Ace·ty·len [atsetyˈleːn] *n* ⟨-s; *no pl*⟩ *chem.* acetylene. **~ˌgas** *n* acetylene gas. **~-ˌSau·erˌstoffˌbren·ner** *m chem. tech.* oxy-acetylene blowpipe. **~-ˌSau·erˌstoffˌschwei·ßung** *f tech.* oxy-acetylene welding.

ach [ax] *interj* oh!, ah!, (*leider*) alas!; **~ je!** oh dear (me)!; **~ so!** I see!; **~, du lieber Gott!** oh (*od.* my, good) God!; *lit.* **das ~ so kurze Glück** happiness alas so brief; *iro.* **der ~ so liebe Besuch** the oh so welcome visitor(s); **~, ist das schön!** oh, isn't that beautiful!; **~, Sie sind es!** oh, it is you!; **~ und weh schreien** set up a loud wailing, cry blue murder; **~ ja!** why, yes!, yes indeed!; **~ nein!** oh no!; **~ nein?, ~ wirklich?** you don't say so!, is that true?; **~ was!** a) *a.* **~ wo!** certainly not!, of course not!, not a bit of it!, b) *contp. a.* **~ Unsinn!** rubbish!, pooh!, tut, tut!; **~ komm!** come on!

Ach *n* ⟨-s; -⟩ lament(ation), wail(ing); **das ewige ~ und Weh** the continual lamentations; *colloq.* **mit ~ und Krach** (only) with the greatest trouble (*od.* difficulty), by the skin of one's teeth; **ein Examen mit ~ und Krach bestehen** (barely) scrape through an exam.

Achat [aˈxaːt] *m* ⟨-(e)s; -e⟩ *min.* agate.

Ache·ron [ˈaxerɔn] *m* ⟨-(s); *no pl*⟩ *myth.* Acheron; *fig. poet.* **den ~ überqueren** pass the Acheron, enter the realm of the dead.

Achill [aˈxɪl] *npr m* ⟨-s; *no pl*⟩ → Achilles.

Achil·les [aˈxɪlɛs] *npr m* ⟨-; *no pl*⟩ *myth.* Achilles. **~ˌfer·se** *f fig.* Achilles' heel, vulnerable (*od.* weak) spot. **~ˌseh·ne** *f* 1. *anat.* Achilles tendon. 2. *zo.* hamstring.

Achroǀmat [akroˈmaːt] *m* ⟨-(e)s; -e⟩ *phot. phys.* achromat(ic lens). **2ˈma·tisch** *adj opt. etc* achromatic. **~ma·tis·mus** [akromaˈtɪsmʊs] *m* ⟨-; *no pl*⟩ *phys.* achromatism.

ˈAchsǀˌabˌstand *m mot. tech.* wheel (*od.* axle) base. **~ˌanˌtrieb** *m* axle drive. **~ˌaufˌhän·gung** *f* axle suspension. **~-**

beˌla·stung *f*, **~ˌdruck** *m* ⟨-(e)s; ⸚e⟩ *tech.* axle load.

Ach·se [ˈaksə] *f* ⟨-; -n⟩ **1.** *mot. tech. etc* axle, (*Welle*) (wheel) shaft, *e-r Maschine*: arbo(u)r, *e-r Waage*: pivot; *econ.* **per ~** by land, by rail or road; *fig. colloq.* **auf (der) ~ sein** be on the move, be travelling (about), (*auf den Beinen*) be on the go. **2.** *anat. arch. bot. math. etc* axis, *pl* axes; **sich um die eigene ~ drehen** pivot, *aer.* roll, *a. astr.* rotate about its own axis. **3.** *pol.* axis; *hist.* **die ~ Berlin–Rom** the Rome–Berlin Axis.

ˈAchsˌebe·ne *f der Kristalle*: axial plane.

Ach·sel [ˈaksəl] *f* ⟨-; -n⟩ **1.** shoulder; **die ~n** (*od.* **mit den ~n**) **zucken** shrug (one's shoulders); *fig.* **et. auf s-e ~n nehmen** take the responsibility for s.th.; **auf die leichte ~ nehmen** make light of; **j-n über die ~ ansehen** look down upon s.o. **2.** → **Achselhöhle.** **~ˌband** *n* ⟨-(e)s; ⸚er⟩ **1.** *Mode*: shoulder strap. **2.** *bes. mil. hist.* shoulder knot, aiguillette. **~ˌbruch** *m med.* fractured (*od.* broken) shoulder. **~ˌdrü·se** *f anat.* axillary gland. **~geˌlenk** *n anat.* shoulder joint. **~ˌgriff** *m Rettungsschwimmen*: hold under the armpits. **~ˌgru·be** *f* → **Achselhöhle.** **~ˌhaar** *n* axillary hair. **~ˌhöh·le** *f* armpit, axilla. **~ˌklap·pe** *f mil.* shoulder strap. **~ˌpol·ster** *n Mode*: shoulder pad(ding). **~ˌschnur** *f mil.* lanyard. **~ˌschweiß** *m* sweat (*od.* perspiration) under the arms. **≈ˌstän·dig** *adj bot.* axillary. **~ˌstück** *n* **1.** *mil.* shoulder strap. **2.** *Mode*: shoulder-piece. **~ˌzucken** (*getr.* **-k·k-**) *n* shrug (of the shoulders); **et. mit e-m ~ abtun** shrug s.th. off. **≈ˌzuckend** (*getr.* **-k·k-**) *adv* with a shrug (of the shoulders); **~ über et. hinweggehen** shrug s.th. off.

ˈAch·sen|ˌabˌstand *m* **1.** *math.* cent/re (*Am.* -er) distance. **2.** → **Achsabstand.** **~ˌanˌtrieb** *m* → **Achsantrieb.** **~ˌaufˌhän·gung** *f* → **Achsaufhängung.** **~ˌbruch** *m tech.* **1.** breaking of an axle. **2.** broken axle. **~ˌdre·hung** *f math. tech.* (axial) rotation. **~ˌdruck** *m* → **Achsdruck.** **~ˌkreuz** *n math.* (coordinate) system of axes. **~ˌla·ger** *n* → **Achslager.** **~ˌmäch·te** *pl pol. hist.* Axis powers. **≈par·alˌlel** *adj math. phys.* axially parallel. **~ˌschnitt** *m math.* axial section. **~sym·meˌtrie** *f math.* axial symmetry. **≈symˌme·trisch** *adj* axially symmetric(al). **~ˌwin·kel** *m phys.* axial angle.

ˈAchs|ˌfe·der *f tech.* axle spring. **~geˌhäu·se** *n* axle housing (*od.* box). **~ki·loˌme·ter** *m mot. rail.* distance covered. **~ˌla·ger** *n tech.* (axle *od.* journal) bearing. **~ˌlast** *f mot. rail.* axle load; **zulässige ~** maximum load. **~ˌmo·tor** *m* gearless motor. **≈par·alˌlel** *adj* → **achsenparallel.**

ˈAchsˌschen·kel *m* **1.** *tech.* (axle) journal, axle swivel (*od.* neck). **2.** *mot.* (steering) stub axle, *Am.* steering knuckle. **~ˌbol·zen** *m mot.* kingpin. **~ˌlen·kung** *f* axle pivot steering.

Achs|ˌschmierˌbüch·se *f tech.* axle grease box. **~ˌschnitt** *m* → **Achsenschnitt.** **~ˌstand** *m* wheel (*od.* axle) base. **~ˌwel·le** *f* axle (driving) shaft.

acht [axt] *adj* ⟨*cardinal number*⟩ eight; **wir sind zu ~** there are eight of us; **alle ~ Tage** once a week, every other week; **auf ~ Tage** for a week; **in** (*od.* **binnen**) **~ Tagen** within a week; **heute in ~ Tagen** today week; **vor ~ Tagen** a week ago; **heute (gestern) vor ~ Tagen** a week ago today (yesterday).

Acht¹ *f* ⟨-; -en, *a.* -er⟩ **1.** (*Ziffer, Spielkarte etc*) eight; **e-e arabische (römische) ~** an arabic (a Roman) eight; **die Herz ~** the eight of hearts. **2.** *Eiskunstlauf*: **e-e ~ laufen** cut a figure eight. **3.** *colloq.* tram (*Am.* streetcar) number eight. **4.** *colloq.* **e-e ~ (im Rad) haben** have a buckled wheel.

Acht² *f* ⟨-; *no pl*⟩ *hist.* outlawry, proscription, *antiq.* (*Scherbengericht*) ostracism; **j-n in die ~ erklären, j-n in ~ und Bann tun, die ~ über j-n aussprechen** → **ächten.**

Acht³ *f* ⟨-; *no pl*⟩ **1.** *obs.* **et. aus der ~ lassen** *cf.* 2 (**außer ≈ lassen**); **die größte ~ geben** be extremely careful. **2.** *mit Kleinschreibung*: **außer ≈ lassen** disregard, ignore, pay no attention (*od.* heed) to; **wir dürfen nicht außer ≈ lassen, daß** it should be borne in mind that, we should not forget that; **in ≈ nehmen** take care of, be careful about; **nicht in ≈ nehmen** neglect; **sich vor j-m (et.) in ≈ nehmen** beware of s.o. (s.th.), guard o.s. against s.o. (s.th.); **nimm dich in ≈!** be careful!, watch your step!; **nimm dich in ≈, daß du nicht** be careful not to, mind you don't.

ˈacht|ˌar·mig [-ˌʔarmɪç] *adj* eight-armed. **~ˌbän·dig** [-ˌbɛndɪç] *adj* eight-volume, in eight volumes.

ˈacht·bar *adj lit.* **1.** *Person*: respectable, esteemed, *Firma etc*: reputable. **2.** *Leistung etc*: creditable, commendable. **≈keit** *f* ⟨-; *no pl*⟩ *lit.* **1.** respectability, good repute. **2.** creditableness.

ˈAchtˌbrief *m jur. hist.* writ of outlawry.

ˈach·te I *adj* ⟨*ordinal number*⟩ **1.** eighth; **~s Kapitel** eighth chapter, chapter eight; **er ist der ~** he is (the) eighth; **am ~n Mai** (on) May the eighth, (on) the eighth of May. **II ≈** *m, f* ⟨-n⟩ **2.** *Rangordnung*: (the) eighth. **3.** *zeitlich*: the eighth; **heute ist der ≈** today is the eighth. **4.** *hist.* the eighth; **Heinrich der ≈** Henry the Eighth, Henry VIII.

ˈAcht|ˌeck *n math.* octagon. **≈ˌeckig** (*getr.* **-k·k-**) *adj* octagonal. **≈ˌeinˈhalb** [ˌaxt-] *adj* eight and a half.

ˈAch·tel I *n* ⟨-s; -⟩ **1.** eighth (part); **ein ~ der Summe** an eighth of the sum. **2.** *colloq. for* **Achtelliter, Achtelpfund. 3.** → **Achtelnote. 4.** *der Aktien*: eighth share. **II ≈** *adj* **5.** eighth. **~fiˌna·le** *n Sport*: round of the last sixteen. **~ˌkreis** *m math.* octant (of a circle). **~ˌli·ter** *n, a. m* eighth of a litre (*Am.* liter).

ach·teln [ˈaxtəln] *v/t* ⟨h⟩ divide *s.th.* into eight (equal) parts.

ˈAch·tel|ˌno·te *f mus.* quaver, *Am.* eighth note. **~ˌpau·se** *f* quaver (*Am.* eighth) rest. **~ˌpfund** *n* eighth of a (German) pound. **~ˌtakt** *m mus.* quaver (*Am.* eighth) time. **~ˌton** *m* → **Achtelnote.**

ach·ten [ˈaxtən] **I** *v/t* ⟨h⟩ **1.** (*Alter, Recht, Gefühle etc*) respect, have respect for, (*Person*) *a.* think highly of, have a high opinion of, *a.* (*Geld, Meinung etc*) value; **sehr (allgemein) geachtet werden** be held in high (general) esteem; **j-n** (*obs.* **j-s**) **nicht ~** disrespect s.o., show little respect for s.o.; **ich achte ihn wenig** I have little regard for him; **e-e Mahnung nicht ~** disregard a warning; **sein Leben nicht ~** hold one's life cheap. **2.** (*be~*) (*Gesetze*) observe, abide by. **3.** *lit.* (*er~*) believe, consider, deem; **es für richtig ~** think it right (*od.* proper); **es für s-e Pflicht ~** consider it (to be) one's duty. **II** *v/i* **4. ~ auf** (*acc*) a) pay attention (*od.* regard) to, take notice of, heed, look (*od.* watch) out for, mind, b) (*im Auge behalten*) watch, keep an eye on, c) (*Wert legen auf*) attach importance to, set store by, d) (*schonend behandeln*) be careful with; **er achtet auf alles** nothing escapes his notice; **auf j-s Warnung ~** heed s.o.'s warning; **achte nicht darauf!** take no notice of it!; **~ Sie nicht auf ihn!** take no notice of him!; **~ Sie auf diesen Mann!** keep an eye on this man!; **achte auf m-e Worte!** mark my words!; **~ Sie darauf, daß** see to it that; **ich achtete darauf, daß ich (nicht)** I was careful (not) to *inf*; **auf den Verkehr ~** watch the traffic; **sie achtet nicht auf ihr Äußeres** she doesn't bother about her appearance; **er achtet sehr auf s-e Kleidung** he is very particular about his clothes.

äch·ten [ˈɛçtən] *v/t* ⟨h⟩ **1.** *hist.* outlaw, ban, *antiq.* ostracize. **2.** *fig.* ostracize, send *s.o.* to Coventry, (*boykottieren*) boycott, (*verbieten*) ban, proscribe; **ächtet die Atomwaffen!** ban nuclear arms!, ban the bomb!

ˈAchtˌen·der [-ˌʔɛndər] *m* ⟨-s; -⟩ *hunt.* stag (*od.* deer) with eight tines, four-pronger.

ˈach·tens *adv* in (the) eighth place, eighthly.

ˈach·tensˌwert *adj* → **achtbar.**

ˈAch·ter *m* ⟨-s; -⟩ **1.** *Rudern*: eight. **2.** *Eiskunstlauf*: figure eight. **3.** *dial. od. colloq. for* **Acht**¹ 3, 4.

ˈach·terˌaus *adv mar.* astern.

ˈAch·ter|ˌbahn *f* big dipper, switchback (railway), *Am.* roller coaster. **~ˌdeck** *n mar.* quarterdeck.

ˈAchtˌerˌklä·rung *f jur. hist.* sentence of outlawry, ban.

ˈAch·ter|ˌla·deˌraum *m mar.* afterhold. **≈ˌla·stig** [-ˌlastɪç] *adj* stern-heavy. **~laˌter·ne** *f* stern light.

ˈach·terˈlei *adj* ⟨*invariable*⟩ of eight (different) kinds (*od.* sorts, types); **~ Gewürze** eight kinds of spice.

ˈAch·ter|ˌlei·ne *f mar.* stern-fast. **≈lich** *adj* stern, sternward(s); **~er Wind** free (*od.* following) wind; **~e See** stern (*od.* following) sea; **mit ~em Wind** with the wind coming from astern. **~ˌliek** *n* after-leech. **~ˌlu·ke** *f* after-hatch(way). **~ˌmann·schaft** *f Rudern*: eight. **~ˌmast** *m mar.* after-mast.

ach·tern¹ [ˈaxtərn] *adv mar.* aft, astern; **nach ~ treiben** make sternway; **von vorn bis ~** from stem to stern; **alle Mann nach ~!** lay aft!

ˈach·tern² *v/i* ⟨h⟩ *colloq. Rad*: wobble.

ˈAch·ter|ˌren·nen *n Rudern*: eights race. **~ˌscha·le** *f nucl.* octet shell. **~ˌschiff** *n* stern, afterbody.

ˈach·terst *adj mar.* sternmost.

ˈAch·ter|ˌstag *n mar.* (permanent *od.* standing) backstay. **~ˌste·ven** *m* **1.** *mar.* sternpost. **2.** *fig. colloq.* buttocks, seat.

ˈacht|ˌfach I *adj* eightfold, octuple, *Meister etc*: eight-time, *nachgestellt*: eight times over; **~e Vergrößerung** an enlargement eight times the size. **II** *adv* eightfold, eight times. **III ≈e, das** ⟨-n⟩ the eightfold (amount); **vierundzwanzig ist das ≈e von drei** twenty-four is eight times three; **um das ≈e** eightfold, eight times. **~ˌfäl·tig** [-ˌfɛltɪç] *adj. obs.* → **achtfach. ≈ˌflach** *n math. min.* octahedron. **~ˌflä·chig** *adj* octahedral. **≈ˌfläch·ner** [-ˌflɛçnər] *m* ⟨-s; -⟩ → **Achtflach.**

ˈacht|ˌge·ben, ~ˌha·ben *v/i* ⟨*irr, sep,* **-ge-**, h⟩ **1.** → **achten** 4. **2.** be careful, take care, mind (*od.* look) out.

ˈachtˈhun·dert *adj* ⟨*invariable*⟩ eight hundred. **≈ˌjahrˌfei·er** *f* eighth centenary.

ˈacht|ˌjäh·rig *adj* **1.** eight-year-old, eight years old (*pred*); **ein ~es Kind** *a.* a child of eight. **2.** *Zeitraum*: eight-year, of eight years, octennial; **nach ~er Amtszeit** after eight years in office. **~ˌjähr·lich** *adj* eight-yearly, every eighth year, octennial. **≈ˌkampf** *m gym.* eight events *pl* (competition). **~ˌkan·tig** *adj bes. tech.* octagonal; *colloq.* **j-n ~ hinauswerfen** throw s.o. out on his ear.

ˈacht·los *adj* heedless, unheeding, (*unbesonnen*) careless, heedless, (*unaufmerksam*) inattentive. **ˈAcht·lo·sig·keit** *f* ‹-; *no pl*› heedlessness, carelessness; **aus ~** through inattention.

ˈacht|ˌmal *adv* eight times. **~ˌma·lig** *adj* eight times (over); **mit ~er Wiederholung** with eight repetitions. **~ˌmo·na·tig** *adj* **1.** eight-month-old, of eight months. **2.** *Aufenthalt etc*: of eight months, eight-month. **~ˌmo·nat·lich I** *adj* eight-monthly. **II** *adv* every eight months.

ˌAchtˈmo·natsˌkind *n med.* eight-month baby.

ˈAcht|ˌpolˌröh·re *f tech.* hexagrid valve, hectode. **~ˌpunktˌschrift** *f print.* eight-point type, brevier.

ˈacht·sam *adj* **1.** (*aufmerksam*) attentive, circumspect, mindful, watchful. **2.** (*behutsam*) careful, cautious. **≈keit** *f* ‹-; *no pl*› **1.** attention, circumspection, watchfulness. **2.** care(fulness), caution.

ˈacht|ˌsei·tig *adj* **1.** eight-sided, octagonal. **2.** *Broschüre etc*: of eight pages. **≈ˌspän·ner** [-ˌʃpɛnər] *m* eight-horse coach, carriage and eight. **~ˌspän·nig** [-ˌʃpɛnɪç] *adj* eight-horse. **~ˌstel·lig** [-ˌʃtɛlɪç] *adj Zahl*: eight-figure, *Dezimalzahl*: eight-place. **~ˌstöckig** (*getr.* **-k·k-**) [-ˌʃtœkɪç] *adj* eight-storeyed (*bes. Am.* -storied). **≈ˈstun·denˌtag** [ˌaxt-] *m* eight-hour day. **~ˌstün·dig** [-ˌʃtʏndɪç] *adj* **1.** eight-hour-old. **2.** eight-hour, of eight hours. **~ˌstünd·lich** *adj u. adv* every eight hours. **~ˌtä·gig** *adj* **1.** eight-day-old. **2.** of eight days, lasting a week. **~ˌtäg·lich** *adj u. adv* every eight days, weekly. **~ˈtau·send** *adj* ‹*invariable*› eight thousand. **≈ˈtau·sen·der** *m* ‹-s; -› mountain of eight thousand met/res (*Am.* -ers). **~ˌtei·lig** *adj Buch etc*: eight-part, in eight parts, *Service etc*: eight-piece, in eight pieces. **~ˌund·ˈacht·zig** *adj* ‹*invariable*› eighty-eight. **≈ˌundˈvier·zi·ger** *m hist.* revolutionary of (the year) 1848, forty-eighter. **~ˌundˈzwan·zig** *adj* ‹*invariable*› twenty-eight.

ˈAch·tung *f* ‹-; *no pl*› **1.** respect, regard, esteem; **vor j-m** (**et.**) **~ haben** have respect for s.o. (s.th.), respect s.o. (s.th.); **aus ~ vor j-m** in (*od.* out of) deference to s.o.; **~ vor sich selbst** self-respect; **j-m ~ erweisen** (*od.* **zollen**) pay (*od.* show) respect for s.o.; **~ gebieten** command respect; **sich ~ verschaffen** make o.s. respected; **bei aller ~** with all due respect; **große ~ genießen** be highly regarded, be held in high esteem; **in j-s ~ steigen** (**sinken**) go up (*od.* rise) (go down *od.* fall) in s.o.'s esteem; *colloq.* **alle ~!** hats off!; **alle ~ vor s-r Leistung** I take my hat off to him for his achievement. **2. ~!** (*Warnruf*) a) look (*od.* watch) out!, b) *bes. mil.* attention!; **~, Stufen!** mind the steps!; **~, Bauarbeiten!** (*Warnzeichen*) danger (*od.* caution), men at work!; **~, Hochspannung!** danger! high voltage!; *Film*: **~! Aufnahme!** quiet! action!; *Sport*: **~! Fertig! Los!** on your mark(s)! get set! go!, ready, steady, go!

ˈÄch·tung *f* ‹-; -en› **1.** *hist.* outlawry, proscription, *antiq.* ostracism. **2.** *fig. politische etc*: ban (*gen* on), boycott, *gesellschaftliche*: ostracism.

ˈach·tung·geˌbie·tend *adj Aussehen, Stimme etc*: commanding, *Leistung etc*: commanding respect, *stärker*: imposing.

ˈAch·tungs|apˌplaus *m* polite applause. **~beˌzei·gung, ~beˌzeu·gung** *f* mark (*od.* token) of esteem. **~erˌfolg** *m* succès d'estime. **≈los** *adj* disrespectful, respectless. **≈ˌvoll** *adj* respectful, deferential.

ˈacht|ˌwer·tig *adj chem.* octavalent. **~ˌwin·ke·lig, ~ˌwink·lig** *adj math.* octagonal. **~ˌwö·chent·lich I** *adj* eight-weekly. **II** *adv* every eight weeks. **~ˌwö·chig** [-ˌvœçɪç] *adj* **1.** eight-week-old. **2.** of eight weeks, eight-week.

acht·zehn [ˈaxtseːn] **I** *adj* ‹*invariable*› eighteen; **~ Uhr** six p.m.; **er ist ~** (**Jahre alt**) he is eighteen (years old). **II ≈** *f* ‹-; *no pl*› (*Zahl etc*) eighteen. **≈ˌen·der** [-ˌʔɛndər] *m* ‹-s; -› *hunt.* stag of eighteen tines, nine-pronger. **~ˌjäh·rig I** *adj* eighteen-year-old, eighteen years old (*pred*). **II ≈e** *m, f* ‹-n; -n› eighteen-year-old. **~te I** *adj* **II ≈** *m, f, n* ‹-n› eighteenth. **~tel I** *adj* eighteenth. **II ≈** *n* ‹-s, -› eighteenth (part).

ˈAcht|ˌzei·ler [-ˌtsaɪlər] *m* ‹-s; -› *metr.* eight-line stanza. **≈ˌzei·lig** [-ˌtsaɪlɪç] *adj* eight-line. **≈ˌzif·fe·rig** [-ˌtsɪfərɪç], **≈ˌziff·rig** [-ˌtsɪfrɪç] *adj* eight-figure.

acht·zig [ˈaxtsɪç] **I** *adj* ‹*invariable*› eighty. **II ≈** *f* ‹-; *no pl*› (*Zahl, Alter*) eighty; **sie ist Mitte** (**der**) **≈** she is in her mid-eighties; *fig. colloq.* **auf ~ sein** be hopping mad.

ˈacht·zi|ger I *adj* ‹*invariable*› **in den ~ Jahren** in the eighties. **II ≈** *m* ‹-s; -› octogenarian; **die ≈** *pl* (*Lebensjahre*) the eighties; **in den ≈n sein** be in one's eighties. **≈ge·rin** *f* ‹-; -nen› → Achtziger II. **≈gerˌjah·re, die** *pl* the eighties.

ˈacht·zig|ˌjäh·rig I *adj* eighty-year-old, eighty years old. **II ≈e** *m, f* ‹-n; -n› octogenarian. **~ˌmal** *adv* eighty times. **~ste I** *adj*, **II ≈** *m, f, n* ‹-n› eightieth. **~stel I** *adj* eightieth. **II ≈** *n* ‹-s; -› eightieth (part). **~stens** *adv* in the eightieth place.

ˈacht|ˌzöl·lig [-ˌtsœlɪç], *a.* **~ˌzol·lig** [-ˌtsɔlɪç] *adj* eight-inch.

ˈAcht·zyˌlin·der *m* **1.** → Achtzylindermotor. **2.** *colloq.* eight-cylinder (car). **~ˌmo·tor** *m* eight-cylinder engine.

ˈacht·zyˌlin·drig [-tsyˌlɪndrɪç] *adj* eight-cylinder.

äch·zen [ˈɛçtsən] *v/i* ‹h› groan (**vor** with), *Bretter, Wagen etc*: creak, *Wind*: moan; **unter der Last ~** groan under the load. **ˈÄch·zer** *m* ‹-s; -› groan, moan.

Acker (*getr.* **-k·k-**) [ˈakər] *m* ‹-s; ⸗› **1.** (ploughed, *bes. Am.* plowed) field, (arable *od.* farm) land, (*Boden*) soil, ground; **auf dem ~ arbeiten** work in the field, till (*od.* cultivate) the soil. **2.** ‹*pl* **Acker**› *obs.* (*Flächenmaß*) acre. **~ˌbau** *m* ‹-(e)s; *no pl*› agriculture, (arable) farming, *engS.* cultivation (*od.* tillage) of the fields; **~ und Viehzucht** crop and stock farming. **≈ˌbau·end** *adj* agricultural. **~ˌbau·er** *m* (crop) farmer.

ˈAckerˌbau|geˌbiet (*getr.* **-k·k-**) *n* farmland area. **~geˌrät** *n meist pl* → Ackergerät. **~ˌkun·de, ~ˌleh·re** *f* agronomy, agronomics *pl* (*meist als sg konstruiert*). **≈ˌtrei·bend** *adj Volk etc*: agricultural.

ˈAcker|ˌbeet (*getr.* **-k·k-**) *n* ridge. **~beˌstel·lung** *f* tillage, cultivation of the soil. **~ˌbo·den** *m* (arable *od.* tillable) soil (*od.* land), ploughland, *bes. Am.* plowland. **~ˌboh·ne** *f bot.* horse bean. **~ˌdi·stel** *f* creeping (*od.* thorn) thistle. **~ˌflä·che** *f* area of arable land. **~ˌfrä·se** *f* rotary hoe. **~ˌfrucht** *f* → Feldfrucht. **~ˌfur·che** *f* furrow. **~ˌgaul** *m* farm horse, plough (*bes. Am.* plow) horse. **~geˌrät** *n meist pl* agricultural (*od.* farm[ing]) implement (*od.* equipment). **~ˌklee, ˈGel·ber** *m bot.* hop trefoil, hop clover. **~ˌkru·me** *f* surface soil, topsoil. **~ˌland** *n* ‹-(e)s; *no pl*› arable (*od.* tilled) land, farmland, ploughland, *bes. Am.* plowland.

ackern (*getr.* **-k·k-**) [ˈakərn] **I** *v/t* ‹h› **1.** *agr.* (*Land*) plough, *bes. Am.* plow, till, cultivate. **II** *v/i* **2.** *agr.* plough, *bes. Am.* plow, till. **3.** *fig. colloq.* work hard, toil (and moil).

ˈAcker|ˌschlei·fe, ~ˌschlep·pe *f tech.* field drag, clod crusher. **~ˌschlep·per** *m* farm tractor. **~ˌschol·le** *f* clod, lump (of earth). **~ˌsenf** *m bot.* charlock, field (*od.* wild) mustard. **~ˌwal·ze** *f tech.* (field) roller. **~ˌwicke** (*getr.* **-k·k-**) *f bot.* common vetch. **~ˌwirt·schaft** *f* farming, agriculture.

Ac·ne [ˈaknə] *f* ‹-; *no pl*› *med.* acne.

a con·to [a ˈkɔnto] *adj econ.* on account.

Acryl [aˈkryːl] *n* ‹-s; *no pl*› *chem.* acryl. **~ˌglas** *n* acrylic glass. **~ˌharz** *n* acrylic resin.

ad ab·sur·dum [at apˈzʊrdʊm] *adv* **et. ~ führen** reduce s.th. to absurdity.

ad ac·ta [at ˈakta] *adv* **~ legen** *obs.* file, *fig.* shelve, consider *s.th.* closed.

Adam [ˈaːdam] *npr m* ‹-s; *no pl*› **1.** *Bibl.* Adam; *humor.* **bei ~ und Eva anfangen** start from Adam and Eve; *colloq.* **seit ~s Zeiten** from the beginning of time; **von ~ und Eva abstammen** be antidiluvian. **2.** *fig.* Adam; **der alte ~** old Adam (*od.* man); **den alten ~ ausziehen** shake off the old Adam, turn over a new leaf; *humor.* **der äußere ~** the outer man.

ˈAdam ˈRie·se *npr* (*deutscher Rechenmeister des 16. Jahrhunderts*) **nach ~** according to the rules of arithmetic, according to Cocker.

ˈAdams|ˌap·fel *m anat.* Adam's apple. **~koˌstüm** *n humor.* **im ~** in one's birthday suit, in one's buff, in the nude.

Ad·ap·ta·ti·on [adaptaˈtsĭoːn] *f* ‹-; *no pl*› **1.** *biol.* adaptation, *sociol. a.* adjustment. **2.** *Literatur*: adaptation (**für** for the screen, etc). **Ad·ap·ter** [aˈdaptər] *m* ‹-s; -› *phys. phot. tech.* adapter. **ad·ap·tie·ren** [adapˈtiːrən] *v/t* ‹*no* **ge-**, **h**› *biol. physiol. Film etc* adapt. **Ad·ap·ti·on** [adapˈtsĭoːn] *f* ‹-; *no pl*› → Adaptation.

ad·äquat [adɛˈkvaːt; atˈʔɛ-] *adj* (*angemessen*) adequate.

Ad·dend [aˈdɛnt] *m* ‹-en; -en› *math.* addend.

Ad·den·da [aˈdɛnda] *pl* (*Zusätze*) addenda, additions.

ad·die·ren [aˈdiːrən] *v/t* ‹*no* **ge-**, **h**› (*Zahl*) add, (*Zahlen*) add up, total up.

Adˈdier|maˌschi·ne *f* adding machine. **~ˌwerk** *n* adding device.

Ad·di·son·sche ˈKrank·heit [ˈædɪsnʃə] (*Engl.*) *f med.* Addison's disease.

Ad·di·ti·on [adiˈtsĭoːn] *f* ‹-; -en› addition, adding up.

Ad·di·tiˈons|ˌfeh·ler *m* mistake (*od.* error) in adding up. **~maˌschi·ne** *f* → Addiermaschine. **~re·akˌti·on** *f chem.* additive reaction. **~verˌbin·dung** *f chem.* addition (*od.* additive) compound. **~ˌzei·chen** *n math.* plus (sign).

ad·di·tiv [adiˈtiːf] **I** *adj* additive. **II ≈** *n* ‹-s; -e› *chem.* additive.

Ad·duk·ti·on [adʊkˈtsĭoːn] *f* ‹-; -en› *med.* adduction. **Ad·duk·tor** [aˈdʊktɔr] *m* ‹-s; -en [-ˈtoːrən]› *anat.* adductor.

ade [aˈdeː] **I** *interj* adieu, good-by(e), farewell; **j-m ~ sagen** bid s.o. farewell, say good-by(e) to s.o.; **der Welt ~ sagen** a) retire from the world, b) die, depart this life. **II ≈** *n* ‹-s; -s› adieu, farewell.

Ade·bar [ˈaːdəbar] *m* ‹-(e)s; -e› *dial. od. poet.* stork.

Adel [ˈaːdəl] *m* ‹-s; *no pl*› **1.** (*Adelsstand*) nobility, aristocracy; **der hohe ~** the higher nobility, *Br.* the nobility, the peerage; **der niedere ~** the lower (*od.* lesser) nobility, *Br.* the gentry; **~ verpflichtet**

noblesse oblige. **2.** (*adlige Abkunft*) noble birth (*od.* lineage), nobility; **von ~** of noble birth; **von altem ~** of ancient lineage (*od.* stock), blue-blooded; **ein Franzose von ~** a titled Frenchman, a French nobleman. **3.** (*Adelstitel*) title; **erblicher (gekaufter) ~** a hereditary (bought) title; **j-m den ~ verleihen** → **adeln. 4.** *fig.* (*Vornehmheit*) nobility, nobleness, dignity; **~ der Gesinnung** nobleness of mind; **geistiger ~** spiritual nobility. **~ der Arbeit** dignity of labo(u)r.

adeln [ˈaːdəln] *v/t* ⟨h⟩ ennoble (*a. fig.*), raise *s. o.* to nobility (*od.* noble rank), bestow a title (up)on *s. o.*

ˈ**Adels|ˌanˌma·ßung** *f jur.* assumption of a spurious title (of nobility). **~ˌbrief** *m*, **~diˌplom** *n* patent of nobility. **~geˌschlecht** *n* family of noble descent, noble family. **~ˌherr·schaft** *f hist.* rule of the aristocracy. **~ˌkro·ne** *f* coronet. **~parˌti·kel** *f* nobiliary (*od.* aristocratic) particle. **~paˌtent** *n* → **Adelsbrief. ~prä·diˌkat** *n* → **Adelstitel. ~ˌrang** *m* noble rank; **ohne ~** untitled. **~reˌgi·ster** *n* peerage-book (*od.* -list). **~ˌstand** *m* nobility, *bes. hist.* aristocracy; **j-n in den ~ erheben** → **adeln. ~ˌstolz I** *m* aristocratic pride. **II** Ձ *adj* proud of one's noble birth (*od.* rank). **~ˌti·tel** *m* title (of nobility); **mit e-m ~** titled. **~verˌzeich·nis** *n* → **Adelsregister.**

ade·no·id [adenoˈiːt] *adj med.* adenoid.

Ad·ept [aˈdɛpt] *m* ⟨-en; -en⟩ **1.** (*Experte*) adept. **2.** (*Schüler*) disciple.

Ader [ˈaːdər] *f* ⟨-; -n⟩ **1.** *anat.* blood vessel, vein, (*Schlag*Ձ) artery; **j-n zur ~ lassen** bleed s. o. (*a. fig.*); *fig.* **er hat Indianerblut in den ~n** he has Indian blood in his veins. **2.** ⟨*only sg*⟩ *fig.* (*Begabung, Veranlagung*) vein, bent; **er hat e-e künstlerische ~** he has an artistic vein; **er hat e-e leichte ~** he has a frivolous streak, he is a happy-go-lucky fellow; **er hat e-e witzige ~** he is a witty person. **3.** *geol.* vein, lode, (*bes. Gold*Ձ) *a.* reef; **ein mit dunklen ~n durchzogenes Gestein** a darkly veined rock. **4.** *in Marmor etc*: vein, *im Holz*: *a.* grain, streak, *e-s Blattes, Insektenflügels etc*: *a.* rib, nerve. **5.** *e-s Kabels*: core. **6.** → **Verkehrsader, Wasserader.**

Äder·chen [ˈɛːdərçən] *n* ⟨-s; -⟩ small blood vessel, veinlet; *med.* **geplatzte ~** *pl* broken vessels.

ˈ**Ader|geˌflecht** *n* **1.** *anat.* plexus of veins. **2.** *der Insektenflügel*: nervure. **~ˌhaut** *f des Auges*: choroid (coat *od.* membrane). **~ˌhäut·chen** *n des Fötus*: chorion. **~ˌholz** *n* **1.** veined wood. **2.** wood cut along (*od.* with) the grain. **~ˌlaß** *m* ⟨-sses; **Aderlässe**⟩ *med.* bleeding, bloodletting (*a. fig.*), *fig. a.* severe loss(es *pl*).

adern [ˈaːdərn], **ädern** [ˈɛːdərn] *v/t* ⟨h⟩ (*Holz etc*) grain, (*Marmor*) vein.

ˈ**Ade·rung,** ˈ**Äde·rung** *f* ⟨-; -en⟩ **1.** *e-s Insektenflügels etc*: veins *pl*, nervures *pl*, ribs *pl*, *e-s Blattes*: *a.* nervation. **2.** *in Holz, Marmor*: veins *pl*.

ˈ**Ader|ˌvie·rer** *m electr.* quad (cable). **~ˌwerk** *n* → **Aderung.**

Ad·hä·si·on [athɛˈzĭoːn] *f* ⟨-; -en⟩ *phys.* adhesion.

Ad·hä·si'onsˌkraft *f*, **~verˌmö·gen** *n* adhesive power, adhesiveness.

ad·hä·siv [athɛˈziːf] *adj* adhesive.

ad hoc [at ˈhɔːk; at ˈhɔk] *adj u. adv* ad hoc.

adi·eu [aˈdĭøː] → **ade.**

Ädil [ɛˈdiːl] *m* ⟨-en; -en⟩ *antiq.* aedile.

ad in·fi·ni·tum [at ɪnfiˈniːtum] *adv* ad infinitum.

Ad·jek·tiv [ˈatjɛktiːf; -ˈtiːf] *n* ⟨-s; -e⟩ *ling.* adjective. **ad·jek·ti·visch** [ˈatjɛktiːvɪʃ; -ˈtiː-] **I** *adj* adjectival. **II** *adv* adjectivally.

ˈ**Ad·jek·tiv|ˌsatz** *m ling.* adjectival clause. **~sufˌfix** *n* adjectival suffix.

Ad·jek·ti·vum [ˈatjɛktiːvum; -ˈtiː-] *n* ⟨-s; -va [-va]⟩ *ling.* adjective.

Ad·ju·di|ka·ti·on [atjudikaˈtsĭoːn] *f* ⟨-; -en⟩ *jur.* adjudication, award. Ձ**-**ˈ**zie·ren** [-ˈtsiːrən] *v/t* ⟨*no* **ge-**, **h**⟩ **j-m et.** ~ (*zuerkennen*) adjudge (*od.* award) s. th. to s. o.

ad·ju·stie·ren [atjusˈtiːrən] *v/t* ⟨*no* **ge-**, **h**⟩ **1.** *tech.* adjust, set, (*eichen*) ga(u)ge. **2.** *Austrian* (*ausrüsten*) equip.

Ad·ju·tant [atjuˈtant] *m* ⟨-en; -en⟩ **1.** *mil.* adjutant, aide(-de-camp) (to commanding officer). **2.** *orn.* adjutant (bird).

Ad·ju·tan'tur [-ˈtuːr] *f* ⟨-; -en⟩ *mil.* **1.** adjutancy. **2.** adjutant's office.

Ad·la·tus [atˈlaːtus; aˈdlaːtus] *m* ⟨-; -ten *u.* -ti [-ti]⟩ *obs.* assistant.

Ad·ler [ˈaːdlər] *m* ⟨-s; -⟩ **1.** *orn., a. her.* eagle; **junger ~** eaglet; **kühn wie ein ~** as bold as a lion. **2.** *antiq. der Römer*: eagle, standard. **~ˌau·ge** *n* eagle eye; *fig.* **~n haben** have eyes like a hawk, be hawk-eyed, be eagle-eyed. **~ˌhorst** *m* aerie, eyrie. **~ˌna·se** *f* aquiline (*od.* Roman) nose.

ad li·bi·tum [at ˈliːbitum] *adv* ad lib(itum), at will, at pleasure.

ad·lig [ˈaːdlɪç] *adj* **1.** noble, titled, aristocratic; **e-e ~e Familie** a noble family; **er ist nicht ~** he is a commoner; **von ~em Blut** of noble blood, blue-blooded. **2.** *fig.* (*edel*) noble(-minded), lofty. ˈ**Ad·li·ge**[1] *m* ⟨-n; -n⟩ man of noble birth (*od.* rank), *bes. hist.* aristocrat, noble(man), *bes. Br.* peer; **die ~n** the nobles, the nobility *sg*, *Br.* the peerage *sg*. ˈ**Ad·li·ge**[2] *f* ⟨-n; -n⟩ lady of noble birth (*od.* rank), lady of title, noblewoman, *bes. Br.* peeress.

Ad·mi·ni|stra·ti·on [atminɪstraˈtsĭoːn] *f* ⟨-; -en⟩ administration. Ձ**stra'tiv** [-ˈtiːf] *adj* administrative. **~'stra·tor** [-ˈtraːtɔr] *m* ⟨-s; -en [-traˈtoːrən]⟩ administrator.

Ad·mi·ral [atmiˈraːl] *m* ⟨-s; -e, *a.* **Admiräle**⟩ **1.** *mar. mil.* admiral, flag-officer. **2.** *zo.* a) red admiral (butterfly), b) (*Muschel*) admiral shell. **3.** *gastr.* eggnog, egg flip. **Ad·mi·ra·li·tät** [atmiraliˈtɛːt] *f* ⟨-; -en⟩ *mar. mil.* Admiralty.

Ad·mi'ralsˌschiff *n* flagship.

Ad·mi'ralˌstab *m mar.* naval staff.

Ad·mit·tanz [atmɪˈtants] *f* ⟨-; *no pl*⟩ *electr.* admittance.

Ado·les·zenz [adolɛsˈtsɛnts] *f* ⟨-; *no pl*⟩ adolescence, youth.

Ado·nis [aˈdoːnɪs] **I** *npr m* ⟨-; *no pl*⟩ **1.** *myth.* Adonis. **II** *m* ⟨-; -se⟩ **2.** *fig.* Adonis, beautiful (young) man. **3.** → **~ˌfal·ter** *m zo.* Adonis copper.

ad·op|tie·ren [adɔpˈtiːrən] *v/t* ⟨*no* **ge-**, **h**⟩ (*Kind*) adopt. Ձ'**tier·te** *m, f* ⟨-n; -n⟩ adopted (*od.* adoptive) child. Ձ**ti'on** [-ˈtsĭoːn], Ձ'**tie·rung** *f* ⟨-; -en⟩ adoption.

ad·op·tiv [adɔpˈtiːf] *adj* adoptive. Ձ**-ˌbru·der** *m* adoptive brother, brother by adoption. Ձ**ˌel·tern** *pl* adoptive parents. Ձ**ˌhei·mat** *f* → **Wahlheimat.** Ձ**ˌkind** *n* adoptive (*od.* adopted) child. Ձ**ˌmut·ter** *f* adoptive mother. Ձ**ˌschwe·ster** *f* adoptive sister, sister by adoption. Ձ**ˌsohn** *m* adopted (*od.* adoptive) son. Ձ**ˌtoch·ter** *f* adopted (*od.* adoptive) daughter. Ձ**ˌva·ter** *m* adoptive father.

Ad·re·na·lin [atrenaˈliːn; adre-] *n* ⟨-s; *no pl*⟩ *chem. med.* adrenalin(e).

Adres·sant [adrɛˈsant] *m* ⟨-en; -en⟩ *obs. for* **Absender.**

Adres·sat [adrɛˈsaːt] *m* ⟨-en; -en⟩ *obs. for* **Empfänger** 2, 3.

Adreßˌbuch [aˈdrɛs-] *n* directory.

Adres·se [aˈdrɛsə] *f* ⟨-; -n⟩ **1.** address (*a. Computer, a. formelles Schreiben*); **der Brief ist an m-e ~ gerichtet** the letter is addressed (*od.* directed) to me; **per ~, unter der ~ von** care of, c/o; *fig.* **das war an d-e ~ gerichtet** that was meant for you; **an die falsche ~ geraten** come to the wrong person (*od.* shop). **2.** *pl econ.* house *sg*, firm *sg*, finance-house *sg*; **Bankakzepte erster ~n** first-class papers (*od.* acceptances).

Adres·sen|ˌän·de·rung [aˈdrɛsən-] *f* change of address. **~büˌro** *n* address (*od.* information) bureau. **~ˌschrei·ber** *m* → **Adressiermaschine.**

adres·sie·ren [adrɛˈsiːrən] *v/t* ⟨*no* **ge-**, **h**⟩ (*Briefe etc*) (**an** *acc* to) address, direct, (*Waren*) consign; **falsch ~** misdirect; **neu ~** readdress.

Adres'sier·maˌschi·ne *f* addressograph, addressing-machine.

Adreß|ˌumˌschlag [aˈdrɛs-] *m* (addressed) envelope. **~ˌzet·tel** *m auf Waren*: destination (*od.* address) label, ticket.

adrett [aˈdrɛt] **I** *adj* ⟨-er; -est⟩ *Kleid etc*: smart, chic, stylish, *Mädchen etc*: smart(-looking), smartly dressed. **II** *adv* **~ gekleidet** smartly (*od.* stylishly) dressed.

Adria [ˈaːdria] *npr f* ⟨-; *no pl*⟩ *geogr.* Adriatic (Sea). **adria·tisch** [adriˈaːtɪʃ] *adj* Adriatic.

ad·rig [ˈaːdrɪç], **äd·rig** [ˈɛːdrɪç] *adj* → **geädert.**

ad·sor|ˈbier·bar *adj* adsorbable. **~-ˈbie·ren** [-ˈbiːrən] *v/t* ⟨*no* **ge-**, **h**⟩ adsorb; **~de Substanz** adsorbent.

Ad·sorp·ti·on [atzɔrpˈtsĭoːn] *f* ⟨-; -en⟩ adsorption.

Ad·sorp·ti'ons|ˌfä·hig·keit *f* → **Adsorptionsvermögen. ~ˌkoh·le** *f* activated charcoal. **~ˌmit·tel** *n* adsorbent. **~verˌmö·gen** *n* adsorbing power.

Ad·strin|gens [atˈstrɪŋgɛns] *n* ⟨-; -genzien [-ˈgɛntsĭən], *a.* -gentia [-ˈgɛntsĭa]⟩ *med.* astringent. Ձ'**gie·ren** [-ˈgiːrən] *med.* **I** *v/t* ⟨*no* **ge-**, **h**⟩ astringe; **~des Mittel** astringent. **II** *v/i* have an astringent effect.

ˈ**A-ˌDur** *n* ⟨-; *no pl*⟩ *mus.* A major.

Ad·vent [atˈvɛnt] *m* ⟨-(e)s; *rare* -e⟩ *relig.* **1.** (*Vorweihnachtszeit*) Advent. **2.** Advent Sunday. **Ad·ven'tis·mus** [-ˈtɪsmus] *m* ⟨-; *no pl*⟩ *relig.* Adventism. **Ad·ven'tist** [-ˈtɪst] *m* ⟨-en; -en⟩ *relig.* (Second) Adventist.

ad·ven·tiv [atvɛnˈtiːf] *adj bes. bot.* adventitious.

Ad'vents ... *in Zssgn* Advent (*calendar, candle, Sunday, wreath, etc*).

Ad·verb [atˈvɛrp] *n* ⟨-s; -verbien [-bĭən]⟩ *ling.* adverb; **als ~ gebraucht** used adverbially.

ad·ver·bi·al [atvɛrˈbĭaːl] *adj ling.* adverbial, adverb; **~e Bestimmung** adverbial qualification; **~er Ausdruck** adverbial phrase (*od.* expression). Ձ**satz** *m* adverb(ial) clause. Ձ**sufˌfix** *n* adverb(ial) suffix.

ad·ver·bi·ell [atvɛrˈbĭɛl] *adj* → **adverbial.**

Ad·ver·bi·um [atˈvɛrbĭum] *n* ⟨-s; -bien⟩ *ling. rare for* **Adverb.**

ad·ver·sa·tiv [atvɛrzaˈtiːf] *adj ling.* adversative.

Ad·vo·kat [atvoˈkaːt] *m* ⟨-en; -en⟩ **1.** *obs. or dial. for* **Rechtsanwalt. 2.** *fig. lit.* (*Fürsprecher*) advocate, champion, protagonist. **Ad·vo'ka·tenˌkniff** *m colloq.* lawyer's trick, legal quibble.

ae·rob [aeˈroːp] *adj biol.* aerobic.

Ae·ro·bi·er [aeˈroːbɪ̆ər] *m* ⟨-s; -⟩, **Ae·ro·bi·ont** [aerobiˈɔnt] *m* ⟨-en; -en⟩ *biol.* aerobe.

Ae·ro|dy·na·mik [aerodyˈnaːmɪk] *f phys.* aerodynamics *pl* (*als sg konstruiert*). **≈dyˈna·misch** [-dyˈnaːmɪʃ] *adj* aerodynamic. **~gramm** [-ˈgram] *n Post*: aerogram(me *Br.*).

Ae·roˌklub [aˈeːro-] *m* flying club.

Ae·ro|lo·gie [aeroloˈgiː] *f* ⟨-; *no pl*⟩ *meteor.* aerology. **~meˈcha·nik** [-meˈçaːnɪk] *f* aeromechanics *pl* (*als sg konstruiert*). **~me·diˈzin** [-mediˈtsiːn] *f* aviation medicine. **~ˈme·ter** [-ˈmeːtər] *n phys.* aerometer. **~naut** [-ˈnaʊt] *m* ⟨-en; -en⟩ *obs.* aeronaut. **~ˈnau·tik** [-tɪk] *f* ⟨-; *no pl*⟩ aeronautics *pl* (*als sg konstruiert*). **≈ˈnau·tisch** *adj* aeronautical. **~pho·to·graˈphie** [-fotograˈfiː] *f* aerial photography. **~phyˈsik** [-fyˈziːk] *f* aerophysics *pl* (*als sg konstruiert*). **≈phy·siˈka·lisch** [-fyziˈkaːlɪʃ] *adj* aerophysical. **~ˈphyt** [-ˈfyːt] *m* ⟨-en; -en⟩ *bot.* epiphyte. **~ˈplan** [-ˈplaːn] *m* ⟨-(e)s; -e⟩ *obs. for* **Flugzeug**.

Ae·ro·saˌlon [aˈeːro-] *m* aviation and space technology exhibition.

Ae·ro·sol [aeroˈzoːl] *n* ⟨-s; -e⟩ *chem. med.* aerosol.

Ae·ro|sta·tik [aeroˈstaːtɪk] *f* ⟨-; *no pl*⟩ *phys.* aerostatics *pl* (*als sg konstruiert*). **≈ˈsta·tisch** *adj* aerostatic.

Af·fä·re [aˈfɛːrə] *f* ⟨-; -n⟩ *allg.* affair (*a. Liebes≈*), (*Sache*) *a.* business, story, *b. s. a.* scandal; **sich** (*acc*) **aus der ~ ziehen** get out of it, *colloq.* get out from under, **gut** *od.* **geschickt**: master the situation, rise to the occasion, emerge from the affair with credit; **e-e ~ (mit e-r Frau) haben** have an affair (with a woman); *colloq.* **das ist k-e ~** that's no problem.

Äff·chen [ˈɛfçən] *n* ⟨-s; -⟩ little monkey (*a. fig. Kosewort*).

Af·fe [ˈafə] *m* ⟨-n; -n⟩ **1.** *zo. schwanzloser*: ape, *geschwänzter*: monkey; *fig. colloq.* **du bist wohl vom wilden ~n gebissen!** have you gone crackers?, are you mad?; **ich denke, mich laust der ~** well, I'll be damned!; **e-n ~n an j-m gefressen haben** be infatuated with s. o., be nuts about s. o.; **s-m ~n Zucker geben** indulge one's pet whim. **2.** *fig. contp.* (**eingebildeter** *od.* **lackierter**) **~** stuck-up bugger, big-headed prick (*od.* sod); (**blöder**) **~** stupid twit, silly fool, idiot. **3.** ⟨*only sg*⟩ *fig. colloq.* **e-n ~ (sitzen) haben** be tight, be sloshed. **4.** *bes. mil. sl.* (*Tornister*) knapsack, pack.

Af·fekt [aˈfɛkt] *m* ⟨-(e)s; -e⟩ *bes. psych.* affect, emotion, passion; **im ~** in the heat of passion; **im ~ begangen** *a.* emotional. **~ˌausˌbruch** *m psych.* affective crisis. **~ˌhand·lung** *f jur. psych.* act committed in the heat of passion.

af·fekˈtiert I *adj* **1.** *Benehmen, Person etc*: affected, *Stil etc*: mannered, stilted, *Lächeln etc*: artificial; **~es Getue** silly behavio(u)r, *e-r Frau*: *a.* airs and graces. **2.** (*eingebildet*) conceited, priggish. **II** *adv* **3.** affectedly, artificially; **sich ~ benehmen** behave in an affected way (*od.* manner). **≈heit** *f* ⟨-; *no pl*⟩ **1.** affectation, affectedness, artificiality. **2.** (*Einbildung*) conceit(edness), priggishness.

Af·fek|ti·on [afɛkˈtsɪ̆oːn] *f* ⟨-; -en⟩ *med.* affection. **≈ˈtiv** [-ˈtiːf] *adj psych.* affective, emotive, emotional. **~ti·viˈtät** [-tiviˈtɛːt] *f* ⟨-; *no pl*⟩ *psych.* affectivity, emotionality.

afˈfekt|los *adj* **1.** dispassionate, unimpassioned. **2.** *ling. Wort*: without emotive connotations. **≈psyˌcho·se** *f med. psych.* affective disorder (*od.* psychosis). **≈ˌstau** *m* emotional block. **≈ˌstau·ung** *f* blocking of emotions. **≈verˌla·ge·rung, ≈verˌschie·bung** *f* displacement of affect.

äf·fen [ˈɛfən] *v/t* ⟨h⟩ fool.

ˈAf·fen|ˌart *f* species of ape (*od.* monkey). **≈ˌar·tig** *adj* apelike, monkeylike, simian; *fig. colloq.* **mit ~er Geschwindigkeit** like greased lightning. **~ˌbrotˌbaum** *m bot.* baobab, monkey bread (tree). **~ˌhaus** *n im Zoo*: monkey (*od.* ape) house. **~ˌhit·ze** *f colloq.* awful heat. **~ˌkä·fig** *m im Zoo*: monkey cage; *colloq.* **es ging zu wie in e-m ~** it was like the monkey house at the zoo. **~koˌmö·die** *f* → **Affentheater**. **~ˌlie·be** *f fig.* foolish affection, doting love; **e-e ~ zu j-m haben** dote on s. o. **~ˌmensch** *m* apeman. **~ˌpin·scher** *m zo.* miniature schnauzer. **~ˌschan·de** *f colloq.* crying shame. **~ˌschau·kel** *f humor.* **1.** *mil.* fourragère. **2.** *pl* looped plaits. **~ˌschwanz** *m* monkey's tail. **~ˌstall** *m colloq. contp.* **1.** madhouse. **2. stinken wie in e-m ~** stink like a pigsty. **~ˌtem·po** *n* → **Affenzahn**. **~thea·ter** [-teˌaːtər] *n colloq.* stupid fuss, *weitS.* a) crazy business, b) complete farce. **~ˌweib·chen** *n* → **Äffin**. **~ˌzahn** *m colloq.* breakneck speed; **e-n ~ draufhaben** go at breakneck speed.

Af·feˈrei *f* ⟨-; -en⟩ *colloq.* silly joke (*od.* trick), (piece of) stupidity.

ˈaf·fig *adj fig. colloq.* (*affektiert*) affected, la-di-da, (*eingebildet*) conceited, priggish, (*albern*) silly, (*geckenhaft*) foppish.

af·fin [aˈfiːn] *adj math.* affine.

Äf·fin [ˈɛfɪn] *f* ⟨-; -nen⟩ *zo. schwanzlose*: she-ape, female ape, *geschwänzte*: she-monkey, female monkey.

af·fi·nie·ren [afiˈniːrən] *v/t* ⟨*no* **ge-**, h⟩ *chem.* refine, *metall. a.* fine.

Af·fi·ni·tät [afiniˈtɛːt] *f* ⟨-; -en⟩ *allg., a. chem.* affinity.

Af·fir·ma|ti·on [afɪrmaˈtsɪ̆oːn] *f* ⟨-; -en⟩ affirmation, assurance. **≈ˈtiv** [-ˈtiːf] *adj* affirmative. **~ˈti·va** [-ˈtiːva] *pl ling.* affirmative forms.

äf·fisch [ˈɛfɪʃ] *adj* **1.** apelike, monkeylike. **2.** → **affig**.

Af·fix [aˈfɪks] *n* ⟨-es; -e⟩ *ling.* affix.

af·fi·zie·ren [afiˈtsiːrən] *v/t* ⟨*no* **ge-**, h⟩ *med.* affect.

Af·fri·ka|ta [afriˈkaːta] *f* ⟨-; -katen⟩, **~te** [-tə] *f* ⟨-; -n⟩ *Phonetik*: affricate.

Af·front [aˈfrõː; aˈfrɔnt] *m* ⟨-; -s [aˈfrõːs], *a.* -e [aˈfrɔntə]⟩ (**gegen** to) affront, (open) insult; **j-m e-n ~ antun** affront (*od.* insult) s. o.

Af·ghan [ˈafga(ː)n; afˈgaːn] *m* ⟨-(s); -s⟩ afghan (carpet).

Af·gha·ne [afˈgaːnə] *m* ⟨-n; -n⟩ **1.** Afghan. **2.** *zo.* Afghan (hound). **afˈgha·nisch I** *adj* Afghan. **II** *ling.* **≈** ⟨*generally undeclined*⟩, **das ≈e** ⟨-n⟩ Afghan(i).

à fonds per·du [afõpɛrˈdy] *adv econ.* without repayment of capital.

a fres·co [a ˈfrɛsko] *adj u. adv Kunst*: alfresco.

Afri|kaan·der [afriˈkaːndər] *m* ⟨-s; -⟩ Afrikaner, Afrikander. **~ˈkaans** [-ˈkaːns] *n* ⟨-; *no pl*⟩ *ling.* Afrikaans, Cape Dutch.

ˈAfri·ka|ˌfeldˌzug *m mil. hist.* African campaign (*1940–43*). **~ˌfor·scher** *m* African explorer. **~ˌkorps** *n mil. hist.* Africa Corps.

Afri·ka|ner [afriˈkaːnər] *m* ⟨-s; -⟩, **~ne·rin** *f* ⟨-; -nen⟩, **≈nisch** *adj* African.

afro-asia·tisch [ˈaːfroˀaˈzɪ̆aːtɪʃ] *adj* Afro-Asian.

Afro-Look [ˈafroˌlʊk] *m* ⟨-s; *no pl*⟩ Afro hair style (*od.* hair-do); (**die Haare im**) **~ tragen** wear one's hair Afro; **im ~** Afroed.

Af·ter [ˈaftər] *m* ⟨-s; -⟩ *anat. zo.* anus, *der Fische, Vögel etc*: vent. **~ˌdrü·se** *f des Stinktiers etc*: anal gland. **~ˌflos·se** *f ichth.* anal fin. **~ˌflü·gel** *m orn.* alula, bastard wing. **~ˌge·gend** *f anat.* anal region. **~geˌlehr·sam·keit** *f contp.* pseudo-learning. **~ˌkri·ti·ker** *m contp.* would-be critic. **~ˌle·hen** *n hist.* arriere fee (*od.* fief). **~ˌle·hensˌmann** *m* → **Aftervasall**. **~ˌlehnsˌherr** *m* mesne lord, vavasour. **~ˌmün·dung, ~ˌöff·nung** *f anat.* anal aperture (*od.* orifice). **~ˌre·de** *f* slander, calumny. **~ˌspin·ne** *f* → **Weberknecht**. **~vaˌsall** *m jur. hist.* rear (*od.* arriere) vassal. **~ˌweis·heit** *f contp.* spurious (*od.* sham) wisdom, *weitS.* humbug. **~ˌze·he** *f zo.* dew claw.

agä·isch [ɛˈgɛːɪʃ] *adj geogr.* Aegean: **das ≈e Meer** the Aegean Sea.

Aga·ve [aˈgaːvə] *f* ⟨-; -n⟩ *bot.* agave, century plant.

Agen·da [aˈgɛnda] *f* ⟨-; -den⟩ **1.** *meist pl* (*Tagesordnung*) agenda. **2.** (*Merkbuch*) agenda (book), memorandum book. **3.** *pl Austrian for* **Aufgabenbereich**.

Agens [ˈaːgɛns] *n* ⟨-; -zien [aˈgɛntsɪ̆ən]⟩ **1.** *chem.* (re)agent. **2.** *bes. philos.* driving force. **3.** *ling.* agent.

Agent [aˈgɛnt] *m* ⟨-en; -en⟩ **1.** *pol.* (diplomatic) agent. **2.** (*Geheim≈*) (secret) agent, *weitS.* spy. **3.** *econ.* agent.

Agen·ten|ˌdienst [aˈgɛntən-] *m* **1.** secret service. **2.** secret service activity, *weitS.* espionage; **~e leisten** act as (*od.* be) a secret agent. **~ˌnest** *n* nest of foreign agents (*od.* spies). **~ˌnetz** *n* network of foreign agents (*od.* spies). **~ˌring** *m* spy ring. **~ˌtä·tig·keit** *f* (subversive) activity of foreign agents, espionage.

Agen·tin [aˈgɛntɪn] *f* ⟨-; -nen⟩ → **Agent**.

Agen·tur [agɛnˈtuːr] *f* ⟨-; -en⟩ **1.** *econ. thea. etc* agency. **2.** *Soziologie*: (social) institution. **~geˌschäft** *n econ.* agent's transaction, agency business. **~ˌmel·dung** *f in Zeitung*: news agency report. **~verˌtrag** *m econ.* agency agreement.

Ag·glo·me|rat [aglomeˈraːt] *n* ⟨-(e)s; -e⟩ *geol. metall.* agglomerate (*a. fig.*). **~ra·tiˈon** [-raˈtsɪ̆oːn] *f* ⟨-; -en⟩ agglomeration. **≈ˈrie·ren** [-ˈriːrən] *v/t* ⟨*no* **ge-**, h⟩ agglomerate.

Ag·glu·ti|na·ti·on [aglutinaˈtsɪ̆oːn] *f* ⟨-; -en⟩ *med. ling.* agglutination. **≈ˈnie·ren** [-ˈniːrən] *v/t* ⟨*no* **ge-**, h⟩ agglutinate; *ling.* **~de Sprachen** agglutinative languages. **~ˈnin** [-ˈniːn] *n* ⟨-s; -e⟩ *meist pl med.* agglutinin.

ag·gra·vie·ren [agraˈviːrən] *v/t* ⟨*no* **ge-**, h⟩ (*e-e Krankheit, a. fig.*) aggravate, (*übertreiben*) exaggerate.

Ag·gre|gat [agreˈgaːt] *n* ⟨-(e)s; -e⟩ *allg.* aggregate, *bes. tech.* unit, set, plant, *bes. mot.* power unit. **~ga·tiˈon** [-gaˈtsɪ̆oːn] *f* ⟨-; -en⟩ *biol. chem.* aggregation. **~ˈgat·zuˌstand** *m phys.* (aggregate) state; **fester** (**flüssiger, gasförmiger**) **~** solid (liquid, gaseous) state.

Ag·gres·si·on [agrɛˈsɪ̆oːn] *f* ⟨-; -en⟩ *pol.* aggression, *psych. a.* aggressive attitude.

Ag·gres·siˈons|ˌkrieg *m* war of aggression. **~po·liˌtik** *f* policy of aggression. **~ˌtrieb** *m psych.* aggression, aggressiveness.

ag·gres|siv [agrɛˈsiːf] *adj pol. psych.* aggressive (*a. Charakter, Sprache etc*); *pol.* **ein ~er Akt** an act of aggression. **≈si·viˈtät** [-siviˈtɛːt] *f* ⟨-; *no pl*⟩ aggressiveness. **≈sor** [-sɔr] *m* ⟨-s; -en [-ˈsoːrən]⟩ *bes. pol.* aggressor.

Ägi·de [ɛˈgiːdə] *f* ⟨-; *no pl*⟩ aegis, protection; **unter der ~** (*gen*) *a.* under the auspices of.

agie·ren [aˈgiːrən] **I** *v/i* ⟨*no* **ge-**, h⟩ **1.**

act, *bes. umsichtig etc*: proceed, *bes. Sport*: operate, move, play. **2.** *obs. thea.* perform, play, act; **mit den Händen ~** gesticulate, talk with one's hands. **II** *v/t* **3.** *obs.* (*Rolle etc*) play, act.

agil [a'gi:l] *adj* ⟨-er; -st⟩ *a. fig.* agile.

Agi·li·tät [agili'tɛ:t] *f* ⟨-; *no pl*⟩ agility.

Agio ['a:ʒĭo] *n* ⟨-s; *no pl*⟩ *econ.* agio, premium; **stehendes (veränderliches) ~** constant (fluctuating) premium. **~pa|pie·re** *pl* premium bonds.

Agio·ta·ge [aʒĭo'ta:ʒə] *f* ⟨-; -n⟩ *econ.* agiotage, stockjobbing.

Ägis ['ɛ:gɪs] *f* ⟨-; *no pl*⟩ *myth.* aegis.

Agi·ta·ti·on [agita'tsĭo:n] *f* ⟨-; -en⟩ political agitation, *in kommunistischen Ländern*: agitprop. **Agi·ta·ti'ons|film** *m pol.* agitprop film.

Agi·ta·tor [agi'ta:tɔr] *m* ⟨-s; -en [-ta'to:rən]⟩ (political) agitator, *contp.* rabble-rouser. **agi·ta'to·risch** [-ta'to:rɪʃ] *adj pol.* agitatorial, *contp.* rabble-rousing; *adv* **~ tätig sein** → **agi'tie·ren** [-'ti:rən] *v/i* ⟨*no* ge-, h⟩ *pol.* agitate.

Agnat [a'gna:t] *m* ⟨-en; -en⟩ *antiq. jur.* agnate.

Agno·sti·ker [a'gnɔstikər] *m* ⟨-s; -⟩ *philos.* agnostic. **agno·stisch** [a'gnɔstɪʃ] *adj* agnostic. **Agno·sti'zis·mus** [-'tsɪsmʊs] *m* ⟨-; *no pl*⟩ agnosticism.

Ago·ne [a'go:nə] *f* ⟨-; -n⟩ *phys.* agonic line (*od.* curve).

Ago·nie [ago'ni:] *f* ⟨-; -n [-ən]⟩ *med.* death struggle, agony, (death) throes *pl.*

Agraf·fe [a'grafə] *f* ⟨-; -n⟩ clasp, brooch.

Agrar||bank [a'gra:r-] *f* agricultural (*od.* farmers') bank. **~be|we·gung** *f pol. hist.* agrarian movement. **~er|zeug·nis** *n meist pl* agricultural produce. **~|for·schung** *f* agricultural research. **~ge|setz** *n* agricultural act, agrarian law.

Agra·rier [a'gra:rĭər] *m* ⟨-s; -⟩ **1.** (big) landowner. **2.** *pol.* Agrarian. **~par|tei** *f* agrarian (*od.* country) party. **~tum** *n* ⟨-s; *no pl*⟩ the (big) landowners *pl*, *in England*: the landed nobility and gentry.

agra·risch [a'gra:rɪʃ] *adj* agrarian.

Agrar|kom·mu|nis·mus [a'gra:r-] *m pol. hist.* agrarian communism. **~|land** *n* **1.** agricultural land. **2.** *pl pol.* agrarian countries. **~|markt** *m* agricultural commodities market. **~po·li|tik** *f* agrarian (*od.* agricultural, farm) policy. **~|prei·se** *pl* prices of farm products, agricultural (*od.* farm) prices. **~pro|dukt** *n meist pl* → Agrarerzeugnis. **~pro·duk·ti|on** *f* agricultural production. **~re|form** *f pol.* land (*od.* agrarian) reform. **~so·zia|lis·mus** *m* agrarian socialism. **~|staat** *m* agrarian (*od.* agricultural) state. **~struk|tur** *f* agrarian structure. **~sub·ven·ti|on** *f meist pl* agricultural (*od.* farming) subsidy. **~|volk** *n* agrarian people. **~|wirt·schaft** *f* rural economy. **~|wis·sen·schaft** *f* agronomy, agricultural science. **~|wis·sen·schaft·ler** *m* agronomist. **~|zoll** *m meist pl* agricultural tariff.

Agré·ment [agre'mã:] *n* ⟨-s; -s⟩ *jur. pol.* agrément; **das ~ erteilen (erhalten)** give (be granted) agrément.

Agri·kul·tur [agrikʊl'tu:r] *f* ⟨-; -en⟩ agriculture, farming. **~che|mie** *f* agricultural chemistry, chemurgy.

Agro|nom [agro'no:m] *m* ⟨-en; -en⟩ agronomist. **~no'mie** [-no'mi:] *f* ⟨-; *no pl*⟩ agronomy. **~'no·misch** *adj* agronomic(al).

Ägyp·ten [ɛ'gʏptən] *n* ⟨-s; *no pl*⟩ *geogr.* Egypt. **Ägyp·ter** [ɛ'gʏptər] *m* ⟨-s; -⟩, **Ägyp·te·rin** [ɛ'gʏp-] *f* ⟨-; -nen⟩ Egyptian. **ägyp·tisch** [ɛ'gʏptɪʃ] **I** *adj* Egyptian; → **Finsternis** 1. **II** *ling.* ~ ⟨*generally undeclined*⟩, **das ~e** ⟨-n⟩ Egyptian.

Ägyp·to|lo·ge [ɛgʏpto'lo:gə] *m* ⟨-n; -n⟩ Egyptologist. **~lo'gie** [-lo'gi:] *f* ⟨-; *no pl*⟩ Egyptology. **~'lo·gisch** *adj* Egyptological.

ah [a:; a] **I** *interj* oh!, ah!; **~, wie schön!** oh, isn't it lovely!; **~ so!** oh I see!, ah ha!; *colloq.* **~ was!** ah go on! **II** ~ *n* ⟨-s; -s⟩ oh, ah.

äh [ɛ:; ɛ] *interj* **1.** (*Ausruf des Ekels etc*) ugh! **2.** *beim Sprechen*: er.

aha [a'ha(:)] *interj* aha!, (oh) I see! **~-Er|leb·nis** *n psych.* aha experience.

Ah·le ['a:lə] *f* ⟨-; -n⟩ **1.** awl, pricker, (*Reib~*) reamer. **2.** *print.* bodkin, point.

Ahn [a:n] *m* ⟨-(e)s *u.* -en; -en⟩ **1.** (*Vorfahre*) ancestor, forefather; **~en** *a.* for(e)bears, ancestry *sg*; **das Haus s-r ~en** his ancestral home. **2.** (*Stammvater*) progenitor, primogenitor. **3.** ⟨*only sg*⟩ *dial.* grandfather.

ahn·den ['a:ndən] *v/t* ⟨h⟩ *lit.* **1.** (*bestrafen*) punish. **2.** (*rächen*) avenge; **et. an j-m ~** take vengeance on (*od.* upon) s. o. for s. th. **'Ahn·dung** *f* ⟨-; -en⟩ **1.** punishment. **2.** vengeance, retribution.

Ah·ne[1] ['a:nə] *f* ⟨-; -n⟩ **1.** (*Vorfahrin*) ancestress. **2.** (*Stammutter*) progenitrix. **3.** *dial.* grandmother.

'Ah·ne[2] *m* ⟨-n; -n⟩ → **Ahn.**

äh·neln ['ɛ:nəln] *v/i* ⟨h⟩ (*dat*) resemble, bear (*od.* show, have) a likeness (*od.* resemblance) to, be like, *bes. von Kindern*: take after (*the father, etc*), *Sache*: *a.* be similar to; **j-m ~** resemble s. o.; **j-m sehr (ein wenig) ~** bear a strong (a slight) resemblance to s. o.; **sich (od. einander) ~** resemble each other, be alike, *Sachen*: *a.* be similar.

ah·nen ['a:nən] **I** *v/t* ⟨h⟩ **1.** have a presentiment of, (*Böses*) *a.* have a foreboding of; **~ lassen** foreshadow, presage, portend, *weitS.* give an idea of. **2.** (*vorhersehen*) anticipate, foresee. **3.** (*vermuten*) suspect, know; **ohne zu ~, daß** without dreaming (*od.* any idea) that, not knowing that; **als ob er es geahnt hätte** as though he had known; **ich habe es geahnt** I knew it. **4.** (*erraten, spüren*) guess, divine, sense; **ich ahne, was in dir vorgeht** I can guess what is going through your mind; **du ahnst nicht, wie unglücklich ich bin** you have no idea (*od.* you can't imagine) how unhappy I am; **wie konnte ich ~, daß** how was I to know that; *colloq.* **(ach,) du ahnst es nicht!** good gracious! **II** *v/i* **5. mir ahnt Böses** (*colloq.* **nichts Gutes**) I have misgivings, *stärker*: I fear the worst.

'Ah·nen||bild *n* portrait of an ancestor. **~|for·schung** *f* genealogical research, genealogy. **~ga·le|rie** *f* gallery of ancestral portraits. **~|kult** *m* ancestor worship. **~|paß** *m* certificate of descent. **~|rei·he** *f* line of ancestors. **~|saal** *m* ancestral hall. **~|stolz** *m* pride in one's ancestry. **~|ta·fel** *f* family tree, genealogical table. **~ver|eh·rung** *f* → Ahnenkult.

'Ahn||frau *f* → Ahne[1] 1, 2. **~|herr** *m* → Ahn 1, 2.

'Ah·nin *f* ⟨-; -nen⟩ → Ahne[1] 1, 2.

ähn·lich ['ɛ:nlɪç] **I** *adj* **1.** similar (*a. math.*), like, alike (*pred*); **~ sein** (*dat*) → **ähneln**; **er sieht Ihnen sehr ~** he looks very much like you; *fig.* **das sieht ihm gar nicht ~** it isn't like him at all; *fig. colloq.* **das sieht ihm ~!** that's just like him, that's him all over; **e-e ~e Methode wie die, welche** a method similar to the one that. **II** *adv* **2.** similarly, likewise, in like manner; **ich hätte ~ gehandelt** I should have done much the same. **III ~e, das** ⟨-n⟩ **3. so et. ~es** something like that; **so et. ~es wie** something like; **es gibt nichts ~es** there's nothing like it. **4.** *mit Kleinschreibung*: **und ~e(s)** and the like, and things like that; **und dem ~es** and such like. **~keit** *f* ⟨-; -en⟩ (mit to) similarity (*a. math.*), likeness, resemblance, *fig. a.* analogy; **e-e verblüffende ~** a striking (*od.* speaking) likeness; **viel ~ mit j-m (et.) haben** be very much like s. o. (s. th.), bear a strong resemblance to s. o. (s. th.), resemble s. o. (s. th.) strongly.

'Ähn·lich·keits||satz *m math.* law of similitude (*od.* similarity). **~|zei·chen** *n math.* 'is similar to' sign.

'Ah·nung *f* ⟨-; -en⟩ **1.** presentiment, *colloq.* hunch, *schlimme*: *a.* foreboding, premonition, (*Argwohn*) suspicion; **ich habe so e-e ~, als ob** I have a (dark) feeling that. **2.** (*Vorstellung*) idea, notion; **e-e schwache ~** an inkling; **j-m e-e ~ von et. vermitteln** give s. o. an inkling of s. th.; *colloq.* **k-e blasse** (*od.* **nicht die geringste** *od.* **leiseste**) **~ haben von** have not the faintest (*od.* foggiest, least) idea of *s. th.*, not to know the first thing about *s. th.*; **k-e ~!** I haven't the faintest idea!, search me!, I haven't a clue!; **hast du e-e ~!** that's what you think!, a fat lot you know about it! **3.** *poet.* (*Anzeichen*) touch, suggestion, trace.

'ah·nungs||los I *adj* unsuspecting, unaware (*pred*), (*unwissend*) ignorant, not knowing (*pred*), (*unschuldig*) innocent; *humor.* **oh, du ~er Engel!** you little innocent!; **ich bin (ja) völlig ~** I have no idea, I haven't a clue; **sich ~ stellen** play the innocent; **in Chemie ist er völlig ~** he doesn't know the first thing about chemistry. **II** *adv* unsuspectingly (*etc*). **~lo·sig·keit** *f* ⟨-; *no pl*⟩ lack of suspicion, unawareness, (*Unwissenheit*) ignorance. **~ver|mö·gen** *n psych.* anticipation, intuition. **~|voll** *adj Gedanken etc*: apprehensive, full of presentiment, (*Böses ahnend*) full of presage (*od.* foreboding[s]), *Zeichen etc*: ominous.

ahoi [a'hɔy] *interj mar.* ahoy!

Ahorn ['a:hɔrn] *m* ⟨-s; -e⟩ *bot.* maple(-tree). **~|baum** *m* maple-tree. **~|holz** *n* maple (wood). **~|si·rup** *m* maple syrup. **~|zucker** (*getr.* -k·k-) *m* maple sugar.

Äh·re ['ɛ:rə] *f* ⟨-; -n⟩ *bot. am Getreide*: ear, head, *von Gras, Blüten*: spike; **~n ansetzen** (come into) ear; **~n lesen** glean; **gesammelte ~n** gleanings.

'Äh·ren||feld *n* field in ear. **~|kranz** *m* garland (*od.* wreath) of corn-ears. **~|le·se** *f* **1.** (*das Gelesene*) gleanings *pl*. **2.** → **~|le·sen** *n* gleaning. **~|le·ser** *m*, **~|le·se·rin** *f* gleaner. **~|tra·gend** *adj bot.* spicate(d), spicose.

Aide-mé·moire [ɛ:tme'mŏa:r] *n* ⟨-; -⟩ *bes. pol.* aide-mémoire.

Air[1] [ɛ:r] *n* ⟨-(s); *no pl*⟩ *lit.* aura, air.

Air[2] *n* ⟨-; -s⟩ *mus.* air.

'Air|bus *m* ⟨-ses; -se⟩ *aer.* air bus.

ais, Ais ['a:ɪs] *n* ⟨-; -⟩ *mus.* A sharp; **ais**, ais-Moll A sharp minor; Ais, Ais-Dur A sharp major. **ais·is, Ais·is** ['a:ɪs'ʔɪs] *n* ⟨-; -⟩ *mus.* A double sharp.

à jour [a'ʒu:r] **I** *adj* ⟨*pred*⟩ **1.** up-to-date. **2.** *Textil. Spitzen etc*: à jour, ajouré, in openwork. **II** *adv* **3. ~ bringen** bring up to date. **4. ~ gefaßt** *Schmuck*: in an à jour setting.

Aka·de·mie [akade'mi:] *f* ⟨-; -n [-ən]⟩ **1.** (*Fachhochschule*) academy, college; **Pädagogische ~** teachers' college, teacher training college. **2.** (*gelehrte Gesellschaft*) academy, learned society; **die**

Französische ~ the French Academy.

Aka·de·mi|ker [aka'de:mikər] *m* ⟨-s; -⟩, **~ke·rin** *f* ⟨-; -nen⟩ university(-trained) man (woman), (university) graduate. **~ker·ver|band** *m* association of university men.

aka·de·misch [aka'de:mɪʃ] **I** *adj* **1.** academic(al), university, college; ~e Bildung university (*od.* college) education; die ~en Berufe the professions; ~er Bürger academic citizen, member of the university community; ~e Freiheit academic freedom; ~e Tracht academicals *pl*, academic dress (*Am.* costume *od.* gown); ~er Grad university degree; ~es Jahr academic year; ~er Nachwuchs younger generation of academics, (university) students; ~es Viertel quarter of an hour's allowance (*previous to a lecture*). **2.** *fig.* (*weltfremd, trocken*) academic, scholastic; das ist e-e ~e Frage that is an academic question. **II** *adv* **3.** academically; ~ (aus)gebildet having a university education, university-bred.

Aka·de·mis·mus [akade'mɪsmʊs] *m* ⟨-; *no pl*⟩ academicism.

Akan·thus [a'kantʊs] *m* ⟨-; -⟩ *arch. bot.* acanthus.

Aka·zie [a'ka:tsĭə] *f* ⟨-; -n⟩ *bot.* acacia; Falsche ~ robinia, false acacia.

Aka·zi·en|,gum·mi [a'ka:tsĭən-] *n, a. m* acacia gum, gum arabic. **~,holz** *n* acacia (wood).

Ake·lei [akə'laɪ; 'a:kəlaɪ] *f* ⟨-; -en⟩ *bot.* aquilegia, columbine.

Aki ['a:ki] *n* ⟨-s; -s⟩ *short for* Aktualitätenkino.

Ak·kla·ma·ti·on [aklama'tsĭo:n] *f* ⟨-; -en⟩ acclamation; durch ~ abstimmen vote by acclamation; j-n durch ~ wählen elect s. o. by acclamation.

Ak·kli·ma·ti|sa·ti·on [aklimatiza'tsĭo:n] *f* ⟨-; -en⟩ acclimatization, acclimation. **≈'sie·ren** [-'zi:rən] **I** *v/t* ⟨*no* ge-, h⟩ (*Pflanze etc*) acclimatize, acclimate. **II** *v/reflex* sich ~ acclimatize, become acclimatized, acclimate; sie hat sich in London rasch akklimatisiert she soon felt at home in London.

ak·kom·mo·die·ren [akɔmo'di:rən] *v/t* ⟨*no* ge-, h⟩ **1.** (an *acc* to) adapt, adjust. **2.** *physiol.* (*Auge*) accommodate, focus.

Ak·kord [a'kɔrt] *m* ⟨-(e)s; -e⟩ **1.** *mus.* chord. **2.** *econ.* piece-work, job-work; in (*od.* im, auf) ~ arbeiten work by the piece (*od.* job); j-n im ~ bezahlen pay s. o. by the piece (*od.* at a piece rate); e-e Arbeit in ~ geben (*od.* auf ~ vergeben) give out work by the job (*od.* on contract). **3.** *jur.* agreement, arrangement. **~,ar·beit** *f econ.* piece-work, job-work. **~,ar·bei·ter** *m* piece-worker, job-worker, piece-rate worker.

Ak·kor·de·on [a'kɔrdeɔn] *n* ⟨-s; -s⟩ *mus.* accordion.

ak·kor·die·ren [akɔr'di:rən] **I** *v/t* ⟨*no* ge-, h⟩ (*vereinbaren*) arrange; et. mit j-m ~ arrange s. th. with s. o., agree with s. o. (up)on s. th. **II** *v/i* mit j-m ~ come to an agreement (*od.* a compromise) with s. o.

Ak'kord|in·stru,ment *n mus.* polyphonic instrument. **~,lohn** *m econ.* piece wages *pl.* **~,satz** *m* piece rates *pl.* **~sy,stem** *n* piece-work system. **~ver,trag** *m* piece-work contract.

ak·kre·di·tie·ren [akredi'ti:rən] *v/t* ⟨*no* ge-, h⟩ **1.** (*Botschafter etc*) accredit (bei to). **2.** *econ.* open a credit (account) in favo(u)r of.

Ak·kre·di·tiv [akredi'ti:f] *n* ⟨-s; -e⟩ **1.** *jur. pol.* credentials *pl.* **2.** *econ.* (letter of) credit (*abbr.* L/C); unbestätigtes (unwiderrufliches) ~ unconfirmed (irrevocable) credit (*od.* L/C); das normale ~ the straight credit; ein ~ eröffnen (stellen) open (establish) a credit (account) (*dat* in favo[u]r of); dokumentäres ~, ~ mit Dokumentenaufnahme documentary (letter of) credit. **~,auf,trag** *m econ.* order to open a credit (account). **~,zwang** *m* obligation to open a letter of credit.

Ak·ku ['aku] *m* ⟨-s; -s⟩ *short for* Akkumulator.

Ak·ku·mu|la·ti·on [akumula'tsĭo:n] *f* ⟨-; -en⟩ accumulation. **~'la·tor** [-'la:tɔr] *m* ⟨-s; -en [-la'to:rən]⟩ *tech.* accumulator, *electr. a.* storage battery.

Ak·ku·mu·la'to·ren|bat·te,rie *f electr.* accumulator (*od.* storage) battery. **~,fahr,zeug** *n* battery-powered vehicle (*od.* car). **~,säu·re** *f* battery acid. **~,span·nung** *f* storage battery voltage. **~,zel·le** *f* accumulator (*od.* storage) cell.

ak·ku·mu·lie·ren [akumu'li:rən] *v/t* ⟨*no* ge-, h⟩ accumulate, pile up.

ak·ku·rat [aku'ra:t] **I** *adj* **1.** *allg.* exact, *Person*: *a.* punctilious, (very) orderly, meticulous (*a. Arbeit etc*), *Handschrift etc*: (very) neat, (*genau*) *a.* precise, accurate, (*sorgfältig*) careful. **II** *adv* **2.** exactly (*etc*). **3.** *colloq.* (*gerade so*) just (as).

Ak·ku·ra'tes·se [-ra'tɛsə] *f* ⟨-; *no pl*⟩ accuracy, preciseness (*etc*).

Ak·ku·sa·tiv ['akuzati:f; -'ti:f] *m* ⟨-s; -e⟩ *ling.* accusative (case). **ak·ku·sa·ti·visch** ['akuzati:vɪʃ; -'ti:-] *adj* accusative. **'Ak·ku·sa·tiv·ob,jekt** *n ling.* accusative (*od.* direct) object.

'Ak·ku,säu·re *f short for* Akkumulatorensäure.

Ak·ne ['aknə] *f* ⟨-; -n⟩ *med.* acne.

Ako·luth [ako'lu:t] *m* ⟨-en *u.* -s; -en⟩ *relig.* acolyte.

Akon·to [a'kɔnto] *n* ⟨-s; Akonten *u.* -s⟩ *Austrian for* Anzahlung. **~,zah·lung** *f* payment on account; als ~ erhalten received on account.

Ak·qui·si|teur [akvizi'tø:r] *m* ⟨-s; -e⟩ *econ.* canvasser. **~ti'on** [-'tsĭo:n] *f* ⟨-; -en⟩ **1.** *econ.* (*Kundenwerbung*) canvassing, (*Hereinnahme von Aufträgen*) acceptance. **2.** *obs. for* Anschaffung. **~ti'ons,ko·sten** *pl econ.* sales development costs.

Akri·bie [akri'bi:] *f* ⟨-; *no pl*⟩ meticulousness, painstaking (*od.* meticulous) care.

Akro|bat [akro'ba:t] *m* ⟨-en; -en⟩ acrobat (*a. fig.*). **~'ba·ten,stück** *n a. fig.* acrobatic stunt (*od.* trick), acrobatic. **~'ba·ten,trup·pe** *f* troupe of acrobats. **~'ba·tik** [-'ba:tɪk] *f* ⟨-; *no pl*⟩ acrobatics *pl* (*meist als sg konstruiert*), acrobatism; *fig.* geistige ~ mental acrobatics. **~'ba·tin** *f* ⟨-; -nen⟩ (female) acrobat. **≈'ba·tisch** *adj* acrobatic; ~es Kunststück → Akrobatenstück.

Akro·nym [akro'ny:m] *n* ⟨-s; -e⟩ *ling.* acronym.

Akro·sti·chon [a'krɔstɪçɔn] *n* ⟨-s; -chen *u.* -cha [-ça]⟩ *Literatur*: acrostic.

Akryl ... → Acryl ...

Akt [akt] *m* ⟨-(e)s; -e⟩ **1.** act, action; (feierlicher) ~ ceremonial act; ein symbolischer ~ a symbolic act; ein ~ der Verzweiflung (Höflichkeit) an act of despair (courtesy). **2.** sexual act, coitus. **3.** *thea.* act; ein Stück in drei ~en a three-act play. **4.** (*Zirkus-, Varietenummer*) number, act. **5.** *Kunst, phot.* nude; e-n ~ malen paint a nude; für e-n ~ Modell stehen pose in the nude. **6.** *dial. for* Akte. **~,auf,nah·me** *f* → Aktphoto.

Ak·te ['aktə] *f* ⟨-; -n⟩ **1.** *oft pl* file, record, dossier; e-e ~ anlegen über (*acc*) open a file on; das kommt in die ~n this goes on file; in den ~n on record; die ~n schließen close the file(s) (über *acc* on); zu den ~n legen (place on) file, *bes. fig.* shelve, pigeonhole, (*als erledigt betrachten*) drop (*a subject*), close (*a matter od. case*); die ~n enthalten darüber nichts there is nothing on the files. **2.** *jur.* (legal *od.* official) document (*od.* instrument), deed; *hist.* Habeas Corpus ~ Habeas Corpus Act.

'Ak·ten|,an,for·de·rung *f jur.* (writ of) certiorari. **~,bün·del** *n* file (of documents), dossier. **~,deckel** (*getr.* -k·k-) *m* (file) folder. **~,durch,sicht** *f* checking (*od.* inspection, examination) of (the) files. **~,ein,sicht** *f* inspection of records (*od.* of the files); ~ nehmen inspect (*od.* consult) the files. **~,heft** *n* file. **~,hef·ter** *m* document file, file folder. **~,klam·mer** *f* paper clip. **~,kof·fer** *m* attaché (*od.* file) case. **≈,kun·dig** *adj u. adv jur.* on (the) record: ~ sein be on record; et. ~machen place s. th. on record, record s. th. **~,map·pe** *f* **1.** (*Ordner*) file (folder). **2.** (*Tasche*) briefcase, portfolio. **≈,mä·ßig** **I** *adj* documentary. **II** *adv* on record; et. ~ festhalten place s. th. on record. **~,mensch** *m contp.* bureaucrat, red-tapist. **~no,tiz** *f* (file) memorandum, memo, note (for the records). **~,num·mer** *f* file number. **~,samm·lung** *f* records and files *pl*, collection of documents. **~,schrank** *m* filing cabinet. **~,stän·der** *m* filing shelf, set of pigeonholes. **~,stoß** *m* pile of documents (*od.* records), file, dossier. **~,stück** *n* **1.** document, paper, record. **2.** (*Urkunde*) deed, instrument. **~,ta·sche** *f* → Aktenmappe 2. **~ver,merk** *m* → Aktennotiz. **~,wolf** *m* paper shredder. **~,zei·chen** *n* file reference (*od.* number), reference (number).

Ak·teur [ak'tø:r] *m* ⟨-s; -e⟩ **1.** *thea. etc* actor, *fig. pl a.* protagonists, dramatis personae. **2.** *Sport*: competitor, (*Spieler*) player.

'Akt|fi,gur *f Kunst*: nude. **~,fo·to** *n* → Aktphoto. **~ge,mäl·de** *n* (painting of a) nude.

Ak·tie ['aktsĭə] *f* ⟨-; -n⟩ *econ.* share, *bes. Am.* stock; ~n abstoßen (*od.* realisieren) sell (*od.* dispose of) shares; ~n ausgeben (*od.* begeben) issue shares; ~n e-r Gesellschaft besitzen hold shares in (*od.* of) a company; ~n zeichnen subscribe for (*od.* take up) shares; wie stehen die ~n? how are the shares?, *fig. colloq.* how are things (getting on)?; die ~n stehen gut shares are doing well, *fig. colloq.* prospects are fine; *a. fig. colloq.* s-e ~n sind gestiegen his stock has gone up.

'Ak·ti·en|,bank *f* ⟨-; -en⟩ *econ.* joint-stock (*Am.* incorporated) bank. **~be,sitz** *m* shareholdings *pl*, *bes. Am.* stockholdings *pl.* **~be,sit·zer** *m*, **~be,sit·ze·rin** *f* shareholder, *bes. Am.* stockholder. **~,bör·se** *f* stock exchange (*od.* market). **~emis·si,on** *f* issue of shares. **~ge,sell·schaft** *f* (*abbr.* AG) (German-type) (public) limited company, *Br. etwa* joint-stock company, *Am.* (stock) corporation; sich in e-e ~ umwandeln go public. **~ge,setz** *n* law on public limited companies. **~,in,ha·ber** *m* shareholder, *bes. Am.* stockholder. **~ka·pi,tal** *n* share capital, (joint) stock. **~,mak·ler** *m* stockbroker. **~,markt** *m* stock market. **~,mehr·heit** *f* majority of stock, majority interest; die ~ besitzen hold the control(l)ing interest. **~no,tie·rung** *f* quotation (of shares, *bes. Am.* of stocks). **~pa,ket** *n* block (*od.* portfolio) of shares (*bes. Am.* of stocks).

~ˌschein *m* share (*bes. Am.* stock) certificate. **~spe·kuˌlant** *m* stockjobber, speculator. **~spe·ku·la·tiˌon** *f* stockjobbing, speculation in stocks. **~ˌzeich·nung** *f* subscription for shares (*bes. Am.* stocks). **~zer·ti·fiˌkat** *n* → Aktienschein.

Ak·ti·on [akˈtsĭoːn] *f* ⟨-; -en⟩ **1.** (*Handlung, Vorgehen*) action; **~en** *pl* (*Tätigkeit*) activities; **in ~ treten** *allg.* act, take action, *Maschine*: be put in action, start working. **2.** (*Unternehmung, Werbefeldzug etc*) campaign, drive, (*Rettungs*≗ *etc*) operation(s *pl*), (*Plan*) scheme, project, (*Maßnahme*) measure(s *pl*); **e-e ~ zugunsten der Blinden** a campaign to help the blind; **e-e großangelegte ~ zugunsten der Flüchtlinge** a major scheme in aid of (the) refugees. **3.** *math. phys. u. Reitsport*: action. **4.** *thea. etc im Gegensatz zum Sprechtext*: business.

Ak·tio·när [aktsĭoˈnɛːr] *m* ⟨-s; -e⟩ *econ.* shareholder, *bes. Am.* stockholder; **~ e-r Gesellschaft sein** *a.* hold shares in (*od.* of) a company. **Ak·tioˈnärs·ver·ˌsamm·lung** *f* shareholders' (*bes. Am.* stockholders') meeting.

Ak·tiˈons|ˌart *f des Verbums*: aspect. **~beˌreich** *m* → Aktionsradius. **~ˌform** *f ling.* (*Aktiv, Passiv*) voice. **~geˌmein·schaft** *f* action committee. **~ˌra·di·us** *m a. mil.* range (*od.* radius) (of action). **~turˌbi·ne** *f* action (*od.* impulse) turbine.

ak·tiv [akˈtiːf; ˈaktiːf] **I** *adj* ⟨-er; -st⟩ **1.** *Mitglied, Sportler, Mitwirkung etc*: active, *stärker*: eager, enthusiastic; **~ sein** *a.* be an active member of a students' society; **politisch ~** politically active; **bei e-r Organisation ~ sein** be an active member of an organization; **er ist immer ~** he is ever active; **~es Wahlrecht** right to vote. **2.** *mil.* regular; **~er Offizier** regular officer; **~e Truppe** regular army. **3.** *Bilanz*: favo(u)rable. **4.** *biol. med. phys.* active, *chem. a.* activated. **5.** *Verbum etc*: active; **~er Wortschatz** *a.* using vocabulary. **6.** *colloq. Zigaretten*: tailor-made. **II** *adv* **7.** actively; **sich ~ für e-e Sache einsetzen** support a cause actively; *mil.* **~ dienen** do military service; **~ mitarbeiten an** (*dat*) take an active part in.

Ak·tiv¹ [ˈaktiːf, akˈtiːf] *n* ⟨-s; *rare* -e⟩ *ling.* active voice.

Ak·tiv² [akˈtiːf] *n* ⟨-s; -s, *a.* -e⟩ *DDR pol.* (*Arbeitskollektiv*) group (*od.* collective) of activists.

Ak·ti·va [akˈtiːva] *pl Bilanz*: assets; **~ und Passiva** assets and liabilities.

Akˈtiv|ˌau·ßenˌstän·de *pl* → Aktivforderungen. **~beˌstand** *m* **1.** *mil.* effective (*od.* actual) strength. **2.** → Aktivkapital. **~biˌlanz** *f econ.* **1.** favo(u)rable balance (of trade). **2.** (*Gewinnbilanz*) balance sheet showing a profit.

Ak·ti·ve [akˈtiːvə] *m* ⟨-n; -n⟩ **1.** *Sport*: active player (*od.* sportsman), competitor. **2.** (active) member of a students' society. **3.** *mil.* regular.

Akˈtiv|ˌfor·de·run·gen *pl econ.* active (*od.* outstanding) debts, accounts receivable. **~geˌschäft** *n der Banken*: credit transaction.

ak·ti·vie|ren [aktiˈviːrən] *v/t* ⟨*no* **ge-, h**⟩ **1.** make *s.o.* active, activate (*a. chem. phys. tech.*), (*Kräfte, Menschenmassen*) *a.* mobilize, (*Arbeit*) speed up. **2.** *econ.* enter *s. th.* on the credit side. **≗rung** *f* ⟨-; -en⟩ **1.** activation (*a. chem. tech.*); **~ aller Kräfte** activation (*od.* mobilization) of all forces. **2.** *econ.* a) entry on the credit side, b) *der Bilanz*: improvement of the balance, c) *des Außenhandels*: achievement of an export surplus.

ak·ti·visch [ˈaktiːvɪʃ; akˈtiːvɪʃ] *adj Verbform etc*: active.

Ak·ti|vis·mus [aktiˈvɪsmʊs] *m* ⟨-; *no pl*⟩ *pol.* activism. **~ˈvist** [-ˈvɪst] *m* ⟨-en; -en⟩, **~ˈvi·stin** *f* ⟨-; -nen⟩ activist (*a. DDR pol.*). **≗ˈvi·stisch** *adj* activist(ic).

Ak·ti·vi·tät [aktiviˈtɛːt] *f* ⟨-; -en⟩ activity (*a. econ. etc*), *weitS. a.* vitality, vigo(u)r; **e-e große ~ entwickeln** become very active; **ein Mann von großer ~** a dynamic personality.

Akˈtiv|ka·piˌtal *n econ.* active capital, assets *pl.* **~ˌkoh·le** *f chem.* activated carbon. **~ˌkon·to** *n econ.* assets account. **~le·gi·ti·ma·tiˌon** *f jur.* right to sue, status. **~ˌpo·sten** *m econ.* credit item, asset. **~ˌsal·do** *m* credit balance. **~ˌsei·te** *f* assets (*od.* credit) side.

Ak·ti·vum [akˈtiːvʊm] *n* ⟨-s; -tiva [-va]⟩ **1.** *obs. for* **Aktiv¹**. **2.** *pl* → **Aktiva**.

Akˈtiv|verˌmö·gen *n econ.* (total) assets *pl.* **~ˌzin·sen** *pl* interest *sg* receivable.

ˈAkt|moˌdell *n* nude model. **~ˌpho·to** *n* nude photograph. **~pho·to·graˌphie** *f* nude photography.

Ak·tri·ce [akˈtriːsə] *f* ⟨-; -n⟩ *thea. obs.* actress.

ˈAkt|ˌschluß *m thea.* end of an act. **~ˌstu·die** *f* nude study, study from the nude.

ak·tua·li|sie·ren [aktŭaliˈziːrən] *v/t* ⟨*no* **ge-, h**⟩ (*Thema etc*) make *s. th.* topical, actualize. **≗ˈtät** [-ˈtɛːt] *f* ⟨-; -en⟩ **1.** ⟨*only sg*⟩ (*Gegenwartsbezogenheit*) topicality, (*Modernität*) up-to-dateness; **von brennender ~** highly topical, burning (*question, etc*). **2.** matter (*od.* question) of topical interest, topicality. **≗ˈtä·tenˌki·no** *n* news theat/re (*Am.* -er).

ak·tu·ell [akˈtŭɛl] **I** *adj* ⟨-er; -st⟩ **1.** (*zeitnah*) topical, relevant, (*gegenwärtig*) present-day, current; **e-e Frage von ~er Bedeutung** (*od.* **~em Interesse**) a question of immediate (*od.* topical) interest; **wieder ~ werden** *Frage, Buch etc*: regain topicality; **~e Sendungen** current-affairs programme; **~e Nachrichten** latest news; **ein ~es Problem** a present-day (*od.* an acute, immediate) problem. **2.** (*modern*) up-to-date, modern. **II ≗e, das** ⟨-n⟩ **3.** the matter (*od.* question) of actual (*od.* topical) interest, the topicality; **≗es** topical items (*od.* questions) *pl*; **das ≗ste** the latest news *pl*, the topics *pl* of the day.

ˈAktˌzeich·nen *n* nude drawing.

Aku·punk|teur [akupʊŋkˈtøːr] *m* ⟨-s; -e⟩ *med.* acupuncturist. **≗ˈtie·ren** [-ˈtiːrən] **I** *v/t* ⟨*no* **ge-, h**⟩ treat *s. o.* by acupuncture, administer acupuncture to. **II** *v/i* practise acupuncture. **~ˈtur** [-ˈtuːr] *f* acupuncture. **~tuˈrist** [-tuˈrɪst] *m* ⟨-en; en⟩ acupuncturist.

ˈAküˌspra·che [ˈaky-] *f short for* **Abkürzungssprache**.

Aku·stik [aˈkʊstɪk] *f* ⟨-; *no pl*⟩ **1.** *phys.* acoustics *pl* (*construed as sg*). **2.** acoustics *pl* (*of concert hall, etc*). **Aku·sti·ker** [aˈkʊstikər] *m* ⟨-s; -⟩ *phys.* acoustician. **aku·stisch** [aˈkʊstɪʃ] *adj* acoustic(al); **~es Signal** sound signal; **~es Echolot** echo sounder.

akut [aˈkuːt] *adj* ⟨-er; -est⟩ *med.* acute, *fig. a.* critical, grave (*shortage, etc*), burning (*problem*).

Akut [aˈkuːt] *m* ⟨-(e)s; -e⟩ *ling.* acute (accent).

Ak·ze·le·ra·ti·on [aktselera'tsĭoːn] *f* ⟨-; -en⟩ *physiol. psych.* acceleration. **Ak·ze·le·ra·tiˈons·prinˌzip** *n econ.* acceleration principle.

Ak·zent [akˈtsɛnt] *m* ⟨-(e)s; -e⟩ **1.** *ling. metr. mus.* accent, (*Betonung*) *a.* stress (*a. fig.*); **den ~ bekommen** take the accent (*od.* stress); **den ~ legen auf** (*acc*) stress, put (*od.* place) the accent on, *fig.* stress, emphasize; **der ~ liegt auf der zweiten Silbe** the accent (*od.* stress) is on the second syllable; *fig.* **~e setzen** (*in e-m politischen Programm etc*) emphasize certain features; **der Minister versuchte, in s-r Politik neue ~e zu setzen** the minister tried to focus his policy on new lines. **2.** (*Betonungszeichen*) accent (mark), graphic accent; **fallender ~** grave (accent); **steigender ~** acute (accent). **3.** (*Aussprache*) (*Bavarian, etc*) accent. **≗ˌfrei** *adj u. adv* without (*od.* free from) (foreign) accent. **≗los** *adj ling.* unaccented, unstressed.

ak·zen·tu·ie|ren [aktsɛntuˈiːrən] *v/t* ⟨*no* **ge-, h**⟩ *ling.* a) accent, *a. fig.* stress, accentuate, b) (mark *s. th.* with an) accent. **≗rung** *f* ⟨-; -en⟩ *ling.* (*gen*) accentuation (of), stress (on), *fig. a.* emphasis (on).

Akˈzent·verˌschie·bung *f* **1.** *ling.* shift of accent (*od.* stress), stress shift. **2.** *fig.* shift of emphasis.

Ak·zept [akˈtsɛpt] *n* ⟨-(e)s; -e⟩ *econ.* **1.** (letter of) acceptance; **mangels ~** in default of acceptance; **zum ~ vorlegen** present for acceptance. **2.** accepted bill.

ak·zep|ta·bel [aktsɛpˈtaːbəl] *adj* acceptable, *Preis etc*: *a.* reasonable, *Leistung etc*: respectable. **≗ˈtant** [-ˈtant] *m* ⟨-en; -en⟩ *econ.* acceptor, drawee.

Akˈzept|ˌbank *f econ.* acceptance (*od.* accepting) house. **≗ˌfä·hig** *adj* negotiable, bankable. **~geˌschäft** *n e-r Bank*: acceptance business, *e-s Maklers*: bill broking.

ak·zep·tie·ren [aktsɛpˈtiːrən] *v/t* ⟨*no* **ge-, h**⟩ **1.** (*Vorschlag etc*) accept, agree to. **2.** *econ.* accept, hono(u)r; **e-n Wechsel nicht ~** dishono(u)r a bill, refuse acceptance of a bill.

Akˈzept|kreˌdit *m econ.* acceptance credit. **~verˌmerk** *m* acceptance.

Ak·zes|si·on [aktsɛˈsĭoːn] *f* ⟨-; -en⟩ **1.** *bes. jur. pol.* accession. **2.** *im Museum etc*: acquisition, *Bibliothek*: accession. **≗ˈso·risch** [-ˈsoːrɪʃ] *adj* accessory.

Ak·zi·dens [ˈaktsidɛns] *n* ⟨-; -denzien [-ˈdɛntsĭən], -dentia [-ˈdɛntsĭa]⟩ *philos.* accident(al property).

Ak·zi·denz [aktsiˈdɛnts] *f* ⟨-; -en⟩ *meist pl print.* job printing, job(bing) work. **~ˌar·beit** *f* job(bing) work. **~ˌdruck** *m* ⟨-(e)s; -e⟩ job printing. **~ˌdrucker** (*getr.* **-k·k-**) *m* job printer. **~druckeˌrei** (*getr.* **-k·k-**) *f* jobbing house.

Ak·zi·se [akˈtsiːzə] *f* ⟨-; -n⟩ *econ. hist.* excise (duty).

à la [a la; ala] (*Fr.*) *adv* à la, in the manner (*od.* style) of.

Ala·ba·ster [alaˈbastər] *m* ⟨-s; *rare* -⟩ *min.* alabaster. **alaˈba·stern** *adj* (made of) alabaster. **alaˈba·sterˌweiß** *adj* ([as] white as) alabaster.

à la carte [alaˈkart] (*Fr.*) *adv gastr.* à la carte.

Ala·din [ˈaladiːn] *npr m* ⟨-s; *no pl*⟩ Aladdin; **~s Wunderlampe** Aladdin's lamp.

à la mode [a la ˈmoːt; alaˈmɔd] (*Fr.*) *adv* à la mode, in the latest fashion.

Alarm [aˈlarm] *m* ⟨-(e)s; -e⟩ **1.** *a. fig.* alarm, alert; *meist fig.* **blinder** (*od.* **falscher**) **~** false alarm; *a. fig.* **~ blasen** (**schlagen**) sound (give) the alarm. **2.** *mil.* (*Flieger*≗) air-raid warning. **~ˌanˌla·ge** *f* alarm system. **≗beˌreit** *adj mil. u. fig.* on the alert. **~beˌreit·schaft** *f bes. mil.* alert, *aer.* air (*od.* ground) alert; **sich in ~ befin-**

den be on the alert, stand by for an emergency; **in ~ versetzen** put on the alert. **~ge|rät** *n tech.* alarm, warning device. **~|glocke** (*getr.* **-k·k-**) *f* alarm bell, tocsin.

alar·mie·ren [alar'mi:rən] *v/t* ⟨*no* **ge-**, **h**⟩ **1.** (*in Bereitschaft versetzen*) (put *s. o.* on the) alert, (*Feuerwehr etc*) call (out). **2.** *fig.* (*beunruhigen*) alarm, startle; **~de Nachrichten** alarming news.

Alarm|,ruf [a'larm-] *m* alarm. **~si|gnal** *n* alarm (*bes. aer.* alert) signal. **~si|re·ne** *f* warning (*od.* alarm, air-raid) siren. **~|stu·fe** *f* alert phase (*od.* stage). **~|vor|rich·tung** *f* alarm (device). **~|zei·chen** *n* → Alarmsignal. **~|zu|stand** *m mil. u. fig.* alert; **im ~** on the alert.

Alaun [a'laun] *m* ⟨-(e)s; -e⟩ **1.** *chem.* alum. **2.** → Alaunstift. **~|bad** *n chem.* alum bath. **~|er·de** *f* alumina, alum earth. **2|gar** *adj Leder*: alum-tanned. **~|ger·ber** *m* (*Weißgerber*) tawer. **~|kies** *m min.* aluminous pyrites *pl.* **2|sau·er** *adj chem.* aluminous; **alaunsaures Salz** aluminate. **~|schie·fer** *m min.* alum shale (*od.* slate). **~|stein** *m* alunite, alum stone (*od.* rock). **~|stift** *m pharm.* styptic pencil.

Alb[1] [alp] *f* ⟨-; *no pl*⟩ **1.** *dial for* Alm 1. **2.** *geogr.* (**Schwäbische**) **~** Suabian Highlands *pl.*

Alb[2] *m* ⟨-(e)s; -e⟩ → Alp[1].

Al·ba·ner [al'ba:nər] *m* ⟨-s; -⟩, **Al'ba·ne·rin** *f* ⟨-; -nen⟩, **Al·ba·ni·er** [al'ba:nĭər] *m* ⟨-s; -⟩, **Al'ba·nie·rin** *f* ⟨-; -nen⟩ Albanian. **al'ba·nisch** [-nɪʃ] **I** *adj*, **II** *ling.* **2** ⟨*generally undeclined*⟩, **das 2e** ⟨-n⟩ Albanian.

Al·ba·tros ['albatrɔs] *m* ⟨-; -se⟩ *orn.* albatross.

Al·be'rei *f* ⟨-; -en⟩ *colloq.* fooling (*sl.* goofing) about (*Am.* around).

al·bern[1] ['albərn] **I** *adj* ⟨-er; -st⟩ silly, foolish, inane, fatuous, *Benehmen etc*: *a.* childish, puerile, *Idee etc*: *a.* absurd; **~es Zeug reden** talk nonsense; **et. ~ finden** think s. th. silly; **sich** (*dat*) **~ vorkommen** a) feel silly (*od.* ridiculous), b) feel out of place. **II** *adv* **sich ~ benehmen** behave like a fool, play the fool.

'al·bern[2] *v/i* ⟨h⟩ **1.** fool (*od.* clown, *sl.* goof) about (*Am.* around). **2.** talk nonsense.

'Al·bern·heit *f* ⟨-; -en⟩ **1.** ⟨*only sg*⟩ silliness, foolishness, fatuousness. **2.** (*alberne Handlung etc*) tomfoolery, fatuity, (*Witz, alberne Bemerkung etc*) *a.* silly joke, silly remark.

Al·bi·nis·mus [albi'nɪsmus] *m* ⟨-; *no pl*⟩ *biol. med.* albin(o)ism. **Al·bi·no** [al'bi:no] *m* ⟨-s; -s⟩ albino. **al·bi'no·tisch** [-bi'no:tɪʃ] *adj* albinotic.

Al·bu·men [al'bu:mən] *n* ⟨-s; *no pl*⟩ *biol.* albumen.

Al·bu·min [albu'mi:n] *n* ⟨-s; -e⟩ *chem.* albumin. **Al·bu·mi'nat** [-mi'na:t] *n* ⟨-(e)s; -e⟩ albuminate. **al·bu·mi·no'id** [-mino'i:t] *biol. chem.* **I** *adj*, **II 2** *n* ⟨-s; -e⟩ albuminoid. **al·bu·mi'nös** [-mi'nø:s] *adj biol. chem.* albuminous.

Al·bu'min·pa|pier *n phot.* albuminized paper.

Al·che|mie [alçe'mi:] *f* ⟨-; *no pl*⟩, **~'mist** *m* ⟨-en; -en⟩ *etc.* → Alchimie *etc.*

Al·chi|mie [alçi'mi:] *f* ⟨-; *no pl*⟩ alchemy. **~'mist** [-'mɪst] *m* ⟨-en; -en⟩ alchemist. **2'mi·stisch** [-'mɪstɪʃ] *adj* alchemic(al), alchemistic(al).

Al·de·hyd [alde'hy:t] *m* ⟨-s; -e⟩ *chem.* aldehyde.

Ale·man·ne [alə'manə] *m* ⟨-n; -n⟩ *meist pl hist.* Alemannian. **ale'man·nisch** *hist.* **I** *adj*, **II** *ling.* **2** ⟨*generally undeclined*⟩, **das 2e** ⟨-n⟩ Alemannic.

Aleu·ten [ale'u:tən] *pl geogr.* Aleutian Islands.

Alex·an·dri|ner [alɛksan'dri:nər] *m* ⟨-s; -⟩ *metr.* Alexandrine. **2nisch** *adj* Alexandrian.

Al·ge ['algə] *f* ⟨-; -n⟩ *bot.* alga; *pl* algae.

Al·ge|bra ['algebra] *f* ⟨-; *no pl*⟩ *math.* algebra. **~'brai·ker** [-'bra:ikər] *m* ⟨-s; -⟩ algebraist. **2'bra·isch** [-'bra:ɪʃ] *adj* algebraic.

Al·ge·ri·er [al'ge:rĭər] *m* ⟨-s; -⟩, **Al'ge·rie·rin** *f* ⟨-; -nen⟩, **al'ge·risch** [-rɪʃ] *adj* Algerian.

Al·go·rith·mus [algo'rɪtmus] *m* ⟨-; -men⟩ *math.* algorism.

ali·as ['a:lĭas] *adv bes. jur.* alias, also (*od.* otherwise) known as, otherwise (called).

Ali·bi ['a:libi] *n* ⟨-s; -s⟩ *jur.* alibi; **ein ~ beibringen** (*od.* **erbringen**) produce an alibi; **sein ~ nachweisen** establish one's alibi. **Alibi ...** *in Zssgn* token (*negro, woman, etc*). **~funk·ti|on** *f* cover-up function (*od.* role).

Ali·men·te [ali'mɛntə] *pl jur.* maintenance *sg.*

ali·men·tär [alimɛn'tɛ:r] *adj bes. med.* alimentary.

Ali·men·ta·ti·on [alimɛnta'tsĭo:n] *f* ⟨-; -en⟩ *jur.* maintenance.

ali·men·ta·ti'ons|be|rech·tigt *adj jur.* entitled to maintenance. **2|kla·ge** *f* action for maintenance. **~|pflich·tig** *adj* liable to pay maintenance.

Ali'men·ten|kla·ge *f* → Alimentationsklage.

Ali·nea [a'li:nea] *n* ⟨-s; -s⟩ *print.* (new) paragraph. **ali·ne·ie·ren** [aline'i:rən] *v/i* ⟨*no* **ge-**, **h**⟩ begin a new paragraph.

ali·pha·tisch [ali'fa:tɪʃ] *adj chem.* aliphatic.

Al·ka·li [al'ka:li; 'alkali] *n* ⟨-s; -en [al'ka:lĭən]⟩ *chem.* alkali. **2be|stän·dig** *adj* alkali-proof (*od.* -resistant). **~|bo·den** *m agr.* alkaline soil. **2|echt** *adj* → **alkalibeständig.** **~|lö·sung** *f* alkaline solution.

al·ka|li·nisch [alka'li:nɪʃ] *adj* → alkalisch. **2li·ni'tät** [-lini'tɛ:t] *f* ⟨-; *no pl*⟩ *chem.* alkalinity. **al·ka·lisch** [al'ka:lɪʃ] *adj chem.* alkaline; **~e Erden** alkaline-earth metals, alkaline earths.

al·ka|li·sie·ren [alkali'zi:rən] *v/t* ⟨*no* **ge-**, **h**⟩ make *s. th.* alkaline, alkalize, alkalify. **2li'tät** [-li'tɛ:t] *f* ⟨-; *no pl*⟩ → **Alkalinität.** **2lo'id** [-lo'i:t] *n* ⟨-(e)s; -e⟩ *chem.* alkaloid.

Al·ko·hol ['alkoho:l; alko'ho:l] *m* ⟨-s; -e [-ho:lə]⟩ alcohol, *als Getränk*: *oft* liquor, spirits *pl*, drink; **j-n unter ~ setzen** get (*od.* make) s. o. drunk; **sich unter ~ setzen** get drunk.

Al·ko·ho·lat [alkoho'la:t] *n* ⟨-(e)s; -e⟩ *chem.* alcoholate.

'Al·ko·hol|,aus|schank *m* sale of alcohol(ic drinks). **~be|stim·mung** *f med. im Blut*: determination of alcohol content. **~|blut|pro·be** *f* blood test for alcohol. **~|ein|fluß** *m* **unter ~ stehen** be under the influence of alcohol. **2|frei** *adj* **1.** *Getränk*: nonalcoholic, soft. **2.** *Gaststätte*: selling no alcoholic drinks. **~|geg·ner** *m*, **~|geg·ne·rin** *f* **1.** (*Abstinenzler*) teetotal(l)er. **2.** prohibitionist. **~ge|halt** *m* alcoholic content (*od.* strength); **mit geringem** (**starkem**) **~** light (strong). **~ge|nuß** *m* consumption of alcohol. **2|hal·tig** *adj* alcoholic; **starke Getränke** strong alcoholic drinks.

Al·ko·ho·li·ka [alko'ho:lika] *pl* alcoholic drinks.

Al·ko·ho·li·ker [alko'ho:likər] *m* ⟨-s; -⟩ alcoholic, drunkard, dipsomaniac. **~|für|sor·ge** *f* care for alcoholics.

al·ko·ho·lisch [alko'ho:lɪʃ] *adj* alcoholic.

al·ko·ho·li·sie|ren [alkoholi'zi:rən] *v/t* ⟨*no* **ge-**, **h**⟩ alcoholize, (*Wein*) fortify; *colloq.* **j-n ~** get (*od.* make) s. o. drunk; **alkoholisiert** drunk, *jur.* under the influence of alcohol. **2rung** *f* ⟨-; -en⟩ **1.** alcoholization. **2.** intoxication, drunkenness.

Al·ko·ho·lis·mus [alkoho'lɪsmus] *m* ⟨-; *no pl*⟩ *med.* alcoholism.

'al·ko·hol|,lös·lich *adj* soluble in alcohol. **2|miß|brauch** *m* abuse of alcohol, excessive drinking. **2mo·no|pol** *n* (state) monopoly on liquor. **2|pro·be** *f bei Kraftfahrern*: alcohol (*od.* breathalyser, *colloq.* breath) test. **~|reich** *adj* rich in alcohol. **2|schmug·gel** *m* liquor smuggling, *Am. colloq.* bootlegging. **2|schmugg·ler** *m* liquor smuggler, *Am. colloq.* bootlegger. **2|spie·gel** *m* blood alcohol concentration, alcohol in one's blood. **~|süch·tig** *adj* addicted to alcohol. **2|sün·der** *m mot. colloq.* drunken driver. **2|test** *m* → **Alkoholprobe.** **2|treib|stoff** *m tech.* alcohol-blended fuel. **2ver|bot** *n* **1.** Prohibition. **2.** *med.* **j-m ~ verordnen** order s. o. to abstain from alcohol. **2ver|gif·tung** *f med.* alcohol(ic) poisoning.

Al·ko·ven [al'ko:vən; 'al-] *m* ⟨-s; -⟩ *arch.* alcove.

Al'kyd|harz [al'ky:t-] *n chem.* alkyd (resin).

Al·kyl [al'ky:l] *n* ⟨-s; -e⟩ *chem.* alkyl.

All [al] *n* ⟨-s; *no pl*⟩ universe, *bes. Raumfahrt*: (outer) space; **Spaziergang im ~** walk in space, space walk.

all *indef pron* **1.** (*adjektivisch*) all, *vor Pluralformen*: *a.* all the; **~e Anwesenden** all persons present; *fig.* **in ~er Form** in due (*od.* proper) form; **vor ~en Leuten, vor ~er** (**Leute**) **Augen, vor den Augen ~er Leute** for all the world to see, in broad daylight, in public; **~e Menschen** a) all mankind, b) all men, everybody; **~e Welt** all the world, everybody, everyone; **~(e) s-e Hoffnungen** all his hopes; **~ das** all that. **2.** (*jeglich*) every, *nach ohne*: any; **Sachen ~er Art** things of every sort; **~e Augenblicke** every moment, ever so often; **ohne ~en Zweifel** (**Grund**) without any doubt (reason); **ohne ~e Mühe** without any effort, quite effortlessly. **3. alle** (*Mengen- u. Zeitbestimmung*) every; **~e Tage** every day, daily; **~e drei Tage** every three days; **~e zwei Tage** every other day; **~e acht Tage** every week, weekly; **~e vierzehn Tage** every two weeks; **~e Jahre wieder** year after year; *colloq.* **~e paar Meter** (*od.* **Schritte**) every few (*colloq.* couple of) metres (*od.* steps). **4. alle** (*substantivisch*) all, everybody, everyone; **~e beide** both (of them); **~e vier** all four; **wir ~e** all of us; **~e für einen u. einer für ~e** all for one and one for all; **nicht ~e** not all of them; **~e nicht** not any of them; **~e außer ihm** all but him; **fast ~e** almost everyone; **~(e) u. jeder** all and sundry, everybody.

,all|'abend·lich **I** *adj lit.* occurring every evening; **sein ~er Besuch** his regular evening visit. **II** *adv* → **~'abends** *adv* every evening.

Al·lah ['ala] *npr m* ⟨-s; *no pl*⟩ *relig.* Allah.

,all|barm'her·zig *adj* all-merciful.

'All·be|griff *m* ⟨-(e)s; *no pl*⟩ *philos.* concept(ion) of the universe.

'all|be|kannt *adj* universally (*od.* generally, well-)known, *bes. contp.* notorious; **es ist ~, daß** it is (a matter of) common knowledge that, it is notorious that; **das ist ~** everybody knows that; **e-e ~e**

Tatsache a well-known fact. **~be,liebt** *adj* universally popular, generally liked, liked by everybody. **~be,wun·dert** *adj* universally admired, admired by all. **≈,buch** *n* encyclop(a)edia. **~,deutsch** *adj pol. hist.* Pan-German.

'al·le I *adj* **1.** → all. **II** *adj* ‹*pred*› *colloq.* **2.** at an end, all gone, finished; **der Kaffee ist ~** the coffee is finished, there's no coffee left, we are out of coffee; **~ werden** run low, come to an end; **die Dummen werden nie ~** there's a sucker born every minute. **3.** (*erschöpft*) all in, dead-beat, whacked; *sl.* **j-n ~ machen** give s. o. the works, finish s. o. (off).

al·le·dem ['alə'de:m] *adv* **bei** (*od.* **trotz**) **~** for all that, in spite of all that, nevertheless; **die Sache ist bei ~ doch wahr** it is true nevertheless (*od.* for all that); **nichts von ~ ist wahr** nothing of it is true; **ich verstehe nichts von ~** I don't understand anything of all that.

Al·lee [a'le:] *f* ‹-; -n [-ən]› avenue.

Al·le·go|rie [alego'ri:] *f* ‹-; -n [-ən]› allegory. **≈risch** [-'go:rɪʃ] *adj* allegorical(ly *adv*). **≈ri'sie·ren** [-gori'zi:rən] *v/t u. v/i* ‹*no* ge-, h› allegorize. **~ri'sie·rung** *f* ‹-; -en› allegorization. **~'rist** [-'rɪst] *m* ‹-en; -en› allegorist.

al·lein [a'laɪn] **I** *adj* ‹*pred*› *u. adv* **1.** (*einsam*) alone, by oneself; **ganz ~** all alone; **laß(t) mich ~!** leave me alone; **~ sein** be alone; **~ reisen** travel alone; **~ leben** live alone (*od.* by oneself); **er war ~ im Zimmer** he was alone (*od.* the only person) in the room; **er war ~ da** a) he was the only person present, b) there was nobody with him; **~ stehen** a) *Haus etc*: stand alone, be detached, (*abgelegen sein*) be isolated, b) *Person*: be unattached, be without family ties, (*unverheiratet*) be single, be unmarried; **Sie stehen nicht ~ mit dieser Ansicht** you are not alone in (holding) that opinion; **warum sitzt du ~?** why are you sitting by yourself? **2.** (*ohne Unterstützung*) by oneself, alone, *a.* single-handed; **ich habe das ~ getan** I did it (by) myself; **sie muß alles ~ tun** she has to do everything herself; **das schafft er (ganz) ~** he can do it single-handed; **er führte ~ das Wort** he did all the talking; **das Kind kann jetzt ~(e) gehen** the child can now walk by itself; **er steht** (*od.* **kämpft**) **~** he is fighting a lone battle; **s-n Weg ~ gehen** go one's own way; **der Starke ist am mächtigsten ~** (*Sprichwort*) the strong man is strongest when he is alone. **3.** → **alleinstehend** 1. **4.** (*ohne Zeugen*) privately, in private, alone; **ich möchte mit dir ~ sprechen** I should like to speak to you in private. **5.** (*einzig*) only, solely, exclusively. **6.** (*nur*) alone, only; **das ~ genügt nicht** this alone won't do; **du ~ bist schuld** it is all your fault; **Gott ~ kann uns helfen** God alone (*od.* only God) can help us; **er ~ ermutigte uns** he was the only one who encouraged us; **das Haus gehört ihm (ganz) ~** the house is his very own; **sie ist auf sich ~ angewiesen** she has to shift for herself; **Mut ~ genügt nicht** mere courage is not enough; **nicht ~ ..., sondern auch** not only ... but also. **7. einzig u. ~** (simply and) solely, entirely. **8.** (*schon*) very, mere, bare; **(schon) ~ der Gedanke macht mich wütend** the very (*od.* mere) thought (of it) makes me furious; **schon ~ daß er kommt, will viel heißen** the (mere) fact that he's coming means a lot. **9.** *colloq.* **die Schmerzen sind von ~ vergangen** the pains went by themselves; **sie hat es von ~ getan** she did it of her own accord; **die Tür schließt (sich) von ~** the door shuts by itself (*od.* automatically); **das versteht sich von ~** that goes without saying, that is (self-) evident. **10.** (*abgesehen von allem übrigen*) alone; **~ im Monat März** in (the month of) March alone; **~ 125 Mill. DM** no less than 125 million marks. **II** *conj* **11.** (*aber, jedoch*) but, however, yet.

Al'lein|,aus,lie·fe·rer *m econ.* sole distributor. **~be,rech·ti·gung** *f jur.* exclusive (*od.* sole) right. **~be,sitz** *m* exclusive (*od.* sole) possession; **er hat die Firma im ~** the firm belongs exclusively to him.

al'lei·ne *adj* ‹*pred*› → **allein**.

Al'lein|,er·be *m jur.* sole heir. **~,er·bin** *f* sole heiress. **~,flug** *m* solo flight. **~,gang** *m* solo attempt, single-handed effort, *Sport*: solo; **im ~** solo; *colloq.* **e-n ~ machen** go it alone, play a lone hand. **~,han·del** *m econ.* monopoly. **~,herr·schaft** *f pol.* **1.** autocratic rule, autocracy. **2.** dictatorship. **~,herr·scher** *m*, **~,herr·sche·rin** *f* **1.** autocrat. **2.** dictator. **~,her,stel·ler** *m econ.* sole maker (*od.* manufacturer). **~,her,stel·lungs·,recht** *n* monopoly.

al'lei·nig *adj Recht, Erbe etc*: sole, exclusive, *Ausnahme etc*: sole, only, single.

Al'lein|,in,ha·ber *m*, **~,in,ha·be·rin** *f econ.* sole owner. **≈,le·bend** *adj* → **alleinstehend** 1. **~,recht** *n jur.* **1.** exclusive (*od.* sole) right. **2.** monopoly. **~,schuld** *f* exclusive guilt (*od.* responsibility), sole responsibility. **~,sein** *n* loneliness, solitariness, aloneness; **des ~s müde** tired of being alone; **Angst vor dem ~** fear of being alone. **≈'se·lig·,ma·chend** *adj relig.* **die ~e Kirche** the only saving (*od.* true) church. **≈,ste·hend** *adj* **1.** single, unmarried, *weitS.* single, unattached, living alone; **~e Frau** single woman; **~er Herr** single gentleman; **≈e** singles. **2.** *von Dingen*: isolated, standing apart, *Gebäude*: *a.* detached; **ein ~es Doppelhaus** two semi-detached houses. **~,un·ter,hal·ter** *m thea.* solo entertainer. **~ver,kauf** *m* exclusive sale. **~ver,kaufs,recht** *n* (sales) monopoly, exclusive right of sale, exclusive selling rights *pl*. **~ver,tre·ter** *m* exclusive (*od.* sole) agent (*od.* distributor). **~ver,tre·tung** *f* sole agency. **~ver,tre·tungs,an,spruch** *m pol.* claim to be the only legitimate representative. **~ver,trieb** *m econ.* a) exclusive distribution, b) (*Firma*) sole distributors *pl*; **den ~ für et. haben** be the sole distributors of s. th. **~ver,triebs·,recht** *n* → **Alleinverkaufsrecht**.

al·lel [a'le:l] *biol.* **I** *adj* allelic. **II ≈** *n* ‹-s; -e› *meist pl* allele.

al·le·lo·morph [alelo'mɔrf] *adj* → **allel**.

'al·le'mal *adv* **1.** always, every time; **ein für ~** once and for all; *colloq.* **dazu ist ~ noch Zeit** there is plenty of time for that. **2.** *colloq.* (*auf jeden Fall*) easily, any time, certainly, (but) of course.

Al·le·man·ne [alə'manə] *m* ‹-n; -n› → **Alemanne**.

'al·len'falls *adv* **1.** (*notfalls*) if necessary, if need be, at (*Am.* in) a pinch. **2.** (*höchstens*) at (the) most, at the outside, *bes. Am.* at best. **3.** (*vielleicht*) possibly, perhaps.

'al·lent'hal·ben *adv* everywhere.

'al·ler|'ärgst I *adj rare* (very) worst. **II** *adv* **am ~en** worst of all. **~'art** *adj* ‹*invariable*› of all sorts (*od.* kinds). **~'äu·ßerst I** *adj* **1.** outermost. **2.** *fig.* utmost, (most) extreme; **~er Preis** (rock-)bottom (*od.* keenest) price; **im ~en Fall** if the worst comes to the worst. **II ≈e, das** ‹-n› **3.** the utmost, the extreme limit.

'All·er'bar·mer *m* ‹-s; *no pl*› *relig.* God of mercy.

'al·ler|'best I *adj* best of all, very best; **der ~e Pianist** the best pianist of all; **die ~en Empfehlungen** the very best references. **II** *adv* **am ~en** best of all; **aufs ~e** in the best manner (*od.* way) possible. **III ≈e, der, die, das** ‹-n; -n› the best of all, the very best; **ich wünsche Ihnen das ≈e** I wish you all the best; **das ist das ≈e, was du tun kannst** that's the very best thing you can do. **~'christ·lichst** *adj hist.* **Seine ≈e Majestät** His Most Christian Majesty.

'al·ler'dings I *adv* **1.** *einschränkend*: though, certainly, admittedly, however, (*freilich*) (it is) true; **ich muß ~ zugeben, daß** I must admit though that; **dies ist ~ wahr** this is true enough, I must admit this is true (*od.* you are right); **es würde ~ mehr kosten** it would cost more though. **2.** *colloq. verstärkend*: certainly, indeed, of course, *bes. Am.* sure. **II** *conj* **3.** but, however.

'al·ler|,durch'lauch·tigst *adj hist.* Most Serene. **~'erst** *adj* very first, first of all.

All·er·gen [alɛr'ge:n] *n* ‹-s; -e› *meist pl med.* allergen.

'al·ler·ge'ringst I *adj* **1.** *Kosten etc*: very lowest. **2.** *Hoffnung etc*: very least, least possible. **II** *adv* **3. nicht im ~en** not in the (very) least, not at all.

All·er·gie [alɛr'gi:] *f* ‹-; -n [-ən]› *med.* allergy (**gegen** to). **~,stoff** *m* allergen.

All·er·gi·ker [a'lɛrgikər] *m* ‹-s; -› *med.* allergic person; **er ist ~** he is suffering from an allergy. **all·er·gisch** [a'lɛrgɪʃ] *adj* allergic (**gegen** to).

'al·ler'gnä·digst *adj hist.* most gracious.

All·er·go|lo·ge [alɛrgo'lo:gə] *m* ‹-n; -n› *med.* allergologue. **~lo·gie** [-lo'gi:] *f* ‹-; *no pl*› allergology.

'al·ler'größt *adj* greatest of all, very greatest; **mit ~er Eile** with the utmost speed; **von ~er Bedeutung** of paramount importance, all-important.

'All·er,hal·ter *m* ‹-s; *no pl*› *relig.* Preserver of all things.

'al·ler'hand *adj* ‹*invariable*› *colloq.* **1.** a great (*od.* good) deal, a lot; **er weiß ~** he knows a good deal (*colloq.* a thing or two); **es gehört (schon) ~ dazu** it takes some doing, *iro.* he (*etc*) has got a nerve (*to do that*). **2.** → **allerlei** 1. **3. das ist (ja** *od.* **doch) ~!** a) *anerkennend*: not bad!, that's quite something!, b) *tadelnd*: that's a bit too much!, that's a bit thick!

'Al·ler'hei·li·gen *n* ‹-; *no pl*›, **~,fest** *n*, **~,tag** *m R.C.* All Saints' Day.

'al·ler|'hei·ligst I *adj* **1.** most holy; *R.C.* **die ~e Jungfrau** the Blessed Virgin. **II ≈e, das** ‹-n› **2.** *R.C.* a) (*Hostie*) the Most Holy Sacrament, b) the sanctuary. **3.** *in jüdischen Tempeln*: the sanctuary, the Holy of Holies. **4.** *humor.* holy of holies, sanctum (sanctorum). **~'herz·lichst** *adj* most cordial. **~'höchst I** *adj* very highest, highest of all; **der ~e Gipfel** the highest peak of all, the topmost peak; **in der ~en Not** in extreme distress; *hist.* **auf ≈en Befehl (Seiner Majestät)** by command (*od.* order) of His Majesty. **II** *adv* **am ~en** highest of all. **III ≈e, der** ‹-n› the Most High, the Supreme. **~'höch·stens** *adv* at the very most, at the outside. **~ka'tho·lischst** *adj hist.* **Seine ≈e Majestät** his Catholic Majesty (of Spain).

'al·ler'lei I *adj* ‹*invariable*› **1.** (*vielerlei*)

all kinds (*od.* sorts) of, various, diverse, sundry; **sich über ~ unterhalten** converse about this and that. **2.** → **allerhand** 1. **II** ≈ *n* <-s; -s> **3.** medley, potpourri. **4.** *gastr.* hotchpotch, *bes. Am.* hodgepodge; **Leipziger ≈** mixed vegetables *pl.*

'al·ler|ˌletzt *adj* very last, last of all, final; **im ~en Augenblick** at the very last moment; **die ~en Neuheiten (Neuigkeiten)** the latest novelties (news); **er war der ~e** he was the last of all. **~'liebst I** *adj* **1.** dearest (of all); **er ist mir der ~e von allen** I like him best of all. **2.** (*reizend*) (most) charming (*od.* delightful), (very) lovely; **was für ~e Tassen!** what lovely cups! **II** *adv* **3. ~ aussehen** look lovely. **4. am ~en** best (of all). **III ≈e, der, die, das** <-n; -n> **5.** sweetheart. **~'meist I** *adj* (very) most; **die ~en Menschen** most people; **die ~e Zeit** most of the time. **II** *adv* **am ~en** most (of all), for the most part, mostly, chiefly. **~'min·dest** *adj* very lowest, minimum, least possible. **~'nächst I** *adj* **1.** *räumliche Reihenfolge, zeitlich*: next of all, very next; **in ~er Zeit** in the very near (*od.* immediate) future, very soon. **2.** *räumliche Entfernung, Beziehung*: nearest of all, very nearest; **die ~en Verwandten** the very nearest relatives, the next of kin; **in ~er Nähe** in close proximity; **aus ~er Nähe** from very close (to). **II** *adv* **am ~en 3.** next of all. **4.** nearest of all. **~'näch·stens** *adv* in the very near (*od.* in the immediate) future, very soon (*od.* shortly). **~'neu·est, ~'neust I** *adj* very latest, most recent; **~e Nachrichten** very latest news, red-hot news. **II ≈e, das** <-n> the very latest (news). **~'not·ˌwen·digst I** *adj* **1.** most necessary, indispensable; **die ~en Lebensbedürfnisse** the bare necessities of life; **das ~e Geld** just enough money to live on. **2.** (*dringlichst*) most urgent. **II ≈e, das** <-n> **3.** (the) bare necessities *pl.* **~'or·ten,** *a.* **~'orts** *adv* everywhere. **~'schlimmst I** *adj* (very) worst, worst of all. **II** *adv* **am ~en** worst of all. **~'schönst I** *adj* very finest, most beautiful of all. **II** *adv* **am ~en** most beautiful of all, most beautifully.

'Al·ler'see·len *n* <-; *no pl*>, **~ˌfest** *n*, **~ˌtag** *m R. C.* All Souls' Day.

'al·ler'seits *adv* on (*od.* from) all sides, on (*od.* from) every side; *colloq.* **guten Abend ~!** good evening everybody!

'Al·ler'welts|ge·ˌsicht *n* ordinary face, ten-a-penny (*Am.* dime-a-dozen) face. **~'kerl** *m colloq.* **1.** devil of a fellow, *bes. Am.* crackerjack. **2.** Jack-of-all-trades. **~'wort** *n* <-(e)s; ⸚er> *colloq.* household (*od.* hackneyed) word.

'al·ler|'we·nigst I *adj* very few. **II** *adv* **am ~en** least of all, at the very least. **~'we·nig·stens** *adv* least of all, at the very least.

'Al·ler'wer·te·ste *m* <-n; -n> *humor. euphem.* bottom, behind, backside, bum.

'al·les *indef pron* **1.** all, everything, all things, the whole (of it), the lot, *Am. sl.* the works, (*~ beliebige*) anything; **~ in allem** (taken) all in all, all told, all things considered; **~ Amerikanische** all things American; **~ das, das ~** all that; **das ist ~ nur Theater** that's all just an act; **er kann ~** he can do anything; **sie ist mein ein und (mein) ~** she is my (one and) all; **er ist ~, nur kein Kaufmann** he is anything but a businessman; **~, was** all (*od.* everything) that; **~ oder nichts** all or nothing; **und wer weiß, was ~** and goodness knows what else; **~ zu s-r Zeit** all in good time, all at its proper time; **auf ~ gefaßt sein** be prepared for the worst; **bei allem, was er tut** in all (*od.* everything) he does; **nach allem, was geschehen ist** after all that happened; **über ~** above all (things); **j-n über ~ lieben** love s.o. more than anything; *colloq.* **um ~ in der Welt!** for heaven's sake; **nicht um ~ in der Welt** not for anything in the world; **vor allem** above all (things), first of all, first and foremost. **2.** *colloq.* everybody, everyone, all; **~ aussteigen!** everybody get out, please!; **~ mal herhören!** listen everybody!; **wen habt ihr ~ eingeladen?** who(m) have you invited?

'al·le'samt *adv* all together, all (without exception), all of them, to a man.

'Al·les|'bes·ser·ˌwis·ser *m* <-s; -> → Alleswisser. **~ˌbren·ner** *m* (*Ofen*) multi-fuel furnace. **~ˌfres·ser** *m* omnivorous animal, *pl* omnivora. **~ˌkle·ber** *m* all-purpose cement, general-purpose adhesive. **~ˌkön·ner** *m colloq.* all-rounder. **~ˌwis·ser** *m* <-s; -> *contp.* know-all.

'al·le'we·ge *adv obs.* always.

'All'ge·gen|ˌwart *f bes. relig.* omnipresence, ubiquity. **≈ˌwär·tig** *adj* omnipresent, ubiquitous.

'all·ge'mein I *adj* **1.** general, common, universal; **mit ~er Zustimmung** by common consent; **auf ~en Wunsch** by popular request; **von ~em Interesse** of general interest; **~e Redensarten** generalities; **~es Wahlrecht** universal suffrage (*od.* franchise); **~e Wehrpflicht** universal conscription (*od.* military training), compulsory military service; **~e Wahlen** general elections; **im ~en** *cf.* II. **2.** (*öffentlich*) public; **~er Feiertag** public holiday; **das ~e Wohl** public welfare. **3.** *econ.* indirect, overhead; **~e Unkosten** overhead *sg.* **II** *adv* **4.** in general, generally, commonly, *stärker*: universally, (*im ganzen*) on the whole; **~ anerkannt** generally accepted; **~ beliebt sein** be popular with everyone; **es ist ~ bekannt** it is (a matter of) common knowledge; **~ gebräuchlich (od. üblich)** in common (*od.* general) use; **es ist ~ üblich** it is a common practice; **wie es ~ üblich ist** as is the (general) rule; **~ verbreitet** widespread, popular; **es wird ~ geglaubt** it is commonly believed; **~ gesprochen** generally speaking. **III ≈e, das** <-n> **5.** the general, *stärker*: the universal; **das ≈e und das Besondere** the general and the particular; **vom ≈en auf das Besondere schließen** argue from the general to the particular; **sich im ≈en bewegen** offer (mere) generalities, be generalizing.

'All·ge'mein|be·ˌfin·den *n* general condition, general (state of) health. **~be·ˌgriff** *m* **1.** general term. **2.** *philos.* universal concept. **~be·ˌsitz** *m* → Allgemeingut. **≈ˌbil·dend** *adj* (all-round) educational, general-knowledge …, *Schule*: providing a general education. **~ˌbil·dung** *f* **1.** general (*od.* all-round) education. **2.** → Allgemeinwissen. **≈ˌgül·tig** *adj* universally valid. **~ˌgül·tig·keit** *f* universal validity. **~ˌgut** *n* common property, *fig. a.* common knowledge. **~heit** *f* <-; -en> **1.** <*only sg*> (general) public, public (*od.* people) at large, community (as a whole); **im Interesse der ~ liegen** be in the public interest; **der ~ gehören** be common (*od.* public) property. **2.** <*only sg*> (*allgemeiner Charakter*) generality, universality. **3.** *pl* → Allgemeinplatz. **~me·diˌzin** *f* general medicine; **Arzt für ~** general practitioner. **~ˌplatz** *m bes. pl* commonplace. **≈ver·ˌbind·lich** *adj* generally binding, binding on everyone. **≈ver·ˌständ·lich** *adj* intelligible to all, popular. **~ˌwis·sen** *n* general knowledge. **~ˌwohl** *n* public (*od.* general) welfare (*od.* good). **~ˌzu·ˌstand** *m* general condition (*od.* state).

'All|ge·ˌwalt *f* omnipotence, supreme power. **≈ge·ˌwal·tig** *adj* all-powerful, omnipotent, almighty. **~ge·ˌwal·ti·ge, der** <-n; -n> *colloq.* the big boss. **~'heil·ˌmit·tel** *n a. fig.* panacea, cure-all.

Al·li·anz [a'lĭants] *f* <-; -en> *bes. pol.* alliance.

Al·li·ga·tor [ali'ga:tɔr] *m* <-s; -en [-ga'to:rən]> *zo.* alligator.

al·li|ie·ren [ali'i:rən] *v/reflex* <*no* ge-, h> **sich ~** ally (o. s.) (**mit** to, with); **alliierte Streitkräfte** allied forces. **≈'ier·te** *m, f* <-n; -n> ally; **die ~n** the Allies.

Al·li·te|ra·ti·on [alıtera'tsĭo:n] *f* <-; -en> *metr.* alliteration. **≈'rie·ren** [-'ri:rən] *v/i* <*no* ge-, h> alliterate; **~d** alliterating, alliterative.

'all'jähr·lich I *adj* annual, yearly. **II** *adv* annually, every year, yearly.

'Allˌmacht *f* <-; *no pl*> omnipotence, *der Liebe etc*: all-conquering power.

ˌall'mäch·tig *adj* all-powerful, omnipotent, *bes. Gott*: almighty. **ˌAll'mäch·ti·ge** *m* <-n> *a.* **Gott der ~** Almighty God, God Almighty; *colloq.* **~r!** good heavens!, good God!

ˌall'mäh·lich I *adj* gradual. **II** *adv* gradually, by degrees, in time, slowly; **ganz ~** little by little; **~ e-e Gewohnheit annehmen** get into a habit; *colloq.* **es wird ~ Zeit** it's about time; **ich habe es ~ satt** I'm getting sick of it.

All·men·de [al'mɛndə] *f* <-; -n>, *a.* **All'mend** [-'mɛnt] *f* <-; -en> *jur.* common land (*od.* property).

'all|'mo·nat·lich I *adj* monthly. **II** *adv* monthly, every month. **~'mor·gend·lich I** *adj* occurring every morning; **sein ~er Spaziergang** his daily (*od.* regular) morning walk. **II** *adv* every morning. **≈ˌmut·ter** *f poet.* (*Natur*) mother of all; **~ Erde** Mother Earth. **~'nächt·lich I** *adj* nightly. **II** *adv* nightly, every night.

Al·lod [a'lo:t] *n* <-(e)s; -e> *hist.* (*lehnfreies Gut*) al(l)odium, freehold. **al·lo·di·al** [alo'dĭa:l] *adj* al(l)odial.

al·lo·morph [alo'mɔrf] *ling.* **I** *adj* allomorphic. **II ≈** *n* <-s; -e> allomorph.

Al·lon·ge [a'lõ:ʒə] *f* <-; -n> **1.** *an Wechseln, Frachtbriefen etc*: allonge, extension slip. **2.** *print.* fly leaf. **~pe·ˌrücke** (*getr.* -k·k-) *f hist.* full-bottomed wig.

Al·lo|path [alo'pa:t] *m* <-en; -en> *med.* allopath(ist). **~pa'thie** [-pa'ti:] *f* <-; *no pl*> allopathy. **≈'pa·thisch** *adj* allopathic.

Al·lo·phon [alo'fo:n] *n* <-s; -e> *ling.* allophone.

Al·lo·tria [a'lo:trĭa] *pl u. n* <-(s)> tomfoolery *sg*; **~ treiben** fool around, skylark, lark about.

al·lo|trop [alo'tro:p] *adj chem.* allotropic. **≈tro'pie** [-tro'pi:] *f* <-; *no pl*> allotropy.

ˌAll·par'tei·en… *in Zssgn* all-party (*government, etc*).

'Allˌrad… *in Zssgn* all-wheel (*brake, drive, steering*).

ˌAll'roundˌsport·ler *m* [ˌo:l'raunt-] *m* all-rounder.

'all|ˌsei·tig I *adj* **1.** (*vielseitig*) all-round. **2.** (*allgemein*) general, universal; **zur ~en Zufriedenheit** to the satisfaction of everybody. **II** *adv* **3.** generally, universally; **er war ~ geschätzt** he was held in general esteem; **et. ~ betrachten** consider s. th. from every angle (*od.* point of view); *tech.* **~ bearbeitet** machined all over; **~ gebildet sein** have an all-round education. **~ˌseits** *adv* → **allerseits**.

~'som·mer·lich *adj u. adv* every summer. **~'sonnˌtäg·lich I** *adj* Sunday (*walk, etc*). **II** *adv* every Sunday, *Am.* Sundays.

'Allˌstrom *m electr.* universal current, AC/DC current. **~empˌfän·ger** *m* AC/DC (*od.* all-mains) receiver, all-mains set.

'all'stünd·lich *adj u. adv* hourly, *adv a.* every hour.

'Allˌtag *m* ⟨-(e)s; -e⟩ **1.** ⟨*only sg*⟩ everyday life; *contp.* (**grauer**) ~ workaday routine, (drab) monotony of the daily round; **jetzt beginnt wieder der** ~ now the workaday routine starts again. **2.** weekday, working day.

all·täg·lich I *adj* **1.** [ˈalˌtɛːklɪç] daily, everyday. **2.** [ˌalˈtɛːklɪç] (*üblich*) customary, usual, routine, workaday, (*durchschnittlich*) ordinary, average, everyday, humdrum, common, (*abgegriffen*) trite, prosaic, hackneyed, (*nichtssagend*) trivial, banal, commonplace, pedestrian; **e-e nicht ganz ~e Geschichte** a somewhat unusual story. **II ≈e, das** [ˌalˈtɛːklɪçə] ⟨-n⟩ **3. et.** (**nicht**) **≈es** something (out of the) ordinary (*od.* usual). **≈keit** [ˌalˈtɛːklɪç-] *f* ⟨-; -en⟩ **1.** ⟨*only sg*⟩ (*Üblichkeit*) customariness, usualness, (*Durchschnittlichkeit*) ordinariness, commonness, (*Abgegriffenheit*) triteness, (*Plattheit*) triviality, banality. **2.** (*übliches Vorkommnis*) everyday occurrence.

'allˌtags *adv* on weekdays (*od.* workdays). **≈ˌanˌzug** *m* everyday suit. **≈beˌschäf·ti·gung** *f* daily (*od.* everyday) work, daily routine. **≈geˌsicht** *n* ordinary (*od.* everyday) face. **≈ˌklei·dung** *f* everyday (*od.* ordinary) clothes *pl.* **≈ˌle·ben** *n* everyday (*od.* workaday) life. **≈ˌmensch** *m* ordinary (*od.* average) person. **≈ˌsor·gen** *pl* everyday cares (*od.* worries). **≈ˌspra·che** *f* everyday usage (*od.* speech). **≈ˌtrott** *m* treadmill of everyday life, workaday routine, humdrum. **≈ˌwort** *n* ⟨-(e)s; ⸚er⟩ household word.

'allˌüber'all *adv poet.* everywhere.

'allˌumˌfas·send *adj lit. Geist etc*: universal, all-embracing, catholic, *Bildung*: all-round, *Wissen*: comprehensive, encyclop(a)edic.

Al·lü·re [aˈlyːrə] *f* ⟨-; -n⟩ **1.** *pl* (grand) airs, mannerisms, affected ways and manners; **vornehme** (*od.* **feine**) **~n** airs and graces. **2.** (*Pferdegangart*) gait.

al·lu·vi·al [aluˈvi̯aːl] *adj geol.* alluvial. **≈ˌland** *n* alluvial soil. **≈ˌschutt** *m* wash.

Al·lu·vi·um [aˈluːvi̯ʊm] *n* ⟨-s; *no pl*⟩ *geol. hist.* **1.** alluvial age, Holocene epoch. **2.** alluvium, alluvial deposit(s *pl*) (*od.* soil).

'All|ˌva·ter *m relig.* Father (of All). **≈ver'ehrt** *adj* universally revered. **~ˌwel·len·empˌfän·ger** *m* (*Radio*) all-wave receiver. **~ˌwet·ter ...** *in Zssgn* all-weather (*landing, etc*). **≈'wis·send** *adj* all-knowing, omniscient; **~'wis·sen·de, der** ⟨-n⟩ (God) the Omniscient. **~'wis·sen·heit** *f* ⟨-; *no pl*⟩ omniscience.

ˌall'wo *adv obs.* where.

'all'wö·chent·lich *adj u. adv* weekly, *adv a.* every week.

'allˌzu *adv* (far *od.* much) too, excessively; **~ ängstlich** over(-)anxious; **~ kritisch** hypercritical. **~'bald** [-tsu-] *adv* much too soon. **~'früh** [-tsu-] *adv* far too early. **~ge'nau** [-tsu-] *adj* over-particular. **~'gern** [-tsu-] *adv* very gladly (*od.* willingly). **~'gut** [-tsu-] *adv* only too well. **~'lang** [-tsu-], **~'lan·ge** [-tsu-] *adv* much too long. **~'sehr** [-tsu-] *adv* all too much, overmuch, excessively. **~'viel** [-tsu-] *adv* too much; **~ ist ungesund** enough is as good as a feast.

'Allˌzweck ... *in Zssgn* all-purpose, general-purpose, universal.

Alm [alm] *f* ⟨-; -en⟩ **1.** alpine (*od.* Alpine, mountain) pasture, alp. **2.** → **Almhütte.** **~ˌabˌtrieb** *m, a.* **~ˌabˌfahrt** *f* driving cattle from alpine (*od.* Alpine) pastures.

Al·ma ma·ter [ˈalma ˈmaːtər] *f* ⟨- -; *no pl*⟩ *lit.* Alma Mater, university.

Al·ma·nach [ˈalmanax] *m* ⟨-s; -e⟩ yearbook, annual, *mit Kalender*: almanac.

'AlmˌaufˌtriebT *m* driving cattle to alpine (*od.* Alpine) pastures.

'Al·menˌrausch *m* ⟨-es; *no pl*⟩ → **Alpenrose.**

'Almˌhüt·te *f* alpine (*od.* Alpine) dairy farm.

Al·mo·sen [ˈalmoːzən] *n* ⟨-s; -⟩ **1.** (*milde Gabe*) alms (*sg u. pl*), alm, charity; **auf ~ angewiesen sein** be reduced to begging; **j-n um ein ~ bitten** ask an alm(s) of s. o.; *fig.* **von ~ leben** live on charity. **2.** *fig. contp.* pittance, *Am.* handout. **~empˌfän·ger** *m* receiver of alms, almsman, *weitS.* pauper.

'Alm|ˌrausch *m* ⟨-es; *no pl*⟩ → **Alpenrose.** **~ˌwirt·schaft** *f* **1.** alpine (*od.* Alpine) (dairy) farming. **2.** alpine (*od.* Alpine)-inn.

Aloe [ˈaːloe] *f* ⟨-; -n [ˈaːloən]⟩ *bot.* aloe. **~ˌhanf** *m* aloe hemp. **~ˌholz** *n bot.* aloeswood, eaglewood.

Alp[1] [alp] *m* ⟨-(e)s; -e⟩ **1.** ⟨*only sg*⟩ nightmare; **es lag ihm wie ein ~ auf der Brust** it haunted him (*od.* weighed on him) like a nightmare. **2.** (*Kobold*) (hob)goblin, incubus.

Alp[2] *f* ⟨-; -en⟩ → **Alm.**

Al·pa·ka [alˈpaka] *n* ⟨-s; -s⟩ **1.** *zo.* alpaca. **2.** ⟨*only sg*⟩ a) (**~wolle, ~stoff**) alpaca, b) (*TM*) German silver.

'Alp|ˌdruck *m* ⟨-(e)s; ⸚e⟩, **~ˌdrü·cken** (*getr.* **-k·k-**) *n* ⟨-s; *no pl*⟩ nightmare.

'Al·pen *pl geogr.* Alps. **~beˌwoh·ner** *m* inhabitant (*od.* native) of the Alps. **~ˌflo·ra** *f bot.* alpine flora. **~ˌge·gend** *f* alpine region. **~ˌglü·hen** *n* alpenglow. **~ˌjä·ger** *m* **1.** hunter in the Alps. **2.** → **Gebirgsjäger.** **~ˌket·te** *f* alpine mountain range. **~ˌland** *n meist pl* alpine (*od.* Alpine) country (*od.* region). **~ˌland·schaft** *f* alpine scenery. **~ˌpaß** *m* alpine pass. **~ˌpflan·ze** *f bot.* alpine (*od.* Alpine) plant. **~ˌro·se** *f* alpine rose, rhododendron. **~ˌtier** *n* alpine (*od.* Alpine) animal. **~ˌveil·chen** *n bot.* cyclamen, sowbread. **~verˌein** *m* Alpine mountaineering (*od.* climbing) club, club of Alpinists. **~ˌvorˌland** *n geogr.* foothills *pl* of the Alps. **~ˌwelt** *f* alpine regions *pl*, Alps *pl.*

Al·pha [ˈalfa] *n* ⟨-(s); -s⟩ *ling.* alpha.

Al·pha|bet [alfaˈbeːt] *n* ⟨-(e)s; -e⟩ alphabet; **großes** (**kleines**) **~** capital (small) letters *pl* (of the alphabet); **nach dem ~ ordnen** → **alphabetisieren.** **≈'be·tisch I** *adj* alphabetic(al). **II** *adv* alphabetically, in alphabetic(al) order. **≈be·ti'sie·ren** [-betiˈziːrən] *v/t* ⟨*no* ge-, h⟩ arrange *s. th.* alphabetically (*od.* in alphabetical order), alphabetize. **~be·ti'sie·rung** *f* ⟨-; *no pl*⟩ alphabetization.

Al·pha'bet|ˌschloß *n tech.* combination (*od.* letter, puzzle) lock. **~syˌstem** *n* alphabetical system

al·pha|nu·me·risch [alfanuˈmeːrɪʃ] *adj Computer*: alphameric(al), alphanumeric.

'Al·pha|ˌstrahl *m meist pl phys.* alpha ray. **~ˌstrah·lung** *f* alpha radiation. **~ˌteil·chen** *n* alpha particle.

'Alpˌhorn *n mus.* alp(en)horn.

al·pin [alˈpiːn] *adj* alpine, Alpine; → **Kombination**[1] 3b.

al'pi·nisch *adj* → **alpin.**

Al·pi|nis·mus [alpiˈnɪsmʊs] *m* ⟨-; *no pl*⟩ alpinism, (alpine) mountaineering, mountain climbing. **~'nist** [-ˈnɪst] *m* ⟨-en; -en⟩ alpinist, Alpinist, alpine climber, mountaineer. **~'ni·stik** [-tɪk] *f* ⟨-; *no pl*⟩ → **Alpinismus.** **~'ni·stin** *f* ⟨-; -nen⟩ (woman) alpinist (*etc, cf.* **Alpinist**).

'Alpˌtraum *m* nightmare (*a. fig.*), nightmarish dream.

Al·raun [alˈraun] *m* ⟨-(e)s; -e⟩, **Al'rau·ne** *f* ⟨-; -n⟩ **1.** *bot.* mandrake, mandragora. **2.** *fig.* person with magic powers.

als [als] *conj* **1.** *zeitlich*: when, as, (*während*) while; **damals ~** at the time when; **~ er ankam** when he arrived; **~ ich im Garten arbeitete** while I was working in the garden. **2.** (*meist mit Substantiv zur Bezeichnung e-r Eigenschaft*) as (*auch oft unübersetzt*), in the capacity of; **~ Arbeiter** as a workman (*od.* labo[u]rer); **~ Antwort auf** as an answer to, in reply to; **er starb ~ Bettler** he died (as) a beggar; **~ Entschuldigung** (**Entschädigung**) as (*od.* by way of) an excuse (compensation); **~ Geschenk** for a present; **j-n ~ Hamlet sehen** see s. o. as (*od.* in the role of) Hamlet; **die Idee ~ solche** the idea as such; **~ Junge** as (*od.* when, while) a boy; **~ Mädchen benahm sie sich recht tapfer** she behaved very bravely for a girl; **~ Sieger heimkehren** return victorious; **der Mensch ~ solcher** man as such. **3.** *nach Komparativen*: than; **er ist älter ~ ich** he is older than I (am); **mehr ~ genug** more than enough. **4.** *im Vergleich*: as, *bes. bei Negationen*: but; **so bald ~ möglich** as soon as possible; **alles andere ~ hübsch** (**zufrieden**) anything but pretty (satisfied); **kein anderer ~ du** no one but you. **5. ~ ob** as if, as though; **er tat, ~ ob er schliefe** (*od.* **~ schliefe er**) he pretended to be asleep, he made as if he was asleep; **es sieht aus, ~ wolle es regnen** it looks like rain; **~ ob** (*od.* **wenn**) **ich das nicht wüßte!** as if I didn't (*od.* wouldn't) know! **6. die Zeit war zu kurz, ~ daß** the time was too short to *inf*; **er ist zu jung, ~ daß er das verstehen könnte** he is too young to understand that; **er bot zu wenig, ~ daß ich es hätte annehmen können** he offered too little for me to accept it. **7.** *archaic* **~ da sind** *aufzählend*: such as, as (for example).

ˌals|'bald *adv archaic* at once, forthwith, directly. **~'bal·dig** *adj* immediate; **zum ~en Verbrauch** (**bestimmt**) for immediate consumption. **~'dann** *adv* **I** *archaic* afterwards, then, thereupon. **II** *interj colloq.* now (*od.* well) then!

al·so I [ˈalzo] *conj* **1.** *colloq.* (*nun*) then, so; **~ gut** (**, ich bin einverstanden**)**!** very well (then) (I agree)!, all right (I agree)!; **~ bis morgen!** see you tomorrow!; **~ fangen wir an!**, **~ los!** so let's begin!, let's go!; **Sie haben sich ~ doch entschlossen** (so) you have made up your mind after all; **~ wie gesagt** well then, as we (*od.* I) said; **na ~!** a) there you are!, see!, I told you so!, b) *anerkennend*: that's more like it! **2.** (*folglich*) therefore, hence, consequently, accordingly, so; **ich denke, ~ bin ich** I think therefore I am. **II** [ˈalˌzoː] *adv obs.* **3.** (*so*) so, thus; **sei es ~** so be it; **~ steht geschrieben** thus is written.

ˌal·so'gleich [-zo-] *adv* → **alsbald.**

alt [alt] *adj* ⟨⸚er; ⸚est⟩ **1.** old; **er ist zwanzig Jahre ~** he is twenty (years old); **ein sechs Jahre ~er Junge** a six-year-old boy; **man ist so ~, wie man sich fühlt** one is as old as one feels; **er sieht nicht so ~ aus wie er ist** he does not look his age. **2.** (*bejahrt*) old, aged; **auf m-e ~en Tage muß ich so etwas erleben!** to experience (*od.* go through) such a thing at my age!; **der ~e Goethe** Goethe in his old age; **~ werden** grow old, age, live to be old; **sie ist** (*äußerlich*) **sehr ~ geworden** she has aged very much; **auf s-e ~en Tage** in his old age; *humor.* **hier werde ich nicht ~** I won't be here much longer. **3.** (*nicht frisch*) old, stale; **~es Brot** stale bread; **~es Bier** stale (*od.* flat) beer. **4.** (*nicht neu*) old; **~es Eisen** scrap iron; *fig.* **~er Witz** old (*od.* standing, stale) joke, *colloq.* chestnut; → **Eisen** 7. **5.** (*gebraucht*) old, second-hand, used. **6.** (*zurückliegend*) old, old-time; **das ~e Jahr** the old year; **das 2e Testament** the Old Testament; **die 2e Welt** the Old World; **in ~en Zeiten** (*od.* **Tagen**) in former times, in olden days; **die gute ~e Zeit** the good old days. **7.** (*geschichtlich alt*) old, ancient; **die ~en Germanen** the ancient Germans (*od.* Teutons); **2e Geschichte** ancient history; **~e Sprachen** ancient languages. **8.** (*unverändert*) (same) old, unchanged, unchanging; **in ~er Anhänglichkeit** in unchanging affection; *fig.* **die ~e Geschichte** (*od.* **Leier**), **das ~e Lied** the same old story (*od.* song). **9.** (*erfahren*) old, experienced, seasoned; → **Hase** 2. **10.** (*seit langem bestehend*) old, long-standing (*friendship, tradition, etc*); **~er Bekannter** (**Freund**) old acquaintance (friend); **e-e ~ Firma** a long-established firm. **11.** → **altmodisch** I. **12.** (*ehemalig*) old, former; **~er Schüler** former pupil (*od.* student), *Am.* alumnus; **der ~e Präsident** the former (*od.* ex-)president. **13.** *fig. colloq. meist Anrede*: old; **~er Freund** (**Kerl, Knabe**)! old chap (*od.* fellow), *drohend*: look here my lad!, watch it, man! **14.** *substantiviert mit Kleinschreibung*: **es bleibt alles beim ~en** everything remains as it was (before); **am ~en hängen** stick (*od.* keep, cling) to old (*od.* tried) ways; **aus ~ mach neu** make s. th. new out of the old. **II 2e, das** ⟨-n⟩ **15.** a) the old, the past, b) old things *pl*, c) the customary; **et. 2es** s. th. old; **2es und Neues** (the) old and (the) new, things both old and new.

Alt *m* ⟨-s; -e⟩ *mus.* alto (voice).

Alˈtan [alˈtaːn] *m* ⟨-(e)s; -e⟩, **Alˈtaˑne** *f* ⟨-; -n⟩ balcony, gallery.

ˈaltˈanˑgeˌseˑhen *adj Firma*: old-established, *Familie, Geschlecht*: old, respected.

Alˈtar [alˈtaːr] *m* ⟨-(e)s; Altäre⟩ *relig.* altar; **mit j-m vor den ~ treten** marry s. o. **~ˌaufˌsatz** *m* retable, altar-piece. **~ˌbild, ~ˌblatt** *n* altar-piece, altar-panel. **~ˌdecke** (*getr.* **-k·k-**) *f* altar-cloth. **~ˌflüˑgel** *m* altar-wing. **~geˌmälˑde** *n* → **Altarbild**. **~ˌraum** *m* chancel, sanctuary. **~ˌschmuck** *m* altar decorations *pl*.

Alˈtarsˑsaˑkraˌment *n R. C.* Holy sacrament, sacrament of the altar.

Alˈtar|ˌtaˑfel *f* → **Altarbild**. **~ˌtisch** *m* altar, communion table, mensa. **~ˌtuch** *n* altar-cloth.

ˈaltˌbacken (*getr.* **-k·k-**) *adj* **1.** *Brot etc*: stale. **2.** *fig. colloq.* old-fashioned.

ˈAltˌbau *m* ⟨-(e)s; -ten⟩ **1.** old building. **2.** old part of the building. **~saˌnieˑrung** *f* rehabilitation (*od.* modernization) of old housing. **~ˌwohˑnung** *f* flat (*Am.* apartment) in an old building.

ˈalt|beˈgrünˑdet *adj Recht, Firma etc*: old-established. **~beˈkannt** *adj* long-(*od.* well-)known. **~beˈrühmt** *adj* renowned (of old), of ancient fame, famous. **2beˌsitz** *m jur.* old holding, old-established property. **~beˈwährt** *adj* **1.** *Rezept, Mittel etc*: well-tried, (well-)proven. **2.** *Freundschaft etc*: of long standing, long-standing. **2ˌbunˑdesˌkanzˑler** *m pol.* former chancellor, ex-chancellor. **~ˌchristˑlich** *adj* early Christian. **~ˌdeutsch** *adj* a) old (*od.* ancient, medi[a]eval) German, b) in the old German style; **~es Dach** high (*od.* pointed) roof.

ˈAlˑte[1] *m* ⟨-n; -n⟩ **1.** old man; **die ~n** the aged, old people, old folk(s), *hist.* the ancients; **~ und Junge** young and old; **wie die ~n sungen, so zwitschern auch die Jungen** like father like son; *vulg.* **der ~** (*Vater, Ehemann*) the old man, (*Chef*) the boss, the governor. **2.** *substantiviert mit Kleinschreibung*: (*der gleiche*) the same; **er ist immer noch der 2** he is the same as ever; **er ist nicht mehr der 2** he is no longer the man he was; **er ist wieder ganz der 2** he is quite himself again; **wir bleiben die 2n** we are still the same, we haven't changed.

ˈAlˑte[2] *f* ⟨-n; -n⟩ **1.** old woman, old girl; **komische ~** peculiar (*thea.* comic) old woman; *vulg.* **die ~** (*Mutter, Ehefrau*) the old lady (*od.* woman), (*Ehefrau*) *a.* the missus, (*Chefin*) the boss. **2.** (*Muttertier*) (the) old one, mother.

ˈalt|ˈehrˌwürˑdig *adj lit.* time-hono(u)red, venerable. **~ˈeinˑgeˌführt** *adj Geschäft, Ware etc*: old- (*od.* firmly) established. **~ˈeinˑgeˌsesˑsen** *adj Familie, Geschäft etc*: old-established. **2ˌeiˑsen** *n* scrap iron (*od.* metal). **2ˌeiˑsenˌhändˑler** *m* dealer in scrap iron. **2ˈengˑland** *npr n hist.* Old England. **~ˈengˑlisch** *adj* **1.** old English. **2.** *ling.* Old English, Anglo-Saxon.

ˈAlˑten|ˌheim *n* → **Altersheim**. **~ˌpfleˑger** *m* geriatric nurse. **~ˌteil** *n share of property reserved by a farmer on his retirement*; *fig.* **sich auf das ~ zurückziehen** retire. **~ˌteiˑler** *m* ⟨-s; -⟩ retired farmer. **~ˌwohnˑheim** *n* → **Altersheim**.

Alˑter [ˈaltər] *n* ⟨-s; *rare* -⟩ **1.** age; **in arbeitsfähigem ~** of working age; *psych.* **geistiges ~** mental age; **im kindlichen ~** while still a child; **im zarten ~ von** at the tender age of; **er ist in m-m ~** he is (about) my age; **im ~ von 20 Jahren** at (the age of) 20; **mittleren ~s, von mittlerem ~** middle-aged; **er sieht für sein ~ jung aus, man sieht ihm sein ~ nicht an** he looks young for his age (*od.* years), he does not look his age. **2.** (*Bejahrtheit*) (old) age; **vom ~ gebeugt** bent with age; **et. für sein ~ sparen** put s. th. by for one's old age; **ein hohes ~ erreichen** live to a ripe old age; *colloq.* **das ist doch kein ~!** that's not old!, that's no age at all!; **~ schützt vor Torheit nicht** there is no fool like an old fool. **3.** ⟨*only sg*⟩ (*alte Leute*) the aged, old people; **das ~ geht voran!** a) grown-ups first!, b) *humor.* age before beauty!

älˑter [ˈɛltər] *adj* ⟨*comp of* **alt**⟩ **1.** older, *innerhalb der Familie*: elder; **mein ~er Bruder** my elder brother; **er ist ein Jahr ~ als ich** he is my senior by one year; **er sieht (10 Jahre) ~ aus als er ist** he looks (10 years) more than his age. **2.** *mit Eigennamen*: the elder (*od.* older), senior; **der ~e Schmidt** Schmidt senior. **3.** (*ältlich*) elderly, oldish; **ein ~er Herr** an elderly gentleman. **4.** *jur. Anspruch etc*: prior.

ˈAlˑterˑchen *n* ⟨-s; -⟩ *colloq. humor. Anrede*: my dear old boy.

ˈalt|erˈerbt *adj* ancestral. **~erˈfahˑren** *adj* experienced, skilled.

alˑteˑrieˑren [alteˈriːrən] **I** *v/t* ⟨*no* **ge-**, **h**⟩ **1.** *mus.* alter. **2.** *obs.* upset, agitate. **II** *v/reflex* **sich ~ 3.** become (*od.* get) upset (**über** *acc* by).

alˑtern [ˈaltərn] **I** *v/i* ⟨**sein**, *rare* **h**⟩ **1.** grow old, age; **~d** ag(e)ing; **nicht ~d** ageless; **in letzter Zeit ist er beträchtlich gealtert** he has aged considerably lately. **2.** *Wein*: mature, *Käse etc*: *a.* ripen. **3.** *metall. tech.* age. **II** *v/t* ⟨**h**⟩ **4.** age (*a. chem. metall. tech.*), *chem. a.* mature.

alˑterˑna|tiv [altɛrnaˈtiːf] *adj* alternative. **2ˈtiˑve** *f* ⟨-; -n⟩ alternative, choice; **k-e ~ haben** have no alternative (*od.* option, choice); **vor der ~ stehen zu gehen oder zu bleiben** be confronted (*od.* faced) with (*od.* by) the alternative to go or to stay; **sich vor e-e ~ gestellt sehen** see o. s. faced with a choice.

alˑterˑnieˑren [altɛrˈniːrən] *v/i* ⟨*no* **ge-**, **h**⟩ alternate (**mit** with).

ˈaltˑerˈprobt *adj* well-tried, well-tested.

ˈalˑters *adv lit.* **von ~ her** from time immemorial.

ˈAlˑters|ˌabˌbau *m med.* decline of physical and mental faculties (due to old age), senile degeneration. **~ˌabˌstand** *m* difference in age, age difference. **~ˌaufˌbau** *m sociol.* age structure (*od.* pyramid). **2beˌdingt** *adj* due to (*od.* caused by) old age. **~beˌschwerˑden** *pl* infirmities of old age, geriatric complaints. **~ˌblödˌsinn** *m med.* senile dementia. **~ˌdurchˌschnitt** *m* average age. **~erˌscheiˑnung** *f meist pl* symptom (*od.* sign) of old age. **~ˌfleck** *m meist pl* senile speckle. **~ˌfürˌsorˑge** *f* old-age assistance. **~geˌnosˑse** *m*, **~geˌnosˑsin** *f* person of one's own age, contemporary. **~ˌglieˑdeˑrung** *f sociol.* age composition. **2ˌgrau** *adj* grey (*Am.* gray) with age, hoary. **~ˌgrenˑze** *f* age limit; **~ für die Pensionierung** retirement age. **~ˌgrünˑde** *pl* **aus ~n** for reasons (*od.* on grounds) of age. **~ˌgrupˑpe** *f* age group (*od.* bracket). **~ˌheilˌkunˑde** *f med.* geriatrics *pl* (*als sg konstruiert*). **~ˌheim** *n* old people's home, home for the aged, old-age home. **~ˌhilˑfe** *f* old-age assistance. **~ˌklasˑse** *f* age group (*od.* bracket). **~ˌkrankˑheit** *f meist pl* disease (*od.* ailment, complaint) of old age, geriatric disorder. **~ˌkunˑde** *f* social gerontology. **2los** *adj poet.* ageless. **2ˌmäˑßig** *adj u. adv* according to age. **~präˑsiˌdent** *m*, **~präˑsiˌdenˑtin** *f pol.* chairman (chairwoman) by seniority. **~pyˑraˌmiˑde** *f sociol.* age pyramid. **~ˌrenˑte** *f* → **Altersruhegeld**. **~roˌman** *m* novel written in an author's later years, late novel. **~ˌruˑheˌgeld** *n staatliches*: old-age pension, *privates*: retirement pension. **~ˌschicht** *f* age group. **2ˌschwach** *adj* **1.** infirm, decrepit, *stärker*: senile. **2.** *colloq. Dinge*: decrepit, old, rickety (*chair, etc*). **~ˌschwäˑche** *f* old-age infirmity, decrepitude, *stärker*: senility; **an ~ sterben** die of old age. **~ˌschwachˌsinn** *m* dotage, dementia senilis. **2ˌschwachˌsinˑnig** *adj* senile. **~ˌsiˑcheˑrung** *f* provision for one's old age. **~ˌsitz** *m* **1.** place for one's retirement. **2.** retirement home. **~ˌstar** *m med.* senile cataract. **~ˌstarrˌsinn** *m* senile obstinacy (*od.* obduracy). **~ˌstuˑfe** *f* **1.** stage of life. **2.** → **Altersgruppe**. **~- ˌund ˌHinterˈblieˑbeˑnenˑverˌsorˑgung** *f* provision for the aged and surviving dependents. **~ˌund In·vaˈli·den·verˌsi·che·rung** *f* old-age and invalids' insurance. **~ˌun·terˌschied** *m* age difference, disparity in age. **~ˌun·terˌstüt·zung** *f* old-age relief (*od.* assistance). **~verˌsi·che·rung** *f econ.* **1.** old-age (pension) insurance. **2.** (*Kasse*) old-age pension fund. **~verˌsor·gung** *f* **1.** provision for the aged. **2.** old-age pension scheme. **~ˌweis·heit** *f* wisdom of old age. **~ˌwerk** *n e-s Künstlers etc*: work produced in s. o.'s later years (*od.* late period), late work. **~ˌzuˌla·ge** *f econ.* age (*od.* seniority) bonus.

ˈAl·ter|tum *n* ⟨-(e)s; *no pl*⟩ antiquity, ancient times *pl*, (*Antike*) (classical) antiquity; → **grau**. **≈tü·meln** [ˈaltərty:məln] *v/i* ⟨h⟩ archaize, have a preference for archaisms. **~tü·mer** *pl* antiquities, antiques, relics of the past. **≈tüm·lich** [-ty:mlɪç] *adj* **1.** ancient, antique. **2.** *fig.* antiquated, old-fashioned, old-time, of olden times, *Reiz etc*: old-world, *Stil etc*: archaic.

ˈAl·ter·tums|ˌfor·scher *m* arch(a)eologist, *engS.* classical scholar. **~ˌfor·schung, ~ˌkun·de** *f* **1.** arch(a)eology. **2.** classical studies *pl.* **~ˌwert** *m* value as an antique.

ˈAl·te·rung *f* ⟨-; *no pl*⟩ ag(e)ing (*a. tech. etc*).

ˈal·te·rungs|beˌstän·dig *adj tech.* non-ag(e)ing. **≈proˌzeß** *m* ag(e)ing process.

äl·test [ˈɛltəst] *adj* ⟨*sup of* alt⟩ **1.** oldest, *innerhalb der Familie*: eldest; **die ~e Schwester** the eldest sister; **das ~e Mitglied** the oldest (*od.* senior) member. **2.** (*frühest*) earliest.

ˈÄl·te|ste *m, f* ⟨-n; -n⟩ **1.** oldest, eldest; **mein ~r** my eldest (son); **m-e ~e** my eldest (daughter). **2.** *bes. relig. hist.* elder. **~stenˌrat** *m pol.* council of elders. **~stenˌrecht** *n* (right of) primogeniture.

ˈAltˌflö·te *f mus.* alto flute.

ˈalt|ˈfrän·kisch *adj fig.* old-fashioned, old-world. **~franˈzö·sisch** *ling.* **I** *adj*, **II ≈** ⟨*generally undeclined*⟩, **das ≈e** ⟨-n⟩ Old French. **~geˈdient** *adj* veteran, grown old in service. **≈geˌsel·le** *m* senior journeyman. **~geˈwohnt** *adj* (long-)accustomed, (long-)familiar. **~ˌgläu·big** *adj relig.* orthodox. **≈ˌgold** *n* old gold. **~ˌgrie·chisch** *ling.* **I** *adj*, **II ≈** ⟨*generally undeclined*⟩, **das ≈e** ⟨-n⟩ ancient (*od.* classical) Greek. **≈ˌhänd·ler** *m* → **Altwarenhändler**. **~ˈher·geˌbracht** *adj*, **~ˈherˌkömm·lich** *adj Brauch etc*: traditional, long-standing, time-hono(u)red. **~ˌhochˌdeutsch** *ling.* **I** *adj*, **II ≈** ⟨*generally undeclined*⟩, **das ≈e** ⟨-n⟩ Old High German.

Al·tist [alˈtɪst] *m* ⟨-en; -en⟩ *mus.* alto singer. **Alˈti·stin** *f* ⟨-; -nen⟩ contralto, alto (singer).

ˈalt|ˈjüng·fer·lich, ~ˈjung·fern·haft *adj* spinsterish, spinsterly, old-maidish; **~e Person** old maid. **≈ka·thoˈlik** *m*, **~kaˈtho·lisch** *adj relig.* Old Catholic. **~ˌkirch·lich** *adj* orthodox. **≈ˌklei·derˌsamm·lung** *f* collection of discarded (*od.* old) clothing.

ˈaltˌklug *adj Kind*: precocious; **er ist ~** he has an old head on young shoulders. **≈heit** *f* precociousness, precocity.

ˈAltˌla·ge *f mus.* alto (range *od.* register).

ält·lich [ˈɛltlɪç] *adj* elderly, oldish.

ˈAlt·ma·te·riˌal *n* scrap (material), junk, *verwertbares*: salvage. **~ˌhänd·ler** *m* junk dealer. **~ˌsamm·lung** *f* salvage campaign.

ˈAlt|ˌmei·ster *m* **1.** *Sport*: ex-champion. **2.** *Kunst etc*: (past) master, doyen, Grand Old Man. **~meˌtall** *n* scrap (metal). **≈ˌmo·disch I** *adj* old-fashioned (*a. Person*), outmoded, antiquated. **II** *adv* **~ gekleidet** unfashionably dressed.

ˈaltˈnor·disch *ling.* **I** *adj*, **II ≈** ⟨*generally undeclined*⟩, **das ≈e** ⟨-n⟩ (Old) Norse.

ˈAltˌöl *n tech.* used (*od.* waste) oil.

ˈAlt·paˌpier *n* waste paper. **~ˌsamm·lung** *f* waste-paper salvage campaign (*od.* drive).

ˈAlt·phi·lo|ˌlo·ge *m* **1.** classical philologist (*od.* scholar). **2.** student of the classics, classics student. **~loˌgie** *f* classical philology, (study of) the classics. **≈ˌlo·gisch** *adj* classical, referring to classical philology.

ˌAltˈrom *n antiq.* ancient Rome. **ˈaltˌrö·misch** *adj* ancient Roman.

Al·tru·is·mus [altruˈɪsmus] *m* ⟨-; *no pl*⟩ altruism. **Al·truˈist** [-ˈɪst] *m* ⟨-en; -en⟩, **Al·trui·stin** [-ˈɪstɪn] *f* ⟨-; -nen⟩ altruist. **al·trui·stisch** [-ˈɪstɪʃ] *adj* altruistic, unselfish.

ˈAlt|ˌsän·ger *m*, **~ˌsän·ge·rin** *f* → Altist(in). **~sa·xoˌphon** *n* alto saxophone. **~ˌschlüs·sel** *m mus.* alto clef. **~ˌschnee** *m* old snow. **~ˌsil·ber** *n* oxidized silver. **~ˌsprach·ler** [-ˌʃpra:xlər] *m* → **Altphilologe**. **≈ˌsprach·lich** *adj* **1. ~es Gymnasium** classical secondary school, *Br. etwa* grammar school (with special emphasis on Latin and Greek). **2.** → **altphilologisch**.

ˈAltˌstadt *f* original (*od.* old) town, oldest part of a town. **~saˌnie·rung** *f* towncent/re (*Am.* -er) rehabilitation (*od.* renewal).

ˈAlt|ˌsteinˌzeit *f geol. hist.* Pal(a)eolithic age (*od.* era, period). **~ˌstim·me** *f mus.* **1.** → Alt. **2.** (*Notenvorlage*) alto part. **≈te·sta·menˌta·risch, ≈te·staˌment·lich** *adj* (of the) Old Testament. **≈ˌüberˈkom·men** *lit.*, **≈ˌüberˈlie·fert** *adj* traditional. **~ˌva·ter** *m* **1.** *relig.* patriarch. **2.** *poet. for* Ahn 1, 2. **≈ˌvä·te·risch** [-ˌfɛ:tərɪʃ] *adj* → **altfränkisch**. **≈ˌvä·ter·lich** *adj* patriarchal, *Sitten etc*: venerable (old). **≈verˈtraut** *adj* (long-)familiar. **~ˌvor·de·ren, ~ˌvor·dern** *pl poet.* ancestors, forefathers, forbears. **~ˌwa·gen** *m econ.* second-hand (*od.* used) car.

ˈAltˌwa·ren *pl* second-hand goods (*od.* articles). **~ˌhänd·ler** *m* second-hand dealer. **~ˌhand·lung** *f* second-hand shop (*Am.* store).

ˈAltˌwas·ser *n* ⟨-s; -⟩ *geogr.* backwater, stagnant water, *in USA*: *a.* bayou, oxbow (lake).

ˌAltˈwei·ber|geˌschwätz *n*, *a.* **~geˌwäsch** *n colloq.* (old wives') gossip, tittle-tattle. **≈haft** *adj* anile. **~ˌmär·chen** *n* old wives' tale. **~ˌsom·mer** *m* ⟨-s; *no pl*⟩ **1.** (*Nachsommer*) Indian summer. **2.** (*Spinnenfäden*) gossamer.

ˈAltˌwer·den *n* ag(e)ing, growing old, senescence; **die Kunst des ~s** the art of growing old gracefully.

Alu [ˈalu] *n* ⟨-s; *no pl*⟩ *short for* **Aluminium**.

alu·mi·nie·ren [alumiˈni:rən] *v/t* ⟨*no* ge-, h⟩ *tech.* aluminize.

Alu·mi·ni·um [aluˈmi:nĭum] *n* ⟨-s; *no pl*⟩ aluminium, *Am.* aluminum. **~ˌblech** *n* alumin(i)um sheet (*od.* plate). **~ˌfo·lie** *f* alumin(i)um foil. **~ˌtopf** alumin(i)um (sauce)pan (*od.* pot). **~ˌwalzˌwerk** *n* alumin(i)um rolling mill.

Aluˈmi·noˌdruck [aluˈmi:no-] *m* ⟨-(e)s; -e⟩ *print.* aluminography, algraphy.

Alum·nat [alumˈna:t] *n* ⟨-(e)s; -e⟩ **1.** (free) boarding school. **2.** *Austrian* (theological) seminary. **Alum·ne** [aˈlumnə] *m* ⟨-n; -n⟩, **Alum·nus** [aˈlumnus] *m* ⟨-; Alumnen⟩ **1.** boarder, resident pupil. **2.** *Austrian* student of a (theological) seminary.

al·veo·lar [alveoˈla:r] *ling.* **I** *adj* alveolar. **II ≈** *m* ⟨-s; -e⟩ alveolar (sound). **≈ˌfortˌsatz** *m anat.* alveolar process. **≈ˌgang** *m* alveolar duct. **≈ˌlaut** *m ling.* alveolar (sound).

Al·veo·le [alveˈo:lə] *f* ⟨-; -n⟩ *anat.* alveolus, *der Lunge*: *a.* air-cell, *der Zähne*: *a.* tooth socket.

ˈAl·wegˌbahn [ˈalve:k-] (*TM*) *f tech.* monorail.

am [am] *prep* **1.** *räumlich*: a) on the, b) at the; **Frankfurt ~ Main** Frankfort on (the) Main; **er stand ~ Fenster** he stood at the window; **Schaden ~ Dach** damage to the roof. **2.** *zeitlich*: a) in the, b) at the, c) on the; **~ Anfang** in (*od.* at) the beginning, at the start; **~ 1. Mai** (on) the first of May, (on) May 1st; **~ Abend (Morgen)** in the evening (morning); **~ Tage** a) during the day, b) (*ein bestimmter*) on the day (of); **~ Sonntag** (on) Sunday; **~ nächsten Sonntag** next Sunday, Sunday next. **3.** *vor sup, oft unübersetzt*: **~ besten** best; **~ tapfersten** most brave(ly). **4.** *colloq. vor substantiviertem inf*: **er ist ~ Schreiben** he is (busy) writing; **die Stadt war ~ Verhungern** the town was on the point of starvation.

Amal|gam [amalˈga:m] *n* ⟨-s; -e⟩ *chem. tech.* amalgam. **~ga·ma·tiˈon** [-gamaˈtsĭo:n] *f* ⟨-; -en⟩ amalgamation (process). **≈gaˈmie·ren** [-gaˈmi:rən] **I** *v/t* ⟨*no* ge-, h⟩ amalgamate, *fig. a.* blend. **II** *v/reflex* **sich ~** amalgamate. **~gaˈmie·rung** *f* ⟨-; -en⟩ → **Amalgamation**.

Ama·rant [amaˈrant] *m* ⟨-s; -e⟩ *bot.* amaranth.

Ama·teur [amaˈtø:r] *m* ⟨-s; -e⟩ amateur (*a. in Zssgn boxer, film, sport, rules, etc*). **~ˌfun·ker** *m* radio amateur. **≈haft** *adj* amateurish.

Ama·zo·ne [amaˈtso:nə] *f* ⟨-; -n⟩ *myth.* Amazon (*a. fig.*).

Am·ber [ˈambər] *m* ⟨-s; -(n)⟩ **1.** → **Ambra**. **2.** *obs. for* **Bernstein**. **~ˌfett** *n chem.* ambrein.

Am·bi|ti·on [ambiˈtsĭo:n] *f* ⟨-; -en⟩ ambition, aspiration; **~en haben** have ambitions (to be *od.* to do). **≈tioˈniert, ≈tiˈös** [-ˈtsĭø:s] *adj* ambitious.

am·bi·va|lent [ambivaˈlɛnt] *adj bes. psych.* ambivalent. **≈ˈlenz** [-ˈlɛnts] *f* ⟨-; *no pl*⟩ ambivalence, ambivalency.

Am·boß [ˈambɔs] *m* ⟨-sses; -sse⟩ *tech.* anvil, *anat. a.* incus. **~ˌbahn** *f* anvil face. **~ˌhorn** *n* anvil beak (*od.* horn). **~ˌstock** *m* anvil bed.

Am·bra [ˈambra] *f* ⟨-; -s⟩ ambergris.

Am·bro·sia [amˈbro:zĭa] *f* ⟨-; *no pl*⟩ *myth.* ambrosia (*a. fig.*).

am·bro·sia·nisch [ambroˈzĭa:nɪʃ] *adj mus. relig.* Ambrosian.

am·bro·sisch [amˈbro:zɪʃ] *adj poet.* ambrosical.

am·bu|lant [ambuˈlant] *adj* **1.** *Gewerbe etc*: itinerant; **~e Verkaufseinrichtung** mobile shop, shop on wheels. **2.** *med.* ambulatory, ambulant; **~er Patient** outpatient, *bes. Am.* ambulatory (clinic) patient; **in ~er Behandlung sein** get outpatient (*od.* ambulatory) treatment. **≈ˈlanz** [-ˈlants] *f* ⟨-; -en⟩ *med.* **1.** (*Krankenwagen*) ambulance, (*fahrbare ~*) mobile clinic. **2.** (*Klinikabteilung*) outpatients' department, *Am.* outpatient clinic, (*Unfallstation*) casualty ward, *in Betrieben*: first-aid room. **~laˈto·risch** [-laˈto:rɪʃ] *adj* → **ambulant 2**.

Amei·se [ˈaːmaɪzə] *f* ‹-; -n› *zo.* ant; geflügelte ~ winged ant, ant fly; *fig.* fleißig wie e-e ~ as busy as a bee.

ˈAmei·sen|ˌbär *m zo.* ant-bear, ant-eater. ~ˌ**beut·ler** *m* numbat. ~ˌ**ei** *n* ant-egg. ~ˌ**fleiß** *m* assiduity, unremitting industry. ~ˌ**flie·ge** *f zo.* ant fly. ~ˌ**fres·ser** *m* → Ameisenbär. ~ˌ**geist** *m* → Ameisenspiritus. ~ˌ**haufen,** ~ˌ**hü·gel** *m* anthill. ~ˌ**jung·fer** *f* ant lion, myrmeleon. ~ˌ**kö·ni·gin** *f* queen ant. ~ˌ**krie·chen,** ~ˌ**lau·fen** *n med.* formication. ~ˌ**lö·we** *m zo.* ant lion, *Am.* doodlebug. ~ˌ**pup·pe** *f* ant cocoon (*od.* pupa, egg). ≈ˌ**sau·er** *adj chem.* formic. ~ˌ**säu·re** *f* formic acid. ~ˌ**spi·ri·tus** *m* spirit of ants. ~ˌ**staat** *m zo.* colony of ants.

Ame·lio|ra·ti·on [ameli̯oraˈtsi̯oːn] *f* ‹-; -en› *agr.* amelioration. ≈ˈ**rie·ren** *v/t* ‹*no* ge-, h› *bes. agr.* ameliorate.

amen [ˈaːmɛn; ˈaːmən] **I** *interj bes. relig.* amen, so be it; *fig.* zu allem ja und ~ sagen agree (meekly) to everything. **II** ≈ *n* ‹-s; -› amen; so sicher wie das ≈ in der Kirche as sure as fate (*od.* death), *colloq.* as sure as eggs are eggs; *fig.* sein ≈ zu et. geben give one's placet to s. th.

Ame·ri·ka|ˌdeut·sche [aˈmeːrika-] *m, f* German-American. ≈ˌ**feind·lich** *adj* anti-American. ≈ˌ**freund·lich** *adj* pro--American.

Ame·ri|ka·ner [ameriˈkaːnər] *m* ‹-s; -› **1.** American. **2.** *gastr.* round iced cake. ~ˈ**ka·ne·rin** *f* ‹-; -nen› American (girl *od.* woman, lady).

ame·ri|ˈka·nisch [-ˈkaːnɪʃ] **I** *adj* **1.** *geogr.* American. **2.** *ling.* American (English). **II** *ling.* ≈ ‹*generally undeclined*›, das ≈e ‹-n› **3.** American (English). ~**ka·niˈsie·ren** [-kaniˈziːrən] *v/t u.* sich ~ *v/reflex* ‹*no* ge-, h› Americanize. ≈**ka·niˈsie·rung** *f* ‹-; *no pl*› Americanization.

Ame·ri·ka|nis·mus [amerikaˈnɪsmʊs] *m* ‹-; -nismen› **1.** ‹*only sg*› Americanism, characteristic of American life (*od.* culture). **2.** *ling.* Americanism. ~ˈ**nist** [-ˈnɪst] *m* ‹-en; -en› **1.** Americanist. **2.** specialist in (North) American language and literature. ~ˈ**ni·stik** [-tɪk] *f* ‹-; *no pl*› **1.** Americanistics *pl* (*als sg konstruiert*). **2.** American studies *pl*, study of (North) American language and literature.

Ame·thyst [ameˈtʏst] *m* ‹-(e)s; -e› *min.* amethyst.

Ami[1] [ˈami] *m* ‹-(s); -(s)› *colloq.* Yank.

ˈAmi[2] *f* ‹-; -s› *colloq.* American cigarette.

Amin [aˈmiːn] *n* ‹-s; -e› *chem.* amine.

Ami·no|ˌgrup·pe [aˈmiːno-] *f chem.* amino group. ~**pla·ste** [aminoˈplastə] *pl* aminoplastics. ~ˌ**säu·re** *f* amino acid. ~ˌ**zucker** (*getr.* -k·k-) *m* amino sugar.

Ami·to·se [amiˈtoːzə] *f* ‹-; -n› *biol.* amitosis. **amiˈto·tisch** [-tɪʃ] *adj* amitotic.

Am·mann [ˈaman] *m* ‹-(e)s; ⸚er [ˈamɛnər]› *Swiss* bailiff, district magistrate.

Am·me [ˈamə] *f* ‹-; -n› **1.** wet nurse, *weitS.* nurse, nanny. **2.** *biol.* nurse, asexual organism. **3.** → Hebamme.

ˈAm·men|ˌbie·ne *f* nurse bee. ~**ge·ne·ra·tiˌon** *f biol.* asexual generation. ~ˌ**mär·chen** *n fig.* old wives' tale, cock-and-bull story. ~ˌ**zeu·gung** *f biol.* asexual reproduction.

Am·mer [ˈamər] *f* ‹-; -n› *orn.* bunting.

Am·mon [aˈmoːn] *n* ‹-s; -e› → Ammonium.

Am·mo·ni·ak [amoˈni̯ak] *n* ‹-s; *no pl*› *chem.* ammonia. ~ˌ**dämp·fe** *pl* ammonia vapo(u)rs. ~ˌ**dün·ger** *m* ammonia fertilizer. ~ˌ**fla·sche** *f* ammonia bottle (*od.* tank). ~ˌ**flüs·sig·keit** *f* liquid ammonia. ~ˌ**gum·mi** *n* ammoniac(um), *a.* gum ammoniac. ≈ˌ**hal·tig** *adj* ammoniac(al). ~ˌ**harz** *n* → Ammoniakgummi. ~ˌ**lö·sung** *f* ammonia solution. ~**salˌpe·ter** *m* ammonium nitrate. ~**verˌgif·tung** *f* ammonia (gas) poisoning. ~ˌ**was·ser** *n chem.* ammonia water, *bes. tech.* ammonia liquor.

Am·mo·nit[1] [amoˈniːt; -ˈnɪt] *m* ‹-en; -en› *geol.* ammonite.

Am·moˈnit[2] *n* ‹-(e)s; -e› *chem.* ammonium nitrate explosive.

Am·mo·ni·um [aˈmoːni̯ʊm] *n* ‹-s; *no pl*› *chem.* ammonium.

ˈAm·monsˌhorn *n* **1.** → Ammonit[1]. **2.** *anat. zo.* cornu ammonis, hippocampus (major).

Amne·sie [amneˈziː] *f* ‹-; -n [-ən]› *med.* amnesia.

Amne·stie [amnɛsˈtiː] *f* ‹-; -n [-ən]› *jur.* amnesty, general pardon; e-e ~ erlassen für j-n amnesty s. o. ~**erˌlaß** *m* amnesty decree. ~**geˌsetz** *n* amnesty law.

amne|stie·ren [amnɛsˈtiːrən] *v/t* ‹*no* ge-, h› *jur.* amnesty, grant amnesty to. ≈ˈ**stier·te** *m, f* ‹-n; -n› amnestied person. ≈ˈ**stie·rung** *f* ‹-; -en› grant(ing) of an amnesty.

Amö·be [aˈmøːbə] *f* ‹-; -n› *biol.* am(o)ebia.

Amö·ben|ˌkrank·heit [aˈmøːbən-] *f* **1.** *med.* am(o)ebiasis. **2.** *der Bienen*: am(o)eba disease. ~ˌ**ruhr** *f* am(o)ebic dysentery, am(o)ebiasis.

amö·bisch [aˈmøːbɪʃ] *adj biol.* am(o)ebic.

amö·bo·id [amøboˈiːt] *adj biol.* am(o)eboid.

Amok [ˈaːmɔk; aˈmɔk] *m* ‹-s; *no pl*› *med. psych.* amok, amuck; ~ laufen run amok. ~ˌ**fah·rer** *m* berserk (*od.* mad) driver. ~ˌ**fahrt** *f* mad drive. ~ˌ**lauf** *m*, ~ˌ**lau·fen** *n* running amok (*od.* amuck). ~ˌ**läu·fer** *m* person running amok (*od.* amuck). ~ˌ**schüt·ze** *m* berserk (*od.* mad) gunman.

ˈa-ˌMoll [ˈaː-] *n* ‹-; *no pl*› *mus.* A minor.

Amor [ˈaːmɔr] *npr m* ‹-s; *no pl*› *myth.* Cupid; *fig.* ~s Pfeil Cupid's dart.

Amo·ral [ˈa(ː)moraːl] *f* ‹-; *no pl*› amorality. **amo·ra·lisch** [ˈa(ː)moraːlɪʃ; amoˈraːlɪʃ] *adj* amoral.

Amo·ra|lis·mus [amoraˈlɪsmʊs] *m* ‹-; *no pl*› *philos.* amoralism. ≈**li·stisch** [amoraˈlɪstɪʃ; ˈa(ː)-] *adj* amoralistic.

Amo·ra·li·tät [amoraliˈtɛːt; ˈa(ː)-] *f* ‹-; *no pl*› amorality.

Amo·ret·te [amoˈrɛtə] *f* ‹-; -n› *Kunst*: amoretto, cherub, Cupid.

amorph [aˈmɔrf] *adj* amorphous.

Amor·ti·sa·ti·on [amɔrtizaˈtsi̯oːn] *f* ‹-; -en› **1.** *econ. e-r Schuld*: amortization, liquidation, *e-r Anleihe etc*: redemption, (*Anlageabschreibung*) amortization, depreciation. **2.** *jur. von Urkunde, Wechsel etc*: invalidation.

Amor·ti·sa·tiˈons|ˌfonds *m* sinking (*od.* redemption) fund. ~**hy·poˌthek** *f* sinking-fund mortgage loan. ~ˌ**plan** *m* redemption plan.

amor·ti|ˈsier·bar *adj econ.* amortizable, redeemable. ~ˈ**sie·ren I** *v/t* ‹*no* ge-, h› **1.** *econ.* (*Schuld*) amortize, liquidate, pay off, (*Anleihe etc*) redeem, (*abschreiben*) depreciate, write off. **2.** *jur.* (*für ungültig erklären*) invalidate. **II** *v/reflex* **3.** sich ~ pay for itself. ≈ˈ**sie·rung** *f* ‹-; *no pl*› → Amortisation.

Amou·ren [aˈmuːrən] *pl iro.* amours, love affairs. **amou·rös** [amuˈrøːs] *adj* amorous.

Am·pel [ˈampəl] *f* ‹-; -n› **1.** (*Verkehrs*≈) traffic signal (*od.* light[s *pl*]); die ~ zeigt Grün the traffic lights are at green. **2.** (small) hanging lamp. **3.** hanging flowerpot. ~ˌ**anˌla·ge** *f* set of traffic lights.

Am·pere [amˈpɛːr] *n* ‹-(s); -› *electr.* ampere, ampère. ~ˌ**fuß** *m* ampere-foot. ~ˈ**me·ter** [ampɛrˈmeːtər] *n* ammeter. ~**seˌkun·de** *f* ampere-second. ~ˌ**stun·de** *f* ampere-hour. ~ˌ**win·dung,** ~ˌ**win·dungsˌzahl** *f* ampere-turn. ~ˌ**zahl** *f* amperage.

Amp·fer [ˈampfər] *m* ‹-s; -› *bot.* dock, sorrel.

Am·phi·bie [amˈfiːbi̯ə] *f* ‹-; -n› *meist pl zo.* amphibian, amphibious animal.

amˈphi·bien|ˌar·tig *adj zo.* amphibian, amphibious. ≈ˌ**fahrˌzeug** *n* amphibious vehicle, amphibian (vehicle). ≈ˌ**flugˌzeug** *n* amphibian (plane). ≈ˌ**pan·zerˌwa·gen** *m* amphibious tank.

am·phi·bisch [amˈfiːbɪʃ] *adj* amphibian, amphibious.

Am·phi·bi·um [amˈfiːbi̯ʊm] *n* ‹-s; -bien› → Amphibie.

Am·phi|thea·ter [amˈfiːteatər] *n bes. antiq.* amphitheat/re (*Am.* -er). ≈**theaˈtra·lisch** [-fiteaˈtraːlɪʃ] *adj* amphitheatric(al).

Am·pho·ra [ˈamfora] *f* ‹-; Amphoren [-ˈfoːrən]›, **Amˈpho·re** *f* ‹-; -n› *antiq.* amphora.

am·pli·fi·zie·ren [amplifiˈtsiːrən] *v/t* ‹*no* ge-, h› *Rhetorik*: amplify.

Am·pli·tu·de [ampliˈtuːdə] *f* ‹-; -n› *astr. phys.* amplitude.

Am·pliˈtu·den|be|ˌgren·zer *m electr.* (amplitude *od.* peak) limiter. ~**se·paˌra·tor** *m TV* clipper circuit. ~**ver·ˌzer·rung** *f* amplitude distortion. ~**verˌlauf** *m mus.* amplitude curve. ~ˌ**wei·te** *f* amplitude.

Am·pul·le [amˈpʊlə] *f* ‹-; -n› **1.** *med.* ampoule. **2.** ampulla (*a. anat.*).

Am·pu·ta·ti·on [amputaˈtsi̯oːn] *f* ‹-; -en› *med.* amputation. **Am·pu·ta·tiˈonsˌstumpf** *m* (amputation) stump.

am·pu|tie·ren [ampuˈtiːrən] *v/t* ‹*no* ge-, h› *med.* amputate. ≈ˈ**tier·te** *m, f* ‹-n; -n› amputee. ≈ˈ**tie·rung** *f* ‹-; -en› → Amputation.

Am·sel [ˈamzəl] *f* ‹-; -n› *orn.* blackbird.

Amt [amt] *n* ‹-(e)s; ⸚er› **1.** (*Dienststelle*) office, agency, *bes. Am.* bureau, (*Gesundheits*≈ *etc*) department; die Ämter *a.* the authorities. **2.** (*Posten*) office, position, post, (*Aufgabe, Pflicht*) (official) duty, function; in Ausübung s-s ~es a) in carrying out the functions of his office, b) in the execution of his duty; Übernahme e-s ~es a) assumption of an office, b) succession to an office; hohes ~ high office (*od.* position); geistliches (*od.* priesterliches) ~ ecclesiastical office, ministry; öffentliches (*od.* staatliches) ~ public appointment (*od.* office); ~ des Premierministers office of prime minister (*od.* premier), premiership; sein ~ behalten, im ~ bleiben continue in office, keep (*od.* retain) one's office (*od.* position); sich um ein ~ bewerben apply for a position (*od.* post), *pol.* seek office; ein ~ übernehmen take over an office; j-s ~ übernehmen succeed to s. o.'s office, succeed s. o. in office; ein ~ versehen a) administer an office, b) discharge one's duties; *lit.* s-s ~es walten discharge the duties of one's office; im ~ sein be in (*od.* hold) office; kraft s-s ~es by virtue of his office; von ~s wegen ex officio, officially; in ~ und Würden sein hold office; wem Gott ein ~ gibt, dem gibt er auch Verstand (*Sprichwort*) skill comes with office; → antreten 1, bekleiden 3, (*etc*). **3.** *fig.* (*Aufgabenbereich*) province, (sphere of) responsibility; es ist nicht m-s ~es, das zu tun it is not my business (*od.* in my province) to do that. **4.** (*Fernsprech*♀) (telephone) exchange, *bes. Am.* central; (das) ~, bitte! exchange, please!; Fräulein vom ~ (telephone) operator. **5.** *relig.* a) (divine) service, b) *R. C.* (sung) mass.

Ämt·chen [ˈɛmtçən] *n* ⟨-s; -⟩ *iro.* unimportant (*od.* minor, inferior) post.

ˈÄm·ter|ˌhan·del *m contp.* (purchase and) sale of offices, office jobbing, barratry, *relig.* simony. **~ˌhäu·fung** *f* accumulation of offices. **~ˌjagd** *f contp.* office (*od.* position) hunting (*od.* seeking).

am·tie·ren [amˈtiːrən] *v/i* ⟨*no* ge-, h⟩ **1.** *Minister etc*: hold (*od.* be in) office. **2.** ~ als *Trauzeuge, Richter etc*: act (*od.* officiate) as; als Schiedsrichter ~ be the referee; ~d a) present, b) acting; *Sport*: der ~de Meister the reigning champion(s *pl*). **3.** *relig. bei der Messe etc*: officiate.

ˈamt·lich I *adj Bericht, Schreiben, Erklärung etc*: official, *Version etc*: *a.* officially recognized, authorized; in ~er Eigenschaft in one's official capacity; von ~er Seite from official quarters; ~e Stelle government (*od.* public) office; das ist ~! it's official! **II** *adv* officially, ex officio.

ˈamt·li·cherˈseits *adv* officially, from official quarters.

ˈAmtˌmann *m* ⟨-(e)s; -männer *u.* -leute⟩ **1.** *senior clerk in the middle grade of the German civil service.* **2.** *hist.* bailiff.

ˈAmts|ˌadel *m hist.* nobility of office. **~ˌanˌma·ßung** *f jur.* (false) assumption of authority. **~ˌanˌtritt** *m* assumption of office, *pol.* accession to office; bei ~ on assuming office. **~ˌanˌwalt** *m jur. public prosecutor at an 'Amtsgericht'.* **~ˌanˌwär·ter** *m* candidate for office. **~ˌarzt** *m* public health (*od.* medical) officer, *Am.* medical examiner. **♀ˌärzt·lich I** *adj* issued by the public health officer; ~e Bescheinigung (official) medical certificate. **II** *adv* by (*od.* through) the public health officer. **~beˌfug·nis** *f* competence, (official) authority. **~beˌlei·di·gung** *f* insult to (*od.* insulting of) an official. **~beˌreich** *m* (sphere of) competence. **~beˌwer·ber** *m* candidate for office. **~beˌzirk** *m* administrative district. **~ˌblatt** *n* (official) gazette. **~ˌbru·der** *m* colleague, *relig.* fellow-clergyman, brother-minister. **~ˌdau·er** *f* term (*od.* tenure) of office. **~deˌlikt** *n jur.* malversation, malfeasance in office. **~ˌdeutsch** *n* ⟨-(s)⟩ (German) officialese. **~ˌdie·ner** *m* **1.** *bes. jur.* usher. **2.** a) beadle, b) messenger. **~ˌeid** *m jur.* den ~ ablegen take the oath of office, be sworn in; j-m den ~ abnehmen swear s. o. in, administer the oath of office to s. o. **~ˌeinˌfüh·rung** *f* admittance to office, *feierliche*: inauguration, investiture. **~entˌhe·bung, ~entˌset·zung** *f* removal from office, dismissal; vorläufige (*od.* zeitweilige) ~ suspension (from office). **~ˌfüh·rung** *f* administration (of [an] office). **~geˌbäu·de** *n* office (building). **~geˌheim·nis** *n* official secret, (*Geheimhaltung*) official secrecy. **~geˌhil·fe** *m* assistant; → *a.* Amtsdiener. **~geˌricht** *n* 'Amtsgericht' (*lower district court having jurisdiction over minor civil and criminal cases*). **~geˌrichtsˌrat** *m* judge of an 'Amtsgericht'. **~geˌschäf·te** *pl* **1.** official business *sg* (*od.* matters). **2.** (*Amtspflichten*) (official) duties (*od.* functions). **~geˌwalt** *f jur.* (official) authority (*od.* power[s *pl*]), competence. **~ˌhaf·tung** *f* **1.** responsibility of an official for the legality of his actions. **2.** liability of an authority (*od.* official) for damages. **♀ˌhal·ber** *adv* officially, ex officio. **~ˌhand·lung** *f* **1.** *pol.* official act (*od.* function). **2.** *relig.* ministration. **~ˌhil·fe** *f* (official) inter-authority assistance. **~ˌinˌha·ber** *m* office-holder, *relig.* incumbent. **~ˌkas·se** *f* cash office (of a public department). **~ˌket·te** *f* chain of office. **~ˌklei·dung** *f* official dress (*od.* robe, gown). **~kolˌle·ge** *m bes. e-s Ministers etc*: counterpart, opposite number. **~ˌlei·tung** *f* **1.** head of an office, official in charge. **2.** *teleph.* exchange line. **♀ˌmä·ßig** *adj* official(ly *adv*). **~ˌmie·ne** *f fig. iro.* solemn (*od.* magisterial) look; e-e ~ aufsetzen put on an air of gravity. **~ˌmißˌbrauch** *m jur.* abuse of (official) authority. **♀ˌmü·de** *adj* weary of one's office. **~ˌnachˌfol·ger** *m* successor (in office). **~ˌnie·derˌle·gung** *f* resignation. **~pe·riˌode** *f* term (*od.* tenure) of office, *bes. Am.* term. **~perˌson** *f* official. **~ˌpflicht** *f* official duty. **~ˌrich·ter** *m* judge of the 'Amtsgericht'. **~ˌsa·che** *f* official business (*od.* matter). **~ˌschim·mel** *m* ⟨-s; *no pl*⟩ *fig. colloq.* red tape, red-tap(e)ism; hier wiehert der ~ a) this place is buried in red tape, b) another feat of red-tap(e)ism! **~ˌschrei·ber** *m jur.* clerk. **~ˌsie·gel** *n* (official) seal. **~ˌsitz** *m e-s Präsidenten etc*: (official) residence, *e-r Behörde*: (official) seat, office. **~ˌspra·che** *f* **1.** *e-s Landes*: official language. **2.** (*Kanzleisprache*) officialese, *sl.* gobbledygook. **~ˌstel·le** *f* government(al) (*od.* public) office. **~ˌstem·pel** *m* official seal. **~ˌstun·den** *pl* office hours. **~ˌtracht** *f* official attire, *bes. jur. relig.* robe(s *pl*) of office, *univ.* gown. **~ˌträ·ger** *m* office-bearer, *bes. Am.* office-holder. **~ˌüberˌga·be** *f* handing over of one's office. **~ˌüberˌnah·me** *f* assumption of office, *bes. pol.* accession to office. **~ˌüberˌschrei·tung** *f jur.* abuse of authority. **♀ˌüb·lich** *adj* official. **~ˌun·terˌschla·gung** *f* peculation, misappropriation of public funds. **~verˌge·hen** *n* malversation, misdemeano(u)r in office. **~verˌlet·zung** *f* misconduct in office. **~verˌmitt·lung** *f* (telephone) exchange. **~verˌschwie·gen·heit** *f* (official) secrecy. **~verˌtre·ter** *m* deputy, substitute (of an official). **~ˌvogt** *m hist.* bailiff. **~ˌvollˌmacht** *f* authority. **~ˌvorˌgän·ger** *m*, **~ˌvorˌgän·ge·rin** *f* predecessor (*od.* precursor) (in office). **~ˌvorˌmund** *m* guardian by judicial appointment, public guardian. **~ˌvorˌste·her** *m* head official, head of an office. **~ˌwech·sel** *m* change of office; turnusmäßiger ~ rotation in office. **~ˌweg** *m* → Dienstweg. **~ˌzei·chen** *n* **1.** official mark (*od.* stamp). **2.** *teleph.* dialling (*Am.* dial) tone. **~ˌzeit** *f* → Amtsperiode, Amtsdauer. **~ˌzim·mer** *n* office (room).

Amu·lett [amuˈlɛt] *n* ⟨-(e)s; -e⟩ amulet, (lucky) charm.

amü|sant [amyˈzant] *adj* amusing; er ist sehr ~ *a.* he is great fun. **♀se·ment** [amyzəˈmɑ̃ː] *n* ⟨-s; -s⟩ amusement; zu m-m (großen) ~ (much) to my amusement. **♀ˈsier·beˌtrieb** *m contp.* **1.** cheap entertainment. **2.** → Amüsierlokal. **~ˈsie·ren** [-ˈziːrən] **I** *v/reflex* ⟨*no* ge-, h⟩ sich ~ **1.** (*sich unterhalten*) enjoy o. s., have a good time, have fun, (*bes. sich die Zeit vertreiben*) amuse (*od.* divert) o. s.; wir haben uns köstlich (*od.* prächtig) amüsiert we enjoyed ourselves immensely, we had great fun (*od.* a great time); sich über j-n (et.) ~ be amused at (*od.* by) s. o. (s. th.). **2.** (*sich lustig machen*) (über *acc*) laugh (at), make fun (of). **II** *v/t* **3.** amuse, entertain, divert. **♀ˈsier·loˌkal** *n contp.* place of cheap entertainment, *Am. sl.* honky-tonk. **♀ˈsier·vier·tel** *n* nightlife (*od.* nightclub) district.

amu·sisch [ˈa(ː)muːzɪʃ; aˈmuːzɪʃ] *adj Mensch*: without understanding (*od.* appreciation) of art.

an [an] **I** *prep* ⟨*dat*⟩ **1.** *zeitlich*: on: ~ e-m Sonntagmorgen on a Sunday morning; ~ dem Tag, ~ dem du abreist (on) the day you leave; *dial.* ~ Ostern (Weihnachten) at Easter (Christmas); es ist ~ der Zeit it is about time. **2.** *örtlich*: a) on, b) at; London liegt ~ der Themse London lies on the Thames; ~ der Küste a) on the coast, b) at the seaside, c) (*davor, im Meer*) off the coast; das Bild ~ der Wand the picture on the wall; ~ e-r Kreuzung halten stop at a crossing; *fig.* Kopf ~ Kopf neck and neck; Tür ~ Tür door to door. **3.** *bes. fig.* in; ~ erster Stelle in the first place; alles ist ~ s-m Platz everything is in its place; ein Platz ~ der Sonne a place in the sun. **4.** (*nahe, neben*) by, near, close to, at; ~ der Grenze a) at the border, b) near the border; ~ dem (*od.* am) Feuer (*od.* am Kamin) sitzen sit by the fireside; am Tisch sitzen sit at the table; am Wege by the wayside. **5.** (*bei*) by; j-n ~ der Hand führen lead s. o. by the hand; j-n ~ den Ohren ziehen pull s. o. by the ears. **6.** *Tätigkeit*: at; ~ der Arbeit at work; ~ e-m Buch schreiben write (*od.* be writing) a book; ~ s-n Schularbeiten sitzen sit over one's homework; Lehrer ~ e-r Schule sein be a teacher at a school. **7.** *Grad, Maß*: in; (noch) jung ~ Jahren (still) young in years; fünf ~ der Zahl five in number. **8.** (*hinsichtlich*) with respect (*od.* regard) to, in; unerreicht ~ Schönheit unparalleled in beauty; was sie ~ Lebensmitteln erwischen konnten what food they could lay their hands on; ist das alles, was Sie ~ Gepäck haben? is that all you have in the way of luggage (*bes. Am.* baggage)? **9.** (*mit Hilfe von*) by, from; j-n ~ der Stimme erkennen recognize s. o. from (*od.* by) his voice. **10.** er hat etwas Sonderbares ~ sich he has something strange about him; es ist nichts ~ der Sache there is nothing to it; es ist nichts ~ ihm he is not up to much; es ist ~ ihm a) it is his turn, b) it is up to him, it rests with him (*to do s. th.*); es ist nicht ~ mir zu sagen it is not for (*od.* up to) me to say; ~ s-r Stelle in his place; teilnehmen ~ participate in; ~ e-r Krankheit sterben die of a disease; ~ Grippe erkrankt ill with influenza; gut ~ j-m handeln be kind to s. o.; Mangel (Bedarf) ~ lack (need) of. **11.** *colloq.* ich habe ~ zweien genug I have enough with two. **12.** ~ (und für) sich in itself, as such, per se, (*im Grunde*) in principle, (*im allgemeinen*) in general, (*genaugenommen*) properly speaking, actually; e-e ~ (und für) sich gute Idee an idea (which is) sound in itself, a good idea in itself. **13.** *econ.* ~ (*od.* am) Lager in stock; nicht ~ (*od.* am) Lager out of stock. **II** *prep* ⟨*acc*⟩ **14.** (*nahe, neben*) to; grenzend ~ adjacent to; anstoßend ~ contiguous to. **15.** (*bestimmt für*) to, for; e-n Brief ~ j-n schreiben write a letter to s. o.; ein Rat (e-e Botschaft) ~ j-n advice (a message) to s. o. **16.** (*in Richtung auf, zu*) to, toward(s); **j-n ~ sich ziehen** draw s. o. to(wards) o. s.; **sich ~ j-n (et.) lehnen** lean against s. o. (s. th.). **17.** (*auf*) on; **steck dir den Ring ~ den Finger** slip the ring on your finger. **18.** (*gegen*) at, *stärker*: against; **~ die Tür klopfen** knock at the door; **der Regen prasselt ~ die Scheiben** the rain is beating against the windowpanes. **III** *adv* **19.** *zeitlich u. räumlich*: **von ... ~** from ... on (*od.* onward[s]); **von jetzt** (*od.* **nun**) **~** from now on, henceforth; **von heute ~** from today (on); **von da ~, von der Zeit ~, von Stund ~** from that time (on), ever since (then); **vom 13. Jahrhundert ~** from the 13th century onward(s); **von München ~** from Munich on(ward[s]). **20.** *rail.* **München ~** arrival Munich; **~ Hauptbahnhof** arrival central station. **21.** (*am Körper tragend*) on; **mit dem Mantel ~** with one's coat on. **22.** *colloq.* (*eingeschaltet*) on; **das Gas (Licht) ist ~** the gas (light) is on; **~ - aus** (*Bedienungsanweisung*) on - off. **23.** *colloq.* **gegen et. ~ wollen** kick against s. th. **24.** *colloq.* **~ die** (*ungefähr*) about, approximately; **~ die zwei Wochen** two weeks or so; **es kostet ~ die hundert Mark** it costs s. th. like (*od.* somewhere about) a hundred marks; **sie ist ~ die vierzig (Jahre alt)** she is about forty (years old).

Ana|bap·tis·mus [anabapˈtɪsmʊs] *m* ⟨-; *no pl*⟩ *relig.* Anabaptism. **~bapˈtist** [-ˈtɪst] *m* ⟨-en; -en⟩, **~bapˈti·stisch** *adj* Anabaptist. **~ˈba·tisch** [-ˈbaːtɪʃ] *adj Winde*: anabatic. **~bio·se** [-biˈoːzə] *f* ⟨-; *no pl*⟩ *biol.* anabiosis. **~ˈbol** [-ˈboːl] *adj biol.* anabolic. **~boˈlie** [-boˈliː] *f* ⟨-; -n [-ən]⟩ anabolism, constructive metabolism. **~ˈbo·li·kum** [-ˈboːlikʊm] *n* ⟨-s; -ka [-ka]⟩ anabolic drug. **~choˈret** [-çoˈreːt; -xo-] *m* ⟨-en; -en⟩ *lit.* anchorite, hermit, recluse. **~choˈre·tisch** *adj* anchoritic. **~chroˈnis·mus** [-kroˈnɪsmʊs] *m* ⟨-; -nismen⟩ anachronism. **~chroˈni·stisch** [-tɪʃ] *adj* anachronistic.

an·ae|rob [an(ʔ)aeˈroːp; ˈan-] *adj biol.* anaerobic. **~ˈro·bi·er** [-ˈroːbĭər] *m* ⟨-s; -⟩ anaerobe. **~ˈro·bisch** *adj* → anaerob.

Ana|gramm [anaˈgram] *n* ⟨-s; -e⟩ anagram. **~gramˈma·tisch** [-ˈma(ː)tɪʃ] *adj* anagrammatic(al).

An·ako·luth [anakoˈluːt] *n* ⟨-s; -e⟩ *ling.* anacoluthon.

Ana·kon·da [anaˈkɔnda] *f* ⟨-; -s⟩ *zo.* anaconda.

ana·kre·on·tisch [anakreˈɔntɪʃ] *adj Vers, Dichtung*: Anacreontic.

anal [aˈnaːl] *adj med. psych.* anal; **~e Phase** anal stage. **~ero·tik** [-eˌroːtɪk] *f* anal eroticism.

An·al|ge·ti·kum [an(ʔ)alˈgeːtikʊm] *n* ⟨-s; -tika [-ka]⟩, **~ˈge·tisch** [-ˈgeːtɪʃ] *adj pharm.* analgesic.

ana·log [anaˈloːk] **I** *adj* (*dat od.* **zu, mit**) analogous (to, with), similar (to), corresponding (to); **ein ~er Rechtsfall** a precedent. **II** *adv* analogously, by analogy.

Ana·lo·gie [analoˈgiː] *f* ⟨-; -n [-ən]⟩ analogy (**zu** to, with); **in ~ zu** in analogy to. **~beˌweis** *m jur.* proof by analogy. **~ˌbil·dung** *f ling.* **1.** analogical form. **2.** (*Vorgang*) formation by analogy. **~ˌschluß** *m philos.* argument by analogy, analogism.

Ana·lo·gis·mus [analoˈgɪsmʊs] *m* ⟨-; -gismen⟩ *philos.* analogism.

Ana·lo·gon [aˈna(ː)logɔn] *n* ⟨-s; -loga [-ga]⟩ *bes. philos.* analogue.

Anaˈlogˌrech·ner *m* analog computer.

An·al·pha|bet [an(ʔ)alfaˈbeːt; ˈan(ʔ)al-] *m* ⟨-en; -en⟩ illiterate person. **~ˈbe·ten·tum** *n* ⟨-s; *no pl*⟩ illiteracy. **~ˈbe·tisch** *adj* illiterate.

Ana·ly·sa·tor [analyˈzaːtɔr] *m* ⟨-s; -en [-zaˈtoːrən]⟩ **1.** *bes. chem.* analyzer. **2.** (psycho-)analyst.

Ana·ly·se [anaˈlyːzə] *f* ⟨-; -n⟩ analysis (*a. chem. phys.*), *ling. a.* parsing, *bes. metall.* assay, test.

Anaˈly·sen|ˌpro·be *f chem.* analytic(al) sample. **~ˌrein** *adj* analytically pure. **~ˌwaa·ge** *f* analytic(al) balance.

ana·ly|ˈsier·bar *adj* analyzable. **~sie·ren** [analyˈziːrən] *v/t* ⟨*no* **ge**, **h**⟩ analyze, *ling. a.* parse, *bes. metall.* assay, test; *chem.* **ein Salz auf Kalk ~** test a salt for calcium.

Ana·ly·sis [aˈna(ː)lyzɪs] *f* ⟨-; *no pl*⟩ *math.* analysis.

Ana|ly·tik [anaˈlyːtɪk] *f* ⟨-; *no pl*⟩ **1.** *philos.* analytics *pl* (*als sg konstruiert*). **2.** analytic chemistry. **~ˈly·ti·ker** [-tikər] *m* ⟨-s; -⟩ **1.** *a. psych.* analyst. **2.** *chem.* analytic chemist. **~ˈly·tisch** [-tɪʃ] *adj* analytic(al); **~e Geometrie** analytic (*od.* coordinate) geometry; **~e Sprachen** analytic languages.

An·ämie [anɛˈmiː] *f* ⟨-; -n [-ən]⟩ *med.* an(a)emia; **perniziöse (toxische) ~** pernicious (toxic) an(a)emia. **an·ämisch** [aˈnɛːmɪʃ] *adj* an(a)emic.

Ana·mne·se [anamˈneːzə; anaˈmneːzə] *f* ⟨-; -n⟩ *med. philos.* anamnesis.

Ana·nas [ˈananas] *f* ⟨-; - *u.* -se⟩ *bot.* pineapple. **~ˌbow·le** *f* pineapple punch. **~geˌwäch·se** *pl* Bromeliaceae.

Ana·päst [anaˈpɛːst] *m* ⟨-(e)s; -e⟩ *metr.* anap(a)est.

Ana·pher [aˈna(ː)fər] *f* ⟨-; -n⟩ *ling.* anaphora.

ˈanˌar·bei·ten I *v/t* ⟨*sep*, **-ge-**, **h**⟩ (*Ärmel etc*) (**an** *acc* to) join, fix. **II** *v/i* **gegen et. ~** (try to) counteract (*od.* act against) s. th.

An·ar|chie [anarˈçiː] *f* ⟨-; -n [-ən]⟩ anarchy. **~chisch** [aˈnarçɪʃ] *adj* anarchic(al). **~ˈchis·mus** [-ˈçɪsmʊs] *m* ⟨-; *no pl*⟩ *pol.* anarchism. **~ˈchist** [-ˈçɪst] *m* ⟨-en; -en⟩, **~ˈchi·stin** *f* ⟨-; -nen⟩ anarchist. **~ˈchi·stisch** *adj* anarchist(ic).

An·ar·cho ... [anarço-] *in Zssgn* anarcho ...

An·äs·the|sie [an(ʔ)ɛsteˈziː] *f* ⟨-; -n [-ən]⟩ *med.* an(a)esthesia; **lokale (totale) ~** local (general) an(a)esthesia. **~ˈsie·ren** [-ˈziːrən] *v/t* ⟨*no* **ge**, **h**⟩ an(a)esthetize. **~ˈsie·rung** *f* ⟨-; *no pl*⟩ an(a)esthetization. **~ˈsist** [-ˈzɪst] *m* ⟨-en; -en⟩ an(a)esthetist.

An·äs|the·ti·kum [an(ʔ)ɛsˈteːtikʊm] *n* ⟨-s; -tika [-ka]⟩ *med.* an(a)esthetic. **~the·tiˈsie·ren** [-tetiˈziːrən] *v/t* ⟨*no* **ge-**, **h**⟩ → anästhesieren.

An·astig|mat [an(ʔ)astɪˈgmaːt] *m* ⟨-s; -e⟩ *phot.* (*Objektiv*) anastigmat. **~ˈma·tisch** *adj* anastigmatic.

Ana·them [anaˈteːm] *n* ⟨-s; -e⟩, **Ana·the·ma** [aˈna(ː)tema] *n* ⟨-s; -mata [anaˈteːmata]⟩ *relig.* anathema. **ana·the·ma·ti·sie·ren** [anatematiˈziːrən] *v/t* ⟨*no* **ge-**, **h**⟩ anathematize.

Ana|tom [anaˈtoːm] *m* ⟨-en; -en⟩ *med.* anatomist. **~toˈmie** [-toˈmiː] *f* ⟨-; -n [-ən]⟩ *med.* **1.** ⟨*only sg*⟩ anatomy; **angewandte (beschreibende, vergleichende, operative) ~** applied (descriptive, comparative, surgical) anatomy. **2.** anatomical institute, institute of anatomy. **3.** → Anatomiesaal. **~toˈmie·ren** [-toˈmiːrən] *v/t* ⟨*no* **ge-**, **h**⟩ anatomize, dissect. **~toˈmieˌsaal** *m* anatomical theat/re (*Am.* -er), dissecting room. **~ˈto·misch** *adj med.* anatomical.

ana·trop [anaˈtroːp] *adj bot.* anatropous.

ˈanˌbacken¹ (*getr.* **-k·k-**) *v/t* ⟨*irr, sep*, **-ge-**, **h**⟩ bake *s. th.* gently (*od.* slowly, lightly).

ˈanˌbacken² (*getr.* **-k·k-**) *v/i* ⟨*sep*, **-ge-**, **sein**⟩ **~ an** (*dat*) stick to, cake on (*od.* to).

ˈanˌbah·nen I *v/t* ⟨*sep*, **-ge-**, **h**⟩ (*Beziehungen, Verhandlungen etc*) pave the way for, prepare the ground for, initiate, (*Unterhaltung etc*) open, begin, start, (*Ehe*) bring about, procure. **II** *v/reflex* **sich ~** *Entwicklung, Möglichkeiten etc*: be in the offing, be developing, be at hand; **ein Unheil bahnt sich an** a disaster is impending (*od.* imminent, in store).

ˈanˌban·deln [-ˌbandəln] *v/i* ⟨*sep*, **-ge-**, **h**⟩ *dial. for* **ˈanˌbän·deln** [-ˌbɛndəln] *v/i* ⟨*sep*, **-ge-**, **h**⟩ *colloq.* **1.** make advances, (try to) make a pick-up; **mit j-m ~** make up to s. o., try to get off with s. o. **2. mit j-m ~** (*Streit suchen*) pick a quarrel (*od.* start a fight) with s. o.; **mit ihm würde ich nicht ~** I wouldn't tangle with him. **ˈAnˌbän·de·lung** *f* ⟨-; -en⟩ *colloq.* flirtatious approach, attempt to pick s. o. up.

ˈAnˌbau¹ *m* ⟨-(e)s; *no pl*⟩ *agr.* cultivation, *von Feldern*: *a.* tilling, tillage, *von Pflanzen etc*: *a.* growing, culture.

ˈAnˌbau² *m* ⟨-(e)s; -ten⟩ (*Gebäude*) annex, extension, (*Flügel*) wing, (*Nebengebäude*) outbuilding, (*Vorgang*) construction of an annex, extension.

ˈanˌbau·en¹ *v/t* ⟨*sep*, **-ge-**, **h**⟩ (*Pflanzen, Früchte etc*) cultivate, grow, raise.

ˈanˌbau·en² I *v/t* ⟨*sep*, **-ge-**, **h**⟩ **1.** (**an** *acc* to) build, add; **angebauter Raum** added (*od.* built-on) room; **angebauter Schuppen** lean-to shed. **2.** *tech.* (**an** *acc*) attach, fit. **II** *v/i* **3.** build an extension (*od.* annex).

ˈAnˌbau·er *m* ⟨-s; -⟩ *agr.* cultivator, grower.

ˈanˌbauˌfä·hig *adj Pflanzen*: cultivable, *Boden*: *a.* arable, tillabe.

ˈAnˌbau|ˌflä·che *f agr.* a) arable area, b) area under cultivation. **~ˌflansch** *m tech.* mounting flange. **~geˌbiet** *n agr.* area in which a certain crop (*od. cultivated plant*) *is grown.* **~geˌrät** *n tech.* attachment. **~ˌkü·che** *f* unit kitchen. **~ˌmö·bel** *pl* unit (*od.* sectional) furniture *sg*. **~ˌmo·tor** *m tech.* flanged motor. **~reˌgal** *n* sectional bookcase, bookcase unit. **~ˌschrank** *m* cupboard unit. **~ˌteil** *m, n* **1.** (*Möbel*) unit. **2.** *tech.* attachment. **~ˌwand** *f* wall lined with unit furniture.

ˈan·beˌfeh·len *v/t* ⟨*irr, sep, no* **-ge-**, **h**⟩ **1. j-m et. ~** enjoin s. o. to do s. th., enjoin s. th. on s. o. **2. et. j-s Obhut** (*od.* **j-m**) **~** entrust s. th. to s. o.'s care.

ˈAn·beˌginn *m* ⟨-s; *no pl*⟩ *poet.* (earliest) beginning, outset; **von ~ (an)** a) from the (very) beginning, from the outset, b) (*seit Urzeiten*) since time began; *Bibl.* **der ~** the beginning of time.

ˈan·beˌhal·ten *v/t* ⟨*irr, sep, no* **-ge-**, **h**⟩ (*Mantel etc*) keep *s. th.* on.

an·bei [ˌanˈbaɪ; ˈanˌbaɪ] *adv bes. econ.* enclosed, herewith; **~ erhalten Sie** enclosed please find; **~ schicke ich** I am enclosing.

ˈanˌbei·ßen I *v/t* ⟨*irr, sep*, **-ge-**, **h**⟩ **1.** (*Apfel, Stück Kuchen etc*) bite into, take a bite of; **sie ist zum ~ schön** she looks nice enough to eat, she is very appetizing, *sl.* she is yummy (*od.* dishy). **II** *v/i* **2.** *Fisch*: bite. **3.** *fig. colloq.* bite, take (*od.* swallow) the bait.

ˈan·beˌlan·gen *v/t* ⟨*sep, no* **-ge-**, **h**⟩ → anlangen II.

ˈanˌbel·len *v/t* ⟨*sep*, **-ge-**, **h**⟩ bark at

(*s. o., the moon, etc*); *fig. colloq.* j-n ~ bark (*od.* snarl) at s. o.

ˈan·beˌque·men *v/reflex* ⟨*sep, no* -ge-, h⟩ sich e-r Sache ~ accommodate (*od.* adapt) o. s. to s. th.

ˈan·beˌrau·men [-ˌraumən] *v/t* ⟨*sep, no* -ge-, h⟩ (*Termine etc*) fix, appoint, set (*a date, day, etc,* für for); e-e Sitzung auf Montag ~ fix (*od.* call, schedule) a meeting for Monday.

ˈanˌbe·ten *v/t* ⟨*sep,* -ge-, h⟩ *relig.* worship, adore, *fig. a.* idolize. **ˈAnˌbe·ter** *m* ⟨-s; -⟩, **ˈAnˌbe·te·rin** *f* ⟨-; -nen⟩ *relig.* worship(p)er, adorer, *fig.* (*Verehrer*) *a.* ardent admirer.

ˈAn·beˌtracht *m* ⟨*undeclined*⟩ in ~ (*gen*) considering, in view of; in ~ (dessen), daß considering that, taking into consideration (*od.* account) that, in view of the fact that.

ˈAn·beˌtreff *m* ⟨*undeclined*⟩ *obs. for* Anbetracht.

ˈan·beˌtref·fen *v/t* ⟨*irr, sep, no* -ge-, h⟩ → anlangen II.

ˈanˌbet·teln *v/t* ⟨*sep,* -ge-, h⟩ j-n ~ (um et. for s. th.) beg s. o., importune s. o. by begging, pester s. o. with requests.

ˈAnˌbe·tung *f* ⟨-; *no pl*⟩ *relig.* worship, adoration, *fig. a.* idolization; die ~ der Heiligen Drei Könige the adoration of the (three) Magi; ~ von Götzen worship of idols, idolatry. **ˈanˌbe·tungsˌwür·dig** *adj* adorable.

ˈan·beˌzah·len *v/t* ⟨*sep, no* -ge-, h⟩ → anzahlen.

ˈanˌbie|dern [-ˌbiːdərn] *v/reflex* ⟨*sep,* -ge-, h⟩ *contp.* sich bei (*od.* mit) j-m ~ ingratiate o. s. with s. o., curry favo(u)r with s. o., make (*colloq.* chum) up to s. o. **≈de·rung** *f* ⟨-; -en⟩ ingratiation. **≈de·rungs·verˌsuch** *m* attempt at familiarity.

ˈanˌbie|ten I *v/t* ⟨*irr, sep,* -ge-, h⟩ **1.** offer (*a cigarette, goods, help, etc*); j-m et. ~ offer s. o. s. th., offer s. th. to s. o. **2.** *colloq.* j-m et. ~ threaten s. o. with s. th.; j-m e-e Ohrfeige ~ offer to slap s. o.'s face. **3.** *bes. jur.* offer, tender; e-n Beweis ~ tender evidence. **II** *v/reflex* sich ~ **4.** *Person*: offer (*od.* tender) one's services (*dat* to); sich ~, et. zu tun offer to do s. th.; er bot sich (freiwillig) an zu gehen he volunteered to go. **5.** *Gelegenheit etc*: present (*od.* offer) itself; das bot sich förmlich an that was the obvious thing (to do), that was the obvious choice. **6.** *Fußballspieler etc*: make o. s. available. **7.** *Dirne*: solicit. **≈ter** *m* ⟨-s; -⟩ *econ.* offeror, (potential) seller.

ˈanˌbin·den I *v/t* ⟨*irr, sep,* -ge-, h⟩ **1.** (an *dat od. acc* to) bind, tie (up), fasten, (*Boot*) tie up, moor, (*Pferd, Hund*) tie up, (*Schaf etc*) *a.* tether, (*Pflanzen*) tie up, train; *fig.* er läßt sich nicht ~ he doesn't like to be tied down. **2.** *print.* (*Buch etc*) bind *s. th.* (together). **II** *v/i* **3.** *colloq.* → anbändeln.

ˈanˌbla·sen *v/t* ⟨*irr, sep,* -ge-, h⟩ **1.** j-n (et.) ~ blow on (*od.* at) s. o. (s. th.). **2.** (*Feuer, Glut*) blow (up), *metall.* (*Schachtofen*) blow in. **3.** *mus.* intone. **4.** die Jagd ~ sound the horn for the hunt (to begin). **5.** → anschnauzen.

ˈanˌblecken (*getr.* -k·k-) *v/t* ⟨*sep,* -ge-, h⟩ *Hund, colloq. Person*: bare one's teeth at.

ˈAnˌblick *m* **1.** (*Anblicken*) sight; beim ~ von at the sight of; beim ersten ~ at first sight; in den ~ e-s Bildes versunken sein be absorbed (*od.* lost) in contemplation of a picture. **2.** (*Bild*) sight, appearance; ein vertrauter (trauriger) ~ a familiar (sorry) sight; ein prächtiger ~ a gorgeous sight (*od.* spectacle); *colloq. iro.* ein ~ für (die) Götter a sight for the gods.

ˈanˌblicken (*getr.* -k·k-) *v/t* ⟨*sep,* -ge-, h⟩ look at, (*besehen*) view, inspect; j-n flüchtig ~ glance at s. o.; j-n prüfend (*od.* musternd) ~ look searchingly at s. o.; j-n finster ~ frown (*od.* scowl) at s. o.; j-n wütend (drohend) ~ glare at s. o.

ˈanˌblin·ken *v/t* ⟨*sep,* -ge-, h⟩ twinkle at, *mit e-r Taschenlampe*: flash one's torch at, *Autofahrer*: flash one's headlights at.

ˈanˌblin·zeln *v/t* ⟨*sep,* -ge-, h⟩ j-n ~ blink (*od.* wink) at s. o.; j-n keck ~ give s. o. a saucy wink.

ˈanˌblit·zen *v/t* ⟨*sep,* -ge-, h⟩ *colloq.* j-n (wütend) ~ glare at s. o., look daggers at s. o.

ˈanˌblö·ken *v/t* ⟨*sep,* -ge-, h⟩ bleat at.

ˈanˌboh·ren I *v/t* ⟨*sep,* -ge-, h⟩ **1.** drill (*od.* bore) a hole (*od.* holes) into. **2.** (*Fässer*) tap. **3.** *tech.* (*Werkstücke*) spot-drill. **4.** (*Baum*) tap, bore. **5.** (*Boot*) scuttle. **6.** (*Zahn*) drill *s. th.* (open). **7.** *fig. colloq.* j-n ~ sound s. o. (out) (wegen, um about). **II** *v/i* **8.** bei j-m ~ *cf.* 7.

ˈanˌbran·den *v/i* ⟨*sep,* -ge-, sein⟩ ~ gegen surge against (*a. fig.*).

ˈanˌbras·sen *v/t* ⟨*sep,* -ge-, h⟩ *mar.* brace up (*od.* by, forward).

ˈanˌbra·ten *v/t* ⟨*irr, sep,* -ge-, h⟩ *gastr.* roast *s. th.* lightly.

ˈanˌbräu·nen *v/t* ⟨*sep,* -ge-, h⟩ *gastr.* brown.

ˈanˌbrau·sen *v/i* ⟨*only pp*⟩ *colloq.* angebraust kommen come dashing along (*od.* up).

ˈanˌbre·chen I *v/t* ⟨*irr, sep,* -ge-, h⟩ (*Vorräte, Geldschein etc*) break into, (*Brot, Flasche, Zigaretten etc*) start (on), (*Schachtel etc*) *a.* open, (*Faß*) broach. **II** *v/i* ⟨sein⟩ *Tag*: be dawning, be breaking, *Nacht*: be falling, be closing in, *Frühling etc*: be coming, be on the way, *neue Zeit*: be dawning; mit (*od.* bei) ~dem Tag *etc* → Anbruch 1.

ˈanˌbren·nen I *v/i* ⟨*irr, sep,* -ge-, sein⟩ **1.** catch fire, begin to burn, ignite. **2.** *gastr.* (*a.* ~ lassen) burn; angebrannt sein *Milch etc*: have burnt. **II** *v/t* ⟨h⟩ **3.** → anzünden 1, 2.

ˈAnˌbrennˌholz *n* kindling (wood).

ˈanˌbrin·gen *v/t* ⟨*irr, sep,* -ge-, h⟩ **1.** (*Schild, Lampe, Zaun etc*) put up, fasten (*od.* fix) *s. th.* in position; et. ~ an (*dat*) fix (*od.* fasten, attach, affix) s. th. to. **2.** (*Plakat, Anschlag etc*) post (*od.* stick) up. **3.** (*Siegel*) affix. **4.** *fig.* (*machen*) make, effect, introduce; Änderungen ~ a) make alterations, b) make changes. **5.** *fig.* (*hinzufügen*) add, put (in), *bes. jur.* insert, include; e-e Klausel ~ (in *dat*) insert (*od.* include) a clause (to). **6.** *fig.* (*Bitte*) make, put forward, (*Gründe*) give, advance, (*Beschwerde*) make, lodge, (*Wissen*) display, show; Kritik ~ express criticism, criticize; et. gesprächsweise ~ mention s. th. in conversation; e-e Bemerkung ~ put a word in. **7.** *colloq.* a) (*herbeibringen*) bring (along), b) (*unterbringen*) place, find (*od.* get) a place for. **8.** *econ.* (*Waren*) dispose of, sell, place (bei with), market, (*Geld*) spend. **9.** *Boxen*: (*Schlag*) get in, land.

ˈAnˌbruch *m* ⟨-(e)s; ¨-e⟩ **1.** ⟨*only sg*⟩ (*erstes Erscheinen*) beginning; bei ~ des Tages at daybreak, at dawn; bei ~ der Nacht at nightfall, at dusk; der ~ e-r neuen Epoche the beginning (*od.* dawn) of a new era. **2.** *econ.* broken lot (*od.* parcel). **3.** *Bergbau*: open lode. **~ˌholz** *n* ⟨-es; *no pl*⟩ *Forstwesen*: decayed (*od.* rotten) wood.

ˈanˌbrü·hen *v/t* ⟨*sep,* -ge-, h⟩ (*Tee etc*) infuse.

ˈanˌbrül·len *v/t* ⟨*sep,* -ge-, h⟩ j-n ~ bawl (*od.* bellow, roar) at s. o.

ˈanˌbrum·men *v/t* ⟨*sep,* -ge-, h⟩ *colloq.* j-n ~ growl (*od.* grumble) at s. o.

ˈanˌbrü·ten *v/t* ⟨*sep,* -ge-, h⟩ begin to hatch.

ˈanˌbum·sen I *v/i* ⟨*sep,* -ge-, sein⟩ *colloq.* bump (an *dat od. acc* against). **II** *v/t* ⟨h⟩ *vulg.* (*schwängern*) knock up.

An·cho·ve [anˈʃoːvə] *f* ⟨-; -n⟩, **Anˈcho·vis** [-vɪs] *f* ⟨-; -⟩ → Anschovis.

ˈAnˌdacht [-ˌdaxt] *f* ⟨-; -en⟩ **1.** *relig.* a) ⟨*only sg*⟩ devotion, devout meditation, b) (short) service, c) (*Gebet*) devotions *pl*, prayers *pl*; s-e ~ halten (*od.* verrichten) say one's prayers. **2.** ⟨*only sg*⟩ *fig.* rapt attention; et. mit ~ verspeisen eat s. th. reverentially (*od.* with due respect); mit ~ → *a.* andächtig II.

ˈanˌdäch·tig [-ˌdɛçtɪç] **I** *adj* **1.** *relig.* devout, pious. **2.** *fig.* attentive, rapt, *Stille etc*: solemn. **II** *adv* **3.** devoutly (*etc*); ~ zuhören listen with rapt attention.

ˈAnˌdachts|ˌbild *n relig.* devotional picture. **~ˌbuch** *n* devotional book. **~ˌstun·de** *f* hour of devotion (*od.* prayer). **~ˌübung** *f meist pl* (devotional) exercise. **≈ˌvoll** *adj* → andächtig I.

An·da·lu|si·er [andaˈluːzĭər] *m* ⟨-s; -⟩ Andalusian. **~sie·rin** *f* ⟨-; -nen⟩ Andalusian (woman).

ˈanˌdau·ern *v/i* ⟨*sep,* -ge-, h⟩ continue, last, go on, *Schönwetter*: *a.* hold, *Schlechtwetter, Fieber etc*: *a.* persist, *Freundschaft etc*: last, endure. **~d I** *adj* constant, continual, continuous, persistent, incessant; ~e Bemühungen persistent (*od.* sustained) efforts. **II** *adv* *colloq.* continually, constantly; er störte uns ~ he kept interrupting us.

ˈAnˌden·ken *n* ⟨-s; -⟩ **1.** ⟨*only sg*⟩ memory, remembrance; zum ~ an (*acc*) in memory (*od.* remembrance) of; j-n in gutem ~ behalten, j-m ein freundliches (*od.* gutes) ~ bewahren have a pleasant memory of s. o., keep s. o. in kind remembrance; das ~ an et. (j-n) feiern commemorate s. th. (s. o.). **2.** (*Geschenke etc*) keepsake, token, (*Reise≈*) souvenir (an *acc* of). **~geˌschäft** *n* souvenir shop. **~ˌjä·ger** *m*, **~ˌjä·ge·rin** *f contp.* souvenir hunter.

an·der [ˈandər] **I** *adj* **1.** other, *mit dem unbestimmten Artikel*: another; ~e Leute (*od.* Menschen) other people, others; ein ~es Buch another book; die ~en beiden the other two; viele ~e Dinge many other things; auf die eine oder ~e Weise somehow or other, (in) some way or the other, by some means or other; mit ~em Namen alias, otherwise called; ~e derartige Probleme other like problems. **2.** (*weitere*) other, further, more; gibt es noch ~e Fragen? are there any more questions?; haben Sie noch ~e Krawatten? have you got any more ties?; kein ~er Beweis s-r Schuld no further evidence of his guilt. **3.** (*übrig*) other; die ~en Gäste the other (*od.* the rest of the) guests; die ~en Bücher folgen demnächst the rest of the books will soon follow. **4.** (*nächste*) next, other; am ~en Morgen the next (*od.* following) morning. **5.** (*zweite*) second, other, *von e-m Paar*: *a.* pair; wo ist der ~e Schuh? where is the second (*od.* other, pair to this) shoe?; sein ~es Ich (*od.* Selbst) his other self. **6.** (*entgegengesetzt*) opposite, other; das ~e Geschlecht the opposite sex; auch die ~e Seite hören hear the other side as well; auf der ~en Straßenseite on the opposite (*od.* other) side of the street; **die ~e Seite des Stoffs** the reverse side of the cloth. **7.** (*verschieden*) different, other; **jeder von ihnen ging e-n ~en Weg** they went their different ways; **ich bin ganz ~er Meinung** I am of an entirely different opinion; **e-n ~en Entschluß fassen, ~en Sinnes werden** change one's mind; **mit ~en Worten** in other words; **ein ganz ~er Mensch** quite a different (sort of) person; **e-e ganz ~e Welt** a world quite different from ours; **das ist e-e ganz ~e Sache** that's another thing altogether, that's quite a different matter; **wir bekommen ~es Wetter** the weather is going to change. **8.** (*neu, frisch*) new, other; **er ist ein ~er Mensch geworden** he's become a new man; **ein ~es Hemd anziehen** put on a new (*od.* fresh) shirt, change one's shirt; **ein ~es Leben führen** lead a new life. **II andere(r), andre(r)** *m*, **and(e)re** *f*, **andere(s), andre(s)** *n indef pron* **9.** (*nicht dieselbe Person od. Sache*) other; **ein ~er, e-e ~e** another (person), someone else; **et. ~es** something else; **die (alle) ~en** the (all) others; **unter ~en** among others; **vor allen ~en** before all others; **kein ~er als** a) (*niemand anders als*) no one else but, none other than, b) (*kein geringerer als*) no lesser than, c) (*niemand außer, nur*) none but; **manch ~er** many another; **unter ander(e)m** a) among other things, b) including; **alles ~e** everything else; **alles ~e als tapfer** anything but brave; **~e sagen** others (*od.* other people) say; **Sache e-s ~en** somebody else's business; **nichts ~es** nothing else; **wenn du nichts ~es vorhast** unless you are otherwise engaged; **es läßt sich nichts ~es machen als** there is nothing for it but; **jeder ~e eher als du** anybody but you; **wir ~en** the remainder of us; **der eine oder ~e** someone or other; **alle ~en waren da** everybody else was there; **des einen Tod ist des ~en Brot** (*Sprichwort*) one man's meat is another man's poison. **10.** (*nächste*) other; **einer um den ~(e)n** a) (*nacheinander*) one by one, b) (*abwechselnd*) by turns, alternately, c) (*jeder zweite*) every other (*od.* second) one; **eins brachte das ~e (mit sich), eins gab das ~e** one thing led to another; **eins kommt zum ~en** one thing comes on top of another. **11.** (*zweite*) other, second; **zum ~(e)n** secondly; **der eine … der ~e** one … another (*od.* the other); **die einen … die ~en** some … some (*od.* [the] others); **der eine kannte den ~en nicht** neither (of them) knew the other; **weder der eine noch der ~e** neither (the) one nor the other; **es ist eins wie das ~e** it is as broad as it is long. **12.** (*etwas Verschiedenes*) something different (*od.* else), another thing; **das ist et. ~es** that is (something) different, that is another thing; **man hat mich eines ~(e)n belehrt** I have learnt differently; **sofern nichts ~es bestimmt ist** unless otherwise decided (*jur.* provided); *colloq.* **ich hätte beinahe et. ~es gesagt** I nearly let s. th. slip; **das eine tun, und das ~e nicht lassen** do one thing and another as well.

Än·de'rei *f* ⟨-; -en⟩ *colloq.* (constant) changing, chopping and changing.

'an·de·ren|'falls *adv* **1.** otherwise, else. **2.** (*widrigenfalls*) failing this (*od.* which). **~'orts** *adv* in another place. **~'tags** *adv* (on) the following day, (on) the day after. **~'teils** *adv* on the other hand.

'an·de·rer'seits *adv* on the other hand.

'An·derˌkon·to *n econ.* (*Treuhänderkonto*) trust account.

'an·der|'lei *adj* ⟨*invariable*⟩ of another (*od.* a different) kind, of other kinds. **~'mal** *adv* **ein ~** (at) some other time.

än·dern ['ɛndərn] **I** *v/t* ⟨h⟩ **1.** change, alter, vary, *teilweise*: modify, *bes. jur. pol.* amend; **s-n Sinn ~** change one's mind; **s-n Standpunkt ~** shift one's ground; **das ändert (natürlich) die Sache** that puts a new complexion on the matter; **es ändert nichts an der Tatsache, daß** it does not alter the fact that; **das Testament ~** alter one's will; **ich kann es nicht ~** I can't help it; **das ist nicht zu ~** that cannot be helped, there's nothing to be done (about it). **2.** (*Kleider etc*) alter; **et. ~ an** (*dat*) make alterations to. **II** *v/reflex* **sich ~ 3.** change, alter; **sich zum Vorteil (Nachteil) ~** change for the better (worse); **daran hat sich bis heute nichts geändert** that is still the same today; **die Zeiten ~ sich** times are changing. **4.** *Wetter*: change, break, *Wind*: change, shift; **das Wetter ändert sich** there will be a change in the weather. **5.** *econ. Preise etc*: vary, fluctuate.

'an·dernˈfalls *adv* → **anderenfalls**.

'an·ders *adv* **1.** (*auf andere Art*) differently, in a different way, otherwise; **ich sehe die Dinge ~** I see things differently; **ich weiß es ~** I know better; **ich kann nicht ~** I cannot do otherwise, I have no choice; **es geht nicht ~** there is no alternative; **könnte es ~ sein?** could it be otherwise?; *jur.* **falls nicht ~ bestimmt ist** unless otherwise provided; **~ gesagt** (*od.* **ausgedrückt**) put another way, in other words; **das ist nun einmal nicht ~** that's how it is; **~ (verhielt sich) Herr X** not so Mr. X; **die Sache ist ~** it is a different matter; **~ als** different from (*od.* than, to), other than; **er spricht ~, als er denkt** he says one thing and means another; **~ als s-e Freunde** unlike his friends; *colloq.* **ich kann aber auch ~!** I can rapidly change my tune; **mir wird ganz ~** I feel funny; **Ferien mal ~** holidays with a difference. **2.** (*verändert*) changed, different; **~ werden** change, alter; **du bist heute ganz ~ als sonst** you are not yourself today. **3.** *bei Pronomen*: else; **jemand ~** somebody else; **geht jemand ~ mit?** is anyone else going?; **niemand ~ als** nobody (*od.* no one) else but; **wer ~?** who else?; **wer könnte das ~ sein als?** who could it be but?; **irgendwo ~** somewhere else.

'an·ders|ˌar·tig *adj* **1.** different, of a different kind. **2.** (*fremd*) alien. **~ˌden·kend** *adj* of a different opinion, differently minded, dissenting, dissident, dissentient. **2ˌden·ken·de** *m, f* ⟨-n; -n⟩ person of a different opinion, dissenter, dissident.

'an·der'seits *adv* → **andererseits**.

'an·ders|ˌfar·big *adj* of a different (*od.* another) colo(u)r. **~geˌar·tet** *adj* → **andersartig**. **~geˌsinnt** *adj* → **andersdenkend**. **~geˌstal·tet** *adj* differently shaped (*od.* formed), *biol. chem.* heteromorphic. **~ˌgläu·big** *adj relig.* of a different faith, (*irrgläubig*) heterodox, heretical. **2ˌgläu·bi·ge** *m, f* ⟨-n; -n⟩ person of a different faith, dissenter, (*Ketzer*) heretic. **~herˌum I** *adv* the other way round. **II** *adj colloq.* (*homosexuell*) queer. **~ˌlau·tend** *adj* **1.** differently sounding. **2.** differently phrased (*od.* worded); **entgegen ~en Meldungen** contrary to different reports. **~ˌrum** *adv u. adj colloq. for* **andersherum**. **2ˌsein** *n* being different, difference, otherness. **~ˌspra·chig** [-ˌʃpraːxɪç] *adj* **1.** → **fremdsprachig**. **2.** → **fremdsprachlich**. **~'wie** *adv colloq.* (in) some other way. **~'wo** *adv* elsewhere, somewhere else. **~wo'hin** *adv* to another place, elsewhere.

'an·dert'halb ['andərt-] *adj* ⟨*undeclined*⟩ one and a half; **~ Pfund** a pound and a half. **~ˌfach I** *adj* **1.** one and a half times. **2.** *chem.* sesqui …; **~es Chlorid** sesquichloride. **II 2e, das** ⟨-n⟩ **3.** one and a half times the amount. **~ˌjäh·rig** *adj* a year and a half, eighteen-month-old. **~ˌmal** *adv* one and a half times. **2ˌton** *m mus.* sesquitone.

'Än·de·rung *f* ⟨-; -en⟩ **1.** change, *gewollte*: alteration, *teilweise*: modification; **e-e ~ vornehmen** (*od.* **treffen**) make a change (*od.* an alteration); **e-e ~ erfahren** undergo a change; **e-e ~ zum Besseren** a change for the better; **~en vorbehalten** subject to alteration(s). **2.** *von Kleidung*: alteration; **~en vornehmen an** (*dat*) make alterations to. **3.** *der Verfassung, von Gesetzen etc*: amendment. **4.** *des Wetters*: change, break, *des Windes*: change, shift.

'Än·de·rungs|ˌanˌtrag *m pol.* amendment. **2ˌfä·hig** *adj* changeable, alterable, modifiable. **~geˌsetz** *n pol.* amending law. **~ˌkün·di·gung** *f* notification of a change (of the terms of employment). **~ˌvorˌschlag** *m* **1.** proposal for changes (*od.* alterations). **2.** *pol.* amendment.

'an·der|'wär·tig [-ˈvɛrtɪç] *adj* → **anderweitig I**. **~'wärts** *adv* elsewhere, somewhere else. **~'weit** *adv* → **anderweitig II**. **~'wei·tig** [-ˈvaɪtɪç] **I** *adj* **1.** other, further; **zur ~en Verwendung** for use elsewhere. **II** *adv* **2.** otherwise, in another way; **kann ich Ihnen ~ behilflich sein?** can I help you in some (*od.* any) other way? **3.** elsewhere; **~ verkaufen** sell to s. o. else.

'anˌdeu|ten I *v/t* ⟨*sep*, -ge-, h⟩ **1.** (*zu verstehen geben*) hint at, intimate, suggest, insinuate; **j-m ~, daß** give s. o. to understand that; **ich versuchte, ihm anzudeuten** I tried to convey to him; **wollen Sie damit ~ …?** are you insinuating …? **2.** (*kurz erwähnen*) indicate, mention (*od.* point out) *s. th.* briefly. **3.** (*ankündigen*) indicate, signify, point to. **4.** *Kunst, a. fig.* sketch out, outline. **II** *v/reflex* **sich ~ 5.** appear in outlines, be in the offing, *bedrohlich*: be looming; **e-e Krise deutet sich an** there is every indication that a crisis is near, there are signs of (*od.* everything points to) a near crisis. **2tung** *f* ⟨-; -en⟩ **1.** (*Wink, Anspielung*) hint, intimation, suggestion, allusion, *bes. versteckte*: insinuation, innuendo; **j-m e-e ~ machen** give (*od.* drop) s. o. a hint. **2.** (*Ankündigung*) indication, adumbration. **3.** *Kunst*: sketch, outline. **4.** (*Spur*) hint, trace, suggestion. **~tungsˌwei·se** *adv* **1.** by way of hints (*od.* allusion), allusively; **~ zu verstehen geben** hint (et. at s. th., **daß** that). **2.** (*in Umrissen*) in outlines.

'anˌdich·ten *v/t* ⟨*sep*, -ge-, h⟩ **1.** *fig.* **j-m et. ~** attribute s. th. (falsely) to s. o., accuse s. o. of s. th. **2. j-n ~** address verses to s. o.

'anˌdicken (*getr.* **-k·k-**) *v/t* ⟨*sep*, -ge-, h⟩ *gastr.* thicken.

'anˌdie|nen *v/t* ⟨*sep*, -ge-, h⟩ (*Waren, Dienste etc*) offer. **2nung** *f* ⟨-; *no pl*⟩ *bes. econ.* (*Angebot*) tender, offer, (*Lieferung*) delivery, (*Benachrichtigung*) notification.

'anˌdocken (*getr.* **-k·k-**) *v/t u. v/i* ⟨*sep*, -ge-, h⟩ *Raumfahrt*: dock (**an** *acc* with).

'anˌdon·nern *colloq.* **I** *v/t* ⟨*sep*, -ge-, h⟩ *fig.* **j-n ~** roar (*od.* thunder) at s. o. **II** *v/i* ⟨*only pp*⟩ **angedonnert kommen** come thundering up (*od.* along).

An·dor|ra·ner [andɔˈraːnər] *m* ⟨-s; -⟩, **~ˈra·ne·rin** *f* ⟨-; -nen⟩ Andorran.

ˈAnˌdrang *m* ⟨-(e)s; *no pl*⟩ **1.** crush, press, throng, (*Ansturm*) rush; **es herrschte großer ~** there was a great crush; **der ~ zu diesem Stück ist groß** this play draws large crowds. **2.** *econ.* run (**auf** *acc* on). **3.** *med.* (*Blut*≈) congestion.

ˈanˌdrän·gen I *v/i* ⟨*sep*, **-ge-**, **sein**⟩ → **andringen** 1. **II** *v/reflex* ⟨**h**⟩ **sich ~ an** (*acc*) press close to.

ˈand·re *adj u. indef pron* → **ander.**

An·dre·as [anˈdreːas] *npr m* ⟨-; *no pl*⟩ Andrew. **~ˌkreuz** *n* **1.** St. Andrew's cross (*a. tech.*). **2.** *her.* saltire (cross).

ˈanˌdre·hen *v/t* ⟨*sep*, **-ge-**, **h**⟩ **1.** (*Gas, Wasser etc*) turn on, (*Licht, Radio etc*) *a.* switch on. **2.** (*Schraube etc*) tighten (up). **3.** *mot.* crank up. **4.** *Film*: begin shooting. **5.** *fig. colloq.* **j-m et. ~** palm (*od.* fob) s. th. off on s. o.

ˈAnˌdrehˌkur·bel *f* starting crank, crank handle.

ˈand·rer *adj u. indef pron* → **ander.**
ˈand·res *adj u. indef pron* → **ander.**

ˈanˌdrin·gen *v/i* ⟨*irr, sep*, **-ge-**, **sein**⟩ **1.** push (*od.* thrust) forward, press on (**gegen** towards), *Feind etc*: *a.* draw near, advance. **2. gegen den Kopf ~** *Blut*: rush to the head.

An·dro|gen [androˈgeːn] *n* ⟨-s; -e⟩ *chem.* androgen. **~geˈne·se** [-geˈneːzə] *f* ⟨-; -n⟩ *biol.* androgenesis.

ˈanˌdro|hen *v/t* ⟨*sep*, **-ge-**, **h**⟩ **j-m et. ~** threaten s. o. with s. th.; **die vom Gesetz angedrohte Strafe** the penalty laid down in the law. **≈hung** *f* ⟨-; -en⟩ threat, menace; *jur.* **unter ~ von** under penalty of.

An·dro·ide [androˈiːdə] *m* ⟨-n; -n⟩, *a.* **An·dro·id** [androˈiːt] *m* ⟨-en; -en⟩ *Literatur etc*: android.

Anˈdro·me·daˌne·bel [anˈdroːmeda-] *m astr.* Andromeda Nebula.

ˈAnˌdruck *m* ⟨-(e)s; -e⟩ **1.** *print.* a) proof pull, proof print, b) start (*od.* beginning) of printing. **2.** ⟨*only sg*⟩ *Raumfahrt*: inertial force. **ˈanˌdrucken** (*getr.* **-k·k-**) **I** *v/t* ⟨*sep*, **-ge-**, **h**⟩ proof, pull first proofs of. **II** *v/i* start printing.

ˈanˌdrücken (*getr.* **-k·k-**) **I** *v/t* ⟨*sep*, **-ge-**, **h**⟩ **1.** press *s. th.* down (*od.* together); **et. ~ an** (*acc*) press s. th. against. **2.** (*Obst*) damage (*fruit*) slightly by pressing. **II** *v/i* **3.** *aer.* a) put on speed, b) push the nose down. **III** *v/reflex* **4. sich ~ an** (*acc*) nestle up to, *stärker*: press close to.

ˈAnˌdruck·maˌschi·ne *f print.* proof press, proofing machine.

ˈAnˌdrückˌwal·ze *f tech.* feed roll.

ˈanˌdu·deln *v/t* ⟨*sep*, **-ge-**, **h**⟩ *colloq.* **sich** (*dat*) **einen ~** get (o. s.) plastered, tie one on.

ˈanˌecken (*getr.* **-k·k-**) *v/i* ⟨*sep*, **-ge-**, **sein**⟩ *colloq.* **1.** hit (*od.* bump into) a corner. **2.** *fig.* give offen/ce (*Am.* -se) (**bei** to); **bei j-m ~** *a.* put s. o.'s back up, rub s. o. (up) the wrong way.

ˈanˌeig|nen *v/t* ⟨*sep*, **-ge-**, **h**⟩ **sich** (*dat*) **~** appropriate *s. th.* to o. s. (*od.* one's own use), (*Geld*) *a.* misappropriate, convert to one's own use, (*Rechte etc*) arrogate (to o. s.), (*Macht*) usurp, (*Land*) annex, (*Kenntnisse, Fremdsprache etc*) acquire, learn, (*Gewohnheiten etc*) acquire, contract, (*Meinung*) adopt. **≈nung** *f* ⟨-; *no pl*⟩ **1.** *a. jur. von Besitz*: appropriation, *von Geld*: *a.* misappropriation, *von Rechten*: arrogation, *von Macht*: usurpation, *von Kenntnissen etc*: acquisition, *von Gewohnheiten*: *a.* contraction, *e-r Meinung*: adoption. **2.** *biol. sociol.* (*Aufnahme*) assimilation.

ˌanˌeinˈan·der *adv* together, to one another; **~ anschließen** link together; **~ denken** think of one another; **~ vorbeigehen** walk past (*od.* by) one another. **~ˌbin·den** *v/t* ⟨*irr, sep*, **-ge-**, **h**⟩ bind (*od.* tie, fasten) together. **~ˌfü·gen** *v/t* ⟨*sep*, **-ge-**, **h**⟩ join (together). **~geˌra·ten** *v/i* ⟨*irr, sep, pp* **aneinandergeraten, sein**⟩ (*in Streit geraten*) clash, fly at each other, (*handgemein werden*) come to blows. **~ˌgren·zen** *v/i* ⟨*sep*, **-ge-**, **h** *u.* **sein**⟩ *Grundstücke etc*: adjoin, *Länder*: border (on) each other. **~ˌhaf·ten** *v/i* ⟨*sep*, **-ge-**, **h**⟩ cling (*od.* stick) together, cohere. **~ˌkle·ben I** *v/t* ⟨*sep*, **-ge-**, **h**⟩ stick (*od.* glue, paste) together. **II** *v/i* stick together. **~ˌpral·len** *v/i* ⟨*sep*, **-ge-**, **sein**⟩ collide, crash into one another. **~ˌrei·ben** *v/t u. v/i* ⟨*irr, sep*, **-ge-**, **h**⟩ rub against each other. **~ˌrei·hen** *v/t* ⟨*sep*, **-ge-**, **h**⟩ (*Gegenstände*) set (*od.* arrange) *s. th.* in a row (*od.* side by side), line up, (*Perlen*) string, (*Gedanken, Wörter*) string *s. th.* together. **~ˌrücken** (*getr.* **-k·k-**) *v/t* ⟨*sep*, **-ge-**, **h**⟩ *u. v/i* ⟨**sein**⟩ move (*s. th.*) close(r) together. **~ˌsto·ßen I** *v/i* ⟨*irr, sep*, **-ge-**, **sein**⟩ → **aneinandergrenzen, -prallen. II** *v/t* ⟨**h**⟩ push (*od.* knock) *s. th.* together.

An·ek·do·te [anɛkˈdoːtə] *f* ⟨-; -n⟩ anecdote.

an·ekˈdo·ten|ˌar·tig *adj* anecdotal. **≈erˌzäh·ler** *m* anecdotist, storyteller. **~haft** *adj* → **anekdotisch.**

an·ekˈdo·tisch *adj* anecdotal.

ˈanˌekeln *v/t* ⟨*sep*, **-ge-**, **h**⟩ disgust, nauseate, sicken; **von e-r Sache angeekelt sein** feel disgust at (*od.* for) s. th., find s. th. repugnant, loathe (*od.* detest) s. th., *von Worten etc*: feel disgusted by; **es ekelt mich an** I am disgusted with it, it makes me sick.

an·elek·trisch [ˈan(ʔ)eˌlɛktrɪʃ; an(ʔ)eˈlɛktrɪʃ] *adj phys.* anelectric.

Ane·mo|me·ter [anemoˈmeːtər] *n* ⟨-s; -⟩ *meteor.* anemometer, air meter. **~meˈtrie** [-meˈtriː] *f* ⟨-; *no pl*⟩ anemometry.

ˈan·empˌfeh·len *v/t* ⟨*irr, sep, no* **-ge-**, **h**⟩ recommend, advise; **j-m dringend et. ~** enjoin s. th. on s. o., urge s. o. to do s. th.

ˈan·empˌfun·den *adj* spurious, not genuine.

ˈAnˌer·be *m jur.* principal heir.

ˈAn·erˌbie·ten *n* ⟨-s; -⟩ offer, proposition.

ˈan·erˌkannt 1. *a. econ. jur.* acknowledged, recognized, admitted, *Wechsel*: approved; **e-e ~e Schuld** an admitted debt. **2.** *Tatsache, Bedeutung etc*: accepted, established; **ein ~es Werk über moderne Malerei** a standard work on modern painting; **ein ~er Fachmann** a recognized expert; **~ werden** gain (*od.* receive) recognition. **3.** *jur.* a) lawful, b) legal; **gesetzlich ~er Feiertag** statutory holiday. **ˈan·erˌkann·terˈma·ßen** *adv* admittedly, by common consent. **ˈan·erˌkenn·bar** *adj* acknowledgeable, recognizable, acceptable, admissible.

ˈan·erˌken·nen *v/t* ⟨*irr, sep* [ˈanʔɛrˌkɛnən] *od. insep* [ˌanʔɛrˈkɛnən], *no* **-ge-**, **h**⟩ **1.** acknowledge, recognize, admit; **e-e Unterschrift nicht ~** deny a signature; **e-n Staat (Vertrag) ~** recognize a State (treaty); **e-n Anspruch** (*od.* **e-e Forderung**) **~** admit (*od.* allow) a claim; **ein Kind nicht als sein eigenes ~** disown (*od.* deny paternity of) a child; **e-n Wechsel ~** hono(u)r (*od.* accept) a bill; *Sport*: **ein Tor (nicht) ~** allow (disallow) a goal. **2.** (*billigen*) approve, (*würdigen*) appreciate, recognize, acknowledge; **et. hoch ~** appreciate s. th. greatly. **ˈan·erˌken·nend** *adj* appreciative, appreciatory, commendatory; **~e Worte** *a.* words of appreciation. **ˈan·erˌken·nensˌwert** *adj* commendable, laudable, creditable, praiseworthy.

ˈAn·erˌkennt·nis *f* ⟨-; -se⟩, *bes. jur. n* ⟨-ses; -se⟩ **1.** *econ. jur.* acknowledg(e)ment, *verpflichtende*: recognizance. **2.** *jur.* deed of acknowledg(e)ment. **~ˌur·teil** *n jur.* judg(e)ment by consent, consent decree.

ˈAn·erˌken·nung *f* ⟨-; *no pl*⟩ **1.** *bes. jur.* acknowledg(e)ment (*of documents, etc*), *e-r Schuld etc*: *a.* recognizance; **~ e-s Wechsels** acceptance of a bill; **~ e-s Staates (e-r Regierung)** recognition of a State (a government); **~ e-s Kindes, ~ der Vaterschaft** acknowledg(e)ment of paternity. **2.** (*Billigung*) acceptance, approval, (*Würdigung*) appreciation, recognition, (*öffentliche Erwähnung*) hono(u)rable mention; **in ~ s-r Verdienste** in recognition of his merits (*od.* services); **~ finden** find (*od.* win) recognition; **j-m s-e ~ ausdrücken** express one's appreciation to s. o.; **als ~ für** in recognition of; **j-m ~ zollen** pay tribute to s. o.; **~ verdienen** deserve credit; **dem Schriftsteller wurde viel ~ zuteil** the writer was greatly acclaimed.

ˈAn·erˌken·nungs|ˌschrei·ben *n* **1.** letter of acknowledg(e)ment. **2.** letter of commendation. **~ˌur·teil** *n* → **Anerkenntnisurteil.**

Ane·ro·id [aneroˈiːt] *n* ⟨-(e)s; -e⟩, **~ba·roˌme·ter** *n meteor.* aneroid (barometer).

ˈan·erˌzie·hen *v/t* ⟨*irr, sep, no* **-ge-**, **h**⟩ **j-m et. ~** instil(l) s. th. into s. o., inculcate s. th. on s. o. (*od.* in s. o.'s mind); **anerzogen** acquired.

Aneu·rin [anɔʏˈriːn] *n* ⟨-s; *no pl*⟩ *chem.* (*Vitamin* B_1) aneurin(e).

ˈanˌfa·chen *v/t* ⟨*sep*, **-ge-**, **h**⟩ **1.** (*Feuer, Glut*) fan, blow (up). **2.** *fig.* (*Leidenschaft, Begierde*) rouse, inflame, kindle, (*Haß etc*) stir up, fan.

ˈAnˌfahr·beˌschleu·ni·gung *f mot.* starting acceleration.

ˈanˌfah·ren I *v/t* ⟨*irr, sep*, **-ge-**, **h**⟩ **1.** transport *s. th.* to the spot, carry (up), *bes. mil.* (*Nachschub etc*) bring up, *fig. colloq.* (*Essen*) bring on. **2.** (*rammen*) run into, hit (*a car, a person*), (*Wagen etc*) *a.* collide with, (*Boot*) run foul of. **3.** (*als Ziel haben*) stop at, *mar.* call at. **4.** (*Ziel etc*) approach. **5.** *fig. colloq.* **j-n ~** jump on (*od.* snap at) s. o.; **j-n heftig ~** jump down s. o.'s throat, blow s. o. up. **6.** *Hund*: yap at. **7.** *tech.* start. **II** *v/i* ⟨**sein**⟩ **8.** start (off). **9.** (*herangefahren kommen*) drive up. **10. ~ an** (*acc*) drive against, hit.

ˈAnˌfahr|ˌkraft *f mot.* getaway power. **~moˌment** *n tech.* starting (torque) moment.

ˈAnˌfahrt *f* **1.** (*Fahrt*) journey, ride; **e-e weite ~ zum Arbeitsplatz** a long journey to work. **2.** (*Zufahrtsweg*) approach, *vor e-m Haus*: drive. **3.** (*Herbeischaffen*) conveyance, transport. **4.** (*Fahrtbeginn*) start(ing). **5.** (*Heranfahren*) approach.

ˈAnˌfahrts|ˌstra·ße *f* approach road. **~ˌweg** *m* → **Anfahrt** 1, 2.

ˈAnˌfall *m* **1.** *med.* attack, fit, paroxysm, seizure, *leichter*: touch, bout; **ein epileptischer ~** an epileptic fit (*od.* seizure), a fit of epilepsy; **ein schwerer ~ von Malaria** a severe attack of malaria; **e-n ~ bekommen** have an attack. **2.** *fig.* fit; **in e-m ~ von Großzügigkeit** *a.* in a burst of generosity; → **Lachanfall, Wutanfall. 3.** (*Häufung*) accumulation, increase, (increased) number. **4.** *econ.*

(*Ertrag*) yield, (*Einkünfte*) revenue, *von Gewinn, Zinsen*: accrual. **5.** *jur. von Erbschaft*: devolution, *von Gütern*: reversion; ~ **der Erbschaft** accession to an inheritance.

ˈanˌfal·len I *v/t* ‹*irr, sep,* **-ge-, h**› **1.** attack, assault, assail, fall on, set on; **j-n aus dem Hinterhalt** ~ ambush s. o.; **der Hund fällt alle Leute an** the dog goes for everyone. **2.** *fig. Angst, Wut etc*: assail, grip, seize; **Müdigkeit fiel ihn an** fatigue came over him; **Zweifel fielen ihn an** he had misgivings. **II** *v/i* ‹**sein**› **3.** *Arbeit etc*: a) come in, b) turn up. **4.** (*sich ergeben*) result (*a. chem. tech.*), *a. Gewinn, Zinsen*: accrue, (*fällig werden*) *Steuern, Zinsen*: fall due, be payable; **angefallene Kosten** cost(s) incurred. **5.** *jur.* **j-m** ~ (*auf j-n übergehen*) *bes. durch Erbschaft*: devolve upon s. o. **6.** *geol. Erdöl etc*: occur.

ˈanˌfäl·lig *adj* **1.** *med.* shaky (in health); ~ **für** (*od.* **gegen**) **et. sein** *a. fig.* be susceptible (*od.* prone) to s. th.; **er ist sehr** ~ his health is very delicate. **2.** *econ.* sensitive, vulnerable (*beide*: **gegenüber** to). **⁓keit** *f* ‹-; *no pl*› **1.** a) (**für, gegen** to) predisposition, susceptibility, proneness, b) delicate health. **2.** *econ.* sensitivity.

ˈAnˌfang *m* ‹-(e)s; ⸗e› **1.** beginning, start, outset, *förmlich*: commencement; **am** (*od.* **im**) ~ at (*lit. od. Bibl.* in) the beginning, at the start (*od.* outset); *Bibl. u. fig.* **der** ~ **und das Ende** the alpha and the omega; **am** (*od.* **zu**) ~ **sah es so aus, als ob** at first (*od.* initially) it looked as if; **am** ~ **e-r neuen Epoche** at the beginning (*od.* dawn) of a new epoch; ~ **1972** early in 1972; ~ **März** early in March; ~ **nächsten Jahres** (**dieser Woche**) early next year (this week); ~ **der fünfziger Jahre** in the early fifties; **er ist** ~ **der Dreißiger** he is in his early thirties; (**ganz** *od.* **gleich**) **von** ~ **an** from the (very) beginning (*od.* start, first); **von** ~ **bis Ende** from beginning to end, from start to finish; **für den** ~ for a start, *colloq.* for starters; **den** ~ **machen** begin, start, lead off (*a. Sport*); **den** ~ **machen mit** begin (*od.* start) with; **e-n neuen** ~ **machen** make a fresh start; **s-n** ~ **nehmen** begin, start; **k-n** ~ **finden** not to know where to begin; **e-e Plackerei ohne** ~ **und Ende** an eternal drudgery; **das ist erst der** ~ that is only the beginning; **aller** ~ **ist schwer** all beginnings are difficult; **zu** ~ → **anfangs. 2.** (*Einleitung*) beginning, introduction, opening (*of a speech, etc*). **3.** (*Kopf*) beginning, head, top; **am** ~ **der Seite** at the top of the page; **am** ~ **des Festzuges** at the head of the procession. **4.** *meist pl* (*Ursprung*) beginning(s *pl*), origin(s *pl*), primordium; **die Anfänge des Lebens** the origins of life. **5.** *pl* (*~sgründe*) rudiments, (first) elements; **noch in den Anfängen stecken** be (still) in its infancy.

ˈanˌfan·gen I *v/i* ‹*irr, sep,* **-ge-, h**› **1.** begin, start, *förmlich*: commence; **wieder** (*od.* **von neuem**) ~ begin anew (*od.* afresh); **mit et.** ~ a) begin with s. th., begin to do (*od.* doing) s. th., b) begin by (doing) s. th.; **mit der Arbeit** ~ begin (*od.* start) (to) work; **bei et.** ~ begin with s. th.; **bei e-r Firma** ~ start work at (*od.* with) a firm; **wir fingen auf Seite 30 an** we started on (*od.* at) page 30; *fig.* **immer wieder von et.** ~ keep harping on s. th.; **immer wieder vom gleichen Thema** ~ keep harping on the same string; **ich weiß nichts damit anzufangen** I don't know what to do with (*fig.* make of) it; *colloq.* **nun fängst du schon wieder** (**damit**) **an!** there you go again!; **fang doch nicht schon wieder damit an!** don't bring that up again, for heaven's sake!; **das fängt ja gut** (*od.* **schön**) **an!** that's a fine start!; **du hast damit angefangen** you started it. **II** *v/t* **2.** begin, start, *förmlich*: commence, enter into, initiate, embark (up)on; *fig.* **ein neues** (*od.* **andres**) **Leben** ~ begin a new life, turn over a new leaf; ~, **et. zu tun** a) begin to do (*od.* doing) s. th., b) take up s. th., take to s. th.; **zu trinken** (*od.* **das Trinken**) ~ take to drinking; **hätte ich das doch nie angefangen!** I wish I had never started all this! **3.** (*zustande bringen*) set (*od.* go) about; **et. schlau** ~ set about s. th. cleverly; **du mußt es anders** ~ you must do it in another way. **4.** (*tun, machen*) do; **was hast du die ganze Zeit angefangen?** what have you been doing (with yourself) all the time?; **er weiß nicht, was er** ~ **soll** he doesn't know what to do with himself; **mit diesem Wörterbuch ist nichts anzufangen** this dictionary is of no use to anyone; *fig.* **mit ihm ist nichts anzufangen** he's hopeless. **III** *v/impers* **5. es fängt an** it begins, it is beginning.

ˈAnˌfän·ger *m* ‹-s; -› beginner, (*Neuling*) *a.* novice, tiro, tyro, *Am. sl.* rookie; → **blutig** 5. **~ˌkurs, ~ˌkur·sus** *m* course for beginners, elementary course.

ˈanˌfäng·lich [-ˌfɛŋlɪç] **I** *adj* initial, (*früh*) *a.* early, *Idee, Vorstellung etc*: original. **II** *adv* → **anfangs** I.

ˈanˌfangs I *adv* at first, at the beginning, at the start, initially, originally. **II** *prep* ‹*gen*› at the beginning of.

ˈAnˌfangs|beˌstand *m econ.* **1.** initial (*od.* original) stock. **2.** *Buchhaltung*: initial inventory. **~ˌbuchˌsta·be** *m* **1.** initial letter; **großer** (**kleiner**) ~ capital (small) letter. **2.** *pl e-s Namens*: initials. **~ˌdo·sis** *f med.* initial dose. **~erˌfolg** *m* initial success. **~geˌhalt** *n econ.* starting (*od.* initial) salary. **~geˌschwin·dig·keit** *f* initial velocity. **~ˌglei·chung** *f math.* first equation. **~ˌglied** *n* **1.** *e-r Kette etc*: first link. **2.** *math.* leading term. **~ˌgrün·de** *pl* rudiments, (first) elements; **j-m die** ~ *e-r Sprache etc* **beibringen** teach s. o. the rudiments of. **~ˌhö·he** *f Hochsprung etc*: starting height. **~in·venˌtar** *n econ.* opening inventory. **~ka·piˌtal** *n* **1.** opening (*od.* original, initial) capital. **2.** *als Anlage*: original investment. **~koˌlum·ne** *f print.* opening column. **~ˌko·sten** *pl econ.* initial cost *sg.* **~ˌkurs** *m* **1.** *econ. e-s Wertpapiers*: opening price. **2.** → **Anfängerkurs(us)**. **~ˌlehrˌbuch** *n ped.* elementary textbook, primer. **~ˌlohn** *m econ.* starting wage (*od.* pay). **~ˌpha·se** *f* initial phase (*od.* stage). **~ˌpunkt** *m* **1.** starting point. **2.** *math. der Koordinaten*: origin. **~ˌreim** *m* beginning (*od.* initial) rhyme. **~ˌschwie·rig·kei·ten** *pl* initial difficulties, *humor.* teething troubles. **~ˌsta·di·um** *n* initial stage, (*frühes Stadium*) early stage(s *pl*); **der ganze Plan ist noch im** ~ *a.* the whole project is still in the embryo stage. **~ˌstel·lung** *f econ.* first job (*od.* post). **~ˌstu·fe** *f* initial stage. **~symˌptom** *n meist pl med.* initial (*od.* early) symptom. **~ˌun·terˌricht** *m* elementary instruction. **~ˌwert** *m econ.* initial (*od.* original) value. **~ˌzei·le** *f* first (*od.* opening) line. **~ˌzeit** *f e-r Veranstaltung etc*: time of commencement, starting time; **was hat das Kino für ~en?** when do the performances start? **~ˌzuˌstand** *m* original (*od.* initial) state.

ˈanˌfär·ben *v/t* ‹*sep,* **-ge-, h**› (*Stoff etc*) dye *s. th.* slightly, tinge, tint.

ˈanˌfas·sen I *v/t* ‹*sep,* **-ge-, h**› **1.** (*berühren*) touch; **faß mich nicht an!** don't touch me!; *colloq.* **faß mir ja nicht den Kuchen an!** keep your hands off the cake! **2.** (*ergreifen*) (**an** *dat,* **bei** by) take (hold of), catch hold of, (*packen*) seize, grab. **3.** *fig.* (*behandeln*) (*j-n*) treat, handle, (*e-e Aufgabe etc*) tackle, set about, approach; **j-n rücksichtsvoll** ~ treat s. o. with consideration; **fasse den Jungen nicht zu hart an!** don't be too hard on the boy!; **du mußt ihn härter** ~ you must be stricter with him; **ein Problem richtig** ~ go about a problem the right way. **4.** *obs.* **j-n** ~ *Furcht etc*: seize (*od.* overcome) s. o. **II** *v/i* **5.** *colloq.* **mit** ~ help, lend a hand. **III** *v/reflex* **6. sich** ~ → **anfühlen** 3. **IV ⁓** ‹-s› **7. das ⁓** (**der Waren**) **ist verboten!** do not touch!; *fig.* **ein Papst** *etc* **zum ⁓** a Pope, *etc* for everyone (*od.* for the people).

ˈanˌfau·chen *v/t* ‹*sep,* **-ge-, h**› **1.** *Katze*: spit at. **2.** → **anfahren** 5.

ˈanˌfau·len *v/i* ‹*sep,* **-ge-, sein**› go (*od.* turn) bad, begin to rot (*bes. Zähne*: decay).

ˈanˌfecht·bar *adj* **1.** *jur. Testament, Urteil etc*: contestable, voidable, defeasible, *Aussage, Zeuge*: challengeable. **2.** *Auffassung, Maßnahme etc*: disputable, contestable, impugnable. **⁓keit** *f* ‹-; *no pl*› **1.** *jur.* contestability, voidability, *e-s Zeugen*: challengeability. **2.** disputability, contestableness.

ˈanˌfech|ten *v/t* ‹*irr, sep,* **-ge-, h**› **1.** *jur.* (*Testament, Ehe etc*) contest (the validity of), (*Vertrag*) *a.* avoid, (*Urteil*) appeal from, (*Patent*) oppose, (*Aussage, Zeugen*) challenge. **2.** (*Maßnahme etc*) dispute, contest, attack, impugn. **3.** *lit.* (*beunruhigen*) disturb, worry; **laß dich das nicht** ~! don't let that bother you!; **was ficht dich an?** what's the matter with you? **⁓tung** *f* ‹-; -en› **1.** *jur. allg.* contesting (the validity of), *e-s Vertrags*: *a.* avoidance, *e-s Urteils*: appeal (from), *e-s Patents*: opposition (to), *e-s Zeugen*: challenge, (*Ablehnung*) objection (to). **2.** *e-r Auffassung, Maßnahme etc*: contesting, challenge, attack, impugnment. **3.** (*Versuchung*) temptation. **⁓tungsˌkla·ge** *f jur.* action to set aside (a decision, a will, *etc*), action to invalidate a contract, opposition proceedings *pl* (against a patent).

ˈanˌfein|den [-ˌfaɪndən] *v/t* ‹*sep,* **-ge-, h**› show hostility (*od.* animosity) towards; **sich** (**gegenseitig**) ~ be at enmity with each other; **angefeindet werden** meet with hostility. **⁓dung** *f* ‹-; -en› ill will, hostility, animosity.

ˈanˌfei·xen *v/t* ‹*sep,* **-ge-, h**› *colloq.* smirk at.

ˈanˌfer·ti|gen *v/t* ‹*sep,* **-ge-, h**› **1.** *allg.* make, *econ. tech. a.* manufacture, produce, *pharm. etc* prepare. **2.** (*Aufsatz etc*) write, (*Vertrag, Dokument etc*) draw up, (*a. Rede etc*) prepare, (*Übersetzung, Hausaufgabe etc*) do. **⁓gung** *f* ‹-; -en› making (*etc*), preparation, *econ.* production, manufacture.

ˈanˌfeuch·ten *v/t* ‹*sep,* **-ge-, h**› moisten, wet *s. th.* (slightly), damp(en), (*Wäsche*) sprinkle.

ˈanˌfeu·ern *v/t* ‹*sep,* **-ge-, h**› **1.** (*Kessel, Ofen etc*) heat, (*Hochofen etc*) fire. **2.** *fig.* spur *s. o.* on, encourage *s. o.* (*to do s. th.*), *bes. Sport*: cheer *s. o.* (on), *Am. sl.* root for (*a team*).

ˈAnˌfeue·rung *f* ‹-; -en› encouragement, stimulation, *bes. Sport*: (*Zurufe*) cheers *pl*.

ˈAn·feue·rungs|ˌre·de *f* rousing speech. **~ˌru·fe** *pl* cheers (of encouragement).

'an,flach·sen *v/t* ⟨*sep*, -ge-, h⟩ *colloq.* **j-n ~** kid s. o., rib s. o.

'an,flan·schen [-,flanʃən] *v/t* ⟨*sep*, -ge-, h⟩ *tech.* flange(-mount).

'an,fle·hen *v/t* ⟨*sep*, -ge-, h⟩ implore, beseech, entreat, *stärker*: supplicate; **Gott um Beistand ~** implore God's help.

'an,flet·schen *v/t* ⟨*sep*, -ge-, h⟩ **j-n ~** bare one's teeth at s. o.

'an,flicken (*getr.* **-k·k-**) *v/t* ⟨*sep*, -ge-, h⟩ *colloq. a. fig.* patch on (**an** *acc* to).

'an,flie·gen I *v/t* ⟨*irr, sep*, -ge-, h⟩ **1.** *aer.* a) make (*od.* head) for, fly toward(s), *mil. im Scheinangriff*: buzz, b) *linienmäßig*: provide regular flights (*od.* services) to, c) (*landen*) land (*od.* make a stop, call) at, d) (*zur Landung ansetzen*) approach. **2.** *fig.* **ihn fliegt jede Krankheit an** he catches everything that's going around. **II** *v/i* ⟨sein⟩ **3.** *aer.* approach. **4.** ⟨*only pp*⟩ **angeflogen kommen** come flying (along). **5.** *fig.* **Fremdsprachen fliegen ihm nur so an** foreign languages come easy to him.

'an,flit·zen *v/i* ⟨*only pp*⟩ *colloq.* **angeflitzt kommen** come dashing along.

'An,flug *m* **1.** *aer.* approach; **im ~ sein auf** (*acc*) be approaching. **2.** *fig.* touch, trace, hint; **ein leichter ~ von Grippe** a slight touch of influenza; **ein ~ von Rosa (Ironie)** a touch (*od.* tinge) of pink (irony); **ein ~ von e-m Bart** first signs *pl* of a beard. **3.** *fig.* (*Anfall*) fit (*of jealousy, etc*); **in e-m ~ von Mitleid** suddenly moved to pity; **in e-m ~ von Großzügigkeit** in a sudden fit (*od.* burst) of generosity. **~an,zei·ge·ge,rät** *n aer.* approach path indicator. **~,feu·er** *pl* approach lights. **~ge,schwin·dig·keit** *f* approach speed. **~,raum** *m* approach area. **~,schnei·se** *f* approach lane (*od.* sector). **~,weg** *m* approach route (*od.* path).

'an,flun·kern *v/t* ⟨*sep*, -ge-, h⟩ *colloq.* **j-n ~** tell fibs to s. o., lie to s. o.

'an,for|dern *v/t* ⟨*sep*, -ge-, h⟩ **1.** ask (*od.* call) for, demand, request, *econ.* order, request delivery of, (*Taxi etc*) order. **2.** *adm. mil.* a) **j-n ~** claim the services of s. o., b) (*Material*) indent for. **♀de·rung** *f* ⟨-; -en⟩ **1.** (*gen* for) demand, request, call, *econ.* order, request for delivery (of), *adm. mil.* indent(ation); **auf ~** on request. **2.** (*Bedürfnis*) requirement, *pl* (*Leistungs♀en etc*) requirements, demands, standards, *spezifische*: qualifications; **allen ~en genügen** meet all requirements, qualify, *Am. colloq.* fill the bill; **den ~en nicht genügen** *a.* not to be up to the required standard; **hohe ~en stellen** make high demands (**an** *acc* on), *Person, Aufgabe*: *a.* be very exacting, **an j-n (et.)**: *a.* tax s. o. (s. th.) severely.

'An,fra|ge *f* **1.** (**wegen, bezüglich** about) inquiry, enquiry, query, question; **briefliche ~** inquiry by letter. **2.** *econ.* (**nach** for) inquiry, enquiry; **Preise auf ~** prices on demand (*od.* request). **3.** *pol.* **kleine ~** *etwa* question raised in Parliament (by a private member); **große ~** *etwa* interpellation (raised by the opposition). **♀gen** *v/i* ⟨*sep*, -ge-, h⟩ inquire, enquire, ask; **bei j-m (schriftlich) wegen et. ~** inquire (in writing) of s. o. about s. th.

'an,fres·sen *v/t* ⟨*irr, sep*, -ge-, h⟩ **1.** gnaw (*od.* nibble, *Vogel*: peck) at; **von Motten angefressen** moth-eaten. **2.** *Rost, Säure*: corrode, eat into. **3.** *med.* (*Knochen etc*) attack, (*Fleisch*) eat away. **4.** *vulg.* **sich** (*dat*) **e-n (dicken) Bauch** (*od.* **Wanst**) **~** develop a (big, fat) belly.

'an,freun·den [-,frɔʏndən] *v/reflex* ⟨*sep*, -ge-, h⟩ **sich ~ 1.** make (*od.* become) friends; **sich mit j-m ~** make friends (*od.* form a friendship) with s. o. **2.** *fig.* **sich ~ mit** *e-r Vorstellung etc*: come (*od.* begin) to like; **sich mit dem Gedanken ~** get accustomed (*od.* used) to the idea.

'an,frie·ren *v/i* ⟨*irr, sep*, -ge-, sein⟩ (*festfrieren*) freeze on (**an** *acc*, **auf** *dat* to).

'an,fü|gen *v/t* ⟨*sep*, -ge-, h⟩ **1.** (*Zeilen etc*) add (on), (*Nachschrift an Brief*) subjoin, (*Nachtrag an Schriftstück etc*) append, annex, subjoin, (*Unterschrift*) affix. **2.** (*beilegen*) enclose. **3.** *tech.* attach (**an** *acc* to). **♀gung** *f* ⟨-; -en⟩ **1.** adding (*etc*). **2.** *an Schriftstück etc*: appendage, annex, affix. **3.** (*Beilage*) enclosure; **unter ~ der Dokumente** enclosing the documents. **4.** *tech.* (flush) joint.

'an,füh·len I *v/t* ⟨*sep*, -ge-, h⟩ **1.** feel, touch; **fühl mal an!** just feel (it)! **2.** *fig. rare for* **anmerken** 4. **II** *v/reflex* **sich ~ 3.** *Stoff, Haut etc*: feel (*rough, like wool, etc*); **sich weich ~** feel soft, be soft to the touch.

'An,fuhr *f* ⟨-; -en⟩ **1.** transport(ation), carriage, (*Lieferung*) delivery. **2.** (*~kosten*) cartage, carriage.

'an,füh|ren *v/t* ⟨*sep*, -ge-, h⟩ **1.** lead (*the dance, a team, etc*), (*Tabelle etc*) *a.* be at the head of, (*Revolte etc*) *a.* be the leader of, (*befehligen*) command, be in command of, *als Angriffsspitze*: *a. fig.* spearhead. **2.** (*erwähnen, sagen*) state, say, mention, *genau, einzeln*: specify, (*Gründe etc*) put forward, state, give (*facts, reasons, etc*), *jur.* (*Beweise, Zeugen*) adduce, produce, *zur Verteidigung, Entschuldigung etc*: state (in a person's defence), plead (as an excuse); **was können Sie zu Ihrer Entschuldigung ~?** what have you got to say for yourself? **3.** (*Beispiel, Buch, Quelle*) quote, cite; **falsch ~** misquote. **4.** *colloq.* **j-n ~** dupe (*od.* fool, hoax) s. o., take s. o. in (*od.* for a ride); **da habt ihr ihn aber angeführt!** you have made a proper fool of him. **♀rer** *m* leader, *e-r Bande*: *a.* gangleader, *mil.* commander, (*Rädelsführer*) ringleader.

'An,fuhr,kos·ten *pl* → **Anfuhr** 2.

'An,füh·rung *f* ⟨-; *no pl*⟩ **1.** (*Leitung*) leadership, lead, *bes. mil.* command. **2.** (**von** *od. gen*) *e-s Beispiels, Zitats*: quotation (of), citation (of), *von Gutachten, Quellen etc*: reference (to). **3.** *jur.* (*Beibringung*) adduction.

'An,füh·rungs|,stri·che, ~,zei·chen *pl* quotation marks, quotes; **et. in ~ setzen** put s. th. in quotation marks; **~ (setzen)!** quote!; **~ schließen!** unquote!

'an,fül·len I *v/t* ⟨*sep*, -ge-, h⟩ fill (up), fill *s. th.* to capacity, *a. fig.* cram (**mit** with); **s-n Kopf mit Wissen ~** cram o. s. with knowledge; **et. wieder ~** fill s. th. up again, refill (*od.* replenish) s. th., top s. th. up. **II** *v/reflex* **sich ~** fill (up).

'an,fun·keln *v/t* ⟨*sep*, -ge-, h⟩ **j-n (zornig) ~** glare at s. o.

'An,ga·be *f* ⟨-; -n⟩ **1.** → **angeben** III. **2.** (*Aussage*) statement, declaration, (*Darstellung*) representation, account, (*Beschreibung*) description, (*Hinweis*) indication; **(bewußt) falsche ~** misrepresentation; **laut ~ des Antragstellers** according to the applicant; **nach eigener ~** on his own showing, by his own account; **ohne ~ von Gründen** without giving reasons; **ohne ~ des Erscheinungsjahrs** with no indication of (*od.* not stating) the year of publication. **3.** *pl* information *sg*, data; **nähere** (*od.* **ausführlichere**) **~n** particulars, (further) details, (more) detailed information *sg*; **~n zur Person** personal data; **technische ~n** (engineering) data; **vollständige ~n** full particulars. **4.** *econ.* (*Erklärung*) declaration, (*genaue Beschreibung, Vorschrift*) specification, (*Preis♀ etc*) quotation; **wir bitten um ~ von Referenzen** please quote references. **5.** (*Weisung*) direction(s *pl*), instruction(s *pl*), order(s *pl*); **et. nach ~n des Kunden anfertigen** make s. th. to the orders of the customer. **6.** *colloq.* showing off, boasting, bragging. **7.** *Tischtennis etc*: service.

'an,gaf·fen *v/t* ⟨*sep*, -ge-, h⟩ *colloq.* **j-n (et.) ~** gape (*od.* gawk) at s. o. (s. th.).

'an,gän·gig *adj lit.* **1.** (*möglich*) possible, feasible. **2.** (*zulässig*) permissible.

'an,ge·ben I *v/t* ⟨*irr, sep*, -ge-, h⟩ **1.** (*Adresse, Namen etc*) give, state. **2.** *bes. econ.* (*darlegen*) declare (*value, income, etc*), (*einzeln anführen*) specify, (*Kurse, Preise*) quote. **3.** (*namhaft machen*) name (*witnesses, etc*). **4.** (*zeigen*) indicate, point out, show (*the direction, etc*). **5.** (*festsetzen*) appoint, fix, set. **6.** (*zitieren*) quote, cite. **7.** (*behaupten*) allege, claim, (*vorgeben*) pretend, feign. **8.** (*verraten*) tell on. **II** *v/i* **9.** *colloq.* show off, brag, boast; **der gibt aber an!** what a show-off! **10.** *Tischtennis etc*: serve. **11.** *Kartenspiel*: deal first. **III ♀** *n* ⟨-s⟩ **12.** stating (*etc*).

'An,ge·ber *m* ⟨-s; -⟩ *colloq.* show-off, braggart, boaster. **,An·ge·be'rei** *f* ⟨-; -en⟩ *colloq.* showing off, bragging, boasting. **'an,ge·be·risch** *adj* (*prahlerisch*) boastful, bragging (*person, talk, etc*), (*protzig*) showy, flashy (*car, etc*).

'An·ge,be·te·te *m, f* ⟨-n; -n⟩ *s. o.'s* love, *iro.* sweetheart, flame.

'An·ge,bin·de *n* ⟨-s; -⟩ *lit.* gift, present.

'an,geb·lich [-,geːplɪç] **I** *adj* **1.** alleged, supposed, ostensible; **der ~e Täter** the alleged culprit. **2.** *contp. Künstler etc*: so-called, self-styled, would-be. **II** *adv* **3.** allegedly (*etc*); **~ ist er** he is said (*od.* reported, reputed) to be; **er tat es ~ aus Liebe** he did it ostensibly for love.

'an·ge,bo·ren *adj* (*dat*) innate (in), inherent (in), natural (to), *Fähigkeit etc*: inborn (in), *med.* congenital, hereditary; **~e Schwäche** constitutional weakness.

'An·ge,bot *n* ⟨-(e)s; -e⟩ offer, proposition; *econ.* offer, (*Preis♀*) quotation, (*Ausschreibungs♀, Liefer♀*) tender, *Am.* bid, *Auktion*: bid, (*Waren♀*) *a. Börse*: supply; **~ und Nachfrage** supply and demand; **ein ~ machen** (*od.* **abgeben**) make an offer, *econ. a.* submit a tender; **(j-m) das ~ machen zu** *inf* offer (s. o.) to *inf.*

'An·ge,bots|,la·ge *f econ.* supply situation. **~,mu·ster** *n* offer sample.

'an·ge,bracht *adj* (*ratsam*) advisable, (*angemessen*) appropriate, proper, suitable, apt, (be)fitting, *zeitlich*: *a.* timely, opportune; **~ sein** *a.* be called for, be in place, be in order; **nicht ~, schlecht ~** *a.* inappropriate, misplaced, out of place, *zeitlich*: *a.* ill-timed, inopportune; **es für ~ halten, et. zu tun** see fit (*od.* deem it advisable) to do s. th.; **das ist bei ihm nicht ~** that won't do (*od.* work) with him.

'an·ge,bro·chen *adj* **1.** *Tasse, Knochen etc*: cracked. **2.** *Glas, Dose etc*: (already) opened (*od.* started); **nicht ~** untouched. **3.** *fig. Abend, Tag etc*: half-started, (already) broken into; **was machen wir mit dem ~en Abend?** what are we doing with the rest of the evening?

'an·ge,bun·den *adj fig. colloq.* **kurz ~** short, curt, brusque.

'an·ge,dei·hen *v/i* ⟨*irr, sep, pp* **angediehen**, sein⟩ **j-m et. ~ lassen** give (*od.* grant) s. o. s. th., bestow s. th. on s. o.;

j-m e-e gute Erziehung ~ lassen give s. o. a good education.

ˈ**An·geˌden·ken** *n* ⟨-s; *no pl*⟩ *obs. od. poet.* memory; *a. humor.* **seligen ~s** of blessed memory.

ˈ**an·gel|ˌdu·delt, ~ˌdu·selt** *adj* → angeheitert.

ˈ**an·geˌfault** *adj Obst etc*: spoilt, *Holz etc*: partially rotten (*od.* decayed).

ˈ**an·geˌgan·gen** *adj Fleisch etc*: tainted, *bes. Wild*: high.

ˈ**an·geˌgos·sen** *adj Kleidung*: **wie ~ sitzen** (*od.* **passen**) fit like a glove, be a perfect fit.

ˈ**an·geˌgraut** *adj* greying, *Am.* graying.

ˈ**an·geˌgrif·fen** *adj* **1.** (*müde, abgespannt*) tired (*od.* worn) out, *stärker*: exhausted. **2.** *Gesundheit etc*: shaken, poor, impaired, *Nerven*: shaky, *pred* in a bad state, *Organ*: affected.

ˈ**an·geˌhaucht** *adj* tinted, tinged; **rosig ~e Wangen** rosy-tinted cheeks; **rot ~** with a slight tinge of red, *fig. colloq. pol.* pink.

ˈ**an·geˌhei·ra·tet** *adj* (related) by marriage; **die ~en Verwandten** the in-laws.

ˈ**an·geˌhei·tert** *adj colloq.* (slightly) tipsy, merry; **stark ~** fuddled.

ˈ**anˌge·hen I** *v/i* ⟨*irr, sep,* **-ge-**, **sein**⟩ **1.** *colloq. Licht, Lampe etc*: go on. **2.** *colloq. Feuer, Ofen, etc*: (begin to) burn, *Holz, Kohle etc*: *a.* catch fire, *Feuerzeug etc*: work; **das Streichholz geht nicht an** the match won't strike (*od.* light). **3.** *fig. colloq.* (*anfangen*) begin, start. **4.** *Pflanzen*: take (*od.* strike) root. **5.** *fig.* **~ gegen** fight (*od.* make a stand) against. **II** *v/t* ⟨**h** *u.* **sein**⟩ **6.** ⟨**sein**⟩ *fig.* (*betreffen*) concern, regard; **das geht dich an** that concerns you; **das geht dich nichts an!** that's no business of yours!, that's none of your business!; **das geht niemanden et. an** that's nobody's business; **was geht's mich an?** what have I to do with it?, what's that to me?; **was ihn angeht** as far as he is concerned, as to him. **7.** *fig. colloq.* **j-n um et. ~** tap (*um Geld*: *a.* touch) s. o. for s. th. **8.** (*Feind etc*) attack, assail. **9.** *fig.* (*Problem etc*) tackle, attack. **10.** *Sport*: (*Gegner*) attack, charge, tackle, (*Berg etc*) (start to) climb, (*Kurve*) go into, take. **III** *v/impers* ⟨**sein**⟩ **11. es geht an** (*ist leidlich*) it's passable; **es mag (noch) ~** it may (just) do; **es geht nicht an, daß er mitkommt** we can't let him come with us; *colloq.* **es kann doch nicht ~** it's impossible, it can't be true.

ˈ**anˌge·hend** *adj Künstler, Schönheit etc*: budding, *Arzt etc*: future, would-be; **ein ~er Star** a star in the making; **ein ~er Vater** a father to be, an expectant father.

ˈ**an·geˌhö·ren** *v/i* ⟨*sep, pp* **angehört, h**⟩ (*dat*) *e-m Verein etc*: belong (to), be a member (of), be (in), *e-m Ausschuß*: sit (on), *e-m Zeitalter etc*: belong (to); **der Vergangenheit ~** belong to the past, be past history, be a matter of the past.

ˈ**An·geˌhö·ri·ge** *m, f* ⟨-n; -n⟩ **1.** (*Verwandte*) relative, relation, *unterhaltsberechtigte(r)*: dependant; **die nächsten ~n benachrichtigen** notify the next of kin; **m-e ~n** my family *sg, colloq.* my people, my folks. **2.** (*Mitglied*) member, *e-s Staates*: national (*gen* of).

ˈ**an·geˌjahrt** [-ˌjaːrt] *adj* → **bejahrt.**

ˈ**An·geˌklag·te** *m, f* ⟨-n; -n⟩ *jur.* defendant, *vor Gericht*: *a.* prisoner at the bar.

ˈ**an·geˌknackst** *adj colloq.* **1.** *Ei etc*: cracked, slightly damaged. **2.** *fig. Gesundheit*: shaky, *Selbstvertrauen*: *a.* shaken, *Herz etc*: dickey; **ihre Freundschaft war seitdem ~** their friendship wasn't as solid (*od.* the same) after that; → *a.* **Knacks** 3.

ˈ**an·geˌkrän·kelt** *adj* **1.** sickly, ailing. **2.** *fig.* afflicted (**von** with).

An·gel [ˈaŋəl] *f* ⟨-; -n⟩ **1.** a) (fishing) rod (and line), fishing tackle, b) (fish)hook; **an die ~ gehen** bite, *fig. colloq.* **j-m**: be hooked by s. o.; **die ~ nach j-m auswerfen** try to hook s. o. **2.** *tech.* (*Tür2 etc*) hinge, (*~zapfen*) pivot; **aus den ~n heben** unhinge, *fig. a.* upset; *fig.* **zwischen Tür und ~** a) in passing, b) in a hurry; **aus den ~n geraten** come off the hinges. **~ˌaus|rü·stung** *f* → Angelgerät. **~ˌband** *n* ⟨-(e)s; ⸗er⟩ *tech.* butt (hinge). **~ˌbis·sen** *m* bait. **~ˌblei** *n* sinker.

ˈ**Anˌgeld** *n* → **Handgeld** 1.

ˈ**an·geˌle·gen** *adj* ⟨*invariable*⟩ **sich** (*dat*) **et. ~ sein lassen** make s. th. one's business (*od.* concern), take s. th. in hand, look after (*od.* to) s. th.; **es sich** (*dat*) **~ sein lassen zu** *inf* make a point of *ger*.

ˈ**An·geˌle·gen·heit** *f* ⟨-; -en⟩ matter, affair, concern, business; **persönliche ~en** personal matters; **geschäftliche ~en** business affairs (*od.* matters); **öffentliche ~en** public affairs; **kümmere dich um d-e eigenen ~en!** mind your own business!; **das ist s-e ~** that is his business; **mische dich nicht in fremde ~en (ein)!** don't meddle in other people's affairs!

ˈ**an·geˌle·gent·lich I** *adj lit. Bitte, Frage etc*: urgent, *Beschäftigung etc*: intensive. **II** *adv* (*eindringlich*) urgently, (*eifrig*) intently, (*eingehend*) thoroughly, carefully, (*herzlich*) warmly; **sich ~ mit e-r Sache beschäftigen** go closely (*od.* thoroughly) into a matter.

ˈ**an·geˌlehnt** *adj Tür etc*: ajar (*pred*).

ˈ**an·geˌlernt** *adj* **1.** *Arbeiter etc*: semiskilled. **2.** *Eigenschaften etc*: acquired.

ˈ**an·geˌle·sen** *adj* acquired by reading.

ˈ**An·gel|ˌfi·scher** *m* angler. **~fi·scheˌrei** *f* (rod and) line fishing, angling. **~ˌflie·ge** *f* (fishing) fly. **~geˌrät** *n* fishing tackle (*od.* gear). **~ˌha·ken** *m* fishhook. **~ˌkar·te** *f* angling licen/ce (*Am.* -se) (*od.* permit). **~ˌkö·der** *m* bait. **~ˌkork** *m* float, cork, bob. **~ˌlei·ne** *f* → **Angelschnur.**

an·geln [ˈaŋəln] **I** *v/i* ⟨**h**⟩ (**mit** with, **nach** for) fish, angle; *fig.* **nach et. ~** fish for s. th. **II** *v/t* catch, hook; *fig. colloq.* **sich** (*dat*) **et.** (**j-n**) **~** catch (*od.* hook) s. th. (s. o.); **sich e-n Mann ~** hook (o. s.) a husband; **et. aus der Tasche ~** fish s. th. out of one's pocket.

ˈ**An·geln** *pl hist.* Angles.

ˈ**an·geˌlo·ben I** *v/t* ⟨*sep, pp* **angelobt, h**⟩ **1.** *lit.* promise (solemnly), vow. **2.** *Austrian for* **verpflichten** 1, **vereidigen. II** *v/reflex* **3. sich j-m ~** a) promise to marry s. o., b) *relig.* vow o. s. to s. o.

ˈ**An·gel|ˌplatz** *m* fishing ground. **~ˌpunkt** *m* pivot, *fig. a.* cardinal (*od.* crucial) point, central issue. **~ˌru·te** *f* fishing-rod.

ˈ**An·gel|ˌsach·se** *m* ⟨-n; -n⟩, **~ˌsäch·sin** *f* ⟨-; -nen⟩, **2ˌsäch·sisch** *adj* Anglo-Saxon.

ˈ**An·gel|ˌschein** *m* → **Angelkarte. ~ˌschnur** *f* fishing-line. **~ˌsport** *m* angling, fishing. **~ˌstock** *m* fishing-rod. **~ˌwurm** *m* (fish)worm. **~ˌzap·fen** *m tech.* hinge-pin. **~ˌzeug** *n* → **Angelgerät.**

ˈ**an·geˌmes·sen I** *adj* **1.** proper, fitting, suitable, appropriate, apt, *Strafe etc*: just, *Preis etc*: fair, reasonable, *Bezahlung etc*: adequate, *Frist etc*: reasonable; **in ~er Form** in appropriate form; **et. für ~ halten, et. ~ finden** think s. th. right (*od.* appropriate), think (*od.* deem) s. th. fitting. **2. ~ sein** (*dat*) be adequate (*od.* suited, proportionate) (to), be commensurate (with *od.* to), be in keeping (with). **II** *adv* **3.** properly (*etc*); **sich ~ betragen** behave properly; **~ handeln** take appropriate action. **2heit** *f* ⟨-; *no pl*⟩ appropriateness (*etc*), propriety, adequateness, adequacy.

ˈ**an·geˌnehm I** *adj* pleasant, pleasing, agreeable, pleasurable (*alle*: *dat od.* **für** to), (*sympathisch*) *a.* lik(e)able, engaging, (*nett*) nice, (*behaglich*) comfortable, cosy, *Fahrt etc*: *a.* restful; **e-e ~e Nachricht** pleasant (*od.* good) news; **~e Erinnerungen** (**Träume**) pleasant (*od.* nice) memories (dreams); **~ für das Ohr** pleasing to the ear; **~ im Geschmack** pleasant to the taste; **er macht sich bei ihr ~** he goes out of his way to please her; **es ist ~ zu hören** I am pleased (*od.* gratified) to hear it; **es ist mir sehr ~, daß** I am very glad (*od.* it suits me fine) that; **es wäre sehr ~, wenn** I would greatly welcome it if; **~e Reise!** pleasant journey!, have a good trip!; **~es Wochenende!** have a pleasant (*od.* nice) weekend!; **~e Unterhaltung!** enjoy yourself (*od.* yourselves)!; *obs.* **(sehr) ~!** pleased (*od.* glad) to meet you. **II** *adv* pleasantly (*etc*); **~ überrascht** (**enttäuscht**) agreeably surprised (disappointed); **sich ~ unterhalten** have a pleasant conversation; **~ riechen** have a pleasant (*od.* pleasing) smell; **~ warm** nice and warm. **III 2e, das** ⟨-n⟩ the pleasant (*etc*) thing (**dabei** about it); **das 2e im Leben** the pleasant things of (*od.* in) life; **das 2e mit dem Nützlichen verbinden** combine business with pleasure.

ˈ**an·geˌnom·men I** *adj* **1.** *Kind etc*: adopted, adoptive. **2. ~er Name** assumed name, pseudonym. **II** *conj* **3.** suppose, supposing, (let's) say (*it is true, etc*).

ˈ**an·geˌpaßt** *adj* adapted (*dat,* **an** *acc* to), *psych. sociol.* adjusted. **2heit** *f* ⟨-; *no pl*⟩ *psych. sociol.* adjustment; **mangelnde** (*od.* **schlechte**) **~** maladjustment.

An·ger [ˈaŋər] *m* ⟨-s; -⟩ (small) meadow (*od.* pasture), (*Dorf2*) (village) green, common.

ˈ**an·geˌrauht** *adj Stoff etc*: roughened.

ˈ**an·geˌregt I** *adj Unterhaltung etc*: animated, lively; **in ~er Stimmung sein** be animated, be in high spirits. **II** *adv* animatedly; **sich ~ unterhalten** *a.* carry on a lively conversation. **2heit** *f* ⟨-; *no pl*⟩ animation, liveliness.

ˈ**an·geˌrei·chert** *adj Uran etc*: enriched.

ˈ**an·geˌro·stet** *adj* (slightly) rusty.

ˈ**an·geˌsäu·selt** *adj* → **angeheitert.**

ˈ**an·geˌschla·gen** *adj* **1.** *Boxer*: groggy (*a. fig.*), *Fußballspieler etc*: injured; → *a.* **angegriffen. 2.** *Tasse etc*: chipped.

ˈ**an·geˌschlos·sen** *adj* **1.** *Sender etc*: connected, linked-up. **2.** *econ.* associated, integrated; **~e Firmen** member firms.

ˈ**an·geˌschmutzt** *adj* soiled.

ˈ**an·geˌschrie·ben** *adj colloq.* **bei j-m gut** (**schlecht**) **~ sein** be in s. o.'s good (bad) books.

ˈ**An·geˌschul·dig·te** *m, f* ⟨-n; -n⟩ accused.

ˈ**an·geˌse·hen** *adj* respected, reputable, esteemed, *Persönlichkeit*: *a.* distinguished, notable; **e-e ~e Firma** a firm of good standing (*od.* repute).

ˈ**an·geˌses·sen** *adj* → **ansässig.**

ˈ**An·geˌsicht** *n* ⟨-(e)s; -er *u.* -e⟩ *lit.* face, countenance; **j-n von ~ kennen** know s. o. by sight; **von ~ zu ~** face to face; *fig.* **dem Tod** (**der Gefahr**) **ins ~**

sehen look death (danger) in the face; **im ~ → angesichts** 2; **→ Schweiß** 1.

ˈ**an·geˌsichts** *prep* ⟨*gen*⟩ **1.** at the sight of, seeing. **2.** *fig.* in view of, considering, seeing that, faced with.

ˈ**an·geˌspannt I** *adj Aufmerksamkeit*: close, intense, *Lage, Nerven*: tense, *a. Reserven, Mittel etc*: strained, *Person*: tense(d up), (*Lage auf dem*) *Geldmarkt*: tight. **II** *adv* **→ angestrengt** II.

ˈ**an·geˌstammt** *adj* **1.** *Recht etc*: ancestral, hereditary, *Anschauungen etc*: traditional. **2.** *humor. Platz etc*: accustomed, rightful.

ˈ**an·geˌstaubt** *adj* **1.** dusty, soiled, *bes. Ware*: shopsoiled, *Am.* shopworn. **2.** *fig.* antiquated, shopworn.

ˈ**an·geˌstaut** *adj Aggressionen etc*: pent-up.

ˈ**An·geˌstell·te** *m, f* ⟨-n; -n⟩ **1.** (salaried) employee, *colloq.* white-collar worker, (*Büro*ᴤ) clerk; **die ~n** *e-s Betriebs*: *a.* the staff, the salaried personnel. **2.** (*Haus*ᴤ) (domestic) servant, domestic.

ˈ**An·geˌstell·ten|beˌru·fe** *pl* salaried occupations. **~geˌwerk·schaft** *f* employees' federation. **~verˌhält·nis** *n* (salaried) employment; **im ~ stehen** be employed (*od.* in salaried employment) (**bei** with), be a member of the staff. **~verˌsi·che·rung** *f* (salaried) employees' insurance (fund).

ˈ**an·geˌstrengt I** *adj* strenuous, intense, strained, *Aufmerksamkeit*: close, intense. **II** *adv* strenuously (*etc*); **~ arbeiten (nachdenken)** work (think) hard; **~ lauschen** listen hard, strain one's ears.

ˈ**an·geˌtan** *adj* **1. von j-m (et.) ~ sein** be fond of (*od.* taken with, fancy, like) s. o. (s. th.); **er war von dem Gedanken nicht** (*od.* **wenig**) **~** he was not taken with the idea, the idea did not appeal to him; → *a.* **antun. 2. danach** (*od.* **dazu**) **~ sein zu** *inf Situation etc*: be (very) likely (*od.* apt) to *inf.* **3.** *lit.* (*gekleidet*) (**mit** in) clad, attired, dressed.

ˈ**an·geˌtrun·ken** *adj* slightly drunk (*od.* intoxicated), tipsy; **in ~em Zustand** under the influence of alcohol.

ˈ**an·geˌwandt** *adj Wissenschaften, Künste etc*: applied.

ˈ**an·geˌwie·sen** *adj* (*abhängig*) dependent; **~ sein auf** (*acc*) depend (*od.* be dependent) (up)on, be unable to get along without; **er ist auf sich selbst ~** he is thrown (back) upon himself, he is on his own. ᴤˌ**sein** *n* dependence (**auf** *acc* [up]on).

ˈ**an·geˌwöh·nen** *v/t* ⟨*sep, pp* **angewöhnt**, **h**⟩ **1. j-m et. ~** get s. o. used (*od.* accustomed) to s. th. **2. sich** (*dat*) **et. ~** get into (*od.* contract, pick up) the habit of s. th., take to *smoking, etc*; **(es) sich** (*dat*) **~ zu** *inf* make it a habit to *inf.*

ˈ**An·geˌwohn·heit** *f* ⟨-; -en⟩ habit; **aus ~** from habit; **→ Gewohnheit.**

ˈ**an·geˌwur·zelt** *adj* **wie ~ stehenbleiben** stand rooted (*od.* riveted) to the spot; **er stand vor Furcht wie ~** fear rooted (*od.* riveted) him to the ground.

ˈ**anˌgie·ßen** *v/t* ⟨*irr, sep,* **-ge-, h**⟩ **1.** (*junge Pflanzen etc*) water, puddle. **2.** *gastr.* pour water (*od.* stock) on(to). **3.** *metall.* cast *s. th.* integral (with).

ˈ**an·geˌzeigt** *adj* (*ratsam*) indicated, advisable; **et. für ~ halten** *a.* think s. th. fit (*od.* expedient).

ˈ**anˌgif·ten** *v/t* ⟨*sep,* **-ge-, h**⟩ *colloq.* **j-n ~** snap at s. o. venomously.

An·gi·na [aŋˈgiːna] *f* ⟨-; -nen⟩ *med.* angina; **~ pectoris** angina (pectoris), stenocardia. **an·gi·nös** [aŋgiˈnøːs] *adj med.* anginal.

An·gi·om [aŋˈgi̯oːm] *n* ⟨-s; -e⟩ *med.* **1.** angioma. **2.** (*Feuermal*) vascular nevus.

An·gio·sper·me [aŋgi̯oˈspɛrmə] *f bot.* angiosperm.

ˈ**anˌglei|chen I** *v/t* ⟨*irr, sep,* **-ge-, h**⟩ **1.** (*dat od.* **an** *acc* to) adjust, adapt; **die Produktion der Nachfrage ~** adjust (*od.* gear) production to demand; **die Löhne den Preisen ~** correlate wages with prices. **2.** a) *Phonetik*: assimilate, b) (*Lehnwort*) modify, adapt. **II** *v/reflex* **sich ~ 3.** (*dat od.* **an** *acc*) adapt (to), adjust (to), *bes. sociol.* assimilate (with, into). ᴤ**chung** *f* ⟨-; -en⟩ **1.** (**an** *acc*) adjustment (to), adaptation (to), *bes. sociol.* assimilation (with, into). **2.** a) *Phonetik*: assimilation, b) *e-s Lehnwortes*: modification, adaptation.

ˈ**Ang·ler** *m* ⟨-s; -⟩ angler.

ˈ**anˌglie|dern** *v/t* ⟨*sep,* **-ge-, h**⟩ (**an** *acc*) (*Organisation, Verein etc*) affiliate (to), (*eingliedern*) integrate (within), *bes. econ.* incorporate (in, into), *bes. mil.* attach (to), *pol.* (*Gebiet etc*) annex (to). ᴤ**de·rung** *f* ⟨-; -en⟩ affiliation, incorporation, *bes. mil.* attachment, *pol.* annexation.

An·gli|ka·ner [aŋgliˈkaːnər] *m* ⟨-s; -⟩, **~ˈka·ne·rin** *f* ⟨-; -nen⟩ *relig.* Anglican. ᴤˈ**ka·nisch** *adj* Anglican; **die** ᴤ**e Kirche** the Anglican Church, the Church of England. ᴤ**ka·niˈsie·ren** [-kaniˈziːrən] *v/t* ⟨*no* **ge-, h**⟩ *relig.* Anglicanize. **~kaˈnis·mus** [-kaˈnɪsmus] *m* ⟨-; *no pl*⟩ *relig.* Anglicanism.

an·gli·sie|ren [aŋgliˈziːrən] **I** *v/t* ⟨*no* **ge-, h**⟩ anglicize. **II** *v/reflex* **sich ~** become anglicized. ᴤ**rung** *f* ⟨-; *no pl*⟩ anglicization.

An·glist [aŋˈglɪst] *m* ⟨-en; -en⟩ Anglist, scholar in (*od.* student of) English language and literature.

Anˈgli·stik [-tɪk] *f* ⟨-; *no pl*⟩ Anglistics *pl* (*als sg konstruiert*), study of the English language and of English literature, English studies *pl.* **anˈgli·stisch** *adj* English; **~e Studien → Anglistik.**

An·gli·zis·mus [aŋgliˈtsɪsmus] *m* ⟨-; -men⟩ *ling.* Anglicism.

An·glo|ame·ri·ka [aŋgloˀaˈmeːrika] *n pol.* Anglo-America. **~ame·riˈka·ner** [-ˀameriˈkaːnər] *m,* **~ame·riˈka·ne·rin** *f,* ᴤ**ame·riˈka·nisch** [-ˀameriˈkaːnɪʃ] *adj* Anglo-American.

an·glo|franˈzö·sisch [-franˈtsøːzɪʃ] *hist.* **I** *adj,* **II** *ling.* ᴤ ⟨*generally undeclined*⟩, **das** ᴤ**e** ⟨-n⟩ Anglo-French. ᴤˈ**in·der** [-ˈˀɪndər] *m,* ᴤˈ**in·de·rin** *f* Anglo-Indian. **~ˈirisch** [-ˈˀiːrɪʃ] **I** *adj,* **II** *ling.* ᴤ ⟨*generally undeclined*⟩, **das** ᴤ**e** ⟨-n⟩ Anglo-Irish. ᴤˈ**ma·ne** [-ˈmaːnə] *m* ⟨-n; -n⟩ Anglomaniac. ᴤ**maˈnie** [-maˈniː] *f* Anglomania. ᴤ**norˈman·ne** [-nɔrˈmanə] *m hist.* Anglo-Norman. **~ˈphil** [-ˈfiːl] *adj,* ᴤˈ**phi·le** *m, f* ⟨-n; -n⟩ Anglophile. ᴤ**phiˈlie** [-fiˈliː] *f* ⟨-; *no pl*⟩ Anglophilia. **~phob** [-ˈfoːp] *adj,* ᴤˈ**pho·be** *m, f* ⟨-n; -n⟩ Anglophobe. ᴤ**phoˈbie** [-foˈbiː] *f* ⟨-; *no pl*⟩ Anglophobia. **~ˈphon** [-ˈfoːn] *adj,* ᴤˈ**pho·ne** *m, f* ⟨-n; -n⟩ *ling.* anglophone.

ˈ**anˌglot·zen,** ˈ**anˌglup·schen** *v/t* ⟨*sep,* **-ge-, h**⟩ *colloq.* gape (*od.* goggle, gawk) at.

An·go·ra [aŋˈgoːra] *n* ⟨-s; *no pl*⟩ **→ Angorawolle. ~ˌhaar** *n* angora (wool). **~kaˌnin·chen** *n* angora rabbit. **~ˌkat·ze** *f* angora cat. **~ˌwol·le** *f Textil.* angora wool. **~ˌzie·ge** *f* angora goat.

ˈ**anˌgreif·bar** *adj* **1.** *mil. u. fig.* assailable, open to attack, *fig. a.* vulnerable. **2. → anfechtbar** 1.

ˈ**anˌgrei|fen I** *v/t* ⟨*irr, sep,* **-ge-, h**⟩ **1.** (*Gegner etc*) attack, charge (*beide a. Sport*), assail, (*a. jur.* **tätlich ~**) assault; **ein Land ~** attack (*od.* invade) a country; *Sport*: **den Gegner regelwidrig ~** foul one's opponent. **2.** (*Gesundheit*) affect, damage, impair, tell on, (*Augen*) affect, try, (*a. Nerven*) strain; **die Krankheit hat ihn angegriffen** the illness has told on him; **→ angegriffen. 3.** (*anfassen*) touch, handle. **4.** (*Vorräte, Kapital etc*) touch, draw on, break into. **5.** (*anvertraute Gelder*) embezzle. **6.** *chem. tech.* attack, corrode. **II** *v/i* **7.** attack (*a. Sport u. fig.*); **von vorne ~** make a frontal attack. **8.** *colloq.* **(mit) ~** lend a hand. **9.** *phys. Kraft*: act (**in e-m Punkt** on a point). **III** *v/reflex* **10. der Stoff greift sich weich an** the material feels soft, the material is soft to the touch. **~fend** *adj* **1.** attacking, aggressive, offensive; **der ~e Teil** the attacker, the aggressor; **~es (feindliches) Flugzeug** attacking aircraft. **2.** *chem. tech.* corrosive. **3.** *körperlich*: trying, exhausting. ᴤ**fer** *m* ⟨-s; -⟩, ᴤ**fe·rin** *f* ⟨-; -nen⟩ attacker, assailant (*beide a. fig.*), *bes. pol.* aggressor. **~fe·risch** *adj* aggressive, provocative.

ˈ**anˌgren|zen** *v/i* ⟨*sep,* **-ge-, h**⟩ **~ an** (*acc*) border on, adjoin, abut. **~zend** *adj Feld, Land etc*: bordering, neighbo(u)ring, adjacent, *Haus, Zimmer etc*: adjoining, next, neighbo(u)ring; *fig.* **~e Gebiete** (closely) related subjects. ᴤ**zer** *m* ⟨-s; -⟩ neighbo(u)r, *jur.* abutter.

ˈ**Anˌgriff** *m* ⟨-(e)s; -e⟩ **1.** attack (*a. Sport u. fig.*), onslaught, (*Sturm*ᴤ) assault, charge, *strategisch*: offensive, *pol.* aggression, (*Luft*ᴤ) air-raid; *jur.* **tätlicher ~** assault (and battery); **e-n ~ machen auf** (*acc*) make (*od.* launch) an attack (up)on *s. th.*; **zum ~ übergehen** (*od.* **vorgehen**) *mil. u. fig.* take the offensive, *Sport*: begin to attack, *Fußball etc*: *a.* (begin to) push forward; **e-n ~ abfangen (abschlagen)** counter (repulse) an attack; **heftige ~e gegen die Regierung richten** make violent attacks on the government; **zum ~ blasen** sound the attack; **~ ist die beste Verteidigung** attack is the best defen/ce (*Am.* -se); *fig.* **et. in ~ nehmen** tackle s. th., start on s. th., set about (doing) s. th. **2.** *chem. tech.* corrosion.

ˈ**Anˌgriffs|ˌabˌschnitt** *m mil.* attack sector. **~ak·tiˌon** *f Sport*: attack(ing action), *Fechten*: *a.* lunge. **~beˌfehl** *m* order to attack. **~ˌdrit·tel** *n Eishockey*: attacking (*od.* forward) zone. **~ˌflä·che** *f* **1.** *tech.* working surface. **2.** *chem.* corroding surface. **3. → Angriffspunkt** 1. **~ˌflug** *m* raid, attack flight (*od.* mission), sortie. **~ˌfußˌball** *m* attacking football. **~ˌgeist** *m* fighting (*od.* aggressive) spirit. **~ˌhand·lung** *f* **1.** *pol.* aggressive act. **2.** *Sport*: attack(ing action). **~ˌkrieg** *m* war of aggression. **~ˌlust** *f* aggressiveness. ᴤˌ**lu·stig** *adj* aggressive, belligerent. **~ˌplan** *m mil.* plan of an attack. **~ˌpunkt** *m* **1.** *fig.* point of attack, weak point; **e-n ~ bieten** leave o. s. open to attack, be vulnerable to attack, **j-m**: give s. o. a handle, give a handle to s. o. **2.** *tech.* point of application (*od.* contact), *der Abnutzung*: point of wear. **3.** *phys. e-r Kraft*: point of impact. **~ˌrei·he** *f Sport*: line of attack, forwards *pl.* **~siˌgnal** *n mil.* signal for the attack. **~ˌspiel** *n Sport*: attacking play. **~ˌspie·ler** *m* attacker. **~ˌspit·ze** *f mil. u. Sport*: spearhead, *Fußball*: *a.* striker(s *pl*). **~ˌwaf·fe** *f* weapon of attack, offensive weapon. **~ˌziel** *n* objective. **~ˌzo·ne** *f* **→ Angriffsdrittel.**

ˈ**anˌgrin·sen** *v/t* ⟨*sep,* **-ge-, h**⟩ *colloq.* **j-n ~** grin (*schadenfroh*: smirk) at s. o.

Angst [aŋst] *f* ⟨-; ⸚e⟩ **1.** (**vor** *dat* of) fear, *stärker*: dread, terror, *a. psych.* anxiety; *psych.* **(krankhafte) ~** *vor Schmutz etc*: phobia; **schreckliche** (*od.* **höllische**) **~** terrible (*od.* dreadful) fear; **tödliche ~**

deadly fear; voll(er) ~ full of fear; aus ~ lügen lie out of fear; aus ~, bestraft zu werden for fear of being punished; j-n in ~ und Schrecken versetzen frighten s. o. (to death), terrify s. o.; ~ bekommen, *colloq.* es mit der ~ bekommen get frightened (*od.* scared, alarmed), get the wind up, get cold feet; ~ beschlich (*od.* ergriff, packte, befiel) mich fear gripped (*od.* seized) me; j-m ~ machen (*od.* einjagen) frighten s. o.; du brauchst k-e ~ zu haben you need not be afraid; *colloq.* nur k-e ~! don't be afraid!, don't panic! **2.** (*Sorge*) anxiety; in ~ um j-n sein, um j-n ~ haben be anxious for (*od.* about) s. o., be worried about s. o.

angst *adj* ⟨*pred*⟩ mir ist ~ I'm getting frightened (vor *dat* of); mir ist ~ um I'm anxious (*od.* worried) about; mir wird ~ und bange I am getting terribly frightened.

'angst|ˌbe·bend *adj* trembling with fear. **~erˌfüllt** *adj lit.* stricken (*od.* filled) with fear, fearful. **~ˌfrei** *adj* free from (*od.* of) anxiety. **≈geˌfühl** *n* (feeling of) anxiety, *schwächer*: uneasiness. **≈ˌgeg·ner** *m Sport*: bog(e)y team. **~geˌpeitscht** *adj* shaken by fear. **~geˌquält** *adj* tormented by fear. **≈geˌschrei** *n* screams *pl* of terror. **~geˌtrie·ben** *adj* driven by fear. **≈ˌha·se** *m humor.* scaredy-cat, chicken.

'äng·sti·gen ['ɛŋstɪgən] **I** *v/t* ⟨h⟩ **1.** alarm, frighten, *stärker*: terrify. **2.** (*besorgt machen*) worry. **II** *v/reflex* sich ~ **3.** (vor *dat*) be afraid (of), be frightened (*od.* alarmed) (by, at). **4.** (*sich sorgen*) be worried (*od.* anxious, troubled) (um about).

'Angstˌkäu·fe *pl* panic buying *sg.*

ängst·lich ['ɛŋstlɪç] **I** *adj* **1.** (*furchtsam*) timid, nervous, fearful, timorous, (*besorgt*) anxious, apprehensive, ⟨*pred*⟩ afraid; mir wurde ~ zumute I began to feel apprehensive (*od.* uneasy, alarmed). **2.** *colloq.* damit ist es nicht so ~ (*eilig*) there is no hurry (about that). **II** *adv* **3.** anxiously; ~ bemüht sein, et. zu tun be anxious to do s. th.; ein ~ gehütetes Geheimnis a jealously guarded secret. **4.** (*peinlich genau*) scrupulously, meticulously. **≈keit** *f* ⟨-; *no pl*⟩ **1.** timidity, timidness, fearfulness, anxiety, apprehensiveness. **2.** (*peinliche Genauigkeit*) scrupulousness, meticulousness.

'Angst|ˌma·cher *m* ⟨-s; -⟩ *contp.* panicmonger. **~ˌmei·er** *m* ⟨-s; -⟩ → Angsthase. **~neuˌro·se** *f psych.* anxiety neurosis. **~psyˌcho·se** *f* anxiety psychosis. **~ˌröh·re** *f humor.* (*Zylinder*) topper, stovepipe.

Ång·ström ['ɔŋstrø:m; 'aŋ-] *n* ⟨-(s); -⟩, **~ˌein·heit** *f phys.* angstrom (unit).

'Angst|ˌruf *m* cry of terror. **≈ˌschlot·ternd** *adj colloq.* trembling with fear. **~ˌschrei** *m* → Angstruf. **~ˌschweiß** *m* cold sweat. **~ˌtraum** *m* bad dream, nightmare. **~verˌkauf** *m econ.* panic sale. **≈verˌzerrt** *adj* distorted with fear. **≈ˌvoll** *adj* fearful, frightened, *stärker*: terrified. **≈ˌzit·ternd** *adj* trembling with fear. **~ˌzuˌstand** *m psych.* anxiety state; *colloq.* Angstzustände kriegen get hysterical with fear.

'anˌgucken (*getr.* -k·k-) *colloq. v/t* ⟨*sep*, -ge-, h⟩ look at, peek at.

'anˌgur·ten *v/reflex* ⟨*sep*, -ge-, h⟩ sich ~ → anschnallen II.

'anˌha·ben *v/t* ⟨*irr, sep*, -ge-, h⟩ *colloq.* **1.** (*Kleidung etc*) wear, have on, be dressed in. **2.** (*Licht etc*) have on. **3.** j-m nichts ~ können a) be unable to harm (*od.* get at) s. o., b) have nothing on s. o.; j-m et. ~ wollen have it in for s. o.

'anˌhaf·ten *v/i* ⟨*sep*, -ge-, h⟩ **1.** (*dat* to) *Schmutz, Geruch etc*: stick, cling, adhere; *fig.* ihm haftet et. Eigentümliches an there is s. th. peculiar about him. **2.** *fig. Mängel, Makel etc*: be inherent in, *Schmach etc*: attach to.

'anˌha·ken *v/t* ⟨*sep*, -ge-, h⟩ **1.** hook (*od.* hitch) *s. th.* on (an *acc* to). **2.** *auf e-r Liste etc*: tick (*Am.* check) *s. th.* off.

'anˌhalf·tern *v/t* ⟨*sep*, -ge-, h⟩ (*Pferd*) halter (up).

'Anˌhalt *m* ⟨-(e)s; *no pl*⟩ *fig.* clue, idea; e-n ~ gewähren (suchen) give (look for) a clue; e-n ungefähren ~ geben give a rough idea; es gibt k-n ~ für diesen Verdacht there are no grounds for this suspicion; → *a.* Anhaltspunkt.

'anˌhal·ten I *v/t* ⟨*irr, sep*, -ge-, h⟩ **1.** *allg.* stop, halt, *tech. a.* arrest, check, (*Auto, Pferd etc*) *a.* pull up, (*Auto, Zug*) *a.* bring to a standstill. **2.** den Atem (*od.* die Luft) ~ hold one's breath. **3.** j-n ~ stop s. o., accost s. o., *aufdringlich*: buttonhole s. o. **4.** (*veranlassen*) urge; j-n zur Pünktlichkeit (zum Fleiß) ~ urge s. o. to be punctual (diligent); j-n zur Arbeit ~ urge s. o. to do his work (*od.* duty). **II** *v/i* **5.** stop, draw (*od.* pull) up, come to a stop (*od.* halt, standstill). **6.** (*andauern*) last, continue, go on; wenn das schöne Wetter anhält if the fine weather holds. **7.** um ein Mädchen (*od.* die Hand e-s Mädchens) ~ ask for a girl's hand in marriage. **III** *v/reflex* sich ~ **8.** hold on (*od.* tight) (an *dat* to). **~d** *adj* constant, continual, *Husten, Regen etc*: persistent, *Bemühungen etc*: *a.* sustained, *Nachfrage etc*: persistent, steady.

'Anˌhal·ter *m* ⟨-s; -⟩ *colloq.* hitchhiker; per ~ fahren hitchhike, thumb a lift (*od.* ride).

'Anˌhaltsˌpunkt *m* **1.** clue, lead; j-m e-n ~ geben give s. o. a clue (*od.* s. th. to go by), put s. o. on the track; keinerlei ~(e) haben have nothing to go on (*od.* by); wenn das überhaupt ein ~ ist if that is anything to go by. **2.** (*Grundlage*) basis, (*Hinweis*) indication (für of); es gibt k-n ~ für die Annahme, daß there is no basis for the assumption that. **3.** *tech.* reference point.

ˌan'hand *prep* ⟨*gen od.* von⟩ with the help (*od.* aid) of, by means of, on the basis of, guided by.

'Anˌhang *m* ⟨-(e)s; ⸚e⟩ **1.** appendage (*a. biol.*), *e-s Buches*: appendix, addendum, (*Ergänzung*) supplement, *e-s Schriftstücks*: addendum, addition, *jur.* schedule, *e-s Testaments*: codicil, *e-s Wechsels*: slip, rider. **2.** ⟨*only sg*⟩ (*Angehörige*) relations *pl*, dependents *pl*; er kam ohne ~ he came alone. **3.** ⟨only *sg*⟩ → Anhängerschaft.

'Anˌhän·ge|adres·se [-ʔaˌdrɛsə] *f*, **~etiˌkett** *n* **1.** *Post*: (tie-on) label. **2.** *rail.* luggage label, *Am.* baggage tag. **~ˌlast** *f mot.* towed (*od.* trailer) load.

'anˌhan·gen *v/i* ⟨*irr, sep*, -ge-, h⟩ *obs. for* anhängen 6.

'anˌhän·gen I *v/t* ⟨*sep*, -ge-, h⟩ **1.** (*Schild etc*) hang up. **2.** *mot. rail.* couple (*od.* hitch) (an *acc* [on]to). **3.** (*hinzufügen*) (an *acc* to) add, (*Buchstaben etc*) *a.* affix, postfix; e-e Klausel ~ add (*od.* append) a rider (*od.* clause). **4.** *colloq.* j-m et. ~ (*Diebstahl etc*) pin (*od.* fasten) s. th. on s. o.; j-m e-n Prozeß ~ sue s. o., bring an action against s. o.; j-m e-e Krankheit ~ pass a disease on to s. o., infect s. o. with a disease. **5.** → andrehen 5. **II** *v/i* ⟨*irr, sep*, -ge-, h⟩ **6.** *lit. e-r Idee, Partei etc*: be an adherent (*od.* a follower) (of), adhere (to). **7.** *colloq.* j-m ~ cling to s. o.; s-e Vergangenheit hängt ihm noch an he can't escape from his past; die Krankheit wird ihm noch lange ~ he will feel the aftereffects of the illness for a long time. **8.** *colloq.* (an *dat* to) *Faden etc*: stick, cling. **III** *v/reflex* ⟨*sep*, -ge-, h⟩ sich ~ **9.** (an *acc* to) hold on, *stärker*: cling; sich an j-n ~ a) *Sport*: tack o. s. onto s. o., b) *fig. colloq.* force one's company on s. o., inflict o. s. (up)on s. o.

'Anˌhän·ger *m* ⟨-s; -⟩ **1.** adherent, follower, supporter, (*Jünger*) disciple, *Film, Sport etc*: devotee, fan. **2.** *mot.* trailer. **3.** (*Schmuck*) pendant, locket. **4.** (*Koffer≈ etc*) (tie-on) label, tag. **~ˌbrem·se** *f* trailer brake. **~kupp·lung** *f* trailer coupling. **~schaft** *f* ⟨-; *no pl*⟩ *e-r Partei etc*: adherents *pl*, followers *pl*, following, supporters *pl*, disciples *pl*, *Film, Sport etc*: devotees *pl*, fans *pl*.

'anˌhän·gig *adj jur.* (bei Gericht) ~ *Prozeß etc*: pending (in court *od.* at law), pendent, ⟨*pred*⟩ *a.* sub judice; e-e Klage (*od.* e-n Prozeß) gegen j-n ~ machen bring an action against s. o., take (*od.* institute) legal proceedings against s. o.; gegen ihn ist ein Prozeß ~ (gemacht worden) a lawsuit is pending against him.

'anˌhäng·lich [-ˌhɛŋlɪç] *adj Freund etc*: devoted, faithful, *Kind, Tier etc*: affectionate. **≈keit** *f* ⟨-; *no pl*⟩ (an *acc*) devotion, devotedness, faithfulness (*alle*: to), affection (for).

'Anˌhäng·sel *n* ⟨-s; -⟩ appendage (*a. fig. colloq. Person*).

'Anˌhangs·reˌgi·ster *n* index.

'Anˌhauch *m* ⟨-(e)s; *no pl*⟩ *poet.* **1.** breath (*of death, etc*). **2.** faint odo(u)r. **3.** tinge, hue. **4.** *fig.* (*Anflug*) tinge, touch, trace. **5.** *ling.* (*rough, etc*) breathing, aspiration. **'anˌhau·chen** *v/t* ⟨*sep*, -ge-, h⟩ **1.** (*Hände, Spiegel etc*) breathe on. **2.** *fig. poet.* tinge; → angehaucht. **3.** → anfahren 5. **4.** *relig.* insufflate.

'anˌhau·en *v/t* ⟨*irr, sep*, -ge-, h⟩ *colloq.* j-n ~ (*ansprechen*) accost s. o., (*Mädchen*) *a.* (try to) pick up, (*belästigen*) molest; j-n um et. ~ touch (*od.* tap) s. o. for s. th.

'anˌhäu·feln *v/t* ⟨*sep*, -ge-, h⟩ *agr.* earth up.

'anˌhäu|fen I *v/t* ⟨*sep*, -ge-, h⟩ **1.** (*Geld, Wissen etc*) amass, accumulate, (*Reichtümer*) *a.* heap up, (*Vorräte*) stockpile, hoard (up). **II** *v/reflex* sich ~ **2.** *Geld, Arbeit etc*: accumulate, pile up, *Zinsen*: accrue. **3.** *phys.* aggregate, *chem.* agglomerate. **≈fung** *f* ⟨-; -en⟩ **1.** a) *von Vermögen, Arbeit etc*: accumulation, b) (*Bestand*) pile, *von Vorräten*: stockpile, hoard. **2.** *phys.* aggregation, *chem.* agglomeration.

'anˌhe|ben I *v/t* ⟨*irr, sep*, -ge-, h⟩ **1.** lift *s. th.* (slightly), *a. fig.* (*Löhne, Preise etc*) raise, (*Auto etc*) jack up. **2.** *electr.* (*Frequenzkurve*) accentuate. **II** *v/i* **3.** *obs. od. poet.* begin, start, commence; er hob (*od.* hub) (also) an he began (to speak) thus. **≈bung** *f* **1.** *bes. econ. der Preise, Löhne etc*: increase, rise (in *od.* of), upward adjustment. **2.** *electr.* accentuation.

'anˌhef·ten *v/t* ⟨*sep*, -ge-, h⟩ (an *acc od. dat* to) attach, affix, fasten, *mit Reißnägeln etc*: pin, *Am.* tack (on), *mit losen Stichen*: tack on; et. mit Büroklammern ~ clip s. th. on; j-m e-n Orden ~ pin a medal on s. o., decorate s. o. with an order.

'anˌhei·len *v/i* ⟨*sep*, -ge-, sein⟩ *u. v/t* ⟨h⟩ heal (up).

'anˌhei·meln *v/t* ⟨*sep*, -ge-, h⟩ j-n ~ make s. o. feel at home, remind s. o. of home. **~d** *adj* hom(e)y, homelike, (*gemütlich*) cosy, (*angenehm*) pleasant.

ˌan'heim|ˌfal·len *v/i* ⟨*irr, sep*, -ge-, sein⟩ *lit.* **1.** *Erbschaft etc*: (*dat*) fall (to), pass (to), devolve (on). **2.** der Zerstörung ~ be destroyed; **der Sünde ~** fall into sin; **der Vergessenheit ~** fall (*od.* pass, sink) into oblivion. **~ˌge·ben I** *v/t* ⟨*irr, sep,* -ge-, h⟩ → **anheimstellen. II** *v/reflex* **sich ~** (*dat*) *lit.* trust (*od.* confide) (in); **sich Gottes Gnade ~** trust in the mercy of God. **~ˌstel·len** *v/t* ⟨*sep,* -ge-, h⟩ *lit.* **es j-m ~** (, **et. zu tun**) leave it to s. o.('s discretion) (to do s. th.).

'Anˌhei·rat *f* ⟨-; *no pl*⟩ **durch ~** by marriage.

'anˌhei·schig [-ˌhaɪʃɪç] *adj lit.* **sich ~ machen, et. zu tun** offer (*od.* volunteer) to do s. th.

'anˌhei·zen I *v/t* ⟨*sep,* -ge-, h⟩ **1.** (*Ofen etc*) a) light, b) fire, heat. **2.** *fig.* (*Leidenschaften etc*) inflame, (*Haß etc*) foment, add fuel to, (*Interesse etc*) kindle, (*Konjunktur etc*) boost, fuel; **die Stimmung ~** a) put a bit of life into the party, b) whip up emotions. **II** *v/i* **3.** light a fire.

'Anˌheiz|ˌker·ze *f mot.* heater plug. **~ˌzeit** *f* **1.** *tech. e-s Ofens etc*: heating-up period. **2.** *electr.* cathode heating time.

'anˌherr·schen *v/t* ⟨*sep,* -ge-, h⟩ **j-n ~** bark at s. o.

'anˌhet·zen *v/i* ⟨*only pp*⟩ *colloq.* **angehetzt kommen** come rushing along.

'anˌheu·ern *mar.* **I** *v/t* ⟨*sep,* -ge-, h⟩ (*Seeleute etc*) hire, sign on; **sich ~ lassen** *cf.* **II** *v/i* sign on.

'Anˌhieb *m* **1.** *colloq.* **auf (den ersten) ~** a) at the first go, *Am.* right off the bat, b) (*sofort*) right away, at once, *et. wissen od. sagen können*: *a.* off the cuff, offhand. **2.** *Forstwesen*: first felling (*od.* cutting).

ˌAn·him·me'lei *f* ⟨-; -en⟩ *colloq.* idolization. **'anˌhim·meln** *v/t* ⟨*sep,* -ge-, h⟩ *colloq.* idolize, worship, *in Worten*: gush (*od.* rave) about.

'anˌhocken (*getr.* **-k·k-**) *v/t* ⟨*sep,* -ge-, h⟩ **die Beine ~** draw one's knees up to the body.

'Anˌhö·he *f* rise, high ground, (*Hügel*) hill, *kleiner*: hillock.

'anˌho·len *v/t* ⟨*sep,* -ge-, h⟩ → **anbrassen.**

'anˌhö|ren I *v/t* ⟨*sep,* -ge-, h⟩ **1.** (*Bericht, Vortrag etc*) listen to; **j-n ~** *a.* lend an ear to s. o., give s. o. a hearing, (*befragen*) consult s. o., *bes. jur.* hear (*an expert od. witness*); **sich** (*dat*) **e-e Sendung ~** listen to (*od.* in on) a program(me *Br.*); **et. mit ~** overhear s. th.; **j-n bis zu Ende ~** hear s. o. out; *colloq.* **das kann ich einfach nicht länger mit ~** I can't bear to hear that any longer; **hör dir s-e Meinung doch erst einmal an** first listen to what he has to say. **2. j-m et. ~** be able to tell s. th. by the way s. o. talks; **man hört ihm den Ausländer an** one can tell by his accent that he is a foreigner. **II** *v/reflex* **sich ~ 3.** sound; **das hört sich gut an** that sounds good. **♀rung** *f* ⟨-; -en⟩ *jur. pol.* hearing.

'Anˌhub *m tech.* lift. **~moˌment** *n* initial power.

'anˌhu·pen *v/t* ⟨*sep,* -ge-, h⟩ **j-n ~** hoot (*od.* honk one's horn) at s. o.

'anˌhu·sten *v/t* ⟨*sep,* -ge-, h⟩ **j-n ~** a) cough on s. o., b) → **anfahren** 5.

An·hy·drid [anhy'driːt] *n* ⟨-s; -e⟩ *chem.* anhydride. **an·hy·drisch** [an'hyːdrɪʃ] *adj* anhydrous. **An·hy'drit** [-'driːt; -'drɪt] *m* ⟨-s; -e⟩ *chem. min.* anhydrite.

Ani·lin [ani'liːn] *n* ⟨-s; *no pl*⟩ *chem.* aniline. **~ˌdruck** *m* ⟨-(e)s; -e⟩ aniline printing. **~ˌfarbˌstoff** *m chem.* aniline dye. **~ˌrot** *n* aniline red.

ani·ma·lisch [ani'maːlɪʃ] *adj biol. psych.* animal, *fig. b.s. a.* brutish.

Ani·ma·ti'onsˌfilm *m* animated cartoon.

Ani'mierˌda·me *f* (nightclub) hostess.

ani·mie·ren [ani'miːrən] *v/t* ⟨*no* ge-, h⟩ **1.** *Person*: encourage, incite, *Alkohol etc*: stimulate, animate; **animierte Stimmung** high spirits *pl.* **2.** *Film*: animate.

Ani'mier|ˌknei·pe *f,* **~loˌkal** *n* bar with hostesses. **~ˌmäd·chen** *n* (nightclub) hostess.

Ani·mo·si·tät [animozi'tɛːt] *f* ⟨-; -en⟩ animosity (**gegen** towards, against).

Ani·mus ['a(ː)nimʊs] *m* ⟨-; *no pl*⟩ **1.** *psych.* animus. **2.** *colloq.* (*Ahnung*) hunch.

An·ion ['an(ʔ)ioːn; -ɔn] *n* ⟨-s; -en [an(ʔ)i'oːnən]⟩ *phys.* anion. **an·io·nen·akˌtiv** [an(ʔ)i'oːnən-] *adj* anion-active. **an·io·nisch** [an(ʔ)i'oːnɪʃ; 'an(ʔ)ioːnɪʃ] *adj* anionic.

Anis [a'niːs; 'aːnɪs] *m* ⟨-(es); -e⟩ **1.** *bot.* anise. **2.** ⟨*only sg*⟩ (*Gewürz*) aniseed. **Ani·sett** [ani'zɛt] *m* ⟨-(e)s; -e⟩, **Anis·liˌkör** [a'niːs-] *m* anisette, anise liqueur.

an·iso|me·trisch [an(ʔ)izo'meːtrɪʃ] *adj phys.* anisometric. **~'trop** [-'troːp] *adj biol. phys.* anisotropic. **♀tro'pie** [-tro'piː] *f* ⟨-; *no pl*⟩ anisotropy.

Anisˌplätz·chen [a'niːs-] *n* aniseed biscuit (*Am.* cookie).

'anˌkämp·fen *v/i* ⟨*sep,* -ge-, h⟩ (**gegen**) struggle (*od.* fight, battle) (against *od.* with), wrestle (with), fight (*acc*).

'Anˌkauf *m* **1.** purchase, buying; **~ und Verkauf** buying and selling. **2.** (*Sache*) purchase, buy. **'anˌkau·fen I** *v/t* ⟨*sep,* -ge-, h⟩ buy, purchase. **II** *v/reflex* **sich ~** buy o. s. a property. **'Anˌkäu·fer** *m* buyer, purchaser.

An·ker ['aŋkər] *m* ⟨-s; -⟩ **1.** *mar.* anchor; **~ werfen** cast anchor; **vor ~ gehen** drop anchor, (*a. humor.* **in e-m Lokal** *etc* at a pub, *etc*); **vor ~ liegen** lie (*od.* ride) at anchor; **vor ~ treiben** be dragging anchor; → **lichten**². **2.** *electr. e-r Gleichstrommaschine*: armature, *e-r Synchronmaschine*: stator, *umlaufender*: rotor. **3.** *tech.* anchor, *e-r Uhr*: *a.* lever. **4.** *poet.* (*Halt, Stütze*) anchor, mainstay.

'anˌker·ben *v/t* ⟨*sep,* -ge-, h⟩ notch, mark *s. th.* with notches (*od.* a notch).

'An·ker|ˌblech *n electr.* armature core disc. **~ˌboh·rung** *f* armature gap. **~ˌbo·je** *f mar.* (anchor) buoy. **~ˌfeld** *n electr.* armature field. **♀ˌför·mig** *adj* anchor-shaped. **~ˌgang** *m des Uhrwerks*: lever (*od.* anchor) escapement. **~geˌbühr** *f meist pl,* **~ˌgeld** *n mar.* anchorage dues *pl.* **~ˌgrund** *m* anchorage. **~ˌhem·mung** *f* → **Ankergang. ~ˌket·te** *f mar.* cable, anchor chain. **~ˌklü·se** *f* hawsepipe.

an·kern ['aŋkərn] *mar.* **I** *v/i* ⟨h⟩ **1.** (cast *od.* drop) anchor. **2.** lie at anchor, be moored, moor. **II** *v/t* **3.** anchor.

'An·ker|ˌnut *f electr.* armature slot. **~ˌplat·te** *f civ. eng.* anchor plate. **~ˌplatz** *m mar.* anchorage, berth. **~ˌrad** *n e-r Uhr*: escape wheel. **~ˌschrau·be** *f tech.* anchor (*od.* tie) bolt. **~ˌseil** *n* **1.** *mar.* anchor rope. **2.** *civ. eng.* guy (*od.* stay) rope (*od.* cable). **~ˌspill** *n mar. mit senkrechter Achse*: capstan, *mit waagerechter Achse*: windlass. **~ˌspu·le** *f electr.* armature coil. **~ˌstel·le** *f* → **Ankerplatz. ~ˌstock** *m mar.* anchor-stock. **~ˌuhr** *f* lever watch. **~ˌwa·che** *f mar.* anchor watch. **~ˌwick·lung** *f electr.* armature winding. **~ˌwin·de** *f mar.* windlass, winch.

'anˌket·teln *v/t* ⟨*sep,* -ge-, h⟩ *Textil.* loop (*od.* stitch) *s. th.* on.

'anˌket·ten *v/t* ⟨*sep,* -ge-, h⟩ chain (up) (**an** *acc od. dat* to); *fig. colloq.* **durch et. angekettet sein** be tied down by s. th.

'anˌkeu·chen *v/i* ⟨*only pp*⟩ *colloq.* **angekeucht kommen** come panting along (*od.* up).

'anˌkip·pen *v/t* ⟨*sep,* -ge-, h⟩ tilt *s. th.* (slightly).

'anˌkit·ten *v/t* ⟨*sep,* -ge-, h⟩ cement (**an** *acc* to).

'anˌkläf·fen *v/t* ⟨*sep,* -ge-, h⟩ **1.** *Hund*: yap at. **2.** *colloq. Person*: bawl at.

'anˌklag·bar *adj jur.* indictable, triable, *bes. bei Amtsmißbrauch*: impeachable.

'Anˌkla·ge *f jur.* **1.** charge, accusation (*a. fig.*), (*öffentliche ~*) *bes. vor Schwurgericht*: *a.* indictment, (*formelle ~*) arraignment, *bei Immunität, wegen Amtsvergehen*: impeachment; **~ wegen Betrugs gegen j-n erheben** bring (*od.* prefer) a charge of fraud against s. o. (→ *a.* **anklagen** 1); **die ~ fallenlassen** (*od.* **zurückziehen**) dismiss the charge; **unter ~ stehen (wegen)** a) be accused (of), be charged (with), b) (*vor Gericht stehen*) be on trial (for); **j-n unter ~ stellen (wegen)** place s. o. on trial (for), arraign s. o. (for); **die ~ lautet auf** the charge is; *fig.* **leidenschaftliche (stumme) ~** passionate (silent) accusation. **2. die ~** the prosecution; **die ~ vertreten** be counsel for the prosecution. **3.** → **Anklageschrift. ~ˌbank** *f jur.* dock; **auf der ~ sitzen** be in the dock. **~beˌhör·de** *f* (the) prosecution.

'anˌkla·gen I *v/t* ⟨*sep,* -ge-, h⟩ *jur.* (**wegen**) charge (with), accuse (of) (*a. fig.*), *vor dem Schwurgericht*: indict (for), *bei Amtsmißbrauch*: impeach (of, with); **wer sich entschuldigt, klagt sich an** (*Sprichwort*) he who excuses himself accuses himself. **II** *v/i* accuse, make an accusation. **~d** *adj a. jur.* accusing(ly *adv*).

'Anˌkla·geˌpunkt *m jur.* charge, count (of an indictment); **in allen ~en schuldig** guilty on all charges.

'Anˌklä·ger *m jur.* accuser (*a. fig.*), (**öffentlicher**) **~** (public) prosecutor.

'Anˌkla·ge|ˌre·de *f jur.* speech for the prosecution. **~ˌschrift** *f jur.* (bill of) indictment, *mil.* charge sheet. **~verˌle·sung** *f* reading of the indictment. **~verˌtre·ter** *m* counsel for the prosecution. **~ˌzuˌstand** *m* **j-n in den ~ versetzen** commit s. o. for trial.

'anˌklam·mern I *v/t* ⟨*sep,* -ge-, h⟩ (**an** *acc* to) (*Wäsche etc*) peg (on), *Am.* pin (on), *tech.* clamp (on), *mit Büroklammern*: clip. **II** *v/reflex a. fig.* **sich ~ an** (*dat od. acc*) cling to.

'Anˌklang *m* **1.** (**großen**) **~ finden** meet with approval, be well received, *colloq.* catch on; **großen ~ finden bei** be well received by, appeal greatly to, go down well with; **k-n ~ finden** fall flat; **k-n ~ finden bei** not to appeal to. **2.** (*leichte Ähnlichkeit*) (**an** *acc* of) reminiscence, suggestion.

'anˌkle·ben I *v/t* ⟨*sep,* -ge-, h⟩ (**an** *acc* to) stick *s. th.* on, (*anleimen*) glue *s. th.* on, (*ankleistern*) paste *s. th.* on; **Plakate ~** stick (*od.* post) (up) bills; **Tapeten ~** hang wallpapers. **II** *v/i* ⟨sein⟩ (**an** *dat* to) stick, cling.

'Anˌklei·de|ˌfrau *f* dresser. **~kaˌbi·ne** *f* cubicle.

'anˌklei·den I *v/t* ⟨*sep,* -ge-, h⟩ dress, clothe, *feierlich*: robe. **II** *v/reflex* **sich ~** dress (o. s.), put on one's clothes.

'Anˌklei·de|ˌraum *m* dressing-room, *bes. Sport*: changing-room. **~ˌspie·gel** *m* dressing mirror. **~ˌzim·mer** *n* dressing-room.

'anˌklin·geln *v/t u. v/i* ⟨*sep,* -ge-, h⟩ *colloq.* **bei j-m ~** ring (*od.* call) s. o. up.

'anˌklin·gen *v/i* ⟨*irr, sep,* -ge-, h⟩ **~ an** (*acc*) be reminiscent (*od.* evocative) of, remind *s. o.* of, suggest; **Erinnerungen ~ lassen** call (*od.* stir) up memories.

'anˌklop·fen *v/i* ⟨*sep,* -ge-, h⟩ **1.** (**an** *acc od. dat* at) knock, rap. **2.** *fig. colloq.*

bei j-m um (*od.* wegen) et. ~ a) sound s.o. out on s.th., b) try to tap s.o. for s.th.

ˈanˌknab·bern *v/t* <*sep*, -ge-, h> *colloq.* **1.** (*Brot, Apfel etc*) nibble (at). **2.** *fig. colloq.* (*Reserven etc*) break (*od.* dip) into, *weitS. a.* make a dent into.

ˈanˌknack·sen *v/t* <*sep*, -ge-, h> *colloq.* crack, damage; **sich** (*dat*) **den Arm** (**Knöchel**) ~ crack one's arm (ankle).

ˈanˌknip·sen *v/t* <*sep*, -ge-, h> *colloq.* (*Licht etc*) switch on.

ˈanˌknöpf·bar *adj Kapuze etc*: button-on. **ˈanˌknöp·fen** *v/t* <*sep*, -ge-, h> button *s. th.* on (an *acc* to).

ˈanˌkno·ten *v/t* <*sep*, -ge-, h> → anknüpfen 1.

ˈanˌknüp·fen I *v/t* <*sep*, -ge-, h> **1.** (*Schnur etc*) (an *acc* to) tie, fasten, knot. **2.** *fig.* (*Unterhaltung etc*) begin, start, enter into, (*Verbindungen etc*) establish, form, enter into; **Beziehungen** ~ (**mit**) establish contacts (with), enter into relations (with); **Verhandlungen** ~ enter into negotiations; **e-e Bekanntschaft mit j-m** ~ make s. o.'s acquaintance, strike up an acquaintance with s. o. **II** *v/i* **3.** *fig.* ~ **an** (*acc*) a) go on from, b) refer to; **an e-e Erzählung** ~ pick up the thread of a story; **an alte Traditionen** ~ continue old traditions; **an frühere Leistungen** ~ revive one's former glories, recover one's old form. **III** *v/reflex* **sich** ~ **4.** *fig. von Gesprächen, Beziehungen etc*: ensue, follow.

ˈAnˌknüp·fungsˌpunkt *m fig.* **1.** (*Berührungspunkt*) point of contact. **2.** (*Ausgangspunkt*) starting point.

ˈanˌknur·ren *v/t* <*sep*, -ge-, h> *colloq.* **j-n** ~ growl (*od.* snarl) at s. o.

ˈanˌko·chen *v/t* <*sep*, -ge-, h> *gastr.* parboil.

ˈanˌkoh·len *v/t* <*sep*, -ge-, h> *colloq.* **j-n** ~ pull s. o.'s leg, have s. o. on.

ˈanˌkom·men I *v/i* <*irr, sep*, -ge-, sein> **1.** arrive (**in** *dat* at *od.* in); ~ **in** (*dat*) *a.* reach (*a town, etc*); ~ **um** *Zug*: arrive (*od.* be due) at; **zu Hause** ~ arrive (*od.* get) home; *colloq.* **bei uns ist ein Baby angekommen** there has been a new arrival in our family, we have just had a baby. **2.** (*her*~) approach, come near. **3.** *colloq.* (**bei**) get a job (with), be taken on (by). **4.** *fig. colloq.* **bei j-m** (**nicht**) ~ get somewhere (nowhere) with s. o.; **damit kommt er bei mir nicht an** he won't get anywhere with me with that, that cuts no ice with me; **da ist er übel** (*iro.* **schön**) **angekommen** he went (*od.* came) to the wrong address (*od.* shop). **5.** *colloq.* (**bei** *j-m* **gut**) ~ (*Anklang finden*) catch on (with), be well received (by), go over well (with), *a. Person*: be a great success (*od.* a big hit) (with); **nicht** ~ *a.* be a flop, *Rede, Pointe etc*: go over like a lead balloon; **sein Witz kam nicht an** his joke fell flat. **6.** ~ **gegen** cope (*od.* deal) with, **j-n**: *a.* be a match for s.o., get the better of s. o.; **nicht** ~ **gegen** *a.* be powerless against. **7.** *poet. od. lit.* **j-m** (*od.* **j-n**) ~ come over (*od.* upon) s. o., befall s. o.; **ihn kam die Lust an zu arbeiten** (suddenly) he felt like working. **II** *v/impers* **8.** (*abhängen*) depend (**auf** *acc* on); **es kommt** (**ganz**) **darauf an** it (all) depends; **es kommt darauf an, ob** it depends on (*od.* the question is) whether. **9.** (*wichtig sein*) matter, be important; **worauf es ankommt, ist** what matters is; **es kommt mir** (**sehr**) **darauf an zu wissen** it is (very) important to me to know; **auf das Geld** (*od.* **den Preis**) **kommt es nicht an** money is no object; **darauf kommt es an** that's what matters, that is (just) the point; **darauf soll es nicht** ~ never mind that, that need not matter; **es kommt auf e-n Tag mehr oder weniger nicht an** one day more or less doesn't matter (*od.* makes no difference); **es kam auf jede Minute an** every minute was precious. **10. es auf et.** ~ **lassen** take the risk (*od.* chance) of (doing) s. th., risk (*od.* chance) s. th.; **ich lasse es darauf** ~ I'll chance it, *colloq.* I'll chance my arm. **11.** *lit.* **es kommt mich** (*od.* **mir**) **schwer** (**leicht**) **an** I find it difficult (*od.* hard) (easy). **III** *v/t* <h> **12.** *cf.* 7. **~d** *adj* **1.** *teleph.* incoming. **2.** *econ.* arriving.

ˈAnˌkömm·ling [-ˌkœmlɪŋ] *m* <-s; -e> newcomer, new arrival (*a. Baby*).

ˈanˌkön·nen *v/i* <*irr, sep*, -ge-, h> *colloq.* ~ **gegen** a) (*Gefühle etc*) control, (*Begierden etc*) master, (*Gewohnheit etc*) overcome, b) → **ankommen** 6.

ˈanˌkop·peln *v/t* <*sep*, -ge-, h> **1.** (*Hunde etc*) leash, couple. **2.** *electr. tech.* couple. **3.** *Raumfahrt*: dock (**an** *acc* with).

ˈanˌkör·nen *v/t* <*sep*, -ge-, h> *tech.* mark *s. th.* with a cent/re (*Am.* -er) punch.

ˈanˌkot·zen *v/t* <*sep*, -ge-, h> *vulg.* **es kotzt e-n an** it makes you puke (*od.* sick).

ˈanˌkral·len *v/reflex* <*sep*, -ge-, h> **sich** ~ **an** (*dat od. acc*) clutch (*od.* cling) on to.

ˈanˌkrei·den *v/t* <*sep*, -ge-, h> *colloq.* **j-m et.** ~ blame s. o. for s. th., hold s. th. against s. o., fault s. o. with s. th.

ˈAnˌkreis *m math.* excircle.

ˈanˌkreu·zen I *v/t* <*sep*, -ge-, h> mark *s. th.* with cross, *auf e-r Liste etc*: *a.* check (*od.* tick) *s. th.* off. **II** *v/i* <h *u.* sein> *mar.* **gegen den Wind** ~ tack (against the wind).

ˈanˌkrie·chen *v/i* <*only pp*> *colloq.* **angekrochen kommen** a) *Hund etc*: come crawling up, b) *fig. contp. Person*: come crawling back.

ˈanˌkrie·gen *v/t* <*sep*, -ge-, h> *colloq.* (*Schuhe etc*) get *s. th.* on.

ˈanˌkün·diǀgen I *v/t* <*sep*, -ge-, h> **1.** *allg.* announce, (*e-e Veranstaltung*) bill, *in der Presse*: advertise, publicize; **ein Buch** ~ announce the appearance (*od.* publication) of a book; **j-m et.** ~ announce s. th. to s. o., tell (*od.* inform) s. o. of s. th., *formell*: give s. o. notice of s. th., notify s. o. of s. th.; **et. ordnungsgemäß** ~ give due (*od.* proper) notice of s. th. **2.** *fig.* (*Frühling etc*) herald, (*neues Zeitalter etc*) *a.* usher in, (*Unglück etc*) forebode. **II** *v/reflex* **sich** ~ **3.** *Person*: announce one's visit. **4.** *fig. Frühling, Sturm etc*: announce itself, *Epoche etc*: be heralded, be ushered in. **≗gung** *f* <-; -en> announcement (*a. fig.*), notification, notice, *in der Presse*: advertisement, *e-s Buches*: prospectus; **ohne vorherige** ~ without previous notice.

ˈAnˌkunft *f* <-; *no pl*> arrival, *fig. a.* advent; **bei** (*od.* **nach**) **s-r** ~ on his arrival; *relig.* ~ **Christi** Advent of Christ.

ˈAnˌkunftsǀˌbahnˌsteig *m* arrival platform. **~ˌflugˌha·fen** *m* arrival airport. **~ˌha·fen** *m* port of arrival. **~ˌta·fel** *f* arrival board. **~ˌtag** *m* day of arrival. **~verˌkehr** *m* incoming traffic. **~ˌzeit** *f* (time of) arrival, arrival time; **Ankunfts- und Abfahrtszeiten** arrivals and departures.

ˈanˌkup·peln *v/t* <*sep*, -ge-, h> *tech.* couple, connect.

ˈanˌkur·beln *v/t* <*sep*, -ge-, h> **1.** (*Motor etc*) crank up, start (up). **2.** *fig.* get *s. th.* going (*od.* under way), (*Produktion, Wirtschaft etc*) step up, boost. **ˈAnˌkurb·lungs·kreˌdit** *m* starting credit.

ˈan·kutˌschie·ren *v/i* <*only pp*> *colloq.* **ankutschiert kommen** come driving up.

ˈanˌlä·cheln *v/t* <*sep*, -ge-, h> **j-n** ~ smile at s. o., give s. o. a smile.

ˈanˌla·chen *v/t* <*sep*, -ge-, h> **1. j-n** ~ smile at s. o., *stärker*: laugh (happily) at s. o. **2.** *colloq.* **sich** (*dat*) **j-n** ~ pick s. o. up.

ˈAnˌla·ge *f* <-; -n> **1.** <*only sg*> (*das Anlegen*) *e-s Gartens etc*: laying out, (*Bau*) construction, building, erection, (*Einbau*) installation. **2.** <*only sg*> (*Art der* ~) arrangement, layout. **3.** (*Plan, Entwurf*) draft, design, plan, *e-s Buches etc*: skeleton, draft, outline; **in der** ~ in outline, in its outlines. **4.** *konkret*: (*Einrichtung*) facility, installation, (*Fabrik*≗) (manufacturing) plant, works *pl* (*als sg od. pl konstruiert*), (*Betriebs*≗) equipment, facility, installation(s *pl*), (*Maschinen*≗, *Aggregat*) plant, unit, (*Alarm*≗ *etc*) system; **sanitäre ~n** sanitary facilities. **5.** (*Grün*≗) (public) park(s *pl*), (public) garden(s *pl*), grounds *pl*, (*Sport*≗) (sports) ground(s *pl*), sport field (*od.* facility); **öffentliche** ~ public gardens *pl*. **6.** *meist pl fig.* (*Begabung, Fähigkeit*) gift, talent, aptitude, ability; **e-e** ~ **zu et. haben** have a gift (*od.* natural talent, turn, bent) for s. th.; **er hat k-e** ~ **dazu** he is not gifted that way, his talent does not lie in that direction. **7.** *fig.* (*Veranlagung*) character, disposition, *med. psych.* (*Neigung*) (**zu** to) tendency, (pre)disposition, *zu Krankheiten*: *a.* proneness; ~ **zu et. haben** (*od.* **zeigen**) have a tendency (*od.* disposition) to s. th., be predisposed (*od.* prone) to s. th. **8.** a) (*Kapital*≗) investment, b) invested capital, c) *pl* assets; **feste** ~ fixed investment, *zinslose*: lockup; **flüssige** (**feste**) **~n** floating (fixed) assets. **9.** (*Beilage*) enclosure, (*Anhang*) annex, appendix; **in der** ~ **finden Sie** enclosed please find. **10.** *obs. for* **Steuerveranlagung**. **11.** *biol. e-s Organs etc*: rudiment(ary form), (*Erb*≗) hereditary factor, (*Keim*) germ; **in der** ~ **vorhanden** rudimentary.

ˈAnˌla·geǀˌbank *f* <-; -en> investment bank. **≗beˌdingt** *adj* inherent. **~beˌra·ter** *m* investment adviser (*od.* consultant). **~ˌfonds** *m* investment fund. **~geˌsell·schaft** *f* investment company. **~ˌgü·ter** *pl* **1.** *econ.* capital goods. **2.** *bes. tech.* items of (plant and) equipment. **~ka·piˌtal** *n* a) invested capital, b) (*Fonds*) capital (funds *pl*) (provided for investment). **~ˌkon·to** *n* capital (*od.* investment) account. **~ˌko·sten** *pl* **1.** (*Baukosten*) cost *sg* of construction, building (*od.* construction) cost *sg*. **2.** (*Gründungskosten*) promotion money *sg*, initial outlay *sg*. **~kreˌdit** *m econ.* investment credit. **~ˌkund·schaft** *f* investing customers *pl*. **~ˌmarkt** *m* investment market. **~ˌmit·tel** *pl* investment resources.

ˈAnˌla·genǀfi·nanˌzie·rung *f* fixed-assets financing. **~in·ten·siˌtät** *f* volume of investment.

ˈAnˌla·ge·paˌpier *n econ.* investment stock (*od.* security); **festverzinsliche ~e** investment bonds.

ˈanˌla·gern *chem.* **I** *v/t* <*sep*, -ge-, h> add on, take up, combine with. **II** *v/reflex* **sich** ~ (**an** *acc* by) be added, be taken up.

ˈAnˌla·geǀverˌmö·gen *n econ.* **1.** fixed assets *pl*. **2.** invested assets *pl*. **~ˌwert** *m* **1.** value of fixed assets. **2.** *pl* investment securities. **~ˌzin·sen** *pl* interest *sg* on capital investment(s).

ˈanˌlan·den I *v/t* <*sep*, -ge-, h> land a catch of, catch. **II** *v/i geol. Fluß etc*: accrete, aggrade.

ˈanˌlan·gen I *v/i* ⟨*sep*, -ge-, sein⟩ (in, an, auf *alle*: *dat*, bei) **1.** arrive (in *od.* at), reach (*acc*); **zu Hause ~** arrive home. **2.** *bei e-r Textstelle etc*: reach (*od.* come to) (*a passage, page, etc*). **II** *v/impers* ⟨h⟩ **3. was ... anlangt** as for (*od.* to) ..., as regards ..., as far as ... is concerned. **III** *v/t* ⟨h⟩ **4.** → **anfassen** 1.

ˈAnˌlaß *m* ⟨-sses; Anlässe⟩ **1.** (*Gelegenheit, Ereignis*) occasion; **aus ~** (*gen*) on the occasion of; **aus diesem ~** to mark the occasion; **festlicher ~** festive occasion; **dem ~ entsprechend** suited to (*od.* to fit) the occasion. **2.** (*Beweggrund, Ursache*) reason, cause, motive, ground(s *pl*), occasion; **allen ~ haben, et. zu tun** have every reason for doing s. th.; **~ zur Besorgnis** cause for concern; **~ zur Klage geben** give cause (*od.* reason) to complain; **den ~ zu et. geben** occasion s. th., give rise to s. th.; **beim geringsten ~ on** (*od.* at) the slightest provocation, at the drop of a hat; **aus diesem ~** for this reason; **ohne jeden** (*od.* **allen**) **~** for no reason at all.

ˈAnˌlaß|ˌdreh·moˌment *n* starting torque. **~ˌdrehˌzahl** *f* starting speed. **~ˌdruckˌknopf** *m* starter button. **~ˌeinˌspritzˌanˌla·ge** *f* starting fuel injector, engine primer. **~ˌeinˌspritz·ˌpum·pe** *f* primer pump. **~ˌeinˌspritzung** *f* priming.

ˈanˌlas·sen I *v/t* ⟨*irr, sep*, -ge-, h⟩ **1.** *colloq.* (*Mantel etc*) keep (*od.* leave) *s. th.* on, (*Radio, Licht etc*) leave on, (*Motor*) leave *s. th.* running. **2.** (*Motor*) start (up), (*Maschine etc*) start, put *s. th.* into operation, (*Dampf, Wasser*) turn on, (*Pumpe*) prime. **3.** (*Stahl*) temper. **II** *v/reflex* **sich ~ 4.** *colloq.* start, begin; **sich gut ~** shape up well, be quite a success, *Geschäft, Wetter etc*: promise well; **wie läßt er sich an?** how is he shaping up (*od.* making out)?

ˈAnˌlas·ser *m* ⟨-s; -⟩ *mot.* starter. **~ˌlei·tung** *f* starter cable. **~ˌlicht·maˌschi·ne** *f* (combined lighting and) starting generator. **~ˌrit·zel** *n* starter pinion.

ˈanˌläß·lich [-ˌlɛslɪç] *prep* ⟨*gen*⟩ on the occasion of.

ˈAnˌlaß|maˌgnet(ˌzün·der) *m mot.* starting (*Am.* booster) magneto. **~ˌmo·tor** *m* starter motor. **~ˌofen** *m metall.* tempering furnace. **~ˌschal·ter** *m* starting (*od.* starter) switch. **~ˌschwie·rig·keit** *f mot.* difficulty in starting. **~venˌtil** *n* a) starting valve, b) *Diesel*: starting-air valve. **~ˌwi·der·ˌstand** *m electr.* starting resistance (*od.* rheostat). **~ˌwil·lig·keit** *f mot.* startability.

ˈanˌla·sten *v/t* ⟨*sep*, -ge-, h⟩ **j-m et. ~** accuse s. o. of s. th., blame s. o. for s. th., blame s. th. on s. o.

ˈAnˌlauf *m* **1.** *Sport*: run-up, approach (run), *Skispringen*: approach, inrun; **e-n ~ nehmen** take a run-up, run up; **Sprung mit ~** running jump; **Sprung ohne ~** standing jump. **2.** *fig.* start, attempt, try; **beim** (*od.* **im**) **ersten ~** at the first attempt (*od.* go); **e-n ~ nehmen zu et.** make a start toward(s) doing s. th. **3.** *des Wassers*: rise, rising, swelling. **4.** *e-s Motors etc*: start(ing). **5.** *aer.* take-off run. **~ˌbahn** *f* → **Anlauf** 1. **~ˌdreh·moˌment** *n mot.* starting torque.

ˈanˌlau·fen I *v/i* ⟨*irr, sep*, -ge-, sein⟩ **1.** *Motor etc*: start (up); **~ lassen** a. set *s. th.* going (*od.* in motion). **2.** *fig.* (*beginnen*) start (up), get under way, get off the ground; **die Produktion ist voll angelaufen** production is running to capacity. **3.** *Film*: come on, be shown, run. **4.** (*beschlagen*) *Fenster, Brille etc*: moist over (*od.* up), steam up. **5.** (*sich verfärben*) *Metalle*: tarnish, oxidize; **blau ~ vor Kälte** *Person*: be blue with cold; *med.* **das Bein ist blaurot angelaufen** the leg has a bluish-red discolo(u)ration; → **rot** 1. **6. ~ gegen** a) run (*od.* bump) against (*od.* into), b) *fig.* → **ankämpfen.** **7.** *Schulden etc*: mount up, add up, *Zinsen etc*: accrue, accumulate. **8.** *Sport*: run up (for a jump). **9.** *Kernreaktor*: go critical. **II** *v/t* ⟨h⟩ **10.** (*Hafen etc*) call at, touch at.

ˈAnˌlauf|ˌfar·be *f metall.* temper(ing) (*od.* annealing) colo(u)r. **~geˌschwin·dig·keit** *f Sport*: run-up speed. **~ˌha·fen** *m* port of call. **~ˌko·sten** *pl econ.* starting (*od.* opening) cost *sg.* **~kreˌdit** *m* opening (*od.* launching) credit. **~moˌment** *n tech.* starting torque. **~ˌpha·se** *f* starting (*od.* take-off) phase. **~ˌstrecke** (*getr.* -k·k-) *f* run-up. **~ˌzeit** *f* **1.** *mot.* starting time. **2.** *fig.* initial period.

ˈAnˌlaut *m* initial sound, anlaut; **im ~** at the beginning of a word. **ˈanˌlau·ten** *v/i* ⟨*sep*, -ge-, h⟩ begin; **~d** initial.

ˈanˌläu·ten *v/t* ⟨*sep*, -ge-, h⟩ **1.** *colloq.* ring (*od.* call) *s. o.* up. **2.** *Sport*: (*Runde etc*) ring in.

ˈAnˌle·ge|ap·paˌrat *m print.* feeder. **~ˌbrücke** (*getr.* -k·k-) *f mar.* landing-stage. **~geˌbüh·ren** *pl* mooring dues. **~ˌha·fen** *m* → **Anlaufhafen.** **~ˌmaßˌstab** *m tech.* contact rule.

ˈanˌle·gen I *v/t* ⟨*sep*, -ge-, h⟩ **1.** (*Kleid, Schmuck etc*) put on, don; → **Hand** *Verbindungen mit Verben*, **Handschellen, Trauer** 3. **2.** (*Lineal, Winkel*) line up; **~ an** (*acc*) line *s. th.* up against, set (*od.* place) *s. th.* against. **3.** *bes. fig.* (*Maßstab*) apply. **4.** (*Leiter*) put (*od.* set) up (**an** *acc* against). **5.** (*Akte, Sammlung etc*) start, (*Kartei*) *a.* set up. **6.** (*planen*) design, plan, (*Garten, Straße etc*) lay out, (*bauen*) build, construct, (*Fabrik etc*) set up, erect, (*Kanal*) cut, (*einrichten, a. Leitung etc*) instal(l). **7.** *fig.* (*Roman etc*) construct. **8.** a) (*Kapital etc*) invest, place, (*Geld*) (**für** for) spend, pay, b) (*Konto*) open, c) **Geld ~ in** (*dat*) invest (*od.* put) money in; **wieviel wollen Sie ~?** how much are you prepared to pay?, how much do you want to spend? **9.** (*Vorrat*) lay in, stock up. **10. das Feuer ~** lay the fire. **11.** → **Gewehr** 1. **12. es ~ auf** (*acc*) aim at, be out for; **es auf j-n angelegt haben** be out for (*od.* to get) s. o., be gunning for s. o.; **sie hat es auf ihn angelegt** she has an eye on him; **es darauf angelegt haben, et. zu tun** be set on doing s. th.; **angelegt auf** (*acc*) directed to, meant for (*od.* to); **breit angelegt** wide in scope; **anders angelegt** organized differently. **13.** (*Hund*) chain up, tie up. **14.** (*Ohren*) set (*od.* lay) back. **15.** (*Faden*) join on. **16.** *med.* (*Verband etc*) apply. **17. e-n Säugling ~** give a baby the breast, suckle (*od.* nurse) a baby. **18.** *math.* (*Kurve etc*) plot. **19.** *electr.* (*Spannung*) apply. **20.** *mil.* (*Lager*) pitch, set up. **21.** (*Karte, Dominostein*) play. **22.** *Kunst*: (*Gemälde*) sketch (out). **23.** *print.* (*Bogen*) lay on. **II** *v/i* **24.** *mar.* a) make fast, moor, b) put ashore. **25.** *Schütze*: (take) aim (**auf** *acc* at). **III** *v/reflex* **26. sich mit j-m ~** tangle with s. o., get into trouble with s. o.

ˈAnˌle·geˌplatz *m* **1.** landing place. **2.** berth.

ˈAnˌle·ger *m* ⟨-s; -⟩ **1.** *econ.* (capital) investor. **2.** *print.* feeder.

ˈAnˌle·ge|ˌsteg *m* **1.** *mar.* landing stage. **2.** *print.* sidestick. **~ˌstel·le** *f* → **Anlegeplatz.** **~ˌtisch** *m print.* feed table, horse.

ˈanˌleh|nen I *v/t* ⟨*sep*, -ge-, h⟩ **1.** (an *acc od. dat* against) lean, rest. **2.** (*Tür, Fenster etc*) leave *s. th.* ajar. **II** *v/reflex* **sich ~ 3.** lean (**an** *acc od. dat* against, [up]on); **sich mit dem Rücken an der Wand ~** lean back against the wall; *fig.* **das Haus lehnt sich an den Berg an** the house nestles against the mountain. **4.** *fig.* **sich ~ an** (*acc*) lean upon, take pattern from, be model(l)ed on, *Autor etc*: lean (*od.* rely) on (*earlier works, etc*), *iro.* borrow from; **sich im Stil ~ an** (*acc*) follow (*od.* copy, imitate) the style of. **~nung** *f* ⟨-; *rare* -en⟩ **1.** ⟨*only sg*⟩ *bes. pol.* a) dependence (**an** *acc* [up]on), b) support, backing, *stärker*: protection; **~ an j-n suchen** seek the support of s. o., look for support from s. o. **2.** (**an** *acc*) imitation (of), borrowing (from); **in** (*od.* **unter**) **~ an** (*acc*) a) (*nachahmend*) in imitation of, following, b) (*gemäß*) on the basis of, in accordance with, by analogy with. **~nungs·beˌdürf·tig** *adj* in need of (moral) support, needing to lean on s. o., *humor.* in need of company.

ˈAnˌlei·he *f* ⟨-; -n⟩ *econ.* loan; **e-e ~ bei j-m machen** borrow money from (*od.* of) s. o., *fig.* borrow from s. o.; **e-e ~ aufnehmen** take up (*od.* raise) a loan (**auf** *acc* on). **~ˌabˌlö·sung** *f econ.* redemption of a loan. **~geˌschäft** *n* loan transaction. **~ka·piˌtal** *n* loan capital, bonded debt. **~ˌneh·mer** *m* borrower. **~paˌpie·re** *pl* bonds. **~ˌschuld** *f* funded (*od.* bonded) debt. **~ˌschuld·ner** *m* (bonded) loan debtor. **~ˌtil·gung** *f* → **Anleiheablösung.** **~ˌzeich·nung** *f* subscription to a loan. **~ˌzins** *m* loan interest (rate).

ˈanˌlei·men *v/t* ⟨*sep*, -ge-, h⟩ glue (*od.* stick) *s. th.* on (**an** *acc* to).

ˈanˌlei|ten *v/t* ⟨*sep*, -ge-, h⟩ **1.** instruct, train, guide. **2. j-n zu et. ~** give s. o. a lead about s. th. **3.** (*leiten*) direct. **~tung** *f* ⟨-; -en⟩ **1.** (**in** *dat*) instruction, training, guidance (*alle*: in), (*Einführung*) introduction (to). **2.** direction, lead, guidance; **unter der ~ des Lehrers** under the direction of the teacher. **3.** directions *pl*, instructions *pl*, (*Handbuch*) manual.

ˈAnˌlenkˌbol·zen *m aer. tech.* wrist pin.

ˈAnˌlern·beˌruf *m* semiskilled occupation. **ˈanˌler·nen** *v/t* ⟨*sep*, -ge-, h⟩ give initial instruction to, initiate, break *s. o.* in, train, instruct, teach; **j-n zu et. ~** train s. o. in s. th.; → **angelernt.** **ˈAnˌlern·ling** [-ˌlɛrnlɪŋ] *m* ⟨-s; -e⟩ trainee. **ˈAnˌlernˌzeit** *f* training period.

ˈanˌle·sen *v/t* ⟨*irr, sep*, -ge-, h⟩ **1. sich** (*dat*) **et. ~** acquire s. th. (*od.* pick s. th. up) by reading. **2.** (*Buch*) read a few pages of, dip into, sample.

ˈanˌleuch·ten *v/t* ⟨*sep*, -ge-, h⟩ direct a beam of light on to.

ˈAnˌlie·fe·rer *m* deliverer. **ˈanˌlie·fern** *v/t* ⟨*sep*, -ge-, h⟩ (*Waren*) deliver. **ˈAnˌlie·fe·rung** *f* delivery.

ˈanˌlie·gen *v/i* ⟨*irr, sep*, -ge-, h⟩ **1.** *Kleider*: fit, sit; **eng ~** fit close(ly), fit tight(ly), be a close (*od.* tight) fit, cling (**an** *dat* to). **2. ~ an** (*dat*) border on, be adjacent (to), adjoin (*acc*), abut on. **3.** *mar.* head (*north, etc*). **4.** *lit.* **j-m mit Bitten** *etc* ~ importune s.o. with requests, *etc.* **5.** *colloq.* **was liegt an?** what's on the agenda?

ˈAnˌlie·gen *n* ⟨-s; -⟩ **1.** (*Bitte*) request, (*Wunsch*) wish, *weitS.* concern, *e-s Schriftstellers etc*: intent, message; **ein (dringendes) ~ an j-n haben** have a(n urgent) request to make of s. o.; **ein ~ vorbringen** make a request; **ich habe ein ~ an Sie** I want to ask a favo(u)r of you; **es ist mir ein wichtiges ~** it is a real concern (*od.* a matter of importance) to me. **2.** (*Angelegenheit*) matter, affair.

'an|lie·gend *adj* **1.** *Kleider*: tight(-fitting), close(-fitting), snug. **2.** → **angrenzend. 3.** (*beigelegt*) enclosed, inclosed, attached; ~ **senden wir Ihnen ein Muster** enclosed please find a sample. **4.** *math. Winkel*: (**an** *dat* to) adjacent, contiguous. **5.** *mar. Kurs*: heading. **6.** *zo. Haar etc*: recumbent. **7.** *bot.* accumbent.

'An|lie·ger *m* ‹-s; -› adjoining owner, *jur.* abutter, *mot.* resident; ~ **e-r Straße** wayside owner, frontager; ~ **e-s Flusses** riverside (*jur.* riparian) owner; *mot.* „**Nur für** ~" "no public thoroughfare - residents only". **~|grund|stück** *n* adjoining (*od.* abutting, neighbo[u]ring) property, *an e-r Straße*: wayside property, (*Ufergrundstück*) riverside (*jur.* riparian) property. **~|ko·sten** *pl* (wayside owner's) road charges. **~|staat** *m pol.* border state, neighbo(u)ring (*od.* bordering) state, *an e-m Gewässer etc*: riparian state. **~ver|kehr** *m* resident traffic.

'an|lie·ken [-ˌliːkən] *v/t* ‹*sep*, **-ge-**, **h**› *mar.* (*Segel*) rope.

'an|locken (*getr.* **-k·k-**) *v/t* ‹*sep*, **-ge-**, **h**› **1.** (*anziehen*) attract, draw, (al)lure. **2.** *hunt.* lure, *mit Köder*: bait, (*Vögel*) decoy, *durch Rufe*: call. **'An|lockung** (*getr.* **-k·k-**) *f* ‹-; -en› attracting (*etc*), attraction, allurement.

'an|lö·ten *v/t* ‹*sep*, **-ge-**, **h**› *tech.* (**an** *acc* to) *weich*: solder on, *hart*: braze on.

'an|lü·gen *v/t* ‹*irr, sep*, **-ge-**, **h**› **j-n** ~ lie to s. o., tell s. o. a lie; **j-n frech** ~ lie into s. o.'s face.

'an|lu·ven *v/i* ‹*sep*, **-ge-**, **h**› *mar.* luff up.

'an|ma·chen *v/t* ‹*sep*, **-ge-**, **h**› *colloq.* **1.** (*Licht*) switch (*od.* turn, put) on. **2.** (*anzünden*) light (*wood, stove, etc*), (*Feuer*) *a.* make, start, kindle. **3.** (*befestigen*) (**an** *dat* to) attach, fasten (*a picture to the wall, etc*). **4.** *gastr.* (*zubereiten*) prepare, mix, (*Salat etc*) dress. **5.** *tech.* (*Mörtel, Farben etc*) temper, mix. **6.** *fig. colloq.* (*animieren, aufgeilen*) turn *s. o.* on; **das macht mich an** (*gefällt mir*) I dig that, it's very tempting; **er wollte sie** ~ he made a pass at her.

'An|mach|holz *n* ‹-es; *no pl*› kindling (wood).

'an|mah|nen *v/t u. v/i* ‹*sep*, **-ge-**, **h**› *econ.* (**j-n**) ~ send a reminder (note) (to s. o.); **et. bei j-m** ~ notify (*od.* remind) s. o. that s. th. is due (for payment *od.* delivery). **≈nung** *f* ‹-; -en› **1.** ‹*only sg*› sending of a reminder (note), dunning. **2.** reminder (note), notification.

'an|ma·len I *v/t* ‹*sep*, **-ge-**, **h**› paint; **sich** (*dat*) **e-n Schnurrbart** ~ paint on a moustache; **sich** (*dat*) **die Lippen** ~ paint one's lips. **II** *v/reflex colloq.* **sich** ~ paint (*od.* put on) one's face.

'An|marsch *m* **1.** *mil.* advance; **im** ~ **auf e-e Stadt** advancing toward(s) a town; **der Feind ist im** ~ the enemy is advancing; *fig. colloq.* **unser Besuch ist bereits im** ~ our visitors are already on the way. **2.** → **Anmarschweg. 'anmar|schie·ren** *v/i* ‹*sep, no* **-ge-**, **sein**› **1.** march up, approach, advance. **2.** ‹*only pp*› *colloq.* **anmarschiert kommen** come marching along (*od.* up).

'An|marsch|weg *m* **1.** *mil.* route of advance. **2.** way (to go); **e-n weiten** ~ **zur Schule haben** have a long way to school.

'an|ma|ßen [-ˌmaːsən] *v/t* ‹*sep*, **-ge-**, **h**› **sich** (*dat*) **et.** ~ (*Rechte etc*) arrogate s. th. to o. s., *stärker*: usurp s. th.; **ich maße mir kein Urteil darüber an** I don't presume to give an opinion on it, I am no judge (of that); **sich** (*dat*) ~, **et. zu sein** pretend (*od.* claim) to be s. th.; **sich** (*dat*) ~, **et. zu tun** presume to do s. th.; **ich würde mir nie** ~, **als Fachmann gelten zu wollen** I would never claim to be an expert; **wieso maßen Sie sich an, mein Benehmen zu tadeln?** what gives you the right to criticize my conduct? **~ßend** *adj* **1.** (*überheblich*) arrogant, presumptuous, bumptious; **~es Wesen** → **Anmaßung** 2. **2.** (*herrisch*) overbearing. **3.** (*frech*) impudent. **≈ßung** *f* ‹-; -en› **1.** *e-s Rechts etc*: arrogation, assumption, *stärker*: usurpation, *e-s Urteils*: presumption. **2.** (*Überheblichkeit*) presumptiousness, presumption, arrogance, overbearing manner, bumptiousness, (*Frechheit*) impudence.

'an|meckern (*getr.* **-k·k-**) *v/t* ‹*sep*, **-ge-**, **h**› *colloq.* **j-n** ~ bicker at s. o.

'An|mel·de|for·mu|lar *n* registration form, (*Antrag*) application form (*od.* blank). **~|frist** *f* period for registration (*od. a. Patentrecht*: application). **~ge|bühr** *f* registration (*od. a. Patentrecht*: application) fee.

'an|mel·den I *v/t* ‹*sep*, **-ge-**, **h**› **1.** (*Besuch etc*) announce, give notice of; **sich** ~ **lassen** *Besucher*: have o. s. announced, *beim Arzt etc*: have an appointment made; **j-n (polizeilich)** ~ register s. o. (with the police). **2.** (*zur Teilnahme* ~) a) *Sport etc*: enter *s. o.'s* name (for), b) (*Schüler*) enrol(l). **3.** (*Anspruch, Forderung*) put forward, advance, submit, file; *fig.* **Bedenken** ~ raise (*od.* have) doubts. **4.** *jur.* a) (*Patent*) apply for (→ *a.* **Patent** 1), b) (*Berufung*) give notice of (*appeal*), lodge, c) (*Gewerbe*) register; → **Konkurs. 5.** *econ.* a) (*Sendung*) advise, b) (*Vermögen, Zollgut*) declare. **6.** *teleph.* (*Gespräch*) (**nach** to) book, *Am.* place. **7.** *Skat*: bid. **II** *v/reflex* **sich** ~ **8.** *Besucher*: announce o. s. (*a. fig.*), have o. s. announced, send in one's card. **9.** *beim Arzt etc*: make (*od.* arrange, fix) an appointment (**bei** with). **10.** *zur Teilnahme*: (**zu** for) enrol(l), *Sport*: enter one's name. **11. sich (polizeilich)** ~ register (with the police). **III ≈** *n* ‹-s› **12.** → **Anmeldung** 1-6.

'An|mel·de||pflicht *f* **1.** obligation to notify. **2.** compulsory registration. **≈|pflich·tig** *adj* **1.** notifiable. **2.** subject to registration.

'An|mel·der *m* **1.** *e-s Patents etc*: applicant. **2.** *econ.* declarer, registrant.

'An|mel·de||schein *m* → **Anmeldeformular. ~|schluß** *m* closing date, deadline. **~|stel·le** *f* registration office. **~ter|min** *m* → **Anmeldefrist. ~ver|fah·ren** *n* registration (*od. a. Patentrecht*: application) proceedings *pl* (*abstrakt*: procedure).

'An|mel·dung *f* ‹-; -en› **1.** *e-s Besuchers etc*: announcing, announcement. **2.** *beim Arzt etc*: appointment; **nur nach vorheriger** ~ by appointment only. **3.** (*Mitteilung*) notification (**bei** of); (**polizeiliche** *etc*) ~ registration (with the police, *etc*). **4.** *zur Teilnahme*: (**zu** for) entry, enrol(l)ment. **5.** *jur. e-s Anspruchs etc*: submission, *e-s Patents*: application (*gen* for), *e-s Gewerbes etc*: registration. **6.** *econ. des Vermögens, Zollguts*: declaration. **7.** reception (office *od.* desk).

'An|mel·dungs|for·mu|lar *n* → **Anmeldeformular. ~|frist** *f* → **Anmeldefrist. ~|ge·gen|stand** *m Patentrecht*: object of (the) invention. **≈|pflich·tig** → **anmeldepflichtig. ~ter|min** *m* → **Anmeldefrist. ~|vor|druck** *m* registration form.

'an|mer|ken *v/t* ‹*sep*, **-ge-**, **h**› **1.** (*anstreichen*) mark (*a passage in a book, etc*). **2.** (*notieren*) note (down), mark (*od.* jot) *s. th.* down; (**als Fußnote**) ~ make an annotation (*od.* a footnote) of; **e-n Tag** ~ put down a date; **sich** (*dat*) **et.** ~ make a note of s. th. **3.** (*bemerken*) remark, observe, comment. **4. j-m et.** ~ notice (*od.* perceive, observe) s. th. in s. o.; **ich merkte ihm s-e schlechte Laune sofort an** I sensed his bad humo(u)r at once; **er läßt sich** (*dat*) **nichts** ~ he doesn't betray his feelings, he doesn't show (*od.* let on) anything; **man merkt es ihm sofort an, daß** ... one has only to look at him to see that ..., it is obvious that ...; **laß dir nichts** ~! don't let on!; **man merkt es ihm an s-m Aussehen an, daß er krank ist** one can tell by his look that he is ill. **≈kung** *f* ‹-; -en› **1.** note, *erklärende*: annotation, (*Fußnote*) footnote; **et. mit ~en versehen** annotate s. th.; **Ausgabe mit ~en** annotated edition. **2.** (*Bemerkung*) (**über** *acc* on) remark, observation, (*a.* **kritische**) ~ comment.

'an|mes·sen *v/t* ‹*irr, sep*, **-ge-**, **h**› **j-m et.** ~ measure s. o. for s. th., take s. o.'s measurements for s. th.

'an|mo·sern *v/t* ‹*sep*, **-ge-**, **h**› *colloq.* grumble at, growl at, *stärker*: shout at, *dauernd*: nag at.

'an|mu·stern *v/t u. v/i* ‹*sep*, **-ge-**, **h**› → **anheuern.**

'An|mut *f* ‹-; *no pl*› grace(fulness), *a. e-r Landschaft etc*: charm, loveliness; **j-m** ~ **verleihen** lend charm to s. o.; **mit** ~ gracefully; **ohne** ~ → **anmut(s)los; voll(er)** ~ → **anmutig; Mangel an** ~ gracelessness.

'an|mu·ten *v/t* ‹*sep*, **-ge-**, **h**› **j-n seltsam** (*etc*) ~ strike s. o. as being) odd (*etc*), seem (*od.* appear) strange (*etc*) to s. o.; **es mutet mich heimatlich an** it reminds me of home, it makes me feel at home.

'an|mu·tig *adj* graceful, *a. Landschaft etc*: charming, lovely.

'an|mut(s)|los *adj* graceless, ungraceful, lacking grace (*od.* charm). **~|voll** *adj* → **anmutig.**

'an|na·geln *v/t* ‹*sep*, **-ge-**, **h**› (**an** *acc* to) fasten *s. th.* with nails, nail *s. th.* on.

'an|nä·hen *v/t* ‹*sep*, **-ge-**, **h**› sew *s. th.* on (**an** *acc* to).

'an|nä·hern I *v/t* ‹*sep*, **-ge-**, **h**› (*dat od.* **an** *acc*) approximate (to) (*a. math. etc*), bring (*od.* draw) *s. th.* nearer (*od.* closer) (to); **verschiedene Standpunkte einander** ~ reconcile different points of view; *fig.* **sich** ~ get closer to each other. **II** *v/reflex* **sich** ~ → **nähern** 1. **~d I** *adj* **1.** approximate (*a. math.*), approximative, rough; **~e Berechnung** approximation. **II** *adv* **2.** approximately, about; **er ist** ~ **fertig** he is about (*od.* almost) finished; **in** ~ **e-r Woche** in about a week. **3. nicht** ~ not nearly (*od.* half), far from, nowhere near (*as good, etc*).

'An|nä·he·rung *f* ‹-; -en› **1.** approximation (*a. fig. of views, etc*); **e-e** ~ **der Standpunkte erreichen** reach a degree of consensus. **2.** (*Näherkommen*) approach (**an** *acc* to). **3.** *fig.* (*Verständigung*) reconciliation, *pol.* rapprochement. **4.** *math.* (**an** *acc*) *e-s Wertes*: approximation (to) (*a. econ.*), *von Linien*: convergence (toward[s]). **5.** *e-s Planeten*: application.

'An|nä·he·rungs||for·mel *f math.* approximation formula. **~po·li|tik** *f* policy of rapprochement. **~|rech·nung** *f math.* approximate calculation, approximation. **~|schlag** *m Golf*: approach shot. **~ver|fah·ren** *n math.* method of approximation. **~ver|such** *m* **1.** *meist pl amourös*: advance(s *pl*), *sl.* pass. **2.** attempt at understanding (*pol.* rapprochement), *pl a.* overtures. **2wei·se** *adv* approximately. **~|wert** *m math.* approximate value, approximation. **~|win·kel** *m phys.* angle of approach. **~|zün·der** *m mil. tech.* proximity fuse (*bes. Am.* fuze).

ˈAn|nah·me *f* ⟨-; -n⟩ **1.** *allg.* acceptance (*a. econ. of goods, etc*); **die ~ e-r Sache verweigern** refuse acceptance of (*od.* to accept) s. th.; *Post*: **„~ verweigert!"** "Refused!"; *econ.* **wegen nicht erfolgter ~** for nonacceptance. **2.** *e-s Antrags, e-s Brauchs, e-s Glaubens, e-r Meinung, e-s Namens, e-s Plans etc*: adoption, *e-r Gesetzesvorlage*: passing, *Am.* passage (*of a bill*), *von Mitarbeitern etc*: engagement, employment, *von Schülern etc*: admission; *jur.* **~ an Kindes Statt** adoption. **3.** (*Vermutung*) supposition, assumption, presumption, belief; **die ~ liegt nahe, daß** the obvious supposition is that; **ich habe (allen) Grund zu der ~, daß** I have (every) reason to believe that; **auf e-r (bloßen) ~ beruhend** hypothetical; **in der ~, daß** assuming (*od.* on the assumption) that. **~be|stä·ti·gung** *f econ.* acknowledg(e)ment of receipt. **~er|klä·rung** *f* notice of acceptance. **~|frist** *f* period of acceptance. **~|stel·le** *f* **1.** posting office. **2.** *mil.* recruiting office. **~ver|merk** *m econ.* (note of) acceptance. **~ver|wei·ge·rung** *f* refusal of acceptance, nonacceptance.

An·na·len [aˈnaːlən] *pl hist.* annals, records; **in den ~ der Geschichte verzeichnet sein** be on historic record; **in die ~ der Geschichte eingehen** go down in history (**als** as).

an·na·mi·tisch [anaˈmiːtɪʃ] *adj* Annamese, Annamite, Vietnamese.

ˈan|nehm·bar I *adj* **1.** (*brauchbar*) acceptable (**für** to), (*angemessen*) *a.* reasonable, *Preis, Bedingung*: *a.* fair, (*ausreichend*) adequate, (*zulässig*) admissible. **2.** (*leidlich*) passable, tolerable. **II** *adv* **3.** tolerably, quite well.

ˈan|neh·men I *v/t* ⟨*irr, sep,* **-ge-, h**⟩ **1.** *allg.* accept (*a gift, a proposal, etc*), (*in Empfang nehmen*) *a.* take, receive (*a. Sport*: *den Ball*), (*Waren etc*) accept (delivery of), (*e-e Bestellung*) take (*an order*); **e-n Wechsel (nicht) ~** accept (*od.* hono[u]r) (dishono[u]r) a bill; **e-e Einladung nicht ~** decline (*od.* not to accept) an invitation; **bei j-m e-e Stellung ~** take a job with s. o. **2.** (*Kind, Brauch etc*) adopt, (*Namen, Titel*) *a.* assume; **e-n neuen Glauben ~** adopt (*od.* embrace) a new faith; **eine schroffe Haltung ~** assume a brusque manner; **e-e Gewohnheit ~** acquire (*od.* contract, fall into) a habit. **3.** (*Antrag, Entschließung*) carry, adopt, (*Gesetzesvorlage*) pass (*a bill*). **4.** (*Aussehen, Form, Gestalt, Ton etc*) assume, take on (*an appearance, a shape, etc*); **e-e neue Bedeutung ~** take (on) a new meaning. **5.** (*Besuch, Patienten etc*) receive, see; **k-n Besuch ~** refuse to see s. o. **6.** (*Mitarbeiter etc*) engage, hire, employ, take on, (*Schüler*) admit; **e-n Bewerber ~** take on (*od.* accept) an applicant. **7.** (*Farbe, Geruch etc*) take (on); **dieses Papier nimmt k-e Tinte an** this paper will not take ink; **der Stoff nimmt leicht Schmutz an** the fabric soils easily. **8.** (*vermuten*) suppose, assume, presume, believe, think, *bes. Am.* guess; **ich nehme an, daß er morgen kommt** I suppose he will come tomorrow; **man nimmt an** (*od.* **es wird angenommen**), **daß er abgereist ist** he is supposed to have left, it is assumed that he has left; **es wird allgemein angenommen, daß** it is generally assumed (*od.* believed) that; **es ist anzunehmen** (*od.* **man darf ~**), **daß** it is to be supposed (*od.* it must be assumed) that; **das ist nicht anzunehmen** that is improbable (*od.* not likely); *wird er kommen?* - **ich nehme (es) an** I suppose (*od.* think, believe) so; **nehmen wir an** (*od.* **angenommen**), **er kommt** suppose (*od.* supposing, assuming) (that) he comes, (let's) say he comes; **et. als erwiesen** (*od.* **ausgemacht**) **~** take s. th. for granted; *math.* **den Wert x = a ~** assume the value x = a. **9.** *jur.* (*Urteil*) accept, submit to. **10.** *hunt.* a) (*Fährte*) take (*od.* pick) up, b) (*Jäger, Jagdhund*) attack, charge, c) (*Futterplatz etc*) enter. **11.** *Viehzucht*: accept. **12.** *Reitsport*: **e-e andere Gangart ~** change gait; **das Pferd nimmt das Hindernis nicht an** the horse ba(u)lks (at the obstacle). **II** *v/i* **13. (dankend) ~** accept (with thanks). **III** *v/reflex* **14. sich e-r Sache ~** take care (*od.* charge) of s. th., attend to s. th., see to (*od.* about) s. th.; **sich j-s ~** look after (*od.* take care of, attend to, assist) s. o.; **sich j-s Sache ~** take up (*od.* espouse) the cause of s. o.

ˈAn|nehm·lich·keit *f* ⟨-; -en⟩ convenience, amenity; **das Haus bietet jede ~** the house affords every convenience (*od.* comfort); **die ~en des Lebens** the amenities (*od.* comforts, sweets) of life.

an·nek·tie|ren [anɛkˈtiːrən] *v/t* ⟨*no* **ge-, h**⟩ *pol.* annex. **2rung** *f* ⟨-; -en⟩ annexation.

An·nex [aˈnɛks] *m* ⟨-es; -e⟩ **1.** (*Anhang*) annex(e), appendix, (*Beilage*) enclosure, inclosure. **2.** (*Anbau*) annex(e), outbuilding.

An·ne·xi·on [anɛˈksĭoːn] *f* ⟨-; -en⟩ *pol.* annexation. **An·ne·xio'nis·mus** [-ksĭoˈnɪsmʊs] *m* ⟨-; *no pl*⟩, **An·ne·xiˈons·po·li|tik** *f* annexationism.

ˈan|nie·ten *v/t* ⟨*sep,* **-ge-, h**⟩ rivet *s. th.* on (**an** *acc* to).

An·ni·hi·la·ti·on [anihilaˈtsĭoːn] *f* ⟨-; -en⟩ *nucl.* annihilation.

An·no, *a.* **an·no** [ˈano] *adv* **~ 1870** in (the year) 1870; *hist.* **~ Domini** anno Domini, in the year of our Lord; **~ Domini 1500** (*abbr.* **A. D. 1500**) A. D. 1500; *colloq.* **~ dazumal** long ago, in the olden times; **von ~ dazumal** of yore; **von ~ dazumal sein** be as old as the hills, be antediluvian.

An·non·ce [aˈnõːsə] *f* ⟨-; -n⟩ advertisement, *colloq.* ad(vert); **e-e ~ aufgeben → annoncieren** I.

Anˈnon·cen... *in Zssgn* → **Anzeigen...**

an·non·cie·ren [anõˈsiːrən] **I** *v/i* ⟨*no* **ge-, h**⟩ advertise, insert, put an advertisement in a newspaper. **II** *v/t* advertise, insert.

an·nul|ˈlier·bar *adj* voidable, annullable. **~lie·ren** [anʊˈliːrən] *v/t* ⟨*no* **ge-, h**⟩ **1.** annul, nullify, *jur. a.* declare *s. th.* null and void, (*Urteil*) set aside, quash, (*Gesetz*) repeal, rescind. **2.** *econ.* (*Bestellung etc*) cancel, revoke, countermand. **3.** *Sport*: (*Treffer*) disallow. **2ˈlie·rung** *f* ⟨-; -en⟩ **1.** annulment, nullification, repeal. **2.** *econ.* cancellation, revocation.

An·ode [aˈnoːdə] *f* ⟨-; -n⟩ *electr.* anode, plate, positive pole (*od.* electrode); **massive ~** heavy (*od.* solid) anode.

ˈan|öden *v/t* ⟨*sep,* **-ge-, h**⟩ *colloq.* **1.** (*langweilen*) bore *s. o.* (stiff). **2.** (*belästigen*) pester, get on *s. o.'s* nerves.

An·oden|bat·te|rie [aˈnoːdən-] *f* anode (*od.* high-tension, *Am.* plate *od.* B) battery. **~ion** [-ʔiˌoːn] *n* anion. **~|kreis** *m* anode (*Am.* plate) circuit. **~|plat·te** *f* anode plate. **~|schlamm** *m auf Kupfer*: anode slime. **~|schutz|netz** *n* anode screen. **~|span·nung** *f* anode (*Am.* plate) voltage. **~|strahl** *m meist pl* anode ray.

an·odisch [aˈnoːdɪʃ] *electr.* **I** *adj* anodic. **II** *adv* **~ behandeln** anodize.

An·ody·nie [an(ʔ)odyˈniː] *f* ⟨-; *no pl*⟩ *med.* anodynia, absence of pain.

An·ody·num [anˈʔoːdynʊm; aˈnoː-] *n* ⟨-s; -na [-na]⟩ *pharm.* anodyne.

an·omal [anoˈmaːl; ˈa(ː)nomaːl] *adj bes. med.* anomalous, abnormal. **An·oma·lie** [anomaˈliː] *f* ⟨-; -n [-ən]⟩ anomaly.

an·onym [anoˈnyːm] *adj* anonymous, nameless, *econ.* not bearing a (trade) name. **An·ony·miˈtät** [-nymiˈtɛːt] *f* ⟨-; -en⟩ anonymity; **sich in ~ hüllen** hide behind anonymity. **An·ony·mus** [aˈnoːnymʊs] *m* ⟨-; **-mi** [-mi] *u.* **-men** [anoˈnyːmən]⟩ anonymous writer (*od.* author, person), anonym.

Ano·rak [ˈanorak] *m* ⟨-s; -s⟩ anorak, *bes. Am.* parka.

ˈan|ord|nen *v/t* ⟨*sep,* **-ge-, h**⟩ **1.** order, direct (*beide a. jur.*), give orders (*to do s. th.*), rule (that); **et. dienstlich ~** give official orders to do s. th. (*od.* that s. th. should be done); **testamentarisch ~** dispose by will; **der Arzt ordnete strenge Bettruhe an** the doctor ordered complete bed rest. **2.** (*ordnen*) arrange, *tech. a.* group, lay out (*machine units, etc*), *mil. a.* dispose, deploy (*troops*); **nach Sachgebieten ~** arrange according to subjects; **neu ~** rearrange. **2nung** *f* ⟨-; -en⟩ **1.** ordering (*etc*). **2.** (*Befehl, Anweisung*) order, instruction, direction, ruling, *jur. a.* directive; **~en treffen** (*od.* **erlassen**) give (*od.* issue) orders (*etc*), make arrangements, arrange (*that*); **auf ~ von** (*od. gen*) by order of, at the instance of; **auf gerichtliche ~** by order of the court; **~ e-r Untersuchung** institution of an inquiry; **ärztliche ~en befolgen** follow the doctor's orders. **3.** (*Ordnung*) arrangement, (*a. Reihenfolge*) order, *bes. tech.* (*Anlage*) *a.* design, lay out, *a. mil.* disposition, (*Aufbau*) structure, system, (*Gruppierung*) grouping; **übersichtliche ~** clear arrangement.

An·ore·xie [an(ʔ)orɛˈksiː] *f* ⟨-; *no pl*⟩ *med.* (*Magersucht*) anorexia.

An·or|ga·ni·ker [an(ʔ)ɔrˈgaːnikər] *m* ⟨-s; -⟩ inorganic chemist. **2ˈga·nisch** [-nɪʃ] *adj* inorganic.

anor·mal [ˈa(ː)nɔrmaːl; anɔrˈmaːl] *adj* anomalous, abnormal.

ˈan|packen (*getr.* **-k·k-**) *colloq.* **I** *v/t* ⟨*sep,* **-ge-, h**⟩ → **anfassen** 2,3. **II** *v/i* **(bei et.) mit ~** lend a (helping) hand (with s. th.); **er packte kräftig mit an** he pitched in with a will.

ˈAn|pad·deln *n* ⟨-s⟩ *Sport*: opening of the paddling season.

ˈan|pas|sen I *v/t* ⟨*sep,* **-ge-, h**⟩ **1.** (*Kleid, Anzug etc*) fit (on); **j-m e-n Anzug ~** fit a suit on s. o. **2.** (*dat od.* **an** *acc* to) adapt, adjust (*beide a. econ. tech. etc*), *fig. a.* suit, accommodate; **s-n Stil den Zuhörern ~** suit one's style to one's audience; **sein Leben den (veränderten) Verhältnissen ~** adjust (o. s.) to (changed) conditions; **die Löhne den Lebenshaltungskosten ~** adjust wages to the cost of living index. **3.** *in Farbe, Muster*: match (**an** *acc* to, with). **4.** *electr.* match (**an** *acc* to). **II** *v/reflex* **sich ~ 5.** (*dat od.* **an** *acc* to) adapt (o. s.), *a. psych.* adjust (o. s.), conform, *sociol.* assimilate; **sich j-m ~** adapt (*od.* adjust)

(o. s.) to s. o.; **sich j-s Meinung ~** fall in with s. o.'s opinion; **sich (gut) ~ können** be (very) adaptable. **≈sung** *f* ⟨-; *no pl*⟩ **1.** adapting (*etc*). **2.** (**an** *acc* to) adaptation, adjustment (*beide a. biol. econ. psych. tech. etc*), *fig. a.* accommodation, *farbliche, a. electr.* matching; **schlechte ~** maladaptation, maladjustment.

ˈanˌpas·sungsˌfä·hig *adj* adaptable, *geistig*: *a.* flexible, (*wendig*) versatile; **nicht ~** inadaptable, unadaptable, inelastic. **≈keit** *f* ⟨-; *no pl*⟩ *allg.* adaptability (**an** *acc* to).

ˈAnˌpas·sungs|geˌsetz *n econ.* amending law. **~ˌkreis** *m electr.* matching circuit. **~po·liˌtik** *f* opportunism, timeserving. **~ˌschwie·rig·kei·ten** *pl* adaptive difficulties. **~trans·forˌma·tor** *m electr.* matching transformer. **~verˌmö·gen** *n* → **Anpassungsfähigkeit**.

ˈanˌpei·len *v/t* ⟨*sep*, **-ge-**, *h*⟩ **1.** *aer. mar.* take a bearing of. **2.** *fig. colloq.* **et. ~** aim at (*od.* make for) s. th.; **j-n ~** give s. o. the eye.

ˈanˌpeit·schen *v/t* ⟨*sep*, **-ge-**, *h*⟩ *fig. zur Arbeit etc*: whip on, spur on.

ˈanˌpfei·fen I *v/t* ⟨*irr, sep*, **-ge-**, *h*⟩ **1.** *Sport*: **das Spiel ~** give the starting whistle, *Fußball*: whistle for the kickoff. **2.** *fig. colloq.* **j-n ~** blow s. o. up, tick s. o. off. **II** *v/i* **3.** *cf.* 1.

ˈAnˌpfiff *m* ⟨-(e)s; -e⟩ **1.** ⟨*only sg*⟩ *Sport*: starting whistle. **2.** *fig. colloq.* dressing down; **e-n ~ bekommen** get a rocket, get ticked off (properly).

ˈanˌpflan|zen *v/t* ⟨*sep*, **-ge-**, *h*⟩ **1.** plant, (*anbauen*) cultivate, grow (*tobacco, etc*). **2.** (*bepflanzen*) lay out (*a garden*). **≈zung** *f* ⟨-; **-en**⟩ **1.** planting (*etc*). **2.** cultivation.

ˈanˌpflau·men *v/t* ⟨*sep*, **-ge-**, *h*⟩ *colloq.* **j-n ~** kid s. o., have s. o. on.

ˈanˌpflocken (*getr.* **-k·k-**), **ˈanˌpflöcken** (*getr.* **-k·k-**) *v/t* ⟨*sep*, **-ge-**, *h*⟩ **1.** (*Zelt etc*) peg (down). **2.** (*Ziege etc*) tether.

ˈanˌpfrop·fen *v/t* ⟨*sep*, **-ge-**, *h*⟩ *hort.* graft.

ˈanˌpicken (*getr.* **-k·k-**) *v/t* ⟨*sep*, **-ge-**, *h*⟩ **1.** peck (at). **2.** *Austrian for* **ankleben** I.

ˈanˌpin·seln *v/t* ⟨*sep*, **-ge-**, *h*⟩ *colloq.* paint (over).

ˈanˌpir·schen *v/reflex* ⟨*sep*, **-ge-**, *h*⟩ **sich ~** (**an** *acc*) creep up (to), stalk (*an animal*).

ˈanˌpö|beln *v/t* ⟨*sep*, **-ge-**, *h*⟩ *colloq.* abuse *s. o.* (grossly). **≈be·lung** *f* ⟨-; **-en**⟩ *colloq.* (gross) abuse, molestation.

ˈAnˌprall *m* (**an** *acc*, **gegen**) impact (upon, on) (*a. tech.*), collision (with), *a. mil.* shock; **den ersten ~ aushalten** bear the brunt (of an attack). **ˈanˌpral·len** *v/i* ⟨*sep*, **-ge-**, *sein*⟩ (**an** *acc*, **gegen**) strike (forcibly) (against), bump (against), crash (into), *a. tech.* bounce (on, at), impact (upon, on).

ˈanˌpran|gern [-ˌpraŋərn] *v/t* ⟨*sep*, **-ge-**, *h*⟩ denounce, pillory, brand. **≈ge·rung** *f* ⟨-; **-en**⟩ (public) denunciation, branding.

ˈanˌprei·en *v/t* ⟨*sep*, **-ge-**, *h*⟩ (*Schiff*) hail.

ˈanˌprei|sen *v/t* ⟨*irr, sep*, **-ge-**, *h*⟩ (*bes. Waren*) praise, (re)commend, *durch Reklame*: boost, crack up; **et. marktschreierisch ~** puff (*od.* ballyhoo) s. th. **≈sung** *f* ⟨-; **-en**⟩ praise, recommendation, boost; **marktschreierische ~** puff, claptrap, ballyhoo.

ˈanˌpre·schen *v/i* ⟨*only pp*⟩ **angeprescht kommen** come rushing up.

ˈanˌpres·sen *v/t* ⟨*sep*, **-ge-**, *h*⟩ press (**an** *acc* against, on).

ˈAnˌpro·be *f* ⟨-; **-n**⟩ *von Kleidern etc*: fitting, try-on; **sie kommt zur ~** she comes for a fitting. **ˈan·proˌbie·ren** *v/t u. v/i* ⟨*sep, no* **-ge-**, *h*⟩ (*Kleider etc*) try (*od.* fit) on.

ˈanˌpum·pen *v/t* ⟨*sep*, **-ge-**, *h*⟩ *colloq.* **j-n ~** touch s. o. (**um** for).

ˈanˌquas·seln, ˈanˌquat·schen *v/t* ⟨*sep*, **-ge-**, *h*⟩ *colloq.* **j-n ~** talk to s. o., blether at s. o.

ˈAnˌrai·ner *m* ⟨-s; -⟩ *dial. for* **Anlieger**.

ˈanˌran·zen *v/t* ⟨*sep*, **-ge-**, *h*⟩ → **anschnauzen**.

ˈanˌra·ten I *v/t* ⟨*irr, sep*, **-ge-**, *h*⟩ **j-m et. ~** advise s. o. to do s. th., recommend s. th. to s. o.; **j-m Vorsicht ~** advise s. o. to be cautious; **j-m et. dringend ~** urge s. o. to do s. th. **II ≈** *n* ⟨-s⟩ **auf ≈** (*gen*) on s. o.'s advice, at s. o.'s recommendation.

ˈanˌrau·chen *v/t* ⟨*sep*, **-ge-**, *h*⟩ **1.** (*Zigarre etc*) begin to smoke. **2.** (*neue Pfeife*) break in, season, colo(u)r. **3. j-n ~** puff smoke at s. o. (*od.* in s. o.'s face). **4.** blacken *s. th.* with smoke.

ˈanˌräu·chern *v/t* ⟨*sep*, **-ge-**, *h*⟩ (*Schinken etc*) smoke *s. th.* slightly.

ˈanˌrau·hen *v/t* ⟨*sep*, **-ge-**, *h*⟩ **1.** *Textil.* nap, raise. **2.** *tech.* abrade.

ˈanˌraun·zen *v/t* ⟨*sep*, **-ge-**, *h*⟩ → **anschnauzen**.

ˈanˌrau·schen *v/i* ⟨*only pp*⟩ *colloq.* **angerauscht kommen** a) come roaring (*od.* rushing) up (*od.* along), b) *fig. Frau*: come sweeping up (*od.* in), c) *Sache*: come rolling up.

ˈanˌre·chen·bar *adj* → **anrechnungsfähig**.

ˈanˌrech|nen *v/t* ⟨*sep*, **-ge-**, *h*⟩ **1.** (*gutschreiben*) allow, credit; **j-m e-n Betrag (für et.) ~** allow s. o. a sum (for s. th.), credit a sum of money to s. o. (for s. th.). **2.** (*berechnen*) charge; **j-m e-n niedrigen Preis für et. ~** charge s. o. a low price for s. th., let s. o. have s. th. cheap; **j-m zuviel ~** overcharge s. o. **3.** (*abziehen*) deduct; → **Untersuchungshaft**. **4.** (*Dienstjahre, Ausbildungszeit etc*) take into account, count, credit; **die Ausbildungszeit auf die Dienstzeit ~** count the period of training toward(s) the time of service; **s-e Dienstjahre wurden ihm angerechnet** he was credited for his years of service, they allowed him his years of service. **5.** *fig.* **j-m et. als Verdienst ~** give s. o. (full) credit for s. th.; **sich** (*dat*) **et. als Verdienst ~** take the credit for s. th.; **j-m et. hoch ~** appreciate s. th. very much (in s. o.), think highly of s. o. for s. th.; **et. als Fehler ~** count s. th. as a mistake; **es sich** (*dat*) **zur Ehre ~** consider it an hono(u)r. **≈nung** *f* ⟨-; *no pl*⟩ **1.** crediting (*etc*). **2.** (*Berechnung*) charge, (*Abzug*) deduction; **et. in ~ bringen** → **anrechnen** 1; **unter ~ der Lieferkosten** with delivery charges, charging the cost of transport(ation); *jur.* **unter ~ der Untersuchungshaft** the time of detention pending trial being deducted from the sentence. **~nungsˌfä·hig** *adj* **1.** chargeable. **2.** countable; **~e Dienstjahre** years of service counting for pension rights. **3.** *econ.* deductible. **≈nungsˌzeitˌraum** *m Sozialversicherung*: credit period.

ˈAnˌrecht *n* ⟨-(e)s; -e⟩ *jur.* (**auf** *acc*) right, title, (legitimate) claim (*alle*: to), *durch Befähigung*: qualification, eligibility (*beide*: for); **(ein) ~ haben auf** (*acc*) have a right (*od.* legitimate claim) to, be entitled to, be eligible for.

ˈAnˌrechtsˌschein *m econ.* scrip (certificate).

ˈAnˌre·de *f* ⟨-; **-n**⟩ (form of) address, *im Brief*: salutation; **bei dieser ~ blieb er stehen** hearing himself thus addressed he stopped; **die offizielle ~ für j-n gebrauchen** address s. o. by his full title; **die ~ für e-n König ist „Majestät"** kings are addressed as (*od.* the form of address to kings is) "Your Majesty". **~ˌfall** *m ling.* vocative (case). **~ˌform** *f* form of address.

ˈanˌre·den *v/t* ⟨*sep*, **-ge-**, *h*⟩ **j-n ~** *allg.* address s. o., (*ansprechen*) *a.* speak (*od.* talk) to s. o., accost s. o.; **j-n mit Namen** (**s-m Titel**) **~** address s. o. by name (his title).

ˈAnˌre·deˌwei·se *f* → **Anredeform**.

ˈanˌre|gen I *v/t* ⟨*sep*, **-ge-**, *h*⟩ **1.** (*vorschlagen*) suggest, propose. **2.** (*beleben*) *allg.* stimulate (*s. o., the heart, etc*), (*den Appetit*) *a.* give an edge to, whet, (*j-n, die Phantasie etc*) *a.* animate, inspire; **j-n zu et. ~** stimulate (*od.* prompt, encourage, inspire) s. o. to do s. th.; **das Buch regte mich zum Nachdenken an** the book gave me food for thought; → **angeregt**. **3.** *chem. electr. etc* excite. **II** *v/i* **4.** (*anregend wirken, a. fig.*) stimulate, have a stimulating effect, act as a stimulant. **~gend** *adj* stimulating, *fig. a.* animating; *med.* **~es Mittel** stimulant. **≈ger** *m* ⟨-s; -⟩ s. o. who suggests (*od.* has suggested) s. th., initiator, inspirer. **≈gung** *f* ⟨-; **-en**⟩ **1.** (*Vorschlag*) suggestion, proposal, (*Idee*) idea, (*Anstoß, Anreiz, a. phys.*) impulse, stimulus; **auf ~ von** at the suggestion of; **neue ~en zu et. geben** furnish new ideas for s. th., stimulate s. th., give new impulses to s. th. **2.** (*Belebung*) *a. fig. der Phantasie etc*: stimulation; **zur ~ Kaffee trinken** stimulate o. s. with coffee, drink coffee as a stimulant (*od.* to wake o. s. up). **3.** (*Veranlassung*) (**zu et.** to [do] s. th.) stimulation, encouragement, initiative. **4.** *chem. electr. etc* excitation.

ˈAnˌre·gungs|ˌmit·tel *n pharm., a. fig.* stimulant. **~ˌspan·nung** *f electr.* excitation potential.

ˈanˌrei·ben *v/t* ⟨*irr, sep*, **-ge-**, *h*⟩ **1.** *print.* paste on, roughen. **2.** (*Farbe*) grind, *mit Wasser*: dilute.

ˈanˌrei|chern *v/t* ⟨*sep*, **-ge-**, *h*⟩ **1.** enrich (**mit** with); **mit Vitaminen ~** enrich *s. th.* with vitamins, vitaminize. **2.** *metall. a.* (*einengen*) concentrate. **3.** *econ.* (*Guthaben etc*) increase, augment. **≈che·rung** *f* ⟨-; **-en**⟩ **1.** enrichment (**mit** with); **~ mit Kohlenstoff** carburization. **2.** *metall. a.* concentration. **3.** *econ. e-s Guthabens etc*: increase (of), augmentation (of).

ˈanˌrei|hen I *v/t* ⟨*sep*, **-ge-**, *h*⟩ **1.** (*anfügen*) (**an** *acc* to) add, join; **et. aneinander ~** join s. th. together. **2.** (*Perlen*) string. **3.** (*anheften*) baste (on), tack on. **4.** *tech.* arrange (*od.* attach) *s. th.* in series, align. **5.** *ling.* (*Sätze*) coordinate. **II** *v/reflex* **sich ~ 6.** (*sich anschließen*) follow (**an** *acc* on); **sich ~ an** *a.* join, *fig. a.* rank with; **sich würdig ~** be a worthy successor. **7.** → **anstellen** 10. **≈hung** *f* ⟨-; *no pl*⟩ **1.** joining, adding (*etc*). **2.** series, sequence. **3.** *ling.* coordination.

ˈAnˌreim *m metr.* alliteration. **ˈanˌrei·men** *v/i* ⟨*sep*, **-ge-**, *h*⟩ alliterate.

ˈAnˌrei|se *f* journey (to one's destination, to a town, *etc*). **≈sen** *v/i* ⟨*sep*, **-ge-**, *sein*⟩ travel (to one's destination); **angereist kommen** arrive, come.

ˈAnˌrei·se|ˌtag *m* **1.** day of the journey. **2.** → **~terˌmin** *m* day (*od.* date) of arrival.

ˈanˌrei|ßen I *v/t* ⟨*irr, sep*, **-ge-**, *h*⟩ **1.** tear *s. th.* slightly, make a (small) tear in. **2.** *colloq.* (*Geld, Vorräte etc*) break into, (*Geldschein*) *a.* crack. **3.** (*Außenbordmotor etc*) pull the cord on (*a motor*). **4.** *tech.* (*vorzeichnen*) trace, mark, *mit Reißnadel*: scribe. **5.** (*Bäume*) notch, blaze. **6.** *mus.* (*Saite*) pluck. **7.** *fig.* (*Frage etc*) raise, bring up. **II** *v/i* ⟨*sein*⟩ **8.** *tech.* crack superficially. **≈ßer** *m* ⟨-s; -⟩ **1.** *tech.* (*Werkzeug*) tracing (*od.* marking) tool, scraper, (*Person*) tracer, marker. **2.** *colloq.* (*Kundenwerber*) tout, (*Marktschreier*) barker. **∼ße·risch** *adj colloq. Reklame etc*: loud; **∼e Werbung** *a.* ballyhoo.

ˈAnˌreiß|ˌleh·re *f tech.* (marking) ga(u)ge. **∼maˌschi·ne** *f* scorer. **∼ˌna·del** *f* marking tool, scriber. **∼scha·ˌblo·ne** *f* stencil, template, templet. **∼ˌspit·ze** *f* scriber point. **∼ˌzir·kel** *m* beam compasses *pl.*

ˈanˌrei·ten I *v/t* ‹*irr, sep,* **-ge-, h**› **1.** (*Hindernis etc*) approach (on horseback). **II** *v/i* ‹**sein**› **2.** ‹*only pp*› **angeritten kommen** come riding up (*od.* along). **3.** *mil.* **gegen den Feind ∼** charge the enemy.

ˈAnˌreiz *m* ‹**-es; -e**› incentive (*a. econ.*), stimulus, encouragement, inducement; (**innerer**) **∼** impulse; **ein materieller ∼** a material incentive; **j-m e-n ∼ bieten** (*od.* **geben**) *Sache*: act as an incentive to s. o. **ˈanˌrei·zen** *v/t* ‹*sep,* **-ge-, h**› **1.** (*Sinne, Begierde etc*) stimulate, *stärker*: excite. **2. j-n** (**zu et.**) **∼** stimulate (*od.* spur [on], encourage, *stärker*: incite) s. o. (to do s. th.), (*verlocken*) tempt s. o. (to do s. th.). **3.** → **anstiften** 2. **4.** *electr.* energize, excite. **ˈanˌrei·zend** *adj* stimulating, incentive. **ˈAnˌreizˌprä·mie** *f econ.* incentive bonus.

ˈanˌrem·peln *v/t* ‹*sep,* **-ge-, h**› *colloq.* **1. j-n** (**absichtlich**) **∼** bump into s. o., jostle (against) s. o. **2.** *fig.* (*belästigen*) molest, (*beschimpfen*) abuse, (*provozieren*) bait, provoke.

ˈanˌren·nen I *v/i* ‹*irr, sep,* **-ge-, sein**› **1. ∼ gegen** (*od.* **an** *acc*) bump (*od.* run) against (*od.* into); **ich bin mit dem Knie angerannt** I bumped my knee. **2.** *fig.* **∼ gegen** assail, run full tilt against. **3.** *mil.* assault, attack. **4.** ‹*only pp*› **angerannt kommen** come running (along). **II** *v/t* ‹**h**› **5.** *colloq.* **j-n ∼** run into s. o. **6.** *colloq.* **sich** (*dat*) **et.** (**an** *dat*) **∼** bump s. th. (against); **ich habe mir den Kopf angerannt** I bumped my head.

ˈAnˌrich·te *f* ‹**-; -n**› **1.** *im Speisezimmer*: sideboard, *in der Küche*: (kitchen) cupboard, *bes. Br.* dresser. **2.** → **Anrichteraum.**

ˈanˌrich·ten *v/t* ‹*sep,* **-ge-, h**› **1.** (*Verwirrung etc*) cause, bring about, (*Schaden, Unheil etc*) *a.* do (*damage*), work (*mischief*), cause (*havoc*); *colloq.* **da hast du ja was Schönes angerichtet!** that's a fine mess you've made of it!, now you've put your foot in it! **2.** *gastr.* (*zubereiten*) prepare, dress, (*anordnen*) arrange, (*auftragen*) serve, dish up; **e-n Salat mit Öl ∼** dress a salad with oil; **et. mit Gewürz ∼** spice (*od.* season) s. th.; **es ist angerichtet!** the meal is served (*od.* on the table).

ˈAnˌrich·te|ˌraum *m* pantry. **∼ˌtisch** *m* sideboard.

ˈAnˌriß *m tech.* **1.** incipient (*od.* hairline) crack. **2.** (*Vorzeichnung*) tracing, marking, scribing.

ˈanˌrit·zen *v/t* ‹*sep,* **-ge-, h**› scratch *s. th.* slightly, (*Samen, Baumrinde*) scarify.

ˈanˌrol·len I *v/i* ‹*sep,* **-ge-, sein**› **1.** *Lastwagen etc*: roll up, *fig. colloq. a.* be under way; *a. fig. colloq.* **angerollt kommen** be (*od.* come) rolling up. **2.** (*zu rollen beginnen*) start moving. **3.** *colloq. Aufträge, Geld, Lieferungen*: roll (*od.* come) in. **4.** *econ.* be on track. **5.** *aer.* taxi (up). **II** *v/t* ‹**h**› **6. et. ∼** roll s.th. up (*od.* along). **III ≈** *n* ‹**-s**› **7. im ≈ sein** *cf.* 1.

ˈanˌro·sten *v/i* ‹*sep,* **-ge-, sein**› get rusty, (begin to) rust.

ˈanˌrü·chig [-ˌrʏçɪç] *adj* disreputable, *colloq.* shady. **≈keit** *f* ‹**-;** *no pl*› bad reputation, ill repute, *colloq.* shadiness.

ˈanˌrucken (*getr.* **-k·k-**) *v/i* ‹*sep,* **-ge-, sein**› *Zug etc*: start with a jerk.

ˈanˌrücken (*getr.* **-k·k-**) **I** *v/t* ‹*sep,* **-ge-, h**› **et. ∼ an** (*acc*) push s. th. against. **II** *v/i* ‹**sein**› *bes. mil.* advance (**gegen** on), *weitS.* approach, draw near, *fig. colloq.* show (*od.* turn) up, come.

ˈAnˌru·dern *n* ‹**-s**› *Sport*: opening of the rowing season.

ˈAnˌruf *m* **1.** (telephone, *colloq.* phone) call; **danke für den ∼!** thanks for calling! **2.** (*Zuruf*) call; **der Hund kam auf ∼ zurück** the dog came back when called. **3.** *mil.* (*Warnruf*) challenge; **ohne ∼ schießen** shoot without warning. **4.** *mar.* hail. **∼beˌantˌwor·ter** *m teleph.* (telephone) answering machine, automatic (telephone) answering and recording set.

ˈanˌru·fen I *v/t* ‹*irr, sep,* **-ge-, h**› **1.** *teleph.* **j-n ∼** call s. o. (up), *bes. Br.* ring s. o. (up), *colloq.* phone s. o.; **rufen Sie ihn an** give him a call. **2.** call, shout to, *mar.* hail, *mil. Posten*: challenge. **3.** *lit.* **j-n** (**um** *Hilfe etc*) **∼** appeal to s. o. (for *help, etc*); *jur.* **ein Gericht** (**e-e höhere Instanz**) **∼** appeal to a (higher) court. **4.** *lit. od. relig.* **j-n ∼** call upon (*od.* invoke) s. o.; **Gott zum Zeugen ∼** invoke God as witness. **II** *v/i* **5.** *teleph.* call (up), *bes. Br.* ring up, (tele)phone; **bei j-m ∼** *cf.* 1.

ˈAnˌru·fer *m* ‹**-s; -**› **1.** *teleph.* caller. **2.** *jur.* appellant. **ˈAnˌru·fung** *f* ‹**-;** *no pl*› **1.** *jur. etc* appeal (*gen* to). **2.** (**∼** *Gottes etc*) invocation.

ˈanˌrüh·ren *v/t* ‹*sep,* **-ge-, h**› **1.** touch; **rühr mich nicht an!** don't touch me!; *fig.* **k-n Alkohol** (**Bissen**) **∼** not to touch alcohol (one's food, a bite); **ein Thema ∼** touch on a subject. **2.** *fig. lit.* (*rühren*) move, touch. **3.** (*Zement, Farbe, Soße etc*) mix, (*Teig*) beat, stir.

ans [ans] *short for* **an das**; **bis ∼ Ende** (up) to the end.

ˈAnˌsa|ge *f* ‹**-; -n**› **1.** → **ansagen** 8. **2.** *Radio, TV etc*: announcement, *e-s Künstlers etc*: *a.* presentation. **3.** (*Diktat*) dictation. **4.** *Kartenspiel*: bid(ding). **≈gen I** *v/t* ‹*sep,* **-ge-, h**› **1.** (*Besuch, Programm etc*) announce, (*e-e Darbietung, e-n Künstler etc*) *a.* present; **die Zeit ∼** give the time; → **Kampf** 1. **2.** (*diktieren*) dictate. **3.** *Kartenspiel*: bid; **Trumpf ∼** declare trumps. **4.** *archaic* (*mitteilen*) notify. **II** *v/i* **5.** a) announce, b) be an announcer (with the radio, *etc*). **6.** *Kartenspiel*: bid. **III** *v/reflex* **sich ∼ 7.** announce one's visit; **sie haben sich bei uns** (**zu Besuch**) **angesagt** they have said they're coming to visit us; **ich habe mich beim Zahnarzt angesagt** I have (made) an appointment with my dentist. **IV ≈** *n* ‹**-s**› **8.** announcing (*etc*).

ˈanˌsä·gen *v/t* ‹*sep,* **-ge-, h**› saw into.

ˈAnˌsa|ger *m* ‹**-s; -**›, **∼ge·rin** *f* ‹**-; -nen**› *Radio, TV* announcer, *TV a.* (*Moderator*) presenter, *Am.* host, *im Varieté*: compère; → *a.* **Conferencier.**

ˈanˌsam·meln I *v/t* ‹*sep,* **-ge-, h**› **1.** collect, (*Reichtümer etc*) amass, pile up, accumulate, *econ.* (*Reserven*) build up. **2.** *mil.* (*Truppen*) concentrate. **II** *v/reflex* **sich ∼ 3.** *Menschen*: gather, collect, assemble. **4.** *Post, Reichtümer etc*: pile up, accumulate, *econ. Zinsen*: accrue. **5.** *Staub, Wasser etc*: gather, collect, accumulate. **6.** *fig. Ärger*: build up (**in j-m** inside s. o.). **ˈAnˌsamm·lung** *f* ‹**-; -en**› **1.** collecting, amassing (*etc*). **2.** collection, accumulation, mass, pile. **3.** (*Menschen≈*) crowd, gathering, assemblage. **4.** *mil.* (*Truppen≈*) concentration.

ˈanˌsäs·sig *adj* (**in** *dat* in, at) resident, residing, domiciled, living; **nicht ∼** nonresident; **im Ausland ∼ sein** reside abroad; **in Deutschland ∼ werden** take up (one's) residence (*od.* settle) in Germany; **die Familie ist hier seit Generationen ∼** the family has lived here for generations. **ˈAnˌsäs·si·ge** *m, f* ‹**-n; -n**› resident, inhabitant. **ˈAnˌsäs·sig·keit** *f* ‹**-;** *no pl*› residence, status of resident.

ˈAnˌsatz *m* ‹**-es; Ansätze**› **1.** (**zu**) (*Versuch*) attempt (at, to do), effort (to do), start (of), (*Methode*) (basic) approach, *Sport*: *zu e-m Schlag, Schuß etc*: initial motion (to), start(ing) (of), (*Anlauf*) run-up, (*Absprung*) take-off; *fig.* **im ∼ richtig** (**falsch**) basically right (wrong), the right (wrong) approach; **beim ersten ∼** at the first attempt. **2.** (*Anzeichen*) first sign(s *pl*), beginning(s *pl*), start, initial stage(s *pl*); **∼ zu e-m Bauch haben** show the beginnings of a paunch; **die Ansätze e-r frühen Kultur** the beginnings (*od.* rudiments) of an early civilization; **der ∼ e-s Lächelns** the trace of a smile; **ein ∼ zur Besserung** a first sign of an improvement; **in den Ansätzen steckenbleiben** get stuck at the very beginning; **gute Ansätze zeigen** show good promise, promise well. **3.** *des Halses etc*: base, (point) where the neck, *etc* begins; → **Haaransatz.** **4.** a) *anat. e-s Muskels*: insertion, attachment, b) *biol. zu e-m Organ etc*: rudiment. **5.** (*Anlage, Neigung*) tendency, disposition. **6.** (*Schicht*) layer, coat(ing), crust (*of rust, etc*). **7.** *math.* statement, formulation (*of problem*), *e-r Gleichung*: set(ing)-up (*of equation*). **8.** *econ.* a) *im Budget*: appropriation, amount budgeted, b) (*Voranschlag*) estimate, calculation, c) *e-s Preises*: quotation, fixing; **et. mit 2 Millionen in ∼ bringen** estimate (*od.* calculate) s. th. at two millions, put the figure at two millions; **außer ∼ bleiben** be left out of account; **j-m et. in ∼ bringen** charge (*od.* debit) s. o. with s. th. **9.** *mus.* a) → **Ansatzstück** 2, b) (*Mundstück*) mouthpiece, embouchure, c) *e-s Bläsers*: embouchure, lip(ping), d) *e-s Instruments etc*: onset (of the speech), e) *e-s Sängers*: (**weicher** *etc* **∼** smooth, *etc*) intonation. **10.** *chem.* a) (*Niederschlag*) deposit, sediment, b) *e-s Versuches*: arrangement, set-up, c) starting material, d) (*Präparat*) preparation. **11.** *tech.* a) → **Ansatzstück** 1, b) nose, lug, *a. arch.* projection, *e-r Welle*: shoulder, *e-r Schraube*: neck. **12.** *bot.* a) sprouting, b) young shoot(s *pl*), sprout(s *pl*).

ˈAnˌsatz|grö·ße *f math.* differential value. **≈los** *adj Sport*: lightning (*shot, punch, etc*). **∼ˌpunkt** *m* **1.** *tech.* point of attachment. **2.** *fig.* starting point, point of departure. **∼ˌrohr** *n tech.* a) connecting tube, extension pipe, b) nozzle. **∼ˌschrau·be** *f* shoulder screw. **∼ˌstück** *n* **1.** *tech.* attachment, attached (*od.* added) piece, (*Verlängerung*) extension (piece). **2.** *mus.* crook.

ˈanˌsäu·ern *v/t* ‹*sep,* **-ge-, h**› **1.** *chem.* acidify, acidulate. **2.** *gastr.* (make *s. th.*) sour, (*Teig*) leaven.

ˈanˌsau·fen *v/t* ‹*irr, sep,* **-ge-, h**› *vulg.* **sich** (*dat*) **einen ∼** get plastered.

ˈanˌsau·gen I *v/t* ‹*meist irr, sep,* **-ge-, h**› (*Flüssigkeit etc*) suck in (*od.* up), (*Luft*) *a.* take (*od.* draw) in, *a. med. mit e-r Spritze*: aspirate; **der Ventilator saugt Luft an** the fan sucks in air. **II** *v/i* ‹*irr*› **e-e Pumpe ∼ lassen** prime a pump. **III ≈** *n* ‹**-s**› → **Ansaugung.**

ˈAnˌsaug|ge|blä·se *n tech.* suction fan. **∼ˌhub** *m* suction (*od.* intake) stroke. **∼ˌkrüm·mer** *m* intake manifold. **∼ˌlei·stung** *f* suction capacity. **∼ˌlei-**

tung *f* **1.** *tech.* suction pipe(s *pl*). **2.** *mot.* intake manifold. **~ˌluft** *f* induction air. **~ˌpum·pe** *f* priming pump. **~ˌrohr** *n* **1.** *tech.* induction pipe. **2.** *med.* suction tube. **~ˌstut·zen** *m* intake socket, *mot.* intake manifold. **~ˌtakt** *m* → **Ansaughub.**

ˈAnˌsau·gung *f* ⟨-; *no pl*⟩ *tech.* suction, intake, forced induction, *a. med. mit e-r Spritze*: aspiration.

ˈanˌsäu·seln *v/t* ⟨*sep*, **-ge-**, **h**⟩ *colloq.* **sich** (*dat*) **e-n ~** get tipsy, get a bit high.

ˈanˌsau·sen *v/i* ⟨*only pp*⟩ *colloq.* **angesaust kommen** *Person, Tier, Pfeil etc*: come whizzing along, *Auto etc*: come roaring up (*od.* along).

ˈanˌschaf|fen I *v/t* ⟨*sep*, **-ge-**, **h**⟩ **1.** (*kaufen*) purchase, buy, acquire; **sich** (*dat*) **et. ~** buy (o. s.) s. th., get o. s. s. th.; *colloq.* **sie wollen sich noch k-e Kinder ~** they don't want (to have) children yet. **2.** *econ.* a) (*beschaffen*) provide, procure, b) (*einzahlen*) pay s. th. into an account. **3.** *dial.* **(j-m) et. ~** (*anordnen*) order s. th. to be done (s. o. to do s. th.), (*bestellen*) order (s. o. to bring) s. th. **II** *v/i* **4.** *sl.* get the stuff, **(für j-n** *Geld verdienen*) bring in the lolly (for s. o.), *engS.* work (for s. o.) (as a prostitute). **5.** *dial.* **wer schafft hier an?** who gives the orders (*od.* is in charge) here? **ℒfung** *f* ⟨-; -en⟩ **1.** purchasing (*etc*). **2.** (*Kauf*) purchase, buy, acquisition. **3.** *econ.* procurement.

ˈAnˌschaf·fungs|ˌko·sten *pl econ.* purchase (*od.* prime) cost *sg.* **~ˌpreis** *m* purchase (*od.* cost) price; **zum ~** at cost. **~ˌwert** *m* acquisition (*od.* cost) value.

ˈanˌschäf·ten *v/t* ⟨*sep*, **-ge-**, **h**⟩ **1.** (*Werkzeuge etc*) helve, haft, fix a handle to, (*Gewehr*) stock. **2.** (*Stiefel*) top. **3.** (*Ski*) attach new tips to. **4.** *hort.* (*veredeln*) graft.

ˈanˌschal·men *v/t* ⟨*sep*, **-ge-**, **h**⟩ notch, blaze.

ˈanˌschal·ten *v/t* ⟨*sep*, **-ge-**, **h**⟩ **1.** (*Licht etc*) switch (*od.* turn, put) on. **2. et. ~ an** (*acc*) connect s. th. to.

ˈanˌschau·en *v/t* ⟨*sep*, **-ge-**, **h**⟩ *dial. for* **ansehen** 1,2.

ˈanˌschau·lich I *adj Schilderung etc*: vivid, graphic, descriptive, *Stil*: *a.* plastic. **II** *adv* vividly, graphically (*etc*); **et. ~ machen** → **veranschaulichen. ℒkeit** *f* ⟨-; *no pl*⟩ vividness, descriptiveness, graphic quality (*od.* power), plasticity.

ˈAnˌschau·ung *f* ⟨-; -en⟩ **1.** (*Ansicht*) **(von, über** *acc*) view(s *pl*) (of), opinion (on, about), outlook (upon *life, politics, etc*), way of looking (at *s. th.*); **fortschrittliche ~en haben** (*od.* **vertreten**) have (*od.* hold) progressive views; **j-s politische ~en teilen** share s. o.'s political views; **darüber sind wir verschiedener ~** our views (*od.* we) differ on that point; **nach meiner ~** in my view (*od.* opinion), as I see it. **2.** (*Vorstellung*) idea, notion, conception; **e-e merkwürdige ~ haben** have a peculiar idea (*od.* notion) **(von, über** *acc* of). **3.** *lit.* (*Betrachtung*) contemplation; *fig.* **et. aus eigener ~ kennen** know s. th. from (personal) experience. **4.** *philos.* intuition.

ˈAnˌschau·ungs|beˌgriff *m philos.* concept of intuition. **~ˌbild** *n psych.* mental image. **~ˌkraft** *f psych.* (power of) intuition. **~ma·te·riˌal** *n* illustrative material, *bes. ped.* visual aid(s *pl*), (*Tonund Bildgerät*) audiovisual aid(s *pl*). **~ˌun·terˌricht** *m* **1.** *ped.* visual instruction. **2.** *fig.* object-lesson. **~verˌmö·gen** *n psych.* intuitive faculty. **~ˌwei·se** *f* (point of) view, viewpoint; → *a.* **Anschauung** 1, 2.

ˈAnˌschein *m* ⟨-(e)s; *no pl*⟩ appearance, semblance, look; **(falscher) ~** false (*od.* wrong) impression, (*Vortäuschung*) preten/ce (*Am.* -se), make-believe; **den ~ erwecken** (*gen*, **als [ob]**) a) *Person, Sache, objektiv*: give the impression (of *s. th.*, of *being, etc*), b) *Person, vortäuschend*: *a.* **sich den ~ geben** pretend (to be *od.* to do, *etc*), give o. s. the air (of *s. th. od. s. o.*, of *being, etc*); **den ~ wahren** keep up appearances; **dem** (*od.* **allem**) **~ nach** to all appearances, apparently; **der (äußere) ~ trügt** (outward) appearances are deceptive; **es hat** (*od.* **gewinnt**) **den ~, als ob** it looks (*od.* seems) as if; **es hat ganz den ~, daß** there is every appearance that.

ˈanˌschei·nen *v/t* ⟨*irr, sep*, **-ge-**, **h**⟩ shine on.

ˈanˌschei·nend I *adj* apparent, seeming. **II** *adv* apparently, seemingly, to all appearances; **er ist ~ krank** he seems to be ill.

ˈanˌschei·ßen *v/t* ⟨*irr, sep*, **-ge-**, **h**⟩ *fig. vulg.* **1. j-n ~** blow s. o. up, give s. o. a rocket, *Am.* bawl s. o. out. **2.** → **bescheißen** 2.

ˈanˌschicken (*getr.* **-k·k-**) *v/reflex* ⟨*sep*, **-ge-**, **h**⟩ **sich zu et. ~** get ready (*od.* prepare) to do s. th., *eben*: be going (*od.* be about) to do s. th., (*sich machen an*) set about doing s. th.

ˈanˌschie·ben I *v/t* ⟨*irr, sep*, **-ge-**, **h**⟩ (*Auto etc*) push (-start), give *s. th.* a push. **II** *v/i Kegeln*: bowl first.

ˈanˌschie·len *v/t* ⟨*sep*, **-ge-**, **h**⟩ **j-n ~** squint at s. o., *verstohlen, mißtrauisch*: cast a sidelong glance at s. o., look at s. o. from the corner of one's eye, *frech*: leer at s. o.

ˈanˌschie·ßen *v/t* ⟨*irr, sep*, **-ge-**, **h**⟩ **1.** wound (by a shot), shoot and wound, (*Vogel, a. Person, bes. am Arm*) wing; *Sport*: **j-n ~** hit s. o. (with the ball); *fig. colloq.* **j-n ~** throw mud at s. o. **2.** *mil.* (*Waffen*) test-fire. **3.** *print.* (*Seiten*) add.

ˈanˌschim·meln *v/i* ⟨*sep*, **-ge-**, **sein**⟩ grow (*od.* go) mo(u)ldy.

ˈAnˌschiß *m* ⟨-sses; -sse⟩ *fig. vulg.* dressing down, telling off, rocket.

ˈanˌschir·ren *v/t* ⟨*sep*, **-ge-**, **h**⟩ harness.

ˈAnˌschlag *m* ⟨-(e)s; Anschläge⟩ **1.** (*Aushang*) poster, bill, (*Bekanntmachung*) notice; **e-n ~ machen** post (*od.* put up) a notice; **et. durch ~ bekanntmachen** bill s. th. **2. (auf** *acc* on) (*Überfall*) attack, (*Attentat*) attempt; **e-n ~ auf j-s Leben verüben** (*od.* **machen**) make an attempt on s. o.'s life. **3.** (*Verschwörung*) plot, conspiracy; *fig. colloq.* **e-n ~ auf j-n vorhaben** have designs on s. o. **4.** *e-r Schreibmaschine*: stroke; **sie schreibt 250 Anschläge in der Minute** she types 250 strokes per minute; **x Anschläge pro Zeile** x characters per line; **die Schreibmaschine hat e-n leichten ~** the typewriter has a light touch. **5.** (*Aufprall*) impact. **6.** *mil. etc* aiming (*od.* firing) position; **~ stehend (liegend)** standing (prone) position; **das Gewehr in ~ bringen** a) *mil.* bring the rifle down to the present, b) → **anschlagen** 7; **das Gewehr im ~ halten auf j-n** level (*od.* point) the gun at s. o. **7.** *econ.* (*Schätzung*) estimate, valuation, (*a. steuerlicher ~*) assessment, (*Berechnung*) calculation; *fig.* **et. in ~ bringen** (*berücksichtigen*) take s. th. into account, allow for s. th. **8.** *tech.* (*Sperre*) (limit) stop, detent, *e-r Werkzeugmaschine*: trip dog, (*Falz*) rabbet. **9.** *mus. e-s Klaviers etc*: touch, action, *e-s Pianisten etc*: touch, attack. **10.** *Schwimmen, am Ziel*: touch. **11.** ⟨*only sg*⟩ *beim Stricken etc*: casting on. **~ˌbol·zen** *m* stop pin, trip dog. **~ˌbrett** *n* notice board, *bes. Am.* bulletin board, billboard.

ˈanˌschla·gen I *v/t* ⟨*irr, sep*, **-ge-**, **h**⟩ **1. (an** *acc* to) (*Leiste etc*) fasten, fix, *mit Nägeln*: *a.* nail. **2. (an** *acc* on) (*Plakat etc*) post, put up. **3.** (*Taste, Ton etc*) strike, hit; **e-e Glocke ~** strike (*od.* ring) a bell; **e-n Akkord ~** strike a chord; **e-e Saite (leicht) ~** touch a string; *a. fig.* **den richtigen Ton ~** strike (*od.* hit) the right note; *fig.* **e-n falschen Ton ~** strike a false note; **e-n anderen Ton ~** change one's tune; **ein neues Gesprächsthema ~** change the subject, broach another subject; **ein schnelleres Tempo ~** quicken one's pace; **ein scharfes Tempo ~** go (*od.* hit) the pace. **4.** (*anstoßen*) strike, hit, knock; **sie schlug ihr Knie am Stuhl an** she struck her knee against the chair. **5.** (*Tassen etc*) chip. **6.** (*ver~*) estimate, assess, value, rate, (*berechnen*) calculate; **et. niedrig ~** rate s. th. low, make a low estimate of s. th.; **et. zu niedrig ~** underrate s. th.; **et. zu hoch ~** overrate (*od.* overestimate) s. th. **7.** *mil. etc* aim, level; **das Gewehr auf j-n ~** (take) aim at s. o., level (*od.* point) one's rifle at s. o. **8.** (*Maschen*) cast on. **9.** *mar.* (*Segel*) bring to, (*Last*) sling, (*Pumpe*) prime. **10.** *Textil.* a) baste, tack, b) *Weberei*: **die Lade ~** beat the lathe, c) (*Tuch*) tenter. **11. Junge ~** *Bienen*: deposit eggs in the cells. **12.** *print.* blank. **II** *v/i* ⟨**h** *u.* **sein**⟩ **13.** ⟨**sein**⟩ **(gegen, an** *acc* against) strike, hit, knock; **(mit dem Kopf) an die Wand ~** strike (one's head) against the wall; **Wellen schlagen an die Felsen an** waves are breaking (*od.* beating) against the rocks. **14.** ⟨**h**⟩ *Klingel, Uhr etc*: (begin to) ring. **15.** ⟨**h**⟩ *Hund*: bark, give tongue. **16.** ⟨**h**⟩ *Pflanze*: take (*od.* strike) root. **17.** ⟨**h**⟩ *colloq.* **bei j-m ~** *gutes Essen etc*: show on s. o.; **bei ihm schlägt nichts an** he doesn't put on any weight (no matter what or how much he eats). **18.** ⟨**h**⟩ **(bei** *j-m* on) *Medizin etc*: take (effect), have the required (*od.* a good) effect. **19.** ⟨**h**⟩ a) *Schwimmen, am Ziel etc*: touch, b) *Reiten, am Hindernis*: rap. **III ℒ** *n* ⟨-s⟩ **20.** fastening (*etc*). **21.** *e-s Hundes*: bark, challenge.

ˈAnˌschlag|ˌflä·che *f* stop(ping) face. **~geˌschwin·dig·keit** *f Schreibmaschine*: (stroke) speed. **~ˌrandˌstel·ler** *m Schreibmaschine*: margin stop. **~ˌsäu·le** *f* advertising (*od.* poster) pillar. **~ˌschlei·fen** *n tech.* shoulder grinding. **~ˌschrau·be** *f* stop screw. **~ˌstel·lung** *f* → **Anschlag** 6. **~ˌstift** *m tech.* stop pin. **~ˌta·fel** *f* → **Anschlagbrett. ~ˌtour** *f beim Stricken etc*: first row of stitches. **~ˌwin·kel** *m tech.* (try *od.* back) square, *verstellbarer*: shifting square. **~ˌzet·tel** *m* bill, poster.

ˈanˌschlei·chen I *v/t* ⟨*irr, sep*, **-ge-**, **h**⟩ stalk, sneak (*od.* creep) up on. **II** *v/reflex* **sich ~** sneak (*od.* creep, steal) up; **sich ~ an** (*acc*) *cf.* I. **III** *v/i* ⟨*only pp*⟩ *colloq.* **angeschlichen kommen** come creeping along (*od.* up).

ˈanˌschlei·fen[1] *v/t* ⟨*irr, sep*, **-ge-**, **h**⟩ *tech.* begin to grind, (first-)grind, (*Schneide*) sharpen, (*Edelstein*) begin to cut.

ˈanˌschlei·fen[2] *v/t* ⟨*sep*, **-ge-**, **h**⟩ → **anschleppen.**

ˈanˌschlen·dern *v/i* ⟨*only pp*⟩ *colloq.* **angeschlendert kommen** come ambling along (*od.* up).

ˈanˌschlep·pen *v/t* ⟨*sep*, **-ge-**, **h**⟩ *colloq.* drag (*od.* haul) *s. o., s. th.* along (*od.* up).

ˈanˌschlie·ßen I *v/t* ⟨*irr, sep*, **-ge-**, **h**⟩ **1.** (**an** *acc* to) (fasten *s. th.* with a) lock, *mit Vorhängeschloß*: padlock, *mit Kette*: chain (up). **2.** *tech.* **(an** *acc*) connect (with, to), link up (with), (*Schlauch etc*) attach (to), *electr.* connect (with), hook up (to), wire (to); **e-n Elektroherd** ~ connect up an electric stove; **ans Stromnetz** ~ connect to the mains. **3.** (*dat*) (*hinzufügen*) add (to), (*angliedern*) affiliate (to), link *s. th.* up (with), incorporate (into); **die folgende Überlegung** ~ add the following consideration. **II** *v/reflex* **sich** ~ **4.** (*grenzen*) (**an** *acc*) adjoin (*s. th.*), be adjacent (to *a park, etc*), border (on). **5.** *fig.* (*folgen*) follow; **an den Vortrag schloß sich e-e Diskussion an** the lecture was followed by a discussion. **6. sich j-m** ~ (*folgen*) follow s. o., (*zugesellen*) join s. o. (*on the way, etc*), (*unterstützen*) side with s. o., take s. o.'s side, **bei e-r Sache**: *a.* join in with s. o. in s. th., (*beipflichten*) agree with s. o.; **sich e-r Sache** ~ *e-m Klub etc*: join s. th., *pol. a.* rally to s. th., *fig. e-r Ansicht*: agree with (*od.* subscribe to, endorse) s. th., *a. jur. e-m Urteil*: concur with s. th.; **sich e-m Beispiel** ~ follow an example; **sich (dem Beispiel)** ~ *a.* follow suit; **er schloß sich m-r Bitte an** he joined me in my request; **ich schließe mich an!** I agree (to that)!, *colloq.* I'm with you (in that)!, (*mache mit*) I'll join you! **7. sich an j-n** ~ attach o. s. to s. o., befriend s. o.; **er schließt sich leicht an** he is (very) sociable, he makes contacts (*od.* friends) easily. **III** *v/i* **8.** *Kleid etc*: fit (closely), be a close fit. **9.** *mil.* close ranks, close up. **IV** ♀ *n* ‹-s› **10.** connecting (*etc*), connection.

ˈanˌschlie·ßend I *adj* **1.** (*angrenzend*) adjacent (**an** *acc* to), (*nächst*) next, neighbo(u)ring. **2.** (*folgend*) following, subsequent, ensuing (*discussion, etc*). **3.** (*anliegend*) tight-fitting, close-fitting (*trousers, etc*). **II** *adv* **4.** subsequently, afterward(s), then; ~ **an die Vorstellung** following (*od.* subsequent to, after) the performance. **ˈAnˌschlie·ßung** *f* ‹-; *no pl*› **1.** → **anschließen** IV, **Anschluß** 2, 6. **2.** (*Anfügung*) addition, attachment.

ˈAnˌschluß *m* ‹-sses; **Anschlüsse**› **1.** *im Verkehr*: connection; **dieser Zug hat** ~ **nach X** this train has a (*od.* makes) connection with (*od.* to) X; **die Fähre hat** ~ **an den Zug** the ferry meets the train; **er hat den** ~ **erreicht** he has caught (*Am.* made) his connection; **sie hat den** ~ **verpaßt** she missed her connection, *fig. colloq.* she has missed the bus (*od.* boat); *fig. Sport etc*: ~ **an die Spitze erreichen** catch up with (*od.* join) the leaders; ~ **an den modernen Stand der Technik finden** catch up with modern (standards of) technology; *jur.* ~ **e-r Privatklage an ein Strafverfahren** joining of a civil action to criminal proceedings. **2.** *electr. tech. teleph.* (*Vorgang und Vorrichtung*) connection, *electr. a.* contact, *teleph.* (*a. Leitungs*♀) line, (*Apparat*) subscriber's station; **elektrischer** ~ connection to the electric main(s *pl*); **dieses Haus hat noch k-n** ~ **(an das Fernsprechnetz)** this house has no telephone (connection *od.* line) as yet; **ich bekam k-n** ~ I didn't get through. **3.** (**an** *acc*) *e-e Partei etc*: affiliation (with), (*Beitritt*) entry (into), joining ([of] *a club, etc*). **4.** *colloq.* (*Bekanntschaft*) contact, acquaintance; ~ **finden (bei)** make contact (*od.* friends) (with); **er sucht** ~ a) he is trying to make friends, b) he seeks company, *iro.* (*erotisch*) he is on the make, he is trying to make a pick-up. **5. im** ~ **an** (*acc*) a) (*nach*) following, subsequent to, b) (*mit Bezug auf*) in connection with, referring to; **im** ~ **an unser Schreiben** further (*od.* reverting) to our letter. **6.** *pol.* union, *erzwungener*: annexation, *bes. hist.* anschluss.

ˈAnˌschluß|ˌaufˌtrag *m econ.* follow-up order. ~**ˌbahn** *f* branch (*od.* feeder) line. ~**ˌbahnˌhof** *m* junction (station). ~**beˌreich** *m teleph.* service area. ~**ˌdo·se** *f electr.* **1.** junction (*od.* connection) box. **2.** wall socket. ~**ˌdraht** *m* connecting wire, lead. ♀**ˌfer·tig** *adj* fully wired. ~**fi·nanˌzie·rung** *f econ.* follow-up financing. ~**ˌflug** *m* connecting flight. ~**geˌrät** *n electr.* connector set. ~**ˌgleis** *n rail.* **1.** branch (*od.* junction) line. **2.** siding. ~**ˌka·bel** *n* **1.** *electr.* connecting cable. **2.** *teleph.* subscriber's cable. ~**ˌkar·te** *f im Atlas*: connecting map. ~**ˌklem·me** *f electr.* (connecting) terminal, binding post. ~**ˌlei·ter** *m electr.* lead (terminal). ~**ˌlei·tung** *f* **1.** *tech.* connecting line. **2.** *electr.* a) mains cable, b) lead (wire). **3.** *teleph.* subscriber's line. ~**ˌli·nie** *f für Busse etc, a. aer.* feeder (line). ~**ˌnum·mer** *f teleph.* subscriber's (*od.* call) number. ~**ˌrohr** *n tech.* service pipe. ~**ˌschnur** *f electr.* flexible (*od.* connecting) cord, *bes. Br.* flex. ~**sta·tiˌon** *f rail.* junction (station). ~**ˌstecker** (*getr.* **-k·k-**) *m electr.* (wall) plug. ~**ˌstel·le** *f e-r Autobahn*: a) junction (point), b) access point. ~**ˌstrecke** (*getr.* **-k·k-**) *f rail.* feeder line. ~**ˌstut·zen** *m tech.* pipe union. ~**ˌsze·ne** *f Film*: connecting scene. ~**ˌtor** *n Sport*: goal that leaves one more to level the score. ~**ˌwert** *m electr.* connected load. ~**ˌzug** *m* corresponding train, connection.

ˈanˌschmach·ten *v/t* ‹*sep*, -ge-, h› *colloq.* j-n ~ look adoringly at s. o., make sheep's eyes at s. o.

ˈanˌschmie·den *v/t* ‹*sep*, -ge-, h› **1.** ~ **an** (*acc*) forge *s. th.* onto. **2.** *hist.* j-n ~ chain up s. o., put s. o. in irons.

ˈanˌschmie·gen I *v/t* ‹*sep*, -ge-, h› **1.** (**an** *acc* up to, against) snuggle, nestle (*one's head, body*). **II** *v/reflex* **sich** ~ **2. sich an j-n** ~ snuggle (*od.* cuddle) up to s. o., nestle against s. o. **3.** *Kleider*: cling, sit (*od.* fit) closely.

ˈanˌschmieg·sam *adj* **1.** (*zärtlich*) affectionate. **2.** → **schmiegsam.** ♀**keit** *f* ‹-; *no pl*› affectionate nature.

ˈanˌschmie·ren I *v/t* ‹*sep*, -ge-, h› **1.** (be)smear, daub, *mit Fett*: grease. **2.** *fig. colloq.* j-n ~ cheat s. o., take s. o. in; **j-n mit et.** ~ palm (*od.* foist) s. th. off on s. o.; **man hat dich (schön) angeschmiert** you have been taken in (properly), you have been had (for a sucker). **II** *v/reflex* **sich** ~ **3.** *colloq.* make o. s. dirty; **sich mit et.** ~ daub o. s. with s. th. **4.** *contp. mit Schminke etc*: daub o. s. (with make-up), paint one's face.

ˈanˌschmo·ren *v/t* ‹*sep*, -ge-, h› *gastr.* (*Fleisch*) braise (*meat*) slightly.

ˈanˌschmun·zeln *v/t* ‹*sep*, -ge-, h› j-n ~ give s. o. an amused grin.

ˈanˌschmut·zen *v/t* ‹*sep*, -ge-, h› soil.

ˈanˌschnal·len I *v/t* ‹*sep*, -ge-, h› **1.** (*Gürtel etc*) buckle (*od.* strap) on (**an** *acc* to); **et. mit Riemen** ~ strap s. th. on. **2.** (*Ski etc*) put on. **II** *v/reflex* **sich** ~ **3.** *aer. mot.* fasten one's seat belt, wear seat belts, strap o. s. in(to the seat), *bes. Am.* buckle up; *aer.* **bitte** ~! fasten your seat belts, please!

ˈAnˌschnall|ˌgurt *m* safety belt, seat belt. ~**ˌpflicht** *f* compulsory wearing of seat belts.

ˈanˌschnau·ben *v/t* ‹*sep*, -ge-, h› *fig. colloq.* j-n ~ snort (*od.* snarl) at s. o.

ˈanˌschnau|zen *v/t* ‹*sep*, -ge-, h› *colloq.* j-n ~ blow s. o. up, tell (*od.* tick) s. o. off, *bes. Am. colloq.* bawl s. o. out. ♀**zer** *m* ‹-s; -› *colloq.* dressing down, *sl.* rocket, *bes. Am. colloq.* bawling out.

ˈanˌschnei·den *v/t* ‹*irr, sep*, -ge-, h› **1.** (*Brot, Wurst etc*) (make the first) cut into. **2.** *fig.* (*Frage, Thema etc*) raise, bring up, broach; **ein Thema am Rande** ~ touch on a subject; **ein anderes Thema** ~ change the subject. **3.** *metall.* gate. **4.** *mar. mil.* get a bearing on. **5.** *opt.* (*anzielen*) aim at, (*anvisieren*) sight, (*scharf einstellen*) focus. **6.** a) (*Kurve etc*) cut, b) *Tennis*: cut, slice, put spin on (*the ball*).

ˈAnˌschnitt *m* **1.** *e-s Brotes etc*: first cut (*od.* slice). **2.** (*Schnittfläche*) cutting face. **3.** *tech.* first cut, *e-s Bohrers*: chamfer, *e-s Gewindes*: start(ing end). **4.** *metall.* gate, gating. **5.** *Straßenbau*: hillside cut and fill.

An·scho·ve [anˈʃoːvə] *f* ‹-; -n› → **Anschovis.**

An·scho·vis [anˈʃoːvɪs] *f* ‹-; -› *zo. u. gastr.* anchovy. ~**ˌpa·ste** *f gastr.* anchovy paste.

ˈanˌschrau·ben *v/t* ‹*sep*, -ge-, h› screw *s. th.* on (**an** *acc* to).

ˈanˌschrei|ben I *v/t* ‹*irr, sep*, -ge-, h› **1.** write (*od.* note, put) *s. th.* down (**an** *dat od. acc* on); **et. mit Kreide** ~ chalk s. th. up; → **angeschrieben. 2. j-n** ~ write (a letter) to s. o. **3.** *econ.* charge, debit; **et. für j-n** ~ charge (*od.* debit) s. o. with s. th., put s. th. (down) to s. o.'s account; **et.** ~ **lassen** buy s. th. on credit (*colloq.* on tick). **4.** *math.* (*Kreis*) escribe. **5.** (*Spielstand*) mark (*od.* score) up; **die Punktzahl** ~ *cf.* 6. **II** *v/i* **6.** keep (the) score. **7.** ~ **lassen** buy on credit (*colloq.* on tick). **III** ♀ *n* ‹-s› **8.** writing down (*etc*). **9.** *econ.* covering (*od.* accompanying) letter. ♀**ber** *m* ‹-s; -› *beim Spiel etc*: scorer, marker. ♀**beˌta·fel** *f* scoreboard.

ˈanˌschrei·en *v/t* ‹*irr, sep*, -ge-, h› **j-n** ~ shout (*od.* yell, scream) at (*od.* to) s. o.

ˈAnˌschrift *f* ‹-; -en› address.

ˈAnˌschrif·ten|ˌän·de·rung *f* change of address. ~**verˌzeich·nis** *n* list of addresses.

ˈAnˌschub *m Kegeln etc*: first bowl (*od.* throw).

ˈanˌschu·hen *v/t* ‹*sep*, -ge-, h› *tech.* **1.** (*Pfahl etc*) shoe, tip *s. th.* with iron. **2.** lengthen.

ˈanˌschul·di|gen [-ˌʃʊldɪgən] *v/t* ‹*sep*, -ge-, h› (*gen*) charge (with), accuse (of). ♀**gung** *f* ‹-; -en› charge, accusation, incrimination; *jur.* **schwere** ~**en gegen j-n erheben** prefer heavy charges against s. o., *weitS.* denounce s. o. heavily.

ˈAnˌschuß *m* ‹-sses; **Anschüsse**› **1.** first shot; **den** ~ **haben** *a.* shoot first. **2.** *mil.* sighting shot. **3.** *hunt.* a) (gun)shot wound, b) *spot where the game stood when shot.* **4.** *chem.* crystalline growth, (*Ergebnis*) crop of crystals.

ˈanˌschüt·ten *v/t* ‹*sep*, -ge-, h› *civ. eng.* fill up, backfill.

ˈanˌschwän·zeln *v/i* ‹*only pp*› *fig. colloq.* **angeschwänzelt kommen** *Person*: come waltzing along.

ˈanˌschwär·men I *v/t* ‹*sep*, -ge-, h› *colloq.* adore, idolize, worship, rave about. **II** *v/i* ‹sein› *Bienen*: begin to swarm.

ˈanˌschwär|zen *v/t* ‹*sep*, -ge-, h› blacken; *fig.* **j-n (bei j-m)** ~ blacken s. o.'s name (with s. o.), calumniate s. o. (before s. o.), (*denunzieren*) denounce s. o. (to s. o.). ♀**zung** *f* calumny, blackening of s. o.'s reputation, *econ. jur.* trade libel, injurious falsehood.

ˈanˌschwe·ben *v/i* ‹*sep*, -ge-, sein› *aer.* approach (*od.* come in) for a landing.

ˈanˌschwei·ßen[1] *v/t* ‹*sep*, -ge-, h› *tech.* weld (on) (**an** *acc* to).

ˈanˌschwei·ßen[2] *v/t* ‹*sep*, -ge-, h› *hunt.* wound.

ˈanˌschwel|len I *v/i* ‹*irr, sep*, -ge-, sein› **1.** *med.* swell (*a. bot. Knospen*), *Gefäß etc*: distend. **2.** *Fluß, a. mus. Ton,* *a. Lärm*: swell, rise; **starker Regen ließ die Flüsse ~** heavy rain caused the rivers to swell. **3.** *Segel etc*: swell, fill out. **4.** *fig. Arbeit etc*: increase, swell, *Kosten*: *a.* rise. **II ≈** *n* ‹-s› **5.** swelling (*etc*), *des Flusses*: rise, *fig. a.* increase. **~lend** *adj* **1.** *med.* (in)tumescent. **2.** (*a. adv*) *mus.* crescendo. **≈lung** *f* ‹-; -en› **1.** → **anschwellen** 5. **2.** *med.* swelling, intumescence, (*Geschwulst*) *a. biol. innere*: tumo(u)r, *der Gefäße*: distention, *der Drüsen*: glandular enlargement.

ˈan|schwem|men *v/t* ‹*sep*, -ge-, h› **1.** wash *s. th.* ashore (*od.* up), strand. **2.** *geol., a. med.* deposit. **≈mung** *f* ‹-; -en› alluvial soil (*od.* deposits *pl*), accretion.

ˈan|schwim·men I *v/i* ‹*irr, sep*, -ge-, sein› *a. fig.* **gegen den Strom ~** swim against the current. **II** *v/t* ‹h› (*Ufer etc*) swim toward(s).

ˈan|schwin·deln *v/t* ‹*sep*, -ge-, h› **j-n ~** lie to s. o., tell s. o. a (white) lie.

ˈAn|schwing||strom *m electr.* pre-oscillation current. **~|zeit** *f* build-up period.

ˈan|schwir·ren *v/i* ‹*meist pp*› **angeschwirrt kommen** come whizzing (*od.* flying) (along), *Insekt, a. fig. colloq. Person*: *a.* come buzzing along (*od.* up).

ˈan|schwit·zen *v/t* ‹*sep*, -ge-, h› *gastr.* (*Mehl*) brown.

ˈan|se·geln I *v/t* ‹*sep*, -ge-, h› *mar.* **1.** (*Land etc*) sail toward(s), make (*od.* head) for. **2.** (*Schiff, Riff etc*) run foul of. **II** *v/i* **3.** ‹*only pp*› *colloq.* **angesegelt kommen** come sailing along (*od.* up). **III ≈** *n* ‹-s› **4.** *Sport*: opening of the sailing (*od.* yachting) season.

ˈan|se·hen I *v/t* ‹*irr, sep*, -ge-, h› **1.** (take a) look at, *aufmerksam*: view, study, look over, *prüfend*: inspect, examine (closely), scrutinize; **sieh mich nicht so an** don't look at me like that; **et. flüchtig ~** look (*od.* glance) at s. th. cursorily, give s. th. a cursory glance; **et. finster** (*od.* **mißbilligend**) **~** scowl (*od.* frown) at s. th.; **er sah es nochmals an** he gave it a second look; **er sah den Vertrag genau an** he had a good look at the contract, he examined the contract closely; **hübsch (komisch) anzusehen** pretty (funny) to look at, a pretty (funny) sight; *colloq.* **sieh mal einer den Faulpelz an!** just look at this lazybones!; **sieh mal einer (das) an!** fancy (*od.* imagine) that!, what do you know!, well, did you ever! **2. sich** (*dat*) **et. (j-n) ~** (have a) look at s. th. (s. o.), see s. th. (s. o.); **sich e-n Film ~** see a film; **sich ein Rennen ~** watch a race; **das muß ich mir (einmal) ~** I must have (*od.* take) a look at it; *fig.* **er sah sich den Fall näher an** he examined (*od.* looked into) the matter more closely; **der Arzt sah ihn sich an** the doctor took a close look at (*od.* examined) him; **sich e-n Film bis zum Ende ~** sit out a film; *colloq.* **sieh dir das mal an!** look at that now!; **sieh dir das nur an!** just look at that. **3.** (*einschätzen*) look (up)on, see; **wie wir die Sache ~** as we see it; **jetzt sehe ich den Vorschlag mit anderen Augen** (*od.* **ganz anders**) **an** now I see the proposal in a different light; **wenn Sie es so ~** if you feel that way. **4. j-n (et.) ~ als** (*od.* **für**) (*erachten*) look (up)on (*od.* regard, consider) s. o. (s. th.) as; **sie sahen ihn als** (*od.* **für e-n**) **großen Künstler an** they regarded him as (*od.* considered him) a great artist. **5. j-n (et.) ~ für** (*halten*) take s. o. (s. th.) for; **ich sah ihn (irrtümlicherweise) für s-n Bruder an** I (mis)took him for his brother; **ich sehe ihn für den Dieb an** I take him to be the thief. **6. j-m (e-r Sache) et. ~** notice s. th. about s. o. (s. th.); **man sieht es ihm an** you can tell by his face; **das sieht man ihm nicht an** he doesn't look it; **man sieht ihm an, daß er krank ist** one can see (*od.* it is obvious) that he is ill; **man sah ihm s-e Überraschung an** his surprise was visible; **man sieht ihm den Engländer auf hundert Meter an** you can tell from a hundred yards off he is an Englishman; **man sieht ihm sein Alter nicht an** he does not look his age. **7. et. mit ~** watch (*od.* observe, witness, see) s. th.; **das Kind hat alles mit angesehen** the child watched the whole scene (*od.* saw it all happen); **ich kann das nicht mehr** (*od.* **länger**) **mit ~** I can't bear (*od.* stand) it any longer. **8.** (*berücksichtigen*) pay regard to, respect; *Bibl.* **die Person ~** be a respecter of persons; *colloq.* **er sieht das Geld nicht an** he does not care a pin about money. **II** *v/reflex* **9.** *colloq.* **es sieht sich gut an** it looks good. **III ≈** *n* ‹-s› **10. bei flüchtigem ≈** at the first glance; **j-n vom ≈ kennen** know s. o. by sight; **nicht des ≈s wert** not worth looking at; **≈ kostet nichts** looking costs nothing; *fig.* **ohne ≈ der Person** without respect of persons; *colloq.* **vom bloßen ≈ wird man nicht satt** better fill your stomach than your eye.

ˈAn|se·hen *n* ‹-s; *no pl*› (*Achtung*) (high) standing (*od.* reputation, repute), prestige, credit; **ein Mann von hohem ~** a man of high standing, a highly respected man; **(bei j-m) in hohem ~ stehen** be highly esteemed (by s. o.), be in high credit (with s. o.); **öffentliches ~ genießen** enjoy public esteem, be widely esteemed; **politisches ~ erwerben** acquire political prestige (*od.* credit), gain a political reputation; **in k-m guten ~ stehen** be in bad repute; **er ist in ihrem ~ gestiegen** he has risen in her esteem; **sich** (*dat*) **~ verschaffen** gain a reputation for o. s., make a name for o. s.; **an ~ verlieren** lose credit (*od.* prestige, face); **das hebt sein ~** that increases his reputation, that adds to his credit.

ˈan|sehn·lich *adj* **1.** (*beträchtlich*) considerable, important, substantial, large; **e-e ~e Summe** a considerable (*od.* handsome) sum. **2.** (*stattlich*) fine-looking, handsome; **ein ~es Paar** a handsome couple.

ˈAn|se·hung *f* ‹-; *no pl*› *adm.* **in ~** (*gen*) in consideration (*od.* view) of, considering; **ohne ~ der Person** without respect of person.

ˈan|sei·len *v/t* ‹*sep*, -ge-, h› (fasten *s. th.* with a) rope, (*a.* **sich ~**) *Alpinistik*: rope (up).

ˈan|sen·gen *v/t* ‹*sep*, -ge-, h› singe.

ˈan|set·zen I *v/t* ‹*sep*, -ge-, h› **1.** (**an** *acc*) (*Hebel, Meißel etc, a. Blutegel etc*) apply (to), put (on, to); **den Pinsel ~** apply the brush, start painting; **die Feder ~** put (*od.* set) the pen to paper, take up pen, start writing; **den Becher ~** put (*od.* raise) the cup to one's lips; → **Hebel** 1. **2.** put (*od.* place, set) *s. th.* in position; **e-e Leiter ~** *a.* put (*od.* set) up a ladder. **3.** (*anfügen*) (**an** *acc* to) put *s. th.* on, add, join, *tech. a.* attach, fit (on), (*annähen*) sew on; **die Ärmel ~** add the sleeves; **e-e Silbe ~** add a syllable. **4.** (*Frist, Termin etc*) fix, set, assign, appoint, schedule; *thea.* **ein Stück ~** put on a play; **die Vorstellung wurde für Freitag angesetzt** the performance was set for Friday. **5.** (*entwickeln*) develop, produce, form, (*Blätter, Knospen etc*) *a.* put forth, (*Rost, Schimmel etc*) put on, get (*od.* become) covered with; **Fleisch ~** *am Körper*: put on weight (*od.* flesh); *colloq.* **Fett ~** grow fat; **ein Geweih ~** *Hirsch*: put on antlers; **Zahnstein ~** scale. **6.** (*Bowle, Suppe etc*) prepare (*a. chem.*), mix, make, *zum Kochen*: put on. **7.** (*Preis*) fix, quote, (*Kosten etc*) rate, assess, value, (*in Ansatz bringen*) charge; **niedrig ~** understate. **8.** (*Gleichung*) set up. **9.** *fig.* (*einsetzen*) bring in, put on (*workers, etc*), (*Agenten, Spezialisten etc*) *a.* assign (**auf** *acc* to *a case, etc*); **e-n Detektiv auf j-n ~** put a detective on (to) s. o.; **e-n Hund (auf die Fährte) ~** set a dog on the trail. **10.** *Sport*: **e-n Griff ~** secure a hold; **e-n Schlag ~** deliver a blow. **II** *v/i* **11.** (*sich anschicken*) begin, (make a) start, (*e-n Versuch machen*) try, make an effort (*to do*); **noch einmal ~** begin again, start anew; **er setzte zum Sprechen an** he started to speak; **zur Landung ~** come in (to land); **zum Sprung ~** prepare (*od.* get ready) for the jump; **zum Spurt ~** launch into a spurt; *a. fig.* **zum Endspurt ~** set o. s. for the final spurt; **(zum Trinken) ~** put (*od.* raise) one's glass to one's lips. **12.** *Kritik etc*: set in; **hier setzen s-e Reformen an** this is where his reforms set in. **13.** *colloq.* (*dick werden*) put on weight, grow fat(ter). **14.** *Pflanzen etc*: set; **die Kartoffeln haben gut angesetzt** the potatoes have set (*od.* promise) well. **15.** *phys.* act; **die Kraft setzt am längeren Hebelarm an** the force acts on the longer lever arm. **III** *v/reflex* **sich ~ 16.** *Schmutz etc, a. chem.* deposit, accumulate. **17.** *med.* attach, become attached, *Leukozyten*: cling.

ˈAn|set·zung *f* ‹-; *no pl*› **1.** applying (*etc*). **2.** *e-s Werkzeugs etc*: application. **3.** (*Anfügung*) addition. **4.** *e-s Termins etc*: fixing, appointment. **5.** *von Rost etc*: deposition, accumulation. **6.** *chem. gastr.* preparation. **7.** *e-s Preises*: quotation, *von Kosten etc*: assessment. **8.** *von Knospen etc*: development.

ˈAn|sich||hal·ten *n* self-control. **~|rei·ßen** *n* grabbing, snatching.

|Anˈsich|sein *n philos.* perseity.

ˈAn|sicht *f* ‹-; -en› **1.** (*Meinung*) (**über** *acc*) opinion (on), view (of); **irrige** (*od.* **falsche**) **~** erroneous view, wrong idea, fallacy; **m-r ~ nach** in my opinion, to my mind, as I see it; **nach ~ der Sachverständigen** in the opinion of the experts, according to the experts; **anderer ~ sein** be of a different opinion, disagree (with s. o.'s opinion), differ; **ich bin (da) anderer ~** I beg to differ, I can't quite agree with you, I see the matter differently; **anderer ~ werden** change one's mind; **anderer ~ sein** take a different view (**über** *acc* of); **nach allgemeiner ~, nach der ~ aller** in the opinion of all, by general consent; **die ~en sind geteilt** opinion differs; **zu der ~ kommen, daß** decide that; **der ~ sein, daß; die ~ vertreten, daß** be of opinion that, take the view that, hold (*od.* think, feel) that; **es herrscht allgemein die ~, daß** it is generally held that; **ich bin ganz Ihrer ~** I quite agree with you, *colloq.* same here! **2.** (*Anblick*) sight, *a.* (*Bild*) view, prospect, aspect; **~en berühmter Städte** views of famous towns. **3.** *tech.* **~ von oben** top view, *weitS.* bird's eye view; **~ von der Seite** side view; **~ im Grundriß (im Schnitt)** plan (sectional) view; **schematische ~** diagram. **4.** *econ.* **zur ~** for inspection, on approval, on approbation; **zur gefälligen ~** for your kind inspection (*od.* perusal).

ˈanˌsich·tig *adj lit.* ~ **werden** (*gen*) catch sight of, see.

ˈAnˌsichts|ˌex·empˌlar *n print.* inspection copy. **~(ˌpost)ˌkar·te** *f* picture postcard. **~ˌsa·che** *f* **das ist** ~ that's a matter of opinion. **~ˌsen·dung** *f econ.* consignment (*od.* article[s *pl*]) (sent) for inspection (*od.* on approval). **~ˌskiz·ze** *f* sketch, view.

ˈanˌsie·deln I *v/t* ‹*sep*, -ge-, h› **1.** (*Einwanderer etc*) settle; **e-e in London angesiedelte Firma** a London-based firm. **2.** *fig.* (*Handlung e-s Romans etc*) (in *dat* in) place, set, site; **politisch links angesiedelt** (politically) based on the left, leftist. **II** *v/reflex* **sich** ~ **3.** settle; **sich wieder** ~ resettle, *a.* relocate. **ˈAnˌsie·de·lung** *f* ‹-; -en› → Ansiedlung. **ˈAnˌsied·ler** *m*, **ˈAnˌsied·le·rin** *f* settler, colonist. **ˈAnˌsied·lung** *f* ‹-; -en› **1.** settling, settlement, colonization. **2.** (*Siedlung, Kolonie*) settlement, colony.

ˈanˌsin·gen *v/t* ‹*irr, sep*, -ge-, h› **1.** sing to *s. o.*, address a song to. **2.** *mus.* (*Ton etc*) attack.

ˈAnˌsin·nen *n* ‹-s; -› unreasonable (*od.* impossible, strange) request (*od.* demand, suggestion); **an j-n ein** ~ **stellen** put an unreasonable request to s. o.; **welch ein** ~! the very idea!

ˈAnˌsitz *m hunt.* raised (*od.* concealed) (shooting) stand. **~ˌjagd** *f* shooting from a stand.

ˌanˈson·sten *adv colloq.* **1.** otherwise, apart from that. **2.** → **anderenfalls.**

ˈanˌspan|nen *v/t* ‹*sep*, -ge-, h› **1.** (*Zugtier*) harness, hitch, put (*horses, etc*) to, yoke (*oxen*) to; ~ **lassen** order the carriage; **den Wagen** ~ harness (*od.* put) the horses to the carriage. **2.** (*Seil etc*) tighten, stretch. **3.** *fig.* (*Geist, Kräfte etc*) strain, tax, exert, (*Kredit*) strain, (*Reserven*) stretch to the limit; **aufs äußerste** ~ strain to breaking-point; **alle Kräfte** ~ strain every nerve, do one's utmost; **j-n** ~ make s. o. work (hard); **j-n zu sehr** ~ overtax s. o. **4.** (*Muskeln*) flex, tense, strain. **2ner** *m* ‹-s; -› *anat.* tensor (muscle). **2nung** *f* ‹-; -en› **1.** *fig.* strain, exertion; ~ **der Finanzlage** strain on the financial situation; ~ **des Geldmarktes** monetary strain, tightness of the money market; ~ **der Reserven** drain on reserves. **2.** *der Muskeln*: tension.

ˈanˌspa·ren *v/t* ‹*sep*, -ge-, h› *econ.* save.

ˈAnˌsparˌra·te *f* qualifying balance.

ˈanˌspei·en *v/t* ‹*sep*, -ge-, h› **j-n** ~ spit at (*od.* [up]on) s. o., spit in s. o.'s face.

ˈAnˌspiel *n* ‹-(e)s; *no pl*› **1.** *Kartenspiel*: lead; **das** ~ **haben** (have the) lead. **2.** *Sport*: start of play, *Fußball*: kickoff. **ˈanˌspie·len I** *v/i* ‹*sep*, -ge-, h› **1.** *Kartenspiel*: (have the) lead, play first. **2.** *Sport*: lead off, *Fußball*: kick off, *Basketball etc*: throw off. **3.** *fig.* ~ **auf** (*acc*) allude to, hint at, insinuate (*acc*); **worauf will er** ~? what is he driving (*od.* hinting) at? **II** *v/t* **4.** *Sport*: (*Spieler*) pass to. **5.** (*Spielkartenfarbe*) lead, open. **6.** (*Billardball*) put on. **7.** *mus.* (*Instrument*) try (out), (*Ton*) strike, attack, (*Stück*) begin to play. **ˈanˌspie·lend** *adj fig.* allusive, insinuating. **ˈAnˌspie·lung** *f* ‹-; -en› (**auf** *acc*) allusion (to), hint (at), *bes. anzügliche*: insinuation, innuendo; **soll das e-e** ~ **sein?** are you trying to insinuate s. th.?; **das war e-e** ~ **auf dich** that was a dig at (*od.* meant for) you; **mit** ~ **auf** alluding to.

ˈanˌspin·nen I *v/t* ‹*irr, sep*, -ge-, h› **1.** (*Faden*) join. **2.** *fig.* (*Unterhaltung etc*) start, strike up, embark upon. **3.** *fig.* (*Böses etc*) scheme, hatch. **II** *v/reflex* **sich** ~ **4.** develop, arise, *Freundschaft*: *a.* spring up; *Böses etc*: be afoot; *colloq.* **zwischen den beiden spinnt sich et.** an there is s. th. going on between those two. **5.** *Raupe*: attach the cocoon.

ˈanˌspit·zen *v/t* ‹*sep*, -ge-, h› **1.** sharpen, point. **2.** *colloq.* **j-n** ~ goad s. o. (into action).

ˈAnˌsporn *m* ‹-(e)s; *no pl*› (*dat od.* **für** to) spur, stimulus, incentive, encouragement; **j-m e-n** ~ **geben** → **anspornen** 2. **ˈanˌspor·nen** *v/t* ‹*sep*, -ge-, h› **1.** (*Pferd*) spur, set spurs to. **2.** *fig.* (*Eifer etc*) spur (on), stimulate, incite, wake; **den Ehrgeiz** ~ wake ambition; **j-n** ~ spur s. o. (on), prod s. o., stimulate s. o., goad s. o., *colloq.* egg s. o. on.

ˈAnˌspra·che *f* ‹-; -n› **1.** (**an** *acc* to) address, speech; **e-e** ~ **halten** deliver an address; **e-e** ~ **an e-e Versammlung halten** address a meeting. **2.** ‹*only sg*› *mus. e-s Instruments*: speech, response. **3.** *mil. e-s Ziels etc*: designation. **4.** *dial.* **k-e** ~ **haben** have no one to talk to.

ˈanˌsprech·bar *adj* **1.** accessible, reachable; *colloq.* **heute ist er nicht** ~ you can't talk to him (*od.* he's in a filthy mood) today. **2.** *med.* responsive, (*bei Bewußtsein*) conscious. **2keit** *f* ‹-; *no pl*› **1.** accessibility. **2.** *med.* a) *bes. von Reflexen*: responsiveness, b) consciousness. **3.** *electr.* response.

ˈanˌspre|chen I *v/t* ‹*irr, sep*, -ge-, h› **1.** **j-n** ~ address s. o., speak (*od.* talk) to s. o.; **j-n auf der Straße** ~ accost s. o. in the street; **ich habe ihn darauf(hin) angesprochen** I have spoken to him about it; **er hat niemanden speziell angesprochen** he addressed nobody in particular. **2.** (*bitten, sich wenden an*) (**um** for) approach, ask, appeal to *s. o.* **3.** (*Problem etc*) touch ([up]on), broach, talk about. **4.** (*gefallen*) please, appeal to, interest; **die Werbung sollte besonders Teenager** ~ the advertising should particularly appeal to (*od.* reach) teenagers. **5.** **et. als** (*od.* **für**) **gut** (*etc*) ~ declare (*od.* pronounce, consider) s. th. (to be) good (*etc*); **das Bild wurde als Fälschung angesprochen** the picture was pronounced (to be) a forgery; **er ist als labil anzusprechen** he has to be considered as unstable. **6.** (*Schiff*) hail, speak to. **7.** *mil.* (*Ziel etc*) designate. **8.** (*Golfball*) address. **II** *v/i* **9.** (*reagieren*) respond (*a. tech. Bremse, Motor etc, a. med.* **auf** *acc* to), react, *electr. Relais*: pick up, *Magnet*: operate; **nur langsam** ~ be sluggish in response. **10.** (*gefallen*) meet with a good response (**beim Publikum** from the audience), appeal (to the public). **11.** *mus.* a) (*klingen*) speak, b) play. **III 2** *n* ‹-s› **12.** *tech.* response (**auf** *acc* to), *e-s Relais*: pickup. **13.** *mil. e-s Ziels*: designation. **14.** *des Golfballs*: address. **~chend** *adj* **1.** (*gefällig*) pleasing, appealing, attractive; **~es Äußeres** attractive appearance. **2.** (*gewinnend*) engaging, winning. **3.** *Leistung*: impressive, considerable.

ˈAnˌsprech|ˌkraft *f mot. von Bremsen*: grip(ping) power. **~ˌstrom** *m electr. für Schaltgeräte*: actuating current, *für Sicherungen*: fusing current. **~ˌzeit** *f* **1.** *electr.* time of response, *e-s Relais*: pickup time. **2.** *psych.* reaction time.

ˈanˌsprin·gen I *v/i* ‹*irr, sep*, -ge-, sein› **1.** *Motor*: start (up), fire, *Turbo-Strahltriebwerk*: light. **II** *v/t* ‹h› **2.** (*angreifen*) pounce (up)on. **3.** *Hund, vor Freude*: jump up at.

ˈanˌsprit·zen *v/t* ‹*sep*, -ge-, h› sprinkle, spray, (*bespritzen*) splash, *mit Schmutz*: *a.* bespatter.

ˈAnˌspruch *m* ‹-(e)s; Ansprüche› (**auf** *acc* to, **aus** under, **gegen** against) *allg., a.* (*Rechts2, Patent2*) claim (*a. fig. Behauptung*), *jur.* (*berechtigter* ~, *Rechtstitel*) title, (legal *od.* legitimate) claim, right, (*bes. unbegründeter* ~) pretension, *pl* (*Anforderungen*) requirements, demands, standard *sg*; *jur.* **älterer** ~ prior claim; **verjährter** ~ stale claim; ~ **auf Schadenersatz** claim for damages; ~ **haben auf** (*acc*) be entitled to, have a right to, *jur. a.* have a title (*od.* legitimate claim) to; **e-n** ~ **geltend machen** assert (*formal*: lodge) a claim; ~ **erheben auf** (*acc*) lay claim to, claim (*acc*), *unbegründet*: *a.* pretend to, *jur. formal*: enter a claim for; **in** ~ **nehmen** a) → ~ **erheben auf,** b) (*j-n, j-s Dienste, Hilfe etc*) call on, avail o. s. of (*s. o.'s services, help, etc*), (**j-n**) *Arbeit etc*: keep s. o. busy (*od.* occupied), **ganz**: keep s. o. fully occupied, claim s. o.'s full attention, (*j-s Kräfte, Mittel*) make demands on, draw on, *stärker*: tax, be a strain on, c) (*Kredit, Raum, Zeit*) take (up), require; **ich erhebe k-n** ~ **auf Objektivität** I do not lay claim to objectivity, I do not claim to be unbias(s)ed; **j-s Aufmerksamkeit** (**ganz**) **in** ~ **nehmen** claim s. o.'s (full) attention; **j-n** (**e-e Unterhaltung**) **ganz für sich in** ~ **nehmen** monopolize s. o. (a conversation); **es nimmt mir zuviel Zeit in** ~ it takes up too much of my time; **das wird mindestens vier Wochen in** ~ **nehmen** this will take four weeks at least; **sehr in** ~ **genommen** (**von**) engrossed (in), (very) preoccupied (with), (all) wrapt up (in), *von Arbeit*: very busy (with); **j-m e-n** ~ **geben** entitle s. o. (**auf** *acc* to); **hohe Ansprüche stellen** (**an** *acc*) make heavy demands (on), set a high standard (of), tax (*s. o., s. th.*) severely, expect a great deal (from *s. o.*); **er stellt große** (**k-e großen**) **Ansprüche** he is very (not at all) demanding, he is hard (easy) to please; **allen Ansprüchen gerecht werden** meet all (possible) requirements, come up to expectations; **dies ist kein leerer** ~ that's no idle boast.

ˈAnˌspruchs|ˌabˌtre·tung *f jur.* cession (*od.* assignment, transfer) of a claim. **2beˌrech·tigt** *adj* entitled (**auf** *acc* to). **~beˌrech·tig·te** *m, f* ‹-n; -n› rightful claimant, party (*od.* person) entitled to claim. **2los I** *adj* unpretentious, unassuming, modest, (*schlicht*) *a.* plain, simple, (*genügsam*) *a.* easily satisfied, *Essen*: frugal, simple, *Roman, Unterhaltung etc*: undemanding, light; **ein ~er Stil** a simple (*od.* straightforward) style. **II** *adv* ~ **leben** live modestly. **~lo·sig·keit** *f* ‹-; *no pl*› unpretentiousness (*etc*), modesty, simplicity, frugality, *geistige, kulturelle*: undemandingness, lightness, *contp.* lack of style. **2voll** *adj* pretentious, *Sache*: *a.* ambitious, *Person*: *a.* exacting, (*wählerisch*) fastidious, *contp.* fussy, (*eigen*) particular (**mit, in** *dat* about); (**geistig**) ~ *Person*: discriminating, critical, *Buch, Musik etc*: demanding, *colloq.* highbrow.

ˈanˌsprü·hen *v/t* ‹*sep*, -ge-, h› spray.

ˈanˌspucken (*getr.* **-k·k-**) *v/t* ‹*sep*, -ge-, h› spit at (*od.* on).

ˈanˌspü·len *v/t* ‹*sep*, -ge-, h› **1.** wash *s. th.* ashore, wash up. **2.** *geol.* (*Sand etc*) deposit.

ˈanˌspü·ren *v/t* ‹*sep*, -ge-, h› → **anmerken** 4.

ˈanˌsta|cheln *v/t* ‹*sep*, -ge-, h› **1.** (*j-s Ehrgeiz, Eifer etc*) stimulate. **2.** (*j-n*) *zu größerer Leistung*: (**zu** to) spur, *stärker*: goad, prod. **3.** (*aufreizen*) incite, provoke. **2che·lung** *f* ‹-; *no pl*› stimulation, spur(ring) (*etc*), incitement.

ˈAnˌstalt [-ˌʃtalt] *f* ⟨-; -en⟩ **1.** institution, establishment, institute; **öffentliche** ~ public institution; ~ **des öffentlichen Rechts** institution incorporated under public law. **2.** (*Heil*≗) sanatorium, *Am. a.* sanitarium, *colloq.* (*Nervenheil*≗) mental home, asylum; **j-n in e-r** ~ **unterbringen, j-n in e-e** ~ **verbringen** institutionalize s. o., put s. o. away. **3.** (*Schule*) educational establishment, institute, (*Internat*) boarding school. **4.** (*Unternehmen*) establishment, office. **5.** *pl fig.* (*Vorbereitungen*) preparations; **~en machen zu** *inf* get ready (*od.* prepare) to *inf*; **er machte k-e ~en zu gehen** he would not budge; ~ **zu et. treffen** make arrangements (*od.* arrange) for s. th.

ˈAnˌstalts|ˌarzt *m med.* resident (*od.* house) physician. **~ˌfürˌsor·ge** *f* institutional care. **~ˌgeist·li·che** *m* chaplain (*of a hospital, prison*). **~ˌklei·dung** *f* institutional clothing, *im Gefängnis*: prison clothing. **~ˌlei·ter** *m* **1.** head of an institution. **2.** *ped.* headmaster, *bes. Am.* principal. **~ˌlei·te·rin** *f* **1.** → **Anstaltsleiter** 1. **2.** *ped.* headmistress, *bes. Am.* principal. **~ˌun·terˌbrin·gung** *f* institutionalization. **~ˌzög·ling** *m ped.* boarding-school pupil.

ˈAnˌstand[1] *m* ⟨-(e)s; Anstände⟩ **1.** ⟨*only sg*⟩ (sense of) decency (*od.* propriety, decorum), (*Benehmen*) (good) behavio(u)r, (good) breeding (*od.* manners *pl*); **er hat k-n** ~ a) he has no sense of decency, b) he has no manners; **j-n** ~ **lehren** teach s. o. manners; **den** ~ **wahren** preserve the proprieties (*od.* decencies); **den** ~ **verletzen, gegen den** ~ **verstoßen** offend against the proprieties; **er kann mit** ~ **verlieren** he is a good loser. **2.** (*Bedenken*) objection; **ohne** ~ → **anstandslos**; **Anstände machen** raise objections; **er nahm** ~, **es zu tun** he hesitated to do it. **3.** *dial.* (*Schwierigkeit*) trouble; **ich will beim (mit dem) Zoll** *etc* **keine Anstände haben** I don't want to have (any) trouble at (with) the customs, *etc.*

ˈAnˌstand[2] *m* ⟨-(e)s; Anstände⟩ → **Ansitz.**

ˈanˌstän·dig I *adj* **1.** (*schicklich*) proper, decent, seemly, correct, *Witz*: clean; **~es Benehmen** proper behavio(u)r; **~e Kleidung** correct clothes *pl*; **das ist nicht** ~ that's not good form (*od.* not ladylike, not gentlemanlike). **2.** (*ehrbar, achtbar*) respectable. **3.** *colloq.* (*gut, richtig*) decent (*book, fellow, meal, etc*); **das ist** ~ **von ihm** that's decent (*od.* white) of him; **~e Preise** reasonable (*od.* fair) prices. **4.** *colloq.* (*beachtlich*) handsome, fair, respectable, (*tüchtig*) proper, thorough, good; **e-e ~e Tracht Prügel** a proper hiding; **e-e ganz ~e Leistung** quite an achievement. **II** *adv* **5.** decently (*etc*); **stets** ~ **angezogen** always correctly dressed; **benimm dich** ~! behave yourself! **6.** *colloq.* (*tüchtig*) properly, thoroughly; **er hat ihm** ~ **s-e Meinung gesagt** he ticked him off properly; **es regnet ganz** ~ it is raining pretty hard. **≗keit** *f* ⟨-; *no pl*⟩ decency, propriety, correctness, respectability, fairness.

ˈAnˌstands|beˌsuch *m* formal (*od.* duty) call. **~ˌda·me** *f* chaperon, *Am. a.* chaperone; **die** ~ **spielen** play (the) chaperon. **~ˌfor·men** *pl* proprieties. **~geˌfühl** *n* sense of decency (*od.* propriety, decorum), *weitS.* delicacy, tact. **≗ˌhal·ber** *adv colloq.* for decency's (*od.* politeness') sake, for the sake of appearances, out of politeness. **≗los** *adv* **1.** (*ohne Bedenken, sofort*) without hesitation (*od.* objection, demur), unhesitatingly, readily, promptly. **2.** (*ungehindert*) freely. **~ˌre·gel** *f meist pl* (rule of) etiquette, *pl a.* social conventions. **~ˌun·terˌricht** *m* lessons *pl* in deportment (*od.* manners). **~ˌwauˌwau** *m colloq.* chaperon. **≗ˌwid·rig** *adj* indecent, improper, unseemly.

ˈanˌstän·kern *v/t* ⟨*sep*, **-ge-**, h⟩ *colloq.* **j-n** ~ rail at s. o., blast s. o.

ˈanˌstar·ren *v/t* ⟨*sep*, **-ge-**, h⟩ stare at, *mit offenem Mund*: gape at.

ˌanˈstatt I *prep* ⟨*gen*⟩ instead of, in the place of, in *s. o.'s* place (*od.* stead), in lieu of *s. th.*, (*als Ersatz*) as a substitute for. **II** *conj* **er spielte,** ~ **zu arbeiten** he played instead of working.

ˈanˌstau·en I *v/t* ⟨*sep*, **-ge-**, h⟩ **1.** (*Fluß etc*) dam up, impound, stem. **II** *v/reflex* **sich** ~ **2.** *Wasser*: be banked up, rise, swell, *weitS.* pile up, accumulate; → *a.* **stauen** II. **3.** *fig. Wut etc*: be bottled (*od.* pent) up. **4.** *physiol. Eiweiß etc*: accumulate, store up, *Blut in Organen*: congest.

ˈanˌstau·nen *v/t* ⟨*sep*, **-ge-**, h⟩ gaze (*od.* stare) at *s. o., s. th.* (in wonder), *mit offenem Mund*: gape at.

ˈanˌste·chen *v/t* ⟨*irr, sep*, **-ge-**, h⟩ **1.** prick, (*Geschwür*) pierce, tap. **2.** (*anschneiden*) make the first cut into. **3.** (*Faß*) tap, broach; **frisch angestochen** fresh on tap. **4.** (*Hochofen*) stroke, tap. **5.** (*Pumpe etc*) prime.

ˈAnˌsteckˌblu·me *f* boutonniere, *bes. Br.* buttonhole (flower).

ˈanˌstecken (*getr.* **-k·k-**) **I** *v/t* ⟨*sep*, **-ge-**, h⟩ **1.** stick (*od.* fasten) on, *mit Nadeln*: pin on (*badge, medal, etc*), (*Ring etc*) put (*od.* slip) on. **2.** (*anzünden*) light (*candle, etc*); **ein Haus** ~ set fire to a house; **sich** (*dat*) **e-e Zigarette** ~ light a cigarette. **3.** *med.* infect (*a. fig.*), *fig. Unmoral etc*: contaminate; **angesteckt werden** → 5; **er hat mich mit s-r Erkältung angesteckt** he has given me his cold; *fig.* **s-e Fröhlichkeit steckte die ganze Gesellschaft an** his good humo(u)r infected the whole company. **II** *v/i* **4.** *fig. Gähnen, Lachen etc*: be infectious, be catching. **III** *v/reflex* **5. sich** ~ be infected, catch (a disease); **er hat sich bei s-m Bruder angesteckt** he caught it from (*od.* off) his brother. **~d** (*getr.* **-k·k-**) *adj med.* infectious, *direkt*: contagious, *colloq.* catching; *fig.* **ein ~es Lachen** an infectious laughter.

ˈAnˌsteckˌna·del *f* pin, (*Abzeichen*) badge.

ˈAnˌsteckung (*getr.* **-k·k-**) *f* ⟨-; -en⟩ *med.* infection, *durch Berührung*: contagion.

ˈanˌsteckungs|ˌfä·hig (*getr.* **-k·k-**) *adj* → **ansteckend.** **~ˌfrei** *adj* free from infection, not infected. **≗geˌfahr** *f* danger (*od.* risk) of infection. **≗ˌherd** *m* focus of infection. **≗ˌkeim** *m* germ. **≗ˌkraft** *f* virulence. **≗ˌquel·le** *f* source of infection, *bes. bei Geschlechtskrankheiten*: contact(s *pl*). **≗ˌstoff** *m* infectious agent (*od.* matter), contagium. **~verˌdäch·tig** *adj* under suspicion of infection.

ˈanˌste|hen I *v/i* ⟨*irr, sep*, **-ge-**, h⟩ **1.** *colloq.* (*Schlange stehen*) (**nach** for) queue (*bes. Am.* line) up, stand (*od.* wait) in a queue (*od.* line). **2. j-m** ~ (*zukommen*) be becoming s. o., suit s. o.; **es steht ihm schlecht an** it ill becomes him; **es steht dir nicht an, dich zu beklagen** it is not fit for you (*od.* you have no right) to complain; **Zurückhaltung stünde ihr besser an** discretion would befit her better; **ein solcher Posten würde ihm gut** ~ a post like that would suit him well (*od.* would be just right for him). **3.** (*zögern*) hesitate; **ich stehe nicht an, das zu behaupten** I do not hesitate to assert that. **4.** (*sich verzögern*) be delayed (*od.* deferred, put off), stand over; **et.** ~ **lassen** delay (*od.* defer, postpone) s. th., put s. th. off; **dringend** ~ *Projekt etc*: have high priority; **man sollte das nicht** ~ **lassen** this should not be put off; **e-e Schuld** ~ **lassen** defer payment of a debt, leave a debt unpaid. **5.** *econ. jur.* (*angesetzt sein*) be up, be in hand, be pending, be under consideration; **zur Entscheidung** ~ be up for decision; **was steht (zur Beratung) an?** what is on the agenda?; **der Termin steht morgen an** the (day of the) hearing is fixed for tomorrow. **6.** *Gestein etc*: crop out, outcrop, *Mineralvorkommen*: remain unworked. **7.** (*zu erwarten sein*) impend, be to be expected. **8.** *hunt.* be at the stand; **auf das Wild** ~ be waiting for (the) game. **II** ≗ *n* ⟨-s⟩ **9.** standing in a queue (*od.* line), queuing up. **10.** hesitation. **11.** delay, postponement. **~hend** *adj* **1.** *Entscheidung etc*: in hand, pending, under consideration. **2.** *Schuld etc*: outstanding, unpaid, owing. **3.** (*Verhandlung*) being (*od.* coming) up for trial. **4.** *Bergbau*: **~e Kohle** unworked coal; **~es Erz** outcrop.

ˈanˌstei·gen I *v/i* ⟨*irr, sep*, **-ge-**, sein⟩ *allg.* rise, go up, *Straße, Ufer, Temperatur etc, a. math. Kurve, a. mus.* ascend, *fig. a.* increase, mount (up); **jäh** ~ skyrocket, soar; **die Produktion stieg weiter an** production continued to increase. **II** ≗ *n* ⟨-s⟩ rising (*etc*), *math. mus.* ascent, *fig.* rise, increase.

ˌanˈStel·le, ˌan ˈStel·le *prep* ⟨*gen od.* **von**⟩ → **anstatt** I.

ˈanˌstel·len I *v/t* ⟨*sep*, **-ge-**, h⟩ **1.** (*Heizung, Radio etc*) turn on, switch on; **die Maschinen** ~ start (up) the machines. **2.** (*Arbeiter etc*) employ, engage, take on, *bes. Am.* hire, (*bes. Beamte*) appoint; **bei j-m angestellt sein** be employed with s. o., be in s.o.'s employ; **j-n fest** ~ give s.o. a permanent position. **3.** *colloq.* **j-n zu et.** ~ get s. o. to do s. th., have s. o. do s. th. **4.** (*durchführen*) make, carry out, conduct; **Untersuchungen** ~ carry out (*od.* conduct) investigations, investigate; **an e-r Sache Versuche** ~ make tests (*od.* experiment) on s. th.; **Nachforschungen** (*od.* **Ermittlungen**) ~ make inquiries; *colloq.* **er hat alles Mögliche mit ihm angestellt** he's tried all sorts of things on him; → **Vergleich** 1 (*etc*). **5.** *colloq.* (*Dummheiten etc*) do, be up to; **was hast du (da) wieder angestellt?** what have you done (*od.* been up to) again?; **was haben sie mit dir angestellt?** what have they done to you?; *weitS.* **was habt ihr heute angestellt?** (*unternommen*) what have you been doing (with yourself) today? **6.** (*bewerkstelligen*) do, manage; **er stellte es geschickt an** he did it skil(l)fully; **wie hat er es angestellt hereinzukommen?** how did he manage to get in? **7.** (*anlehnen*) (**an** *acc* against) lean, place, put; **e-e Leiter** ~ put a ladder in position, raise a ladder. **8.** *an e-e Reihe*: add (*another table, etc*). **9.** *tech.* (*Druckschraube etc*) adjust, (*Meißel*) set, position. **II** *v/reflex* **sich** ~ **10.** (*Schlange stehen*) queue (up), *bes. Am.* line up. **11.** *colloq.* (*sich verhalten*) act, behave, make (**als ob** as if); **sich bei e-r Arbeit ungeschickt** ~ go about (*od.* do) a job clumsily; **stell dich nicht so an!** a) don't make such a fuss!, don't take on so!, b) don't be so silly!

ˈanˌstel·lig *adj* handy, skil(l)ful, clever; **er ist sehr** ~ *a.* he can turn his hand to anything.

ˈAnˌstel·lung *f* ⟨-; -en⟩ **1.** (*Einstellung*) employment, engagement, *bes. von Beamten*: appointment; **bei s-r ~** on being employed, when he was taken on (*od.* employed). **2.** (*Stelle*) position, situation, post, place, job; **feste ~** permanent position (*od.* situation); **in bezahlter ~** gainfully employed; **j-m e-e ~ als Kellner verschaffen** secure employment for s. o. as a waiter, place s. o. as a waiter; **e-e ~ finden** find employment. **3.** *tech.* adjustment.

ˈAnˌstel·lungs|beˌdin·gun·gen *pl* terms of employment. **≈beˌrech·tigt** *adj Beamter*: entitled to (*od.* qualified for) an office. **~ˌprü·fung** *f* qualifying test. **~ˌschrei·ben** *n* (preliminary) letter of employment. **~verˌtrag** *m* employment contract.

ˈAnˌstellˌwin·kel *m* **1.** *bes. aer.* angle of incidence (*Am.* attack), *e-r Luftschraube*: angle of pitch. **2.** *tech.* setting angle.

ˈanˌstem·men *v/reflex* ⟨*sep*, -ge-, h⟩ **sich ~ gegen** push hard (*od.* brace o. s.) against, *fig.* (*e-n Plan etc*) set one's face against, resist *s. th.* vigorously.

ˈanˌsteu·ern *v/t* ⟨*sep*, -ge-, h⟩ *aer.*, *mar.*, *a. fig.* head (*od.* make, steer) for, set (the) course for, *aer.* (*e-n Zielpunkt*) *a.* home in on; *mar.* **Land ~** make the land.

ˈAnˌsteue·rungs|ˌfeu·er *n* **1.** *mar.* making light, *an Hafeneinfahrt*: entrance light. **2.** *aer.* homing beacon (*od.* light), approach beacon. **~ˌton·ne** *f mar.* landfall buoy, *an Hafeneinfahrt*: entrance buoy, (*Mittelfahrwassertonne*) fairway buoy.

ˈAnˌstich *m* **1.** broaching, tap(ping); **frischer ~** new draught (*bes. Am.* draft, tap). **2.** *im Walzwerk*: initial pass.

ˈAnˌstieg *m* ⟨-(e)s; -e⟩ **1.** *des Geländes etc*: gradient, ascent, *Am.* grade. **2.** *der Temperatur, der Flut etc*, *a.* (*Preis≈, Kurs≈*) rise, increase, (*Anwachsen*) growth; **im ~ (begriffen)** on the increase, rising. **3.** (*Aufwärtssteigen*) climb, ascent (*a. Kletterpfad etc*). **4.** *math. phys. e-r Kurve etc*: ascent, ascension, *von Werten*: increase.

ˈanˌstie·ren *v/t* ⟨*sep*, -ge-, h⟩ *colloq.* **j-n ~** stare (fixedly) at s. o., *böse*: glare at s. o.

ˈanˌstif|ten *v/t* ⟨*sep*, -ge-, h⟩ **1.** → **anrichten** 1. **2.** (*j-n verleiten*) incite, *a.* (*et. anzetteln*) instigate, *jur. a.* abet, (*Rebellion etc*) *a.* foment; **j-n zu et. ~** *a.* induce s. o. (*colloq.* put s. o. up) to s. th. **3.** *tech.* tack, peg, pin (on). **≈ter** *m* ⟨-s; -⟩, **≈te·rin** *f* ⟨-; -nen⟩ instigator, *jur. a.* abettor, accessory before the fact. **≈tung** *f* ⟨-; -en⟩ instigation, incitement, *jur. a.* abetment; **auf ~** (*gen*) at the instigation of.

ˈanˌstim·men *v/t* ⟨*sep*, -ge-, h⟩ *mus.* (*Lied etc*) strike up, intone, begin to sing, break into (*a song*), *auf Instrumenten*: strike up, begin to play; **(den Grundton) ~** give the keynote (*od.* lead); *fig.* **ein Klagelied ~** break out into lamentations; **das alte Lied** (*od.* **die alte Leier**) **~** be always harping on the same string; **ein Geschrei ~** set up a loud cry, yell wildly.

ˈanˌstin·ken *fig. vulg.* **I** *v/t* ⟨*irr*, *sep*, -ge-, h⟩ **j-n ~** *Arbeit etc*: make s. o. sick. **II** *v/i* **gegen j-n ~ (können)** (be able to) compete with s. o.; **dagegen können wir nicht ~** we can't hold a candle to that, we are just not in that league; **gegen e-n Haufen Mist kann man nicht ~** (*Sprichwort*) there is nothing to touch a dunghill in smell.

ˈAnˌstoß *m* **1.** (*erster Stoß*) push, impulse, *Fußball*: kickoff, *Billiard*: break. **2.** *fig.* (*Anregung*) initiative, impulse, impetus; **den (ersten) ~ zu et. geben** initiate (*od.* start, launch) s. th.; **der ~ (dazu) ging von ihm aus** (*od.* **kam von ihm**) the initiative came from him, he made the first move (in this matter). **3.** (*Ärgernis*) offen/ce (*Am.* -se); **~ erregen (bei j-m)** give offence (to s. o.), scandalize (s. o.); **an et. ~ nehmen** take offence (*od.* be scandalized) at s. th., take exception to s. th.; **Stein des ~es** stumbling block. **4.** *Radar*: trigger pulse.

ˈanˌsto·ßen I *v/t* ⟨*irr*, *sep*, -ge-, h⟩ **1.** (*in Bewegung setzen*) give *s. th.* a push, push, set *s. th.* going. **2.** (*j-n, et.*) knock (*od.* bump) against (*od.* into), push against; **sich** (*dat*) **den Kopf ~ an** (*dat*) bump (*od.* knock) one's head against. **3. j-n** (*heimlich etc*) **~** nudge s. o., give s. o. a nudge; **j-n mit dem Ellbogen ~** nudge s. o. (with the elbow). **4.** (*die Gläser*) clink. **5.** (*Fußball*) kick off. **6.** *Schneiderei*: renter. **II** *v/i* ⟨h *u.* sein⟩ **7.** ⟨h⟩ *mit den Gläsern*: clink glasses; **auf j-n (et.) ~** drink to s. o. (s. th.); **auf j-s Wohl ~** drink to s. o.'s health. **8.** ⟨sein⟩ (**an** *dat*) knock (against), bump (into); **mit dem Kopf ~ gegen** *cf.* 2. **9.** ⟨h⟩ *beim Sprechen*: falter, stumble, stammer; **mit der Zunge ~** lisp. **10.** ⟨sein⟩ (*Anstoß erregen*) give offen/ce (*Am.* -se). **11.** ⟨h⟩ (*angrenzen*) (**an** *acc* on) border, abut (*a. tech.*); **ihr Garten stößt an unseren an** their garden borders on ours. **~d** *adj* adjacent, adjoining, contiguous.

ˈanˌstoß·erˌre·gend *adj* offensive.

ˈanˌstö·ßig *adj* offensive, objectionable, (*empörend*) shocking, scandalous, (*unanständig*) indecent, improper. **≈keit** *f* ⟨-; -en⟩ offensiveness, shockingness, scandalousness, indecency, impropriety.

ˈAnˌstoß·imˌpuls *m* → **Anstoß** 4.

ˈanˌstrah|len *v/t* ⟨*sep*, -ge-, h⟩ **1.** shine (up)on, shed (its) rays on, irradiate, (*Gebäude etc*) illuminate, light up; **mit Scheinwerfern ~** floodlight, *punktmäßig*: spotlight; **bunt ~** play colo(u)red lights on. **2.** *fig. colloq.* **j-n ~** beam (up)on s. o. **≈lung** *f* ⟨-; *no pl*⟩ illumination.

ˈAnˌstre·beˌkraft *f phys.* centripetal force.

ˈanˌstre|ben *v/t* ⟨*sep*, -ge-, h⟩ (*Ziel, Ruhm etc*) aim at, aspire to, strive for. **~bensˌwert** *adj* worth striving for.

ˈanˌstrei|chen I *v/t* ⟨*irr*, *sep*, -ge-, h⟩ **1.** paint, coat, (*tünchen*) whitewash; **neu ~** recoat. **2.** (*Fehler, Textstelle etc*) mark (off), put a mark against (*od.* by), (*unterstreichen*) underline, (*abhaken*) tick (*od.* check) off; **rot ~** to mark in red; **diesen Tag werde ich (mir) rot im Kalender ~** I shall mark this day as a red-letter day; *colloq.* **das werde ich dir ~!** I'll make you pay for that. **3.** (*Streichholz*) strike. **4.** *mus.* (*Saite*) bow. **II** *v/i* ⟨sein⟩ **5.** *Federwild*: approach. **≈cher** *m* ⟨-s; -⟩ (house) painter.

ˈanˌstrei·fen I *v/t* ⟨*sep*, -ge-, h⟩ **1.** touch *s. th.* lightly, graze, brush (against). **2.** slip *s. th.* on; **sich** (*dat*) **e-n Ring ~** slip a ring on one's finger. **II** *v/i* ⟨sein⟩ **3. ~ an** (*acc*) *cf.* 1.

ˈanˌstren|gen I *v/reflex* ⟨*sep*, -ge-, h⟩ **sich ~ 1.** make an effort, exert o. s., try (hard), strive, endeavo(u)r, take pains; **sich gewaltig ~** make a supreme effort, put one's back into it, *bes. Sport*: extend o. s. (to the last); **sich übermäßig ~** overexert (*od.* overstrain) o. s., *colloq.* overdo it; **streng dich doch** (*od.* **mal**) **an!** do make an effort!, pull yourself together!; *colloq.* **er hat sich mächtig angestrengt** he has made a special effort, *weitS. als Gastgeber etc*: *a.* he went out of his way, he did us (*etc*) proud. **II** *v/t* **2.** exert, strain, tax; **es strengt die Augen an** it is a strain (*od.* it is trying) on the eyes; **alle Kräfte ~** exert all one's strength, strain every muscle, *fig.* do one's utmost, do all one can (*cf.* 1). **3.** (*ermüden*) fatigue, tire (out), exhaust; **es hat ihn angestrengt** it has tired him out, it has exhausted him, he found it very trying; → **Kopf** 2. **4. e-n Prozeß gegen j-n ~** bring an action against s. o., institute (*od.* commence) legal proceedings against s. o., sue s. o. **III** *v/i* **5. das strengt sehr an** it is very exerting (*od.* exhausting), it is quite a strain. **~gend** *adj* strenuous, hard, arduous, trying; → *a.* **anstrengen** 2. **≈gung** *f* ⟨-; -en⟩ **1.** a) making an effort (*etc*), b) exertion, exerting (*of one's powers, etc*). **2.** (*Bemühung*) effort, (*Strapaze*) strain, exertion; **mit äußerster ~** by supreme effort; **durch gemeinsame ~en** by combined efforts; **körperliche ~** physical exertion; **ohne ~** easily, without (any) effort (*od.* trouble), effortlessly; **in s-n ~en nachlassen** relax one's efforts; **~en machen zu** *inf* make efforts to *inf*; **das hat (mich) ~ gekostet** that cost (me) quite an effort; **es war e-e große ~ für ihn** it was a severe strain on him. **3.** *e-s Prozesses*: institution (*of legal proceedings*), bringing (*of an action*).

ˈAnˌstrich *m* **1.** a) painting, coating, b) coat (of paint), coating, c) paint, colo(u)r, d) (*Beschaffenheit*) finish; **erster ~** priming, first (*od.* ground) coat(ing); **der ~ war bald trocken** the paint dried fast. **2.** *fig.* (*Aussehen*) air, appearance, semblance, *contp. a.* varnish, veneer; **e-n vornehmen ~ haben** look (*od.* be) elegant; **er gab sich den ~ e-s Ehrenmannes** he gave himself the air of (being) a man of hono(u)r; **das gibt der Sache e-n anderen ~** that puts a different complexion on the matter, that strikes a new note; **unter dem ~ der Ehrbarkeit** beneath a semblance (*od.* veneer) of respectability. **3.** *fig.* (*Anflug*) tinge, touch (*of irony, etc*). **4.** *mus.* first attack (of the bow). **~ˌfar·be** *f* paint (ready to use). **~ˌmit·tel** *n* coating compound.

ˈanˌstricken (*getr.* -k·k-) *v/t* ⟨*sep*, -ge-, h⟩ knit *s. th.* on (**an** *acc* to).

ˈanˌströ·men *v/i* ⟨*sep*, -ge-, sein⟩ ⟨*meist pp*⟩ *fig. colloq.* **angeströmt kommen** come streaming along (*od.* in), come crowding up (*od.* in).

ˈanˌstückeln (*getr.* -k·k-) *v/t* ⟨*sep*, -ge-, h⟩ *colloq.* piece *s. th.* on (**an** *acc* to).

ˈanˌstücken (*getr.* -k·k-) *v/t* ⟨*sep*, -ge-, h⟩ **1.** → **anstückeln**. **2.** *tech.* join (**an** *acc* to).

ˈanˌstup·sen *v/t* ⟨*sep*, -ge-, h⟩ *colloq.*, *a. fig.* nudge, prod.

ˈAnˌsturm *m* **1.** *mil.* (**auf** *acc* on) attack, onset, assault, charge, onslaught. **2.** *Sport*: attack, rush. **3.** *fig.* (**auf** *acc*) *von Käufern etc*: rush (for), run (on *a bank, etc*). **4.** *fig. der Gefühle etc*: onrush.

ˈanˌstür·men *v/i* ⟨*sep*, -ge-, sein⟩ **1.** *mil.* (*a.* **~ gegen**) attack, assault, charge, storm. **2.** *fig.* **~ gegen** attack, assail.

ˈanˌstür·zen *v/i* ⟨*only pp*⟩ *colloq.* **angestürzt kommen** come rushing along (*od.* up).

ˈanˌsu·chen I *v/i* ⟨*sep*, -ge-, h⟩ (**bei j-m**) **um et. ~** apply (to s. o.) for s. th., request s. th. (of s. o.), ask (*od.* petition) (s. o.) for s. th. **II ≈** *n* ⟨-s; -⟩ *adm.* request, application, petition; **auf ~** by (*od.* on) request; **auf j-s ~** at s. o.'s request.

Ant·ago|nis·mus [antagoˈnɪsmʊs] *m* ⟨-; -men⟩ *a. biol. med.* antagonism. **~ˈnist** [-ˈnɪst] *m* ⟨-en; -en⟩ antagonist. **≈ˈni·stisch** *adj* antagonistic.

Ant·al·gi·kum [anˈtalgikʊm; antˈʔal-] *n* ‹-s; -ka [-ka]› *pharm.* analgesic.

ˈanˌtan·zen *v/i* ‹*sep*, -ge-, sein› *colloq.*, *a.* **angetanzt kommen** show up, turn up; **j-n ~ lassen** send for s. o.

ant·ark·tisch [antˈʔarktɪʃ] *adj* Antarctic.

ˈanˌta·sten *v/t* ‹*sep*, -ge-, h› **1.** touch, (*befühlen*) feel, finger, handle; **nichts ~!** don't touch anything. **2.** *fig.* (*Vorrat etc*) touch, break into, (*Kapital*) *a.* draw on, (*Rechte etc*) encroach (*od.* infringe) (up)on, violate, (*in Frage stellen*) question.

an·te·di·lu·via·nisch [antediluˈvĭaːnɪʃ] *adj geol.* antediluvian.

ˈanˌtei·gen *v/t* ‹*sep*, -ge-, h› work *s. th.* up into a paste, (*Kunststoff*) premix.

ˈAnˌteil *m* **1.** share, part, portion; **rechtmäßiger ~** legitimate share, *bei Erbschaft*: legal portion; **j-m s-n ~ ausbezahlen** pay s. o. off (*od.* his share); **auf jeden entfällt ein ~** everyone will get his share; **e-n ~ am Gewinn haben** have a share of (*od.* in) the profits, share (*od.* participate) in the profits; *fig.* **s-n ~ beitragen** do one's share (*od.* bit), contribute (**an** *dat* to); **er hatte k-n ~ am Erfolg** he had no part in the success. **2.** *econ.* a) (*Beteiligung*) (**an** *dat*) share (in), participation (of), interest (in), b) (*Quote*) quota, contingent, c) (*Aktie*) share (of stock), (*Genußschein*) participating share, (*Beitrag*) share (of contribution). **3.** *fig.* interest, concern, (*Mitgefühl*) sympathy; **regen ~ an den politischen Ereignissen nehmen** take an active interest in (the) political events; **aufrichtigen ~ an j-s Unglück zeigen** sympathize sincerely with s. o. in his misfortune; **wir nahmen alle an s-r Freude ~** we all shared in his joy.

ˈanˌtei·lig *adj u. adv* → **anteilmäßig**.

ˈanˌteil|ˌmä·ßig I *adj Beteiligung, Kosten etc*: proportionate, proportional, pro rata. **II** *adv* proportionately, proportionally, pro rata. **⁓ˌnah·me** *f* ‹-; *no pl*› **1.** (*Mitgefühl*) sympathy (**für j-n** for s. o., **an** *dat* with); **mit aufrichtiger ~** with (my, *etc*) sincere sympathy; **j-m s-e ~ aussprechen** *bei Todesfall*: express one's sympathy with s. o. **2.** → **Anteil** 3. **⁓ˌschein** *m econ.* share certificate, *Am.* share of stock, (*Investmentanteil*) unit certificate.

ˈAnˌteilsˌeig·ner *m* ‹-s; -› *econ.* shareholder, *bes. Am.* stockholder.

ˈan·te·le·phoˌnie·ren *v/t* ‹*sep*, *no* -ge-, h› *colloq.* (tele)phone, ring *s. o.* up, call.

An·ten·ne [anˈtɛnə] *f* ‹-; -n› **1.** *tech.* aerial, *bes. Am.* antenna. **2.** *fig.* (**für** for) antenna, feeling. **3.** *zo.* antenna, feeler.

An·ten·nen|ˌabˌlei·tung *f* aerial (*Am.* antenna) down-lead. **~ˌabˌstim·mung** *f* aerial tuning. **~ˌanˌla·ge** *f* aerial system. **~ˌdraht** *m* aerial wire. **~geˌwinn** *m* directivity, *Am.* directive gain. **~ˌlei·stung** *f* aerial output, *Am.* antenna power. **~ˌmast** *m* aerial (*Am.* antenna) mast. **~ˌwald** *n* forest of aerials (*Am.* antennas). **~ˌzuˌlei·tung** *f* aerial lead-in, *Am.* feeder to antenna.

Ant·he·li·on [anˈteːlĭɔn] *n* ‹-s; -lien› *astr.* anthelion, antisun.

An·tho|lo·gie [antoloˈgiː] *f* ‹-; -n [-ən]› anthology; **in e-e ~ aufnehmen** anthologize. **⁓ˈlo·gisch** [-ˈloːgɪʃ] *adj* anthological.

An·thra·ko·se [antraˈkoːzə] *f* ‹-; -n› *med.* anthracosis, miner's lung.

An·thrax [ˈantraks] *m* ‹-; *no pl*› *med. vet.* anthrax, splenic fever.

An·thra·zit [antraˈtsiːt; -ˈtsɪt] *m* ‹-s; -e› **1.** *min.* anthracite (coal). **2.** (*Farbe*) anthracite, dark grey (*bes. Am.* gray). **⁓ˌfar·ben** *adj* anthracite(-colo[u]red), charcoal. **⁓ˌhal·tig** *adj* anthraciferous.

An·thro·po|ge·ne·se [antropogeˈneːzə], **~geˈnie** [-geˈniː] *f* ‹-; *no pl*› anthropogenesis, anthropogeny. **~graˈphie** [-graˈfiː] *f* ‹-; *no pl*› anthropography.

an·thro·po·id [antropoˈiːt] *adj zo.* anthropoid(al). **An·thro·poi·den** [-ˈiːdən] *pl zo.* anthropoids, anthropoid apes.

An·thro·po|lo·ge [antropoˈloːgə] *m* ‹-n; -n› anthropologist. **~loˈgie** [-loˈgiː] *f* ‹-; *no pl*› anthropology. **⁓ˈlo·gisch** [-ˈloːgɪʃ] *adj* anthropologic(al). **⁓ˈmorph** [-ˈmɔrf], **⁓ˈmor·phisch** [-fɪʃ] *adj* anthropomorphous, anthropomorphic(al). **~ˈpha·ge** [-ˈfaːgə] *m* ‹-n; -n› anthropophagus, cannibal. **~phaˈgie** [-faˈgiː] *f* ‹-; *no pl*› anthropophagy, cannibalism. **~phoˈbie** [-foˈbiː] *f* ‹-; *no pl*› *psych.* anthropophobia. **~ˈsoph** [-ˈzoːf] *m* ‹-en; -en› *philos.* anthroposophist. **~soˈphie** [-zoˈfiː] *f* ‹-; *no pl*› anthroposophy. **⁓ˈso·phisch** *adj* anthroposophic(al).

ˈAn·ti|ˌal·ko·hol·beˌwe·gung [ˈanti-] *f* teetotalism (*od.* temperance) movement. **~al·koˌho·li·ker** *m*, **~al·koˌho·li·ke·rin** *f* teetotal(l)er. **⁓al·koˌho·lisch** *adj* antialcoholic.

An·ti·all·er·gi·kum [antiʔaˈlɛrgikʊm] *n* ‹-s; -ka [-ka]› *pharm.* antiallergic agent.

ˈan·ti|ame·ri·ka·nisch *adj* anti-American. **~au·to·riˌtär** *adj* anti-authoritarian.

ˌAn·tiˈba·byˌpil·le *f colloq.* antibaby pill.

ˈan·ti·bak·te·riˌell *adj* antibacterial.

An·ti|bio·se [antibiˈoːzə] *f* ‹-; -n› *biol. med.* antibiosis. **~bio·ti·kum** [-biˈoːtikʊm] *n* ‹-s; -ka [-ka]›, **⁓bio·tisch** [-biˈoːtɪʃ] *adj pharm.* antibiotic.

ˈAn·ti·blockier·syˌstem (*getr.* -k·k-) [-bbˌkiːr-] *n mot.* antiblock device.

ˈAn·ti·bol·scheˌwis·mus *m* anti-Bolshevism.

an·ti·cham·brie·ren [antiʃɑ̃ˈbriːrən] *v/i* ‹*no* ge-, h› **1.** wait in (*od.* haunt the) antechambers, seek an audience, lobby; **bei e-m Abgeordneten ~ wegen** lobby an MP on behalf of. **2.** *fig. contp.* **bei j-m ~** dance attendance on s. o.

ˈAn·tiˌchrist *m* **1.** ‹-s; -e› *Bibl.* Antichrist. **2.** ‹-en; -en› *relig.* antichrist(ian). **⁓lich** *adj relig.* antichristian.

An·ti·de·pres·si·vum [antideprɛˈsiːvʊm] *n* ‹-s; -va [-va]› *pharm.* antidepressant, *colloq.* upper.

An·ti·dia·be·ti·kum [antidiaˈbeːtikʊm] *n* ‹-s; -ka [-ka]› *pharm.* antidiabetic.

ˈAn·tiˌdröhnˌpa·ste *f* antinoise paste.

ˈAn·ti|faˌschis·mus *m pol.* antifascism. **~faˌschist** *m*, **⁓faˌschi·stisch** *adj* antifascist.

An·ti·gen [antiˈgeːn] *n med.* antigen, immunogen.

ˌAn·tiˈhaft·beˌschich·tung *f* nonstick coating; **mit ~** *a.* nonstick (*pan, etc*).

ˈAn·tiˌheld *m Literatur etc*: antihero.

An·ti·hist·amin [antihɪstaˈmiːn] *n chem. med.* antihistamine.

an·tik [anˈtiːk] *adj* **1.** classical, ancient, antique, Graeco-Roman. **2.** *Möbel etc*: antique.

Anˈti·ke[1] *f* ‹-; *no pl*› (classical) antiquity, ancient world, Graeco-Roman times *pl*; **die Menschen der ~** the ancients, the ancient Greeks and Romans; **die Kunst der ~** classical (*od.* ancient) art.

Anˈti·ke[2] *f* ‹-; -n› *meist pl* antique (work of art).

anˈti·kisch *adj lit.* antique, in the manner of classical antiquity.

an·ti·ki·sie·ren [antikiˈziːrən] **I** *v/t* ‹*no* ge-, h› make *s. th.* antique. **II** *v/i* imitate classical antiquity, copy the classical style.

ˈan·ti|kle·riˌkal *adj relig.* anticlerical. **⁓kle·ri·kaˌlis·mus** *m* anticlericalism.

An·ti|kli·max [antiˈkliːmaks] *f* anticlimax. **⁓kliˈnal** [-kliˈnaːl] *adj geol.* anticlinal. **~kliˈna·le** *f* ‹-; -n› anticline.

ˈAn·ti|ˌklopfˌmit·tel *n* antiknock (agent *od.* compound). **~kom·muˌnist** *m*, **⁓kom·muˌni·stisch** *adj* anti-Communist. **~ˌkör·per** *m med. biol.* antibody. **~ˌkriegsˌfilm** *m* antiwar film. **~kriˌtik** *f* countercriticism. **~ˌkunst** *f* anti-art. **~log·arith·mus** [-ˈrɪtmʊs] *m* antilogarithm.

An·ti·lo·pe [antiˈloːpə] *f* ‹-; -n› *zo.* antelope.

An·ti|ma·te·rie [antimaˈteːrĭə] *f phys.* antimatter. **~me·taˈbo·le** [-metaˈboːlə] *f ling.* antimetabole. **~meˈta·the·sis** [-meˈta(ː)tezɪs] *f* antimetathesis.

ˈAn·ti·mi·li·ta|ˌris·mus *m* antimilitarism. **~ˌrist** *m* antimilitarist. **⁓ˌri·stisch** *adj* antimilitarist.

An·ti·mon [antiˈmoːn] *n* ‹-s; *no pl*› *chem. min.* antimony.

ˈan·ti|monˌar·chisch, ~mon·arˌchi·stisch *adj* antimonarchic(al).

An·tiˈmon|ˌblei *n chem.* antimonial (*od.* hard) lead. **~ˌblen·de** *f min.* antimony blende, kermesite. **~ˌblü·te** *f chem.* antimony bloom. **~ˌbut·ter** *f* butter of antimony, antimony chloride. **~ˌglanz** *m min.* stibnite. **⁓ˌhal·tig** *adj chem.* antimonial.

An·ti·mo·nid [antimoˈniːt] *n* ‹-s; -e› *chem.* antimonide.

an·tiˈmo·nig *adj chem.* antimonious.

An·tiˈmon|ˌsalz *n* antimonate. **~ˌsäu·re** *f* antimonic acid. **~ˌsil·ber** *n* **1.** *chem.* antimonial silver. **2.** *min.* dyscrasite.

ˈan·ti·naˌzi·stisch *adj* anti-Nazi.

An·ti·neur·al·gi·kum [antinɔʏˈralgikʊm] *n* ‹-s; -ka [-ka]› *pharm.* antineuralgic, analgesic, analgetic.

ˈan·ti|par·alˌlel *adj*, **⁓par·alˌle·le** *f math.* antiparallel.

An·ti|pas·sat [antipaˈsaːt] *m mar.* anti-trade (wind). **~paˈthie** [-paˈtiː] *f* ‹-; -n [-ən]› (**gegen**) antipathy (against, to), dislike (of, for), aversion (to). **⁓ˈpa·thisch** [-ˈpaːtɪʃ] *adj* antipathetic. **~ˈphon** [-ˈfoːn] *f* ‹-; -en› *mus.* antiphon(y). **⁓ˈpho·nisch** [-ˈfoːnɪʃ] *adj* antiphonal. **~ˈpo·de** [-ˈpoːdə] *m* ‹-n; -n› antipode (*a. fig. u. chem.*). **⁓ˈpo·disch** *adj* antipodal.

ˈanˌtip·pen I *v/t* ‹*sep*, -ge-, h› **1.** tap, touch *s. th.* (lightly). **2.** *fig. colloq.* (*Thema*) touch (on). **II** *v/i* **3.** *colloq.* **bei j-m ~** sound s. o. (out).

An·ti|py·re·ti·kum [antipyˈreːtikʊm] *n* ‹-s; -ka [-ka]›, **⁓pyˈre·tisch** [-tɪʃ] *adj pharm.* antipyretic. **~pyˈrin** [-pyˈriːn] (*TM*) *n* ‹-s; *no pl*› antipyrine.

An·ti·qua [anˈtiːkva] *f* ‹-; *no pl*› *print.* roman (type), antiqua.

An·ti|quar [antiˈkvaːr] *m* ‹-s; -e› **1.** antiquarian (*moderner Bücher*: second-hand) bookseller. **2.** antique dealer. **~qua·riˈat** [-kvaˈrĭaːt] *n* ‹-(e)s; -e› **1.** a) antiquarian (*moderner Bücher*: second-hand) bookshop, b) *Abteilung im Bücherladen*: antiquarian (*bzw.* second-hand) department; **modernes ~** a) remainder bookshop, b) remainder department. **2.** *Handel*: antiquarian (*bzw.* second-hand) booktrade. **~qua·riˈatsˌbuchˌhänd·ler** *m* → **Antiquar** 1. **⁓ˈqua·risch** *adj u. adv* second-hand.

an·ti·quiert [antiˈkviːrt] *adj* antiquated, obsolete.

An·ti·qui·tä·ten [antikviˈtɛːtən] *pl* antiques. **~ˌhan·del** *m* antique trade, trade in antiques. **~ˌhänd·ler** *m,* **~ˌhänd·le·rin** *f* antique dealer, dealer in antiques. **~ˌhand·lung** *f,* **~ˌla·den** *m* antique shop. **~ˌsamm·ler** *m* collector of antiques.

An·ti|se·mit [antizeˈmiːt] *m* ⟨-en; -en⟩ anti-Semite. **2se'mi·tisch** *adj* anti-Semitic. **~se·mi'tis·mus** [-miˈtɪsmʊs] *m* ⟨-; *no pl*⟩ anti-Semitism.

An·ti|sep·sis [antiˈzɛpsɪs], **~'sep·tik** [-ˈzɛptɪk] *f* ⟨-; *no pl*⟩ *med.* antisepsis. **~'sep·ti·kum** [-ˈzɛptikʊm] *n* ⟨-s; -ka [-ka]⟩ *pharm.* antiseptic. **2'sep·tisch** [-ˈzɛptɪʃ] *adj* antiseptic; ~ **machen** antisepticize; ~**e Wundbehandlung** antisepsis.

'An·tiˌse·rum *n pharm.* antiserum.

'an·ti·so·ziˌal *adj* antisocial.

An·ti|spas·mo·di·kum [antispasˈmoːdikʊm] *n* ⟨-s; -ka [-ka]⟩, **2spas'mo·disch** [-dɪʃ] *adj pharm.* antispasmodic, spasmolytic. **~'spast** [-ˈspast] *m* ⟨-(e)s; -e⟩ *metr.* antispast. **2'spa·stisch** [-tɪʃ] *adj* **1.** *metr.* antispastic. **2.** → **antispasmodisch.** **~'stro·phe** [-ˈstroːfə] *f metr.* antistrophe. **~sym·me'trie** [-zymeˈtriː] *f* antisymmetry. **~'ter·ror·geˌset·ze** [-ˈtɛror-] *pl* anti-terrorist laws (*od.* legislation *sg*), *Br. a.* Prevention of Terrorism Act *sg.* **~thea·ter** [-teˈaːtər] *n* ⟨-s; -⟩ antitheat/re (*Am.* -er). **~'the·se** [-ˈteːzə] *f ling. philos.* antithesis. **2'the·tisch** [-tɪʃ] *adj* antithetic(al). **~to'xin** [-tɔˈksiːn] *n med.* antitoxin. **2'zy·klisch** [-ˈtsyːklɪʃ] *adj econ.* anticyclical. **~zy'klo·ne** [-tsyˈkloːnə] *f meteor.* anticyclone, high(-pressure area).

Ant·litz [ˈantlɪts] *n* ⟨-es; *rare* -e⟩ *lit.* face, countenance; **dem Tod ins ~ schauen** face death, look death in the face.

Ant·onym [antoˈnyːm] *n* ⟨-s; -e⟩ *ling.* antonym.

'anˌtör·nen [-ˌtœrnən] *v/t* ⟨*sep,* **-ge-, h**⟩ *colloq.* turn *s. o.* on.

'anˌtra·ben *v/i* ⟨*sep,* **-ge-, sein**⟩ *Pferd*: start trotting.

'Anˌtrag [-ˌtraːk] *m* ⟨-(e)s; **Anträge**⟩ **1.** (**auf** *acc* for) *adm.* application, (*Gesuch*) *a. jur.* petition, *jur. a.* prayer, *parl. etc in e-r Sitzung*: motion, (*Gesetzes*2) bill; **auf** (**den**) ~ (*gen*) (*od.* **von**) on the application (*od.* request, motion) of, *jur. a.* on the petition of, *in Urkunden*: *a.* ex parte, at the suit of; ~ **stellen auf** (*acc*) make (*od.* file) an application for, apply for, *parl. etc* move for (*od.* that), *jur. a.* petition for; → **einbringen** 4 (*etc*). **2.** (*Angebot*) offer, (*Vorschlag*) proposal (*a. Heirats*2), proposition; **er machte ihr e-n ~** he proposed to her. **3.** *colloq. for* **Antragsformular.**

'anˌtra·gen I *v/t* ⟨*irr, sep,* **-ge-, h**⟩ **1. j-m et. ~** offer s. o. s. th.; **j-m s-e Hilfe ~** offer s. o. help, offer to help s. o.; **j-m s-e Begleitung ~** offer to accompany s. o.; **er trug ihr s-e Hand an** he proposed marriage to her. **2.** → **hertragen. II** *v/reflex* **3. sich ~** (, **et. zu tun**) (make an) offer (to do s. th.).

'Anˌtrags|deˌlikt *n jur. offen/ce* (*Am. -se*) *prosecuted only on the petition of the injured party.* **~for·muˌlar** *n* application form. **~ˌfrist** *f* period for filing an application (*etc*). **~ˌgeg·ner** *m jur.* respondent. **2geˌmäß** *adv* according to the application (*etc*); *jur.* ~ **erkennen** find for the plaintiff as claimed.

'Anˌtrag|ˌstel·ler *m* ⟨-s; -⟩, **~ˌstel·le·rin** *f* ⟨-; **-nen**⟩ proponent, proposer, *jur. a.* applicant, petitioner, *parl. etc* mover. **~ˌstel·lung** *f* **1.** filing of an application, entering of a petition (*beide a. jur.*). **2.** *parl. etc* bringing forward (*od.* putting in) of a motion. **3.** making of a proposal.

'anˌtrau·en *v/t* ⟨*sep,* **-ge-, h**⟩ **j-n j-m ~** marry s. o. to s. o.; **sie wurde ihm angetraut** *a.* she was given to him in marriage.

'anˌtref·fen *v/t* ⟨*irr, sep,* **-ge-, h**⟩ find, meet; **zufällig ~** come across, (*et.*) *a.* meet with, chance (*od.* hit) upon; **ich traf ihn nicht (mehr) im Büro an** I did not find (*od.* catch) him at the office; **ich traf sie bei bester Gesundheit an** I found her in the best of health; **solche Menschen trifft man nur in Romanen an** one meets with (*od.* comes across) such people only in novels.

'anˌtrei·ben I *v/t* ⟨*irr, sep,* **-ge-, h**⟩ **1.** urge (*od.* drive) (*animals, etc*) (on); **s-e Pferde ~** a) drive one's horses, b) work one's horses. **2.** *fig.* **j-n** (**zu et.**) **~** urge (*od.* drive, goad) s. o. (to do s. th.), push (*od.* impel, prod) s. o. (to do s. th.); **er trieb s-e Leute zur Arbeit an** a) he urged his men (on) to work, b) he kept his men under pressure; **ich lasse mich nicht ~** I won't be rushed; **die Angst trieb ihn an** he was driven by fear. **3.** (*Maschine etc*) drive, (*Fahrzeug*) propel, (*mit Antriebskraft versehen*) *a.* power; **mit** (*od.* **von**) **Düsen angetrieben** jet-propelled, jet-powered; **et. elektrisch ~** operate s. th. electrically. **4.** (*Strandgut etc*) float (*od.* drift, wash) *s. th.* ashore. **5.** (*Organe etc*) stimulate. **II** *v/i* **6.** ⟨**sein**⟩ *Strandgut etc*: float (*od.* drift) ashore. **7.** ⟨**h**⟩ *hort.* put forth shoots.

'Anˌtrei·ber *m* ⟨-s; -⟩ *contp.* slave driver. **~meˌtho·de** *f,* **~syˌstem** *n* sweating system.

'anˌtre·ten I *v/t* ⟨*irr, sep,* **-ge-, h**⟩ **1. ein Amt ~** enter upon (*od.* accede to) an office; **die Arbeit** (**den Dienst**) **~** report for work (duty); **die Regierung ~** take (up) office, come into power (*od.* office), take over (the administration), *Monarch*: accede to the throne; **e-e Reise ~** start off (*od.* set out) on a journey; **e-e Stelle ~** take up a position, start (in) a new job; *jur.* **e-e Strafe ~** begin to serve a sentence; → **Beweis** 3, **Erbschaft. 2.** (*Motorrad*) start up (with the kick starter). **II** *v/i* ⟨**sein**⟩ **3.** (*sich aufstellen*) take one's place, *mil.* line up, fall in; **an(ge)treten!** fall in!; *fig.* **er mußte zur Arbeit (beim Chef) ~** he had to report for work (to the boss). **4.** *Sport*: a) (**bei, zu**) enter (for), participate (in), b) (*zum Kampf ~*) compete (**gegen j-n** with, against s. o.), *weitS.* enter the lists (against), *Partei, Nation etc*: move into battle (against); *fig.* **wir sind angetreten zu** *inf* we have set out to *inf,* it is our aim to *inf.*

'Anˌtrieb *m* **1.** *fig.* impulse, *a. psych.* urge, drive, motivation, (*Beweggrund*) motive, (*Anreiz*) incentive, inducement, stimulus, (*Schwung*) impetus (*a. phys.*); **neuen ~ verleihen** a) **j-m**: give s. o. a new interest, reactivate s. o., b) **e-r Sache**: give a fresh impetus to s. th.; **aus eigenem ~** of one's own accord (*od.* free will), spontaneously; **aus innerem ~** by impulse, by instinct; **ihm fehlt jeder ~** he lacks drive. **2.** *tech.* a) drive, propulsion, b) → **Antriebsaggregat, -art, -kraft; elektrischer ~** electric drive; **mit elektrischem ~** electrically driven (*od.* operated); **mit eigenem ~** (**versehen**) self-powered; → **Raketenantrieb** *etc.*

'Anˌtriebs|ˌach·se *f tech.* driving (*od.* live) axle. **~ag·greˌgat** *n* drive unit, prime mover. **~ˌart** *f* type of drive, driving system. **~bat·teˌrie** *mot.* traction battery. **~ˌdrehˌzahl** *f* input speed. **~ˌke·gelˌrad** *n tech.* bevel pinion; *mot.* drive (bevel) wheel. **~ˌket·te** *f* driving chain. **~ˌkraft** *f* driving (*od.* propulsive, propellent) power. **~ˌlei·stung** *f* driving power, *e-r Maschine*: input power, *e-s Motors*: motor rating. **~maˌschi·ne** *f* driving engine, prime mover. **~me·cha·ˌnis·mus** *m* driving mechanism. **~ˌmit·tel** *n* **1.** propellant. **2.** → **Antriebsorgan. ~moˌment** *n* **1.** *tech.* driving torque. **2.** *fig.* driving factor. **~ˌmo·tor** *m* drive motor. **~orˌgan** *n* driving element. **~ˌrad** *n* **1.** driving wheel. **2.** → **Antriebsritzel. ~ˌrie·men** *m* driving belt. **~ˌrit·zel** *n* driving gear, (driving) pinion. **~ˌschei·be** *f* drive pulley, sheave. **2ˌschwach** *adj psych.* abulic. **~ˌschwä·che** *f psych.* aboulie, lack of drive. **~ˌwel·le** *f* drive (*od.* driving) shaft.

'anˌtrin·ken *v/t* ⟨*irr, sep,* **-ge-, h**⟩ *colloq.* **sich** (*dat*) **e-n** (**Rausch** *od.* **Schwips**) **~** get drunk (*od.* tipsy), get sloshed (*od.* tight); **sich** (*dat*) **Mut ~** give o. s. Dutch courage.

'Anˌtritt *m* ⟨-(e)s; *no pl*⟩ **1.** *e-r Reise etc*: setting out (on), starting (on), start (of); **vor ~ s-s Urlaubs** before going on holiday (*Am.* vacation). **2.** *e-r Arbeit etc*: beginning, commencement, *e-s Amtes etc*: entrance (*od.* entering) (upon, into), assumption (of), accession (to *office, etc*); **~ e-r Erbschaft** entry upon (*od.* accession to) an inheritance; **bei(m) ~ s-s Amtes** on entering upon (*od.* on assuming) his office; **~ der Macht** assumption of (*od.* accession to, coming into) power; → **Regierungsantritt. 3.** *Sport*: spurt, burst (of speed), (*Beschleunigung*) acceleration.

'Anˌtritts|au·diˌenz *f bes. pol.* first audience. **~beˌsuch** *m* first visit; **j-m e-n ~ abstatten** pay a first visit to s. o. **~in·sze·nie·rung** *f thea.* first production, debut. **~ˌre·de** *f* inaugural address, *Am. a.* inaugural, *parl.* maiden speech. **~ˌrol·le** *f thea.* debut, first part (*od.* role). **~ˌvorˌle·sung** *f* inaugural lecture.

'anˌtrock·nen *v/i* ⟨*sep,* **-ge-, sein**⟩ begin to dry; **an** (*acc*) **et. ~** dry on to s. th.

'anˌtun *v/t* ⟨*irr, sep,* **-ge-, h**⟩ **1. j-m et. ~** do s. th. to s. o.; **j-m et. Gutes ~** do s. o. a good turn; **j-m Ehre ~** do hono(u)r to s. o., hono(u)r s. o.; **er tut ihr viel Liebes an** he is very kind to her; **j-m Schaden ~** do s.o. harm, harm s.o.; **das darfst du mir nicht ~!** you can't do that to me!; **sich** (*dat*) **et. ~** do s. th. to o. s., lay hands upon o. s.; → **Gewalt** 1, **Leid, Zwang** 2. **2. es j-m ~** take s. o.'s fancy, appeal to s. o.; → **angetan. 3.** *colloq.* (*Kleider etc*) put on.

'anˌtu·schen *v/t* ⟨*sep,* **-ge-, h**⟩ wash, apply wash to.

'Antˌwort [ˈant-] *f* ⟨-; **-en**⟩ **1.** (**auf** *acc* to) answer, reply, (*scharfe ~*) retort, *fig.* answer, reaction, response, echo; **e-e ~ geben auf** (*acc*) answer to, reply to; **j-m e-e ~ geben** answer (*od.* reply) to s. o., give s. o. an answer; **k-e ~ schuldig bleiben** have an answer to (*od.* for) everything, be s. o.'s match in repartee, *im Examen etc*: answer every question; **k-e ~ auf et. wissen** be at a loss for an answer to s. th.; **in ~ auf** (*acc*) in answer (*od.* reply) to; **um ~ wird gebeten, bitte um ~** an answer is requested (*abbr.* R. S. V. P.); **nie um e-e ~ verlegen sein** never be at a loss for an answer; **zur ~ geben** answer, reply, state in (*od.* by way of) reply; **k-e ~ ist auch e-e ~** no answer is also an answer. **2.** *jur.* response,

(*Duplik*) rejoinder. **~ˌbrief** *m* (auf *acc* to) (written) answer (*od.* reply), letter sent in reply.

ant·wor·ten [ˈantˌvɔrtən] **I** *v/i* ⟨h⟩ **1.** (auf *acc* to) answer, reply, give (*od.* make) an answer (*od.* reply), *fig.* (mit with) answer, react, respond; **j-m ~** answer (*od.* reply) to s. o., give s. o. an answer; **ablehnend (ausweichend) ~** give a negative (an evasive) answer; **auf e-e Frage ~** answer a question; **antworte mir!** answer me!; **er hat mir (auf m-n Brief) noch nicht geantwortet** he has not yet answered my letter; *fig.* **er antwortete mit e-m Fußtritt** he responded with a kick. **2.** *jur.* answer, rejoin. **3.** *mus.* answer. **II** *v/t* **4.** answer; **was hat er geantwortet?** what did he answer (*od.* say)?, what was his answer?

ˈAntˌwort|ˌno·te *f pol.* answering note. **~(ˌpost)ˌkar·te** *f* reply (post)card. **~ˌschein** *m Post*: reply coupon. **~ˌschrei·ben** *n* → **Antwortbrief**. **~te·le·ˌgramm** *n* reply telegram.

ˈAn- ˌund ˈAbˌfuhr *f econ.* (collecting and) forwarding, haulage.

An·urie [an(ʔ)uˈriː] *f* ⟨-; -n [-ən]⟩ *med.* anuria.

Anus [ˈaːnʊs] *m* ⟨-; Ani [ˈaːni]⟩ *anat. zo.* anus.

ˈan·ver|ˌtrau·en I *v/t* ⟨*sep, no* -ge-, h⟩ **1. j-m et. ~** (en)trust s. th. to s. o., put s. th. into s. o.'s hands; **j-m e-e Aufgabe ~** *a.* assign a task to s. o., charge s. o. with a task; **et. j-s Fürsorge** (*od.* **Obhut**) **~** commit s. th. to s. o.'s care; **sein Kind j-m ~** entrust (the care of) one's child to s. o., commit one's child to s. o.'s care (*od.* charge, custody); **kann ich dir soviel Geld ~?** can I trust you with so much money?; **s-e Seele Gott ~** commit (*od.* commend, consign) one's soul to God. **2. j-m et. ~** (*vertraulich mitteilen*) confide s. th. to s. o., **ein Geheimnis:** *a.* let s. o. into a secret; **j-m s-e Sorgen ~** confide (*od.* unburden, unbosom) one's troubles to s. o.; **s-e Gedanken dem Papier ~** confide one's thoughts to paper. **II** *v/reflex* **3. sich j-m ~** a) entrust o. s. to s. o., put o. s. in s. o.'s hands, b) confide in s. o.; **sich j-s Führung (Obhut) ~** entrust o. s. to s. o.'s guidance (custody). **~ˌtraut** *adj* entrusted; **~es Geld** *a.* trust money; **~es Gut** (goods *pl* in) trust.

ˈan·verˌwandt *adj lit. for* **verwandt**² 1. **ˈAn·verˌwand·te** *m, f lit. for* **Verwandte**.

ˈan·viˌsie·ren *v/t* ⟨*sep, no* -ge-, h⟩ **1.** *bes. mil.* (take) aim at (*a. fig.*), *a. astr. opt.* sight. **2.** → **anpeilen** 1, 2.

ˈanˌwach|sen I *v/i* ⟨*irr, sep,* -ge-, sein⟩ **1.** *Pflanzen etc*: take (*od.* strike) root. **2.** (*festwachsen*) grow on (**an** *acc* to), *med. überpflanzte Haut*: *a.* take. **3.** *fig.* (**auf** *acc* to) grow, increase, mount, augment, accumulate, *Zinsen*: *a.* accrue, *a. Flut, Lärm etc*: rise, swell. **II** **℘** *n* ⟨-s⟩ **4.** taking root (*etc*). **5.** *fig.* growth, increase; **das ℘ der Großstädte** the growth (*od.* expansion) of the big cities; **im ℘ sein** be on the increase, be growing (*etc*; *cf.* I). **6.** *econ.* accumulation, accrual. **7.** *biol. med.* adhesion. **℘sung** *f* ⟨-; -en⟩ **1.** *econ.* accretion, increment. **2.** *jur. e-r Erbschaft*: accession (to). **℘sungsˌrecht** *n jur.* right of accretion (*od.* accession).

ˈAnˌwalt [-ˌvalt] *m* ⟨-(e)s; Anwälte⟩ **1.** *jur.* lawyer, solicitor, *Am.* attorney(-at-law), counselor(-at-law), *vor Gericht*: meist counsel (**des Beklagten** for the defence), *Br.* (*plädierender* ~) barrister(-at-law); **~ des Klägers, klägerischer ~** counsel for the plaintiff; **als ~ für j-n auftreten** appear as counsel for s. o.; **e-n ~ befragen** consult a lawyer, take a counsel's opinion; **e-n ~ nehmen** (*od.* **bestellen**) retain counsel; **e-e Sache dem ~ übergeben** (*od.* **übertragen**) place a case in the hands of a lawyer. **2.** *jur. privatrechtlich*: agent, proxy, attorney-in-fact. **3.** *fig.* advocate, champion, defender; **ein ~ der Menschenrechte** an advocate of human rights.

ˈAnˌwäl·tin [-ˌvɛltɪn] *f* ⟨-; -nen⟩ *jur.* **1.** woman lawyer. **2.** → **Anwalt** 1.

ˈAnˌwalts|asˌses·sor *m jur.* junior lawyer (*bes. Am.* attorney). **~beˌruf** *m* legal profession; **den ~ ausüben** practi/ce (*Am.* -se) at the bar; **sich auf den ~ vorbereiten** read for the bar. **~büˌro** *n* lawyer's office, *bes. Am.* law office; → *a.* **Anwaltsfirma**.

ˈAnˌwalt·schaft *f* ⟨-; -en⟩ *jur.* **1. die ~** the bar; **Ausschluß von der ~** disbarment; **Zulassung zur ~** admission to the bar; **von der ~ ausgeschlossen werden** be disbarred. **2.** → **Anwaltsstand**.

ˈAnˌwalts|ˌfir·ma *f* firm of lawyers (*od.* solicitors), *bes. Am.* law firm. **~geˌbühr** *f*, **~ho·noˌrar** *n* lawyer's fee. **~ˌkam·mer** *f* Bar Association. **~kanzˌlei** *f* → **Anwaltsbüro**. **~ˌko·sten** *pl* lawyer's charges (*od.* fees). **~ˌpra·xis** *f* **1.** law practice. **2.** → **Anwaltsbüro**. **~proˌzeß** *m proceedings in which the parties must be represented by counsel*. **~ˌstand** *m* **der ~** the legal profession, the bar. **~ˌzwang** *m* obligation to be represented by counsel.

ˈanˌwan·deln *v/t* ⟨*sep,* -ge-, h⟩ *lit.* **j-n ~** come over (*od.* befall, seize) s. o.; **mich wandelte die Lust an zu** *inf* the fancy took me to *inf*; **ein Ohnmachtsgefühl wandelte sie an** she was seized with dizziness, she felt dizzy; **was wandelt dich an?** what's come over you?, what's the matter with you? **ˈAnˌwand·lung** *f* ⟨-; -en⟩ fit, (slight) attack, (sudden) impulse; **in e-r ~ von Großzügigkeit** in a fit (*od.* burst) of generosity; **in e-r ~ von Schwäche** in a weak moment; **in e-r ~ von Schwermut** in a mood of melancholy, *stärker*: in a fit of depression; **er hat manchmal sonderbare ~en** he sometimes has (these) strange impulses (*od.* moods).

ˈanˌwär·men *v/t* ⟨*sep,* -ge-, h⟩ warm *s. th.* (up), take the chill of *s. th.*, *tech.* heat *s. th.* up (slightly), preheat.

ˈAnˌwär·ter *m* ⟨-s; -⟩, **ˈAnˌwär·te·rin** *f* ⟨-; -nen⟩ (**auf** *acc*) **1.** candidate (for), aspirant (to), *Sport*: *a.* contender (for). **2.** *jur. auf Erbschaft etc*: expectant (of), *durch Heimfall*: reversioner (to, of), (*Anspruchsberechtigter*) claimant, (*Bewerber*) applicant.

ˈAnˌwart·schaft *f* ⟨-; -en⟩ (**auf** *acc*) **1.** (for) candidacy, qualification. **2.** (*Anrecht*) claim (to), (*Aussicht*) prospect (of). **3.** *jur.* expectancy (of), *durch Heimfall*: reversion (to, of), *im Nacherbenrecht*: remainder; **die ~ auf Ruhegeld** retirement pension expectancy. **4.** *Versicherung etc*: qualifying period. **℘lich** *adj jur.* reversionary.

ˈanˌwe·hen *v/t* ⟨*sep,* -ge-, h⟩ **1.** (*Blätter, Schnee etc*) drift (**gegen** against). **2. j-n ~** *Wind*: blow (*od.* breathe) (up)on s. o.; *fig.* **der Hauch des Todes wehte ihn an** he felt the breath of death.

ˈanˌwei|sen *v/t* ⟨*irr, sep,* -ge-, h⟩ **1. j-n ~ (, et. zu tun)** instruct (*od.* direct, order) s. o. (to do s. th.); **angewiesen sein, et. zu tun** have orders (*od.* instructions) to do s. th. **2.** (*unterweisen*) (*Lehrling etc*) instruct, give instructions to; **j-n bei e-r neuen Arbeit ~** instruct s. o. in new work. **3.** (*zuweisen*) assign (*dat* to); **j-m e-n Platz ~** a) assign a seat to s. o., b) show s. o. to his seat, seat s. o.; **et. angewiesen bekommen** be assigned s. th. **4.** (*überweisen*) (*dat* to) (*Geld etc*) transfer, remit, *a.* credit (to s. o.'s account), *zu e-m bestimmten Zweck*: allocate, allot, appropriate; **e-n Betrag zur Zahlung ~** order the payment of an amount. **℘ser** *m* ⟨-s; -⟩, **℘se·rin** *f* ⟨-; -nen⟩ **1.** instructor. **2.** → **Platzanweiser(in)**. **℘sung** *f* ⟨-; -en⟩ **1.** instructing (*etc*; → **anweisen**). **2.** (*Auftrag, Anordnung*) instruction, direction, order; **strenge ~en** strict orders; **j-m ~en geben (, et. zu tun)** → **anweisen** 1; **~en erhalten** receive instructions; **auf ~ von** (*od.* *gen*) by direction of; **laut ~** according to (the) directions (*od.* regulations). **3.** (*Anleitung*) instruction. **4.** *von Zimmer, Platz etc*: assignment, allotment. **5.** *von Geld etc*: transfer, remittance, *zu e-m bestimmten Zweck*: allocation, allotment; → *a.* **Postanweisung, Zahlungsanweisung**.

ˈAnˌwei·sungs|beˌtrag *m* amount to be remitted. **~emp·fän·ger** *m* payee.

ˈanˌwend·bar *adj* applicable (**auf** *acc* to), (*einschlägig*) *a.* relevant, (*ausführbar*) practicable, (*geeignet*) suitable; *a. tech.* **allgemein ~** of universal application; **leicht ~** easy(-)to(-)apply; **~ sein** (**auf** *acc*) be applicable (to), apply (to); → **äußerlich** 1. **℘keit** *f* ⟨-; *no pl*⟩ applicability.

ˈanˌwen|den *v/t* ⟨*meist irr, sep,* -ge-, h⟩ **1.** (*gebrauchen*) use, make use of, utilize, employ, apply; **et. gut** (*od.* **nutzbringend**) **~** make good use of s. th., put s. th. to good use, turn s. th. to account; **et. falsch ~** use s. th. wrongly, misapply (*Geld*: *a.* misspend) s. th.; **et. sparsam ~** use s. th. sparingly, economize (on) s. th.; **all s-e Kraft ~** use (*od.* exert, exercise) all one's strength, strain every muscle (*od.* nerve); **größte Sorgfalt ~** take the greatest care; → **Gewalt** 1. **2.** (*Gesetz, Prinzip, Regel etc*) apply (**auf** *acc* to); **das läßt sich auf sämtliche Fälle ~** that applies (*od.* can be applied, is applicable) to all cases. **3.** *med.* (*Heilmittel etc*) apply, administer. **℘dung** *f* ⟨-; -en⟩ **1.** using (*etc*). **2.** use, application, employment, utilization; **~ von Kraft** use (*od.* exertion) of strength; **unter ~ von Zwang** by (using) force; **die praktische ~ e-r Regel** the practical application of a rule (**auf** *acc* to); **~ finden, zur ~ kommen** be used, be applied, *Gesetz, Prinzip etc*: (**in** *dat*, **bei** to) apply, be applied, be applicable; **zur ~ bringen** → **anwenden** 1. **3.** *med. bei Kur*: therapeutic application.

ˈAnˌwen·dungs|ˌart *f* mode (*od.* method) of application. **~beˌreich** *m* range of application, *bes. jur.* scope. **~ˌbeiˌspiel** *n ling.* phraseological example. **~ˌform** *f* (form of) application, *Patentrecht etc*: embodiment. **~geˌbiet** *n* field of application. **~ˌmög·lich·keit** *f* applicability, use; **viele ~en** *a.* many applications. **~ˌvorˌschrift** *f* directions *pl* for use. **~ˌwei·se** *f* → **Anwendungsart**.

ˈanˌwer|ben *v/t* ⟨*irr, sep,* -ge-, h⟩ **1.** (*Arbeitskräfte etc*) recruit, hire; **sich ~ lassen** sign on (*od.* up). **2.** *mil.* enlist, recruit, enrol(l); **sich ~ lassen** enlist, join (up), sign on. **℘bung** *f* ⟨-; -en⟩ recruitment, *mil. a.* enlistment, enrol(l)ment.

ˈanˌwer·fen I *v/t* ⟨*irr, sep,* -ge-, h⟩ **1.** (*Motor etc*) start (up), throw *s. th.* into gear, *mit Kurbel*: crank (up). **2.** *aer.* turn, rotate (*the engine*), swing (*the propeller*). **3.** (*Mörtel etc*) throw *s. th.* (on) (**an** *acc* to); **e-e Wand** ~ roughcast a wall. **II** *v/i* **4.** *Sport*: throw (first), have the first throw.

'An|werf|,kur·bel *f tech.* starting crank. **~,mo·tor** *m* crank-start motor. **~,schal·ter** *m* motor-starting switch. **~seg,ment** *n Motorrad*: starter rack.

'An,we·sen *n* <-s; -> property, (real) estate, premises *pl*; **landwirtschaftliches** ~ farm.

'an,we|send *adj* present; **bei et. ~ sein** be present at (*od.* attend) s. th.; **nicht ~ sein** a) be absent, b) *humor.* be absent-minded. **ᘔsen·de** *m, f* <-n; -n> person present; **die ~n** those (*od.* the persons) present; **jeder** ~ everyone present; **~e ausgenommen** present company excepted; **Verehrte ~e!** Ladies and Gentlemen! **ᘔsen·heit** *f* <-; *no pl*> (**bei** at) presence, *bei e-r Veranstaltung etc*: attendance; **die ~ feststellen** check (the) attendance, make a roll call; **in ~ von** (*od. gen*) in the presence of; **in s-r ~** in his presence; **die ~ von Sauerstoff in der Luft** the presence of oxygen in the air.

'An,we·sen·heits|ap,pell *m mil.* roll call. **~,li·ste** *f* attendance list (*od.* roster, sheet); **die ~ verlesen** call the roll.

'an,wet·zen *v/i* <*only pp*> *colloq.* **angewetzt kommen** come dashing along (*od.* up).

'an,wi·dern *v/t* <*sep*, **-ge-**, h> → **anekeln.**

'an,win·keln *v/t* <*sep*, **-ge-**, h> (*Arme, Beine etc*) bend.

'an,win·seln I *v/t* <*sep*, **-ge-**, h> **j-n ~** whine at s. o., *fig. contp. a.* snivel at s. o. **II** *v/i* <*only pp*> *colloq.* **angewinselt kommen** come whining and snivel(l)ing.

'An,woh·ner *m* <-s; ->, **'An,woh·ne·rin** *f* <-; -nen> **1.** s. o. living nearby, adjacent resident (*od.* owner), abutter, neighbo(u)r; **die ~ des Flughafens** the people living next (*od.* near) to the airport. **2.** *e-r Straße etc*: resident.

'An,woh·ner·schaft *f* <-; -en> (adjacent) residents *pl*, neighbo(u)rs *pl*.

'An,wurf *m* **1.** *civ. eng.* roughcast. **2.** *Sport*: first throw, throw-off; **den ~ haben** have the first throw, throw first. **3.** *fig.* aspersion, offensive (*od.* slanderous) remark.

'an,wur·zeln *v/i* <*sep*, **-ge-**, **sein**> take (*od.* strike) roots; → **angewurzelt.**

'An,zahl *f* <-; *no pl*> number, quantity; **e-e große ~** (**von** *od. gen* of) a great number, a multitude; **e-e große ~ von ihnen** *a.* a great many of them; **jede ~ von** any number of; **in beschränkter ~ vorhanden** available in a limited quantity.

'an,zah|len *v/t* <*sep*, **-ge-**, h> (*Teilbetrag*) pay *s. th.* on account, *als Sicherheitsleistung*: (pay *s. th.* as a) deposit, *bes. bei Ratenkäufen*: make a down payment of, pay a first instal(l)ment of (*50 marks, etc*); **den Fernsehapparat ~** make a down payment for (*od.* on) the television set. **ᘔlung** *f* <-; -en> payment on account, (*Sicherheitsleistung*) deposit, *bes. bei Ratenkäufen*: down payment, first instal(l)ment. **ᘔlungs,sum·me** *f* **1.** amount paid as a down (*od.* part) payment (*etc*). **2.** amount paid on account.

'an,zap·fen *v/t* <*sep*, **-ge-**, h> **1.** (*Faß etc*) tap, broach; *fig. colloq.* **j-n (um et.) ~** a) (*um Geld*) touch (*od.* tap) s. o. for money, b) (*ausfragen*) tap s. o. for information, (*um Fachwissen etc*) pick s. o.'s brain. **2.** (*Baum, a. Leitung etc*) tap.

'An,zapf|,span·nung *f electr.* tap voltage. **~,strom** *m* leakage (*od.* bleeder) current. **~tur,bi·ne** *f* bleeder turbine.

'An,zei·chen *n* sign, indication, mark, (*Vorzeichen*) omen, *a. med.* symptom; **erste ~** *pl* **von** (*od. gen*) first signs of; **ein sicheres ~ für** a sure sign of; **das ist ein ~ von** that is a sign of, that indicates; **wenn nicht alle ~ trügen** (*od.* **täuschen**) unless we are greatly mistaken, unless all appearances are deceptive; **alle ~ sprechen dafür, daß** there is every indication that, everything points to the fact that.

'an,zeich·nen *v/t* <*sep*, **-ge-**, h> **1.** draw (**an** *acc* on). **2.** (*anstreichen*) mark, make (*od.* put) a mark against, (*abhaken*) mark (*od.* check, tick) off.

'An,zei·ge [-,tsaɪgə] *f* <-; -n> **1.** (*Bekanntgabe*) announcement, notice, notification, *bes. econ.* advice; **amtliche ~** official notice. **2.** (*Zeitungs*ᘔ) advertisement, *colloq.* ad, *Br. a.* advert; **e-e ~ aufgeben** put in (*od.* insert, run) an advertisement, advertise, insert; **kleine ~** small (*od.* classified) advertisement; **stehende ~** repeat advertisement; **doppelseitige ~** double spread. **3.** *jur. bei Behörden*: notification (of), (*Straf*ᘔ) information, denunciation; **gegen j-n ~ erstatten, j-n zur ~ bringen** lay an information against s. o., lay (*od.* prefer, press) a charge against s. o., **bei der Polizei**: report s. o. to the police; → **Unbekannt. 4.** *tech.* indication, (*Ablesung*) (instrument) reading; **~ auf e-r Skala** scale (*od.* dial) reading; **~ mit direkter Ablesung** direct-reading apparatus. **~be,reich** *m tech.* indicating range, (*Ablesebereich*) range of reading. **~emp,find·lich·keit** *f von Meßgeräten*: sensitivity. **~ge,rät, ~in·stru,ment** *n* indicator, indicating instrument, *schreibendes*: recording (*od.* registering) instrument.

'an,zei·gen I *v/t* <*sep*, **-ge-**, h> **1.** (*bekanntgeben*) announce, give notice of, notify, *bes. econ.* advise; **j-m et. ~** announce s. th. to s. o., notify (*od.* inform, *bes. econ.* advise) s. o. of s. th.; **die Verlobung ~** announce one's engagement. **2.** (*zeigen*) indicate, show; **die Fahrtrichtung ~** indicate one's driving direction; **sich ~** show, manifest itself, be(come) noticeable. **3.** *fig.* (*deuten auf*) indicate, be indicative (*od.* symptomatic) of, point to; → **angezeigt. 4.** *jur.* denounce, lay (*od.* prefer) an information (*od.* a charge) against, inform against, **bei der Polizei**: report *s. o.* to the police (**wegen** for); *weitS.* **j-n beim Lehrer ~** tell (*colloq.* sneak) on s. o.; **ein Vergehen ~** inform the authorities of an offence. **5.** (*Wert etc bei Zoll, Post*) declare, (*Preis*) quote. **6.** *Meßgerät etc*: indicate, *schreibend*: record, register, *auf Bildschirm*: display, *Radargerät*: (re)present. **7.** *beim Schießen*: mark, signal. **II** *v/i* **8.** *Jagdhund*: point.

'An,zei·gen|,ab,tei·lung *f* advertising department. **~,an,nah·me(,stel·le)** *f* advertising office. **~,bei,la·ge** *f* advertisement supplement. **~,blatt** *n* advertising paper, *Br. a.* advertiser. **~bü,ro** *n* advertising office (*od.* agency).

'an,zei·gend *adj tech.* indicating, reading, registering.

'An,zei·gen|,fach,mann *m econ.* advertising man (*od.* expert), *Am.* adman. **~,schluß** *m* deadline for advertisements. **~,teil** *m in Zeitungen*: advertisement pages *pl* (*od.* section), advertisements *pl*. **~,tex·ter** *m* copywriter, ad writer, *Am.* adman. **~ver,mitt·lung** *f* advertising agency. **~,wer·ber** *m* advertising (*od.* advertisement) agent (*od.* canvasser).

'An,zei·ge|,pflicht *f* **1.** obligation to inform the police (the health authorities, *etc*). **2.** *econ.* obligatory publication, obligation to disclose. **ᘔ,pflich·tig** *adj* **1.** *Krankheit, Verbrechen*: notifiable, reportable. **2.** → **meldepflichtig.**

'An,zei·ger *m* <-s; -> **1.** *jur.* person informing the police (*etc*), *weitS.* informant. **2.** → **Anzeigegerät. 3.** a) (*Zeitung*) gazette, *Br. a.* advertiser, b) → **Anzeigenblatt. 4.** *am Schießstand*: marker. **5.** *math.* exponent.

'An,zei·ge|,röh·re *f tech.* (visual) indicator valve (*Am.* tube). **~,ta·fel** *f* **1.** *tech.* indicator panel. **2.** *Sport*: scoreboard. **~,vor,rich·tung** *f* → **Anzeigegerät.**

'An,zei·gung *f* <-; *no pl*> → **Anzeige** 1, 3, 4.

'an,zet·teln *v/t* <*sep*, **-ge-**, h> **1.** plot, hatch, instigate, *colloq.* engineer (*a revolt, etc*), (*verursachen*) provoke, cause, set on foot; **er hat das Ganze angezettelt** he is behind it all, it is all his doing. **2.** *Weberei*: warp. **'An,zet·te·ler, 'An,zett·ler** *m* <-s; -> **1.** plotter, hatcher, instigator, machinator, author. **2.** *Weberei*: warper.

'an,zie·hen I *v/t* <*irr, sep*, **-ge-**, h> **1.** (*Kleider etc*) put on, (*bes. Strümpfe, Pullover*) *a.* pull on, don, *hastig*: slip on; **ein anderes Kleid ~** change one's dress; **ich habe nichts anzuziehen** I haven't got a thing to wear. **2. j-n ~** dress s. o. **3.** (*spannen*) stretch, (*Feder, Schraube, Saite etc*) tighten, (*Zügel*) *a.* draw in, (*Hebel*) pull, (*Handbremse*) apply, pull; *fig.* **bei j-m die Zügel straffer ~** keep a tighter rein on s. o. **4.** (*Wagen etc*) begin to draw (*od.* pull). **5.** (*Bein, Knie*) draw up. **6.** *fig.* (*j-n, Kapital*) attract, (*Käufer, Publikum etc*) *a.* draw; **alles Neue zog ihn an** he felt attracted by everything new; **Licht zieht die Motten an** moths are drawn by (the) light; **sich von j-m angezogen fühlen** feel attracted by (*od.* drawn toward) s. o.; → **Gegensatz** 2. **7.** *magnetisch etc*: attract, (*Feuchtigkeit etc*) *a.* absorb, take up, (*Geruch etc*) take on, acquire. **8.** *fig.* (*zitieren*) quote, cite, refer to, rely on. **II** *v/i* **9.** *Pferd, Wagen*: (start to) pull; *mot.* **der Wagen zieht gut an** the car pulls away well. **10.** *Salz etc*: get damp, absorb moisture. **11.** *Mörtel, Leim etc*: set, bind, harden, *Farbe*: (begin to) dry. **12.** *Schraube*: take, grasp, bite. **13.** *Preise etc*: go up, advance, stiffen. **14.** *Schach*: have (*od.* make) the first move; **Weiß zieht an** white to play. **15.** *Sport*: put on speed, accelerate. **III** *v/reflex* **sich ~ 16.** dress (o. s.), put on one's clothes, get dressed; **sich warm ~** dress warmly, put on (some) warm clothes; **sie zieht sich gut an** she dresses well, she is always well dressed. **IV** *v/impers* **17. es zieht an** it is getting colder. **V ᘔ** *n* <-s> **18.** putting on, dressing (*etc*). **19.** *von Feuchtigkeit*: absorption. **20.** *econ.* a) rise, advance, b) improvement. **~d I** *adj fig.* attractive (*a. Projekt etc*), engaging, winning, charming; **nicht** (*od.* **wenig**) ~ unattractive. **II** *adv* attractively; **auf j-n ~ wirken** attract s. o.

'An,zieh,mus·kel *m anat.* adductor.

'An,zie·hung *f* <-; *no pl*> **1.** → **anziehen** V. **2.** *phys.* attraction, *fig. a.* appeal; **magnetische ~** magnetic attraction (*od.* pull); **gegenseitige ~** mutual attraction. **3.** *e-s Muskels etc*: adduction.

'An,zie·hungs|be,reich *m phys.* gravitational field. **~ge,setz** *n* law of attraction. **~,kraft** *f* **1.** *phys.* (*magnetic, etc*) attraction, attractive force (*od.* power); **die ~ der Erde** power of gravitation; **die ~ der Planeten** the pull of the planets; **entgegengesetzte ~** counter-attraction. **2.** *fig.* (auf *acc*) attraction (for), appeal (to), magnetism (for); **sexuelle ~** sexual attraction, sex appeal; **e-e starke ~ auf j-n ausüben** have a strong attraction for s. o., appeal strongly to s. o.; **~ auf Kunden** customer appeal; **Stierkämpfe üben e-e große ~ auf Touristen aus** bullfights draw large numbers of tourists. **~ˌpunkt** *m fig.* cent/re (*Am.* -er) of attraction (*od.* interest), (*Haupt*Ⓢ) chief attraction.

ˈAnˌzieh·verˌmö·gen *n mot.* getaway (power), pull.

ˈanˌzi·schen *v/t* ⟨*sep*, **-ge-**, **h**⟩ *a. fig.* hiss at.

ˈAnˌzucht *f von Tieren*: rearing, breeding, *von Pflanzen*: growing, cultivation, *von Sämlingen*: plant rearing.

ˈAnˌzug *m* ⟨-(e)s; Anzüge⟩ **1.** (*Kleidung*) dress, clothing, garb, apparel, (*Herren*Ⓢ) suit, *mil.* dress, uniform; *fig. colloq.* **aus dem ~ kippen** a) (*ohnmächtig werden*) pass out (cold), b) *vor Überraschung*: be bowled over; **j-n aus dem ~ stoßen** a) beat the daylights out of s. o., b) bowl s. o. over. **2.** ⟨*only sg*⟩ *fig.* approach, advance; **der Feind ist im ~** the enemy is approaching (*od.* advancing, drawing near); **ein Gewitter ist im ~** a thunderstorm is gathering (*od.* coming up); **e-e Gefahr ist im ~** there is danger ahead, danger is impending; **e-e Grippe ist im ~** influenza is on the way (*od.* is about); **es ist et. im ~** there is s. th. up (*od.* brewing, afoot). **3.** *pol. Swiss for* **Antrag** 2. **4.** *Schach etc*: opening (*od.* first) move; **den ~ haben** have the first move. **5.** ⟨*only sg*⟩ → **Anziehvermögen.**

ˈanˌzüg·lich [-ˌtsyːklɪç] *adj* **1.** *Bemerkung etc*: personal, offensive; **~ werden** become (*od.* get) personal. **2. ~er Witz** suggestive (*od.* risqué, dubious) joke. **Ⓢkeit** *f* ⟨-; -en⟩ **1.** a) ⟨*only sg*⟩ (*anzügliche Art*) offensiveness, b) personal remark; **sich ~en erlauben** indulge in personalities. **2.** a) ⟨*only sg*⟩ suggestiveness, b) → **anzüglich** 2.

ˈAnˌzugs|(ˌdreh)moˌment *n mot.* starting torque. **~ˌkraft** *f* **1.** *tech.* starting power, tractive force. **2.** → **Anziehvermögen.**

ˈAnˌzugˌstoff *m* suiting, cloth.

ˈAnˌzugs·verˌmö·gen *n* **1.** → **Anziehvermögen. 2.** *tech.* (*Drehmoment*) starting torque.

ˈanˌzün|den *v/t* ⟨*sep*, **-ge-**, **h**⟩ **1.** (*Gas, Lampe, Zigarette etc*) light; **ein Streichholz ~** light (*od.* strike) a match; **das Licht ~** light the lamp; **sich** (*dat*) **e-e Zigarette ~** light (o. s.) a cigarette; **sich** (*dat*) **e-e Pfeife ~** light one's pipe. **2.** (*Stroh, Holz etc*) light, kindle, ignite; **das Feuer im Ofen ~** light (the fire in) the stove. **3.** *durch Brandstiftung*: set (*od.* put) fire to, set *s. th.* on fire, set *s. th.* aflame (*od.* afire). **Ⓢder** *m* ⟨-s; -⟩ lighter.

ˈan·zuˌwen·dend [-tsu-] *adj* to be used; *med.* **innerlich ~es Mittel** remedy to be used internally, internal remedy, remedy for internal use (only).

ˈanˌzwei|fel·bar *adj* disputable, questionable, doubtable. **~feln** *v/t* ⟨*sep*, **-ge-**, **h**⟩ doubt, (call *s. th.* in) question, dispute, query.

ˈanˌzwit·schern *colloq.* **I** *v/i* ⟨*only pp*⟩ **angezwitschert kommen** turn up, show up. **II** *v/t* ⟨*sep*, **-ge-**, **h**⟩ **sich** (*dat*) **e-n ~** → **antrinken.**

äo·lisch [ɛˈoːlɪʃ] *adj* **1.** Aeolian; *mus.* **~e Tonart** Aeolian mode. **2.** *Versmaß*: Aeolic.

ˈÄolsˌhar·fe [ˈɛːɔls-] *f* Aeolian harp (*od.* lyre).

Äo·lus [ˈɛːolʊs] *npr m* ⟨-; *no pl*⟩ *myth.* Aeolus.

Äon [ɛˈoːn; ˈɛːɔn] *m* ⟨-s; -en [ɛˈoːnən]⟩ *meist pl* (a)eon.

Ao·rist [aoˈrɪst] *m* ⟨-(e)s; -e⟩ *ling.* aorist. **aoˈri·stisch** *adj* aorist(ic).

Aor·ta [aˈɔrta] *f* ⟨-; Aorten⟩ *anat.* aorta; **zur ~ gehörig** aortic.

Aor·ten|geˌflecht [aˈɔrtən-] *n* aortic plexus. **~in·suf·fi·ziˌenz** *f* aortic insufficiency. **~ˌkam·mer** *f* left ventricle (of the heart). **~ˌklap·pe** *f* aortic valve.

Apa·che [aˈpaxə] *m* ⟨-n; -n⟩ **1.** [*a.* aˈpatʃə] Apache. **2.** (*Pariser Unterwelt-ler*) apache.

Apa·na·ge [apaˈnaːʒə] *f* ⟨-; -n⟩ ap(p)anage.

apart [aˈpart] *adj Frau, Gesicht etc*: striking, unusual, *stärker*: exquisite, *Kleid etc*: smart, stylish, exquisite; **sie hat et. Ⓢes (an sich)** she has a certain something.

Apart·heid [aˈpa(ː)rthaɪt] *f* ⟨-; *no pl*⟩ *pol.* apartheid.

Apart·ment [aˈpartmənt; əˈpɑːtmənt] (*Engl.*) *n* ⟨-s; -s⟩ flatlet, *Am.* efficiency (apartment).

Apa·thie [apaˈtiː] *f* ⟨-; -n [-ən]⟩ apathy, listlessness; **j-n aus s-r ~ herausreißen** shake s. o. out of his apathy. **apa·thisch** [aˈpaːtɪʃ] *adj* apathetic (*a. med.*), listless.

Aper·çu [apɛrˈsyː] *n* ⟨-s; -s⟩ *lit.* **1.** aperçu. **2.** witty remark, witticism.

ape·ri·odisch [aperiˈoːdɪʃ; ˈa(ː)-] *adj electr. phys.* aperiodic, *bes. Meßgerät*: deadbeat.

Ape·ri·tif [aperiˈtiːf] *m* ⟨-s; -s, *a.* -e⟩ aperitif.

Aper·tur [apɛrˈtuːr] *f* ⟨-; -en⟩ *opt.* aperture, opening, *anat. zo. a.* orifice. **~ˌblen·de** *f opt.* aperture diaphragm.

Apex [ˈa(ː)pɛks] *m* ⟨-; Apizes [-pitsɛs]⟩ **1.** *astr.* apex. **2.** *ling.* macron, length mark.

Apfel [ˈapfəl] *m* ⟨-s; ¨⟩ **1.** apple; *gastr.* **~ im Schlafrock** baked apple dumpling; *fig.* **in den sauren ~ beißen** swallow the (bitter) pill; **der ~ der Zwietracht** the apple of discord; **der ~ fällt nicht weit vom Stamm** like father like son, he is a chip of(f) the old block; *fig. colloq.* **für e-n ~ und ein Ei** for a(n old) song. **2.** *bot.* apple (tree). **~ˌaufˌlauf** *m gastr.* apple soufflé, *mit Brot*: apple charlotte. **~ˌausˌste·cher** *m* (*Gerät*) apple corer. **~ˌbäck·chen** *pl humor.* apple (*od.* rosy) cheeks. **~ˌbaum** *m bot.* apple (tree). **~ˌbee·re** *f* chokeberry. **~ˌblattˌsau·ger** *m zo.* apple(-leaf) sucker. **~ˌblü·te** *f* apple blossom. **~ˌblü·tenˌste·cher** *m zo.* apple curculio. **~ˌbrei** *m* → **Apfelmus.**

Äp·fel·chen [ˈɛpfəlçən] *n* ⟨-s; -⟩ small apple.

ˈAp·fel|geˌhäu·se *n* apple core. **~geˌlee** *n* apple jelly. **Ⓢˌgrau** *adj Pferd*: dapple(d)-grey (*bes. Am.* -gray). **Ⓢˌgrün** *adj* apple-green. **~ˌkern** *m* apple pip (*od.* seed). **~ˌkloß** *m gastr.* apple dumpling. **~komˌpott** *n* stewed apples *pl.* **~ˌkreuz** *n her.* cross pommée. **~ˌku·chen** *m* apple flan (*Am.* cake). **~ˌmost** *m* (*Am.* hard) cider. **~ˌmus** *n* apple purée, applesauce. **~paˌste·te** *f* apple-filled pastry, apple pie. **~ˌpres·se** *f* cider press. **~ˌro·se** *f bot.* sweetbrier, *a.* sweetbriar. **~ˌsaft** *m* apple juice. **~ˌsäu·re** *f chem.* malic acid. **~ˌscha·le** *f* apple peel (*od.* skin). **~ˌschim·mel** *m zo.* dapple(d)-grey (*bes. Am.* -gray) horse. **~ˌschnaps** *m* apple brandy, *bes. Am.* applejack. **~ˌschnitz** *m* apple slice; **getrockneter ~** dried apple section (*od.* ring).

ˌAp·felˈsi·ne [-ˈziːnə] *f* ⟨-; -n⟩ orange.

ˌAp·felˈsi·nen|ˌkern *m* orange pip (*od.* seed). **~ˌsaft** *m* orange juice. **~ˌscha·le** *f* orange peel. **~ˌschei·be** *f* orange slice. **~ˌsor·te** *f* orange variety.

ˈAp·fel|ˌsor·te *f* apple variety. **~ˌstru·del** *m gastr.* apple strudel. **~ˌta·sche** *f* apple turnover (*od.* pasty). **~ˌtor·te** *f* apple tart; **gedeckte ~** apple pie.

ˈäp·felˌtra·gend *adj bot.* pomiferous.

ˈAp·fel|ˌtre·ster *pl* pomace *sg*, *a.* pumace *sg.* **~ˌwein** *m* (*Am.* hard) cider. **~ˌwick·ler** *m zo.* apple moth.

Aph·äre·se [afɛˈreːzə], **Aph·äre·sis** [aˈfɛːrezɪs] *f* ⟨-; Aphäresen [afɛˈreːzən]⟩ *ling.* aph(a)eresis.

Apha·sie [afaˈziː] *f* ⟨-; -n [-ən]⟩ *med.* aphasia.

Aph·el [aˈfeːl] *n* ⟨-s; -e⟩, **Aphˈeli·um** [-lĭʊm] *n* ⟨-s; -lien⟩ *astr.* aphelion.

Apho·nie [afoˈniː] *f* ⟨-; -n [-ən]⟩ *med.* aphonia.

Apho|ris·mus [afoˈrɪsmʊs] *m* ⟨-; -rismen⟩ aphorism. **Ⓢˈri·stisch** [-tɪʃ] *adj* aphoristic.

Aphro|di·sia·kum [afrodiˈziːakʊm] *n* ⟨-s; -ka [-ka]⟩ aphrodisiac. **Ⓢˈdi·sisch** [-ˈdiːzɪʃ] *adj* **1.** *pharm. physiol.* aphrodisiac(al). **2.** *myth.* of (*od.* pertaining to) Aphrodite.

Api·kul·tur [apikʊlˈtuːr] *f* apiculture, beekeeping.

Apla·nat [aplaˈnaːt] *m* ⟨-s; -e⟩ *phot.* aplanat(ic lens).

Aplomb [aˈplõː] *m* ⟨-s; *no pl*⟩ aplomb, self-confidence.

Apo·chro·mat [apokroˈmaːt] *m* ⟨-s; -e⟩ *phot.* apochromat(ic lens).

apo|dik·tisch [apoˈdɪktɪʃ] *adj philos.* apodictic, *fig. Behauptung, Person etc*: dogmatic. **~ˈgam** [-ˈgaːm] *adj bot.* apogamous. **Ⓢgaˈmie** [-gaˈmiː] *f* ⟨-; *no pl*⟩ apogamy. **Ⓢˈgä·um** [-ˈgɛːʊm] *n* ⟨-s; -gäen⟩ *astr.* apogee. **Ⓢkaˈlyp·se** [-kaˈlʏpsə] *f* ⟨-; -n⟩ **1.** *Bibl.* Apocalypse. **2.** *fig.* apocalypse. **~kaˈlyp·tisch** [-tɪʃ] *adj* **1.** apocalyptic(al) (*a. fig.*); **die Ⓢen Reiter** the (Four) Horsemen of the Apocalypse. **2.** *fig. lit.* (*geheimnisvoll*) cryptic. **~ˈkarp** [-ˈkarp] *adj bot.* apocarpous.

Apo·ko·pe [aˈpoːkope] *f* ⟨-; -n [apoˈkoːpən]⟩ *ling.* apocope.

apo·kryph [apoˈkryːf] **I** *adj* (*unecht*) apocryphal; **~e Schriften** apocrypha, Apocrypha. **II** Ⓢ *n* ⟨-s; -en⟩ apocryphal book; *Bibl.* **die Ⓢen** the Apocrypha.

apo·lar [ˈa(ː)polaːr; apoˈlaːr] *adj biol. chem. math.* apolar.

apo·li·tisch [ˈa(ː)politɪʃ; apoˈliː-] *adj* apolitical, unpolitical.

Apoll [aˈpɔl] *m* ⟨-s; *no pl*⟩ → **Apollo.**

apol·li·nisch [apɔˈliːnɪʃ] *adj myth. philos.* Apollinian.

Apol·lo [aˈpɔlo] **I** *npr m* ⟨-; *no pl*⟩ *myth.* Apollo; *obs.*, *a. humor.* **Bruder in ~** brother poet (*od.* artist). **II** *m* ⟨-s; -s⟩ Apollo; *colloq.* **er ist der reinste ~** he is as handsome as a Greek god.

Apol·lon [aˈpɔlɔn] *npr m* ⟨-s; *no pl*⟩ → Apollo I.

Apo·lo|get [apoloˈgeːt] *m* ⟨-en; -en⟩ *relig.* apologist. **Ⓢˈge·tisch** *adj* apologetic. **~ˈgie** [-ˈgiː] *f* ⟨-; -n [-ən]⟩ apology, apologia; **die ~ des Sokrates** the Apology (*by Plato*).

Apo·plek·ti·ker [apoˈplɛktikər] *m* ⟨-s; -⟩ *med.* apoplectic. **apoˈplek·tisch** [-tɪʃ] *adj* apoplectic(al); **~er Anfall** → **Apo·pleˈxie** *f* [-ˈksiː] *f* ⟨-; -n [-ən]⟩ apoplexy, stroke.

Apo·sta·sie [apɔstaˈziː] *f* ⟨-; -n [-ən]⟩ *relig.* apostasy (*a. fig.*). **Apoˈstat** [-ˈstaːt] *m* ⟨-en; -en⟩ apostate, renegade. **apoˈsta·tisch** *adj* apostate, apostatic(al).

Apo·stel [aˈpɔstəl] *m* ⟨-s; -⟩ *relig.* apostle (*a. fig.*); **die zwölf ~** the Twelve (Apostles). **~ˌamt** *n* apostleship, apostolate. **~geˌschich·te** *f Bibl.* Acts *pl* (*construed as sg*) (of the Apostles). **~tum** *n* ⟨-(e)s; *no pl*⟩ → **Apostelamt.**

apo·ste·rio·risch [apɔsteˈrĭoːrɪʃ] *adj u. adv* a posteriori.

Apo·sto·lat [apɔstoˈlaːt] *n* ⟨-(e)s; -e⟩ → Apostelamt. **Apoˈsto·li·ker** [-ˈtoːlikər] *m* ⟨-s; -⟩ *relig.* Apostolic; **die ~** the (sect of the) Apostolics. **Apoˈsto·li·kum** [-ˈtoːlikʊm] *n* ⟨-s; *no pl*⟩ the Apostles' Creed. **apoˈsto·lisch** [-ˈtoːlɪʃ] *adj* apostolic; **das Ձe Glaubensbekenntnis** the Apostles' Creed; **die ~e Nachfolge** (*od.* **Sukzession**) the apostolic succession; **der Ձe Nuntius** the Papal nuncio; **der ~e Segen** the apostolic benediction, the Papal blessing; **der Ձe Stuhl** the Apostolic (*od.* Holy) See; **Ձer Vikar** vicar apostolic.

Apo·stroph [apoˈstroːf] *m* ⟨-s; -e⟩ *ling.* apostrophe; **e-n ~ setzen** put in an apostrophe, apostrophize a word.

Apo·stro·phe [aˈpɔstrofe] *f* ⟨-; -n [apoˈstroːfən]⟩ *Rhetorik*: apostrophe.

apo·stro·phie·ren [apostroˈfiːrən] *v/t* ⟨*no* ge-, h⟩ **1.** apostrophize, mark *s. th.* with an apostrophe. **2. j-n ~ als** (*anreden*) apostrophize s. o. as *a genius, etc.*

Apo·the·ke [apoˈteːkə] *f* ⟨-; -n⟩ **1.** chemist's shop, *bes. Am.* pharmacy, *Am.* drugstore; **in der ~** at the chemist's (*od.* pharmacy, *etc*). **2.** *colloq.* expensive shop, *sl.* rip-off joint.

Apoˈthe·ken|ˌhel·fe·rin *f* pharmaceutical assistant. **Ձˌpflich·tig** *adj* subject to sale by pharmacists only. **~ˌschränk·chen** *n* medicine cabinet (*od.* chest).

Apo·the·ker [apoˈteːkər] *m* ⟨-s; -⟩ pharmacist, *bes. Br.* (dispensing) chemist, *bes. Am.* druggist, apothecary. **~ˌbuch** *n* pharmacop(o)eia. **~geˌwicht** *n* apothecaries' weight.

Apoˈthe·ke·rin *f* ⟨-; -nen⟩ → **Apotheker.**

Apo·theo·se [apoteˈoːzə] *f* ⟨-; -n⟩ *lit.* apotheosis, glorification.

Ap·pa·rat [apaˈraːt] *m* ⟨-(e)s; -e⟩ **1.** *allg.* apparatus (*a. anat. physiol. zo.*), (*Gerät, Vorrichtung*) device, appliance, (*kleiner ~, a. iro.*) gadget, (*Meßgerät*) instrument, (*Maschine*) machine, *colloq.* (*FernsehՁ*) (TV) set, (*RadioՁ*) radio, set, (*Kamera*) camera; → **Rasierapparat** *etc.* **2.** *colloq.* (*Telefon*) phone; **am ~!** speaking!; **bleiben Sie bitte am ~!** hold the line, please!; **Sie werden am ~ gewünscht, an den ~, bitte** there is a call for you; **wer ist am ~?** who is speaking (*od.* calling)? **3.** *fig.* (*VerwaltungsՁ etc*) (administrative, governmental, *etc*) machinery, apparatus, organization, (*politischer ~, ParteiՁ*) (political, party) machine. **4.** *Literatur*: **kritischer ~** *zu e-m Text*: critical apparatus. **5.** *fig. colloq.* (big, *etc*) job (*od.* affair, thing).

Ap·paˈra·te|ˌbau *m* ⟨-(e)s; *no pl*⟩ *tech.* apparatus (*od.* instrument) construction (*od.* engineering). **~ˌbrett** *n* instrument panel (*od.* board).

Ap·pa·rat·schik [apaˈratʃɪk] *m* ⟨-s; -s⟩ *pol. contp.* apparatchik.

Ap·pa·ra·tur [aparaˈtuːr] *f* ⟨-; -en⟩ *tech.* equipment, (mechanical) outfit, installation, system, (*Zubehör*) fixtures *pl.*

Ap·par·te·ment [apart(ə)ˈmãː; *Swiss* -ˈmɛnt] *n* ⟨-s; -s, *Swiss* -e⟩ **1.** → **Apartment. 2.** (hotel) apartment (*od.* suite).

Ap·pell [aˈpɛl] *m* ⟨-s; -e⟩ **1.** (*Aufforderung*) (**an** *acc*) appeal (to), call (on, upon); **e-n ~ an j-n richten** (make an) appeal to s. o.; **ein ~ an das Gewissen** (**an die Vernunft**) an appeal to s. o.'s conscience (to reason). **2.** *mil.* a) roll call, b) (*Besichtigung*) inspection, muster, parade. **3.** *hunt.* (*Gehorsam*) training (*of dogs*). **4.** *fenc.* alarm, appeal, appel.

Ap·pel·la·tiˈons·geˌricht(s|hof *m*) *n* [apɛlaˈtsĭoːns-] court of appeal.

ap·pel·la·tiv [apɛlaˈtiːf] **I** *adj*, **II** Ձ *n* ⟨-s; -e⟩ *ling.* appellative.

ap·pel·lie·ren [apɛˈliːrən] *v/i* ⟨*no* ge-, h⟩ **1.** (make an) appeal (**an** *acc* to). **2.** *jur. obs.* appeal.

Ap·pend·ek·to·mie [apɛndɛktoˈmiː] *f* ⟨-; -n [-ən]⟩ *med.* appendectomy, removal of the appendix.

Ap·pen·dix[1] [aˈpɛndɪks] *m* ⟨- *od.* -es; -dizes [-ditsɛs] *od.* -e⟩ **1.** (*Anhängsel*) appendix (*a. print.*), appendage. **2.** → **Appendix**[2].

Apˈpen·dix[2] *f* ⟨-; -dizes [-ditsɛs]⟩ *med.* (vermiform) appendix.

Ap·pen·di·zi·tis [apɛndiˈtsiːtɪs] *f* ⟨-; -tiden [-tsiˈtiːdən]⟩ *med.* appendicitis.

Ap·per·zep·ti·on [apɛrtsɛpˈtsĭoːn] *f* ⟨-; -en⟩ *psych.* apperception.

Ap·pe·tit [apeˈtiːt] *m* ⟨-(e)s; *rare* -e⟩ appetite (**auf** *acc* for); **Guten ~!** bon appétit!, I hope you like it! (*in England u. Amerika ungebräuchlich*); **auf et. ~ haben** (**bekommen**) have (get) an appetite for s.th., feel like having s.th.; **worauf haben Sie ~?** what do you fancy?; **et. mit ~ genießen** eat s. th. with relish, relish s. th.; **den ~ anregen** (**reizen**), **~ machen** give an appetite, whet (*od.* stimulate) the appetite; **ich habe k-n rechten ~** I am off my food (*od. colloq.* oats); **den ~ verlieren** lose one's appetite, *fig. a.* be turned off; **mir ist der ~ darauf vergangen** it took away (*od.* spoiled) my appetite, *fig. a.* it turned me off (completely); *a. fig.* **dabei kann e-m der ~ vergehen** that's enough to make you sick; **der ~ kommt beim** (*od.* **mit dem**) **Essen** appetite comes with the eating, *fig. a.* the more one has the more one wants. **ՁˌanˌreGend** *adj* appetizing, *pharm. a.* stimulating the appetite. **~ˌanˌre·ger** *m* appetizer. **~ˌbröt·chen** *n* canapé, (cocktail) savo(u)ry. **~ˌhäpp·chen** *n*, **~ˌhap·pen** *m* **1.** tasty morsel, tidbit, titbit. **2.** → **Appetitbrötchen. ~ˌhem·mer** *m pharm.* appetite suppressant (*Am. a.* depressant). **Ձlich I** *adj* **1.** (*lecker*) appetizing, delicious, savo(u)ry. **2.** *fig. colloq.* appetizing, *sl.* yummy (*girl*); **nicht sehr ~** *Person*: unsavo(u)ry, uninviting-looking, crummy, *a. Küche etc*: none too clean. **II** *adv* **3.** appetizingly. **Ձlos** *adj* without any (*od.* lacking in) appetite, *med. a.* inappetent, anore(c)tic; **~ sein** have lost one's appetite. **~lo·sig·keit** *f* ⟨-; *no pl*⟩ loss (*od.* lack) of appetite, *med. a.* inappetence, anorexia. **~ˌman·gel** *m* lack of appetite, anepithymia. **~ˌzüg·ler** *m* → **Appetithemmer.**

ap·plau·die·ren [aplauˈdiːrən] *v/i* ⟨*no* ge-, h⟩ applaud, clap; **j-m begeistert ~** applaud s. o. enthusiastically, cheer s. o., *colloq.* give s. o. a big hand.

Ap·plaus [aˈplaus] *m* ⟨-es; *no pl*⟩ applause; **j-m ~ spenden** → **applaudieren**; **~ für Herrn X!** applause for Mr X!, *colloq.* let's have a big hand for Mr X!; → *a.* **Beifall.**

Ap·pli·ka·te [apliˈkaːtə] *f* ⟨-; -n⟩ *math.* z-coordinate, applicate (ordinate). **Ap·pliˈka·ten|ˌach·se** *f* z-axis.

Ap·pli·ka·ti·on [aplikaˈtsĭoːn] *f* ⟨-; -en⟩ **1.** *med.* application, administration, medication. **2.** *Mode*: appliqué (work). **Ap·pli·ka·tiˈons·sti·ckeˌrei** (*getr.* -k·k-) *f* **1.** appliqué work. **2.** appliquéd ornament.

Ap·pli·ka·tur [aplikaˈtuːr] *f* ⟨-; -en⟩ *mus.* fingering.

ap·pli·zie·ren [apliˈtsiːrən] *v/t* ⟨*no* ge-, h⟩ **1.** *med.* apply (*a. Farbe etc*), administer. **2.** *Mode*: appliqué.

Ap·pog·gia|tur [apɔdʒaˈtuːr] *f* ⟨-; -en⟩, **~ˈtu·ra** [-ˈtuːra] *f* ⟨-; -turen⟩ *mus.* appoggiatura.

ap·port [aˈpɔrt] *interj zum Hund*: (go) fetch! **ap·por·tie·ren** [apɔrˈtiːrən] *v/t u. v/i* ⟨*no* ge-, h⟩ *Hund*: retrieve, fetch. **Ap·porˈtierˌhund** *m* retriever.

Ap·po·si·ti·on [apoziˈtsĭoːn] *f* ⟨-; -en⟩ *ling., a. biol. bot.* apposition. **ap·po·si·tioˈnell** [-tsĭoˈnɛl] *adj ling.* appositional.

Ap·pre·teur [apreˈtøːr] *m* ⟨-s; -e⟩ *Textil.* dresser, finisher. **ap·preˈtie·ren** [-ˈtiːrən] *v/t* ⟨*no* ge-, h⟩ dress, finish, size. **Ap·preˈtier·maˌschi·ne** *f* dressing machine.

Ap·pre·tur [apreˈtuːr] *f* ⟨-; -en⟩ *Textil.* finish, dressing, size. **~ˌmit·tel** *n* finishing (*od.* sizing, dressing) agent.

Ap·pro|ba·ti·on [aprobaˈtsĭoːn] *f* ⟨-; -en⟩ *e-s Arztes*: licen/ce (*Am.* -se) to practise medicine; **die ~ erteilen** (*dat*) → **approbieren**; **j-m die ~ entziehen** strike s. o. off the (Medical) Register. **Ձˈbie·ren** [-ˈbiːrən] *v/t* ⟨*no* ge-, h⟩ *bes. med.* grant a professional licen/ce (*Am.* -se), license, *Am. a.* register. **Ձˈbiert** *adj* **1.** *bes. Arzt etc*: qualified, licensed, *Am. a.* registered; **~er Arzt** qualified physician (*od.* doctor); **~er Apotheker** registered pharmacist. **2.** *humor.* (*bewährt*) approved.

Ap·pro·xi·ma|ti·on [aprɔksimaˈtsĭoːn] *f* ⟨-; -en⟩ *math.* approximation; **geometrische ~** geometric exhaustion. **Ձˈtiv** [-ˈtiːf] *adj* approximate, approximative.

Après-Ski [aprɛˈʃiː; aprɛˈskiː] *n* ⟨-; *no pl*⟩ **1.** (*Kleidung*) après-ski (clothes *pl*). **2.** après-ski (activities, dancing, *etc*).

Apri·ko·se [apriˈkoːzə] *f* ⟨-; -n⟩ *bot.* **1.** apricot. **2.** apricot tree.

apriˈko·sen|ˌfar·ben *adj* apricot(-colo[u]red). **Ձmar·meˌla·de** *f* apricot jam. **Ձˌpfir·sich** *m bot.* nectarine. **Ձˌschnaps** *m* apricot brandy.

April [aˈprɪl] *m* ⟨-(s); *rare* -e⟩ April; **der erste ~** the first of April, *humor.* April-fool-day, All Fools' Day; *a. fig.* **launisch wie der ~** capricious as April (weather); *humor.* **j-n in den ~ schicken** make an April fool of s. o.; **~! ~!** April fool!; (**der**) **~ tut, was er will** April weather, rain and sunshine both together. **~ˌnarr** *m* April fool. **~ˌschau·er** *m* April shower. **~ˌscherz** *m* April fool joke, First of April hoax. **~ˌwet·ter** *n* April weather.

a prio·ri [a priˈoːri] *adv u. adj* a priori. **Aprio·ri** [apriˈoːri] *n* ⟨-; -⟩ *philos.* a priori (concept). **aprio·risch** [apriˈoːrɪʃ] *adj* a priori, aprioristic. **Aprio·ris·mus** [aprioˈrɪsmʊs] *m* ⟨-; -rismen⟩ apriorism. **Aprioˈrist** [-ˈrɪst] *m* ⟨-en; -en⟩ apriorist. **aprioˈris·tisch** *adj* aprioristic.

apro·pos [aproˈpoː] *adv* by the way, that reminds me, speaking of.

Ap·si·de [aˈpsiːdə] *f* ⟨-; -n⟩ **1.** *astr.* apsis. **2.** *arch.* → **Apsis. Apˈsi·denˌli·nie** *f astr., a. Raumfahrt*: line of apsides.

Ap·sis [ˈapsɪs] *f* ⟨-; Apsiden [aˈpsiːdən]⟩ **1.** *arch. bes. e-r Kirche*: apse, apsis; **kleine** (*od.* **zweite**) **~** apsidiole. **2.** *e-s Zeltes*: bell end. **~ˌschiff** *n arch.* apse aisle.

apu·lisch [aˈpuːlɪʃ] *adj* Apulian.

Aqua de·stil·la·ta [ˈaːkva dɛstɪˈlaːta] *n* ⟨-; *no pl*⟩ *chem.* distilled water.

Aquä·dukt [akvɛˈdʊkt] *m* ‹-(e)s; -e› *civ. eng.* aqueduct.

ˈAqua·kulˌtur *f* aquaculture.

Aqua·ma·rin[1] [akvamaˈriːn] *min.* **I** *m* ‹-s; -e›, **II** ≗ *adj* aquamarine.

Aqua·maˈrin[2] **I** *n* ‹-s; *no pl*›, **II** ≗ *adj* aquamarine, sea(-)green.

Aqua|naut [akvaˈnaʊt] *m* ‹-en; -en› aquanaut. **~pla·ning** [-ˈplaːnɪŋ] *n* ‹-(s); *no pl*› *mot.* aquaplaning, *Am.* hydroplaning.

Aqua·rell [akvaˈrɛl] *n* ‹-s; -e› **1.** (*Bild*) watercolo(u)r (painting), aquarelle. **2.** → **~ˌfar·be** *f* watercolo(u)r (paint).

aqua·rel·lie·ren [akvarɛˈliːrən] *v/i u. v/t* ‹*no* ge-, h› paint *s. th.* in watercolo(u)rs.

Aquaˈrell|ˌma·ler *m* watercolo(u)rist, aquarellist. **~ma·leˌrei** *f* painting in watercolo(u)rs.

Aqua·ri·um [aˈkvaːrɪʊm] *n* ‹-s; -rien› aquarium. **~ˌpflan·ze** *f* aquarium plant.

Aqua·tin·ta [akvaˈtɪnta] *f* ‹-; *no pl*›, **~maˌnier** *f* aquatint; **Kupferstecher** (*od.* **Zeichner**) **in ~** aquatinter; **in ~ ausführen** aquatint. **~ˌabˌdruck** *m* ‹-(e)s; -e› aquatint.

aqua·tisch [aˈkvaːtɪʃ] *adj* aquatic.

Äqua·tor [ɛˈkvaːtɔr] *m* ‹-s; *no pl*› *astr. geogr.* equator, *mar. a.* the line (*od.* Line); **magnetischer ~** magnetic equator, aclinic line; *meteor.* **thermischer ~** thermal equator; **am** (*od.* **nahe beim**) **~ liegend** equatorial; **den ~ passieren** cross the line.

äqua·to·ri·al *adj,* ≗... *in Zssgn* [ɛkvatoˈrɪaːl] equatorial (*air, current, etc*).

Äqua·torˌtau·fe [ɛˈkvaːtɔr-] *f* crossing-the-line ceremony, ducking on crossing the line.

Aqua·vit [akvaˈviːt] *m* ‹-s; -e› aquavit.

äqui|di·stant [ɛkvidɪsˈtant] *adj geogr. math.* equidistant. **~nok·tiˈal** *adj,* ≗... *in Zssgn* [-nɔkˈtsɪaːl] equinoctial (*point, storm, etc*). ≗ˈ**nok·ti·um** [-ˈnɔktsɪʊm] *n* ‹-s; -tien› equinox. **~po·ten·tiˈell** [-potɛnˈtsɪɛl] *adj phys.* equipotential. ≗**vaˈlent** [-vaˈlɛnt] *a. chem. phys.* **I** *n* ‹-(e)s; -e›, **II** ≗ *adj* equivalent. ≗**vaˈlenz** [-ˈlɛnts] *f* ‹-; -en› equivalence.

Ar [aːr] *n, a. m* ‹-s; -e› are (*119,6 square yards*).

Ara, ˈRo·ter [ˈaːra] *m* ‹-s; -s› *orn.* red ara.

Ära [ˈɛːra] *f* ‹-; *rare* Ären› era; **die christliche ~** the Christian Era; **e-e neue ~ brach an** (*od.* **zog herauf**) a new era dawned.

Ara·ber [ˈa(ː)rabər] *m* ‹-s; -› **1.** *geogr.* Arab. **2.** Arab (*od.* Arabian) horse. **ˈAra·be·rin** *f* ‹-; -nen› Arab (*od.* Arabian) (woman). **ˈAra·berˌpferd** *n* → Araber 2.

ara·besk [araˈbɛsk] *adj* arabesque. **Araˈbes·ke** *f* ‹-; -n› arabesque.

ara·bisch [aˈraːbɪʃ] **I** *adj* **1.** *Menschen etc*: Arab, (*a. zum Land gehörig*) Arabian; ≗**e Wüste** Arabian Desert. **2.** *a. ling.* Arabic; **~e Schrift** Arabic script; **~e Ziffern** (*od.* **Zahlen**) Arabic figures (*od.* numerals). **II** *ling.* ≗ ‹*generally undeclined*›, **das** ≗**e** ‹-n› **3.** Arabic.

Ara·bist [araˈbɪst] *m* ‹-en; -en› Arabist, Arabic scholar. **Araˈbi·stik** [-tɪk] *f* ‹-; *no pl*› Arabic studies *pl.*

Ara·chis [ˈa(ː)raxɪs] *f* ‹-; *no pl*› *bot.* peanut, arachis.

Arach·ni·den [araxˈniːdən] *pl zo.* arachnids, Arachnida, spiders.

ara·go·nisch [araˈgoːnɪʃ] *adj* Aragonese.

Aräo·me·ter [arɛoˈmeːtər] *n* ‹-s; -› *phys.* ar(a)eometer, hydrometer, (*Dichtemesser*) densimeter.

Ar·beit [ˈarbaɪt] *f* ‹-; -en› **1.** *allg.* work; **schwere ~** hard work, labo(u)r, toil, *tech.* heavy duty; **geistige ~** brainwork; **körperliche ~** physical (*od.* manual) work; **geleistete ~** work done; **an** (*od.* **bei**) **der ~** at work, *Maschine*: *a.* in action, in operation; **an die ~ gehen, sich an die ~ machen** set to work, *colloq.* buckle down to work, get busy; **an die ~!** to work!, *colloq.* let's go!, let's get cracking!; **zur** (*colloq.* **auf**) **~ gehen** go to work; **et. in ~ haben** be at work (*od.* be working) on s. th., have s. th. in hand; **et. in ~ geben** have s. th. made; **in ~ nehmen** take *s. th.* in hand; *a. fig.* **gute** (**ganze**) **~ leisten** make a good (thorough) job of it; **die ~ einstellen** stop (*od.* cease) work; **s-r ~ nachgehen** do one's work (*od.* job), work, go about one's business; *humor.* **er hat die ~ nicht erfunden** he is pretty lazy; **~ macht das Leben süß** no sweet without sweat; **erst die ~, dann das Vergnügen** work first and play afterward(s), business before pleasure. **2.** ‹*only sg*› (*Mühe*) work, trouble, (*Anstrengung*) effort; **~ machen** (*od.* **verursachen**) make work; **j-m ~ machen** make work for s. o., put s. o. to trouble; **ich hatte damit viel ~** I had a lot of trouble with it, it was heavy going. **3.** ‹*only sg*› (*Berufstätigkeit*) work, employment, occupation, job; **~ haben** (be in) work, be employed, have a job; **k-e ~ haben, ohne ~ sein** be unemployed, be out of work, be jobless; **bei j-m in ~ stehen** (*od.* **sein**) be employed by s. o., be in the employ of s. o.; **~ suchen** seek employment, look for a job. **4.** (*Auftrag*) task, job, assignment, (*Vorhaben*) project; **e-e undankbare ~** a thankless task; **~ an j-n vergeben** give out work to s. o., place a contract (*od.* contracts) with s. o.; **s-e ~ tun** do one's job, perform one's task. **5.** (*~sstück*) (piece of) work, product, *colloq.* job, (*Ausführung, Qualität*) workmanship; **e-e schöne ~** a beautiful piece of work; **erstklassige ~** excellent workmanship; **erhabene** (**getriebene**) **~** raised (chased) work; **~en e-s Künstlers** works of art, artistic creations. **6.** (*Prüfungs*≗ *etc*) paper, test; **wissenschaftliche ~** scientific paper, treatise; *ped.* **e-e ~ schreiben** (**lassen**) write (give) a test (*od.* paper); → **Schularbeit** *etc.* **7.** *pol.* labo(u)r; **~ und Kapital** Capital and Labo(u)r; **Tag der ~** May Day, *Am.* Labor Day. **8.** *tech.* a) (*~svorgang*) operation, b) (*~sweise*) *e-s Geräts etc*: functioning, operation, c) (*~sleistung*) performance, output. **9.** *phys.* work; **Wärme in ~ umwandeln** convert heat into work.

ar·bei·ten [ˈarbaɪtən] **I** *v/i* ‹h› **1.** work; **schwer ~** work hard (*od.* like a horse); **an** (*dat*) **et. ~** be working on (*od.* at) s. th.; *fig.* **an** (*dat*) **sich** (**selbst**) **~** work on o. s.; **bei j-m ~, für j-n ~** work for s. o., be employed with s. o., be in the employ of s. o.; **nicht ~** a) not to work, be idle, b) be unemployed, be out of work; **j-n ~ lassen** a) allow s. o. to work, b) let s. o. do the work, c) put s. o. to work; **mehr als ~ kann ich nicht** I have only one pair of hands; **er arbeitet an e-m Roman** he is working on a novel; *fig.* **gegen j-n ~** work against s. o.; **gegen Entgelt** (*od.* **um Geld**) **~** work for money; **im Bankfach ~** be in the banking business; **mit Verlust ~** operate at a loss; **mit j-m** (**geschäftlich**) **~** deal with s. o., do business with s. o.; **bei welchem Schneider lassen Sie ~?** who is your tailor?; **die ~de Bevölkerung** the working population. **2.** *tech. Maschine etc*: work, function (*beide a. physiol. Herz etc*), run, operate; **~de Maschinenteile** moving parts. **3.** *Schiff*: labo(u)r. **4.** *Firma, Kapital etc*: work, operate (**mit Gewinn** at a profit), show (*od.* yield) profit; **sein Geld ~ lassen** invest one's money, allow one's investments to accumulate. **5.** *Holz etc*: work, *Bier etc*: *a.* ferment, *Teig*: *a.* rise. **II** *v/t* **6. was arbeitest du da?** what are you working at (*od.* doing there)? **III** *v/reflex* **7. sich krank ~** make o. s. ill with work, work o. s. sick; **sich durch den Schnee ~** work one's way through the snow; *fig.* **sich in die Höhe ~** work one's way up; → **Tod** 3. **IV** *v/impers* **8. es arbeitet sich schlecht unter diesen Umständen** it is difficult to work (*od.* one works badly) under these circumstances. **V** ≗ *n* ‹-s› **9.** work(ing); **er ist an selbständiges** ≗ **gewöhnt** he is used to responsible work; *tech.* **einwandfreies** ≗ smooth running, trouble-free working; **schlechtes** ≗ malfunctioning.

ˈAr·bei·ter *m* ‹-s; -› worker, workman, *bes. ungelernter*: labo(u)rer, *an der Maschine*: operator, attendant; **die ~** (*Arbeitskräfte*) *a.* labo(u)r (force) *sg,* manpower *sg, collect.* (*Arbeiterschaft*) the workers, the working class *sg* (*od.* classes); **~ und Unternehmer** labo(u)r and management; **geistiger ~** intellectual worker, brainworker; → **angelernt** *etc.* **~ˌamei·se** *f zo.* worker (ant). **~beˌvöl·ke·rung** *f* working population (*od.* class[es *pl*]). **~beˌwe·gung** *f* Labo(u)r movement. **~ˌbie·ne** *f zo.* worker (bee). **~ˌbil·dung** *f* workers' education. **~ˌdich·ter** *m* working-class writer (*od.* poet). **~ˌfahrˌkar·te** *f* workman's ticket. **~faˌmi·lie** *f* working-class family. ≗ˌ**feind·lich** *adj* antilabo(u)r. **~ˌfra·ge** *f* labo(u)r question. **~ˌfrau** *f* **1.** worker's wife. **2.** working-class woman. ≗ˌ**freund·lich** *adj* prolabo(u)r. **~ˌfüh·rer** *m* labo(u)r (*od.* workers') leader. **~ˌfürˌsor·ge** *f* workers' relief, industrial welfare work. **~geˌwerk·schaft** *f* trade union, *Am.* labor union.

ˈAr·bei·te·rin *f* ‹-; -nen› **1.** (female) worker, workwoman, working woman, factory girl (*od.* woman). **2.** → a) **Arbeiterbiene**, b) **Arbeiterameise**.

ˈAr·bei·ter|ˌklas·se *f* working class(es *pl*). **~kol·lekˌtiv** *n DDR pol.* workers' collective. **~koˌlon·ne** *f* gang (of workmen). **~ˌkundˌge·bung** *f* workers' demonstration. **~ˌman·gel** *m* labo(u)r (*od.* manpower) shortage; **unter ~ leiden** be shorthanded. **~parˌtei** *f pol.* workers' party, *in England*: (the) Labour Party. **~ˌprie·ster** *m R.C.* worker-priest. **~ˌrat** *m hist.* **1.** workers' council. **2.** soviet (*in Russia, 1917*). **~schaft** *f* ‹-; *no pl*› **1.** workers *pl,* labo(u)r (force). **2.** working class(es *pl*). **~ˌschutz** *m* protection of (the) workers (*od.* of labo[u]r). **~ˌschutz·geˌsetzˌge·bung** *f* **1.** protective labo(u)r legislation. **2.** *hist.* factory laws *pl.* **~ˌsied·lung** *f* workers' settlement. **~ˌstand** *m* ‹-(e)s; *no pl*› working class(es *pl*), the workers *pl.* **~stuˌdent** *m DDR student who works as a labo(u)rer before he joins the university.* **~ˌunˌfall·geˌsetz** *n* workmen's compensation act. **~ˌunˌru·hen** *pl* labo(u)r unrest *sg.* **~verˌsi·che·rung** *f* workmen's (*od.* industrial) insurance. **~verˌtre·ter** *m* labo(u)r representative. **~ˌvier·tel** *n* working-class district (*od.* quarter). **~ˌwohlˌfahrt** *f* industrial welfare organization. **~ˌzel·le** *f im Bienenstock*: worker cell.

ˈAr·beitˌge·ber *m* ‹-s; -› *econ.* employer; **~ und Arbeitnehmer** employers and employees; Verhältnis zwischen ~ u. Arbeitnehmer industrial relations *pl.* **~ˌanˌteil** *m Sozialversicherung*: employer's contribution. **~verˌband** *m* employers' association.

ˈAr·beitˌneh·mer *m* ‹-s; -› employee. **~ˌanˌteil** *m Sozialversicherung*: employee's contribution (*od.* share). **~ˌfrei·beˌtrag** *m* earned-income allowance. **~verˌtre·ter** *pl* employees' representatives, *im Aufsichtsrat*: representatives of the staff.

ˈAr·beitsˌabˌlauf *m* work routine, working process, *engS.* work flow, *tech.* sequence of operations. **~anaˌly·se** *f* job analysis. **~diaˌgramm** *n*, **~ˌplan** *m* (operations) flow chart.

ˈar·beit·sam *adj* industrious, diligent, hard-working. **≈keit** *f* ‹-; *no pl*› industry, industriousness, diligence.

ˈAr·beits|ˌamt *n* labour exchange, *Br. meist* job centre, *Am.* labor office; Internationales ~ International Labo(u)r Office. **~ˌanˌfall** *m* volume of work (arising). **~ˌanˌfang** *m* → Arbeitsbeginn. **~ˌan·geˌbot** *n* unfilled jobs *pl*, vacancies *pl.* **~ˌanˌtritt** *m* commencement of employment (*od.* work). **~ˌanˌzug** *m* working clothes *pl*, overalls *pl*, *mil.* fatigue dress. **~ˌaufˌfas·sung** *f* attitude to work. **~ˌaufˌtrag** *m* job (*od.* work) order. **~ˌaufˌwand** *m* expenditure of work, (*Lohnkosten*) labo(u)r cost. **~ˌausˌfall** *m* loss of working hours. **~ˌausˌfall·entˌschä·di·gung** *f* fall-back pay. **~ˌausˌschuß** *m* working committee, study group. **~ˌbank** *f tech.* (work)bench. **~ˌba·sis** *f* work(ing) basis. **~beˌdin·gun·gen** *pl* working (*tech.* operating) conditions. **~beˌginn** *m* beginning of work (*od.* operations). **~beˌla·stung** *f* work load. **~beˌreich** *m* **1.** → Arbeitsgebiet. **2.** *tech.* working range, (*Maschinenleistung*) (working) capacity, (*Arbeitsumfang*) scope of work, *e-s Geräts, a. Computer*: working area. **~beˌricht** *m* work report. **~beˌschaf·fung** *f* job creation. **~beˌschaf·fungsˌmaß·nah·men** *pl* make-work schemes. **~beˌschaf·fungs·proˌgramm** *n* employment scheme. **~beˌschei·ni·gung** *f* certificate of employment. **~beˌspre·chung** *f* work conference. **~beˌsuch** *m pol.* working visit. **~beˌwer·tung** *f* job evaluation (*od.* rating). **~beˌwil·li·gung** *f* work permit. **~ˌbie·ne** *f* **1.** *zo.* worker (bee). **2.** *fig. colloq.* busy bee, (hard) worker. **~ˌblatt** *n econ.* work sheet, *für die Lohnabrechnung*: time sheet. **~briˌga·de** *f DDR pol.* work brigade. **~ˌbuch** *n econ.* employment record, employee's record book, (*Ausweis*) workman's pass(port), *für geleistete Arbeit*: time book. **~ˌbüh·ne** *f tech.* working platform. **~daˌtei** *f Computer*: work file. **~ˌdau·er** *f* working time. **~diaˌgramm** *n* work diagram, *Computer*: sequence chart. **~ˌdienst** *m* ‹-es; -e› **1.** ‹*only sg*› *hist.* Labo(u)r Service (*in Germany 1935–45*). **2.** *mil.* fatigue (duty). **~diˌrek·tor** *m econ.* worker director. **~dis·ziˌplin** *f* work discipline (*od.* morale). **~ˌei·fer** *m* eagerness for (*od.* to) work, zest for work, zeal. **≈ˌeif·rig** *adj* eager for (*od.* to) work, zealous. **~ˌeinˌheit** *f* unit of work, dynamic unit. **~ˌeinˌkom·men** *n econ.* earned income, income from employment. **~ˌeinˌsatz** *m* **1.** deployment of labo(u)r, work input. **2.** labo(u)r duties *pl.* **~ˌeinˌstel·lung** *f* **1.** → Arbeitsauffassung. **2.** *econ.* a) cessation (*od.* stoppage) of work, (*Streik*) strike, walkout, b) (*Betriebsschließung*) shutdown, (*Stillegung*) closedown. **~erˌlaub·nis** *f* work permit. **~erˌleich·te·rung** *f* facilitation of work. **~erˌspar·nis** *f* labo(u)r saving. **~ˌes·sen** *n econ. pol.* working lunch (*od.* dinner). **~ˌex·emˌplar** *n* working copy. **≈ˌfä·hig** *adj* **1.** able to work, fit for work, able-bodied; j-n ~ schreiben certify s. o. fit for work. **2.** *pol.* ~e Mehrheit working majority. **~ˌfä·hig·keit** *f* ‹-; *no pl*› **1.** fitness for work. **2.** technische ~ energy. **~ˌfeld** *n* → Arbeitsgebiet. **~ˌflä·che** *f tech.* working surface (*od.* area). **~ˌfluß** *m* → Arbeitsablauf. **≈ˌfrei** *adj* free; e-n ~en Tag nehmen take a day off. **~ˌfreu·de** *f* **1.** enjoyment of (*od.* enthusiasm for) one's work. **2.** → Arbeitseifer. **≈ˌfreu·dig** *adj* **1.** taking pleasure in one's work, happy in one's work, *Am. colloq.* work-happy. **2.** → arbeitseifrig. **~ˌfrie·de(n)** *m* industrial peace. **~ˌfront** *f* ‹-; *no pl*› *hist.* Labo(u)r Front (*in Germany 1933–45*). **~ˌgang** *m tech.* (*Verfahren*) (working) process, (*Durchgang*) working cycle, operation, *Computer*: pass; in einem ~ in a single operation. **~geˌbiet** *n* sphere (*od.* area, field) of work (*od.* activity, action). **~geˌmein·schaft** *f* **1.** *bes. ped.* work(ing) (*od.* study) group, seminar group, team. **2.** *econ.* working pool. **3.** *jur.* syndicate. **~geˌneh·mi·gung** *f* work permit. **~geˌrät** *n* tool(s *pl*), implement(s *pl*). **~geˌricht** *n jur.* Labo(u)r Court, *Br.* industrial tribunal. **≈geˌricht·lich** *adv jur.* by (*od.* before) the Labo(u)r Court (*etc*). **~geˌrichts·bar·keit** *f* jurisdiction over industrial matters. **~geˌrüst** *n tech.* scaffold(ing). **~geˌsetzˌge·bung** *f* labo(u)r legislation. **~ˌgrundˌla·ge** *f* work(ing) basis. **~ˌgrup·pe** *f* working (*od.* study) group, team. **~ˌhaus** *n jur. obs.* house of correction, *bes. Am.* workhouse. **~ˌho·se** *f* working pants (*bes. Br.* trousers) *pl.* **~ˌhub** *m mot.* power (*od.* combustion) stroke. **~hy·gie·ne** [-hyˌgĭeːnə] *f* industrial hygiene. **~hy·poˌthe·se** *f* working hypothesis. **≈in·tenˌsiv** *adj* labo(u)r-intensive. **~ka·meˌrad** *m* → Arbeitskollege 1. **~ˌkämp·fe** *pl* labo(u)r disputes. **~ka·pa·ziˌtät** *f* working capacity. **~ˌkit·tel** *m* smock, overall. **~ˌklei·dung** *f* work(ing) clothes *pl.* **~ˌkli·ma** *n* → Betriebsklima. **~ˌkluft** *f colloq. Br.* working gear, *Am.* (working) harness. **~kolˌle·ge** *m* **1.** fellow worker, workmate. **2.** colleague, associate. **~kol·lekˌtiv** *n DDR pol.* collective. **~kom·ˌman·do** *n mil.* fatigue party. **~konˌflikt** *m* labo(u)r (*od.* industrial) dispute. **~konˌtakt** *m electr.* make contact. **~ˌko·sten** *pl econ.* labo(u)r cost *sg.* **~ˌkraft** *f* ‹-; ¨-e› **1.** *allg.* worker, (*Angestellter*) *a.* employee, *pl collect.* workers, labo(u)r (force) *sg*, manpower *sg.* **2.** (*Leistungsfähigkeit*) working power, capacity for work; er besitzt e-e unerhörte ~ he is an outstanding worker. **~ˌkräf·te·beˌdarf** *m* demand for workers (*od.* employees). **~ˌkräf·teˌman·gel** *m* ‹-; *no pl*› labo(u)r shortage. **~ˌkreis** *m* working (*od.* study) group. **~ˌla·ge** *f econ.* a) level of employment, b) job situation, labo(u)r market. **~ˌla·ger** *n* labo(u)r (*od.* work) camp. **~ˌlast** *f fig.* work load. **~ˌlei·stung** *f* (*Leistungskraft*) (working) capacity, productivity, efficiency, *tech., a. e-r Person*: *a.* performance, *quantitativ*: *a.* output, (*aufgewandte Zeit*) manhours *pl.* **~ˌlohn** *m* wage(s *pl*), pay. **≈los** *adj* unemployed, out of work, idle, jobless; die ~en Jugendlichen the young jobless. **~lo·se** *m, f* ‹-n; -n› unemployed (*od.* jobless) person; die ~n the unemployed, the jobless.

ˈAr·beits·lo·sen|ˌfürˌsor·ge *f* → Arbeitslosenhilfe. **~ˌgeld** *n* → Arbeitslosenunterstützung. **~ˌhil·fe** *f* **1.** (*Beihilfe*) unemployment relief. **2.** (*Arbeitsbeschaffung u. Beihilfe*) unemployment welfare scheme. **~ˌquo·te** *f* level of unemployment, unemployment rate. **~ˌun·terˌstüt·zung** *f* unemployment benefit (*od.* pay); ~ beziehen draw unemployment benefit, *colloq.* be on the dole. **~verˌsi·che·rung** *f* unemployment insurance.

ˈAr·beits|lo·sig·keit *f* ‹-; *no pl*› unemployment; strukturelle (konjunkturbedingte *od.* konjunkturelle) ~ structural (cyclical) unemployment. **~ˌlust** *f* → Arbeitseifer. **~ˌman·gel** *m* shortage (*od.* lack) of work. **~ˌmann** *m* ‹-(e)s; ¨-er› *pol. hist.* Labo(u)r Service man (*in Germany 1935–45*). **~ˌman·tel** *m* → Arbeitskittel. **~ˌmap·pe** *f* **1.** (desk) folder. **2.** *Kunst*: portfolio. **~ˌmarkt** *m econ.* labo(u)r (*od.* job) market; Lage auf dem ~ → Arbeitslage b. **~maˌschi·ne** *f* machine. **≈ˌmä·ßig** *adj u. adv* concerning work. **~ma·te·riˌal** *n* work(ing) material. **~me·diˌzin** *f* industrial medicine. **~ˌmen·ge** *f* amount of work. **~meˌtho·de** *f* (working) method. **~miˌnis·ter** *m* Minister of Labour, *Am.* Secretary of Labor. **~mi·niˌste·ri·um** *n* Ministry of Labour, *Am.* Department of Labor. **~ˌmit·tel** *pl* working materials. **~ˌmög·lich·keit** *f* job opportunity. **~moˌral** *f* (working) morale. **~ˌnachˌweis** *m* **1.** certificate of employment. **2.** employment agency. **~ˌnie·derˌle·gung** *f* strike, walkout. **~ˌnorm** *f* work norm (*od.* quota). **~ˌnot** *f* shortage (*od.* lack) of work. **~ˌort** *m* place of work. **~paˌpier** *n* working paper. **~paˌpie·re** *pl* working papers.

ˈar·beitˌspa·rend *adj* labo(u)r-saving.

ˈAr·beits|ˌpaß *m* → Arbeitsbuch. **~ˌpau·se** *f* break, intermission. **~ˌpen·sum** *n* work load, amount of work (to be done); (geleistetes) ~ (amount of) work done, output. **~ˌpferd** *n* carthorse, *a. fig. colloq.* workhorse. **~phy·sio·loˌgie** *f* occupational physiology. **~ˌplan** *m* working plan, *econ. a.* production plan (*od.* schedule). **~ˌpla·nung** *f* operations scheduling. **~ˌplatz** *m* **1.** place of work, (*Stelle*) job, situation; s-n ~ wechseln change one's job; häufig den ~ wechseln *a.* job-hop; die Arbeitsplätze sichern safeguard employment; neue Arbeitsplätze schaffen create new jobs; freie Arbeitsplätze vacancies; Schaffung von Arbeitsplätzen job creation; Erhaltung der Arbeitsplätze job maintenance; Sicherheit des ~es job security. **2.** place at which s. o. works, working place (*od.* space, area), *bes. Am.* workplace. **~ˌplatz·geˌstal·tung** *f* work layout. **~po·ten·tiˌal** *n* work(ing) potential (*od.* capacity). **~proˌgramm** *n* **1.** program(me *Br.*), work scheme. **2.** *e-r Konferenz*: agenda. **~proˌzeß** *m* working process, *tech.* process, (working) procedure; *fig.* j-n wieder in den ~ eingliedern put s. o. back to work, rehabilitate s. o. **~psy·cho·loˌgie** *f* industrial psychology. **~ˌraum** *m allg.* workroom, (*Werkstatt*) workshop, (*Büro*) office. **~ˌrecht** *n* ‹-(e)s; *no pl*› *jur.* labo(u)r legislation, *Br.* industrial law, *Am.* labor law. **~ˌrecht·ler** *m* expert in industrial (*Am.* labor) law. **≈ˌrecht·lich** *adj* under the labo(u)r law(s). **≈ˌreich** *adj* busy, full of work.

~ˌrich·ter *m* labo(u)r court judge. **≈ˌscheu** *adj* work-shy. **~ˌscheue** *m, f* ⟨-n; -n⟩ slacker, shirker, work dodger. **~ˌschicht** *f* (work) shift. **~ˌschluß** *m* end (*od.* close) of work, *colloq.* knocking-off time. **~ˌschutz** *m* industrial safety, safety provisions *pl* (for workers). **~ˌschutz·geˌsetz** *n* workers' protection law, *bes. Br.* factory acts *pl.* **~ˌschutzˌklei·dung** *f* workers' protective clothing. **~ˌsit·zung** *f* work(ing) session. **~ˌskla·ve** *m fig.* galley slave, drudge. **~ˌspan·nung** *f electr.* on-load (*od.* working) voltage. **≈ˌspa·rend** *adj* labo(u)r-saving. **~ˌspei·cher** *m Computer*: main memory. **~ˌspiel** *n tech.* (operating) cycle. **~ˌspin·del** *f* work spindle. **~ˌstät·te, ~ˌstel·le** *f* → Arbeitsplatz. **~ˌstreckung** *f* (*getr.* -k·k-) *f econ.* spreading(-over), spreadwork system, short-time working. **~ˌstreit** *m,* **~ˌstrei·tig·keit** *f jur.* labo(u)r (*od.* industrial) dispute. **~ˌstrom** *m electr.* working current. **~ˌstromˌkreis** *m* operating circuit. **~ˌstück** *n* work(piece). **~ˌstu·die** *f* time (and motion) study. **~ˌstun·de** *f* working hour, (*als Produktionseinheit*) manhour. **~ˌsu·che** *f* → Arbeitsuche. **~ˌtag** *m* working day, workday. **~ˌta·gung** *f* working conference. **~ˌtakt** *m tech. e-r Maschine*: (working) cycle, *am Fließband*: (production) cycle, *mot.* power stroke. **≈ˌteiˌlig** *adj* based on division of labo(u)r. **~ˌtei·lung** *f* division of labo(u)r. **~ˌtem·po** *n* rate (*od.* pace) of work. **~the·raˌpie** *f* occupational therapy. **~ˌtier** *n* **1.** work(ing) animal. **2.** *fig.* glutton (*od.* demon) for work. **~ˌtisch** *m* work table, *tech. a.* workbench. **~ˌti·tel** *m e-s Buches etc*: working title.

'Ar·beit|ˌsu·che *f* looking for employment (*od.* work); **er ist auf ~** he is looking for a job. **~ˌsu·chen·de** *m, f* ⟨-n; -n⟩ person looking for employment (*od.* work, a job).

'Ar·beits|ˌüberˌla·stung *f* **1.** overwork. **2.** *tech.* overload. **≈ˌunˌfä·hig** *adj* unfit for work, *dauernd*: permanently disabled. **~ˌunˌfä·hig·keit** *f* inability to (*od.* unfitness for) work; **vorübergehende (dauernde) ~** temporary (permanent) disability. **~ˌunˌfall** *m* industrial accident, accident at work. **~ˌunˌlust** *f* disinclination to work. **~verˌfah·ren** *n* working (*od.* operating) method, technique, (manufacturing) process. **~verˌhält·nis** *n* **1.** *jur.* employment (contract), employer-employee relationship; **im ~ stehen** be (gainfully) employed (**bei** with); **ein ~ eingehen mit** enter the employment of; **sein ~ lösen** terminate one's employment. **2.** *pl in Betrieben*: labo(u)r conditions, *technische*: shop conditions. **~verˌlang·sa·mung** *f* **1.** go-slow, *Am.* slow-down (strike). **2.** *tech.* slowing down (*od.* deceleration) of work, cutback in output (speed). **~verˌmitt·lung** *f* **1.** procurement of work, finding of employment. **2.** → **~verˌmitt·lungs·büˌro** *n* employment agency; → *a.* Arbeitsamt. **~verˌpflich·tung** *f* industrial conscription. **~verˌsäum·nis** *n* **1.** absenteeism, absence from work. **2.** loss of working hours. **~verˌtrag** *m jur.* employment contract; *pol.* **internationale Arbeitsverträge** international labo(u)r conventions. **~ˌvor·beˌrei·ter** *m* methods engineer. **~ˌvor·beˌrei·tung** *f* **1.** preparation(s *pl*) for work. **2.** *tech.* operations scheduling, planning and layout. **~ˌvorˌgang** *m tech.* operation. **~ˌwei·se** *f* method (of working), (mode of) operation, *e-s Geräts etc*: *a.* functioning. **~ˌwelt** *f* professional life, work. **~ˌwil·le** *m* will(ingness) to work. **≈ˌwil·lig** *adj* willing to work. **~ˌwil·li·ge** *m, f* ⟨-n; -n⟩ person willing (*od.* prepared) to work, *econ. a.* nonstriker. **~ˌwis·sen·schaft** *f* ergonomics *pl* (*construed as sg*). **~ˌwo·che** *f* working week, workweek. **~ˌwut** *f iro.* passion for work, workaholism. **≈ˌwü·tig** *adj* work-happy: **~ sein** *a.* be a workaholic.

'Ar·beitsˌzeit *f* **1.** *bes. econ.* working time (*od.* hours *pl*), hours *pl* of work; **verkürzte ~** reduced hours; **(benötigte) ~ für ein Werkstück** time spent on a piece of work; **während der ~** during working (*od.* business) hours. **2.** *tech.* a) production (*od.* operating) time, b) machining time. **~erˌspar·nis** *f* saving in (working) time (*od.* manhours). **~konˌtrollˌuhr** *f* time clock. **~verˌkür·zung** *f* reduction of working hours.

'Ar·beits|ˌzeug *n colloq.* **1.** → Arbeitskleidung. **2.** tools *pl*, implements *pl.* **~ˌzeug·nis** *n* testimonial, reference. **~ˌzim·mer** *n* **1.** study. **2.** workroom.

Ar·bi|tra·ge [arbiˈtraːʒə] *f* ⟨-; -n⟩ **1.** *econ.* arbitrage, (*Devisen≈*) arbitration (of exchange). **2.** *jur.* arbitration. **≈'trär** [-ˈtrɛːr] *adj* arbitrary.

ar·cha·isch [arˈçaːɪʃ] *adj* archaic. **ar·chai·sie·ren** [arçaiˈziːrən] *v/t* ⟨*no* ge-, h⟩ archaize.

Ar·cha·is·mus [arçaˈɪsmʊs] *m* ⟨-; -men⟩ *bes. ling.* archai(ci)sm. **ar·chai·stisch** [arçaˈɪstɪʃ] *adj* archaistic.

Ar·chäo|lo·ge [arçeoˈloːgə] *m* ⟨-n; -n⟩ arch(a)eologist. **~lo'gie** [-loˈgiː] *f* ⟨-; *no pl*⟩ arch(a)eology. **≈'lo·gisch** [-ˈloːgɪʃ] *adj* arch(a)eologic(al). **~'zoi·kum** [-ˈtsoːikʊm] *n* ⟨-s; *no pl*⟩ *geol. hist.* Arch(a)eozoic (period *od.* age), Early Precambrian.

Ar·che [ˈarçə] *f* ⟨-; -n⟩ ark; **die ~ Noah** (*od.* **Noä**) Noah's ark.

Ar·che|typ [arçəˈtyːp] *m* ⟨-s; -en⟩ archetype. **≈'ty·pisch** *adj* archetypal, prototypal.

Ar·chi·dia·kon [arçidiaˈkoːn] *m relig.* archdeacon.

ar·chi·me·disch [arçiˈmeːdɪʃ] *adj* Archimedean (*screw, spiral, etc*); **≈es Prinzip** Archimedes' principle.

Ar·chi·pel [arçiˈpeːl] *m* ⟨-s; -e⟩ *geogr.* archipelago.

Ar·chi|tekt [arçiˈtɛkt] *m* ⟨-en; -en⟩ architect. **~'tek·ten·büˌro** *n* architect's bureau (*od.* office), *Firma*: architectural office. **~'tek·tin** *f* ⟨-; -nen⟩ (woman) architect. **~tek'to·nik** [-tɛkˈtoːnɪk] *f* ⟨-; *no pl*⟩ architectonics *pl* (*construed as sg*). **≈tek'to·nisch** *adj* architectonic, architectural. **~tek'tur** [-tɛkˈtuːr] *f* ⟨-; -en⟩ **1.** architecture; **strenge ~** severe architecture. **2.** → Architektonik.

Ar·chi·trav [arçiˈtraːf] *m* ⟨-s; -e⟩ *arch. antiq.* architrave, epistyle.

Ar·chiv [arˈçiːf] *n* ⟨-s; -e⟩ **1.** (*Sammlung*) archives *pl*, records *pl*, *econ.* files *pl.* **2.** (*Aufbewahrungsort*) archives *pl*, record office, *econ.* filing room, (*Zeitungs≈*) morgue, (*Film≈ etc*) library. **ar·chi'va·lisch** [-lɪʃ] *adj* archival; **~es Dokument** archival (*od.* original) document (*od.* deed). **Ar·chi'var** [-ˈvaːr] *m* ⟨-s; -e⟩ archivist, keeper of the records.

Ar'chiv|ˌaufˌnah·me *f Film*: stock shot. **~beˌam·te** *m* → Archivar. **~ˌbild** *n* photo from the archives, library picture. **~ex·emˌplar** *n* file copy.

ar·chi·vie·ren [arçiˈviːrən] *v/t* ⟨*no* -ge-, h⟩ put *s. th.* into the archives, file.

Ar'chiv·ma·te·riˌal *n* records *pl*, archives *pl.*

Are·al [areˈaːl] *n* ⟨-s; -e⟩ area.

Are·na [aˈreːna] *f* ⟨-; Arenen⟩ *Sport*: arena (*a. fig.*), *antiq. a.* circus, (*Zirkus≈*) ring, circle, (*Stierkampf≈*) (bull)ring; *fig.* **die politische ~** the political arena; *fig.* **in die ~ hinabsteigen** enter the arena (*od.* lists).

arg [ark] **I** *adj* ⟨⸚er; ⸚st⟩ (*schlimm*) *allg.* bad, (*moralisch schlecht*) *a.* wicked, evil, *Fehler*: *a.* gross, big, grave, *Raucher, Trinker*: heavy, inveterate, *Schmerzen etc*: *a.* awful, terrible, *Sünder*: *a.* hopeless, hardened; **das ist doch zu ~!** that's (really) too much!; **es ist nicht so ~** it's not as bad as it looks (*od.* as you think); **es wird immer ärger** it's getting worse and worse; **et. (noch) ärger machen** make s. th. (still) worse, aggravate s. th.; **sein ärgster Feind** his worst enemy; **im ~en liegen** be in a sad (*od.* sorry) state, be in a bad way. **II** *adv* badly, *colloq.* (*sehr*) very, awfully, terribly; **er trieb es ihnen zu ~** he went (*od.* carried things) too far for them; **ärger konnte es nicht kommen** it couldn't have been worse; **sie schrie noch ärger (am ärgsten)** she screamed even louder (loudest of all); **noch ~ jung** still awfully young; **~ verliebt** terribly in love; → **mitnehmen** 12, **mitspielen** 6. **III ≈e, das** ⟨-n⟩ **es ist nichts ≈es** it is nothing bad; **an nichts ≈es denken** a) mean no harm, b) suspect nothing; **et. Ärgeres könnte ihm nicht geschehen** nothing worse could happen to him; **wenn es zum Ärgsten kommt** if it (*od.* the worst) comes to the worst; **auf das Ärgste gefaßt sein** be prepared for the worst.

Arg *n* ⟨-s; *no pl*⟩ *poet. od. obs.* **es ist kein ~ an ihm** there is no harm in him; **er tat es ohne ~** a) he did it without malice, he meant no harm, b) he did it unsuspectingly.

Ar·gen|ti·ni·er [argɛnˈtiːnĭər] *m* ⟨-s; -⟩, **~'ti·nie·rin** *f* ⟨-; -nen⟩ Argentinian, Argentine. **≈'ti·nisch** [-nɪʃ] *adj* Argentine, of (*od.* pertaining to) Argentina, Argentinian.

Ar·gen·tit [argɛnˈtiːt; -ˈtɪt] *m* ⟨-s; *no pl*⟩ *min.* silver glance, argentite.

Ar·gen·tum [arˈgɛntʊm] *n* ⟨-(s); *no pl*⟩ argentum, silver; **~ nitricum** nitrate of silver.

är·ger [ˈɛrgər] *comp of* **arg.**

'Är·ger *m* ⟨-s; *no pl*⟩ **1.** (**über** *acc* at, about) annoyance, vexation, irritation, *stärker*: anger; **~ empfinden über** (*acc*) → **ärgern** I; **j-m zum ~** (*do s. th.*) to spite s. o.; **zu m-m ~** (much) to my annoyance. **2.** (*Unannehmlichkeit*) trouble, worry, worries *pl*, problem(s *pl*); **j-m ~ machen** give s. o. trouble; **~ haben** have trouble (**mit** with); **das gibt ~** *mit der Polizei etc*: there will be trouble; **er hat viel beruflichen ~** he has a lot of worries in his job; *colloq.* **mach k-n ~!** don't make any trouble!, *sl.* cool it! **≈erˌre·gend** *adj* → ärgerlich 2. **≈lich I** *adj* **1.** (*verärgert*) annoyed, vexed, irritated, angry, *colloq.* cross, *Am.* sore, mad; **ein ~es Gesicht machen** look irritated (*etc*); **ich bin ~ auf** (*od.* **über**) **Sie** I am annoyed at (*od.* with, by) you; **ich war über diese Bemerkung ~** I was annoyed at (*od.* by, about) this remark; **~ werden** get annoyed (*etc*). **2.** (*ärgererregend*) annoying, vexing, vexatious, irritating, aggravating; **was für e-e ~e Sache** (*od.* **Geschichte**)!, **wie ~!** how annoying!, what a nuisance!; **das ist aber ~!** that's too bad! **II** *adv* **3.** (*verärgert*) irritatedly, angrily, *colloq.* crossly, with annoyance. **4.** (*unangenehm*) annoyingly.

är·gern [ˈɛrgərn] **I** *v/reflex* ⟨h⟩ **sich ~**

(**über** *acc*) be (*od.* feel) annoyed (at, about), be angry (at, about, *j-n a.* with), be irritated (at), be vexed (by); **sich maßlos** ~, **sich krank** (*colloq.* **schwarz**) ~ be terribly annoyed (*etc*), be livid (with rage); **ärgere dich nicht!** take it easy!, keep your hair on! **II** *v/t* annoy, vex, irritate, anger, make *s.o.* angry; *fig.* **j-n zu Tode** (*od.* **bis aufs Blut**) ~ annoy s.o. to distraction.

ˈ**Är·ger·nis** *n* ‹-ses; -se› annoyance, vexation, scandal, *bes. jur.* nuisance; ~ **erregen** give offen/ce (*Am.* -se), create a scandal; **ein ständiges** ~ a constant nuisance; **öffentliches** ~ **erregen** cause (*od.* commit) a public nuisance. ≈**er**ˌ**re·gend** *adj* annoying, causing annoyance.

ˈ**Arg**ˌ**list** *f* ‹-; *no pl*› **1.** *lit.* craftiness, deceitfulness, malice, guile. **2.** *jur.* (*Betrug*) fraud, (*Absicht*) intent to defraud. ˈ**arg**ˌ**li·stig** *adj* **1.** *lit.* crafty, malicious, insidious. **2.** *jur.* (*betrügerisch*) fraudulent; ~**e Täuschung** wilful deceit.

ˈ**arg·los I** *adj* **1.** harmless, guileless, innocent. **2.** (*ahnungslos*) unsuspecting, unsuspicious. **II** *adv* **3.** harmlessly (*etc*). ˈ**Arg·lo·sig·keit** *f* ‹-; *no pl*› **1.** guilelessness, innocence. **2.** unsuspiciousness.

Ar·gon [ˈargɔn; arˈgoːn] *n* ‹-s; *no pl*› *chem.* argon.

Ar·go·naut [argoˈnaut] *npr m* ‹-en; -en› *meist pl myth.* Argonaut.

ärgst [ɛrkst] *sup of* **arg.**

Ar·gu|ment [arguˈmɛnt] *n* ‹-(e)s; -e› argument (*a. math.*); **ein** ~ **vorbringen** put forward an argument, make a point; *colloq.* **das ist (doch) kein** ~! that doesn't prove a thing! ~**men·ta·ti'on** [-mɛntaˈtsi̯oːn] *f* ‹-; -en› argumentation, (line of) reasoning. ≈**men·ta'tiv** [-ˈtiːf] *adj* argumentative. ≈**men-ˈtie·ren** *v/i* ‹*no* **ge-**, **h**› argue, reason (**mit j-m über et.** with s.o. about s.th.); **gegen j-n (et.)** ~ argue against s.o. (s.th.).

ˈ**Ar·gus**ˌ**au·gen** [ˈargʊs-] *pl* **mit** ~ Argus-eyed, *beobachten etc*: like a hawk, closely.

ˈ**Arg**ˌ**wohn** [-ˌvoːn] *m* ‹-(e)s; *no pl*› suspicion (**gegen** of); **gegen j-n** ~ **haben** (*lit.* **hegen**) be suspicious of s.o.; ~ **erregen** arouse suspicion; **j-s** (*od.* **bei j-m**) ~ **(er)wecken** arouse s.o.'s suspicions; ~ **schöpfen,** ~ **fassen** get (*od.* grow) suspicious. ˈ**arg**ˌ**wöh·nen** [-ˌvøːnən] *lit.* **I** *v/t* ‹**h**› (*vermuten*) suspect, be suspicious of. **II** *v/i* be suspicious (**daß** that). ˈ**arg**ˌ**wöh·nisch** *adj* (**gegen** of) suspicious, distrustful.

Arie [ˈaːri̯ə] *f* ‹-; -n› *mus.* aria.

Ari·el [ˈaːri̯ɛl] *m* ‹-s; *no pl*› *astr.* Ariel.

Ari·er [ˈaːri̯ər] *m* ‹-s; -›, ˈ**Arie·rin** *f* ‹-; -nen› *allg.* Aryan.

Ari·es [ˈaːri̯ɛs] *m* ‹-; *no pl*› *astr.* Aries, the Ram.

Ari·et·te [aˈri̯ɛtə] *f* ‹-; -n› *mus.* arietta.

arisch [ˈaːrɪʃ] *adj allg.* Aryan.

Ari·sto|krat [arɪstoˈkraːt] *m* ‹-en; -en› aristocrat (*a. fig.*); **die** ~**en** the aristocracy *sg*, the nobility *sg.* ~ˈ**kra·ten·tum** *n* ‹-s; *no pl*› aristocratism. ~**kra'tie** [-kraˈtiː] *f* ‹-; -n [-ən]› aristocracy (*a. fig.*). ~ˈ**kra·tin** [-ˈkraːtɪn] *f* ‹-; -nen› aristocrat (*a. fig.*). ≈ˈ**kra·tisch** [-ˈkraːtɪʃ] *adj* aristocratic(al).

Arith|me·tik [arɪtˈmeːtɪk] *f* ‹-; *no pl*› arithmetic. ~ˈ**me·ti·ker** [-ˈmeːtikər] *m* ‹-s; -› arithmetician. ≈ˈ**me·tisch** [-ˈmeːtɪʃ] *adj* arithmetic(al); ~**e Reihe** arithmetical series (*od.* progression).

Ar·ka·de [arˈkaːdə] *f* ‹-; -n› *arch.* arcade.

Ar·ka·di·en [arˈkaːdi̯ən] *npr n* ‹-s; *no pl*› *antiq. poet.* Arcadia. **ar'ka·disch** [-dɪʃ] *adj* **1.** Arcadian. **2.** *fig.* arcadian.

ark·tisch [ˈarktɪʃ] *adj* arctic; ~**e Kaltluft** arctic (*od.* polar) air.

ˈ**Ar·kus|funk·ti**ˌ**on** [ˈarkʊs-] *f math.* function of arcus. ~ˌ**si·nus** *m* inverse (*od.* arc) sine.

Arm [arm] *m* ‹-(e)s; -e› **1.** *anat.* arm; **j-n am** ~ **führen** lead s.o. by the arm; **den** ~ **um j-n legen** put one's arm round s.o.; **auf den** ~ **nehmen** a) (*Kind etc*) take (*od.* pick) *s.o., s.th.* up on one's arm, b) *fig. colloq.* pull *s.o.'s* leg, have *s.o.* on; **j-n in die** ~**e nehmen** (*od.* **schließen**) take (*od.* clasp) s.o. in one's arms, embrace (*od.* hug) s.o.; **j-m in die** ~**e sinken** sink into s.o.'s arms; ~ **in** ~ arm in arm, arms linked; *colloq.* **j-m in die** ~**e laufen** bump into s.o.; **et. unter den** ~ **nehmen (klemmen)** take (tuck) s.th. under one's arm; *fig.* **j-m in den** ~ **fallen** restrain s.o., stay s.o.'s hand; **sich dem Laster in die** ~**e werfen** abandon o.s. to vice; **j-n mit offenen** ~**en empfangen** (*od.* **aufnehmen**) receive s.o. with open arms; **j-m unter die** ~**e greifen** give s.o. a leg-up, help (*od.* assist) s.o., **mit** *Geld etc*: help s.o. out with; **j-n j-m in die** ~**e treiben** drive s.o. into s.o.'s arms; *poet.* **der** ~ **der Gerechtigkeit** the arm of the law; *fig.* **er hat e-n langen** ~ he casts a long shadow, he has a lot of pull. **2.** *zo.* (*Fang*≈) tentacle. **3.** *fig. u. tech. etc allg.* arm, *e-s Flusses, Leuchters*: *a.* branch, (*Halterung*) *a.* bracket, *e-s Wegweisers etc*: pointer, *e-r Waage etc*: beam, *e-s Krans*: jib, *e-s Hebels*: lever arm, *e-s Rades*: spoke. **4.** *colloq.* (*Ärmel*) arm, sleeve.

arm *adj* ‹⸚er; ⸚st› **1.** poor, (*bedürftig*) *a.* needy, indigent, *an Geld*: *a.* impecunious, penniless, poverty-stricken; ~ **an** (*dat*) poor in, wanting (*od.* lacking) in, destitute of, (*gehaltlos*) *a.* deficient in, *chem. etc a.* with a low content of; *colloq.* **der** ~**e Kerl (Teufel)** that poor fellow (devil); ~**es Ding!** poor thing!; ~ **und reich** rich and poor; **um e-e Hoffnung ärmer sein** have one hope less; **nun bin ich wieder um 5 Mark ärmer** now I am 5 marks the poorer; → **Arme. 2.** *bes. chem. tech.* poor, *Gas*: lean, *Lösung*: weak; ~**e Erze** low-grade ore *sg.*

Ar·ma·da [arˈmaːda] *f* ‹-; Armaden *u.* -s› *mar.* armada, fleet; *hist.* **die** ~ the (Invincible) Armada.

Ar·ma·dill [armaˈdɪl] *m* ‹-s; -e› *zo.* armadillo.

Ar·ma·tur [armaˈtuːr] *f* ‹-; -en› **1.** *meist pl tech.* mountings *pl*, fittings *pl*, (*Verbindungsstücke etc*) connections *pl*, (*Kontrollinstrumente e-s Autos etc*) instruments *pl.* **2.** *phys. e-s Magneten*: armature.

Ar·ma'tu·ren|brett *n*, ~ˌ**ta·fel** *f aer. mot.* dashboard.

ˈ**Arm**ˌ**band** *n* ‹-(e)s; ⸚er› (*Schmuck*≈) bracelet, *e-r Uhr*: watch band (*od.* strap), (*Schutz*≈, *Kraft*≈) wristlet. ~ˌ**uhr** *f* wristwatch. ~ˌ**wecker** (*getr.* **-k·k-**) *m* wrist alarm.

ˈ**Arm|**ˌ**beu·ge** *f* **1.** crook of the arm. **2.** → **Liegestütz.** ~**be**ˌ**we·gung** *f* movement of the arm. ~ˌ**bin·de** *f* **1.** armlet, armband. **2.** *med.* (arm) sling. ~ˌ**blatt** *n* dress shield. ~ˌ**bruch** *m* fracture of the arm, fractured arm. ~ˌ**brust** *f* ‹-; ⸚e, *a.* -e› crossbow. ~ˌ**brust**ˌ**schüt·ze** *m* crossbowman.

Ärm·chen [ˈɛrmçən] *n* ‹-s; -› small (*od.* thin) arm.

ˈ**arm**ˌ**dick** *adj* as thick as one's arm.

Ar·me [ˈarmə] *m, f* ‹-n; -n› poor person, poor man (*od.* woman); **die** ~**n** the poor; **mittellose** ~ *pl* destitute people; (**öffentlich unterstützter**) ~**r** pauper; **der** ~! poor fellow!; **die** ~! poor woman (*od.* dear)!; **ich** ~**r!** poor me!

Ar·mee [arˈmeː] *f* ‹-; -n [-ən]› *mil.* (*Heer, Heeresgruppe*) army, (*Gesamtstreitkräfte*) *the* armed forces *pl*; **bei der** ~ in the army; **die Rote** ~ the Red Army; *fig.* **e-e** ~ **von Arbeitslosen** an army of unemployed. ~ˌ**korps** *n* (army) corps.

Är·mel [ˈɛrməl] *m* ‹-s; -› sleeve; **mit kurzen** ~**n** with short sleeves, short-sleeved; **ohne** ~ sleeveless; **j-n am** ~ **zupfen** pluck (*od.* pull) s.o. by the sleeve; *fig. colloq.* **das kann man** (*od.* **das läßt sich**) **nicht aus dem** ~ **schütteln** that can't be done off-hand (*Am.* off the cuff), you can't just pull it out of your hat; **die** ~ **hochkrempeln** roll up one's sleeves. ~ˌ**ab**ˌ**zei·chen** *n* sleeve badge. ~ˌ**auf**ˌ**schlag** *m* cuff. ~**(**ˌ**bü·gel)**ˌ**brett** *n* sleeve board.

ˌ**Ar·me'leu·te ...** *in Zssgn* poor man's (*meal, etc*).

ˈ**Är·mel|**ˌ**fut·ter** *n* sleeve lining. ~ˌ**hal·ter** *pl* sleeve bands. ~ˌ**län·ge** *f* sleeve length. ~ˌ**loch** *n* armhole. ≈**los** *adj* sleeveless. ~ˌ**scho·ner,** ~ˌ**schüt·zer** *m* oversleeve. ~ˌ**strei·fen** *m mil.* stripe.

ˈ**Ar·men|**ˌ**an**ˌ**walt** *m counsel representing s.o. granted legal aid.* ~ˌ**arzt** *m* public assistance doctor. ~ˌ**grab** *n* pauper's grave. ~ˌ**haus** *n obs.* poorhouse, almshouse.

Ar·me·ni·er [arˈmeːni̯ər] *m* ‹-s; -›, **ar'me·nisch** [-nɪʃ] *adj* Armenian.

ˈ**Ar·men|**ˌ**kas·se** *f obs.* (poor-)relief fund. ~ˌ**pfle·ge** *f* **1.** assistance of the poor. **2.** *adm. obs.* poor relief, public assistance. ~ˌ**recht** *n obs.* (right to) legal aid; **unter** ~ **klagen** sue in forma pauperis. ~ˌ**schu·le** *f hist.* charity school.

ˈ**Ar·mes**ˌ**län·ge** *f* (**auf** ~ at) arm's length.

ˌ**Ar·me'sün·der|ge**ˌ**sicht** *n,* ~ˌ**mie·ne** *f humor.* hangdog look.

ˈ**Arm|**ˌ**fes·sel** *f Sport*: armlock, *Am.* hammerlock. ~ˌ**he·bel** *m Sport*: arm lever. ~ˌ**he·ber** *m anat.* deltoid. ~ˌ**höh·le** *f* armpit, axilla.

ar·mie|ren [arˈmiːrən] *v/t* ‹*no* **ge-**, **h**› (*Beton*) reinforce, (*Kabel*) sheath, armo(u)r. ≈**rung** *f* ‹-; -en› *von Beton*: reinforcement, *von Kabeln etc*: armo(u)ring, sheathing. ≈**rungs**ˌ**stahl** *m* reinforcing steel.

ˈ**Arm|**ˌ**kraft** *f* **1.** strength of the arm. **2.** manual power. ~ˌ**krei·sen** *n gym.* swinging the arms in a circle. ~ˌ**kreuz** *n tech.* spider. ≈ˌ**lang** *adj* of an arm's length; **ein** ~**er Stiel** a handle the length of an arm. ~ˌ**län·ge** *f* arm's length. ~ˌ**leh·ne** *f* armrest. ~ˌ**leuch·ter** *m* **1.** candelabrum, branched candlestick. **2.** *contp.* idiot, silly ass.

ärm·lich [ˈɛrmlɪç] **I** *adj* **1.** poor, (*schäbig*) *a.* shabby (*clothes, etc*). **2.** *fig.* (*dürftig*) poor, paltry, meagre, *Am.* meager, (*kläglich, schlecht*) poor, wretched, miserable (*existence, etc*); **ein** ~**es Zimmer** a poorly-furnished room; **in** ~**en Verhältnissen leben** live in poor (*od.* needy) circumstances, be poorly off; **aus** ~**en Verhältnissen stammen** come from a poor family; **ein** ~**es Geschenk** a skimpy gift; → *a.* **armselig. II** *adv* **3.** poorly (*etc*); ~ **gekleidet** poorly dressed. ≈**keit** *f* ‹-; *no pl*› poorness, shabbiness (*etc*).

ˈ**Arm|**ˌ**loch** *n* armhole. ~**man**ˌ**schet·te** *f med.* rubber cuff.

Ar·mo·ri·al [armoˈri̯aːl] *n* ‹-s; -e› armorial, book of heraldry.

ˈ**Arm|**ˌ**pol·ster** *n* **1.** arm(rest). **2.** upholstery of a chair arm. **~proˌthe·se** *f med.* artificial arm. **~ˌreif, ~ˌrei·fen** *m* bangle; → *a.* **Armspange. ~ˌschie·ne** *f* **1.** *med.* arm splint. **2.** *mil. hist.* bracelet. **~ˌschild** *m hist.* buckler, shield. **~ˌschlagˌader** *f* brachial artery. **~ˌschlin·ge** *f* (arm) sling. **~ˌschlüs·sel** *m* → **Armfessel. ~ˌschmalz** *n humor.* elbow grease.

'armˌse·lig *adj* (*elend, erbärmlich*) wretched, miserable (*house, life, person, etc*), (*dürftig*) *a.* paltry (*sum, etc*), (*mitleiderregend*) pitiful, pitiable; **ein ~er Stümper** a miserable bungler; **ein ~es Gehalt** a beggarly salary, a (mere) pittance; **e-e ~e Entschuldigung** a paltry excuse; **ein ~er Versuch** a pitiable effort, a miserable attempt. **≗keit** *f* ⟨-; *no pl*⟩ wretchedness, miserableness, paltriness (*etc*).

'Arm|ˌses·sel *m* armchair, easy chair. **~ˌspan·ge** *f* bangle, bracelet, *am Oberarm*: armlet. **~ˌspei·che** *f anat.* radius.

Ärm·ste ['ɛrmstə] *m, f* ⟨-n; -n⟩ **1.** *the* poorest. **2.** *colloq.* **der ~!** poor fellow!; **die ~!** poor thing!; **ich ~r!** poor me!

'Arm|ˌstern *m tech.* spider. **~ˌstuhl** *m* → **Armsessel. ~ˌstulp** *m fenc.* bracer. **~ˌstumpf** *m med.* stump of an arm. **~ˌstüt·ze** *f* armrest.

Ar·mut ['armuːt] *f* ⟨-; *no pl*⟩ **1.** poverty, indigence, *stärker*: destitution, penury (*lit.*); **bittere** (*od.* **drückende**) **~** dire (*od.* abject) poverty; **in äußerster ~ leben** live in utter poverty; **in ~ geraten** be reduced to poverty; **e-e in ~ lebende Familie** a poverty-stricken family. **2.** (*Kargheit*) poorness, barrenness (*of the soil, etc*). **3.** *fig.* (*Mangel*) (**an** *dat*) lack (of), poverty (in, of); **geistige ~** poverty of intellect, intellectual barrenness.

'Ar·mutsˌzeug·nis *n* **1.** *adm.* certificate of poverty. **2.** *fig.* evidence of incapacity; **sich** (*dat*) **ein ~ ausstellen** give a poor account of o. s., betray one's incompetence (*od.* one's utter ignorance, *moralisch*: one's sad lack of moral courage, *etc*).

'Arm|ve·ne *f anat.* arm vein. **~ˌvoll** *m* ⟨-; -⟩ armful.

Ar·ni·ka ['arnika] *f* ⟨-; -s⟩ *bot.* arnica.

Aro·ma [a'roːma] *n* ⟨-s; Aromen *u.* -ta [-ta], *a.* -s⟩ **1.** (*Duft*) aroma, fragrance. **2.** (*Wohlgeschmack*) flavo(u)r, taste, *des Weins*: bouquet; **ein Tabak von mildem ~** a mild-flavo(u)red tobacco. **3.** (*~stoff*) flavo(u)ring, aromatic essence.

Aro·ma·te(n) [aro'maːtə(n)] *pl chem.* aromatic substances. **aro'ma·tisch** *adj* aromatic. **aro·ma·ti'sie·ren** [-mati'ziːrən] *v/t* ⟨*no* **ge-, h**⟩ *chem.* a) aromatize, b) flavo(u)r.

'Aron(s)ˌstab *m bot.* arum.

ar·peg·gie·ren [arpɛ'dʒiːrən] *v/t u. v/i* ⟨*no* **ge-, h**⟩ *mus.* (play in) arpeggio.

Ar·rak ['arak] *m* ⟨-s; -e *u.* -s⟩ arrack, rack.

Ar·ran|ge·ment [arɑ̃ʒə'mɑ̃ː] *n* ⟨-s; -s⟩ *allg., a. mus.* arrangement. **~'geur** [-'ʒøːr] *m* ⟨-s; -e⟩ *mus.* arranger. **≗'gie·ren** [-'ʒiːrən] **I** *v/t* ⟨*no* **ge-, h**⟩ *allg., a. mus.* arrange. **II** *v/reflex* **sich ~** (**mit** with) come to an arrangement (*od.* agreement), *fig.* come to terms.

Ar·rest [a'rɛst] *m* ⟨-es; -e⟩ **1.** *jur.* (*Haft*) arrest (*a. mil.*), detention (*a. ped.*), confinement; **strenger ~** close arrest; **j-n unter ~ setzen** put s. o. under arrest; **im ~ sitzen** be under arrest; *ped.* **j-m ~ geben** keep s. o. in; **~ haben** be kept in. **2.** (*Beschlagnahme, dinglicher ~*) (*gen*) attachment (of), distraint (upon), (*auf ein Schiff*) embargo (on); **et. mit ~ belegen, ~ legen auf** (*acc*) attach (*od.* distrain) s. th., lay an embargo on (*a ship*); **mit ~ belegt sein** be under distraint. **Ar·re'stant** [-'tant] *m* ⟨-en; -en⟩ prisoner, person under arrest.

Ar'rest|be,fehl *m* distraint order. **~ˌbruch** *m jur.* illegal interference with attached property. **~loˌkal** *n mil.* detention room, *colloq.* guardhouse. **~ˌstra·fe** *f jur. mil.* (sentence of) confinement, detention. **~ˌzel·le** *f* → **Arrestlokal.**

ar·re·tie·ren [are'tiːrən] *v/t* ⟨*no* **ge-, h**⟩ **1.** *obs.* **j-n ~** (*verhaften*) arrest s. o., take s. o. in custody. **2.** *tech.* arrest, stop, lock.

Ar·re'tier|ˌhe·bel *m* stop(ping) lever. **~ˌschrau·be** *f* locking screw. **~ˌstift** *m* arresting (*od.* locking) pin.

Ar·re'tie·rung *f* ⟨-; -en⟩ **1.** arresting (*etc*; → **arretieren**). **2.** *tech.* lock(ing device), catch.

Ar'rêt|ˌspit·ze [a'rɛ(ː)-] *f fenc.* pointe d'arrêt button (*with electric contact at the point of the épée*). **~ˌstoß** *m* stop thrust.

Ar·rhyth·mie [aryt'miː] *f* ⟨-; -n [-ən]⟩ *med.* arrythmia.

ar·ri|vie·ren [ari'viːrən] *v/i* ⟨*no* **ge-, sein**⟩ get on, succeed, make it, arrive. **~'viert** *adj Künstler etc*: successful, who has arrived (*od.* made it).

ar·ro|gant [aro'gant] *adj* arrogant. **≗'ganz** [-'gants] *f* ⟨-; *no pl*⟩ arrogance.

ar·ron·die·ren [arɔn'diːrən; arõ-] *v/t* ⟨*no* **ge-, h**⟩ **1.** (*Grundstücke*) readjust, consolidate. **2.** *tech.* round off.

Arsch [arʃ] *m* ⟨-es; ⸚e⟩ *vulg.* arse, bum, backside, *Am. a.* ass; *fig.* **du ~!** you bugger!, *Am.* you son of a bitch!; **leck mich am ~!** go to hell!, fuck (*od.* bugger) you!; **j-m in den ~ treten** give s. o. a kick in the arse (*etc*); **j-m in den ~ kriechen** suck up to s. o., brownnose s. o., *Am. a.* kiss s. o.'s ass; **j-m den ~ aufreißen** ream s. o.'s arsehole; **am ~ der Welt** at the back of beyond; **ihm geht der ~ mit** (*od.* **auf**) **Grundeis** he is in a blue funk; (**total**) **im ~** (all) fucked up; **es** (**er**) **ist im ~** *a.* it (he) has had it; **den ~ vollbekommen** get a good spanking (*fig.* drubbing). **~ˌbacke** (*getr.* **-k·k-**) *f vulg.* buttock. **~ˌficker** (*getr.* **-k·k-**) *m vulg.* queer, homo, *fig.* bugger. **~ˌgei·ge** *f vulg.* silly ass. **~ˌkrie·cher** *m vulg.* arse-crawler (*od.* -licker), bum-sucker. **~krie·che'rei** [ˌarʃ-] *f vulg.* arse-crawling (*od.* -licking), bum-sucking. **~ˌloch** *n vulg.* arse-hole, *Am. meist* asshole, (*Person*) *a.* silly ass, (stupid) bastard, shit. **~ˌtritt** *m vulg.* kick in the arse.

Ar·sen [ar'zeːn] *n* ⟨-s; *no pl*⟩ *chem.* arsenic.

Ar·se·nal [arze'naːl] *n* ⟨-s; -e⟩ *a. fig.* arsenal.

Ar'sen|ˌblen·de *f* arsenic blend; **gelbe ~** auripigment, (*Farbe*) orpiment; **rote ~** realgar. **~ˌblü·te** *f* arsenolite, arsenic bloom. **~ˌei·sen** *n* loellingite. **~ˌglas** *n* arsenic glass. **≗ˌhal·tig** *adj* arsenic(al), containing arsenic.

Ar·se·nid [arze'niːt] *n* ⟨-(e)s; -e⟩ *chem.* arsenide.

ar'se·nig(ˌsau·er) *adj* arsen(i)ous.

Ar·se·nik [ar'zeːnɪk] *n* ⟨-s; *no pl*⟩ *chem. min.* arsenic (trioxide); **gelbes ~** orpiment; **rotes ~** realgar; **weißes ~** (white) arsenic, arsenic trioxide. **~ˌblu·me, ~ˌblü·te** *f* → **Arsenblüte. ~ˌöl** *n chem.* caustic oil of arsenic. **~ˌschwarz** *n tech.* arsenic black.

Ar·se·nit [arze'niːt; -'nɪt] *n* ⟨-(e)s; -e⟩ *chem.* arsenite.

Ar'sen|ˌkies *m min.* arsenopyrite. **~ˌko·balt** *m* cobalt arsenite. **~meˌtall** *n* **1.** *chem.* metallic arsenide. **2.** *min.* native arsenic. **~prä·paˌrat** *n chem.* arsenical. **~ˌpro·be** *f* arsenic test. **~ˌsalz** *n chem.* salt of arsenic, arsenate. **≗ˌsau·er** *adj chem.* arsenic, arsenate (*od.* arsenite) of; **arsensaures Salz** arsenate. **~ˌsäu·re** *f* arsenic acid. **~verˌgif·tung** *f med.* arsenic poisoning. **~ˌwas·serˌstoff** *m* (*Giftgas*) arsine.

Ar·sis ['arzɪs] *f* ⟨-; **Arsen**⟩ *metr. mus.* arsis.

Art [art] *f* ⟨-; -en⟩ **1.** ⟨*only sg*⟩ *a.* **~ und Weise** way, manner, fashion, style, (*Verfahren*) *a.* method, procedure; **s-e ~ zu sprechen** his way of speaking, the way he talks; **das ist die einfachste ~** that is the simplest way; **das ist so s-e ~** that is just his way; **auf die eine oder andere ~, auf irgendeine ~** some way or (an)other; **auf diese ~** in this way; **ich habe es auf alle mögliche ~ versucht** I tried every possible way; **auf ruhige ~** quietly; **auf freundliche ~** kindly; **auf welche ~?** in what way?, how?; **auf k-e ~** in no way, nowise; **nach ~ von** (*od. gen*) in the manner (*od.* style) of, along the lines of, like; **nach englischer ~** a) in the English manner (*od.* way), b) *gastr.* à l'anglaise; *gastr.* **nach ~ des Hauses** homemade, à la maison; **die ~ und Weise, wie er vorgeht** his manner of handling this, his method of proceeding; *colloq.* **daß es nur so eine ~ hatte** awfully, tremendously, to beat the band. **2.** ⟨*only sg*⟩ (*Beschaffenheit*) nature, kind; **von dieser ~** of this nature; **die ~ dieser Krankheit** the nature of this disease; **nichts der ~** nothing of the kind; **die Verhältnisse waren nicht der ~, daß** circumstances were not such that; **Fragen allgemeiner ~** questions of general interest. **3.** ⟨*only sg*⟩ (*Wesen*) nature; **sie hat e-e nette ~** she is nice (*od.* has nice ways, is a nice person); **er hat e-e nette ~, mit Kindern umzugehen** he has a way with children; **es liegt nicht in s-r ~, es entspricht nicht s-r ~** it is not in his nature; **das ist so s-e ~** that's just his manner; **er hat e-e merkwürdige ~ an sich** he is a bit peculiar (*od.* odd); **einzig in s-r ~** unique; **ein Mann s-r ~** a man of his stamp. **4.** ⟨*only sg*⟩ *colloq.* (*Benehmen*) manners *pl*, behavio(u)r; **er hat k-e ~** he has no manners; **das ist (doch) k-e ~!** that's no way to behave. **5.** (*Sorte*) kind, sort, type; **Geräte aller ~** all sorts (*od.* kinds) of tools, tools of every description; *iro.* **so e-e ~ Schauspieler** an actor of sorts; **diese ~ von Menschen schätze ich nicht** I don't think much of that sort of person. **6.** *biol.* species; **Fortpflanzung der ~en** propagation of species; *fig.* **aus der ~ schlagen** go one's own way(s), not to take after anyone of the family; **in j-s ~ schlagen** take after s. o. **7.** *ling.* **Umstandsbestimmung der ~ und Weise** adverb(ial construction) of manner. **~ˌba·stard** *m biol.* species hybrid. **~ˌbil·dung** *f* speciation. **~chaˌrak·ter** *m* typical character.

Ar·te·fakt [arte'fakt] *n* ⟨-(e)s; -e⟩ artifact.

'artˌei·gen *adj* **1.** *biol.* characteristic of the species. **2.** native.

ar·ten ['artən] *v/i* ⟨**sein**⟩ **nach j-m ~** take after s. o.; → **geartet.**

'Art·erˌhal·tung *f biol.* preservation of (the) species.

Ar·te·rie [ar'teːrĭə] *f* ⟨-; -n⟩ *anat.* artery.

ar·te·ri·ell [arte'rĭɛl] *adj* arterial.

Ar'te·ri·en|entˌzün·dung *f* arteritis. **~erˌwei·te·rung** *f* aneurysm. **~ˌklem·me** *f* artery forceps (*od.* clamp). **~verˌkal·kung** *f* arteriosclerosis, hardening of the arteries.

Ar·te·rii·tis [arteriˈiːtɪs] *f* ⟨-; *no pl*⟩ *med.* arteritis.

Ar·te·rio|skle·ro·se [arteri̯oskleˈroːzə] *f* ⟨-; -n⟩ *med.* arteriosclerosis. **≈skleˈro·tisch** [-tɪʃ] *adj* arteriosclerotic. **~toˈmie** [-toˈmiː] *f* ⟨-; -n [-ən]⟩ *med.* arteriotomy. **≈veˈnös** [-veˈnøːs] *adj med.* arteriovenous.

Ar·te·ri·tis [arteˈriːtɪs] *f* ⟨-; *no pl*⟩ → Arteriitis.

ar·te·sisch [arˈteːzɪʃ] *adj civ. eng.* artesian (*spring, well*).

ˈart|ˌfremd *adj biol.* alien (to the species), *fig.* alien (*culture, etc*), *a. med.* foreign (*protein, etc*). **~geˌbun·den** *adj* → arteigen. **≈geˌnos·se** *m* **1.** *biol.* member of the same species, cospecific. **2.** *colloq.* fellow; **s-e ~n** the likes of him. **≈geˌwicht** *n phys.* specific gravity. **~ˌgleich** *adj biol.* cospecific.

Ar·thri·ti·ker [arˈtriːtikər] *m* ⟨-s; -⟩ *med.* arthritic. **Ar·thri·tis** [arˈtriːtɪs] *f* ⟨-; *no pl*⟩ arthritis. **arˈthri·tisch** *adj* arthritic(al).

ar·ti·fi·zi·ell [artifiˈtsi̯ɛl] *adj* artificial.

ˈar·tig *adj* **1.** *Kind*: good, well-behaved; **sei (hübsch) ~!** be good!, be (*od.* there is) a good boy (girl)!; **wenn du nicht ~ bist** if you don't behave. **2.** *lit.* (*höflich*) polite, civil, courteous. **3.** *archaic* (*nett*) nice, pretty. **≈keit** *f* ⟨-; -en⟩ **1.** ⟨*only sg*⟩ good behavio(u)r (*od.* manners *pl*), *lit.* politeness, civility, courtesy. **2.** *pl* (*Schmeicheleien*) compliments, courteous (*od.* polite) words; **j-m ~en sagen** pay s. o. compliments.

Ar·ti·kel [arˈtiːkəl] *m* ⟨-s; -⟩ **1.** *ling.* article; **der (un)bestimmte ~** the (in)definite article. **2.** (*Ware*) article, item, commodity, line. **3.** (*Abhandlung, Aufsatz*) article, (*Presse≈*) *a.* (news) item, *gelehrter*: paper. **4.** (*Paragraph*) article, section. **5.** *des Glaubensbekenntnisses*: Article. **~ˌrei·he** *f* series (of articles). **~ˌschrei·ber** *m* writer of articles, *weitS.* columnist. **~ˌse·rie** *f* → Artikelreihe.

Ar·ti·ku|la·ti·on [artikulaˈtsi̯oːn] *f* ⟨-; -en⟩ *ling., a. anat.* articulation. **≈ˈlie·ren** [-ˈliːrən] **I** *v/t u. v/i* ⟨*no* **ge-**, **h**⟩ *ling.* articulate. **II** *v/reflex* **sich ~** express o. s. (*a. fig.*). **≈ˈliert** *adj* articulate. **~ˈliert·heit** *f* ⟨-; *no pl*⟩ articulateness.

Ar·til·le·rie [artɪləˈriː] *f* ⟨-; *no pl*⟩ artillery; **leichte ~** field (*od.* light) artillery; **schwere ~** heavy artillery; **mit ~ beschießen** shell, bombard, cannon(ade). **~ˌab·tei·lung** *f*, **~ba·tail·lon** *n* artillery battalion (*od.* group). **~beˌob·ach·ter** *m* artillery observer, spotter. **~beˌschuß** *m*, **~ˌfeu·er** *n* artillery fire, shelling, cannonade. **~ˌleitˌstand** *m* fire-control post. **~ˌstel·lung** *f* artillery position (*od.* emplacement). **~ˌun·terˌstüt·zung** *f* artillery support. **~ˌvor·beˌrei·tung** *f* preparatory fire.

Ar·til·le|rist [artɪləˈrɪst] *m* ⟨-en; -en⟩ artilleryman, artillerist, gunner. **≈ˈri·stisch** *adj* (concerning the) artillery.

Ar·ti·schocke (*getr.* **-k·k-**) [artiˈʃɔkə; artɪ-] *f* ⟨-; -n⟩ *bot.* artichoke. **Ar·tiˈschockenˌbo·den** *m gastr.* base of an artichoke.

Ar·tist [arˈtɪst] *m* ⟨-en; -en⟩ (circus *od.* variety) artiste, acrobat, *Am. a.* performer.

Arˈti·sten|ˌvolk *n* ⟨-(e)s; *no pl*⟩ show people *pl.* **~ˌwelt** *f* show business, circus world.

Ar·ti·stik [arˈtɪstɪk] *f* ⟨-; *no pl*⟩ (circus *od.* variety) artistry. **Arˈti·stin** *f* ⟨-; -nen⟩ (female) artiste (*etc*; → **Artist**). **arˈti·stisch** *adj* artistic, acrobatic.

ˈArt|ˌkreu·zung *f biol.* interspecific hybridization. **~ˌmerkˌmal** *n* → Artcharakter. **~ˌna·me** *m* specific name.

Ar·tur [ˈartʊr] *npr m* ⟨-s; *no pl*⟩, **ˈAr·tus** [-tʊs] ⟨-; *no pl*⟩ **König Arturs** (*od.* **Artusˈ**) **Tafelrunde** King Arthur's Round Table. **ˈAr·tus·roˌman** *m lit.* Arthurian romance.

ˈart|verˌschie·den *adj biol.* different in species, of different species. **~verˌwandt** *adj* of related species.

Ar·ve [ˈarvə] *f* ⟨-; -n⟩ *bot.* **1.** arolla (pine), stone pine. **2.** cedar nut.

Arz·nei [aːrtsˈnaɪ] *f* ⟨-; -en⟩ (**gegen** for) drug, medicine, medicament, remedy; *fig.* **er wird die bittere ~ schlucken müssen** he'll have to swallow the bitter pill; **Arbeit ist e-e gute ~ gegen Langeweile** work is a good antidote to boredom. **~ˌbuch** *n* pharmacop(o)eia. **~ˌfläsch·chen** *n* phial, vial. **~ˌfla·sche** *f* medicine bottle. **~ˌfor·mel** *f* formula, prescription. **~ˌga·be** *f* **1.** (*Einzelgabe*) dose, dosis. **2.** (*Verabreichung*) medication, dosage. **~ˌglas** *n* vial, beaker; **~ zum Einnehmen** medicine cup. **~ˌkap·sel** *f* capsule. **~ˌäenm**medicine cabinet. **~ˌkräu·ter** *pl* medicinal herbs. **~ˌkun·de, ~ˌleh·re** *f* pharmaceutics *pl* (*als sg konstruiert*). **≈lich** *adj* medic(in)al, officinal, pharmaceutical.

Arzˈneiˌmit·tel *n* → Arznei; „**eilige ~**“ *Wagenaufschrift*: urgent medical supply. **~in·duˌstrie** *f* pharmaceutical industry. **~ˌkun·de, ~ˌleh·re** *f* pharmacology. **~ˌmißˌbrauch** *m* drug abuse.

Arzˈnei|ˌpflan·ze *f* medicinal plant. **~ˌschrank** *m*, **~ˌschränk·chen** *n* medicine cabinet. **~ˌtrank** *m* potion, draught. **~verˌord·nung** *f* prescription. **~ˌwa·ren** *pl* drugs, pharmaceutics.

Arzt [aːrtst] *m* ⟨-es; ⸗e⟩ **1.** physician, doctor, *colloq.* medical man (→ *a.* **Facharzt** *etc*); **der behandelnde ~** the doctor in charge, the attending physician; **praktischer ~** general practitioner; **operierender ~** operating surgeon; **zum ~ gehen** (go to) see the doctor. **2.** *mil.* medical officer. **~beˌruf** *m* medical profession. **~beˌsuch** *m* **1.** visit to the doctor. **2.** doctor's visit (*od.* call). **~ˌbuch** *n* first-aid book, *Am.* doctor book.

ˈÄrz·te|ˌhaus *n* Health Cent/re (*Am.* -er). **~ˌkam·mer** *f* General Medical Council. **~kolˌle·gi·um** *n* medical advisory board. **~schaft** *f* ⟨-; *no pl*⟩, **~ˌstand** *m* ⟨-(e)s; *no pl*⟩ medical profession.

ˈArzt|geˌbühr *f* doctor's fee. **~ˌhel·fe·rin, ~ˌhil·fe** *f* doctor's assistant.

Ärz·tin [ˈɛrtstɪn] *f* ⟨-; -nen⟩ woman (*od.* lady) doctor (*od.* physician).

ˈArzt|ˌkit·tel *m* doctor's smock, physician's white coat. **~ˌko·sten** *pl* medical expenses.

ärzt·lich [ˈɛːrtstlɪç] **I** *adj* medical; **~e Verordnung** medical prescription; **~es Attest** (*od.* **Zeugnis**), **~e Bescheinigung** doctor's (*od.* medical) certificate; **~e Hilfe** medical assistance; **~e Behandlung** medical treatment; **in ~er Behandlung sein** be under medical care; **alle ~e Kunst war vergeblich** all medical effort was in vain; **~en Rat einholen** take medical advice, consult a doctor; → **Untersuchung** 4. **II** *adv* medically; **j-n ~ behandeln** attend s. o.; **~ empfohlen** medically recommended; → **untersuchen** 4. **ˈärzt·li·cherˈseits** *adv* medically.

ˈArzt|per·soˌnal *n* medical staff. **~ˌpra·xis** *f* (doctor's, medical) practice. **~ˌrech·nung** *f* doctor's bill. **~ˌta·sche** *f* doctor's bag (*od.* case).

as, As¹ [as] *n* ⟨-; -⟩ *mus.* A flat; **as, as-Moll** A flat minor; **As, As-Dur** A flat major.

As² [as] *n* ⟨-ses; -se⟩ **1.** (*Spielkarte*) ace; **~ sticht Trumpf** the ace takes the trick. **2.** *fig. colloq.* ace; **er ist ein ~ im Schwimmen** he is an ace in swimming; **wie ein ~** fantastically, super.

ˈA-ˌSai·te *f mus.* A string.

As·best [asˈbɛst] *m* ⟨-es; -e⟩ *min.* asbestos. **~ˌanˌzug** *m* asbestos suit. **~ˌpap·pe** *f* asbestos millboard. **~zeˌment** *m* asbestos cement.

ˈAsch|ˌbe·cher *m* → Aschenbecher. **≈ˌblond** *adj* ash-blond(e).

Asche [ˈaʃə] *f* ⟨-; *rare* -n⟩ **1.** ashes *pl*, (*Zigaretten≈ etc*) ash, *Kohlen≈ etc*) cinders *pl*, (*Schlacke*) slag; **glühende ~** (smo[u]ldering) embers *pl*; **zu ~ verbrennen, in ~ verwandeln** burn (*od.* reduce) to ashes, incinerate; **aus der ~ erstehen** rise from the ashes; *fig.* **sich** (*dat*) **~ aufs Haupt streuen** wear sackcloth and ashes, do penance; → **Phönix.** **2.** *fig.* (*sterbliche Reste*) ashes *pl*, remains *pl*, *bei Feuerbestattung*: *a.* cremains *pl*; **Friede s-r ~** may he rest in peace. **3.** (*Farbe*) **blaue ~** azurite blue, blue ashes *pl*. **4.** *geol.* ash, slag.

Äsche¹ [ˈɛʃə] *f* ⟨-; -n⟩ *ichth.* grayling.

ˈÄsche² *f* ⟨-; -n⟩ → Esche 1.

ˈAschen|ˌbahn *f Sport* **1.** cinder track. **2.** *Motorradrennen*: dirt track. **~ˌbahnˌren·nen** *n* dirt-track racing. **~ˌbe·cher** *m* ashtray. **~ˌbrö·del** [-ˌbrøːdəl] **I** *npr n* ⟨-s; *no pl*⟩ Cinderella. **II** *n* ⟨-s; -⟩ → Aschenputtel II. **~ˌei·mer** *m* **1.** ashbin, dustbin, *Am.* ashcan. **2.** *dial. for* Mülltonne. **~ˌgru·be** *f* ashpit, cinder pit (*od.* fall). **~ˌhau·fen** *m* heap of ashes, ash heap. **~ˌke·gel** *m der Vulkane*: ash (*od.* cinder) cone. **~ˌkrug** *m* cinerary urn. **~ˌkü·bel** *m* → Ascheneimer 1. **~ˌput·tel** [-ˌpʊtəl] **I** *npr n* ⟨-s; *no pl*⟩ Cinderella. **II** *n* ⟨-s; -⟩ *fig.* Cinderella, *colloq.* slavey. **~ˌput·telˌdaˌsein** *n* **ein ~ führen** lead a Cinderella existence. **~ˌre·gen** *m e-s Vulkans*: rain (*od.* shower) of ash. **~ˌtuff** *m* ash tuff. **~ˌur·ne** *f* cinerary urn.

ˈAscher *m* ⟨-s; -⟩ *colloq.* ashtray.

ˌAscherˈmitt·woch *m* Ash Wednesday.

ˈasch|ˌfahl *adj* ashen, ashy (pale). **~ˌfar·ben, ~ˌfar·big** *adj* ash-colo(u)red. **~ˌgrau** *adj* ash(y)-grey (*Am.* -gray).

ˈaschig *adj* **1.** ashy. **2.** → aschfarben.

Asch·ke·na·sim [aʃkeˈnaːziːm] *pl* (*Ostjuden*) Ashkenazi(m).

As·corˈbinˌsäu·re [askɔrˈbiːn-] *f chem.* ascorbic acid.

äsen [ˈɛːzən] *v/i* ⟨**h**⟩ feed, browse.

Asep·sis [aˈzɛpsɪs] *f* ⟨-; *no pl*⟩ *med.* asepsis. **Asep·tik** [aˈzɛptɪk] *f* ⟨-; *no pl*⟩ asepticism, aseptic treatment (*od.* technique). **asep·tisch** [aˈzɛptɪʃ] *adj* aseptic; **~ machen** asepticize, sterilize.

ˈas'es, ˈAs'es *n* ⟨-; -⟩ *mus.* A double flat.

ase·xu·al [ˈa(ː)zɛksu̯aːl; azɛˈksu̯aːl] *adj biol.* asexual. **Ase·xua·li·tät** [azɛksu̯aliˈtɛːt] *f* ⟨-; *no pl*⟩ asexuality. **ase·xu·ell** [ˈa(ː)zɛksu̯ɛl; azɛˈksu̯ɛl] *adj bot. Fortpflanzung*: asexual.

Asi·at [aˈzi̯aːt] *m* ⟨-en; -en⟩, **Asia·tin** [aˈzi̯aːtɪn] *f* ⟨-; -nen⟩, **asia·tisch** [aˈzi̯aːtɪʃ] *adj* Asian, Asiatic. **asia·ti·sie·ren** [azi̯atiˈziːrən] *v/t* ⟨*no* **ge-**, **h**⟩ Asiaticize.

As·ke·se [asˈkeːzə] *f* ⟨-; *no pl*⟩ asceticism. **Asˈket** [-ˈkeːt] *m* ⟨-en; -en⟩ ascetic. **Asˈke·tik** [-tɪk] *f* ⟨-; *no pl*⟩ *relig.* (doctrine of) asceticism. **asˈke·tisch** *adj* ascetic(al).

Äs·ku·lap [ɛskuˈlaːp] *npr m* ⟨-; *no pl*⟩

Asclepius. **~ˌschlan·ge** *f* Aesculapian snake. **~ˌstab** *m* Aesculapian staff, caduceus.

aso·ma·tisch [ˈa(ː)zomaːtɪʃ; azoˈmaːtɪʃ] *adj med. philos.* asomatic.

äso·pisch [ɛˈzoːpɪʃ] *adj* Aesopian; **die** 2**en Fabeln** Aesop's fables.

aso·zi·al [ˈa(ː)zotsĭaːl; azoˈtsĭaːl] *adj* **1.** (*gesellschaftsfeindlich*) antisocial. **2.** *psych.* asocial. **Aso·zia·li·tät** [azotsĭaliˈtɛːt] *f* ⟨-; *no pl*⟩ antisocial attitude (*od.* behavio[u]r, character).

As·pekt [asˈpɛkt] *m* ⟨-(e)s; -e⟩ aspect (*a. astr. bot. ling.*); **et. unter e-m anderen ~ betrachten** look at s. th. from a different point of view (*od.* angle).

As·per [ˈaspər] *m* ⟨-(s); -⟩ *ling.* Spiritus asper.

As·phalt [asˈfalt; ˈasfalt] *m* ⟨-(e)s; -e⟩ (natural) asphalt, *Am.* rock asphalt. **~be·ˌton** *m* (asphaltic) bitumen concrete, *Am.* asphalt(ic) concrete. **~ˌdecke** (*getr.* **-k·k-**) *f* bitumen (*Am.* asphalt) layer (*od.* pavement). **~ˌest·rich** *m* asphalt floor(ing). **~geˌstein** *n min.* asphalt rock. 2**ˌhal·tig** *adj* asphaltic, bituminous.

as·phal·tie·ren [asfalˈtiːrən] *v/t* ⟨*no* **ge-**, **h**⟩ (cover with) asphalt, bituminize.

Asˈphalt|ˌlack *m* asphalt varnish, black japan. **~ma·kaˌdam** *m, n* bitumen (*Am.* asphalt) macadam. **~paˌpier** *n tech.* bituminized (*od.* asphalt) paper. **~ˌpap·pe** *f* asphalt roofing felt. **~ˌpres·se** *f contp.* yellow press. **~ˌstra·ße** *f* asphalt (*od.* bituminous) road.

asphyk·tisch [asˈfʏktɪʃ] *adj med.* asphyxial. **Asphyˈxie** [-ˈksiː] *f* ⟨-; -n [-ən]⟩ asphyxia.

As·pik [asˈpiːk; asˈpɪk; ˈas-] *m, Austrian n* ⟨-s; -e⟩ *gastr.* aspic; **Aal in ~** *a.* jellied eel.

Aspi|rant [aspiˈrant] *m* ⟨-en; -en⟩, **~ˈran·tin** *f* ⟨-; -nen⟩ **1.** aspirant, candidate. **2.** *DDR ped.* young scholar designed for teaching at a university. **~ranˈtur** [-ranˈtuːr] *f* ⟨-; -en⟩ *DDR ped.* training for university lectureship. **~ˈra·ta** [-ˈraːta] *f* ⟨-; -raten *u.* -ratä [-tɛ]⟩ *ling.* aspirate. **~ra·tiˈon** [-raˈtsĭoːn] *f* ⟨-; -en⟩ *ling. med. tech., fig. meist pl* aspiration. **~ˈra·tor** [-ˈraːtɔr] *m* ⟨-s; -en [-raˈtoːrən]⟩ *med. tech.* aspirator. 2**ˈrie·ren** [-ˈriːrən] *v/t* ⟨*no* **ge-**, **h**⟩ *ling. tech.* aspirate. 2**ˈriert** *adj ling.* aspirate(d); **~er Laut** aspirate.

aß [aːs] *1 u. 3 sg pret*, **äße** [ˈɛːsə] *1 u. 3 sg subj pret of* **essen**.

As·sel [ˈasəl] *f* ⟨-; -n⟩ *zo.* **1.** isopod. **2.** wood louse.

As·serˈva·ten-ˌKon·to [asɛrˈvaːtən-] *econ.* suspense (*od.* special-purpose) account.

As·ses·sor [aˈsɛsɔr] *m* ⟨-s; -en [-ˈsoːrən]⟩ **1.** „Assessor" (*German civil servant having passed through the stage of "Referendar" and the second state examination, esp. lawyers and secondary school teachers*). **2.** *jur.* (*Beisitzer*) assistant judge. **~exˌamen** *n* second state examination.

As·ses·so·rin [asɛˈsoːrɪn; aˈsɛsɔrɪn] *f* ⟨-; -nen⟩ → **Assessor**.

As·si·bi·la·ti·on [asibilaˈtsĭoːn] *f* ⟨-; -en⟩ *ling.* assibilation.

As·si·mi|la·ti·on [asimilaˈtsĭoːn] *f* ⟨-; -en⟩ *allg.* assimilation (**an** *acc* to, with). **~la·tiˈons·proˌzeß** *m* assimilation; *biol.* **e-n ~ vollziehen** assimilate, anabolize. 2**ˈlier·bar** *adj* assimilable. 2**ˈlie·ren** *v/t u. v/reflex* **sich ~** ⟨*no* **ge-**, **h**⟩ assimilate (**an** *acc* to, with).

As·si·sen [aˈsiːzən] *pl jur.* **1.** *hist.* assizes. **2.** *Swiss for* **Schwurgericht**.

As·si·stent [asɪsˈtɛnt] *m* ⟨-en; -en⟩ **1.** assistant. **2.** → **Assistenzarzt**. **As·siˈsten·tin** *f* ⟨-; -nen⟩ **1.** female (*od.* lady) assistant. **2.** → **Assistenzärztin**.

As·si·stenz [asɪsˈtɛnts] *f* ⟨-; -en⟩ assistance (**bei** in, **von** of); **unter ~ von Herrn X** with the assistance of Mr X. **~ˌarzt** *m*, **~ˌärz·tin** *f* assistant physician (*od.* doctor), *bes. Am.* resident (physician).

as·si·stie·ren [asɪsˈtiːrən] *v/i* ⟨*no* **ge-**, **h**⟩ assist, aid (**j-m bei et.** s. o. in s. th.).

As·so·zia·ti·on [asotsĭaˈtsĭoːn] *f* ⟨-; -en⟩ **1.** *psych., a. bot. chem. pol.* association. **2.** *econ.* partnership.

As·so·zia·tiˈons|ˌaufˌrei·hung *f psych.* stream of consciousness. **~ˌrecht** *n jur.* right of association. **~ˌstö·rung** *f psych.* disturbance of association.

as·so·zia·tiv [asotsĭaˈtiːf] *adj math. psych.* associative.

as·so·zi|ie·ren [asotsiˈiːrən] **I** *v/t* ⟨*no* **ge-**, **h**⟩ **1.** *psych., a. chem. pol.* associate (**mit** with). **II** *v/reflex* **sich ~** (**mit** with) **2.** *pol.* associate (o. s.). **3.** *econ.* enter into a partnership. **~ˈiert** *adj Staat*: associated. 2**ˈie·rung** *f* ⟨-; -en⟩ → **Assoziation 1**.

As·sy·rer [aˈsyːrər] *m* ⟨-s; -⟩, **Asˈsy·re·rin** *f* ⟨-; -nen⟩, **Asˈsy·ri·er** [-rĭər] *m* ⟨-s; -⟩, **Asˈsy·rie·rin** *f* ⟨-; -nen⟩ Assyrian.

as·sy·risch [aˈsyːrɪʃ] **I** *adj*, **II** *ling.* 2 *n* ⟨*generally undeclined*⟩, **das** 2**e**, ⟨-n⟩ Assyrian.

Ast [ast] *m* ⟨-(e)s; Äste⟩ **1.** bough, limb, (main) branch; *fig.* **den ~ absägen, auf dem man sitzt** cut the ground under one's own feet; → **absteigend** *etc.* **2.** (*Stelle im Holz*) knot, knurl. **3.** *anat. math. phys., a. e-s Stammbaums*: branch. **4.** *colloq.* **et. auf den ~ nehmen** take s. th. on one's back (*od.* shoulder); **sich** (*dat*) **e-n ~ lachen** howl with laughter. **5.** *geol. e-s Erzgangs*: spur.

asta·tisch [asˈtaːtɪʃ] *adj phys.* astatic.

ˈAstˌbil·dung *f* ramification.

Äst·chen [ˈɛstçən] *n* ⟨-s; -⟩ twig.

asten [ˈastən] *colloq.* **I** *v/t* ⟨**h**⟩ **1.** (*Gepäck etc*) lug, *Am.* tote. **II** *v/i* **2.** *Person*: work hard, toil. **3.** ⟨**sein**⟩ *auf Hügel etc*: slog (up).

Aster [ˈastər] *f* ⟨-; -n⟩ *bot.* aster. 2**ˌblü·tig** [-ˌblyːtɪç] *adj* asteroid.

Aste·ro·id [asteroˈiːt] *m* ⟨-(e)s *u.* -en; -en⟩ *astr.* asteroid.

Aste·roi·de [asteroˈiːdə] *f* ⟨-; -n⟩ *math.* asteroid.

ˈAstˌga·bel *f* fork (of a branch).

Asthe·nie [asteˈniː] *f* ⟨-; -n [-ən]⟩ *med.* asthenia, debility. **Asthe·ni·ker** [-ˈteːnikər] *m* ⟨-s; -⟩ asthenic (person). **asthe·nisch** [-ˈteːnɪʃ] *adj* asthenic.

Äs·thet [ɛsˈteːt] *m* ⟨-en; -en⟩ (a)esthete. **Äsˈthe·tik** [-tɪk] *f* ⟨-; *no pl*⟩ *philos.* (a)esthetics *pl* (*als sg konstruiert*). **Äsˈthe·ti·ker** [-tikər] *m* ⟨-s; -⟩ (a)esthetician. **äsˈthe·tisch** [-tɪʃ] *adj allg.* (a)esthetic(al). **äs·the·tiˈsie·ren** [-tetiˈziːrən] *v/t u. v/i* ⟨*no* **ge-**, **h**⟩ (a)estheticize. **Äs·the·tiˈzis·mus** [-ˈtsɪsmʊs] *m* ⟨-; *no pl*⟩ (a)estheticism.

Asth·ma [ˈastma] *n* ⟨-s; *no pl*⟩ *med.* asthma. **~ˌanˌfall** *m* asthmatic attack.

Asth·ma·ti·ker [astˈmaːtikər] *m* ⟨-s; -⟩ *med.* asthmatic. **asthˈma·tisch** [-tɪʃ] *adj* asthmatic(al).

ˈastig, ästig [ˈɛstɪç] *adj* **1.** *Brett etc*: knotty, gnarled. **2.** (*astreich*) branchy, branched, ramified.

astig·ma·tisch [astɪˈgmaːtɪʃ] *adj med. phys.* astigmatic. **Astig·maˈtis·mus** [-maˈtɪsmʊs] *m* ⟨-; *no pl*⟩ astigmatism.

ˈAst||ˌknor·ren, ~ˌknorz *m* knot. **~ˌkno·ten** *m* branch knot. **~ˌloch** *n* knothole.

Astra·chan [ˈastraxa(ː)n] *m* ⟨-s; -s⟩ (*Pelz*) astrakhan.

astral [asˈtraːl] *adj* astral. 2**ˌleib** *m* astral body.

ˈastˌrein *adj* **1.** branchless, *Holz*: knotless. **2.** *fig. colloq.* **nicht ganz ~** a bit fishy, not quite aboveboard.

Astro|bio·lo·gie [astrobioloˈgiː] *f* ⟨-; *no pl*⟩ astrobiology. **~dyˈna·mik** [-dyˈnaːmɪk] *f* ⟨-; *no pl*⟩ astrodynamics *pl* (*oft als sg konstruiert*). **~ˈgraph** [-ˈgraːf] *m* ⟨-en; -en⟩ *phot.* astrograph. **~graˈphie** [-graˈfiː] *f* ⟨-; *no pl*⟩ astrography.

Astroi·de [astroˈiːdə] *f* ⟨-; -n⟩ *math.* astroid.

Astro|lo·ge [astroˈloːgə] *m* ⟨-n; -n⟩ astrologer. **~loˈgie** [-loˈgiː] *f* ⟨-; *no pl*⟩ astrology. **~ˈnaut** [-ˈnaʊt] *m* ⟨-en; -en⟩ astronaut. **~ˈnau·tik** [-tɪk] *f* ⟨-; *no pl*⟩ astronautics *pl* (*als sg konstruiert*). **~ˈnau·tin** *f* ⟨-; -nen⟩ (woman) astronaut. 2**ˈnau·tisch** *adj* astronautical. **~na·vi·ga·tiˈon** [-navigaˈtsĭoːn] *f* ⟨-; *no pl*⟩ celestial navigation. **~ˈnom** [-ˈnoːm] *m* ⟨-en; -en⟩ astronomer. **~noˈmie** [-noˈmiː] *f* ⟨-; *no pl*⟩ astronomy. 2**ˈno·misch** *adj a. fig. colloq.* astronomic(al).

astro·phisch [ˈa(ː)stroːfɪʃ; aˈstroːfɪʃ] *adj metr.* astrophic.

Astro|pho·to·gra·phie [astrofotograˈfiː] *f* astrophotography. **~phyˈsik** [-fyˈziːk] *f* astrophysics *pl* (*als sg konstruiert*). 2**phy·siˈka·lisch** [-ziˈkaːlɪʃ] *adj* astrophysical. **~ˈphy·si·ker** [-ˈfyːzikər] *m* astrophysicist.

ˈAst||ˌsche·re *f*, **~ˌschnei·der** *m hort.* tree pruner. 2**ˌstän·dig** *adj bot.* ramose. **~ˌstumpf** *m* stump of a branch, snag.

ˈÄsung *f* ⟨-; -en⟩ *hunt.* **1.** grazing, browsing. **2.** (*Futter*) browse.

Asyl [aˈzyːl] *n* ⟨-s; -e⟩ **1.** (*Heim*) asylum, home; **~ für Obdachlose** (night) shelter, *Br.* casual ward. **2.** (*Zufluchtstätte*) asylum, (place of) refuge. **3.** ⟨*only sg*⟩ asylum; **um (politisches) ~ bitten** (*od.* **nachsuchen**) ask for (political) asylum; **j-m ~ gewähren** grant s. o. asylum, provide sanctuary for s. o.; **~ erhalten** be granted asylum. **Asy·lant** [azyˈlant] *m* ⟨-en; -en⟩ person seeking (*od.* being granted) (political) asylum. **Asylˌrecht** *n* right of asylum.

Asym·me·trie [azymeˈtriː] *f* ⟨-; -n [-ən]⟩ asymmetry. **asym·me·trisch** [ˈa(ː)zymeːtrɪʃ; azyˈmeːtrɪʃ] *adj* asymmetric(al).

asyn·chron [ˈa(ː)zynkroːn; azynˈkroːn] *adj* asynchronous. 2**ˌmo·tor** *m* induction (*od.* asynchronous) motor.

asyn·de·tisch [ˈa(ː)zyndeːtɪʃ; azynˈdeːtɪʃ] *adj ling.* asyndetic. **Asyn·de·ton** [aˈzyndetɔn] *n* ⟨-s; -deta [-ta]⟩ asyndeton.

As·zen|dent [astsɛnˈdɛnt] *m* ⟨-en; -en⟩ **1.** ascendant, ancestor. **2.** *astr.* ascendant. 2**ˈdie·ren** *v/i* ⟨*no* **ge-**, **sein**⟩ ascend. **~siˈon** [-ˈzĭoːn] *f* ⟨-; *no pl*⟩ *astr. relig.* Ascension.

atak·tisch [aˈtaktɪʃ] *adj chem. med.* ataxic.

Ata·ra·xie [ataraˈksiː] *f* ⟨-; *no pl*⟩ *med. philos.* ataraxy.

Ata·vis·mus [ataˈvɪsmʊs] *m* ⟨-; -vismen⟩ *biol.* atavism. **ataˈvi·stisch** [-tɪʃ] *adj* atavistic; **~e Form** throwback, atavism.

Ata·xie [ataˈksiː] *f* ⟨-; -n [-ən]⟩ *med.* ataxia.

Ate·lier [ateˈlĭeː] *n* ⟨-s; -s⟩ *allg.* studio. **~ˌaufˌnah·me** *f* **1.** a) studio shot, b) shooting (a film) in the studio. **2.** studio photo(graph).

Atem [ˈaːtəm] *m* ‹-s; *no pl*› **1.** breath; **außer** ~ breathless, out of breath, winded, panting; **er ist außer** ~ **geraten** he got out of breath; ~ **holen,** ~ **schöpfen** draw (*od.* take) a breath, pause for breath, *colloq.* take a breather, **tief:** take a deep breath; **schwer** ~ **holen** be breathing hard, be panting; *fig.* **das verschlug mir den** ~ that took my breath away; **mir stockte der** ~ my heart stood still; **nach** ~ **ringen** struggle for breath; **den** ~ **anhalten** hold one's breath; *fig.* **da hielt die Welt den** ~ **an** the world held its breath; **mit angehaltenem** ~ with bated breath; **wieder zu** ~ **kommen** a) recover one's breath, b) get one's second wind; *fig.* **lassen Sie mich erst zu** ~ **kommen** give me time to breathe; *fig. colloq.* **j-n in** ~ **halten** keep s. o. on the jump (*od.* on his toes, on the go), (*in Spannung*) keep s. o. in suspense; *fig.* **er hat den längeren** ~ he has more staying power. **2.** (*Atmen*) breathing, respiration; **schwerer** ~ labo(u)ring breathing; **keuchender** ~ wheezing. **3.** *poet.* (*Hauch*) breath, spirit; **der** ~ **des Lebens** the spirit of life. **~ap·pa͵rat** *m med.* respirator, pulmotor. **~be͵klem·mung** *f* shortness of breath, feeling of suffocation. **˜be͵rau·bend** *adj fig.* breathtaking. **~be͵schwer·den** *pl* difficulty *sg* in breathing, dyspn(o)ea *sg.* **~͵ein͵satz** *m,* **~͵fil·ter** *m e-r Gasmaske etc:* filter element. **~ge͵rät** *n* **1.** *med.* respirator (apparatus). **2.** *e-s Tauchers:* respirometer. **3.** *tech.* breathing apparatus. **~ge͵räusch** *n* respiratory sounds *pl,* breath sound. **~gym͵nastik** *f* (~ **treiben** do) breathing exercises *pl.* **~͵höh·le** *f bot.* respiratory cavity. **~͵ho·len** *n* breathing, respiration. **˜los I** *adj* **1.** breathless, out of breath, panting. **2.** *fig.* (*gespannt*) breathless, tense; **in ~er Erregung** in breathless excitement; **~e Stille** dead silence; **in ~er Folge** in rapid succession. **II** *adv* **3.** breathlessly, *fig.* (*gespannt*) *a.* with bated breath. **~lo·sig·keit** *f* ‹-; *no pl*› *med.* shortness of breath, breathlessness. **~͵not** *f* difficulty in breathing, breathlessness, dyspn(o)ea. **~or͵gan** *n meist pl* respiratory organ. **~͵pau·se** *f* breathing space, *colloq.* breather, *fig. a.* reprieve, respite; **e-e** ~ **einlegen (gewähren)** take (give) a breather. **˜͵rau·bend** *adj a. fig.* breathtaking. **~͵rohr** *n,* **~͵röh·re** *f* **1.** breathing (*od.* respiratory) tube. **2.** *zo.* siphon, air-tube. **~͵schlauch** *m* breathing tube (*od.* hose). **~͵schutz·ge͵rät** *n* breathing apparatus. **~͵tech·nik** *f* breathing technique. **~͵übung** *f* breathing exercise. **~͵we·ge** *pl anat.* respiratory tract *sg* (*od.* ducts); **e-e Erkrankung der** ~ a respiratory disease. **~͵zug** *m* breath, respiration; **e-n tiefen** ~ **tun** take a deep breath; **s-n letzten** ~ **tun** breathe one's last; **bis zum letzten** ~ to one's last breath, to the last gasp; *fig.* **im gleichen** ~, **in einem** ~ in one breath; **sich im selben** ~ **widersprechen** contradict o. s. in the same breath.

Äthan [ɛˈtaːn] *n* ‹-s; *no pl*› *chem.* ethane.

Atha·na·sia|ner [atanaˈzĭaːnər] *m* ‹-s; -›, **˜nisch** [-nɪʃ] *adj relig.* Athanasian.

Ätha·nol [ɛtaˈnoːl] *n* ‹-s; *no pl*› → Äthylalkohol.

Athe·is·mus [ateˈɪsmʊs] *m* ‹-; *no pl*› atheism. **Atheˈist** [-ˈɪst] *m* ‹-en; -en›, **Athei·stin** [-ˈɪstɪn] *f* ‹-; -nen› atheist. **athei·stisch** [-ˈɪstɪʃ] *adj* atheistic(al).

Athen [aˈteːn] *npr n* ‹-s; *no pl*› *geogr.* Athens; **Eulen nach** ~ **tragen** carry coals to Newcastle.

Äthen [ɛˈteːn] *n* ‹-s; *no pl*› → Äthylen.

Athe·ne [aˈteːnə] *npr f* ‹-; *no pl*› *myth.* Athena.

Athe·ner [aˈteːnər] *m* ‹-s; -›, **Athe·ne·rin** [aˈteːnərɪn] *f* ‹-; -nen›, **athe·nisch** [aˈteːnɪʃ] *adj* Athenian.

Äther [ˈɛːtər] *m* ‹-s; *no pl*› **1.** *chem.* ether; **mit** ~ **betäuben** narcotize with ether, etherize. **2.** *Funk:* air; **über den** ~ over the air. **3.** *poet.* ether, firmament. **äthe·risch** [ɛˈteːrɪʃ] *adj lit.* ethereal, *chem. phys. a.* etheric, (*flüchtig*) volatile; **~e Öle** essential oils. **äthe·ri·sie·ren** [ɛteriˈziːrən] *v/t* ‹*no* **ge-, h**› *med.* etherize.

ˈ**Äther|͵krieg** *m* radio war. **~͵mas·ke** *f med.* ether mask. **~nar͵ko·se** *f* etherization. **~͵wel·le** *f phys.* ether (*od.* space) wave.

Äthio·pi·er [ɛˈtĭoːpĭər] *m* ‹-s; -›, **Äthio·pie·rin** [ɛˈtĭoːpĭərɪn] *f* ‹-; -nen› Ethiopian. **äthio·pisch** [ɛˈtĭoːpɪʃ] *adj* **1.** Ethiopian, *a.* Abyssinian. **2.** *ling.* Ethiopic.

Ath·let [atˈleːt] *m* ‹-en; -en› athlete. **Athˈle·tik** [-tɪk] *f* ‹-; *no pl*› → **Leicht-, Schwerathletik. Athˈle·ti·ker** [-tikər] *m* ‹-s; -› athletic type. **athˈle·tisch** *adj* athletic.

Äthyl [ɛˈtyːl] *n* ‹-s; *no pl*› *chem.* ethyl. **~͵al·ko·hol** *m* ‹-s; *no pl*› ethyl (*od.* grain) alcohol, ethanol. **~amin** [-ᵓa͵miːn] *n* ‹-s; *no pl*› ethylamine.

Äthy·len [ɛtyˈleːn] *n* ‹-s; *no pl*› *chem.* ethylene.

Ätio·lo·gie [ɛtĭoloˈgiː] *f* ‹-; *no pl*› *bes. med.* (a)etiology.

At·lant [atˈlant] *m* ‹-en; -en› *arch.* atlas.

Atˈlan·tik|-͵Char·ta *f hist.* Atlantic Charter. **~͵pakt** *m pol.* North Atlantic Treaty (Organization), NATO. **~͵wall** *m mil. hist.* Atlantic Line.

atˈlan·tisch *adj* Atlantic; **der ˜e Ozean** the Atlantic (Ocean); **jenseits (diesseits) des ˜en Ozeans** transatlantic (cisatlantic).

At·las[1] [ˈatlas] **I** *npr m* ‹-; *no pl*› **1.** *myth.* Atlas. **II** *m* ‹- *u.* **-ses; Atlanten** [atˈlantən] *u. colloq.* **-se**› **2.** (*Kartenwerk*) atlas. **3.** ‹*only sg*› *anat.* atlas.

ˈ**At·las**[2] *m* ‹- *u.* **-ses; -se**› *Textil.* (*Ketten˜*) satin, (*Schuß˜*) sateen.

ˈ**At·las|for͵mat** *n print.* atlas (folio), large square folio. **~͵holz** *n bot.* satinwood. **~pa͵pier** *n* satin (*od.* glazed) paper. **~-Ra͵ke·te** *f aer.* Atlas rocket.

at·men [ˈaːtmən] **I** *v/i* ‹h› breathe, respire; **schwer** ~ breathe hard, gasp (for breath); **tief** ~ draw a deep breath, breathe deep; *fig.* **jetzt kann ich wieder frei** ~ now I can breathe again. **II** *v/t a. fig. lit.* breathe. **III** ˜ *n* ‹-s› breathing; → *a.* **Atmung.**

At·mo·sphä·re [atmoˈsfɛːrə] *f* ‹-; -n› *allg.* atmosphere; *fig.* **politische (gespannte)** ~ political (tense) atmosphere.

At·moˈsphä·ren͵druck *m tech.* atmospheric pressure.

at·moˈsphä·risch *adj a. fig.* atmospheric(al); **~e Störungen** atmospherics, statics.

ˈ**At·mung** *f* ‹-; *no pl*› breathing, breath, respiration; **künstliche** ~ artificial respiration.

ˈ**at·mungs|ak͵tiv** *adj Material:* naturally breathing. **˜ap·pa͵rat** *m med.* respirator(y apparatus). **˜be͵schwer·den** *pl* → **Atembeschwerden. ˜ge͵rät** *n* → **Atemgerät. ˜or͵gan** *n meist pl* respiratory organ; **Erkrankungen der ~e** respiratory diseases.

Atoll [aˈtɔl] *m* ‹-s; -e› atoll.

Atom [aˈtoːm] *n* ‹-s; -e› *phys., a. philos.* atom; **gebundenes (neutrales)** ~ bound (neutral) atom; **einwertiges (vierwertiges, siebenwertiges)** ~ monad (tetrad, heptad); **in ~e auflösen** (*od.* **zerkleinern**) atomize; **~e spalten** split atoms. **~͵ab͵fall** *m* radioactive (*od.* nuclear) waste. **~͵an͵griff** *m mil.* nuclear attack (*od.* strike). **~͵an͵ord·nung** *f phys.* atomic arrangement, *in Molekülen:* configuration. **~͵an͵trieb** *m tech.* nuclear (*od.* atomic) propulsion; **mit** ~ → **atomgetrieben.**

ato·mar [atoˈmaːr] *adj* atomic (*a. philos.*), nuclear; **~e Strahlen** atomic rays; **~e Waffen** nuclear weapons.

Atom|͵bin·dung [aˈtoːm-] *f phys.* atomic linkage. **~͵bom·be** *f* atom (*od.* atomic, nuclear) bomb, A-bomb. **~͵bom·ben·ex·plo·si͵on** *f* atom-bomb explosion, atomic explosion. **˜͵bom·ben͵si·cher** *adj* nuclear-blastproof. **~͵bom·ber** *m aer. mil.* nuclear bomber. **~͵bun·ker** *m* atomic bomb shelter. **~͵bren·ner** *m* → **Atommeiler. ~ener͵gie** *f phys.* atomic (*od.* nuclear) energy; **freigewordene** ~ atomic yield. **~͵for·scher** *m* nuclear scientist. **~͵for·schung** *f* atomic (*od.* nuclear) research. **~ge͵mein·schaft** *f pol.* Atomic Pool; **Europäische** ~ (*Euratom*) European Atomic Energy Community. **~ge͵setz** *n pol.* Atomic Energy Law. **˜ge͵trie·ben** *adj tech.* nuclear-propelled (*od.* -powered). **~ge͵wicht** *n* atomic weight. **~͵git·ter** *n phys.* atomic lattice. **~͵hül·le** *f phys.* atomic shell.

ato·misch [aˈtoːmɪʃ] *adj phys.* atomic(al).

ato·mi·sie|ren [atomiˈziːrən] *v/t* ‹*no* **ge-, h**› *a. fig.* atomize. **˜rung** *f* ‹-; -en› atomization.

Ato·mis·mus [atoˈmɪsmʊs] *m* ‹-; *no pl*› **1.** *philos. psych.* atomism. **2.** → **Atoˈmi·stik** [-tɪk] *f* ‹-; *no pl*› *phys.* atomistics *pl* (*als sg konstruiert*), atomicity. **atoˈmi·stisch** *adj* atomistic(al).

Atom͵kern [aˈtoːm-] *m* (atomic) nucleus. **~ ...** *in Zssgn* → **Kern...**

Atom|͵klub [aˈtoːm-] *m pol.* nuclear club, (the) nuclear powers *pl.* **~kon͵trol·le** *f* nuclear inspection. **~͵kraft** *f tech.* atomic (*od.* nuclear) power (*od.* energy); **mit** ~ **angetrieben** → **atomgetrieben. ~͵kraft͵werk** *n* atomic (*od.* nuclear) power station. **~͵krieg** *m* **1.** atomic (*od.* nuclear) war. **2.** → **~͵kriegs͵füh·rung** *f* atomic (*od.* nuclear) warfare. **~͵leh·re** *f phys.* atomic theory. **~͵macht** *f pol.* nuclear (power). **~͵mas·se** *f phys.* atomic mass. **~͵mei·ler** *m* (nuclear) reactor, (atomic) pile. **~mo͵dell** *n* atomic model. **~͵mo·tor** *m* atomic engine, nuclear(-propelled) engine. **~͵müll** *m* atomic (*od.* nuclear, radioactive) waste. **~phy͵sik** *f* atomic (*od.* nuclear) physics *pl* (*als sg konstruiert*). **~͵phy·si·ker** *m* nuclear physicist. **~͵pilz** *m* mushroom cloud (*following the explosion of an atomic bomb*). **~ra͵ke·te** *f mil.* nuclear (rocket). **~re͵ak·tor** *m* nuclear reactor. **~͵schutz** *m* → **Strahlenschutz. ~͵spal·tung** *f* atomic fission, atom splitting. **~͵sperr·ver͵trag** *m pol.* Nonproliferation Treaty. **~͵spreng͵kopf** *m* nuclear warhead. **~͵strah·len** *pl phys.* atomic rays. **~͵strah·lung** *f* atomic radiation. **~͵streit͵macht** *f* nuclear power. **~͵tech·nik** *f* atomic science, nuclear technology. **~͵teil·chen** *n* atomic particle. **~theo͵rie** *f* atomic theory. **~͵trieb͵werk** *n* nuclear-powered prime mover. **~-͵U-͵Boot** *n* nuclear(-propelled *od.* -powered) submarine. **~͵uhr** *f* atomic clock. **~ver͵ket·tung** *f* atomic linkage. **˜ver͵seucht** *adj* radioactively contaminated. **~ver͵such** *m* atomic (*od.* nuclear) test. **~ver͵suchs·ge͵län·de** *n* nuclear testing ground. **~ver|suchs·ver|bot** *n* nuclear test ban. **~|waf·fe** *f* atomic (*od.* nuclear) weapon. **≗|waf·fen|frei** *adj Zone*: nuclear-free. **~|waf·fen·ver|such** *m* nuclear weapons (*od.* arms) test. **~|wer·tig·keit** *f phys.* atomic valence. **~|wis·sen·schaft** *f* ⟨-; *no pl*⟩ atomics *pl* (*als sg konstruiert*), nuclear science, nucleonics *pl* (*als sg od. pl konstruiert*). **~|wis·sen·schaft·ler** *m* nuclear (*od.* atomic) scientist. **~|zahl** *f phys.* atomic number, *e-s Moleküls*: number of atoms. **~|zeit|al·ter** *n* nuclear (*od.* atomic) age (*od.* era). **~zer|fall** *m nucl.* atomic disintegration (*od.* decay). **~zer|trüm·me·rung** *f obs. for* Kernreaktion.

ato·nal ['a(ː)tonaːl; ato'naːl] *adj mus.* atonal. **Ato·na·li·tät** [atonali'tɛːt] *f* ⟨-; *no pl*⟩ atonality.

ato·xisch ['a(ː)tɔksɪʃ; a'tɔksɪʃ] *adj med.* non(-)toxic.

Atri·um ['aːtrium] *n* ⟨-s; Atrien⟩ *arch. antiq.* atrium (*a. anat.*). **~|haus** *n* atrium(-type) house.

Atro·phie [atro'fiː] *f* ⟨-; -n [-ən]⟩ *med.* atrophy. **atro·phisch** [a'troːfɪʃ] *adj* atrophic.

ätsch [ɛːtʃ] *interj colloq.* see!, so there!, pah!, *überraschend*: surprise, surprise!, (*geschieht dir recht*) serves you right!

At·ta·ché [ata'ʃeː] *m* ⟨-s; -s⟩ *mil. pol.* attaché.

At·tacke (*getr.* -k·k-) [a'takə] *f* ⟨-; -n⟩ **1.** *mil.* a) attack, charge, b) cavalry charge; **zur ~ blasen** sound the attack; **e-e ~ reiten (gegen)** → attackieren. **2.** *med.* attack, fit. **at·tackie·ren** (*getr.* -k·k-) [ata'kiːrən] *v/t u. v/i* ⟨*no* ge-, h⟩ **1.** *mil.* a) attack, charge, b) make a cavalry charge (on). **2.** *fig.* launch an attack (on), attack *s. o.*

At·ten·tat [atɛn'taːt] *n* ⟨-(e)s; -e⟩ attempt(ed assassination), attempt on s. o.'s life; **ein ~ an j-m** (*od.* **auf j-n**) **begehen** (*od.* **verüben**) make an attempt on s. o.'s life, (attempt to) assassinate s. o.; **e-m ~ zum Opfer fallen** be assassinated; *fig. humor.* **ich habe ein ~ auf dich vor** I have designs on you. **At·ten'tä·ter** *m* ⟨-s; -⟩ assassin, *fig. humor.* perpetrator, criminal.

At·test [a'tɛst] *n* ⟨-es; -e⟩ certificate; **ein ~ ausstellen** issue (*od.* write) a certificate; **sich** (*dat*) **ein ~ ausstellen lassen** obtain a certificate; → **ärztlich. at·te'stie·ren** [-'tiːrən] *v/t* ⟨*no* ge-, h⟩ (*bescheinigen*) attest, certify.

At·ti·ka ['atika] *f* ⟨-; -tiken⟩ *arch.* attic.

At·ti·zis·mus [ati'tsɪsmʊs] *m* ⟨-; *no pl*⟩ *arch. ling.* Atticism, atticism.

At·trak|ti·on [atrak'tsïoːn] *f* ⟨-; -en⟩ *allg., a. ling. phys.* attraction, *besonders zugkräftige*: crowd puller. **≗'tiv** [-'tiːf] *adj* attractive.

At·trap·pe [a'trapə] *f* ⟨-; -n⟩ *allg., a. mil.* dummy, *econ.* (*Schaupackung*) *a.* display package, *tech. a.* mock-up; *fig.* **das ist alles nur ~** that's all eyewash.

At·tri·but [atri'buːt] *n* ⟨-(e)s; -e⟩ *allg.* attribute, *ling. a.* (attributive) adjunct (*od.* modifier), (*Wesensmerkmal*) *a.* essential, characteristic. **at·tri·bu'tiv** [-bu'tiːf] *adj ling.* attributive; **~es Adjektiv** *a.* adnoun. **At·tri'but|satz** *m ling.* attributive clause.

atü [a'tyː] *short for* Atmosphärenüberdruck.

aty·pisch ['a(ː)tyːpɪʃ; a'tyːpɪʃ] *adj* atypical.

'Ätz|al|ka·li *n chem.* caustic alkali. **~|bad** *n print.* etching bath. **~|druck** *m* **1.** *print.* etching (done with caustic). **2.** *Textil.* discharge printing.

at·zen ['atsən] *v/t* ⟨h⟩ feed.

ät·zen ['ɛtsən] **I** *v/t* ⟨h⟩ **1.** *chem. tech.* corrode, eat into. **2.** *metall. print.* etch. **3.** *Textil.* discharge. **4.** *med.* cauterize. **II** *v/i* **5.** *chem. tech.* be (*od.* act as a) corrosive. **III** ≗ *n* ⟨-s⟩ → Ätzung. **'ät·zend** *adj* **1.** *chem. tech.* corrosive, caustic, mordant. **2.** *fig. Kritik etc*: biting, caustic, mordant, vitriolic. **3.** *med.* pyrotic. **4.** (*a.* **~er Kampfstoff**) vesicant. **'Ät·zer** *m* ⟨-s; -⟩ etcher, aquafortist.

'Ätz|grund *m print.* etching ground. **~|ka·li** *n chem.* caustic potash, potassium hydroxide. **~|kalk** *m* caustic lime; **gebrannter ~** quicklime; **gelöschter ~** slaked (*od.* slack) lime. **~|kraft** *f* corrosive power, causticity. **~|kunst** *f* (art of) etching. **~|lau·ge** *f* **1.** *chem.* caustic (*od.* alkali) lye. **2.** *print.* etching lye. **3.** *Gerberei*: bate. **~|mit·tel** *n* **1.** *tech.* corrosive, caustic. **2.** *Textil.* discharging agent. **3.** *med.* cauterizing agent, caustic. **~|na·del** *f print.* etching needle, point(er). **~|na·tron** *n chem.* caustic soda, sodium hydroxide. **~|stift** *m* **1.** *print.* stick of caustic. **2.** *med.* cautery stick, (*Höllenstein*) silver-nitrate stick, stick of silver. **~|stoff** *m* → Ätzmittel.

'At·zung *f* ⟨-; -en⟩ **1.** feeding. **2.** feed (for young birds).

'Ät·zung *f* ⟨-; -en⟩ **1.** corroding (*etc*; → ätzen I). **2.** *chem. tech.* corrosion. **3.** *med.* cauterization. **4.** *Textil.* discharge. **5.** *print.* etching.

'Ätz|ver|fah·ren *n* **1.** *chem.* caustic process. **2.** *Textil.* discharging method. **~|was·ser** *n* aquafortis, nitric acid. **~|wir·kung** *f* **1.** *chem.* corrosive action. **2.** *Textil.* discharge effect. **~|zeich·nung** *f* etched copperplate.

au [aʊ] *interj colloq. bei Schmerz etc*: ouch!, *erfreut etc*: oh!; **~ fein!** oh, good!

Au *f* ⟨-; -en⟩ *dial. for* Aue.

Au·ber·gi·ne [obɛr'ʒiːnə] *f* ⟨-; -n⟩ *bot.* aubergine, eggplant.

auch [aʊx] *conj* **1.** (*gleichfalls, ebenso*) also, too, as well; **das kann Ihnen ~ passieren** this may happen to you too (*od.* as well); *colloq.* **er war ~ so einer** he was another (one of those); **ich habe Hunger – ich ~!** I am hungry – so am I (*colloq.* me too); **ich glaube es – ich ~!** I believe it – so do I (*colloq.* me too); **sie hat ihn gesehen – wir ~!** she has seen him – so have we; **da können wir ~ (genausogut) daheim bleiben** we may just as well stay at home; **~ nur** only; **er ist nicht nur gütig, sondern ~ klug** he is not only kind but also wise; **~ nicht** not … either, neither; **das wird ihm ~ nichts nützen** that won't help him either; **ich kann ~ nicht** nor can I; **er hat kein Geld – wir ~ nicht** he has no money – nor have we. **2.** (*selbst, sogar*) even; **~ die kleinste Menge** even the smallest quantity; **ich hatte ~ noch die Kosten zu zahlen** I had to pay the costs too (*od.* into the bargain); **ohne ~ nur zu fragen** without so much as asking. **3.** *zugestehend*: **wenn ~** even if (*od.* though), although; **wenn er ~ noch so groß ist, wie groß er ~ ist** (*od.* **sein mag**) however tall he may be, be he ever so tall; **wenn sie ~ tanzen kann** even if she can dance; **so sehr ich es ~ bedaure** however much I regret it; **wenn er ~ studiert hat** though he has (*od.* may have) studied. **4.** *verallgemeinernd*: **wann ~ (immer)** whenever; **was ~ (immer)** whatever; **wer ~ (immer)** whoever; **wo ~ (immer)** wherever; **wie ~ (immer)** however; **was er ~ (immer) sagen mag** whatever he may say; **wer es ~ (immer) sei** whoever it may be, no matter who it is; **auf welche Art ~ immer** in whatever way; **so schwierig es ~ sein mag** difficult as it may be; **so oft er ~ kommen mag** however often he may come. **5.** *verstärkend*: indeed, really; **das ist ~ wahr** a) that's really true, b) that's true enough; **ist es ~ wahr?** is it really true?; **so ist es ~!** so it is; **so schlimm ist es (er) ~ wieder nicht** it (he) isn't all that bad; **haben Sie ihn ~ (wirklich) gesehen?** are you sure you saw him?; **wirst du es ~ tun?** are you really going to do it?; **nun lies das Buch aber ~!** now mind you read the book! **6.** *in Wunsch- u. Fragesätzen*: **kann ich ~ auf ihn bauen?** can I (really) rely (up)on him?; **wozu (denn) ~?** what for?, what's the use (*od.* good, point) of it?; **wirst du es ~ tun?** are you really going to do it? **7.** *iro.* **du kommst ~ wirklich gelegen!** a nice time for you to come, indeed; **es wäre ~ an der Zeit** it is about time; **das fehlte ~ noch!** that's all I (*od.* we) needed!; **hier herrscht ~ gar k-e Übereinstimmung** there is absolutely no agreement here.

Au·di·enz [aʊ'dïɛnts] *f* ⟨-; -en⟩ audience (**bei** with); **um e-e ~ bitten** (*od.* **nachsuchen**) request (*od.* seek) an audience; **in ~ empfangen werden** be received in audience; **j-m e-e ~ gewähren** grant (*od.* give) s. o. an audience; **~ halten** hold an audience. **~|saal** *m*, **~|zim·mer** *n* audience chamber (*od.* room), presence chamber.

Au·di·max ['audimaks] *n* ⟨-; *no pl*⟩ *colloq. for* Auditorium maximum.

Au·dio·me·ter [audïo'meːtər] *n* ⟨-s; -⟩ *med.* audiometer. **Au·dio·me'trie** [-me'triː] *f* ⟨-; *no pl*⟩ audiometry.

'Au·di·on·emp|fän·ger ['audïɔn-] *m electr.* audion receiver.

au·dio·vi·su·ell [audïovi'zŭɛl] *adj* **~e Unterrichtsmittel** *pl* audiovisual aids.

Au·di·to·ri·um [audi'toːrïʊm] *n* ⟨-s; -rien⟩ **1.** *univ.* (**~ maximum** main) lecture hall. **2.** (*Zuhörerschaft*) audience.

Aue ['aʊə] *f* ⟨-; -n⟩ meadow(land), *poet.* mead, lea.

'Au·er|bach|sprung ['aʊər|bax-] *m Wasserspringen*: full gainer.

'Au·er||hahn ['aʊər-] *m* ⟨-(e)s; ¨-e *u. hunt.* -en⟩ *orn.* capercaillie, wood grouse. **~|hen·ne** *f* hen capercaillie. **~|ochs** *m* aurochs.

auf [aʊf] **I** *prep* ⟨*dat*⟩ **1.** *räumlich*: a) on, b) in; **oben ~** on top of; **~ dem Stuhl** on the chair; **~ e-m Berg** on (top of) a hill; **~ der rechten Seite** on the right side; **~ Seite 20** on page 20; **~ s-r Seite** at (*od.* by) his side, *fig.* on his side; **~ den Knien** on one's knees; **~ der Straße** in (*bes. Am.* on) the street, (*Landstraße*) on the road; **~ der Welt** in the world, on the earth; **~ deutschem Boden** on German soil (*od.* territory); **~ Zypern** on (*od.* in) Cyprus; **~ den Bahamas** in the Bahamas; **~ der „United States" reisen** travel in the "United States"; **~ See** at sea; **~ offener See** on the high seas; **~ dem Lande** in the country; **er ist ~ s-m Zimmer** he is in his room; **~ dem Felde arbeiten** work in the field; **~ der Geige** *etc* **spielen** play the violin, *etc*, **et.**: play s. th. on the violin; **~ einem Auge blind** blind in one eye; **~ einem Ohr taub** deaf in one ear. **2.** (*Aufenthalt*) at; **~ dem Bahnhof (der Post, der Universität, der Ausstellung)** at the station (post office, university, exhibition); **er ist noch ~ der Grundschule** he is still at (the) elementary school. **3.** (*bei*) at, (*während*) during, in the course of, on; **~ der Konferenz** at the conference; **~ s-r Reise** during (*od.* on) his journey; **~ dem Ball** at the ball; **~ e-m Spaziergang** on a walk; ~ **Urlaub** on vacation, *bes. Br.* on holiday. **4.** by; ~ **welchem Wege kommt er?** by which route is he coming?; ~ **dem Wege über** (*acc*) via; ~ **dem Luftweg** by air. **5.** *fig.* **das hat nichts ~ sich** it is nothing, it doesn't matter, this is of no significance, there is nothing in it; **was hat es damit ~ sich?** what does it mean? **II** *prep* <*acc*> **6.** *räumlich*: a) (down) on, onto, b) into; **ich setzte mich ~ den Stuhl** I sat down on the chair; **leg es ~ den Tisch!** put it on the table!; **er hob das Paket ~ den Tisch** he lifted the parcel onto the table; **ein Bild ~ die Leinwand werfen** project a picture onto the screen; **er ging ~ die Straße** he went (out) into the street. **7.** (*hin~*) up; ~ **e-n Baum klettern** climb up a tree. **8.** (*Richtung*) toward(s), in the direction of, on to; **er kam ~ mich zu** he came toward(s) (*od.* up to) me; **der Balkon geht ~ die Straße** the balcony looks on to the street. **9.** (*zu, nach*) a) to, b) for; ~ **die Post gehen** go to the post office; **j-n ~ das Gericht schicken** send s. o. to court; ~ **das Land ziehen** move (in)to the country; ~ **das Gymnasium gehen** go to (the) secondary school; ~ **Besuch kommen** come for a visit; ~ **die Jagd gehen** go hunting; ~ **Reisen gehen** (**sein**) go (be) travel(l)ing, go (be) on a journey. **10.** a) *Zeitspanne od. Zeitpunkt*: for, b) *Aufeinanderfolge*: after, c) *zeitliche Wende*: to, d) (*bis*) until; ~ **ein paar Tage** for a few days; ~ **Jahre hinaus** for years (to come); ~ **e-e bestimmte Zeit** for a certain (*od.* given) time (*od.* period); ~ **Zeit** temporarily, for a limited time; ~ **vier Jahre gewählt** elected for (a term of) four years; ~ **immer** for ever (and ever); **der Termin ist ~ (den) 1. Dezember festgesetzt** the date is fixed for December 1st; *colloq.* **er geht ~ die dreißig zu** he's getting (*od.* going) on for thirty; **es geht ~ 9 (Uhr)** it's getting on for nine; **den Wecker ~ 6 (Uhr) stellen** set the alarm for six (o'clock); **Stunde ~ Stunde** hour after hour; *fig.* **Angriff ~ Angriff** attack after (*od.* upon) attack; **in der Nacht vom 24. ~ 25. Dezember** (in) the night from December 24th to 25th; **bis ~ den heutigen Tag** (up) till today; ~ **morgen!** see you tomorrow!; ~ **ein Glas Wein** for a glass of wine. **11.** (*Art und Weise*) a) in, b) at; ~ **diese Weise** (in) this way; ~ **e-e andere Weise** in a different way, differently; ~ **angenehme Weise** pleasantly; ~ **deutsch** in German; ~ **s-e Kosten** at his expense; *colloq.* ~ **intellektuell machen** play the intellectual; ~ **das** *beste, schönste etc* → **aufs. 12.** (*Folge*) a) on, b) by, c) at; ~ **et. hin** (*kraft*) on the strength of s. th., *als Antwort od. Reaktion*: in answer to s. th., *als Folge*: as a result of s. th., following s. th.; ~ **s-n Rat (hin)** on his advice; ~ **Ihren Antrag (hin)** in answer to your application; ~ **vielfachen Wunsch** by popular request; ~ **s-n Befehl** by (*od.* at, on) his order; ~ **m-e Bitte (m-n Vorschlag)** at my request (suggestion); ~ **s-e Veranlassung** at his instance, on his initiative. **13.** *bei Mengen- und Zahlenangaben*: **die Produktion von 80 ~ 100 Tonnen erhöhen** increase the production from 80 to a hundred tons; **drei Eier ~ ein Pfund Mehl** three eggs (go) to a pound of flour; **es kam ein Laib Brot ~ jeden** there was one loaf of bread (for) each; **ein Abgeordneter ~ 1000 Einwohner** one delegate for (*od.* to) each 1,000 inhabitants; ~ **den Zentimeter (die Sekunde) (genau)** to the centimetre (second); ~ **hundert Meter** *hören, sehen etc*: at (*od.* from) a hundred metres, *herankommen etc*: as close as 100 metres; **das Barometer steht ~ „schön"** the barometer is at "fair". **14.** *in Verbindung mit bestimmten Substantiven und Adjektiven*: **Rücksicht ~ j-n nehmen** show consideration toward(s) s. o.; *fig.* **et. ~ sich nehmen** take s. th. upon o. s.; **et. ~ Fehler untersuchen** check s. th. for mistakes; **stolz (eifersüchtig) ~ j-n sein** be proud (jealous) of s. o.; *colloq.* **das Bier geht ~ mich** the beer is on me; ~ **Ihr Wohl!, ~ Ihre Gesundheit!** (your) good health!, here's to you!; ~ **guten Erfolg!** here's to a great success! **III** *adv* **15.** *colloq.* (*offen*) open; **Augen ~!** keep your eyes open!, look (*od.* watch) out!; **Helm ~!** helmet(s) on!; **hast du die Schachtel ~?** have you got the box open?; ~ **- zu** (*Bedienungsanleitung*) open - closed; → **aufhaben, aufsein, aufsteigen. 16.** (*wach*) awake, (*auf den Beinen*) up (and doing), astir, *Kranker*: out of bed, up; **ich war die ganze Nacht ~** I was up all night. **17.** ~ **und ab**, *a.* ~ **und nieder** up and down; ~ **und ab gehen** walk up and down; **er rannte die Treppen ~ und ab** he rushed up and down the stairs. **18.** *colloq.* ~ **und davon** off and away; **sich ~ und davon machen** make (*od.* be) off; ~ **und davon gehen** run away (*od.* off); **er war schon ~ und davon** he had already gone. **19. von … ~** from … onward(s); **von klein** (*od.* **Kind**) ~ from a child; **von Jugend ~** from one's youth. **20.** *poet.* up to(ward[s]); **zum Himmel ~** up to the sky, heavenward(s). **IV** *interj* **21.** ~! a) (get) up!, b) hurry up!, let's go!, *colloq.* get a move on!, c) come on!, *anfeuernd*: *a.* go it!; ~, **laßt uns gehen!** (come on,) let's go!; ~, **an die Arbeit!** let's get to work!; *colloq.* ~ **geht's!** let's go!, let's get cracking!; ~ **ihn!** get him!, at him! **V** *mit conj* **22.** *obs.* ~ **daß** (in order) that; ~ **daß es nie geschehe** lest it should ever happen. **VI 2, das** <*undeclined*> **23. das 2 und Ab**, *a.* **das 2 und Nieder** the up and down; *fig.* **das 2 und Ab des Lebens** the ups and downs *pl* of life; **das 2 und Ab der Preise** the rise and fall of prices.

'**auf,äch·zen** *v/i* <*sep*, **-ge-**, **h**> (give a) groan.

'**auf,ar·bei·ten I** *v/t* <*sep*, **-ge-**, **h**> **1.** (*Unerledigtes, Rückstände*) clear (*od.* work, *colloq.* polish) off; **ich muß noch viel ~** I have got lots of work to catch up with. **2.** (*Material etc*) use up, work up. **3.** (*Kleider, Polster etc*) do up, (*Möbel*) refurbish, furbish up. **4.** *fig. geistig, kritisch etc*: deal with, assess, (*verarbeiten*) digest. **II** *v/reflex* **sich ~ 5.** *colloq.* struggle to one's gut. **III 2** *n* <**-s**> **6.** →

'**Auf,ar·bei·tung** *f* <**-**; *no pl*> working off (*etc*).

'**auf,at·men I** *v/i* <*sep*, **-ge-**, **h**> draw a deep breath; (**befreit** *od.* **erleichtert**) ~ heave a sigh of relief, *fig.* breathe freely; *fig.* **jetzt kann ich endlich wieder ~** now I can breathe again. **II 2** *n* <**-s**> *fig.* sigh of relief. **~d** *adv* with a sigh of relief.

'**auf,backen** (*getr.* **-k·k-**) *v/t* <*irr, sep*, **-ge-**, **h**> (*alte Brötchen etc*) warm up.

'**auf,bah|ren** [-,ba:rən] *v/t* <*sep*, **-ge-**, **h**> **1.** (*Toten*) (**feierlich**) ~ lay *s. o.* out (in state); **feierlich aufgebahrt sein** lie in state. **2.** (*Sarg*) put (*a coffin*) on the bier, place (*a coffin*) (in the church, *etc*). **2rung** *f* <**-**; **-en**> laying out; **feierliche ~** lying in state. **2rungs,hal·le** *f* mortuary, *Am.* funeral parlor.

'**Auf,bau** *m* <**-(e)s**; *no pl*> **1.** (*Aufbauen*) building, erection, construction, *e-s Gerüsts etc*: *a.* putting up, (*Montage*) assembly, mounting, *fig.* building up, build-up (*a. e-s Boxers etc*), *e-s Unternehmens etc*: *a.* organizing, organization, setting up, (*Entwicklung*) development; **im ~ (begriffen)** in the process of organization, in the initial stages; → *a.* **Aufbauspiel, Wiederaufbau. 2.** *fig.* (*Gefüge, Gliederung*) structure (*a. chem. etc, a. e-s Dramas etc*), organization, system, set-up, (*Zs.-setzung*) composition (*a. e-s Kunstwerks*), constitution, makeup; **der ~ der Gesellschaft** the social structure. **3.** <**-(e)s**; **-ten**> (*Stockwerk etc, a. mar.*) superstructure; → *a.* **Aufbauten. 4.** *mot.* (car) body. **5.** *Computer*: format. **~,ar·beit** *f* reconstruction work; **soziale ~** social improvement.

'**auf,bau·en I** *v/t* <*sep*, **-ge-**, **h**> **1.** build, erect, construct; *a. fig.* **wieder ~** build up again, rebuild, reconstruct. **2.** (*errichten*) set up, put up, erect, (*Zelt*) pitch, *thea.* (*Bühne*) set, *tech.* assemble, mount, (*Gerät, Kamera etc*) set up. **3.** (*Geschenke, kaltes Büffet etc*) arrange, set out. **4.** *chem. biol.* synthesize, *med. physiol.* build up. **5.** *fig.* (*schaffen*) build (od. set) up, organize, (*entwickeln*) develop, (*Drama etc*) construct; **sich e-e Existenz ~** build o. s. an existence. **6.** *fig.* (*e-n Boxer, Politiker etc*) build up, *Sport*: (*Angriff*) *a.* develop. **7.** *fig.* **et. ~ auf** (*dat*) (*Theorie, Anklage etc*) base (*od.* found, build) s. th. on. **II** *v/i* **8.** *fig.* ~ **auf** (*dat*) *Theorie etc*: be based (*od.* founded) on; **auf diesen Tatsachen können wir ~** we can carry on on the basis of these facts. **III** *v/reflex* **sich ~ 9.** *colloq.* **sich ~ vor** (*dat*) plant o. s. (*in e-r Linie*: line up) in front of *s. o., s. th.* **10.** *fig. Theorie etc*: be based (*od.* founded, built up) (**auf** *dat* on). **11.** (*sich zs.-setzen*) be composed (**aus** of). **~d** *adj* **1.** *a. fig.* constructive. **2.** *pharm.* restorative, (*Stoffwechsel ~*) anabolic.

'**Auf,bau|gym,na·si·um** *n* → **Aufbauschule. ~,hel·fer** *m DDR pol. s. o. who contributes to the (Socialist) reconstruction.* **~,kost** *f* restorative food. **~kre,dit** *m econ.* reconstruction (*od.* rehabilitation) loan. **~,lehr,gang** *m ped.* continuation (*od.* extension) course.

'**auf,bau·men** *v/i* <*sep*, **-ge-**, **sein**> **1.** *Federwild*: perch (*od.* settle) on a tree. **2.** *Raubtiere*: (seek refuge up a) tree.

'**auf,bäu·men I** *v/reflex* <*sep*, **-ge-**, **h**> **sich ~** *bes. Pferd*: rear (up), *weitS.* rise (abruptly *od.* convulsively), *Person*: be convulsed (**vor Schmerz** with pain), *im Kampf*: struggle up, *fig.* make a (last) desperate effort (*od.* a last ditch stand); *fig.* **sich gegen et. ~** rebel against s. th. **II** *v/t Weberei*: (*Kettfäden*) beam, wind up.

'**Auf,bau|,mit·tel** *n pharm.* roborans. **~,mö·bel** *pl* unit assembly furniture *sg.* **~pro,zeß** *m* **1.** *chem.* synthetic process, synthesis. **2.** *biol.* anabolic process.

'**auf,bau·schen** *v/t* <*sep*, **-ge-**, **h**> **1.** (*a.* **sich ~**) (*Segel etc*) swell (*od.* fill) (out), balloon, (*Kleid, Rock*) flare. **2.** *fig. contp.* (*übertreiben*) exaggerate, magnify, *colloq.* play up.

'**Auf,bau|,schu·le** *f* secondary school based on six or seven years of primary school education. **~,spiel** *n Sport*: build-up, *weitS.* constructive play. **~,spie·ler** *m* lead-up man, constructive (midfield) player.

'**Auf,bau·ten** *pl* **1.** *mar.* superstructures. **2.** *Film*: set *sg.*

'**auf·be,geh·ren I** *v/i* <*sep, no* **-ge-**, **h**> **1.** (**gegen** against) protest, *stärker*: rebel, revolt, *colloq.* kick. **2.** (*zornig* *werden*) flare (*od.* bristle) up, start up in anger. **II** 2 *n* ⟨-s⟩ **3.** protest, clamo(u)r, rebellion.

ˈauf·beˌhal·ten *v/t* ⟨*irr, sep, no* -ge-, h⟩ *colloq.* **den Hut** ~ keep one's hat on; **die Augen** ~ keep one's eyes open.

ˈaufˌbei·ßen *v/t* ⟨*irr, sep,* -ge-, h⟩ bite *s. th.* open with one's teeth; **Nüsse** ~ crack nuts (with one's teeth).

ˈauf·beˌkom·men *v/t* ⟨*irr, sep, no* -ge-, h⟩ *colloq.* **1.** (*Tür, Schachtel, Schloß*) get *s. th.* open, (*Knoten etc*) (manage to) undo (*od.* loosen). **2.** (*Hausaufgaben*) be given *s. th.* (to do); **was habt ihr für morgen** ~? what is your homework for tomorrow? **3.** (*aufessen können*) eat up, manage, finish.

ˈauf·beˌrei|ten *v/t* ⟨*sep, no* -ge-, h⟩ **1.** prepare, (*Kohle, Trinkwasser*) process, clean, (*Altöl*) recondition, (*Werkzeuge*) redress, (*Erz, Häute*) dress, (*Nahrungsmittel*) process. **2.** *fig.* (*Text etc*) edit (*a. Computer*), work up, prepare, *colloq.* revamp, (*Statistik etc*) process, (*bearbeiten*) adapt (*for the stage, etc*). **2tung** *f* ⟨-; -en⟩ **1.** preparing, processing (*etc*), preparation. **2.** *metall.* dressing, concentration. **2tungsˌanˌla·ge** *f tech.* processing plant.

ˈaufˌbes|sern *v/t* ⟨*sep,* -ge-, h⟩ **1.** (*Gehalt, Rente etc*) raise, increase; **das Gehalt der Beamten ist aufgebessert worden,** *colloq.* **die Beamten sind aufgebessert worden** the salaries of the officials have been raised. **2.** (*Verpflegung etc*) improve. **3.** *colloq.* (*Kenntnisse etc*) brush (*od.* polish) up. **4.** *econ.* (*Kurse*) improve. **2se·rung** *f* ⟨-; -en⟩ **1.** raising (*etc*). **2.** (*Gehalts2 etc*) increase, rise, *Am.* raise. **3.** *econ. der Kurse*: improvement.

ˈauf·beˌwah|ren *v/t* ⟨*sep, no* -ge-, h⟩ **1.** (*aufheben*) keep, *für später*: *a.* save (up), preserve, (*Vorräte*) *a.* store; **et. für j-n** ~ keep s. th. for s. o.; **bitte kühl** ~! please store in a cool place! **2.** (*Dokumente etc*) preserve, file, keep *s. th.* in a safe place, (*Akten*) *a.* keep *s. th.* on file. **3.** (**sich** *dat*) **et.** ~ **lassen** (*Gepäck*) deposit, *Am.* check, (*Wertsachen auf e-r Bank*) deposit. **2rer** *m* ⟨-s; -⟩ keeper, preserver, custodian, *jur.* bailee. **2rung** *f* ⟨-; *no pl*⟩ **1.** keeping (*etc*), preservation, *von Vorräten, Gütern*: storage, storing; (**sichere**) ~ safekeeping, safe custody, *bei e-r Bank*: safe deposit; **j-m et. zur** ~ **anvertrauen** (*od.* **geben**) leave s. th. in s. o.'s custody, entrust s. o. with the care of s. th., deposit (*documents, etc*) with s. o. **2.** → **Gepäckaufbewahrung.**

ˈAuf·beˌwah·rungs|geˌbühr *f für Gepäck etc*: cloakroom (*Am.* checkroom) fee, *rail. für Güter*: storage fee; *der Bank*: safe-deposit charges *pl.* **~ˌort** *m* depository, (*Lagergebäude etc*) store(house), depot. **~ˌpflicht** *f für Geschäftspapiere*: obligation to preserve business records (for ten years). **~ˌraum** *m* storage room, store(room), *für Gepäck*: left-luggage room, cloakroom, *Am.* checkroom. **~ˌschein** *m für Gepäck*: left-luggage receipt (*od.* ticket), *Am.* (baggage) check, *e-r Bank etc*: deposit receipt.

ˈaufˌbie·gen I *v/t* ⟨*irr, sep,* -ge-, h⟩ **1.** bend *s. th.* open. **2.** bend *s. th.* up(wards). **II** *v/reflex* **3. sich** ~ bend (up), *am Rand*: curl (up).

ˈaufˌbie|ten *v/t* ⟨*irr, sep,* -ge-, h⟩ **1.** (*Kräfte, Mittel, Mut etc*) muster, summon (up), mobilize; **alle s-e Kräfte** (*od.* **alles**) ~ *a.* make every possible effort, do one's utmost, move heaven and earth. **2.** (*Autorität, Einfluß etc*) bring *s. th.* to bear, exert, use. **3.** (*Militär, Polizei etc*) mobilize, call out (*troops, etc*). **4.** *lit.* (*aufrufen*) summon, call up, appeal to. **5.** (*Brautpaar*) publish (*in der Kirche*: call) the banns of. **2tung** *f* ⟨-; *no pl*⟩ **1.** mustering (*etc*); **unter** (*od.* **mit, bei**) ~ **aller Kräfte** by summoning up all one's strength, by (a) supreme effort, with all one's might. **2.** *von Autorität, Einfluß etc*: exertion, use. **3.** *lit.* (*Aufruf*) summons, appeal.

ˈaufˌbin·den *v/t* ⟨*irr, sep,* -ge-, h⟩ **1.** (*Knoten, Schleife etc*) undo, unfasten, untie, loosen. **2.** (*hochbinden*) truss (*od.* bind) up, (*Haar etc*) put (*od.* tie) up, (*Schürze*) tuck up. **3.** (*festbinden*) tie *s. th.* on (**auf** *acc* to). **4.** *fig. colloq.* **j-m et.** ~ take s. o. in (*od.* for a ride), hoax s. o.; **sich** (*dat*) **et.** ~ **lassen** allow o. s. to be taken in, swallow s. th.; **man kann ihm alles** ~ he is easily taken in; → **Bär** 1. **5.** *print.* bind.

ˈaufˌblä·hen I *v/t* ⟨*sep,* -ge-, h⟩ **1.** puff (*od.* blow) up (*od.* out), swell, (*Segel*) *a.* fill (*od.* belly) (out), *med.* distend, inflate. **2.** *fig.* blow up, overexpand, (*Währung, Preise*) inflate. **II** *v/reflex* **sich** ~ **3.** *Segel etc*: *cf.* 1. **4.** *Frosch*: puff (itself) up. **5.** *med.* become inflated (*od.* distended, flatulent). **6.** → **aufblasen** 5. **2hung** *f* ⟨-; -en⟩ **1.** puffing up (*etc*). **2.** *fig.* blowing up, overexpansion, *a. med.* distension, *econ. med.* inflation.

ˈaufˌblas·bar *adj* inflatable. **ˈaufˌbla·sen I** *v/t* ⟨*irr, sep,* -ge-, h⟩ **1.** (*Ballon, Ball etc*) blow up, inflate; **sich** ~ **lassen** blow up. **2.** (*Wangen etc*) puff up (*od.* out). **3.** (*öffnen*) blow (*the door, etc*) open. **II** *v/reflex* **sich** ~ **4.** *Frosch etc*: puff (itself) up. **5.** *fig. contp.* puff o. s. up, preen o. s., give o. s. airs; → **aufgeblasen.**

ˈaufˌblät·tern *v/t* ⟨*sep,* -ge-, h⟩ (*Buch etc*) open (up).

ˈaufˌblei·ben *v/i* ⟨*irr, sep,* -ge-, sein⟩ **1.** *Tür etc*: remain (*od.* be left) open. **2.** (*nicht zu Bett gehen*) stay (*od.* sit) up; **lange** ~ be (*od.* sit, stay) up late, *immer*: keep late hours.

ˈAufˌblen·de *f Film*: fade-up. **ˈaufˌblen·den I** *v/i* ⟨*sep,* -ge-, h⟩ **1.** *mot.* turn the headlights up, *Am.* turn on the main beam. **2.** *phot.* open the diaphragm (*od.* aperture). **3.** *Film*: a) *zur Aufnahme*: fade up, b) (*Szene*) fade in; **bitte** ~! fade up! **II** *v/t* **4.** *mot.* (*Scheinwerfer*) turn on (*cf.* 1). **5.** (*Filmszene*) fade in.

ˈaufˌblicken (*getr.* -k·k-) *v/i* ⟨*sep,* -ge-, h⟩ **1.** (**zu** at, to) look (*od.* glance) up, raise one's eyes; **er blickte nicht von s-m Buch auf** he did not take his eyes off his book. **2.** *fig.* (**bewundernd**) **zu j-m** ~ look up to s. o. (with admiration).

ˈaufˌblin·ken *v/i* ⟨*sep,* -ge-, h⟩ blink, flash.

ˈaufˌblit·zen *v/i* ⟨*sep,* -ge-, sein *u.* h⟩ **1.** *Licht etc*: flash (up). **2.** *fig. Gedanken etc*: flash (**in j-m** upon s. o. *od.* through s. o.'s mind); **et.** ~ **lassen** flash s. th. (on); **er ließ sein Können** ~, **sein Können blitzte auf** his ability (*etc*) showed (up) in flashes.

ˈaufˌblü·hen *v/i* ⟨*sep,* -ge-, sein⟩ **1.** burst into blossom (*od.* bloom), come into flower, open. **2.** *fig. Mädchen etc*: blossom (out); (**wieder**) ~ (*aufleben*) revive, be revived. **3.** *fig. Kultur, Stadt, Wirtschaft etc*: (begin to) flourish (*od.* thrive, prosper); **wieder** ~ revive, be filled with new life. **~d** *adj* **1.** *bot.* (ef)florescent. **2.** *fig.* flourishing, thriving, prospering (*industry, etc*); **e-e ~e Schönheit** a budding beauty.

ˈaufˌbocken (*getr.* -k·k-) *v/t* ⟨*sep,* -ge-, h⟩ (*Auto etc*) jack up.

ˈaufˌboh·ren *v/t* ⟨*sep,* -ge-, h⟩ **1.** *tech.* bore open, (*nachbohren*) rebore. **2.** (*Zahn*) drill, (*Knochen*) trepan.

ˈaufˌbran·den *v/i* ⟨*sep,* -ge-, sein⟩ *Wellen, fig. Beifall etc*: surge.

ˈaufˌbras·sen *v/t* ⟨*sep,* -ge-, h⟩ *mar.* (*Rahen*) brace *s. th.* to.

ˈaufˌbra·ten *v/t* ⟨*irr, sep,* -ge-, h⟩ *gastr.* roast (*od.* fry) *s. th.* up again.

ˈaufˌbrau·chen *v/t* ⟨*sep,* -ge-, h⟩ *Vorräte etc*: use up, exhaust, consume.

ˈaufˌbrau·sen I *v/i* ⟨*sep,* -ge-, sein⟩ **1.** *Meer etc, a. fig. Lärm, Musik etc*: surge, *a. fig. Beifall, Gelächter*: roar. **2.** *Flüssigkeit*: bubble up, fizz, effervesce. **3.** *chem. Wein etc*: ferment. **4.** *fig.* flare (*od.* blaze) up, fly into a temper; **er braust leicht auf** he easily flies off the handle. **II** 2 *n* ⟨-s⟩ **5.** surging (*etc*), roar. **6.** effervescence. **7.** *chem.* fermentation. **8.** *fig.* fit of temper, flaring up. **~d** *adj* **1.** effervescent. **2.** *fig.* hotheaded, irascible; **ein ~es Wesen haben** have an explosive temper.

ˈaufˌbre·chen I *v/t* ⟨*irr, sep,* -ge-, h⟩ **1.** (*Tür, Schloß etc*) break open, force (open), (*bes. Kiste*) prize open; **die Tür mußte aufgebrochen werden** the door had to be broken in. **2.** (*Brief*) open, (*Siegel*) break open. **3.** (*Land, Scholle*) plough, *bes. Am.* plow, break up, till. **4.** (*Straße, Pflaster*) break up. **5.** (*Wild*) rip open, disembowel, gut. **II** *v/i* ⟨sein⟩ **6.** *Tür etc*: burst open. **7.** *Knospe, Blüte*: (burst) open (*a. med. Geschwür*), *Haut*: crack, chap, *Eis*: break up, *Straße*: burst, crack. **8.** *fig. Gegensätze etc*: emerge, (a)rise, *Feindschaft*: flare up. **9.** (*fortgehen*) (**nach** for) start (out), set out, depart, *mil.* move off, break camp; **zu e-r längeren Reise** ~ set out on a long journey; **wir müssen langsam** ~ it is about time we left.

ˈaufˌbren·nen I *v/t* ⟨*irr, sep,* -ge-, h⟩ (*e-m Tier etc*) **ein Mal** (*od.* **Zeichen**) ~ brand (*cattle, etc*); *fig. colloq.* **j-m eins** ~ (*j-n schlagen od. anschießen*) zap s. o., let s. o. have it. **II** *v/i* ⟨sein⟩ (*lodern*) *a. fig. Haß etc*: flare up.

ˈaufˌbrin|gen *v/t* ⟨*irr, sep,* -ge-, h⟩ **1.** → **aufbekommen** 1. **2.** (*Geld etc*) raise, (*Mittel*) find, procure, (*Kosten, Steuern*) meet. **3.** *mil.* (*Truppen*) raise, levy. **4.** (*Mut, Energie*) summon up, muster (up); **er konnte den Mut dazu nicht** ~ he didn't have the courage to do it. **5.** (*Verständnis, Interesse*) show; **dafür kann ich kein Verständnis** ~ I cannot understand this. **6.** (*Brauch, Mode*) start, introduce, (*erfinden*) create, bring *s. th.* into fashion. **7.** (*Gerücht etc*) start (*a rumo*[*u*]*r*). **8.** *fig.* (*erzürnen*) anger, provoke, *stärker*: incense, infuriate; **j-n gegen sich** ~ *a.* get s. o.'s back up; **Bruder gegen Bruder** ~ set brother against brother; → **aufgebracht. 9.** *mar.* a) (*Schiff*) capture, seize, bring in, b) (*Stengen, Rahen*) hoist, put up; **als Prise** ~ make prize of. **2gung** *f* ⟨-; *no pl*⟩ *mar.* capture.

ˈAufˌbruch *m* ⟨-(e)s; *rare* ⸚e⟩ **1.** ⟨*only sg*⟩ (**zu, nach** for) start, setting-out, departure; ~ **zur Jagd** throw-off; **zum** ~ **rüsten** get ready for one's departure; **das Zeichen zum** ~ **geben** give the sign to leave. **2.** ⟨*only sg*⟩ *pol.* awakening, upheaval; **das Land befindet sich im** ~ the country is on the move. **3.** *hunt.* (*Eingeweide*) entrails *pl*, guts *pl.* **4.** *der Straßendecke*: break-up, (*Frost*2) (frost) heave. **2(s)beˌreit** *adj* ready to leave (*od.* depart). **~(s)ˌstim·mung** *f* atmosphere of departure; **es herrschte** ~ departure fever was in the air.

ˈaufˌbrü·hen *v/t* ⟨*sep,* -ge-, h⟩ (*Tee,*

Kaffee) pour boiling water on, make, (*Tee*) *a.* brew.

ˈaufˌbrül·len *v/i* ⟨*sep*, -ge-, h⟩ (give a) roar (*a. fig. Kanone, Motor*).

ˈaufˌbrum·men *v/t* ⟨*sep*, -ge-, h⟩ *colloq.* (*Strafe etc*) give, inflict *s. th.* (up)on; **viele Hausaufgaben aufgebrummt kriegen** be given a lot of homework (to do).

ˈaufˌbü·geln *v/t* ⟨*sep*, -ge-, h⟩ **1.** (*Muster*) transfer (**auf** *acc* on). **2.** → **aufdämpfen. 3.** *fig. colloq.* (*Kenntnisse*) brush up.

ˈaufˌbür·den *v/t* ⟨*sep*, -ge-, h⟩ **j-m (sich** *dat*) **e-e Last ~** load s. o. (o. s.) up, *fig.* lay a burden upon s. o. (o. s.), saddle s. o. (o. s.) with a burden; *fig.* **j-m et. ~** burden (*od.* saddle) s. o. with s. th., impose s. th. on s. o.; **j-m die Schuld ~** lay (*od.* put) the blame on s. o.

ˈaufˌbür·sten *v/t* ⟨*sep*, -ge-, h⟩ brush *s. th.* up.

ˈaufˌdamp·fen *v/t* ⟨h⟩ *tech.* vacuum-metallize.

ˈaufˌdämp·fen *v/t* ⟨*sep*, -ge-, h⟩ (*Kleidung*) press, iron (up).

ˈaufˌdecken (*getr.* -k·k-) **I** *v/t* ⟨*sep*, -ge-, h⟩ **1.** uncover, lay bare, *fig. a.* expose, reveal, (*entdecken*) detect, (*aufklären*) clear up, *colloq.* crack; → **Karte** 11. **2. das Bett ~** turn down the cover (*od.* bed). **3.** (*Tischtuch*) lay, spread. **II** *v/i* **4.** lay the table. **III** *v/reflex* **5. sich ~** *Person*: throw (*od.* kick) off the bedclothes. **ˈAufˌdeckung** (*getr.* -k·k-) *f* ⟨-; -en⟩ **1.** uncovering (*etc*). **2.** *fig.* exposure, disclosure. **3.** *jur.* discovery, detection.

ˈaufˌdon·nern *v/reflex* ⟨*sep*, -ge-, h⟩ *colloq.* **sich ~** doll o. s. up, dress o. s. (up) to the nines.

ˈaufˌdrän·gen I *v/t* ⟨*sep*, -ge-, h⟩ **j-m et. ~** force (*od.* thrust, press) s. th. (up)on s. o.; **j-m s-e Freundschaft ~** force one's friendship (up)on s. o.; **j-m s-e Ansicht ~** thrust (*od.* press) one's views (up)on s. o. **II** *v/reflex* **sich j-m ~** a) force (*od.* thrust) o. s. (up)on s. o., intrude (*od.* obtrude) (o. s.) (up)on s. o., impose o. s. on s. o., b) (*j-m bewußt werden*) force itself upon s. o., obtrude upon s. o.'s mind; **der Gedanke drängte sich mir auf** the thought (*od.* it) struck me; **ein Verdacht drängte sich mir auf** I had a (growing) suspicion; **verschiedene Lösungen drängen sich auf** various solutions suggest themselves; **das drängt sich förmlich auf** that's the obvious thing (to do, *etc*).

ˈaufˌdre·hen I *v/t* ⟨*sep*, -ge-, h⟩ **1.** (*Ventil, Verschluß, Gas etc*) turn on, (*Schraube etc*) loosen, unscrew, *colloq.* (*Radio*) turn up, (*Uhr, Spielzeug*) wind up; (*Motor hochjagen*) rev up. **2.** *dial. for* **einschalten** 1. **3.** (*Seil*) untwine (*a.* **sich ~**). **4.** (*Haare*) put up (in curlers), (*Bart*) twist up. **II** *v/i* **5.** *colloq.* a) *mot.* step on the gas, b) *Sport*: open up, go it, *weitS.* let go (*od.* loose), go to town, whoop it up; → **aufgedreht. 6.** *Schiff*: swing (to the wind *od.* tide).

ˈaufˌdring·lich *adj* **1.** *Person*: obtrusive, importunate, *colloq.* pushing. **2.** *Sache*: obtrusive, *Farben etc*: *a.* loud, gaudy, flashy, *Parfüm*: overpowering, pungent, *Musik*: insistent, noisy. **≗keit** *f* ⟨-; *no pl*⟩ **1.** obtrusiveness (*etc*), importunity. **2.** flashiness, pungency, insistence, noisiness.

ˈaufˌdrö·seln *v/t* ⟨*sep*, -ge-, h⟩ *colloq.* (*Schnur etc*) untwist, untwine, *a. fig.* unravel.

ˈAufˌdruck *m* ⟨-(e)s; -e⟩ **1.** (im)print, impression. **2.** *philat.* overprint, surcharge; **Briefmarke mit ~** overprint(ed stamp), surcharge. **ˈaufˌdrucken** (*getr.* -k·k-) *v/t* ⟨*sep*, -ge-, h⟩ (**auf** *acc* on) (im)print, impress.

ˈaufˌdrücken (*getr.* -k·k-) *v/t* ⟨*sep*, -ge-, h⟩ **1.** (*Tür etc*) push open, (*Verschluß etc*) press open, (*Pustel etc*) squeeze open. **2.** (*dat od.* **auf** *acc*) (*Stempel etc*) impress (on), (im)print (on), (*Siegel*) affix (to), set (to); **et. ~ auf** (*acc*) *a.* put (*od.* stick) s. th. on; → **Stempel** 2. **3.** (*Kuß*) imprint (**auf** *acc* on).

ˌaufeinˈan·der *adv* **1.** (*übereinander*) one on top of another (*od.* the other), one upon the other, on top of one another (*od.* each other). **2.** (*gegenseitig*) one (up)on the other (*od.* another); **~ abgestimmte Farben** matching colo(u)rs; **~ angewiesen** dependent upon one another (*od.* each other); **~ einwirkend** interactive, acting on one another; **~ warten** wait for each other. **3.** (*gegeneinander*) against one another, one against the other; **die Gegner stürmten ~ los** the foes rushed at each other. **4.** (*nacheinander*) one after another, one by one. **≗ˌfol·ge** *f* ⟨-; *no pl*⟩ **1.** succession; **in rascher ~** in rapid succession; **zeitliche ~** chronological order. **2.** series, round (*of events*). **~ˌfol·gen** *v/i* ⟨*sep*, -ge-, sein⟩ follow one another, succeed (one another); **die Züge sollten schneller ~** the trains should run at shorter intervals. **~ˌfol·gend** *adj* successive, consecutive; **während dreier ~er Tage** for three days running; **an drei ~en Tagen** on three successive days. **~ˌhäu·fen** *v/t* ⟨*sep*, -ge-, h⟩ pile (*od.* heap) *s. th.* up. **~ˌhet·zen** *v/t* ⟨*sep*, -ge-, h⟩ **1.** (*Tiere*) set (*animals*) at (*od.* on) one another. **2.** *bes. fig.* (*Menschen*) set (*people*) against one another. **~ˌle·gen** *v/t* ⟨*sep*, -ge-, h⟩ **1.** lay (*things*) one on top of the other. **2.** *math.* superpose. **~ˌpas·sen** *v/i* ⟨*sep*, -ge-, h⟩ fit on (*od.* onto, on top of) one another. **≗ˌprall** *m a. fig.* collision, crash. **~ˌpral·len** *v/i* ⟨*sep*, -ge-, sein⟩ → **aufeinanderstoßen. ~ˌsit·zen** *v/i* ⟨*irr, sep*, -ge-, h *u.* sein⟩ sit (*fig. colloq.* live) on top of one another. **~ˌsta·peln** *v/t* ⟨*sep*, -ge-, h⟩ pile up, stack. **~ˌsto·ßen** *v/i* ⟨*irr, sep*, -ge-, sein⟩ **1.** *Autos etc*: crash, collide. **2.** *fig. Personen, Meinungen*: clash, collide. **3.** *bes. phys.* impact (up)on one another. **~ˌtref·fen** *v/i* ⟨*irr, sep*, -ge-, sein⟩ **1.** meet (one another). **2.** → **aufeinanderstoßen** 2. **~ˌwir·ken** *v/i* ⟨*sep*, -ge-, h⟩ interact, act upon one another.

ˈaufˌen·tern *v/i* ⟨*sep*, -ge-, sein⟩ *mar.* go aloft; **≗!** lay aloft!

ˈAuf·entˌhalt *m* ⟨-(e)s; -e⟩ **1.** *des Zuges etc*: stop, halt; **fünf Minuten ~** five minutes' stop (*Am. a.* stopover); **ohne ~** nonstop (*cf. a.* 3); **wie lange haben wir ~?** how long do we stop here? **2.** (*Verweilen, Besuch*) stay, sojourn (**im Ausland** abroad). **3.** (*Verzögerung*) delay, holdup; **ohne ~** without delay. **4.** (*Wohnsitz*) residence, domicile, abode; **ohne festen ~** with (*od.* of) no fixed abode. **5.** → **Aufenthaltsort** 1. **6.** *mar.* stay; **wir hatten kurze ~e in mehreren Häfen** we touched at several ports.

ˈAuf·entˌhalts|beˌschei·ni·gung, ~beˌstä·ti·gung *f* residence certificate. **~beˌwil·li·gung** *f* → **Aufenthaltserlaubnis. ~ˌdau·er** *f* length (*od.* duration) of stay. **~erˌlaub·nis, ~geˌneh·mi·gung** *f* residence permit. **~ˌort** *m* **1.** whereabouts *pl* (*als sg od. pl konstruiert*). **2.** → **Aufenthalt** 4. **~ˌraum** *m* **1.** *Hotel etc*: lounge. **2.** *Jugendherberge etc*: common (*od.* recreation) room. **~verˌbot** *n* ban on residence.

ˈauf·erˌle|gen *v/t* ⟨*sep, no* -ge-, h⟩ **j-m** (*e-e Bedingung, e-e Pflicht etc*) **~** impose *s. th.* on s. o., (*e-e Strafe etc*) *a.* inflict (*a penalty, etc*) on s. o.; **j-m e-n Eid ~** put s. o. on (his) oath; **j-m Stillschweigen ~** enjoin (*od.* impose) silence on s. o.; **sich** (*dat*) **Zwang ~** restrain o. s.; **j-m e-e Steuer ~** impose a tax on s. o., tax s. o.; **sich** (*dat*) **k-n Zwang ~** be free and easy. **≗gung** *f* ⟨-; *no pl*⟩ imposition, infliction.

ˈAuf·erˌstan·de·ne, der ⟨-n; *no pl*⟩ the risen Christ.

ˈauf·erˌste|hen *v/i* ⟨*irr, sep, no* -ge-, sein⟩ **1.** *relig.* rise (**von den Toten** from the dead); **Christus ist auferstanden** Christ is risen. **2.** *fig.* revive, come to life again. **≗hung** *f* ⟨-; *no pl*⟩ **1.** *relig. der Toten*: rising, *am Jüngsten Tag*: resurrection; **die ~ Christi** the Resurrection; **~ des Fleisches** resurrection of the body. **2.** *fig.* revival, resurrection.

ˈAuf·erˌste·hungs|ˌfei·er *f R. C.* Easter Vigil. **~ˌfest** *n relig.* Feast of the Resurrection, Easter. **~ˌtag** *m* Resurrection Day.

ˈauf·erˌwecken (*getr.* -k·k-) *v/t* ⟨*sep, no* -ge-, h⟩ **1.** *Bibl.* **j-n (von den Toten) ~** raise s. o. from the dead. **2.** *fig.* revive, bring *s. o.* to life again.

ˈAuf·erˌweckung (*getr.* -k·k-) *f* ⟨-; *no pl*⟩ **1.** *Bibl. der Toten*: raising. **2.** *fig.* revival.

ˈaufˌes·sen *v/t* ⟨*irr, sep*, -ge-, h⟩ eat up, finish, (*Vorräte*) *a.* consume.

ˈaufˌfä·deln *v/t* ⟨*sep*, -ge-, h⟩ (*Perlen etc*) (**auf** *acc* on) string, thread.

ˈaufˌfah·ren I *v/i* ⟨*irr, sep*, -ge-, sein⟩ **1.** *aus Gedanken etc*: start (*od.* jump) up, give a start; **aus dem Schlaf ~** wake up with a start. **2.** (*aufbrausen*) flare up, blaze up. **3.** (*vorfahren*) drive (*od.* draw) up. **4. ~ auf** (*acc*) a) (*aufprallen*) crash into (*od.* ram) s. th. (from behind), b) (*nahe heranfahren*) ride close behind; **aufeinander ~** collide, crash; **zu dicht (auf ein anderes Auto) ~** drive up (too) close (to another car), tailgate (another car). **5.** → **hinauffahren. 6.** *mar.* (**auf Grund**) **~** run aground; **~ auf** (*acc*) run on (*od.* strike, ram) s. th. **7.** *Geschütze*: drive (*od.* be brought) in position. **8.** *relig.* **in den** (*lit.* **gen**) **Himmel ~** ascend (in)to heaven. **II** *v/t* ⟨h⟩ **9.** (*Geschütze etc*) bring *s. th.* into action, bring up, place; → **Geschütz. 10.** *colloq.* (*Speisen etc*) **~ (lassen)** bring on, dish (*od.* serve) up. **11.** *colloq.* (*Argumente etc*) bring forward, come up with. **~d** *adj fig.* vehement, irascible, quick-tempered.

ˈAufˌfahrt *f* **1.** (*Fahrt nach oben*) ascent. **2.** (*Vorfahren*) a) *der Wagen etc*: driving (*od.* drawing) up, b) *der Gäste etc*: arrival. **3.** (*Zufahrt*) approach, *zu e-r Fernstraße etc*: slipway, *Am.* on-ramp, *zu e-m Haus*: drive(way *Am.*), (*Rampe*) ramp.

ˈAufˌfahrˌunˌfall *m* rear-end collision (*od.* crash).

ˈaufˌfal·len I *v/i* ⟨*irr, sep*, -ge-, sein⟩ **1.** be conspicuous, attract attention (*od.* notice), be striking; **j-m ~** strike s. o., *engS.* catch s. o.'s eye, (*überraschen*) surprise (*od.* astonish) s. o.; **er fiel unangenehm auf** he made himself unpleasantly conspicuous, he made a bad impression; **zum ersten Mal ist uns aufgefallen** we noticed for the first time. **2. ~ auf** (*acc*) fall on(to), hit (*od.* strike) (*the floor, etc*). **3.** *phys. Strahlen etc*: be incident (**auf** *acc* [up]on). **4.** (*sich öffnen*) fall open. **II** *v/t* ⟨h⟩ **5. sich** (*dat*) **das Knie ~** → **aufschlagen** 7. **~d I** *adj* **1.** *Schönheit etc*: striking, remarkable, *a. contp.* conspicuous, (*beachtlich*) noticeable. **2.** → **auffällig** 2, 3. **3.** *phys. Licht*: incident (**auf** *acc* upon). **II** *adv* **4.** (*sehr*) strikingly, remarkably (*etc*). **III ≃e, das** ⟨-n⟩ **5. das ≃e an der ganzen Geschichte** what strikes one about the whole business.

ˈaufˌfäl·lig I *adj* **1.** → **auffallend** 1. **2.** (*sonderbar*) peculiar, strange, (*sensationell*) spectacular. **3.** *Kleidung, Farbe etc*: showy, flashy, loud. **II** *adv* **4.** → **auffallend** 4. **5.** peculiarly (*etc*); ~ **gekleidet** showily dressed; **er benahm sich** ~ he made himself conspicuous, he made an exhibition of himself. **III ≃e, das** ⟨-n⟩ **6.** → **auffallend** 5. **≃keit** *f* ⟨-; *no pl*⟩ **1.** conspicuousness (*etc*). **2.** peculiarity, showiness.

ˈAufˌfallˌwin·kel *m phys.* angle of incidence.

ˈAufˌfang|(beˌhäl·ter) *m* (catch) basin, receiving vessel. **~elekˌtro·de** *f electr.* collecting electrode.

ˈaufˌfan·gen *v/t* ⟨*irr, sep*, **-ge-**, **h**⟩ **1.** catch; **j-n im Fallen** ~ a) catch s. o. falling, b) break s. o.'s fall; *fig.* **er konnte ein paar Worte** ~ he was able to catch a few words; **j-s Blick** ~ catch s. o.'s eyes. **2.** (*Regenwasser etc*) collect, catch. **3.** (*Stoß, Fall*) cushion, (*Druck, Gewicht*) receive, (*Schlag, Angriff*) parry, ward off, *beim Boxen*: block, *mil.* (*Angriff, Durchbruch*) stop, contain. **4.** (*Flugzeug*) pull out (of a dive). **5.** (*nachteilige Entwicklungen*) head off, (*bes. Lohnerhöhungen etc*) absorb, cushion. **6.** (*Funksignal, Nachrichten etc*) pick up, *a. aer. mil.* (*abfangen*) intercept. **7.** *phys.* (*Strahlen, Wellen*) intercept, receive. **8.** (*Flüchtlinge etc*) receive *s. o.* in a camp. **9.** (*Strickmasche*) pick up, (*Laufmasche*) stop.

ˈAufˌfang|geˌbiet *n* **1.** *für Flüchtlinge*: reception area. **2.** *für Raumkapseln etc*: recovery area. **3.** *mil.* reception area. **~geˌfäß** *n* collecting vessel, (catch) basin, receiver. **~ˌla·ger** *n* reception camp. **~ˌscha·le** *f* collecting (*od.* drip) pan, basin. **~ˌstel·lung** *f mil.* (prepared) rear position. **~ˌtrich·ter** *m tech.* collecting (*für Schüttgut*: receiving) hopper.

ˈaufˌfär·ben *v/t* ⟨*sep*, **-ge-**, **h**⟩ redye.

ˈaufˌfas|sen I *v/t* ⟨*sep*, **-ge-**, **h**⟩ **1.** (*erfassen, verstehen*) understand, comprehend, grasp, conceive, (*deuten*) interpret, read, construe, see, (*e-e Bühnenrolle etc*) interpret; **et. richtig** ~ understand s. th. correctly (*od.* properly); **et. falsch** ~ misunderstand s. th.; **et. anders** (*od.* **verschieden**) ~ see (*od.* view) s. th. differently; **ich fasse es so auf, daß** I take it (to mean) that; **wie ich es** (*od.* **die Sache**) **auffasse** as I take (*od.* see) it, in my view; **e-e (Text)Stelle richtig** ~ interpret a passage correctly, put the right construction on a passage; **et. als Scherz (Beleidigung)** ~ take s. th. as a joke (an insult). **2.** (*Masche*) take up. **II** *v/i* **3. schnell** (*od.* **leicht**) ~ be quick-witted, have a quick (intellectual) grasp, *colloq.* be quick in (*od.* on) the uptake; **langsam** (*od.* **schwer**) ~ be slow (of apprehension), *colloq.* be slow in (*od.* on) the uptake. **≃sung** *f* ⟨-; -en⟩ **1.** ⟨*only sg*⟩ → **Auffassungsgabe. 2.** (*Meinung, Ansicht*) view, opinion; **nach m-r** ~ in my view (*od.* opinion), to my mind, as I see (*od.* take) it; **ich kann diese** ~ **nicht teilen** I cannot share this view; **ich bin der** ~, **daß** I am of (the) opinion that; **die** ~ **vertreten, daß** take the view (*od.* line) that, hold (*od.* argue) that; **zu der** ~ **kommen, daß** decide that, arrive at the conclusion that. **3.** (*Deutung, Auslegung*) interpretation, reading, construction; **falsche** ~ (*gen*) misinterpretation (of). **4.** (*Vorstellung*) conception, idea; **e-e hohe** ~ **von s-r Pflicht haben** have a high conception of one's duty; **ich habe (so) m-e eigenen** ~**en darüber** I have ideas of my own about it.

ˈAufˌfas·sungs|ˌga·be, ~ˌkraft *f* perceptive faculty, perceptiveness, intellectual grasp, intelligence; **gute** (*od.* **schnelle**) ~ quickness (*od.* readiness) of mind; **e-e schnelle** ~ **haben** → **auffassen** 3. **~ˌsa·che** *f* → **Ansichtssache. ~verˌmö·gen** *n* → **Auffassungsgabe. ~ˌwei·se** *f* (*gen*) view (of), approach (to), (the) way *s. o.* sees s. th.

ˈaufˌfie·ren *v/t* ⟨*sep*, **-ge-**, **h**⟩ *mar.* slacken, slack off.

ˈaufˌfind·bar *adj* discoverable, traceable; **nirgends** ~ not to be found anywhere. **ˈaufˌfin·den** *v/t* ⟨*irr, sep*, **-ge-**, **h**⟩ find, discover, trace, locate; **j-n bewußtlos** ~ find s. o. unconscious; **sie war nirgends aufzufinden** she could not be found anywhere. **ˈAufˌfin·dung** *f* ⟨-; *no pl*⟩ finding (*etc*), discovery.

ˈaufˌfi·schen *v/t* ⟨*sep*, **-ge-**, **h**⟩ *colloq.* **1.** fish *s. o., s. th.* out (*od.* up). **2.** *fig.* pick up, find.

ˈaufˌflackern (*getr.* **-k·k-**) **I** *v/i* ⟨*sep*, **-ge-**, **sein**⟩ **1.** *a. fig.* flicker up, *a. Unruhe, Epidemie etc*: flare up; **e-e schwache Hoffnung flackerte auf** a faint hope flickered up. **2.** *chem.* deflagrate. **II ≃** *n* ⟨-s⟩ **3.** *a. fig.* flicker(ing up), *stärker*: flare-up; **das letzte ≃ der Lebensflamme** the last flicker of life. **4.** *chem.* deflagration.

ˈaufˌflam·men I *v/i* ⟨*sep*, **-ge-**, **sein**⟩ **1.** flame up, blaze up, burst into flame(s), *Scheinwerfer, Streichholz etc*: flash (*od.* light) up. **2.** *fig.* flare up, blaze (up), flame (*od.* break) out; **Wut flammte in ihm auf** he flew into a rage; **Aufruhr flammte auf** a revolt flared up. **3.** *chem.* deflagrate. **II ≃** *n* ⟨-s⟩ **4.** flaming up (*etc*), blaze, flare-up (*a. fig.*), *fig.* outbreak. **5.** *chem.* deflagration.

ˈaufˌflat·tern *v/i* ⟨*sep*, **-ge-**, **sein**⟩ flutter up.

ˈaufˌflech·ten *v/t* ⟨*irr, sep*, **-ge-**, **h**⟩ untwist, untwine, (*Haar etc*) unbraid, undo.

ˈaufˌflie·gen *v/i* ⟨*irr, sep*, **-ge-**, **sein**⟩ **1.** *allg.* fly up, *Vögel*: *a.* take wing, soar (up), *Flugzeug*: take off, ascend. **2.** *Fenster, Tür etc*: fly open. **3.** *obs. Mine*: explode. **4.** *fig. colloq. Plan, Unternehmung etc*: explode, blow up, end in smoke, *Konferenz etc*: collapse, (*entlarvt werden*) be exposed, *Verbrecherbande etc*: *a.* be flushed out, be busted; ~ **lassen** (*Plan etc*) explode, (*a. Person*) expose, blow *s. o., s. th.* sky-high, (*Bande etc*) crack down on, bust, (*Konferenz etc*) cause the failure of, torpedo.

ˈaufˌflim·mern *v/i* ⟨*sep*, **-ge-**, **h**⟩ (begin to) glimmer (*od.* flicker).

ˈaufˌfor|dern *v/t* ⟨*sep*, **-ge-**, **h**⟩ **1. j-n** ~ (, **et. zu tun**) call (up)on (*od.* ask, request) s. o. (to do s. th.); **j-n zur Mitarbeit (Teilnahme)** ~ ask s. o. to cooperate (participate); **j-n dringend** ~ urge s. o., (*ermahnen*) admonish (*od.* exhort) s. o.; **j-n zur Zahlung** ~ call (up)on s. o. to pay, demand payment from s. o., dun s. o.; **j-n zum Kampf** (*etc*) ~ challenge s. o. **2.** (*einladen*) ask, invite; **e-e Dame zum Tanz** ~ ask a lady to dance; **darf ich Sie zum nächsten Tanz** ~? may I have (the pleasure of) the next dance? **3.** (*befehlen*) order, bid, *adm. jur.* summon; **j-n** ~, **vor Gericht zu erscheinen** summon (*unter Strafandrohung*: subp[o]ena) s. o. to appear in court. **~dernd** *adj Blick*: inviting, provocative, *colloq.* come-hither. **≃de·rung** *f* ⟨-; -en⟩ **1.** (*Bitte, Ersuchen*) request, call, demand, (*Ermahnung*) exhortation; **die** ~ **erhalten, et. zu tun** be called (up)on to do s. th.; **e-e** ~ **an j-n richten** make a request to (*od.* call [up]on) s. o.; **an die Bevölkerung ergeht die** ~ the public is requested; ~ **zum Kampf** (*etc*) challenge; **auf j-s** ~ **(hin)** at s. o.'s request. **2.** (*Einladung*) invitation; ~ **zum Tanz** invitation to the dance. **3.** (*Befehl*) order, *adm. jur.* summons; *pol.* **letzte** ~ ultimatum; *mil.* ~ **zur Übergabe** summons to surrender. **4.** (*Anstiftung, Aufhetzung*) instigation. **5.** → **≃de·rungsˌschrei·ben** *n* **1.** letter of invitation. **2.** *jur.* (*Vorladung*) summons.

ˈaufˌfor|sten *v/t* ⟨*sep*, **-ge-**, **h**⟩ (**wieder**) ~ (re)afforest. **≃stung** *f* ⟨-; -en⟩ (re)afforestation.

ˈaufˌfres·sen *v/t* ⟨*irr, sep*, **-ge-**, **h**⟩ devour, eat (up), *vulg.* (*Essen*) *a.* gobble up, wolf (down); *colloq.* **er wird dich (schon) nicht** ~ he won't eat you; **ich könnte dich (vor Liebe)** ~! I could eat you (alive)!; **mit den Augen** ~ look hungrily at, devour *s. o., s. th.* with one's eyes; **der Prozeß fraß sein ganzes Vermögen auf** the trial swallowed up all his money.

ˈaufˌfri|schen I *v/t* ⟨*sep*, **-ge-**, **h**⟩ **1.** *allg.* freshen up, refresh (*colo[u]rs, etc*), (*Bilder etc*) touch up, (*übermalen*) repaint, (*Möbel etc*) *a.* do up, (*erneuern*) renovate, refurbish, renew, *a. med.* (*Gewebe*) regenerate. **2.** (*Lager, Vorräte*) replenish. **3.** *fig. colloq.* (*Erinnerung, Gedächtnis*) refresh, (*Kenntnisse*) *a.* brush (*od.* polish) up, (*Andenken*) revive. **II** *v/i* ⟨*a.* **sein**⟩ **4.** *Wind*: freshen, rise, pick up. **III** *v/reflex* ⟨**h**⟩ **sich** ~ **5.** freshen up (*a. Wind*), refresh o. s. **≃schung** *f* ⟨-; -en⟩ **1.** freshening up (*etc*). **2.** renovation, renewal, regeneration. **3.** replenishment. **4.** *fig. colloq. des Gedächtnisses*: refreshment, *von Kenntnissen*: brush-up; **zur** ~ **Ihres Gedächtnisses** to refresh your memory; **zur** ~ **der Kenntnisse** to brush up one's knowledge; **er hat e-e kleine** ~ **nötig** he needs a little refreshment. **≃schungsˌkurs, ≃schungsˌlehrˌgang** *m ped.* refresher course.

ˈaufˌführ·bar *adj thea.* performable, playable, stageable; **schwer (leicht)** ~ difficult (easy) to produce (*od.* stage). **ˈaufˌfüh·ren I** *v/t* ⟨*sep*, **-ge-**, **h**⟩ **1.** *thea., Film, mus. etc* perform, present, play, give, put on, *thea. a.* (put on the) stage, *Film*: *a.* show; **das Stück wurde 40 Abende hintereinander aufgeführt** the play had a run of 40 nights; *fig. colloq.* **ein Theater** ~ make a fuss (*od.* scene). **2.** (*Mauer, Haus*) build, erect. **3.** (*aufzählen*) enumerate, (*eintragen*) enter, *in e-r Liste*: state, show, list, set out; **einzeln** ~ (*Posten*) specify, itemize; **j-n namentlich** ~ name s. o., *jur. Zeugen*: *a.* produce s. o. **II** *v/reflex* **sich** ~ **4.** behave (*well, etc*); **sich schlecht** ~ *a.* misbehave. **ˈAufˌfüh·rung** *f* ⟨-; -en⟩ **1.** performing (*etc*). **2.** *mus. thea.* performance, production, presentation, *Film*: *a.* showing, (*buntes Programm*) show; **zur** ~ **bringen** → **aufführen** 1. **3.** enumeration, *in e-r Liste*: entry, specification, listing, *von Zeugen*: production, naming. **4.** *arch.* erection, building.

ˈAufˌfüh·rungs|ˌrecht *n jur.* performing rights *pl*, (*Bühnenrecht*) stage (*od.* acting) right. **≃ˌreif** *adj* **1.** suitable for the stage. **2.** ready for performance.

ˈaufˌfül·len *v/t* ⟨*sep*, **-ge-**, **h**⟩ **1.** (*Tank etc*) fill up, (*nachfüllen*) top up, refill, (*Vorräte*) replenish, (*Lager*) *a.* restock. **2.** *civ. eng.* (*Ufer etc*) backfill. **3.** *mil.*

(*Einheit*), *a. fig.* (*Wissenslücke*) fill up. **4.** *colloq.* (*Suppe etc*) serve up. **5.** *gastr. mit Brühe*: fill (*od.* top) *s. th.* up with stock.

ˈauf|füt·tern *v/t* <*sep*, -ge-, h> **1.** (*Tiere*) feed (*od.* bring) up, rear. **2.** → **aufpäppeln.**

ˈAuf|ga·be *f* <-; -n> **1.** (*Arbeit*) task, job, assignment, (*Pflicht*) duty, responsibility, function, (*Sendung*) mission; **j-m e-e ~ stellen** set s. o. a task; **e-e ~ übernehmen** accept a task (*etc*), assume (*od.* take over) a function; **das ist nicht m-e ~** that is not my business (*od.* office); **sich** (*dat*) **et. zur ~ machen** make it one's business (*od.* duty) to do s. th.; **das Adverb hat e-e andere ~** the adverb has a different function. **2.** (*Denk*2, *Rechen*2) problem, (*Schul*2) (set) task, assignment, lesson, (*Übung*) exercise, (*Haus*2) homework; **s-e ~n machen** do one's homework; **e-e ~ lösen** solve a problem. **3.** <*only sg*> *e-s Briefes etc*: posting, *bes. Am.* mailing, *e-s Telegramms*: sending, dispatch, *des Reisegepäcks*: registering, registration, *bes. Am.* checking, *e-r Annonce*: insertion, *e-r Bestellung etc*: giving, placing. **4.** <*only sg*> *allg. der Wohnung etc*: giving up, *e-s Geschäftes*: *a.* closing down, *e-s Amtes*, *e-r Stellung*: *a.* resignation (from), retirement (from), *e-s Planes etc*: *a.* abandonment, relinquishment, *jur. e-s Rechts*: *a.* waiver, renunciation, *e-r Police*: surrender; **durch die ~ s-r Grundsätze** by the sacrifice of his principles. **5.** <*only sg*> *econ.* (*Mitteilung*) advice, *der Preise*: quotation; **laut ~** a) as per advice, as advised, b) as ordered; **~ von Einzelheiten** indication of particulars. **6.** <*only sg*> *Sport*: a) giving up, b) (*Rücktritt*) withdrawal, retirement; *Boxen*: **Sieg durch ~** technical knockout, T. K. O. **7.** *Sport*: (*Aufschlag*) service. **8.** *tech. Förderwesen*: delivery, (*Beladung*) loading, (*Zuführung von Werkstücken*) feeding. **~|bahn|hof** *m* dispatch point.

ˈauf|ga·beln *v/t* <*sep*, -ge-, h> **1.** pick *s. th.* up (with a fork), fork up. **2.** *fig. colloq.* (*et.*) get hold of, *a.* (*j-n*) pick up.

ˈAuf|ga·ben|be|reich *m*, **~ge|biet** *n*, **~|kreis** *m* scope of duties, field (of activity), functions *pl.* **~|stel·lung** *f* setting of a task (*od.* tasks).

ˈAuf|ga·be||ort *m* place of posting (*bes. Am.* mailing). **~|schein** *m* (postal) receipt. **~|stem·pel** *m* date stamp, (*Abdruck*) *a.* postmark. **~|tisch** *m tech.* infeed table. **~|trich·ter** *m* feeding hopper. **~|vor|rich·tung** *f* feed device (*od.* mechanism).

ˈAuf·ga|lopp *m* <-s; *no pl*> **1.** *Sport*: trial gallop. **2.** *fig.* prelude (*gen* to).

ˈAuf|gang *m* **1.** (*Treppe*) stairs *pl*, staircase, stairway. **2.** (*Weg*) way up. **3.** <*only sg*> *der Gestirne*: rising; **der ~ der Sonne** (the) sunrise.

ˈauf|ge·ben I *v/t* <*irr, sep*, -ge-, h> **1.** (*Brief etc*) post, *bes. Am.* mail, (*Telegramm*) hand in, send, dispatch, (*Reisegepäck*) register, *bes. Am.* check, (*Annonce*) insert, (*Bestellung*) give, place (*an order*). **2. j-m et. ~** (*auftragen*) charge s. o. with s. th., **zu tun**: *a.* direct (*od.* order) s. o. to do s. th., (*Schularbeiten*) give s. o. s. th. (to do *or* learn), set s. o. (to do *or* learn) s. th., assign s. th. to s. o.; → **Rätsel. 3.** *econ.* **j-m et. ~** (*mitteilen*) advise s. o. of s. th., (*Preise*) *a.* quote. **4.** (*verzichten auf*) *allg.* give up (*apartment, career, business, etc*), (*Amt, Stellung*) *a.* retire from, (*e-e Gewohnheit*) *a.* drop, break with, (*das Rauchen etc*) *a.* stop, leave off (*smoking, etc*). **5.** (*Plan, Grundsätze, Hoffnung, Widerstand etc*) give up, abandon (*a. Schiff*), *jur.* (*Anspruch, Recht*) *a.* waive, relinquish, (*e-n Patienten, e-n mißratenen Sohn etc*) give up, despair of, (*Bekanntschaft*) drop; *colloq.* **gib's auf!** give (it) up! **6.** *Sport*: a) *a. fig.* **es (den Kampf, das Spiel) ~** *cf.* 9, b) withdraw from (the contest); *Schach etc*: **die Partie ~** concede the game; → **Geist** 11. **7.** *Volleyball etc*: serve. **8.** *tech.* (*Schmelzgut etc*) charge, feed. **II** *v/i* **9.** *fig.* give up (*od.* in), *Boxen*: *a.* throw in the towel (*a. fig.*); *Schach*: **Weiß gibt auf** white concedes.

ˈauf·ge|bläht *adj fig. Verwaltungsapparat etc*: overinflated.

ˈauf·ge|bla·sen *adj* inflated, *fig. a.* puffed(-)up, arrogant, conceited, bumptious. **2heit** *f* <-; *no pl*> arrogance, conceit, bumptiousness.

ˈAuf·ge|bot *n* **1.** *standesamtliches*: notice of an intended marriage, *kirchliches*: banns *pl* of marriage, (publication of the) banns *pl*; **das ~ bestellen** give notice of an intended marriage, *kirchlich*: ask the banns; **das ~ aushängen** publish the banns. **2.** <*only sg*> *jur.* (*öffentliche Aufforderung*) public notice, citation. **3.** <*only sg*> (*stattliche Reihe, Menge*) array (*of cars, etc*), *bes. mil.* (*Streitmacht*) body (of men), (*Polizei*2) force, squad, *Sport*: (*Mannschaft*) team, line-up, (*Spieler*2 *etc*) pool (of players, *etc*); **mit starkem ~ erscheinen** turn out (*od.* up) in force; **das letzte ~** the last reserves *pl.* **4.** <*only sg*> (*Einsatz*) mobilization (*of workers, energies, etc*); **mit (dem) ~ aller Kräfte, unter ~ aller Kräfte** with the utmost exertion, with might and main, by (a) supreme effort. **ˈAuf·ge|bots·ver·|fah·ren** *n* **1.** public citation. **2.** *für Wertpapiere*: cancellation proceedings *pl.*

ˈauf·ge|bracht *adj* (**gegen** with, **über** *acc* at, about) angry, *stärker*: furious, incensed.

ˈauf·ge|don·nert *adj colloq.* dolled up, dressed up to the nines, in full feathers.

ˈauf·ge|dreht *adj colloq.* in high spirits, full of go, *nervlich*: all worked (*od.* keyed) up.

ˈauf·ge|dun·sen *adj* bloated, *Gesicht*: *a.* puffed(-up), swollen.

ˈauf|ge·hen I *v/i* <*irr, sep*, -ge-, sein> **1.** *Sonne etc, a. Teig*: rise, *Vorhang*: *a.* go up; **die Sonne ist aufgegangen** the sun is up; **in Flammen** (*fig.* **Rauch**) **~** go up in flames (smoke); → **Pfannkuchen. 2.** *Pflanzen*: come up, germinate, sprout; → **Saat. 3.** *Flasche etc*: open; **plötzlich ~** *Tür*: fly (*od.* swing) open. **4.** *Knoten, Schleife, Verband etc*: open, come undone, work loose, *Naht*: come open. **5.** *Blüte etc, a. Fallschirm*: open, unfold. **6.** *med. Geschwür*: break, burst. **7.** *fig.* **j-m geht** (*geistig*) **et. auf** s. o. realizes (*od.* sees, becomes aware of) s. th.; **die Wahrheit ging mir auf** the truth dawned on me; **jetzt geht mir der Sinn s-r Worte auf** now I see what he meant; → **Licht** 1, **Seifensieder. 8.** *fig.* **(völlig) ~ in** (*dat*) be all wrapped up in (*one's children, work*), live entirely for. **9.** *math.* **die Division geht auf** the division comes out even (*od.* leaves no remainder); **4 geht in 12 auf** 4 goes into 12 without remainder, 4 divides 12; **die Rechnung geht auf** a) the sum works (*od.* comes) out even, b) *fig.* it works; → *a.* **Rechnung** 1. **10.** *Patience*: come out. **11.** *Firma, Gemeinde*: (**in** *dat*) be(come) merged (*od.* incorporated) (in[to]), *contp.* be swallowed (by). **12.** a) *Jagd*: begin, open, b) *Federwild*: flush, go up. **II** 2 *n* <-s> **13.** rising (*etc*). **14.** *der Saat*: germination, sprout. **15.** *bes. econ.* (**in** *dat*) absorption (by), incorporation (in), integration (into).

ˈauf·ge|ho·ben *adj fig. colloq.* (**bei j-m**) **gut ~ sein** be well taken care of (by s. o.), be in good hands (with s. o.) (*a. iro.*, *Sport etc*); **sie ist gut ~** she is well looked after.

ˈauf|gei·len I *v/t* <*sep*, -ge-, h> *vulg.* **j-n ~** turn s. o. on, make s. o. horny (*od.* randy). **II** *v/reflex* **sich ~ an** (*dat*) turn o. s. on with, *fig. a.* gloat over.

ˈauf·ge|klärt *adj* enlightened, well--informed, (*vorurteilsfrei*) open-minded, *a. pol.* liberal; **sie ist (sexuell) ~** she knows the facts of life. **2heit** *f* <-; *no pl*> enlightenment, open-mindedness, *pol.* liberal outlook, liberalism.

ˈauf·ge|knöpft *adj fig. colloq.* (*gesprächig*) chatty, expansive, communicative.

ˈauf·ge|kratzt *adj fig. colloq.* chirpy, in high spirits, *Am.* chipper.

ˈauf·ge|lau·fen *adj* **1.** *Fuß*: sore, blistered. **2.** *Zinsen, Kosten*: accumulated, accrued.

ˈAuf|geld *n* a) *bei Wertpapieren*: premium, agio, b) (*Zuschlag*) extra charge, c) (*Draufgeld*) earnest (money).

ˈauf·ge|le·gen *adj med.* bedsore.

ˈauf·ge|legt *adj* **1.** (**zu** to) disposed, inclined; **gut (schlecht) ~ sein** be in a good (bad) humo(u)r; **zu et. ~ sein** be in the mood for s. th., feel like doing s. th.; **ich bin heute nicht dazu ~** I am not in the mood for it today; **ich bin nicht zum Arbeiten ~** I don't feel like work(ing), I feel Mondayish. **2.** *contp. Schwindel*: blatant, outright, *Unsinn*: sheer, downright. **3.** *econ.* **zur Zeichnung ~** open for subscription.

ˈauf·ge|löst *adj fig.* **1.** upset, hysterical; **in Tränen ~ sein** be (dissolved) in tears. **2.** (*erschöpft*) all in, (all) bushed.

ˈauf·ge|räumt *adj fig.* cheerful, good-humo(u)red, expansive, in a good mood.

ˈauf·ge|regt *adj* excited, nervous, agitated, flustered, *stärker*: upset; **er ist (ganz) ~** he is in a flutter (*colloq.* in a state *od.* flap) (**wegen** about). **2heit** *f* <-; *no pl*> excitedness, nervousness.

ˈauf·ge|schlos·sen *adj fig.* **1.** (**für** to) open, alert, receptive. **2.** *Mensch, Charakter etc*: open-minded, (*mitteilsam*) communicative. **3.** *Politik etc*: liberal, enlightened. **2heit** *f* <-; *no pl*> **1.** receptiveness, open-mindedness. **2.** liberality.

ˈauf·ge|schmis·sen *adj colloq.* **~ sein** be stuck, be in a fix, be stranded.

ˈauf·ge|schos·sen *adj Person*: (**hoch**) **~** lanky, tall, (*schlaksig*) gangling.

ˈauf·ge|schwemmt *adj* → **aufgedunsen.**

ˈauf·ge|sprun·gen *adj Lippen, Hände*: chapped, cracked.

ˈauf·ge|staut *adj Gefühle, econ. Bedarf*: pent-up.

ˈauf·ge|setzt *adj fig.* artificial, studied.

ˈauf·ge|ta·kelt *adj* **1.** *mar.* rigged(-up). **2.** → **aufgedonnert.**

ˈauf·ge|trie·ben *adj Leib*: distended, bloated.

ˈauf·ge|weckt *adj Kind*: bright, sharp, clever, intelligent. **2heit** *f* <-; *no pl*> brightness (*etc*), intelligence.

ˈauf·ge|weicht *adj Boden etc*: sodden, soaked.

ˈauf·ge|wor·fen *adj Lippen*: pouting; → *a.* **wulstig.**

ˈauf·ge|zo·gen *pp of* **aufziehen.**

ˈauf|gich·ten [-gıçtən] *v/t* <*sep*, -ge-, h> (*Hochofen*) charge.

ˈauf|gie·ßen *v/t* <*irr, sep*, -ge-, h> **1.** → **aufbrühen. 2.** *Wasser, Fleischbrühe*: add, pour *s. th.* on.

ˈauf|glän·zen *v/i* <*sep*, -ge-, sein> flash, gleam (*a. Augen*), *Gesicht*: light up.

ˈaufˌglei·sen [-ˌglaɪzən] *v/t* ‹*sep*, **-ge-**, **h**› (*Eisenbahnwagen*) rerail.

ˈAufˌgleit|ˌfront *f meteor.* (rising) warm front. **~ˌwol·ke** *f* rising (*od.* upslide) cloud.

ˈaufˌglie|dern *v/t* ‹*sep*, **-ge-**, **h**› (*unterteilen*) (sub)divide, split up, *in Klassen*: classify, *statistisch*, *a. econ.* analyse, break down (**nach** *Alter, Art etc* by), *weitS.* specify, *Am.* itemize, *nach Abteilungen*: departmentalize, *ling.* (*e-n Satz*) analyse, parse. **~de·rung** *f* ‹**-; -en**› (sub)division, classification, *econ.* breakdown, analysis, (*Aufbau*) structure.

ˈaufˌglim·men *v/i* ‹*irr*, *sep*, **-ge-**, **sein**› gleam, glimmer, flicker up; *fig.* **der Verdacht glomm in ihr auf, daß** she had a growing suspicion that.

ˈaufˌglü·hen *v/i* ‹*sep*, **-ge-**, **h** *u.* **sein**› (begin to) glow (*a. Gesicht*).

ˈaufˌgra·ben *v/t* ‹*irr*, *sep*, **-ge-**, **h**› dig up.

ˈaufˌgrät·schen *gym.* **I** *v/i* ‹*sep*, **-ge-**, **h** *u.* **sein**› straddle (up). **II ~** *n* ‹**-s**› straddle mount.

ˈaufˌgrei·fen *v/t* ‹*irr*, *sep*, **-ge-**, **h**› **1.** take (*od.* pick) *s. th.* up, seize. **2.** (*Dieb etc*) pick up, seize. **3.** *fig.* (*Thema, Idee etc*) take up; **er hat die Idee sofort aufgegriffen** he jumped at the idea.

ˌaufˈgrund *prep* ‹*gen od.* **von**› → Grund 9.

ˈaufˌgucken (*getr.* **-k·k-**) *v/i* ‹*sep*, **-ge-**, **h**› *colloq. for* **aufblicken** 1.

ˈAufˌguß *m* **1.** (*Kräuter~ etc*) infusion; **der zweite ~** the second brew. **2.** *fig.* warmed-up version; → *a.* **Abklatsch** 1. **3.** *print.* cast-on mount. **~ˌbeu·tel** *m* infusion (*od.* tea) bag. **~ˌtier·chen** *n biol.* infusorian, *pl* infusoria.

ˈaufˌha·ben I *v/t* ‹*irr*, *sep*, **-ge-**, **h**› *colloq.* **1.** have (*a hat, etc*) on, wear. **2.** have (*ständig*: keep) (*the door, etc*) open. **3.** *ped.* (*Aufgabe*) have *s. th.* to do; **wir haben heute nichts auf** we have no homework today. **II** *v/i* **4.** *Geschäft etc*: be open.

ˈaufˌhacken (*getr.* **-k·k-**) *v/t* ‹*sep*, **-ge-**, **h**› **1.** (*Boden*) hoe up, *mit Spitzhacke*: pick up, (*Straße*) tear (*od.* break) up; **das Eis ~** break the ice open. **2.** *mit Schnabel*: hack (*od.* peck) open.

ˈaufˌha·ken *v/t* ‹*sep*, **-ge-**, **h**› unhook, undo.

ˈaufˌhal·sen *v/t* ‹*sep*, **-ge-**, **h**› *colloq.* **j-m et. ~** (*Pflicht etc*) saddle s. o. with s. th., (*Ware etc*) foist s. th. on s. o.; **sich** (*dat*) **et.** (**j-n**) **~** saddle (*od.* land) o. s. with s. th. (s. o.); **sich** (*dat*) **et. ~ lassen** let o. s. in for s. th.

ˈaufˌhal·ten I *v/t* ‹*irr*, *sep*, **-ge-**, **h**› **1.** stop, check, arrest; **den Verkehr ~** block (*od.* obstruct) the traffic; **den Fortschritt ~** retard progress; **e-n Krankheitsprozeß ~** check (*od.* stay) the progress of a disease; **j-s Fall ~** break s. o.'s fall; **das (er) hält den ganzen Betrieb auf** that (he) is holding up the whole show. **2.** (*Gegner*) halt, stop, check, *Sport*: *a.* block, (*Angriff, Flut*) *a.* stem; **j-n an der Grenze ~** detain s. o. at the border; **ich wurde durch ein Unwetter aufgehalten** I was delayed by a thunderstorm; **das Unglück war nicht mehr aufzuhalten** the disaster could not be stayed off; **er war nicht aufzuhalten** there was no stopping him; **ich will Sie nicht länger ~** I'll not detain (*od.* keep) you any longer. **3.** (*Tür, Laden etc*) keep *s. th.* open; **ich kann kaum die Augen ~** I can hardly keep my eyes open. **4.** *mar.* (*Ruder*) bear up. **II** *v/reflex* **sich ~ 5.** be, stay; **sich im Ausland** (**in j-s Nähe, bei Freunden**) **~** stay abroad (near s. o., with friends); **weißt du, wo er sich aufhält?** do you know his whereabouts (*od.* where he is at the moment)?; **ich kann mich nicht lange ~** I can't stay (very) long. **6. sich mit** (*a.* **bei**) **et. ~** dwell on s. th., **unnütz**: waste one's time on (*od.* doing) s. th., **lange**: linger over (*od.* upon) s. th.; **ich kann mich damit nicht ~** I can't spend any time on it, I cannot be bothered with it; **ich brauche mich bei diesem Punkt nicht aufzuhalten** I need not labo(u)r this point. **7. sich über j-n** (**et.**) **~** find fault with (*od.* criticize) s. o. (s. th.), take exception to s. o. (s. th.).

ˈaufˌhän|gen I *v/t* ‹*sep*, **-ge-**, **h**› **1.** (*Mantel etc, teleph. den Hörer, a. v/i*) hang up. **2.** (**an** *dat*) (*Lampe etc, a. tech. Räder*) suspend (from *the ceiling, etc*), (*Bild etc*) hang (on *the wall*). **3.** (*Wäsche*) hang *s. th.* out (to dry). **4. j-n ~** hang s. o. (by the neck), *colloq.* string s. o. up. **5.** *fig. colloq.* **j-m et. ~** → **aufhalsen**; **j-m ein Märchen ~** tell s. o. a (whopping) lie; **er hat ihr ein Kind aufgehängt** he's got her with child; **e-n Zeitungsartikel an e-m bestimmten Fall ~** hang an article on a specific case. **II** *v/reflex* **sich ~ 6.** hang o. s.; *colloq.* (**ach,**) **häng dich** (**doch**) **auf!** go and be hanged!; *humor.* **wo kann ich mich ~?** where can I hang up my things? **~ger** *m* ‹**-s; -**› **1.** (*Mantel~ etc*) loop, hanger, tab. **2.** *colloq. für e-n Zeitungsartikel etc*: peg (on which to hang a story), *colloq.* gimmick. **~gung** *f* ‹**-;** *no pl*› **1.** hanging up (*etc*). **2.** *tech.* a) (*Rad~ etc*) suspension, b) *Batterie*: mounting.

ˈaufˌhau·en *v/t* ‹*irr*, *sep*, **-ge-**, **h**› **1.** (*Eis etc*) hew (*od.* hack, pick) open. **2.** (*geschlachtetes Tier*) cut up.

ˈaufˌhäu·feln *v/t* ‹*sep*, **-ge-**, **h**› *agr.* (*Erde*) hill (up).

ˈaufˌhäu|fen I *v/t* ‹*sep*, **-ge-**, **h**› **1.** (*Erde, Sand*) heap (*od.* pile) up. **2.** *fig.* (*Reichtümer etc*) amass, accumulate, (*Schulden*) run up. **II** *v/reflex* **sich ~ 3.** pile (*od.* heap) up, accumulate, *Wolken*: bank up. **~fung** *f* ‹**-; -en**› **1.** heaping up (*etc*). **2.** accumulation.

ˈaufˌheb·bar *adj jur. Gesetze*: repealable, abrogable, *Vertrag*: rescindable, voidable, *Ehe*: annullable. **~keit** *f* ‹**-;** *no pl*› repealability, voidableness.

ˈaufˌhe·ben *v/t* ‹*irr*, *sep*, **-ge-**, **h**› **1.** (*Äpfel, Zettel etc*) pick up, (*Lasten etc*) lift (up), take up; **j-n ~** lift (*od.* help) s. o. up. **2.** (*Arm, Augen*) raise, lift; *fig.* **die Hand gegen j-n ~** lift (*od.* raise) one's hand against s. o. **3.** (*aufbewahren*) keep, save *s. th.* up, preserve, (*lagern*) store; **et. für später ~** keep s. th. for later; → **aufgehoben**. **4.** (*Versammlung etc*) close, terminate, (*vertagen*) adjourn, (*Boykott, Streik*) call off; → **Belagerung** 2, **Tafel** 7. **5.** (*abschaffen*) abolish (*capital punishment, etc*); **ein Verbot** (**Embargo**) **~** lift a ban (an embargo). **6.** *jur.* (*Vertrag etc*) cancel, rescind, (*a. Ehe etc*) annul, (*Gesetz*) abrogate, repeal, *zeitweilig*: suspend, (*Beschlagnahme etc*) lift, raise; **ein Testament ~** revoke (*od.* set aside) a will; **ein Verlöbnis ~** break off an engagement; **ein Urteil ~** quash (*od.* set aside) a judg(e)ment. **7.** *fig.* (*ausgleichen*) compensate, neutralize, (counter)balance, offset, (*Wirkung*) *a.* negative; **die Schwerkraft ~** neutralize gravity; **sich** (*od.* **einander**) **~** cancel each other out, neutralize one another, *math.* cancel out.

ˈAufˌhe·ben *n* ‹**-s;** *no pl*› fuss, to-do, ado; **viel ~(s)** (*od.* **großes ~**) **von et.** (**um j-n**) **machen** make a great fuss (*colloq.* noise) about s. th. (s. o.), fuss about s. th. (s. o.); **davon braucht man kein ~(s) zu machen** that's nothing to make a song and dance about; **viel ~(s) um nichts** much ado about nothing.

ˈaufˌhe·bend *adj Bestimmung, Urteil*: rescissory.

ˈAufˌhe·bung *f* ‹**-;** *no pl*› **1.** abolition (**der Todesstrafe** of capital punishment); *pol.* **~ der Rassentrennung** desegregation. **2.** *e-r Versammlung etc*: termination, (*Schließung*) closure; **~ der Tafel** termination of the meal. **3.** *der Wirkung etc*: neutralization, nullification. **4.** *e-s Vertrages etc*: cancel([l]ation) (*a. mus. des Vorzeichens*), rescission, annulment, nullification, *e-s Gesetzes etc*: abrogation, repeal, *zeitweilige*: suspension; **die ~ e-s Testaments** the revocation of a will; **gerichtliche ~ der ehelichen Gemeinschaft** judicial separation; **die ~ e-s Urteils** the rescission (*od.* quashing, reversal) of a sentence; **~ der Immunität** revocation of the privilege of immunity.

ˈaufˌhei|tern I *v/t* ‹*sep*, **-ge-**, **h**› **1. j-n ~** cheer s. o. (up). **II** *v/reflex* **sich ~ 2.** *Wetter etc*: clear (up), brighten (up). **3.** *fig. Gemüt*: brighten (up), *Gesicht*: *a.* light up. **~ternd** *pres p meteor.* **gebietsweise ~** clearing in some areas. **~terung** *f* ‹**-; -en**› **1.** *meteor.* clearing (up), *weitS.* improvement; **mit zeitweiligen ~en** with bright (*od.* sunny) intervals. **2.** *fig. des Gemüts etc*: brightening, cheering (up); **et. zu j-s ~ sagen** say s. th. to cheer s. o. up; **er braucht e-e kleine ~** he needs a little cheering up. **~te·rungs·geˌbiet** *n meteor.* area with bright periods.

ˈaufˌhei·zen *v/t u.* **sich ~** *v/reflex* ‹*sep*, **-ge-**, **h**› *tech.* heat (up).

ˈaufˌhel·fen *v/i* ‹*irr*, *sep*, **-ge-**, **h**› **1. j-m ~** help s. o. up (**von** from), *fig.* assist s. o., give s. o. a leg-up; **j-s Selbstbewußtsein ~** bolster s. o.'s ego. **2.** *fig. der Kasse, Stimmung etc*: better, improve.

ˈAufˌhellˌblitz *m phot.* fill-in flash(light).

ˈaufˌhel|len I *v/t* ‹*sep*, **-ge-**, **h**› **1.** (*Farbe etc*) lighten, brighten (up); **das Haar ~** lighten the colo(u)r of the hair. **2.** (*Flüssigkeit*) clarify. **3.** *fig.* (*Problem, Hintergründe etc*) throw light upon, clear up, illuminate. **II** *v/reflex* **sich ~ 4.** → **aufheitern** II. **5.** *Farbe etc*: lighten, grow (*od.* get) lighter. **6.** *fig. Probleme etc*: be cleared up. **~ler** *m* ‹**-s; -**› *phot.* **1.** fill-in light. **2.** → **Aufhellblitz**. **~lung** *f* ‹**-; -en**› **1.** lightening (*etc*). **2.** *e-r Flüssigkeit*: clarification. **3.** *fig. der Hintergründe etc*: clarification, illumination. **4.** → **Aufheiterung** 1.

ˈaufˌhet|zen *v/t* ‹*sep*, **-ge-**, **h**› **1. j-n** (**zu et.**) **~** incite (*od.* instigate) s. o. (to [do] s. th.); **j-n ~ gegen** set s. o. against; **Leute gegeneinander ~** set people at each other's throats. **2.** *pol.* agitate. **~zend** *adj* instigative, inflammatory, fomenting. **~zer** *m* ‹**-s; -**› **1.** inciter, instigator. **2.** *pol.* agitator, fomenter. **~ze·risch** *adj* → **aufhetzend**. **~zung** *f* ‹**-; -en**› **1.** incitement, instigation. **2.** *pol.* agitation, fomenting.

ˈaufˌheu·len *v/i* ‹*sep*, **-ge-**, **h**› *allg.* (give a) howl, *Motor*: roar, *Wind*: howl.

ˈaufˌho·len I *v/t* ‹*sep*, **-ge-**, **h**› **1.** (*Zeit, Verspätung*) make up for (*lost time*). **2.** (*Rückstand etc*) catch up with (*od.* on); **das Versäumte ~** make up leeway (*od.* lost ground). **3.** *mar.* haul up, (*Segelboot*) bring (*a boat*) close to the wind, haul in. **II** *v/i* **4.** *rail. etc* make up time. **5.** *Sport etc, a. fig.* (**gegenüber** *dat*) catch up (with *od.* on), pull up (to *od.* with), gain (on), close the gap. **6.** *Börsenkurs etc*: rise, make up for losses.

ˈaufˌhor·chen *v/i* <*sep*, -ge-, h> prick (up) one's ears, listen very attentively, *bes. fig.* sit up and take notice; **die Nachricht ließ uns ~** the news made us sit up.

ˈaufˌhö·ren I *v/i* <*sep*, -ge-, h> **1.** stop, cease, (come to an) end, finish; **sie hörte beim 5. Kapitel auf** she stopped (*od.* left off) at the fifth chapter; **mitten im Satz ~** stop (*od.* break off) in the middle of the sentence; **wo haben wir aufgehört?** where did we leave off?; **plötzlich ~** stop short (*od.* dead); **er hörte nicht auf, bis es ihm gelang** he did not stop (*od.* he kept on) until he succeeded; **ohne aufzuhören** incessantly, without stopping (*od.* letup); *colloq.* **hör (doch) auf (damit)!, nun hör schon auf!** stop it!, *sl.* cut it out!; **hören wir (damit) auf!** let's stop it!, let us have done with it!; **mit et. ~** stop (*od.* leave off, have done with, *Am.* quit) s. th.; **mit der Arbeit ~, ~ zu arbeiten** a) stop working, knock off (*od.* quit) work, b) → **streiken** 2; **hör mit dem Unsinn (Lärm) auf!** stop that nonsense (noise)!; **der Schmerz hat aufgehört** the pain has ceased; **es hat aufgehört zu regnen** it has ceased (*od.* stopped) raining; **der Sturm hörte allmählich auf** the storm gradually ceased (*od.* subsided); **das muß ~!** this must stop!; **das hört nicht auf** there is no end to it; *colloq.* **da hört (sich) doch alles auf!** that's the limit!, did you ever? **2. ~ mit** (*abbrechen*) discontinue, stop (*correspondence, etc*). **II 2** *n* <-s> **3.** stopping (*etc*), stop(page), cessation, discontinuance.

ˈaufˌja·gen *v/t* <*sep*, -ge-, h> **1.** (*Wild*) start, rouse, (*Vögel*) flush. **2.** *fig. colloq.* rouse; **j-n aus dem Bett ~** rout s. o. out.

ˈaufˌjam·mern *v/i* <*sep*, -ge-, h> (give a) wail.

ˈaufˌjauch·zen, ˈaufˌju·beln *v/i* <*sep*, -ge-, h> shout with joy, jubilate, cheer.

ˈAufˌkauf *m econ.* buying up, *von Massengütern*: bulk (*od.* wholesale) buying, *spekulativer*: cornering, forestalling. **ˈaufˌkau·fen** *v/t* <*sep*, -ge-, h> (*Waren*) buy (*od.* take) up, *restlos*: engross, *spekulativ*: corner (*wheat, the market*), (*Wechsel*) discount. **ˈAufˌkäu·fer** *m* <-s; -> (wholesale) buyer, (*Agent*) buying agent, (*Spekulant*) speculative buyer, forestaller.

ˈaufˌkeh·ren *v/t* <*sep*, -ge-, h> sweep (*od.* broom) *s. th.* up.

ˈaufˌkei·men I *v/i* <*sep*, -ge-, sein> **1.** *Saat*: germinate, come (*od.* spring) up, *Blätter, Knospen*: bud, sprout; **~ lassen** sprout, germinate. **2.** *fig. Liebe etc*: bud, burgeon, spring up, *Verdacht etc*: grow, rise. **II 2** *n* <-s> **3.** *bot.* germinating (*etc*), germination. **4.** *fig.* budding (*etc*). **~d** *adj* budding (*etc*), nascent.

ˈAufˌkim·mung [-ˌkɪmʊŋ] *f* <-; -en> *mar.* rise (of floor), dead rise.

ˈaufˌklaf·fen *v/i* <*sep*, -ge-, h *u.* sein> *Spalte, Wunde etc*: gape (open), *Abgrund etc*: yawn, *fig. a.* open (up).

ˈAufˌklang *m poet. for* Auftakt 2.

ˈaufˌklapp·bar *adj* **1.** *Deckel*: that can be raised, hinged. **2.** folding; **~e Bildtafel** foldout; **~er Sitz** tip-up (*od.* folding) seat; **Auto mit ~em Verdeck** convertible (car). **ˈaufˌklap·pen I** *v/t* <*sep*, -ge-, h> (*Buch, Messer, Autoverdeck etc*) open, (*Messer*) *a.* unclasp, (*Sitz*) tip up, (*Tisch*) put up (the folds of), (*Hutkrempe etc*) turn up. **II** *v/i* <sein> *Deckel etc*: (spring) open, snap open.

ˈaufˌkla·ren [-ˌklaːrən] **I** *v/t* <*sep*, -ge-, h> *mar.* (*Deck etc*) clear (up), (*Taue etc*) clear away. **II** *v/i Wetter*: clear (up), brighten (up); **es klart auf** it's clearing (up).

ˈaufˌklä|ren I *v/t* <*sep*, -ge-, h> **1.** (*Ursache, Zs.-hang etc*) clear up, clarify, throw light on, illuminate, (*Verbrechen, Fall, Geheimnis*) solve, clear up, *colloq.* crack, (*Irrtum, Mißverständnis*) correct, rectify, put *s. th.* right. **2. j-n ~ (über** *acc*) enlighten s. o. (on), inform s. o. (of, about), instruct s. o. (about); **j-n (sexuell) ~** enlighten s. o. on sexual matters, *colloq.* explain the facts of life to s. o., tell s. o. about the birds and (the) bees. **3.** *mil.* reconnoit/re (*Am.* -er), scout. **II** *v/reflex* **sich ~ 4.** *Sachverhalt, Verbrechen etc*: be cleared up. **5.** → **aufklaren** II. **2rer** <-s; -> **1.** *aer. mil.* reconnaissance plane, scout (plane), *elektronisch ausgerüstet*: *a.* surveillance aircraft. **2.** *philos. hist.* a) representative of the Enlightenment movement, b) rationalist. **3.** *DDR pol.* party-line propagandist. **~re·risch** *adj* enlightening, (*freisinnig*) rationalist(ic), liberal. **2rung** *f* <-; -en> **1.** <*only sg*> clearing up, solution (*of a crime, mystery, etc*); **der Fall bedarf der ~** the case needs clearing up. **2.** <*only sg*> (*Klarstellung*) clarification, (*Erklärung*) explanation, *e-s Irrtums etc*: correction, rectification. **3.** (*Belehrung, Aufschluß etc*) enlightenment (*a. philos.*), information, education(al work); **sexuelle ~** sex enlightenment (*od.* education); **sich ~ verschaffen** inform o. s. **(über** *acc* on); **~ verlangen** demand an explanation **(über** *acc* of). **4.** <*only sg*> *philos. hist.* a) **(Zeitalter der ~** Age of) Enlightenment, b) (*Rationalismus*) rationalism. **5.** *mil.* reconnaissance, scouting. **6.** <*only sg*> *DDR pol.* party-line propaganda.

ˈAufˌklä·rungs|ˌabˌtei·lung *f mil.* reconnaissance detachment. **~ˌar·beit** *f fig.* educational work (*od.* campaign). **~ˌbuch** *n* sex education book. **~ˌfeldˌzug** *m fig.* campaign of enlightenment. **~ˌfahrˌzeug** *n* → **Aufklärungsschiff**. **~ˌfilm** *m* sex education film. **~ˌflug** *m mil.* reconnaissance flight (*od.* mission). **~ˌflugˌzeug** *n* → Aufklärer 1. **~kamˌpa·gne** *f* educational (*od.* information) campaign. **~ma·te·riˌal** *n* informative material. **~ˌquo·te** *f von Verbrechen*: rate of offences cleared up, clear-up rate. **~sa·telˌlit** *m aer.* reconnaissance satellite. **~ˌschiff** *n mil.* scout vessel. **~ˌschrift** *f* informative pamphlet. **~ˌzeitˌal·ter** *n hist.* Age of Enlightenment.

ˈaufˌklat·schen I *v/i* <*sep*, -ge-, sein> **1.** *Regen etc*: splash **(auf** *acc u. dat* on). **2.** hit (the water) with a splash; **mit dem Bauch aufs** (*od.* **auf dem**) **Wasser ~** do a belly flop. **3.** *auf dem Boden*: hit the ground with a smack. **II** *v/t* <h> **4.** (*Tünche*) slap **(auf** *acc* on).

ˈaufˌklau·ben *v/t* <*sep*, -ge-, h> pick up.

ˈAufˌkle·be|adres·se [-ʔaˌdrɛsə] *f* gummed address label. **~etiˌkett** *n* adhesive (*od.* sticky) label, sticker.

ˈaufˌkle·ben *v/t* <*sep*, -ge-, h> **1.** (*Briefmarken etc*) stick (*od.* put) on **(auf** *acc* to). **2.** (*Papier, Holz etc*) paste on, glue on. **3.** *phot. print.* mount.

ˈAufˌkle·ber *m* <-s; -> sticker.

ˈaufˌklei·stern *v/t* <*sep*, -ge-, h> paste on **(auf** *acc* to).

ˈaufˌklin·gen *v/i* <*irr, sep*, -ge-, sein *u.* h> (re)sound, ring out.

ˈaufˌklin·ken *v/t* <*sep*, -ge-, h> (*Tür*) unlatch, open.

ˈaufˌklop·fen I *v/t* <*sep*, -ge-, h> (*Nüsse etc*) break *s. th.* open, crack. **II** *v/i mit Zeigestock etc*: tap **(auf** *dat* on).

ˈaufˌknacken (*getr.* -k·k-) *v/t* <*sep*, -ge-, h> (*Nüsse etc, a. fig. colloq. Geldschrank etc*) crack.

ˈaufˌknöp·fen *v/t* <*sep*, -ge-, h> **1.** unbutton, undo, (*Manschetten*) *a.* unlink; *humor.* **knöpf (dir) die Ohren auf!** now (you better) listen! **2.** button *s. th.* on **(auf** *acc* to).

ˈaufˌkno·ten *v/t* <*sep*, -ge-, h> → **aufknüpfen** 1.

ˈaufˌknüp·fen *v/t* <*sep*, -ge-, h> **1.** (*Knoten, Paket etc*) untie, undo. **2.** *colloq.* **j-n ~** hang s. o., string s. o. up.

ˈaufˌko·chen I *v/t* <*sep*, -ge-, h> boil (up); **et. ~ (lassen)** bring s. th. to the boil. **II** *v/i* <h *u.* **sein**> boil up, come to the boil.

ˈaufˌkoh·len *v/t* <*sep*, -ge-, h> *metall.* (*Eisen*) carburize.

ˈaufˌkom·men I *v/i* <*irr, sep*, -ge-, sein> **1.** get up, rise (to one's feet). **2. (vom Krankenlager) ~** get up from one's sickbed, recover. **3.** *Wind etc*: spring up, *Gewitter etc*: come up, gather. **4.** *Mode, Brauch etc*: come into fashion (*od.* vogue), come in, *Erfindung etc*: appear, emerge, (*sich ausbreiten*) spread. **5.** *Zweifel, Verdacht etc*: arise; **ein Verdacht kam in ihm auf** he had a growing suspicion; **Zweifel ~ lassen** give rise to doubt(s); **um k-n Zweifel ~ zu lassen** to exclude any doubts; **das läßt bei mir Zweifel an s-r Ehrlichkeit ~** that makes me doubt his honesty; **ich ließ dieses Gefühl (in mir) nicht ~** I suppressed this feeling. **6.** *Rede, Gerücht etc*: arise, start, spread. **7. gegen j-n (et.) ~** prevail against s. o. (s. th.), cope (*od.* deal) with s. o. (s. th.); **ich komme gegen ihn nicht auf** I am no match for him; **die Firma kommt gegen e-e solche Konkurrenz nicht auf** the firm is powerless against such (a) competition; **et. nicht ~ lassen** suppress s. th., prevent s. th. (from gaining ground); **j-n nicht ~ lassen** not to give s. o. a chance; **niemanden neben sich ~ lassen** suffer no rival. **8. für et. ~** answer (*od.* be responsible) for s. th.; **für den Schaden ~** compensate for (*od.* make good) the damage; **für die Unkosten ~** pay (*od.* defray) the expenses. **9.** *Geld*: come in, be raised. **10.** *Schiff*: come up, haul up; **e-m anderen Schiff ~** gain another ship. **11.** *Läufer, Boxer etc*: gain **(gegenüber** on). **12.** *dial. Betrug etc*: be discovered, be exposed. **II 2** *n* <-s> **13.** (*Genesung*) recovery. **14.** (*Entstehung*) rise, emergence, appearance, (*Verbreitung*) spread(ing), *e-r Mode etc*: *a.* coming in(to vogue); **mit dem 2 des Penicillins** with the advent of penicillin. **15.** → **Steueraufkommen**.

ˈaufˌkor·ken *v/t* <*sep*, -ge-, h> (*Flasche*) uncork.

ˈaufˌkrat·zen *v/t* <*sep*, -ge-, h> **1.** (*Haut, Wunde etc*) scratch *s. th.* open (*od.* sore). **2.** (*Boden*) scratch (up). **3.** (*Muster etc*) engrave **(auf** *acc* on). **4.** *Textil.* (*Wolle*) card, (*Tuch*) raise (the nap of), nap. **5.** → **aufgekratzt**.

ˈaufˌkrei·schen *v/i* <*sep*, -ge-, h> **(vor** with) shriek, scream (out), *a. fig. Bremsen etc*: screech.

ˈaufˌkrem·pe(l)n *v/t* <*sep*, -ge-, h> (*Hose, Ärmel*) turn up, roll up; **sich** (*dat*) **die Ärmel (Hose) ~** turn one's sleeves (trousers) up.

ˈaufˌkreu·zen *v/i* <*sep*, -ge-, sein> **1.** <*a.* h> *mar. gegen den Wind*: tack, beat to windward. **2.** *fig. colloq.* turn up, show up.

ˈaufˌkrie·gen *v/t* <*sep*, -ge-, h> *colloq. for* **aufbekommen**.

ˈaufˌkün·di·gen *v/t* <*sep*, -ge-, h> **1.** → **kündigen** 1, 2. **2.** *fig.* **j-m die Freundschaft ~** withdraw one's friendship from

s. o.; j-m den Gehorsam ~ refuse to obey s. o. any longer.

ˈaufˌla·chen *v/i* ⟨*sep*, -ge-, h⟩ burst out laughing, give a (loud, *etc*) laugh.

ˈaufˌlad·bar *adj Akku*: rechargeable.

ˈaufˌla|den I *v/t* ⟨*irr, sep*, -ge-, h⟩ **1.** (*Güter, Fahrzeuge*) load (auf *acc* onto). **2.** *colloq.* j-m et. ~ a) load s. o. with s. th., b) *fig.* saddle s. o. with s. th.; j-m die ganze Schuld ~ lay all the blame on s. o.; sich (*dat*) et. ~ saddle o. s. with s. th.; sich e-e große Verantwortung ~ *a.* take on a great responsibility. **3.** (*Batterie*) charge; wieder ~ recharge. **4.** *aer.* (*Motor*) supercharge, boost. **II** *v/reflex* sich ~ **5.** *Batterie etc*: be charged, charge up. **III** ≈ *n* ⟨-s⟩ **6.** loading (*etc*); → Aufladung. **≈der** *m* ⟨-s; -⟩ **1.** loader, packer. **2.** *aer. mot.* (*Aufladegebläse*) supercharger, booster. **≈dung** *f* ⟨-; -en⟩ **1.** *e-r Batterie*: charge; ungenügende ~ undercharge. **2.** *aer. mot.* supercharging, boost.

ˈAufˌla·ge *f* ⟨-; -n⟩ **1.** *e-s Buches*: edition, *e-r Zeitung*: circulation (→ *a.* Auflagenhöhe); vermehrte u. verbesserte ~ enlarged revised edition; unveränderte ~ unaltered edition, reprint; fünf ~n erleben go through five editions; die Zeitung hat e-e hohe ~ the newspaper has a large (*od.* wide) circulation; die ~ beträgt 50000 Exemplare the newspaper has a circulation of 50,000 copies. **2.** *econ.* a) (*Steuer*) tax, duty, b) → Serienfertigung. **3.** *jur.* (*Bedingung*) condition, (*Belastung*) charge, (*Anweisung*) direction, instruction, (*amtlicher Befehl*) order, injunction, (*Pflicht*) duty; j-m et. zur ~ machen make s. th. a condition for s. o. **4.** *tech.* (*Stütze*) rest (*a. beim Schießen*), support, seat, (*Belag, Futter*) lining, (*Anstrich*) coat(ing), (*Schicht*) layer, *am Ski*: footplate. **~ˌflä·che** *f tech.* bearing (*od.* contact) surface.

ˈAufˌla·gen|ˌhö·he *f* **1.** *e-s Buches*: number of copies. **2.** *e-r Zeitung*: circulation (figure). **≈ˌschwach** *adj* low-circulation (*newspaper, etc*). **≈ˌstark** *adj* high- (*od.* big-)circulation (*newspaper, etc*). **~ˌzif·fer** *f* → Auflagenhöhe.

ˈAufˌla·geˌpunkt *m civ. eng.* point of support.

ˈAufˌla·ger *n* ⟨-s; -⟩ *civ. eng.* support.

ˈaufˌlan·dig [-ˌlandɪç] *adj mar. Winde*: onshore, blowing from the sea.

ˈaufˌlas|sen *v/t* ⟨*irr, sep*, -ge-, h⟩ **1.** *colloq.* (*Tür, Mantel etc*) leave open. **2.** *colloq. for* aufbehalten 1. **3.** *colloq.* let (*children*) stay up, (*Kranke*) let *s. o.* get up. **4.** (*Ballon, Brieftauben etc*) release, send up. **5.** *dial.* (*Betrieb etc*) close down, (*Bergwerk*) *a.* abandon. **6.** *jur.* (*Immobilien*) convey. **7.** (*Grab*) close. **≈sung** *f* ⟨-; *no pl*⟩ **1.** *jur. von Immobilien*: conveyance. **2.** *dial.* (*Stillegung*) closing down, *e-s Bergwerks*: *a.* abandonment; die ~ e-s Weges the closing of a path.

ˈaufˌlau·ern *v/i* ⟨*sep*, -ge-, h⟩ j-m ~ waylay s. o. (*a. fig.*), (lie in) wait for s. o.

ˈAufˌlauf *m* ⟨-(e)s; Aufläufe⟩ **1.** (*Menschen*≈) crowd, gathering, *stürmischer*: tumult, riot, commotion, *jur.* unlawful assembly; es entstand ein ~ a large crowd assembled (*od.* gathered); e-n ~ verursachen cause a riot. **2.** *gastr.* soufflé. **~ˌbrem·se** *f mot.* overrunning brake.

ˈaufˌlau·fen I *v/i* ⟨*irr, sep*, -ge-, sein⟩ **1.** *mar.* a) run aground, b) (*einholen*) come up (with another vessel); auf e-e Sandbank ~ run aground on (*od.* strike) a sandbank; auf Land ~ run ashore, strand; auf e-e Mine ~ hit a mine; ein Schiff ~ lassen run a ship aground. **2.** auf j-n (et.) ~ run (*od.* bump) into s. o. (s. th.), ram s. o. (s. th.); j-n ~ lassen a) *Sport*: obstruct s. o. unfairly, b) *fig. colloq.* give s. o. what for; da ist er voll aufgelaufen a) he ran his head into a wall, b) he took it on the chin. **3.** *Sport*: zur Spitze ~ (*aufrücken*) move up with the leaders; zu (s-r) Höchstform ~ reach one's peak. **4.** *Guthaben etc*: accumulate, run up, *Zinsen etc*: accrue; e-n Betrag ~ lassen run up an amount. **5.** *Saat*: germinate, shoot, sprout. **6.** *Teig*: rise. **II** *v/t* ⟨h⟩ **7.** *colloq.* sich (*dat*) die Füße ~ walk one's feet sore. **III** ≈ *n* ⟨-s⟩ **8.** running aground (*etc*). **9.** *econ.* accumulation, *von Zinsen etc*: accrual.

ˈAufˌlaufˌform *f gastr.* soufflé dish (*od.* case).

ˈaufˌle·ben I *v/i* ⟨*sep*, -ge-, sein⟩ (wieder) ~ revive (*a. fig. Diskussion, Tradition etc, a. jur. alte Rechte etc*), come to life again; et. neu ~ lassen revive s. th.; *fig.* während des Besuchs lebte er förmlich auf he really livened up during the visit. **II** ≈ *n* ⟨-s⟩ revival.

ˈaufˌlecken (*getr.* -k·k-) *v/t* ⟨*sep*, -ge-, h⟩ lick up, lap up.

ˈAufˌle·ge|ˌmas·ke *f print.* overlay. **~maˌtrat·ze** *f* overlay (mattress).

ˈaufˌle·gen I *v/t* ⟨*sep*, -ge-, h⟩ **1.** (*Kohlen, Schallplatte, Makeup etc*) put on, (*Gedeck*) lay; ein neues Tischtuch ~ *a.* spread (*od.* lay) a new tablecloth; ein Pflaster auf e-e Wunde ~ put a plaster on (*od.* apply a plaster to) a wound; *bes. relig.* j-m die Hand ~ lay (*od.* impose) hands on s. o.; das Gewehr ~ put the rifle on a(n aiming) rest; den (Telefon)Hörer ~ *cf.* 11. **2.** (*Waren etc*) display (zum Verkauf for sale). **3.** (*Listen etc*) lay open (*od.* out) (zur Einsicht for inspection). **4.** publish, print; ein Buch neu ~ reprint (*od.* republish) a book. **5.** (*Wertpapier etc*) issue, float; e-e Anleihe zur Zeichnung ~ place a loan for subscription. **6.** (*Produktionsserie*) start, launch. **7.** die Karten ~ put (*od.* lay) one's cards down (*od.* on the table). **8.** *gastr.* j-m et. ~ (*vorlegen*) help s. o. to s. th. **9.** (*Schiff*) lay up. **10.** → auferlegen. **II** *v/i* **11.** *teleph.* hang up, replace the receiver. **III** *v/reflex* sich ~ **12.** lean on one's elbows; sich ~ auf (*acc*) rest one's elbows (*od.* lean) on.

ˈAufˌle·ger *m* ⟨-s; -⟩ *print.* layer-on, feeder.

ˈAufˌle·gung *f* ⟨-; *no pl*⟩ **1.** putting on (*etc*). **2.** → Auferlegung. **3.** *von Wertpapieren etc*: issue, floatation. **4.** *bes. relig. der Hände*: laying on (*od.* imposition) (of hands).

ˈaufˌleh|nen I *v/reflex* ⟨*sep*, -ge-, h⟩ **1.** *fig.* sich ~ (gegen) rebel (*od.* revolt) (against), oppose (*od.* resist) (*s. th., s. o.*). **2.** sich ~ auf (*acc*) lean (one's elbows) on. **II** *v/t* **3.** (*Arme etc*) rest. **≈nung** *f fig.* (gegen) rebellion (against), revolt (against), opposition (to), resistance (of).

ˈaufˌlei·men *v/t* ⟨*sep*, -ge-, h⟩ glue on (auf *acc* to).

ˈaufˌle·sen *v/t* ⟨*irr, sep*, -ge-, h⟩ pick up (*a. fig. colloq. j-n*), (*Obst etc*) *a.* gather, (*Ähren*) glean; → Gosse 2.

ˈaufˌleuch·ten *v/i* ⟨*sep*, -ge-, h *od.* sein⟩ **1.** light up, flash (up). **2.** *fig. Augen*: light up, *Gesicht*: *a.* brighten (up).

ˈAufˌlicht *n* ⟨-(e)s; *no pl*⟩ *phot.* im ~ by reflected light.

ˈaufˌlie·fern *v/t* ⟨*sep*, -ge-, h⟩ post, mail, dispatch.

ˈaufˌlie·gen I *v/i* ⟨*irr, sep*, -ge-, h *u.* sein⟩ **1.** (auf *dat* [up]on) lie, rest. **2.** *Listen, Zeitschriften etc*: be laid out, be available; zur Einsichtnahme ~ be laid open for inspection. **3.** zur Zeichnung ~ *Anleihen etc*: be offered for subscription. **4.** *Schiff*: lie up, be laid up. **5.** *dial. fig.* j-m (schwer) ~ *Pflicht etc*: weigh (heavily) on s. o. **II** *v/reflex* sich ~ get bedsore(s).

ˈAufˌlie·geˌzeit *f mar.* lay-up days *pl.*

ˈaufˌli·sten *v/t* ⟨*sep*, -ge-, h⟩ list, *Computer*: *a.* list-print.

ˈaufˌlockern (*getr.* -k·k-) **I** *v/t* ⟨*sep*, -ge-, h⟩ **1.** *allg., a. tech. u. fig.* loosen up, *agr. a.* break up (*the ground*), *Sport*: *a.* limber up, *fig.* (*Atmosphäre etc*) *a.* relax, ease, (*Monotonie etc*) relieve, (*Programm, Unterricht*) *a.* liven up; aufgelockert *a. Person*: relaxed. **2.** (*Wohngebiet etc*) disperse; aufgelockerte Bauweise open construction. **II** *v/reflex* sich ~ **3.** (*a. v/i*) *Bewölkung*: disperse, break up. **4.** *fig. Atmosphäre etc*: ease, relax. **ˈAufˌlocke·rung** *f* (*getr.* -k·k-) ⟨-; -en⟩ **1.** loosening up (*etc*). **2.** ⟨*only sg*⟩ *fig.* relaxation. **3.** *meteor.* dispersion.

ˈaufˌlo·dern, ˈaufˌlo·hen *v/i* ⟨*sep*, -ge-, sein⟩ *Feuer, a. fig. Zorn etc*: flare (*od.* blaze) up.

ˈaufˌlös·bar *adj* **1.** *math., a. Rätsel etc*: solvable. **2.** *jur.* dissolvable. **3.** *chem.* soluble.

ˈaufˌlö·sen I *v/t* ⟨*sep*, -ge-, h⟩ **1.** (*Zucker, Pille etc*) dissolve, melt. **2.** (in s-e Bestandteile) ~ disintegrate, break up, *a. opt. phot.* dissolve, resolve, (*zersetzen*) decompose. **3.** (*Rätsel, Aufgabe, math. Gleichung, mus. Dissonanz*) (re)solve, *math.* (*Klammer, a. Schwierigkeiten, Widersprüche*) remove, (*Brüche*) reduce, *mus.* (*Vorzeichen*) cancel, *ling., a. chem.* analyze. **4.** (*entwirren*) unravel, disentangle. **5.** (*Parlament, Verein, Ehe etc*) dissolve, (*Versammlung*) *a.* break up, dismiss, (*Menschenmenge, Wolken etc*) *a.* disperse, break up, (*Verlobung*) break off, (*Haushalt*) break up, dissolve. **6.** (*Vertrag*) cancel, annul, (*Firma, Geschäft*) liquidate, wind up. **7.** (*Truppeneinheit*) disband, phase out. **II** *v/reflex* sich ~ **8.** *a.* sich in s-e Bestandteile ~ *cf.* 1, 2. **9.** *fig. Verein etc*: dissolve, *Versammlung, Menschenmenge, Wolken etc*: *a.* break up, disperse. **10.** (*ausfasern, sich entwirren*) unravel. **11.** *mil. Einheit etc*: disband, disintegrate, break up. **12.** *Knoten, Frisur etc*: come undone. **13.** *fig. Farbtöne, Traumbild etc*: dissolve, *opt. phot. a.* be resolved, *Mißverständnis*: *a.* be cleared up; sich in nichts ~ vanish (into the air), *Hoffnung etc*: come to nought, go up in smoke; → aufgelöst, Träne 1, Wohlgefallen.

ˈAufˌlö·sung *f* ⟨-; -en⟩ **1.** dissolving (*etc*). **2.** (*Zerfall*) disintegration (*a. fig.*), dissolution, decomposition, breakup; sich in ~ befinden, in ~ begriffen sein be in the process of disintegration, be disintegrating, *fig. a.* be falling apart. **3.** *e-s Rätsels etc, a. math. e-r Gleichung*: (re)solution, *math. e-r Klammer, a. fig. von Widersprüchen etc*: removal, (*Erklärung*) explanation, *e-s Romans etc, a. weitS.* denouement. **4.** *des Parlaments, e-r Organisation, der Ehe etc*: dissolution, *e-r Menschenmenge, von Wolken etc*: *a.* breakup, dispersion, *e-r Firma*: *meist* liquidation, winding-up, *e-s Vertrags*: cancel(l)ation, annulment, *e-s Kontos*: closing, *mil. e-r Einheit*: disbandment, phase-out. **5.** *opt. phot.* resolution. **6.** *mus. e-r Dissonanz*: resolution, *e-s Vorzeichens*: cancel(l)ation. **7.** *fig.* in e-m Zustand völliger ~ *Person*: quite hysterical, completely gone to pieces, on the verge of a nervous breakdown.

ˈAufˌlö·sungs|beˌschluß *m* **1.** *des*

Parlaments *etc*: resolution to dissolve. **2.** *econ. jur.* winding-up resolution (*gerichtlich*: order). **~erˌschei·nung** *f* sign(s *pl*) of disintegration. **≈ˌfä·hig** *adj* → auflösbar. **~ˌmit·tel** *n chem.* (dis)solvent. **~proˌzeß** *m* process of disintegration. **~verˌmö·gen** *n* **1.** *chem.* solvent power. **2.** *opt. phot. phys.* resolving power. **~ˌzei·chen** *n* **1.** *mus.* natural (sign). **2.** *ling.* di(a)eresis.

ˈaufˌlö·ten *v/t* ⟨*sep*, **-ge-**, **h**⟩ *tech.* solder *s. th.* on (**auf** *acc* to).

ˈaufˌma·chen I *v/t* ⟨*sep*, **-ge-**, **h**⟩ *colloq.* **1.** *allg.* open, (*Flasche*) *a.* uncork, (*Wasserhahn*) *a.* turn on, (*Schirm, a. Vorhang*) put up, (*aufschließen*) *a.* unlock, (*aufschnüren*) *a.* unlace, (*Knoten, Kleid*) *a.* undo, (*aufknöpfen*) unbutton; **die Tür** ~ *cf.* 7; *a. fig.* **die Augen** ~ open one's eyes; *fig.* **mach d-e Augen auf!** be careful!, watch out!; **ich werde m-e Augen schon** ~ I'll keep my eyes open; **mach doch (endlich) d-n Mund auf!** for heaven's sake, say something! **2.** *bes. econ.* a) (*Geschäft*) open, (*eröffnen*) *a.* set up, establish, b) (*Konto*) open, c) (*Rechnung*) make out, draw up. **3.** (*zurechtmachen*) make (*od.* get) up, (*gestalten*) design; **e-e Ware geschmackvoll** ~ *a.* pack an article attractively. **4.** *fig.* get *s. th.* up; **et.** *in der Presse etc* **groß** ~ highlight (*od.* splash) s. th., give s. th. a big spread. **5.** → **Dampf** 1. **II** *v/i colloq.* **6.** *a. Amt, Museum etc*: open; **das Geschäft hat wieder aufgemacht** the shop has reopened. **7.** open (*auf Klingelzeichen*: *a.* answer) the door; **j-m** ~ let s. o. in. **III** *v/reflex* **sich** ~ **8.** (**nach** for) start, set out; **sich früh** ~ start early. **9.** *lit.* **sich** ~, **et. zu tun** proceed to do s. th. **10.** *colloq.* (*sich zurechtmachen*) get (*od.* make) o. s. up. **11.** *lit. Wind*: spring up.

ˈAufˌma·cher *m* ⟨-s; -⟩ *colloq. in der Presse*: gimmick, *engS.* feature story (*od.* page, photo). **ˈAufˌma·chung** *f* ⟨-; *no pl*⟩ **1.** *e-r Ware*: presentation, packaging, getup, *a.* display, *von Büchern, Zeitungen etc*: makeup, getup, *drucktechnisch*: layout; **et. in großer** ~ **herausbringen** → **aufmachen** 4. **2.** *e-r Varieténummer etc*: presentation, (technical) setup. **3.** *colloq.* (*Kleidung*) outfit, getup, *Br. a.* rig-out. **4.** *colloq.* (*äußerer Schein*) window dressing.

ˈaufˌma·len *v/t* ⟨*sep*, **-ge-**, **h**⟩ paint *s. th.* on (**auf** *acc s. th.*).

ˈAufˌmarsch *m* **1.** marching up. **2.** *von Demonstranten etc*: march. **3.** *mil.* parade, march-past, (*strategischer* ~) concentration, (initial) assembly, *zum Gefecht*: deployment. **~geˌbiet** *n mil.* a) concentration (*od.* marshal[l]ing) area, b) deployment zone.

ˈauf·marˌschie·ren *v/i* ⟨*sep*, *no* **-ge-**, **sein**⟩ **1.** *a. fig.* march up. **2.** *mil. a.* ~ **lassen** a) march up (*troops*) (for a parade), b) *strategisch*: assemble, concentrate, *zum Gefecht*: deploy. **3.** *fig. colloq.* ~ **lassen** a) (*Speisen, Getränke*) bring on, b) (*Zeugen*) call.

ˈAufˌmarschˌplan *m mil.* operational plan.

ˈaufˌmei·ßeln *v/t* ⟨*sep*, **-ge-**, **h**⟩ **1.** *tech.* open *s. th.* with a chisel. **2.** *med.* (open *s. th.* with a) gouge, trephine.

ˈaufˌmer·ken *v/i* ⟨*sep*, **-ge-**, **h**⟩ (**auf** *acc* to) pay attention, attend; → *a.* **aufhorchen**.

ˈaufˌmerk·sam I *adj* **1.** attentive (**auf** *acc* to), (*wachsam*) watchful, alert, vigilant, (*eifrig*) keen; **j-n auf et.** ~ **machen** call (*od.* draw) s. o.'s attention to s. th., point s. th. out to s. o., *mahnend*: warn s. o. of s. th.; **auf et.** ~ **werden** notice s. th., become aware of s. th.; **sie wurden auf ihn** ~ they began to take notice of him; **ich machte ihn auf s-e Pflichten** ~ I reminded him of his duties. **2.** (*höflich, zuvorkommend*) attentive, obliging, thoughtful, kind; **das ist sehr** ~ **von Ihnen** that's very thoughtful of you. **II** *adv* **3.** ~ **zuhören** listen attentively, be all ears; **et.** ~ **verfolgen** follow s. th. closely; **et.** ~ **lesen** read s. th. with attention. **≈keit** *f* ⟨-; -en⟩ **1.** ⟨*only sg*⟩ attention, (*Wachsamkeit*) watchfulness, alertness, vigilance; ~ **erregen** attract attention; **j-s** ~ **auf e-e Sache lenken** direct (*od.* call, draw) s. o.'s attention to s. th.; **j-m (et.)** ~ **schenken** pay attention to s. o. (s. th.); **mit gespannter** ~ with keen attention. **2.** (*Zuvorkommenheit*) attentiveness, courtesy, thoughtfulness, kindness; **j-n mit ~en überschütten** shower s. o. with one's attentions. **3.** (*kleines Geschenk*) small token (*od.* gift).

ˈaufˌmö·beln [-ˌmøːbəln] *v/t* ⟨*sep*, **-ge-**, **h**⟩ *colloq.* **1.** (*Sache*) revamp, *stärker*: jazz *s. th.* up, (*Kenntnisse*) brush (*od.* polish) up (*one's English, etc*). **2.** **j-n** ~ pep (*od.* buck) s. o. up.

ˈauf·monˌtie·ren *v/t* ⟨*sep*, **-ge-**, **h**⟩ *tech.* (**auf** *acc*) mount (on), fit (to).

ˈaufˌmot·zen [-ˌmɔtsən] *v/t* ⟨*sep*, **-ge-**, **h**⟩ *colloq.* (*Sache*) jazz *s. th.* up, *mot.* hot (*od.* soup) up (*motorcycle, etc*).

ˈaufˌmucken (*getr.* **-k·k-**) *v/i* ⟨*sep*, **-ge-**, **h**⟩ *colloq.* (**gegen** against) kick, rebel.

ˈaufˌmun|tern [-ˌmʊntərn] *v/t* ⟨*sep*, **-ge-**, **h**⟩ (*aufheitern*) cheer (*od.* buoy, *sl.* pep) *s. o.* up, (*ermutigen*) encourage (**zu et.** to [do] s. th.). **≈te·rung** *f* ⟨-; *no pl*⟩ **1.** cheering up; **ich brauche e-e kleine** ~ I need s. th. to cheer me up. **2.** *zu e-r Tat*: encouragement.

ˈaufˌmüp·fig [-ˌmʏpfɪç] *adj colloq.* rebellious.

ˈaufˌnä·hen *v/t* ⟨*sep*, **-ge-**, **h**⟩ sew on; **e-e Applikation auf et.** ~ appliqué s. th.

ˈAufˌnah·me *f* ⟨-; -n⟩ **1.** ⟨*only sg*⟩ *von Lasten, a. fig. von Gesprächen, der Arbeit etc*: taking up, *e-r Tätigkeit*: *a.* start(ing), (*Eröffnung*) *a.* opening (*of talks, traffic, etc*), *von Beziehungen*: *a.* establishing (*contacts*), entering (*into relations*). **2.** ⟨*only sg*⟩ *physiol. von Luft, Nahrung*: intake, *a. phys. von Gas, Flüssigkeit*: absorption (*a. fig. von Warenangebot, e-s Fremdworts, von Wissen*), *physiol.*, *a. fig.* (*Einverleibung*) assimilation, *fig.* (*geistige* ~) reception, taking in, grasping. **3.** ⟨*only sg*⟩ (**in** *acc*) (*Eingliederung*) integration (within), incorporation (into), (*Einbeziehung*) inclusion (into), *e-r Vertragsklausel etc*: *a.* adoption (into), insertion (into), (*Zulassung*) admission (in[to] *club, school, etc*), (*Einschreibung*) enrol(l)ment, registration, *in e-e Liste*: listing, entry; ~ **finden** be admitted (**bei** [in]to), *Wort*: be adopted (**in** *acc* into *a language*). **4.** ⟨*only sg*⟩ (*Empfang*) reception (*a. fig. e-s Theaterstücks, e-r Nachricht etc*); **j-m e-e freundliche** ~ **bereiten** receive s. o. kindly; *fig.* **e-e herzliche (kühle)** ~ **finden** meet with a warm (cool) reception (**bei** from). **5.** ⟨*only sg*⟩ (*Unterbringung*) accommodation. **6.** ⟨*only sg*⟩ *im Krankenhaus*: reception (office). **7.** *von Inventar*: stocktaking, inventory, *e-s Schadens*: assessment. **8.** ⟨*only sg*⟩ *e-r Anleihe*: raising, floatation, *von Schulden*: contraction, *von Kapital*: raising, taking up, borrowing. **9.** ⟨*only sg*⟩ *e-s Protokolls etc*: drawing up, recording; → **Beweisaufnahme**. **10.** *e-s Films*: shooting, *TV* pick-up, *einzelne*: shot, take, *e-r Photographie*: taking (*od.* shooting) (a picture), (*Photo*) photo(graph), shot, (*Ton≈*) (sound) recording, (*Schallplatten≈*) *a.* pickup, *Am.* transcription; **e-e** ~ **machen (von)** a) take a photo(graph) (of), shoot (a picture [of]), b) *auf Band*: make a (tape-)recording (of); **Achtung** ~! *Film*: Action!, Camera! **11.** ⟨*only sg*⟩ *geographische*: mapping-out, *topographische*: survey, plotting, *statistische*: survey, census. **12.** *electr.* input.

ˈAufˌnah·me|ˌanˌtrag *m* **1.** application for admission. **2.** *pol.* motion of inclusion. **~beˌdin·gun·gen** *pl* terms of admission. **≈beˌreit** *adj* **1.** *geistig*: receptive (**für et.** to *od.* of s. th.). **2.** *Kameramann etc*: ready to shoot, *Kamera*: ready for shooting. **~beˌreit·schaft** *f der Zuhörer etc*: receptiveness. **~beˌschrän·kung** *f ped.* admission restriction. **≈ˌfä·hig** *adj* **1.** *geistig*: receptive (**für** to); **ich bin nach der Arbeit nicht mehr** ~ after work I am not capable of taking in anything. **2.** *Markt*: capable of absorbing, active, receptive. **3.** *phys.* absorbent, absorptive, receptive. **4.** *chem.* absorbable. **~ˌfä·hig·keit** *f* **1.** *geistige*: receptiveness, receptivity; **er hat e-e erstaunliche (geistige)** ~ he has an incredible receptivity of mind. **2.** *des Marktes*: absorbing capacity, receptiveness, receptivity. **3.** *phys.* capacity. **4.** *chem.* absorption power. **~geˌbühr** *f* admission fee. **~geˌlän·de** *n Film*: lot, location. **~geˌrät** *n* **1.** (*Ton≈*) recording equipment, recorder. **2.** *phot.* camera, *Film*: *a.* camera equipment, pickup unit. **~ˌkopf** *m Diktiergerät etc*: recording head. **~ˌlei·ter** *m Film*: production manager, *engS.* director of photography, *TV* floor manager, *Rundfunk*: recording (*od.* studio) manager. **~ˌprü·fung** *f* entrance examination. **~ˌraum** *m*, **~ˌstu·dio** *n Radio, TV, Film*: studio. **~ˌröh·re** *f* pickup tube. **~verˌfah·ren** *n* filming (*od.* recording) technique. **~verˌmö·gen** *n* → **Aufnahmefähigkeit**. **~ˌwa·gen** *m* **1.** *für Tonaufnahmen*: recording van. **2.** *TV* pickup van (*Am.* truck). **3.** *Film*: dolly. **≈ˌwil·lig** *adj* → **aufnahmebereit** 1.

ˈaufˌneh·men I *v/t* ⟨*irr*, *sep*, **-ge-**, **h**⟩ **1.** (*hochheben*) take (*od.* lift) up, raise, *vom Boden*: pick up (*a. fig. Fährte, Spur*), (*Wasser aufwischen*) mop up; → **Gepäck** 2. **2.** (*Nahrung etc*) take in, *a. phys.* (*Gas, Flüssigkeit, a.* **in sich** ~) absorb (*a. geistig, econ. Markt, a. sociol.*), assimilate (*a. Wissen*), *geistig*: *a.* take in, (*geistig erfassen*) grasp, comprehend, make *s. th.* one's own, *mit den Sinnen*: perceive, take in. **3.** (*aufgreifen*) (*Anregung, Gedanken, Thema*) take up. **4.** *fig.* (**in** *acc*, *a. dat*) (*einbeziehen, eingliedern*) include (into), integrate (within), incorporate (in), embody (in), (*Klausel*) insert (in), (*eintragen*) list, enter, (*annehmen*) accept, adopt, *in e-n Verein etc, a. ins Krankenhaus etc*: admit (to). **5.** (*empfangen*) receive (*a. fig. e-e Nachricht etc*), *fig. a.* welcome; **j-n freundlich** ~ receive s. o. kindly; **j-n gastfreundlich** ~ make s. o. welcome; *fig.* **et. begeistert (kühl)** ~ receive s. th. with enthusiasm (coolly); **herzlich (ungünstig) aufgenommen werden** meet with a warm (an unfavo[u]rable) reception (**bei** from); *e-e Bemerkung etc* **gut** ~ take *s. th.* well (*od.* in good part); **et. übel** ~ take s. th. amiss, take offen/ce (*Am.* -se) at s. th. **6.** (*unterbringen*) accommodate, *weitS.* shelter; **j-n bei sich** ~ *a.* put s. o. up, take s. o. in. **7.** (*fassen*) accommodate, hold, admit, *engS.* seat (*passengers, etc*). **8.** *mar.* take *s. o., s. th.* on board, (*Lotsen, Schiffbrüchige*) *a.* pick up. **9.** *Sport*: (*Ball, Flanke* *etc*) take. **10.** (*katalogisieren*) catalogue, (*Inventar*) make an inventory of, (*Schaden*) assess; **e-n Unfall** ~ *Polizei*: make an on-the-spot investigation of the accident. **11.** (*Tätigkeit, Gespräch etc*) take up, (*Betrieb, Verkehr etc*) *a.* open, (*Verhandlungen*) *a.* enter into, (*Beziehungen*) enter into (*relations*), establish (*contacts*); **et. wieder** ~ resume; **den Kampf** ~ give battle, **mit j-m**: fight (against) s. o., take s. o. on; **es mit j-m** ~ (**können**) be a match for s. o., be as good as s. o.; **mit ihm kann ich es nicht** ~ I am no match for him; → **Fahrt** 7, **Fühlung** 1, **Kontakt** 1, **Verfolgung** 1. **12.** (*Funkspruch*) pick up, receive, take. **13.** (*Geld*) borrow, raise, (*Kapital*) *a.* take up, (*Anleihe*) raise, float, (*Hypothek*) raise (**auf** *ein Haus etc* on), (*Schulden*) contract. **14.** (*Protokoll*) draw up (*the minutes*), record, (*Diktat, Stenogramm*) take (down), (*Telegramm*) take, (*Personalien, Tatbestand*) take down, (*Beweise, Aussagen*) take, hear (*the evidence*), *econ.* (*Bestellung*) take. **15.** a) *allg.* take a photo(graph) of, shoot (a picture of), (*j-n*) *a.* take *s. o.'s* picture, (*Bild*) take, shoot, b) (*Film*) shoot, (*Filmszene*) shoot, take, (*Details etc*) *a.* photograph, c) *auf Schallplatte*: record, *Am. a.* transcribe, *auf Band*: record *s. th.* (on tape), tape(-record), *auf Videoband*: *a.* videotape. **16.** (*Faden, Masche*) take up. **II** *v/i* **17. der Schüler nimmt leicht** (*od.* **schnell**) (**schwer** *od.* **langsam**) **auf** the pupil is quick (slow) of apprehension (*od.* in the uptake).

ˈ**auf·noˌtie·ren** *v/t* ⟨*sep, no* **-ge-**, **h**⟩ note, make a note of.

ˈ**aufˌnö·ti·gen** *v/t* ⟨*sep*, **-ge-**, **h**⟩ **j-m et.** ~ force (*od.* press, thrust) s. th. (up)on s. o.

ˈ**auf·ok·troyˌie·ren** *v/t* ⟨*sep, no* **-ge-**, **h**⟩ **j-m et.** ~ impose (*od.* force, thrust) s. th. (up)on s. o.

ˈ**aufˌop·fern I** *v/reflex* ⟨*sep*, **-ge-**, **h**⟩ **sich** ~ sacrifice o. s. (**für** for). **II** *v/t* **et.** (**für j-n**) ~ sacrifice s. th. (for s. o.). **~d** *adj* self-sacrificing; **~e Hingabe** selfless devotion.

ˈ**Aufˌop·fe·rung** *f* ⟨**-**; *no pl*⟩ **1.** sacrifice. **2.** (*Selbst*≈) (self-)sacrifice, (*Hingabe*) (selfless) devotion.

ˈ**Aufˌop·fe·rungs|beˌreit·schaft** *f* ⟨**-**; *no pl*⟩ readiness to sacrifice o. s. **≈ˌvoll** *adj* self-sacrificing, dedicated, devoted.

ˈ**aufˌpacken** (*getr.* **-k·k-**) *v/t* ⟨*sep*, **-ge-**, **h**⟩ **1.** (*Last, Gepäck*) (**auf** *acc* on, on to) load, pack. **2.** *fig. colloq.* **j-m et.** ~ saddle s. o. with s. th. **3.** *colloq.* (*Paket*) unpack, open.

ˈ**aufˌpäp·peln** *v/t* ⟨*sep*, **-ge-**, **h**⟩ *colloq.* **j-n** ~ feed s. o. up, *a. fig.* spoon-feed s. o., coddle s. o. up; **wir werden ihn schon wieder** ~ no fear, we'll nurse him back to health again.

ˈ**aufˌpas·sen I** *v/i* ⟨*sep*, **-ge-**, **h**⟩ (*aufmerken*) be attentive, pay attention, (*vorsichtig sein*) take care, look (*od.* watch) out, (*auf der Hut sein*) be on one's guard; ~ **auf** (*j-n od. et.*) take care of, look after, mind, (*beobachten*) watch, keep an eye on, **scharf**: watch like a hawk (*od.* lynx); **paßt auf!**, **aufgepaßt!** (pay) attention!, (*Vorsicht!*) look (*od.* watch) out!; *colloq.* **paß** (**mal**) **auf!** (*hör zu!*) look (*od.* see) here!, listen!; **da muß man höllisch** ~ you have to be damned careful. **II** *v/t tech.* fit on, adapt. ˈ**Aufˌpas·ser** *m* ⟨**-s**; **-**⟩ *contp.* **1.** (*Aufsichtsperson*) overseer, *colloq.* watchdog. **2.** (*Spitzel*) spy. **3.** (*Schmieresteher*) lookout (man).

ˈ**aufˌpeit·schen I** *v/t* ⟨*sep*, **-ge-**, **h**⟩ **1.** (*Meer, Wellen*) lash, whip (*od.* churn) up. **2.** *fig. allg.* whip up, *pol. a.* foment. **II** *v/reflex* **sich** ~ **3.** *fig. mit Drogen etc*: excite o. s., *stärker*: whip o. s. up. ˈ**Aufˌpeit·schungsˌmit·tel** *n med.* (strong) stimulant, excitant.

ˈ**aufˌpflan·zen I** *v/t* ⟨*sep*, **-ge-**, **h**⟩ *mil.* (*Seitengewehr*) fix, (*Fahne, Standarte etc*) plant, set up. **II** *v/reflex colloq.* **sich vor j-m** (**et.**) ~ plant o. s. before (*od.* in front of) s. o. (s. th.).

ˈ**aufˌpfrop·fen** *v/t* ⟨*sep*, **-ge-**, **h**⟩ (**auf** *acc* on) graft, *fig. a.* force, impose.

ˈ**aufˌpicken** (*getr.* **-k·k-**) *v/t* ⟨*sep*, **-ge-**, **h**⟩ **1. et.** ~ *Vögel*: a) peck s. th. (up), b) peck s. th. open. **2.** *fig. colloq.* (*Wissen etc*) pick up.

ˈ**aufˌplat·zen** *v/i* ⟨*sep*, **-ge-**, **sein**⟩ burst (open), *a. Haut etc*: crack.

ˈ**aufˌplu·stern I** *v/t* ⟨*sep*, **-ge-**, **h**⟩ **1.** (*Gefieder*) ruffle (up). **2.** *fig. colloq.* play *s. th.* up. **II** *v/reflex* **sich** ~ **3.** *Vogel*: ruffle its feathers. **4.** *fig.* puff o. s. up.

ˈ**auf·poˌlie·ren** *v/t* ⟨*sep, no* **-ge-**, **h**⟩ **1.** (*Möbel etc*) polish (*od.* touch) up, refurbish. **2.** *fig. colloq.* a) (*Ansehen etc*) refurbish, b) (*Kenntnisse etc*) polish (*od.* brush) up, c) (*Text, Stück etc*) polish (*od.* shine, do) up, refurbish, put a new (*od.* fresh) gloss on.

ˈ**aufˌpol·stern** *v/t* ⟨*sep*, **-ge-**, **h**⟩ (re)upholster.

ˈ**aufˌprä·gen I** *v/t* ⟨*sep*, **-ge-**, **h**⟩ (**auf** *acc* on) impress, imprint, stamp. **II** *v/reflex* **sich** (**j-m**) ~ leave a mark (*od.* a trace, an impact) (on s. o.).

ˈ**Aufˌprall** *m* **1.** (*Stoß*) impact, shock, (*Zs.-stoß*) collision; **die Wucht des ~s war so stark, daß** the impact was so violent that. **2.** *e-s Balles*: bounce.

ˈ**aufˌpral·len** *v/i* ⟨*sep*, **-ge-**, **sein**⟩ **1.** ~ **auf** (*dat u. acc*) *Auto etc*: hit, strike, ram, collide with, crash into; **auf j-n** ~ bump (*od.* crash) into s. o. **2.** *Ball*: bounce (**auf** *acc u. dat* on).

ˈ**Aufˌpreis** *m econ.* **1.** additional price, extra charge, surcharge; **gegen e-n** ~ **von 100 DM** for an extra charge of a hundred marks. **2.** *bei Wertpapieren*: premium.

ˈ**auf·proˌbie·ren** *v/t* ⟨*sep, no* **-ge-**, **h**⟩ (*Hut etc*) try on.

ˈ**aufˌprot·zen** *v/t* ⟨*sep*, **-ge-**, **h**⟩ *mil.* (*Geschütz*) limber.

ˈ**aufˌpul·vern** *v/t* ⟨*sep*, **-ge-**, **h**⟩ → **aufputschen** 2 b.

ˈ**aufˌpum·pen** *v/t* ⟨*sep*, **-ge-**, **h**⟩ pump up, inflate; *fig. colloq.* **sich** ~ puff o. s. up.

ˈ**aufˌpu·sten** *v/t u.* **sich** ~ *v/reflex* ⟨*sep*, **-ge-**, **h**⟩ → **aufblasen** 1, 2, 5.

ˈ**aufˌput·schen I** *v/t* ⟨*sep*, **-ge-**, **h**⟩ **1.** (*aufhetzen*) incite, rouse; **j-n zu et.** ~ instigate s. o. to do s. th. **2.** *fig.* a) whip up, b) (*stimulieren*) *colloq.* pep *s. o.* up. **II** *v/reflex* **sich** ~ **3.** *colloq.* pep o. s. up. ˈ**Aufˌputschˌmit·tel** *n* (strong) stimulant, (*Pille*) pep pill, wake-me-up pill.

ˈ**Aufˌputz** *m* ⟨**-es**; *no pl*⟩ **1.** (*Schmuck, Zierde*) decoration, finery. **2.** *iro.* (*Kleidung*) finery, attire, *colloq.* getup.

ˈ**aufˌput·zen I** *v/t* ⟨*sep*, **-ge-**, **h**⟩ **1.** (*schmücken*) decorate, ornament, deck *s. th.* out. **2. j-n** ~ dress s. o. up, deck s. o. out. **3.** (*Schmutz etc*) mop *s. th.* up. **4.** *fig. colloq.* do (*od.* jazz) *s. th.* up, give *s. th.* a face-lift. **II** *v/reflex* **sich** ~ **5.** dress (*od.* get, doll) o. s. up, deck o. s. out.

ˈ**aufˌquel·len I** *v/i* ⟨*irr, sep*, **-ge-**, **sein**⟩ **1.** *Hülsenfrüchte etc*: swell. **2.** *lit. Dampf, Tränen, Gefühle*: rise. **II** *v/t* ⟨**h**⟩ **3.** *a.* ~ **lassen** a) (*Hülsenfrüchte*) soak, steep, b) (*aufkochen*) parboil.

ˈ**aufˌraf·fen I** *v/t* ⟨*sep*, **-ge-**, **h**⟩ **1.** snatch *s. th.* up, (*Rock*) gather up. **II** *v/reflex* **sich** ~ **2.** struggle to one's feet. **3.** *fig.* (*sich zs.-nehmen*) brace (*od.* nerve) o. s. (**zu** for), pull o. s. together, (*sich überwinden*) bring o. s. (*to do s. th.*); **ich konnte mich nicht dazu** ~ I couldn't bring myself to do it. **4. sich wieder** ~ *Kranker*: rally, get on one's feet again.

ˈ**aufˌra·gen** *v/i* ⟨*sep*, **-ge-**, **sein** *u.* **h**⟩ tower (up), loom (up), rise (on high).

ˈ**aufˌrap·peln** *v/reflex* ⟨*sep*, **-ge-**, **h**⟩ *colloq.* **sich** ~ → **aufraffen** II.

ˈ**aufˌrau·chen** *v/t* ⟨*sep*, **-ge-**, **h**⟩ (*Zigaretten, Packung etc*) finish, smoke (*the whole pack, etc*).

ˈ**aufˌrau·hen** *v/t* ⟨*sep*, **-ge-**, **h**⟩ **1.** roughen, buff. **2.** (*Tuch*) nap, (*Wolle*) card. **3.** *Steinmetzkunst*: pick, tooth.

ˈ**aufˌräu·men I** *v/t* ⟨*sep*, **-ge-**, **h**⟩ **1.** (*Zimmer etc*) tidy (up), straighten up, put *s. th.* in order. **2.** (*wegräumen*) tidy (*od.* clear, put) *s. th.* away, (*Trümmer etc*) clear away, remove. **II** *v/i* **3.** (*Ordnung schaffen*) tidy (up), clear (up); **im Schrank** ~ tidy up the cupboard. **4.** *fig. von Seuchen etc*: (**unter** *dat*) take a big toll (of), wreak havoc (among), decimate (*the population, etc*). **5.** *fig. colloq.* **mit et.** ~ do away with (*od.* get rid of) s. th., make a clean sweep of s. th.; **mit überholten Ansichten** ~ do away with old-fashioned ideas. **III** ≈ *n* ⟨**-s**⟩ **6. wir sind gerade beim** ≈ we are just tidying up; **es fand sich beim** ≈ it was found when the room was tidied. ˈ**Aufˌräu·mungsˌar·bei·ten** *pl* clearing work *sg.*

ˈ**aufˌrau·schen** *v/i* ⟨*sep*, **-ge-**, **sein**⟩ **1.** *Meer, Wellen, a. Musik etc*: surge, *Beifall*: *a.* ring out. **2.** *Vögel etc*: rush up.

ˈ**aufˌrech|nen** *v/t* ⟨*sep*, **-ge-**, **h**⟩ **1.** *econ.* (**gegen** against) a) (*Forderungen, Schulden*) set *s. th.* off, offset, b) (*Buchungsposten*) balance, square. **2. j-m et.** ~ → **anrechnen** 5. **3.** *jur.* (*Ansprüche etc*) compensate. **4.** (*hinzurechnen*) add, *Computer*: itemize. **≈nung** *f* ⟨**-**; **-en**⟩ **1.** setting off (*etc*). **2.** *econ.* a) set-off, offset, b) balancing, squaring. **3.** *jur.* compensation.

ˈ**aufˌrecht I** *adj* **1.** upright, erect; **er konnte sich kaum noch** ~ **halten** he could hardly keep himself upright; *fig. lit.* **~en Hauptes** with one's head erect (*od.* up). **2.** *fig. Charakter, Gesinnung*: upright; **ein ~er Patriot** a loyal (*od.* sta[u]nch) patriot. **II** *adv* **3.** ~ **sitzen** sit up; ~ **stehen** stand erect; ~ **gehen** walk upright; ~ **stehend** (standing) upright, *her.* rampant. **~erˌhal·ten** *v/t* ⟨*irr, sep, no* **-ge-**, **h**⟩ **1.** (*Zustand etc*) maintain, keep up; **gute Beziehungen** ~ maintain (*od.* continue) good relations. **2.** (*Meinung, Brauch, Lehre, Urteil*) uphold, sustain, adhere to; **ein Angebot** ~ abide by an offer. **≈erˌhal·tung** *f* ⟨**-**; *no pl*⟩ maintaining (*etc*), maintenance.

ˈ**aufˌrecken** (*getr.* **-k·k-**) **I** *v/t* ⟨*sep*, **-ge-**, **h**⟩ (*Arme, Kopf*) raise, stretch up. **II** *v/reflex* **sich** ~ draw o. s. up (*od.* rise) to full height.

ˈ**aufˌre·den** *v/t* ⟨*sep*, **-ge-**, **h**⟩ → **aufschwatzen**.

ˈ**aufˌre|gen I** *v/t* ⟨*sep*, **-ge-**, **h**⟩ excite, agitate, (*beunruhigen*) alarm, upset, worry, (*ärgern*) irritate, exasperate. **II** *v/reflex* **sich** ~ (**über** *acc* about) get excited, get all worked up, get (*od.* be) upset, *a.* be shocked (at), *colloq.* be in a flap. **~gend** *adj* exciting, (*spannend*) *a.* thrilling, dramatic, hair-raising, (*beunruhigend*) alarming, upsetting. **≈gung** *f* ⟨**-**; **-en**⟩ *allg.* excitement, agitation, *colloq.* flap, (*Getue*) fuss, (*Durcheinander*) flurry of excitement, commotion, *laute*: *a.* brouhaha; **in** ~ **geraten** (**über** *acc*) → **aufregen** II; **vor** ~ with excitement; **in der** ~ **vergaß sie alles** she was so excited that she forgot everything; *colloq.* **nur k-e** ~! take it easy!, don't panic!

ˈ**aufˌrei·ben I** *v/t* ⟨*irr, sep*, **-ge-**, h⟩ **1.** (*wund reiben*) rub *s. th.* sore, chafe, gall: **sich** (*dat*) **die Hände ~** chafe one's hands. **2.** *fig.* (*Gesundheit, Kräfte etc*) wear down, undermine, (*Nerven*) fray; **j-n ~** wear s. o. out, *colloq.* get s. o. down. **3.** *mil.* (*Einheit, Feind etc*) wipe out. **4.** *tech.* a) *mit Reibahle*: ream (out), b) (*Material*) wear *s. th.* away. **II** *v/reflex* **sich ~ 5.** *fig.* wear o. s. out; **er reibt sich bei dieser Arbeit auf** he is wearing himself out with this work, *colloq.* this work is getting him down. **~d** *adj fig.* exhausting, trying, gruel(l)ing, stressful.

ˈ**aufˌrei·hen I** *v/t* ⟨*sep*, **-ge-**, h⟩ **1.** (*Perlen etc*) (**auf** *acc* on) string, thread. **2.** (*Bücher etc*) put *s. th.* up in a row. **3.** (*Personen etc*) line up. **II** *v/reflex* **sich ~ 4.** line up.

ˈ**aufˌrei·ßen**[1] **I** *v/t* ⟨*irr, sep*, **-ge-**, h⟩ **1.** (*Brief, Packung etc*) tear (*od.* rip) *s. th.* open; **sie riß sich den Ärmel auf** she tore her sleeve; *fig.* **alte Wunden** (*od.* **Narben**) **~** open old wounds. **2.** (*Fenster, Tür etc*) fling (*gewaltsam*: tear) *s. th.* open. **3.** (*Mund, Augen*) open *s. th.* wide; *fig. colloq.* **Mund und Augen** (*od.* **Nase**) **~** gape, stand aghast; *vulg.* **das Maul** (*od.* **s-e Klappe**) **~** talk big. **4.** (*Ackerboden*) break, (*Straße, Pflaster etc*) tear up, scarify, *Panzer etc*: (*Straße*) churn up. **5.** *meteor.* (*Wolken*) disperse, scatter. **6. j-n ~** a) (*hochreißen*) pull s. o. up, b) *colloq.* (*kennenlernen*) pick s. o. up, find o. s. (*a girlfriend*). **7.** *colloq.* scent out, find, (*e-n Job etc*) land. **8.** *Sport*: **die (gegnerische) Deckung ~** open up the defen/ce (*Am.* -se). **II** *v/i* ⟨**sein**⟩ **9.** *Haut*: chap, crack. **10.** *Holz, Metall etc*: crack, split. **11.** *Wolken, Nebel*: break up, disperse.

ˈ**aufˌrei·ßen**[2] *v/t* ⟨*irr, sep*, **-ge-**, h⟩ **1.** *tech.* a) (*Meßwerte*) plot, b) (*skizzieren*) sketch, trace. **2.** *fig.* (*Thema, Problem*) outline.

ˈ**Aufˌrei·ßer** *m* ⟨**-s**; **-**⟩ **1.** *Straßenbau*: scarifier, (road) ripper. **2.** a) *Fußball etc*: spearhead, lead-up man, b) *Ringen*: turnover. **3.** *sl.* wolf, Casanova.

ˈ**AufˌreißˌPackung** (*getr.* **-k·k-**) *f* tear strip package.

ˈ**aufˌrei·ten I** *v/i* ⟨*irr, sep*, **-ge-**, **sein**⟩ *Garde etc*: ride up, come riding up. **II** *v/reflex* ⟨h⟩ **sich ~** become chafed by riding.

ˈ**aufˌrei|zen** *v/t* ⟨*sep*, **-ge-**, h⟩ **1.** (*Sinne*) excite. **2.** provoke, (*aufhetzen*) rouse, stir up, incite, instigate, *colloq.* egg on; **j-n zum Widerstand ~** rouse s. o. to resistance. **~zend** *adj* (*a. sexuell ~*) provocative, *Benehmen etc*: provoking, irritating, *stärker*: infuriating, *Worte, Reden etc*: inflammatory, incendiary. **≈zung** *f* ⟨**-**; **-en**⟩ **1.** ⟨*only sg*⟩ exciting, rousing (*etc*). **2.** provocation, incitement, instigation.

ˈ**Aufˌrich·te** *f* ⟨**-**; **-n**⟩ *Swiss for* **Richtfest.**

ˈ**aufˌrich·ten I** *v/t* ⟨*sep*, **-ge-**, h⟩ **1.** put (*od.* set) *s. th.* upright, (*Mast etc*) put up, erect, (*Leiter*) put up, (*Oberkörper*) straighten up, (*Kranken im Bett*) raise, (*Gestürzten vom Boden*) help *s. o.* to his feet. **2.** *von Tieren*: (*Ohren*) prick (up), (*Stacheln*) bristle (up), *Schlange*: (*Kopf*) rear, raise. **3.** a) (*Schiff*) right, b) (*Flugzeug*) *a.* straighten out, *vor der Landung*: level off, *aus dem Sturzflug*: pull out (*of a dive*). **4.** (*aufbauen, a. fig.*) → **errichten** 1–4. **5.** *fig.* a) **j-n ~** (*trösten*) comfort s. o., console s. o., (*Mut zusprechen*) put fresh heart into s. o., hearten (*od.* encourage) s. o., b) (*j-s Selbstvertrauen etc*) restore, revive. **II** *v/reflex* **sich ~ 6.** arise, stand up, *aus gebückter Haltung*: straighten o. s., (*sich aufrecken*) draw o. s. up (**zu voller Größe** to full height), *nach e-m Sturz*: pick o. s. up, *im Bett*: sit up. **7.** *Gras etc*: straighten up, *Ohren e-s Tieres*: prick up, *Haare, Stacheln*: bristle (up), *physiol.* become erect. **8.** *Schiff*: right (herself), *Flugzeug*: right (itself), straighten out. **9.** *fig.* take heart, take fresh courage; **sich an j-s Worten ~** take (new) heart from s. o.'s words.

ˈ**aufˌrich·tig I** *adj Mensch*: upright, *a. Gefühle etc*: sincere, honest, *bes. Bedauern, Mitleid etc*: heartfelt, *Worte, Meinung etc*: frank, candid, honest; **~e Bewunderung** sincere (*od.* genuine, true) admiration; **mit ~er Freude** with sincere joy; **ein ~es Wort mit j-m reden** be frank with s. o.; **um ~ zu sein** to be frank, frankly (speaking). **II** *adv* sincerely (*etc*); **es tut mir ~ leid** I am really sorry; **es ~ mit j-m meinen** be sincere with s. o.; **~ gesprochen, ~ gestanden** frankly speaking. **≈keit** *f* ⟨**-**; *no pl*⟩ **1.** uprightness, honesty. **2.** sincerity; **in aller ~** in all sincerity. **3.** frankness, cando(u)r, honesty.

ˈ**Aufˌrich·tung** *f* ⟨**-**; *no pl*⟩ **1.** setting upright, raising (*etc*), erection. **2.** → **Errichtung** 1, 2. **3.** *fig.* (*Ermutigung*) encouragement, (*Trost*) comfort, consolation. ˈ**Aufˌrich·tungs·verˌmö·gen** *n aer.* static stability.

ˈ**aufˌrie·geln** *v/t* ⟨*sep*, **-ge-**, h⟩ unbolt, unbar.

ˈ**aufˌrig·gen** *v/t* ⟨*sep*, **-ge-**, h⟩ *mar.* rig (up).

ˈ**Aufˌriß** *m* **1.** *tech. e-r Zeichnung etc*: elevation, (*Stirnansicht*) front elevation (*od.* view), (*Seitenansicht*) profile, section, (*senkrechter Schnitt*) vertical section. **2.** *math.* vertical projection. **3.** *mar.* sheer plan. **4.** *fig.* (*kurze Darstellung*) outline(s *pl*). **~ˌzeich·nung** *f* → **Aufriß** 1–3.

ˈ**aufˌrit·zen** *v/t* ⟨*sep*, **-ge-**, h⟩ **1.** (*Haut*) scratch (open). **2.** *mit e-m Messer etc*: slit (*od.* rip) open.

ˈ**aufˌrol·len I** *v/t* ⟨*sep*, **-ge-**, h⟩ **1.** (*zs.-rollen*) roll (*od.* wind) up; **e-e Fahne ~** furl a flag; **die Hemdsärmel ~** roll up one's sleeves. **2.** *mil.* (*Front, Stellung etc*) roll up; **die feindliche Flanke ~** turn the enemy's flank. **3.** (*entfalten*) unroll, (*Fahne, Segel etc*) unfurl. **4.** *fig.* (**wieder**) **~** (*Thema etc*) bring up (again), broach, (*Affäre, Prozeß etc*) reopen, *weitS. a.* revive, exhume. **II** *v/i* ⟨**sein**⟩ **5.** roll open. **III** *v/reflex* **sich ~ 6.** *Seil etc*: unroll. **7.** *Papier*: curl up.

ˈ**aufˌrücken** (*getr.* **-k·k-**) **I** *v/i* ⟨*sep*, **-ge-**, **sein**⟩ **1.** (*aufschließen*) move up (*a. Sport*: **zu** to, with), advance (*beide a. fig.*); **rücken Sie bitte etwas auf!** please move up a bit!; **eins ~** move up one. **2.** *im Rang*: be promoted, advance (*od.* rise, move up) to a higher position; **er rückte zum General auf** he was promoted general. **3.** *mil.* close the ranks. **II ≈** *n* ⟨**-s**⟩ **4.** moving up (*etc*). **5.** promotion, advance.

ˈ**Aufˌruf** *m* **1.** call, summons; *zur Hilfeleistung etc*: appeal; (**öffentlicher**) **~ an die Bevölkerung** appeal to the public, proclamation; **e-n ~ an j-n richten** (make an) appeal to s. o. **2.** (*Namensverlesung*) roll call, call-up; **auf s-n ~ warten** wait until one's name is called. **3.** *mil.* a) *e-s Jahrgangs*: call-up, b) *zu den Waffen*: call. **4.** *von Banknoten*: calling in (*for cancellation*), *von Obligationen*: calling (*for repayment*). **5.** *jur.* a) *von Zeugen*: calling, b) *e-r Sache*: call. **6.** *Computer*: call-in. ˈ**aufˌru·fen** *v/t* ⟨*irr, sep*, **-ge-**, h⟩ **1. j-n ~** call (out) s. o.'s name, *ped. a.* ask s. o. (a question); **warten, bis man aufgerufen wird** wait until one's name is called; **die Schüler nach dem Alphabet ~** call the roll. **2. j-n ~, et. zu tun** call (up)on (*od.* appeal to) s. o. to do s. th.; *fig.* **wir sind aufgerufen zu** we are called upon to (*do s. th.*); **zum Streik ~** call a strike. **3.** *mil.* (*Jahrgang*) call up. **4.** (*Banknoten*) call in, (*Obligationen*) call (*for repayment or redemption*). **5.** *jur.* (*Zeugen, Sache*) call; **j-n als Zeugen ~** call s. o. as witness (*od.* in testimony). **6.** *Computer*: call.

ˈ**Aufˌruhr** *m* ⟨**-(e)s**; *rare* **-e**⟩ **1.** (*Rebellion*) revolt, rebellion, uprising, insurrection, (*Meuterei*) mutiny; **es kam zum offenen ~** there was an open revolt. **2.** (*Tumult*) riot (*a. jur.*), tumult, unrest, *a. fig.* uproar, turmoil; **die Stadt** (**sein Gemüt**) **war in ~** the city (his mind) was in a turmoil; *fig.* **in hellem ~ gegen et. sein** be up in arms against s. th.

ˈ**aufˌrüh·ren** *v/t* ⟨*sep*, **-ge-**, h⟩ **1.** stir up, rouse (*a. fig. Gefühle etc*). **2.** *fig.* (*alte Geschichten etc*) rake up. **3.** *lit. for* **aufwühlen** 3. ˈ**Aufˌrüh·rer** *m* ⟨**-s**; **-**⟩ **1.** rebel, insurgent, *mar.* mutineer, (*Krawaller*) rioter. **2.** *bes. pol.* agitator, incendiary. ˈ**aufˌrüh·re·risch** *adj* **1.** rebellious, insurgent. **2.** *bes. pol. Reden*: incendiary, seditious.

ˈ**aufˌrun·den** *v/t* ⟨*sep*, **-ge-**, h⟩ **et.** (**nach oben**) **~** round s. th. off, bring s. th. to a round figure. ˈ**Aufˌrun·dung** *f* ⟨**-**; **-en**⟩ round(ing)-off.

ˈ**aufˌrü·sten I** *v/t* ⟨*sep*, **-ge-**, h⟩ **1.** *mil.* arm, (*wieder~*) rearm. **2.** *aer.* rig. **II** *v/i* **3.** *mil.* (re)arm; **atomar ~** arm with nuclear weapons. **4.** *civ. eng.* erect a scaffold. ˈ**Aufˌrü·stung** *f* ⟨**-**; **-en**⟩ **1.** *mil.* (re-)armament. **2.** *aer.* rigging.

ˈ**aufˌrüt·teln** *v/t* ⟨*sep*, **-ge-**, h⟩ *bes. fig.* shake up, rouse, jolt; *fig.* **die öffentliche Meinung ~** stir up public opinion; **j-n aus dem Schlaf** (**s-r Untätigkeit**) **~** rouse s. o. from sleep (his inactivity).

aufs [aufs] *short for* **auf das.**

ˈ**aufˌsa·gen** *v/t* ⟨*sep*, **-ge-**, h⟩ **1.** say, repeat, (*Gedicht etc*) *a.* recite; *humor.* **sein Sprüchlein ~** say one's (little) piece. **2.** → **aufkündigen** 2.

ˈ**aufˌsam·meln** *v/t* ⟨*sep*, **-ge-**, h⟩ pick up (*a. colloq. j-n*), gather, collect.

ˈ**aufˌsäs·sig** *adj* rebellious, refractory, recalcitrant. **≈keit** *f* ⟨**-**; **-en**⟩ rebelliousness, refractoriness, recalcitrance.

ˈ**Aufˌsat·tel** *m mot.* turntable of the semitrailer truck tractor. **~ˌeinˌrich·tung** *f mot.* fifth wheel.

ˈ**aufˌsat·teln** *v/t* ⟨*sep*, **-ge-**, h⟩ **1.** saddle. **2.** *mot.* (*Anhänger*) attach, mount.

ˈ**Aufˌsatz** *m* ⟨**-es**; **Aufsätze**⟩ **1.** (*Zeitungs≈*) article, (*wissenschaftliche Abhandlung*) treatise, essay, paper, (*Schul≈*) composition, essay, *Am.* theme. **2.** (*Oberteil*) top (piece), *tech.* (*Kappe*) cap, top, (*Vorrichtung*) attachment, fixture, *mot.* (*Kühler≈*) cowl, *civ. eng.* crown, crest. **3.** → **Aufsatzwinkel**. **4.** → **Tafelaufsatz**. **~ˌschlüs·sel** *m* socket wrench. **~ˌthe·ma** *n ped.* essay subject. **~ˌwin·kel** *m mil.* tangent (*od.* quadrant) elevation.

ˈ**aufˌsaug·bar** *adj* absorbable. ˈ**aufˌsau·gen** *v/t* ⟨*a. irr, sep*, **-ge-**, h⟩ **1.** (*Flüssigkeit etc*) absorb, soak up, suck up (*od.* in), aspirate; **et. mit dem Schwamm ~** sponge s. th. up. **2.** *fig.* absorb, swallow (up). **3.** *chem. med.* absorb. ˈ**aufˌsau·gend** *adj bes. chem.* absorptive, (*a.* **~es Mittel**) absorbent.

ˈ**aufˌschau·en** *v/i* ⟨*sep*, **-ge-**, h⟩ → **aufblicken.**

ˈ**aufˌschau·keln** *v/t* ⟨*sep*, **-ge-**, h⟩ *phys.* (*Schwingungen*) build up.

ˈaufˌschäu·men *v/i* ⟨*sep*, -ge-, sein *u.* h⟩ **1.** foam (up), froth (up), (*aufwallen*) bubble up, effervesce. **2.** *Schaumstoff*: foam, expand. **3.** *fig.* (**vor Wut**) ~ foam (with rage), storm.

ˈaufˌscheu·chen *v/t* ⟨*sep*, -ge-, h⟩ **1.** *hunt.* start. **2.** *fig. colloq. vom Schlaf*: rouse; **j-n aus dem Bett** ~ rout s. o. out of bed. **3.** *fig.* (*beängstigen*) startle, alarm.

ˈaufˌscheu·ern *v/t* ⟨*sep*, -ge-, h⟩ *colloq.* (*Haut etc*) rub *s. th.* sore, chafe; **sich** (*dat*) (**die Haut**) ~ rub o. s. sore, chafe o. s.

ˈaufˌschich·ten *v/t* ⟨*sep*, -ge-, h⟩ **1.** pile *s. th.* up, stack *s. th.* (up), arrange *s. th.* in layers. **2.** *geol.* (*a.* **sich** ~) stratify.

ˈaufˌschieb·bar *adj* deferrable, postponable; **das ist nicht** ~ it cannot be postponed (*od.* put off), it brooks no delay. **ˈaufˌschie·ben** *v/t* ⟨*irr*, *sep*, -ge-, h⟩ **1.** (*Schiebetür etc*) push (*od.* shove) open, (*Riegel*) push back (*od.* up). **2.** *fig.* (**auf** *acc*, **bis**) put off (till), postpone (till), *a. econ.* defer (to); **et. auf** (*od.* **für**) **später** ~ put s. th. off till later, defer s. th. to a later date; *econ.* **e-e Zahlung** ~ defer a payment; **aufgeschoben ist nicht aufgehoben** it is only a pleasure deferred. **3.** (*verzögern*) delay; **dies läßt sich nicht länger** ~ → **aufschiebbar. 4.** *jur.* (*Urteilsverkündung*) suspend, (*Vollstreckung*) stay. **5.** *geol.* upfault. **ˈaufˌschie·bend** *adj jur.* suspensive (*effect, condition, veto*); ~**e Einrede** dilatory plea. **ˈAufˌschie·bung** *f* postponement, deferment, putting off, (*Verzögerung*) delay.

ˈaufˌschie·ßen I *v/i* ⟨*irr*, *sep*, -ge-, sein⟩ **1.** *Stichflamme, a. fig. Person vom Stuhl etc*: shoot (*od.* leap) (up), *Wasserstrahl*: shoot up, gush (up), spout. **2.** *fig.* (*schnell wachsen*) shoot up; → **aufgeschossen. 3.** (*entstehen*) spring (*od.* shoot) up, rise. **4.** *fig.* **Angst schoß in ihm auf** a sudden fear gripped him. **5.** *mar. beim Kreuzen*: shoot up (*od.* ahead). **II** *v/t* ⟨h⟩ **6.** *mar.* (*Tau*) coil *s. th.* (up *od.* down).

ˈaufˌschim·mern *v/i* ⟨*sep*, -ge-, sein *u.* h⟩ (begin to) shimmer, *a. fig.* light up.

ˈAufˌschlag *m* **1.** (*Aufprall, a. e-r Granate etc*) impact (**auf** *acc od. dat* on); **dumpfer** ~ thud. **2.** ⟨*only sg*⟩ *e-s Flugzeugs*: crash. **3.** (*Ärmel*ℒ) cuff, (*Hosen*ℒ) turnup, *Am.* cuff, (*Jacken*ℒ *etc*) lapel, revers. **4.** *econ.* additional (*od.* extra) charge, supplement, (*Kurs*ℒ, *Preis*ℒ) rise, advance; **zu e-m kleinen** ~ **liefern** supply at small extra costs. **5.** *Tennis etc*: service, (*a.* ~*art*) serve; **den** ~ **haben** serve; **j-m den** ~ **abnehmen** break s. o.'s service. **6.** *Textil.* warp. **7.** ⟨*only sg*⟩ *Forstwesen*: seedlings *pl.* **8.** *mus.* upbeat. ~ˌ**ball** *m* service (ball).

ˈaufˌschla·gen I *v/t* ⟨*irr*, *sep*, -ge-, h⟩ **1.** break (open); **Eier** ~ break eggs; **Nüsse** ~ crack nuts. **2.** (*Buch etc*) open, (*Wort, Textstelle*) look up; **Seite 30** ~ open at (*od.* turn to) page 30. **3.** (*die Augen*) open (*one's eyes*), (*heben*) raise; *lit.* **die Augen zu j-m** ~ look up at s. o. **4.** (*hochschlagen*) turn up, roll up. **5.** (*Bett*) put up, set up. **6.** (*Zelt, Lager*) pitch, (*Wohnsitz*) take up (*residence*); **sein Hauptquartier in X.** ~ make one's headquarters at X. **7. sich** (*dat*) **das Knie** (**den Kopf**) ~ cut (*od.* bruise) one's knee (head). **8.** (*Betrag, Prozente etc*) (**auf** *acc*) put *s. th.* (on), add *s. th.* (to); **5% auf den Preis** ~ *a.* charge an extra 5%. **9.** (*Spielkarten*) turn up. **10.** (*Gerüst*) mount, erect, put up. **11.** (*Maschen*) cast on, (*Ballen*) open, (*Gewebe*) warp. **12.** (*Tennisball etc*) serve. **II** *v/i* ⟨h *u.* sein⟩ **13.** ⟨sein⟩ ~ **auf** (*acc od. dat*) hit (*od.* strike) *the ground, etc*; **er schlug mit der Stirn aufs** (*od.* **auf dem**) **Pflaster auf** he hit his forehead on the pavement; **dumpf** ~ thud. **14.** ⟨sein⟩ *aer.* hit (*od.* strike) the ground, crash. **15.** ⟨h⟩ *Tennis*: serve. **16.** ⟨h⟩ *econ.* a) *Händler*: raise the price (*od.* one's prices), b) *Ware, Kosten etc*: rise, go up (in price). **17.** ⟨sein⟩ *Flammen etc*: leap up, blaze up.

ˈAufˌschlä·ger *m Tennis*: server.

ˈAufˌschlag|ˌfeld *n Tennis*: service court. ~**geˌschwin·dig·keit** *f mil. phys.* impact velocity. ~ˌ**kraft** *f* ⟨-; *no pl*⟩ impact (*od.* striking) force. ~ˌ**li·nie** *f Tennis*: service line. ~ˌ**ort**, ~ˌ**punkt** *m* point of impact. ~ˌ**spiel** *n Tennis etc*: service (game); → **Aufschlag** 5. ~ˌ**stel·le** *f* → **Aufschlagort.** ~ˌ**win·kel** *m* angle of impact. ~ˌ**zün·der** *m bes. mil.* impact (*od.* percussion) fuze; ~ **mit** (**ohne**) **Verzögerung** (non)delay fuze.

ˈaufˌschläm·men I *v/t* ⟨*sep*, -ge-, h⟩ **1.** *chem.* suspend. **2.** reduce to slime. **II** *v/i* ⟨sein⟩ **3.** slurry.

ˈAufˌschlep·pe *f* ⟨-; -n⟩ *mar.* slip(way). **ˈaufˌschlep·pen** *v/t* ⟨*sep*, -ge-, h⟩ (*Schiff*) slip (*od.* haul) up.

ˈaufˌschlie|ßen I *v/t* ⟨*irr*, *sep*, -ge-, h⟩ **1.** (*Tür etc*) unlock, open; **ein Zimmer** ~ unlock (the door of) a room; *fig.* **j-m sein Herz** ~ *cf.* 8. **2.** *chem.* disintegrate, break up, *durch Schmelzen*: flux. **3.** (*Nahrung*) digest, break up (*od.* down). **4.** *Bergbau*: open up, develop. **5.** *print.* (*Form*) unlock, untie. **6.** *Papierherstellung*: pulp, treat. **7.** (*Markt*) open up, develop. **II** *v/reflex* **8.** *lit. fig.* **sich j-m** ~ open one's heart to s. o., unbosom o. s. to s. o., confide in s. o. **III** *v/i* **9.** open (the door) (**j-m** for s. o.). **10.** *mil. Marschkolonne*: close (the) ranks, close up, *zum Verband*: join up. **11.** *Sport*: move up (*od.* along); **zur Spitzengruppe** ~ catch up with the leading group. ℒ**ßung** *f* ⟨-; *no pl*⟩ **1.** unlocking (*etc*). **2.** *chem.* disintegration, breaking up, decomposition. **3.** *von Nahrung*: digestion, maceration. **4.** *Bergbau*: development. **5.** *econ.* opening up, development (*of new markets*).

ˈaufˌschlit·zen *v/t* ⟨*sep*, -ge-, h⟩ slit (*od.* rip) *s. th.* open, (*Autoreifen etc*) slash.

ˈaufˌschluch·zen *v/i* ⟨*sep*, -ge-, h⟩ (laut) ~ (give a loud) sob.

ˈaufˌschlucken (*getr.* -k·k-) *v/t* ⟨*sep*, -ge-, h⟩ *fig.* (*Lärm etc*) absorb.

ˈAufˌschluß *m* **1.** *fig.* (**über** *acc*) (*Erklärung*) explanation (of), (*Auskunft*) information (about), (*Aufklärung*) enlightenment (on); ~ **geben** (**über** *acc*) give (*od.* provide) (full) information (on), give a clear idea (of), throw light (upon), explain (*s. th.*), **j-m**: *a.* inform s. o. (about); **sich** (*dat*) ~ **verschaffen** inform o. s. (**über** *acc* about); **um näheren** ~ **bitten** ask for full information (*od.* particulars, further details). **2.** *chem.* disintegration, dissolution. **3.** *geol.* exposure, (natural) section. **4.** *tech.* (paper) pulp(ing), digestion. **5.** *Bergbau*: development. **6.** *metall.* treatment.

ˈaufˌschlüs·seln *v/t* ⟨*sep*, -ge-, h⟩ *statistisch*: break down, subdivide, (*Kosten*) distribute (in a fixed ratio), allocate. **ˈAufˌschlüs·se·lung, ˈAufˌschlüß·lung** *f* ⟨-; -en⟩ breakdown, allocation.

ˈaufˌschlußˌreich *adj* informative, instructive, insightful, *weitS.* (*enthüllend*) revealing, illuminating, tell-tale, telling; ~ **für et. sein** be informative (*etc*) regarding s. th., reveal (*od.* throw light on) s. th.

ˈaufˌschmel·zen I *v/t* ⟨*irr*, *sep*, -ge-, h⟩ **1.** *tech.* (**auf** *acc* to) melt, fuse *s. th.* on. **II** *v/i* ⟨sein⟩ **2.** be melted open. **3.** *chem. metall.* be (s)melted (down).

ˈaufˌschmie·ren *v/t* ⟨*sep*, -ge-, h⟩ *colloq.* (*Brotaufstrich etc*) smear on, spread on.

ˈaufˌschnal·len *v/t* ⟨*sep*, -ge-, h⟩ **1.** (*Gürtel etc*) unbuckle, unstrap. **2.** (*Decke, Rucksack etc*) buckle (*od.* strap) *s. th.* on (**auf** *acc* to).

ˈaufˌschnap·pen I *v/t* ⟨*sep*, -ge-, h⟩ **1.** et. ~ snap s. th. up, snatch s. th. **2.** *fig. colloq.* (*Worte etc*) pick up. **II** *v/i* ⟨sein⟩ **3.** *Türschloß etc*: snap (*od.* spring) open.

ˈaufˌschnei·den I *v/t* ⟨*irr*, *sep*, -ge-, h⟩ **1.** cut up (*od.* open), (*durchschneiden*) cut (through). **2.** *gastr.* cut (up), (*Brot*) slice (up), (*Fleisch etc*) carve, *in Scheiben*: slice. **3.** *med.* open, (*Geschwür etc*) *a.* lance, (*sezieren*) dissect, (*einschneiden*) incise; **sich** (*dat*) **die Pulsader** ~ open one's artery. **II** *v/i* **4.** *fig. colloq.* boast, brag, show off, talk big. **ˈAufˌschnei·der** *m* ⟨-s; -⟩ *fig. colloq.* braggart, boaster, show-off. **ˌAufˌschnei·deˈrei** *f* ⟨-; -en⟩ *fig. colloq.* boasting, bragging, showing off, big talk. **ˈaufˌschnei·de·risch** *adj* boastful.

ˈaufˌschnel·len *v/i* ⟨*sep*, -ge-, sein⟩ **1.** *Person*: bound up. **2.** *Fische*: leap.

ˈAufˌschnitt *m* ⟨-(e)s; *no pl*⟩ **1.** *gastr.* (**gemischter**) ~ slices *pl* of various sausages (and cold meats), *Am.* cold cuts *pl.* **2.** *Swiss for* **Aufschneiderei.**

ˈaufˌschnü·ren *v/t* ⟨*sep*, -ge-, h⟩ **1.** (*öffnen*) untie, undo, (*Schuhe, Mieder etc*) *a.* unlace. **2.** tie *s. th.* on (**auf** *acc* to). **3.** *tech.* trace *s. th.* in full size.

ˈaufˌschram·men *v/t* ⟨*sep*, -ge-, h⟩ → **aufschürfen.**

ˈaufˌschrau·ben *v/t* ⟨*sep*, -ge-, h⟩ **1.** unscrew, screw *s. th.* off. **2.** screw *s. th.* on (**auf** *acc* to).

ˈaufˌschrecken (*getr.* -k·k-) **I** *v/t* ⟨*sep*, -ge-, h⟩ startle, frighten (up); **j-n aus** *s-n Gedanken, dem Schlaf*: rouse s. o. from. **II** *v/i* ⟨sein⟩ give a start, start (up), jump.

ˈAufˌschrei *m* **1.** (out)cry, shout, yell; **schriller** ~ scream, shriek. **2.** *fig.* outcry (**der Empörung** of indignation).

ˈaufˌschrei·ben *v/t* ⟨*irr*, *sep*, -ge-, h⟩ **1.** (*a.* **sich** *dat*) write (*od.* take, note, jot) *s. th.* down, make a note of, (*festhalten*) record, *bei Spiel, Sport*: keep the score of; *colloq.* (**von der Polizei**) **aufgeschrieben werden** be booked (by a policeman). **2.** *med. colloq.* (*Rezept etc*) make out. **3.** *dial. für* **anschreiben** 3.

ˈaufˌschrei·en *v/i* ⟨*irr*, *sep*, -ge-, h⟩ give a cry (*od.* shout) (**vor** *dat* with), cry (*od.* shout) out, yell; **schrill** ~ scream, shriek.

ˈAufˌschrift *f* ⟨-; -en⟩ **1.** (*Inschrift*) inscription, *bes. auf Münze etc*: legend; **Schilder mit zweisprachiger** ~ signs in two languages. **2.** (*Etikett*) label. **3.** (*Brief*ℒ) address.

ˈaufˌschrump·fen *v/t* ⟨*sep*, -ge-, h⟩ *tech.* shrink *s. th.* on (**auf** *acc* to).

ˈAufˌschub *m* **1.** postponement, deferment, putting off, (*Vertagung*) adjournment, (*Verzögerung*) delay, (*Gnadenfrist*) respite, (*Stundung*) *a.* grace; **die Sache duldet** (*od.* **leidet**) **k-n** ~ the matter brooks (*od.* admits of) no delay; **ohne** ~ without delay; **e-n** ~ **bewilligen** (*od.* **gewähren**) grant respite (*od.* an extension). **2.** *der Strafvollstreckung*: reprieve, stay (of execution).

ˈaufˌschür|fen *v/t* ⟨*sep*, -ge-, h⟩ graze, abrade; **sich** (*dat*) **die Haut** ~ graze one's skin; **sich das Knie** ~ bark (*od.* skin) one's knee. ℒ**fung** *f* ⟨-; -en⟩ **1.**

<*only sg*> grazing (*etc*). **2.** (*Wunde*) abrasion, excoriation.

ˈaufˌschüt·teln *v/t* <*sep*, -ge-, h> (*Kissen etc*) shake up.

ˈaufˌschüt·ten *v/t* <*sep*, -ge-, h> **1.** heap (*od.* pile) up. **2.** (*Kies etc*) spread, scatter, (*Weg*) gravel, (*Damm*) throw up, raise, (*Getreide*) store. **3.** (*nachfüllen*) feed, fill. **4.** *geol.* (*Erde etc*) deposit.

ˈAufˌschüt·tung *f* <-; -en> **1.** <*only sg*> heaping up (*etc*). **2.** *von Getreide etc*: storage. **3.** *civ. eng.* fill(ing). **4.** *geol.* accumulation, deposit. **ˈAuf·schüt·tungsˌke·gel** *m geol.* **1.** alluvial fan. **2.** *e-s Vulkans*: accumulation cone.

ˈaufˌschwat·zen, ˈaufˌschwät·zen *v/t* <*sep*, -ge-, h> *colloq.* **j-m et.** ~ talk (*od.* con) s. o. into (buying) s. th., palm (*od.* foist) s. th. off on s. o.; **sich** (*dat*) **et.** ~ **lassen** let o. s. be talked into buying s. th.

ˈaufˌschwei·ßen *v/t* <*sep*, -ge-, h> **1.** (*Safe etc*) weld open. **2.** *tech.* weld on (**auf** *acc* to).

ˈaufˌschwel·len *v/i* <*irr*, *sep*, -ge-, sein> swell (up).

ˈaufˌschwem|men *v/t* <*sep*, -ge-, h> **1.** (*Körper etc*) bloat. **2.** *chem.* suspend. **˜mung** *f* <-; -en> **1.** <*only sg*> bloating. **2.** *chem.* suspension.

ˈaufˌschwin·deln *v/t* <*sep*, -ge-, h> *colloq.* **j-m et.** ~ con s. o. into buying s. th.

ˈaufˌschwin·gen *v/reflex* <*irr*, *sep*, -ge-, h> **sich** ~ **1.** *Vögel etc*: soar (up). **2.** *gym.* swing o. s. up. **3.** *fig.* **sich zu et.** ~ a) (*hocharbeiten*) rise to s. th., work one's way up to s. th., b) (*zum Richter, Diktator etc*) set o. s. up as, make o. s. s. th., c) (*sich aufraffen*) bring o. s. to do s. th.; **ich konnte mich zu k-m Entschluß** ~ I could not make up my mind; **er hat sich endlich zu e-m neuen Anzug aufgeschwungen** he has at last taken the plunge and bought himself a new suit.

ˈAufˌschwung *m* <-s; ⸚e> **1.** <*only sg*> (*Auftrieb*) impetus, stimulus, (*Besserung*) improvement, recovery, (*Fortschritt*) progress, rise, advance, *econ. a.* upswing, boom, boost, (*seelischer* ~) uplift, lift; **neuen** ~ **nehmen** receive a fresh impetus, revive; **das Geschäft erfuhr e-n rapiden** ~ business was booming; **der Wirtschaft e-n neuen** ~ **verleihen** give the economy a fresh impetus, boost the economy. **2.** *gym.* swingup.

ˈaufˌse·hen *v/i* <*irr*, *sep*, -ge-, h> → **aufblicken.**

ˈAufˌse·hen *n* <-s; *no pl*> sensation, stir; ~ **erregen** attract attention, *weitS.* cause (*od.* create) a sensation, make a stir; **das wird** ~ **machen** *a.* that will make a splash, (*Gerede*) that will set tongues wagging; **er wollte kein** ~ **erregen** he didn't want to make himself conspicuous; **ohne** ~ **zu erregen** without attracting attention; **um (ein)** ~ **zu vermeiden** to avoid notice. **˜erˌre·gend** *adj* sensational, *schwächer*: startling.

ˈAufˌse·her *m* <-s; -> **1.** *in e-r Fabrik etc*: overseer, foreman, *im Museum, auf e-m Parkplatz etc*: attendant. **2.** → **Aufsichtsbeamte** 1, 2. **ˈAufˌse·he·rin** *f* <-; -nen> **1.** *in Heimen, Gefängnissen*: *bes. Br.* wardress, *bes. Am.* matron. **2.** *in e-r Fabrik etc*: (woman) overseer, forewoman, *Am.* forelady.

ˈaufˌsein *v/i* <*irr*, *sep*, -ge-, sein> *colloq.* **1.** *Tür, Geschäft etc*: be open. **2.** *Person*: be up; **er ist schon lange auf** he has been up (and doing) for some time; **sie war gestern abend lange auf** she stayed up late yesterday.

ˈaufˌsetz·bar *adj tech.* attachable, slip-on.

ˈaufˌset·zen I *v/t* <*sep*, -ge-, h> **1.** (*Brille, Hut, Essen, Topf, Flicken, fig. Lächeln etc*) put on; **e-e feierliche Miene** ~ put on a solemn mien, look grave. **2.** (*abfassen*) draw up, (*entwerfen*) draft (*a contract, letter, speech, etc*). **3.** (*Kranken etc*) set up. **4.** *civ. eng.* a) (*Stockwerk etc*) add, build on, b) (*Steine, a. Heu etc*) stack (up). **5.** *tech.* mount on, attach, slip on. **6.** *mar.* a) run (*a ship*) aground, ground, b) set (*sail*). **7.** (*Flugzeug*) touch down. **8.** *Sport*: **den Ball** ~ deliver a bounce shot. **II** *v/i* **9.** *Flugzeug, a. Eiskunstläufer, Springer etc*: touch down, land. **10.** *Fuß-, Handball*: bounce. **III** *v/reflex*. **11. sich (im Bett)** ~ sit up (in bed). **IV ˜** *n* <-s> **12.** putting on (*etc*). **13.** (*Landung*) touchdown. **ˈAufˌset·zer** *m* <-s; -> *Fuß-, Handball*: bounce shot.

ˈaufˌseuf·zen *v/i* <*sep*, -ge-, h> (**tief**) ~ heave a (deep) sigh.

ˈAufˌsicht *f* <-; -en> **1.** <*only sg*> (**unter** ~ under) supervision, control, inspection, superintendence, (*Polizei˜*) surveillance, (*vormundschaftliche* ~) guardianship, *bei Kindern, Geisteskranken etc*: care, custody; **die** ~ **haben** (*od.* **führen**) **über** (*acc*) supervise, (*et.*) *a.* superintend, be in charge of *s. th.*, (*j-n*) *bei e-r Prüfung*: invigilate, *Am.* procter; **unter ärztlicher** ~ **stehen** be under medical care; **j-n unter polizeiliche** ~ **stellen** place s. o. under (police) surveillance. **2.** <*only sg*> → **Aufsichtsperson, -personal. 3.** *math. tech.* top (*Am.* plan) view. **˜ˌfüh·rend** *adj* supervisory, supervising. **~ˌfüh·ren·de** *m, f* <-n; -n> → **Aufsichtsperson.**

ˈAufˌsichts|beˌam·te *m* **1.** supervisor, superintendent, inspector. **2.** *in der Strafanstalt*: warder, *Am.* guard. **3.** *rail.* stationmaster. **~beˌhör·de** *f* supervisory board (*od.* authority), board of control. **˜ˌfüh·rend** *adj* → **aufsichtführend. ~ˌfüh·rung** *f* → **Aufsicht** 1. **˜los** *adj* unsupervised. **~orˌgan** *n* → **Aufsichtsbehörde; öffentliches** ~ police. **~perˌson** *f* supervisor, person in charge. **~per·soˌnal** *n* superintending staff. **~ˌpflicht** *f jur.* obligation to supervise, responsibility. **~ˌrat** *m* <-(e)s; ⸚e> *econ.* **1.** a) (*Treuhänderausschuß*) board of trustees, b) (*Verwaltungsrat*) supervisory board (*of a German-type public limited company*). **2.** → **Aufsichtsratsmitglied.**

ˈAufˌsichtsˌrats|ˌmitˌglied *n* member of the "Aufsichtsrat". **~prä·si·di·um** *n committee comprising the chairman and the vice-chairman of the supervisory board.* **~ˌvorˌsit·zen·de** *m* chairman of the "Aufsichtsrat".

ˈaufˌsit·zen *v/i* <*irr*, *sep*, -ge-, h *u.* sein> **1.** <sein> *auf Motorrad, Pferd*: get on, mount; *mil.* ˜!, **Aufgesessen!** mount! **2.** <h> (**im Bett**) ~ sit up (in bed); **er hatte die ganze Nacht aufgesessen** he had sat up all night. **3.** <sein> *colloq.* be left in the lurch; **j-n** ~ **lassen** leave s. o. in the lurch (*od.* high and dry), stand s. o. up. **4.** <sein> **j-m (e-r Sache)** ~ be taken in by s. o. (s. th.); **da sind wir schön aufgesessen** we have been had properly. **5.** <sein> *tech.* rest (**auf** *dat* on). **6.** <h> *Schiff*: have run aground. **7.** <h> **das Ziel** ~ **lassen** hold at the lower edge of the bull's-eye.

ˈaufˌspal·ten *v/t* <*a. irr*, *sep*, -ge-, h> **1.** (*Holz etc*) split, cleave. **2.** *fig.* (*a.* **sich** ~) (*Gruppe etc*) split up. **3.** *chem.* (*a.* **sich** ~) split (up), break down.

ˈAufˌspaltˌöl *n chem. tech.* cracked oil.

ˈAufˌspal·tung *f* <-; -en> **1.** *fig.* splitting up, split-up. **2.** *chem.* split-up, breakdown, breakup.

ˈaufˌspan·nen *v/t* <*sep*, -ge-, h> **1.** (*Schirm*) put up, open. **2.** (*Schnur*) put up, (*Netz etc*) *a.* stretch, spread, (*Saite*) put on, (*Segel, Flügel*) spread. **3.** (*Landkarte, Leinwand*) mount (**auf** *acc* on). **4.** (*Werkstück*) fix, clamp, *in ein Futter*: chuck.

ˈAufˌspannˌvorˌrich·tung *f tech.* clamping device, *für Werkstücke*: work (-holding) fixture.

ˈaufˌspa·ren *v/t* <*sep*, -ge-, h> (**für** for) save (up), put *s. th.* by, lay *s. th.* aside, *fig.* save, keep *s. th.* in reserve; (**sich** *dat*) **et. für später** ~ save (*od.* keep) s. th. for later.

ˈaufˌspei·chern *v/t* <*sep*, -ge-, h> **1.** (*Vorräte etc*) store (up), lay up, (*horten*) hoard (up), (*Waren*) *a.* warehouse. **2.** *phys.* (*Energie, Hitze*) store up, accumulate; *fig.* **Zorn hatte sich in ihm aufgespeichert** anger had built up within him; **aufgespeicherte Wut** pent-up rage.

ˈaufˌsper·ren *v/t* <*sep*, -ge-, h> **1.** (*Fenster, Schnabel etc*) open *s. th.* wide; **den Schnabel** ~ gape; *fig.* (**vor Staunen**) **Mund und Nase** ~ gape, stand open-mouthed. **2.** *dial. for* **aufschließen** 1.

ˈaufˌspie·len I *v/t* <*sep*, -ge-, h> **1.** (*Walzer etc*) play; *colloq.* **spiel eins auf!** play something! **II** *v/i* **2.** play (**j-m** for s. o., **zum Tanz** for the dance). **3.** *Sport*: **groß** ~ give a demonstration, let off the fireworks. **III** *v/reflex* **sich** ~ *colloq.* **4.** give o. s. airs, put on side; **sich vor j-m (mit et.)** ~ show off (with s. th.) to s. o. **5. sich** ~ **als** (*od.* **wie**) play (*the hero, etc*), pose as, set o. s. up as.

ˈaufˌspie·ßen *v/t* <*sep*, -ge-, h> **1.** *mit einem Speer etc*: spear, pierce, run *s. th.* through, *mit e-r Gabel*: spear, fork, *mit den Hörnern*: gore, *auf e-m Pfahl*: impale; **et. zum Braten** ~ spit (*od.* skewer) s. th.; *fig. colloq.* **j-n mit Blicken förmlich** ~ look daggers at s. o. **2.** *fig.* (*anprangern*) skewer.

ˈaufˌsplit|tern I *v/t* <*sep*, -ge-, h> (*a.* **sich** ~) split (up) (**in verschiedene Gruppen** into various groups). **II** *v/i* <sein> split (up), splinter. **˜te·rung** *f* <-; -en> *fig.* split-up, splitting (up).

ˈaufˌspren·gen *v/t* <*sep*, -ge-, h> **1.** blast *s. th.* open. **2.** force *s. th.* open.

ˈaufˌsprin·gen *v/i* <*irr*, *sep*, -ge-, sein> **1.** jump up, leap up, bond up, spring to one's feet; *fig.* **ein Wind sprang auf** a breeze sprang up. **2.** (**auf** *e-n Zug etc*) jump (*od.* hop) on (to *a train, etc*). **3.** *Tür etc*: burst (*od.* spring, fly) open. **4.** *Haut, Lippen etc*: chap, crack, *Wunde*: break open, *a. Knospe*: burst; **aufgesprungene Hände** chapped hands. **5.** *Ball*: bounce; **den Ball** ~ **lassen** bounce the ball. **6.** *Sport*: land, hit the ground.

ˈaufˌsprit·zen I *v/t* <*sep*, -ge-, h> **1.** (*Farben etc*) spray (*gastr.* squirt) *s. th.* on (**auf** *acc* to). **II** *v/i* <sein> **2.** *Wasser*: splash (up), spatter. **3.** *humor. for* **aufspringen** 1.

ˈaufˌspru·deln *v/i* <*sep*, -ge-, sein> bubble up.

ˈaufˌsprü·hen I *v/t* <*sep*, -ge-, h> (*Lack etc*) spray *s. th.* on (**auf** *acc* to). **II** *v/i* <sein> *Funken, Schaum etc*: spray, *glitzernd*: scintillate.

ˈAufˌsprung *m* **1.** *Sport*: a) *e-s Springers etc*: landing, b) *zum Reck etc*: jump (up to). **2.** *des Balles*: bounce. **~ˌbahn** *f der Sprungschanze*: landing run, runout.

ˈaufˌspu·len *v/t* <*sep*, -ge-, h> reel (*od.* wind) *s. th.* up.

ˈaufˌspür·bar *adj* traceable.

ˈaufˌspü·ren *v/t* <*sep*, -ge-, h> *a. fig.* track (down), hunt up (*od.* out), trace (out), ferret out, *Jagdhund*: scent, smell out; *fig.* e-e alte Handschrift ~ unearth an old manuscript.

'auf|sta·cheln *v/t* ⟨*sep*, -ge-, h⟩ (*aufwiegeln*) goad (on), incite, instigate, (*anspornen*) goad (on), spur (on); j-n zu et. ~, j-n ~, et. zu tun goad s. o. to do (*od.* into doing) s. th.; j-s Leidenschaft ~ rouse s. o.'s passion; j-n gegen j-n ~ goad s. o. against s. o. **'Auf|sta·che·lung, 'Auf|stach·lung** *f* ⟨-; -en⟩ **1.** ⟨*only sg*⟩ goading (on) (*etc*). **2.** incitement, instigation.

'auf|stamp·fen I *v/i* ⟨*sep*, -ge-, h⟩ stamp (the ground); (mit den Füßen) ~ stamp one's foot (*od.* feet). **II** *v/t tech.* tamp down, ram up.

'Auf|stand *m* ⟨-(e)s; ⸗e⟩ revolt, rebellion, (up)rising, insurrection, (*Meuterei*) uprising; e-n bewaffneten ~ machen rise up in arms. **'auf|stän·disch** *adj* rebellious, insurgent. **'Auf|stän·di·sche** *m, f* ⟨-n; -n⟩ rebel, insurgent. **'Auf|stands·be|we·gung** *f* insurgent movement.

'auf|sta·peln *v/t* ⟨*sep*, -ge-, h⟩ stack (up), pile up, (*Vorräte, Waren etc*) store (up), stock (up), stockpile.

'auf|star·ren *v/i* ⟨*sep*, -ge-, h⟩ stare up (zu to).

'auf|stäu·ben I *v/t* ⟨*sep*, -ge-, h⟩ *tech.* dust *s. th.* on (auf *acc* to). **II** *v/i* ⟨sein⟩ rise (*od.* fly up) like dust.

'auf|stau·en I *v/t* ⟨*sep*, -ge-, h⟩ → stauen 1, aufgestaut. **II** *v/reflex* sich ~ → stauen.

'auf|ste·chen *v/t* ⟨*irr, sep*, -ge-, h⟩ prick *s. th.* open, pierce, puncture, (*Abszeß*) lance.

'auf|steck·bar *adj* slip-on, clip-on, attachable.

'auf|stecken (*getr.* -k·k-) **I** *v/t* ⟨*sep*, -ge-, h⟩ **1.** (*hochstecken*) put up, stick up, *mit Nadeln*: pin up; sich (*dat*) das Haar ~ put (*od.* do, pin) up one's hair. **2.** (*feststecken*) (auf *acc*) put (*od.* stick, slip) *s. th.* (on [to]), fix (on, to), attach (on, to); → Licht 5. **3.** *colloq.* (*Ziel, Plan etc*) give up, chuck up (*od.* in), drop. **4.** *fig.* (*Miene, Lächeln*) put on. **II** *v/i* **5.** *colloq.* give up, pack it in, throw up the sponge.

'auf|ste·hen I *v/i* ⟨*irr, sep*, -ge-, sein⟩ **1.** get up, rise (*a. vom Bett*), *vom Sitz*: *a.* rise to one's feet, stand up; früh ~ rise early; nach e-r Krankheit wieder ~ get up after (*od.* recover from) an illness; sie stand vom Tisch auf she got up from (*od.* left) the table; *fig. colloq.* da hättest du früher ~ müssen! it is too late now!; → Fuß 2. **2.** *lit. Volk etc*: rise (in arms), revolt, rebel. **3.** *Prophet etc*: arise, appear. **4.** *hunt.* rise. **5.** ⟨h *u.* sein⟩ *colloq.* *Tür etc*: be open, (*bes.* halb ~) be ajar. **6.** ⟨h *u.* sein⟩ *Tischbein etc*: rest (firmly) on the floor. **II** Ձ *n* ⟨-s⟩ **7.** beim Ձ when getting up, on rising; nach dem Ձ after getting up.

'auf|stei·gen *v/i* ⟨*irr, sep*, -ge-, sein⟩ **1.** ~ auf (*ein Pferd, Motorrad etc*) get on, climb on, mount. **2.** *Nebel, Pflanzensäfte, Sonne etc*: rise, go up, *Gewitter*: come up; Tränen stiegen in ihr auf tears rose within her. **3.** *Bergsteiger etc*: ascend, go (*od.* march) up, (*klettern*) climb. **4.** *Flugzeug etc*: (*abheben*) take off, become airborne, (*steigen*) climb, *Vogel*: soar (up), rise; in e-m Ballon ~ ascend in a balloon. **5.** *fig.* (*befördert werden*) rise, be promoted; zu hohen Würden ~ rise to great hono(u)rs; er ist bis zum Direktor aufgestiegen he rose as high as (the position of) director; *a. Sport*: zur Spitze ~ rise to the top; der Schüler kann ~ the pupil can move up to the next class. **6.** *Sportklub, Mannschaft*: be promoted (to the next higher division). **7.** *fig. Gefühle etc*: rise, well up; (in) ihr stieg der Wunsch auf (zu) she felt a sudden desire (to); plötzlich stieg ein Gedanke in ihm auf an idea suddenly occurred to (*od.* struck) him; mir stieg ein Verdacht auf I had a suspicion (daß that). **'auf|stei·gend** *adj* **1.** rising, ascending; ~e Tränen rising tears; *med.* ~e Infektion ascending infection; Verwandte in ~er Linie ascendants; *fig.* auf dem ~en Ast on the upgrade, going up(hill). **2.** *astr.* ascendant. **3.** *her.* rampant. **'Auf|stei·ger** *m* ⟨-s; -⟩ **1.** *Sport*: a) club (*od.* team) promoted to the next higher division, b) club (*od.* team) due for promotion. **2.** *colloq.* a) (sozialer) ~ (social) climber, careerist, b) (*Erfolgreicher*) success(ful person); ~ der Woche Success Story of the Week.

'auf|stel·len I *v/t* ⟨*sep*, -ge-, h⟩ **1.** set up, put up, (*anordnen*) arrange, (*aufreihen*) line up, (*postieren*) place, (*a. Wachposten*) post, station, (*Denkmal etc*) erect, raise, (*Zelt*) pitch, (*Falle*) set, (*Maschine etc*) set up, install, mount, (*Leiter*) raise, (*Waren*) display, arrange, (*Kragen*) put up; die Ohren ~ *Hund etc*: prick one's ears. **2.** (*Truppen*) activate, organize, raise, (*Geschütz*) emplace. **3.** (*Rekord*) establish, set (up), (*Spieler*) nominate, pick, put on, take on (the team), (*Mannschaft*) compose, field, (*Schiedsrichter*) appoint. **4.** (*Zeugen*) produce. **5.** *pol.* j-n als Kandidaten ~ put s. o. forward (*od.* up) as candidate, nominate s. o.; sich (als Kandidat[en]) ~ lassen für (e-n Sitz im Parlament) stand for (Parliament), *Am.* run for (Congress). **6.** (*Liste, Tabelle*) make (up), prepare, (*Bilanz*) *a.* draw up, (*Kosten etc*) specify, *Am.* itemize, (*Rechnung*) make out (*od.* up). **7.** *fig.* (*Lehre, Theorie*) propound, advance, (*Grundsatz*) lay down, (*Regel*) *a.* set up, state, (*System*) establish, (*Bedingungen*) make, state, *math.* (*Problem*) state, pose, (*Gleichung*) form, set up; → Behauptung 1. **8.** *dial.* (*Suppe etc*) put on. **II** *v/reflex* sich ~ **9.** *Person*: place (*od.* station) o. s., take one's stand (vor *dat* before), *mil.* form up, fall in, *an der Front etc*: draw up; sich hintereinander ~ line (*od.* queue) up, *mil.* fall into line; sich längs der Straße ~ line the street. **'Auf|stel·ler** *m* **1.** *tech.* engine fitter. **2.** *Werbung*: show card. **'Auf|stel·lung** *f* ⟨-; -en⟩ **1.** ⟨*only sg*⟩ a) (*das Aufstellen*) setting up (*etc*), *tech. a.* installation, b) *fig. e-r Behauptung etc*: putting forward, making (*etc*), c) (*Anordnung*) arrangement, disposition, *mil. a.* formation, (*Neu*Ձ *von Truppen*) activation; ~ nehmen → aufstellen II. **2.** ⟨*only sg*⟩ *e-s Kandidaten, e-s Spielers*: nomination, *e-r Sportmannschaft*: team composition, lineup. **3.** a) ⟨*only sg*⟩ *von Daten etc*: compilation, listing, tabulation, b) (*Liste*) list, schedule, (*Tabelle*) table, (*Übersicht*) survey, *econ.* statement (*of cost, etc*), *detaillierte*: specification, *Am.* itemization; ~ e-r Bilanz preparation (*od.* drawing up) of a balance sheet.

'auf|stem·men *v/t* ⟨*sep*, -ge-, h⟩ **1.** (*Schloß, Kiste etc*) force (*od.* break, prize, *bes. Am.* pry) *s. th.* open. **2.** (*Ellbogen etc*) brace, prop; sich (mit den Armen) auf den Tisch ~ brace (*od.* prop) o. s. with one's arms on the table.

'auf|sticken[1] (*getr.* -k·k-) *v/t* ⟨*sep*, -ge-, h⟩ et. ~ embroider s. th. (auf *acc* on).

'auf|sticken[2] (*getr.* -k·k-) *v/t* ⟨*sep*, -ge-, h⟩ *metall.* nitride.

'auf|stie·ben *v/i* ⟨*irr, sep*, -ge-, sein⟩ **1.** *Funken, Staub etc*: fly (*od.* spray) (up), rise in a cloud. **2.** *Vögel*: fly off, rise up.

'Auf|stieg *m* ⟨-(e)s; -e⟩ **1.** *zum Gipfel etc*: ascent, climb, (*Weg*) path (to the summit, *etc*), way up. **2.** *aer.* ascent, climbing (to altitude), (*Abheben*) takeoff. **3.** ⟨*only sg*⟩ *fig.* rise, ascent; sozialer ~ (social) advancement, rise; wirtschaftlicher ~ economic rise (*od.* progress, uprising), boom; im ~ begriffen on the rise (*od.* upgrade), rising, improving. **4.** ⟨*only sg*⟩ *fig.* (*Beförderung*) promotion, *e-s Sportklubs*: *a.* move up; die Mannschaft hat den ~ geschafft the team has made the move up (*od.* has been promoted).

'Auf|stiegs||chan·cen *pl* promotion prospects. **~kan·di|dat** *m Sport*: promotion contender. **~|mög·lich·keit** *f* opportunity for promotion; Stellung ohne ~(en) *a.* dead-end job. **~|spiel** *n Sport*: promotion tie.

'auf|stö·bern *v/t* ⟨*sep*, -ge-, h⟩ **1.** *fig.* ferret out, track down, trace, unearth, discover. **2.** *hunt.* (*aufschrecken*) start, rouse, (*aufspüren*) track down, *im Bau*: run (*an animal*) to earth.

'auf|stocken (*getr.* -k·k-) *v/t* ⟨*sep*, -ge-, h⟩ **1.** (*Haus etc*) add a stor(e)y to, raise *s. th.* by one stor(e)y (or more). **2.** (*Kapital, Kredit etc*) increase.

'auf|stöh·nen *v/i* ⟨*sep*, -ge-, h⟩ groan (aloud).

'auf|stö·ren *v/t* ⟨*sep*, -ge-, h⟩ disturb; j-n aus s-n Träumen *etc* ~ rouse s. o. from his dreams, *etc.*

'auf|sto·ßen I *v/t* ⟨*irr, sep*, -ge-, h⟩ **1.** push (*mit dem Fuß*: kick) *s. th.* open. **2.** et. ~ auf (*acc*) hit (*od.* knock) s. th. on, *stärker*: slam s. th. down on. **3.** sich (*dat*) das Knie ~ bruise (*od.* skin) one's knee. **4.** *hunt.* rouse, start (*a hare, etc*) up. **II** *v/i* ⟨h *u.* sein⟩ **5.** ⟨sein⟩ (*aufschlagen*) hit, strike; mit dem Kopf auf den Boden ~ hit one's head on the ground. **6.** ⟨h⟩ (*rülpsen*) belch, burp. **7.** *Speisen*: repeat; der Rettich stößt mir auf the radish repeats on me; *fig. colloq.* das könnte Ihnen übel ~ you may have to pay (dearly) for that yet; → sauer 4. **8.** ⟨sein⟩ *fig. colloq.* j-m ~ (*auffallen*) strike s. o. **III** Ձ *n* ⟨-s⟩ **9.** belch(ing), eructation; saures Ձ heartburn.

'auf|strah·len *v/i* ⟨*sep*, -ge-, h⟩ flash (up), (begin to) shine, beam; *fig.* sie (*od.* ihr Gesicht) strahlte auf she beamed.

'auf|stre·ben *v/i* ⟨*sep*, -ge-, sein⟩ **1.** *Turm etc*: rise, soar (up), tower up. **2.** *fig.* *im Beruf etc*: aspire. **~d** *adj* **1.** *Säule etc*: rising, soaring, towering. **2.** *fig.* aspiring, up-and-coming (*young man, etc*), rising, emergent (*nation*).

'auf|strei·chen *v/t* ⟨*irr, sep*, -ge-, h⟩ spread (*od.* brush, *tech.* coat) on.

'auf|streu·en *v/t* ⟨*sep*, -ge-, h⟩ (auf *acc* on) sprinkle, strew.

'Auf|strich *m* **1.** ⟨*only sg*⟩ (*Brot*Ձ) (sandwich) spread. **2.** *beim Schreiben*: upstroke. **3.** *mus.* (beim ~ on the) up-bow. **4.** (*Farb*Ձ) coat, layer.

'auf|stu·fen *v/t* ⟨*sep*, -ge-, h⟩ *adm.* upgrade.

'auf|stül·pen *v/t* ⟨*sep*, -ge-, h⟩ **1.** (*Hut etc*) put (*colloq.* clap) *s. th.* on. **2.** (*Ärmel, Krempe etc*) turn *s. th.* up. **3.** *tech.* slip *s. th.* on.

'auf|stüt·zen I *v/t* ⟨*sep*, -ge-, h⟩ (auf *dat, acc* on) prop (*one's arms, a patient, etc*) up, support, rest. **II** *v/reflex* sich ~ prop o. s. up, auf: lean (up)on.

'auf|su·chen *v/t* ⟨*sep*, -ge-, h⟩ **1.** (*j-n*) (go to) see, call on, look *s. o.* up, (*e-n Arzt etc*) see, consult, (*e-n Ort*) visit, *a.* (*das Bett, WC etc*) go to; häufig (*od.* fleißig)

~ frequent. **2.** *in e-m Buch*: look *s. th.* up. **3.** (*aufklauben*) pick *s. th.* up.

ˈauf|ta·keln I *v/t* ‹*sep*, **-ge-**, h› (*Schiff etc*) rig *s. th.* (out *od.* up). **II** *v/reflex* **sich** ~ *colloq.* rig (*od.* tog) o. s. out (*od.* up); → **aufdonnern.**

ˈAuf|takt *m* **1.** *metr. mus.* upbeat, arsis, anacrusis. **2.** *fig.* (**zu** to) prelude, preliminaries *pl.*

ˈauf|tan·ken *v/t u. v/i* ‹*sep*, **-ge-**, h› fill (*Am. a.* gas) up, refuel; *fig.* **neue Kräfte** ~ recharge one's batteries.

ˈauf|tau·chen *v/i* ‹*sep*, **-ge-**, **sein**› **1.** come up, (break) surface, emerge, rise (to the surface); **das U-Boot tauchte auf** the submarine surfaced. **2.** *fig.* appear, emerge, turn (*plötzlich*: pop) up; **die Berge tauchten in der Ferne auf** the mountains loomed up in the distance. **3.** *fig. Fragen, Erinnerungen, Zweifel etc*: arise, come up, emerge.

ˈauf|tau·en I *v/t* ‹*sep*, **-ge-**, h› **1.** thaw, (*Tiefkühlkost, Autoscheiben etc*) *meist* defrost. **II** *v/i* ‹**sein**› **2.** thaw, unfreeze. **3.** *fig. colloq. Person*: thaw, unbend.

ˈAuf|tau||mit·tel *n* **1.** thawing agent. **2.** → **Entfroster.** **~|punkt** *m phys.* thaw(ing) point. **~|salz** *n tech.* de-icing (*od.* road) salt.

ˈauf|tei|len *v/t* ‹*sep*, **-ge-**, h› **1.** (*verteilen*) distribute, divide (up *od.* out), apportion, share (out), (*Grundbesitz*) *a.* parcel (out). **2.** (*einteilen*) divide (*od.* split) *s. th.* (up), partition; **die Schüler in Gruppen** ~ divide the pupils into groups. **≗lung** *f* ‹-; **-en**› **1.** distribution. **2.** division, partition.

ˈauf|ti·schen *v/t* ‹*sep*, **-ge-**, h› **1.** (*Speisen*) serve; **j-m et.** ~ *a.* regale s. o. with s. th., treat s. o. to s. th. **2.** *fig. colloq.* dish up, tell; **die alte Geschichte immer wieder** ~ rehash the same old story.

ˈAuf|trag [-ˌtraːk] *m* ‹**-(e)s**; **⸚e** [-ˌtrɛːgəl]› **1.** (*Anweisung*) order(s *pl*) (*a. mil.*), instructions *pl*, directions *pl*, commission, (*Aufgabe*) task (*a. mil. taktischer* ~), assignment, (*Pflicht*) duty, (*diplomatischer* ~ *etc, a. weitS. Sendung, a. mil. Kampf*≗) mission, (*Botengang, a. weitS.*) errand, (*Botschaft*) message; *mil., a. humor.* ~ **ausgeführt!** mission accomplished!; **im** ~, **i. A.** on instruction, *adm.* by order; **im** ~ **von** (*od. gen*) by order (*od.* on behalf) of, for (*the Minister, etc*), (*auf Ersuchen*) at the request of; **im** ~ **von j-m handeln** act on behalf of s. o.; **in höherem** ~ on higher orders; **in** (*od.* **mit**) **besonderem** ~ on a special mission; **e-n** ~ **ausführen** carry out an order (*etc*) (*cf. a.* 2); **j-m den** ~ **erteilen, et. zu tun** → **auftragen** 3; **den** ~ **erteilen, daß et. geschieht** give instructions for s. th. to be done; **ich habe den ehrenvollen** ~, **Sie willkommen zu heißen** it is my pleasant duty to welcome you. **2.** (*Bestellung*) order, (*a. künstlerischer* ~ *etc*) commission, (*Liefervertrag, Bau*≗, *öffentlicher* ~) contract; **laut** ~ as per order, as ordered; **et. bei j-m in** ~ **geben** place an order for s. th. with s. o., order s. th. from s. o., (*Kunstwerk etc*) commission s. o. to make (*etc*) s. th., commission s. th. from s. o.; **in** ~ **gegeben** ordered; **in** ~ **sein** be on order; **e-n** ~ **ausführen** fill (*od.* execute) an order; **in** ~ **und für Rechnung von** by order and for account of. **3.** *an Anwalt*: instructions *pl* (given to a solicitor), *a. pol. e-s Abgeordneten*: mandate, *zur Prozeßführung*: brief; *pol.* **im** ~ **s-r Wähler handeln** act on the mandate (*od.* in the name) of one's constituency. **4.** (*Farb*≗) application.

ˈauf|tra·gen I *v/t* ‹*irr, sep*, **-ge-**, h› **1.** (*Speisen etc*) serve (up); **es ist aufgetragen (worden)** dinner (*od.* lunch) is served. **2.** (*Farbe, Salbe etc*) apply, spread *s. th.* on, (*Farbe*) *a.* coat (*od.* lay) on. **3. j-m et.** ~, **j-m** ~, **et. zu tun** a) instruct (*stärker*: enjoin) s. o. to do s. th., b) order s. o. to do s. th., c) ask s. o. to do s. th., d) entrust s. o. with doing s. th.; **er trug mir Grüße an dich auf** he asked me to give you his regards; **hat man dir nichts aufgetragen?** a) haven't you been told what to do?, b) haven't you got a message for me? **4.** (*Kleider etc*) wear out. **5.** *surv.* plot (*a. math.*), protract. **6.** *print.* distribute, roll on (*the ink*). **7.** *civ. eng.* (*anschütten*) embank, (*ausfüllen*) fill *s. th.* up. **II** *v/i* **8.** *Kleider etc*: be bulky. **9.** *fig. colloq.* **dick** ~ exaggerate, lay it on thick. **III** ≗ *n* ‹**-s**› **10.** serving (*etc*), *von Farbe etc*: application.

ˈAuf|trag||ge·ber *m*, **~|ge·be·rin** *f* (*Besteller*) orderer, (*Kunde*) customer, client, *e-s Künstlers*: patron, *im Handelsrecht*: principal (*of an agent*), *jur.* (*Vollmachtgeber*) mandator.

ˈAuf|trags||ar·beit *f* *künstlerische*: commissioned work. **~be|stand** *m econ.* orders *pl* on hand, (*well-filled, etc*) order books *pl.* **~be|stä·ti·gung** *f* **1.** *durch den Kunden*: confirmation of (an) order. **2.** *durch den Lieferanten*: acknowledg(e)ment of (an) order. **~|buch** *n* order book.

ˈauf|trag|schwei·ßen *v/t* ‹*insep*, **-ge-**, h› *tech.* deposition-weld, *für Reparaturzwecke*: build up, *für Verschleißzwecke*: hard-face, (*verstählen*) steel-face.

ˈAuf|trags||dienst *m teleph.* absent subscriber service. **~|ein|gang** *m econ.* **1.** orders *pl* received, incoming orders *pl*, order intake. **2.** (*Vorgang*) receipt of orders. **~er|tei·lung** *f* **1.** placing of order(s). **2.** conferring of contract, *bei Ausschreibung*: award (of contract). **~for·mu|lar** *n* order form (*Am.* blank). **≗ge|mäß** *adv* according to instructions (*od.* directions), *econ.* as per order, as ordered. **≗|här·ten** *v/t* ‹*insep*, **-ge-**, h› → **auftragschweißen.** **~|la·ge** *f econ.* order situation (*od.* inflow). **~|pol·ster** *n* → **Auftragsüberhang.** **~|rück|gang** *m* falling off of orders. **~|rück|stand** *m* → **Auftragsüberhang.** **~|sper·re** *f* embargo on orders. **~|über|hang** *m* backlog of (unfilled) orders. **~|wer·bung** *f* canvassing (for orders). **~|werk** *n* commissioned work.

ˈAuf|trag|wal·ze *f* **1.** *print.* ink(ing) roller. **2.** *tech.* spreading roller.

ˈauf|träu·feln *v/t* ‹*sep*, **-ge-**, h› apply *s. th.* drop by drop, drop on.

ˈauf|tref·fen I *v/i* ‹*irr, sep*, **-ge-**, **sein**› *Strahlen, Geschosse etc*: (**auf** *acc* on) hit, strike. **II** ≗ *n* ‹**-s**› hitting (*etc*), *mil. phys.* impact.

ˈAuf|treff|ge|schwin·dig·keit *f mil. phys.* impact velocity. **~|punkt** *m mil. phys.* point of impact. **~|win·kel** *m* angle of impact, *von Strahlen, Wellen*: angle of incidence.

ˈauf|treib·bar *adj fig. colloq.* obtainable, available.

ˈauf|trei·ben *v/t* ‹*irr, sep*, **-ge-**, h› **1.** → **aufwirbeln.** **2.** *gastr.* make (*dough*) rise. **3.** (*aufblähen*) distend, blow up, bloat. **4.** *fig. colloq.* find, get (hold of), come by, whistle up, (*Geld*) raise; **Milch war nirgends aufzutreiben** milk was nowhere to be had. **5.** a) drive (*cattle*) to the market, b) drive (*cattle*) up (to the hillside pastures). **6.** (*Wild etc*) start, rouse.

ˈauf|tren·nen I *v/t* ‹*sep*, **-ge-**, h› **1.** (*Naht etc*) undo, *schneidend*: *a.* cut *s. th.* open, *reißend*: rip *s. th.* open (*od.* up). **2.** *dial.* (*Gestricktes*) unravel. **II** *v/reflex* **sich** ~ **3.** come undone.

ˈauf|tre·ten I *v/i* ‹*irr, sep*, **-ge-**, **sein**› **1.** *mit dem Fuß*: step, tread, walk (**leise** softly); **er kann mit dem verletzten Fuß nicht** ~ he cannot walk on his injured foot. **2.** *thea.* a) appear (on the stage), come on, enter, b) perform; **als Redner (Sänger)** ~ *a.* take the floor; **zum ersten Mal** ~ make one's debut (*a. fig.*); **Faust tritt auf** (*Bühnenanweisung*) enter Faust. **3.** *fig.* (*erscheinen*) appear (**als Zeuge** as a witness, **vor Gericht** in court), present o. s.; **als Schriftsteller** ~ come forward as an author; **er trat als Experte auf** he presented himself as an expert, *fälschlich*: he pretended to be an expert, he posed as an expert; **für j-n** ~ stand up for s. o.; **gegen j-n** ~ oppose s. o., *jur.* appear against s. o.; **mit e-r Forderung** ~ present a claim; **er tritt nicht gern öffentlich auf** he does not like to appear in public. **4.** *fig.* behave, act, conduct o. s.; **sicher** ~ behave in a self-confident manner; **energisch** ~ take a firm stand, put one's foot down. **5.** *fig.* (*eintreten*) occur, happen, arrive, *Befürchtungen, Zweifel*: arise, *Folgeerscheinungen*: result, ensue, *Schwierigkeiten*: arise, be encountered, *plötzlich*: *a.* crop up. **6.** (*anzutreffen sein*) occur, be found; **diese Krankheit tritt nur in den Tropen auf** this disease occurs (*od.* is found) only in the tropics. **II** *v/t* ‹h› **7.** kick (*a door*) open. **III** ≗ *n* ‹**-s**› **8.** (*Erscheinen*) appearance, *thea. a.* performance; **erstes** ~ debut. **9.** (*Vorkommen*) occurrence, *von Schwierigkeiten, Zweifeln etc*: arising. **10.** (*Benehmen*) behavio(u)r; **sicheres** ~ aplomb, self-assured manner. **11.** → **Auftritt** 1a.

ˈAuf|trieb *m* **1.** → **Almauftrieb.** **2.** *von Schlachtvieh*: supply, cattle brought to the market. **3.** *fig. der Wirtschaft etc*: upswing, upsurge, upward trend (*of prices, etc*). **4.** *fig.* (fresh) impetus, stimulus, encouragement, *colloq.* boost, lift; **j-m (e-r Sache) (neuen)** ~ **geben** give (a fresh) impetus (*etc*) to s. o. (s. th.), *a.* buoy s. o. (s. th.) up. **5.** *phys.* buoyancy (force). **6.** *aer.* (**dynamischer** ~ dynamic) lift. **ˈAuf|triebs|kraft** *f* **1.** → **Auftrieb** 5. **2.** *econ. der Nachfrage*: buoyant forces *pl.*

ˈAuf|tritt *m* **1.** *thea.* a) *e-r Person, a. fig.* entrance, appearance, b) *in e-m Akt*: scene; *a. fig.* **großer** ~ Grand Entrance. **2.** *fig.* (*Streit*) scene, *colloq.* row; **j-m e-n** ~ **machen** make s. o. a scene; **e-n** ~ **haben mit j-m** have a row with s. o. **ˈAuf|tritts·ver|bot** *n* stage ban; **sie hat** ~ she has been banned from the stage.

ˈauf|trock·nen I *v/t* ‹*sep*, **-ge-**, h› **1.** (*Fußboden etc*) dry (up). **2.** (*Flüssigkeiten etc*) wipe (*od.* mop, dry) up. **II** *v/i* ‹**sein**› **3.** dry (up), become dry.

ˈauf|trump·fen *v/i* ‹*sep*, **-ge-**, h› *fig. allg.* come it strong, let go (**mit** with), **mit** *et.*: *a.* come up (triumphantly) with; *Sport*: → *a.* **aufspielen** 3; **mit zwei Toren (Rekorden)** ~ come up gloriously with two goals (records).

ˈauf|tun I *v/t* ‹*irr, sep*, **-ge-**, h› **1.** *colloq. allg.* open. **2.** *colloq.* **sich** (*dat*) **et. (auf den Teller)** ~ put s. th. on one's plate. **3.** → **aufreißen** 7. **II** *v/reflex* **sich** ~ **4.** *allg.* open (*a. fig.*), *Abgrund*: *a.* yawn, *Verein etc*: form, be founded, be organized.

ˈauf|tup·fen *v/t* ‹*sep*, **-ge-**, h› **1.** dab (*od.* mop) up. **2.** (*Creme etc*) dab on (**auf** *acc* to).

ˈauf|tür·men I *v/t* ‹*sep*, **-ge-**, h› **1.** heap (*od.* pile) *s. th.* up. **II** *v/reflex* **sich** ~ **2.** *Berge, Hindernisse*: tower up, loom (up). **3.** *fig. Schwierigkeiten, Arbeit etc*: pile up, heap up, accumulate.

ˈAuf|und ˈAb *n* ‹**-;** *no pl*› up and down.

ˈAufˌundˈab·beˌwe·gung *f* up-and-down motion.

ˈaufˌwa·chen *v/i* ⟨*sep*, -ge-, sein⟩ wake (up), awake(n), *fig. a.* be roused, come to life.

ˈaufˌwach·sen *v/i* ⟨*irr, sep*, -ge-, sein⟩ grow up.

ˈaufˌwal|len *v/i* ⟨*sep*, -ge-, sein⟩ **1.** *Flüssigkeiten*: boil (up), bubble (up); **Wasser wallt beim Kochen auf** water bubbles when it boils; **~ lassen** bring *s. th.* to the boil. **2.** *fig. Dankbarkeit, Leidenschaft etc*: rise, well up, surge (**in j-m** in s. o.); **es** (*od.* **sein Blut**) **wallte** (**heiß**) **in ihm auf** he (*od.* his blood) was boiling; **der Zorn wallte in ihm auf** he was seething with rage. **3.** *lit. Nebel etc*: rise (up). **2lung** *f* ⟨-; -en⟩ **1.** ⟨*only sg*⟩ boiling (*etc*). **2.** *fig.* (*Gemütsbewegung*) surge, (out)burst, fit; **in e-r ~ von Großmut** in a burst of generosity; **in der ersten ~ von Freude** in the first surge (*od.* flush) of joy.

ˈaufˌwal·zen *v/t* ⟨*sep*, -ge-, h⟩ *allg.* roll on (**auf** *acc* to).

ˈAufˌwand *m* ⟨-(e)s; *no pl*⟩ **1.** expenditure (**an** *dat* of *energy, money, time, etc*), (*Ausgaben*) *a.* expense, cost; **unnützer ~** waste (*of material, time, etc*); **e-n großen ~ an Kraft** *etc* **erfordern** require a great deal of energy, *etc.* **2.** (*Prunk*) pomp, extravagance, splurge, display, (*Luxus*) luxury; **großen ~ treiben** live in grand style, be (very) extravagant; **mit e-m großen ~ an Pracht** with a great show (*od.* display) of splendo(u)r; **ohne ~ leben** live without pomp.

ˈAufˌwands|entˌschä·di·gung *f econ.* expense allowance. **~ˌsteu·er** *f econ.* luxury tax.

ˈaufˌwär·men I *v/t* ⟨*sep*, -ge-, h⟩ **1.** (*Speisen etc*) warm *s. th.* up (*Am.* over), heat up, reheat, *Br. a.* hot up. **2.** *fig.* bring *s. th.* up (again), rehash, *Am.* warm *s. th.* over, (*Skandal etc*) *a.* rake *s. th.* up. **II** *v/reflex* **sich ~ 3.** warm o. s.

ˈAufˌwar·teˌfrau *f* cleaning woman, (woman) cleaner, *bes. Br.* charwoman.

ˈaufˌwar·ten *v/i* ⟨*sep*, -ge-, h⟩ **1.** *lit.* **j-m mit et. ~** (*anbieten*) offer s. o. s. th.; **womit kann ich Ihnen ~?** a) what may I offer you?, b) what can I do for you? **2.** *obs.* **j-m ~** (*bedienen*) serve (*od.* wait on, attend [on]) s. o.; **bei Tisch ~** wait at table. **3.** *fig.* **~ mit** come up (*od.* oblige) with, provide, show, *mit e-r Geschichte etc*: *colloq.* dish up. **4.** *obs.* **j-m ~** → **Aufwartung** 1.

ˈaufˌwärts *adv* up, upward(s), (*bergan*) *a.* uphill; (**den Fluß**) **~** upstream; *fig.* **von 4 Millionen ~** from 4 million upwards; **Zimmer von fünf Dollar an ~** rooms for five dollars and up(wards); **die Blicke ~ richten** look up, raise one's eyes; → *a.* **aufwärtsgehen. 2beˌwe·gung** *f* **1.** *bes. econ.* upward movement (*od.* tendency), rise. **2.** *tech.* (*Hub*) upstroke. **2entˌwick·lung** *f econ.* upward development (*od.* movement), improvement. **~ˌge·hen** *v/impers* ⟨*irr, sep*, -ge-, sein⟩ improve; **mit ihm geht es (immer mehr) aufwärts** things are looking up with him, *nach e-r Krankheit*: he is on the mend; **mit unserem Geschäft geht es ~** our business is improving, things are looking up with us. **2ˌha·ken** *m Boxen*: uppercut. **2ˌhub** *m tech.* upstroke. **~ˌschal·ten** *v/i* ⟨*sep*, -ge-, h⟩ change (*Am.* shift) into higher gear. **2trans·forˌma·tor** *m electr.* step-up transformer.

ˈAufˌwar·tung *f* ⟨-; -en⟩ **1.** *obs.* **j-m s-e ~ machen** pay a visit (*od.* one's respects) to s. o. **2.** *dial.* **sie macht bei uns die ~** she does the cleaning for us.

ˈAufˌwasch *m* ⟨-(e)s; *no pl*⟩ *colloq.* **1.** dirty dishes *pl.* **2.** → **aufwaschen** II.

ˈaufˌwa·schen I *v/t* ⟨*irr, sep*, -ge-, h⟩ *dial.* (*Geschirr etc*) wash up. **II 2** *n* ⟨-s⟩ washing-up; *fig. colloq.* **das geht in einem 2, das ist ein 2** (that way) we can do it (*od.* that can be done) all in one go.

ˈaufˌwe·cken (*getr.* -k·k-) *v/t* ⟨*sep*, -ge-, h⟩ wake *s. o.* (up), awake(n), rouse (*s. o.* from sleep); → **Tote** 1.

ˈaufˌwe·hen *v/t* ⟨*sep*, -ge-, h⟩ **1.** (*Staub etc*) blow (up). **2.** blow *s. th.* open.

ˈaufˌwei|chen I *v/t* ⟨*sep*, -ge-, h⟩ **1.** make *s. th.* soft (*stärker*: sodden, soggy). **2.** (*Brot etc*) soak. **3.** (*Farben etc*) temper. **4.** *fig.* undermine, (*schwächen*) soften up. **II** *v/i* ⟨sein⟩ **5.** become (*od.* grow) soft (*stärker*: sodden, soggy), soften. **6.** *fig. Fronten etc*: (begin to) crumble, soften. **~chend** *adj Mittel*: softening, emollient. **2chung** *f* ⟨-; *no pl*⟩ **1.** softening (*etc*), making (*od.* getting) soft (*etc*). **2.** *fig.* softening (up), undermining.

ˈaufˌwei·nen *v/i* ⟨*sep*, -ge-, h⟩ (laut) ~ (begin to) cry (loudly), (give a) wail, break into (loud) sobs.

ˈaufˌwei·sen *v/t* ⟨*irr, sep*, -ge-, h⟩ **1.** (*zeigen*) show, demonstrate (*the importance of s. th., etc*). **2. et. ~, et. aufzuweisen haben** show (*od.* have, possess, feature, boast) s. th.; (**guten**) **Erfolg ~** show good results; **er hatte absolut nichts für sich aufzuweisen** he had absolutely nothing to show to his credit; **große Mängel ~** have many defects.

ˈaufˌwen·den *v/t* ⟨*a. irr, sep*, -ge-, h⟩ **1.** (*Geld*) (**für** on) spend, expend. **2.** (*anwenden*) use, employ, apply; **Mühe ~** take pains; **du mußt mehr Fleiß ~** you must make a greater effort; **wir haben alles aufgewendet** (*od.* **aufgewandt**), **ihm zu helfen** we have done our utmost (*od.* made every effort) to help him.

ˈaufˌwen·dig *adj* **1.** large-scale, (*kostspielig*) expensive, costly. **2.** luxurious, extravagant. **2keit** *f* ⟨-; -en⟩ **1.** expensiveness, costliness. **2.** luxuriousness, extravagance.

ˈAufˌwen·dung *f* ⟨-; -en⟩ **1. unter ~ s-r ganzen Beredsamkeit** bringing all his eloquence to bear. **2.** *pl* expense *sg*, expenditure *sg*; **soziale ~en** social expenditure *sg.*

ˈaufˌwer·fen I *v/t* ⟨*irr, sep*, -ge-, h⟩ **1.** (*Erde, Damm etc*) throw up, (*Ball etc*) *a.* toss (up). **2.** (*Tür etc*) throw *s. th.* open. **3.** *fig.* (*den Kopf*) toss up, (*Mund, Lippen*) pout. **4.** *fig.* (*Frage etc*) raise, bring up, pose. **II** *v/reflex* **5. sich ~ zu** set o. s. up as, pose as (*judge, etc*).

ˈaufˌwer|ten *v/t* ⟨*sep*, -ge-, h⟩ **1.** (*Währung*) revalue, upvalue. **2.** *fig.* upgrade. **2tung** *f* ⟨-; -en⟩ **1.** *econ.* (upwards) revaluation, revalorization. **2.** *fig.* upgrading.

ˈaufˌwickeln (*getr.* -k·k-) **I** *v/t* ⟨*sep*, -ge-, h⟩ **1.** (*Garn, Seil etc*) roll (*od.* reel, coil) up, wind up, (*Film*) take up. **2.** (*Paket etc*) unwrap. **3.** (*Baby etc*) unswaddle. **4.** (*Haare*) put (*hair*) in curlers. **II** *v/reflex* **sich ~ 5.** roll (*od.* coil) up. **6.** unwind, unroll. **7.** unwrap, come undone.

ˈaufˌwie·geln *v/t* ⟨*sep*, -ge-, h⟩ (gegen against) stir up, incite, instigate; **j-n ~, et. zu tun; j-n zu et. ~** incite s. o. to do s. th.; **das Volk (zum Widerstand) ~** foment rebellion. **ˈAufˌwie·ge·lung** *f* ⟨-; -en⟩ (zu to) incitement, instigation, agitation, sedition.

ˈaufˌwie·gen *v/t* ⟨*irr, sep*, -ge-, h⟩ (counter)balance, compensate (for), make up for, offset; **das wiegt alle Nachteile (Verluste) auf** that makes up for all shortcomings (losses); **die Vor- und Nachteile wiegen einander auf** the advantages and disadvantages counterbalance each other; → **Gold** 2.

ˈAufˌwieg|ler *m* ⟨-s; -⟩, **~le·rin** *f* ⟨-; -nen⟩ agitator, fomenter, instigator. **2le·risch** *adj* agitating, seditious, *Rede etc*: inflammatory, incendiary; **~e Tätigkeit** seditious activity. **~lung** *f* ⟨-; -en⟩ → **Aufwiegelung.**

ˈAufˌwind *m* **1.** *aer. meteor.* upwind, upcurrent, (*Hang2*) anabatic wind. **2.** *fig.* → **Auftrieb** 3, 4; **im ~** on the upswing. **~ˌbö** *f* bump.

ˈaufˌwin·den I *v/t* ⟨*irr, sep*, -ge-, h⟩ **1.** wind up, haul (up), hoist, (*heben*) lift, raise; **den Anker ~** weigh anchor. **2.** → **aufwickeln** 1. **II** *v/reflex* **sich ~ 3.** wind up(ward[s]).

ˈaufˌwir·beln I *v/t* ⟨*sep*, -ge-, h⟩ (*Staub, Blätter etc*) whirl up, blow up, raise; *fig.* **viel** (*od.* **einigen**) **Staub ~** make quite a stir, create a sensation, cause a scandal, *a.* cause unfavo(u)rable comment. **II** *v/i* ⟨sein⟩ whirl up.

ˈaufˌwi·schen I *v/t* ⟨*sep*, -ge-, h⟩ **1.** (*Wasser etc*) wipe up, mop up. **2.** (*Fußboden*) wipe, clean, mop. **II** *v/i* **3.** wipe (*od.* wash) the floor.

ˈAufˌwisch|ˌlap·pen *m*, **~ˌtuch** *n* floorcloth.

ˈaufˌwüh·len *v/t* ⟨*sep*, -ge-, h⟩ **1.** (*Erde*) turn up, *Schwein etc*: root up. **2.** (*Meer, Straße*) churn up. **3.** *fig.* (*j-n, j-s Seele*) stir (*od.* shake) *s. o.* (to the core), move. **~d** *adj* stirring, moving.

ˈaufˌzäh|len *v/t* ⟨*sep*, -ge-, h⟩ **1.** enumerate, (*nennen*) name, tell, give; **ich will hier nicht alles ~** I don't want to go into details now. **2.** (*einzeln anführen*) specify, list, *Am.* itemize. **3.** (*Geld*) count out. **4.** *colloq.* **j-m ein paar (Hiebe) ~** give s. o. six of the best. **2lung** *f* ⟨-; -en⟩ enumeration, specification, list(ing).

ˈaufˌzäu·men *v/t* ⟨*sep*, -ge-, h⟩ **1.** bridle; → **Pferd** 1. **2.** *fig.* a) (*Presseartikel etc*) contrive, set up, b) → **aufziehen** 10.

ˈaufˌzeh|ren I *v/t* ⟨*sep*, -ge-, h⟩ (*aufessen*) eat up, *a. fig.* (*verbrauchen*) use up, consume; *fig.* **aufgezehrt sein** be exhausted (*od.* consumed, spent). **II** *v/reflex* **sich (innerlich) ~** burn (o. s.) out; → **verzehren** 4. **2rung** *f* ⟨-; *no pl*⟩ consumption.

ˈaufˌzeich|nen *v/t* ⟨*sep*, -ge-, h⟩ **1.** *allg.* record, (*niederschreiben*) *a.* write (*od.* note, take) down, (*Geschichtliches*) *a.* chronicle, *adm. a.* register. **2.** (*zeichnen*) draw (**auf** *acc* on), (*skizzieren*) sketch. **3.** *TV, Radio*: record *s. th.* on tape, tape(-record), *TV a.* video-tape. **4.** *tech.* a) (*anreißen*) trace (out), b) (*Meßwerte*) plot, *durch Instrumente*: record, register. **2nung** *f* ⟨-; -en⟩ **1.** ⟨*only sg*⟩ recording (*etc*). **2.** *pl* (*Notizen*) notes, *förmlicher*: record *sg*, *weitS.* papers, writings; **sich** (*dat*) **~en machen** take (*od.* make) notes, keep a record. **3.** *tech., TV etc*: recording.

ˈaufˌzei·gen *v/t* ⟨*sep*, -ge-, h⟩ **1.** *allg.* show, (*darlegen*) *a.* point out, (*verdeutlichen*) demonstrate, (*enthüllen*) reveal. **2. et. aufzuzeigen haben** → **aufweisen** 2.

ˈaufˌzie·hen I *v/t* ⟨*irr, sep*, -ge-, h⟩ **1.** (*hochziehen*) draw (*od.* pull) up, *stärker*: haul up, (*Last, Fahne, Segel*) hoist, *a.* (*Theatervorhang, Zugbrücke, Schlagbaum*) raise, (*Anker*) weigh. **2.** (*Gardinen etc*) open, draw (back *od.* open), (*Schublade*) (pull) open. **3.** (*Schleife etc*) undo. **4.** (*Uhr, Feder*) wind up; *fig. colloq.* **wie aufgezogen** *Person*: full of go. **5.** (*Saiten*) put on; (**neue**) **Saiten auf ein Instrument ~** (re)string an instrument;

fig. → Saite. **6.** (*Bild*) mount *s. th.* (on cardboard). **7.** *tech.* (*Reifen etc*) mount, fit on. **8.** (*Kinder, a. Vieh*) bring up, rear, raise, (*Pflanzen*) cultivate, grow, raise. **9.** *colloq.* j-n ~ (*necken*) tease (*od.* chaff) s. o., pull s. o.'s leg, kid s. o.; du willst mich wohl ~? are you having me on? **10.** *colloq.* (*Aktion, Kampagne etc*) organize, stage, arrange, (*lancieren*) launch, start. **11.** *med.* (*Spritze*) charge. **II** *v/i* ⟨sein⟩ **12.** *Gewitter, Wolken*: come up, gather; e-e Gefahr zieht auf danger is brewing. **13.** *bes. mil.* march (*od.* draw) up; auf Wache ~ mount guard. **III** ♀ *n* ⟨-s⟩ **14.** drawing up (*etc*); Spielzeug zum ♀ windup (*od.* clockwork) toys; *mil.* das ♀ der Wache the changing of the guard.

'Auf‚zieh|kar‚ton *m phot. print.* mount(ing board). **~‚lei·ne** *f am manuellen Fallschirm*: rip cord, *automatische*: static line. **~‚pup·pe** *f* windup doll. **~‚vor‚rich·tung** *f,* **~‚werk** *n e-r Uhr etc*: winding-up mechanism.

'Auf‚zucht *f* ⟨-; *no pl*⟩ *agr.* **1.** breeding, rearing, raising. **2.** (*Jungtiere*) young breed.

'auf‚zucken (*getr.* -k·k-) *v/i* ⟨*sep*, -ge-, h *u.* sein⟩ **1.** *Person, Körper*: be convulsed, *schwächer*: wince, (*auffahren*) give a start. **2.** *Licht etc*: flash up (am Himmel across the sky); *fig.* ein Gedanke war in ihm aufgezuckt an idea had flashed through his mind. **3.** *Flammen etc*: flare (*od.* blaze) up.

'Auf‚zug *m* **1.** (*Fahrstuhl, a. Waren*♀) lift, *Am.* elevator; (*Hebevorrichtung*) hoist; → Lasten-, Speisenaufzug. **2.** (*Festzug etc*) procession; (historischer *od.* traditioneller) ~ pageant. **3.** ⟨*only sg*⟩ *mil. der Wache*: changing. **4.** *thea.* act. **5.** ⟨*only sg*⟩ *colloq. contp.* (*Anzug etc*) outfit, getup. **6.** *der Uhr*: winder, *phot.* winding key. **7.** *Weberei*: warp. **8.** *gym.* pull-up. **~‚füh·rer** *m* liftman, *Am.* elevator operator. **~ka‚bi·ne** *f* cage. **~‚schacht** *m* lift (*Am.* elevator) shaft.

'auf‚zwän·gen *v/t* ⟨*sep*, -ge-, h⟩ force *s. th.* open.

'auf‚zwin·gen I *v/t* ⟨*irr, sep*, -ge-, h⟩ j-m et. ~ (*Willen, Vertrag etc*) force (*od.* thrust, impose) s. th. (up)on s. o., (*Geschenk etc*) press s. th. on s. o. **II** *v/reflex* der Gedanke zwang sich ihm auf the idea forced itself on him.

'Aug‚ap·fel ['auk-] *m* **1.** *anat.* eyeball, ball (*od.* globe) of the eye. **2.** *fig.* apple of *s. o.'s* eye, darling; er hütet es wie s-n ~ he guards it like gold; sie ist der ~ ihres Vaters she is the apple of her father's eye.

Au·ge ['augə] *n* ⟨-s; -n⟩ **1.** eye; *fig.* das ~ des Gesetzes (the eye of) the law; j-m ein blaues ~ schlagen give s. o. a black eye; *fig. colloq.* mit e-m blauen ~ davonkommen get off cheaply; mit bloßem (*od.* unbewaffnetem) ~ with the naked (*od.* unaided) eye; mit geschlossenen ~n with one's eyes shut, with closed eyes; mit den ~n zwinkern (*od.* blinzeln) blink (one's eyes), *vertraulich*: wink; mit verbundenen ~n blindfold (*a. fig.*); *fig.* mit e-m lachenden und e-m weinenden ~ with mixed feelings; gute (schwache, schlechte) ~n haben have good (poor *od.* weak, bad) eyes; *a. fig.* die ~n offenhalten keep one's eyes open; j-m (*e-m Toten*) die ~n zudrücken close s. o.'s eyes; aus den ~n, aus dem Sinn (*Sprichwort*) out of sight, out of mind; *fig.* geh mir aus den ~n! get out of my sight!; j-n (et.) nicht aus den ~n lassen not to let s. o. (s. th.) out of one's sight; *fig. colloq.* ich konnte kaum aus den ~n sehen I couldn't see straight; *fig.* der Geiz schaut ihm aus den ~n you can see the greed in his eyes; et. aus den ~n verlieren lose sight (*od.* track) of s. th.; das ist et. fürs ~ that's a treat for the eyes; nur für das ~ (bestimmt) just for show; et. im ~ behalten a) bear (*od.* keep) s. th. in mind, b) keep track of s. th.; et. im ~ haben have (got) s. th. in one's eye, *fig.* have s. th. in view (*od.* mind); s-n (eigenen) Vorteil im ~ haben have an eye to one's own interest; ~ in ~ (mit with) eye to eye, face to face; *fig.* in m-n ~n in my opinion (*od.* view), as I see it; in die ~n springen leap to the eye, *weitS. a.* be obvious; ins ~ fallen catch the eye; in die ~n fallend (*od.* stechend, springend) a) striking, conspicuous, eye-catching, b) evident, obvious, salient; sie konnte ihm nicht in die ~n sehen she couldn't look him (straight) in the eye; *fig.* et. ins ~ fassen envisage s. th.; *fig. colloq.* das kann leicht ins ~ gehen that can easily go wrong; das hätte leicht ins ~ gehen können that was close (*od.* a close shave); *e-r Gefahr, dem Tod etc* ins ~ sehen look *s. th.* in the eye, face; j-m ins ~ sehen look s. o. straight in the eye (*od.* full in the face); et. mit anderen ~n ansehen take a different view of s. th.; et. mit anderen ~n sehen see s. th. in a different light; mit offenen ~n durch die Welt gehen go through life with one's eyes open; mit offenen ~n träumen be daydreaming; das sieht man doch mit einem ~ you can see that with half an eye; *Bibl.* ~ um ~, Zahn um Zahn an eye for an eye, a tooth for a tooth; unter vier ~n in strict confidence, in private, tête-à-tête; j-m unter die ~n treten face (*od.* confront) s. o.; vor aller ~n openly, publicly, in full view; vor dem geistigen ~ before (*od.* in) one's mind's eye; j-m et. vor ~n führen (*od.* halten) make s. th. clear to s. o., point s. th. out to s. o., remind s. o. of s. th.; sich (*dat*) et. vor ~n führen (*od.* halten) bear s. th. in mind, imagine (*od.* remember, realize) s. th.; ich habe es noch deutlich vor ~n I remember it vividly; ich hatte diese Gefahr stets vor ~n I was always aware of this danger; aller ~n ruhen auf ihm all eyes are upon him; *colloq.* große ~n machen make big eyes, goggle, gape; j-m (schöne) ~n machen make eyes at s. o., *sl.* give s. o. the glad eye; *iro.* um d-r schönen ~n willen for your fair face; vier ~n sehen mehr als zwei two heads are better than one; sie hat ein wachsames ~ auf ihre Tochter she keeps a watchful eye on her daughter; die ~n gehen mir auf I'm beginning to see daylight; *colloq.* mach d-e ~n auf! open your eyes!; s-e ~n waren größer als sein (*od.* der) Magen his eyes were bigger than his stomach; ich hab doch hinten k-e ~n! I don't have eyes in the back of my head!; ich hab doch ~n im Kopf! I've got eyes!; hast du k-e ~n im Kopf? haven't you got any eyes in your head?; ein ~ haben auf (*acc*) have an eye on *s. o., s. th.*; ein ~ für et. haben have an eye for s. th.; die ~n überall haben see (*od.* keep an eye on) everything, have one's eyes everywhere; *colloq.* wo hattest du denn d-e ~n? (why) didn't you see that?; der wird ~n machen! he will have the surprise of his life; *fig.* j-m die ~n öffnen open s. o.'s eyes, disillusion s. o., *Sache*: *a.* be an eye-opener for s. o.; soweit das ~ reicht as far as the eye can see (*od.* reach); *colloq.* ein ~ riskieren risk a glance; ich traute m-n ~n kaum I could hardly believe (*od.* trust) my eyes; da blieb kein ~ trocken there wasn't a dry eye in the place; die ~n gingen ihm über a) *colloq.* his eyes popped out of his head, b) *poet.* his eyes filled with tears; *fig.* die ~n verschließen close one's eyes (vor to), vor e-r Tatsache *etc*: *a.* blink the fact, *etc*; er wandte kein ~ von ihr he didn't take his eyes off her; *colloq.* ein ~ werfen auf (*acc*) cast an eye on; ein ~ (*od.* beide ~n) zudrücken turn a blind eye, wink at it, stretch a point; ich habe die ganze Nacht kein ~ zugetan I didn't sleep a wink all night; → *a. Verbindungen mit anderen Wörtern, z. B.* aufmachen, beleidigen 2, Dorn[1] 1, Faust 2, schwarz 1, verdrehen 2, verschlingen[1] 3, weiden I. **2.** *auf Schmetterlingsflügeln etc*: eye(spot), ocellus. **3.** *meist pl auf Würfeln, Karten etc*: spot, pip, point. **4.** *electr.* magisches ~ magic eye; elektrisches ~ photoelectric cell. **5.** *des Sturms*: eye. **6.** (*Knospe*) eye, bud, *auf Kartoffeln*: eye, *im Holz*: knot. **7.** *von Edelsteinen*: brilliance, *von Diamanten*: fire. **8.** → Fettauge. **9.** (*Öse, Öhr*) eye.

äu·geln ['ɔygəln] **I** *v/i* ⟨h⟩ *humor.* ogle (nach j-m, mit j-m [at] s. o.). **II** *v/t hort.* graft, bud.

äu·gen ['ɔygən] *v/i* ⟨h⟩ *bes. hunt.* look.

'Au·gen|‚ab‚stand *m* interocular (*od.* interpupillary) distance. **~‚ach·se** *f med.* optic axis. **~‚arzt** *m* ophthalmologist, oculist, *colloq.* eye doctor. **♀‚ärzt·lich** *adj* ophthalmologic(al). **~‚auf‚schlag** *m* lifting (*od.* raising) of the eyes; frommer ~ sanctimonious look; mit e-m unschuldigen ~ innocently raising his (her) eyes. **~‚aus·wi·sche‚rei** *f colloq.* eyewash. **~‚bad** *n* eye bath. **~‚bank** *f* ⟨-; -en⟩ *med.* eye bank. **~‚bin·de** *f* **1.** *med.* (eye) patch, eye bandage. **2.** *bei Spielen etc*: blind(fold); e-e ~ angelegt bekommen be blindfolded.

'Au·gen‚blick *m* moment, (*bes. Zeitpunkt*) instant; e-n (kleinen) ~, bitte! just a moment (*od.* minute, second), please!; warte e-n ~! wait a moment!; *colloq.* alle ~(e) every (*unbestimmt*: any) moment, every (*od.* any) minute; er muß jeden ~ kommen he should be here any moment now; für den ~ for the moment, for the time being; im ~ at the moment, at present, (*im Nu*) in an instant, in a moment; im ersten ~ at first, for a moment; im letzten ~ at the (very) last moment, in the nick of time; in diesem ~ at this moment (*od.* instant); in dem ~, in dem ich ihn sah the moment I saw him; im ~ nicht not at (*od.* for) the moment; im richtigen ~ at the right moment (*od.* time); von diesem ~ an from this moment (on); es dauert nur e-n ~ it won't take a minute; den günstigsten ~ ergreifen (*colloq.* erwischen) seize the most favo(u)rable opportunity; haben Sie e-n ~ Zeit für mich? can you spare (me) a moment?; lichte ~e haben a) *Kranker*: have lucid intervals (*od.* moments), b) *humor.* have one's lucid moments.

'au·gen‚blick·lich I *adj* **1.** (*gegenwärtig*) present, current, *nachgestellt*: at the moment. **2.** (*vorübergehend*) momentary. **3.** (*sofortig*) instantaneous, immediate. **4.** (*plötzlich*) sudden; e-r ~en Eingebung (*od.* Regung) folgen act on the spur of the moment, act on impulse. **II** *adv* **5.** (*gegenwärtig*) at the moment, at present, (just) now. **6.** (*sofort*) immediately, instantaneously, instantly.

'Au·gen‚blicks|‚bil·dung *f ling.* nonce word. **~er‚folg** *m* short-lived success.

~ˌ**sa·che** *f colloq.* matter of moments; **das ist nur e-e ~** it only takes a moment (*od.* second). ~ˌ**wir·kung** *f* momentary (*sofortige*: instantaneous) effect. ~ˌ**zün·der** *m mil. tech.* instantaneous (*od.* nondelay) fuse.

ˈ**Au·gen|ˌblin·zeln** *n* blinking (of the eyes), *verständnisinniges etc*: wink(ing). ~ˌ**braue** *f* (eye)brow; **die ~n zs.-ziehen** knit one's brows. ~ˌ**brau·enˌstift** *m* eyebrow pencil. ~**chir·urˌgie** *f* ophthalmic (*od.* eye) surgery. ~ˌ**deckel** (*getr.* **-k·k-**) *m colloq.* eyelid; **mit den ~n klappern** (*od.* **klimpern**) flutter one's eyelids. ~**diaˌgno·se** *f med.* iri(do)diagnosis. ~ˌ**du·sche** *f* eye douche. ≗ˌ**fäl·lig** *adj lit.* **1.** (*auffallend*) conspicuous, eyecatching. **2.** (*offensichtlich*) obvious. ~ˌ**fält·chen** *pl* wrinkles around the eyes, crow's-feet. ~ˌ**far·be** *f* colo(u)r of the eye, eye colo(u)r. ~ˌ**feh·ler** *m med.* eye defect. ~ˌ**fell** *n* ‹-(e)s; *no pl*› *anat.* pterygium. ~ˌ**fen·ster** *n an Taucherhelmen etc*: eyepiece(s *pl*). ~ˌ**fleck** *m* ‹-(e)s; -e› *zo.* eyespot, ocellus. ~ˌ**flim·mern** *n med.* flickering (*od.* spots *pl*) in front of one's eyes. ~ˌ**flüs·sig·keit** *f* ‹-; *no pl*› vitreous humo(u)r, (*Kammerwasser*) aqueous humo(u)r. ≗ˌ**för·mig** *adj zo.* eye-shaped, oculiform. ~ˌ**glas** *n* (*Brille*) *meist pl* (eye)glasses *pl*, (*Monokel*) monocle, (*Okular*) eyepiece. ~ˌ**haut** *f* **1.** *anat.* tunic of the eyeball. **2.** *zo.* scleroid coat. ~ˌ**heilˌkun·de** *f* ophthalmology. ~ˌ**hin·terˌgrund** *m* ‹-(e)s; *no pl*› eyeground, fundus of the eye. ~ˌ**hö·he** *f* (in ~ at) eye level. ~ˌ**höh·le** *f anat.* eye socket, orbit(al cavity). ~ˌ**hornˌhaut** *f* cornea. ~ˌ**in·nenˌdruck** *m med.* intra-ocular pressure. ~ˌ**kam·mer** *f* (vordere ~ anterior) chamber (of the eye). ~ˌ**klap·pe** *f* eye patch. ~ˌ**kli·nik** *f* eye (*od.* ophthalmic) hospital, *bes. Am.* eye clinic. ≗ˌ**krank** *adj* suffering from an eye disease. ~ˌ**le·der** *n der Pferde*: blinkers *pl*, *Am.* blinders *pl*. ~ˌ**lei·den** *n med.* eye disease (*od.* trouble). ~ˌ**licht** *n* ‹-(e)s; *no pl*› (eye)sight. ~ˌ**lid** *n* (eye)lid. ~ˌ**lin·se** *f* **1.** *anat.* crystalline lens (of the eye). **2.** (*Okular*) eyepiece. ~ˌ**maß** *n* ‹-es; *no pl*› **1.** visual estimate, (measure by the) eye; **ein gutes ~ haben** have a sure (*od.* an accurate) eye; **nach dem ~** by the eye. **2.** *fig.* (good) (*political, etc*) judg(e)ment, sense of proportion. ~ˌ**mensch** *m psych.* eye-minded person. ~ˌ**merk** *n* ‹-(e)s; *no pl*› attention; **sein ~ auf e-e Sache richten** (*od.* **lenken**) direct one's attention to s. th., have s. th. in view, aim at s. th.; **j-m sein ~ zuwenden** turn one's attention to s. o. ~ˌ**mit·tel** *n* eye medicine. ~ˌ**mu·schel** *f opt.* eye cup. ~ˌ**mus·kel** *m anat.* eye (*od.* ocular) muscle. ~ˌ**nerv** *m* optic nerve. ~**ope·ra·tiˌon** *f* eye operation. ~ˌ**op·ti·ker** *m* optician, optometrist. ~ˌ**paar** *n* pair of eyes. ~ˌ**pfle·ge** *f* care of the eyes, eye care; *humor.* **~ machen** have some shut-eye. ~ˌ**pfrop·fen** *n hort.* grafting, budding. ~**proˌthe·se** *f* artificial eye, eye prosthesis. ~ˌ**prü·fung** *f* **1.** eye examination, optometry. **2.** sight test. ~ˌ**pul·ver** *n fig. colloq.* (small print, *etc*, that is a) strain on the eyes. ~ˌ**punkt** *m math. phys.* point of sight, visual point. ~ˌ**rand** *m med.* orbital rim; **dunkle Augenränder haben** have circles around (*od.* under) the eyes; **gerötete Augenränder** red-rimmed eyes. ~ˌ**reim** *m metr.* eye (*od.* sight) rhyme. ~ˌ**reizˌstoff** *m chem. mil.* lachrymator, tear gas. ~ˌ**ring** *m meist pl* **1.** *med.* (dark) circle around the eye. **2.** *orn.* orbital ring. ~ˌ**sal·be** *f* eye ointment. ~ˌ**schär·fe** *f* sharpness of vision, visual acuity. ~ˌ**schat·ten** *m* → Augenring 1.

ˈ**Au·genˌschein** *m* ‹-(e)s; *no pl*› **1.** (*jur.* judicial) inspection, examination; **et. in ~ nehmen** inspect (*od.* examine, view) s. th.; *jur.* **e-n ~ vornehmen** make a visit to the scene (*of a crime, etc*). **2.** (*Anschein*) appearance(s *pl*); **dem ~ nach** to all appearances; (**wie**) **der ~ lehrt** (as) appearances show; **der ~ trügt** appearances are deceptive.

ˈ**au·genˌschein·lich** *adj lit.* evident, obvious; **~ werden** become manifest. ≗**keit** *f* ‹-; *no pl*› obviousness.

ˈ**Augen|ˌschirm** *m an Mütze*: eyeshade, *bes. Am.* visor. ~ˌ**schmaus** *m humor. for* **Augenweide**. ~ˌ**schutz** *m* eye protector (*od.* shield, guard). ~**spe·ziaˌlist** *m* eye specialist. ~ˌ**spie·gel** *m* ophthalmoscope. ~ˌ**spra·che** *f* language of the eyes. ~ˌ**sproß** *m*, ~ˌ**spros·se** *f hunt.* brow antler. ~ˌ**stern** *m* **1.** *poet.* pupil, iris. **2.** *fig.* love, beloved. ~ˌ**stiel** *m zo.* eyestalk. ~ˌ**täu·schung** *f* optical illusion. ~ˌ**trä·nen**, ~ˌ**trie·fen** *n med.* running of the eyes. ~ˌ**trop·fen** *pl pharm.* eye-drops. ~ˌ**trost** *m* **1.** *bot.* eyebright. **2.** *poet.* solace, comfort. ~ˌ**wei·de** *f fig.* feast for the eyes, *colloq.* sight for sore eyes. ~ˌ**wim·per** *f* (eye)lash, cilium. ~ˌ**win·kel** *m* corner of the eye; **aus den ~n** *betrachten* from the corner of one's eye. ~ˌ**zahn** *m med.* eyetooth. ~ˌ**zeu·ge** *m bes. jur.* eyewitness. ~ˌ**zeu·gen·beˌricht** *m* eyewitness report. ~ˌ**zeu·gin** *f* eyewitness. ~ˌ**zit·tern** *n med.* nystagmus. ~ˌ**zucken** (*getr.* **-k·k-**) twitching of the eye(s). ~ˌ**zwin·kern** *n* wink; **mit e-m ~** → ≗ˌ**zwin·kernd** *adv* with a twinkle in one's eye, with a wink.

Au·gi·as [auˈgiːas] *npr m* ‹-; *no pl*› *myth.* Augeas. ~ˌ**stall** *m fig.* **den ~ reinigen** (*od.* **ausmisten**) cleanse the Augean stables.

...äu·gig [...ʔɔʏgɪç] *in Zssgn* -eyed; **einäugig** one-eyed.

Äug·lein [ˈɔʏklain] *n* ‹-s; -› *dim. of* **Auge** 1.

Aug·ment [auˈgmɛnt] *n* ‹-s; -e› *ling.* augment.

Aug·men·ta·ti·on [augmɛntaˈtsi̯oːn] *f* ‹-; -en› *ling. mus.* augmentation.

Au·gur [ˈaugʊr] *m* ‹-s *u.* -n, -en [auˈguːrən]; -n *u.* -en [auˈguːrən]› *antiq.* augur. **Auˈgu·renˌlä·cheln** *n fig.* knowing smile.

Au·gust[1] [auˈgʊst] *npr m* ‹-(e)s *u.* -; *rare* -e› (im ~ in) August.

Au·gust[2] [ˈaugʊst] *npr m* ‹-s; *no pl*› **1.** (*Vorname*) Augustus. **2. dummer ~** *im Zirkus*: clown.

au·gu·ste·isch [augʊsˈteːɪʃ] *adj antiq.* Augustan.

Au·gu·sti·ner|(ˌmönch) [augʊsˈtiːnər] *m* ‹-s; -› Augustinian, *bes. Br.* Austin friar. ~ˌ**or·den** *m* Augustinian order.

Auk·ti·on [aukˈtsi̯oːn] *f* ‹-; -en› *econ.* auction (sale), sale by auction, public sale; **zur ~ bringen** → **auktionieren**; **zur ~ kommen** be sold by auction. **Auk·tiˈonsˌhaus** *f* auctioneers *pl*. **Auk·tio·na·tor** [auktsi̯oˈnaːtɔr] *m* ‹-s; -en [-naˈtoːrən]› *econ.* auctioneer.

auk·tio·nie·ren [auktsi̯oˈniːrən] *v/t* ‹*no* **ge-**, **h**› *econ.* auction (off), sell *s. th.* by auction, put *s. th.* up for (*od.* to) auction.

Auk·tiˈons|loˌkal *n* auction room, salesroom. ~ˌ**preis** *m* auction price. ≗ˌ**wei·se** *adv* by (way of public) auction.

Au·la [ˈaula] *f* ‹-; **Aulen** *u.* -s› *ped. univ.* great hall, *Am.* auditorium.

au pair [oˈpɛːr] (*Fr.*) *adv* **~ arbeiten** work au pair. **Au-ˈpair-ˌMäd·chen** *n* au pair (girl).

Au·ra [ˈaura] *f* ‹-; *rare* **Auren**› *astrol. med., a. fig.* aura.

Au·reo·le [aureˈoːlə] *f* ‹-; -n› *astr. relig.* aureole, halo.

Au·ri·kel [auˈriːkəl] *f* ‹-; -n› *bot.* auricula, bear's-ear.

Au·rum [ˈaurʊm] *n* ‹-(s); *no pl*› *chem.* aurum, gold.

aus [aus] **I** *prep* ‹*dat*› **1.** *räumlich*: a) out of, b) from; **~ dem Fenster blicken** look out of (*od.* out at, *Am.* out) the window; **et. ~ der Tasche ziehen** pull s. th. out of one's pocket; **et. ~ dem Schrank nehmen** take s. th. from the cupboard; **~ dem Haus gehen** leave the house; **~ e-m Glas (der Flasche) trinken** drink from (*od.* out of) a glass (the bottle); **~ der Nähe** from close up; **~ der Ferne** from a distance; **~ e-m Zimmer in ein anderes gehen** go from one room to another. **2.** (*Herkunft*) a) from, b) *zeitlich*: of; **~ unserer Stadt** from our town; **er ist ~ Wien** he is (*od.* comes) from Vienna; **~ ganz Deutschland** from all over Germany; **der Zug ~ München** the train from Munich; **Grüße ~ Paris** greetings from Paris; **~ dem Englischen übersetzt** translated from (the) English; **~ e-r alten Familie** from (*od.* of) an old family; **Kinder ~ dieser Ehe** children by this marriage; **ein Mann ~ dem Volke** a man of the people; **~ Goethe lesen** read from (the works of) Goethe; **~ der Jugendzeit** of (*od.* from) one's youth; **~ der Zeit vor** from before; **~ der Zeit Luthers** from the time of Luther; **~ dem Jahre 1901** of the year 1901; **~ dem Gedächtnis** from memory. **3.** (*Veränderung*) a) out of, b) off; **~ den Fugen** out of joint; **~ der Mode** out of fashion; **~ dem Gleichgewicht** off balance; **~ e-m Kleid e-e Bluse machen** make a blouse out of a dress; *fig.* **~ nichts et. machen** make s. th. out of nothing; **~ j-m e-n guten Torwart machen** make a good goalkeeper of s. o.; **~ ihm wird einmal ein guter Arzt** he will make a good doctor one day; **~ ihm ist ein guter Redner geworden** he has become a good speaker; **~ ihm wird nie et. werden** he will never make good (*od.* get on in life, get anywhere); **was ist ~ ihm geworden?** what has become of him?; **was soll ~ uns werden?** what shall become of us? **4.** (*Beschaffenheit*) (made) of, made from; **~ Holz** (made *od.* consisting) of wood; **ein Kleid ~ Seide** a dress made of silk, a silk dress; **e-e Tasche ~ Leder** a leather bag. **5.** (*Ursache, Grund*) **~ Achtung (Mitleid, Neugier)** out of respect (pity, curiosity); **~ Erfahrung wissen (sprechen)** know (speak) from experience; **~ Furcht** out of (*od.* for, from) fear; **~ Gehorsam gegen** in obedience to; **~ Gewohnheit** from (*od.* out of) habit; **~ diesem Grunde** for this reason; **~ Liebe** from love, **zu**: for the love of, out of love to; **~ Not** from necessity; **~ Prinzip** as a matter of principle, on principle; **~ Scherz, ~ Spaß** for fun; **~ Versehen** by mistake; **~ Unwissenheit** from ignorance. **6.** (*Auswahl*) from (among); **~ unserer Mitte** from among us, from our midst. **7.** *Austrian ped.* **e-e Prüfung ~ e-m Fach ablegen** take an examination in a subject; **~ Mathematik** in mathematics. **II** *adv* **8. von ... ~** from; **vom Fenster ~** from the window; **von hier ~** from here; **von London ~** from London; **von Natur ~** by nature; *fig.* **von mir ~** as far as I am concerned, for all I care, it's all the same to me; *colloq.* **von mir ~!** I don't care (*od.* mind)!, it's all right by me!, *contp.* I couldn't care less!; **von sich ~** of one's own accord. **9.** **~ und ein** in and out; **~ und ein gehen** come and go; *fig.* **bei j-m ~ und ein gehen** be a frequent visitor at s. o.'s house; **ich weiß nicht ~ noch ein, ich weiß nicht, wo ~ und wo ein, ich weiß weder ~ noch ein** I don't know what to do (*od.* which way to turn), I am at my wit's end. **10.** *colloq.* (*ausgeschaltet*) off, out; **Licht ~!** lights out!; **ein - ~** (*Bedienungsanweisung*) on - off.

Aus *n* ⟨-; *no pl*⟩ **1.** *Sport*: out; **im (ins) ~** out (of play); *a. fig.* **das bedeutete das ~ für ihn** with that he was out (of the game). **2.** **das ~ und Ein** the coming and going.

ˈausˌar·bei|ten I *v/t* ⟨*sep*, **-ge-**, **h**⟩ work *s. th.* out (in detail), *sorgsam*: elaborate, (*entwickeln*) develop, (*Niederschrift etc*) draw up, prepare, formulate, compose, write, (*vervollkommnen*) perfect, complete, finish off. **II** *v/reflex* **sich** (**körperlich**) **~** get a good workout. **≈tung** *f* ⟨-; *no pl*⟩ **1.** working out (*etc*), elaboration, development, *e-r Niederschrift etc*: draft, preparation, formulation, (*Vervollkommnung*) completion, perfection. **2.** (**körperliche**) **~** physical workout.

ˈausˌar|ten *v/i* ⟨*sep*, **-ge-**, **sein**⟩ degenerate (**in** *acc*, **zu** into); *Spiel, Gesellschaft, Kinder etc*: turn rowdy, get out of hand, get wild; **der Streit artete in e-e Schlägerei aus** the quarrel degenerated into a brawl. **≈tung** *f* ⟨-; **-en**⟩ degeneration.

ˈausˌästen *v/t* ⟨*sep*, **-ge-**, **h**⟩ → **abästen.**

ˈausˌat|men *v/i u. v/t* ⟨*sep*, **-ge-**, **h**⟩ breathe out, exhale. **≈mung** *f* ⟨-; *no pl*⟩ breathing out, exhaling, exhalation.

ˈausˌbacken (*getr.* **-k·k-**) *v/t* ⟨*irr, sep*, **-ge-**, **h**⟩ *gastr.* **1.** *im Fett*: deep-fry. **2.** bake *s. th.* thoroughly.

ˈausˌba·den *v/t* ⟨*sep*, **-ge-**, **h**⟩ *fig.* **et. ~** pay (*od.* suffer) for s. th., take the consequences; **die Sache ~ müssen** *a.* have to face the music, *colloq.* take the rap.

ˈausˌbag·gern *v/t* ⟨*sep*, **-ge-**, **h**⟩ **1.** (*Baugrube etc*) dig out (*od.* excavate) *s. th.* (with a dredger), *a.* (*Kanal etc*) dredge (out). **2.** (*Schlamm etc*) dredge (up).

ˈaus·ba·lanˌcie·ren *v/t* ⟨*sep*, *no* **-ge-**, **h**⟩ *a. fig.* balance (out).

ˈaus·balˌdo·wern *v/t* ⟨*sep*, *no* **-ge-**, **h**⟩ **1.** *sl.* case (*a house, etc*). **2.** *colloq.* find.

ˈausˌbal·gen, ˈausˌbäl·gen [-ˌbɛlgən] *v/t* ⟨*sep*, **-ge-**, **h**⟩ **1.** *hunt.* skin, flay. **2.** (*ausstopfen*) stuff.

ˈAusˌball *m* ⟨-(e)s; *no pl*⟩ *Sport*: ball out (of play, *Tennis*: of court), out.

ˈAusˌbau *m* ⟨-(e)s; -ten⟩ **1.** ⟨*only sg*⟩ *e-s Motors etc*: removal, dismounting. **2.** *arch. tech., a. fig.* (*Erweiterung, Vergrößerung*) extension, expansion, enlargement, (*Entwicklung*) development, (*Fertigstellung*) completion, *fig.* (*Festigung*) strengthening, consolidation. **3.** (*a. ~arbeiten im Haus*) interior work. **4.** *Bergbau*: lagging, (*Stützen*) supports *pl.*

ˈausˌbau|chen *v/t u.* **sich ~** *v/reflex* ⟨*sep*, **-ge-**, **h**⟩ bulge (out), belly out. **≈chung** *f* ⟨-; **-en**⟩ **1.** bulging (out) (*etc*). **2.** belly, bulge.

ˈausˌbau·en *v/t* ⟨*sep*, **-ge-**, **h**⟩ **1.** (*Motor etc*) dismount, remove. **2.** *civ. eng., a. fig.* (*erweitern*) extend, expand, enlarge, (*entwickeln*) develop, improve, (*fertigstellen*) complete, *fig.* (*festigen*) strengthen, consolidate (*one's position, etc*); **das Dachgeschoß ~** build rooms into the attic; **e-n Saal zu e-m** (*od.* **als**) **Theater ~** convert a hall into a theatre; **e-e Straße ~** improve a road; *fig.* **Wirtschaftsbeziehungen ~** expand (*od.* strengthen) economic relations; **e-e Theorie ~** elaborate a theory; **s-e Kenntnisse ~** expand (*od.* extend) one's knowledge; *Sport*: **s-n Vorsprung ~** increase one's lead.

ˈausˌbau|ˌfä·hig *adj* **1.** *bes. fig.* developable, expandable, expansible, capable of development (*etc*; → **ausbauen** 2); **ein ~es Programm** *a.* an open-ended program; **e-e ~e Stellung** a position with good prospects (*od.* offering scope for promotion). **2.** *civ. eng. Straßennetz etc*: developable. **≈ˌfir·ma** *f civ. eng.* finishing contractor.

ˈaus·beˌdin·gen *v/t* ⟨*irr, sep, no* **-ge-**, **h**⟩ **sich** (*dat*) **et. ~** stipulate s. th., make s. th. a condition, (*vorbehalten*) reserve s. th. (to o. s.), (*bestehen auf*) insist on s. th.; **sich ein Recht ~** reserve a right; **sich ~, daß** make it a condition that.

ˈausˌbei·ßen *v/t* ⟨*irr, sep*, **-ge-**, **h**⟩ **sich** (*dat*) **e-n Zahn ~** break a tooth (**an** *dat* on); *fig.* **sich** (*dat*) **die Zähne an e-r Sache ~** find s. th. a hard nut to crack.

ˈausˌbes|sern *v/t* ⟨*sep*, **-ge-**, **h**⟩ **1.** repair, mend, fix, (*Lackierung, Bild*) touch up, (*Kunstwerk*) restore; **ausgebessert werden** be under (*od.* undergo) repair. **2.** (*Fehler*) correct. **≈se·rung** *f* ⟨-; **-en**⟩ **1.** ⟨*only sg*⟩ repairing (*etc*). **2.** repair(s *pl*), correction.

ˈAusˌbes·se·rungs|ˌar·beit *f meist pl* repair work, repair(s *pl*), *an Lackierung*: retouching job. **≈beˌdürf·tig** *adj* in need of repair. **≈ˌfä·hig** *adj* reparable.

ˈausˌbeu·len *v/t* ⟨*sep*, **-ge-**, **h**⟩ **1.** (*Hose etc*) bag, bulge. **2.** (*Kotflügel etc*) planish, bump out.

ˈAusˌbeu·te *f* ⟨-; *no pl*⟩ **1.** (*Ertrag*) gain, profit, *a. weitS.* yield, results *pl*; **reiche** (**dürftige**) **~ liefern** yield rich (poor) results. **2.** *tech., a. Bergbau*: (**an** *dat* of) yield, output. **ˈausˌbeu·ten** *v/t* ⟨*sep*, **-ge-**, **h**⟩ **1.** *contp.* (*Arbeiter*) exploit, sweat, (*Notlage etc*) *a.* take (undue) advantage of. **2.** (*auswerten*) exploit, *Bergbau*: *a.* work. **3.** *agr.* exhaust, deplete. **ˈAusˌbeu·ter** *m* ⟨-s; -⟩ exploiter, sweater. **ˌAus·beu·teˈrei** *f* ⟨-; *no pl*⟩ exploitation (of people). **ˈausˌbeu·te·risch** *adj contp.* exploi(ta)tive. **ˈAusˌbeu·tung** *f* ⟨-; *no pl*⟩ *allg., a. contp.* exploitation, *von Arbeitern*: *a.* sweating, *agr. a.* exhaustion, depletion. **ˈAusˌbeu·tungs·theoˌrie** *f von Marx*: theory of surplus value.

ˈaus·beˌzah·len *v/t* ⟨*sep, no* **-ge-**, **h**⟩ **1.** pay *s. th.* out; **j-m s-n Lohn ~** pay s. o. his wages. **2.** (*Teilhaber*) buy *s. o.* out, (*Erben*) pay *s. o.* off.

ˈausˌbie·gen I *v/t* ⟨*irr, sep*, **-ge-**, **h**⟩ **1.** bend *s. th.* out(ward[s]). **2.** → **geradebiegen** 1. **II** *v/i* ⟨**sein**⟩ **3.** → **ausweichen.**

ˈausˌbil|den I *v/t* ⟨*sep*, **-ge-**, **h**⟩ **1.** (*schulen*) train *s. o.* (**zu** to be *a musician, etc*), instruct *s. o.* (in *a field*), *weitS.* educate, *Sport*: train, coach, *mil.* train, drill, (*Stimme etc*) train, (*Verstand, Geist*) train, cultivate, (*Talente etc*) develop. **2.** (*gestalten*) form, fashion, *tech.* design, develop. **3.** *biol.* (*Blätter, Organe etc*) form, develop. **II** *v/reflex* **sich ~** **4.** *a.* **sich ~ lassen** train, be trained, take (*od.* undergo) training, *a.* study (**zu** to be); **sich ~ in** (*dat*) *a.* acquire a knowledge (*od.* proficiency) in, perfect o. s. in; **sich im Gesang ~** (**lassen**) train to be a singer. **5.** *Fähigkeiten, a. Blüten etc*: form, develop. **≈der** *m* ⟨-s; -⟩ *a. mil.* instructor. **≈dung** *f* ⟨-; **-en**⟩ **1.** training (*a. mil. u. Sport*), instruction, *weitS.* education; **akademische ~** academic training, university education; **noch in der ~ stehen** be still learning (*od.* undergoing training). **2.** (*Entwicklung von Fähigkeiten etc, a. biol. bot. med.*) development, formation. **3.** *tech.* design, construction.

ˈAusˌbil·dungs|ba·tailˌlon *n* training battalion. **~|beiˌhil·fe** *f* training (*od.* education) grant, *Am. a.* tuition aid. **~ˌdau·er** *f* period of training. **~ˌför·de·rung** *f* **1.** (subsidized) educational advancement, promotion of vocational training. **2.** → **Ausbildungsbeihilfe.** **~ˌgang** *m* course of training. **~ˌgrad** *m* degree of training. **~ˌkran·kenˌhaus** *n* teaching (*od.* training) hospital. **~ˌkurs, ~ˌkur·sus** *m* → **Ausbildungslehrgang.** **~ˌla·ger** *n mil.* training camp. **~ˌlehrˌgang** *m* training course, course of instruction. **~ˌlei·ter** *m* chief instructor. **~ˌmög·lich·keit** *f* training facilities *pl.* **~of·fiˌzier** *m* instructor (officer). **~ˌweg** *m* → **Ausbildungsgang.** **~ˌzeit** *f* → **Ausbildungsdauer.**

ˈausˌbit·ten *v/t* ⟨*irr, sep*, **-ge-**, **h**⟩ **sich** (*dat*) **et. ~** (*erbitten*) request s. th., ask (*od.* beg) for s. th., (*verlangen*) demand (*od.* insist on) s. th.; **sich Bedenkzeit ~** request time for reflection; **ich muß mir völlige Ruhe ~** I (must) insist on absolute silence.

ˈausˌbla·sen *v/t* ⟨*irr, sep*, **-ge-**, **h**⟩ **1.** (*Kerze etc*) blow out; → **Lebenslicht. 2.** (*Dampf etc*) blow (*od.* let) off, exhaust. **3.** (*Ei, Rohr etc*) blow.

ˈausˌblei·ben I *v/i* ⟨*irr, sep*, **-ge-**, **sein**⟩ **1.** fail to come (*od.* appear), (*überfällig sein*) be overdue, (*fehlen*) be wanting; **die Post blieb heute aus** there was no mail today; *fig.* (**nicht**) **lange ~** (not to) be long in coming; **der Regen ist ausgeblieben** the rain has held off; **es konnte nicht ~, daß** it was inevitable that. **2.** (*abwesend sein*) stay away (*od.* out), be absent. **3.** *med. Puls etc*: stop, fail, *Reflexe etc*: be absent; **die Periode blieb** (**bei ihr**) **aus** she missed her period. **II ≈** *n* ⟨-s⟩ **4.** failure to come (*od.* appear), nonarrival, *bes. jur.* nonappearance, default; **sein langes ≈** his long absence. **5.** *med. des Pulses etc*: arrest; **≈ des Herzschlags** cardiac arrest; **≈ der Periode** absence of the period.

ˈausˌblei·chen I *v/i* ⟨*irr, sep*, **-ge-**, **sein**⟩ bleach, fade. **II** *v/t* ⟨*sep*, **-ge-**, **h**⟩ bleach.

ˈausˌblen|den *v/t* ⟨*sep*, **-ge-**, **h**⟩ *Film, Radio*: fade out. **≈dung** *f* ⟨-; **-en**⟩ fading out, *e-r Filmszene*: fade-out.

ˈAusˌblick *m* **1.** (*Aussicht*) (**auf** *acc*) view (of), outlook (on, over); **Zimmer mit ~ auf den See** room(s) overlooking the lake. **2.** *fig.* (**auf** *acc*, **in** *acc*) outlook (on, for), prospect(s *pl*) (for, of); **neue ~e** new prospects (*od.* vistas). **ˈausˌblicken** (*getr.* **-k·k-**) *v/i* ⟨*sep*, **-ge-**, **h**⟩ *lit.* **1.** **nach j-m** (**et.**) **~** look out for s. o. (s. th.). **2.** *fig. zeitlich*: wait (**auf** *acc* for *better times, etc*).

ˈausˌblü·hen *v/i* ⟨*sep*, **-ge-**, **h**⟩ **1.** *Blumen, Obstbäume etc*: cease blooming (*od.* blossoming); **die Rosen haben ausgeblüht** the roses are finished. **2.** *chem. min.* effloresce.

ˈausˌblu·ten *v/i* ⟨*sep*, **-ge-**, **sein** *u.* **h**⟩ **1.** ⟨**h**⟩ cease bleeding; **e-e Wunde ~ lassen** allow a wound to bleed. **2.** ⟨**sein**⟩ (*verbluten*) bleed to death; → **ausgeblutet. 3.** ⟨**sein**⟩ *Schlachtvieh etc*: bleed.

ˈausˌboh·ren *v/t* ⟨*sep*, **-ge-**, **h**⟩ **1.** bore (out). **2.** *med.* (*Zahn*) drill.

ˈausˌbom·ben *v/t* ⟨*sep*, **-ge-**, **h**⟩ bomb *s. o., s. th.* out.

ˈausˌboo·ten [-ˌboːtən] *v/t* ⟨*sep*, -ge-, h⟩ **1.** *mar.* disembark, put *s. o.* ashore. **2.** *fig. colloq.* oust, get rid of *s. o.*, *weitS.* put *s. o.* out of the running.

ˈausˌbor·gen *v/t* ⟨*sep*, -ge-, h⟩ *colloq. for* **ausleihen.**

ˈausˌbra·ten *v/t* ⟨*irr, sep*, -ge-, h⟩ *gastr.* render, fry the fat out of.

ˈausˌbre·chen¹ I *v/t* ⟨*irr, sep*, -ge-, h⟩ **1.** break *s. th.* off (*od.* out), (*Gestein*) quarry (out). **2. e-e Tür (in der Wand)** ~ let a door into a wall. **II** *v/i* ⟨sein⟩ **3.** (**aus** *dem Gefängnis etc*) break out (of), escape (from). **4.** (**aus** *e-r Gemeinschaft*) break away (from *a coalition, etc*), *colloq.* drop out (of *society*). **5.** *mot.* veer (*a. aer.*), swerve. **6.** *Feuer, Epidemie, Krieg etc*: break out, *Vulkan*: *a.* erupt. **7. in Gelächter (Tränen** *etc*) ~ burst into laughter (tears, *etc*), burst out laughing (crying, *etc*); **er brach in Schweiß aus, ihm brach der Schweiß aus** he broke into a sweat. **8.** *mil.* make a sortie (*od.* sally). **9.** *Sport*: *Läufer*: break away, *Pferd*: bolt. **III** 2 *n* ⟨-s⟩ **10.** breaking off (*etc*). **11.** → **Ausbruch.**

ˈausˌbre·chen² *v/t* ⟨*irr, sep*, -ge-, h⟩ → **erbrechen** 2.

ˈAusˌbre·cher *m* ⟨-s; -⟩ **1.** escaped prisoner, escapee, prison-breaker, *Am. a.* jailbreaker. **2.** (*Pferd*) bolter.

ˈausˌbrei·ten I *v/t* ⟨*sep*, -ge-, h⟩ **1.** *allg.* spread (out), (*Landkarte, Zeitung etc*) *a.* unfold, open out, (*Arme, Flügel etc*) spread (*od.* stretch) out, (*Waren, Werkzeug etc*) lay out. **2.** (*Macht, Geschäft, Herrschaft*) expand, extend, (*Lehre etc*) spread, disseminate, propagate (*a. phys.*). **3.** *fig.* (*Wissen etc*) display, demonstrate. **4.** *tech.* hammer, flatten. **II** *v/reflex* **sich** ~ **5.** *Feuer, Volk, Gerücht, Lehre, Freude etc*: spread, (*Boden gewinnen*) gain ground, make headway. **6.** *Gelände*: spread (out), stretch (out), extend, *Panorama etc*: open up (**vor j-m** before s. o.). **7.** *colloq.* (*sich breitmachen*) spread (o. s.) out. **8.** *fig. contp.* **sich über ein Thema** ~ enlarge (up)on a subject, go into details.

ˈAusˌbrei·tung *f* ⟨-; *no pl*⟩ **1.** spreading (*etc*), *e-r Epidemie etc*: spread, *der Macht etc*: expansion, extension, *e-r Lehre etc*: dissemination, propagation (*a. phys.*). **2.** *fig. von Kenntnissen etc*: display, demonstration.

ˈAusˌbrei·tungs|geˌbiet *n* **1.** *e-s Volkes etc*: area of expansion, spread. **2.** *med.* a) area of spreading, b) regional spread. **~geˌschwin·dig·keit** *f phys.* propagation speed.

ˈausˌbren·nen I *v/i* ⟨*irr, sep*, -ge-, sein⟩ **1.** *Feuer, Kerze etc*: burn (itself) out, go out, *Flugzeug etc*: burn out, *Haus*: *a.* be gutted; → **ausgebrannt. II** *v/t* ⟨h⟩ **2.** (*Boden etc*) parch, scorch. **3.** (*Ungeziefer, Unkraut etc*) burn (out). **4.** (*Wunde etc*) cauterize. **5.** (*Geschützrohr*) erode.

ˈausˌbrin|gen *v/t* ⟨*irr, sep*, -ge-, h⟩ **1. e-n Trinkspruch auf j-n** ~ propose a toast to s. o.; **j-s Gesundheit** ~ drink (to) s. o.'s health. **2.** *econ.* yield, produce. **3.** (*Anker*) bring out, (*Boot*) launch. **2gung** *f* ⟨-; *no pl*⟩ *econ.* a) (**an** *dat* of) yield, output, b) productive capacity.

ˈAusˌbruch *m* **1.** (*Flucht*) escape, breakout; ~ **aus dem Gefängnis** prison break(ing), *bes. Am.* jailbreak. **2.** *fig. e-s Feuers, Krieges, e-r Epidemie etc*: outbreak, *e-s Vulkans*: *a.* eruption; **bei** ~ **des Krieges** when war broke out; **ein Konflikt kommt zum** ~ a conflict breaks out. **3.** *fig.* (*Gefühls*2) (out)burst, outbreak, fit, *des Zorns*: eruption, explosion, *der Freude*: ecstasy, transport; **sein Zorn gegen ihn kam zum** ~ his anger at (*od.* with) him erupted. **4.** *gastr.* wine from selected ripe grapes. **5.** *Bergbau*: roof fall.

ˈAusˌbruchs|geˌstein *n* volcanic (*od.* eruptive) rock. **~ˌtä·tig·keit** *f* ⟨-; *no pl*⟩ eruptive activity. **~verˌsuch** *m* **1.** attempted escape. **2.** *mil.* sally, sortie.

ˈausˌbrü|ten *v/t* ⟨*sep*, -ge-, h⟩ **1.** (*Eier etc*) hatch out, brood, *künstlich*: incubate; **Kü(c)ken** ~ hatch chickens. **2.** *fig. colloq.* (*Böses*) hatch, plot, scheme; **was habt ihr da wieder ausgebrütet?** what are you up to this time? **3.** *fig. colloq.* (*Krankheit*) be sickening for. **2tung** *f* ⟨-; *no pl*⟩ hatching (*etc*); (**künstliche** ~ artificial) incubation.

ˈausˌbu·chen *v/t* ⟨*sep*, -ge-, h⟩ *econ.* (*Forderungen etc*) cancel, write *s. th.* off, delete *s. th.* from the books; → **ausgebucht.**

ˈausˌbuch·sen *v/t* ⟨*sep*, -ge-, h⟩ *tech.* bush.

ˈausˌbuch|ten I *v/t* ⟨*sep*, -ge-, h⟩ scallop, indent, (*aushöhlen*) hollow. **II** *v/reflex* **sich** ~ bulge (*od.* curve) out(ward[s]). **2tung** *f* ⟨-; -en⟩ **1.** bulge (*a. mil. der Front*). **2.** (curved) projection. **3.** *e-r Küste etc*: indentation. **4.** *zum Parken*: lay-by, *Am.* turnout.

ˈausˌbud·deln *v/t* ⟨*sep*, -ge-, h⟩ *colloq.* dig out, dig up.

ˈausˌbü·geln *v/t* ⟨*sep*, -ge-, h⟩ *a. fig. colloq.* iron out.

ˈausˌbu·hen *v/t* ⟨*sep*, -ge-, h⟩ *colloq.* boo.

ˈAusˌbund *m* ⟨-(e)s; *no pl*⟩ *meist iro.* **ein** ~ **von** (*od.* **an**) **Schönheit** (*etc*) a paragon of beauty (*etc*); **ein** ~ **von Gelehrsamkeit** a prodigy of learning; **ein wahrer** ~ **von Dummheit (Bosheit)** an arrant (*od.* out-and-out) fool (scoundrel).

ˈausˌbür|gern [-ˌbʏrgərn] *v/t* ⟨*sep*, -ge-, h⟩ **j-n** ~ deprive s. o. of his citizenship, expatriate s. o. **2ge·rung** *f* ⟨-; -en⟩ deprivation of citizenship, expatriation.

ˈausˌbür·sten *v/t* ⟨*sep*, -ge-, h⟩ brush (out).

ˈausˌbü·xen [-ˌbʏksən] *v/i* ⟨*sep*, -ge-, sein⟩ *dial. u. colloq.* run away (**vor** *dat* from).

ˈAusˌdau·er *f* ⟨-; *no pl*⟩ perseverance, *im Ertragen*: endurance (*a. tech.*), *a.* (*Stehvermögen*) stamina, staying power, (*Geduld*) patience, (*Zähigkeit*) tenacity, persistence. **ˈausˌdau·ernd** *adj* **1.** persevering, persistent, unremitting, tenacious, (*geduldig*) patient, enduring, *Sport*: tireless, having staying power. **2.** *Pflanze*: perennial, *Blätter*: persistent.

ˈausˌdehn·bar *adj* **1.** → **dehnbar. 2.** *fig.* expansible, expandable. **3.** *phys. Gase*: dilatable, *tech.* extensible. **2keit** *f* ⟨-; *no pl*⟩ **1.** → **Dehnbarkeit. 2.** *econ. etc* expansibility.

ˈausˌdeh·nen I *v/t* ⟨*sep*, -ge-, h⟩ **1.** (*Schuhe, Gummiband, Pullover etc*) stretch. **2.** *fig.* (**auf** *acc* to) (*Gesetz, Verbot etc*) extend, (*Machtsphäre, Einfluß etc*) *a.* expand, widen. **3.** *econ.* (*Unternehmen etc*) expand, extend, enlarge, (*Kapazität*) increase. **4.** (*Reise*) *örtlich*: extend, (*Besuch*) *zeitlich*: *a.* prolong; **s-n Aufenthalt über die vorgesehene Zeit hinaus** ~ stay longer than originally intended. **5.** *phys. in die Länge*: extend, stretch, *räumlich*: expand, *bes. durch Wärme*: dilate. **6.** *tech.* a) *längs*: stretch, elongate, b) (*erweitern, vergrößern*) expand, enlarge, widen (out). **7.** *med. zo.* (*Organe*) (*strecken*) distend, (*erweitern*) dilate. **II** *v/reflex* **sich** ~ **8.** stretch, *phys.* expand, *in die Länge*: extend, *med. physiol.* distend, dilate. **9.** *Geschäft etc*: spread, expand; **der Streik dehnte sich schnell aus** the strike spread rapidly. **10.** *Landschaft etc*: stretch (out), extend (**vor j-m** before s. o.), *Stadt etc*: spread, expand. **11.** *zeitlich*: last; **die Konferenz dehnte sich über Tage aus** the conference was drawn out over (*od.* went on) many days.

ˈAusˌdeh·nung *f* ⟨-; *no pl*⟩ **1.** stretching (*etc*). **2.** *phys. in die Länge*: extension, *räumlich*: expansion, *bes. durch Wärme*: dilation, dilatation. **3.** *tech.* elongation, (*Erweiterung*) enlargement. **4.** *med. physiol.* distension, (*Erweiterung*) dilatation. **5.** *math.* dimension; **räumliche** ~ spatial extent, quantity. **6.** *fig. e-s Gesetzes etc*: extension (**auf** *acc* to), *der Machtsphäre etc*: *a.* expansion, *econ. a.* enlargement, increase. **7.** (*zeitliche Verlängerung*) extension, prolongation. **8.** (*Verbreitung*) spread(ing) (*of a strike, etc*), *e-r Stadt etc*: *a.* expansion, growth. **9.** ⟨*pl* -en⟩ (*Ausmaß, Größe*) extent, scope, range, (*Umfang*) dimension(s *pl*), proportion(s *pl*), size.

ˈAusˌdeh·nungs|po·liˌtik *f* policy of expansion. **~verˌmö·gen** *n phys. tech.* expansibility, *der Länge nach*: extensibility.

ˈausˌdenk·bar *adj* conceivable, imaginable; **nicht** ~ *a.* unthinkable, inconceivable.

ˈausˌden·ken *v/t* ⟨*irr, sep*, -ge-, h⟩ **1.** *a.* **sich** (*dat*) **et.** ~ think s. th. out (*od.* up), contrive (*od.* devise, conceive) s. th., *colloq.* dream up s. th., come up with s. th., (*erfinden*) *a.* invent s. th., make s. th. up, (*planen*) plan s. th., (*sich vorstellen*) imagine s. th., think of s. th.; **da hast du dir was Feines ausgedacht!** that's a splendid idea!; *colloq.* **da mußt du dir schon was andres** ~! you've got another think coming!; **nicht auszudenken** unthinkable, inconceivable, *weitS.* (*katastrophal*) *a.* disastrous. **2.** (*zu Ende denken*) think *s. th.* out.

ˈausˌdeu|ten *v/t* ⟨*sep*, -ge-, h⟩ → **deuten** 1. **2tung** *f* ⟨-; -en⟩ → **Deutung** 2, 3.

ˈausˌdie·nen *v/t* ⟨*only pp*⟩ → **ausgedient.**

ˈaus·dis·kuˌtie·ren I *v/t* ⟨*sep, no* -ge-, h⟩ discuss *s. th.* thoroughly, thrash *s. th.* out. **II** *v/i* finish discussing.

ˈausˌdocken (*getr.* -k·k-) *v/t* ⟨*sep*, -ge-, h⟩ (*Schiff*) undock.

ˈausˌdor·ren *v/i* ⟨*sep*, -ge-, sein⟩ → **ausdörren** II.

ˈausˌdör·ren I *v/t* ⟨*sep*, -ge-, h⟩ dry up, *stärker*: parch, (*versengen*) scorch. **II** *v/i* ⟨sein⟩ dry up, become parched (*od.* scorched); → **ausgedörrt.**

ˈausˌdre·hen *v/t* ⟨*sep*, -ge-, h⟩ **1.** *colloq.* (*Lampe, Gas etc*) turn out (*od.* off), switch off. **2.** *tech.* hollow out, bore.

ˈAusˌdruck¹ *m* ⟨-(e)s; ⸚e⟩ **1.** (*Wort*) expression, term, word, (*Redewendung*) *a.* phrase; **idiomatischer** ~ idiom(atic expression); **fachsprachlicher (juristischer** *etc*) ~ technical (legal, *etc*) term; **bildlicher** ~ figurative expression, figure of speech; **gemeiner** ~ vulgarism; **veralteter** ~ archaism; *contp.* **Ausdrücke** bad language *sg*; *colloq.* **das ist gar kein** ~! that's putting it mildly. **2.** ⟨*only sg*⟩ expression; **zum** ~ **bringen** express, voice, give expression to *s. th.*, (*Glückwünsche*) offer; *s-n Gefühlen etc* ~ **geben** (*od.* **verleihen**) give vent (*od.* utterance) to, express, air, put *s. th.* into words; **der Erwartung** ~ **geben, daß** express the hope that; **ich möchte m-r Anteilnahme** ~ **geben** I want to extend my sympathy; **zum** ~ **kommen** be expressed, find expression, be manifested. **3.** ⟨*only sg*⟩ *auf dem Gesicht, in Worten, Gebärden*: expression, (*Gesichts*♀) *a.* look (in *s. o.'s* face), *der Stimme*: *a.* tone; **viel ~ legen in s-n** *Gesang, sein Spiel etc* put a strong expression (*od.* put great feeling) into *s. th.* **4.** ⟨*only sg*⟩ → **Ausdrucksweise. 5.** ⟨*only sg*⟩ (*Merkmal*) expression, characteristic (*of modern times, etc*). **6.** *math.* expression, (*Glied*) term. **7.** *Computer*: expression, element.

ˈAusˌdruck^2 ⟨-(e)s; -e⟩ *print.* **1.** *e-r Form*: working off. **2.** printing in full. **3.** *Computer*: printout.

ˈausˌdrück·bar *adj* capable of being expressed, expressible; **mit Worten kaum ~** unspeakable, beyond description.

ˈausˌdrucken (*getr.* **-k·k-**) **I** *v/t* ⟨*sep*, **-ge-**, **h**⟩ **1.** finish printing, work off (*book, etc*); **ausgedruckt** printed. **2.** print *s. th.* in full. **3.** (*aufführen*) print, set forth, state, *Computer*: print out. **II** *v/i* **4.** print; **gut ~** print clearly.

ˈausˌdrücken (*getr.* **-k·k-**) **I** *v/t* ⟨*sep*, **-ge-**, **h**⟩ **1.** (*Flüssigkeit, Frucht etc*) press (*od.* squeeze) out. **2.** (*Zigarette etc*) stub out. **3.** (*Auge*) gouge out. **4.** *fig. allg.* express, (*Meinung etc*) *a.* voice, utter, (*Beileid etc*) *a.* extend, (*zeigen*) *a.* show, reveal, manifest, demonstrate; **ich weiß nicht, wie man das ~ soll** I don't know how to put it; **ihr Gesicht drückte Überraschung aus** her face registered surprise; **anders ausgedrückt** in other words. **5.** (*Maßeinheiten etc*) express (*a. math.*), give, state; **in Dollars ausgedrückt** in terms of dollars. **II** *v/reflex* **sich ~ 6. sich (klar) ~** express o. s. (clearly); **sich kurz ~** be brief; **wenn ich mich so ~ darf** if I may say so; **drücken Sie sich bitte etwas höflicher aus!** be more polite, please! **7.** (*sich zeigen*) express (*od.* show, reveal) itself; **darin drückt sich sein Charakter aus** this reveals his character.

aus·drück·lich [ˈausˌdrʏklɪç; ˌausˈdrʏklɪç] **I** *adj* express, explicit, definite, positive, emphatic; **~er Befehl** strict order; **~e Erlaubnis (~er Wunsch, ~e Zustimmung)** express permission (wish, consent). **II** *adv* expressly, explicitly, (*besonders*) specially, particularly.

ˈAusˌdrucks|ˌart *f* → **Ausdrucksweise.** ♀**ˌfä·hig** *adj* expressive. **~ˌfä·hig·keit** *f* ⟨-; *no pl*⟩ expressiveness. **~ˌform** *f* form of expression. **~ˌkraft** *f* expressiveness. **~ˌkunst** *f* **1.** art of expression, expressiveness. **2.** expressive art. ♀**ˌleer,** ♀**los I** *adj* **1.** expressionless, *Blick, Miene*: *a.* vacant, blank; **~es Gesicht** *a.* pokerface, *colloq.* deadpan face. **2.** *Gesang, Musik etc*: inexpressive. **II** *adv* **3.** expressionlessly (*etc*), without expression. **~lo·sig·keit** *f* ⟨-; *no pl*⟩ expressionlessness, lack of expression, *des Blickes etc*: *a.* vacancy, blankness, *a. von Musik, Gesang etc*: inexpressiveness. **~psy·cho·loˌgie** *f* psychology of expressive behavio(u)r. ♀**ˌschwach** *adj* lacking expression, weak. ♀**ˌstark** *adj* strongly (*od.* very) expressive. **~ˌtanz** *m* ⟨-es; *no pl*⟩ expressional dance. **~verˌhal·ten** *n* ⟨-s; *no pl*⟩ *psych.* expressive behavio(u)r. **~verˌmö·gen** *n* ⟨-s; *no pl*⟩ ability of expressing o. s., expressiveness. ♀**ˌvoll I** *adj* expressive, full of expression, *Blick, Geste*: *a.* meaningful, eloquent, *Stil*: *a.* pithy. **II** *adv* expressively, with (strong) expression (*od.* feeling). **~ˌwei·se** *f* way of expressing o. s., style, *bes. mündliche*: diction, language, choice of words.

ˈausˌdün·nen *v/t* ⟨*sep*, **-ge-**, **h**⟩ thin out.

ˈausˌdun·sten, ˈausˌdün·sten I *v/t* ⟨*sep*, **-ge-**, **h**⟩ **1.** (*Gerüche etc*) exhale, give off. **II** *v/i* **2.** *Flüssigkeit*: evaporate. **3.** *physiol., a. bot.* transpire. **ˈAusˌdun·stung, ˈAusˌdün·stung** *f* ⟨-; -en⟩ **1.** exhalation, emanation. **2.** *physiol., a. bot.* transpiration, (*Schweiß*) perspiration. **3.** *e-r Flüssigkeit*: evaporation, (*Dunst*) vapo(u)r.

ˌausˌeinˈan·der *adv* **1.** *allg.* apart, *bes. gewaltsam*: asunder, (*getrennt*) *a.* separated, *Personen*: *a.* no longer together (*od.* friends, in love), *Ehe*: *colloq.* on the rocks, (*in verschiedene Richtungen*) in all directions; **das schreibt man ~** this is written in two words; **die Kinder sind (altersmäßig) 2 Jahre ~** the children are two years apart in age; **~!** break it up! **2.** (*aus dem andern*) one from (*od.* out of) another; **Theorien ~ entwickeln** develop theories one from another. **~ˌbre·chen** *v/t* ⟨*irr, sep*, **-ge-**, **h**⟩ *u. v/i* ⟨**sein**⟩ break asunder (*od.* in two). **~ˌbrei·ten** *v/t* ⟨*sep*, **-ge-**, **h**⟩ **1.** unfold, spread out. **2.** → **ausbreiten** 1. **~ˌbrin·gen** *v/t* ⟨*irr, sep*, **-ge-**, **h**⟩ **1.** (*Freunde, Kämpfende etc*) separate, part. **2.** (*Gegenstände*) get *s. th.* apart. **~entˌwickeln** (*getr.* **-k·k-**) *v/reflex* ⟨*sep, no* **-ge-**, **h**⟩ **sich ~** develop in different directions. **~ˌfal·len** *v/i* ⟨*irr, sep*, **-ge-**, **sein**⟩ fall apart (*od.* to pieces), disintegrate, *fig. a.* break up. **~ˌfal·ten** *v/t u.* **sich ~** *v/reflex* ⟨*sep*, **-ge-**, **h**⟩ unfold. **~ˌflie·gen** *v/i* ⟨*irr, sep*, **-ge-**, **sein**⟩ **1.** scatter, fly in different directions. **2.** *colloq.* fly apart, explode. **~ˌge·hen** *v/i* ⟨*irr, sep*, **-ge-**, **sein**⟩ **1.** (*sich trennen*) part (company), separate; **beim ♀** on parting. **2.** *Menge*: disperse, *Parlament etc*: dissolve, *Versammlung etc*: break up. **3.** *Straßen etc*: branch off, *a. Linien*: diverge. **4.** *Vorhang*: part open. **5.** *fig. Meinungen etc*: be divided (**über** *acc* on), differ. **6.** *colloq. Stuhl etc*: come apart, go to pieces, *fig. Bündnis etc*: break off, *fig. colloq. Verlobung*: be broken off, *Ehe*: go on the rocks. **7.** *fig. colloq.* (*dick werden*) spread, grow fat. **~ˌge·hend** *adj* **1.** *Linien etc*: divergent. **2.** *fig. Meinungen etc*: differing, divergent. **~ˌhal·ten** *v/t* ⟨*irr, sep*, **-ge-**, **h**⟩ **1.** (*unterscheiden*) tell (*things, persons*) apart (*od.* one from the other), distinguish (between). **2.** keep apart (*od.* separate) (from each other). **~ˌja·gen** *v/t* ⟨*sep*, **-ge-**, **h**⟩ scatter. **~ˌken·nen** *v/t* ⟨*irr, sep*, **-ge-**, **h**⟩ → **auseinanderhalten** 1. **~ˌklaf·fen** *v/i* ⟨*sep*, **-ge-**, **sein**⟩ **1.** *Wunde etc*: gape. **2.** *fig. Meinungen etc*: differ widely. **~ˌklau·ben** *v/t* ⟨*sep*, **-ge-**, **h**⟩ *colloq.* (**j-m** for s. o.) sort *s. th.* out, disentangle (*a. fig.*). **~ˌkom·men** *v/i* ⟨*irr, sep*, **-ge-**, **sein**⟩ **1.** be(come) (*od.* get) separated, *im Gedränge*: *a.* lose (sight of) each other. **2.** *Freunde etc*: drift apart, become estranged. **~ˌlau·fen** *v/i* ⟨*irr, sep*, **-ge-**, **sein**⟩ **1.** run in different directions, *Menge*: disperse. **2.** *Linien etc*: diverge. **3.** *Teig etc*: spread, *Tinte etc*: run. **~ˌle·ben** *v/reflex* ⟨*sep*, **-ge-**, **h**⟩ **sich ~** drift apart, become estranged. **~ˌle·gen** *v/t* ⟨*sep*, **-ge-**, **h**⟩ **j-m et. ~** explain s. th. to s. o. **~ˌma·chen** *v/t* ⟨*sep*, **-ge-**, **h**⟩ *colloq.* **1.** (*Schnur etc*) undo. **2.** take (*od.* get) *s. th.* apart. **3.** (*Beine*) open, part, spread. **~ˌnehm·bar** *adj* capable of being taken apart, dismountable. **~ˌneh·men** *v/t* ⟨*irr, sep*, **-ge-**, **h**⟩ **1.** take *s. th.* apart, *tech. a.* disassemble, dismantle, strip. **2.** *fig. colloq.* take *s. th., s. o.* apart, (*et.*) *a.* tear *s. th.* to pieces. **~ˌplat·zen** *v/i* ⟨*sep*, **-ge-**, **sein**⟩ burst (apart), burst in two. **~ˌrei·ßen I** *v/t* ⟨*irr, sep*, **-ge-**, **h**⟩ **1.** tear *s. th.* apart (*od.* in two). **2.** (*Familien etc*) tear apart, separate. **II** *v/i* ⟨**sein**⟩ **3.** be torn (apart *od.* in two), break. **~ˌrücken** (*getr.* **-k·k-**) **I** *v/t* ⟨*sep*, **-ge-**, **h**⟩ **1.** move (*things*) apart. **2.** (*Buchstaben, Zeilen*) space. **II** *v/i* ⟨**sein**⟩ **3.** *Personen*: move away from each other, move apart. **~ˌschnei·den** *v/t* ⟨*irr, sep*, **-ge-**, **h**⟩ cut *s. th.* apart (*od.* in two). **~ˌset·zen I** *v/t* ⟨*sep*, **-ge-**, **h**⟩ **1.** put (*od.* place) apart. **2.** *fig.* **j-m et. ~** explain s. th. to s. o., point s. th. out to s. o. **3.** *jur.* (*aufteilen*) distribute, (*Erbe*) *a.* partition. **II** *v/reflex* **sich ~ 4.** *jur.* **(mit)** distribute (the assets *of a company, etc*) (among), *erbrechtlich*: *a.* effect a partition (of an estate) (between); **sich mit e-m Gläubiger ~** settle (*od.* compound) with a creditor. **5.** *fig.* **sich mit** *e-r Frage etc* **~** deal with, examine, consider, *stärker*: grapple with, tackle (*a problem, etc*), *polemisch*: take issue with. **6. sich mit j-m ~ (über** *acc* about) argue with s. o., *gründlich*: have it out with s. o., **heftig**: have a violent argument with s. o., (*sich einigen*) come to an understanding (*od.* to terms) with s. o., **über et**: discuss s. th. with s. o. ♀**ˌset·zung** *f* ⟨-; -en⟩ **1.** (*geistige ~*) (**mit** *e-r Frage etc*) dealing (with), grappling (with), consideration (of), (*Erklärung*) explanation (of), analysis (of), (*Erörterung*) discussion (of). **2.** (*Meinungsverschiedenheit*) argument, difference, (*Streit*) quarrel, altercation, *bes. pol.* conflict, confrontation, *harte, endgültige*: *colloq.* showdown; **bewaffnete** (*od.* **kriegerische**) **~** armed conflict. **3.** *jur. vermögens-, erbrechtliche*: distribution, partition, *mit Gläubigern*: settlement, composition. **~ˌsprei·zen** *v/t* ⟨*sep*, **-ge-**, **h**⟩ → **spreizen** 1. **~ˌspren·gen**^{1} *v/t* ⟨*sep*, **-ge-**, **h**⟩ *mit Sprengstoff*: blow *s. th.* up (*od.* to pieces). **~ˌspren·gen**^{2} *v/i* ⟨*sep*, **-ge-**, **sein**⟩ *Reiterschar etc*: scatter, gallop in different directions. **~ˌstel·len** *v/t* ⟨*sep*, **-ge-**, **h**⟩ place (*persons, things*) apart (*od.* at a distance from each other). **~ˌstie·ben** *v/i* ⟨*irr, sep*, **-ge-**, **sein**⟩ scatter. **~ˌstre·ben** *v/i* ⟨*sep*, **-ge-**, **sein**⟩ diverge. **~ˌtrei·ben I** *v/t* ⟨*irr, sep*, **-ge-**, **h**⟩ **1.** (*Feind, Menge*) scatter, disperse. **2.** (*Holz mit Keil*) cleave. **II** *v/i* ⟨**sein**⟩ **3.** drift apart. **~ˌwickeln** (*getr.* **-k·k-**) *v/t* ⟨*sep*, **-ge-**, **h**⟩ unroll, unwrap. **~ˌzie·hen** *v/t* ⟨*irr, sep*, **-ge-**, **h**⟩ **1.** (*Elastisches*) stretch. **2.** *in Teile*: pull (*od.* draw) apart. **3.** (*a.* **sich ~**) *mil.* (*Truppen*), *Sport*: (*Feld*) spread (out), (*Fahrzeuge*) string out, disperse.

ˈaus·erˌko·ren *adj lit.* chosen, elect.

ˈaus·erˌle·sen *adj lit.* **1.** *Wein etc*: choice, *a. Geschmack*: exquisite. **2.** *Publikum*: select(ed), choice, carefully chosen.

ˈaus·erˌse·hen *lit.* **I** *v/t* ⟨*irr, insep, no* **-ge-**, **h**⟩ **1.** a) (*j-n*) → **auserwählen,** b) **et. ~** choose (*od.* designate, earmark) s. th. (**zu, für** for). **II** *adj* **2. ~ sein** be chosen, be selected, *für ein Amt*: be designated, *vom Schicksal*: be (pre)destined. **3.** *von Gott*: elect; **~ sein** be elected.

ˈaus·erˌwäh·len *v/t* ⟨*insep, no* **-ge-**, **h**⟩ **1. j-n ~ (zu** for) choose (*od.* select) s. o., *für ein Amt*: *a.* designate s. o.; **sich** (*dat*) **j-n ~** choose (*od.* select) s. o. for o. s. **2. j-n ~** *von Gott*: elect s. o. **ˈaus·erˌwählt** *adj* **1.** → **ausersehen** 2. **2.** → **auserlesen** 2. **3.** *relig.* chosen, elect; **das ♀e Volk** the chosen people. **ˈAus·erˌwähl·te** *m, f* ⟨-n; -n⟩ person chosen (*od.* selected); **die ~n Gottes** the elect, the chosen; *humor.* **s-e ~** a) the girl of his choice, b) his bride-elect.

ˈausˌes·sen *v/t* ⟨*irr, sep*, **ausgegessen, h**⟩ *colloq.* **1.** (*Teller, Schüssel*) clear (off), empty. **2.** (*Suppe etc*) eat up.

ˈausˌfä·deln v/reflex <sep, -ge-, h> mot. sich ~ get out of lane.

ˈausˌfahr·bar adj 1. Fahrgestell, Landeklappen: extendable. 2. Periskop: liftable, raisable. 3. Antenne etc: telescopic.

ˈausˌfah·ren I v/i <irr, sep, -ge-, sein> 1. mit dem Auto etc: drive out, go for (od. take) a drive (colloq. spin). 2. Zug: leave (the station), Schiff, Flotte: leave (port), put (out) to sea. 3. Bergbau: leave the pit, ascend. 4. relig. aus j-m ~ böse Geister etc: leave (od. depart from) s. o. II v/t <h> 5. j-n ~ take s. o. out for a drive, (Baby, Kranken etc) take s. o. out. 6. (Pakete, Kohlen etc) deliver. 7. (Straße, Feldweg) rut, wear out; → Gleis 2. 8. aer. (Fahrgestell) lower, let down, a. (Landeklappen) extend. 9. mar. a) → ausbringen 3, b) (Periskop) raise, lift. 10. mot. run (the engine) up to top speed, (Kurve) round, take (a curve) on the outside. 11. tech. et. voll ~ operate s. th. to full capacity. 12. (Rennen) hold. **ˈAusˌfah·rer** m delivery truck driver. **ˈAusˌfahrˌspur** f mot. exit lane. **ˈAusˌfahrt** f <-; -en> 1. (Spazierfahrt) drive, über Land: excursion, trip. 2. e-s Zuges, Schiffes: departure (aus from; nach for). 3. (Tor∽) gateway, (Garagen∽) exit, (Autobahn∽) exit (road); ~ freihalten! keep exit clear!; ~! (Hinweisschild) out! 4. (Hafen∽ etc) mouth. 5. Bergbau: ascent. **ˈAusˌfahrt(s)ˌstra·ße** f exit (road).

ˈAusˌfall m <-(e)s; Ausfälle> 1. a. econ. (Verlust) loss, (Fehlbetrag) deficit, deficiency; e-n ~ erleiden suffer a loss; ~ in der Produktion falling off in production. 2. tech. (Versagen) failure, breakdown (of engine, electric system, etc). 3. bes. Sport: ein glatter ~ (Spieler etc) a complete failure, colloq. a dead loss, a flop. 4. mil. a) pl losses, casualties, b) hist. aus e-r Festung: sortie, sally. 5. (Ergebnis) result, outcome, econ. a. outturn. 6. meist pl fig. (Beleidigung[en]) invective, abuse, (Angriff) attack. 7. fenc. lunge (a. gym., Boxen), thrust, pass. 8. chem. (Niederschlag) precipitate, radioaktiver: fallout. 9. <only sg> med. der Haare: loss of hair, der Zähne: falling out, e-s Organs: collapse, total failure, des Herzschlags: cardiac arrest. 10. (Ausschuß) waste, scrap. 11. → ausfallen 10.

ˈausˌfäll·bar adj chem. precipitable.

ˈAusˌfall|beˌtrag m econ. deficit, deficiency. ~**ˌbürg·schaft** f econ. jur. indemnity bond, deficiency guarantee.

ˈausˌfal·len I v/i <irr, sep, -ge-, sein> 1. Haare, Zähne: fall (od. come) out; die Haare sind ihm ausgefallen he has lost his hair. 2. (nicht stattfinden) not to take place (od. be held, come off), be (called) off, be cancel(l)ed; (Stunde, Sitzung etc) ~ lassen call off, drop; die Besprechung fällt aus the conference ist not taking place; die Schule fällt heute aus there is no school today. 3. Maschine, Strom etc: fail, break down. 4. Pulsschlag etc: stop, drop. 5. Arbeiter, Sportler etc: drop out, be unavailable. 6. gut (schlecht) ~ Ergebnis etc: turn out well (badly), a. be (od. prove) good (bad), be a success (failure); es fiel alles zu s-r Zufriedenheit aus everything turned out to his satisfaction; es fiel anders aus, als ich erwartet hatte it was not what I had expected; das Urteil fiel zu s-n Gunsten (Ungunsten) aus the verdict went in his favo(u)r (against him); wie ist die Prüfung ausgefallen? how was (od. how did you fare in) the exam(ination)?; mein Anteil fiel zu klein aus my share was too small. 7. mil. hist. sally (out), make a sortie. 8. fenc. lunge. 9. chem. settle, be deposited, precipitate, von radioaktiven Stoffen: fall out. II ∽ n <-s> 10. falling out (etc), cancel(l)ation; → Ausfall 2, 9.

ˈausˌfäl·len v/t <sep, -ge-, h> chem. precipitate.

ˈausˌfal·lend adj → ausfällig.

ˈausˌfäl·lig adj (gegen to) aggressive, (beleidigend) insulting, abusive, rude; er wurde ~ he became abusive (od. personal). ∽**keit** f <-; -en> 1. <only sg> insulting (od. abusive) behavio(u)r, rudeness. 2. pl insults, abuses, invectives.

ˈAusˌfall|ˌmu·ster n econ. outturn sample. ~**ˌquo·te** f 1. mil. attrition rate. 2. in e-m Beruf: waste rate. ~**ˌschritt** m Sport: lunge step.

ˈAusˌfalls|erˌschei·nung f med. deficiency (bei Sucht: withdrawal) symptom, funktionelle: functional deficit. ~**ˌtor** n 1. mil. hist. sally port. 2. fig. von Gebirge in Ebene: opening.

ˈAusˌfall|ˌstra·ße f arterial road. ~**ˌstun·den** pl nonproductive hours (od. time sg), hours not worked. ~**ˌwin·kel** m opt. angle of reflection. ~**ˌzah·lung** f econ. deficiency payment. ~**ˌzeit** f Versicherung: inactive period.

ˈausˌfa·sern I v/t <sep, -ge-, h> ravel out, unravel. II v/i <sein> u. sich ~ v/reflex <h> ravel out, fray (out), fein: fuzz (out).

ˈausˌfech·ten v/t <irr, sep, -ge-, h> fig. fight s. th. out; et. mit j-m ~ a. have s. th. out with s. o.

ˈausˌfe·gen v/t <sep, -ge-, h> 1. (Zimmer etc) sweep (out). 2. (Schmutz etc) sweep s. th. out.

ˈausˌfei·len v/t <sep, -ge-, h> 1. tech. file (out). 2. fig. file, polish, give the finishing touches to.

ˈausˌfer·ti|gen v/t <sep, -ge-, h> (Schriftstück etc) draw up, (a. Rechnung) make out, (Scheck) a. write out, jur. (Urkunde) execute, abschriftlich: exemplify, issue a certified copy of, (Paß) issue; ausgefertigt in X done at X. ∽**gung** f <-; -en> 1. drawing up (etc), jur. execution, e-s Wechsels etc: issue. 2. authentic (od. certified) copy; erste ~ original, master copy; zweite (dritte) ~ copy No. 2 (3), duplicate (triplicate); in doppelter (dreifacher, vierfacher) ~ in two (three, four) copies, in duplicate (triplicate, quadruplicate).

ˈausˌfin·dig adj ~ machen find, discover, örtlich: locate, spot, (aufspüren) trace, ferret out, (Grund etc) find out.

ˈausˌflag·gen I v/t <sep, -ge-, h> Sport: mark out (a course) with flags, flag (out). II v/i mar. (flag-)dress, dress ship.

ˈausˌflicken (getr. -k·k-) v/t <sep, -ge-, h> colloq. patch up.

ˈausˌflie·gen I v/i <irr, sep, -ge-, sein> 1. Vogel etc: fly away; (aus dem Nest) ~ leave the nest; → Vogel 1. 2. fig. colloq. leave home, go (away), (e-n Ausflug machen) make an excursion, go on a trip; alle waren ausgeflogen everybody was out (od. away). 3. aer. aus e-m Gebiet ~ leave an area. II v/t <h> 4. aer. mil. (Verwundete etc) fly s. o. out, evacuate s. o. by air.

ˈausˌflie·ßen v/i <irr, sep, -ge-, sein> 1. flow (od. run) out, durch ein Leck: a. leek out, escape; et. (langsam) ~ lassen drain s. th. (aus from). 2. Lava etc: pour out, extravasate. 3. poet. Worte, Geist etc: emanate (aus from).

ˈausˌflip·pen v/i <sep, -ge-, sein> colloq. 1. (aussteigen) freak out. 2. (verrückt werden) flip (out); → a. ausgeflippt.

ˈausˌflocken (getr. -k·k-) v/t <sep, -ge-, h> u. v/i <sein> chem. flocculate.

ˈAusˌflucht f <-; Ausflüchte> 1. meist pl (Ausrede) excuse, pretext, evasion; Ausflüchte machen make excuses, be(come) evasive, prevaricate, shuffle, hedge. 2. (List, Trick) subterfuge, shift.

ˈausˌfluch·ten v/t <sep, -ge-, h> tech. align, aline.

ˈAusˌflug m <-(e)s; Ausflüge> 1. excursion (a. fig.), trip, outing, jaunt; e-n ~ machen go on (od. make) an excursion. 2. von Vögeln etc: flying out, flight. 3. am Bienenstock: entrance (to the hive). **ˈAusˌflüg·ler** [-ˌflyːklər] m <-s; -> excursionist, Br. colloq. (day) tripper.

ˈAusˌflugˌschnei·se f aer. departure corridor.

ˈAusˌflugs|caˌfé f trippers' café. ~**ˌdamp·fer** m excursion boat. ~**ˌmög·lich·keit** f excursion possibility. ~**ˌort** m <-(e)s; -e> → Ausflugsziel 1. ~**ˌziel** n 1. (ein beliebtes ~ a popular) place for excursions. 2. destination (of an excursion).

ˈAusˌfluß m <-sses; Ausflüsse> 1. outflow, discharge, efflux. 2. (Abfluß) a. tech. outlet. 3. <only sg> fig. lit. emanation, product (of the imagination, etc). 4. <only sg> von Eiter, Serum: discharge, secretion, der Vagina: flux, vaginal discharge, von Samen: emission, bes. von Blut: issue. ~**ˌöff·nung** f tech. outlet. ~**ˌrohr** n, ~**ˌröh·re** f discharge pipe.

ˈausˌfor·men I v/t <sep, -ge-, h> a. fig. form, shape. II v/reflex sich ~ Charakter etc: form, take shape.

ˈausˌfor·schen v/t <sep, -ge-, h> 1. → ausfragen. 2. (untersuchen) try to find out, investigate, inquire into. 3. (auskundschaften) explore.

ˈausˌfor·sten v/t <sep, -ge-, h> → durchforsten 1.

ˈAusˌfracht f econ. outward freight.

ˈausˌfra·gen I v/t <sep, -ge-, h> j-n ~ (nach, über acc about) question (od. interrogate) s. o., quiz s. o., neugierig: sound s. o. out, colloq. pump s. o., scharf: cross-examine s. o., (e-n Fachmann etc) pick s. o.'s brains; colloq. frag mich nicht so aus! stop asking questions, colloq. stop pumping me! II ∽ n <-s> questioning (etc), interrogation.

ˈausˌfran·sen I v/i <sep, -ge-, sein> 1. fray (out), bes. Am. colloq. frazzle. II v/t <h> 2. mit Fransen versehen: fringe. 3. fray.

ˈausˌfrä·sen v/t <sep, -ge-, h> tech. mill out.

ˈausˌfres·sen v/t <irr, sep, -ge-, h> 1. (aushöhlen) eat away (od. out), geol. erode. 2. Tier: eat s. th. clean, empty, vulg. Person: a. clean out. 3. <only pp> fig. colloq. et. ausgefressen haben have been up to some mischief; was hat er ausgefressen? what has he been up to? 4. fig. colloq. et. ~ (büßen) müssen have to pay for s. th.

ˈausˌfrie·ren I v/i <irr, sep, -ge-, sein> 1. Saat etc: be killed by frost. 2. Person: freeze (right) through; ich bin ganz ausgefroren I am frozen (to the bone). II v/t <h> 3. (Wäsche, Bier etc) let s. th. freeze. 4. chem. tech. freeze s. th. out.

ˈausˌfu·gen civ. eng. v/t <sep, -ge-, h> point (up).

ˈAusˌfuhr f <-; -en> econ. 1. export(ing), exportation. 2. (ausgeführte Waren etc) export(s pl). ~**arˌti·kel** m export(ed) article.

ˈausˌführ·bar adj 1. Plan etc: practicable, feasible, workable, that can be done. 2. econ. Waren etc: exportable. ∽**keit** f <-; no pl> 1. e-s Plans etc: practicability, feasibility. 2. econ. exportability.

ˈAusˌfuhr|beˌschrän·kung f econ. restriction(s pl) on (od. of) export(s).

~beˌstim·mung *f meist pl* export regulation. **~beˌwil·li·gung** *f* export permit (*od.* licen/ce, *Am.* -se).

ˈausˌfüh·ren *v/t* ‹*sep*, -ge-, h› **1.** (*j-n*) take *s. o.* out, (*Hund*) take (*a dog*) out for a walk, (*bes. Pferd*) exercise. **2.** *colloq.* (*neues Kleid etc*) show off. **3.** (*Waren etc*) export. **4.** *fig.* (*Plan etc*) carry out, effect, realize, put *s. th.* into effect (*od.* execution), (*Anordnung, Gesetz etc*) carry out, execute, implement, *econ.* (*Auftrag*) fill, execute. **5.** *fig.* (*gestellte Aufgabe etc*) carry out, execute, perform; **et. meisterhaft ~** do (*od.* perform) s. th. in a masterly way; **Reparaturen ~** carry out (*od.* make) repairs; *Sport*: **den Strafstoß ~** take the penalty kick. **6.** (*darlegen*) explain, point out, argue, say; **im einzelnen ~** elaborate on, specify. **7.** (*Konzert etc*) give, perform. **8.** (*Verbrechen*) commit, perpetrate. **9.** *tech.* design, (*Äußeres*) *a.* finish, (*Bau*) construct, erect. **10.** (*Kunstwerk*) do, work (out), execute; **ein Porträt in Öl ~** paint (*od.* do) a portrait in oils. **11.** *math.* do, work out (*a sum, etc*). **ˈausˌfüh·rend** *adj* **~es Organ** executive (authority). **ˈAusˌfüh·ren·de** *m, f* ‹-n; -n› *mus. etc* performer. **ˈAusˌfüh·rer** *m* ‹-s; -› *econ.* exporter.

ˈAusˌfuhr|erˌklä·rung *f econ.* export declaration. **~erˌlaub·nis** *f* → Ausfuhrbewilligung. **~ˌför·de·rungsˌmaßˌnah·me** *f meist pl* export promotion measure. **~geˌneh·mi·gung** *f* → Ausfuhrbewilligung. **~ˌgü·ter** *pl* export goods (*od.* articles), exports. **~ˌha·fen** *m* shipping port. **~ˌhan·del** *m* export trade. **~kon·tinˌgent** *n* export quota. **~ˌland** *n* exporting country; **ein ~ für Tabak** a tobacco-exporting country.

aus·führ·lich [ˈausˌfyːrlɪç; ˌausˈfyːrlɪç] **I** *adj* detailed, comprehensive, exhaustive, full, ample; **~ werden** go into details; **ich möchte nicht zu ~ werden** I do not wish to labo(u)r the point. **II** *adv* in detail, fully (*etc*); **sehr ~** at full (*od.* great) length, in great detail; **ziemlich ~** at some length; **et. ~ beschreiben** *a.* give full details about s. th., give a detailed account of s. th. **𝔖keit** *f* ‹-; *no pl*› (*Genauigkeit*) minuteness of detail, (*Vollständigkeit*) comprehensiveness, fullness, (*Gründlichkeit*) thoroughness; **in aller ~** down to the last (*od.* in great) detail.

ˈAusˌfuhr|liˌzenz *f econ.* export licen/ce (*Am.* -se). **~ˌprä·mie** *f* export bounty. **~ˌquo·te** *f* export quota. **~ˌsper·re** *f* embargo (on exports).

ˈAusˌfüh·rung *f* ‹-; -en› **1.** carrying out, (*e-r Aufgabe etc*) *a.* execution, (*e-s Plans*) *a.* realization; **et. zur ~ bringen** → **ausführen** 4; **zur ~ kommen** (*od.* **gelangen**) be carried out, be put into practice (*od.* execution). **2.** *e-s Befehls etc*: execution, *a. e-s Gesetzes etc*: implementation, *e-s Vertrags*: *a.* performance. **3.** *e-s Konzerts*: performance. **4.** *Kunst*: execution. **5.** (*e-s Baues*) construction, (*Fertigstellung*) completion. **6.** *tech.* (*Konstruktion*) design, (*äußere ~*) finish, (*Typ*) model, type, version, (*Qualität*) workmanship, quality; **Feuerzeuge in verschiedenen ~en** lighters of different designs; **in erstklassiger ~** of first-class workmanship. **7.** *e-s Themas, Gedankens etc*: exposition. **8.** *pl* observations, comments, remarks, representations, (detailed) statement *sg*, discourse *sg*; **er machte lange ~en zu dieser Frage** he went into details about (*od.* he discoursed at length on) this question. **9.** *econ.* exportation. **10.** *e-s Verbrechens*: perpetration. **11.** → Ausfertigung 2.

ˈAusˌfüh·rungs|ˌbeiˌspiel *n Patentrecht*: embodiment, example of operation, application. **~beˌstim·mung** *f meist pl* regulation, implementing regulation (*od.* statute). **~geˌsetz** *n*, **~verˌord·nung** *f meist pl* implementing ordinance. **~ˌzeich·nung** *f civ. eng.* working plan, detail drawing.

ˈAusˌfuhr|verˌbot *n econ.* embargo on exports, export ban. **~verˌgü·tung** *f* export bounty (*od.* refund). **~ˌwa·ren** *pl* → Ausfuhrgüter. **~ˌzoll** *m* export duty.

ˈausˌfül·len *v/t* ‹*sep*, -ge-, h› **1.** (*Loch etc*) fill (up *od.* in), (*ausstopfen*) stuff, pad; *a. fig.* **e-e Lücke ~** fill (*od.* stop) a gap. **2.** (*Formular etc*) fill in (*Am.* out), complete. **3.** *fig.* (*Raum, Zeit*) take up, occupy, fill; → **ausgefüllt** 2. **4.** *fig.* (*j-n, j-s Geist*) absorb, occupy, fill; **s-e Arbeit füllt ihn ganz aus** his work absorbs him completely, his work is his (whole) life; **er füllt diesen Posten gut aus** he fills this post well; **diese Aufgabe füllt ihn nicht aus** this task does not satisfy him. **ˈAusˌfül·lung** *f* ‹-; *no pl*› **1.** filling (up *od.* in) (*etc*), *e-s Formulars etc*: filling in (*Am.* out), completion. **2.** *e-s Raums etc*: occupation, *der Zeit*: *a.* use.

ˈausˌfüt·tern *v/t* ‹*sep*, -ge-, h› **1.** (*Kleidung*) line. **2.** (*polstern*) pad. **3.** *tech.* line (out). **4.** *print.* paper.

ˈAusˌga·be *f* ‹-; -n› **1.** ‹*only sg*› (*Aushändigung*) giving out, handing out, (*Verteilung*) distribution, *e-s Befehls, von Waffen, Material*: issue. **2.** *meist pl bes. econ.* (*Kosten*) expense(s *pl*), expenditure, outlay, disbursement, *a.* spending; **kleine ~n** petty expenses. **3.** *von Aktien, Briefmarken etc*: issue, *von Banknoten*: *a.* emission. **4.** *e-s Buches etc*: edition, (*Exemplar*) copy, *e-r Zeitschrift*: issue, number; **neue ~** reprint; **bearbeitete** (**verbesserte**) **~** revised edition. **5.** → Ausgabeschalter, -stelle. **~ˌbank** *f econ.* bank of issue. **~beˌwil·li·gung** *f im Budget*: appropriation. **~ˌda·tum** *n bes. philat.* date of issue. **𝔖ˌfreu·dig** *adj* freely spending; (**sehr**) **~ sein** be a (great) spender. **~ˌkurs** *m econ.* rate of issue, issue price.

ˈAusˌga·ben|beˌleg *m econ.* voucher, receipt. **~ˌbuch** *n* **1.** (petty) cashbook. **2.** housekeeping book. **~ˌflut** *f* wave of spending, mass spending. **~ˌkür·zung** *f* spending reduction. **~ˌpo·sten** *m* expense item.

ˈAusˌga·be|ˌschal·ter *m Post*: delivery counter. **~ˌstel·le** *f* **1.** *econ.* issuing office, (*Emissionsabteilung*) issue department. **2.** *Post*: delivery office. **3.** *rail. für Fahrkarten*: ticket (*od.* booking) office, *für Gepäck*: luggage (*Am.* baggage) office. **4.** *mil.* supply point.

ˈAusˌgang *m* ‹-(e)s; ⸗e› **1.** exit, way out; **~!** exit!, way out!; **kein ~!** no exit!; **am ~ des Schachts** at the exit (*od.* mouth) of the shaft. **2.** ‹*only sg*› (*Ausgehen*) going out, outing; **sein erster ~ nach s-r Krankheit** his first outing after his illness; **~ haben** have a (*od.* one's) day (*od.* afternoon) off, *mil.* be on pass (*od.* leave). **3.** ‹*only sg*› (*Ende*) end, *zeitlich*: *a.* close; **am ~ des Dorfes** at the end of the village; **am ~ des 18. Jahrhunderts** at the close (*od.* end) of the 18th century. **4.** ‹*only sg*› (*Ergebnis*) result, issue, outcome, upshot; **der ~ der Wahlen** the result of the elections; **e-n guten** (**schlechten**) **~ nehmen** turn out (*od.* end) well (badly); **Unfall mit tödlichem ~** fatal accident. **5.** *fig.* **s-n ~ nehmen von** start from, develop out of. **6.** a) → **Ausfuhr**, b) *von Waren*: outgo, outturn, c) *pl* (*abgehende Post*) outgoing mail *sg*, (*abgehende Waren*) outgoing stocks, d) *pl* → Ausgabe 2. **7.** *ling.* ending, termination. **8.** *print.* break. **9.** *geogr.* outlet. **10.** *electr.* output; **Schalter mit fünf Ausgängen** five-point switch.

ˈausˌgangs I *prep* ‹*gen*› at the end of; **~ des Mittelalters** *a.* at the close of the Middle Ages; **~ der Kurve** at the end of the bend. **II** *adv* at the end.

ˈAusˌgangs|ˌba·sis *f a. fig.* starting point, basis. **~beˌschrän·kung** *f* → Ausgehverbot. **~ˌbauˌmu·ster** *n tech.* prototype. **~erˌzeug·nis** *n econ.* initial product. **~geˌstein** *n geol.* parent rock (*od.* material). **~im·peˌdanz** *f electr.* output impedance. **~ka·piˌtal** *n econ.* original capital. **~ˌla·ge** *f* → Ausgangsposition. **~ˌlei·stung** *f electr.* (power) output. **~ma·te·riˌal** *n* basic (*od.* source, primary) material. **~ˌöff·nung** *f tech.* outlet. **~ˌort** *m* → Ausgangspunkt 1. **~po·si·tiˌon** *f a. fig.* starting (*od.* initial) position. **~proˌdukt** *n* primary product. **~ˌpunkt** *m* **1.** *a. fig.* starting point, point of departure, *für Wanderungen etc*: *a.* setting-off point, *fig. a.* basis. **2.** *phys. e-r Skala etc*: reference point. **3.** *math.* initial value. **~ˌspan·nung** *f electr.* output voltage. **~ˌsper·re** *f* → Ausgehverbot. **~ˌspra·che** *f* source language. **~ˌstel·lung** *f* **1.** starting (*od.* initial, normal) position. **2.** *mil.* line of departure, initial position. **3.** *Sport*: starting position, *fenc.* recovery. **~ˌstoff** → Ausgangsmaterial. **~ˌstu·fe** *f electr.* output stage. **~ˌtür** *f* exit. **~ˌwerkˌstoff** *m tech.* basic material. **~ˌzei·le** *f print.* last line of a break. **~ˌzoll** *m econ.* export duty.

ˈausˌgä·ren *v/i* ‹*irr, sep*, -ge-, h *u.* sein› cease fermenting.

ˈausˌge·ben I *v/t* ‹*irr, sep*, -ge-, h› **1.** (*aushändigen*) give out, hand out, (*austeilen*) distribute, (*Befehl, Fahrkarten etc*) issue, (*Spielkarten*) deal. **2.** (*Geld*) spend, lay out, expend; **viel für j-n** (**et.**) **~** spend a lot (of money) on s. o. (s. th.); *colloq.* **einen** (*od.* **e-e Runde**) **~** stand a round (of drinks); **j-m einen ~** buy s. o. a drink. **3.** (*Aktien*) issue, emit, (*Banknoten*) issue, circulate. **4. et.** (**j-n**) **~ für** (*od.* **als**) pass s. th. (s. o.) off for *s. th., s. o.*; **er gab das Bild als sein Werk aus** he passed the painting off as his own work. **5.** *dial.* (*Ertrag, Menge*) yield. **II** *v/reflex* **sich ~ 6.** *colloq.* (**bei** in) exhaust o. s., spend o. s., *bes. Sport*: extend o. s. (**voll** to the last). **7. sich ~ für** (*od.* **als**) give o. s. out to be, pose as, set (o. s.) up as; **sie gaben sich als verheiratet aus** they claimed to be married. **III** *v/i* **8.** *dial.* be sufficient (**für** for *two cups of tea, etc*).

ˈaus·geˌbeult *adj* **1.** *Hose*: baggy (at the knees). **2.** *tech.* flattened, planished, (*verbeult*) dented.

ˈaus·geˌbil·det *adj* **1.** *allg.* trained, *handwerklich etc*: *a.* skilled, *akademisch etc*: *a.* educated, *Soldat*: (fully) trained. **2.** *biol.* developed; **voll ~** mature, definitive; **halb ~** dimidiate; **nicht voll ~** rudimentary.

ˈaus·geˌblu·tet *adj* **1.** *med.* exsanguinated. **2.** *fig. Volk*: drained of its life's blood.

ˈAus·geˌbomb·te *m, f* ‹-n; -n› bombed-out person; **die ~n** *pl* the bombed-out.

ˈaus·geˌbrannt *adj* **1.** burned-out, burnt-out, *Haus*: *a.* gutted. **2.** *fig. colloq.* burned-out, spent.

ˈaus·geˌbucht *adj Hotel, Flug etc*:

booked(-)up; *colloq.* **ich bin schon ~** I am already dated up.

ˈaus·geˌbufft *adj colloq.* **1.** → ausgekocht. **2.** → abgeschlafft.

ˈaus·geˌbür·gert *adj*, **ˈAus·geˌbür·ger·te** *m, f* ⟨-n; -n⟩ expatriate.

ˈAus·geˌburt *f* ⟨-; -en⟩ *fig. contp.* (monstrous) product, monstrosity; **~ der Phantasie** figment of the imagination, phantom, illusion; **~ der Hölle** fiend.

ˈaus·geˌdehnt *adj* **1.** *Fläche etc*: extensive (*a. math.*), vast, large, wide. **2.** *fig. Spaziergang etc*: long, *Sitzung etc*: long(-drawn-out), *Forschungen etc*: extensive, (*in großem Maßstab*) large-scale.

ˈaus·geˌdient *adj Person*: superannuated, retired, *colloq. Sache*: past use, worn(-)out, discarded; **~er Soldat** ex-serviceman, veteran.

ˈaus·geˌdorrt, ˈaus·geˌdörrt *adj* arid, dry, (*versengt*) parched, scorched; **wie ~** *Kehle*: parched.

ˈaus·geˌfah·ren *adj Weg etc*: worn(-)out, rutty; → **Gleis** 2.

ˈaus·geˌfal·len *adj fig.* eccentric, unusual, outré, out-of-the-way, *a. Kleider-, Schuhgröße*: odd.

ˈaus·geˌfeilt *adj fig. Stil etc*: polished, flawless.

ˈaus·geˌfeimt *adj*, **ˈaus·geˌfuchst** *adj colloq.* → **abgefeimt.**

ˈaus·geˌflippt *adj colloq.* freaked-out. **ˈAus·geˌflipp·te** *m, f* ⟨-n; -n⟩ freak-out.

ˈaus·geˌfüllt *adj* **1.** *phys.* solid. **2.** *fig. Tage*: full, **mit** *et*: spent with, full of.

ˈaus·geˌgli·chen *adj* **1.** *Wesen etc*: (well-)balanced, (well-)poised, equable, *a. Stil, Farben etc*: harmonious, *Klima etc*: steady. **2.** *econ.* balanced, settled. **ℒheit** *f* ⟨-; *no pl*⟩ *allg.* balance, harmoniousness, *des Wesens*: *a.* poise, *des Klimas etc*: steadiness.

ˈaus·geˌgos·sen *pp of* **ausgießen.**

ˈAusˌgeh|abend *m* evening out. **~ˌanˌzug** *m* best suit, *mar. mil.* dress uniform.

ˈausˌge·hen I *v/i* ⟨*irr, sep*, -ge-, sein⟩ **1.** go out; **zum Essen ~** dine out; **(abends) (groß) ~** go out (in great style), *Am. colloq.* go places; **m-e Frau ist ausgegangen** my wife has gone out (*od.* is out, is not in). **2.** (*enden*) end; **das Wort geht auf e-n Vokal aus** the word ends (*od.* terminates) in a vowel; **gut** (*etc*) **~** end (*od.* turn out) well (*etc*); **die Geschichte geht gut aus** the story ends happily; **das Stück geht tragisch aus** the play ends tragically; *Sport*: **das Spiel ging unentschieden aus** the match ended in a draw. **3.** *colloq. Geld, Vorrat etc*: run (*od.* give) out, **allmählich**: run low; **mir ging das Geld (der Gesprächsstoff) aus** I ran out of money (conversation); **uns sind gerade die Zitronen ausgegangen** we're fresh out of lemons; **ihm ging der Atem** (*od.* **die Luft**, *colloq.* **die Puste**) **aus** he got out of breath, he was winded, *fig.* he was at the end of his tether; **ihr ging die Geduld aus** her patience gave out, she lost all patience. **4.** *colloq. Licht, Feuer, Zigarette etc*: go out; **im ganzen Haus ging das Licht aus** *a.* the whole house went black. **5. ~ auf** (*acc*) (*suchen*) seek *s. th.*, go in quest of, (*anstreben*) aim at (doing), be bent on, be out for; **der Artikel geht darauf aus, Verwirrung zu stiften** the article is calculated to produce confusion; → **Abenteuer, Beute** 1. **6. von et. ~** (*voraussetzen*) proceed (*od.* start out) from s. th.; **wenn wir davon ~, daß** proceeding on the assumption that; **davon ~d, daß** *a.* working on the principle that; **gehen wir einmal davon aus, daß** let us start (*od.* work) from the fact that. **7. von j-m (et.) ~** (*herkommen*) come (*od.* emanate) from s. o. (s. th.), *fig. Gefühl, Wärme etc*: *a.* be spread (*od.* radiated) by s. o. (s. th.); **von der Lampe geht ein warmer Schein aus** the lamp gives (*od.* spreads) a warm light; *fig.* **die Anordnung ging vom Chef aus** the instruction came from the boss (*od.* chief); **der Anstoß (dazu) ging von ihm aus** the initiative came from him; *pol.* **alle Staatsgewalt geht vom Volke aus** all executive power emanates from the people. **8. von e-m Ort ~** start at (*od.* from) a place; **mehrere Straßen gehen vom Marktplatz aus** several streets start at (*od.* radiate from) the market-place. **9. leer ~** get nothing, be left out, come away empty-handed, *Am.* miss out; **(straf)frei ~** go unpunished, get off scot-free. **10.** *colloq. Haare*: come out, fall out, *Farbe etc*: fade, come out. **11.** *geol.* pinch out; **zutage ~** crop (up *od.* out). **12.** → **aufgehen** 9. **II ℒ** *n* ⟨-s⟩ **13.** going out (*etc*). **ˈausˌge·hend** *adj* **1.** ending, *Epoche etc*: late; **das ~e Mittelalter** the end of the (*od.* the late) Middle Ages; **im ~en 18. Jahrhundert** toward(s) the close (*od.* end) of (*od.* in the closing years of) the 18th century. **2.** *econ. Waren, Post*: outgoing, outbound, *mar. a.* outward(-bound); **~e Ladung** outward cargo; **~es Schiff** outgoing vessel. **3.** *geol.* outcropping.

ˈaus·geˌho·ben *pp of* **ausheben.**

ˈaus·geˌhöhlt *adj* **1.** hollow, *Wangen*: sunken, haggard. **2.** *fig.* (*zermürbt*) worn(-)out, exhausted, *Gesetz, Position etc*: eroded.

ˈAusˌgehˌtag *m colloq.* day off.

ˈaus·geˌhun·gert *adj* famished.

ˈAusˌgeh|uniˌform *f mar. mil.* dress uniform. **~verˌbot** *n* **1.** *für Kranke etc*: orders *pl* to stay indoors; **er hat ~** he is not allowed to go out. **2.** *mil.* confinement to barracks, C. B., *für die Bevölkerung*: curfew.

ˈaus·geˌklü·gelt *adj* ingenious, clever, well-contrived.

ˈaus·geˌkocht *adj fig. colloq.* crafty, tricky, knowing all the tricks, (*erfahren*) seasoned, being an old hand.

ˈaus·geˌlas·sen *adj* **1.** hilarious, exuberant, rollicking, frolicsome, frisky, (*laut*) boisterous, riotous, (*ungezügelt*) wild, abandoned; **sie waren alle sehr ~** they were all in high spirits. **2.** *Butter etc*: run. **ℒheit** *f* ⟨-; *no pl*⟩ hilarity, exuberance, frolicsomeness, high spirits *pl*, boisterousness, wildness, abandon.

ˈaus·geˌla·stet *adj bes. econ. Produktionsanlage etc*: working (*od.* running) to capacity, fully utilized, *Person*: fully occupied (*od.* stretched); **nicht ~** *Betrieb, Maschine etc*: under-utilized, under-used.

ˈaus·geˌlaugt *adj* **1.** *Boden*: emaciated. **2.** *tech.* leached-out. **3.** *fig.* worn(-)out, jaded.

ˈaus·geˌlei·ert *adj* **1.** worn-out. **2.** *fig. colloq.* hackneyed, trite.

ˈaus·geˌlernt *adj econ.* fully trained.

ˈaus·geˌmacht *colloq.* **I** *adj* **1.** (*sicher*) settled, certain, established, agreed; **es ist noch nicht ~, ob** it is not yet settled whether; **~!** agreed!, it's a deal!; **es ist e-e ~e Sache, daß** it is a foregone conclusion (*od.* an established fact) that. **2.** (*völlig*) out-and-out, downright, unmitigated, perfect (*fool, swindle, etc*); **~er Unsinn** utter nonsense. **II** *adv* **3. ~ schäbig** downright shabby.

ˈaus·geˌmer·gelt *adj allg.* emaciated.

ˈaus·geˌnom·men I *pp of* **ausnehmen. II** *prep* ⟨*nom, acc*⟩ except(ing), with the exception of, save, bar(ring); **du** (*od.* **dich**) **nicht ~** not excepting you; **~ er, er ~** with the exception of him, but him; **ich selbst nicht ~** not excepting (*od.* excluding) myself; **Anwesende ~** present company excepted; **niemand(en) ~** without exception, bar none; **immer, ~ nachts** always except at night. **III** *conj* unless; **~, daß** except (*od.* saving) that; **~, wenn** except when, unless (*it rains, etc*).

ˈaus·geˌpicht *adj* → **ausgekocht.**

ˈaus·geˌprägt *adj* marked, pronounced, distinct; **ein ~es Pflichtgefühl** a strongly developed sense of duty. **ℒheit** *f* ⟨-; *no pl*⟩ markedness, distinctness.

ˈaus·geˌpumpt *adj colloq.* exhausted, bushed, pooped, (*keuchend*) panting.

ˈaus·geˌrech·net [*a.* ˈausgəˈrɛçnət] *adv fig. colloq.* just; **~ dies** just that, this of all things; **~ er** he of all people; **~ um Mitternacht** at midnight of all times; **~ heute** today of all days; **~ jetzt** just now (of all times).

ˈaus·geˌreift *adj a. fig.* mature(d), ripe, *Idee, Projekt etc*: *a.* full-blown, *Konstruktion*: perfected, fully developed.

ˈaus·geˌschla·fen *adj* **gut ~ sein** have had a good sleep (*od.* a good night's rest).

ˈaus·geˌschlos·sen *adj colloq.* impossible, out of the question; **~!** impossible!, nothing doing!; **jeder Zweifel ist ~** there is no doubt about it; **et. für ~ halten** think s. th. impossible.

ˈaus·geˌschnit·ten *adj* **1.** *Kleid*: **(tief ~** very) low(-necked), low-cut, décolleté, *Schuh*: low(-cut); **sie ging tief ~** she wore a low-necked (*od.* décolleté) dress. **2.** *bot. zo.* notched.

ˈAus·geˌsie·del·te *m, f* ⟨-n; -n⟩ *pol.* evacuee.

ˈaus·geˌspro·chen I *adj* pronounced, distinct, decided, definite, marked, positive; **ein ~er Gegensatz** a pronounced (*od.* marked) contrast; **ein ~er Gegner** a declared opponent. **II** *adv* decidedly (*etc*); **~ falsch** positively (*od.* plainly) wrong; **e-e ~ englische Einrichtung** a typically British institution.

ˈaus·geˌstal·ten *v/t* ⟨*sep, pp* **ausgestaltet, h**⟩ → **gestalten** I.

ˈaus·geˌstor·ben *adj Rasse etc*: extinct, dead.

ˈAus·geˌsto·ße·ne *m, f* ⟨-n; -n⟩ outcast, pariah.

ˈaus·geˌsucht I *adj* choice, select, exquisite, *Mitarbeiter etc*: (hand-)picked, *Worte*: well-chosen, *Höflichkeit*: exquisite; **~e Eleganz** recherché elegance; **~e Qualität** choice quality. **II** *adv* **~ höflich** exquisitely (*od.* extremely) polite.

ˈaus·geˌtre·ten *adj* **1.** *Weg*: (well-)beaten, well-trodden; *fig.* **sich in ~en Bahnen bewegen** keep to the beaten track. **2.** *Schuhe*: trodden-down, worn, *Stufen*: worn(-down). **3.** *med. Blut etc*: extravasated, *Bruch*: protruding.

ˈaus·geˌwach·sen *adj* **1.** *Lebewesen*: full-grown, adult, *Körperteile, Hörner etc*: full-sized, fully developed, *Pflanzen, Bäume*: mature. **2.** *fig. Künstler etc*: full(y)-fledged. **3.** *fig. Skandal etc*: full-blown, terrific (*scandal, etc*); *colloq.* **~er Blödsinn** utter nonsense, (just) rubbish.

ˈaus·geˌwählt *adj* choice, select.

ˈAus·geˌwan·der·te *m, f* ⟨-n; -n⟩ emigrant.

ˈaus·geˌwa·schen *adj Farbe, Kleid etc*: washed(-)out, washy.

ˈAus·geˌwie·se·ne *m, f* ⟨-n; -n⟩ *pol.* expellee.

ˈaus·geˌwo·gen *adj fig., a. pol. TV* (well-)balanced. **ℒheit** *f* ⟨-; *no pl*⟩ *fig.* balance.

ˈaus·geˌzackt *adj* jagged, serrate(d).

ˈaus·geˌzeich·net [*a.* ˈausgəˈtsaɪçnət] **I** *adj* **1.** excellent, outstanding, splendid, superb, first-rate, *colloq.* capital, fabulous, great; **ein ~er Fachmann** an outstanding expert; **von ~er Qualität** of excellent (*od.* superior) quality; **s-e Leistungen sind ~** his performances are excellent; *colloq.* (**das ist ja**) **~!** capital!, splendid! **2.** *math.* **~e Punkte** singular points. **II** *adv* **3.** *colloq.* excellently (*etc*); **sie kann ~ kochen** she is an excellent cook; **~ organisiert** extremely well organized; **das paßt mir ~** that suits me fine.

ˈaus·geˌzo·gen *adj Linie*: unbroken, solid.

ˈausˌgie·big [-ˌgiːbɪç] *colloq.* **I** *adj* (*reichlich*) extensive, ample, thorough, *Mahlzeit*: substantial, abundant (*rains, etc*); **~en Gebrauch von et. machen** make full (*od.* good) use of s. th. **II** *adv* extensively (*etc*), (*gründlich*) *a.* soundly; **sich mit j-m ~ unterhalten** have a (good) long talk with s. o.

ˈausˌgie|ßen *v/t* ⟨*irr, sep,* **-ge-, h**⟩ **1.** (*Flüssigkeit etc*) pour out, (*Gefäß*) empty; **das Wasser aus e-r Flasche ~** pour out the water from a bottle; *fig.* **s-n Spott über j-n ~** ridicule s. o. **2.** *tech.* (*Risse etc*) fill; **ein Lager** (**e-e Buchse**) **~** line a bearing (bushing). **Ωßung** *f* ⟨-; -en⟩ *relig.* **die ~ des Heiligen Geistes** the effusion (*od.* outpouring) of the Holy Ghost.

ˈAusˌgleich [-ˌglaɪç] *m* ⟨-(e)s; -e⟩ **1.** (*gen,* **für**) a) balance (of), b) (*Vorgang*) balancing, (*Entschädigung, Gegenmaßnahme, -gewicht*) compensation (for *defects, losses, etc*), set-off, off-set (of), (*Anpassung, Berichtigung*) adjustment (of), (*Finanz*Ω, *Lasten*Ω) *a.* equalization (of *the tax burden, etc*); **als ~ für** as a (*od.* by way of) compensation for, to make up for; **e-n ~ schaffen für** → **ausgleichen** 2. **2.** *econ. e-s Kontos*: balancing, squaring, *a. e-r Rechnung*: settlement, *von Gegenkonten*: set-off, off-set; **zum ~ unseres Kontos** (**unserer Rechnung**) in settlement of our account (our invoice). **3.** (*Schlichtung*) conciliation, (*Vergleich*) settlement. **4.** *Sport*: a) equalization, b) (*Treffer, Punkt*) equalizer; **den ~ erzielen** → **ausgleichen** 7. **5.** *electr. tech.* compensation, balancing.

ˈausˌglei·chen I *v/t* ⟨*irr, sep,* **-ge-, h**⟩ **1.** (*Unebenheiten etc*) level (out), adjust. **2.** *fig.* (counter)balance, equalize, (*berichtigen*) adjust, (*Mangel, Verlust etc*) (**durch** with) compensate, make good (*od.* up for), set off, offset. **3.** (*Konflikte, Gegensätze*) conciliate, adjust, (*Streit*) settle. **4.** (*Konten, Rechnung*) balance, square, settle, (*Gegenkonten*) set off, offset, (*Verlust*) cover, (*Defizit*) make good. **5.** *electr. tech. print.* balance (out), compensate. **6.** *Sport*: (*den Spielstand*) equalize, level (*the score*). **II** *v/i* **7.** *Sport*: equalize, level the score. **III** Ω *n* ⟨-s⟩ **8.** balancing (*etc*). **9.** → **Ausgleich** 1 b, 2, 3, 4 a, 5. **ˈausˌglei·chend** *adj* compensatory, off-setting; **~e Gerechtigkeit** a) *jur.* retributive justice, b) poetic justice.

ˈAusˌgleich|geˌtrie·be *n mot.* differential (gear). **~kon·denˌsa·tor** *m electr.* balancing capacitor. **~ˌschei·be** *f tech.* shim.

ˈAusˌgleichs|ˌfor·de·rung *f jur.* equalization claim. **~geˌtrie·be** *n* → **Ausgleichgetriebe**. **~gymˌna·stik** *f* → **Ausgleichssport**. **~ˌkas·se** *f econ.* compensation fund. **~ˌklas·se** *f Segelsport*: handicap class. **~ˌkon·to** *n econ.* adjustments account. **~kreˌdit** *m* stopgap loan. **~ˌlohn** *m* make-up wages. **~ˌren·nen** *n Sport*: handicap (race). **~ˌspan·nung** *f electr.* **1.** compensating voltage. **2.** transient voltage. **~ˌsport** *m* (remedial) exercises *pl* (*od.* sport) (for sedentary workers, *etc*). **~ˌspu·le** *f electr.* compensating coil. **~ˌstrom** *m* balance current. **~ˌtor** *n,* **~ˌtref·fer** *m Sport*: equalizing goal, equalizer. **~ˌzah·lung** *f meist pl econ.* compensatory (*od.* deficiency) payment. **~ˌzoll** *m* countervailing duty.

ˈAusˌglei·chung *f* ⟨-; *no pl*⟩ → **ausgleichen** 8, 9.

ˈausˌglei·ten *v/i* ⟨*irr, sep,* **-ge-, sein**⟩ *Person, Werkzeug etc*: slip (*a. fig.*), slide.

ˈausˌglie·dern *v/t* ⟨*sep,* **-ge-, h**⟩ separate out, eliminate.

ˈausˌglit·schen *v/i* ⟨*sep,* **-ge-, sein**⟩ *colloq. for* **ausgleiten**.

ˈausˌglü·hen I *v/i* ⟨*sep,* **-ge-, h**⟩ **1.** cease glowing, cool down. **II** *v/t* **2.** burn out. **3.** (*Stahl*) anneal. **4.** (*Wunde*) cauterize.

ˈausˌgra·ben *v/t* ⟨*irr, sep,* **-ge-, h**⟩ **1.** dig up, dig out, *fig. a.* unearth; → **Kriegsbeil**. **2.** (*Leichnam*) disinter, exhume. **3.** (*Grube etc, a. Ruinen etc*) dig (out), excavate.

ˈAusˌgra·bung *f* ⟨-; -en⟩ **1.** digging (up) (*etc*), dig. **2.** *meist pl archeol.* excavation, *colloq.* dig. **3.** exhumation. **~sˌstät·te** *f archeol.* (site of) excavation.

ˈausˌgrei·fen *v/i* ⟨*irr, sep,* **-ge-, h**⟩ **1.** *Pferd*: step out, increase the pace. **2.** *Sport*: a) *mit den Rudern*: pull with a longer stroke, b) *beim Schwimmen, Eislaufen*: step up the pace. **~d** *adj* (**weit**) **~** *Schritt*: long, *fig. Pläne etc*: far-reaching.

ˈAusˌguck *m* ⟨-(e)s; -e⟩ **1.** *mar.* look-out, crow's nest. **2.** ⟨*only sg*⟩ *colloq.* look-out. **ˈausˌgucken** (*getr.* **-k·k-**) *colloq.* *v/i* ⟨*sep,* **-ge-, h**⟩ (**nach** for) look out, be on the look-out.

ˈAusˌguß *m* ⟨-sses; ⸚sse⟩ **1.** a) (kitchen) sink, b) (*Abflußöffnung*) drain, outlet. **2.** *e-s Gefäßes*: lip, spout. **~ˌbecken** (*getr.* **-k·k-**) *n* (kitchen) sink. **~ˌloch** *n* drain hole. **~ˌrohr** *n* drainpipe.

ˈausˌha·ben *colloq.* **I** *v/t* ⟨*irr, sep,* **-ge-, h**⟩ **1.** have (*one's coat, etc*) off. **2. das Buch ~** have finished the book. **3. sein Glas ~** have finished (*od.* emptied) one's glass. **II** *v/i* **4. wir haben um fünf Uhr aus** we get off at five.

ˈausˌhacken (*getr.* **-k·k-**) *v/t* ⟨*sep,* **-ge-, h**⟩ **1.** (*Unkraut, Kartoffeln etc*) hoe out. **2.** pick (*od.* hack) out; → **Krähe**.

ˈausˌha·ken I *v/t* ⟨*sep,* **-ge-, h**⟩ unhook. **II** *v/impers fig. colloq.* **da hakte es bei ihm aus** a) there he lost his cool, b) (there) he flipped out (*od.* went off his rocker), c) there he was stumped (*od.* at a loss). **III** *v/i* ⟨**sein**⟩ *u.* **sich ~** *v/reflex* ⟨**h**⟩ come unhooked.

ˈausˌhal·sen *v/t* ⟨*sep,* **-ge-, h**⟩ *tech.* neck.

ˈausˌhal·ten I *v/t* ⟨*irr, sep,* **-ge-, h**⟩ **1.** (*ertragen*) bear, endure, sustain, stand, suffer, tolerate; **ich kann die Schmerzen** (*od.* **es vor Schmerzen**) **nicht mehr ~** I can't bear (*od.* stand) the pain any more; **das ist nicht auszuhalten, es ist nicht zum** Ω it is unbearable, I can't stand it any more; **es ist nicht auszuhalten mit ihm** he is unbearable; **er hält** (**es**) **nirgends lange aus** he does not last (*od.* stay) long in any place; **kannst du es ~?** can you take it?; **ich halte es hier nicht mehr aus** I can't stand this place any more; **viel ~ müssen** have a lot to put up with. **2.** (*standhalten*) withstand, resist, stand (up to), sustain, bear (up against); → **Vergleich** 1. **3.** *contp.* (*Geliebte etc*) keep; **sie wird von ihm ausgehalten** she is his kept mistress; **er läßt sich** (**von ihr**) **~** he lives on her. **4.** *mus.* (*Ton*) sustain, hold. **II** *v/i* **5.** hold out, endure, last, *fig. a.* persevere; **er hält nicht lange aus** he has no staying power.

ˈausˌhäm·mern *v/t* ⟨*sep,* **-ge-, h**⟩ *tech.* hammer (*od.* beat) out, planish.

ˈausˌhan·deln *v/t* ⟨*sep,* **-ge-, h**⟩ (*Tarif, Vertrag, Kompromiß etc*) bargain (for), negotiate, *endgültig*: settle, come to terms on.

ˈausˌhän·di|gen [-ˌhɛndɪgən] *v/t* ⟨*sep,* **-ge-, h**⟩ (*dat* to) hand *s. th.* over, deliver, surrender. **Ωgung** *f* ⟨-; *no pl*⟩ handing over, delivery, surrender.

ˈAusˌhang *m* ⟨-(e)s; ⸚e⟩ **1.** (*Bekanntmachung*) notice, *formell*: bulletin. **2.** (*Anschlagbrett*) notice (*bes. Am.* bulletin) board.

ˈAusˌhän·ge|ˌbo·gen *m print.* clean sheet. **~ˌka·sten** *m* → **Aushang** 2.

ˈausˌhän·gen I *v/t* ⟨*sep,* **-ge-, h**⟩ **1.** (*Bekanntmachung etc*) put up, hang out. **2.** (*Fenster etc*) unhinge, take *s. th.* off its hinges. **3.** (*Telefonhörer etc*) lift, remove. **4.** → **aushaken** I. **II** *v/i* ⟨*irr, sep,* **-ge-, h**⟩ **5.** be (put up) on the notice (*bes. Am.* bulletin) board. **III** *v/reflex* ⟨*sep,* **-ge-, h**⟩ **sich ~ 6.** → **aushaken** III. **7.** *Kleider*: smooth out.

ˈAusˌhän·geˌschild *n* **1.** sign(board), shop sign. **2.** *fig.* (*Person*) figurehead, front, (*Sache*) front, *als Empfehlung*: advertisement.

ˈausˌhar·ren *v/i* ⟨*sep,* **-ge-, h**⟩ *lit.* hold out, endure, wait (patiently); **bis zum Ende ~** endure to the (bitter) end; **auf s-m Platz ~** stick to one's place.

ˈausˌhär·ten I *v/t* ⟨*sep,* **-ge-, h**⟩ *metall.* precipitation-harden, (*Leichtmetall*) age(-harden). **II** *v/i* ⟨**h** *u.* **sein**⟩ *synth.* cure.

ˈausˌhau·chen *v/t* ⟨*sep,* **-ge-, h**⟩ *lit.* breathe out, exhale; **s-e Seele** (*od.* **sein Leben**) **~** breathe one's last.

ˈausˌhau·en *v/t* ⟨*irr, sep,* **-ge-, h**⟩ **1.** *allg.* hew *s. th.* out. **2.** *dial.* (*Rind etc*) cut up.

ˈausˌhäu·sig [-ˌhɔyzɪç] *adj colloq.* **1.** away from home, outside the home. **2.** rarely at home.

ˈausˌhe·ben *v/t* ⟨*irr, sep,* **-ge-, h**⟩ **1.** (*Fundament, Grab etc*) dig. **2.** → **aushängen** 2. **3.** (*Vogelnest*) rob. **4.** *fig.* (*Verbrechernest etc*) crack down on, round up. **5.** *Ringen*: **j-n ~** lift s. o. (off his feet). **6.** → **aushebern**. **7.** *dial.* **den Briefkasten ~** collect the mail. **8.** *mil. hist.* (*Truppen etc*) conscript, levy.

ˈAusˌhe·ber *m* ⟨-s; -⟩ *Ringen*: pick-up.

ˈausˌhe·bern [-ˌheːbərn] *v/t* ⟨*sep,* **-ge-, h**⟩ siphon (out), (*den Magen*) *a.* pump out.

ˈAusˌhe·bung *f* ⟨-; -en⟩ **1.** digging (*etc*). **2.** *fig. e-s Verbrechernestes etc*: rounding up, raid. **3.** *mil. hist.* conscription, levy. **4.** *dial. des Briefkastens*: collection.

ˈausˌhecken (*getr.* **-k·k-**) *v/t* ⟨*sep,* **-ge-, h**⟩ *colloq.* hatch, concoct, cook (*od.* think) *s. th.* up; **e-n Plan** (**ein Komplott**) **~** hatch a plan (a plot); **sie haben et. ausgeheckt** they are up to s. th.

ˈausˌhei·len I *v/t* ⟨*sep,* **-ge-, h**⟩ (*Wunde etc*) heal (up *od.* completely), (*Krankheit, Patienten*) cure. **II** *v/i* ⟨**sein**⟩ heal (up), *Krankheit*: be (completely) cured, *fig.* be healed. **III** *v/reflex* **sich ~** *Patient*: be cured, be restored to health.

ˈausˌhel·fen *v/i* ⟨*irr, sep,* **-ge-, h**⟩ **j-m ~** help s. o. out (**mit** with); → *a.* **einspringen** 1.

ˈausˌheu·len *colloq.* **I** *v/i* ⟨*sep,* **-ge-, h**⟩ stop crying. **II** *v/reflex* **sich ~** → **ausweinen** III.

ˈAusˌhil·fe *f* ⟨-; -n⟩ **1.** ⟨*only sg*⟩ (temporary) help (*od.* assistance); **zur ~ (bei j-m) arbeiten** help (s. o.) out; **~ mit Geld** accommodation, loan. **2.** (*Person*) (temporary) help(er) (*od.* assistant), stopgap; **als ~ tätig sein** help out; **k-e ~ finden** find no one to help out.

ˈAusˌhilfs|ˌar·bei·ter *m* → Aushilfskraft. **~ˌkell·ner** *m* temporary waiter. **~ˌkraft** *f* temporary worker (*od.* help), auxiliary (worker), stopgap. **~ˌleh·rer** *m* temporary teacher. **~per·soˌnal** *n* temporary staff. **2ˌwei·se** *adv* temporarily, as a temporary help(er), as a stopgap; **bei j-m ~ arbeiten** *a.* help s. o. out.

ˈausˌhöh|len *v/t* ⟨*sep*, -ge-, h⟩ **1.** hollow *s. th.* out, excavate, (*Früchte*) scoop out, *geol.* wear away, erode, undermine. **2.** *fig.* undermine, sap, erode. **3.** → **ausgehöhlt**. **2lung** *f* ⟨-; -en⟩ **1.** hollowing out (*etc*), erosion. **2.** excavation. **3.** (*Loch*) hollow, cavity. **4.** *fig.* undermining, erosion.

ˈausˌho·len I *v/i* ⟨*sep*, -ge-, h⟩ **1.** *mit der Hand* **zum Schlag ~** swing (to strike), *bes. Am.* haul off; **mit der Axt (zum Schlag) ~** raise the axe to strike; *fig.* **zum entscheidenden Schlag ~** get ready for the decisive blow. **2.** *Sport: zum Wurf*: draw back, *beim Schwimmen, Rudern*: have a long pull (*od.* stroke). **3.** *fig.* **weit(er) ~** *bei e-r Erzählung*: go far (further) back. **II** *v/t* **4.** *colloq. for* **aushorchen**.

ˈausˌhol·zen *v/t* ⟨*sep*, -ge-, h⟩ → **durchforsten** 1.

ˈausˌhor·chen *v/t* ⟨*sep*, -ge-, h⟩ **j-n ~** (**über** *acc*) sound s. o. (on), draw s. o. out (about), pump s. o. (about).

ˈAusˌhub *m* ⟨-(e)s; *no pl*⟩ *civ. eng.* excavation, (*Erde*) excavated material.

ˈausˌhül·sen *v/t* ⟨*sep*, -ge-, h⟩ shell, husk.

ˈausˌhun·gern *v/t* ⟨*sep*, -ge-, h⟩ starve (*a. fig.*), *mil.* (*Stadt etc*) starve out.

ˈausˌhu·sten I *v/t* ⟨*sep*, -ge-, h⟩ cough *s. th.* up. **II** *v/i u.* **sich ~** *v/reflex* clear one's throat by coughing.

ˈausˌjä·ten *v/t* ⟨*sep*, -ge-, h⟩ pull up, root out, (*Garten etc*) weed (out); **Unkraut ~** weed.

ˈaus·kal·kuˌlie·ren *v/t* ⟨*sep*, *no* -ge-, h⟩ *colloq.* calculate.

ˈausˌkäm·men *v/t* ⟨*sep*, -ge-, h⟩ **1.** comb out. **2.** (*Wolle*) comb, card. **3.** *bes. mil.* (*Gebiet*) comb, mop up.

ˈausˌkämp·fen I *v/t* ⟨*sep*, -ge-, h⟩ fight *s. th.* out. **II** *v/i* cease fighting; *fig.* **er hat ausgekämpft** his struggles are over.

ˈausˌkau·fen *v/t* ⟨*sep*, -ge-, h⟩ **1.** (*Geschäft, Waren etc*) buy up. **2.** (*Aktien, Teilhaber etc*) buy out.

ˈausˌkeh|len *v/t* ⟨*sep*, -ge-, h⟩ *tech.* flute, groove, chamfer. **2lung** *f* ⟨-; -en⟩ **1.** fluting (*etc*). **2.** groove, flute, fillet.

ˈausˌkeh·ren *v/t* ⟨*sep*, -ge-, h⟩ → **ausfegen**.

ˈausˌkei·len *v/i* ⟨*sep*, -ge-, h⟩ **1.** *colloq. Pferd*: kick, lash out. **2.** *geol.* pinch.

ˈausˌkei·men I *v/i* ⟨*sep*, -ge-, h⟩ *agr.* **1.** germinate, sprout. **2.** cease germinating. **II** *v/t* **3.** (*Kartoffeln*) remove the eyes from.

ˈausˌkel·tern *v/t* ⟨*sep*, -ge-, h⟩ press (out).

ˈausˌken·nen *v/reflex* ⟨*irr*, *sep*, -ge-, h⟩ **sich ~ 1.** *in e-r Stadt etc*: know (one's way about) (*a place*); **er kennt sich hier aus** he knows his way around here. **2.** *fig.* **sich (gut) ~ in** (*e-m Fach etc*) be (well) versed (*od.* quite at home) in, know a lot (*od.* all) about, be very knowledgeable about; **er kennt sich mit Pferden aus** he knows (*od.* understands) horses; **er kennt sich aus** he knows what's what (*colloq.* the ropes, the score); **ich kenne mich (überhaupt) nicht mehr aus!** I am completely at a loss!, I don't know what to make of it!; **da kennt sich kein Mensch aus!** nobody can make head or tails of it!

ˈausˌker·ben *v/t* ⟨*sep*, -ge-, h⟩ *tech.* notch, groove, slot.

ˈausˌkip·pen *v/t* ⟨*sep*, -ge-, h⟩ **1.** dump (out). **2.** (*Wasser*) pour out, (*Gefäß*) empty.

ˈausˌklam·mern *v/t* ⟨*sep*, -ge-, h⟩ **1.** *fig.* leave *s. th.* out of consideration, ignore, exclude, put *s. th.* to one side. **2.** *math.* factor out.

ˈaus·klaˌmü·sern *v/t* ⟨*sep*, *no* -ge-, h⟩ *colloq.* puzzle *s. th.* out.

ˈAusˌklang *m mus.* a) final notes (*od.* beats) *pl*, b) *a. fig.* finale, *fig. a.* conclusion, *a.* epilogue; **zum ~ des Festes** to conclude the festivities.

ˈausˌklapp·bar *adj tech.* folding, *mit Scharnier*: hinged.

ˈaus·klaˌrie|ren *v/t* ⟨*sep*, *no* -ge-, h⟩ *econ. mar.* clear (out). **2rung** *f* ⟨-; -en⟩ clearance (outward[s]).

ˈausˌkle·ben *v/t* ⟨*sep*, -ge-, h⟩ line (*with foil, paper, etc*).

ˈausˌklei·den I *v/t* ⟨*sep*, -ge-, h⟩ **1. j-n ~** undress (*od.* strip) s. o. **2.** *tech.* line. **II** *v/reflex* **sich ~ 3.** undress, take off one's clothes.

ˈausˌklin·gen *v/i* ⟨*irr*, *sep*, -ge-, h *u.* sein⟩ **1.** *Töne*: die (*od.* fade) away. **2.** ⟨sein⟩ *fig.* (come to an) end; **~ in** (*dat*) end in (*od.* with).

ˈausˌklin·ken *v/t* ⟨*sep*, -ge-, h⟩ **1.** *tech.* disengage, release, trip. **2.** *aer. mil.* (*Segelflugzeug, Bomben*) release. **3.** (*Tür*) unlatch. **4.** *print.* mortise.

ˈausˌklop·fen *v/t* ⟨*sep*, -ge-, h⟩ **1.** (*Staub etc*) beat *s. th.* out (**aus** of). **2.** (*Teppich etc*) beat, (*Kleider*) *a.* dust. **3.** (*Pfeife*) knock out. **4.** *tech.* a) (*Beulen*) bump out, planish, b) **den Kesselstein aus et. ~** descale s. th.

ˈausˌklü·geln *v/t* ⟨*sep*, -ge-, h⟩ think (*od.* work) *s. th.* out, contrive, devise; → **ausgeklügelt**.

ˈausˌknei·fen *v/i* ⟨*irr*, *sep*, -ge-, sein⟩ *colloq.* run away, decamp, bolt.

ˈausˌknip·sen *v/t* ⟨*sep*, -ge-, h⟩ *colloq.* (*Licht etc*) switch (*od.* flick) off.

ˈausˌkno·beln *v/t* ⟨*sep*, -ge-, h⟩ *colloq.* **1.** toss for. **2.** *fig.* puzzle (*od.* figure, dope) *s. th.* out.

ˈausˌknocken (*getr.* -k·k-) [-ˌnɔkən] *v/t* ⟨*sep*, -ge-, h⟩ knock *s. o.* out (cold), *fig. colloq.* beat, clobber.

ˈausˌknöpf·bar *adj Mantelfutter etc*: removable.

ˈausˌko·chen *v/t* ⟨*sep*, -ge-, h⟩ **1.** (*Fleisch, Knochen etc*) boil (down), (*Fett*) render, (*Saft*) extract, decoct. **2.** (*Wäsche*) boil (clean), (*Gefäße*) scald (out), *med.* (*Instrumente*) sterilize (in boiling water), (*Garn etc*) cleanse *s. th.* in boiling water. **3.** → **ausgekocht**.

ˈausˌkom·men *v/i* ⟨*irr*, *sep*, -ge-, sein⟩ **1. mit et. ~** (make) do (*od.* get along) with s. th., manage with (*od.* on) s. th.; **wir werden (schon) damit ~** we'll make it do; **mit s-n Einkünften ~** manage with one's income, (manage to) make (both) ends meet; *colloq.* **ohne j-n (et.) ~** get along (*od.* manage) without s. o. (s. th.). **2. mit j-m ~** get on (*od.* along) with s. o., **auf Anhieb**: hit it off well with s. o.; **gut miteinander ~** get on well together; **mit ihm ist gut auszukommen, es ist gut mit ihm auszukommen** he is easy to get on with; **mit ihr ist nicht auszukommen** there is no getting on with her. **3.** *dial. Gefangener, Vogel etc*: escape; *fig.* **ihm kommt nichts aus** he does not miss a thing.

ˈAusˌkom·men *n* ⟨-s; *no pl*⟩ **1.** livelihood, living, (means of) subsistence, competence; **sein ~ haben** make (*od.* earn) one's living, get along (nicely); **ein gutes** (*od.* **sicheres**) **~ haben** be well off, make a decent living. **2. es ist kein ~ mit ihr** there is no getting on with her.

ˈausˌkömm·lich [-ˌkœmlɪç] *adj* sufficient, adequate, *Verhältnisse etc*: comfortable, easy.

ˈausˌkör·nen *v/t* ⟨*sep*, -ge-, h⟩ **1.** (*Ähren, Maiskolben etc*) shell, seed. **2.** (*Baumwolle*) gin.

ˈausˌko·sten *v/t* ⟨*sep*, -ge-, h⟩ *fig.* (*Glück, Freuden etc*) enjoy (*od.* taste) *s. th.* to the full, (*Feinheiten etc*) savo(u)r; *iro.* **et. (bis zur Neige) ~ müssen** get one's fill of s. th.; **ich habe es ausgekostet** I have had my fill of it.

ˈausˌkot·zen *vulg.* **I** *v/t* ⟨*sep*, -ge-, h⟩ puke. **II** *v/reflex* **sich ~** puke one's heart out, *fig.* pour out one's bile (*od.* sorrow, wrath) (**bei j-m** to s. o.).

ˈausˌkra|gen *v/i* ⟨*sep*, -ge-, sein⟩ *civ. eng.* project, jut out. **2gung** *f* ⟨-; -en⟩ projection.

ˈausˌkra·men *v/t* ⟨*sep*, -ge-, h⟩ *colloq.* **1.** rummage *s. th.* out (**aus** of), (*Schublade*) *a.* clear. **2.** *fig.* bring up (again).

ˈausˌkrat|zen I *v/t* ⟨*sep*, -ge-, h⟩ **1.** scratch *s. th.* out; *fig. colloq.* **ich hätte ihr am liebsten die Augen ausgekratzt** I would have liked to scratch her eyes out. **2.** (*Topf etc*) scrape out. **3.** *med.* curet(te). **II** *v/i* ⟨sein⟩ **4.** *colloq.* bolt, run away. **2zung** *f* ⟨-; -en⟩ *med.* curettage.

ˈausˌkrie·chen *v/i* ⟨*irr*, *sep*, -ge-, sein⟩ *zo. aus dem Ei*: be hatched, hatch.

ˈaus·kri·stal·liˌsie·ren *v/i* ⟨*sep*, *no* -ge-, sein⟩ **1.** *chem.* a) crystallize (out), b) form crystals. **2.** *geol.* effloresce.

ˈausˌku·geln *v/t* ⟨*sep*, -ge-, h⟩ **sich** (*dat*) **den Arm ~** dislocate (*od.* luxate) one's arm.

ˈausˌküh·len *v/i* ⟨*sep*, -ge-, sein⟩ cool (down *od.* off); **~ lassen** allow to cool.

Aus·kul|ta·ti·on [auskultaˈtsĭoːn] *f* ⟨-; -en⟩ *med.* auscultation, stethoscopy. **2ˈtie·ren** [-ˈtiːrən] *v/t* ⟨*insep*, *no* **ge-**, h⟩ sound, auscultate.

ˈausˌkund·schaf·ten *v/t* ⟨*sep*, -ge-, h⟩ (*Land etc*) explore, *mil.* scout, (*Verhältnisse etc*) spy out, (*Geheimnis*) ferret out.

ˈAusˌkunft *f* ⟨-; Auskünfte⟩ **1.** information (**über** *acc* about, on); **nähere** (*od.* **genauere**) **~** further (*od.* full) details (*od.* particulars) *pl*; **falsche ~** incorrect information, misinformation; **~ geben** (*od.* **erteilen**) give (*od.* supply) information; **j-m e-e falsche ~ geben** misinform s. o.; **~ erhalten** receive (*od.* obtain) information; **~** (*od.* **Auskünfte**) **einholen** (**über** *acc* about) seek (*od.* obtain) information (**bei j-m** from s. o.), make inquiries; **Auskünfte über j-n einziehen** (*od.* **einholen**) **lassen** have inquiries made about s. o.; **nähere ~ hier!** (for particulars) inquire within!; **nähere ~ bei** (*od.* **gibt Ihnen**) for further particulars see (*od.* consult). **2.** ⟨*only sg*⟩ information (office *od.* bureau, centre, *Am.* center), inquiry office, Inquiries *pl*, (*Schalter*) information desk.

ˌAus·kunfˈtei *f* ⟨-; -en⟩ **1.** private detective agency, confidential investigation office. **2.** *econ.* inquiry office, information bureau.

ˈAusˌkunfts|beˌam·te *m*, **~beˌam·tin** *f* **1.** information officer, inquiry clerk. **2.** *teleph.* information operator. **~beˌrech·tig·te** *m, f econ.* person entitled to receive information. **~büˌro** *n* → Auskunft 2. **~ˌdienst** *m teleph.* Inquiries *pl.* ~**perˌson** *f* informant. ~ˌ**pflicht** *f* ‹-; *no pl*› *jur.* obligation to give information. ~ˌ**schal·ter** *m*, ~**ˌstel·le** *f* → Auskunft 2. ~**verˌwei·ge·rungsˌrecht** *n* right to withhold testimony.

ˈausˌkup·peln I *v/t* ‹*sep*, -ge-, h› *tech.* disconnect, disengage, (*feste Kupplung*) uncouple, (*Schaltkupplung*) disengage (*the clutch*). **II** *v/i mot.* disengage the clutch, declutch.

ˈaus·kuˌrie·ren *v/t* ‹*sep*, *no* -ge-, h› cure *s. th.*, *s. o.* (completely).

ˈausˌla·chen I *v/t* ‹*sep*, -ge-, h› j-n ~ (wegen *gen* for) laugh (*od.* jeer) at s. o., deride s. o.; laß dich (doch) nicht ~! don't make a fool of yourself! **II** *v/i* finish laughing. **III** *v/reflex* sich ~ have a good laugh.

ˈAusˌla·de|ge|bühr *f meist pl* **1.** *econ.* unloading charge (*od.* cost). **2.** *mar.* landing cost. ~ˌ**ha·fen** *m* port of discharge.

ˈausˌla·den I *v/t* ‹*irr*, *sep*, -ge-, h› **1.** (*Güter, Wagen, Schiff etc*) unload, discharge, *mar.* (*Truppen etc*) disembark, land. **2.** *fig. colloq.* (*Gast etc*) cancel *s. o.'s* invitation, ask *s. o.* not to come. **II** *v/i* **3.** → auskragen. **ˈausˌla·dend** *adj* projecting, jutting out; *fig.* mit ~er Gebärde with a sweeping gesture. **ˈAusˌla·der** *m* ‹-s; -› unloader, *mar.* stevedore, *Am.* longshoreman.

ˈAusˌla·deˌstel·le *f* **1.** unloading point. **2.** *mar.* wharf.

ˈAusˌla·dung *f* ‹-; -en› **1.** *econ. mar.* unloading (*etc*), discharge. **2.** *fig. colloq.* cancellation (of *s. o.'s* invitation). **3.** *arch.* projection, overhang. **4.** *tech.* radial range, working radius, *e-s Drehkrans*: length of jib, *e-s Schwenkkrans*: swing, *e-r Blechschere*: depth of throat, *e-r Presse*: throat.

ˈAusˌla·ge *f* ‹-; -n› **1.** (*ausgestellte Waren*) (window) display, goods *pl* exhibited. **2.** (*Schaufenster*) shopwindow; ~n ansehen gehen go window-shopping. **3.** *pl* outlay *sg*, expenses; j-m s-e ~n ersetzen (*od.* zurückerstatten) refund s. o.'s expenses, reimburse s. o. (for) his expenses. **4.** a) *fenc. u. Boxen*: on-guard position, (Links♀ left-hand) guard, b) *Rudern*: starting position. **5.** *e-s Geweihs*: span, width. ~ˌ**fen·ster** *n* → Auslage 2.

ˈausˌla|gern *v/t* ‹*sep*, -ge-, h› **1.** (*Kunstschätze etc*) evacuate. **2.** (*Warenbestände*) take *s. th.* out of store. **3.** (*Aluminium*) age(-harden). ♀**ge·rung** *f* ‹-; -en› evacuating (*etc*), evacuation.

ˈAusˌla·geˌwer·bung *f econ.* window display, *im Laden*: counter display.

ˈAusˌland *n* ‹-(e)s; *no pl*› foreign countries *pl* (*od.* parts *pl*, country); im (ins) ~ abroad; aus dem ~, vom ~ from abroad; der Handel mit dem ~ foreign trade; für das ~ bestimmte Waren goods destined for abroad (*od.* for export), outward-bound goods; die Reaktion des ~s reaction abroad (*od.* of other nations); die Literatur des ~s foreign literature.

ˈAusˌlän·der *m* ‹-s; -› foreigner, *jur.* (*im Lande seßhafter, nicht naturalisierter* ~) alien; feindlicher ~ enemy alien; unerwünschter ~ undesirable alien.

ˈAusˌlän·de·rin *f* ‹-; -nen› → Ausländer.

ˈAusˌlän·derˌmel·deˌamt *n* aliens' registration office.

ˈausˌlän·disch *adj* **1.** foreign, *econ. a.* external, *bes. jur.* alien; ~e Besucher foreign visitors, visitors from abroad; Waren ~er Herkunft goods of foreign origin. **2.** *Tiere, Pflanzen etc*: exotic.

ˈAusˌlands|ˌabˌsatz *m econ.* sales *pl* abroad, export (*od.* foreign) sales *pl.* ~ˌ**abˌtei·lung** *f* foreign department. ~**ak·kre·diˌti·ve** *pl* credits in foreign countries. ~**akˌzept** *n* bill accepted abroad. ~ˌ**anˌlei·he** *f* foreign (*od.* external) loan. ~ˌ**auf·entˌhalt** *m* stay abroad. ~ˌ**aufˌtrag** *m econ.* order from abroad, foreign order. ~ˌ**bank** *f* foreign bank, *bes. Am.* overseas bank. ~**beˌricht·erˌstat·ter** *m* foreign correspondent. ~**beˌzie·hun·gen** *pl* foreign relations. ~ˌ**brief** *m* foreign letter. ♀ˌ**deutsch** *adj* relating to Germans living abroad. ~ˌ**deut·sche** *m, f* German living abroad. ~ˌ**dienst** *m* **1.** *pol.* foreign service. **2.** *e-r Zeitung*: foreign news service. ~**erˌfah·rung** *f* experience acquired abroad. ~**fi·li·a·le** [-fiˌlĭaːlə] *f econ.* foreign branch. ~ˌ**flug** *m aer.* international flight. ~ˌ**for·de·run·gen** *pl* foreign receivables, external claims. ~**geˌschäft** *n* **1.** foreign trade (*od.* business). **2.** *einzelnes*: foreign transaction. ~**geˌspräch** *n teleph.* international (*od.* foreign) call. ~ˌ**gutˌha·ben** *n meist pl econ.* foreign deposits *pl.* ~ˌ**hil·fe** *f* foreign aid. ~**kor·re·sponˌdent** *m*, ~**kor·re·sponˌden·tin** *f* **1.** *bei der Presse*: foreign correspondent. **2.** *in e-r Firma*: foreign correspondence clerk. ~**kreˌdit** *m* foreign credit. ~ˌ**markt** *m econ.* foreign market. ~ˌ**nachˌrich·ten** *pl* news from abroad, foreign news. ~ˌ**nie·derˌlas·sung** *f econ.* branch (*od.* agency, establishment) abroad. ~**paˌtent** *n* foreign patent. ~ˌ**postˌanˌwei·sung** *f* international money order. ~ˌ**pres·se** *f* foreign press. ~ˌ**rei·se** *f* journey (*od.* trip) abroad. ~ˌ**schrift·tum** *n* foreign literature. ~ˌ**schuld** *f econ.* foreign debt, debt abroad. ~ˌ**schu·le** *f* German (*etc*) school abroad. ~ˌ**sen·der** *m Radio*: foreign station. ~ˌ**stim·men** *pl fig.* comments from abroad. ~**tourˌnee** *f* tour abroad; e-e ~ machen tour foreign countries. ~**verˌbind·lich·kei·ten** *pl econ.* foreign liabilities. ~**verˌbin·dun·gen** *pl* foreign relations. ~**verˌkehr** *m* international traffic. ~**verˌmö·gen** *n* external (*od.* foreign) assets *pl.* ~**verˌschul·dung** *f* foreign indebtedness. ~**verˌtre·ter** *m* foreign representative, agent (*od.* representative) abroad. ~**verˌtre·tung** *f* representation (*od.* agency) abroad. ~ˌ**wäh·rung** *f* foreign currency. ~ˌ**wech·sel** *m* foreign bill (of exchange). ~ˌ**zuˌla·ge** *f* foreign service allowance.

ˈausˌlan·gen *v/i* ‹*sep*, -ge-, h› *colloq.* **1.** reach (out) (nach for). **2.** (*ausreichen*) be sufficient (*od.* enough), last (out); ich werde damit nicht lange ~ it won't last me very long.

ˈAusˌlaß *m* ‹-lasses; -lässe› *tech.* outlet.

ˈausˌlas·sen I *v/t* ‹*irr*, *sep*, -ge-, h› **1.** (*Wort etc*) leave out, omit, (*Vokal, Silbe*) *a.* elide, (*Gelegenheit, Tanz etc*) miss, (*überspringen*) skip. **2.** *fig.* (*Wut etc*) give vent to, vent; s-n Ärger an j-m ~ vent (*od.* wreak) one's anger (*colloq.* take it out) on s. o. **3.** (*Wasser etc*) let out (*od.* off). **4.** (*Fette etc*) melt, render (down), extract, (*Honig*) strain. **5.** (*Kleid, Saum etc*) let out. **6.** *dial. for* loslassen 1. **II** *v/reflex* sich ~ **7.** (über *acc* on, upon) express o. s. (*contp.* disparagingly), air one's opinion, speak; er hat sich nicht weiter ausgelassen he did not explain himself further; → weitläufig 4.

ˈAusˌlas·sung *f* ‹-; -en› **1.** leaving out (*etc*). **2.** omission, *e-s Wortes*: ellipsis; ~ e-s Vokals (e-r Silbe) elision of a vowel (syllable). **3.** *pl meist contp.* remarks, comments.

ˈAusˌlas·sungs|ˌfeh·ler *m* omission. ~ˌ**punkt** *m meist pl* suspension point (*od.* dot, period). ~ˌ**satz** *m ling.* ellipsis, elliptic(al) sentence (*od.* phrase). ~ˌ**zei·chen** *n* **1.** *ling.* apostrophe, *bei Versen*: mark of elision. **2.** *print.* caret.

ˈAusˌlaß·venˌtil *n tech.* exhaust valve, *für Wasser*: discharge valve.

ˈausˌla|sten *v/t* ‹*sep*, -ge-, h› **1.** (*Arbeitskräfte, Maschinen etc*) use *s. th.* to capacity, utilize *s. th.* fully; → ausgelastet. **2.** (*Lasten, Ladungen*) balance. ♀**stung** *f* ‹-; *no pl*› (degree of) utilization, (rate of) capacity utilization.

ˈAusˌlauf *m* ‹-(e)s; *no pl*› **1.** *e-s Beckens, Kanals etc*: outlet, drain. **2.** (chicken, *etc*) run, *weitS.* space to run about in, *a.* exercise; die Kinder haben k-n ~ the children have nowhere to play; der Hund hat k-n ~ the dog gets no exercise. **3.** *Lauf-, Skisport*: run-out, *Tennis*: area behind the baseline. **4.** *aer.* landing run. **5.** *mot.* coasting (to a standstill). ~ˌ**bahn** *f Sport*: run-out.

ˈausˌlau·fen I *v/i* ‹*irr*, *sep*, -ge-, sein› **1.** *mar.* (aus dem Hafen) ~ leave port, put to sea, sail. **2.** *Flüssigkeit*: run (*od.* flow, leak) out, *Behälter etc*: leak, (*leerlaufen*) drain, run dry. **3.** *Farben*: run, *bes. Textil.* bleed. **4.** *mot.* coast (*aer.* taxi) to a standstill, *Motor*: run out (*a. Sport*). **5.** *tech. Kabel*: end, *Lager*: wear out. **6.** *econ. Produktion*: run out, *a. Modell*: be discontinued, *allmählich*: be phased out; et. ~ lassen phase s. th. out, taper off, discontinue s. th. **7.** *fig. allg.* end (in *acc* in); spitz ~ taper (off) to a point. **8.** *Vertrag etc*: expire, run out. **II** *v/t* ‹h *u.* sein› **9.** e-e Kurve ~ take a curve on the outside. **III** *v/reflex* ‹h› sich ~ **10.** *colloq.* get (some) exercise, *Person*: *a.* exercise one's legs. **IV** ♀ *n* ‹-s› **11.** *mar.* sailing (*etc*), departure; Befehl zum ♀ sailing orders *pl.* **12.** leakage. **13.** end, termination. **14.** *jur.* expiration, expiry. **ˈausˌlau·fend** *adj* **1.** *mar.* outward bound. **2.** *fig.* ending. **3.** *econ. Modell*: discontinued.

ˈAusˌläu·fer *m* ‹-s; -› **1.** *e-s Gebirges*: foothills *pl*, *e-r Stadt*: outskirts *pl*, *a. meteor.* fringes *pl*, *fig.* ramification(s *pl*), branch(es *pl*). **2.** *geol.* branch. **3.** *e-s Erdbebens*: end portion, coda. **4.** *bot.* runner, (*Schößling*) offshoot. **5.** *Swiss* errand boy, messenger.

ˈAusˌlauf|ˌha·fen *m* port of departure. ~ˌ**hahn** *m tech.* drain cock. ~**moˌdell** *n* phase-out model. ~ˌ**strecke** (*getr.* -k·k-) *f aer.* landing run (*od.* distance).

ˈausˌlau·gen [-ˌlaugən] *v/t* ‹*sep*, -ge-, h› **1.** *chem.* a) *a. geol.* leach (out), lixiviate, b) extract. **2.** *tech.* wash (out). **3.** *fig.* j-n ~ wear s. o. out.

ˈAusˌlaut *m ling.* final sound; im ~ when final. **ˈausˌlau·ten** *v/i* ‹*sep*, -ge-, h› *ling.* end (auf *acc* in).

ˈausˌläu·ten I *v/t* ‹*sep*, -ge-, h› ring out (*the old year*). **II** *v/i* cease ringing.

ˈausˌlau·tend *adj ling.* final.

ˈausˌle·ben I *v/reflex* ‹*sep*, -ge-, h› sich ~ **1.** enjoy one's life to the full, *colloq.* live it up, (*sich die Hörner abstoßen*) sow one's wild oats. **2.** *lit. Phantasie etc*: run free. **II** *v/t* **3.** (*Situation etc*) make the most of. **4.** *lit.* (*Talent etc*) develop *s. th.* fully, (*abreagieren*) abreact, work off. **III** *v/i* ‹*only pp*› **5.** ausgelebt haben have lived out one's life.

ˈausˌlecken (*getr.* -k·k-) *v/t* ‹*sep*, -ge-, h› **1.** lick *s. th.* out (*od.* clean). **2.** (*Milch etc*) lick (*od.* lap) *s. th.* up.

ˈausˌlee·ren *v/t* ‹*sep*, -ge-, h› **1.** (*Papierkorb etc*) empty, clear, (*Flasche, Glas* etc) empty, drain. **2.** (*Inhalt*) empty, clear out (*od.* off), (*schütten*) pour off. **3.** *physiol.* evacuate.

ˈ**ausˌleg·bar** *adj* interpretable, construable; **verschieden ~** admitting (of) different interpretations.

ˈ**Ausˌle·geˌarm** *m* → Ausleger 2.

ˈ**ausˌle·gen** *v/t* ⟨*sep*, -ge-, h⟩ **1.** *allg.* lay out (*cables, snares, etc*), put (*od.* set) out (*nets, etc*), (*ausbreiten*) spread, *agr.* (*Saat*) sow, *print.* (*Bogen*) deliver; *Rudern*: **die Riemen ~** lay out on the oars. **2.** (*Waren etc*) display, lay out, expose (for sale), (*Zeitungen etc*) lay out, make available, (*Patentschrift, Liste etc*) lay open for inspection; **ausgelegt sein** → **ausliegen. 3.** (*bedecken*) lay out, cover; **den Boden (das Zimmer) mit Teppichen ~ *a.*** carpet the floor (room); **et. mit Papier ~** line s. th. with paper. **4.** *mit Einlegearbeit*: inlay. **5.** *tech.* (*planen, entwerfen*) (**auf** *acc* for) lay out, design. **6.** *fig.* (*deuten*) interpret, read, construe, explain, *Bibl. a.* expound; **et. falsch ~** misinterpret (*od.* misconstrue) s. th., put a wrong construction on s. th., *weitS. a.* **et. übel ~** take s. th. badly (*od.* amiss); **j-m et. als Eitelkeit ~** set s. th. down to s. o.'s vanity; **j-s Verhalten als Schwäche ~** take s. o.'s behavio(u)r for (a sign of) weakness. ˈ**ausˌle·gend** *adj* interpretative, *Bibl.* exegetic(al).

ˈ**Ausˌle·ger** *m* ⟨-s; -⟩ **1.** (*Deuter*) interpreter, expositor, commentator, *Bibl. a.* exegete. **2.** *e-s Krans*: jib, boom, derrick, *e-r Werkzeugmaschine*: arm. **3.** *arch.* cantilever. **4.** *e-s Bootes*: outrigger. **5.** *print.* fly, flier. **~ˌboot** *n* outrigger (boat). **~ˌbrücke** (*getr.* -k·k-) *f* cantilever bridge. **~ˌkran** *m* cantilever (*od.* jib) crane.

ˈ**Ausˌle·ge|ˌschrift** *f jur.* patent specification (laid out for inspection). **~ˌtisch** *m print.* delivery table. **~ˌwa·re** *f* (wall-to-wall) carpeting (*od.* carpets *pl*).

ˈ**Ausˌle·gung** *f* ⟨-; -en⟩ **1.** laying out (*etc*, → **auslegen**). **2.** (**großzügige, strenge, wörtliche**) **~** (liberal, strict, literal) interpretation; **falsche ~** misinterpretation. **3.** *Bibl.* exegesis. **4.** ⟨*only sg*⟩ *tech.* (**auf** *acc* for) layout, design.

ˈ**Ausˌle·gungs·beˌstim·mung** *f jur.* **1.** interpretation clause. **2.** rule of interpretation.

ˈ**ausˌlei·den** *v/i* ⟨*only pp*⟩ **er hat ausgelitten** his sufferings are over.

ˈ**ausˌlei·ern** *colloq.* **I** *v/t* ⟨*sep*, -ge-, h⟩ *u. v/i* ⟨sein⟩ wear out. **II** *v/reflex* **sich ~** wear (itself) out.

ˈ**Ausˌleih·bi·blioˌthek** *f* lending library.

ˈ**Ausˌlei·he** *f* ⟨-; -n⟩ **1.** ⟨*only sg*⟩ issuing (of) books. **2.** a) lending department, b) (*Schalter*) issuing desk. ˈ**ausˌlei·hen** *v/t* ⟨*irr, sep*, -ge-, h⟩ **1.** (*verborgen*) lend (out), loan; **Geld auf Zinsen ~** put out principal at interest. **2.** (**sich** *dat*) **~** (*borgen*) (**von** from) borrow, take out. ˈ**Ausˌlei·her** *m* ⟨-s; -⟩ **1.** lender. **2.** borrower. ˈ**Ausˌlei·hung** *f* ⟨-; *no pl*⟩ **1.** a) lending, b) borrowing. **2.** lending(s *pl*); **langfristige ~** long-term lending.

ˈ**ausˌler·nen** *v/i* ⟨*sep*, -ge-, h⟩ **1.** *bes. Lehrling*: complete one's training (*od.* apprenticeship). **2.** *fig.* finish learning; **man lernt nie aus** (we) live and learn.

ˈ**Ausˌle·se** *f* ⟨-; -n⟩ **1.** selection, choice, *literarische*: *a.* anthology; **e-e ~ treffen** make a selection; *biol.* **natürliche ~** natural selection. **2.** *fig.* **die ~** the pick (*od.* flower, elite); **die ~ der Gesellschaft** the cream of society. **3.** wine made from the choicest grapes.

ˈ**ausˌle·sen**[1] *v/t* ⟨*irr, sep*, -ge-, h⟩ (*Buch etc*) finish (reading), read *s. th.* to the end; **die ganze Zeitung ~** read the whole paper.

ˈ**ausˌle·sen**[2] *v/t* ⟨*irr, sep*, -ge-, h⟩ pick (*od.* sort, single) out, *econ.* sort, select, grade.

ˈ**Ausˌle·se|ˌpaa·rung** *f agr.* selective pairing. **~proˌzeß** *m*, **~verˌfah·ren** *n* process of selection. **~ˌprü·fung** *f ped.* competitive examination. **~ˌzüch·tung** *f agr.* selective breeding.

ˈ**ausˌleuch·ten** *v/t* ⟨*sep*, -ge-, h⟩ *tech. Film*: illuminate (*a. fig.*), light.

ˈ**ausˌlie·fer·bar** *adj* **1.** → lieferbar. **2.** *jur.* extraditable. ˈ**ausˌlie·fern I** *v/t* ⟨*sep*, -ge-, h⟩ (*dat od.* **an** *acc*) **1.** turn (*od.* hand) over, deliver; *fig.* **j-m (auf Gnade und Ungnade) ausgeliefert sein** be at s. o.'s mercy, be in s. o.'s hands (*od.* clutches). **2.** *jur. pol.* extradite. **3.** *econ.* deliver, supply, (*verteilen*) distribute. **II** *v/reflex* **sich ~ 4.** surrender, give o. s. up; *fig.* **sich j-m ~** put o. s. into s. o.'s hands (*od.* at s. o.'s mercy). ˈ**Ausˌlie·fe·rung** *f* **1.** delivery, (*Übergabe*) surrender. **2.** *jur. pol.* extradition. **3.** *econ.* a) delivery, b) ⟨*only sg*⟩ supply, distribution; **zahlbar bei ~** cash on delivery; **gegen ~ von** on delivery of.

ˈ**Ausˌlie·fe·rungs|ˌanˌtrag** *m jur. pol.* request for extradition. **~ˌaufˌtrag** *m econ.* delivery order. **~deˌpot** *n mil.* (issuing) depot. **~ˌhaft** *f jur.* detention pending extradition. **~ˌla·ger** *n econ.* delivery stores *pl*, (supply) depot. **~ˌschein** *m* delivery note. **~ˌstel·le** *f* distribution cent/re (*Am.* -er). **~verˌtrag** *m jur. pol.* extradition treaty.

ˈ**ausˌlie·gen** *v/i* ⟨*irr, sep*, -ge-, h *u.* sein⟩ *Waren*: be displayed (*od.* laid out, exhibited), *Zeitungen*: be (kept) available; **öffentlich** (*od.* **zur Einsichtnahme**) **~** *Listen etc*: be laid out (*od.* be open) to inspection.

ˈ**Ausˌli·nie** *f Sport*: a) (*Tor*2) goal line, b) (*Seiten*2) touchline, side line.

ˈ**ausˌlo|ben** *v/t* ⟨*sep*, -ge-, h⟩ *jur.* promise a reward for. **2bung** *f* ⟨-; -en⟩ public promise of a reward.

ˈ**ausˌlöf·feln** *v/t* ⟨*sep*, -ge-, h⟩ spoon (up *od.* out); *fig.* **die Suppe ~ müssen** have to face the music.

ˈ**ausˌlos·bar** *adj econ.* redeemable by drawings.

ˈ**ausˌlö·schen** *v/t* ⟨*sep*, -ge-, h⟩ **1.** (*Feuer, Kerze etc*) extinguish, put out, (*Licht*) *a.* switch off, turn out, (*Zigarette*) *a.* stub out. **2.** (*Schrift etc*) efface, obliterate, blot out, (*auswischen*) wipe out, (*ausradieren*) erase, (*streichen*) cancel, delete. **3.** (*Spuren etc, a. Tonaufnahme*) *a. fig.* obliterate, erase. **4.** (*vernichten*) wipe out, (*töten*) *a.* kill. ˈ**Ausˌlö·schung** *f* ⟨-; *no pl*⟩ **1.** extinction. **2.** obliteration, erasure, effacement. **3.** (*Vernichtung*) wiping out, annihilation, extinction.

ˈ**Ausˌlö·se|ˌfe·der** *f* release spring. **~ˌhe·bel** *m* release (*od.* trip) lever. **~imˌpuls** *m electr.* trigger pulse. **~ˌknopf** *m* **1.** *tech.* release button. **2.** *phot.* release. **~me·chaˌnis·mus** *m tech.* releasing mechanism.

ˈ**ausˌlo·sen** *v/t* ⟨*sep*, -ge-, h⟩ **1.** draw (lots) for, *mit e-r Münze*: toss for; **Startnummern ~** draw for numbers. **2.** (*Wertpapiere etc*) draw by lot(s), redeem *s. th.* by drawing (lots).

ˈ**ausˌlö·sen I** *v/t* ⟨*sep*, -ge-, h⟩ **1.** (*Alarm, Schuß etc, a. Bomben*) release, *electr. phot. tech. a.* trigger, trip, actuate, (*auskuppeln*) disengage. **2.** *fig.* trigger, set off, start, spark, (*entfesseln*) unleash (*a war, etc*), (*Begeisterung etc*) cause, evoke, call forth, (*Gefühle*) *a.* engender, (*Wirkung*) produce. **3.** (*Gefangenen, Pfand etc*) redeem. **II** 2 *n* ⟨-s⟩ **4.** releasing (*etc*); → **Auslösung.** ˈ**Ausˌlö·ser** *m* ⟨-s; -⟩ *tech.* release (gear *od.* mechanism, lever), tripping device, *electr. phot., a. physiol.* release, trigger.

ˈ**Ausˌlö·se|ˌstrom** *m* release current. **~ˌvorˌrich·tung** *f* → Auslöser.

ˈ**Ausˌlo·sung** *f* ⟨-; -en⟩ *a. econ.* drawing (of lots), *a. Tennis*: draw.

ˈ**Ausˌlö·sung** *f* ⟨-; -en⟩ **1.** releasing, triggering (*etc*, → **auslösen**), release. **2.** *e-s Gefangenen, Pfandes*: redemption. **3.** → **Auslöser.**

ˈ**ausˌlo·ten** *v/t* ⟨*sep*, -ge-, h⟩ **1.** *mittels Senkblei*: plumb, *mittels Wasserwaage*: level. **2.** *mar.* sound, take soundings of. **3.** *fig.* sound, explore.

ˈ**ausˌlüf·ten I** *v/t u. v/i* ⟨*sep*, -ge-, h⟩ air. **II** *v/reflex colloq.* **sich ~** get some fresh air.

ˈ**ausˌlut·schen** *v/t* ⟨*sep*, -ge-, h⟩ *colloq.* suck.

ˈ**ausˌma·chen** *v/t* ⟨*sep*, -ge-, h⟩ **1.** *colloq.* a) → **auslöschen** 1, b) (*Radio, Gas etc*) turn (*od.* switch) off. **2.** (*sichten*) make out, spot, sight, (*orten*) locate; *fig. colloq.* **er ist leicht auszumachen** he is quite predictable. **3.** (*feststellen*) find out, determine. **4.** *colloq.* (*Streit, Angelegenheit etc*) settle, decide; **das müßt ihr untereinander ~** you must settle that (*od.* fight it out) between (*od.* among) yourselves; **das mußt du mit dir selbst ~** you must decide that (*od.* sort that out) for yourself. **5.** *colloq.* (*Termin, Honorar etc*) agree (up)on, arrange, settle, fix. **6.** *colloq.* (*Quartier, Stelle*) get, find. **7.** (*Bestandteil, Wesen etc*) make up, constitute, form (part of), be; **das macht den Wert der Sache aus** that makes it so valuable. **8.** (*Betrag etc*) amount (*od.* come, run) to, total (up to), be. **9.** *colloq.* **das macht nichts aus** it makes no difference, it doesn't matter; **es macht viel aus** it matters a great deal; **macht es Ihnen et. aus, wenn ich rauche?** do you mind my smoking?; **würde es Ihnen et. ~, wenn ...?** would it make any difference to you if ...?, would you mind if ...?; **das macht mir nichts aus** I don't mind that, *gleichgültig*: I don't care.

ˈ**ausˌmah·len** *v/t* ⟨*sep*, -ge-, h⟩ grind *s. th.* out, (*Mehl*) extract (by grinding).

ˈ**ausˌma|len** *v/t* ⟨*sep*, -ge-, h⟩ **1.** (*Saal etc*) paint. **2.** (*Bild etc*) illuminate, colo(u)r. **3.** *fig.* (*Gefahr, Zukunft etc*) (*dat* to) picture, depict; **sich** (*dat*) **et. ~** picture s. th. (to o. s.), imagine s. th. **4.** *fig.* (*Erzählung*) amplify, embroider. **2lung** *f* ⟨-; *no pl*⟩ **1.** painting (*etc*). **2.** *fig.* depiction, description. **3.** *fig.* embroidering, amplification.

ˈ**aus·ma·nöˌvrie·ren** *v/t* ⟨*sep, no* -ge-, h⟩ outmanœuvre, *Am.* outmaneuver.

ˈ**Ausˌmarsch** *m* ⟨*only sg*⟩ *bes. mil.* marching out, departure. ˈ**aus·marˌschie·ren** *v/i* ⟨*sep, no* -ge-, sein⟩ march out.

ˈ**Ausˌmaß** *n* (*räumlich meist pl*) dimension(s *pl*), proportion(s *pl*), extent, size, *fig. a.* scale, degree; **in großem ~** on a large scale, *fig. a.* to a great extent; **von solchem ~** to such an extent; **erschreckende ~e annehmen** assume alarming proportions; **e-e Katastrophe gewaltigen ~es** a catastrophe of horrendous proportions.

ˈ**ausˌmau·ern** *v/t* ⟨*sep*, -ge-, h⟩ wall (*od.* brick) up, line *s. th.* with brick.

ˈ**ausˌmei·ßeln** *v/t* ⟨*sep*, -ge-, h⟩ chisel *s. th.* out, carve *s. th.* (out).

ˈ**ausˌmer·geln** *v/t* ⟨*sep*, -ge-, h⟩ **1.** (*Person*) emaciate. **2.** (*Boden*) exhaust, impoverish.

ˈausˌmer|zen [-ˌmɛrtsən] *v/t* ‹*sep*, -ge-, h› **1.** *agr.* weed out, (*Tiere*) cull out, (*Schädlinge*) destroy, kill. **2.** (*entfernen*) eliminate (*mistakes, etc*), (*Textstellen etc*) expurge, cut out, (*ausrotten*) eradicate, exterminate (*people, etc*); **e-n Schandfleck ~** efface (*od.* blot out) a blemish. **≈zung** *f* ‹-; *no pl*› **1.** weeding out (*etc*). **2.** elimination, eradication, extermination, expurgation.

ˈausˌmes|sen *v/t* ‹*irr, sep*, -ge-, h› measure, take the measurements of, *mittels Lehre*: ga(u)ge. **≈sung** *f* ‹-; -en› **1.** measuring (*etc*). **2.** measurement.

ˈausˌmi·sten *v/t* ‹*sep*, -ge-, h› **1.** (*Stall*) clean the dung out of. **2.** *fig. colloq.* (*Schrank etc*) clear; **ich will hier einmal alles gründlich ~** I am going to make a general cleanout of things.

ˈausˌmit·tig *adj* → **außermittig.**

ˈaus·monˌtie·ren *v/t* ‹*sep, no* -ge-, h› *tech.* take out, remove.

ˈausˌmün·zen *v/t* ‹*sep*, -ge-, h› **1.** mint, coin. **2.** *fig.* exploit, capitalize on.

ˈausˌmu·stern *v/t* ‹*sep*, -ge-, h› *mil.* a) (*Gerät*) reject, discard (*beide a. econ.*), *Am. a.* muster out, b) (*Person*) reject *s. o.* (as unfit for military service), discharge *s. o.* (from military service), *Am.* muster *s. o.* out. **ˈAusˌmu·ste·rung** *f* ‹-; -en› rejection, discharge, *Am. a.* muster-out.

ˈAusˌnah·me *f* ‹-; -n› exception; **mit ~ von** (*od. gen*) with the exception of, except (for), save, *Am.* aside from; **mit e-r einzigen ~** with one exception; **täglich mit ~ von Sonntag** daily except(ing) Sundays; **ohne ~** without exception; **e-e ~ bilden** be an exception, be exceptional; (**bei j-m** [*od.* **mit j-m, für j-n**]) **e-e ~ machen** make an exception (in s. o.'s case); **k-e Regel ohne ~** there is no rule without an exception; **die ~ bestätigt die Regel** the exception proves the rule. **~athˌlet** *m* exceptional athlete. **~beˌstim·mung** *f jur.* saving clause. **~erˌschei·nung** *f* exception(al case). **~ˌfall** *m* exception(al case); **dies ist ein ~** *a.* this is an exception to the rule. **~geˌneh·mi·gung** *f econ.* exemption, exceptional permission. **~geˌsetz** *n* special law. **~ˌmensch** *m* exceptional person. **~ˌstel·lung** *f* special (*od.* privileged) position. **~taˌrif** *m econ.* special (*od.* preferential) rate. **~verˌord·nung** *f pol.* special ordinance, emergency regulation. **~ˌzuˌstand** *m* **1.** *pol.* (state of) emergency; **den ~ (über e-e Stadt) verhängen** declare a state of emergency (in a town), *mil.* establish martial law (in a town). **2.** *fig.* exception.

ˈausˌnahms|los *adv u. adj* without exception, (*einstimmig*) unanimous(ly). **~ˌwei·se** *adv* by way of exception, exceptionally, (*für diesmal*) for once, (*zur Abwechslung*) for a change.

ˈausˌneh·men I *v/t* ‹*irr, sep*, -ge-, h› **1.** (*Vögel, Eier*) take out, (*Nest*) rob. **2.** (*Kartoffeln*) dig up, lift. **3.** (*ausweiden*) disembowel, eviscerate, (*a. Fische*) gut, clean, (*Geflügel*) draw. **4.** *fig. colloq.* (*j-n*) fleece, soak, clean *s. o.* out. **5.** *fig.* make an exception of, except, exclude, (*befreien*) exempt (**von** from); **ich nehme k-n aus** I make no exceptions. **II** *v/reflex* **6. sich gut** (**schlecht**) **~** *a. fig.* look good (bad); **er nimmt sich sonderbar aus in diesem Aufzug** he looks odd (*od.* cuts a queer figure) in that getup.

ˈausˌneh·mend *adj* (*u. adv*) exceptional(ly), extreme(ly), exceeding(ly); **von ~er Schönheit, ~ schön** *a.* of singular beauty; **es gefällt mir ~ gut** I like it very much (indeed).

ˈausˌnüch·tern [-ˌnʏçtərn] *v/t u.* **sich ~** *v/reflex* ‹*sep*, -ge-, h› sober up.

ˈAusˌnüch·te·rung *f* ‹-; *no pl*› sobering up. **ˈAusˌnüch·te·rungsˌzel·le** *f* sobering-up (*od.* drying-out) cell.

ˈausˌnut·zen, ˈausˌnüt·zen *v/t* ‹*sep*, -ge-, h› **1.** (*Person, Gelegenheit etc*) *a. contp.* use, take advantage of, exploit; **j-s Gutmütigkeit ~** practise (*od.* play) on s. o.'s good nature; **j-s Schwäche ~** take (unfair) advantage of (*od.* exploit) s. o.'s weakness; **von j-m ausgenutzt werden** be used (*od.* exploited) by s. o.; **s-e Zeit gut ~** make the most of one's time. **2.** (*Boden, Energiequellen etc*) utilize, use, exploit (**voll** fully, to full advantage). **ˈAusˌnut·zung, ˈAusˌnüt·zung** *f* ‹-; *no pl*› using (*etc*), use, utilization, *a. contp.* exploitation.

ˈAusˌnut·zungs|ˌfak·tor *m econ.* utilization factor, commercial efficiency. **~ˌgrad** *m* **1.** *tech.* unit capacity factor, overall efficiency. **2.** *mot.* performance.

ˈausˌpacken (*getr.* **-k·k-**) **I** *v/t* ‹*sep*, -ge-, h› (*Koffer*) unpack, (*Kleider*) take *s. th.* out (**aus** of), (*Geschenk, Paket*) unwrap; **Waren aus e-r Kiste ~** uncase (*od.* unbox) goods. **II** *v/i colloq.* talk, spill the beans, tell the whole story.

ˈausˌpar·ken *v/i* ‹*sep*, -ge-, h› *mot.* drive (*od.* get) out of a (*od.* one's) parking space.

ˈausˌpeit|schen *v/t* ‹*sep*, -ge-, h› whip, flog. **≈schung** *f* ‹-; -en› whipping.

ˈausˌpen·deln I *v/i* ‹*sep*, -ge-, h› cease swinging. **II** *v/t Boxen*: dodge (*a blow*).

ˈausˌpen·nen *v/i u.* **sich ~** *v/reflex* ‹*sep*, -ge-, h› *colloq.* sleep one's fill.

ˈausˌpfei·fen *v/t* ‹*irr, sep*, -ge-, h› boo, hiss (*thea. s. o.* off the stage).

ˈausˌpflan·zen *v/t* ‹*sep*, -ge-, h› plant out.

ˈausˌpi·chen *v/t* ‹*sep*, -ge-, h› *mar.* coat *s. th.* with pitch.

Au·spi·zi·um [aʊsˈpiːtsɪʊm] *n* ‹-s; -zien› **1.** *antiq.* auspice; **unter günstigen Auspizien** under favo(u)rable auspices. **2.** *pl lit.* **unter j-s Auspizien** under the auspices of s. o.

ˈausˌplap·pern *v/t* ‹*sep*, -ge-, h› *colloq.*, **ˈausˌplau·dern** *v/t* ‹*sep*, -ge-, h› blab (*od.* let) out, divulge; **er plaudert immer gleich alles aus** he is an awful babbler.

ˈausˌplün·dern *v/t* ‹*sep*, -ge-, h› (*Land, Städte etc*) plunder, pillage, loot, sack, *weitS.* (*Person, Ladenkasse etc*) rob, *colloq.* clean out, (*Haus etc*) *a.* ransack, rifle; **j-n bis aufs Hemd ~** strip s. o. to the skin.

ˈausˌpol|stern *v/t* ‹*sep*, -ge-, h› **1.** pad *s. th.* (out), line *s. th.* with padding. **2.** (*Auto, Stuhl etc*) upholster. **≈ste·rung** *f* ‹-; -en› **1.** padding (*etc*). **2.** upholstery.

ˈaus·poˌsau·nen *v/t* ‹*sep, no* -ge-, h› *colloq.* trumpet (*od.* blazon) *s. th.* forth, noise *s. th.* abroad, broadcast.

ˈausˌpo·wern [-ˌpoːvərn] *v/t* ‹*sep*, -ge-, h› *colloq.* (*Volk, Land*) impoverish. **ˈAusˌpo·we·rung** *f* ‹-; -en› impoverishment.

ˈausˌprä|gen I *v/t* ‹*sep*, -ge-, h› **1.** (*Münzen*) coin, mint. **2.** (*Metall zu Münzen*) stamp (**zu** into). **II** *v/reflex* **sich ~ 3.** *fig.* (**in** *dat*) *Charakter etc*: be stamped (in, on *s. o.'s face, etc*), find its expression (in). **4.** *Begabung etc*: develop, form, take shape; → **ausgeprägt.** **≈gung** *f* ‹-; -en› **1.** coinage, mintage. **2.** stamping. **3.** *fig.* impress, stamp.

ˈausˌpres·sen *v/t* ‹*sep*, -ge-, h› **1.** press (*od.* squeeze) out. **2.** *fig.* bleed *s. o.* white.

ˈaus·proˌbie·ren *v/t* ‹*sep, no* -ge-, h› **1.** try *s. th.* out, test. **2.** (*Wein*) taste, sample.

ˈAusˌpuff *m* ‹-(e)s; -e› *tech.* exhaust; **Motorrad mit doppeltem ~** two-port motorcycle. **~ˌgas** *n* exhaust gas (*pl* fumes, emission *sg*). **~ˌhub** *m* exhaust stroke. **~ˌklap·pe** *f* exhaust valve. **~ˌkrüm·mer** *m*, **~ˌlei·tung** *f* exhaust manifold. **~ˌrohr** *n* exhaust pipe. **~ˌschlitz** *m* exhaust port. **~ˌstut·zen** *m am Motorkopf*: exhaust stub (*od.* head). **~ˌtakt** *m* exhaust cycle (*od.* stroke). **~ˌtopf** *m* exhaust silencer (*bes. Am.* muffler). **~venˌtil** *n* exhaust valve.

ˈausˌpum·pen *v/t* ‹*sep*, -ge-, h› pump out, (*den Magen*) *a.* siphon, (*Luft etc*) evacuate.

ˈausˌpunk·ten [-ˌpʊŋktən] *v/t* ‹*sep*, -ge-, h› *Boxen*: beat *s. o.* on points, outpoint.

ˈausˌpu·sten *v/t* ‹*sep*, -ge-, h› *colloq.* blow out.

ˈausˌput·zen *v/t* ‹*sep*, -ge-, h› **1.** clear out, clean. **2.** (*Baum, Hecke*) prune, thin out. **3.** *obs.* (*schmücken*) deck out, decorate, adorn; **sich ~** dress up (to the nines).

ˈAusˌput·zer *m* ‹-s; -› *Fußball*: sweeper.

ˈaus·quarˌtie·ren [-kvarˌtiːrən] *v/t* ‹*sep, no* -ge-, h› lodge *s. o.* elsewhere, *mil.* billet *s. o.* out, *contp.* turn *s. o.* out (of his quarters).

ˈausˌquat·schen *colloq.* **I** *v/t* ‹*sep*, -ge-, h› blab *s. th.* out. **II** *v/reflex* **sich ~** a) have a heart-to-heart talk (**mit j-m** with s. o.), b) → **aussprechen** 8, 9.

ˈausˌquet·schen *v/t* ‹*sep*, -ge-, h› **1.** (*Frucht, Saft*) press (*od.* squeeze) out. **2.** *fig. colloq.* **j-n ~** (*ausfragen*) pump (*od.* cross-examine, grill) s. o.

ˈaus·raˌdie·ren *v/t* ‹*sep, no* -ge-, h› erase, *fig.* (*Stadt etc*) *a.* wipe out.

ˈaus·ran|ˌgie·ren *v/t* ‹*sep, no* -ge-, h› (*Altes, Unbrauchbares*) discard, (*verschrotten*) scrap (*beide a. fig.*). **~ˌgiert** *adj* cast-off, discarded; **~e Kleider** cast-off clothes.

ˈaus·raˌsie·ren *v/t* ‹*sep, no* -ge-, h› (*Haare*) shave, (*Nacken etc*) shave *s. th.* (clean).

ˈausˌra·sten *v/i* ‹*sep*, -ge-, sein› **1.** *tech.* be disengaged (*od.* released). **2.** *fig. colloq.* (*wütend werden*) blow one's top, flip out.

ˈausˌrau·ben *v/t* ‹*sep*, -ge-, h› (*j-n, Bank etc*) rob, (*ausplündern*) plunder.

ˈausˌrau·chen I *v/t* ‹*sep*, -ge-, h› finish (*a cigarette etc*). **II** *v/i Person*: finish smoking; **haben Sie ausgeraucht?** have you finished your cigarette (*od.* cigar, pipe)?

ˈausˌräu·chern *v/t* ‹*sep*, -ge-, h› **1.** (*Zimmer, Faß etc*) fumigate, smoke. **2.** (*Bienen, Fuchs, Feind etc*) smoke out, (*Verbrechernest etc*) clear out, clean up.

ˈausˌrau·fen *v/t* ‹*sep*, -ge-, h› **1.** (*Haare*) tear (*od.* pull) out; **sich** (*dat*) **die Haare ~** (**vor Verzweiflung**) tear one's hair (in despair); **ich könnte mir die Haare ~** I could kick myself. **2.** (*Ähren*) pluck. **3.** *Textil.* (*Tuch*) burl, pick.

ˈausˌräu|men *v/t* ‹*sep*, -ge-, h› **1.** (*Wohnung, Schrank etc*) clear, empty. **2.** (*Möbel etc*) (**aus** *dat*) clear (*od.* take) *s. th.* out (of), remove (from *the room*). **3.** *tech.* broach. **4.** (*Tumor etc*) remove, extirpate, (*Gebärmutter*) curet(te). **5.** *fig.* remove, (*Bedenken etc*) *a.* dispel, (*Mißverständnis*) clear up, (*Meinungsverschiedenheit*) settle. **6.** *colloq.* (*ausplündern*) clean out. **≈mung** *f* ‹-; *no pl*› **1.** clearing (out) (*etc*). **2.** *e-s Tumors etc*: removal, extirpation, *der Gebärmutter*: curettage.

ˈausˌrech|nen *v/t* ‹*sep*, -ge-, h› calculate, compute, *a. fig.* reckon (out), work (*colloq.* figure) out, *math.* (*Ausdruck*) evaluate; **falsch ~** miscalculate; **e-e Aufgabe im Kopf ~** do a problem in one's head; *fig. colloq.* **das kannst du dir ja selbst ~** you can figure that out (for) yourself; *bes. Sport colloq.* er ist leicht auszurechnen he is quite predictable; → Chance. ☐nung *f* <-; -en> calculation, computation, working out (*etc*), *math. a.* evaluation.

ˈ**ausˌrecken** (*getr.* -k•k-) *v/t* <*sep*, -ge-, h> **1.** (*Arm etc*) stretch (out), extend; sich (*dat*) den Hals ~ crane one's neck (nach j-m to see s. o.). **2.** *metall.* stretch, elongate, *als Schmiedearbeit*: hammer-forge.

ˈ**Ausˌre•de** *f* <-; -n> excuse, pretext; faule ~ poor (*od.* lame) excuse; er hat immer e-e ~ bei der Hand he always has an excuse ready (*od.* pat); er ist nie um e-e ~ verlegen he is never at a loss for an excuse; nur k-e ~n! don't make excuses!, no excuses!; e-e Erkrankung diente ihm als ~ he pleaded illness.

ˈ**ausˌre•den I** *v/i* <*sep*, -ge-, h> (*zu Ende reden*) finish speaking; j-n ~ lassen hear s.o. out, let s.o. finish; j-n nicht ~ lassen *a.* cut s.o. short, interrupt s.o. **II** *v/t* j-m et. ~ dissuade s.o. from doing s.th., talk s.o. out of s.th.; das lasse ich mir nicht ~ I won't be talked out of that. **III** *v/reflex* sich ~ make excuses, wriggle out.

ˈ**ausˌreg•nen** *v/impers* <*sep*, -ge-, h> es hat (sich) ausgeregnet it has stopped raining, it has rained itself out.

ˈ**ausˌrei•ben** *v/t* <*irr, sep*, -ge-, h> **1.** (*Fleck etc*) rub *s. th.* out (aus of). **2.** (*Schüssel etc*) wipe out. **3.** *tech.* (*Loch*) ream (out).

ˈ**ausˌrei•chen** *v/i* <*sep*, -ge-, h> **1.** suffice, be sufficient, be enough; das wird für e-e Woche ~ that will last you (*od.* us, *etc*) a week; das Essen reicht für uns alle aus there is enough food for all of us; das reicht kaum aus that is hardly enough, that will hardly do; das Mehl wird bis dahin nicht ~ the flour will not last until then; der Stoff reicht gerade noch für e-e Jacke aus there is just enough material for a jacket. **2.** mit et. ~ have enough (*od.* sufficient) of s. th., manage on (*od.* with) s. th. ~**d** *adj* (*u. adv*) **1.** sufficient(ly), enough, adequate(ly); nicht ~ insufficient, inadequate; ~e Geldmittel sufficient means (*od.* funds); sie werden ~ unterstützt they receive sufficient support (*od.* assistance). **2.** *ped.* (*Zensur*) "pass (only)".

ˈ**ausˌrei•fen I** *v/i* <*sep*, -ge-, sein> **1.** ripen (*od.* mature) (thoroughly), *Käse, Wein*: mature. **2.** *fig. Pläne etc*: mature, *Person*: *a.* reach full maturity. **3.** *Geschwür etc*: come to a head. **II** *v/t* <h> **4.** (*Früchte etc*) ripen (*od.* mature) *s. th.* (thoroughly), mellow.

ˈ**Ausˌrei•se** *f* <-; -n> **1.** departure (*od.* exit) (from a country); die Behörden verweigerten ihm die ~ the authorities refused him an exit permit (*od.* permission to leave the country); bei der ~ (aus England) on leaving the country (England). **2.** *bes. mar.* outward voyage; das Schiff befand sich auf der ~ *a.* the ship was outward bound. ~**erˌlaub•nis**, ~**geˌneh•mi•gung** *f* exit permit.

ˈ**ausˌrei•sen** *v/i* <*sep*, -ge-, sein> (nach for) leave (a country), depart (from a country).

ˈ**Ausˌrei•se•ˌvi•sum** *n* exit visa.

ˈ**ausˌrei•ßen I** *v/t* <*irr, sep*, -ge-, h> **1.** (*Haar etc*) tear out, pull out, (*a. Unkraut*) pluck out; → Baum 2, Bein 1. **II** *v/i* <sein> **2.** *Knöpfe etc*: come off, *Nähte etc*: split. **3.** *colloq.* (*weglaufen*) run away, decamp, bolt, make off; vor j-m ~ run away before s. o.; sie ist von zu Hause ausgerissen she has run away from home. **4.** *beim Radrennen*: break away (*dat* from). ˈ**Ausˌrei•ßer** *m* <-s; -> **1.** *colloq.* runaway (*a. chem. phys.*), fugitive. **2.** *Sport*: tearaway leader. **3.** *mil. colloq.* a) wild shot, b) stray bullet.

ˈ**Ausˌreiß•verˌsuch** *m colloq.* attempt to run (*Sport*: break) away.

ˈ**ausˌrei•ten I** *v/i* <*irr, sep*, -ge-, sein> **1.** ride out (on horseback), go for (*od.* take) a ride. **II** *v/t* <h> **2.** (*Pferd*) take out. **3.** *Sport*: a) (*Rennen*) ride, b) (*Pferd*) (voll) ~ ride to its limit. **4.** *mar.* (*Sturm*) outride.

ˈ**ausˌrei•zen** *v/t* <*sep*, -ge-, h> **1.** *Kartenspiel*: bid up to one's hand. **2.** *fig.* das Thema ist ausgereizt the subject is exhausted (*od.* has been fully talked out).

ˈ**ausˌren|ken** *v/t* <*sep*, -ge-, h> (*Arm etc*) dislocate, put *s. th.* out of joint, luxate; er hat sich die Schulter ausgerenkt he has dislocated his shoulder; *fig. colloq.* sich (*dat*) den Hals ~ (nach) crane one's neck (for). ☐**kung** *f* <-; *no pl*> dislocation, luxation.

ˈ**ausˌrich•ten** *v/t* <*sep*, -ge-, h> **1.** (*geraderichten*) straighten, *in Linie*: align, bring *s. th.* into line, (*anpassen, justieren*) adjust, *tech. a.* true. **2.** *mil.* a) (*Glied*) dress, (*Kompanie etc*) line up, b) (*Karte*) orient; sich ~ dress ranks, line up; sich nach rechts ~ dress by the right. **3.** *fig.* (nach) adjust (to), align (with), (*gleichschalten*) bring *s. o., s. th.* into line (with), (make *s. o., s. th.*) conform (to), *bes. geistig*: orient(ate) (to); sich (*od.* sein Verhalten *etc*) ~ nach conform to, orient(ate) o.s. to, adjust one's behavio(u)r to; ausgerichtet sein auf (*acc*) *Plan etc*: be aimed at, be keyed (*od.* geared, directed) to, be organized for; praktisch ausgerichtet practice-oriented, practical; (politisch) links ausgerichtet leftist; die Produktion auf den Absatz ~ bring production into line with sales, coordinate production with sales. **4.** (*erreichen*) accomplish, achieve, do, get *s. th.* done; damit richtest du bei mir nichts aus! you will get nowhere with me by that!, that cuts no ice with me!; mit Geld kann man viel bei ihnen ~ money will get you a long way with them; er richtete wenig aus he had little success, he did not accomplish much; mit Güte kann man bei ihm viel mehr ~ als mit Gewalt kindness gets you much further with him than force; allein konnte er gegen so viele nichts ~ alone he was no match for so many; mit Seife kann man bei diesen Flecken nichts ~ soap won't have much effect on these marks. **5.** j-m e-e Botschaft ~ deliver a message to s. o., give s. o. a message; richte ihm e-n schönen Gruß von mir aus give him my (kind) regards; ich werde es ihm ~ I will pass it on to him, I'll tell him; kann ich et. ~? can I take a message?; sie ließ ihm (durch ihren Bruder) ~, daß she sent him word (*od.* let him know) (through her brother) that. **6.** (*Feier, Veranstaltung etc*) arrange (*a wedding, etc*), organize (*a festival, a championship, etc*). **7.** *dial.* j-n ~ run s. o. down, knock s. o. ˈ**Ausˌrich•ter** *m* <-s; -> organizer, organizing body. ˈ**Ausˌrich•tung** *f* <-; *no pl*> **1.** alignment, adjustment, *fig. a.* orientation (auf *acc* towards); ein Sozialismus marxistischer ~ a Marx-ist-oriented socialism. **2.** *e-r Veranstaltung etc*: organization, organizing.

ˈ**Ausˌritt** *m* <-(e)s; -e> (horse) ride.

ˈ**ausˌro•den** *v/t* <*sep*, -ge-, h> (*Baum*) root up (*od.* out), (*Baumstumpf*) grub up, (*Wald*) clear.

ˈ**ausˌrol•len I** *v/t* <*sep*, -ge-, h> **1.** (*Teppich etc*) unroll. **2.** (*Teig etc*) roll (out). **3.** (*Kabel*) pay out. **II** *v/i* <h *u.* sein> **4.** *mot.* coast (*aer.* taxi) to a standstill.

ˈ**ausˌrott•bar** *adj* eradicable.

ˈ**ausˌrot|ten** *v/t* <*sep*, -ge-, h> **1.** (*Unkraut etc*) uproot, root *s. th.* out (*od.* up). **2.** (*Volk, Rasse etc*) exterminate, wipe out, kill off. **3.** *fig.* (*Übel etc*) eradicate, extirpate (*beide a. med.*), stamp out, root out; nicht auszurotten ineradicable. ☐**tung** *f* <-; *no pl*> **1.** uprooting (*etc*). **2.** *e-s Volkes etc*: extermination, (*Völkermord*) genocide; von der ~ bedrohte (Tier)Art endangered species. **3.** *fig., a. med.* eradication, extirpation.

ˈ**ausˌrücken** (*getr.* -k•k-) **I** *v/i* <*sep*, -ge-, sein> **1.** *mil.* march out; (ins Feld) ~ go to the front. **2.** *Feuerwehr etc*: turn out. **3.** → ausreißen 3. **II** *v/t* <h> **4.** *tech.* disengage, disconnect, throw *s. th.* out of gear, (*Kupplung*) *a.* throw off, shift. **5.** *bes. print.* (*Wort, Zeile*) move out *s. th.* (in the margin).

ˈ**Ausˌrück|ˌhe•bel** *m tech.* disengaging lever. ~ˌ**stel•lung** *f* off position.

ˈ**Ausˌruf** *m* **1.** cry, exclamation, shout, *ling.* interjection. **2.** <*only sg*> (öffentlicher) ~ proclamation. **3.** *bei e-r Versteigerung*: offer for sale; zum ~ kommen be put up for sale. ˈ**ausˌru•fen** *v/t* <*irr, sep*, -ge-, h> **1.** cry, exclaim, shout. **2.** (*Namen, Waren etc*) call (out); j-n (durch Lautsprecher *etc*) ~ lassen page s. o.; e-e Mitteilung ~ lassen have s. th. announced. **3.** (*Streik*) call, (*Republik, Notstand etc*) proclaim; er wurde zum König ausgerufen he was proclaimed king. **4.** *bei e-r Versteigerung*: put *s. th.* up for sale. ˈ**Ausˌru•fer** *m* <-s; -> **1.** *obs.* town crier. **2.** *vor Buden etc*: crier, barker, tout.

ˈ**Ausˌru•fe|ˌsatz** *m ling.* clause of exclamation. ~ˌ**wort** *n* <-(e)s; ⸚er> interjection. ~ˌ**zei•chen** *n* exclamation mark (*Am. a.* point).

ˈ**Ausˌru•fung** *f* <-; *no pl*> *e-s Streiks*: call, *der Republik, des Notstands etc*: proclamation. ˈ**Ausˌru•fungsˌzei•chen** *n* → Ausrufezeichen.

ˈ**ausˌru•hen I** *v/i u.* sich ~ *v/reflex* <*sep*, -ge-, h> (take a) rest (von from); ~ lassen (give *s.o., s. th.* a) rest; ausgeruht rested, (*frisch*) fresh; → Lorbeer 2. **II** *v/t* rest (*one's legs, etc*). **III** ☐ *n* <-s> rest(ing).

ˈ**ausˌrun•den** *v/t* <*sep*, -ge-, h> round *s. th.* (off *od.* out).

ˈ**ausˌrup•fen** *v/t* <*sep*, -ge-, h> pluck (out), pull out, tear out.

ˈ**ausˌrü|sten** *v/t* <*sep*, -ge-, h> **1.** (mit with) equip, fit *s. o., s. th.* out, furnish, provide, supply, *fig. a.* endow. **2.** (*Expedition, Schiff etc*) fit out. **3.** *mit Waffen*: arm, equip. **4.** (*Papier, Tuch*) dress, finish. **5.** *civ. eng.* unscaffold, strike. ☐**stung** *f* <-; -en> **1.** <*only sg*> fitting out (*etc*). **2.** *allg.* (*a. Betriebs*☐, *a. mil.*) equipment, *des Soldaten*: kit, (*Sport*☐ *etc*) outfit, gear, tackle, (*Gerät*) appliance(s *pl*), device(s *pl*), (*Zubehör*) accessories *pl*, fittings *pl*, (*Zusatz*) attachment, *mar.* (*Bestückung*) armament.

ˈ**Ausˌrü•stungs|ˌge•genˌstand** *m meist pl* piece (*od.* item) of equipment. ~ˌ**gü•ter** *pl econ.* equipment goods. ~**in•ve•sti•tiˌon** *f* production investment.

ˈ**ausˌrut|schen** *v/i* <*sep*, -ge-, sein> **1.** slip (auf *dat* on), lose one's footing; *fig. colloq.* ihm ist die Hand ausgerutscht he got wild and slapped her (*etc*). **2.** *fig. colloq.* make a bloomer. ☐**scher** *m* <-s; -> *fig.* slip, gaffe, bloomer, *Sport*: slip, surprise defeat; sich (*dat*) e-n ~ leisten a) slip up, b) make a gaffe, drop a brick.

ˈ**Ausˌsaat** *f* **1.** sowing. **2.** (*Saat*) seed.

ˈ**ausˌsä·en** *v/t* ‹*sep*, **-ge-**, **h**› sow.

ˈ**ausˌsag·bar** *adj math. philos.* predicable.

ˈ**Ausˌsa·ge** *f* ‹-; -n› **1.** statement, declaration; **s-r ~ nach** according to his statement, according to what he said; **auf s-e ~ hin** on his declaration. **2.** *jur.* testimony, statement, *schriftlich, beeidigt*: deposition, affidavit, (*Beweis*≈) evidence (*a. pl*), *der Prozeßparteien*: pleading(s *pl*); **e-e (falsche) ~ machen** → **aussagen** 5; **die ~ verweigern** refuse to give evidence (*od.* to testify); **hier steht ~ gegen ~** it is his word against hers (*etc*); → **beeidigt, eidlich.** **3.** *e-s Schriftstellers etc, a. e-s Kunstwerks*: statement, message. **4.** *math. philos.* proposition. **5.** *ling.* predicate. **~ˌkraft** *f* → **Ausdruckskraft.** **≈ˌkräf·tig** *adj* expressive, telling.

ˈ**ausˌsa·gen I** *v/t* ‹*sep*, **-ge-**, **h**› **1.** state, declare, say; **(et.) über j-n (et.) ~** make a statement about s. o. (s. th.), express o. s. on s. o. (s. th.). **2.** *jur.* testify (to), give evidence (*od.* testimony) of, *schriftlich, beeidigt*: depose; **et. unter Eid ~** testify (to) s. th. under oath; **sie hat nichts ausgesagt** she failed to give evidence. **3.** *Bild, Film etc*: express, say; **mehr ~ als et.** *Beispiel, Geste etc*: outtell s. th. **4.** *philos.* predicate. **II** *v/i* **5.** *jur.* testify, give evidence (*od.* testimony), *unter Eid*: give evidence upon oath, *schriftlich, beeidigt*: depose; **vor Gericht ~** give evidence in court; **für (gegen) j-n ~** give evidence in s. o.'s favo(u)r (against s. o.); **falsch ~** misinform (**gegen** against). ˈ**ausˌsa·gend** *adj ling.* predicative.

ˈ**Ausˌsa·ge|ˌsatz** *m ling.* declarative sentence (*od.* statement), clause of statement. **~verˌwei·ge·rung** *f jur.* refusal to give evidence. **~ˌwei·se** *f ling.* mood.

ˈ**Ausˌsatz** *m* **1.** *med.* leprosy. **2.** *print.* evenness of print. **3.** *Billard*: lead.

ˈ**ausˌsät·zig** [-ˌzɛtsɪç] *adj med.* leprous. ˈ**Ausˌsät·zi·ge** *m, f* ‹-n; -n› leper (*a. fig.*).

ˈ**ausˌsau·fen** *v/t* ‹*irr, sep*, **-ge-**, **h**› **1.** *Tiere*: a) (*Wasser*) drink up, b) (*Napf, Trog*) empty. **2.** *vulg.* a) (*Bier etc*) swill down, b) (*Glas etc*) drain, empty, knock back.

ˈ**ausˌsau·gen** *v/t* ‹*a. irr, sep*, **-ge-**, **h**› **1.** suck out, (*Frucht, a. Wunde etc*) suck. **2.** *fig.* (*Volk etc*) suck *s. o.* dry; **j-n (bis aufs Blut) ~** bleed s. o. white.

ˈ**ausˌscha|ben** *v/t* ‹*sep*, **-ge-**, **h**› **1.** scrape *s. th.* out. **2.** (*Gebärmutter*) curet(te), scrape. **3.** (*Häute*) flesh. **≈bung** *f* ‹-; -en› *med.* curettage.

ˈ**ausˌschach·ten** *v/t* ‹*sep*, **-ge-**, **h**› excavate, dig, (*Brunnen etc*) sink.

ˈ**Ausˌschach·tung** *f* ‹-; -en› excavation. ˈ**Ausˌschach·tungsˌar·bei·ten** *pl* excavation work *sg.*

ˈ**ausˌscha·len** *v/t* ‹*sep*, **-ge-**, **h**› **1.** (*Austern etc*) shell. **2.** *civ. eng.* a) (*Betondecke etc*) strip the formwork from, b) → **verschalen.**

ˈ**ausˌschä·len** *v/t* ‹*sep*, **-ge-**, **h**› **1.** (*Nüsse etc*) shell. **2.** (*Knochen etc*) take out. **3.** *med.* shell out, enucleate.

ˈ**ausˌschal·men** *v/t* ‹*sep*, **-ge-**, **h**› (*Bäume*) notch, blaze.

ˈ**ausˌschal·ten** *v/t* ‹*sep*, **-ge-**, **h**› **1.** (*Stromkreis*) switch off, cut out, disconnect, (*Licht, Gerät*) switch (*od.* turn) off, (*Getriebe*) throw out (of gear), (*Maschine, Motor*) stop, disengage, cut, (*Kupplung*) disengage, disconnect, (*Zündung*) turn off. **2.** *fig.* (*Fehler, Gefahr etc*) eliminate, avoid, (*a. Zweifel, Einwände etc*) rule out, exclude. **3.** *fig.* (*Gegner, Konkurrenz etc*) eliminate, put *s. o.* out of the running, (*kaltstellen, a. Sport u. mil.*) neutralize, dispose of. ˈ**Ausˌschal·ter** *m electr.* circuit breaker, cut-out.

ˈ**Ausˌschalt|konˌtakt** *m electr.* disconnecting contact. **~ˌstel·lung** *f* **1.** *electr.* (switch-)off (*od.* neutral) position. **2.** *tech.* off-position.

ˈ**Ausˌschal·tung** *f* ‹-; *no pl*› **1.** switching off (*etc*, → **ausschalten**), disconnection, disengagement. **2.** *fig. von Fehlern, Gefahren etc*: elimination, avoidance, *von Zweifeln, Einwänden etc*: exclusion. **3.** *fig. von Gegnern, Konkurrenz etc*: elimination, *Sport u. mil. a.* neutralization.

ˈ**Ausˌschank** *m* ‹-(e)s; *rare* ≈e› **1.** ‹*only sg*› sale of (alcoholic) drinks. **2.** a) (*Schanktisch*) bar, counter, b) public house, *colloq.* pub.

ˈ**ausˌschar·ren** *v/t* ‹*sep*, **-ge-**, **h**› **1.** scratch (*od.* dig) up. **2.** (*Loch, Vertiefung*) scratch (out), dig, scrape (out).

ˈ**Ausˌschau** *f* ‹-; *no pl*› **~ halten (nach)** → **ausschauen** 1.

ˈ**ausˌschau·en** *v/i* ‹*sep*, **-ge-**, **h**› **1.** (**nach** for) look out, watch, keep a look-out; *fig.* **nach e-r Gelegenheit** *etc* **~** be on the look-out for an opportunity, *etc.* **2.** *dial. for* **aussehen** 1.

ˈ**ausˌschau·feln** *v/t* ‹*sep*, **-ge-**, **h**› shovel (*od.* dig) out.

ˈ**ausˌschei·den I** *v/t* ‹*irr, sep*, **-ge-**, **h**› **1.** eliminate (*a. math.*), exclude, (*beseitigen*) remove, (*aussondern*) sort out, discard, reject. **2.** *physiol.* secrete (*hormons, etc*), (*Eiter, Nierenstein etc*) discharge, (*a. Urin*) pass, (*Stuhl*) excrete. **3.** (*Feuchtigkeit, Säfte, Gummi etc*) exude. **4.** *chem.* (*ausfällen*) precipitate, settle out, (*absondern*) separate, (*Gase etc*) liberate. **II** *v/i* ‹**sein**› **5.** (*nicht in Frage kommen*) be ruled out, be out (of the question), *Person*: be not eligible, fail to qualify. **6.** **aus** *e-m Amt, der Armee etc* **~** retire from, **aus** *e-r Firma, e-r Koalition, e-m Verein etc*: *meist* leave, withdraw from. **7.** (**aus** *e-m Wettbewerb*) be eliminated (from), drop out (of), fail to qualify (in); **ausgeschieden** eliminated, ‹*pred*› *a.* out of the race (*od.* game, *etc*). **8.** *chem.* (**sich**) **~** be precipitated, settle out. **III** ≈ *n* ‹-s› **9.** elimination, exclusion, removal, discarding (*etc*). **10.** (**aus** *e-m Amt etc*) retirement (from), withdrawal (from), leaving (*a firm, club, etc*). **11.** → **Ausscheidung** 2, 3. ˈ**Ausˌschei·der** *m* ‹-s; -› *von Krankheitserregern*: carrier.

ˈ**Ausˌschei·dung** *f* ‹-; -en› **1.** → **ausscheiden** 9, 10. **2.** *von Feuchtigkeit, Säften etc*: exudation. **3.** ‹*only sg*› *chem.* (*Fällung*) precipitation. (*Entfernung*) elimination, (*Freisetzung*) liberation. **4.** *physiol.* a) secretion, excretion, b) excreted matter, excrement, *pl* (*Stuhl, Urin*) excrements, excreta, (*Ausfluß*) discharge. **5.** *Sport etc*: a) ‹*only sg*› elimination, b) → **Ausscheidungskampf, Ausscheidungsrunde.**

ˈ**Ausˌschei·dungs|ˌdrü·se** *f* excretory gland. **~ˌkampf** *m Sport*: elimination (*od.* qualifying) contest, tie, *Leichtathletik*: a) *Laufdisziplinen*: qualifying heats *pl*, b) *technische Disziplinen*: qualification. **~ˌmit·tel** *n chem.* separating agent, precipitant. **~orˌgan** *n biol.* excretive (*od.* excretory) organ, *pl* excretory system *sg.* **~proˌdukt** *n physiol.* **1.** a) excretory (*od.* eliminated) product, b) waste product. **2.** → **Ausscheidungsstoff** a, b. **~proˌzeß** *m* process of elimination. **~ˌprü·fung** *f* elimination test. **~ˌren·nen** *n Sport*: (eliminating) heat. **~ˌrun·de** *f* qualifying round. **~ˌspiel** *n* qualifying match, tie. **~ˌstoff** *m physiol.* a) secreted substance, b) *pl* waste *sg*, waste products, c) *pl* excreta, excrements. **~syˌstem** *n* **1.** *Sport*: elimination system. **2.** *biol.* excretory system.

ˈ**ausˌschel·ten** *v/t* ‹*irr, sep*, **-ge-**, **h**› **j-n ~ (wegen** for, because of) scold (*od.* upbraid, chide, berate) s. o., *Am. colloq.* bawl s. o. out.

ˈ**ausˌschen·ken** *v/t* ‹*sep*, **-ge-**, **h**› **1.** *a. v/i* (*Getränk*) pour out. **2.** sell (*alcoholic drinks*).

ˈ**ausˌsche·ren I** *v/i* ‹*sep*, **-ge-**, **sein**› **1.** *mot.* swing (*od.* swerve, cut) out, *Anhänger*: jackknife. **2.** *aer. mar.* (**aus dem Verband**) **~** fall out (of line), leave formation, *mar. a.* veer out. **3.** *fig.* (**aus** from) deviate, swerve, diverge. **II** ≈ *n* ‹-s› **4.** swerving out (*etc*), swerve. **5.** *fig.* (**aus** from) deviation, swerve.

ˈ**ausˌscheu·ern** *v/t* ‹*sep*, **-ge-**, **h**› (*Kessel etc*) scour, scrub out.

ˈ**ausˌschicken** (*getr.* **-k·k-**) *v/t* ‹*sep*, **-ge-**, **h**› send (out), dispatch.

ˈ**ausˌschie·ßen** *v/t* ‹*irr, sep*, **-ge-**, **h**› **1.** shoot *s. th.* out. **2.** *print.* a) (*Kolumnen*) impose, b) (*Makulaturbogen*) interleave. **3.** *Sport*: a) (*Preis*) shoot (*od.* compete) for, b) (*Meisterschaft*) hold a shooting competition for.

ˈ**ausˌschif|fen** *v/t* ‹*sep*, **-ge-**, **h**› *mar.* disembark, land (*beide a.* **sich ~**), put *s. th.* ashore, (*Ladung*) *a.* discharge. **≈fung** *f* ‹-; *no pl*› disembarkation, disembarkment, *der Ladung*: discharge.

ˈ**ausˌschimp·fen** *v/t* ‹*sep*, **-ge-**, **h**› → **ausschelten.**

ˈ**ausˌschir·ren** *v/t* ‹*sep*, **-ge-**, **h**› unharness.

ˈ**ausˌschlach|ten** *v/t* ‹*sep*, **-ge-**, **h**› **1.** (*Tiere*) cut *s. th.* up. **2.** *fig. colloq.* a) (*Auto, Maschine etc*) cannibalize, salvage (parts from), b) *contp.* exploit, capitalize on, *a.* make the most of, make (*political, etc*) capital out of. **≈tung** *f* ‹-; *no pl*› **1.** cutting up. **2.** *fig. colloq.* a) cannibalization, b) *contp.* exploitation.

ˈ**ausˌschla·fen I** *v/i u.* **sich ~** *v/reflex* ‹*irr, sep*, **-ge-**, **h**› (**gründlich**) **~** get a good (long) sleep, sleep one's fill, *sonntags etc*: sleep late; **er hatte nicht ausgeschlafen** he hadn't had enough sleep. **II** *v/t* sleep *s. th.* off; **s-n Rausch ~** sleep it off.

ˈ**Ausˌschlag** *m* ‹-(e)s; ≈e› **1.** *med.* rash, eruption, (*Bläschen*) pimples *pl*; **e-n ~ bekommen** break out in a rash. **2.** *fig.* decisive factor; **den ~ geben** be decisive, decide (*od.* settle) it, turn the scale(s), tip the balance; **die Stimme des Vorsitzenden gibt den ~** the chairman has the casting vote; **das gab für uns (dabei) den ~** that decided us (it). **3.** *e-s Pendels etc, a. fig. des Preisbarometers etc*: swing, *e-s Zeigers, e-r Magnetnadel etc*: deflection, deviation, *e-s Meßinstruments*: response, *der Waagschalen*: turn, *phys.* (*Schwingungsweite*) amplitude, swing. **4.** *der Vorderräder*: deflection, steering lock. **5.** *civ. eng. e-r Mauer*: efflorescence.

ˈ**ausˌschla·gen I** *v/t* ‹*irr, sep*, **-ge-**, **h**› **1.** knock out (*s. o.'s teeth, etc*); → **Faß. 2.** (*Feuer*) beat out. **3.** (*auskleiden*) line (*with paper, etc*); **der Raum war schwarz ausgeschlagen** the room was draped in black. **4.** *fig.* (*Angebot, Einladung etc*) decline, *a.* (*j-n*) turn down, refuse, reject; **e-e Erbschaft ~** waive an inheritance. **5.** (*Bäume*) fell. **6.** *mus.* (*Takt*) beat out. **II** *v/i* ‹**h** *u.* **sein**› **7.** ‹**h**› *Pferd*: kick (out), lash out. **8.** ‹**h**› *Person*: hit (*od.* strike) out. **9.** *Pendel etc*: swing, *Zeiger, Magnetnadel etc*: deflect, deviate. **10.** *Pflanzen*: sprout, bud, germinate, *Bäume*: come (*od.* break) into leaf,

leaf (out). **11.** *civ. eng. Wand etc*: grow damp, sweat, *Schimmel*: form. **12.** *fig. lit.* **zu j-s Vorteil (Nachteil)** ~ turn out to s. o.'s advantage (disadvantage); **zum Guten** ~ be to the good. **13.** <*only pp*> **ausgeschlagen haben** a) *Uhr, Glocke*: have stopped ringing, b) *lit. Herz*: have stopped (beating). **III** ≈ *n* <-s> **14.** a) → **Ausschlagung,** b) → **Ausschlag** 3, 5.

ˈaus|schlag|ge·bend *adj* decisive; **im** ~**en Moment** *a.* at the critical moment; **das** ~**e Moment** the decisive factor; **von** ~**er Bedeutung** decisive, essential, all-important; ~ **sein (für)** → **Ausschlag** 2 (*geben*); **s-e Meinung ist für mich nicht** ~ his opinion does not weigh (*colloq.* cuts no ice) with me; **das ist für mich** ~ this (factor) decides the matter for me.

ˈAus|schla·gung *f* <-; *no pl*> (*Ablehnung*) refusal, rejection, *e-r Erbschaft*: waiver, disclaimer.

ˈaus|schläm·men *v/t* <*sep*, -ge-, h> **1.** (*Teich etc*) clear *s. th.* of mud, dredge. **2.** (*Erz etc*) wash. **3.** *chem.* levigate.

ˈaus|schlecken (*getr.* -k·k-) *v/t* <*sep*, -ge-, h> → **auslecken.**

ˈaus|schlei·fen I *v/t* <*irr, sep*, -ge-, h> *tech.* grind *s. th.* out, (*hohlschleifen*) hollow-grind, *mot.* (*Zylinder*) rebore. **II** *v/reflex* **sich** ~ wear out (by friction).

ˈaus|schleu·dern *v/t* <*sep*, -ge-, h> **1.** fling *s. th.* out, eject. **2.** spin out, centrifuge.

ˈaus|schlie·ßen I *v/t* <*irr, sep*, -ge-, h> **1.** (*j-n, a. Arbeiter*) lock *s. o.* out. **2.** *fig.* (*j-n*) (**aus** from) exclude, *bes. aus e-r Partei, Schule etc*: expel, **zeitweilig:** suspend, (*nicht zulassen*) refuse to admit, bar, *Sport*: disqualify, suspend, *jur.* (*den Rechtsweg etc*) bar, (*Rechtsanwalt*) disbar; **sich ausgeschlossen fühlen** feel left out (in the cold); → **Öffentlichkeit. 3.** (*Irrtum, Möglichkeit etc*) exclude, preclude, rule out; **das eine schließt das andere nicht aus** the one does not preclude the other; **zwei Auffassungen, die sich** (*od.* **einander**) ~ two conceptions that are incompatible (*od.* mutually exclusive). **4.** (*ausnehmen*) except, exclude; **von diesem Vorwurf schließe ich niemanden aus** I make this reproach without excepting anybody. **5.** *print.* (*Zeilen*) justify. **II** *v/reflex* **sich** ~ **6.** exclude o. s. (**von** from); **du darfst dich nicht von allem** ~ *a.* you must not shut yourself off from (the rest of) the world. **7.** (*sich ausnehmen*) except (*od.* exclude) o. s.; **ich bin auch schuld, ich schließe mich nicht aus** it was also my fault, I do not except myself. **8.** *colloq.* lock (*od.* shut) o. s. out.

ˈaus|schließ·lich I *adj* exclusive, sole. **II** *adv* (*allein, nur*) exclusively, solely, alone; **das ist** ~ **m-e Sache** that concerns no one but me, that is strictly my affair. **III** *prep* <*gen od. nom od. dat*> exclusive of, excluding. ≈**keit** *f* <-; *no pl*> exclusiveness, exclusivity.

ˈAus|schließ·lich·keits|recht *n jur.* exclusive right.

ˈAus|schlie·ßung *f* <-; -en> **1.** → **Ausschluß** 1–3. **2.** <*only sg*> *print.* justification. ~**s...** *in Zssgn* → **Ausschluß...**

ˈAus|schlupf *m* <-(e)s; -e *u.* ⸚e> outlet, way out.

ˈaus|schlüp·fen *v/i* <*sep*, -ge-, sein> **1.** slip out. **2.** *zo. aus Ei od. Puppe*: hatch (out) (**aus** from).

ˈaus|schlür·fen *v/t* <*sep*, -ge-, h> sip *s. th.* noisily, *colloq.* slurp, (*Ei, Auster*) suck.

ˈAus|schluß *m* **1.** (**von** from) exclusion, *e-s Mitglieds, Schülers etc*: *meist* expulsion, *von der Ausübung e-s Amtes, a. Sport*: disqualification, **zeitweiliger:** suspension; ~ **aus der Universität** expulsion (*Am.* dismissal, suspension) (from the university), *Br.* sending down, rustication; ~ **aus der Gesellschaft** ostracism. **2.** (*Ausschaltung*) elimination (*a. math.*), ruling out, exclusion, (*Ausnahme*) exception, exclusion, (*Befreiung*) exemption; **unter** ~ **von** (*od. gen*) excluding, barring, to the exclusion of. **3.** *jur.* a) (*Präklusion*) preclusion, foreclosure, b) *e-s Rechtsanwalts*: disbarment; → **Öffentlichkeit, Rechtsweg. 4.** <*only sg*> *print.* spaces *pl.* ~|**frist** *f jur.* preclusive period (*od.* time-limit). ~**ver|fah·ren** *n* foreclosure proceedings *pl.*

ˈaus|schmel·zen I *v/t* <*irr, sep*, -ge-, h> **1.** (*Fette*) melt out, render (down). **2.** *metall.* melt (out), (*Erze*) smelt out, fuse. **II** *v/i* <sein> **3.** melt.

ˈaus|schmie·ren *v/t* <*sep*, -ge-, h> **1.** *tech.* lubricate, smear the inside of, *mit Fett*: *a.* grease, *mit Öl*: *a.* oil. **2.** *civ. eng.* (*Fugen*) lute, seal. **3.** *fig. colloq.* **j-n** ~ (*hereinlegen*) take s. o. for a ride.

ˈaus|schmücken (*getr.* -k·k-) *v/t* <*sep*, -ge-, h> **1.** (*Raum*) adorn, decorate, ornament, deck (out). **2.** *fig.* (*Geschichte etc*) embellish, embroider. **ˈAus|schmückung** (*getr.* -k·k-) *f* **1.** adornment, decoration, décor, ornamentation. **2.** *fig.* embellishment, embroidery. **3.** *mus.* grace notes *pl.*

ˈaus|schmug·geln *v/t* <*sep*, -ge-, h> smuggle out.

ˈaus|schnap·pen *v/i* <*sep*, -ge-, sein> snap out; **et.** ~ **lassen** *a.* unsnap s. th.

ˈaus|schnau·fen *v/i u.* **sich** ~ *v/reflex* <*sep*, -ge-, h> *colloq.* have a breather (*a. fig.*).

ˈAus|schnei·de||bild *n* cut-out. ~|**bo·gen** *m* cut-out sheet (of cardboard).

ˈaus|schnei·den *v/t* <*irr, sep*, -ge-, h> **1.** (**aus**) cut *s. th.* out (of), (*Zeitungsartikel*) *a.* clip out (of). **2.** (*Tumor etc*) excise (**aus** from). **3.** *hort.* prune.

ˈAus|schnitt *m* **1.** *e-s Kleides*: neck, *weitS.* neck-line, décolleté; **mit tiefem** ~ low-necked, décolleté. **2.** (*Zeitungs*≈ *etc*) cutting, *Am.* clipping. **3.** (*Bild*≈ *etc*) detail, *phot.* trimmed negative area. **4.** *fig.* (**aus** *e-m Buch, e-r Rede etc*) extract (from), part (of), *a. weitS. des Lebens etc*: section. **5.** *math.* (*Kreis*≈ *etc*) sector. **6.** *tech.* cut-out, (*Kerbe*) notch. ~**ver|grö·ße·rung** *f phot.* selective enlargement. ≈|**wei·se** *adv* by extracts, extracts from.

ˈaus|schnit·zen *v/t* <*sep*, -ge-, h> carve (out).

ˈaus|schnüf·feln *v/t* <*sep*, -ge-, h> *colloq.* nose (*od.* ferret) out.

ˈaus|schöp|fen *v/t* <*sep*, -ge-, h> **1.** scoop out. **2.** *fig.* (*Reserven, Thema etc*) exhaust, (*Möglichkeiten etc*) *a.* utilize fully. ≈**fung** *f* <-; *no pl*> *fig.* exhaustion, (full) utilization.

ˈaus|schrau·ben *v/t* <*sep*, -ge-, h> *tech.* unscrew, screw out.

ˈaus|schrei·ben I *v/t* <*irr, sep*, -ge-, h> **1.** (*Rolle, Zitate etc*) write (*od.* copy) out, transcribe; *contp.* **e-n Autor** ~ copy (*od.* plagiarize) an author. **2.** (*Wort, Namen etc*) write out (*od.* in full), (*Abkürzung*) *a.* expand, (*Zahl*) write out (in words). **3.** (*Quittung, Rechnung, Scheck etc*) write (*od.* make) out. **4.** (*bekanntgeben*) announce, (*e-e Stelle*) *a.* advertise (*a post, etc*), invite applications for, *a.* (*e-e Belohnung*) offer; **e-n Wettbewerb** ~ advertise a competition, invite entries for a competition; **e-n (öffentlichen) Auftrag** ~ invite tenders (*od.* bids) for a (public) project; **e-e Versammlung** ~ call (*od.* convoke) a meeting; **Wahlen** ~ order elections, go (*od.* appeal) to the country; **neue Steuern** ~ impose new taxes. **5.** (*Handschrift*) develop, train. **II** *v/reflex* **sich** ~ **6.** *Schriftsteller*: write o. s. out.

ˈAus|schrei·bung *f* <-; -en> **1.** writing out (*etc*). **2.** *e-r Stelle etc*: advertisement (of a vacancy). **3.** *von Wahlen etc*: ordering; ~ **e-r Versammlung** convocation of a meeting. **4.** *econ.* call for tenders, invitation to bid. **5.** *Sport*: invitation to a competition.

ˈAus|schrei·bungs||frist *f* deadline for filing the tender. ~|**schluß** *m* closing date (for tenders).

ˈaus|schrei·en *v/t* <*irr, sep*, -ge-, h> **1.** → **ausrufen** 2. **2.** *colloq.* **sich** (*dat*) **die Lungen** (*od.* **den Hals**) ~ shout (*od.* scream) one's head off.

ˈaus|schrei·ten *v/i* <*irr, sep*, -ge-, sein> *lit.* **(tüchtig)** ~ step out (smartly), go at a brisk pace.

ˈAus|schrei·tung *f* <-; -en> *meist pl* outrage, excess, (*Krawall*) riot, (*Gewaltakt[e]*) violence.

ˈaus|schu·len *v/t* <*sep*, -ge-, h> end *s. o.'s* schooling, *Am.* graduate.

ˈAus|schuß *m* <-sses; ⸚sse> **1.** committee (**für** on), board, commission, panel; **beratender (geschäftsführender, leitender, parlamentarischer, ständiger)** ~ advisory (managing, executive, parliamentary, standing) committee; **e-m** ~ **angehören, in e-m** ~ **sein** be (*od.* sit) on a committee; **e-e Gesetzesvorlage an die Ausschüsse überweisen** commit a bill, refer a bill to a committee. **2.** <*only sg*> a) (*Abfall*) refuse, waste, (*Schrott*) scrap, b) → **Ausschußware, -papier, -quote. 3.** *med.* exit wound. ~|**bo·gen** *m* → **Ausschußpapier.** ~|**mit|glied** *n* committee member. ~**pa|pier** *n* retree (paper), wastepaper. ~|**quo·te** *f econ.* waste rate, rate of rejects. ~|**sit·zung** *f* committee meeting. ~|**vor|sit·zen·de** *m* chairman of a committee. ~|**wa·re** *f econ.* rejects *pl*, substandard articles *pl*, damaged goods *pl*, waste.

ˈaus|schüt·teln *v/t* <*sep*, -ge-, h> shake out.

ˈaus|schüt|ten I *v/t* <*sep*, -ge-, h> **1.** (*Flüssigkeit, Sand etc*) pour (*od.* empty) out, (*Eimer, Korb etc*) empty, (*verschütten*) spill. **2.** *fig.* (*Kummer etc*) pour out (*od.* forth), vent; → **Herz** *Bes. Redewendungen*, **Kind** 1. **3.** (*Dividende etc*) distribute, pay. **II** *v/reflex* **4. sich** ~ **(vor Lachen)** be convulsed with laughter. ≈**tung** *f* <-; -en> **1.** *von Dividende etc*: distribution, payment. **2.** (*radioaktive* ~) fallout.

ˈaus|schwär·men *v/i* <*sep*, -ge-, sein> **1.** *Bienen etc*: swarm. **2.** *mil.* extend, *fächerartig*: fan out.

ˈaus|schwat·zen, ˈaus|schwät·zen *v/t* <*sep*, -ge-, h> *colloq.* blab out.

ˈaus|schwe·ben *v/i* <*sep*, -ge-, sein> *aer.* flatten out.

ˈaus|schwe·feln *v/t* <*sep*, -ge-, h> (fumigate with) sulphur (*Am.* -f-).

ˈaus|schwei|fen I *v/t* <*sep*, -ge-, h> *tech.* (*Rand etc*) curve, scallop. **II** *v/i* <sein> (*maßlos sein*) indulge in excess, (*ausschweifend leben*) lead a dissolute (*od.* fast) life. ~**fend** *adj* **1.** *Wünsche etc*: extravagant, excessive; **e-e** ~**e Phantasie** an unbridled imagination. **2.** (*sittenlos*) dissolute, debauched, licentious, riotous, fast; **ein** ~**es Leben führen,** (*adv*) ~ **leben** lead a dissolute (*od.* fast) life, go (*od.* hit) the pace. ≈**fung** *f* <-; -en> a) (*Zügellosigkeit*) dissipation, dissoluteness, debauchery,

b) *pl* excesses (*a. der Phantasie etc*), orgies.

ˈausˌschwei·gen *v/reflex* ⟨*irr, sep,* -ge-, h⟩ **sich** ~ (**über** *acc* about) remain (*od.* be) silent, persist in silence, say nothing.

ˈausˌschwem·men *v/t* ⟨*sep,* -ge-, h⟩ **1.** *geol.* wash out (*od.* away). **2.** *civ. eng.* (*Kanal etc*) flush, scour. **3.** *med.* wash out.

ˈausˌschwenk·bar *adj tech.* swing-out, swivel(l)ing.

ˈausˌschwen·ken *v/t* ⟨*sep,* -ge-, h⟩ **1.** (*Glas etc*) rinse. **2.** (*Kran etc*) swing (out), swivel.

ˈausˌschwin·gen *v/i* ⟨*irr, sep,* -ge-, h⟩ **1.** *Pendel, Kran etc, a. Sport*: swing out. **2.** cease (*od.* stop) swinging, *bes. phys. Töne, Wellen etc*: fade out, die away (*od.* down). **ˈAusˌschwingˌzeit** *f phys.* decay time.

ˈausˌschwit·zen *v/t* ⟨*sep,* -ge-, h⟩ (*Harz, Feuchtigkeit etc*) exude, (*a. Krankheit*) sweat out.

ˈausˌse·geln I *v/i* ⟨*sep,* -ge-, sein⟩ sail out. **II** *v/t* ⟨h⟩ *Sport*: a) (*überholen*) outsail, beat, b) (*Pokal etc*) compete (*od.* sail) for.

ˈausˌseg|nen *v/t* ⟨*sep,* -ge-, h⟩ *relig.* **1.** (*Verstorbenen*) give the last benediction (*od.* blessing) to. **2.** (*Gebäude*) consecrate. **≈nung** *f* ⟨-; *no pl*⟩ (*gen*) **1.** (giving the) last benediction (*od.* blessing) (to). **2.** consecration (of).

ˈausˌse·hen I *v/i* ⟨*irr, sep,* -ge-, h⟩ **1.** look; **schlecht** ~ *allg.* look bad, *Person*: *a.* look ill (*od.* poorly); *Sport*: **er sah schlecht aus (gegen diesen Gegner)** he didn't look so good (against this opponent); **das Bild sieht dort gut aus** the picture looks good there; ~ **wie** look like; **wie sieht er aus?** what does he look like?, *Kranker etc*: how does he look?; **weißt du, wie ein Steinadler aussieht?** do you know what a golden eagle looks like?; **wie siehst du denn aus?** you do look a sight!, just look at you!; **er sieht ganz danach aus** he looks (like) it; *colloq.* **so siehst du aus!** not on your life!, nothing doing!; **sie sah vielleicht aus!** she did look a sight!; **sehe ich danach** (*od.* **so**) **aus?** do I look like that, what do you take me for?; **das sieht nach Betrug aus** that looks like (*od.* smells of) fraud; **die Sache sieht ungünstig aus** things don't look too good; **das Haus sieht nach et. (nach nichts) aus** the house looks impressive (like nothing); **es soll nach et.** ~ it's got to look good (*od.* impressive). **2. nach j-m (et.)** ~ look out for s. o. (s. th.); *sich* (*dat*) **die Augen nach j-m (et.)** ~ stare one's eyes out looking for s. o. (s. th.). **II** *v/impers* **3. es sieht schlimm damit aus** things are looking bad; **es sieht schlimm** (*od.* **böse**) **um ihn aus** things look bad for him, he is in a bad way; **wie sieht es bei dir aus?** how are you getting on (*od.* along)?; *colloq.* **wie sieht's aus?** how's things?; **es sieht aus, als ob** it looks as if, it seems as if (*od.* as though); **es sieht nach Regen aus** it looks like rain; **es sieht so aus, als ob er gewinnen sollte** he looks like winning.

ˈAusˌse·hen *n* ⟨-s; *no pl*⟩ **1.** (outward) appearance, look(s *pl*), exterior, (*Gesichtsfarbe*) complexion; **nach s-m** ~ by the look of him; **nach dem** ~ **gehen** go by looks; **das gibt den Dingen ein anderes** ~ that puts a new (*od.* different) face on things; **Menschen nach dem** ~ **beurteilen** judge persons by their appearances. **2.** *obs.* **dem** ~ (*Anschein*) **nach** apparently, to all appearances; **es hat das** ~, **wie wenn** it looks (*od.* seems) as if.

ˈausˌsei·hen *v/t* ⟨*sep,* -ge-, h⟩ (**aus** out of) strain, filter.

ˈausˌsein *v/i* ⟨*irr, sep,* -ge-, sein⟩ *colloq.* **1.** (*zu Ende sein*) be over, be finished; **die Schule (der Krieg) ist aus** school (the war) is over; *fig.* **zwischen uns ist es jetzt aus** it's all over between us, we are through (with each other); **jetzt ist alles aus** now all is lost; **mit ihm ist es aus** it's all over with him, he is finished (*od.* done for); **damit ist es aus und vorbei** that's over and done with, *a. b. s.* that's finished. **2.** (*ausgegangen sein*) be out; **gestern war er (mit s-r Freundin) aus** yesterday he was out (with his girlfriend). **3.** ~ **auf** (*acc*) be out for, be after, *stärker*: be set (*od.* bent, keen) on; **darauf** ~, **et. zu tun** be anxious (*od.* eager) to do s. th., be keen on doing s. th.; **auf Abenteuer** ~ be out for adventure(s); **sie ist auf sein Geld aus** she is after his money. **4.** *Licht, Feuer*: be out. **5.** *Sport und Spiel, a. Boxer*: be out, *Ball, Spieler*: *a.* be out of play.

au·ßen [ˈausən] *adv* outside, without; ~ **befindlich** exterior, external, outer; **innen und** ~ inside and out(side), within and without; ~ **auf dem Wagen** on the outside of the car; **nach** ~ outward(s), *fig.* outwardly, externally; **nach** ~ **hin ruhig bleiben** remain outwardly calm; **nach** ~ **gewölbt** convex; **von** ~ from (the) outside, from without; **Hilfe von** ~ help from outside, external assistance.

ˈAu·ßen|ˌabˌmes·sung *f meist pl* external (*od.* outside) dimension. **~ˌabˌtei·lung** *f econ.* outlying (*od.* field) agency, outpost. **~ˌamt** *n* → **Außenministerium**. **~ˌanˌsicht** *f tech.* outside (*od.* exterior) view. **~ˌanˌten·ne** *f electr.* outdoor aerial (*Am.* antenna). **~ˌar·beit** *f* ⟨-; -en⟩ **1.** ⟨*only sg*⟩ *außerhalb des Betriebes*: field work. **2.** outdoor job, *pl civ. eng.* exterior work *sg*. **~ˌaufˌnah·me** *f phot.* outdoor (shot), *pl Film*: location shots, exteriors. **~ˌbackenˌbrem·se** (*getr.* -k·k-) *f mot.* external shoe brake. **~ˌbahn** *f Sport*: outside lane. **~be·ˌam·te** *m* field officer (*od.* worker). **~be·ˌzirk** *m* outlying district; **die ~e** *e-r Stadt*: the outskirts, the suburban areas. **~biˌlanz** *f econ.* balance of payments.

ˈAu·ßenˌbor·der [-ˌbɔrdər] *m* ⟨-s; -⟩ *colloq. für* **Außenbordmotor(boot)**.

ˈAu·ßenˌbordˌmo·tor *m* outboard motor. **~ˌboot** *n* outboard (motorboat).

ˈau·ßenˌbords *adv mar.* outboard.

ˈausˌsen·den *v/t* ⟨*irr, sep,* -ge-, h⟩ **1.** *lit.* (*Boten etc*) send out, dispatch, (*Befehl*) issue, send out, (*Funkspruch etc*) transmit. **2.** *bes. electr. phys.* (*Licht, Wellen etc*) send out, emit, emanate, *bes. strahlenförmig*: radiate.

ˈAu·ßen|ˌdienst *m* ⟨-(e)s; *no pl*⟩ field service (*od.* work); **im** ~ in the field, field …; **Beamter im** ~ → **Außenbeamte**. **~ˌdienst·ler, ~ˌdienstˌmit·ar·bei·ter** *m* field worker, *pl* field staff. **~ˌdruck** *m* ⟨-(e)s; ⸚e⟩ *phys.* external (*od.* outside) pressure.

ˈAusˌsen·dung *f* ⟨-; *no pl*⟩ **1.** *allg.* sending out, *e-s Boten etc*: *a.* dispatch, *e-s Befehls*: issue, *Funk*: transmission. **2.** *electr. phys.* emission, *strahlenförmig*: radiation.

ˈAu·ßen|ˌdurchˌmes·ser *m tech.* outside diameter. **~ˌeinˌsatz** *m bes. econ.* fieldwork. **~ˌflä·che** *f* **1.** outside (*od.* outer) surface. **2.** (*Außenseite*) outside. **~geˌwin·de** *n tech.* external (*od.* male) thread. **~ˌglied** *n math.* extreme (term). **~ˌha·fen** *m* outer harbo(u)r. **~ˌhan·del** *m* ⟨-s; *no pl*⟩ *econ.* foreign (*od.* external) trade. **~ˌhan·dels…** *in Zssgn* foreign trade (*balance, bank, deficit, relations, etc*). **~ˌhaut** *f* **1.** *bot.* outer skin. **2.** *mar.* shell, hull plating, *aer.* skin, *mot.* shell, exterior panel(l)ing, *tech.* sheathing. **~in·stiˌtut** *n univ.* experimental (*od.* research) station. **~ˌkan·te** *f* outer edge. **~ˌla·ger** *n tech.* outer bearing. **~ˌläu·fer** *m Fußball etc*: wing half(back). **~ˌlei·tung** *f* external (*od.* outdoor) line (*od.* cable). **≈ˌlie·gend** *adj* outlying, external. **~ˌluft** *f* outside air. **~ˌman·tel** *m tech.* outer casing, jacket. **~ˌmaß** *n meist pl* overall dimension. **~ˌmau·er** *f* outer (*od.* outside, external) wall. **~miˌni·ster** *m pol.* Foreign Minister, *Br.* Foreign Secretary, Secretary of State for Foreign Affairs, *Am.* Secretary of State. **~mi·niˌste·ri·um** *n* Foreign Ministry, *Br.* Foreign Office, *Am.* State Department, Department of State. **~monˌta·ge** *f* field installation(s *pl*). **~ˌohr** *n anat.* external ear. **~po·liˌtik** *f* foreign politics (*od.* affairs) *pl*, *bestimmte*: foreign policy. **≈po·liˌtisch** *adj* of (*od.* relating to) foreign affairs, foreign(-affairs *od.* -policy); **~e Probleme** foreign-policy problems; **~e Debatte** debate on foreign policy. **~ˌpo·sten** *m mil.* outpost. **~ˌputz** *m civ. eng.* external plastering (*od.* roughcast). **~ˌrand** *m* outer (*od.* exterior) edge (*od.* rim). **~ˌräum·maˌschi·ne** *f* surface-broaching machine. **~ˌree·de** *f* outer harbo(u)r area. **~ˌreiz** *m med.* external stimulus. **~reˌkla·me** *f econ.* → **Außenwerbung**. **~ˌrück(ˌblick)ˌspie·gel** *m* → **Außenspiegel**. **~ˌschicht** *f* outer (*od.* external) layer. **~schma·ˌrot·zer** *m zo.* extoparasite, epizoon; **pflanzlicher** ~ ectophyte. **~ˌsei·te** *f* **1.** outside, exterior, *e-s Stoffes etc*: outer side, face, *fig. contp.* façade, front. **2.** (*Stirnseite*) face, front (side), (*Oberfläche*) outer surface. **~ˌsei·ter** [-ˌzaitər] *m* ⟨-s; -⟩ *Sport u. fig., a. econ.* outsider. **~skeˌlett** *n zo.* ectoskeleton. **~ˌspie·gel** *m mot.* outside rear-view mirror. **~ˌspie·ler** *m* → **Außenstürmer**. **~ˌstän·de** *pl econ.* receivables, outstanding debts, *Am.* accounts receivable. **~ˌste·hen·de** *m, f* ⟨-n; -n⟩ bystander, onlooker, *fig.* outsider, (*Beobachter*) outside observer. **~ˌstel·le** *f* branch (office), field agency. **~ˌstür·mer** *m Fußball etc*: wing (forward), winger; **rechter (linker)** ~ outside right (left). **~ˌta·sche** *f* outer pocket. **~tem·pe·raˌtur** *f* outside (*od.* outdoor) temperature. **~ˌvier·tel** *n e-r Stadt*: outer part, *pl* outskirts. **~ˌwand** *f* outer wall. **~ˌwelt** *f* outside (*od.* outer) world, world outside. **~ˌwer·bung** *f econ.* outdoor advertising. **~ˌwerk** *n mil. hist.* outwork. **~ˌwin·kel** *m math.* external angle. **~ˌwirt·schaft** *f econ.* foreign trade. **~ˌzoll** *m* external tariff.

au·ßer [ˈausər] **I** *prep* ⟨*dat*⟩ **1.** out of; ~ **Reichweite** out of (*od.* beyond) reach; → **Atem** 1, **Betrieb** 5, **Dienst** 5–7 *etc.* **2.** ~ **sich sein** (*od.* **geraten**) be beside o. s. (**vor** *Freude etc* with). **3.** (*abgesehen von*) apart (*Am.* aside) from, except, but, save; ~ **ihm war niemand da** nobody was there except him; **alle** ~ **einem** all but one; **alle** ~ **den hier erwähnten Personen** all persons other than those named herein; ~ **dir habe ich k-n Freund** I have no other friend but you. **4.** (*neben, zusätzlich zu*) in addition to (*one's salary, etc*). **II** *prep* ⟨*gen*⟩ **5.** ~ **Hauses** out; ~ **Landes gehen (leben)** go (live) abroad. **III** *conj* **6.** ~ **(wenn)** unless; ~ **daß** except that; ~ **damals**

except at that time; ~ **damals, als** the only time when.
ˌ**Au·ßerˈachtˌlas·sung** *f* <-; *no pl*> disregard; **unter ~ e-r Sache** (while) disregarding s. th.
ˈ**au·ßer|ˌamt·lich** *adj* nonofficial, unofficial, private. **~beˌruf·lich** *adj* extraprofessional. **~beˌtrieb·lich** *adj econ.* external (to the enterprise).
ˌ**Au·ßer·beˈtriebˌset·zung** *f* <-; *no pl*> *tech.* putting out of operation (*od.* action), stoppage.
ˈ**au·ßerˌbörs·lich** *adj econ.* in the outside market.
ˈ**au·ßerˈdem** *conj* besides, moreover, furthermore, in addition, also; ~, **was sollen wir ohne Wagen anfangen** besides, what are we to do without a car; **es gab Bier und ~ Wein** there was beer and wine as well.
ˈ**au·ßerˌdienst·lich** *adj* **1.** unofficial, extra-official, private. **2.** *mil.* (*a. adv*) off duty.
ˌ**Au·ßerˈdienstˌstel·lung** *f* <-; *no pl*> *mar. mil.* putting out of commission, (*Einmottung*) mothballing.
äu·ße·re [ˈɔʏsərə] *adj* <äußerst> **1.** outer, external, outward, exterior, outside; ~ **Schicht** outer layer; *fig.* **der ~ Einfluß (Zwang)** the external (*od.* outside) influence (pressure); **e-e ~ Verletzung** an external injury; ~ **Umstände** outward circumstances; **der ~ Mensch** the outer man; **nach dem ~n Schein urteilen** judge by appearances; *j-s* ~ **Erscheinung** → **Äußere** 2. **2.** (*auswärtig, ausländisch*) foreign, external (*market, etc*); *pol.* ~ **Angelegenheiten** foreign affairs. ˈ**Äu·ße·re** *n* <Äußer(e)n; *no pl*> **1.** outside, exterior. **2.** (*Erscheinung*) (outward *od.* external) appearance(s *pl*), *s. o.'s* looks *pl* (*od.* exterior); **von angenehmem ~n** good-looking, handsome, personable; **dem ~n nach zu urteilen** judging by appearances, on the face of it; **viel Wert auf sein ~s legen** be very particular about one's appearance. **3.** *pol.* foreign affairs *pl*; **Minister des ~n** → **Außenminister.**
ˈ**au·ßerˌehe·lich** *adj* **1.** *Kind*: illegitimate, (*a.* ~ **geboren**) born out of wedlock. **2.** *Beziehungen etc*: extramarital. **≳keit** *f* illegitimacy.
ˈ**au·ßer|etatˌmä·ßig** [-eˌtaː-] *adj pol.* extrabudgetary, extraordinary. **~eu·roˌpä·isch** *adj* extra-(*od.* non-)European. **~ˌfahrˌplanˌmä·ßig** *adj Züge etc*: special, nonscheduled. **~geˌricht·lich** *adj jur.* extrajudicial, private; **~er Vergleich, ~e Einigung** settlement out of court, amicable arrangement; **sie kamen zu e-r ~en Einigung** *a.* they settled the case out of court; **j-n gerichtlich und ~ vertreten** represent s. o. in and out of court. **~geˌsetz·lich** *adj jur.* extralegal. **~geˌwöhn·lich** *adj* **1.** a) unusual, uncommon, out of the ordinary, b) → **außerordentlich** 1; ~ **lange** unusually long; **es geschah nichts ≳es** nothing unusual happened. **2.** *econ. Belastungen etc*: nonrecurring, extraordinary. **~ˌhalb I** *prep* <*gen*> out of, outside, (*jenseits*) beyond; ~ **der Stadt** out of town; ~ **Europas** outside Europe; ~ **des Hauses** outdoors, out of doors, outside; ~ **der Dienststunden** out of office hours; → **außer** 1. **II** *adv* outside, (~ *der Stadt*) outside the (*od.* out of) town; ~ **wohnen** live outside the town; **von ~ kommen** come from outside the town; *fig.* **e-e ~ liegende Frage** a question beside the point. **~ˌir·disch** *adj* (*a. Science Fiction*: **~es Wesen**) extraterrestrial.
ˌ**Außer|ˈkraftˌset·zung** *f* <-; *no pl*> *jur.* annulment, *e-s Gesetzes etc*: repeal, abrogation, *zeitweilige*: suspension. **~ˈkursˌset·zung** *f* <-; *no pl*> *econ.* withdrawal from circulation, demonetization.
ˈ**au·ßerˌlehrˌplanˌmä·ßig** *adj ped.* extracurricular.
äu·ßer·lich [ˈɔʏsərlɪç] **I** *adj* **1.** *a. fig.* outward, external; **die ~e Erscheinung** → **Äußere** 2; **s-e Ruhe ist rein ~** he is only outwardly calm; **ein ~es** (*adv* ~ **anwendbares**) **Heilmittel** a remedy for external application; **nur zur ~en Anwendung** for external application (*od.* use) only, to be applied externally; **~e Verletzungen** external injuries. **2.** *fig.* (*oberflächlich*) superficial, shallow. **II** *adv* **3.** outwardly (*a. fig.*), externally; **rein ~ betrachtet** on the face of it. **≳keit** *f* <-; -en> **1.** exterior, (outward) appearance, externals *pl*. **2.** formality; **das sind bloße ~en** these are mere formalities. **3.** <*only sg*> *fig.* (*Oberflächlichkeit*) superficiality, shallowness.
ˈ**au·ßerˌmit·tig** *adj tech.* off(-)cent/re (*Am.* -er), eccentric.
äu·ßern [ˈɔʏsərn] **I** *v/t* <h> **1.** express, voice, utter, say; **s-e Meinung ~ (über** *acc*, **zu)** *cf.* 3; **e-n Verdacht ~** voice a suspicion. **2.** (*Gefühle etc*) express, show, manifest. **II** *v/reflex* **sich ~ 3. (über** *acc*, **zu)** express o. s. (*od.* one's opinion, one's views) (on), comment (on), speak (on, about). **4. (in** *dat* **in)** *Sache*: be manifested, be shown, find expression, *a. Krankheit etc*: manifest itself, show (itself), make itself felt.
ˈ**au·ßerˌor·dent·lich I** *adj* **1.** extraordinary, exceptional, outstanding, uncommon, unusual, singular, (*erstaunlich*) amazing, remarkable, fabulous, (*hervorragend*) eminent, outstanding, (*ungeheuer*) enormous, immense; **das ist nichts ≳es** that is nothing special (*od.* out of the common); **er hat ≳es geleistet** his achievements are quite remarkable, he has accomplished a lot. **2.** *Vollmacht, Konferenz etc*: extraordinary, special; **ein ~es Gericht** a special court; **~e Ausgaben** extrabudgetary expenses, extras; **~er Professor** senior lecturer, *Am.* associate professor. **II** *adv* **3.** extraordinarily (*etc*); **es war mir e-e ~ große Freude** I was extremely (*od.* enormously) pleased; **es war ~ schwierig** it was extremely difficult. **≳keit** *f* <-; *no pl*> extraordinariness, outstandingness.
ˈ**au·ßer|par·la·menˌta·risch** *adj* extraparliamentary (*opposition, etc*). **~ˌplanˌmä·ßig** *adj* **1.** extraordinary, additional, supplementary, *Beamter*: supernumerary, *Ausgaben*: extraordinary, extrabudgetary. **2.** → **außerfahrplanmäßig.** **~ˌsinn·lich** *adj psych.* **~e Wahrnehmung** extrasensory perception.
äu·ßerst [ˈɔʏsərst] **I** *sup of* **äußere. II** *adj* **1.** *räumlich*: outermost, extreme, (*entferntest*) *a.* farthest, remotest; *pol.* **die ~e Rechte (Linke)** the extreme right (left). **2.** *zeitlich*: last, latest, final; **der ~e Zeitpunkt** the latest (*od.* closing) date, the deadline. **3.** *fig.* extreme, utter, utmost; **von ~er Wichtigkeit** of utmost importance; **die ~e Grenze** the extreme limit; **mit ~er Kraft (***od.* **Anstrengung)** by supreme effort; **im ~en Fall** a) at the (ut)most, b) at the worst; **der ~e Preis** the lowest (*od.* minimum) price; **das ~e Angebot** the highest (*od.* maximum) offer; **aufs (***od.* **auf das) ~e erzürnt** extremely angry. **III ≳e, das** <-n> **4.** the extreme (limit *od.* case); **10 Mark sind (***od.* **ist) das ≳e** 10 marks are (*od.* is) the limit (*od.* the most); **sein ≳es tun** do one's very best (*od.* utmost); **et. bis zum ≳en (***od.* **aufs ≳e) treiben** push things to extremes; **bis zum ≳en gehen** go to the last extreme; **das ≳e wagen, es aufs ≳e ankommen (***od.* **es zum ≳en kommen) lassen** risk everything; **zum ≳en entschlossen** resolved to risk all, desperate; **aufs ≳e gefaßt sein (das ≳e befürchten)** be prepared for (fear) the worst; **wenn es zum ≳en kommt** if the worst comes to the worst, when it comes to the crunch.
ˈ**au·ßerˈstand** *adv* **j-n ~ setzen, et. zu tun** make it impossible for s. o. to do s. th.
ˈ**au·ßerˈstan·de** *adv* ~ **sein, sich ~ sehen** (**zu** *inf*) be unable (*od.* not to be in a position) (to *inf*).
ˈ**äu·ßer·stenˌfalls** *adv* **1.** at the most, at best, at the outside. **2.** at (the) worst.
ˈ**au·ßer·taˌrif·lich** *adj econ.* outside (*od.* above) the agreed scale (*od.* the collective agreement).
ˈ**Äu·ße·rung** *f* <-; -en> **1.** (*Ausspruch*) statement, utterance, declaration, (*Bemerkung*) remark, comment, observation. **2.** *fig.* (*Ausdruck, Zeichen*) expression, manifestation, sign.
ˈ**ausˌset·zen I** *v/t* <*sep*, -ge-, h> **1.** (*Kind etc*), *a. fig. dem Wetter, e-r Gefahr etc*: expose (*dat* to), (*Kind*) *a.* abandon; **j-n auf e-r einsamen Insel ~** maroon s. o.; **dem Gelächter ~** held *s. o., s. th.* to ridicule, make *s. o.* the laughing stock (of the town, *etc*); **sich e-r Gefahr ~** expose o. s. to (a) danger, run a risk, take a chance; **sich der Kritik s-r Gegner ~** lay o. s. open to the criticism of one's opponents; **der Sonne (neugierigen Blicken) ausgesetzt sein** be exposed to the sun (to inquisitive looks). **2.** (*Preis, Belohnung*) (*dat* to) offer, promise, hold out; **e-n Preis auf j-s Kopf ~** put a price on s. o.'s head; **j-m e-e Pension ~** settle a pension on s. o., allow s. o. a pension. **3.** *mar.* (*Passagiere*) disembark, land, put ashore, (*Boote*) lower, launch, (*Netze*) set. **4.** (*Tiere, Fische etc*) release, (*Pflanzen etc*) plant (out). **5.** *print.* (*Manuskript etc*) complete setting. **6.** (*das Allerheiligste*) expose. **7.** *mil.* (*Wachen etc*) post, station. **8. et. ~ an** (*dat*) criticize, find fault with, object to; **was ist daran auszusetzen?** what's wrong with it?; **er hat an allem et. auszusetzen** he finds fault with everything; **ich habe daran nichts auszusetzen** I can't find anything wrong with it; **an s-r Arbeit ist nichts auszusetzen** his work cannot be faulted, there is nothing wrong with his work. **9.** (*Streik, Kur etc*) interrupt, discontinue, *a. econ.* (*Zahlungen*) suspend. **10.** *jur.* a) (*Urteil etc*) suspend, arrest, b) (*Vermächtnis etc*) bequeath, c) (*Hinrichtung etc*) postpone, defer, (*vertagen*) adjourn; **das Verfahren (den Strafvollzug) ~** stay the proceedings (execution); → **Bewährung** 3. **II** *v/i* **11.** *Musik, Lärm etc*: stop, break off, *Atem, Puls, Herz etc*: miss a beat, skip, *öfter*: be irregular, *tech. periodisch*: intermit, (*versagen*) fail, *Motor*: *a.* stall, cut out, *sl.* conk out, *Zündung*: misfire. **12.** (*sich Ruhe gönnen*) (take a) rest, relax, pause, have a breather; **mit et. ~** interrupt (*od.* discontinue) s. th.; **mit der Arbeit ~** discontinue (*od.* stop) working; *beim Spiel*: (**e-e Runde) ~ müssen** miss a turn; **ohne auszusetzen** without interruption (*od.* stopping), *colloq.* without letup. **III ≳** *n* <-s> **13.** exposing (*etc*). **14.** interruption, cessation, stopping, stoppage, *tech.* (*Versagen*) failure, *der Zündung*: misfiring, *des Motors*: *a.* stalling,

(*periodisches* 2) *a. med.* intermittence. **15.** → **Aussetzung.** **ˈaus|set·zend** *adj* discontinuous, intermittent (*a. tech.*), *Puls etc*: irregular. **ˈAus|set·zer** *m mot.* misfiring. **ˈAus|set·zung** *f* ⟨-; -en⟩ **1.** → **aussetzen** 13. **2.** *dem Wetter, e-r Gefahr etc, a. jur. e-s Kindes etc*: exposure (*dat* to). **3.** *e-s Preises, e-r Belohnung etc*: offer, promise, *e-r Rente etc*: allowance. **4.** *jur.* a) ~ **des Verfahrens (der Vollstreckung)** stay (*od.* suspension) of proceedings (of execution), b) (*Aufschub*) deferment, postponement, (*Vertagung*) adjournment, c) *e-s Vermächtnisses*: bequeathal, d) *e-r Hinrichtung etc*: postponement, delay. **5.** *econ. e-r Zahlung*: suspension. **6.** *mar. von Passagieren*: disembarkment, *b.s. auf e-r Insel etc*: marooning. **7.** *von Tieren, Fischen etc*: release.

ˈAus|sicht *f* ⟨-; -en⟩ **1.** ⟨*only sg*⟩ (**auf** *acc*) view (of), outlook (over, on); ~ **haben auf** (*od.* **über**) (*acc*) overlook, command a view of, look down on (*od.* over); **ein Hotel mit ~ auf** (*od.* **über**) **die Stadt** a hotel overlooking the city; **j-m die ~ versperren** obstruct s. o.'s view. **2.** *fig.* (**auf** *acc*) prospect (of), outlook (for, on), chance (of); **die ~en für die Zukunft** the outlook *sg* (for the future), the prospects; **~en haben auf** *a.* be in the running (*od.* in line) for; **~(en) haben zu** *inf a.* be in a fair way to *inf*, stand to *win, etc*; **in ~ nehmen** consider, intend, plan; **et. in ~ stellen** promise s. th., hold out the prospect (*od.* promise) of s. th.; **~ auf Erfolg haben** have (*od.* stand) a good chance of success; *colloq.* **das sind ja schöne ~en!** fine prospects, indeed!; **s-e Beförderung steht in ~** he is about to be promoted.

ˈAus|sichts||fen·ster *n* picture (*od.* view) window. **2los** *adj* hopeless, (*verzweifelt*) desperate; **ein ~er Fall** a hopeless case; **e-e ~e Sache** a lost cause; **s-e Lage ist ~** his position is hopeless; **~e Versuche** futile attempts; **ein ~er Kampf** a losing fight. **~lo·sig·keit** *f* ⟨-; *no pl*⟩ hopelessness, futility; **er erkannte die ~ s-r Lage** he realized that his situation was hopeless. **~|punkt** *m* lookout (point), vantage point, viewpoint. **2|reich** *adj* promising, full of promise, *Person*: *a.* hopeful; **e-e ~e Stellung** a job (*od.* post) offering good prospects; **ein ~er Anwärter** a promising candidate. **~|turm** *m* lookout (*od.* observation) tower. **2|voll** *adj* → **aussichtsreich.** **~|wa·gen** *m rail.* observation (*od.* dome, sightseeing) car.

ˈaus|sickern (*getr.* **-k·k-**) *v/i* ⟨*sep*, **-ge-**, **sein**⟩ ooze (*od.* seep, trickle) out.

ˈaus|sie|ben I *v/t* ⟨*sep*, **-ge-**, **h**⟩ **1.** *a. fig.* sift out, screen, (*aussortieren*) sort (*od.* pick) out, *fig.* (*Bewerber etc*) pick out, select, *als ungeeignet etc*: reject, eliminate. **2.** *Radio*: filter (out), (*Frequenzen*) select. **II** 2 *n* ⟨-s⟩ → **2bung** *f* ⟨-; *no pl*⟩ **1.** sifting out (*etc*), *fig. a.* selection, rejection. **2.** *Radio*: filtering, *von Frequenzen*: selection.

ˈaus|sie·deln *v/t* ⟨*sep*, **-ge-**, **h**⟩ (**aus** from) evacuate, transfer *s. o.* (compulsorily), resettle. **ˈAus|sied·ler** *m bes. pol.* evacuee, person resettled. **ˈAus|sied·lung** *f* ⟨-; -en⟩ *bes. pol.* evacuation, (compulsory) transfer, resettlement.

ˈaus|sin·nen *v/t* ⟨*irr, sep*, **-ge-**, **h**⟩ (**sich** *dat*) **et. ~** think s. th. out (*a.* up), contrive (*od.* invent, devise) s. th., (*Verschwörung etc*) plot.

ˈaus|söhn·bar *adj* reconcilable.

ˈaus|söh|nen [-|zøːnən] **I** *v/t* ⟨*sep*, **-ge-**, **h**⟩ **j-n ~ mit** reconcile s. o. with (*od.* to) *s. o., s. th.* **II** *v/reflex* **sich ~** (**mit**) become reconciled (with, to), make one's peace (with), *colloq.* make it up (with); *fig.* **er hat sich mit s-m Schicksal ausgesöhnt** he reconciled himself (*od.* he has become reconciled) to his fate. **2nung** *f* ⟨-; *no pl*⟩ *a. jur.* reconciliation (**mit** with, to).

ˈaus|son·dern *v/t* ⟨*sep*, **-ge-**, **h**⟩ **1.** (**aus** from) sort (*od.* single, pick) out, select. **2.** (*Unbrauchbares*) cast out, reject, eliminate. **3.** *bei Konkurs*: separate. **4.** → **ausscheiden** 2. **~d** *adj* excretory, secretory, excretive.

ˈAus|son·de·rung *f* ⟨-; -en⟩ **1.** ⟨*only sg*⟩ (*Auslese*) selection, *von Unbrauchbarem*: rejection, elimination. **2.** *bei Konkurs*: separation. **3.** *physiol.* excretion, secretion.

ˈaus|son·de·rungs|be|rech·tigt *adj jur. econ.* entitled to preferential settlement (*od.* recovery). **2|recht** *n* right of separation (and recovery).

ˈaus|sor·gen *v/i* ⟨*only pp*⟩ *colloq.* **ausgesorgt haben** have no more money worries, have feathered one's nest.

ˈaus·sor|tie·ren *v/t* ⟨*sep, no* **-ge-**, **h**⟩ **1.** sort (out). **2.** (*Unbrauchbares*) cast out, reject. **3.** *tech.* sort, *qualitativ*: grade.

ˈaus|spach·teln *v/t* ⟨*sep*, **-ge-**, **h**⟩ fill *s. th.* out with putty, compound.

ˈaus|spä|hen I *v/i* ⟨*sep*, **-ge-**, **h**⟩ (**nach** for) keep a (sharp) lookout, look out. **II** *v/t a. jur.* spy (out). **2hung** *f* ⟨-; *no pl*⟩ *jur.* **~ von Staatsgeheimnissen** spying out of state secrets.

ˈaus|span·nen I *v/t* ⟨*sep*, **-ge-**, **h**⟩ **1.** (*Pferde*) unharness, (*Ochsen*) unyoke. **2.** (*ausbreiten*) stretch (out), extend, (*Flügel, Netz etc*) spread out, extend, stretch out. **3.** take *s. th.* out (**aus** of), *tech. a.* remove, release, unclamp. **4.** *fig. colloq.* **j-m et. ~** do s. o. out of s. th.; **j-m die Freundin ~** steal s. o.'s girl, cut s. o. out with his girl. **II** *v/i* **5.** unharness the horse(s), unyoke the ox(en). **6.** *fig.* (*ausruhen*) relax, (take a) rest, take it easy, lay off (*for a week, etc*). **ˈAus|span·nung** *f* ⟨-; *no pl*⟩ *fig.* relaxation, rest.

ˈaus|spa|ren *v/t* ⟨*sep*, **-ge-**, **h**⟩ **1.** (*Malgrund, Raum, Zeile etc*) leave *s. th.* blank, (*Öffnung*) leave, *tech.* recess. **2.** *fig.* (*Thema etc*) leave *s. th.* out (of consideration), put *s. th.* on one side, avoid, *Literatur*: leave out. **3.** *mil.* bypass (*a town, etc*). **2rung** *f* ⟨-; -en⟩ **1.** leaving out (*od.* blank, *etc*). **2.** *tech.* recess. **3.** *print.* blank, free space.

ˈaus|spei·en I *v/t* ⟨*irr, sep*, **-ge-**, **h**⟩ *lit.* **1.** spit out, (*erbrechen*) vomit. **2.** *fig.* spew (out), disgorge, belch (out), spout. **II** *v/i* **3.** spit (out); **vor j-m ~** spit (contemptuously) at s. o.'s feet.

ˈaus|sper|ren *v/t* ⟨*sep*, **-ge-**, **h**⟩ **1.** (**aus** of) shut *s. o.* out, *a.* (*Arbeiter*) lock *s. o.* out. **2.** *print.* (*Zeilen*) space (out), (*Satz*) lead. **2rung** *f* ⟨-; -en⟩ *der Arbeiter*: lockout.

ˈaus|spie·len I *v/t* ⟨*sep*, **-ge-**, **h**⟩ **1.** (*Partie etc*) play *s. th.* to the end, finish. **2.** (*Lotteriegewinn etc*) dispose of *s. th.* by lot. **3.** (*Spielkarte*) a) (*anspielen*) lead, b) (*ins Spiel bringen*) play; → **Trumpf. 4.** *fig.* **j-n gegen j-n ~** play s. o. off against s. o. **5.** *fig.* bring into play, (*Können, Einfluß etc*) bring to bear, demonstrate. **6.** *Sport*: a) (*Pokal etc*) play for (*the challenge cup, etc*), b) (*den Gegner*) outplay, outmanœuvre, *Am.* outmaneuver. **7.** *thea.* act out (*a part, scene*) in full detail. **II** *v/i* **8.** *fig.* **er hat ausgespielt** he is finished (*od.* done for); **Sie haben ausgespielt!** your game is up! **9.** *Kartenspiel*: lead, have the lead; **wer spielt aus?** who leads?, whose lead?; **du spielst aus!** your lead! **III** 2 *n* ⟨-s⟩ **10.** → **ˈAus|spie·lung** *f* ⟨-; -en⟩ **1.** *Lotteriespiel etc*: draw(ing of lots), disposal of *s. th.* by lot. **2.** (**öffentliche**) ~ (public) lottery. **3.** *e-s Pokals etc*: competition (*gen* for). **4.** → **Ausschüttung** 1.

ˈaus|spin·nen *v/t* ⟨*irr, sep*, **-ge-**, **h**⟩ *fig.* (**zu** into) (*Gedanken etc*) spin *s. th.* out, elaborate, develop; **e-n Gedanken weiter ~** elaborate on (*od.* pursue) a thought.

ˈaus·spio|nie·ren *v/t* ⟨*sep, no* **-ge-**, **h**⟩ spy (*od.* nose) out; **j-n ~** spy on s. o.; **j-n ~ lassen** set spies on s. o.

ˈAus|spra·che *f* ⟨-; -n⟩ **1.** ⟨*only sg*⟩ *ling.* pronunciation, *klare, undeutliche etc*: *a.* articulation, *fremdartige, landschaftliche*: accent; **falsche ~** wrong pronunciation, mispronunciation; *humor.* **sie hat e-e feuchte ~** she splutters while talking. **2.** (*Erörterung*) discussion, talk, exchange of views, *a. parl.* debate; **offene (zwanglose) ~** heart-to-heart (informal) talk; **heftige ~** fierce discussion. **~|abend** *m* discussion evening, *Am.* evening forum. **~be|zeich·nung** *f ling.* phonetic transcription, indication of pronunciation. **~|feh·ler** *m* mistake in pronunciation, mispronunciation. **~|wör·ter|buch** *n* pronouncing dictionary. **~|zei·chen** *n* **1.** pronunciation symbol. **2.** diacritical mark.

ˈaus|sprech·bar *adj* **1.** *Wort*: pronounceable; **nicht ~** unpronounceable. **2.** *Gedanke etc*: expressible.

ˈaus|spre·chen I *v/t* ⟨*irr, sep*, **-ge-**, **h**⟩ **1.** (*Wort etc*) pronounce; **et. falsch ~** pronounce s. th. wrongly, mispronounce s. th.; **ein Wort deutlich ~** pronounce (*od.* articulate, enunciate) a word distinctly (*od.* clearly); **das ‚b' in ‚climb' wird nicht ausgesprochen** the 'b' in 'climb' is not pronounced (*od.* sounded, is mute). **2.** (*Meinung etc*) express, voice, utter; **e-n Wunsch (sein Bedauern, s-n Dank) ~** express a wish (one's regret, one's thanks); **s-e Meinung offen ~** speak one's mind, speak out (*od.* up); → **Vertrauen. 3.** (*beenden*) speak (*a sentence, etc*) to the end, finish. **4.** *jur.* a) (*Urteil*) pass, pronounce, deliver, b) (*Scheidung etc*) grant. **II** *v/i* **5.** (*enden*) finish (speaking); **lassen Sie mich ~!** let me finish, hear me out! **III** *v/reflex* **sich ~ 6. das Wort spricht sich schwer aus** the word is difficult to pronounce. **7.** (*sich äußern*) (**über** *acc* on, about) express o. s., give one's opinion, speak one's mind, pronounce (o. s.); **er hat sich offen darüber ausgesprochen** he expressed himself freely (*od.* frankly) on that matter; **sich für (gegen) et. ~** declare o.s. (*od.* speak) for (against) s.th.; **er sprach sich für den Plan aus** *a.* he advocated (*od.* supported, endorsed) the plan; **sie sprachen sich gegen diese Politik aus** *a.* they rejected (*od.* opposed, warned against) this policy; **sich lobend ~ (über** *acc*) → **loben. 8.** (*sein Herz ausschütten*) (**mit, bei** to) unburden o. s., unbosom o. s., open one's heart; **er wollte sich endlich einmal über alles ~** he finally wanted to make a clean breast of it all. **9.** *zur Klärung*: (**mit** with) discuss things, *colloq.* have it out; **ich habe mich mit ihm darüber ausgesprochen** I have had a frank talk with him about the matter, I have talked it over with him; **wir haben uns gründlich ausgesprochen** we had a heart-to-heart talk with each other.

ˈaus|sprei·zen *v/t* ⟨*sep*, **-ge-**, **h**⟩ → **spreizen** 1.

ˈaus|spren·gen[1] *v/t* ⟨*sep*, **-ge-**, **h**⟩ *mit Sprengstoff*: blast *s. th.* out.

ˈausˌspren·gen² *v/t* ⟨*sep*, -ge-, h⟩ *fig. lit.* (*Nachricht etc*) spread *s. th.* (abroad), circulate.

ˈausˌsprin·gen *v/i* ⟨*irr, sep*, -ge-, sein⟩ **1.** *Feder etc*: jump out, snap out. **2.** *Mauer etc*: jut out, project; **~der Winkel** salient angle.

ˈausˌsprit·zen I *v/t* ⟨*sep*, -ge-, h⟩ **1.** (*Flüssigkeit*) squirt *s. th.* out, spout, (*Samenflüssigkeit*) ejaculate. **2.** (*Gefäß etc*) flush *s. th.* out, *mit Schlauch*: *a.* hose, *med.* (*Ohr etc*) syringe, (*ausspülen*) irrigate. **II** *v/i* ⟨sein⟩ **3.** spurt (*od.* gush) out.

ˈAusˌspruch *m* utterance, word(s *pl*), (*Bemerkung*) remark, observation, *lit.* diction, (*bes. geflügeltes Wort*) saying; **den ~ tun** say (the following words).

ˈausˌspucken (*getr.* -k·k-) **I** *v/t* ⟨*sep*, -ge-, h⟩ **1.** spit *s. th.* out. **2.** *fig. Computer etc*: spit out, spew out (*data, etc*); *humor.* **Geld ~ (müssen)** (have to) cough up (*od.* shell out) money. **II** *v/i* **3.** spit; **vor j-m ~** a) spit (contemptuously) at s. o.'s feet, b) *fig.* spit (up)on s. o.

ˈausˌspü|len *v/t* ⟨*sep*, -ge-, h⟩ **1.** (*Gefäß etc*) rinse (*od.* wash) (out), (*bes. ein Becken etc*) flush, *tech.* flush, scavenge; **sich** (*dat*) **den Mund ~** rinse one's mouth; **et. gut ~** give s. th. a good rinse. **2.** *med.* (*Magen etc*) irrigate, (*Vagina*) douche, (*Hals*) gargle, rinse. **3.** *geol.* (*Ufer etc*) wash out (*od.* away), erode. **ᘐlung** *f* ⟨-; -en⟩ **1.** rinsing (*etc*), rinse. **2.** *med.* irrigation.

ˈausˌspü·ren *v/t* ⟨*sep*, -ge-, h⟩ → **aufspüren.**

ˈaus·stafˌfie|ren *v/t* ⟨*sep, no* -ge-, h⟩ **1.** (*ausstatten*) (**mit** with) fit (out), provide, furnish, equip. **2.** *contp.* (*herausputzen*) dress *s. o.* up, *colloq.* rig *s. o.* out, doll (*od.* tog) *s. o.* up. **3.** (*schmücken*) trim, garnish, decorate. **4.** *thea., Film*: make up. **ᘐrung** *f* ⟨-; *no pl*⟩ **1.** fitting out (*etc*). **2.** equipment, outfit, *e-s Raumes*: furniture. **3.** *contp.* getup. **4.** (*Schmuck*) trimming, garnishment, decoration. **5.** *thea., Film*: make-up.

ˈausˌstamp·fen *v/t* ⟨*sep*, -ge-, h⟩ (*Feuer etc*) stamp *s. th.* out.

ˈAusˌstand *m econ.* strike, *colloq.* walkout; **im ~** on strike; **in den ~ treten** go on strike, *colloq.* walk out. **ˈausˌstän·dig** *adj* **1.** (*streikend*) striking, on strike. **2.** *dial. Betrag etc*: outstanding.

ˈausˌstan·zen *v/t* ⟨*sep*, -ge-, h⟩ *tech.* punch (out).

ˈausˌstat·ten [-ˌʃtatən] *v/t* ⟨*sep*, -ge-, h⟩ (**mit** with) **1.** (*Haus, Wohnung etc*) furnish, fit out, equip, *innenarchitektonisch*: design, (*j-n mit Kleidung*) fit out, provide, (*Auto, Maschine etc*) equip, fit, (*Betrieb mit Maschinen od. Werkzeugen*) *a.* tool, (*Buch etc*) get *s. th.* up, (*Film, Theaterstück etc*) mount, stage; **ein schön ausgestattetes Hotel (Zimmer)** a well-appointed hotel (room). **2.** (*Tochter*) portion, give a dowry to. **3.** *econ.* endow (*with capital*). **4.** *jur. mit Befugnissen, e-r Vollmacht etc*: vest (*with powers, authority, etc*). **5.** *fig.* endow, equip (*s. o. with talents, etc*). **ˈAusˌstat·tung** *f* ⟨-; -en⟩ **1.** (**mit** with) furnishing (*etc*), provision, supply, equipment. **2.** (*Mobiliar etc*) furnishings *pl*, equipment, *bes. e-s Hotels, Schiffes etc*: appointments *pl*, (*Gestaltung*) (interior) design; **die ~ e-s Labors** the equipment of a laboratory. **3.** (*Ausrüstung*) outfit, equipment. **4.** ⟨*only sg*⟩ (*Aufmachung*) *a. e-s Buches, e-r Verpackung etc*: getup. **5.** → **Aussteuer.** **6.** *tech. allg.* equipment, outfit, (*Zusatzgerät*) attachment(s *pl*), (*Zubehör*) accessories *pl*, *mot.* (*Luxus*ᘐ) appointments *pl*, (*Armaturen*) fittings *pl*. **7.** *thea., Film*: decor and makeup, costumes *pl*, mounting. **8.** ⟨*only sg*⟩ *econ.* a) *e-s Wertpapiers*: terms *pl* (of issue), b) endowment (*with capital*).

ˈAusˌstat·tungs|ˌfilm *m* spectacular (film). **~reˌvue** *f thea.* spectacular show (*od.* revue). **~ˌschutz** *m econ.* protection of exterior design. **~ˌstück** *n* **1.** *thea.* spectacular (show *od.* play). **2.** (*Gegenstand*) piece of equipment.

ˈausˌstau·ben *v/t* ⟨*sep*, -ge-, h⟩ dust.

ˈausˌste·chen *v/t* ⟨*irr, sep*, -ge-, h⟩ **1.** (*Graben, Unkraut*) dig out, (*Rasen, Torf, a. gastr. Plätzchen*) cut out, (*Apfel*) core, (*Muster*) prick out, *Kunst*: engrave, carve, cut *s. th.* out. **2.** (*Augen*) put out, gouge out. **3.** *fig. colloq.* (*übertrumpfen*) excel, outdo, outshine, put *s. o.* in the shade, (*verdrängen*) cut out, supplant; **j-n bei j-m ~** cut s. o. out with s. o.

ˈAusˌstechˌform *f* pastry cutter.

ˈausˌstecken (*getr.* -k·k-) *v/t* ⟨*sep*, -ge-, h⟩ *electr., tech.* unplug, disconnect.

ˈausˌste·hen I *v/t* ⟨*irr, sep*, -ge-, h⟩ **1.** (*Hunger, Schmerzen etc*) stand, bear, endure, (*Angst, Sorgen*) have, suffer; **(mit j-m) viel auszustehen haben** have to endure (*od.* put up with) a lot (from s. o.); **sie hatte viel Angst um ihn ausgestanden** she had been terribly worried about him; **es ist bald ausgestanden** it will soon be over; **das ist noch nicht ausgestanden** it isn't over yet, we are not yet out of the woods. **2.** *colloq.* **ich kann ihn (das) nicht ~** I can't stand (*od.* bear, stomach, stick) him (that). **II** *v/i* **3.** *Nachricht*: have not yet come, be still expected, be not forthcoming, *Entscheidung*: be (still) pending, *Zahlungen*: be outstanding, *Geld, Sendungen*: be overdue; **s-e Antwort steht noch aus** he has not answered yet, we are still waiting for his answer; **ich habe noch Geld von ihm ~** he still owes me money. **4.** *Waren zum Verkauf*: be displayed for sale. **ˈausˌste·hend** *adj Zahlung etc*: outstanding, receivable, owing, unpaid, *Sendung*: overdue, *Entscheidung*: (still) pending; **~e Forderungen** outstanding debts, arrears, *Am.* accounts receivable.

ˈausˌstei·fen *v/t* ⟨*sep*, -ge-, h⟩ (*Graben, Schacht etc*) stay, brace, prop.

ˈausˌstei·gen *v/i* ⟨*irr, sep*, -ge-, sein⟩ **1.** (**aus**) *e-m Auto, Boot*: get out (of), *e-m Zug, Bus etc*: get off (*a train, etc*), *aer. mar. a.* disembark (from), *aer. colloq. mit dem Fallschirm*: bail out; **(aus dem Flugzeug) ~** *a.* disemplane. **2.** *fig. colloq.* (**aus** of) *e-m Unternehmen etc*: get (*colloq.* opt, pull, back) out, *der Gesellschaft, Gemeinschaft*: cop (*od.* drop) out. **3.** *Sport*: give up, *in Laufdisziplinen*: drop out, *Fußball etc*: **den Gegner ~ lassen** sell a dummy to one's opponent. **ˈAusˌstei·ger** *m* ⟨-s; -⟩ *colloq.* drop-out.

ˈausˌstei·nen [-ˌʃtaɪnən] *v/t* ⟨*sep*, -ge-, h⟩ (*Obst*) stone, pit.

ˈausˌstel·len I *v/t* ⟨*sep*, -ge-, h⟩ **1.** (*Waren, Gemälde etc*) display, exhibit, show. **2.** (*Bescheinigung, Quittung, Rechnung etc*) make out, write (out), *bes. adm.* issue (*a passport, etc*); **et. auf j-s Namen ~** make out s. th. in s. o.'s name; **sich** (*dat*) **e-e Bescheinigung ~ lassen** have a certificate made out; **e-n Scheck auf j-n ~** make a cheque (*Am.* check) payable to s. o.; **e-n Wechsel auf j-n ~** draw a bill on s. o. **3.** *hunt.* (*Falle*) set. **II** *v/i* **4.** *Firma, Maler etc*: exhibit.

ˈAusˌstel·ler *m* ⟨-s; -⟩ **1.** exhibitor, exhibiting firm. **2.** *e-r Bescheinigung, Quittung etc*: issuer, *adm.* issuing authority, *e-s Schecks, Wechsels*: drawer. **~ˌfir·ma** *f* → **Aussteller** 1.

ˈAusˌstellˌfen·ster *n mot.* ventipane.

ˈAusˌstel·lung *f* ⟨-; -en⟩ **1.** displaying (*etc*). **2.** exhibition, show, *Am. a.* exposition, (*Messe*) fair. **3.** ⟨*only sg*⟩ *e-r Bescheinigung, Rechnung, e-s Schecks etc*: issue; **~ e-s Wechsels (auf j-n)** drawing of a bill (on s. o.).

ˈAusˌstel·lungs|ˌda·tum *n* date of issue. **~ˌflä·che** *f* exhibition space. **~geˌlän·de** *n* exhibition (*od.* fair) grounds *pl* (*od.* site). **~ˌgü·ter** *pl* exhibits, exhibited articles. **~ˌhal·le** *f* exhibition hall, pavilion. **~ˌjahr** *n* **1.** year of issue. **2.** exhibition year. **~ˌlei·tung** *f* exhibition management. **~ˌort** *m* **1.** *e-s Reisepasses, e-r Rechnung etc*: place of issue. **2.** place where an exhibition is held. **~pa·viˌlon** *m* (exhibition) pavilion. **~ˌraum** *m* exhibition room, showroom. **~ˌstand** *m* exhibition stand. **~ˌstück** *n* exhibit. **~ˌtag** *m* → **Ausstellungsdatum.**

ˈausˌstem·men I *v/t* ⟨*sep*, -ge-, h⟩ *tech.* chisel *s. th.* out. **II** *v/i Skisport*: slide skis into stem position.

ˈausˌstem·peln *v/i* ⟨*sep*, -ge-, h⟩ *mit Stempeluhr*: check out, clock out.

ˈAusˌster·be·etat [-ʔeˌtaː] *m* ⟨-s; *no pl*⟩ *fig. humor.* **et. auf den ~ setzen** designate s. th. for the scrap heap; **auf dem ~ stehen** be about to be scrapped, be doomed.

ˈausˌster·ben I *v/i* ⟨*irr, sep*, -ge-, sein⟩ die out, become extinct; **diese Linie des Königshauses ist ausgestorben** this royal line has become extinct; **diese Sprache stirbt langsam aus** this language is dying out (*od.* becoming extinct); → **Dumme. II** ᘐ *n* ⟨-s⟩ dying out, extinction; **im ᘐ (begriffen) sein** be dying out.

ˈAusˌsteu·er *f* ⟨-; *no pl*⟩ trousseau, (*Mitgift*) dowry.

ˈausˌsteu·ern *v/t* ⟨*sep*, -ge-, h⟩ **1.** *Radio etc*: modulate, (*regeln*) control the recording level of (*a tape-recorder*). **2.** *Versicherung*: **ausgesteuert werden** be disqualified from further benefit payments, exhaust one's claims to insurance benefits. **3. e-e Tochter ~** provide a daughter with a dowry. **ˈAusˌsteue·rung** *f* ⟨-; *no pl*⟩ **1.** modulating (*etc*). **2.** *Radio etc*: a) modulation, b) level control. **3.** *econ. jur.* expiration (*od.* exhaustion) of s. o.'s claims to insurance benefits.

ˈAusˌsteue·rungs|ˌanˌzei·ger *m electr.* percent modulation indicator, *Tonbandgerät*: → **~konˌtrol·le** *f*, **~ˌreg·ler** *m* recording level indicator (*od.* control).

ˈAusˌsteu·er·verˌsi·che·rung *f econ.* children's endowment insurance.

ˈAusˌstieg *m* ⟨-(e)s; -e⟩ **1.** getting out (**aus** of) (*etc*, → **aussteigen**). **2.** *im Bus etc*: exit (door); **~ hinten!** please alight at the back! **3.** *von Kanälen etc*: manhole, *am Dach*: trapdoor, *aus U-Boot, Panzer etc*: escape hatch. **~ˌlu·ke** *f* escape hatch.

ˈausˌsto·chern *v/t* ⟨*sep*, -ge-, h⟩ **sich** (*dat*) **die Zähne ~** pick one's teeth.

ˈausˌstop|fen *v/t* ⟨*sep*, -ge-, h⟩ (*Kissen, Tiere etc*) stuff, *mit Watte*: *a.* pad. **ᘐfer** *m* ⟨-s; -⟩ stuffer (of animals), taxidermist. **ᘐfung** *f* ⟨-; *no pl*⟩ stuffing (of animals), taxidermy.

ˈAusˌstoß *m* ⟨-es; *rare* ⸚e⟩ **1.** (*Produktionsleistung*) output, production. **2.** *phys.* expulsion, discharge, *a. tech.* ejection. **3.** *e-s Fasses*: tapping. **ˈausˌsto·ßen I** *v/t* ⟨*irr, sep*, -ge-, h⟩ **1.** (*Dampf etc*) eject, emit, give off, (*Gase etc*) exhaust, blow off, (*Atem*) expel, *tech.* eject, throw out, (*auspressen*) extrude, *mar. mil.* (*Torpedo*) launch. **2.** *physiol.*

(*Plazenta*) expel; → *a.* **ausscheiden** 2. **3.** (*Fluch, Worte*) utter, (*Schrei*) *a.* give, (*Seufzer*) heave, give. **4.** *econ.* turn out, produce. **5.** (*Silben etc*) drop, (*Vokale*) elide. **6.** *fig.* **j-n ~** (**aus**) *e-r Partei etc*: expel (*od.* exclude) s. o. (from), *colloq.* turn s. o. out (of); **j-n aus der Gemeinschaft** (*od.* **der Gesellschaft**) **~** ostracize s. o.; **j-n aus der Armee ~** discharge s. o. dishono(u)rably, cashier s. o.; *R. C.* **j-n aus der Kirche ~** excommunicate s. o. **II** *v/i* **7.** *beim Schwimmen*: kick. **ˈAusˌsto·ßer** *m* <-s; -> *tech.* ejector.

ˈAusˌstoßˌrohr *n mil.* torpedo tube.

ˈAusˌsto·ßung *f* <-; *no pl*> ejecting (*etc*, → **ausstoßen**), ejection, expulsion, *ling.* elision; **~ aus dem Heer** dishono(u)rable discharge; *R. C.* **~ aus der Kirche** excommunication.

ˈausˌstrah·len I *v/t* <*sep*, **-ge-**, h> **1.** *phys.* radiate (*a. fig. calmness, kindness, etc*), (*Licht*) emit. **2.** *Radio*: (*Programm*) radiate, broadcast, transmit, (*Funkspruch etc*) send, transmit. **II** *v/i* <sein> **3.** *Wärme*: radiate, *Licht*: be emitted. **4.** *Schmerzen*: radiate (**bis zu** to). **5.** *fig.* (**auf** *acc*) *Ruhe etc*: radiate (to), communicate (to), *weitS.* influence *s. o., s. th.*, have an effect ([up]on). **ˈAusˌstrah·lung** *f* <-; *no pl*> **1.** radiating (*etc*). **2.** *von Wärme*: radiation, *von Licht*: emission. **3.** *fig.* radiation, (*Auswirkung*) (**auf** *acc* on) effect, influence, *e-s Menschen*: (personal) magnetism, aura, charisma, personality. **4.** *e-s Radio-, Fernsehprogramms*: transmission, broadcast (-ing).

ˈAusˌstrah·lungs|ˌflä·che *f phys.* radiating surface. **~ˌkraft** *f* <-; *no pl*> → **Ausstrahlung** 3. **~verˌlust** *m phys.* loss of radiation. **~verˌmö·gen** *n* <-s; *no pl*> emissivity.

ˈausˌstrecken (*getr.* **-k·k-**) **I** *v/t* <*sep*, **-ge-**, h> **1.** (*Arme, Beine etc*) stretch (out), (*Fühler, Zunge*) put out; **die Hand ~** stretch out one's hand, **nach**: *a.* reach for; **mit ausgestreckten Händen** with outstretched hands. **2.** *tech.* stretch, elongate. **II** *v/reflex* **sich ~ 3.** stretch o. s. out (*on the sofa, etc*), (*sich recken*) stretch.

ˈausˌstrei|chen I *v/t* <*irr, sep*, **-ge-**, h> **1.** (*Geschriebenes*) strike (*od.* cross) out, cancel, delete; **j-s Namen auf e-r Liste ~** cross s. o.'s name off a list. **2.** (*Falten etc glätten*) smooth out (*od.* down). **3.** (*Farbe*) spread, distribute. **4.** (*Backform mit Fett*) grease, (*Teig*) spread out. **5.** (*Risse, Fugen*) grout, point. **II** *v/i* **6.** *geol.* crop out, outcrop. **2chung** *f* <-; *no pl*> **1.** crossing out (*etc*), cancel(l)ation, deletion. **2.** *geol.* outcrop.

ˈausˌstreu|en *v/t* <*sep*, **-ge-**, h> **1.** (*Futter, Samen etc*) scatter, spread. **2.** *fig.* (*Gerücht etc*) *a.* **~ lassen** spread, circulate. **2ung** *f* <-; *no pl*> **1.** scattering (*etc*). **2.** *fig. von Gerüchten etc*: spreading, circulation.

ˈausˌströ·men I *v/i* <*sep*, **-ge-**, sein> **1.** (**aus**) stream (*od.* pour, *stärker*: gush) out (of), *Gas, Dampf etc*: escape (from), *aus undichten Stellen*: leak out (of). **2.** (**aus** from) *Wärme, Licht etc*: radiate, emanate, come, *Geruch etc*: emanate, exhale, exude. **3.** *fig.* emanate, radiate, flow; **von ihm strömte Zuversicht aus** he radiated confidence. **II** *v/t* <h> **4.** (*Licht, Wärme etc*) radiate, emit, emanate, (*Geruch etc*) exhale, give off. **5.** *fig.* radiate, breathe. **III 2** *n* <-s> **6.** → **ˈAusˌströ·mung** *f* <-; *no pl*> streaming out (*etc*), discharge, escape (*of gas, etc*), *von Geruch*: exhalation, *von Licht etc*, *a. fig.* radiation, emanation. **ˈAusˌström·venˌtil** *n tech.* discharge valve.

ˈaus·stuˌdie·ren I *v/t* <*sep, no* **-ge-**, h> *colloq.* **1.** (*Zeitung etc*) a) study *s. th.* thoroughly, b) finish (reading) *s. th.* **2.** think *s. th.* out carefully. **II** *v/i* **3.** finish (*od.* complete) one's studies.

ˈausˌstül·pen I *v/t* <*sep*, **-ge-**, h> **1.** (*Handschuhfinger etc*) turn out the inside of. **2.** (*wölben*) bulge. **3.** *med.* (*Blase etc*) evert, evaginate. **II** *v/reflex* **sich ~ 4.** be turned inside out.

ˈausˌsu·chen *v/t* <*sep*, **-ge-**, h> **1.** choose, select, pick *s. th.* out; **suchen Sie sich nur et. aus!** take your pick! **2.** (*aussortieren*) sort, pick *s. th.* out.

ˈaus·ta·peˌzie·ren *v/t* <*sep, no* **-ge-**, h> → **tapezieren**.

ˈausˌta·sten *v/t* <*sep*, **-ge-**, h> **1.** feel the inside of. **2.** *electr. TV* blank, *Am.* black out.

ˈAusˌtast|imˌpuls *m electr. TV* blanking pulse. **~ˌpe·gel** *m* blanking level.

ˈAusˌta·stung *f* <-; *no pl*> *TV* blanking.

ˈAusˌtausch *m* <-(e)s; *no pl*> **1.** *allg.* exchange, *a.* interchange; **Rohstoffe im ~ gegen Maschinen** raw materials in exchange for machinery; **~ von Studenten** exchange of students; **kultureller ~** cultural exchanges *pl*; *fig.* **mit j-m in ständigem ~ stehen** be in constant touch with s. o. **2.** (*Ersatz*) *a. tech.* exchange, replacement, *a. chem. u. Sport*: substitution. **3.** *ped.* exchange (visit); **die Studenten kamen im ~ zu uns** the students came to us on an exchange basis.

ˈausˌtausch·bar *adj* (**gegen** for) exchangeable, interchangeable. **2keit** *f* <-; *no pl*> exchangeability, interchangeability.

ˈAusˌtauschˌdienst *m* (**akademischer ~** academic) exchange service.

ˈausˌtau·schen *v/t* <*sep*, **-ge-**, h> **1.** (**gegen** for) *allg.* (*a. Botschafter, Gefangene, Meinungen, Schläge etc*) exchange, *a.* interchange; **mit j-m Briefe ~** exchange letters with s. o.; **er tauschte die beiden Reifen (gegeneinander) aus** he interchanged the two tyres (*Am.* tires); **Erfahrungen (miteinander) ~** compare notes; **Zärtlichkeiten (miteinander) ~** caress each other. **2.** (*ersetzen*) *a. tech.* (ex)change, replace (*a. math.*), substitute (*a. chem. u. Sport*); **er tauschte die alte Batterie gegen e-e neue aus** he replaced the old battery by a new one, he (ex)changed the old battery for a new one, he substituted a new battery for the old (one). **3.** *econ.* exchange, barter, *colloq.* swap. **4.** *biol.* (*Gene etc*) cross over, interchange.

ˈAusˌtausch·enerˌgie *f phys.* exchange energy.

ˈAusˌtau·scher *m* <-s; -> *chem. phys.* exchanger.

ˈAusˌtausch|ˌleh·rer *m* exchange teacher. **~ˌmo·tor** *m* replacement engine. **~proˌgramm** *n* exchange program(me). **~ˌschü·ler** *m* exchange student (*od.* pupil). **~ˌstoff** *m synth. tech.* alternative (*od.* substitute) (material). **~ˌstück** *n mot.* replacement (*od.* interchangeable) part. **~stuˌdent** *m*, **~stuˌden·tin** *f* exchange student. **2ˌwei·se** *adv* on an exchange basis. **~ˌwerkˌstoff** *m* → **Austauschstoff**.

ˈausˌtei|len *v/t* <*sep*, **-ge-**, h> **1.** (**an** *acc* to, **unter** *acc* among) distribute, deal out, hand out; *relig.* **die Kommunion** (**das Abendmahl**) **~** (**an** *acc* to) give Communion (administer the Sacrament). **2.** (*Spielkarten, colloq. Schläge*) deal (out). **3.** (*Suppe etc*) serve. **2lung** *f* <-; *no pl*> distribution, deal(ing), *relig.* administration, dispensation.

Au·ster [ˈaustər] *f* <-; -n> *zo.* oyster; **~n fangen** dredge (for) oysters, oyster.

ˈAu·stern|ˌbank *f*, **~ˌbett** *n* oyster bed (*od.* shore); **künstliche ~** → **Austernpark**. **~ˌfang** *m* → **Austernfischerei**. **~ˌfarm** *f* oyster farm. **~ˌfi·scher** *m* **1.** oyster fisherman. **2.** *orn.* oyster catcher. **~fi·scheˌrei** *f* oyster fishing (*od.* dredging). **~ˌga·bel** *f gastr.* oyster fork. **~ˌmes·ser** *n* oyster knife. **~ˌpark** *m* oyster farm (*od.* park). **~ˌscha·le** *f* oyster shell. **~ˌzucht** *f* oyster culture, oyster farm(ing). **~ˌzüch·ter** *m* oyster farmer.

ˈausˌte·sten *v/t* <*sep*, **-ge-**, h> test (out), *Computer*: check out, debug.

ˈausˌtie·fen *v/t* <*sep*, **-ge-**, h> **1.** *civ. eng.* deepen. **2.** (*aushöhlen*) hollow *s. th.* out.

ˈausˌtil·gen *v/t* <*sep*, **-ge-**, h> → **tilgen** 1, 2.

ˈausˌto·ben I *v/reflex* <*sep*, **-ge-**, h> **sich ~ 1.** *Sturm, Epidemie etc*: spend itself (*od.* its fury), rage; **sich ausgetobt haben** cease raging, *a. Leidenschaft*: die down, abate. **2.** a) → **austollen** 1, b) *fig.* (*ungezügelt leben*) have one's fling, let off steam, *Jugend*: *a.* sow one's wild oats. **II** *v/t* **3.** (*Zorn etc*) work off, give full vent to (*one's rage*). **III** *v/i cf.* 1.

ˈausˌtol·len *v/reflex* <*sep*, **-ge-**, h> **sich ~** *colloq.* **1.** *Kinder*: have a good romp. **2.** → **austoben** 2b.

ˈausˌtop·fen [-ˌtɔpfən] *v/t* <*sep*, **-ge-**, h> *hort.* take *s. th.* out of the pot(s).

ˈAusˌtrag [-ˌtraːk] *m* <-(e)s; *no pl*> **1.** *jur.* (*Entscheidung*) settlement, decision; **e-e Sache zum ~ bringen** settle a matter (**vor Gericht** in court); **zum ~ kommen** come up for decision, be settled, be decided. **2.** *Sport*: holding (*a contest*), staging; **zum ~ kommen** be held, take place.

ˈausˌtra·gen I *v/t* <*irr, sep*, **-ge-**, h> **1.** (*Briefe etc*) deliver; **Zeitungen ~** do (*od.* have) a newspaper round (*Am.* route). **2.** (*Streitigkeiten etc*) settle; **e-e Sache vor Gericht ~** a) take a matter to court (*od.* law), b) settle a matter in court; **die Sache mit j-m ~** have it out with s. o. **3.** (*ausstreichen*) take *s. th.* off, remove, cancel, (*Zahlen, Daten*) take out, (*umbuchen*) transfer, (*stornieren*) cancel; **er ließ s-n Namen aus der Liste ~** he had his name taken off (*od.* removed from) the list. **4.** *Sport*: a) (*Spiel*) play, b) (*Wettkampf, Turnier etc*) hold. **5. ein Kind ~** a) carry a child through to the full term, b) (*nicht abtreiben*) have a child; **ausgetragen werden** *Kind*: *a.* go to term. **II** *v/i* <*only pp*> **6. ausgetragen haben** *Obstbaum etc*: be past bearing. **III** *v/reflex* **sich ~ 7.** a) sign out, b) take one's name off a list. **ˈAusˌträ·ger** *m* <-s; -> newspaper boy. **ˈAusˌtra·gung** *f* <-; *no pl*> **1.** delivering (*etc*), delivery. **2.** → **Austrag**.

ˈAusˌtra·gungs|ˌmo·dus *m* way in which a tournament *etc* is held. **~ˌort** *m Sport*: venue, place where a match *etc* is held.

ˈaus·traiˌniert *adj Sport*: in good trim.

au·stral|asia·tisch [australaˈzĭaːtɪʃ] *adj geogr.* Australasian. **2asi·er** [-traˈlaːzĭər] *m* <-s; ->, **~asisch** [-traˈlaːzɪʃ] *adj* Australasian.

Au·stra·li·de [austraˈliːdə] *m, f* <-n; -n> *anthrop.* Australian aborigine, Australoid.

Au·stra·li·er [ausˈtraːlĭər] *m* <-s; ->, **Auˈstra·lie·rin** *f* <-; -nen>, **auˈstra·lisch** *adj* Australian.

Au·stra·loi·de [australoˈiːdə] *m, f* <-n; -n> *anthrop.* Australoid.

ˈausˌtram·peln *v/t* <*sep*, **-ge-**, h> (*Feuer etc*) stamp (*od.* trample) out.

ˈausˌträu·men **I** v/i <sep, -ge-, h> finish dreaming, fig. a. come back to earth. **II** v/t fig. der Traum ist ausgeträumt that's the end of a beautiful dream.

ˈausˌtrei·ben **I** v/t <irr, sep, -ge-, h> **1.** (böse Geister, den Teufel etc) exorcize, cast (od. drive) out; → Beelzebub. **2.** fig. j-m et. ~ cure s. o. of s. th., knock s. th. out of s. o.; colloq. das werde ich ihm (noch) ~! I'll cure him of that! **3.** (Vieh) drive (od. turn) (cattle) out (to pasture). **4.** (Knospen etc) put forth. **5.** tech. drive out (a. chem.), beat out. **6.** print. (Satz) drive over, space out. **7.** med. (Fötus) expel. **8.** (vertreiben) drive out, expel, oust. **II** v/i **9.** bot. sprout.

ˈAusˌtrei·bung f <-; no pl> **1.** driving out (etc), des Teufels etc: a. exorcism. **2.** med. a) expulsion, b) → Austreibungsperiode. **3.** (Vertreibung) expulsion (aus dem Paradies from Paradise).

ˈAusˌtrei·bungs|pe·riˌode f bei der Geburt: second (od. expulsive) stage (of delivery). **~ˌwe·hen** pl expulsive pain sg, bearing down sg.

ˈausˌtren·nen v/t <sep, -ge-, h> take out.

ˈausˌtre·ten **I** v/i <irr, sep, -ge-, sein> **1.** (aus) allg. come out (of), Blut etc: a. issue (from), aus Gefäßen: extravasate, Dampf, Gas etc: escape (from), Flüssigkeit: flow (od. pass) out (of), Schweißperlen, Harz etc: exude, Licht: emerge (from), geol. outcrop, med. Bruch, Organ: protrude; ihm trat der Schweiß aus he broke out in a sweat. **2.** mil. (aus Reih u. Glied) ~ fall out, break ranks. **3.** Wild: come out (into the open). **4.** fig. ~ aus e-m Verein, e-r Firma, der Kirche, e-r Schule etc: leave s. th., formell, aus e-m Verein, e-r Partei etc: a. withdraw (od. resign) from, resign one's membership of. **5.** colloq. (auf die Toilette gehen) go somewhere, go to the bath, wash one's hands. **II** v/t <h> **6.** (Feuer etc) tread (od. stamp) out. **7.** (Schuhe) a) wear out, b) (neue) break in; sich ~ stretch. **8.** (Stufen) wear down, (Pfad) tread, beat; → ausgetreten.

ˈausˌtrick·sen v/t <sep, -ge-, h> colloq. (out)trick.

ˈausˌtrim·men v/t <sep, -ge-, h> aer. trim.

ˈausˌtrin·ken **I** v/t <irr, sep, -ge-, h> **1.** (Glas, Flasche etc) empty, finish, drain. **2.** (Getränk) drink up, finish. **II** v/i **3.** drink up, finish one's drink (od. glass, etc); trink aus! drink up!

ˈAusˌtritt m **1.** (aus) leaving (school, a firm, the Church, etc), resignation (from), withdrawal (from an alliance, etc); beim ~ aus on leaving (school, a party, etc); s-n ~ erklären hand in one's (od. give notice of) resignation. **2.** (aus from) von Gas etc: escape, exit, von e-r Flüssigkeit: outflow, von Licht etc: emergence, von Blut: issue, durch Gefäßwand: extravasation, von Schweiß: secretion. **3.** e-s Nervs, Gefäßes, a. e-s Geschosses: exit, e-s Bruchs, Organs: protrusion. **4.** tech. (Öffnung) outlet, vent, port. **5.** astr. emersion. **6.** obs. (small) balcony.

ˈAusˌtritts|enerˌgie f exhaust energy. **~erˌklä·rung** f notice of resignation. **~geˌschwin·dig·keit** f **1.** e-s Geschosses: muzzle (od. discharge) velocity. **2.** Raumfahrt: exhaust velocity. **~kaˌnal** m tech. exhaust channel (od. duct). **~ˌöff·nung** f **1.** tech. discharge orifice, outlet. **2.** mot. (Austrittsschlitz) exhaust port. **~ˌpunkt** m astr. point of emersion. **~puˌpil·le** f opt. exit pupil.

ˈausˌtrock|nen **I** v/t <sep, -ge-, h> **1.** (Schüssel etc) dry the inside of, wipe s. th. dry, dry out. **2.** (Haut, Erde etc) dry up, a. med. pharm. desiccate, (a. Kehle) parch, (Sümpfe etc) drain, dry (up), (Holz) dry, season. **II** v/i <sein> **3.** allg. dry up, become dry, Erde, Kehle etc: a. become parched, Holz: season. **~nend** adj (a. ~es Mittel) pharm. desiccative, desiccant. **≗nung** f <-; no pl> drying (up) (etc), von Sümpfen etc: drainage, med. desiccation.

ˈausˌtrom·meln v/t <sep, -ge-, h> **1.** obs. announce s. th. by beat of the drum. **2.** fig. colloq. broadcast, noise s. th. abroad.

ˈaus·tromˌpe·ten v/t <sep, no -ge-, h> → ausposaunen.

ˈausˌtröp·feln v/i <sep, -ge-, sein> trickle (out).

ˈausˌtüf·teln v/t <sep, -ge-, h> colloq. **1.** (Plan etc) work (od. think) out, devise. **2.** (et. Schwieriges) puzzle (od. dope) out.

ˈausˌtup·fen v/t <sep, -ge-, h> med. dry with swabs, sponge.

ˈausˌtu·schen v/t <sep, -ge-, h> ink, wash (od. paint, shade) s. th. with India(n) ink.

ˈausˌüben v/t <sep, -ge-, h> **1.** (Beruf etc) practise, carry on, pursue, follow, (e-e Tätigkeit) carry on, be engaged in, pursue, do; ein Gewerbe ~ carry on a trade; e-e Praxis ~ be in (private) practice; ein Amt ~ a) carry out (od. perform) the duties of an office, b) hold an office; e-e Pflicht ~ perform (od. fulfil, do) a duty; e-e Kunst ~ practise an art; Patentrecht: ein Verfahren ~ perform a system. **2.** (Recht, Kontrolle, Macht etc) exercise, (Druck) exert; fig. e-e starke Wirkung ~ have (od. produce) a strong effect (auf acc on); e-n Reiz auf j-n ~ have an attraction for s. o., appeal (strongly) to s. o.; → Druck[1] 4, Einfluß 2. **3.** (Sport) go in for, practise, do, be actively engaged in. **ˈausˌübend** adj **1.** Arzt etc: practising. **2.** bes. mus. Künstler: performing, professional. **3.** pol. ~e Gewalt executive (power). **ˈAusˌübung** f <-; no pl> **1.** e-s Berufs, e-r Tätigkeit: exercise, practice, carrying on (od. out), pursuit; er starb in ~ s-s Berufs a) he died while performing his duties, b) he died in harness; in ~ s-r Pflicht, in ~ s-s Dienstes in performance of (od. in the execution of) his duty, Am. in line of duty. **2.** e-s Sports: going in (for), active engagement (in). **3.** von Rechten etc: exercise, use. **4.** e-r Wirkung, e-s Einflusses: exertion; ~ von Zwang coercion. **5.** phys. von Druck etc: exertion.

ˈausˌufern [-ˌʔuːfərn] v/i <sep, -ge-, sein> **1.** Fluß etc: overflow (its banks). **2.** fig. get out of hand, run wild.

ˈAus·verˌkauf m **1.** econ. (clearance) sale, liegengebliebener Waren: rummage (bes. Br. jumble) sale, (Saison≗) seasonal sale, (Sonderverkauf) bargain sale, wegen Geschäftsaufgabe: closing-down sale; et. im ~ kaufen buy s. th. at a sale (od. at the sales). **2.** econ. selling off (od. out). **3.** fig. colloq. pol. sellout. **ˈaus·verˌkau·fen** v/t <sep, no -ge-, h> econ. sell off (od. out), Am. a. close out.

ˈAus·verˌkaufs|ˌpreis m econ. special sale price. **~ˌwa·ren** pl sale goods.

ˈaus·verˌkauft adj sold out, econ. a. out of stock; thea. vor ~em Haus spielen play to a full house.

ˈausˌwach·sen **I** v/i <irr, sep, -ge-, sein> **1.** Person: grow up, reach one's full growth. **2.** Getreide, Kartoffeln: sprout. **II** v/t <h> **3.** (Kleider) outgrow, grow out of. **III** v/reflex <h> sich ~ **4.** fig. Affäre etc: develop (zu into a scandal, conflict, etc); → ausgewachsen 3. **5.** Körperschaden etc: right itself. **IV** ≗ n <-s> **6.** fig. colloq. es ist zum ≗ a) it's enough to drive you mad, b) (langweilig) it's dreadfully boring; es ist zum ≗ mit dir! you are driving me crazy!

ˈAusˌwahl f <-; no pl> **1.** choice, selection; e-e ~ treffen (aus, unter dat) select (from), make a selection (from), take one's choice (of); die ~ unter verschiedenen Möglichkeiten haben be able to choose from various possibilities; e-e sorgfältige ~ treffen choose carefully, make a careful choice; (j-m) et. zur ~ stellen (od. vorlegen) offer (s. o.) the choice of s. th. **2.** bes. econ. (Warenangebot) range, selection, choice, assortment, collection; e-e reiche ~ an e-r Sache haben have a great variety (od. a wide range) of s. th. (to choose from), have a large choice of s. th.; Schuhe in großer ~ a large assortment of shoes; zu große ~ overchoice; zur ~ for selection; hundert Bücher stehen zur ~ there are hundred books to choose from. **3.** von literarischen Werken etc: selection(s pl), von Gedichten: a. anthology, von gekürzten Werken: digest; e-e ~ aus (od. von) Goethes Werken selections from Goethe. **4.** lit. for Auslese 2. **5.** → Auswahlmannschaft. **6.** Statistik: (zufällige ~ random) sampling.

ˈausˌwäh·len v/t <sep, -ge-, h> **1.** (aus from, from among) choose, select, mit Sorgfalt: a. pick (out), single out; sich (dat) e-n günstigen Platz ~ choose a suitable spot; Gedichte für e-e Sammlung ~ make a selection of poems for an anthology. **2.** Statistik: sample.

ˈAusˌwahl|ˌfra·ge f multiple-choice question. **~ˌgrundˌla·ge** f Statistik: frame. **~ˌkäu·fe** pl selective buying sg. **~ˌlehrˌgang** m ped. selective course. **~ˌmann·schaft** f Sport: representative team. **~ˌmög·lich·keit** f (possible) choice. **~prinˌzip** n selection principle. **~ˌprü·fung** f ped. selective examination. **~ˌsen·dung** f econ. samples pl (sent for selection), sampled offer. **~verˌfah·ren** n **1.** selective procedure. **2.** Statistik: (patterned) sampling.

ˈausˌwal·zen v/t <sep, -ge-, h> **1.** tech. roll s. th. (out). **2.** fig. colloq. (Thema etc) blow s. th. up, drag s. th. out.

ˈAusˌwan·de·rer m <-s; -> emigrant. **~ˌschiff** n emigrant ship.

ˈausˌwan·dern v/i <sep, -ge-, sein> **1.** emigrate (von, aus from; nach to). **2.** mil. vom Ziel etc: travel (von off, from).

ˈAusˌwan·de·rung f **1.** emigration, (Massen≗) migration. **2.** mil. angular travel (of target).

ˈAusˌwan·de·rungs|ˌamt n, **~beˌhör·de** f board of emigration. **~beˌschrän·kung** f emigration restriction.

ˈausˌwär·tig [-ˌvɛrtɪç] adj **1.** (nicht ortsansässig) nonlocal, from another place, from out of town; ~er Besuch a) out-of-town visitor(s pl), b) visitor(s pl) from abroad; ~er Schüler a) nonresident pupil, b) out-of-town (od. nonlocal) pupil; ~es Mitglied a) nonresident member, b) e-s Gremiums: corresponding member. **2.** bes. pol. foreign, external (affairs, etc); ~er Dienst foreign (od. diplomatic) service; ≗es Amt → Außenministerium. **ˈAusˌwär·ti·ge** m, f <-n; -n> **1.** nonresident (etc, → auswärtig 1). **2.** (Unbekannter) stranger. **3.** (Ausländer) foreigner.

ˈausˌwärts adv **1.** (außerhalb des Hauses) out, away from home; ~ essen eat out. **2.** (außerhalb des Wohnortes) elsewhere, out of town; von ~ kommen come from another place (*cf.* 3); *Sport*: ~ **spielen** play away from home; ~ **wohnen** live out of town. **3.** (*außerhalb des Landes*) abroad; **von** ~ **kommen** come from abroad (*cf.* 2); *colloq. humor.* **perfekt** ~ **sprechen** talk perfectly foreign. **4.** (*nach außen*) outward(s); **die Füße (nach)** ~ **setzen** turn one's toes out. **2,bie·gung** *f* outward bend. **~,dre·hen** *v/t* ⟨*sep*, -ge-, h⟩ **1.** (*Handteller etc*) turn *s. th.* outward(s). **2.** *med.* evert, turn out. **2,schie·len** *n* divergent squint (*od.* strabismus). **2,sieg** *m Sport*: away victory (*od.* win). **2,spiel** *n* away game.

'aus,wa|schen I *v/t* ⟨*irr, sep*, -ge-, h⟩ **1.** wash (*dirt, etc*) out. **2.** (*Wäsche, Gläser etc*) wash (out), rinse (out). **3.** *geol.* wash out, erode. **4.** *med.* wash (out), bathe. **II** *v/reflex* **sich** ~ **5.** *Farbe etc*: wash (*od.* come) out. **2schung** *f* ⟨-; -en⟩ **1.** washing out (*etc*). **2.** *geol.* erosion.

'aus·wat,tie·ren *v/t* ⟨*sep, no* -ge-, h⟩ → **wattieren**.

'Aus,wech·sel,bank *f* → **Ersatzbank**.

'aus,wech·sel·bar *adj* **1. (gegen)** exchangeable (for), (*ersetzbar*) replaceable (by), *untereinander*: interchangeable (with). **2.** (*erneuerungsfähig*) renewable. **2keit** *f* ⟨-; *no pl*⟩ exchangeability (*etc*).

'aus,wech·seln *v/t* ⟨*sep*, -ge-, h⟩ **1. (gegen)** exchange (for), (*ersetzen*) replace (by), (*Rad, Reifen, Batterie*) change, *untereinander*: interchange, switch; *fig. colloq.* **er war wie ausgewechselt** he was a changed man. **2.** *Sport*: **A gegen B** ~ substitute B for A.

'Aus,wech·sel,spie·ler *m Sport*: substitute.

'Aus,wech·se·lung *f* ⟨-; -en⟩, **'Aus,wechs·lung** *f* ⟨-; -en⟩ exchanging (*etc*), exchange, interchange, (*Ersatz*) replacement, *a. Sport*: substitution.

'Aus,weg *m* **1.** *fig.* way out (**aus** of), alternative, (*Lösung*) *a.* solution; **ich weiß (mir)** (*od.* **sehe**) **k-n** ~ **mehr** I don't know any way out, I am at my wits' end; **als letzter** ~ as a last resort; **es gab k-n anderen** ~ **(als)** there was no other way left (but); **sich** (*dat*) **e-n** ~ **offenlassen** leave o. s. a loophole. **2.** *tech.* outlet, exit; **das Wasser sucht sich e-n** ~ the water seeks an outlet. **2los** *adj fig.* hopeless. **~lo·sig·keit** *f* ⟨-; *no pl*⟩ hopelessness.

'Aus,weich·be,we·gung *f* evasive movement (*a. mil.*); ~ **e-s Autos** swerving.

'Aus,wei·che *f* ⟨-; -n⟩ → **Ausweichstelle 1**.

'aus,wei·chen *v/i* ⟨*irr, sep*, -ge-, sein⟩ **1.** (**[vor]** *dat*) make way (for), get out of *s. o.'s* way, (*e-m Auto etc*) make way for, avoid, dodge, *durch Körperbewegung*: dodge (*a blow, etc*), *Boxen*: side-step, (*abducken*) duck; **nach rechts** ~ swerve to the right; *mil.* **(dem Feind)** ~ avoid contact (with the enemy). **2.** *fig.* (*dat*) avoid *s. o., s. th.*, (*e-r Sache*) *a.* evade, dodge, side-step, (*ausweichend antworten*) be evasive, hedge; **j-s Blicken** ~ avoid s. o.'s eye(s); **e-r Frage** ~ evade a question. **3.** ~ **auf** (*acc*) (*sich umstellen*) switch to, change over to. **4.** *mus.* modulate (**in** *e-e andere Tonart* into). **'aus,wei·chend** *adj fig.* evasive, noncommittal.

'Aus,weich|,flug,ha·fen *m* alternative airport. **~fre,quenz** *f meist pl electr.* alternative frequency. **~,gleis** *n rail.* siding, side track, (*Rangiergleis*) shunting line. **~,klau·sel** *f jur.* escape clause. **~,la·ger** *n econ.* reserve store (*od.* depot), emergency (*od.* auxiliary) store. **~ma,nö·ver** *n* evading manœuvre (*Am.* maneuver). **~,mög·lich·keit** *f* alternative. **~,schritt** *m* side-step. **~,stel·le** *f* **1.** *mot. Br.* passing place, *Am.* turnout. **2.** *e-s Büros*: temporary office quarters *pl.* **~,stoff** *m bes. chem.* substitute material, alternate. **~,ziel** *n mil.* alternative target.

'aus,wei·den *v/t* ⟨*sep*, -ge-, h⟩ (*Wild*) gut (*a. weitS. Autos etc*), disembowel.

'aus,wei·nen I *v/t* ⟨*sep*, -ge-, h⟩ weep out; **s-n Kummer (bei j-m** *od.* **an j-s Schulter)** ~ cry o. s. out (on s. o.'s shoulder); **sich** (*dat*) **die Augen** ~ cry one's heart out. **II** *v/i* stop (*od.* cease) weeping (*od.* crying). **III** *v/reflex* **sich** ~ weep (*od.* cry) o. s. out; **sich ordentlich** ~ have a good cry.

'Aus,weis [-,vaɪs] *m* ⟨-es; -e⟩ **1.** identification (card *od.* paper), identity card, proof of identity; (*Mitglieds2, Zulassungs2 etc*) (membership, admission, *etc*) card, *weitS.* pass, permit. **2.** *econ.* (*Beleg*) voucher, *weitS.* documentary proof, evidence, (*Bank2*) (bank) return (*Am.* statement), *von Bilanzen*: report, (*Rechnungs2*) statement (of account); **nach** ~ **der Bücher** according to the records, as the books (will) show.

'aus,wei·sen I *v/t* ⟨*irr, sep*, -ge-, h⟩ **1. (aus)** expel *s. o.* (from *school, etc*), *aus dem Land*: *a.* order *s. o.* to leave (the country), (*lästige Ausländer*) *a.* deport, *jur. aus e-r Wohnung, Pacht etc*: evict. **2. j-n** ~ identify s. o. (**als** as), prove s. o.'s identity; *fig.* **j-n (et.)** ~ **als** prove (*od.* show) s. o. (s. th.) to be (*a great artist, a work of art, etc*). **3.** *econ.* (*aufführen*) show, *in Büchern*: *a.* set out, (*berichten*) report; **e-n Gewinn** ~ show a profit. **II** *v/reflex* **sich** ~ **4.** identify o. s. (**als** as), prove one's identity. **5.** *fig.* **sich** ~ **als** show o. s. (*an artist, etc*), prove to be (*a good partner, etc*); **das wird sich** ~ that remains to be seen.

'Aus,weis|,kar·te *f* identity card. **~kon,trol·le** *f* checking of identity papers. **~pa,pier** *n meist pl* (identification *od.* identity) paper, document. **~,pflicht** *f* **1.** obligation to carry identification papers. **2.** *econ.* requirement of publication (of profit, *etc*). **2,pflich·tig** *adj econ.* subject to obligatory publication; **der ~e Rohertrag** the obligatory published gross profit.

'Aus,wei·sung *f* ⟨-; -en⟩ **1. (aus** from) deportation, *a. aus e-r Schule etc*: expulsion. **2.** ⟨*only sg*⟩ a) proof of identity, b) *econ.* showing, entry in the accounts. **'Aus,wei·sungs·be,fehl** *m* expulsion (*od.* deportation) order.

'aus,wei·ten I *v/t* ⟨*sep*, -ge-, h⟩ **1.** (*Schuhe etc*) stretch. **2.** *fig.* (*Handel, Produktion, Werk, Zuständigkeit etc*) expand, extend, (*Konflikt, Wissen etc*) *a.* widen, (*verbreiten*) spread. **3.** (*Kredit*) extend, (*Notenumlauf*) expand. **II** *v/reflex* **sich** ~ **4.** stretch. **5.** *Gebiet etc*: extend, expand. **6.** *fig.* expand, develop (**zu** into *a crisis, etc*). **'Aus,wei·tung** *f* ⟨-; *no pl*⟩ **1.** stretching (*etc*). **2.** *bes. fig.* extension, expansion.

'aus,wen·dig *adv fig.* by heart, from (*od.* by) memory; **et.** ~ **können** know s. th. by heart; *colloq.* **das kenne ich schon** ~ I know that (story) inside out; **et.** ~ **lernen** learn s. th. by heart, memorize s. th., commit s. th. to memory, *mechanisch*: *a.* learn s. th. by rote; *mus.* ~ **spielen** play from memory. **2,ler·nen** *n* learning by heart, memorizing; **ein Gedicht zum** ~ **a** poem to learn by heart.

'aus,wer·fen *v/t* ⟨*irr, sep*, -ge-, h⟩ **1.** throw (*od.* cast) out, (*Angel, Anker, Netz*) cast, (*Lava*) eject, belch forth, *med.* (*Schleim etc*) bring (*od.* cough) up. **2.** *tech.* (*ausstoßen*) eject, (*ausscheiden*) discard, (*Daten etc*) throw (*od.* turn) out. **3.** (*Graben etc*) dig out, (*Erde*) shovel out. **4.** (*Betrag, Prämie*) grant, allocate, allow, (*Dividende*) pay out. **'Aus,wer·fer** *m* ⟨-s; -⟩ *tech.* ejector.

'aus,wert·bar *adj* **1.** *Statistik etc*: evaluable, analyzable. **2.** *Patent etc*: exploitable. **'aus,wer·ten** *v/t* ⟨*sep*, -ge-, h⟩ **1.** (*Ergebnisse, Statistik etc*) evaluate, analyze, (*Luftaufnahmen etc*) *a.* interpret. **2.** (*ausnützen*) utilize, make (full) use of, (*a. kommerziell, Patente, Filme etc*) exploit. **'Aus,wer·ter** *m* ⟨-s; -⟩ evaluator, analyst. **'Aus,wer·te·ver,fah·ren** *n* method of evaluation (*etc*). **'Aus,wer·tung** *f* ⟨-; -en⟩ **1.** evaluation, analyzing, analysis, interpretation. **2.** utilization, exploitation.

'aus,wet·zen *v/t* ⟨*sep*, -ge-, h⟩ grind *s. th.* out; → **Scharte 1**.

'aus,wickeln (*getr.* **-k·k-**) *v/t* ⟨*sep*, -ge-, h⟩ **1.** (*Paket etc*) unwrap, undo. **2.** (*Kind*) unswaddle.

'aus,wie·gen *v/t* ⟨*irr, sep*, -ge-, h⟩ weigh *s. th.* out.

'aus,win·den *v/t* ⟨*irr, sep*, -ge-, h⟩ *dial. for* **auswringen**.

'aus,win·tern *v/i* ⟨*sep*, -ge-, sein⟩ *Saat etc*: be killed by frost. **'Aus,win·te·rungs,scha·den** *m meist pl agr.* damage done by winterkilling.

'aus,wir·ken I *v/reflex* ⟨*sep*, -ge-, h⟩ **sich** ~ have consequences (*od.* an effect), make itself felt; **sich** ~ **auf** (*acc*) affect, tell (*od.* impinge) on; **sich** ~ **in** (*dat*) result in; **sich günstig** (*od.* **positiv**) ~ have a favo(u)rable effect; **es wirkte sich ungünstig aus** it worked out badly, it had unpleasant consequences; **dies wirkte sich zu unserem Vorteil aus** this worked (*od.* turned) out in our favo(u)r (*od.* to our advantage). **II** *v/t* (*Teig*) knead, work. **'Aus,wir·kung** *f* **1.** (*Wirkung, Folge*) (**auf** *acc*) effect (on), consequences *pl* (for), bearing (on). **2.** (*Ergebnis*) result, outcome. **3.** (*Rückwirkung*) repercussion, impact, aftermath. **4.** (*mittelbare Folgerung*) implication.

'aus,wi·schen *v/t* ⟨*sep*, -ge-, h⟩ **1.** (*reinigen*) wipe out. **2. sich** (*dat*) **die Augen** ~ wipe (*od.* rub) one's eyes; **sich** (*dat*) **den Schlaf aus den Augen** ~ rub the sleep out of one's eyes. **3.** (*tilgen*) wipe out, efface, blot (*od.* rub) out. **4.** *fig. colloq.* **j-m eins** (*od.* **etwas**) ~ score off s. o., put one over on s. o., *aus Rache*: get one's own back on s. o.

'aus,wit·tern I *v/t* ⟨*sep*, -ge-, h⟩ **1.** (*Gestein*) wear away, (*Holz*) season. **II** *v/i* ⟨*sein*⟩ **2.** weather, decompose, decay; **Holz** ~ **lassen** season wood. **3.** *chem. Salze etc*: effloresce. **4.** *min.* bloom out.

'aus,wrin·gen *v/t* ⟨*irr, sep*, -ge-, h⟩ (*Wäsche*) wring out; **zum 2 naß** soaking wet.

'Aus,wuchs *m* ⟨-es; ⸚e⟩ **1.** *fig.* product, outgrowth; **das ist nur ein** ~ **d-r krankhaften Phantasie** that is just a product of your morbid imagination. **2.** *meist pl fig.* (*Mißstand*) abuse, excess. **3.** *med.* outgrowth, excrescence, protuberance, *der Knochen*: exostosis, (*Mißbildung*) deformity, (*Höcker*) hunch, hump. **4.** *an Bäumen etc*: excrescence, burl, *krankhafter*: tumo(u)r.

'aus,wuch·ten *v/t* ⟨*sep*, -ge-, h⟩ *tech.* (counter-)balance.

'Aus,wurf *m* ⟨-(e)s; ⸚e⟩ **1.** ⟨*only sg*⟩ *tech.* ejection. **2.** *med.* (*Sputum*) expectoration, sputum; **Husten ohne** ~ unproductive cough; **er hat starken** ~ he brings up much phlegm. **3.** *e-s Vulkans*: a) ⟨*only sg*⟩ eruption, b) *pl* ejecta(menta). **4.** ⟨*only sg*⟩ *fig. contp.* (the) scum (*od.* dregs *pl*) (of society).

'aus,wür·feln *v/t* ⟨*sep*, -ge-, h⟩ dice for.

'Aus,wurf·ge,stein *n* volcanic rock(s *pl*).

ˈausˌzacken (*getr.* -k·k-) *v/t* ⟨*sep*, -ge-, h⟩ **1.** jag. **2.** *tech.* indent, tooth, serrate; **wellenförmig** ~ scallop.

ˈausˌzahl·bar *adj* payable.

ˈausˌzah·len I *v/t* ⟨*sep*, -ge-, h⟩ (*Lohn, Gewinn etc*) pay (out), disburse, *in bar*: pay *s. th.* cash down (*od.* in cash), (*Angestellte, Gläubiger etc*) pay off, (*Erben*) pay s. o. his share of an inheritance; **j-n voll** ~ pay s. o. in full; **e-n Teilhaber** ~ buy out a partner; **e-n Scheck** ~ cash a cheque (*Am.* check); **sich** (*dat*) **e-n Scheck** ~ **lassen** cash a cheque (*Am.* check). **II** *v/reflex* **sich** ~ *colloq.* be worthwhile, pay (off).

ˈausˌzäh·len *v/t* ⟨*sep*, -ge-, h⟩ **1.** count (out); **Stimmen** ~ count votes. **2.** (*Boxer*) count out; **ausgezählt werden** *a.* take the count. **3.** *beim Spiel*: count out. **ˈAusˌzählˌreim** *m* counting-out rhyme.

ˈAusˌzah·lung *f* **1.** payment, disbursement. **2.** *e-s Angestellten, Gläubigers etc*: paying off; **die** ~ **e-s Teilhabers** the buying out of a partner; **zur** ~ **gelangen** (*od.* **kommen**) be paid out.

ˈAusˌzäh·lung *f* counting (out), count.

ˈAusˌzah·lungs|ˌanˌwei·sung *f econ.* order for payment, payment voucher. **~ˌkurs** *m für Rentenpapiere*: (net) percentage rate, out-payment rate. **~ˌschal·ter** *m* pay window (*od.* desk), *bes. Am.* cashier's counter. **~ˌsper·re** *f* stop payment order. **~ˌstel·le** *f* paying office, disbursing agency.

ˈausˌzan·ken *v/t* ⟨*sep*, -ge-, h⟩ scold, chide, upbraid.

ˈausˌzeh|ren *v/t* ⟨*sep*, -ge-, h⟩ exhaust, consume, waste (away), (*Land*) drain, impoverish. **Ձrung** *f* ⟨-; *no pl*⟩ emaciation, *obs.* consumption.

ˈausˌzeich·nen I *v/t* ⟨*sep*, -ge-, h⟩ **1.** hono(u)r, distinguish; **j-n mit dem Nobelpreis** ~ award the Nobel prize to s. o.; **e-n Film mit dem Oscar** ~ award the Oscar to a film; **e-n Soldaten** (**mit e-m Orden**) ~ decorate a soldier. **2. j-n** (**et.**) ~ *Eigenschaft etc*: distinguish s. o. (s. th.), make s. o. (s. th.) stand out; **was diese neue Maschine auszeichnet, ist** *a.* the special merits (*od.* features) of the new machine are. **3.** (*Waren etc*) mark (out), label, ticket, *mit Preisen*: price. **4.** *Forstwesen*: mark (*trees*) for felling, blaze. **5.** *print.* (*Manuskript etc*) display. **II** *v/reflex* **sich** ~ **6.** distinguish o. s. (**durch** by, *a. iro.*), stand out, excel; **sich** ~ **durch** *Sache*: *a.* be distinguished by, stand out for, be superior by.

ˈAusˌzeich·nung *f* **1.** (**für** to) distinction, hono(u)r; **e-e Prüfung mit** ~ **bestehen** pass an examination with hono(u)rs (*od.* distinction). **2.** (*Ehrung*) (mark of) distinction, hono(u)r, hono(u)rable mention, (*Orden*) decoration, medal, (*Preis*) award, prize. **3.** *von Waren etc*: a) ⟨*only sg*⟩ marking, label(l)ing, pricing, b) label, ticket, tag. **4.** *print.* display. **ˈAusˌzeich·nungsˌschrift** *f print.* display type.

ˈAusˌzeit *f Sport*: time out.

ˈaus·ze·menˌtie·ren *v/t* ⟨*sep*, *no* -ge-, h⟩ *tech.* cement (out).

ˈausˌzieh·bar *adj Tisch etc*: extensible, pull-out, *Antenne etc*: telescopic, (*herausnehmbar*) removable.

ˈausˌzie·hen I *v/t* ⟨*irr, sep*, -ge-, h⟩ **1.** (*Kleider etc*) take off, remove, doff; **die Handschuhe** ~ take (*od.* pull, draw) off one's gloves; **j-n** ~ take s. o.'s clothes off, undress (*od.* strip) s. o.; **j-m den Pullover** ~ take off s. o.'s sweater, help s. o. out of his sweater; *colloq.* **j-n** (**bis aufs Hemd**) ~ fleece (*od.* clean out) s. o. **2.** (*Tisch, Antenne etc*) pull (*od.* draw) out, (*Zahn, Nagel etc*) pull (out), draw, extract. **3.** (*Buch, Schriftsteller etc*) excerpt, extract from; **Stellen aus** *e-m Buch etc* ~ make excerpts from, extract passages from, *zs.-fassend*: summarize, epitomize. **4.** (*Konto etc*) make a statement of. **5.** (*Zeichnung etc*) trace, ink in; **Linien mit Tusche** ~ trace lines with India(n) ink. **6.** → **ausbleichen** II. **7.** (*Draht etc*) draw (out), stretch. **8.** *chem. pharm.*, *a. math.* extract. **9.** (*Teig*) stretch. **II** *v/i* ⟨sein⟩ **10.** set out (*od.* off), depart, *demonstrativ*: walk out; **zum Kampf** ~ set (*od.* march) out to battle. **11.** (**aus**) *e-r Wohnung etc*: move out (of), vacate (*a house, etc*). **12.** *Aroma etc*: evaporate. **III** *v/reflex* **sich** ~ **13.** take one's clothes off, undress, strip. **ˈAusˌzie·her** *m* ⟨-s; -⟩ *tech.* extractor.

ˈAusˌzieh|ˌfallˌschirm *m aer.* auxiliary parachute. **~ˌfe·der** *f* drawing pen. **~ˌlei·ter** *f* extension ladder. **~ˌplat·te** *f e-s Tisches etc*: (draw-)leaf. **~ˌrohr** *n* telescopic tube. **~ˌsitz** *m* pull-out seat. **~ˌtisch** *m* pull-out (*od.* extension) table. **~ˌtu·sche** *f* drawing ink. **~ˌwal·ze** *f tech.* sheeting calender.

ˈausˌzim·mern *v/t* ⟨*sep*, -ge-, h⟩ timber, frame, (*abstützen*) prop.

ˈausˌzir·keln *v/t* ⟨*sep*, -ge-, h⟩ *math.* measure (*od.* mark out) *s. th.* with compasses; *fig.* **genau ausgezirkelt** done with the greatest precision.

ˈausˌzi·schen *v/t* ⟨*sep*, -ge-, h⟩ hiss (at), hiss *s. o.* off (the stage).

ˈAus·zuˌbil·den·de *m, f* ⟨-n; -n⟩ trainee.

ˈAusˌzug *m* **1.** (**aus** *e-m Buch etc* from) excerpt, extract, (*Zs.-fassung, Abriß*) (**aus** of) abstract, summary, condensation; *jur.* ~ **aus dem Strafregister** extract from the police records. **2.** (*KontoՁ*) statement (of account). **3.** *mus.* arrangement; → **Klavierauszug**. **4.** departure, *demonstrativ*: walk-out (*from Parliament, etc*), *fig.* exodus; *Bibl.* **der** ~ **der Kinder Israel aus Ägypten** the Exodus (of the Children of Israel from Egypt). **5.** (**aus** *e-r Wohnung etc* from) move, removal. **6.** *chem. pharm.* a) ⟨*only sg*⟩ (*Vorgang*) extraction, b) (*Resultat*) extract. **7.** *Swiss mil.* first callup.

ˈAusˌzugs|ˌmehl *n* superfine flour. **Ձˌwei·se** *adv* in (form of) extracts, by (way of) extract, in part; **ein Buch** ~ **veröffentlichen** publish parts (*od.* excerpts of a book.

ˈausˌzup·fen *v/t* ⟨*sep*, -ge-, h⟩ **1.** (*Haare etc*) pluck (out *od.* off). **2.** (*Fäden, Seide*) unravel, (*Wolle*) pick, bur, (*Werg*) tease.

aut·ark [auˈtark] *adj bes. econ.* self-sufficient, self-supporting. **Aut·arˈkie** [-ˈkiː] *f* ⟨-; -n [-ən]⟩ autarky, self-sufficiency.

au·then·tisch [auˈtɛntɪʃ] *adj* authentic, genuine; **aus ~er Quelle** on good authority. **au·then·tiˈsie·ren** [-tiˈziːrən] *v/t* ⟨*no* ge-, h⟩ authenticate. **Au·then·tiˈsie·rung** [-tiˈziːrʊŋ] *f* ⟨-; *no pl*⟩ authentication. **Au·then·ti·ziˈtät** [-titsiˈtɛːt] *f* ⟨-; *no pl*⟩ authenticity.

Au·tis·mus [auˈtɪsmʊs] *m* ⟨-; *no pl*⟩ *psych.* autism. **Au·tist** [auˈtɪst] *m* ⟨-en; -en⟩ autist. **auˈti·stisch** *adj* autistic.

Au·to [ˈauto] *n* ⟨-s; -s⟩ (motor)car, *bes. Am.* auto(mobile), (*PersonenՁ*) *a.* passenger car, *allg.* motor-vehicle; ~ **fahren** drive (a car), *weitS.* drive, go by car, motor; **mit dem** (*od.* **im**) ~ (**nach München**) **fahren** go (*od.* travel) (to Munich) by car, drive (to Munich); **können Sie** ~ **fahren?, fahren Sie** ~? can (*od.* do) you drive?, do you know how to drive (a car)?; **j-n im** ~ **mitnehmen** give s. o. a lift (*Am. a.* ride); *fig. colloq.* **er guckte wie ein** ~ he was flabbergasted. **~ˌanˌhän·ger** *m* trailer. **~an|ten·ne** *f* car radio aerial (*Am.* antenna). **~apoˌthe·ke** *f* (driver's) first-aid kit. **~ˌat·las** *m* road atlas. **~ˌausˌstel·lung** *f* motor show. **~ˌbag·ger** *m tech.* truck-mounted excavator.

ˈAu·toˌbahn *f* ⟨-; -en⟩ autobahn, *Br.* motorway, *Am.* superhighway, expressway; **gebührenpflichtige** ~ turnpike, *Am.* tollway. **~ˌaufˌfahrt** *f* motorway (*etc*) approach, slip-road. **~ˌausˌfahrt** *f* motorway (*etc*) exit, slip-road. **~ˌdreiˌeck** *n* motorway (*etc*) intersection. **~ge|bühr** *f meist pl* toll. **~ˌkleeˌblatt** *n* cloverleaf (crossing). **~ˌkreuz** *n* → **Autobahndreieck**. **~ˌnetz** *n* motorway (*etc*) network. **~ˌrastˌstät·te** *f* motorway (*etc*) restaurant. **~ˌüberˌfüh·rung** *f* motorway (*etc*) overpass. **~ˌun·terˌfüh·rung** *f* motorway (*etc*) underpass. **~ˌzuˌfahrt** *f*, **~ˌzuˌbrin·ger** *m* ⟨-s; -⟩ feeder (road), approach road.

ˈAu·to|bat·teˌrie *f* car battery. **~beˌsit·zer** *m* car owner.

Au·to·bio|graph [autobioˈgraːf] *m* autobiographer. **~graˈphie** [-graˈfiː] *f* autobiography. **ՁˈgraՓhisch** *adj* autobiographic(al).

ˈAu·toˌbus *m* bus, autobus, omnibus, *bes. Br.* motorbus, (*ReiseՁ*) *a.* (motor) coach; **mit dem** ~ **fahren** go by bus, take the bus. **~ˌbahnˌhof** *m* bus terminal. **~ˌfah·rer** *m* bus driver. **~ˌfahrt** *f* bus ride, (*Überlandfahrt*) *a.* coach tour. **~ˌhal·teˌstel·le** *f* bus stop. **~ˌli·nie** *f* bus line.

ˈAu·to|ˌcam·ping *n* car camping. **~ˌcar** [-ˌkaːr] *m* ⟨-s; -s⟩ *Swiss for* Autobus.

Au·toˈchrom·verˌfah·ren [autoˈkroːm-] *n phot.* autochrome process.

au·to·chthon [autɔxˈtoːn] *adj* autochthonous.

Au·to·da·fé [autodaˈfeː] *n* ⟨-s; -s⟩ *hist.* auto-da-fé.

Au·to·di|dakt [autodiˈdakt] *m* ⟨-en; -en⟩ autodidact, self-taught (*od.* -educated) person. **Ձˈdak·tisch** *adj* autodidactic, self-taught, self-educated.

ˈAu·to|ˌdieb *m* car thief. **~ˌdiebˌstahl** *m* car theft. **~ˌdrosch·ke** *f* → Taxi. **~elek·tri·ker** [-ˀeˌlɛktrikər] *m* car electrician. **~empˌfän·ger** *m* car radio.

Au·to·ero·tik [autoˀeˈroːtɪk] *f* ⟨-; *no pl*⟩ *psych.* → **Autoerotismus**. **au·to·ero·tisch** [-ˀeˈroːtɪʃ] *adj* autoerotic. **Au·to·eroˈtis·mus** [-ˀeroˈtɪsmʊs] *m* autoeroti(ci)sm.

ˈAu·to|ˌfäh·re *f* car ferry. **~ˌfah·ren** *n* driving (a car). **~ˌfah·rer** *m* motorist, (car) driver. **~ˌfahrt** *f* drive. **~ˌfal·le** *f* **1.** road trap. **2.** *colloq. der Polizei*: speed (*od.* police, radar) trap. **~ˌfir·ma** *f* car (*bes. Am.* automobile) company. **~ˌfriedˌhof** *m colloq.* car dump, *Am.* auto graveyard.

au·to·gam [autoˈgaːm] *adj biol.* autogamous, *Einzeller*: self-fertilizing. **Au·to·gaˈmie** [-gaˈmiː] *f* ⟨-; *no pl*⟩ autogamy.

au·to·gen [autoˈgeːn] **I** *adj* autogenous (*a. med. training*); *tech.* **~es Schweißen** autogenous (*od.* oxyacetylene, gas) welding. **II** *adv* ~ **schweißen** *oft* gas-weld. **Ձgeˌrät** *n tech.* gas welding equipment. **Ձˌschnei·deˌanˌla·ge** *f* flame cutting machine.

Au·to·gramm [autoˈgram] *n* ⟨-s; -e⟩ autograph; **~e geben** give autographs; **sein** ~ **auf** (*acc*) **et. schreiben** autograph s. th. **~ˌjä·ger** *m colloq.* autograph hunter. **~ˌstun·de** *f* autograph (-ing) session.

Au·to|graph [autoˈgraːf] *n* ⟨-s; -en⟩ (*Urschrift*) autograph. **~graˈphie** [-graˈfiː] *f* ⟨-; -n [-ən]⟩ *print.* autography. **2graˈphie·ren** [-graˈfiːrən] *v/t* ⟨no ge-, h⟩ autograph. **2ˈgra·phisch** *adj* autographic.

ˈAu·toˌhänd·ler *m* car dealer.

Au·to·hyp·no·se [autohypˈnoːzə] *f* *psych.* autohypnosis.

ˈAu·to|in·duˌstrie *f* car (*Am.* automotive, auto[mobile]) industry. **~ˌin-ˌsas·se** *m* car passenger. **~ka·ros·seˌrie** *f* (car) body, bodywork. **~ˌkar·te** *f* road map. **~ˌki·no** *n* drive-in (cinema).

Au·to·klav [autoˈklaːf] *m* ⟨-s; -en⟩ *chem. med.* autoclave, *für Instrumente*: sterilizer.

ˈAu·to|ˌknacker (*getr.* -k·k-) *m colloq.* car burglar. **~koˌlon·ne** *f* column (*od.* line) of cars, *geschlossene*: convoy. **~ˌkor·so** *m* motorcade. **~ˌkran** *m tech.* truck(-mounted) crane, motor crane, *Am. a.* wrecker. **2ˌkrank** *adj* car-sick. **~ˌkrank·heit** *f* car sickness.

Au·to|krat [autoˈkraːt] *m* ⟨-en; -en⟩ autocrat. **~kraˈtie** [-kraˈtiː] *f* ⟨-; -n [-ən]⟩ autocracy. **2ˈkra·tisch** *adj* autocratic(al).

ˈAu·toˌlot·se *m* car pilot.

Au·to·ly·se [autoˈlyːzə] *f* ⟨-; *no pl*⟩ *biol.* autolysis.

ˈAu·to|ˌmar·der *m colloq.* car burglar. **~ˌmar·ke** *f* make (*od.* type) (of car).

Au·to·mat [autoˈmaːt] *m* ⟨-en; -en⟩ **1.** *tech.* automat(ic machine), (*Dreh2*) automatic lathe. **2.** *electr.* (*Sicherungs2*) automatic cut-out. **3.** (*Verkaufs2*) (automatic) vending machine, (penny-in-the-)slot machine, (*Spiel2*) slot machine, (*Musik2*) juke box. **4.** *fig.* (*Person*) robot, machine.

Au·toˈma·ten|büfˌfet *n* (small) slot-machine restaurant, automat. **2haft** *adj fig.* robotlike, automatic. **~ˌpackung** (*getr.* -k·k-) *f Zigaretten etc*: vending pack. **~re·stauˌrant** *n* slot-machine restaurant, automat. **~ˌstahl** *m* free-cutting steel.

Au·to·ma·tik [autoˈmaːtɪk] *f* ⟨-; *no pl*⟩ **1.** automatism. **2.** *tech.* a) (*Vorgang*) automatic operation (*od.* control), b) (*Anlage*) automatic system. **3.** *mot.* (*Getriebe*) automatic transmission. **4.** *Radio*: automatic tuning control. **~ˌgurt** *m* automatic safety belt, reel seat belt.

Au·to·ma·ti·on [automaˈtsĭoːn] *f* ⟨-; *no pl*⟩ *econ. tech.* automation.

au·toˈma·tisch I *adj allg.* automatic, *fig. a.* mechanic, *tech. a.* self-acting, (*Druckknopf*...) push-button ...; *mot.* ~es Getriebe automatic transmission (*od.* gearbox), power-shifted transmission; ~es Gewehr automatic (rifle). **II** *adv* automatically.

au·to·ma·ti·sie|ren [automatiˈziːrən] *v/t* ⟨no ge-, h⟩ automate. **2rung** *f* ⟨-; *no pl*⟩ automation.

Au·to·ma·tis·mus [automaˈtɪsmʊs] *m* ⟨-; *no pl*⟩ *med. psych.* automatism.

ˈAu·to|meˌcha·ni·ker *m* car mechanic. **~miˌnu·te** *f* driving minute; man braucht dreißig ~n it is thirty minutes' driving, it is a thirty-minute drive.

Au·to·mo·bil [automoˈbiːl] *n* ⟨-s; -e⟩ → Auto(...). **~ˌher·stel·ler** *m* car manufacturer.

Au·to·mo·bi|lis·mus [automobiˈlɪsmʊs] *m* ⟨-; *no pl*⟩ *obs.* motoring, *bes. Am.* automobilism. **~ˈlist** [-ˈlɪst] *m* ⟨-en; -en⟩ → Autofahrer.

Au·to·moˈbilˌklub *m* automobile association.

au·to·nom [autoˈnoːm] *adj* **1.** autonomous (*a. fig.*). **2.** *physiol.* autonomic(al).

Au·to·noˈmie [-noˈmiː] *f* ⟨-; -n [-ən]⟩ autonomy.

ˈAu·to|ˌnum·mer *f* licen/ce (*Am.* -se) number. **~ˌpan·ne** *f* breakdown, (*Reifenpanne*) flat tyre (*Am.* tire), *colloq.* puncture. **~paˌpie·re** *pl* driving (*od.* car) papers (*od.* documents). **~ˌpark** *m* vehicle park, fleet of cars. **~ˌpark-ˌplatz** *m* → Parkplatz. **~ˌpfle·ge** *f* car service.

Au·to·pi·lot [autopiˈloːt] *m aer.* autopilot; vom ~en gesteuert werden be on autopilot.

ˈAu·to·po·liˌtur *f* car (*bes. Am.* auto) polish.

Aut·op·sie [autɔˈpsiː] *f* ⟨-; -n [-ən]⟩ autopsy, postmortem (examination); e-e ~ vornehmen (an) conduct (*od.* carry out) an autopsy (on).

Au·tor [ˈautɔr] *m* ⟨-s; -en [auˈtoːrən]⟩ author.

ˈAu·to|ˌra·dio *n* car radio. **~ˌrei·fen** *m* tyre, *Am.* tire. **~ˌrei·seˌfüh·rer** *m* motorist's guide(book). **~ˌrei·seˌzug** *m* car sleeper (*od.* motorail) train.

Auˈto·ren|ex·emˌplar *n* presentation (*od.* author's) copy. **~ho·noˌrar** *n* (author's) royalty (*od.* fee), royalties *pl.* **~kor·rekˌtur** *f* author's alterations *pl.*

ˈAu·to|ˌrennˌbahn *f* (car) race track, circuit. **~ˌren·nen** *n* **1.** motor (*od.* car) race. **2.** → **~ˌrennˌsport** *m* motor (*od.* car) racing.

Auˈto·ren|ˌrecht *n* author's rights *pl.* **~schaft** *f* ⟨-; *no pl*⟩ authorship. **~ˌschutz·verˌband** *m* authors' association. **~tan·tie·me** [-tãˌtĭɛːmə] *f meist pl* (author's) royalty.

ˈAu·to·re·pa·raˌtur *f* car repair. **~-ˌwerkˌstatt** *f* car repair shop, garage.

Au·to·rin [auˈtoːrɪn] *f* ⟨-; -nen⟩ (female) author, *rare* authoress.

au·to·ri·sie|ren [autoriˈziːrən] *v/t* ⟨no ge-, h⟩ (*Person*) authorize, empower; autorisierte Übersetzung authorized translation. **2rung** *f* ⟨-; *no pl*⟩ authorization.

au·to·ri|tär [autoriˈtɛːr] *adj* authoritarian. **2ˈtät** [-ˈtɛːt] *f* ⟨-; -en⟩ **1.** authority. **2.** (*Experte*) (auf dem Gebiet *gen*) authority (on), expert (of). **~taˈtiv** [-taˈtiːf] *adj* authoritative.

au·to·riˈtäts|ˌgläu·big *adj* believing in authority, authoritarian. **2ˌgläu·big-keit** *f* authoritarianism. **2prinˌzip** *n* principle of authority, authoritarianism.

ˈAu·tor·schaft *f* ⟨-; *no pl*⟩ authorship.

ˈAu·to|ˌruf *m* taxicab call. **~ˌsatt·ler** *m* car upholsterer. **~ˌscheinˌwer·fer** *m* headlight, head lamp. **~ˌschlan·ge** *f fig. colloq.* queue (*od.* line) of cars. **~ˌschlepp** *m* ⟨-s; *no pl*⟩ **1.** car tow. **2.** *aer.* → **~ˌschleppˌstart** *m* car-towed takeoff. **~ˌschloß** *n* car lock. **~-ˌschlos·ser** *m* car mechanic. **~ˌschlüs·sel** *m* car key. **~ˌschnellˌstra·ße** *f* motorway, *Am.* expressway. **~ˌschup-pen** *m* car shed. **~ˌser·vice** *m, n* car service. **~ˌsitz** *m* car seat. **~ˌskoo·ter** *m* dodgem (*od.* bumper) car.

Au·to·som [autoˈzoːm] *n* ⟨-s; -en⟩ *biol.* autosome, paired chromosome.

ˈAu·to|ˌsport *m* motoring, motor sport. **~ˌstop** *m* hitchhiking; per ~ fahren hitchhike. **~ˌstra·ße** *f* motor road, *Am.* highway. **~ˌstun·de** *f* hour's drive; man braucht fünf ~n it is five hours' driving, it is a five-hour drive.

Au·to·sug·ge|sti·on [autozugɛsˈtĭoːn] *f psych.* autosuggestion. **2ˈstiv** [-ˈtiːf] *adj* autosuggestive.

ˈAu·to|ˌtech·nik *f* automobile (*bes. Am.* automotive) engineering. **~te·leˌphon, ~te·leˌfon** *n* car telephone. **~trans-ˌpor·ter** *m* motorcar transporter (*od.* hauler), *Am.* haulaway.

au·to·troph [autoˈtroːf] *adj bot. chem.* autotrophic; ~e Pflanze autophyte, autotroph.

Au·to·ty·pie [autotyˈpiː] *f* ⟨-; -n [-ən]⟩ *print.* autotype, halftone reproduction.

ˈAu·toˌunˌfall *m* motor (*od.* car) accident, car crash.

Au·to·vak·zi·ne [autovakˈtsiːnə] *f med.* autovaccine.

ˈAu·to|verˌbandsˌka·sten *m* (driver's *od.* car) first-aid kit. **~verˌkäu·fer** *m* car salesman. **~verˌkehr** *m* (motor) traffic. **~verˌleih** *m* car hire service, *Am.* car rental service. **~verˌmie·tung** *f* **1.** car hire, *Am.* renting of cars. **2.** → Autoverleih. **~verˌsi·che·rung** *f* car insurance. **~ˌwan·de·rung** *f* drive-hike. **~ˌwaschˌanˌla·ge, ~wä·sche-ˌrei** *f* car-wash(ing plant). **~ˌzu·beˌhör** *n, a. m* (motor)car accessories *pl.* **~zuˌsam·menˌstoß** *m* car collision (*od.* crash).

autsch [autʃ] *interj* ouch!

ˈAuˌwald *m* lowland (*od.* riparian) forest.

au·weh [auˈveː] *interj* **1.** ouch! **2.** → **au·wei(a)** [auˈvaɪ(a)] *interj* my goodness!, oh dear!, goodness gracious!

Aval [aˈval] *m, rare n* ⟨-s; -e⟩ *econ.* recourse (*od.* bank) guarantee (for a bill). **~akˌzept** *n* collateral acceptance (by a bank).

ava·lie·ren [avaˈliːrən] *v/t* ⟨no ge-, h⟩ *econ.* accept (*a bill*) by way of guarantee.

Aval·kreˌdit [aˈval-] *m econ.* credit by way of bank guarantee.

Avan·ce [aˈvãːsə] *f* ⟨-; -n⟩ *fig.* j-m ~n machen make advances to s. o. **avan-cie·ren** [avãˈsiːrən] *v/i* ⟨no ge-, sein⟩ be promoted, rise (in rank), advance; er ist zum Obersten avanciert he has been promoted (*Am.* to) colonel; *fig.* zum Bestseller ~ become a bestseller.

Avant|gar·de [aˈvãˌgardə; aˈvant-] *f* ⟨-; -n⟩ **1.** *Kunst*: avant-garde. **2.** *fig. pol.* vanguard. **~garˈdis·mus** [-garˈdɪsmʊs] *m* ⟨-; *no pl*⟩ avant-gardism. **~garˈdist** [-garˈdɪst] *m* ⟨-en; -en⟩ avant-gardist. **2garˈdi·stisch** *adj* avant-garde.

Ave [ˈaːve] **I** *n* ⟨-; -⟩ *R. C.* Ave. **II** *interj* ave!, hail! **~-ˌLäu·ten** *n* ave-bell, Angelus (bell). **~-Ma·ria** [ˈaːvemaˈriːa] *n* ⟨-(s); -(s)⟩ (*Gebet*) Ave Maria, Hail Mary.

Ave·nue [avəˈnyː; ave-] *f* ⟨-; -n [-ən]⟩ avenue.

Avers [aˈvɛrs] *m* ⟨-es; -e⟩ *e-r Münze etc*: face, obverse.

Aver·si·on [avɛrˈzĭoːn] *f* ⟨-; -en⟩ aversion (gegen to).

Avis [aˈviː] *m, n* ⟨- [aˈviː(s)]; - [aˈviːs]⟩ *od.* [aˈviːs] *m, n* ⟨-es [aˈviːzəs]; -e [aˈviːzə]⟩ *econ.* advice(-note); laut ~ as advised. **avi·sie·ren** [aviˈziːrən] *v/t* ⟨no ge-, h⟩ j-m j-n (et.) ~ advise (*od.* notify, inform) s.o. of s.o.'s arrival (of s.th.).

Avi·so [aˈviːzo] *n* ⟨-s; -s⟩ *Austrian for* Avis.

Avi·ta·mi·no·se [avitamiˈnoːzə] *f* ⟨-; -n⟩ *med.* avitaminosis.

Avo·ca·to [avoˈkaːto] *f* ⟨-; -s⟩, **~ˌbir·ne** *f bot.* avocado (pear).

Axel [ˈaksəl] *m* ⟨-s; -⟩ *Eiskunstlauf*: axel.

axi·al [aˈksĭaːl] *adj math. tech.* axial. **2beˌanˌspru·chung** *f* axial stress.

Axil·la [aˈksɪla] *f* ⟨-; Axillen⟩ *anat. bot.* axilla. **axil·lar** [aksɪˈlaːr] *adj* axillary.

Axi·om [aˈksĭoːm] *n* ⟨-s; -e⟩ axiom. **Axio·ma·tik** [aksĭoˈmaːtɪk] *f* ⟨-; *no pl*⟩ axiomatic theory. **axio·ma·tisch** [aksĭoˈmaːtɪʃ] *adj* axiomatic.

Axt [akst] *f* ⟨-; ⸗e⟩ **1.** axe, ax, *kleine*: hatchet; *fig.* **die ~ an die Wurzel e-s Übels (an)legen** strike at the root of an evil; *fig. colloq.* **er benahm sich wie die ~ im Walde** he behaved like a bull in a china shop; **die ~ im Haus erspart den Zimmermann** self-help is the best help, *a.* do it yourself! **2.** *her.* adz(e). **~ˌhieb** *m* blow of (*od.* cut with) an ax(e).

Aza·lea [atsaˈleːa] *f* ⟨-; **-leen** [-ən]⟩, **Aza·lee** [atsaˈleːə] *f* ⟨-; **-n**⟩, **Aza·lie** [aˈtsaːlɪ̯ə] *f* ⟨-; **-n**⟩ *bot.* azalea.

Aze·tat ... *etc* → **Acetat** ... *etc.*

Aze·ty·len ... → **Acetylen** ...

Azid [aˈtsiːt] *n* ⟨-(e)s; -e⟩ *chem.* azide, hydrazoate.

Azid... → **Acid**...

Azi·mut [atsiˈmuːt] *n, a. m* ⟨**-s**; **-e**⟩ *astr.* azimuth. **azi·mu·tal** [atsimuˈtaːl] *adj* azimuthal.

Azo·ben·zol [atsobɛnˈtsoːl; ˈatsobɛnˌtsoːl] *n chem.* azobenzene.

Azoi·kum [aˈtsoːikʊm] *n* ⟨**-s**; *no pl*⟩ *geol.* Azoic (period).

Azo·ren|ˌhoch [aˈtsoːrən-] *n meteor.* Azores high, anticyclone. **~ˌtief** *n* Azores low.

azo·risch [aˈtsoːrɪʃ] *adj geogr.* Azorian.

Az·te·ke [atsˈteːkə] *m* ⟨**-n**; **-n**⟩ *hist.* Aztec, *a.* Azteca. **Azˈte·kenˌreich** *n hist.* Aztec empire. **azˈte·kisch** *adj* Aztec(an).

Azur [aˈtsuːr] *m* ⟨**-s**; *no pl*⟩ **1.** (*Farbe*) azure (blue). **2.** → **Azurstein. 3.** *poet.* a) azure, b) sky. **~ˌblau I** *n* → **Azur** 1. **II ~** *adj* azure blue. **~ˌstein** *m min.* lapis (lazuli).

azy·klisch [ˈa(ː)tsyːklɪʃ; aˈtsyːklɪʃ] *adj* acyclic.

B

B, b [beː] ⟨-; -⟩ **1.** (*Buchstabe*) B, b; **B wie Berta** B for Benjamin. **2.** *mus.* a) (the note) B flat, b) (*Versetzungszeichen*) flat, c) **b** (= *b-Moll*) B-flat minor, d) B (= *B-Dur*) B-flat major; **ein b vorzeichnen** mark with a flat, flatten.

ba [baː] *interj colloq.* bah, pooh.

bä [bɛː] *interj* **1.** *Schaf*: baa. **2.** *Kind*: bah.

bab·beln [ˈbabəln] *v/i* ⟨h⟩ *colloq.* babble (*a. Säugling etc*), chatter, prattle.

ˈ**Bab·bitt·meˌtall** [ˈbɛbɪt-] *n tech.* babbit (metal).

Ba·bel [ˈbaːbəl] **I** *npr n* ⟨-s; *no pl*⟩ Babel; *Bibl.* **der Turm zu ~** the Tower of Babel. **II** *n* ⟨-s; -⟩ *fig. colloq.* Babylon.

Ba·by [ˈbeːbi] *n* ⟨-s; -s⟩ baby; **~-ˌausˌstat·tung** *f* (*Wäsche*) layette. **~-ˌBonds** *pl econ.* baby bonds.

Ba·by·lon [ˈbaːbylɔn] *npr n* ⟨-s; *no pl*⟩ Babylon. **Ba·by·lo·ni·er** [babyˈloːnĭər] *m* ⟨-s; -⟩, **Ba·byˈlo·nie·rin** *f* ⟨-; -nen⟩ Babylonian. **ba·by·lo·nisch** [babyˈloːnɪʃ] *adj* Babylonian; *hist.* **die ≈e Gefangenschaft** the Babylonian Captivity; *Bibl.* **~e Verwirrung** confusion of tongues, babel.

ˈ**Ba·by|ˌspra·che** *f* ⟨-; *no pl*⟩ baby talk. **~ˌwä·sche** *f* layette.

Bac·cha·nal [baxaˈnaːl] *n* ⟨-s; -e *u.* -ien⟩ **1.** *antiq.* Bacchanalia *pl*, bacchanals *pl*. **2.** (*Orgie*) bacchanal, orgy. **3.** *Tanzkunst*: bacchanale. **bac·chaˈna·lisch** *adj* **1.** *antiq.* bacchanalian. **2.** → bacchantisch.

Bac·chant [baˈxant] *m* ⟨-en; -en⟩ *antiq.* bacchant. **Bacˈchan·tin** *f* ⟨-; -nen⟩ bacchante. **bacˈchan·tisch** *adj* Bacchic, bacchanalian (*a. fig.*).

Bac·chus [ˈbaxus] *npr m* ⟨-; *no pl*⟩ *myth.* Bacchus. **~ˌjün·ger** *m fig. colloq.* Devotee of Bacchus.

Bach [bax] *m* ⟨-(e)s; ⸚e [ˈbɛçə]⟩ **1.** brook, (small) stream, streamlet, rivulet, *Am. a.* creek, run, *poet.* rill; **reißender ~** torrent; **kleine Bäche machen große Flüsse** (*Sprichwort*) many a little makes a mickle; **Bäche von Tränen** a flood of tears; *fig. colloq.* **den ~ hinunter** (*dahin*) down the drain. **2.** *colloq.* **e-n ~ machen** (make) wee-wee. **3.** *aer. mar. colloq.* (*Nordsee, Ärmelkanal*) ditch.

Ba·che [ˈbaxə] *f* ⟨-; -n⟩ *hunt.* (wild) sow. ˈ**Ba·cher** *m* ⟨-s; -⟩ young (wild) boar.

ˈ**Bach·fo·rel·le** *f* river trout.

Bäch·lein [ˈbɛçlaɪn] *n* ⟨-s; -⟩ brooklet, streamlet.

ˈ**Bachˌstel·ze** *f* water wagtail.

back [bak] *adv mar.* aback, abaft.

Back *f* ⟨-; -en⟩ *mar.* **1.** (*Decksaufbau*) forecastle, *colloq.* fo'c's'le. **2.** → Backbord. **3.** a) mess table, b) (*Eßnapf*) bowl. **4.** (*Tischgemeinschaft*) mess(mates *pl*).

ˈ**Back|ˌap·fel** *m* **1.** baked apple. **2.** cooking apple. **~aro·ma** [-ʔaˌroːma] *n* aromatic essence (for baking), flavo(u)ring. **~ˌblech** *n* baking tin.

ˈ**Backˌbord I** *n* ⟨-(e)s; -e⟩ *mar.* port (side); **nach ~** to port, aport; **an ~ voraus** on the port bow; **an ~ achtern** on the port quarter. **II ≈** *adv* to port. **~ˌhal·sen** *pl* port tack *sg.* **~ˌmo·tor** *m aer.* port engine. **~ˌru·der** *n mar.* port helm. **~ˌscho·te** *f* port sheet. **~ˌsei·te** *f aer.* port (side); **nach ~** to port.

ˈ**backˌbras·sen** *v/t u. v/i* ⟨*sep*, -ge-, h⟩ *mar.* brace aback.

Bäck·chen [ˈbɛkçən] *n* ⟨-s; -⟩ (little) cheek.

Backe (*getr.* **-k·k-**) [ˈbakə] *f* ⟨-; -n⟩ **1.** (*Wange*) cheek; **runde (rote, volle) ~n** chubby (rosy, full) cheeks; *colloq.* **e-e dicke ~ haben** have a swollen cheek; **die ~n aufblasen** puff out one's cheeks; **(et.) mit vollen ~n kauen** munch (s. th.) (heartily); *colloq.* **au ~!** oh boy!, golly! **2.** *colloq.* (*Gesäß≈*) buttock. **3.** *tech.* a) (*Klemm≈, Spann≈*) jaw, b) *e-r Zange*: nose, c) (*Gewindeschneid≈*) die, d) (*Brems≈*) shoe, block, cheek. **4.** *mil. am Gewehr*: cheek (piece). **5.** *der Skibindung*: toe-iron.

backen[1] (*getr.* **-k·k-**) [ˈbakən] **I** *v/t* ⟨bäckt, backte, *rare* **buk**, gebacken, h⟩ **1.** a) (*Brot, Kuchen etc*) bake, make, b) (*Eierkuchen, Fisch etc in der Pfanne*) fry, c) (*Auflauf etc im Ofen*) bake, cook; **et. zu lange ~** overdo s. th.; **in schwimmendem Fett ~** deep-fry. **2.** (*dörren*) (*Obst etc*) dry. **3.** *tech.* (*Ziegel etc*) burn, bake. **II** *v/i* **4.** bake.

ˈ**backen**[2] (*getr.* **-k·k-**) *v/i* ⟨h⟩ *Lehm etc*: cake; **an** *e-r Sache*: stick (*od.* cling) to.

ˈ**Backen** (*getr.* **-k·k-**) *m* ⟨-s; -⟩ **1.** *dial. for* Backe 1, 2. **2.** → Backe 5.

ˈ**Backen|ˌbart** (*getr.* **-k·k-**) *m* (side-)whiskers *pl*, *Am. a.* sideburns *pl*. **~ˌbin·dung** *f Ski*: toe-iron binding. **~ˌbrem·se** *f* shoe brake. **~ˌfut·ter** *n tech.* jaw chuck. **~ˌhörn·chen** *n zo.* chipmunk. **~ˌkno·chen** *m anat.* cheekbone. **~ˌstreich** *m* → Ohrfeige. **~ˌta·sche** *f zo.* (cheek) pouch. **~ˌzahn** *m* molar (tooth), grinder.

Bäcker (*getr.* **-k·k-**) [ˈbɛkər] *m* ⟨-s; -⟩ baker; **beim ~** at the baker's. **~ˌdut·zend** *n* (*13 Stück*) baker's dozen.

Bäckeˈrei (*getr.* **-k·k-**) *f* ⟨-; -en⟩ **1.** (*Laden*) bakery, baker's shop; **in der ~** at the baker's. **2.** (*Backstube*) bakehouse. **3.** *Austrian for* Backwerk 2. **4.** (*das Backen*) baking. **5.** (*Handwerk*) baker's trade; baking.

ˈ**Bäcker|ekˌzem** (*getr.* **-k·k-**) *n med.* baker's itch. **~geˌsel·le** *m* journeyman baker. **~ˌhandˌwerk** *n* baker's trade. **~ˌla·den** *m* → Bäckerei 1. **~ˌmei·ster** *m* master baker.

ˈ**Bäckersˌfrau** (*getr.* **-k·k-**) *f* baker's wife.

ˈ**Back|ˌfä·hig·keit** *f* ⟨-; *no pl*⟩ baking quality. **≈ˌfer·tig** *adj* ready for baking. **~ˌfett** *n* **1.** cooking fat. **2.** *für Gebäck etc*: shortening.

ˈ**Backˌfisch** *m* ⟨-s; -e⟩ **1.** small fish for frying. **2.** *fig. colloq.* (silly) teenage girl. **~ˌal·ter** *n* (a girl's) teens *pl*.

ˈ**Back|ˌform** *f* baking (*od.* cake) tin. **~ˌhähn·chen** *n* **1.** fried chicken. **2.** chicken for frying. **~ˌhe·fe** *f* baker's yeast. **~ˌhendl** *n Austrian colloq. for* Backhähnchen. **~ˌhit·ze** *f* baking (*od.* oven) temperature. **~ˌhuhn** *n* → Backhähnchen. **~ˌmehl** *n* baking flour. **~ˌmul·de** *f* → Backtrog. **~ˌobst** *n* dried fruit. **~ˌofen** *m* (baking) oven. **~ˌofenˌhit·ze** *f fig.* sweltering heat. **~ˌpfan·ne** *f* frying pan. **~ˌpfei·fe** *f* → Ohrfeige. **~ˌpflau·me** *f* (dried) prune. **~ˌpul·ver** *n* baking powder. **~reˌzept** *n* baking (*od.* cake) recipe. **~ˌrohr** *n*, **~ˌröh·re** *f* (baking) oven.

ˈ**Back·schaft** *f* ⟨-; -en⟩ *mar.* mess(mates *pl*). ˈ**Back·schaf·ter** *pl* messmen, mess cooks.

ˈ**Backˌstein** *m* (solid) brick. **~ˌbau** *m* brick building. **~ˌgo·tik** *f* brick Gothic.

ˈ**Back|ˌstu·be** *f* bakehouse. **~ˌteig** *m* **1.** dough. **2.** (*flüssiger ~*) batter. **~ˌtrog** *m* kneading trough. **~ˌwa·ren** *pl* breads and pastries. **~ˌwerk** *n* ⟨-(e)s; *no pl*⟩ **1.** pastries *pl*, confectionery. **2.** (*Gebäck*) *Br.* biscuits *pl*, *Am.* cookies *pl*.

Bac·te·ri·um [bakˈteːrĭum] *n* ⟨-s; -rien⟩ *med.* bacterium.

Bad [baːt] *n* ⟨-(e)s; ⸚er⟩ **1.** *in der Wanne*: bath; **ein ~ nehmen** → **baden** 1, **Kind** 4. **2.** *im Freien*: swim, *Br.* bathe, *kurzes*: *a.* dip; **ein ~ im Fluß nehmen** bathe (*od.* have a swim) in the river. **3.** (*~ezimmer*) bath(room). **4.** → Badeanstalt. **5.** (*Kur≈*) health resort, spa. **6.** *med.* (medicinal) bath. **7.** *pl antiq.* baths, thermae. **8.** *chem. phot.* bath. **9.** *Färberei*: dip, dye bath. **10.** *Leder*: grainer.

ˈ**Ba·de|ˌanˌstalt** *f* **1.** public bath. **2.** (*Schwimmbad*) public baths *pl*, (public) swimming pool. **~ˌanˌzug** *m* bathing suit, swimsuit. **~ˌarzt** *m* spa-doctor. **~ˌeinˌrich·tung** *f meist pl* bathing facilities *pl*, bathroom installation(s *pl*). **~ˌfrau** *f* (female) bath attendant. **~ˌgast** *m* **1.** bather. **2.** → Kurgast. **~ˌhandˌtuch** *n* bath towel. **~ˌho·se** *f* (bathing *od.* swimming) trunks *pl* (*od.* shorts *pl*, drawers *pl*), swim trunks *pl*. **~ka·ˌbi·ne** *f* bathing cabin (*od.* cubicle). **~ˌkap·pe** *f* bathing cap. **~ˌkur** *f* cure (*od.* course of treatment) at a spa, balneotherapy; **e-e ~ machen** take a cure (at a spa), take the waters. **~ˌkurˌort** *m* → Bad 5. **~ˌman·tel** *m* bath-

robe, bathing gown. ~ˌ**mei·ster** *m* bath attendant (in charge), superintendent.
ba·den [ˈbaːdən] **I** *v/i* ⟨h⟩ **1.** *in der Wanne*: (have *od.* take a) bath, *Am.* bathe; **warm (kalt)** ~ have a hot (cold) bath. **2.** *im Schwimmbad etc*: bathe, have a swim; ~ **gehen** a) go swimming (*od.* bathing, for a swim), b) *fig. colloq.* go under, be done for, *Am. sl.* take a bath. **II** *v/t* **3.** *bes. Br.* bath, *Am.* bathe, give *a baby* its bath; *colloq.* **er ist als Kind zu heiß gebadet worden** he was dropped on his head as a baby. **4.** (*Finger, Wunde etc*) bathe. **III** *v/reflex* **sich** ~ **5.** → baden 1, 2; *fig.* **sich** ~ **in** (*dat*) bask (*od.* bathe) in. ˈ**Ba·den·de** *m, f* ⟨-n; -n⟩ bather.
Ba·de·ner [ˈbaːdənər] *m* ⟨-s; -⟩ native (*od.* inhabitant) of Baden.
ˈ**Ba·deˌni·xe** *f colloq.* bathing beauty.
Ba·den·ser [baˈdɛnzər] *m* ⟨-s; -⟩ *colloq.* → Badener.
ˈ**Ba·de|ˌofen** *m* (*Kohle*≈) bathstove, (*Gas*≈, *Strom*≈) geyser, (hot-)water heater. ~ˌ**ort** *m* bathing resort, *an der See*: seaside resort; *med.* spa, watering-place.
ˈ**Ba·der** *m* ⟨-s; -⟩ *obs.* barber-surgeon.
ˈ**Bä·derˌkun·de** *f med.* balneology.
ˈ**Ba·de|ˌsa·chen** *pl* swimming things. ~ˌ**salz** *n* bath salts *pl.* ~ˌ**schön·heit** *f* bathing beauty. ~ˌ**schuh** *m* bathing slipper. ~ˌ**strand** *m* (bathing) beach. ~ˌ**ta·sche** *f* beach bag. ~ˌ**tuch** *n* bath towel. ~ˌ**wan·ne** *f* **1.** bath(tub), tub. **2.** *colloq. im Schnee*: sitzmark. ~ˌ**wär·ter** *m* **1.** bath attendant. **2.** *am Strand etc*: life saver, *Am.* lifeguard. ~ˌ**was·ser** *n* bath water. ~ˌ**zeug** *n colloq. for* Badesachen. ~ˌ**zim·mer** *n* bath(room).
ba·disch [ˈbaːdɪʃ] *adj geogr.* of Baden.
bä·en [ˈbɛːən] *v/i* ⟨h⟩ *Schaf*: bleat.
baff [baf] *adj colloq.* ~ **sein (über** *acc* at) be dumbfounded (*od.* flabbergasted, floored).
bäf·fen [ˈbɛfən] *v/i* ⟨h⟩ *Hund*: yap.
Ba·ga·ge [baˈgaːʒə] *f* ⟨-; *no pl*⟩ **1.** *colloq. contp.* (*Gesindel*) rabble, riffraff, *sl.* bunch; **die ganze** ~ the whole lot of them. **2.** *obs. for* **Gepäck**. **3.** *mil. hist.* → **Troß** 1.
Ba·gas·se [baˈgasə] *f* ⟨-; -n⟩ bagasse.
Ba·ga·tel·le [bagaˈtɛlə] *f* ⟨-; -n⟩ bagatelle (*a. mus.*), trifle.
ba·ga·tel·li·sie·ren [bagatɛliˈziːrən] *v/t* ⟨*no* ge-, h⟩ minimize, make light of, *colloq.* play *s.th.* down.
Ba·gaˈtell|ˌsa·che *f jur.* petty (law-)case, summary offen/ce (*Am.* -se). ~ˌ**scha·den** *m* petty damage(s *pl*). ~**verˌfah·ren** *n* summary proceedings *pl.*
Bag·ger [ˈbagər] *m* ⟨-s; -⟩ *tech.* (*Trocken*≈) excavator, digger; (*Naß*≈) dredge(r); (*Löffel*≈) power shovel, navvy; → **Schaufelbagger, Greifbagger.** ~ˌ**boot** *n mar.* dredge(r). ~ˌ**ei·mer** *m tech.* (dredge-)bucket. ~ˌ**füh·rer** *m* excavator driver, shovelman; *e-s Naßbaggers*: dredgerman. ~ˌ**grei·fer** *m* grab. ~ˌ**löf·fel** *m* excavator shovel, scoop. ~**maˌschi·ne** *f* → Bagger.
bag·gern [ˈbagərn] *v/t u. v/i* ⟨h⟩ **1.** *trocken*: excavate. **2.** *naß*: dredge. **3.** *mit Planierraupe*: bulldoze.
ˈ**Bag·ger|ˌprahm** *m mar.* dredging boat, hopper barge. ~ˌ**schau·fel** *f* → Baggerlöffel. ~ˌ**schiff** *n* dredge(r). ~ˌ**schu·te** *f* → Baggerprahm. ~ˌ**see** *m* flooded gravel pit.
bah [baː] *interj colloq. contp.* bah!
bäh [bɛː] *interj colloq.* **1.** *Schaf*: baa. **2.** *contp.* bah!, boo to you!; *angeekelt*: ugh!
bä·hen[1] [ˈbɛːən] *v/t* ⟨h⟩ *med.* poultice, foment.
ˈ**bä·hen**[2] *v/i* ⟨h⟩ *Schaf*: bleat, baa.
Bahn[1] [baːn] *f* ⟨-; -en⟩ *colloq.* **1.** a) (*Eisen*≈) railway, *Am.* railroad, b) (*Zug*) train, c) (~*hof*) station; **mit der** (*od.* **per**) ~ **fahren** (*od.* **reisen**) go (*od.* travel) by train (*od.* rail); *econ.* **per** ~ by rail; **in der** ~ on (*od.* in) the train; **bei der** ~ (*arbeiten etc*) with (*od.* for) the railway; **j-n zur** ~ **bringen** see s. o. off (at the station). **2.** → **Straßenbahn.** **3.** (~*strecke*) railway (line), *Am.* railroad line. **4.** (*Geleise*, ~*körper*) track, line.
Bahn[2] *f* ⟨-; -en⟩ **1.** (*Weg*) way, path, road; *fig. j-m od. e-r Sache* ~ **brechen** prepare (*od.* pave) the way for, *e-r Idee, Ansicht etc a.* pioneer *s. th.*; **sich** (*dat*) ~ **brechen** a) clear (*od.* make) a way for o. s., b) *fig.* force one's way, win through, forge ahead; ~ **frei!** make way!, clear the way!; *fig.* **ich brauche freie** ~ I want a clear path; **freie** ~ **dem Tüchtigen!** green light to ability!; **freie** ~ **für ein Projekt erhalten** get the green light (*od.* go-ahead) for a project; **sich in ähnlichen** ~**en bewegen** proceed on similar lines; **auf die schiefe** ~ **geraten** go astray, get into evil ways, *colloq.* go (to the) bad; **in j-s** ~**en wandeln** walk in s. o.'s footsteps; **j-n auf die rechte** ~ **bringen** put s. o. on the right track; **in gewohnte** ~**en zurückkehren** return to old familiar ways, *contp.* fall back into the same old rut; **wieder in geregelten** ~**en verlaufen** be back to normal. **2.** *mot.* (*Fahr*≈) (traffic) lane; **Straße mit vier** ~**en** four-lane road. **3.** *astr.* a) *von Sternen*: course, b) *von Kometen*: path, track, c) (*Umlauf*≈) orbit. **4.** *phys.* a) (*Flug*≈, *a. mil.*) trajectory, path, b) (*Umlauf*≈) orbit, c) (*berechnete* ~) course. **5.** *Sport*: a) (*Renn*≈) course, *mot. a.* circuit, (race-)track, b) (*Aschen*≈ *etc*) track, c) (*Einzel*≈, *e-s Läufers etc*) lane, d) (*Golf*≈) course, hole, e) (*Kegel*≈) alley, f) (*Rodel*≈) run, slide; *Golf*: **Platz mit 12** ~**en** 12-hole course → **Schießbahn, Schlittschuhbahn.** **6.** *Textil.* breadth, width. **7.** (*Papier*≈, *Kunststoff*≈) web. **8.** (*Zelt*≈) section. **9.** *pl mar. des Segels*: cloths. **10.** *tech.* (*Amboß*≈, *Hammer*≈, *Hobel*≈) face. **11.** *anat.* path.
Bahn ... *in Zssgn* a) railway (*Am.* railroad) (*bus, installations, official, police, etc*), *a.* rail (*connection, transport, etc*), → *a.* **Eisenbahn ...**, b) *phys.* orbital (*axis, trajectory, velocity, etc*). ≈ˌ**amt·lich** by the railway (*etc*) authorities. ≈ˌ**bre·chend** *adj fig.* epoch-making, epochal, trailblazing, pioneer(ing); ~ **wirken** blaze a trail, do pioneer work. ~ˌ**bre·cher** *m fig.* pioneer.
Bähn·chen [ˈbɛːnçən] *n* ⟨-s; -⟩ **1.** *dim. of* Bahn[1] 1. **2.** → **Kleinbahn.**
bah·nen [ˈbaːnən] *v/t* ⟨h⟩ (*Weg etc*) clear; **e-n Weg** ~ blaze a trail; **j-m e-n** (*od.* **den**) **Weg** ~ a) clear the way for s. o., b) *fig.* (*a.* **für e-e Sache**) prepare (*od.* pave, clear) the way for s. o. (*od.* s. th.); **sich** (*dat*) **e-n Weg** ~ make a way for o. s., *Fluß*: force a course (*through*); **er bahnte sich** (*dat*) **e-n Weg durch die Menge** he worked (*od.* pushed, forced, **mit den Ellenbogen**: elbowed) his way through the crowd.
ˈ**Bahn|ˌfah·rer** *m Radsport*: track rider. ~ˌ**fahrt** *f* train journey. ~ˌ**fracht** *f* railway (*Am.* railroad) freight, rail carriage, railage; ~**tarif** *m* railway tariff. ≈ˌ**frei** *adj u. adv econ.* free on rail (*abbr.* f. o. r.), *bes. Am.* free on board (*abbr.* FOB, f. o. b). ~**geˌlän·de** *n* railway property. ~ˌ**gleis** *n* railway track. ~ˌ**hof** *m* **1.** railway (*Am.* railroad) station; **j-n zum** ~ **bringen** see s. o. off (at the station); *fig. colloq.* **großer** ~ royal reception, red carpet (treatment); **j-n mit großem** ~ **empfangen** give s. o. a royal reception, roll out the red carpet for s. o.; *fig. colloq.* **ich verstehe immer nur** ~! a) that can't be true!, b) are you still all right?, c) I don't understand a word (of it)! **2.** (*Bus*≈ *etc*) depot.
ˈ**Bahnˌhofs ...** *in Zssgn* station (*bookstall, buffet, hall, hotel, etc*). ~**mis·siˌon** *f* Travel(l)ers(') Aid (Society). ~ˌ**vorˌste·her** *m* stationmaster, *Am. a.* station agent.
... bah·nig [...ˌbaːnɪç] *in Zssgn* -lane; **dreibahnige Straße** three-lane road.
ˈ**Bahn|imˌpuls** *m nucl.* orbital moment. ~**ki·loˌme·ter** *m econ.* rail kilomet/res (*Am.* -ers). ~ˌ**kno·tenˌpunkt** *m* (railway) junction. ~ˌ**kör·per** *m rail.* roadbed, *Br. a.* permanent way. ≈ˌ**la·gernd** *adj u. adv econ.* to be collected (from the station). ~ˌ**li·nie** *f* railway (*Am.* railroad) (line). ≈ˌ**mä·ßig** *adv* ~ **verpackt** packed for railway transport, *Am.* packed for rail(road) shipment. ~ˌ**mei·ster** *m* permanent way inspector, *Am.* trackmaster. ~ˌ**netz** *n* → **Eisenbahnnetz.** ~ˌ**oberˌbau** *m* → **Bahnkörper.**
ˈ**Bahnˌpost** *f* **1.** railway postal service, *Am.* railroad mail service. **2.** → ~ˌ**amt** *n* station post office. ~ˌ**wa·gen** *m* mail van (*Am.* car).
ˈ**Bahn|ˌrei·ten** *n Sport*: show riding. ~ˌ**ren·nen** *n* ⟨-s; -⟩ **1.** *mot.* speedway race. **2.** *Radsport*: track race. ~ˌ**rennˌfah·rer** *m Radsport*: track rider. ~ˌ**schran·ke** *f* → **Eisenbahnschranke.** ~ˌ**schwel·le** *f* sleeper, *Am.* tie. ~**spe·diˌteur** *m* rail forwarding agent, *Am.* railroad agent (*od.* agency). ~**spe·di·tiˌon** *f* **1.** → **Bahnspediteur.** **2.** carriage by rail.
ˈ**Bahnˌsteig** *m* platform. ~ˌ**kar·te** *f* platform ticket. ~ˌ**sper·re** *f* ticket gate. ~ˌ**überˌfüh·rung** *f* footbridge (*Am.* overpass) (between platforms). ~ˌ**unterˌfüh·rung** *f* subway (between platforms).
ˈ**Bahn|ˌstrecke** (*getr.* -k·k-) *f* → **Eisenbahnstrecke.** ~**transˌport** *m* rail transport. ~ˌ**überˌfüh·rung** *f* overbridge, *Am.* overpass. ~ˌ**überˌgang** *m* level (*Am.* grade) crossing; **(un)beschrankter** ~ (un)gated (level) crossing. ~ˌ**unterˌfüh·rung** *f* (railway) underpass. ~**verˌsand** *m econ.* rail dispatch, forwarding (*od.* shipment) by rail. ~ˌ**wär·ter** *m* (*Schrankenwärter*) gateman; (*Streckenwärter*) linesman. ~ˌ**wär·terˌhäus·chen** *n* **1.** gatekeeper's lodge. **2.** linesman's cabin, signal box. ~ˌ**zeit** *f* station time.
Bah·re [ˈbaːrə] *f* ⟨-; -n⟩ **1.** (*Kranken*≈) stretcher, litter. **2.** (*Toten*≈) bier.
ˈ**Bahrˌtuch** [ˈbaːr-] *n* pall.
Bai [bai] *f* ⟨-; -en⟩ bay.
ˈ**Baiˌsalz** *n* sea (*od.* bay) salt.
Bai·ser [bɛˈzeː] *n* ⟨-s; -s⟩ *gastr.* meringue.
Bais·se [ˈbɛːsə] *f* ⟨-; -n⟩ *econ.* fall (in prices), bear market, slump, depression (of the stock market); **auf e-e** ~ **spekulieren** speculate on (*od.* operate for) a fall, (sell) bear. ~**beˌwe·gung** *f* bearish movement. ~**spe·kuˌlant** *m* bear, speculator for a fall. ~**spe·ku·la·tiˌon** *f* bear(ish) operation, speculation for a fall. ~ˌ**stim·mung** *f* bearish tone, depressed market.
Bais·si·er [bɛˈsi̯eː] *m* ⟨-s; -s⟩ → **Baissespekulant.**
Ba·ja·de·re [bajaˈdeːrə] *f* ⟨-; -n⟩ bayadere.

Ba·jaz·zo [baˈjatso] *m* ⟨-s; -s⟩ buffoon, clown.

Ba·jo·nett [bajoˈnɛt] *n* ⟨-(e)s; -e⟩ *mil.* bayonet; **mit aufgepflanztem ~** with fixed bayonets; **mit gefälltem ~** bayonet(s) at the charge; **mit dem ~ (nieder)stoßen** bayonet. **~ˌfas·sung** *f electr.* bayonet holder. **~ver·ˌschluß** *m* bayonet joint.

Ba·ju·wa·re [bajuˈva:rə] *m* ⟨-n; -n⟩, **ba·juˈwa·risch** *adj hist. od. humor.* Bavarian.

Ba·ke [ˈba:kə] *f* ⟨-; -n⟩ **1.** *aer. mar.* (*a. Verkehrs*≈) beacon. **2.** *surv.* (range) pole (*od.* rod).

Ba·ke·lit [bakeˈli:t; -ˈlɪt] (*TM*) *n* ⟨-s; *no pl*⟩ bakelite.

ˈBa·ken|an·ten·ne *f Radio*: beacon antenna. **~ˌfeu·er** *n mar.* beacon light. **~ˌsen·der** *m* radio beacon. **~ˌton·ne** *f* beacon buoy.

Bak·ka·lau·re·at [bakalaureˈa:t] *n* ⟨-(e)s; -e⟩ *ped. hist.* baccalaureate, bachelor's degree. **Bak·kaˈlau·re·us** [-ˈlaureus] *m* ⟨-; -rei [-rei]⟩ bachelor.

Bak·ka·rat [ˈbakara(t); bakaˈra] *n* ⟨-s; *no pl*⟩ baccarat.

Bak·ken [ˈbakən] *m* ⟨-; -⟩ ski jump.

Bak·schisch [ˈbakʃɪʃ; bakˈʃi:ʃ; bakˈʃɪʃ] *n* ⟨-es; -e⟩ bak(h)sheesh.

Bak·te·rie [bakˈte:rĭə] *f* ⟨-; -n⟩ *biol.* bacterium, germ, *colloq.* bug. **bak·te·ri·ell** [bakteˈrĭɛl] *adj* bacterial.

Bakˈte·ri·en|be|fund *m med.* bacterial findings *pl.* **≈ˌfeind·lich** *adj* bactericidal. **~ˌflo·ra** *f* bacterial flora. **~ˌfor·schung** *f* bacteriology. **≈ˌfrei** *adj* free of bacteria (*od.* germs). **~ˌgift** *n* bacterial toxin. **≈ˌhal·tig** *adj* **1.** containing bacteria. **2.** contaminated with bacteria. **~ko·loˌnie** *f* (bacterial) colony. **~ˌkrieg** *m mil.* bacteriological (*od.* biological) warfare. **~kulˌtur** *f med.* (bacterial) culture. **~ˌkun·de** *f* bacteriology. **≈ˌsi·cher** *adj* germproof. **~ˌstamm** *m* bacterial strain. **≈ˌtö·tend** *adj* bactericidal, germ-killing; **~es Mittel** bactericide. **~ˌun·terˌsu·chung** *f* bacterioscopy. **~ˌzäh·lung** *f* bacterial count. **~ˌzucht** *f* culture of bacteria. **~ˌzüch·tung** *f* breeding (*od.* culture) of bacteria.

Bak·te·rio|lo·ge [bakterĭoˈlo:gə] *m* ⟨-n; -n⟩, **~ˈlo·gin** *f* ⟨-; -nen⟩ bacteriologist. **~loˈgie** [-loˈgi:] *f* ⟨-; *no pl*⟩ bacteriology. **≈ˈlo·gisch** [-ˈlo:gɪʃ] *adj* bacteriological. **~ˈly·se** [-ˈly:zə] *f* ⟨-; -n⟩ *biol.* bacteriolysis.

bak·te·ri·zid [bakteriˈtsi:t] *biol.* **I** *adj* bactericidal. **II ≈** *n* ⟨-(e)s; -e⟩ bactericide.

Ba·lan·ce [baˈlã:s(ə)] *f* ⟨-; -n [-sən]⟩ balance, equilibrium; → *a.* **Gleichgewicht.** **~ˌakt** *m* balancing act.

ba·lan·cie·ren [balãˈsi:rən] **I** *v/t* ⟨*no* **ge-**, h⟩ balance (*a. econ.*). **II** *v/i* ⟨sein⟩ *a. fig.* balance, poise. **Ba·lanˈcier·ˌstan·ge** [balãˈsi:r-] *f* balancing pole.

bald [balt] **I** *adv* **1.** soon; (*in Kürze*) shortly, directly, before long, in a short time, in the near future; (*frühzeitig*) early, in good time; **das kommt so ~ nicht wieder** that won't happen again for a long time; *colloq.* **bist du ~ still!** will you be quiet!; **~ darauf** (*od.* **danach**) soon (*od.* shortly, directly) after(wards); **~ genug** soon enough; **so ~ wie möglich, möglichst ~** as soon as possible, *in Geschäftsbriefen*: *a.* at your earliest convenience (*od.* opportunity). **2.** *colloq.* (*fast*) almost, nearly; **ich hätte es ~ geglaubt** I almost believed it; **es ist ~ 2 Uhr** it is almost 2 o'clock; **ich hätte ~ et. gesagt** I nearly said something. **3.** (*leicht*) easily; **das ist ~ gesagt** a) that's easily explained, b) *iro.* it's easy to talk. **II** *conj* **4. ~ regnet es, ~ scheint die Sonne** one minute rain, the next sunshine; **er will ~ dieses, ~ jenes** he wants now this and now that.

Bal·da·chin [ˈbaldaxi:n] *m* ⟨-s; -e⟩ **1.** canopy, baldachin, (*Bett*≈) *a.* tester. **2.** *aer.* a) *des Fallschirms*: canopy, b) *bei Hoch- u. Doppeldeckern*: cabane.

Bäl·de [ˈbɛldə] *f* **in ~** → **bald 1.**

bal·dig [ˈbaldɪç] *adj* early, speedy; **~e Genesung!** speedy recovery!; **auf (ein) ~es Wiedersehen!** see you again soon!; **ˈbal·digst** *adv* as soon as possible, forthwith, without delay.

ˈbaldˈmög·lich(st) I *adj* soonest possible. **II** *adv* as soon as possible; *econ.* at your earliest convenience (*od.* opportunity).

Bal·dri·an [ˈbaldria:n] *m* ⟨-s; *no pl*⟩ *bot. pharm.* valerian. **~ˌtee** *m* valerian tea. **~ˌtrop·fen** *pl* valerian *sg* (drops).

Bal·dur [ˈbaldur] *npr m* ⟨-s; *no pl*⟩ *myth.* Balder.

Balg[1] [balk] *m* ⟨-(e)s; ⸚e⟩ **1.** skin, hide; **den ~ abziehen** a) *e-m Tier*: skin (*od.* flay) an animal, b) *colloq.* *j-m*: fleece s. o. **2.** *von lebenden Tieren*: coat, fur. **3.** *der Orgel etc*: bellows *pl* (*als sg od. pl konstruiert*); *mus.* **die Bälge treten** work the bellows. **4.** *rail.* concertina gangway. **5.** *e-r Puppe, e-s ausgestopften Tieres etc*: (stuffed) body. **6.** *bot.* a) *~frucht*: follicle, b) *Gräser*: glume, c) *Hülsenfrucht*: pod, husk, shell, d) *Weinbeere etc*: skin. **7.** *phot.* → **Balgen.**

Balg[2] *m, n* ⟨-(e)s; ⸚er⟩ *colloq.* (*Kind*) brat.

ˈBalgˌdrü·se *f* follicular gland.

bal·gen [ˈbalgən] *v/t* ⟨h⟩ **sich ~** (um for, mit with) scuffle, tussle, scramble, fight.

ˈBal·gen *m* ⟨-s; -⟩ *phot.* (extension) bellows *pl* (*als sg od. pl konstruiert*).

Bal·geˈrei *f* ⟨-; -en⟩ *colloq.* (um for, mit with) scuffle, tussle, scramble.

Ba·li·ne·se [baliˈne:zə] *m* ⟨-n; -n⟩, **Ba·liˈne·sin** *f* ⟨-; -nen⟩, **ba·liˈne·sisch** *adj* Balinese.

bal·ka·ni·sie·ren [balkaniˈzi:rən] *v/t* ⟨*no* **ge-**, h⟩ *pol.* Balkanize.

ˈBal·kanˌkrieg [ˈbalka(:)n-] *m meist pl hist.* Balkan War.

Bal·ken [ˈbalkən] *m* ⟨-s; -⟩ **1.** *tech.* a) beam, b) (*Träger*) girder, joist, c) (*Dachsparren*) rafter; *colloq.* **lügen, daß sich die ~ biegen** lie like a trooper, tell a pack of lies; *fig.* **Wasser hat k-e ~** the sea is not planked over. **2.** *tech. e-r Waage, des Pflugs, a. Turnen*: beam. **3.** *mus.* a) *der Geige etc*: bass-bar, b) (*Noten*≈) crossbar, stroke. **4.** *anat.* a) (*Faser*) trabecula, b) (*Gehirnteil*) corpus callosum cerebri. **5.** *her.* fess(e), chevron. **~ˌdecke** (*getr.* -k·k-) *f* beamed ceiling. **~geˌrüst** *n* **1.** (wooden) scaffold(ing). **2.** (*Zimmerwerk*) timberwork. **~ˌholz** *n* squared timber. **~ˌstoß** *m* abutting beam joint. **~ˌträ·ger** *m* (carrier) beam. **~ˌüberˌschrift** *f print.* banner headline. **~ˌwaa·ge** *f tech.* beam scales *pl.*

Bal·kon [balˈko:n; balˈkõ:; balˈkɔŋ] *m* ⟨-s; -e [-ˈko:nə], *a.* -s [-ˈkõ:s; -ˈkɔŋs]⟩ **1.** balcony. **2.** *thea.* dress circle, *bes. Am.* balcony. **~ˌlo·ge** *f thea.* balcony box. **~ˌtür** *f* balcony door, french window. **~ˌzim·mer** *n* room with balcony.

Ball[1] [bal] *m* ⟨-(e)s; ⸚e⟩ **1.** ball; *Sport*: **genauer ~** accurate ball (*od.* shot); **~ spielen** play ball; **am ~ bleiben** a) *Sport*: keep possession (of the ball), b) *fig. colloq.* keep at it (*od.* on the ball); **am ~ sein** have the ball, be in possession; *fig.* **sich gegenseitig die Bälle zuwerfen** play the ball into each other's court. **2.** *mar.* (anchor) ball, globe (of buoy). **3.** (*Kugel, Stern etc*) ball, globe. **4.** *e-r Hupe, Spritze etc*: ball, bulb.

Ball[2] *m* ⟨-(e)s; ⸚e⟩ ball, dance; **auf e-m ~** at a ball; **auf e-n** (*od.* **zu e-m**) **~ gehen** go to a ball.

ˈBall|ˌabend *m* ball. **~ˌab·ˌga·be** *f Sport*: pass(ing).

Bal·la·de [baˈla:də] *f* ⟨-; -n⟩ ballad.

Balˈla·den|ˌdich·ter *m* ballad writer. **~ˌdich·tung** *f* balladry, *the* ballad.

bal·la·desk [balaˈdɛsk] *adj* balladlike.

Bal·last [ˈbalast; baˈlast] *m* ⟨-es; *rare* -e⟩ **1.** *aer. mar.* ballast, *fig. a.* burden, encumbrance; **lebender ~** shifting ballast; **unnötigen ~ abwerfen** jettison superfluous ballast, *fig. a.* get rid of the dross. **2.** *tech. am Kran*: deadweight. **3.** *in Büchern etc*: padding, ballast. **~ˌkoh·le** *f* low-grade coal. **~ˌleich·ter** *m,* **~ˌlich·ter** *m mar.* ballast lighter. **~ˌstoff** *m* **1.** *med. in der Nahrung*: bulkage, roughage. **2.** *phys.* non-participating substance.

ˈBall|be|hand·lung *f,* **~beˌherr·schung** *f Sport*: ball control. **~beˌsitz** *m* possession (of the ball); **im ~ bleiben** remain in possession. **~empˌfang** *m Radio*: relay reception.

bal·len [ˈbalən] *v/t* ⟨h⟩ **1.** (*die Faust etc*) clench, double; → **geballt. 2.** (*Schnee etc*) form into a ball; **sich ~** (form into a) ball, clump, *Wolken*: gather, *Schnee*: cake; → *a.* **zusammenballen.**

ˈBal·len *m* ⟨-s; -⟩ **1.** *econ.* (*Woll*≈, *Tabak*≈ *etc*) bale, pack; **in ~ verpacken** pack in bales, bale; **aus dem ~ packen** unbale; **ein ~ Papier** a bale (*od.* ten reams) of paper. **2.** *anat.* (*Daumen*≈, *Fuß*≈) ball, thenar. **3.** *med.* (*entzündeter*) **~** bunion. **4.** *zo.* a) pad, b) *bei Pferden etc*: bulb, pastern.

ˈBal·len|ˌgut *n econ.* bale goods *pl.* **~ˌpres·se** *f tech.* baling press. **≈ˌwei·se** *adv* in bales, by the bale.

Bal·le·ri·na [baleˈri:na] *f* ⟨-; -rinen⟩ ballerina, ballet dancer.

ˈBal·lerˌmann [ˈbalər-] *m colloq.* gun, *sl.* rod.

bal·lern [ˈbalərn] *v/i* ⟨h⟩ *colloq.* bang (away).

Bal·lett [baˈlɛt] *n* ⟨-(e)s; -e⟩ **1.** ballet; **sie ist beim ~** she is at (*od.* in) the ballet. **2.** → **Balletttruppe. ~ˌabend** *m* ballet evening (*od.* performance).

Balˈlettän·zer (*getr.* -ttˌt-) *m* (male) ballet dancer. **Balˈlettän·ze·rin** (*getr.* -ttˌt-) *f* ⟨-; -nen⟩, **Bal·let·teu·se** [balɛˈtø:zə] *f* ⟨-; -n⟩ ballet dancer, ballerina.

Balˈlett|ˌmei·ster *m* maître de ballet (*Fr.*), ballet master. **~ˌmei·ste·rin** *f* ballet mistress. **~ˌrat·te** *f colloq.* ballet girl. **~ˌröck·chen** *n* ballet skirt, tutu. **~ˌschuh** *m* ballet slipper (*od.* shoe). **~ˌschu·le** *f* ballet school. **~ˌschü·ler** *m,* **~ˌschü·le·rin** *f* ballet pupil. **~ˌtrup·pe** *f* (corps de) ballet.

ˈballˌför·mig *adj* ball-shaped, spherical.

ˈBall|ˌfüh·rung *f Sport*: dribbling. **~ˌham·mer** *m tech.* blacksmith's fuller. **~ˌhaus** *n* **1.** ballroom, dance hall. **2.** → **~ˌhausˌplatz, der** the Austrian Foreign Ministry.

ball·hor·ni·sie·ren [balhɔrniˈzi:rən] *v/t* ⟨*no* **ge-**, h⟩ → **verballhornen.**

ˈBallˌhu·pe *f mot.* bulb horn.

Bal·li·stik [baˈlɪstɪk] *f* ⟨-; *no pl*⟩ ballistics *pl* (*meist sg konstruiert*). **Balˈli·sti·ker** [-tikər] *m* ⟨-s; -⟩ ballistician, ballistics expert. **balˈli·stisch** [-tɪʃ] *adj* ballistic (*curve, etc*); **~e Bahn** trajectory.

'**Ball|ˌjun·ge** *m* **1.** *Tennis*: ball boy. **2.** *Golf*: caddie. **~ˌkleid** *n* ball dress, evening dress. **~ˌkö·ni·gin** *f* belle of the ball. **~ˌkünst·ler** *m* **1.** juggler. **2.** *Sport*: ball artist.

Bal·lon [baˈloːn; baˈlõː; baˈlɔŋ] *m* ⟨-s; -e [-ˈloːnə], *a.* -s [-ˈlõːs; -lɔŋs]⟩ **1.** balloon; **e-n ~ aufsteigen lassen** launch a balloon. **2.** (*Flasche*) balloon(-flask), bulb, *in Korbgeflecht*: demijohn, carboy. **3.** *colloq. humor.* (*Kopf*) *sl.* nut, bean; **e-n (roten) ~ kriegen** go as red as a beetroot. **~ˌaufˌstieg** *m aer.* balloon ascent. **~ˌfah·rer** *m* balloonist. **~ˌfahrt** *f* balloon trip. **~ˌfla·sche** *f* → Ballon 2. **2ˌför·mig** *adj* balloon(-shaped). **~ˌgon·del** *f* → Ballonkorb. **~ˌhül·le** *f aer.* **1.** (balloon) envelope. **2.** *bei Luftschiffen*: gasbag. **~ˌkorb** *m aer.* (balloon) car, nacelle, basket. **~ˌrei·fen** *m tech. Br.* balloon tyre, *Am.* doughnut tire. **~ˌsei·de** *f* balloon silk. **~ˌsper·re** *f aer. mil.* balloon barrage. **~ˌsprit·ze** *f med.* ball syringe.

Bal·lo·ta·ge [baloˈtaːʒə] *f* ⟨-; -n⟩ *pol.* balloting, (voting by) ballot.

'**Ball|ˌsaal** *m* ballroom. **~ˌschuh** *m* dancing (*od.* evening) shoe, pump. **~ˌsen·der** *m* re(-)broadcast station. **~ˌspiel** *n* ball game. **~ˌspie·ler** *m* ballplayer. **~ˌtech·nik** *f* ball technique (*od.* skill).

'**Bal·lung** *f* ⟨-; -en⟩ **1.** forming into a ball (*etc*; → **ballen**); agglomeration, *phys. a.* agglutination. **2.** *von Menschen, Truppen etc*: concentration, mass(ing).

'**Bal·lungs|ge|biet** *n*, **~ˌraum** *m*, **~ˌzen·trum** *n* overcrowded (*od.* congested) area; *econ.* area of (industrial) concentration; (*Städteverwachsung*) conurbation.

'**Ballˌwech·sel** *m Tennis etc*: exchange (of shots), rally.

Bal·neo... [balneo-] *in Zssgn* balneo ... **~gra'phie** [-graˈfiː] *f* ⟨-; -n [-ən]⟩ *med.* balneography. **~'lo·ge** [-ˈloːgə] *m* ⟨-n; -n⟩ balneologist. **~lo'gie** [-loˈgiː] *f* ⟨-; *no pl*⟩ balneology. **~the·ra'pie** [-teraˈpiː] *f med.* balneotherapy.

Bal paré [ˈbal paˈreː] *m* ⟨- -; -s -s [ˈbal paˈreː]⟩ festive ball.

'**Bal·sa|ˌbaum** [ˈbalza-] *m bot.* balsa. **~ˌholz** *n* balsa (wood).

Bal·sam [ˈbalzaːm] *m* ⟨-s; -e⟩ *a. fig.* balsam, balm; *fig.* **j-m ~ auf** (*od.* **in**) **die Wunde gießen** pour balsam on (*od.* salve) s. o. 's wounds; *fig.* **das ist ~ für mich** that is a balm to me.

bal·sa·mie·ren [balzaˈmiːrən] *v/t* ⟨*no* **ge-**, **h**⟩ embalm. **Bal·sa'mie·rung** *f* ⟨-; *no pl*⟩ embalming.

bal·sa·misch [balˈzaːmɪʃ] *adj* balsamic, balmy.

'**Bal·sam|ˌöl** *n* balsam oil. **~ˌro·se** *f* sweetbrier. **~ˌstrauch** *m* balm of Gilead.

Bal·te [ˈbaltə] *m* ⟨-n; -n⟩ Balt. '**Bal·tenˌdeut·sche** *m, f* German-speaking Balt. '**bal·tisch I** *adj* Baltic; **die 2en Länder** the Baltic states (*od.* provinces). **II** *ling.* 2 ⟨*generally undeclined*⟩, **das 2e** ⟨-n⟩ Baltic, the Baltic languages *pl.* **bal·to·sla·wisch** [ˈbaltoˈslaːvɪʃ] *adj*, 2 ⟨*generally undeclined*⟩, **das 2e** ⟨-n⟩ *ling.* Balto-Slavic.

Ba·lu·stra·de [baluˈstraːdə] *f* ⟨-; -n⟩ *arch.* balustrade.

Balz [balts] *f* ⟨-; -en⟩ *hunt. orn.* **1.** (*Werbung*) display, courtship; (*Paarung*) coupling, mating. **2.** (*~zeit*) mating season. '**bal·zen** *v/i* ⟨**h**⟩ **1.** (*locken*) court, display, *a.* call. **2.** (*sich paaren*) couple, mate. **3.** *fig. colloq. vom Mann*: flirt, peacock (it), prance and preen.

'**Balz|ˌjagd** *f hunt.* shooting during the mating season. **~ˌplatz** *m* mating ground. **~ˌruf** *m* mating call. **~ˌzeit** *f* → Balz 2.

bam [bam] *interj* (*Glockenton*) bong.

Bam·bus [ˈbambʊs] *m* ⟨- *u.* -ses; - *u.* -se⟩ *bot.* bamboo. **~ˌbär** *m zo.* giant panda. **~ˌhuhn** *n orn.* bamboo partridge. **~kulˌtur** *f* Malaysian-Indonesian culture. **~ˌpal·me** *f bot.* bamboo palm. **~ˌrohr** *n bot.* bamboo (cane). **~ˌstab** *m* bamboo pole. **~ˌstau·de** *f bot.* → Bambus. **~ˌvorˌhang** *m pol.* Bamboo Curtain. **~ˌzucker** (*getr.* -k·k-) *m* bamboo sugar.

Bam·mel [ˈbaməl] *m* ⟨-s; *no pl*⟩ *colloq.* → Schiß.

bam·meln [ˈbaməln] *v/i* ⟨**h**⟩ *colloq.* dangle, swing.

ba·nal [baˈnaːl] *adj* banal, trite, commonplace. **ba·na·li'sie·ren** [-naliˈziːrən] **I** *v/t* ⟨*no* **ge-**, **h**⟩ render *s. th.* banal (*od.* trite, commonplace), vulgarize. **Ba·na·li'tät** [-naliˈtɛːt] *f* ⟨-; -en⟩ **1.** banality, triteness. **2.** *pl* (*platte Rederei*) banalities.

Ba·na·ne [baˈnaːnə] *f* ⟨-; -n⟩ *bot.* **1.** (*Frucht*) banana. **2.** → Bananenstaude.

Ba'na·nen|ˌbaum *m* → Bananenstaude. **~ˌdampf·er** *m* banana boat. **~ˌfa·ser** *f bot.* plantain fib/re (*Am.* -er). **~ˌfres·ser** *m orn.* plantain-eater, touraco. **~re·puˌblik** *f contp.* banana republic. **~ˌscha·le** *f* banana peel (*od.* skin). **~ˌstau·de** *f bot.* **1.** banana (tree). **2.** plantain, pisang. **~ˌstecker** (*getr.* -k·k-) *m electr.* banana plug, spring contact plug. **~ˌtrau·be** *f* bunch of bananas.

Ba·nau·se [baˈnauzə] *m* ⟨-n; -n⟩ *contp.* Philistine, *colloq.* lowbrow. **Ba'nau·sen·tum** *n* ⟨-s; *no pl*⟩ Philistinism. **ba'nau·sisch** *adj* Philistine, narrow-minded, *colloq.* lowbrow.

band [bant] *1 u. 3 sg pret of* **binden.**

Band[1] *n* ⟨-(e)s; ⸗er⟩ **1.** (*Zier2, Ordens2 etc*) ribbon, *bes. am Hut*: band; **langes, flatterndes ~** streamer; **mit Bändern verzieren** (*od.* **schmücken**) ribbon; **mit Bändern geschmückt** (*od.* **verziert**) beribboned; *mar.* **das Blaue ~** the Blue Ribbon. **2.** (*Schürzen2 etc*) tap, string, tie. **3.** (*Akten2, Isolier2, Klebe2, Meß2, Ziel2 etc*) tape; (*Ton2*) (recording *od.* magnetic) tape; (*Bild2*) (video-)tape; **auf** (*acc*) **~ aufnehmen** record on tape, tape(-record); **auf** (*acc*) **~ sprechen** speak on tape; **auf** (*acc*) **~ aufgenommen** tape-recorded, taped. **4.** (*Farb2*) (typewriter) ribbon. **5.** *Radio*: (frequency *od.* wave) band. **6.** *tech.* a) (*Scharnier2*) metal strip, b) *um Balken, Fässer*: hoop, c) *e-r Bandsäge*: band. **7.** *tech.* a) (*Fließ2, Montage2*) (assembly *od.* production) line, b) (*Förder2*) (conveyor) belt; **Produktion am laufenden ~** line production; **am laufenden ~** a) *tech.* on the assembly line, b) *fig. colloq.* continuously, constantly, uninterruptedly, one (*accident, etc*) after the other. **8.** *arch.* band, tie. **9.** *anat.* a) (*Sehne, Gelenk2*) ligament, b) (*Strang*) cord, band, c) (*Gefäß2*) vascular band. **10.** *Buchbinderei*: tape. **11.** *phys. des Spektrums*: band. **12.** (*Felsvorsprung*) ledge. **13.** *e-s Flusses, der Autobahn*: ribbon.

Band[2] *n* ⟨-(e)s; -e⟩ *lit.* **1.** *der Liebe etc*: tie, bond, link; **familiäre ~e** family ties; **~e der Freundschaft knüpfen** form links (*od.* forge bonds) of friendship; **geistiges ~** spiritual link; **einigendes ~** unifying bond. **2.** *pl* (*Fesseln*) fetters, shackles, chains, bonds; **in (Ketten und) ~en liegen** be in chains (*od.* irons); **j-n in ~e schlagen** put s. o. into irons; **die ~e sprengen** burst the fetters.

Band[3] *m* ⟨-(e)s; ⸗e⟩ **1.** (*Buch*) volume, tome; **ein Roman in zwei Bänden** a two-volume novel; *fig. colloq.* **das spricht Bände** that speaks volumes; **darüber könnte man Bände schreiben** (*od.* **erzählen**) that would fill volumes. **2.** (*Ein2*) binding.

Band[4] [bɛnt; bænd] (*Engl.*) *f* ⟨-; -s⟩ *mus.* (*Tanzkapelle*) band.

Ban·da·ge [banˈdaːʒə] *f* ⟨-; -n⟩ **1.** *med. u. Sport*: bandage; *fig. colloq.* **mit harten ~n** with the gloves off. **2.** *tech. am Rad*: (steel) tyre (*Am.* tire). **ban·da'gie·ren** [-daˈʒiːrən] *v/t* ⟨*no* **ge-**, **h**⟩ **1.** bandage, put a bandage on. **2.** *tech.* a) (*Rohre*) band, b) (*Räder*) tyre, *bes. Am.* tire.

'**Band|anˌten·ne** *f Radio*: tape aerial (*Am.* antenna). **~ˌanˌtrieb** *m tech.* belt-drive; **mit ~** belt-driven. **~ˌar·beit** *f econ.* moving-belt (*od.* -line) production. **~arˌchiv** *n* tape library. **~ˌaufˌnah·me** *f electr.* tape recording; **e-e ~ (von et.) machen** make a tape recording (of s. th.), record (s. th.) on tape, tape (s. th.). **~ˌbrei·te** *f* **1.** *Radio*: bandwidth. **2.** *econ.* a) spread, range, b) *Börse*: fluctuation margin(s *pl*). **3.** *fig.* spectrum. **~ˌbrei·tenˌreg·ler** *m* bandwidth control. **~ˌbrem·se** *f* **1.** *tech.* band brake. **2.** *am Tonbandgerät*: a) tape stop, b) tape brake.

Bänd·chen [ˈbɛntçən] *n* ⟨-s; -⟩ **1.** *dim. of* **Band**[1, 3]. **2.** (*Buch*) booklet. **3.** *anat.* (small) ligament.

'**Band|dikˌtier·geˌrät** *n tech.* dictating machine. **~ˌdrucker** (*getr.* -k·k-) *Computer*: tape printer.

Ban·de[1] [ˈbandə] *f* ⟨-; -n⟩ **1.** *des Billardtisches, der Kegelbahn*: cushion; **den Ball an die ~ legen** (*od.* **spielen**) cushion the ball. **2.** *Eishockey*: board(s *pl*).

'**Ban·de**[2] *f* ⟨-; -n⟩ **1.** (*Gangster2 etc*) gang, band, ring. **2.** *colloq. contp. od. humor.* crowd, pack, mob, bunch; **ihr seid mir** (*od.* **ja**) **e-e schöne ~!** a nice lot you are!

bän·de [ˈbɛndə] *1 u. 3 sg pret subj of* **binden.**

'**Band|ˌeinˌstel·lung** *f Radio*: band selection. **~ˌei·sen** *n* band (*od.* strip) iron.

Bän·del [ˈbɛndəl] *n* ⟨-s; -⟩ cord, string; *fig. colloq.* **j-n am ~ haben** have s. o. on a string.

'**Ban·den|ˌbil·dung** *f* organization of gangs. **~ˌchef** *m* gang leader. **~ˌdieb·ˌstahl** *m jur.* gang theft. **~ˌfüh·rer** *m* gang (*jur.* guerilla) leader. **~ˌkrieg** *m mil.* guerilla war(fare). **~ˌmitˌglied** *n* **1.** member of a gang, gangster. **2.** *mil.* partisan, guerilla. **~ˌspek·trum** *n phys.* band spectrum. **~ˌstoß** *m Billard*: stroke off the cushion, bricole.

'**Bän·der|ˌfels** *m geol.* ribbon rock. **2geˌschmückt** *adj* (be)ribboned, ribanded.

bän·dern [ˈbɛndərn] *v/t* ⟨**h**⟩ **1.** *tech.* form *s. th.* into ribbons (*od.* stripes). **2.** (*Textilien etc*) stripe, streak.

Ban·de·ro·le [bandəˈroːlə] *f* ⟨-; -n⟩ **1.** *econ.* (*Steuerband*) revenue stamp. **2.** (*Spruchband*) banderol(e), scroll, streamer. **3.** *e-r Zigarre*: band. **Ban·de'ro·lenˌsteu·er** *f* stamp tax.

'**Bän·derˌriß** *m med.* torn ligament, rupture.

'**Bän·de·rung** *f* ⟨-; -en⟩ **1.** *geol.* a) *beim Gletschereis*: banding, lamination, b) *beim Fels*: ribbon structure. **2.** *biol. zo.* stripes *pl*, bands *pl*.

ˈ**Bän·derˌzer·rung** *f* stretched ligament.

ˈ**Band|ˌfe·der** *f tech.* flat coil spring. **~ˌfer·ti·gung** *f* (assembly-)line production. **~ˌfil·ter** *n, m Radio*: band-pass filter. **~ˌför·derˌanˌla·ge** *f* conveyor-belt system. **~ˌför·de·rer** *m* belt conveyor, conveyor-belt. **~ˌför·de·rung** *f* belt conveying. **~geˌrät** *n* tape recorder. **~geˌschwin·dig·keit** *f Tonband*: tape speed.

bän·di·gen [ˈbɛndɪgən] *v/t* ⟨h⟩ **1.** (*wilde Tiere*) tame; (*Pferde*) break in. **2.** *fig.* tame; (*Kinder etc*) restrain, keep *s. o.* in check, control; **er war nicht zu ~** there was no restraining him. **3.** *fig.* (*Leidenschaften etc*) master, control, subdue, restrain. **4.** *fig.* (*Naturkräfte*) tame, control; (*nutzbar machen*) harness; (*Feuer*) bring under control. ˈ**Bän·di·ger** *m* ⟨-s; -⟩ **1.** tamer. **2.** *fig.* subduer, tamer; (*Unterwerfer*) *a.* conqueror. ˈ**Bän·di·gung** *f* ⟨-; *no pl*⟩ taming (*etc*); → **bändigen.**

Ban·dit [banˈdiːt] *m* ⟨-en; -en⟩ bandit, brigand, outlaw; *weitS.* gangster; *fig. colloq.* gangster, thug, scoundrel. **Banˈdi·tenˌwe·sen** *n* ⟨-s; *no pl*⟩ banditry.

ˈ**Band|keˌra·mik** *f* band ceramics *pl* (*meist sg konstruiert*). **~ˌkupp·lung** *f mot.* rim clutch. **~ˌlei·ter** *m electr.* strip conductor. **~ˌmar·mor** *m geol.* streaked marble. **~ˌmaß** *n tech.* tape measure, measuring tape. **~monˌta·ge** *f* (assembly-)line production. **~ˌmus·ter** *n* **1.** *Mode*: ribbon pattern. **2.** *arch.* ribbon design. **~ˌnu·deln** *pl* ribbon macaroni. **~paˌpier** *n* tape paper. **~ˌpaß** *m Radio*: band pass. **~ˌsä·ge** *f tech.* band (*od.* ribbon) saw. **~ˌschei·be** *f* **1.** *anat.* (invertebral) disc (*od.* disk); *colloq.* **er hat ~n** he's got a slipped disc. **2.** *tech.* band (*od.* belt) pulley.

ˈ**Bandˌschei·ben|ˌscha·den** *m med.* damaged (invertebral) disc, discopathy, *colloq.* slipped disc. **~ˌvorˌfall** *m* prolapsed (invertebral) disc, *colloq.* slipped disc.

ˈ**Band|ˌschlei·fe** *f* **1.** ribbon bow. **2.** *Tonband*: tape loop. **≗ˌschlei·fen** *v/t* ⟨*irr, insep*, **-ge-**, h⟩ *tech.* belt-sand.

Bänd·sel [ˈbɛntsəl] *n* ⟨-s; -⟩ *mar.* lanyard, seizing; *am Segel*: earing.

ˈ**Band|ˌspei·cher** *m* tape store. **~ˌspie·ler** *m* tape player. **~ˌspit·ze** *f Textil.* point lace. **~ˌstahl** *m* strip steel. **~ˌwa·ren** *pl econ.* small wares, ribbons. **~ˌwei·de** *f bot.* (basket) osier, osier willow. **≗ˌwei·se** *adv print.* by volumes. **~ˌwie·derˌga·be** *f* transcription. **~ˌwir·ker** *m* ribbon weaver, ribbon-maker.

ˈ**Bandˌwurm** *m med. zo.* tapeworm, t(a)enia; *fig. colloq.* **ein wahrer ~ von e-m Satz** a monstrous sentence! **~erˌkran·kung** *f* t(a)eniasis. **~ˌmit·tel** *n pharm.* t(a)eniafuge. **~ˌsatz** *m colloq.* convoluted (*od.* endless) sentence.

bang [baŋ] *adj u. adv* → **bange.**

ˈ**ban·ge I** *adj* ⟨-r *od.* ⸚r; **am bangsten** *od.* **bängsten**⟩ **1.** anxious, uneasy, disquieting, alarming; **e-e ~ Stunde** an anxious hour; **e-e ~ Sekunde lang** for one bad moment; **~ Ahnungen** apprehensions, misgivings, premonitions. **2.** ⟨*pred*⟩ anxious, apprehensive, uneasy, alarmed; **~ sein** a) (**vor** *dat*) dread (s. th.), be afraid (of), b) (**um**) be anxious (about, for), be worried (*od.* uneasy) (about); **mir ist ~ vor ihm** I am afraid of him; **davor ist mir nicht ~** I'm not worried about that; **j-n** (*od.* **j-m**) **~ machen** intimidate (*od.* frighten) s. o., give s. o. a fright; → **angst. II** *adv* **3.** anxiously, in anxious suspense. **III ≗** *f* ⟨-; *no pl*⟩ **4.** (**nur**) **k-e ≗!** a) don't panic!, b) (*gewiß*) not to worry!, no fear! **≗ˌma·chen** *n* ⟨-s⟩ *colloq.* **~ gilt nicht!** keep cool!, don't get your wind up! **≗ˌma·cher** *m* ⟨-s; -⟩ alarmist, scaremonger.

ban·gen [ˈbaŋən] **I** *v/i u. v/reflex* **sich ~** ⟨h⟩ **1.** (**sich**) **um j-n** (**et.**) **~** fear for s. o. (s. th.), be anxious (*od.* worried, uneasy) about s. o. (s. th.); **um sein Leben ~** fear (*od.* tremble) for one's life; **man bangt um s-e Sicherheit** grave fears are held for his safety. **2.** (**sich**) **vor e-r Sache ~** dread s. th., be afraid of s. th. **3.** (**sich**) **~ nach** long (*od.* yearn) for. **II** *v/impers* **4. es bangt mir vor** I am afraid of, I dread (the thought of). **III ≗** *n* ⟨-s⟩ **5.** anxiety, fear(s *pl*), dread, apprehension(s *pl*), uneasiness, anxious suspense; → **Hangen.** ˈ**Ban·gig·keit** *f* ⟨-; *no pl*⟩ → **bangen III. bäng·lich** [ˈbɛŋlɪç] *adj* (rather) anxious (*od.* uneasy), vaguely alarmed. ˈ**Bang·nis** *f* ⟨-; -se⟩ *lit. for* **bangen III.**

Ban·jo [ˈbanjo; ˈbɛndʒo; ˈbandʒo] *n* ⟨-s; -s⟩ *mus.* banjo. **~ˌspie·ler** *m* banjoist, banjo-player.

Bank[1] [baŋk] *f* ⟨-; ⸚e⟩ **1.** (*Sitz≗*) bench, seat; (*gepolsterte ~*) settee; *fig. colloq.* **et. auf die lange ~ schieben** put off (*od.* shelve, pigeonhole) s. th.; **durch die ~** all of them, across the board, without exception, *bes. Sache*: down the line, throughout; **auf der ~ der Spötter sitzen** be among the scoffers. **2.** (*Schul≗*) desk, *Br. a.* form. **3.** (*~reihe*) row; **in der vordersten ~** in the front row. **4.** (*Kirchen≗*) pew; *fig.* **er predigt vor leeren Bänken** nobody listens to him. **5.** *tech.* a) (*Werk≗*) (work)bench, b) *für Versuchszwecke*: rig, c) → **Hobelbank,** d) bench. **6.** *geol.* a) (*Schicht*) layer, bed, stratum, b) (*Fels≗*) ledge, c) (*Flöz*) seam. **7.** *mar.* a) (*Untiefe*) bank, shoal, b) sandbank. **8.** a) *Gymnastik*: crouch position, b) *Ringen*: mat position, crouch.

Bank[2] *f* ⟨-; -en⟩ **1.** *econ.* bank; **er hat Geld auf der ~** (**liegen, stehen**) he has money in the bank; **e-n Betrag bei der ~ einzahlen** pay an amount into the bank, bank an amount; **et. bei e-r ~ hinterlegen** deposit s. th. in a bank; **wir haben unsere ~ angewiesen** (*od.* **beauftragt**) we have instructed our bankers; **mit welcher ~ stehen Sie in Verbindung?** where do you bank?; **bei der ~ sein** be a bank clerk (*od.* officer). **2.** (*Spiel≗*) bank; **die ~ halten** (**sprengen**) keep bank (break the bank); **~ setzen** go bank.

ˈ**Bank|ˌak·tie** *f* bank share (*Am.* stock). **~akˌzept** *n* bank(er's) acceptance. **~ˌan·geˌstell·te** *m, f* → **Bankbeamte.** **~ˌanˌwei·sung** *f* banker's order. **~ˌausˌweis** *m* bank statement. **~ˌausˌzug** *m* bank statement. **~beˌam·te** *m econ.* bank officer (*od. niedriger*: clerk). **~ˌbuch** *n* bankbook; (*Gegen≗, Kontobuch*) passbook. **~diˌrek·tor** *m* bank manager. **~disˌkont** *m* **1.** bank discount. **2.** → **~disˌkontˌsatz** *m* discount rate, bank rate. **~ˌeinˌla·ge** *f econ.* (bank) deposit.

ˈ**Bän·kel|ˌlied** [ˈbɛŋkəl-] *n* (street) ballad. **~ˌsän·ger** *m* ballad (*od.* street) singer.

Ban·kert [ˈbaŋkərt] *m* ⟨-s; -e⟩ *contp.* **1.** bastard, illegitimate child. **2.** *colloq.* brat.

Ban·kett [baŋˈkɛt] *n* ⟨-(e)s; -e⟩ **1.** (*Festessen*) banquet, (gala) dinner. **2.** *civ. eng.* a) *e-r Straße*: shoulder, b) *in Damm- u. Einschnittböschung*: berm(e), banquette (*a. mil. hist.*), c) (*Streifenfundament*) strip foundation.

Banˈkettˌsaal *m* banquet(ing) room.

ˈ**Bank|ˌfach** *n* ⟨-(e)s; ⸚er⟩ *econ.* **1.** ⟨*only sg*⟩ banking (business *od.* line); **im ~ tätig sein** be in the banking line. **2.** (*Stahlfach*) safe(-deposit box). **≗ˌfä·hig** *adj* bankable, negotiable. **~fi·liˌa·le** [-fiˌlĭaːlə] *f* branch (bank). **~ˌfor·de·run·gen** *pl* **1.** claims on a banker. **2.** *e-r Bank an e-e andere*: advances to other banks. **3.** (*Einlagen e-s Nichtbankiers*) balances with a bank, bank debtors. **~geˌheim·nis** *n* ⟨-ses; *no pl*⟩ banker's discretion. **~ˌgeld** *n* bank (*od.* deposit) money. **~geˌschäft** *n* ⟨-(e)s; -e⟩ **1.** *meist pl* banking transaction(s *pl*) (*od.* operation[s *pl*]). **2.** ⟨*only sg*⟩ banking (business *od.* trade). **≗geˌschäft·lich** *adj* banking, of (the) banking business. **~geˌwer·be** *n* ⟨-s; *no pl*⟩ banking business (*od.* line, trade). **≗giˌriert** *adj* endorsed by a bank. **~ˌgi·ro** *n* **1.** banker's giro system. **2.** bank transfer, cashless clearing under the giro system. **~ˌgutˌha·ben** *n* **1.** balance(s *pl*) with a bank, *a.* cash at bank. **2.** → **Bankkonto.** **~ˌhal·ter** *m Glücksspiel*: a) banker, stakeholder, b) croupier. **~ˌhaus** *n econ.* bank(ing house).

Ban·ki·er [baŋˈkĭeː] *m* ⟨-s; -s⟩ **1.** *econ.* banker; *weitS.* financier. **2.** → **Bankhalter.**

ˈ**Bank|ˌkaufˌmann** *m* bank clerk. **~konˌsor·ti·um** *n* bank group, banking syndicate (*od.* consortium). **~ˌkon·tenˌinˌha·ber** *m* bank depositor, account holder. **~ˌkon·to** *n* bank(ing) account; **ein ~ eröffnen** open an account (with a bank); **e-n Betrag auf ein ~ einzahlen** pay an amount into an account, deposit an amount on an account; **ein ~ haben bei** have a bank account with, bank with. **~konˌzern** *m* bank group. **~ˌkrach** *m colloq.* bank crash. **~ˌkun·de** *m* client of the bank. **~ˌleit·zahl** *f* bank code number. **≗ˌmä·ßig** *adj* banking, according to banking practice; **~e Sicherung** (normal) banking security; **~e Wertpapiere** negotiable instruments. **~ˌno·te** *f econ.* (bank) note, *Am.* (bank) bill.

ˈ**Bankˌno·ten|ˌausˌga·be** *f econ.* issue of bank notes, note issue. **~druckeˌrei** (*getr.* **-k·k-**) *f print.* bank note printing works *pl* (*als sg od. pl konstruiert*). **~ˌfäl·schung** *f* forging (*od.* counterfeiting) of bank notes. **~ˌpres·se** *f* → **Banknotendruckerei.**

ˈ**Bank|paˌpier** *n* (*Wertpapier*) banking security. **≗poˌli·tisch** *adj* of banking policy, banking. **~ˌpost** *f* (*Papier*) bank paper (*od.* post), bank. **~ˌra·te** *f* → **Bankdiskont.** **~ˌraub** *m* bank robbery.

bank·rott [baŋˈkrɔt] *adj econ. u. fig.* bankrupt; **~ sein** (**werden** *od.* **gehen**) be (become *od.* go) bankrupt, go (have gone) into bankruptcy, *Unternehmen*: go into liquidation; **j-n ~ machen** make s. o. bankrupt, ruin s. o.; **j-n** (**für**) **~ erklären** declare (*od.* adjudge) s. o. (a) bankrupt; **sich** (**für**) **~ erklären** declare o. s. bankrupt, file (*od.* present) one's petition in bankruptcy; *fig.* **e-e ~e Politik** a bankrupt policy.

Bankˈrott *m* ⟨-(e)s; -e⟩ *econ. u. fig.* bankruptcy, failure; *jur.* **betrügerischer** (**einfacher**) **~** fraudulent (simple) bankruptcy; **den ~ erklären** (*od.* **anmelden**) declare bankruptcy, file (*od.* present) a petition in bankruptcy; *colloq.* **~ machen** go (*od.* become) bankrupt; *fig.* **moralischer** (**politischer**) **~** moral (political) bankruptcy. **~erˌklä·rung** *f a. fig.* declaration of bankruptcy.

Bank·rot·teur [baŋkrɔˈtøːr] *m* ⟨-s; -e⟩ **1.** (*Person*) bankrupt. **2.** (*Firma*) bankrupt (*od.* insolvent) firm.

ˈ**Bank|ˌschal·ter** *m* bank counter. **~ˌscheck** *m* bank cheque (*Am.* check). **~ˌschließˌfach** *n econ.* (safe-)deposit box. **~ˌschuld** *f* bank debt. **~ˌschuld·verˌschrei·bun·gen** *pl* bank bonds. **≈ˌsei·tig** *adv econ.* on the part of (*od.* by) bankers. **~ˌspe·sen** *pl* bank charges. **≈ˌtech·nisch** *adj* according to banking procedure, banking. **~ˌtrat·te** *f* banker's draft. **~treˌsor** *m* **1.** safe(-deposit box). **2.** (*Raum*) bank vault, strongroom. **~ˌüberˌfall** *m* bank holdup. **~verˌbin·dung** *f e-s Bankkunden*: bank(ing) connection; **in ~ stehen mit** bank with; **unsere ~** our bankers *pl.* **~verˌkehr** *m* banking operations *pl*, interbank dealings *pl.* **~ˌwech·sel** *m* banker's draft; bank bill. **~ˌwelt** *f* ⟨-; *no pl*⟩ banking world. **~ˌwer·te** *pl* bank shares (*Am.* stock *sg*). **~ˌwe·sen** *n* ⟨-s; *no pl*⟩ banking (system). **≈ˌwirt·schaft·lich** *adj* banking, relating to banking operations. **~ˌwo·che** *f* bank return week.

Bann [ban] *m* ⟨-(e)s; -e⟩ **1.** *lit.* (*Zauber*) spell, charm, magic; **j-n in s-n ~ schlagen** (*od.* **zwingen, ziehen**), **j-n im** (*od.* **in** [s-m]) **~ halten** → **bannen** 4; **den ~ brechen** break the spell; **in den ~ von j-m** (**et.**) **geraten, in** (*od.* **unter**) **dem ~ von j-m** (**et.**) **stehen** be under the spell (*od.* sway) of s. o. (s. th.), be spellbound by s. o. (s. th.); **im** (*od.* **unter dem**) **~** *e-r Ideologie etc* in the grip of. **2.** *relig.* (*Kirchen≈*) anathema, excommunication, ban; **j-n mit dem ~ belegen, j-n in den ~ tun** → **bannen** 2; → *a.* **Acht**² 1. **3.** *jur. hist.* (district under a) king's (*etc*) jurisdiction, soke. **~ˌbrief** *m* **1.** *jur. hist.* edict, public proclamation. **2.** → Bannbulle. **~ˌbruch** *m* **1.** *jur. hist.* breach of a ban. **2.** *econ.* infringement of the excise law. **~ˌbul·le** *f relig.* bull of excommunication. **~ˌdeich** *m civ. eng.* winter dike.

ban·nen [ˈbanən] *v/t* ⟨h⟩ **1.** (*Gefahr etc*) ward (*od.* keep) off; (*Sorgen, Furcht, Not*) banish. **2.** *relig.* **j-n ~** excommunicate s. o., anathematize s. o. **3.** (*böse Geister*) exorcise, exorcize, lay. **4.** (*Zuhörer, Person etc*) hold *s. o.* spellbound, spellbind, cast a spell on, fascinate, enthral(l), captivate; (**wie**) **gebannt** spellbound, transfixed. **5. et. auf** *Leinwand, Film etc* **~** capture s. th. on.

Ban·ner [ˈbanər] *n* ⟨-s; -⟩ (*Fahne, a. fig.*) banner, standard; **das ~ der Freiheit** the banner of freedom. **~ˌherr** *m hist.* banneret. **~ˌträ·ger** *m bes. hist., a. fig.* standard-bearer.

ˈ**Bannˌfluch** *m* → Bann 2.

ˈ**ban·nig** *adv colloq.* awfully.

ˈ**Bann|ˌkreis** *m* **1.** *hist.* district under s. o.'s jurisdiction. **2.** *fig.* spell, influence. **~ˌmei·le** *f* **1.** *e-r Stadt*: precincts *pl.* **2.** *pol.* area within which public meetings are banned. **~ˌspruch** *m* **1.** → Bann 2. **2.** *für Geister*: exorcism. **~ˌstrahl** *m relig.* anathema; **den ~ gegen j-n schleudern** hurl an anathema against s. o., excommunicate s. o.; **der ~ traf ihn** he was anathematized.

ˈ**Ban·nung** *f* ⟨-; *no pl*⟩ **1.** *von Gefahr, Sorgen etc*: banishment. **2.** *relig.* excommunication. **3.** *böser Geister*: exorcism.

Ban·tam [ˈbantam] *n* ⟨-s; -s⟩ *orn.* Bantam. **~geˌwicht** *n*, **~geˌwicht·ler** *m* ⟨-s; -⟩ *Sport*: bantam-weight. **~ˌhuhn** *n* Bantam.

Ban·tu [ˈbantu] *m* ⟨-(s); -(s)⟩, **~ˌne·ger** *m* Bantu. **~ˌspra·che** *f* Bantu.

Bapˈtist [bapˈtɪst] *m* ⟨-en; -en⟩ Baptist. **bapˈti·stisch** *adj* Baptist(ic).

bar [baːr] *adj* ⟨*no comp, no sup*⟩ **1.** *econ.* (in) cash; **~es Geld** ready money, (spot) cash; **50 Mark (in) ~** 50 marks (in) cash; **~es Vermögen** cash (*od.* liquid) assets *pl*; **~ ohne Abzug** net cash; **~ mit 3% Skonto** cash less 3% discount; **gegen ~** for (*od.* against) cash, cash down; **Kauf gegen ~** cash purchase; **(gegen) ~ kaufen (verkaufen)** buy (sell) for cash; **in ~ zahlbar** payable in cash; **(in) ~ (be)zahlen** pay (in) cash. **2.** ⟨*pred*⟩ ⟨*gen*⟩ (*ledig, ohne*) devoid of, lacking, without, innocent of, free of; **~ aller Vernunft** devoid of any sense. **3.** (*rein*) pure, sheer, downright; **der ~e Unsinn (Neid)** plain (*od.* sheer) nonsense (envy); → **Münze** 1. **4.** *lit.* (*entblößt, bloß*) bare, uncovered; **~en Hauptes** bareheaded.

Bar¹ *f* ⟨-; -s⟩ **1.** (*Schanktisch, -raum*) bar, taproom; **an der ~** at the bar. **2.** nightclub, bar.

Bar² *n* ⟨-s; -s⟩ *meteor. phys.* bar.

Bar³ *m* ⟨-(e)s; -e⟩ (*Strophe*) bar.

Bär [bɛːr] *m* ⟨-en; -en⟩ **1.** *zo.* bear; **junger ~** (bear) cub, whelp; **Brauner (Grauer, Schwarzer) ~** brown (grizzly, black) bear; *colloq.* **stark wie ein ~** (as) strong as an ox; **er schlief wie ein ~** he slept like a log (*od.* top); **j-m e-n ~en aufbinden** tell s. o. a whopping lie, *sl.* take s. o. for a ride, have s. o. on; **da hast du dir e-n (schönen) ~en aufbinden lassen** *a.* they have taken you in nicely; *fig. contp.* **ein ungeleckter ~** an unlicked cub. **2.** *astr.* **der Große ~** the (Big) Dipper, the Great Bear; **der Kleine ~** the Little Dipper (*od.* Bear). **3.** *tech.* a) (*Ramm≈*) ram, monkey, b) (*Hammer≈*) hammer tup, striker. **4.** (*Schmetterling*) tiger moth.

ˈ**Bar|ˌabˌfin·dung** *f econ.* compensation in cash, cash settlement. **~ˌab·ˌlö·sung** *f* cash repayment.

Ba·racke (*getr.* **-k·k-**) [baˈrakə] *f* ⟨-; -n⟩ (*Holz≈*) (wooden) hut; (*Wellblech≈*) Nissen hut, *Am.* Quonset hut; **elende ~** hovel, shanty, shack.

Baˈracken|ˌla·ger (*getr.* **-k·k-**) *n* hut camp. **~ˌsied·lung** *f* hutment(s *pl*), *Am. a.* (**elende**) **~** shantytown.

ˈ**Bar|ak·kre·diˌtiv** *n econ.* clean credit. **~ausˌgän·ge** *pl econ.* cash expenditures, cash outgoings. **~ˌausˌla·gen** *pl* cash outlay *sg* (*od.* disbursement *sg*, expenses). **~ˌausˌzah·lung** *f* cash payment.

Bar·bar [barˈbaːr] *m* ⟨-en; -en⟩ *a. fig. contp.* barbarian.

ˈ**Bar·ba·ra|ˌkraut** [ˈbarbara-] *n bot.* rocket (cress). **~ˌtag** *m* St. Barbara's Day.

Bar·ba·rei [barbaˈraɪ] *f* ⟨-; -en⟩ barbarity, barbarism; *zerstörerische*: vandalism. **Barˈba·ren·tum** *n* ⟨-(e)s; *no pl*⟩ **1.** barbarism, barbarity. **2.** *hist.* (*the*) barbarians *pl.* **Barˈba·rin** *f* ⟨-; -nen⟩ *a. fig. contp.* barbarian. **barˈba·risch I** *adj* **1.** barbaric, barbarian, *fig. contp. a.* atrocious, savage, cruel. **2.** *fig. colloq.* (*gewaltig*) frightful, awful; **ich habe e-n ~en Hunger** I am terribly hungry. **II** *adv* **3. j-n ~ behandeln** treat s.o. brutally. **4.** *fig. colloq.* frightfully, awfully *cold, etc.*

bar·ba·ri·sie·ren [barbariˈziːrən] *v/t* ⟨*no* **ge-**, h⟩ barbarize. **Bar·ba·ris·mus** [barbaˈrɪsmʊs] *m* ⟨-; -men⟩ *ling.* barbarism.

Bar·be [ˈbarbə] *f* ⟨-; -n⟩ *ichth.* barbel.

ˈ**Bar|beˌsit·zer** *m* bar (*od.* nightclub) proprietor. **~beˌstand** *m* **1.** *Buchführung*: cash in hand. **2.** *Finanzwesen*: cash reserve; **Barbestände** *pl a.* cash assets (*od.* holdings). **~beˌzü·ge** *pl* remuneration *sg* in cash.

Bar·bier [barˈbiːr] *m* ⟨-s; -e⟩ *obs.* barber. **barˈbie·ren** *v/t* ⟨*no* **ge-**, h⟩ *obs.* shave; → **Löffel** 1.

Bar·bi·tal [barbiˈtaːl] *n* ⟨-s; *no pl*⟩ *chem.* barbitone, *Am.* barbital. **Bar·bi·tu·rat** [barbituˈrat] *n* barbiturate. **Bar·biˈturˌsäu·re** [barbiˈtuːr-] *f* barbituric acid.

Bär·chen [ˈbɛːrçən] *n* ⟨-s; -⟩ **1.** little bear; (*Junges*) bear cub. **2.** (*Teddybär*) teddy bear.

Bar·chent [ˈbarçənt] *m* ⟨-s; -e⟩ *Textil.* fustian.

ˈ**Barˌda·me** *f* barmaid.

Bar·de¹ [ˈbardə] *m* ⟨-n; -n⟩ *hist. u. fig.* bard.

ˈ**Bar·de**² *f* ⟨-; -n⟩ *gastr.* bard.

ˈ**Barˌdeckung** (*getr.* **-k·k-**) *f econ.* **1.** cash cover. **2.** *Finanzwesen*: note cover of gold and foreign exchange.

ˈ**Bar·denˌdich·tung** *f* bardic poetry.

bar·die·ren [barˈdiːrən] *v/t* ⟨*no* **ge-**, h⟩ *gastr.* **1.** (*mit Speck umwickeln*) bard. **2.** (*schuppen*) (*Fische*) scale.

ˈ**bar·disch** *adj lit.* bardic.

ˈ**Bar|di·viˌden·de** *f econ.* cash dividend (*od.* bonus). **~ˌeinˌgang** *m econ.* **1.** cash receipts *pl.* **2.** (*einzelner Posten*) cash receipt item. **~ˌeinˌla·ge** *f* **1.** cash deposit. **2.** *bei Firmengründung*: cash subscription.

ˈ**Bä·ren|ˌdienst** *m* **j-m e-n ~ erweisen** do s. o. a disservice. **~ˌfellˌmüt·ze** *f* bearskin (cap). **~ˌfüh·rer** *m humor.* **den ~ machen** be the bear leader. **≈haft** *adj* bearlike, bearish, ursine. **~ˌhatz** *f* bear hunt. **~ˌhaut** *f* bearskin; *fig.* **auf der ~ liegen** laze about, loaf. **~ˌhäu·ter** [-ˌhɔytər] *m* ⟨-s; -⟩ *contp.* lazybones *pl* (*als sg konstruiert*). **~ˌhet·ze** *f* bear hunt. **~ˌhöh·le** *f* bear's den (*od.* lair). **~ˌhun·ger** *m fig. colloq.* **e-n ~ haben** be ravenous. **~ˌjagd** *f* bear hunt. **~ˌjun·ge** *n zo.* (bear) cub (*od.* whelp). **~ˌkräf·te** *pl fig. colloq.* Herculean (*od.* enormous) strength *sg*; **er hat ~** *a.* he is as strong as an ox. **~ˌlauch** *m bot.* ramson, bear's garlic. **~ˌmüt·ze** *f* bearskin (cap). **~naˌtur** *f colloq.* **e-e ~ haben** have the constitution of an ox. **~ˌrau·pe** *f* woolly bear (caterpillar). **~ˌrob·be** *f zo.* fur-seal. **~ˌscho·te** *f bot.* licorice (*od.* liquorice, milk) vetch. **~ˌspin·ner** *m zo.* tiger moth. **≈ˈstark** *adj* Herculean, (as) strong as an ox.

ˈ**Bar|erˌlös, ~erˌtrag** *m econ.* net proceeds *pl*, takings *pl.*

Ba·rett [baˈrɛt] *n* ⟨-(e)s; -e⟩ **1.** *relig. des Geistlichen*: biretta. **2.** *univ.* trencher (cap), *colloq.* mortar-board. **3.** *jur.* judge's cap. **4.** *hist.* toque. **5.** *Mode*: beret, (soft) cap.

ˈ**Bar|fi·nanˌzie·rung** *f econ.* direct financing. **~ˌfonds** *m* cash fund; (*Barmittel*) cash funds *pl.*

ˈ**barˌfuß** *adj* ⟨*pred*⟩ *u. adv* barefoot(ed); *humor.* **~ bis zum Hals** mother-naked. ˈ**barˌfü·ßig** *adj u. adv* barefoot(ed).

barg [bark] *1. u. 3 sg pret of* **bergen.**

bär·ge [ˈbɛrgə] *1 u. 3 sg pret subj of* **bergen.**

ˈ**Barˌgeld** *n econ.* cash, ready money. **≈los I** *adj* cashless; **~er Zahlungsverkehr** cashless transfers *pl.* **II** *adv* cashless, (paid) by cheque (*Am.* check).

ˈ**Bar|geˌschäft** *n econ.* cash transaction. **~ˌgutˌha·ben** *n* cash balance, cash assets *pl.*

ˈ**bar|ˌhaupt, ~ˌhäup·tig** [-ˌhɔyptɪç] *adj u. adv* bareheaded, hatless.

ˈ**Barˌhocker** (*getr.* **-k·k-**) *m* bar stool.

Ba·ril·le [ba'rɪlə] *f* ⟨-; -n⟩ *Swiss for* Aprikose.

'Bä·rin *f* ⟨-; -nen⟩ *zo.* she-bear.

Ba·ri·ton ['ba:rɪtɔn] *m* ⟨-s; -e [-to:nə]⟩ *mus.* **1.** ⟨*only sg*⟩ (~*stimme*) baritone (voice); **er singt ~** he sings baritone. **2.** (*Sänger*) baritone. **3.** → **Baryton** 2. **4.** *hist.* baryton. **~ˌsän·ger** *m* baritone.

Ba·ri·um ['ba:rɪʊm] *n* ⟨-s; *no pl*⟩ *chem.* barium. **~ˌbrei** *m med.* barium meal. **~chroˌmat** *n* barium chromate. **~ˌmör·tel** *m civ. eng.* barium plaster.

Bar·ka·ro·le [barka'ro:lə] *f* ⟨-; -n⟩ *mus.* barcarol(l)e.

Bar·kas·se [bar'kasə] *f* ⟨-; -n⟩ *mar.* (motor) launch.

'Barˌkauf *m econ.* cash purchase.

Bar·ke ['barkə] *f* ⟨-; -n⟩ **1.** small sailing boat. **2.** *poet.* (*Boot, Kahn*), barque.

'Bar|ˌkee·per [-ˌki:pər] *m* ⟨-s; -⟩ barkeeper. **~ˌkell·ner** *m* bartender, barman.

Bar·ke·ro·le [barkə'ro:lə] *f* ⟨-; -n⟩ → Barkarole.

'Bärˌlapp *m* ⟨-s; -e⟩ *bot.* club moss.

'Barˌlei·stung *f econ.* payment(s *pl*) in cash.

Bär·me ['bɛrmə] *f* ⟨-; *no pl*⟩ barm, yeast.

ˌbarm'her·zig *adj* (**gegen** to) merciful, (*mildtätig, a. nachsichtig*) charitable; **~er Gott!** good Lord!; **~er Himmel!** for mercy's sake; **~ gegen j-n sein** show mercy to s.o.; **sei(d) ~ mit mir!** have pity on me!, *colloq.* have a heart!; *relig.* **𝔖e Brüder** hospital(l)ers; **𝔖e Schwestern** Sisters of Mercy (*od.* Charity). **𝔖keit** *f* ⟨-; *no pl*⟩ *lit.* mercy, compassion, (*mildtätige*) charity; **aus ~** out of mercy (*od.* charity), from compassion; **~ üben (an j-m)** a) show mercy (to s.o.), b) be charitable (to s.o.).

'Barˌmit·tel *pl econ.* cash *sg* (funds), liquid funds, ready money *sg.*

'Barˌmi·xer *m* ⟨-s; -⟩ bartender.

Barn[1] [barn] *m* ⟨-(e)s; -e⟩ *dial.* crib, manger.

Barn[2], **barn** *n* ⟨-s; -⟩ *nucl.* (*Maßeinheit*) barn.

Ba·rock [ba'rɔk] **I** *n, a. m* ⟨-s; *no pl*⟩ **1.** → a) Barockzeit, b) Barockstil. **II 𝔖** *adj* **2.** baroque. **3.** *fig.* baroque, eccentric, bizarre. **ba·rocki·sie·ren** (*getr.* **-k·k-**) [barɔki'zi:rən] *v/t* ⟨*no* **ge-, h**⟩ make *s. th.* baroque.

Ba'rock|li·te·raˌtur *f* baroque literature. **~muˌsik** *f* baroque music. **~ˌperle** *f* baroque pearl. **~ˌstil** *m* baroque (style). **~ˌzeit** *f* baroque (period). **~ˌzeitˌal·ter** *n* baroque (age).

Baro... [baro-] *in Zssgn* baro ... **~'gramm** [-'gram] *n* ⟨-s; -e⟩ *meteor.* barogram. **~'graph** [-'gra:f] *m* ⟨-en; -en⟩ barograph. **~lo'gie** [-lo'gi:] *f* ⟨-; *no pl*⟩ *meteor.* barology.

Ba·ro·me·ter [baro'me:tər] *n* ⟨-s; -⟩ **1.** barometer, weatherglass, *colloq.* glass; **das ~ steigt (fällt)** the barometer is rising (falling); **das ~ steht hoch (tief)** the barometer (*od.* glass) is high (low). **2.** *fig.* barometer, indicator (**für** of). **~ˌabˌle·sung** *f* barometer reading. **~ˌsäu·le** *f* barometric column. **~ˌstand** *m* barometer reading; **den ~ ablesen** read the barometer. **~ˌsturz** *m* barometer plunge.

Ba·ro|me'trie [-me'tri:] *f* ⟨-; *no pl*⟩ *meteor.* barometry. **𝔖'me·trisch** [-'me:trɪʃ] *adj* barometric.

Ba·ron [ba'ro:n] *m* ⟨-s; -e⟩ baron.

Ba·ro·nat [baro'na:t] *n* ⟨-(e)s; -e⟩ **1.** → Baronsrang. **2.** (*Besitz*) barony.

Ba·ro·nes·se [baro'nɛsə] *f* ⟨-; -n⟩ baron's daughter. **Ba·ro·nie** [baro'ni:] *f* ⟨-; -n [-ən]⟩ → Baronat 2. **Ba'ro·nin** *f* ⟨-; -nen⟩ baroness.

Ba'rons|ˌrang *m*, **~ˌwür·de** *f* baronial rank, barony.

Ba·ro'skop [-'sko:p] *n* ⟨-s; -e⟩ *phys.* baroscope.

'Barˌpreis *m econ.* cash price.

Bar·ra·ku·da [bara'ku:da] *m* ⟨-s; -s⟩ *ichth.* barracuda.

Bar·ras ['baras] *m* ⟨-; *no pl*⟩ *mil. sl.* army (life); **beim ~** in the army.

Bar·re ['barə] *f* ⟨-; -n⟩ **1.** (*Absperrung, Schlagbaum*) bar, barrier, rail. **2.** *geol. mar.* (sand) bar, barrier. **3.** *tech. bei Strickmaschinen*: dividing sinker.

Bar·ren ['barən] *m* ⟨-s; -⟩ **1.** *metall.* a) bar, ingot, b) (*Draht*) bar, c) (*Gold𝔖, Silber𝔖*) bullion, ingot. **2.** *Sport*: parallel bars *pl*, parallels *pl*. **3.** *dial.* → **Barn**[1]. **~ˌgold** *n econ.* (gold) bullion. **~ˌholm** *m Sport*: bar. **~ˌsil·ber** *n econ.* ingot (*od.* bar, bullion) silver, silver bullion. **~ˌtur·nen** *n* exercises *pl* on the parallel bars.

Bar·rie·re [ba'rĭɛ:rə] *f* ⟨-; -n⟩ **1.** (*Sperre*) barrier (*a. geol. u. fig.*); **e-e ~ errichten** erect a barrier. **2.** (*Schlagbaum, Schranke, a. rail.*) barrier, gate. **3.** *Reitsport*: obstacle, jump, fence.

Bar·ri·ka·de [bari'ka:də] *f* ⟨-; -n⟩ barricade(s *pl*); *a. fig.* **auf die ~n gehen** (*od.* **steigen**) mount (*od.* man) the barricades; **für et. auf die ~n gehen** *a.* take up the cudgels for s. th.; **~nkampf** *m*, **~nkrieg** *m* barricade fighting.

Barsch [ba(:)rʃ] *m* ⟨-es; -e⟩ *ichth.* perch.

barsch [barʃ] *adj* ⟨-er; -est⟩ rough, gruff, brusque, curt (**gegen[über]** to).

'Bar·schaft *f* ⟨-; *no pl*⟩ *econ.* ready money, cash (assets *pl*); *colloq.* **m-e ganze ~** my little all, my last penny; *fig.* **j-n s-r (letzten) ~ berauben** rob s.o. of his last penny.

'Barˌscheck *m econ.* cashable (*od.* uncrossed, *Br. a.* open) cheque (*Am.* check).

'Barsch·heit *f* ⟨-; *no pl*⟩ roughness (*etc* → **barsch**).

'Barˌschuld·ner *pl econ. Bankbilanz*: advances.

Bar·soi [bar'zɔy] *m* ⟨-s; -s⟩ *zo.* Borzoi.

'Bar·sor·tiˌment *n econ.* wholesale bookseller, (book) distribution cent/re (*Am.* -er).

barst [barst] *1 u. 3 sg pret of* **bersten**.

bär·ste ['bɛrstə] *1 u. 3 sg pret subj of* **bersten**.

'Barˌstuhl *m* bar stool.

Bart [ba:rt] *m* ⟨-(e)s; ⸚e⟩ **1.** beard; (*Backen𝔖*) whisker; (*Schnurr𝔖*) m(o)ustache; **sich (***dat***) den ~ wachsen** (*od.* **stehen**) **lassen** grow a beard; **et. in s-n ~ brummen** (*od.* **murmeln**) mutter (*od.* mumble) s. th. in(to) one's beard (*od.* to o. s.); **sich in den ~ lachen** laugh up one's sleeve; *colloq.* **j-m um den ~ gehen** curry favo(u)r with s. o., softsoap (*od.* butter up) s. o.; **bei m-m ~e!, beim ~e des Propheten!** by the beard of the prophet!; *colloq.* **der ~ ist ab!** that's torn it!; **dieser Witz hat e-n ~!, so ein ~!** this joke has got whiskers on it!, that's a hoary chestnut!, that's an old one. **2.** *bot.* a) *an Getreide etc*: beard, awn, b) barb. **3.** *zo.* a) *der Ziege etc, a. orn.*: beard, b) *e-r Feder*: beard, vane, c) *des Hahns*: wattles *pl*, d) *der Katze, des Dachses*: whiskers *pl*, e) *ichth.* beard, barbs *pl*, barbel. **4.** *tech.* a) *des Schlüssels*: (key) bit, b) (*Gußnaht*) seam, bur(r).

Bärt·chen ['bɛrtçən] *n* ⟨-s; -⟩ **1.** *dim. of* Bart. **2.** m(o)ustache. **3.** goatee.

Bar·teln ['bartəln] *pl ichth.* barb(el) *sg*, beard *sg.*

'Bar·tenˌwal *m* whalebone (*od.* baleen) whale.

'Bart|ˌfe·der *f orn.* barb feather. **~ˌflaum** *m* down. **~ˌflech·te** *f* **1.** *bot.* beard lichen (*od.* moss). **2.** *med.* barber's rash, sycosis. **~ˌhaar** *n* hair of the beard; **erste ~e** *pl* down *sg*, fluff *sg.*

Bar·thel ['ba:rtəl] *npr m* ⟨-s; *no pl*⟩ *colloq.* **er weiß, wo ~ (den) Most holt** he knows the score; **j-m zeigen, wo ~ den Most holt** tell s. o. what's what.

Bar·tho·lo·mä·us [bartolo'mɛ:ʊs] *npr m* ⟨-; *no pl*⟩ *Bibl.* Bartholomew. **~ˌnacht** *f hist.* St. Bartholomew's Eve, Massacre of St. Bartholomew. **~ˌtag** *m* (St.) Bartholomew's Day.

bär·tig ['bɛ:rtɪç] *adj* bearded (*a. bot., zo.*).

'bart·los *adj* beardless.

'Bart|ˌmei·se *f* bearded tit(mouse). **~ˌnel·ke** *f* sweet william. **~ˌrob·be** *f* bearded seal. **~ˌstop·peln** *pl* stubble *sg.* **~ˌwuchs** *m* (growth of) beard; **kräftiger ~** strong beard.

'Bar|verˌgü·tung *f econ.* cash compensation; (*Dividende*) cash bonus. **~verˌkauf** *m* cash sale, sale for cash. **~verˌkehr** *m* cash trade. **~verˌlust** *m* clear (*od.* net) loss. **~verˌmö·gen** *n* cash assets *pl*. **~ˌvorˌrat** *m* **1.** cash reserve (*od.* funds *pl*), cash in hand, stock of money. **2.** *im Bankausweis*: notes and coins *pl*. **3.** → **Barbestand**. **~ˌvorˌschuß** *m* cash advance. **~ˌwert** *m* **1.** cash value (*od.* equivalent). **2.** (*Eintauschwert*) exchangeable value. **3.** *pl* cash (*od.* liquid) assets.

Ba·ry·sphä·re [bary'sfɛ:rə] *f* ⟨-; *no pl*⟩ *geol.* barysphere.

Ba·ryt [ba'ry:t; ba'ryt] *m* ⟨-(e)s; -e⟩ **1.** *chem.* baryta, barium oxide; **kohlensaurer ~** barium carbonate. **2.** *min.* barite, baryte(s *pl*). **~ˌgelb** *n chem.* barium yellow.

Ba·ry·ton ['ba:rytɔn] *n* ⟨-s; -e [-'to:nə]⟩ *mus.* **1.** (*Saiteninstrument*) barytone, viola di bordone. **2.** (~*horn*) euphonium, British tuba.

Ba'ryt|paˌpier *n print.* baryta paper. **~salˌpe·ter** *m min.* nitrobarite. **~ˌspat, ~ˌstein** *m* → **Baryt** 2.

'Barˌzah·lung *f econ.* cash payment, payment in cash; **gegen ~** for (*od.* against) cash, cash down; (**Verkauf**) **nur gegen ~** terms strictly cash, cash terms only; **sofortige ~** prompt (*od.* spot) cash; **gegen ~ verkaufen** sell for (*od.* against) cash.

'Barˌzah·lungs|geˌschäft *n* **1.** cash business (*od.* transaction). **2.** cash-and-carry-store. **~ˌskon·to** *m, n* cash discount.

ba·sal [ba'za:l] *adj*, **Ba'sal...** *in Zssgn biol. geol. med.* basal.

Ba·salt [ba'zalt] *m* ⟨-(e)s; -e⟩ *geol. min.* basalt. **ba'sal·ten, ba'sal·tisch** *adj* basaltic.

Ba·sar [ba'za:r] *m* ⟨-s; -e⟩ **1.** (oriental) bazaar. **2.** (charity) baza(a)r.

Bäs·chen ['bɛ:sçən] *n* ⟨-s; -⟩ *dim. of* Base[1].

Ba·se[1] ['ba:zə] *f* ⟨-; -n⟩ **1.** (female) cousin. **2.** female relative. **3.** *Swiss for* Tante 1.

'Ba·se[2] *f* ⟨-; -n⟩ *chem.* base.

Ba·se·dow ['ba:zədo] *m* ⟨-s; *no pl*⟩ *med. colloq.*, **'Ba·se·dow·sche 'Krank·heit** *f* ⟨-n -; *no pl*⟩ Graves's (*od.* Basedow's) disease. **~ˌau·gen** *pl* protruding (*od. colloq.* pop-)eyes.

'Ba·sen|ˌausˌtausch *m chem.* exchange of bases. **𝔖ˌbil·dend** *adj* base-forming. **~ˌbil·der, ~ˌbild·ner** *m* base former. **~ˌbil·dung** *f* basification. **~ˌüberˌschuß** *m* alkali reserve, excess base.

ba·sie·ren [ba'zi:rən] **I** *v/i* ⟨*no* **ge-, h**⟩

auf e-r Sache ~ be based (*od.* founded) (up)on s. th., rest (up)on s. th. **II** *v/t* base, found (**auf** *dat* [up]on).

ba·si·lar [baziˈlaːr] *adj biol. med.* basilar(y).

Ba·si·lie [baˈziːlǐə] *f* ⟨-; -n⟩, **Baˈsi·li·enˌkraut** *n bot.* (common *od.* sweet) basil.

Ba·si·li·ka [baˈziːlika] *f* ⟨-; -ken⟩ *arch.* basilica.

Ba·si·lisk [baziˈlɪsk] *m* ⟨-en; -en⟩ *myth. u. zo.* basilisk.

Ba·siˈlis·ken|ˌau·ge *n myth.* basilisk eye. **~ˌblick** *m* basilisk (*fig. a.* withering) glance.

Ba·sis [ˈbaːzɪs] *f* ⟨-; Basen⟩ **1.** (*Grundlage*) basis, foundation; *e-r Partei*: rank and file; *pol.* (**an der ~** at the) grassroots *pl* (*od.* basis); **auf breiter (solider) ~** on a broad (sound) basis; **auf gleicher ~** on equal terms; **die ~ für et. bilden** form the basis (*od.* foundation) of s. th.; **~ für Preisberechnung** basis for pricing. **2.** *arch.* a) base, *e-r Säule*: *a.* foot, b) ground plot, c) pedestal. **3.** *math.* a) *e-r geometrischen Figur*: base, basis, b) *e-r Potenz*: base, c) *e-s Logarithmus*: radix. **4.** *anat. bot. zo.* base, basis. **5.** *min.* a) base, basal plane, b) (*Kristallform*) basal pinacoid, c) *von Gestein*: basis, (amorphous) groundmass. **6.** *geol.* (*Schichtung*) bottom, lower plane, sole. **7.** *mil.* (*Stützpunkt*) base. **8.** *ling.* (*Wurzelwort*) base, root. **9.** *chem.* base. **10.** *surv.* datum (*od.* base-, ground-)line.

ba·sisch [ˈbaːzɪʃ] *adj chem.* basic, (*alkalisch*) alkaline; **doppelt ~** dibasic; **~ machen** basify.

ˈBa·sis|frakˌtur *f med.* basiliar skull fracture. **~ˌjahr** *n Statistik*: base year. **~ˌkom·ma** *n math.* radix point. **~ˌli·nie** *f phys.* base-line. **~ˌwert** *m Statistik*: base (period) value.

Ba·si·zi·tät [basitsiˈtɛːt] *f* ⟨-; *no pl*⟩ *chem.* basicity.

Bas·ke [ˈbaskə] *m* ⟨-n; -n⟩ Basque. **ˈBas·kenˌmüt·ze** *f* beret.

ˈBas·ketˌball [ˈbaːskət-; ˈbas-] *m* ⟨-(e)s; *as a game no pl*⟩ basketball. **~ˌspie·ler** *m* basketball player.

ˈbas·kisch I *adj* Basque. **II** *ling.* **≈** ⟨*generally undeclined*⟩, **das ≈e** ⟨-n⟩ Basque.

Bas·kü·le [basˈkyːlə] *f* ⟨-; -n⟩ **1.** *tech.* basquill lock. **2.** *mot.* window lock.

Bas·re·lief [ˈbareˌlǐɛf] *n arch.* bas-relief.

Baß [bas] *m* ⟨-sses; ⸗sse⟩ a) (*Sing-, a. Sprechstimme*) bass (voice), b) (*Sänger*) bass (singer), basso, c) (*~partie*) bass (part), d) (*Instrument*) (double) bass, contrabass, e) (*tiefster Ton e-s Akkords*) bass; **tiefer ~** deep bass (voice), *mus. a.* basso profundo.

baß *adv colloq.* **~ erstaunt** taken aback, most surprised.

ˈBaß|ˌanˌhe·bung *f Radio*: bass control. **~ˌbal·ken** *m mus.* bass-bar. **~ˌba·ri·ton** *m* bass-baritone.

Bas·se [ˈbasə] *m* ⟨-n; -n⟩ *hunt.* large wild boar.

Bas·sett [baˈsɛt] *m* ⟨-s; -s⟩ *mus.* small three-stringed cello. **~ˌhorn** *n* basset horn.

ˈBaß|ˌfil·ter *n, m Radio*: bass(-cut) filter. **~ˌflö·te** *f* bass flute. **~ˌgei·ge** *f colloq.* bass fiddle. **~ˌgei·ger** *m colloq.* double bass player.

Bas·sin [baˈsɛ̃ː; baˈsɛŋ] *n* ⟨-s; -s⟩ (*künstliches Becken*) basin, reservoir, tank; (*Schwimm≈*) (swimming) pool; (*Wasch≈*) basin; *geol.* basin; *mar.* (*Hafen≈*) basin, dock.

Bas·sist [baˈsɪst] *m* ⟨-en; -en⟩ *mus.* **1.** bass (singer). **2.** bass player.

ˈBaß|kla·riˌnet·te *f* bass clarinet. **~ˌla·ge** *f* bass pitch.

Bas·so [ˈbaso] *m* ⟨-; Bassi [-si]⟩ *mus.* bass, basso.

ˈBaß|parˌtie *f mus.* bass part. **~ˌpfei·fe** *f* **1.** *am Dudelsack*: drone. **2.** *der Orgel*: bass pipe. **~poˌsau·ne** *f* bass trombone. **~ˌreg·ler** *m Radio etc*: (automatic) bass control. **~ˌsai·te** *f mus.* bass string. **~ˌsän·ger** *m* bass (singer). **~ˌschlüs·sel** *m* bass clef. **~ˌstim·me** *f* **1.** bass (voice). **2.** (*Notenvorlage*) (music for the) bass part. **~syˌstem** *n* bass staff.

Bast [bast] *m* ⟨-es; -e⟩ **1.** *bot.* inner bark, bast, phloem. **2.** *Textil.* a) bass, bast, b) (*Raffia≈*) raffia. **3.** *zo. am Geweih*: velvet.

ba·sta [ˈbasta] *interj colloq.* so there!, period!, not another word!; **und** (**damit**) **~** and that's that!

Ba·stard [ˈbastart] *m* ⟨-(e)s; -e⟩ **1.** *bot. zo.* hybrid, cross(-breed); (*Hund*) *a.* mongrel (dog). **2.** (*Mischling*) half-breed, half-caste. **3.** *hist.* (*uneheliches Kind*) bastard, natural child. **4.** *Leder*: haired skins *pl*, bastard. **~ˌart** *f zo.* hybrid race; *bot.* hybrid (species). **~ˌfei·le** *f* bastard file. **~forˌmat** *n print.* bastard size.

ba·star·die·ren [bastarˈdiːrən] *v/t u.* **sich ~** *v/reflex* ⟨*no* **ge-**, h⟩ *bot. zo.* hybridize, bastardize.

ˈBa·stardˌschrift *f print.* bastard type.

Ba·stei [basˈtaɪ] *f* ⟨-; -en⟩ *mil. hist.* bastion.

ˈBa·stelˌar·beit *f* **1.** (piece of) amateur handicraft; do-it-yourself job. **2.** → **basteln** III.

ba·steln [ˈbastəln] **I** *v/t* ⟨h⟩ **1.** build, make, rig up. **2.** *fig. colloq.* (**sich**) *et.* **~** concoct, cook (*od.* dream) up. **II** *v/i* **3.** do handicraft, be a hobbyist, work at a hobby. **4.** *fig. colloq.* **an e-r Sache ~** tinker at s. th. *weitS. a.* fumble at (*od.* with) s. th. **III ≈** *n* ⟨-s⟩ **5.** tinkering (*etc*). **6.** (home) handicrafts *pl*, hobby work, home mechanics *pl* (*od.* woodwork *od.* carpentry, *etc*).

ˈBastˌhut *m* chip hat.

Ba·stil·le [basˈtiːj(ə)] *f* ⟨-; -n⟩ *hist.* **der Sturm auf die ~** the storming of the Bastil(l)e.

Ba·sti·on [basˈtǐoːn] *f* ⟨-; -en⟩ **1.** *mil. hist. u. fig.* bastion, bulwark. **2.** *geol.* ledge.

ˈBast·ler *m* ⟨-s; -⟩ home mechanic, do-it-yourself man, hobbyist; (*Radio≈*) radio amateur.

Ba·sto·na·de [bastoˈnaːdə] *f* ⟨-; -n⟩ *obs.* bastinado; **j-m die ~ geben** bastinado s. o.

ˈBast|paˌpier *n* Manil(l)a paper. **~ˌsei·de** *f* raw silk.

bat [baːt] *1 u. 3 sg pret of* **bitten**.

Ba·tail·lon [batalˈjoːn] *n* ⟨-s; -e⟩ *mil. a. fig.* battalion; **~sabschnitt** *m mil.* battalion sector; **~skommandeur** *m* battalion commander.

Ba·ta·te [baˈtaːtə] *f* ⟨-; -n⟩ *bot.* **1.** sweet potato, batata. **2.** Jerusalem artichoke.

bä·te [ˈbɛːtə] *1 u. 3 sg pret subj of* **bitten**.

Ba·tho·me·ter [batoˈmeːtər] *n* ⟨-s; -⟩ *mar.* bathometer.

Ba·thy·me·ter [batyˈmeːtər] *n* ⟨-s; -⟩ *mar.* bathometer. **ba·thyˈme·trisch** [-ˈmeːtrɪʃ] *adj geogr.* bathymetric.

Ba·thy·scaphe [batyˈskaːf] *m, n* ⟨-(s); -[-ˈskaːfə]⟩, **Ba·thyˈskaph** [-ˈskaːf] *m* ⟨-en; -en⟩ *mar.* (*Tiefseetauchboot*) bathyscaphe.

Ba·thy·sphä·re [batyˈsfɛːrə] *f* ⟨-; *no pl*⟩ *geol.* bathysphere.

Ba·tik [ˈbaːtɪk] *m* ⟨-s; -en⟩, *a. f* ⟨-; -en⟩ *Textil.* **1.** ⟨*only sg*⟩ (*Verfahren*) batik. **2.** (*~stoff*) batik. **~ˌdruck** *m* batik printing.

ˈba·ti·ken *v/t* ⟨h⟩ *Textil.* batik, do batik work on.

Ba·tist [baˈtɪst] *m* ⟨-(e)s; -e⟩ (*Leinen≈*) (linen) cambric; (*Baumwoll≈ etc*) batiste.

Bat·te·ment [bat(ə)ˈmãː] *n* ⟨-s; -s⟩ *mus., Tanzkunst*: battement.

Bat·te·rie [batəˈriː] *f* ⟨-; -n [-ən]⟩ **1.** *electr.* battery; (*Akku*) storage battery; (*~zelle*) battery cell; **mit ~ betreiben** run from the battery. **2.** *nucl.* pile. **3.** *mil.* battery. **4.** *tech. von Tanks, Kesseln etc*: battery, group, set. **5.** *fig. colloq. von Flaschen etc*: battery. **~beˌtrieb** *m* battery operation; **mit ~** → **≈beˌtrie·ben** *adj* battery-operated. **~empˌfän·ger** *m Radio*: battery set. **~ˌfüh·rer** *m mil.* battery commander. **≈geˌspeist** *adj* battery-operated. **~ˌklem·me** *f* **1.** *electr.* battery terminal. **2.** *mot.* battery clip. **~ˌla·de·geˌrät** *n* battery charger. **~ˌla·deˌstel·le** *f* battery charging station. **~ˌwa·gen** *m aer.* starter truck. **~ˌzel·le** *f electr.* battery cell.

Bat·zen [ˈbatsən] *m* ⟨-s; -⟩ **1.** *colloq.* (*Klumpen*) lump, chunk, blob. **2.** *fig. colloq.* **ein ~** (**Geld**) quite a packet, a lot of money; **das wird ihn e-n schönen ~** (**Geld**) **kosten** *a.* that will cost him a tidy penny. **3.** *hist.* (*~stück*) batz.

Bau[1] [baʊ] *m* ⟨-(e)s; -ten [ˈbaʊtən]⟩ **1.** ⟨*only sg*⟩ building, construction; **im ~** (**begriffen** *od.* **befindlich**) a) under construction, being built, building, b) *mar.* on the stocks; **der ~ e-r Straße** the construction of a road. **2.** (*~werk*) building, edifice, structure. **3.** *pl* **Bauten** *Film, thea.* setting, setup, architecture. **4.** ⟨*only sg*⟩ (*~gewerbe*) building trade; **er arbeitet beim** (*od.* **auf dem**) **~**, *colloq.* **er geht auf den ~** he is in the building trade; *fig. colloq.* **er ist vom ~** he is a specialist, he is in the trade. **5.** ⟨*only sg*⟩ → **Baustelle** 1. **6.** ⟨*only sg*⟩ (*Auf≈, Struktur*) structure (*of a drama, etc*). **7.** ⟨*only sg*⟩ (*Körper≈*) build. **8.** *tech.* a) construction, b) → **Bauweise** 3. **9.** *mil. colloq.* confinement (to barracks), C. B., *sl.* jug; **drei Tage ~** three days C. B. **10.** → **Anbau**.

Bau[2] *m* ⟨-(e)s; -e⟩ **1.** *hunt. zo.* a) (*Fuchs≈, Dachs≈*) earth, b) (*Kaninchen≈*) burrow, hole, c) (*Otter≈*) couch, d) (*Biber≈*) lodge, e) *der Löwen, Bären etc*: lair, den; **zu ~ gehen** *Fuchs*: (take) earth, go to ground; *den Fuchs* **in den ~ treiben** (run to) earth; *den Fuchs* **aus dem ~ jagen** unearth *the fox.* **2.** *humor.* → **Bude** 2b.

ˈBau|ˌabˌschnitt *m* stage of construction; (*räumlicher ~*) (building) section. **~akaˌdeˌmie** *f* school of architecture. **~ˌamt** *n jur.* building authorities *pl*, *Br.* (District) Surveyor's Office. **~ˌar·bei·ten** *pl civ. eng.* **1.** construction works (*Am.* work *sg*). **2.** *an Straßen*: roadworks. **~ˌar·bei·ter** *m* **1.** construction worker. **2.** *an Straßen*: roadworker. **~ˌart** *f* **1.** *arch.* construction, design, architecture, style. **2.** *bes. tech.* a) (*Bauweise*) design, construction, b) (*Typ*) model, type. **~ˌaufˌsicht** *f* supervision of building works. **~ˌaufˌsichts·beˌhör·de** *f* building supervisory board. **~ˌaufˌtrag** *m* **1.** *arch.* building commission. **2.** *civ. eng.* order for constructional work. **~ˌaufˌzug** *m tech.* building elevator (*od.* hoist). **~baˌracke** (*getr.* **-k·k-**) *f* site hut. **~beˌdarf** *m* building supplies *pl*. **~beˌginn** *m* commencement of construction. **~beˌhör·de** *f* building authority. **~beˌschrei·bung** *f* building specifications *pl*. **~beˌwil·li·gung** *f* building permit. **~ˌbu·de** *f* site hut. **~büˌro** *n* site office.

Bauch [baux] *m* ⟨-(e)s; ⸚e⟩ **1.** belly; *anat.* abdomen, stomach; *colloq.* tummy; ein dicker ~ *bes. bei Männern*: paunch, potbelly; auf dem ~ liegend prone; auf dem ~ liegen lie on one's belly, lie flat on one's face, lie prone; auf dem ~ kriechen a) crawl on one's belly, b) *fig.* vor j-m: grovel before s. o., crawl to s. o.; sich (*dat*) den ~ halten vor Lachen roar (*od.* split one's sides) with laughter; *colloq.* j-m Löcher in den ~ fragen pester s. o. with questions; *colloq.* j-m ein Loch in den ~ reden talk s. o. blind; sich (*dat*) die Füße in den ~ stehen stand till one drops; *colloq.* aus hohlem ~ (*sagen können*) off the cuff. **2.** *colloq.* (*Magen*) stomach, belly, *colloq.* tummy; sich (*dat*) den ~ vollschlagen stuff o. s.; sich (*dat*) den ~ pflegen gormandize; mit vollem ~ *schwimmen etc* on a full stomach; ein voller ~ studiert nicht gern (*Sprichwort*) the well-fed have no use for books; *fig.* aus dem ~ der Erde from the bowels of the earth. **3.** *e-r Flasche, Vase, Violine, e-s Schiffes etc*: belly. **4.** *electr. e-r Schwingung*: antinode, loop.

ˈ**Bauch|ˌanˌsatz** *m colloq.* first signs *pl* of a paunch. ~ˌ**at·mung** *f* abdominal breathing. ~ˌ**bin·de** *f* **1.** *med.* abdominal bandage. **2.** *print. e-s Buches*: (advertising) band, *sl.* blurp. **3.** *e-r Zigarre*: band. ~ˌ**decke** (*getr.* -k·k-) *f anat.* abdominal wall.

bau·chen [ˈbauxən] *v/reflex* ⟨h⟩ sich ~ bulge out.

ˈ**Bauch|ˌfell** *n anat.* peritoneum; ~**ent·zündung** *f* peritonitis. ~ˌ**flos·se** *f* ventral fin; (Fisch) ohne ~ apodan. ≈ˌ**för·mig** *adj tech.* belly-shaped, bellied. ~ˌ**frei·heit** *f mot.* ground (*od.* belly) clearance. ~ˌ**fü·ßer**, ~ˌ**füß·ler** [-ˌfy:slər] *pl* → Gastropoden. ~**geˌflecht** *n anat.* abdominal plexus. ~ˌ**ge·gend** *f* abdominal region. ~ˌ**grim·men** *n* → Bauchschmerzen. ~ˌ**gurt** *m für Pferde*: bellyband, girth. ~ˌ**her·nie** *f med.* ventral hernia. ~ˌ**höh·le** *f* abdominal cavity. ~ˌ**höh·lenˌschwan·ger·schaft** *f* extra-uterine pregnancy.

ˈ**bau·chig** *adj* bulgy, bulged; ~e Vase big-bellied vase.

ˈ**Bauch|ˌkie·me** *f ichth.* ventral gill. ≈ˌ**kit·zeln** *v/t* ⟨*insep*, ge-, h⟩ *colloq.* flatter, soft-soap. ~ˌ**klat·scher** *m colloq.* belly-flop; e-n ~ machen (do a) belly-flop. ~ˌ**knei·fen**, ~ˌ**knei·pen** *n colloq.* gripes *pl*. ~ˌ**la·den** *m colloq.* **1.** vendor's (*od.* hawker's) tray. **2.** (cigarette) tray. ~ˌ**la·ge** *f a. Sport*: prone position. ≈ˌ**lan·den** *v/t* ⟨*insep*, -ge-, h⟩ *u. v/i* ⟨sein⟩ *aer.* belly-land. ~ˌ**lan·dung** *f* belly landing; e-e ~ machen belly-land. ~ˌ**lap·pen** *m gastr.* belly (of pork).

Bäuch·lein [ˈbɔyçlaɪn] *n* ⟨-s; -⟩ *dim. of* Bauch 1; small paunch (*etc*); *colloq.* tummy.

bäuch·lings [ˈbɔyçlɪŋs] *adv* on one's belly, prone; ~ liegen lie flat on one's face.

ˈ**Bauch|ˌmus·kel** *m anat.* abdominal muscle. ~**mus·ku·laˌtur** *f* abdominal muscles *pl*. ~ˌ**na·bel** *m* navel, umbilicus. ≈ˌ**pin·seln** *v/t* ⟨*insep*, ge-, h⟩ *colloq.* (*schmeicheln*) flatter, soft-soap, butter *s. o.* up. ~ˌ**plat·te** *f zo.* sternum. ≈ˌ**re·den I** *v/i* ⟨*only inf*⟩ ventriloquize. **II** ≈ *n* ⟨-s⟩ ventriloquism. ~ˌ**red·ner** *m*, ~ˌ**red·ne·rin** *f* ventriloquist. ~ˌ**rie·men** *m* → Bauchgurt. ~ˌ**schmer·zen** *pl med.* belly-ache *sg*, stomach- (*od.* *colloq.* tummy-)ache *sg*, gripes. ~ˌ**schuß** *m* abdominal bullet wound. ~ˌ**speck** *m* **1.** *gastr.* streaky bacon. **2.** *colloq.* belly-fat. ~ˌ**spei·chelˌdrü·se** *f* pancreas; Entzündung der ~ pancreatitis. ~ˌ**stück** *n gastr. vom Schwein*: belly; *vom Kalb*: breast; *vom Hammel*: breast, flank; *vom Rind*: thin flank. ~ˌ**tanz** *m* belly dance. ~ˌ**tän·ze·rin** *f* belly dancer. ~ˌ**ta·sche** *f zo.* pouch, marsupium. ~ˌ**ty·phus** *m med.* typhoid (fever).

ˈ**Bau·chung** *f* ⟨-; *no pl*⟩ belly, bulge, paunch; *e-r Säule*: entasis.

ˈ**Bauch|ˌwand** *f anat.* abdominal wall. ~ˌ**was·serˌsucht** *f med.* abdominal dropsy, ascites. ~ˌ**weh** *n* ⟨-s; *no pl*⟩ → Bauchschmerzen. ~ˌ**wel·le** *f* → Felge[1] 2. ~ˌ**zwicken** (*getr.* -k·k-) *n colloq.* gripes *pl*.

Baud [baut; bo:t] *n* ⟨-s; -⟩ *tel.* baud.

ˈ**Bau|ˌdarˌle·hen** *n* building loan. ~ˌ**denkˌmal** *n* (architectural) monument; historisches ~ historical building. ~ˌ**dich·te** *f* building density. ~**eleˌment** *n tech.* construction(al) element, *a. arch.* (*vorgefertigtes* ~) module.

bau·en [ˈbauən] **I** *v/t* ⟨h⟩ **1.** build, construct, (*herstellen*) *a.* make, (*errichten*) erect; sich (*dat*) ein Haus ~ build (o. s.) a house; e-e Maschine ~ build (*od.* construct, design) a machine; → Brücke 1, Luftschloß. **2.** *colloq.* (*machen*) make; e-n Unfall ~ have (*od.* cause) an accident; sein Examen ~ take one's examination; s-n Doktor ~ obtain (*od.* work for) one's doctor's degree; sich (*dat*) e-n Anzug ~ lassen have a suit made; sein Bett ~ make one's bed. **3.** *agr.* (*Tabak, Weizen etc*) grow, cultivate. **II** *v/i* **4.** build; an e-r Sache ~ be building (*od.* working) on s. th.; *fig.* an e-r glücklichen Zukunft ~ work for a happy future; *fig.* auf et. (*od.* j-n) ~ rely (*od.* build) on s. th. (s. o.), trust s. th. (s. o.); auf sein Glück ~ trust one's luck(y stars); *fig.* sich auf et. ~ be founded (*od.* based) on, rest (up)on. **5.** *Bergbau*: auf *Kupfer etc* ~ mine (for). **III** ≈ *n* ⟨-s⟩ **6.** building (*etc*). **7.** → Bau[1] 1.

ˈ**Bau·entˌwurf** *m arch.* design.

Bau·er[1] [ˈbauər] *m* ⟨-n, *a.* -s; -n⟩ **1.** farmer; kleiner ~ peasant, small-scale farmer, *bes. Br.* smallholder. **2.** *fig. contp.* lout, boor, peasant, slob, (*Hinterwäldler*) *colloq.* yokel, *Am. sl.* hick; die dümmsten ~n haben die größten Kartoffeln (*Sprichwort*) fortune favo(u)rs fools. **3.** a) *Schach*: pawn, b) *Kartenspiel*: jack, knave.

ˈ**Bau·er**[2] *n*, *m* ⟨-s; -⟩ (bird-)cage.

Bäu·er·chen [ˈbɔyərçən] *n* ⟨-s; -⟩ **1.** small farmer, (little) peasant. **2.** *colloq.* (baby's) burp; (ein) ~ machen burp.

Bäue·rin [ˈbɔyərɪn] *f* ⟨-; -nen⟩ **1.** peasant woman, countrywoman. **2.** farmer's wife.

ˈ**Bau·erˌlaub·nis** *f* building permit.

Bäu·er·lein [ˈbɔyərlaɪn] *n* ⟨-s; -⟩ → Bäuerchen 1.

bäu·er·lich [ˈbɔyərlɪç] *adj* rural, rustic.

ˈ**Bau·ern|ˌaufˌstand** *m hist.* peasants' revolt. ~ˌ**brot** *n* (coarse) brown bread. ~ˌ**büh·ne** *f* → Bauerntheater. ~ˌ**bur·sche** *m* country lad. ~ˌ**but·ter** *f* farm butter. ~ˌ**dorf** *n* country village. ~ˌ**fang** *m* ⟨*only sg*⟩ *fig. contp.* confidence trick(s *pl*), con game. ~ˌ**fän·ger** *m fig. contp.* confidence man, trickster, *colloq.* con man. ~**fän·geˈrei** *f* [ˌbauərn-] → Bauernfang. ~ˌ**frau** *f* → Bäuerin. ~ˌ**frühˌstück** *n gastr.* omelette parmentière (*Fr.*). ~ˌ**gut** *n* → Bauernhof. ~ˌ**haus** *n* farmhouse. ~ˌ**hochˌzeit** *f* country wedding. ~ˌ**hof** *m* farm(stead). ~ˌ**knecht** *m* farmhand. ~**koˌmö·die** *f thea.* peasant comedy. ~ˌ**krieg** *m hist.* peasants' war. ~ˌ**lüm·mel** *m* country bumpkin, yokel. ~ˌ**mäd·chen** *n* country girl. ~ˌ**magd** *f* farmgirl. ~ˌ**mö·bel** *pl* rustic furniture *sg*. ~**omeˌlett** *n* → Bauernfrühstück. ~ˌ**re·gel** *f* weather maxim. ~**roˌman** *m* peasant novel.

ˈ**Bau·ern·schaft** *f* ⟨-; *no pl*⟩ peasantry, farmers *pl*.

ˈ**Bau·ern|ˌschen·ke** *f* village inn. ≈ˌ**schlau** *adj* cunning, sly. ~ˌ**schläue**, ~ˌ**schlau·heit** *f* cunning, slyness. ~ˌ**schrank** *m* rustic (*od.* farmhouse) cupboard (*od.* wardrobe). ~ˌ**schwank** *m* peasant comedy. ~ˌ**sohn** *m* farmer's son. ~ˌ**stand** *m* farmers *pl*, peasantry. ~ˌ**stolz** *m* peasant's pride. ~ˌ**stu·be** *f* **1.** farmhouse room. **2.** rustic-style room. ~ˌ**tanz** *m* peasant (*od.* country) dance. ~**thea·ter** [-teˌa:tər] *n* peasant theat/re (*Am.* -er). ~ˌ**toch·ter** *f* farmer's daughter. ~ˌ**töl·pel** *m contp.* country bumpkin, yokel, *Am. a.* hick. ~ˌ**tracht** *f* peasant dress (*od.* costume).

ˈ**Bau·ern·tum** *n* ⟨-s; *no pl*⟩ peasantry, farmers *pl*.

ˈ**Bau·ern|verˌband** *m* farmers' union. ~ˌ**volk** *n* **1.** nation of farmers. **2.** country-folk. ~ˌ**weib** *n* peasant woman.

ˈ**Bau·ers|ˌfrau** *f* → Bäuerin. ~ˌ**leu·te** *pl* **1.** country-folk *sg*. **2.** *the* farmer and his wife.

ˈ**Bau|ˌfach** *n* building trade; architectural profession; er ist vom ~ he is in the building trade (*od.* line). ~ˌ**fachˌmann** *m* building expert. ≈ˌ**fäl·lig** *adj* dilapidated, ramshackle, tumbledown, decaying. ~ˌ**fäl·lig·keit** *f* dilapidated state, dilapidation. ~ˌ**feh·ler** *m* structural fault. ~**fi·nanˌzie·rung** *f* financing of building projects. ~ˌ**fir·ma** *f* (firm of) builders *pl* and contractors *pl*. ~ˌ**flucht** *f arch.* alignment, alinement. ~ˌ**flucht·ˌli·nie** *f* building line. ~ˌ**füh·rer** *m* building supervisor. ~ˌ**füh·rung** *f* supervision (of building works). ~**geˌlän·de** *n* building land (*od. Grundstück*: site). ~**geˌneh·mi·gung** *f* building permit. ~**geˌnos·sen·schaft** *f* (cooperative) building society. ~**geˌrüst** *n* scaffold(ing). ~**geˌsell·schaft** *f* building society. ~**geˌstein** *n* → Baustein 1. ~**geˌsuch** *n* application for a building permit. ~**geˌwer·be** *n* building trade. ~ˌ**glas** *n* constructional glass. ~ˌ**gru·be** *f* excavation. ~ˌ**grund** *m* **1.** foundation soil. **2.** (*Gelände*) building ground. **3.** → ~ˌ**grundˌstück** *n* building site (*od.* plot), site. ~ˌ**grup·pe** *f tech.* assembly group. ~ˌ**handˌwerk** *n* building trade. ~ˌ**handˌwer·ker** *m* workman in the building trade. ~ˌ**haus** *npr n hist.* Bauhaus (*school of design*). ~ˌ**herr** *m* building owner. ~ˌ**hilfsˌar·bei·ter** *m* bricklayer's helper. ~ˌ**hilfs·geˌwer·be** *n* trades *pl* ancillary to the building industry. ~ˌ**hof** *m* **1.** contractor's yard. **2.** timber yard. ~ˌ**hö·he** *f tech.* overall height, headroom. ~ˌ**holz** *n* (structural) timber (*Am.* lumber). ~ˌ**hüt·te** *f* **1.** *civ. eng.* a) (*Bude*) site hut, b) (*Büro*) site office. **2.** *hist.* (masonic) lodge. ~**hy·poˌthek** *f econ.* building mortgage. ~**in·duˌstrie** *f* building industry. ~**in·ge·niˌeur** *m* civil engineer. ~ˌ**jahr** *n* year of construction; das Auto ist ~ 1971 the car is a 1971 model. ~ˌ**ka·sten** *m* box of building blocks (*od.* bricks); technischer ~ construction set. ~ˌ**ka·sten·syˌstem** *n tech.* module system. ~ˌ**klotz** *m* building block; *colloq.* Bauklötze staunen be bowled over.

make big eyes; da staunt man Bauklötze! that bowls you over!, that blows your mind! ~ˌkör·per m main body (of a building).
ˈBauˌko·sten pl expenses, cost sg of construction, weitS. production costs. ~ˌvorˌanˌschlag m builder's estimate. ~ˌzuˌschuß m (tenant's) contribution to the building expenses.
ˈBau|ˌkran m building crane. ~kreˌdit m building loan. ~ˌkunst f architecture. ~ˌland n building land. ~ˌlei·ter m building supervisor. ~ˌlei·tung f supervision (of building works).
ˈbau·lich adj architectural, constructional, structural; ~e Anlagen structures, buildings; ~e Gestaltung design and construction; ~e Kennzeichen design features; in schlechtem ~en Zustand out of repair; in gutem ~en Zustand erhalten keep in good repair. 2kei·ten pl buildings.
ˈBau|ˌlö·we m humor. big-time builder. 2lu·stig adj intending to build (a house).
Baum [baum] m <-(e)s; ⸗e> 1. bot. tree; junger ~ sapling, young tree; Tag des ~es tree-planting day, Am. Arbor Day; ~ der Erkenntnis a) bot. forbidden fruit, b) Bibl. the tree of knowledge (of good and evil); Bibl. der ~ des Lebens the tree of life. 2. fig. stark wie ein ~ (as) strong as a horse; colloq. es ist, um auf die Bäume zu klettern it is enough to drive you mad; colloq. Bäume ausreißen können feel up to anything, be full of beans; colloq. er wird auch k-e Bäume ausreißen he is not going to set the Thames on fire; nach dieser Operation kann er aber noch k-e Bäume ausreißen after this operation he will have to take it easy; es ist dafür gesorgt, daß die Bäume nicht in den Himmel wachsen there is a limit to everything. 3. electr. meshless equivalent network. 4. Weberei: beam; die Kette auf den ~ winden beam the warp. 5. mar. (Lade2) derrick. 6. am Wagen, Pflug: perch; (Stange, Schaft) pole. 7. chem. tree.
ˈBaum|alˌlee f avenue (of trees). 2ˌarm adj deficient in trees. ~ˌart f kind (od. species) of tree. 2ˌar·tig adj treelike, arborescent.
ˈBau|maˌschi·ne f building machine. ~ma·te·riˌal n building material(s pl).
ˈBaum|beˌhang m → Christbaumschmuck. 2beˌpflanzt adj 1. Straße etc: treelined. 2. Fläche: covered with trees, arbo(u)red. ~beˌstand m stock (od. stand) of trees. ~beˌwoh·ner m arboreal animal. ~ˌblü·te f 1. tree blossom. 2. (Zeit) blossoming season.
Bäum·chen [ˈbɔymçən] n <-s; -> 1. small (od. little) tree. 2. (junger Baum) sapling. ~-ˈwechs·le-ˌdich n ~ spielen a) etwa play puss in the corner, b) humor. indulge in the wife-swapping game.
Bauˈméˌgrad [boˈmeː-] m phys. degree Baumé.
ˈBauˌmei·ster m 1. (master) builder. 2. architect.
bau·meln [ˈbauməln] v/i <h> dangle, swing; colloq. er muß ~ am Galgen: he will swing; mit den Beinen ~, die Beine ~ lassen dangle (od. swing) one's legs.
bäu·men [ˈbɔymən] v/t u. v/reflex <h> → aufbäumen.
ˈBaum|ˌfal·le f hunt. beam trap. ~ˌfarn m bot. tree fern. ~ˌfäu·le f (dry) rot. ~ˌflech·te f bot. tree moss, lichen. 2ˌför·mig adj → baumartig. ~ˌfraß m tree-blight. ~ˌfre·vel m jur. unlawful damaging of trees. ~ˌfrosch m tree-frog. ~ˌgar·ten m orchard. ~ˌgärt·ner m nurseryman, arborist. ~ˌgren·ze f <-; no pl> timberline, tree line. ~ˌgrup·pe f group (od. cluster) of trees, grove. ~ˌharz n resin. ~ˌhe·ber m tech. tree heaver, uprooter. ~ˌhecke (getr. -k·k-) f hedge of trees. ~ˌholz n timber (wood). ~ˌkrebs m bot. (tree) canker. ~ˌkro·ne f treetop. ~ˌku·chen m pyramid (layer) cake. ~ˌkun·de f dendrology. 2ˌlang adj colloq. as tall as a lamppost, hulking, lanky.
Bäum·lein [ˈbɔymlaɪn] n <-s; -> → Bäumchen.
ˈBaum|ˌnym·phe f myth. wood nymph, dryad. ~ˌpflan·zung f 1. (timber) plantation, (tree) nursery. 2. (Vorgang) tree-planting. 2ˌreich adj rich in trees, (densely) wooded. ~ˌrie·se m giant tree. ~ˌrin·de f bark. ~ˌro·se f hollyhock. ~ˌrut·sche f chute. ~ˌsä·ge f pruning saw. ~ˌsche·re f (tree) pruning shears pl. ~ˌschu·le f (tree) nursery. ~ˌschwamm m bot. agaric. ~ˌse·gel n mar. boom sail. ~ˌsper·re f mil. abat(t)is. ~ˌstamm m 1. (tree) trunk; (gefällter) ~ log. 2. gastr. chocolate log. 2ˈstark adj fig. (as) strong as a horse, Herculean. ~ˌstumpf m stump (of a tree), stub. ~ˌstüt·ze f tree prop.
ˈBauˌmu·ster n tech. model, type.
ˈBaum|verˌhau m → Baumsperre. ~ˌwachs n hort. grafting wax. ~ˌwart m orchardist. ~ˌwip·fel m treetop.
ˈBaumˌwoll|baˌtist m cotton cambric. ~ˌbaum m cotton tree. ~ˌbör·se f econ. cotton exchange.
ˈBaumˌwol·le f <-; no pl> cotton.
ˈbaumˌwol·len adj cotton.
ˈBaumˌwolle·se (getr. -ll|l-) f cotton picking.
ˈBaumˌwoll|ˌgarn n cotton yarn. ~geˌbiet n Am. Cotton Belt. ~geˌwe·be n cotton (fabric od. cloth). ~ˌkammˌgarn n combed cotton yarn. ~ˌkap·sel f bot. cotton boll. ~ˌkö·per m cotton twill (od. serge), jean. ~ˌku·chen m cottonseed cake. ~ˌpflan·ze f bot. cotton (plant). ~ˌpflan·zer m cotton planter (od. grower). ~ˌpflücker (getr. -k·k-) m cotton picker. ~planˌta·ge f cotton plantation. ~ˌsa·men m cottonseed. ~ˌsamt m velveteen. ~saˌtin m sateen. ~spin·neˌrei f cotton mill. ~ˌstau·de f bot. cotton plant. ~ˌstoff m cotton (cloth od. fabric); bedruckter ~ printed cotton; geköperter ~ jean. ~ˌstrauch m cotton plant. ~ˌtwist m darning cotton, twist. ~ˌwa·ren pl cottons, cotton goods. ~ˌwat·te f cotton wool. ~ˌzwirn m cotton thread.
ˈBaum|ˌwur·zel f tree root. ~ˌzucht f arboriculture. ~ˌzüch·ter m arboriculturist.
ˈBau|ˌnorm f civ. eng. building standard (specification). ~ˌnum·mer f tech. serial number. ~ˌord·nung f building regulations pl. ~ˌplan m 1. architect's (od. construction) drawing (od. plan). 2. (Zeitplan) time schedule. 3. → Bauvorhaben. 4. tech. blueprint. ~ˌpla·nung f project planning. ~ˌpla·stik f architectural sculpture. ~ˌplatz m building site (od. plot). ~po·liˌzei f (Building) Surveyor's Office, building inspection authorities pl. 2po·liˌzei·lich I adj building-code of the Surveyor's Office. II adv ~ genehmigt officially approved (by the building inspection authorities). ~ˌpreis m building cost. ~proˌfil n → Profil 2. ~proˌgramm n building (od. construction) program(me Br.). ~proˌjekt n building (od. construction) project. ~ˌrat m jur. (senior) government building officer. ~ˌrecht n 1. (Baugesetz) building law (od. regulations pl). 2. subjektives: right to build. 2ˌreif adj 1. tech. Maschine etc: developed. 2. civ. eng. ripe for development; ~es Gelände development site. ~ˌrei·he f tech. (production) series, type.
bäu·risch [ˈbɔyrɪʃ] adj 1. (ländlich) rural, rustic. 2. fig. rustic; contp. peasant(like), coarse; (verbauert) countrified.
ˈBauˌsach·verˌstän·di·ge m building expert.
Bausch [bauʃ] m <-es; Bäusche> 1. wad, ball. 2. (Polster) pad, bolster. 3. (Tupfer) dab(ber), dauber (bes. tech.). 4. med. a) wad, plug, b) zum Wischen: swab. 5. Mode: bulge, (a. Puder2) puff. 6. fig., a. econ. in ~ und Bogen wholesale, in the lump; et. in ~ und Bogen verurteilen condemn s. th. wholesale. ~ˌär·mel m puff sleeve.
Bäusch·chen [ˈbɔyʃçən] n <-s; -> dim. of Bausch 1, 4.
bau·schen [ˈbauʃən] v/t, v/reflex sich ~ u. v/i <h> bulge, billow, swell.
ˈbau·schig adj Rock etc: full, puffy; (sackartig) baggy, bulging.
ˈBauschˌkauf m econ. purchase in the lump, bulk purchase.
ˈBauˌschlos·ser m (building) fitter.
Bauscht [bauʃt] m <-(e)s; -e> (Papiermaß) post.
ˈBau|ˌschu·le f civil engineering school. ~ˌschutt m debris (on building site).
ˈBausch·verˌkauf m econ. bulk sale.
ˈBau|ˌsek·tor m econ. building sector. ~ˌsparˌdarˌle·hen n building loan from a building society.
ˈbauˌspa·ren v/i <only inf> save (for building purposes) (through a building society). ˈBauˌspa·rer m <-s; ->, ˈBauˌspa·re·rin f <-; -nen> member of (od. investor in) a building society.
ˈBauˌspar|ˌkas·se f building society, Am. building and loan association. ~verˌtrag m savings agreement with a building society.
ˈBau|ˌsta·di·um n civ. eng. stage (of construction); sich im ~ befinden be under construction. ~ˌstahl m structural steel. ~ˌsta·tik f civ. eng. architectural statics pl (als sg konstruiert). 2ˌsta·tisch adj static(al); ~e Berechnung static calculation, stress analysis. ~ˌstein m 1. civ. eng. building stone, brick; (Baugestein) (building) stone, structural stone. 2. (Spielzeug) (building) brick, block. 3. fig. component, element, a. physiol. building block. 4. fig. (Beitrag) contribution. 5. tech. module, electr. a. cubicle. 6. des Atomkerns: fundamental nuclear particle. ~ˌstel·le f civ. eng. 1. (building) site. 2. auf Straßen: (site of) roadworks pl; Vorsicht ~! Verkehrsschild: dead slow, men at work!, Am. caution, men working! ~ˌstil m (architectural) style. ~ˌstoff m 1. civ. eng. building material. 2. biol. nutrient, constituent. ~ˌstopp m building freeze. ~ˌstu·fe f civ. eng. stage (of construction). ~ˌsum·me f econ. total building cost. ~ˌtä·tig·keit f building activity. ~ˌtech·nik f 1. construction (od. building) technique. 2. <only sg> (Lehrfach) constructional (od. civil) engineering. ~ˌtech·ni·ker m engineer. 2ˌtech·nisch adj constructional. ~ˌteil m, n (structural) member, component (part), unit.
Bau·ten [ˈbautən] pl von Bau[1] 2.
ˈBau|ˌtisch·ler m building joiner. ~ˌträ·ger m 1. builder; developing company. 2. (Bauherr) building owner, öf-

fentlicher etc: institution *etc* responsible for a building project. **~ˌtrupp** *m* construction gang (*od.* team). **~ˌun·terˌneh·men** *n* **1.** → Bauprojekt. **2.** → Bauunternehmung. **~ˌun·terˌneh·mer** *m* building contractor, builder. **~ˌun·terˌneh·mung** *f* building enterprise (*od.* contractors *pl*). **~verˌbot** *n* building ban. **~verˌtrag** *m* building contract. **~ˌvorˌha·ben** *n* building project. **~ˌvorˌschrift** *f* building regulation. **~ˌwei·se** *f* **1.** *civ. eng.* (method of) building (*od.* construction). **2.** *arch.* (*Stil*) (style of) architecture. **3.** *tech.* (*Bauart*) design, construction. **~ˌwerk** *n* building, edifice, structure. **~ˌwerks·beˌton** *m* structural concrete. **~ˌwe·sen** *n* ⟨-s; *no pl*⟩ *civ. eng.* **1.** building trade (*od.* industry). **2.** (*Bautechnik*) civil (*od.* construction) engineering. **3.** architecture. **~ˌwirt·schaft** *f econ.* building trade (*od.* industry). **≈ˌwür·dig** *adj Bergbau*: workable. **~ˌwut** *f colloq.* building mania.

Bau·xit [bauˈksiːt; -ˈksɪt] *m* ⟨-s; -e⟩ *min.* bauxite.

bauz [bauts] *interj* bang!, thud!

ˈBau|ˌzaun *m* hoarding. **~ˌzeich·ner** *m* construction draughtsman (*bes. Am.* draftsman). **~ˌzeich·nung** *f* construction drawing. **~ˌzeit** *f* time of construction. **~ˌzuˌschuß** *m econ.* **1.** *staatlicher*: building grant (*od.* subsidy). **2.** → Baukostenzuschuß. **~ˌzweck** *m* zu **~en** for building purposes.

Bay·er [ˈbaɪər] *m* ⟨-n; -n⟩, **ˈBaye·rin** *f* ⟨-; -nen⟩ Bavarian. **ˈbaye·risch I** *adj* Bavarian, of Bavaria. **II** *ling.* **≈** *n* ⟨*generally undeclined*⟩, **das ≈e** ⟨-n⟩ Bavarian, the Bavarian dialect.

bay·risch [ˈbaɪrɪʃ] *adj* → bayerisch.

Ba·zar [baˈzaːr] *m* ⟨-s; -e⟩ → Basar.

Ba·zi [ˈbatsi] *m* ⟨-s; -s⟩ *dial.* rascal, *vulg.* bastard.

ba·zil·lär [batsɪˈlɛːr] *adj* bacillary.

Ba·zil·le [baˈtsɪlə] *f* ⟨-; -n⟩ *med.* bacillus.

Baˈzil·len *pl med.* bacilli. **~ˌangst** *f* bacillophobia. **≈ˌför·mig** *adj* bacilliform. **~ˌherd** *m* focus (of bacilli). **~ˌruhr** *f* nontropic (*od.* bacillary) dysentery. **~ˌstamm** *m* bacillary strain. **≈ˌtö·tend** *adj* bacteri(o)cidal, germicidal. **~ˌträ·ger** *m* (bacillus *od.* germ) carrier.

Ba·zil·lus [baˈtsɪlʊs] *m* ⟨-; -len⟩ **1.** *med.* bacillus, germ. **2.** *fig. colloq.* bug.

B-ˌDur [ˈbeː-] *n* ⟨-; *no pl*⟩ *mus.* B-flat major.

be·ab·sich·ti·gen [bəˈʔapˌzɪçtɪɡən] *v/t* ⟨*no* ge-, h⟩ intend, mean, plan, propose, contemplate, aim at (*s. th. od. doing s. th.*), have *s. th.* in view (*od.* mind). **beˈabˌsich·tigt I** *pp.* **II** *adj* **1.** *Wirkung etc*: intended, calculated, desired. **2.** (*absichtlich*) *Kränkung etc*: intentional, deliberate; **das war ~** that was intentional, that was done on purpose.

beˈach·ten I *v/t* ⟨*no* ge-, h⟩ **1.** (*Rat, Hinweis etc*) pay attention to, heed, pay (*od.* give) heed to, mind; **j-s Ratschläge nicht ~** disregard (*od.* not to listen to, not to follow) s. o.'s advice; **alle Einzelheiten ~** pay attention to (*od.* attend to, observe) all details; **man muß dabei ~, daß** attention must be paid to the fact that; **kaum** (*od.* **nicht**) **zu beachten(d)** negligible; **bitte zu ~, besonders zu ~** please (take) note; **sie möchte beachtet werden** she wants to get attention. **2.** (*Gebot, Gesetz etc*) observe (*regulations, a law, etc*). **3.** (*e-e Person, e-n Vorgang etc*) take notice (*od.* note) of, notice, note; **j-n** (*od.* **et.**) **nicht ~** take no notice of s. o. (s. th.), disregard (*od.* ignore) s. o. (s. th.); **die Folgen wenig ~** have little regard of the consequences. **4.** (*berücksichtigen*) take *s. th.* into account, consider *s. th.*, bear *s. th.* in mind; **nicht ~** *a.* neglect; **~ Sie bitte** (*od.* **dabei ist zu ~**), **daß** mind (*od.* take care) that *the lid is closed, etc.* **II ≈** *n* ⟨-s⟩ **5.** heeding (*etc*). **6.** → Beachtung. **beˈach·tensˌwert** *adj* noteworthy, remarkable; **kaum ~** trifling.

beˈacht·lich *adj* **1.** considerable, important; **ein ~er Fortschritt** considerable progress; **von ~er Größe** of (a) considerable size, sizable. **2.** remarkable (*talent, etc*); **ein ~er Gegner** a formidable opponent; **das ist ganz ~** *colloq.* that's pretty good.

Beˈach·tung *f* ⟨-; *no pl*⟩ **1.** heed, attention; (*Aufmerksamkeit*) notice, note; *j-m od. e-r Sache* (**k-e**) **~ schenken** → **beachten** 3; **zur ~!** Notice!; **~ finden** be taken notice of, be noticed; **~ verdienen** be worthy of notice, be remarkable; **zur gefälligen ~!** please note! **2.** (*Befolgung*) observance (*of regulations, etc*). **3.** (*Berücksichtigung*) consideration; **unter ~ von** (*od. gen*) in consideration of, *von Vorschriften*: subject to (*regulations, etc*).

beˈackern (*getr.* -k·k-) *v/t* ⟨*no* ge-, h⟩ **1.** *agr.* till, cultivate, plough, *Am.* plow. **2.** *fig. colloq.* work through, go over.

Be·am·te [bəˈʔamtə] *m* ⟨-n; -n⟩ official, (*a. Polizei≈, Zoll≈ etc*) officer; (*Staats≈*) government official, public officer, *Br. meist* Civil Servant, *econ. e-r Firma*: (executive) officer; **städtischer ~r** municipal officer; **~r des gehobenen Dienstes** senior (*od.* high) official; **~r im öffentlichen Dienst** public servant (*od.* official); **~r des Gesundheitsamtes** health officer; **der ~ am Fahrkartenschalter** the booking (*Am.* ticket) agent, the office clerk; *contp.* **kleiner ~r** petty official.

beˈam·ten *v/t* ⟨*no* ge-, h⟩ **j-n ~** appoint s. o. (to the civil service); → **beamtet**.

Beˈam·ten|ˌanˌwär·ter *m* candidate for the civil (*Am.* public) service. **~ap·paˌrat** *m* civil service machinery. **~beˌlei·di·gung** *f* defamation of a public officer (while on duty). **~beˌste·chung** *f* offering a bribe to a public officer (*etc* → Bestechung). **~ˌbund** *m* civil service association. **~ˌdeutsch** *n contp.* officialese.

beˈam·ten·haft *adj* bureaucratic.

Beˈam·ten|ˌhaf·tung *f* → Amtshaftung. **~ˌherr·schaft** *f* bureaucracy. **~ˌlaufˌbahn** *f* civil (*od.* public) service (career). **~ˌnö·ti·gung** *f* intimidation of a public officer. **~ˌrecht** *n* civil service law.

Beˈam·ten·schaft *f* ⟨-; *no pl*⟩ civil servants *pl*, (body of) public officers *pl*, *the* Civil Service.

Beˈam·ten|ˌsee·le *f contp.* red-tapist. **~ˌstel·le, ~ˌstel·lung** *f* civil service post, post in the public (*od.* civil) service; *weitS.* permanent post.

Beˈam·ten·tum *n* ⟨-s; *no pl*⟩ **1.** → Beamtenschaft. **2.** *contp.* officialdom, bureaucracy.

Beˈam·ten|verˌhält·nis *n* civil service status; **im ~ sein** (*od.* **stehen**) be a civil (*od.* public) servant. **~ˌwirt·schaft** *f contp.* officialdom, red-tap(e)ism.

beˈam·tet I *pp.* **II** *adj* having civil service status, permanently appointed (as a civil servant).

Beˈam·tin *f* ⟨-; -nen⟩ → Beamte.

beˈäng·sti·gen *v/t* ⟨*no* ge-, h⟩ **j-n ~** frighten (*od.* alarm, worry) s. o., fill s. o. with anxiety. **~d I** *pres p.* **II** *adj* frightening, alarming, disquieting, *stärker*: appalling. **Beˈäng·sti·gung** *f* ⟨-; *no pl*⟩ alarm, uneasiness, worry, anxiety.

be·an·spru·chen [bəˈʔanˌʃpruxən] *v/t* ⟨*no* ge-, h⟩ **1.** (*Person*: *a.* **für sich ~**) (*Recht etc*) claim, lay claim to, *unberechtigt*: *a.* pretend to; **et. als sein Eigentum ~** claim s. th. as one's property; **Schaden(s)ersatz ~** enter a claim for damages. **2.** (*Geduld, Aufmerksamkeit etc*) claim, demand, call for, require; **j-n ganz ~** keep s. o. fully occupied, claim s. o.'s full attention; **j-n** (**et.**) **übermäßig ~** place an intolerable strain on s. o. (s. th.). **3.** (*Platz, Zeit*) take up; **das beansprucht e-n ganzen Tag** that'll take a whole day. **4.** (*j-s Hilfe, Dienste etc*) make use of, avail o. s. of, make demands (up)on; **j-s Zeit zu sehr ~** trespass on s. o.'s time, *Sache*: take (up) too much of s. o.'s time; **m-e Zeit ist stark beansprucht** I am very busy. **5.** (*zu sehr ~, über Gebühr ~*) try, tax (excessively), (*a. Augen etc*) strain, be a strain on (*s. o.'s eyes, etc*). **6.** *tech.* (*Werkstoffe, Bauteile*) a) *elastisch*: stress, b) *verformend*: strain, c) (*belasten*) load; **et. auf Verdrehung** (**Schlag, Stoß, Zug**) **~** subject s. th. to torsion (impact, shock, tension).

Beˈanˌspru·chen·de *m, f* ⟨-n; -n⟩ *jur.* claimant. **Beˈanˌspru·chung** *f* ⟨-; -en⟩ **1.** claiming (*etc*). **2.** *e-s Rechts etc*: claim (on). **3.** *von Zeit, der Kräfte, des Geldmarktes etc*: demand (on); (*Strapazierung*) strain (on); **nervliche ~** stress, strain; **~ des Geldbeutels** drain on the purse. **4.** *tech.* (*gen* on) a) stress, b) strain, c) load, d) (*Verschleiß*) wear (and tear); **~ der Bremsen** brakeload. **5.** *tech.* (*Betriebs≈*) working conditions *pl*, (*Art des Gebrauchs*) service; **für hohe** (**höchste**) **~** for high-duty (heavy-duty) service; **für normale ~** for normal service.

be·an·stan·den [bəˈʔanˌʃtandən] *v/t* ⟨*no* ge-, h⟩ complain of (*od.* about), object to, find fault with; (*kritisieren*) criticize; (*in Frage stellen*) question, query; *econ.* (*Waren*) make a complaint of, reject (*goods*); **daran habe ich nichts zu ~** *a.* I don't quarrel with that; **was ich daran** (**an ihm**) **zu ~ habe** what I don't like about it (him); **daran ist nichts zu ~** there is no objection to it. **beˈanˌstan·det I** *pp.* **II** *adj* **1.** objected to, criticized, subject to criticism. **2.** *Waren etc*: rejected, complained about, *nachgestellt*: under objection. **BeˈanˌStan·dung** *f* ⟨-; -en⟩ ⟨*gen*⟩ **1.** objecting (to) (*etc*). **2.** complaint (about), objection (to), exception (to); *econ.* rejection (of), complaint (about), reclamation (concerning); **~en erheben** (**gegen**) raise objections (to); **ohne ~** without objection.

beˈanˌtra·gen I *v/t* ⟨*no* ge-, h⟩ **1.** apply (*od.* make an application) for. **2.** *pol.* (*Gesetzentwurf etc*) move (for), put (*od.* bring forward) a motion for; **~, daß** move that. **3.** *jur.* (**et.** *od.* **daß**) move for (s. th. *od.* that); (*Scheidung etc*) pray for, (enter a) petition for; (*vorschlagen*) propose. **II ≈** *n* ⟨-s⟩, **BeˈanˌTra·gung** *f* ⟨-; -en⟩ (*gen* for) application, motion; petition.

beˈant|ˌwort·bar *adj* answerable. **~ˌwor·ten** *v/t* ⟨*no* ge-, h⟩ (*Frage, Brief etc, a. mus. Thema*) answer, reply to, *fig.* (*e-e Tat etc*) *a.* respond to, repay; **das läßt sich nicht leicht ~** the answer (to that) is not easy; **wildes Geschrei beantwortete s-n Vorschlag** wild shouts were the answer to (*od.* greeted) his proposal. **≈ˌwor·tung** *f* ⟨-; -en⟩ **1.** answering (*etc*). **2.** *a. mus.* (*gen* to) answer, reply.

beˈar·beit·bar *adj tech.* workable, machinable. **≈keit** *f* ⟨-; *no pl*⟩ workability,

machinability; **leichte ~** good machining properties.
beˈar·bei·ten I *v/t* ⟨*no* **ge-, h**⟩ **1.** work, (*den Boden*) *a.* till, cultivate; *tech. maschinell*: machine, (*behandeln, a. chem.*) treat, (*fertig~, Oberflächen*) finish, (*verarbeiten*) process, (*Metall*) *spanlos*: work, *spanabhebend*: machine, tool, (*formen*) fashion, model, (*Steine*) hew, face, (*Leder*) dress. **2.** (*Thema etc*) work on, deal with, treat (*a topic, etc*), (*überarbeiten*) revise, edit, (*Wörterbuch*) compile, (*ausarbeiten*) work out, prepare, *mus.* arrange; **für die Bühne** *etc* **~** adapt for the stage, *etc* (**nach** from). **3.** (*erledigen*) attend to, deal with, handle, (*Akten, Gesuch etc*) *a.* consider, act on, treat, *Am. a.* process, *jur. a.* prepare (*a case*), *verantwortlich*: be in charge of, be assigned to, be responsible for, *econ.* (*ein Gebiet*) work, cover, (*a. Kunden*) canvass. **4.** *colloq.* **j-n ~** a) (*zu überreden suchen*) work on s. o., **et. zu tun**: try to talk s. o. into doing s. th., b) (*verprügeln*) belabo(u)r s. o., work s. o. over, beat s. o. up; **et. mit Schlägen (Fußtritten) ~** pound (kick) s. th. **II** Ձ *n* ⟨-s⟩ → Bearbeitung. **Beˈar·bei·ter** *m* ⟨-s; -⟩, **Beˈar·bei·te·rin** *f* ⟨-; -nen⟩ **1.** (*Sach*Ձ) (*gen*) official (*od.* clerk) in charge (of), person responsible (for), (*Prüfer*) examiner, inspector. **2.** *e-s Textes etc*: editor, *e-s Wörterbuches*: *a.* compiler. **3.** *thea. etc* adapter, *mus.* arranger.
Beˈar·bei·tung *f* ⟨-; -en⟩ **1.** working, *des Bodens*: *a.* tilling, cultivation, (*Behandlung, a. chem.*) treatment, *von Metall*: *spanlose*: working, *spanabhebende*: machining, tooling, (*Zurichtung*) dressing, (*Verarbeitung*) processing, (*handwerkliche Güte*) workmanship. **2.** *e-s Themas etc*: treatment, *e-s Buches, Textes etc*: preparation, *für die Bühne etc*: adaptation, (*Überarbeitung*) revision, editing, *e-s Wörterbuches*: compilation, (*Buch*) revised edition, *mus.* arrangement. **3.** *e-s Falles etc*: treatment, handling, preparation, *bes. Am. a.* processing, *von Akten*: *a.* consideration (of), action (on).
Beˈar·bei·tungs|ˌei·gen·schaf·ten *pl* working (*od.* machining) properties. **~ˌfä·hig·keit** *f* workability; machinability. **~geˌbühr** *f econ.* (processing) fee. **~ˌgrad** *m* (degree of) workability (*od.* machinability). **~maˌschi·ne** *f tech.* metal-cutting machine; (*Holz*Ձ) wood-working machine. **~meˌtho·de** *f* → Bearbeitungsverfahren. **~ˌstra·ße** *f* → Fertigungsstraße. **~ˌtech·nik** *f* **1.** working (*od.* machining) practice. **2.** → **~verˌfah·ren** *n* manufacturing (*od.* working, machining, *etc*) method. **~ˌvor·gang** *m* (working *od.* machining, *etc*) operation.
beˈargˌwöh·nen *v/t* ⟨*no* **ge-, h**⟩ **j-n ~** be suspicious of s. o.
Beat [biːt] (*Engl.*) *m* ⟨-(s); -s⟩ *mus.* **1.** (*Rhythmus*) beat. **2.** beat (music).
Bea·tle [ˈbiːtəl; biːtl] (*Engl.*) *m* ⟨-s; -s⟩ *humor.* beatle. **~friˌsur** *f* beatle haircut.
beˈat·men *v/t* ⟨*no* **ge-, h**⟩ *med.* **j-n (künstlich) ~** apply artificial respiration to s. o. **Beˈat·mung** *f* ⟨-; *no pl*⟩ **(künstliche ~)** artificial respiration.
Beˈat·mungs·geˌrät *n* respirator.
Beau [boː] *m* ⟨-; -s⟩ *contp.* beau, dandy.
ˈBeau·fortˌska·la [ˈboːfərt-] *f* Beaufort scale.
beˈaufˌschla·gen *v/t* ⟨*no* **ge-, h**⟩ *tech.* **1.** (*Dampfturbine*) admit. **2.** (*Strahltriebwerk*) admit air (*od.* gas) at high velocity (*od.* pressure) into. **3.** (*Kolbenfläche*) act upon, impinge on. **4.** (*Luftzylinder*) pressurize.
be·auf·sich·ti·gen [bəˈʔaufˌzɪçtɪgən] *v/t* ⟨*no* **ge-, h**⟩ (*überwachen*) supervise, superintend; (*beobachten*) watch over; (*Kinder*) look after, keep an eye on, mind. **Beˈaufˌsich·ti·gung** *f* ⟨-; *no pl*⟩ **1.** (supervision, superintendence, *bes. polizeiliche*: control, surveillance; *von Kindern*: looking after, minding. **2.** inspection; *ped. bei Prüfungen*: invigilation, *bes. Am.* proctoring.
beˈaufˌtra·gen *v/t* ⟨*no* **ge-, h**⟩ **1. j-n ~, et. zu tun** instruct (*od.* charge, order, direct, *Architekten, Künstler etc*: commission) s. o. to do s. th. **2. j-n mit et. ~** entrust (*od.* charge) s. o. with s. th., put s. o. in charge of s. th., (*berufen*) appoint s. o. to s. th.; **er wurde mit dem Fall beauftragt** *a.* the case was put in his hands. **3.** (*ermächtigen*) authorize, empower; (*e-n Rechtsanwalt*) a) *Mandant*: retain, b) (*instruieren*) brief.
beˈaufˌtragt *pp u. adj* **1. mit et. ~** charged with (*od.* put in charge of) s. th., appointed to s. th., entrusted with s. th.; **~ sein, et. zu tun** be instructed (*od.* ordered, directed, charged, commissioned) to do s. th. **2.** *jur.* **~er Richter** commissioner. **Beˈaufˌtrag·te** *m, f* ⟨-n; -n⟩ **1.** (authorized) representative, agent, deputy; **(amtlicher) ~r** commissioner; *jur.* (*bürgerlich-rechtlicher ~r*) agent, *Am. a.* (lawful) agent and attorney; **als ~r handeln** act as an agent. **2.** (*Abgeordneter*) delegate. **Beˈaufˌtra·gung** *f* ⟨-; *no pl*⟩ **1.** instruction, direction. **2.** commission(ing), appointment. **3.** (*Ermächtigung*) authorization.
be·aug·ap·feln [bəˈʔaukˌapfəln] *v/t* ⟨*no* **ge-, h**⟩ *humor.*, **beˈäu·geln** *v/t* ⟨*no* **ge-, h**⟩, **beˈäu·gen** *v/t* ⟨*no* **ge-, h**⟩ eye, (have a) look at.
beˈbän·dern *v/t* ⟨*no* **ge-, h**⟩ decorate (*od.* trim) *s. th.* with ribbons.
beˈbän·dert *adj* beribboned.
beˈbau·bar *adj* **1.** *agr.* arable, tillable, cultivable. **2.** *civ. eng.* developable; **~es Gelände** building land. **beˈbau·en I** *v/t* ⟨*no* **ge-, h**⟩ **1.** *agr.* cultivate, till, farm. **2.** *civ. eng.* (*Baugrund*) build up(on), *a.* develop; **ein Gelände ~** build up an area; **bebautes Gelände** built-up area. **II** Ձ *n* ⟨-s⟩ **1.** tilling (*etc*). **2.** → **Beˈbau·ung** *f* ⟨-; *no pl*⟩ **1.** *agr.* cultivation, tillage. **2.** *civ. eng.* development; **geschlossene ~** a) (*Planung*) block system planning, b) (*bebautes Gebiet*) built-up area.
Beˈbau·ungs|ˌdich·te *f* → Baudichte. **~ˌplan** *m* development plan.
be·ben [ˈbeːbən] **I** *v/i* ⟨**h**⟩ **1.** *allg. Erde, Haus, Person etc*: shake, quake, tremble, *Person, Stimme etc*: *a.* quiver, (*schaudern*) shiver, shudder (*alle* **vor** *dat* with); **vor Zorn ~** shake (*od.* quiver) with anger; **vor Freude ~** thrill (*od.* tremble) with joy; **sie bebte am ganzen Leibe** she trembled all over; *fig.* **um j-n ~** tremble for s. o. **2.** *phys.* a) quake, b) *Magnetnadeln*: quiver, c) (*vibrieren*) oscillate, vibrate. **II** Ձ *n* ⟨-s⟩ **3.** shaking, trembling (*etc*). **4.** shake, tremor, tremble, quiver, quaver. **5.** *geol.* (earth-) quake, tremor; → **Seebeben**. **6.** *phys.* oscillation, vibration.
ˈBe·ben|geˌbiet *n* seismic area. **~ˌherd** *m* cent/re (*Am.* -er) of the tremor.
beˈbil·dern *v/t* ⟨*no* **ge-, h**⟩ illustrate; **reich bebildert** amply illustrated.
beˈblümt *adj* flowery.
be·brillt [bəˈbrɪlt] *adj humor.* (be)spectacled.
beˈbrü·ten *v/t* ⟨*no* **ge-, h**⟩ sit on, (*a. Bakterien etc*) incubate.
ˈBe·bung *f* ⟨-; -en⟩ vibration, oscillation.
Be·cher [ˈbɛçər] *m* ⟨-s; -⟩ **1.** *allg.* cup, *aus Porzellan, Steingut etc*: *a.* mug, *aus Glas*: *a.* tumbler, glass, *großer*: beaker; *für Eis, Joghurt etc*: *Br. a.* tub; **die ~ kreisen lassen** circulate the wine; *fig.* **der ~ der Freude** the cup of pleasure. **2.** (*Würfel*Ձ) (dice-)box, (dice-)cup. **3.** *tech. e-s Baggers etc*: bucket. **4.** *bot.* a) (*Fruchthülle*) cupule, b) (*Kelch*Ձ) calyx, scyphus. **Ձˌar·tig, Ձˌför·mig** *adj* cuplike, cup-shaped, *bot. a.* cupular. **~ˌblu·me** *f bot.* burnet. **~ˌglas** *n chem.* (glass) beaker. **~ˌkeim** *m biol.* gastrula. **~ˌket·te** *f tech.* bucket chain.
ˈBe·cher·ling *m* ⟨-s; -e⟩ → Becherpilz.
be·chern [ˈbɛçərn] *v/i* ⟨**h**⟩ *humor.* tipple, booze.
ˈBe·cher|ˌpilz *m bot.* **1.** blood (*od.* fairy) cup. **2.** cup mushroom (*od.* fungus). **~ˌwerk** *n tech.* bucket conveyor (*od.* elevator).
be·cir·cen [bəˈtsɪrtsən] *v/t* ⟨*no* **ge-, h**⟩ *colloq.* bewitch, turn s. o.'s head, *sl.* vamp; *weitS.* cajole.
Becken (*getr.* **-k·k-**) [ˈbɛkən] *n* ⟨-s; -⟩ **1.** basin, bowl; (*Abwasch*Ձ) sink; (*Klosett*Ձ) bowl, pan; (*Schwimm*Ձ) (swimming) pool, basin; (*Bassin*) basin, reservoir. **2.** *geol.* (*a. Hafen*Ձ) basin. **3.** *pl mus.* cymbals. **3.** *anat.* pelvis. **~ˌbein** *n anat.* pelvic bone. **~ˌbruch** *m med.* **1.** fracture of the pelvis. **2.** fractured pelvis. **~ˌendˌla·ge** *f med.* breech (presentation). **Ձˌför·mig** *adj* basin-shaped. **~ˌhöh·le** *f anat.* pelvic cavity. **~ˌkno·chen** *m anat.* pelvic bone, hipbone. **~ˌla·ge** *f* → Beckenendlage.
ˈBeckˌmes·ser I *npr m* ⟨-s; *no pl*⟩ Beckmesser (*character in Wagner's "Meistersinger"*). **II** *m* ⟨-s; -⟩ *fig. contp.* carping critic, cavil(l)er. **ˌBeck·mes·seˈrei** *f* ⟨-; *no pl*⟩ *contp.* carping, cavil(l)ing. **ˈbeckˌmes·se·risch** *adj* cavil(l)ing, carping. **ˈbeckˌmes·sern** *v/i* ⟨**h**⟩ (**über** *acc* at) cavil, carp.
beˈda·chen *v/t* ⟨*no* **ge-, h**⟩ roof.
beˈdacht[1] **I** *pp* of bedenken; **~ mit** endowed with, provided with. **II** *adj* **1.** → **bedächtig** 2. **2. auf e-e Sache ~ sein** a) (*wollen*) be intent (*od.* keen, bent) on s. th., b) (*besorgt sein*) be concerned about (*od.* attentive to) s. th., take great care about s. th., be anxious about s. th.; **darauf ~ sein, et. zu tun** be anxious (*od.* careful) to do s. th.; **auf s-n guten Ruf ~ sein** be mindful of one's reputation; **auf s-e Interessen ~ sein** look after (*od.* have an eye to) one's (own) interest; → **Vorteil**. **III** *adv* **3.** → **bedächtig** 3.
beˈdacht[2] *adj* roofed.
Beˈdacht *m* ⟨-(e)s; *no pl*⟩ (*Überlegtheit*) consideration, deliberation, (*Umsicht*) care, circumspection; **mit ~** → **bedächtig** 3; **ohne ~** rashly, carelessly, unthinkingly; **auf e-e Sache ~ nehmen** consider s. th., take s. th. into consideration, give some thought to s. th.
Beˈdach·te *m, f* ⟨-n; -n⟩ *jur.* beneficiary (under a will), legatee.
be·däch·tig [bəˈdɛçtɪç] **I** *adj* **1.** (*überlegt*) deliberate, thoughtful, (*umsichtig*) cautious, careful, circumspect, prudent. **2.** (*gemächlich*) slow, measured, unhurried, leisurely. **II** *adv* **3.** deliberately, cautiously, leisurely (*etc*). **Ձkeit** *f* ⟨-; *no pl*⟩ **1.** deliberateness, thoughtfulness, (*Umsicht*) care, cautiousness, caution, circumspection. **2.** leisure(liness), slowness.
beˈdacht·sam *adj* → **bedächtig**.
Beˈda·chung *f* ⟨-; -en⟩ roof(ing).
beˈdan·ken I *v/reflex* ⟨*no* **ge-, h**⟩ **sich ~ 1.** thank, express one's thanks; **sich bei j-m (für et.) ~** thank s. o. for s. th.; **ich**

bedanke mich! thank you! **2.** *iro.* (*ablehnen*) decline with thanks; dafür bedanke ich mich! thank you for nothing!, none of that!; dafür wird er sich schön ~ he won't have anything to do with it. **II** *v/t* **3.** ⟨*nur pass*⟩ bedankt werden receive thanks, be rewarded with thanks; sei vielmals bedankt! please accept my (*od.* our) (sincere) thanks!, thank you so much!

Beˈdarf *m* ⟨-(e)s; *no pl*⟩ **1.** (an *dat* of) need, want, requirement(s *pl*); Gegenstände des täglichen ~s articles in daily use, daily needs; ~ an Wasser water requirements, water (supply) required; j-s ~ befriedigen provide for s. o.'s wants, meet s. o.'s requirements; Deckung des ~s → Bedarfsdeckung; ~ haben an e-r Sache need (*od.* require, want) s. th.; bei ~ in case of need, if required, (up)on request; (je) nach ~ according to requirements, as (*od.* when) required, as occasion demands; für den eigenen ~ for one's own requirements; *contp.* dafür habe ich k-n ~ I don't care for that; *humor.* mein ~ an Regen ist jetzt gedeckt I've had about enough of rain by now; *iro.* danke, kein ~! sorry, not interested! **2.** (~*smenge*) (necessary) supply, requirements *pl*, needs *pl*; s-n ~ an Lebensmitteln wöchentlich einkaufen buy one's supply of food weekly. **3.** *econ.* a) (an *dat*) (*Nachfrage*) demand (for), (*Verbrauch*) consumption (of), b) (~*sgüter*) supplies *pl*; Büro≈ office supplies; ~ an et. haben want (*od.* need, require, be in the market for) s. th.; den ~ an Butter decken meet (*od.* supply) the demand for butter; e-n ~ schaffen (*od.* wecken) create a demand; Güter des gehobenen ~s luxuries and semi-luxuries, high-quality products.

Beˈdarfs|arˌti·kel *m meist pl econ.* requisite, commodity, article of consumption; *pl a.* necessaries, consumer goods, supplies; (lebens)notwendige ~ essential (*od.* vital) commodities; ~ *pl* für Bürobetriebe office supplies. **~deckung** (*getr.* -k·k-) *f* **1.** supply (*od.* satisfaction) of needs (*od.* of a want). **2.** *an Gebrauchsgütern*: commodity supply. **~ˌfall** *m* case of need, requirement; im ~ in case of need, if required. **~ˌge·genˌstand** *m* → Bedarfsartikel. **~ˌgrup·pe** *f* consumer group. **~ˌgü·ter** *pl* **1.** essential commodities. **2.** (*Verbrauchsgüter*) consumer goods. **~ˌhal·teˌstel·le** *f* request stop. **~ˌla·ge** *f econ.* state of demand. **~ˌlen·kung** *f* consumption control, controlled distribution of supply. **~ˌweckung** (*getr.* -k·k-) *f* creation of needs, consumptionism.

beˈdau·er·lich *adj* regrettable, unfortunate, *stärker*: deplorable, lamentable, sad; es ist ~, daß it is regrettable (*od.* it is a pity) that; das ist sehr ~ that's a great pity. **beˈdau·er·li·cherˌwei·se** *adv* unfortunately, (I am) sorry to say.

beˈdau·ern I *v/t* ⟨*no* ge-, h⟩ **1.** (*j-n*) pity, sympathize with, feel (*od.* be) sorry for, feel with; sich selbst ~ feel sorry for o.s.; er ist zu ~ he is to be pitied; er läßt sich gern ~ he likes to be pitied. **2.** (*et.*) regret, be sorry for, feel regret at, deplore; wir ~, sagen zu müssen we regret (*od.* are sorry) to say; es wäre zu ~, wenn it would be a pity if. **II** *v/i* **3.** be sorry; bedaure! (I'm) sorry; bedaure, nein! no, sorry!; bedaure, aber da muß ich widersprechen sorry, but I disagree. **III** ≈ *n* ⟨-s⟩ **4.** (über *acc*) regret (at, for); (*Betrübnis*) sorrow (at); mit ~ with regret, regretfully; mit ~ ablehnen müssen regret to (have to) decline; zu m-m (großen) ~ (much) to my regret; sein ~ über et. aussprechen express one's regret for s. th.; mit ~ erfahren hear with regret, be sorry to hear; zum ~ pitiful, to be pitied. **5.** (*Mitleid*) (mit for) pity, compassion.

beˈdau·erns|ˌwert, ~ˌwür·dig *adj* **1.** pitiable, pitiful, deplorable. **2.** → bedauerlich.

be·decken (*getr.* -k·k-) **I** *v/t* ⟨*no* ge-, h⟩ **1.** cover (mit with); Staub bedeckt die Straße the street is covered with dust. **2.** *tech. mit Farbe etc*: coat, cover. **3.** *astr.* occult, *a.* eclipse. **4.** (*abschirmen*) screen; (*schützen*) shield, protect, shelter; escort, *mar. a.* convoy. **II** *v/reflex* sich ~ **5.** *fig.* sich mit Ruhm (Schande) ~ cover o. s. with glory (shame). **6.** *Himmel*: cloud (over), become overcast.

beˈdeckt *pp u. adj* **1.** covered (mit with). **2.** *Himmel, Wetter*: overcast, cloudy. **~ˌsa·mig** [-ˌza:mıç] *adj* angiospermous.

Beˈdeckung (*getr.* -k·k-) *f* ⟨-; *no pl*⟩ **1.** (*Bedecken*) covering (*etc*; *cf.* bedecken I). **2.** cover(ing). **3.** *bes. mil.* escort, *mar. a.* convoy; unter polizeilicher ~ under police escort. **4.** *agr. Tierzucht*: covering. **5.** *astr.* eclipse. **6.** → Bewölkung.

beˈden·ken I *v/t* ⟨*irr, no* ge-, h⟩ **1.** (*erwägen*) consider, (*überlegen*) deliberate on, (*beachten*) bear *s. th.* in mind, consider, (*nicht vergessen*) remember, not to forget; die Folgen ~ consider (*od.* weigh) the consequences; wenn man sein Alter bedenkt considering his age; wenn man das alles bedenkt taking all that into consideration; wenn man es so recht bedenkt (when you) come to think of it, on second thoughts; zu ~ geben argue, point out; ich möchte Ihnen folgendes zu ~ geben I should like to draw your attention to the following. **2.** j-n mit et. ~ give s. th. to s. o., provide s. o. with s. th., bestow s. th. on s. o.; j-n in s-m Testament ~ remember s. o. in one's will; j-n mit Beifall ~ applaud s. o.; von der Natur reich bedacht worden sein be richly endowed by nature. **II** *v/reflex* sich ~ **3.** *lit.* think about it, think it over, consider (it), deliberate (on it); ohne sich lange zu ~ without hesitation; sich e-s anderen ~ change one's mind.

Beˈden·ken *n* ⟨-s; -⟩ *meist pl* **1.** a) (*Überlegung*) reflection, thought, b) (*Zweifel*) doubt, misgivings, *nachträgliche*: *a.* second thoughts; (moralische) ~ scruples, qualms; gegen (*od.* wegen) et. k-e ~ haben (*od.* hegen, tragen) have no scruples about s. th.; schwere ~ haben have grave doubts; da gibt es kein ~ that doesn't need thinking; bisweilen kommen mir ~ sometimes I have my doubts; ohne ~ → bedenkenlos II. **2.** (*Einwand*) objection. ≈**los I** *adj* ⟨*pred*⟩ **1.** unscrupulous. **II** *adv* **2.** without thought (*od.* reflection), without another thought; (*vorschnell*) *a.* rashly. **3.** (*ohne zu zögern*) without hesitation, unhesitatingly. **4.** without scruple(s). **~lo·sig·keit** *f* ⟨-; *no pl*⟩ unscrupulousness.

beˈdenk·lich I *adj* **1.** *Charakter, Geschäft, Methode etc*: dubious, doubtful, questionable, suspicious. **2.** (*ernst*) serious, grave, critical; (*besorgniserregend*) alarming, disquieting; der Zustand des Patienten ist ~ the patient's condition is critical. **3.** (*gefährlich*) dangerous, precarious, *colloq.* ticklish, sticky (*situation, etc*). **4.** (*zweifelnd*) doubtful, sceptical, *Am.* skeptical; (*besorgt*) worried; es stimmt ~ it is disquieting. **II** *adv* **5.** dubiously, questionably (*etc*; *cf.* I); ~ den Kopf schütteln shake one's head doubtfully. ≈**keit** *f* ⟨-; *no pl*⟩ **1.** dubiousness, doubtfulness. **2.** *der Lage etc*: precariousness, critical nature (*od.* state).

Beˈdenkˌzeit *f* time for reflection, time to think it over; (*Aufschub*) respite; ich gebe dir bis morgen ~ I'll give you till tomorrow (to think it over).

be·dep·pert [bəˈdɛpərt] *adj colloq.* (*verwirrt*) dazed; (*niedergeschlagen*) crestfallen; (*betreten*) sheepish.

beˈdeu·ten *v/t* ⟨*no* ge-, h⟩ **1.** mean, signify, *Wort*: *a.* stand for, denote; *weitS.* symbolize; was soll das ~? what's the meaning of this?, *Bild etc*: what's that supposed to be?, *contp.* what's the idea?; er weiß, was es bedeutet, krank zu sein he knows what it means to be ill. **2.** (*darstellen*) represent, mean; sie bedeutet ihm (*od.* für ihn) alles she means everything to him; er bedeutete ihr nur ein Abenteuer he was just an adventure for her; sein Name bedeutet et. in der Fachwelt his name stands for s. th. among experts. **3.** (*besagen, wichtig sein*) matter, mean; das bedeutet nicht viel that doesn't mean much; es hat nichts zu ~ it doesn't matter, it is of no consequence; s-e schlechte Laune hat nichts zu ~ his bad mood does not mean a thing. **4.** (*ankündigen*) mean, spell, indicate, (fore)bode, portend; Wolken ~ nicht immer Regen clouds don't always mean rain; das bedeutet nichts Gutes that bodes no good, that's a bad sign; mit e-m Lächeln, das nichts Gutes bedeutete with an ominous smile; das bedeutet sicherlich Verdruß that spells trouble. **5.** j-m et. ~ a) (*andeuten*) intimate s. th. to s. o., b) (*zu verstehen geben*) give s. o. s. th. to understand, point s. th. out to s. o., c) (*befehlen*) tell s. o. to do s. th.

beˈdeu·tend I *adj* **1.** (*wichtig*) important, major, significant; ein ~es Ereignis an important event. **2.** (*beträchtlich*) considerable (*sum, influence, etc*). **3.** (*bekannt, berühmt*) distinguished, eminent, outstanding, prominent, great (*philosopher, etc*). **4.** (*wesentlich*) important, essential (*contribution, etc*). **5.** *obs. for* bedeutungsvoll 2. **II** *adv* **6.** considerably, significantly, much, a great deal (*better, etc*). **III** ≈**e, das** ⟨-n⟩ **7.** nichts ≈es nothing important; ≈es leisten do great things, make an important contribution; um ein ~es considerably.

beˈdeut·sam *adj* **1.** important, significant, of great importance (*od.* significance). **2.** → bedeutungsvoll 2. ≈**keit** *f* ⟨-; *no pl*⟩ importance, significance.

Beˈdeu·tung *f* ⟨-; -en⟩ **1.** *e-s Wortes, Satzes etc*: meaning, sense, denotation, *e-s Wortes*: *a.* (general) acceptation; die eigentliche (übertragene) ~ the literal (figurative) sense; das Wort hat zwei ~en the word has two meanings; die ~ des Wortes 'Weib' hat sich gewandelt the meaning (*od.* connotation) of the (German) word 'Weib' has changed. **2.** ⟨*only sg*⟩ (*Wichtigkeit*) importance, significance, consequence, import; von ~ sein be important, be of importance (*od.* consequence), matter, *sachlich*: be relevant; an ~ gewinnen (verlieren) gain in (lose) importance; ohne (jede) ~ of no account (*od.* significance), *sachlich*: *a.* irrelevant; e-r Sache zu große ~ beimessen attach too much importance to s. th.; ein Mann von ~ a man of importance; es ist mir von großer ~, daß it is very important to me that; von rechtlicher ~ relevant in law; nichts von ~ nothing important (*od.* to speak of).

Be'deu·tungs|ele,ment *n ling.* element of meaning. **~,feld** *n* semantic group. **~ge,halt** *m* lexical content. **2,gleich** *adj* identical in meaning, synonymous. **2,leer** *adj* empty, void of meaning. **~,lehn,wort** *n* translation loan(word), semantic loan. **~,leh·re** *f* semantics *pl* (*als sg konstruiert*). **2,los** *adj* **1.** insignificant, unimportant, of no account. **2.** (*ohne Sinn*) meaningless. **~lo·sig·keit** *f* ⟨-; *no pl*⟩ insignificance. **~schat,tie·rung** *f* shade of meaning, nuance. **2,schwan·ger, 2,schwer** *adj* fraught with significance, pregnant with meaning; *Entscheidung etc*: momentous. **~,um,fang** *m ling.* range of meaning. **~,un·ter,schied** *m* difference in meaning. **~ver,schie·bung** *f* shift of meaning. **2,voll I** *adj* **1.** (*wichtig*) important, significant; (*von Tragweite*) *a.* weighty, momentous, of great consequence. **2.** (*vielsagend*) meaning(ful), full of meaning, significant. **II** *adv* **3.** meaningly. **~,wan·del** *m ling.* change of meaning, semantic change. **~,wör·ter,buch** *n* defining dictionary.

be'die·nen I *v/t* ⟨*no* ge-, h⟩ **1.** (*Kunden, Gäste etc*) serve, wait (up)on, attend to; werden Sie schon bedient? are you being served?; er läßt sich gern ~ he likes being waited on; in diesem Geschäft wird man gut bedient you get very good service in this shop; mit dem Artikel ist man gut bedient this article is good value (for money); *fig.* damit bist du gut (schlecht) bedient (that's a) good (bad) deal for you; *iro.* ich bin bedient! I've had about enough! **2.** *tech.* (*Maschine etc*) operate, attend, work, handle, manipulate, (*bes. Schaltgeräte*) control; *mil.* (*Geschütz*) serve; das Telephon ~ a) take (*od.* answer) telephone calls, b) operate the switchboard. **3.** *Kartenspiel*: follow; Farbe ~ follow suit. **4.** *Sport*: e-n Spieler ~ pass to a player, *ständig*: feed a player with passes. **II** *v/i* **5.** serve (*od.* wait) (at table); sie bedient in diesem Restaurant she is (*od.* works as) a waitress in this restaurant. **6.** *Kartenspiel*: follow suit. **III** *v/reflex* sich ~ **7.** help o.s.; bitte ~ Sie sich! (please) help yourself! **8.** sich e-r Sache ~ make use (*od.* avail o.s.) of s. th., use s. th.; sich e-r Person ~ use s.o.; sich e-r bestimmten Methode ~ use (*od.* employ) a certain method.

Be'dien|,feld *n aer.* control panel. **~ge,rät** *n tech.* control unit.

be·dien·stet [bə'diːnstət] *adj Southern G.* bei j-m ~ sein be employed with s.o., be in s.o.'s service. **Be'diensteˑte** *m, f* ⟨-n; -n⟩ **1.** employee. **2.** *im öffentlichen Dienst*: public-sector worker.

Be'dien·te *m* ⟨-n; -n⟩ *obs. for* Diener [1] 1. **Be'dien·ten,see·le** *f obs. contp.* flunk(e)y.

Be'die·nung *f* ⟨-; -en⟩ **1.** serving (*etc*; *cf.* bedienen I). **2.** ⟨*only sg*⟩ *im Geschäft, Hotel etc*: service; prompte ~ prompt service. **3.** a) (*Kellner*) waiter, (*Kellnerin*) waitress, *collect.* waiters *pl*, staff, b) (*Verkäufer*[*in*]) (sales) clerk, shop assistant, *collect.* shop assistants *pl*, sales personnel, staff. **4.** ⟨*only sg*⟩ *tech.* operation, attendance, control, manipulation. **5.** *mil.* a) ⟨*only sg*⟩ *e-r Waffe*: service, operation, b) (*Mannschaft*) (gun) crew, gunners *pl*. **6.** *bes. Austrian* cleaning woman, charwoman.

Be'die·nungs|,an,lei·tung, ~,an,wei·sung *f bes. tech.* operating instructions *pl*, directions *pl* for use. **~,auf,schlag** *m econ.* (extra charge for) service. **~,feld** *n electr.* control panel. **~,geld** *n* service (charge). **~,he·bel** *m* operating (*od.* control) lever, *pl a.* controls. **~,knopf** *m* control knob (*od.* button). **~,mann** *m* operator, attendant. **~,mann·schaft** *f mil.* gun crew, gunners *pl*. **~,pult** *n* control desk. **~,schal·ter** *m* control (switch). **~,stand** *m* operator's stand, control station. **~,ta·fel** *f* control panel. **~,vor,schrift** *f* → Bedienungsanleitung. **~,zu,schlag** *m econ.* (extra charge for) service.

be'din·gen *v/t* ⟨*no* ge-, h⟩ **1.** (*verursachen*) cause, produce, bring about, occasion; eine Frage bedingt die andere one question gives rise to the other. **2.** (*voraussetzen, erfordern*) presuppose, require, call for; dieser Beruf bedingt technische Vorbildung this profession requires technical training; Regen bedingte den Abbruch der Vorstellung the performance had to be stopped due to heavy rain. **3.** (*in sich schließen, mit sich bringen*) imply, involve, entail.

be'dingt I *pp u. adj* **1.** conditioned, conditional; *psych.* ~er Reflex conditioned reflex; *econ.* ~e Rente contingent annuity; durch et. ~ sein a) be conditioned by s. th., b) (*abhängig*) be dependent (*od.* contingent) on s. th., depend on s. th., be determined by s. th., c) (*verursacht*) be caused by s. th. **2.** (*eingeschränkt*) qualified, relative; ~es Lob (~er Erfolg) qualified praise (success); ~e Richtigkeit relative correctness (*od.* truth). **3.** *jur.* a) conditional, contingent, b) (*modifiziert*) qualified, c) (*beschränkt*) limited; ~e Annahme conditional acceptance; ~es Rechtsgeschäft conditional transaction; ~e Verurteilung suspended sentence; ~e Strafaussetzung suspended sentence, (release on) probation; ~e Entlassung conditional discharge, *Am.* parole, *Br.* ticket of leave; ~er Straferlaß conditional pardon; ~e Zustimmung qualified approval. **II** *adv* **4.** conditionally, in a qualified sense; ~ richtig true only up to a point, only relatively true; ~ arbeitsfähig fit for limited service. **2heit** *f* ⟨-; *no pl*⟩ **1.** (durch on) (*Abhängigkeit*) dependence, being conditional, conditionality. **2.** relativity, relativeness, relative nature. **3.** (*Begrenztheit*) restrictedness, limited nature.

Be'din·gung *f* ⟨-; -en⟩ **1.** (*Forderung*) condition, stipulation, requirement; (*Einschränkung*) reservation, qualification; ~en machen (*od.* stellen) make conditions, state one's terms; die ~ stellen, daß make it a condition that, stipulate that; unter einer ~ (except) on one condition; unter jeder ~ in any case, without reservation; unter keiner ~ on no condition (*od.* account), in no case; unter der ~, daß on condition that, provided (that); daran sind k-e ~en geknüpft it is not subject to any condition, *colloq.* there are no strings attached to it. **2.** (*Voraussetzung*) (pre-)condition, prerequisite, basic requirement. **3.** *pl* (*Verhältnisse*) (*difficult etc*) conditions, circumstances; unter diesen ~en kann ich nicht bleiben I cannot stay under these circumstances; klimatische ~en climatic conditions; zu gleichen ~en on equal terms. **4.** *jur.* a) *im Rechtsgeschäft*: condition, *a.* contingency, b) *im Vertragstext*: condition, term, clause, provision, c) → Bedingungsklausel, d) *in der Strafrechtstheorie*: conditional factor, necessary cause; affirmative (*od.* positive) ~ condition precedent, positive condition; stillschweigende ~ tacit (*od.* implied) condition; k-r ~ unterworfen not subject to any condition whatsoever. **5.** *meist pl econ.* terms *pl*, conditions *pl*; Kredit zu günstigen ~en credit on easy terms; welche ~en bieten Sie? what are your terms?

be'din·gungs|,feind·lich *adj jur.* ~es Rechtsgeschäft statutorily unconditional legal transaction (*e. g. marriage*). **2,form** *f ling.* conditional (mood). **2,glei·chung** *f math.* equation of condition. **2,klau·sel** *f jur.* proviso.

be'din·gungs|los I *adj* unconditional, unreserved, unqualified; ~e Kapitulation unconditional surrender; ~er Gehorsam unquestioning obedience. **II** *adv* unconditionally; unreservedly; et. ~ akzeptieren accept s. th. unconditionally; et. ~ glauben believe in s. th. without reservation. **2lo·sig·keit** *f* ⟨-; *no pl*⟩ unreserved (*od.* unconditional) nature; die ~ s-r Treue his unquestioning loyalty.

Be'din·gungs|,satz *m ling.* conditional (clause). **~theo,rie** *f jur.* theory of conditional factors. **2,wei·se** *adv* conditionally, on certain conditions.

be'drän·gen *v/t* ⟨*no* ge-, h⟩ **1.** press *s. o.* hard (*od.* closely), oppress, harry. **2.** *fig.* (*plagen, belästigen*) press, harry, pester, plague, harass, *weitS. a.* beset, afflict; j-n mit Fragen ~ plague (*od.* pester) s.o. with questions; Zweifel bedrängten ihn he was beset by doubts; → bedrängt.

Be'dräng·nis *f* ⟨-; -se⟩ distress, trouble, plight, predicament, affliction; in arger ~ in dire straits, in bad trouble, *colloq.* up against it; in ~ geraten get into trouble (*od.* difficulties); finanzielle ~ financial straits *pl* (*od.* difficulties *pl*); j-n in ~ bringen have s.o. in trouble, press s.o. hard, push s.o. to the wall.

be'drängt I *pp*; (schwer) ~ sein be hard-pressed, be in (bad) trouble, *colloq.* be in a spot, be up against it. **II** *adj Verhältnisse*: difficult, distressed; in ~er Lage in (great) distress, in dire straits, in bad trouble, *finanziell*: *a.* in straitened circumstances (*od.* pecuniary difficulties).

be'drecken (*getr.* -k·k-) *v/t u.* sich ~ *v/reflex* ⟨*no* ge-, h⟩ *colloq. for* beschmutzen.

be'dro·hen *v/t* ⟨*no* ge-, h⟩ *a. fig.* threaten, menace (mit et. with s. th.); *fig. a.* (*gefährden*) endanger, imperil, jeopardize; *jur.* threaten *s. o.* with the commission of a crime, *tätlich, körperlich*: assault *s. o.*; s-e Gesundheit war bedroht his health was endangered (*od.* threatened); den Frieden ~ be a threat to peace. **be'droh·lich I** *adj* threatening, menacing; (*unheilvoll*) *a.* ominous, alarming; in ~e Nähe kommen come dangerously (*od.* threateningly) near; ~es Anzeichen (Schweigen) ominous sign (silence). **II** *adv* threateningly (*etc*); ~ nahe dangerously close.

Be'dro·hung *f* ⟨-; -en⟩ **1.** threat, menace (*beide a. fig. Sache, Person, Vorgang*); e-e ~ der Stadt (des Friedens) a threat to the town (to peace). **2.** *jur.* threat; (tätliche) ~ (criminal) assault.

be'drucken (*getr.* -k·k-) *v/t* ⟨*no* ge-, h⟩ print.

be'drü·cken (*getr.* -k·k-) *v/t* ⟨*no* ge-, h⟩ **1.** (*ein Volk etc*) oppress. **2.** *seelisch*: depress, oppress, prey on *s.o.'s* mind; (*traurig stimmen*) sadden; (*Gewissensbisse verursachen*) weigh on *s.o.'s* conscience; (*j-n ständig quälen*) haunt *s.o.* **3.** *materiell*: burden; **j-n mit Steuern** ~ (over)burden s.o. with taxes. **be'drückend** (*getr.* -k·k-) *adj Not, Hitze etc*: oppressive; *seelisch*: *a.* depressing, gloomy, dismal; ~**e Aussichten** bleak prospects. **Be'drücker** (*getr.* -k·k-) *m* ⟨-s; -⟩ oppressor. **be'drückt** *adj fig.* depressed, dejected, gloomy. **Be'drückt·heit** *f* ⟨-; *no pl*⟩ → Bedrückung 1. **Be'drückung** (*getr.* -k·k-) *f* ⟨-; -en⟩ **1.** *seelische*: depression, dejection, gloominess. **2.** ⟨*only sg*⟩ *gewaltsame*: oppression.

Be·dui·ne [bedu'iːnə] *m* ⟨-n; -n⟩, **be·dui·nisch** [bedu'iːnɪʃ] *adj* Bedouin.

be'dün·gen *v/t* ⟨*no* ge-, h⟩ → düngen I.

be'dür·fen I *v/i* ⟨*irr, no* ge-, h⟩ ⟨*gen*⟩ need, be (*od.* stand) in need of, want, require. **II** *v/impers* need, call for, require; **es hätte nur e-s Hinweises bedurft** a hint would have sufficed, all that was needed was a cue; **es bedarf großer Anstrengung** it calls for a great effort.

Be'dürf·nis *n* ⟨-ses; -se⟩ **1.** need, want, requirement, necessity; ~**se** *pl a.* necessaries; **e-m** ~ **abhelfen** meet a want; **die dringendsten** ~**se des Lebens** the bare necessities; **s-e** ~**se befriedigen** satisfy one's needs. **2.** (*Verlangen*) (**nach** for) wish, desire; (*innerer Drang*) urge; **es ist mir ein** ~, **zu sagen** I feel bound to say, I can't help saying; **ein dringendes** ~ **nach e-r Sache fühlen** have (*od.* feel) the urge (*od.* a strong desire) for s.th. **3.** *econ.* (*Nachfrage*) demand. **4.** *euphem.* **(s)ein** ~ **verrichten** relieve o.s. (*od.* nature), ease o.s., *colloq.* spend a penny. ~**ˌanˌstalt** *f* public lavatory (*od.* convenience). ~**beˌfrie·di·gung** *f econ.* satisfaction of needs (*od.* wants).

be'dürf·nis|los *adj* having few needs (*od.* wants), needing very little, frugal. **≗lo·sig·keit** *f* ⟨-; *no pl*⟩ absence of wants, frugality.

be'dürf·tig *adj* **1.** (*arm*) needy, poor, indigent. **2.** ⟨*pred*⟩ *e-r Sache* (*j-s*) ~ **sein** → bedürfen I. **Be'dürf·ti·ge** *m, f* ⟨-n; -n⟩ poor (*od.* indigent, destitute) person; **die** ~**n** the needy, the poor. **Be'dürf·tig·keit** *f* ⟨-; *no pl*⟩ need(iness), indigence, poverty.

be'du·seln *v/reflex* ⟨*no* ge-, h⟩ *colloq.* **sich** ~ get tipsy (*od.* [be]fuddled). **be'du·selt** *adj colloq.* **1.** (*schwindelig*) dizzy, dazed. **2.** (*angetrunken*) tipsy, (be)fuddled.

'Beefˌsteak ['biːf-] *n* ⟨-s; -s⟩ (beef)steak; **deutsches** ~ hamburger (steak), rissole, minced steak.

be'eh·ren I *v/t* ⟨*no* ge-, h⟩ **j-n mit et.** ~ hono(u)r (*od.* favo[u]r) s.o. with s.th., do s.o. the hono(u)r of s.th.; **j-n (mit s-m Besuch)** ~ hono(u)r (*od.* favo[u]r) s.o. with a visit. **II** *v/reflex* **sich** ~, **et. zu tun** have the hono(u)r (*od.* privilege) of doing (*od.* to do) s.th.; **wir** ~ **uns, Sie zum Festessen einzuladen** we request the pleasure of your company at the banquet; **wir** ~ **uns, Ihnen mitzuteilen** we are pleased (*od.* we beg) to inform you.

be·ei·den [bə'ˀaɪdən] *v/t* ⟨*no* ge-, h⟩ → beeidigen. **be'ei·det** *adj* → beeidigt.

be·ei·di·gen [bə'ˀaɪdɪgən] *v/t* ⟨*no* ge-, h⟩ **1.** et. ~ affirm s.th. by oath; **e-e Aussage** ~ swear to a statement. **2.** → vereidigen. **be'ei·digt** *adj jur.* sworn; ~**er Dolmetscher** sworn interpreter; ~**e Aussage** sworn testimony (*od.* statement, evidence), *nur schriftlich*: affidavit, deposition; → Buchprüfer. **Be'ei·di·gung** *f* ⟨-; *no pl*⟩, **Be'ei·dung** *f* ⟨-; *no pl*⟩ **1.** *jur.* affirmation by oath. **2.** → Vereidigung.

be'ei·len *v/reflex* ⟨*no* ge-, h⟩ **sich** ~ hurry (up), make haste, hasten; **beeil(e) dich!** hurry up!, *colloq.* look sharp!, get a move on!; **sich mit** (*od.* **bei**) **e-r Arbeit** ~ hurry up with a task; **er beeilte sich, s-n Fehler wiedergutzumachen** he hastened to make up for his mistake. **Be'ei·lung** *f*: ~ **bitte!** hurry up, please!

be'einˌdruck·bar *adj* impressionable. **be'einˌdrucken** (*getr.* -k·k-) *v/t* ⟨*no* ge-, h⟩ impress, make an impression (up)on; **das Erlebnis hat ihn tief beeindruckt** *a.* he was deeply impressed by this event.

be'einˌfluß·bar *adj* susceptible.

be·ein·flus·sen [bə'ˀaɪnˌflʊsən] *v/t* ⟨*no* ge-, h⟩ **1.** influence, exercise an influence on, *nachteilig*: affect (adversely), impair; (*beherrschen, lenken*) control; **j-s Urteil** ~ bias (*od.* prejudice) s.o., warp (*od.* cause bias to) s.o.'s judg(e)ment; **sich (leicht)** ~ **lassen, (leicht) zu** ~ **sein** be (easily) influenced, be (very) susceptible. **2.** *jur.* (*Zeugen*) influence, suborn, tamper with. **Be'einˌflussung** *f* ⟨-; -en⟩ **1.** influencing, influence; **wechselseitige** ~ mutual influence, interaction; *jur.* **ungebührliche** ~ undue influence; ~ **von Zeugen** subornation (*od.* tampering with) witnesses. **2.** *Radio*: a) (*Steuerung*) control, modulation, b) (*Störung*) interference.

be·ein·träch·ti·gen [bə'ˀaɪnˌtrɛçtɪgən] *v/t* ⟨*no* ge-, h⟩ **1.** (*schädigen*) impair, harm, injure, *schwächer*: affect (adversely), prejudice. **2.** (*mindern, Abbruch tun*) detract from (*beauty, etc*). **3.** **j-n (in s-m Handeln)** ~ (*behindern*) hamper (*od.* handicap) s.o. **4.** *jur.* (*j-s Rechte*) impair, prejudice, encroach upon, infringe, interfere with. **Be'einˌträch·ti·gung** *f* ⟨-; -en⟩ ⟨*gen*⟩ impairment (of), prejudice (to); handicap (to); detraction (from); interference (with), *jur. a.* infringement (of), encroachment (of).

Be·el·ze·bub [be'ɛltsəˌbuːp, 'beːl-] *m* ⟨-; *no pl*⟩ *Bibl.* Beelzebub; **den Teufel durch** (*od.* **mit**) ~ **austreiben** cast out the devil by Beelzebub.

be'en·den *v/t* ⟨*no* ge-, h⟩ **1.** (*abschließen, Schluß machen mit*) (bring to an) end, finish, conclude, put an end to, close; **e-e Rede mit e-m Zitat** ~ conclude (*od.* close, wind up) a speech with a quotation; **e-e Konferenz** ~ close a conference. **2.** (*fertigstellen*) complete, finish (*a work, etc*). **3.** *jur.* (*Verfahren etc*) terminate.

be'en·di·gen *v/t* ⟨*no* ge-, h⟩ → beenden.

Be'en·di·gung, Be'en·dung *f* ⟨-; *no pl*⟩ **1.** ending, closing (*etc*; *cf.* **beenden** 1). **2.** end, conclusion, termination; **nach** ~ **des Unterrichts** after (the end of) the lessons. **3.** (*Vollendung, Fertigstellung*) completion. **4.** *jur. e-s Verfahrens etc*: termination.

be'en·gen *v/t* ⟨*no* ge-, h⟩ **1.** (*behindern*) cramp, hinder, hamper; *fig. a.* confine, restrain, narrow, *stärker*: choke. **2.** *fig.* (*beklemmen*) oppress, make *s.o.* feel ill at ease; **das kleine Zimmer (s-e Umwelt) beengte ihn** the small room (his environment) oppressed him. **be'engt I** *adj* **1.** *Raum*: narrow, confined, *Verhältnisse*: cramped. **2.** *fig.* cramped, (*beklemmt*) oppressed, ill at ease; **sich** ~ **fühlen** feel cramped (*od.* ill at ease). **II** *adv* **3.** ~ **wohnen** live in cramped quarters (*od.* like sardines). **Be'engt·heit** *f* ⟨-; *no pl*⟩ **1.** (*Enge*) narrowness, constriction; ~ **der Verhältnisse** cramped conditions *pl.* **2.** *fig.* (*Beklemmung*) oppression; ~ **der Brust** *a.* tightness (of the chest). **Be'en·gung** *f* ⟨-; *no pl*⟩ **1.** (*das Beengen*) constriction, cramping (*etc*; *cf.* **beengen**). **2.** → Beengtheit.

be'er·ben *v/t* ⟨*no* ge-, h⟩ **j-n** ~ be s.o.'s heir, inherit (*od.* succeed to) s.o.'s estate. **Be'er·bung** *f* ⟨-; *no pl*⟩ succession (to *s.o.'s* estate); **durch** ~ by inheritance (*od.* succession).

be·er·di·gen [bə'ˀeːrdɪgən] *v/t* ⟨*no* ge-, h⟩ bury, inter. **Be'er·di·gung** *f* ⟨-; -en⟩ **1.** burying. **2.** burial, funeral, interment. **Be'er·di·gungs...** → Bestattungs...

Bee·re ['beːrə] *f* ⟨-; -n⟩ *bot.* **1.** berry; ~**n pflücken** (*od.* **lesen**) pick berries; *colloq.* **in die** ~**n gehen** go berrying. **2.** *e-r Weintraube*: grape.

'Bee·ren|ˌausˌle·se *f* choice wine made from overripe, handpicked grapes. ~**ˌfrucht** *f bot.* **1.** berry. **2.** (*Sammelfrucht*) sorosis. ~**ˌle·se** *f* → Weinlese. ~**ˌmost** *m* → Beermost. ~**ˌobst** *n* berries *pl*, small (*bes. Br.* soft) fruit(s *pl*). **≗ˌtra·gend** *adj* berry-producing, bacciferous. ~**ˌwein** *m* berry wine. ~**ˌzeit** *f* berry season.

'Beerˌmost *m* rape wine.

Beet [beːt] *n* ⟨-(e)s; -e⟩ *hort.* bed, (*Gemüse≗*) *a.* patch.

Bee·te ['beːtə] *f* ⟨-; -n⟩ → Bete.

be·fä·hi·gen [bə'fɛːɪgən] *v/t* ⟨*no* ge-, h⟩ enable, *zu e-m Amt etc*: qualify; **j-n zu** (*od.* **für**) **et.** ~ qualify (*od.* fit) s.o. for s.th.; **j-n (dazu)** ~, **et. zu tun** enable (*od.* qualify) s.o. to do s.th. **be'fä·higt** *adj* **1.** (*fähig, geeignet*) (**für, zu**) fit (for), capable (of), qualified (for); **zu e-r Sache** ~ **sein** be fit (*od.* qualified) for s.th. **2.** (*begabt*) gifted, talented, (cap)able. **Be'fä·hi·gung** *f* ⟨-; -en⟩ **1.** (*Fähigkeit, Eignung*) (**für, zu** for) qualification(s *pl*), fitness, ability, capability; **s-e** ~ **nachweisen** prove one's qualification; ~ **zum Richteramt** qualification to hold judicial office. **2.** (*Begabung*) gift, talent, aptitude; (*Geschick*) skill.

Be'fä·hi·gungs|ˌnachˌweis *m* **1.** proof of ability (*od.* qualification); **den** ~ **liefern** prove one's qualification. **2.** *jur.* (*Urkunde*) certificate of qualification. ~**ˌprü·fung** *f ped.* qualification test. ~**ˌschein** *m*, ~**ˌzeug·nis** *n* certificate of qualification.

be·fahl [bə'faːl] *1 u. 3 sg pret of* befehlen.

be·fäh·le [bə'fɛːlə] *1 u. 3 sg pret subj of* befehlen.

be'fahr·bar *adj* **1.** *Weg, Straße*: passable, practicable, trafficable; **nicht** ~ impassable, impracticable. **2.** *mar.* navigable. **3.** *tech. Kessel*: accessible. **≗keit** *f* ⟨-; *no pl*⟩ **1.** passableness, practicability. **2.** *mar.* navigability.

be'fah·ren[1] *v/t* ⟨*irr, no* ge-, h⟩ **1.** (*Straße etc*) drive on, travel (on), pass over, use (*a road*), (*Strecke, Linie*) cover, *regelmäßig*: *a.* serve, ply, *mar.* (*Meer, Wasserstraße*) navigate (on), ply, (*Küste*) sail along (*the coast*). **2.** *Bergbau*: a) (*abbauen*) exploit, work, b) (*e-n Schacht*) descend into, c) (*besichtigen*) inspect. **3.** *civ. eng.* (*Weg mit Kies etc*) cover (*a road*) with, gravel (*a road*). **4.** *tech.* (*Kessel*) run, operate.

be'fah·ren[2] **I** *pp of* **befahren**[1]. **II** *adj* **1.** *Straße*: travel(l)ed, used; **e-e stark** (*od.* **viel, lebhaft**) ~**e Straße** a much travel(l)ed (*od.* frequented, used) road. **2.**

mar. able-bodied (*seaman*); ~**es Volk** experienced seamen *pl*, *colloq.* old salts *pl*. **3.** *hunt. Bau*: inhabited.

Beˈfall *m* <-(e)s; *no pl*> infestation with (*od.* attack by) parasites (*od.* pests), (insect) pest; *bot. a.* parasitic growth.

beˈfal·len I *v/t* <*irr, no* **ge-**, **h**> **1.** *med.* attack, affect, strike, seize; **von e-r Krankheit ~ werden** be attacked by (*od.* catch) a disease, be taken ill; **e-e Schwäche befiel ihn** a fit of faintness seized him. **2.** *fig.* strike, seize, assail; **Furcht befiel ihn** he was seized by fear, he was terrified (*od.* panic-stricken), he panicked; **ein Verlangen befiel ihn** a desire seized (*od.* came over) him. **3.** *bot. zo. Schädlinge etc*: infest, attack. **II** *adj* **4.** seized, affected, stricken; **vom Fieber ~** stricken with fever; *fig.* **von Schrecken ~** panic-stricken, terrified, frightened; **von e-r Krankheit ~ sein** be attacked (*od.* struck) by a disease, be seized (*od.* taken) with an illness; **ein von Tuberkulose ~es Gebiet** a tuberculosis-ridden area. **5.** *bot.* (**von**) infested (with), invaded (by); **vom Meltau ~** blighted.

be·fand [bəˈfant] *1 u. 3 sg pret of* **befinden.**

beˈfan·gen *adj* **1.** (*gehemmt, schüchtern*) embarrassed, self-conscious, shy, bashful, timid. **2.** (*verwirrt*) confused, embarrassed. **3.** *bes. jur.* (*voreingenommen*) prejudiced, bias(sed); **sich für ~ erklären** plead partiality (*od.* bias); **in e-m Irrtum ~ sein** labo(u)r under a delusion, be mistaken; **in e-m Vorurteil ~ sein** be prejudiced. **Ձheit** *f* <-; *no pl*> **1.** self-consciousness, shyness; **j-m die ~ nehmen** put s. o. at ease. **2.** confusion, embarrassment. **3.** *bes. jur.* prejudice, bias, partiality; **e-n Richter wegen (Besorgnis der) ~ ablehnen** challenge a judge for bias.

beˈfas·sen I *v/reflex* <*no* **ge-**, **h**> **sich ~ (mit) 1.** *Person*: concern (*od.* occupy) o. s. (with), deal (*od.* be occupied) (with), attend (to); *prüfend*: study, examine, consider, look into (*a matter*); **sich eingehend mit e-r Sache ~** deal with a matter at some length, attend to a matter carefully, go into a matter; **sich mit j-m ~** attend (*od.* see) to s. o., deal with s. o., take care of s. o.; **sich (aus Liebhaberei) mit et. ~** dabble in (*od.* at) s. th., be into (*abstract art, etc*); **ich kann mich jetzt nicht damit ~** I can't be bothered with it now. **2.** *Buch, Artikel etc*: deal (with), be concerned (with), treat. **II** *v/t* **3.** *obs.* (*anfassen*) touch, finger.

beˈfaßt *pp u. adj* **mit e-r Sache ~ sein** be occupied with s. th., have a matter in hand.

be·feh·den [bəˈfeːdən] *v/t* <*no* **ge-**, **h**> *hist.* (be at) feud with, make war upon, fight; *fig. a.* attack, be at strife (*od. colloq.* loggerheads) with; **sich** (*od.* **einander**) **~** be at feud with one another.

Be·fehl [bəˈfeːl] *m* <-(e)s; -e> **1.** order, *stärker*: command; *jur.* **richterlicher ~** a) judicial (*od.* court) order, warrant (*od.* writ) of the court, b) (*Unterlassungs*Ձ) injunction; **~ ist ~!** orders are orders!; **zu ~!** a) *mil.* yes, Sir!, b) *mar.* aye, aye, Sir!; **~ ausgeführt!** mission accomplished; **auf ~ von** (*od. gen*) by order of, on the orders of; **auf s-n ~ (hin)** by his order, on his orders; **bis auf weiteren ~** until further orders; **e-n ~ geben** (*od.* **erteilen**) give (*od.* issue) an order; **auf ~ handeln** act under (*od.* on) orders; **ich habe den ~ (erhalten), hierzubleiben** I am ordered (*od.* under orders) to remain here; → **Wunsch** 1. **2.** *mil.* (*~sgewalt*) command; **den ~ haben** (*od.* **führen**) (**über** *acc*) be in command (of), command (*s. th.*); **den ~ übernehmen** assume (*od.* take) the command, take over; **j-s ~ unterstehen** be under s. o.'s command, be subordinate to s. o. **3.** *Datenverarbeitung*: instruction, order.

be·feh·len [bəˈfeːlən] **I** *v/t* <**befiehlt, befahl, befohlen, h**> **1.** order, *stärker*: command; (*anweisen*) order, direct, instruct, tell, bid; (*verfügen*) decree; **j-m et. ~, j-m ~, et. zu tun** order (*schwächer*: direct, tell) s. o. to do s. th.; **j-n zu sich ~** send for s. o., summon s. o.; **er befahl, die Gefangenen freizulassen** he ordered the prisoners to be set free, he gave orders for the prisoners to be set free; **tu, was** (*od.* **wie**) **man dir befiehlt!** do as you are told; **j-m strengstes Stillschweigen ~** order s. o. to maintain the strictest secrecy; **er hat es so befohlen** those were his orders; **ich lasse mir von niemandem et. ~** I won't be ordered about (*od.* dictated to) by anyone. **2.** *obs. höflich*: wish; **was ~ Sie?** what can I do for you?; **~ Sie sonst noch et.?** do you wish anything more? **3.** *obs.* **s-e Seele Gott ~** commend one's soul to God. **II** *v/i* **4.** give orders, command; **wer hat hier zu ~?** who gives the orders here?; **über e-e Armee ~** command an army, have an army under one's command; *obs. od. iro.* **wie Sie ~!** as you wish!; **~ Sie über mich!** I am at your disposal. **III** *v/reflex* **5.** *lit.* **sich j-m** (*od.* **j-s Schutz**) **~** commend o. s. to s. o.; **sich Gott ~** commend one's soul to God. **beˈfeh·lend** *adj Stimme, Ton*: commanding, peremptory. **beˈfeh·le·risch** *adj* imperious, peremptory, *colloq.* bossy.

be·feh·li·gen [bəˈfeːlɪgən] *v/t* <*no* **ge-**, **h**> *mil.* (*Heer etc*) be in command of, command.

Beˈfehls|ˌausˌga·be *f mil.* issue of orders, briefing. **~beˌreich** *m* (area of) command. **~ˌebe·ne** *f* command level (*od.* echelon). **~empˌfang** *m* receipt of orders, briefing. **~empˌfän·ger** *m* **1.** recipient of an order. **2.** *contp.* lackey, stooge. **~ˌfahrˌzeug** *n* → **Befehlswagen.** **~ˌform** *f ling.* imperative (mood). **Ձgeˌmäß** *adv* according to instructions, as ordered. **~geˌwalt** *f* **1.** *mil.* authority (of command), command. **2.** *jur.* imperium. **~ˌha·ber** [-ˌhaːbər] *m* <-s; -> *mil.* commander (in chief). **Ձˌha·be·risch** *adj* → **befehlerisch.** **~ˌnotˌstand** *m jur.* (acting under) binding orders. **~ˌsatz** *m ling.* imperative clause. **~ˌstand** *m*, **~ˌstel·le** *f mil.* **1.** (*Sitz des Stabes*) headquarters *pl* (*oft als sg konstruiert*). **2.** *im Einsatz*: command post. **~ˌton** *m* commanding (*od.* peremptory) tone (*od.* voice). **~verˌwei·ge·rung** *f* refusal to obey an order. **~ˌwa·gen** *m* command (*od.* staff) car. **~ˌweg** *m* chain of command, command channel. **Ձˌwid·rig** *adj u. adv* contrary to orders. **~zenˌtra·le** *f* control room.

be·fein·den [bəˈfaɪndən] *v/t* <*no* **ge-**, **h**> → **anfeinden.**

beˈfe·sti·gen I *v/t* <*no* **ge-**, **h**> **1.** (*festmachen*) (**an** *dat* to) fix, fasten, attach, secure (**mit** with, by); *tech. a.* mount; (*festklammern*) clamp; *mit Schrauben*: bolt, screw; *mit Nieten*: rivet; *mit Gurten*: strap; **et. mit Nägeln (Bauklammern, Büroklammern, Reißnägeln, Klebband) ~** nail (clamp, clip, pin, stick) s. th. **2.** *civ. eng.* (*Straße etc*) pave, surface. **3.** *mil.* (*Stadt etc*) fortify. **4.** *fig.* (*stärken*) → **festigen.** **II** Ձ *n* <-s> → **Befestigung** 1. **beˈfe·stigt** *adj civ. eng. Straße etc*: paved; *aer.* **~e Start- u. Landebahn** hard-surface (*od.* paved) runway; *mil.* **~e Stellung** fortified position. **Beˈfe·sti·gung** *f* <-; -en> **1.** fixing, fastening (*etc*; *cf.* **befestigen**). **2.** *fig.* → **Festigung.** **3.** *mil.* fortification, *durch Gräben* entrenchment(s *pl*); *pl a.* defen/ces (*Am.* -ses). **4.** *civ. eng.* (*Fahrbahn*Ձ) pavement, paving, *bes. Br.* surfacing.

Beˈfe·sti·gungs|ˌanˌla·gen *pl* fortifications, defen/ces (*Am.* -ses). **~ˌgür·tel** *m mil.* ring of fortifications. **~ˌli·nie** *f* line of fortifications. **~ˌplat·te** *f* mounting plate. **~ˌschrau·be** *f* fixing screw, setscrew.

beˈfeuch·ten *v/t* <*no* **ge-**, **h**> moisten, damp, *tech. a.* humidify.

beˈfeu·ern *v/t* <*no* **ge-**, **h**> **1.** *aer. mar.* mark (*od.* light) with beacons, beacon. **2.** *colloq.* a) *mil.* → **beschießen** 1, b) (*bewerfen*) pelt (**mit** with). **3.** *fig.* **j-n ~** (*anspornen*) fire (*od.* spur) s. o. on. **Beˈfeue·rung** *f* <-; -en> **1.** marking with beacons (*etc*). **2.** *aer. mar.* lighting (system), beacons *pl*.

Beff·chen [ˈbɛfçən] *n* <-s; -> bands *pl*.

beˈfie·dern *v/t* <*no* **ge-**, **h**> feather. **beˈfie·dert I** *pp.* **II** *adj orn.* feathered. **Beˈfie·de·rung** *f* <-; *no pl*> *orn.* feathering, feathers *pl*, plumage.

be·fiehl [bəˈfiːl] *imp sg*, **be·fiehlt** [bəˈfiːlt] *3 sg pres of* **befehlen.**

beˈfin·den I *v/reflex* <*irr, no* **ge-**, **h**> **sich ~ 1.** (*sein*) be; (*zu finden sein*) be found; (*gelegen sein*) be (situated, *bes. Am.* located); *tech.* be (positioned *od.* mounted); **sich auf Reisen ~** be away; **sich in e-r finanziellen Verlegenheit ~** be financially embarrassed; → **Irrtum.** **2.** (*enthalten sein*) be (contained) (**in** *dat* in); **in dem Ordner ~ sich wichtige Dokumente** the file contains (*od.* holds) important documents. **3.** *lit.* (*sich fühlen*) be, feel; **wie ~ Sie sich?** a) how are you?, b) *zu Patienten*: how do you feel?; **er befindet sich wohl (besser)** he is well (better). **II** *v/t* **4.** *lit.* (*beurteilen, erachten*) find, think, consider, deem, judge; **der Vorschlag wurde (für) gut befunden** the proposal was pronounced (*od.* found to be) good; **et. (für) richtig ~** find s. th. (to be) correct; **es (für) richtig ~, et. zu tun** think (*od.* consider, deem) it right to do s. th.; *jur.* **j-n (für) schuldig ~** find s. o. guilty. **5.** *jur.* **~, daß** (*urteilen*) rule (*od.* order, decree, determine) that. **III** *v/i* **6.** *bes. jur.* (*entscheiden*) judge, decide, rule, order (**daß** that); *jur.* **über e-e** (*od.* **in e-r**) **Sache ~** a) consider (*od.* hear and decide) a case, adjudicate on a case, b) have (*od.* take) judicial cognizance of s. th.; **ich habe nicht darüber zu ~** that's not for me to decide. **IV** Ձ *n* <-s; *no pl*> *lit.* **7.** (state of) health, condition; **sich nach j-s ~ erkundigen** inquire after s. o.'s health; **wie ist Ihr ~?** how are you? **8.** (*Meinung*) judg(e)ment, opinion, view; **nach m-m ~, m-m ~ nach** in my opinion (*od.* view). **9.** *bes. jur.* (*Entscheidung*) decision, ruling. **10.** (*Ermessen*) discretion; **je nach ~** as one thinks fit. **be·find·lich** [bəˈfɪntlɪç] *adj* **1.** (*vorhanden*) to be found, contained (*nachgestellt*); **die in s-r Bibliothek ~en Bücher** the books (contained) in his library; **alle im Haus ~en Personen** all persons (present) in the house. **2.** (*seiend*) being (*nachgestellt*); **das in Umlauf ~e Geld** the money in circulation; **die im Bau ~en Häuser** the houses under construction.

beˈfin·gern *v/t* <*no* **ge-**, **h**> *colloq.* finger.

beˈflag·gen *v/t* <*no* **ge-**, **h**> flag. **beˈflaggt** *pp u. adj* decorated with flags, beflagged; flag-lined (*streets*). **Be'flag·gung** *f* ⟨-; *no pl*⟩ **1.** flagging. **2.** flags *pl*.

be'flecken (*getr.* **-k·k-**) **I** *v/t* ⟨*no* **ge-**, **h**⟩ **1.** stain, soil, spot; et. **mit Fett** ~ make grease-spots on s. th.; *a. fig.* **er hat s-e Hände mit Blut befleckt** he stained his hands with blood; *a. fig.* **mit Blut befleckt** blood-stained. **2.** *fig.* (*Ruf, Ehre etc*) sully, tarnish, (be)smirch, stain. **3.** *fig.* (*entweihen*) defile. **II** *v/reflex* **sich** ~ **4. sich mit Blut** ~ a) get covered with blood, b) *euphem.* commit murder, get soiled with blood. **5.** *obs.* masturbate, defile o. s. **Be'fleckung** (*getr.* **-k·k-**) *f* ⟨-; -en⟩ **1.** staining (*etc*). **2.** *fig.* (*Entweihung*) defilement.

be·flei·ßi·gen [bəˈflaɪsɪgən] *v/reflex* ⟨*no* **ge-**, **h**⟩ *lit.* **1. sich e-r Sache** ~ apply o. s. to (*od.* strive for) s. th.; **sich der größten Höflichkeit** ~ be studiously polite. **2. sich** ~, **et. zu tun** endeavo(u)r (*od.* be eager, be anxious, take pains, make a great effort) to do s. th.

be'flie·gen *v/t* ⟨*irr, no* **ge-**, **h**⟩ **1.** *aer.* (*Strecke, Linie etc*) fly, cover. **2.** *orn.* (*Blumen etc*) visit.

be·flis·sen [bəˈflɪsən] **I** *pp of* **befleißen**. **II** *adj* **1.** (*eifrig*) eager, assiduous, zealous. **2.** ⟨*gen*⟩ solicitous (of), intent (on), keenly interested (in); ~ **sein, et. zu tun** → **befleißigen** 2. **3.** (*übertrieben*) overzealous, studious. **ℒheit** *f* ⟨-; *no pl*⟩ eagerness (*etc*).

be'flis·sent·lich *adv* → **geflissentlich** 1.

be'flü·geln *v/t* ⟨*no* **ge-**, **h**⟩ *fig.* **1.** (*Schritte*) wing, quicken; **er beflügelte s-e Schritte** he quickened his pace; **Angst beflügelte ihre Schritte** fear winged (*od.* lent wings to) her steps; **es beflügelte s-e Phantasie** it fired his imagination. **2. j-n** ~ (*anspornen*) spur s. o. on.

be'flu·ten *v/t* ⟨*no* **ge-**, **h**⟩ *mar.* flood.

be·foh·len [bəˈfoːlən] *pp of* **befehlen**.

be'fol·gen *v/t* ⟨*no* **ge-**, **h**⟩ **1.** (*e-n Rat*) follow, take (*s. o.'s advice*). **2.** (*Vorschrift etc*) observe, obey, abide by (*a regulation*). **3.** (*Befehl etc*) follow, comply with; **nicht** ~ *a.* disregard, ignore, flout (*an order*). **4.** (*Grundsatz etc*) adhere to, abide by, follow, act (up)on (*a principle, etc*). **5.** *relig.* (*Gebote*) keep. **be'fol·gens,wert** *adj* worth following (*nachgestellt*), sound. **Be'fol·gung** *f* ⟨-; *no pl*⟩ **1.** following (*etc*); **in** ~ **Ihres Rates** following your advice. **2.** *e-s Gesetzes etc*: observance (of), compliance (with); *e-s Grundsatzes etc*: adherence (to).

be'för·dern[1] *v/t* ⟨*no* **ge-**, **h**⟩ **1.** *allg.* transport, carry, convey; (*nur Güter*) haul; (*spedieren*) forward, consign, *mar. u. Am. allg.* ship; **j-n schnell** (*wohin*) ~ bundle (*od.* whisk, rush) s. o. (zu to; **in** *acc* into). **2.** *colloq.* (*werfen*) throw; **j-n an die frische Luft** ~ chuck s. o. out. **3.** *Post*: forward, convey.

be'för·dern[2] *v/t* ⟨*no* **ge-**, **h**⟩ **1.** promote, advance; **er wurde zum Direktor befördert** he was promoted (to be *od.* to the position of) manager, he advanced to the position of manager; **er wurde zum Major befördert** he was promoted (to be *od.* to the rank of) major; **befördert werden** be promoted, get one's promotion. **2.** (*fördern*) further, advance, promote (**j-s Interessen** s. o.'s interest). **3.** (*beschleunigen*) hasten, speed up.

Be'för·de·rung[1] *f* ⟨-; -en⟩ **1.** carriage, transport(ation), conveyance, *nur von Gütern*: haulage, forwarding, consignment, *mar. u. Am. allg.* shipment; ~ **auf dem Landweg** (**Luftweg**) land (air) transport; ~ **auf dem Seeweg** sea (*od.* waterborne) transport, shipment. **2.** *Post*: conveyance.

Be'för·de·rung[2] *f* ⟨-; -en⟩ **1.** *im Rang*: promotion, advancement, preferment (zu to [the rank of]); *mil.* ~ **zum Offizier** commissioning. **2.** (*Förderung*) furtherance, advancement, promotion. **3.** (*Beschleunigung*) acceleration, speeding-up.

Be'för·de·rungs|,art *f econ.* mode of conveyance (*od.* shipment). **~be,din·gun·gen, ~be,stim·mun·gen** *pl* **1.** *econ.* forwarding conditions. **2.** *beruflich*: conditions of promotion. **~ge,bühr** *f* **1.** *Post*: postage, charges *pl.* **2.** *econ.* transport charges *pl.* **~,ko·sten** *pl* **1.** transport charges. **2.** *econ.* a) carriage *sg*, transport charges, b) (*Bahnfracht*) railway (*Am.* railroad) charges, c) (*Straßenfracht*) haulage *sg.* **~,li·ste** *f* promotion list. **~,mit·tel** *n* **1.** (means of) transport(ation *Am.*), conveyance. **2.** *tech.* transport (*od.* material-handling) equipment. **~,schein** *m econ.* waybill. **~,vor,schrif·ten** *pl* → **Beförderungsbestimmungen**.

be'for·sten *v/t* ⟨*no* **ge-**, **h**⟩ (af)forest. **Be'for·stung** *f* ⟨-; *no pl*⟩ (af)forestation.

be'frach·ten *v/t* ⟨*no* **ge-**, **h**⟩ **1.** *econ.* load, ship, charge, freight. **2.** *mar.* charter, freight. **3.** *fig.* ~ **mit** *Ideen etc* load (*od.* charge) *s. th.* with. **Be'frach·ter** *m* ⟨-s; -⟩ *econ.* shipper, charterer, freighter, consignor. **Be'frach·tung** *f* ⟨-; *no pl*⟩ charterage, freightage, affreightment. **Be'frach·tungs·ver·,trag** *m* contract of affreightment, charter party.

be·frackt [bəˈfrakt] *adj* in tails, tail-coated.

be'fra·gen I *v/t* ⟨*no* **ge-**, **h**⟩ **1.** ask *s. o.* (questions), question, interview; **j-n nach s-r** (*od.* **um s-e**) **Meinung** ~ question s. o. about his views; *sociol.* **die Öffentlichkeit** ~ take a poll. **2.** *bes. jur.* (*verhören*) interrogate, examine (*a witness*). **3.** (*zu Rate ziehen*) consult, turn to, ask (*a doctor, expert, etc*); **sein Gewissen** ~ consult (*od.* sound) one's conscience. **II** *v/reflex* **sich** ~ **4.** (*sich erkundigen*) **bei j-m** consult (*od.* take counsel with) s. o. **III ℒ** *n* ⟨-s⟩ **5. auf** ~ upon inquiry (*od.* enquiry). **Be'fra·ger** *m* ⟨-s; -⟩ interviewer. **Be'fra·gung** *f* ⟨-; -en⟩ **1.** asking, questioning. **2.** interview. **3.** interrogation, examination. **4.** consultation. **5.** *sociol.* poll; *e-s Einzelnen*: interview.

be'fran·sen *v/t* ⟨*no* **ge-**, **h**⟩ fringe. **be'franst** *pp u. adj* fringed.

be'frei·en I *v/t* ⟨*no* **ge-**, **h**⟩ **1.** *allg.* (**von** from) free, liberate, deliver; (*retten*) rescue; *von Lästigem*: rid (of); **e-n Gefangenen** ~ a) liberate a prisoner, b) *kriminell*: assist in a prisoner's escape, c) (*freilassen*) set a prisoner free (*od.* at liberty), release (*od.* discharge) a prisoner; **j-n von j-m** ~ rid s. o. of s. o.; **j-n von Schmerzen** ~ relieve (*od.* deliver) s. o. from pain; **j-n von e-m Verdacht** (**e-r Anklage**) ~ free (*od.* acquit, exonerate) s. o. from (*od.* clear s. o. of) a suspicion (charge); **et. von e-r Umhüllung** *etc* ~ unwrap (*od.* strip) s. th., free s. th. of. **2.** (*Sklaven etc, a. die Frauen*) liberate, emancipate. **3.** (*j-n* **von** *Pflichten etc*) excuse, relieve, free, discharge, *behördlich*: exempt (*alle* from); **j-n von Steuern** (**vom Militärdienst**) ~ exempt s. o. from taxes (military service); *jur.* **e-e Vertragspartei von der Erfüllung e-r Verpflichtung** ~ relieve (*od.* release, discharge) a party to the contract from its obligations. **II** *v/reflex* **sich** ~ **4.** free (*od.* liberate) o. s.; **sich von j-m** (**et.**) ~ rid o. s. (*od.* get rid of) s. o. (s. th.), shake s. o. (s. th.) off. **5.** *fig. aus Schwierigkeiten etc*: extricate (*od.* disentangle) o. s. (from). **6.** (*sich emanzipieren*) emancipate o. s., liberate o. s. **7.** *fig. von Verantwortung, e-r Anklage etc*: clear o. s. (of), exonerate o. s. (from).

be'frei·end I *pres p.* **II** *adj fig. Lachen etc*: liberating, relieving. **Be'frei·er** *m* ⟨-s; -⟩. **Be'freie·rin** *f* ⟨-; -nen⟩ liberator; (*Retter*) rescuer. **be'freit I** *adj* **1.** freed, liberated. **2.** (*erleichtert*) relieved; **sich** ~ **fühlen** feel relieved. **3.** (**von** from) free(d), excused, **von** *Steuern*, **vom** *Wehrdienst etc*: exempt; **vom Turnen** ~ **sein** be excused from gym. **II** *adv* **4.** relieved; ~ **aufatmen** heave a sigh of relief. **Be'frei·ung** *f* ⟨-; -en⟩ **1.** (**aus, von** from) liberation, deliverance; (*Rettung*) rescue. **2.** *der Frauen, Sklaven etc*: emancipation, liberation. **3.** (*Freilassung*) release. **4.** *von Pflichten etc*: discharge, exoneration, release, *behördlich*: exemption (from). **5.** *fig. von Angst, Schmerzen etc*: relief, liberation, deliverance. **6.** *aus Schwierigkeiten*: extrication, disentanglement. **7.** *von Verantwortung, Anklage etc*: exoneration, release, discharge (from), clearing (of).

Be'frei·ungs|ar,mee *f mil.* liberation army. **~be,we·gung** *f* liberation movement; *der Frauen*: *a. colloq.* Women's Lib. **~,griff** *m Schwimmen, Judo*: releasing trick. **~,kampf** *m pol.* struggle for independence. **~,klau·sel** *f jur.* exemption clause. **~,krieg** *m pol.* war of liberation (*od.* independence); *hist.* **die** ~**e** *pl* the German Wars of Liberation (*1813–15*). **~,schlag** *m Fußball etc*: clearing kick, clearance. **~ver,such** *m* attempt to free (*od.* liberate) o. s. (*od.* s. o.).

be'frem·den I *v/t* ⟨*no* **ge-**, **h**⟩ **j-n** ~ a) strike s. o. as odd, appear strange to s. o., take s. o. aback, *stärker*: astonish s. o., b) disturb s. o.; **sein Brief befremdete uns** we were disturbed at (*od.* taken aback by) his letter. **II** *v/i* appear strange, *stärker*: be astonishing (*od.* disturbing). **III ℒ** *n* ⟨-s⟩ (**über** *acc* at) surprise, astonishment, (*Mißfallen*) indignation, displeasure.

be'frem·dend, be·fremd·lich [bəˈfrɛmtlɪç] *adj* strange, surprising, *stärker*: astonishing, disturbing; ~ **wirken** appear strange.

be·freun·den [bəˈfrɔʏndən] **I** *v/reflex* ⟨*no* **ge-**, **h**⟩ **1. sich mit j-m** ~ make friends with s. o. **2.** *fig.* **sich mit e-r Sache** (**e-m Gedanken** *etc*) ~ a) get used to s. th., b) get reconciled to s. th., come to like s. th., warm to s. th. **II** *v/t* **3. sich** ~ make friends with each other, become friends. **be'freun·det** *adj* friendly; ~ **sein** be friends, be intimate (*od.* on friendly terms) (**mit** with); **wir sind eng** (**miteinander**) (*od. colloq.* **dick**) ~ we are close (*od.* intimate) friends; **e-e** ~**e Nation** a friendly nation; **e-e** ~**e Firma** a business connection, business friends *pl.*

be'frie·den *v/t* ⟨*no* **ge-**, **h**⟩ (*Land, Volk etc*) pacify. **be'frie·det** *adj* **1.** *pol.* pacified. **2.** *jur.* enclosed.

be·frie·di·gen [bəˈfriːdɪgən] **I** *v/t* ⟨*no* **ge-**, **h**⟩ **1.** (*Person*) satisfy, please, content, give satisfaction to; **er ist schwer zu** ~ he is hard to please, he is very exacting; **diese Arbeit befriedigt mich nicht** I don't find satisfaction in (*od.* get satisfaction out of) this work. **2.** (*Hunger, Begierde etc*) appease, satisfy, gratify; **j-s Neugier** ~ satisfy s. o.'s curiosity. **3.** (*Erwartungen etc*) meet, come up to, satisfy, answer. **4.** (*Bedürfnisse*) serve, supply, provide for. **5.** *econ.* (*Nachfrage*) meet (*the demand*). **6.** *econ. jur.* a) (*Gläubiger*) satisfy, pay off (*creditors*), b) (*Ansprüche*) satisfy, meet (*claims*). **II** *v/i* **7.** give satisfaction; *Leistung etc*: be satisfactory. **III** *v/reflex* **sich ~ 8.** satisfy o. s. **9.** *sexuell*: gratify one's sexual desires; **sich (selbst) ~** masturbate. **~d** *adj Lösung, Leistung, a. ped. Note*: satisfactory; **~ ausfallen** prove satisfactory, be satisfying.

be'frie·digt I *adj* (**von**) satisfied, pleased, content (with), happy (about). **II** *adv* satisfied, pleased; (*mit Befriedigung*) with satisfaction; **sich ~ über et. äußern** express one's satisfaction at (*od.* with) s. th. **Be'frie·di·gung** *f* <-; *no pl*> **1.** satisfaction, contentment, gratification; **~ in der Arbeit finden** find satisfaction in one's work; **et. mit ~ feststellen** note s. th. with satisfaction, be gratified to state s. th.; **~ über s-e Leistung empfinden** feel satisfied with one's performance. **2.** *des Hungers, der Begierde etc*: appeasement, satisfaction, gratification. **3.** *der Erwartungen etc*: satisfaction. **4.** *der Bedürfnisse*: meeting (of), provision (for). **5.** *econ. jur.* a) *e-s Gläubigers*: satisfaction (of; **aus** *dat* from), b) *e-s Anspruchs*: satisfaction (of).

Be'frie·dung *f* <-; *no pl*> *pol.* pacification.

be'fri·sten *v/t* <*no* **ge-, h**> *econ. jur.* limit *s. th.* (as to time), place a time limit (*od.* deadline) on, fix a period for, deadline *s. th.*; **et. auf sechs Monate ~** set a time limit of six months on s. th. **be'fri·stet** *pp u. adj* limited as to time, temporary, terminable, for a fixed period; **~es Rechtsgeschäft** act subject to a time stipulation; **~e Verbindlichkeiten** time liabilities; **~e Spareinlagen** time deposits. **Be'fri·stung** *f* <-; -en> **1.** fixing of a time limit (*od.* deadline), limiting (as to time). **2.** (*Frist*) time limit, deadline.

be'fruch·ten *v/t* <*no* **ge-, h**> **1.** *biol.* fertilize, fecundate, inseminate, impregnate; **künstlich ~** inseminate artificially. **2.** *bot.* pollinate. **3.** (*fruchtbar machen*) fertilize. **4.** *fig.* fertilize, fructify, enrich, fecundate; (*anregen*) stimulate. **~d I** *pres p.* **II** *adj fig.* fructifying, fertilizing, stimulating.

Be'fruch·tung *f* <-; -en> **1.** *biol.* fertilization, fecundation, insemination, impregnation; **künstliche ~** artificial insemination. **2.** *bot.* pollination. **3.** *fig.* fructification, stimulation, enrichment. **Be'fruch·tungs,staub** *m* pollen.

be'fu·gen *v/t* <*no* **ge-, h**> **j-n zu e-r Sache ~** authorize (*od.* empower, entitle) s. o. to (do) s. th.

Be·fug·nis [bə'fuːknɪs] *f* <-; -se> **1.** authority, power(s *pl*), right(s *pl*), competence; (*Vorrecht*) privilege; (**handelsrechtliche**) **~ e-r Gesellschaft** corporate authority; **j-m ~ (zu e-r Sache) erteilen** authorize (*od.* empower) s. o. (to [do] s. th.); **s-e ~se überschreiten** exceed one's authority (*od.* powers, competence); **das liegt außerhalb m-r ~se** this lies beyond my competence. **2.** *jur.* a) competence, jurisdiction, b) *konkret*: warrant; **ohne ~ handeln** act ultra vires.

be'fugt *pp u. adj* **1.** authorized, empowered, entitled, competent; **er ist dazu nicht ~** this is not within his competence (*od.* powers), *allg.* he has no right to do so. **2.** *jur.* (*zuständig*) (**für**) competent (for), having jurisdiction (over). **Be'fug·te** *m, f* <-n; -n> (duly) authorized person.

be'füh·len *v/t* <*no* **ge-, h**> feel, touch, handle.

be'fum·meln *v/t* <*no* **ge-, h**> *colloq.* **1.** finger, paw. **2.** *fig.* (*untersuchen*) kick *s. th.* around, give *s. th.* the once-over.

Be'fund *m* <-(e)s; -e> **1.** finding(s *pl*) (*a. jur. u. med.*); (*Tatsachen*) data *pl*, facts *pl*; (*Ergebnis*) result; (*Zustand*) state, condition; *med.* **ohne ~** negative, normal; **krankhafter ~** pathological findings. **2.** (*Gutachten*) opinion, report. **~,schein** *m* medical certificate.

be'fürch·ten *v/t* <*no* **ge-, h**> **et. ~** fear s. th., be afraid of s. th., *lit.* apprehend s. th.; (*vermuten*) fear, suspect; (*erwarten*) expect; **wir müssen das Schlimmste ~** we must be prepared for the worst; **du hast nichts zu ~** you have nothing to fear (*od.* worry about); **dies ist nicht zu ~** there is no fear (*od.* danger) of that. **Be'fürch·tung** *f* <-; -en> fear, apprehension, misgiving(s *pl*); **schlimme ~en haben** (*od. lit.* **hegen**) have great fears (*od.* grave misgivings).

be·für·wor·ten [bə'fyːrˌvɔrtən] *v/t* <*no* **ge-, h**> advocate, speak (*od.* plead) for; (*empfehlen*) recommend; (*unterstützen*) support, endorse, second, back (**e-n Antrag** a motion). **Be'für,wor·ter** *m* <-s; -> advocate, supporter, backer. **Be'für,wor·tung** *f* <-; *no pl*> **1.** advocating (*etc*). **2.** recommendation. **3.** support, endorsement.

Beg [bɛk] *m* <-s; -s> (*türk. Titel*) bey.

be·ga·ben [bə'gaːbən] *v/t* <*no* **ge-, h**> **j-n ~ mit e-r Sache** endow s. o. with s. th.

be'gabt *adj* **1.** gifted, talented (**für** for); endowed (**mit** with); (*fähig*) able; (*hell*) bright, clever; **für et. ~ sein** have a talent (*od.* gift) for s. th.; *iro.* **sehr ~ von dir!** very bright of you! **Be'gab·te** *m, f* <-n; -n> talented (*od.* gifted) person; **die ~n** *pl* the gifted, the talent *sg.*

Be'gab·ten|,aus,le·se *f ped.* selection of the gifted. **~,för·de·rung** *f* financial assistance to the gifted.

Be'ga·bung *f* <-; -en> **1.** gift, talent(s *pl*), ability, aptitude, endowment(s *pl*); **~sreserve** *f* talent reservoir; **~stest** *m* aptitude test. **2.** (*Person*) talent.

be'gaf·fen *v/t* <*no* **ge-, h**> *colloq.* gape at.

be'gan·gen I *pp of* **begehen. II** *adj Weg etc*: frequented, used.

Be·gäng·nis [bə'gɛŋnɪs] *n* <-ses; -se> **1.** (*Feier*) celebration; (*Leichen*≈) funeral. **2.** *humor.* traffic.

be·gann [bə'gan] *1 u. 3 sg pret of* **beginnen.**

be·gän·ne [bə'gɛnə] *1 u. 3 sg pret subj of* **beginnen.**

be'gat·ten *v/t* <*no* **ge-, h**> *zo.* mate (*od.* couple, copulate) with; *von Menschen*: have sexual intercourse with, copulate with; **sich** (*od.* **einander**) **~** mate, pair (*beide a. orn.*), couple, copulate. **Be'gat·tung** *f* <-; -en> mating, pairing, copulation; sexual intercourse, coition. **Be'gat·tungs·or,gan** *n* copulative organ; *pl a.* genital apparatus *sg.*

be'gau·nern *v/t* <*no* **ge-, h**> *colloq.* **j-n (um et.) ~** cheat (*od.* swindle, *sl.* con) s. o. (out of s. th.).

be'geb·bar *adj econ.* (*verkäuflich*) negotiable; (*börsenfähig*) marketable; (*übertragbar*) transferable. **≈keit** *f* <-; *no pl*> negotiability (*etc*).

be'ge·ben I *v/reflex* <*irr, no* **ge-, h**> **sich ~ 1.** (*gehen*) go, proceed, *lit.* repair, betake o. s. (**zu** to); **zu** *j-m,* **zu** *s-m Regiment etc*: a. join; **sich auf die Reise ~** set out (*od.* start) (on one's journey); **sich nach Hause** (*od.* **auf den Heimweg**) **~** go home, set off (*od.* make) for home; **sich in ärztliche Behandlung ~** have (*od.* get, place o. s. under) medical treatment; **sich unter j-s Schutz** (**in j-s Hände**) **~** place o. s. under s. o.'s protection (into s. o.'s hands); **sich an die Arbeit ~** set to work. **2.** *lit.* (*verzichten auf*) give up, forgo, renounce, abandon, relinquish, divest o. s. of; (*e-s Rechtes, Anspruchs*) waive (*a right, claim*). **3.** *lit.* (*sich ereignen*) happen, occur, take place, (come to) pass; *Bibl.* **und es begab sich** and it came to pass. **II** *v/t* **4.** *econ.* a) (*Anleihe*) issue, float, b) (*Wechsel, Börsenpapier*) negotiate, c) (*übertragen*) transfer, endorse, indorse, d) (*rediskontieren*) rediscount. **≈heit** *f* <-; -en> incident, event, occurrence, affair.

Be'ge·bung *f* <-; -en> **1.** *jur. e-s Anspruchs etc*: waiver, relinquishment. **2.** *econ.* a) (*Ausgabe*) issue, b) *im Börsenhandel*: negotiation, c) (*Übertragung*) transfer, endorsement. **Be'ge·bungs·ver,merk** *m econ.* endorsement, indorsement.

be·geg·nen [bə'geːgnən] *v/i* <*no* **ge-, sein**> <*dat*> **1.** (*treffen*) meet; **j-m zufällig ~** meet s. o. by chance, happen to meet s. o., run across (*od.* into) s. o., *colloq.* bump into s. o., (*a. e-r Sache*) come across, happen (up)on; **sich** (*od.* **einander**) **~** meet (each other *od.* one another); **ihre Blicke begegneten sich** their eyes met; **allgemeiner Ablehnung ~** meet with general disapproval; **dieser Ansicht** (**diesem Fehler**) **begegnet man häufig** this opinion (mistake) occurs quite often; **dieses Wort begegnet** (**e-m**) **häufig bei Goethe** this word is often found (*od.* often occurs) in Goethe. **2.** (*widerfahren*) happen to, befall; *colloq.* **so et. ist mir noch nie begegnet** I've never seen the like (of it)! **3.** *fig.* **j-m freundlich** (**grob**) **~** treat s. o. kindly (rudely), be kind (rude) to(wards) s. o. **4.** *e-r Schwierigkeit, Ablehnung etc*: meet with; (*entgegentreten*) face, fight, counter; **~ mit** (*reagieren*) answer with; (*vorbeugen*) anticipate, obviate; **e-m Angriff ~** counter an attack; **der gesteigerten Nachfrage ~** meet the increased demand. **Be'geg·nung** *f* <-; -en> **1.** meeting, encounter; **bei unserer ersten ~** at our first meeting, when I first met him; *mil.* (**feindliche**) **~** engagement (*od.* encounter) with the enemy; **~szentrum** *n* meeting (*od.* encounter) centre. **2.** *Sport*: match, bout, meet.

be'geh·bar *adj Weg etc*: passable; **~er Schrank** walk-in closet.

be'ge·hen I *v/t* <*irr, no* **ge-, h**> **1.** (*Straße, Weg etc*) go along; walk (on *od.* along), *häufig*: frequent; **ein viel begangener Weg** a much-frequented (*od.* much-trodden) path. **2.** (*Flur, Gebiet etc*) inspect. **3.** (*Geburtstag etc*) (*a.* **festlich ~**) celebrate; (*Feiertag, a. einhalten*) observe, keep (*a holiday*). **4.** (*Verbrechen etc*) commit, perpetrate, (*bes. Fehler*) make; (*Irrtum*) make, commit; **e-e Dummheit ~** do s. th. foolish, commit a folly; → **Selbstmord. II ≈** *n* <-s> → **Begehung.**

Be·gehr [bə'geːr] *m, n* <-s; *no pl*> *obs. lit.* desire, wish; *a. iro.* **was ist Ihr ~?** what is your desire?, what do you wish?

be'geh·ren I *v/t* <*no* **ge-, h**> **1.** desire, wish, *heftig*: crave, *gierig, neidisch*: covet, (*sich sehnen nach*) long (*od.* yearn) for, hanker after, (*fordern*) demand, require, *laut*: clamo(u)r for; **et. von j-m ~** ask (*od.* request, apply to) s. o. for s. th.; **j-n** (*sinnlich*) **~** desire s. o., lust after s. o.; **j-n zur Frau ~** seek s. o.'s hand in marriage; **alles, was das Herz begehrt** everything one can wish for; *Bibl.*

Du sollst nicht ~ d-s Nächsten Weib thou shalt not covet thy neighbo(u)r's wife; → **begehrt.** **2.** *jur.* (*Scheidung etc*) pray for, seek. **II** ≈ *n* ‹-s› **3.** desire, wish (**nach** for); **heißes** ≈ ardent desire. **4.** *jur.* prayer (*for divorce, etc*), relief sought.

be'geh·rens|wert *adj* desirable.

be'gehr·lich *adj* covetous, greedy, desirous, longing, *bes. Blicke*: *a.* hungry; (*lüstern*) lustful. **≈keit** *f* ‹-; *no pl*› **1.** covetousness, greed(iness). **2.** (*Lüsternheit*) lustfulness, cupidity.

be'gehrt *pp u. adj a. econ. u. fig. Person*: (much) sought after, (much) in demand (*nachgestellt*), (*beliebt*) popular.

Be'ge·hung *f* ‹-; *no pl*› **1.** walking (on *od.* along). **2.** (*Besichtigung*) inspection. **3.** *e-s Festes etc*: celebration; *e-s Feiertags* (*Einhaltung*): *a.* observance, keeping. **4.** *e-s Verbrechens etc*: commission, perpetration (*of a crime*). **Be'ge·hungs|sün·de** *f relig.* sin of commission.

be'gei·fern *v/t* ‹*no* **ge-**, h› **1.** slobber on, beslaver, beslover. **2.** *fig. contp.* (*j-n, j-s Namen*) (be)smirch, calumniate, vituperate.

be'gei·stern I *v/t* ‹*no* **ge-**, h› fill *s.o.* with enthusiasm, rouse *s.o.* to enthusiasm, make *s.o.* enthusiastic, inspire, fire, *colloq.* enthuse; (*das Publikum*) *a.* carry (*the audience*) away, send into raptures, electrify; **j-n für et. ~** fill s.o. with enthusiasm for s.th. **II** *v/reflex* **sich ~ (für, über** *acc*) be (*od.* become, get, feel) enthusiastic (about, at), be fascinated (*od.* thrilled) (by); **für** *Kunst etc*: be an enthusiast for, be a devotee (*od. colloq.* afficionado) of; **ich kann mich nicht dafür ~** I cannot get enthusiastic about it. **III** *v/i* arouse enthusiasm, be rousing (*od.* inspiring). **be'gei·sternd** *adj* inspiring, rousing, heart-stirring. **be'gei·stert I** *adj* enthusiastic; (*leidenschaftlich*) passionate, ardent, keen; *poet.* inspired; **von et. hell(auf) ~ sein** be enthusiastic (*od. colloq.* crazy, wild, mad) about s.th.; **ein ~er Anhänger** (*gen*, **von**) a ...enthusiast (*od.* fan); **für die Fliegerei ~** air-minded; **für den Fußball ~** soccer-conscious; **er war von dem Plan ~** he was enthusiastic about (*od.* heart and soul for) the project. **II** *adv* enthusiastically, with (*od.* full of) enthusiasm. **Be'gei·ste·rung** *f* ‹-; *no pl*› **1.** (*Begeistern*) rousing, electrifying, inspiring. **2.** (*Zustand*) enthusiasm, passion, *stärker*: rapture, ecstasy; *poet.* inspiration, fire; **mit ~** → **begeistert** II; **ohne (rechte) ~** without enthusiasm, half(-)heartedly; **in ~ geraten** go into raptures; **j-n in ~ versetzen** → **begeistern** I.

Be'gei·ste·rungs|aus|bruch *m* outburst of enthusiasm. **≈|fä·hig** *adj* capable of enthusiasm. **~|sturm** *m* storm (*od.* frenzy) of enthusiasm. **~|tau·mel** *m* raptures *pl* (of enthusiasm).

be·gich·ten [bəˈgɪçtən] *v/t* ‹*no* **ge-**, h› *metall.* charge.

Be'gier *f* ‹-; *no pl*› *lit. for* **Begierde.**

Be'gier·de *f* ‹-; -n› **1.** (**nach**) desire, craving, appetite (*alle* for), greed (after); (*Sehnsucht*) yearning, longing (for); (*Eifer*) eagerness, intentness, zeal; **voll ~** *lauschen etc* intently, eagerly; **vor ~ brennen** burn with longing; **e-e brennende** (*od.* **heiße**) **~ nach et.** a passionate desire (*od.* longing) for s.th. **2.** *fleischliche*: desire, lust, carnal appetite.

be'gie·rig I *adj* **1.** (**auf** *acc*, **nach**) desirous (of), eager (for, after), anxious (for), keen (on), greedy (of, for), hungry (for); **sie ist ~, dich zu sehen** she is anxious (*od. colloq.* dying) to see you. **2.** → **begehrlich.** **II** *adv* **3. ~ lauschen** listen eagerly (*od.* intently).

be'gie·ßen *v/t* ‹*irr, no* **ge-**, h› **1.** (*Blumen etc*) water, sprinkle, pour water over; *kräftig*: splash, douse; **sich (mit et.) ~** wet (*od.* splash) o.s. (with s.th.); *fig. colloq.* **sich** (*dat*) **die Nase ~** wet one's whistle. **2.** *gastr.* (*Braten*) baste. **3.** *fig. colloq.* (*feiern*) celebrate *s.th.* (with a drink), (*bes. Handel*) wet (*a bargain*); **das muß begossen werden** that calls for a drink.

Be·ginn [bəˈgɪn] *m* ‹-(e)s; *no pl*› beginning, start, outset, commencement; *der Schule, e-r Vorstellung, von Verhandlungen etc*: *a.* opening; *e-r Krankheit, Kältewelle etc*: onset; **zu ~** at the beginning (*od.* start, outset), (at) first; **zu** (*od.* **bei**) **~** (*gen*) at the beginning of; **kurz vor ~ der Vorstellung** shortly before the performance begins; **~ der Vorstellung 8 Uhr!** performance begins at 8 o'clock!

be·gin·nen [bəˈgɪnən] **I** *v/t* ‹**beginnt, begann, begonnen,** h› **1.** begin, start, *förmlicher*: commence; (*Debatte etc*) open; **et. Neues ~** start (with) (*od.* set about, undertake, take up) s.th. new. **2.** (*unternehmen*) undertake, start; (*tun*) do; **er wußte nicht, wie er es ~ sollte** he didn't know how to do it. **II** *v/i* **3.** begin, start, commence, open; (*den Anfang machen*) lead off; **mit et. ~** start doing s.th.; **noch einmal ~** start afresh, begin anew; **wer beginnt?** who is going to start? **III** ≈ *n* ‹-s› **4.** *lit.* (*Tun, Vorhaben*) undertaking, enterprise, venture; **vergebliches** ≈ futile effort.

be'glän·zen *v/t* ‹*no* **ge-**, h› *poet.* shine (up)on, illuminate.

be·glau·bi·gen [bəˈglaubɪgən] *v/t* ‹*no* **ge-**, h› **1.** *jur.* (*Dokument etc*) certify, authenticate, legalize; (*bezeugen*) attest; (*die Richtigkeit*) *a.* verify; **ein Testament ~** prove a will; **et. notariell ~ lassen** have s.th. attested by a notary (public), have s.th. notarized. **2.** *pol.* (*e-n Diplomaten*) accredit (**bei e-r Regierung** to a government). **be'glau·bigt** *pp u. adj* **1.** *jur.* (duly) certified, (publicly) attested, authenticated; *Unterschrift durch Zeugen*: witnessed, *notariell*: notarized; **~e Abschrift** a) certified (*od.* exemplified) copy, b) *als Vermerk*: a true copy! **2.** *jur. pol.* accredited (**bei** to). **Be'glau·bi·gung** *f* ‹-; -en› **1.** *jur.* (*Vorgang u. Vermerk*) certification, attestation, authentication, verification, *amtlich*: legalization; **der öffentlichen ~ bedürfen** require public certification; **zur ~ dessen** in witness thereof. **2.** *jur. pol.* accreditation (**bei** to); **e-m Gesandten die ~ erteilen** accredit an ambassador.

Be'glau·bi·gungs||schrei·ben *n jur. pol.* credentials *pl*; **j-m sein ~ überreichen** present one's credentials to s.o. **~ver|merk** *m* acknowledg(e)ment.

be'glei·chen *v/t* ‹*irr, no* **ge-**, h› *econ.* a) (*Rechnung, Schuld etc*) settle, pay (off), discharge, b) (*Konto*) square, settle. **Be'glei·chung** *f* ‹-; *no pl*› *econ.* settlement, payment, discharge; **zur ~ von** in settlement of.

Be'gleit|adres·se [-a|drɛsə] *f econ.* dispatch note. **~|brief** *m* covering (*od.* accompanying) letter.

be'glei·ten *v/t* ‹*no* **ge-**, h› **1.** accompany (*a. mus.* **auf dem Klavier** *etc* on the piano, *etc*); **j-n nach Hause (zur Tür) ~** accompany (*od.* see) s.o. home (to the door); **j-n zum Bahnhof ~** see s.o. to the station (*od.* off). **2.** *dienstlich, als Gefolge*: attend, accompany. **3.** *als Anstandsdame*: chaperon(e). **4.** (*eskortieren, schützend geleiten, a. mil.*) escort, *mar. a.* convoy. **5.** *fig.* attend, accompany; **m-e besten Wünsche ~ dich** my best wishes attend (*od.* go with) you; **s-e Bemühungen waren von Erfolg begleitet** his efforts were successful; **er begleitete s-e Worte mit Gesten** he punctuated his words with gestures.

Be'glei·ter *m* ‹-s; -› **1.** companion; **ihr ständiger ~** her constant companion. **2.** (*dienstlicher ~, Begleitperson*) attendant, *a. e-r Dame*: escort. **3.** *mus.* accompanist, *a.* accompanyist. **4.** *astr.* satellite. **Be'glei·te·rin** *f* ‹-; -nen› (lady) companion; (*Anstandsdame*) chaperon(e); *mus.* (lady) accompanist.

Be'gleit|er|schei·nung *f* concomitant, concomitant (*od.* attendant) phenomenon (*od.* symptom, *a. med.*); **e-e ~ sein von** *a.* be attendant on, accompany, come (*od.* go) with *s.th.*; **die unangenehmen ~en des Alters** the aches and pains of old age. **~|fahr|zeug** *n* escort. **~|flug|zeug** *n* escort plane. **~in·stru|ment** *n mus.* accompanying instrument. **~|jä·ger** *m aer.* escort fighter. **~|mann·schaft** *f* escort (party). **~mu|sik** *f* accompanying music; *Film etc*: incidental (*od.* background) music; *fig. colloq.* accompaniment. **~pa|pie·re** *pl econ.* accompanying documents. **~per·so|nal** *n rail. etc* accompanying staff. **~|schein** *m econ.* waybill; *zollamtlicher*: (customs) permit, bond note. **~|schiff** *n mar.* **1.** tender. **2.** convoy, escort vessel. **~|schrei·ben** *n* → **Begleitbrief.** **~|schutz** *m mil.* (*aer.* fighter) escort. **~|stim·me** *f mus.* **1.** supporting voice. **2.** secondary part. **~|text** *m* accompanying text. **~|um|stand** *m* accompanying (*od.* attendant, concomitant) circumstance; *jur.* accessory circumstance, *pl a.* circumstances surrounding the case.

Be'glei·tung *f* ‹-; *rare* -en› **1.** accompanying (*etc*). **2.** company, escort (*a. mil.*), *mar.* convoy; (*Gefolge*) attendants *pl*, *e-s Würdenträgers*: entourage; **in ~ von** (*od. gen*) accompanied (*od.* attended) by, in the company of. **3.** *mus.* accompaniment.

Be'gleit||wort *n* **1.** a) → **Geleitwort,** b) word of explanation. **2.** *ling.* adjunct. **~|zet·tel** *m* → **Begleitschein.**

be'glücken (*getr.* **-k·k-**) *v/t* ‹*no* **ge-**, h› **1.** *lit.* make *s.o.* (feel) happy, fill *s.o.* with happiness, delight *s.o.* **2.** *iro.* **j-n (mit et.) ~** favo(u)r (*od.* bless) s.o. (with s.th.), treat s.o. (to s.th.). **be'glückend** (*getr.* **-k·k-**) *adj* wonderful, enchanting, delightful, happy. **Be'glücker** (*getr.* **-k·k-**) *m* ‹-s; -› benefactor (*a. iro.*).

be'glückt *pp u. adj* happy, delighted (**über** *acc* about, at), blissful; **~ sein (über** *acc*) *a.* rejoice (at, in). **≈heit** *f* ‹-; *no pl*› happiness, joy, bliss.

Be'glückung (*getr.* **-k·k-**) *f* ‹-; -en› → **Beglücktheit.**

be'glück|wün·schen *v/t* ‹*no* **ge-**, h› **j-n (zu et.) ~** congratulate (*od.* felicitate) s.o. (on s.th.); **du bist zu ~** you are to be congratulated; **sich (zu et.) ~** congratulate (*od.* hug) o.s. (on s.th.), call o.s. lucky (on account of s.th.). **Be'glück|wün·schung** *f* ‹-; -en› **1.** congratulating. **2.** congratulation(s *pl*), felicitation(s *pl*) (**zu** on).

be'gna·den *v/t* ‹*no* **ge-**, h› *obs.* **j-n (mit et.) ~** endow (*od.* bless) s.o. (with s.th.); **ein begnadeter Künstler** an inspired (*od.* a great) artist.

be·gna·di·gen [bəˈgnaːdɪgən] *v/t* ‹*no* **ge-**,

h> **1.** *jur.* a) pardon, grant a pardon to, reprieve, b) *durch Amnestieerlaß*: amnesty *s. o.*, c) *durch Strafumwandlung*: commute the sentence (on s. o.) into *imprisonment, etc.* **2.** *obs.* → **begnaden.**

Be'gna·di·gung *f* <-; -en> **1.** pardoning (*etc*). **2.** *jur.* a) (free) pardon, b) amnesty, general pardon, c) commutation of the sentence (**zu** into); **strafmildernde ~** reprieve.

Be'gna·di·gungs|ˌbrief *m jur.* (letter of) pardon. **~geˌsuch** *n* petition for pardon. **~ˌrecht** *n* power (*od.* right) of pardon.

be·gnü·gen [bə'gny:gən] *v/reflex* <*no* **ge-**, h> **sich ~ (mit)** be content (*od.* satisfied) (with), content o. s. (*od.* put up) (with), (*auskommen*) make do (with); **sich mit wenigem ~** be content with little, have only few wants; **ich möchte mich damit ~ zu sagen** I will merely say *that* ... **be'gnüg·sam** *adj* easily contented (*od.* satisfied), *Person*: of few wants; *im Essen etc*: frugal.

Be·go·nie [be'go:nĭə] *f* <-; -n> *bot.* begonia.

be·gön·ne [bə'gœnə] *1 u. 3 pret subj*, **be·gon·nen** [bə'gɔnən] *pp of* **beginnen.**

be·gön·nern [bə'gœnərn] *v/t* <*no* **ge-**, h> patronize, treat *s. o.* patronizingly.

be'gos·sen *adj fig. colloq.* abashed, bewildered; → **Pudel.**

be'gra·ben I *v/t* <*irr, no* **ge-**, h> bury (*a. fig.*), inter, *lit.* entomb; **unter e-r Lawine ~ werden** be buried under an avalanche; *fig.* **s-e Hoffnungen ~** bury one's hopes; *colloq.* **laß dich ~!, du kannst dich ~ lassen!** go and be hanged! **II** *pp u. adj* buried; *fig.* **längst ~e Wünsche** long-buried wishes; **et. ~ u. vergessen sein lassen** bury and forget s. th.; *colloq.* **da möchte ich nicht ~ sein** I wouldn't be found dead there; → **Hund** 2.

Be·gräb·nis [bə'grɛ:pnɪs] *n* <-ses; -se> **1.** burial, interment. **2.** → **Begräbnisfeier. 3.** *obs.* (*Gruft*) tomb. **~ˌfei·er** *f* funeral. **~ˌfei·er·lich·keit** *f meist pl* funeral ceremony (*od.* rite), *lit.* obsequies *pl.* **~ˌko·sten** *pl* funeral expenses.

be·gra·di·gen [bə'gra:dɪgən] *v/t* <*no* **ge-**, h> **1.** straighten. **2.** (*Wasserlauf etc*) correct, regulate. **Be'gra·di·gung** *f* <-; -en> **1.** straightening. **2.** regulation, correction.

be'greif·bar *adj* → **begreiflich.**

be'grei·fen I *v/t* <*irr, no* **ge-**, h> **1.** (*verstehen*) understand, comprehend, conceive, realize, grasp, *colloq.* catch on to, get; **ich begreife das nicht, ich kann das nicht ~** that's beyond me, I don't get it; **ich kann nicht ~, weshalb (wie)** I cannot imagine (*od.* I fail to see, it's beyond me) why (how); **es ist schwer zu ~** it is hard to understand; **es ist nicht zu ~** it is inconceivable, I (*od.* we) can't understand *why, etc*; **das begreift sich von selbst** that goes without saying. **2.** → **befühlen. 3.** *obs. for* **umfassen** 2. **II** *v/i* **4.** understand, comprehend, *colloq.* catch on, get it; **schnell (schwer) ~** be quick (slow) of comprehension, *colloq.* be quick (slow) on (*od.* in) the uptake, catch on quickly (slowly). **III** ♀ *n* <-s> **5.** understanding (*etc*). **6.** comprehension.

be'greif·lich *adj* understandable, comprehensible, conceivable, natural; **~er Wunsch** understandable (*od.* natural) desire; **leicht ~ sein** be easy to understand; **j-m et. ~ machen** make s. o. understand s. th., make s. th. clear to s. o., bring s. th. home to s. o.; **es ist mir nicht ~, weshalb** I fail to see why.

be'greif·li·cher'wei·se *adv* understandably (enough), (*natürlich*) naturally, of course.

be'grenz·bar *adj* limitable.

be'gren·zen *v/t* <*no* **ge-**, h> **1.** (*Grundstück etc*) mark off, delimit; (*die Grenze bilden von*) bound (*a. math.*), form the boundary of; (*umranden*) border. **2.** *fig.* (**auf** *acc* to) limit, restrict, confine; **zeitlich ~** → **befristen;** → **begrenzt. 3.** (*festlegen*) determine; **e-e Aufgabe ~** circumscribe (*od.* define) a task.

be'grenzt I *adj Anzahl, Mittel, Zeit etc*: (**auf** *acc* to) limited, restricted; *fig.* **~er Horizont** limited (*od.* narrow) horizon. **II** *adv* restrictedly; *econ.* **~ haltbare Waren** perishable (*od.* non(-)durable) goods. **♀heit** *f* <-; *no pl*> limitation, limitedness, restrictedness; narrowness.

Be'gren·zung *f* <-; -en> **1.** limiting (*etc*), (de)limitation. **2.** (*Grenze*) bounds *pl*, limit(s *pl*), boundary. **3.** *fig. der Geschwindigkeit etc*: limitation, restriction. **4.** *math. e-s Körpers*: limitation, limiting line.

Be'gren·zungs|ˌanˌzei·ger *m mot.* width indicator. **~ˌebe·ne** *f math.* boundary plane. **~ˌfeu·er** *n aer.* boundary light. **~ˌflä·che** *f* **1.** *math.* (boundary) surface. **2.** *tech.* contact surface. **~ˌleuch·te** *f*, **~ˌlicht** *n mot.* side lamp, *Am.* side-marker lamp. **~ˌli·nie** *f* boundary (*math.* limiting) line.

Be'griff *m* <-(e)s; -e> **1.** (*Vorstellung*) conception, idea, notion, *philos.* concept; **falscher ~** misconception, wrong idea; **nach allgemeingültigen ~en** according to common standards; **ein dehnbarer (fester) ~** a flexible (standard) concept; **e-n ungefähren ~ von et. haben** have a vague notion of s. th.; **e-n hohen ~ von e-r Sache haben** have a high conception of s. th.; **sich** (*dat*) **e-n ~ von e-r Sache machen** get (*od.* form) an idea of s. th., visualize s. th.; *colloq.* **du machst dir k-n ~!** you have no idea!; **für m-e ~e ist das unmöglich** in my opinion (*od.* if you ask me) that's impossible; *iro.* **er hat e-n merkwürdigen ~ von der Arbeit** he has a curious idea of work; **ist Ihnen das ein ~?** does that mean anything to you?; **er ist mir kein ~** his name doesn't mean anything to me; *colloq.* **das geht über m-e ~e!** that's beyond me; **das übersteigt alle ~e!** imagination boggles at it, *colloq.* that beats everything; *econ.* **unser Fabrikat ist ein ~** our make is a byword for quality. **2.** (*Ausdruck, a. math.*) term. **3. im ~ sein** (*od.* **stehen**), **et. zu tun** be about (*od.* going) to do s. th., be on the point of doing s. th.; **wir sind im ~ aufzubrechen** we are (just) about to leave. **4.** *colloq.* **schwer** (*od.* **langsam**) **von ~ sein** be slow in the uptake, be a bit dense.

be'grif·fen *pp of* **begreifen** *u. adj* **in et. ~ sein** be engaged in s. th., be busy doing s. th., *a. Sache*: be in the process of doing s. th.; **im Schreiben ~** writing; **im Gehen ~** about to leave; **in der Entwicklung ~** in the process of development, developing; **im Entstehen ~** in the process of formation, nascent.

be'griff·lich *adj* conceptual, notional, abstract; **~es Denken** thinking in the abstract.

Be'griffs|beˌstim·mung *f* definition. **~ˌbil·dung** *f* conception, concept formation. **~ˌinˌhalt** *m* conceptual content; connotation. **~ˌklas·se** *f philos.* (conceptual) category. **~ˌlo·gik** *f* **1.** *extensionale*: class logic, set theory. **2.** *intensionale*: theory of concepts. **♀ˌmä·ßig** *adj* → **begrifflich. ~ˌschrift** *f* **1.** ideography. **2.** (*logische Formelsprache*) interpreted logical calculus. **♀ˌstut·zig** *adj* dull, dense, obtuse. **~ˌstut·zig·keit** *f* <-; *no pl*> denseness, slowness. **~ˌumˌfang** *m* extension of a concept. **~verˌmö·gen** *n* → **Verstand. ~verˌwechs·lung, ~verˌwir·rung** *f* confusion of concepts.

be'grün·den *v/t* <*no* **ge-**, h> **1.** (*gründen*) found; (*Geschäft etc*) *a.* establish, set up, start; (*schaffen*) create; **e-n Hausstand ~** set up house; **s-e Macht ~** establish one's power; **j-s Ruf (Glück) ~** lay the foundations of s. o.'s reputation (fortune); **e-e Sache auf** (*acc*) **et. ~** found (*od.* base) s. th. (up)on s. th.; *jur.* **ein Recht** *etc* **~** create (*od.* establish, vest) a right, *etc.* **2.** (*Behauptung etc*) give (*od.* state) the (*od.* one's) reasons for, substantiate, *jur. a.* show cause why; (*rechtfertigen*) justify. **Be'grün·der** *m* <-s; ->, **Be'grün·de·rin** *f* <-; -nen> founder, initiator, originator. **be'grün·det** *adj* **1.** well-founded, well-grounded, justified, reasonable; **~er Verdacht** well-founded (*od. bes. jur.* reasonable) suspicion; *jur.* **~er Anspruch** legitimate (*od.* valid) claim; **~e Rechte** vested rights; **dies ist in s-m Charakter ~** that lies in his character. **2.** (*erwiesen, erhärtet*) substantiated.

Be'grün·dung *f* <-; -en> **1.** (*Gründung*) foundation, establishment (*a. fig. von j-s Ruhm etc*). **2.** *e-r Behauptung etc*: reason(s *pl*), ground(s *pl*), argument(s *pl*); **mit der ~, daß** on the grounds that; **ohne jede ~** without giving any reasons (*od.* explanation); **zur ~ von** (*od. gen*) in support of. **3.** *jur.* a) *e-s Anspruchs, e-r Klage*: statement of reasons, substantiation, b) *e-s Urteils*: opinion, reason(s *pl*), c) *e-s Rechts, Schuldverhältnisses etc*: creation.

be'grü·nen *v/t* <*no* **ge-**, h> *civ. eng. beim Straßenbau*: grass (down), sow (down); **sich ~** grow (*od.* become) green.

be'grü·ßen *v/t* <*no* **ge-**, h> **1. j-n ~** a) greet (*od.* salute) s. o., b) say hello to s. o., c) welcome (*od.* receive) s. o., d) *durch Zuruf*: hail s. o.; **ich begrüße Sie im Namen von** (*od. gen*) I welcome you on behalf of; **j-n mit Beifall ~** cheer s. o., greet (*od.* receive) s. o. with cheers (*od.* applause); **wir würden uns freuen, Sie bei uns ~ zu dürfen** (*Einladung*) we should like to have the pleasure of your company. **2.** *fig.* (*Maßnahmen etc*) welcome, hail, approve; **es ~, daß** *a.* appreciate it that, be glad that. **3.** *mil. u. Sport*: salute. **be'grü·ßensˌwert** *adj* welcome, <*pred*> to be welcomed. **Be'grü·ßung** *f* <-; -en> **1.** greeting, *bes. im Brief*: salutation. **2.** (*Willkommen*) welcome; **Worte der ~ an j-n richten** address a few words of welcome to s. o. **3.** *mil. u. Sport*: salute.

Be'grü·ßungs|ˌanˌspra·che *f* address of welcome, welcoming speech. **~ˌfor·mel** *f* salutation. **~ˌwort** *n* <-(e)s; -e> *meist pl* word(s *pl*) of greeting (*od.* welcome).

be'gucken (*getr.* **-k·k-**) *v/t* <*no* **ge-**, h> *colloq.* (have a) look at, eye.

Be·gum ['be:gʊm] *f* <-; -en> begum.

be·gün·sti·gen [bə'gʏnstɪgən] *v/t* <*no* **ge-**, h> **1.** (*Plan, Vorhaben etc*) favo(u)r; (*Sache*) *a.* promote, foster, support, encourage, be favo(u)rable to. **2.** (*bevorzugen*) favo(u)r, show partiality for, prefer (*a. econ. Gläubiger*). **3.** *jur.* be an accessory after the fact to. **Be'gün·sti·ger** *m* <-s; -> *jur.* accessory after the fact. **be'gün·stigt** *adj* **1.** favo(u)red (**von** *dat* with). **2.** *jur.* a) *Erbrecht, Versicherung*: benefiting (**unter** *dat* from *a will, insurance*), b) *Organisation etc*: beneficiary; ~**er Erbe** heir taking under a will, beneficiary. **Beˈgün·stig·te** *m, f* ⟨-n; -n⟩ *econ. jur.* a) beneficiary, b) *durch Akkreditiv*: payee.

Beˈgün·sti·gung *f* ⟨-; -en⟩ **1.** a) favo(u)ring, b) favo(u)r(s *pl*). **2.** (*Förderung*) promotion, encouragement. **3.** (*Bevorzugung*) preference, preferential treatment; *weitS.* patronage, *contp.* favo(u)ritism. **4.** (*Hilfe, Schutz*) aid, support, protection. **5.** *jur.* a) *strafbare*: acting as an accessory after the fact (*gen* to), b) benefiting, being appointed (as) (*od.* made a) beneficiary.

Beˈgün·sti·gungs|ˌklau·sel *f econ. jur.* benefit clause. **~taˌrif** *m* preferential tariff.

beˈgutˌach·ten *v/t* ⟨*no* **ge-**, h⟩ **1.** *fachmännisch*: give an (expert's) opinion on; **e-n Schaden** ~ appraise a damage; **et.** ~ **lassen** obtain an expert opinion on s. th., *jur. a.* call for expert evidence on s. th. **2.** (*prüfen*) examine; *colloq.* (*besichtigen*) *a.* inspect, study. **Beˈgutˌach·ter** *m* ⟨-s; -⟩ expert; *e-s Schadens*: appraiser. **Beˈgutˌach·tung** *f* ⟨-; -en⟩ **1.** giving an (expert) opinion (on) (*etc*). **2.** a) expert appraisement, b) (*Gutachten*) expert opinion. **3.** examination, inspection.

be·gü·tert [bəˈgyːtərt] *adj* **1.** rich, wealthy, well-to-do, ⟨*pred*⟩ well off; **die ~en Klassen** the leisure(d) classes. **2.** *obs.* propertied, landed.

be·gü·ti·gen [bəˈgyːtɪgən] *v/t* ⟨*no* **ge-**, h⟩ *lit.* soothe, calm, appease, mollify, placate. **~d** *adj* soothing (*etc*).

beˈhaa·ren *v/reflex* ⟨*no* **ge-**, h⟩ **sich** ~ become hairy, grow hair. **beˈhaart** *adj* **1.** hairy, hirsute. **2.** *bot. zo.* hairy, pilose, *bot. a.* villose, bearded, *Same*: comate; **rauh** ~ hirsute; **(steif)** ~ barbate. **Beˈhaa·rung** *f* ⟨-; -en⟩ **1.** hairiness. **2.** (*Haar*) hair. **3.** *bot. zo.* hairiness, pilosity.

be·hä·big [bəˈhɛːbɪç] *adj* **1.** (*gemütlich*) easy-going, comfort-loving. **2.** (*seelenruhig, selbstgefällig*) placid. **3.** (*gesetzt*) sedate; (*träge*) phlegmatic; (*gemächlich*) leisurely. **4.** (*dick*) portly, corpulent. **5.** *fig. Stuhl, Schrank etc*: spacious. **2keit** *f* ⟨-; *no pl*⟩ **1.** easy-goingness, love of comfort. **2.** placidness, placidity. **3.** sedateness; phlegma; leisureliness. **4.** portliness.

beˈhacken (*getr.* **-k·k-**) *v/t* ⟨*no* **ge-**, h⟩ hoe.

beˈhaf·tet *adj* **1.** (**mit** *Krankheit etc*) afflicted (with), affected (by), subject (to), cursed (with). **2.** (**mit** *Mängeln, Fehlern*) full (of), subject (to); **mit Fehlern** ~ *a.* defective, flawed, faulty. **3.** *econ.* (**mit** *Schulden etc*) encumbered (*od.* burdened) (with).

be·ha·gen [bəˈhaːgən] *lit.* **I** *v/i* ⟨*no* **ge-**, h⟩ **1.** (*gefallen, zusagen*) **j-m** ~ please s. o., be to s. o.'s taste, appeal to s. o.; **das behagt mir ganz u. gar nicht** I don't like that at all. **II** 2 *n* ⟨-s⟩ **2.** (*Wohl*2) comfort, ease, (sense of) luxury. **3.** (*Zufriedenheit*) content(ment), contentedness; **die Katze schnurrt vor** ~ the cat is purring contentedly. **4.** (*Vergnügen*) pleasure, enjoyment, *stärker*: delight, relish; **mit** ~ with relish; **et. mit** ~ **genießen,** ~ **finden an e-r Sache** delight (*od.* luxuriate, revel) in s. th., relish s. th.; **den Tee mit** ~ **trinken** drink one's tea with (quiet) enjoyment.

be·hag·lich [bəˈhaːklɪç] **I** *adj* **1.** (*traulich*) cosy, cozy, snug, comfortable (*room, atmosphere, etc*). **2.** (*bequem*) comfortable, *colloq.* comfy; **es j-m (sich)** ~ **machen** make s. o. (o. s.) comfortable (*od.* at home); **ein ~es Leben führen** lead a comfortable (*od.* an easy) life; **sich** ~ **fühlen** feel at (one's) ease, feel comfortable. **II** *adv* **3.** comfortably, snug(ly) (*etc*); **es ist** ~ **warm hier** it is nice and warm here. **2keit** *f* ⟨-; *no pl*⟩ **1.** comfort(ableness), ease. **2.** cosiness, coziness, snugness, comfort. **3.** → **Behagen** 3.

beˈhal·ten *v/t* ⟨*irr, no* **ge-**, h⟩ **1.** keep; ~ **Sie den Rest!** (*Wechselgeld*) keep the change!, ~ **Sie Platz!** keep your seat, please!; please remain seated!; **s-e Stellung** ~ keep (*od.* retain) one's position; **bei sich** ~ a) (*Gäste*) put up (*guests*) (at one's home), b) *med.* (*Nahrung etc*) retain, c) (*Geheimnis*) keep (*a secret*), keep *s. th.* to o. s.; **et. für sich** ~ keep s. th. for o. s. (*fig.* to o. s.); **behalt das für dich!** *colloq.* keep it under your hat!; *jur.* **j-n in Haft** ~ detain s. o., keep s. o. in custody. **2.** *fig.* (**im Gedächtnis** *od.* **Kopf**) ~ keep *s. th.* in mind, retain, remember; **ich kann nichts** ~ my memory is like a sieve; **leicht zu** ~ easy to remember. **3.** *math.* carry; **sieben, behalte fünf** (put down) seven and carry five.

Be·häl·ter [bəˈhɛltər] *m* ⟨-s; -⟩ **1.** container (*a. rail. etc*), receptacle, (*Kasten, Kiste*) case, box. **2.** *tech.* a) *für Flüssigkeiten*: tank, reservoir, b) *für Gas*: holder, c) *für Kohle*: bunker, d) *für Schüttgut*: bin, e) (*Fülltrichter*) hopper. **~ˌfahrˌzeug** *n* → **Behälterwagen.** **~verˌkehr** *m rail.* container traffic (*od.* system, service). **~ˌwa·gen** *m mot. rail.* tank car.

Be·hält·nis [bəˈhɛltnɪs] *n* ⟨-ses; -se⟩ *lit. and jur. for* **Behälter** 1.

beˈhäm·mern *v/t* ⟨*no* **ge-**, h⟩ hammer. **beˈhäm·mert** *adj* → **bekloppt.**

beˈhan·deln *v/t* ⟨*no* **ge-**, h⟩ **1.** treat, deal with, handle; **j-n gut (schlecht)** ~ treat s. o. well (badly), be (un)kind to s. o.; **sie weiß, wie man Kinder behandelt** she knows how to handle (*od.* manage) children, she has a way with children; **e-e Maschine pfleglich** (*od.* **schonend**) ~ handle a machine with care. **2.** (*Thema, Frage etc*) treat, deal with, handle, (*besprechen*) discuss, (*erwägen*) consider; **dieser Punkt wird in e-m Zusatzabkommen behandelt** this item is subject to (*od.* dealt with in) a supplementary agreement; **das Buch behandelt die Frauenbewegung** the book treats of (*od.* deals with) the feminist movement; **et. als Witz** ~ treat s. th. as a joke; **et. gründlich** ~ give s. th. full treatment, treat s. th. exhaustively. **3.** *med.* a) treat (**wegen** for, **mit** with), attend, b) (*Wunde*) dress; **welcher Arzt behandelt Sie?** who is your doctor?; **sich** ~ **lassen** be treated, take (*od.* get) medical treatment, undergo treatment. **4.** *chem. tech.* (**mit** with) treat, process.

beˈhan·delnd *adj* **~er Arzt** physician in charge, attending physician. **Beˈhand·lung** *f* ⟨-; -en⟩ **1.** treating (*etc*). **2.** *allg., a. tech. u. fig.* treatment (*of material, person, subject, etc*); (*Handhabung*) *a.* handling; (*Besprechung*) discussion; **schlechte** ~ maltreatment, ill-treatment, unkindness; **unsachgemäße** ~ improper handling. **3.** *med.* a) treatment, medical attention (*od.* care), attendance, b) *mit Arzneien*: medication, c) (*bestimmtes Verfahren*) therapy; **in (ärztlicher)** ~ **sein** be under medical treatment (*od.* care), undergo treatment (**wegen** for), be (being) treated (for); **in** ~ **gehen, sich in** ~ **begeben** have (*od.* get, undergo) (medical) treatment, see a doctor.

Beˈhand·lungs|ˌko·sten *pl* medical costs. **~ˌstuhl** *m* patient's chair, *bes.* dentist's chair. **~ˌwei·se** *f* (way of) treatment. **~ˌzim·mer** *n* consulting room.

be·hand·schuht [bəˈhantˌʃuːt] *adj* gloved.

Beˈhang *m* ⟨-(e)s; ⸚e⟩ **1.** (*Wand*2) hangings *pl*, tapestry; (*Drapierung*) drapery. **2.** (*Schmuck*) pendant(s *pl*); (*Quasten*) tassels *pl.* **3.** *hort. an Obstbäumen*: fruit, crop. **4.** *hunt.* (*Ohren des Jagdhundes*) lop ears *pl.* **5.** *vet. des Pferdes*: fetlock.

beˈhän·gen I *v/t* ⟨*no* **ge-**, h⟩ **1. et. mit e-r Sache** ~ a) hang s. th. on s. th., b) (*schmücken*) hang (*od.* decorate, adorn, drape) s. th. with s. th., deck s. th. (out) with s. th.; **mit Girlanden behängt** festooned; *colloq.* **mit Schmuck behängt** loaded down with jewel(le)ry, bejewel(l)ed; **mit Orden behängt** beribboned and bemedalled. **2.** *hunt.* (*Hunde*) leash. **II** *v/reflex* **sich** ~ *colloq.* **3.** cover (*od.* load) o. s. (**mit Schmuck** with jewel[le]ry).

beˈhar·ken *v/t* ⟨*no* **ge-**, h⟩ **1.** *mil. sl.* rake *s. th.* with gunfire. **2.** *fig. colloq.* let *s. o.* have it.

beˈhar·ren I *v/i* ⟨*no* **ge-**, h⟩ **1.** (**auf** *dat*, **bei** in) persevere, persist; ~ **auf** *a.* abide by, adhere (*od.* cling, *colloq.* stick) to; **bei** *s-r Aussage, Meinung etc* ~ maintain, insist on, stand (*od.* keep, *colloq.* stick) to. **2.** (**in** *dat*) persevere (in, with), continue (steadfastly) (in); **im Glauben** ~ persevere in one's faith. **3.** (*behaupten*) insist, maintain; **„das weiß ich nicht"**, **beharrte er** "I don't know", he insisted. **4.** (*gleichbleiben*) remain constant (*od.* unchanged); *phys.* remain inert (*od.* motionless), continue in the state of rest. **II** 2 *n* ⟨-s⟩ → **Beharrung.**

beˈharr·lich I *adj* **1.** (*ausdauernd*) persevering, persistent, unwavering, (*stetig*) constant, steady, steadfast, (*hartnäckig*) pertinaceous, insistent, (*fleißig*) assiduous. **2.** (*stur*) obstinate, stubborn, dogged. **II** *adv* **3.** perseveringly (*etc*); **et.** ~ (*ständig*) **tun** *a.* keep doing s. th.; **sich** ~ **weigern** refuse persistently (*od.* obstinately). **2keit** *f* ⟨-; *no pl*⟩ **1.** (*Ausdauer*) perseverance, persistence; (*Fleiß*) assiduity; (*Geduld*) patience. **2.** (*Hartnäckigkeit*) pertinacity; (*Sturheit*) obstinacy, stubbornness, doggedness; (*Entschlossenheit*) determination.

Beˈhar·rung *f* ⟨-; *no pl*⟩ **1.** persevering (*etc*), perseverance. **2.** → **Beharrlichkeit.** **3.** (*Gleichbleiben*) constancy, permanence. **4.** → **Beharrungsvermögen.**

Beˈhar·rungs|geˌsetz *n phys.* law of inertia. **~moˌment** *n* moment of inertia. **~verˌmö·gen** *n* inertia. **~ˌzuˌstand** *m* state of inertia.

beˈhau·chen *v/t* ⟨*no* **ge-**, h⟩ **1.** breathe (up)on. **2.** *ling.* (*Konsonanten*) aspirate. **beˈhaucht** *adj ling.* apirate(d); **~er Laut** aspirate.

beˈhau·en I *v/t* ⟨*irr, no* **ge-**, h⟩ **1.** hew, dress; **Stein grob (rechteckig, mit dem Meißel)** ~ rough-hew (square, chisel) stone. **2.** (*Baumstämme*) trim, dress. **II** *pp u. adj* **3.** hewn.

be·haup·ten [bəˈhauptən] **I** *v/t* ⟨*no* **ge-**, h⟩ **1.** (*erklären*) state, declare, (*geltend machen*) maintain, assert, claim, contend; ~, **daß** *a.* hold that …; (*beteuern*) protest; *fälschlich*: pretend; (*bes. Unerwiesenes, a. jur.*) allege, aver; **et. hartnäckig** ~ insist (up)on s. th.; *colloq.* **steif u. fest** ~, **daß** insist (*od.* swear) that; **das Gegenteil** ~ maintain the contrary; **ich darf wohl ~** I daresay; **das habe ich nicht behauptet** I did not say that; **man behauptet von ihr** (*od.* **es wird von ihr behauptet**), **daß** she is said to *inf*, it is said of her that; **das kann man von ihm nicht ~** you can't say that of him; **wie können Sie so et. ~?** how can you say such a thing? **2.** *lit.* (*behalten*) maintain, hold, retain, (*Rechte*) *a.* assert, defend; → **Feld. II** *v/reflex* **sich ~ 3.** hold one's own, stand one's ground, **gegen** *a.* stand up against; **sich auf der Bühne ~** *Stück*: hold the stage. **4.** *econ. Preis, Kurs*: remain steady (*od.* firm). **III** 2 *n* ⟨-s⟩ **5.** maintaining (*etc*). **6.** → **Behauptung 1.**

Be'haup·tung *f* ⟨-; -en⟩ **1.** (*Erklärung*) statement, declaration, assertion, claim, contention, affirmation; (*zu beweisende ~, bes. jur.*) allegation, averment; **e-e bloße ~** a mere assertion; **e-e kühne ~** a bold statement; *jur.* **~en tatsächlicher Art** statements of fact; **e-e ~ aufstellen** make a declaration (*etc*); **die ~ aufstellen (, daß)** → **behaupten 1**; **~ gegen ~** one man's word against another's. **2.** ⟨*only sg*⟩ *e-s Rechts, e-r Stellung etc*: maintenance, holding, assertion, (*Verteidigung*) defen/ce (*Am.* -se). **3.** *math.* proposition.

Be'haup·tungs,satz *m ling.* clause of statement.

be'hau·sen *v/t* ⟨*no* **ge-, h**⟩ house, lodge. **be'haust** *pp u. adj* ⟨*pred*⟩ *lit.* domiciled, resident. **Be'hau·sung** *f* ⟨-; -en⟩ *oft humor.* dwelling, lodgings *pl*, home.

Be·ha·vio·ris·mus [bihevĭə'rɪsmʊs] *m* ⟨-; *no pl*⟩ *psych.* behavio(u)rism.

be'he·ben *v/t* ⟨*irr, no* **ge-, h**⟩ **1.** *allg.* remove; (*Schaden etc*) *a.* repair, mend; (*Not, Mißstand etc*) redress, remedy; (*Schmerzen etc*) relieve; (*Gefahr, Schwierigkeit, Fehler etc*) eliminate, overcome; (*Zweifel*) dispel. **2.** *Austrian econ. for* **abheben 2. Be'he·bung** *f* ⟨-; *no pl*⟩ **1.** removing (*etc*), removal. **2.** *e-s Schadens etc*: removal, repair; *e-s Mißstandes etc*: removal, remedy; *von Schmerzen*: relief. **3.** *Austrian econ. for* **Abhebung.**

be·hei·ma·tet [bə'haima:tət] *pp u. adj* **1.** (*ansässig*) resident, domiciled; **~ sein in** a) have one's home in, be resident in, b) be a native of, come from; **das Schiff ist in Hamburg ~** the ship is registered at Hamburg. **2.** *bot. zo.* (**in** *dat* to) native, indigenous.

be'hei·zen *v/t* ⟨*no* **ge-, h**⟩ heat. **Be'hei·zung** *f* ⟨-; *no pl*⟩ heating.

Be·helf [bə'hɛlf] *m* ⟨-(e)s; -e⟩ **1.** makeshift, expedient. **2.** → **Rechtsbehelf.**

be'hel·fen *v/reflex* ⟨*irr, no* **ge-, h**⟩ **sich ~** manage, make do (**mit** with); (*sich durchschlagen*) make both ends meet; **sich ohne et. ~** do (*od.* manage) without s. th.

Be'helfs|an,ten·ne *f Radio*: auxiliary (*od.* temporary) aerial (*Am.* antenna). **~,bau** *m* ⟨-(e)s; -ten⟩ temporary (*od.* makeshift) building. **~,brücke** (*getr.* **-k·k-**) *f* temporary bridge. **~,heim** *n* emergency (*od.* temporary) home. **~kon·struk·ti,on** *f tech.* makeshift design. **~,lö·sung** *f* makeshift (*od.* patch-up) solution. **2,mä·ßig I** *adj* makeshift, improvised, temporary, emergency. **II** *adv* temporarily, as a makeshift. **~,un·ter,kunft** *f* temporary (*od.* emergency) accommodation.

be·hel·li·gen [bə'hɛlɪgən] *v/t* ⟨*no* **ge-, h**⟩ (**mit** with) disturb, trouble, bother, *stärker*: molest, importune, pester. **Be'hel·li·gung** *f* ⟨-; -en⟩ trouble, disturbance, molestation.

be'helmt *adj* **1.** helmeted. **2.** *bot.* galeate(d).

be·hend [bə'hɛnt], **be'hen·de** [-də] *adj* (*flink*) nimble, agile, quick (*alle a. geistig*); (*gewandt, geschickt*) dext(e)rous, adroit. **Be·hen·dig·keit** [bə'hɛndɪç-kaɪt] *f* ⟨-; *no pl*⟩ nimbleness, agility, quickness; dexterity, adroitness.

be'her,ber·gen *v/t* ⟨*no* **ge-, h**⟩ **1.** accommodate, house, lodge, put *s. o.* up, take *s. o.* in; give shelter to, shelter; (*Verbrecher*) harbo(u)r; **das Hotel kann 100 Gäste ~** the hotel can accommodate 100 guests. **2.** *fig.* house, harbo(u)r. **Be'her,ber·gung** *f* ⟨-; *no pl*⟩ accommodating (*etc*), accommodation.

he'herr·schen I *v/t* ⟨*no* **ge-, h**⟩ **1.** (*Land, Volk etc*) rule (over), reign over, govern, hold sway over, *Person*: *a.* be ruler of. **2.** *fig.* dominate, (*beeinflussen*) influence, sway; **diese Leidenschaft beherrscht ihn vollkommen** he is a (complete) slave to this passion; **der Plan ist von dem Gedanken beherrscht, daß** the project is governed by the idea that. **3.** *fig.* (*die Lage, Leidenschaften etc*) control, be in control of, command, be master of, dominate; *econ.* **den Markt ~** dominate the market; *mil.* **den Luftraum ~** control the air (space), have air supremacy; **s-e Gefühle ~** → 6; **das Feld ~** be in full command (of the situation); **j-n ~** dominate s. o., hold s. o. in one's power, *colloq.* have s. o. under one's thumb; *Sport*: **den Gegner ~** dominate the opponent(s), be in command. **4.** (*e-e Kunst, s-n Beruf etc*) master, have mastered, be master of, have a good command (*od.* grasp) of, know (*one's trade*); **e-e Sprache ~** have a (good) command of (*od.* know, speak) a language. **5.** (*das Stadtbild etc*) dominate, command, tower over, overlook (*a town, etc*). **II** *v/reflex* **sich ~ 6.** control (*od.* restrain) o. s., keep o. s. (*od.* one's feelings) in check, keep one's temper; **sich nicht ~ können** have no self-control; **sich nicht mehr ~ können** lose one's self-control (*od.* temper); *iro.* **ich kann mich ~!** I can resist the temptation!, no soap! **~d** *adj fig.* dominating, *Prinzip etc*: *a.* governing, determinant.

Be'herr·scher *m* ⟨-s; -⟩, **Be'herr·sche·rin** *f* ⟨-; -nen⟩ (*gen* over, of) ruler, dominator, *fig. a.* master, mistress; *hist.* **England, die Beherrscherin der Meere** England, the Mistress of the Seas.

be'herrscht *pp u. adj* (*ruhig*) controlled, restrained, disciplined, self-possessed. **2heit** *f* ⟨-; *no pl*⟩ → **Beherrschung.**

Be'herr·schung *f* ⟨-; *no pl*⟩ **1.** ruling (*etc*). **2.** rule, domination, **3.** *fig. der Lage, Leidenschaften etc*: control, mastery; *aer. mil.* **~ des Luftraums** air supremacy; *econ.* **~ des Marktes** control of the market. **4.** (*Selbst2*) self-control; **die ~ verlieren** lose one's self-control. **5.** *fig. e-r Kunst etc*: command, mastery, grasp.

be·her·zi·gen [bə'hɛrtsɪgən] *v/t* ⟨*no* **ge-, h**⟩ take *s. th.* to heart, (bear *s. th.* in) mind, mark *s. th.* well. **be'her·zi·gens,wert** *adj* worth remembering, worth heeding.

be'herzt *adj* (*mutig*) courageous, brave, *colloq.* plucky; (*entschlossen*) determined. **2heit** *f* ⟨-; *no pl*⟩ courage, bravery, *colloq.* pluck; determination.

be'he·xen *v/t* ⟨*no* **ge-, h**⟩ *a. fig.* bewitch.

be·hilf·lich [bə'hɪlflɪç] *adj* ⟨*pred*⟩ **j-m (bei e-r Sache) ~ sein** help (*od.* assist) s. o. (with [*od.* in] s. th.), lend s. o. a (helping) hand (with s. th.), be of service to s. o. (in s. th.); **j-m ~ sein, et. zu tun** assist s. o. in doing s. th.; **kann (darf) ich Ihnen ~ sein?** can (may) I help you?

be'hin·dern *v/t* ⟨*no* **ge-, h**⟩ **1.** (**bei**) hinder, impede, hamper, handicap, obstruct (*alle*: in *s. th.*), interfere (with); stand in the way of *progress etc*; **die Sicht (den Verkehr) ~** obstruct the view (traffic). **2.** *Sport*: a) tackle, *Eishockey*: body-check, b) *unfair*: obstruct, foul. **be'hin·dert** *pp u. adj* (**körperlich** physically, **geistig** mentally) handicapped. **Be'hin·de·rung** *f* ⟨-; -en⟩ **1.** hindering (*etc*). **2.** (*Hindernis*) (*gen* to) hindrance, impediment, handicap, obstruction, obstacle. **3.** *Sport*: a) tackle, interference, b) *unfaire*: obstruction, foul.

Be·hör·de [bə'hø:rdə] *f* ⟨-; -n⟩ (public *od.* government) authority, administrative body (*od.* agency, office, board); **die ~n** the (public) authorities.

Be'hör·den|ap·pa,rat *m* administrative (*od.* official) machinery. **~,deutsch** *n*, **~,spra·che** *f* officialese. **~,weg** *m* administrative (*od.* official) channels *pl*; **auf dem ~** by the (competent) authorities, through official channels.

be·hörd·lich [bə'hø:rtlɪç] **I** *adj* official, (*staats~*) government(al); **~es Schreiben** official note. **II** *adv* **~ genehmigt** officially authorized, approved by the authorities. **be'hörd·li·cher'seits** *adv* on the part of the authorities.

be·host [bə'ho:st] *adj* **1.** *colloq.* trousered, *nachgestellt*: in (*od.* wearing) trousers. **2.** *hunt. orn.* feathered.

Be·huf [bə'hu:f] *m* ⟨-(e)s; -e⟩ *obs.* **zu diesem ~(e)** for this purpose, to this end. **be'hufs** *prep* ⟨*gen*⟩ *obs.* → **Behuf.**

be'hü·ten *v/t* ⟨*no* **ge-, h**⟩ **1.** (**vor** *dat* from) guard, protect, shield, preserve, keep; (*aufpassen auf*) watch over; **ein Geheimnis ~** keep (*od.* guard) a secret; **behüt' dich Gott!** a) *lit.* God be with you!, b) (*Abschiedsgruß*) farewell!, good-by(e)!; *colloq.* **(Gott) behüte!** God (*od.* Heaven) forbid! **2.** → **hüten 1, 2, 4. Be'hü·ter** *m* ⟨-s; -⟩ guard(ian), protector, keeper. **be'hü·tet I** *pp.* **II** *adj* protected, sheltered; **~e Jugend** sheltered youth.

be·hut·sam [bə'hu:tza:m] **I** *adj* (*vorsichtig*) careful, cautious, chary; (*sachte, sanft*) gentle, *stärker*: gingerly; **~e Worte** gentle words. **II** *adv* carefully, cautiously, gently; **~ zu Werke gehen** go about s. th. carefully; **~ mit j-m umgehen** treat s. o. gently. **2keit** *f* ⟨-; *no pl*⟩ **1.** care(fulness), caution, cautiousness. **2.** gentleness.

bei [baɪ] *prep* ⟨*dat*⟩ **1.** *räumlich*: a) near, close to, by, b) at, c) next to; **~ Berlin** near Berlin; **~ dem Fluß** by the river; **die Schlacht ~ Waterloo** the battle of Waterloo; **~ der ersten Kreuzung** at the first crossing; **~ Tisch** at table; **~ j-m sitzen** sit next to s. o. (at table); **~ Hof(e)** at court; **~ e-r Höhe von tausend Fuß** at a height of one thousand feet. **2.** *Verbindung zu Personen od. Institutionen ausdrückend*: a) at, b) with; **~ j-m zu Besuch sein** be staying with s. o.; **~ uns** a) with us (at home), b) in our (*od.* this) country; **~ ihm zu Hause** at his place; **~ j-m (e-m Verlag) arbeiten** work for s. o. (a publishing house); **~ dem Bäcker** at the baker's; **~ den Indianern leben** live among (the) Indians; **~ der Marine (Infanterie)** in the navy (infantry); **~ Meier** (*auf Briefen*) c/o (= care of) Meier; **~ Homer lesen** read in Homer; **dieses Zitat steht ~ Schiller** this is a quotation from Schiller. **3.** (*körperliche Berührung*) by; **j-n ~ der Hand fassen** take s. o. by the hand; *fig.* **et. ~ der Hand haben** have s. th. at hand (*od.* handy). **4.** ~ sich with one; **er hatte e-n Revolver ~ sich** he carried (*od.* had) a revolver (on *od.* with him); **ich habe kein Geld ~ mir** I have no money with (*od.* on) me; **er hatte e-n Hund ~ sich** he had a dog with him; *fig.* **ich dachte ~ mir** I thought to myself; *colloq.* **nicht ganz ~ sich sein** not to be all there. **5.** *fig.* **die Entscheidung liegt ~ der Regierung** the decision rests with the government; **das steht ~ Ihnen** it is for you to decide, *colloq.* it's up to you; **man fand e-n Brief ~ ihm** a letter was found on him; **das findet man oft ~ Kindern** it is often so with children; **das kommt ~ ihm selten vor** that's rare for him; **~ ihm war das zu erwarten** it was to be expected of him; **~ e-r Tasse Tee** over a cup of tea; **~ Ärzten findet man diese Ansicht häufig** this view is very common among doctors; **so war es auch ~ mir** it was the same (thing) with me. **6.** *zeitlich*: a) during, b) on, upon, c) at; **~ s-r Ankunft (Abreise)** on his arrival (departure); **~ s-m Besuch** a) during his visit, b) at (*od.* on the occasion of) his visit; **~ Sonnenaufgang** at sunrise; **~ Nacht** at night; **~ Tag** during the day, in the daytime; **~ der Versammlung** a) at the meeting, b) during (*od.* in the course of) the meeting; **~ näherer Bekanntschaft (Prüfung)** on closer acquaintance (examination); **~ diesem Anblick** at the sight of this; **~ s-r Geburt (s-m Tode)** at his birth (death); **~ Vorlage der Papiere** on presentation of the documents. **7.** *Bedingung, Grund ausdrückend*: **~ Licht arbeiten** work by light; **~ offenem Fenster schlafen** sleep with the window open; **~ Steigerung der Produktion** if production rises; **~ e-r Strafe von 20 Mark** under penalty of 20 marks; **~ Regen fällt das Konzert aus** if it rains the concert will be cancel(l)ed; **nur ~ Gefahr** only in case of danger; **~ Entfernungen über 50 Meilen** in case of distances over 50 miles; **Wasser kocht ~ 100 Grad** water boils at a hundred degrees (centigrade); **~ Ausnutzung aller Möglichkeiten** if all possibilities are exploited; **~ d-m Alter** at your age; **~ s-n Fähigkeiten** with his abilities; **~ so vielen Schwierigkeiten** in view of (*od.* with) so many difficulties; **~ all s-r Vorsicht** for all his cautiousness; **~ all dem** for all that. **8. ~ guter Gesundheit sein** be in good health; **~ der Arbeit sein** be at work; **~ gutem Appetit sein** have a healthy appetite; **schon ~ Jahren sein** be well on in years. **9. ~ weitem** (by) far, far and away; **~ weitem nicht** not by far, not by a long shot; **~ weitem besser** far (*od.* much) better; **er ist ~ weitem der Beste** he is by far the best; **du weißt ~ weitem noch nicht alles** there is much more you don't know yet. **10.** (*Anrufung, Beteuerung*) **~ Gott!** by God!; **~ m-r Ehre!** upon my hono(u)r!; **~ allem, was mir teuer ist!** by all that's holy!

Bei *m* ⟨-s; -e *u.* -s⟩ (*Titel*) Bey.

ˈBeiˌband *m* ⟨-(e)s; ⸚e⟩ *print.* supplementary volume.

ˈbei·be‚hal·ten *v/t* ⟨*irr, sep, no* -ge-, h⟩ **1.** (*Gewohnheit, Methode etc*) keep up, maintain, continue, retain; (*Meinung, Plan etc*) adhere (*od. colloq.* stick) to, abide by, *stärker*: cling to. **2.** (*Kurs, Tempo*) keep; **behalten Sie diese Richtung bei!** continue in this direction; *mar.* **Kurs u. Geschwindigkeit ~** stand on. **ˈBei·beˌhal·tung** *f* ⟨-; *no pl*⟩ **1.** keeping up (*etc*). **2.** maintenance, continuation, retention; **unter ~ von** (*od. gen*) while maintaining (*od.* retaining). **3.** adherence (*gen* to).

ˈbeiˌbie·gen *v/t* ⟨*irr, sep,* -ge-, h⟩ *colloq.* **j-m et. ~** a) *schonend*: break s. th. gently to s. o., b) *scharf*: bring s. th. home to s. o.

ˈBeiˌblatt *n print.* **1.** supplementary sheet. **2.** *e-r Zeitung*: supplement (**zu** to).

ˈBeiˌboot *n mar.* ship's boat; *e-r Jacht*: dinghy, cockboat.

ˈbeiˌbrin·gen I *v/t* ⟨*irr, sep,* -ge-, h⟩ **1. j-m et. ~** a) (*mitteilen*) convey (*od.* impart) s. th. to s. o. (*beide a. Wissen*), tell s. o. s. th., *schonend*: break s. th. gently to s. o., b) (*lehren*) teach s. o. s. th., show s. o. how to do s. th., c) (*verständlich machen*) make s. th. clear to s. o., explain s. th. to s. o., *nachdrücklich*: bring s. th. home to s. o., give s. o. to understand *that* ...; **j-m das Tanzen ~** teach s. o. (how) to dance; *colloq.* **wer hat dir diesen Unsinn beigebracht?** who told you this nonsense?; *colloq.* **dir werd' ich's schon noch ~!** I'll teach you yet! **2. j-m** *e-e Niederlage, e-e Wunde, e-n Verlust etc* **~** inflict *s. th.* on s. o.; (*e-e Arznei etc*) administer *s. th.* to s. o.; **dem Feind große Verluste ~** inflict heavy losses on the enemy; **j-m e-n Schlag ~** deal s. o. a blow, land (a punch) on s. o.; *jur.* **j-m Gift ~** administer poison to s. o., poison s. o. **3.** (*herbeischaffen*) obtain, procure, supply, get; (*Beweise, Urkunden, Zeugen*) produce, adduce, bring forward, (*Dokumente*) *a.* supply, furnish, submit; (*Gründe*) submit, advance, put forward (*arguments*). **II** ≗ *n* ⟨-s⟩ **4.** imparting, teaching (*etc*); → **ˈBeiˌbrin·gung** *f* ⟨-; *no pl*⟩ *jur.* production (*of evidence, witnesses, documents*), supply, presentation, submission (*of documents, etc*).

Beich·te [ˈbaɪçtə] *f* ⟨-; -n⟩ *relig. u. fig.* confession; **e-e ~ ablegen** confess, make a confession (**j-m** to s. o.); **j-m die ~ hören** (*od.* **abnehmen**) hear s. o.'s confession, *nur vom Priester*: confess s. o.; **zur ~ gehen** go to confession. **ˈbeich·ten I** *v/t* ⟨h⟩ confess (*a. fig.*) (**j-m** to s. o.). **II** *v/i* confess (**bei j-m** to s. o.); *fig. a.* make a clean breast of it. **III** ≗ *n* ⟨-s⟩ confessing, confession. **ˈBeich·ten·de** *m, f* ⟨-n; -n⟩ *relig.* confessant.

ˈBeicht|ˌfor·mel *f* form of confession. **~geˌheim·nis** *n* → Beichtsiegel. **~ˌkind** *n* penitent, confessant. **~ˌord·nung** *f* order of confession. **~ˌsie·gel** *n* (**unter dem ~** under the) seal of confession. **~ˌspie·gel** *m* penitential (book). **~ˌstuhl** *m* confessional (box). **~ˌva·ter** *m* (father) confessor. **~ˌzet·tel** *m* list of sins.

beid|ar·mig [ˈbaɪtˌarmɪç] *adj* two-hand(ed); *Gewichtheben*: **~es Reißen** two-hands snatch. **~ˌäu·gig** *adj opt.* binocular. **~ˌbei·nig** [-ˌbaɪnɪç] *adj Sport*: two-footed.

bei·de [ˈbaɪdə] **I** *adj* **1.** (*das eine u. das andere*) a) (*~ zusammen*) both, b) (*~ für sich, die ~n*) *the* two; **m-e ~n Brüder** *betont*: both my brothers, *unbetont*: my two brothers; **die ~n Fälle sind ganz verschieden** the two cases are quite different. **2.** (*das eine od. das andere*) either; **~ Tage passen mir** either day will suit me; **auf k-r der ~n Seiten** on neither side. **II** *pron* **3.** *betont*: both, *unbetont*: the two; **alle ~** a) both of you, b) both of them; **wir ~**, *a.* **wir ~n** both of us, *unbetont*: we two, the two of us; **ich traf sie ~** I met them both; **diese ~n** these two; **welcher von ~n?** which of the two?; **die letzten ~n** the last two; **ich habe k-n** (*od.* **k-s**) **von ~n gesehen** I haven't seen either (of them); **k-r von euch ~n** neither of you. **4. ~s** both, (*jedes von zwei*) either; **~s ist möglich** both (things are) (*od.* either) is possible. **5.** *Sport*: all; *Tennis*: **dreißig (vierzig) ~** thirty all (forty all, deuce). **ˈbei·deˌmal** *adv* both times. **ˈbei·derˈlei** *adj* (of) both kinds, (of) either sort; **~ Geschlechts** a) of either sex, b) *ling.* of common gender.

ˈbei·der|ˌsei·tig *adj* **1.** (*gegenseitig*) reciprocal, (*gemeinsam*) mutual, common; **~es Interesse** mutual interest; **~e Verpflichtungen** reciprocal commitments; **in ~em Einvernehmen** in (*od.* by) mutual agreement. **2.** *bes. jur. pol. Vertrag etc*: bilateral. **3.** *biol. med.* bilateral. **~ˈseits I** *prep* ⟨*gen*⟩ on both sides (**des Flusses** of the river). **II** *adv* on both sides; *fig. a.* mutually, reciprocally; **~ besteht der Wunsch nach Verhandlungen** both sides want negotiations.

ˈbei·des *pron* → beide 4.

ˈbeid|ˌfü·ßig [-ˌfyːsɪç] *adj* → beidbeinig. **≗ˌhän·der** [-ˌhɛndər] *m* ⟨-s; -⟩ **1.** (*Schwert*) double-handed sword. **2.** (*Person*) ambidextrous person, ambidexter. **~ˌhän·dig** [-ˌhɛndɪç] **I** *adj* **1.** (*~ geschickt*) ambidextrous. **2.** (*mit beiden Händen zugleich*) two-handed, double-handed. **II** *adv* **3.** with both hands.

ˈbeiˌdre·hen *v/t u. v/i* ⟨*sep,* -ge-, h⟩ *mar.* heave to.

ˈbeidˌsei·tig *adj* → beiderseitig.

ˌbeiˌeinˈan·der I *adv* together; (*nebeneinander*) next to each other; **dicht** (*od.* **nahe**) **~** close together; **~ sein** be together (→ *a.* beieinandersein); **sie waren abwechselnd ~ zu Besuch** they visited each other in turn. **II ≗, das** ⟨-s⟩ the togetherness.

ˌbeiˌeinˈan·der|ˌblei·ben *v/i* ⟨*irr, sep,* -ge-, sein⟩ stay together. **~ˌha·ben** *v/t* ⟨*irr, sep,* -ge-, h⟩ *colloq.* have *s. th.* together; **nun habe ich endlich das Geld beieinander** now I have got the money at last; **s-e Gedanken nicht ~** be unconcentrated. **~ˌhal·ten** *v/t* ⟨*irr, sep,* -ge-, h⟩ keep *s. th.* together. **~ˌlie·gen** *v/i* ⟨*irr, sep,* -ge-, h *u.* sein⟩ lie together. **~ˌsein** *v/i* ⟨*irr, sep,* -ge-, sein⟩ *colloq.* **gut ~** a) *gesundheitlich*: be in good shape, b) (*kräftig, dick*) be a strapping (*od.* hefty) person (*od.* girl, *etc*). **~ˌsit·zen** *v/i* ⟨*irr, sep,* -ge-, h *u.* sein⟩ sit together (*od.* next to each other).

ˈBeiˌfah·rer *m* **1.** *im Pkw*: front(-seat) passenger; *im Lkw etc*: assistant driver, co-driver, *Br. a.* driver's mate; *auf dem Motorrad*: (*Soziusfahrer*) pillion rider, *im Beiwagen*: sidecar passenger. **2.** *Sport*: co-driver, co-pilot.

ˈBeiˌfall *m* ⟨-(e)s; *no pl*⟩ (*Klatschen*) applause, clapping, *durch Zuruf*: acclamation, (loud) cheers *pl*; *fig.* (*Zustimmung*) approval, acclaim, approbation; **stürmischen ~ hervorrufen** provoke peals (*od.* thunders) of applause, *colloq.* get a big hand, *thea.* bring down the house; **s-e Rede wurde mit allgemeinem ~ aufgenommen** his speech was greeted with general applause; **~ ernten** (*od.* **finden**) a) draw applause, b) *weitS.* meet with approval, be acclaimed; **~ klatschen** (*od.* **spenden**) applaud, clap, cheer; **das fand bei ihm k-n ~** he did not like it. **≗ˌhei·schend** *adj* eager.

ˈbeiˌfäl·lig *adj* approving; **~es Lächeln** smile of approval.

ˈBeiˌfalls|ˌklat·schen *n* applause, clapping. **~ˌklat·scher** *m* clapper, applauder. **~ˌkundˌge·bung** *f* manifestation of approval.

ˈBeiˌfallˌspen·der *m* ⟨-s; -⟩ applauder, clapper.

'Bei|falls|ruf *m* acclamation, cheer. **~|sturm** *m* storm of applause, thundering applause.

'Bei|film *m* supporting film.

'bei|fol·gend *adj u. adv* → **beiliegend.**

'bei|fü·gen *v/t* ⟨*sep*, -ge-, h⟩ **1.** (*dat* to) add, annex, append, join, (*anheften*) attach. **2.** *e-m Brief*: enclose, inclose (in, with). **'Bei|fü·gung** *f* ⟨-; -en⟩ **1.** annexing (*etc*); addition. **2.** ⟨*only sg*⟩ (*Beilage*) enclosure, inclosure; **unter ~ e-s Zeugnisses** enclosing a certificate. **3.** *ling.* attribute.

'Bei|fuß *m bot.* mugwort.

'Bei|ga·be *f* **1.** addition, extra; **als ~** *a.* into the bargain. **2.** → **Beilage** 2.

beige [beːʃ; bɛːʃ] *adj*, ♀ *n* ⟨-; - [ˈbeːʒəs; ˈbɛːʒəs]⟩ beige.

'bei|ge·ben I *v/t* ⟨*irr, sep*, -ge-, h⟩ **1.** add; **dem Kaffee Milch ~** add milk to one's coffee. **2.** → **beifügen. 3. j-m e-n Gehilfen** *etc* **~** assign an assistant, *etc* to s. o., give s. o. an assistant, *etc.* **II** *v/i* **4.** *colloq.* **klein ~** knuckle under, give in, eat humble pie, climb (*od.* back) down.

'beige|far·ben *adj* beige(-colo[u]red).

'bei·ge|fügt *adj ling.* appositive, appositional, attributive.

bei·gen [ˈbaɪgən] *v/t* ⟨h⟩ *dial.* stack, pile.

'bei·ge|ord·net *adj* **1.** *ling.* co(-)ordinate, paratactic(al) *clause.* **2.** *bes. pol.* assistant, deputy *member, etc*; **~er Richter** associate judge. **'Bei·ge|ord·ne·te** *m, f* ⟨-n; -n⟩ **1.** ⟨*gen*⟩ deputy (to), assistant (of). **2.** *pol.* a) deputy mayor, b) town councillor.

'Bei·ge|richt *n gastr.* side-dish.

'Bei·ge|schmack *m* ⟨-(e)s; *no pl*⟩ (**von** of) (peculiar) flavo(u)r, taste, smack; *fig.* tinge, smack; **e-n ~ von et. haben** smack (*od.* taste) of. s. th., *fig. a.* be tinged with s. th.

'bei·ge|sel·len I *v/t* ⟨*sep, pp* **beigesellt**, h⟩ *lit.* **j-m j-n ~** assign (*od.* attach, join) s. o. to s. o.; **j-n j-m ~** put s. o. together with s. o. **II** *v/reflex* **sich j-m ~** join s. o.

'Bei|heft *n print.* supplement.

'bei|hef·ten *v/t* ⟨*sep*, -ge-, h⟩ (*dat*) attach, affix (to), *mit Klammer*: pin, clip (on to).

'Bei|hel·fer *m jur.* principal in the second degree.

'Bei|hil·fe *f* **1.** *econ.* a) (*Unterstützung*) aid, assistance, support, b) *soziale etc*: grant-in-aid; (*Beisteuer*) allowance; *staatliche*: grant, subsidy. **2.** *jur.* (*Mittäterschaft*) aiding and abetting; **~ leisten** aid and abet.

'bei|ho·len *v/t* ⟨-ge-, h⟩ *mar.* (**das**) **Segel ~** take in (the) sail.

'Bei|klang *m* **1.** accompanying sound. **2.** *fig. e-s Wortes*: connotation, overtone.

'Bei|koch *m*, **'Bei|kö·chin** *f* assistant cook.

'bei|kom·men *v/i* ⟨*irr, sep*, -ge-, sein⟩ *colloq.* **1. j-m ~** get at s. o., *fig. a.* get the better of s. o., deal with s. o.; **man kann ihm nicht ~, ihm ist nicht beizukommen** there is no getting at him; **mit Vernunftgründen ist ihr nicht beizukommen** she won't listen to reason. **2. e-r Sache ~** cope (*od.* deal) with s. th., get round s. th.; **e-m Problem beizukommen suchen** tackle (*od.* try to get to the root of) a problem.

'Bei|kost *f* **1.** *gastr.* side-dish. **2.** *für Babys etc*: supplementary food.

Beil [baɪl] *n* ⟨-(e)s; -e⟩ **1.** hatchet, *großes*: ax(e); *hist.* **j-n durch das ~ hinrichten** behead s. o. (with an axe), decapitate s. o. **2.** (*Metzger*♀) cleaver, chopper.

'bei|la·den *v/t* ⟨*irr, sep*, -ge-, h⟩ add *s. th.* to a shipment (*od.* consignment). **'Bei|la·dung** *f* **1.** additional load, extra freight (*od. mar.* cargo). **2.** *mil.* ignition (*od.* priming) charge.

'Bei|la·ge *f* ⟨-; -n⟩ **1.** *zu e-r Zeitung*: supplement, addition; *e-s Briefes*: enclosure, inclosure (to); (*Reklame*♀) (loose) inset, insert; (*Anhang*) annex, appendix. **2.** *gastr.* garnishings *pl*, trimmings *pl*, (*Beigericht*) side-dish.

'Bei|la·ger *n* ⟨-s; *no pl*⟩ *obs.* consummation of marriage.

'bei|läu·fig I *adj* **1.** casual (*question, remark*). **2.** *Austrian for* **ungefähr** 1. **II** *adv* **3.** casually, in passing. **4.** (*übrigens*) incidentally, by the way.

'bei|le·gen *v/t* ⟨*sep*, -ge-, h⟩ **1.** (*dat*) add, (ad)join (to); *e-m Brief etc*: enclose, inclose (with *a letter*). **2.** (*Streit etc*) settle, make up (*a conflict, etc*); (*Differenzen*) *a.* reconcile, *colloq.* iron out. **3.** (*Namen, Titel etc*) confer, bestow (on), give; **sich** (*dat*) **e-n Titel ~** assume a title. **4.** (*zuschreiben*) attribute, ascribe (to); → **beimessen.**

'Bei|leg|schei·be *f tech.* **1.** shim. **2.** (*Unterlegscheibe*) washer.

'Bei|le·gung *f* ⟨-; -en⟩ **1.** adding (*etc*), addition. **2.** *e-s Streits etc*: settlement. **3.** *e-s Titels*: bestowal, conferment (on); *für sich selbst*: assumption (of).

|bei'lei·be [-ˈlaɪbə] *adv* **~ nicht**(!) by no means(!), certainly not(!), *colloq.* not by a long shot(!).

'Bei|leid *n* condolence(s *pl*), sympathy; **j-m sein ~ bezeigen** (*od.* **bezeugen, bekunden**) (**zu**) condole with s. o. (on, in), express one's sympathy with s. o. (for); (**mein**) **herzliches ~!** *a. iro.* (you have) my heartfelt sympathy!

'Bei|leids|be|such *m* visit of condolence. **~be|zei·gung, ~be|zeu·gung** *f* expression of one's sympathy, condolence. **~|brief** *m* letter of condolence. **~|kar·te** *f* condolence card. **~|schrei·ben** *n* letter of condolence.

'bei|lie·gen *v/i* ⟨*irr, sep*, -ge-, h *u.* sein⟩ **1.** *Dokument etc*: (*dat*) be attached (*od.* appended, annexed) (*alle* to); *e-m Brief etc*: be enclosed (*od.* inclosed) (with). **2.** *obs.* **j-m ~** lie (*od.* sleep) with s. o. **~d I** *adj* (*dat*) attached, appended, annexed (to); *e-m Brief etc*: enclosed, inclosed (with); **~ übersenden wir Ihnen** enclosed please find. **II** *adv* as an enclosure (*od.* inclosure), enclosed, inclosed.

'Beil·ke|spiel [ˈbaɪlkə-] *n* shuffleboard.

'Beil|stein *m min.* **1.** nephrite. **2.** jade.

beim [baɪm] *prep short for* **bei dem.**

'bei|men·gen *v/t* ⟨*sep*, -ge-, h⟩ → **beimischen. 'Bei|men·gung** *f* ⟨-; -en⟩ → **Beimischung.**

'bei|mes·sen *v/t* ⟨*irr, sep*, -ge-, h⟩ **1. j-m et. ~** ascribe (*od.* attribute) s. th. to s. o.; **j-m zuviel Einfluß ~** ascribe too much influence to s. o., credit s. o. with too much influence; **j-m die Schuld ~** put the blame on s. o., blame s. o. (**an** *dat* for), *jur.* impute (*od.* attribute) the guilt (*od. zivilrechtlich*: the fault) to s. o. **2. e-r Sache et. ~** attach (*od.* ascribe, attribute) s. th. to s. th.; **e-r Sache k-e Bedeutung ~** attach no importance to s. th.; **e-r Sache Glauben ~** give credence (*od.* credit) to s. th., believe s. th.

'bei|mi·schen *v/t* ⟨*sep*, -ge-, h⟩ **e-r Sache et. ~** a) mix (*od.* mingle) s. th. with s. th., b) admix (*od.* add) s. th. to s. th. **'Bei|mi·schung** *f* ⟨-; -en⟩ **1.** (ad)mixing (*etc*), addition; **unter ~ von Milch** (while) adding some milk. **2.** (*Menge*) admixture, addition.

Bein [baɪn] *n* ⟨-(e)s; -e⟩ **1.** leg; *fig. colloq.* **~e bekommen** (*od.* **kriegen**) sprout wings, disappear; **alles, was ~e hatte, war auf der Straße** everything on two legs was in the street; *colloq.* **j-m ~e machen** make s. o. find his (*od.* her) legs, make s. o. get a move on; **s-e** (*od.* **die**) **~e unter die Arme** (*od.* **in die Hand**) **nehmen** take to one's heels; **sich** (*dat*) **die ~e in den Leib** (*od.* **Bauch**) **stehen** stand until one is ready to drop; **j-m ein ~ stellen** trip s. o. up (*a. fig.*); **er reißt sich dabei** (**auch**) **kein ~ aus** he isn't killing himself over it; **sich** (*dat*) **die ~e vertreten** stretch one's legs; *fig.* **et. am ~ haben** have s. th. on one's back, be saddled with s. th.; *fig.* **gut auf den ~en sein** be very spry (*od.* in good shape); **sie ist den ganzen Tag auf den ~en** she is on the run (*od.* go, move) all day long; (**früh**) **auf den ~en sein** be up and doing; **er ist immer schon sehr früh auf den ~en** he is an early bird, he's always up and about early; **die ganze Stadt war auf den ~en** the whole town had turned out; **wieder auf den ~en sein** be back on one's feet again; **ich kann mich kaum noch auf den ~en halten** I'm ready to drop; **auf eigenen ~en stehen** stand on one's own (two) legs (*od.* feet), be one's own boss; *colloq.* **auf einem ~ kann man nicht stehen** two's company; **noch schwach** (*colloq.* **wackelig**) **auf den ~en sein** be still wobbly (*od.* shaky); *fig.* **auf schwachen ~en stehen** be shaky; **s-e Verteidigung steht auf schwachen ~en** *a.* his defen/ce (*Am.* -se) won't stand up in court; **der Kognak hat mich wieder auf die ~e gebracht** the cognac set me up again; **auf die ~e stellen** (*od.* **bringen**) a) (*in Gang setzen*) launch, start, set *s. th.* on foot, b) (*leisten, vollbringen*) show, do, c) (*schaffen*) produce, create, (*aus dem Boden stampfen*) conjure (*od. colloq.* whistle) up, (*ein Heer*) raise (*an army*), (*e-e Organisation etc*) set up, organize; *colloq.* **jetzt muß ich mich aber auf die ~e machen** I must be off (*od. colloq.* must get a move on); **j-m** (**wieder**) **auf die ~e helfen** a) set s. o. (back) on his feet, b) *fig. a.* give s. o. a leg-up, c) *gesundheitlich*: bring s. o. round again; *colloq.* **er fällt immer auf die ~e** he always falls (*od.* lands) on his feet; **sie scheint nur aus ~en zu bestehen** she seems to be all legs; **die Musik geht in die ~e** the music sets your foot tapping; **mit beiden ~en im Leben** (*od.* **fest auf der Erde**) **stehen** have both feet firmly on the ground; **mit einem ~ im Grab stehen** have one foot in the grave; **mit einem ~ im Gefängnis stehen** be risking a stretch in jail; *colloq.* **mit beiden ~en in et. hineinspringen** jump in with both feet; **mit dem linken** (*od.* **falschen**) **~ zuerst aufstehen** get out of (the) bed on the wrong side. **2.** *archaic* (*Knochen*) bone; **aus ~** (made of) bone; → **Mark**³, **Stein. 3.** (*Stuhl*♀ *etc*, *a. Hosen*♀) leg.

bei·na·he [ˈbaɪ|naːə, ˈbaɪˈnaːə], **bei·nah** [ˈbaɪ|naː, ˈbaɪˈnaː] *adv* almost, nearly, *lit.* well-nigh, all but; **et. ~ tun** *a.* come near doing s. th.; **er wäre ~ ertrunken** he almost drowned; **das ist ~ dasselbe** it's about the same; **~ unmöglich** next to impossible.

'Bei|na·me *m* **1.** epithet, appellation, surname (of); **j-m e-n ~n geben** surname s. o.; **mit dem ~n** surnamed. **2.** (*Spitzname*) nickname.

'bein·am·pu|tiert *adj* with an amputated leg, with amputated legs; **er ist ~** he has had a leg (*od.* both his legs) amputated. **'Bein·am·pu|tier·te** *m, f* ⟨-n; -n⟩ leg-amputee.

'Bein|arˌbeit *f* **1.** *Boxen etc*: footwork. **2.** *Schwimmen*: leg action. **~ˌausˌhe·ber** *m Ringen*: leg pickup (*od.* grab). **~ˌbruch** *m med.* fracture of the leg, leg fracture, broken (*od.* fractured) leg; **e-n ~ erleiden** break one's leg; *fig. colloq.* **das ist kein ~!** that's no tragedy!

'bei·nern *adj* **1.** (*aus Bein*) (made of) bone. **2.** *obs. for* **knöchern** 1.

'Bein|ˌfäu·le *f obs.* caries. **~ˌfes·se·lung** *f Ringen*: leg lock. **~ˌfrei·heit** *f mot.* leg(-)room.

be·in·hal·ten [bə'ʔɪnˌhaltən] *v/t* ⟨*no* **ge-**, **h**⟩ *adm.* contain; (*besagen*) say, express; (*umfassen*) comprise, include; *stillschweigend*: imply.

'Bein|ˌhaus *n hist.* charnel-house. **~ˌhe·bel** *m Ringen*: leg lever. **~ˌkleid** *n*, **~ˌklei·der** *pl obs. od. humor.* trousers. **~proˌthe·se** *f* artificial leg. **~ˌsche·re** *f Ringen*: leg scissors *pl* (*als sg konstruiert*). **~ˌsche·renˌschlag** *m Schwimmen*: scissors kick. **~ˌschie·ne** *f* **1.** *med.* a) (leg) splint, b) *Orthopädie*: leg bars and braces *pl*. **2.** *hist. der Rüstung*: greaves *pl*. **~ˌschlag** *m Schwimmen*: (leg) kick. **~ˌschwarz** *n chem.* bone black. **~ˌstel·len** *n* tripping.

'beiˌord·nen *v/t* ⟨*sep*, **-ge-**, **h**⟩ **1. j-m j-n ~** assign s. o. to s. o., appoint s. o. (as *od.* to) s. o.'s assistant. **2.** *ling.* co(-)ordinate; → **beigeordnet**. **'beiˌord·nend** *adj ling.* co(-)ordinative. **'Beiˌord·nung** *f* ⟨**-;** *no pl*⟩ **1.** assignment; *jur.* **~ e-s Anwalts** assignment of counsel. **2.** *ling.* co(-)ordination, parataxis.

'beiˌpacken (*getr.* **-k·k-**) *v/t* ⟨*sep*, **-ge-**, **h**⟩ pack *s. th.* up with it, add, enclose.

'Beiˌpferd *n* **1.** outrunner. **2.** → **Handpferd**.

'beiˌpflich·ten *v/i* ⟨*sep*, **-ge-**, **h**⟩ **1.** *e-r Ansicht etc*: agree, assent (to); *e-r Maßregel*: approve (of), endorse. **2. j-m ~** agree with s. o.; **darin pflichte ich dir bei** I agree with you (on this point). **'Beiˌpflich·tung** *f* ⟨**-;** *no pl*⟩ agreement, assent, approval.

'Bei|proˌdukt *n* by-product. **~proˌgramm** *n Kino*: supporting program(me *Br.*). **~ˌrat** *m* **1.** (*Person*) adviser, counsel(l)or. **2.** (*Ausschuß*) advisory board. **~ˌrich·ter** *m* → **Beisitzer** 2b.

be'ir·ren *v/t* ⟨*no* **ge-**, **h**⟩ confuse, (*erschüttern*) fluster, disconcert, (*entmutigen*) discourage, (*irreführen*) mislead; **laß dich nicht durch ihn ~!** don't let him confuse (*etc*) you; **er läßt sich nicht ~** he stands firm, *colloq.* he sticks to his guns; **er läßt sich in s-n Plänen nicht ~** he does not let anything upset his plans.

bei·sam·men [ˌbaɪ'zamən] *adv* together; **dicht ~** close together; *colloq.* **gute Nacht ~!** good night everybody! **~ˌblei·ben** *v/i* ⟨*irr, sep*, **-ge-**, **sein**⟩ stay together. **~ˌha·ben** *v/t* ⟨*irr, sep*, **-ge-**, **h**⟩ *colloq.* **1.** have (*the money, etc*) together. **2.** *fig.* **s-n Verstand nicht ganz ~** not to be all there; **s-e Gedanken nicht ~** be unconcentrated. **~ˌhal·ten** *v/t* ⟨*irr, sep*, **-ge-**, **h**⟩ keep (*one's savings, etc*) together. **~ˌle·ben** *v/i* ⟨*sep*, **-ge-**, **h**⟩ live together. **~ˌsein** *v/i* ⟨*irr, sep*, **-ge-**, **sein**⟩ *fig. colloq.* **nicht ganz ~** not to feel up to the mark; **gut (schlecht) ~** a) feel well (unwell), b) be in good (bad) shape. **§ˌsein** *n* ⟨**-** *s*; *no pl*⟩ **1.** being together. **2.** gathering, get-together; **geselliges ~** social gathering, *Am. a.* sociable; (*Wieder§*) reunion. **~ˌsit·zen** *v/i* ⟨*irr, sep*, **-ge-**, **h** *u.* **sein**⟩ sit together.

'Beiˌsas·se *m* ⟨**-n; -n**⟩ *hist.* **1.** person without full civil rights, denizen. **2.** cottager, tenant farmer.

'Beiˌsatz *m* **1.** *ling.* apposition. **2.** *chem.* admixture.

'bei|ˌschaf·fen *v/t* ⟨*sep*, **-ge-**, **h**⟩ *colloq.* get, procure. **~ˌschie·ßen** *v/t* ⟨*irr, sep*, **-ge-**, **h**⟩ *colloq. for* **beisteuern**.

'Beiˌschiff *n mar.* tender.

'Beiˌschlaf *m* (sexual) intercourse, cohabitation, coitus, coition; **außerehelicher ~** extramarital intercourse. **'beiˌschla·fen** *v/i* ⟨*irr, sep*, **-ge-**, **h**⟩ **j-m ~** sleep (*od.* have sexual intercourse) with s. o., *lit.* lie with s. o. **'Beiˌschlä·fer** *m* ⟨**-s; -**⟩, **'Beiˌschlä·fe·rin** *f* ⟨**-; -nen**⟩ bedmate, lover.

'bei|ˌschlie·ßen *v/t* ⟨*irr, sep*, **-ge-**, **h**⟩ enclose, inclose. **~ˌschrei·ben** *v/t* ⟨*irr, sep*, **-ge-**, **h**⟩ annotate. **§ˌschrift** *f* marginal note, annotation. **§ˌse·gel** *n* studding sail. **§ˌsein** *n* ⟨**-s;** *no pl*⟩ presence; **im ~ von Zeugen** in the presence of (*od.* before) witnesses.

ˌbei'sei·te *adv* aside (*a. thea.*), apart; **Scherz ~** joking apart; **~ gehen** (*od.* **treten**) step aside; **e-e Tatsache ~ lassen** ignore (*od.* disregard) a fact; **et. ~ legen** a) put (*od.* set) s. th. aside, b) (*ausscheiden*) discard (*od. colloq.* junk) s. th., c) (*sparen*) put s. th. aside (*od.* by), save s. th.; **j-n ~ nehmen** take s. o. aside; **et. ~ räumen** clear s. th. away; **~ schaffen** a) (*et.*) *a.* **~ bringen** remove, *heimlich*: put *s. th.* on one side, *a. jur.* secrete, b) (*j-n*) do away with, remove, liquidate; **j-n (et.) ~ schieben** push s. o. (s. th.) aside; (*ein Argument*) brush aside; *fig.* **~ setzen** set aside, overrule; **~ stehen** stand aside, *fig.* stand back; **et. ~ stellen** a) put (*od.* place) s. th. aside, b) (*vormerken*) earmark s. th. **§ˌlas·sung** *f* ⟨**-;** *no pl*⟩ **unter ~ von** (*od. gen*) disregarding.

'beiˌset·zen *v/t* ⟨*sep*, **-ge-**, **h**⟩ **1.** *lit.* (*beerdigen*) bury, inter, lay *s. o.* to rest. **2.** (*hinzufügen*) add (*dat* to). **3.** *Northern G.* put *s. th.* on (the fire). **4.** *mar.* (*Segel*) set; **alle Segel ~** crowd all sails. **5.** *jur.* (*Siegel*) affix. **6.** *chem.* add, admix. **'Beiˌset·zung** *f* ⟨**-; -en**⟩ **1.** burying (*etc*). **2.** *lit.* a) (*Beerdigung*) burial, interment, b) → **'Beiˌset·zungsˌfei·er** *f* funeral (ceremony), burial, obsequies *pl*.

'Beiˌsitz *m* ⟨**-es;** *no pl*⟩ *jur. pol.* **1.** seat (in a council, on a committee, *etc*). **2.** assessorship. **'beiˌsit·zen** *v/i* ⟨*irr, sep*, **-ge-**, **h** *u.* **sein**⟩ **e-m Ausschuß ~** sit (*od.* have a seat) on a committee. **'Beiˌsit·zer** *m* ⟨**-s; -**⟩ **1.** *pol.* member (of a committee). **2.** *jur.* a) assessor, b) (*Beirichter*) associate judge, c) (*Laienrichter*) lay judge.

'Beiˌspiel *n* ⟨**-(e)s; -e**⟩ **1.** example (**für** of); **leuchtendes ~** shining example; **praktisches ~** concrete example, demonstration; **warnendes ~** awful example, warning; **zum ~** for example, for instance (*abbr.* e. g.); **wie zum ~** as for instance, such as; **ein ~ geben** set an example; **ich zum ~** I for one; **(j-m) mit gutem ~ vorangehen** set (s. o.) a good example; **sich ein ~ nehmen an** (*dat*) take example by *s. o. od. s. th.*, take a leaf out of *s. o.'s* book; **j-s ~ folgen** follow s. o.'s example, (*dasselbe tun*) *a.* follow suit; **schlechte ~e verderben gute Sitten** (*Sprichwort*) evil communications corrupt good manners; **ohne ~** → **beispiellos**. **2.** (*Muster, Vorbild*) model; (*Präzedenzfall*) precedence; (*Darlegung*) illustration; (*Beleg*) instance. **3.** *math.* example. **§haft** *adj* exemplary (**für** of); *nur attr* model; **~ für** (*typisch*) representative of, illustrating *s. th.* **§los** *adj* unparalleled, unprecedented, unheard-of; (*unvergleichlich*) *a.* peerless, unequal(l)ed, matchless, singular. **~lo·sig·keit** *f* ⟨**-;** *no pl*⟩ unprecedentedness, singularity; matchlessness. **~ˌsatz** *m ling.* illustrative sentence, example.

'beiˌspielsˌwei·se *adv* (as) for instance (*od.* example), such as; by way of example.

'beiˌsprin·gen *v/i* ⟨*irr, sep*, **-ge-**, **sein**⟩ **j-m ~** come (*od.* hasten) to s. o.'s assistance (*od.* help, aid), stand by s. o., (*aushelfen*) help s. o. (out).

bei·ßen ['baɪsən] **I** *v/t* ⟨**beißt, biß, gebissen, h**⟩ **1.** bite; (*kauen*) chew; (*nagen*) gnaw (**an** *dat* at); *fig.* **sich auf die Zunge ~** bite one's tongue; *colloq.* **und was beißt mich da!** nothing doing!, my foot!; **nichts zu ~ (und zu brechen) haben** not to have a bite to eat; *colloq.* **er wird dich schon nicht ~** he won't bite you; **den letzten ~ die Hunde** (*Sprichwort*) the devil take the hindmost. **2.** *Rauch, Pfeffer etc*: sting, burn, bite, (*schmerzen*) *a.* smart. **3.** *colloq.* (*jucken*) itch; **es beißt mich** I'm itching (*od.* itchy). **4.** *colloq.* (*Wein*) savo(u)r. **5.** *colloq.* **sich** (*od.* **einander**) **~** *Farben etc*: clash. **II** *v/i* **6.** bite (*a. Fische*); **nach j-m ~** snap at s. o.; → **Apfel** *etc.* **7.** *Rauch, Pfeffer etc*: sting, burn, bite; **der Rauch beißt mir in den Augen** the smoke is stinging my eyes. **8.** *fig. colloq. Haut etc*: itch. **~d** *adj* **1.** *fig. Kälte, Wind etc*: biting, cutting, piercing, nipping. **2.** *fig. Geruch, Geschmack etc*: pungent, sharp, acrid. **3.** *fig. Bemerkung, Spott etc*: biting, cutting, caustic, sarcastic. **4.** *Schmerz*: sharp, stinging.

'Bei·ßer·chen *n meist pl colloq.* toothy-peg.

'Beiß|ˌkorb *m* muzzle. **~ˌring** *m für Babys*: teething ring. **~ˌzahn** *m* incisor. **~ˌzan·ge** *f tech.* **1.** nippers *pl*, pincers *pl*, pliers *pl* (*alle a. sg konstruiert*). **2.** *für Draht*: wire cutters *pl*. **3.** *colloq.* (*Weib*) (old) shrew, battle-ax(e).

'Beiˌstand *m* ⟨**-(e)s; ¨-e**⟩ **1.** ⟨*only sg*⟩ (*Hilfe*) assistance, aid, help, succo(u)r; (*Unterstützung*) support; **ohne ~** unaided; **ärztlicher ~** medical aid (*od.* attendance); *jur.* **sich des ~es e-s Verteidigers bedienen (können)** have the benefit of counsel; **j-m ~ leisten** → **beistehen**. **2.** (*Helfer*) assistant, helper, stand-by. **3.** *jur.* a) (*Rechts§*) legal adviser, *im Prozeß*: counsel, b) *im Zivilprozeß, in Jugendsachen*: next friend, guardian ad litem, c) *im Strafprozeß*: assistant ad litem.

'Beiˌstands|ˌpakt, ~verˌtrag *m pol.* mutual assistance pact.

'beiˌste·hen *v/i* ⟨*irr, sep*, **-ge-**, **h** *u.* **sein**⟩ **j-m ~** a) assist (*od.* aid, help) s. o., succo(u)r s. o., lend (*od.* render) s. o. assistance, come to s. o.'s aid, *med.* attend to s. o., give s. o. medical aid, b) (*unterstützen*) support (*od.* back) s. o., stand by s. o.; **Gott steh(e) mir bei!** Gold help me!

'Beiˌstell|ˌherd *m* auxiliary (kitchen) range. **~ˌtisch** *m* side table.

'Beiˌsteu·er *f* ⟨**-; -n**⟩ contribution. **§n** *v/t u. v/i* ⟨*sep*, **-ge-**, **h**⟩ *a. fig.* contribute (**zu** to).

'beiˌstim·men *v/i* ⟨*sep*, **-ge-**, **h**⟩ **1.** agree, concur; **dem Sprecher in e-r Frage ~** concur with the speaker in (*od.* on) a question; **j-s Äußerungen ~** agree with s. o.'s remarks; **alle stimmten dem Vorschlag bei** everybody agreed to the proposal. **2.** (*einwilligen*) (*dat* to) assent, accede, consent. **~d** *adv* **~ nicken** nod one's approval (*od.* assent).

'Beiˌstrich *m* ⟨**-(e)s; -e**⟩ comma.

Bei·tel [ˈbaɪtəl] *m* ⟨-s; -⟩ *tech.* (wood) chisel, (*Hohl*≗) gouge.

ˈBeiˌtrag [-ˌtraːk] *m* ⟨-(e)s; ⸚e⟩ **1.** contribution (*a. econ. von Gesellschaftern, zur Krankenversicherung, Anlieger*≗ *etc*); *fig.* **ein wertvoller ~ zur Erforschung dieses Gebiets** a valuable contribution to the investigation of this field; **(s)e-n ~ zu et. leisten** contribute to s. th., make a contribution to s. th. **2.** (*Mitglieds*≗) (membership) subscription (*od.* fee, *Am.* dues *pl*). **3.** (*Versicherungs*≗) premium. **4.** (*Aufsatz*) contribution; **Beiträge e-s Korrespondenten** articles contributed by a correspondent; **Beiträge liefern für** *e-e Zeitung etc* contribute to, write (articles) for. **5.** *mil.* (*Truppen*) contingent. **ˈbeiˌtra·gen I** *v/t* ⟨*irr, sep,* **-ge-, h**⟩ contribute; **zu e-r Sache (et.** *od.* **sein Teil) ~** contribute (one's share) to s. th.; **dies trägt viel dazu bei, daß** this contributes much to the fact that. **II** *v/i* contribute (zu to), *fig. a.* (*förderlich sein*) be conducive to, promote, help; **wesentlich zu e-r Sache ~** *a.* be instrumental in (doing) s. th., go a long way towards (doing) s. th.; **zum Erfolg e-r Sache ~** contribute (*od.* be conducive) to the success of s. th.; **dazu ~, et. zu vollbringen** contribute to the accomplishment of s. th., help bring s. th. about; **dies trägt nur dazu bei, die Sache zu verschlimmern** that will only serve to make things worse.

ˈBeiˌtrags|ˌanˌteil *m econ.* quota, share (of a contribution). **≗ˌfrei** *adj* non(-)contributory, without membership fees (*etc*); **~e Mitgliedschaft** free membership. **~ˌlei·stung** *f* contribution, payment of fees (*od.* dues). **~ˌpflicht** *f* **1.** liability to subscription. **2.** *econ.* liability to contribute, compulsory contribution. **≗ˌpflich·tig** *adj* **1.** *Vereinsmitglied etc*: liable to subscription. **2.** *econ.* liable (*od.* subject) to contribution.

ˈbeiˌtreib·bar *adj econ. jur.* recoverable.

ˈbeiˌtrei·ben *v/t* ⟨*irr, sep,* **-ge-, h**⟩ **1.** *econ. jur.* a) (*Geld, Steuer etc*) collect, *stärker*: enforce payment of, b) (*Schadensersatz, Schulden*) recover, (*einklagen*) sue for; **Zahlungen gerichtlich ~** recover payments in a court of law. **2.** *mil.* requisition, commandeer. **ˈBeiˌtrei·bung** *f* ⟨-; *no pl*⟩ **1.** *econ. jur.* a) collection, enforcement (of payment), b) recovery. **2.** *mil.* requisition.

ˈBeiˌtrei·bungs|verˌfah·ren *n* proceedings *pl* for recovery. **~ˌweg** *m* **im ~e** by means of compulsory execution.

ˈbeiˌtre·ten *v/i* ⟨*irr, sep,* **-ge-, sein**⟩ **1.** *e-m Verein etc*: join, become a member (of), enter, *e-m Vertrag etc*: *a.* accede (to). **2.** *jur. dem Kläger*: join. **3.** *e-r Meinung etc*: concur (*od.* fall in) with, agree to *s. o.'s opinion.*

ˈBeiˌtritt *m* ⟨-(e)s; -e⟩ **1.** *zu e-r Partei etc*: joining (of), entry (into), *zu e-m Vertrag*: *a.* accession (to); **s-n ~ zu e-m Verein erklären** declare one's membership of a club, become a member of (*od.* join) a club. **2.** *jur. zum Verfahren*: intervention, joinder.

ˈBeiˌtritts|ˌabˌkom·men *n* agreement of accession. **~erˌklä·rung** *f* **1.** *zu e-m Verein etc*: declaration of membership. **2.** *jur.* a) *zum Vertrag*: declaration of accession, b) *zum Prozeß*: petition in intervention. **~geˌsuch** *n* application for admission (*od.* membership).

ˈBeiˌwa·gen *m* **1.** *des Motorrads*: side(-)car. **2.** *der Straßenbahn etc*: trailer, *Br.* second car. **~ˌfah·rer** *m* side(-)car passenger. **~maˌschi·ne** *f* (motorcycle) combination.

ˈBeiˌwerk *n* ⟨-(e)s; *no pl*⟩ accessories *pl*, trimmings *pl*, embellishment, *colloq. contp.* frills *pl*; **überflüssiges ~** padding.

ˈBeiˌwert *m math.* coefficient.

ˈbeiˌwoh·nen *v/i* ⟨*sep,* **-ge-, h**⟩ **1.** (*dat*) attend (at *od. acc*), be present (at), (*beobachtend*) witness; **e-r Aufführung ~** attend a performance. **2.** *jur. od. obs.* **j-m ~** (*geschlechtlich*) cohabit (*od.* sleep) with s. o., have sexual intercourse with s. o. **ˈBeiˌwoh·nung** *f* ⟨-; **-en**⟩ **1.** presence, attendance. **2.** *bes. jur.* cohabitation, sexual intercourse.

ˈBeiˌwort *n* ⟨-(e)s; ⸚er⟩ **1.** *ling.* adjective. **2.** epithet; **schmückendes ~** ornamental epithet.

ˈBeiz|ˌbad *n* **1.** *metall.* pickling bath. **2.** *Färberei*: mordant (bath). **~ˌbrü·he** *f* **1.** *Färberei*: mordant(ing liquor). **2.** *Leder*: bate, tan liquor.

Beiˆze [ˈbaɪtsə] *f* ⟨-; **-n**⟩ **1.** → **Beizung. 2.** *tech.* a) (*Lösung etc*) corrosive (agent *od.* liquid), b) *für Metall*: pickle, pickling solution, c) *für Holz*: stain(ing liquid). **3.** *für Leder*: a) bate, tan, b) *bei Häuten*: ooze, mastering. **4.** *Färberei*: mordant. **5.** *agr. für Saatgut*: wet disinfectant; *für Tabak*: sauce. **6.** *phot.* mordant(ing bath). **7.** *beim Kupferstich*: aquafortis, nitric acid. **8.** *gastr.* pickle, marinade (*beide a. vb*: **in die ~ legen**). **9.** *hunt.* a) (*Beizjagd*) hawking, falconry, b) (*Köder*) bait.

ˌbeiˈzei·ten *adv* **1.** early, *lit.* betimes. **2.** (*rechtzeitig*) in (good) time.

bei·zen [ˈbaɪtsən] **I** *v/t* ⟨**h**⟩ **1.** *tech.* a) corrode, b) (*Metall*) pickle, c) (*Holz*) stain. **2.** (*Leder*) bate, tan. **3.** *Färberei*: (dye *s. th.* with a) mordant. **4.** *agr.* a) (*Saatgut*) treat, disinfect, b) (*Tabak*) sauce. **5.** *gastr.* pickle, marinate. **6.** *med.* cauterize, burn. **7.** *hunt.* hawk. **II** *v/i* **8.** *hunt.* hawk. **III ≗** *n* ⟨-s⟩ → **Beizung. ˈbei·zend I** *pres p.* **II** *adj* **1.** *tech.* caustic, corrosive; *metall.* pickling; *Farbstoff*: mordant. **2.** *med.* caustic. **ˈBei·zer** *m* ⟨-s; -⟩ *tech.* **1.** *metall.* pickling worker. **2.** *Tischlerei*: stainer.

ˈBeiz|ˌfal·ke *m hunt.* falcon. **~ˌhund** *m* pointer (used in hawking).

ˈbeiˌzie·hen *v/t* ⟨*irr, sep,* **-ge-, h**⟩ *Southern G. jur. for* **hinzuziehen, heranziehen.**

ˈBeiz|ˌjagd *f hunt.* falconry, hawking. **~ˌkraft** *f tech.* corrosive power. **~ˌlö·sung** *f*, **~ˌmit·tel** *n* → **Beize** 2–8.

ˈBei·zung *f* ⟨-; **-en**⟩ **1.** corroding, pickling (*etc*). **2.** *tech.* a) corrosion, b) *metall.* etch, bite. **3.** *Färberei*: mordanting (operation). **4.** *agr.* (seed) treatment. **5.** *med.* cauterization.

ˈBeizˌvo·gel *m hunt.* falcon, hawk.

be·ja·hen [bəˈjaːən] *v/t* ⟨*no* **ge-, h**⟩ **1.** (*Frage*) answer *s. th.* in the affirmative, say 'yes' to, affirm. **2.** *fig.* (*Plan, Idee etc*) say 'yes' to, accept (*od.* welcome) *s. th.*, subscribe to; **das Leben ~** have a positive attitude to(wards) life. **beˈja·hend I** *adj* **1.** affirmative (*a. ling.*). **2.** *fig.* (*zustimmend*) positive, affirmative. **II** *adv* **3.** in the affirmative, affirmatively. **beˈja·hen·denˌfalls** *adv adm.* in the event of an affirmative answer, if the answer is 'yes' (*od.* in the affirmative).

be·jahrt [bəˈjaːrt] *adj* old, aged, advanced in years, elderly.

Beˈja·hung *f* ⟨-; **-en**⟩ **1.** affirmative (answer), affirmation. **2.** *fig.* (*gen*) acceptance (of), approval (of), positive attitude (to).

Beˈja·hungsˌsatz *m ling.* affirmative sentence.

beˈjam·mern *v/t* ⟨*no* **ge-, h**⟩ lament, bemoan, bewail.

beˈjam·merns|ˌwert, ~ˌwür·dig *adj* lamentable, pitiable, deplorable, wretched.

beˈju·beln *v/t* ⟨*no* **ge-, h**⟩ **1. et. ~** jubilate (*od.* rejoice) at s. th. **2. j-n ~** cheer (*od.* acclaim) s. o., give an ovation to s. o.

be·kal·men [bəˈkalmən] *v/t* ⟨*no* **ge-, h**⟩ *mar.* becalm.

beˈkämp·fen *v/t* ⟨*no* **ge-, h**⟩ fight (against), combat (*beide mil. u. fig.*), struggle against, battle with; **ein Feuer ~** fight a fire; **Seuchen ~** combat diseases; **e-e Meinung (e-n Plan) ~** oppose (*od.* attack, fight, combat) an opinion (a plan); **j-n ~** fight against s. o.; **sich** (*od.* **einander**) **bis aufs Messer ~** fight each other tooth and nail. **Beˈkämp·fung** *f* ⟨-; *no pl*⟩ (**von** *od. gen*) **1.** fighting (against), combatting (of) (*etc*). **2.** fight (*od.* struggle, battle) (against), combat (of); *von Insekten, Seuchen etc*: *a.* control (of); **Maßnahmen zur ~ von Krankheiten** measures to combat disease.

beˈkannt I *pp of* **bekennen. II** *adj* **1.** *Persönlichkeit, Melodie etc*: (well-) -known; **auf s-e ~e Weise** in his well-known manner; **ein weniger ~er Verfasser** a less-known author; **es ist ~, daß** it is (well) known that; **es ist allgemein ~** it is generally (*od.* widely) known, it is common knowledge; **es ist schon in der ganzen Stadt ~** it is already all over the town; **gestern wurde ~** it was learned yesterday; **et. als ~ voraussetzen** assume s. th. as already known; **~ als** known as (*od.* to be), notorious as; **~ für** (*od.* **durch, wegen**) known (*od.* noted, notorious) for; **~ werden** become known; **er ist in X ~** a) he is (well) known in X, b) *colloq.* he knows his way around X; **j-m ~ sein** be known to s. o.; **ihm war ein ähnlicher Fall ~ geworden** he had heard of a similar case; **es dürfte Ihnen ~ sein, daß** I am sure you know that; **das ist mir ~** I know that, I am aware of it; **soviel mir ~ ist** as far as I know. **2.** (*berühmt*) well-known, noted, famous; **ein ~er Dichter** a famous poet, a poet of note; **e-n Ort ~ machen** *colloq.* put a place on the map. **3.** (*berüchtigt*) notorious; **ein ~er Schwindler** a notorious crook. **4.** (*vertraut*) familiar (*faces, surroundings, etc*); **das kommt mir ~ vor** that seems familiar to me; **mit e-r Aufgabe ~ werden** become familiar (*od.* acquainted) with a task; **j-n mit et. ~ machen** acquaint s. o. with s. th., inform s. o. of s. th.; **sich mit e-r Sache ~ machen** acquaint (*od.* familiarize) o. s. with s. th., make o. s. familiar with s. th. **5. mit j-m ~ (sein)** (be) acquainted with s. o.; **darf ich Sie mit Herrn X ~ machen?** may I introduce you to Mr X?, *Am. a.* meet Mr X!; **wir sind miteinander ~** we are acquainted; **mit j-m persönlich ~ sein** know s. o. personally; **mit j-m ~ werden** make s. o.'s acquaintance. **6.** (*gewohnt*) customary, usual; **der ~e Treffpunkt** the customary meeting place. **7.** *math. philos.* given, known; **~e Größe** known quantity. **III** *adv* **8. von ~ guter Qualität** of acknowledged excellence, of well-proven quality.

Beˈkann·te *m, f* ⟨-n; -n⟩ **1.** acquaintance; **ein guter ~r** a friend; **wir sind ~** we are acquainted. **2.** *euphem.* (*Freund*) my, etc boy friend, (*Freundin*) girl (friend). **Beˈkann·tenˌkreis** *m* (circle of) acquaintances (*od.* friends) *pl*.

be'kann·ter'ma·ßen *adv* → bekanntlich.

Be'kanntˌga·be *f* ⟨-; *no pl*⟩ → Bekanntmachung.

be'kanntˌge·ben *v/t* ⟨*irr, sep,* -ge-, h⟩ announce, make *s. th.* known (*od.* public), disclose, divulge; et. öffentlich ~ make s. th. public, publicize s. th., (*verkünden*) proclaim s. th., (*melden*) report s. th., give notice of s. th., (*ein Gesetz*) promulgate (*a law*), *in der Zeitung*: advertise (*od.* publish) s. th.; s-e Verlobung ~ announce one's engagement; j-m et. ~ a) announce s. th. to s. o., make s. th. known to s. o., b) *förmlich*: inform (*od.* notify) s. o. of s. th.; Einzelheiten ~ give (*od.* disclose, release) details; et. über den Rundfunk ~ announce s. th. over the radio; → *a.* bekannt 1.

Be'kannt·heit *f* ⟨-; *no pl*⟩ **1.** notoriety, publicity. **2.** (*Vertrautheit*) familiarity (mit with).

be'kannt·lich *adv* as is generally known, as everybody knows, *oft*: as you (probably) know, of course.

be'kanntˌma·chen *v/t* ⟨*sep,* -ge-, h⟩ → bekanntgeben, *a.* bekannt 1. **Be'kanntˌma·chung** *f* ⟨-; -en⟩ announcement, publication, notification; (öffentliche) ~ a) (public) announcement, proclamation, (*Verlautbarung*) disclosure, (*Veröffentlichung*) publication, *e-s Gesetzes*: *a.* promulgation, *in der Zeitung*: announcement, advertisement, (*amtliche* ~, *Aushang*) bulletin, *pol.* communiqué, b) *jur.* (public) notice, *als Vorgang*: publication (of notice), c) (*Plakat*) poster.

Be'kannt·schaft *f* ⟨-; -en⟩ **1.** (mit) acquaintance (of); (*Vertrautheit*) familiarity (with); enge ~ close acquaintance, friendship; ~ schließen a) mit j-m (*a.* j-s ~ machen) make s. o.'s acquaintance, become acquainted with s. o., meet s. o., *colloq.* scrape acquaintance with s. o., b) mit e-r Sache become familiar with s. th., *iro.* collide with (*od.* hit) s. th.; ~en machen pick up acquaintances, meet people; bei näherer ~ on closer acquaintance. **2.** → Bekanntenkreis.

be'kanntˌwer·den I *v/i* ⟨*irr, sep,* -ge-, sein⟩ become known; *et. a.* get abroad, come out (*od.* to light), (*durchsickern*) leak out, transpire, *Am. a.* develop; es ist mir bekanntgeworden, daß it has come to my knowledge that, I have learnt that; gerüchtweise ~ get rumo(u)red about; ~ lassen make public, disclose, divulge; → *a.* bekannt 1. **II** ℒ *n* ⟨-s⟩ bei ℒ des Inhalts a) when the contents became known, b) if the contents should become known.

beˌkap·pen *v/t* ⟨*no* ge-, h⟩ **1.** (*Bäume*) lop, top. **2.** *hunt.* (*Beizfalken*) hood. **3.** (*Schuhe*) top, cap. **4.** *colloq.* → kapieren.

be'keh·ren I *v/t* ⟨*no* ge-, h⟩ **1.** *relig. u. fig.* convert; j-n zum Christentum ~ convert s. o. to Christianity, christianize s. o.; e-n Sünder ~ reclaim (*od.* transform) a sinner; j-n zu e-r Ansicht ~ convert s. o. (*od.*, win s. o. over) to an opinion. **II** *v/reflex* sich ~ **2.** *relig.* become a convert, *colloq.* get religion; sich zu e-r Sache ~ convert to s. th.; sich zum katholischen Glauben ~ be converted (to the Catholic faith), *colloq.* turn Catholic; sich zu Gott ~ return to God, be converted; sich zu e-r Idee ~ become a convert (*od.* converted) to an idea, adopt an idea, make an idea one's own. **3.** *fig.* (*sich bessern*) mend one's ways, turn over a new leaf. **III** ℒ *n* ⟨-s⟩ → Bekehrung.

Be'keh·rer *m* ⟨-s; -⟩ *relig.* **1.** missionary, proselytizer, converter. **2.** (*Wanderprediger*) evangelist. **Be'kehr·te** *m, f* ⟨-n; -n⟩ convert, proselyte. **Be'keh·rung** *f* ⟨-; -en⟩ **1.** converting (*etc*). **2.** *relig. u. fig.* conversion, proselytism; ~ zu Gott return to God; ~ zum Christentum conversion to Christianity, Christianization. **3.** *e-s Sünders*: reclamation.

Be'keh·rungsˌei·fer *m relig.* missionary zeal, proselytism.

be·ken·nen I *v/t* ⟨*irr, no* ge-, h⟩ **1.** admit, confess (to), acknowledge, own (up to); *lit.* avow; lassen Sie mich gleich offen ~, daß let me admit at once that; ~, et. getan zu haben confess to (*od.* admit) having done s. th.; → Farbe. **2.** *relig.* profess; Gott ~ profess (*od.* declare one's faith in) God. **II** *v/reflex* **3.** sich zu e-r Sache ~ declare o. s. for s. th., profess s. th., zu *e-m Glauben etc*: profess, zu *e-r Tat*: confess to, own up to; sich zu j-m ~ stand by s. o., declare one's loyalty to s. o.; sich zu s-r Überzeugung ~ stand up for one's conviction. **4.** sich als et. ~ admit being s. th., confess (*od.* avow) o. s. s. th.; sich schuldig ~ admit one's guilt, *a. jur.* plead guilty; sich geschlagen ~ admit defeat. **III** *v/i* **5.** *relig.* (*Profeß tun*) profess. **IV** ℒ *n* ⟨-s⟩ **6.** confessing (*etc*); admission, confession, avowal, acknowledgement; *e-s Glaubens*: profession.

Be'ken·ner *m* ⟨-s; -⟩ *relig.* confessor; *hist.* Eduard der ~ Edward the Confessor. ~**ˌgeist**, ~**ˌmut** *m* courage of one's convictions, unshakable faith.

Be'kennt·nis *n* ⟨-ses; -se⟩ **1.** (*Geständnis*) confession; ein ~ ablegen make a confession, confess. **2.** ein ~ zu et. a declaration for s. th., a profession of s. th.; ein ~ zum Glauben a profession (*od.* confession, an avowal) of faith; ein ~ zu et. ablegen declare o. s. for s. th., profess s. th. **3.** *relig.* a) (*Glaubens*ℒ) creed, confession (of faith), b) (*Konfession*) (religious) denomination; ~**ˌbü·cher** *pl relig.* dogmatic symbols contained in the Book of Concord. ~**ˌchrist** *m* professing Christian. ℒ**ˌfrei** *adj* ~e Schule non-denominational school. ~**ˌfrei·heit** *f* religious freedom. ℒ**ˌgläu·big**, ℒ**haft** *adj* conformable to creed. ~**ˌkir·che** *f hist.* Confessional Church. ~**ˌschu·le** *f* denominational school. ~**ˌtreue** *f relig.* faithful adherence to the creed.

Be'ken·nung *f* ⟨-; *no pl*⟩ → bekennen IV.

be'ki·chern *v/t* ⟨*no* ge-, h⟩ giggle at.

be'kla·gen I *v/t* ⟨*no* ge-, h⟩ **1.** (*Unglück etc*) deplore, lament, *stärker*: mourn, bemoan, bewail; es ist sehr zu ~, daß it is most deplorable that; → Menschenleben 1. **2.** *jur.* j-n ~ sue s. o. (at law); → beklagt II. **II** *v/reflex* sich ~ **3.** (über *acc*) complain (of, about), make complaints (about); sich bei j-m ~ complain to s. o.; Sie können sich nicht ~ you have nothing to complain about; haben Sie sich über irgend et. zu ~? have you any complaints (to make)?

be'kla·gens|ˌwert, ~**ˌwür·dig** *adj* **1.** *Sache, Zustand etc*: deplorable, lamentable, sad, sorry; ein ~er Anblick a pitiful (*od.* sorry) sight. **2.** *Person*: pitiable, poor.

be'klagt *adj jur.* defendant; die ~e Gesellschaft the defendant company; ~e Partei → **Be'klag·te** *m, f* ⟨-n; -n⟩ *jur.* defendant; *im Scheidungsprozeß*: respondent; *im Berufungsverfahren*: appellee.

be'klat·schen *v/t* ⟨*no* ge-, h⟩ applaud, clap.

be'klau·en *v/t* ⟨*no* ge-, h⟩ *colloq.* steal from *s. o.*

be'kle·ben *v/t* ⟨*no* ge-, h⟩ paste s. th. over (mit with); *mit e-m Etikett, Zettel*: label; *mit Papier*: paper, *innen*: line (with paper); e-e Mauer mit Plakaten ~ placard a wall, paste posters on a wall.

be'kleckern (*getr.* -k·k-) *colloq.* **I** *v/t* ⟨*no* ge-, h⟩ blotch, splotch, stain, spot; *mit Tinte*: blot; *mit Schmutz*: bespatter, soil, dirty. **II** *v/reflex* sich ~ soil one's clothes, bespatter o. s.; er hat sich mit Suppe bekleckert he has spilled soup over himself; *iro.* du hast dich nicht gerade mit Ruhm bekleckert you haven't exactly covered yourself with glory.

be'kleck·sen *v/t* ⟨*no* ge-, h⟩ → bekleckern.

be'klei·den I *v/t* ⟨*no* ge-, h⟩ **1.** clothe, dress, *lit.* attire; mit *Würdenzeichen*: invest (with *insignia*). **2.** *fig. lit.* invest, garb, vest; j-n mit Würden ~ invest s. o. with dignities; j-n mit Vollmacht ~ (in)vest s. o. with full powers; j-n (wieder) mit e-m Amt ~ (re)invest s. o. with an office. **3.** (*Amt*) hold, fill, occupy. **4.** (*behängen*) drape. **5.** → verkleiden. **II** *v/reflex* sich ~ **6.** clothe o.s., dress (o.s.). **Be'klei·dung** *f* ⟨-; -en⟩ **1.** clothing, dressing. **2.** a) *mit e-m Amt etc*: investiture, b) *e-s Amtes*: tenure (*of office*), exercise, holding. **3.** → Verkleidung.

Be'klei·dungs|arˌti·kel, ~**ˌge·gen·ˌstän·de** *pl* articles of clothing, wearing apparel *sg.* ~**geˌwer·be** *n* clothing trade. ~**in·duˌstrie** *f* clothing industry. ~**ˌstück** *n* → Kleidungsstück. ~**ˌun·ter·of·fiˌzier** *m mil.* clothing supply sergeant, *Br.* quartermaster-sergeant. ~**ˌvorˌschrift** *f* dress regulation.

be'klei·stern *v/t* ⟨*no* ge-, h⟩ *colloq.* cover *s. th.* with paste, paste *s. th.* over.

be'klem·men *v/t* ⟨*no* ge-, h⟩ **1.** *med.* oppress, constrict. **2.** *fig.* oppress, weigh upon, make *s. o.* (feel) uneasy; → beklommen. **be'klem·mend** *adj* oppressive (*a. fig.*); ~e Hitze oppressive (*od.* suffocating, stifling) heat; *fig.* ~e Stille oppressive (*od.* uneasy) silence; ~es Gefühl uneasy (*od.* anxious) feeling. **Be'klem·mung** *f* ⟨-; -en⟩ **1.** *fig.* anxiety, oppression, uneasiness. **2.** *med.* oppression, constriction, tightness.

be·klom·men [bə'klɔmən] *adj* anxious, uneasy. ℒ**heit** *f* ⟨-; *no pl*⟩ anxiety, uneasiness.

be'klop·fen *v/t* ⟨*no* ge-, h⟩ **1.** (*Wand etc*) tap, knock, sound. **2.** *med.* sound (by percussion), percuss.

be·kloppt [bə'klɔpt], **be·knackt** [bə'knakt] *adj colloq. sl.* batty, barmy, potty, cracked, ⟨*pred*⟩ nuts, off one's rocker.

be'knien *v/t* ⟨*no* ge-, h⟩ *fig. colloq.* j-n ~ work on s. o.

be'ko·chen *v/t* ⟨*no* ge-, h⟩ *colloq.* j-n ~ cook for s. o.

be'koh·len *v/t* ⟨*no* ge-, h⟩ *mar. rail.* coal.

be'kom·men I *v/t* ⟨*irr, no* ge-, h⟩ **1.** (*Antwort, Brief, Geschenk etc*) get, receive; den ersten Preis ~ get (*od.* take, win) the first prize; e-n Orden ~ be awarded an order, be decorated; e-n falschen Eindruck ~ get the wrong impression; wieviel ~ Sie? how much do I owe you?, how much is it?; *colloq.* er kann nicht genug ~ he's never satisfied; ~ Sie schon? are you being served (*od.* attended to)?, may (*od.* can) I help you?; wir werden Regen ~ we'll have rain; Schelte (Vorwürfe) ~ be scolded (reproached). **2.** (*Anstellung, Ware etc*) get, obtain; (*erwerben*) acquire; (*zu et. kommen*) come by; **Arbeit ~** get work, get a job; **das ist nicht zu ~** that is not to be had; **schwierig zu ~** difficult to obtain (*od.* come by). **3.** (*Bedeutung, Vorliebe, Ruf etc*) get, acquire; **e-n neuen Sinn ~** take (*od.* acquire) a new meaning. **4.** *in Verbindungen*: get; **j-n in s-e Gewalt ~** get s. o. in one's power (*od.* under one's thumb); **nasse Füße ~** get one's feet wet; *colloq.* **e-n Bauch ~** develop a paunch; **Risse ~** develop cracks, crack; **Flecken ~** get stained; *Radio*: **e-n Sender ~** get a station; **j-n zu et. ~, j-n dazu ~, et. zu tun** get s. o. to do s. th.; **Heimweh ~** become (*od.* grow) homesick; **Hunger (Durst) ~** get (*od.* become, grow) hungry (thirsty). **5.** *colloq.* (*Zug, Bus etc*) catch, get; **er hat den Zug nicht mehr ~** he missed the train. **6.** *med.* (*Krankheit*) get, catch, contract; **e-n Anfall ~** have a fit; **e-e Erkältung ~** catch a cold; **Fieber ~** develop a fever; **Zähne ~** teethe, cut one's teeth. **7.** (*mit pp*) **et. geschenkt ~** receive (*od.* be given) s. th. as a present; **et. gesagt ~** be told s. th.; **et. mit der Post zugeschickt ~** receive s. th. by post (*bes. Am.* mail); **ich bekomme es zugeschickt** I have it sent to me. **8.** (*mit zu u. inf*) **et. zu essen ~** get s. th. to eat; **das bekommt man überall zu kaufen** you can buy it everywhere; **j-n zu fassen ~** get hold of s. o.; *colloq.* **es mit j-m zu tun ~** get into trouble with s. o. **9.** *ling.* (*Objekt*) take. **II** *v/i* ⟨sein⟩ **10. j-m ~** *Speise, Klima etc*: agree with s. o., do s. o. good; **die Prügel sind ihm gut ~** the beating did him (a world of) good; **das wird dir schlecht ~!** you will pay for it!, you will regret it!; **wohl bekomm's!** a) cheers!, your health!, b) *iro.* I wish you joy!

be·kömm·lich [bəˈkœmlɪç] *adj* **1.** *Speisen etc*: (easily) digestible, wholesome, light. **2.** *Klima, Luft*: beneficial, wholesome, salubrious. **≈keit** *f* ⟨-; *no pl*⟩ **1.** digestibility, wholesomeness. **2.** wholesomeness, salubriousness, beneficial effect.

be·kö·sti·gen [bəˈkœstɪgən] *v/t* ⟨no **ge-**, h⟩ **j-n ~** board (*od.* feed) s. o.; **sich selbst ~** cook for o. s. **Beˈkö·sti·gung** *f* ⟨-; *no pl*⟩ **1.** boarding, feeding. **2.** board; **bei freier (voller) ~** with free (full) board.

beˈkräf·ti·gen *v/t* ⟨*no* **ge-**, h⟩ **1.** (*Aussage etc*) confirm, (*verstärken*) reinforce, support, *durch Beweis*: corroborate, substantiate; **e-e Aussage eidlich** (*od.* **durch e-n Eid**) **~** swear to a statement, affirm a statement under oath. **2.** (*Freundschaft, Bund etc*) strengthen, confirm; **j-n in s-m Entschluß ~** strengthen s. o.'s (*od.* s. o. in his) decision. **3.** (*betonen*) emphasize. **beˈkräf·ti·gend I** *pres p.* **II** *adj* confirmatory, *durch Beweis*: corroborative. **Beˈkräf·ti·gung** *f* ⟨-; -en⟩ **1.** confirming, strengthening (*etc*). **2.** *e-r Aussage etc*: confirmation, *durch Beweis*: corroboration, substantiation; **zur ~ s-r Worte** in support of his words, to lend emphasis to his words.

beˈkrän·zen *v/t* ⟨*no* **ge-**, h⟩ wreathe, garland; **j-n** *a.* crown s. o. (**mit** with).

beˈkreu·zen, beˈkreu·zi·gen I *v/t* ⟨*no* **ge-**, h⟩ **j-n ~** make the sign of the cross (up)on s. o. **II** *v/reflex* **sich ~** cross o. s., make the sign of the cross; *colloq.* **sich vor j-m ~** cross o. s. on seeing s. o.

beˈkrie·gen *v/t* ⟨*no* **ge-**, h⟩ make (*od.* wage) war (up)on, fight (against), war against; **sich** (*od.* **einander**) **~** fight against (*od.* be at war with) one another.

beˈkrit·teln *v/t* ⟨*no* **ge-**, h⟩ *colloq.* criticize, find fault with *s. o., s. th.*, cavil (*od.* carp) at. **Beˈkrit·te·lung, Beˈkritt·lung** *f* ⟨-; -en⟩ cavil(l)ing, carping (criticism), fault-finding.

beˈkrit·zeln *v/t* ⟨*no* **ge-**, h⟩ scribble (on), scrawl (on).

beˈküm·mern I *v/t* ⟨*no* **ge-**, h⟩ (*betrüben*) afflict, grieve, sadden, (*beunruhigen*) trouble, worry, distress; **das bekümmert ihn gar nicht** it does not bother him at all; **was bekümmert dich?** what is troubling (*od.* worrying) you?; → **bekümmert. II** *v/reflex* **sich um j-n (e-e Sache) ~** be concerned (*od.* troubled) about s. o. (s. th.), worry about s. o. (s. th.). **Beˈküm·mer·nis** *f* ⟨-; -se⟩ *lit.* trouble, worry, *stärker*: grief, sorrow. **beˈküm·mert** *pp u. adj* troubled, worried, concerned, *stärker*: grieved, sorrowful, distressed, sad; **über et. ~ sein** be worried (*od.* troubled) about s. th., grieve about s. th.

be·kun·den [bəˈkʊndən] **I** *v/t* ⟨*no* **ge-**, h⟩ **1.** (*Sympathie, Interesse etc*) show, manifest, demonstrate. **2.** (*darlegen, erklären*) declare, state. **3.** *jur.* testify, state; **et. durch e-e Aussage ~** make a statement about s. th.; **et. eidlich ~** testify s. th. on oath. **II** *v/reflex* **sich ~ 4.** *Zuneigung etc*: show (itself), manifest (*od.* reveal) itself, become evident (*od.* apparent). **Beˈkun·dung** *f* ⟨-; -en⟩ **1.** manifestation, demonstration, revelation, display. **2.** declaration, statement. **3.** *jur.* testimony, statement.

Bel [bɛl; beːl] *n* ⟨-s; -⟩ *phys.* bel.

beˈlä·cheln *v/t* ⟨*no* **ge-**, h⟩ smile (condescendingly) at; *fig.* make light of *s. th.*

beˈla·chen *v/t* ⟨*no* **ge-**, h⟩ laugh at (*od.* over).

beˈla·den I *v/t* ⟨*irr, no* **ge-**, h⟩ **1.** (**mit** with) load, charge. **2.** *fig.* **j-n mit et. ~** burden (*od.* load) s. o. with s. th. **3.** *chem. metall.* charge. **II** *v/reflex* **sich ~ 4.** *a. fig.* burden (*od.* load) o. s. (**mit** with). **III ≈** *n* ⟨-s⟩ **5.** loading (*etc*). **IV** *pp u. adj* **6.** loaded, laden; *lit.* **mit Schuld ~** laden (*od.* heavy) with guilt, guilty. **Beˈla·der** *m* ⟨-s; -⟩ *mar.* shipper.

Beˈla·de·sta·tiˌon *f tech.* **1.** loading station. **2.** *e-r Förderanlage*: take-up end.

Be·lag [bəˈlaːk] *m* ⟨-(e)s; ⸚e⟩ **1.** cover(ing); (*Überzug*) coat(ing), *sehr dünner*: film; (*Schicht*) layer, coating; (*Metallauflage*) plating, coating; (*Fußboden≈ etc*) covering, (*a. Brücken≈*) flooring; (*Wandverkleidung*) panel(l)ing; (*Straßen≈*) surface; (*Auskleidung, Brems≈, Kupplungs≈*) lining; (*Spiegel≈*) foil. **2.** (*Verkrustung*) incrustation, (*Ablagerung*) deposit. **3.** *min.* tarnish. **4.** *med.* a) (*Zungen≈*) fur, coating (on the tongue), b) (*Zahn≈*) film (on the teeth). **5.** *gastr.* a) (*Aufstrich*) spread, b) (*Kuchen≈ etc*) topping, c) (sandwich) filling.

Beˈla·ge·rer *m* ⟨-s; -⟩ *bes. mil.* besieger.

beˈla·gern *v/t* ⟨*no* **ge-**, h⟩ **1.** *mil.* besiege, beleaguer, invest, lay siege to. **2.** *fig.* besiege, beleaguer; (*umdrängen*) throng, crowd (round *s. o., s. th.*). **Beˈla·ge·rung** *f* ⟨-; -en⟩ **1.** besieging (*etc*). **2.** *mil.* siege; **die ~ aufheben** raise the siege.

Beˈla·ge·rungs|arˌmee *f mil.* besieging army. **~ˌwerk** *n meist pl* siege work. **~ˌzuˌstand** *m* state of siege; **den ~ über e-e Stadt verhängen** declare a town to be in a state of siege.

beˈläm·mert *adj* → **belemmert.**

Be·lang [bəˈlaŋ] *m* ⟨-(e)s; -e⟩ **1.** ⟨*only sg*⟩ importance, consequence; **von ~ (für)** of importance (*od.* consequence) (to), *sachlich*: relevant (*od.* pertinent) (to); **nichts von ~** nothing of importance; **ein Einwand von ~** a material objection; **das ist ohne** (*od.* **nicht von**) **~** that is unimportant (*od.* of no consequence, of no account); **das ist hier ohne ~** that does not matter (*od.* count) here; **von großem ~** very important. **2.** *pl* (*Interessen*) (*public, private, personal*) interests, concerns; **j-s wirtschaftliche ~e vertreten** represent the economic interests of s. o.; **die kulturellen ~e unserer Stadt** the cultural affairs of our town. **3.** (*Hinsicht*) **in diesem ~** in this regard, in these respects.

beˈlang·bar *adj jur.* **1.** *strafrechtlich*: triable, liable to criminal prosecution. **2.** *zivilrechtlich*: actionable, suable. **beˈlan·gen** *v/t* ⟨*no* **ge-**, h⟩ **j-n ~** hold s. o. responsible; *jur.* (**gerichtlich**) **~** (**wegen** for) sue (*od.* go to law with, take legal action against) s. o., *a. strafrechtlich*: prosecute s. o.

beˈlang·los *adj* **1.** (*unbedeutend*) insignificant, unimportant, trivial, trifling, (*gering*) *a.* negligible, small, petty; **völlig ~** quite unimportant, of no account whatsoever; **über ~e Dinge sprechen** talk about trivial things. **2.** (*nebensächlich*) irrelevant, immaterial (**für** to). **Beˈlang·lo·sig·keit** *f* ⟨-; -en⟩ **1.** ⟨*only sg*⟩ insignificance, unimportance. **2.** ⟨*only sg*⟩ irrelevance. **3.** ⟨*only sg*⟩ negligibility. **4.** (*Unbedeutendes*) triviality, trifle. **5.** *pl* (*belangloses Gerede*) trivialities.

beˈlangˌreich → belangvoll.

Beˈlangˌsen·dung *f Radio, TV Austrian pol.* party political broadcast.

Beˈlan·gung *f* ⟨-; *no pl*⟩ *jur.* (**von**) prosecution (of), legal action (*od.* proceedings *pl*) (against).

beˈlangˌvoll *adj* **1.** significant, important, of (great) consequence. **2.** relevant, material.

beˈlas·sen *v/t* ⟨*irr, no* **ge-**, h⟩ **1.** leave; **j-n in s-m Glauben ~** let s. o. go on thinking (*od.* believing) s. th.; **et. an s-m (alten) Platz ~** leave s. th. in its (old) place; **alles beim alten ~** leave things unchanged (*od.* as they are); **~ wir es dabei!** let's leave it at that! **2.** retain, keep (s. o. [in his post] *etc*).

beˈlast·bar *adj* **1.** able to withstand (strain, *etc*); strong (enough). **2.** *electr. tech.* loadable, having a load capacity (of); **hoch ~** heavy-duty. **≈keit** *f* ⟨-; *no pl*⟩ **1.** *tech.* load(ing) capacity. **2.** *mot.* load-carrying capacity. **3.** *electr.* power rating. **4.** *med.* *körperliche*: maximum stress. **5.** *fig.* (relative) strength (*od.* resistance); *von Personen etc*: (power of) endurance; **bis zur Grenze der ~** to breaking-point.

beˈla·sten I *v/t* ⟨*no* **ge-**, h⟩ **1.** (*Fahrzeug etc*) load, (*beschweren*) weight; **et. zu sehr ~** overload s. th.; **et. mit Steinen ~** weigh s. th. down with stones; *Sport*: **den Talski ~** weight the downhill ski. **2.** *fig.* (**mit** with; **sich** o. s.) burden, load, charge, saddle; **das Volk mit Steuern ~** burden the population with taxes; **sein Gedächtnis unnötig ~** burden one's memory with unnecessary facts; **sich mit unnützem Wissen ~** cram one's head with useless facts; **den Magen zu sehr ~** overburden the stomach; **den Kreislauf ~** (over)strain the circulation; **dies belastet mich sehr** a) *Aufgabe etc*: it is a great burden to me, that gives me a great deal of trouble, b) *körperlich, nervlich*: it is a great strain for me; **er belastet mich nur** he is only a burden on me; **damit kann ich mich jetzt nicht ~** I can't be bothered with that now; *med.* **erblich belastet sein** be subject to a(n) hereditary taint, suffer from a(n) hereditary disease; **politisch**

belastet sein be politically incriminated, *weitS.* have a shady political past; **mit hohen Steuern belastet** heavily taxed; **das belastet unser Verhältnis** that puts a strain on our relationship. **3.** *fig.* (*Seele, Gemüt etc, j-n seelisch*) weigh (up)on, weigh *s. o.* down, oppress; **j-n schwer ~** weigh heavily (*od.* prey) on s. o.'s mind, *Sorge*: *a.* be a great worry to s. o. **4.** *econ.* (*Konto etc*) (**mit** with) charge, debit; **j-s Konto mit e-r Summe ~** charge a sum to s. o.'s account; **ein Haus mit e-r Hypothek ~** encumber (*od.* burden) a house with a mortgage, mortgage a house; **den Etat ~** burden the budget. **5.** *jur.* (*Angeklagten*) incriminate (**durch** by, **mit** with). **6.** *tech.* a) load, charge, b) (*beanspruchen*) stress, load. **7.** *electr.* (*Leitung, Stromnetz*) load. **8.** *med.* stress, be a strain on, strain. **II** 2 *n* ⟨-s⟩ → **Belastung**. **~d** *adj jur.* incriminating, incriminatory.

be·läs·ti·gen [bəˈlɛstɪgən] *v/t* ⟨*no* **ge-**, **h**⟩ *allg.* molest; (*ärgern*) annoy, *stärker*: importune; (*stören*) disturb, trouble, inconvenience, bother; (*plagen*) harass, *colloq.* pester; **ich möchte Sie nicht ~** I don't want to inconvenience (*od.* disturb) you; **j-n mit Fragen ~** pester s. o. with questions. **Beˈläs·ti·gung** *f* ⟨-; -en⟩ molestation, annoyance; disturbance, trouble, bother, inconvenience; (*a. Lärm*2 *etc*) nuisance.

Beˈla·stung *f* ⟨-; -en⟩ **1.** loading (*etc*; *cf.* **belasten**). **2.** *bes. tech. e-s Fahrzeuges etc*: load (*a. electr. phys.*); **die ~ e-s Motors** the load on a motor; **zulässige ~** (maximum) permissible load, *bes. aer.* safe load; **~ je Flächeneinheit** unit load. **3.** (*Gewicht*) weight. **4.** *fig.* burden; (*Behinderung*) *a.* encumbrance, drag; (*Sorge*) worry; (*Mühe, Ärger*) trouble; (*Anstrengung*) *a. med. etc* strain (*gen od.* **für** on); **körperliche ~** physical strain; **seelische ~** (emotional) stress, *weitS.* burden (on *s. o.'s* mind); **nervliche ~** (nervous) strain, stress; **finanzielle ~** financial burden, drain (on *s. o.'s purse, etc*); **steuerliche ~** tax burden; **er ist e-e große ~ für s-e Familie** he is a great burden on (*od.* for) his family; *med.* **erbliche ~** hereditary taint (*od.* tendency). **5.** *econ. des Kontos*: charge, debit; *e-s Grundstücks*: encumbrance (of), charge (on); (*Hypothek*) mortgage. **6.** *jur.* incrimination; **politische ~** political incrimination, *weitS.* (shady) political past.

Beˈla·stungs|ˌan,zei·ge *f econ.* debit note. **~ˌfä·hig·keit** *f* → **Belastbarkeit**. **~ˌfak·tor** *m* load factor. **~ˌgren·ze** *f electr. tech.* load limit, maximum load; *weitS. u. fig.* breaking-point. **~ˌkur·ve** *f electr. phys. tech.* load curve. **~ma·te·riˌal** *n jur.* incriminating evidence. **~ˌpro·be** *f* **1.** *tech.* load test. **2.** *med.* tolerance test. **3.** *fig.* (severe) test; **e-r ~ ausgesetzt sein** be put to the test. **~ˌquo·te** *f econ.* load ratio. **~ˌspan·nung** *f electr.* load voltage. **~ˌspit·ze** *f electr. tech.* peak load. **~ˌtal** *n electr.* off-peak (load). **~ˌwi·derˌstand** *m electr.* load resistance. **~ˌzeu·ge** *m jur.* witness for the prosecution.

be·lau·ben [bəˈlaubən] *v/reflex* ⟨*no* **ge-**, **h**⟩ **sich ~** come (*od.* break, burst) into leaf, put out leaves. **beˈlaubt I** *pp.* **II** *adj Bäume*: leafy, leafed, foliate(d), ⟨*pred*⟩ in leaf; **dicht ~** thickly covered in leaves; **grün ~** green with leaves.

beˈlau·ern *v/t* ⟨*no* **ge-**, **h**⟩ **1.** lie in wait for. **2.** *fig.* watch *s. o., s. th.* secretly, spy (up)on.

beˈlau·fen *v/reflex* ⟨*irr, no* **ge-**, **h**⟩ **sich auf** *e-e Summe od. Zahl* **~** amount (*od.* come, run) to, mount up to, reach, work out at, *insgesamt*: *a.* total, *mehrere Posten*: *a.* aggregate; **sich höher ~ als** exceed *s. th.*; **es beläuft sich auf Millionen** it runs into millions.

beˈlau·schen *v/t* ⟨*no* **ge-**, **h**⟩ **1.** listen (secretly) to, eavesdrop on, overhear. **2.** *lit.* (*Natur, Wild etc*) observe, watch.

Bel·che [ˈbɛlçə] *f* ⟨-; -n⟩, **ˈBel·chen** *n* ⟨-s; -⟩ → **Bläßhuhn**.

beˈle·ben I *v/t* ⟨*no* **ge-**, **h**⟩ **1.** *lit.* give life to, animate. **2.** *fig.* enliven, animate, liven up, *a. Getränk etc*: stimulate (*s. o., the conversation, etc*); (*kräftigen*) invigorate, brace, restore, set *s. o.* up; **et. neu ~** put new life into s. th.; **e-n Text mit Bildern ~** enliven a text with pictures; **j-s Hoffnungen ~** quicken (*od.* raise) s. o.'s hopes; **den Handel ~** stimulate (*od.* encourage) trade; **e-e Tasse Tee wird mich et. ~** I'll feel better after a cup of tea; **ich war wie neu belebt** I was a new man (*od.* woman), I was given a new lease of life; → **belebt** 2. **II** *v/reflex* **sich ~** **3.** come to life, revive; *econ.* become brisker; **die Straßen ~ sich** the streets come to life; **ihr Gesicht belebte sich bei diesem Gedanken** her face lit up at the thought of it. **beˈle·bend** *adj* animating, stimulating; (*kräftigend*) invigorating, bracing, restorative, reviving; **~e Wirkung** stimulating (*od.* tonic) effect; **~es Mittel** restorative, tonic, stimulant.

beˈlebt *adj* **1.** *Geschöpf, a. ling. Genus*: animated. **2.** *fig.* animated, lively *conversation, etc*; *Szene etc*: busy, bustling, *Straße*: *a.* much-frequented, crowded, teeming. **3.** *econ.* brisk (*market*). **4. von et. ~ sein** *Wald etc*: be inhabited by. **Beˈlebt·heit** *f* ⟨-; *no pl*⟩ **1.** animation, liveliness. **2.** *econ.* briskness (*of market*). **Beˈle·bung** *f* ⟨-; *no pl*⟩ **1.** (*gen*) animation (of), giving life (to). **2.** *fig.* animation, stimulation; *durch Abwechslung*: variegation; (*Kräftigung*) invigoration, tonic effect (on); **neue ~** revival; → *a.* **Wiederbelebung**. **3.** *econ.* upward movement, rise, increase (*in sales, etc*); *a. gezielte*: stimulation; **~ der Wirtschaft** stimulation of the economy, *als Ergebnis*: *a.* upswing (in economic activity).

be·lecken (*getr.* **-k·k-**) *v/t* ⟨*no* **ge-**, **h**⟩ lick; *fig. iro.* **von der Kultur kaum beleckt sein** show hardly a trace of culture.

beˈle·dern *v/t* ⟨*no* **ge-**, **h**⟩ cover (*od.* line) *s. th.* with leather.

Be·leg [bəˈleːk] *m* ⟨-(e)s; -e⟩ **1.** (authentic) record; (*Beweis*) proof, evidence; **als** (*od.* **zum**) **~ für** in proof of, as evidence for; **~e für et. liefern** furnish proof of s. th. **2.** (**~schein**) voucher; (*Unterlage*) *a.* (supporting) document; (*Quittung*) receipt. **3.** *jur.* (*Beweisstück*) a) (documentary) proof (*od.* evidence), supporting document, b) *vor Gericht*: exhibit. **4.** *print.* voucher (copy). **5.** *ling.* a) (*Quelle*) authority, b) (*Quellenangabe, Bezug*) reference, c) (*Beispiel*) example, illustration, instance, d) (*Zitat*) illustrative quotation. 2**bar** *adj a. jur.* provable, verifiable. **~ˌbo·gen** *m print.* tear sheet.

beˈle·gen I *v/t* ⟨*no* **ge-**, **h**⟩ **1.** (*Fußboden etc*) cover; *den Boden* **mit Brettern** (**Teppichen, Fliesen**) **~** board (carpet, tile); *mit e-m Schutzüberzug etc*: coat; **mit Metall ~** face *s. th.* with metal, plate *s. th.*; **die Bremsen mit Gummi ~** line the brakes with rubber; **sich ~** a) become covered (**mit** with), b) *med. Zunge*: become furred, c) *Stimme*: become husky; → **belegt** 4. **2.** *gastr. Torte etc* **mit et. ~** put s. th. on *s. th.* **3.** (*Platz*) reserve, engage, secure (*a seat, etc*); (*vorbestellen*) book. **4.** *fig.* **mit et. ~** impose s. th. (up)on *s. th.*; **mit Abgaben ~** impose (*od.* levy) taxes on *s. th.*; **j-n mit e-r Strafe ~** impose (*od.* inflict) a penalty on s. o., penalize s. o.; **j-n mit Schimpfnamen ~** call s. o. names; → **Bann** 2, **Beschlag**³. **5.** (*nachweisen*) prove, support by documentary evidence, substantiate; (*Textstelle, Wort*) give a reference for; **et. durch Beispiele ~** illustrate (*od.* exemplify) s. th. **6.** *econ.* a) (*Ausgaben*) (support *s. th.* by a) voucher, b) (*Passage, Frachtraum*) book. **7.** *ped. univ.* (*ein Fach, Vorlesungen*) enrol(l) (*od.* inscribe) for, take (*a subject, a course of lectures*). **8.** *mil.* **e-e Stadt mit Garnison ~** garrison a town; **ein Haus mit Einquartierung ~** billet soldiers in a house; **mit Bomben** (**Granatfeuer**) **~** bomb (shell) (*a position*). **9.** *Sport*: **den ersten** *etc* **Platz ~** take first, *etc* place, be placed (*od.* come in) first, *etc.* **10.** *mar.* (*Poller*) belay. **11.** (*e-e Wohnung etc*) occupy, **mit Personen**: accommodate persons in; (*Hotel, Krankenhaus, Betten*) fill. **12.** *teleph.* (*die Leitung*) engage, tie up. **13.** (*Stute, Kuh*) cover (*a mare, cow*). **II** 2 *n* ⟨-s⟩ **14.** covering (*etc*); → *a.* **Belegung**.

Beˈle·gen·heit *f* ⟨-; *no pl*⟩ *jur.* **~ der Sache** locus rei sitae, place where the thing or property is situate.

Beˈleg·ex·emˌplar *n print.* voucher (copy); (*Buch*) author's copy.

Beˈleg·schaft *f* ⟨-; -en⟩ staff, employees *pl*, personnel, *e-r Fabrik etc*: workers *pl*, labo(u)r (*od.* work) force.

Beˈleg|ˌschein *m econ.* voucher. **~ˌsei·te** *f print.* tear sheet. **~ˌstel·le** *f* → **Beleg** 5.

beˈlegt *pp u. adj* **1.** *Platz, Zimmer*: taken, occupied; (*reserviert*) reserved; *Hotel, Krankenhaus*: full; **das Hotel ist voll ~** the hotel is booked (*od.* full) up. **2.** *teleph.* engaged, busy. **3.** *Stimme*: husky, thick. **4.** *med. Zunge*: coated, furred. **5.** *gastr.* **~es Brot** (*od.* **Brötchen**) sandwich. **6.** substantiated (*etc, cf.* **belegen** 5); **~e Fälle** cases on record; **~e Tatsache** matter of record; *ling.* **das Wort ist ~ bei** ... that word occurs in ...; **das Wort ist nicht literarisch ~** there is no evidence for the word in literature; **das ist e-e historisch ~e Tatsache** that's a (matter of) historic fact. 2**ˌzei·chen** *n* → **Besetztzeichen**.

Beˈle·gung *f* ⟨-; *no pl*⟩ **1.** covering (*etc*; *cf.* **belegen**). **2.** *mit Strafe etc*: imposition (*gen* on). **3.** *e-s Platzes*: reservation, booking. **4.** *mil.* (*Einquartierung*) billeting. **5.** *teleph.* seizure. **6.** (*Beweis*) verification; furnishing proof (*gen* of) (*cf.* **Beleg**); *durch Beispiele*: illustration.

Beˈlegˌzet·tel *m econ.* voucher.

beˈlehn·bar *adj Swiss for* **beleihbar**.

beˈleh·nen *v/t* ⟨*no* **ge-**, **h**⟩ **1.** *hist.* **j-n ~** invest s. o. with a fief, enfeoff s. o.; *fig.* **j-n mit e-m Titel ~** invest s. o. with a title. **2.** *Swiss for* **beleihen** 1. **Beˈlehn·te** *m* ⟨-n; -n⟩ *hist.* feoffee, liegeman, vassal. **Beˈleh·nung** *f* ⟨-; *rare* -en⟩ **1.** *hist.* enfeoffment, investment, investiture. **2.** *Swiss for* **Beleihung** 1.

beˈlehr·bar *adj* teachable; *weitS.* open to reason.

beˈleh·ren *v/t* ⟨*no* **ge-**, **h**⟩ **1.** teach, instruct, inform; **j-n über et. ~** inform s. o. of s. th., advise s. o. on s. th., enlighten s. o. as to s. th., warn s. o. about s. th.; **sich ~ lassen** take advice, listen to reason; **j-n e-s anderen** (*od.* **e-s Besseren**) **~** a) (*berichtigen*) set s. o. right, b) (*die Augen öffnen*) open s. o.'s eyes, undeceive s. o. **2.** *jur.* **über** *Rechtsmittel etc*: instruct *s. o.* (as to *his rights of* *appeal*), über *Strafbarkeit etc*: caution *s. o.* (as to). **beˈleh·rend I** *pres p.* **II** *adj* **1.** (*lehrreich*) instructive, informative. **2.** (*lehrhaft*) didactic. **Beˈleh·rung** *f* ⟨-; -en⟩ **1.** instructing (*etc*; *cf.* **belehren**). **2.** instruction, information, advice; **s-e ständigen ~en** his constant preaching; **zu Ihrer ~** for your information. **3.** *jur.* (**über** *acc* as to) a) instruction, b) caution(ing). **4.** (*Zurechtweisung*) correction.

be·leibt [bəˈlaipt] *adj* corpulent, stout, fat; (*stattlich*) portly. **≈heit** *f* ⟨-; *no pl*⟩ corpulence, corpulency, stoutness; portliness.

be·lei·di·gen [bəˈlaɪdɪɡən] *v/t* ⟨*no* **ge-**, **h**⟩ **1.** insult, offend, give offen/ce (*Am.* -se) to, affront; (*verletzen*) hurt *s. o.* (*od. s. o.'s* feelings), injure *s. o.*; **ich wollte Sie nicht ~** no offen/ce (*Am.* -se) meant; → **beleidigt. 2.** *fig.* offend, shock, be offensive to; **das Auge (Ohr) ~** offend the eye (ear). **3.** *jur.* a) defame, *mündlich*: *a.* slander, *schriftlich*: libel, b) *tätlich*: assault. **beˈlei·di·gend I** *pres p.* **II** *adj* **1.** insulting, offensive, abusive (*words, etc*); **et. als ~ empfinden** take offen/ce (*Am.* -se) at s. th. **2.** *jur.* a) insulting, b) (*verleumderisch*) defamatory, *mündlich*: *a.* slanderous, *schriftlich*: *a.* libel(l)ous. **Beˈlei·di·ger** *m* ⟨-s; -⟩ insulter, offender.

beˈlei·digt *pp u. adj* insulted, offended; **sich durch et. ~ fühlen, über et. ~ sein** be offended at (*od.* by) s. th., take offen/ce (*Am.* -se) at s. th.; **er ist leicht ~** he is quick to take offen/ce (*Am.* -se), he is easily offended (*od.* very touchy); **aufs höchste** (*od.* **schwerste**) **~ sein** be outraged; **tief (tödlich) ~ sein** be deeply (mortally) offended. **Beˈlei·dig·te** *m, f* ⟨-n; -n⟩ *jur.* offended party (*gen* to).

Beˈlei·di·gung *f* ⟨-; -en⟩ **1.** (*gen* to) insult, offen/ce (*Am.* -se), affront; **grobe ~** gross insult; **j-m e-e ~ zufügen** → **beleidigen** 1. **2.** *fig.* offen/ce (*Am.* -se); **e-e ~ für das Auge** an eyesore. **3.** *jur.* (*gen*) insult (to); (*Verleumdung*) defamation (of), *mündlich*: *a.* slander (of), *schriftlich etc*: *a.* libel (on); **tätliche ~** assault (and battery).

Beˈlei·di·gungs|deˌlikt *n meist pl jur.* offen/ce (*Am.* -se) of defamation. **~ˌkla·ge** *f* action for defamation, libel action. **~proˌzeß** *m* defamation (*od.* libel) suit.

beˈleih·bar *adj econ.* eligible as security, pledgeable.

beˈlei·hen *v/t* ⟨*irr, no* **ge-**, **h**⟩ **1.** *econ.* **et. ~** a) lend (*Am. a.* loan) money on s. th., grant a loan on s. th., b) (*Geld aufnehmen auf et.*) raise money (*od.* a loan) on s. th., (*Grundstück, Haus*) *a.* raise a mortgage on s. th. **2.** *hist.* → **belehnen** 1. **Beˈlei·hung** *f* ⟨-; *no pl*⟩ **1.** (*gen od.* **von**) a) granting (of) a loan, b) raising (of) a loan. **2.** *hist.* → **Belehnung** 1.

Beˈlei·hungs|ˌgren·ze *f econ.* limit to which money can be loaned (*on a house, etc*). **~ˌwert** *m* loan value (*as security*).

be·lem·mern [bəˈlɛmərn] *v/t* ⟨*no* **ge-**, **h**⟩ *dial.* cheat. **beˈlem·mert** *adj colloq.* **1.** (*schlecht, übel*) wretched, miserable. **2.** (*betroffen*) sheepish, downcast.

beˈle·sen *adj* well-read, *person* of vast reading; **in der englischen Literatur ~ sein** have a vast (*od.* wide) knowledge of English literature. **≈heit** *f* ⟨-; *no pl*⟩ wide reading, familiarity with literature.

beˈleuch·ten I *v/t* ⟨*no* **ge-**, **h**⟩ **1.** light (up), *a. festlich*: illuminate; (*anstrahlen*) *a.* shine on *s. th.*; **die Bühne ~** light the stage; **das Schloß wird abends beleuchtet** the castle is floodlit (*od.* illuminated) at night; **von der Sonne beleuchtet** sunlit; **schlecht beleuchtet** poorly lit. **2.** *fig.* (*Problem etc*) shed (*od.* throw) light (up)on, illuminate, elucidate; **et. von allen Seiten ~** throw light upon (*od.* look at) s. th. from every angle; **et. näher ~** examine s. th. more closely. **II ≈** *n* ⟨-s⟩ **3.** lighting (up) (*etc*); → *a.* **Beleuchtung. Beˈleuch·ter** ⟨-s; -⟩ *thea., Film*: lighting technician, electrician. **Beˈleuch·tung** *f* ⟨-; -en⟩ **1.** → **beleuchten** II. **2.** light(ing), illumination; **festliche (unzureichende) ~** festive (insufficient) illumination; **künstliche ~** artificial light(ing); **in dieser ~** in this light. **3.** *electr.* light(s *pl*), light fittings *pl*, lighting (system *od.* installation); **die ~ einschalten** turn on the lights, light up. **4.** *fig. e-s Problems etc*: illumination, elucidation.

Beˈleuch·tungs|ˌanˌla·ge *f electr.* lighting installation (*od.* system). **~ar·maˌtu·ren** *pl electr.* light fittings. **~ˌbrücke** (*getr.* **-k·k-**) *f thea.* lighting gallery, (light) bridge. **~in·ge·niˌeur** *m* lighting engineer. **~ˌkör·per** *m* lighting fixture, lamp. **~ˌlin·se** *f opt.* illumination lens. **~ˌmes·ser** *m* photometer, luxmeter. **~ˌmes·sung** *f* photometry. **~ˌmit·tel** *n electr.* illuminant. **~ˌpro·be** *f thea.* lighting test. **~ˌspie·gel** *m opt.* illuminating mirror. **~ˌstär·ke** *f* **1.** illumination, lighting intensity. **2.** *phys.* (*Meßgröße*) lux, meter-candle. **~ˌtech·nik** *f electr.* light(ing) engineering.

be·leum·det [bəˈlɔʏmdət], **be·leu·mun·det** [bəˈlɔʏˌmʊndət] *adj* **gut (schlecht, übel) ~ sein** have a good (bad) reputation (*od.* name).

bel·fern [ˈbɛlfərn] *v/t u. v/i* ⟨**h**⟩ *colloq.* **1.** *Hund*: yap, bark. **2.** *Person*: bawl, shout.

Bel·gi·er [ˈbɛlɡĭər] *m* ⟨-s; -⟩ **1.** Belgian. **2.** *agr.* Belgian (draught) horse. **ˈBel·gie·rin** *f* ⟨-; -nen⟩ Belgian (woman). **bel·gisch** [ˈbɛlɡɪʃ] *adj geogr.* Belgian.

beˈlich·ten I *v/t u. v/i* ⟨*no* **ge-**, **h**⟩ *phot.* expose; **zu kurz (lang) ~** underexpose (overexpose). **II ≈** *n* ⟨-s⟩ → **Beˈlich·tung** *f* ⟨-; -en⟩ **1.** exposing. **2.** exposure; **doppelte ~** double exposure.

Beˈlich·tungs|ˌanˌga·ben *pl phot.* exposure data. **~ˌanˌzei·ge** *f* exposure indicator. **~au·toˌma·tik** *f* automatic exposure control. **~ˌdau·er** *f* exposure time. **~ˌmes·ser** *m* exposure meter. **~ˌrech·ner** *m* exposure calculator. **~ˌsteue·rung** *f* exposure control. **~taˌbel·le** *f* exposure table. **~ˌzeit** *f* exposure time.

beˈlie·ben I *v/t* ⟨*no* **ge-**, **h**⟩ *meist iro.* **~, et. zu tun** deign (*od.* choose, condescend) to do s. th.; **~ Sie zu speisen?** do you wish to dine?; **Sie ~ (wohl) zu scherzen** you are joking, aren't you? **II** *v/i* please, like; **ganz wie es dir beliebt** just as you please (*od.* like); **tu, was dir beliebt** do as you like, suit yourself; **was Ihnen beliebt** whatever you like (*od.* please); **wenn es Ihnen beliebt** if you like (*od.* choose); **wie ~?** I beg your pardon? **III ≈** *n* ⟨-s⟩ will, pleasure; **(je) nach ≈** at pleasure (*od.* will); **ganz nach ≈** (just) as you like; **ganz nach eigenem ≈ handeln** suit o.s.; **es steht in Ihrem ≈** it rests with you, I leave it to you.

be·lie·big [bəˈliːbɪç] **I** *adj* any (you like), whatever (you choose), optional, arbitrary; **jeder (jedes) ~e** anybody (anything) (you please); **ein ~es Beispiel** any example you choose (*od.* please); **e-e ~e Zahl** an optional (*od.* arbitrary) number, any number; **jede ~e Größe** any size (desired); **zu jeder (Ihnen) ~en Zeit** (at) any time (that will suit [you]), whenever it may suit you. **II** *adv* at will (*od.* pleasure); **et. ~ verändern** change s. th. at will; **~ viel** as much as desired, any number (*od.* amount); **~ viele** as many as you like, any number; **~ groß** of any size; **e-e ~ kleine Zahl** any small number; **~ lange** as long as you like, for any length of time.

beˈliebt *pp u. adj Person u. Sache*: popular (**bei** with), (much-)liked, favo(u)rite, *bes. econ.* (much) in demand, sought-after; **ein sehr ~er Schauspieler** a very popular actor; **bei allen ~ sein** be (well) liked by everybody, be popular with everybody; **~ werden** become popular, *Mode etc*: *a.* come into vogue; **sich bei j-m ~ machen** make o.s. popular (*od.* ingratiate o.s.) with s.o. **≈heit** *f* ⟨-; *no pl*⟩ popularity; **sich großer ~ erfreuen** enjoy great popularity, *Mode etc*: *a.* be very fashionable, be very much in vogue.

beˈlie·fern *v/t* ⟨*no* **ge-**, **h**⟩ *econ.* (*Kunden, Geschäfte*) (**mit** with) supply, furnish, *mit Lebensmitteln*: *a.* cater for. **Beˈlie·fe·rung** *f* ⟨-; *no pl*⟩ supply(ing).

Bel·kan·to [bɛlˈkanto] *m* ⟨-s; -s⟩ *mus.* bel canto.

Bel·la·don·na [bɛlaˈdɔna] *f* ⟨-; -donnen⟩ **1.** *bot.* belladonna, deadly nightshade. **2.** *pharm.* a) belladonna, b) atropine.

bel·len [ˈbɛlən] **I** *v/t u. v/i* ⟨**h**⟩ *Hund, a. fig. Kanone, a. Person*: (*husten, schimpfen*) bark; (*kläffen*) yap; (*anschlagen*) give tongue; *fig.* **~der Husten** barking cough. **II ≈** *n* ⟨-s⟩ bark(ing). **ˈBel·ler** *m* ⟨-s; -⟩ barker, barking dog.

Bel·le·trist [bɛleˈtrɪst] *m* ⟨-en; -en⟩ belletrist. **Bel·leˈtri·stik** [-tɪk] *f* ⟨-; *no pl*⟩ belles(-)lettres *pl* (*als sg konstruiert*). **bel·leˈtri·stisch** *adj* belletristic; **~e Zeitschrift** literary magazine.

ˈBell|hirsch *m zo.* muntjac.

be·lo·bi·gen [bəˈloːbɪɡən] *v/t* ⟨*no* **ge-**, **h**⟩ praise, laud. **Beˈlo·bi·gung** *f* ⟨-; -en⟩ commendation. **Beˈlo·bi·gungsˌschrei·ben** *n* letter of commendation.

beˈloh·nen *v/t* ⟨*no* **ge-**, **h**⟩ reward (**für** for); *fig.* **s-e Geduld wurde belohnt** his patience was rewarded. **Beˈloh·nung** *f* ⟨-; -en⟩ reward; **zur** (*od.* **als**) **~ für** as a reward for, in return for; **e-e ~ aussetzen** offer a reward.

Bel·sa·zar [bɛlˈzaːtsar] *npr m* ⟨-s; *no pl*⟩ *Bibl.* Belshazar.

beˈlüf·ten I *v/t* ⟨*no* **ge-**, **h**⟩ ventilate, air, *tech. a.* aerate; (*klimatisieren*) air-condition. **II ≈** *n* ⟨-s⟩ ventilating (*etc*). **Beˈlüf·tung** *f* ⟨-; *rare* -en⟩ ventilation, aeration.

Beˈlüf·tungs|ˌanˌla·ge *f tech.* ventilating system. **~ˌklap·pe** *f mot. etc* ventilating flap, ventilator. **~ˌrohr** *n* vent pipe. **~ˌschlauch** *m* ventilating hose. **~ˌschrau·be** *f* breather screw. **~venˌtil** *n* air-bleed (*od.* vent) valve.

beˈlü·gen *v/t* ⟨*irr, no* **ge-**, **h**⟩ **j-n ~** lie to s.o., tell s.o. a lie (*od.* lies); **sich (selbst) ~** deceive o.s.

be·lu·sti·gen [bəˈlʊstɪɡən] **I** *v/t* ⟨*no* **ge-**, **h**⟩ **j-n ~** amuse (*od.* entertain, divert) s.o. **II** *v/reflex* **sich ~** amuse (*od.* entertain, enjoy) o.s. (**mit et.** doing s.th); **sich über j-n (et.) ~** be amused at s.o. (s.th.), make fun of s.o. (s.th.). **beˈlu·sti·gend** *pres p u. adj* amusing, entertaining, diverting, funny. **beˈlu·stigt** *adj u. adv* amused; **über et. ~ sein** be amused at (*od.* by) s.th. **Beˈlu·sti·gung** *f* ⟨-; -en⟩ *allg.* amusement, entertainment, diversion; **zur allgemeinen ~** to everybody's amusement; **zur großen ~** (*gen*) much to the amusement of.

Beˈlu·sti·gungsˌsprin·gen *n Sport*: crazy diving.

be·mäch·ti·gen [bəˈmɛçtɪɡən] *v/reflex*

⟨*no* **ge-, h**⟩ **sich ~ 1.** *e-r Sache*: get (*od.* lay, take) hold of, take *s.th.* over, seize, take possession of, get control of, *e-s Landes etc*: *a.* occupy *a country, etc*; *widerrechtlich, des Thrones, der Macht etc*: usurp; **sich der Herrschaft ~** seize power; *jur.* **sich e-r Sache widerrechtlich ~** take illegal possession of s.th. **2. sich j-s ~** seize s.o., get hold of s.o., *Gefühl*: *a.* come over s.o., possess s.o.; **Angst bemächtigte sich seiner** he was seized (*od.* overcome) by fear.

be'mä·keln *v/t* ⟨*no* **ge-, h**⟩ cavil (*od.* carp) at.

be'ma·len I *v/t* ⟨*no* **ge-, h**⟩ **1.** paint; (*Glas*) stain; **sich** (*dat*) **die Fingernägel ~** paint one's fingernails. **2.** (*schmücken*) decorate (with paintings *od.* ornaments), paint. **3.** → **beschmieren** 3, **bekritzeln. II** *v/reflex* **sich ~ 4.** paint o.s. **5.** *colloq.* paint one's face. **be'malt** *adj* painted; *Glas*: stained; **~e Fensterscheiben** stained-glass windows. **Be'ma·lung** *f* ⟨-; -en⟩ **1.** painting. **2.** *colloq.* make(-)up.

be·män·geln [bə'mɛŋəln] *v/t* ⟨*no* **ge-, h**⟩ criticize, find fault with, fault; *kleinlich*: cavil (*od.* carp) at; **ich habe daran nichts zu ~** I have no objection to it, I have no quarrel with it; **ich habe an** (*od.* **bei**) **ihnen nichts zu ~** I have no fault to find with them. **Be'män·ge·lung** *f* ⟨-; *no pl*⟩ (*gen*) criticism (of), fault-finding (with), objection (to).

be'man·nen *v/t* ⟨*no* **ge-, h**⟩ (*Schiff etc*) man; **ungenügend ~** underman. **be'mannt** *adj* **1.** *Schiff, Rakete etc*: manned, **leicht** (*od.* **nicht voll**) **~** undermanned, shorthanded; → **Raumfahrt** 2. **2.** *colloq. Frau*: having a man. **Be'man·nung** *f* ⟨-; -en⟩ **1.** manning. **2.** (*Mannschaft*) crew.

be·män·teln [bə'mɛntəln] *v/t* ⟨*no* **ge-, h**⟩ *fig.* cloak, disguise, hide, cover (up); (*beschönigen*) palliate, gloss over, make excuses for. **Be'män·te·lung** *f* ⟨-; -en⟩ **1.** cloaking (*etc*). **2.** cloak, disguise, cover(-up).

be·ma·ßen [bə'ma:sən] *v/t* ⟨*no* **ge-, h**⟩ *tech.* (*Zeichnung etc*) dimension.

be·ma·sten [bə'mastən] *v/t* ⟨*no* **ge-, h**⟩ *mar.* mast. **Be'ma·stung** *f* ⟨-; -en⟩ **1.** masting. **2.** (ship's) masts *pl*.

be'mei·stern *v/t* ⟨*no* **ge-, h**⟩ *lit.* (*Zorn etc*) master, control; **sich ~** control (*od.* restrain) o.s.

be'merk·bar *adj* **1.** noticeable, perceptible. **2. sich ~ machen** a) *Person*: draw (*od.* attract) attention to o.s., b) *Sache*: become noticeable (*od.* apparent), (begin to) show; **sich (unangenehm) ~ machen** make itself (unpleasantly) felt, become (painfully) apparent; **die Strapaze machte sich bei ihm ~** the strain told on him. **be'mer·ken** *v/t* ⟨*no* **ge-, h**⟩ **1.** (*wahrnehmen*) notice, note, observe, perceive, become aware of, *fig.* *a.* realize; **e-e Veränderung an j-m ~** notice a change in s.o.; **ich habe es (wohl) bemerkt** *a. iro.* it has not escaped my notice. **2.** (*sagen*) remark, observe, say; (*erwähnen*) mention; **dazu habe ich einiges zu ~** to that I have some comments to make; **nebenbei bemerkt** by the way, incidentally; **er bemerkte noch** he added.

be'mer·kens,wert I *adj* (**wegen, durch** for) remarkable, notable, noteworthy, *nachgestellt*: worthy of note; (*auffallend*) striking; **ein ~er junger Mann** a remarkable young man; **ihre ~e Erscheinung** her striking appearance; *adv* **~ gut** remarkably good (*od.* well). **II ≈e, das** ⟨-n⟩ the remarkable thing (**daran** about it); **es geschah nichts ≈es** nothing remarkable happened.

be'merk·lich *adj obs. for* **bemerkbar**.

Be'mer·kung *f* ⟨-; -en⟩ **1.** remark, observation, comment; **~en machen über** (*acc*) remark (*od.* comment) on; **mit der ~, daß** saying (*od.* with the remark) that. **2.** (*schriftliche ~*) note; (*Anmerkung*) annotation; *am Rand*: marginal note.

be'mes·sen I *v/t* ⟨*irr, no* **ge-, h**⟩ **1.** (**nach**) measure (by); (*anteilig, entsprechend*) proportion (to); (*anpassen*) adjust (to); *fig.* (*bewerten*) rate (*od.* measure, judge) (by), (*abschätzen*) estimate (*od.* assess) (according to); **j-s Leistung (nach der Qualität) ~** rate (*od.* judge) s.o.'s performance (by quality). **2.** (*Zeit etc*) calculate; **er hat die Zeit genau ~** he timed it accurately; **die Zeit knapp ~** cut it fine. **3.** (*Preis, Strafe etc*) determine, assess, fix. **4.** *tech.* a) *maßlich*: (**für** for) dimension, design, calculate, b) (*Leistung*) rate, c) (*dosieren*) dose. **II** *v/reflex* **sich ~ 5.** (**nach** by) be measured (*etc*, → I). **III** *pp u. adj* **6.** measured (*etc*). **7.** (*knapp*) limited; **m-e Zeit ist knapp ~** I am pressed for time; **die Ration war zu knapp ~** the ration was insufficient. **IV ≈** *n* ⟨-s⟩ → **Be'mes·sung** *f* ⟨-; -en⟩ **1.** measuring, proportioning (*etc*). **2.** calculation; **zeitliche ~** *a.* timing. **3.** determination, assessment. **Be'mes·sungs,grund,la·ge** *f econ.* basis for assessment.

be'mit,lei·den *v/t* ⟨*no* **ge-, h**⟩ **j-n ~** be (*od.* feel) sorry for s.o., pity s.o., take pity on s.o., commiserate with s.o.; **er ist zu ~** he is to be pitied. **be'mit,lei·dens,wert** *adj* pitiable, poor, wretched. **Be'mit,lei·dung** *f* ⟨-; *no pl*⟩ (*gen*) (show of) pity (on), sympathy (for).

be·mit·telt [bə'mɪtəlt] *adj* well-to-do, well-off, ⟨*pred*⟩ well off, in easy circumstances; **ein ~er Mann** a man of means.

Bem·me ['bɛmə] *f* ⟨-; -n⟩ *dial.* slice of bread (and butter), (open) sandwich.

be'mo·geln *v/t* ⟨*no* **ge-, h**⟩ *colloq.* **j-n ~** cheat s.o., *colloq.* diddle (*od.* do) s.o.

be·moo·sen [bə'mo:zən] *v/reflex* ⟨*no* **ge-, h**⟩ **sich ~** become covered with moss. **be'moost** *adj* **1.** mossy, moss-grown. **2.** *fig. colloq.* old; *bes. univ.* **~es Haupt** old boy.

be'mü·hen I *v/reflex* ⟨*no* **ge-, h**⟩ **sich ~ 1.** take trouble (*od.* pains), endeavo(u)r, strive, make an effort, try (hard), exert o.s.; **bitte ~ Sie sich nicht!** please don't trouble (*od.* bother); **sich sehr ~** go to a great deal of trouble, make a tremendous effort; **sich ~ zu gefallen** be anxious to please; **sich redlich ~** do one's utmost, try hard; **sich umsonst ~** strive in vain, waste one's time; → **bemüht. 2. sich um et. ~** strive for (*od.* after) s.th., seek; *um e-n Auftrag, Posten etc*: try to get (*od.* obtain) *s.th.*, *durch Antrag, Bewerbung*: apply for (*a position, etc*). **3. sich um j-n ~** a) *helfend*: try to help s.o., *um e-n Verletzten etc*: *a.* attend to s.o., b) *schmeichlerisch*: court s.o.'s favo(u)r, court s.o., c) *als Mitarbeiter etc*: try to get s.o., try to win s.o. over. **4. sich für j-n ~** a) exert o.s. (*od.* intervene) on s.o.'s behalf, b) put in a good word for s.o. **5. sich zu j-m ~** betake o.s. to s.o., (take the trouble and) go and see s.o. **II** *v/t* **6. j-n ~** trouble s.o. (**mit** with, **um, wegen** for); (*e-n Arzt, Fachmann etc*) call in, consult; (*schicken nach j-m*) send for (*a doctor, etc*); **darf ich Sie (darum) ~?** may I trouble you (for it)? **III ≈** *n* ⟨-s⟩ **7.** striving (*etc*). **8.** → **Bemühung**. **be'müht** *pp u. adj* **1. ~ sein, et. zu tun** endeavo(u)r (*etc, cf.* **bemühen** 1) to do s.th.; **um j-n ~ sein** → **bemühen** 3. **2.** (*angestrengt*) labo(u)red, strenuous.

Be'mü·hung *f* ⟨-; -en⟩ (**um**) effort (for, toward), endeavo(u)r (towards); trouble, pains *pl*; **ärztliche ~en** medical attention *sg*; **ich danke Ihnen für Ihre ~en** thank you for all your help (*od.* all the trouble you have taken).

be'mü·ßi·gen *v/t* ⟨*no* **ge-, h**⟩ *archaic* **j-n ~, et. zu tun** oblige s.o. to do s.th. **be'mü·ßigt I** *pp*. **II** *adj* **sich ~ fühlen** (*od.* **sehen**), **et. zu tun** feel bound (*od.* obliged) to do s.th.

be'mu·stern I *v/t* ⟨*no* **ge-, h**⟩ **1.** *econ.* a) (*Angebot, Ware*) supply samples of, sample, b) (*j-n*) send (*od.* submit) samples to *s.o.*; **bemustertes Angebot** sampled offer. **2.** (*Stoff etc*) pattern, figure, (*bedrucken*) print.

be·mut·tern [bə'mʊtərn] *v/t* ⟨*no* **ge-, h**⟩ mother.

be·nach·bart [bə'nax,ba:rt] *adj* neighbo(u)ring; (*angrenzend*) adjacent, adjoining; (*nahe*) nearby; **e-e uns ~e Familie** neighbo(u)rs of ours, a family next-doors; *fig.* **~e Fachgebiete** related (*od.* allied) fields.

be·nach·rich·ti·gen [bə'na:x,rɪçtɪgən] *v/t* ⟨*no* **ge-, h**⟩ **j-n von e-r Sache ~** inform (*od.* notify, *econ. a.* advise) s.o. of (*od.* about) s.th., *im voraus*: give s.o. notice (*od.* warning) of s.th.; **j-n ~, daß** inform s.o. that, send s.o. word that, let s.o. know that. **Be'nach,rich·ti·gung** *f* ⟨-; -en⟩ **1.** informing (*etc*). **2.** information, notification, *econ.* *a.* advice; (*Ankündigung*) notice, warning; **nach schriftlicher ~** upon notice in writing; **ohne weitere ~** without further notice. **Be'nach,rich·ti·gungs,schrei·ben** *n* **1.** letter of notification. **2.** *econ.* letter of advice, advice note.

be·nach·tei·li·gen [bə'na:x,taɪlɪgən] *v/t* ⟨*no* **ge-, h**⟩ place *s.o.* at a disadvantage, treat *s.o.* unfairly, *bes. sozial etc*: discriminate against; (*schädigen*) injure, *a. jur.* prejudice; *Sache*: handicap *s.o.*, (put *s.o.* at a) disadvantage; **die benachteiligten Klassen** the underprivileged classes; **sich benachteiligt fühlen** feel at a disadvantage (*od.* handicapped, *etc*), feel discriminated against. **Be'nach,tei·lig·te** *m, f* ⟨-n; -n⟩ *jur.* injured party. **Be'nach,tei·li·gung** *f* ⟨-; -en⟩ **1.** placing *s.o.* at a disadvantage; handicapping (*etc*); *soziale etc*: discrimination. **2.** (*Nachteil*) disadvantage, handicap; discrimination; *econ.* **steuerliche ~ von Aktien** tax discrimination against shares. **3.** (*Schädigung*) prejudice, injury (to).

be'na·geln *v/t* ⟨*no* **ge-, h**⟩ nail; **benagelte Schuhe** hobnailed shoes.

be'na·gen *v/t* ⟨*no* **ge-, h**⟩ gnaw at, nibble at.

be'nä·hen *v/t* ⟨*no* **ge-, h**⟩ **et. mit e-r Sache ~** sew s.th. on (to) s.th.

be·nam·sen [bə'namzən] *v/t* ⟨*no* **ge-, h**⟩ *colloq.* name, call.

be'nannt *pp u. adj* **1.** named; **~ sein nach** be named after, take one's name from. **2.** *math. Zahl, Größe etc*: concrete, denominate.

be'näs·sen *v/t* ⟨*no* **ge-, h**⟩ wet, moisten.

be'ne·beln *v/t* ⟨*no* **ge-, h**⟩ *colloq.* befog. **be'ne·belt** *adj colloq.* befogged; (*beschwipst*) (be)fuddled.

be·ne·dei·en [bene'daɪən] *v/t* ⟨*pp* **benedeit** *u.* **gebenedeit, h**⟩ *relig.* bless.

Be·ne·dik·ti·ner [benedɪk'ti:nər] *m* ⟨-s; -⟩ **1.** *relig.* Benedictine (monk). **2.** (*Likör*) Benedictine (liqueur). **Be·ne·dik'ti·ne·rin** *f* ⟨-; -nen⟩ Benedictine (nun).

Be·ne·dik'ti·ner,or·den *m relig.* Benedictine order, order of St. Benedict.

Be·ne·fiz [bene'fi:ts] *n* ⟨-es; -e⟩ → **Benefizvorstellung**.

Be·ne·fi·zi·ar [benefiˈtsĭaːr] *m* ⟨-s; -e⟩, **Be·ne·fi·ziˈat** [-ˈtsĭaːt] *m* ⟨-en; -en⟩ *relig.* beneficiary.

Be·neˈfizˌvorˌstel·lung *f thea. etc* benefit (performance).

beˈneh·men I *v/reflex* ⟨*irr, no* ge-, h⟩ **sich** ~ behave (o.s.), conduct (*od.* demean) o.s.; **benimm dich!** behave yourself!; **sich zu ~ wissen** know how to behave (o. s.); **er weiß sich nicht zu** ~ he has no manners; **sich schlecht** ~ behave badly, misbehave; **sich albern (wie ein Narr)** ~ make a fool of o. s. (act like a fool); **sich j-m gegenüber** (*od.* **gegen j-n**) **freundlich** ~ act (*od.* show o. s.) kindly towards s.o., treat s. o. kindly. **II** *v/t lit.* **j-m et.** ~ take s. th. (away) from s.o., (*die Hoffnung etc*) deprive s. o. of s. th.; **es benahm mir den Atem** it took my breath away; **der Schreck benahm ihm die Sprache** the shock struck him dumb.

Beˈneh·men *n* ⟨-s; *no pl*⟩ **1.** behavio(u)r, conduct, demeano(u)r, (*Verhalten*) *a.* attitude, manner; (*Manieren*) (*good, bad*) manners *pl*; **feines** ~ refined manners *pl*; *iro.* **das ist ja ein feines ~!** nice manners (you have got)!; **Note für schlechtes** ~ bad mark; **er hat kein** ~ he has (got) no manners. **2.** *adm.* **im ~ mit** in agreement with; **sich mit j-m ins ~ setzen** contact (*od.* communicate with, get in touch with) s.o., **über et.:** confer with (*od.* consult, contact) s. o. about s. th.

beˈnei·den *v/t* ⟨*no* ge-, h⟩ **j-n um s-n Erfolg** (*od.* **wegen s-s Erfolges**) ~ envy (*od.* [be]grudge) s. o. his success; **ich beneide dich darum!** I envy you (for it)!; **ich beneide dich um d-e Ruhe** I envy (you) your calm; **er ist (nicht) zu** ~ he is (not) to be envied. **beˈnei·densˌwert I** *adj* enviable, *nachgestellt*: (much) to be envied. **II** *adv* ~ **glücklich** enviably happy; ~ **schön** of enviable beauty.

beˈnenn·bar *adj* namable. **beˈnen·nen I** *v/t* ⟨*irr, no* ge-, h⟩ **1.** (**nach** after) name, call; (*bezeichnen*) designate, term, label; (*definieren*) name; (*präzisieren*) specify; (*Straßen, Gegenstände etc*) name, give *s. th.* the name of; **neu** ~ give *s. th.* a new name; *jur.* **den Eigentümer** ~ name the owner. **2.** *amtlich*: a) (*Kandidaten*) nominate, suggest, b) *als Zeugen*: call *s. o.* (*as a witness*), c) (*Termin*) appoint, fix, set (*a date, etc*). **3.** *math.* a) denominate, term, b) denote; → **benannt** 2. **II** ♀ *n* ⟨-s⟩ → **Benennung** 1.

Beˈnen·nung *f* ⟨-; -en⟩ **1.** naming (*etc*); designation, specification, nomination. **2.** (*konkrete Bezeichnung*) name, designation, term, label; **falsche** ~ misnomer. **3.** (*~ssystem*) nomenclature. **4.** *math.* a) denomination, term, b) denotation, c) specification.

beˈnet·zen *v/t* ⟨*no* ge-, h⟩ sprinkle, *a. phys.* moisten, wet (slightly); *mit Tränen*: bath (in tears); **sich** (*dat*) **das Gesicht mit Wasser** ~ moisten one's face with water.

Ben·ga·le [bɛŋˈgaːlə] *m* ⟨-n; -n⟩ Bengali, Bengalese.

ˈBen·galˌhanf [ˈbɛŋgaːl-] *m bot.* sunn (hemp).

Ben·ga·li [bɛŋˈgaːli] *n* ⟨-(s); *no pl*⟩ → **bengalisch** II.

ben·ga·lisch [bɛŋˈgaːlɪʃ] **I** *adj* Bengali (*a. ling.*), Bengalese, Bengal; *fig.* **~e Beleuchtung** Bengal lights *pl*; **~er Tiger** Bengal tiger. **II** *ling.* ♀ ⟨*generally undeclined*⟩, **das** ♀**e** ⟨-n⟩ Bengali.

ˈBen·galˌkat·ze *f* Bengal cat.

Ben·gel [ˈbɛŋəl] *m* ⟨-s; -, *colloq. a.* -s⟩ **1.** rascal, scamp; (*Flegel*) lout; *kleiner*: urchin; **ein netter** ~ a nice youngster. **2.** *print.* (press-)bar. **~ˌkraut** *n bot.* copperleaf.

Beˈnimm *m* ⟨-s; *no pl*⟩ *humor.* (good) manners *pl.*

beˈnom·men *adj a. fig.* dazed, ⟨*pred*⟩ *a.* in a daze; **ein ~es Gefühl** a dazed (*colloq.* dopey) feeling. ♀**heit** *f* ⟨-; *no pl*⟩ daze, dazed (*od. colloq.* dopey) feeling, numbness.

be·no·ten [bəˈnoːtən] *v/t* ⟨*no* ge-, h⟩ *ped.* mark, *Am.* grade.

beˈnö·ti·gen *v/t* ⟨*no* ge-, h⟩ need, want, require; **et. dringend** ~ be in urgent need of s. th., want s. th. badly; **Sie werden nicht mehr benötigt** you are no longer needed. **beˈnö·tigt** *adj* required, necessary, needed.

Beˈno·tung *f* ⟨-; -en⟩ *ped.* **1.** (*Vorgang*) marking, *Am.* grading. **2.** marks *pl*, *Am.* grades *pl.*

Ben·thos [ˈbɛntɔs] *n* ⟨-; *no pl*⟩ *biol.* benthos.

beˈnum·mern *v/t* ⟨*no* ge-, h⟩ number.

beˈnutz·bar *adj* usable; **nicht** ~ not usable, (*kaputt*) out of order; *Straße*: impassable. ♀**keit** *f* ⟨-; *no pl*⟩ usability; use.

beˈnut·zen, *dial.* **beˈnüt·zen I** *v/t* ⟨*no* ge-, h⟩ **1.** *allg.* use; (*anwenden*) *a.* make use of, employ, utilize; (*Buch*) use, consult; (*Verkehrsmittel*) use, take, go by (*train, etc*); *contp.* **j-n (als Werkzeug** *etc*) ~ use s.o. (as a tool, *etc*); **et. dazu ~, (um) et. zu erreichen** use s. th. to obtain s. th.; **et. als Vorwand** ~ use s. th. as an excuse; → **Gelegenheit. 2.** (*sich zunutze machen*) profit by, turn *s. th.* to (good) account, capitalize on *s. th.* **II** ♀ *n* ⟨-s⟩ **3.** → **Benutzung.**

Beˈnut·zer *m* ⟨-s; -⟩ **1.** user. **2.** *e-r Bibliothek*: reader, borrower. **3.** *teleph.* subscriber. **~ˌkreis** *m* users *pl.*

Beˈnut·zung, *dial.* **Beˈnüt·zung** *f* ⟨-; *no pl*⟩ **1.** using (*etc*; *cf.* **benutzen**). **2.** use; (*Anwendung*) *a.* utilization; *e-s Buches*: use, consultation; **mißbräuchliche** ~ abuse; **zur öffentlichen** (*od.* **für die öffentliche**) ~ **freigegeben** open to the public; **die ~ der Straße ist nur Anliegern gestattet** the road is for the use of residents only; **mit** (*od.* **unter**) ~ **von** (*od. gen*) with the aid of, (by) using *s. th.*; **et. in ~ haben** use s. th.

Beˈnut·zungs|geˌbühr *f* fee (*od.* charge) (for the use of *od.* for using *s. th.*). **~ˌrecht** *n jur.* (right to) use, user.

Benz·al·de·hyd [bɛntsˀaldeˈhyːt] *m chem.* benzaldehyde.

Benˈzal-ˌGrup·pe *f chem.* benzal group.

Benz·amid [bɛntsaˈmiːt] *n* ⟨-s; *no pl*⟩ *chem.* benzamide.

Ben·ze·drin [bɛntseˈdriːn] (*TM*) *n* ⟨-s; *no pl*⟩ *chem.* Benzedrine, amphetamine.

Ben·zi·din [bɛntsiˈdiːn] *n* ⟨-s; *no pl*⟩ *chem.* benzidine.

Ben·zil [bɛnˈtsiːl] *n* ⟨-s; *no pl*⟩ *chem.* benzil.

Ben·zin [bɛnˈtsiːn] *n* ⟨-s; -e⟩ **1.** *mot.* petrol, *Am.* gasoline, *colloq.* gas; (*Treibstoff*) *a.* fuel; **mit ~ fahren** *Fahrzeug*: run on petrol, *etc*; **kein ~ mehr haben** have run out of petrol, *etc*; → *a.* **Kraftstoff(...). 2.** *chem.* a) (*Leicht*♀) benzine, b) (*Schwebe*♀, *Test*♀) white spirit; **et. mit ~ reinigen** clean s. th. with benzine. **~beˌhäl·ter** *m* → **Kraftstoffbehälter.** **~ˌdruckˌmes·ser** *m* fuel pressure ga(u)ge. **~ˌeinˌspritzˌpum·pe** *f* fuel injection pump. **~ˌfeu·erˌzeug** *n* fuel lighter. **~ˌför·derˌpum·pe** *f* petrol (*Am.* gasoline) feed pump. **~ˌhahn** *m* petrol (*Am.* gasoline) tap. **~kaˌni·ster** *m* petrol (*Am.* gas[oline]) can, *mil. colloq.* jerrycan. **~ˌko·cher** *m* petrol (*Am.* gasoline) stove. **~ˌlei·tung** *f mot.* fuel line. **~ˌmes·ser** *m* → **Benzinuhr.** **~ˌmo·tor** *m* petrol (*Am.* gasoline) engine. **~ˌpum·pe** *f* petrol (*Am.* fuel) pump. **~ˌrückˌstand** *m* petrol combustion product; **harzartiger** ~ gum. **~ˌstand** *m* petrol (*Am.* gasoline) level. **~ˌstand(s)ˌanˌzei·ger** *m* → **Benzinuhr.** **~ˌtank** *m* petrol (*Am.* gasoline) tank, fuel tank. **~ˌuhr** *f* fuel (consumption) ga(u)ge. **~verˌbrauch** *m* petrol (*Am.* gasoline) consumption.

Ben·zo·at [bɛntsoˈaːt] *n* ⟨-s; -e⟩ *chem.* benzoate.

Ben·zoe [ˈbɛntsoe] *f* ⟨-; *no pl*⟩, **~ˌharz** *n chem. tech.* (gum) benzoin, benjamin (gum). **~ˌsalz** *n chem.* benzoate. **~ˌsäu·re** *f* benzoic acid.

ben·zo·id [bɛntsoˈiːt] *adj chem.* benzenoid.

Ben·zo·in [bɛntsoˈiːn] *n* ⟨-s; -e⟩ *chem.* benzoin.

Ben·zol [bɛnˈtsoːl] *n* ⟨-s; -e⟩ *chem. tech.* benzene, benzol. **~ˌkoh·lenˌwas·serˌstof·fe** *pl* aromatic hydrocarbons. **~ˌring** *m* benzene ring (*od.* nucleus).

Ben·zyl [bɛnˈtsyːl] *n* ⟨-s; *no pl*⟩ *chem.* benzyl.

be·ob·ach·ten [bəˈˀoːbaxtən] **I** *v/t* ⟨*no* ge-, h⟩ **1.** observe, watch; (*überwachen*) *a.* keep a watch (*od.* an eye) on, keep *s.o. od. s. th.* under observation (*a. med.*); (*verfolgen*) *a.* follow; (*prüfen*) *a.* study; (*überblicken, absuchen*) scan, survey; (*betrachten, a. fig.*) view (**et. mit Besorgnis** s. th. with concern); (*bespitzeln*) spy on *s.o.*; (*beschatten*) shadow *s. o.*; **genau** ~ a) watch closely, b) keep an eye on; **Kinder beim Spielen** ~ watch children play(ing); **die Natur** ~ observe nature; **er wird von der Polizei beobachtet** he is being watched (*od.* kept under observation) by the police; **ich habe ihn dabei beobachtet** I have watched him at it (*od.* doing it). **2.** (*wahrnehmen*) notice, observe, see; (*sichten*) sight, discover, *colloq.* spot; **et. an j-m** ~ notice s.th. in (*od.* about, with) s. o. **3.** *fig.* (*Gesetz, Feiertag, Regel etc*) observe; (*Anweisung, Vorschrift etc*) *a.* comply with, follow, adhere to, keep to, obey; **die Regeln des Anstandes** ~ observe the proprieties; **e-e strikte Diät** ~ keep to a strict diet, diet strictly. **II** *v/i* **4. er beobachtet scharf** he is a keen observer, *colloq.* he doesn't miss much. **III** ♀ *n* ⟨-s⟩ **5.** → **Beobachtung** 1, 3.

Beˈob·ach·ter *m* ⟨-s; -⟩ **1.** observer (*a. pol. etc*), watcher; **er ist ein guter** ~ he is a keen observer. **2.** (*Zuschauer*) spectator, onlooker; (*Augenzeuge*) eyewitness. **3.** *mil.* a) observer, *aer. a.* navigator (-observer), *Flak*: spotter, b) → **Beobachtungsflugzeug.** **Beˈob·ach·tung** *f* ⟨-; -en⟩ **1.** observing (*etc*; *cf.* **beobachten** 1), observation (*a. med. mil. etc*); **aus eigener** (*od.* **durch eigene**) ~ **wissen** know *s. th.* from personal observation; **~en über e-e Sache anstellen** watch s. th.; **unter ~ halten** keep under observation, keep a watch on; **unter ~ stehen** be under observation (*a. med.*). **2.** (*gemachte ~*) observation; **e-e ~ machen** make an observation, observe (*od.* notice) s. th.; **er hat e-e interessante ~ an dem Tier gemacht** he has observed an interesting thing in (*od.* about) the animal. **3.** *fig.* (*Einhaltung*) (*gen*) observation, observance (of *a law, holiday, etc*); compliance (with *instructions, etc*); **unter ~ aller Vorsichtsmaßregeln** by taking all possible precautions.

Beˈob·ach·tungs|ˌfeh·ler *m* error of

observation. **~ˌflugˌzeug** *n aer. mil.* observation aircraft, *Br. a.* observer plane. **~ˌga·be** *f* power of observation, perception, keen eye; **er besitzt e-e gute ~** he is a keen observer. **~mi·kro·ˌskop** *n* viewing microscope. **~ˌpo·sten** *m bes. mil.* **1.** observation (*od.* lookout) post. **2.** (*Mann*) observer, lookout (man). **~sa·tel·ˌlit** *m* observation satellite. **~ˌspie·gel** *m* observation mirror. **~ˌstand** *m* observation post. **~sta·tiˌon** *f* **1.** observation station (*med.* ward). **2.** *astr.* observatory; *a.* weather station.

be·or·dern [bəˈʔɔrdərn] *v/t* ⟨*no* **ge-, h**⟩ order, direct (**nach** [to go] to); (*abstellen, schicken*) assign (*od.* send) (to); (*her~*) summon (**zu** to); **wir haben ihn nach X beordert** *a.* we have arranged for him to proceed (*od.* go) to X; **er wurde zum Chef beordert** he was summoned to the boss.

beˈpacken (*getr.* **-k·k-**) *v/t* ⟨*no* **ge-, h**⟩ load (**mit** with); **schwer bepackt** heavily laden.

beˈpan·zern *v/t* ⟨*no* **ge-, h**⟩ *mil.* (*Fahrzeuge, Schiffe etc*) armo(u)r. **beˈpanzert** *adj* **1.** *mil.* armo(u)red. **2.** *zo.* loricate(d). **Beˈpan·ze·rung** *f* ⟨-; -en⟩ *mil.* **1.** armo(u)ring. **2.** (*Panzer*) armo(u)r(-plating).

beˈpflan·zen *v/t* ⟨*no* **ge-, h**⟩ plant (**mit** with). **Beˈpflan·zung** *f* ⟨-; -en⟩ **1.** planting. **2.** plantation. **3.** layout (of a garden).

beˈpfla·stern *v/t* ⟨*no* **ge-, h**⟩ **1.** (*Straße etc*) pave *s.th.* (**mit** with). **2.** *colloq.* (*Wunde etc*) plaster, put a plaster on. **3.** *colloq.* plaster, bombard. **Beˈpfla·ste·rung** *f* ⟨-; *no pl*⟩ **1.** paving. **2.** (*Pflaster*) pavement, paving.

beˈpflü·gen *v/t* ⟨*no* **ge-, h**⟩ plough, till.

beˈpin·seln *v/t* ⟨*no* **ge-, h**⟩ paint *s.th.* (**mit** with; *a. med.*); (*Torte etc*) brush *s.th.* over; **mit Fett ~** grease.

beˈplan·ken *v/t* ⟨*no* **ge-, h**⟩ plank (over), board over. **Beˈplan·kung** *f* ⟨-; *no pl*⟩ **1.** planking. **2.** *mar.* (*Planken*) planking. **3.** *aer.* a) covering, b) (*Metall*⁀) skin, plating.

beˈpu·dern *v/t* ⟨*no* **ge-, h**⟩ powder, dust *s.th.* over with powder.

beˈquat·schen *v/t* ⟨*no* **ge-, h**⟩ *colloq.* **1. et. ~** have a long chat about s. th., thrash s. th. out. **2. j-n ~** try to get s.o. round, **zu et.** talk s.o. into (doing) s. th.

be·quem [bəˈkveːm] **I** *adj* ⟨-er; -st⟩ **1.** comfortable (*apartment, shoes, life, etc*); *Wohnung, Zimmer etc*: *a.* cosy, snug; *Reise etc*: *a.* restful; **ein ~es Leben führen** lead an easy (*od.* a comfortable) life; **es sich** (*dat*) **~ machen** a) make o.s. comfortable (*od.* at home), relax, b) *fig.* take the easy way out. **2.** (*mühelos*) effortless, easy. **3.** *Bedingungen etc*: convenient, easy; *econ.* **~e Raten** easy terms; **~e Arbeit** (*od.* **Stellung**) *colloq.* soft (*od.* cushy) job; **~e Lösung** easy (*od.* facile) solution; **~es Werkzeug** handy tool. **4.** *Person*: comfort-loving; (*träge*) indolent, lazy; **zu ~ sein, et. zu tun** be too lazy to do s. th. **II** *adv* **5.** comfortably, easily; **sitzen Sie ~?** are you comfortable?; **~ zu handhaben** easy to handle; **der Strand ist in einer Stunde ~ zu erreichen** one can reach the beach easily in an hour; **~ gelegen** convenient(ly situated).

be·que·men [bəˈkveːmən] *v/reflex* ⟨*no* **ge-, h**⟩ **sich zu e-r Sache ~, sich ~, et. zu tun** bring (*od.* trouble) o.s. to do s. th., consent (*od.* deign) to do s. th.; **sich zu e-r Antwort ~** take the trouble (*od.* deign, condescend) to give an answer.

beˈquem·lich *adj u. adv obs. for* bequem. **⁀keit** *f* ⟨-; -en⟩ **1.** ⟨*only sg*⟩ comfort, ease. **2.** ⟨*only sg*⟩ (*Faulheit*) laziness, indolence; **aus (reiner) ~** out of (sheer) laziness. **3.** (*Einrichtung*) convenience, comfort, *pl a.* facilities, amenities.

Beˈrapp *m* ⟨-(e)s; -e⟩ *tech.* roughcast.

beˈrap·pen[1] [bəˈrapən] *v/t* ⟨*no* **ge-, h**⟩ *civ. eng.* roughcast.

beˈrap·pen[2] *v/t u. v/i* ⟨*no* **ge-, h**⟩ fork (*od.* shell) out, pay.

beˈra·ten I *v/t* ⟨*irr, no* **ge-, h**⟩ **1. j-n ~** advise s.o., give s.o. advice (**bei** *od.* **in e-r Sache** in *od.* on a matter); **j-n gut ~** give s.o. good advice; **sich (von j-m) ~ lassen** take (*od.* seek, get) (s.o.'s) advice, consult (s.o.); **gut (schlecht) ~ sein** be well (ill) advised. **2. et. ~** discuss (*od.* debate) s. th., deliberate (*od.* confer) on s. th. (**mit j-m** with s.o.), talk about s. th. (with s.o.), take counsel (with s.o.) on s. th.; **e-n Gesetzentwurf ~** debate (*od.* consider) a bill; **~ werden** *Sache*: be under consideration, be discussed (*etc*). **II** *v/i* **3.** confer, be in conference; debate, deliberate; (**mit j-m**) **über** (*acc*) **et. ~** → 2. **III** *v/reflex* **sich ~ 4.** confer (*etc*; → 3); **sich (mit j-m) über** (*acc*) **et. ~** → 2. **IV** ⁀ *n* ⟨-s⟩ → **Beratung**. **~d** *adj* advisory, consultative; **~er Ausschuß** advisory committee; **~e Versammlung** deliberative assembly; **in ~er Eigenschaft, mit ~er Stimme** in an advisory capacity; **~er Ingenieur** consulting engineer.

Beˈra·ter *m* ⟨-s; -⟩, **Beˈra·te·rin** *f* ⟨-; -nen⟩ adviser, counsel/lor (*Am.* -or); **fachmännischer** (*od.* **fachärztlicher**) **~** consultant; **technischer ~** technical adviser, consulting engineer; **juristischer ~** legal adviser; **~ für Steuerfragen** tax adviser.

beˈratˌschla·gen *v/i u.* **sich ~** *v/reflex* ⟨*no* **ge-, h**⟩ → **beraten** 3, 4.

Beˈra·tung *f* ⟨-; -en⟩ **1.** advising (*etc*; *cf.* **beraten**). **2.** (**über** *acc*) deliberation (on), consideration (of), discussion (of), debate (on); **nach sorgfältiger ~** after (*od.* upon) careful deliberation; **in ~ sein** (**zur ~ kommen**) *Sache*: be under (come up for) consideration; **das Gericht zog sich zur ~ zurück** the court adjourned for (further) deliberation. **3.** (*Raterteilung*) advice, counsel; (*Berufs*⁀, *Ehe*⁀ *etc*) guidance; **ärztliche (juristische) ~** medical (legal) advice. **4.** (*Besprechung*) conference, consultation, discussion, talk. **5.** *bes. pol.* a) (*Verhandlung*) conference, negotiations *pl*, talks *pl*, b) (*Debatte*) debate, c) (*Lesung*) reading; **Stadium der ~** report stage; **in ~en eintreten** enter into discussions.

Beˈra·tungs|ˌausˌschuß *m pol.* advisory committee. **~ˌdienst** *m* advisory service. **~ˌge·genˌstand** *m* subject (under consideration *od.* discussion); (*der Tagesordnung*) item (for discussion) (*on the agenda*). **~ˌstel·le** *f* advisory bureau; *weitS.* information cent/re (*Am.* -er); **ärztliche ~** medical health centre; **berufliche ~** vocational guidance office.

beˈrau·ben I *v/t* ⟨*no* **ge-, h**⟩ **1.** rob, strip; (*plündern*) plunder, pillage, loot; **j-n ~** rob (*od.* strip) s.o. (*gen* of); **e-e Bank ~** rob (*od.* hold up) a bank. **2.** *fig.* (*gen* of) deprive, rob, strip, *e-s Rechtes*: *a.* divest; *bes. durch Todesfall*: bereave; **j-n s-r Freiheit ~** deprive s.o. of his liberty; **s-r letzten Hoffnung beraubt werden** be deprived (*od.* robbed) of one's last hope; *colloq.* **ich möchte Sie nicht ~!** I don't want to rob you!; **beider Eltern beraubt** bereaved (*od.* bereft) of both one's parents; **jeder Romantik beraubt** shorn of all romance; **der Schreck beraubte ihn der Sprache** the shock left him speechless. **II** *v/reflex* **3. sich e-r Sache ~** deprive o.s. of s. th.; **sich e-s Rechtes ~** divest o. s. of a right; **sich e-s Vergnügens ~** forgo (*od.* deny o. s.) a pleasure. **Beˈrau·bung** *f* ⟨-; -en⟩ **1.** robbing (*etc*); (*Raub*) robbery. **2.** deprivation, bereavement.

beˈräu·chern *v/t* ⟨*no* **ge-, h**⟩ *zur Desinfektion etc*: fumigate (**mit** with).

beˈräu·men *v/t* ⟨*no* **ge-, h**⟩ clear.

beˈrau·schen I *v/t* ⟨*no* **ge-, h**⟩ intoxicate, make *s.o.* drunk, *fig. a.* enrapture, electrify, carry away (*the audience, etc*); → **berauscht**. **II** *v/i* be intoxicating. **III** *v/reflex* **sich ~** become intoxicated (*od.* inebriated), get drunk; *fig.* **sich an** *e-r Idee etc* **~** be intoxicated with, be carried away by, go into raptures over. **~d** *adj* intoxicating, heady (*beide a. fig.*); alcoholic; **~es Getränk** intoxicating (*od.* alcoholic) beverage (*od.* drink); **~es Mittel** narcotic; **~er Anblick** (**~e Schönheit** *etc*) breathtaking (*od.* gorgeous, overwhelming) sight (beauty, *etc*); *fig. colloq.* **nicht gerade ~!** not so hot!

beˈrauscht *pp u. adj a. fig.* intoxicated, drunk (**von** with *beer, power, success, etc*). **Beˈrauscht·heit** *f*, **Beˈrau·schung** *f* ⟨-; *no pl*⟩ *a. fig.* intoxication, drunkenness, inebriation.

Ber·ber [ˈbɛrbər] *m* ⟨-s; -⟩ **1.** Berber. **2.** → a) **Berberpferd**, b) **Berberteppich**.

ˈBer·be·rin[1] *f* ⟨-; -nen⟩ Berber (woman).

Ber·be·rin[2] [bɛrbəˈriːn] *n* ⟨-s; *no pl*⟩ *chem.* berberine.

ˈBer·ber|ˌlö·we *m zo.* Barbary lion. **~ˌpferd** *n zo.* Barbary horse. **~ˌspra·che** *f ling.* Berber. **~ˌtep·pich** *m* Berber (carpet).

be·re·chen·bar [bəˈrɛçənbaːr] *adj* calculable (*a. fig.*), computable; (*vorhersagbar*) predictable.

beˈrech·nen I *v/t* ⟨*no* **ge-, h**⟩ **1.** calculate (*a. fig.*), reckon, compute, *Am. colloq.* figure (out); (*zs.-rechnen*) sum (*od.* total) up; (*bestimmen*) determine; (*schätzen*) estimate, assess (**auf** *acc* at); **falsch ~** miscalculate; **die Endsumme ~** work out (*od.* determine) the final sum; **2 Zoll für den Einschlag ~** allow 2 inches for the hem; **den Schaden ~** appraise (*od.* assess) the damage; **es läßt sich nicht ~** that cannot be calculated, *bes. fig.* it is incalculable; *tech.* **für et. berechnet sein** be calculated (*od.* designed) for s. th.; **darauf berechnet, et. zu tun** calculated to do s. th.; **für j-n berechnet** meant (*od.* intended, calculated) for s. o.; *fig.* **er berechnete alle Möglichkeiten im voraus** he took all eventualities into account. **2.** *bes. econ.* a) charge, b) (*Preis stellen*) quote, c) (*fakturieren*) invoice; **j-m et. ~** charge s. o. for (*od.* with) s. th.; **j-m zuviel ~** overcharge s. o.; **ich berechne es Ihnen zum Selbstkostenpreis** I will let you have it at cost price. **II** ⁀ *n* ⟨-s⟩ **3.** calculating (*etc*). **4.** → **Berechnung**. **~d** *adj fig.* calculating.

Beˈrech·nung *f* ⟨-; -en⟩ **1.** (*Vorgang u. Ergebnis*) calculation, computation; (*Schätzung*) estimate; (*Bewertung*) valuation; (*Bestimmung*) determination; *a. jur. von Strafen, des Streitwertes etc*: assessment; *fig.* calculation; **falsche ~** miscalculation; **e-e ~ anstellen** make a calculation; **m-r ~ nach** by (*od.* according to) my calculation (*od.* reckoning), *fig.* as I see it; *fig.* **bei ihr ist alles ~** she has a calculating mind, *colloq.* she's got all the angles figured; **er tut es nur aus ~** it's all calculation with him; **er tat es aus ~** it (*od.* his action) was well calculated; **mit (kühler) ~** with (cool) deliberation. **2.** *econ.* charge, (*Preisstellung*) quotation, (*Fakturierung*) invoicing, (*Belastung*) debit; **unter ~ der Nebenkosten** charging for (*od.* inclusive of) marginal expenses.

Beˈrech·nungs|ˌgrundˌla·ge *f* basis for calculation (*od.* assessment, *etc*). **~taˌbel·le** *f* **1.** (calculating) chart. **2.** *Versicherung*: experience table.

be·rech·ti·gen [bəˈrɛçtɪgən] **I** *v/t* ⟨*no* **ge-, h**⟩ **j-n (zu e-r Sache) ~** a) entitle s. o. (to s. th.), give s. o. a right (*od.* claim) (to s. th.), b) (*ermächtigen*) authorize (*od.* empower) s. o. (to [do] s. th.), c) (*befähigen*) qualify s. o. (to *od.* for s. th.), make s. o. eligible (for s. th.); **j-n zu der Annahme (Hoffnung) ~** justify (*od.* warrant) s. o.'s assumption (hope); **was berechtigt Sie zu sagen, daß …** what gives you the right to say that …; → **berechtigt. II** *v/i* **zu e-r Sache ~** entitle to s. th., give one the right to s. th. (*etc*; *cf* I); **die Karte berechtigt zu 6 Fahrten** the ticket allows (*od.* is good for) six rides; *diese Prüfung* **berechtigt zum Studium …** qualifies the successful candidate for study at a university; *s-e Leistungen* **~ zu großen Hoffnungen …** give rise to (*od.* justify) great hopes.

beˈrech·tigt I *pp u. adj* **1.** (**zu**) entitled (to); authorized (to); qualified (for, to), eligible (for) (*etc*; *cf.* **berechtigen** I); **Sie sind nicht ~, mir Vorwürfe zu machen** you have no right to blame me. **2.** *Hoffnung, Einwand etc*: legitimate, justifiable; **~es Interesse** legitimate interest; **~er Vorwurf** just reproach; **~e Übersetzung** authorized translation. **3.** *jur.* a) (*begünstigt*) beneficiary, entitled (to benefit), b) (*zuständig*) competent. **II ♀e** *m, f* ⟨**-n; -n**⟩ **4.** person (*od.* party) entitled, authorized person. **5.** *jur.* a) legitimate claimant, b) beneficiary.

beˈrech·tig·ter|ˈma·ßen, ~ˈwei·se *adv* legitimately, rightly, with full justification.

Beˈrech·ti·gung *f* ⟨**-;** *no pl*⟩ **1.** (*Vorgang*) entitling, authorizing (*etc*), authorization. **2.** (*Recht*) right; (*Vollmacht*) authority, power; (*Anspruch*) right, title (**zu** to); (*Genehmigung, Konzession*) licen/ce (*Am.* -se); (*Befähigung*) (**zu**) qualification (for, to), eligibility (for); (*Zuständigkeit*) competence; **moralische ~** moral right; **er hat k-e ~, sich einzumischen** he has no right to interfere. **2.** (*Rechtfertigung*) justification; **et. mit voller ~ sagen** say s. th. with every justification, be entirely justified in saying s. th.; **s-e ~ in et. finden** be justified by s. th. **3.** (*Gültigkeit, Richtigkeit*) legitimacy, validity, rightness.

Beˈrech·ti·gungs|ˌnachˌweis *m* **1.** proof of authority; **e-n ~ erbringen** (produce documents to) prove one's right (*od.* title) to s. th. **2.** → **~ˌschein** *m* **1.** (qualification) certificate, licen/ce (*Am.* -se), permit, (written) authorization. **2.** *econ.* a) (*Anrechtschein, für Zinsen, Dividenden*) warrant, b) (*Anteilschein*) scrip, c) (*Beleg*) voucher, d) *für Warenbezug*: certificate of priority.

beˈre·den *v/t* ⟨*no* **ge-, h**⟩ **1. et. ~** a) discuss s. th., talk s. th. over, b) (*beklatschen*) (talk) gossip about s. th.; **sich mit j-m über et. ~** confer (*od.* consult) with s. o. about s. th., talk s. th. over with s. o. **2.** → **überreden.**

be·red·sam [bəˈreːtzaːm] *adj* → **beredt.**

be·redt [bəˈreːt] *adj* ⟨**-er; -est**⟩ *Person*: eloquent (*a. fig.*); **sie ist sehr ~** *a.* she is a very fluent talker, *iro. colloq.* she has the gift of the gab; **j-n ~ machen** loosen s. o.'s tongue; *fig.* **~es Schweigen** eloquent (*od.* pregnant) silence; **ein ~er Blick** an eloquent (*od.* a meaningful) look; **~es Zeugnis sein für et.** bear eloquent witness to s. th. **♀heit** *f* ⟨**-;** *no pl*⟩ eloquence.

beˈreg·nen *v/t* ⟨*no* **ge-, h**⟩ **1.** rain on. **2.** *tech.* sprinkle, spray. **Beˈreg·nungs|anˌla·ge** *f* sprinkler system.

Beˈreich *m, rare n* ⟨**-(e)s; -e**⟩ **1.** (*Gegend*) area, region; **im ~ (von** *od.* **der Stadt) München** in the Munich area; **im ~ der Küste** near the coast; **die Ruinen im ~ der alten Festung** the ruins in the precincts of the ancient stronghold. **2.** *fig.* (*Umfang*) range, scope, compass, purview; **~ des Wissens** range (*od.* extent) of *s. o.'s* knowledge; **es liegt im ~ des Möglichen** it is within the range of possibility, it is quite possible. **3.** *fig.* (*Gebiet*) sphere, domain, province, realm, field; (*Macht♀, Einflußsphäre*) sphere, orbit; **im zivilen (militärischen) ~** in the civil (military) sector; **in weiten ~en der Wirtschaft** in broad sectors of the economy; **der ~ der Fabel** the realm of fable (*fig.* fiction); **dieses Zimmer ist ihr ~** this room is her domain (*od. colloq.* territory). **4.** *mil.* a) (*Gelände*) area, zone, b) *e-s Geschützes etc*: range, reach. **5.** *math. e-r Funktion*: domain. **6.** *Radio*: band, range.

be·rei·chern [bəˈraɪçərn] *v/t* ⟨*no* **ge-, h**⟩ (*j-n, et.*) *a. fig.* enrich, make *s. o. od. s. th.* richer, (*Wissen etc*) *a.* enlarge, extend, increase; **sich ~** enrich o. s., *colloq. contp.* feather one's nest, line one's pockets. **Beˈrei·che·rung** *f* ⟨**-; -en**⟩ **1.** (*Vorgang u. Sache*) enrichment, *des Wissens etc*: *a.* enlargement, increase; **e-e ~ s-s Lebens** an enrichment of his life; **es (er) ist e-e wesentliche ~ für** it (he) is a great gain (*od.* important acquisition) to *s. th.* **2.** *jur.* a) ⟨*only sg*⟩ (*Tat, Vorgang*) enrichment, b) (*Objekt*) gain; **ungerechtfertigte ~** unjustified enrichment, improper conversion. **Beˈrei·che·rungsˌabˌsicht** *f jur.* (criminal) intent unlawfully to enrich o. s.

beˈrei·fen[1] *v/t* ⟨*no* **ge-, h**⟩ **1.** (*Räder, Fahrzeug*) tyre, *bes. Am.* tire; (**neu**) **~** fit (a new set of) tyres on (*a car, etc*). **2.** (*Faß etc*) hoop.

beˈrei·fen[2] *v/t* ⟨*no* **ge-, h**⟩ (*Bäume etc*) cover *s. th.* with hoarfrost (*od.* rime), frost (over); **bereift** rimy; **sich ~** *Bäume etc*: get covered with hoarfrost (*od.* rime), frost (over).

Beˈrei·fung *f* ⟨**-; -en**⟩ *mot.* (set of) tyres *pl* (*bes. Am.* tires); **doppelte ~** dual tyres.

beˈrei·ni·gen *v/t* ⟨*no* **ge-, h**⟩ **1.** (*Problem*) settle; (*Streit*) *a.* compose, make up; (*Mißverständnis etc*) clear away (*od.* up), remove, iron out. **2.** *econ.* a) (*Konto, Schuld*) settle, b) (*Wertpapiere*) validate, reassess, c) (*Bilanz*) audit and verify. **3.** (*berichtigen, a. Statistik*) adjust, correct. **Beˈrei·ni·gung** *f* ⟨**-;** *no pl*⟩ **1.** settling (*etc*). **2.** settlement, removal, clearing-up. **3.** *econ.* a) *e-s Kontos etc*: settlement, b) *e-s Wertpapieres*: validation, reassessment. **4.** (*Berichtigung*) *a. Statistik*: adjustment, correction.

beˈrei·sen *v/t* ⟨*no* **ge-, h**⟩ **1.** (*Land etc*) tour, travel. **2.** *econ.* (*Vertreterbezirk etc*) work, cover; (*e-e Messe*) visit.

be·reit [bəˈraɪt] *adj* ⟨*pred*⟩ **1.** (*fertig*) ready, prepared (**zu** for; **zu tun** to do); **das Essen ist ~** dinner is ready; **wir sind zum Aufbruch ~** we are ready for departure; **allzeit ~!** (*Pfadfinderlosung*) be prepared!; **et. ~ haben** have (*od.* hold) s. th. ready, *fig. a.* have s. th. in store (**für j-n** for s. o.); **er hat immer e-e Antwort (Entschuldigung) ~** he always has his answer (excuse) pat; **~ sein ist alles** readiness is all. **2.** (*willens*) willing, prepared, ready (*to do s. th.*); **wärst du ~, mir zu helfen?** would you (be prepared to) help me?; **er war nur zu gern ~ mitzukommen** he was all too ready (*od.* most eager) to come along; **er ist zu allem ~** *colloq.* he is game for anything; **sich zu et. ~ finden** (*od.* **erklären**) agree (*od.* consent, be prepared) to do s. th., *freiwillig*: *a.* volunteer to do s. th.

beˈrei·ten[1] *v/t* ⟨*no* **ge-, h**⟩ **1.** (*Mahlzeit etc*) prepare, get *s. th.* ready; (*Getränk*) make (*tea, etc*), prepare, (*brauen*) brew; (*Arznei*) make up, prepare (*a medicine*). **2.** (*bearbeiten*) a) *agr.* work, b) (*Leder*) dress, curry; → **Boden. 3.** (*Lager etc*) make up; → **Weg** 4. **4.** (*Bad*) prepare (*a bath*) (**j-m** for s. o.). **5.** *fig.* (*verursachen*) cause, give (**j-m** s. o.); **es hat ihm Genugtuung bereitet** it gave him satisfaction; → **Freude** *etc.*

beˈrei·ten[2] *v/t* ⟨*irr, no* **ge-, h**⟩ **1.** (*Gegend etc*) ride through. **2.** (*Pferd*) break in.

beˈreitˌhal·ten I *v/t* ⟨*irr, sep,* **-ge-, h**⟩ **1.** hold (*od.* have) *s. th.* ready (*od.* in readiness) (**für** for), **für j-n**: *a.* hold *s. th.* at the disposal of s. o.; (*Vorrat etc, für Notfälle*) keep a supply of, keep *s. th.* on hand; *fig.* (*e-e Überraschung etc*) have *s. th.* in store for s. o. **II** *v/reflex* **sich ~ 2.** hold o. s ready, be ready; (**für** *e-n Feueralarm etc*) stand by (for); **sich für j-n ~** hold o. s. at the disposal of s. o. **~ˌle·gen** *v/t* ⟨*sep,* **-ge-, h**⟩ (**für, zu** for) lay (*od.* put) *s. th.* out, prepare *s. th.* **~ˌlie·gen** *v/i* ⟨*irr, sep,* **-ge-, h** *u.* **sein**⟩ be ready (**zu** for). **~ˌma·chen** *v/t* ⟨*sep,* **-ge-, h**⟩ get *s. th.* ready, prepare; **sich ~** get ready, prepare (o. s.) (**zu** for).

beˈreits *adv* **1.** (*schon*) already. **2.** (*zuvor*) previously, before. **3.** *Southern G.* (*fast*) almost.

Beˈreit·schaft *f* ⟨**-; -en**⟩ **1.** ⟨*only sg*⟩ readiness, preparedness; **in ~ sein** (*od.* **stehen**) → **bereitstehen; in ~ haben** (*od.* **halten**) → **bereithalten;** → **Alarmbereitschaft. 2.** ⟨*only sg*⟩ (*Geneigtheit*) willingness, readiness (**zur Hilfe, zu helfen** to help). **3.** (*Polizeieinheit etc*) squad.

Beˈreit·schafts|ˌarzt *m* duty doctor. **~ˌdienst** *m* stand-by duty (*a. mil.*); **der Arzt hat ~** the doctor is on call. **~po·liˌzei** *f* mobile (*od.* riot) police. **~ˌraum** *m aer.* a) *für fliegendes Personal*: briefing (*od.* operations) room, b) (*Gelände*) stand-to area.

Beˈreitˌsein *n* preparedness, readiness.

beˈreitˌste·hen *v/i* ⟨*irr, sep,* **-ge-, h** *u.* **sein**⟩ (**für, zu** for) **1.** be ready (*od.* in readiness). **2.** (*verfügbar sein*) be available. **3.** *mil. etc* stand by.

beˈreitˌstel·len I *v/t* ⟨*sep,* **-ge-, h**⟩ **1.** (*Gegenstand*) place *s. th.* ready; *rail.* **e-n Zug ~** make up a train. **2.** (*dat od.* **für**) (*Waren, Geldmittel etc*) make available (for), provide (for), supply (to); (*zuteilen*) allocate (to), appropriate (to), allot (to); (*zurücklegen*) reserve (for), *zweckbestimmt*: *a.* earmark (for). **3.** *mil.* (*Truppen*) assemble, marshal. **II ♀** *n* ⟨**-s**⟩ → **Beˈreitˌstel·lung** *f* ⟨**-; -en**⟩ **1.** making available, providing (*etc*). **2.** provision, supply, allocation, appropriation; reservation. **3.** *mil.* a) *von Truppen*: (final) assembly, b) (*Bilden der Angriffsformation*) forming up.

Beˈreitˌstel·lungs|ˌfonds *m econ.* appropriation (fund). **~ˌraum** *m mil.* assembly area.

Beˈrei·tung *f* ⟨**-;** *no pl*⟩ preparing, preparation.

beˈreitˌwil·lig *adj* ready, willing; (*dienstfertig*) obliging; (*eifrig*) eager. **♀keit** *f* ⟨**-;** *no pl*⟩ readiness, willingness (to oblige); obligingness; eagerness; **mit**

größter ~ most readily, gladly, with alacrity.

beˈren·nen *v/t* ⟨*irr, no* **ge-**, **h**⟩ *mil.* assault, attack, storm, rush (*alle a. Sport*), make an assault (up)on.

beˈreu·en I *v/t* ⟨*no* **ge-**, **h**⟩ **1.** (*Schuld, Missetat etc*) repent (of); **s-e Sünden ~** repent of one's sins. **2.** (*Fehler etc*) regret, be sorry about (*od.* for), *lit.* rue; **wir haben nichts zu ~** we have no regrets (*od. colloq.* nothing to feel sorry about); **das wirst** (*od.* **sollst**) **du noch ~!** you will (live to) regret it!, you will be sorry for it!; **ich bereue es nicht, diese Vorstellung besucht zu haben** I am not sorry to have been to this performance. **II** *v/i* **3.** *bes. relig.* be penitent, repent.

Berg [bɛrk] *m* ⟨-(e)s; -e⟩ **1.** mountain, *kleiner*: hill; (*~spitze*) (mountain) peak; **in die ~e gehen** go up into (*od.* spend one's holidays in) the mountains; **~ Heil!** good climbing to you!; **den ~ hinauf** (**hinunter**) uphill (downhill); **der ~ ruft** the mountain calls; **über ~ u. Tal** uphill and down dale, over hill and dale; **zu ~(e) fahren** a) move to mountain pastures, b) *Flußschiff*: go upstream. **2.** *fig. colloq.* **über alle ~e** over the hills and away, miles away; **wir sind jetzt über den** (*od.* **dem**) **~** we are over the worst (*od.* over the hump, out of the wood) now, *mit e-r Arbeit etc*: *a.* now we have broken the back of it; **j-m goldene ~e versprechen** promise s.o. the moon (*od.* the world, pots of gold); **vor e-m ~ stehen** be up against a great difficulty; **mit s-r Meinung hinterm ~ halten** conceal (*od.* hold back) one's opinion; **er hielt damit nicht hinterm ~** he was very outspoken about it, he made no bones about it; **die Haare standen ihm zu ~e** his hair stood on end; *Bibl.* **der Glaube kann ~e versetzen** faith can (re)move mountains; **wenn der ~ nicht zum Propheten kommen will, muß der Prophet zum ~ gehen** (*Sprichwort*) if the mountain will not come to Mahomet, Mahomet must go to the mountain. **3.** *fig.* (*Haufen*) mountain, pile, heap; **ein ~ von Akten** (**Schwierigkeiten**) a mountain of records (difficulties); **~e von Kuchen vertilgen** gobble up heaps of cake. **4.** *Handlesekunst*: mount. **5.** *pl Bergbau*: stone *sg* (*als pl konstruiert*), waste *sg.*

ˌbergˈab *adv* down(hill); *fig. colloq.* **mit ihm** (**s-m Geschäft**) **geht es ~** he (his business) is going downhill.

ˈBergˌabˌhang *m* (mountain) slope, mountainside, *e-s Hügels*: hillside, slope.

ˌbergˈabˌwärts *adv* → **bergab.**

ˈBerg|ˌahorn *m bot.* a) mountain maple, b) sycamore (maple). **~akaˌdeˌmie** *f* mining academy.

Ber·ga·mot·te [bɛrgaˈmɔtə] *f* ⟨-; -n⟩ *bot.* a) bergamot (orange), b) bergamot (pear). **Ber·gaˈmot·tenˌbaum** *m* bergamot.

ˈBergˌamt *n* Mining Office.

ˌbergˈan *adv* → **bergauf.**

ˈBergˌar·bei·ter *m* miner, coal worker. **~verˌband** *m* miners' union (*od.* federation).

ˈBerg|asˌbest *m* rock cork. **~asˌses·sor** *m* junior mining official (*having passed the second 'Staatsexamen'*).

ˌbergˈauf *adv* uphill, upward(s); **~ u. bergab** up and down, *lit.* up hill and down dale; *fig.* **es geht wieder ~** things are improving, (*od.* looking up) again; **es geht wieder ~ mit ihm** he ist picking up again.

ˈBerg|ˌausˌrü·stung *f* **1.** *Sport*: mountaineering (*od.* climbing) equipment. **2.** *tech.* mining equipment. **~ˌbahn** *f* mountain railway. **~ˌbau** *m* ⟨-(e)s; *no pl*⟩ mining (industry); → *a.* **Bergbaukunde.** **~ˌbau·in·ge·niˌeur** *m* mining engineer. **~ˌbauˌkun·de** *f* **1.** (science of) mining. **2.** (*Fach*) mining engineering. **~beˌhör·de** *f* Mining Office. **~beˌstei·gung** *f* (mountain) ascent. **~beˌwoh·ner** *m* highlander, mountain-dweller. **~ˌbut·ter** *f min.* mountain (*od.* rock) butter.

ˈBer·ge|ˌgeld *n mar.* salvage (money). **~ˌhal·de** *f Bergbau*: rubbish dump, tip. **2ˌhoch** *adj u. adv* mountain-high, (as) high as a mountain.

ber·gen [ˈbɛrgən] **I** *v/t* ⟨**birgt, barg, geborgen, h**⟩ **1.** (*Tote*) recover (*the bodies of miners, etc*). **2.** (*retten*) rescue, save. **3.** *mar.* a) (*Schiff, Strandgut*) save, salvage, b) (*Segel*) furl, take in. **4.** *agr.* (*Ernte, Heu etc*) get *s. th.* in. **5.** *lit.* a) (*ver~*) hide, shelter, b) (*enthalten*) hold, contain, c) (*in sich tragen*) harbo(u)r; **er barg den Kopf in s-n Händen** he hid his head in his hands; **das Erdinnere birgt noch manches Geheimnis** the interior of the earth still conceals (*od.* holds) many a mystery; **dies birgt e-e gewisse Gefahr in sich** this involves a certain danger. **II** *v/reflex* **sich ~ 6.** rescue (*od.* save) o. s. **7.** *lit* hide, (take) shelter. **III 2** *n* ⟨-s⟩ → **Bergung.**

ˈBerg|ˌen·ge *f* defile, gorge. **~ˌen·zi·an** *m bot.* yellow gentian.

ˈBer·geˌrecht *n mar.* right of salvage.

ˈBergˌerz *n min.* crude ore.

ˈBer·ges|ˌgip·fel *m lit. for* **Berggipfel.** **~ˌhö·he** *f lit.* mountain top, peak; **auf Bergeshöhen** high up on the mountains.

ˈber·ge|verˌset·zend *adj fig. lit. Glaube etc*: mount-moving. **~ˌwei·se** *adj fig.* in mountains, mountain-high.

ˈBerg|ˌfach *n* **1.** (*Berufsfach*) mining profession. **2.** (science of) mining. **~ˌfahrt** *f* **1.** *e-r Bergbahn etc*: ascent. **2.** *Sport*: mountain tour, climb; **auf ~ gehen** go mountaineering (*od.* climbing). **3.** *mot.* (hill) climbing, uphill drive. **4.** *von Flußschiffen*: passage upstream. **~ˌfe·ste, ~ˌfe·stung** *f* mountain fortress. **~ˌfett** *n min.* mineral wax, ozokerite. **~ˌfeu·er** *n* **1.** mountain bonfires *pl* (*to celebrate an event*). **2.** *myth.* ignis fatuus (on mountains). **2ˌfreu·dig** *adj mot.* quick on the upgrade, good on hills. **~ˌfried** [-ˌfriːt] *m* ⟨-(e)s; -e⟩ *hist.* keep, donjon. **~ˌfüh·rer** *m* mountain guide. **~ˌfußˌebe·ne** *f geol.* piedmont (plain). **~ˌgeist** *m* mountain goblin (*od.* spirit). **~ˌgip·fel** *m* mountain top, peak, summit. **~ˌglas** *n* → **Bergkristall.** **~ˌgrat** *m* (mountain) ridge. **~ˌhang** *m*, **~ˌhal·de** *f* mountain slope, mountain-side. **~ˌharz** *n min.* asphalt. **~ˌhauptˌmann** *m* chairman of a regional mining inspectorate. **2ˌhoch** *adj* → **bergehoch.** **~ˌhof** *m agr.* mountain farm. **~ˌho·heit** *f jur.* mining rights *pl.* **~ˌhüt·te** *f* mountain (*od.* alpine) hut, refuge.

ber·gig [ˈbɛrgɪç] *adj* mountainous, hilly.

ˈBerg|in·ge·niˌeur *m* mining engineer. **~ˌjoch** *n* (mountain) pass. **~ˌkamm** *m* mountain crest. **~ˌke·gel** *m geol.* mountain peak, sugar-loaf mountain. **~ˌkes·sel** *m* cirque, corrie, basin. **~ˌket·te** *f* mountain range (*od.* chain). **~ˌkie·fer** *f bot.* mountain pine. **~ˌknap·pe** *m* miner, worker, pitman. **~ˌkork** *m min.* mountain (*od.* rock) cork. **2ˌkrank** *adj med.* suffering from mountain sickness. **~kriˌstall** *m* rock crystal. **~ˌkun·de** *f geol.* orology. **~ˌkup·fer** *n min.* native copper. **~ˌkup·pe** *f geol.* round(ed) mountain top. **~ˌland** *n* mountainous region, hill country, highland. **~ˌlandschaft** *f* mountain landscape, mountainous region. **~ˌmann** *m* ⟨-(e)s; Bergleute⟩ miner, coal worker, pitman. **2ˌmän·nisch** [-ˌmɛnɪʃ] *adj* miner's, mining. **~masˌsiv** *n* massif. **~ˌmehl** *n min.* infusorial earth. **~ˌnot** *f* **in ~ sein** be in distress (in the mountains); **j-n aus ~ retten** rescue s. o. in distress. **~ˌpaß** *m* mountain pass. **~ˌpech** *n min.* asphalt. **~po·liˌzei** *f* mine security police. **~ˌpre·digt, die** *Bibl.* the Sermon on the Mount. **~ˌrecht** *n jur. subjektives*: mining privilege (*od.* concession); *objektives*: mining law. **2ˌrecht·lich** *adj* according to (*od.* under) mining law; **~e Gewerkschaft** mining partnership; **~e Gesellschaft** association under mining law. **2ˌreich** *adj* mountainous. **~ˌren·nen** *n* ⟨-s; -⟩ *mot.* hill climb. **~ˌret·tungsˌdienst** *m* → **Bergwacht.** **~ˌrücken** (*getr.* **-k·k-**) *m* mountain ridge. **~ˌrutsch** *m geol.* landslide, *bes. Br.* landslip, rockslide. **~ˌsalz** *n min.* rock salt. **~ˌsat·tel** *m geol.* (mountain) saddle, col. **~ˌschi** *m* → **Bergski.** **~ˌschlucht** *f geol.* **1.** (*Klamm*) gorge. **2.** (*Tobel*) ravine. **~ˌschuh** *m* → **Bergstiefel.** **~ˌschu·le** *f* school of mining. **~ˌseil** *n* climbing rope. **~ˌski** *m* upper (*od.* uphill) ski. **~ˌspal·te** *f* cleft (*od.* crevice) in a rock. **~ˌspit·ze** *f* (mountain) peak. **~ˌstart** *m mot.* hill start. **~ˌstei·geˌfä·hig·keit** *f mot.* hill-climbing ability. **~ˌstei·gen** *n* mountaineering, alpinism, climbing. **~ˌstei·ger** *m*, **~ˌstei·ge·rin** *f* (mountain) climber, mountaineer, alpinist. **2ˌstei·ge·risch** *adj* mountaineering, climbing. **~ˌstie·fel** *m meist pl* climbing boot. **~ˌstock** *m* **1.** (*Wanderstock*) alpenstock. **2.** → **Bergmassiv.** **~ˌsturz** *m* → **Bergrutsch.** **~ˌtalg** *m* → **Bergfett.** **~ˌteer** *m geol.* earth pitch, mineral tar. **~ˌtour** *f* mountain tour. **~ˌ-und-ˈTal-ˌBahn** *f* roller coaster, *Br.* switchback.

ˈBer·gung *f* ⟨-; -en⟩ **1.** recovering (*etc*; *cf.* **bergen**). **2.** *e-r Leiche etc, a. mot. u. Raumfahrt*: recovery. **3.** *bes. mar.* salvage. **4.** (*Rettung*) rescue.

ˈBer·gungs|ˌar·beit *f meist pl* **1.** salvage operation. **2.** rescue work. **~ˌdienst** *m* **1.** recovery service. **2.** *bes. mar.* salvage service. **~ˌfahrˌzeug** *n* **1.** *mot.* recovery (*od.* rescue) vehicle, *Am.* wrecker truck. **2.** *aer.* crash tender. **3.** *mar.* salvage tug. **~ˌgriff** *m Schwimmen*: life-saving hold. **~ˌhubˌschrau·ber** *m* recovery helicopter. **~komˌman·do** *n* **1.** recovery (*od.* salvage) party. **2.** (*Rettungskommando*) rescue party. **~ˌkran** *m* breakdown crane. **~ˌmann·schaft** *f* → **Bergungskommando.** **~ˌschiff** *n*, **~ˌschlep·per** *m* salvage tug. **~ˌtrupp** *m* rescue party. **~verˌsuch** *m* **1.** *bes. mar.* salvage attempt. **2.** rescue bid.

ˈBerg|ˌvolk *n* mountain race (*od.* tribe), highlanders *pl.* **~ˌwacht** *f* alpine rescue service. **~ˌwand** *f* mountain wall (*od.* face). **~ˌwan·de·rung** *f* mountain tour. **~warˌdein** *m Bergbau*: assayer. **~ˌwelt** *f* mountains *pl.* **~ˌwerk** *n* ⟨-(e)s; -e⟩ a) *für Erz*: (ore) mine, b) *für Kohle*: coal mine, colliery, pit; **ein ~ betreiben** work a mine.

ˈBergˌwerks|ˌak·tie *f econ.* mining share (*bes. Am.* stock); *pl Börse*: mines. **~beˌtrieb** *m* **1.** mining company. **2.** working (*od.* exploitation) of a mine, mining. **~geˌsell·schaft** *f* mining company.

ˈBerg|ˌwe·sen *n* ⟨-s; *no pl*⟩ mining. **~ˌwie·se** *f* alpine pasture. **~ˌzinn** *m* pure tin. **~ˌzin·ne** *f* (mountain) pinnacle.

Be·ri·be·ri [beri'beːri] *f* ⟨-; *no pl*⟩ *med.* beriberi.

Be·richt [bəˈrɪçt] *m* ⟨-(e)s; -e⟩ **1.** (**über** *acc*) report (on, of), account (of); (*Kommentar*) commentary ˋ (on); (*Kurz*2, *Zs.-fassung, Mitteilung*) information (on, about); (*Überblick*) survey (on); (**amtlicher** ~, *Verlautbarung*) (official) statement, official report, bulletin, communiqué; *pol. Am.* ~ **zur Lage der Nation** State of the Union Message; *Presse*: „**eigener** ~" "from our special correspondent"; **laufende** ~**e** periodic reports, *Radio, TV, Presse*: running commentary *sg*; **statistische** ~**e** (official) returns (*od.* records); **e-n** ~ **geben** (*od.* **liefern**)give (*od.* render) an account; **nach den** ~**en von Augenzeugen** according to the accounts of eyewitnesses; (**j-m**) ~ **erstatten** (make *od.* give a) report (to s.o.), make a statement (to s.o.). **2.** (*Erzählung*) account, story, narrative. **3.** *econ.* a) report, b) (*Mitteilung*) advice, information; **laut** ~ as advised; „**zum** ~!" "please report!"

be'rich·ten I *v/t* ⟨*no* **ge-, h**⟩ **1.** report, tell (**j-m et.** s.th. to s.o.); *historisch*: record, relate; **et. ausführlich** ~ give a detailed report on s.th., give a full account of s.th. **2.** (*melden*) report, inform *s.o.* of, advise *s.o.* of. **3.** (*erzählen*) relate, narrate, tell. **II** *v/i* **4.** (**über** *acc*) report (on), *in der Presse*: *a.* cover (*s. th.*); (*sagen*) tell (about, of); *ausführlich*: give an account (of); **man berichtet, daß, es wird berichtet, daß** it is reported that; **man hat mir anders berichtet** I have been told otherwise; **wie berichtet** as reported. **Be'rich·ter** *m* ⟨-s; -⟩ → **Berichterstatter**.

Be'richt·erˌstat·ter *m* ⟨-s; -⟩ **1.** *Presse*: reporter; (**auswärtiger**) ~ (foreign) correspondent. **2.** *Radio, TV*: reporter, commentator. **3.** (*Gewährsmann*) informant. **4.** *jur. parl.* (*Referent*) rapporteur, *bes. Am.* referee, reporter. **Be'richt·erˌstat·te·rin** *f* ⟨-; -nen⟩ woman reporter. **Be'richt·erˌstat·tung** *f* ⟨-; -en⟩ **1.** (*Presse*2) report(ing), coverage, reports *pl*, *Radio, TV*: *a.* (**laufende** ~ running) commentary. **2.** (*Bericht*) report, information. **3.** *jur. parl.* report(ing).

be·rich·ti·gen [bəˈrɪçtɪgən] **I** *v/t* ⟨*no* **ge-, h**⟩ **1.** (*j-n, et.*) correct, put (*od.* set) right, (*et.*) *a.* rectify; **e-n Text** ~ correct (*od.* emend) a text; *pol.* **e-e Grenze** ~ adjust (*od.* rectify) a border. **2.** *econ.* a) (*Buchung etc*) correct, b) (*Konto, Rechnungen etc*) settle, pay, satisfy, c) (*Löhne*) adjust. **3.** *jur.* a) (*Parteianträge, Urteil, Vorschrift*) amend, b) (*Verbindlichkeiten*) pay, satisfy. **4.** *tech.* correct, adjust. **II** *v/reflex* **sich** ~ **5.** correct o.s. **Be'rich·ti·gung** *f* ⟨-; -en⟩ **1.** correction, rectification; *e-s Textes*: *a.* emendation. **2.** *econ.* a) *e-r Buchung etc*: correction, adjustment, b) *e-r Rechnung etc*: settlement, payment, c) *von Löhnen*: adjustment. **3.** *jur.* a) *von Parteianträgen, Urteilen, Vorschriften*: amendment, b) *von Verbindlichkeiten*: payment, settlement, c) *e-s Grenzabschnitts*: rectification. **4.** *tech.* correction, adjustment.

Be'rich·ti·gungs|ˌanˌzei·ge *f econ.* notice of correction. ~ˌ**bu·chung** *f econ.* corrective (*od.* adjusting) entry. ~ˌ**kon·to** *n econ.* suspense account. ~ˌ**lin·se** *f opt.* collimator. ~ˌ**pflicht** *f jur. liability of a newspaper editor to publish corrections of fact.* ~ˌ**wert** *m econ. math. tech.* correction value.

Be'richtsˌjahr *n econ.* year under review.

be'rie·chen *v/t* ⟨*irr, no* **ge-, h**⟩ **1.** smell at, sniff at; **sich** (*od.* **einander**) ~ *Hunde*: sniff at one another. **2.** *fig. colloq.* **j-n** (**sich** *od.* **einander**) ~ size s.o. (one another) up, give s.o. (one another) the once-over.

be'rie·seln *v/t* ⟨*no* **ge-, h**⟩ **1.** sprinkle, spray. **2.** *bes. agr.* (*bewässern*) irrigate. **3.** *fig.* shower (**mit Reklame** with advertisements); **sich dauernd mit Musik** ~ **lassen** have music as a background to everything one does. **4.** *metall.* a) spray, b) *im Gaswäscher*: scrub. **Be'rie·se·lung** *f* ⟨-; *no pl*⟩ **1.** sprinkling, spraying. **2.** *bes. agr.* irrigation. **3.** *fig.* constant exposure (**mit Musik** *etc* to music, *etc*).

Be'rie·se·lungs|ˌanˌla·ge *f* **1.** *agr.* irrigation plant. **2.** *tech.*, *a. zum Brandlöschen*: sprinkler system, wash tower. ~ˌ**turm** *m metall.* scrubbing tower.

be'rin·gen *v/t* ⟨*no* **ge-, h**⟩ **1.** (*Vogel*) ring. **2.** (*Pfahl, Faß*) hoop. **be'ringt** *adj* **1.** ringed (*finger*). **2.** *hort. Baum*: grease-ringed.

be'rit·ten I *pp of* **bereiten**[2]. **II** *adj mil. Truppe, Polizei etc*: mounted.

Ber·li·na·le [bɛrliˈnaːlə] *f* ⟨-; -n⟩ Berlin film festival.

Ber·li·ner [bɛrˈliːnər] **I** *adj* **1.** (of) Berlin; *hist.* ~ **Kongreß** Berlin Congress (*1878*); *pol. hist.* ~ **Luftbrücke** Berlin Airlift (*1948–49*); *chem.* ~ **Braun** (**Grün, Rot**) Prussian brown (green, red); *colloq.* (**echte**) ~ **Schnauze** *the* (typical) Berlin gift of the gab; → **blau** 6, **Weiße**[4]. **II** *m* ⟨-s; -⟩ **2.** Berliner. **3.** *a.* ~ **Pfannkuchen** doughnut.

ber'li·ne·risch I *adj* → **Berliner** I. **II** *ling.* 2 ⟨*generally undeclined*⟩, **das** 2**e** ⟨-n⟩ the Berlin dialect. **ber·li·nern** [bɛrˈliːnərn] *v/i* ⟨*no* **ge-, h**⟩ speak in Berlin dialect (*od.* with a Berlin accent).

Ber·me [ˈbɛrmə] *f* ⟨-; -n⟩ *civ. eng., mil.* (*Böschung*) berm.

'**Ber·ner** *adj* Bernese, (of) Bern.

Bern·har·di·ner [bɛrnharˈdiːnər] **I** *m* ⟨-s; -⟩ **1.** *relig.* Bernardine, Cistercian. **2.** *zo.* St. Bernard (dog). **II** *adj* **3.** *relig.* Bernardine, Cistercian. ~ˌ**hund** *m* St. Bernhard (dog). ~ˌ**klo·ster** *n relig.* Bernardine monastery.

'**Bernˌstein** [ˈbɛrn-] *m* ⟨-(e)s; *no pl*⟩ amber; **schwarzer** ~ jet. '**bernˌstei·ne(r)n** *adj* (made of) amber.

'**Bernˌstein|ˌfar·be** *f* amber (colo[u]r). 2ˌ**far·ben,** 2ˌ**far·big** *adj* amber (colo[u]red). ~ˌ**harz** *n min.* resin of amber. ~ˌ**öl** *n chem.* amber oil. ~ˌ**säu·re** *f* succinic acid.

Ber·ser·ker [bɛrˈzɛrkər] **I** *npr m* ⟨-s; *no pl*⟩ *myth.* berserk(er). **II** *m* ⟨-s; -⟩ *fig.* berserk. 2**haft** *adj* berserk. ~ˌ**wut** *f* berserk rage; **in e-e** ~ **geraten** go berserk.

ber·sten [ˈbɛrstən] **I** *v/i* ⟨**birst, barst, geborsten, sein**⟩ **1.** *Eis, Glas etc*: burst, break, crack; **das Schiff barst in zwei Teile** the ship broke in two. **2.** *Geschoß etc*: burst, detonate, explode. **3.** *fig.* burst (**vor Zorn, Ungeduld** *etc* with rage, impatience, *etc*); **vor Lachen** ~ be bursting with laughter; **der Saal barst von Menschen** the hall was bursting with people. **II** 2 *n* ⟨-s⟩ **4.** bursting; **zum** ~ **voll sein** be full to bursting. **5.** *a. med.* burst, rupture.

be·rüch·tigt [bəˈrʏçtɪçt] *adj contp.* notorious (**wegen, für** for); *Gegend, Lokal etc*: *a.* ill-famed, disreputable.

be'rücken (*getr.* **-k·k-**) *v/t* ⟨*no* **ge-, h**⟩ *lit.* enchant, charm, bewitch, captivate. ~**d** (*getr.* **-k·k-**) **I** *pres p.* **II** *adj lit.* enchanting, charming, bewitching; ~**e Schönheit** ravishing beauty.

be·rück·sich·ti·gen [bəˈrʏkˌzɪçtɪgən] *v/t* ⟨*no* **ge-, h**⟩ **1.** (*erwägen*) consider, take *s.th.* into consideration; **solche Anträge können nicht berücksichtigt werden** such applications cannot be considered; **et. besonders** ~ give special attention to s.th.; **j-n besonders** ~ give preference (*od.* preferential treatment) to s.o. **2.** (*Umstände, Besonderheiten etc*) allow for, make allowance for (*s.o.'s age, etc*); (*beachten*) bear *s.th.* in mind, take *s.th.* into account; **du mußt** ~, **daß** (you should) bear in mind that. **Be'rückˌsich·ti·gung** *f* ⟨-; *no pl*⟩ consideration, regard; **unter** ~ (*gen*) in consideration of, with regard to, considering, taking into account (*all possibilities, etc*); **unter** ~ **aller Vorschriften** subject (*od.* with due regard) to all regulations; **unter** ~ **eventueller Verluste** allowing for any losses that may occur; **ohne** ~ **der Lage** without regard to (*od.* regardless of) the situation; **bei** ~ **der Sonderausgaben** taking into account (*od.* allowing for) extraordinary expenses; ~ **finden** be considered, be taken into consideration.

Be'ruf *m* ⟨-(e)s; -e⟩ occupation, vocation, calling; (*kaufmännischer, handwerklicher* ~, *a. allg.*) trade; (*höherer* ~) profession; (*Laufbahn*) career; *colloq.* (*Tätigkeit*) job, line; **die freien** ~**e** the (liberal) professions; **fester** ~ regular occupation; **e-n** ~ **ausüben, e-m** ~ **nachgehen** follow (*od.* practise, exercise, pursue) an occupation, *colloq.* have a job; **e-n** ~ **ergreifen** take up a profession (*od.* career), choose an occupation, enter (*od.* go into) a trade; **Arzt von** ~ a physician (by profession); **von** ~ **Mechaniker** a mechanic by trade; **m-e Frau steht noch immer im** ~ my wife still goes out to work; **ich habe m-n** ~ **verfehlt** I have missed my vocation; **was ist er von** ~? what's his occupation (*od. colloq.* job, line)?

be'ru·fen[1] **I** *v/t* ⟨*irr, no* **ge-, h**⟩ **1. j-n** ~ (*ernennen*) (**zu** *e-m Amt*) appoint (*od.* nominate) s.o. (to), call s.o. (to *an office*); **j-n als** (*od.* **zum**) **Vorsitzenden** ~ appoint s.o. chairman; **j-n auf e-n Lehrstuhl** ~ appoint (*od.* call) s.o. to a chair; **e-n Fachmann in e-n Ausschuß** ~ appoint an expert to a committee; **j-n zu s-m Nachfolger** ~ appoint (*od.* designate) s.o. as one's successor; → **berufen**[2]. **2.** *colloq.* **et.** ~ tempt the gods (*od.* providence) (by praising s.th.); ~ **wir es nicht!** let us not tempt providence!, touch wood! **3. Gott hat ihn zu sich** ~ God has called him home. **4.** *obs. for* **einberufen** 2, 3. **II** *v/i* **5.** *Austrian jur.* appeal (**gegen** *ein Urteil* from, against). **III** *v/reflex* **sich** ~ **6. sich auf j-n** ~ refer to (*od.* quote, cite) s.o.; **darf ich mich auf Sie** ~? may I use your name?; **sich auf j-n als Zeugen** ~ refer to s.o. as a witness, *a. weitS.* call s.o. to witness. **7. sich auf et.** ~ refer to s.th., quote s.th. (in support), rely on s.th., *entschuldigend*: plead s.th.; **sich auf Unkenntnis** (**des Gesetzes**) ~ plead ignorance (of the law); **sich auf ein Gesetz** ~ cite (*od.* quote) a law, rely on a law. **IV** 2 *n* ⟨-s⟩ → **Berufung** 1, 2, 3.

be'ru·fen[2] *pp of* **berufen**[1] *u. adj* **1.** called; **sich** ~ **fühlen, et. zu tun** feel called upon to do s.th.; **zu et. Höherem** ~ **sein** be destined for greater things; **sich zum Dichter** ~ **fühlen** feel called (*od.* a call, a vocation) to be a poet. **2.** (**zu** to) a) (*befugt*) authorized, b) (*zuständig, befähigt*) qualified, competent; **aus** ~**em Munde** from a competent authority, *colloq.* straight from the horse's mouth; *jur.* (**als Erbe**) ~ **sein** take (under a will).

beˈruf·lich I *adj* professional, occupational, vocational. II *adv* professionally; ~ verhindert detained by work; ~ verreist away on business; ~ tätig → berufstätig; ich habe hier ~ zu tun I am here on business.

Beˈrufs|anaˌly·se *f* occupational classification. ~ˌar·beit *f* (professional) work (*od.* duties *pl*), occupation. ~ˌaufˌfas·sung *f* professional ethics *pl*. ~ˌaus·ˌbil·dung *f* 1. vocational training. 2. *bes. als Arzt, Rechtsanwalt etc*: professional training. ~ˌausˌle·se *f* vocational selection. ~ˌausˌsicht *f meist pl* professional prospect. ~ˌausˌübung *f* practice (*od.* pursuit) of one's profession (*od.* vocation). ~ˌausˌübungs·verˌbot *n* → Berufsverbot. ~beˌam·te *m* (permanent) civil servant. ~beˌam·ten·tum *n* permanent civil service. ∾beˌdingt *adj Krankheit etc*: occupational. ~beˌra·ter *m* vocational counsel(l)or (*od.* adviser). ~beˌra·tung *f* vocational guidance. ~beˌra·tungs·ˌstel·le *f* vocational guidance cent/re (*Am.* -er). ~beˌzeich·nung *f* description (of occupation); *e-r Person*: title, style, designation. ∾beˌzo·gen *adj* job-oriented, career-related, vocational. ~ˌbild *n* job description; *weitS.* image of a profession, *etc.* ∾ˌbil·dend *adj* ~e Schulen professional (training) schools, trade (*od.* technical) schools. ~ˌbo·xer *m* professional boxer, prizefighter. ~di·ploˌmat *m pol.* career diplomat. ~ˌeig·nung *f* vocational aptitude, eligibility for a career. ~ˌethos *n* professional ethics *pl* (*als sg od. pl konstruiert*) (*od.* code). ~ˌfachˌschu·le *f* vocational (*od.* technical) school. ~ˌfah·rer *m* 1. commercial (*od.* professional) driver. 2. a) *Radsport*: professional (cyclist), b) *Motorsport*: professional (racing driver). ~ˌför·de·rung *f* vocational advancement. ~ˌfrei·heit *f* freedom to choose a profession (*od.* trade). ∾ˌfremd *adj* unrelated to one's vocation (*od.* profession). ~geˌfähr·dung *f* occupational hazard. ~geˌheim·nis *n* 1. professional secret. 2. (*Schweigepflicht*) professional secrecy; das ~ wahren (verletzen) maintain (violate) professional secrecy. ~geˌnos·sen·schaft *f* 1. professional (*od.* trade) association. 2. *der Arbeitgeber*: employers' (liability insurance) association. ~ˌgrup·pe *f* occupational group (*od.* category). ~ˌheer *n mil.* regular army. ~ˌjahr *n* working year. ~ˌklei·dung *f* work(ing) clothes *pl*. ~kolˌle·ge *m* colleague. ~ˌkrank·heit *f med.* occupational disease. ~ˌlaufˌbahn *f* professional (*od.* vocational) career. ~ˌle·ben *n* professional (*od.* active) life, work; im ~ stehen be working, *Frau*: *a.* be a working (*od.* career) woman. ~ˌlen·kung *f econ.* direction of labo(u)r. ∾los *adj* without a profession (*od.* vocation). ∾ˌmä·ßig I *adj* 1. professional, occupational. 2. (*erwerbsmäßig*) gainful. II *adv* 3. et. ~ betreiben do s. th. professionally (*od.* as a regular occupation). ~of·fiˌzier *m mil.* career (*od.* regular) officer. ∾ori·enˌtiert *adj Ausbildung*: job-orient(at)ed. ~päd·ago·ge [-pɛdaˌgoːgə] *m* vocational educationist. ~poˌli·ti·ker *m* professional politician. ~ˌprak·ti·kum *n* → Praktikum. ~ˌrich·ter *m jur.* professional judge. ~ˌri·si·ko *n* occupational hazard. ~ˌscha·den *m med.* occupational injury. ~ˌschicht *f* occupational category. ~ˌschu·le *f* (part-time) vocational (*od.* trade, technical) school. ~ˌschü·ler *m* vocational school student. ~solˌdat *m* professional (*od.* regular) soldier. ~ˌspie·ler *m Sport*: professional (player), *colloq.* pro. ~ˌsport *m* professional sport(s *pl*). ~ˌsport·ler *m* professional (sportsman), *colloq.* pro; ~ werden turn professional. ~ˌsport·ler·tum *n* professionalism. ~ˌspra·che *f* (professional) jargon. ~ˌstand *m* 1. professional (*od.* vocational) group (*od.* category), profession, trade. 2. *j-s*: professional (*od.* vocational) status. ∾ˌtä·tig I *adj* working, (gainfully) employed; practising a profession; ~ sein *a.* work, *colloq.* have a job; ~e Frauen working (*od.* career) women. II ∾e *m, f* ⟨-n; -n⟩ working (*od.* employed) person; die ∾en (the) working people. ~ˌtä·tig·keit *f* 1. professional activity; occupation; employment; → *a.* Beruf. 2. *econ.* a) (gainful) employment, b) (*Zeitraum*) working life. ∾ˌun·ˌfä·hig *adj* disabled, unfit to work. ~ˌun·ˌfä·hig·keit *f* disability. ~verˌband *m* professional (*od.* trade) association. ~verˌbot *n jur.* professional ban; *pol.* Berufsverbot. ~verˌbre·cher *m jur.* professional criminal. ~ver·ˌbre·cher·tum *n* professional crime. ~verˌkehr *m* commuter traffic; (*Stoßverkehr*) peak traffic (hours *pl*). ~ˌwahl *f* choice of an occupation (*od.* of one's career). ~ˌwech·sel *m* change of occupation. ~ˌwettˌkampf *m* vocational competition. ~ˌziel *n* professional goal, (intended) career. ~ˌzweig *m* professional field (*od.* branch, line), profession, trade.

Beˈru·fung *f* ⟨-; -en⟩ 1. (*Ernennung*) (zu to) appointment, nomination, call; e-e ~ an e-e Universität erhalten receive a call to (*od.* be offered a chair at) a university. 2. → Einberufung 3. 3. (*Verweisung, Heranziehung*) (auf *acc*) reference (to), reliance (on), (*Zitat*) quotation (of); unter ~ auf (*acc*) with reference to, referring to, on the authority of. 4. *jur.* appeal (bei to; gegen from, against); gegen ein Urteil ~ einlegen (lodge *od.* file an) appeal against (*od.* from) a sentence; mit der ~ anfechtbar appealable; der ~ stattgeben allow the appeal; die ~ zulassen give leave to appeal; die ~ verwerfen refuse leave to appeal. 5. (*innere* ~) (zu) call (to), calling (for), vocation (for).

Beˈru·fungs|abˌteiˌlung *f jur.* appeals division. ~ˌanˌschlußˌschrift *f* notice of cross appeal. ~ˌanˌtrag *m* petition for leave to appeal. ~beˌgrün·dung *f jur.* (statement of the) grounds *pl* of appeal. ~beˌklag·te *m, f* appellee, respondent (to an appeal). ~ˌeinˌle·gung *f* entering (*od.* filing, lodging) of an appeal; Antrag auf Erlaubnis zur ~ petition for leave to appeal. ∾ˌfä·hig *adj* appealable, subject to appeal; nicht ~ not appealable, unappealable. ~ˌfrist *f* period for lodging an appeal, time for appeal. ~geˌricht *n* appeal (*od.* appellate) court; *bestimmtes*: court of appeal. ~geˌrichts·bar·keit *f* appellate jurisdiction. ~ˌgrund *m* ground of appeal. ~inˌstanz *f* appeal (*od.* second) instance, appellate (*od.* higher) court; in die ~ gehen (file an) appeal (from the decision). ~ˌkam·mer *f* appeals division. ~ˌkla·ge *f* appeal. ~ˌklä·ger *m* appellant, party appealing. ~ˌli·ste *f univ.* list of candidates for the appointment to a chair. ~ˌrecht *n jur.* right of appeal. ~ˌrich·ter *m* appellate judge. ~ˌschrift *f* petition of appeal. ~ˌur·teil *n* judg(e)ment on appeal. ~verˌfah·ren *n* 1. (*Modus*) appellate procedure; im ~ by way of appeal. 2. → ~verˌhand·lung *f* appeal proceedings *pl*, hearing of the appeal. ~ˌweg *m* → Berufungsverfahren 1.

beˈru·hen *v/i* ⟨*no* ge-, h⟩ 1. auf e-r Sache ~ be based (*od.* founded) on s. th., rest on s. th.; (*abhängen von*) depend on s. th.; (*zurückführbar sein auf*) be due (*od.* owing) to, be caused by (*a mistake, etc*); der Bericht beruht auf Tatsachen the report is founded (*od.* based) on facts. 2. et. auf sich ~ lassen let s. th. rest (*od.* be, drop); lassen wir die Sache auf sich ~! let's leave it at that!, let's drop (*od.* forget) the whole matter!; wir können das nicht auf sich ~ lassen we can't let that pass (unnoticed), we must do s.th. about it.

be·ru·hi·gen [bəˈruːɪgən] I *v/t* ⟨*no* ge-, h⟩ 1. calm, soothe, quiet(en); (*Erregte*) mollify, pacify, placate, appease; (*Ängstliche, Besorgte*) set *s.o's* mind at ease, reassure, comfort; (*Schmerzen etc*) assuage, soothe, still, alleviate; (*sein Gewissen*) quiet, soothe; die Gemüter ~ a) set people's minds at rest, b) *iro. colloq.* shut them up; die Nerven ~ soothe the nerves; das weinende Kind ~ quiet (*od.* hush) the crying child; wir können Sie ~, seien Sie beruhigt rest assured, set your mind at rest, *colloq.* not to worry; wenn Sie das beruhigt if this reassures (*od.* comforts) you; er ging beruhigt fort he left reassured. 2. *metall.* (*Schmelzbad*) deoxidize, kill, quiet. 3. *aer.* steady. II *v/reflex* sich ~ 4. *Person, Nerven, Gemüt etc*: calm down, become (*od.* grow) quiet, *colloq.* cool off; (*Mut fassen*) reassure o.s.; (*sich fassen*) compose o.s.; ~ Sie sich doch! a) calm down!, b) don't get excited!, *colloq.* relax!, take it easy!; ~ Sie sich, *es wird schon getan werden* rest assured…, no fear…, *colloq.* not to worry…; sich mit et. ~ (*zufriedengeben*) be (*od.* rest) content with s. th.; er beruhigte sich bei dem Gedanken, daß he found comfort in the thought that; ich konnte mich nicht darüber ~ I could not get over it. 5. *Sturm, Wellen etc*: calm (*od.* die) down, subside, abate. 6. *Schmerzen*: subside. 7. *politische Lage etc*: stabilize, quiet(en) down, ease; die Situation hat sich wieder völlig beruhigt the situation is (*od.* things are) back to normal. ~d *adj* 1. *Gedanke, Gefühl*: reassuring, comforting. 2. *med.* sedative, tranquil(l)izing.

Beˈru·hi·gung *f* ⟨-; *no pl*⟩ 1. calming (down), quieting. 2. (*Besänftigung*) mollification, pacification, appeasement, soothing; zur ~ der Nerven to soothe the nerves; zur ~ der Gemüter to set people's minds at rest. 3. (*Erleichterung*) reassurance, relief; (*Trost*) comfort; d-e Gegenwart ist mir e-e große ~ your presence is very reassuring; das ist mir k-e ~ that's no comfort to me; zu unserer großen ~ much to our relief. 4. *des Sturms etc*: subsidence, abatement. 5. *von Schmerzen*: subsidence, soothing, mitigation. 6. *der politischen Lage*: stabilization. 7. (*Friede*) calm, peace.

Beˈru·hi·gungs|kon·denˌsa·tor *m electr.* smoothing condenser. ~ˌmit·tel *n* 1. *med.* sedative. 2. *metall.* quieting agent. ~ˌpil·le *f* 1. *med.* sedative (pill), tranquil(l)izer. 2. *fig. colloq.* placebo, soporific, sop. ~ˌsprit·ze *f* sedative shot.

beˈrühmt *adj* ⟨-er; -est⟩ (wegen *gen od. dat* for) famous, famed, celebrated, renowned, noted; j-n ~ machen make s.o. famous; mit einem Schlage ~ werden become famous overnight, rise to (leap into) fame; *colloq.* das ist nicht gerade ~ that is nothing to write home (*od.* shout) about, that's not so hot. ~-beˈrüch·tigt *adj* notorious. ∾heit *f*

⟨-; -en⟩ **1.** ⟨*only sg*⟩ fame, renown, eminence; ~ **erlangen** win fame, become famous, rise to fame; **traurige** ~ **erlangen** attain a regrettable fame, become notorious. **2.** (*Person*) celebrity; *Film, Sport etc*: *a.* star.

be'rüh·ren I *v/t* ⟨*no* **ge-, h**⟩ **1.** *allg.* touch (*a. fenc. etc*), *weitS. a.* be in (*od.* come into) contact with, (*mit der Hand etc erreichen*) reach, touch, (*streifen*) graze, *fig.* (*Essen, a. e-e Frau*) touch, (*e-n Ort*) touch, pass through (*a town*), *Bahn, Straße etc*: go (*od.* lead) through (*a place*); **er hat das Essen nicht berührt** *a.* he left the food untouched; **bitte nicht** ~! please do not touch!; *fenc.* **berührt!** touché! **2.** (*angrenzen an*) border on, meet, *a. math.* touch, *math. a.* be tangent to; *math.* **berührend** tangential. **3.** *fig.* (*erwähnen*) touch (up)on, mention (briefly), allude to, refer to (*a matter*) briefly, deal briefly with. **4.** *fig.* (*betreffen*) concern, touch, *stärker*: affect (*s.o., s.o.'s interests, etc*). **5.** *fig.* (*seelisch* ~) touch, affect; **j-n unangenehm** ~ produce an unpleasant impression on s.o., displease s.o.; **angenehm berührt** pleasantly affected, pleased; **unangenehm berührt** *a.* shocked, taken aback; **es berührte mich seltsam, daß** it struck me as odd that; **es berührt seltsam, daß** it seems strange that; **j-n schmerzlich** ~ pain (*od.* grieve) s.o.; **die Vorwürfe berührten ihn nicht** the reproaches left him untouched (*od.* cold). **6. sich** (*od.* **einander**) ~ touch, be in (*od.* come into) contact, *fig.* touch, meet, come close to one another. **II** ♀ *n* ⟨-s⟩ **7.** touching (*etc*). **8.** → **Berührung. Be'rüh·ren·de** *f* ⟨-n; -n⟩ *math.* tangent. **Be'rüh·rung** *f* ⟨-; -en⟩ touch, *a. astr. math. med.* contact; **bei der leisesten** ~ at the slightest touch; **in** ~ **bringen** bring (*two wires, etc*) into contact; **in** ~ **kommen mit** come into contact (*od.* in touch) with; *fig.* **mit j-m in** ~ **kommen** (*od.* **treten**) get in touch with s.o., contact s.o., *mil.* **mit dem Feind**: make contact with the enemy; **mit j-m in** ~ **stehen (bleiben)** be (keep) in touch with s.o.; **(miteinander) in** ~ **kommen** → **berühren** 6.

Be'rüh·rungs|,ebe·ne *f math.* tangent(ial) plane. ~**,flä·che** *f* **1.** *phys. tech.* contact surface. **2.** *math.* tangent(ial) plane. **3.** *chem.* interface. **4.** *fig.* area (*od.* point) of contact. ~**ge,fahr** *f electr.* shock hazard. ~**ge,ra·de** *f math.* tangent. ~**,gift** *n* contact poison. ~**,li·nie** *f math.* tangent. ~**,punkt** *m* **1.** point of contact (*a. fig.*). **2.** *math.* tangential point. ~**,schutz** *m electr.* contact safety device. ~**,span·nung** *f electr.* contact voltage. ~**,stel·le** *f* → **Berührungspunkt.** ~**,win·kel** *m math.* angle of contingence.

be'ru·ßen *v/t* ⟨*no* **ge-, h**⟩ (cover *s. th.* with) soot.

Be·ryll [bə'rʏl] *m* ⟨-(e)s; -e⟩ *min.* beryl. **Be·ryl·li·um** [be'rʏlĭum] *n* ⟨-s; *no pl*⟩ *chem.* beryllium.

be'sab·bern *v/t* ⟨*no* **ge-, h**⟩ slobber (*od.* dribble) over (*od.* on); **sich** ~ slobber (*od.* dribble) over (*od.* on) o.s.

be'sä·en *v/t* ⟨*no* **ge-, h**⟩ (**mit** with) **1.** *agr.* sow, seed. **2.** *weitS.* strew, cover, dot; → **besät** II.

be'sa·gen *v/t* ⟨*no* **ge-, h**⟩ **1.** say; **die Regel besagt, daß** the rule says that. **2.** (*bedeuten*) mean, imply, signify, purport; **dies besagt nicht, daß** that is not to say (that); **das besagt nicht viel** that doesn't mean much; **das will nichts** ~ it does not mean (*od.* prove) a thing; **was besagt das schon?** what does it prove after all? **be'sagt** *adj* (above-) -mentioned, (*bes. jur.* afore)said, (a)forementioned; **(die)** ~**e Person** the said person; **zur** ~**en Zeit** at the said time, at the time in question; **dieser** ~**e X** the man (*od.* this same) X.

be·sai·ten [bə'zaɪtən] *v/t* ⟨*no* **ge-, h**⟩ (*Geige, Tennisschläger etc*) string; **neu** ~ restring. **be'sai·tet** *adj* strung.

be·sa·men [bə'za:mən] **I** *v/t* ⟨*no* **ge-, h**⟩ **1.** *biol.* inseminate (**künstlich** artificially). **2.** *bot.* pollinate, seed. **II** ♀ *n* ⟨-s⟩ → **Be'sa·mung** *f* ⟨-; *no pl*⟩ (*Vorgang u. Ergebnis*) *biol.* (**künstliche** ~ artificial) insemination; *bot.* pollination.

Be·san [be'za:n; 'be:zan] *m* ⟨-s; -e⟩ *mar.* **1.** (*Segel*) mizzen. **2.** (*Mast*) mizzen-mast.

be·sänf·ti·gen [bə'zɛnftɪgən] **I** *v/t* ⟨*no* **ge-, h**⟩ **1.** calm, soothe, pacify, mollify, placate, *durch Nachgeben*: appease; **j-s Zorn** ~ calm (*od.* soothe) s.o.'s anger; **er war nicht zu** ~ he was implacable. **II** *v/reflex* **sich** ~ **2.** calm down, be mollified. **3.** *Erregung, Sturm etc*: calm (down), subside, abate. **III** ♀ *n* ⟨-s⟩, **Be'sänf·ti·gung** *f* ⟨-; *no pl*⟩ calming (down), soothing, mollification, placating; *durch Nachgeben*: appeasement.

Be'san|,mast *m* → **Besan** 2. ~**,schot** *f* spanker sheet. ~**,se·gel** *n* → **Besan** 1.

be'sät I *pp.* **II** *adj fig.* (**mit** with) strewn, covered; **mit Leichen** ~ strewn (*od.* littered) with corpses; **mit Blumen** ~ strewn with flowers; **mit Sternen** ~ covered with stars, star-spangled.

Be'satz *m* ⟨-es; ⸚e⟩ **1.** (*Kleid*♀ *etc*) trimming(s *pl*). **2.** → **Borte** 1 b. **3.** *am Schuh*: vamp. **4.** *Bergbau*: tamping. **5.** *agr.* foreign matter, admixture. **6.** ⟨*only sg*⟩ (*Fisch-, Wildbestand*) stock.

Be'sat·zer *m* ⟨-s; -⟩ *colloq.* member of the occupation forces.

Be'sat·zung *f* ⟨-; -en⟩ **1.** ⟨*only sg*⟩ *mil.* a) occupation troops *pl* (*od.* forces *pl*), b) *e-r Stadt, Festung etc*: garrison. **2.** → **Besatzungszeit. 3.** *aer. mar.* crew; *mar. mit Offizieren*: ship's company; **volle** ~ (full) complement.

Be'sat·zungs|,an·ge,hö·ri·ge *m* member of the occupation forces. ~**ar,mee** *f* army of occupation. ~**be,hör·de** *f* occupation authorities *pl*. ~**,fol·ge,ko·sten** *pl* occupation-induced costs. ~**ge,biet** *n* → **Besatzungszone.** ~**,geld** *n* scrip. ~**,heer** *n* army of occupation. ~**,kind** *n* (illegitimate) child of a member of the occupation troops. ~**,macht** *f* occupying power. ~**,mit,glied** *n aer. mar.* crew member. ~**,recht** *n jur.* occupation laws and regulations *pl*. ~**,schä·den** *pl* damage *sg* caused by (the) occupation forces. ~**,streit,kräf·te,** ~**,trup·pen** *pl* occupation forces. ~**,zeit** *f* (time of) occupation. ~**,zo·ne** *f* zone of occupation.

Be'satz,wa·ren *pl* trimmings.

be'sau·fen *v/reflex* ⟨*irr, no* **ge-, h**⟩ *colloq.* **sich** ~ get drunk (*od. colloq.* tight). **Be'säuf·nis** *n* ⟨-ses; -se⟩, *f* ⟨-; -se⟩ *colloq.* booze-up.

be'säu·men *v/t* ⟨*no* **ge-, h**⟩ *tech.* a) (*Holz*) edge, b) (*Bandstahl*) trim, c) (*Blechtafeln*) square, d) (*Walzgut*) shear.

be'säu·selt *pp u. adj colloq.* tipsy.

be'schä·di·gen I *v/t* ⟨*no* **ge-, h**⟩ **1.** damage, cause damage to, batter; **schwer beschädigt** heavily (*od.* badly) damaged; **leicht beschädigt** slightly damaged. **2. j-n** ~ *obs.* a) injure s.o., b) disable s.o. **3.** *print.* (*Type*) batter. **II** ♀ *n* ⟨-s⟩ **4.** damaging. **Be'schä·di·gung** *f* ⟨-; -en⟩ **1.** → **beschädigen** II. **2.** (*Schaden*) damage (*gen* to); ~ **während des Transportes** damage (incurred) in transit. **3.** (*Körper*♀) (*gen*) injury (of), damage (to). **4.** *mar.* average.

be'schaff·bar *adj* procurable, available, *nachgestellt*: that can be procured.

be'schaf·fen[1] **I** *v/t* ⟨*no* **ge-, h**⟩ (*dat*) procure (*s.o. s.th.*), provide (*s.o.* with), get (for); (*erlangen*) obtain, secure (for); (*liefern, beibringen*) furnish (*s.o.* with), supply (*s.o.* with); (*Arbeit, Wohnung, Mitarbeiter etc*) find, get (*a job, flat, helper, etc*); (*Geld*) *a.* raise (*money, capital*); **sich** (*dat*) **et.** ~ procure (*od.* secure) s.th., get (*od.* find) (o.s.) s.th.; **wie haben Sie sich die Unterschrift beschafft?** how did you get (*od.* come by) the signature? **II** ♀ *n* ⟨-s⟩ → **Beschaffung.**

be'schaf·fen[2] *adj* ⟨*pred*⟩ ~ **sein** be (constituted); **gut (schlecht)** ~ **sein** be in good (bad) condition (*od.* repair), be good (bad); **wie ist die Straße (s-e Gesundheit)** ~? how is (the state of) the road ([of] his health)?; **er ist so** ~**, daß** he is a man who …; **wie ist es damit** ~? what about it?; **damit ist es so** ~ it (*od.* the matter) is like this; **die Sache ist so** ~ the matter stands thus; **die Welt ist nun einmal so** ~ that is the way of the world.

Be'schaf·fen·heit *f* ⟨-; *no pl*⟩ **1.** (*Zustand*) state, condition. **2.** (*Bau, Struktur*) structure, constitution; **glatte (rauhe)** ~ **e-r Oberfläche** smoothness (roughness) of a surface. **3.** (*Eigenschaft*) (peculiar) quality, property (*of materials, etc*); (*Art*) nature, character, kind; **je nach** ~ **der Umstände** depending on (the) circumstances.

Be'schaf·fung *f* ⟨-; *no pl*⟩ procuring (*etc*; *cf.* **beschaffen**[1]); procurement, supply; (*Erwerb*) acquisition; (*Kauf*) purchase; *econ. von Deckung etc*: provision (*of cover*).

Be'schaf·fungs|,amt *n mil. pol.* procurement agency (*od.* office). ~**of·fi,zier** *m mil.* procurement officer.

be·schäf·ti·gen [bə'ʃɛftɪgən] **I** *v/t* ⟨*no* **ge-, h**⟩ **1.** (*Arbeiter etc*) employ; **dieses Werk beschäftigt 200 Menschen** there are 200 people employed in this factory; **j-n mit leichten Arbeiten** ~ give s.o. easy jobs (to do); → **beschäftigt. 2.** (*zu tun geben*) keep *s.o.* occupied (*od.* busy), occupy *s.o.*, find *s.o.* s.th. to do; (*j-n, j-s Aufmerksamkeit*) *a.* engross, preoccupy; **sie haben mich den ganzen Tag beschäftigt** they kept me busy (*od.* occupied) all day long. **3.** (*einsetzen*) apply (*od.* assign) *s.o.* (**mit** to). **4.** *fig.* **j-n** (*od.* **j-s Geist**) ~ occupy (*od.* fill, be on) s.o.'s mind; **diese Sache hat mich schon immer beschäftigt** this matter has always been a problem (to me), I have always struggled with this problem. **II** *v/reflex* **sich** ~ **5.** occupy (*od.* busy) o.s. (**mit** with); **mit** *e-r Tätigkeit*: *a.* be engaged in, work at, be busy (*doing s.th.*). **6. mit** *e-m Problem, e-m Sachgebiet etc*: concern o.s. (*od.* be concerned) with; (*prüfen*) consider, examine, study; (*sich befassen mit, behandeln*) deal (with); **er beschäftigt sich mit Literatur** he concerns himself with (*od.* takes an interest in) literature; **das Buch beschäftigt sich mit sozialen Fragen** the book deals with social problems.

be'schäf·tigt *pp u. adj* **1.** *Arbeiter etc*: employed; **bei e-r Firma** ~ **sein** be employed by (*od.* be in the employ of) a firm, work for a firm; **gewerblich** ~ gainfully employed; **wo** (*od.* **bei wem**) **sind Sie** ~? where do you work? **2.** (*beansprucht*) occupied, busy; **er ist gerade** ~ he is busy (*od.* occupied) at the moment; **sie war damit** ~**, die Wäsche aufzuhängen** she was (busy) hanging up the washing; **er ist vollauf (damit)** ~ he has his hands full (with it). **3.** *geistig*:

concerned; (mit) preoccupied (with), absorbed (in). **Be'schäf·tig·te** *m, f* <-n; -n> person employed, employee.

Be'schäf·tig·ten|ˌstand *m econ.* level of employment. **~ˌzahl** *f* employment figure.

Be'schäf·ti·gung *f* <-; -en> **1.** (*Tätigkeit*) occupation, work, pursuit, activity, business; (*Zeitvertreib*) pastime; **ich muß ~ haben** I must have something to do; **die ~ mit dieser Frage** the study of this question, dealing with this question. **2.** *econ.* (*Anstellung*) employment, job, *bes. in der Industrie*: activity; (*~sstand*) (level of) employment; **bisherige ~** former (*od.* previous) employment (*od.* occupation); **geregelte ~ haben** have regular work, have a regular job; **ohne ~ sein** → **beschäftigungslos**; **~ im Staatsdienst** state employment, government job.

Be'schäf·ti·gungs|ˌla·ge *f* (level of) employment, labo(u)r(-market) situation. **≈los** *adj* unemployed, out of work, *colloq.* out of a job. **~lo·sig·keit** *f* <-; *no pl*> unemployment. **~ˌnachˌweis** *m* **1.** certificate of employment. **2.** employment agency. **~ˌstand** *m* level of employment. **~the·raˌpie** *f med.* occupational therapy. **~verˌhält·nis** *n* → **Arbeitsverhältnis.**

be'schä·len *v/t* <*no* ge-, h> (*Stute*) cover, serve. **Be'schä·ler** *m* <-s; -> stallion, stud-horse.

be'schal·len *v/t* <*no* ge-, h> **1.** *tech.* (*Raum*) fit (*a room*) with a public address (*abbr.* P.A.) system (*od.* with loudspeakers). **2.** irradiate *s.o., s.th.* acoustically, expose *s.o., s.th.* to ultrasonic waves, *med. a.* treat *s.o.* with ultrasonic waves; **Werkstücke ~** test workpieces by ultrasound. **Be'schal·lung** *f* <-; -en> **1.** fitting with a P.A. system (*etc*). **2.** *tech.* acoustic (*od.* ultrasonic) irradiation. **3.** *med.* ultrasonic therapy.

Be'schä·lung *f* <-; *no pl*> covering, serving.

be'schä·men *v/t* <*no* ge-, h> **j-n ~** a) put s.o. to shame, make s.o. feel ashamed, shame s.o., b) (*demütigen*) humiliate s.o., c) (*verlegen machen*) embarrass s.o., put s.o. to the blush, d) *fig.* (*übertreffen*) put s.o. to shame, throw s.o. into the shade, eclipse s.o.; **Sie ~ mich durch Ihre Güte** you are overwhelming me with your kindness. **be'schä·mend** *adj* **1.** shameful, disgraceful. **2.** (*demütigend*) humiliating. **be'schämt I** *pp u. adj* (**über** *acc*) ashamed (of), shamefaced (at). **II** *adv* ashamed(ly), in shame. **Be'schä·mung** *f* <-; *no pl*> **1.** shame, (*Schande*) *a.* disgrace; **zu m-r ~** to my shame. **2.** (*Demütigung*) humiliation. **3.** (*Verwirrung*) embarrassment, confusion.

be'schat·ten I *v/t* <*no* ge-, h> **1.** shade; **s-e Augen mit der Hand ~** shade one's eyes with one's hand; **die Erde beschattete den Mond** the earth obscured the moon. **2.** *fig. colloq.* (*Verdächtigen etc*) shadow, tail; **j-n ~ lassen** have s.o. shadowed, put a tail on s.o. **3.** *Sport*: shadow, mark *s.o.* closely. **II ≈** *n* <-s> → **Beschattung. Be'schat·ter** *m* <-s; -> *colloq.* (*Detektiv*) shadow, tail. **Be'schat·tung** *f* <-; *no pl*> **1.** shading. **2.** *colloq.* shadowing, tailing.

Be'schau *f* <-; *no pl*> inspection. **be'schau·en I** *v/t* <*no* ge-, h> (**sich** *dat*) **et. ~** (have a) look at s.th., view s.th., *sinnend*: contemplate s.th., *prüfend*: inspect (*od.* examine, study) s.th. **II** *v/reflex* **sich ~** look at (*od.* view) o.s. (**im Spiegel** in the mirror). **Be'schau·er** *m* <-s; -> **1.** → **Betrachter** 1, 2. **2.** → **Fleischbeschauer. be'schau·lich** *adj* **1.** (*besinnlich*) contemplative, meditative; **das ~e Leben** the contemplative life, the life of contemplation. **2.** (*geruhsam*) peaceful, tranquil; **ein ~es Dasein führen** lead a peaceful (*od.* quiet) life. **3.** (*behaglich*) comfortable, leisurely. **Be'schau·lich·keit** *f* <-; *no pl*> **1.** contemplativeness, meditativeness. **2.** peacefulness, tranquil(l)ity. **3.** leisure(liness).

Be·scheid [bəˈʃaɪt] *m* <-(e)s; -e> answer, reply, (*Auskunft*) information, advice, (*Anweisung*) instruction, direction, (*Entscheidung*) decision, award, *jur. a.* ruling, *behördlich, offiziell*: notice, notification; **abschlägiger ~** negative answer, refusal, rejection; **bis auf weiteren ~** until further notice; **~ erhalten** be informed, receive notice (*od.* word); **~ hinterlassen (bei)** leave word (with, at); **~ geben** (*od.* **sagen**) a) answer, send word), b) **j-m (über** *acc*) inform (*od.* tell) s.o. (about, of), send s.o. word (about), let s.o. know (about); **wir erwarten Ihren ~** we expect to hear from you; *colloq.* **j-m (gehörig) ~ sagen** (*od.* **stoßen**) give s.o. a piece of one's mind, tick (*od.* score) s.o. off (properly); **~ wissen** a) (**über** *acc*) be informed (of), know (about it), b) (**über** *acc od.* **in** *e-m Fach etc*) be acquainted (*od.* conversant, familiar) (with), be very knowledgeable (about), know all (about *s.th.*), be well up (in *a matter*), c) (*eingeweiht sein*) be in the secret, *colloq.* be in the know, d) *iro. contp.* know the score, e) **in e-r Stadt** *etc*: know one's way about a town, *etc*; **mit e-r Maschine ~ wissen** know how to operate (*od.* handle, run) a machine;

be'schei·den[1] I *adj* <-er; -st> **1.** *Person, Auftreten etc*: modest, unassuming, unpretentious, self-effacing; **er ist ~ in s-n Forderungen** he is modest (*od.* moderate) in his demands. **2.** (*einfach, schlicht*) simple, plain, modest, frugal; **ein ~es kleines Haus** a modest little house; **ein ~es Mahl** a frugal meal. **3.** (*gering, kümmerlich*) modest, small; (*ärmlich*) humble; **ein ~es Gehalt** a modest (*od.* small) salary; **~e Preise** modest (*od.* moderate) prices; *iro.* **ein recht ~er Erfolg** a rather modest success; **m-e ~e Behausung** my humble dwelling; **aus ~en Anfängen** from humble (*od.* small) beginnings; **in ~em Maße** in a small way; **nach m-r ~en Meinung** in my humble opinion; **er hat nur ~e Mittel** he has only limited means; **sie leben in ~en Verhältnissen** they live in humble circumstances. **4.** *colloq. euphem. for* **beschissen. II** *adv* **5. ~ leben** live modestly; *iro.* **darf ich ~ anfragen, ob** may I humbly ask if.

be'schei·den[2] I *v/reflex* <*irr, no* ge-, h> **sich ~ (mit) 1.** be content (*od.* satisfied) (with), content o.s. (with). **II** *v/t* <*only pp*> **j-m ist et. beschieden** s.th. is granted to s.o., *bes. Böses etc*: s.th. has fallen to s.o.'s lot; **ihm war kein Erfolg beschieden** he was not granted success; **es war ihm nicht beschieden, sein Werk zu vollenden** it was not granted to him to complete his work; **Gott hatte ihnen k-e Kinder beschieden** God had not blessed them with children. **3.** *bes. jur.* give notice to *s.o.*, notify, inform; → **abschlägig. 4.** *archaic* **j-n zu sich ~** summon (*od.* send for) s.o.

Be'schei·den·heit *f* <-; *no pl*> **1.** modesty, unassumingness, unpretentiousness; **falsche ~** false modesty; **aus (lauter) ~** from (sheer) modesty; *iro.* **bei aller ~** with all due modesty; **in aller ~** in all modesty; *humor.* **~ ist e-e Zier, doch weiter kommt man ohne ihr** modesty is a virtue and a handicap. **2.** (*Schlichtheit*) simplicity, plainness, modesty, frugality. **3.** (*Kümmerlichkeit*) humbleness, modesty, smallness.

Be'schei·dung *f* <-; -en> **1.** (*gen*) notification (of), *a. jur.* notice (of decision) (to). **2.** <*only sg*> (*Sichbescheiden*) moderation.

be'schei·nen *v/t* <*irr, no* ge-, h> shine (up)on, illuminate; **von der Sonne beschienen** sunlit, sunny.

be·schei·ni·gen [bəˈʃaɪnɪgən] *v/t* <*no* ge-, h> (*durch Unterschrift, Urkunde etc*) certify; (**j-m et.**) **~** attest (s.o. s.th., *a. iro.*); **ich bescheinige hiermit, daß** I hereby certify that; **et. (amtlich) ~ lassen** have s.th. authenticated; **hiermit wird bescheinigt, daß** this is to certify that; **den Empfang ~** a) *e-r Ware*: acknowledge receipt of, b) *e-r Geldsumme*: give a receipt for, receipt; **wir ~ dem Kandidaten folgende Kenntnisse** we certify that the candidate has the following qualifications; *iro.* **j-m (s-e) Dummheit ~** give s.o. full marks for stupidity. **Be'schei·ni·gung** *f* <-; -en> **1.** (*Vorgang*) certification, attestation; acknowledg(e)ment (of receipt, *etc*). **2.** (*Urkunde*) certificate (**über** *acc* of, for), (*Quittung*) receipt; (*Bestätigung*) acknowledg(e)ment; (*Beleg*) voucher; **~** (*als Überschrift*) "To Whom It May Concern"; **ärztliche ~** medical certificate.

be'schei·ßen *vulg.* **I** *v/t* <*irr, no* ge-, h> **1.** *fig.* **j-n ~** cheat (*od. colloq.* diddle, do) s.o. (**um et.** out of s.th.), *sl.* have s.o.; **man hat mich schön beschissen!** I've been properly had! **2.** shit on. **II** *v/i* **3.** cheat.

be'schen·ken *v/t* <*no* ge-, h> **j-n ~** give (*od.* make) s.o. presents (*od.* a present); **mit e-r Sache** make s.o. a present of, present s.o. with, give s.o. s.th. (as a present); **reich beschenkt** showered with presents. **Be'schenk·te** *m, f* <-n; -n> **1.** recipient (of a gift). **2.** *jur.* donee.

be'sche·ren I *v/i* <*no* ge-, h> **1.** give (*od.* distribute) (Christmas) presents. **II** *v/t* **2. j-m et. ~** *zu Weihnachten*: give s.o. s.th. as a Christmas present; **was hat dir das Christkind beschert?** what has Santa Claus brought you? **3. j-m et. ~** give s.th. (as a present) to s.o., *fig.* bless s.o. with s.th., *a. iro.* bring s.o. s.th.; **Gott hat ihnen k-e Kinder beschert** God has not blessed them with children; **dieser Tag bescherte uns e-e Überraschung** this day brought us a surprise; **was wird uns dieses Jahr noch ~?** I wonder what this year has in store for us. **Be'sche·rung** *f* <-; -en> **1.** distribution of Christmas presents; *fig. colloq.* **die ganze ~** the whole bag of tricks, *Am. sl.* the whole shebang. **2.** *colloq. iro.* mess; **das ist ja e-e schöne ~!** a nice mess (this)!; **da haben wir die ~!** there you are!, now we are in for it!

be·scheu·ert [bəˈʃɔyərt] *adj* → **bekloppt.**

be'schich·ten I *v/t* <*no* ge-, h> *tech.* apply a coat to, coat; *mit Kunststoff*: a) *durch Aufstreichen*: brush- (*od.* spread-) -coat, b) *durch Aufwalzen*: roll-coat, c) (*befilmen*) film-coat. **II ≈** *n* <-s>, **Be'schich·tung** *f* <-; -en> coating (*etc*), coat.

be'schicken (*getr.* -k·k-) *v/t* <*no* ge-, h> **1.** (*Kongreß etc*) send representatives (*od.* delegates) to. **2.** *econ.* (*Messe, Ausstellung*) exhibit at; (*Markt etc*) supply *s.th.* (with goods). **3.** *tech. mit Material etc*: charge, feed, (*Kessel*) fire, stoke. **4.** *mar.* (*Kurs*) make good, correct. **Be'schickung** (*getr.* -k·k-) *f* <-; -en> **1.** (*gen*) sending representatives (to), representation (at); exhibiting (at) (*etc*). **2.** *tech.* a) charging, feeding, b) (*Material*) charge. **3.** *mar. des Kurses*: correction.

Be'schickungs|ˌanˌla·ge (*getr.* **-k·k-**) *f tech.* charging equipment (*od.* system). **~ˌgut** *n metall.* a) *e-s Schmelzofens*: charge, melting stock, b) *e-s Hochofens*: burden. **~maˌschi·ne** *f* charging machine. **~ˌtrich·ter** *m tech.* feed hopper.

be'schie·ßen I *v/t* ⟨*irr, no* **ge-**, **h**⟩ **1.** fire (up)on (*od.* at), shoot at; *mit Granaten*: *a.* shell, bombard, batter; (*unter Beschuß halten*) cover, rake with fire; *mit dem Maschinengewehr*: *a.* machine-gun; *aer. mit Bordwaffen im Tiefflug*: strafe. **2.** *mil.* (*einschießen*) test(-fire). **3.** *nucl. mit Neutronen etc*: bombard; *mit Strahlen*: irradiate, ray. **II** 2 *n* ⟨-s⟩, **Be'schie·ßung** *f* ⟨-; -en⟩ **1.** shelling (*etc*). **2.** bombardment (*a. nucl.*), cannonade.

be'schif·fen *v/t* ⟨*no* **ge-**, **h**⟩ *mar.* navigate (on), sail on, ply.

be'schil·dern *v/t* ⟨*no* **ge-**, **h**⟩ **1.** (*Waren etc*) label. **2.** *mit Verkehrsschildern*: signpost; *mit Straßenschildern*: mark with nameplates. **Be'schil·de·rung** *f* ⟨-; -en⟩ **1.** (*das Beschildern*) label(l)ing; signposting (*etc*). **2.** labels *pl.* **3.** road signs *pl*, signposts *pl.* **4.** (street) nameplates *pl.*

be·schilft [bəˈʃɪlft] *adj* reedy.

be'schimp·fen *v/t* ⟨*no* **ge-**, **h**⟩ **1. j-n ~** abuse (*od.* insult) s. o., *stärker*: vituperate s. o., *colloq.* swear at s. o., call s. o. names. **2.** (*entehren*) revile; (*Namen, Ehre etc*) stain, cast aspersions (*od.* a slur) on, drag *s. th.* in the mud. **be'schimp·fend I** *pres p.* **II** *adj* abusive, insulting. **Be'schimp·fung** *f* ⟨-; -en⟩ **1.** insulting (*etc*). **2.** (*gen*) abuse, affront, revilement, *stärker*: vituperation (*alle*: of), insult (to); *jur.* **~ der Bundesrepublik** maliciously reviling the Federal Republic.

be'schir·men *v/t* ⟨*no* **ge-**, **h**⟩ *lit.* (**vor** *dat* from) shield, protect, guard, shelter. **Be'schir·mer** *m* ⟨-s; -⟩ *lit.* protector, guardian, defender. **Be'schir·me·rin** *f* ⟨-; -nen⟩ *lit.* protectress, guardian. **Be'schir·mung** *f* ⟨-; *no pl*⟩ *lit.* **1.** shielding (*etc*). **2.** protection, guard, shelter.

Be'schiß *m* ⟨-sses; *no pl*⟩ *vulg. contp.* **1.** (*Betrug*) cheat(ing), dirty trick (*od.* swindle), *sl.* rip-off. **2.** (*Reinfall, Enttäuschung*) *colloq.* let-down, *sl.* frost; **so ein ~!** *sl.* what a sell! **be'schis·sen** *adj vulg. contp.* (*schlecht*) *sl.* lousy, rotten, shitty, *Br. a.* bloody awful; **~es Wetter** lousy weather; **es geht ihm ~** he is having a lousy time; **ist ja ~!** (what) shit!

be'schla·fen *v/t* ⟨*irr, no* **ge-**, **h**⟩ **1.** *fig. colloq.* **die Angelegenheit ~** sleep on it, take counsel of one's pillow. **2.** *obs.* (*Frau*) sleep (*od.* lie) with.

Be'schlag[1] *m* ⟨-(e)s; ⸚e⟩ **1.** → **beschlagen**[1] II. **2.** *meist pl tech.* metal fitting(s *pl*), mounting(s *pl*); *an Kisten etc*: band; (*Gewehr*2) mountings *pl*; (*Buch*2) clasp; (*Huf*2) shoe(ing), shoes *pl*; (*Auskleidung*) lining; (*Armierung*) armature; *e-s Rades*: tyre (*Am.* tire) (*od.* shoe) of a wheel.

Be'schlag[2] *m* ⟨-(e)s; ⸚e⟩ **1.** steaming up (*etc*; *cf.* **beschlagen**[3]). **2.** (*feuchter Anflug*) steam, damp, mist. **3.** *auf Wurst etc*: film. **4.** *chem. min.* efflorescence, bloom.

Be'schlag[3] *m only in* **1.** *jur.* **et. in ~ nehmen, et. mit ~ belegen, auf et. ~ legen** → **beschlagnahmen. 2.** *fig.* **mit ~ belegen** a) (*et.*) secure, *colloq.* snare, bag, hog, b) (*j-n, e-e Unterhaltung etc*) monopolize.

be'schla·gen[1] **I** *v/t* ⟨*irr, no* **ge-**, **h**⟩ **1.** (*Pferd*) shoe. **2.** *tech.* (*Türen etc*) provide *s. th.* with metal fittings (*od.* furnishings), mount (*od.* fit) *s. th.* (with metal); (*Spitze*) cap, shoe *s. th.* (with metal); *mit Bandeisen*: tie; (*Spazierstock etc*) tip, ferrule, *mit Ziernägeln*: stud; (*Faß*) hoop; (*Schuh, Sohle*) nail. **3.** *mit Tuch etc*: cover, *innen*: line. **4.** (*Holz*) square; (*Steine*) hew. **5.** *chem.* (*Retorte etc*) lute. **6.** *mar.* a) (*Segel*) furl, b) (*Schiffsboden*) sheathe. **7.** *hunt.* (*decken, bespringen*) cover, serve. **II** 2 *n* ⟨-s⟩ **7.** shoeing (*etc*).

be'schla·gen[2] **I** *pp of* **beschlagen**[1] I. **II** *adj* **1.** *Pferd*: shod, shoed. **2.** *tech.* metal-mounted (*od.* -fitted); *an der Spitze*: iron-tipped; **mit Silber ~** silver-mounted; **mit Ziernägeln ~** studded. **3.** *hunt. Hirschkuh etc*: bred, covered.

be'schla·gen[3] *v/i* ⟨*irr, no* **ge-**, **sein**⟩ *u.* **sich ~** *v/reflex* ⟨**h**⟩ **1.** *Fenster etc*: steam up, cloud (over), mist, dim, *durch Atem*: blur. **2.** *Speise etc*: become covered with a film (of condensation). **3.** (*schimmeln*) become (*od.* go) mo(u)ldy. **4.** *Metall*: effloresce, (be) tarnish(ed), oxidize. **5.** *Wände*: sweat. **6.** *bes. chem. min.* effloresce, bloom out.

be'schla·gen[4] **I** *pp of* **beschlagen**[3]. **II** *adj* **1.** *Fenster, Spiegel etc*: steamed(-up), clouded, misted, dimmed. **2.** *Speise etc*: covered with a film. **3.** (*schimmelig*) mo(u)ldy. **4.** *Metalle*: tarnished, coated.

be'schla·gen[5] *adj colloq.* (**in** *dat*) proficient (in), knowledgeable (about), good (at); **in e-r Sache (gut) ~ sein** *a.* be well versed (*od. colloq.* well up) in a matter; **er ist in Englisch sehr ~** he has a sound knowledge of English, he knows English very well. **2heit** *f* ⟨-; *no pl*⟩ (**in** *dat*) (wide) experience (of), (sound *od.* thorough) knowledge (of), proficiency (in).

Be'schlagˌnah·me *f* ⟨-; -n⟩ **1.** *jur. zur Sicherung privatrechtlicher Interessen*: a) seizure, attachment, arrest(ment), b) *zwecks Pfändung*: distress, distraint, c) *durch Zwangsvollstreckung*: levy (of execution), d) *zur Zwangsverwaltung*: sequestration, e) *von Forderungen*: garnishment. **2.** *jur. im öffentlichen Interesse, Strafrecht etc*: seizure, *zur gerichtlichen Verwahrung*: impounding; **~ zur Sicherung der Urteilsvollstreckung** seizure (*od.* attachment) to secure satisfaction of judgment; **~ e-s Schiffes** embargo on (*od.* arrest of) a ship. **3.** (*Enteignung*) confiscation. **4.** *mil.* requisition.

be'schlagˌnah·me|ˌfä·hig *adj jur.* seizable, attachable. **~ˌfrei** *adj* exempt from seizure; **~e Gegenstände** exemptions.

be'schlagˌnah·men *v/t* ⟨*no* **ge-**, **h**⟩ **1.** *jur. zur Sicherung privatrechtlicher Interessen*: a) seize, attach, arrest, b) (*pfänden*) distrain, c) *zur Zwangsverwaltung*: sequester, d) *zur Zwangsvollstreckung*: levy upon, e) (*Forderungen*) garnish. **2.** *jur. im öffentlichen Interesse*: a) seize, *zur gerichtlichen Verwahrung*: *a.* impound, b) (*Schiff*) lay an embargo on, arrest. **3.** (*enteignen*) confiscate. **4.** *mil.* requisition.

be'schlei·chen *v/t* ⟨*irr, no* **ge-**, **h**⟩ **1.** (*j-n*) creep (*od.* sneak) up to, (*bes. Wild*) stalk. **2.** *fig. Angst, Sorge etc*: steal (*od.* creep, come) over, seize.

be·schleu·ni·gen [bəˈʃlɔʏnɪgən] **I** *v/t* ⟨*no* **ge-**, **h**⟩ **1.** accelerate (*a. mot. phys. etc*), speed (up), quicken, hasten; (*et. vorantreiben*) *a.* expedite, push *s. th.* ahead, hurry *s. th.* (along); **s-e Schritte ~** quicken one's steps; **das Tempo ~** force one's pace, increase one's speed, speed up; **die Fahrt ~** gather (*od.* pick up) speed; **e-n Vorgang ~** accelerate (*od.* expedite, speed up) a process; **j-s Abreise ~** hasten s. o.'s departure. **2.** (*e-e Krise etc*) precipitate. **3.** *med.* (*Puls, Atmung etc*) accelerate, quicken. **II** *v/reflex* **sich ~** **4.** speed up, quicken, accelerate. **III** *v/i* **5.** *mot. etc* gather (*od.* pick up) speed, accelerate. **IV** 2 *n* ⟨-s⟩ → **Beschleunigung. Be'schleu·ni·ger** *m* ⟨-s; -⟩ **1.** *mot. nucl. phot.* accelerator. **2.** *chem.* catalyzer, catalyst, precipitator. **be'schleu·nigt I** *pp.* **II** *adj* **1.** accelerated. **2.** (*schnell*) speedy, expeditious; *jur.* **~es Verfahren** summary proceedings *pl.* **Be'schleu·ni·gung** *f* ⟨-; -en⟩ **1.** accelerating, quickening, speeding-up (*etc*). **2.** acceleration (*a. phys. tech.*), speed-up, precipitation; **negative ~** deceleration, retardation.

Be'schleu·ni·gungs|ˌanˌla·ge *f nucl.* accelerator. **~elekˌtro·de** *f electr.* accelerating electrode. **2ˌfä·hig** *adj* accelerable. **~geˌsetz** *n phys.* law of acceleration. **~ˌgit·ter** *n electr.* accelerator grid. **~ˌkraft** *f phys.* accelerative force. **~ˌmes·ser** *m tech.* accelerometer. **~ˌmit·tel** *n chem.* **1.** *Vulkanisation*: activator, catalyst. **2.** *a. phot.* accelerator. **~moˌment** *n tech.* accelerating torque. **~ˌpum·pe** *f mot* accelerator pump. **~verˌmö·gen** *n tech.* acceleration (power), *mot. a. colloq.* zip.

be'schlie·ßen I *v/t* ⟨*irr, no* **ge-**, **h**⟩ **1.** (*sich entschließen*) decide, resolve, determine; **~, et. zu tun** *a.* (make a) resolve to do s. th., *schließlich*: make up one's mind to do s. th.; **er beschloß, Lehrer zu werden** he decided to become a teacher; **sie beschloß, es nicht zu tun** she decided against (doing) it; → *a.* **beschlossen. 2.** a) *jur.* determine, decide, decree, rule, b) *parl. etc* vote, resolve, pass a resolution on, c) *econ.* (*Dividende*) declare; **e-n Antrag ~** carry (*od.* adopt) a motion, *in Versammlungen*: pass a resolution; **es wurde beschlossen** (*Formel*) resolved. **3.** (*abschließen*) end, close, conclude, wind up (*one's life, a speech, etc*); **e-e Musikkapelle beschloß den Zug** a band brought up the rear (in the procession). **II** *v/i* **4. über** (*acc*) **et. ~** decide (*od.* resolve) on s. th. **~d** *adj Ausschuß etc*: decision-making, policy-making.

be'schlos·sen I *pp of* **beschließen. II** *adj* **1.** agreed, settled; **es ist (e-e) ~e Sache** that's agreed (*od.* settled); **damit war die Sache ~** that settled it. **2.** *archaic lit.* **in** (*dat*) **~ sein** (*od.* **liegen**) be comprised (*od.* implied) in. **be'schlos·se·ner'ma·ßen** *adv* as agreed (upon), as decided.

Be'schluß *m* ⟨-sses; ⸚sse⟩ **1.** decision, resolve, resolution; **e-n ~ fassen** a) make (*od.* come to, arrive at) a decision, make up one's mind, b) *parl. etc* pass a resolution; **den ~ fassen, zu** (*inf*) → **beschließen** 1; **auf (laut) ~ von** (up)on (according to) the decision (*od.* resolution) of; *parl.* **e-n Antrag zum ~ erheben** carry a motion. **2.** *jur.* order (of court), court order. **3.** *econ.* **unter ~** a) under lock and key, b) *Zoll*: in bond. **4.** *archaic for* **Abschluß** 2; **den ~ machen** → **beschließen** 3. **~entˌwurf** *m bes. pol.* draft resolution (*od.* bill). **2ˌfä·hig** *adj jur. parl.* **~ sein** constitute (*od.* be, form) a quorum; **~e Anzahl** (*od.* **Versammlung**) quorum; **das Haus (die Versammlung** *etc*) **ist (nicht) ~** there is a (no) quorum. **~ˌfä·hig·keit** *f* (presence of a) quorum. **~ˌfas·sung** *f* (passing of a) resolution, (making of a) decision. **2ˌreif** *adj* ready to be voted on. **2unˌfä·hig** *adj* **~ sein** not having (*od.* constituting) a quorum;

die Versammlung ist ~ there is no quorum. ~ˌ**unˌfä·hig·keit** *f* lack of a quorum.

be'schmei·ßen *v/t* ⟨*irr, no* ge-, h⟩ *colloq.* pelt (*od.* pepper) (mit with); → *a.* bewerfen 1.

be'schmie·ren I *v/t* ⟨*no* ge-, h⟩ **1.** (be)smear, cover; *mit Fett*: grease; *mit Öl*: oil, lubricate; *mit Farbe*: cover with paint, daub (over); *mit Teer*: tar; **Brot mit Butter** ~ butter bread. **2.** (*beschmutzen*) soil, smear, (be)smirch, smudge; **mit Tinte** ~ stain with ink; **sein Kleid** (*od.* **sich** *dat* **das Kleid**) ~ soil one's dress. **3.** *colloq.* (*bekritzeln*) scribble, scrawl (on, over). **II** *v/reflex* **sich** ~ **4.** (be)smirch (*od.* smear, dirty) o.s.

be'schmud·deln *v/t* ⟨*no* ge-, h⟩ *colloq.* make (*od.* get) *s.th.* grubby; **sich** ~ get o.s. grubby.

be'schmun·zeln *v/t* ⟨*no* ge-, h⟩ smile at.

be'schmut·zen I *v/t* ⟨*no* ge-, h⟩ dirty, soil, make *s.th.* dirty; (*beflecken*) smudge, stain; (*bespritzen*) bespatter; **sich** (*dat*) **die Hände** (*od.* **Finger**) ~ a) dirty one's hands, b) *fig.* soil one's hands, lower o.s.; *fig.* **j-s Ruf** ~ stain (*od.* defile, sully) s.o.'s reputation, drag s.o.'s name in the mud; → **Nest** 1. **II** *v/reflex* **sich** ~ soil (*od.* dirty) o.s. **III** ≈ *n* ⟨-s⟩, **Be'schmut·zung** *f* ⟨-; *no pl*⟩ dirtying, soiling (*etc*).

be'schnei·den I *v/t* ⟨*irr, no* ge-, h⟩ **1.** cut, clip, trim; *tech.* trim, square; (*Buch*) cut; *hort.* trim, lop, (*ausschneiden*) prune; *vet.* dock, crop; **e-m Vogel die Flügel** ~ clip a bird's wings; **sich** (*dat*) **die Nägel** ~ cut (*od.* pare) one's nails. **2.** *relig.* (*Knaben*) circumcise. **3.** *fig.* cut (down), slash, reduce (*income, expenses, etc*); **j-s Macht** ~, **j-n in s-r Macht** ~ restrict (*od.* curb) s.o.'s power. **II** ≈ *n* ⟨-s⟩ **4.** cutting, clipping (*etc*); → **Be'schnei·dung** *f* ⟨-; -en⟩ **1.** → beschneiden II. **2.** *fig.* curtailment, reduction, restriction. **3.** *relig.* circumcision; **das Fest der** ~ **Christi** the Circumcision.

be·schneit [bəˈʃnaɪt] *adj* snow-covered, snowy.

Be'schnit·te·ne *m* ⟨-n; -n⟩ *relig.* circumcised; **die** ~**n** the circumcised.

be'schnüf·feln *v/t* ⟨*no* ge-, h⟩ sniff (*od.* smell) (at); *fig. colloq.* **alles** ~ poke one's nose into everything; *fig.* **sich** (*od.* **einander**) ~ size each other up, give each other the once-over.

be'schnup·pern *v/t* ⟨*no* ge-, h⟩ → beschnüffeln.

be·schol·ten [bəˈʃɔltən] *adj* of blemished character (*od.* bad repute). ≈**heit** *f* ⟨-; *no pl*⟩ bad repute.

be·schö·ni·gen [bəˈʃøːnɪgən] *v/t* ⟨*no* ge-, h⟩ **1.** (*Fehler etc*) gloss (over), varnish, palliate, extenuate, find excuses for; **ohne die Dinge zu** ~ without mincing matters. **be'schö·ni·gend I** *pres p.* **II** *adj* palliative, extenuating; *ling.* ~**er Ausdruck** euphemism. **Be'schö·ni·gung** *f* ⟨-; -en⟩ **1.** (*das Beschönigen*) glossing over, palliating (*etc*). **2.** palliation, gloss, varnish, excuse(s *pl*).

be·schopft [bəˈʃɔpft] *adj orn.* tufted.

be'schot·tern *v/t* ⟨*no* ge-, h⟩ **1.** (*Straße*) metal, gravel. **2.** *rail.* (*Bahnkörper*) (neu ~ re)ballast. **Be'schot·te·rung** *f* ⟨-; -en⟩ **1.** metal(l)ing (*etc*). **2.** metal; *rail.* ballast.

be'schrän·ken I *v/t* ⟨*no* ge-, h⟩ **1.** (**auf** *acc* to) limit, confine, restrict; (*einengen*) *a.* curb, narrow; **j-s Macht** ~ curb (*od.* restrict) s.o.'s power; **j-n in s-r Freiheit** ~ restrict s.o.'s freedom; **die Geschwindigkeit** ~ limit the speed, impose a speed limit; **die Kosten auf ein Minimum** ~ cut costs to a minimum; → beschränkt 1. **II** *v/reflex* **sich** ~ **2.** (**auf** *acc* to) *Person*: limit (*od.* confine) o.s.; **er beschränkte sich darauf, Anweisungen zu erteilen** he confined himself to giving some instructions. **3.** (**auf** *acc* to) *Sache*: be limited (*od.* confined, restricted), confine (*od.* restrict) itself; **die Wirkung beschränkt sich darauf, daß** the sole effect is that. **III** ≈ *n* ⟨-s⟩ **4.** limiting (*etc*); → *a.* Beschränkung. **be'schrän·kend** *adj* restrictive, limiting.

be·schrankt [bəˈʃraŋkt] *adj rail.* gated, guarded (*crossing*).

be'schränkt I *pp u. adj* **1.** (**auf** *acc* to) limited, restricted; ~**e Mittel** restricted means, limited resources; ~**e Sicht** low visibility; **in** ~**en Verhältnissen leben** live in modest (*od.* straitened) circumstances; **in** ~**em Maße zutreffend** partially true; **e-e Seuche auf ein Gebiet** ~ **halten** keep a disease confined to one area, localize a disease; → **Haftung. 2.** (*geistig* ~) a) of limited intelligence, dull, dense, obtuse, b) (*engstirnig*) narrow (-minded); ~**e Ansichten** narrow views; ~**e Intelligenz** (~**er Horizont**) limited intelligence (horizon). **3.** *math.* **nach oben** ~ bounded from above. **II** *adv* **4.** restrictedly; *econ.* ~ **lieferbar** in short (*od.* limited) supply; ~ **steuerpflichtig** subject to limited taxation. ≈**heit** *f* ⟨-; *no pl*⟩ **1.** restrictedness; ~ **der Mittel** limited means. **2.** (*geistige* ~) a) limited intelligence, density, obtuseness, b) narrow outlook, narrowness, narrow-mindedness. **3.** *math.* boundedness.

Be'schrän·kung *f* ⟨-; -en⟩ **1.** → beschränken III. **2.** limitation, restriction, confinement; ~ **auf das Wesentliche** the restriction to essentials; **j-m** ~**en auferlegen** impose restrictions on s.o.; ~ **des Handels** restriction of trade; *jur.* ~ **der Geschäftsfähigkeit** limitation of capacity.

be'schrei·ben *v/t* ⟨*irr, no* ge-, h⟩ **1.** (*Papier etc*) write on, cover (*od.* fill) *s.th.* (with writing). **2.** (*schildern*) describe, give a description of, *erzählend*: *a.* relate, *anschaulich*: portray, depict, picture; **et. genau** ~ describe s.th. in detail, go into detail about s.th., particularize s.th., *bes. econ. u. tech.* specify s.th.; **es ist nicht zu** ~ it is beyond (*od.* past) all description, it is indescribable; **j-n als unzuverlässig** ~ describe (*od.* characterize) s.o. as unreliable. **3.** *math u. fig.* (*Kreis, Bahn etc*) describe (*a circle, path, etc*); (*zeichnen*) *a.* draw, plot; *fig.* **e-n Kreis** ~ (describe *od.* go in a) circle (**um** *acc* [a]round). **be'schrei·bend** *adj* descriptive (*a. science, etc*). **Be'schrei·ber** *m* ⟨-s; -⟩ describer. **Be'schrei·bung** *f* ⟨-; -en⟩ **1.** (*Vorgang*) describing (*etc*), description (*a. math. e-s Kreises etc*). **2.** description, *anschaulich*: portrayal, depiction; **e-e** ~ **geben von** give a description of; **diese** ~ **paßt auf ihn, er entspricht der** ~ he answers the description; **das spottet jeder** ~ that beggars (*od.* defies) description. **3.** (*Bericht, Erzählung*) account, report, narration; **kurze** ~ *a.* (brief) outlines *pl*, sketch. **4.** *econ. tech.* a) (*a. Patent*≈) specification, description; **Güter jeder Art u.** ~ goods of any kind and description, b) (*Gebrauchsanweisung*) instructions *pl* (for use).

be'schrei·en *v/t* ⟨*irr, no* ge-, h⟩ → berufen[1] 2.

be'schrei·ten *v/t* ⟨*irr, no* ge-, h⟩ **1.** walk on, go along (*a road, etc*). **2.** *fig.* **e-n** (*gefährlichen etc*) **Weg** ~ follow (*od.* take) a (dangerous, *etc*) course; **neue Wege** ~ tread new paths, apply new methods; → **Rechtsweg.**

be·schrif·ten [bəˈʃrɪftən] **I** *v/t* ⟨*no* ge-, h⟩ **1.** inscribe, letter, mark *s.th.* with letters, provide *s.th.* with an inscription. **2.** (*Briefumschlag, Dokument etc*) superscribe. **3.** (*Ware etc*) mark, *mit Etikett*: label. **4.** (*Bild etc*) caption. **II** ≈ *n* ⟨-s⟩ **5.** inscribing (*etc*), inscription. **Be'schrif·tung** *f* ⟨-; -en⟩ **1.** → beschriften II. **2.** inscription. **3.** *e-s Bildes*: caption, legend.

be·schu·hen [bəˈʃuːən] *v/t* ⟨*no* ge-, h⟩ **1.** shoe. **2.** *tech.* tip, shoe. **be'schuht** *pp u. adj* wearing shoes, shod; **gut** ~ well shod.

be·schul·di·gen [bəˈʃʊldɪgən] *v/t* ⟨*no* ge-, h⟩ **1.** accuse, charge, lay the blame on; **j-n e-r Sache** ~ a) *a. jur.* accuse s.o. of s.th., charge s.o. with s.th., b) *rügend*: blame s.o. for (*od.* tax s.o. with) s.th. **Be'schul·di·ger** *m* ⟨-s; -⟩ accuser. **Be'schul·dig·te** *m, f* ⟨-n; -n⟩ accused. **Be'schul·di·gung** *f* ⟨-; -en⟩ **1.** accusing (*etc*). **2.** *a. jur.* accusation, charge, incrimination; **fälschliche** ~ false accusation; **e-e** ~ **gegen j-n erheben** make (*od.* bring) a charge against s.o.

be'schum·meln *colloq.* **I** *v/t* ⟨*no* ge-, h⟩ (**um** *acc* out of) cheat, trick, *colloq.* do, diddle. **II** *v/i* cheat (**beim Kartenspielen** at cards).

be'schuppt *adj bot. zo.* scaly, squamate.

Be'schuß *m* ⟨-sses; *no pl*⟩ **1.** *mil.* (gun)fire, *mit Artillerie*: *a.* shelling, bombardment (*a. phys.*); **unter** ~ **geraten** come under fire (*a. fig.*); **unter** ~ **liegen** be under fire, be fired at, be shelled; **unter** ~ **nehmen** a) → beschießen 1, b) *fig.* gun (*od.* go for) *s.o.* **2.** (*Prüfung*) test-firing.

be'schüt·ten *v/t* ⟨*no* ge-, h⟩ **mit Sand** *etc* ~ throw sand, *etc* on (*od.* over) *s.th.*; **mit Kies** ~ gravel; *mit e-r Flüssigkeit*: pour (*od.* splash) *s.th.* on (*od.* over) (*s.th. od. s.o*).

be'schüt·zen *v/t* ⟨*no* ge-, h⟩ **1.** (**vor** *dat*, **gegen**) protect, guard, shield, shelter (*alle*: from), defend (against), watch over (*s.o. od. s.th.*). **2.** (*geleiten*) escort. **be'schüt·zend** *adj* protective. **Be'schüt·zer** *m* ⟨-s; -⟩ **1.** protector, guardian. **2.** *bes. relig.* patron (saint). **Be'schüt·ze·rin** *f* ⟨-; -nen⟩ **1.** protectress, defender, guardian. **2.** *bes. relig.* patroness; (*Schutzengel*) guardian angel. **Be'schüt·zung** *f* ⟨-; *no pl*⟩ **1.** protecting (*etc*), protection. **2.** → Schutz.

be'schwat·zen *v/t* ⟨*no* ge-, h⟩ *colloq.* **1. j-n** (**zu e-r Sache**) ~ a) talk s.o. round (to s.th.), **zu et.** into (doing) s.th., b) *schmeichelnd*: coax (*od.* wheedle) s.o. (into [doing] s.th.). **2. et.** ~ (have a) talk (*od.* chat) about s.th.

be'schwei·ßen *v/t* ⟨*no* ge-, h⟩ *hunt.* (*Spur*) leave blood on.

Be'schwer *f* ⟨-; *no pl*⟩ *jur.* a) grievance, b) *im Rechtsmittelverfahren*: claim of inadequate award.

Be·schwer·de [bəˈʃveːrdə] *f* ⟨-; -n⟩ **1.** (*Bürde*) burden, hardship; (*Verdruß*) trouble, annoyance; *med. meist pl* complaint(s *pl*), trouble (*nur sg*), ailment(s *pl*), discomfort(s *pl*); ~**n des Alters** complaints (*od.* infirmities) of old age; ~**n beim Atmen** (**Schlucken**) trouble *sg* in breathing (swallowing); **mit dem Magen** ~**n haben** have a stomach complaint, have stomach trouble; **das Gehen verursacht ihm** ~**n** he has difficulty in walking. **2.** (*Klage*) complaint; (**bei j-m**) **über et.** ~ **führen** make (*od.* lodge) a complaint about s.th. (to [with] s.o.), complain of s.th. (to s.o.). **3.** *jur.* (*Rechtsmittel*) appeal (**gegen** from, against); ~ **gegen Beschlüsse des Gerichts** formal objection to (*od.* intermediate appeal against) interlocutory orders of the court; **förmliche** ~ *im Verwaltungsrecht*: formal appeal; **der durch die** ~ **angefochtene Beschluß** the order under appeal; ~ **führen** enter a formal objection, appeal; **der** ~ **stattgeben** allow the appeal; **e-r** ~ **abhelfen** a) grant the relief sought by the petitioner, b) amend the decision in accordance with the motion of the appellant. **4.** *jur.* (~*grund*) grievance.

Be'schwer·de|ˌab|tei·lung *f bes. econ.* complaints department. **~ˌaus·ˌschuß** *m jur.* appeals committee. **~be·ˌgrün·dung** *f* (statement of) grounds *pl* of appeal. **~ˌbuch** *n* complaints book. **~ˌein|le·gung** *f jur.* lodging (of) an appeal. **~ˌfrist** *f jur.* appeal period. **≈ˌfüh·rend** *adj* appealing, appellant; **die ~e Partei** the party appealing, the appellant(s *pl*); *adv* **sich ~ wenden an** (*acc*) (bring an) appeal to. **~ˌfüh·rer** *m* **1.** complainer. **2.** *jur.* a) complainant, appellant, objector, b) *im Berufungsverfahren, Strafprozeß*: petitioner. **~ge|ˌricht** *n* court of appeal(s). **~ˌgrund** *m* ground of appeal. **~in·ˌstanz** *f* → Beschwerdegericht. **~ˌord·nung** *f mil.* regulation on complaints procedure. **~ˌpunkt** *m jur.* (subject of) complaint, grievance. **~ˌrecht** *n* right of appeal. **~ˌschrift** *f* complaint, petition. **~ver|ˌfah·ren** *n jur.* **1.** (*Verfahrensweise*) appeal procedure. **2.** (*Verhandlung*) appeal proceedings *pl.* **~ˌweg** *m* (stages *pl* of) appeal; **den ~ einschlagen** (have recourse to) appeal.

be'schwe·ren[1] [bəˈʃveːrən] *v/t* ⟨*no* **ge-**, **h**⟩ **1.** weight (down), charge, burden; **e-n Stock (mit Blei) ~** weight (*od.* load) a cane; **Würfel ~** load dice. **2.** *fig.* (*j-s Gewissen, Herz etc*) weigh (up)on, be a load on (*s.o.'s conscience, mind, etc*). **3.** *print.* (*Bogen*) load, bed. **4.** (*Papier*) load, weight. **5.** *jur.* charge *s.o.* (**mit** with); **Erben (mit der Erfüllung e-s Vermächtnisses) ~** charge an heir (to preserve and deliver fidei commissum); **die beschwerte Partei** the aggrieved party.

be'schwe·ren[2] *v/reflex* ⟨*no* **ge-**, **h**⟩ **sich (bei j-m über et.) ~** complain (of s.th. to s.o.), make a complaint (about s.th., to s.o.), *formell*: lodge a complaint (about s.th. with s.o.); *colloq.* **ich kann mich nicht ~** I can't complain.

be'schwer·lich *adj* wearisome, trying, tiring, arduous; (*lästig*) troublesome, annoying; (*unbequem*) inconvenient, awkward; (*hart, schwierig*) hard, difficult; **~e Reise** trying journey; **~er Weg** arduous (*od.* difficult) path; **~e Aufgabe** arduous (*od.* onerous, difficult) task; **j-m ~ fallen** a) *Sache*: be difficult for s.o., *körperlich*: *a.* be a strain on s.o., b) *Person*: be a burden (*stärker*: nuisance) to s.o.; **das Gehen war ihr ~** she had difficulty in walking. **≈keit** *f* ⟨-; -en⟩ arduousness (*etc*); inconvenience; difficulty.

Be'schwer·nis *f* ⟨-; -se⟩, *a. n* ⟨-ses; -se⟩ *lit.* → Beschwerde 1.

Be'schwe·rung *f* ⟨-; -en⟩ **1.** weighting, loading. **2.** (*Gewicht*) weight, load. **3.** *tech.* burden, charge. **4.** *aer.* ballast.

be·schwich·ti·gen [bəˈʃvɪçtɪgən] **I** *v/t* ⟨*no* **ge-**, **h**⟩ soothe, placate, mollify, calm, quiet(en), *a. pol.* appease; (*zum Schweigen bringen*) silence, hush; (*das Gewissen*) soothe, silence; **ein weinendes Kind ~** soothe (*od.* quiet, hush) a crying child; **die erregte Menge ~** calm (*od.* pacify) the excited crowd; **j-s Unruhe ~** assuage (*od.* allay) s.o.'s disquiet; **j-s Hunger ~** appease s.o.'s hunger. **II** ≈ *n* ⟨-s⟩ → Beschwichtigung. **be'schwich·ti·gend** *adj* soothing (*etc*). **Be'schwich·ti·gung** *f* ⟨-; *no pl*⟩ appeasement (*a. pol.*), mollification, pacification, soothing (words *pl*); **zur ~ s-s Mißtrauens** to allay his suspicion; **zur ~ des Gewissens** for conscience sake; **zur ~ der Gemüter (Nerven)** to soothe the minds (nerves). **Be'schwich·ti·gungs·po·li|tik** *f* appeasement policy.

be'schwin·deln *v/t* ⟨*no* **ge-**, **h**⟩ *colloq.* **1.** (*belügen*) tell *s.o.* a lie (*od.* lies). **2.** (*betrügen*) (**um et.** out of s.th.) swindle, cheat, trick, *colloq.* do, *sl.* bamboozle, con.

be'schwin·gen *v/t* ⟨*no* **ge-**, **h**⟩ *fig. lit.* **1.** (*j-s Schritte*) lend wings to, quicken. **2.** animate, enliven, cheer; (*die Phantasie etc*) lend wings to. **be'schwingt** *adj* **1.** *Schritte*: winged, elastic; *lit.* **~en Fußes** (*od.* **Schrittes**) swift of foot, with winged steps. **2.** *fig.* animated, elated, buoyant, vivacious, lively; **~e Melodien** racy melodies, pulsating rhythms. **Be'schwingt·heit** *f* ⟨-; *no pl*⟩ buoyancy, elation, cheerfulness, vivacity, liveliness.

be·schwipst [bəˈʃvɪpst] *adj colloq.* tipsy, merry, *colloq.* happy. **≈heit** *f* ⟨-; *no pl*⟩ tipsiness.

be'schwö·ren I *v/t* ⟨*irr, no* **ge-**, **h**⟩ **1.** *bes. jur.* **et. ~** swear to s.th., take an oath to (*od.* [up]on) s.th.; **können Sie es ~?** can you swear to it? **2. j-n ~** (*anflehen*) implore (*od.* beseech, entreat) s.o. (**et. zu tun** to do s.th.). **3.** (*Geister etc*) a) (*herauf*~) conjure (up), raise, b) (*bannen*) exorcize. **4.** *fig.* (*Erinnerungen etc*) conjure up, evoke. **5.** (*Schlangen etc*) charm. **II** ≈ *n* ⟨-s⟩ → Beschwörung. **be'schwö·rend** *adj* imploring, beseeching. **Be'schwö·rung** *f* ⟨-; -en⟩ **1.** (*gen*) swearing (to), *jur. a.* confirmation (of *s.th.*) by oath. **2.** (*Bitte*) imploring, entreaty. **3.** *von Geistern etc*: a) conjuration, invocation, evocation, b) (*Bannung*) exorcism. **4.** (*Spruch*) conjuration, charm, spell. **Be'schwö·rungs|for·mel** *f* incantation, magic formula.

be·see·len [bəˈzeːlən] **I** *v/t* ⟨*no* **ge-**, **h**⟩ **1.** *fig.* animate, inspire; **ihn beseelte die Hoffnung, daß** he was inspired (*od.* filled, buoyed up) with the hope that; **der Wunsch beseelte ihn** he was filled with the desire, his desire was (**et. zu tun** to do s.th.); **ein Lächeln beseelte ihr Antlitz** a smile animated her face; *thea.* **e-e Rolle neu ~** breathe new life into a role. **2.** (*Dinge etc*) endow *s.th.* with a living soul. **II** *v/reflex* **sich ~ 3.** come to life, quicken. **be'seelt** *adj* **1.** *fig. Blick, Antlitz etc*: soulful; **~es Spiel** *e-s Künstlers*: inspired playing. **2.** *fig.* **von e-r Sache ~ sein** be inspired (*od.* filled) with s.th.; **er ist von dem Wunsch ~** he is inspired (*od.* filled) with the desire, his great wish is (*to do s.th., etc*). **3. ~e Wesen** *pl* beings with a living soul. **Be'seelt·heit** *f* ⟨-; *no pl*⟩ animation, inspiration.

be'se·geln *v/t* ⟨*no* **ge-**, **h**⟩ **1.** (*Meer etc*) sail. **2.** *mar.* rig (*a ship*) with sails. **Be'se·ge·lung** *f* ⟨-; *no pl*⟩ **1.** sailing. **2.** a) sails *pl*, *collect.* sail, b) (*Takelwerk*) rig(ging).

be'se·hen I *v/t* ⟨*irr, no* **ge-**, **h**⟩ *a.* **sich** (*dat*) **et. ~** (*betrachten*) (have a) look at s.th., view s.th., look s.th. over; (*prüfen*) inspect, examine; **sich** (*dat*) **et. aus der Nähe** (*od.* **genau**) **~** examine s.th. closely, have a good look at s.th.; **sich (im Spiegel) ~** look at o.s. (in the mirror). **II** *adj* **genau ~** (up)on close(r) examination, *weitS.* strictly speaking.

be·sei·ti·gen [bəˈzaɪtɪgən] **I** *v/t* ⟨*no* **ge-**, **h**⟩ **1.** (*Schutt, Schnee, a. fig. Hindernisse etc*) remove, clear away; (*Abfälle etc*) *a.* dispose of. **2.** (*Geruch etc*) remove, get rid of; (*e-n Fleck*) *a.* take out (*a spot*); (*Ungeziefer, Unkraut*) *a.* exterminate, destroy, kill; (*Spuren*) remove, obliterate. **3.** *fig.* (*Gefahr, Ursache, Vorurteile, Zweifel etc*) remove; (*Mißstand, Übel etc*) *a.* redress, remedy, eliminate; (*Fehler*) eliminate, cure, correct; (*e-n Streit*) settle; **Mißverständnisse ~** iron out misunderstandings. **4. j-n ~** a) (*umbringen*) remove (*od.* dispose of, do away with) s.o., *pol.* liquidate s.o., purge s.o., b) (*ausschalten*) remove (*od.* get rid of, eliminate) s.o. **5.** *jur.* (*Urkunden, Vermögensstücke etc*) secrete, conceal, (*vernichten*) destroy. **6.** *math.* a) (*Unbekannte*) eliminate, b) (*Klammer*) remove. **II** ≈ *n* ⟨-s⟩, **Be'sei·ti·gung** *f* ⟨-; *no pl*⟩ **1.** *allg.* removing, removal. **2.** disposal. **3.** extermination. **4.** *fig.* removal, elimination; redress. **5.** *e-r Person*: removal, liquidation, (*Ausschaltung*) elimination. **6.** *jur. von Urkunden etc*: a) secretion, concealment, b) (*Vernichtung*) destruction. **7.** *math.* a) elimination, b) removal.

be·se·li·gen [bəˈzeːlɪgən] *v/t* ⟨*no* **ge-**, **h**⟩ *lit.* make *s.o.* (supremely) happy, fill *s.o.* with bliss. **be'se·li·gend** *adj* **1.** *lit. Erlebnis etc*: blissful. **2.** *relig. Vision*: beatific(al). **be'se·ligt I** *pp.* **II** *adj lit.* blissful, radiant (with joy), happy, enraptured. **Be'se·li·gung** *f* ⟨-; *no pl*⟩ *lit.* bliss(fulness).

Be·sen [ˈbeːzən] *m* ⟨-s; -⟩ **1.** (*langstieliger* ~) broom, (sweeping) brush; (*Reisig*≈) besom; (*Hand*≈) brush, hand-broom; *humor.* **ich fresse e-n ~, wenn** I'll eat my hat if, I'll be hanged if; *fig.* **mit eisernem ~ auskehren** a) make a clean sweep (of it), b) rule with a rod of iron; **neue ~ kehren gut** a new broom sweeps clean. **2.** *gastr.* (*Schnee*≈) (egg-)whisk, egg-beater. **3.** *colloq.* (*Weibsbild*) hag, battle-axe. **≈ˌrein** *adj* well-swept. **~ˌschrank** *m* broom closet. **~ˌstiel** *m* broom handle, broomstick; *colloq.* **er hat e-n ~ verschluckt, er ist steif wie ein ~** he is as stiff as a ramrod, he looks as if he had swallowed a poker. **~ˌwal·ze** *f tech.* rotating brush.

be'ses·sen I *pp of* besitzen. **II** *adj* **1.** possessed (**vom Teufel** by *od.* with the devil). **2.** *fig.* (**von**) obsessed (by *an idea, etc*), possessed (with *fear, doubt, etc*); (*leidenschaftlich*) passionate; (*rasend*) frantic; **wie ~ arbeiten (schreien** *etc*) work (yell, *etc*) like mad (*od.* like one possessed); **du bist wohl ~?** you must be mad! **≈e** *m, f* ⟨-n; -n⟩ man (*od.* woman) possessed (*a. fig.*), demoniac; *fig.* **wie ein ~r, wie e-e ~** like one possessed, like mad, like a maniac. **≈heit** *f* ⟨-; *no pl*⟩ **1.** possession (by the devil). **2.** *fig.* possession, obsession, madness, (*Leidenschaft*) *a.* passion, fanaticism; (*Raserei*) frenzy.

be'set·zen I *v/t* ⟨*no* **ge-**, **h**⟩ **1.** (*Amt, Stelle etc*) fill; **e-e Stelle mit e-m Spezialisten ~** appoint a specialist to a post; **die Stelle e-s Kassierers ist zu ~** there is a vacancy for a cashier. **2.** (*Sitzplatz*) take, occupy; **e-n Platz (für j-n) ~** occupy a seat (for s.o.). **3.** (*Land etc*) occupy; *mil.* (*e-e feindliche Stellung etc*) take; (*ein Haus etc*) take possession of, take over, squat in (*a house*). **4.** (*bemannen*) man. **5.** *thea.* cast; **neu ~** recast; **falsch ~** miscast; **die Rollen e-s Stückes ~** cast (the parts of) a play. **6.** (*Kleid etc*) trim, edge; **mit Spitzen ~** (trim with) lace; **mit Pelz ~** (trim with) fur; **mit Diamanten ~** set (*od.* stud) *s. th.* with diamonds. **7.** *mus.* score (**mit** for). **8.** *tech.* (*Sprengloch*) tamp. **9.** *hunt.* (*Revier, Gewässer*) stock (*with fish, etc*). **10.** *hort.* (*bepflanzen*) plant (**mit** with). **II** 2 *n* ⟨-s⟩ **11.** filling (*etc*); → *a.* **Besetzung.**

be'setzt *pp u. adj* **1.** *Stelle*: filled (up), occupied. **2.** *Sitzplatz*: taken, occupied; **ist dieser Platz ~?** is this seat taken?; „~" *bei WCs*: "engaged", *bes. Am.* "occupied". **3.** *Zug, Bus etc*: full (up); **dicht ~** crowded, packed, crammed; **ein mit fünf Personen ~er Wagen** a car with five occupants (*od.* inmates), a car with five persons in it. **4.** *mil. pol.* occupied. **5.** *colloq. Person*: engaged, busy; *Tag*: filled, busy; **der Freitag ist schon ~** Friday is already full (up); **am Freitag bin ich völlig ~** on Friday I'm engaged all day. **6.** *thea. etc* a) full; **ein gut ~es Haus** a full house, b) **ein gut ~es Stück** a well-cast play. **7.** *Gericht etc, a. Sportmannschaft*: composed (**mit** of); *jur. etc* **nicht vorschriftsmäßig ~** improperly constituted (*court, etc*); *Sport*: **gut ~e Hintermannschaft** strong (*od.* well-selected) defen/ce (*Am.* -se); **das Rennen war schwach ~** there were few entrants (for the race). **8.** *teleph.* engaged, *Am.* busy. **9.** *Kleid etc*: trimmed; **mit Spitzen ~** trimmed with lace, laced (→ **besetzen** 6). **10.** *mus.* scored (**mit** for). **2₁an₁zei·ge** *f*, **2₁zei·chen** *n teleph.* engaged (*Am.* busy) signal (*od.* tone).

Be'set·zung *f* ⟨-; -en⟩ **1.** → **besetzen** II. **2.** ⟨*only sg*⟩ *mil. e-s Landes etc*: occupation; **friedliche (kriegerische) ~** peaceful (belligerent) occupation; (*demonstrative Haus*2) squatting (campaign). **3.** *e-s Amtes, e-r Stelle*: a) appointment (to), filling (of), b) (*Personal*) staff, personnel. **4.** *thea.* a) *der Rollen*: casting, b) (*Schauspieler*) cast, c) *des Hauses*: attendance (at); **zweite ~** understudy. **5.** *des Gerichts etc*: composition, *e-r Sportmannschaft*: *a.* (team) selection; (*Wettkampfteilnehmer*) entrants *pl* (for), participants *pl* (in *a race, etc*). **6.** ⟨*only sg*⟩ *mus.* a) instrumentation, orchestration, b) (*Spieler*) members *pl*, players *pl*; **Orchester in großer (kleiner) ~** large (small) orchestra.

be·sich·ti·gen [bəˈzɪçtɪgən] *v/t* ⟨*no* **ge-**, **h**⟩ **1.** (*Stadt, Schloß etc*) visit, tour, look round (*a town, etc*); **die Sehenswürdigkeiten e-r Stadt ~** go sightseeing in a town, (go to) see the sights of a town, *colloq.* do a town; **das Gemälde (die Burg) kann täglich besichtigt werden** (*od.* **ist täglich zu ~**) the painting is on view (the castle is open to the public) every day. **2.** (*sich ansehen*) have a look at, look *s. th.* over, see; *prüfend*: inspect, examine, view; *jur.* **den Tatort ~** inspect the scene of a crime; *jur.* **die Leiche ~** view the body. **3.** *mil.* (*Truppen*) inspect, review. **Be'sich·ti·gung** *f* ⟨-; -en⟩ **1.** (*das Besichtigen*) visiting, inspecting (*etc*). **2.** (*gen*) visit (to *a town, etc*), sightseeing (in *a town, etc*). **3.** (*Prüfung*) inspection, *mil. a.* review. **Be'sich·ti·gungs₁fahrt** *f* **1.** (sightseeing) tour. **2.** (*Inspektionsfahrt*) tour of inspection.

be'sie·deln I *v/t* ⟨*no* **ge-**, **h**⟩ (*Gebiet etc*) settle, colonize; (*bevölkern*) populate, people. **II** 2 *n* ⟨-s⟩, **Be'sie·de·lung** *f* ⟨-; -en⟩ settlement, colonization (*a. biol.*); **dichte (dünne) ~** dense (sparse) settlement of population. **Be'sie·de·lungs₁dich·te** *f* ⟨-; *no pl*⟩ population density.

Be'sied·lung *f* ⟨-; -en⟩ → **Besiedelung.**

be'sieg·bar *adj* conquerable.

be'sie·geln *v/t* ⟨*no* **ge-**, **h**⟩ **1.** *fig.* (**mit, durch** with) seal (**durch Handschlag** with a handshake), confirm; **sein Schicksal ist besiegelt** his fate is sealed, he is doomed. **2.** *obs. for* **siegeln.** **Be'sie·ge·lung** *f* ⟨-; *no pl*⟩ sealing, confirmation; seal; **als ~** as a seal.

be'sie·gen *v/t* ⟨*no* **ge-**, **h**⟩ **1.** conquer, vanquish, overcome, *a.* triumph over, *pol., Sport etc*: defeat, beat, worst, *colloq.* lick, whip; (**im Laufen, Boxen** *etc*) **~** outrun, outbox, *etc*; **sich für besiegt erklären** admit defeat, give in, throw up the sponge, *Am. colloq.* cry uncle. **2.** *fig.* (*Schwierigkeiten, Begierde etc*) conquer, master, overcome; **sich selbst ~** conquer o.s. **Be'sie·ger** *m* ⟨-s; -⟩ **1.** *mil.* conqueror, victor, vanquisher. **2.** *pol., Sport etc*: winner. **Be'sieg·te** *m, f* ⟨-n; -n⟩ *the* defeated (*od.* conquered, vanquished), *Sport etc*: loser; **Sieger und ~** victors and vanquished; **wehe den ~n!** woe to the vanquished! **Be'sie·gung** *f* ⟨-; *no pl*⟩ **1.** conquering (*etc*). **2.** (*beigebrachte Niederlage*) defeat.

Bé·sigue [beˈziːk], **Be·sik** [beˈziːk] *n* ⟨-s; *no pl*⟩ bezique.

be'sin·gen *v/t* ⟨*irr, no* **ge-**, **h**⟩ **1.** sing (of), celebrate; (*preisen*) sing the praises of, extol. **2. ein Tonband ~** record a song on tape.

be'sin·nen I *v/reflex* ⟨*irr, no* **ge-**, **h**⟩ **sich ~ 1.** (*sich erinnern*) (**auf et.**) remember (s. th.), think (of s. th.), recall (s. th.), recollect (s. th.), call (s. th.) to mind; **wenn ich mich recht besinne** a) if I remember correctly, unless I am mistaken, b) (if I) come to think of it; **ich kann mich nicht auf s-n Namen ~** I can't recall (*od.* I forget) his name; **sich auf s-e Pflichten ~** remember one's duty. **2.** (*nachdenken*) (**über et.**) reflect (*od.* muse) (upon s. th.), think (about s. th.), consider (s. th.), ponder (s. th.); **ich hatte k-e Zeit, mich (lange) zu ~** I had no time to think; **sich (lange) hin und her ~** turn it over in one's mind, rack one's brains, *schwankend*: waver for a long time; **sich e-s anderen ~** change one's mind; **sich e-s Besseren ~** think better of it; **ohne sich (lange) zu ~** without thinking twice, without hesitation. **3.** *lit.* (*sich fassen*) recollect o.s. **II** 2 *n* ⟨-s⟩ **4.** reflection; **ohne (langes)** 2 without thinking twice, without hesitation; **nach kurzem** 2 after brief reflection.

be'sinn·lich *adj* **1.** reflective, contemplative, thoughtful; *Buch etc*: thought-provoking, contemplative, profound; **ein heiter-~er Film** a film of whimsically contemplative content. **2.** *Zeit etc*: of meditation, of contemplation. **2keit** *f* ⟨-; *no pl*⟩ contemplativeness, thoughtfulness; contemplation; **Stunden der ~** hours of meditation.

Be'sin·nung *f* ⟨-; *no pl*⟩ **1.** (*Bewußtsein*) consciousness; **bei ~ sein** be conscious; **bei ~ bleiben** remain conscious; **er war bei voller ~** he was fully conscious; **ohne ~** unconscious; **die ~ verlieren** lose consciousness, faint; **wieder zur ~ kommen** recover (*od.* regain) consciousness, *colloq.* come to. **2.** (*Vernunft*) reason; **j-n zur ~ bringen** bring s. o. to his senses, *colloq.* straighten s. o. out; **das brachte ihn wieder zur ~** that brought him back to his senses; **wieder zur ~ kommen** come back to one's senses; *colloq.* **du bist wohl nicht bei ~!** you must be out of your mind!; **die ~ verlieren** lose one's head (*od.* temper), forget o.s. **3.** (*innere Betrachtung*) contemplation, meditation; **Stunde der ~** hour of meditation; *colloq.* **er kommt vor lauter Arbeit nicht zur ~** he hasn't a moment he can call his own. **4.** → **besinnen** II. **Be'sin·nungs₁auf₁satz** *m ped.* contemplative essay, reflections *pl*. **be'sin·nungs·los** *adj* **1.** *med.* unconscious, insensible; **er fiel ~ zu Boden** he fell down unconscious. **2.** (*unüberlegt*) insensate, senseless, blind. **3.** *fig. Angst, Wut etc*: boundless; **alle waren ~ vor Schreck** everyone was numbed with terror; **~ umherirren** wander around in a daze. **Be'sin·nungs·lo·sig·keit** *f* ⟨-; *no pl*⟩ **1.** *med.* unconsciousness; **sich bis zur ~ betrinken** drink o.s. unconscious. **2.** *fig.* senselessness, blindness.

Be'sitz *m* ⟨-es; *no pl*⟩ **1.** (*das Besitzen, ~recht*) (*jur. a.* physical) possession (*gen*, **an** *dat*, **von** *dat* of); *jur.* **mittelbarer (unmittelbarer) ~** indirect (direct *od.* actual) possession; **unerlaubter ~ von** illegal possession of; **ungestörter ~** undisturbed possession, quiet enjoyment of possession; **et. in s-n ~ bringen** gain (*od.* acquire, obtain) possession of s. th., *weitS. a.* get hold of (*od.* secure, *colloq.* grab) s. th.; **in j-s ~** in s. o.'s possession; **in j-s ~ übergehen** pass into s. o.'s possession (*od.* hands); **et. in ~ haben, im ~ e-r Sache sein** be in possession of s. th., possess (*od.* hold, have) s. th.; **j-n im ~ stören, j-s ~ stören** interfere unlawfully with s. o.'s use (*od.* enjoyment) of s. th.; **wie kamen Sie in den ~ der Akten?** how did you come by (*od.* get) the records?; **im vollen ~ s-r geistigen Kräfte sein** be in full possession of one's mental faculties; *econ.* (**wir sind**) **im ~ Ihres Schreibens** (we are) in receipt of your letter, your letter (has come) to hand; **von e-r Sache ~ ergreifen** take possession of s. th.; *fig.* **von j-m ~ ergreifen** a) *Gefühl*: overcome s. o., seize s. o., take hold of s. o., b) *Person*: take s. o. over. **2.** (*Eigentum im abstrakten Sinne*) ownership; **in j-s ~** owned by s. o.; **privater ~** private ownership; **e-e Fabrik in privatem (staatlichem) ~** a privately owned (state-owned *od.* state-run) factory; **e-e Firma in amerikanischem ~** an American-owned firm. **3.** (*~tum*) property, possession(s *pl*); **persönlicher ~** personal property; **er verlor s-n gesamten ~** he lost all his possessions. **4.** (*Land*2) (landed) property, (real) estate; (*Gut*) estate; **er hatte allerlei ~** he owned a lot of property. **5.** *econ. von Aktien, Effekten*: holdings *pl*.

Be'sitz|₁an₁spruch *m jur.* possessory title. **2₁an₁zei·gend** *adj ling.* possessive; **~es Fürwort** possessive (pronoun). **~₁auf₁ga·be** *f jur.* **1.** *durch Übergabe*: (voluntary) relinquishment of possession. **2.** *durch Verlassen, Wegwerfen etc*: dereliction, (absolute) abandonment. **~₁ein₁wei·sung** *f* transfer of the possession, vesting (of the possession).

be'sit·zen I *v/t* ⟨*irr, no* **ge-**, **h**⟩ **1.** a) *a. jur.* possess, be in possession of, b) (*innehaben, a. als Eigentümer*) own, hold, have; **Land ~** possess (*od.* hold, own) land; **er besitzt Aktien dieser Firma** he holds shares in this firm; **die ~den Klassen** the propertied classes. **2.** *fig.* (*Eigenschaften, Talent etc*) have, possess; **er besitzt gute Kenntnisse in Französisch** he has a good knowledge of French; **j-s Vertrauen ~** have s. o.'s confidence. **3.** (*versehen sein mit*) be provided (*od.* equipped) with, have, call *s. th.* one's own; **Kartoffeln ~ e-n hohen Stärkegehalt** potatoes have a high starch content; **dieser Wagen besitzt ein Spezialgetriebe** this car has (*od.* is equipped with, features) a special transmission; die Stadt besitzt das größte Museum the town has (*stärker*: boasts) the largest museum. **4.** (*e-e Frau, sexuell*) possess, have. **II** ꝛ *n* ⟨-s⟩ **5.** possessing (*etc*); possession. **ꝛde** *m, f* ⟨-n; -n⟩ propertied (*od.* moneyed) person, person of property; die ~n the propertied classes, *colloq.* the "haves".

Be'sitz|ent,zie·hung *f jur.* (wrongful) dispossession, ouster, disseizin. **~ent,zie·hungs,kla·ge** *f* action for (the recovery of) possession, (action of) ejectment.

Be'sit·zer *m* ⟨-s; -⟩ **1.** possessor; (*Inhaber*) holder, occupant; (*Eigentümer*) owner, *bes. e-s Geschäftes, Hotels etc*: proprietor; den ~ wechseln change hands; *colloq.* stolzer ~ (*gen*) the proud owner (of). **2.** *jur.* possessor, holder; mittelbarer ~ possessor in law, indirect possessor; unmittelbarer ~ direct (*od.* actual) possessor.

Be'sitz·er,grei·fung *f* ⟨-; *no pl*⟩ *bes. jur.* (von of) (act of) taking possession, occupation, entry into (the) possession; gewaltsame ~ seizure; widerrechtliche ~ usurpation.

Be'sit·ze·rin *f* ⟨-; -nen⟩ **1.** possessor, owner, proprietress. **2.** → Besitzer 2.

be'sit·ze·risch *adj fig.* possessive.

be'sit·zer·los *adj Auto etc*: abandoned.

Be'sit·zer|,stolz *m* pride of possession. **~,wech·sel** *m jur.* **1.** change of hands; nach mehrmaligem ~ after changing hands several times. **2.** (*Eigentümerwechsel*) change of ownership.

Be'sitz|er,werb *m jur.* obtaining possession. **ꝛ,fä·hig** *adj* (legally) capable of possessing (*od.* holding). **~,fall** *m ling. obs.* possessive (case), genitive. **~ge,sell·schaft** *f* **1.** proprietary company. **2.** holding company. **~,gier** *f* → Habgier. **~in,stinkt** *m* possessive instinct. **~,kla·ge** *f jur.* possessory action.

be'sitz|los *adj* unpropertied, poor. **ꝛlo·se** *m, f* ⟨-n; -n⟩ unpropertied person; die ~n the unpropertied (classes), *colloq.* the have-nots; (das ist) der Neid der ~n (that's) the envy of the have-nots.

Be'sitz,nah·me *f* ⟨-; -n⟩ → Besitzergreifung.

Be'sitz|,recht *n jur* **1.** possessory right. **2.** *Austrian* (*rechtmäßiger Besitz*) rightful possession. **~,stand** *m* ⟨-(e)s; *no pl*⟩ **1.** *jur.* seisin, seizin; rechtlicher ~ seisin in law; tatsächlicher ~ actual possession. **2.** *econ.* (*Vermögen*) active property, assets *pl.* **~,stö·rung** *f jur.* **1.** disturbance of possession, unlawful interference with s.o.'s use (*od.* enjoyment) of property. **2.** *bes. durch Immissionen*: private nuisance. **~,stö·rungs,kla·ge** *f* action for disturbance of possession. **~,ti·tel** *m jur.* **1.** possessory title. **2.** (*Urkunde*) title deed.

Be'sitz·tum *n* ⟨-s; ⸗er⟩ *lit.* **1.** possession. **2.** (*Land-, Grundbesitz*) estate, possession(s *pl*), property; die Besitztümer der Kirche the possessions of the church.

Be'sitz,über,tra·gung *f jur.* transfer (*od.* delivery) of possession.

Be'sit·zung *f* ⟨-; -en⟩ **1.** (*Grundbesitz*) possession(s *pl*), estate, holding. **2.** *meist pl pol.* possession(s *pl*); überseeische ~en overseas possessions (*od.* territories).

Be'sitz|,ur,kun·de *f jur.* title deed. **~ver,hält·nis** *n meist pl* **1.** *bei Grundbesitz*: tenure. **2.** (*Besitzrechte*) possessory interests *pl.*

be'sof·fen I *pp of* besaufen. **II** *adj vulg.* **1.** drunk, *sl.* tight, plastered, soused, pissed, *Am. sl. a.* stinko, bombed; total ~ dead (*od.* blind, roaring) drunk, as drunk as a lord. **2.** *fig.* (*verrückt*) cracked, mad, idiotic, ⟨*pred*⟩ *sl.* nuts. **III** **ꝛe** *m, f* ⟨-n; -n⟩ **3.** *vulg.* drunk. **ꝛheit** *f* ⟨-; *no pl*⟩ *vulg.* drunkenness, tightness.

be'soh·len I *v/t* ⟨*no* ge-, h⟩ **1.** (re)sole; s-e Schuhe (neu) ~ lassen have one's shoes resoled. **2.** (*Autoreifen*) retread. **II** ꝛ *n* ⟨-s⟩ **3.** (re)soling (*etc*).

Be'soh·lung *f* ⟨-; -en⟩ **1.** → besohlen II. **2.** soles *pl.*

be·sol·den [bəˈzɔldən] *v/t* ⟨*no* ge-, h⟩ *bes. mil.* pay *s.o.* (a salary). **be'sol·det I** *pp.* **II** *adj* salaried, paid; (fest) ~ sein receive (*od.* draw) a (fixed) salary.

Be'sol·dung *f* ⟨-; -en⟩ **1.** *mil.* (*Sold*) pay. **2.** *e-s Beamten*: salary. **3.** *von Geistlichen*: stipend.

Be'sol·dungs|,dienst,al·ter *n* pay seniority. **~,grup·pe** *f* salary class. **~,ord·nung** *f* pay regulations *pl*, wages and salary scheme. **~,stu·fe** *f* salary (*mil.* pay) grade.

be'söm·mern *v/t* ⟨*no* ge-, h⟩ *agr.* utilize (*soil*) in summer only.

be'son·der *adj* ⟨*attrib*⟩ **1.** (*sehr groß*) special, particular; ~e Sorgfalt special care; es war mir e-e ~e Freude it was a great pleasure for me; das dürfte für dich von ~em Interesse sein that ought to be of particular interest to you; ohne ~e Begeisterung without any marked enthusiasm. **2.** (*außergewöhnlich*) special, extraordinary, singular, exceptional, outstanding; von ~er Qualität of exceptional quality; ~e wissenschaftliche Leistungen outstanding scientific achievements; von ~er Schönheit of singular beauty. **3.** (*eigenartig, ungewöhnlich*) peculiar, particular, special; es ist ein ganz ~es Gefühl, wenn it is quite a peculiar feeling when; die ~en Umstände dieses Falles the special circumstances of this case. **4.** (*einmalig*) particular, special, singular, unique; in diesem ~en Fall in this particular case. **5.** individual, personal; ~e Wünsche können wir nicht berücksichtigen individual wishes cannot be considered; er hat s-e ganz ~e Methode he has a method of his own. **6.** (*unterscheidend*) distinctive; ~e Kennzeichen distinctive characteristics. **7.** separate; an e-m ~en Tisch at a separate table.

Be'son·de·re *n* ⟨-n; *no pl*⟩ **1.** et. (nichts) ~s something (nothing) special (*od.* out of the common, out of the ordinary, out of the way); nichts ~s *a.* nothing unusual, *contp.* nothing special; er hält sich für et. ~s he thinks he is somebody special; das ist et. ganz ~s that's something extra-special; es hat sich nichts ~s ereignet nothing special (*od.* worth mentioning, remarkable) has happened: damit hat es et. ~s auf sich there is something special (*od.* unusual) about this, there is a special story about it; das ~ daran ist, daß the remarkable thing about it is that. **2.** das ~ the particular; vom ~n zum Allgemeinen fortschreiten proceed from the particular to the general. **3.** im ꝛn in particular, particularly, (e)specially, above all.

Be'son·der·heit *f* ⟨-; -en⟩ (*Eigenart*) peculiarity, particularity, characteristic, special feature (*od.* quality), individuality; die ~ s-r Redeweise his peculiar way of speaking; sprachliche ~en linguistic peculiarities; e-e weitere ~ des Wagens another special feature of the car; die ~ dieses Ereignisses what was remarkable about this event.

be'son·ders *adv* **1.** *a.* ganz ~ (*hauptsächlich*) in particular, particularly, (e)specially, above all, chiefly, mainly; was hat dir ~ gefallen? what did you like in particular?; et. ~ beachten pay special attention to s.th. **2.** *a.* ganz ~ (*sehr*) (e)specially, particularly; ~ gründlich with particular (*od.* special) care; et. ~ gern haben be particularly fond of s.th.; das gefällt mir ~ gut an ihr that's what I like most about her; nicht ~ schön not so (very) beautiful. **3.** (*nachdrücklich*) expressly, specially, in particular; et. ~ betonen stress s.th. emphatically. **4.** (*gesondert*) separately; dieses Thema soll später ~ behandelt werden this topic shall be treated separately later; der Wein wird ~ berechnet the wine is extra. **5.** *colloq.* nicht ~ not particularly (well); der Film ist nicht ~ the film is not so good (*od. sl.* hot); das Buch gefällt mir nicht (so) ~ I don't like that book very much; es geht ihm nicht ~ he isn't too well.

be'son·nen[1] **I** *pp of* besinnen. **II** *adj* (*umsichtig, überlegt*) circumspect, prudent, (*weise*) wise, (*vorsichtig*) cautious; (*vernünftig*) sensible, level-headed; (*ruhig*) calm. **III** *adv* circumspectly (*etc*); ~ handeln act with circumspection, keep one's head.

be'son·nen[2] *v/t* ⟨*no* ge-, h⟩ sich ~ lassen lie in the sun, sun o.s., sunbathe.

Be'son·nen·heit *f* ⟨-; *no pl*⟩ **1.** circumspection, prudence; cautiousness; mit ~ → besonnen[1] III. **2.** calmness, level-headedness; (*Geistesgegenwart*) presence of mind.

be'sonnt *adj lit.* **1.** sunny, bathed in sunshine. **2.** *fig. poet.* happy, serene; ~e Tage *a.* halcyon days.

be'sor·gen I *v/t* ⟨*no* ge-, h⟩ **1.** (*beschaffen*) (j-m et.) ~ get (*od.* find) (s.o. s.th., s.th. for s.o.), procure (s.th. for s.o.), provide (*od.* supply) (s.o. with s.th); sich (*dat*) et. ~ get (*od.* buy) o.s. s.th.; ich kann es dir ~ I can get it for you; j-m e-e Stelle ~ find s.o. a job; ich habe viel zu ~ a) I have a lot (of errands) to do, b) I have a lot of shopping to do. **2.** *colloq.* es j-m ~ give s.o. what for, settle s.o's hash, (*sich rächen*) pay s.o. back, get even with s.o.; dir werde ich's ~! *a.* you just wait! **3.** *colloq.* (*stehlen*) borrow. **4.** (*betreuen*) take care of, look after (*children, flowers, patients, etc.*). **5.** (*erledigen*) attend to, see to, handle, do; Briefe ~ post (*Am.* mail) letters; s-e Geschäfte ~ attend to one's business; j-s Angelegenheiten ~ conduct (*od.* manage) s.o.'s affairs; das Kochen (Abladen *etc*) ~ do the cooking (unloading, *etc*); Herr X besorgte die Übersetzung Mr X did (*od.* supplied) the translation; *colloq.* wird besorgt! I'll see to it!, leave it to me!, *sl.* will do!; was du heute kannst ~, das verschiebe nicht auf morgen (*Sprichwort*) never put off till tomorrow what you can do today. **6.** *obs.* (*befürchten*) fear; es ist zu ~, daß it is to be feared that; *jur.* wenn zu ~ ist, daß if there is cause to suspect that. **II** ꝛ *n* ⟨-s⟩ **7.** getting, procuring (*etc*); → *a.* Besorgung.

Be·sorg·nis [bəˈzɔrknɪs] *f* ⟨-; -se⟩ (über *acc* at, about; um for) concern, alarm, disquiet, anxiety; ~se *pl a.* misgivings; mit tiefer (ernster) ~ with deep (grave) concern; ~ erregen give cause for concern, be alarming (*od.* disquieting); in ~ geraten be getting alarmed (*od.* worried); es besteht kein Anlaß (*od.* Grund) zur ~ there's no reason to be alarmed; → Befangenheit 3. **ꝛer,re·gend I** *adj* disquieting, alarming, worrying; sein Zustand ist ~ *a.* his condition gives cause for alarm. **II** *adv* ~ schlecht alarmingly bad.

be'sorgt I *pp.* **II** *adj* **1.** (wegen at, about;

um for) alarmed, concerned, worried, apprehensive, anxious, uneasy; **das macht mich ~** that worries me; **um j-s Sicherheit ~ sein** be concerned for s.o.'s safety; **um sein Leben ~ sein** fear for one's life. **2.** (*bemüht*) solicitous, anxious; **um j-s Wohlergehen ~ sein** be solicitous for (*od.* about) s.o.'s welfare; **~ sein, et. zu tun** be anxious (*od.* eager) to do s.th. **~heit** *f* ⟨-; *no pl*⟩ **1.** → **Besorgnis. 2.** (*Bemühtsein*) (um for) solicitude, concern, (tender) care. **3.** (*Eifer*) eagerness.

Beˈsor·gung *f* ⟨-; -en⟩ **1.** → **besorgen** II. **2.** (*Beschaffung*) procurement, provision, furnishing. **3.** (*Einkauf*) purchase; (*Auftrag, Weg*) errand; **~en machen** a) go shopping, b) do (*od.* go on) an errand; **(für j-n) e-e ~ machen** a) buy (*od.* get) s.th. (for s.o.), b) do (*od.* run) an errand (for s.o.). **4.** (*Erledigung*) (*gen*) attending (to), handling (of), *von Geschäften*: *a.* management (of), conduct (of *affairs*); **~ des Haushaltes** management of (*od.* looking after) the household.

beˈspan·nen *v/t* ⟨*no* **ge-, h**⟩ **1.** cover; **et. mit Stoff ~** cover s.th. with fabric, stretch cloth over s.th.; **e-e Wand mit Damast ~** cover (*od.* hang) a wall with damask. **2.** (*Violine, Tennisschläger etc*) string. **3. e-n Wagen mit Pferden ~** put horses to a carriage. **4.** (*Fischteich*) fill (*a fishpond*) with water and stock it with fish. **beˈspannt** *adj mit Pferden*: horse-drawn; **mit vier Pferden ~** drawn by four horses. **Beˈspan·nung** *f* ⟨-; -en⟩ **1.** (*Vorgang*) covering, stringing (*etc*). **2.** (*Saiten, Schnüre etc*) strings *pl.* **3.** (*Stoff*) a) fabric, b) *von Kinderwagen etc*: lining. **4.** *aer.* (wing) covering.

beˈspei·en *v/t* ⟨*irr, no* **ge-, h**⟩ spit at (*od.* on, upon).

beˈspicken (*getr.* **-k·k-**) *v/t* ⟨*no* **ge-, h**⟩ → **spicken**[1].

beˈspie·geln I *v/t* ⟨*no* **ge-, h**⟩ **1. j-n ~** flash a mirror at s.o. **2.** *fig. lit.* (*Zeit, Weltlage etc*) throw a light on, illuminate. **II** *v/reflex* **sich ~ 3.** look at o.s. in a mirror (*od.* glass). **4.** *fig.* admire (*od.* preen) o.s.

beˈspiel·bar *adj Sportplatz etc*: playable.

beˈspie·len *v/t* ⟨*no* **ge-, h**⟩ **1.** (*Tonband etc*) make a recording on; **ein Tonband mit** *e-m Lied etc* **~** record *s.th.* on a tape; **bespieltes Band** a) recorded tape, b) *econ.* pre-recorded tape. **2.** *thea.* perform in, visit (*a town, etc*).

beˈspin·nen *v/t* ⟨*irr, no* **ge-, h**⟩ cover, lap, wrap.

beˈspit·zeln *v/t contp.* ⟨*no* **ge-, h**⟩ **j-n ~** spy on s.o.; **j-n ~ lassen** set a spy (*od.* spies) on s.o., have s.o. watched.

beˈspon·nen I *pp of* **bespinnen. II** *adj* covered, (over)spun; *mus.* **~e Saite** wound string; **mit Baumwolle ~** cotton-covered.

beˈspöt·teln I *v/t* ⟨*no* **ge-, h**⟩ mock (*od.* gibe, jeer, scoff) at, ridicule, make fun of. **II ~** *n* ⟨-s⟩, **Beˈspöt·te·lung** *f* ⟨-; -en⟩ mocking (*etc*), mockery.

beˈspre·chen I *v/t* ⟨*irr, no* **ge-, h**⟩ **1.** talk *s.th.* over, discuss, debate. **2.** (*Film, Buch etc*) review. **3.** (*Tonband etc*) make a recording on (*a tape, etc*). **4.** (*Krankheit etc*) cure by magic formulas. **II** *v/reflex* **5. sich mit j-m ~** confer with s.o., consult s.o. (**über** *acc* on, about), discuss the matter with s.o. **Beˈspre·cher** *m* ⟨-s; -⟩ *e-s Buches etc*: reviewer, critic. **Beˈspre·chung** *f* ⟨-; -en⟩ **1.** discussion, debate, deliberation, talk. **2.** (*Sitzung*) conference, meeting; **bei e-r ~ sein** be in conference. **3.** (*Gespräch*) talk(s *pl*), conversation; (*Verhandlung*) negotiation(s *pl*). **4.** *e-s Buches etc*: review, critique; **über Filme ~en schreiben** write reviews on (*od.* review) films.

Beˈspre·chungs|ex·em·ˌplar *n print.* review(er's) (*od.* press) copy. **~ˌzim·mer** *n* conference room.

beˈspren·gen *v/t* ⟨*no* **ge-, h**⟩ (*Straße etc*) spray, (*a. Blumen, Rasen*) water, (*Wäsche*) sprinkle; *relig.* **j-n (mit Weihwasser) ~** sprinkle (*od.* asperse) s.o. with holy water.

beˈspren·keln *v/t* ⟨*no* **ge-, h**⟩ → **sprenkeln.**

beˈsprin·gen *v/t* ⟨*irr, no* **ge-, h**⟩ *zo.* mount, cover.

beˈsprit·zen *v/t* ⟨*no* **ge-, h**⟩ **1.** (mit with) splash, (be)spatter. **2.** (*Pflanzen etc*) spray.

beˈsprü·hen *v/t* ⟨*no* **ge-, h**⟩ spray.

beˈspucken (*getr.* **-k·k-**) *v/t* ⟨*no* **ge-, h**⟩ spit at (*od.* on).

beˈspu·len *v/t* ⟨*no* **ge-, h**⟩ *electr.* (*Kabel etc*) load, pupinize.

beˈspü·len *v/t* ⟨*no* **ge-, h**⟩ (*Küste etc*) wash (against), *poet.* lave.

Bes·sa·ra·bi·er [bɛsaˈraːbĭər] *m* ⟨-s; -⟩, **bes·saˈra·bisch** [-bɪʃ] *adj* Bessarabian.

Bes·selsch [ˈbɛsəlʃ] *adj math.* **~e Funktionen** Bessel (*od.* cylindrical) functions; **~e Ungleichung** Bessel's inequality.

ˈBes·se·mer|be·ˌtrieb [ˈbɛsəmər-] *m metall.* **1.** Bessemer practice. **2.** (*Anlage*) Bessemer plant. **~ˌbir·ne** *f* Bessemer converter.

bes·se·mern [ˈbɛsəmərn] *v/t* ⟨h⟩ *metall.* bessemerize.

ˈBes·se·mer·ˌstahl *m* Bessemer steel.

bes·ser [ˈbɛsər] **I** *comp of* **gut. II** *adj* **1.** (**als**) better (than); (*überlegen*) *a.* superior (to); **ein ~es Hotel** a better-class hotel; **ein ~er Herr** a gentleman; *contp.* **er ist nur ein ~er Mechaniker** he is only a better sort of (*od.* a glorified) mechanic; **~ werden** become better, improve; **sie ist ~ als ihr Ruf** she is better than her reputation; **(das ist) ~ als gar nichts** (that's) better than nothing; **~ ist ~!** let's keep on the safe side!, let's play it safe!; **es ist ~, wenn wir ihn fragen** (*od.* **wir fragen ihn**) we (had) better ask him; **das wird ja immer ~!** *a. iro.* that's getting better and better!; **wenig ist ~ als gar nichts** (*Sprichwort*) a loaf is better than no bread at all. **2.** *Gesellschaft etc*: better(-class), *iro.* genteel; **die ~en Kreise** the better circles. **III** *adv* **3.** better; **es ~ machen (als j-d anders)** do better (than s.o. else); **sich ~ fühlen** feel better; **~ aussehen (als)** look better (*od.* be better-looking) (than); **heute siehst du viel ~ aus** you look much better today; **es geht ihm ~** a) he is better off, b) (*gesundheitlich*) he is better (*today*); **es geht** (*wirtschaftlich*) **~** things are improving (*od.* looking up); **ich weiß es ~** I know better (than that); **er ist ~ dran, er hat es ~** he is better off; **oder ~ gesagt** or rather, properly speaking; **um so ~!, desto ~!** all (*od.* so much) the better!; **er täte ~ daran, nicht zu kommen** he had better stay away; **du versuchst es ~ mit etwas anderem** you (had) better try s.th. else; **diese Dinge bleiben ~ ungesagt** these things are better (*od.* best) left unsaid; **es kommt noch ~** a) it gets (even) better as it goes along, b) *iro.* worse is to follow; **das macht die Sache nicht ~** that doesn't improve matters. **~ beˌzahlt** *adj* better-paid.

ˈBes·se·re *n* ⟨-n⟩ that which is better; **et. ~s** something better; (*etwas Teureres*) something more expensive; **sich für et. ~s halten (als j-d)** think o.s. superior (to s.o.); **ich habe ~s zu tun (als)** I have more important things to do (than), *colloq. iro.* I have other fish to fry (than); **wenn Sie gerade nichts ~s zu tun haben** if you haven't anything better to do; **j-n e-s ~n belehren** a) (*berichtigen*) set s.o. right, b) (*die Augen öffnen*) open s.o.'s eyes; **sie läßt sich keines ~n belehren** she won't listen to reason; **in Ermang(e)lung e-s ~n, mangels ~m** for want of s.th. better; **e-e Wendung zum ~n nehmen** take a turn for the better; → **besinnen** 2.

ˈbes·ser|ˌge·hen *v/impers* ⟨*irr, sep,* **-ge-, sein**⟩ **es geht ihm besser** a) *gesundheitlich*: he is (feeling) better, b) *wirtschaftlich*: he is better off.

ˈbes·ser|ge·ˌstellt *adj* better-off; **~e Leute** people who are better off. **~ge·ˌstell·te** *m, f* ⟨-n; -n⟩ *s.o.* (who is) better off; **die ~n** those better off; **finanziell ~** people in a better financial position, the well-to-do (people).

bes·sern [ˈbɛsərn] **I** *v/reflex* ⟨h⟩ **sich ~ 1.** improve, become (*od.* get, grow) better, change for the better; **der Zustand des Kranken hat sich gebessert** the condition of the patient has improved, the patient is recuperating (*od.* recovering, on the mend); **sie hat sich in der Schule gebessert** her schoolwork has improved; **die Verhältnisse ~ sich** things are improving, *colloq.* things are looking up. **2. sich (moralisch) ~** mend one's ways, turn over a new leaf, reform. **3.** *econ. Markt*: improve; *Kurse, Preise*: advance, rise, gain. **II** *v/t* **4.** (make) better, improve; → *a.* **verbessern. 5.** (*j-n*) reform.

ˈbes·ser|ˌstel·len *v/t* ⟨*sep,* **-ge-, h**⟩ **j-n ~** improve s.o.'s financial position. **~ˌstel·lung** *f* ⟨-; *no pl*⟩ improvement, betterment; **soziale ~** improvement in (*od.* betterment of) *s.o.'s* social status.

ˈBes·se·rung *f* ⟨-; -en⟩ **1.** (*Vorgang*) improving, improvement. **2.** *allg.* improvement; *gesundheitlich*: a. recuperation, recovery; *sozial, finanziell*: *a.* betterment; **auf dem Wege der ~** *the patient is* improving (*od.* on the mend, on the way to recovery); **(ich wünsche Ihnen) gute ~!** I wish you a speedy recovery, I hope you will be better soon; **e-e ~ ist eingetreten** there has been a change for the better. **3.** *moralisch*: reform, improvement (of *s.o.'s* character). **4.** *econ. des Marktes*: improvement; *von Kursen, Preisen*: advance, rise. **5.** *jur.* a) (*Strafzweck*) reformation, b) *des Charakters*: correction, c) *des Lebenswandels*: reform.

ˈBes·se·rungs|ˌan·ˌstalt *f jur.* reformatory, *Br. a.* approved school, Borstal institution. **~ˌfä·hig** *adj bes. jur.* capable of being reformed. **~ˌmaß·ˌre·gel** *f jur.* reformatory measure.

ˈBes·ser·ˌwis·ser *m* ⟨-s; -⟩ *contp.* wiseacre, *colloq.* know-all, *bes. Am.* know-it-all, *sl.* wise guy. **ˌBes·ser·wis·se·ˈrei** *f* ⟨-; *no pl*⟩ know-all manner. **ˈbes·ser·ˌwis·se·risch** *adj* know-all.

ˈBeß·re *n* ⟨-n⟩ → **Bessere.**

best → **beste.**

Best [bɛst] *n* ⟨-s; -e⟩ *Austrian for* **Preis, Gewinn.**

beˈstal·len *v/t* ⟨*no* **ge-, h**⟩ *adm.* **j-n ~** install s.o. in (*od.* appoint s.o. to, invest s.o. with) an office; **j-n zum Richter ~** appoint s.o. judge. **Beˈstal·lung** *f* ⟨-; -en⟩ **1.** appointment, installation. **2.** → **Beˈstal·lungs·ur·ˌkun·de** *f* **1.** certificate of appointment. **2.** *e-s Arztes, Apothekers*: licen/ce (*Am.* -se) to practice.

Beˈstand *m* ⟨-(e)s; ⸚e⟩ **1.** ⟨*only sg*⟩ (continued) existence. **2.** ⟨*only sg*⟩ (*Fort-*

dauer) continuance, duration; *(Dauerhaftigkeit)* stability, durability, permanence; von ~ sein, ~ haben be lasting *(od.* enduring); von kurzem ~ sein not to last long, be short-lived; e-r Sache ~ verleihen make s.th. last(ing). **3.** *econ.* (an e-r Sache of s.th.) a) *(Vorrat) (a.* physical) stock(s *pl*), supply, supplies *pl*, store(s *pl*), *bes. Am.* inventory, b) *(Geldmittel etc)* balance, holdings *pl*, reserve, c) *(Kassen≈, ~ an Bargeld)* cash in hand, *e-r Bank*: cash *(od.* liquid) assets *pl*, d) *(Inventar)* inventory; ~ aufnehmen take stock *(a. fig.)*, *Am.* take inventory; ~ an Waren stock on hand, *in der Bilanz*: inventory; ~ an Aufträgen orders on hand; ~ an Effekten holdings *pl*; ~ an Kapital (capital) assets *pl*; ~ an Fahrzeugen fleet, rolling stock; ~ an Vieh *etc*, lebender ~ live stock, *des ganzen Landes, e-r Gegend*: (*cattle, swine, etc*) population; ~ an Rotwild the number of deer; toter ~ dead stock; → eisern. **4.** *(Holz≈)* stand (of timber). **5.** *agr.* (standing) crop. **6.** *mil.* *(Ist≈)* (effective) strength. **7.** ⟨*only sg*⟩ *jur.* a) *(Status)* (legal) status, b) *(Gültigkeit)* (legal) validity; (k-n) rechtlichen ~ haben be legally valid (invalid), (not to) be valid in law.

be'stan·den I *pp of* bestehen. **II** *adj* **1.** *mit Gras etc*: covered; mit Bäumen ~ covered with trees. **2.** *Straße, Ufer*: lined; e-e von Eichen ~e Allee an avenue lined with oak trees. **3.** *Prüfung etc*: successful, ⟨*pred*⟩ passed; nach ~er Prüfung after having passed the exam.

be'stand|fä·hig *adj* viable.

be'stän·dig I *adj* **1.** *(dauerhaft)* lasting, enduring, permanent. **2.** *(andauernd)* constant, continual, *(ununterbrochen) a.* continuous, perpetual; in ~er Furcht in constant fear; ihre ~en Klagen her constant complaints; ~er Regen persistent *(od.* continual) rain. **3.** *(standhaft)* steadfast, constant, steady; *(treu)* faithful, loyal; *(zuverlässig)* reliable. **4.** *(beharrlich)* persistent, persevering *(in one's efforts, etc)*. **5.** *econ.* steady, stable *(market, etc)*; ~e Nachfrage steady demand. **6.** *meteor.* a) *Wetter*: settled, stable, fair, b) *Wind*: steady; ~ werden (begin to) settle. **7.** *math. Größe*: constant. **8.** *phys. Phase*: stable. **9.** *(widerstandsfähig, a. tech.)* (gegen) resistant (to), proof (against); → feuerbeständig *etc.* **10.** *Farben*: fast. **II** *adv* **11.** constantly, continually, *(ununterbrochen)* continuously; er klagt ~ über Kopfschmerzen he is constantly *(od.* he keeps) complaining of headaches. **≈keit** *f* ⟨-; *no pl*⟩ **1.** *(Dauer)* lastingness, permanence, stability; nichts Irdisches hat *(od.* ist von) ~ nothing in this world will last for ever. **2.** *(Standhaftigkeit)* steadfastness, constancy; *(Treue)* faithfulness, loyalty; *(Zuverlässigkeit)* reliability. **3.** *(Beharrlichkeit)* persistence, perseverance. **4.** *econ.* steadiness, stability. **5.** *meteor.* stability. **6.** *(Widerstandsfähigkeit) a. tech.* resistance (gegen to); *e-r Farbe*: fastness. **7.** *nucl.* integrity. **8.** *math. e-r Größe*: constancy. **9.** *phys. e-r Phase*: stability.

Be'stands||auf|nah·me *f econ.* stocktaking *(a. fig.)*; e-e ~ machen take stock *(a. fig.)*, *Am.* take inventory, make an inventory. **~|li·ste** *f* → Bestandsverzeichnis. **~|mel·dung** *f econ.* stock report. **~ver|zeich·nis** *n econ.* stock list, inventory.

Be'stand|teil *m* component, part, constituent (part); *(Grund≈)* element; *chem. etc* ingredient; et. in s-e ~e zerlegen a) take s.th. apart *(od.* to pieces), b) *bes. chem.* resolve s.th. into its components, c) analyze s.th.; sich in s-e ~e auflösen a) disintegrate, b) *humor.* fall apart *(od.* to pieces); ein wesentlicher ~ *(a. jur.)* an integral *(od.* essential) part, *a.* part and parcel; ein unwesentlicher *(od.* einfacher) ~ a) a nonessential part, b) *jur.* a separable part, *von Grundstücken*: *a.* a movable fixture.

be'stär·ken *v/t* ⟨*no* ge-, h⟩ confirm, strengthen *(s.o. in his opinion, etc)*, encourage, support, *(et.) a.* reinforce, lend force to; er bestärkte mich in m-m Vorhaben he encouraged me in my plans. **Be'stär·kung** *f* ⟨-; *no pl*⟩ confirmation, strengthening; encouragement.

be·stä·ti·gen [bə'ʃtɛːtɪgən] **I** *v/t* ⟨*no* ge-, h⟩ **1.** *(für richtig erklären)* confirm; er wird dir ~, daß he will confirm *(od.* tell) you that. **2.** *(erhärten)* confirm, corroborate, prove, bear out; das bestätigt m-e Theorie this bears out *(od.* confirms) my theory. **3.** *(billigen)* approve, endorse; *amtlich*: *a.* authorize. **4.** *(bescheinigen)* certify, attest; *(die Echtheit e-r Unterschrift etc) a.* authenticate; hiermit wird bestätigt, daß this is to certify that. **5.** *jur.* a) *(Aussage etc)* confirm, b) *(Urteil etc)* confirm, uphold, sustain, c) *(Vertrag etc)* ratify, d) *(rechtsgültig machen)* validate *(an election, a legal act, etc)*; j-n (in s-m Amt) ~ confirm s.o. in office, reappoint s.o. **6.** *econ.* a) *(Auftrag)* confirm *(an order)*, b) *(Empfang)* acknowledge (receipt of), c) *(Scheck)* certify, confirm. **II** *v/reflex* sich ~ **7.** *Gerücht, Theorie etc*: be confirmed, prove (to be) true *(od.* correct), hold good, *Prophezeiung*: come true; s-e Befürchtungen bestätigten sich (nicht) his apprehensions *(od.* fears) were (not) confirmed. **be'stä·ti·gend I** *adj* confirmative. **II** *adv* confirmatively; ~ (mit dem Kopf) nicken nod in confirmation. **Be'stä·ti·gung** *f* ⟨-; -en⟩ **1.** confirmation; *der Echtheit, Gültigkeit etc*: *a.* verification, authentication, validation; amtliche ~ official confirmation. **2.** *(Bescheinigung)* certificate (über *acc* of). **3.** *(Erhärtung)* confirmation, corroboration, proof; ~ finden → bestätigen 7. **4.** *(Billigung)* approval, endorsement. **5.** *jur.* a) *e-r Aussage, e-s Urteils, e-r Entscheidung*: confirmation, b) *e-s Vertrages etc*: ratification. **6.** *econ.* a) *e-s Auftrags*: confirmation, b) *des Empfangs*: acknowledg(e)ment (of receipt), c) *e-s Schecks*: certification.

Be'stä·ti·gungs||schrei·ben *n econ.* letter of confirmation. **~|ur·teil** *n jur.* confirmatory judg(e)ment.

be·stat·ten [bə'ʃtatən] *lit.* **I** *v/t* ⟨*no* ge-, h⟩ bury, inter; *(verbrennen)* cremate. **II ≈** *n* ⟨-s⟩ burying *(etc)*; → **Be'stat·tung** *f* ⟨-; -en⟩ *lit.* **1.** → bestatten II. **2.** funeral, *(Beerdigung) a.* burial, interment; *(Verbrennung)* cremation.

Be'stat·tungs||an|stalt *f lit.* → Bestattungsinstitut. **~|fei·er** *f* funeral (ceremonies *pl*), obsequies *pl*. **~in·sti|tut** *n* undertakers *pl*, funeral directors *pl*, *Am.* funeral home *(od.* parlor). **~|ko·sten** *pl* funeral expenses. **~ri·tu|al** *n* funeral *(od.* burial) rites *pl*. **~|un·ter|neh·men** *n* → Bestattungsinstitut. **~|un·ter|neh·mer** *m* undertaker, funeral director.

be'stau·ben *v/t* ⟨*no* ge-, h⟩ cover *s.th.* with dust.

be'stäu·ben *v/t* ⟨*no* ge-, h⟩ **1.** *bot.* *(Blüte)* pollinate. **2.** dust; *mit Insektizid etc*: *a.* spray; mit Zucker ~ dust *(od.* sprinkle) with sugar. **Be'stäu·bung** *f* ⟨-; -en⟩ **1.** dusting *(etc)*. **2.** *bot.* pollination.

'Best|auf|trag *m econ.* market order.

be'stau·nen *v/t* ⟨*no* ge-, h⟩ look *(od.* gaze) at *s.o., s.th.* in wonder *(od.* amazement); *(bewundern)* admire, marvel at; (mit offenem Mund) ~ gape at *s.o. od. s.th.* (in astonishment), stare open-mouthed at.

'best·be|zahlt *adj* best-paid.

be·ste ['bɛstə] **I** *sup of* gut. **II** *adj* **1.** best; mein ~r Freund my best *(od.* dearest) friend; wir sind die ~n Freunde we are the best of friends; die ~ aller möglichen Welten the best of all possible worlds; das ist ~r Goethe that's Goethe at his best; s-e Gesundheit ist nicht die ~ his health is not of the best; es ist das ~ *(od.* am ~n), wenn wir gehen, es wäre das ~ *(od.* am ~n), wenn wir gingen we had best *(od.* better) go; das ~ ist, wir rufen ihn an the best thing to do is to call him up; in Sprachen ist er am ~n he is best at *(od.* in) languages; ein Lied zum ~n geben sing *(od.* oblige with) a song; e-n Witz zum ~n geben tell a joke; j-n zum ~n haben *(od.* halten) *colloq.* pull s.o.'s leg, *sl.* have s.o. on; alles wendete sich zum ~n everything turned out all right *(od.* for the best); ich halte es für das ~ I think it (would be) best; der Wein war nicht vom ~n the wine was not of the best; der *(od.* die, das) erste *(od.* nächste) ~ a) *Person*: the first comer, b) *Sache*: the first thing (available); in der ~n Absicht with the best (of) intentions; mit ~m Dank with many thanks; im ~n Falle at (the) best; sie kommt aus ~r Familie she comes from a very good family; das kommt in den ~n Familien vor that can happen in the best(-regulated) families; er ist bei ~r Gesundheit he is in the best of health; mit den ~n Grüßen with best wishes *(od.* kindest regards); er ist in den ~n Jahren *(od.* im ~n Alter) he is in his prime *(od.* in the prime of life); (von) ~r Qualität of the highest *(od.* of first-class, first-rate) quality; Weizen ~r Qualität prime wheat; in ~r Verfassung *(od.* ~m Zustand) sein a) *Sache*: be in excellent *(od.* prime, *colloq.* tip-top) condition, b) *Person*: *a.* be in top form, be as fit as a fiddle. **III** *adv* **2.** am ~n best; er muß es am ~n wissen he should know best; welches Kleid gefällt (steht) dir am ~n? which dress do you like best (suits you best)?; sie sieht am ~n von allen aus she is the best-looking girl (of them all); Sie fahren am ~n mit dem Nachtzug you had best *(od.* it would be best for you to) take the night train. **3.** auf das *(od.* aufs) ~ in the best (possible) way, excellently, extremely well. **4.** zum ~n best; mit ihm *(od.* s-r Gesundheit) steht es nicht zum ~n his condition is not of the best *(od.* not so good). **IV ≈, das** ⟨-n⟩ **5.** the best (thing); das ≈ vom ≈n the very best; das ≈ ist gerade gut genug the best is just about good enough; sein ≈s geben *(od.* tun) do one's best *(od.* utmost); aus j-m das ≈ herausholen get the best out of s.o.; hoffen wir das ≈! let's hope for the best!; das ≈ aus e-r Sache machen make the best of s.th. **6.** *(Wohl, Vorteil)* advantage, benefit, interest; ich tue es nur zu d-m ≈n I am only doing it for your benefit, I am only acting in your interest; ich will nur dein ≈s, ich habe nur dein ≈s im Auge I have only your best interests at heart. **'Be·ste** *m, f* ⟨-n; -n⟩ best (one); er ist der ~ in der Klasse he is the best in the class, he is at the top of his class; die ~n des Volkes the nation's élite; mein ~r *colloq.* my dear fellow; m-e ~ my dear.

be'ste·chen I *v/t* <*irr, no* **ge-**, h> **1.** bribe, corrupt, buy (off); *jur.* **Zeugen ~** bribe (*od.* suborn) witnesses; **j-n zu ~ versuchen** try to bribe s.o., offer a bribe (*od.* bribes) to s.o.; **sich ~ lassen** a) take (*od.* accept) a bribe (*od.* bribes), b) be corruptible (*od.* open to bribery). **2.** *fig.* (*beeindrucken*) fascinate, dazzle, impress (**durch** by). **3.** *fig.* (*täuschen*) deceive. **II** *v/i* **4.** *fig.* fascinate, dazzle, excel, impress, be captivating; **sie besticht durch ihre Schönheit** her beauty dazzles everyone. **be'ste·chend** *adj fig.* **1.** fascinating, captivating, dazzling; *Leistung etc*: brilliant, splendid, impressive, great, *colloq.* fantastic, fabulous; **der Schwimmer ist in ~er Form** the swimmer is in great form. **2.** (*überzeugend*) convincing; (*verlockend*) tempting, attractive (*idea, offer, etc*). **Be'ste·cher** *m* <-s; -> briber, corrupter.

be'stech·lich *adj* bribable, corrupt(ible), <*pred*> open to bribery, *lit.* venal. **≈keit** *f* <-; *no pl*> corruptibility, *lit.* venality.

Be'ste·chung *f* <-; -en> bribery, corruption; *jur.* **aktive ~** offer of bribe to public officer; **passive ~** taking of a bribe (*od.* of bribes) (by public officer); **einfache (schwere) ~** simple (aggravated) bribery; **~ e-s Zeugen** subornation of a witness.

Be'ste·chungs|af,fä·re *f* bribery affair. **~,geld** *n* bribe. **~ge,schenk** *n* (gift given as a) bribe. **~skan,dal** *m* bribery scandal. **~,sum·me** *f* bribe. **~ver,such** *m* attempt at bribery, attempted bribery.

Be'steck *n* <-(e)s; -e> **1.** (*einzelnes Eß≈*) (set of) knife, fork and spoon. **2.** *für mehrere Personen*: a) (set of) cutlery, b) *collect.* cutlery; **sechsteiliges ~** six-piece set (of cutlery). **3.** (*Instrumente*) (set of) instruments *pl*; **chirurgisches ~** (set of) surgical instruments. **4.** *mar.* reckoning, ship's position; **gegißtes** (*od.* **geschätztes**) **~** dead reckoning position; **das ~ aufmachen** (*od.* **nehmen**) work out (*od.* fix) the ship's position.

be'stecken (*getr.* **-k·k-**) *v/t* <*no* **ge-**, h> **1. et. mit e-r Sache ~** stick s.th. with s.th. **2.** *hort.* (*Beet etc*) plant.

Be'steck|etui [-ʔɛt,viː] *n* **1.** cutlery case. **2.** instrument case. **~,ka·sten** *m* **1.** cutlery canteen (*od.* drawer). **2.** instrument case. **~,rech·nung** *f mar.* dead reckoning.

be'ste·hen I *v/i* <*irr, no* **ge-**, h> **1.** exist, be (in existence); **noch ~** *a.* remain, be extant, have survived, survive; **alte Bräuche ~ auch heute noch** old customs exist (*od.* subsist, endure) even today; **diese Freundschaft wird nicht lange ~** this friendship won't last long; **das Abkommen besteht nach wie vor** the agreement is still valid (*od.* still in force, still stands); **daran können k-e Zweifel ~** there can be no doubt about that; **es besteht Grund zur Annahme** there is reason to believe; **es besteht die Gefahr** there is (a) danger; **bei dieser Konkurrenz kann die Firma nicht ~** the firm will not be able to survive in the face of such competition. **2. aus e-r Sache ~** consist of s.th., be (made) of s.th., be composed of s.th.; (*umfassen*) be comprised of s.th.; **Wasser besteht aus Sauerstoff und Wasserstoff** water consists (*od.* is composed) of hydrogen and oxygen; **das Leben besteht aus Arbeit** life is nothing but work. **3. auf e-r Sache ~** insist on s.th.; **er bestand darauf, persönlich zu kommen** he insisted on coming in person; **darauf ~, daß et. geschieht** insist on s.th. being done; **auf s-m Recht ~** insist (*od.* stand) on one's rights. **4. in e-r Sache ~** consist in s.th.; **der Unterschied besteht darin, daß** the difference consists (*od.* lies) in (the fact that). **5.** (*sich behaupten*) (**gegen** against) stand (up), hold one's own, stand (*od.* hold) one's ground; **in e-r Gefahr ~** hold one's ground (*od.* prove o.s.) in a dangerous situation; **wie werden wir vor Gott ~ können?** how shall we be able to justify ourselves in the sight of God?; **vor j-s Kritik ~** come off well under s.o.'s criticism; **diese Marke kann neben unserem Erzeugnis nicht ~** that brand cannot compare with our make; **er konnte gegen ihn nicht ~** he was no match for him. **II** *v/t* **6.** pass; **e-e Prüfung ~** pass (*od.* get through) an examination, *fig.* (*a.* **e-e Bewährungsprobe ~**) stand a test. **7. e-n Test nicht ~** not to pass a test, fail a test. **8.** (*durchmachen, erleben*) go through, undergo; (*überleben*) survive; **er hatte viele Abenteuer zu ~** he had to encounter many adventures. **9. e-n Gegner ~** defeat (*od.* conquer, vanquish) a foe; **den Kampf ~** be victorious in (*od.* win) the fight, emerge as winner, win. **III ≈** *n* <-s> **10.** (continued) existence; **seit ≈ der Firma** (ever) since the firm was established (*od.* founded); **die Schule feierte ihr 50jähriges ≈** the school celebrated its fiftieth anniversary. **11.** (*Beharren*) insistence (**auf** *dat* on, upon). **12.** *e-r Prüfung*: pass(ing). **~,blei·ben** *v/i* <*irr, sep,* **-ge-**, *sein*> **1.** remain in existence, continue (to exist), survive. **2.** remain valid, hold, stand. **be'ste·hend** *adj* existing, in existence; (*gegenwärtig*) present, current; (*vorherrschend*) prevailing; *econ.* **~e Preise** *a.* ruling prices; **noch ~** still existing, extant, surviving.

be'steh·len *v/t* <*irr, no* **ge-**, h> **j-n (um e-e Sache) ~** steal (s.th.) from s.o., rob s.o. (of s.th.).

be'stei·gen *v/t* <*irr, no* **ge-**, h> **1.** (*Berg, Turm etc*) climb (up), go up, mount, ascend; **e-n Berg ~** (*bezwingen*) *a.* conquer a mountain; **den Thron ~** ascend (*od.* mount, succeed to) the throne. **2.** (*Pferd, Fahrrad etc*) mount, get on. **3.** (*Zug etc*) board, enter, get on (*od.* into). **Be'stei·gung** *f* <-; -en> **1.** climbing, mounting (*etc*); *e-s Berges, Gipfels etc*: ascent, (*Bezwingung*) conquest. **2.** *e-s Throns*: accession (to).

be'stell·bar *adj Boden*: arable, tillable.

Be'stell,buch *n econ.* order book.

be'stel·len I *v/t* <*no* **ge-**, h> **1.** (*Waren, Speisen etc*) order; **et. bei j-m ~** a) order s.th. from s.o., b) *econ.* place an order for s.th with s.o.; **j-m** (*od.* **für j-n**) **et. ~** order s.th. for s.o.; **sich** (*dat*) **et. ~** order s.th. (for o.s.); → **Aufgebot** 1. **2.** (*Zeitung*) order, subscribe to, take (in). **3.** (*Taxi*) order, call. **4.** (*Hotelzimmer, Theaterkarte, Flugkarte etc*) book, reserve. **5.** (*kommen lassen*) ask (*stärker*: tell) *s.o.* to come, summon *s.o.*; **ich habe ihn zu mir bestellt** a) I asked him to come (to see me), b) I told him to come (to see me); **ich bestellte ihn in das Café** I asked him to meet me at the café; **sind Sie bestellt?** have you an appointment? **6.** (*Grüße, Botschaft etc*) give, deliver; **bestelle ihm** (*od.* **an ihn**) **e-n schönen Gruß von mir** give him my regards, remember me to him; **kann ich (ihm) et. ~?** can I take a message (for him)?; **bitte ~ Sie ihr, daß ich heute nicht kommen kann** please tell her that I can't come today; **j-m et. ~ lassen** send a message to s.o. **7.** *jur.* a) (*Vertreter, Vormund, Pfleger etc*) appoint, b) (*Anwalt, Verteidiger*) retain *s.o.* (as counsel); **j-n zu s-m Vertreter ~** appoint s.o. as one's representative; **das Gericht bestellte e-n Verteidiger** the court assigned counsel to the defendant. **8.** *jur.* (*Recht, Hypothek*) create (*a right, mortgage, etc*). **9.** *fig.* (*ordnen*) put *s.th.* in order; **sein Haus ~** a) put one's affairs in order, b) *Bibl.* set one's house in order. **10.** *agr.* (*Feld, Boden*) till, cultivate. **11.** *fig.* **es ist gut um ihn bestellt** he is getting along well, things are going well for him; **es ist schlecht um ihn bestellt** he is in a bad way. **12.** *fig. colloq.* **er hat bei ihr nichts zu ~** she has no time for him, he does not rate with her; **gegen ihn hat er nichts zu ~** he is no match for him, he hasn't got a chance against him. **13.** (*zustellen*) deliver. **II** *v/i* **14.** *im Restaurant etc*: (give one's) order. **III ≈** *n* <-s> **15.** ordering (*etc*); → *a.* Bestellung. **Be'stel·ler** *m* <-s; -> *econ.* **1.** orderer. **2.** (*Käufer*) buyer, purchaser; (*Kunde*) customer. **3.** *e-r Zeitung*: subscriber (to). **Be'stell·for·mu,lar** *n econ.* order form. **Be'stelli·ste** (*getr.* **-ll,l-**) *f econ.* order list. **Be'stell,schein** *m* order form.

Be'stel·lung *f* <-; -en> **1.** → **bestellen** III. **2.** (*Auftrag*) order; **e-e ~ machen** (*od.* **aufgeben**) give (*od. econ.* place) an order (**auf** *acc*, **für** for; **bei** with); **auf ~ arbeiten (anfertigen)** work (make) to order; **auf ~ angefertigt** made to order, *bes. Am.* custom-made. **3.** *e-r Zeitung*: subscription (to). **4.** *e-s Hotelzimmers, e-r Flugkarte etc*: booking, reservation. **5.** a) (*Übermittlung*) delivery (*of a message, letter, etc*), b) (*Botschaft, Nachricht*) message. **6.** *jur. e-s Vormunds etc*: appointment (**zum** as); **die gerichtliche ~ e-s Verteidigers** the assignment of counsel to the defendant by the court. **7.** *jur. e-s Rechtes, e-r Hypothek etc*: creation (*of a right, etc*). **8.** *agr.* tillage, cultivation.

Be'stell,zet·tel *m* **1.** *econ.* order form. **2.** *für Bücher*: call slip.

'be·sten'falls *adv* at (the) best.

'be·stens *adv* **1.** in the best (possible) manner (*od.* way), extremely (*od.* very) well, perfectly; **er läßt (Sie) ~ grüßen** he sends you his best regards; **(ich) danke ~** thank you very much indeed; *colloq.* **(das ist ja) ~!** that's just great! **2.** *econ. Börse*: at the best price. **≈,auf,trag** *m econ.* order to buy or sell at the best price, *Am. a.* market order.

'be·ster *adj* → **beste** II.

be·sternt [bəˈʃtɛrnt] *adj* **1.** *mit Orden*: decorated (with orders), bemedal(l)ed. **2.** → **bestirnt.**

'be·stes *adj* → **beste** II.

be'steu·ern *v/t* <*no* **ge-**, h> impose (*od.* levy) a tax (*od.* taxes) (up)on, tax. **Be'steue·rung** *f* <-; *no pl*> taxing, taxation; *weitS. a.* tax(es *pl*). **Be'steue·rungs,gren·ze** *f* tax limit.

'Best|,fall *m* **im ~** at (the) best. **~,form** *f Sport*: top condition; **er ist weit von s-r ~ entfernt** *colloq.* he is way off form. **≈ge,haßt** *adj* best-hated. **≈,ge·hend** *adj econ.* best-selling. **≈ge,klei·det** *adj* best-dressed. **≈ge,meint** *adj* best-intentioned.

be·stia·lisch [bɛsˈtĭaːlɪʃ] *adj* **1.** bestial, atrocious, heinous. **2.** *fig. colloq.* awful, beastly. **Be·stia·li'tät** *f* [-tĭaliˈtɛːt] *f* <-; -en> bestiality, atrocity.

be'sticken (*getr.* **-k·k-**) *v/t* <*no* **ge-**, h> embroider.

Be·stie [ˈbɛstĭə] *f* <-; -n> **1.** (brute *od.* wild) beast. **2.** *fig.* (*Mensch*) brute, bestial (*od.* cruel, brutal, inhuman) person; **e-e ~ in Menschengestalt** a beast in human form.

be'stimm·bar *adj* **1.** determinable, *s.th.* that can be determined; **quantitativ** ~ quantifiable. **2.** (*erklärbar*) definable.

be'stim·men I *v/t* ⟨*no* ge-, h⟩ **1.** (*festsetzen, festlegen*) determine, decide (on, upon), fix, appoint (*a date, etc*); **ich kann noch nicht genau ~, wann ich komme** I can't yet tell exactly when I'll come; **et. genau (näher) ~** pinpoint (specify) s.th., define s.th. (more) closely; **den Wert e-r Sache ~** fix the value of s.th., put a price on s.th.; **der Preis wird durch Angebot und Nachfrage bestimmt** the price is determined by (*od.* depends on) supply and demand. **2.** (*~d beeinflussen*) determine, control; **das Militär bestimmt die Politik des Landes** the military dictates the policies of the country. **3.** (*anordnen*) order, direct, rule, regulate, decide, decree; **du hast hier nichts zu ~** you have no authority here, *colloq.* you have no say around here. **4.** (*definieren*) define. **5.** *bes. jur. durch Vertrag etc*: stipulate, provide, *durch Gesetz*: *a.* rule, regulate, decree, lay down, provide (*od.* decree) by law. **6. j-n zu et. ~** a) intend s.o. for (*od.* to be) s.th., b) (*ernennen*) appoint (*od.* nominate, designate) s.o. (as *od.* to be) s.th., c) (*aussersehen*) ordain s.o. as (*od.* to be) s.th.; **sein Vater hat ihn zum Juristen bestimmt** his father intended him to be a lawyer; **j-n zu s-m Nachfolger ~** name (*od.* designate) s.o. as one's successor; **j-n dazu ~, et. zu tun** determine (*od.* arrange for, direct) s.o. to do s.th., *beeinflussend*: induce (*od.* prevail on) s.o. to do s.th. (*cf. a.* 8). **7. et. für j-n (et.) ~** a) intend (*od.* mean) s.th. for s.o. (s.th.), allocate (*od.* assign) s.th. to s.o. (s.th.), b) (*reservieren*) set s.th. aside for s.o. (s.th.), reserve (*od.* earmark) s.th. for s.o. (s.th.); **10 Millionen wurden für den Wohnungsbau bestimmt** 10 million were allocated to (*od.* appropriated for) housing projects. **8.** (*veranlassen*) induce, decide, impel, move, motivate; **sie läßt sich zu sehr von ihren Gefühlen ~** she lets her feelings influence her too much, she is too much swayed by her emotions; **was bestimmte dich, so zu handeln?** what caused you to (*od.* made you) act like this?; *jur.* **j-n zu e-r strafbaren Handlung ~** induce s.o. to commit a punishable offen/ce (*Am.* -se). **9.** (*ermitteln*) determine, ascertain, find out; **sein Alter ist schwer zu ~** it is hard to tell his age; *med.* **den Krankheitserreger ~** determine the cause of illness, isolate the virus. **10.** *math.* a) (*genau feststellen*) determine, b) (*definieren*) define, c) (*errechnen*) calculate, work out; **e-e Unbekannte ~** determine an unknown (quantity); **das Volumen e-s Kegels ~** work out the volume of a cone. **11.** *mar.* (*Schiffsort*) fix (*the ship's position*). **12.** *ling.* qualify (*an adjective, a verb*). **13.** *bot. zo.* (*Pflanze etc*) determine, define. **II** *v/i* **14. über j-n (et.) ~** dispose over s.o. (s.th.); **er kann über s-e Zeit frei ~** he disposes entirely over his own time, his time is his own; **~ Sie über mich** I am at your disposal. **15.** (*anordnen*) give orders; **hier bestimme ich!** I give the orders here!, *colloq.* I am the boss here! **III** *v/reflex* **16. sich nach et. ~** be determined (*od.* governed) by s.th., depend on s.th.; **die Rechte des Käufers ~ sich nach** the rights of the buyer are governed by. **IV** 2 *n* ⟨-s⟩ **17.** determining (*etc*); → *a.* **Bestimmung** 1-7. **~d** *adj Faktor*: determining, determinative, decisive; **für j-n (et.) ~ sein** be decisive for s.o. (s.th.), be the determining factor for s.o. (s.th.); *ling.* **~es Fürwort** determinative (pronoun).

be'stimmt I *adj* **1.** *Stimme, Worte etc*: determined, decided, firm, resolute; **in höflichem, aber ~em Ton** politely, but firmly. **2.** *Anzahl, Stunde etc*: certain, given; **zu e-m ~en Zeitpunkt** at a given moment; **~e Pflichten hat jeder zu erfüllen** everyone has to fulfil(l) certain duties; **in ~en Dingen ist er sehr streng** in certain respects he is very strict. **3.** *Absicht, Plan etc*: special, particular, specific, definite; **verfolgst du damit e-e ~e Absicht?** have you s.th. special in mind with that?; **ich habe e-n ganz ~en Verdacht** I have a very definite suspicion. **4. für j-n (et.) ~ sein** be (meant) for s.o. (s.th.); **diese Worte sind nicht für dich (d-e Ohren) ~** these words aren't meant for you (your ears). **5. zu et. ~ sein** be destined for (*od.* to be) s.th.; **zu et. Höherem ~ sein** be destined for s.th. higher; **er war nicht dazu ~, glücklich zu sein** it was not his fate (*od.* it was not granted [*od.* given] to him) to be happy; **sie schienen füreinander ~ (zu sein)** they seemed to be made for each other. **6.** *mar. Schiff*: bound (**nach** for). **7.** *ling.* a) *Adjektiv etc*: qualified, b) *Artikel*: definite. **II** *adv* **8.** certainly, surely, definitely, for certain, *bes. Am.* for sure; **ganz ~** (most) decidedly, (most) definitely, positively; **et. ~ wissen** be positive about s.th., know s.th. for sure; **er kommt ~** he is sure to come; **ich kann es nicht ~ sagen** I can't tell for certain. **9.** decidedly, firmly; **höflich, aber ~** politely, but firmly. **III 2e, das** ⟨-n⟩ **10.** the special (*od.* particular, specific, definite); **et. 2es** something special; **ich habe nichts 2es vor** I have no particular plans; **denken Sie da an et. 2es?, haben Sie et. 2es im Auge?** do you have s.th. special in mind? **2ˌheit** *f* ⟨-; *no pl*⟩ **1.** (*Gewißheit*) certainty, certitude, sureness, positiveness; **mit ~** → **bestimmt** 8; **das kann ich Ihnen nicht mit ~ versprechen** I can't promise you that with any certainty; **mit ~ damit rechnen** confidently count on s.th. **2.** (*Entschlossenheit*) determination, decidedness, firmness, resolution; (*Strenge*) strictness; (*Nachdruck*) emphasis; **et. mit ~ sagen** say s.th. emphatically (*od.* categorically, firmly).

Be'stim·mung *f* ⟨-; -en⟩ **1.** (*Festsetzung, Entscheidung*) determination, decision (on, upon); **die ~ e-s Termins** the fixing (*od.* appointment) of a date. **2.** (*Ernennung*) appointment, designation, nomination (*of a successor, etc*). **3.** (*Ermittlung*) determination, ascertainment; identification. **4.** *math.* a) (*Feststellung*) determination, b) (*Definition*) definition, c) (*Errechnung*) calculation. **5.** (*Begriffs2*) definition. **6.** *ling. e-s Verbs*: qualification, modification; **adverbiale ~** adverbial element. **7.** (*Zuwendung*) allocation, appropriation, assignment (*of funds, etc*). **8.** (*Zweck2*) designation, intended purpose; **et. s-r ~ übergeben** inaugurate s.th.; **e-e Brücke ihrer ~ übergeben** open a bridge (to the public *od.* traffic). **9.** (*~sort*) (place of) destination. **10.** *bes. jur.* a) (*Vorschrift*) regulation, rule, direction, b) *e-s Vertrags*: term, stipulation, provision, clause, c) *e-s Gesetzes, Testaments etc*: provision; **einschränkende ~** proviso; **nähere ~en** specific regulations; **nach** (*od.* **gemäß**) **den ~en des Gesetzes** under (*od.* according to) the provisions of the law; **die nötigen ~en treffen** make the necessary provisions, take the necessary steps (*od.* measures). **11.** (*Berufung*) vocation, destination, ordainment; **er folgte s-r ~ und wurde Priester** he followed his vocation and became a priest. **12.** (*Schicksal*) fate, destiny; **es war ~** it was ordained, it was fate; **es war s-e ~** it was his destiny, he was fated (*to be s.th., etc*).

Be'stim·mungs|ˌbahnˌhof *m* station of destination. **2geˌmäß I** *adv* as directed (*od.* agreed), duly, *jur. a.* in accordance with the law (*od.* the terms of the contract, *etc*). **II** *adj* **die ~e Verwendung der Gelder** (due) application of the funds as directed (*od.* agreed). **~ˌglei·chung** *f math.* equation of condition. **~ˌgrö·ße** *f math.* defining quantity. **~ˌha·fen** *m* port of destination. **~ˌkauf** *m* → Spezifikationskauf. **~ˌland** *n* country of destination. **~ˌort** *m* (place *od.* point of) destination. **~ˌsatz** *m ling.* determinative clause. **~ˌwort** *n* ⟨-(e)s; ~̈er⟩ *ling.* determinative element. **~ˌzweck** *m* intended purpose.

be·stirnt [bəˈʃtɪrnt] *adj lit.* starry.

'Best|ˌlei·stung *f Sport*: record performance; **e-e neue ~ erzielen** set (up) a new record. **~ˌmann** *m* ⟨-(e)s; -leute *od.* ~̈er⟩ *mar.* mate. **2'mög·lich** *adj* best possible, optimum; **das ~e Ergebnis** the best possible result; **zum ~en Preis** at the best price possible.

be'stocken (*getr.* **-k·k-**) **I** *v/t* ⟨*no* ge-, h⟩ **1.** *Forstwesen*: a) stock *s.th.* (with trees), timber, b) (*größere Fläche*) afforest. **2.** *agr.* **~ mit** plant *s.th.* with. **II** *v/reflex* **sich ~ 3.** *agr. bot.* stock up, stool.

Be'stoh·le·ne *m, f* ⟨-n; -n⟩ person robbed, victim.

be'sto·ßen *v/t* ⟨*irr, no* ge-, h⟩ **1.** *tech.* a) (*Kanten etc*) edge, b) *rechtwinklig*: square, c) (*besäumen*) trim, d) (*abhobeln*) rough-plane, e) *durch Feilen*: rough-file. **2.** *print.* a) plane, b) (*Druckstock*) dress. **3.** (*beschädigen*) damage.

be'stra·fen *v/t* ⟨*no* ge-, h⟩ (**wegen, für** for) **1.** punish; (*züchtigen*) *a.* chastise; *Sport u. fig.* penalize; *fig.* **sein Übermut wird sich bestraft machen** he will pay for his recklessness. **2.** *jur.* a) punish, penalize, b) (*verurteilen*) sentence (**mit** to); **mit zwei Jahren Gefängnis bestraft werden** be sentenced to two years of imprisonment; **Mord wird mit lebenslänglicher Haft bestraft** murder is punishable with life imprisonment; **Zuwiderhandlungen werden bestraft** violations will be prosecuted. **Be'stra·fung** *f* ⟨-; -en⟩ **1.** (*das Bestrafen*) punishment, punishing, *bes. Sport*: penalization (*alle a. fig.*); (*strafrechtliche Verfolgung*) prosecution; (*Züchtigung*) chastisement. **2.** (*Strafe*) punishment, *a. Sport*: penalty.

be'strah·len I *v/t* ⟨*no* ge-, h⟩ **1.** shine (up)on, *a. nucl.* irradiate. **2.** (*beleuchten*) illuminate. **3.** *med.* irradiate, give *s.o.* radiation (*od.* ray) treatment, treat *s.o., s.th.* with rays, ray. **II** 2 *n* ⟨-s⟩, **Be'strah·lung** *f* ⟨-; -en⟩ **1.** irradiation (*a. nucl.*). **2.** (*Beleuchtung*) illumination. **3.** *med.* irradiation, radiation (*od.* ray) treatment, radiotherapy.

Be'strah·lungs|ˌfeld *n* irradiation field. **~ˌlam·pe** *f med.* radiation lamp. **~ˌstär·ke** *f phys.* intensity of radiation.

be'stre·ben I *v/reflex* ⟨*no* ge-, h⟩ **sich ~, et. zu tun** → **bestrebt. II** 2 *n* ⟨-s⟩ endeavo(u)r, effort, aim, desire, aspiration; (*Versuch*) attempt; **heißes 2** zealous effort, ardent desire; **in dem 2, et. zu tun** endeavo(u)ring (*od.* anxious) to do s.th.; **es war nie sein 2, sich**

weiterzubilden he never endeavo(u)red (*od.* strove) to increase his knowledge. **beˈstrebt** *pp and adj* ~ **sein, et. zu tun** endeavo(u)r (*od.* strive, be anxious *od.* eager) to do s.th., aim at doing s.th.; **er war ~, es allen recht zu machen** he was anxious to please everyone. **Beˈstre·bung** *f* ⟨-; -en⟩ *meist pl* endeavo(u)r, effort, attempt; **ehrgeizige ~en** ambitions, ambitious efforts; **es sind ~en im Gange, das System zu ändern** efforts (*od.* attempts) are being made to alter the system; *jur.* **staatsfeindliche ~en** subversive activities.

beˈstrei·chen *v/t* ⟨*irr, no* ge-, h⟩ **1.** ~ **mit e-r Sache** spread (*od.* coat, cover) *s.th.* with s.th., spread s.th. on *s.th.*, smear *s.th.* with s.th.; **mit Fett (Öl) ~** grease (oil), lubricate; **e-e Schnitte (Brot) mit Butter ~** spread butter on (*od.* butter) a slice of bread; **mit Farbe ~** coat (*od.* paint) *s.th.* **2. j-n (et.) mit der Hand ~** pass one's hand over s.o. (s.th.). **3.** *fig. lit.* sweep over, *stärker*: beat; **die Höhen werden vom Seewind bestrichen** the sea wind sweeps over the hills. **4.** *mil.* **die feindlichen Stellungen mit Maschinengewehrfeuer ~** sweep (*od.* rake) the enemy positions with machine-gun fire. **5.** *mit e-m Scheinwerfer*: sweep.

beˈstrei·ken *v/t* ⟨*no* ge-, h⟩ *econ.* (*Betrieb*) strike in (*od.* against); **bestreikte Betriebe** works affected by the strike(s), struck works.

beˈstreit·bar *adj* **1.** (*anfechtbar*) disputable, contestable, open to question. **2.** (*abstreitbar*) deniable.

beˈstrei·ten *v/t* ⟨*irr, no* ge-, h⟩ **1.** (*anfechten*) contest, dispute, challenge (*a right, claim, theory, etc*); **ich bestreite Ihnen das Recht, so etwas zu fordern** I challenge your right to demand such a thing. **2.** (*abstreiten*) deny (*one's guilt, having stolen, etc*); **es läßt sich nicht ~, daß** it cannot be denied that, there is no denying (the fact) that. **3.** (*Kosten, Ausgaben etc*) pay (for), defray, meet, bear; *fig.* **er hat die Unterhaltung allein bestritten** he did all the talking; *fig.* **das ganze Programm ~** fill (*od.* carry, take care of) the whole program(me). **Beˈstrei·tung** *f* ⟨-; *no pl*⟩ **1.** contesting, contestation, disputation, challenge (*of a right, etc*). **2.** denial. **3.** payment, defrayal; **zur ~ der Unkosten** (in order) to meet (*od.* cover) the expenses.

beˈstreu·en *v/t* ⟨*no* ge-, h⟩ ~ **mit e-r Sache** strew (*od.* sprinkle) *s.th.* with s.th., strew s.th. over (*od.* on) *s.th.*; **die Stufen mit Blumen ~** strew the steps with flowers; **Gartenwege mit Sand (Kies) ~** sand (gravel, pebble) garden paths; **Backwerk mit Zucker ~** sprinkle (*od.* dust, dredge) pastry with sugar, sugar the pastry.

beˈstricken (*getr.* -k·k-) *v/t* ⟨*no* ge-, h⟩ **1.** captivate, charm, *stärker*: bewitch; **er ließ sich von ihrem Charme ~** he let himself be captivated (*od.* bewitched, *colloq.* taken in) by her charm. **2.** *colloq.* **sie bestrickt die ganze Familie** she knits for the whole family. **beˈstrickend** (*getr.* -k·k-) *adj* captivating, charming, *stärker*: bewitching, seductive.

beˈstrumpft [bəˈʃtrʊmpft] *adj* stockinged.

ˈBestˌsel·ler [-ˌzɛlər] *m* ⟨-s; -⟩ *econ. print.* best-seller. **~ˌli·ste** *f* best-seller chart.

beˈstücken (*getr.* -k·k-) *v/t* ⟨*no* ge-, h⟩ **1.** *mar. mil.* arm, equip *a ship etc* with guns. **2.** *tech.* (*Gerät etc*), *a. colloq. fig.* equip (**mit** with); *colloq.* **reich bestückt** mit amply provided (*od.* supplied) with *s.th.* **Beˈstückung** (*getr.* -k·k-) *f* ⟨-; *no pl*⟩ **1.** arming (*etc*). **2.** *mar. mil.* armament. **3.** *tech.* equipment.

be·stuh·len [bəˈʃtuːlən] *v/t* ⟨*no* ge-, h⟩ provide *a hall* with seats. **Beˈstuh·lung** *f* ⟨-; -en⟩ seating, seats *pl*.

beˈstür·men *v/t* ⟨*no* ge-, h⟩ **1.** *mil.* storm, assail, assault, attack. **2.** *fig.* (*bedrängen*) urge, press, *bittend*: implore, beseech; *lit.* **alle möglichen Zweifel bestürmten ihn** he was assailed by all sorts of doubts; **j-n mit Bitten** *etc* ~ pester (*od.* plague) s.o. with requests, *etc*; **sie bestürmten ihn mit Fragen** they bombarded (*od.* plied, assailed) him with questions. **Beˈstür·mung** *f* ⟨-; -en⟩ **1.** *mil.* (*gen*) assailing, storming (*of a fortress, etc*), assault (on). **2.** *fig.* urging (*etc*); (*Bitten*) entreaties *pl*.

beˈstür·zen *v/t* ⟨*no* ge-, h⟩ dismay, stun, consternate, stagger, startle. **~d** *adj* dismaying, stunning, consternating, appalling.

beˈstürzt I *pp and adj* (**über** *acc* at) dismayed, stunned, consternated; (*sprachlos*) dumbfounded, thunderstruck, ⟨*pred*⟩ aghast; (*verwirrt*) perplexed, bewildered; *j-n* ~ **machen** → **bestürzen**; **ein ~es Gesicht machen** look dismayed (*od.* aghast); ~ **dastehen** stand aghast. **II** *adv* dismayed, in consternation, in dismay. **Beˈstürzt·heit** *f*, **Beˈstür·zung** *f* ⟨-; *no pl*⟩ dismay, consternation; **es herrschte große ~ darüber** it caused great dismay, there was general consternation at this; **zu s-r ~** to his dismay; **wir vernahmen mit großer ~ von dem Unglück** we were dismayed at the news of the accident.

ˈBest|ˌwert *m* optimum (value). **~ˌzeit** *f Sport*: best (*od.* fastest, record) time; **persönliche ~** personal record. **~ˌzuˌstand** *m econ.* **in ~** in prime condition, as good as new.

Be·such [bəˈzuːx] *m* ⟨-(e)s; -e⟩ **1.** visit, *kurzer*: call; (*Aufenthalt*) stay; **ein ~ bei j-m** a visit to s.o., a call on s.o. (*od.* at s.o.'s house); **der ~ e-r Galerie** the visit to a gallery; **mein ~ in London** my visit to (*od.* stay at) London; **er war auf** (*od.* **zu**) **~ bei Freunden** he was on a visit to some friends; **er war nur kurz zu ~** he came only for a brief call (*od.* flying visit); **j-m e-n ~ abstatten** → **besuchen** 1; **sie kam auf** (*od.* **zu**) **~ nach Deutschland** she came to visit Germany, she came for a visit to Germany; **sie sind auf ~ in München** they are in Munich on a visit; **bei m-m ersten ~** on (*od.* at) my first visit; **ich erhielt (den) ~ von Herrn X** I was visited by Mr X, Mr X called on me (*od.* came to see me). **2.** *e-r Versammlung, Schule etc*: attendance (at); **nach dem ~ der Universität X** after attending the university of X. **3.** (*Besucher*) visitor(s *pl*), caller(s *pl*), guest(s *pl*), company; **hoher ~** important visitor(s), important guest(s); **Sie haben ~!** you have got company!; **~ haben (erwarten)** have (expect) company (*od.* visitors, a visitor). **4.** (*Besucherzahl*) attendance, number of visitors.

beˈsu·chen *v/t* ⟨*no* ge-, h⟩ **1. j-n ~** visit (*od. kurz*: call on) s.o., pay a visit to s.o., go (*od.* come) to see s.o., *colloq.* look s.o. up, drop in on s.o. **2.** (*Land, Stadt etc*) go to, visit; (*besichtigen*) *colloq.* do (*a town, etc*); **die Museen e-r Stadt ~** visit (*od.* do) the museums of a town. **3.** (*ein Lokal etc*) go to, *öfter, gewohnheitsmäßig*: frequent; *als Stammgast, Kunde*: patronize. **4.** (*Schule, Kirche, Universität etc*) attend, go to; → **besucht**. **~sˌwert** *adj* worth visiting (*od.* seeing), worth a visit.

Beˈsu·cher *m* ⟨-s; -⟩ **1.** visitor, caller, guest; ~ **empfangen** receive (visitors). **2.** *e-s Lokals, Ferienortes etc*: guest (at), visitor (to); (*Stammgast, regelmäßiger ~*) frequenter (of), habitué (*Fr.*); *von Sehenswürdigkeiten*: sightseer, tourist. **3.** (*Zuschauer*) spectator, *regelmäßiger*: patron, *pl a.* audience; (*Kino*ℒ) cinema-goer(s *pl*); (*Theater*ℒ) theatre-goer(s *pl*). **Beˈsu·che·rin** *f* ⟨-; -nen⟩ visitor, caller, guest.

Beˈsu·cher|reˌkord *m* record attendance. **~ˌstrom** *m* host of visitors. **~ˌzahl** *f* number of visitors, attendance; *Sport*: *a.* gate.

Beˈsuchs|ˌkar·te *f* (visiting, *bes. Am.* calling) card. **~ˌstun·de** *f* visiting hour. **ℒˌwei·se** *adv* on a visit, as a visitor. **~ˌzeit** *f* **1.** *im Krankenhaus etc*: visiting hours *pl*. **2.** *im Museum etc*: opening hours *pl*. **~ˌzim·mer** *n* **1.** (*Gästezimmer*) guest room; (*Salon*) drawing room. **2.** *im Krankenhaus etc*: visitors' room.

beˈsucht *adj* **1.** *Theater, Kino etc*: attended, patronized; *die Vorstellung war* **gut (schlecht) ~** well (poorly) attended. **2.** *Gasthaus, Ort etc*: frequented; **ein stark ~er Badeort** a much-frequented (*od.* crowded) seaside resort.

beˈsu·deln *v/t* ⟨*no* ge-, h⟩ **1.** (*Kleider etc*) dirty, soil, stain; (*Wände etc*) defile; (*bekritzeln*) scrawl over (*od.* on) *s.th.* **2.** *fig.* (*Namen, Ruf etc*) stain, sully, defile, smear, besmirch; **s-e Hände mit Blut ~** stain one's hands with blood.

Be·ta [ˈbeːta] *n* ⟨-(s); -s⟩ *ling.* beta. **~funk·tiˌon** *f math.* beta function.

be·tagt [bəˈtaːkt] *adj* **1.** *lit.* (*alt*) aged, old, advanced in years. **2.** *econ. jur. Forderung*: due on a certain future date, deferred. **ℒheit** *f* ⟨-; *no pl*⟩ *lit.* (old) age.

beˈta·keln *v/t* ⟨*no* ge-, h⟩ *mar.* a) (*Schiff*) rig, b) (*Tau*) serve, c) (*Tauende*) whip. **Beˈta·ke·lung, Beˈtak·lung** *f* ⟨-; -en⟩ **1.** rigging (*etc*). **2.** (*Takelage*) rig(ging).

beˈtan·ken *v/t* ⟨*no* ge-, h⟩ refuel, tank (up), fill up.

beˈta·sten *v/t* ⟨*no* ge-, h⟩ **1.** touch, feel, finger. **2.** *med.* palpate.

ˈBe·taˌteil·chen *n nucl.* beta particle.

beˈtä·ti·gen I *v/t* ⟨*no* ge-, h⟩ **1.** *bes. tech.* a) (*bedienen*) operate, manipulate, work, b) (*Knopf, Hebel etc*) actuate, (*Bremse*) *a.* apply, c) (*in Gang setzen*) set *s.th.* in motion (*od.* going), set *s.th.* in operation (*od.* action), d) (*steuern*) control; **mechanisch betätigtes Ventil** mechanically operated valve. **II** *v/reflex* **sich ~ 2.** (do some) work, be active, busy o.s.; **sich ~ als** act as, be active as, *arbeitend*: work as; **sich sportlich ~** be active in sports, engage (*od.* go in for) sports; **sich künstlerisch ~** be (*od.* work as) an artist, *dilettantisch*: dabble in art; **sich politisch ~** be (active) in politics; **sich im Hause ~** a) busy o.s. (*od.* potter) about the house, b) help about the house; *iro.* **du könntest dich ruhig auch einmal ~!** you might do something for a change! **3.** (*helfen*) **sich bei e-r Sache ~** take part (*od.* a hand) in s.th., help with s.th. **III** ℒ *n* ⟨-s⟩ **4.** operating, operation (*etc*); → *a.* Betätigung 2.

Beˈtä·ti·gung *f* ⟨-; -en⟩ **1.** (*Tätigkeit*) work, activity; *berufliche*: *a.* occupation, job; **körperliche ~** (physical) exercise; **künstlerische (politische) ~** artistic (political) activity. **2.** *tech.* a) operation, manipulation, b) actuation, c) (*Steuerung*) control; **~ der Bremsen** actuation (*od.* application) of the brakes, braking.

Beˈtä·ti·gungs|ˌdrang *m* urge for action. **~ˌfeld** *n* field (of activity), activity; *für überschüssige Energien etc*: outlet (for). ~**ge|stän·ge** *n tech.* control linkage. ~|**he·bel** *m* operating (*od.* control) lever. ~|**knopf** *m* (push-)button. ~**or|gan** *n* control member. ~|**schal·ter** *m electr.* **1.** control (*od.* actuating) switch. **2.** *für Fernsteuerung*: trip switch. ~|**span·nung** *f* control voltage. ~|**strom** *m* actuating current. ~|**ta·ste** *f* key, push-button.

Be·ta·tron ['be:tatrɔn] *n* ⟨-s; -e [-tro:nə; -'tro:nə], *a.* -s⟩ *nucl.* betatron.

be·täu·ben [bə'tɔybən] **I** *v/t* ⟨*no* ge-, h⟩ **1.** stun, daze, stupefy; *völlig*: make unconscious; **ein Schlag auf den Kopf betäubte ihn** he was stunned by a blow on the head; *fig.* **der Lärm betäubte mich** I was deafened by the noise; **der Schreck betäubte sie** the shock stunned her; (**wie**) **betäubt** dazed, stunned, in a daze. **2.** *fig.* (*berauschen*) intoxicate; *der Duft* **betäubte mich** I was intoxicated (*od.* overcome) by. **3.** *med.* a) anesthetize, *bes. Br.* anaesthetize, narcotize, b) (*Schmerz*) deaden, kill, c) (*Muskeln etc*) (be)numb; **j-n örtlich** ~ give s.o. a local an(a)esthetic. **4.** *vet.* (*Schlachtvieh*) stun. **5.** *fig.* (*s-n Schmerz etc*) silence, quiet(en), drug; **s-n Kummer mit Alkohol** ~ drown one's sorrows in alcohol. **II** *v/reflex* **sich** ~ **6.** drug (*od.* dope) o.s.; *fig.* **sich mit** (*od.* **durch**) **Arbeit** ~ seek consolation in work. **III** ♀ *n* ⟨-s⟩ **7.** stunning (*etc*); → *a.* **Betäubung** 3 a. ~**d** *adj* **1.** *Schlag etc*: stunning; ~**er Lärm** deafening noise, din. **2.** *fig. Duft etc*: intoxicating, heavy. **3.** *med.* a) *Mittel, Wirkung*: narcotic, an(a)esthetic, b) (*schmerzstillend*) pain-killing, analgetic.

Be'täu·bung *f* ⟨-; *no pl*⟩ **1.** → **betäuben** III. **2.** (*Benommenheit*) daze, stupefaction (*beide a. fig. Verblüffung*), *stärker*: stupor. **3.** *med.* a) (*Vorgang*) an(a)esthetization, narcotization, b) (*Narkose*) anesthesia, *bes. Br.* anaesthesia, narcosis, c) (*Bewußtlosigkeit*) unconsciousness, d) (*Gefühllosigkeit*) numbness; **örtliche** ~ local an(a)esthetization, local an(a)esthesia.

Be'täu·bungs|mit·tel *n med.* narcotic, *für örtliche Betäubung*: an(a)esthetic; *sl.* (*Pille*) knock-out drops *pl*, Mickey Finn.

be'tau·en *v/t* ⟨*no* ge-, h⟩ *lit.* (be)dew; **sich** ~ become covered (*od.* wet) with dew. **be'taut I** *pp.* **II** *adj* dewy.

'Bet|bru·der *m contp.* bigot.

Be·te ['be:tə] *f* ⟨-; -n⟩ *bot.* beet; **Rote** ~ beet(root *Br.*).

Be·tei·geu·ze [betaɪ'gɔytsə] *m* ⟨-; *no pl*⟩ *astr.* Betelgeuse.

be·tei·li·gen [bə'taɪlɪgən] **I** *v/reflex* ⟨*no* ge-, h⟩ **sich** ~ (**an** *dat*) take (a) part (in), participate (in); (*beitreten*) join; (*e-n Beitrag leisten*) contribute (to); (*helfen, mitmachen*) cooperate (in), help (*od.* lend a hand) (in); *econ. an e-m Unternehmen*: take an interest (*od.* a share) (in); **sich an den Kosten** ~ share (in) the expenses; **sich aktiv an e-r Sache** ~ take an active part in s.th. **II** *v/t* **j-n** (**an e-r Sache**) ~ give s.o. a share (*od.* an interest) (in s.th.), *an e-m Spiel etc*: let s.o. join in *a game, etc*; **j-n am Gewinn** ~ give s.o. a share in the profits; **j-n an e-m Geschäft** ~ a) make s.o. a partner, b) give s.o. a financial interest in a business. **be'tei·ligt** *pp u. adj* **1.** *Person*: concerned, involved; **die am Verbrechen** ~**en Personen** the persons involved in the crime; ~**e Person** → **Beteiligte**; *jur.* **an e-r Straftat** ~ **sein** a) be a party to an offen/ce (*Am.* -se), b) *als Anstifter od. Gehilfe*: be an accessory to a crime; *jur.* **an e-m Rechtsstreit** (**Vertrag**) ~ **sein** be a party to a lawsuit (an agreement); **ich war an der Sache nicht** ~ I had no part in that matter, I had nothing to do with it. **2.** *Sache*: involved; **das am Unfall** ~**e Auto** the car involved in the accident. **3.** *econ.* (**an** *dat* in) interested, having an interest; ~**e Firmen** *a.* associated (*od.* participating) companies; **am Gewinn** ~ **sein** share in the profits. **Be'tei·lig·te** *m, f* ⟨-n; -n⟩ **1.** person concerned (*od.* involved), participant; **die** ~**n** a) the persons (*od.* the parties, those) concerned, the parties (*od.* those) interested, b) the persons (*od.* those) involved; **alle bei dem Unfall** ~**n** all persons involved in the accident. **2.** *econ.* (*Teilhaber*) partner, associate. **3.** *jur.* (**an** *dat*) a) party (to *the agreement, lawsuit, etc*), b) party, accessory (to *the crime*).

Be'tei·li·gung *f* ⟨-; -en⟩ **1.** (*Vorgang*) (**an** *dat* in) participating, participation. **2.** *econ.* a) (**an** *dat* in) participation, share, interest, b) (*Teilhaberschaft*) partnership, c) (*Mitwirkung*) co(-)operation, participation, d) *meist pl* (*Anteil*) interest(s *pl*), (*Aktienbesitz*) holdings *pl*, (*Kapitalanlage*) investment; ~ **an e-r Firma** share (*od.* interest) (held) in a firm; **maßgebliche** ~ controlling interest; **tätige** ~ active share; ~ **der Arbeiter am Gewinn** profit-sharing by workers. **3.** (*Beitrag*) contribution (**an** *dat* to). **4.** *jur.* participation (**an e-m Verbrechen** in a crime); ~ **des Verletzten am Strafverfahren** → **Nebenklage**. **5.** (**an** *dat*) a) (*Teilnahme*) participation (in), *Sport*: *a.* entries *pl*, b) (*Teilnehmerzahl*) attendance (at), *bei Wahlen etc*: *a.* turn-out (at).

Be'tei·li·gungs|ge|sell·schaft *f econ.* associated company. ~**in·ve·sti·ti|on** *f* portfolio investment. ~**ka·pi|tal** *n* equity capital.

Be·tel ['be:təl] *m* ⟨-s; *no pl*⟩ *bot.* betel pepper. ~|**nuß** *f bot.* betel (*od.* areca) nut.

be·ten ['be:tən] *relig.* **I** *v/i* ⟨h⟩ pray, say one's prayer(s); **lasset uns** ~ let us pray; **zu Gott** ~ pray to God; **um et.** (**für j-n**) ~ pray for s.th. (s.o.); **bei Tisch** ~ say grace. **II** *v/t* (*Gebet*) say, recite; **ein Vaterunser** (**Ave Maria**) ~ say an Our Father (a Hail Mary); → **Rosenkranz** 2. **III** ♀ *n* ⟨-s⟩ praying; *colloq.* **da hilft kein** ♀ it's no use crying.

'Be·ter *m* ⟨-s; -⟩, **'Be·te·rin** *f* ⟨-; -nen⟩ praying man (woman).

be·teu·ern [bə'tɔyərn] **I** *v/t* ⟨*no* ge-, h⟩ **1.** protest, swear to, *lit.* asseverate; **s-e Aufrichtigkeit** (**Unschuld**) ~ protest one's sincerity (innocence); ~, **daß** protest (*od.* swear) that; **feierlich** ~ declare solemnly. **2.** (*versichern*) affirm (*od.* declare) *s.th.* solemnly; **er beteuerte ihm, daß** he assured him that. **II** ♀ *n* ⟨-s⟩ **3.** protesting (*etc*); → *a.* **Beteuerung**. **Be'teue·rung** *f* ⟨-; -en⟩ **1.** protestation, *lit.* asseveration; **die** ~ **s-r Unschuld** the protestation of his innocence. **2.** (*Behauptung*) assertion. **3.** (*Versicherung*) assurance, solemn declaration. **4.** *jur.* (**eidesgleiche**) ~ solemn affirmation (in lieu of oath).

beth·le·he·mi·tisch [be:tlehe'mi:tɪʃ] *adj geogr.* (of) Bethlehem; *Bibl.* **der** ~**e Kindermord** the Massacre of the Innocents.

be'ti·teln I *v/t* ⟨*no* ge-, h⟩ **1.** (*j-n*) call, address, style; **j-n** (**mit**) „**Professor**" ~ call s.o. (by the title of) "professor", address s.o. as "professor"; *contp.* **j-n mit Lump** ~ call s.o. a rascal. **2.** (*Buch etc*) (en)title, give a title to, (*Kapitel etc*) *a.* head; **betitelt sein** → 5. **3.** *print.* (*Einband*) title, *bes. von Hand*: letter. **II** *v/reflex* **sich** ~ **4.** *Person*: call (*od.* style) o.s. **5.** *Bücher etc*: be (en)titled, have the title.

Be·ton [be'tõ:; be'to:n; be'tɔŋ] *m* ⟨-s; -s⟩ concrete; **bewehrter** (**erhärteter**) ~ reinforced (hardened) concrete; **flüssiger** (*od.* **gießfähiger**) ~ chuted concrete; **grüner** (*od.* **junger**) ~ green concrete. ~|**bau** *m* **1.** ⟨-(e)s; *no pl*⟩ (*Bauweise*) concrete construction. **2.** ⟨-(e)s; -ten⟩ (*Bauwerk*) concrete building (*od.* structure). ~|**decke** (*getr.* -k·k-) *f* **1.** concrete floor. **2.** *Straßenbau etc*: concrete surfacing (*od.* pavement).

be'to·nen I *v/t* ⟨*no* ge-, h⟩ stress, accent, accentuate, *nachdrücklich*: emphasize; **ein Wort falsch** ~ stress a word wrongly, put the stress on the wrong syllable; *fig.* **die Wichtigkeit e-r Sache** ~ stress (*od.* emphasize, underline, underscore) the importance of s.th.; **ich möchte** ~, **daß** I'd like to emphasize (*od.* point out) that; **das Kleid betont ihre Figur** the dress emphasizes (*od.* accentuates) her figure; **et. übermäßig** ~ overemphasize s.th. **II** ♀ *n* ⟨-s⟩ stressing (*etc*); → **Betonung**.

Be'ton|fa|brik *f civ eng.* concrete mixing plant. ~|**fer·ti·ger** *m* concrete finisher.

Be·to·nie [be'to:nĭə] *f* ⟨-; -n⟩ *bot.* betony.

be·to·nie·ren [beto'ni:rən] *civ. eng.* **I** *v/t* ⟨*no* ge-, h⟩ concrete. **II** ♀ *n* ⟨-s⟩, **Be·to'nie·rung** *f* ⟨-; -en⟩ concreting, conrete (work).

Be'ton|ka|no·ne *f* (pneumatic) concrete gun. ~|**klotz** *m* **1.** concrete block. **2.** *contp.* concrete building. ~|**mi·scher** *m*, ~|**misch·ma|schi·ne** *f* concrete mixer. ~|**misch|turm** *m* concrete mixing tower. ~|**pi·ste** *f aer.* concrete runway. ~|**plat·te** *f* concrete slab. ~|**rütt·ler** *m* concrete vibrator. ~|**sand** *m* concrete (*od.* concreting) sand. ~|**scha·lung** *f* (concrete) formwork. ~|**si·lo** *m contp.* concrete pile. ~**ske|lett|bau** *m* concrete frame (*od.* skeleton) construction. ~|**stahl** *m* reinforcing steel. ~|**stein** *m* (precast) concrete block.

be'tont I *adj* **1.** *bes. ling.* stressed, accented, accentuated. **2.** *fig.* emphatic, pronounced, pointed, marked; **mit** ~**er Höflichkeit** with marked (*od.* studied) politeness. **II** *adv* **3.** markedly, pointedly.

Be'to·nung *f* ⟨-; -en⟩ **1.** → **betonen** II. **2.** stress, accent, accentuation, *nachdrückliche*: emphasis; **die** ~ **liegt auf der zweitletzten Silbe** the stress is on the last syllable but one; **fallende** (**schwebende**) ~ falling (level) stress; *fig.* **starke** ~ **e-s Problems** strong emphasis placed on a problem.

Be'to·nungs|ge|setz *n ling.* law of stress. ~|**re·gel** *f* rule for accentuation. ~|**zei·chen** *n* **1.** *ling.* stress mark, *a. mus.* accent mark. **2.** *print.* stress accent.

Be'ton|ver|flüs·si·ger *m* plasticizer. ~|**werk** *n* concrete works *pl* (*als sg od. pl konstruiert*).

be·tö·ren [bə'tø:rən] *v/t* ⟨*no* ge-, h⟩ **1.** charm, dazzle, captivate, (*verliebt machen*) bewitch, infatuate, turn *s.o.'s* head; (*verführen*) seduce; (*beschwatzen*) cajole; **er ließ sich von ihrem Charme** ~ he allowed himself to be bewitched by her charm. **2.** (*täuschen*) delude, beguile, deceive, *colloq.* take *s.o.* in. **be'tö·rend** *adj* charming, dazzling, bewitching; (*verführerisch*) seductive. **Be'tö·rung** *f* ⟨-; -en⟩ **1.** bewitching, seduction, infatuation. **2.** (*Worte*) blandishments *pl*, cajolery.

'Bet|pult *n relig.* praying desk, prie-dieu.

Be'tracht *m* ⟨-(e)s; *no pl*⟩ **außer** ~ **bleiben** be left out of consideration (*od.*

account), be disregarded; et. außer ~ lassen leave s.th. out of consideration (*od.* account), disregard (*od.* not to consider) s.th.; in ~ kommen be possible (*od.* a possibility), *als berechtigt od. geeignet*: be suitable, *Kandidat etc*: be qualified (*od.* eligible); nicht in ~ kommen be out (of the question), be unsuitable; er kommt als Kandidat in ~ he is a possible candidate; diese Maßnahme kommt in ~ this measure is a possibility; das kommt nicht in ~ that is out of the question; er kommt für diese Stelle nicht in ~ he is unsuitable (*od.* not qualified) for this position; et. in ~ ziehen a) take s.th. into consideration (*od.* account), consider s.th., b) (*berücksichtigen*) allow for s.th., make allowance for s.th., c) (*ins Auge fassen*) contemplate (doing) s.th.; wenn man alles in ~ zieht taking everything into account, all things considered; et. nicht in ~ ziehen not to take s.th. into consideration, leave s.th. out of account; j-n (nicht) in ~ ziehen (not to) consider s.o.; die in ~ kommenden Personen the persons concerned.

be'trach·ten I *v/t* ⟨*no* ge-, h⟩ **1.** (have a) look at, view, regard; *genau*: examine, inspect, study; (*beobachten*) observe, watch; *sinnend*: contemplate; *fig.* j-n (et.) mit Wohlwollen (Mißtrauen) ~ look (up)on s.o. (s.th.) with favo(u)r (distrust); j-n prüfend ~ look s.o. over, size s.o. up; et flüchtig ~ (take a) glance at s.th.; von außen betrachtet looked at (*od.* seen) from outside. **2.** *fig.* (*Angelegenheit, Problem etc*) look at, view, consider, regard, see; die Dinge sachlich (*od.* nüchtern) ~ take a sober view of things; wie ich die Sache betrachte as I see it, in my view; das Leben von s-r heiteren Seite ~ look on the sunny side of things; genau betrachtet strictly speaking. **3.** *fig.* j-n (et.) ~ als regard s.o. (s.th.) as, look (up)on s.o. (s.th.) as, consider s.o. (s.th.); j-n als Freund ~ regard s.o. as (*od.* consider s.o.) a friend; ich betrachte es als m-e Pflicht I consider (*od.* deem) it my duty. **II** *v/reflex* sich ~ **4.** *im Spiegel etc*: look at o.s. **5.** *fig.* (*halten für*) (als) regard (*od.* look upon) o.s. (as), consider o.s. (to be). **III** 2 *n* ⟨-s⟩ **6.** looking at, viewing (*etc*); → *a.* Betrachtung. ~**d** *adj* (*nachdenklich*) contemplative, reflective.

be'trach·tens|ˌwert, ~ˌwür·dig *adj* worth seeing; worthy of consideration.

Be'trach·ter *m* ⟨-s; -⟩ **1.** viewer, beholder; die Schönheit liegt im Auge des ~s the beauty is in the eye of the beholder. **2.** observer, onlooker. **3.** *phot.* → Betrachtungsgerät.

be·trächt·lich [bəˈtrɛçtlɪç] **I** *adj* considerable, siz(e)able, substantial, important; ~e Kosten (Verluste) heavy costs (losses); ~e Schäden, Schäden von ~em Ausmaß considerable (*od.* extensive) damage *sg*; ~es Aufsehen erregen cause quite a stir. **II** *adv* considerably, substantially; ~ (*od.* um ein ~es) erhöht considerably increased. 2**keit** *f* ⟨-; *no pl*⟩ importance, considerable size.

be'tracht·sam *adj lit.* contemplative, meditative.

Be'trach·tung *f* ⟨-; -en⟩ **1.** → betrachten III. **2.** view; (prüfende) ~ inspection, examination; (besinnliche *od.* nachdenkliche) ~ contemplation, meditation; in ~ des Bildes versunken lost in contemplation of the picture; bei der ~ des Bildes (when) looking at the picture; bei oberflächlicher ~ at a superficial glance. **3.** *fig.* consideration, reflection, *Br. a.* reflexion, thought; ~en über (*acc*) et. anstellen reflect (*od.* meditate, speculate) (up)on s.th.; in ~ versunken lost in contemplation (*od.* thought), absorbed(ly); bei näherer ~ on closer inspection. **4.** *bes. philos. relig.* (über *acc* on) contemplation, meditation.

Be'trach·tungs|geˌrät *n phot. für Dias etc*: (table) viewer. ~**ˌwei·se** *f* (point of) view, (mental) outlook, approach (to things), *colloq.* way of looking at things; wissenschaftliche ~ scientific approach; nüchterne ~ pragmatism.

Be·trag [bəˈtraːk] *m* ⟨-(e)s; ⸚e⟩ **1.** amount, sum (of money); (*Buchungsposten*) item; (*Wert*) value; der ganze (*od.* gesamte) ~ the total (amount), the sum total, the aggregate; im ~(e) von to (*od.* in, for) the amount (*od.* value) of, amounting to; bis zum ~(e) von (up) to (*od.* not exceeding) the amount (*od.* value) of; e-n Scheck über den ~ von 100 Mark ausschreiben write out a cheque (*Am.* check) for (the amount of) 100 marks; ~ (dankend) erhalten payment (*od.* value) received. **2.** *math.* (absoluter) ~ absolute value. **3.** ⟨*only sg*⟩ (*Menge*) amount, (*Quote*) ratio; der ~ an Abfall the amount of waste.

be'tra·gen **I** *v/i* ⟨*irr, no* ge-, h⟩ **1.** amount to, come to, run to, (*insgesamt*) *a.* total, *bes. nach Rechenvorgang*: work out at. **2.** *Sport, erzielte Weite, Zeit etc*: be; die Zeit des Siegers beträgt 10 Sekunden the winner's time is 10 seconds. **II** *v/reflex* sich ~ **3.** (*sich benehmen*) behave (o.s.), conduct (*od.* show, deport) o.s.; sich gut (anständig, schlecht) (gegen j-n *od.* gegenüber j-m) ~ behave well (decently, badly) (toward[s] s.o.); sich schlecht ~ misbehave. **III** 2 *n* ⟨-s; *no pl*⟩ **4.** (gegen, gegenüber toward[s]) behavio(u)r, conduct (*a. ped.*), deportment, bearing; schlechtes 2 bad behavio(u)r (*od.* conduct), misbehavio(u)r.

be'trau·en *v/t* ⟨*no* ge-, h⟩ j-n mit e-r Sache ~ entrust (*od.* charge) s.o. with s.th., commit s.th. to s.o.'s care, put s.th. into s.o.'s hands; j-n mit e-m Amt ~ appoint s.o. to an office; betraut sein mit be in charge of, be entrusted with.

be'trau·ern *v/t* ⟨*no* ge-, h⟩ (*Toten*) mourn (for, over), *stärker*: lament, *weitS. a.* deplore.

be'träu·feln *v/t* ⟨*no* ge-, h⟩ et. (mit e-r Flüssigkeit) ~ drip (a liquid) on (to) s.th., let (a liquid) drip on s.th.

Be'treff *m* ⟨-(e)s; -e⟩ **1.** *econ.* reference; *im Briefkopf*: (*abbr.* Betr.) re:, Subject:, *Br. a.* Ref.; der im ~ erwähnte Auftrag the referenced order. **2.** *rare* in diesem ~ in this regard.

be'treff in ~ (*gen*) → betreffs.

be'tref·fen *v/t* ⟨*irr, no* ge-, h⟩ **1.** (*angehen*) concern, regard, (*sich beziehen auf*) *a.* refer to, relate to; (*behandeln*) deal with, be concerned with; was mich (das) betrifft as far as I am (that is) concerned, as for (*od.* to) me (that, *nachgestellt*: *a.* for that matter); das betrifft mich überhaupt nicht that does not concern me at all; sein Brief betrifft den gestrigen Vorfall his letter refers to (*od.* deals with, is about) yesterday's incident; dieses Gesetz betrifft alle Personen, die this law applies to all persons who; betrifft Auftragsbestätigung re (*Br. a.* Ref): confirmation of order. **2.** (*berühren*) affect, concern, touch; von einer Maßnahme betroffen affected by a measure. **3.** *lit.* *Unglück etc*: befall, come upon, hit; (*betroffen machen*) dismay, shock.

be'tref·fend **I** *pres p.* **II** *adj* **1.** concerning, regarding, relating to, referring to. **2.** (*fraglich*) concerned, in question, referred to, (*besagt*) said; die ~en Personen the persons concerned. **3.** (*jeweilig*) respective. **4.** (*einschlägig*) relevant. **5.** *Amt, Stelle etc*: proper, concerned, competent. **III** 2**e** *m, f* ⟨-n; -n⟩ person referred to (*od.* concerned, in question).

Be'treff·nis *n* ⟨-ses; -se⟩ *Swiss* **1.** (*Betrag*) amount. **2.** (*Anteil*) share.

be'treffs *prep* ⟨*gen*⟩ concerning, regarding, respecting, with reference (*od.* regard, respect) to, as regards (*od.* concerns), as to (*od.* for), about, *bes. econ. in Geschäftsbriefen*: re, *Br. a.* Ref.

be'trei·ben **I** *v/t* ⟨*irr, no* ge-, h⟩ **1.** (*Beruf, Geschäft, Politik etc*) pursue, follow, carry on, be engaged in. **2.** (*Studien, Hobby etc*) pursue, go in for; Sport ~ go in for sports; Künste ~ practi/se (*Am.* -ce) (*od.* cultivate) arts; et. eifrig ~ devote o.s. to s.th., apply o.s. industriously to s.th., be an enthusiastic *angler, etc.* **3.** (*Unternehmen, Verkehrslinie etc*) run, manage, work, operate. **4.** (*Angelegenheit*) pursue, *stärker*: hurry (*od.* push) *s.th.* on (*od.* forward). **5.** (*hinarbeiten auf*) work for, aim at. **6.** *jur.* (*Forderung, Sache*) prosecute; s-n Fall selbst ~ prosecute one's own case. **7.** *Swiss jur.* a) (*Schuldner*) enforce payment from, b) (*Forderung*) collect. **8.** *tech.* operate, run, work, (*antreiben*) *a.* drive; *e-e Maschine etc* mit Dampf (Strom) ~ operate *s.th.* by steam (electrically); → betrieben. **II** 2 *n* ⟨-s⟩ **9.** pursuing (*etc*); → *a.* Betreibung; auf j-s 2 (*od.* auf 2 von j-m) (hin) at (*od.* by) s.o.'s instigation, at the instigation (*od.* prompting) of s.o. **be'trei·bend** *adj jur.* die ~e Partei a) the party prosecuting, b) (*Antragsteller*) applicant, petitioner, c) (*Beanspruchender*) claimant. **Be'trei·bung** *f* ⟨-; -en⟩ **1.** → betreiben II. **2.** pursuit. **3.** cultivation. **4.** management, operation. **5.** *jur.* prosecution. **6.** *Swiss jur. e-r Forderung*: collection.

be·treßt [bəˈtrɛst] *adj* braided.

be'tre·ten[1] **I** *v/t* ⟨*irr, no* ge-, h⟩ **1.** (*Weg, Boden etc*) tread (*od.* step, walk) on; j-s Grundstück unbefugt ~ trespass on s.o.'s property; ein Gebiet ~ set foot on a territory; das Sportfeld ~ take (*od.* come on to) the field. **2.** (*Raum, Gebäude*) enter, go (*od.* step, walk) into; j-s Haus nicht mehr ~ not to set foot in s.o.'s house again. **3.** (*Schwelle*) cross, step over (*the threshold*). **4.** *zo.* (*Henne*) tread. **II** 2 *n* ⟨-s⟩ **5.** walking on *s.th.*; entering (*etc*), entrance, entry; 2 verboten! a) no entrance!, b) no trespassing!, keep off!, c) *mil. Am.* off limits!, *Br.* out of bounds!; unbefugtes 2 e-s Grundstücks trespass(ing) on a property; 2 des Rasens verboten! keep off the grass!

be'tre·ten[2] **I** *pp of* betreten[1] I. **II** *adj* **1.** *Weg etc*: beaten, trodden; viel ~er Weg well-trodden path, beaten track. **2.** *fig.* embarrassed, awkward (*person, silence, etc*); ~es Lächeln sheepish grin; sie machten ~e Gesichter they looked embarrassed (*od.* sheepish); er war ziemlich ~ he was rather shamefaced (*od.* abashed). **III** *adv* **3.** awkwardly, embarrassed. 2**heit** *f* ⟨-; *no pl*⟩ embarrassment, abashment.

be·treu·en [bəˈtrɔyən] *v/t* ⟨*no* ge- h⟩ **1.** (*Kinder, Bedürftige etc*) look after, take (*od.* have) care of, care for, (*Kranke*) *a.* nurse, tend, attend to. **2.** (*Gemeinde, Gebiet etc*) serve; *econ. als Vertreter*: work (*a district*). **3.** (*Geschäft, Angelegenheit etc*) look after, *a. econ.* (*Kunden*) attend to (*customers*). **4.** (*leiten*) supervise, be in charge of, handle. **5.** *mil.* (*Soldaten, Truppen*) a) look after, cater for, b) provide entertainment for. **6.** *Sport*: a) attend to, b) (*trainieren*) coach, c) *als Sekundant*: second. **Beˈtreu·er** *m* ⟨-s; -⟩ **1.** person who looks after (*od.* attends to, takes care of) *s.o. od. s.th.* **2.** *Sport*: a) attendant, b) (*Trainer*) coach, c) (*Sekundant*) second. **Beˈtreu·ung** *f* ⟨-; *no pl*⟩ ⟨*gen*⟩ looking after (*etc*) *s.o. od. s.th.*; care (of), welfare (of).

Beˈtreu·ungs|ˌfir·ma *f econ.* technical support organization, system manager. **~ˌstel·le** *f* welfare cent/re (*Am.* -er).

Beˈtrieb *m* ⟨-(e)s; -e⟩ **1.** *econ.* a) (*Geschäft, Firma*) business, enterprise, firm, company, undertaking, concern, b) (*Fabrik, Werk*) factory, (manufacturing) plant, works *pl* (*als sg od. pl konstruiert*), c) (*Werkstatt*) workshop(s *pl*), shop, d) (*Textilfabrik, Stahlwerk*) mill; **gewerblicher ~** business (*od.* commercial) enterprise; **kleine (mittlere, große) ~e** small (medium-size, large-size) enterprises; → **öffentlich. 2.** *agr.* farm (enterprise). **3.** *Bergbau*: workings *pl.* **4.** ⟨*only sg*⟩ (*Betreiben, Leitung*) management, working, running, operation (*of a business, etc*). **5.** ⟨*only sg*⟩ *tech.* a) *e-r Anlage, Maschine, Verkehrslinie*: operation, working, running, service, b) (*Betriebspraxis*) (engineering) practice, c) (*Maschinenanlage*) plant, system; **et. auf maschinellen (elektrischen) ~ umstellen** mechanize (electrify) s. th.; **den ~ aufnehmen** a) *Gerät etc*: start (*od.* begin) operation (*od.* work), b) *Geschäft etc*: open; **den ~ einstellen** a) *Maschine etc*: cease (*od.* stop) work, b) *Fabrik etc*: shut (down); „**außer ~**" (*Aufschrift*) "out of order (*od.* service)", "not to be used"; **außer ~ sein** a) *Anlage, Maschine etc*: be out of operation (*od.* action), not to be working, b) *Telefon, Lift etc*: be out of order, not to be working; **außer ~ setzen** put out of operation (*od.* action), stop; **in ~ nehmen** a) (*Maschine etc*) put into operation (*od.* service), b) start, actuate, set *s. th.* going (*od.* in motion), throw *s. th.* into gear, c) (*Bahnlinie*) open, d) (*Straße*) open to traffic; **in (*od.* im) ~ sein** a) *Fabrik etc*: be working, be in operation, *Maschine etc*: *a.* be running, b) *Telefon, Lift etc*: be working (*od.* in working order). **6.** ⟨*only sg*⟩ a) (*Tätigkeit*) activity; **der wissenschaftliche ~** scientific activity, b) *colloq.* (*Betriebsamkeit, Trubel*) (hustle and) bustle, rush, *auf Straßen*: *a.* traffic; **es herrschte reger (*od.* starker) ~** there was a heavy rush (*in town, etc*); **in dem Geschäft war viel ~** the shop was very busy; **heute hatten wir viel ~** today we were very busy, c) *colloq.* (*Lustigkeit*) merry-making, high jinks *pl*; **~ machen** make merry, liven up things, *sl.* whoop it up, d) *contp.* **so ein lahmer ~!** slow show!; **ich habe den ganzen ~ (hier) satt!** I'm fed up with the whole business.

beˈtrie·ben I *pp of* **betreiben. II** *adj tech.* operated, (*steam-etc*) driven; **elektrisch ~** electric(ally operated *od.* driven); **durch Maschinenkraft (*od.* mit Motor) ~** power-operated.

be·trieb·lich [bəˈtriːplɪç] *adj* **1.** of an enterprise (*od.* a firm, a company); **~e Altersversorgung** firm's (*od.* company's) pension scheme. **2.** operational, operating; **~e Aufwendungen** operating expenditure *sg.* **3.** (*intern*) internal.

Beˈtriebs|ˌab|ˌlauf *m econ.* course of operations. **~ˌab|ˌrech·nung** *f* **1.** (internal) operational accounting. **2.** income account, *mehrgliedrig*: group results *pl.*

beˈtrieb·sam *adj* **1.** (*unternehmend*) active, busy, bustling. **2.** (*fleißig*) industrious, hardworking. **ˆkeit** *f* ⟨-; *no pl*⟩ **1.** activity, bustle. **2.** industry, diligence.

Beˈtriebs|ana|ly·se *f econ.* operational analysis. **~ˌan·ge|hö·ri·ge** *m, f* employee. **~ˌan|la·ge** *f* **1.** (*Werk*) (manufacturing) plant, works *pl* (*als sg od. pl konstruiert*). **2.** a) (*Werkseinrichtung*) plant equipment, installation(s *pl*), b) (*Betriebsmittel*) production facilities *pl.* **~ˌan|lei·tung** *f,* **~ˌan|wei·sung** *f bes. tech.* **1.** operating (*od.* service) instruction(s *pl*). **2.** (*Handbuch*) instruction manual. **~ˌarzt** *m* company doctor. **~as·si|stent** *m* assistant to the works manager. **~ˌaus|fall** *m* (*Störung*) operating trouble, breakdown; (*Stillegung*) shutdown. **~ˌaus|flug** *m* works (*od.* staff) outing. **~ˌaus|ga·ben** *pl* operating expenses. **~ˌaus|schuß** *m* → Betriebsrat 1. **ˆbe|dingt** *adj* operational. **~be|ra·ter** *m* business (*od.* industrial management) consultant. **~be|ra·tung** *f* management consulting. **ˆbe|reit** *adj* ready for operation (*od.* service, use). **ˆˌblind** *adj* wearing organizational blinkers, routine-blinded. **~ˌblind·heit** *f* organizational myopia. **~ˌbrem·se** *f mot.* service brake. **~ˌbuch|füh·rung** *f* internal operations accounting. **~ˌche·mi·ker** *m* industrial chemist. **~ˌda·ten** *pl tech.* operating data. **~ˌdau·er** *f* **1.** *e-r Maschine*: (service) life. **2.** working time. **~di|rek·tor** *m* works manager. **~ˌdreh|zahl** *f tech.* normal (*od.* working) speed. **ˆˌei·gen** *adj* company- (*od.* plant-, factory-)owned. **~ˌein|nah·men** *pl* operating revenue *sg,* (business) receipts *pl.* **~ˌein|rich·tung** *f* operating (*od.* plant) equipment. **~ˌein|schrän·kung** *f* cutting down (a firm's) activities. **~ˌein|stel·lung** *f* closing down, closure, termination of operations. **~er|folg** *m,* **~er|geb·nis** *n* operating results *pl.* **~ˌfach|schu·le** *f DDR* industrial training school. **ˆˌfä·hig** *adj tech.* in working order, ready for service (*od.* operation, use), serviceable. **~ˌfe·ri·en** *pl* works (*od.* staff) holidays. **ˆˌfer·tig** *adj* ready for operation (*od.* use). **~ˌfest** *n* (annual) company fête; *engS.* office party. **~ˌform** *f econ.* type of firm, structure of business. **~ˌfor·schung** *f econ.* operations research. **ˆˌfremd** *adj* outside, external. **~fre|quenz** *f* operating frequency. **~ˌfüh·rer** *m* → Betriebsleiter. **~ˌfüh·rung** *f econ.* (business *od.* works) management. **~ˌfür|sor·ge** *f* industrial welfare service. **~ge|heim·nis** *n jur.* trade secret. **~ge|sell·schaft** *f* operating company. **~ge|winn** *m* operational profit. **~ˌhö·he** *f aer.* operational altitude. **~in·ge·ni|eur** *m tech.* **1.** production engineer. **2.** works engineer. **ˆin|tern** *adj* internal, *Am. a.* in-plant. **~ˌjahr** *n* business (*od.* operating) year. **~ˌkampf|grup·pen** *pl DDR pol.* workers' militia *sg.* **~ka·pa·zi|tät** *f* **1.** *econ.* a) works capacity, b) *im Betriebsablauf*: operating (*od.* productive) capacity. **2.** *electr.* capacitance. **~ka·pi|tal** *n econ.* working capital. **~ˌkauf|mann** *m* commercial employee. **~ˌkli·ma** *n* working conditions *pl* (*od.* climate). **~kol·lek|tiv** *n DDR* works collective. **~kon|trol·le** *f tech.* **1.** (*Inspektion*) factory inspection. **2.** (*Überwachung*) a) plant supervision, b) *e-r Maschine*: operational check, service control. **~ˌko·sten** *pl* operating cost *sg,* working expenses. **~ˌkran·ken|kas·se** *f* works sickness fund. **~ˌkü·che** *f* works (*od.* company) canteen. **~ˌleh·re** *f* → Betriebswirtschaftslehre. **~ˌlei·stung** *f* a) operational efficiency, b) performance, output. **~ˌlei·ter** *m* works (*Am. a.* operations *od.* plant) manager. **~ˌlei·tung** *f* works management. **~ma·te·ri|al** *n* **1.** *econ.* working material (*od.* stock). **2.** *rail.* rolling stock. **~ˌmit·tel** *pl econ.* **1.** working funds. **2.** → Betriebsmaterial. **~ˌnu·del** *f humor.* a) office clown, b) live wire, life of the party. **~ˌob|mann** *m* head of works council. **~ˌord·nung** *f econ.* internal rules *pl* and regulations *pl.* **~per·so|nal** *n econ.* employees *pl*; staff, (operating) personnel. **~ˌprü·fung** *f econ.* (operational) audit. **~psy·cho·lo|gie** *f* industrial psychology. **~ˌrat** *m econ.* **1.** works council (*od.* committee). **2.** → **~ˌrats|mit|glied** *n* member of the works council. **~ˌren·te** *f* company pension. **~ˌschal·ter** *m electr.* operating switch. **~ˌschlie·ßung** *f* closing down (of a plant, *etc*), closure, shutdown. **~ˌschluß** *m* closing hours *pl.* **~ˌschutz** *m tech.* safeguards *pl* and precautions *pl* to ensure safe place of work. **ˆˌsi·cher** *adj* safe (to operate); (*zuverlässig*) reliable (in operation *od.* service), failproof; (*narrensicher*) foolproof. **~ˌsi·cher·heit** *f* safety (in operation); (*Zuverlässigkeit*) reliability (in operation). **~so·zio·lo|gie** *f* industrial sociology. **~ˌspan·nung** *f electr.* operating (*od.* working) voltage. **~ˌstät·te** *f* **1.** business (*od.* factory) premises *pl.* **2.** → Betrieb 1. **~ˌstille·gung** (*getr.* -llˌl-) *f* → Betriebsschließung. **~ˌstockung** (*getr.* -k·k-) *f tech.* a) interruption (of service), stoppage, b) (*Störung*) operating trouble, breakdown. **~ˌstoff** *m* **1.** *tech.* a) (*Treibstoff*) fuel, b) (*Kühl- u. Schmiermittel*) coolants *pl* and lubricants *pl,* c) working material. **2.** *biol.* a) catabolized substance, b) (*Nährstoff*) nutrient. **~ˌstö·rung** *f tech.* operating trouble, breakdown, stoppage. **~ˌstrom** *m electr.* working current. **~ˌstun·de** *f* **1.** *tech.* operating hour. **2.** *econ.* (*Arbeitszeit*) working hour. **~ˌüber|wa·chung** *f* plant supervision. **~ˌun|fall** *m* industrial accident, accident while at work. **~ˌun|ko·sten** *pl* **1.** operating expenses; **(allgemeine) ~** overhead expenses, *colloq.* overheads. **2.** (*Unterhalt*) maintenance costs. **~ver|ein·ba·rung** *f econ.* employment agreement (between works council and employer). **~ver|fas·sung** *f* (firm's) industrial relations code. **~ver|fas·sungs·ge|setz** *n* Industrial Democracy Act. **~ver|la·ge·rung** *f* relocation of works. **~ver|lust** *m* operating loss. **~ver|mö·gen** *n* operating assets *pl.* **~ver|samm·lung** *f* workers and staff (*engS.* shop-floor) meeting. **~ˌvor|schrift** *f tech.* operating instruction(s *pl*). **~ˌwei·se** *f* mode of operation, working (*od.* operating) method, practice. **~ˌwirt** *m* business economist. **~ˌwirt·schaft** *f* **1.** managerial (*od.* applied) economics *pl* (*als sg konstruiert*). **2.** → Betriebswirtschaftslehre. **~ˌwirt·schaft·ler** *m* business economist, industrial management expert. **ˆˌwirt·schaft·lich** *adj* operational, management…, business… **~ˌwirt·schafts|leh·re** *f* (science of) business management, applied economics *pl* (*als sg konstruiert*). **~ˌwis·sen·schaft** *f* (science of) industrial engineering. **~ˌzei·tung** *f* house organ. **~ˌzu|stand** *m tech.* operating condition. **~ˌzweig** *m* branch of industry.

beˈtrin·ken *v/reflex* ⟨*irr, no* **ge-**, h⟩ **sich ~** get drunk (*od. colloq.* tight).

beˈtrof·fen I *pp of* betreffen. **II** *adj* **1.** (*berührt*) (**von**) affected (by), concerned (in); **die ~en Personen** the persons concerned. **2.** (*heimgesucht*) (**von**) affected (by), stricken (with), hit (by); **die von dem Brand (am schwersten) ~en Stadtteile** the districts (worst) hit (*od.* affected) by the fire; **die von der Flut (Hungersnot) ~en Gebiete** the flood-(famine-)stricken areas. **3.** (*bestürzt*) (**über** *acc* at) shocked, dismayed, startled, ⟨*pred*⟩ taken aback. **III 2e** *m, f* ⟨**-n; -n**⟩ (**von** by) **4.** person concerned. **5.** *von e-m Unglück etc*: person affected (*od.* hit); **die am schwersten ~n** the hardest-hit persons. **2heit** *f* ⟨**-;** *no pl*⟩ (**über** *acc* at) shock, dismay, consternation, bewilderment.

beˈtro·gen I *pp of* betrügen. **II** *adj* deceived; **der ~e Ehemann** the deceived husband; **um s-e Ersparnisse ~** swindled out of his savings. **III 2e** *m, f* ⟨**-n; -n**⟩ (person) deceived, victim; **er war der ~** he was the dupe.

beˈtröp·feln, beˈtrop·fen *v/t* ⟨*no* **ge-, h**⟩ scatter drops on, sprinkle; **et. mit e-r Flüssigkeit ~** let a liquid drip on to s. th.

beˈtrü·ben *v/t* ⟨*no* **ge-, h**⟩ make *s. o.* sad, sadden, grieve, afflict.

be·trüb·lich [bəˈtryːplɪç] *adj* sad, distressing, deplorable. **beˈtrüb·li·cherˈwei·se** *adv* sadly enough, unfortunately.

Be·trüb·nis [bəˈtryːpnɪs] *f* ⟨**-; -se**⟩ *lit.* **1.** grief, distress, affliction. **2.** (*Traurigkeit*) sadness, grief. **3.** (*Leid*) sorrow.

beˈtrübt I *pp.* **II** *adj* (**über** *acc* at) sad, grieved, distressed, afflicted, sorrowful. **2heit** *f* ⟨**-;** *no pl*⟩ → **Betrübnis.**

Beˈtrug *m* ⟨**-(e)s;** *no pl*⟩ fraud, swindle, trickery; (*Hochstapelei*) imposture, *sl.* con game; *beim Spiel*: cheating (*at cards, etc*); (*Täuschung*) deceit, deception; *jur.* (actual *od.* positive) fraud; *jur.* **durch ~** by fraud, fraudulently; **e-n ~ begehen** (*od.* **verüben**) a) commit a fraud, b) **an** *j-m* → **betrügen**; **et. durch ~ erlangen** get (*od.* obtain) s. th. by cheating (*od.* by trickery, *jur.* by false pretences, by fraud); **frommer ~** pious fraud.

beˈtrü·gen I *v/t* ⟨*irr, no* **ge-, h**⟩ **1.** cheat (*a. beim Spiel etc*), swindle, trick, impose upon, victimize, dupe, *sl.* con, have; **j-n um et. ~** cheat (*od.* swindle, trick, *sl.* con, do) s. o. out of s. th.; **in s-n Hoffnungen betrogen werden** be disappointed in one's hopes. **2.** (*täuschen*) deceive (**s-e Frau** one's wife); **sich (selbst) ~** deceive (*od.* cheat, delude) o. s. **3.** *jur.* defraud; **um** (*od.* **in der Absicht,**) **j-n zu ~** with intent to defraud s. o. **II** *v/i* **4.** cheat (**beim Kartenspiel** at cards). **5.** *jur.* defraud, practi/se (*Am.* -ce) fraud.

Beˈtrü·ger *m* ⟨**-s; -**⟩ **1.** swindler, trickster, fraud, crook, *sl.* con man; **der betrogene ~** the deceiver deceived. **2.** *jur.* defrauder. **3.** *fig.* deceiver, cheat, fraud, *colloq.* fake. **Be·trü·geˈrei** *f* ⟨**-; -en**⟩ **1.** a) cheating, swindling, deceit, trickery, b) (*einzelne* ~) deceit, (piece of) trickery, trick, fraud. **2.** *jur.* fraud(-ulence), deceit, (*Hochstapelei*) imposture. **Beˈtrü·ge·rin** *f* ⟨**-; -nen**⟩ → **Betrüger. beˈtrü·ge·risch I** *adj* **1.** *Mensch*: deceitful. **2.** *jur.* fraudulent; **in ~er Absicht** with intent to defraud; **~er Bankrott** fraudulent bankruptcy; **auf ~e Weise** → II. **II** *adv* **3.** fraudulently, by fraud.

Beˈtrugs·de·zerˌnat *n jur.* fraud department (*od.* squad).

beˈtrun·ken I *pp of* betrinken. **II** *adj* drunken, ⟨*bes. pred*⟩ drunk, intoxicated, inebriated; **schwer (sinnlos) ~** dead (blind) drunk; **total ~** (as) drunk as a lord (→ *a.* **besoffen1**); **leicht ~** tipsy; **j-n ~ machen** make s. o. drunk; *jur.* **in ~em Zustand fahren** drive under the influence (of alcohol). **2e** *m, f* ⟨**-n; -n**⟩ drunk. **2heit** *f* ⟨**-;** *no pl*⟩ drunkenness, intoxication.

ˈBet|ˌsaal *m relig.* chapel, prayer-hall. **~ˌsche·mel** *m* praying stool.

Be·tschua·ne [beˈtʃŭaːnə] *m* ⟨**-n; -n**⟩ *geogr.* Bechuana.

ˈBet|ˌschwe·ster *f contp.* bigot, *colloq.* churchy woman, (old) church-hen. **~ˌstuhl** *m* praying desk, prie-dieu. **~ˌstun·de** *f* **1.** hour of prayer. **2.** prayer meeting.

Bett [bɛt] *n* ⟨**-(e)s; -en**⟩ **1.** bed; **am ~** at the bedside; **an j-s ~ sitzen** sit at (*od.* by) s. o.'s bedside; **ans ~ gefesselt sein, das ~ hüten (müssen)** be bedridden, be confined to (one's) bed, be laid up; **Zimmer mit einem ~ (zwei ~en)** single (double) room; **im** (*od.* **zu**) **~ liegen** a) be (*od.* lie) in bed, b) *krank*: be laid up (**mit Grippe** with influenza); **ins** (*od.* **zu**) **~ gehen, sich zu ~ legen** go to bed, *colloq.* turn in; *colloq.* **mit j-m ins ~ gehen** go to bed with s. o.; **sich ins ~ legen** (*wegen Krankheit*) take to one's bed; **j-n zu ~ bringen** put *children* to bed, tuck *a child* in; **j-n ins ~ packen** (*od.* **stecken**) send s. o. (*od.* bundle s. o. off) to bed; **das ~ machen (lüften)** make (air) the bed; *fig.* **sich ins gemachte ~ legen** climb into a feathered nest. **2.** (*Bettgestell*) bedstead. **3.** *pl* (*Bettenzahl in Hotels etc*) bed accommodation *sg*, beds. **4.** *mar. rail.* berth. **5.** *civ. eng. geol. e-s Gewässers*: bed. **6.** *geol.* (*Gesteinsschicht*) bed. **7.** *tech.* (machine) bed, (*Platte, Sockel*) bedplate. **8.** *mot.* (*Felgen2*) base. **~ˌbank** *f Austrian* bed couch. **~beˌzug** *m* plumeau case.

ˈBett·chen *n* ⟨**-s; -**⟩ **1.** small bed. **2.** (*Kinderbett*) crib, cot.

ˈBett|ˌcouch *f* studio (*od.* bed) couch, bed-settee. **~ˌdecke** (*getr.* **-k·k-**) *f* **1.** *wollene*: blanket, *gesteppte*: eiderdown quilt. **2.** (*Tagesdecke*) bedspread, coverlet.

Bet·tel [ˈbɛtəl] *m* ⟨**-s;** *no pl*⟩ **1.** *obs.* begging, beggary. **2.** *colloq. contp.* (*Plunder*) trash, rubbish; **der ganze ~** the whole (wretched) business. **2ˈarm** *adj* desperately poor, poverty-stricken, (as) poor as a church mouse. **~ˌbrief** *m* begging letter. **~ˌbru·der** *m* **1.** *colloq.* beggar. **2.** → **Bettelmönch.**

Bet·teˈlei *f* ⟨**-; -en**⟩ **1.** → **betteln** III. **2.** *colloq.* pleading, begging, pestering.

ˈbet·tel·haft *adj* beggarly.

ˈBet·tel|ˌhand·ˌwerk *n* begging, beggary; **~ˌjun·ge** *m* beggar boy. **~ˌkram** *m colloq.* → **Bettel** 2. **~ˌleu·te** *pl fig. contp.* beggars. **~ˌmann** *m* ⟨**-(e)s; -leute,** *a.* **⸚er**⟩ **1.** *obs.* beggar. **2.** ⟨*only sg*⟩ (*Kartenspiel*) beggar-my-neighbo(u)r. **~ˌmönch** *m relig.* Mendicant. **~musiˌkant** *m* street musician.

bet·teln [ˈbɛtəln] **I** *v/i* ⟨**h**⟩ **1.** beg; **~ gehen** go begging; **um Almosen ~** beg for alms. **2.** *fig.* (*inständig bitten*) beg, plead (**um** for); **er bettelte so lange, bis wir nachgaben** he begged (*od.* pleaded with) us until we gave in. **II** *v/reflex* **3.** *only in* **sich durch das Land ~** beg one's way through the country. **III 2** *n* ⟨**-s**⟩ **4.** begging; *fig.* **da hilft kein (Bitten und kein) 2** it is no use begging (*od.* pleading); **sich aufs 2 verlegen** resort to (*od.* live by) begging. **5.** beggary, mendicity, mendicancy; „**2 und Hausieren verboten!**" "no beggars!, no hawkers!" **~d** *adj* **1.** begging, mendicant. **2.** *fig.* pleading.

ˈBet·tel|ˌor·den *m relig.* mendicant (*od.* begging) order. **~ˌpack** *n contp.* (pack of) beggars *pl.* **~ˌstab** *m fig.* **j-n an den ~ bringen** reduce s. o. to beggary, make a beggar of s. o., ruin s. o. **~stuˌdent**", „**Der** "The Beggar Student" (*operetta*).

bet·ten [ˈbɛtən] **I** *v/t* ⟨**h**⟩ **1.** bed; **j-n weich ~** make s. o. a soft bed; **j-n in** (*od.* **auf**) **Kissen ~** lay (*od.* bed) s. o. on cushions; → **Rose** 1, **Ruhe. 2.** *fig.* embed. **3.** *tech.* (*einbetten, einlagern*) (em)bed. **4.** *rail.* ballast. **II** *v/reflex* **sich ~ 5.** make o. s. a bed; *fig.* **er hat sich weich gebettet** he married into money; **wie man sich bettet, so liegt** (*od.* **schläft**) **man** (*Sprichwort*) as you make your bed so you must lie on it.

ˈBett|ˌfe·der *f* **1.** *meist pl* down(s *pl*). **2.** bed-spring. **~ˌfla·sche** *f* hot-water bottle. **~geˌnos·se** *m* bedfellow. **~geˌschirr** *n* bedpan. **~geˌstell** *n* bedstead. **~ˌhäs·chen** *n,* **~ˌha·se** *m colloq.* bed bunny. **~ˌhim·mel** *m* canopy, tester. **~ˌhup·ferl** *n* ⟨**-s; -**⟩ *dial.* bedtime sweets *pl.* **~ˌjäck·chen** *n,* **~ˌjacke** (*getr.* **-k·k-**) *f* bed jacket. **~ˌkar·te** *f rail.* berth ticket. **~ˌka·sten** *m für Bettzeug*: bedding box. **~ˌkis·sen** *n* pillow. **~ˌkoks** *m metall.* bed coke. **~ˌla·de** *f dial.* bedstead. **2ˌlä·ge·rig** [-ˌlɛːgərɪç] *adj* bedridden, *Am.* bedfast, ⟨*pred*⟩ confined to bed, laid up. **~ˌla·ken** *n* (bed) sheet. **~lekˌtü·re** *f* bedside reading (*od.* books *pl*).

ˈBett·ler *m* ⟨**-s; -**⟩ **1.** beggar, mendicant; *fig.* beggar, pauper; **j-n zum ~ machen** → **Bettelstab. 2.** (*Schnorrer*) scrounger, cadger. **ˈBett·le·rin** *f* ⟨**-; -nen**⟩ beggar (woman). **ˈBett·lerˌstolz** *m* beggar's pride. **ˈBett·ler·tum** *n* ⟨**-s;** *no pl*⟩ **1.** beggardom, beggars *pl.* **2.** begging, mendicity.

ˈBett|ˌlin·nen *n* bed linen, sheeting. **~ˌnäs·sen** *n med.* bed-wetting. **~ˌnäs·ser** *m* ⟨**-s; -**⟩ bed-wetter. **~ˌpfan·ne** *f* bedpan. **~ˌpfo·sten** *m* bedpost. **2ˌreif** *adj* ready for bed. **~ˌru·he** *f* rest (in bed), bed rest; **j-m ~ verordnen** order s. o. to stay in bed. **~ˌschlit·ten** *m tech.* carriage. **~ˌschuh** *m* bed sock. **~ˌschüs·sel** *f* bedpan. **~ˌschwe·re** *f fig. colloq.* **die nötige ~ haben** be ready for bed. **~ˌstatt** *f* ⟨**-; ⸚en**⟩ *dial.*, **~ˌstel·le** *f* bedstead. **~ˌüberˌzug** *m* → **Bettbezug.**

ˈBettuch[1] (*getr.* **-ttˌt-**) *n* (bed) sheet.

ˈBetˌtuch[2] *n relig.* prayer shawl.

ˈBet·tung *f* ⟨**-; -en**⟩ **1.** *tech.* bed(ding); bedplate. **2.** *rail.* a) (*Material*) ballast, b) (*Bahnkörper*) roadbed. **3.** *mil. e-s Geschützes*: platform, base(plate).

ˈBett|ˌvorˌla·ge *f dial.*, **~ˌvorˌle·ger** *m* bedside rug. **~ˌwan·ze** *f* bed-bug. **~ˌwä·sche** *f,* **~ˌzeug** *n* **1.** bed linen, sheeting. **2.** (*Decken, Kissen etc*) bedding, bedclothes *pl.* **~ˌzip·fel** *m* corner of the feather-bed; *fig. colloq.* **nach dem ~ schnappen** (*od.* **schielen**) yawn.

be·tucht [bəˈtuːxt] *adj colloq.* well-to-do, well-off.

beˈtu·lich[1] *adj* fussing, (over)attentive, solicitous.

beˈtu·lich[2] *adv* (*gemütlich*) leisurely.

Beˈtu·lich·keit[1] *f* ⟨**-;** *no pl*⟩ fussing(-about), (over)attentiveness, solicitude.

Beˈtu·lich·keit[2] *f* ⟨**-;** *no pl*⟩ leisureliness.

beˈtüp·feln *v/t* ⟨*no* **ge-, h**⟩ dot, spot, speckle.

beˈtup·fen *v/t* ⟨*no* **ge-, h**⟩ **1.** (*Stirn, Mund etc*) dab. **2.** (*Wunde etc*) swab. **3.** → **betüpfeln.**

ˈBetˌwo·che *f relig.* Rogation Week.

ˈbeug·bar *adj* **1.** bendable, flexible, pliable. **2.** *ling.* capable of inflection.
Beu·ge [ˈbɔʏgə] *f* ⟨-; -n⟩ **1.** (*Kurve, a. anat. Arm*2, *Knie*2) bend. **2.** *Sport*: a) bend, b) (*Beugestellung*) bent position. **~ˌhaft** *f jur.* coercive detention. **~ˌmus·kel** *m* → **Beuger.**
beu·gen [ˈbɔʏgən] **I** *v/t* ⟨h⟩ **1.** bend, bow; **das Knie ~** a) bend one's knee, b) *relig.* genuflect; **vor j-m das Knie ~** bend the knee to s.o.; **den Kopf ~** bow (*od.* incline, bend) one's head; **den Nacken ~** bow the neck; **das Alter (der Kummer) hat ihn gebeugt** age (grief) has bowed him (down); *fig.* **j-s Stolz ~** break s.o.'s pride; *fig.* **die Regeln ~** bend the rules; *jur.* **das Recht ~** pervert (*od.* bend) justice; → **gebeugt** 2. **2.** *ling.* inflect. **3.** *phys.* diffract. **II** *v/reflex* **sich ~ 4.** bend, bow; **sich nach vorn ~** bend (one's body) forward; **sich über et. ~** bend (*od.* lean) over s.th.; **sich aus dem Fenster ~** lean out of the window; **sich unter der Last ~** bend under the burden; **sich vor j-m ~** bend one's knee before s.o. (*fig.* → 5). **5.** *fig.* (*sich fügen, unterwerfen*) (*dat od.* **vor** *dat* to) bow, yield, submit; **sich s-m Schicksal ~** bow (*od.* reconcile o.s.) to one's fate. **III** 2 *n* ⟨-s⟩ **6.** bending (*etc*); → *a.* **Beugung.**
ˈBeu·ger *m* ⟨-s; -⟩ *anat.* flexor (muscle).
ˈbeug·sam *adj* → **biegsam** 1.
ˈBeu·gung *f* ⟨-; -en⟩ **1.** → **beugen** III. **2.** *med. e-s Glieds*: flection, flexure. **3.** *Sport*: → **Beuge** 2 a. **4.** *ling.* inflection. **5.** *phys.* diffraction.
ˈBeu·gungs|ˌen·dung *f ling.* inflectional ending. **2ˌfä·hig** *adj* → **beugbar.** **~ˌfall** *m ling.* oblique case. **~ˌgit·ter** *n phys.* diffraction grating (*od.* grid). **~ˌspek·trum** *n phys.* diffraction spectrum. **~ˌwin·kel** *m phys.* diffraction angle.
Beu·le [ˈbɔʏlə] *f* ⟨-; -n⟩ **1.** *med.* a) bump, lump, swelling, b) (*Furunkel*) boil, c) (*an Leisten od. Achselhöhle*) bubo. **2.** *in Blech etc*: dent, bump; **das Auto hat ~n** the car is dented (*od.* full of dents). **3.** (*Vorwölbung*) bulge; **die Hose hat ~n (an den Knien)** the trousers are baggy (at the knees). **beu·len** *v/reflex* ⟨h⟩ **sich ~ 1.** *Hose*: become baggy. **2.** *Tasche*: bulge. **3.** *Topf etc*: buckle (up). **ˈBeu·lenˌpest** *f med.* bubonic plague.
be·un·ru·hi·gen [bəˈʔʊnruːɪgən] **I** *v/t* ⟨*no* **ge-**, **h**⟩ **1.** disturb, trouble. **2.** (*Sorge bereiten*) worry, disquiet, *stärker*: alarm; **sein Zustand beunruhigt mich** I am worried about his health; **beunruhigt sein (über** *acc*, **wegen)** → 4. **3.** *mil.* (*den Feind*) harass. **II** *v/reflex* **4. sich ~ (über** *acc*, **wegen)** be (*od.* feel) uneasy (*od.* troubled, anxious, concerned) (about), *stärker*: be worried (about), be alarmed (at), be disturbed (by); **~ Sie sich nicht!** don't worry!, don't get alarmed!; **laß dich dadurch nicht ~!** don't let it worry you! **III** 2 *n* ⟨-s⟩ **5.** troubling, worrying (*etc*); disturbance. **beˈunˌruˌhi·gend** *adj* disturbing, disquieting, *stärker*: alarming. **Beˈunˌru·hi·gung** *f* ⟨-; *no pl*⟩ **1.** → **beunruhigen** III. **2.** (*Unruhe*) uneasiness, anxiety, alarm; **es besteht kein Grund zur ~** there is no cause for alarm. **3.** (*Sorge*) trouble, worry, concern. **4.** *mil.* harassment.
be·ur·kun·den [bəˈʔuːrˌkʊndən] *v/t* ⟨*no* **ge-**, **h**⟩ *jur.* **(öffentlich) ~** a) record (in valid legal form), make and execute a public record on, b) (*beglaubigen*) authenticate, certify, (*die Richtigkeit von*) *a.* verify, prove *s.th.* by documentary evidence, c) (*bezeugen*) attest, d) (*Geburten, Todesfälle etc*) register; **et. notariell ~** notarize s.th. **Beˈurˌkun·dung** *f* ⟨-; -en⟩ **1.** recording *s.th.* in valid legal form. **2.** → **Beglaubigung.**
be·ur·lau·ben [bəˈʔuːrˌlaubən] **I** *v/t* ⟨*no* **ge-**, **h**⟩ **1.** give (*od.* grant) *s.o.* leave (of absence), give *s.o.* time off; **sich ~ lassen** ask (*od.* apply) for leave, ask for time off. **2.** *mil.* give *s.o.* leave, grant furlough to. **3.** *vom Amt*: suspend (from office). **II** *v/reflex* **sich ~ 4.** *obs.* take one's leave.
beˈurˌlaubt *pp and adj* (absent *od.* home) on leave; **krankheitshalber ~** on sick leave; **vorübergehend ~** on temporary leave, *vom Amt*: temporarily suspended. **Beˈurˌlaub·tenˌstand** *m* ⟨-(e)s; *no pl*⟩ *mil.* reserve status. **Beˈurˌlau·bung** *f* ⟨-; -en⟩ **1.** granting (*od.* giving) *s.o.* leave (of absence) (*etc*). **2.** *vom Amt*: suspension (from office). **3.** (*Urlaub*) leave (of absence).
beˈur·tei·len I *v/t* ⟨*no* **ge-**, **h**⟩ **1.** a) judge, pass judg(e)ment (up)on, give one's opinion on, b) (*betrachten*) look upon, view, see; **j-n nach s-m Äußeren ~** judge s.o. by his appearance; **et. falsch ~** take a wrong view of s.th., misjudge s.th.; **et. ernst ~** take a grave view of s.th., view s.th. with concern; **das kann ich nicht ~** I am no judge (of that); **Sie können die Lage besser ~** you are in a better position to judge the situation; **im voraus ~** prejudge; **wie man den Fall auch ~ mag** however one looks at the case; **ich kann nicht ~, wie lange** (*etc*) ... I can't judge (*od.* say) how long (*etc*) ...; **wie ich die Sache beurteile** in my view, to my mind, as I see the matter. **2.** *fachmännisch*: criticize, comment on; **ein Buch ~** review (*od.* discuss) a book. **3.** (*Leistung, Wert*) rate, assess. **II** 2 *n* ⟨-s⟩ → **Beurteilung.** **Beˈur·tei·ler** *m* ⟨-s; -⟩ **1.** judge, critic; **sachkundiger ~** competent judge. **2.** critic, reviewer. **Beˈur·tei·lung** *f* ⟨-; -en⟩ **1.** judging (*etc*), judg(e)ment. **2.** ⟨*gen*⟩ judg(e)ment (of, on), opinion (on, of), view (of); **falsche ~** misjudg(e)ment. **3.** *in Personalakten etc*: confidential (*od. Am.* efficiency) report; **e-e günstige ~ finden** be viewed favo(u)rably. **4.** (*Einschätzung*) rating, assessment. **5.** (*Kritik*) criticism; *von Büchern etc*: critique, review.
Beu·te[1] [ˈbɔʏtə] *f* ⟨-; *no pl*⟩ **1.** *mil.* a) booty, spoil(s *pl*), plunder, loot, captured materiel, b) *mar.* prize; **dem Feind zur ~ fallen** fall into the hands of (*od.* be captured by) the enemy (→ *a.* 3); **~ machen** capture booty (*etc*); **auf ~ ausgehen** go looting (*od.* plundering). **2.** (*Diebes*2) loot, booty, *colloq.* haul, *weitS.* (*Fang*) *a.* catch; **reiche ~ machen** make a big haul. **3.** *fig.* (*Opfer*) (*gen* to) prey, victim; **zur ~ fallen** (*dat*) fall a prey (*od.* victim) to. **4.** *hunt.* a) (*Tier*) quarry, game, b) (*Jagd*2) bag, kill(ing), take. **5.** *e-s Raubtiers*: prey, quarry.
ˈBeu·te[2] *f* ⟨-; -n⟩ *dial.* **1.** (kneading) trough. **2.** (bee)hive.
ˈBeu·te|ˌfang *m* **auf ~ gehen** go preying. **~ˌgier** *f* lust for booty. **2ˌgie·rig** *adj* eager for booty. **~ˌgut** *n* → **Beute**[1] 1 a.
Beu·tel [ˈbɔʏtəl] *m* ⟨-s; -⟩ **1.** *allg.* bag; *Mode*: *a.* pochette. **2.** *colloq.* (*Geldbörse*) purse; **(tief) in den ~ greifen müssen** have to dip (deep) into one's purse (*od.* pocket), have to pay through one's nose; **ein Loch in j-s ~ reißen** make (quite) a hole in s.o.'s pocket; **den Daumen auf den ~ halten** tighten the purse strings. **3.** (*Tabaks*2) pouch. **4.** (*Mehl*2) bolter. **5.** *bot. zo.* sac. **6.** *der Beuteltiere*: pouch, marsupium. **~ˌbär** *m zo.* koala (bear). **2ˌför·mig** *adj* **1.** bag-shaped, pouch-shaped. **2.** *anat.* pouch-like. **3.** *zo.* marsupial.
beu·teln [ˈbɔʏtəln] **I** *v/t* ⟨h⟩ **1.** (*Mehl*) bolt. **2.** *colloq.* a) (*durchschütteln*) shake *s.o.* (like a rat), b) *fig.* shake (up), punish; *colloq.* **j-n (arg) ~** shake (*od.* batter) s.o. (badly). **3.** *colloq. beim Spiel*: fleece, clean out. **II** *v/i* **4.** *a.* **sich ~** *colloq. Stoff etc*: bag, be baggy.
ˈBeu·tel|ˌrat·te *f* opossum. **~ˌschnei·der** *m* **1.** *fig.* swindler, trickster. **2.** *obs.* cutpurse. **~schnei·deˈrei** [ˌbɔʏtəl-] *f fig.* swindling, trickery, sharp practice(s *pl*). **~ˌta·sche** *f* **1.** *zo.* (marsupial) pouch. **2.** *Mode*: pouch, pochette. **~ˌteu·fel** *m zo.* Tasmanian devil. **~ˌtier** *n zo.* marsupial.
ˈbeu·teˌlu·stig *adj* → **beutegierig.**
beu·ten [ˈbɔʏtən] *v/t* ⟨h⟩ (*Bienen*) hive.
ˈBeu·te|ˌrecht *n jur.* right of capture. **~ˌstück** *n* **1.** *mil.* captured object, spoil, *hist.* trophy. **2.** *hunt. etc* trophy, prize. **~ˌtier** *n* → **Beute**[1] 5. **~ˌzug** *m* foray, marauding expedition.
ˈBeut·ler *m* ⟨-s; -⟩ *meist pl. zo.* marsupial.
Beut·ner [ˈbɔʏtnər] *m* ⟨-s; -⟩ *agr.* beekeeper.
Be·va·tron [ˈbeːvatrɔn] *n* ⟨-s; -e [ˈbeːvatroːnə; bevaˈtroːnə]⟩ *nucl.* bevatron.
be·völ·kern [bəˈfœlkərn] **I** *v/t* ⟨*no* **ge-**, **h**⟩ **1.** populate, people; **ein Gebiet planmäßig ~** settle an area systematically. **2.** (*bewohnen*) inhabit. **3.** *fig.* (*Straße etc*) fill, crowd, throng (*the street, etc*); **viele Touristen ~ die Insel** the island is crowded with tourists. **4.** (*Bienenstock*) stock (*a hive* with a colony of bees). **II** *v/reflex* **sich ~ 5.** become peopled (*od.* populated, inhabited), grow populous. **6.** *fig. Straße etc*: become peopled (*od.* crowded, filled), become alive (**mit** with). **III** 2 *n* ⟨-s⟩ **7.** populating (*etc*).
beˈvöl·kert *adj* **1.** populated, peopled; **dicht (dünn) ~** densely (thinly) populated. **2.** (*bewohnt*) inhabited. **3.** *fig.* peopled, crowded, filled, thronged; (*voll von*) full of, alive with.
Beˈvöl·ke·rung *f* ⟨-; *no pl*⟩ **1.** → **bevölkern** III. **2.** population, (*Einwohner*) *a.* inhabitants *pl*, people; **die gesamte männliche ~** the entire male population. **3.** → **Bevölkerungsdichte.**
Beˈvöl·ke·rungs... *in Zssgn meist* a) population (*dynamics, growth, statistics, structure, surplus, etc*), b) (*increase, etc*) in population. **~ausˌtausch** *m* population exchange. **~ˌdich·te** *f* **(hohe, geringe ~)** high, low) population density. **~ˌdruck** *m* ⟨-(e)s; *no pl*⟩ population pressure. **~ex·plo·siˌon** *f* population explosion. **~ˌkreis** *m meist pl* section of the population. **~ˌkun·de** *f*, **~ˌleh·re** *f* demography. **~po·liˌtik** *f* population policy. **2poˌli·tisch** *adj* relating to population policy; **~e Maßnahmen** population measures. **~py·raˌmi·de** *f* population pyramid. **~ˌrückˌgang** *m* decrease in population. **~ˌschicht** *f* social stratum (*pl* strata), class (of society); **die unteren (oberen) ~en** the lower (upper) strata; **Personen aller ~en** people from all classes (*od.* walks of life); **weite ~en** wide sections of the population. **~ˌschutz** *m pol.* **ziviler ~** civil defen/ce (*Am.* -se) (service), protection of the civilian population. **~ˌstand** *m* (level of) population. **~ˌteil** *m* part of the population. **~ˌumˌsatz** *m* population turnover. **~ˌwis·sen·schaft** *f* demography. **~ˌzahl** *f*, **~ˌzif·fer** *f* population figure. **~ˌzuˌwachs** *m* increase in population.
be·voll·mäch·ti·gen [bəˈfɔlmɛçtɪgən] *v/t* ⟨*no* **ge-**, **h**⟩ **1.** authorize, empower, vest *s.o.* with power(s). **2.** *jur.* give *s.o.*

power of attorney, *in Urkunden*: *a.* appoint and constitute *s.o.* one's lawful agent and attorney. **3.** *pol.* (*Gesandten etc*) accredit (**bei** to). **be'voll,mäch·tigt I** *adj* **1.** authorized, empowered; *jur.* having power of attorney; ~ **sein, et. zu tun** be authorized (*od.* have authority, power) to do s.th.; *pol.* ~**er Minister** (*außerordentlicher Gesandter*) (minister) plenipotentiary; ~**er Vertreter** authorized representative. **II** ♀**e** *m, f* ⟨-n; -n⟩ **2.** authorized person. **3.** *jur.* a) (*Vertreter*) (lawful) agent, (authorized) representative, proxy, private attorney, attorney (in fact), b) (*Beauftragter*) delegate, c) → **Prozeßbevollmächtigte**: **amtlicher** ♀**er** commissioner. **4.** *pol.* (*Gesandter*) plenipotentiary. **5.** *econ.* authorized (managing) clerk. **Be'voll,mäch·ti·gung** *f* ⟨-; -en⟩ **1.** authorizing (*etc*). **2.** authorization, delegation of powers, *jur.* (grant of) power of attorney (*gen* to); **durch** ~, **auf Grund e-r** ~ by proxy, by power of attorney. **3.** → **Vollmacht.**

Be'voll,mäch·ti·gungs|,schrei·ben *n* **1.** letter of authorization. **2.** *jur.* letter (*od.* power) of attorney, proxy. ~**,ur·,kun·de** *f* → **Bevollmächtigungsschreiben** 2.

be'vor *conj* (*ehe*) before, *lit. poet.* ere; ~ **er eintraf** before he arrived, before (*od.* prior to, previous to) his arrival; **nicht** ~ not before, not until; ~ **nicht e-e bessere Lösung gefunden ist** *a.* pending a better solution.

be'vor,mun·den I *v/t* ⟨*insep, no* **ge-**, **h**⟩ *fig.* **1.** (*j-n*) patronize, keep *s.o.* in leading strings; **geistig** ~ *a.* spoon-feed. **2.** (*Land, Volk etc*) keep *s. th., s.o.* in tutelage. **II** ♀ *n* ⟨-s⟩ **3.** patronizing (*etc*). **Be'vor,mun·dung** *f* ⟨-; -en⟩ **1.** → **Bevormunden. 2.** tutelage, patronage.

be'vor,ra·ten *v/t* ⟨*insep, no* **ge-**, **h**⟩ **1.** stock up. **2.** (*Lebensmittel etc*) lay in stocks (*od.* supplies) of, stockpile, stock *s. th.* up. **Be'vor,ra·tung** *f* ⟨-; *no pl*⟩ **1.** stocking (up), stockpiling, provision of reserves. **2.** (*Vorrat*) stock, supplies *pl.*

be'vor,rech·ten *v/t* ⟨*insep, no* **ge-**, **h**⟩ → **bevorrechtigen.**

be·vor·rech·ti·gen [bəˈfoːrˌrɛçtɪgən] *v/t* ⟨*insep, no* **ge-**, **h**⟩ **1.** privilege. **2.** *jur.* (*Forderungen, Gläubiger etc*) give preference (*od.* priority) to. **be'vor·,rech·tigt I** *pp.* **II** *adj* **1.** privileged. **2.** *jur. Forderung, Schuld*: preferential, preferred, secured (*claim, debt*); ~ **zu befriedigen** preferable; ~**er Gläubiger** preferential creditor; ~ **sein vor** (*dat*) rank before. **Be'vor,rech·ti·gung** *f* ⟨-; *no pl*⟩ **1.** granting a privilege (*gen* to), preference (of), preferential treatment; *jur.* preferment. **2.** (*Vorrecht*) privilege, preferential right, preference.

be·vor·schus·sen [bəˈfoːrˌʃʊsən] **I** *v/t* ⟨*insep, no* **ge-**, **h**⟩ **1.** advance money on *s. th.* **2. j-n** ~ advance s.o. money (**für et.** on s.th.). **II** ♀ *n* ⟨-s⟩, **Be'vor·,schus·sung** *f* ⟨-; *no pl*⟩ advance (of money) (**für** on).

be'vor,ste·hen I *v/i* ⟨*irr, sep,* **-ge-**, **h**⟩ **1.** be near, be at hand, be approaching, be forthcoming, be impending, lie ahead; **s-e Entlassung stand bevor** he was about to be dismissed; **der Abschluß des Friedensvertrages steht nahe bevor** the peace treaty will be concluded before long; **Ostern stand bevor** Easter was near (*od.* approaching). **2.** *Gefahr, Krise etc*: be imminent (*od.* impending, threatening). **3. j-m steht et. bevor** s.th. awaits s.o., s.th. is in store for s.o., *Schlimmes*: *a.* s.th. hangs over s.o. (*od.* s.o.'s head), s.th. is upon s.o.; **das Schlimmste steht (uns) noch bevor** the worst is yet to come; **ihm steht e-e große Enttäuschung bevor** he is in for a great disappointment; **wer weiß, was uns noch bevorsteht** who knows what awaits (*od.* is in store for) us. **II** ♀ *n* ⟨-s⟩ **4.** impending; *e-r Gefahr etc*: *a.* imminence; (*Aussicht*) prospect. ~**d** *adj* nearing, (forth)coming, approaching, impending; *Gefahr, Krise*: impending, imminent; **noch** ~ yet to come; **die** ~**en Wahlen** the forthcoming elections; **die** ~**e Woche** the coming (*od.* next) week; **die** ~**en Freuden** the pleasures to come.

be·vor·zu·gen [bəˈfoːrˌtsuːgən] **I** *v/t* ⟨*insep, no* **ge-**, **h**⟩ **1.** prefer (*vor dat* to); → **bevorzugt. 2.** (*begünstigen*) favo(u)r; (**j-n vor j-m** s.o. before *od* above s.o.), grant (*od.* allow) s.o. special favo(u)rs (*od.* privileges); **der Lehrer bevorzugt e-n Schüler** the teacher favo(u)rs a pupil; **Stammkunden** ~ grant special favo(u)rs to regular customers. **3.** *jur.* privilege, prefer. **II** ♀ *n* ⟨-s⟩ → **Bevorzugung. be'vor,zugt I** *pp.* **II** *adj* **1.** privileged (*position, etc*). **2.** *bes. econ. jur.* preferential, preferred; ~**e Behandlung** preferential treatment, priority; ~**e Forderung** preferential debt. **3.** *Wohngegend etc*: fashionable. **4.** (*Lieblings...*) favo(u)rite. **III** *adv* **5. j-n** ~ **behandeln** → **bevorzugen** 2; **et.** ~ **behandeln** give s.th. preference (*od.* precedence); **e-n Antrag** ~ **bearbeiten** treat an application with priority. **Be'vor,zu·gung** *f* ⟨-; *no pl*⟩ **1.** preferring (*etc*). **2.** ⟨*gen*⟩ preference (given to), preferential treatment (of); favo(u)r (shown to).

be'wa·chen I *v/t* ⟨*no* **ge-**, **h**⟩ **1.** guard (*a prisoner, house, etc*); (keep) watch over; *mil. etc* guard, (*geleiten*) *a.* escort. **2.** (*beobachten*) watch *s.o., s.th.*; (*überwachen*) keep *s.o.* under surveillance; *j-n od. et.* **scharf** ~ keep a close watch on. **3.** *Sport*: mark, watch. **II** ♀ *n* ⟨-s⟩ **4.** guarding (*etc*); → *a.* **Bewachung. Be'wa·cher** *m* ⟨-s; -⟩ **1.** guard. **2.** (*Beschatter*) shadow. **3.** *humor.* (*Aufpasser*) watchdog. **4.** *Sport*: marker. **5.** *mar.* escort vessel.

be'wach·sen *v/t* ⟨*irr, no* **ge-**, **h**⟩ cover.

Be'wa·chung *f* ⟨-; *no pl*⟩ **1.** → **bewachen** II. **2.** guard; **unter** ~ under guard, (*begleitet*) *a.* under escort; **j-n unter strenger** ~ **halten** keep s.o. closely guarded. **3.** (*Mannschaft*) guard(s *pl*), escort. **4.** ⟨*gen*⟩ (*Überwachung*) watch (over), surveillance (of). **5.** *Sport*: marking.

Be'wa·chungs|,fahr,zeug *n mar. mil.* escort vessel. ~**,mann·schaft** *f* guard(s *pl*), escort.

be'waff·nen I *v/t* ⟨*no* **ge-**, **h**⟩ arm, provide (*od.* equip) *s.o., s.th.* with arms (*od.* weapons); *fig. colloq.* **er bewaffnete sich mit e-r Kamera** he armed himself with a camera. **II** ♀ *n* ⟨-s⟩ arming, armament.

be'waff·net *adj* armed, under (*od.* in) arms; **mit e-m Gewehr** (*od. colloq.* **e-r Kamera** *etc*) ~ armed with a rifle (a camera, *etc*); ~**er Bandit** armed bandit; *mil.* **unzureichend** ~ underarmed; ~**e Intervention** (**Neutralität**) armed intervention (neutrality); ~**er Friede** armed peace; ~**e Macht** armed force; **bis an die Zähne** ~ armed to the teeth; **mit** ~**er Hand** armed, by force of arms; **mit** ~**em Auge** with spectacles (*od.* a microscope, a magnifying glass, a telescope). **Be'waff·ne·te** *m, f* ⟨-n; -n⟩ armed person. **Be'waff·nung** *f* ⟨-; *no pl*⟩ **1.** → **bewaffnen** II. **2.** (*Waffen*) arms *pl*, weapons *pl.* **3.** *mar. mil.* armament.

be'wah·ren I *v/t* ⟨*no* **ge-**, **h**⟩ **1.** keep, preserve, retain, maintain; **die Beherrschung** (*od.* **die Fassung, s-n Gleichmut**) ~ keep one's temper (*od.* head), keep cool; **j-m ein gutes Andenken** ~ keep s.o. in fond (*od.* faithful) remembrance; **j-m die Treue** ~ remain faithful to s.o.; **s-e Form** ~ retain its shape; **ein Geheimnis** ~ keep a secret; **sich** (*dat*) **s-n Humor** ~ keep (*od.* retain) one's sense of humo(u)r; **sich** (*dat*) **s-e Gesundheit** ~ keep (*od.* conserve) one's health; **sich** (*dat*) **den Glauben an et.** ~ keep one's faith in s.th.; → **Stillschweigen. 2. j-n** (**et.**) ~ **vor** (*dat*) keep (*od.* preserve, protect, save) s.o. (s.th.) from; **Blumen vor Frost** ~ protect flowers from (*od.* against) frost; **j-n vor Schaden** ~ save s.o. from harm; **j-n vor e-r Dummheit** ~ keep s.o. from doing s.th. foolish; (**Gott**) **bewahre!** Heaven (*od.* God) forbid!; *colloq.* (**i**) **bewahre!** *a.* good heavens, no!, nothing of the sort! **3.** *archaic* (*aufbewahren*) keep (**an e-m sicheren Ort** in a safe place); **et. im Herzen** ~ treasure (*od.* cherish) s.th. in one's heart. **II** *v/reflex* **sich** ~ **4.** retain one's integrity, keep one's innocence. **III** ♀ *n* ⟨-s⟩ → **Bewahrung.**

be'wäh·ren *v/reflex* ⟨*no* **ge-**, **h**⟩ **sich** ~ **1.** prove one's worth (*Person*: *a.* one's ability *od.* efficiency), stand the test; **sich nicht** ~ prove (to be) a failure, not to stand the test; **sich als Lehrer** (**Arznei** *etc*) ~ prove to be a good teacher (remedy, *etc*); **er hat sich auf diesem Posten gut bewährt** he has proved himself efficient in this position; **diese Methode hat sich bewährt** this method has proved successful (*od.* a success); **ihre Freundschaft hat sich bewährt** their friendship has stood the test of time; → **bewährt. 2.** *jur. bedingt Entlassener*: conduct o.s. according to the terms of probation.

Be'wah·rer *m* ⟨-s; -⟩ (*rare*) **1.** keeper, preserver; ~ **e-r Tradition** upholder of a tradition. **2.** *jur.* bailee.

be·wahr·hei·ten [bəˈvaːrhaɪtən] *v/reflex* ⟨*no* **ge-**, **h**⟩ **sich** ~ prove (to be) true, turn out to be true, be confirmed; (*sich erfüllen*) come true.

be'währt *pp u. adj* **1.** (*erprobt*) (well-)-tried, (ap)proved, proven, time-tested, sound; (*zuverlässig*) reliable; (*erfolgreich*) successful. **2.** *Person*: reliable, trustworthy; (*verdient*) deserving (*employee, etc*); (*erfahren, fähig*) experienced, capable. **3.** (*echt*) true, genuine. **4.** (*üblich*) usual. ♀**heit** *f* ⟨-; *no pl*⟩ **1.** proved worth (*od.* value), excellence. **2.** success(fulness). **3.** reliability.

Be'wah·rung *f* ⟨-; *no pl*⟩ keeping (*etc*; *cf.* **bewahren**); preservation, conservation; protection.

Be'wäh·rung *f* ⟨-; -en⟩ **1.** (putting to the) proof (*od.* test), trial, crucial test. **2.** proof of worth (*od.* efficiency); **bei** ~ upon proving (*od.* if) satisfactory; **die Stunde der** ~ the supreme test, the moment of truth. **3.** *jur.* probation; (**Strafaussetzung zur**) ~ (release on) probation; **die Strafe wurde zur** ~ **ausgesetzt** the sentence was suspended, the defendant was placed on probation; **3 Monate Gefängnis mit** ~ a suspended sentence of 3 months; **5 Monate Gefängnis mit 2 Jahren** ~ a sentence of 5 months (of) imprisonment suspended on probation for a period of 2 years; **Straferlaß nach** ~ remission of punishment after lapse of probation period. **4.** *philos. Erkenntnistheorie*: corroboration.

Be'wäh·rungs|,auf,la·ge *f jur.* term of probation. ~**,frist** *f* period of probation; **j-m ~ gewähren** place s. o. on probation; → *a.* **Bewährung** 3. **~ˌhel·fer** *m* probation officer. **~ˌhil·fe** *f in Deutschland*: association for the assistance of juveniles placed on probation. **~ˌpro·be** *f fig.* (acid) test; **die ~ bestehen** stand the test; **j-n auf e-e schwere ~ stellen** put s. o. to a severe test. **~ˌzeit** *f* → **Bewährungsfrist.**

be·wal·det [bəˈvaldət] *adj* wooded, woody; (**mit Nutzholz**) ~ under timber. **Beˈwal·dung** *f* ⟨-; *no pl*⟩ **1.** (*Waldbestand*) woods *pl*, forests *pl*. **2.** (*Aufforstung*) afforestation.

be·wäl·ti·gen [bəˈvɛltɪgən] **I** *v/t* ⟨*no* **ge-**, **h**⟩ (*meistern*) master, manage, handle; (*e-e Schwierigkeit*) *a.* cope with, overcome, surmount, conquer; (*Aufgabe, Arbeit*) accomplish, manage, deal with; (*e-n Lehrstoff*) master (*a subject*), assimilate (*knowledge*); (*den Verkehr etc*) (get *the traffic, etc* under) control; (*e-n Berg*) conquer, climb; (*Koffer, Gepäck*) manage (to carry); *Sport*: **ein Hindernis ~** clear (*od.* take, negotiate) an obstacle; *colloq.* **können Sie noch ein Stück Kuchen ~?** can you manage another slice of cake?; **er bewältigte die Strecke in 2 Stunden** he covered (*od.* did) the distance in 2 hours; **die Vergangenheit ~** come to terms with (*od.* live down) one's past. **II** ᴤ *n* ⟨-s⟩, **Beˈwäl·ti·gung** *f* ⟨-; *no pl*⟩ mastering (*etc*); *e-r Arbeit, Aufgabe etc*: accomplishment, completion: **zur ~ dieser Aufgabe** to accomplish this task.

be·wan·dert [bəˈvandərt] *adj* (**in** *dat*, **auf** *dat*) well-informed, well-versed, knowledgeable, proficient, (*erfahren*) experienced, skilled (*alle*: in), ⟨*pred*⟩ well versed (in), conversant (with), at home (in), *colloq.* well up (in).

Beˈwandt·nis *f* ⟨-; -se⟩ **damit hat es e-e besondere** (*od.* **eigene**) ~ a) there is something special about it, thereby hangs a tale, b) there is a special reason for that; **damit hat es folgende ~** the case (*od.* matter, situation) is as follows; **was hat es damit für e-e ~?** what's special about it?, *colloq.* what about that?; **damit hat es e-e ganz andere ~** that's something quite different.

beˈwäs·sern *v/t* ⟨*no* **ge-**, **h**⟩ *agr.* water, *bes. künstlich*: irrigate. **Beˈwäs·se·rung** *f* ⟨-; -en⟩ watering; irrigation.

Beˈwäs·se·rungs|ˌanˌbau *m agr.* cultivation (of crops) under irrigation. **~ˌanˌla·ge** *f* irrigation plant. **~ˌgra·ben** *m* irrigation ditch, feeder. **~kaˌnal** *m* irrigation canal. **~kulˌtur** *f* irrigated farming. **~syˌstem** *n agr.* irrigation system.

Beˈwäß·rung *f* ⟨-; -en⟩ → **Bewässerung.**

beˈweg·bar *adj* movable, mobile.

be·we·gen[1] [bəˈveːgən] **I** *v/t* ⟨*no* **ge-**, **h**⟩ **1.** move; **den Fuß ~** move one's foot; **er konnte die Kiste nicht von der Stelle** (*od.* **vom Fleck**) ~ he couldn't budge the chest; *mil.* **Truppen ~** move troops. **2.** (*Blätter, Wasser etc*) stir. **3.** a) (*in Bewegung setzen*) set *s. th.* in motion, move *s. th.*, *tech. a.* operate, actuate, (*antreiben*) drive, b) (*in Bewegung halten*) keep *s. th.* in motion, move (*od.* drive) *s. th.* **4.** *fig.* (*rühren*) move, affect, touch, *stärker*: agitate; **s-e Worte haben mich tief bewegt** his words have deeply moved me; **sag mir, was dein Herz bewegt** tell me what's on your mind. **5.** *fig.* (*beschäftigen*) occupy, concern, (*beunruhigen*) worry; **dieses Problem bewegt mich schon seit einiger Zeit** I have been concerned with this problem for some time now; **Fragen, die alle ~** questions with which everyone is concerned; **et. im Herzen ~** ponder s. th. in one's heart. **6.** (*Pferd*) exercise. **II** *v/reflex* **sich ~ 7.** *a. fig.* move; **~ Sie sich nicht!** don't move (*od.* stir)!; **sich nicht von der Stelle ~** (**lassen**) not to budge (an inch); **sich** (**in frischer Luft** *od.* **im Freien**) ~ a) (*Sport treiben*) take (outdoor) exercise, b) (*spazierengehen*) take the air, take a walk; **der Trauerzug bewegte sich durch das Dorf** the funeral procession wound its way through the village; **die Erde bewegt sich um die Sonne** the earth revolves (*od.* moves, travels) round the sun; **sich hin und her ~** a) move to and fro, b) *tech.* reciprocate; **sich im Kreise ~** a) (move in a) circle, gyrate, b) *fig. Argument, Debatte etc*: go round (and round) in circles, get nowhere; *fig.* **sich in feinen Kreisen ~** move in good society; **sich um einen Punkt ~** revolve about a cent/re (*Am.* -er), *fig. Argument etc*: cent/re (*Am.* -er) on one point; **s-e Wünsche ~ sich alle in der gleichen Richtung** his desires all tend in the same direction. **8.** *Preise etc*: range (**zwischen** between *20 and 30 marks*). **III** ᴤ *n* ⟨-s⟩ **9.** moving (*etc*). **10.** → **Bewegung.**

beˈwe·gen[2] *v/t* ⟨**bewegt, bewog, bewogen, h**⟩ **j-n zu e-r Sache ~, j-n ~, et. zu tun** move (*od.* prompt, induce, bring, get) s. o. to do s. th., make s. o. do s. th.; **was hat ihn zu diesem Schritt bewogen?** what made him do this (*od.* take this step)?; **er war nicht zu ~, das zu tun** nothing could induce (*od.* move) him to do that; **wir bewogen ihn, es anzunehmen** we prevailed (up)on him to accept it; **sich bewogen fühlen, et. zu tun** feel moved (*od.* prompted, bound) to do s. th.; **sich ~ lassen** a) (**vom Mitleid** *etc*) be moved (by pity, *etc*), b) (*nachgeben*) yield, give way, relent; **sich nicht ~ lassen** stand (*od.* be) firm, be adamant. **beˈwe·gend** *adj* **1.** moving, motive, mobile; *phys.* **~e Kraft** motive (*od.* kinetic) force; **sich von selbst ~** self-acting. **2.** *fig.* moving, stirring, touching (*words, etc*). **Beˈwe·ger** *m* ⟨-s; -⟩ **1.** prime mover. **2.** *phys.* motor, motive force.

Beˈweg|ˌgrund *m* motive, reason, motivation; **die tieferen Beweggründe für sein Handeln** the hidden (*od.* ulterior) motives for his action; **aus moralischen Beweggründen** from moral considerations. **~ˌkraft** *f tech.* motive force (*od.* power).

be·weg·lich [bəˈveːklɪç] *adj* **1.** movable, mobile; **~er Feiertag** movable holiday; **~e Gesichtszüge** mobile features. **2.** flexible. **3.** (*flink*) agile, nimble, (*rührig*) active; **ein ~er Geist** a nimble (*od.* versatile, an active) mind; **~e Zunge** voluble (*od.* glib) tongue; **e-e ~e Politik** a flexible policy. **4.** *Glied etc*: supple, flexible, lithe. **5.** *econ. jur.* movable; **~e Sachen** (*od.* **Güter**) *pl* movable chattels (*od.* goods), movables; **~es Eigentum** goods *pl* and chattels *pl*, personal effects *pl* (*od.* property); **~er Nachlaß** personal assets *pl*; **~e** (**Lohn-, Preis-** *etc*) **Skala** gliding (*od.* sliding, escalating) scale. **6.** *tech.* a) movable, moving, b) (*senkrecht*) floating, c) (*allseitig*) flexible, d) (*tragbar*) portable, e) (*nicht ortsfest*) mobile; **~e Teile** moving parts; **~e Belastung** live load. **7.** *phys.* mobile. **8.** *Auto etc*: manœuvrable, *Am.* maneuverable, flexible. **9.** *electr. Kontakt*: moving. **10.** *mar. Ladung*: loose. **11.** *mil.* a) *Truppen etc*: mobile, b) *Ziel*: moving (*target*); **~e Verteidigung** mobile defen/ce (*Am.* -se). **12.** *biol.* motile. **ᴤkeit** *f* ⟨-; *no pl*⟩ **1.** movability, movableness (*beide a. jur.*), mobility (*a. phys.*). **2.** flexibility. **3.** agility, nimbleness: **~ des Geistes** nimbleness of mind, versatility, active mind. **4.** (*Geschmeidigkeit*) suppleness, flexibility, litheness. **5.** *tech.* a) movability, b) (*Biegsamkeit*) flexibility. **6.** *mot.* manœuvrability, *Am.* maneuverability, flexibility. **7.** *phys.* mobility. **8.** *biol.* motility.

beˈwegt I *adj* **1.** *See*: troubled, rough, heavy; **leicht ~e Wasseroberfläche** ruffled surface. **2.** *fig. Leben, Zeiten etc*: lively, *b.s.* troubled, (*wild*) turbulent, *colloq.* hectic (*times, life, etc*), (*ereignisreich*) eventful, (*erregend*) stirring, exciting, thrilling, (*lustig*) gay; **~e Diskussion** a) lively (*od.* animated) discussion, b) heated (*od.* stormy) debate; **ihre ~e Vergangenheit** her colo(u)rful past. **3.** *fig.* (*gerührt*) moved, touched; **~en Herzens** with (a) full heart, with emotion; **mit ~en Worten** vividly, *stärker*: in stirring words; **mit ~er Stimme** with trembling (*od.* in a choked) voice; **tief ~** deeply moved; **freudig ~** joyful(ly); **von Angst ~** anxious(ly). **II** *adv* **4.** *mus.* agitato, con moto. **ᴤheit** *f* ⟨-; *no pl*⟩ **1.** turbulence. **2.** *fig.* (*Rührung*) emotion. **3.** *fig.* (*Lebhaftigkeit*) liveliness, animation.

Beˈwe·gung *f* ⟨-; -en⟩ **1.** → **bewegen**[1] 9. **2.** motion, movement (*beide a. geol. mus. phys., a. Kunst*), *tech. a.* travel; *phys.* **drehende** (*od.* **rotierende**) ~ rotary motion, rotation, revolution; **die ~ der Planeten** the motion of the planets; **in ~ sein** a) be in motion, b) *Person*: be on the move, be astir; **et. in ~ setzen** set s. th. in motion, *fig.* set s. th. afoot; **sich in ~ setzen** start (to move), get going; **in ~ geraten** a) start to move, b) *fig.* become animated (*od. stärker*: agitated, get going); *fig.* **~ bringen in et.** stir (*od.* liven) s. th. up, get s. th. going; **die Massen in ~ bringen** arouse (*od.* stir up) the masses; *colloq.* **das brachte ihn in ~** that made him stir, that got him moving; **die ganze Stadt war in ~** the whole town was afoot (*od.* out and about); **er ist dauernd in ~** he is always on the go; **in ~ halten** keep s. th. going (*od.* in motion); **der Zug setzt sich in ~** the train starts (*od.* moves off); → **Hebel**; **Himmel** 5. **3.** (*einzelne ~*) movement, motion, *mit bestimmter Absicht*: move; **e-e ~ des Arms** a movement of the arm; **ruckweise ~** jerk(y movement); **sie beobachteten jede s-r ~en** they watched his every move; **keine ~!** don't move! **4.** *Sport etc*: exercise; **körperliche ~** physical exercise; **sich ~ machen** take exercise; *colloq.* **~!** get a move on! **5.** (*Geste*) gesture, motion. **6.** (*Rührung*) emotion; **in tiefer ~** deeply moved. **7.** (*politische, religiöse, soziale ~*) movement. **8.** (*Tendenz*) trend, movement; *econ.* **e-e rückläufige ~** a retrograde (*od.* downward) movement. **9.** *mil. von Truppen etc*: movement, manœuvre, *Am.* maneuver.

Beˈwe·gungs|ˌabˌlauf *m* motions *pl*; **Studie e-s ~s** motion study. **~ap·paˌrat** *m anat.* locomotor system. **~beˌhand·lung** *f* exercise treatment, *scient.* kinesitherapy. **~ˌbild** *n* **1.** pattern of motion. **2.** *econ.* trend, pattern. **~enerˌgie** *f phys.* kinetic energy. **ᴤˌfä·hig** *adj* **1.** able to move, mobile. **2.** *biol.* motile. **~ˌfä·hig·keit** *f* **1.** mobility. **2.** *biol.* motility. **~ˌfrei·heit** *f* **1.** freedom of movement (*a. tech.*), room to move (about); **j-s ~ einschränken** restrict s. o.'s freedom of movement. **2.** *fig.* freedom (*od.* liberty) of action, elbow room, (free) scope; **wirtschaftliche ~**

freedom of economic action; **sie läßt ihnen viel ~** she gives them plenty of leeway. **~geˌsetz** *n* **1.** *phys.* law of motion. **2.** *sociol.* law of mobility. **~ˌgrö·ße** *f phys.* momentum, kinetic quantity. **~ˌkraft** *f* motive power (*od.* force). **~ˌkrieg** *m mil.* mobile warfare. **~ˌleh·re** *f* **1.** theory of motion (*a. astr.*). **2.** *phys.* (*alle als sg konstruiert*) a) *theoretische*: kinematics *pl*, b) *der Körperbewegung*: kinetics *pl*, c) mechanics *pl*, d) dynamics *pl*.

beˈwe·gungs·los *adj u. adv* motionless, immobile, still; *Gesicht*: impassive. **Beˈwe·gungs·lo·sig·keit** *f* ⟨-; *no pl*⟩ immobility, motionlessness.

Beˈwe·gungs|me·chaˌnis·mus *m tech.* moving (*od.* motive, actuating) mechanism. **~ˌnerv** *m* motor nerve. **~orˌgan** *n physiol.* motory organ. **~ˌspiel** *n Sport*: (active) game. **~ˌstö·rung** *f med.* motor disturbance, ataxy. **~ˌstu·die** *f* **1.** *econ.* motion (*od.* time) study. **2.** *psych.* motion study. **3.** *Kunst*: study of movement(s *pl*). **~the·raˌpie** *f* kinetotherapy. **♀ˌunˌfä·hig** *adj* unable to move, immobilized. **~ˌzen·trum** *n anat.* motor area.

beˈweh·ren I *v/t* ⟨*no* **ge-, h**⟩ **1.** *civ. eng.* (*Beton etc*) reinforce, armo(u)r. **2.** *electr.* (*Kabel etc*) armo(u)r, shield, sheathe. **3.** *obs.* a) (*bewaffnen*) arm, b) (*befestigen*) fortify. **II ♀** *n* ⟨-s⟩. **4.** reinforcing (*etc*). **Beˈweh·rung** *f* ⟨-; -en⟩ **1.** → bewehren II. **2.** *civ. eng.* reinforcement. **3.** *electr.* armo(u)r. **4.** *obs.* a) arming, arms *pl*, b) fortification.

beˈweibt *adj obs. od. humor. Mann*: married.

beˈweihˌräu·chern *v/t* ⟨*no* **ge-, h**⟩ **1.** *fig. contp.* **j-n ~** praise s.o. fulsomely, adulate s.o.; **sich selbst ~** indulge in self-adulation. **2.** *relig.* cense. **BeˈweihˌräuÂ·che·rung** *f* ⟨-; -en⟩ **1.** adulation. **2.** *relig.* censing.

beˈwei·nen *v/t* ⟨*no* **ge-, h**⟩ mourn (for *od.* over), weep over, lament, *stärker*: bewail.

Be·weis [bəˈvaɪs] *m* ⟨-es; -e⟩ **1.** (**für** of) proof, evidence (*a. collect.*); **schlagender ~ für** convincing (*od.* striking) proof of; **für et. den ~ erbringen** (*od.* **liefern**), **et. unter ~ stellen** prove s.th., give (*od.* show) proof of s.th. (→3); **zum** (*od.* **als**) **~** as proof, **e-r Sache** in proof of s.th., to prove s.th. (→2); **das ist der ~, daß** this is proof (*od.* evidence) that, this proves that ...; **als ~ nenne ich Shakespeare** witness Shakespeare. **2.** (*Zeichen*) token, sign, mark, proof; **~e der Dankbarkeit** tokens of gratitude; **als ~ s-r Zuneigung** in (*od.* as a) token (*od.* as a sign, mark) of his affection. **3.** *jur.* a) proof, b) (*Beweismittel*) (piece of) evidence, c) (*Zeugenbeweis*) testimony, (testimonial) evidence; **die vorgebrachten ~e** the evidence *sg* (presented); **~ des ersten Anscheins** prima facie evidence; **direkter** (**mittelbarer** *od.* **indirekter**) **~** direct (indirect) evidence; **den ~ antreten** (formally) offer and specify the evidence, *weitS.* **für et.** (offer to) prove s.th.; **~e aufnehmen** (*od.* **erheben**) take evidence; **~e für et. erbringen** (*od.* **liefern**) adduce (*od.* produce, present, furnish, supply) evidence for s.th.; **den ~ erbringen** (*od.* **führen**) prove one's case; **den ~ für et. erbringen** furnish proof of s.th., prove s.th.; **als ~ gelten** a) be receivable in evidence, b) *Urkunde*: be valid evidence, have full faith and credit; **als ~ vorlegen** (**zulassen**) submit (admit) *s.th.* in evidence; **die ~e würdigen** weigh (*od.* assess) the evidence; **bis zum ~ des Gegenteils** pending proof to the contrary; **er hat alle ~e beisammen** his case is complete; **die ~e sprachen gegen ihn** the evidence was against him; → **Mangel**[1] 1. **4.** *math.* proof, demonstration. **5.** *philos.* a) argument(um), b) demonstration.

Beˈweis|anˌtrag *m jur.* motion to receive evidence. **~anˌtritt** *m* (formal) offer of evidence.

Beˈweisˌaufˌnah·me *f jur.* hearing (*od.* taking) of evidence; **in die ~ eintreten, zur ~ schreiten** proceed to take evidence; **das Ergebnis der ~** the evidence (taken). **~verˌfah·ren** *n* proceedings *pl* to take evidence.

beˈweis·bar *adj* **1.** provable (*a. jur.*); **es ist nicht ~** it cannot be proved. **2.** *a. math.* demonstrable. **♀keit** *f* ⟨-; *no pl*⟩ **1.** provableness. **2.** demonstrability.

Beˈweis|beˌschluß *m jur.* court order for the taking of evidence. **~ˌeinˌre·de** *f* motion to reject evidence.

be·wei·seln [bəˈvaɪzəln] *v/t* ⟨*no* **ge-, h**⟩ (*Bienenstock*) requeen.

beˈwei·sen I *v/t* ⟨*irr, no* **ge-, h**⟩ **1.** prove, show; (*feststellen*) establish; (*erhärten*) substantiate; **das Gegenteil ~** prove the contrary; **j-m et. ~** prove s.th. to s.o.; **das läßt sich nicht ~** that cannot be proved; **das beweist, daß er unrecht hat** that proves him (to be) wrong; that proves he is (in the) wrong; **~, daß et. wahr ist** prove that s.th. is true (*od.* s.th. to be true); **dies beweist zur Genüge, daß** this is ample proof that; **das beweist gar nichts** that proves nothing. **2.** (*zeigen, kundtun*) show, display, manifest, demonstrate, evidence; **er bewies großes Interesse** he showed great interest; **Mut ~** show (*od.* display) courage; **s-e Geschicklichkeit** *etc* **~** give (*od.* show) proof of one's skill, show (*od.* prove, demonstrate) one's skill. **3.** *jur.* **et. ~** a) prove (*od.* establish) s.th., furnish proof (*od.* evidence) of s.th., b) *Urkunde etc*: a. be evidence (*od.* proof) of s.th.; **j-s Unschuld ~** prove s.o. (to be) innocent; **s-e Sache ~** prove one's case. **4.** *chem. tech., a. math. philos.* a) prove, b) demonstrate; **e-n Lehrsatz ~** demonstrate (*od.* verify) a theorem. **II** *v/reflex* **5. et. beweist sich** s.th. is proved, s.th. establishes itself as the truth; **sich als et. ~** prove (to be) s.th.

Beˈweis|erˌgeb·nis *n jur.* evidence (taken). **♀erˌheb·lich** *adj jur.* evidentiary, material (to the evidence). **~erˌhe·bung** *f* taking of evidence; **~en vornehmen** take (*od.* obtain) evidence. **♀ˌfä·hig** *adj* (**im Rechtsverkehr**) **~** *Urkunde*: being valid evidence, having full faith and credit. **~ˌfüh·rung** *f* (*Ausführungen*) (line of) argumentation, argument(s *pl*); *jur. engS.* presentation of (the) evidence. **~ˌgrund** *m* argument. **~ˌket·te** *f jur.* chain of evidence. **~konˌflikt** *m* conflict of evidence. **~ˌkraft** *f* **1.** conclusiveness, cogency. **2.** *jur.* probative force. **♀ˌkräf·tig** *adj* **1.** conclusive, cogent. **2.** (*überzeugend*) convincing, forceful. **3.** *jur.* probative, conclusive. **~ˌlast** *f* burden (*od.* onus) of proof, onus (probandi); **die ~ obliegt dem Kläger** the burden of proof is on (*od.* lies with) the plaintiff; **die ~ ging auf den Beklagten über** the onus shifted on to the defendant. **~ma·teˌriˌal** *n* (body of) evidence; **auf Grund des ~s** on the evidence; **~ sammeln** (**vorbringen**) collect (produce *od.* present) evidence. **~ˌmit·tel** *n* (piece of) evidence; **die ~** the evidence *sg* (offered *od.* introduced); **als ~ für et. dienen** be evidence of s.th., evidence s.th.; **als ~ dienende Urkunde** document produced in evidence, document in support. **~ˌpflicht** *f* → Beweislast. **♀ˌpflich·tig** *adj* **~e Partei** party on which lies the burden of proof. **~ˌrecht** *n* law of evidence. **♀ˌrecht·lich** *adj* under the law (*od.* rules) of evidence. **~ˌre·gel** *f* (**gesetzliche**) **~** (statutory) rule of evidence. **~ˌsatz** *m math.* **1.** (*Beweisführung*) argumentation. **2.** (*Beweisgrund*) argument, proposition. **~ˌsi·che·rung** *f jur.* perpetuation of evidence. **~ˌstel·le** *f* illustrative quotation, locus classicus. **~ˌstück** *n jur.* (piece of) evidence; document (produced) in evidence; **vom Gericht protokolliertes ~** exhibit. **~terˌmin** *m* (date of) taking of evidence. **~ˌthe·ma** *n jur.* matter on which testimony is heard. **~theoˌrie** *f* **1.** *jur.* law of evidence. **2.** *math. philos.* proof theory. **~ˌurˌkun·de** *f jur.* evidential document, document in proof. **~ˌwür·di·gung** *f* assessment of the evidence.

beˈwen·den I *v/i* ⟨*only inf*⟩ **es bei e-r Sache ~ lassen** let it rest (*od.* go) at s.th., leave it at s.th.; **laß es dabei ~!** leave it (*od.* let it go) at that! **II ♀** *n* ⟨-s⟩ **dabei hat es sein ♀** that is all, there the matter rests; **die Sache muß damit ihr ♀ haben** that should be enough.

beˈwer·ben *v/reflex* ⟨*irr, no* **ge-, h**⟩ **sich ~ 1.** apply (**um** for; **bei** to); seek; **sich bei e-r Firma um e-e Anstellung ~** apply to a firm for a position (*od.* job). **2.** (*kandidieren*) stand (*Am.* run) (**um** for *an office*), be a candidate (*od.* contender) (for). **3.** *um e-n Preis, Titel etc*: compete (*od.* contend, enter) (for). **4.** *econ.* **sich um e-n Auftrag ~** bid (*od.* tender) for a contract. **5. sich um j-s Gunst ~** court s.o.'s favo(u)r; **sich um ein Mädchen ~** court (*od.* woo) a girl. **Beˈwer·ber** *m* ⟨-s; -⟩ **1.** applicant (**um** for). **2.** (**um**) candidate (for), aspirant (to). **3.** *Sport etc*: competitor, contender, entrant. **4.** *um ein Mädchen*: suitor, wooer. **5.** *econ. bei Ausschreibungen*: bidder, competitor. **Beˈwer·bung** *f* ⟨-; -en⟩ (**um** for) **1.** (*Vorgang u. Antrag*) application. **2.** candidacy. **3.** *Sport etc*: competition, entry. **4.** *econ.* tender, bid.

Beˈwer·bungs|for·muˌlar *n* application form (*Am. a.* blank). **~ˌschrei·ben** *n* (letter of) application. **~ˌun·terˌla·gen** *pl* application papers *pl*.

beˈwer·fen *v/t* ⟨*irr, no* **ge-, h**⟩ **1.** (**mit** with) pelt, *colloq.* pepper, *stärker*: bombard; **j-n mit Steinen ~** throw stones at s.o.; **mit Bomben ~** bomb; *fig.* **j-n** (**j-s Namen**) **mit Schmutz** (*od. colloq.* **Dreck**) **~** throw dirt (*od.* sling mud) at s.o. (s.o.'s name), *stärker*: drag s.o. (s.o.'s name) through the mud. **2.** *civ. eng.* a) *mit Mörtel etc*: plaster, b) *roh*: rough-cast.

be·werk·stel·li·gen [bəˈvɛrkʃtɛlɪgən] *v/t* ⟨*no* **ge-, h**⟩ manage, effect, contrive, bring *s.th.* about; (*machen, tun*) do; (*deichseln*) *colloq.* engineer, *sl.* pull.

beˈwer·ten *v/t* ⟨*no* **ge-, h**⟩ **1.** (*Arbeit, Leistung etc*) rate, appraise, assess, judge; **et. zu hoch ~** overrate s.th.; **et. negativ ~** judge s.th. unfavo(u)rably, criticize s.th.; **j-n nach s-m Erfolg ~** judge s.o. by his results (*od.* success). **2.** *econ.* (**auf** *acc*, **mit** at) a) value, appraise, b) *bes. für Steuerzwecke, Versicherung*: assess, c) (*abschätzen*) estimate, d) (*klassifizieren*) rate; **et. zu niedrig ~** undervalue s.th.; **e-n Verlust auf** (*od.* **mit**) **500 DM ~** assess (*od.* estimate) a loss at 500 DM. **3.** *ped.* assess, *Am. a.* grade. **4.** *Sport*: judge; **et. nach Punkten ~** judge (*od.* assess) s.th. on points; **die Mannschaft wurde mit 8 Punkten bewertet** the team scored (*od.* was awarded) 8 points; **dieser Sprung wird mit 7 Punkten bewertet** this jump rates 7 points. **5.** *fig.* (*betrachten*) consider, look upon. **Be'wer·tung** *f* ⟨-; -en⟩ **1.** ⟨*only sg*⟩ rating (*etc*). **2.** ⟨*only sg*⟩ appraisal, assessment; **die ~ der geleisteten Arbeit ist unterschiedlich** the opinions on (the quality of) the work performed vary. **3.** *econ.* a) valuation, appraisal, *bes. für Steuerzwecke etc*: assessment, b) (*Schätzung*) estimation. **4.** *ped.* a) assessment, b) marks *pl*, *bes. Am.* grades *pl*. **5.** *Sport*: a) classification, *a.* judging, b) (*Punkte*) points *pl*.

Be'wer·tungs|,grund,la·ge *f* *allg.* basis of assessment; *weitS.* yardstick. **~,maß,stab** *m allg.* standard of assessment.

be'wet·tern *v/t* ⟨*no* **ge-**, **h**⟩ *Bergbau*: ventilate.

be·wil·li·gen [bə'vɪlɪgən] *v/t* ⟨*no* **ge-**, **h**⟩ **1.** grant, allow, accord (**j-m et.** s. o. s. th., s. th. to s. o.); **e-n Antrag (Kredit) ~** grant an application (a credit); *econ.* **e-n Rabatt ~** allow a discount. **2.** *bes. pol.* a) (*Mittel, Gesetz etc*) vote (for), approve, sanction, authorize, b) *im Etat*: appropriate, vote. **Be'wil·li·gung** *f* ⟨-; -en⟩ **1.** granting (*etc*). **2.** ⟨*only sg*⟩ grant, allowance; **~ des Armenrechts** granting of a legal aid certificate. **3.** (*Erlaubnis*) permission, licen/ce (*Am.* -se). **4.** (*Zuteilung*) allocation. **5.** *bes. pol.* a) approval, sanction, authorization, b) *im Etat*: appropriation; *pol.* **Gesetzesvorlage zur ~ von Geldern** appropriation bill.

Be'wil·li·gungs|,aus,schuß *m pol.* authorizing committee. **~,recht** *n pol.* right of appropriation.

be·will·komm·nen [bə'vɪl,kɔmnən] *v/t* ⟨*no* **ge-**, **h**⟩ welcome, greet, receive.

be'wim·peln *v/t* ⟨*no* **ge-**, **h**⟩ decorate *s. th.* with pennants.

be'wir·ken *v/t* ⟨*no* **ge-**, **h**⟩ effect, cause, bring about, effectuate, produce, give rise to, result in, occasion; **~, daß j-d et. tut** cause s. o. to do s. th.; **~, daß et. geschieht** cause s. th. to happen.

be'wir·ten *v/t* ⟨*no* **ge-**, **h**⟩ (**mit** with) entertain, regale (*guests*); (*abspeisen*) feed; **j-n königlich ~** entertain s. o. regally, *colloq.* wine and dine s. o.

be'wirt·schaf·ten *v/t* ⟨*no* **ge-**, **h**⟩ **1.** (*Hof, Gaststätte etc*) manage, run; **die Hütte wird von Mai bis Oktober (nicht) bewirtschaftet** the mountain hut is open (closed) from May to October. **2.** *agr.* work, farm, cultivate. **3.** *econ.* a) (*Waren etc*) ration, b) (*Devisen, Preise etc*) control; **bewirtschaftete Güter** rationed (*od.* quota, controlled) goods. **Be'wirt·schaf·tung** *f* ⟨-; *no pl*⟩ **1.** managing, running, management. **2.** *agr.* cultivation. **3.** *econ.* a) rationing, b) *von Devisen, Preisen etc*: control.

Be'wirt·schaf·tungs·sy,stem *n* **1.** *agr.* farming system. **2.** *econ.* a) rationing system, b) (system of) controls *pl*.

Be'wir·tung *f* ⟨-; *no pl*⟩ **1.** entertaining, entertainment. **2.** (*Gastfreundschaft*) hospitality; **danke für die freundliche ~** thank you for your kind hospitality. **3.** *im Gasthaus*: food and service, attendance.

be'wit·zeln *v/t* ⟨*no* **ge-**, **h**⟩ poke fun at, joke (*od. sl.* make cracks) about.

be·wog [bə'vo:k] *1 u. 3 sg pret*, **be·wö·ge** [bə'vø:gə] *1 u. 3 sg pret subj*, **be·wo·gen** [bə'vo:gən] *pp of* **bewegen**².

be'wohn·bar *adj* (in)habitable, *Haus, Zimmer etc*: *a.* fit to live in. **~keit** *f* ⟨-; *no pl*⟩ (in)habitableness, habitable condition.

be'woh·nen *v/t* ⟨*no* **ge-**, **h**⟩ live in, inhabit, occupy, reside (*od.* dwell) in.

Be'woh·ner *m* ⟨-s; -⟩, **Be'woh·ne·rin** *f* ⟨-; -nen⟩ **1.** (*Einwohner*) inhabitant, *eingesessener*: a. resident, citizen; *lit.* **die Bewohner des Waldes (Meeres)** the inhabitants (*od. lit.* denizens) of the forest (sea). **2.** *e-s Hauses etc*: a) occupant, inhabitant, (*Mitbewohner*) inmate, b) (*Mieter*) tenant, *e-s Zimmers*: lodger, *Am.* roomer.

be'wohnt *adj* inhabited, *Wohnung*: *a.* occupied; **das von ihnen ~e Haus** the house they live in (*od.* occupy).

be'wöl·ken *v/reflex* ⟨*no* **ge-**, **h**⟩ **sich ~** **1.** *Himmel*: cloud over (*od.* up), become clouded (*od.* overcast), get cloudy. **2.** *fig. lit.* darken (ominously), become clouded; **s-e Stirn bewölkte sich** his brow darkened (*od.* clouded [over]), he frowned. **be'wölkt** *adj* **1.** cloudy, clouded, overcast; **stark ~** heavily clouded. **2.** *fig.* clouded, darkened, gloomy. **Be'wöl·kung** *f* ⟨-; *no pl*⟩ **1.** clouding (over). **2.** cloud formation. **3.** cloud(s *pl*); **aufgerissene** (*od.* **aufgelockerte**) **~** broken cloud(s *pl*); **starke (strichweise) ~** heavy (scattered) clouds *pl*.

Be'wöl·kungs|,auf,locke·rung (*getr.* **-k·k-**) *f* break(-)up of cloud cover. **~,grad** *m* (degree of) cloudiness. **~,rück,gang** *m* decrease of cloudiness. **~,zu,nah·me** *f* increasing cloudiness.

be·wu·chert [bə'vu:xərt] *adj* (**mit** with) overgrown, grown over.

Be'wuchs *m* ⟨-es; *no pl*⟩ **1.** vegetation, plants *pl*. **2.** *mar.* (marine) fouling, barnacles *pl*.

Be'wun·de·rer *m* ⟨-s; -⟩ admirer. **Be'wun·de·rin** *f* ⟨-; -nen⟩ (female) admirer.

be'wun·dern *v/t* ⟨*no* **ge-**, **h**⟩ admire (**wegen** for); **man muß ihn ~** one cannot but admire him; **ein bewunderter Virtuose** a much-admired virtuoso. **~d I** *adj* admiring. **II** *adv* admiringly, with admiration.

be'wun·derns|,wert, ~,wür·dig *adj* admirable; **in bewundernswerter Weise** admirably.

Be'wun·de·rung *f* ⟨-; *no pl*⟩ admiration; **voller ~ für** full of admiration for; **j-n mit ~ erfüllen** fill s. o. with admiration; **~ erregen** excite admiration; **mit ~ betrachten** *etc* with admiration, admiringly.

be'wun·de·rungs,wür·dig *adj* admirable.

Be'wund·rer *m* ⟨-s; -⟩ admirer.

Be'wurf *m* *civ. eng.* (*Putz*) coat of plaster, grout; **erster ~** rough-cast, rough coat, parget; **eigentlicher ~** second coat.

be'wur·zeln *v/reflex* ⟨*no* **ge-**, **h**⟩ *bot.* **sich ~** grow roots.

be·wußt [bə'vʊst] **I** *adj* **1.** *philos. psych.* conscious; **~es Lebewesen** conscious being; **~e Bewegung (Handlung)** conscious movement (act); **seiner selbst ~** conscious of o.s., self-aware. **2. sich** (*dat*) **e-r Sache ~ sein** be conscious (*od.* aware) of s. th., realize s. th., be alive (*od.* awake) to s. th.; **sich** (*dat*) **e-r Sache ~ werden** become conscious (*od.* aware) of s. th., realize (*od.* awaken to) s. th.; **mir wurde ~, daß** *a.* it dawned on me that; **ich bin mir m-r Schuld ~** I am conscious of my guilt; **ich bin mir k-r Schuld ~** I have a clear (*od.* clean) conscience; **ich bin mir völlig ~, daß** I am fully aware that; **er war sich dessen nicht mehr ~** he did not remember; **soviel mir ~ ist** as far as I know. **3.** *in Zssgn* (**mode-** *etc*)**~** (fashion-, *etc*)conscious. **4.** (*absichtlich*) conscious, deliberate, intentional, calculated (*insult, lie, etc*). **5.** (*besagt*) said, *nachgestellt*: in question, mentioned (before); **die ~e Person** the person in question, *colloq.* you know, who; **zur ~en Zeit** at the agreed hour. **II** *adv* **6.** consciously, (*absichtlich*) *a.* deliberately, intentionally, on purpose; **e-e ~ falsche Darstellung** a deliberate misrepresentation; **~ zur Schau getragene Sorglosigkeit** conscious (*od.* studied) insouciance; **er lebt sehr ~** he lives every minute of his life. **~heit** *f* ⟨-; *no pl*⟩ *bes. philos.* consciousness, awareness. **~los** *adj* unconscious, insensible, senseless; **~ werden** become unconscious, faint, swoon, *colloq.* black out; **j-n ~ schlagen** knock s. o. unconscious (*od.* out, senseless); **~ zu Boden fallen** fall down insensible. **~lo·sig·keit** *f* ⟨-; *no pl*⟩ (**Zustand der ~**) state of) unconsciousness; *colloq.* **bis zur ~** endlessly, *sagen, wiederholen*: ad nauseam, till one is blue in the face; **bis zur ~ arbeiten** work o.s. to a frazzle; **sie ärgerte ihn bis zur ~** she nearly drove him mad. **~,ma·chen** *v/t* ⟨*sep*, **-ge-**, **h**⟩ **j-m et. ~** make s. o. aware of s. th., alert s. o. to s. th.

Be'wußt,sein *n* ⟨-s; *no pl*⟩ **1.** *med. psych.* consciousness; **das ~ verlieren** lose consciousness, faint, *colloq.* black out; **das ~ wiedererlangen, wieder zu(m) ~ kommen** recover (*od.* regain) consciousness, *colloq.* come to (*od.* round); **j-n zum ~ bringen** bring s. o. to (*od.* round), revive s. o.; **bei (ohne) ~ sein** be (un)conscious; **er wurde bei vollem ~ operiert** he was operated on while fully conscious. **2.** *fig.* consciousness, awareness, knowledge; **nationales ~** national consciousness; **im ~ s-r Verantwortung** conscious of one's responsibility; **sein waches ~ für Veränderungen** his keen sensibility to change(s); **im vollen ~ der Folgen** fully conscious of the consequences; **es kam ihm zum ~, daß** it dawned on (*od.* it became clear to) him that, he realized that; **j-m et. zum ~ bringen** make s. o. realize s. th., make s. o. aware (*od.* conscious of the fact) that, bring s. th. home to s. o.; **mit (vollem) ~** (*mit Absicht*) deliberately, intentionally, on purpose.

Be'wußt,seins|ele,ment *n psych.* conscious element. **~er,wei·ternd** *adj* **1.** mind-expanding, consciousness-raising. **2.** *Droge etc*: psychedelic. **~,grad** *m* degree of awareness. **~,in,halt** *m* conscious content (*od.* experience). **~,kunst** *f* *Literatur*: stream-of-consciousness technique (*od.* school). **~,lücke** (*getr.* **-k·k-**) *f* blackout of consciousness. **~,schwel·le** *f* threshold of consciousness. **~,spal·tung** *f* divided consciousness, schizophrenia, split personality. **~,stö·rung** *f* **1.** *psych.* disturbance of consciousness. **2.** *jur.* defective mental condition, temporary insanity. **~,strom** *m* stream of consciousness. **~,strom-Ro,man** *m* stream-of-consciousness novel. **~,trü·bung** *f* clouding of (*od.* clouded) consciousness.

Bey [baɪ] *m* ⟨-s; -e *u.* -s⟩ → **Beg**.

be'zahl·bar *adj* payable.

be'zah·len I *v/t* ⟨*no* **ge-**, **h**⟩ **1.** (*e-n Betrag*) pay (*a sum, an amount*). **2.** (*Ware etc, a. fig.*) pay for; **er hat s-n Wagen noch nicht (ganz) bezahlt** he still owes for his car; **diese Runde bezahle ich** this round is on me; **laß mich dir das Buch ~** let me pay you for the book; *fig. colloq.* **das ist nicht mit Geld zu ~** money will not buy it, it is invaluable (*od.* priceless); **er hat es teuer ~ müssen** he had to pay dearly for it; *fig. colloq.* **dafür**

soll er (mir) ~! I'll make him pay for this!; → bar. 3. (*Schulden etc*) pay (off), discharge, settle, meet (*debt, etc*); (*Wechsel*) hono(u)r; die Rechnung ~ pay (*od.* settle, foot) the bill; → Zeche[1]. 4. (*Leistung, Überstunden, Urlaub etc*) pay, remunerate, compensate; diese Arbeit wird gut bezahlt this work (*od.* job) is well paid; er läßt sich (*dat*) jeden Handgriff teuer ~ he charges highly for everything he does. 5. (*Kosten, Ausgaben*) pay, defray, meet (*expenses*). 6. j-n ~ pay (*od.* remunerate, compensate) s. o.; j-n voll ~ pay s. o. in full, pay s. o. off; sie werden gut bezahlt they are well paid; sich ~ lassen take (*od.* charge) money, take payment. 7. *fig. contp.* (*Agenten etc*) pay, have *s.o.* in one's pay; (*bestechen*) bribe. II *v/i* 8. pay; sofort ~ pay cash down, *colloq.* pay on the nail; ich bezahle! I'll (*od.* let me) pay! III ♀ *n* ⟨-s⟩ 9. paying (*etc*), payment; → *a.* Bezahlung.

Be'zah·ler *m* ⟨-s; -⟩ payer. **be'zahlt** *adj* 1. paid, (*besoldet*) *a.* salaried; ~e Arbeit(skräfte) paid work (labo[u]r); ~e Stellung paid (*od.* salaried) position; *contp.* ~e Agenten (Mörder) paid (*od.* hired) agents (killers); ~e Rechnungen paid (*od.* settled) bills (*od.* invoices); gut ~ well paid; schlecht ~ badly paid, underpaid; „~" *auf Rechnungen*: "paid", *auf Kurszetteln*: bargains done. 2. sich ~ machen pay (for itself), be worthwhile; das macht sich nicht ~ it doesn't pay.

Be'zah·lung *f* ⟨-; *no pl*⟩ 1. → bezahlen III. 2. *e-r Ware etc*: payment (for); bei ~ on payment; sofortige ~ spot cash; gegen sofortige ~ for (*od.* against) prompt cash. 3. *e-r Summe*: payment (of); gegen ~ von 100 Mark on payment of 100 marks. 4. *von Schulden etc*: payment, discharge, settlement (*of debts*). 5. *von Leistungen, Urlaub etc, a. e-r Person*: payment, remuneration, compensation (*of services, employees, etc*); (*Honorar*) fee. 6. *von Kosten, Ausgaben*: disbursement, defrayal (*of expenses*). 7. (*Entgelt*) pay, payment, remuneration, compensation; gegen ~ against payment; er tut es nur gegen ~ he does it only for money; ich nehme k-e ~ dafür I won't take money for it.

be'zähm·bar *adj fig. Gefühle, Begierde etc*: controllable, restrainable. **be'zäh·men** I *v/t* ⟨*no* ge-, h⟩ 1. *fig.* (*Gefühle etc*) restrain, (keep under) control, master, check, curb, bridle; kannst du d-e Neugier ~? can you restrain your curiosity? 2. *obs.* (*Tier*) tame; *fig.* (*die Elemente etc*) subdue. II *v/reflex* sich ~ 3. control (*od.* restrain) o.s. **Be'zäh·mung** *f* ⟨-; *no pl*⟩ *fig.* restraint, control.

be'zau·bern *v/t* ⟨*no* ge-, h⟩ *fig.* charm, *stärker*: enchant, entrance, fascinate, captivate, bewitch (j-n durch et. s.o. by s.th.). **be'zau·bernd** I *adj Person, Lächeln etc*: charming, delightful, enchanting, captivating, bewitching, lovely, *colloq.* sweet; ein ~es Kleid a charming dress. II *adv* charming(ly) (*etc*); ~ schön enchanting, entrancing; sie sah ~ aus she looked charming. **Be'zau·be·rung** *f* ⟨-; -en⟩ → Verzauberung.

be'ze·chen *v/reflex* ⟨*no* ge-, h⟩ *colloq.* sich ~ get (o.s.) drunk. **be'zecht** *adj* drunk(en), *pred* drunk; leicht ~ tipsy.

be'zeich·nen I *v/t* ⟨*no* ge-, h⟩ 1. (*kennzeichnen*) mark (mit with); *mit Etikett*: label; (*e-n Wanderweg*) mark out, signpost; mit Sternchen bezeichnet marked with asterisks. 2. (*bedeuten*) denote, signify, stand for; x und y ~ unbekannte Größen x and y denote (*od.* signify, stand for) unknown quantities. 3. (*angeben*) indicate; die Aussprache ~ indicate the pronunciation; *mus.* das Tempo ~ indicate (*od.* mark) the tempo. 4. (*benennen*) designate, call, refer to, describe, term; (*kennzeichnen*) characterize, *contp.* stamp, label (*s. o. as an egotist, etc*); es wird als X bezeichnet it is referred to as X; er wird als jähzornig bezeichnet he is described as being (*od.* he is said to be) hot-tempered; e-n Versuch als gelungen ~ call an experiment a success; et. näher (*od.* genauer) ~ specify s. th. 5. *relig.* j-n mit dem Kreuz ~ make the sign of the cross over s. o. II *v/reflex* sich ~ 6. call (*od.* style) o. s. (*an expert, etc*). 7. *relig.* sich mit dem Kreuz ~ cross o. s. III ♀ *n* ⟨-s⟩ 8. marking (*etc*). **be'zeich·nend** *adj* (für of) characteristic, typical, indicative, significant, symptomatic; ein ~er Zug a characteristic feature; diese Äußerung ist ~ für s-e Gesinnung these words are typical of his attitude; *contp.* das wirft ein ~es Licht auf ihn that shows him as he really is; *colloq.* das finde ich wieder mal ~! that is just typical! **be'zeich·nen·der'wei·se** *adv* characteristically (enough), significantly. **Be'zeich·nung** *f* ⟨-; -en⟩ 1. → bezeichnen III. 2. (*Kennzeichnung*) a) marking, (*Etikett*) label, b) denotation, representation (*by symbols, etc*), c) *fig.* characterization. 3. (*Angabe*) indication: ~ der Aussprache indication of pronunciation. 4. (*Benennung*) designation, (*Beschreibung*) description; (*Name*) name, appellation, designation; (*Ausdruck*) term, expression; dafür gibt es k-e bessere ~ there is no better name for it; falsche ~ für wrong term (*od.* designation) for, misnomer for. 5. (*Zeichen*) mark, sign (*beide a. mus.*), symbol; *math.* term, notation.

Be'zeich·nungs|,leh·re *f ling.* onomasiology. **~sy,stem** *n* nomenclature. **~,wei·se** *f* (system of) notation.

be'zei·gen *lit.* I *v/t* ⟨*no* ge-, h⟩ 1. (*Freude, Dank etc*) show, express, exhibit, manifest, display; j-m s-e Dankbarkeit ~ express (*od.* show) one's gratitude to s. o.; j-m s-e Teilnahme ~ condole (*od.* express one's sympathy) with s. o.; j-m Ehre ~ pay (*od.* do) hono(u)r to s. o., hono(u)r s.o. 2. (*Gunst etc*) grant, bestow (*a favo[u]r*). II *v/reflex* 3. sich dankbar (zufrieden) ~ show o. s. grateful (content). **Be'zei·gung** *f* ⟨-; *no pl*⟩ 1. showing (*etc*). 2. expression, exhibition, manifestation, display, demonstration, sign (*of gratitude, etc*). 3. *von Gunst etc*: bestowal.

be'zeu·gen I *v/t* ⟨*no* ge-, h⟩ 1. *bes. jur.* a) testify (to), bear witness to, attest, b) (*durch schriftliche beeidigte Aussage*) depose, c) (*bescheinigen*) certify, attest, d) (*Urkunde*) attest (the fact that), be evidence of (*od.* for); können Sie das ~? can you testify to it?, can you produce evidence for it? 2. *fig.* (*j-s Wissen etc*) testify to (*s. o.'s knowledge, etc*), (bear) witness to, show; dieser Vorgang ist (historisch, literarisch) bezeugt there is (historical, literary) evidence for that event. 3. → bezeigen I. II ♀ *n* ⟨-s⟩ 4. testifying (*gen* to) (*etc*); → *a.* Bezeugung. **be'zeugt** *adj* attested, recorded, documented; diese Vorgänge sind dokumentarisch ~ there is documentary evidence for these events; der Name des Ortes ist seit dem 12. Jahrhundert urkundlich ~ the name of the place first appeared in documents in the 12th century. **Be'zeu·gung** *f* ⟨-; -en⟩ 1. → bezeugen II. 2. *bes. jur.* attestation, testimony. 3. → Bezeigung.

be·zich·ti·gen [bəˈtsɪçtɪgən] *v/t* ⟨*no* ge-, h⟩ → beschuldigen. **Be'zich·ti·gung** *f* ⟨-; -en⟩ → Beschuldigung.

be'zieh·bar *adj* 1. *Haus, Wohnung*: (sofort) ~ ready for (immediate) occupation. 2. *Ware*: obtainable; ~ durch (*od.* über) *e-n Händler etc* obtainable (*od.* to be obtained, to be had) from, stocked by. 3. *fig.* ~ auf et. referable to s. th.

be'zie·hen I *v/t* ⟨*irr, no* ge-, h⟩ 1. (*Möbel*) cover (*chairs, umbrella, etc*); et. neu ~ lassen have s.th. re-covered. 2. (*Bett etc*) put (clean) sheets (*od.* linen) on, change; die Kopfkissen ~ put (clean) cases (*od.* slips) on the pillows. 3. *mus.* a) (*Violine*) string, b) (*Bogen*) re-hair. 4. (*Wohnung, Haus etc*) move into, occupy. 5. (*mil. Lager, Quartier*) go into (*camp, quarters*). 6. *lit.* (*e-e Universität*) go to, enter, take up one's studies at. 7. (*Waren*) (von from) get, obtain, buy; (*einführen*) import; durch (*od.* über) den Fachhandel zu ~ obtainable (*od.* to be obtained) from the specialized trade; Aktien ~ buy (*od.* subscribe to) shares. 8. (*Zeitungen etc*) take (in), subscribe to, be a subscriber to. 9. (*Gehalt, Lohn etc*) (von, aus from) receive, (*Einkünfte*) derive, draw; er bezieht (e-e) Rente he receives (*od.* is on) a pension; Fürsorge(unterstützung) ~ be on relief. 10. (*Wissen, Informationen etc*) obtain, get, draw, have (aus, von from). 11. *colloq.* (*Ohrfeigen etc*) catch, get; Prügel (*od.* Dresche) ~ get a hiding. 12. (*in Beziehung setzen*) (auf *acc*) relate (to), connect (*od.* link *s. th.* up) (with), refer (to), apply (to); zwei Tatsachen aufeinander ~ correlate two facts; er hat es auf sich bezogen he took it personally; das war nicht auf dich bezogen that was not intended (*od.* meant) for you; → bezogen 1. II *v/reflex* sich ~ 13. *Himmel*: become overcast, cloud over, get cloudy; es bezieht sich it is clouding over (*od.* getting cloudy). 14. sich auf *j-n od. et.* ~ refer to, *von Dingen*: relate (*od.* be related) to, bear a relation (*od.* have reference, apply) to: sich auf ein Dokument (e-e Autorität *etc*) ~ refer to a document (an authority, *etc*); wir ~ uns auf unser Schreiben vom 1. März und ... referring to our letter of 1st March we ...; Sie dürfen sich auf mich ~ you may use (*od.* give) my name as (a) reference; s-e Bemerkung bezog sich auf uns his remark referred to (*od. stärker*: was aimed at *od.* meant for) us; diese Frage bezieht sich nicht auf mein Thema this question has no bearing on my topic; diese Vorschrift bezieht sich auch auf Personen, die this regulation applies equally to (*od.* also concerns) such persons as. III ♀ *n* ⟨-s⟩ 15. covering (*etc*). 16. → Bezug 3-5.

Be'zie·her *m* ⟨-s; -⟩ 1. *e-r Zeitung etc*: subscriber (to). 2. *econ.* a) *von Waren*: buyer, customer, b) *von Aktien*: buyer (of), subscriber (to), c) *e-s Wechsels*: drawer.

Be'zie·hung *f* ⟨-; -en⟩ 1. relation, relationship; menschliche ~en human relations; persönliche ~en (zu j-m) (personal) relations (with s. o.); gegenseitige ~, wechselseitige ~ mutual relation, *von Dingen*: *a.* interrelation, correlation; diplomatische ~en aufnehmen enter into diplomatic relations; gespannte internationale ~en strained international relations, international tension *sg*; verwandtschaftliche ~en relation *sg*, blood ties; in ~ bringen zu relate to; in ~ stehen mit be related to, have reference to, be connected with;

nicht in ~ (zueinander) stehen be unrelated, be unconnected; **in enger ~ stehen zu** *Sache*: be intimately connected (*od.* bound up, linked up) with; **sie stehen in freundschaftlichen ~en zueinander** they are on good (*od.* friendly) terms with one another; **s-e (innere) ~ zur Kunst** his appreciation of art, the way he feels about art; **ich habe k-e (rechte) ~ zur Musik (zu Mozart)** music (Mozart) doesn't mean much to me. **2.** *pl* (*Verbindungen*) (**zu**) a) *von Personen, Institutionen etc*: relations (with, to), connections (with), b) *von Dingen*: connections (with), links (to, with); **geschäftliche ~en** business relations (*od.* contacts); **zu j-m ~en haben** have relations (*od.* dealings) with s. o.; **mit j-m ~en anknüpfen, mit j-m in ~ treten** establish contacts with s. o., contact s. o.; **mit** (*od.* **zu**) **j-m gute ~en unterhalten** entertain (*od.* maintain) good relations with (*od.* to) s. o.; **gute ~en haben** have good connections, be well connected; **e-e Stellung durch ~en bekommen** get a job through influence; **s-e ~en spielen lassen** make use of one's influential friends, *colloq.* pull strings. **3.** (*Hinsicht*) **in gewisser ~** in a way; **in jeder ~** in every respect; **in k-r ~** in no way, in no respect; **in mancher ~** in some respects (*od.* ways); **in welcher ~?** in what respect?; **in wirtschaftlicher (politischer, künstlerischer) ~** economically (politically, artistically); **in ~ auf** (*acc*) → **bezüglich** I. **4.** *biol. math. psych.* correlation. **5.** → **Bezug** 7.

beˈzie·hungs·los I *adj* **1.** (**zu et.**) unrelated (to s. th.), unconnected (with s. th.), irrelative (to s. th.); **zu e-r Sache ~ sein** *a.* have no bearing on s. th. **2.** *philos.* absolute. **II** *adv* **3.** unconnected. **Beˈzie·hungs·lo·sig·keit** *f* ⟨-; *no pl*⟩ unconnectedness, unrelatedness.

Beˈzie·hungs|ˌreich·tum *m* suggestiveness. **~ˌsatz** *m ling.* relative clause. **2ˌvoll** *adj* suggestive, significant. **2ˌwei·se** *conj* **1.** respectively, or (... as the case may be); **England und Frankreich steuerten 3 ~ 2 Millionen Dollar bei** England and France contributed 3 and 2 million dollars respectively; **die Kennkarten ~ Reisepässe** the identity cards and/or passports. **2.** or rather; **ich, ~ m-e Schwester** I, or rather my sister. **~ˌwort** *n* → **Bezugswort**.

be·zif·fern [bəˈtsɪfərn] *v/t* ⟨*no* **ge-**, **h**⟩ **1.** mark *s. th.* with numbers, number. **2.** *mus.* (*Baß*) figure. **3. et. ~ auf** (*acc*) estimate (*od.* put) s. th. at; **die Firma beziffert den Umsatz auf** the firm estimates (*od.* puts) the turnover at *1 million marks.* **4. sich ~ auf** (*acc*) amount to, work out at, number. **Beˈzif·fe·rung** *f* ⟨-; -en⟩ **1.** numbering. **2.** (*Ziffern*) numbers *pl*, figures *pl*.

Be·zirk [bəˈtsɪrk] *m* ⟨-(e)s; -e⟩ **1.** district, region, area. **2.** *pol.* a) (*Verwaltungs2*) district, (*Stadt2*) *a.* borough, b) (*Polizei2*) precinct, c) → **Wahlbezirk**. **3.** *fig.* domain, sphere.

Beˈzirks|ˌarzt *m med.* district medical officer. **~diˌrek·tor** *m econ.* district manager. **~ˌebe·ne** *f* **auf ~** at the regional level. **~geˌricht** *n jur.* **1.** *Österreich, Schweiz*: local court. **2.** *DDR* regional superior court. **~ˌhaupt·ˌmann** *m Austrian* district commissioner. **~no·ta·riˌat** *n* (office of the) district notary. **~ˌstadt** *f* district capital. **~synˌode** *f relig.* presbytery, regional synod. **~ˌtag** *m DDR pol.* district council. **~verˌtre·ter** *m econ.* regional agent. **2ˌwei·se** *adv* by districts.

be·zir·zen [bəˈtsɪrtsən] *v/t* ⟨*no* **ge-**, **h**⟩ *colloq.* bewitch, turn *s. o.'s* head.

beˈzo·gen I *pp of* **beziehen**. **II** *adj* **1.** (**auf** *acc* **to**) related, relative; **auf Meereshöhe ~** related to sea level; **~e Geschwindigkeit** relative velocity; **~ auf 1970** *in der Statistik*: in terms of 1970. **2.** *in Zssgn* (**praxis-** *etc*)**~** (practice-, *etc*)orientated. **3.** *econ.* **die ~e Firma** the firm drawn upon, the drawee firm. **4.** *phys. tech.* specific (*weight, etc*). **5.** *meteor. Himmel*: cloudy, overcast. **III 2e** *m, f* ⟨-n; -n⟩ *econ.* **6.** drawee. **2heit** *f* ⟨-; *no pl*⟩ relatedness, relativity.

be·zopft [bəˈtsɔpft] *adj* pig-tailed.

Beˈzug *m* ⟨-(e)s; ⸚e⟩ **1.** (*Überzug*) cover(ing), (*Kissen2*) (pillow)case, slip, cover. **2.** *mus.* (*Saiten2*) (set of) strings *pl*. **3.** *von Waren*: buying, purchase, ordering; **~ e-r Zeitschrift (von Aktien)** subscription to a newspaper (to shares); **bei ~ dieser Waren** when buying these goods; **bei ~ von 100 Stück** on orders for 100; **bei regelmäßigem ~** for a standing order. **4.** *pl econ.* a) (*Verdienst*) emoluments, earnings, b) (*Gehalt*) salary *sg*, (*Lohn*) wages, c) (*Versicherungsleistungen*) benefits. **5.** *e-r Rente etc*: drawing; **zum ~ e-r Rente berechtigt** entitled to (draw) a pension. **6.** ⟨*only sg*⟩ (**auf** *acc* **to**) reference, regard, respect; **mit ~ auf, in 2 auf** → **bezüglich** I; **~ haben auf** refer to, have reference to, bear upon; **~ nehmen auf** refer to; **~ nehmend auf** referring to, with reference to. **7.** *e-s Hauses etc, a. mil. e-r Stellung*: occupation (of), moving in(to *a house, etc*); **fertig zum ~** → **bezugsfertig**.

be·züg·lich [bəˈtsyːklɪç] **I** *prep* ⟨*gen*⟩ referring to, relating to, concerning, regarding, as regards, in respect of, in connection with. **II** *adj* (**auf** *acc* **to**) relative, relating; **alle darauf ~en Informationen** all informations relating to this matter, all relevant data; *ling.* **das ~e Fürwort** the relative pronoun.

Beˈzugˌnah·me *f* ⟨-; *no pl*⟩ *adm.* reference; **unter** (*od.* **mit**) **~ auf** (*acc*) with reference (*od.* regard) to.

Beˈzugs|beˌdin·gung *f meist pl* term(s *pl*) of delivery. **2beˌrech·tigt** *adj für Pension etc*: entitled to draw (*od.* receive) (*a pension, etc*). **~beˌrech·tig·te** *m, f* ⟨-n; -n⟩ person entitled (to *a pension, etc*); *jur.* beneficiary.

Beˈzugˌschein *m econ.* **1.** ration coupon (*od.* card), (supply) permit. **2.** *für Wertpapiere*: stock warrant, (*Erneuerungsschein*) talon.

Beˈzugs|ˌdrehˌzahl *f tech.* reference speed. **~ˌebe·ne** *f math. phys.* datum (*od.* reference) plane. **2ˌfer·tig** *adj Haus, Wohnung*: ready for occupancy. **~ˌflä·che** *f* **1.** *math. tech.* reference surface, datum plane. **2.** *geol.* level of reference. **~ˌgeld** *n für Zeitung etc*: subscription fee. **~ˌgrö·ße** *f* reference quantity. **~ˌgrup·pe** *f sociol.* reference group. **~ˌjahr** *n econ.* reference year. **~ˌkom·paß** *m aer.* reference compass. **~ˌkurs** *m econ. von Aktien*: subscription price. **~ˌli·nie** *f math. tech.* datum line. **~paˌpier** *n print.* covering material. **~perˌson** *f psych.* person of reference, parent person. **~ˌpreis** *m econ.* **1.** purchase price. **2.** *e-r Zeitschrift, von Aktien*: subscription price. **~ˌpunkt** *m geol. math. phot. phys. tech.* reference (*od.* datum) point. **~ˌquel·le** *f econ.* source (of supply). **~ˌrecht** *n* **1.** *econ. auf Aktien*: subscription right; **mit (ohne) ~** cum (ex) rights. **2.** *Lebensversicherung*: title to insured sum. **~ˌstoff** *m* covering; *für Möbel*: (furniture) upholstery cloth; *print.* book cloth. **~syˌstem** *n* **1.** *math. phys.* reference system. **2.** *psych.* frame of reference. **~ˌwert** *m math. tech.* reference value. **~ˌwort** *n* ⟨-(e)s; ⸚er⟩ *ling.* antecedent.

be·zu·schus·sen [bəˈtsuːˌʃʊsən] *v/t* ⟨*no* **ge-**, **h**⟩ *econ.* subsidize.

beˈzwecken (*getr.* **-k·k-**) *v/t* ⟨*no* **ge-**, **h**⟩ **1. et. ~** aim at s. th., have s. th. in mind (*od.* view), *Sache*: have s. th. for object; **was bezweckt er mit s-m Vorschlag?** what is the object (*od.* purpose, point) of his proposal?; **was bezweckt er mit dieser Frage?** what is he aiming at (with his question)?; **das Verbot bezweckt zweierlei** the ban has two objects; **er bezweckte nichts Böses** he meant (*od.* intended) no harm. **2.** *colloq.* (*erreichen*) get, obtain; **damit ~ Sie nichts!** that won't get you anywhere!

beˈzwei·feln *v/t* ⟨*no* **ge-**, **h**⟩ doubt, (call in) question, be doubtful about; **ich bezweifle, daß** I doubt whether; **das möchte ich ~** I doubt that; **das will ich gar nicht ~** I don't question that; **es läßt sich nicht ~** there is no doubt about it; **das möchte ich sehr ~** I am very doubtful about that.

beˈzwing·bar *adj* **1.** conquerable, *lit.* vanquishable. **2.** *fig. Schwierigkeiten etc*: conquerable. **3.** *fig. Gefühle*: controllable. **beˈzwin·gen I** *v/t* ⟨*irr, no* **ge-**, **h**⟩ **1.** (*Feind etc*), *a. Sport*: conquer, defeat, beat, subdue, *lit.* vanquish (*the enemy, etc*); **e-n Berg ~** conquer a mountain. **2.** *fig.* (*Schwierigkeiten etc*) master, overcome, conquer; (*Gefühle, Leidenschaften*) *a.* restrain, control. **II** *v/reflex* **3. sich ~** restrain (*od.* control, check) o. s. **III 2** *n* ⟨-s⟩ **4.** conquering (*etc*). **5.** → **Bezwingung**. **beˈzwin·gend** *adj lit. Schönheit etc*: overwhelming. **Beˈzwin·ger** *m* ⟨-s; -⟩ conqueror, *lit.* vanquisher; **der ~ des Weltmeisters** the winner over the world champion; **der ~ des Mount Everest** the first man to reach the summit of (Mount) Everest. **Beˈzwin·gung** *f* ⟨-; *no pl*⟩ **1.** → **bezwingen** 4. **2.** *des Feindes etc*: conquest, defeat. **3.** *fig. von Schwierigkeiten etc, a. e-s Berges*: conquest.

Bi·ath·lon [ˈbiːˀatlɔn] *n* ⟨-s; -s⟩ *Sport*: biathlon.

bib·bern [ˈbɪbərn] *v/i* ⟨**h**⟩ *colloq.* (**vor Angst**) tremble, shake (with fear); (**vor Kälte**) shiver (with cold).

Bi·bel [ˈbiːbəl] *f* ⟨-; -n⟩ *relig.* Bible, Scriptures *pl*, Holy Scripture; **e-e ~** a Bible; *fig.* **dieses Buch ist s-e ~** this book is his bible. **~ˌanˌstalt** *f* Bible Society. **~ˌausˌdruck** *m* biblical expression. **~ˌausˌle·ger** *m* exegete (of the Bible). **~ˌausˌle·gung** *f* exegesis. **~ˌchrist** *m* Bible Christian. **~ˌdruck** *m* ⟨-(e)s; -e⟩ impression (*weitS.* edition) of the Bible. **~ˌdruck·paˌpier** *n print.* India (*od.* Bible) paper. **~ˌeid** *m relig.* Bible (*od.* Gospel) oath. **2ˌfest** *adj* well versed in the Bible. **~ˌfor·scher** *m* **1.** student of the Bible, biblical scholar. **2. Ernste ~** *pl* (International) Bible Students (*former name of Jehovah's Witnesses*). **~ˌfor·schung** *f* biblical research. **~ˌfröm·mig·keit** *f* devoted adherence to the Bible. **~geˌsell·schaft** *f* Bible society. **~ˌglau·be** *m* Biblicism. **2ˌgläu·big** *adj* strictly adhering to the (letter of the) Bible, fundamentalist. **~ˌgläu·bi·ge** *m, f* Fundamentalist, Biblicist. **~ˌgläu·big·keit** *f* Fundamentalism. **~ˌka·non, der** the (sacred) canon, the canonical books *pl*. **~kriˌtik** *f* Biblical criticism. **~laˌtein** *n* Biblical Latin. **~ˌle·sung** *f relig.* Bible reading.

~reˌgal *n mus.* (bible) regal. **~ˌspra·che** *f* biblical language. **~ˌspruch** *m relig.* quotation (*od.* text, verse) from the Bible. **~ˌstel·le** *f* passage (*od.* text) in the Bible. **~ˌstun·de** *f* Bible class. **~ˌtext** *m* **1.** (*gesamter Text*) text of the Bible. **2.** (*Absatz*) (Scripture) text. **~ˌüber·ˌset·zung** *f* translation of the Bible, Version. **~ˌvers** *m* Bible verse. **~ˌwort** *n* <-(e)s; -e> → Bibelspruch.

Bi·ber[1] [ˈbiːbər] *m* <-s; -> **1.** *zo.* beaver. **2.** (*Pelz*) beaver (fur).

ˈBi·ber[2] *m, n* <-s; *no pl*> *Textil.* cotton beaver.

ˈBi·ber|ˌbau *m* <-(e)s; -e>, **~ˌburg** *f zo.* beaver's lodge, beavery. **~ˌfell** *n* **1.** beaver (fur). **2.** (*Leder*) castor. **~ˌgeil** [-ˌgaɪl] *n* <-(e)s; *no pl*> *chem.* castoreum. **~ˌlamm** *n* (*Pelzart*) beaver lamb.

Bi·ber·nel·le [bibərˈnɛlə] *f* <-; -n> *bot.* pimpernel.

ˈBi·ber|ˌpelz *m* beaver (fur). **~ˌrat·te** *f* **1.** *zo.* coyp(o)u. **2.** (*Pelz*) nutria. **~ˌschwanz** *m* **1.** *zo.* beaver's tail. **2.** *arch.* flat tile.

Bi·blio|graph [biblioˈgraːf] *m* <-en; -en> bibliographer. **~graˈphie** [-graˈfiː] *f* <-; -n [-ən]> bibliography. **Ձgraˈphie·ren** [-graˈfiːrən] *v/t* <no ge-, h> bibliograph. **~ˈma·ne** [-ˈmaːnə] *m* <-n; -n> bibliomaniac. **~maˈnie** [-maˈniː] *f* <-; *no pl*> bibliomania. **Ձˈma·nisch** *adj* bibliomaniac. **Ձˈphil** [-ˈfiːl] *adj*, **~ˈphi·le** *m, f* <-n; -n> bibliophile. **~phiˈlie** [-fiˈliː] *f* <-; *no pl*> bibliophilism. **~ˈthek** [-ˈteːk] *f* <-; -en> library; öffentliche ~ public (lending) library. **~theˈkar** [-teˈkaːr] *m* <-s; -e>, **~theˈka·rin** *f* <-; -nen> librarian. **Ձtheˈka·risch** [-teˈkaːrɪʃ] *adj* concerning libraries (*od.* librarians), library (*purposes, etc*).

Bi·blioˈtheks·ˌwis·sen·schaft *f* library science.

bib·lisch [ˈbiːblɪʃ] *adj* biblical, scriptural; *ped.* ~e Geschichte scripture; *fig.* ein ~es Alter erreichen live to a ripe old age.

Bi·bli·zis·mus [bibliˈtsɪsmʊs] *m* <-; *no pl*> Biblicism.

Bi·car·bo·nat [ˈbiːkarbonaːt; bikarboˈnaːt] *n* bicarbonate.

Bi·chro·mat [ˈbiːkromaːt; bikroˈmaːt] *n* dichromate.

Bi·det [biˈdeː] *n* <-s; -s> bidet.

bie·der [ˈbiːdər] *adj lit.* **1.** (*rechtschaffen*) honest, upright, trustworthy. **2.** *iro.* worthy; (*einfältig*) simple-minded. **Ձkeit** *f* <-; *no pl*> *lit.* **1.** honesty, uprightness, trustworthiness. **2.** *iro.* simple-mindedness, worthiness.

ˈBie·der|ˌmann *m* <-(e)s; Biedermänner> **1.** *archaic* honest (*od.* upright) man. **2.** *iro.* worthy. **Ձˌmän·nisch** [-ˌmɛnɪʃ] *adj* **1.** *archaic* honest, upright. **2.** *contp.* philistine.

ˈBie·der·ˌmei·er[1] *n* <-s; *no pl*> **1.** (*~zeit*) Biedermeier period. **2.** (*~stil*) Biedermeier style.

ˈBie·der·ˌmei·er[2] *m* <-s; -> (narrow-minded) bourgeois, philistine.

ˈbieg·bar *adj tech.* flexible, pliable.

Bie·ge [ˈbiːgə] *f* <-; -n> → Biegung. **~beˌanˌspru·chung** *f* bending stress. **~ˌfä·hig·keit** *f* bending property, flexibility. **Ձˌfest** *adj* **1.** resistant to bending. **2.** (*biegesteif*) resistant to deflection. **~ˌfe·stig·keit** *f* **1.** bend(ing) strength. **2.** *quer*: transverse (*od.* flexural) strength. **~maˌschi·ne** *f* **1.** bending machine, bender. **2.** a) *für dünne Bleche*: folding machine, b) *für schwere Bleche*: press brake. **~moˌment** *n* bending moment.

bie·gen [ˈbiːgən] **I** *v/t* <biegt, bog, gebogen, h> **1.** bend; (*krümmen*) curve, crook; ein Rohr ~ bend a pipe; den Arm ~ bend (*od.* crook, flex) one's arm; *tech.* im kalten (warmen) Zustand ~ cold-(hot-)bend. **II** *v/i* **2.** turn, bend, curve, *Straße*: *a.* lead off (*to the left etc*); um die Ecke ~ turn (round) the corner; der Weg biegt um das Dorf the path (*od.* road) bypasses (*od.* skirts) the village. **III** *v/reflex* sich ~ **3.** bend (*a. tech.*); sich unter der Last des Schnees ~ bend (*od.* give, sag) under the weight of the snow; sich im Winde ~ sway in the wind; → Balken 1, Lachen. **4.** (*sich verziehen*) distort; *Holz*: warp; *Metall*: buckle. **IV** Ձ *n* <-s> **5.** bending (*etc*); auf Ձ oder Brechen by hook or by crook; es geht auf Ձ oder Brechen it's neck or nothing, it's do or die.

ˈBie·ge|ˌpres·se *f tech.* bending press. **~ˌpro·be** *f* bend(ing) test. **~ˌschlagˌfe·stig·keit** *f* bending impact strength. **~ˌspan·nung** *f* bending (*od.* *quer*: transverse) stress. **~ˌstei·fig·keit** *f* bending resistance. **~ˌzan·ge** *f* bending pliers *pl* (*als sg od. pl konstruiert*).

ˈbieg·sam *adj* **1.** flexible, pliable, pliant (*alle a. fig. Stimme, Geist etc*). **2.** (*geschmeidig*) supple, lithe. **3.** *bes. metall.* ductile, malleable. **4.** *print. Einband etc*: limp. **Ձkeit** *f* <-; *no pl*> **1.** flexibility, pliability, pliancy. **2.** suppleness, litheness. **3.** *metall.* ductility.

ˈBie·gung *f* <-; -en> **1.** → biegen 5. **2.** *e-s Weges, Flusses etc*: bend, turn(ing), curve; e-e ~ machen turn, curve. **3.** *arch.* (*Wölbung*) arch. **4.** *tech.* a) bend, b) *elastische*: deflection, c) (*Quer*Ձ) flexure, (*Durch*Ձ) sag(ging).

Bien [biːn] *m* <-s; *no pl*> → Bienenvolk.

Bie·ne [ˈbiːnə] *f* <-; -n> **1.** *zo.* bee; männliche ~ drone; solitäre (soziale *od.* staatenbildende) ~n solitary (social) bees; fleißig (*od.* emsig) wie e-e ~ (as) busy as a bee. **2.** *colloq.* (*Mädel*) *sl.* bird, *bes. Am.* chick.

ˈBie·nen|ˌamei·se *f zo.* bee ant. **~ˌbeu·te** *f* → Bienenstock. **~ˌbrot** *n* beebread. **~ˌbrut** *f* brood (of bees). **~ˌfleiß** *m fig.* (great) assiduity, sedulousness. **Ձˌflei·ßig** *adj fig.* sedulous, assiduous. **Ձˌfres·send** *adj zo.* apivorous. **~ˌfres·ser** *m zo.* bee-eater. **~ˌfut·ter** *n* bee-forage. **~ˌhal·tung** *f* beekeeping. **~ˌharz** *n* bee glue. **~ˌhaus** *n* beehouse, apiary; *fig.* es geht dort zu wie in e-m ~ the place is like a beehive. **~ˌho·nig** *m* (bee) honey. **~ˌka·sten** *m* frame-hive. **~ˌklee** *m bot.* white clover. **~ˌkö·ni·gin** *f* queen(-bee). **~ˌkorb** *m* (bee)hive; *aus Stroh*: bee-skep. **~ˌkraut** *n bot.* (garden) thyme. **~(ˌnähr)ˌpflan·ze** *f bot.* bee plant. **~ˌschlei·er** *m* bee(keeper's) veil. **~ˌschwarm** *m* swarm (of bees). **~ˌspra·che** *f* bee language. **~ˌstaat** *m* bee society. **~ˌstand** *m* apiary. **~ˌstich** *m* **1.** bee-sting. **2.** *gastr.* almond-coated yeastcake (*with vanilla-cream filling*). **~ˌstock** *m* (bee)hive, stock. **~ˌvolk** *n* colony of bees, bee colony. **~ˌwa·be** *f* honeycomb. **~ˌwachs** *n* beeswax. **~ˌwei·de** *f* honey flora. **~ˌwei·sel** *m* queen(-bee). **~ˌzel·le** *f* (bee) cell. **~ˌzucht** *f* beekeeping, bee culture (*od.* farming), apiculture. **~ˌzüch·ter** *m* beekeeper, apiarist.

Bi·en·na·le [biˀɛˈnaːlə] *f* <-; -n> Biennial (Festival).

Bier [biːr] *n* <-(e)s; -e> beer; dunkles ~ *bes. Am.* dark beer, *bes. Br.* brown ale, mild; helles ~ *bes. Am.* light (*od.* pale) beer, *bes. Br.* pale ale, *Br.* bitter; *fig. colloq.* (das ist) nicht mein ~! none of my business!, that's your problem (*od.* baby)! **~ˌausˌschank** *m* **1.** place where beer is served (*od.* sold), bar, beer-shop. **2.** → Schankerlaubnis. **~ˌbank·poˌli·ti·ker** *m contp.* pothouse politician. **~ˌbank·straˌte·ge** *m contp.* pothouse strategist. **~ˌbaß** *m colloq.* beery bass voice, deep bass. **~ˌbauch** *m colloq.* potbelly, paunch. **~ˌbrau·er** *m* brewer. **~braueˌrei** *f* **1.** brewery. **2.** (*Brauen*) brewing (of beer). **~ˌdeckel** (*getr.* -k·k-) *m* beer mat. **~ˌdunst** *m* smell of beer. **~ˌei·fer** *m colloq.* excessive zeal. **Ձˌernst** *adj colloq.* grave, solemn. **~ˌfah·rer** *m* **1.** driver of a beer lorry (*Am.* truck). **2.** (brewer's) drayman. **~ˌfaß** *n* beer barrel (*od.* cask), *kleines*: beer keg. **~ˌfilz** *m* beer mat. **~ˌfla·sche** *f* beer bottle. **~ˌgar·ten** *m* beer garden. **~ˌglas** *n* beer glass. **~ˌhe·fe** *f* brewer's yeast, barm. **~ˌhum·pen** *m colloq.* tankard, *Am. a.* schooner. **~ˌka·sten** *m* beer crate (*od.* case). **~ˌkel·ler** *m* **1.** beer cellar. **2.** (*Lokal*) bierkeller, beer tavern. **~ˌkrug** *m* beer mug, *Am.* stein, tankard. **~ˌkut·scher** *m obs. for* Bierfahrer 2. **~ˌlei·che** *f colloq.* person dead-drunk from beer. **~loˌkal** *n* → Bierstube. **~ˌrei·se** *f colloq.* pub crawl. **~ˌru·he** *f colloq.* imperturbable calm. **~ˌschaum** *m* beer froth. **~ˌsei·del** *n* beer glass. **Ձˌse·lig** *adj colloq.* (beer-)happy. **~ˌstu·be** *f* (beer) tavern, *Br. colloq.* pub, *Am.* beer parlor. **~verˌlag** *m* beer depot. **~verˌle·ger** *m* **1.** retailer of beer. **2.** brewer's (sales) agent. **~ˌwa·gen** *m* **1.** beer lorry (*Am.* truck). **2.** (brewer's) dray. **~ˌwär·mer** *m* beer warmer. **~ˌwür·ze** *f* beer wort. **~ˌzei·tung** *f* (humorous) rag magazine (*of students, firm, etc*). **~ˌzelt** *n* beer tent. **~ˌzip·fel** *m* ribbon of a students' association.

Bie·se [ˈbiːzə] *f* <-; -n> (*Ziersaum*) tuck; *an Uniformen*: piping; *am Schuh*: welting.

Biest [biːst] *n* <-es; -er> *contp. colloq.* **1.** (*Mensch, Tier*) beast, brute, creature, (*Frau*) beast, bitch, cat, (*Kind*) brat, little devil; ein süßes kleines ~ a cute little trick. **2.** (*Gegenstand*) beast, damned thing.

ˈBiestˌmilch *f agr.* beestings *pl* (*als sg od. pl konstruiert*).

Biet [biːt] *n* <-s; -e> *Swiss for* Gebiet 1, 2.

bie·ten [ˈbiːtən] **I** *v/t* <bietet, bot, geboten, h> **1.** offer, give (j-m et. s. o. s. th., s.th. to s.o.); j-m (*e-m Gast etc*) et. ~ treat s.o. to s.th., *stärker*: do s.o. proud, give s.o. a good time; j-m die Möglichkeit ~, et. zu tun give s.o. the opportunity to do s. th.; das Buch bietet gute Unterhaltung the book is good entertainment (*od.* makes good reading, is highly readable); → Schach *etc.* **2.** *econ.* (auf *acc od.* für for) a) offer, give, b) *bei Versteigerungen etc*: bid; j-m Geld für et. ~ offer s.o. money for s. th.; wieviel ~ Sie? how much do you offer (*od.* would you give for it)?; mehr (weniger) ~ als outbid (underbid). **3.** (*darbieten*) offer, present (*difficulties, etc*); e-n traurigen Anblick ~ present a sorry spectacle (*od.* sight); e-e herrliche Aussicht ~ afford (*od.* command) a magnificent view; der Anblick, der sich mir bot the view that met (*od.* greeted) my eyes. **4.** (*zeigen*) show, present (*film, etc*); e-e gute Leistung ~ show (*od.* give) a good performance. **5.** *lit.* (*reichen*) offer, tender, hold out (*one's hand, etc*); e-r Dame den Arm ~ offer a lady one's arm. **6.** *archaic* (*wünschen*) bid; j-m e-n guten Morgen ~ wish (*od.* bid) s.o. good morning. **7.** (*zumuten*) **das hätte mir einer ~ sollen!** one should have tried that on me!; **das lasse ich mir nicht ~** I won't take (*od.* stand) that (from anybody); **das läßt du dir ~?** are you going to stand for that (*od.* to take that lying down)? **II** *v/i* **8.** *econ. bei Versteigerungen*: (make a) bid (**auf** *acc od.* **für** for); **wer bietet mehr?** any more bids? **III** *v/reflex* **sich ~ 9.** *Gelegenheit etc*: present (*od.* offer) itself; **jetzt bietet sich dir die Gelegenheit** now is your chance; **neue Schwierigkeiten boten sich ihm** he was confronted with (*od.* faced with) new difficulties.

'Bie·ten·de *m, f* <-n; -n>, **'Bie·ter** *m* <-s; ->, **'Bie·te·rin** *f* <-; -nen> *econ.* bidder.

bi·fi·lar [bifi'laːr] *adj electr.* bifilar.

bi·fo·kal [bifo'kaːl] *adj opt.* bifocal. **≈ˌbril·le** *f* bifocal glasses *pl* (*od.* spectacles *pl*). **≈ˌglas** *n* bifocal lens.

Bi·ga·mie [biga'miː] *f* <-; -n [-ən]> *jur.* bigamy. **bi'ga·misch** [-'gaːmɪʃ] *adj* bigamous. **Bi·ga'mist** [-'mɪst] *m* <-en; -en> bigamist.

'Biˌglas ['biː-] *n opt.* bi (*od.* flat) lens.

bi·gott [bi'gɔt] *adj contp.* **1.** bigoted, *a.* bigot. **2.** (*scheinheilig*) hypocritical, sanctimonious. **Bi·got·te'rie** [-tə'riː] *f* <-; *rare* -n [-ən]> bigotry; hypocrisy.

Bi·gramm [bi'gram] *n math.* two-digit group.

Bi·jou·te·rie [biʒutə'riː] *f* <-; -n [-ən]> costume jewellery (*bes. Am.* jewelry).

Bi·kar·bo·nat ['biːkarbonaːt; bikarbo'naːt] *n chem.* bicarbonate.

Bi·ki·ni [bi'kiːni] *m* <-s; -s> bikini.

bi·kon·kav [bikɔn'kaːf; 'biː-] *adj opt.* biconcave, concavo-concave.

bi·kon·vex [bikɔn'vɛks; 'biː-] *adj opt.* biconvex, convexo-convex.

bi·la·bi·al [bilabi'aːl; 'biː-] *ling.* **I** *adj* bilabial. **II ≈** *n* <-s; -e>, **≈ˌlaut** *m* bilabial (sound).

Bi·lanz [bi'lants] *f* <-; -en> **1.** *econ.* a) balance, b) (*Aufstellung*) balance-sheet, *Am. a.* statement (of condition); **aktive ~** credit balance; **passive ~** unfavo(u)rable (*od.* adverse) balance; **~ des Warenhandels** balance of trade; **~ machen** balance the books; **die ~ ziehen** strike the balance; **die ~ aufstellen** prepare (*od.* draw up, make out) the balance-sheet. **2.** *fig.* (overall) balance; (*Ergebnis*) result, outcome; (*Prüfung*) stock-taking, review; **e-e ~ des bisher Geleisteten** a statement (*od.* survey) of what has been accomplished so far; **die ~ (e-r Sache) ziehen** strike the balance (of s.th.), take stock (of s.th.); **wenn wir ~ ziehen, stellen wir fest, daß** on balance we see that; **die ~ s-s Lebens ziehen** take stock of one's life. **~ˌab·teiˌlung** *f econ.* balance-sheet (*od.* central accounting) department. **~ˌaufˌstel·lung** *f* (preparation of the) balance-sheet. **~ˌausˌzug** *m* extract (*zs.-gefaßter*: abstract) of the balance-sheet. **~ˌbo·gen** *m* balance-sheet. **~ˌbuch** *n* balance book. **~ˌbuchˌhal·ter** *m* accountant. **~ˌbuchˌhal·tung** *f* → **Bilanzabteilung**.

bi·lan·zie·ren [bilan'tsiːrən] *econ.* **I** *v/t* <*no* **ge-**, **h**> **1.** show *s.th.* in the balance-sheet. **2.** (*Konten*) balance. **II** *v/i* **3.** prepare the balance-sheet. **Bi·lan'zie·rung** *f* <-; -en> **1.** balancing (*etc*). **2.** → **Bilanz 2.**

bi'lanzˌmä·ßig *adj econ.* balance-sheet ..., in accordance with (*od.* as shown in) the balance-sheet.

Bi'lanz|po·si·ti,on *f*, **~ˌpo·sten** *m* balance-sheet item. **~ˌprü·fer** *m* chartered accountant, auditor. **~ˌprü·fung** *f* balance-sheet audit. **≈ˌsi·cher** *adj Buchhalter etc*: experienced in making out and checking balance-sheets. **~ˌstichˌtag** *m* date of balance-sheet. **~ˌsum·me** *f* balance-sheet total. **~verˌschleie·rung** *f* window-dressing. **~ˌwert** *m* balance-sheet value. **~ˌzie·hung** *f* striking (of) a balance, *fig. a.* stock-taking.

bi·la·te·ral [bilate'raːl; 'biː-] *adj* bilateral.

Bild [bɪlt] *n* <-(e)s; -er> **1.** *allg.* picture, (*Gemälde*) *a.* painting, (*Porträt*) portrait, likeness, (*Ab≈, Eben≈*) image, *in Büchern etc*: illustration, picture, (*~tafel*) plate, (*Zeichnung*) drawing, (*Stand≈*) statue; **j-n im ~e verbrennen** burn s.o. in effigy; *Bibl.* **Gott schuf den Menschen ihm zum ~e** God created man in his own image; *fig.* **sie ist ein ~ von e-m Mädchen** she is as pretty as a picture. **2.** a) photo(graph), picture, *colloq.* shot, b) *TV, Film*: image, picture, (*Einzel≈*) frame; *Film, im Vorspann*: **~ (und Schnitt) von X** Camera (and Cutting) by X; **ein ~ (von sich) machen lassen** have one's picture taken. **3.** *opt.* diagram, chart, *a. math.* graph, *bei Bildunterschrift, meist mit Zahl*: figure (*meist abbr.* Fig.). **4.** *print. e-r Type*: face. **5.** *e-r Münze*: head, effigy; **~ oder Wappen?** heads or tails? **6.** *Kartenspiel*: court (*Am.* face) card; **deutsches ~** German-type (playing) cards *pl.* **7.** (*Warenzeichen*) trade symbol. **8.** *thea.* scene, tableau; **Operette in vier ~ern** operetta in four scenes; **lebendes ~** tableau vivant, living picture. **9.** *ling.* image, metaphor, figure (of speech), (*Vergleich*) simile; **in ~ern sprechen** use metaphorical language (*od.* metaphors); **reich an ~ern** full of imagery. **10.** *fig.* picture, sight, view, scene, spectacle; **~ der Zerstörung (des Grauens)** scene of destruction (horror); **ein ~ des Jammers** the picture of misery, a pitiful sight; **das ~, das sich mir** (*od.* **m-n Augen**) **bot** the scene that met my eyes; *colloq.* **ein ~ für Götter** a sight for the Gods. **11.** *fig.* a) (*Vorstellung*) picture, idea, notion, b) (*Schilderung*) picture, description, portrait; **sich ein ~ machen** get an idea (**von** of), **von e-r Sache**: *a.* picture, (*od.* visualize, imagine) s. th.; **du machst dir kein ~ (davon)!** you can't imagine!, you have no idea!; **ein klares ~ von e-r Sache geben** give a clear picture (*od.* idea) of s. th.; **ein falsches ~ bekommen** get a wrong impression; **im ~e sein** know about it, *colloq.* be in the picture; **im ~e sein über** (*acc*) know (*od.* be informed) about, be aware of; **jetzt bin ich im ~e!** now I see!; **j-n ins ~ setzen** inform s.o., *colloq.* put s.o. in the picture, cue s.o. in (*alle*: **über e-e Sache** about s. th.).

'Bild|ˌabˌta·ster *m TV* scanner. **~ˌabˌta·stung** *f* scanning. **~arˌchiv** *n* photographic (*od.* picture) archives *pl* (*od.* files *pl*). **~ˌaufˌklä·rer** *m aer. mil.* photo(-)reconnaissance aircraft. **~ˌaufˌlö·sung** *f opt.* resolution. **~ˌaufˌlö·sungs·verˌmö·gen** *n* resolving power. **~ˌaufˌnah·meˌröh·re** *f TV* image pickup tube. **~ˌaufˌzeich·nung** *f* (video-tape) recording. **~ˌausˌfall** *m TV* blackout, loss of picture. **~ˌausˌschnitt** *m* **1.** detail. **2.** *phot.* trimmed photo. **~ˌausˌwer·tung** *f aer. phot.* interpretation (of aerial photographs). **~ˌband**[1] *m print.* book of plates. **~ˌband**[2] *n TV* video tape. **~ˌbandˌaufˌzeich·nung** *f* video-tape recording. **~ˌband·geˌrät** *n* video-tape recorder. **~ˌbeiˌla·ge** *f e-r Zeitung*: pictorial supplement.

'Bild·beˌricht *m* photographic report, photo-report, picture story. **~erˌstatter** *m* **1.** press photographer, photo-reporter. **2.** *TV, Film*: (news) cameraman. **~erˌstat·tung** *f* **1.** press (*od.* television, TV) coverage. **2.** (*Beruf*) photo(-)journalism.

'Bild·beˌtrach·ter *m für Dias*: (slide) viewer.

Bild·chen ['bɪltçən] *n* <-s; -> *dim. of* **Bild.**

'Bild|diaˌgramm *n* pictorial diagram, pictograph. **~do·ku·men·ta·tiˌon** *f* pictorial documentation; (*Film*) documentary film. **~ˌebe·ne** *f* **1.** *phot. e-r Linse*: a) focal (*od.* image) plane, b) *perspektivisch*: picture screen (*od.* plane). **2.** *math.* a) picture plane, b) projection plane. **~ˌeinˌstel·lung** *f* focus(s)ing.

bil·den ['bɪldən] **I** *v/t* <h> **1.** *allg.* form, (*gestalten*) *a.* shape, mo(u)ld (*alle a. fig. the character, etc*), fashion, make; (*schaffen*) create; (*Beispiel etc*) form, make up (*an example*), (*e-n Satz*) *a.* construct (*a sentence*); (*ein Neuwort*) coin (*new words*); (*e-n Ausschuß*) form, constitute, set up; **e-e Regierung ~** form a government; **Laute ~** form speech sounds, articulate; **den Plural ~ (von)** form the plural (of); **e-n rechten Winkel ~ (mit)** be at a right angle (to); → **Meinung 1. 2.** (*hervorbringen*) form, develop, produce; **Blasen ~** form (*od.* raise) bubbles. **3.** (*e-n Bestandteil etc*) form, constitute, make (up); (*e-e Attraktion, Gefahr, Grenze etc*) *a.* be; **e-e Ausnahme ~** be an exception; **das Hauptthema ~** be the main topic; **ein Hindernis ~** be (*od.* form) an obstacle; → **Nachhut** *etc.* **4.** *geistig*: cultivate, educate, train; **s-n Geschmack ~** refine (*od.* cultivate, develop) one's taste; → **gebildet. II** *v/i* **5.** *Lesen, Reisen etc*: broaden the mind, be broadening. **III** *v/reflex* **sich ~ 6.** (*entstehen*) form, be formed, develop, arise; **Gruppen (Wolken) bildeten sich** groups (clouds) were forming. **7.** *Personen*: educate o.s., cultivate (*od.* improve) one's mind. **IV ≈** *n* <-s> **8.** forming (*etc*); → *a.* **Bildung 1. ~d** *adj* **1.** formative. **2.** a) (*belehrend*) instructive, informative, broadening, b) (*erziehend*) educational, educative. **3.** → **Kunst 1.**

'Bil·der|ˌanˌbe·tung *f* → **Bilderverehrung. ~ˌbi·bel** *f* illustrated (*od.* picture) bible. **~ˌbo·gen** *m* **1.** sheet of pictures. **2.** *Kunst*: (pictorial) broadsheet. **~ˌbuch** *n* picture book. **~ˌbuch ...** *in Zssgn fig. colloq.* storybook (*goal, landing, etc*). **~ˌdienst** *m* **1.** → **Bildarchiv. 2.** *relig.* → **Bilderverehrung. ~ga·leˌrie** *f* picture gallery. **~geˌschich·te** *f* picture story, (*Comics etc*) strip cartoon. **~ˌhänd·ler** *m* picture (*od.* art) dealer. **~ˌrah·men** *m* picture frame. **~ˌrät·sel** *n* picture puzzle, rebus. **≈ˌreich** *adj* **1.** richly illustrated (*book, etc*). **2.** *Sprache, Stil etc*: rich in images, flowery, florid, ornate. **~ˌsamm·lung** *f* collection of pictures (*od.* paintings). **~ˌschrift** *f* **1.** picture writing, pictography. **2.** hieroglyphics *pl* (*als sg od. pl konstruiert*). **~ˌspra·che** *f* **1.** figurative (*od.* metaphorical) language. **2.** *e-s Autors*: imagery. **~ˌstreit** *m relig. hist.* iconoclastic controversy. **~ˌsturm** *m* iconoclasm. **~ˌstür·mer** *m* iconoclast (*a. fig.*). **~stür·me'rei** [ˌbɪldər-] *f fig.* iconoclasm. **≈ˌstür·me·risch** *adj* iconoclastic. **~verˌeh·rung** *f* image worship, iconolatry.

'Bild·erˌzäh·lung *f* → **Bildergeschichte.**

'Bildˌfeld *n* **1.** *opt.* a) *e-r Linse*: angle of view, b) *e-s Systems*: image field. **2.** *TV* a) picture screen, b) frame.

ˈ**Bild|ˌfen·ster** *n* **1.** *phot.* picture gate. **2.** *opt.* image aperture. **~ˌflä·che** *f* **1.** *Kunst*: a) picture (area), b) (*Leinwand*) canvas. **2.** *TV* a) image area, b) (*Mattscheibe*) screen. **3.** *fig. colloq.* **auf der ~ erscheinen** appear (on the scene), turn up; **von der ~ verschwinden** disappear (from the scene), vanish, drop out of sight. **~ˌfol·ge** *f* **1.** sequence (*od.* series) of pictures. **2.** *TV, Film*: picture frequency. **3.** *phot.* time interval between exposures. **~forˌmat** *n* **1.** *phot.* size of picture. **2.** *TV* frame size. **~freˌquenz** *f* *TV, Film*: picture frequency. **~ˌfüh·rung** *f* camera(work). **~ˌfunk** *m* **1.** radio picture transmission; facsimile radio. **2.** television.

ˈ**bild·haft** *adj* pictorial; *fig. a.* graphic, plastic, vivid (*style, etc*). ˈ**Bild·haf·tig·keit** *f* <-; *no pl*> *fig.* graphic quality, plasticity, vividness.

ˈ**Bildˌhau·er** *m* <-s; -> **1.** sculptor. **2.** <*only sg*> *astr.* Sculptor. ˌ**Bild·haue·ˈrei** *f* <-; *no pl*> (art of) sculpture. ˈ**Bildˌhaue·rin** *f* <-; -nen> sculptress. ˈ**bildˌhaue·risch** *adj* sculptural. ˈ**bildˌhau·ern** [-ˌhauərn] *v/i* <h> sculpture, sculpt.

ˈ**Bild|ˌhel·lig·keit** *f* *TV, Film*: (image) brightness. **2ˈhübsch** *adj* (as) pretty as a picture, lovely. **~ˌkar·te** *f* **1.** pictorial (*od.* photographic) map. **2.** *Post*: picture postcard. **3.** *Kartenspiel*: *Br.* court card, *Am.* face card. **~ka·taˌlog** *m* illustrated catalogue (*Am.* catalog). **~ˌkraft** *f* → Bildhaftigkeit.

bild·lich [ˈbɪltlɪç] **I** *adj* **1.** pictorial, graphic. **2.** *fig. Ausdruck etc*: figurative, metaphorical, symbolic(al). **II** *adv* **3. et. ~ darstellen** represent s.th. pictorially (*od.* graphically), picture s.th.; **sich** (*dat*) **et. ~ vorstellen** picture s.th.; **~ gesprochen** figuratively speaking. **2keit** *f* <-; *no pl*> *fig.* figurativeness.

ˈ**Bild|ˌli·nie** *f* *opt.* image (*od.* focal) line. **~ma·te·riˌal** *n* pictures *pl.* **~ˌmeß·ˌwe·sen** *n* photogrammetry. **~ˌmi·scher** *m* *TV* (video) mixer. **~ˌmisch·ˌpult** *n* video monitoring and mixing desk.

Bild·ner [ˈbɪldnər] *m* <-s; -> *rare* **1.** → Bildhauer. **2.** creator, former, maker. **3.** *chem.* component. ˈ**bild·ne·risch** *adj* sculptural.

Bild·nis [ˈbɪltnɪs] *n* <-ses; -se> **1.** a) portrait, picture, likeness, b) statue. **2.** *auf Münzen*: effigy, head.

ˈ**Bild|ˌplat·te** *f* *TV* video disc. **~ˌplat·ten·geˌrät** *n* videoplayer. **~ˌpostˌkar·te** *f* picture postcard. **~ˌpres·se** *f* *print.* illustrated press. **~ˌpunkt** *m* **1.** *TV* scanning point. **2.** *math.* representative point. **~ˌpunkt·freˌquenz** *f* *TV* video (*od.* picture point) frequency. **~ˌrei·he** *f* sequence of photographs, picture series. **~re·porˌta·ge** *f* photo(graphic) report. **~reˌpor·ter** *m* press photographer. **~ˌröh·re** *f* *TV* picture tube.

ˈ**bild·sam** *adj* **1.** plastic (*a. biol. u. fig.*); pliant (*a. fig. character, etc*); *fig. a.* cultivable, educable. **2.** *metall.* ductile.

ˈ**Bild|ˌsäu·le** *f* **1.** statue. **2.** carved column. **~ˌschär·fe** *f* *opt.* (image) definition; *phot. a.* image sharpness. **~ˌschirm** *m* **1.** *TV* (television *od.* viewing) screen; **~spiele** *pl* video-games; **~text** *m* viewdata; **~zeitung** *f* videotext. **2.** *Radar*: screen, display panel. **~schnit·zeˈrei** [ˌbɪlt-] *f* (wood) carving. **2ˈschön** *adj* **1.** very (*od.* most) beautiful, of breath-taking beauty, gorgeous. **2.** *colloq.* (*toll*) beautiful, fantastic, gorgeous. **~ˌschrei·ber** *m* facsimile recorder, phototelegraph. **~ˌsei·te** *f* **1.** page of pictures. **2.** *Spielkarte, Münze etc*: face. **~ˌsen·der** *m* *TV* picture (*tel.* facsimile) transmitter. **~ˌse·rie** *f* → Bildreihe. **~ˌspei·cherˌröh·re** *f* *electr.* **1.** image-storing tube. **2.** storage camera tube. **~ˌstel·le** *f* **1.** photographic (*od.* film) service (*od.* archives *pl*). **2.** *aer. mil.* a) photographic unit, b) (*Auswertung*) photo-intelligence detachment. **~ˌsteue·rung** *f* *TV* picture control. **~ˌstock** *m* **1.** *relig.* (wayside) shrine. **2.** *print.* block. **~ˌstö·rung** *f* *TV* (picture) trouble; → Bildausfall. **~ˌstrei·fen** *m* film strip. **~ˌsu·cher** *m* *phot.* view-finder. **~ˌta·fel** *f* *print.* plate. **~te·leˌgramm** *n* phototelegram. **~te·leˌgraph** *m* phototelegraph. **~te·leˌphon** *n* television phone, face-to-face phone. **~ˌtep·pich** *m* **1.** *an der Wand*: tapestry. **2.** *auf dem Fußboden*: tapestry carpet. **~ˌtext** *m* caption. **~ˌton** *m* *phot.* tone. **~ˌtonˌka·me·ra** *f* sound-film camera. **~ˌträ·ger** *m* **1.** *TV* picture carrier. **2.** *phot.* film strip (*od.* slide) carrier. **~ˌüberˌtra·gung** *f* **1.** *tel.* picture telegraphy. **2.** *TV* picture transmission.

ˈ**Bil·dung** *f* <-; -en> **1.** (*Bilden*) forming, formation; (*Schaffung*) *a.* creation; (*Entwicklung*) *a.* development; (*Wachstum*) growth; (*Gründung*) foundation, organizing, organization; (*e-s Ausschusses*) constitution, setting-up; **~ e-r Regierung (e-s Kabinetts)** formation of a government (cabinet); **~ neuer Wörter** coinage of new words; *ling.* **~ des Perfekts** forming (of) the perfect (tense); *econ.* **~ e-r Reserve** building up (*od.* creation) of a reserve. **2.** <*only sg*> (formal) education; **höhere (humanistische) ~** secondary (classical) education. **3.** <*only sg*> a) (*feine* **~**) education, culture, refinement, (good) breeding, b) (*Gelehrsamkeit*) learning, erudition, scholarliness, c) (*Kenntnisse*) knowledge; *Mann etc* **von ~** → **gebildet**; **ohne ~** → **ungebildet**; *colloq.* **~ haben** be well-educated (*od.* cultured), be well bred; **et. für s-e ~ tun** do s.th. for one's education, improve one's mind; **Mangel an ~** lack of refinement (*od.* breeding), lack of education. **4.** (*Gestalt*) form, shape.

ˈ**Bil·dungs|ˌar·beit** *f* educational work. **2beˌflis·sen** *adj* eager to learn (*od.* to further one's education), studious. **~ˌchan·cen** *pl* educational opportunities. **~ˌdrang** *m*, **~ˌei·fer** *m* desire for education. **2ˌeif·rig** *adj* (thirsty (*od.* hungry) for education. **~eleˌment** *n* *ling.* formative (element). **2ˌfä·hig** *adj* **1.** *Person etc*: educ(at)able, capable of being educated, (*kulturfähig*) civilizable. **2.** *Geist etc*: cultivable, capable of development. **~ˌfeind** *m* enemy of education (*od.* culture). **2ˌfeind·lich** *adj* opposed to education (*od.* culture). **~ˌgang** *m* (course of) education. **~geˌwe·be** *n* formative tissue, *bot. a.* meristem, *zo. a.* blastema. **~ˌgrad** *m* standard of education, educational level. **~ˌgut** *n* *e-r Nation etc*: cultural tradition. **~ˌhun·ger** *m* → Bildungsdrang. **2ˌhung·rig** *adj* → **bildungseifrig**. **~ˌlücke** (*getr.* **-k·k-**) *f* gap in one's education. **~mo·noˌpol** *n* monopoly of learning. **~niˌveau** *n* → Bildungsgrad. **~ˌnotˌstand** *m* educational misery. **~proˌzeß** *m* formative process. **~reˌform** *f* educational reform. **~ˌrei·se** *f* educational journey. **~roˌman** *m* "novel of education", Bildungsroman. **~ˌschicht** *f* cultured class. **~ˌstand** *m* → Bildungsgrad. **~ˌstät·te** *f* educational institution. **~ˌstu·fe** *f* → Bildungsgrad. **~syˌstem** *n* educational system. **~ˌur·laub** *m* educational holiday(s *pl*). **~ˌwär·me** *f* *chem.* heat of formation. **~ˌweg** *m* educational channel; *e-r Person*: (course of) education; **der zweite ~** the second way of gaining university admission (*through evening classes and correspondence courses*). **~ˌwe·sen** *n* <-s; *no pl*> education.

ˈ**Bild|ˌun·terˌschrift** *f* caption. **~verˌstär·ker** *m* *TV* video amplifier. **~verˌzer·rung** *f* *phot. TV* image distortion. **~ˌwand** *f* *phot.* (projection) screen. **~ˌwand·ler** *m* **1.** image converter. **2.** *TV* picture (*od.* image) tube. **~ˌwand·lerˌröh·re** *f* *TV* image converter tube. **~ˌwei·te** *f* focal length. **~ˌwer·bung** *f* *econ.* pictorial advertising. **~ˌwer·fer** *m* *phot.* projector. **~ˌwerk** *n* **1.** *Kunst*: a) image, b) sculpture, c) carving. **2.** *print.* book of plates. **~ˌwie·derˌga·be** *f* (picture) reproduction. **~wir·keˈrei** [ˌbɪlt-] *f* **1.** tapestry weaving. **2.** (*Erzeugnis*) tapestry (work). **~ˌwir·kung** *f* (visual) effect. **~ˌwör·terˌbuch** *n* pictorial dictionary. **~ˌzählˌwerk** *n* *phot.* frame counter. **~ˌzei·chen** *n* **1.** *Kunst*: pictorial symbol. **2.** *econ.* trade symbol. **3.** *TV* picture signal. **~ˌzei·le** *f* *TV* (scanning) line. **~ˌzei·tung** *f* pictorial (news)paper; *weitS.* (*Boulevardblatt*) tabloid. **~zerˌle·gung** *f* scanning. **~ˌzu·ˌschrift** *f* letter (of application) enclosing a photograph.

Bil·ge [ˈbɪlgə] *f* <-; -n> *mar.* bilge.

ˈ**Bil·genˌwas·ser**, ˈ**Bil·geˌwas·ser** *n* <-s; *no pl*> *mar.* bilge water.

bi·li·ne·ar [bilineˈa:r; ˈbi:-] *adj* *math.* bilinear.

Bil·lard [ˈbɪljart; *Austrian* biˈja:r] *n* <-s; -e [-jardə], *Austrian* -s [-ˈja:rs]> **1.** billiards *pl* (*als sg konstruiert*); **~ spielen** play billiards. **2.** → **Billiardtisch.** **~ˌku·gel** *f* billiard ball. **~ˌsaal** *m* billiard room (*od.* hall, *Am.* parlor), *Am.* poolroom. **~ˌspiel** *n* (game of) billiards *pl* (*als sg konstruiert*). **~ˌspie·ler** *m* billiard player. **~ˌstock** *m* (billiard) cue. **~ˌtisch** *m* billiard table, *Am. a.* pool table. **~ˌtuch** *n*, **~ˌüberˌzug** *m* billiard (*od.* baize) cloth.

Bil·le·teur [bɪljɛˈtø:r] *m* <-s; -e> **1.** *Austrian for* **Platzanweiser.** **2.** *Swiss for* **Schaffner** 1.

Bil·lett [bɪlˈjɛt] *n* <-(e)s; -e *u.* -s> **1.** *obs.* (short) letter, note. **2.** *obs. or Swiss for* a) **Einlaßkarte**, b) **Fahrkarte** 1. **3.** *Austrian for* **Briefkarte.**

Bil·li·ar·de [bɪˈli̯ardə] *f* <-; -n> *Am.* quadrillion, *Br.* trillion, a thousand billions.

bil·lig [ˈbɪlɪç] **I** *adj* <-er; -st> **1.** a) cheap, inexpensive, low-priced (*goods*), b) low, moderate, reasonable (*price*); **~e Arbeitskräfte** cheap labo(u)r *sg*; **~es Geld** cheap money; **~er Kauf** bargain; *colloq.* **~ und schlecht** cheap and nasty. **2.** (*angemessen, gerecht*) just, fair, equitable, right; (*zumutbar, vernünftig*) reasonable, acceptable; **das ist nicht mehr als ~** that's only fair; **recht und ~** right and proper; *jur.* **~es Ermessen** (reasonable) discretion. **3.** *contp.* cheap, tawdry, shoddy. **4.** *fig. contp.* cheap (*girl, joke, etc*); **ein ~er Trick** a cheap (*od.* shabby, low) trick; **ein ~er Rat** poor advice; **e-e ~e Ausrede** a poor (*od.* feeble, weak) excuse; **das ist ein ~er Trost** that's cold comfort. **II** *adv* **5.** cheap(ly), at a low (*od.* reasonable, moderate) price; **et. ~er herstellen** produce s. th. more cheaply (*od.* at less cost); **et. möglichst ~ machen** do (*od.* make) s. th. cheap (*Br. colloq.* on the cheap); *colloq., a. fig.* **~ dabei wegkommen** get off cheap(ly). **2ˌan·ge·bot** *n* *econ.* cut-price offer, (special) bargain. **~ˌden·kend** *adj* fair-minded, just.

bil·li·gen ['bɪlɪgən] *v/t* ⟨h⟩ **1.** approve of, sanction; **e-n Vorschlag** ~ approve of (*od.* assent to, *Am. colloq.* okay) a proposal; **et. stillschweigend** ~ condone s. th.; **ich kann d-e Handlungsweise nicht** ~ I cannot approve (of) your conduct. **2.** *amtlich*: approve, authorize, sanction (*project, etc*). **~d I** *adj* approbatory, approving. **II** *adv* approvingly, with approval.

'bil·li·ger|'ma·ßen, ~'wei·se *adv* justly, fairly, with justice, reasonably, in (all) fairness.

'Bil·lig,flag·ge *f mar.* flag of convenience.

'Bil·lig·keit *f* ⟨-; *no pl*⟩ **1.** cheapness, inexpensiveness, low price; *vom Preis*: moderateness, reasonableness. **2.** (*Angemessenheit, Gerechtigkeit*) justness, fairness, rightness, reasonableness, *bes. jur.* (principle of) equity, equitableness; **nach** ~, **wie es der** ~ **entspricht** in equity, as is just and proper under the circumstances. **3.** *contp., a. fig.* cheapness.

'Bil·lig·keits|ge,sichts,punkt *m* principle of equity; **nach** ~**en** upon the principle of equity, in equity. **~,grund** *m* reason (*od.* ground) of equity; **aus Billigkeitsgründen** for reasons of equity. **~,grund,satz** *m* principle of equity. **~,recht** *n* (doctrines *pl* of) equity. **~,sinn** *m* sense of justice, fair-mindedness.

'Bil·ligst-,Or·der *f econ.* order to buy at the lowest possible price.

'Bil·li·gung *f* ⟨-; *no pl*⟩ **1.** (*gen*) approval, approbation, sanction (*alle*: of), consent (to); **stillschweigende** ~ tacit consent (to), (*Duldung*) condonement (of). **2.** *amtlich*: approval, authorization (of).

Bil·li·on [bɪ'lĭo:n] *f* ⟨-; -en⟩ billion, *Am.* trillion.

Bil·li·on·(s)tel [bɪ'lĭo:n(s)təl] *n, Swiss usually m* ⟨-s; -⟩, ♀ *adj* billionth, *Am.* trillionth.

Bil·se ['bɪlzə] *f* ⟨-; -n⟩, **'Bil·sen,kraut** *n bot.* henbane.

'Bi·lux,lam·pe ['bi:lʊks-] (*TM*) *f* ⟨-; -n⟩ **1.** *electr.* bilux lamp. **2.** *mot.* double-dipping headlamp.

bim [bɪm] *interj* ding; ~, ~, ~! ding, ding, ding!; ~, **bam!** ding-dong!

bi·ma·nu·ell [bima'nŭɛl] *adj* bimanual.

Bim·bam ['bɪm'bam] *n* ⟨-s; *no pl*⟩ ding-dong; *colloq.* **heiliger** ~! a) good Heavens!, b) holy cow!, hell's bells!

Bi·me·tall ['bi:metal; bime'tal] *n* ⟨-s; -e⟩ *tech.* bimetal, duplex metal. **bi·me'tal·lisch** *adj* bimetallic.

Bi·me·tal·lis·mus [bimeta'lɪsmʊs] *m* ⟨-; *no pl*⟩ *econ.* bimetallism. **Bi·me·tal'list** [-'lɪst] *m* ⟨-en; -en⟩ bimetallist.

'Bi·me·tall,schal·ter *m electr.* bimetal switch, thermoswitch.

Bim·mel ['bɪməl] *f* ⟨-; -n⟩ *colloq.* small bell, jingle (bell). **~,bahn** *f colloq. small train with a warning bell.*

bim·meln ['bɪməln] *v/i* ⟨h⟩ *colloq.* tinkle, jingle; *Telephon*: ring.

Bi·mo·da·li·tät [bimodali'tɛ:t] *f* ⟨-; -en⟩ *Statistik*: bimodality.

Bims [bɪms] *m* ⟨-es; -e⟩ pumice. **~be,ton** *m* pumice concrete.

bim·sen ['bɪmzən] *v/t* ⟨h⟩ **1.** pumice, rub (*od.* clean, smooth) *s. th.* with pumice (stone). **2.** (*Hut*) pounce. **3.** *colloq.* (*prügeln*) give *s. o.* a thrashing, beat *s. o.* up. **4.** *mil. sl.* drill *s. o.* hard, give s. o. chicken. **5.** *fig. dial.* (*lernen*) *colloq.* cram. **6.** *vulg.* (*koitieren mit*) *sl.* bang, screw.

'Bims,stein *m* pumice (stone); **mit** ~ **glätten** pumice. **~,sei·fe** *f* pumice soap. **~,tuff** *m geol.* pumice tuff.

bin [bɪn] *1 sg pres of* **sein**[1].

bi·när [bi'nɛ:r] *adj chem. math. phys.* binary. **♀,code** *m Computer*: binary code.

bi·na·risch [bi'na:rɪʃ] *adj chem. math. phys.* binary.

Bi'när|,stern *m* → **Doppelstern.** **~,zei·chen** *n Computer*: bit, binary digit.

Bin·de ['bɪndə] *f* ⟨-; -n⟩ **1.** *med.* a) (roller) bandage, b) (*Armschlinge*) sling, c) (*Staungs*♀) tourniquet, d) (*Stütz*♀) support, e) (*Damen*♀) sanitary towel (*Am.* napkin); **elastische** ~ elastic bandage; **den Arm in der** ~ **tragen** have (*od.* carry) one's arm in a sling. **2.** (*Arm*♀) badge, armband; **die** ~ **des Blinden** the armband of the blind. **3.** (*Augen*♀) bandage (for blindfolding), blindfold (*a. fig.*); **j-m e-e** ~ **vor die Augen tun** blindfold s.o.; **e-e** ~ **vor den Augen haben** (*a. fig.*) have a blindfold over one's eyes; *fig.* **j-m fällt die** ~ **von den Augen** the scales fall from s.o.'s eyes, s.o.'s eyes have been opened. **4.** *archaic* tie, necktie; *fig. colloq.* **e-n hinter die** ~ **gießen** wet one's whistle, hoist one.

'Bin·de|,bal·ken *m* tie-beam. **~,bo·gen** *m mus.* slur, bind, tie. **~,draht** *m tech.* binding wire. **~,fä·hig·keit** *f tech.* bonding strength. **~,garn** *n* (binder) twine, packthread.

'Bin·de·ge,we·be *n anat.* connective tissue.

'Bin·de·ge,webs|,brücke (*getr.* -k·k-) *f anat.* bridge of connective tissue. **~ent,zün·dung** *f* fibrositis. **~,haut** *f*, **~mem,bran** *f* connective tissue membrane.

'Bin·de,glied *n a. fig.* (connecting) link (zu to, with); *fig.* **fehlendes** ~ missing link.

'Bin·de,haut *f anat.* conjunctiva. **~ent,zün·dung** *f* conjunctivitis.

'Bin·de|,kraft *f tech.* bonding strength. **~,mä·her** *m agr.* harvest-binder. **~ma,schi·ne** *f* binder. **~me,tall** *n* binder. **~,mit·tel** *n* **1.** *tech.* binder, bonding agent. **2.** *gastr.* thickening.

bin·den ['bɪndən] **I** *v/t* ⟨bindet, band, gebunden, h⟩ **1.** (*zs.-binden*) tie (up), bind *s.th.* (together); (*Besen, Strauß*) make; **Blumen zu e-m Strauß** ~ tie (*od.* make) flowers into a bunch; **Blumen zu Girlanden** ~ tie (*od.* wreathe) flowers into garlands. **2.** (*an*~) (**an** *acc* to) tie, fasten, attach; *fig.* → **Nase** 1, **Seele. 3.** (*knüpfen*) tie, bind, knot; **e-e Krawatte** ~ knot a tie; **e-e Schleife** ~ tie a bow; **ein Seil um et.** ~ tie a rope (a)round s.th., rope s.th. up. **4.** (*fesseln*) tie, bind; **j-n an Händen u. Füßen** ~ tie s.o.'s hands and feet, bind s.o. hand and foot; *fig.* **mir sind die Hände** (*od.* **Hände u. Füße**) **gebunden** my hands are tied. **5.** (*verpflichten*) bind, commit, pledge, tie *s.o.* down; **j-n durch ein Versprechen** ~ bind (*od.* commit) s.o. by a promise; **mein Eid bindet mich** I am bound by my oath; **sich** ~ bind (*od.* commit, pledge) o. s.; **er will sich noch nicht** ~ a) he doesn't want to commit himself yet, b) *ehelich*: he doesn't want to get tied up yet; **ich habe mich bereits anderweitig gebunden** I have made other arrangements, I have accepted another offer; → **gebunden. 6.** *print.* bind; **ein Buch neu** ~ rebind a book. **7.** *tech.* a) (*verkleben, verkitten*) cement, bond, b) *mit Draht, Bandeisen*: tie (up), c) *mit Schnüren*: lace, d) (*Kohlenstoff*) combine. **8.** *chem.* a) bind, b) absorb, c) (*adsorbieren*) adsorb, d) (*Atom*) combine; **Gase** ~ bind (*od.* adsorb) gases. **9.** *phys.* (*Wärme*) absorb. **10.** *mil.* (*Streitkräfte*) bind, engage, contain, hold. **11.** *econ.* a) (*Geldmittel*) tie up, b) (*Preise*) fix. **12.** *mus.* a) (*Noten*) bind, tie, b) *legato*: slur. **13.** *ling.* (*Töne, Wörter etc*) bind (*od.* draw) together, link. **14.** *metr.* (*Wörter durch Reim*) rhyme. **15.** *gastr.* (*Suppe etc*) bind, thicken. **16.** *fenc.* bind, engage; **die Klingen** ~ engage foils. **II** *v/i* **17.** *civ. eng.* a) *Zement*: set, harden, b) *Leim, Kunststoff*: bond, c) *Farbe*: bind. **18.** *gastr. Mehl etc*: bind, thicken. **19.** *fig.* (*ver*~) unite, form a bond, bind. **20.** (~*d sein*) be binding (*für j-n* on s.o.). **III** ♀ *n* ⟨-s⟩ **21.** tying, binding, fastening (*etc*). **~d I** *adj* **1.** *tech.* binding, bonding, *chem. a.* absorbent. **2.** *fig.* binding (**für** on, upon); **~e Zusage** binding promise; **~e Kraft e-s Vertrages** binding force of a contract; *jur.* **für beide Parteien** ~ **sein** be binding (up)on both parties. **II** *adv* **3.** bindingly; *jur.* ~ **vorgeschrieben** mandatory.

'Bin·der *m* ⟨-s; -⟩ **1.** (*Krawatte*) tie. **2.** *agr.* a) (*Garben*♀) binder, b) → **Bindemäher. 3.** *civ. eng.* a) (*Stein*) header, b) (~*balken*) tie beam, c) (*Dach*♀) (roof) truss. **4.** → **Bindemittel** 1.

Bin·de'rei *f* ⟨-; -en⟩ → **Buchbinderei, Blumenbinderei.**

bin·dern ['bɪndərn] *v/t* ⟨h⟩ *agr.* bind.

'Bin·de|,satz *m ling.* conjunctive clause. **~,strich** *m* hyphen; **Schreibung mit** ~ hyphenation; **mit (e-m)** ~ **schreiben** hyphen(ate). **~vo,kal** *m ling.* connecting vowel. **~,wort** *n* ⟨-(e)s; ⸗er⟩ *ling.* conjunction.

'Bind,fa·den *m* string, *stärker*: twine, packthread; *colloq.* **es regnet Bindfäden** it's raining cats and dogs.

'Bin·dung *f* ⟨-; -en⟩ **1.** → **binden** III. **2.** *fig.* tie, link, bond; **e-e starke menschliche** ~ strong human bonds; *psych.* **e-e starke** ~ **an die Mutter** a strong mother-tie; **politische** ~**en** political ties (**an** *acc* with, uniting *Berlin, etc* with). **3.** (*Verpflichtung*) commitment, obligation; **vertragliche** ~ contractual commitment (*od.* obligation); **ein Mensch ohne** ~**en** a person free of obligations, *familiär*: an unattached person. **4.** (*Ski*♀) binding. **5.** *von Suppen etc*: liaison, thickening. **6.** *biol.* linkage, absorption. **7.** *chem. phys. tech.* bond. **8.** *phys.* a) absorption, b) (*Verschmelzung*) fusion, c) (*Atom*♀) linkage. **9.** *civ. eng.* compound. **10.** *ling.* liaison, linking. **11.** *mus.* a) *von Tönen*: slur, ligature, b) *von Noten*: bind, ligature. **12.** *fenc.* engagement; ~ **haben** feel the blade.

'Bin·dungs|ener,gie *f* **1.** *chem. phys.* bond energy. **2.** *nucl.* binding energy. **~,kraft** *f nucl.* cohesive force.

'Bin·gel,kraut ['bɪŋəl-] *n* ⟨-(e)s; *no pl*⟩ *bot.* mercury.

bin·nen ['bɪnən] *prep* ⟨*dat*; *lit. a. gen*⟩ **1.** *zeitlich*: within, in; ~ **einer Woche** within a week; ~ **kurzem** shortly, before long; ~ **drei Tagen** within three days. **2.** *obs. räumlich*: within, inside. **'binnen,bords** [-,bɔrts] *adv mar.* inboard.

'Bin·nen|,dock *n mar.* inner dock. **~,eis** *n geol.* inland ice. **~ent,wäs·se·rung** *f* interior drainage. **~er,zäh·lung** *f* story within a (frame) story. **~fi·sche,rei** *f* freshwater fishing. **~,flot·te** *f* inland waterways fleet. **~ge,wäs·ser** *n meist pl* inland waterways *pl* (*od.* water). **~,ha·fen** *m* **1.** inland (*od.* river) port. **2.** inner harbo(u)r. **~,han·del** *m* domestic (*od.* home) trade. **~,kli·ma** *n meteor.* continental climate. **~,klü·ver** *m mar.* inner jib. **~kon·junk,tur** *f* internal economic trend. **~,land** *n* **1.** inland, interior. **2.** → **Binnenstaat.** **~,län·der** *m* ⟨-s; -⟩ inlander. **♀,län·disch** *adj* inland … **~,markt** *m* domestic (*od.* home) market. **~ˌmeer** *n* inland sea. **~ˌreim** *m* internal rhyme. **~ˌschiffahrt** (*getr.* **-ff|f-**) *f* inland navigation. **~ˌsee** *m* (continental) lake. **~ˌstaat** *m* inland state (*od.* country). **~verˌkehr** *m* inland transport (*od.* traffic). **~ˌwäh·rung** *f* internal (*od.* national) currency. **~ˌwan·de·rung** *f* *sociol.* internal migration. **~ˌwas·serˌstra·ße** *f* inland waterway. **~ˌwirt·schaft** *f* domestic economy. **~ˌzoll** *m* internal tariff, inland duty.

Bin·ode [biˈnoːdə] *f* ⟨-; -n⟩ *electr.* binode.

Bin·okel [biˈnoːkəl] *n* ⟨-s; -⟩ *obs. for* **Fernglas, Prismenglas.**

bin·oku·lar [binokuˈlaːr] *adj opt.* binocular.

Bi·nom [biˈnoːm] *n* ⟨-s; -e⟩ *math.* binomial.

Bi·no·miˈalˌsatz [binoˈmi̯aːl-] *m* binomial theorem.

bi·no·mi·nal [binomiˈnaːl] *adj biol.* binominal.

biˈno·misch *adj math.* binomial.

Bi·nor·ma·le [binɔrˈmaːlə] *f* ⟨-[n]; -n⟩ *math.* binormal.

Bin·se [ˈbɪnzə] *f* ⟨-; -n⟩ **1.** *bot.* rush, bulrush. **2.** *fig. colloq.* **in die ~n gehen** a) *Pläne, Hoffnungen etc*: go phut, go to pot, go by the board, b) *Geld etc*: go down the drain, c) *Sachen, Kleidungsstücke etc*: be ruined, d) *Ausflug etc*: fall through (*od.* flat), e) *Person*: go west.

ˈBin·sen|ˌgras *n* → Binse 1. **~ˌkorb** *m* rush basket. **~ˌwahr·heit, ~ˌweis·heit** *f* truism.

Bio|che·mie [bioçeˈmiː] *f* biochemistry. **~ˈche·mi·ker** [-ˈçeːmikər] *m* biochemist. **~dyˈna·mik** [-dyˈnaːmɪk] *f* biodynamics *pl* (*als sg od. pl konstruiert*). **≗dyˈna·misch** [-dyˈnaːmɪʃ] *adj* biodynamic. **~enerˈge·tik** [-ʔenɛrˈgeːtɪk] *f* ⟨-; *no pl*⟩ bioenergetics *pl* (*als sg od. pl konstruiert*).

ˈBioˌfil·ter [ˈbiːo-] *n, m* biofilter.

bio|gen [bioˈgeːn] *adj* biogenous, biogenic. **≗geˈne·se** [-geˈneːzə] *f* ⟨-; -n⟩ biogenesis. **~geˈne·tisch** [-geˈneːtɪʃ] *adj* biogenetic. **≗geˈnie** [-geˈniː] *f* ⟨-; *no pl*⟩ biogenesis.

Bio·geo·gra·phie [biogeograˈfiː] *f* ⟨-; *no pl*⟩ biogeography, biological geography.

Bio|graph [bioˈgraːf] *m* ⟨-en; -en⟩ biographer. **~graˈphie** [-graˈfiː] *f* ⟨-; -n [-ən]⟩ biography. **≗ˈgra·phisch** *adj* biographic(al).

bio·kli·ma·tisch [biokliˈmaːtɪʃ] *adj* bioclimatic.

Bio·lo·ge [bioˈloːgə] *m* ⟨-n; -n⟩ biologist. **Bio·lo·gie** [bioloˈgiː] *f* ⟨-; *no pl*⟩ biology: **~unterricht** biology instruction (*od.* lessons *pl*). **bio·lo·gisch** [bioˈloːgɪʃ] *adj* biologic(al); *mil.* **~e Kriegsführung** biological warfare; *chem.* **~er Test** bioassay.

Bio·ly·se [bioˈlyːzə] *f* ⟨-; -n⟩ *biol.* biolysis. **bio·ly·tisch** [bioˈlyːtɪʃ] *adj* biolytic.

Bio·ma·gnet [biomaˈgneːt] *m* biomagnet.

Bio·me·trie [biomeˈtriː] *f* ⟨-; *no pl*⟩, **Bio·me·trik** [bioˈmeːtrik] *f* ⟨-; *no pl*⟩ biometrics *pl* (*als sg od. pl konstruiert*), biometry. **bio·me·trisch** [bioˈmeːtrɪʃ] *adj* biometric(al).

Bio·nik [biˈoːnɪk] *f* ⟨-; *no pl*⟩ *biol.* bionics *pl* (*als sg od. pl konstruiert*).

Bio·no·mie [bionoˈmiː] *f* ⟨-; *no pl*⟩ bionomy.

Bio·öko·lo·ge [bioʔøkoˈloːgə] *m* ⟨-n; -n⟩ *biol.* bioecologist. **Bio·öko·loˈgie** [-loˈgiː] *f* bioecology.

Bio·phy·sik [biofyˈziːk] *f* biophysics *pl* (*als sg od. pl konstruiert*). **bio·phy·siˈka·lisch** [-ziˈkaːlɪʃ] *adj* biophysical.

Bi·op·sie [biɔˈpsiː] *f* ⟨-; -n [-ən]⟩ biopsy.

Bio·se [biˈoːzə] *f* ⟨-; -n⟩ *chem.* diose, biose.

Bio|skop [bioˈskoːp] *n* ⟨-s; -e⟩ *phot. hist.* bioscope. **~ˈsphä·re** [-ˈsfɛːrə] *f* ⟨-; *no pl*⟩ biosphere. **~synˈthe·se** [-zynˈteːzə] *f* ⟨-; -n⟩ *chem.* biosynthesis. **~ˈtech·nik** [-ˈtɛçnɪk] *f* ⟨-; *no pl*⟩ biotechnics *pl* (*als sg od. pl konstruiert*).

Bio·tin [bioˈtiːn] *n* ⟨-s; *no pl*⟩ *chem.* biotin.

bio·tisch [biˈoːtɪʃ] *adj* biotic.

Bio·top [bioˈtoːp] *m, n* ⟨-s; -e⟩ biotope.

Bio·typ [bioˈtyːp] *m* ⟨-s; -en⟩, **Bioˈty·pus** [-pus] *m* ⟨-; -typen⟩ biotype.

bi·po·lar [bipoˈlaːr; ˈbiː-] *adj* bipolar.

bi·qua·dra·tisch [bikvaˈdraːtɪʃ; ˈbiː-] *adj math.* biquadratic (*equation*), of the fourth degree, fourth-power.

Bir·cher·müs·li [ˈbɪrçərˌmyːsli] *n* *gastr. Swiss* Bircher Muesli.

Bi·rett [biˈrɛt] *n* ⟨-(e)s; -e⟩ *R. C.* biretta.

birgt [bɪrkt] *3 sg pres of* **bergen.**

Bir·ke [ˈbɪrkə] *f* ⟨-; -n⟩ birch (tree). **ˈbir·ken** *adj* birch, made of birch (-wood).

ˈBir·ken|ˌbaum *m* birch (tree). **~geˌhölz** *n* birchwood, birch grove. **~ˌhain** *m* birch grove. **~ˌholz** *n* birch(wood). **~ˌöl** *n* birch oil. **~ˌreiz·ker** *m bot.* sharp agaric. **~ˌru·te** *f* birch (rod). **~ˌteer** *m* birch tar. **~ˌwäld·chen** *n* birch grove.

ˈBirk|ˌfuchs *m* birch fox. **~ˌhahn** *m* blackcock. **~ˌhuhn** *n* black grouse. **~ˌwild** *n collect.* black game (*od.* grouse).

Bir·ma·ne [bɪrˈmaːnə] *m* ⟨-n; -n⟩, **birˈma·nisch** *adj* **1.** *geogr.* Burmese. **2.** *hist.* Burman.

ˈBirnˌbaum *m bot.* pear(-tree). **~ˌholz** *n* pearwood.

Bir·ne [ˈbɪrnə] *f* ⟨-; -n⟩ **1.** pear; *gastr.* **~n nach Kaiserinart** pears empress style. **2.** → Birnbaum. **3.** (electric-light) bulb, filament lamp. **4.** *metall.* converter. **5.** *mus. der Klarinette*: barrel, birn. **6.** *Boxen*: punching-ball. **7.** *colloq.* pate, bean, loaf; **er hat e-e weiche ~** he is soft in the head.

ˈbir·nenˌar·tig *adj* pear-like.

ˈBir·nen|ˌäther *m* amyl acetate. **≗ˌför·mig** *adj* pear-shaped. **~ˌmost** *m* (fermented) pear juice, perry. **~ˌpflau·me** *f bot.* pear plum. **~ˌquit·te** *f* pear quince. **~ˌsaft** *m* pear juice. **~ˌwein** *m* pear wine, perry.

bis [bɪs] **I** *prep* ⟨*acc*⟩ **1.** *zeitlich*: till, until, to; **der Laden ist von 2 ~ 3 (Uhr) geschlossen** the shop is closed from 2 to 3 (o'clock); **montags ~ freitags ist die Bibliothek geöffnet** the library is open from Monday to Friday (*Am. a.* Monday through Friday); **~ dann!** so long!, see you later!; **~ heute** a) till today, up to this day, *Am. a.* to date, b) *a.* **~ jetzt** until (*od.* up to) now, so (*od.* thus) far; **~ jetzt noch nicht** not as yet; **~ morgen!** see you tomorrow!; **~ wann?** till when?, till what time?; **~ wann kannst du fertig sein?** by what time can you be ready?; **~ wann brauchst du das Buch noch?** how much longer do you need the book?; **~ wann dauert die Vorstellung?** when does the performance end?; **~ wann wird es dauern?** a) how long will it last (*od.* go)?, b) (*et. zu tun etc*) how long will it take? **2.** (*nicht später als*) by, not later than, on or before; **~ dahin werde ich fertig sein** I shall be ready by then; **ich bin ~ vier Uhr wieder zurück** I will be back by four o'clock; **ich gebe es dir ~ Freitag zurück** I will return it to you by Friday; **Anträge sind ~ 1. März einzureichen** applications (are) to be submitted by (*od.* not later than, on or before) March 1st. **3.** *bei Zahlenangaben*: to, up to; **~ zehn zählen** count (up) to ten, count ten; **von eins ~ zehn zählen** count from one to ten; **zwei ~ drei Meilen** two or three miles; **fünf ~ zehn Tage** from five to ten days. **4.** *Angabe des Grades*: to, to the point of; **gut ~ mäßig** fair to middling. **II** *prep* ⟨*dat*⟩ **5.** *räumlich*: to, up to, as far as; **dieser Zug fährt ~ München** this train goes to (*od.* as far as) Munich; **~ wohin fährt der Bus?** how far does the bus go?; **~ hierher und nicht weiter** this far and no farther; **von oben ~ unten** from top to bottom. **III** *adv* (*followed by prep*) **6.** *zeitlich*: till, until, (up) to; **~ um zehn (Uhr)** till (*od.* until) ten (o'clock); **~ zum späten Nachmittag** till late in the afternoon; **~ zur endgültigen Regelung** pending final settlement; **~ auf weiteres** until further notice, for the present, for the time being; **~ (tief) in die Nacht** (far) into the night; **~ in den Tod** till death; **~ nach Weihnachten** till after Christmas; **~ über Weihnachten (hinaus)** beyond Christmas; **~ vor kurzem** until recently; **~ zum Ende** right to the end, to the last; **~ zu jenem Zeitpunkt** up to (*od.* until) that time; **~ zum heutigen Tag** to this (very) day; **~ zum nächsten Mal** till the next time; **alle ~ zum 31. Dezember erteilten Genehmigungen** all licenses granted before (*od.* by) December 31st. **7.** (*nicht später als*) by, not later than, on or before. **8.** *räumlich*: to, up to, as far as; **wie weit ist es ~ zum Bahnhof?** how far is it to the station?; **das Wasser reicht ~ an die Knie** the water reaches up to the knees; **von hier ~ nach Japan** from here to Japan; **~ unter das Dach** right to the roof; *fig.* **~ an das Ende der Welt** to the end of the world; **naß ~ auf die Haut** soaked (*od.* wet) to the skin; *fig.* **er ist ~ ins Innerste ein Engländer** he is English to the core (*od.* through and through, to the backbone). **9.** **~ auf** (*acc*) except, but; **alle ~ auf einen fanden den Tod** all but one were killed. **10.** *bei Zahlenangaben*: to, up to; **sieben ~ zu zehn Tage** from seven to ten days; **~ zu hundert Mann** as many as (*od.* up to) 100 men; **dieser Fisch legt ~ zu zwei Millionen Eier** this fish may lay as many as two million eggs; **Kredite ~ zu 5000 Mark** credit(s) up to 5,000 marks. **11.** *Angabe des Grades*: to, to the point of; **~ aufs höchste** to the utmost; **~ ins kleinste** down to the smallest detail; **~ zum Überdruß** to the point of boredom (*od.* satiety). **IV** *conj* **12.** till, until; **warte, ~ ich komme** wait till (*od.* until) I come; **es wird lange dauern, ~ er es merkt** it will be long before he finds out, it will take him long to find out; **die Verfügung bleibt (so lange) in Kraft, ~** the decree shall remain in force until (such time as).

Bi·sam [ˈbiːzam] *m* ⟨-s; -e⟩ **1.** *zo.* musk. **2.** (*Pelz*) muskrat (fur), *bes. Br.* musquash (fur). **~ˌen·te** *f* musk duck. **~ˌkraut** *n* moschatel. **~ˌoch·se** *m* musk-ox. **~ˌrat·te** *f* muskrat. **~ˌstrauch** *m bot.* abel-musk.

Bi·schof [ˈbɪʃɔf; ˈbiʃoːf] *m* ⟨-s; ⸚e [ˈbɪʃœfə; ˈbɪʃøːfə]⟩ **1.** *relig.* bishop; **zum ~ machen** bishop, mit/re (*Am.* -er). **2.** (*Getränk*) bishop. **bi·schöf·lich** [ˈbɪʃœflɪç; ˈbɪʃøːflɪç] *adj relig.* episcopal, *the* bishop's …

ˈBi·schofs|ˌamt *n relig.* episcopate. **~ˌhut** *m* bishop's hat. **~kon·feˌrenz** *f* bishops' conference. **~kolˌle·gi·um** *n* Pontifical College. **~ˌkreuz** *n* bishop's (*od.* pectoral) cross. **~ˌman·tel** *m* pall, pallium. **~ˌmüt·ze** *f* **1.** *relig.* mitre, *Am.* miter. **2.** *bot.* a) mit/re (*Am.* -er) cactus, b) alpine barrenwort, c) squash-melon. **3.** *zo.* bishop's mit/re (*Am.* -er). **~ˌpfen·nig** *m geol.* trochite. **~ˌring** *m* bishop's (*od.* episcopal) ring. **~ˌsitz** *m* (bishop's) see, bishopric; cathedral town. **~ˌstab** *m* episcopal staff (*od.* crook), crosier, crozier. **~ˌstadt** *f* cathedral town. **~ˌwei·he** *f* consecration of a bishop. **~ˌwür·de** *f* episcopal dignity, episcopate, mit/re (*Am.* -er).

Bi·se [ˈbiːzə] *f* ⟨-; -n⟩ *meteor. Swiss* bise, north(-east) wind.

Bi·sek·trix [biˈzɛktrɪks] *f* ⟨-; -trizes [-ˈtriːtsɛs]⟩ *opt.* bisectrix.

Bi·se·xua·li·tät [bizɛksŭaliˈtɛːt] *f* ⟨-; *no pl*⟩ *biol. psych.* bisexuality. **bi·se·xu·ell** [bizɛˈksŭɛl; ˈbiː-] *adj* bisexual.

ˌbisˈher *adv* up to now, till now, up to the present, so (*od.* thus) far, as yet, hitherto, to date; ~ **ist niemand eingetroffen** so far nobody has arrived, nobody has arrived as yet; **wie** ~ as in the past, as before; ~ **(noch) nicht** not as yet; **die** ~ **höchste Zahl** the highest figure on record, an all-time high. **ˌbisˈhe·rig** *adj* previous, prior, former, hitherto, existing; (*gegenwärtig*) present, prevailing; **unsere ~en Erfahrungen** our previous experience, our experience so far; **im ~en Stil weiterführen** carry on as before; **~e Tätigkeit** *in Bewerbungen*: (list of) previous employers (*od.* positions held); **der ~e Präsident** the former (*od.* outgoing) president; **wie bereits im ~en erwähnt** as mentioned above.

Bis·kuit [bɪsˈkviːt; -ˈkvɪt, -ˈkŭiːt, -ˈkŭɪt] *n* ⟨-(e)s; -s, *a.* -e⟩ **1.** *gastr.* a) → Biskuitgebäck, b) → Biskuitteig. **2.** → Biskuitporzellan. **3.** *synth.* (*Rohling*) biscuit. **~geˌbäck** *n small cake(s pl) made from sponge cake mixture*, sweet biscuit(s *pl*). **~ˌku·chen** *m* sponge cake. **~por·zelˌlan** *n* biscuit ware, bisque. **~ˌrol·le** *f*, **~rouˌla·de** *f* Swiss roll. **~ˌteig** *m* sponge (cake) mixture.

ˌbisˈlang *adv* → bisher.

ˈBis·marckˌhe·ring [ˈbɪsmark-] *m* Bismarck herring.

ˈbis·mar·ckisch *adj* Bismarckian.

Bis·mu·tum [bɪsˈmuːtum] *n* ⟨-s; *no pl*⟩ *chem.* bismuth.

Bi·son [ˈbiːzɔn] *m* ⟨-; -s⟩ *zo.* bison.

biß [bɪs] *1 u. 3 sg pret of* **beißen.**

Biß *m* ⟨-sses; -sse⟩ **1.** bite; **der** ~ **e-r Schlange** the bite of a snake, a snakebite. **2.** *fig. colloq.* a) (*Qual, Schmerz*) pang, b) aggressivity, bite. **3.** *der Zähne*: bite, occlusion; **offener** ~ open bite; **vorstehender** ~ anterior occlusion.

biß·chen [ˈbɪsçən] *colloq.* **I** *adj* ⟨*undeclined*⟩ **ein** ~ a little, a (little) bit (of); **ein kleines** ~ a tiny (*od.* wee) bit; **mit e-m** ~ **Glück** with (a little bit of) luck; **ein** ~ **Italienisch** a little (*od.* a smattering of) Italian; *contp.* **das** ~ **Einkommen** that measly income; **ein** ~ **Kopfweh** a slight headache; **darin steckt ein** ~ **Wahrheit** there is a grain (*od.* an atom) of truth in that; **ihr** ~ **Habe** what little she has. **II** (*substantiviert mit Kleinschreibung*) **ein** ~ a little, a (little) bit; **das** ~, **das wir haben** what little we have, *colloq.* our little all; **er regt sich bei jedem** ~ **auf** he gets worked up about every little thing; **kein** ~, **nicht ein** ~ not a bit, not the slightest bit; **er hat kein** ~ **guten Willen** he doesn't show the least bit of good intention; **noch ein** ~**!** a little more!; **ach du liebes** ~**!** goodness (gracious)! **III** *adv* **ein** ~ a little, a (little) bit, somewhat, slightly, a trifle: **ein** ~ **viel** rather (*od.* a bit) much; **das geht ein** ~ **(zu) weit** that's going a little too far; **ein** ~ **voreilig** a little rash; **ein** ~ **spazierengehen** go for a little walk; **streng dich ruhig ein** ~ **an!** do make a little effort; **ein** ~ **schneller!**, *colloq.* **ein** ~ **dalli!** a) a little faster!, b) hurry up!, *colloq.* get a move on!; **bitte warte ein** ~**!** please wait a little (*od.* a minute)!; **kein** ~ **zu früh** not a moment too soon; **auch nicht ein** ~ **besorgt** not at all (*od.* not in the least, not the least bit) worried.

ˈBiß·chen *n* ⟨-s; -⟩ *dim. of* Bissen.

bis·sel [ˈbɪsəl] *adj dial. for* bißchen I.

Bis·sen [ˈbɪsən] *m* ⟨-s; -⟩ **1.** bite, bit, small piece, morsel; (*Mundvoll*) mouthful; **ein** ~ **Brot** a (small) piece of bread; **guter** (*od.* **leckerer**) ~ titbit, tidbit, choice morsel; *colloq. fig.* **ein fetter** ~ a fine catch; **er hat seit Tagen k-n** ~ **angerührt** he hasn't eaten a thing for days; *colloq.* **j-m die** ~ **in den Mund zählen** watch how much s. o. eats; *colloq.* **sie brachte k-n** ~ **hinunter** she couldn't eat a thing; **sie spart sich für ihr Kind den** ~ **vom Munde ab** she stints herself of food for her child; *colloq.* **mir blieb der** ~ **im Halse stecken** a) the food stuck in my throat, b) *fig.* it gave me quite a turn. **2.** *colloq.* (*Imbiß*) snack, bite. **2ˌwei·se** *adv* in mouthfuls, bit by bit.

ˈbis·sig *adj* **1.** biting, dangerous, vicious; **ein ~er Hund** a dangerous (*od.* vicious, savage) dog, a dog that bites; **ist der Hund ~?** does that dog bite?; **Vorsicht, ~er Hund!** beware of the dog! **2.** *fig.* a) (*scharf, sarkastisch*) biting, cutting, caustic, trenchant, mordant, sarcastic, b) (*ärgerlich*) waspish, snappish, cross; **er hat e-n ~en Stil** he has a sharp pen; **~er Humor** biting humo(u)r. **2keit** *f* ⟨-; -en⟩ **1.** ⟨*only sg*⟩ *von Hunden etc*: viciousness. **2.** *fig.* a) mordancy, trenchancy, b) waspishness, crossness; **~en** *pl* caustic remarks, sarcasms.

ˈBiß|ˌstel·le *f*, **~ˌwun·de** *f* bite.

bist [bɪst] *2 sg pres of* **sein**[1].

Bis·tum [ˈbɪstuːm] *n* ⟨-s; ⸗er⟩ *relig.* bishopric, diocese.

Bi·sul·fat [ˈbiːzulfaːt; bizulˈfaːt] *n* bisulphate (*bes. Am.* -f-). **Bi·sul·fit** [ˈbiːzulfiːt, -fɪt; bizulˈfiːt, -ˈfɪt] *n* bisulphite (*bes. Am.* -f-).

ˌbisˈwei·len *adv* sometimes, occasionally, at times, now and then.

Bit [bɪt] (*Engl.*) *n* ⟨-(s); -(s)⟩ *Computer*: bit, binary digit.

bi·to·nal [bitoˈnaːl; ˈbiː-] *adj mus.* bitonal.

ˈBittag (*getr.* -tt̩t-) *m meist pl relig.* Rogation Day.

ˈBittˌbrief *m* → Bittschreiben.

Bit·te [ˈbɪtə] *f* ⟨-; -n⟩ **1.** (**um** for) request; (*Ansuchen*) petition; (*Wunsch*) wish; **dringende** ~ urgent request (*od.* appeal), entreaty; **flehentliche** (*od.* **inständige**) ~ **(um)** supplication (*od.* plea, appeal) (for); **die letzte** ~ a (dying man's) last request; **auf j-s** ~ **hin** at s. o.'s request; **ich habe e-e (große)** ~ **an Sie** I have a (great) favo(u)r to ask of you; **an j-n e-e** ~ **richten** (*od.* **stellen**) request s. th. of s. o., make a request to s. o.; **e-e** ~ **gewähren** (*od.* **erfüllen, erhören**), **e-r** ~ **entsprechen** (*od.* **nachkommen**, *amtlich*: **stattgeben**) grant (*od.* comply with) a request, grant a wish; **j-m e-e** ~ **abschlagen** (*od.* **versagen**) refuse (*od.* turn down) s. o.'s request; **ich kann ihm k-e** ~ **abschlagen** I cannot deny (*od.* refuse) him anything. **2.** *relig.* petition, rogation; **die sieben ~n des Vaterunsers** the seven petitions of the Lord's Prayer. **3.** *jur. im Testament*: precatory trust.

ˈbit·te *adv* **1.** (*Wunsch*) please; ~, **gib mir die Zeitung!** hand me the paper, please (*od.* will you?); ~ **wenden!** please turn over; ~ **nicht!** please don't! **2.** ~ **(sehr)**, ~ **(schön)** a) (*Antwort auf e-n Dank*) that's (quite) all right, not at all, don't mention it, *bes. Am.* (you are) welcome, b) (*Antwort auf e-e Entschuldigung*) it's (quite) all right, don't mention it, never mind, c) (*Antwort auf e-e Bitte*) yes (do), certainly, please (do), *colloq.* go (right) ahead!, d) (*Bitte um Wiederholung*) **(wie)** ~? (I beg your) pardon?, sorry ('what did you say)?' e) (*empört*) ~ **sehr, das habe ich nie behauptet!** I beg your pardon, (but) I have never said so!; ~ **(,~), wenn du das unbedingt willst!** all right, all right, if you insist! **3.** come in, please! **4.** a) (*beim Anbieten*) would you like some *wine, etc?*, b) (*beim Überreichen u. Servieren*) thank you. **5. (was darf es sein,)** ~? (*im Laden*) can I help you?, what can I do for you? **6.** ~, ~ **machen** a) *von Kindern*: beg (for s. th.), b) *von Hunden*: sit up and beg. **7.** *colloq.* **(na)** ~**!** *triumphierend*: there (you are)!, I told you so!

bit·ten [ˈbɪtən] **I** *v/t* ⟨bittet, bat, gebeten, h⟩ **1.** ask, request, beg; **um et.** ~ ask for s. th., request s. th.; **j-n um et.** ~ ask s. o. for s. th., request (*od.* beg) s. th. of s. o.; **j-n dringend** ~ ask (*od.* request) s. o. urgently, appeal to s. o., beg (*od.* urge) s. o.; **j-n flehentlich** (*od.* **inständig**) ~ entreat (*od.* implore, beseech) s. o., plead with s. o.; **ich bitte Sie um alles in der Welt** I beseech (*od.* implore) you; **j-n um Erlaubnis** ~, **et. zu tun** ask s. o.'s permission (*od.* leave) to do s. th.; **(j-n) um das Wort** ~ ask (s. o.'s) permission to speak; **darf ich Sie um Ihren Namen ~?** may I ask your name, please?; **darf ich dich noch einmal darum ~?** may I trouble you once more for it?; **j-n zu sich** ~ send for s. o., ask s. o. to come; **er läßt sich nicht erst lange** ~ he does not wait to be asked; *Bibl.* **bittet, so wird euch gegeben** ask and it shall be given you. **2.** (*einladen*) ask, invite; **j-n zu Tisch(e)** ~ ask s. o. to table. **3.** *betonend*: **da muß ich doch sehr ~!** I ˈbeg your pardon!, I really must protest!; **aber ich bitte dich!** a) but of course!, certainly!, b) *empört*: really!, come, come!; **ein bißchen schneller, wenn ich (Sie)** ~ **darf** a little faster, if you please!; **ich bitte Sie, ist das ein Leben?** what sort of life is that, I ask you?; *iro.* **darum möchte ich gebeten haben!** if you don't mind! **II** *v/i* **4.** ask, request, beg; **bei j-m für j-n** ~ plead (*od.* intercede) with s. o. for s. o. (*od.* on s. o.'s behalf); **darf ich ~?** a) may I?, *zum Tanz*: may I have the pleasure of this dance?, b) *beim Essen*: dinner is served (*od.* ready); **ich lasse** ~ a) *bei Besuch*: show him (her) in!, b) the next one, please; **Herr X läßt** ~ Mr. X will see you now. **III** 2 *n* ⟨-s⟩ **5.** asking (*etc*); requests *pl*; entreaties *pl*; **auf 2 von Herrn X** at Mr. X's request; **nach langem 2 und Betteln** after long entreaties; **sich aufs 2 verlegen** resort to pleas.

ˈbit·tend *adj* pleading, beseeching, imploring; **demütig** ~ suppliant. **ˈBit·ten·de** *m, f* ⟨-n; -n⟩ supplicant, suppliant.

bit·ter [ˈbɪtər] **I** *adj* **1.** bitter; **~e Mandeln** bitter almonds; **~er Geschmack** bitter taste. **2.** *fig.* (*verletzend, schmerzlich*) bitter (*disappointment, earnest, enemies, experience, smile, truth, etc*); **das ist** ~ that's hard (*od. colloq.* tough); **~e Armut** abject poverty; **es ist mein ~er**

Ernst I mean (every word of) it, I am dead serious (about it); ~**er Haß** bitter (*od.* fierce) hatred; ~**e Kälte** biting cold; **es herrschte** ~**e Kälte** it was bitterly cold; **ein** ~**es Schicksal** (*od.* **Los**) a hard (*od.* sad) fate; ~**e Stunden des Lebens** hard hours of life; **mit** ~**en Worten et. beklagen** complain bitterly about s. th.; ~**e Tränen vergießen** (*od.* **weinen**) weep bitterly; **bis zum** ~**en Ende** to the bitter end; ~ **machen** → **verbittern. II** *adv* **3.** bitter; ~ **schmecken** taste bitter, have a bitter taste. **4.** *fig.* bitterly (*disappointed, etc*); **sich** ~ **über j-n beklagen** complain bitterly about s. o.; **das wird sich noch** ~ **rächen** *colloq.* there will be hell to pay for that; **es ist mir** ~ **ernst damit** I am dead serious about it, I mean (every word of) it; **er hat es** ~ **nötig** he needs it badly; **es ist** ~ **notwendig** it is urgently necessary, it is imperative; **sie waren einander** ~ **feind** they were mortal enemies, they were at daggers drawn, they hated each other('s guts *colloq.*); **man tut uns** ~ **Unrecht** they do us grievous wrong.

ˈBit·ter *m* ‹-s; -› *gastr.* bitters *pl.*

ˈBit·ter|ˌbier *n* bitter (beer *od.* ale). **≈ˈbö·se** *adj colloq.* **1.** (*zornig*) furious, livid. **2.** (*schlimm*) (very) wicked. **~ˌer·de** *f chem.* magnesium oxide, bitter earth. **~ˌfäu·le** *f bot.* bitter rot. **~ˌholz** *n* bitterwood. **~ˌkalk** *m* magnesian limestone. **≈ˈkalt** *adj* bitterly cold, raw.

ˈBit·ter·keit *f* ‹-; -en› **1.** ‹*only sg*› bitterness. **2.** *fig.* a) *allg.* bitterness, b) (*böses Blut*) bitter feeling, ranco(u)r, c) *pl* (*bittere Worte*) bitter (*od.* harsh) words *pl*; ~ **empfinden** feel bitter (*od.* embittered).

ˈbit·ter·lich I *adj* slightly (*od.* somewhat) bitter. **II** *adv fig.* bitterly; ~ **weinen** weep bitterly.

ˈBit·ter·ling *m* ‹-s; -e› **1.** *ichth.* bitterling. **2.** *bot.* yellowwort; → **Bitterpilz.**

ˈBit·ter|ˌman·delˌöl *n* oil of bitter almonds; *chem.* benzaldehyde. **~ˌmit·tel** *n pharm.* bitters *pl.*

ˈBit·ter·nis *f* ‹-; -se› *lit.* **1.** bitter feeling, bitterness. **2.** (*Not*) distress, bitter experience, grievous event.

ˈBit·ter|ˌnuß *f bot.* bitternut (hickory), pignut. **~ˌpilz** *m* peppery toadstool. **~ˌrin·de** *f* **1.** quinine tree. **2.** amargose quassia(bark). **~ˌsalz** *n* bitter salt. **~ˌspat** *m min.* magnesite. **~ˌstoff** *m chem.* bitter constituent. **≈ˈsüß** *adj* bitter-sweet (*a. fig.*). **~ˌsüß** *n* ‹-; *no pl*› *bot.* bittersweet. **~ˌwas·ser** *n* ‹-s; ≃› bitter mineral water. **~ˌwur·zel** *f bot.* gentian root.

ˈBitt|ˌgang *m* **1.** approach; **zu j-m e-n** ~ **unternehmen wegen e-r Sache** approach s. o. for s. th. **2.** *relig.* a) pilgrimage, b) → **Bittprozession. ~geˌbet** *n* petitionary prayer. **~geˌsuch** *n* petition (um for). **~ˌgot·tesˌdienst** *m* rogation service. **~pro·zes·siˌon** *f* (supplicatory) procession. **~ˌschrei·ben** *n* ‹-s; -›, **~ˌschrift** *f* petition. **~ˌstel·ler** *m* ‹-s; -›, **~ˌstel·le·rin** *f* ‹-; -nen› petitioner. **~ˌwo·che** *f relig.* Rogation week.

Bi·tu·men [biˈtuːmən] *n* ‹-s; -, *a.* -mina [-mina]› *chem. min.* bitumen. **~ˌfar·be** *f chem.* bituminous paint. **≈ˌhal·tig** *adj* bituminous.

bi·tu·mi·nie·ren [bitumiˈniːrən] *v/t* ‹*no* **ge-**, **h**› *tech.* bituminize.

bi·tu·mi·nös [bitumiˈnøːs] *adj min. tech.* bituminous.

bit·zeln [ˈbɪtsəln] *v/i* ‹**h**› *dial.* a) prickle, b) tingle.

bi·va·lent [bivaˈlɛnt; ˈbiː-] *adj chem.* bivalent. **Bi·va·lenz** [bivaˈlɛnts; ˈbiː-] *f* ‹-; *no pl*› bivalence.

Bi·wak [ˈbiːvak] *n* ‹-s; -s *u.* -e› *bes. mil.* bivouac. **bi·wa·kie·ren** [bivaˈkiːrən] *v/i* ‹*no* **ge-**, **h**› bivouac.

bi·zarr [biˈtsar] *adj* bizarre. **Bi·zar·re·rie** [bitsarəˈriː] *f* ‹-; -n [-ən]› *fig.* bizarrerie, eccentricity.

Bi·zeps [ˈbiːtsɛps] *m* ‹-es; -e› *anat.* biceps.

bi·zo·nal [bitsoˈnaːl; ˈbiː-] *adj pol. hist.* Bizonal. **Bi·zo·ne** [biˈtsoːnə; ˈbiː-] *f* ‹-; *no pl*› British-American Zone (of Germany).

Bla·bla [blaːˈblaː] *n* ‹-; *no pl*› *colloq.* blah(-blah).

ˈBlach|ˌfeld [ˈblax-] *n obs. poet.* open (*od.* flat) country (*od.* field), plain.

blaf·fen [ˈblafən], **bläf·fen** [ˈblɛfən] *v/i* ‹**h**› bark, yelp.

blä·hen [ˈblɛːən] **I** *v/i* ‹**h**› **1.** *bes. med.* cause flatulence (*od.* wind). **2.** *vet.* hove, blow. **II** *v/t* **3.** inflate, swell, puff up, bulge; (*Segel*) belly, swell, fill (out); *bes. med.* distend. **III** *v/reflex* **sich** ~ **4.** belly, swell, fill (out), become inflated (*od. bes. med.* distended). **5.** *contp. Person*: puff o. s. up. **~d** *adj med.* flatulent.

ˈBläh|ˌhals *m med.* goit/re (*Am.* -er). **~ˌsucht** *f* **1.** *med.* flatulence. **2.** *vet.* bloat.

ˈBlä·hung *f* ‹-; -en› *med.* flatulence, *colloq.* wind.

bla·ken [ˈblaːkən] *v/i* ‹**h**› *dial.* smoke.

bla·ma·bel [blaˈmaːbəl] *adj* (*peinlich*) embarrassing, *stärker*: humiliating, disgraceful, shameful, ‹*pred.*› a shame; (*katastrophal*) disastrous. **Bla·ma·ge** [blaˈmaːʒə] *f* ‹-; -n› humiliation, disgrace, shame; fiasco, disaster; **e-e** ~ **erleiden** be humiliated, be made a laughing-stock, make a fool of o. s.; **es war e-e furchtbare** ~ it was an absolute disgrace (*od.* a complete fiasco). **bla·mie·ren** [blaˈmiːrən] *v/t* ‹*no* **ge-**, **h**› **j-n** ~ make s. o. look like a fool, expose s. o. to ridicule; *durch schlechtes Benehmen etc*: disgrace (*od.* compromise) s. o.; **sich** ~ make a fool of o. s., make o. s. ridiculous, *colloq.* put one's foot in it, make a gaffe.

blan·chie·ren [ˈblãˈʃiːrən] *v/t* ‹*no* **ge-**, **h**› **1.** *gastr.* blanch. **2.** (*Leder*) whiten.

blank [blaŋk] *adj* ‹-er; -st› **1.** (*glänzend, hell*) shining, bright, shiny. **2.** (*sauber*) polished, clean, shiny; ~**er Fußboden** polished floor; **et.** ~ **scheuern** polish s. th., rub (*od.* scour) s. th. till it shines; (→ *a.* 4). **3.** *Haut etc*: bare, naked; **aufs** ~**e Hinterteil** on the bare bottom; **auf dem** ~**en Boden schlafen** sleep on the bare floor; ~**es Schwert** naked (*od.* bare, drawn) sword; ~**e Waffe** *a.* cold steel. **4.** (*glatt*) smooth; ~**es Eis** smooth (*od.* bare) ice. **5.** (*abgetragen*) glossy, shiny (*coat, etc*). **6.** (*unbeschrieben*) blank (*page, form*). **7.** *tech.* bright, glazed, glazy. **8.** *fig. colloq.* (*offensichtlich, rein*) sheer; ~**er Unsinn** (**Hohn**) sheer nonsense (mockery). **9.** ‹*pred*› *colloq.* (*pleite*) broke; **völlig** ~ stony-broke. **10.** *Kartenspiel*: **e-e** ~**e Farbe haben** have only one card of a suit. **11.** → **Hans.**

Blan·kett [blaŋˈkɛt] *n* ‹-(e)s; -e› *econ.* **1.** → a) **Blankounterschrift**, b) **Blankovollmacht. 2.** (*Formular*) (blank) form, *Am.* blank.

ˈBlank|ˌfilm *m phot.* film base. **≈geˌglüht** *adj metall.* bright-annealed. **≈geˌputzt** *adj* shiny. **≈geˌzo·gen** *adj metall.* bright-drawn. **~ˌlack** *m* clear varnish. **~ˌle·der** *n* sleeked leather.

blan·ko [ˈblaŋko] *adv econ.* in blank; ~ **akzeptieren** (**girieren, trassieren**) accept (endorse, draw) in blank; *Börse*: ~ **verkaufen** sell short.

ˈBlan·ko|akˌzept *n econ.* blank acceptance. **~for·muˌlar** *n* blank form, *Am. a.* blank. **~ˌgi·ro** *n*, **~in·dos·saˌment** *n* blank endorsement. **~kreˌdit** *m* blank (*od.* open) credit. **~ˌscheck** *m* blank cheque (*Am.* check). **~ˌun·terˌschrift** *f* blank signature. **~ˌvollˌmacht** *f* **1.** *jur.* full discretionary power, full power of attorney. **2.** *bes. fig.* carte blanche. **~ˌwech·sel** *m econ.* blank bill (of exchange).

ˈBlank|ˌstahl *m* bright(-drawn) steel. **~ˌvers** *m metr.* blank verse. **≈ˌzie·hen I** *v/i* ‹*irr, sep,* **-ge-**, **h**› draw one's sword. **II** *v/t* (*Säbel etc*) draw. **III ≈** *n* ‹-s› *metall.* bright drawing.

Bläs·chen [ˈblɛːsçən] *n* ‹-s; -› **1.** *dim. of* Blase. **2.** a) *anat.* vesicle, b) *med.* vesicle, small blister; **eitriges** ~ pustule. **3.** *bot.* utricle, vesicle. **≈ˌar·tig** *adj med.* vesicular. **~ˌausˌschlag** *m* vesicular rash, herpes. **~ˌbil·dung** *f med.* vesiculation. **≈ˌför·mig** *adj* vesicular.

Bla·se [ˈblaːzə] *f* ‹-; -n› **1.** (*Luft≈ etc*) bubble; **das Wasser wirft** ~**n, im Wasser steigen** ~**n auf** the water bubbles; **voller** ~**n** bubbly; ~**n machen** blow bubbles; *fig. colloq.* **das zieht sicher** ~**n** that won't be without consequences. **2.** *med.* (*Haut≈*) blister; ~**n ziehen** blister; **ich habe mir e-e** ~ **gelaufen** I got a blister on my foot; **voller** ~**n** blistered. **3.** *anat.* (*Harn≈, Gallen≈*) bladder; **die** ~ **entleeren** pass urine (*od.* water), empty the bladder, urinate; *colloq.* **er hat es an der** ~ he has bladder trouble. **4.** *tech.* a) *im Innern*: bubble, b) (*Oberflächenfehler*) blister. **5.** *metall.* a) *in Gußeisen, Stahl etc*: gas pocket, cavity, b) (*Lunker*) blowhole. **6.** *im Glas*: bleb, seed. **7.** *paint.* blister, pinhole. **8.** *chem.* (*Destillierapparat*) still. **9.** *Sport*: bladder (*of football, etc*). **10.** *in Comic strips*: balloon. **11.** *fig. colloq. u. contp.* gang, crew, bunch, set, clan, lot; **die ganze** ~ the whole lot. **~ˌbalg** *m* (pair of) bellows *pl* (*als sg od. pl konstruiert*); **den** ~ **treten** (*od.* **ziehen**) work (*od.* blow) the bellows.

bla·sen [ˈblaːzən] **I** *v/t* ‹**bläst, blies, geblasen, h**› **1.** (*wehen, pusten*) blow; *Wind*: *a.* waft. **2.** *mus.* blow, play, (*Horn, Trompete*) *a.* sound; **Flöte** ~ play the flute; *colloq.* **man wird ihm was** ~ he can whistle for it, they will tell him to go to hell; *colloq.* **j-m et. in die Ohren** ~ whisper s. th. into s. o.'s ears. **3.** (*Signal etc*) sound; **ein Hornsignal** ~ sound the bugle. **4.** *tech.* a) (*Glas etc*) blow, b) *mit Dampf, Sand*: blast. **5.** *metall.* blow; **mit Heißwind** ~ blow hot. **6.** *beim Damespiel*: **e-n Stein** ~ huff a piece (*od.* man). **7.** *vulg. Sex*: **j-m einen** ~ blow s. o., go down on s. o. **II** *v/i* **8.** blow; **der Wind bläst heftig** it is blowing hard. **9.** sound; **zum Angriff** ~ sound the charge; **zum Rückzug** ~ sound the (*od.* a) retreat. **10.** *zo. Wal, Delphin*: blow, spout. **III ≈** *n* ‹-s› **11.** blowing (*etc*).

ˈBla·sen|ˌausˌschlag *m med.* vesicular eruption. **~ˌbil·dung** *f* **1.** bubble formation. **2.** *med. tech.* blistering. **~ˌbruch** *m med.* urinary bladder hernia, cystocele. **~ent·ˌzün·dung** *f* inflammation of the bladder, cystitis. **~erˌkäl·tung** *f* cold of the bladder. **~ˌfarn** *m bot.* bladder fern. **≈ˌför·mig** *adj* bubble-shaped; *med.* bladder-shaped, vesiculiform. **~ˌfü·ßer** *pl zo.* thysanoptera. **~ˌgrieß** *m* → Harngrieß. **~ˌgrün** *n* ‹-s› *paint.* sap green. **~kaˌtarrh** *m* → Blasenentzündung. **~ˌkrebs** *m med.* cancer of the bladder. **~ˌlei·den** *n med.*

bladder disease (*od.* trouble). **~ˌschnitt** *m med.* lithotomy. **~ˌson·de** *f med.* catheter. **~ˌspie·gel** *m med.* cystoscope. **~ˌstahl** *m* blister steel. **~ˌstein** *m med.* (urinary) bladder stone, vesical calculus. **~ˌtang** *m bot.* bladder wrack. **~ˌzäh·ler** *m chem.* bubble ga(u)ge. **≈ˌzie·hend** *adj* blistering, *med. a.* vesicant; *med.* **~es Mittel** vesicant; *mil.* **~er Kampfstoff** blister gas, vesicant.

Blä·ser [ˈblɛːzər] *m* ⟨-s; -⟩ **1.** *mus.* player (of a wind-instrument); **die ~** *pl im Orchester*: the wind (section) *sg.* **2.** *tech.* a) (*Ventilator*) blower, ventilator, (ventilating) fan, b) (*Entlüfter*) exhauster, exhaust fan, c) *Bergbau*: blower, gas-vent. **3.** → **Glasbläser. ~ˌgrup·pe** *f mus. the* wind (section). **~quinˌtett** *n* wind quintet.

bla·siert [blaˈziːrt] *adj* blasé. **≈heit** *f* ⟨-; *no pl*⟩ blasé attitude.

ˈbla·sig *adj* **1.** bubbly, full of bubbles (*od.* blisters), *scient.* vesicular. **2.** *med.* blistered. **3.** *metall. Guß*: blistered, porous. **4.** *min.* flawy, vesiculate.

ˈBlas|in·struˌment *n mus.* wind instrument; **die ~e** *pl im Orchester*: the wind (section) *sg.* **~kaˌpel·le** *f* brass band. **~ˌloch** *n mus.* blowhole. **~muˌsik** *f* **1.** music for wind (*od.* brass) instruments. **2.** (playing of a) brass band. **~ˌofen** *m tech.* blowing furnace.

Bla·son [blaˈzõː] *m* ⟨-s; -s⟩ *her.* blazon.

ˈBlas·orˌche·ster *n mus.* orchestra of wind instruments.

Blas·phe·mie [blasfeˈmiː] *f* ⟨-; -n [-ən]⟩ blasphemy. **blas·pheˈmie·ren** [-ˈmiːrən] *v/t u. v/i* ⟨*no* ge-, h⟩ blaspheme. **blasˈphe·misch** [-ˈfeːmɪʃ] *adj* blasphemous. **Blas·pheˈmist** [-ˈmɪst] *m* ⟨-en; -en⟩ blasphemer. **blas·pheˈmi·stisch** *adj* blasphemous.

ˈBlasˌrohr *n* **1.** (*Waffe*) blowpipe, blowtube. **2.** (*Spielzeug*) peashooter. **3.** *tech.* a) *des Glasbläsers*: glassblower's pipe, b) *e-s Sandstrahlgebläses*: blast pipe, c) *e-s Lötrohrs*: blowpipe.

blaß [blas] *adj* ⟨blasser, *a.* blässer; blassest, *a.* blässest⟩ *Gesicht etc*: pale, pallid, *a. fig.* colo(u)rless; **blasse Farben** pale colo(u)rs; **~ vor Schreck** pale with fright; **~ werden** turn (*od.* become) pale, *Farbe etc*: fade; **er wurde ~ bei der Nachricht** he turned pale (*od.* he paled) at the news; **das Kleid macht dich ~** the dress makes you look pale; **~ wie der Tod** (as) pale as death; *fig.* **er hat nur noch e-e blasse Erinnerung daran** he has only a dim recollection of it; → **Ahnung** *etc.* **~ˌblau** *adj* pale blue.

Bläs·se [ˈblɛsə] *f* ⟨-; *no pl*⟩ **1.** *des Gesichts etc*: paleness, pallor, whiteness; **fahle ~** sallowness. **2.** *zo.* → a) **Bläßhuhn,** b) **Blesse 2.**

ˈblaß|ˌgelb *adj* pale yellow. **≈geˌsicht** *n humor.* paleface.

ˈBläßˌhuhn *n zo.* coot.

bläß·lich [ˈblɛslɪç] *adj* palish.

ˈblaßˌrot *adj* pale red, pink.

blässt [blɛːst] *3 sg pres of* **blasen.**

Bla·stem [blasˈteːm] *n* ⟨-s; -e⟩ *biol.* blastema.

Bla·sto·coel [blastoˈtsøːl] *n* ⟨-s; -e⟩ *biol.* → **Blastozöl. Bla·stoˈderm** [-ˈdɛrm] *n* ⟨-(e)s; -e⟩ blastoderm.

Bla·stom [blasˈtoːm] *n* ⟨-s; -e⟩ *med.* blastoma.

Bla·sto·me·re [blastoˈmeːrə] *f* ⟨-; -n⟩ *biol.* blastomere.

Bla·sto·zöl [blastoˈtsøːl] *n* ⟨-s; -e⟩ *biol.* blastoc(o)ele.

Bla·stu·la [ˈblastula] *f* ⟨-; *no pl*⟩ *biol.* blastula.

Blatt [blat] *n* ⟨-(e)s; ⸚er⟩ **1.** *bot.* leaf; (*Blütenkrone*) petal; (*Kelch≈*) sepal; **Blätter** *pl* leaves, foliage *sg*; **die Blätter abwerfen** shed (the) leaves; **Blätter treiben** put (*od.* send) out (*od.* forth) leaves, come into leaf, leaf (out); *fig.* **kein ~ vor den Mund nehmen** not to mince matters, be (very) plain-spoken, call a spade a spade. **2.** (*Papier≈*) leaf, sheet (*a. mus.*), (*Seite*) page; **ein leeres ~** a blank leaf (*od.* sheet); **lose** (*od.* **fliegende**) **Blätter** loose leaves (*od.* sheets); **ein ~ Papier** a piece (*od.* sheet) of paper; *mus.* **vom ~ singen** (**spielen**) sing (play) at sight, sight-read; **geologisches ~** geological map sheet; *colloq.* **er ist noch ein unbeschriebenes ~** he is still an unknown quantity (*od.* a dark horse); *fig. colloq.* **das steht auf e-m anderen ~** that is quite a different matter; *fig.* **das ~ hat sich gewendet** the tide has turned, *b.s.* the tables are turned; *fig.* **ein neues ~ in der Geschichte unseres Staates** (**aufschlagen**) (open) a new era in the history of our state. **3.** (*Zeitung*) (news)paper, (*Zeitschrift*) journal. **4.** a) (*Kunstdruck*) (art) print, b) (*Zeichnung*) drawing, c) (*Stich*) engraving; **graphische Blätter** graphics. **5.** *Kartenspiel*: a) (*Spielkarte*) card, b) (*gezogene Karten*) hand, c) (*Grün, Pik*) spade, *collect.* spades *pl* (*on German cards*); **ein gutes ~** a good hand. **6.** *tech.* a) (*Folie*) foil, b) (*Scheibe, Lamelle*) plate, lamina, c) (*Feder≈*) leaf, d) *e-r Axt*: body, bit, blade, e) *e-r Bandsäge*: band, f) *e-r Kreissäge*: web, g) *e-r Handsäge, Schaufel*: blade, h) (*Klinge*) blade. **7.** *Textil.* a) *des Webstuhls*: reed, b) *der Karde*: comb (broach). **8.** *des Schuhs*: vamp. **9.** *hunt. des Schalenwilds*: breast. **10.** *geol.* lamina. **11.** *aer.* blade. **12.** *mar.* (*Ruder≈*) blade. **13.** *mus.* (*Rohr≈*) reed. **14.** *math.* (*Schleifenkurve*) folium.

ˈBlatt|ˌach·se *f bot.* rachis. **≈ˌach·selˌstän·dig** *adj* axillary. **~ˌau·ge** *n bot.* leaf bud, gemma. **~ˌblei** *n* sheet lead.

Blätt·chen [ˈblɛtçən] *n* ⟨-s; -⟩ **1.** *dim. of* **Blatt. 2.** *bot.* small leaf, leaflet. **3. ~** (**Papier**) slip (*od.* small piece) (of paper); *fig.* **das ~ hat sich gewendet** the tide has turned, *b. s.* the tables are turned. **4.** (*Lokalzeitung etc*) small (news)paper, *colloq.* (local) rag. **5.** *anat. bot. chem.* (*Plättchen*) lamella, *a. geol.* lamina; *tech. a.* plate, membrane; (*Flocke*) flake. **6.** *mus.* a) *der Zungeninstrumente*: reed, b) *der Mandoline etc*: plectrum, quill.

Blat·te [ˈblatə] *f* ⟨-; -n⟩ *hunt.* (*Lockpfeife*) call. **blat·ten** [ˈblatən] **I** *v/i* ⟨h⟩ call (*od.* decoy) a roebuck. **II** *v/t agr.* (*Pflanzen*) strip the leaves off.

ˈBlat·ter[1] *f* ⟨-; -n⟩ **1.** *med.* pock. **2.** *dial. for* **Blase** 1, 2, 4, 5, 6, 7.

ˈBlat·ter[2] *f* ⟨-; -n⟩ → **Blatte.**

ˈBlät·terˌdach *n fig. lit.* (roof of) foliage.

ˈblät·te·rig *adj* **1.** *Pflanzen*: leafy, leaved, foliated. **2.** (*schichtig*) lamellar, laminate(d), foliated. **3.** (*abblätternd*) flaky, scaly. **4.** *in Zssgn*: ...leaved.

ˈBlät·ter|ˌkoh·le *f min.* slaty coal. **~ˌkro·ne** *f lit. e-s Baumes*: crown of foliage. **≈los** *adj bot.* leafless, denudate(d). **~ˌma·gen** *m zo.* third stomach.

ˈBlat·tern *pl med.* smallpox *sg*, pocks *pl.*

blät·tern [ˈblɛtərn] **I** *v/i* ⟨h *u.* sein⟩ **1.** ⟨h⟩ turn the leaves; **in e-m Buch ~** leaf through a book, (*schmökern*) browse in (*od.* skim through) a book. **2.** ⟨sein⟩ (*ab~*) flake (*od.* scale, peel) off. **II** *v/t* **3.** ⟨h⟩ *colloq.* **Geld auf den Tisch ~** plonk down money.

ˈBlat·ter|ˌnar·be *f med.* pockmark. **≈ˌnar·big** *adj* pockmarked.

ˈBlät·ter|ˌpilz *m*, **~ˌschwamm** *m bot.* agaric. **~ˌta·bak** *m* leaf (tobacco).

ˈBlät·terˌteig *m* puff paste. **~geˌbäck** *n* puff pastry. **~paˌste·te** *f* vol-au-vent.

ˈBlät·ter|ˌwald *m iro.* **es rauscht im ~** the press has a field day. **~ˌwurz** *f* common sept-foil.

ˈBlatt|ˌerz *n* nagyagite. **~ˌfe·der** *f* leaf (*od.* plate) spring. **≈ˌför·mig** *adj* **1.** leaf-shaped, lamelliform. **2.** *tech.* laminated, lamellar. **~ˌfu·ge** *f civ. eng.* scarf (joint). **~geˌmü·se** *n* green vegetables *pl*, greens *pl*. **~ˌgold** *n* gold leaf (*od.* foil). **~ˌgrün** *n* chlorophyl(l), (*a. Farbe*) leaf green. **~ˌknos·pe** *f* leaf bud, gemma. **~ˌkohl** *m bot.* kale. **~ˌkup·fer** *n* sheet copper. **~ˌkur·ve** *f math.* folium. **~ˌlaus** *f* plant louse, aphid, *Br. a.* greenfly. **≈los** *adj bot.* leafless, aphyllous. **~ˌna·se** *f zo.* leaf-nosed bat. **~ˌpflan·ze** *f* foliage plant. **~ˌrand** *m* **1.** *bot.* leaf margin. **2.** *von Papier*: (sheet) margin.

ˈblätt·rig *adj* → **blätterig.**

ˈBlatt|ˌsä·ge *f* pad saw. **~ˌschrei·ber** *m tel.* page printer. **~ˌschuß** *m hunt.* chest hit. **~ˌsil·ber** *n* silver leaf. **~ˌsin·gen** *n mus.* sight-singing. **~ˌspiel** *n mus.* sight-playing, sight-reading. **~ˌstel·lung** *f* **1.** *bot.* leaf arrangement, phyllotaxis. **2.** *aer.* blade angle. **~ˌstiel** *m* leafstalk, petiole. **~ˌstoß** *m civ. eng.* scarf (joint).

ˈBlat·tung *f* ⟨-; -en⟩ *civ. eng.* → **Blattstoß.**

ˈBlatt|verˌgol·dung *f print.* (leaf) gilding. **≈ˌwei·se** *adv print.* leaf by leaf, by leaves. **~ˌwerk** *n* **1.** *lit.* foliage. **2.** *arch.* foliage(-work). **~ˌwes·pe** *f zo.* sawfly. **~ˌzeit** *f hunt.* rutting season. **~ˌzinn** *m* tinfoil.

blau [blau] **I** *adj* ⟨-er; -(e)st⟩ **1.** blue; *mar.* **das ≈e Band** the Blue Riband; *med.* **~es Baby** blue baby; **~ vor Kälte** blue with cold; **~er Fleck** *auf der Haut*: bruise, blue mark; **et. ~ machen** (*od.* **färben**) dye (*od.* tint) s. th. blue, blue s. th.; *chem.* **~e Farbe, ~er Farbstoff** blue; **~e Flecken haben** be black and blue; *fig.* **~es Blut** blue blood; **er hat ~es Blut** (**in den Adern**) he is blue-blooded; *colloq.* **~er Brief** a) (letter of) dismissal, b) *ped.* letter of warning; *mar. colloq.* **die ~en Jungs** the sailors, the blue-jackets; → **Auge** 1 (*etc*). **2.** *gastr.* **Forelle ~** poached trout. **3.** *fig. colloq.* (*betrunken*) *sl.* tight, plastered, blotto, pissed; **total** (*od.* **völlig**) **~** dead (*od.* blind) drunk, as tight as a tick, as drunk as a lord, *Am. a.* stinko. **4.** *her.* a) **~es Feld** azure, b) **~er Kreis** (**im Schilde**) hurt. **II** *adv* **5.** blue; **~ schimmern** have a bluish tinge; *tech.* **~ anlaufen lassen** blue, temper; → *a.* **blaumachen. III ≈** *n* ⟨-s; *no pl*⟩ **6.** blue; **in ≈ gekleidet** dressed in blue; **Dame in ≈** lady in blue; **das ≈ des Himmels** the blue (of the sky); **Berliner** (*od.* **Preußisch**) **≈** Prussian blue; → *a.* **Blaue**[1].

ˈBlau|ˌal·gen *pl bot.* blue-green algae. **≈ˌäu·gig** *adj* blue-eyed (*a. fig. colloq.*). **~ˌbart** *m fig.* Bluebeard. **~ˌbee·re** *f bot.* bilberry, whortleberry, *Am.* blueberry. **~ˌblind·heit** *f med.* blue-blindness. **~ˌblitz** *m phot.* blue-tinted flash (bulb). **≈ˌblü·tig** [-ˌblyːtɪç] *adj fig.* blue-blooded. **~ˌbock** *m zo.* blaubok. **≈ˌbrü·chig** *adj metall.* blue-brittle. **~ˌbuch** *n pol.* Blue Book. **~ˌdruck** ⟨-(e)s; -e⟩ *m* **1.** *phot.* blueprint process. **2.** *Textil.* indigo print.

ˈBlaue[1] *n* ⟨-n; *no pl*⟩ *fig. colloq.* **das ~ vom Himmel herunterlügen** lie shamelessly (*od.* in one's teeth); **ins ~ hinein** at random; **ins ~ hineinreden** talk wildly (*od.* at random); **Fahrt ins ~**

random trip, *rail. etc* mystery tour; **Schuß ins** ~ random shot.

ˈBlaue[2] *m* ⟨-n; -n⟩ *colloq. contp.* (*Polizist*) cop(per).

ˈBlaue[3] *m* ⟨-n; -n⟩ *colloq.* hundred-mark note (*Am.* bill).

Bläue [ˈblɔʏə] *f* ⟨-; *no pl*⟩ **1.** *lit.* blue(ness), blue colo(u)r; **die** ~ **des Himmels** the blue(ness) (*od.* azure) of the sky. **2.** *Textil.* (*Waschblau*) (laundry) blue.

ˈBlauˌei·sen|ˌer·de *f*, ~**ˌerz** *n min.* vivianite.

blau·en [ˈblaʊən] **I** *v/t* ⟨h⟩ **1.** *gastr.* (*Fisch*) poach, boil. **2.** → **bläuen** 1. **II** *v/i* **3.** *poet.* be (*od.* turn) blue.

bläu·en [ˈblɔʏən] *v/t* ⟨h⟩ **1.** (make *od.* dye, tint *s. th.*) blue; **Leinen** ~ blue linen. **2.** *metall.* blue. **3.** *gastr.* → **blauen** 1.

ˈBlau|ˌerz *n* vivianite. ~**ˌfel·chen** *m ichth.* powan. ~**ˌfich·te** *f* blue spruce. ~**ˌfisch** *m* bluefish, elf(t). ~**ˌfuchs** *m* **1.** *zo.* Arctic fox. **2.** (*Pelz*) blue fox(-fur). ~**ˌgas** *n* blau gas. ≗**geˌfro·ren** *adj* blue with cold. ~**ˌglü·hen** *n metall.* blue annealing. ≗**ˌgrau** *adj* bluish-grey (*Am.* -gray), slate-blue. ≗**ˌgrün** *adj* blue-green. ~**ˌholz** *n bot.* logwood. ~**ˌjacke** (*getr.* **-k·k-**) *f colloq.* (*Matrose*) blue-jacket, sailor. ~**ˌkehl·chen** [-ˌkeːlçən] *n orn.* blue-throat. ~**ˌkraut** *n Southern G.* red cabbage. ~**ˌkreuz** *n mil.* blue-cross gas. ~**ˌkreuz·ler** [-ˌkrɔʏtslər] *m relig.* Member of the Temperance League.

bläu·lich [ˈblɔʏlɪç] *adj* bluish.

ˈBlauˌlicht *n der Polizei etc*: blue light.

ˈblauˌma·chen *v/i* ⟨*sep*, **-ge-**, h⟩ *colloq.* **1.** stay away (from work). **2.** *ped.* (*schwänzen*) play truant (*Am. a.* hooky).

ˈBlau|ˌmei·se *f orn.* blue tit. ~**paˌpier** *n* blue carbon paper. ~**ˌpau·se** *f phot.* blueprint; **e-e** ~ **machen von** blueprint. ≗**ˌrot** *adj* purple, violet. ≗**ˌsau·er** *adj chem.* hydrocyanic; **blausaures Salz** cyanide. ~**ˌsäu·re** *f chem.* hydrogen cyanide, prussic (*od.* hydrocyanic) acid; ~**vergiftung** *f* cyanide poisoning. ~**ˌschim·mel** *m* dapple-grey (*Am.* -gray) horse. ≗**ˌschwarz** *adj* blue-black. ~**ˌspat** *m min.* blue (*od.* azure) spar, lazulite. ~**ˌstift** *m* blue pencil; **mit** ~ **anstreichen** *etc* blue-pencil. ~**ˌstrumpf** *m fig.* bluestocking. ~**ˌsucht** *f med.* cyanosis. ~**ˌtan·ne** *f bot.* blue spruce. ~**ˌwal** *m* blue whale. ~**ˌwas·serˌgas** *n chem.* (blue) water gas. ≗**ˌweiß** *adj* bluish-white.

Blech [blɛç] *n* ⟨-(e)s; -e⟩ **1.** a) (*Werkstoff*) sheet metal, b) (*Erzeugnis*) metal (*od.* steel) sheet, c) (*Fein*≗) sheet, d) (*Grob*≗) plate, e) (*Folie*) foil, f) (*Dosen*≗ *etc*) tin; **gewalztes** ~ rolled sheet metal (*od.* plate). **2.** (*Kuchen*≗) cake-tin. **3.** *fig. colloq.* (*Unsinn*) rubbish, bosh, balderdash, crap; **red doch kein** ~! rubbish!, *sl.* don't talk rot! **4.** *mus.* **das** ~ (*die* ~*instrumente*) the brass. **5.** *iro. colloq.* (*Ordensschmuck*) fruit salad. ~**beˌar·bei·tung** *f* sheet-metal working. ~**ˌblä·ser** *m mus.* brass-wind player; **die** ~ *im Orchester*: the brass *sg.* ~**ˌblas·in·struˌment** *n* → **Blechinstrument.** ~**ˌbüch·se** *f Br.* tin (box), *Am.* (tin) can; **in** ~**n** (**verpackt**) *Br.* tinned, *bes. Am.* canned. ~**ˌdach** *n* tin (*od.* sheet-metal) roof. ~**ˌdopp·ler** *m metall.* sheet doubler. ~**ˌdo·se** *f* → **Blechbüchse.** ~**ˌdruck** *m* ⟨-(e)s; -e⟩ **1.** *print.* tin-printing. **2.** *phot.* ferrotype process. ~**ˌei·mer** *m* tin bucket.

ble·chen [ˈblɛçən] *v/t u. v/i* ⟨h⟩ *colloq.* fork (*od.* shell) out, cough (*od.* pay) up; **er hat schwer (dafür)** ~ **müssen** he had to pay through the nose (for it).

ˈble·chern *adj* **1.** of metal plate, metal …, (of) tin. **2.** *contp. Musik, Stimme etc*: brassy, (*hell*) tinny.

ˈBlech|erˌzeug·nis·se *pl tech.* sheet-metal goods *pl* (*od.* ware *sg*), sheet-steel (*od.* plate) products *pl.* ~**geˌschirr** *n* **1.** hollow (*od.* tin) ware. **2.** tin container (*od.* vessel). ~**ˌhut** *m mil. humor.* tin hat. ~**in·struˌment** *n mus.* brass instrument; **die** ~**e** *pl im Orchester*: the brass *sg.* ~**kaˌni·ster** *m* → **Kanister.** ~**ˌkan·ne** *f* (tin) can, tin. ~**ˌka·sten** *m* sheet-steel (*od.* sheet-metal, tin) box. ~**ˌla·den** *m colloq.* → **Blech** 5. ~**laˌwi·ne** *f humor.* avalanche of cars. ~**ˌleh·re** *f tech.* sheet-metal ga(u)ge. ~**ˌlöf·fel** *m* tin spoon. ~**muˌsik** *f* **1.** brass music. **2.** *colloq.* brass band. ~**ˌnapf** *m* tin bowl. ~**ˌor·den** *m contp.* putty medal. ~**ˌschach·tel** *f* tin box. ~**ˌscha·den** *m mot.* damage to the car body, dent(s *pl*); *pl a.* dented cars *pl.* ~**ˌsche·re** *f* a) *für Grobbleche*: plate shears *pl*, b) *für Feinbleche*: tinners' shears *pl.* ~**ˌschild** *n* tin plate. ~**ˌschmied** *m* tinsmith, tinner, sheet-metal worker. ~**ˌschnei·de·maˌschi·ne** *f* plate cutting machine. ~**ˌschüs·sel** *f* tin bowl. ~**ˌschutz** *m* sheet-steel guard. ~**ˌstär·ke** *f* thickness of plate. ~**ˌstra·ße** *f metall.* sheet- (*od.* plate-)rolling train. ~**ˌta·fel** *f* **1.** *metall.* (*Walzgut*) a) (*Feinblech*) sheet, b) (*Grobblech*) plate. **2.** *tech.* (sheet) panel. ~**ˌtel·ler** *m* tin plate. ~**ˌtrom·mel** *f* **1.** *tech.* sheet-metal drum. **2.** (toy) tin drum. ~**verˌar·bei·tung** *f* sheet-metal working. ~**verˌklei·dung** *f tech.* sheeting. ~**ˌwalzˌwerk** *n* a) *für Feinbleche*: sheet(-rolling) mill, b) *für Grobbleche*: plate(-rolling) mill. ~**ˌwa·ren** *pl* tinware *sg*, sheet-metal ware *sg.*

ˈblecken (*getr.* **-k·k-**) [ˈblɛkən] *v/t* ⟨h⟩ **die Zähne** ~ bare (*od.* show) one's teeth, *Raubtier*: bare its fangs; *dial.* **die Zunge** ~ stick out one's tongue.

Blei[1] [blaɪ] *n* ⟨-(e)s; -e⟩ **1.** ⟨*only sg*⟩ *chem.* lead; **aus** ~ (of) lead, leaden; **gediegenes (gewalztes)** ~ native (rolled) lead; ~ **gießen** a) cast lead, b) *an Silvester*: cast lead (to foretell the future); *fig.* (**schwer**) **wie** ~ like lead, leaden; *fig.* **es liegt mir wie** ~ **in den Gliedern** my arms and legs feel like lead. **2.** *hunt.* a) (*Schrot*) shot, b) (*Kugel für Schrotgewehr*) slug, c) (*Geschoß für Büchse*) bullet. **3.** ⟨*only sg*⟩ *colloq.* (~*stift*) pencil; (**et.**) **mit** ~ **schreiben** write (s. th.) in pencil. **4.** *Angeln*: sinker. **5.** → **Senkblei.**

Blei[2] *m* ⟨-(e)s; -e⟩ *colloq.* → **Blei**[1] 3.

Blei[3] *m* ⟨-(e)s; -e⟩ *ichth.* bream.

ˈBlei|aceˌtat *n chem.* lead acetate. ~**ˌar·beit** *f* **1.** *metall.* lead smelting. **2.** *tech.* plumbing. ≗**ˌarm** *adj* (*Kraftstoff*) low-lead. ~**ar·seˌnat** *n chem.* lead arsenate. ~**arˌsenˌglanz** *m min.* sartorite. ≗**ˌar·tig** *adj* leadlike. ~**ˌasche** *f* **1.** lead dross (*od.* ashes *pl*). **2.** *chem.* lead monoxide. ~**ˌbad** *n* lead bath. ~**ˌbar·ren** *m* lead pig.

Blei·be [ˈblaɪbə] *f* ⟨-; *no pl*⟩ *colloq.* place to stay, lodging; **e-e** ~ **suchen** look for a place to stay; **k-e** ~ **haben** have nowhere to stay (*od.* live).

blei·ben [ˈblaɪbən] **I** *v/i* ⟨**bleibt, blieb, geblieben, sein**⟩ **1.** (*sich aufhalten*) stay, remain; **zu Hause** ~ stay at home, stay in, keep indoors; **im Bett** ~ stay (*od.* remain) in bed; **bei j-m** ~ stay with s. o.; **zum Essen** ~ stay for dinner; **für sich** ~ keep to o. s.; **länger als die anderen** ~ outsit (*od.* outstay) the others; *colloq.* **und wo bleibe ich?** and where do I come in?; *colloq.* **sieh zu, wo du bleibst!** look after yourself!; *euphem.* **sie blieben bei Stalingrad** they were killed (*od.* fell) at Stalingrad; **bleib(, wo du bist)!** stay where you are!; → **Ball**[1] 1, (*etc*). **2. bei e-r Sache** ~ keep (*od.* stick, adhere) to s. th.; **bei s-r Meinung** ~ keep to one's opinion, *colloq.* stick to one's guns; **bei der Wahrheit** ~ stick to the truth; **bei der Sache** ~ keep (*od.* stick) to the point; **bei der Behauptung** ~, **daß** insist that; **im Takt** ~ keep time. **3.** (*in e-m Zustand* ~) keep, remain, continue (to be); **gesund (glücklich)** ~ keep well (*od.* healthy, in good health) (happy); **geschlossen (geöffnet)** ~ remain closed (open); **kalt (warm)** ~ keep (*od.* stay) cold (warm), *Wetter*: continue cold (warm); **sauber** ~ stay clean; **unbestraft (unbelohnt, verborgen)** ~ go unpunished (unrewarded, undiscovered); **unbeachtet** ~ escape notice; ~ **Sie (doch) sitzen!** keep seated, please!, keep your seat!; **in Bewegung** ~ keep moving (*od.* in motion); **im Gedächtnis** ~ stick in the memory; **ohne Erfolg** ~ meet with no success, be (*od.* remain) unsuccessful; **das bleibt unter uns!** that's between ourselves!, *colloq.* keep it under your hat! **4.** (*übrig*~) remain, be left; **dir bleibt nichts als** there is nothing left for you but; **das bleibt abzuwarten** that remains to be seen; **zwei von sieben bleibt fünf** two from seven leaves five. **5.** (*weg*~) stay away; **wo bleibt er denn?, wo ist er nur geblieben?** where can he be?, what has become of him?; **ich bleibe nicht lange** I won't be long. **II** *v/impers* **6. es bleibt dabei!** that's settled (*od.* final)!, agreed!; **und dabei bleibt es!** and that's that!; **bei dieser Entscheidung bleibt es** this decision is final; **dabei wird es nicht** ~ matters won't rest there; **es bleibt uns noch Zeit(, et. zu tun)** we still have time enough (to do s. th.); **es bleibt nur noch wenig zu tun** little remains to be done. **III** ≗ *n* ⟨-s⟩ **7.** remaining, stay(ing) (*etc*); *lit.* **hier ist m-s** ≗**s nicht mehr** (*od.* **länger**) I can remain here no longer. ~**d** *adj* permanent, lasting, abiding; ~**e Werte** lasting values; **e-e** ~**e Sorge** a constant worry; **e-n** ~**en Eindruck hinterlassen** leave a lasting impression; **in** ~**er Erinnerung behalten** keep in lasting memory; *med.* ~**er Schaden** permanent injury; ~**er Zahn** permanent tooth.

ˈblei·benˌlas·sen *v/t* ⟨*irr, sep, no* **-ge-**, h⟩ *colloq.* **et.** ~ a) leave (*od.* let) s. th. alone, b) stop (*od.* quit) s. th.; **laß es lieber bleiben!** you'd better leave it alone; **laß das bleiben!** stop that!, *sl.* cut it out!; **du solltest das Rauchen** ~ you should stop (*od.* quit) smoking; **das werde ich hübsch** ~ I will do nothing of the kind.

ˈBlei|benˌzin *n* leaded petrol (*Am.* gasoline). ~**ˌbergˌwerk** *n* lead mine. ~**ˌblech** *n tech.* sheet lead.

bleich [blaɪç] *adj* ⟨-**er**; -**st**⟩ pale, pallid, wan; (*verblaßt*) faded, pale; ~ **vor Schreck** pale with fright; *fig.* ~ **wie der Tod,** ~ **wie die Wand** as pale as death, as white as chalk, deathly pale; ~ **werden** (turn) pale, blanch.

ˈBleichˌbad *n phot.* bleaching bath.

ˈBlei·che *f* ⟨-; -n⟩ **1.** (*Bleichplatz*) bleaching ground. **2.** (*Anstalt*) bleachery. **3.** ⟨*only sg*⟩ → **Blässe** 1.

ˈbleichˌecht *adj chem.* bleach-proof.

blei·chen [ˈblaɪçən] *v/t* ⟨h⟩ **1.** (*Haare, Wäsche*) bleach; **sich** (*dat*) **die Haare** ~ **lassen** have one's hair bleached (*od.* peroxided). **2.** *chem.* a) discharge, b) (*Papier*) poach.

ˈBlei·cher *m* ⟨-s; -⟩ *a. tech.* bleacher.

ˈBleichˌer·de *f min.* fuller's earth.

ˈBleich·geˌsicht *n humor.* paleface.

ˈbleich·geˌsich·tig *adj* palefaced.

ˈBleich·heit *f* ⟨-; *no pl*⟩ paleness, pallor.

ˈBleichˌkalk *m chem.* **1.** bleaching powder. **2.** (*Chlorkalk*) chloride of lime.

ˈBlei·chroˌmat *n* lead chromate.

ˈBleich|ˌso·da *f, n* washing soda. **∼ˌsucht** *f med.* greensickness, *a. bot.* chlorosis. **≈ˌsüch·tig** *adj* greensick, *a. bot.* chlorotic.

blei·en [ˈblaıən] *v/t* ⟨h⟩ *tech.* lead.

ˈBleiˌer·de *f min.* lead earth.

ˈblei·ern *adj* **1.** ⟨*attrib*⟩ (of) lead, leaden. **2.** *fig.* leaden (*limbs, sleep, etc*); **∼e Schwüle** (*od.* **Schwere**) leadenness; → **Ente** 1. **3.** → **bleifarben.**

ˈBlei|ˌerz *n* lead ore. **∼ˌes·sig** *m chem.* vinegar of lead. **∼ˌfar·be** *f* **1.** lead paint. **2.** (*Farbton*) leaden colo(u)r. **≈ˌfar·ben, ≈ˌfar·big** *adj* lead-colo(u)red, livid, leaden. **∼ˌfo·lie** *f* lead foil. **≈ˌfrei** *adj Benzin*: unleaded. **∼geˌhalt** *m* lead content. **∼ˌgelb** *n chem.* massicot. **∼ˌgie·ßen** *n New Year's Eve custom of fortune-telling by pouring molten lead into water.* **∼ˌglanz** *m chem.* galena, lead glance. **∼ˌglas** *n* lead glass. **∼glaˌsur** *f chem.* glost. **≈ˌgrau** *adj fig.* leaden. **≈ˌhal·tig** *adj* containing lead, plumbiferous. **∼ˌhüt·te** *f* lead works (*als sg od. pl konstruiert*). **∼ˌka·bel** *n* lead-covered cable. **∼ˌkam·mer** *f* **1.** *chem. tech.* lead chamber. **2.** *hist.* **die ∼n von Venedig** the Leads of Venice. **∼kriˌstall** *n* lead crystal. **∼ˌku·gel** *f* lead ball (*od. Geschoß*: bullet). **∼ˌlot** *n* **1.** *metall.* lead solder. **2.** *tech.* (*Senklot*) plumb-line, plummet. **∼ˌman·tel** *m tech.* lead sheathing; *mil. e-r Kugel etc*: lead jacket. **∼ˌmen·ni·ge** *f* red lead, minium. **∼ˌplom·be** *f* lead seal. **∼ˌrot** *n chem.* red lead. **∼ˌschrot** *m, n* lead shot. **≈ˈschwer** *adj fig.* leaden. **∼solˌdat** *m* tin soldier. **∼ˌspat** *m min.* black-lead spar.

ˈBleiˌstift *m* (lead) pencil; **mit ∼ geschrieben** written in pencil, pencilled (*Am.* penciled). **∼ˌabˌsatz** *m am Schuh*: stiletto heel. **∼ˌmi·ne** *f* **1.** (pencil) lead. **2.** *für Drehbleistifte*: refill lead. **∼ˌspit·zer** *m* (pencil) sharpener. **∼ˌstrich** *m* pencil mark.

ˈBlei|sulˌfat *n* lead sulphate (*bes. Am.* -f-). **∼verˌgif·tung** *f* lead poisoning. **∼verˌgla·sung** *f* lead glazing. **∼verˌschluß** *m econ.* leading; **unter ∼** leaded, lead-sealed. **∼ˌweiß** *n paint.* white lead, ceruse. **∼ˌwurz** *f bot.* leadwort. **∼ˌzei·le** *f print.* slug. **∼ˌzucker** (*getr.* **-k·k-**) *m chem.* lead acetate.

Blen·de [ˈblɛndə] *f* ⟨-; -n⟩ **1.** (*Schirm*) blind, screen. **2.** *tech.* cover plate. **3.** *phot.* a) diaphragm, b) (light) stop, f-stop, c) (*Öffnung*) aperture; **(bei) ∼ 8** (at) f-8. **4.** *am Kleid*: trimming, braiding, facing. **5.** *arch.* a) (*Fenster≈*) transom, b) (*Fassade*) facing, blind front wall, c) (*Verschalung*) boarding (strip), screen. **6.** (*Scheuklappe*) blinker. **7.** *min.* blende, glance. **8.** *bot.* → **Buchweizen.**

blen·den [ˈblɛndən] **I** *v/t* ⟨h⟩ **1.** (*Augen ausstechen*) blind, gouge *s. o.'s* eyes out. **2.** (*j-n, j-s Augen*) blind, dazzle. **3.** *fig.* a) (*beeindrucken*) dazzle, fascinate, b) (*täuschen*) blind, deceive, delude, *colloq.* take *s. o.* in; **ihr Anblick blendete ihn** her appearance dazzled him; **laß dich davon nicht ∼!** don't let yourself be deceived by that! **4.** (*Pelze*) dye *s. th.* dark. **II** *v/i* **5.** dazzle, glare. **III ≈** *n* ⟨-s⟩ **6.** blinding; dazzling (*etc*). **7.** → **Blendung. ∼d I** *adj* **1.** blinding, dazzling, glaring; **ein ∼es Weiß** a dazzling white. **2.** *fig. colloq.* a) (*großartig, genial*) brilliant, b) (*fabelhaft*) dazzling, splendid, marvellous, stunning, *colloq.* great, c) (*täuschend*) delusive, dazzling. **II** *adv* **3.** *fig.* brilliantly (*etc*); **∼ aussehen** look marvellous (*od. colloq.* gorgeous, great); **∼ miteinander auskommen** *colloq.* get on like aces (with one another); **sich ∼ amüsieren** *colloq.* have a great time. **∼dˌweiß** *adj* dazzling-white.

ˈBlen·den|ˌeinˌstel·lung *f phot.* diaphragm setting. **∼ˌöff·nung** *f* (diaphragm) aperture. **∼ˌrech·ner** *m* aperture computer. **∼ˌvorˌwahl** *f* aperture presetting. **∼ˌwei·te** *f* → **Blendenöffnung. ∼ˌzahl** *f* f-stop.

ˈBlen·der *m* ⟨-s; -⟩ *fig. contp.* dazzler, fake.

ˈBlend|ˌfar·be *f Textil.* sighting colo(u)r(s *pl*). **≈ˌfrei** *adj* anti-dazzle, non-dazzling, anti-glare. **∼graˌna·te** *f* stun grenade.

Blend·ling [ˈblɛntlıŋ] *m* ⟨-s; -e⟩ *zo.* cross-breed, hybrid.

ˈBlend|ˌrah·men *m* **1.** *arch.* window frame. **2.** *paint.* canvas stretcher. **∼ˌschei·be** *f* → **Blendschutzscheibe.**

ˈBlendˌschutz *m mot. tech.* anti-dazzle device, glare eliminator. **∼ˌbril·le** *f* anti-glare goggles *pl* (*od.* glasses *pl*). **∼ˌfar·be** *f* dazzle paint. **∼ˌschei·be** *f mot.* anti-dazzle shield, *Am.* sun visor. **∼ˌscheinˌwer·fer** *m* sealed-beam headlight. **∼ˌzaun** *m* anti-dazzle barrier.

ˈBlendˌstein *m arch.* facing stone.

ˈBlen·dung *f* ⟨-; -en⟩ **1.** → **blenden** 6. **2.** *mot. opt. etc* glare, dazzle; **psychologische (physiologische) ∼** discomfort (disability) glare. **3.** *fig.* (*Täuschung*) deception, delusion.

ˈBlend|ˌwerk *n fig. lit.* deception, delusion, illusion, mirage, tricks *pl*, *colloq.* eyewash; **∼ des Teufels** snares of the Devil. **∼ˌzeug** *n hunt.* foils *pl.*

Bles·se [ˈblɛsə] *f* ⟨-; -n⟩ **1.** blaze, white spot. **2.** animal with a blaze.

ˈBleßˌhuhn *n* → **Bläßhuhn.**

bles·sie·ren [blɛˈsiːrən] *v/t* ⟨*no* **ge-**, **h**⟩ *obs.* wound. **Blesˈsur** [-ˈsuːr] *f* ⟨-; **-en**⟩ *obs.* wound.

bleu [bløː] *adj* ⟨*invariable*⟩, **≈** *n* ⟨**-s**; *no pl*⟩ (pale) blue.

bleu·en [ˈbləyən] *v/t* ⟨h⟩ *colloq.* beat (black and blue), thrash.

Blick [blık] *m* ⟨-(e)s; -e⟩ **1.** (**auf** *acc* at) look, glance; **mit einem** (*od.* **auf einen**) **∼** at a glance; **flüchtiger ∼** fleeting glance (at), glimpse (of); **der böse ∼** the evil eye; **starrer ∼** gaze, stare; **finsterer ∼** scowl; **schräger** (*od.* **mißgünstiger**) **∼** sidelong glance; **∼ in die Zukunft** forward look; **mit leerem ∼** with a vacant look; **e-n ∼ werfen auf** (*acc*) cast (*od.* take) a look (*od.* glance) at, glance at; **e-n verstohlenen ∼ werfen auf** (*acc*) steal a glance at; **e-n ∼ in die Zeitung tun** (*od.* **werfen**) glance (*od.* have a look) at the newspaper; **j-m e-n ∼ zuwerfen** glance at s. o., give s. o. a look; **j-m verliebte ∼e zuwerfen** cast amorous glances at s. o.; **j-s ∼e fesseln** arrest (*od.* hold) s. o.'s eyes; **e-n ∼ von e-r Sache erhaschen** catch a glimpse of s. th.; **j-n mit ∼en erdolchen** look daggers at s. o.; **auf den ersten ∼** at a glance, at first sight; **das sieht man doch auf den ersten ∼** *colloq.* you can see that with half an eye; **sein ∼ fiel auf sie** his gaze fell on her; **den ∼ heben (senken)** raise (lower) one's eyes; **ihre ∼e begegneten sich** their eyes met; **wenn ∼e töten könnten** if looks could kill. **2.** (*Aussicht*) view, vista; **mit ∼ auf** *den See etc* with a view of, overlooking, facing; **et. in den ∼ bekommen** get a clear view of s. th.; **dem ∼ entschwinden** disappear from sight. **3.** *fig.* insight, eye; **e-n ∼ für et. haben** have an eye for s. th.

blicken (*getr.* **-k·k-**) [ˈblıkən] *v/i* ⟨h⟩ **1.** (**auf** *acc* at) look, glance; **starr ∼** stare; **flüchtig ∼ auf** (*acc*) **et.** glance (*od.* take a quick look) at s. th.; **verstohlen** (*od.* **heimlich**) **∼ auf** (*acc*) look furtively (*od.* peep, peek) at; **finster ∼** glare, glower, scowl; **Mitleid blickte aus ihren Augen** her eyes looked compassion; *lit.* **die Sonne blickte durch die Wolken** the sun was peeping through the clouds; **in die Zukunft ∼** look into the future; **um sich ∼** look (a)round; *colloq.* **das läßt tief ∼** that's very revealing, that speaks volumes. **2.** *colloq.* **sich ∼ lassen** show o. s., appear, *colloq.* turn up; **laß dich hier nicht mehr ∼!** never show your face here again!; **er hat sich jahrelang nicht ∼ lassen** he hasn't been seen (*od.* heard of) for years; **er läßt sich nicht mehr ∼** he makes himself scarce.

ˈBlicken (*getr.* **-k·k-**) *m* ⟨-s; -⟩ *agr. bot.* common spelt.

ˈBlick|ˌfang *m* eye-catcher. **∼ˌfeld** *n* **1.** field (*od.* range) of vision (*a. fig.*), visual field; **aus j-s ∼ verschwinden** disappear from s. o.'s sight. **2.** *fig.* → **Blickpunkt** 2. **3.** *psych.* field of fixation. **∼ˌli·nie** *f* line of vision, visual line. **≈los** *adj lit.* unseeing. **∼ˌpunkt** *m* **1.** *opt.* visual focus (*od.* point). **2.** *fig.* focal point, focus; **im ∼ des Interesses stehen** be in the limelight. **3.** → **Blickwinkel** 2. **∼ˌrich·tung** *f* line of sight. **∼ˌwei·te** *f* range of vision, view. **∼ˌwin·kel** *m* **1.** visual angle. **2.** *fig.* point of view, view-point.

blieb [bliːp] *1 u. 3 sg pret of* **bleiben.**

blies [bliːs] *1 u. 3 sg pret of* **blasen.**

blind [blınt] **I** *adj* ⟨*no comp, no sup*⟩ **1.** blind (*a. fig. Haß, Gehorsam etc*); **auf einem Auge ∼** blind in one eye; *med.* **∼er Fleck** blind spot; *fig.* **∼ vor Wut** blind with rage; *fig.* **∼es Werkzeug** mere tool; **∼er Zufall** pure chance, sheer luck; **sie ist ∼ für s-e Fehler** she is blind to his faults; **Liebe macht ∼** love is blind. **2.** *Spiegel*: clouded, cloudy, *Metall*: *a.* mat, dull, tarnished. **3.** (*verborgen*) hidden; **∼er Passagier** stowaway, *rail. colloq.* deadhead; **∼er Stich** blind stitch. **4.** (*vorgetäuscht*) false, feigned, sham; **∼er Alarm** false alarm; **∼er Angriff** sham (*od.* mock, feigned) attack; **∼es Knopfloch** false buttonhole; *mil.* **∼e Patrone** blank (*od.* dummy) cartridge. **5.** *tech.* blind, dead (*window, etc*); *print.* **∼e Zeile** blind (*od.* blank) line. **II** *adv* **6. ∼ schießen** fire blank cartridges; **∼ drauflosschlagen** hit out blindly; **∼ in die Gegend schießen** shoot wildly (*od.* at random). **7.** *fig.* → **blindlings** 2.

ˈBlind|ˌabˌwurf *m aer. mil.* blind bombing. **∼ˌanˌflug** *m* blind approach. **∼beˌla·stung** *f electr.* reactive load. **∼ˌbo·den** *m arch.* dead floor.

ˈBlindˌdarm *m anat.* appendix, c(a)ecum; **(sich) den ∼ entfernen lassen** have one's appendix removed. **∼entˌzün·dung** *f* appendicitis. **∼ope·raˌtiˌon** *f* appendectomy; **sich e-r ∼ unterziehen** undergo an appendectomy, have one's appendix removed.

ˈBlindˌdruck *m* ⟨-(e)s; *no pl*⟩ *print.* blind tooling.

ˈBlin·de[1] *m* ⟨-n; -n⟩ blind man; **die ∼n** the blind; *fig.* **das sieht selbst ein ∼r** *colloq.* you can see that with half an eye; *fig.* **wie ein ∼r von der Farbe reden** *colloq.* talk through one's hat; **unter (den) ∼n ist der Einäugige König** (*Sprichwort*) in the country of the blind the one-eyed man is king.

ˈBlin·de[2] *f* ⟨-n; -n⟩ blind woman.

ˈBlin·deˌkuh *f* ⟨-; *no pl*⟩ blindman's buff.

ˈBlin·den|ˌan·ˌstalt *f*, **~ˌheim** *n* home for the blind. **~ˌhund** *m* guide dog, *Am.* seeing-eye dog. **~ˌschrift** *f* braille; **Bücher in ~** braille books. **~ˌuhr** *f* braille watch.

ˈBlind|ex·em·ˌplar *n print.* dummy. **ℒˌflie·gen** *v/i* ‹*irr, sep*, **-ge-**, **sein**› *aer.* fly blind (*od.* on instruments). **~ˌflug** *m* blind (*od.* instrument) flight (*od.* flying). **~ˌgän·ger** *m* ‹**-s; -**› **1.** *mil.* dud, blind shell. **2.** *fig. colloq.* dud, washout, flop. **ℒgeˌbo·ren** *adj* born blind, blind from birth. **ℒˌgläu·big** *adj* blindly believing, of blind faith.

ˈBlind·heit *f* ‹**-;** *no pl*› blindness; **s-e ~ war angeboren** he was born blind; *fig.* **mit ~ geschlagen** struck with blindness.

ˈBlind|ˌholz *n* **1.** inferior wood, core. **2.** → Blindrebe. **~ˌlan·deˌpi·ste** *f aer.* runway equipped for instrument landings. **~ˌlan·dung** *f* instrument (*od.* blind) landing. **~ˌlast** *f electr.* reactive (*od.* inductance) load. **~ˌlei·stung** *f electr.* reactive volt-amperes *pl* (*od.* power). **~ˌleitˌwert** *m electr.* susceptance.

blind·lings [ˈblɪntlɪŋs] *adv* **1.** blindly, headlong, wildly; **~ ins Verderben rennen** rush headlong to one's destruction; **sich ~ in e-e Sache stürzen** plunge blindly into s. th.; **~ darauflosschlagen** hit out wildly; **~ auf j-n einschlagen** lash out wildly at s. o., rain blows upon s. o.; → **blind** 6. **2.** (*bedingungslos*) blindly, implicitly; **j-m ~ folgen (gehorchen)** follow (obey) s. o. blindly.

ˈBlind|ˌmaulˌwurf *m zo.* blind mole. **~mu·ni·tiˌon** *f mil.* blank ammunition. **~ˌmu·ster** *n econ.* dummy. **ℒˌprä·gen** *v/t* ‹*sep*, **-ge-**, **h**›, **ℒˌpres·sen** *v/t* ‹*sep*, **-ge-**, **h**› blind-stamp. **~ˌre·be** *f agr.* vine-cutting. **~ˌschlei·che** *f zo.* blindworm, slow-worm. **ℒˌschrei·ben** *v/i* ‹*irr, sep*, **-ge-**, **h**› touch-type. **~ˌschreib·verˌfah·ren** *n* touch-typing system. **~ˌspan·nung** *f electr.* reactive voltage. **~ˌspiel** *n Schach*: (game of) blindfold chess. **~ˌstart** *m aer.* blind takeoff. **~ˌstich** *m beim Nähen*: blind stitch. **~ˌstrom** *m electr.* reactive (*od.* blind) current. **~ˌstromˌzäh·ler** *m* var-hour meter. **~ˌwi·derˌstand** *m electr.* reactance. **ℒˌwü·tig** *adj* blind with rage, wild.

ˈBlinkˌba·ke *f aer. mar.* flashing beacon.

blin·ken [ˈblɪŋkən] **I** *v/i* ‹**h**› **1.** (*funkeln*) sparkle, glitter, gleam, flash; **die Sterne ~** the stars twinkle. **2.** (*Lichtzeichen geben*) (flash a) signal, *a. mot.* flash. **3.** (**mit den Augen**) **~** blink (one's eyes). **II ℒ** *n* ‹**-s**› **4.** sparkling, sparkle, flash(ing) (*etc*). **ˈBlin·ker** *m* ‹**-s; -**› **1.** *mot.* flashing trafficator (*od.* direction indicator). **2.** *Angeln*: spoon(-bait).

blin·kern [ˈblɪŋkərn] *v/i* ‹**h**› *rare for* **blinken**.

ˈBlin·kerˌschal·ter *m mot.* direction indicator switch.

ˈBlink|ˌfeu·er *n aer. mar.* flashing light. **~ˌge·ber** *m mot.* flasher unit. **~ˌlampe** *f* signal lamp. **~ˌleuch·te** *f mot.* (direction) indicator lamp, flash(er) lamp.

ˈBlinkˌlicht *n* ‹**-(e)s; -er**› **1.** *mar. etc* flashing (*od.* intermittent) light. **2.** *mot.* → **Blinker** 1. **3.** (flashing red) warning light; (*an Fußgängerüberwegen*) *Br.* Belisha beacon. **~ˌanˌla·ge** *f* flashing signal. **~ˌschal·ter** *m mot.* flasher switch.

ˈBlink|ˌparkˌleuch·te *f mot.* flasher parking light. **~ˌschlußˌleuch·te** *f mot.* combined flasher and tail light. **~siˌgnal** *n* flashing signal. **~ˌspruch** *m mar. mil.* signal-lamp (*od.* blinker) message. **~ˌtrupp** *m mil.* signal-lamp team, blinker squad. **~ˌzei·chen** *n* **1.** flash (*od.* light) signal. **2.** *mot.* a) *des Richtungsanzeigers*: (flasher *od.* flash) signal, b) (*Überholsignal*) passing signal.

blin·zeln [ˈblɪntsəln] **I** *v/i* ‹**h**› **1.** blink (one's eyes); **Sterne ~ am Himmel** stars twinkle in the sky. **2. j-m ~** (*zuzwinkern*) wink at s. o. **II ℒ** *n* ‹**-s**› **3.** blinking (*etc*).

Blitz [blɪts] *m* ‹**-es; -e**› **1.** (flash of) lightning; (*~schlag*) *a.* (thunder)bolt; *myth.* **der ~ des Zeus** Jupiter's thunderbolt; **der ~ schlägt (ins Haus) ein** the lightning strikes (the house); **vom ~ erschlagen** (*od.* **getroffen**) struck by lightning; *fig.* **die Nachricht schlug ein wie ein** (*od.* **der**) **~** the news came like a bombshell; *fig.* (**schnell**) **wie der ~** → **blitzschnell**; *colloq.* **wie ein geölter ~** like greased lightning, like a flash; *fig.* **wie ein ~ aus heiterem Himmel** like a bolt from the blue; *fig.* **wie vom ~ getroffen** thunderstruck; **~e schossen aus ihren Augen** her eyes flashed fire; **potz ~!** goodness (gracious)! **2.** (*Lichtschein*) flash. **3.** *phot. colloq.* flash(-light). **~ˌabˌlei·ter** *m tech.* lightning conductor (*od.* arrester, *Am. a.* rod); *colloq.* **der ~ für j-n sein** be s. o.'s scapegoat. **~ak·tiˌon** *f* lightning action. **~ˌanˌschluß** *m phot.* a) *außen*: flash socket, b) *innen*: flash contact. **ℒˌar·tig** *adj* → **blitzschnell**. **~ˌaufˌnah·me** *f* flash shot (*od.* exposure). **~beˌsuch** *m bes. pol.* lightning visit. **~ˌbir·ne** *f* → **Blitzlampe**. **ℒˈblank** *adj* shiny, spick(-) and(-)span, as bright as a new pin.

ˈblit·zeˈblank *adj* → **blitzblank**.

blit·zen [ˈblɪtsən] **I** *v/impers* ‹**h**› **1. es blitzt** it is lightening (*bes. Am.* lightning); *fig. colloq.* **bei dir blitzt es** your slip is showing. **II** *v/i* **2.** *fig. Metall, Glas etc*: flash, glitter, sparkle; **ihre Augen blitzten** her eyes flashed (**vor Zorn** with anger), **vor Vergnügen** *a.* her eyes sparkled (*od.* glittered) with amusement. **3.** *Taschenlampe, Lichtschein, Gewehr* (*-schuß*) *etc*: flash. **4.** *phot.* flash. **III** *v/t* **5.** *phot.* take a *picture* with flashlight, flash(-photograph). **IV ℒ** *n* ‹**-s**› **6.** lightnings *pl*. **7.** *fig.* flashing, flash(es *pl*), sparkling, sparkle. **8.** *phot.* flashing, flashes *pl*; flash-photography.

ˈBlitz·entˌla·dung *f* lightning discharge.

ˈBlit·zer *m* ‹**-s; -**› *colloq.* **1.** → **Blitzgerät**. **2.** (*Nackter*) streaker.

ˈBlit·zes|ˈei·le *f*, **~ˈschnel·le** *f* lightning speed; **mit** (*od.* **in** *dat*) **~** with lightning speed, like a flash.

ˈBlitz|ˌfeu·er *n mar.* (quick-)flashing light, feu-éclair. **~geˌfahr** *f* danger of lightning. **~geˌrät** *n phot.* a) flashgun, b) *elektronisches*: (electronic) flash unit. **ℒgeˈscheit** *adj colloq.* very bright, brainy. **~geˌspräch** *n teleph.* special priority call, lightning call. **~ˌjun·ge** *m archaic humor.* devil of a boy. **~karˌrie·re** *f* comet-like (*od.* meteoric) career. **~ˌkrieg** *m mil.* blitzkrieg, lightning war(fare). **~ˌlam·pe** *f* flashbulb, photoflash.

ˈBlitzˌlicht *n phot.* a) flash(light), b) → **Blitzlampe**; **mit ~ photographieren** shoot (a picture) with flashlight, flash (*a scene*). **~ˌanˌschluß** *m* → **Blitzanschluß**. **~ˌaufˌnah·me** *f* flashlight photo(graph), photoflash picture. **~ˌlam·pe** *f* → **Blitzlampe**.

ˈBlitz|ˌmä·del *n* **1.** *archaic humor.* devil of a girl, wench. **2.** *mil. hist. colloq. for* **Nachrichtenhelferin**. **~ˌmel·dung** *f* news flash. **~ˌrei·se** *f* **1.** lightning trip (**nach** to). **2.** whirlwind tour (**durch** of). **~ˌröh·re** *f* **1.** *geol.* fulgurite, lightning tube (*od.* stone). **2.** *phot.* flashtube. **ℒˈsau·ber** *adj colloq.* **1.** *Wohnung etc*: spick(-)and(-)span, as neat as a new pin. **2.** *dial.* very pretty, smashing (*girl*). **~ˌscha·den** *m* damage by lightning. **~ˌschlag** *m* (stroke of) lightning; **vom ~ getroffen** struck by lightning. **ℒˈschnell I** *adj* (as quick as a) lightning, split-second; **~er Entschluß** split-second decision. **II** *adv* with lightning speed, like a flash (*od.* shot), (*im Nu*) *colloq.* in a jiffy; (*plötzlich*) abruptly, in a flash; **die Nachricht verbreitete sich ~** the news spread like wildfire.

ˈBlitz|ˌschutz *m* lightning protection; **~anlage** *f* lightning-arrester. **~ˌsieg** *m mil.* lightning victory. **~ˌstart** *m* lightning start. **~ˌstrahl** *m* (flash of) lightning, (thunder)bolt (*a. fig.*); **wie ein ~ aus heiterem Himmel** like a bolt from the blue. **~te·leˌgramm** *n* special priority telegram. **~ˌtem·po** *n* lightning speed. **~viˌsi·te** *f colloq.* flying visit. **~ˌwür·fel** *m phot.* flash cube. **~ˌzug** *m rail.* express train.

Block [blɔk] *m* ‹**-(e)s; ⸚e**› **1.** (*Steinℒ*, *Holzℒ etc*) block (*of marble, wood, etc*); **ein ~ Schokolade** a slab of chocolate; **ein ~ Seife** a bar (*od.* cake) of soap. **2.** (*Holzklotz*) log. **3.** (*Hackℒ*) chopping block. **4.** *geol.* a) (*Felsℒ*) boulder, b) (*Massiv*) massif, block. **5.** *tech.* a) (*Getriebeℒ*) cluster, b) (*Rollkloben*) (pulley-)block, c) *mot.* (radiator) core. **6.** *metall.* a) *im Stahlwerk*: ingot, b) (*Metallℒ, Barren*) pig. c) *Kokerei*: battery, block. **7.** *med. des Herzens*: block. **8.** (*Schreibℒ, Zeichenℒ*) block, pad. **9.** (*Briefmarkenℒ*) block, sheet. **10.** ‹*pl a.* **Blocks**› *pol., a. econ.* bloc; **e-n ~ bilden** form a bloc; *econ.* **im ~ kaufen** buy en bloc (*od.* in the lump). **11.** *Kartenspiel*: pool. **12.** (*Häuserℒ*) block (of houses). **13.** *rail.* block (section). **14.** *Volleyball*: block. **15.** *hist.* a) (*Strafℒ*) stocks *pl*, b) (*Henkersℒ*) block; **j-n in den ~ legen** (*od.* **schließen**) put s. o. in the stocks.

Blocka·de (*getr.* **-k·k-**) [blɔˈkaːdə] *f* ‹**-; -n**› **1.** *econ. mil.* blockade; **die ~ verhängen (aufheben, [durch]brechen)** impose (lift, run) the blockade. **2.** *print.* turned letter. **3.** *physiol.* (nerve) block. **~ˌbre·cher** *m mar. mil.* blockade-runner. **~ˌschiff** *n* blockader. **~ˌzuˌstand** *m* blockade; **Aufhebung des ~es** lifting of the blockade.

ˈBlock|ˌbil·dung *f pol.* forming of blocs. **~ˌblei** *n metall.* pig lead. **~ˌbu·chen** *n Film*: block booking. **~ˌbuchˌsta·be** *m* block letter. **~diaˌgramm** *n Computer*: block diagram.

blocken (*getr.* **-k·k-**) [ˈblɔkən] **I** *v/t* ‹**h**› **1.** (*Hüte, Schuhe*) block. **2.** *Sport*: *allg.* block. **3.** *rail.* block *a line*. **4.** *metall.* cog, *Am.* bloom. **5.** *Billard*: pocket. **6.** *dial. for* **bohnern**. **II** *v/i* **7.** *hunt. Raubvogel*: perch. **ˈBlocker** (*getr.* **-k·k-**) *m* ‹**-s; -**› **1.** *dial.* floor polisher. **2.** *chem.* blocker, inhibitor.

ˈBlock|ˌflö·te *f* recorder. **ℒˌfrei** *adj pol.* uncommitted, nonaligned (*country*). **~ˌhaus** *n*, **~ˌhüt·te** *f* log cabin, *bes. mil.* blockhouse.

blockie·ren (*getr.* **-k·k-**) [blɔˈkiːrən] **I** *v/t* ‹*no* **ge-**, **h**› **1.** (*Straße, Leitung, Verkehr etc*) *a. Sport*: block, obstruct, hold up; **Verhandlungen ~** obstruct negotiations. **2.** *mar. mil.* (*Hafen etc*) blockade. **3.** *tech.* (*Rad, Bremse etc*) block, jam, lock. **4.** *med.* (*Gefäß*) block, clog. **5.** *econ.* a) (*sperren*) block, b) (*einfrieren*) freeze, c) (*Preis, Miete etc*) peg. **6.** *Billard*: pocket. **7.** *print.* turn (*letters*). **II** *v/i* **8.** *tech. Rad etc*: block, jam, seize. **Blockie·rung** (*getr.* -kˈk-) *f* ⟨-; -en⟩ **1.** blocking (*etc*; *cf.* **blockieren**). **2.** *e-r Straße, des Verkehrs etc*: blockage, obstruction, stoppage. **3.** *mar. mil.* blockade. **4.** *tech.* jam, stoppage, *der Räder*: lock(-up).

ˈblockig (*getr.* -**k·k**-) *adj* blocklike, blockish.

ˈBlock|ˌket·te *f* block chain. **~kon·denˌsa·tor** *m* blocking condenser. **~ˌkup·fer** *n* ingot copper. **~ˌmeer** *n geol.* block field. **~ˌmo·tor** *m* monobloc engine. **~parˌtei·en** *pl pol.* coalition *sg.* **~po·liˌtik** *f* bloc policy. **~ˌrei·fen** *m mot.* block tyre (*Am.* tire). **~ˌsä·ge** *f* log (*od.* pit) saw. **~ˌsatz** *m print.* grouped style.

ˈBlocksˌberg, der the Brocken.

ˈBlock|ˌschaltˌbild *n electr.* block diagram. **~ˌschal·tung** *f* single-unit circuit. **~scho·koˌla·de** *f* slab chocolate. **~ˌschrift** *f* block letters *pl*; **in ~ schreiben** print (in block letters). **~siˌgnal** *n rail.* block signal. **~ˌstahl** *m* ingot steel. **~ˌstel·le** *f rail.* signal box, *Am.* (block) switch tower. **~ˌwär·ter** *m rail.* signalman. **~ˌwerk** *n* block. **~ˌzucker** (*getr.* -**k·k**-) *m* glucose.

blöd [bløːt] *adj* ⟨-er; -est⟩, **blö·de** [ˈbløːdə] *adj* ⟨-r; -st⟩ **1.** (*schwachsinnig*) feeble-minded, half-witted, imbecile. **2.** *colloq.* a) *Person u. Sache*: (*dumm*) idiotic, stupid, *nur Person*: blockheaded, nitwitted, (*verrückt*) idiotic, mad, *sl.* barmy, nutty, potty, daft, (*albern*) silly, foolish, b) *Sache*: (*unangenehm, unpassend*) stupid, awkward; **~e Frage** silly (*od.* stupid) question; **~es Geschwätz, ~es Zeug** → **Blödsinn** 2; **~er Kerl** → **Blödian**; **~e Sache** stupid (*od.* awkward, damn) business; **sei doch nicht so ~!** don't be (so) silly!, don't be a fool!; **ich kam mir dabei so ~ vor** I felt (damn) foolish (doing this). **ˈBlö·del...** *in Zssgn* nonsense, slapstick (*show, etc*). **Blö·deˈlei** *f* ⟨-; -en⟩ *colloq.* clowning, antics *pl*, fooling around. **blö·deln** [ˈbløːdəln] *v/i* ⟨h⟩ *colloq.* fool (*od. sl.* goof) around, clown (about). **ˈBlödˌhammel** *m* → **Blödian**. **ˈBlöd·heit** *f* ⟨-; -en⟩ **1.** ⟨*only sg*⟩ *med., a. fig. colloq.* imbecility, idiocy. **2.** *fig. colloq.* a) (*Dummheit*) foolishness, silliness, stupidity, b) → **Blödsinn** 2, 3. **Blö·di·an** [ˈbløːdiaːn] *m* ⟨-(e)s; -e⟩ *colloq.* (damn) fool, silly ass, idiot, *sl.* nut, mug. **Blöd·ling** [ˈbløːtlɪŋ] *m* ⟨-s; -e⟩, **ˈBlödˌmann** *m* ⟨-(e)s; ⸚er⟩ → **Blödian**.

ˈBlödˌsinn *m* ⟨-(e)s; *no pl*⟩ **1.** *med., a. fig. colloq.* idiocy, imbecility. **2.** *colloq.* (*Unsinn*) nonsense, *sl.* rubbish, (tommy)rot; (*Geschwätz*) *a.* (idiotic) twaddle, blather, tripe; **höherer ~** a) *Literatur etc*: (higher) nonsense, b) *a.* **ausgemachter** (*od.* **blühender**) **~** utter nonsense (*od. sl.* rot); → *a.* **Quatsch**. **3.** *colloq.* (*Unfug*) nonsense, tricks *pl*, antics *pl*; **~ treiben** fool around, skylark.

ˈblödˌsin·nig I *adj* → **blöde** 1, 2a. **II** *adv fig. colloq.* awfully, terribly; **~ reich** stinking rich. **ˈBlödˌsin·ni·ge** *m, f* ⟨-n; -n⟩ imbecile, idiot. **ˈBlödˌsin·nig·keit** *f* ⟨-; -en⟩ → **Blödheit**.

blö·ken [ˈbløːkən] **I** *v/i* ⟨h⟩ **1.** *Schaf, a. colloq. Person*: bleat. **2.** *Rind*: low. **II** ≗ *n* ⟨-s⟩ **3.** bleat(ing). **4.** low(ing).

blond [blɔnt] **I** *adj* ⟨-er; -est⟩ **1.** blond(e), fair(-haired); *humor.* **~es Gift** blond menace. **2.** (*hellfarbig*) blond(e), light-colo(u)red; **~e Pelze** blonde furs; **~er Tabak** blond(e) tobacco. **II** ≗ *n* ⟨-s⟩ **3.** blond(e). **Blond·chen** [ˈblɔntçən] *n* ⟨-s; -⟩ blondie.

ˈBlon·de[1] *m, f* ⟨-n; -n⟩ fair-haired person, (*Frau*) *a.* blonde.

ˈBlon·de[2] *f, n colloq.* **kühle ~, kühles ~s** (glass of Berlin) pale beer.

ˈblond|geˌlockt *adj* with blond(e) (*od.* fair) curls. **~ˌhaa·rig** *adj* fair(-haired), blond(e).

blon·die·ren [blɔnˈdiːrən] *v/t* ⟨*no* **ge-**, h⟩ (*Haar*) dye blond, bleach.

Blon·di·ne [blɔnˈdiːnə] *f* ⟨-; -n⟩ blonde.

ˈBlond|ˌkopf *m* fair-haired child, *colloq.* blondie. **≗ˌlockig** (*getr.* -**k·k**-) *adj* → **blondgelockt**.

bloß [bloːs] **I** *adj* ⟨*no comp, no sup*⟩ **1.** (*unbedeckt*) bare, naked, uncovered; **mit ~en Füßen** barefoot(ed); **mit ~en Händen** with one's bare (*od.* naked) hands; **mit dem ~en Auge** with the naked eye; **mit ~em Haupte** bare-headed; **mit ~em Schwert** with the naked sword; **auf der ~en Erde schlafen** sleep on the bare ground. **2.** (*nichts als*) mere (*formality, words, etc*); **~er Neid** sheer (*od.* pure) envy; **~er Zufall** mere accident, pure chance; **der ~e Gedanke daran** the mere (*od.* bare, very) thought of it; **auf den ~en Verdacht hin** on mere (*od.* bare) suspicion; *jur.* **~es Eigentum(srecht)** (*ohne Nutzungsrecht*) mere right. **II** *adv* **3.** (*nur*) only, merely, simply, just; **es kostet ~ zwei Mark** it's only two marks; **~ aus Spaß** just for fun; **~ ein Mechaniker** a mere mechanic; **es ist ~, daß** it's just (*od.* only) that; **das stimmt schon, ~** that's true but; **wenn ich ~ daran denke** (at) the mere thought of it; **sei ~ nicht (so) dumm!** don't be (so) stupid!; **wie macht er das ~?** how on earth does he do it?; **sag (mir) ~ nicht, du hast es vergessen** don't tell me you forgot it; **wo er ~ bleibt?** I wonder what has become of him?; **~ jetzt nicht!** not now, of all times!

Blö·ße [ˈbløːsə] *f* ⟨-; -n⟩ **1.** (*Scham*) nakedness; **s-e ~ (be)decken** cover one's nakedness. **2.** *Sport*: opening (*a. fig.*); *fenc.* **e-e ~ bieten** expose o. s.; **sich** (*dat*) **e-e ~ geben** *Boxen*: drop one's guard, leave o. s. open, *fig. a.* lay o. s. open to attack (*od.* criticism, *etc*), betray one's weak spot, (*sich verraten*) give o. s. away, (*sich kompromittieren*) compromise o. s.; **sich** (*dat*) **e-e empfindliche ~ geben** *a. fig.* leave o. s. wide open (**gegenüber** to). **3.** (*Lichtung*) clearing. **4.** *Leder*: smoothed skin.

ˈbloß|ˌfü·ßig I *adj* barefooted. **II** *adv* barefoot. **~ˌle·gen** *v/t* ⟨*sep*, **-ge-**, h⟩ *a. fig.* lay bare (*od.* open), uncover, expose. **~ˌlie·gen** *v/i* ⟨*irr, sep*, **-ge-**, h⟩ *a. fig.* lie (*od.* be) uncovered (*od.* bare, exposed). **~ˌstel·len** *v/t* ⟨*sep*, **-ge-**, h⟩ expose, unmask, *schwächer*: compromise; **sich ~** expose (*od.* compromise) o. s., give o. s. away. **≗ˌstel·lung** *f* ⟨-; *no pl*⟩ *fig.* exposure. **~ˌstram·peln** *v/reflex* ⟨*sep*, **-ge-**, h⟩ **sich ~** *Kleinkind*: kick the covers off.

blub·bern [ˈblubərn] *v/i* ⟨h⟩ *colloq.* **1.** *Wasser etc*: gurgle, bubble. **2.** *fig. dial. Person*: gabble, babble. **3.** *Motorboot etc*: putt-putt.

Blü·cher [ˈblʏçər] *m fig. colloq.* **rangehen wie ~** go it strong, wade in (with all guns blazing).

Blues [bluːs; bluːz] (*Engl.*) *m* ⟨-; -⟩ *mus.* blues.

Bluff [bluf; blœf] *m* ⟨-s; -s⟩ bluff. **ˈbluf·fen** *v/t u. v/i* ⟨h⟩ bluff. **ˈBluf·fer** *m* ⟨-s; -⟩ bluffer, bluff.

blü·hen [ˈblyːən] **I** *v/i* ⟨h⟩ **1.** bloom, blossom, flower, be in bloom (*od.* blossom, flower); **die Apfelbäume ~** the apple-trees are in blossom; **die Wiesen ~** the meadows are gay with flowers. **2.** *fig.* flourish, thrive, prosper, *econ. a.* boom; **sein Geschäft blüht** his business is flourishing (*od.* thriving, booming), *colloq.* he is doing a roaring trade; *colloq.* **die Kinder ~ und gedeihen** the children are thriving; *lit.* **sein Talent blüht im verborgenen** his talent blossoms in obscurity; → **Weizen**. **3.** *fig. colloq.* **wer weiß, was uns noch blüht** who knows what is in store for us; **ihm blüht heute noch was** he is (in) for it today; **das kann mir auch noch ~** that may well happen to me too. **4.** *med. Gesicht*: break out in pimples. **II** ≗ *n* ⟨-s⟩ **5.** blossoming, blooming (*etc*); → *a.* **Blüte** 2; **e-e Blume zum ≗ bringen** bring a flower to bloom. **~d** *adj* **1.** blooming, blossoming, flowery, in (full) blossom (*od.* bloom, flower); **~e Felder** flowery fields, fields gay with flowers; **~e Rose** blooming rose, rose in bloom; *fig.* **ein junges, ~es Mädchen** a girl in the full bloom of youth; **sie starb im ~en Alter** she died in the bloom of youth (*od.* prime of life). **2.** *fig. Aussehen etc*: flourishing, radiant, glowing; **er sieht ~** (*od.* **wie das ~e Leben**) **aus** he looks the picture of health; **e-e ~e Gesundheit haben** be glowing with health. **3.** *fig. Gesichtsfarbe etc*: florid, rosy, fresh. **4.** *fig. Geschäft etc*: flourishing, prosperous, thriving (*business, etc*). **5.** *Phantasie etc*: lively, fertile, rich (*imagination*); **~er Unsinn** arrant (*od.* utter) nonsense.

Blüm·chen [ˈblyːmçən] *n* ⟨-s; -⟩ *dim. of* **Blume**. **~ˌkaf·fee** *m colloq.* water-bewitched weak coffee. **~ˌmu·ster** *n* floral pattern.

Blu·me [ˈbluːmə] *f* ⟨-; -n⟩ **1.** flower; *Literatur*: **die Blaue ~** the Blue Flower; *poet.* **die ~ der Jugend** the flower of youth; *fig.* **j-m et. durch die ~ sagen** give s. o. a veiled (*od.* gentle) hint, give s. o. s. th. gently to understand; **durch die ~ sprechen** speak in a veiled manner, drop hints (*od.* a gentle hint); **laßt ~n sprechen!** say it with flowers!; *iro.* **vielen Dank für die ~n!** gee, thanks! **2.** *des Weines*: bouquet, aroma. **3.** *des Bieres*: froth, head, top. **4.** *hunt.* a) *des Hasen*: tail, scut, b) *des Fuchses, Wolfs*: tip of the brush, tag. **5.** *poet. obs.* maidenhead, virginity. **6.** *Rhetorik*: flower of speech. **7.** *zo.* → **Blesse** 1. **8.** *gastr.* rump, *bes. Br.* silverside. **9.** *pl chem.* flowers. **10.** *Färberei*: flower.

ˈBlu·men|ˌam·pel *f* hanging flower-pot. **≗ˌar·tig** *adj* flowerlike. **~ˌausˌstel·lung** *f* flower-show. **~ˌbeet** *n* flower-bed. **~ˌblatt** *n* petal. **~ˌblau** *n* anthocyanin. **~ˌdraht** *m* florist's wire. **~ˌdün·ger** *m* fertilizer for flowers. **~ˌer·de** *f* garden mo(u)ld. **~ˌfen·ster** *n* **1.** window with flowers. **2.** window for flowers. **~ˌgar·ten** *m* flower-garden. **~ˌgärt·ner** *m* florist, horticulturist. **~geˌschäft** *n* → **Blumenhandlung**. **~geˌstell** *n* flower-stand. **~geˌwächs** *n* flowering plant. **~geˌwin·de** *n*, **~girˌlan·de** *f* garland, festoon (of flowers). **~ˌhänd·ler** *m*, **~ˌhänd·le·rin** *f* florist; **beim Blumenhändler** at the florist's. **~ˌhand·lung** *f* florist's (shop), flower shop. **~ˌhül·le** *f bot.* perianth. **~ˌka·sten** *m* window-(*od.* flower-)box. **~ˌkelch** *m* calyx. **~ˌkenner** *m* flower expert, botanist. **~ˌknospe** *f* flower-bud. **~ˌkohl** *m* cauliflower. **~ˌkor·so** *m* carnival of flowers. **~ˌkranz** *m* wreath of flowers, floral wreath. **~ˌkro·ne** *f bot.* corolla. **~ˌladen** *m* → **Blumenhandlung**. **~ˌmädchen** *n* flower-girl. **~ma·leˌrei** *f* flower painting. **~ˌmeer** *n lit.* sea of flowers. **~ˌmu·ster** *n* floral design; **mit ~** (geschmückt) flowered. **2ˌreich** *adj* **1.** flowery, abounding in flowers. **2.** *fig. Rede, Stil etc*: flowery, florid, ornate. **~ˌscha·le** *f* flower bowl. **~ˌschau** *f* flower-show. **~ˌschmuck** *m* **1.** floral decoration. **2.** floral jewellery (*Am.* jewelry). **3.** *arch.* floral work. **~ˌspen·de** *f* flowers *pl*; **~n verbeten** *in Todesanzeigen*: no flowers by request. **~ˌspra·che** *f* language of flowers. **~ˌsprit·ze** *f* sprinkler. **~ˌstän·der** *m* flower-stand. **~ˌsten·gel** *m* → Blütenstiel. **~ˌste·tig·keit** *f der Bienen*: preference for one flower. **~ˌstock** *m* flowering pot plant. **~ˌstrauß** *m* (bunch of) flowers *pl*, bouquet, *bes. zum Anstecken*: nosegay. **~ˌstück** *n paint.* flower-piece. **~ˌtep·pich** *m lit.* carpet of flowers. **~ˌtie·re** *pl zo.* animal flowers, anthozoa. **~ˌtisch** *m* jardiniere. **~ˌtopf** *m* flower-pot; *humor.* **damit ist kein ~ zu gewinnen** you will get no bouquets for that. **~ˌtopfˌer·de** *f* garden mo(u)ld. **~ˌzucht** *f* floriculture, flower-growing. **~ˌzüch·ter** *m* flower-grower, florist, floriculturist.

blü·me·rant [blyməˈrant] *adj humor.* **mir ist ganz ~ zumute** I feel quite dizzy, my head is spinning.

ˈblu·mig *adj* **1.** flowering, *meadow* gay with flowers. **2.** (*geblümt*) flowered (*dress, etc*). **3.** *fig. Rede, Stil*: flowery, florid. **4.** *Wein*: with a fine bouquet, full-bodied.

Blüm·lein [ˈblyːmlaɪn] *n* ⟨-s; -⟩ *poet. dim. of* **Blume.**

Blu·se [ˈbluːzə] *f* ⟨-; -n⟩ **1.** blouse. **2.** *mil.* a) (*Waffenrock*) tunic, *Am.* blouse, b) (*Feld2*) battle jacket. **ˈblu·sig** *adj* bloused.

Blut [bluːt] *n* ⟨-(e)s; *no pl*⟩ **1.** blood; **mit ~ befleckt** bloodstained; **~ spucken** spit blood; **~ spenden** donate (*od.* give) blood; **~ vergießen** shed blood; **sein ~ vergießen (für das Vaterland)** give (*od.* lay down) one's life (for one's country); **sie kann kein ~ sehen** she can't stand the sight of blood; **er lag in s-m ~(e)** he was lying in his own (*od.* in a pool of) blood; **das ~ stieg ihm zu Kopfe (schoß ihm ins Gesicht)** the blood raced to his head (rushed to his face); **das ~ erstarrte in s-n Adern** his blood froze; **die Stimme des ~(e)s** the call of (the) blood; **von edlem (königlichem) ~(e)** of noble (royal) blood; *colloq.* **dickes ~ haben** be phlegmatic; **feuriges** (*od.* **heißes**) **(kühles) ~ haben** be passionate (*od.* hot-blooded) (cool-blooded); **kaltes ~ bewahren** keep one's head, keep cool; **nur ruhig ~!** keep cool!, *colloq.* keep your hair (*od.* shirt) on!; **er tat es kalten ~es** he did it in cold blood; *fig.* **böses ~ machen** create (*od.* breed) bad blood; **sein ~ kochte** (*od.* **geriet in Wallung**) his blood boiled; **j-s ~ zum Kochen** (*od.* **in Wallung**) **bringen** make s. o.'s blood boil; **~ (und Wasser) schwitzen** be in a cold sweat; **er hat ~ geleckt** he has tasted blood; **mit ~ geschrieben** written in blood; **an s-n Händen klebt ~** there is blood on his hands; **sie stand wie mit ~ übergossen da** she was scarlet (with embarrassment); **nach ~ dürsten** thirst for blood; *Bibl.* **sein ~ komme über uns** his blood be on us; **j-n bis aufs ~ quälen** pester the life out of s. o.; **j-n bis aufs ~ hassen** hate s. o. like poison; **j-n bis aufs ~ reizen** drive s. o. wild; **das steckt ihm im ~(e)** that is in his blood; **die Musik geht ins ~** the music gets into your blood; *fig.* **frisches ~** fresh blood; **e-m Unternehmen neues ~ zuführen** inject (*od.* bring) new blood into an undertaking; **~ ist dicker als Wasser** blood is thicker than water; *hist.* **~ und Boden** (*in der NS-Zeit*) "blood and soil"; → **blau** 1 (*etc*). **2.** *poet.* **ein junges ~** a young blood, a youth; **ein unschuldiges (wildes) ~** an innocent (a wild) youth. **3.** *zo.* a) (*Rasse*) blood, race, breed, b) (*Stammbaum*) pedigree; **von reinem ~(e)** thoroughbred.

ˈBlut|ˌader *f* vein. **~ˌal·ge** *f* → Rotalge. **~ˌal·ko·hol** *m med.* blood alcohol (concentration). **~ˌanˌdrang** *m med.* congestion.

ˈblutˌarm[1] *adj med.* an(a)emic (*a. fig.*).

ˈblutˈarm[2] *adj fig.* utterly destitute, as poor as a church mouse.

ˈBlut|ˌar·mut *f med.* an(a)emia. **~ˌausˌstrich** *m* blood smear. **~ˌausˌwurf** *m* sputum containing blood. **~ˌbad** *n fig.* bloodbath, massacre, slaughter, carnage. **~ˌbahn** *f physiol.* bloodstream. **~ˌbank** *f* ⟨-; -en⟩ blood bank. **~ˌbann** *m hist.* judicial power over life and death. **~ˌbaum** *m bot.* **1.** logwood. **2.** dragon-tree. **2beˌdeckt** *adj*, **2beˌfleckt** *adj*, **2beˌschmiert** *adj* bloodstained (*a. fig.*). **2beˌspritzt** *adj* blood-spattered. **~ˌbeu·le** *f* h(a)ematoma. **~ˌbild** *n* blood picture (*od.* count). **2ˌbil·dend** *adj* blood-forming; **~es Mittel** h(a)ematogen. **~ˌbil·dung** *f* formation of blood (cells). **~ˌbla·se** *f* blood blister. **~ˌbre·chen** *n* vomiting of blood, h(a)ematemesis. **~ˌbu·che** *f bot.* copper beech.

ˈBlutˌdruck *m med.* **(hoher, niedriger) ~** high, low) blood pressure; **j-s ~ messen** take s. o.'s blood pressure; **den ~ heben (senken)** raise (lower) the blood pressure. **~ˌabˌfall** *m* drop in blood pressure. **2erˌhö·hend** *adj* raising the blood pressure, hypertensive. **~erˌhö·hung** *f* rise in blood pressure. **~ˌmes·ser** *m* sphygmomanometer. **~ˌmes·sung** *f* taking the blood pressure. **2ˌsen·kend** *adj* hypotensive, lowering the blood pressure. **~ˌsen·kung** *f* drop in the blood pressure.

ˈBlut|ˌdrü·se *f* endocrine gland. **~ˌdurst** *m fig.* blood-lust, thirst for blood. **2ˌdür·stig** *adj fig.* bloodthirsty.

Blü·te [ˈblyːtə] *f* ⟨-; -n⟩ **1.** *bot.* flower, *bes. e-s Baumes*: blossom, *bes. collect.* bloom (*a. poet.*); **männliche (weibliche) ~** staminate (pistillate) flower; **zs.-gesetzte ~** compound flower; **~n treiben** blossom, put forth flowers (*od.* blossoms); *fig.* **seltsame ~n treiben** produce some odd quirks. **2.** ⟨*only sg*⟩ (*~zeit*) flowering (time), blossom (time); **in (voller) ~ stehen** be in (full) bloom. **3.** ⟨*only sg*⟩ *fig.* (*Höhepunkt*) heyday, climax, height; **in der ~ s-r Macht** at the height of his power; **die Industrie steht in höchster ~** (the) industry is flourishing (*od.* booming); *hist.* **die ~ Roms** the heyday of Rome; **e-e neue ~ erleben** be revived; **zur (vollen) ~ gelangen** reach its peak, come to fruition; **er steht in der ~ des Lebens (s-r Jugend)** he is in the prime of life (prime [*od.* bloom] of his youth); *sie starb* **in der ~ ihrer Jahre** in her prime; **die ~ der Jugend** the bloom (*od.* flush) of youth. **4.** *fig.* (*Elite*) flower, cream, elite. **5.** *fig.* (*Wohlstand*) prosperity, bloom. **6.** (*komischer Fehler*) howler. **7.** *sl.* (*Falschgeld*) flashnote, *Am.* stiff. **8.** *min.* bloom.

ˈBlutˌegel *m* **1.** *med. zo.* leech; **j-m ~ (an)setzen** apply leeches to s. o. **2.** *fig.* leech, bloodsucker.

blu·ten [ˈbluːtən] *v/i* ⟨h⟩ **1.** bleed (**aus** *dat* from); *fig.* **mir blutet das Herz bei diesem Anblick** my heart bleeds at the sight. **2.** *Bäume, Trauben etc*: bleed. **3.** *colloq.* (*zahlen*) cough up (money), pay (up); **er mußte schwer dafür ~** he had to pay through the nose; **j-n ~ lassen** bleed s. o. (white), make s. o. pay through the nose. **4.** *Farben*: bleed. **5.** *Beton*: sweat, bleed.

ˈBlü·ten|ˌach·se *f bot.* floral axis. **~ˌbe·cher** *m* cupule, cupula, cup. **~ˌblatt** *n* petal; **ohne Blütenblätter** apetalous. **~ˌbo·den** *m* receptacle, torus.

ˈblu·tend *adj* bleeding; *fig.* **~en Herzens** with a heavy (*od.* an aching) heart, with great reluctance.

ˈBlü·ten|ˌdol·de *f* umbel. **~ˌduft** *m* fragrance (*od.* scent) of blossoms. **~ˌflor** *m*, **~ˌfül·le** *f* abundance (*od.* mass) of blossoms. **~ˌho·nig** *m* honey of blossoms and flowers. **~ˌhül·le** *f* perianth. **~ˌkätz·chen** *n* catkin. **~ˌkelch** *m* calyx. **~ˌkelchˌblatt** *n* sepal. **~ˌknos·pe** *f* flower bud. **~ˌkol·ben** *m bot.* spadix. **~ˌköpf·chen** *n*, **~ˌkörb·chen** *n* (flower-)head, capitulum. **~ˌkro·ne** *f bot.* corolla. **~ˌle·se** *f fig.* anthology, selection. **2los** *adj bot.* flowerless, blind, cryptogamous; **~e Pflanze** cryptogam. **~ˌmeer** *n lit.* sea of blossoms (*od.* flowers). **~ˌpflan·ze** *f* flowering plant, phanerogam. **~ˌpracht** *f* luxuriance of flowers (*od.* blossoms). **~ˌschei·be** *f bot.* disk, thalamus. **~ˌschei·de** *f* spathe. **~ˌstand** *m* inflorescence. **~ˌstaub** *m* pollen. **~ˌste·cher** *m zo.* blossom weevil. **~ˌstiel** *m bot.* pedicel.

ˈBlutˌentˌnah·me *f med.* withdrawal of blood, taking of blood sample(s).

ˈblü·ten|ˌtra·gend *adj bot.* floriferous. **2ˌtrau·be** *f bot.* raceme; **kleine ~** racemule. **2ˌträu·me** *pl fig.* **nicht alle ~ reiften** not all the fond hopes came true. **~ˈweiß** *adj* snow-white, snowy (*od.* sparkling) white. **2ˌzweig** *m* spray.

ˈBlu·ter *m* ⟨-s; -⟩ *med.* bleeder, h(a)emophiliac.

ˈBlut|erˌbre·chen *n* → Blutbrechen. **~erˌguß** *m* effusion (of blood), h(a)ematoma; (*Quetschung*) contusion, bruise.

ˈBlu·terˌkrank·heit *f* h(a)emophilia.

ˈBlü·teˌzeit *f* → Blüte 2, 3.

ˈBlut|ˌfah·ne *f hist.* **1.** red banner. **2.** *pol. in der NS-Zeit*: Blood Flag. **~ˌfarbˌstoff** *m physiol.* blood pigment, h(a)emochrome; **roter ~** h(a)emoglobin. **~ˌfa·serˌstoff** *m* fibrin. **~ˌfeh·de** *f hist.* blood-feud. **~ˌfettˌwert** *m* blood liquid concentration. **~ˌfleck** *m* bloodstain. **~ˌfluß** *m* flow of blood, h(a)emorrhage. **~ˌflüs·sig·keit** *f* blood plasma.

ˈBlut·geˌfäß *n anat.* blood vessel. **~ˌleh·re** *f* angiology. **~syˌstem** *n* vascular system.

ˈBlut|ˌgeld *n* **1.** *fig. contp.* blood-money. **2.** *hist. jur.* blood-wit(e). **~geˌrinn·sel** *n* blood clot, thrombus. **~geˌrin·nung** *f* blood clotting (*od.* coagulation). **~geˌrin·nungsˌzeit** *f* clotting time. **~geˌrüst** *n hist.* scaffold. **~geˌschwulst** *f med.* h(a)ematoma. **~geˌschwür** *n* **1.** boil. **2.** (*Furunkel*) furuncle. **3.** (*Phlegmone*) phlegmon. **2geˌtränkt** *adj* blood-drenched (*od.* -soaked). **2ˌgie·rig** *adj* → **blutdürstig.** **~ˌgift** *n* systemic poison, h(a)ematoxin. **~ˌgrup·pe** *f med.* blood group; **j-s ~ bestimmen** determine s. o.'s blood group, type s. o.'s blood, blood-group s. o.

ˈBlutˌgrup·pen|beˌstim·mung *f*, **~ˌun·terˌsu·chung** *f* blood grouping (*od.* typing).

ˈBlut|ˌharn *m med.* blood-tinged (*od.* h[a]emorrhagic) urine. **~ˌhar·nen** *n* h(a)ematuria. **~ˌhochˌdruck** *m* high blood pressure, hypertonia. **~ˌhochˌzeit** *f hist.* **die Pariser ~** the massacre of St. Bartholomew. **~ˌholz** *n bot.* logwood. **~ˌhund** *m zo., a. fig.* bloodhound. **~ˌhu·sten** *m* spitting of blood.

'blu·tig *adj* **1.** bloody; **~e Wunde** bleeding wound; *med.* **~er Auswurf** blood-tinged sputum; **er schlug ihm die Nase ~** he gave him a bloody nose; **sie schlugen sich die Köpfe ~** they beat each other raw; **~e Rache nehmen** take bloody revenge; *fig.* **mit ~en Lettern geschrieben** written in blood. **2.** (*blutbefleckt*) bloodstained, bloody, gory. **3.** *Schlacht etc*: bloody, murderous, sanguinary; **~e Zwischenfälle** incidents involving bloodshed. **4.** *gastr. Fleisch*: underdone, rare. **5.** *fig.* **es war sein ~er Ernst** he was dead serious (about it); **~e Tränen** bitter tears; *colloq.* **~er Anfänger** rank beginner, greenhorn; *colloq.* **~er Laie** mere (*od.* complete) layman.

'Blut|ˌin·sel *f physiol.* blood island. **ᘔ'jung** *adj* very young. **~ˌklum·pen** *m* blood clot. **~konˌser·ve** *f* blood conserve.

'Blutˌkör·per·chen *n* (blood) corpuscle, blood cell; **weißes ~** white corpuscle, leukocyte; **rotes ~** red blood cell (*od.* corpuscle), erythrocyte; (**krankhafte**) **Vermehrung der roten ~** polycyth(a)emia. **~ˌsen·kung** *f* blood sedimentation. **~ˌzählˌkam·mer** *f* counting chamber (for blood cells). **~ˌzäh·lung** *f* blood count.

'Blut|ˌkrank·heit *f* blood disease. **~ˌkreisˌlauf** *m* (blood) circulation; **großer ~** body (*od.* systematic) circulation; **kleiner ~** pulmonary circulation; **arterieller** (**venöser**) **~** arterial (venous) system. **~ˌkru·ste** *f* (blood) crust, crusted blood. **~ˌku·chen** *m* blood clot, coagulum. **~ˌla·che** *f* pool of blood. **ᘔˌleer** *adj* **1.** bloodless. **2.** (*blutarm*) an(a)emic. **~ˌlee·re** *f* **1.** an(a)emia. **2.** *im Gehirn*: cerebral hypox(a)emia. **~ˌli·nie** *f zo.* pedigree. **ᘔlos** *adj* bloodless (*a. fig.*). **~ˌman·gel** *m* blood deficiency, an(a)emia. **~ˌmehl** *n agr.* blood meal. **~ˌnachˌweis** *m* blood test. **~ˌop·fer** *n* blood sacrifice. **~oran·ge** [-ˀoˌrã:ʒə] *f bot.* blood orange. **~ˌor·den** *m pol. NS-Zeit*: Blood Order. **~pa·raˌsit** *m zo.* h(a)ematozoon. **~ˌpaß** *m med.* blood-group (*od.* blood donors) card. **~ˌpfropf** *m med.* blood clot, thrombus. **~ˌplas·ma** *n* (blood) plasma. **~ˌplätt·chen** *n physiol.* (blood) platelet, thrombocyte. **~ˌpro·be** *f* **1.** *med.* blood test; **j-m e-e ~ entnehmen** take a blood sample from s. o. **2.** *jur.* blood (alcohol) test. **~ˌra·che** *f* blood vengeance (*od.* revenge, feud), vendetta. **~ˌrausch** *m* frenzy of bloodlust, berserk rage. **ᘔˌrei·ni·gend** *adj* blood-cleansing, depurative; **~es Mittel** depurative. **~ˌrei·ni·gungsˌtee** *m pharm.* blood-cleansing tea. **ᘔˌrot** *adj* blood-red, (as) red as blood, (dark) crimson. **~ˌruhr** *f med.* dysentery. **ᘔˌrün·stig** [-ˌrʏnstɪç] *adj* **1.** (*mordgierig*) bloodthirsty, bloody. **2.** *fig. Film, Geschichte etc*: blood-curdling, gory. **~ˌsau·ger** *m* **1.** *zo.* bloodsucker. **2.** *fig.* bloodsucker, vulture, leech.

'Bluts|ˌbru·der *m* blood brother. **~ˌbrü·der·schaft** *f* blood brotherhood; **mit j-m ~ schließen** become a blood brother to s. o.

'Blut|ˌschan·de *f jur.* incest. **~ˌschän·der** *m* incestuous person, person guilty of incest. **ᘔˌschän·de·risch** *adj* incestuous. **~ˌschat·ten** *m med.* blood shadow. **~schmaˌrot·zer** *m* → Blutparasit. **~ˌschuld** *f lit.* bloodguilt; **mit ~ beladen** bloodguilty. **~ˌschwamm** *m* **1.** *bot.* hepatic fistulina. **2.** *med.* h(a)emangioma. **~ˌsen·kung** *f med.* (blood) sedimentation; **e-e ~ machen** test the sedimentation rate of the blood. **~ˌspat** *m vet.* blood spavin. **~ˌspen·den** *n* donation of blood. **~ˌspen·der** *m*, **~ˌspen·de·rin** *f* blood donor. **~ˌspie·gel** *m med.* blood level. **~ˌspucken** (*getr.* **-k·k-**) *n* spitting of blood, h(a)emoptysis. **~ˌspur** *f* trail of blood; *pl* (*Indiz*) bloodstains *pl.* **~ˌsta·tus** *m* → Blutbild. **~ˌstau·ung** *f* (vascular) congestion. **~ˌstein** *m min.* bloodstone, h(a)ematite. **ᘔˌstil·lend** *adj pharm.* styptic, h(a)emostatic; **~es Mittel** styptic, h(a)emostat; **~er Stift** styptic pencil. **~ˌstil·lung** *f* sta(u)nching (*od.* stopping) of the blood (*od.* bleeding). **~ˌstockung** (*getr.* **-k·k-**) *f* stagnation of blood. **~ˌstrahl** *m* gush of blood. **~ˌstrei·fen** *m im Auswurf*: bloody streak. **~ˌstrie·men** *m* red bruise. **~ˌstrom** *m* **1.** *physiol.* blood stream. **2.** gush of blood.

'Blutsˌtrop·fen *m* drop of blood; **bis zum letzten ~** to the last (drop of blood).

'Blut|ˌstuhl *m med.* h(a)emorragic stools *pl.* **~ˌsturz** *m* h(a)emorrhage.

'bluts|verˌwandt *adj* related by blood (**mit j-m** to s. o.), consanguineous. **ᘔverˌwand·te** *m, f* ⟨-n; -n⟩ blood relation. **ᘔverˌwandt·schaft** *f* blood relationship, kinship, consanguinity.

'Blut|ˌtat *f* bloody (*od.* foul) deed, murder. **~ˌtau·fe** *f relig.* baptism of blood. **~trans·fu·siˌon** *f* blood transfusion. **ᘔˌtrie·fend** *adj* dripping with blood. **ᘔˌüberˌströmt** *adj* covered (*od.* dripping) with blood, bloody.

'Blu·tung *f med.* ⟨-; -en⟩ bleeding, *starke*: h(a)emorrhage; **innere ~** internal h(a)emorrhage; **monatliche ~** → Menstruation.

'blutˌun·terˌlau·fen *adj* suffused with blood; *Auge*: bloodshot.

'Blut|ˌun·terˌsu·chung *f* blood test. **~ˌur·teil** *n jur.* unjust sentence of death. **~verˌdün·nung** *f med.* h(a)emodilution. **~verˌgie·ßen** *n* bloodshed; **Revolution ohne ~** bloodless revolution. **~verˌgif·tung** *f* blood poisoning, sepsis. **~verˌlust** *m* loss of blood. **~verˌtei·lung** *physiol.* blood distribution. **ᘔˌvoll** *adj fig. poet.* full of life, full-blooded. **~ˌwär·me** *f* blood heat. **~ˌwä·sche** *f* h(a)emodialysis. **~ˌwas·ser** *n* (blood) serum. **~ˌweg** *m* blood stream. **ᘔ'we·nig** *adj* ⟨*pred*⟩ *colloq.* precious little, next to nothing. **~ˌwurst** *f* black pudding, *Am.* blood sausage. **~ˌzel·le** *f anat.* blood cell; → *a.* **Blutkörperchen**. **~ˌzeu·ge** *m lit.* martyr. **~zir·ku·la·tiˌon** *f* (blood) circulation. **~ˌzoll** *m lit.* **e-n schweren ~ fordern** take a heavy toll (of lives). **~ˌzucker** (*getr.* **-k·k-**) *m physiol.* blood sugar; **~anstieg** *m* blood sugar increase, hyperglyc(a)emia; **~mangel** *m* low blood sugar level, hypoglyc(a)emia; **~spiegel** *m* blood sugar level. **~ˌzu·fuhr** *f* blood supply.

'b-ˌMoll ['be:-] *n* ⟨-; *no pl*⟩ *mus.* B flat minor.

Bö [bø:] *f* ⟨-; -en⟩ gust, *a. mit Schauer*: squall; *aer. a.* bump; *mar. a.* flaw; **in ~en auffrischende Winde** gusty winds.

Boa ['bo:a] *f* ⟨-; -s⟩ **1.** *zo.* boa (constrictor). **2.** (*Halspelz*) boa.

Bob [bɔp] *m* ⟨-s; -s⟩ *Sport*: bobsled, bobsleigh, *colloq.* bob; **'Bobˌbahn** *f* bob(sled) run. **bob·ben** ['bɔbən] *v/i* ⟨*h*⟩ *Sport*: bob.

'bob|ˌfah·ren I *v/i* ⟨*irr, sep,* **-ge-**, *sein*⟩ bob(sled). **II ᘔ** *n* ⟨-s⟩ bobsledding. **ᘔˌfah·rer** *m* bobsledder, bobber. **ᘔˌmann·schaft** *f* bob(sled) team. **ᘔˌrennen** *n* bob(sled) race. **ᘔˌschlit·ten** *m* → Bob.

Boc·cia ['bɔtʃa] *n, f* ⟨-; -s⟩ (game of) boccie, boccia. **~ˌku·gel** *f* boccia ball.

Bock[1] [bɔk] *m* ⟨-(e)s; ⸚e⟩ **1.** *zo.* a) (*Ziegen*ᘔ) he-goat, *colloq.* billy-goat, b) (*Schaf*ᘔ) ram, c) (*Reh*ᘔ) (roe)buck, d) *von Gemsen, Hasen, Kaninchen*: buck; *fig. colloq.* (**alter** *od.* **geiler**) **~** (randy) old goat, (old) lecher; *fig. colloq.* **steifer ~** gawk, clumsy oaf; *fig. colloq.* **sturer ~** pigheaded fellow, mule; *fig.* **den ~ zum Gärtner machen** set the fox to keep the geese; *colloq.* **ihn stößt der ~** he is being difficult. **2.** *fig. colloq.* (*Fehler*) blunder, *colloq.* bloomer, *Am. colloq.* boner, *sl.* boo-boo; **e-n ~ schießen** make a blunder, *Am.* pull a boner, *sl.* make a boo-boo, boob. **3.** *tech.* a) (*Auflage*ᘔ) stand, trestle, support, b) (*Hebe*ᘔ) jack, c) (*Säge*ᘔ) saw-horse, *Am.* sawbuck. **4.** *Sport*: buck; **~ springen** a) vault over the buck, b) (play) leapfrog. **5.** driver's seat, (coach-)box. **6.** (*hoher Schemel*) (high) stool. **7.** (*Kamin*ᘔ) fire-dog, andiron. **8.** *colloq.* **e-n ~ haben auf et.** be keen on s.th.

Bock[2] *m* ⟨-(e)s; -⟩ *colloq. for* **Bockbier.**

'bockˌbei·nig [-ˌbaɪnɪç] *adj* → **bockig** 2 a.

'Bockˌbier *n* bock (beer).

Böck·chen ['bœkçən] *n* ⟨-s; -⟩ *zo.* **1.** *dim. of* **Bock**[1]. **2.** a) (male) kid, young male goat, b) (*Reh*ᘔ) (male) fawn, young buck.

bocken (*getr.* **-k·k-**) ['bɔkən] *v/i* ⟨*h*⟩ **1.** *zo.* a) (*brünstig sein*) be in (*od.* on) heat, b) (*nach Bock riechen*) smell of goat, c) (*widerspenstig sein*) be stubborn, ba(u)lk, *Am. colloq.* buck, d) *Reittier*: buck, jib. **2.** *fig. Person, bes. Kind*: be obstinate (*od.* stubborn), *colloq.* kick, *bes. Am.* buck, (*schmollen*) sulk. **3.** *mot. colloq.* a) misfire, conk out, b) (*rütteln*) jerk, bounce, *Am.* buck.

'Bock·geˌstell *n* trestle.

'bockig (*getr.* **-k·k-**) *adj* **1.** *zo.* a) goatish, goaty, goatlike, b) (*brünstig*) in (*od.* on) heat. **2.** *fig.* a) obstinate, stubborn, mulish, b) (*schmollend*) sulky. **3.** *aer. Wetter*: bumpy. **ᘔkeit** *f* ⟨-; *no pl*⟩ **1.** *fig.* stubbornness, pigheadedness, mulishness. **2.** *aer.* bumpiness.

'Bock|ˌlei·ter *f* stepladder, (pair *od.* set of) steps *pl.* **~ˌmist** *m fig. colloq.* rubbish, *sl.* rot, crap. **~ˌsä·ge** *f* bucksaw.

'Bocks|ˌbart *m* **1.** *zo.* goat's beard. **2.** *fig.* goatee. **3.** *bot.* goatsbeard. **~ˌbeu·tel** *m* **1.** bocksbeutel wine (*from Franconia*). **2.** (*Flasche*) bocksbeutel (*flat flask*). **~ˌfuß** *m* **1.** goat's foot. **2.** *myth.* cloven foot. **ᘔˌfü·ßig** *adj* cloven-footed (*satyr, etc*). **~ˌhorn** *n fig. colloq.* **j-n ins ~ jagen** intimidate s. o., browbeat s. o., *stärker*: frighten s. o. out of his wits; **laß dich nicht ins ~ jagen!** don't let him (*od.* it) scare you!

'Bock|ˌsprin·gen *n* **1.** (*Turnübung*) buck vaulting. **2.** (*Spiel*) leapfrog. **~ˌsprung** *m* **1.** leap, bound; **Bocksprünge machen** a) frolic, gambol, frisk (about), caper (*alle a. fig.*), b) *fig.* act the goat, clown about. **2.** *Sport*: buck vault(ing). **3.** (*Spiel*) leapfrog; **e-n ~ über j-n machen** leapfrog over s. o.

'bock'steif *adj u. adv* → **stocksteif.**

'Bock|ˌwin·de *f tech.* (hoisting) crab. **~ˌwurst** *f* thick frankfurter.

Bo·den ['bo:dən] *m* ⟨-s; ⸚⟩ **1.** (*Erde*) soil, earth, ground; **steiniger ~** stony ground; *fig.* **heiliger ~** sacred soil, holy ground; **heimatlicher ~** native soil; **deutschen ~ betreten** set foot on German soil; *fig.* **mit dem ~ verwach-**

sen sein be rooted in (*od.* bound to) the soil; *fig.* den ~ für et. bereiten prepare the ground for s. th.; *fig.* auf fruchtbaren ~ fallen fall on fertile ground. **2.** (*Erd*≙, *fig. Grundlage*) ground; fester ~ firm ground; festen ~ gewinnen get (*od.* gain) a foothold; *fig.* festen ~ finden a) *Person*: find one's feet, b) *Unternehmen etc*: get on its feet; festen ~ unter den Füßen haben, auf festem ~ stehen a) stand on firm ground, be on terra firma, b) *fig.* be on sure (*od.* firm) ground, be sure of one's ground; den Fuß wieder auf festen ~ setzen set foot on firm ground (*od.* terra firma) again; *fig.* ~ fassen a) *Mensch*: put down roots, b) *Ideen etc*: take root; den ~ unter den Füßen verlieren lose one's footing, *Schwimmen u. fig.* get out of one's depth; *fig.* j-m den ~ unter den Füßen wegziehen cut the ground from under s. o.'s feet; *fig.* j-m ~ abgewinnen gain ground on s. o.; *fig.* (an) ~ gewinnen (verlieren) gain (lose) ground; ~ zurückgewinnen regain (lost) ground; *fig.* j-m den ~ ebnen smooth the way for s. o.; j-s Behauptung den ~ entziehen knock the bottom out of s. o.'s statement; *fig.* der ~ brannte ihm unter den Füßen he was itching to be off, *aus Angst*: the place was getting too hot for him; am (*od.* auf dem) ~ on the ground; am ~ liegen lie on the ground, *bäuchlings*: lie prostrate, *Land etc*: be on its knees, *Feind etc*: be vanquished; *Sport*: am ~ sein be down; *Boxen*: er war bis drei am ~ he took a count of three; zu ~ gehen go down; *fig. colloq.* am ~ zerstört sein be down and out, be destroyed; *bes. Sport*: ~ gutmachen close the gap; auf den (*od.* zu) ~ fallen, zu ~ stürzen fall down (*od.* to the ground); *fig.* sich auf gefährlichem ~ befinden be on dangerous ground; auf dem ~ der Tatsachen on a factual basis, on the basis of (the) facts; sich auf den ~ der Tatsachen stellen take a realistic view, face the facts; auf dem ~ der Verfassung stehen be founded on (*od.* be within) the constitution; et. aus dem ~ stampfen conjure s. th. up, produce s. th. out of a hat; vor Scham in den ~ sinken sink through the ground with shame; *fig.* j-n unter den ~ bringen be the death of s. o.; j-n zu ~ schlagen (*od.* strecken) knock s. o. down, floor s. o., send s. o. sprawling; *fig.* j-n zu ~ drücken crush s. o. down. **3.** (Grund und) ~ (landed) property, land, *Am.* real estate. **4.** (*Fuß*≙) floor. **5.** (*Meeres*≙) bottom, floor; auf dem ~ des Meeres ruhen rest on the bottom of the sea. **6.** (*Talgrund*) floor. **7.** *e-s Behältnisses*: bottom (*of a bag, bottle, ship, etc*); *Schiff etc* mit flachem ~ flat-bottomed; ein Koffer mit doppeltem ~ a suitcase (*od.* bag) with a false (*od.* double) bottom; *fig.* Moral mit doppeltem ~ double standard of morals. **8.** (*Speicher*) attic, garret, loft. **9.** *agr.* (*Heu*≙) hay-loft. **10.** *mus.* a) *der Geige*: back, b) *der Orgel*: foot. **11.** *anat.* a) *des Mundes*: floor, b) *des Magens, des Uterus*: fundus, c) *des Beckens*: (pelvic) floor, d) *e-s Geschwürs*: bottom, base. **12.** *mil. e-s Geschosses*: base.

ˈBo·den|ˌabˌstand *m mot. etc* ground clearance. ~ˌ**abˌwehr** *f mil.* ground defen/ce (*Am.* -se). ~**akroˌba·tik** *f* tumbling. ~ˌ**ar·beit** *f Ringen*: ground work. ~ˌ**art** *f agr. geol.* type of soil. ~ˌ**ausˌwa·schung** *f* soil erosion. ~**beˌar·bei·tung** *f agr.* cultivation (of the soil), tillage. ~**beˌlag** *m* flooring, floor covering. ~**beˌleuch·tung** *f aer.* ground lighting. ~**beˌob·ach·ter** *m mil.* ground observer. ~**beˌschaf·fen·heit** *f* **1.** ground (*od.* surface) conditions *pl*, topographical features *pl.* **2.** *agr.* condition of the soil. ~**beˌsitz** *m* landed property. ~**beˌwirt·schaf·tung** *f agr.* cultivation (of land). ~-ˈ**Bo·den-ˌFlugˌkör·per** *m mil.* surface-to-surface missile. ~ˌ**bö** *f* ground squall. ~-ˈ**Bord-Verˌbin·dung** *f*, ~-ˈ**Bord-Verˌkehr** *m aer.* ground-to-air communication. ~ˌ**brett** *n* **1.** baseboard. **2.** *mot.* floorboard. ~ˌ**brü·ter** *m zo.* ground-nesting bird. ~**cheˌmie** *f* soil chemistry. ~ˌ**decke** (*getr.* -k·k-) *f* **1.** *geol.* soil-cover. **2.** *hort.* herbaceous soil covering. ~ˌ**dün·ger** *m agr. natürlicher*: manure; *künstlicher*: fertilizer. ~ˌ**dunst** *m meteor.* ground haze. ~**erˌhe·bung** *f geol.* elevation, rise (in the ground). ~**ero·siˌon** *f* soil erosion. ~**erˌtrag** *m agr.* crop yield. ~ˌ**feu·er** *n aer.* ground light, beacon. ~ˌ**flä·che** *f* **1.** *agr.* area, acreage. **2.** *civ. eng.* a) ground space, b) (*Innenfläche*) floor space (*a. econ. u. tech.*). ~ˌ**flie·se** *f* floor tile. ~ˌ**frä·se** *f aer.* rotary hoe. ~ˌ**frei·heit** *f mot.* ground clearance. ~ˌ**frost** *m* ground frost. ~ˌ**fund** *m* arch(a)eological find. ~ˌ**funkˌstel·le** *f aer.* ground radio station. ~ˌ**ga·re** *f agr.* good soil conditions *pl.* ≙**geˌlenkt** *adj* ground-controlled. ~**geo·loˌgie** *f* agrogeology. ~**geˌstal·tung** *f* topographical features *pl.* ~**gymˌna·stik** *f* → Bodenturnen. ~ˌ**haf·tung** *f mot.* road grip (*od.* adhesion). ~ˌ**hei·zung** *f* floor heating. ~ˌ**hö·he** *f* ground level. ~ˌ**imp·fung** *f agr.* soil inoculation. ~**in·geˌnieur** *m civ. eng.* soil(s) engineer. ~ˌ**kam·mer** *f* **1.** garret, attic. **2.** *mil. e-r Granate*: shell base. ~**ka·piˌtal** *n econ.* capital invested in land (*Am.* real estate). ~ˌ**kip·pe** *f Sport*: **1.** (*Nackenkippe*) upstart (from the floor). **2.** (*Kopfkippe*) headspring. ~ˌ**klap·pe** *f* **1.** trapdoor. **2.** *tech.* a) *e-s Silos*: hinged bottom door, b) *e-s Selbstentladers*: bottom gate. ~**kreˌdit** *m econ.* loan on landed property (*Am.* real estate). ~**kreˌditˌanˌstalt** *f* land(-mortgage) bank, *Am.* real-estate bank. ~ˌ**kru·me** *f* **1.** *agr.* topsoil. **2.** *geol.* surface soil. ~ˌ**kru·ste** *f geol.* soil mantle; obere ~ mantle rock, regolith. ~**kulˌtur** *f agr.* soil cultivation. ~ˌ**kun·de** *f* soil science, pedology. ~ˌ**le·ger** *m* floorer.

ˈbo·den·los I *adj* **1.** bottomless, fathomless; ein ~er Abgrund an abyss, a bottomless gulf. **2.** *fig.* abysmal, bottomless, enormous, colossal; ~e Dummheit abysmal (*od.* crass) stupidity. **3.** *fig. colloq.* (*unerhört*) incredible; *stärker*: outrageous, scandalous, shocking; ~er Leichtsinn fantastic folly; ~e Unverschämtheit incredible cheek; ~e Lüge colossal (*colloq.* thumping, whacking) lie. **II** *adv* **4.** *fig.* abysmally (*etc*), awfully; ~ dumm infernally stupid.

ˈBo·den|ˌluft *f agr. geol.* soil atmosphere. ~-ˈ**Luft-ˌFlugˌkör·per** *m mil.* surface-to-air missile. ~ˌ**lüf·tung** *f agr.* soil ventilation. ~ˌ**lu·ke** *f* trapdoor. ~ˌ**mann·schaft** *f aer.* ground crew. ~ˌ**mat·te** *f* (floor) mat. ~ˌ**mehl** *n chem.* starch, *bes. Br.* farina. ~ˌ**mul·de** *f* hollow in the ground. ~ˌ**nä·he** *f* ground level, *aer. a.* low (*od.* zero) altitude; in ~ at ground level; Frost in ~ ground frost; Fliegen in ~ low-level (*od.* contour) flying. ~ˌ**ne·bel** *m* ground fog. ~ˌ**nut·zung** *f agr.* land utilization. ~**or·ga·ni·sa·tiˌon** *f aer.* ground services *pl* (*od. mil.* organization). ~**perˌsoˌnal** *n aer.* **1.** ground personnel (*od.* staff). **2.** *mil.* ground crew. ~**phyˌsik** *f* soil science. ~ˌ**plat·te** *f* **1.** *tech.* bed-plate, base-plate. **2.** *mil. e-s Geschützes*: bed, *e-s Granatwerfers*: base-plate. **3.** *electr.* ground-plate. ~ˌ**preis** *m econ.* price of land (*Am.* real estate). ~**proˌdukt** *n econ.* produce, agricultural product; inländische ~e home produce *sg.* ~**proˌfil** *n* soil profile. ~ˌ**punkt** *m surv.* trigonometric point. ~ˌ**recht** *n jur.* **1.** land law. **2.** (*Gesetze*) property laws *pl.* ~ˌ**rechts·reˌform** *f* reform of property laws. ~**reˌform** *f* **1.** land (*od.* agrarian) reform. **2.** → Bodenrechtsreform. ~ˌ**sai·te** *f mus.* snare (of drum). ~ˌ**satz** *m* **1.** deposit, sediment, *chem. a.* precipitate, residuum; *e-r Flüssigkeit*: settlings *pl*; *von Wein, Bier*: lees *pl*; *von Öl, Zucker*: foot; *des Essigs*: mother; *der Öldestillation*: bottoms *pl*; e-n ~ ablagern deposit, precipitate. **2.** *fig. contp. des Volkes etc*: dregs *pl.* ~ˌ**schät·ze** *pl* mineral resources *pl.* ~ˌ**schicht** *f* layer of soil (*od.* earth); *geol. a.* stratum (of soil). ~ˌ**schich·tung** *f* soil formations *pl*, stratification. ~ˌ**sen·ke** *f* depression, hollow, dip. ~ˌ**sicht** *f aer.* ground visibility; auf ~ fliegen fly with ground contact; Flug (Landung) mit ~ contact flight (landing). ~ˌ**spal·te** *f* crevice (in the ground). ~**spe·kuˌlant** *m econ.* land (*Am.* real-estate) speculator.

ˈbo·denˌstän·dig *adj* **1.** *Kultur, Bevölkerung etc*: indigenous, native, sedentary, rooted in the soil; (*örtlich*) local. **2.** *Sprache*: native, vernacular. **3.** *mil.* home, internal (*defence, etc*). **4.** *bot.* radical, basal (*leaves, etc*). ≙**keit** *f* ⟨-; *no pl*⟩ nativeness, sedentariness.

ˈBo·den|sta·tiˌon *f aer.* ground station; *Raumfahrt*: earth station. ~ˌ**streit·ˌkräf·te** *pl mil.* ground forces *pl.* ~**tem·pe·raˌtur** *f* soil (*od. meteor.* ground) temperature. ~ˌ**tur·nen** *n* floor exercises *pl.* ~ˌ**übung** *f Sport*: free (*od.* floor) exercise. ~ˌ**un·terˌsu·chung** *f* **1.** *agr.* soil analysis. **2.** *min.* prospecting. ~**verˌhält·nis·se** *pl* ground (*od. agr.* soil) conditions *pl.* ~ˌ**waa·ge** *f tech.* weighbridge. ~ˌ**wär·me** *f* soil (*od. meteor.* ground) temperature. ~ˌ**wel·le** *f* **1.** bump (in the ground). **2.** *Radar*: ground wave. ~ˌ**wert** *m econ.* land value. ~ˌ**wet·terˌkar·te** *f* surface weather map (*od.* chart). ~ˌ**wind** *m* surface wind. ~ˌ**zün·der** *m mil.* base fuse.

Bod·me·rei [boːdməˈraɪ] *f* ⟨-; -en⟩ *mar.* bottomry; ~brief *m* bottomry bond.

Bod·me·rist [boːdməˈrɪst] *m* ⟨-en; -en⟩ lender on bottomry.

Boˈdo·ni(ˌschrift) [boˈdoːni-] *f print.* Bodoni (type).

Bo·dy·check [ˈbɔdiˌtʃɛk; ˈbɒdɪˌtʃek] (*Engl.*) *m* ⟨-s; -s⟩ *Eishockey*: body-check(ing).

Böe [ˈbøːə] *f* ⟨-; -n⟩ → Bö.

Bo·fist [ˈboːfɪst; boˈfɪst] *m* ⟨-es; -e⟩ *bot.* puffball.

bog [boːk] *1 u. 3 sg pret*, **bö·ge** [ˈbøːgə] *1 u. 3 sg pret subj of* biegen.

Bo·gen [ˈboːgən] *m* ⟨-s; -, *bes. Southern G.* ⸚⟩ **1.** (*Biegung*) bend, curve; großer (*od.* weiter) ~ *e-r Straße etc*: sweep; in e-m ~ fließen flow in a curve (*od.* sweep); *colloq.* im hohen ~ spucken spit in a high arc; e-n ~ machen (*od.* beschreiben) (make a) bend, (make a) curve; e-n ~ um et. machen curve round s. th.; *fig.* e-n großen ~ um j-n machen give s. o. a wide berth, keep clear of s. o.; die Straße macht dort e-n ~ the road makes a bend there. **2.** (*Wölbung*) arch, bow; *arch.* durchlaufende ~ series of arches; *colloq.* im hohen ~ (hinaus)fliegen be turned out on one's ear, be kicked out; *colloq.* **große ~** (*od.* **Bögen**) **spucken** talk big, show off; *colloq.* **er hat den ~ 'raus** a) he has got the hang of it, b) *weitS.* he knows the score (*od.* the ropes). **3.** *Sport:* a) *Skilauf:* turn, b) *Eislauf:* curve, circle; **e-n ~ fahren** make a turn; **~ laufen** do curves. **4.** *math.* arc (*of a circle, an ellipse*). **5.** *print.* a) *unbedruckt:* sheet (of paper), b) (*Druck≈*) (printed) sheet. **6.** *hist. mil. u. Sport:* (archer's) bow; **mit dem ~ schießen** shoot with bow and arrow(s); **den ~ spannen** draw (*od.* bend) the bow; *fig.* **den ~ überspannen** a) overdo it, go too far, b) *gesundheitlich:* overdo it, overtax o. s. **7.** *mus.* a) (*Violin≈ etc*) bow, b) *der Trompete etc:* crook, c) (*Binde≈*) tie, bind, d) (*Legato≈*) slur, bind. **8.** (electric) arc.

'Bo·gen|ˌanˌle·ger *m print.* **1.** (sheet) feeder. **2.** (*Maschine*) (automatic) feeder, *Br. a.* layer-on. **~ˌbrücke** (*getr.* -k·k-) *f* (arched) bridge. **~ˌein·heit** *f math.* radian. **~ˌfen·ster** *n* arched window. **≈ˌför·mig** *adj* **1.** arch-shaped, arched. **2.** curved. **3.** bow-shaped. **~ˌfüh·rung** *f* **1.** *mus.* bowing (technique). **2.** *print.* feeding. **~ˌgang** *m* **1.** *arch.* arcade; (*Verbindungsgang*) archway. **2.** *anat. im Innenohr:* semicircular canal. **~geˌwöl·be** *n arch.* (arched) vault. **~ˌgrad** *m math.* degree of arc. **~ˌhal·ter** *m print.* (blanket) pin. **~ˌlam·pe** *f electr.* arc lamp. **~ˌleh·re** *f* **1.** *math.* theory of curves. **2.** *civ. eng.* centring (*Am.* centering) (of an arch). **~ˌlicht** *n* arc light. **~ˌlied** *n Bibl.* David's lament for Saul and Jonathan. **~liˌnie** *f* curved line, arc. **~ˌmaß** *n math.* radian measure. **~ˌmau·er** *f civ. eng.* arch(ed) dam. **~miˌnu·te** *f astr. math.* minute of arc. **~ˌpfei·ler** *m arch.* arched (*od.* flying) buttress. **~ˌrip·pe** *f arch.* arch rib. **~ˌrohr** *n tech.* elbow pipe, bend. **~ˌsä·ge** *f* coping saw. **~ˌschie·ßen** *n* archery. **~ˌschuß** *m* **1.** bowshot. **2.** *Fußball:* looping shot. **~ˌschüt·ze** *m* archer. **~ˌseh·ne** *f* **1.** bowstring. **2.** *math.* chord of an arc. **~seˌkun·de** *f math.* second of arc. **~ˌsi·nus** *m* sine of arc. **~ˌstrich** *m mus.* **1.** stroke of the bow. **2.** → Bogenführung 1. **≈ˌwei·se** *adv* by the sheet, in sheets. **~ˌwei·te** *f arch.* span (of an arch). **~ˌzei·chen** *n print.* (sheet) signature. **~ˌzir·kel** *m tech.* bow-compass(es *pl*), wing divider.

'bo·gig *adj* arched.

Bo·he·me [bo'ɛ:m(ə)] *f* ‹-; *no pl*› Bohemia; **~leben** *n* Bohemianism, Bohemian way of life. **Bo·he·mi·en** [boe'mĩɛ̃:] *m* ‹-s; -s› bohemian.

Boh·le ['bo:lə] *f* ‹-; -n› plank. **boh·len** *v/t* ‹h› plank.

'Boh·len|beˌlag *m* planking. **~ˌbrücke** (*getr.* -k·k-) *f* plank bridge. **~ˌweg** *m* corduroy road, *Am.* boardwalk.

Böh·me ['bø:mə] *m* ‹-n; -n› Bohemian. **'Böh·merˌland** *n poet.* Bohemia. **'Böh·min** *f* ‹-; -nen› Bohemian (woman). **'böh·misch I** *adj* Bohemian; *fig. colloq.* **das sind mir** (*od.* **für mich**) **~e Dörfer** that's all Greek to me; *colloq.* **das kommt mir ~ vor** that sounds odd to me. **II** *ling.* **≈** ‹*generally undeclined*›, **das ≈e** ‹-n› Bohemian.

Böhn·chen ['bø:nçən] *n* ‹-s; -› *dim. of* Bohne.

Boh·ne ['bo:nə] *f* ‹-; -n› **1.** *bot. gastr. hort.* bean; **grüne ~n** French (*od.* runner) beans, string-beans, *bes. Am.* green (*od.* snap) beans; **gelbe ~n** wax beans; **große** (*od.* **dicke**) **~n** broad beans; **weiße ~n** haricot (*bes. Am.* navy) beans; *humor.* **blaue ~n** bullets *pl.* **2.** (*Kaffee≈ etc*) bean; → Kognakbohne. **3.** *vet.* mark (on horse's tooth). **4.** *colloq.* **nicht die ~!** not a bit!; **er versteht nicht die ~ davon** he doesn't know the first thing about it; **er kümmert sich nicht die ~ darum** he doesn't care a rap for it; **ich mache mir nicht die ~ daraus** I couldn't care less.

'Boh·nen|ˌhül·se *f* bean pod. **~ˌkaf·fee** *m* (pure) coffee. **~ˌkraut** *n* savory. **~ˌlied** *n colloq.* **das geht übers ~** that's really too much. **~ˌran·ke** *f* beanstalk. **~saˌlat** *m* French (*bes. Am.* green) bean salad. **~ˌstan·ge** *f* bean pole (*a. fig. colloq. Person*); *colloq.* **dürr wie e-e ~** as thin as a rake; **lang wie e-e ~** as tall as a lamppost. **~ˌstrauch** *m* laburnum. **~ˌstroh** *n* bean-stalks *pl*; *fig. colloq.* **dumm wie ~** infernally stupid.

'Boh·ner *m* ‹-s; -› *colloq.*, **~ˌbür·ste** *f* polishing brush. **~maˌschi·ne** *f* (electric) floor polisher.

boh·nern ['bo:nərn] *v/t* ‹h› (wax and) polish. **'Boh·nerˌwachs** *n* floor polish.

'Bohr|ˌanˌla·ge *f tech.* drilling rig. **~ap·paˌrat** *m* **1.** portable drill, small drilling machine. **2.** boring tool (*od.* machine). **~ˌar·beit** *f* (*Voll≈*) drilling (work *od.* operation); (*Innenausdreharbeit*) boring (work *od.* operation). **~au·toˌmat** *m* automatic boring (*od.* drilling) machine. **~ˌbank** *f* → Bohrwerk. **~diaˌmant** *m tech.* (black) diamond, bort.

boh·ren ['bo:rən] **I** *v/t* ‹h› **1.** bore; **j-m ein Messer in den Leib ~** plunge a knife into s. o.'s body. **2.** *tech.* a) *ins volle:* drill, b) (*aus~, innenausdrehen*) bore, c) (*Gewinde*) tap, d) (*Holz*) bore. **3.** *civ. eng.* a) (*Schacht*) sink, b) (*Brunnen*) drill, bore, c) (*Tunnel, Stollen*) drive, bore. **II** *v/i* **4.** *tech.* a) drill, b) bore, c) tap; **nach Öl ~** drill (*od.* bore, prospect) for oil. **5.** *Bergbau:* (*nach Öl etc*) drill, bore. **6.** *Zahnarzt:* drill. **7.** *fig. colloq.* a) (*forschen*) probe, pry, dig, b) (*drängen*) press, pester, c) (*nicht lockerlassen*) insist, keep at it; **in j-s Vergangenheit ~** dig into s. o.'s past; **er bohrte so lange, bis** he kept at it until. **8.** *Schmerz:* gnaw, rack. **9.** *fig.* (in j-m) **~** *Haß:* rankle (in s. o.'s mind), *Reue etc:* nag (at s. o.'s mind), plague (s. o.); **Eifersucht bohrte in ihm** he was tortured by jealousy. **III** *v/reflex* **10. sich in et. ~** bore into s. th., pierce s. th.; *fig.* **sein Blick bohrte sich in ihre Augen** his eyes bored into hers. **IV ≈** *n* ‹-s› **11.** boring, drilling (*etc*). **12.** → Bohrung. **~d** *adj* **1.** *Blick etc:* piercing, penetrating. **2.** *Schmerz:* piercing, gnawing. **3.** *Fragen:* insistent, probing.

'Boh·rer *m* ‹-s; -› **1.** *allg.* drill; *tech. a.* a) (*Spiral≈*) twist drill, b) (*Gewinde≈*) tap, c) (*Holz≈*) wood (*od.* boring) bit, *großer:* auger, d) (*Holzspiral≈*) bit stock drill, e) (*Nagel≈*) gimlet, f) (*Gesteins≈*) rock drill, g) (*Erd≈*) ground auger, terrier. **2.** (*Arbeiter*) borer, drilling-machine operator. **3.** *med.* a) (*Zahn≈*) drill, b) (*Schädel≈*) trepan. **~ˌfut·ter** *n tech.* a) *für Spiralbohrer:* drill chuck, b) *für Gewindebohrer:* tap holder. **~ˌspit·ze** *f* drill bit (*od.* point).

'Bohr|ˌfräsˌwerkˌzeug *n tech.* combined drill and milling cutter. **~ˌfut·ter** *n* **1.** *für Vollbohrarbeiten:* drill jig. **2.** *für Innenausdreharbeiten:* boring jig. **~ˌgrat** *m* burr. **~ˌham·mer** *m* drill hammer. **~ˌin·sel** *f* drilling platform. **~ˌkä·fer** *m zo.* death-watch (beetle). **~ˌkopf** *m* **1.** drilling head, drill holder. **2.** *für Bohrmeißel:* boring head. **~ˌleh·re** *f* **1.** *für Vollbohrarbeiten:* drill jig. **2.** *für Aufbohrarbeiten:* boring jig. **~ˌloch** *n* **1.** *tech.* a) *durch Vollbohrung:* drill hole, b) *durch Aufbohrung, a. im Holz:* bore (hole). **2.** *bei Erdölbohrungen:* drill hole. **3.** *zum Sprengen:* blast hole. **~maˌschi·ne** *f* **1.** *tech.* a) *für Vollbohrarbeiten:* drilling machine, drill, *bes. Am.* drill press, b) *für Aufbohrarbeiten od. Holz:* boring machine, c) (*Bohrwerk*) boring mill, d) *für Gewinde:* tapping machine. **2.** *med.* (*Zahnbohrer*) (dentist's) drill. **~ˌmei·ßel** *m* **1.** *tech.* a) boring tool, b) inside turning tool. **2.** *Bergbau:* drilling bit. **~ˌspä·ne** *pl tech.* drill chips *pl*, drillings *pl*; borings *pl.* **~ˌspin·del** *f* drilling (*od.* boring) spindle. **~ˌstahl** *m* → Bohrmeißel. **~turˌbi·ne** *f* turbodrill. **~ˌturm** *m* (drilling) derrick (*od.* tower).

'Boh·rung *f* ‹-; -en› **1.** *nach Öl, Wasser etc:* drilling. **2.** *civ. eng. tech.* → Bohrloch. **3.** *tech. e-s Zylinders:* bore. **4.** *zur Kühlung od. Schmierung:* duct.

'Bohr|verˌsuch *m civ. eng.* trial drilling. **~ˌvorˌrich·tung** *f tech.* (*Spannvorrichtung*) a) *für das Werkzeug:* drilling (*od.* boring) fixture, b) *für das Werkstück:* drill (*od.* boring) jig. **~ˌwerk** *n* boring mill. **~ˌwerkˌzeug** *n zum Ausbohren:* drilling tool; *zum Aufbohren:* boring tool. **~ˌwin·de** *f* bit brace. **~ˌwurm** *m zo.* ship-worm.

'bö·ig *adj meteor.* gusty, *a. mit Schauern:* squally.

Boi·ler ['bɔylər] *m* ‹-s; -› boiler; *im Haushalt: a.* water heater, *Br. a.* geyser.

Bo·je ['bo:jə] *f* ‹-; -n› *mar.* buoy; **e-e ~ auslegen** lay (*od.* put down) a buoy.

Bol [bo:l] *m* ‹-s; -› *min.* → Bolus 1.

Bo·le·ro [bo'le:ro] *m* ‹-s; -s› **1.** *mus.* bolero. **2.** → **~ˌjäck·chen** *n* bolero.

Bo·lid [bo'li:t] *m* ‹-s *u.* -en [bo'li:dən]; -e *u.* -en› *astr.* bolide.

Bo·li·var [bo'li:var] *m* ‹-(s); -(s)› *econ.* bolivar (*monetary unit of Venezuela*).

Bo·li·via·ner [boli'vĭa:nər] *m* ‹-s; -›, **Bo·li'via·ne·rin** *f* ‹-; -nen› Bolivian. **bo·li'via·nisch** *adj* Bolivian.

böl·ken ['bœlkən] *v/i* ‹h› *Low G. for* blöken.

Böl·ler ['bœlər] *m* ‹-s; -› saluting gun.

bol·lern ['bɔlərn] *v/i* ‹h› *dial. for* a) poltern 1, b) ballern.

böl·lern ['bœlərn] *v/i* ‹h› fire a saluting gun. **'Böl·lerˌschuß** *m* gun salute.

'Bollˌwerk *n* **1.** *mil. hist.* bulwark, bastion (*beide a. fig.*), stronghold. **2.** *mar.* bulwark.

Bo·lo·gne·ser [bolɔn'je:zər] *adj* ‹*invariable*› Bolognese; *phys.* **~ Flasche** Bologna flask (*od.* phial); **~ Wurst** bologna (sausage), boloney.

Bol·sche·wik [bɔlʃə'vɪk; -'vi:k] *m* ‹-en; -en *od.* -i [-ki]› *pol.* Bolshevik, Bolshevist. **bol·sche·wi'sie·ren** [-vi'zi:rən] *v/t* ‹*no* ge-, h› bolshevize. **Bol·sche'wis·mus** [-'vɪsmus] *m* ‹-; *no pl*› Bolshevism. **Bol·sche'wist** [-'vɪst] *m* ‹-en; -en› Bolshevik, Bolshevist. **bol·sche'wi·stisch** *adj* Bolshevik, Bolshevist.

Bo·lus ['bo:lus] *m* ‹-; -› **1.** *min.* bolus, bole. **2.** *pharm.* (*große Pille*) bolus.

Bolz [bɔlts] *m* ‹-es; -e› → Bolzen 2.

Bol·zen ['bɔltsən] *m* ‹-s; -› **1.** *tech.* bolt, pin, stud; **durchgehender ~** through bolt; **mit e-m ~ befestigen** (secure *s. th.* with a) bolt (**an** *dat* to). **2.** *mil. hist. der Armbrust:* bolt. **3.** *des Luftgewehrs:* (air rifle) dart; *für Kindergewehr:* (suction) bolt.

'bol·zen *v/i* ‹h› *colloq.* **1.** kick (haphazardly), boot the ball. **2.** play rough.

'Bol·zen|au·toˌmat *m tech.* automatic stub lathe. **≈ge'ra·de** *adj u. adv* bolt upright. **~geˌwehr** *n* (*Spielzeug*) popgun. **~geˌwin·de** *n tech. e-r Schraube*: bolt (*od.* external, male) thread. **~ˌkupp·lung** *f* bolt (*od.* pin-type) coupling. **~ˌschei·be** *f* (bolt) washer. **~ˌschneid·maˌschi·ne** *f* bolt cutter.

Bom·bar·de·ment [bɔmbardəˈmã:] *n* ‹-s; -s› *mil.* bombardment (*a. phys. u. fig.*), bombing; *der Artillerie*: shelling.

bom·bar·die·ren [bɔmbarˈdi:rən] *v/t* ‹*no* ge-, h› *mil.* (mit with) bombard (*a. phys. u. fig.*), bomb; *mit Granaten*: shell; *fig.* j-n mit Fragen ~ bombard s. o. with questions; *colloq*: mit Schneebällen ~ bombard (*od.* plaster) with snowballs.

Bom·barˈdie·rung *f* ‹-; -en› → Bombardement.

Bom·bar·don [bɔmbarˈdõ:; bõbarˈdõ:] *n* ‹-s; -s› *mus.* bombardon, bass tuba.

Bom·bast [bɔmˈbast] *m* ‹-(e)s; *no pl*› *contp.* bombast. **bomˈba·stisch** *adj* bombastic.

ˈBom·bayˌhanf [ˈbɔmbe-] *m bot.* sunn, Indian hemp.

Bom·be [ˈbɔmbə] *f* ‹-; -n› **1.** *aer. mil.* bomb; selbstgesteuerte ~ robot bomb; ~ mit Zeitzünder time (*od.* delayed-action) bomb; ~n abwerfen (auf *acc*), mit ~n belegen drop bombs (on), bomb (*acc*); *fig. colloq.* wie e-e ~ einschlagen a) *Nachricht etc*: fall (*od.* come) like a bombshell, b) *Film etc*: be a sensation (*od.* smash hit); *colloq.* wie e-e ~ hereinplatzen come bursting in; *colloq.* die ~ ist geplatzt! the balloon has gone up!, the fat is in the fire; *fig. colloq.* e-e ~ platzen lassen drop a bombshell, spring a mine; *fig. colloq.* mit ~n und Granaten durchfallen a) *ped.* get ploughed (in one's examination), b) *thea.* be a tremendous flop. **2.** *Sport colloq.* (*harter Schuß*) cannonball. **3.** *tech.* (gas) cylinder, (oxygen) bottle. **4.** *geol.* volcanic bomb. **5.** *gastr.* → Eisbombe.

ˈBom·ben|abˌwurf *m aer. mil.* bomb release (*od.* dropping), bombing; gezielter (ungezielter) ~ precision (random) bombing. **~ˌanˌgriff** *m aer. mil.* bomb(ing) attack, air-raid. **~ˌanˌschlag** *m* **1.** *auf ein Gebäude etc*: bomb outrage. **2.** → **~at·tenˌtat** *n* bomb attempt (auf j-n on s. o.'s life), bomb plot. **~ˈaufˌtrag** *m econ. colloq.* huge order. **~ˌausˌlö·sung** *f* bomb release. **2beˌschä·digt** *adj Haus etc*: bomb-damaged. **~beˈset·zung** *f colloq. Film etc*: (all) star cast. **~ˌdro·hung** *f* bomb threat. **~entˌschär·fer** *m mil.* bomb disposal expert. **~erˈfolg** *m colloq.* huge (*od.* terrific) success, smash hit. **2ˌfest 1.** *adj Keller, Unterstand etc*: bombproof. **2.** *fig. colloq.* das steht ~ that's as sure as death; er ist ~ davon überzeugt, daß he is dead sure that. **~ˌflä·chenˌwurf** *m aer. mil.* area bombing. **~ˌflugˌzeug** *n* bomber. **~geˈhalt** *n colloq.* huge salary. **~ˈgeld** *n colloq.* huge (*od.* colossal) sum, big money. **~geˌschä·dig·te** *m, f* ‹-n; -n› bombed-out person. **~geˈschäft** *n econ. colloq.* roaring business, gold mine, bonanza. **~ˈhit·ze** *f colloq.* terrible heat. **~ˈkerl** *m colloq.* → Pfundskerl. **~ˌklap·pe** *f aer. mil.* bomb(-bay) door. **~ˌkra·ter** *m* bomb crater. **~ˌla·dung** *f*, **~ˌlast** *f* bomb load. **~ˌle·ger** *m* bomber, bomb planter. **~ˌräumˌtrupp** *m* bomb disposal squad. **~ˈrol·le** *f thea. etc colloq.* dream part. **~ˈsa·che** *f colloq.* wow, knockout. **~ˌschacht** *m aer. mil.* bomb bay. **~ˌscha·den** *m* air-raid damage. **~ˌschüt·ze** *m* bombardier. **2ˌsi·cher** *adj* **1.** bombproof. **2.** *fig. colloq.* a) as safe as houses (*od.* as the Bank of England), b) (*gewiß*) sure-fire, dead certain; e-e ~e Sache a sure thing. **~ˌsplit·ter** *m* bomb splinter. **~ˈstim·mung** *f colloq.* roaring (high) spirits *pl.* **~ˌtep·pichˌwurf** *m* carpet bombing. **~ˌtrich·ter** *m* bomb crater. **~viˌsier** *n* bomb-sight. **~ˌwurf** *m* → Bombenabwurf. **~ˌziel·geˌrät** *n* bomb-sight.

Bom·ber [ˈbɔmbər] *m* ‹-s; -› *aer. mil.* bomber (*a. fig. Sport, pol. etc*). **~geˌschwa·der** *n* bomber group (*Am.* wing). **~ˌstaf·fel** *f* bomber squadron. **~verˌband** *m* bomber formation.

bom·bie·ren [bɔmˈbi:rən] **I** *v/t* ‹*no* ge-, h› *tech.* dish. **II** *v/i gastr. Konservendose*: bulge.

ˈbom·big *adj colloq.* super, great, terrific.

Bon [bõ:] *m* ‹-s; -s› (*Gutschein*) voucher, ticket; (*Gratisgutschein*) coupon, credit note; (*Kassen2*) receipt.

bo·na fi·de [ˈbona: ˈfi:de] *adv jur.* bona fide, in good faith.

Bo·nan·za [boˈnan(t)sa] *f* ‹-; *no pl*› *geol.* bonanza.

Bon·bon [bõˈbõ:; bɔŋˈbɔŋ] *m, n* ‹-s; -s› *gastr.* **1.** sweet, bonbon, *Am.* candy, *colloq.* goody. **2.** *Austrian* (*Praline*) chocolate. **~ˌla·den** *m* sweetshop, *Am.* candy store.

Bon·bon·nie·re [bõbɔˈnĭɛ:rə; bɔŋ-] *f* ‹-; -n› box of chocolates.

bon·dern [ˈbɔndərn] (*TM*) *v/t* ‹h› *tech.* bonderize.

ˈBond·paˌpier [ˈbɔnt-] *n* bond (paper).

bon·gen [ˈbɔŋən] *v/t* ‹h› *econ. colloq.* issue a voucher for.

Bon·go [ˈbɔŋgo] *m* ‹-s; -s› **1.** *mus. meist pl* bongo (drum). **2.** *zo.* bongo.

Bon·ho·mie [bɔnoˈmi:] *f* ‹-; -n [-ən]› *obs.* bonhomie.

Bo·ni·fi·ka·ti·on [bonifikaˈtsĭo:n] *f* ‹-; -en› *econ.* **1.** (*Vergütung*) compensation, allowance. **2.** *auf Wertpapiere*: bonus. **bo·ni·fiˈzie·ren** [-ˈtsi:rən] *v/t* ‹*no* ge-, h› *econ.* **1.** compensate, indemnify. **2.** (*Wertpapiere*) grant bonuses on.

Bo·ni·tät [boniˈtɛ:t] *f* ‹-; -en› **1.** *econ.* solvency, soundness, credit, (good) standing. **2.** (*Warengüte*) (superior) quality. **3.** *agr.* grade of fertility. **bo·niˈtie·ren** [-ˈti:rən] *v/t* ‹*no* ge-, h› (*Grundstücke etc*) classify, appraise.

Bon·mot [bõˈmo:] *n* ‹-s; -s› (bon) mot, witticism, quip.

Bon·ne [ˈbɔnə] *f* ‹-; -n› *obs.* bonne, governess.

Bon·ne·te·rie [bɔnɛtəˈri:; -ˈtri:] *f* ‹-; -n [-ən]› *Swiss for* Kurzwarengeschäft.

Bo·nus [ˈbo:nʊs] *m* ‹- *u.* -ses; – *u.* -se› *econ.* a) bonus, premium, b) extra dividend. **~ˌak·ti·en** *pl* bonus shares *pl.* **~syˌstem** *n* bonus system.

Bon·vi·vant [bõviˈvã:] *m* ‹-s; -s› bon vivant.

Bon·ze [ˈbɔntsə] *m* ‹-n; -n› **1.** *relig.* bonze (*Buddhist monk*). **2.** *contp.* bigwig, (big) boss, big shot, *Am. a.* big wheel. **ˈBon·zen·tum** *n* ‹-s; *no pl*›, **ˈBon·zenˌwirt·schaft** *f* bossdom, boss rule.

Boom [bu:m] (*Engl.*) *m* ‹-s; -s› *econ.* boom.

Boot [bo:t] *n* ‹-(e)s; -e› boat; ~ fahren go boating; ein ~ voll von Touristen a boatload (*od.* a boatful) of tourists; *fig.* wir sitzen alle im gleichen ~ we are all in the same boat.

Bo·otes [boˈo:tɛs] *npr m* ‹-; *no pl*› *astr.* Boötes.

Bo·oti·den [booˈti:dən] *pl astr.* Boötids.

Bö·oti·er [bøˈo:tsĭər] *m* ‹-s; -›, **böˈotisch** [-tɪʃ] *adj* Boeotian (*a. fig.*).

ˈBoots|bau *m* ‹-(e)s; *no pl*› boatbuilding. **~beˌsat·zung** *f* boat's crew. **~ˌda·vit** *m* boat davit. **~ˌdeck** *n* boat-deck. **~ˌfahrt** *f* boat trip, *mit Ruderboot*: row, *mit Segelboot*: sail; e-e ~ machen go boating. **~ˌfüh·rer** *m* **1.** boat(s)man. **2.** → Bootssteuermann. **~ˌgast** *m* ‹-(e)s; -en› oarsman. **~ˌgrab** *n archeol.* boat grave. **~ˌhaus** *n* boathouse. **~ˌla·dung** *f* boatload. **~ˌlän·ge** *f* boat-length; sie gewannen mit einer ~ they won by one length. **~ˌmaat** *m* petty officer. **~ˌmann** *m* ‹-(e)s; Bootsleute› *mar.* **1.** boatswain (2nd class). **2.** *mil.* petty officer. **~ˌmannsˌmaat** *m mar.* boatswain's mate. **~maˌnö·ver** *n* boat drill. **~ˌren·nen** *n* boat-race. **~ˌrumpf** *m* hull. **~ˌsteg** *m* landing-stage. **~ˌsteu·erˌmann** *m* coxswain, *Rudersport*: *a. colloq.* cox. **~verˌleih** *m*, **~verˌmie·tung** *f* boat hire. **~ˌwerft** *f* boat-yard. **~ˌwin·de** *f* boat hoist.

Bor [bo:r] *n* ‹-s; *no pl*› *chem.* boron.

Bo·rat [boˈra:t] *n* ‹-s; -e› *chem.* borate.

Bo·rax [ˈbo:raks] *m* ‹-es; *no pl*› *chem. min.* **1.** borax; gebrannter ~ boiled borax; natürlicher (roher) ~ native (raw, crude) borax, tincal. **2.** sodium tetraborate. **2ˌhal·tig** *adj* boracic. **~ˌper·le** *f* borax bead. **~ˌsäu·re** *f* bor(ac)ic acid. **~ˌwas·ser** *n* boracic water.

Bord [bɔrt] *m* ‹-(e)s; -e› **1.** *bes. aer. mar.* board; an ~ on board; an ~ e-s Schiffes gehen go on board (ship), board (*od.* go aboard) a ship, embark; an ~ bringen ship; an ~ nehmen take aboard (*od.* on board); ~ an ~ *mar.* a) board to (*od.* and, on) board, b) (*längsseits*) alongside; alle Mann an ~! all (hands) aboard!; Mann über ~! man overboard!; über ~ gehen go overboard (*od.* by the board; *a. fig.*); über ~ werfen a) throw overboard, (*Ladung etc*) *a.* jettison, b) *fig.* throw overboard, cast to one side; *fig.* alle Vorsicht über ~ werfen cast all prudence overboard (*od.* to the winds); von ~ gehen leave the ship, go ashore, disembark; *econ.* frei an ~ free on board (*abbr.* f.o.b., F.O.B.). **2.** (*Rand*) edge, border. **3.** (*Bücher2*) shelf. **4.** *her.* coat of arms border.

ˈBord|anˌla·gen *pl* shipborne (*aer.* airborne) equipment. **~ˌaufˌklä·rer** *m* shipborne reconnaissance plane. **~beˌschei·ni·gung** *f econ.* board receipt. **~ˈBo·den-VerˌBin·dung** *f aer.* air(-to-)ground communication. **~ˈBord-VerˌBin·dung** *f aer.* air-to-air (*mar.* ship-to-ship) communication. **~ˌbuch** *n* logbook, *aer. a.* pilot's log.

Bör·de [ˈbœrdə; ˈbø:rdə] *f* ‹-; -n› *Low G.* fertile plain.

Bor·deaux [bɔrˈdo:] *m* ‹- [-ˈdo:(s)]; - [-ˈdo:s]› *gastr.* Bordeaux (wine); (*roter* ~) *a.* claret. **2ˌrot** *adj* Bordeaux (red), claret. **~ˌwein** *m* → Bordeaux.

Bor·dell [bɔrˈdɛl] *n* ‹-s; -e› brothel. **~ˌmut·ter** *f* madam. **~ˌvier·tel** *n* red-light district.

ˈBör·del·maˌschi·ne *f tech.* **1.** *für Feinbleche*: beading machine. **2.** *für Grobbleche u. Rohre*: flanging machine. **bör·deln** [ˈbœrdəln] *v/t* ‹h› *tech.* **1.** *Kaltarbeit*: a) (*abkanten, falzen*) seam, b) (*sicken*) bead. **2.** *Warmarbeit*: flange. **ˈBör·delˌpres·se** *f* flanging press.

Bor·de·reau [bɔrdəˈro:] *m, n* ‹-s; -s› *econ.* **1.** specification sheet. **2.** *Bank*: list of bills to be discounted.

ˈBord|ˌfest *n mar.* ship's party. **~ˌflugˌzeug** *n aer.* ship-based aircraft, ship-plane. **~ˌfunk** *m*, **~ˌfunkˌanˌla·ge** *f* **1.** *mar.* ship's radio (equipment *od.* system). **2.** *aer.* aircraft (*od.* airborne) radio equipment. **~ˌfun·ker** *m* radio (*bes. Br.* wireless) operator. **~in·geˌnieur** *m aer.* flight engineer. **~in·struˌment** *n* aircraft instrument. **~ˌjä·ger** *m e-s Flugzeugträgers*: ship-based interceptor (aircraft). **~ka·meˌrad** *m-*

mar. shipmate. **~ˌka·no·ne** *f aer. mil.* air(craft) cannon. **~ˌkan·te** *f civ. eng.* kerb, *Am.* curb. **~ˌkar·te** *f aer.* boarding card. **~kon·nos·seˌment** *n econ.* shipped bill of lading, on board B/L. **~ˌkü·che** *f aer. mar.* galley. **~-ˈLand-Ver·ˌbin·dung** *f mar.* ship-to-shore communication. **~ˌlenk·syˌstem** *n Raumfahrt:* on-board guidance system. **~me·ˌcha·ni·ker** *m aer.* flight mechanic. **~paˌpie·re** *pl mar.* ship's papers *pl.* **~ˌpeil·geˌrät** *n* airborne direction-finding (*abbr.* D/F) equipment. **~per·soˌnal** *n aer.* air crew, *collect. a.* flying personnel. **~ˌschüt·ze** *m aer. mil.* (air-) gunner. **~ˌschwel·le** *f civ. eng.* kerb, *Am.* curb. **~ˌsprechˌanˌla·ge** *f,* **~ˌsprech·geˌrät** *n aer.* intercommunication system, *colloq.* intercom. **~ˌstein** *m civ. eng.* kerbstone, *Am.* curbstone. **~ˌsteinˌfüh·ler** *m mot.* kerb (*Am.* curb) feeler. **~te·leˌfon** *n,* **~te·leˌphon** *n mar.* intercommunication telephone, *colloq.* intercom, *Am. a.* interphone.

Bor·dun [bɔrˈduːn] *m* ⟨-s; -e⟩ *mus.* **1.** bourdon. **2.** (*~saite*) drone string.

Bor·dü·re [bɔrˈdyːrə] *f* ⟨-; -n⟩ **1.** *Textil.* a) (*Rand*) border, b) (*Besatz*) trimming. **2.** *print.* (ornamental) border.

ˈBord|verˌpfle·gung *f aer.* flight rations *pl.*; in-flight fare. **~ˌwaf·fen** *pl* **1.** *aer. mil.* aircraft armament *sg* (*od.* weapons *pl*); *Erdziele* **mit ~ beschießen** strafe. **2.** *mil. e-s Panzers:* tank armament *sg.* **~ˌwand** *f* **1.** *mot.* dropside, platform gate. **2.** *mar.* (ship's) side, ship's wall. **~ˌwart** *m aer.* flight mechanic. **~ˌwerkˌzeu·ge** *pl aer. mar. mot.* tool kit. **~ˌzeit** *f mar.* ship's time.

bo·re·al [boreˈaːl] **I** *adj* boreal, northern. **II ≈** *n* ⟨-s; *no pl*⟩ *geol. hist.* Boreal period.

Bo·retsch [ˈboːrɛtʃ] *m* ⟨-es; *no pl*⟩ *bot.* borage.

Borg [bɔrk] *m* **auf ~** on credit, *bes. Br. colloq.* on tick; **j-m et. auf ~ geben** → **borgen** 2; (**sich** *dat*) **et. auf ~ kaufen** buy s. th. on credit (*od. colloq.* on tick); **auf ~ leben** live by borrowing (*od.* on borrowed money).

bor·gen [ˈbɔrgən] **I** *v/t* ⟨h⟩ **1.** borrow; (**sich** *dat*) **et. von** (*od.* **bei**) **j-m ~** borrow s. th. from (*od.* of) s. o.; *contp.* **fremde Gedanken ~** borrow ideas from s. o. else. **2.** (*leihen*) lend, *bes. Am.* loan (**j-m et.** s. th. to s. o.). **3.** *math.* borrow. **II ≈** *n* ⟨-s⟩ **4.** borrowing; **~ macht Sorgen** (*Sprichwort*) he who goes a-borrowing goes a-sorrowing. **ˈBor·ger** *m* ⟨-s; -⟩ **1.** borrower. **2.** lender.

Bor·gis [ˈbɔrgɪs] *f* ⟨-; *no pl*⟩, **~ˌschrift** *f print.* bourgeois.

Bo·rid [boˈriːt] *n* ⟨-(e)s; -e⟩ *chem.* boride.

Bo·ri·um [ˈboːrĭum] *n* ⟨-s; *no pl*⟩ → Bor.

Bor·ke [ˈbɔrkə] *f* ⟨-; -n⟩ **1.** *bot.* bark. **2.** *med.* scab, crust.

ˈBor·ken|ˌflech·te *f med. vet.* ringworm. **~ˌkä·fer** *m zo.* bark beetle. **~ˌkrepp** *m Textil.* bark weave.

ˈbor·kig *adj* **1.** barky. **2.** *med.* scabby.

ˈBor·meˌtall *n chem.* boride.

Born [bɔrn] *m* ⟨-(e)s; -e⟩ *poet.* fount, fountain (*of life, wisdom, etc*); **ein ~ der Freude** a source of happiness; **aus dem ~ s-r Erfahrungen schöpfen** draw on one's fund of experience.

bor·niert [bɔrˈniːrt] *adj* **1.** (*engstirnig*) borné, narrow(-minded). **2.** (*beschränkt*) obtuse, dense. **≈heit** *f* ⟨-; -en⟩ **1.** narrow-mindedness, narrowness (of outlook). **2.** obtuseness.

ˈBor·niˌtrid *n* ⟨-(e)s; *no pl*⟩ *chem.* boron nitride.

Bor·retsch [ˈbɔrɛtʃ] *m* ⟨-es; *no pl*⟩ *bot.* borage.

ˈBor|ˌsal·be *f* boric acid ointment. **≈ˌsau·er** *adj chem.* bor(ac)ic, borate of … **~ˌsäu·re** *f* boric acid.

Borscht(sch) [bɔrʃt(ʃ)] *m* ⟨-; *no pl*⟩ *gastr.* borsch(t).

Bör·se [ˈbœrzə; ˈbøːrzə] *f* ⟨-; -n⟩ **1.** (*Geld≈*) purse. **2.** *econ.* a) (*Effekten≈*) stock exchange, *bes. auf dem Kontinent:* bourse, b) (*Waren≈*) (commodity) exchange, c) (*Geldmarkt*) money-market; **die ~** (*Gebäude*) the Stock Exchange; **an der ~** on the stock exchange, in the money-market; **an der ~ notierte Aktien** officially quoted shares, *bes. Am.* listed stock *sg*; **an der ~ zugelassene Wertpapiere** securities listed on the stock exchange, listed securities; **an der ~ spekulieren** (*od.* **spielen**) speculate (gamble, dabble) on the stock exchange, *bes. Am.* play the (stock) market; **gedrückte ~** depressed market; **flaue** (*od.* **lustlose, matte**) **~** dull (*od.* slack) market; **die ~ eröffnete flau** (**schloß fest**) the market opened slack (closed firm). **3.** *Boxsport etc:* (*Preis*) purse.

ˈBör·sen|ˌaufˌtrag *m* stock exchange order. **~beˌricht** *m* market report, *weitS. a.* financial news *pl.* **~ˌblatt** *n* financial (news)paper, *e-r Zeitung:* financial section; **~ für den Deutschen Buchhandel** German Book Trade Gazette. **≈ˌfä·hig** *adj* **1.** negotiable (on the stock exchange), marketable. **2.** admitted to the stock exchange, *Am.* listed. **≈ˌgän·gig** *adj* → **börsenfähig** 1. **~geˌschäf·te** *pl,* **~ˌhan·del** *m* stock exchange business *sg* (*od.* transactions, dealings, operations, bargains). **~ˌin·dex** *m* stock (exchange) index. **~ˌjob·ber** *m contp.* stockjobber. **~ˌkrach** *m* crash. **~ˌkurs** *m* market rate (*od.* price), quotation. **~ˌmak·ler** *m* (stock)broker. **≈ˌmä·ßig** *adj* according to stock exchange rules. **~maˌnö·ver** *n* market-rigging, *Am. a.* campaign. **≈noˌtiert** *adj* quoted (on the stock exchange); **~e Werte** officially quoted securities. **~noˌtie·rung** *f* (stock exchange) quotation. **~ˌord·nung** *f* stock exchange regulations *pl.* **~paˌpie·re** *pl* listed securities *pl* (*od.* stock *sg*). **~ˌpreis** *m* → Börsenkurs. **~ˌschluß** *m* **1.** close of the market. **2.** (*Abschlußeinheit*) trading unit, *Am.* (board *od.* full) lot. **~ˌschwan·kun·gen** *pl* fluctuations *pl* of the market. **~ˌschwin·del** *m* stock exchange swindle, market jobbery. **~ˌschwind·ler** *m* stock exchange swindler, market-rigger. **~spe·kuˌlant** *m* market speculator, stockjobber. **~spe·ku·la·tiˌon** *f* (stock) exchange speculation. **~ˌstim·mung** *f* tone of the market. **~ˌsturz** *m* crash. **~ˌtip** *m* market tip. **~verˌein** *m* **~ des Deutschen Buchhandels e.V.** Association of the German Book Trade (Registered). **~ˌvorˌstand** *m* stock exchange committee. **~ˌwert** *m* market value. **~ˌwer·te** *pl,* **~ˌwert·paˌpie·re** *pl* stock exchange securities *pl,* stocks *pl.* **~ˌzei·tung** *f* financial paper. **~ˌzet·tel** *m* stock-list, market report.

ˈBorˌstahl *m* boron steel.

Bor·ste [ˈbɔrstə] *f* ⟨-; -n⟩ **1.** *bot. zo.* bristle, *scient.* seta. **2.** *e-s Pinsels etc:* bristle; **echte ~n** pure bristle(s); *colloq.* **s-e ~n hervorkehren** bristle. **3.** *pl colloq. humor.* a) (*Haare*) hair *sg,* bristles, b) (*Bartstoppeln*) stubbles, bristle *sg.*

ˈbor·stenˌar·tig *adj* bristly, setaceous.

ˈBor·sten|ˌbe·sen *m* hair-broom. **~ˌigel** *m zo.* tenrec. **~ˌpin·sel** *m* bristle brush. **~ˌtier** *n* swine, pig. **≈ˌtra·gend** *adj bot. zo.* setiferous. **~ˌvieh** *n colloq. humor.* pigs *pl.*

ˈbor·stig *adj* **1.** bristly, *scient.* setaceous; **~es Haar** bristly hair. **2.** *fig. colloq.* (*grob*) gruff, sour, waspish.

Bor·te [ˈbɔrtə] *f* ⟨-; -n⟩ **1.** *Textil.* a) (*Saum*) border, edging, b) (*Besatz*) braid(ing), trimming, lace, c) (*Tresse*) galloon; **mit ~n besetzt** (*od.* **eingefaßt**) braided, gallooned, trimmed. **2.** (*Rand*) border.

Bo·rus·se [boˈrʊsə] *npr m* ⟨-n; -n⟩ *hist. for* **Preuße.**

ˈBorˌwas·ser *n* ⟨-s; *no pl*⟩ *pharm.* boric acid solution, boracic lotion.

bös [bøːs] *adj u. adv* → **böse.**

ˈbösˌar·tig *adj* **1.** vicious (*a. Tier*), malignant, *colloq.* nasty, ugly, mean; (*gehässig*) spiteful, venomous. **2.** *med. Tumor etc:* malignant, *Krankheit: a.* pernicious, virulent. **≈keit** *f* ⟨-; -en⟩ **1.** viciousness, spitefulness, malignity. **2.** *med.* malignancy; virulence.

bö·schen [ˈbœʃən] *v/t* ⟨h⟩ *civ. eng.* slope.

ˈBö·schung *f* ⟨-; -en⟩ **1.** *civ. eng.* slope; (*aufgeschüttete ~, Fluß≈*) embankment; *beim Mauerwerk:* batter. **2.** *mil.* scarp, escarpment.

ˈBö·schungs|ˌho·bel *m* slope grader. **~ˌmau·er** *f* embankment wall. **~ˌwin·kel** *m* angle of inclination (*od.* slope).

bö·se [ˈbøːzə] **I** *adj* ⟨-r; -st⟩ **1.** (*schlimm*) bad (*mistake, news, dream, etc*); *colloq.* (*unangenehm, scheußlich*) *a.* nasty, awful, terrible, vile; **e-e ~ Sache** a bad business (*od.* thing, job, show); **~r Einfluß** bad (*od.* pernicious) influence; **~ Laune** foul temper, vile mood; **ein ~s Stück Arbeit** a fiendish (*od.* hellish) job; **~s Wetter** bad (*od.* nasty, filthy) weather; **~ Zeiten** bad (*od.* hard) times; **~r Zufall** ill (*od. sl.* rotten) luck, awful coincidence; **die ~ Sieben** the unlucky seven (→ *a.* 3); **in guten und in ~n Tagen** in fair weather and foul; → **Ende** 3 (*etc*). **2.** (*verrucht*) bad, evil, wicked; **ein ~r Mensch** (**e-e ~ Tat**) a bad (*od.* wicked, an evil) person (deed); *relig.* **der ~ Feind** the Devil, the Evil One; **der ~ Geist** the evil spirit, the demon; → **Blick** 1. **3.** (*bösartig, böswillig*) malicious, malevolent, spiteful, mean, vicious; *colloq.* **e-e ~ Zunge haben** have a vicious (*od.* sharp, an evil) tongue; *colloq.* **sie ist e-e ~ Sieben** she is a wicked witch (→ *a.* 1); **~r Hund** vicious dog; **~r Schlag** vicious blow; **~s Herz** black heart. **4.** (*unartig*) bad, naughty; **ein ~r kleiner Junge** a naughty little boy; **~r Bube** (*od.* **Bursche**) (little) rascal (*od.* scamp), naughty boy. **5.** (*zornig*) (*dat,* **auf** *acc*) angry (at, with), cross (with), *colloq.* sore (at), *bes. Am.* mad (at); **~ werden** get angry (*etc*), get wild (*od.* furious), see red, fly into a rage; **j-n ~ machen** make s. o. angry (*od. colloq.* mad), anger (*od.* enrage, infuriate) s. o.; **sie ist mir** (*od.* **mit mir, auf mich**) **~** she is angry (*od.* cross) with me, *colloq.* she is mad at me; **sie sind sich** (*dat*) **~** they are not on speaking terms (anymore), they are at daggers drawn; **sei mir bitte nicht ~** please don't be cross (*od.* angry) with me; **er wird immer gleich ~** he is easily annoyed; **bist du mir ~, wenn do** you mind terribly if; → **Blut** 1. **6.** *colloq.* (*krank, entzündet*) bad, sore (*finger, throat*); **~r Husten** bad cough; **~ Erkältung** bad cold; **~ Wunde** ugly wound; **~r Zahn** bad tooth; → *a.* **bösartig** 2. **7.** *Bergbau:* **~s Wetter** chokedamp. **II** *adv* **8.** badly; **er ist ~ dran** a) he is in a bad way, b) *finanziell etc:* he is badly off (*od.* in dire straits); **es war nicht ~ (von mir) gemeint** I meant no harm; **das Leben hat ihm ~ mitgespielt** life has treated him badly; **ich war ~ erschrocken** I had the shock of my life, it gave me quite a turn; **er hat sich ~ geirrt** he has made a bad mistake; *colloq.* **es sieht ~ aus** *allg.* it looks bad, *Lage*: things look bad (*od.* black), *colloq.* things are in a mess; **er sah ~ aus** a) he looked angry (*od.* cross), b) *colloq.* he looked a fright, he was a mess; **j-n ~ ansehen** scowl at s.o., give s.o. a black (*od.* filthy) look.

Bö·se[1] *n* ⟨-n; *no pl*⟩ **1.** evil; **er haßt das ~** he hates evil; **das ~ auf der Welt** the evil in the world; **~s tun** do evil. **2.** harm, ill, evil; **j-m ~s antun** (*od.* **zufügen**) do s.o. harm, harm s.o.; **~s im Schilde führen** have sinister designs, be up to no good; **mir schwant ~s, ich ahne ~s** I fear the worst, I have dark forebodings; **er dachte sich** (*dat*) **nichts ~s dabei** he meant no harm (by it); **j-m ~s nachsagen** speak ill of s.o.; **j-m nichts ~s wünschen** wish s.o. no harm (*od.* ill); **im ~n auseinandergehen** part [as] enemies; **das ~ an der Sache ist, daß** the bad thing about it is that.

'**Bö·se**[2] *m, f* ⟨-n; -n⟩ bad (*od.* wicked, evil) man (woman); *relig.* **der ~** the Evil One, the Devil; **der ~** *in e-m Theaterstück, a humor. weitS.* the villain (in the piece); **die ~n** a) *relig.* the wicked (*od.* ungodly), b) *thea. u. humor.* the villains, *colloq.* the baddies; *humor.* **du ~r!** naughty, naughty!

'**Bö·se,wicht** *m* ⟨-(e)s; -er, *a.* -e⟩ **1.** *archaic* villain, rascal, rogue (*alle a. humor. iro.*); *humor. a.* scapegrace, scalawag, *colloq.* baddie. **2.** *thea. etc, a. fig.* villain, *colloq.* baddie.

bos·haft ['bo:shaft] *adj* **1.** (*spöttisch*) malicious; (*mutwillig*) *a.* mischievous. **2.** → **bösartig** 1. '**Bos·haf·tig·keit** *f* ⟨-; -en⟩ → **Bosheit**.

Bos·heit ['bo:shaɪt] *f* ⟨-; -en⟩ **1.** ⟨*only sg*⟩ a) (*Tücke*) malice, malevolence, spite(fulness), venom, b) (*spöttische Art*) malice, c) (*Mutwilligkeit*) mischievousness; **et. aus reiner ~ tun** do s.th. out of pure spite (*od.* malice). **2.** a) (*Tat*) (piece of) malice, malicious (*od.* spiteful) act, mean (*od.* dirty) trick, b) (*Bemerkung*) malicious (*od.* snide) remark, gibe, sneer, *colloq.* cut, dig.

Bos·kop ['bɔskɔp] *m* ⟨-s; -⟩ russet apple.

Bos·ni·er ['bɔsnĭər] *m* ⟨-s; -⟩, '**bos·nisch** [-nɪʃ] *adj* Bosnian.

Boß [bɔs] *m* ⟨-sses; -sse⟩ *colloq.* boss.

Bos·se ['bɔsə] *f, a.* '**Bos·sel** [-səl] *f* ⟨-; -n⟩ **1.** *arch.* boss. **2.** *Kunst*: roughed-out figure.

Bos·se'lei *f* ⟨-; -en⟩ *colloq.* **1.** tinkering. **2.** fiddling job.

bos·se·lie·ren [bɔsə'li:rən] *v/t* ⟨*no* **ge-**, *h*⟩ → **bossieren**.

bos·seln ['bɔsəln] **I** *v/i* ⟨*h*⟩ *colloq.* potter (about), tinker; *fig.* **an e-m Plan ~** tinker at a plan. **II** *v/t* → **bossieren** 2.

Bos'sier,ar·beit *f* **1.** *tech.* a) embossed work, b) embossing. **2.** *Kunst*: embossment.

bos·sie·ren [bɔ'si:rən] *v/t* ⟨*no* **ge-**, *h*⟩ **1.** *tech.* emboss. **2.** *Kunst*: a) (*Rohform*) rough-hew, rough in, b) (*weiches Material*) mo(u)ld, shape. **3.** *civ. eng.* a) (*Steine*) (hammer)dress, square, b) (*Mauerwerk*) rusticate.

'**bös,wil·lig** **I** *adj* **1.** malevolent, malicious, vicious, spiteful. **2.** *jur.* malicious, wilful, *Am.* willful; **in ~er Absicht** with malice aforethought (*od.* prepense); **~es Verlassen** (*von Ehegatten*) wil(l)ful desertion. **II** *adv* **3.** malevolently (*etc*). **4.** *jur.* wilfully, *Am.* willfully, with malice aforethought; **j-n ~ verlassen** desert s.o. wil(l)fully. **≈keit** *f* ⟨-; *no pl*⟩ **1.** malevolence, ill will, malice, maliciousness, viciousness. **2.** *jur.* wilfulness, *Am.* willfulness, malice.

bot [bo:t] *1 u. 3 sg pret of* **bieten**.

Bo·ta·nik [bo'ta:nɪk] *f* ⟨-; *no pl*⟩ botany. **Bo'ta·ni·ker** *m* ⟨-s; -⟩ botanist. **bo'ta·nisch** [-nɪʃ] *adj* botanic(al); **~er Garten** botanical garden(s *pl*).

bo·ta·ni·sie·ren [botani'zi:rən] *v/i* ⟨*no* **ge-**, *h*⟩ botanize. **Bo·ta·ni'sier,trom·mel** *f* (botanist's) vasculum, specimen box.

Böt·chen ['bø:tçən] *n* ⟨-s; -⟩ *dim. of* **Boot**.

Bo·te ['bo:tə] *m* ⟨-n; -n⟩ **1.** messenger; *fig.* **ein ~ des Friedens** a messenger (*od.* an ambassador, a bringer) of peace. **2.** (*Kurier*) courier, messenger; **reitender ~** mounted courier (*od.* messenger), estafette; *fig.* **der hinkende ~** the bearer of ill news; *fig.* **der hinkende ~ kommt nach** (it's all very well so far, but) trouble is on its way; *fig.* **die ~n reiten schnell** (bad) news travel fast. **3.** (*Haus≈*) a) *im Büro*: (interoffice) messenger, office-boy, b) (*Dienstmann*) commissionaire, c) (*Laufbursche*) errand-boy. **4.** (*Post≈*) postman. **5.** (*Fuhrmann*) carrier, carter. **6.** a) (*Abgesandter*) emissary, b) *fig.* (*Send≈*) envoy, apostle. **7.** *fig. lit.* (*Vor≈*) herald, harbinger; **~n des Frühlings** harbingers of spring; **die ~n des Todes** the (first) signs of death. **8.** *Bibl.* a) *a.* **~ Gottes** apostle, messenger (from God), angel (of the Lord), b) *a.* **~ Christi** apostle, emissary (of Christ).

bö·te ['bø:tə] *1 u. 3 sg pret subj of* **bieten**.

'**Bo·ten|,dienst** *m* **1.** (*Einrichtung*) messenger service. **2.** (j-m) **~e tun** (*od.* **leisten**) carry messages (for s.o.). **~,gang** *m* errand; **Botengänge besorgen** (*od.* **machen**) run errands (*od.* messages). **~,gän·ger** *m* messenger. **~,jun·ge** *m obs.* errandboy. **~,lohn** *m* **1.** messenger's fee. **2.** delivery fee. **3.** *humor.* reward for bringing good news. **~,zu,stel·lung** *f* express (*Am.* special) delivery.

'**Bo·tin** *f* ⟨-; -nen⟩ (female) messenger.

'**bot,mä·ßig** ['bo:t-] *adj archaic* **1.** (*untertan*) subject, in subjection, tributary; **sich** (*dat*) **j-n ~ machen** bring s.o. under one's sway, subject s.o.; **j-m ~ sein** be in subjection to s.o., be s.o.'s vassal. **2.** (*gehorsam*) obedient, submissive. **≈keit** *f* ⟨-; -en⟩ *lit.* **1.** (*Herrschaft, Gewalt*) dominion, rule, sway, jurisdiction; **j-n unter s-e ~ bringen** bring s.o. under one's sway. **2.** (*Gehorsam*) obedience, submissiveness.

Bot·schaft ['bo:tʃaft] *f* ⟨-; -en⟩ **1.** (*an acc* to) message, communication. **2.** (*Nachricht*) news *pl* (*als sg od. pl konstruiert*), *lit.* tidings *pl*; **e-e freudige** (*od.* **frohe**) **~** good news, glad tidings; *Bibl.* **die Frohe ~** the Gospel, the Word of God. **3.** (*Kunde*) intelligence. **4.** *fig. e-s Schriftstellers*: message. **5.** *pol.* (*Amt u. Gebäude*) embassy. '**Bot·schaf·ter** *m* ⟨-s; -⟩ *pol.* ambassador; **~ in London** (**in Deutschland**) ambassador in London (to Germany); **auf ~ebene** *conference* at (the) ambassadorial level. '**Bot·schaf·te·rin** *f* ⟨-; -nen⟩ *pol.* ambassadress.

'**Bot·schafts|ge,bäu·de** *n* embassy (building). **~,rat** *m* (embassy) counsel(l)or. **~se·kre,tär** *m* secretary at an embassy.

Bött·cher ['bœtçər] *m* ⟨-s; -⟩ → **Küfer** 2. **Bött·che'rei** *f* ⟨-; -en⟩ → **Küferei**.

Bot·tich ['bɔtɪç] *m* ⟨-(e)s; -e⟩ **1.** tub, vat. **2.** washtub. **3.** *Brauerei*: vat, tun; **ein ~ voller Wein** a vatful of wine.

Bott·ler ['bɔtlər] *m* ⟨-s; -⟩ *mar.* steward.

bott·nisch ['bɔtnɪʃ] *adj geogr.* Bothnian; **~er Meerbusen** Gulf of Bothnia.

Bo·tu·lin [botu'li:n] *n* ⟨-s; -e⟩ *biol.* botulin.

Bo·tu·lis·mus [botu'lɪsmʊs] *m* ⟨-; *no pl*⟩ *med.* botulism.

Bou·clé [bu'kle:] *m* ⟨-s; -s⟩ bouclé. **~,garn** *n* bouclé (yarn). **~,tep·pich** *m* bouclé carpet.

Bouf·fon·ne·rie [bufɔnə'ri:] *f* ⟨-; -n [-ən]⟩ *lit.* buffoonery.

Bouil·lon [bʊl'jõ:; bu'jõ; bʊl'jɔŋ] *f* ⟨-; -s⟩ *gastr.* meat broth, clear soup, bouillon; **~ mit Ei** egg bouillon. **~kul,tur** *f biol.* broth culture. **~,sup·pe** *f* → **Bouillon**. **~,wür·fel** *m* beef (*od.* (bouillon) cube.

Bou·let·te [bu'lɛtə] *f* ⟨-; -n⟩ → **Bulette**.

Bou·le·vard [bulə'va:r; bʊl'va:r] *m* ⟨-s; -s⟩ boulevard. **~,blatt** *n* tabloid. **~,pres·se** *f* yellow (*od.* rainbow, gutter) press. **~thea·ter** [-te,ɑ:tər] *n* light entertainment theatre. **~,zei·tung** *f* tabloid.

Bou·quet [bu'ke:] *n* ⟨-s; -s⟩ → **Bukett**.

Bour·bo·ne [bʊr'bo:nə] *m* ⟨-n; -n⟩ *hist.* Bourbon. **bour'bo·nisch** *adj* Bourbonian.

Bour·don [bʊr'dõ:] *m* ⟨-s; -s⟩ → **Bordun**. **~,fe·der** *f tech.* Bourdon spring.

bour·geois [bʊr'ʒõa] *adj* bourgeois.

Bour·geois[1] [bʊr'ʒõa] *m* ⟨- [-'ʒõa(:s)]; - [-'ʒõa:s]⟩ bourgeois.

Bour·geois[2] *f* ⟨-; *no pl*⟩ → **Borgis**.

Bour·geoi·sie [bʊrʒõa'zi:] *f* ⟨-; -n [-ən]⟩ bourgeoisie.

Bour·ret·te [bu'rɛtə] *f* ⟨-; -n⟩ *Textil.* **1.** silk waste, floss silk. **2.** (*Gewebe*) bourette.

Bou·tique [bu'ti:k] *f* ⟨-; -s *u.* -n [-kən]⟩ boutique.

Bou·ton [bu'tõ:] *m* ⟨-s; -s⟩ button-shaped earring.

Bo·vi·den [bo'vi:dən] *pl zo.* Bovidae *pl*, bovines *pl*.

Bo·vist ['bo:vɪst; bo'vɪst] *m* ⟨-(e)s; -e⟩ *bot.* puff-ball.

'**Bow·den,zug** ['baudən-] *m tech.* Bowden cable.

'**Bo·wie,mes·ser** ['bo:vi-] *n* bowie (knife).

Bow·le ['bo:lə] *f* ⟨-; -n⟩ **1.** *gastr.* cold punch, cobbler, *Am.* bowl. **2.** (*Gefäß*) bowl, tureen.

'**Bow·len|,glas** *n* punch glass (*od.* cup). **~,löf·fel** *m* punch ladle.

Bow·ling ['bo:lɪŋ] *n* ⟨-s; -s⟩ bowling. **~-,Hal·le** *f* bowling-alley.

Box [bɔks] *f* ⟨-; -en⟩ **1.** (*Pferde≈*) (loose) box. **2.** *für Rennwagen*: pit. **3.** (*Ausstellungsstand*) stand, booth. **4.** *phot.* box camera. **5.** (*Lautsprecher≈*) box.

'**Box|,ball** *m Sport*: punch(ing)-ball. **~-,calf** [-,kalf] *n* ⟨-s; -s⟩ (*Leder*) boxcalf.

Bo·xe ['bɔksə] *f* ⟨-; -n⟩ **1.** → **Box** 1, 2, 3. **2.** *e-r Garage*: box, lock-up. **3.** *aer.* a) aircraft revetment, b) *für Strahlflugzeuge*: blast bay.

bo·xen ['bɔksən] **I** *v/t* ⟨*h*⟩ **1.** punch, hit; **j-n** (*a.* **j-m**) **ins Gesicht ~** punch s.o. in the face; **sich mit j-m ~** have a fight with s.o. **2.** (*anstoßen*) nudge, box; **II** *v/i* **3.** box, (have a) fight. **4.** *Sport*: box; **gegen j-n ~** box (against) s.o. **III ≈** *n* ⟨-s⟩ **5.** *Sport*: boxing.

'**Bo·xen,halt** *m Autorennen*: pit stop.

'**Bo·xer** *m* ⟨-s; -⟩ **1.** *Sport*: boxer, fighter. **2.** *zo.* (*Hund*) boxer. **3.** *hist.* Boxer; **~aufstand** *m hist.* (Chinese) Boxer Rebellion. **Bo·xe'rei** *f* ⟨-; *no pl*⟩ *colloq.* fighting, brawl, *sl.* punch-up. '**bo·xe·risch** *adj* boxing, pugilistic.

'**Bo·xer,mo·tor** *m mot.* flat opposed piston engine, pancake (*od.* boxer) engine; **Vierzylinder ~** flat-four engine.

ˈBox|ˌhandˌschuh *m* boxing-glove. **~ˌkalb** *n, a.* **~ˌkalf** [-ˌkalf] *n* ⟨-s; -s⟩ (*Leder*) boxcalf. **~ˌkampf** *m* boxing match, bout, fight. **~ˌkämp·fer** *m* → Boxer 1. **~ˌkunst** *f* (art of) boxing. **~ˌmei·ster·schaf·ten** *pl* boxing championships *pl.* **~ˌring** *m* ring. **~ˌschuh** *m* boxing shoe. **~ˌsport** *m* boxing. **~ˌstaf·fel** *f* boxing team.

Boy [bɔʏ] *m* ⟨-s; -s⟩ **1.** (*Laufbote*) (errand-)boy. **2.** (*Hotel≈*) pageboy, *Am.* bellboy. **3.** *Textil.* coarse flannel.

Boy·kott [bɔʏˈkɔt] *m* ⟨-(e)s; -e⟩ boycott; **den ~ verhängen über** (*acc*) → **boy·kotˈtie·ren** [-ˈtiːrən] *v/t* ⟨*no* **ge-**, **h**⟩ boycott.

Boy-Scout [ˈbɔʏˌskaʊt] *m* ⟨-(s); -s⟩ boy scout.

brab·beln [ˈbrabəln] *v/t u. v/i* ⟨**h**⟩ *colloq.* mumble, mutter, *bes. Kind*: babble.

brach[1] [braːx] *1 u. 3 sg pret of* **brechen**[1].

brach[2] *adj* **1.** *agr.* fallow, uncultivated, untilled. **2.** *fig.* fallow, unused, idle; → *a.* **brachliegen.**

ˈBra·che *f* ⟨-; -n⟩ *agr.* fallow.

brä·che [ˈbrɛːçə] *1 u. 3 sg pret subj of* **brechen**[1].

bra·chen [ˈbraːxən] *v/t* ⟨**h**⟩ *agr.* **1.** (*brachliegen lassen*) fallow. **2.** *dial.* plough, *bes. Am.* plow.

Bra·chet [ˈbraːxət] *m* ⟨-s; -e⟩ *archaic* June.

ˈBrachˌfeld *n agr.* fallow (field).

bra·chi·al [braˈxĭaːl] *adj* **1.** *anat.* brachial. **2.** *lit.* **~e Gewalt** → **≈geˌwalt** *f lit.* (**mit ~** by) brute force.

ˈBrach|ˌland *n agr.* fallow (land). **≈ˌle·gen** *v/t* ⟨*sep*, **-ge-**, **h**⟩ *agr.* lay fallow. **≈ˌlie·gen** *v/i* ⟨*irr, sep*, **-ge-**, **h** *u.* **sein**⟩ *agr.* lie fallow, *fig. a.* go to waste. **~ˌmo·nat** *m*, **~ˌmond** *m archaic* June.

Brach·se [ˈbraksə] *f* ⟨-; -n⟩, **ˈBrach·sen** *m* ⟨-s; -⟩ *ichth.* bream.

brach·te [ˈbraxtə] *1 u. 3 sg pret,* **bräch·te** [ˈbrɛçtə] *1 u. 3 sg pret subj of* **bringen.**

ˈBrachˌvo·gel *m zo.* a) **Großer ~** curlew, b) **Kleiner ~** whimbrel.

Bra·chy|lo·gie [braxyloˈgiː] *f* ⟨-; -n [-ən]⟩ *ling.* brachylogy. **≈zeˈphal** [-tseˈfaːl] *adj med.* brachycephalic. **~ze·phaˈlie** [-tsefaˈliː] *f* ⟨-; -n [-ən]⟩ brachycephalism, brachycephaly.

ˈBrachˌzeit *f agr.* fallow(ing) season.

Bracke[1] (*getr.* **-k·k-**) [ˈbrakə] *m* ⟨-n; -n⟩ **1.** hound, hunting dog. **2.** male young animal.

ˈBracke[2] (*getr.* **-k·k-**) *f* ⟨-; -n⟩ *am Wagen*: doubletree.

ˈBrackˌwas·ser *n* brackish water.

Brä·gen [ˈbrɛːgən] *m* ⟨-s; -⟩ → **Bregen.**

Brah·ma [ˈbraːma] *m* ⟨-s; *no pl*⟩ *relig.* Brahma. **ˈBrah·man** *n* ⟨-s; *no pl*⟩ Brahma. **Brah·ma·ne** [braˈmaːnə] *m* ⟨-n; -n⟩ Brahman. **Brahˈma·nin** *f* ⟨-; -nen⟩ Brahmanee. **brahˈma·nisch** *adj* Brahmanic(al). **Brah·maˈnis·mus** [-maˈnɪsmʊs] *m* ⟨-; *no pl*⟩ Brahmanism.

Brah·mi·ne [braˈmiːnə] *m* ⟨-n; -n⟩ → Brahmane.

ˈBraille|al·phaˌbet [ˈbraj-] (*Fr.*) *n* Braille alphabet. **~ˌschrift** *f* Braille.

Bram [braːm] *f* ⟨-; -en⟩ → **Bramstenge.**

Bra·mar·bas [braˈmarbas] *m* ⟨-; -se⟩ *lit. contp.* braggart, swaggerer. **bra·mar·baˈsie·ren** [-baˈziːrən] *v/i* ⟨*no* **ge-**, **h**⟩ brag, swagger, bluster.

ˈBram|ˌrah *f mar.* topgallant yard. **~ˌse·gel** *n* topgallant sail. **~ˌsten·ge** *f* topgallant mast. **~ˌtuch** *n* duck.

Bran·che [ˈbrãːʃə] *f* ⟨-; -n⟩ *econ.* line (of business), trade, branch (of industry); **in welcher ~ ist er tätig?** what is his line (of business)?; **er ist nicht aus m-r ~** he and I work in different fields (of activity).

ˈBran·chen|erˌfah·rung *f econ.* experience in the trade. **≈ˌfremd** *adj* foreign (to the trade). **~ˌkennt·nis** *f* knowledge of the trade. **≈ˌkun·dig** *adj* experienced in the trade. **≈ˌüb·lich** *adj* usual in the trade (*od.* industry) concerned. **~ver·ˌzeich·nis** *n* classified directory, *colloq.* yellow pages *pl.*

Bran·chie [ˈbrançĭə] *f* ⟨-; -n⟩ → **Kieme.**

Brand [brant] *m* ⟨-(e)s; ¨-e⟩ **1.** fire, blaze; (*Groß≈*) conflagration, great fire; *poet.* **innerer ~** burning passion; **in ~** on fire, burning, in flames, ⟨*pred*⟩ ablaze; **in ~ geraten** catch fire; **in ~ stecken** (*od.* **setzen**) a) (*Haus etc*) set fire to, set *a house* on fire, b) (*Brennholz etc*) kindle, ignite, c) (*Zigarre etc*) light; **in ~ stehen** be on fire (*od.* ablaze); **e-n ~ (an)legen** lay a fire; **e-n ~ löschen (eindämmen)** extinguish (localize) a fire; **e-e Pfeife in ~ erhalten** keep a pipe burning (*od. colloq.* going). **2.** ⟨*only sg*⟩ *fig. colloq.* (*Durst*) terrible thirst. **3.** ⟨*only sg*⟩ *med.* gangrene, necrosis. **4.** *bot.* blight, smut, mildew. **5.** *agr.* (*Gestützeichen*) brand. **6.** *tech.* a) ⟨*only sg*⟩ *Ziegel, a. Keramik*: burning, baking, b) (*gebrannter Satz*) batch (*of bricks*). **7.** ⟨*only sg*⟩ (*Heizmaterial*) fuel. **8.** (*brennendes Holzstück*) (fire)brand. **≈ˌar·tig** *adj med.* gangrenous. **~as·se·kuˌranz** *f Swiss for* Feuerversicherung. **~beˌkämp·fung** *f* fire fighting. **~ˌbin·de** *f med.* (bismuth) bandage for burns. **~ˌbla·se** *f* blister. **~ˌbom·be** *f mil.* incendiary bomb. **~ˌbrief** *m colloq.* urgent (*od.* sharp) letter. **~diˌrek·tor** *m* fire chief, *Am.* fire warden. **≈ˈei·lig** *adj colloq.* very urgent, pressing. **~ˌei·sen** *n* branding iron.

bran·den [ˈbrandən] *v/i* ⟨**h**⟩ *Meer, Wellen*: surge, break (**an** *acc*, **gegen** against); *fig. Menschenmenge, Musik, Verkehr, etc*: surge.

Bran·den·bur·ger [ˈbrandənˌbʊrgər] *geogr.* **I** *m* ⟨-s; -⟩ inhabitant of Brandenburg. **II** *adj* (of) Brandenburg; **das ~ Tor** the Brandenburg Gate. **ˈbran·den·ˌbur·gisch** *adj* (of) Brandenburg; *mus.* **die ≈en Konzerte** the Brandenburg Concertos (*by Bach*).

ˈBrandˌen·te *f zo.* sheldrake, shelduck.

ˈBran·der *m* ⟨-s; -⟩ *mar. hist.* fireship.

ˈBrand|ˌfackel (*getr.* **-k·k-**) *f* firebrand, torch; *fig. a.* torch of war. **~ˌfeld** *n Bergbau*: area of fire. **≈ˌfest** *adj* fireproof. **~ˌfla·sche** *f* incendiary bottle, Molotov cocktail. **~ˌfleck** *m*, **~ˌflecken** (*getr.* **-k·k-**) *m* **1.** burn, singed spot. **2.** *med.* gangrenous spot. **3.** *auf Porzellan*: burn, fire check. **~ˌfuchs** *m* **1.** *hunt.* red fox. **2.** (*Pferd*) sorrel. **~ˌgas·se** *f* fire lane (*between two houses*). **~geˌfahr** *f* fire risk (*od.* hazard). **~geˌruch** *m* burnt smell. **~geˌschoß** *n mil.* incendiary bullet (*od.* shell, projectile). **~geˌschwür** *n* gangrenous ulcer. **~ˌglocke** (*getr.* **-k·k-**) *f* fire-bell, tocsin. **~ˌherd** *m* source of (the) fire, *fig.* storm-cent/re (*Am.* -er), trouble spot.

bran·dig [ˈbrandɪç] *adj* **1.** having a burnt smell (*od.* taste); **~er Geruch** burnt smell. **2.** *med.* gangrenous. **3.** *agr. Getreide*: blighted, smutted.

ˈBrand|ˌkas·se *f econ.* fire-insurance office. **~ka·taˌstro·phe** *f* fire disaster, conflagration. **~ˌle·der** *n* insole leather. **~ˌle·gung** *f* → **Brandstiftung.** **~ˌmal** *n* ⟨-s; -e, -mäler⟩ **1.** brand. **2.** *fig. lit.* stigma. **~ma·leˌrei** *f* poker-work, pyrography.

ˈbrandˌmar·ken [-ˌmarkən] *v/t* ⟨*insep*, **ge-**, **h**⟩ **1.** *fig.* brand, stigmatize, denounce. **2.** *obs.* (*Vieh*) brand. **ˈBrand·ˌmar·kung** *f* ⟨-; -en⟩ *fig.* branding, stigmatization, denouncement.

ˈBrand|ˌmau·er *f* fire wall. **~ˌmei·ster** *m* divisional officer of the fire department. **~ˌmit·tel** *n med.* remedy for burns and scalds. **~ˌnar·be** *f* scar from a burn. **≈ˈneu** *adj colloq.* bran(d)-new. **~ˌop·fer** *n relig.* burnt-offering. **~ˌpfeil** *m mil. hist.* fire-arrow. **~ˌpfla·ster** *n med.* plaster for burns. **~ˌpilz** *m bot.* smut (fungus). **~ˌre·de** *f* inflammatory speech. **~ˌsal·be** *f* burn ointment. **~ˌsatz** *m mil.* incendiary composition. **~ˌscha·den** *m* damage caused by fire. **≈ˌschat·zen** [-ˌʃatsən] **I** *v/t* ⟨*insep*, **ge-**, **h**⟩ **1.** sack, pillage, plunder. **2.** *mil. hist.* lay *s.o., s.th.* under contribution. **II** *v/i* **3.** pillage, plunder. **III ≈** *n* ⟨-s⟩ **4.** pillaging. **~ˌschat·zung** *f* ⟨-; -en⟩ **1.** (*Plünderung*) pillage, pillaging. **2.** *mil. hist.* (war) contribution. **~ˌschie·fer** *m geol.* bituminous shale. **~ˌschnei·se** *f* fire lane. **~ˌschutz** *m* fire protection (*od.* prevention). **~ˌsoh·le** *f* insole. **~ˌstel·le** *f* **1.** scene of (the) fire. **2.** → **Brandfleck.** **~ˌstif·ter** *m* incendiary, arsonist. **~ˌstif·tung** *f* incendiarism, arson. **~ˌtür** *f* fire door.

ˈBran·dung *f* ⟨-; *no pl*⟩ surf, breakers *pl*; *fig.* **e-e ~ von Begeisterung** a surge (*od.* wave) of enthusiasm; **die ~ des Verkehrs** the roar of the traffic, the surging traffic.

ˈBran·dungs|ˌboot *n* surfboat. **~ˌhöh·le** *f* sea cave. **~ˌschwim·men** *n* surf-riding. **~ˌwel·le** *f* breaker, surf wave.

ˈBrand|verˌhü·tung *f* fire prevention. **~ˌwa·che** *f* **1.** fire-watch(ing duty). **2.** (*Person*) fire-watcher, fire-guard. **~ˌwun·de** *f med.* burn, *durch Verbrühen*: scald. **~ˌzei·chen** *n* brand. **~ˌzie·gel** *m* firebrick.

brann·te [ˈbrantə] *1 u. 3 sg pret of* **brennen.**

ˈBranntˌwein *m* **1.** (*Schnaps*) spirits *pl.* **2.** (*Weinbrand*) brandy. **~ˌbren·ner** *m* distiller. **~bren·neˌrei** *f* distillery. **~de·stil·la·tiˌon** *f* distillation.

Bra·sil[1] [braˈziːl] *m* ⟨-s; -e *od.* -s⟩ **1.** Brazil coffee. **2.** Brazil tobacco.

Braˈsil[2] *f* ⟨-; -⟩ Brazil cigar.

Bra·si·lia·ner [braziˈlĭaːnər] *m* ⟨-s; -⟩, **Bra·siˈlia·ne·rin** [-ˈlĭaː-] *f* ⟨-; -nen⟩ Brazilian. **bra·siˈlia·nisch** [-ˈlĭaːnɪʃ] *adj* Brazilian.

Braˈsilˌnuß *f* Brazil nut.

Bras·se [ˈbrasə] *f* ⟨-; -n⟩ *mar.* brace.

bras·sen [ˈbrasən] *v/t* ⟨**h**⟩ *mar.* brace; **vierkant ~** square.

brät [brɛːt] *3 sg pres of* **braten.**

ˈBratˌap·fel *m* **1.** baked apple. **2.** baking apple.

brä·teln [ˈbrɛːtəln] *v/t* ⟨**h**⟩ *gastr.* roast *s.th.* lightly.

bra·ten [ˈbraːtən] **I** *v/t* ⟨**brät, briet, gebraten, h**⟩ a) (*Fleisch*) roast, b) *im Ofen*: bake, c) *auf dem Rost*: grill, broil, d) *in der Pfanne*: fry; **et. am Spieß ~** roast s.th. on a spit, barbecue s.th.; **Zwiebeln braun ~** brown onions; *fig. colloq.* **et am ≈ haben** have s.th. cooking; → **gebraten.** **II** *v/i* a) *im Topf od. Ofen*: roast, bake, b) *mit Zusatz von Flüssigkeit*: braise, c) *auf dem Rost*: grill, d) *in der Pfanne*: fry; *fig.* **in der Sonne ~, sich** (*acc*) **in der Sonne ~ lassen** roast (*od.* bask) in the sun; *fig.* **in der Hölle ~** roast in hell.

ˈ**Bra·ten** *m* <-s; -> roast (meat); (*Keule*) joint; kalter ~ cold meat; *fig. colloq.* ein fetter ~ a fat morsel, a good catch; *fig. colloq.* den ~ riechen smell a rat, get wind of it. ~ˌ**brü·he** *f* → Bratensaft. ~ˌ**fett** *n* dripping. ~ˌ**fleisch** *n* roast (meat), meat for roasting. ~ˌ**saft** *m* **1.** meat juice. **2.** → ~ˌsau·ce *f*, ~ˌso·ße *f*, ~ˌ**tun·ke** *f* gravy. ~ˌ**wen·der** *m* roasting-jack, turnspit.

ˈ**Bra·ter** *m* <-s; -> roasting-jack.

ˈ**bratˌfer·tig** *adj* oven-ready.

ˈ**Brat|ˌfett** *n gastr.* cooking fat. ~ˌ**fisch** *m* **1.** fried fish. **2.** fish for frying. ~ˌ**hähn·chen** *n* → Brathuhn. ~ˌ**hen·del** *n dial. for* Brathuhn. ~ˌ**he·ring** *m* fried (*od.* grilled) herring. ~ˌ**huhn** *n*, ~ˌ**hühn·chen** *n* **1.** roast (*od.* broiled, grilled) chicken. **2.** *zum Braten*: broiler. ~**kar**ˌ**tof·feln** *pl* fried potatoes *pl*.

Brat·ling [ˈbraːtlɪŋ] *m* <-s; -e> *gastr.* vegetarian cutlet (*od.* rissole).

Brät·ling [ˈbrɛːtlɪŋ] *m* <-s; -e> **1.** *bot.* agaric. **2.** *ichth.* sprat.

ˈ**Brat|ˌofen** *m* (roasting) oven. ~ˌ**pfan·ne** *f* **1.** frying-pan. **2.** *fürs Backrohr*: baking dish, dripping pan. ~ˌ**röh·re** *f* oven. ~ˌ**rost** *m* grid(iron), grill.

Brat·sche [ˈbraːtʃə] *f* <-; -n> *mus.* viola. ˈ**Brat·scher** <-s; ->, ˈ**Brat·schist** [braˈtʃɪst] *m* <-en; -en> viola player, violist.

ˈ**Brat|ˌspieß** *m* spit, broach. ~ˌ**wurst** *f* **1.** *zum Braten*: frying sausage. **2.** *aus der Pfanne*: fried sausage, *vom Rost*: broiled (*od.* grilled) sausage.

Bräu [brɔʏ] *n* <-(e)s; -e *od.* -s> *Southern G.* **1.** beer. **2.** brewery. **3.** → Bräustübe(r)l.

ˈ**brau|be**ˌ**rech·tigt** *adj* licen/ced (*Am.* -sed). ≈ˌ**bot·tich** *m* brewing vat (*od.* tun).

Brauch [braux] *m* <-(e)s; Bräuche> **1.** (*Sitte*) custom; (*Übung*) practice; (*Gewohnheit*) use, habit, wont; alter ~ old custom, tradition; nach altem ~ a) according to an old custom, b) in the traditional way, c) *weitS.* as is customary; so ist es bei uns der ~ that's the custom (*od.* practice) with us, that's the way we do it; es ist außer ~ gekommen it is not done any longer, it has fallen into disuse. **2.** (*Sprachgebrauch*) usage; allgemeiner (*od.* fester) ~ common usage. **3.** *econ.* custom of trade, usage, practice.

ˈ**brauch·bar** *adj* **1.** *Person*: useful; (*fähig*) able, efficient; (*geeignet*) suitable; er ist zu nichts ~ he is useless. **2.** *Gegenstand*: useful, usable, serviceable, handy; noch ~e Schuhe shoes that are still all right (*od.* wearable). **3.** *Rat etc*: useful, practicable, sound, good (*advice, suggestion, etc*); ein ~er Plan a workable plan. ≈**keit** *f* <-; *no pl*> usefulness; serviceability; practicability.

brau·chen [ˈbrauxən] **I** *v/t* <h> **1.** (*nötig haben*) need, want, be in need (*od.* want) of, require; et. dringend ~ need s.th. urgently (*od.* badly); sonst brauche ich nichts mehr that's all I need; das ist gerade das, was ich brauche that is just what I need (*od.* wanted, was looking for); wozu brauchst du e-n Schirm? what do you want with an umbrella?; dich ~ wir gerade a) you are the very person we need, b) *iro.* you are all we wanted. **2.** (*Zeit*) need, take; ich brauche Zeit I need time; wie lange wird er ~? how long will he take (*od.* will it take him)?; er brauchte e-n Monat, bis er dort war it took him (*od.* he took) a month to get there; lange zu et. ~ take a long time over s.th. **3.** (*mit zu u. Infinitiv, oft mit reinem Infinitiv*) need, have to; das einzige, was Sie (zu) wissen ~ all you need (*od.* have) to know; du brauchst es ja nur (zu) sagen you only have to say so, just say so; du brauchst es mir nicht (zu) sagen you don't have to tell me; das hättest du ihm nicht (zu) sagen ~ you did not need to tell him that; er hätte nicht (zu) kommen ~ he need not have come; das braucht niemand (zu) wissen no one need know this. **4.** (*verwenden, ge~*) use, make use of; das Fahrrad kann ich nicht ~ I have no use for the bicycle; das könnte ich ~ I could use (*od.* do with) that; *iro.* das könnte ich so ~! that was the last thing I needed!; dazu kann man ihn gut ~ he is just the man for that; er brauchte Gewalt he used force; er ist nicht (*od.* zu nichts) zu ~ he is quite useless, he is hopeless; das kann ich nicht ~ I have no use for that, that won't help me; *colloq.* solche Probleme kann ich jetzt nicht ~ I have no time for such problems just now. **5.** (*ver~*) use (up), consume, (*Geld*) use, spend; der Wagen braucht viel Treibstoff the car uses a lot of fuel. **II** *v/impers.* **6.** das braucht (s-e) Zeit that takes time; das braucht es nicht that's not necessary; es braucht k-s Beweises mehr there is no need for further proof; es braucht nicht gleich (zu) sein it doesn't have to be (done) right now.

ˈ**Brauch·tum** *n* <-s; -tümer> *lit.* **1.** custom(s *pl*), tradition. **2.** folklore.

Braue [ˈbrauə] *f* <-; -n> (eye)brow.

brau·en [ˈbrauən] **I** *v/t* <h> **1.** (*Bier*) brew. **2.** (*Tee, Punsch etc*) make, brew. **3.** *fig. contp.* (*e-n Plan, Aufsatz etc*) brew, hatch, concoct; Unheil ~ brew mischief. **II** *v/i* **4.** *poet.* → 5. **III** *v/reflex* sich ~ **5.** *poet. Nebel, Unwetter etc*: be brewing. **IV** ≈ *n* <-s> **6.** brewing.

ˈ**Brau·er** *m* <-s; -> brewer.

Braueˈrei *f* <-; -en> **1.** (*~betrieb*) brewery. **2.** brewing. ~ˌ**fach** *n* brewing business. ~ˌ**he·fe** *f* brewer's yeast.

ˈ**Brau|ˌfaß** *n* brewing vat. ~ˌ**gers·te** *f* brewing barley. ~**ge**ˌ**wer·be** *n* brewing (industry). ~ˌ**haus** *n* brewery. ~ˌ**mei·ster** *m* master brewer, brewmaster.

braun [braun] **I** *adj* <-er; -(e)st> **1.** brown, (*lohfarben*) tan; ~ färben (*od.* beizen, machen) (make) brown; *gastr.* ~ braten (fry till) brown; *pol. contp.* er hat e-e ~e Vergangenheit he was a Nazi. **2.** (*sonnen~*) brown, (sun)tanned, bronzed; ~ werden get a tan, get tanned. **3.** *Rasse, Hautfarbe*: dark(-skinned); ~er Teint dark complexion. **II** ≈ *n* <-s; *no pl*> **4.** (die Farbe) ≈ (the colo[u]r) brown. **5.** Meister ≈ *in Fabeln*: Bruin, Mr. Bear. ~ˌ**äu·gig** *adj* brown-eyed.

ˈ**Braun|ˌal·gen** *pl bot.* brown algae. ~ˌ**bär** *m* brown bear. ~ˌ**bier** *n* brown beer.

ˈ**Brau·ne**[1] *m* <-n; -n> *colloq.* **1.** bay (horse). **2.** *hist.* Nazi, Brownshirt.

ˈ**Brau·ne**[2] *m* <-n; -n> *Austrian* coffee with a dash of milk (*od.* cream).

Bräu·ne [ˈbrɔʏnə] *f* <-; *no pl*> **1.** brownness; (*Sonnen≈*) (sun)tan. **2.** *obs. colloq.* diphtheria, angina.

ˈ**Braun**ˌ**ei·sen** *n min.* limonite. ~ˌ**erz** *n* brown hematite, limonite. ~ˌ**stein** *m* brown iron ore.

Brau·nel·le [brauˈnɛlə] *f* <-; -n> **1.** *zo.* a) hedge sparrow, b) alpine accentor. **2.** *bot.* a) prunella, b) self-heal.

bräu·nen [ˈbrɔʏnən] **I** *v/t* <h> **1.** brown, make *s.th., s.o.* brown, *durch Sonne*: *a.* tan. **2.** (*Zwiebeln, Mehl etc*) brown. **II** *v/i* <sein> **3.** brown, become (*od.* grow, turn, get) brown, *durch Sonne*: (get a) tan; wir ließen uns von der Sonne ~ we basked in the sun. **III** *v/reflex* <h> sich ~ → bräunen 3.

ˈ**Braun|ˌfäu·le** *f bot.* brown rot. ≈**ge**ˌ**brannt** *adj* **1.** *Haut, Person*: tanned, bronzed. **2.** *Zwiebeln, Mehl etc*: browned. ≈ˌ**gelb** *adj* brownish-yellow, tawny. ≈**haa·rig** *adj* brown-haired. ~ˌ**hemd** *n pol. hist.* **1.** brown shirt. **2.** (*Person*) Brownshirt.

Brau·nit [brauˈniːt; -ˈnɪt] *m* <-(e)s; -e> *min.* braunite.

ˈ**Braun**ˌ**kehl·chen** *n* <-s; -> *zo.* whinchat.

ˈ**Braun**ˌ**kohl** *m bot.* curly (*od.* green) kale.

ˈ**Braun**ˌ**koh·le** *f* brown coal, lignite.

ˈ**Braun**ˌ**koh·len|**ˌ**berg**ˌ**bau** *m* brown-coal (*od.* lignite) mining (industry). ~ˌ**berg**ˌ**werk** *n* brown-coal mine. ~**bri**ˌ**kett** *n* brown-coal briquet(te). ≈ˌ**hal·tig** *adj min.* lignitic. ~ˌ**la·ger** *n* lignite bed (*od.* deposit). ~ˌ**teer** *m* lignite tar.

bräun·lich [ˈbrɔʏnlɪç] *adj* brownish.

ˈ**braun**ˌ**rot I** *adj* **1.** brown-red, russet. **II** ≈ *n* **2.** brown red. **3.** *her.* murrey.

Braunsch [braunʃ] *adj phys.* ~e Röhre cathode ray (*od.* Braun) tube.

ˈ**braun|**ˌ**scheckig** (*getr.* -k·k-) *adj* brown-flecked (*od.* -mottled). ≈ˌ**schim·mel** *m* bay (horse). ≈ˌ**schliff** *m Papier*: leather board pulp.

Braun·schwei·ger [ˈbraunˌʃvaigər] **I** *m* <-s; -> native (*od.* inhabitant) of Brunswick. **II** *adj* (of) Brunswick; ~ Grün Brunswick green; ~ (Wurst) Brunswick sausage.

ˈ**Braun**ˌ**stein** *m min.* manganese dioxide.

ˈ**Bräu·nung** *f* <-; *no pl*> **1.** browning; tanning. **2.** → Bräune 1.

Braus [braus] *m* → Saus.

Brau·se [ˈbrauzə] *f* <-; -n> **1.** (*Gieß≈*) rose, sprinkler. **2.** → Dusche 1. ~ˌ**bad** *n* shower (bath). ~**ka**ˌ**bi·ne** *f* shower cabin (*od.* cubicle). ~ˌ**kopf** *m* **1.** *tech.* spray nozzle (*od.* head), rose. **2.** *fig. colloq.* hothead. ~**li·mo**ˌ**na·de** *f* effervescent (*od.* fizzy) lemonade, sherbet, *colloq.* pop.

brau·sen [ˈbrauzən] **I** *v/i* <h *u.* sein> **1.** <h> *Wind, Wellen, Verkehr etc*: roar, *Beifall*: *a.* ring (out); es braust mir in den Ohren my ears are buzzing. **2.** <sein> *fig. colloq. Auto, Flugzeug etc*: roar, *colloq.* buzz, zoom. **3.** <sein> *fig. colloq. Person*: rush, dash, *colloq.* buzz, zoom. **4.** <h> (*duschen*) → 6. **5.** <h> *Limonade etc*: fizz, effervesce. **II** *v/reflex* <h> sich ~ **6.** (*duschen*) have (*od.* take) a shower (bath), *bes. Am.* shower. **III** ≈ *n* <-s> **7.** roar(ing). ~**d** *adj* **1.** roaring (*wind, traffic, laughter, etc*); ~er Beifall roaring (*od.* thunders of) applause. **2.** effervescent.

ˈ**Brau·se|**ˌ**pul·ver** *n* sherbet powder. ~ˌ**raum** → Duschraum. ~ˌ**was·ser** *n* carbonated (*od.* soda) water. ~ˌ**wind** *m* **1.** *poet.* roaring wind. **2.** *fig. lit.* young hotspur.

ˈ**Bräu**ˌ**stü·be(r)l** [-ʃtyːbə(r)l] *n Southern G.* beer (*od.* tap) room.

Braut [braut] *f* <-; ⸚e> **1.** *am Hochzeitstag*: bride; ~und Bräutigam bride and bridegroom; *relig.* ~ Christi bride of Christ, nun. **2.** (*Verlobte*) fiancée, *lit.* betrothed, *colloq.* intended; sie ist s-e ~ she is his fiancée, she is engaged to him. **3.** *colloq.* girl(-friend). ~ˌ**aus**ˌ**stat·tung** *f* trousseau. ~ˌ**bett** *n* bridal bed. ~ˌ**en·te** *f zo.* wood duck. ~ˌ**füh·rer** *m* bride's male attendant. ~**ge**ˌ**mach** *n lit.* bridal (*od.* nuptial) chamber.

Bräu·ti·gam [ˈbrɔʏtɪgam] *m* ‹-s; -e› **1.** bridegroom, *a.* groom. **2.** (*Verlobter*) fiancé, *lit.* betrothed.

ˈBraut|ˌjung·fer *f* bridesmaid. **~ˌkleid** *n* wedding-dress. **~ˌkranz** *m* bridal wreath. **~ˌleu·te** *pl* → Brautpaar.

bräut·lich [ˈbrɔʏtlɪç] *adj obs. lit.* bridal.

ˈBraut|ˌmes·se *f R.C.* nuptial mass. **~ˌmut·ter** *f* mother of the bride. **~ˌnacht** *f* wedding night. **~ˌpaar** *n* **1.** *am Hochzeitstag*: bride and bridegroom, bridal pair; newly married couple. **2.** engaged couple. **~ˌschatz** *m obs.* dowry. **~ˌschau** *f humor.* **auf (die) ~ gehen, ~ halten** look out for a wife. **~ˌschlei·er** *m* bridal veil. **~ˌschmuck** *m* **1.** bride's dress, bridal array. **2.** bride's jewellery (*Am.* jewelry). **~ˌstaat** *m* ‹-(e)s; *no pl*› bridal array. **~ˌsu·che** *f* **auf ~** looking for a wife. **~ˌva·ter** *m* father of the bride. **~ˌwer·ber** *m obs.* **1.** matchmaker. **2.** marriage-broker. **~ˌzeit** *f* (time of) engagement. **~ˌzug** *m* bridal procession.

ˈBrauˌwe·sen *n* ‹-s; *no pl*› brewing (industry).

brav [braːf] **I** *adj* ‹-er [ˈbraːvər; ˈbraːfər]; -st› **1.** (*artig*) good, well-behaved; **sei ~!** be good! **2.** (*anständig, ehrlich*) good, honest, worthy, upright; **er hat e-e ~e Frau** he has a good wife. **3.** *obs.* (*tapfer*) brave (*soldier*). **4.** *meteor.* **~e Westwinde** brave west winds. **II** *adv* **5.** **~!** good boy (*od.* girl)!; **~ (gemacht)!** well done!; **er hat ~ s-e Aufgaben gemacht** he did his homework like a good boy. **Ձheit** *f* ‹-; *no pl*› **1.** good behavio(u)r. **2.** honesty, uprightness.

bra·vo [ˈbraːvo] *interj* bravo!, well done!; **~ rufen** shout bravo.

ˈBra·vo[1] *n* ‹-s; -s› (shout of) bravo, *pl a.* cheers *pl.*

ˈBra·vo[2] *m* ‹-s; -s *u.* **Bravi** [-vi]› *obs.* bravo, (hired) assassin.

ˈBra·voˌruf *m* → **Bravo**[1].

Bra·vour [braˈvuːr] *f* ‹-; -en› **1.** ‹*only sg*› bravery, gallantry, bravado. **2.** ‹*only sg*› (*Schwung*) a) dash, gusto, b) brilliancy; **mit ~** → **bravourös** 3. **3.** *mus.* bravura. **~ˌarie** *f* bravura aria. **~ˌlei·stung** *f* → **Bravourstück** 1.

bra·vou·rös [bravuˈrøːs] **I** *adj* **1.** brave, gallant. **2.** *fig.* brilliant. **II** *adv* **3.** *fig.* brilliantly, with (great) bravura, in superior style.

Braˈvourˌstück *n* **1.** act of daring (*od.* derring-do), (daring) feat, stunt. **2.** *mus.* bravura.

Break [breːk; breɪk] (*Engl.*) *m, n* ‹-s; -s› *Jazz, Sport*: break.

ˈBrech|ˌboh·ne *f bot.* string (*od.* green, French) bean. **~ˌdurchˌfall** *m med.* diarrh(o)ea with vomiting.

Bre·che [ˈbrɛçə] *f* ‹-; -n› *agr. für Flachs, Hanf etc*: break.

ˈBrechˌei·sen *n* **1.** *tech.* crowbar. **2.** (*Einbruchswerkzeug*) jemmy, *Am.* jimmy.

bre·chen[1] [ˈbrɛçən] **I** *v/t* ‹**bricht, brach, gebrochen, h**› **1.** break, (*Loch*) *a.* make; **Brot ~** a) break off pieces of bread, b) *Bibl.* break bread; *poet.* **Blumen ~** pick (*od.* pluck) flowers; **den Boden ~** break the soil; *colloq.* **er hat nichts zu ~ und zu beißen** he has neither bite nor sup; *fig.* **sein Schweigen ~** break one's silence; **j-n (j-s Widerstand) ~** break (down) s.o. (s.o.'s resistance); **j-s Stolz ~** break s.o.'s pride; → **Bahn**[2] 1, **Blockade** 1, **Eis** 1, **Herz** *Bes. Redew.* (*etc*). **2.** *bes. jur.* (*nicht halten*) break, violate, (*Gesetz*) *a.* infringe, infract; **Bundesrecht bricht Landesrecht** Federal law takes precedence over State law; **die Ehe ~** commit adultery; **er hat sein Wort (den Eid) gebrochen** he broke his word (oath); → **Treue**. **3.** (*Stein, Marmor etc*) crush, break, *im Steinbruch*: quarry. **4.** *brew.* (*Malz etc*) bruise. **5.** *chem.* (*Emulsionen*) split. **6.** (*abtönen*) (*Farben*) tone down. **7.** (*Nüsse*) crack. **8.** *mar.* a) (*Tau*) break, part, b) (*Anker*) break out. **9.** *med.* (*Arm, Bein etc*) break, fracture; **(sich** *dat*) **den Arm ~** break one's arm. **10.** *med.* (*Blut, Galle etc*) vomit. **11.** *opt. phys.* (*Strahlen etc*) diffract, break, refract. **12.** *print.* a) (*Papier*) fold, crease, b) (*abteilen*) (*Wort*) divide, (*Zeile*) break, c) *beim Umbruch*: run over, d) (*Spalten*) make up, adjust. **13.** *Sport*: break (*a record*). **II** *v/i* ‹**sein** *u.* **h**› **14.** ‹**sein**› break; *Ast, Knochen etc*: *a.* snap, crack, *med. a.* fracture; **Seide (Leder) bricht** silk frays (leather cracks); **die Quelle bricht aus der Erde** the spring gushes out of the earth; **endlich war die Kälte gebrochen** at last the cold spell was over; **endlich war der Bann (das Eis) gebrochen** at last the spell (ice) was broken; **das Herz brach ihr vor Kummer** sorrow (*od.* grief) broke her heart; **die Stimme brach ihr, ihre Stimme brach** her voice broke; *fig.* **sie brach in die Knie** she fell on her knees; *lit.* **s-e Augen brachen** his eyes glazed in death; *fig.* **Tränen brachen ihr aus den Augen** tears welled from her eyes; *Boxen*: **~!** break! **15.** ‹**h**› **mit j-m (e-r Sache) ~** break with s.o. (s.th.); **mit der Vergangenheit ~** break with the past; **mit e-r Gewohnheit ~** break o.s. of a habit; **er hat mit der Welt gebrochen** he has turned his back on the world. **16.** ‹**sein**› *Wellen*: break. **17.** ‹**h**› *med.* vomit, be sick, throw up. **III** *v/reflex* ‹**h**› **sich ~** **18.** *Wellen etc*: break (**an den Felsen** on the rocks). **19.** *opt. phys. Schall, Licht*: be refracted, *Echo*: break (**an** *dat* on). **IV Ձ** *n* ‹-s› **20.** breaking (*etc*); **das Ձ e-s Gesetzes → Gesetzesbruch**; **der Raum war zum Ձ voll** the room was full (*od.* crammed) to bursting, the room was jammed; *colloq.* **das ist zum Ձ** it's enough to make you sick. **21.** → **Brechung** 2, 3, 4. **22.** → **Bruch**[1] 1, 2, 3, 4.

ˈbre·chen[2] *v/t* ‹**brecht, brechte, gebrecht, h**› *agr.* (*Flachs, Hanf etc*) beat, brake.

ˈbre·chend *adj opt.* refractive; *adv colloq.* **~ voll** crammed, packed (to capacity).

ˈBre·cher *m* ‹-s; -› **1.** *mar.* (*Sturzsee*) breaker. **2.** *tech.* breaker, crusher.

ˈBrech|ˌkoh·le *f* crushed coal. **~ˌkraft** *f opt.* refracting power, refraction. **~maˌschi·ne** *f* → **Brecher** 2. **~ˌmit·tel** *n* **1.** *med.* emetic. **2.** *colloq.* a) *Person*: pest, (awful) bore, drearie, b) *Sache*: sickener. **~ˌnuß** *f* nux vomica, vomit nut. **~ˌreiz** *m* nausea. **~ˌruhr** *f* → **Brechdurchfall**. **~ˌsand** *m* crushed stone sand, screening(s *pl*). **~ˌstan·ge** *f* **1.** *tech.* crowbar; *fig. colloq.* **mit der ~** by sheer force. **2.** (*Einbruchswerkzeug*) jemmy, *Am.* jimmy.

ˈBre·chung *f* ‹-; *no pl*› **1.** → **brechen**[1] 21. **2.** *opt.* refraction. **3.** *ling.* fracture (*of vowel*). **4.** *mus.* arpeggio.

ˈBre·chungs|ˌebe·ne *f opt.* plane of refraction. **~ex·poˌnent** *m* → **Brechungsindex**. **~geˌsetz** *n* law of refraction. **~ˌin·dex** *m*, **~ko·ef·fi·ziˌent** *m* refractive index. **~ˌwin·kel** *m* angle of refraction.

ˈBrech|ˌwal·ze *f tech.* crusher roll. **~ˌwalzˌwerk** *n* crushing mill. **~ˌwein·ˌstein** *m pharm.* tartar emetic. **~ˌwerk** *n tech.* **1.** crushing plant, crusher. **2.** → Brechwalzwerk. **~ˌwur·zel** *f bot.* ipecac.

Bre·douil·le [breˈduljə] *f* ‹-; *no pl*› *colloq.* **in der ~ sein** (*od.* **sitzen**) be in a scrape.

Bre·gen [ˈbreːgən] *m* ‹-s; -› *dial.* brain.

Brei [braɪ] *m* ‹-(e)s; -e› **1.** a) (*HaferflockenՁ*) porridge, b) (*ReisՁ, GriesՁ etc*) pudding, c) *Am.* (*bes. MaisՁ*) mush, d) (*KinderՁ*) pap. **2.** (*Teig*) paste. **3.** (*~masse*) pulp, mash, mush, squash; **zu ~ schlagen** a) **et.** mash (*od.* pulp) s.th., b) *fig. colloq.* **j-n** beat s.o. to a pulp. **4.** *tech.* (*PapierՁ etc*) pulp. **5.** *chem.* paste.

ˈbrei·ig *adj* **1.** pulpy, mushy. **2.** pasty.

ˈBreiˌkost *f* spoon food.

breit [braɪt] **I** *adj* ‹-er; -est› **1.** wide, broad; **2 Zoll ~** 2 inches wide (*od.* across, in width); **6 Zoll lang und 3 Zoll ~** 6 inches long and 3 inches wide, 6 inches by 3; **e-e 3 Finger ~e Lücke** a gap of three fingers' width (*od.* breadth); **et. ~er machen** widen (*od.* broaden) s.th.; **~ werden** widen, grow broader (*od.* wider). **2.** (*groß, weit*) broad, wide (*road, shoulders, etc*); **~e Nase** broad (*od.* flat) nose; **~es Kinn** broad (*od.* square) chin; **~es Grinsen** broad grin; **e-n Nagel ~ schlagen** hammer a nail flat; *fig.* **auf ~ester Grundlage arbeiten** work on a very broad basis; **die ~e Öffentlichkeit** the general public; **die ~e Masse des Volkes** the masses; **~e Schichten der Bevölkerung** wide sections of the population; **ein ~es Publikum** a wide (*od.* large) public; **es findet ein ~es Interesse** it arouses wide-spread interest; **et. in ~em Umfang(e) durchführen** carry s.th. out on a large scale. **3.** *fig. Aussprache*: broad (*accent*). **4.** *fig.* (*ausführlich*) long-winded, lengthy, diffuse, prolix. **5.** *mus.* largo. **6.** *print.* a) *Buchstaben*: extended, expanded, b) *Satz*: wide. **II** *adv* **7.** broadly, widely; **~ grinsen** grin broadly; **~ angelegt** *Erzählung*: expansive, spacious. **8.** *mus.* largo; **~ gestrichen** with long, firm strokes (of the bow).

ˈBreitˌband *n* **1.** *Radio*: wide band. **2.** *metall.* wide strip. **~abˌstim·mung** *f Radio*: broad tuning.

ˈbreit|ˌbei·nig [-ˌbaɪnɪç] *adv* straddle-legged, with legs apart; **~ gehen** roll, walk with a rolling gait; **~ stehen auf et.** straddle s.th. **Ձˌbild** *n Film*: wide-screen picture. **~ˌblät·te·rig** *adj bot.* broad-leaved, latifoliate. **~ˌbrü·stig** [-ˌbrʏstɪç] *adj* broad-chested.

Brei·te [ˈbraɪtə] *f* ‹-; -n› **1.** ‹*only sg*› (*Maßangabe*) width, breadth; *mar.* (*SchiffsՁ*) *a.* beam; **die Straße hat e-e ~ von 6 Metern** the road is 6 metres wide (*od.* in width); **die ~ e-s Zimmers (Stoffes)** the width of a room (cloth). **2.** ‹*only sg*› (*große Ausdehnung*) breadth, width; **et. der ~ nach legen** lay s.th. breadthways (*od.* sideways); **er stand in s-r vollen ~ da** he stood there as large as life; *fig. colloq.* **sie ist in die ~ gegangen** she has grown broad (across the beam). **3.** ‹*only sg*› *fig.* (*Ausführlichkeit*) long-windedness, lengthiness, diffuseness; **diese Darstellung geht zu sehr in die ~** this account is too diffuse; **in epischer ~** in epic breadth. **4.** *print. des Satzes*: width. **5.** *astr. geogr.* latitude; **54 Grad nördlicher ~** 54 degrees latitude north; **in diesen ([den] südlichen) ~n** in these (southern) latitudes.

brei·ten [ˈbraɪtən] *v/t* ‹**h**› **1.** spread (**über** *acc* over, on); **sich ~** spread (out). **2.** *metall.* a) flatten, b) (*Walzgut*) spread.

ˈBrei·ten|ˌgrad *m geogr.* **1.** degree of latitude. **2.** (*Breitenkreis*) parallel (of latitude); **am** (*od.* **auf dem**) **38.** ~ on the 38th parallel. **~ˌkreis** *m* **1.** → Breitengrad 2. **2.** *mar.* circle of latitude. **~ˌsport** *m* mass sport(s *pl*). **~ˌwirkung** *f fig.* broad effect.

ˈbreit|geˌfä·chert *adj fig.* wide (-ranging). **~ˌhüf·tig** [-ˌhʏftɪç] *adj* broad-hipped. **~ˌkrem·pig** [-ˌkrɛmpɪç] *adj* broad-brimmed. **≈ˌleinˌwand** *f Film*: wide screen.

Breit·ling [ˈbraɪtlɪŋ] *m* <-s; -e> *ichth.* sprat.

ˈbreit|ˌma·chen *v/reflex* <*sep*, **-ge-**, **h**> **sich ~ 1.** *colloq. Person*: a) spread o.s. (out); **mach dich nicht so breit!** don't take up so much room!, b) *fig.* obtrude o.s., do as if one owned the place, *Am. a.* throw one's weight about. **2.** *fig. Angst etc*: spread. **≈ˌna·sen** *pl zo.* Platyr(r)hina. **~ˌna·sig** [-ˌnaːzɪç] *adj* **1.** broad-(*od.* flat-)nosed. **2.** *zo.* platyr(r)hine. **~ˌran·dig** [-ˈrandɪç] *adj* **1.** *Hut*: broad-brimmed. **2.** *print.* with wide margins. **≈ˌsaat** *f agr.* broadcast sowing. **~ˌschla·gen** *v/t* <*irr, sep*, **-ge-**, **h**> *fig. colloq.* **1. j-n ~** talk (*od.* bring) s.o. round, **zu e-r Sache** talk s.o. into (doing) s.th.; **sich ~ lassen** give in, come round, yield, **zu e-r Sache** let o.s. be talked into (doing) s.th. **2.** play *s.th.* up. **~ˌschul·trig** [-ˌʃʊltrɪç] *adj* broad-shouldered.

ˈBreit|ˌschwanz *m* (*Pelz*) broadtail. **~ˌsei·te** *f mar., a. fig.* broadside. **~ˌspur** *f* **1.** *rail.* broad ga(u)ge. **2.** *Skilauf*: wide track. **≈ˌspu·rig** [-ˌʃpuːrɪç] *adj* **1.** *rail.* broad-ga(u)ge. **2.** *aer., Skilauf*: wide-track. **3.** *fig. contp.* swaggering, pompous, *colloq.* bumptious. **~ˌstrah·ler** *m mot.* broad-(*od.* wide-)beam headlight. **≈ˌtre·ten** *v/t* <*irr, sep*, **-ge-**, **h**> *fig.* **et. ~** expatiate (*od.* enlarge, dwell excessively) on s.th.; **die ganze Sache wurde viel zu (sehr) breitgetreten** the whole thing was talked about far too much. **≈ˌwal·zen** *v/t* <*sep*, **-ge-**, **h**> → breittreten.

ˈBreitˌwand *f Film*: wide screen. **~ˌfilm** *m* wide-screen film.

ˈBreiˌumˌschlag *m med.* poultice.

Bre·mer [ˈbreːmər] *adj* (of) Bremen; **„Die ~ Stadtmusikanten"** "The Town Band of Bremen". **~ˌblau** *n* Bremen blue.

ˈbre·misch *adj* (of) Bremen.

ˈBrems|ˌabˌstand *m mot.* stopping distance. **~ˌanˌhän·ger** *m* power absorption trailer. **~ˌanˌla·ge** *f* brake(s *pl*), (*Bauteil*) brake assembly. **~ˌbacke** (*getr.* **-k·k-**) *f* (brake) shoe. **~ˌbahn** *f* → Bremsweg. **~ˌband** *n mot.* brake band; **hinteres ~** low reverse band; **vorderes ~** intermediate band. **~beˌlag** *m* brake lining; **die Bremsbeläge erneuern** reline the brakes. **~beˌla·stung** *f phys. tech.* brakeload. **~ˌberg** *m Bergbau*: brake incline.

Brem·se[1] [ˈbrɛmzə] *f* <-; -n> **1.** *tech.* brake (*a. fig. econ.*); **selbstwirkende ~** power (*od.* servo) brake; **die ~(n) anziehen** (*od.* **betätigen**) put on (*od.* apply) the brakes; **die ~n (neu) belegen** (re-) line the brakes. **2.** *für Pferde etc*: barnacles *pl.*

ˈBrem·se[2] *f* <-; -n> *zo.* horsefly, gadfly.

brem·sen [ˈbrɛmzən] **I** *v/t* <**h**> **1.** *tech.* brake. **2.** *nucl. phys.* moderate, slow down. **3.** *fig.* check, curb (*one's impatience, etc*), (*e-e Entwicklung etc*) *a.* act as a brake on, retard, inhibit (*a development, etc*); **man muß ihn ~** he needs keeping in check; *colloq.* **er ist nicht zu ~** there is no holding him; **sich ~** *fig.* restrain (*od.* check) o.s.; *colloq. iro.* **ich kann mich ~** not likely!, thank you for nothing! **II** *v/i* **4.** brake, slow down. **5.** *tech.* brake, put on (*od.* apply) the brake(s); **scharf ~** jam on one's brakes, floor the brake pedal. **6.** *fig.* a) *Person, bei e-r Verhandlung etc*: put on the brakes; *weitS. a.* slow down (**mit** on); **er muß mit dem Trinken ~** he has to cut down on drinking, b) *Sache*: act as a brake. **III ≈** *n* <-s> **7.** braking (*etc*).

ˈBrems·entˌlüf·tung *f mot.* bleeding of the brake(s).

ˈBrem·ser *m* <-s; -> *rail., a. Bobsport*: brake(s)man.

ˈBrems|ˌfallˌschirm *m* brake parachute. **~ˌflüs·sig·keit** *f mot.* brake fluid. **~ˌfußˌhe·bel** *m* brake pedal. **~ˌfut·ter** *n* → Bremsbelag. **~ˌgit·ter** *n electr.* suppressor grid. **~ˌhe·bel** *m mot.* brake lever. **~ˌhil·fe** *f mot.* brake booster. **~ˌke·gel** *m tech.* friction cone. **~ˌkeil** *m* **1.** (brake) block. **2.** *Fahrrad*: brake expander. **~ˌklap·pe** *f aer.* air brake, brake-flap. **~ˌklotz** *m tech.* **1.** (brake) shoe, (brake) block, chock. **2.** *aer.* (wheel) chock. **~ˌkol·ben** *m mil.* recoil piston. **~ˌkraft** *f* → Bremsleistung. **~ˌkraftˌreg·ler** *m mot.* braking force controller. **~ˌkraft·verˌstär·ker** *m* brake booster. **~ˌlast** *f tech.* brakeload. **~ˌlei·stung** *f* braking power; *mot.* brake horsepower (*abbr.* B.H.P.). **~ˌleuch·te** *f*, **~ˌlicht** *n* stop light. **~ˌluftˌschlauch** *m mot.* air brake hose. **~ˌluftˌschrau·be** *f aer.* brake propeller. **~moˌment** *n electr. mot.* braking torque. **~ˌmo·tor** *m* self-braking motor. **~peˌdal** *n* brake pedal. **~ˌpro·be** *f tech.* brake test. **~ˌprüfˌstand** *m* brake testing stand. **~-PS** [-peːˌʔɛs] *m phys.* brake horsepower. **~raˌke·te** *f* retro-rocket. **~ˌschei·be** *f mot.* brake disc. **~ˌschlußˌleuch·te** *f mot.* stop-tail lamp. **≈ˌsi·cher** *adj Reifen, Profil*: skidproof. **~ˌspur** *f* skid marks *pl.* **~ˌstoppˌlicht** *n mot.* stop-tail lamp. **~ˌstrahl** *m aer.* decelerating thrust. **~ˌstrecke** (*getr.* **-k·k-**) *f* **1.** → Bremsweg. **2.** *aer.* braking distance. **~ˌtrom·mel** *f mot.* brake drum.

ˈBrem·sung *f* <-; -en> **1.** braking. **2.** braking effect. **3.** *nucl.* a) slowdown (process), b) *der Neutronen*: moderation.

ˈBrems|venˌtil *n mot.* brake valve. **~ˌvorˌrich·tung** *f tech.* brake mechanism. **~ˌweg** *m mot.* stopping distance. **~ˌwel·le** *f mot.* brake (toggle) shaft. **~ˌwir·kung** *f* braking action. **~ˌzug** *m* Bowden cable. **~zyˌlin·der** *m* brake (*mil.* recoil) cylinder.

ˈbrenn·bar *adj* burnable, combustible; (*entzündlich*) inflammable. **≈keit** *f* <-; *no pl*> combustibility; inflammability.

ˈBrenn|ˌbla·se *f chem.* still. **~ˌebe·ne** *f opt.* focal plane. **~ˌei·sen** *n* **1.** → Brennschere. **2.** *agr. für Vieh*: branding iron. **3.** *für Holz*: branding tool. **4.** *med.* cautery. **~eleˌment** *n chem.* fuel cell.

bren·nen [ˈbrɛnən] **I** *v/i* <**brennt, brannte, gebrannt, h**> **1.** burn; be burning, (*in Flammen stehen*) *a.* be ablaze (*a. fig.*), be on fire; *Licht*: burn, be on, be burning; **das Haus brennt** the house is on fire; **es brennt (in der Stadt)** there is a fire (in the town); **es brennt!** fire!; *fig. colloq.* **wo brennt's denn?** a) where's the fire?, what's the hurry?, b) what's wrong, what's the problem?; **laß das Licht ~!** leave the light on!; **die Sonne brennt** the sun is burning (*od.* scorching); *fig.* **er brennt darauf, et. zu tun** he is burning (*od.* itching, dying) to do s.th.; *fig.* **das Geld brennt ihm in der Tasche** the money is burning a hole in his pocket; **er brannte vor Wut** he was boiling with rage; **sie brannte vor Ungeduld (Neugierde)** she was burning (*od.* consumed) with impatience (curiosity); **sich ~** burn o.s.; *fig. colloq.* **da brennst du dich aber!** you are jolly much mistaken there!, *Am.* that's where you make your big mistake! **2.** *Gewürz*: be hot, burn, bite. **3.** *bot. Nesseln*: sting. **4.** *Wunden, Augen etc*: smart, burn. **II** *v/t* **5.** burn (*wood, etc*); **ein Loch in die Tischdecke ~** burn a hole in the tablecloth; → Pelz 1. **6.** *tech.* a) (*Kalk*) burn, calcine, b) (*Ton, Ziegel etc*) bake, c) (*Porzellan*) burn, bake, fire, d) (*Kohle*) burn, fire. **7.** (*Kaffee, Mehl*) roast. **8.** (*Schnaps*) distil(l). **9.** *med.* (*Wunde*) cauterize. **10.** *agr.* (*Vieh*) brand. **11.** (*Haare*) curl, wave. **III ≈** *n* <-s> **12.** burning (*etc*). **13.** *tech. von Erz*: calcination. **14.** (*Schnaps ~*) distillation. **15.** *med.* a) **~ im Magen** (*Sod~*) heartburn, b) (*Ätzen*) cauterization. **~d I** *adj* **1.** *Kerze, Zigarette etc*: burning, lighted, lit. **2.** *fig.* burning; *Frage*: *a.* urgent, pressing; *Wunsch*: *a.* fervent; *Interesse*: *a.* intense; **ein ~es Problem** an acute problem; **~e Liebe** ardent love; **~e Sonnenglut** scorching (*od.* searing, burning) heat of the sun; **~er Durst** parching thirst; **~e Schmerzen** acute pains. **3.** *chem. med.* a) (*ätzend*) caustic, b) (*scharf*) acrid. **II** *adv* **4. ~ heiß** burning hot, sizzling. **5.** *fig. colloq.* **es interessiert mich ~, ob** I am dying to know if.

ˈBren·ner *m* <-s; -> **1.** *tech.* a) *am Gasherd etc*: burner, b) (*Schweiß≈*) torch, blowpipe, c) (*Atom≈*) (atomic) pile. **2.** *Düsentriebwerk*: combustor. **3.** (*Arbeiter*) burner. **4.** (*Schnaps≈*) distiller. **5.** *zo.* apple curculio. **~ˌdü·se** *f tech.* burner nozzle.

Bren·neˈrei *f* <-; -en> **1.** → brennen 12–14. **2.** (*Schnaps≈, als Betrieb*) distillery. **3.** → Ziegelbrennerei.

ˈBrennes·sel (*getr.* **-nnˌn-**) *f* <-; -n> (stinging) nettle.

ˈBrenn|ˌflä·che *f opt.* focal plane. **~ˌgas** *n tech.* combustible gas, fuel gas. **~geˌmisch** *n* combustible mixture. **~ˌglas** *n* burning glass. **~ˌhaar** *n bot.* stinging hair, sting. **~ˌhär·ten** *n tech.* flame hardening. **~ˌholz** *n* firewood. **~ˌkam·mer** *f tech.* combustion chamber. **~ˌkol·ben** *m chem.* still. **~ˌli·nie** *f opt.* caustic curve. **~ˌlin·se** *f* → Brennglas. **~ma·te·riˌal** *n* fuel. **~ˌmit·tel** *n chem. med.* caustic. **~ˌofen** *m* **1.** *tech. für Ton, Kalk, Ziegel etc*: (burning) kiln. **2.** *metall.* furnace; (*Erz≈*) roasting furnace. **~ˌöl** *n tech.* fuel oil.

ˈBrennˌpunkt *m* **1.** *opt. u. fig.* focal point, focus; **auf den ~ einstellen** focus; **mit zwei ~en** bifocal; **in den ~ rücken** *a. fig.* bring into focus; *fig.* **im ~ des Interesses stehen** be the focus of interest, be in the limelight; **Berlin stand im ~ (des Interesses)** *a.* all eyes were focus(s)ed on Berlin; **ein ~ des Verkehrs** a focal point of traffic. **2.** *math.* focus. **3.** *chem.* fire point. **~ˌabˌstand** *m opt.* focal length.

ˈBrenn|ˌrecht *n jur.* distilling right. **~ˌsche·re** *f* curling tongs *pl.* **~ˌschluß** *m e-r Rakete*: burnout. **~ˌschnei·den** *n tech.* gas (*od.* flame) cutting. **~ˌschnei·der** *m* oxyacetylene (*od.* gas) cutting torch. **~ˌschwei·ßen** *n tech.* flash welding. **~ˌspie·gel** *m* burning (*od.* concave) mirror. **~ˌspi·ri·tus** *m* methylated spirit, denatured alcohol. **~ˌstahl** *m* blister steel. **~ˌstel·le** *f electr.* lighting point.

ˈBrennˌstoff *m allg.* fuel; → *a.* Kraftstoff (...). **~cheˌmie** *f* fuel chemistry. **~ˌdü·se** *f tech.* fuel jet. **~verˌbrauch** *m* fuel consumption.

'**Brenn|ˌstrahl** *m opt.* focal ray. **~ˌstun·de** *f electr.* lighting hour. **~ˌsup·pe** *f Southern G.* brown roux soup. **~ˌwär·me** *f* combustion heat. **~ˌwei·te** *f opt.* focal length. **~ˌwei·tenˌmes·ser** *m* focometer. **~ˌwert** *m tech.* calorific (*od.* fuel) value. **~ˌzie·gel** *m tech.* kiln-burnt (*od.* fire) brick.

Bren·ze ['brɛntsə] *pl* inflammables, combustible minerals.

'**brenz·lig** *adj* **1.** burnt (*smell, taste*). **2.** *fig. colloq.* critical, ticklish, dangerous; **jetzt wird es ~** things are getting critical (*od.* hot) now; **es war ein ~er Augenblick** it was a bad moment, it was touch and go. **3.** *chem.* empyreumatic; **~e Säure** pyroacid.

'**Brenz·verˌbin·dun·gen** *pl* pyro-compounds.

Bre·sche ['brɛʃə] *f* ‹-; -n› breach, gap; **in e-e Sache e-e ~ legen** (*od.* **schießen**) make a breach in s. th., breach s. th.; **e-e ~ schlagen (für)** *a. fig.* clear the way (for); *fig.* **in die ~ springen** stand (*od.* step) into the breach; **für j-n in die ~ springen** a) come to the rescue of s. o., b) (*aushelfen*) step (*od.* fill) in for s. o.

'**brest·haft** ['brɛst-] *adj obs.* frail, decrepit; sick.

Bre·to·ne [bre'to:nə] *m* ‹-n; -n›, **Bre'to·nin** *f* ‹-; -nen› Breton. **bre'to·nisch I** *adj* Breton. **II** *ling.* ♀ ‹*generally undeclined*›, **das** ♀**e** ‹-n› Breton.

Brett [brɛt] *n* ‹-(e)s; -er› **1.** board; (*Bohle*) plank; (*Latte*) lath; **mit ~ern belegen** floor, plank, board; **mit ~ern verschalen** (*od.* **vernageln**) board *s. th.* up; *fig. colloq.* **ein ~ vor dem Kopf haben** be dense (*od.* blockheaded); *colloq.* **hier ist die Welt mit ~ern vernagelt** a) this is the back of beyond, b) (*e-e Sackgasse*) this is a dead end; *colloq.* **sie ist flach wie ein ~** she is as flat as a board. **2.** (*Anschlags*♀) board; **Schwarzes ~** notice-board, *bes. Am.* bulletin board. **3.** (*Tablett*) tray. **4.** (*Schach*♀ *etc*) board. **5.** (*Regal*) shelf. **6.** *pl thea.* boards, stage *sg*; **die ~er (, die die Welt bedeuten)** the stage, the boards; **über die ~er gehen** be staged (*od.* acted); **das Stück ging 200mal über die ~er** this play ran for (*od.* had) 200 performances. **7.** *Sport:* (*Sprung*♀) springboard, *Schwimmen: a.* diving-board; **vom 3-Meter-~ springen** dive from the 3-metre-board; *colloq. Boxen:* **j-n auf die ~er schicken** knock s. o. down, floor s. o.; *pl colloq.* (*Skis*) boards.

'**Brett·chen** *n* ‹-s; -› **1.** *dim of* **Brett**. **2.** thin board. **3.** *gastr.* a) (little) bread-board, b) small chopping board. **4.** *Textil.* hole board.

'**Bret·ter|ˌbu·de** *f* wooden hut, shack; (*Marktstand*) (market) stall. **~ˌfuß·ˌbo·den** *m* board(ed) floor. **~geˌrüst** *n* (wooden) scaffold(ing). **~ˌki·ste** *f* crate.

'**bret·tern** *adj* (made *od.* consisting) of boards, board(ed).

'**Bret·ter|ˌscha·lung** *f civ. eng.* boarding. **~ˌschup·pen** *m* (wooden) shed. **~ˌtür** *f* plank door. **~verˌklei·dung** *f*, **~verˌscha·lung** *f* boarding. **~verˌschlag** *m* wooden partition; (*Schuppen*) boarded shed; (*Kiste*) crate, crating. **~ˌzaun** *m* wooden (*bes. Am.* board) fence; *für Baustellen:* hoarding, *Am.* board fence.

Brettl ['brɛtəl] *n* ‹-s; -› **1.** *thea.* a) cabaret, revue, b) vaudeville (*od.* music-hall) (show). **2.** *dial.* ski, *pl a.* boards.

'**Brett|ˌsä·ge** *f* pit-saw. **~ˌschal·tung** *f electr.* breadboard setup. **~ˌschau·kel** *f* seesaw. **~ˌspiel** *n* board game. **~ˌstein** *m* → **Stein** 7.

Bre·ve ['bre:və] *n* ‹-s; -n *u.* -s› *R.C.* brief, breve.

Bre·vet [bre've:; bre'vɛ(:)] *n* ‹-s; -s› *hist. jur.* brevet.

Bre·vier [bre'vi:r] *n* ‹-s; -e› **1.** *relig.* breviary; **sein ~ beten** say one's breviary. **2.** *print.* brevier. **3.** *Literatur:* anthology.

Bre·vis ['bre:vɪs] *f* ‹-; **Breves** [-vɛs]› *mus.* breve.

Bre·zel ['bre:tsəl] *f* ‹-; -n› pretzel. **~ˌbacken** (*getr.* **-k·k-**) *n fig. colloq.* **das geht wie das ~** that goes like clockwork.

bricht [brɪçt] *3 sg pres of* **brechen**[1].

Bridge [brɪtʃ; brɪdʒ] (*Engl.*) *n* ‹-; *no pl*› bridge; **e-e Partie ~ spielen** play a game of bridge.

Brief [bri:f] *m* ‹-(e)s; -e› **1.** letter; *bes. humor. iro.* epistle; *pl* letters, correspondence *sg*; **einfacher (eingeschriebener) ~** single-rate (registered) letter; **ein kurzer ~** a short letter, a note, a few lines *pl*; *pol. etc* **offener ~** open letter; **~e fürs Inland (Ausland)** inland (foreign, *bes. Br.* overseas) letters; **mit j-m ~e wechseln** correspond with s. o.; → **blau** 1. **2.** *obs.* (*Urkunde*) document, charter, letters-patent; **j-m ~ und Siegel auf et. geben** a) give s. o. s. th. under one's hand and seal, b) *fig.* assure s. o. of s. th., guarantee s. o. s. th.; *fig.* **er gab mir ~ und Siegel darauf** *a.* he gave me his word on it. **3.** *Bibl.* Epistle (*of Paul the Apostle*). **4.** *econ. im Kurszettel* (*angeboten*; *abbr.* B): offered, sellers *pl*; **~ und Geld** sellers and buyers, asked and bid.

'**Brief|ˌabˌla·ge** *f* letter file; (*Kasten*) letter tray. **~ˌadel** *m jur.* **1.** (letters *pl*) patent of nobility. **2.** (title of) nobility (conferred) by letters patent. **~ˌan·ˌfang** *m* opening (of a letter). **~ˌan·ˌnah·me** *f*, **~ˌanˌnah·meˌschal·ter** *m* letter receiving counter. **~ˌanˌschrift** *f* (postal) address. **~ˌausˌtausch** *m* → **Briefwechsel**. **~beˌschwe·rer** *m* paperweight. **~ˌblock** *m* ‹-(e)s; -s, *a.* ¨-e› letter pad. **~ˌbo·gen** *m* sheet of (note-) paper. **~ˌbom·be** *f* letter bomb. **~ˌbo·te** *m* → **Briefträger**. **~ˌbuch** *n econ.* register of outgoing (*od.* incoming) mail.

'**Brief·chen** *n* ‹-s; -› **1.** *dim. of* **Brief** 1. **2.** (short) note. **3.** a) **~ Nähnadeln** packet of needles, b) **~ Streichhölzer** book of matches.

'**Brief|ˌdienst** *m* letter post service. **~ˌdruckˌsa·chen** *pl* printed matter *sg*. **~ˌeinˌwurf** *m* **1.** letter-box, *Am.* mailbox. **2.** (*Schlitz*) (letter) slot. **~empˌfän·ger** *m* addressee (*od.* recipient) of a letter. **~ˌfach** *n* **1.** pigeonhole. **2.** → **Postfach**. **~ˌform** *f* **1.** letter form (*od.* style). **2.** **in ~** by letter. **~ˌfreund** *m*, **~ˌfreun·din** *f* pen friend, *Am. colloq.* pen pal. **~geˌheim·nis** *n jur.* secrecy of correspondence, privacy of letters. **~hy·poˌthek** *f jur.* certified mortgage. **~ˌkar·te** *f* correspondence card (*with envelope*).

'**Briefˌka·sten** *m* ‹-s; ¨-› **1.** *öffentlich u. im Haus:* letter-box, *Am.* mailbox. **2.** *für Vorschläge etc:* suggestion box. **3.** (*Zeitungsrubrik*) Question and Answer Column. **4.** *Spionage:* **toter ~** letter-drop. **~ˌecke** (*getr.* **-k·k-**) *f* → **Briefkasten** 3. **~ˌfir·ma** *f econ.* front, letter-box firm. **~ˌon·kel** *m colloq.* editor in charge of the Question and Answer Column.

'**Brief|ˌklam·mer** *f* paper clip. **~ˌkopf** *m* letterhead. **~ˌkorb** *m* letter tray. **~ˌkurs** *m econ.* asked price, selling rate. **~kuˌvert** *n* → **Briefumschlag**.

'**Brief·lein** *n* ‹-s; -› → **Briefchen**.

'**brief·lich** *adj u. adv* by letter, in writing; **~e Anfrage** letter of inquiry; **~er Verkehr** correspondence; **mit j-m ~ verkehren** correspond with s. o.; **sie teilten mir ~ mit, daß** they sent me a letter to the effect that, they wrote me that.

'**Brief|ˌmap·pe** *f* writing-case, portfolio. **~ˌmar·ke** *f* (postage) stamp.

'**Briefˌmar·ken|ˌal·bum** *n* stamp album. **~au·toˌmat** *m* stamp (vending) machine. **~ˌblock** *m* ‹-(e)s; -s› block of stamps. **~ˌbo·gen** *m* sheet of stamps. **~ˌhänd·ler** *m* stamp dealer. **~ˌheft·chen** *n* book of stamps. **~ˌkun·de** *f* philately. **~ˌsamm·ler** *m*, **~ˌsamm·le·rin** *f* stamp collector, philatelist. **~ˌsamm·lung** *f* stamp collection. **~ˌse·rie** *f* stamp issue.

'**Brief|ˌmu·ster** *n* (specimen) letter. **~ˌöff·ner** *m* letter-opener. **~ˌord·ner** *m* letter file. **~paˌpier** *n* **1.** letter-(*od.* writing-)paper, stationery. **2.** (*bedruckt*) letterhead paper. **~ˌpart·ner** *m*, **~ˌpart·ne·rin** *f* → **Brieffreund(in)**. **~ˌpor·to** *n* postage (for letters). **~ˌpost** *f* (*Briefe u. Postkarten*) letter post, *Am.* first-class mail. **~roˌman** *m* epistolary novel.

'**Brief·schaf·ten** *pl* **1.** correspondence *sg*, letters. **2.** papers.

'**Brief|ˌschal·ter** *m im Postamt:* letter (*od.* poste-restante) counter. **~ˌschluß** *m* letter ending (*od.* close). **~ˌschrei·ber** *m* letter-writer, correspondent. **~ˌschul·den** *pl* arrears of correspondence; **s-e ~ aufarbeiten** (*od.* **erledigen**) catch up on one's correspondence; **ich habe noch viele ~** I am far behind with my correspondence; **ich stehe bei ihm in ~** I owe him a letter. **~sorˌtier·maˌschi·ne** *f* letter sorting machine. **~ˌstel·ler** *m* ‹-s; -› (*Buch*) letter-writer's guide. **~ˌstem·pel** *m* postmark. **~ˌstil** *m* style of a letter, epistolary style. **~ˌta·sche** *f* wallet, pocket-book, *Am. a.* billfold; *fig. colloq.* **er mußte die ~ zücken** he had to pay up. **~ˌtau·be** *f* carrier (*od.* homing) pigeon. **~ˌtau·benˌpost** *f* pigeon post. **~te·leˌgramm** *n* letter telegram, *Am.* lettergram. **~ˌträ·ger** *m* postman, *Am. a.* mailman. **~ˌträ·ge·rin** *f* postwoman. **~ˌumˌschlag** *m* envelope, (letter) cover. **~verˌkehr** *m* correspondence. **~ˌwaa·ge** *f* letter-balance. **~ˌwahl** *f pol.* postal vote, absentee voting. **~ˌwäh·ler** *m* absentee voter. **~ˌwech·sel** *m* correspondence, exchange of letters; **mit j-m in ~ stehen** correspond (*od.* exchange letters) with s.o.; **in ~ treten** enter into correspondence. **~zenˌsur** *f* postal censorship.

Bries [bri:s] *n* ‹-es; -e› **1.** *zo.* thymus (gland). **2.** *gastr.* → '**Bries·chen, Brie·sel** ['bri:zəl] *n* ‹-s; -› sweetbread.

briet [bri:t] *1 u. 3 sg pret of* **braten**.

Bri·ga·de [bri:'ga:də] *f* ‹-; -n› **1.** *mil.* brigade. **2.** *DDR pol.* (work) brigade. **~ge·neˌral** *m*, **Bri·ga·dier** [briga'dĭe:] *m* ‹-s; -s› *mil.* Brigadier (General *Am.*); *der Luftwaffe:* Air Commodore, *Am.* Brigadier General.

Bri·gant [bri'gant] *m* ‹-en; -en› *archaic* brigand.

Brigg [brɪk] *f* ‹-; -s› *mar.* brig.

Bri·kett [bri'kɛt] *n* ‹-(e)s; -s, *rare* -e› briquette. **bri·ket·tie·ren** [brikɛ'ti:rən] *v/t* ‹*no* **ge-**, h› briquette.

Bri·ko·le [bri'ko:lə] *f* ‹-; -n›, **bri·ko'lie·ren** [-ko'li:rən] *v/t* ‹*no* **ge-**, h› *Billard:* bricole.

bril·lant [brɪl'jant] *adj* **1.** *fig.* brilliant (*idea, performance, etc*). **2.** *colloq.* (*sehr gut*) splendid, superb; **in ~er Stimmung** in high spirits; **~ aussehen** look gorgeous.

Bril'lant[1] *m* ‹-en; -en› (cut) diamond, brilliant.

Bril'lant[2] *f* ‹-; *no pl*› *print.* brilliant, four to pica.

bril·lan·ten [brɪl'jantən] *adj* (made) of brilliants.

Bril'lant,feu·er,werk *n* cascade, brilliant fireworks.

Bril·lan·ti·ne [brɪlian'tiːnə] *f* ⟨-; -n⟩ brilliantine.

Bril'lant|,lack *m* high-gloss varnish. **~,na·del** *f* breastpin set with a brilliant. **~pa,pier** *n* glazed paper. **~,ring** *m* diamond ring. **~,schmuck** *m* brilliant jewellery (*Am.* jewelry), brilliants *pl.* **~,schrift** *f* → Brillant[2]. **~,su·cher** *m phot.* brilliant (view-)finder.

Bril·lanz [brɪl'jants] *f* ⟨-; *no pl*⟩ brilliance.

Bril·le ['brɪlə] *f* ⟨-; -n⟩ **1.** (a pair of) glasses *pl,* (a pair of) spectacles *pl, colloq.* specs *pl;* **ein Herr mit ~** a spectacled gentleman; **e-e ~ tragen** wear glasses; **(sich** *dat*) **e-e ~ aufsetzen** put on glasses; *fig.* **et. durch die schwarze ~ betrachten** take a pessimistic (*od.* gloomy, dim) view of s.th.; *fig.* **et. durch e-e gefärbte ~ betrachten** take a biassed view of s.th.; → **rosarot. 2.** (*Schutz*2) goggles *pl.* **3.** *zo.* spectacles *pl.* **4.** (*Abortsitz*) toilet seat. **5.** *mar. am Segel:* clew iron.

'Bril·len|etui [-ʔɛt,viː] *n,* **~fut·te,ral** *n* spectacle case. **~ge,stell** *n* spectacle frame. **~,glas** *n* **1.** (*ungeschliffenes*) (spectacle) glass. **2.** (*geschliffenes*) (spectacle) lens. **3.** *pl* glasses *pl,* spectacles *pl.* **~,schlan·ge** *f* **1.** *zo.* spectacled snake (*od.* cobra). **2.** *humor.* spectacled person, *colloq.* four-eyes *pl* (*als sg konstruiert*). **~,steg** *m* bridge. **2,tra·gend** *adj* spectacled, wearing glasses. **~,trä·ger** *m,* **~,trä·ge·rin** *f* person wearing glasses, spectacle-wearer.

bril·lie·ren [brɪl'jiːrən] *v/i* ⟨*no* **ge-**, *h*⟩ *fig.* sparkle, shine, put on a brilliant show.

Bril·lo·net·ten [brɪlio'nɛtən] *pl* half-brilliants.

Brim·bo·ri·um [brɪm'boːrĭʊm] *n* ⟨-s; -rien⟩ *colloq.* fuss, to-do; **viel ~ machen (um)** make a great fuss (about).

Bri'nell,här·te [bri'nɛl-] *f metall.* Brinell hardness.

bringen ['brɪŋən] *v/t* ⟨**bringt, brachte, gebracht,** *h*⟩ **1.** (*heran~*) bring; **bringe (mir) den Stuhl!** please bring (*od.* get, fetch) (me) the chair; **j-m Bescheid (Nachricht, Antwort) ~** brings s.o. word (news, an answer); **was ~ Sie Neues?** what is the news?, what's new?; **was bringt dich hierher?** what brings you here?; *fig. colloq.* **das kannst du nicht ~!** you can't do (*od.* say) that!; → **Hilfe** 1 (*etc*). **2.** (*weg~, hin~*) take, (*tragen*) *a.* carry, (*setzen, legen, stellen*) *a.* put; **~ Sie den Stuhl ins Haus!** take the chair inside (*od.* into the house); **et. zu j-m ~** take s.th. to s.o.; **den Verletzten ins Krankenhaus ~** take the injured person to hospital; **den Wagen in die Garage ~** put the car in the garage; **den Wagen in e-e Werkstatt ~** take the car to a garage; **j-n nach X ~** take s.o. to X; **hoffentlich bringe ich es heil nach Hause** I hope I'll get it home all right. **3.** (*begleiten*) take, see (**nach Hause ~** *s.o.* home); **j-n an die** (*od.* **zur**) **Bahn ~** take (*od.* see) s.o. to the station; **ich bringe dich zur Tür** I'll see you to the door. **4.** (*verschaffen*) bring (*luck, relief, etc*); **j-m Nutzen (Vorteile) ~** be of use (advantage) to s.o. **5.** *fig.* (*verursachen*) bring (about), cause, produce, give rise to, involve; **das bringt Ärger** that will cause trouble; **s-e Neugier brachte ihm den Tod** his curiosity brought about his death. **6.** (*Gewinn abwerfen*) bring (in), yield, produce, (*Zinsen*) *a.* bear; **das Bild brachte 500 Mark** the picture brought 500 marks. **7.** *agr.* a) (*Frucht*) bear, b) (*Feldfrüchte*) produce, yield. **8.** (*Theaterstück, Film etc*) present, bring, show; **die BBC bringt** the BBC presents; **wir ~ Ihnen …** we present …; **das Buch bringt nichts Neues** there is nothing new in the book; **der Sänger brachte Arien von Mozart** the singer sang (*od.* presented) Mozart arias. **9.** (*Artikel, Nachricht, etc*) bring, print, have, publish, carry, present; **die Zeitung brachte nichts darüber** there was nothing in the newspaper about it. **10.** *colloq.* (*schaffen, erreichen*) manage, contrive, bring *s.th.* off; **e-e gute Leistung ~** give a good showing, give a fine performance; **das bringt nichts, das bringt es nicht** that's not the stuff, that's no good.

Verbindungen mit Präpositionen:

brin·gen | an (*acc*) *v/t* **et. an sich ~** acquire s.th., appropriate s.th., take possession of s.th.; **et. widerrechtlich an sich ~** appropriate s.th. unlawfully, misappropriate s.th.; **et. an die Öffentlichkeit ~** make s.th. public; put s.th. in the open air, air s.th.; → **Bettelstab** (*etc*). **~ auf** (*acc*) *v/t* **Waren auf den Markt ~** put goods on the market, market goods; **j-n auf e-e Idee** (*od. colloq.* **auf et.**) **~** put s.th. (*od.* an idea) into s.o.'s head, suggest s.th. to s.o.; **j-n darauf ~, daß** a) put it into s.o.'s head to (*do s.th.*), b) point out (to s.o.) that; **das bringt mich auf et.!** that reminds me (of s.th.)!; **die Sprache** (*od.* **Rede**) **auf et. ~** bring the conversation round to s.th.; *mil.* **e-e Einheit auf Kampfstärke ~** bring a unit up to fighting strength; **es (bis) auf 80 Jahre ~** live to (the age of) eighty; *colloq.* **er brachte es auf 20 Siege** he scored (*od.* achieved) 20 wins; *colloq.* **es auf 15 Bier an einem Abend ~** put away 15 beers in an evening. **~ aus** *v/t* **Flecke aus e-m Stoff ~** remove stains from a material; → **Fassung, Gleichgewicht** (*etc*). **~ hin·ter** (*acc*) *v/t colloq.* **hinter sich ~** a) get *s.th.* over (and done with), put *s.th.* behind one, b) (*Strecke*) cover (*a distance*), put (*a distance*) behind one. **~ in** (*acc*) *v/t* **et. in den Handel ~** put s.th. on the market; **et. in Mode ~** bring s.th. into fashion, make s.th. fashionable; **j-n in e-e schwierige Lage** (*od.* **in Schwierigkeiten**) **~** put (*od.* get) s.o. into a difficult position; **das brachte ihn ins Gefängnis** that landed him in prison; **et. in Verse ~** put (*od.* render) s.th. into verse; **et. mit e-r Sache in Beziehung** (*od.* **Verbindung, Zs.-hang**) **~** relate s.th. to s.th., connect (*od.* link) s.th. with s.th.; **et. in Anwendung ~** apply s.th.; → **Besitz** 1, **Bude** 2, **Einklang** 2 (*etc*). **~ mit** *v/t* **et. mit sich ~** a) bring s.th. (along) with one, b) *fig.* bring s.th. about, produce (*od.* have) s.th. as a consequence; **es mit sich ~, daß** a) bring it about that, involve (*od.* entail, mean, have the consequence) that, b) (*erfordern*) require (*od.* necessitate, make it necessary) that; **m-e Jahre ~ es mit sich, daß** it is due to my age that; **die Umstände ~ es mit sich** circumstances make it unavoidable (*od.* call for it); **das bringt das Leben eben so mit sich** such is life; **sein Beruf bringt es mit sich, daß er viel unterwegs ist** his job involves a great deal of travel(l)ing. **~ über** (*acc*) *v/t* **es über sich** (*od.* **übers Herz**) **~, et. zu tun** bring o.s. to do s.th., find it in one's heart to do s.th.; **kein Wort über die Lippen ~** not to be able to get a word out, be struck dumb; **Unglück über j-n ~** bring down misfortune on s.o. **~ um** *v/t* **j-n um et. ~** a) rob (*od.* deprive) s.o. of s.th., b) (*betrügerisch*) cheat (*od. colloq.* do) s.o. out of s.th.; **das wird dich noch um d-e Stellung ~** that will cost you your job; **sich (selbst) um et. ~** do o.s. out of s.th. **~ un·ter** (*acc*) *v/t* **et. unter sich ~** get (*od.* gain) control over s.th., get s.th. in(to) one's power; *colloq.* **Geld unter die Leute ~** a) throw your money about, b) bring (*od.* get) money into circulation; → **Dach** 2, **Erde** 2. **~ zu** *v/t* **j-n zu et. ~, j-n dazu ~, et. zu tun** a) make s.o. (*od.* get s.o. to) do s.th., b) induce (*od.* prevail on) s.o. to do s.th.; **j-n zum Lachen ~** make s.o. laugh; **e-n Wagen zum Stehen** (*od.* **Halten**) **~** bring a car to a halt (*od.* standstill), stop a car; **et. zum Blühen ~** bring s.th. into bloom; **et. zum Kochen ~** bring s.th. to the boil; **et. zur Entscheidung ~** bring s.th. to a head, force a decision on s.th.; **et. zur Abstimmung ~** put s.th. to the vote; **et. zum Verkauf ~** put s.th. up for sale, sell (*od.* market) s.th.; **et. zur Explosion ~** explode s.th.; **es zu et. ~** a) make one's mark (*od.* way), succeed (in life), go a long way (in the world), get ahead, b) become wealthy; **es zu nichts ~** fail (in life), be a failure; **er hat es zum Minister gebracht** he worked his way up (*od.* rose) to be a minister; **es zu Ansehen ~** gain public esteem; **es dazu ~, daß** bring it about that; **j-n (wieder) zu sich ~** bring s.o. round (*od.* to), restore s.o. to consciousness; **j-m et. zum Opfer ~** sacrifice s.th. to s.o.; → **Ausdruck[1]** 2, **Einsturz** 1, **Ende** 3, **Entfaltung** 2, **Fall[1]** 2 (*etc*).

Verbindungen mit Adverbien:

es dahin bringen, daß bring it about that, *stärker:* bring things to the point where; **j-n dahin bringen, daß** bring (*od.* induce) s.o. to (*do s.th.*), make s.o. (*do s.th.*), get s.o. to the point where; **das bringt uns dem Ziel nahe** that brings us near to our goal; → **beiseite, weit, zuwege, zustande.**

'Bring,schuld *f jur.* debt to be discharged at creditor's domicile.

Brio ['briːo] *n* ⟨-s; *no pl*⟩ *mus.* brio.

Bri·oche [bri'ɔʃ] *f* ⟨-; -s [bri'ɔʃ]⟩ *gastr.* brioche.

brio·so [bri'oːzo] *adv u. adj mus.* con brio.

bri·sant [bri'zant] *adj* **1.** *mil.* high-explosive. **2.** *fig.* explosive.

Bri·sanz [bri'zants] *f* ⟨-; *no pl*⟩ **1.** *mil.* explosive (*od.* fragmentation) effect. **2.** *fig.* (*~kraft*) explosiveness, dynamite. **~mu·ni·ti,on** *f* high-explosive (*abbr.* H.E.) ammunition.

Bri·se ['briːzə] *f* ⟨-; -n⟩ breeze; **steife ~** stiff (*od.* strong) breeze.

Bri·so·lett [brizo'lɛt] *n* ⟨-s; -e⟩, **Bri·so'let·te** [-tə] *f* ⟨-; -n⟩ *gastr.* (slice of) meat loaf.

Bri·tan·ni·en [bri'tanĭən] *n* ⟨-s; *no pl*⟩ *hist.* Britain, *poet.* Britannia. **Bri'tan·ni·er** *m* ⟨-s; -⟩, **Bri'tan·nie·rin** *f* ⟨-; -nen⟩ Briton.

Bri·te ['brɪtə; 'briːtə] *m* ⟨-n; -n⟩ **1.** Briton, Englishman, *Am.* Britisher; **die ~n** the British. **2.** *hist.* Briton. **'Bri·tin** *f* ⟨-; -nen⟩ **1.** Briton, British woman. **2.** *hist.* Briton. **'bri·tisch** *adj* British; **die 2en Inseln** the British Isles.

Bröck·chen ['brœkçən] *n* ⟨-s; -⟩ *dim. of* Brocken 1.

'bröcke·lig (*getr.* **-k·k-**) *adj* crumbly, friable. **bröckeln** (*getr.* **-k·k-**) ['brœkəln] *v/i* ⟨*sein*⟩ crumble.

Brocken (*getr.* **-k·k-**) ['brɔkən] *m* ⟨-s; -⟩ **1.** (*Stück*) piece; (*Bissen*) morsel, bit; (*großer ~*) hunk, chunk (*of meat, etc*), large piece; (*kleiner ~*) small piece, bit;

(*Klumpen*) lump; *fig. colloq.* **ein fetter ~** (*Profit etc*) a big haul, a fine catch; *colloq.* **ein harter ~** a) a hard nut to crack, *sl.* a toughie, b) hard (piece of) work (→ *a.* 5); *fig. colloq.* **j-m den besten ~ wegschnappen** snatch the choice morsels away from s.o.; **j-m e-n ~** (*zur Beschwichtigung*) **hinwerfen** throw s.o. a sop. **2.** *pl fig. colloq.* (*Worte etc*) scraps; **er sprach ein paar ~ Französisch** he knew a few words (*od.* scraps) of French; **er warf ihr ein paar ~ hin** he threw a few crumbs her way; **ein paar ~ des Gespräches auffangen** catch a few scraps (*od.* snatches) of the conversation; **er wirft mit lateinischen ~ um sich** he is trotting out his Latin. **3.** *colloq.* (**großer** *od.* **schwerer**) **~** (*Mann*) big (*od.* hulky, hefty) fellow. **4.** *mil. sl.* **dicker** (*od.* **schwerer**) **~** heavy bomb (*od.* shell), *pl a.* heavy stuff. **5.** *colloq.* *Boxen*: (**schwerer** *od.* **harter**) **~** hard punch, *colloq.* piledriver. **6.** *hunt.* bait.

'brocken (*getr.* **-k·k-**) *v/t* ⟨h⟩ break *s.th.* (into small pieces).

'brocken,wei·se (*getr.* **-k·k-**) *adv* bit by bit, piecemeal.

'bröck·lig *adj* → **bröckelig.**

bro·deln ['bro:dəln] *v/i* ⟨h⟩ **1.** *Wasser*: boil, *schwächer*: simmer. **2.** *flüssige Masse*: bubble. **3.** *Flut, Nebel*: whirl, billow. **4.** *fig.* seethe; **es brodelte im Volk** there was a growing (*od.* seething) unrest among the people (*od.* masses); **es brodelte in ihm vor Zorn** he was seething with anger.

Bro·dem ['bro:dəm] *m* ⟨-s; *no pl*⟩ **1.** *poet.* (*Hauch*) waft, whiff. **2.** (*Dampf*) vapo(u)r, steam. **3.** *contp.* (*Geruch*) (foul *od.* strong) smell.

Bro·kat [bro'ka:t] *m* ⟨-(e)s; -e⟩ brocade; **in ~ gekleidet** brocaded. **~,kleid** *n* brocade dress. **~pa,pier** *n* brocade(d) paper.

Brok·ko·li ['brɔkoli] *pl bot.* broc(c)oli.

Brom [bro:m] *n* ⟨-s; *no pl*⟩ *chem.* bromine; **mit ~ behandeln** a) treat with bromine, b) *phot.* bromize.

Bro·mat [bro'ma:t] *n* ⟨-s; -e⟩ *chem.* bromate.

'Brom,bee·re ['brɔm-] *f* ⟨-; -n⟩ blackberry, *bes. Br.* bramble (berry).

'Brom,beer|,fal·ter *m zo.* green hairstreak. **~mar·me,la·de** *f* blackberry jam. **~,strauch** *m* blackberry bush.

Bro·mid [bro'mi:t] *n* ⟨-(e)s; -e⟩ *chem.* bromide. **~pa,pier** *n phot.* bromide paper.

bro·mie·ren [bro'mi:rən] *v/t* ⟨*no* **ge-**, h⟩ *chem.* brominate.

Bro·mit[1] [bro'mi:t; -'mɪt] *m* ⟨-s; *no pl*⟩ → **Bromsilber** 1.

Bro·mit[2] *n* ⟨-s; -e⟩ *chem.* bromite.

'Brom|,ka·li(·um) *n chem.* potassium bromide. **~,koh·len,was·ser,stoff** *m* alkyl bromide. **~,salz** *n chem.* **1.** bromide. **2.** *der Bromsäure*: bromate. **⁀,sau·er** *adj* bromate; **bromsaures Kalium** potassium bromate; **bromsaures Salz** bromate. **~,säu·re** *f* bromic acid. **~,sil·ber** *n* **1.** *min.* argentic bromide, bromyrite. **2.** *chem. phot.* silver bromide. **~,spat** *m* → **Bromsilber** 1. **~,was·ser** *n chem.* bromine water. **~,was·ser,stoff** *m chem.* a) hydrogen bromide, b) hydrobromic acid; **~säure** *f* hydrobromic acid.

bron·chi·al [brɔn'çĭa:l] *adj med.* bronchial. **⁀,asth·ma** *n* bronchial asthma. **⁀ka,tarrh** *m* bronchial catarrh, bronchitis.

Bron·chie ['brɔnçĭə] *f* ⟨-; -n⟩ *anat.* bronchial tube, bronchus; **die ~n** the bronchial tubes, the bronchi(a).

Bron·chi·tis [brɔn'çi:tɪs] *f* ⟨-; -tiden [-çi'ti:dən]⟩ *med.* bronchitis. **bron'chi·tisch** *adj* bronchitic.

Bron·cho·gramm [brɔnço'gram] *n* ⟨-s; -e⟩ *med.* bronchogram.

Bron·cho·skop [brɔnço'sko:p] *n* ⟨-s; -e⟩ bronchoscope.

Bron·chus ['brɔnçʊs] *m* ⟨-; **Bronchen**⟩ *anat.* bronchus.

Bronn [brɔn] *m* ⟨-(e)s; -en⟩, **'Bron·nen** *m* ⟨-s; -⟩ *poet.* well, spring.

Bron·to·sau·rus [brɔnto'zaurʊs] *m* ⟨-; -saurier [-rĭər]⟩ *zo. hist.* brontosaur(us).

Bron·ze ['brõ:sə] *f* ⟨-; -n⟩ **1.** bronze (colo[u]r *od.* paint); **gefirnißte** (*od.* **unechte**) **~** varnished bronze. **2.** ⟨*only sg*⟩ *metall.* bronze. **3.** *Kunst*: bronze (object). **~-Dia,be·tes** *m med.* bronze diabetes. **~,far·be** *f* → **Bronze** 1. **⁀,far·ben** *adj* bronze(-colo[u]red). **~gie·ße,rei** *f* bronze foundry. **~,guß** *m* **1.** (*Tätigkeit*) bronze casting. **2.** (*Ergebnis*) bronze (cast). **~,lack** *m tech.* bronze varnish. **~me,dail·le** *f* bronze medal.

'bron·zen *adj* **1.** (of) bronze. **2.** *Haut*: bronzed, (sun)tanned.

'Bron·ze|pa,pier *n print.* bronze paper. **~,pul·ver** *n* bronze powder. **~,schrift** *f print.* bronze type. **~,zeit** *f archeol.* Bronze Age.

bron·zie·ren [brõ'si:rən] *v/t* ⟨*no* **ge-**, h⟩ bronze.

Bro·sa·me ['bro:za:mə] *f* ⟨-; -n⟩ *meist pl* (bread) crumb; *fig.* crumb.

Bro·sche ['brɔʃə] *f* ⟨-; -n⟩ brooch.

Brös·chen ['brø:sçən] *n* ⟨-s; -⟩ *gastr.* sweetbread.

bro·schie·ren [brɔ'ʃi:rən] *v/t* ⟨*no* **ge-**, h⟩ **1.** *print.* a) stitch, sew, b) bind *s.th.* in paper covers. **2.** *Textil.* figure, brocade. **bro'schiert** *adj* **1.** *print.* a) stitched, sewed, sewn, b) *mit losem Umschlag*: wrappered, c) paperback(ed); **steif ~** in stiff covers, (bound) in boards. **2.** *Textil.* brocaded, broché. **Bro'schie·rung** *f* ⟨-; -en⟩ → **Broschur.**

Bro·schur [brɔ'ʃu:r] *f* ⟨-; -en⟩ *print.* **1.** stitching (*etc, cf.* **broschieren** 1). **2.** paper cover.

Bro·schü·re [brɔ'ʃy:rə] *f* ⟨-; -n⟩ *print.* **1.** brochure, pamphlet, booklet. **2.** leaflet, folder.

Brö·sel ['brø:zəl] *m*, *Austrian n* ⟨-s; -⟩ crumb. **'brö·se·lig** *adj* crumbly. **'brö·seln I** *v/t* ⟨h⟩ crumb. **II** *v/i* ⟨h *u.* sein⟩ crumble.

Brot [bro:t] *n* ⟨-(e)s; -e⟩ **1.** bread; **ein** (**Laib**) **~** a loaf (of bread); **zwei ~e** two loaves; **ein Stück** (**e-e Scheibe**) **~** a piece (slice) of bread; **dunkles** (**schwarzes**) **~** brown (black *od.* rye) bread; *fig.* **fremdes ~ essen** work for other people; **so nötig wie das tägliche** (*od.* **liebe**) **~** as necessary as the air we breathe; *colloq.* **er kann mehr als ~ essen** he knows a thing or two; *colloq.* **es j-m aufs ~ schmieren** rub it in (to s.o.) (**daß** that); *Bibl.* **unser täglich ~ gib uns heute** give us this day our daily bread; *Bibl.* **der Mensch lebt nicht vom ~ allein** man shall not live by bread alone; → **Butter, Wasser** 1. **2.** (*Schnitte*) sandwich; **belegtes ~** (open) sandwich; **~e zurechtmachen** make sandwiches. **3.** ⟨*only sg*⟩ *fig.* (*Unterhalt*) bread, living, livelihood; **der Kampf um das tägliche ~** the struggle for one's daily bread; **sein ~ verdienen** earn a (*od.* one's) living, *colloq.* earn one's bread and butter; **ein hartes ~ haben** have to work hard for one's living; **j-n um sein ~ bringen** take the bread out of s.o.'s mouth; → **Kunst** 1. **4.** *relig.* (*Hostie*) bread; **~ und Wein** bread and wine.

'Brot|,auf,strich *m* spread. **~,bäcker** (*getr.* **-k·k-**) *m* baker. **~,baum** *m* → Brotfruchtbaum. **~be,lag** *m* sandwich filling. **~,beu·tel** *m* **1.** bread bag. **2.** *mil.* haversack.

Bröt·chen ['brø:tçən] *n* ⟨-s; -⟩ roll; **belegtes ~** roll with meat (*etc*); **belegtes ~ mit Schinken** roll with ham, ham roll; *colloq.* (**sich** *dat*) **s-e ~ verdienen** earn one's bread and butter; *humor.* **kleinere ~ backen müssen** have to cut down on one's style. **~,ge·ber** *m humor.* the man who signs my (*etc*) paycheck, employer, boss.

'Brot·er,werb *m econ.* (earning one's) living (*od.* livelihood); **als** (*od.* **zum**) **~** for a living, professionally, as a trade.

'Brot,frucht *f bot.* breadfruit. **~,baum** *m* breadfruit (tree).

'Brot|,ge·ber *m obs.* employer, master. **~ge,trei·de** *n* bread cereals *pl.* **~,herr** *m obs.* → **Brotgeber.** **~,ka·sten** *m* bread bin, *Am.* breadbox. **~,korb** *m* bread-basket; *fig. colloq.* **j-m den ~ höher hängen** put s.o. on short rations. **~,kru·me** *f* (bread)crumb. **~,kru·ste** *f* (bread) crust. **~,laib** *m* loaf (of bread). **⁀,los** *adj* **1.** without means of support (*od.* living); (*arbeitslos*) unemployed, out of work; **~ werden** lose one's job (*od.* livelihood); **j-n ~ machen** throw s.o. out of work, deprive s.o. of his living. **2.** unprofitable; → **Kunst** 3. **~ma,schi·ne** *f* bread cutter. **~,mes·ser** *n* bread knife. **~,neid** *m fig.* (**aus ~** out of) professional jealousy. **~,nuß,baum** *m bot.* breadnut (tree). **~,rin·de** *f* (bread) crust. **~,rö·ster** *m* toaster. **~,schnei·de·ma,schi·ne** *f* bread cutter. **~,schrift** *f print.* body type. **~,stu·di·um** *n* bread-and-butter studies *pl.* **~,sup·pe** *f* bread soup. **~,tel·ler** *m* (bread) board. **~,wür·fel** *m gastr.* bread cube; **gerösteter ~** crouton. **~,zeit** *f Bavarian* **1.** (tea, *Am.* coffee) break; **~ machen** break off for a snack. **2.** ⟨*only sg*⟩ snack. **~,zucker** (*getr.* **-k·k-**) *m* loaf sugar.

Brow·ning ['braunɪŋ] (*Engl.*) *m* ⟨-s; -s⟩ Browning automatic (pistol).

brr [br] *interj* **1.** (*halt*) *an Zugtiere*: whoa!, ho(a)! **2.** (*pfui*) ugh!

Bru·cel·lo·se [brutsɛ'lo:zə] *f* ⟨-; -n⟩ *med.* brucellosis.

Bruch[1] [brʊx] *m* ⟨-(e)s; =e⟩ **1.** breaking, breakage, fracture; *colloq.* **ein Auto zu ~ fahren** smash up a car; *aer.* **~ machen** crash(-land); **zu ~** (*od.* **in die Brüche**) **gehen** a) break, get broken, be smashed (*od.* wrecked), *aer. mot. a.* crash, b) *fig.* be broken up (*od.* wrecked), come to grief, *colloq.* go to pot; **die Ehe ging in die Brüche** the marriage went on the rocks. **2.** *fig.* *e-r Freundschaft etc*: break(-up), rupture; **~ der diplomatischen Beziehungen** breaking-off of diplomatic relations; **es kam zum offenen ~ zwischen ihnen** it came to an open quarrel between them. **3.** *fig.* *e-s Eides, des Friedens etc*: breach; *e-s Gesetzes etc*: violation, infringement, infraction. **4.** *fig.* *mit e-r Tradition etc*: break (with); **~ mit der Vergangenheit** (clean) break with the past. **5.** *in e-r Handlung etc*: break (*in the action*). **6.** *med.* (*Knochen⁀*) fracture, broken bone; **einfacher** (**komplizierter** *od.* **offener**) **~** simple (compound) fracture; **e-n ~ einrichten** set a fracture. **7.** *med.* (*Unterleibs⁀*) rupture, hernia; **eingeklemmter ~** strangulated hernia; **sich** (*dat*) **e-n ~ heben** (*od.* **zuziehen**) rupture o.s.; **ein ~ tritt aus** a hernia comes down; *colloq.* **sich e-n ~ lachen** split one's sides (with laughter). **8.** (*Riß, Sprung*) crack, crevice, fissure, break. **9.** *geol.* a) fault, b) (*Ein⁀*) break, disruption. **10.** *Bergbau*: a) *des Hangenden*: thrust,

b) cleat, slip; zu ~ gehen cave in. **11.** *min.* a) (*~fläche*) fracture, b) (*Gefüge*) structure. **12.** (*Zerbrochenes*) breakage, wreckage; (*Schrott*) scrap; *von Schokolade etc*: broken chocolate *etc*; *an Bäumen*: breakage. **13.** *math.* fraction; echter (unechter) ~ proper (improper) fraction; einfacher (gemeiner *od.* gewöhnlicher) ~ simple (common *od.* vulgar) fraction; e-n ~ erweitern reduce a fraction to higher terms; e-n ~ kürzen abbreviate (*od.* reduce) a fraction. **14.** *civ. eng.* a) (*SteinՁ*) quarry, b) → Bruchstein. **15.** (*Hosenfalte etc*) crease, fold. **16.** *hunt.* green twig (*affixed on hunter's cap*). **17.** *colloq. contp.* junk, trash, rubbish, lousy stuff.

Bruch[2] [brux; bruːx] *m, n* ‹-(e)s; ¨-e(r)› bog, marsh, swamp(land), *Br. a.* fen.

ˈBruch|ˌband *n* ‹-(e)s; ¨-er› *med.* truss. **~beˌanˌspru·chung** *f tech.* breaking stress. **~ˌbee·re** *f bot.* bog whortleberry. **~beˌla·stung** *f tech.* breaking load. **~ˌblei** *n tech.* scrap lead. **~ˌbu·de** *f colloq. contp.* **1.** ramshackle building (*od.* hut). **2.** *fig. sl.* dump, hole, lousy joint. **~ˌdeh·nung** *f tech.* (breaking) elongation. **~ˌei·sen** *n* iron scrap. **Ձˌfest** *adj* breakproof. **~ˌfe·stig·keit** *f* ultimate (breaking) strength. **~ˌflä·che** *f* **1.** (surface of) fracture, fractured surface. **2.** *geol.* fault plane. **~geˌbir·ge** *n geol.* fault(ed) mountains *pl.* **~geˌfahr** *f tech.* risk of breakage. **~ˌglei·chung** *f math.* fractional equation. **~ˌgren·ze** *f metall. phys.* breaking limit.

brü·chig [ˈbrʏçɪç] *adj* **1.** (*zerbrechlich*) fragile; (*bröckelig*) crumbly, friable; (*spröde*) brittle, *metall. a.* short; liable to crack; (*geborsten*) cracked, full of cracks; *fig.* ~e Stimme brittle (*od.* cracked) voice. **2.** *lit. Existenz, Frieden etc*: fragile, shaky. **Ձkeit** *f* ‹-; *no pl*› **1.** fragility; brittleness, *metall.* shortness; friableness. **2.** *lit.* fragility, shakiness.

ˈBruch|ˌland *n geol.* swampland, marshland. **Ձˌlan·den** *v/i* ‹*inf u. pp*, -ge-, sein› *aer.* crash-land. **~ˌlan·dung** *f aer.* crash-landing; e-e ~ machen crash-land. **~meˌtall** *n* scrap metal. **~ope·ra·tiˌon** *f* hernia(l) operation, herniotomy. **~piˌlot** *m aer. colloq.* hard-luck pilot. **~ˌpro·be** *f phys. tech.* breaking test. **~ˌrech·nen** *n*, **~ˌrech·nung** *f math.* fractional arithmetic, fractions *pl.* **~ˌring** *m med.* hernial ring. **~ˌsack** *m med.* hernial sac. **~ˌscha·den** *m econ.* breakage. **~ˌschie·ne** *f med.* splint. **~ˌschrift** *f* → Fraktur 2. **Ձˌsi·cher I** *adj* breakproof, unbreakable; *Glas*: shatterproof. **II** *adv* et. ~ verpacken pack s.th. securely (*od.* so it won't break). **~ˌspan·nung** *f tech.* ultimate (breaking) stress. **~ˌstein** *m civ. eng.* **1.** quarrystone. **2.** *beim Mauern*: rubble(stone); **~mauer** *f* rubble wall. **~ˌstel·le** *f* **1.** point (*od.* site) of fracture. **2.** (*Schadensstelle*) break, crack, fracture. **~ˌstrich** *m math.* fraction bar.

ˈBruchˌstück *n* **1.** *a. fig.* fragment, piece, part; *fig.* ~e e-r Unterhaltung (e-s Briefes) scraps of a conversation (letter); ~e e-s Liedes snatches of a song; in ~en erhalten → bruchstückhaft II; aus ~en bestehend fragmentary. **2.** (*Splitter*) splinter, shiver, sliver; *von Stein etc*: chip. **3.** *pl geol.* debris *sg.* **Ձhaft I** *adj* fragmentary. **II** *adv, a.* **Ձˌwei·se** *adv fig.* in fragments, fragmentarily; ~ erhalten preserved in fragments (*od.* in fragmentary form); ~ erzählen tell *s.th.* in bits and pieces.

ˈBruch|teil *m* fraction (*a. math.*); im ~ e-r Sekunde in a split second. **~ˌzahl** *f math.* fraction(al) number.

Brück·chen [ˈbrʏkçən] *n* ‹-s; -› *dim. of* Brücke 1.

Brücke (*getr.* -k·k-) [ˈbrʏkə] *f* ‹-; -n› **1.** bridge; bewegliche ~ movable (*od.* opening) bridge; schwimmende ~ floating (*od.* pontoon) bridge; e-e ~ über (*acc*) et. bauen (*od.* schlagen) build (*od.* construct, throw) a bridge across s.th., bridge s.th.; die ~ überspannt (führt über) den Fluß the bridge spans (crosses) the river; *fig.* alle ~n hinter sich abbrechen burn one's boats; j-m goldene ~n bauen make it easy for s.o., leave the door open for reconciliation. **2.** *fig.* bridge, link (zwischen between); ~ zur Vergangenheit link with the past; Sport schlägt ~n von Volk zu Volk sport bridges the gaps between nations. **3.** *mar.* a) (captain's) bridge, b) → Landungsbrücke 1. **4.** *e-r Brille*: bridge. **5.** *med.* (dental) bridge. **6.** *anat.* (*Gehirnteil*) pons. **7.** *gymn., Ringen*: bridge. **8.** *electr.* bridge; in ~ schalten bridge (*od.* tee) (across). **9.** (*Teppich*) rug. **10.** *e-r Waage*: platform, table.

ˈBrücken|ˌbahn (*getr.* -k·k-) *f* floor (*od.* road) (of a bridge). **~ˌbau** *m* ‹-(e)s; -ten› bridge building. **~ˌbau·er** *m* bridge builder. **~ˌbock** *m* trestle. **~ˌbo·gen** *m* arch. **~ˌdeck** *n mar.* bridge deck. **~ˌfeld** *n* span. **~ˌgeld** *n econ.* bridge toll. **~ˌhaus** *n* **1.** *mar.* pilothouse, wheelhouse. **2.** tollhouse (on a bridge). **~ˌjoch** *n* bay, pier (of a bridge). **~ˌkopf** *m mil.* bridgehead; *fig. a.* toehold. **~ˌkran** *m tech.* bridge crane. **~ˌoberˌbau** *m* ‹-(e)s; -ten› superstructure (of a bridge). **~ˌpfei·ler** *m* pier (of a bridge). **~ˌram·pe** *f* → Brückenzufahrt. **~ˌschal·tung** *f electr.* bridge circuit (*od.* connection). **~ˌschlag** *m* bridging (*a. fig.*). **~ˌsteg** *m* foot-bridge. **~ˌträ·ger** *m* bridge girder. **~ˌwaa·ge** *f tech.* **1.** platform scale. **2.** *für Wagenlast*: weighbridge. **~ˌzoll** *m econ.* bridge toll. **~zuˌfahrt** *f* approach (to a bridge).

Brü·den [ˈbryːdən] *m* ‹-s; -› *tech.* water vapo(u)r.

Bru·der [ˈbruːdər] *m* ‹-s; ¨-› **1.** brother; die Brüder X the X brothers, the brothers X; *fig.* ~ in Apoll fellow poet; an j-m wie ein ~ handeln treat s.o. like one's (*od.* a) brother; gleiche Brüder, gleiche Kappen (*Sprichwort*) birds of a feather (flock together); *colloq.* mir, unter Brüdern, kannst du es ja sagen just between friends tell me; *colloq.* das ist unter Brüdern 200 Mark wert a) between friends it would be 200 marks, b) it costs a cool 200 marks. **2.** *relig.* a) brother, b) (*bes. Bettelmönch*) friar, c) (*Laie*) lay brother, d) *als Anrede*: Brother; m-e lieben Brüder dearly beloved brethren; Brüder in Christo brethren (*od.* brothers) in Christ; Brüder im Geiste spiritual brothers. **3.** *colloq.* (*Kerl*) fellow, bloke, chap, *Am.* guy; ~ Leichtfuß (Liederlich, Lustig) happy-go-lucky (careless, jolly) fellow; ein übler ~ a bad egg; *vulg.* warmer ~ → Schwuler.

Brü·der·chen [ˈbryːdərçən] *n* ‹-s; -› **1.** little brother. **2.** baby brother.

ˈBrü·der·geˌmei·ne *f* ‹-; -n›, *a.* Herrnhuter ~ *relig.* Bohemian Brethren *pl*, Moravians *pl.*

ˈBru·der|ˌhand *f* ‹-; *no pl*› *fig.* j-m die ~ reichen extend a brotherly hand to s.o. **~ˌhaß** *m* fraternal hate. **~ˌherz** *n humor.* dear brother. **~ˌkind** *n* → a) Nichte, b) Neffe. **~ˌkrieg** *m* fratricidal (*od.* civil) war. **~ˌkuß** *m fig.* brotherly (*od.* fraternal) kiss. **~ˌland** *n lit.* sister nation.

Brü·der·lein [ˈbryːdərlaɪn] *n* ‹-s; -› → Brüderchen.

ˈbrü·der·lich I *adj* brotherly, fraternal. **II** *adv* in a brotherly manner, brotherly, fraternally; ~ teilen share and share alike; ~ zs.-stehen stand by each other like brothers. **Ձkeit** *f* ‹-; *no pl*› brotherliness.

ˈBru·der|ˌlie·be *f* brotherly (*od.* fraternal) love. **~ˌmord** *m* fratricide. **~ˌmör·der** *m*, **~ˌmör·de·rin** *f* fratricide. **Ձˌmör·de·risch** *adj* fratricidal.

ˈBru·der·schaft *f* ‹-; -en› **1.** *relig.* brotherhood, (con)fraternity, (religious) society. **2.** ‹*only sg*› *Southern G. for* Brüderschaft 1.

ˈBrü·der·schaft *f* ‹-; -en› **1.** ‹*only sg*› brotherhood; ~ schließen mit j-m make close friends with s.o.; mit j-m ~ trinken drink the pledge of eternal friendship with s.o. **2.** *hist.* guild.

ˈBru·der|ˌvolk *n* sister nation, cousins *pl.* **~ˌzwist** *m bes. hist.* fraternal strife.

Brü·he [ˈbryːə] *f* ‹-; -n› **1.** *gastr.* a) (*FleischՁ etc*) broth, b) *für Suppen, Soßen*: stock, bouillon, c) (*Soße*) sauce, d) (*Fleischsaft*) gravy, e) vegetable water; klare ~ clear soup. **2.** *colloq.* a) (*schmutziges Wasser etc*) dirty water, slop(s *pl*); (*Schlamm*) slush; *fig.* in der ~ stecken be in the soup; j-n in der ~ sitzenlassen leave s.o. in the lurch, b) (*Flüssigkeit, Saft*) juice, c) (*Schweiß*) sweat, d) (*Getränk etc*) slop, swill, dishwater. **3.** (*FärberՁ etc*) liquor; *für Tabak*: sauce.

brü·hen [ˈbryːən] *v/t* ‹h› **1.** *gastr.* scald, boil. **2.** (*Wäsche*) soak.

ˈBrüh|ˌfut·ter *n agr.* scalded fodder. **Ձˌgar** *adj Leder*: liquor-tanned. **ՁˈheiB** *adj* scalding (*od.* boiling, piping) hot. **~karˌtof·feln** *pl* bouillon potatoes. **Ձˈwarm** *adv colloq.* j-m et. ~ berichten (*od.* erzählen) take (*od.* report) s.th. straightaway to s.o., bring s.o. hot news of s.th. **~ˌwür·fel** *m* bouillon (*od.* beef) cube.

ˈBrüllˌaf·fe *m zo.* howling monkey, howler.

brül·len [ˈbrʏlən] **I** *v/i* ‹h› **1.** *zo.* a) *Raubtier etc*: roar, b) *Stier*: bellow, c) *Esel*: bray, d) *Kuh*: low. **2.** *Mensch*: roar, yell, shout, bellow, bawl; vor Lachen ~ roar with laughter, guffaw; vor Schmerz ~ scream with pain. **3.** *colloq. bes. Kinder*: bawl, howl, scream, yell. **4.** *poet. Brandung, Geschütz etc*: roar, boom. **II** *v/t* **5.** (*Befehl etc*) roar (out). **6.** sich heiser ~ roar o.s. hoarse. **III** Ձ *n* ‹-s› **7.** roar(ing) (*etc*); *fig. colloq.* er (es) ist zum Ձ (komisch) he (it) is a scream (*od.* riot, *sl.* gas). **~d** *adj u. adv* roaring; ~es Gelächter roar of laughter, guffaws *pl*; ~ lachen roar with laughter, guffaw.

ˈBrül·ler *m* ‹-s; -› **1.** one who roars; (*Baby*) howler. **2.** *colloq.* (*Schrei*) roar, yell.

Brumm [brʊm] *m* ‹-s; *no pl*› *electr.* hum. **~ˌbär** *m*, **~ˌbart** *m fig. colloq.* grumbler, growler. **~ˌbaß** *m humor.* **1.** *mus.* double bass. **2.** (rumbling) bass (voice).

brum·meln [ˈbrʊməln] *v/t u. v/i* ‹h› mumble; et. vor sich hin ~ mutter (s.th.) to o.s.

brum·men [ˈbrʊmən] **I** *v/i* ‹h› **1.** *Bär etc*: growl. **2.** (*summen*) hum, drone, buzz, *Motor etc*: *a.* purr, *stärker*: boom (*a. Orgel, Baß*); *Kreisel*: spin, hum; *electr.* hum, buzz. **3.** *fig. Person*: (über *acc* at, about) growl, grumble; *vor Behagen etc*: purr (with); *colloq.* mir brummt der Schädel (*od.* Kopf) my head is throbbing. **4.** *colloq.* er muß ~ a) *im Gefängnis*: he is doing time (*od.* a stretch), b) *in der Schule*: he is kept in. **II** *v/t* **5.** a) mutter, mumble, b) *böse*: growl; → Bart 1. **III** ♀ *n* ‹-s› **6.** hum(ming), buzz(ing) (*etc*).

'Brum·mer *m* ‹-s; -› **1.** *zo. colloq.* a) (*Fliege*) bluebottle, b) (*Hummel*) bumblebee. **2.** *mus. Dudelsack*: drone. **3.** *mil. colloq.* (*Geschoß*) heavy shell. **4.** → Brummbär. **5.** *colloq.* (dicker) ~ (*Lastwagen etc*) bus.

'Brumm|,flie·ge *f zo.* bluebottle. **♀-,frei** *adj electr.* hum-free. **~fre,quenz** *f* hum frequency.

'brum·mig *adj Person, Antwort etc*: grumpy, gruff, bearish; *Stimme*: *a.* growling. **♀keit** *f* ‹-; *no pl*› grumpiness.

'Brumm|,kä·fer *m colloq.* buzzing beetle. **~,krei·sel** *m* humming top. **~-,pe·gel** *m electr.* hum level. **~,schä·del** *m fig. colloq.* **1.** headache. **2.** (*Katzenjammer*) hangover, head. **~,stim·me** *f* → Brummbaß 2. **~,ton** *m* hum. **~,zei·chen** *n* buzzer signal.

Bru·nel·le [bru'nɛlə] *f* ‹-; -n› *bot.* self-heal.

Brü·nel·le [bry'nɛlə] *f* ‹-; -n› **1.** (*Pflaume*) prune. **2.** (*Likörsorte*) prunelet, prunelle.

brü·nett [bry'nɛt] *adj*, **Brü'net·te** *f* ‹-n; -n› brunet(te).

Brunft [brʊnft] *f* ‹-; ¨-e› *hunt.* a) *beim männlichen Wild*: rut, rutting time, b) *beim weiblichen Tier*: heat. **'brunf·ten** *v/i* ‹h› a) *männliches Wild*: rut, b) *weibliches Tier*: be in (*od.* on) heat. **'Brunft|,hirsch** *m* rutting stag.

'brunf·tig *adj hunt.* a) *männliches Wild*: rutting, b) *weibliches Tier*: in (*od.* on) heat; ~ **sein** → **brunften.**

'Brunft|,schrei *m* bell (of rutting deer). **~,zeit** *f* rutting season.

brü·nie·ren [bry'ni:rən] *v/t* ‹*no* ge-, h› *metall.* brown, burnish.

Brunn [brʊn] *m* ‹-(e)s; -en› *poet.* fount.

Brün·ne ['brʏnə] *f* ‹-; -n› *hist.* coat of mail.

Brun·nen ['brʊnən] *m* ‹-s; -› **1.** *bes. civ. eng.* (*gegrabener* ~) well; **e-n ~ bohren** sink a well; *fig.* **den ~ zudecken, wenn das Kind hineingefallen ist** lock the stable door after the horse has bolted; → Krug 1. **2.** (*ungefaßte Quelle*) spring, *poet.* fount(ain); (*eingefaßte Quelle*) fountain; (*Zieh*♀) draw-well. **3.** mineral spring; ~ **trinken** take the waters. **4.** *fig.* well, spring, fountain.

'Brun·nen|,ab,sen·kung *f civ. eng.* well-sinking. **~,becken** (*getr.* -k·k-) *n* basin. **~,ein,fas·sung** *f* curb (*od.* brim) of a well. **~fi,gur** *f* (sculptured) figure on a fountain. **~,haus** *n* well-house; *e-s Kurortes*: pump-room. **~,kres·se** *f bot.* watercress. **~,kur** *f med.* mineral-water cure; **e-e ~ machen** take the waters. **~ver,gif·ter** *m fig. contp.* (vicious) calumniator. **~ver,gif·tung** *f* **1.** *jur.* poisoning of a well. **2.** *fig. contp.* vicious calumny, vitiating the political atmosphere. **~,was·ser** *n* well-(*od.* pump-)water.

Brünn·lein ['brʏnlaɪn] *n* ‹-s; -› *dim. of* Brunnen.

Brunst [brʊnst] *f* ‹-; ¨-e› **1.** *zo.* a) *des Männchens*: rut, b) *des Weibchens*: heat, c) *vom Menschen*: lust, randiness, *der Frau*: *a.* heat; **in der ~** → **brünstig** 1. **2.** *zo.* (*Paarungszeit*) rutting season, season of heat. **3.** *archaic for* **Inbrunst.** **'brun·sten** *v/i* ‹h› *zo.* a) *Männchen*: (be in) rut, b) *Weibchen*: be in (*od.* on) heat.

brün·stig ['brʏnstɪç] *adj* **1.** *zo.* a) *Männchen*: rutting, ruttish, b) *Weibchen*: in (*od.* on) heat, c) *Mensch*: lustful, hot, *Frau*: *a.* in heat. **2.** *archaic for* **inbrünstig.**

'Brunst,zeit *f* season of heat.

brüsk [brʏsk] **I** *adj* ‹-er; -est› **1.** *Antwort, Verhalten etc*: brusque, curt, gruff. **2.** (*plötzlich*) abrupt. **II** *adv* **3.** brusquely (*etc*).

brüs·kie·ren [brʏs'ki:rən] *v/t* ‹*no* ge-, h› **j-n ~** affront (*od.* provoke) s.o., snub s.o. **Brüs'kie·rung** *f* ‹-; -en› affront, snub, rebuff.

Brüs·se·ler ['brʏsələr] **I** *m* ‹-s; -›, **'Brüs·se·le·rin** *f* ‹-; -nen› native (*od.* inhabitant) of Brussels. **II** *adj* (of) Brussels; ~ **Spitze** Brussels lace; ~ **Teppich** Brussels carpet.

Brust [brʊst] *f* ‹-; ¨-e› **1.** ‹*only sg*› chest, breast, *scient.* thorax, pectus; **j-n an s-e ~ drücken** (*od.* **ziehen**) clasp s.o. to one's breast; ~ **'raus!** chest out!; *fig.* **sich (reuevoll) an die ~ schlagen** beat one's breast; *fig.* **sich in die ~ werfen** give o.s. airs, strut (and prance); *fig. colloq.* **sich** (*dat*) **e-n zur ~ nehmen** (*trinken*) have a quick one; *humor.* **sich** (*dat*) **j-n zur ~ nehmen** give s.o. hell; *Sport*: ~ **an ~** neck and neck; **komm an m-e ~!** come to my heart! **2.** ‹*only sg*› (*Organe der* ~*höhle*) chest; **es auf der ~ haben** have chest trouble; **schwach auf der ~ sein** a) have a weak chest, b) *fig. colloq.* be hard up. **3.** (*weibliche* ~) breast(s *pl*), *scient.* mamma(e *pl*), (*Busen*) bosom, bust; **e-m Kind die ~ geben** give a baby the breast, nurse (*od.* suckle, breast-feed) a baby. **4.** ‹*only sg*› *fig.* (*Herz, Gefühl*) breast, heart, soul; **fühlende ~** feeling heart; **aus voller ~ singen** sing lustily (*od.* at the top of one's voice). **5.** ‹*only sg*› → **Bruststück** 2. **6.** ‹*only sg*› *Mode*: a) (*Vorderteil*) (shirt-*etc*)front, b) (*Mieder*) bodice. **7.** ‹*only sg*› *tech.* front, face. **8.** ‹*only sg*› → **Brustschwimmen.**

'Brust|-an-,Brust-,Ren·nen *n Sport*: neck-and-neck race, photo finish. **~,at·mung** *f* thoracic (*od.* costal) respiration. **~,bee·re** *f bot.* **1.** jujube (tree *od.* fruit). **2.** Schwarze ~ a) (*Baum*) sebesten, b) (*Frucht*) sebesten plum. **~,bein** *n* **1.** *anat.* breastbone, sternum. **2.** *bei Geflügel*: wishbone. **~be,klem·mung** *f med.* tightness of the chest. **~be-,schwer·den** *pl* chest trouble *sg.* **~-,beu·tel** *m bes. mil.* money bag (*worn round the neck*). **~,bild** *n* half-length portrait (*od.* photo). **~bon,bon** *m, n* cough drop. **~,brei·te** *f Sport*: **um ~ gewinnen** win by a whisker, nose out. **~,drü·se** *f anat.* **1.** *der Frau*: mamma(ry gland). **2.** thymus (gland). **~,drü·sen-ent,zün·dung** *f med.* mastitis.

brü·sten ['brʏstən] *v/reflex* ‹h› **sich ~** (mit) boast (of), brag (about, of); **sich mit et. ~** *a.* plume o.s. on s.th., vaunt s.th.

'Brust|,fall,schirm *m aer.* chest-pack parachute. **~,fell** *n anat.* pleura; ~ **entzündung** *f* pleurisy, pleuritis. **~,flos·se** *f ichth.* pectoral fin. **~,gurt** *m* **1.** *aer. am Fallschirm*: chest strap. **2.** *am Pferdegeschirr*: breastband. **~,har·nisch** *m hist.* breastplate, cuirass. **♀,hoch** *adj* breast-high. **~,höh·le** *f anat.* thoracic cavity. **~,ka·sten** *m colloq.* chest. **~,kind** *n* breast-fed baby. **~,korb** *m* chest, thorax. **♀,krank** *adj colloq.* suffering from the (*od.* a weak) chest, having a chest disease. **~,kraul** *m Sport*: front crawl (stroke). **~,krebs** *m med.* breast cancer. **~,kreuz** *n relig.* pectoral cross. **~,la·ge** *f Sport*: prone position. **~,latz** *m* bib. **~,lei·den** *n* chest disease. **~,lei·er** *f tech.* brace (and bit). **~mi·kro,phon** *n* chest microphone. **~-,mus·kel** *m* pectoral muscle. **~,na·del** *f* breast-pin. **~,nah·rung** *f* breast-feeding. **~,pan·zer** *m* **1.** *hist.* cuirass. **2.** *zo.* a) *der Schildkröte etc*: plastron, buckler, b) *der Insekten*: thorax. **~,pum·pe** *f* (*Milchpumpe*) breast pump. **~,quart** *f fenc.* low forth. **~re,gi·ster** *n mus.* chest register. **~,ring** *m zo.* thoracic(al) segment. **~,schei·be** *f mil.* half-figure target.

'Brust,schild[1] *m* **1.** *hist.* cuirass. **2.** → Brustpanzer 2. **3.** *tech.* dozer blade.

'Brust,schild[2] *n relig.* pectoral.

'Brust|,schmer·zen *pl* pains in the chest. **~,schwim·men** *n* breast stroke (swimming); **200 m ~** 200 met/res (*Am.* -ers) breast stroke. **~,schwim·mer** *m* breast stroke swimmer. **~sta,tiv** *n phot.* chestpod. **~,stil** *m Schwimmen*: breast stroke. **~,stim·me** *f mus.* chest voice. **~,strei·fen** *m Sport*: chest band. **~,stück** *n gastr. vom Rind etc*: brisket; *vom Lamm, Geflügel*: breast; *vom Schwein*: belly. **~,ta·sche** *f* breast pocket. **~,tee** *m* pectoral tea. **♀,tief** *adj* breast-deep, up to one's breast. **~,ton** *m mus.* chest note; *fig.* **mit dem** (*od.* **im**) **~ der Überzeugung** with the (true) ring of conviction. **~,um,fang** *m* chest measurement; *bei Frauen*: bust (measurement).

'Brü·stung *f* ‹-; -en› **1.** *arch.* a) (*Fenster*♀) breast, parapet, b) (*steinernes Geländer*) parapet, (*Balkon*♀) *a.* balustrade. **2.** → Brustwehr.

'Brü·stungs,mau·er *f* parapet wall.

'Brust|,wand *f anat.* chest (*od.* thoracic) wall. **~,war·ze** *f anat.* nipple. **~,wehr** *f mil. hist.* breastwork, parapet. **~,wei·te** *f* → Brustumfang.

Brut [bru:t] *f* ‹-; -en› **1.** ‹*only sg*› *orn.* (*Brüten*) brooding, sitting, incubation; **künstliche ~** (artificial) incubation. **2.** *zo.* (*Junge*) a) *von Vögeln, Bienen*: brood, *orn. a.* hatch, *von Hühnern*: *a.* clutch, b) *von Singvögeln u. Insekten*: nest, c) *von Fischen*: fry, spawn. **3.** *bot.* a) (*Ableger*) (off)shoot, b) *der Pilze*: spawn, c) offset-bulb. **4.** ‹*only sg*› *colloq. von Menschen*: brood, offspring, spawn, brats *pl.* **5.** *contp.* (*Gesindel*) scum, lot, pack.

bru·tal [bru'ta:l] **I** *adj* ‹-er; -st› brutal; **~es Verbrechen** brutal (*od.* brutish, bestial) crime; **mit ~er Gewalt** with brute force; **ein ~er Mensch** a brute, a beast. **II** *adv* **j-n ~ behandeln** treat s.o. brutally, brutalize s.o. **Bru·ta·li'tät** [-tali'tɛ:t] *f* ‹-; -en› brutality.

'Brut|,an,stalt *f für Fische*: hatchery, *für Geflügel*: *a.* brooder. **~ap·pa,rat** *m* **1.** *agr.* brooder, incubator. **2.** *med. für Frühgeburten*: incubator. **~,be·cher** *m bot.* gemma cup, cupule. **~,ei** *n* **1.** egg for hatching. **2.** addled egg.

brü·ten ['bry:tən] **I** *v/i* ‹h› **1.** *orn.* brood, hatch, incubate, *Henne*: *a.* sit (on eggs). **2.** *fig.* (*grübeln*) brood (**über** *dat* over); **über e-m Problem ~** ponder a problem, brood (*od.* pore) over a problem; **er sitzt da und brütet vor sich hin** he sits there brooding. **3.** *fig. Hitze, Stille etc*: brood (**auf, über** *dat* over). **II** *v/t* **4.** → **ausbrüten, Rache. III** ♀ *n* ‹-s› **5.** *zo.* brooding (*etc*), incubation. **6.** *nucl.* breeding. **7.** *fig.* brooding. **~d** *adj* brooding (*a. fig., a. Hitze*).

'Brü·ter *m* ‹-s; -› **1.** *agr.* brooder, brood hen, sitter; **diese Henne ist ein guter ~** this hen is a good hatcher (*od.* sitter). **2.** *nucl.* breeder (reactor); **schneller ~** fast breeder.

'Brut|,fleck *m* brooding spot. **~,hen·ne** *f* → Brüter 1. **~,herd** *m* **1.** → Brutstätte 2. **2.** → Infektionsherd. **~,hit·ze** *f* **1.** → Brutwärme. **2.** *colloq.* stifling heat. **~,ka·sten** *m agr., a. med.* incubator. **~,korn** *n bot.* gemma, germ.

~ˌman·tel *m nucl.* breeder blanket. ~maˌschi·ne *f* → Brutapparat 1. ~ˌofen *m* → Brutapparat 1. ~ˌplatz *m zo.* breeding-place (*od.* -ground), *von Fischen*: *a.* spawning-ground, *von Geflügel, Fischen*: *a.* hatchery, *von Seevögeln, Robben*: *a.* rookery. ~reˌak·tor *m nucl.* breeder (reactor). ~ˌschrank *m* → Brutapparat. ~ˌstät·te *f* **1.** → Brutplatz. **2.** *fig.* breeding-ground, hotbed. ~ˌstoff *m nucl.* breeder material. ~ˌteich *m* spawning pond.

brut·to [ˈbruto] *adv* (in the) gross; ~ für netto gross for net; 300 Mark ~ 300 marks before tax; ~ wiegen weigh in the gross; 1000 Mark ~ verdienen have a gross income of 1,000 marks.

ˈ**Brut·to|...** *in Zssgn* gross (*amount, income, receipts, salary, weight etc*). ~ˌfor·mel *f chem.* empirical formula. ~prinˌzip *n principle of itemizing all entries in accounts and statements.* ~reˌgi·sterˌton·ne *f mar.* gross (register) ton. ~so·ziˌal·proˌdukt *n* gross national product. ~tonˌna·ge *f*, ~ˌton·nen·geˌhalt *m mar.* gross tonnage. ~ˌumˌsatz *m econ.* gross turnover (*od.* sales *pl*).

ˈ**Brut|ˌwär·me** *f* incubation heat. ~ˌzeit *f zo.* **1.** (*Dauer*) hatching time, breeding period. **2.** (*Jahreszeit*) breeding season. ~ˌzel·le *f* brood cell.

brut·zeln [ˈbrutsəln] **I** *v/t* ⟨h⟩ *colloq.* (*Fleisch*) fry; sich (*dat*) et. ~ fry o.s. s.th. **II** *v/i* sizzle, crackle, sputter.

Bruˈyère|ˌholz [bryˈjɛːr-] *n bot.* brier, briar. ~ˌpfei·fe *f* briar (pipe).

Bub [buːp] *m* ⟨-en; -en⟩ *dial. for* Junge[1] 1.

bub·bern [ˈbubərn] *v/i* ⟨h⟩ *colloq.* ihr Herz bubberte vor Angst her heart throbbed with fear.

Büb·chen [ˈbyːpçən] *n* ⟨-s; -⟩ little boy.

Bu·be [ˈbuːbə] *m* ⟨-n; -n⟩ **1.** *archaic contp.* rogue, rascal, knave. **2.** *Kartenspiel*: jack, knave.

ˈ**Bu·ben|ˌstreich** *m* **1.** (boyish) prank, lark. **2.** *a.* ~ˌstück *n*, **Bü·be·rei** [byːbəˈraɪ] *f* ⟨-; -en⟩ (piece of) knavery (*od.* villainy).

Bu·bi [ˈbuːbi] *m* ⟨-s; -s⟩ **1.** (*Kosewort*) sonny. **2.** *colloq. contp.* (young) hopeful, pipsqueak. ~ˌkopf *m* (*Frisur*) bobbed hair.

Bü·bin [ˈbyːbɪn] *f* ⟨-; -nen⟩ *contp.* vixen. **bü·bisch** [ˈbyːbɪʃ] *adj* (*schurkisch*) knavish, villainous.

Bu·bo [ˈbuːbo] *m* ⟨-s; -nen [buˈboːnən]⟩ *med.* bubo. **Buˈbo·nenˌpest** *f*, ˈ**Bu·boˌpest** *f* bubonic plague.

Buch [buːx] *n* ⟨-(e)s; ⸚er⟩ **1.** book; *fig.* das ~ des Lebens the book of life; *fig.* das ~ der Geschichte the annals *pl* of history; das Goldene ~ e-r Stadt (distinguished) visitors' book; über s-n Büchern sitzen sit over one's books; *fig.* wie ein ~ reden talk like a book; ein Engländer wie er im ~e steht a typical Englishman; ein Schuft wie er im ~e steht an out-and-out scoundrel; das ist ein ~ mit sieben Siegeln für mich that's a sealed (*od.* closed) book (*od.* all Greek) to me. **2.** (*Band, Teil*) volume, book; ein Roman in drei Büchern a novel in three volumes. **3.** *econ.* (account) books *pl*; ~ führen keep book, do the bookkeeping; ~ führen über et. keep book on s.th., keep an account (*od.* record) of s.th.; zu ~e bringen enter (in the books); zu ~e schlagen show favo(u)rably in the books, *fig.* pay off, prove an asset, bring dividends; zu ~e stehen mit be valued at (... as per books), have a book value of; in j-s ~ stehen be in s.o.'s debt. **4.** *Bibl.* book; das ~ der Bücher the Book (of Books), the Bible; das ~ der Könige the Book of Kings; das 1. (2., 3., 4., 5.) ~ Mose Genesis (Exodus, Leviticus, Numbers *pl*, Deuteronomy); die 5 Bücher Mose (the) Pentateuch. **5.** *Pferderennen etc*: ein ~ machen make a book. **6.** ⟨*undeclined*⟩ ~ Papier (*24–25 Bogen*) quire. **7.** *Kartenspiel*: a) full suit, b) *bei Whist etc*: book. **8.** → Blättermagen.

ˈ**Buch|ausˌstat·tung** *f* get-up of a book. ~ˌausˌzug *m* **1.** *print.* extract. **2.** *econ.* abstract of an account. ~beˌspre·chung *f* book review. ~ˌbin·de *f* **1.** (*Bauchbinde*) band. **2.** (*Buchumschlag*) jacket. ~ˌbin·der *m* bookbinder.

ˌ**Buch·bin·deˈrei** *f print.* **1.** bookbinding. **2.** binding department. **3.** → Buchbinderwerkstatt.

ˈ**Buchˌbin·der|ˌfar·be** *f* bookbinder's ink. ~ˌgold *n* gold-leaf. ~ˌleinˌwand *f* book cloth. ~ˌpres·se *f* binding press. ~ˌschrift *f* bookbinder's type. ~ˌstem·pel *m* bookbinder's brass. ~ˌwerkˌstatt *f* (book)bindery.

ˈ**Buch|ˌblock** *m* ⟨-(e)s; -s⟩ *print.* inner book; gehefteter ~ sewn book. ~ˌbör·se *f econ.* Book Exchange. ~ˌdecke (*getr.* -k·k-) *f print.* (book) cover, side, board. ~ˌdeckel (*getr.* -k·k-) *m* (book) cover. ~ˌdra·ma *n* → Lesedrama.

ˈ**Buchˌdruck** *m* ⟨-(e)s; *no pl*⟩ *print.* (book)printing, typography, letterpress printing; ~ätzung *f* photoengraving. ˈ**Buchˌdrucker** (*getr.* -k·k-) *m* **1.** *print.* (letterpress) printer; ~ und Verleger printer and publisher. **2.** *zo.* typographer (beetle). ˌ**Buch·druckeˈrei** (*getr.* -k·k-) *f* **1.** printing. **2.** printing office (*Am. a.* plant).

ˈ**Buchˌdrucker|ˌfar·be** (*getr.* -k·k-) *f* → Buchdruckfarbe. ~ˌkunst *f* typography, (art of) printing; die Erfindung der ~ the invention of the printing press. ~ˌlei·ste *f* a) border, b) headpiece, c) tailpiece. ~ˌzei·chen *n* printer's mark.

ˈ**BuchˌdruckˌfarBe** *f* printer's ink, printing ink.

Bu·che [ˈbuːxə] *f* ⟨-; -n⟩ *bot.* beech.

ˈ**Buchˌecker** (*getr.* -k·k-) *f* ⟨-; -n⟩ *bot.* beechnut.

ˈ**Buch|ˌei·gen·tum** *n jur.* registered ownership. ~ˌeinˌband *m* (book) cover (*od.* binding).

bu·chen[1] [ˈbuːxən] *adj* beech, of beech(wood).

ˈ**bu·chen**[2] *v/t* ⟨h⟩ **1.** *econ.* (*ver*~) book, enter *s.th.* into the books, make an entry of; (*ins Hauptbuch übertragen*) post; *fig.* et. als Erfolg ~ put (*od.* set, write) s.th. down as a success, count s.th. as a success. **2.** (*Flug, Passage etc*) book, reserve.

ˈ**Bu·chen|ˌfarn** *m* beech fern. ~ˌhain *m* beech grove. ~ˌholz *n* beech(wood). ~ˌholzˌteer *m* beech tar.

ˈ**Bü·cher|ausˌga·be** *f* **1.** lending department. **2.** (*Schalter*) lending (*bes. Am.* loan) desk. ~beˌstand *m* stock of books. ~ˌbord *n*, ~ˌbrett *n* (book-)shelf. ~ˌbus *m* mobile library, bookmobile.

Bü·che·rei [byːçəˈraɪ] *f* ⟨-; -en⟩ (öffentliche ~ public) library.

ˈ**Buch·erˌfolg** *m* best-seller.

ˈ**Bü·cher|ˌfreund** *m* booklover, bibliophile. ~geˌstell *n* bookcase. ~ˌgil·de *f* book club. ~ˌkun·de *f* bibliography. ⁓ˌkund·lich [-ˌkʊntlɪç] *adj* bibliographic(al). ~ˌla·den *m* bookshop. ~ˌliebˌha·ber *m* → Bücherfreund. ~ma·gaˌzin *n* (book) stacks *pl*. ~ˌmap·pe *f* briefcase, (*Schulranzen*) satchel. ~ˌmar·der *m* book thief. ~ˌmarkt *m* book market. ~ˌmensch *m* bookish person. ~ˌnarr *m* bibliomaniac. ~reˌgal *n* bookshelf. ~ˌrei·he *f* **1.** *im Regal*: row of books. **2.** (*Veröffentlichung*) series of books. ~re·vi·siˌon *f econ.* audit. ~reˌvi·sor *m* → Buchprüfer. ~ˌsamm·ler *m* book collector, collector of (rare) books. ~ˌschatz *m* collection of precious books. ~ˌschau *f* **1.** book exhibition. **2.** (*als Rubrik*) book review(s *pl*). ~ˌschrank *m* bookcase. ~ˌspra·che *f* book language. ~ˌstand *m* bookstall. ~ˌstän·der *m* bookcase; drehbarer ~ revolving bookcase. ~ˌsta·pel *m*, ~ˌstoß *m* pile of books. ~ˌstu·be *f* **1.** reading room. **2.** bookshop. ~ˌstu·di·um *n ped.* book study. ~ˌstüt·ze *f* book-end. ~ˌta·sche *f* → Büchermappe. ~verˌbren·ner *m* bookburner. ~verˌbren·nung *f* bookburning. ~verˌzeich·nis *n print.* **1.** (book) catalogue (*Am.* catalog), list of books. **2.** *in e-m Buch*: bibliography. ~ˌwand *f* wall of bookshelves. ~ˌweis·heit *f*, ~ˌwis·sen *n* book knowledge (*od.* learning). ~ˌwurm *m zo. u. fig.* bookworm. ~ˌwut *f* bibliomania. ~ˌzei·chen *n* (*Eignerzeichen*) bookplate, ex libris. ~zenˌsur *f* censorship of the press.

ˈ**Buch|ˌesche** *f* hornbeam. ~exˌperˌte *m Swiss for* Buchprüfer. ~ˌfink *m* chaffinch. ~ˌfor·de·run·gen *pl* (*Bilanz*) book claims, *Am.* accounts receivable. ~ˌform *f* in ~ in book form. ~forˌmat *n* (book) format. ~ˌfüh·rer *m* → Buchhalter. ~ˌfüh·rung *f econ.* bookkeeping; (*Rechnungs-, Prüfungswesen*) accountancy, accounting; einfache (doppelte) ~ single-entry (double-entry) bookkeeping; amerikanische ~ tabular bookkeeping; die ~ machen keep the books. ~ˌfüh·rungsˌpflicht *f* statutory obligation to keep books. ~ˌgeld *n econ.* deposit money. ~geˌlehr·sam·keit *f* book learning. ~geˌmein·schaft *f* book club. ~geˌwer·be *n* book-trade. ~ˌgläu·bi·ger *m econ.* book creditor. ~ˌhal·ter *m* ⟨-s; -⟩, ~ˌhal·te·rin *f* ⟨-; -nen⟩ **1.** bookkeeper. **2.** (*Haupt*⁓) accountant, senior bookkeeper. ⁓ˌhal·te·risch *adj* bookkeeping. ~ˌhal·tung *f* ⟨-; -en⟩ *econ.* **1.** ⟨*only sg*⟩ → Buchführung. **2.** (*Abteilung*) bookkeeping (*od.* accounts) department.

ˈ**Buch|ˌhan·del** *m* book-trade; im ~ erhältlich obtainable at the bookseller's. ~ˌhänd·ler *m* ⟨-s; -⟩, ~ˌhänd·le·rin *f* ⟨-; -nen⟩ bookseller. ~ˌhänd·lerˌbör·se *f* → Buchbörse. ~ˌhand·lung *f* bookshop, *bes. Am.* bookstore. ~ˌhül·le *f aus Papier*: book jacket, *aus Leder, Plastik etc*: book wrapper (*od.* cover). ~hy·poˌthek *f jur.* inscribed mortgage. ~kreˌdit *m econ.* book credit. ~kriˌtik *f* book review(ing). ~ˌkri·ti·ker *m* book reviewer. ~ˌla·den *m* bookshop.

Büch·lein [ˈbyːçlaɪn] *n* ⟨-s; -⟩ little book, booklet.

ˈ**Buch|ˌlei·nen** *n* book linen. ~ˌma·cher *m* ⟨-s; -⟩ bookmaker, *colloq.* bookie. ~ˌma·gen *m zo.* omasum. ~ma·leˌrei *f hist.* book illumination. ⁓ˌmä·ßig *adj u. adv* as shown by (*od.* in) the books, ⟨*attrib*⟩ *a.* book ..., bookkeeping, accountancy; ~e Kursgewinne exchange profits as shown by the books; ~es Vermögen total book value of assets; ~ erfassen record in books. ~ˌmes·se *f* Book Fair. ~ˌpres·se *f* **1.** *Buchbinderei*: press. **2.** (*Buchdruckpresse*) letterpress, printing machine. ~ˌprü·fer *m econ.* auditor, accountant; beeidigter ~ chartered (*Am.* certified public) accountant. ~ˌprü·fung *f* audit. ~ˌrol·le *f hist.*

scroll. ~ˌ**rücken** (*getr.* -k·k-) *m print.* spine (*od.* back) (of a book).

Buchs [bʊks] *m* ⟨-es; -e⟩, ~ˌ**baum** *m bot.* box(tree). ~ˌ**baum**ˌ**holz** *n* boxwood.

Büchs·chen [ˈbʏksçən] *n* ⟨-s; -⟩ *dim. of* Büchse 1, 2.

ˈ**Buch**|ˌ**schmuck** *m* book ornamentation (*od.* decoration). ~ˌ**schnitt** *m* (book) edge. ~ˌ**schrift** *f* book face. ~ˌ**schul·den** *pl econ.* book debts. ~ˌ**schuld·ner** *m* book debtor.

Buch·se [ˈbʊksə] *f* ⟨-; -n⟩ *tech.* a) (*Lager*≗) bush(ing), b) (*Zylinder*≗ *etc*) liner, c) (*Hülse, Muffe*) sleeve, d) (*Fett*≗) cup, e) *electr.* socket.

Büch·se [ˈbʏksə] *f* ⟨-; -n⟩ **1.** (*Dose*) box, case; *myth.* die ~ der Pandora Pandora's box. **2.** (*Konserven*≗) tin, *bes. Am.* can; in ~n verpackt tinned, *bes. Am.* canned. **3.** (*Sammel*≗) collecting box. **4.** a) *mil. hist.* musket, gun, b) *hunt.* (sporting) gun; Wild vor die ~ bekommen get one's sights on a quarry. **5.** *tech.* (*Schmier*≗) cup.

ˈ**Buch**ˌ**sei·te** *f* (printed) page, book page.

ˈ**Büch·sen**|ˌ**bier** *n* canned beer. ~ˌ**fleisch** *n* tinned (*bes. Am.* canned) meat. ~**fut·te**ˌ**ral** *n hunt.* gun case. ~**kon**ˌ**ser·ven** *pl* tinned (*bes. Am.* canned) food *sg.* ~ˌ**lauf** *m hunt.* rifle (*od.* gun) barrel. ~ˌ**licht** *n hunt.* gutes (schlechtes) ~ good (bad) light for shooting. ~ˌ**ma·cher** *m* ⟨-s; -⟩ gun-smith; *mil. hist.* armo(u)rer. ~**me**ˌ**tall** *n* bush (*od.* box) metal. ~ˌ**milch** *f* tinned (*bes. Am.* canned) milk. ~ˌ**öff·ner** *m* tin-opener, *bes. Am.* can-opener. ~ˌ**schloß** *n hunt.* (gun-) lock, action. ~ˌ**schuß** *m* gunshot. ~ˌ**wa·ren** *pl* tinned (*bes. Am.* canned) goods.

ˈ**Buch**ˌ**sta·be** [-ˌʃtaːbə] *m* ⟨-ns, *rare* -n; -n⟩ **1.** letter (*a. fig.*), (*Schriftzeichen*) character; großer ~ capital (letter); in großen ~n in capitals, in large characters; mit großen ~n schreiben capitalize; kleiner ~ small letter; *ling.* stummer ~ silent letter, mute; *fig. jur.* toter ~ dead letter; am ~n kleben keep (*od.* adhere) too strictly to the letter; auf den ~n genau, bis zum letzten ~n to the letter; ~ für ~ letter by letter; nach dem ~n des Gesetzes to the letter of the law; den ~n und dem Sinne nach in letter and spirit; *colloq.* die vier ~n one's bottom (*od.* behind); *colloq.* setz dich auf d-e vier ~n! sit down! **2.** *print.* letter, type, character; lateinischer ~ roman type; fetter ~ bold face; erhabener (stehender) ~ raised (superior) letter. **3.** *jur.* (*Unterabsatz*) sub-paragraph.

ˈ**Buch**ˌ**sta·ben**|ˌ**aus**ˌ**druck** *m math.* algebraic expression. ~**be**ˌ**zeich·nung** *f* **1.** *math.* literal notation. **2.** *print.* class number. ~ˌ**bild** *n print.* (type) face. ~ˌ**chif·fre** *f* substitution cipher. ~ˌ**fol·ge** *f* alphabetic(al) order. ~ˌ**form** *f print.* type mo(u)ld. ≗**ge**ˌ**treu** I *adj* literal, word-for-word, verbatim; ~e Übersetzung literal translation. II *adv* literally, word for word, verbatim; *fig.* (*peinlich genau*) to the letter. ~ˌ**glau·be** *m* ⟨-ns; *no pl*⟩ *relig.* fundamentalism. ~ˌ**glei·chung** *f math.* literal equation. ~ˌ**grö·ße** *f* **1.** *print.* size of letter (*od.* character, type). **2.** *math.* literal number. ~ˌ**klau·ber** *m* quibbler, hairsplitter. ~**no·ta·ti**ˌ**on** *f mus.* letter notation. ~ˌ**rät·sel** *n* anagram. ~ˌ**reim** *m metr.* alliteration. ~ˌ**schloß** *n tech.* combination (*od.* puzzle) lock. ~ˌ**schrift** *f* alphabetic script, alphabet. ~ˌ**spiel** *n* anagram, word game. ~ˌ**sup·pe** *f gastr.* alphabet soup. ~-ˌ**Ton**ˌ**schrift** *f mus.* letter notation. ~**ver**ˌ**tau·schung** *f ling.* permutation (of letters).

ˌ**buch·sta**ˈ**bie·ren** [-ʃtaˈbiːrən] I *v/t* ⟨*no* ge-, h⟩ **1.** spell; falsch ~ misspell. **2.** (*mühsam lesen*) spell out. II *v/i* **3.** spell (out); ich buchstabiere: A wie Anton let me spell it: A for Andrew (*Am.* Abel).

ˌ**Buch·sta**ˈ**bier**ˌ**ta·fel** *f bes. tel.* spelling table.

ˈ**buch**ˌ**stäb·lich** [-ˌʃtɛːplɪç] I *adj* literal (*a. fig.*); der ~e Sinn e-s Wortes the literal sense of a word; *fig.* ~e Vernichtung literal annihilation; das ist ~er Verrat that's virtually treachery, that amounts to treason, no less. II *adv* literally; (*peinlich genau*) to the letter; et. ~ auslegen (übersetzen) take (translate) s. th. literally; *fig.* es ist ~ wahr it is literally true; er wurde ~ in Stücke gerissen he was literally torn to pieces; ~ nichts absolutely nothing.

ˈ**Buch**ˌ**stüt·ze** *f* book-end.

Bucht [bʊxt] *f* ⟨-; -en⟩ **1.** *geogr.* bay, bight; kleine, schmale ~ creek, inlet; Deutsche ~ Heligoland Bight. **2.** *geol.* basin; Kölner ~ Cologne Embayment; Mainzer ~ Mainz Basin. **3.** *mar.* e-r *Leine*: bight. **4.** *anat.* sinus, fossa. **5.** *bot.* sinus. **6.** *agr. Northern G.* a) *für Schweine*: pigsty, box, b) *für Schafe*: sheepfold.

Buch·tel [ˈbʊxtəl] *f* ⟨-; -n⟩ *Austrian gastr.* (kind of oven-baked) yeast dumpling.

ˈ**buch·tig** *adj* **1.** *Küste*: indented. **2.** *bot. Blattrand*: sinuate(d).

ˈ**Buch**ˌ**um**ˌ**schlag** *m* → Buchhülle.

ˈ**Bu·chung** *f* ⟨-; -en⟩ **1.** *für Flug, Passage etc*: booking, reservation. **2.** *econ.* a) booking, entering (in the books), b) (*Eintrag*) entry, item passed to account; einfache ~ single entry; gleichlautende ~ entry in conformity; nachträgliche ~ post-entry; e-e ~ vornehmen make an entry; falsche ~ misentry.

ˈ**Bu·chungs**|**au·to**ˌ**mat** *m econ.* (automatic) bookkeeping machine. ~**be**ˌ**leg** *m* (accounting) voucher. ~ˌ**feh·ler** *m* misentry, error in the books. ~**ma**ˌ**schi·ne** *f* bookkeeping machine. ~ˌ**num·mer** *f* number of entry. ~ˌ**stel·le** *f* accountancy department.

ˈ**Buch**|**ver**ˌ**lag** *m print.* book publisher(s *pl*). ~**ver**ˌ**leih** *m* lending of books. ~ˌ**wei·zen** *m bot.* buckwheat; ~**mehl** *n* buckwheat flour. ~ˌ**wert** *m econ.* book value. ~ˌ**wis·sen** *n* book knowledge. ~ˌ**zei·chen** *n* **1.** book-mark(er). **2.** (*Eignerzeichen*) ex libris.

Buckel[1] (*getr.* -k·k-) [ˈbʊkəl] *m* ⟨-s; -⟩ **1.** (*Ausbuchtung*) bulge, hump. **2.** *med.* hump(back), hunch(back); e-n ~ haben be (*od.* have) a humpback (*od.* hunchback). **3.** *colloq.* (*Rücken*) back (*a. fig.*); e-n ~ machen a) stoop, b) *Katze*: arch its back, c) *fig. contp.* bow and scrape, crawl; *fig.* er hat e-n breiten ~ he has a broad back, he can take a lot; *colloq.* er hat genug auf dem ~ he has enough on his back; du kannst mir den ~ 'runterrutschen! go to hell!, nothing doing!; j-m den ~ vollügen tell s. o. a pack of lies; er hat siebzig Jahre auf dem ~ he has seen seventy summers; mir lief es eiskalt den ~ herunter cold shivers ran down my spine, my blood froze; sich (*dat*) e-n ~ lachen split one's sides (with laughter). **4.** (*kleiner Hügel*) knoll, hillock, hummock.

Buckel[2] (*getr.* -k·k-) *m* ⟨-s; -⟩, *a. f* ⟨-; -n⟩ **1.** *metall.* boss, knob, buckle; mit ~n verziert bossed. **2.** *am Pferdezaum*: boss. **3.** *hist. am Schild*: umbo, boss.

ˈ**bucke·lig** (*getr.* -k·k-) *adj* → bucklig.

buckeln (*getr.* -k·k-) [ˈbʊkəln] I *v/i* ⟨h⟩ **1.** arch (*od.* hump) one's back. **2.** *colloq. contp.* (vor j-m) ~ crawl (*od.* grovel) (to s. o.). II *v/t* **3.** *colloq.* take (*od.* carry) s. th. on one's back.

ˈ**Buckel**|ˌ**schild** (*getr.* -k·k-) *m hist.* buckler. ~ˌ**wal** *m zo.* humpback (whale).

bücken (*getr.* -k·k-) [ˈbʏkən] I *v/reflex* ⟨h⟩ sich ~ **1.** bend (down), stoop; sich nach et. ~ bend down (*od.* stoop) to pick up s. th.; → gebückt. **2.** *fig. obs.* sich (vor j-m) ~ a) bow (to s. o.), b) *contp.* cringe (*od.* grovel, kowtow) (to s. o.), c) (*sich unterwerfen*) submit (to s. o.). II *v/t* **3.** → beugen 1. III ≗ *n* ⟨-s⟩ **4.** bending (down) (*etc*).

ˈ**buck·lig** *adj* **1.** hunchbacked, humpbacked; (*mit schlechter Haltung*) humped, hunched; den Rücken ~ machen hump (*od.* hunch, *Katze*: arch) one's back; *colloq.* sich ~ lachen split one's sides (with laughter). **2.** *Straße*: bumpy; *Landschaft*: hilly. **3.** *Verzierung*: (em)bossed, bossy. ˈ**Buck·li·ge** *m, f* ⟨-n; -n⟩ humpback, hunchback; *hist.* Richard der ~ Richard Crookback.

Bück·ling [ˈbʏklɪŋ] *m* ⟨-s; -e⟩ **1.** *gastr.* bloater. **2.** *colloq.* (*Verbeugung*) bow; e-n ~ (vor j-m) machen bow (to s. o.).

Bud·del [ˈbʊdəl] *f* ⟨-; -n⟩ *colloq.* bottle.

Bud·deˈ**lei** *f* ⟨-; -en⟩ *colloq.* (damn) digging.

ˈ**Bud·del**ˌ**ka·sten** *m colloq.* sandbox.

bud·deln [ˈbʊdəln] I *v/t* ⟨h⟩ *colloq.* **1.** (*Loch etc*) dig; sich (*dat*) ein Loch ~ dig (o. s.) a hole. **2.** (*Kartoffeln etc*) dig (up). II *v/i* **3.** (im Sand *etc*) ~ dig (in the sand, *etc*).

Bud·dhis·mus [bʊˈdɪsmʊs] *m* ⟨-; *no pl*⟩ *relig.* Buddhism. **Bud**ˈ**dhist** [-ˈdɪst] *m* ⟨-en; -en⟩, **Bud**ˈ**dhi·stin** *f* ⟨-; -nen⟩ Buddhist. **bud**ˈ**dhi·stisch** *adj* Buddhist(ic).

Bu·de [ˈbuːdə] *f* ⟨-; -n⟩ **1.** a) (*Hütte*) hut, b) *colloq. contp.* hovel, hole, dump, shanty, *Am.* shack. **2.** *colloq.* a) (*Lokal, Haus etc*) *sl.* joint, b) (*Zimmer*) room, place, c) (*Studenten*≗) digs *pl*, *Am.* pad; j-m auf die ~ rücken (*od.* steigen) drop in on s. o., *fig.* come down on s. o., give s. o. hell; Leben in die ~ bringen liven things up; er läuft mir wegen dieses Buches die ~ ein he keeps pestering me for this book; die Gläubiger laufen ihm die ~ ein his creditors are constantly on his doorstep. **3.** (*Verkaufsstand*) stall, booth, stand, *Br. a.* kiosk. **4.** *colloq.* (*Laden, Firma*) shop; die ~ zumachen close up, shut up shop (*a. fig.*), *fig.* pack up.

ˈ**Bu·den**|ˌ**angst** *f* ⟨-; *no pl*⟩ *colloq.* claustrophobia. ~**be**ˌ**sit·zer** *m* stall-keeper. ~ˌ**fest** *n*, ~ˌ**zau·ber** *m sl.* shindig, rag.

Bud·get [bʏˈdʒeː] *n* ⟨-s; -s⟩ budget, *parl. a.* (annual) estimates *pl*; das ~ einbringen (*od.* vorlegen) present (*od.* bring in, open) the budget; et. im ~ vorsehen budget for s. th., include s. th. in the budget. ~ˌ**aus**ˌ**gleich** *m econ.* balancing of the budget. ~ˌ**aus**ˌ**schuß** *m* budget committee, *Am.* Committee of Ways and Means. ~**be**ˌ**ra·tung** *f*, ~**de**ˌ**bat·te** *f* budgetary debate. ~ˌ**de·fi·zit** *n* budgetary deficit.

bud·ge·tie·ren [bʏdʒeˈtiːrən] *v/i* ⟨*no* ge-, h⟩ budget (für for).

Budˈ**get**|ˌ**jahr** budget year. ~ˌ**kür·zung** *f* budget cut. ~ˌ**vor**ˌ**an**ˌ**schlag** *m* estimate of the budget.

Bu·di·ke [buˈdiːkə] *f* ⟨-; -n⟩ *colloq. for* Bude 2, 3. **Bu**ˈ**di·ker** *m* ⟨-s; -⟩ **1.** keeper of a small tavern. **2.** keeper of a small shop.

Bü·fett [byˈfeː; -ˈfɛt] *n* ⟨-s [-ˈfeːs; -ˈfɛts] *od.* -es [-ˈfɛtəs]; -s⟩ **1.** (*Anrichte*) sideboard, buffet; (*Küchenschrank*) (kitchen) cupboard. **2.** a) (*Stehimbiß, Imbißstube*) (refreshment [*od.* snack]) bar, buffet, b) (*für kalte Speisen*) (snack-)counter, buffet. **3. kaltes ~** (cold) buffet. **~ˌda·me** *f*, **~ˌfräu·lein** *n* counter-girl, barmaid.

Bü·fet·tier [byfɛˈti̯eː] *m* ⟨-s; -s⟩ **1.** barman, *Am.* bartender. **2.** buffet manager.

Büˈfett·re·stauˌrant *n* cafeteria, buffet, snack bar.

Buf·fa·lo [ˈbufalo] *m* ⟨-s; -s⟩ *zo.* buffalo.

Büf·fel [ˈbʏfəl] *m* ⟨-s; -⟩ **1.** *zo.* buffalo. **2.** *colloq.* slob, lout.

Büf·feˈlei *f* ⟨-; *no pl*⟩ → büffeln III.

ˈBüf·fel|ˌfell *n* buffalo hide. **~ˌgras** *n* *bot.* buffalo grass. **~ˌhaut** *f* buffalo hide. **~ˌkuh** *f* buffalo cow. **~ˌle·der** *n* buff(-leather), buffalo skin.

büf·feln [ˈbʏfəln] *colloq.* **I** *v/i* ⟨h⟩ cram, grind, swot; **für ein Examen ~** cram for an exam. **II** *v/t* cram (up on), swot, *Am.* bone up on. **III** ♀ *n* ⟨-s⟩ cramming (*etc*), grind, swot.

Buf·fer [ˈbufər] *m* ⟨-s; -⟩ → **Puffer** 1.

Buf·fet [*Austrian* bʏˈfeː, *Swiss* ˈbʏfe], **Büf·fet** [*Austrian* bʏˈfeː] *n* ⟨-(e)s; -s⟩ *Austrian and Swiss for* **Büfett.**

ˈBüff·ler *m* ⟨-s; -⟩ *colloq.* swot, *Am.* grind.

Buf·fo [ˈbufo] *m* ⟨-s; -s *u.* Buffi [-fi]⟩ *mus.* buffo. **~ˌarie** *f* buffo aria. **~ˌoper** *f* opera bouffe.

Bug [buːk] *m* ⟨-(e)s; *rare* -e *u.* ¨-e⟩ **1.** ⟨*pl only* -e⟩ *mar.* a) bow(s *pl*), b) (*~spitze*) prow, head; **vom ~ zum Heck** from stem to stern; *fig.* **ein Schuß vor den ~** a warning shot; **j-m e-n Schuß vor den ~ geben** give s.o. a shot across the bows. **2.** *aer.* nose. **3.** *zo.* a) shoulder, blade-bone, b) (*Gelenk*) joint, (*Knieflechse*) hock. **4.** *gastr.* a) *beim Kalb, Hammel, Schwein*: shoulder, b) *beim Rind*: brisket, chuck. **5.** (*Faltstelle*) bend, crease. **~ˌan·ker** *m mar.* bower (anchor).

Bü·ge [ˈbyːgə] *f* ⟨-; -n⟩ *arch.* brace, strut.

Bü·gel [ˈbyːgəl] *m* ⟨-s; -⟩ **1.** (*Kleider*♀) (coat) hanger. **2.** (*Steig*♀) stirrup; **j-m die ~ halten** help s.o. into the saddle (*a. fig.*); **fest in den ~n sitzen** a) be firm in one's stirrups, b) *fig.* be in the saddle, be firmly established. **3.** (*Brillen*♀) side-piece, bow; (*Kompaß*♀) gimbals *pl*; *e-r Handtasche etc*: frame; *e-r Säge*: bow, frame; *e-r Taschenuhr*: bow, pendant; *e-s Säbels*: bow, guard; *mil.* *am Gewehrschloß*: (trigger) guard. **4.** *electr.* a) (*Halteklammer*) clamp, clip, b) *am Kupplungsschalter*: stirrup, c) *des Stromabnehmers*: bow (collector), d) (*Kopfhörer*♀) harness. **5.** *tech.* a) *am Vorhängeschloß etc*: shackle, b) *e-r Schlagnietmaschine*: bale, yoke, c) *e-r Feder*: clip, saddle, d) *civ. eng.* (*Eisenbetoneinlage*) stirrup, loop. **~ˌanˌstalt** *f* (steam) laundry. ♀**ˌarm** *adj Kleidung etc*: requiring little ironing. **~ˌaufˌzug** *m e-r Uhr*: stem winding; **Uhr mit ~** stem-winder. **~au·toˌmat** *m* electric iron (with automatic heat control), thermostatic iron. **~ˌbrett** *n* ironing-board. **~ˌei·sen** *n* **1.** (flat-)iron; **elektrisches ~** electric iron. **2.** *des Schneiders*: goose. **~ˌfal·te** *f* crease. ♀**ˌfer·tig** *adj Wäsche*: ready for ironing. ♀**ˌfest** *adj* **1.** firm in one's stirrups. **2.** *Stoff*: unharmed by ironing. ♀**ˌför·mig** *adj* hooped, stirrup-shaped, bow-shaped. ♀**ˌfrei** *adj Hemden etc*: drip-dry, non-iron. **~ˌgriff** *m* curved handle. **~ˌhorn** *n mus.* bugle. ♀**los** *adj Reiten*: **~ werden** lose one's stirrups. **~maˌschi·ne** *f* ironing machine, ironer.

bü·geln [ˈbyːgəln] *v/t u. v/i* ⟨h⟩ **1.** *Wäsche etc*) iron. **2.** (*Hosen etc*) press.

ˈBü·gel|ˌpres·se *f* laundry press. **~ˌrie·men** *m am Sattel*: stirrup strap. **~ˌsä·ge** *f* hacksaw. **~ˌschleif·konˌtakt** *m* **1.** sliding bow (*od.* shoe). **2.** sliding-bow contact. **~ˌschrau·be** *f* U-bolt, stirrup bolt. **~ˌstromˌabˌneh·mer** *m* bow collector. **~ˌtisch** *m* ironing table.

ˈBug|ˌfahrˌwerk *n aer.* nose (landing) gear. **~fiˌgur** *f mar.* figure-head. **~ˌflag·ge** *f* jack. **~ˌflag·genˌstock** *m* jackstaff. **~ˌkan·zel** *f aer.* cockpit; *in Bombenflugzeugen*: nose turret. **~ˌklap·pe** *f aer. mar.* nose door. ♀**ˌlahm** *adj Pferd*: shoulder-shot. ♀**ˌla·stig** [-ˌlastɪç] *adj aer. tech.* nose-heavy. **~ˌlei·ne** *f mar.* bowline.

ˈBüg·ler *m* ⟨-s; -⟩, **ˈBüg·le·rin** *f* ⟨-; -nen⟩ ironer, presser.

ˈBug|ˌlicht *n* **1.** *aer.* front (*od.* nose) light. **2.** *mar.* bow light. **~ˌmann** *m* ⟨-(e)s; ¨-er⟩ bowman. **~-MG** [-ˀɛmˌgeː] *n aer. mil.* nose gun. **~ˌrad** *n aer.* nose wheel. **~ˌraum** *m mar.* bow compartment. **~ˌrie·men** *m* bow (oar). **~ˌrohr** *n mar. mil.* bow (torpedo) tube. **~ˌschüt·ze** *m aer. mil.* front gunner. **~ˌschutz·geˌrät** *n mar.* paravane. **~ˌsee** *f mar.* bow wave.

Bugˈsierˌboot *n* → **Bugsierschlepper.**

bug·sie·ren [buˈksiːrən] *v/t* ⟨*no* ge-, h⟩ **1.** *mar.* (*Schiff*) tug, tow. **2.** *fig. colloq.* *j-n, et.*: steer, manœuvre, *Am.* man(o)euver; *e-n Gegenstand in e-e Öffnung etc*: coax (into). **Bugˈsie·rer** *m* ⟨-s; -⟩ → **Bugsierschlepper.**

Bugˈsier|ˌlei·ne *f* → **Bugsiertrosse.** **~ˌlohn** *m* towage. **~ˌschlep·per** *m* tug(boat), towboat. **~ˌtros·se** *f* towline, towrope.

ˈBug|ˌspit·ze *f mar.* prow. **~ˌspriet** *n, m mar.* bowsprit. **~ˌstand** *m aer.* forward gunner's station. **~ˌstück** *n* → **Bug** 4. **~ˌwel·le** *f mar.* bow wave (*od.* wash).

buh [buː] *interj* boo!

bu·hen [ˈbuːən] *v/i* ⟨h⟩ *colloq.* boo.

Buh·le[1] [ˈbuːlə] *f* ⟨-; -n⟩ **1.** *poet.* (*Geliebte*) (lady-)love, beloved. **2.** *contp.* paramour.

ˈBuh·le[2] *m* ⟨-n; -n⟩ *poet.* lover, love, swain; *contp.* paramour.

buh·len [ˈbuːlən] *v/i* ⟨h⟩ **1.** *archaic* **mit j-m ~** a) make love to s.o., dally (*od.* wanton) with s.o., b) live in sin with s.o. **2.** *fig. lit.* a) **um j-n ~** court (*od.* woo) s.o., b) **um et. ~** strive after s.th., court (*od.* woo) s.th.; **um j-s Gunst ~** curry favo(u)r with s.o., court s.o.'s favo(u)r, fawn (up)on s.o.

ˈBuh·ler *m* ⟨-s; -⟩ *archaic* **1.** → Buhle[2]. **2.** *lit.* suitor, wooer (*a. fig.*). **Buh·leˈrei** *f* ⟨-; -en⟩ **1.** *lit.* **~ um et.** courting (*od.* wooing) of s.th., striving for (*od.* after) s.th. **2.** *archaic* wantonness, lechery, fornication. **ˈBuh·le·rin** *f* ⟨-; -nen⟩ *archaic* **1.** paramour, mistress. **2.** courtesan, strumpet, wanton. **ˈbuh·le·risch** *adj* **1.** *lit.* (*schmeichelnd*) playful, caressing. **2.** *archaic contp.* amorous, lecherous, wanton. **ˈBuh·lin** *f* ⟨-; -nen⟩ → Buhle[1]. **ˈBuhl·schaft** *f* ⟨-; -en⟩ *obs.* amour, love affair.

ˈBuhˌmann *m* ⟨-(e)s; ¨-er⟩ *colloq., a. fig.* bog(e)y-man.

Buh·ne [ˈbuːnə] *f* ⟨-; -n⟩ *civ. eng.* groyne, breakwater.

Büh·ne [ˈbyːnə] *f* ⟨-; -n⟩ **1.** (*Theater*♀) stage; *fig.* (*politische etc ~*) scene, arena, stage; **drehbare ~** revolving stage; **für die ~ bearbeitet** adapted for the stage; **Beifall auf offener ~** applause during the act; **hinter der ~** a) off the stage, offstage, b) *fig.* behind the scenes, backstage; **auf die ~ treten** enter the stage; *fig.* **die politische ~ betreten** enter the political scene (*od.* arena); **von der ~ abgehen** (make one's) exit; **ein Stück auf die ~ bringen** a) stage (*od.* produce, put on) a play, put (*od.* bring) a play on the stage, b) act (*od.* perform) a play; **über die ~ gehen** a) *Stück*: be put on the stage, be enacted, b) *fig. Vorhaben etc*: be enacted (*od.* staged, carried out), *gut etc*: go (*od.* come) off; *colloq.* **es ging alles glatt über die ~** everything went off smoothly; **sich auf der ~ halten** *Stück*: hold the stage; **von der ~ des Lebens abtreten** quit the scene. **2.** a) (*Theater*) stage, theat/re (*Am.* -er), b) **die ~** (*Theaterwelt*) the stage; **zur ~ gehen** go on the stage; **es zieht sie zur ~** she is stage-struck. **3.** (*Redner*♀, *Podium*) stage, platform (*beide a. tech.*).

ˈBüh·nen|ˌanˌwei·sung *f meist pl* stage direction. **~ˌar·bei·ter** *m* stage-hand. **~ˌaufˌfüh·rung** *f* stage performance. **~ˌausˌspra·che** *f* standard pronunciation. **~ˌausˌstat·tung** *f* → **Bühnenbild.** **~ˌau·tor** *m* playwright, dramatist. **~beˌar·bei·tung** *f* stage adaptation, adaptation for the stage, dramatization. **~beˌleuch·tung** *f* stage lighting. **~ˌbild** *n* scenery, scene, (stage) set(ting), décor, stage design. **~ˌbild·ner** *m*, **~ˌbild·ne·rin** *f* ⟨-; -nen⟩ stage designer. **~ˌdeutsch** *n* standard German (pronunciation). **~ˌdich·tung** *f* **1.** *collect.* dramatic poetry. **2.** drama(tic work). **~efˌfekt** *m* stage effect. **~ˌeinˌgang** *m* stage door. **~erˌfah·rung** *f* theatrical experience, stagecraft. **~ˌfas·sung** *f* stage version. ♀**geˌrecht** *adj* actable. **~ˌgrö·ße** *f fig.* (*Person*) star of the stage, great actor (actress). **~ˌheld** *m* (stage) hero. **~ˌhel·din** *f* (stage) heroine. **~ˌhim·mel** *m* cyclorama. **~ˌhin·terˌgrund** *m* back of the stage; **im ~** upstage. **~ˌkri·ti·ker** *m* stage critic. **~ˌkunst** *f* dramatic (*od.* theatrical) art. **~ˌkünst·ler** *m* stage artist (*od.* actor). **~ˌlaufˌbahn** *f* stage career. **~ˌlei·ter** *m* stage manager. **~ˌlicht** *n* footlights. **~ˌlo·ge** *f* stage-box. **~ˌma·ler** *m* scene-painter. **~ma·nuˌskript** *n* stage script. ♀**ˌmä·ßig** *adj* a) suitable for the stage, b) theatrical. **~ˌmei·ster** *m* **1.** *thea.* a) stage manager, b) (master) carpenter. **2.** *Film*: studio manager. **~muˌsik** *f* incidental (*od.* stage) music. **~ˌna·me** *m* stage name. **~ˌpro·be** *f* stage rehearsal. **~ˌraum** *m* stage. **~ˌrech·te** *pl* stage (*od.* dramatic) rights. ♀**ˌreif** *adj* **1.** *Schauspielschüler*: qualified (for the stage). **2.** *Stück*: actable. **~re·quiˌsi·ten** *pl* (stage) properties, *colloq.* props. **~ˌschaf·fen** *n e-s Dichters*: dramatic works *pl*; *e-s Landes*: *the* theat/re (*Am.* -er). **~ˌscheinˌwer·fer** *m* spotlight. **~ˌschriftˌstel·ler** *m* playwright, dramatist. **~ˌspra·che** *f* **1.** → **Bühnenaussprache.** **2.** language of the theat/re (*Am.* -er). **~ˌstück** *n* (stage) play. **~ˌtech·nik** *f* stagecraft. **~ˌtech·ni·ker** *m* stage mechanic. ♀**ˌtech·nisch** *adj* scenic, theatrical; **~e Anweisungen** scenic (*od.* stage) directions. **~ver·siˌon** *f* stage version. **~ˌwerk** *n* drama(tic work), play. ♀**ˌwirk·sam** *adj* theatrically effective, effective on the stage. **~ˌwir·kung** *f* (stage) effect.

ˈBuhˌruf *m meist pl* boo.

buk [buːk] *1 u. 3 sg pret of* **backen**[1].

bu·ka·nie·ren [bukaˈniːrən] *v/t* ⟨*no* ge-, h⟩ *gastr.* buc(c)an.

bü·ke [ˈbyːkə] *1 u. 3 sg pret subj of* **backen**[1].

Bu·kett [buˈkɛt] *n* ⟨-(e)s; -e⟩ **1.** bouquet, nosegay, bunch of flowers. **2.** *des Weins etc*: bouquet, aroma.

Bu·ko·li·ka [buˈkoːlika] *pl* ⟨*invariable*⟩ *Literatur*: bucolics, bucolic poems. **Bu·ˈko·li·ker** *m* ⟨-s; -⟩ bucolic (poet).

buˈko·lisch [-lɪʃ] *adj* bucolic, pastoral; die ~e Dichtung → Bukolika.
Bul·bus [ˈbʊlbʊs] *m* ⟨-; Bulbi [-bi]⟩ *anat. bot.* bulb.
Bu·let·te [buˈlɛtə] *f* ⟨-; -n⟩ *Northern G. gastr.* meatball, hamburger; *fig. colloq.* ’ran an die ~n! go to it!, let’s go!
Bul·ga·re [bʊlˈgaːrə] *m* ⟨-n; -n⟩ Bulgarian. **Bulˈga·rin** *f* ⟨-; -nen⟩ Bulgarian (woman). **bulˈga·risch I** *adj* Bulgarian. **II** *ling.* ♀ ⟨*generally undeclined*⟩, **das** ♀**e** ⟨-n⟩ Bulgarian.
Bu·lin [buˈliːn] *f* ⟨-; -en⟩, **Buˈli·ne** *f* ⟨-; -n⟩ *mar.* bowline.
ˈBulk͵la·dung [ˈbʊlk-] *f mar.* bulk cargo.
ˈBull͵au·ge [ˈbʊl-] *n mar.* port(hole), bull’s-eye. **ˈBull͵au·gen͵klap·pe** *f* deadlight.
ˈBull͵dog [-͵dɔk] (*TM*) *m* ⟨-s; -s⟩ *tech.* (farm) tractor.
ˈBull͵dog·ge *f* ⟨-; -n⟩ *zo.* (English) bulldog. **ˈBull͵dog·gen·ge͵sicht** *n humor.* bulldog face.
ˈBull͵do·zer [-͵doːzər; -͵dəuzə] (*TM*) (*Engl.*) *m* ⟨-s; -⟩ *tech.* bulldozer.
Bul·le¹ [ˈbʊlə] *m* ⟨-n; -n⟩ **1.** *zo.* bull; *fig.* stark wie ein ~ (as) strong as an ox. **2.** *fig. colloq.* bull, brawny (*od.* beefy) fellow. **3.** *colloq. contp.* (*Polizist*) *sl.* cop(per), bull, fuzz (*a. pl*).
ˈBul·le² *f* ⟨-; -n⟩ **1.** *bes. relig.* (*Urkunde*) bull; päpstliche ~ papal bull; Goldene ~ Golden Bull. **2.** (*Siegel*) bull, bulla.
bul·len [ˈbʊlən] *v/i* ⟨h⟩ *Kuh*: be on (*od.* in) heat.
ˈBul·len|͵bei·ßer *m* ⟨-s; -⟩ **1.** *zo.* bulldog. **2.** *fig. colloq.* old bear, snarling old bulldog. **~͵hit·ze** *f colloq.* scorching heat; e-e ~ heute it’s boiling hot today. **~͵kalb** *n zo.* bull-calf.
bul·lern [ˈbʊlərn] *v/i* ⟨h⟩ *colloq.* **1.** *Feuer etc*: roar. **2.** *Wasser etc*: boil, bubble. **3.** gegen *die Tür etc* ~ drum (*od.* pound) against. **4.** *Gewitter etc*: rumble. **5.** *fig. Person*: storm, rage.
Bul·le·tin [bylˈtɛ̃ː; byləˈtɛ̃ː] *n* ⟨-s; -s⟩ *bes. med. pol.* bulletin.
ˈBull͵frosch *m zo.* bullfrog.
ˈbul·lig *colloq.* **I** *adj* **1.** *Person*: bull-like, hefty, beefy. **2.** *Hitze*: scorching. **II** *adv* **3.** ~ heiß baking hot.
ˈBull·rich͵salz [ˈbʊlrɪç-] (*TM*) *n* ⟨-es; *no pl*⟩ sodium bicarbonate.
ˈBull͵ter·ri·er *m zo.* bull-terrier.
Bul·ly [ˈbʊli] *n* ⟨-s; -s⟩ **1.** *Hockey*: bully. **2.** *Eishockey*: face-off.
ˈBult͵bee·re [ˈbʊlt-] *f bot.* cranberry.
bum [bʊm] *interj* bang!, boom!
ˈBum͵boot *n mar.* bumboat.
Bu·me·rang [ˈbuːməraŋ; ˈbʊ-] *m* ⟨-s; -e⟩ *a. fig.* boomerang; *fig.* sich als ~ erweisen boomerang.
Bum·mel [ˈbʊməl] *m* ⟨-s; -⟩ *colloq.* stroll; e-n (kleinen) ~ machen go for a stroll, *abends*: *a.* see the lights; auf den ~ gehen go on a spree (*od.* binge), paint the town red. **Bum·me·lant** [bʊməˈlant] *m* ⟨-en; -en⟩ *colloq.* → Bummler. **Bum·meˈlan·ten·tum** *n* ⟨-s; *no pl*⟩ absenteeism. **Bum·meˈlei** *f* ⟨-; *rare* -en⟩ *colloq.* **1.** *e-r Person*: dawdling. **2.** *e-s Zuges etc*: slowness, snail’s pace. **3.** (*Nachlässigkeit*) slackness, slovenliness, sloppiness. **4.** (*Müßiggang*) loafing, sloth(fulness). **ˈBum·mel͵frit·ze** *m* ⟨-n; -n⟩ *colloq.* → Bummler. **ˈbum·me·lig** *adj colloq.* **1.** *Zug, Fahrt etc*: slow. **2.** (*träge*) dawdling, slothful, sluggish. **3.** (*nachlässig*) slack, slovenly, sloppy. **ˈBum·mel|͵le·ben** *n colloq.* idle life, loafing; ein ~ führen lead an idle life, loaf.
bum·meln [ˈbʊməln] *colloq.* **I** *v/i* ⟨sein *u.* h⟩ **1.** a) ⟨sein⟩ stroll, saunter (*through the streets, etc*), b) ⟨h⟩ (*ausgehen, sich amüsieren*) go out (*od.* places), gad (*od.* knock) about; ~ gehen go for a stroll, *weitS.* go on a spree (*od.* binge, pub-crawl), paint the town red, see the lights. **2.** ⟨h⟩ *Zug etc*: crawl, go at a snail’s pace. **3.** ⟨h⟩ (*trödeln*) dawdle, be sluggish, hang back; *bei der Arbeit*: *a.* be slack at one’s work, *econ.* go slow. **4.** ⟨h⟩ (*faulenzen*) loaf, take it easy, *Am. a.* bum. **II** ♀ *n* ⟨-s⟩ **5.** strolling (*etc*), stroll. **6.** dawdling (*etc*).
ˈBum·mel|͵streik *m econ.* go-slow (strike), (*Dienst nach Vorschrift*) *bes. Br.* work-to-rule campaign. **~͵zug** *m colloq.* slow (*od. colloq.* milk, *Am.* way) train.
bum·mern [ˈbʊmərn] *v/i* ⟨h⟩ *colloq.* bang, drum.
ˈBumm·ler *m* ⟨-s; -⟩ *colloq.* **1.** stroller. **2.** (*langsamer Mensch*) dawdler, sluggard, slowcoach, *Am.* slowpoke. **3.** (*Nichtstuer, Herumtreiber*) loafer, idler, *sl.* bum. **4.** (*vergnügungssüchtiger Mensch*) gadabout.
ˈbumm·lig *adj* → bummelig.
bums [bʊms] *interj* bang!, crash!; ~ machen (make a) bang; ~, da liegt er bang, there he lies. **Bums** *m* ⟨-es; -e⟩ *colloq.* **1.** bang, bump, thump, thud. **2.** → Bumslokal. **bum·sen** [ˈbʊmzən] **I** *v/i* ⟨h⟩ **1.** *colloq.* bang, bump, thump, thud; (*krachen*) (go) bang, crash; gegen et. ~ bang (*od.* bump) against s.th.; wenn du es nicht tust, bumst es if you don’t do it, you’ll get it!; jetzt hat es gebumst! a) that’s done it!, b) *auf der Straße*: there has been a crash. **2.** *vulg.* (*koitieren*) bang, fuck. **II** *v/t* **3.** ⟨h⟩ *vulg.* bang, screw, fuck.
ˈBums|͵lan·dung *f aer. sl.* pancake (*od.* bumpy) landing. **~lo͵kal** *n colloq. contp.* (low) dive, *bes. Am.* (low) joint, honky-tonk. **~mu͵sik** *f contp.* tin-pan music.
Bund¹ [bʊnt] *m* ⟨-(e)s; ⸚e⟩ **1.** *von Personen*: union; (*Band*) bond (*of friendship*); ~ der Ehe union, bond of marriage; den ~ fürs Leben schließen, den ~ der Ehe eingehen take the marriage vows, be joined in marriage. **2.** a) (*Pakt, Übereinkunft*) agreement, pact, covenant, b) (*Bündnis*) alliance, liaison, *b.s.* conspiracy; *fig., a. humor.* der Dritte im ~e the third of them, the third man; laß mich der Dritte im ~e sein count me in; e-n ~ schließen mit enter into an alliance with, ally o.s. with; mit j-m im ~e sein (*od.* stehen) be in league with s.o., be s.o.’s accomplice; im ~e mit in alliance with, *b.s.* in league with, jointly (*od.* together) with (*one’s friends, etc*); mit dem Teufel im ~e in league with the devil. **3.** *pol.* a) (*Bündnis*) alliance, b) (*Koalition*) coalition, c) (*zwischen Staaten*) union. **4.** *pol.* der ~ a) *in Deutschland, der Schweiz*: the Federal Government, b) *in Deutschland*: *short for* Bundesrepublik, c) *colloq. in Deutschland*: *short for* Bundeswehr; der ~ als Arbeitgeber the Federal Government as employer. **5.** *pol. hist.* confederation, confederacy, league; Deutscher (Norddeutscher) ~ German (North German) Confederation; Schmalkaldischer ~ League of Smalkalde. **6.** (*Verband*) association, union, federation; ~ Deutscher Ärzte Association of German Physicians. **7.** *relig.* covenant; der Alte (Neue) ~ the Old (New) Covenant (*od.* Testament). **8.** students’ society, *bes. Am.* fraternity.
Bund² *m* ⟨-(e)s; ⸚e⟩ **1.** *an Hosen etc*: (waist)band. **2.** *tech.* a) *e-r Schraube, Welle*: collar, b) (*Flansch*) flange, c) *e-s Rohres*: lap, (*Draht*) coil, bundle. **3.** *am Buch*: rib. **4.** *mus. e-r Gitarre etc*: fret.
Bund³ *n* ⟨-(e)s; -e⟩ **1.** bundle; ein ~ Reisig a bundle (*od.* fag[g]ot) of brushwood. **2.** *gleicher Dinge*: bunch; ein ~ Schlüssel a bunch of keys; zwei ~ Radieschen two bunches of radishes. **3.** *von Stroh etc*: bundle, truss; *von Zwiebeln etc*: rope; *von Garn*: hank, knot.
Bünd·chen [ˈbʏntçən] *n* ⟨-s; -⟩ *an Ärmeln etc*: cuff. **~͵är·mel** *m* cuffed sleeve.
Bün·del [ˈbʏndəl] *n* ⟨-s; -⟩ **1.** (*Pack*) bundle (*of clothes, etc*); *von Briefen, Pfeilen, Garben etc*: sheaf; *von Stroh, Heu etc*: bundle, truss; ein ~ Banknoten a bundle (*od. colloq.* wad) of bank notes; et. zu e-m ~ zs.-schnüren tie s.th. into a bundle, bundle s.th.; in ~n in (*od.* by) bundles; sein ~ schnüren prepare to go, pack up; wie ein ~ Elend the picture of misery. **2.** *gleicher Dinge*: bunch; ein ~ Spargel a bunch of asparagus. **3.** (*Paket*) parcel. **4.** *opt.* (*Strahlen*♀) bundle, pencil, beam (*of light* [*rays*]). **5.** *electr.* group, bank. **6.** *nucl.* (*Ionen*♀) cluster. **7.** *anat.* (*Muskel*♀) bundle, fascicle. **8.** *math.* sheaf.
Bün·deˈlei *f* ⟨-; -en⟩ *colloq.* conspiring (together), plotting.
ˈBün·del͵holz *n* bundled wood.
bün·deln [ˈbʏndəln] *v/t* ⟨h⟩ **1.** bundle (up), make a bundle (*od.* bundles) of, tie *s.th.* up in(to) bundles. **2.** (*Schlüssel, Früchte etc*) bunch (together). **3.** (*Stroh etc*) bundle, truss (up). **4.** *opt.* focus, concentrate, beam.
ˈBün·del|͵no·te *f mus.* tone cluster. **~͵säu·le** *f arch. phys.* clustered column.
ˈBün·de·lung *f* ⟨-; -en⟩ **1.** bundling (*etc, cf.* bündeln). **2.** *opt.* concentration, focus(s)ing. **3.** *Radar*: directivity.
ˈbün·del͵wei·se *adv* in (*od.* by) bundles.
ˈBun·des|... *in Zssgn pol.* Federal (*autobahn, Labo*[*u*]*r Court, Parliament, etc*). **~͵an͵stalt** *f* Federal Office. **~͵an͵walt** *m jur.* Attorney of the Federal Supreme Court. **~͵an͵walt·schaft** *f* Office of the Federal Attorney. **~͵an͵zei·ger** *m* Federal Gazette. **~͵ar·beits·mi͵nis·ter** *m* Federal Minister of Labo(u)r. **~͵au·ßen·mi͵ni·ster** *m* Federal Minister of Foreign Affairs. **~͵bahn** *f* Federal Railway(s *pl*). **~͵bahn·di·rek·ti͵on** *f* Regional Railroad (*Br.* Railway) Administration. **~͵bank** *f econ.* Federal Bank. **~͵bank͵rat** *m* Board of Governors of the Federal Reserve System. **~be͵schluß** *m jur. Swiss* Federal act. **~͵bru·der** *m* fellow-member of a student society, *Am.* fraternity brother. **~͵bür·ger** *m*, **~͵bür·ge·rin** *f* citizen of the Federal Republic (of Germany *od.* Austria). ♀**deutsch** *adj* West German. **~deut·sche** *m, f* ⟨-n; -n⟩ → Bundesbürger. **~͵ebe·ne** *f* auf ~ at the Federal level. ♀**͵ei·gen** *adj* Federal. **~er͵näh·rungs·mi͵ni·ster** *m* Federal Minister of Food, Agriculture and Forestry. **~fa͵mi·li·en·mi͵ni·ster** *m* Federal Minister for Family and Youth Questions. **~͵fei·er** *f Swiss national holiday in commemoration of the first Swiss league, 1st August.* **~fi͵nanz͵hof** *m* (German) Federal Finance Court. **~fi͵nanz·mi͵ni·ster** *m* Federal Minister of Finance. **~ge͵biet** *n* **1.** federal territory. **2.** *der BRD od. Österreichs*: territory of the Federal Republic. **3.** *der Schweiz*: territory of the Confederation. **~ge͵nos·se** *m*, **~ge͵nos·sin** *f* ally (*a. fig.*), confederate. ♀**ge͵nös·sisch** [-gə͵nœsɪʃ] *adj pol.* federal. **~ge͵richt** *n* Federal Court. **~ge͵richts͵hof** *m* Federal Supreme Court. **~ge͵sund·heits·mi͵ni·ster** *m* Federal Minister of Health. **~ge͵walt** *f jur.*

Federal authority. ~ˌgrenzˌschutz m Federal Border Police. ~ˌhauptˌstadt f Federal capital. ~ˌhaus n (German Federal) Parliament Buildings pl. ~ˌheer n (Austrian) Army. ~ˌhüt·te f relig. Tabernacle. ~ˌhym·ne f (Austrian) national anthem. ~ˌin·nen·miˌni·ster m Federal Minister of the Interior. ~ˌju·gendˌring m Association of German Youth Organizations. ~juˌstiz·miˌni·ster m Federal Minister of Justice. ~ˌkam·mer f Austrian Department of Interstate Trade. ~kanzˌlei f Swiss pol. headquarters pl (sg od. pl konstruiert) of the Federal Council. ~ˌkanz·ler m 1. der BRD od. Österreichs: Federal Chancellor. 2. Swiss (hoher Verwaltungsbeamter) Chancellor of the Confederation. ~ˌkanz·lerˌamt n Office of the Federal Chancellor, Federal Chancellery. ~ˌkas·se f Federal Treasury. ~kom·misˌsar m pol. Federal commissioner. ~kri·miˌnalˌamt n Federal Office of Criminal Investigation. ~ˌla·de f relig. Ark of the Covenant. ~ˌland n in Österreich: Province. ~ˌli·ga f Sport: Federal League, First (od. Second) Division. ~liˌgist m Federal league club. ~miˌni·ster m Federal Minister; ~ für Arbeit u. Sozialordnung → Bundesarbeitsminister; ~ für besondere Aufgaben Federal Minister for Special Tasks; ~ des Auswärtigen → Bundesaußenminister; ~ für innerdeutsche Beziehungen Federal Minister for Intra-German Relations; ~ für Bildung und Wissenschaft → Bundeswissenschaftsminister; ~ für Ernährung, Landwirtschaft u. Forsten → Bundesernährungsminister; ~ der Finanzen → Bundesfinanzminister; ~ des Innern → Bundesinnenminister; ~ für Jugend, Familie u. Gesundheit Federal Minister for Youth, Family Affairs and Health. ~miˌniˌste·ri·um n Federal Ministry (für of; cf. Bundesminister). ~ˌnachˌrich·tenˌdienst m Counter-Intelligence Service. ~ˌpost f Federal Postal Administration (od. Services pl). ~ˌpost·miˌni·ster m Federal Minister of Post and Telecommunications. ~prä·siˌdent m 1. der BRD od. Österreichs: Federal President. 2. der Schweiz: President of the Confederation. ~prä·si·diˌalˌamt n Office of the President of the Federal Republic. ~ˌrat m 1. in der BRD od. Österreich: Bundesrat, Upper House (of the German Federal Parliament). 2. in der Schweiz: Executive Federal Council. 3. hist. Federal Council (in Germany 1871–1919). ~ˌrech·nungsˌhof m jur. Federal Audit Office. ~ˌrecht n jur. Federal law. ꝛˌrecht·lich adj under Federal law. ~reˌgie·rung f Federal government; die Deutsche ~ the German Federal Government. ~re·puˌblik f Federal republic; die ~ Deutschland (Österreich) the Federal Republic of Germany (Austria). ~ˌrich·ter m Justice of the Federal Supreme Court. ~ˌschatz·miˌni·ster m Federal Minister of the Treasury. ~ˌstaat m ⟨-(e)s; -en⟩ 1. Bundesstaat, Federal State. 2. (Gesamtheit) confederation. ꝛˌstaat·lich adj federal, Federal. ~ˌstadt f Swiss Federal Capital (Bern). ~ˌstra·ße f Federal Highway. ~ˌtag m ⟨-(e)s; no pl⟩ 1. pol. in der BRD: Bundestag, Lower House (of the German Federal Parliament). 2. hist. Assembly of the German Diet (1815–66).

ˈBun·desˌtags|ab·geˌord·ne·te m, f ⟨-n; -n⟩, ~ˌmitˌglied n member of the Bundestag. ~prä·siˌdent m President (od. Speaker) of the Bundestag. ~ˌwahl f meist pl election to the Bundestag.

ˈBun·des|ˌtrai·ner m coach (od. manager) of the (German) national team. ꝛˌunˌmit·tel·bar adj directly accountable to the Federal Government. ~verˌband m econ. Federal Association, Federation. ~verˌdienstˌkreuz n Federal Service Cross. ~verˌei·ni·gung f Federal Union (od. Association); ~ der Arbeitgeberverbände Federal Union of Employers' Associations. ~verˌfas·sung f Federal Constitution. ~verˌfas·sungs·geˌricht n (German) Federal Constitutional Court. ~verˌkehrs·miˌni·ster m Federal Minister of Transport (od. Communications). ~verˌsamm·lung f pol. 1. in der BRD u. der Schweiz: Federal Assembly. 2. hist. Diet of the German Confederation. ~verˌsi·che·rungsˌanˌstalt f ~ für Angestellte Federal Social Insurance Institution for Employees. ~verˌtei·di·gungs·miˌni·ster m Federal Minister of Defen/ce (Am. -se). ~verˌtrag m pol. Swiss Confederate Pact. ~verˌwal·tungs·geˌricht n jur. Federal Administrative Court. ~ˌwehr f ⟨-; no pl⟩ mil. German Federal Armed Forces pl. ~ˌwehr·erˌsatzˌamt n Federal Recruiting Office. ꝛweit adj u. adv in (od. for) the whole Federal Republic, nation-wide. ~ˌwirt·schafts·miˌni·ster m Federal Minister for Economic Affairs. ~ˌwis·sen·schafts·miˌni·ster m Federal Minister of Education and Science. ~ˌwoh·nungsˌbau·miˌni·ster m Federal Minister of Housing, Town and Regional Planning. ~ˌzelt n → Bundeshütte.

ˈBund|ˌholz n fag(g)ots pl. ~ˌho·se f (knee) breeches pl.

bün·dig [ˈbʏndɪç] adj 1. Rede, Stil etc: concise, terse, succinct, to the point; (genau) precise; (schroff) curt; kurz und ~ a) terse(ly), laconic(ally), b) (geradeheraus) point-blank, blunt(ly). 2. Beweis etc: conclusive; ~es Argument valid argument. 3. (verpflichtend) obligatory. 4. archaic (rechtsgültig) binding, valid. 5. tech. flush; ~er Stoß flush joint. ꝛkeit f ⟨-; no pl⟩ 1. conciseness, succinctness, terseness. 2. validity, conclusiveness.

ˈBund·in·struˌment f mus. fretted instrument.

bün·disch [ˈbʏndɪʃ] adj 1. belonging to an association (od. a union, a league); ~e Jugend young people pl belonging to youth organizations. 2. obs. confederate, allied.

ˈBundˌmut·ter f tech. flanged nut.

Bünd·ner [ˈbʏndnər] m ⟨-s; -⟩ Swiss short for Graubündner: ~ Fleisch dry-cured beef.

Bünd·nis [ˈbʏntnɪs] n ⟨-ses; -se⟩ 1. pol. alliance; (Pakt) pact, agreement; → a. Bund[1] 2, 3, 5. 2. zwischen Personen: → Bund[1] 1. ꝛˌfrei adj nonaligned. ~po·liˌtik f policy of alliances.

ˈBund|ˌring m tech. end collar. ~ˌsä·ge f two-man cross-cut saw. ~ˌschrau·be f tech. collar screw. ~ˌschuh m 1. (kind of) peasants' boot. 2. hist. (name or symbol of) rebels pl in the Peasants' Insurrections (1492–1514). ~ˌstahl m faggot steel. ~ˌsteg m print. back (margin). ~ˌwei·te f waist (size).

Bun·ga·low [ˈbʊŋgalo] m ⟨-s; -s⟩ bungalow.

Bun·ker[1] [ˈbʊŋkər] m ⟨-s; -⟩ 1. mil. a) bunker, pillbox, concrete dugout, b) (Luftschutzꝛ) air-raid shelter, c) mar. (submarine) pen. 2. econ. (Behälter) (storage) bin, hopper; (Kohlenꝛ etc) bunker; (Getreideꝛ) (grain) silo, Am. (grain) elevator. 3. Golf: bunker. 4. colloq. (Arrest, Gefängnis) sl. clink.

ˈBun·ker[2] m ⟨-s; -⟩ ichth. menhaden.

ˈBun·kerˌkoh·le f mar. bunker coal.

bun·kern [ˈbʊŋkərn] v/t ⟨h⟩ 1. mar. (Kohle, Öl etc) bunker, (re)fuel. 2. Golf: bunker.

ˈBun·senˌbren·ner [ˈbʊnzən-] m chem. Bunsen burner.

bunt [bʊnt] I adj ⟨-er; -est⟩ 1. (gefärbt) colo(u)red; ~e Eier colo(u)red eggs; ~es Glas stained glass; ~e Wäsche → Buntwäsche. 2. (mehrfarbig) many-colo(u)red, multicolo(u)red, variegated, varicolo(u)red, colo(u)rful; ~es Kleid colo(u)rful dress. 3. (farbenfroh) colo(u)rful, bright, gay, brightly (od. gaily) colo(u)red; ein (viel) zu ~es Muster a gaudy (od. loud) design. 4. (~gefleckt, scheckig) variegated, spotted, motley, pied. 5. bes. Tiere: dappled, pied, spotted, piebald. 6. fig. (gemischt) mixed, motley, mottled; e-e ~e Szene a colo(u)rful scene; ~e Menschenmenge motley crowd of people; ~es Gemisch motley; ~e Reihe machen pair off, mix the sexes, arrange men and women alternately (od. in couples). 7. fig. (abwechslungsreich) varied, variegated, full of variety; ~er Abend, ~e Unterhaltung a) varied evening entertainment, b) im Radio etc: variety program(me), musikalisch: musical medley; in ~er Folge in colo(u)rful succession; → Teller 1. 8. fig. (wirr) confused, jumbled, mixed-up; ein ~es Durcheinander (a) complete confusion, a happy (od. wild) jumble; colloq. das wird mir zu ~! that's too much!, that's going too far! 9. fig. (froh) gay, lively; es herrschte ein ~es Treiben there were gay goings-on. II adv 10. in bright (od. gay) colo(u)rs, colo(u)rfully; ~ gemustert with a colo(u)rful (od. gay) pattern; ~ gekleidet sein a) be colo(u)rfully dressed, b) be gaudily dressed. 11. fig. colloq. er trieb es zu ~ he carried things too far; alles lag ~ durcheinander everything was in a happy jumble (od. higgledy-piggledy); es ging recht ~ zu a) things were pretty lively, everybody was in high spirits, b) contp. everything was at sixes and sevens.

ˈBunt|achat [-ʔaˌxaːt] m min. variegated agate. ꝛbeˌmalt adj painted in bright colo(u)rs, gaily colo(u)red. ꝛˌblät·te·rig, ꝛˌblätt·rig adj bot. variegated. ~ˌdruck m ⟨-(e)s; -e⟩, ~ˌfar·benˌdruck m polichrome printing. ꝛgeˌfie·dert adj of gay plumage. ꝛgeˌfleckt adj 1. variegated, spotted. 2. bes. Tiere: dappled, pied, spotted, piebald. ꝛgeˌmu·stert adj gaily patterned, with a colo(u)rful pattern (od. design). ꝛgeˌspren·kelt adj mottled. ꝛgeˌstreift adj with colo(u)red stripes. ꝛgeˌwür·felt adj → buntkariert. ~ˌglas n stained glass.

ˈBunt·heit f ⟨-; no pl⟩ 1. gay colo(u)rs pl, colo(u)rfulness, brightness, gayness. 2. fig. variety, diversity, colo(u)r.

ˈBunt|ˌkä·fer m zo. variegated beetle. ꝛkaˌriert adj checked (in colo[u]r), tartan. ~meˌtall n non-ferrous metal. ~ˌmu·ster n multicolo(u)red pattern. ~paˌpier n colo(u)red (od. stained) paper. ~ˌsandˌstein m geol. new red (od. Bunter) sandstone. ꝛˌscheckig (getr. -k·k-) adj 1. variegated, spotted, motley. 2. bes. Tiere: dappled, pied, spotted, piebald; ~es Pferd piebald (horse). ꝛˌschil·lernd adj opalescent, iridescent. ~ˌsit·tich m roselle parakeet. ~ˌspecht m spotted woodpecker. ~ˌstift m colo(u)red pencil, crayon.

~ˌwä·sche *f* colo(u)red washing, *colloq.* colo(u)reds *pl.*

Bun·zen [ˈbʊntsən] *m* <-s; -> *print.* eye (of type).

Bür·de [ˈbʏrdə] *f* <-; -n> **1.** *bes. fig.* burden (**für j-n** to s.o.), weight, load; **j-m e-e ~ auferlegen** burden s.o., impose a burden on s.o.; **unter der ~ der Jahre** under the burden of one's years. **2.** *electr.* burden.

Bu·re [ˈbu:rə] *m* <-n; -n> Boer. **ˈBu·renˌkrieg** *m hist.* Boer War (*1899–1902*).

Bü·ret·te [byˈrɛtə] *f* <-; -n> *chem.* burette.

Burg [bʊrk] *f* <-; -en> **1.** (fortified) castle; (*Festung*) *a.* stronghold, fortress, citadel; **ein' feste ~ ist unser Gott** a mighty fortress is our God. **2.** (*Sand*♀) (sand-)castle. **3.** *zo.* (beaver's) lodge, burrow. **4. die ~** *colloq. for* **Burgtheater.** **~ˌbann** *m hist.* castellany.

Bür·ge [ˈbʏrgə] *m* <-n; -n> *jur.* a) *im Zivilrecht*: guarantor (*a. fig.*), security, surety, b) *im Strafprozeß*: bail(sman), surety, bondsman, c) *Am. bes. für Einwanderer*: sponsor, d) *weitS.* (*Referenz*) reference; **e-n ~n stellen** offer (*od.* give) bail (*od.* surety); **~ für j-n sein** go (*od.* stand) bail for s.o.; **~ für et. sein, als ~ für et. haften** → **bürgen.**

bür·gen [ˈbʏrgən] *v/i* <h> **1.** *fig.* **(j-m) für et. ~** vouch (*od.* answer) (s.o.) for s.th., guarantee (*od.* warrant) s.th. (to s.o.); **für j-n ~** vouch for s.o. (→ *a.* 2); **mit s-m Wort ~** pledge one's word (to); **wer bürgt mir dafür, daß das stimmt?** who guarantees that this is true?, how do I know (*od.* can I be sure) that this is true?; **der Name bürgt für Qualität** the name is a byword for (*od.* guarantee of) quality. **2.** *jur.* **(für j-n) ~** a) stand surety (*od.* security, guaranty) (for s.o.), b) *im Strafprozeß*: go (*od.* stand) bail (for s.o.).

ˈBür·ger *m* <-s; -> **1.** (*Stadtbewohner*) citizen, resident, inhabitant; *bes. hist.* townsman, burgher; **ein angesehener ~** a respectable citizen; *fig. colloq.* **ein friedlicher ~** a peaceful fellow. **2.** (*Staats*♀) citizen; **ein ~ der USA** an American citizen. **3.** (*Angehöriger des Mittelstandes*) middle-class citizen (*od.* person), *bes. contp.* bourgeois. **4. akademischer ~** member of a university, student. **5.** (*Zivilist*) civilian. **6.** → **Bürgerliche.** **~ˌadel** *m hist.* patriciate, patrician class (*od.* rank). **~faˌmi·lie** *f obs.* middle-class family.

ˈBür·ge·rin *f* <-; -nen> **1.** → **Bürger** 1, 2, 4. **2.** (*Angehörige des Mittelstandes*) middle-class citizen (*od.* woman), *bes. contp.* bourgeoise. **3.** *hist.* freewoman, townswoman. **4.** → **Bürgerliche.**

ˈBür·ger|ini·tiaˌti·ve *f* (citizens') action (committee). **~ˌkö·nig** *m hist.* Citizen King. **~ˌkrieg** *m* civil war. **~ˌkun·de** *f ped.* civics *pl* (*als sg konstruiert*). **♀ˌkund·lich** [-ˌkʊntlɪç] *adj* civic.

ˈbür·ger·lich I *adj* **1.** *bes. jur.* a) civil (*life, right, etc*), b) civic (*duty, etc*); **Verlust der ~en Ehrenrechte** loss of civil (*od.* civic) rights, infamy; **♀es Gesetzbuch** Civil Code; **~e Freiheit** civil liberty; **~es Recht** civil law; **~er Tod** civil death; **~e Tugend** → **Bürgertugend**; **~er Ungehorsam** civil disobedience. **2.** (*mittelständisch*) middle-class, *bes. contp.* bourgeois. **3.** *contp.* (*spießerhaft*) philistine, bourgeois. **4.** *Literatur*: domestic (*tragedy, etc*); **~e Romantik** bourgeois romanticism. **5.** *pol. Staat etc*: bourgeois, capitalistic, non(-)socialist. **6.** (*einfach*) plain, simple, honest; **~e Küche** plain (*od.* home) cooking. **7.** (*nichtadlig*) untitled. **8.** *lit.* civilian, civil; **im ~en Leben** in civilian life. **II** *adv* **9.** plainly, simply; **wir essen ~** we prefer plain (*od.* home) cooking. **ˈBür·ger·li·che** *m, f* <-n; -n> commoner. **ˈBür·ger·lich·keit** *f* <-; *no pl*> **1.** middle-class way of life (*od.* mentality). **2.** respectability. **3.** conventionality. **4.** simplicity.

ˈbür·ger·lich-ˌrecht·lich *adj jur.* civil-law, under the Civil Code.

ˈBür·gerˌmei·ster *m* <-s; -> mayor, *in deutschsprachigen Ländern, den Niederlanden etc*: burgomaster, *in Schottland*: provost, (*Ressortchef*) town clerk, *Am.* city manager; **der Regierende (amtierende) ~ von Berlin** the Governing (Acting) Mayor of Berlin; **zweiter ~** deputy mayor. **~ˌamt** *n* **1.** office of mayor, mayoralty. **2.** (*Dienststelle*) mayor's office, *weitS.* town (*Am.* city) hall.

ˌBür·ger·mei·steˈrei *f* <-; -en> → Bürgermeisteramt 2.

ˈbür·ger|ˌnah *adj* (close to the) grassroots, popular, having the common touch. **♀ˌnä·he** *f* (the) common touch, closeness to the people. **♀ˌpflicht** *f pol.* civic (*od.* citizen's) duty, duty as a citizen; **Ruhe ist die erste ~** order is a citizen's first duty. **♀ˌrecht** *n* **1.** *jur. pol.* a) civil (*od.* civic) rights *pl*; **~sbewegung** *f* civil rights movement, b) (municipal) citizenship, c) honorary citizenship. **2.** *fig.* freedom of the city, full rights *pl.* **♀schaft** *f* <-; -en> **1.** (*the*) citizens *pl*, (*the*) citizenry, *e-r Stadt*: *a.* (*the*) inhabitants *pl.* **2.** *pol.* **die ~** *in Bremen, Hamburg*: the City Parliament. **♀ˌschreck** *m* burghers' scare; *colloq.* **den ~ spielen** flutter the dovecots.

ˈBür·gerˌsinn *m* public spirit, civism.

ˈBür·ger|ˌstand *m* <-(e)s; *no pl*> *archaic* (*the*) middle class(es *pl*), (*the*) bourgeoisie. **~ˌsteig** *m* pavement, *Am.* sidewalk.

ˈBür·ger|ˌstolz *m* **1.** civic pride. **2.** *contp.* (complacent) middle-class (*od.* bourgeois) pride. **~ˌtu·gend** *f* civic virtue. **~tum** *n* <-s; *no pl*> (*the*) middle class(es *pl*), (*the*) bourgeoisie. **~verˌsamm·lung** *f* town-meeting. **~ˌwehr** *f mil. hist.* civic (*od.* home) guard(s *pl*), militia.

ˈBurg|ˌflecken (*getr.* -k·k-) *m hist.* borough, bourg. **~ˌfrau** *f* → **Burgherrin.** **~ˌfräu·lein** *n* young lady of the castle. **~ˌfried** [-ˌfri:t] *m* <-(e)s; -e> → **Bergfried.** **~ˌfrie·de** *m*, **~ˌfrie·den** *m* **1.** *fig. pol. etc* truce; **~n schließen** make a truce (**mit** with). **2.** *hist.* a) peace within the precincts of a castle, b) (*Gebiet*) precincts *pl*, c) (area of) jurisdiction. **~ˌgra·ben** *m* (castle) moat. **~ˌgraf** *m hist.* burgrave. **~ˌgrä·fin** *f* chatelaine. **~ˌherr** *m* lord (*od.* knight) of the castle. **~ˌher·rin** *f* lady of the castle, chatelaine. **~ˌhof** *m* bailey, castle yard.

ˈBür·gin *f* <-; -nen> → **Bürge.**

ˈBurg·rui·ne [-ruˌi:nə] *f* ruins *pl* of a castle.

ˈBürg·schaft *f* <-; -en> **1.** *jur.* a) *im Zivilrecht*: surety, security, bond, guarantee, *bes. Am.* guaranty, b) *im Strafrecht*: bail, bond; **~ für et. leisten** stand surety (*od.* security) for s.th., guarantee s.th.; **~ für j-n übernehmen** (*od.* **leisten**) → bürgen 2; **j-n gegen ~ freilassen** release s.o. on bail. **2.** *fig.* guarantee, bond; **die ~ für j-n übernehmen** vouch for s.o.

ˈBürg·schafts|erˌklä·rung *f jur.* declaration of surety. **~ˌge·ber** *m* → **Bürge.** **~ˌlei·stung** *f jur.* a) suretyship, giving security, guarantee, b) *Strafrecht*: (giving) bail. **~ˌschein** *m jur.* **1.** *im Zivilrecht*: surety bond. **2.** *im Strafrecht*: bail bond. **~ˌsum·me** *f* **1.** (amount of) security. **2.** bail. **~verˌtrag** *m* contract of suretyship.

ˈBurg|thea·ter, das [-teˌa:tər] the Burg (*in Vienna*). **~ˌtor** *n* castle (*od.* outer) gate.

Bur·gun·der [bʊrˈgʊndər] **I** *m* <-s; -> **1.** *geogr. hist.* Burgundian. **2.** (*~wein*) Burgundy (wine). **II** *adj* <*undeclined*> **3.** Burgundian. **burˈgun·disch** *adj* Burgundian; *geogr.* **♀e Pforte** Belfort Gap.

ˈBurg|verˌlies *n* dungeon, keep, oubliette. **~ˌvogt** *m hist.* castellan. **~ˌwall** *m* (castle) mound.

ˈbu·risch *adj* Boer.

bur·lesk [bʊrˈlɛsk] *adj* burlesque, farcical. **Burˈles·ke** *f* <-; -n> burlesque, farce.

Bur·ma·ne [bʊrˈma:nə] *m* <-n; -n> → Birmane.

Bur·nus [ˈbʊrnʊs] *m* <- *u.* -ses; -se> burnous(e).

Bü·ro [byˈro:] *n* <-s; -s> office, bureau; **ins ~ gehen** a) go to the office, b) be a clerk. **~ˌan·geˌstell·te** *m, f* <-n; -n> office employee (*od.* worker), clerk. **~ˌar·beit** *f* office (*od.* clerical, desk) work. **~beˌdarf** *m* office supplies *pl.* **~ˌchef** *m* → Bürovorsteher. **~ˌdie·ner** *m* office porter. **~ˌeinˌrich·tung** *f* office equipment. **~geˌbäu·de** *n*, **~ˌhaus** *n* office building. **~ˌhengst** *m colloq. contp.* pen-pusher. **~ˌklam·mer** *f* (paper-)clip. **~ˌkraft** *f* office worker.

Bü·ro·krat [byroˈkra:t] *m* <-en; -en> bureaucrat. **Bü·ro·kraˈtie** [-kraˈti:] *f* <-; -n [-ən]> **1.** bureaucracy, officialdom. **2.** (*Amtsschimmel*) red tape, red-tapism, bumbledom. **bü·roˈkra·tisch** [-ˈkra:tɪʃ] **I** *adj* bureaucratic, red-tape. **II** *adv* bureaucratically. **bü·ro·kra·tiˈsie·ren** [-kratiˈzi:rən] *v/t* <*no* ge-, h> bureaucratize. **Bü·ro·kra·tiˈsie·rung** *f* <-; *no pl*> bureaucratization. **Bü·ro·kraˈtis·mus** [-kraˈtɪsmʊs] *m* <-; *no pl*> red-tapism, red tape.

Bü·ro·kra·ti·us [byroˈkra:tsɪʊs] *m* <-; *no pl*> *humor.* **heiliger ~** red tape, red-tapism.

Büˈro|ˌlam·pe *f* desk lamp. **~maˌschi·ne** *f* office machine. **~ma·te·riˌal** *n* office supplies *pl.* **~ˌmensch** *m* office drudge, *colloq.* pen-pusher. **~ˌmö·bel** *pl* office furniture *sg.* **~per·soˌnal** *n* office staff (*od.* personnel). **~ˌschlaf** *m* office doze. **~ˌschluß** *m* (office) closing hours *pl* (*od.* time); **nach ~** after (office) hours. **~ˌschrank** *m* office cabinet. **~ˌstuhl** *m* office chair. **~ˌstun·den** *pl* office hours. **~ˌvorˌste·her** *m* chief (*od.* head, senior) clerk. **~ˌzeit** *f* office hours *pl*; **während der ~** during office hours.

Bürsch·chen [ˈbʏrʃçən] *n* <-s; -> **1.** little fellow (*od.* chap), laddie, *Am. a. colloq.* kid(do). **2.** *iro.* (*Frechdachs*) (young) whippersnapper (*od.* pipsqueak, rascal, scamp); **ein sauberes ~** a bad egg; **ein verwöhntes ~** a spoilt brat.

Bur·sche [ˈbʊrʃə] *m* <-n; -n> **1.** young fellow, lad, boy, youth, youngster; **ein junger ~** a boy, *colloq.* a kid. **2.** *colloq.* (*Kerl*) fellow, feller, *bes. Br.* chap, bloke, *Am.* guy; **ein toller ~** a devil of a fellow; **ein übler ~** a bad egg (*od.* lot); **ein kluger ~** a bright boy, a clever fellow; **ein seltsamer ~** a queer bird; **na, alter ~!** well, old boy (*od.* chap, man)!; **was für ein prächtiger ~!** (*Tier*) what a fine fellow! **3.** *univ.* (senior) member of a students' society (*Am.* of a fraternity). **4.** *mil.* (*Offiziers*♀) orderly, *Br. a.* batman.

ˈbur·schen·haft *adj* → **burschikos.**

ˈBur·schen|ˌherr·lich·keit *f etwa* glorious student days *pl*. **~schaft** *f* ⟨-; -en⟩ students' society, *Am.* fraternity. **~schaf·ter** *m*, **~schaft·ler** *m* ⟨-s; -⟩ member of a students' society.

bur·schi·kos [burʃiˈkoːs] *adj* pert; *Mädchen*: *a.* hoydenish. **Bur·schi·ko·siˈtät** [-koziˈtɛːt] *f* ⟨-; *no pl*⟩ pertness.

Bürsch·lein [ˈbʏrʃlaɪn] *n* ⟨-s; -⟩ → Bürschchen.

Bür·ste [ˈbʏrstə] *f* ⟨-; -n⟩ **1.** brush (*a. electr.*); ~ **zum Schrubben** scrub(bing) brush, scrubber. **2.** *colloq.* a) (*Frisur*) crew cut, b) (*Schnurrbart*) toothbrush (m[o]ustache). **3.** *zo.* a) *an Bienenbeinen*: pollen combs *pl*, b) *an Spinnenbeinenden*: scopula.

bür·sten [ˈbʏrstən] *v/t u. v/i* ⟨h⟩ brush; **sich** (*dat*) **die Haare** ~ brush one's hair; **et. tüchtig** ~ give s.th. a good brush(ing).

ˈBür·sten|abˌzug *m print.* brush proof, galley (proof). **~ˌbin·der** *m* brushmaker; *fig. colloq.* **er säuft wie ein** ~ he drinks like a fish. **~ˌerz** *n* brush ore. **~ˌhal·ter** *m electr.* brush-holder. **~konˌtakt** *m electr.* brush contact. **~masˌsa·ge** *f* brush massage. **~ˌschnitt** *m* (*Frisur*) crew cut. **~ˌwal·ze** *f tech.* rotary brush.

Bür·zel [ˈbʏrtsəl] *m* ⟨-s; -⟩ **1.** *orn.* rump, uropygium. **2.** *hunt.* tail. **3.** *colloq. gastr.* pope's (*od.* parson's) nose. **~ˌdrü·se** *f orn.* preen (*od.* uropygial) gland.

Bus [bus] *m* ⟨-ses; -se⟩ bus; → *a.* Autobus(...).

Busch [buʃ] *m* ⟨-es; ⸚e⟩ **1.** bush, shrub; *Bibl.* **der feurige** ~ the burning Bush. **2.** *pl* (*Gebüsch*) bushes, shrubs, shrubbery *sg* (→ *a.* **Dickicht**). **3.** ⟨*only sg*⟩ (*Urwald*) bush. **4.** (*großer Strauß*) bunch. **5.** (*Helm*≈) crest, plume. **6.** → **Büschel** 1, 2, 4. **7.** *fig. colloq.* **auf den** ~ **klopfen** sound out the situation, see how the land lies, draw a bow at a venture, **bei j-m** sound s.o. out, feel s.o.'s pulse; **er hält mit s-n Plänen hinter dem** (*od.* **hinterm**) ~ he keeps his plans quiet (*od.* to himself), he is very reticent about his plans; **er hat sich (seitwärts) in die Büsche geschlagen** a) he slinked off (into the bushes), b) *euphem.* he has gone behind a bush.

ˈBusch|ane·moˌne *f bot.* wood anemone. **~ˌbaum** *m hort.* bush, dwarf tree. **~ˌboh·ne** *f bot.* dwarf (*Am.* bush) bean.

Bü·schel [ˈbʏʃəl] *n* ⟨-s; -⟩ **1.** (small) bunch, cluster; **ein** ~ **Radieschen** a bunch of radishes; **ein** ~ **Blätter** a cluster of leaves. **2.** (*Haar*≈, *Feder*≈, *Gras*≈ *etc*) tuft, (*bes. Stroh*≈) wisp; (*Garbe*) sheaf. **3.** *bot.* (*Blütenstand*) tuft, cluster, bunch, fascicle; **in ~n,** ~ **tragend** fasciculate(d). **4.** *zo.* a) (*Schopf der Vögel*) crest, tuft, b) pencil, arbuscule; **mit ~n,** ~ **tragend** crested, tufted. **5.** *math.* pencil, sheaf. **6.** *electr.* brush. **7.** *als Kopfschmuck*: plume, aigrette. **~entˌla·dung** *f electr.* brush discharge. **≈ˌför·mig** *adj* **1.** bunched, bunchy. **2.** *bes. bot.* clustered, fascicular. **3.** *bes. zo.* tufted, penicillate(d). **4.** *tech.* clustered. **~ˌkie·mer** [-ˌkiːmər] *m* ⟨-s; -⟩ *ichth.* lophobranch. **~ˌnel·ke** *f bot.* sweet william. **≈ˌwei·se** *adv* in bunches (*od.* tufts, clusters).

Bu·schen [ˈbuʃən] *m* ⟨-s; -⟩ **1.** *dial. for* Busch 4. **2.** *Austrian* bush (*as a tavern sign*); **e-n** ~ **ausstecken** hang out a bush (*as a sign that new wine is on sale*). **~ˌschen·ke** *f Austrian for* **Straußwirtschaft.**

ˈBusch|ˌfeu·er *n* brush fire. **~ˌfie·ber** *n med.* yellow fever. **~ˌhemd** *n Mode*: bush shirt, jacket shirt.

ˈbu·schig *adj* **1.** *Haar etc*: bushy. **2.** *Gelände etc*: bushy. **3.** *bot.* fruticose.

ˈBusch|ˌkat·ze *f zo.* serval, bush (*od.* tiger) cat. **~ˌklep·per** *m obs.* bandit, footpad. **~ˌkrieg** *m mil.* bush-fighting. **~ˌmann** *m* ⟨-(e)s; ⸚er⟩ **1.** bushman. **2.** *anthrop.* Bushman. **~ˌmes·ser** *n* bush knife, *in Südamerika*: *a.* machete. **~ˌne·ger** *m* **1.** *anthrop.* Bush Negro. **2.** Maroon (*especially in the West Indies and in Guiana*). **~ˌobst** *n hort.* bush fruit. **~ˌro·se** *f* polyantha (rose), bush rose. **~ˌsän·ger** *m orn.* bush warbler. **~ˌwald** *m* bushwood, scrub. **~ˌwei·de** *f* rose willow. **~ˌwerk** *n* ⟨-(e)s; *no pl*⟩ → Busch 2. **~ˌwindˌrös·chen** *n bot.* wood anemone.

Bu·sen [ˈbuːzən] *m* ⟨-s; -⟩ **1.** *e-r Frau*: bosom, breast(s *pl*), bust. **2.** *fig. lit.* bosom, breast, heart; *poet. u. humor.* **am** ~ **der Natur** in the bosom of nature; **j-n an s-n** ~ **drücken** draw s.o. to one's bosom; **e-e Schlange am** ~ **nähren** cherish (*od.* nourish) a viper in one's bosom; **ein Geheimnis in s-m** (*od.* **s-n**) ~ **verschließen** (*od.* **in s-m** ~ **bewahren**) keep a secret locked in one's heart; **e-n Wunsch im** ~ **hegen** harbo(u)r a wish in one's heart; **er nährte** (*od.* **hegte**) **Haß in s-m** ~ he nourished hatred in his heart. **3.** (*Halsausschnitt*) bosom, breast. **4.** *geogr.* gulf, bay.

ˈBu·sen|ˌfreund *m*, **~ˌfreun·din** *f oft iro.* bosom-friend. **~ˌna·del** *f* breast-pin.

ˈBus|ˌfah·rer *m* bus driver. **~ˌhal·teˌstel·le** *f* bus stop.

Busi·neß [ˈbɪznɪs] (*Engl.*) *n* ⟨-; *no pl*⟩ business.

ˈBusˌli·nie *f* bus (*od.* coach) line.

Bus·sard [ˈbusart] *m* ⟨-(e)s; -e⟩ *orn.* buzzard.

ˈBußˌbuch *n relig.* penitential (book).

Bu·ße [ˈbuːsə] *f* ⟨-; -n⟩ **1.** *bes. relig.* a) penance, b) (*Reue*) repentance, penitence, c) (*Sühnung*) atonement (for one's sins), satisfaction, d) *allg.* (*Strafe*) punishment, penalty; ~ **predigen** preach penance; ~ **tun** a) *innerlich*: repent, b) *tätig*: do penance; **j-m e-e** ~ **auferlegen** a) *relig.* impose a penance on s.o., b) make s.o. atone for s.th., c) inflict (a) punishment on s.o. **2.** *jur.* (*Geldstrafe*) fine, penalty (*a. Vertragsstrafe*); (~ *mit Schadensersatz*) punitive damages *pl*; **j-n mit e-r** ~ **belegen** impose a fine on (*od.* fine) s.o.; **er wurde zu e-r** ~ **von 5 Dollar verurteilt** he was fined 5 dollars.

Bus·sel [ˈbusəl] *n* ⟨-s; -(n)⟩ *colloq.* → **Busserl** 1.

bü·ßen [ˈbyːsən] **I** *v/t* ⟨h⟩ **1.** expiate, atone for, pay the penalty for, *weitS.* pay (*od.* suffer) for, (*wiedergutmachen*) make amends for; **et. mit dem Leben** ~ pay for s.th. with one's life; **er mußte s-e Dummheit schwer** ~ he had to pay (*od.* suffer) dearly for his foolishness; **das soll er mir** ~ he'll pay (*od.* suffer) for that. **2.** *relig.* repent, do penance for. **3.** *Swiss for* **bestrafen. 4.** *obs.* **s-e Lust** ~ (*befriedigen*) satisfy one's desire(s). **II** *v/i* **5.** *relig.* a) (*Buße tun*) do penance, b) (*bereuen*) repent. **6. für et.** ~ → 1.

ˈBü·ßer *m* ⟨-s; -⟩ *relig.* penitent. **~ˌbank** *f* penitent bench. **~ˌeis** *n* → **Büßerschnee. ~geˌwand** *n* penitential robe. **~ˌhemd** *n* penitential robe, hair shirt.

ˈBü·ße·rin *f* ⟨-; -nen⟩ *relig.* penitent.

Bus·serl [ˈbusərl] *n* ⟨-s; -(n)⟩ **1.** *dial.* (little) kiss, peck. **2.** *gastr.* kiss.

ˈBü·ßer|ˌor·den *m relig.* order of penitents. **~ˌschnee** *m geogr.* nieves *pl* penitentes, ice penitents *pl*.

ˈbußˌfäl·lig *adj Swiss for* **straffällig.**

ˈbußˌfer·tig *adj relig.* repentant, penitent, contrite. **≈keit** *f* ⟨-; *no pl*⟩ repentance, penitence, contrition.

ˈBuß|ˌgang *m* (penitential) pilgrimage (*od.* procession). **~geˌbet** *n* prayer of repentance. **~ˌgeld** *n jur.* fine, penalty. **~ˌgeld·ka·taˌlog** *m* fixed penalty code. **~geˌricht** *n R.C.* penitentiary. **~geˌwand** *n*, **~ˌkleid** *n relig.* penitential robe.

Bus·so·le [buˈsoːlə] *f* ⟨-; -n⟩ **1.** *bes. mar.* (nautical *od.* box) compass. **2.** (*Winkelmeßinstrument*) goniometer, protractor. **3.** → **Busˈso·len·theo·doˌlit** *m* transit theodolite.

ˈBuß|ˌpre·digt *f* penitential sermon. **~ˌpsalm** *m* penitential psalm. **~sa·kraˌment** *n* sacrament of penance. **~ˌtag** *m* **1.** day of repentance. **2.** *a.* **~- und ˈBetˌtag** *m* Day of Prayer and Repentance.

ˈBü·ßung *f* ⟨-; *no pl*⟩ repenting (*etc, cf.* **büßen** 1, 2); atonement, expiation.

Bü·ste [ˈbʏstə] *f* ⟨-; -n⟩ **1.** (*Plastik*) bust. **2.** (*weibliche Brust*) bust. **3.** (*Schneiderpuppe*) dummy.

ˈBü·sten|ˌfor·mer *m* (pre-shaped) brassière. **~ˌhal·ter** *m* brassière, *bes. Am.* brassiere, *colloq.* bra. **≈ˌhal·ter·los** *adj* bra-less. **~ˌscha·le** *f* brassière cup.

Bu·ta·di·en [butaˈdi̯eːn] *n* ⟨-s; *no pl*⟩ *chem.* butadiene.

Bu·tan [buˈtaːn] *n* ⟨-s; *no pl*⟩ *chem.* butane; **~gas** *n* butane gas. **Bu·ta·nol** [butaˈnoːl] *n* ⟨-s; *no pl*⟩ *chem.* butanol. **Bu·ta·non** [butaˈnoːn] *n* ⟨-s; *no pl*⟩ *chem.* butanone.

Bu·ten [buˈteːn] *n* ⟨-s; *no pl*⟩ *chem.* butene, butylene.

bu·ten [ˈbuːtən] *adv Low G. for* **draußen, jenseits.**

Bu·ti·ke [buˈtiːkə] *f* ⟨-; -n⟩ → **Budike.**

Bu·tin [buˈtiːn] *n* ⟨-s; *no pl*⟩ *chem.* butyne.

Butt [but] *m* ⟨-(e)s; -e⟩ *ichth.* lefteye flounder, but(t).

Büt·te [ˈbʏtə] *f* ⟨-; -n⟩ **1.** *dial.* (high) tub, vat, butt. **2.** back basket (*for carrying grapes, etc*). **3.** *Papier*: vat, pan. **4.** *dial.* speaker's "cask" (*in the Rhenish carnival*).

Büt·tel [ˈbʏtəl] *m* ⟨-s; -⟩ *obs.* (*Gerichtsdiener*) beadle (*a. contp. for* **Polizist**); (*Häscher*) catchpole, bailiff; *fig. colloq.* **ich bin nicht dein** ~ I'm not your servant.

Büt·ten [ˈbʏtən] *n* ⟨-s; *no pl*⟩, **~paˌpier** *n* handmade paper. **~ˌrand** *m* deckle (*od.* rough) edge. **~ˌrand·paˌpier** *n* deckle-edged paper. **~ˌre·de** *f* carnival jester's speech. **~ˌred·ner** *m* carnival orator.

But·ter [ˈbutər] *f* ⟨-; *no pl*⟩ butter; **gesalzene** ~ salt(ed) butter; **ungesalzene** ~ unsalted (*Am. a.* sweet) butter; **ein Stück (Stückchen)** ~ a piece (pat) of butter; **Toast mit** ~ buttered toast; **mit** ~ **bestreichen** (spread with) butter; ~ **aufs Brot schmieren** butter (one's) bread; **weich wie** ~ → **butterweich;** *fig.* **sie hat ein Herz wie** ~ her heart is as soft as butter; *fig. colloq.* **wie** ~ **an** (*od.* **in**) **der Sonne** like butter in the sun; *fig. colloq.* **er läßt sich nicht die** ~ **vom Brot nehmen** you can't put anything over him; *fig. colloq.* **(es ist) alles in** ~ everything's fine (*od.* okay, in apple-pie order, *Am. a.* hunky-dory). **~ˌbir·ne** *f bot.* butter pear. **~ˌblu·me** *f bot.* **1.** buttercup. **2.** (*Löwenzahn*) dandelion. **3.** → **Sumpfdotterblume. ~ˌboh·nen** *pl* **1.** golden waxpod (*od.* butter) beans (*cooked in the pod*). **2.** large dried haricot beans. **~ˌbre·zel** *f* **1.** buttered pretzel. **2.** butter cracknel. **~ˌbrot** *n* (slice *od.* piece of) bread and butter; **ein** ~ **streichen**

butter a slice of bread; **belegtes** ~ open sandwich; *fig. colloq.* **j-m et. (immer wieder) aufs** ~ **schmieren** rub s.th. in (to s.o.); *fig. colloq.* **et. für ein** ~ **bekommen** get s.th. dirt-cheap (*od.* for a song); *fig. colloq.* **für ein** ~ **arbeiten** work for peanuts. ~ˌ**brot·paˌpier** *n* grease-proof paper. ~ˌ**creme** *f* **1.** buttercream. **2.** buttercream icing (*od.* filling). ~ˌ**cremeˌtor·te** *f* butter-cream-filled cake. ~ˌ**do·se** *f* butter-dish. ~ˌ**faß** *n* **1.** butter tub. **2.** *zum Buttern*: (butter) churn. ~ˌ**fett** *n* butter-fat.

But·ter·fly [ˈbatərˌflaɪ; ˈbʌtəflaɪ] (*Engl.*) *n* <-; *no pl*> *Schwimmen*: butterfly. ~ˌ**stil** *m* butterfly (stroke).

ˈ**but·te·rig** *adj* buttery.

ˈ**But·ter|ˌkeks** *m, n* (butter) biscuit. ~ˌ**ku·gel** *f* pat of butter. ~**maˌschi·ne** *f* (butter) churn. ~ˌ**mes·ser** *n* butter-knife, spreader. ~ˌ**milch** *f* buttermilk.

but·tern [ˈbutərn] **I** *v/t* <h> **1.** (spread with) butter. **2.** *fig. colloq.* **Geld in** (*acc*) **et.** ~ sink (more and more) money into s.th. **II** *v/i* **3.** churn, make butter. **4.** thicken, turn to butter. **5.** *med. colloq. Wunde*: fester.

ˈ**But·ter|ˌreis** *m* buttered rice. ~ˌ**röll·chen** *n* roll (*od.* pat) of butter. ~ˌ**säu·re** *f* butyric acid. ~ˌ**scha·le** *f* butter-dish. ~ˌ**schmalz** *n* clarified (*od.* run) butter. ~ˌ**schnit·te** *f* → Butterbrot. ~ˌ**sei·te** *f* buttered side; *colloq.* **die** ~ **des Lebens** the sunny side of life. ~ˌ**stem·pel** *m* butter print. ~ˌ**stul·le** *f* → Butterbrot. ~ˌ**teig** *m* short pastry, puff paste. ♀ˈ**weich** *adj* **1.** (as) soft as butter. **2.** *fig. colloq.* **er ist** ~ he's a real softie.

Bütt·ner [ˈbʏtnər] *m* <-s; -> → Küfer 2.

Bu·tyl [buˈtyːl] *n* <-s; *no pl*> *chem.* butyl. **Bu·tyl·amin** [butylaˈmiːn] *n* <-s; -e> *chem.* butylamine. **Bu·ty·len** [butyˈleːn] *n* <-s; *no pl*> *chem.* butylene. **Buˈtylˌkau·tschuk** *m* butyl rubber.

Bu·ty·rat [butyˈraːt] *n* <-(e)s; -e> *chem.* butyrate.

Bu·ty·ro·me·ter [butyroˈmeːtər] *n* <-s; -> *chem.* butyrometer.

But·ze [ˈbutsə] *f* <-; -n> *Low G. for* a) **Verschlag** 1, b) **Wandbrett.**

ˈ**But·zeˌmann** *m* <-s; -männer> bog(e)yman.

But·zen [ˈbutsən] *m* <-s; -> **1.** (*Klümpchen*) lump, clump. **2.** (*Kerzenschnuppe*) snuff. **3.** *dial.* (apple *etc*) core. **4.** *bes. tech.* bow (in a window). **5.** *min.* pocket.

ˈ**But·zenˌschei·be** *f* bull's-eye (pane). ˈ**But·zenˌschei·benˌly·rik** *f medievalizing mid-nineteenth century German poetry.*

Büx [bʏks] *f* <-; -en> → Buxe.

ˈ**Buxˌbaum** *m* → Buchsbaum.

Bu·xe [ˈbuksə] *f* <-; -n> *dial. for* **Hose** 1.

Bux·te·hu·de [ˌbukstəˈhuːdə] *colloq.* **in** ~ at the back of beyond.

By·zan·ti·ner [bytsanˈtiːnər] *m* <-s; -> *hist.* a) Byzantine, b) (*Goldmünze*) bezant. **by·zanˈti·nisch** *adj hist.* Byzantine; ~**e Zeitrechnung** Byzantine calendar; **das** ♀**e Reich** the Byzantine Empire. **By·zan·tiˈnis·mus** [-tiˈnɪsmus] *m* <-; *no pl*> **1.** Byzantinism. **2.** *fig.* sycophancy, obsequiousness. **By·zan·tiˈnist** [-tiˈnɪst] *m* <-en; -en> Byzantine scholar.

C

C, c [tseː] *n* ⟨-; -⟩ **1.** (*Buchstabe*) C, c; **C wie Cäsar** C for Charlie. **2.** *mus.* a) (the note) C, *a.* c, b) **c** (= *c-Moll*) C minor, c) **C** (= *C-Dur*) C major; **das hohe C** (the) top C.

Cae·cum ['tsɛːkʊm] *n* ⟨-s; **Caeca** [-ka]⟩ *med.* c(a)ecum.

Ca·fé [ka'feː] *n* ⟨-s; -s⟩ café, coffee-house.

Ca·fe·te·ria [kafete'riːa] *f* ⟨-; -s⟩ cafeteria.

Ca·fe·tier [kafe'tĭeː] *m* ⟨-s; -s⟩ *Austrian* proprietor of a coffee-house. **Ca·fe·tie·re** [kafe'tĭɛːrə] *f* ⟨-; -n⟩ **1.** *Austrian* proprietress of a coffee-house. **2.** coffee-pot.

Cais·son [kɛ'sõː] *m* ⟨-s; -s⟩ *civ. eng.* caisson. **~,krank·heit** *f* caisson disease.

Cal·ci·um ['kaltsĭʊm] *n* ⟨-s; *no pl*⟩ → Kalzium.

Callgirl ['koːlˌgøːrl; 'kɔːlˌgɜːl] (*Engl.*) *n* ⟨-s; -s⟩ call girl.

Cal·me ['kalmə] *f* ⟨-; -n⟩ *meteor.* calm.

cal·vi·nisch [kal'viːnɪʃ] *adj relig.* Calvinist(ic). **Cal·vi'nis·mus** [-vi'nɪsmʊs] *m* ⟨-; *no pl*⟩ Calvinism. **Cal·vi'nist** [-vi'nɪst] *m* ⟨-en; -en⟩, **Cal·vi'ni·stin** *f* ⟨-; -nen⟩ Calvinist. **cal·vi'ni·stisch** *adj* Calvinist(ic).

Ca·lyp·so [ka'lɪpso; -'lʏpso] *m* ⟨-(s); -s⟩ *mus.* calypso.

Ca·mi·on [ka'mĭõː] (*Fr.*) *m* ⟨-s; -s⟩ *Swiss for* **Lastkraftwagen**.

Ca·mi·on·na·ge [kamĭɔ'naːʒə] (*Fr.*) *f* ⟨-; -n⟩ *Swiss for* **Spedition** 1.

Ca·mou·fla·ge [kamu'flaːʒə] *f* ⟨-; -n⟩ **1.** *obs.* disguise. **2.** *mil.* camouflage.

Camp [kɛmp; kæmp] (*Engl.*) *n* ⟨-s; -s⟩ **1.** *mil.* a) (military) camp, b) (prison) camp. **2.** *short for* **Campingplatz**.

Cam'pe·che,holz [kam'pɛtʃə-] *n* Campeachy wood.

cam·pen ['kɛmpən] *v/i* ⟨h⟩ camp (out). **'Cam·per** *m* ⟨-s; -⟩ **1.** camper. **2.** → Campingbus.

Cam·ping ['kɛmpɪŋ] *n* ⟨-s; *no pl*⟩ camping. **~,aus,rü·stung** *f* camping equipment (*od.* outfit). **~,bett** *n* camp bed, cot. **~,bus** *m Br.* (motor) caravan, *Am.* camper. **~,füh·rer** *m* camping guide(book). **~,mö·bel** *pl* camp(ing) furniture *sg.* **~,platz** *m* camping site (*od.* ground), *bes. Am.* campsite, *für Wohnwagen*: *a.* caravan site. **~,stuhl** *m* camp (*od.* folding) chair.

Ca·na·sta [ka'nasta] (*Span.*) *n* ⟨-s; *no pl*⟩ canasta.

Can·can [kã'kãː] *m* ⟨-s; -s⟩ *mus.* cancan.

Can·de·la [kan'deːla] *f* ⟨-; -⟩ *phys.* candela, (new) candle.

Can·na·bis·mus [kana'bɪsmʊs] *m* ⟨-; *no pl*⟩ *med.* cannabism, poisoning with Indian hemp.

Can·nae ['kanɛ] *npr n* ⟨-; *no pl*⟩ → Kannä.

Ca·ñon ['kanjɔn; kan'joːn] *m* ⟨-s; -s⟩ *geol.* canyon, cañon.

Ca·nos·sa [ka'nɔsa] *npr n* ⟨-; *no pl*⟩ → Kanossa.

Cape [keːp] *n* ⟨-s; -s⟩ (*Umhang*) cape.

ca'prin|,sau·er [ka'priːn-] *adj chem.* capric; **caprinsaures Salz, caprinsaurer Ester** caprate. **≈,säu·re** *f* capric acid.

Car·bo·rund [karbo'rʊnt], **Car·bo'run·dum** [-'rʊndʊm] (*TM*) *n* ⟨-s; *no pl*⟩ *chem. tech.* carborundum.

Car·bu·ra·tor [karbu'raːtɔr] *m* ⟨-s; -en [-ra'toːrən]⟩ *chem. metall.* carburet(t)or.

car·bu·rie·ren [karbu'riːrən] *v/t* ⟨*no* ge-, h⟩ *chem. tech.* **1.** (*mit Kohlenstoff verbinden*) carburize, cement. **2.** (*Kohlenwasserstoffe zufügen*) carburet.

'CARE-Pa,ket ['kɛːr-] *n* CARE package.

Ca·ri·tas ['kaːritas] *f* ⟨-; *no pl*⟩ **1.** (Christian) charity. **2.** → **~ver,band** *m* Caritas *f*, (German) association of (Roman Catholic) charitable organizations.

Ca·ro·tin [karo'tiːn] *n* ⟨-s; *no pl*⟩ → Karotin.

Carte blanche ['kartə 'blãːʃ] *f* ⟨- -; -s -s ['kartə 'blãːʃ]⟩ carte blanche; **~ erhalten** be given carte blanche.

Ca·sa·no·va [kaza'noːva] *m* ⟨-(s); -s⟩ *fig.* Casanova.

Cä·sar ['tsɛːzar] **I** *npr m* ⟨-; *no pl*⟩ Caesar. **II** *m* ⟨-en [tsɛ'zaːrən]; -en [tsɛ'zaːrən]⟩ *antiq.* Caesar (*title of Roman emperors*).

Cä'sa·ren|tum *n* ⟨-s; *no pl*⟩ Caesarism. **~,wahn(,sinn)** *m* Caesarean madness, megalomania.

cä·sa·risch [tsɛ'zaːrɪʃ] *adj antiq.* Caesarean, Caesarian.

Cä·sa·ris·mus [tsɛza'rɪsmʊs] *m* ⟨-; *no pl*⟩ *hist.* Caesarism.

Ca·se·in [kaze'iːn] *n* ⟨-s; -e⟩ *biol. chem.* casein.

'Cash-and-'car·ry-,Klau·sel ['kɛʃʔɛnt'kɛri-; 'kæʃənd'kæri-] (*Engl.*) *f econ.* cash-and-carry clause.

Cae·si·um ['tsɛːzĭʊm] *n* ⟨-s; *no pl*⟩ *chem.* c(a)esium.

Ca·stor ['kastɔr] **I** *npr* ⟨-s; *no pl*⟩ *myth.* Castor. **II** *m* ⟨-s; *no pl*⟩ *astr.* Castor; **~ und Pollux** Castor and Pollux, the Gemini *pl.*

Ca·sus ['kaːzʊs] *m* ⟨-; -⟩ → **Kasus**. **~ 'bel·li** ['bɛli] *m* ⟨- -; - -⟩ *pol.* (*Kriegsgrund*) casus belli.

Catch-as-catch-can ['kɛtʃʔɛs'kɛtʃˌkɛn; 'kætʃəz'kætʃ'kæn] (*Engl.*) *n* ⟨-; *no pl*⟩ catch-as-catch-can. **cat·chen** ['kɛtʃən] *v/i* ⟨h⟩ *colloq.* do catch-as-catch-can. **Cat·cher** ['kɛtʃər] *m* ⟨-s; -⟩ catch-as-catch-can wrestler.

Cat·gut ['katˌgʊt; 'kætgʌt] (*Engl.*) *n* ⟨-s; *no pl*⟩ *med.* catgut.

Cau·se·rie [kozə'riː] *f* ⟨-; -n [-ən]⟩ *obs.* causerie, chat, talk.

Ca-Ver,dacht [ˌtseː'ʔaː-] *m med.* suspected carcinoma.

Ca'yenne,pfef·fer [ka'jɛn-] (*Fr.*) *m* **1.** *bot.* cayenne (*od.* red) pepper. **2.** *gastr.* cayenne pepper, Cayenne.

'C-,Dur ['tseː-] *n* ⟨-; *no pl*⟩ *mus.* C major.

'Ce·bu,hanf ['tseːbu-] *m* → Manilahanf.

Ce·dil·le [se'diːj(ə)] *f* ⟨-; -n [-jən]⟩ *ling.* cedilla.

Cel·list [tʃɛ'lɪst] *m* ⟨-en; -en⟩, **Cel'li·stin** *f* ⟨-; -nen⟩ *mus.* (violon)cellist, celloist.

Cel·lo ['tʃɛlo] *n* ⟨-s; -s *od.* **Celli** [-li]⟩ *mus.* (violon)cello. **~kon,zert** *n* concerto for violoncello, cello concerto.

Cel·lo·phan [tsɛlo'faːn] (*TM*) *n* ⟨-s; *no pl*⟩, **Cel·lo'pha·ne** *f* ⟨-; *no pl*⟩ *synth.* cellophane.

'Cel·lo,spie·ler *m* → Cellist.

Cel·lu·la·se [tsɛlu'laːzə] *f* ⟨-; *no pl*⟩ *biol.* cellulase.

Cel·si·us ['tsɛlzĭʊs] *n* ⟨*undeclined*⟩ *phys.* Celsius; **30 Grad ~** 30 degrees centigrade. **~,grad** *m* Celsius degree, centigrade. **~,ska·la** *f* Celsius (*od.* centigrade) scale. **~ther·mo,me·ter** *n* centigrade (*od.* Celsius) thermometer.

Cem·ba·list [tʃɛmba'lɪst] *m* ⟨-en; -en⟩, **Cem·ba'li·stin** *f* ⟨-; -nen⟩ *mus.* harpsichordist. **Cem·ba·lo** ['tʃɛmbalo] *n* ⟨-s; -s *od.* **Cembali** [-li]⟩ harpsichord.

Cent [tsɛnt; sɛnt] *m* ⟨-(s); -(s)⟩ **1.** *econ.* Cent *m* (*Dutch, US-American, Canadian, and Chinese coin*). **2.** *nucl.* (*Reaktivitätseinheit*) cent. **Cen·ta·vo** [sɛn'taːvo] *m* ⟨-s; -s⟩ centavo (*Middle and South American and Portuguese coin*).

Ce·pha·lo..., ce·pha·lo... → Zephalo ..., zephalo ...

Cer·cle ['sɛrkəl] *m* ⟨-s; -s⟩ *obs.* **1.** (*Empfang*) reception; **~ halten** have an at-home. **2.** (*Gesellschaftskreis*) circle. **~,sitz** *m thea. Austrian* seat in the orchestra stalls.

ce·re·bel|lar [tserebɛ'laːr] *adj anat.* cerebellar. **≈lum** [-'bɛlʊm] *n* ⟨-s; **Cerebella** [-'bɛla]⟩ cerebellum.

ce·re·bral [tsere'braːl] *adj anat.* cerebral.

Ce·re·brum ['tseːrebrʊm] *n* ⟨-s; **Cerebra** [-bra]⟩ *anat.* (*Großhirn*) cerebrum.

'Cer,ei·sen *n chem.* ferrocerium.

ce·ro... *in Zssgn chem.* cerous.

cer·vi·cal [tsɛrvi'kaːl] *adj anat.* cervical. **Cer·vix** ['tsɛrvɪks] *f* ⟨-; **Cervices** [tsɛr'viːtsɛs]⟩ cervix.

ces, Ces [tsɛs] *n* ⟨-; -⟩ *mus.* C flat; **ces, ces-Moll** C flat minor; **Ces, Ces-Dur** C flat major. **ˈcesˈes, ˈCesˈes** *n* ⟨-; -⟩ C double flat.

Ce·tan [tseˈtaːn] *n* ⟨-s; *no pl*⟩ *chem.* cetane. **~ˌzahl** *f* cetane number (*od.* rating).

Ce·ten [tseˈteːn] *n* ⟨-s; *no pl*⟩ *chem.* cetene.

Ceˈtylˌal·ko·hol [tseˈtyːl-] *m chem.* cetyl alcohol.

Cey·lo|ne·se [tsaɪloˈneːzə] *m* ⟨-n; -n⟩, **≈ˈne·sisch** *adj* Ceylonese.

Cha·grin [ʃaˈgrɛ̃ː] *n* ⟨-s; *no pl*⟩ (*Narbenleder*) shagreen. **cha·griˈnie·ren** [-griˈniːrən] *v/t* ⟨*no* **ge-, h**⟩ shagreen, pebble.

Chaise·longue [ʃɛz(ə)ˈlõ(g)] *f* ⟨-; -n [-ˈlõːgən] *od.* -s⟩, *colloq. a.* [-ˈlɔŋ] *n* ⟨-s; -s⟩ (*Liege*) chaise-longue, divan, couch.

Chal·ce·don [kaltseˈdoːn] *m* ⟨-s; -e⟩ *min.* chalcedony.

Chal·dä·er [kalˈdɛːər] *m* ⟨-s; -⟩, **chalˈdä·isch** *adj hist.* Chaldean.

Cha·let [ʃaˈleː] *n* ⟨-s; -s⟩ *Swiss* chalet, country cottage, (*Sennhütte*) herdsman's hut.

Chal·ko·che·mi·gra·phie [çalkoçemigraˈfiː] *f* ⟨-; -n [-ən]⟩ *print.* metal engraving.

Cha·mä·le·on [kaˈmɛːleɔn] *n* ⟨-s; -s⟩ *zo. u. fig.* chameleon.

cha·mois [ʃaˈmŏa] **I** *adj* chamois; *phot.* **~-matt** cream matt; **~-glänzend** cream glossy. **II ≈** *n* ⟨- [-ˈmŏa(s)]; *no pl*⟩ chamois (leather), shammy. **~ˌfar·ben** *adj* → **chamois** I. **≈ˌle·der** *n* → **chamois** II. **≈paˌpier** *n phot.* cream(-tinted) paper.

Cham·pa·gner [ʃamˈpanjər] *m* ⟨-s; -⟩, **~ˌwein** *m gastr.* champagne.

Cham·pi·gnon [ˈʃampɪnjõ; -jɔŋ] *m* ⟨-s; -s⟩ *bot.* (field) mushroom. **~kulˌtur, ~ˌzucht** *f agr.* **1.** (*Anbau*) mushroom growing. **2.** (*die angebauten Pilze*) mushroom culture.

Cham·pi·on [ˈtʃɛmpĭən; ʃãˈpĭõː] *m* ⟨-s; -s⟩ *Sport colloq.* champion. **Cham·pio·nat** [ʃampĭoˈnaːt] *n* ⟨-(e)s; -e⟩ championship.

Chan·ce [ˈʃãːsə; ˈʃaŋsə] *f* ⟨-; -n⟩ **1.** chance, opportunity, *colloq.* break; (*Erfolgs≈*) chance (of success); **die ~ s-s** (*etc*) **Lebens** the chance of a lifetime; **geringe ~n** small (*od.* slim) chances; **gleiche ~n** *im Berufsleben*: equal opportunities; **e-e ~** (*od.* **~n**) **haben** have (*od.* stand) a chance (**zu tun** of doing; **bei j-m** with s. o.); **er hatte nicht die geringste ~** he had not the slightest (*od.* least) chance, *colloq.* he had not an earthly; **keine ~!** no chance (*od.* hope)!; **gib ihm e-e ~!** give him a chance (*od.* break)!; **s-e ~ nutzen** use one's chance, seize one's opportunity; **s-e ~ verpassen** miss one's chance; **sich ~n** (*od.* **e-e ~**) **ausrechnen** see a chance. **2.** (*Aussicht*) chance(s *pl*), prospect, outlook; **wie sind die ~n?** what is the outlook?, what are the prospects?; **diese Laufbahn bietet gute ~n** this career offers good prospects; **die ~n stehen gleich** the odds are even; **die ~n stehen gut** the odds are in our favo(u)r; *beim Wetten*: **die ~n stehen 6 zu 1** the odds are six to one. **ˈChan·cenˌgleich·heit** *f ped. sociol.* equal opportunities *pl.*

chan·geant [ʃãˈʒãː] *Textil.* **I** *adj* shot, iridescent, chatoyant. **II ≈** *m* ⟨-(s); -s⟩ shot (*od.* iridescent) material. **chan·gie·ren** [ʃãˈʒiːrən; ʃaŋˈʒiːrən] *v/i* ⟨*no* **ge-, h**⟩ **1.** *Textil.* be iridescent (*od.* shot). **2.** *Reitsport*: change step.

Chan·son [ʃãˈsõː] *n* ⟨-s; -s⟩ *mus.* chanson. **Chan·so(n)·net·te** [ʃãsoˈnɛt(ə)] *f* ⟨-; -n⟩ *mus.* **1.** (*Lied*) chansonette. **2.** (*Sängerin*) chanson (*od.* cabaret) singer, chanteuse. **Chan·son·nier** [ʃãsɔˈnĭeː] *m* ⟨-s; -s⟩ *mus.* cabaret singer.

Cha·os [ˈkaːɔs] *n* ⟨-; *no pl*⟩ chaos. **Chao·te** [kaˈoːtə] *m* ⟨-n; -n⟩ *pol.* anarcho-situationist. **chao·tisch** [kaˈoːtɪʃ] *adj* chaotic; **~e Unordnung, ~e Zustände** chaos.

Cha·peau [ʃaˈpoː] *m* ⟨-s; -s⟩ *archaic humor.* hat. **~ claque** [ˈklak] *m* ⟨- -; -x -s [-ˈpoː ˈklak(s)]⟩ opera hat.

Cha·pe·ron [ʃapəˈrõː] *m* ⟨-(s); -s⟩ *fig. obs.* (*Begleitperson*) chaperon(e). **cha·pe·ro·nie·ren** [ʃapəroˈniːrən] *v/t* ⟨*no* **ge-, h**⟩ *obs.* chaperon(e).

Cha·rak·ter [kaˈraktər] *m* ⟨-s; **Charaktere** [-ˈteːrə]⟩ **1.** *e-r Person*: a) (*Veranlagung*) character, nature, b) (*~stärke*) (strength of) character, moral strength, backbone, c) (*Persönlichkeit*) (strong) personality, (strong) character; **ein Mann von** (*od.* **mit**) **~** a man of character; **von** (*od.* **mit**) **gutem ~** of good character; **er hat ~, er ist ein ~** he has character, he is a man of (strong) character; **er hat k-n ~** he lacks character, he is weak (*od.* spineless); **~ beweisen** give proof of (one's) moral strength (*od.* of backbone); **den ~ bilden** mo(u)ld (*od.* form, build) the character. **2.** *e-r Sache*: character (*of an epoch, landscape, etc*), nature; **der öde ~ dieser Landschaft** the dreariness of this landscape; **der feierliche ~ des Ereignisses** the solemnity of the occasion; **den ~ e-r Gerichtsverhandlung annehmen** assume the nature of a tribunal; *Sache* **von ganz eigenem ~** with a character of its own. **3. die Charaktere in e-m Theaterstück** (*etc*) the characters in a play (*etc*). **4.** a) (*Rang*) (official) rank, title, status, b) (*Eigenschaft*) capacity. **5.** *mil. hist.* (*Rang*) (honorary) rank, brevet. **6.** *pl obs.* (*Schriftzeichen*) characters.

Chaˈrak·ter|ˌanˌla·ge *f* disposition, nature, character. **~ˌbild** *n* **1.** portrayal of character, character study (*od.* sketch). **2.** character, disposition. **≈ˌbil·dend** *adj* character-mo(u)lding (*od.* -building). **~ˌbil·dung** *f* **1.** character formation. **2.** (*gezielte ~*) character mo(u)lding (*od.* building). **~ˌdarˌstel·ler** *m thea.* character actor. **~ˌei·gen·schaft** *f* → **Charakterzug.** **~ˌfeh·ler** *m* fault (*od.* defect) in s. o.'s character, weakness, flaw. **≈ˌfest** *adj* of firm (*od.* strong) character, high-principled. **~ˌfe·stig·keit** *f* strength (*od.* firmness) of character, moral strength, backbone.

cha·rak·te·ri·sie·ren [karakteriˈziːrən] *v/t* ⟨*no* **ge-, h**⟩ **1.** (*kennzeichnen*) characterize, be characteristic of. **2.** (*schildern*) characterize, describe (**als** as), depict, portray. **Cha·rak·te·riˈsie·rung** *f* ⟨-; -en⟩ **1.** characterization. **2.** → **Charakteristik** 1.

Cha·rak·te·ri·stik [karakteˈrɪstɪk] *f* ⟨-; -en⟩ **1.** characterization, description, *e-r Person*: *a.* portrait, portrayal of character. **2.** *math. tech.* characteristic. **Cha·rak·teˈri·sti·kum** [-kum] *n* ⟨-s; -stika [-ka]⟩ **1.** characteristic (feature *od.* property). **2.** *math.* parameter.

cha·rak·te·ri·stisch [karakteˈrɪstɪʃ] **I** *adj* (**für** of) characteristic, typical; **~e Eigenschaft, ~es Merkmal** → **Charakteristikum** 1. **II ≈e, das** ⟨-n⟩ the characteristic (feature); **s-e Sprechweise hat et. sehr ≈es** there is something very characteristic about his diction.

Chaˈrak·ter|koˌmö·die *f* comedy of character. **~ˌkopf** *m* **1.** striking (*od.* fine) head. **2.** strong-faced (*od.* distinguished-looking) person. **~ˌkun·de** *f* characterology.

chaˈrak·ter·lich I *adj* of (one's) character, personal, moral; **~e Entwicklung** → **Charakterbildung**; **~e Sauberkeit** (moral) integrity, probity; **~e Schwäche** → **Charakterschwäche.** **II** *adv* in character; **~ einwandfrei** of impeccable character.

chaˈrak·ter|los *adj* **1.** *Person*: a) of weak character, spineless, b) (*schlecht*) of bad character, bad, unprincipled, corrupt. **2.** (*nichtssagend*) characterless, colo(u)rless, lacking (in) character. **≈lo·sig·keit** *f* ⟨-; *no pl*⟩ **1.** a) lack of character, weakness, spinelessness, b) lack of principles, bad character, badness, c) *Verhalten etc*: unworthy, unprincipled, discreditable. **2.** (*Farblosigkeit*) lack of character, colo(u)rlessness. **≈ˌmerkˌmal** *n* → **Charakteristikum** 1.

Cha·rak·te·ro·lo·ge [karakteroˈloːgə] *m* ⟨-n; -n⟩ *psych.* characterologist. **Cha·rak·te·ro·loˈgie** [-loˈgiː] *f* ⟨-; *no pl*⟩ characterology.

Chaˈrak·ter|ˌrol·le *f thea.* character rôle. **~ˌsa·che** *f colloq.* **das ist ~** that depends on one's character. **~ˌschil·de·rung** *f* characterization, portrayal of s. o.'s character, character study. **≈ˌschwach** *adj* weak, of weak character. **~ˌschwä·che** *f* weakness (of character). **≈ˌstark** *adj* → **charakterfest.** **~ˌstär·ke** *f* → **Charakterfestigkeit.** **~ˌstück** *n* **1.** *mus.* character piece. **2.** *thea.* character play. **~ˌstu·die** *f* character study. **≈ˌvoll** *adj* full of character; *Gesicht, Kopf*: *a.* striking, strong. **~ˌzeich·nung** *f* → **Charakterschilderung.** **~ˌzug** *m* trait (of character), feature, characteristic.

Char·ge [ˈʃarʒə] *f* ⟨-; -n⟩ **1.** *metall.* a) (*Schmelzgut*) charge, b) (*Schmelzgang*) heat. **2.** *Textil.* charge, batch. **3.** *nucl.* charge. **4.** *thea. Film*: supporting (*od.* minor) part. **5.** → **Chargierte.** **6.** *mil. obs.* (commissioned) rank. **char·gie·ren** [ʃarˈʒiːrən] **I** *v/t* ⟨*no* **ge-, h**⟩ **1.** *thea.* overact. **2.** *Textil.* load. **3.** *metall. tech.* charge, feed. **4.** *mil. hist.* a) charge, attack, b) (*Gewehr etc*) load. **II** *v/i* **5.** *von Korpsstudenten*: *appear in full dress as a delegate of a students' association.* **Charˈgier·te** *m* ⟨-n; -n⟩ *committee-member of a students' association.*

Cha·ris [çaːrɪs] *npr f* ⟨-; **Chariten** [çaˈriːtən]⟩ *myth.* Charis; **die drei Chariten** the three Graces.

Cha·ris·ma [çaˈrɪsma; ˈça(ː)-] *n* ⟨-s; -men [çaˈrɪsmən] *u.* -mata [çaˈrɪsmata]⟩ *relig. u. fig.* charisma. **cha·ris·ma·tisch** [çarɪsˈmaːtɪʃ] *adj* charismatic.

char·mant [ʃarˈmant] *adj* charming; **~ sein** *a.* have charm; *colloq.* **~, daß Sie gekommen sind** how very nice of you to come. **Charme** [ʃarm] *m* ⟨-s; *no pl*⟩ charm; **sie hat ~** she has charm; **s-n** (**ganzen**) **~ spielen lassen** *colloq.* lay (*od.* turn) on the (old) charm; **sie bot ihren ganzen ~ auf** she exercised all her charm. **Char·meur** [ʃarˈmøːr] *m* ⟨-s; -s *u.* -e⟩ charmer. **Char·meuse** [ʃarˈmøːz] *f* ⟨-; *no pl*⟩ (*Trikot*) charmeuse. **char·mie·ren** [ʃarˈmiːrən] *v/t* ⟨*no* **ge-, h**⟩ *obs.* **j-n ~** charm s. o.

Cha·ron [ˈçaːrɔn] *npr m* ⟨-; *no pl*⟩ *myth.* Charon.

Char·ta [ˈkarta] *f* ⟨-; -s⟩ *pol.* charter; **die ~ der Vereinten Nationen** the United Nations Charter.

Char·te [ˈʃartə] *f* ⟨-; -n⟩ charter. **ˈChar·te·parˌtie** *f mar.* charter-party.

Char·ter [ˈ(t)ʃartər; ˈtʃɑːtə] (*Engl.*) *m* ⟨-s; -s⟩ **1.** (*Urkunde, Freibrief*) charter. **2.** *aer. mar.* (*Frachtvertrag*) charter(-party). **~ˌdienst** *m aer.* (air) charter service.

ˈ**Char·te·rer** *m* ⟨-s; -⟩ *aer. mar.* charterer.

ˈ**Char·ter|ˌflug** *m* charter(ed) flight. **~ˌflugˌzeug** *n* charter plane, chartered aircraft (*od.* plane). **~geˌschäft** *n* **1.** charter operation. **2.** (*Branche*) charter trade (*od.* business). **~maˌschi·ne** *f* → Charterflugzeug.

char·tern [ˈ(t)ʃartərn] *v/t* ⟨h⟩ (*Schiff, Flugzeug*) charter, hire. ˈ**Char·ter·verˌtrag** *m aer. mar.* charter-party.

Cha·ryb·dis [çaˈrʏpdɪs] *npr f* ⟨-; *no pl*⟩ *myth.* Charybdis; *fig.* **zwischen Szylla und ~** between the devil and the deep blue sea.

Chas·si·dim [xasiˈdiːm] *pl relig.* Hasidim. **Chas·siˈdis·mus** [-ˈdɪsmʊs] *m* ⟨-; *no pl*⟩ Hasidism.

Chas·sis [ʃaˈsiː] *n* ⟨- [-(s)]; - [-s]⟩ **1.** *mot. Radio etc*: chassis. **2.** *synth.* chase, frame. **3.** *Textil.* trough. **~ˌrah·men** *m mot.* chassis framework.

Chau·deau [ʃoˈdoː] *n* ⟨-(s); -s⟩ *gastr.* sweet wine cream.

Chauf·feur [ʃɔˈføːr] *m* ⟨-s; -e⟩ chauffeur, driver. **chaufˈfie·ren** [-ˈfiːrən] *v/t u. v/i* ⟨*no* **ge-**, h⟩ drive.

Chaus·see [ʃoˈseː] *f* ⟨-; -n [-ən]⟩ high road, *bes. Am.* highway; *in der Stadt*: avenue. **chaus·sie·ren** [ʃoˈsiːrən] *v/t* ⟨*no* **ge-**, h⟩ *civ. eng.* (*Straße*) macadamize. **Chausˈsie·rung** *f* ⟨-; *no pl*⟩ **1.** macadamizing. **2.** (*Schotterdecke*) macadam.

Chau·vi·nis·mus [ʃoviˈnɪsmʊs] *m* ⟨-; *no pl*⟩ *pol.* chauvinism, jingoism; *contp.* **männlicher ~** male chauvinism. **Chau·viˈnist** [-ˈnɪst] *m* ⟨-en; -en⟩ chauvinist, jingoist; *contp.* **männlicher ~** male chauvinist. **chau·viˈni·stisch** *adj* chauvinist(ic); jingo(istic).

Chef [ʃɛf] *m* ⟨-s; -s⟩ **1.** *e-r Firma, Behörde etc*: head, chief, *colloq.* boss; (*Büro*℞, *Schul*℞) principal, head; (*Vorgesetzter*) superior; **~ des Hauses** a) head of the firm, b) → **Chefkoch**; *pol.* **~ des Protokolls** *im Auswärtigen Amt*: Chief of Protocol; *pol.* **der ~ der Partei** the leader (*od.* chief) of the party; *colloq.* **er ist der ~ vom Ganzen** he bosses the show. **2.** *colloq.* (*vertrauliche Anrede*) mate, governor, Mac, *bes. Am.* chief. **3.** *mil.* chief, *e-r Einheit*: (company, *etc*) commander; **~ des Stabes** Chief of Staff. **~ˌarzt** *m* **1.** a) medical superintendent, b) *e-r Abteilung*: senior physician (*od.* surgeon). **2.** *mil.* chief medical officer. **~de·leˌgier·te** *m pol.* head of the delegation. **~ˌdol·met·scher** *m* chief interpreter.

ˈ**Che·fin** *f* ⟨-; -nen⟩ **1.** (woman) head (*etc*; *cf.* **Chef**). **2.** *colloq.* (*the*) boss's wife.

ˈ**Chef|in·geˌnieur** *m* chief engineer. **~ˌkoch** *m* chef (de cuisine), head cook. **~kon·strukˌteur** *m* chief designer. **~piˌlot** *m aer.* chief pilot. **~re·dakˌteur** *m* **1.** chief editor. **2.** *TV* Chief Producer. **~se·kre·tä·rin** *f* executive (*od.* director's) secretary.

Che·mie [çeˈmiː] *f* ⟨-; *no pl*⟩ chemistry; **(an)organische (analytische, angewandte) ~** (in)organic (analytical, applied) chemistry. **~erˌzeug·nis** *n* product of the chemical industry, chemical. **~ˌfa·ser** *f* chemical (*od.* synthetic) fib/re (*Am.* -er). **~ˌwer·te** *pl econ.* chemical securities (*od.* stocks), chemicals.

Che·mi·graph [çemiˈgraːf] *m* ⟨-en; -en⟩ *print.* process engraver. **Che·mi·graˈphie** [-graˈfiː] *f* ⟨-; *no pl*⟩ *print.* **1.** (*Ätzverfahren*) process engraving. **2.** (*Werkstatt*) process room.

Che·mi·ka·lie [çemiˈkaːlĭə] *f* ⟨-; -n⟩ *meist pl* **1.** *chem.* chemical. **2.** *med. pharm.* chemical drug.

Che·mi·ker [ˈçeːmikər] *m* ⟨-s; -⟩, ˈ**Che·mi·ke·rin** *f* ⟨-; -nen⟩ (analytical) chemist, chemical engineer.

che·misch [ˈçeːmɪʃ] **I** *adj* chemical; **~er Stoff, ~e Substanz** chemical (substance); **~e Erzeugnisse** (*od.* **Produkte**) chemicals; *mil.* **~e Kriegführung** (*od.* **Kampfführung**) chemical warfare; **~e Reinigung** dry-cleaning; **~e Verbindung** chemical compound. **II** *adv* **~ rein** chemically pure; *fig. colloq.* **~ rein von** (*dat*) innocent of; **e-n Anzug ~ reinigen lassen** have a suit dry-cleaned. ℞**ˌgelb** *n* patent (*od.* Cassel) yellow. **~-phy·siˈka·lisch** *adj* chemiphysical, physicochemical. **~-ˈtech·nisch** *adj* technochemical.

Che·mi·se [ʃəˈmiːzə] *f* ⟨-; -n⟩ *archaic* chemise. **Che·mi·sett** [ʃəmiˈzɛt] *n* ⟨-(e)s; -s *u.* -e⟩, **Che·miˈset·te** [-ˈzɛt(ə)] *f* ⟨-; -n [-tən]⟩ **1.** (*Hemdbrust*) shirt front. **2.** (*Einsatz an Damenkleidern*) chemisette.

Che·mis·mus [çeˈmɪsmʊs] *m* ⟨-; *no pl*⟩ *biol. chem.* chemism.

che·mo|tak·tisch [çemoˈtaktɪʃ] *adj biol.* chemotactic. ℞ˈ**ta·xis** [-ˈtaksɪs] *f* chemotaxis, chemotaxy, chemotropism. ℞-ˈ**tech·nik** [-ˈtɛçnɪk] *f* technochemistry. ℞ˈ**tech·ni·ker** [-ˈtɛçnikər] *m* (chemically-trained) laboratory technician. **~ˈtech·nisch** [-ˈtɛçnɪʃ] *adj* technochemical. **~the·raˈpeu·tisch** *adj med. pharm.* chemotherapeutical. ℞**the·raˈpie** *f med.* **1.** chemotherapeutics *pl.* **2.** (*Verfahren*) chemotherapy.

Che·nil·le [ʃəˈnɪljə; ʃəˈniːjə] *f* ⟨-; -n⟩ *Textil.* chenille.

Che·rub [ˈçeːrʊp] *m* ⟨-s; -im [ˈçeːrubiːm] *u.* -inen [çeruˈbiːnən]⟩ *Bibl. u. fig.* cherub; **die ~im, die ~inen** the cherubim, the cherubs.

Che·rus·ker [çeˈrʊskər] *m* ⟨-s; -⟩ *hist.* Cheruscan.

Che·ster [ˈtʃɛstər; ˈtʃɛstə] (*Engl.*) *m* ⟨-s; *no pl*⟩. **~ˌkä·se** *m* Cheshire (cheese).

che·va·le·resk [ʃəvaləˈrɛsk] *adj archaic* chivalrous, chivalresque, gallant. **Che·va·lier** [ʃəvaˈlĭeː] *m* ⟨-s; -s⟩ knight.

Che·vi·ot [ˈ(t)ʃɛvĭɔt; ˈtʃevĭət] (*Engl.*) *m* ⟨-s; -s⟩ (*Kammgarn*) cheviot.

Che·vreau [ʃəˈvroː; ˈʃɛvro] *n* ⟨-s; -s⟩, **~ˌle·der** *n* glazed (*od.* glacé) kid.

Chi [çiː] *n* ⟨-(s); -s⟩ (*griechischer Buchstabe*) chi.

Chi·as·ma [çiˈasma] *n* ⟨-s; -asmen⟩ *biol. med.* chiasma.

Chi·as·mus [çiˈasmʊs] *m* ⟨-; *no pl*⟩ *ling.* chiasmus.

chic [ʃɪk] *adj u. adv* → **schick**. **Chic** *m* ⟨-s; *no pl*⟩ → **Schick** 1.

Chi·co·rée [ʃikoˈreː] *f* ⟨-; *no pl*⟩ *bot.* chicory.

Chif·fon [ʃɪˈfõː] *m* ⟨-s; -s⟩ chiffon.

Chif·fre [ˈʃɪfrə] *f* ⟨-; -n⟩ **1.** cipher, code. **2.** (*in Zeitungsannoncen*) box number; **unter e-r ~ annoncieren** advertise under a box number. **~ˌanˌzei·ge** *f* box number advertisement. **~ˌnum·mer** *f* box number. **~ˌschlüs·sel** *m* code key. **~ˌschrift** *f* **1.** (secret) code, cipher; **in ~** in ciphers. **2.** cryptography. **~te·leˌgramm** *n* code (*od.* cipher) telegram.

Chif·freur [ʃɪˈfrøːr] *m* ⟨-s; -e⟩ (de)cipherer, decoder. **chif·frie·ren** [ʃɪˈfriːrən] *v/t* ⟨*no* **ge-**, h⟩ (en)cipher, (en)code; **chiffriert** (en)coded, in code, in cipher. **Chifˈfrier·maˌschi·ne** *f* cipher (*od.* encoding) machine, coder. **Chifˈfrie·rung** *f* ⟨-; -en⟩ (en-)ciphering, (en)coding.

Chi·gnon [ʃɪnˈjõː] *m* ⟨-s; -s⟩ chignon.

Chi·le·ne [tʃiˈleːnə; çi-] *m* ⟨-n; -n⟩, **Chiˈle·nin** *f* ⟨-; -nen⟩ Chilean. **chiˈle·nisch** *adj* Chilean, Chilian.

ˈ**Chi·le·salˌpe·ter** *m chem.* Chile saltpet/re (*Am.* -er).

Chi·li [ˈtʃiːli] *m* ⟨-s; *no pl*⟩ → **Chilipfeffer.**

Chi·li·as·mus [çiˈlĭasmʊs] *m* ⟨-; *no pl*⟩ *relig.* chiliasm, millenarianism. **Chi·liˈast** [-ˈlĭast] *m* ⟨-en; -en⟩, **chiˈlia·stisch** [-ˈlĭastɪʃ] *adj* millenarian.

ˈ**Chi·liˌpfef·fer** *m bot.* chili, chilli.

Chi·mä·ra [çiˈmɛːra] *f* ⟨-; *no pl*⟩ *myth.* chim(a)era.

Chi·mä·re [çiˈmɛːrə; ʃi-] *f* ⟨-; -n⟩ **1.** → Schimäre. **2.** → Chimära. **3.** *ichth.* chim(a)era. **4.** *agr. bot.* chimera.

ˈ**Chi·na|ˌbaum** *m* → Chinarindenbaum. **~ˌgras** *n bot.* cambric grass, *a. tech.* ramie, ramee. **~ˌkrepp** *m* crêpe de Chine. **~ˌkun·de** *f* sinology. **~ˌrin·de** *f pharm.* cinchona (bark), Peruvian bark. **~ˌrin·denˌbaum** *m bot.* cinchona, quinquina. **~ˌsäu·re** *f chem.* quinic acid.

Chin·chil·la [tʃɪnˈtʃɪl(j)a] *f* ⟨-; -s⟩ *zo.* chinchilla.

Chi·né [ʃiˈneː] *m* ⟨-(s); *no pl*⟩ *Textil.* chiné.

Chi·ne·se [çiˈneːzə] *m* ⟨-n; -n⟩ Chinese, *iro.* Chinaman, *contp. sl.* Chink. **Chiˈne·sin** *f* ⟨-; -nen⟩ Chinese (woman).

chiˈne·sisch I *adj* Chinese; **die** ℞**e Mauer** the Great Wall of China; **~e Tusche** Indian ink; **~-japanisch** Sino-Japanese. **II** *ling.* ℞ ⟨*generally undeclined*⟩, **das** ℞**e** ⟨-n⟩ Chinese.

chi·niert [ʃiˈniːrt] *adj Textil.* chiné.

Chi·nin [çiˈniːn] *n* ⟨-s; *no pl*⟩ *pharm.* quinine. **~verˌgif·tung** *f* quininism.

Chi·non [çiˈnoːn] *n* ⟨-s; -e⟩ *chem.* quinone.

Chintz [tʃɪnts] *m* ⟨-(es); -e⟩ chintz.

Chip [tʃɪp] (*Engl.*) *m* ⟨-s; -s⟩ *Spiel, a. Computer*: chip.

Chi·ro·mant [çiroˈmant] *m* ⟨-en; -en⟩ palmist, chiromancer. **Chi·ro·manˈtie** [-ˈtiː] *f* ⟨-; *no pl*⟩ palmistry, chiromancy.

Chi·ro·prak·tik [çiroˈpraktɪk] *f* ⟨-; *no pl*⟩ *med.* chiropractic. **Chi·roˈprak·ti·ker** [-tikər] *m* ⟨-s; -⟩ chiropractor.

Chir·urg [çiˈrʊrk] *m* ⟨-en; -en⟩ *med.* surgeon. **Chir·urˈgie** *f* [-ˈgiː] *f* ⟨-; -n [-ən]⟩ surgery; **klinische (kosmetische, plastische) ~** clinical (cosmetic, plastic) surgery. **chirˈur·gisch** [-gɪʃ] *adj* surgical.

Chloe [ˈkloːe; ˈxloːe] *npr f* ⟨-; *no pl*⟩ *myth.* Chloe.

Chlor [kloːr] *n* ⟨-s; *no pl*⟩ *chem.* chlorine; **mit ~ behandeln** → **chloren, chlorieren.** **Chlo·ral** [kloˈraːl] *n* ⟨-s; *no pl*⟩ *chem.* chloral. **Chlo·rat** [kloˈraːt] *n* ⟨-s; -e⟩ *chem.* chlorate.

ˈ**Chlor·äthyl** [-ˀɛˌtyːl] *n* ethyl chloride.

chlo·ren [ˈkloːrən] *v/t* ⟨h⟩ **1.** *chem.* (*Wasser*) chlorinate. **2.** (*Stoffe, Garne*) chlorinate, chlore, gas.

ˈ**Chlorˌes·sigˌsäu·re** *f* chlor(o)acetic acid.

Chlo·rid [kloˈriːt] *n* ⟨-s; -e⟩ *chem.* chloride. **chlo·rie·ren** [kloˈriːrən] *v/t* ⟨*no* **ge-**, h⟩ *chem.* chlorinate. **ChloˈrieΣ·rung** *f* ⟨-; *no pl*⟩ chlorination. ˈ**chlo·rig** *adj chem.* chlorous. **Chlo·rit** [kloˈriːt; -ˈrɪt] *m* ⟨-s; -e⟩ *chem. min.* chlorite.

ˈ**Chlor|ˌka·li·um** *n* potassium chloride. **~ˌkalk** *m* chlorinated lime, bleaching powder. **~ˌkal·zi·um** *n* → Kalziumchlorid. **~ˌna·tri·um** *n* sodium chloride.

Chlo·ro·form [kloroˈfɔrm] *n* ⟨-s; *no pl*⟩, **chlo·ro·forˈmie·ren** [-ˈmiːrən] *v/t* ⟨*no* **ge-**, h⟩ chloroform.

Chlo·ro·phyll [kloroˈfʏl] *n* ⟨-s; *no pl*⟩ *bot.* chlorophyl(l).

Chlo·ro·se [kloˈroːzə] *f* ⟨-; -n⟩ *med.* chlorosis (*a. bot.*), greensickness.

ˈ**chlor|ˌsau·er** *adj* chloric; **chlorsaures Salz** chlorate. ∽ˌ**säu·re** *f* chloric acid. ∽ˌ**säu·re·an·hyˌdrid** *n* chloric anhydride. ∽ˌ**sil·ber** *n* **1.** *chem.* silver chloride. **2.** *min.* horn silver, cerargyrite.

Chlo·rür [kloˈryːr] *n* ⟨-s; -e⟩ *chem. obs.* chloride.

ˈ**Chlorˌwas·ser** *n chem.* chlorine water. ∼ˌ**stoff** *m* hydrogen chloride, hydrochloric acid.

Choke [tʃoːk; tʃəʊk] (*Engl.*) *m* ⟨-(s); -s⟩ *mot.* choke.

Cho·le·lith [çoleˈliːt; -ˈlɪt] *m* ⟨-s *od.* -en; -e(n)⟩ *med.* gallstone, cholelith.

Cho·le·ra [ˈkoːlera] *f* ⟨-; *no pl*⟩ *med.* cholera. ∼**epi·deˌmie** *f* cholera epidemic. ∼ˌ**schutzˌimp·fung** *f* cholera inoculation. ∼**verˌdäch·ti·ge** *m, f* cholera suspect.

Cho·le·ri·ker [koˈleːrikər] *m* ⟨-s; -⟩ *psych.* choleric person. **cho·le·risch** [koˈleːrɪʃ] *adj* choleric.

Cho·le·ste·rin [çolɛsteˈriːn] *n* ⟨-s; *no pl*⟩ *chem.* cholesterol. ∼ˌ**spie·gel** *m med.* cholesterol level.

Chor[1] [koːr] *m* ⟨-(e)s; ⸚e⟩ **1.** *mus.* (*Sänger*∽) choir, chorus; **gemischter** ∼ mixed choir; **im** ∼ **singen** (sing in) chorus; **im** ∼ **einfallen** join in chorus; *fig.* **im** ∼ **sprechen** speak in chorus; **sie riefen im** ∼ they all shouted together. **2.** (∼*satz,* ∼*gesang*) chorus; **Symphonie mit** ∼ choral symphony. **3.** (*Instrumentengruppe*) section; ∼ **der Streicher** string section. **4.** (*gleichgestimmte Saiten*) strings *pl* in unison. **5.** *antiq. im Drama*: chorus.

Chor[2] *m, rare n* ⟨-(e)s; -e *u.* ⸚e⟩ *arch.* **1.** (*Altarraum*) choir, chancel. **2.** (*Orgelempore*) gallery, loft.

Chor[3] *n* ⟨-s; *no pl*⟩ *colloq.* (*Gesindel*) pack, lot, gang.

Cho·ral [koˈraːl] *m* ⟨-s; Choräle⟩ *relig.* **1.** (*katholischer* ∼) (Gregorian) chant, plainsong. **2.** (*protestantischer* ∼) chorale, hymn. ∼ˌ**buch** *n* hymn-book.

ˈ**Chor|alˌtar** *m relig.* high altar. ∼ˌ**amt** *n relig.* cathedral service.

Chor·da·ten [kɔrˈdaːtən] *pl zo.* chordata.

ˈ**Chor·diˌrek·tor** *m* choirmaster.

Cho·rea [koˈreːa] *f* ⟨-; *no pl*⟩ *med.* (*Veitstanz*) chorea, Saint Vitus's dance.

ˈ**Chor·emˌpo·re** *f arch.* choir loft.

Cho·reo·graph [koreoˈgraːf] *m* ⟨-en; -en⟩ choreographer. **Cho·reo·graˈphie** [-graˈfiː] *f* ⟨-; -n [-ən]⟩ choreography.

ˈ**Chor|ˌfrau** *f R. C.* canoness. ∼ˌ**gang** *m* choir aisle. ∼**geˌsang** *m* **1.** *R. C.* choral (*od.* choir) singing. **2.** choral song. ∼**geˌstühl** *n* (choir) stalls *pl.* ∼ˌ**hemd** *n der Chorknaben u. des Priesters*: surplice, *kurzes*: cotta; *des Priesters*: alb; *des Bischofs*: rochet. ∼ˌ**herr** *m* canon.

Cho·rist [koˈrɪst] *m* ⟨-en; -en⟩ → **Chorsänger.**

ˈ**Chor|kanˌta·te** *f mus.* choral cantata. ∼ˌ**kna·be** *m* choirboy. ∼ˌ**lei·ter** *m* choirmaster, *Am.* choir leader. ∼ˌ**lied** *n* **1.** *antiq.* choral ode. **2.** choral song, chorus. ∼**mu·sik** *f* choral music. ∼ˌ**ni·sche** *f arch.* apse, apsis. ∼ˌ**or·gel** *f mus.* choir-organ. ∼ˌ**pult** *n* lectern. ∼ˌ**sän·ger** *m,* ∼ˌ**sän·ge·rin** *f mus.* member of a choir, choir singer, chorister. ∼ˌ**stuhl** *m* (choir) stall. ∼ˌ**ton** *m mus.* choir pitch.

Cho·se [ˈʃoːzə] *f* ⟨-; -n⟩ → **Schose.**

Chri·sam [ˈçriːzam] *n, m* ⟨-s; *no pl*⟩, **Chris·ma** [ˈçrɪsma] *n* ⟨-s; *no pl*⟩ *relig.* chrism, consecrated oil.

Christ [krɪst] **I** *npr m* ⟨-s; *no pl*⟩ Christ. **II** *m* ⟨-en; -en⟩ Christian. ∼ˌ**abend** *m* Christmas Eve. ∼ˌ**baum** *m* **1.** Christmas-tree. **2.** *aer. mil. sl.* target marker. ∼ˌ**baumˌschmuck** *m* Christmas-tree decoration. ∼**de·moˌkrat** *m pol.* Christian Democrat. ∼ˌ**dorn** *m* → **Christusdorn.**

ˈ**Chri·sten|ˌfeind** *m,* ∼ˌ**fein·din** *f,* ∽ˌ**feind·lich** *adj* antichristian. ∼**geˌmein·schaft** *f a religious society incorporating Christian and anthroposophical elements.* ∼**heit** *f* ⟨-; *no pl*⟩ **die** ∼ Christendom, the Christian world, *Am. a.* Christianity. ∼ˌ**leh·re** *f* catechism class, Sunday school. ∼ˌ**mensch** *m* Christian. ∼ˌ**pflicht** *f* Christian's duty, one's duty as a Christian. ∼**tum** *n* ⟨-s; *no pl*⟩ Christianity; **das** ∼ **annehmen** adopt the Christian faith; **sich zum** ∼ **bekennen** profess Christianity. ∼**verˌfol·gung** *f* persecution of Christians.

ˈ**Christˌfest** *n* Christmas.

chri·stia·ni·sie·ren [krɪstĭaniˈziːrən] *v/t* ⟨*no* **ge-, h**⟩ *relig.* Christianize, convert *s. o.* to Christianity.

ˈ**Chri·stin** *f* ⟨-; -nen⟩ Christian (woman).

ˈ**christ|kaˌtho·lisch** *adj Swiss for* **altkatholisch.**

ˈ**Christ|ˌkind** *n* ⟨-(e)s; *no pl*⟩ **1.** the infant Jesus, Christ-child. **2.** *colloq.* → **Christkindel 1.** ∼ˌ**kin·del** *n,* ∼ˌ**kindl** [-ˌkɪndəl] *n* **1.** Christmas present(s *pl*). **2.** → **Christkind 1.** ∼ˌ**kindlˌmarkt** *m Bavarian* Christmas fair.

ˌ**Christˈkö·nigsˌfest** *n R. C.* Feast of Jesus Christ the King.

ˈ**christ·lich I** *adj* Christian, *Benehmen etc*: *a.* Christianlike, Christlike; ∼**e Lehre** (∼**e Zeitrechnung**) Christian doctrine (era); ∽**er Verein Junger Männer** Young Men's Christian Association (*abbr.* Y. M. C. A.); ∽**e Wissenschaft** Christian Science. **II** *adv* as (*od.* like) a Christian; *colloq.* ∼ **teilen** share and share alike. ∼**-de·moˈkra·tisch** *adj pol.* Christian Democrat; ∽**-**∽**e Union** Christian Democratic Union. ∽**keit** *f* ⟨-; *no pl*⟩ Christianity, Christian spirit (*od.* charity). ∼**-so·ziˈal** *adj pol.* Christian Social; ∽**-**∽**e Union** Christian Social Union.

ˈ**Christ|ˌmarkt** *m obs.* Christmas fair. ∼ˌ**mes·se,** ∼ˌ**met·te** *f relig.* Christmas (*bes.* midnight) mass. ∼ˌ**nacht** *f* Christmas Eve, night before Christmas.

Chri·sto·pho·rus [krɪsˈtoːforus] *npr m* ⟨-; *no pl*⟩ *relig.* (Saint) Christopher.

ˈ**Christ|ˌro·se** *f bot.* Christmas rose. ∼ˌ**stol·len** *m sweet yeast loaf with fruits and almonds.*

Chri·stus [ˈkrɪstus] *npr m* ⟨**Christi** [-ti] *u.* -; *no pl*⟩ **1.** Christ; **Geburt Christi** birth of Christ, Nativity; **vor** ∼, **vor Christi Geburt** (*abbr.* **v. Chr.**) before Christ (*abbr.* B. C.); **nach** ∼, **nach Christi Geburt** (*abbr.* **n. Chr.**) after Christ, anno Domini (*abbr.* A. D.); **in Christi Namen** in the name of Christ; **um Christi willen** for Christ's sake; → **Leiden. 2.** (*Bild, Figur*) image (*od.* figure) of Christ. ∼ˌ**bild** *n Kunst*: image of Christ. ∼ˌ**dorn** *m bot.* Christ's-thorn. ∼**fiˌgur** *f Kunst*: figure of Christ.

Chrom [kroːm] *n* ⟨-s; *no pl*⟩ *chem.* chromium, *metall. a.* chrome. ∼**alaun** [-ʔaˌlaun] *m* chrome alum.

Chro·mat [kroˈmaːt] *n* ⟨-(e)s; -e⟩ *chem.* chromate. ∼ˌ**druck** *m* ⟨-(e)s; -e⟩ *print.* chromatic print(ing).

Chro·ma·ti·den [kromaˈtiːdən] *pl biol.* chromatids.

Chro·ma·tik [kroˈmaːtɪk] *f* ⟨-; *no pl*⟩ *mus. opt.* chromatics *pl.*

Chro·ma·tin [kromaˈtiːn] *n* ⟨-s; -e⟩ *biol.* chromatin.

chroˈma·tisch *adj mus. opt.* chromatic.

Chro·ma·tis·mus [kromaˈtɪsmus] *m* ⟨-; *no pl*⟩ **1.** *mus.* chromaticism. **2.** *phys.* chromatism. **Chro·ma·to·gra·phie** [kromatograˈfiː] *f* ⟨-; *no pl*⟩ *chem.* chromatography, chromatographic analysis. **chro·ma·to·graˈphie·ren** [-rən] *v/t* ⟨*no* **ge-, h**⟩ chromatograph.

ˈ**Chrom|ˌei·senˌerz** *n,* ∼ˌ**ei·senˌstein** *m* chromite. ∼ˌ**far·be** *f chem.* chrome dye (*od.* colo[u]r). ∼ˌ**gelb** *n* chrome yellow. ∽ˌ**hal·tig** *adj* **1.** *chem.* chromous. **2.** *min.* chromiferous.

chro·mie·ren [kroˈmiːrən] *v/t* ⟨*no* **ge-, h**⟩ chrome.

ˈ**Chrom|ˌle·der** *n* chrome leather. ∼ˌ**nickelˌstahl** (*getr.* **-k·k-**) *m metall.* chrome-nickel steel.

Chro·mo·gen [kromoˈgeːn] *chem.* **I** *n* ⟨-s; *no pl*⟩ chromogen. **II** ∽ *adj* chromogenic.

Chro·mo·li·tho·gra·phie [kromolitograˈfiː] *f print.* **1.** chromolithography. **2.** (*Bild*) chromolithograph(ic print), chromo.

ˈ**Chro·mo·paˌpier** [ˈkroːmo-] *n print.* chromopaper.

Chro·mo·plast [kromoˈplast] *m* ⟨-en; -en⟩ *biol. bot.* chromoplast.

Chro·mo·som [kromoˈzoːm] *n* ⟨-s; -en⟩ *meist pl biol. bot.* chromosome; **mit gedoppeltem** ∼ disomic. **chro·mo·soˈmal** [-zoˈmaːl] *adj* chromosomal.

Chro·moˈso·men|ˌanˌord·nung *f biol.* arrangement of chromosomes. ∼ˌ**paar** *n* bivalent; **Genaustausch zwischen** ∼**en** crossing-over. ∼ˌ**paa·rung** *f* pairing of chromosomes. ∼ˌ**zahl** *f* chromosome number.

Chro·mo·sphä·re [kromoˈsfɛːrə] *f* ⟨-; *no pl*⟩ *astr.* chromosphere.

Chro·mo·ty·pie [kromotyˈpiː] *f* ⟨-; *no pl*⟩ *print.* (*Verfahren u. Bild*) chromotype.

ˈ**Chrom|oxyd** [-ʔɔˌksyːt] *n chem.* chromium oxide. ∼ˌ**rot** *n* chrome red. ∼ˌ**salz** *n* chromic salt. ∽ˌ**sau·er** *adj* chromic, chromate of ...; **chromsaures Salz** → **Chromat; chromsaures Kali** potassium chromate. ∼ˌ**säu·re** *f* chromic acid. ∼ˌ**stahl** *m metall.* chrome (*od.* chromium) steel.

Chro·nik [ˈkroːnɪk] *f* ⟨-; -en⟩ **1.** chronicle. **2.** *Bibl.* **die Bücher der** ∼ → ˈ**Chro·ni·ka** [-ka] *pl* **die Bücher der** ∼ the Chronicles.

chro·nisch [ˈkroːnɪʃ] *adj med.* chronic (*a. fig.*).

Chro·nist [kroˈnɪst] *m* ⟨-en; -en⟩ chronicler, annalist, recorder (of events).

Chro·no·graph [kronoˈgraːf] *m* ⟨-en; -en⟩ *tech.* chronograph, time meter (*od.* recorder).

Chro·no·lo·ge [kronoˈloːgə] *m* ⟨-n; -n⟩ chronologer, chronologist. **Chro·no·loˈgie** [-loˈgiː] *f* ⟨-; *no pl*⟩ chronology. **chro·noˈlo·gisch** *adj* chronological.

Chro·no·me·ter [kronoˈmeːtər] *n* ⟨-s; -⟩ chronometer. **Chro·no·meˈtrie** [-meˈtriː] *f* ⟨-; -n [-ən]⟩ chronometry.

Chro·no·skop [kronoˈskoːp] *n* ⟨-s; -e⟩ chronoscope.

Chry·sa·li·de [çryzaˈliːdə] *f* ⟨-; -n⟩, *a.* **Chry·sa·lis** [ˈçryːzalɪs] *f* ⟨-; **Chrysaliden** [çryzaˈliːdən]⟩ *zo.* chrysalis.

Chrys·an·the·me [çryzanˈteːmə; kry-] *f* ⟨-; -n⟩ *bot.* chrysanthemum.

chtho·nisch [ˈçtoːnɪʃ] *adj myth.* chthonian.

Chuz·pe [ˈxʊzpə] *f* ⟨-; *no pl*⟩ *colloq.* chutzpa(h).

chy·lös [çyˈløːs] *adj med.* chylous. **Chy·lus** [ˈçyːlʊs] *m* ⟨-; *no pl*⟩ chyle. **Chy·mus** [ˈçyːmʊs] *m* ⟨-; *no pl*⟩ *med.* chyme.

Ci·ce·ro [ˈtsiːtsero] *f* ⟨-; *no pl*⟩ *print.* pica.

Ci·ce·ro·ne [tʃitʃeˈroːnə] *m* ⟨-(s); -s *od.* Ciceroni [-ni]⟩ guide, cicerone.

ci·ce·ro·nia·nisch [tsitseroˈnĭaːnɪʃ], **ci·ceˈro·nisch** [-ˈroːnɪʃ] *adj* Ciceronian.

ˈCi·ce·roˌschrift *f* → Cicero.

Ci·liˈarˌkör·per [tsiˈlĭaːr-] *m anat.* ciliary body.

Ci·ne·ast [sineˈast] *m* ⟨-en; -en⟩ *Film*: cinéaste, cineast.

cir·ca [ˈtsɪrka] *adv* → zirka.

Cir·ce [ˈtsɪrtse] *npr f* ⟨-; *no pl*⟩ *myth.* Circe (*a. fig.*).

Cir·cu·lus vi·tio·sus [ˈtsɪrkulus viˈtsĭoːzus] *m* ⟨--; Circuli vitiosi [-li -zi]⟩ vicious circle.

cis, Cis [tsɪs] *n* ⟨-; -⟩ *mus.* C sharp; **cis, cis-Moll** C sharp minor; **Cis, Cis-Dur** C sharp major. **ˈcisˈis, ˈCisˈis** [-ˈʔɪs] *n* ⟨-; -⟩ *mus.* C double sharp.

Ci·trat [tsiˈtraːt] *n* ⟨-s; -e⟩ *chem.* citrate.

Ci·trin¹ [tsiˈtriːn] *n* ⟨-s; -e⟩ *chem.* citrin.

Ciˈtrin² *m* ⟨-s; *no pl*⟩ *min.* citrine.

Ci·ty [ˈßɪti] *f* ⟨-; -s⟩ town cent/re (*Am.* -er), *Am. a.* downtown.

Claque [klak] (*Fr.*) *f* ⟨-; *no pl*⟩ *contp.* claque. **Claˈqueur** [-ˈkøːr] *m* ⟨-s; -e⟩ claqueur, hired applauder.

Cla·ve·cin [klavəˈsɛ̃ː] *n* ⟨-s; -s⟩, **Cla·vi·cem·ba·lo** [klaviˈtʃɛmbalo] *n* → Cembalo.

Clea·ring [ˈkliːrɪŋ; ˈklɪərɪŋ] (*Engl.*) *n* ⟨-s; -s⟩ *econ.* clearing. **~ˌab·ˌkom·men** *n* clearing agreement. **~ˌhaus** *n* clearing house. **~verˌkehr** *m* clearing (system); **im ~ verrechnen (lassen)** clear, settle by clearing.

Clinch [klɪntʃ] (*Engl.*) *m* ⟨-es; *no pl*⟩ *Boxen*: clinch; **in den ~ gehen** → **ˈclin·chen** *v/i* ⟨h⟩ clinch.

Cli·que [ˈkliːkə; ˈklɪkə] *f* ⟨-; -n⟩ *contp.* clique, coterie, set. **ˈcli·quen·haft** *adj* cliquish, cliqueish.

ˈCli·quen|ˌwe·sen *n*, **~ˌwirt·schaft** *f* cliquism.

clo·nisch [ˈkloːnɪʃ] *adj med.* clonic.

Clou [kluː] *m* ⟨-s; -s⟩ *colloq.* **1.** (*der Witz an der Sache*) *the* point; **das war der ~ des Ganzen** this was the whole point of it. **2.** (*Höhepunkt*) highlight, high spot, climax (*of the evening, etc*). **3.** climax.

Clown [klaun] (*Engl.*) *m* ⟨-s; -s⟩ clown (*a. fig.*). **Clow·neˈrie** [-nəˈriː] *f* ⟨-; -n [-ən]⟩ clownery.

ˈc-ˌMoll [ˈtseː-] *n* ⟨-; *no pl*⟩ *mus.* C minor.

Coach [koːtʃ; kəutʃ] (*Engl.*) *m* ⟨-; -es [-tʃɪs; -tʃɪz]⟩ *Sport*: coach.

Co·chlea [ˈkɔxlea] *f* ⟨-; -chleae [-leɛ]⟩ *anat.* cochlea.

ˈCockerˌspa·ni·el (*getr.* **-k·k-**) [ˈkɔkər-] *m* ⟨-(s); -s⟩ *zo.* (*Hunderasse*) cocker spaniel.

Cock·pit [ˈkɒkˌpɪt] (*Engl.*) *n* ⟨-s; -s⟩ *aer. mar. mot.* cockpit.

Cock·tail [ˈkɔkˌteːl; ˈkɒkˌteɪl] (*Engl.*) *m* ⟨-s; -s⟩ *gastr.* cocktail. **~ˌkleid** *n* cocktail dress.

Co·da [ˈkoːda] *f* ⟨-; -s⟩ → Koda.

Code [koːt] *m* ⟨-s; -s⟩ code. **~ˌbuch** *n* code (*od.* signal) book.

Co·de·in [kodeˈiːn] *n* ⟨-s; *no pl*⟩ *pharm.* codeine.

Co·der [ˈkoːdər] *m* ⟨-s; -⟩ *teleph.* coder.

ˈCode|ˌschlüs·sel *m* cipher key. **~te·leˌgramm** *n* code telegram.

co·die·ren [koˈdiːrən] *v/t* ⟨*no* ge-, h⟩ → chiffrieren.

Cœur [køːr] *n* ⟨-(s); -(s)⟩ (*Spielkartenfarbe*) hearts *pl.*

Coif·feur [kŏaˈføːr] *m* ⟨-s; -e⟩ hairdresser, coiffeur. **Coifˈfeu·se** [-ˈføːzə] *f* ⟨-; -n⟩ (female) hairdresser, coiffeuse. **Coifˈfure** [-ˈfyːrə] *f* ⟨-; -n⟩ hairstyle, coiffure.

Coke [koːk; kəuk] (*Engl.*) (*TM*) *n* ⟨-s; -s⟩ Coke.

Col·chi·cin [kɔlçiˈtsiːn] *n* ⟨-s; *no pl*⟩ *chem.* colchicine.

Col·ek·to·mie [kolɛktoˈmiː] *f* ⟨-; -n [-ən]⟩ *med.* colectomy.

Col·la·ge [kɔˈlaːʒə] *f* ⟨-; -n⟩ *Kunst*: collage.

Col·lege [ˈkɔlɪtʃ; ˈkɒlɪdʒ] (*Engl.*) *n* ⟨-(s); -s [-dʒɪs; -dʒɪz]⟩ *ped.* college.

Col·lie [ˈkɔli] *m* ⟨-s; -s⟩ *zo.* (*Hunderasse*) collie.

Col·lier [kɔˈlĭeː] *n* ⟨-s; -s⟩ → Kollier.

Com·bo [ˈkɔmbo] *f* ⟨-; -s⟩ *mus.* combo.

Come·back [kamˈbɛk; ˈkʌmbæk] (*Engl.*) *n* ⟨-(s); -s⟩ *colloq.* comeback; **ein ~ versuchen** stage a comeback.

Co·mics [ˈkɒmɪks], **Co·mic strips** [ˈkɒmɪk ˈstrɪps] (*Engl.*) *pl* comics, comic strips, *Am. colloq.* funnies.

Com·mu·ni·qué [kɔmyniˈkeː] *n* ⟨-s; -s⟩ *pol.* communiqué.

ˈCom·pound|maˌschi·ne [ˈkɔmpaunt-] *f* **1.** *tech.* compound engine. **2.** *electr.* compound generator. **~ˌmo·tor** *m electr.* compound(-wound D. C.) motor.

Com·pu·ter [kɔmˈpjuːtər; kəmˈpjuːtə] (*Engl.*) *m* ⟨-s; -⟩ *tech.* computer; **ℒgesteuert** computer-control(l)ed; **ℒgestützt** computer-aided; **auf ~(betrieb) umstellen** (*od.* **einrichten**) → **com·pu·te·ri·sie·ren** [kɔmpjuːtəriˈziːrən] *v/t* ⟨h⟩ computerize. **Comˈpu·ter·ˌwis·sen·schaft** *f* computer science.

Con·cer·tan·te [kɔntsɛrˈtantə] *f* ⟨-; -n⟩ *mus.* concertante.

Con·cer·ti·na [kɔntʃɛrˈtiːna] *f* ⟨-; -s⟩ *mus.* concertina.

Con·cer·ti·no [kɔntʃɛrˈtiːno] *n* ⟨-s; -s⟩ *mus.* concertino.

Con·cer·to [kɔnˈtʃɛrto] *n* ⟨-s; -s *od.* -certi [-ti]⟩ *mus.* concerto.

Con·cha [ˈkɔnça] *f* ⟨-; -s *od.* Conchen⟩ *anat.* concha.

Con·fé·ren·cier [kõferɑ̃ˈsĭeː] (*Fr.*) *m* ⟨-s; -s⟩ compère, Master of Ceremonies (*abbr.* M. C.); showmaster, host; **e-e Veranstaltung als ~ leiten** compère (*Am.* emcee) a show.

Con·sen·sus [kɔnˈzɛnzus] *m* ⟨-; -⟩ *jur. philos. relig.* consensus.

Con·si·li·um [kɔnˈziːlĭum] *n* ⟨-s; Consilien⟩ **1.** *hist.* council. **2.** *med.* consultation; **ein ~ halten** hold a consultation. **~ ab·eun·di** [abeˈundi] *n* ⟨- -; *no pl*⟩ *ped.* warning prior to expulsion (*Br.* rustication).

Con·tai·ner [kɔnˈteːnər; kənˈteɪnə] (*Engl.*) *m* ⟨-s; -⟩ (*Großbehälter*) container; **auf ~(betrieb) umstellen** containerize. **~ˌschiff** *n* container ship.

Con·terˈganˌkind [kɔntɛrˈgaːn-] *n* thalidomide child.

Con·ti·nuo [kɔnˈtiːnuo] *m* ⟨-s; -s⟩ *mus.* (basso) continuo.

Con·tra..., con·tra... → Kontra..., kontra...

Co·nus [ˈkoːnus] *m* ⟨-; Coni [-ni]⟩ *med.* cone.

Co·py·right [ˈkɔpiˌraɪt; ˈkɒpɪraɪt] (*Engl.*) *n* ⟨-s; -s⟩ *jur.* copyright.

Cord [kɔrt] *m* ⟨-(e)s; -e⟩ → Kord.

Cor·nea [ˈkɔrnea] *f* ⟨-; *no pl*⟩ *anat.* cornea. **Cor·neˈalˌscha·le** [kɔrneˈaːl-] *f opt.* contact lens.

Corps [koːr] *n* ⟨- [koːr(s)]; - [koːrs]⟩ → Korps. **~ de ballet** [ˈkoːr də baˈleː] *n* ⟨- - -; - - -⟩ corps de ballet. **~ di·plo·ma·tique** [ˈkoːr diplomaˈtiːk] *n* ⟨- - -; - - -s [-ˈtiːk]⟩ corps diplomatique, diplomatic corps.

Cor·pus [ˈkɔrpus] *m* ⟨-; Corpora [-pora]⟩ corpus, body; *anat.* **~ uteri** body of the womb, corpus uteri. **~ ˈChri·sti** [ˈkrɪsti] *n* ⟨- -; *no pl*⟩ *relig.* **1.** Eucharist. **2.** → Fronleichnam. **~ deˈlic·ti** [deˈlɪkti] *n* ⟨- -; Corpora -⟩ *jur.* corpus delicti.

Co·sta·ri·ca·ner [kɔstariˈkaːnər] *m* ⟨-s; -⟩, **co·sta·riˈca·nisch** *adj* Costa-Rican.

Cot·tage [ˈkɒtɪdʒ] (*Engl.*) *n* ⟨-; -s [-dʒɪz]⟩ **1.** cottage. **2.** [*meist* kɔˈteːʃ] *Austrian* (*bes. in Wien*) *for* Villenviertel.

ˈCot·ton|maˌschi·ne [ˈkɔtən-] *f* Cotton's (hosiery-knitting) machine. **~ˌöl** *n* cottonseed oil.

Couch [kautʃ] (*Engl.*) *f* ⟨-; -es [-tʃɪs; -tʃɪz]⟩ couch. **~gar·niˌtur** *f* lounge (*od.* three-piece) suit. **~ˌtisch** *m* sofa table.

Cou·leur [kuˈløːr] *f* ⟨-; -en *od.* -s⟩ **1.** colo(u)r; *fig.* **Leute jeder ~** people of every creed and kind, people of every kidney; *pol.* **Leute linker ~** leftists, left-wingers. **2.** *univ.* colo(u)rs *pl* (*of certain German student societies*); **~ tragen** wear the colo(u)rs of one's society. **3.** *Kartenspiel*: trump. **~stuˌdent** *m* member of a students' association wearing colo(u)rs.

Cou·lomb [kuˈlõː] *n* ⟨-s; -s⟩ *electr.* coulomb. **~ˌmes·ser** *m*, *a.* **Cou·lo·me·ter** [kuloˈmeːtər] *n* ⟨-s; -⟩ *electr.* coulometer.

Count·down [ˈkauntdaun] (*Engl.*) *m, n* ⟨-(s); -s⟩ countdown.

Coun·ter·parts [ˈkauntərˌparts; ˈkauntəpɑːts] (*Engl.*) *pl econ.* counterpart funds.

Coup [kuː] *m* ⟨-s; -s⟩ *colloq.* coup, stroke; **e-n ~ landen** (*od.* **machen**) make (*od.* pull off) a coup.

Cou·pé [kuˈpeː] *n* ⟨-s; -s⟩ **1.** *mot. u. obs.* (*Kutsche*) coupé. **2.** *obs. rail.* compartment.

Cou·plet [kuˈpleː] *n* ⟨-s; -s⟩ *mus.* **1.** music-hall song; **politisches ~** topical song. **2.** *im franz. Rondeau*: couplet.

Cou·pon [kuˈpõː] *m* ⟨-s; -s⟩ **1.** (*Gutschein*) coupon, voucher. **2.** *econ.* a) (*Zinsschein*) (interest) coupon, b) dividend warrant, c) *im Scheckbuch*: counterfoil. **3.** *Textil.* length (of material). **~ˌsteu·er** *f econ.* coupon tax.

Cour [kuːr] (*Fr.*) *f* ⟨-; *no pl*⟩ *colloq.* **e-r Dame die ~ machen** (*od.* **schneiden**) pay court to (*od.* court) a lady.

Cou·ra·ge [kuˈraːʒə] *f* ⟨-; *no pl*⟩ *colloq.* courage, *colloq.* pluck; **Angst vor der eigenen ~ bekommen** *colloq.* get cold feet. **cou·raˈgiert** [-raˈʒiːrt] *adj* courageous, bold.

Cou·ran·te [kuˈrɑ̃ːtə] *f* ⟨-; -n⟩ *mus.* courante.

ˈCour|ˌma·cher, ~ˌschnei·der *m obs. contp.* masher, ladykiller.

Cour·ta·ge [kurˈtaːʒə] *f* ⟨-; -n⟩ *econ.* brokerage.

Cou·sin [kuˈzɛ̃ː] *m* ⟨-s; -s⟩ (male) cousin. **Cou·si·ne** [kuˈziːnə] *f* ⟨-; -n⟩ (female) cousin.

cra·ni·al [kraˈnĭaːl] *adj anat.* cranial.

Cra·nio..., cra·nio... → Kranio..., kranio ...

Cra·ni·um [ˈkraːnĭum] *n* ⟨-s; Crania [-nĭa]⟩ *anat.* cranium.

Cra·que·lé [krakəˈleː] *n* ⟨-s; -s⟩, **Cra·queˈlée** [-ˈleː] *f* ⟨-; -s⟩ *tech.* crackle.

Cre·do [ˈkreːdo] *n* ⟨-s; -s⟩ → Kredo 1.

Creme [krɛːm; kreːm] *f* ⟨-; -s⟩ **1.** *Hautpflege*: cream. **2.** *gastr.* a) cream, custard, b) (*~speise*) creamy dessert, crème, c) (*Pralinenfüllung etc*) cream, d) *colloq.* (*Sahne*) cream. **3.** ⟨*only sg*⟩ *lit.* **die ~ der Gesellschaft** the cream of society, the crème de la crème. **creme** *adj* ⟨*pred*⟩ cream-colo(u)red.

ˈCreme|ˌfar·be *f* cream colo(u)r. **ℒˌfar·ben, ℒˌfar·big** *adj* → creme. **~ˌschnit·te** *f* cream slice. **~ˌspei·se** *f* crème. **~,sup·pe** *f* cream soup. **~,tor·te** *f* cream cake.

Crêpe [krɛːp] *m* <-(s); -s> *Textil.* crêpe; ~ **de Chine** crepe de Chine; ~ **Georgette** georgette.

Croi·sé [kröaˈzeː] *n* <-(s); -s> **1.** *Textil.* twill. **2.** *mus.* croisé.

Cro·maˈgnon,mensch [kromanˈjõː-] *m archeol.* Cro-Magnon man.

Cro·quet·te [kroˈkɛtə] *f* <-; -n> *gastr.* croquette.

Crou·pier [kruˈpĭeː] *m* <-s; -s> croupier.

Crux [kruks] *f* <-; *no pl*> *colloq.* crux.

Cryp·to..., cryp·to... → **Krypto...**, **krypto...**

Csár·dás [ˈtʃardas] *m* <-; -> *mus.* csardas.

ˈC-,Schlüs·sel [ˈtseː-] *m mus.* C clef.

cum [kum] *prep* with; *univ.* ~ **laude** with hono(u)rs, *Am.* with distinction; *fig.* ~ **grano salis** with a grain of salt, cum grano salis.

Cup [kap; kʌp] (*Engl.*) *m* <-s; -s> *Sport*: (challenge-)cup. **~fi,na·le** *n* cup final.

Cu·pi·do [kuˈpiːdo] **I** *npr m* <-s; *no pl*> *myth.* Cupid. **II** *m* <-; -s> *Kunst*: cupid.

Cu·ret·ta·ge [kyrɛˈtaːʒə] *f* <-; -n> *med.* curettage. **Cuˈret·te** [-tə] *f* <-; -n> curette. **cu·retˈtie·ren** [-ˈtiːrən] *v/t* <*no* ge-, h> curette.

Cu·rie [kyˈriː] *n* <-; -> *nucl.* curie.

Cur·ry [ˈkari; ˈkœri; ˈkʌrɪ] (*Engl.*) *m, a. n* <-s; *no pl*> *gastr.* **1.** (*Gewürz*) curry (powder). **2.** (*Gericht*) curry, currie. **~,reis** *m* curried rice. **~,so·ße** *f* curry sauce.

Cut(·away) [ˈkœt(ə,veː); ˈkat(ə,veː); ˈkʌt(əweɪ)] (*Engl.*) *m* <-s; -s> *Mode*: cutaway (coat), morning coat.

Cut·ter [ˈkatər; ˈkʌtə] (*Engl.*) *m* <-s; ->, **ˈCut·te·rin** *f* <-; -nen> *Film etc*: cutter.

Cu·vée [kyˈveː] *f* <-; -s> *gastr.* cuvée.

Cyan..., cyan... → **Zyan...**, **zyan...**

Cya·nid [tsyaˈniːt] *n* <-s; -e> → **Zyanid**.

cy·clisch [ˈtsyːklɪʃ] *adj* **1.** *chem.* cyclic(al); **~es Amin** cyclamine. **2.** → **zyklisch**.

Cy·clops [ˈtsyːklɔps] *m* <-; **Cyclopiden** [tsykloˈpiːdən]> *zo.* cyclops.

Cy·clo·tron [ˈtsyːklotrɔn] *n* <-s; -e [-troːnə; -ˈtroːnə], *a.* -s> *nucl.* cyclotron.

Cy·sto..., cy·sto... → **Zysto...**, **zysto...**

Cy·to..., cy·to... → **Zyto...**, **zyto...**

D

D, d [deː] *n* ⟨-; -⟩ **1.** (*Buchstabe*) D, d. **2.** *mus.* a) (the note) D, *a.* d, b) **d** (= *d-Moll*) D minor, c) **D** (= *D-Dur*) D major.

da [daː] **I** *adv* **1.** (*dort*) there; **hier und** ~ here and there; ~ **drüben,** ~ **hinüber** over there; ~ **hinauf** up there; ~ **hinein** in there; ~ **draußen** out there; ~ **vorn** up there, up in front; **von** ~ **aus** from there, *lit.* thence; ~ **kommt er** here he comes; ~ **hinten** a) back there, b) behind; ~, **wo** where; ~ **und** ~ at such and such a place; **du** ~! hey, you (there)!; *mil.* **wer** ~? halt!, who goes there?; ~ **hast du et. Dummes gemacht** you acted stupidly there, that was a stupid thing to do; ~ **liegt die Schwierigkeit** that's the difficulty; **es gibt Leute, die** ~ **glauben** there are people who do believe; → **dasein. 2.** (*hier*) here; ~ **und dort** here and there; ~ **bin ich** here I am; **ich bin gleich wieder** ~ I'll be right back; **wann können Sie** ~ **sein?** when can you come (*od.* make it)?; ~ **hast du e-n Groschen** here's a penny for you. **3. der** (*od.* **die, das**) ~ that one; **dieser** (*od.* **diese, dieses**) ~ this one. **4.** (*vorhanden*) there, here; **wozu ist der Tisch** ~? what is the table (there) for? **5.** (*Füllwort*) **als** ~ **sind** such as, for instance; **komme, was** ~ **wolle** come what may; ~ **hast du es** a) here you are!, there!, take it!, b) *fig.* there (you are)!; ~ **haben wir es!** a) here it is!, here we are!, b) *colloq.* there!, I told you that would happen! **6.** (*Ausruf*) **sieh** ~! look (there)!, look at that now!; **siehe** ~! a) *lit.* behold!, lo!, b) *colloq.* lo and behold; **nichts** ~! nothing doing! **7.** *zeitlich*: then, at that time; **von** ~ **an** from then on, from that time (*od.* moment); ~ **erst bemerkte er es** only (*od.* not till) then did he notice it; **hie(r) und** ~ now and then (*od.* again), sometimes, occasionally; **er ging gerade,** ~ **fing es an zu regnen** he was just leaving when the rain started. **8.** (*in diesem Falle*) there, here, in that case, in that (*od.* this) matter; ~ **irren Sie sich** you are mistaken there; **was läßt sich** ~ **machen?** what's to be done?; ~ **gehe ich lieber zu Fuß** in that case I would rather walk; ~ **stimme ich mit Ihnen überein** I do agree with you there (*od.* here). **9.** (*dennoch*) yet, nevertheless; **und** ~ **überlegst du noch lange?** and you still hesitate? **II** *conj* **10.** *kausal*: as, since, because; ~ **dem so ist** that being so, such being the case; **jetzt,** ~ **du es gesagt hast** now that you've said it; **nun** (*od.* **jetzt**) ~ now that; ~ **doch,** ~ **ja,** ~ **nun einmal** but since (after all), in view of the fact that; ~ **ich k-e Nachricht erhalten hatte, ging ich weg** having received no news I went away. **11.** (*insofern*) inasmuch as. **12.** *als Gegensatz*: ~ **aber,** ~ **jedoch** but since, since however; **um so mehr,** ~ the more so because; ~ **hingegen** whereas. **13.** *lit. od. obs. zeitlich*: when. **III** *relative pron* **14.** *lit. archaic* a) where, b) when.

ˈda·beˌhal·ten *v/t* ⟨*irr, sep, no* **-ge-, h**⟩ keep (with one).

da·bei [daˈbaɪ; ˈdaːˌbaɪ] **I** *adv* **1.** (*nahe, dicht*) near (at hand), near (*od.* close, hard) by, nearby. **2.** (*angeschlossen*) attached to it; **ein Haus und ein Garten** ~ a house with (adjoining) garden. **3.** ~ **sein, et. zu tun** be about (*od.* going) to do s. th., be on the point (*od.* in the act) of doing s. th.; **ich war gerade** ~ **zu packen** I was just packing. **4.** (*gleichzeitig*) at the same time, in (*od.* while) doing so; **du kannst nicht Radio hören und** ~ **lesen** you can't listen to the radio and read at the same time; **und** ~ **sah er mich strafend an** and saying (*od.* in doing) so he looked at me reprovingly. **5.** (*überdies*) besides, moreover, as well, in addition, into the bargain; **sie ist hübsch und** ~ **auch noch klug** she is pretty and intelligent into the bargain. **6.** (*dennoch*) nevertheless, yet (at the same time), for all that, all the same; **er ist zurückhaltend und** ~ **freundlich** he is reserved and yet friendly (at the same time); **und** ~ **ist er schon alt** and yet he is an old man; ~ **könnte er längst Doktor sein** he could long have taken his degree for that matter. **7.** (*bei diesem Anlaß*) on the occasion, then; ~ **kam es zu e-r heftigen Auseinandersetzung** this led to a heated argument. **8.** (*dadurch*) by it, by (*od.* with) that, as a result, *lit.* thereby; **ich habe nichts** ~ **gewonnen** I have gained nothing by it; **alle** ~ **entstehenden Kosten** all costs incurred, *adm.* any costs incident thereto; *adm.* **alle** ~ **erzielten Gewinne** all profits accruing therefrom. **9.** (*hierbei*) in this connection, ~ **dürfen wir nicht vergessen** here we must not forget. **10.** *Wendungen*: **ich dachte mir nichts** ~ a) *bei eigenen Worten*: I meant no harm (by it), b) *bei Worten anderer*: I paid no particular attention to it; **was ist schon** ~? what does it matter?, what of it?; **lassen wir es** ~! let's leave it at that!; **was soll ich** ~ **tun?** where do I come into the picture? **11.** (*anwesend*) there, present; → **dabeisein, bleiben** 6; **finden** 8; **herauskommen** 11. **II** *conj* **12.** (*doch*) but, (and) yet, for all that, just the same; ~ **kenne ich ihn gar nicht** but I don't even know him; ~ **kann ich ihn nicht ausstehen** and yet I can't stand him.

daˈbei|ˌblei·ben *v/i* ⟨*irr, sep,* **-ge-, sein**⟩ stay (*od.* remain) with it (*od.* them); → *a.* **bleiben** 6. ~**ˌha·ben** *v/t* ⟨*irr, sep,* **-ge-, h**⟩ *colloq.* **1.** have *s. o., s. th.* there; **sage mir, wen du** ~ **möchtest** tell me whom you want to have there (*od.* invited). **2.** *Southern G.* have *s. th.* with (*od.* on) one; **ich habe kein Geld dabei** I have no money on me; **hast du d-e Bücher dabei?** have you brought your books (with you)? ~**ˌsein** *v/i* ⟨*irr, sep,* **-ge-, sein**⟩ (*anwesend sein*) be present, be there, attend, (*teilnehmen*) take part, (*Mitglied sein*) be a member; (*mit ansehen*) watch, be a witness; **sie war (auch) dabei** she was one of the party; **er war mit s-n Gedanken nicht dabei** his thoughts were elsewhere; **willst du** ~? do you want to come?, do you want to be in on it?; *fig.* **ich bin dabei!** I'm with you!, *colloq.* I'm game!, count me in!, I am on! ~**ˌsit·zen** *v/i* ⟨*irr, sep,* **-ge-, h** *u.* **sein**⟩ sit there (*od.* by), look on. ~**ˌste·hen** *v/i* ⟨*irr, sep,* **-ge-, h** *u.* **sein**⟩ stand by (*od.* there, near); **untätig** ~ look on, stand and gape. **♀ˌste·hen·de** *m, f* ⟨**-n; -n**⟩ onlooker, looker-on, bystander.

ˈdaˌblei·ben *v/i* ⟨*irr, sep,* **-ge-, sein**⟩ **1.** stay, remain; **bleib doch noch e-n Augenblick da!** do stay a little longer! **2.** *ped.* ~ **müssen** be kept in (*od.* be detained) (after school).

da ca·po [da ˈkaːpo] *adv* **1.** *mus.* da capo. **2.** *thea.* encore; ~ **rufen** call for an encore, shout encore.

Da·ca·po [daˈkaːpo] *n* ⟨**-s; -s**⟩ → **Dakapo.** ~**-ˌArie** *f* da capo aria.

Dach [dax] *n* ⟨**-(e)s; ¨-er**⟩ **1.** roof; **ohne** ~ roofless; **das Haus soll bald unter** ~ **sein** the house is to be roofed soon; **er wohnt unter dem** ~ he lives (immediately) under the roof (*od.* in the garret); *poet.* **das** ~ **des Himmels** the roof (*od.* vault, canopy) of heaven; **das** ~ **der Welt** the roof of the world; **das** ~ **ist in schlechtem Zustand** the roof(ing) is in bad repair; **kein** ~ **über dem Kopf haben** have no roof over one's head; **sie wohnen unter einem (gemeinsamen)** ~ they live under one roof; **j-m das** ~ **über dem Kopf anzünden** set s. o.'s house on fire. **2.** *fig.* roof, shelter; **wir sind endlich unter** ~ **und Fach** a) we have a roof over our heads at last, b) *fig.* we have made it at last; **et. unter** ~ **und Fach bringen** a) shelter (*od.* house) s. th., b) *fig.* (*arrangieren*) get s. th. settled (*od.* arranged), c) *fig.* (*fertigstellen*) complete (*od.* finish) s. th., bring s. th. to completion, *colloq.* get s. th. sewn up; **die Ernte unter** ~ **(und Fach) bringen** bring in the harvest. **3.** *fig. colloq.* **eins aufs** ~ **bekommen** be ticked off properly, catch hell, get it in the neck, *weitS.* suffer a hard blow, *sl.* take the knock; **j-m aufs** ~ **steigen, j-m eins aufs** ~ **geben** come down (heavily) on s. o., blow s. o. up, give s. o. hell. **4.** *mot.* roof, top; **zurückschiebbares** ~ sliding roof; **Wagen mit festem** ~

hard-top car. **5.** *anat. des Gaumens*: roof; → *a.* Schädeldach. **6.** *geol.* crest, crown, summit, top, upper apex. **7.** *mus. e-r Laute*: table, soundboard. **8.** *biol.* vault. **9.** → Firste.

'Dach|an,ten·ne *f* **1.** *electr.* roof aerial (*Am.* antenna). **2.** *mot.* overcar (*od.* top) aerial (*Am.* antenna). **~,ar·tig** *adj* roof-like, roof-shaped. **~,bal·ken** *m* roof beam. **~be,lag** *m* roofing. **~,blech** *n* roofing sheet. **~,bo·den** *m* loft. **~,decker** (*getr.* -k·k-) *m* <-s; -> roofer. **~,decker,ar·beit** (*getr.* -k·k-) *f* roofing, roof covering; ~ (mit Ziegeln) tiling; ~ (mit Schiefer) slating. **~,fen·ster** *n* **1.** dormer (*od.* attic) window. **2.** skylight, roof light. **~,filz** *m* roofing felt. **~,first** *m* (roof) ridge. **~,för·mig** *adj* roof-shaped. **~ga,ra·ge** *f* rooftop garage. **~,gar·ten** *m* roof garden. **~,gar·ten,re·stau,rant** *n* roof garden (restaurant *Br.*). **~ge,schoß** *n* top (*od.* attic) stor(e)y, attic. **~ge,schoß,woh·nung** *f* attic apartment (*bes. Br.* flat); *auf Hochhäusern*: penthouse. **~ge,sell·schaft** *f econ.* holding company. **~ge,sims** *n arch.* eaves (mo[u]lding) *pl.* **~ge,spär·re** *n* rafters *pl.* **~,gie·bel** *m* (roof) gable. **~,ha·se** *m colloq. humor.* cat. **~,hau·be** *f arch.* cap (of building). **~,haut** *f arch.* roofing, roof covering. **~,kam·mer** *f* garret, attic, loft. **~,kan·te** *f* eaves *pl.* **~,keh·le** *f arch.* (roof) valley. **~,lan·de,platz** *m aer.* (rooftop) helipad. **~,lu·ke** *f* skylight, roof light. **~or·ga·ni·sa·ti,on** *f* **1.** *econ.* holding (*od.* parent) organization. **2.** *pol.* parent (*od.* top) organization. **~,pal·me** *f bot.* thatch palm (*od.* tree). **~,pap·pe** *f tech.* roofing felt. **~,pfan·ne** *f arch.* pantile. **~,pfet·te** *f* purlin(e). **~,plat·te** *f* roofing panel (*od.* slab); (*Ziegel*) tile; (*Schiefer*) slate. **~,rei·ter** *m* ridge turret. **~,rin·ne** *f* **1.** *e-s Hauses etc*: (eaves) gutter, eaves *pl.* **2.** *mot.* (roof) drip mo(u)lding, drip rail.

Dachs [daks] *m* <-es; -e> **1.** *zo.* badger; *fig.* **schlafen wie ein ~** sleep like a log (*od.* top). **2.** *fig. colloq.* **frecher (junger) ~** (young) whippersnapper. **~,bau** *m* <-(e)s; -e> *hunt.* badger's burrow (*od.* hole, lodge, earth).

'Dach|,scha·den *m* <-s; ⸚> **1.** damage to the roof. **2.** <*only sg*> *humor.* **er hat e-n ~** he is not quite right (in the upper stor[e]y). **~,schie·fer** *m* (roofing) slate. **~,schin·del** *f* (roof) shingle.

'Dachs|,höh·le *f* → Dachsbau. **~,hund** *m* dachshund.

Däch·sin ['dɛksɪn] *f* <-; -nen> *zo.* female (*od.* she-)badger.

'Dach,spar·ren *m arch.* rafter.

'Dachs,röh·re *f* entrance to a badger's burrow.

'Dach|,stän·der *m* **1.** *mot.* roof luggage rack. **2.** *electr.* roof pole. **~,stüb·chen** *n* **1.** garret, attic. **2.** *fig. colloq.* head, *colloq.* top (*od.* upper) stor(e)y; **sie ist nicht ganz richtig im ~** she is not quite right (in the upper stor[e]y). **~,stuhl** *m* roof framework (*od.* timbers *pl*).

dach·te ['daxtə] *1 u. 3 sg pret,* **däch·te** ['dɛçtə] *1 u. 3 sg pret subj of* **denken.**

'Dach|ter,ras·se *f* roof garden (*od.* terrace). **~,trau·fe** *f* → Dachrinne 1. **~ver,band** *m* → Dachorganisation. **~,wer·bung** *f* roof (*od.* sky-sign) advertising. **~,werk** *n arch.* roof(ing). **~,woh·nung** *f* → Dachgeschoßwohnung. **~,zie·gel** *m* roof(ing) tile, tile. **~,zim·mer** *n* → Dachkammer.

Dackel (*getr.* -k·k-) ['dakəl] *m* <-s; -> **1.** *zo.* dachshund, *colloq.* sausage dog. **2.** *dial.* (*Person*) idiot, (bloody) fool.

Da·da·is·mus [dada'ɪsmʊs] *m* <-; *no pl*> *Kunst*: Dadaism. **Da·da'ist** [-'ɪst] *m* <-en; -en>, **Da·da'istin** *f* <-; -nen> Dadaist. **da·da'istisch** *adj* Dadaistic.

da·durch [da'dʊrç; 'daː,dʊrç] **I** *adv* **1.** *örtlich*: through it (*od.* there), that way. **2.** (*auf solche Weise*) by it, thereby, from (*od.* with, through) it; **er gewann nichts ~** he gained nothing by it; **alle ~ verursachten Schäden** any damage *sg* caused thereby. **3.** (*aus diesem Grunde*) for this reason, because of this, in this manner (*od.* way), by this means, thus; **sie hat den Bus verpaßt, ~ kam sie zu spät** she had missed the bus and so she was late. **II** *conj* **~, daß 4.** owing to (the fact that), due to, thanks to; **~, daß es regnete** owing to (*od.* because of) the rain. **5.** (*weil*) as, because, in that; **~, daß sie krank wurde** as she had fallen ill. **6.** (*indem*) by; **~, daß er sparte** through saving (*he now has money*).

da·für [da'fyːr; 'daː,fyːr] **I** *adv* **1.** for it (*od.* that, them); **er bekam 20 Mark ~** he got 20 marks for it (*od.* them); **man hat k-n Beweis ~** there is no proof of it; **das ist ein Beispiel ~** that is an example of it. **2.** (*als Ersatz*) instead (of it), in return (for it), in exchange, *adm. u. lit.* in lieu of it; **gib mir dies ~** give me this for it (*od.* in return). **3.** (*zu Gunsten e-r Sache*) for it, in favo(u)r (of it); **ich bin ganz ~** I am all for it; **~ sein, et. zu tun** be for doing s.th.; **er hat sich ~ ausgesprochen** he spoke (*od.* came out) in favo(u)r of it; **100 stimmten ~, 50 dagegen** 100 voted for, 50 against, there were 100 ayes and 50 no's; **vieles spricht ~** there is much to be said for it (*od.* in its favo[u]r); **alles spricht ~** there's everything to be said for it; **alles spricht ~, daß** indications are that, all the evidence points to the fact that; *pol.* **die Mehrheit ist ~** the ayes have it; *colloq.* **~ ist er nicht zu haben** he won't have any part of that. **4.** (*bezüglich e-r Sache*) with regard to it (*od.* that), in reference to it (*od.* that). **5.** (*schließlich*) after all; *es ist sein Recht,* **~ ist er der Chef** he's the boss, after all (*od.* that's why he is the boss). **II** *conj* **6. ~, daß** for, because, as, in that; **er wurde ~ bestraft, daß er gelogen hatte** he was punished for lying; **er wird ~ sorgen, daß** he will see to it that. **7.** (*statt dessen*) instead; *er trinkt nicht,* **~ raucht er** he smokes instead (*od.* but he smokes). **8.** (*als Ersatz*) but (then), on the other hand; **sie sind arm, ~ aber glücklich** they are poor but happy.

Da'für|,hal·ten *n* <-s> **nach m-m ~** in my opinion (*od.* estimation), as I see it. **~,kön·nen** *v/t* <*irr, sep,* -ge-, h> *colloq.* **er kann nichts dafür** he is not to blame (for it), it's not his fault (*od.* doing); **was kann ich dafür?** is it my fault?, can I help that?, *colloq.* why look at me?; **ich kann nichts dafür (, daß ich lachen muß** *etc*) I can't help it, I can't help laughing (*etc*). **~,ste·hen** *v/i* <*irr, sep,* -ge-, h *u.* sein> *bes. Austrian colloq.* **das steht nicht dafür** that's not worth the trouble.

da·ge·gen [da'geːgən; 'daː,geːgən] **I** *adv* **1.** *räumlich*: against it; (*gegen e-e Wand, e-n Zaun etc*) into it. **2.** (*Angriff*) against it (*od.* that); **wir sollten energisch ~ vorgehen** we should take strong measures against that; **es muß mit allen Mitteln ~ gekämpft werden** it should be opposed with all available means; **es gibt noch kein Mittel ~** there is no remedy for it yet; **~ hilft nichts** there is no help (*od.* remedy) (for it), *weitS.* it can't be helped. **3.** (*Opposition*) against (it); **wir sind ~** we are against (*od.* opposed to) it; **~ ist nichts zu sagen** there's nothing to be said against that; **haben Sie et. ~, wenn ich rauche?** do you mind if I smoke (*od.* my smoking)?; **wenn Sie nichts ~ haben** if you don't mind, *iro.* if you please; **ich habe nichts ~** I don't mind, I have no objection (to it); → *a.* dafür 3. **4.** → **demgegenüber. 5.** (*im Vergleich dazu*) by comparison, compared to it; **dein Auto ist nichts ~** your car is nothing by (*od.* in) comparison; **unsere Qualität ist nichts ~** our quality can't compare with it (*od. colloq.* is no patch on it); **das ist doch nichts ~!** that's nothing by comparison! **6.** (*im Austausch dafür*) in exchange (for it). **II** *conj* **7.** (*jedoch, hingegen*) however, on the other hand, but, whereas, while; *er raucht nicht,* **~ ißt er gern Süßigkeiten** but (on the other hand) he likes to eat sweets; *sie wandert gern,* **er ~ gar nicht** whereas he doesn't (like it) at all.

da'ge·gen|,hal·ten *v/t* <*irr, sep,* -ge-, h> *fig.* **1.** *erwidernd*: argue (against it), hold *s. th.* against it; **es läßt sich ~, daß** it can be argued, however, that. **2.** *vergleichend*: compare (with it), set *s. th.* against it. **~,han·deln** *v/i* <*sep,* -ge-, h> act against it, counteract it. **~,spre·chen** *v/i* <*irr, sep,* -ge-, h> *fig.* be (*od.* speak) against it; **die Tatsachen sprechen dagegen** the facts speak against it. **~,stel·len** *v/reflex* <*sep,* -ge-, h> *fig.* **sich ~** oppose it, resist it. **~,stem·men** *v/reflex* <*sep,* -ge-, h> *fig.* **sich ~** take a firm stand against it, dig in one's heels (against it).

'da·ge,we·sen I *pp of* dasein. **II ~e** *n* <-n> *colloq.* **das übertrifft alles ~e** that beats everything.

Da·guer·reo·ty·pie [dagɛroty'piː] *f* <-; -n [-ən]> *phot.* (*Verfahren u. Bild*) daguerreotype.

da·heim [da'haɪm] **I** *adv chiefly Southern G., Austrian and Swiss* **1.** at home; **ist sie ~?** is she in (*od.* at home)?; **sie wird bald ~ sein** she will be home soon; **~ bleiben** stay at home; **~ ist's am schönsten, ~ ist ~** there's no place like home; *colloq.* **wie geht's ~?** how are things at home?; *colloq.* **in e-r Wissenschaft ~ sein** be at home in a science. **2.** (*in der Heimat*) at home, in one's own (*od.* native) country. **II ~** *n* <-s> **3.** home; **er hat ein sehr nettes ~** he has a very nice home. **~ge,blie·be·ne** *m, f* <-n; -n> the one (*pl* those) left behind.

da·her [da'heːr; 'daː,heːr] **I** *adv* **1.** (*von da, von dort*) from there, *lit.* thence. **2.** (*Ursache*) therefore, for this reason, that's why, *lit.* hence; **~ die ganze Aufregung** hence all the excitement; **die Verspätung kam ~, daß** the reason for the delay was that. **3.** *dial.* (*hierher*) here; **das Wasser ging bis ~** the water came up to here. **II** *conj* **4.** (*deshalb*) therefore, thus, for this reason, that's why, (and) so.

da'her|,brin·gen *v/t* <*irr, sep,* -ge-, h> *Southern G. colloq.* **1.** bring along. **2.** *fig. colloq.* (*Gründe etc*) come up with, dish out. **~ge,lau·fen** *adj* <*attrib*> *colloq. contp.* **(ein) jeder ~e Kerl** any Johnny-come-lately. **~,kom·men** *v/i* <*irr, sep,* -ge-, sein> **1.** approach, come (nearer *od.* up, along). **2.** *fig. Probleme etc*: come (*od.* crop) up. **3.** *colloq.* **wie kommst denn du daher!** Good Heavens! You do look a sight! **~,re·den** *contp.* **I** *v/t* <*sep,* -ge-, h> talk; **red nicht so dummes Zeug daher!** don't talk such nonsense! **II** *v/i* talk; **dumm ~** talk nonsense (*od. sl.* rot), blather; **geschwollen ~** talk pompously.

da·her·um [dahɛˈrʊm; ˈdaːhɛˌrʊm] *adv* thereabout(s).

da·hier [daˈhiːr; ˈdaːˌhiːr] *adv archaic* here.

da·hin [daˈhɪn; ˈdaːˌhɪn] *adv* **1.** (*dorthin, nach dort*) there, to that place, *lit.* thither; ~ **und dorthin** here and there, hither and thither; **ist es noch weit bis** ~? is it much farther?, is there much farther to go?; **das gehört nicht** ~ that doesn't belong there, *fig.* that's beside the point, that's irrelevant; *fig. colloq.* **mir steht's** (*od.* **geht's**) **bis** ~ I've got it up to here. **2.** *zeitlich*: **bis** ~ a) till (*od.* until) then, till that time, b) by then, by that time; **bis** ~ **ist es noch lange Zeit** it's still a long way off; **bis** ~ **bin ich bestimmt fertig** I'm sure to be finished by then. **3.** (*Ziel, Zweck*) to that effect; **die allgemeine Ansicht** (*od.* **Meinung**) **geht** ~, **daß** the general opinion (*od.* the consensus) is that; **die Antwort lautete** ~ (**gehend**), **daß** the answer was (to the effect) that; **wir haben uns** ~ (**gehend**) **geeinigt, daß** we agreed that; ~ **arbeiten** (*od.* **streben, zielen**), **die Leistungen des Betriebes zu verbessern** work towards improving (*od.* endeavo[u]r to improve) the output of the firm. **4.** (*so weit*) so far, to that point; **es** ~ **bringen, daß** bring matters to the point where; **j-n** ~ **bringen, daß er et. tut** bring s. o. to the point of doing s. th.; **es ist** ~ **gekommen, daß** things have come to such a pass that; ~ **ist es also schon mit ihm gekommen!** so he's already come to that!; **mußte es** ~ **kommen?** did it have to come to that? **5.** *lit.* ~, ~! o lost!; → **dahinsein.**

da·hin·ab [dahɪˈnap; ˈdaːhɪˌnap] *adv* down there. **da·hin·auf** [dahɪˈnauf; ˈdaːhɪˌnauf] *adv* up there. **da·hin·aus** [dahɪˈnaus; ˈdaːhɪˌnaus] *adv* **1.** out there. **2.** *fig. colloq.* **will er** ~? is that what he's driving at?

daˈhin|ˌbrau·sen *v/i* ⟨*sep*, -ge-, sein⟩ rush along (*od.* off) (*cf.* **brausen**). ~**ˌei·len** *v/i* ⟨*sep*, -ge-, sein⟩ **1.** hurry along (*od.* past). **2.** *fig. Zeit*: pass swiftly, fly (by).

da·hin·ein [dahɪˈnaɪn; ˈdaːhɪˌnaɪn] *adv* in(to) there.

daˈhin|ˌfah·ren *v/i* ⟨*irr, sep*, -ge-, sein⟩ **1.** drive along (*od.* off, past). **2.** → **dahingehen** 3. ~**ˌflie·gen** *v/i* ⟨*irr, sep*, -ge-, sein⟩ **1.** fly (along). **2.** *fig. Zeit etc*: pass swiftly, fly (by). ~**ˌflie·ßen** *v/i* ⟨*irr, sep* -ge-, sein⟩ **1.** *Fluß etc*: flow on (*od.* by, along). **2.** *fig. Jahre etc*: pass quietly by, flow by. **3.** *fig. Rede etc*: flow on smoothly. ~**ˌflit·zen** *v/i* ⟨*sep*, -ge-, sein⟩ *colloq.* rush (*od.* whiz[z], flit, dash) along (*od.* off). ~**ˌge·ben** *v/t* ⟨*irr, sep*, -ge-, h⟩ *lit.* sacrifice, give away. ♀**geˌgan·ge·ne** *m, f* ⟨-n; -n⟩ *lit.* **der** (**die**) ~ the (dear) departed.

da·hin·ge·gen [dahɪnˈgeːgən] *conj* → **dagegen** 7.

daˈhin|ˌge·hen *v/i* ⟨*irr, sep*, -ge-, sein⟩ **1.** go (*od.* walk) along. **2.** *fig. Zeit etc*: pass, go by. **3.** *lit.* (*sterben*) pass away (*od.* on), depart this life. ♀**geˌschie·de·ne** *m, f* ⟨-n; -n⟩ *lit.* → **Dahingegangene.** ~**geˌstellt** *adj* **et.** ~ **sein lassen** a) leave s. th. open (*od.* undecided, aside), b) not to go (further) into s. th.; **das bleibt** ~, **das mag** ~ **bleiben** that remains to be seen, that's still an open question; **es sei** ~, **ob** no matter whether (... or not); **ich möchte es** ~ **sein lassen** I'd like to leave that open (for the moment). ~**ˌglei·ten** *v/i* ⟨*irr, sep*, -ge-, sein⟩ glide along. ~**ˌja·gen** *v/i* ⟨*sep*, -ge-, sein⟩ → **dahinrasen.** ~**ˌle·ben** *v/i* ⟨*sep*, -ge-, h⟩ live (from day to day); **glücklich** ~ live peacefully; *contp.* **so** ~ vegetate. ~**ˌraf·fen** *v/t* ⟨*sep*, -ge-, h⟩ *lit. Krankheit etc*: carry off, snatch (away), kill. ~**ˌra·sen** *v/i* ⟨*sep*, -ge-, sein⟩ speed (*od.* race, dash, rush) along (*od.* off), *colloq.* tear along. ~**ˌsau·sen** *v/i* ⟨*sep*, -ge-, sein⟩ → **dahinflitzen.** ~**ˌschei·den** *v/i* ⟨*irr, sep*. -ge-, sein⟩ → **dahingehen** 3. ~**ˌschlei·chen** *v/i* ⟨*irr, sep*, -ge-, sein⟩ creep (along), crawl (along) (*a. fig. Zeit etc*). ~**ˌschlep·pen** *v/reflex* ⟨*sep*, -ge-, h⟩ **sich** ~ **1.** *Person*: drag o. s. along. **2.** *fig. Verfahren, Zeit etc*: drag (on *od.* along). ~**ˌschmach·ten** *v/i* ⟨*sep*, -ge-, sein⟩ languish, be languishing away (*a. fig.*). ~**ˌschmel·zen** *v/i* ⟨*irr, sep*, -ge-, sein⟩ **1.** melt away. **2.** *fig.* a) *Vorrat, Geld etc*: melt away, dwindle (away), b) *colloq. Person*: melt, go into ecstasies. ~**ˌschwin·den** *v/i* ⟨*irr, sep*, -ge-, sein⟩ *lit.* **1.** dwindle (*od.* melt) away. **2.** → **dahinsiechen.** **3.** *Schönheit*: fade. ~**ˌsein** *v/i* ⟨*irr, sep*, -ge-, sein⟩ **1.** have gone (*od.* disappeared); **die Zeiten sind dahin** those days have gone (*od.* are over). **2.** be dead, have passed away. **3.** (*kaputt*) be broken. ~**ˌsie·chen** *v/i* ⟨*sep*, -ge-, sein⟩ waste away; **vor Gram** ~ waste away with grief, pine away. ~**ˌstap·fen** *v/i* ⟨*sep*, -ge-, sein⟩ plod along. ~**ˌste·hen** *v/impers* ⟨*irr, sep*, -ge-, h *u.* sein⟩ *archaic* **es steht noch dahin, ob** it is still uncertain (*od.* undecided, it remains to be seen) whether. ~**ˌster·ben** *v/i* ⟨*irr, sep*, -ge-, sein⟩ *lit.* die (away). ~**ˌstür·men** *v/i* ⟨*sep*, -ge-, sein⟩ rush along.

da·hin·ten [daˈhɪntən; ˈdaːˌhɪntən] *adv* **1.** (*dort hinten*) back there, there at the back. **2.** (*hinter et.*) behind there.

da·hin·ter [daˈhɪntər; ˈdaːˌhɪntər] *adv* **1.** behind (him *od.* her, it), at the back (of him, of her, of it), *Am.* back of him (*od.* her, it); **ein Haus mit e-r Garage** ~ a house with a garage behind (it) (*od.* at the rear). **2.** *fig.* behind it, at the bottom of it, in it; → **dahinterstecken.**

da·hin·ter·her [daˌhɪntərˈheːr; ˈdaːˌhɪntərˌheːr] *adv colloq.* (**sehr**) ~ **sein** → **dahintersein** 2.

daˈhin·ter|ˌklem·men, ~**ˌknien** *v/reflex* ⟨*sep*, -ge-, h⟩ *colloq.* **sich** ~ → **dahintersetzen** I. ~**ˌkom·men** *v/i* ⟨*irr, sep*, -ge-, sein⟩ *colloq.* find out (about it), get to the bottom of it; see through it. ~**ˌma·chen I** *v/reflex* ⟨*sep*, -ge-, h⟩ *colloq.* **sich** ~ → **dahintersetzen** I. **II** *v/t fig. colloq.* **Dampf** (*od.* **Druck**) ~ a) go at it full steam ahead (*od.* with a will), b) put on steam, get things rolling. ~**ˌsein** *v/i* ⟨*irr, sep*, -ge-, sein⟩ *colloq.* **1.** → **dahinterstecken.** **2.** (**sehr**) ~ a) be after (*od.* out for) it, be (very) keen on it, be (dead) set on it (*od.* on doing it), b) (*sich anstrengen*) spare no effort. ~**ˌset·zen I** *v/reflex* ⟨*sep*, -ge-, h⟩ *colloq.* **sich** ~ **1.** (*sich anstrengen*) buckle (*od.* get) down to it, go hard at it, put one's back into it. **II** *v/t* **2.** *fig. colloq.* **Dampf** (*od.* **Druck**) ~ → **dahintermachen** II. **3.** put *s.o.* on the job. ~**ˌstecken** (*getr.* -k·k-) *v/i* ⟨*sep*, -ge-, h⟩ *colloq.* be behind it, be at the bottom of it, be in (*od.* to) it; **da steckt mehr dahinter** there is more to this than meets the eye; **da steckt e-e Frau dahinter** there is a woman behind it, *a.* cherchez la femme!; **es steckt nichts dahinter** a) (*es ist harmlos*) there's no catch in it, it's quite straightforward, b) (*es ist gehaltlos etc*) there is nothing in it; **wer steckt dahinter?** who is behind it? ~**ˌste·hen** *v/i* ⟨*irr, sep*, -ge-, h *u.* sein⟩ *colloq.* **1.** (*unterstützen*) be behind (*od.* backing) it. **2.** → **dahinterstecken.**

daˈhinˌtrei·ben *v/i* ⟨*irr, sep*, -ge-, h *u.* sein⟩ drift (*od.* float) along.

da·hin·über [dahɪˈnyːbər; ˈdaːhɪˌnyːbər] *adv* over there. **da·hin·un·ter** [dahɪˈnʊntər; ˈdaːhɪˌnʊntər] *adv* down there.

daˈhin|ve·geˌtie·ren *v/i* ⟨*sep*, *no* -ge-, h⟩ *contp.* vegetate; *kümmerlich*: scrape along. ~**ˌwel·ken** *v/i* ⟨*sep*, -ge-, sein⟩ fade away. ~**ˌzie·hen** *v/i* ⟨*irr, sep*, -ge-, sein⟩ **1.** move (*od.* go, travel) along. **2.** *Wolken etc*: drift (*od.* sail) along.

Dah·lie [ˈdaːlǐə] *f* ⟨-; -n⟩ *bot.* dahlia.

Da·ka·po [daˈkaːpo] *n* ⟨-s; -s⟩ *mus.* **1.** encore. **2.** da capo.

dak·ty·lisch [dakˈtyːlɪʃ] *adj metr.* dactylic.

Dak·ty·lo|gramm [daktyloˈgram] *n* ⟨-s; -e⟩ (*Fingerabdruck*) dactylogram. ~**graˈphie** [-graˈfiː] *f* ⟨-; -n [-ən]⟩ dactylography. ♀**graˈphie·ren** [-rən] *v/t u. v/i* ⟨*no* ge-, h⟩ *Swiss for* **maschineschreiben** I.

Dak·ty·lus [ˈdaktylʊs] *m* ⟨-; **Daktylen** [-ˈtyːlən]⟩ *metr.* dactyl.

ˈdaˌlas·sen *v/t* ⟨*irr, sep*, -ge-, h⟩ leave *s. th.* here (*od.* behind); **ich habe m-n Hut dagelassen** I left my hat behind.

ˈdaˌlie·gen *v/i* ⟨*irr, sep*, -ge-, h *u.* sein⟩ lie (there); **ausgestreckt** ~ sprawl, lie sprawled; **tot** ~ lie (there) dead.

Dal·les [ˈdaləs] *m* ⟨-; *no pl*⟩ *colloq.* **im** ~ **sein, den** (*od.* **e-n**) ~ **haben** be hard up, be (stony) broke.

dal·li [ˈdali] *adv colloq.* ~, ~!, **mach** ~!, **ein bißchen** ~! get a move on!, make it snappy!

Dal·ma·ti·ner [dalmaˈtiːnər] *m* ⟨-s; -⟩ **1.** Dalmatian. **2.** *zo.* Dalmatian (dog). **3.** Dalmatian wine. **dal·maˈti·nisch, dalˈma·tisch** [-ˈmaːtɪʃ] *adj geogr.* Dalmatian.

da·ma·lig [ˈdaːˌmaːlɪç] *adj* ⟨*attrib*⟩ then, *nachgestellt*: at (*od.* of) that (*od.* the) time, *lit.* erstwhile; **die** ~**en Herrscher** the then rulers; **sein** ~**er Beruf** his profession at that time; **in** ~**er** (*od.* **der** ~**en**) **Zeit** at that time, in those days.

da·mals [ˈdaːˌmaːls] **I** *adv* **1.** then, at that time; **seit** ~ since then, since that time, from that time on; ~, **als** in the days (*od.* at the time) when; **bis** ~ (**up**) till that time; **erst** ~ only then, not till then; **schon** ~ even then; **die Leute** (**von**) ~ the people of that time (*od.* of those days). **2.** (*seinerzeit*) in those days. **II** ♀ *n* ⟨-; *no pl*⟩ **3. das** ♀ that time, the past, things *pl* past.

Da·mas·kus [daˈmaskʊs] *n fig.* **sein** ~ **erleben** (*od.* **finden**) be converted, see the light.

Da·mast [daˈmast] *m* ⟨-es; -e⟩ damask. **daˈma·sten** *adj* (of) damask.

Daˈmast|ˌlei·nen *n* damask linen. ~**paˌpier** *n* linen paper.

Da·masˈze·ner [damasˈtseːnər] **I** *m* ⟨-s; -⟩, **II** *adj* Damascene. ~**ˌklin·ge** *f* Damascene blade. ~**ˌpflau·me** *f bot.* **1.** a) (*Baum*) damson, b) (*Frucht*) damson (plum), damascene. **2.** caimitillo. ~**ˌro·se** *f* damask rose. ~**ˌstahl** *m* Damascus (*od.* damask) steel.

da·mas·zie·ren [damasˈtsiːrən] *v/t* ⟨*no* ge-, h⟩ **1.** (*Metall*) damascene, damaskeen. **2.** (*Stoff*) damask.

ˈDamˌbock [ˈdam-] *m zo.* fallow buck.

ˈDamˌbrett [ˈdaːm-] *n* → **Damebrett.**

Däm·chen [ˈdɛːmçən] *n* ⟨-s; -⟩ **1.** little lady, *colloq.* damsel. **2.** *iro.* (painted) doll. **3.** *contp.* (spoilt) young minx.

Da·me [ˈdaːmə] *f* ⟨-; -n⟩ **1.** lady; **e-e große** ~ a great (*od.* fine) lady; **e-e** ~ **aus gutem Hause, e-e vornehme** ~ a lady of good family, a gentlewoman; **die feine ~ spielen** play the fine lady (*od.* the duchess); **die ~ des Hauses** a) the lady of the house, b) (*Gastgeberin*) the hostess; **m-e ~!** madam; **m-e ~n und Herren!** ladies and gentlemen; **„~n"** (*Aufschrift*) "Ladies"; *colloq.* **m-e alte ~** my old lady. **2.** *beim Tanz*: partner. **3.** a) (*~spiel*) (game of) draughts *pl* (*a. als sg konstruiert*), *Am.* checkers *pl* (*als sg konstruiert*), b) (*Stein*) king; **~ spielen** play at (*od.* have a game of) draughts; **e-e ~ machen** crown a man, make a king. **4.** *Schach u. Kartenspiel*: queen; **e-n Bauern zur ~ machen, sich** (*dat*) **e-e ~ machen** queen a pawn, go to queen. **~ˌbrett** *n* draughtboard, *Am.* checkerboard.

ˈDa·men|ˌbart *m* superfluous facial hair. **~ˌbau·er** *m Schach*: queen's pawn. **~be ˌglei·tung** *f* **er kam in ~** he was accompanied by a lady (friend). **~be-ˌkannt·schaft** *f* lady acquaintance (*od.* friend). **~beˌklei·dung** *f* → Damenkleidung. **~beˌsuch** *m* lady (*od.* woman) visitor(s *pl*). **~ˌbin·de** *f med.* sanitary towel (*Am.* napkin). **~ˌdop·pel** *n Tennis*: women's double(s *pl*). **~ˌein·zel** *n Tennis*: women's single(s *pl*). **~-ˌfahrˌrad** *n* lady's bicycle, *colloq.* girl's bike. **~friˌseur** *m* (ladies') hairdresser. **~friˌsier·saˌlon** *m* → Damensalon 1. **~friˌsur** *f* ladies' hairstyle. **~ˌfußˌball** *m* <-(e)s; *no pl*> women's football (*od. colloq.* soccer). **~gar·deˌro·be** *f* **1.** ladies' cloakroom, the ladies'. **2.** (*Umkleideraum*) ladies' dressing (*od.* changing) room. **~gar·niˌtur** *f* set of women's (*od.* ladies') underwear. **~geˌsell·schaft** *f* **1.** ladies' gathering, *colloq.* a "ladies only", hen party. **2.** company (*od.* group, party) of ladies. **3.** → Damenbegleitung. **~ˌgür·tel** *m med.* sanitary belt. **≈haft I** *adj* ladylike; *Mädchen*: grown-up. **II** *adv* **sich ~ benehmen** behave like a lady. **~-ˌhandˌschuh** *m* woman's (*od.* lady's) glove. **~ˌhandˌta·sche** *f* handbag. **~ˌhemd** *n* (lady's) vest. **~ˌho·se** *f* women's (*od.* ladies') slacks *pl* (*a. als sg konstruiert*). **~ˌhut** *m* lady's hat. **~ˌkleid** *n* **1.** lady's dress. **2.** *pl* → **~ˌklei·dung** *f* women's (*od.* ladies') wear (*od.* clothes *pl*, clothing). **~-kon·fek·tiˌon** *f* women's (*od.* ladies') ready-made clothes *pl*, ladies' ready-to-wear. **~ˌkränz·chen** *n* → Kaffeekränzchen. **~ˌläu·fer** *m Schach*: queen's bishop. **~ˌmann·schaft** *f* women's team. **~ˌmo·de** *f* women's (*od.* ladies') fashion. **~ˌrad** *n* → Damenfahrrad. **~ˌrock** *m* skirt. **~saˌlon** *m* **1.** (ladies') hairdresser's, hair stylist's. **2.** (*Kosmetiksalon*) beauty salon (*Am.* parlor). **~ˌsat·tel** *m* sidesaddle; → *a.* Damensitz. **~ˌschirm** *m* lady's umbrella. **~ˌschlüp·fer** *m* → Schlüpfer. **~-ˌschnei·der** *m* ladies' tailor. **~schnei-deˌrei** *f* **1.** dressmaking. **2.** dressmaker's (*od.* tailor's) shop. **~ˌschnei-de·rin** *f* dressmaker, ladies' tailoress. **~ˌsitz** *m* **im ~ reiten** ride sidesaddle. **~ˌsport** *m* women's sport(s *pl*). **~-ˌsprin·ger** *m Schach*: queen's knight. **~ˌstie·fel** *m* **1.** lady's boot. **2.** *pl* women's (*od.* ladies') boots. **~ˌstift** *n* **1.** (religious) institution (for ladies of rank), home for gentlewomen. **2.** *relig.* endowment (for ladies of rank). **~toiˌlet-te** *f* **1.** (*WC*) ladies' room, the ladies'. **2.** ladies' dress (*od.* toilette). **~ˌun-terˌwä·sche** *f* → Damenwäsche. **~ˌwahl** *f Tanz*: ladies' invitation (dance). **~ˌwä·sche** *f* women's (*od.* ladies') underwear (*od.* underclothes *pl*), *colloq.* undies *pl*; **elegante ~** lingerie. **~ˌwelt, die** *f humor.* the ladies *pl*, the fair sex. **~ˌzim·mer** *n obs.* boudoir.

ˈDa·me|ˌspiel *n* **1.** → Dame 3a. **2.** draughtboard and pieces *pl*, *Am.* checkerboard and checkers *pl*. **~ˌstein** *m* piece, man, *Br.* draughtsman, *Am.* checker.

ˈDamˌhirsch [ˈdam-] *m zo.* fallow deer (*od.* buck). **~ˌkuh** *f* (fallow) doe.

da·misch [ˈdaːmɪʃ] *dial.* **I** *adj* **1.** → blöd 2. **2.** <*pred*> **~ (im Kopf)** dizzy. **3.** (*enorm*) awful, frightful; **er hat ~es Glück gehabt** he has been mighty lucky. **II** *adv* **4.** (*sehr*) awfully, frightfully.

da·mit [daˈmɪt; ˈdaːˌmɪt] **I** *adv* **1.** (*mit dem*) with it (*od.* them), *obs. od. adm.* therewith; *betont*: with that (*od.* those); **~ rechnen (zufrieden sein)** reckon (be satisfied) with it; **was hat das ~ zu tun?** what has that (got) to do with it?; *adm.* **jegliche ~ verbundenen Ausgaben** any expenditure *sg* connected therewith (*od.* incidental thereto); **~ eilt es nicht, ~ hat es noch Zeit** there is no hurry about (*od.* with) it, that can wait, *sl.* that'll keep; **was soll ich ~ (anfangen)?** what am I (supposed) to do with it?; **es ist nichts ~** a) there is nothing wrong with it, b) it won't do, *colloq.* it's no go, c) nothing has come of it, *sl.* it's a washout; *colloq.* **und ~ basta** (*od.* **genug**)! that's enough (of that)!, that's that! **2.** (*mittels dessen*) by (*od.* with) it (*od.* them), *obs. od. adm.* thereby; *betont*: by (*od.* with) that (*od.* those); **was meinen Sie ~?, was wollen Sie ~ sagen?** what do you mean by that?, what are you driving (*od.* getting) at?; **~ soll nicht gesagt sein** (*od.* **werden**), **daß** that isn't to say that. **3.** (*somit*) with that (*od.* this), *lit.* thereon; **und ~ erhob er sich** and with that he rose, whereupon he rose; **~ ist der Fall erledigt** that ends the matter, so much for that; **~ war ein neues Zeitalter angebrochen** this marked the beginning of (*od.* ushered in) a new epoch. **4. er fing ~ an, zu versuchen** (*od.* **daß er versuchte**) he began by trying; **~, daß du dich beschwerst, erreichst du nichts** you won't achieve anything by complaining. **II** *conj* **5.** so (*od.* in order) that, (to the end) that; **ich sage es, ~ es alle wissen** I say it so (that) everyone will know; **ich habe es hergebracht, ~ du es ansiehst** I have brought it (here) for you to look at it. **6.** *bei gleichem Subjekt*: (in order) to, so as to; **ich beeilte mich, ~ ich rechtzeitig käme** I hurried (up) to arrive (*od.* so that I would arrive) in time. **7. ~ nicht** a) (so *od.* in order) that ... not, (so as) to avoid that, for fear that, lest, b) *bei gleichem Subjekt*: in order (*od.* so as) not to; **ich verstecke es, ~ er es nicht findet** I'll hide it so (that) he won't find it (*od.* lest he should find it).

ˈDam|ˌkalb, ~ˌkitz *n zo.* fawn (of fallow deer).

Däm·lack [ˈdɛːmlak] *m* <-s; -e *u.* -s> *colloq.* → **Blödian.**

ˈdamˌle·dern *adj* buckskin.

däm·lich [ˈdɛːmlɪç] *adj u. adv colloq. contp.* → **blöd** 2. **≈keit** *f* <-; -en> → Blödheit 2.

Damm [dam] *m* <-(e)s; ≃e> **1.** (*Stau≈*) (fill *od.* embankment-type) dam. **2.** (*Deich*) dike, dyke; **e-n ~ bauen** (*od.* **aufführen, aufwerfen**) build a dike. **3.** (*Hafen≈*) dyke, embankment, pier, mole, jetty. **4.** (*Wellenbrecher*) break-water. **5.** (*Fluß≈*) river embankment, levee. **6.** *rail.* embankment. **7.** *fig. lit.* (*Hindernis*) barrier, dam; **e-r Sache e-n ~ entgegensetzen** put a stop to s. th., stem the rising tide of s. th. **8.** *fig. colloq.* **j-n auf den ~ bringen** set s. o. up, put s. o. on his feet again; **auf dem ~ sein** a) (*gesund u. frisch*) be fit, be in good shape, b) (*wachsam*) be wide awake; **ich bin heute nicht auf dem ~** I don't feel up to the mark today. **9.** *anat.* perineum; **den ~ betreffend** perineal. **10.** *Orgelbau*: cross bar, traverse. **11.** (*Straßen≈*) a) bank, b) (*Fahrbahn*) carriage-way, *bes. Am.* roadway. **~ˌbruch** *m* **1.** a) bursting of a dam (*od.* dike), b) dam (*od.* dike) burst. **2.** *med.* perineal hernia.

däm·men [ˈdɛmən] *v/t* <h> **1.** (*stauen*) dam (up). **2.** (*eindeichen*) dike. **3.** (*ein~*) embank, levee. **4.** *fig.* stem the tide of, check, restrain; **j-s Rede ~** stem the flow of s. o.'s eloquence. **5.** → **dämpfen** 7. **6.** *civ. eng.* insulate.

ˈDäm·mer *m* <-s; *no pl*> *poet. for* Dämmerung 1-3. **ˈdäm·me·rig** *adj* **1.** a) *morgens*: dawning; **es wird ~** day is dawning, b) *abends*: dusky, twilight; **es wird ~** dusk is falling. **2.** *Licht*: dim (*candle-light, etc*); (*trübe*) dull, gloomy (*day*); *fig.* dim, obscure, vague, hazy (*ideas, etc*). **ˈDäm·merˌlicht** *n* **1.** a) *morgens*: dawn, grey dawn of day, b) *abends*: twilight, dusk. **2.** *weitS.* dim light, dimness. **däm·mern** [ˈdɛmərn] **I** *v/impers* <h> **1.** *Morgen*: dawn, break; **es dämmert** day is breaking (*od.* dawning), it is getting light. **2.** *Abend*: come (*od.* draw) on; **es dämmert** night is coming on, it is getting dark (*od.* dusky), dusk is falling. **3.** *fig. colloq.* **es dämmert (bei) ihm** it's beginning to dawn on him, he is beginning to understand. **II** *v/i* **4.** *fig.* dawn, (a)rise; **ihm dämmerte e-e Ahnung** a suspicion arose in him; **mir dämmert manches** I begin to see the light. **5.** *fig.* **vor sich hin ~** doze, drowse. **ˈdäm·mernd** *adj* **1.** a) *Morgen*: dawning (*a. fig.*), b) *Abend*: dusky. **2.** *Licht*: dim.

ˈDäm·mer|ˌschein *m* → Dämmerlicht. **~ˌschlaf** *m* **1.** half-sleep, light sleep, doze. **2.** *med.* twilight sleep. **~ˌschop·pen** *m colloq.* sundowner. **~ˌstun·de** *f* twilight hour.

ˈDäm·me·rung *f* <-; -en> **1.** (*Morgen≈*) dawn; **die ~ bricht an** day is dawning; **in der ~** at dawn (*od.* daybreak). **2.** (*Abend≈*) dusk, twilight; **die ~ brach an** dusk was falling; **bei Einbruch der ~** at dusk, at nightfall. **3.** (*Halbdunkel*) half-light, semi-darkness. **4.** *astr.* (morning *od.* evening) twilight.

ˈDäm·me·rungs|efˌfekt *m Funk*: night error, sunset (*od.* twilight) effect. **~freˌquenz** *f* transition frequency.

ˈDäm·merˌzuˌstand *m* **1.** *med.* semi(-)conscious state, stupor. **2.** (*Halbschlaf*) twilight state, daze.

ˈDämmˌplat·te *f civ. eng.* insulating panel.

ˈDammˌriff *n geol.* barrier reef.

ˈdämm·rig *adj* → **dämmerig.**

ˈDammˌriß *m med.* perineal rupture (*od.* tear).

ˈDämmˌstoff *m civ. eng.* insulating material.

ˈDammˌstra·ße *f* causeway.

ˈDäm·mung *f* <-; *no pl*> **1.** diking, embanking (*etc*; *cf.* **dämmen**); embankment. **2.** *civ. eng.* insulation.

ˈDammˌweg *m* causeway.

Dam·no [ˈdamno] *m, n* <-s; *no pl*>, **ˈDam·num** [-num] *n* <-s; *no pl*> *econ.* loss, discount.

ˈDa·mo·klesˌschwert [ˈdaːmoklɛs-] *n fig.* **es hängt** (*od.* **schwebt**) **wie ein ~ über ihm** it hangs over him like the sword of Damocles.

Dä·mon [ˈdɛːmɔn] *m* <-s; -en [dɛˈmoːnən]> **1.** demon; **böser (guter)** ~ *a.* evil (good) genius (*a. fig.*); **von e-m** ~ **besessen sein** be possessed. **2.** *myth.* daemon. **3.** *philos.* daemon. **Däˈmo·nenˌglau·be** *m* demonism. **däˈmo·nen·haft** *adj* → dämonisch. **Dä·mo·nie** [dɛmoˈniː] *f* <-; -n [-ən]> **1.** *relig.* demoniacal possession. **2.** *fig.* (the) demonic nature (*od.* element), (the) demonic. **dä·mo·nisch** [dɛˈmoːnɪʃ] **I** *adj* (*teuflisch*) d(a)emonic, demoniacal (*alle a. fig.*). **II** ♀**e, das** <-n> the d(a)emonic (*od.* demoniac) element, the demonic. **dä·mo·ni·sie·ren** [dɛmoniˈziːrən] *v/t* <*no* ge-, h> demonize. **Dä·mo·nis·mus** [dɛmoˈnɪsmʊs] *m* <-; *no pl*> demonism.

Dampf [dampf] *m* <-(e)s; ⸚e> **1.** (*Wasser*♀) steam, *weitS.* vapo(u)r (*beide a. chem. phys. tech.*); **chemische Dämpfe** vapo(u)rs, fumes; **direkter (indirekter)** ~ live (exhaust) steam; **gesättigter (überhitzter)** ~ saturated (superheated) steam; ~ **ablassen** let (*od.* blow) off steam (*a. fig. colloq.*); ~ **anlassen,** *a. fig. colloq.* ~ **aufmachen** get up (*od.* put on) steam; *colloq.* **j-m** ~ **machen** make s. o. find his legs; *colloq.* ~ **bekommen** get cold feet; *colloq.* ~ **haben vor** be in a blue funk about; *fig. colloq.* **mit** ~ **arbeiten** work full pressure, put on steam; **et. mit** ~ **behandeln** (*od.* **kochen**) steam s. th.; **mit** ~ **betrieben** (*od.* **angetrieben**) **werden** be steam-driven; *fig. colloq.* **aus et. ist der** ~ **raus** s. th. has lost steam (*od.* its momentum); → **dahintermachen** II. **2.** (*Dunst*) vapo(u)r, mist, haze. **3.** (*Rauch*) smoke. **4.** (*Ausdünstung*) exhalation, vapo(u)r. ~ˌ**anˌtrieb** *m* steam drive. ~ˌ**bad** *n* **1.** steam (*od.* Turkish) bath; *med.* vapo(u)r bath. **2.** (*Baderaum*) hot room. **3.** *Textil.* steam bath. ♀**beˌtrie·ben** *adj* steam-propelled (*od.* -powered). ~ˌ**boot** *n* steamboat. ~ˌ**druck** *m* <-(e)s; ⸚e> *phys.* **1.** steam pressure. **2.** (*Gasdruck*) vapo(u)r tension.

damp·fen [ˈdampfən] **I** *v/i* <h *u.* sein> **1.** <h> steam (*a. Atem, Suppe etc*). **2.** <h> (*rauchen*) smoke, fume. **3.** <h> *fig. colloq.* smoke (**wie ein Schlot** like a chimney). **4.** <sein> *Zug, Schiff etc*: steam, puff (**aus dem Bahnhof** *etc* out of the station, *etc*). **II** *v/t* <h> **5.** (*Pfeife, Zigarre etc*) puff, smoke.

dämp·fen [ˈdɛmpfən] **I** *v/t* <h> **1.** (*Geräusch, Schall etc*) deaden, damp(en), muffle, mute, subdue (*noise, etc*). **2.** *mus.* a) mute (*trumpet, violin, etc*), b) choke, damp(en) (*percussion instruments*), (*Trommel*) *a.* muffle. **3.** (*Stimme*) lower, drop, *stärker*: muffle (*voice*). **4.** (*Licht etc*) soften, subdue, dim, (*Farbe*) *a.* mute, tone down. **5.** (*Stoß, Schlag*) soften, cushion, absorb (*blow, etc*). **6.** (*Feuer*) damp (down), check (*fire*). **7.** *fig.* (*Stimmung etc*) damp(en), put (*od.* cast) a damper on, throw cold water on (*s. o.'s joy, optimism, etc*). **8.** *fig.* (*Leidenschaft, Gefühle etc*) subdue, check, curb, restrain (*passion, etc*). **9.** *med.* a) (*Schmerzen*) soothe, assuage, b) (*Fieber*) reduce. **10.** *fig. archaic* (*Aufruhr etc*) suppress, put down, quell (*revolt, etc*). **11.** *tech.* a) (*Schwingungen*) damp, attenuate (*vibrations*), b) (*Stoßwirkung*) cushion, absorb (*jolt, etc*). **12.** *aer.* (*Steuervorgänge*) stabilize. **13.** *metall.* (*Hochofen*) damp (down), bank. **14.** (*mit Dampf behandeln*) steam (*wood, clothes, etc*). **15.** *gastr.* a) (*Fleisch, Gemüse etc*) steam, braise, b) (*dünsten*) stew. **II** ♀ *n* <-s> **16.** damping (*etc*); → *a.* Dämpfung.

ˈ**Damp·fer** *m* <-s; -> *mar.* steamer, steamship, steamboat; **mit dem** ~ by steamer; *fig. colloq.* **auf dem falschen** ~ **sitzen** (*od.* **sein**) be on the wrong tack (*od.* track), be jolly much mistaken.

ˈ**Dämp·fer** *m* <-s; -> **1.** *mus.* a) *an Streich- u. Blasinstrumenten*: mute, b) *am Klavier*: damper, c) *am Harmonium*: sourdine; **ohne** ~ undamped. **2.** *fig. colloq.* **j-m e-n** ~ **aufsetzen** put a damper on s. o., rein s. o. in; **j-s Begeisterung e-n** ~ **aufsetzen** damp(en) s. o.'s enthusiam, put (*od.* cast) a damper on s. o.'s enthusiasm, curb s. o.'s exuberance; **e-n** ~ **bekommen** *Person, j-s Begeisterung*: be damp(en)ed; **ein (kleiner)** ~ **würde ihm ganz gut tun** a rap over the knuckles would do him good. **3.** *tech., a. electr. u. Akustik*: damper, *des Radiolautsprechers*: baffle. **4.** *mot.* → **Stoßdämpfer, Schalldämpfer. 5.** → **Dampfkochtopf.**

ˈ**Dämpfˌfleisch** *n gastr.* **1.** stewed meat. **2.** stewing meat.

ˈ**Dampf**|ˌ**form** *f phys.* vapo(u)r phase; **in** ~ in vaporous form. ♀ˌ**för·mig** *adj* vaporous. ~**geˌblä·se** *n tech.* steam blower. ♀**geˌheizt** *adj* steam-heated. ~ˌ**ham·mer** *m* steam hammer. ~ˌ**heizung** *f* **1.** *tech.* steam heating. **2.** *civ. eng.* central heating (by steam).

ˈ**damp·fig** *adj* steamy, vaporous.

ˈ**dämp·fig** *adj* **1.** (*schwül*) sultry, close. **2.** *vet. Pferd*: broken-winded.

ˈ**Dampf·karˌtof·feln,** ˈ**Dämpf·karˌtof·feln** *pl* steamed potatoes.

ˈ**Dampf**|ˌ**kes·sel** *m* (steam) boiler. ~ˌ**kochˌtopf** *m* pressure cooker, autoclave. ~ˌ**kraft** *f* steam power. ~ˌ**kraftˌwerk** *n* steam-power station (*od.* plant). ~**lo·ko·moˌti·ve,** *a.* ~ˌ**lok** *f* steam locomotive. ~**maˌschi·ne** *f* steam engine. ~ˌ**mes·ser** *m phys.* steam (pressure) ga(u)ge. ~ˌ**nu·deln** *pl* (sweet yeast) dumplings. ~ˌ**pfei·fe** *f tech.* steam whistle, *mar. a.* (steam) siren. ~ˌ**pflug** *m agr.* steam plough (*Am.* plow). ~ˌ**ram·me** *f* steam-operated piledriver. ~ˌ**roß** *n humor.* iron horse. ~ˌ**schiff** *n* → Dampfer. ~ˌ**schiffahrt** (*getr.* -ffˌf-) *f mar.* steam(ship) navigation. ~ˌ**schiffahrts·geˌsell·schaft** (*getr.* -ffˌf-) *f* steamship company (*od.* line). ~**siˌre·ne** *f* steam siren. ~ˌ**strahl** *m* steam jet (*od.* blast). ~ˌ**strahl·geˌblä·se** *n* steam jet blower. ~ˌ**trock·ner** *m tech.* steam drying apparatus. ~**turˌbi·ne** *f* steam turbine. ~ˌ**überˌhit·zer** *m* steam superheater.

ˈ**Dämp·fung** *f* <-; -en> **1.** → dämpfen II. **2.** *fig.* subdual. **3.** *mus.* a) *des Klaviers*: damper action, b) → **Dämpfer** 1 b. **4.** *med. von Schmerzen*: alleviation. **5.** *tech.* a) (*Stoß*♀) absorption, b) *von Schwingungen, Schwingkreis*: damping, c) *von Übertragungsleitungen*: attenuation. **6.** *aer.* stabilization. **7.** *phys. von Energien*: loss.

ˈ**Dämp·fungs**|ˌ**fak·tor** *m phys.* damping coefficient. ~ˌ**flä·che,** ~ˌ**flos·se** *f aer.* stabilizing fin (*od.* surface); *am Höhenleitwerk*: stabilizer. ~**peˌdal** *n mus.* soft pedal.

ˈ**Dampf**|ˌ**wal·ze** *f civ. eng.* steam roller (*a. fig.*). ~**wä·scheˌrei** *f* steam laundry. ~ˌ**wol·ke** *f* cloud of steam. ~ˌ**zuˌstand** *m phys.* vaporous state.

ˈ**Dam**|ˌ**schauf·ler** *m zo.* fallow buck with palmated antlers. ~ˌ**tier** *n* doe (of fallow deer). ~ˌ**wild** *n* fallow deer.

da·nach [daˈnaːx; ˈdaːˌnaːx] *adv* **1.** after (that), afterward(s), *lit.* thereafter; **bald** ~ soon (*od.* shortly) after; **drei Tage** ~ three days after (*od.* later). **2.** (*später*) later (on), afterward(s), subsequently. **3.** then, next, after (them, it), behind; ~ **folgten die Professoren und die Studenten** next came the professors and (then) the students. **4.** for it (*od.* this, that, them); **sich** ~ **sehnen,** ~ **verlangen** long for it; **die Arme** ~ **ausstrecken** reach for it; ~ **suchen** look for it; **er ist nicht der Mann** ~ he is not the man for it. **5.** to it (*od.* this, that, them); **sich** ~ **umsehen** look about (*od.* around) for it. **6.** about it (*od.* this, that, them); **sich** ~ **erkundigen** enquire about it; → **fragen** 8. **7.** according to (*od.* in accordance with) it (*od.* this, that, them), accordingly; **Grundsätze haben und** ~ **handeln** have principles and act accordingly; *das Essen ist billig,* **aber es ist auch** ~ and that's what it tastes like. **8.** like it; **es sieht ganz** ~ **aus** it really looks like it; **es sieht nicht** ~ **aus** it doesn't look like it; *iro.* **er sieht ganz** ~ **aus** he looks it; *colloq.* **mir ist nicht** ~ I don't feel like it.

Da·na·er [ˈdaːnaər] *pl antiq. hist.* Danai, Argives; *poet. bei Homer*: Danai, Greeks. ~**geˌschenk** *n fig.* Greek gift.

Da·nai·de[1] [danaˈiːdə] *npr f* <-; -n> *meist pl myth.* Danaid; *fig.* **das Faß der** ~**n füllen** pour water into a bottomless cask.

Da·nai·de[2] [danaˈiːdə] *m* <-n; -n> *meist pl zo.* milkweed butterfly, danaid.

Da·nai·den|ˌ**ar·beit** [danaˈiːdən-] *f fig.* Sisyphean labo(u)r. ~ˌ**faß** *n myth.* Danaidean tub.

Dan·dy [ˈdɛndi; ˈdændɪ] (*Engl.*) *m* <-s; -s> (*Geck*) dandy. ♀**haft** *adj* dandified.

Dä·ne [ˈdɛːnə] *m* <-n; -n> Dane.

da·ne·ben [daˈneːbən; ˈdaːˌneːbən] **I** *adv* **1.** (*neben et.*) next to it (*od.* them), beside it (*od.* them), near it (*od.* them); **dicht** (*od.* **gleich**) ~ close beside (*od.* close to) it (*od.* them), close (*od.* hard, near) by; **im Haus** ~ (in the house) next door. **2.** (*an der Seite*) alongside. **3.** (*außerdem*) in addition, as well, besides (*od.* to boot). **4.** (*gleichzeitig, nebenher*) at the same time, parallel to it; **er studiert und verdient s-n Lebensunterhalt** ~ he studies and earns his living on the side. **5.** (*im Vergleich*) beside it (*od.* them, him, *etc*), in comparison; **sie sieht sehr klein aus** ~ she looks rather small in comparison. **6.** (*am Ziel vorbei*) beside (*od.* off, wide of) the mark; ~! missed! **II** *conj* **7.** (*außerdem*) besides, moreover, in addition; ~ **möchte ich noch erwähnen** I should like to mention besides. **8.** (*gleichzeitig*) at the same time, parallel to it.

daˈne·ben|**beˌneh·men** *v/reflex* <*irr, sep, no* -ge-, h> *colloq.* **sich** ~ misbehave, behave badly. ~ˌ**ge·hen** *v/i* <*irr, sep,* -ge-, sein> **1.** *Schüsse*: miss (the target *od.* mark), go wide of the mark, be wide. **2.** *fig. colloq.* a) be wide of the mark, b) (*mißglücken*) go wrong, misfire, go awry, *bes. Witz*: fall flat. ~ˌ**grei·fen** *v/i* <*irr, sep,* -ge-, h> **1.** *mus.* strike a wrong note. **2.** *fig.* (*fehlgehen*) be (*od.* go) wrong, miss (*od.* be wide of) the mark. **3.** *fig. colloq.* (*e-n Fehlgriff tun*) strike a false note, *colloq.* drop a brick. ~ˌ**hal·ten** *v/t* <*irr, sep,* -ge-, h> compare *s. th.* with it. ~ˌ**hau·en** *v/i* <*irr, sep,* -ge-, h> **1.** miss. **2.** *colloq.* be (very) wrong, be wide of the mark, miss one's guess. ~ˌ**ra·ten** *v/i* <*irr, sep,* -ge-, h> *colloq.* miss one's guess, guess wrongly. ~ˌ**schie·ßen** *v/i* <*irr, sep,* -ge-, h> **1.** miss (the target *od. Sport*: goal, *etc*), shoot wide (of the mark). **2.** *fig. colloq.* miss the mark. ~ˌ**tip·pen** *v/i* <*sep,* -ge-, h> → **danebenraten.** ~ˌ**tref·fen** *v/i* <*irr, sep,* -ge-, h> → **danebenschießen.** ~ˌ**tre·ten** *v/i* <*irr, sep,* -ge-, sein> **1.** miss one's footing. **2.** *fig. colloq.* drop a brick.

Dä·ne·mark [ˈdɛːnəˌmark] *npr n* <-s; *no pl*> Denmark; *fig.* **et. ist faul im Staate** ~ s. th. is rotten in the state of Denmark.

dang [daŋ] *rare 1 u. 3 sg pret,* **dän·ge** [ˈdɛŋə] *1 u. 3 sg pret subj of* **dingen.**

da·nie·der [daˈniːdər] *adv lit.* down, downward(s). **~ˌlie·gen** *v/i* <*irr, sep,* **-ge-,** h *u.* sein> *lit.* **1.** (**krank**) ~ be ill, be laid up; **an Grippe** ~ *a.* be down with influenza. **2.** *fig.* be brought low, be a spent force; *Handel etc*: be languishing, stagnate, *Vorhaben etc*: *a.* hang fire; *Volk*: be on one's knees; **s-e Kräfte lagen danieder** his powers were spent. **~ˌwer·fen** *v/t* <*irr, sep,* **-ge-,** h> *lit.* **1.** throw *s. o.* down (*od.* to the ground). **2.** *fig. Krankheit etc*: lay *s. o.* low, prostrate *s. o.*

Da·ni·el [ˈdaːnĭɛl] *npr m* <-s; *no pl*> *Bibl.* Daniel; ~ **in der Löwengrube** Daniel in the lion's den.

ˈDä·nin *f* <-; **-nen**> Dane, Danish girl (*od.* woman).

ˈdä·nisch I *adj* Danish. **II** *ling.* ≈ <*generally undeclined*>, **das** ≈**e** <**-n**> Danish.

Dank [daŋk] *m* <-(e)s; *no pl*> **1.** thanks *pl*; (**haben Sie**) **vielen** (*od.* **besten**) ~! many thanks!; **herzlichen** ~! thank you very (*od.* so) much!, thank you very much indeed!; *colloq.* **tausend** ~! a thousand thanks!; **schönen** (*od.* **heißen**) ~! thanks very much!, thanks a lot!, thanks awfully!; **Gott sei** ~! thank God!; **j-m s-n** ~ **ausdrücken** (*od.* **aussprechen**) express one's thanks to s. o.; **j-m s-n** ~ **abstatten** offer (*od.* extend) one's thanks to s. o.; **e-n Brief mit** ~ **erhalten** receive a letter with thanks. **2.** (*Dankbarkeit*) gratitude, thanks *pl*; *lit.* ~ **ernten** reap thanks; **wenig** (*od.* **schlechten**) ~ **für et. ernten** reap small thanks for s. th.; **j-m** ~ **schulden** owe s. o. a debt of gratitude, be indebted to s. o.; *lit.* **j-m** ~ **wissen für et.** be (*od.* feel) obliged (*od.* grateful) to s. o. for s. th.; *lit.* **j-m k-n** (*od.* **schlechten**) ~ **für et. wissen** give s. o. no thanks for s. th.; **j-n zu** ~ **verpflichten** oblige s. o.; **j-m zu** ~ **verpflichtet sein** be indebted to s. o., owe s. o. a debt of gratitude; **ich wäre Ihnen sehr zu** ~ **verpflichtet, wenn** I should be greatly obliged to you if. **3.** (*Lohn*) reward, return, (token of) thanks *pl*; **als** (*od.* **zum**) ~ in return, by way of thanks, as a reward; **das ist der** ~ (**dafür**)! that's all the thanks you get!; **zum** ~ **für s-e Dienste** as an acknowledgement (*od.* in recognition) of his services. **4.** *hist.* (*Siegerpreis*) prize.

dank *prep* <*dat od. gen*> *a. iro.* thanks to, owing to (*his efforts, etc*).

ˈDank·adres·se [-ʔaˌdrɛsə] *f lit.* letter (*od.* vote) of thanks.

ˈdank·bar I *adj* **1.** (*dankerfüllt*) grateful, thankful; **j-m für et.** ~ **sein** be grateful to s. o. for s. th.; **sich j-m für et.** ~ **zeigen** (*od.* **erweisen**) show gratitude to s. o. for s. th.; **j-m e-e** ~**e Erinnerung bewahren** hold s. o. in grateful remembrance; **sie ist für jede Ablenkung** ~ she welcomes every distraction; *iro.* **ich wäre Ihnen** ~, **wenn** I'd thank you for (*doing s. th., etc*). **2.** (*verbunden*) obliged; **wir wären Ihnen für e-e schnelle Erledigung** ~ we should appreciate an early settlement. **3.** (*lohnend*) rewarding, profitable, worthwhile, gratifying (*task, work, etc*); **ein** ~**es Gesprächsthema** a rewarding topic. **4.** *Publikum*: appreciative (*audience*). **5.** *Material*: hard-wearing, durable. **II** *adv* **6.** gratefully, thankfully; with thanks. ≈**keit** *f* <-; *no pl*> **1.** gratitude, gratefulness, thankfulness; **aus** ~ out of gratitude; **in aufrichtiger** ~ with sincere thanks; **j-m s-e** ~ (**be**)**zeigen** (**ausdrücken**) show (express) one's gratitude to s. o. **2.** *fig.* worthwhileness, rewardingness, profitableness (*of a task*). **3.** *des Publikums*: appreciativeness.

ˈDank·bar·keits|beˌweis *m* proof of gratitude. **~geˌfühl** *n* feeling of gratitude.

ˈDankˌbrief *m* → Dankesbrief.

dan·ken [ˈdaŋkən] **I** *v/i* <h> **1.** thank; **nichts zu** ~! not at all!, don't mention it!, *Am.* you're welcome!; **j-m** ~ **lassen** send one's thanks to s. o.; **er läßt Ihnen** ~ he asked me to thank you; **ich kann dir nicht genug** ~ I hardly know how to thank you, I can't thank you enough; **danke!** a) thank you!, *colloq.* thanks!, b) = **nein, danke!** no, thank you!, no, thanks!; **danke schön** (*od.* **vielmals**) thank you very much!, thanks very (*od.* so) much!; **danke verbindlichst!** I'm much obliged!; *iro. colloq.* **danke für Obst u. Südfrüchte!, na, ich danke!** thanks for nothing!, I'm not having any! **2.** (*ablehnen*) decline, refuse. **3.** (*wiedergrüßen*) return (*od.* acknowledge) a greeting; **ich grüßte ihn, und er dankte freundlich** I greeted him and he responded warmly (*od.* amiably). **II** *v/t* **4.** (*lohnen*) thank, reward; **j-m et.** ~ reward s. o. for s. th.; **kein Mensch wird es dir** ~! you'll get no thanks for that. **5.** (*ver*~) thank, owe; **ihm** ~ **wir es, daß** we owe it to him that, it is due to him that; **das hast du dir selbst zu** ~ you have only yourself to thank (*contp. a.* blame) for it. **III** ≈ *n* <-s> **6.** **beim** ≈ in saying thank you. **~d** *adv* with thanks; ~ **erhalten** received with thanks; **et.** ~ **ablehnen** decline s. th. with thanks.

ˈdan·kensˌwert *adj* commendable, laudable, praiseworthy, deserving (of thanks), meritorious. **ˈdan·kensˌwer·terˈwei·se** *adv* **1.** kindly. **2.** *fig.* commendably.

ˈdank·erˌfüllt *adj* full of gratitude.

ˈDan·kes|beˌsuch *m* thank-you visit. **~beˌzei·gung** *f* (expression of) thanks *pl*, mark (*od.* token) of gratitude. **~ˌbrief** *m* letter of thanks, *colloq.* thank-you letter.

ˈDan·keˌschön *n* <-; *no pl*> thank-you.

ˈDan·kes||ˌpflicht *f* <-; *no pl*> obligation of gratitude; **e-e** ~ **erfüllen** pay a debt of gratitude, fulfil an obligation. **~ˌschrei·ben** *n* → Dankesbrief. **~ˌschuld** *f* debt of gratitude. **~ˌwort** *n* <-(e)s; -e> *meist pl* word of thanks.

ˈDank||ˌfest *n relig.* (celebration of) thanksgiving. **~geˌbet** *n* (prayer of) thanksgiving. **~geˌfühl** *n* feeling of gratitude. **~ˌgot·tesˌdienst** *m* thanksgiving service. **~ˌop·fer** *n* thank-offering. ≈**ˌsa·gen** *v/i* <*sep,* **-ge-,** h> give (*od.* return) thanks; (*beten*) say grace. **~ˌsa·gung** *f* <-; **-en**> **1.** *lit.* expression of thanks. **2.** *bes. für Beileidsschreiben*: note of thanks. **3.** *relig.* thanksgiving. **~ˌschrei·ben** *n* → Dankesbrief.

dann [dan] **I** *adv* **1.** (*darauf, danach*) then, next, after that, afterward(s); **und was geschah** ~? and what happened next?; *colloq.* **erst so,** ~ **so** first one thing, then another. **2.** (*um die Zeit*) then, at that time; ~ **und** ~ at such and such a time; **von** ~ **bis** ~ from then to then; ~ **und wann** (every) now and then, from time to time, occasionally, once in a while; **erst** ~ not until (*od.* till) then, only then; *colloq.* **bis** ~! until (*od.* till) later!, so long!, see you (later)! **3.** (*in diesem Falle*) then, in that case; **was** ~? what then?; **nur** ~ then only; ~ **und nur** ~ then and then only; **selbst** ~, **wenn es wahr wäre** even if it were true; **wenn er es nicht weiß, wer soll es** ~ **wissen?** if he doesn't know it (then) who should? **II** *conj* **4.** (*außerdem*) besides, moreover, furthermore, in addition. **5.** *colloq.* (well) then, all right then; (*also*) so; ~ (**eben**) **nicht!** all right then, don't (*od.* forget it)!; ~ **bis morgen** see you tomorrow then!; **also** ~: **Auf Wiedersehen!** well, goodbye then!; ~ **bist du also älter als er** so you are older than he (is).

dan·nen [ˈdanən] *only in* **von** ~ **I** *adv lit.* (*weg*) away, off, (from) hence (*od.* thence); **von** ~ **eilen** hasten away (*od.* off); **von** ~ **gehen** (*od.* **ziehen**) go away, leave, depart, march off; *fig.* **von** ~ **gehen** (*sterben*) depart this life, pass on, go hence. **II** *relative adv Bibl.* **von** ~ **er kommen wird** whence he shall come.

dan·tisch [ˈdantɪʃ] *adj* Dantesque, Dantean; ≈**e Gedichte** poems by Dante; ~**e Bilder** Dantesque similes.

Dan·zi·ger [ˈdantsɪgər] *adj* (of) Danzig.

dar·an [daˈran; ˈdaːˌran] **I** *adv* **1.** on it (*od.* them), *betont*: on that (*od.* those); **es sind k-e Knöpfe** ~ (*an dem Hemd*) there are no buttons on it; *die Wand ist schräg,* **man kann k-e Bilder** ~ **aufhängen** ... you can't hang any pictures on it. **2.** to it (*od.* them), to that (*od.* those); ~ **befestigen** fasten (*od.* attach) to it, mount *s. th.* on it. **3.** of it (*od.* them), of that (*od.* those); **man stirbt nicht** ~ you don't die of it; → **denken** 6. **4.** in it (*od.* them), in that (*od.* those); **du mußt nur** ~ **glauben!** you only have to believe in it!; **vielleicht ist et.** ~ (*an dem Gerücht*) perhaps there's s. th. in it; **es ist kein wahres Wort** ~ there's not a word of truth in it; → *a.* **dran.** **5.** at it (*od.* them), at that (*od.* those); *das Schubfach steht offen,* **bist du** ~ **gewesen?** ... have you been at it? **6.** against it (*od.* them), against that (*od.* those); **lehne dich nicht** ~ don't lean against it. **7.** from it (*od.* them), from that (*od.* those); **sie leidet** ~ she suffers from it; ~ **erkennt man den Unterschied** you can tell the difference by that; ~ **erkennst du ihn** by that you may know him. **8.** for it (*od.* them), for that (*od.* those); **er ist nicht schuld** ~ he's not to blame for it, it's not his fault. **9.** *colloq.* on to it (*od.* them), on to that (*od.* those); **halt dich** ~ **fest!** hold on to it (tight)! **10.** **nahe** ~ near (*od.* close) to it (*od.* them), near (*od.* close) to that (*od.* those); **er ist nicht gestorben, aber er war nahe** ~ he didn't die but he nearly did; → **nah** 4. **11.** **anschließend** (*od.* **im Anschluß**) ~ afterward(s). **12.** **es liegt mir sehr viel** ~ it's very important to me; ~ **liegt's also!** so that's it (*od.* why)!; **du tust gut** ~ you are wise, it's a good idea of yours, you do well; **halt dich** ~! act accordingly!; **es ist (gar) nicht** ~ **zu denken** it's out of the question; **du tust gut** ~ **fortzugehen** you would do well to go away, you are wise to go; **glaubst du** ~? a) *relig.* do you believe in it?, b) *weitS.* do you believe it? **II** *relative adv* **13.** *lit. archaic* in which, whereon, whereof, wherein, whereat; **et.,** ~ **das Herz sich erfreuen könnte** s. th. the heart could delight in.

darˈan|ˌge·ben *v/t* <*irr, sep,* **-ge-,** h> **1.** (*hinzufügen*) add (*salt, etc*). **2.** *lit. archaic* (*opfern*) give (up), sacrifice (*one's life, etc*). **~ˌge·hen** *v/i* <*irr, sep,* **-ge-,** **sein**> set to (work on) it, set about it, *colloq.* get (down) to it, get busy; **ich muß endlich** ~, **m-e Papiere zu ordnen** I must at last set about sorting my papers. **~ˌhal·ten** *v/reflex* ⟨*irr, sep,* -ge-, h⟩ sich ~ → dranhalten. **~ˌkom·men** *v/i* ⟨*irr, sep,* -ge-, sein⟩ → drankommen. **~ˌma·chen** *v/reflex* ⟨*sep,* -ge-, h⟩ *colloq.* sich ~ → darangehen. **~ˌneh·men** *v/t* ⟨*irr, sep,* -ge-, h⟩ → drannehmen. **~ˌset·zen I** *v/t* ⟨*sep,* -ge-, h⟩ **1.** alles ~, um et. zu bekommen spare no effort (*od.* move heaven and earth) to get s. th. **2.** (*aufs Spiel setzen*) stake, risk (*one's life, etc*). **II** *v/reflex* sich ~ → darangehen. **~ˌwa·gen** *v/reflex* ⟨*sep,* -ge-, h⟩ *colloq.* sich ~, et. zu tun venture (*od.* dare) to do s. th. **~ˌwen·den** *v/t* ⟨*bes. irr, sep,* -ge-, h⟩ *lit.* **1.** alles ~, daß do one's utmost to, try everything to. **2.** (*ausgeben*) spend, pay. **~ˌwol·len** *v/i* ⟨*sep,* -ge-, h⟩ nicht (recht) ~ be hesitant about it, fight shy of it.

dar·auf [daˈrauf; ˈdaːˌrauf] **I** *adv* **1.** (up)on it (*od.* them), *betont*: (up)on that (*od.* those), on top (of it *od.* them); stelle die Vase ~! put the vase on it!; ich bestehe ~ I insist on it; ~ steht e-e hohe Belohnung there is a big reward for that. **2.** to it (*od.* them), to that (*od.* those); hör nicht ~! don't pay any attention to it!, don't listen to it!; ich werde später ~ zurückkommen I shall come back to it later; er erwiderte nichts ~ he made no reply to it; freust du dich ~? are you looking forward to it?; ~ wollen wir trinken! let's drink to that! **3.** in it (*od.* them), in that (*od.* those); grüne Wiesen mit vielen Schafen ~ green meadows with lots of sheep on (*od.* in) them. **4.** for it (*od.* them), for that (*od.* those); sie ging schnurstracks ~ los she went straight for (*od.* toward[s]) it; er muß sich noch ~ vorbereiten he still has to prepare (himself) for it; ~ steht Gefängnis for that the penalty is prison. **5.** of it (*od.* them), of that (*od.* those); er ist stolz ~ he is proud of it; wie kommst du bloß ~? whatever made you think of that?, however did you get that idea? **6.** after (that), afterward(s); bald (gleich) ~ soon (directly) after; tags (*od.* den Tag, am Tage) ~ the day after; e-e Woche ~ a week later; im Sommer ~ (in) the next summer. **7.** whereupon; *sie nannte ihn e-n Lügner,* ~ ließ er sie stehen ..., ~ whereupon (*od.* at which) he turned his back on her. **II** *relative pron* **8.** *lit. archaic* on which, whereon.

darˈauf|ˌfol·gend *adj* subsequent, following, ensuing; jedes ~e Jahr each succeeding year; am ~en Tage (on) the following day. **~ˌge·hen** *v/i* ⟨*irr, sep,* -ge-, sein⟩ → draufgehen. **~ˌgie·ßen** *v/t* ⟨*irr, sep,* -ge-, h⟩ pour over it.

dar·auf·hin [darauf'hɪn; 'daːraufˌhɪn] *adv* **1.** after that, thereupon. **2.** (*auf Grund dessen*) as a result, on the strength of it, therefore. **3.** *als Antwort*: in answer to it, in response.

darˈauf|ˌlas·sen *v/i* ⟨*irr, sep,* -ge-, h⟩ leave *s. th.* on (it); den Deckel ~ leave the lid on. **~ˌle·gen** *v/t* ⟨*sep,* -ge-, h⟩ lay (*od.* put) *s. th.* on (it). **~ˌset·zen I** *v/t* ⟨*sep,* -ge-, h⟩ **1.** et. ~ put (*od.* place) s. th. on it. **2.** j-n ~ place (*od.* seat) s. o. on it. **II** *v/reflex* sich ~ **3.** sit down on it. **~ˌstel·len I** *v/t* ⟨*sep,* -ge-, h⟩ et. (j-n) ~ put (*od.* place) s. th. (s. o.) on it. **II** *v/reflex* sich ~ step on to it.

dar·aus [daˈraus; ˈdaːˌraus] **I** *adv* **1.** from (*od.* out of) it (*od.* them), *betont*: from (*od.* out of) that (*od.* those); et. ~ abschreiben copy s. th. from it; ~ lernen learn from it; ~ schließen conclude (*od.* infer) from it; et. ~ vorlesen read s. th. from (*od.* out of) it; Schwierigkeiten, die sich ~ ergeben könnten difficulties that might arise from it. **2.** of it (*od.* them), *betont*: of that (*od.* those); ~ gemacht made of (*od.* out of, from) it; ~ wird nichts! that's out (of the question)!, *colloq.* nothing doing!; ~ wird nichts werden a) nothing will come of it, it will come to nothing, b) it won't be possible, that's out; was soll nur ~ werden? what on earth will come of that?; was ist ~ geworden? what has become of it? **3.** for it (*od.* them), *betont*: for that (*od.* those); ich mache mir nichts ~ a) I don't care for it, I am not keen on that, it doesn't interest me, b) (*unbekümmert, unbesorgt*) it doesn't worry me!, I couldn't care less!; sie macht sich et. ~ she cares (about it), it means s. th. to her. **4.** *am Satzanfang, betont*: from this (*od.* that), *lit.* hence, thence; ~ folgt, daß hence (*od.* from this) it follows that, it follows from this (*od.* that). **II** *relative pron* **5.** *lit. archaic* out of (*od.* from, of) which, *lit.* whence.

dar·ben [ˈdarbən] **I** *v/i* ⟨h⟩ *lit.* **1.** want, live in want (*od.* poverty), suffer want (*od.* privations), go short. **2.** (*hungern*) starve; j-n ~ lassen let s. o. starve, starve s. o. **II** 2 *n* ⟨-s⟩ **3.** living in want (*etc*). **4.** want, need, *stärker*: privation. **5.** starvation.

ˈdarˌbie·ten [ˈdaːr-] **I** *v/t* ⟨*irr, sep,* -ge-, h⟩ *lit.* **1.** (*aufführen*) perform, present, offer, (*zeigen*) *a.* show (*folk dances, etc*); Werke von Haydn ~ perform (*od.* play) works by Haydn. **2.** (*Thema etc*) present. **3.** *lit.* (*anbieten*) offer (*s. o. one's arm, etc*), present (*a pleasant sight, etc*). **II** *v/reflex* sich ~ **4.** offer o. s.; sich zum Opfer ~ sacrifice o. s., offer o. s. as a sacrifice. **5.** *Sache, Gelegenheit*: present itself, offer, arise; welch ein Anblick bot sich uns dar! what a sight met our eyes! **6.** (*entstehen*) arise, emerge.

ˈDarˌbie·tung *f* ⟨-; -en⟩ **1.** presentation; (*Veranstaltung*) event; (*Schau*) show; (*Programm*) program(me *Br.*); die verschiedensten ~en all kinds of entertainment. **2.** *thea. etc* performance. **3.** (*Programmnummer*) number, item; *Varieté*: act. **4.** *Kunst*: display.

ˈdarˌbrin·gen *v/t* ⟨*irr, sep,* -ge-, h⟩ **1.** *lit.* (*Gaben*) give, offer, present; (j-m) et. als (*od.* zum) Geschenk ~ give (*od.* offer) s. th. as a present (to s. o.). **2.** (*Opfer*) offer (up), make (*to God, etc*). **3.** *fig.* (*Huldigung etc*) (j-m to s. o.) pay, render (*homage, etc*). **4.** *fig.* (*Dank, Verehrung etc*) express (*one's thanks, etc*) (j-m to s. o.). **ˈDarˌbrin·gung** *f* ⟨-; *no pl*⟩ offering (*etc*), *a. relig.* presentation; ~ des Brotes und Weines oblation.

dar·ein [daˈraɪn; ˈdaːˌraɪn] **I** *adv* **1.** to it (*od.* them); sich ~ ergeben submit to it, acquiesce in it. **2.** in it (*od.* them); sich ~ vertiefen engross o. s. in it. **II** *relative pron* **3.** *lit. archaic* in which, wherein; *Bibl.* Kanaan, ~ ich euch führen will Canaan whither I bring you.

darˈein... *in Zssgn* → a) drein(blicken, -reden, -schlagen), b) ein(mischen, -willigen). **~ˌfin·den** *v/reflex* ⟨*irr, sep,* -ge-, h⟩ *lit.* sich ~ become resigned to it, reconcile o. s. to it, get used to it. **~ˌfü·gen** *v/reflex* ⟨*sep,* -ge-, h⟩ *lit.* sich ~ submit to it, acquiesce in it, accept it. **~ˌge·ben** *v/t* ⟨*irr, sep,* -ge-, h⟩ give *s. th.* into the bargain. **~ˌschicken** (*getr.* -k·k-) *v/reflex* ⟨*sep,* -ge-, h⟩ sich ~ → dareinfinden.

darf [darf] *1 u. 3 sg pres,* **darfst** *2 sg pres of* dürfen[1].

dar·in [daˈrɪn; ˈdaːˌrɪn] **I** *adv* **1.** in it (*od.* them), *betont*: in that (*od.* those); sich ~ befinden be in it; was ist ~? what is in it (*od.* inside)? **2.** *betont*: there, in that, in this (respect); ~ irrt er there he is mistaken; ~ ähnelt er ihr there (*od.* in this, in that) he resembles her; der Aufsatz unterscheidet sich von anderen ~, daß er ... the essay differs from others in that it ... **3.** at it, *betont*: at that; er ist ~ nicht sehr gut he is not very good at it. **4.** die Schwierigkeit liegt ~, daß the difficulty is (*od.* lies in the fact) that. **II** *relative pron* **5.** *lit. archaic* in which, wherein.

dar·in·nen [daˈrɪnən] **I** *adv lit.* within, inside (it). **II** *relative pron lit. archaic* wherein.

ˈdarˌle·gen *v/t* ⟨*sep,* -ge-, h⟩ *lit.* **1.** (*ausführen, auseinandersetzen*) (j-m to s. o.) explain, make clear, expound; (*aufzeigen*) show, point out, demonstrate; ausführlich ~ explain (*od.* expound) in detail; et. in e-m Aufsatz ~ show (*od.* point out) s. th. in an essay. **2.** (*feststellen, darstellen*) state, define; im einzelnen ~ specify, particularize. **3.** (*kundtun*) set forth, declare (*one's political views, etc*). **4.** (*enthüllen*) lay open, expose, disclose, unfold (*one's plans, etc*). **ˈDarˌle·gung** *f* ⟨-; -en⟩ *lit.* **1.** explaining (*etc*). **2.** (*Ausführung, Erklärung*) explanation, exposition, exposé, representation, words *pl.* **3.** (*Feststellung*) (schriftliche ~ written) statement. **4.** (*Enthüllung*) exposure, disclosure; durch ~ s-r Motive by disclosing (*od.* revealing) his motives. **5.** (*Veranschaulichung*) demonstration.

ˈDarˌle·hen *n* ⟨-s; -⟩ *econ.* loan; befristetes ~ time loan, fixed-term loan; gedecktes (*od.* gesichertes) ~ secured loan; ~ gegen Sicherheit secured loan; als ~ as a loan, on loan; ein ~ aufnehmen raise (*od.* take up) a loan; j-m ein ~ geben (*od.* gewähren) grant (*od.* make) s. o. a loan, lend s. o. money.

ˈDarˌle·hens|ˌbank *f* loan bank. **~ˌge·ber** *m* lender, loaner. **~geˌschäft** *n* loan business, lending transaction. **~ˌkas·se** *f* loan bank. **~ˌkas·sen·ˌschein** *m* loan certificate. **~ˌkas·sen·verˌein** *m* loan society, *Am.* credit corporation. **~ˌneh·mer** *m* borrower. **~ˌschuld** *f* loan debt. **~verˌtrag** *m* loan contract. **~ˌzins** *m meist pl* interest on loan capital.

ˈDarˌlei·her *m* ⟨-s; -⟩ *econ. jur.* lender, loaner.

Darm [darm] *m* ⟨-(e)s; ⸚e⟩ **1.** *anat.* bowel(s *pl*), intestine(s *pl*), gut(s *pl*); Erkrankungen des ~es intestinal diseases; den ~ entleeren empty (*od.* evacuate) the bowels, defecate; den ~ reinigen purge the intestine; durch den ~ eingeben administer *s. th.* rectally; in den ~ einführen introduce *s. th.* into the rectum. **2.** *vet.* gut(s *pl*). **3.** *gastr.* (*Wurst*2) (sausage) skin. **~ˌaus·ˌgang** *m anat.* anus. **~ˌbein** *n anat.* ilium, iliac bone. **~beˌschwer·den** *pl med.* intestinal complaints (*od.* trouble *sg*). **~ˌblä·hung** *f* flatulence. **~ˌblu·ten** *n,* **~ˌblu·tung** *f* intestinal h(a)emorrhage. **~ˌbruch** *m* (intestinal) hernia. **~ˌein·ˌklem·mung** *f* intestinal strangulation. **~entˌlee·rung** *f* bowel movement (*od.* evacuation), defecation; *durch Abführmittel*: purgation. **~entˌzün·dung** *f* inflammation of the bowels; *des Dünndarms*: enteritis; *des Dickdarms*: colitis. **~erˌkran·kung** *f* intestinal disease. **~ˌfau·na** *f biol.* intestinal parasites *pl.* **~ˌflo·ra** *f* intestinal flora. **~geˌschwür** *n* intestinal ulcer. **~ˌgrim·men** *n* → Darmkolik. **~ˌgrip·pe** *f* abdominal (*od.* gastro-enteric) influenza, *colloq.* gastric flu. **~in·fek·tiˌon** *f* intestinal infection. **~ˌinˌhalt** *m des Dünndarms*: intestinal contents *pl*; *des Dickdarms*: f(a)ecal matter. **~kaˌtarrh** *m* enteritis. **~ˌko·lik** *f* intestinal colic, *colloq.* gripes *pl.* **~ˌkol·lern** *n* intestinal rumbling. **~ˌkrampf** *m* enterospasm. **~ˌkrank·heit** *f* intestinal disease. **~ˌkrebs** *m* intestinal cancer. **~ˌlym·phe** *f* chyle. **~ˌnetz** *n* epiploon. **~ˌrei·zung** *f* intestinal irritation. **~re·sek·tiˌon** *f* intestinal resection, enterectomy. **~ˌsaft** *m* intestinal juice. **~ˌsai·te** *f* **1.** *mus.* catgut (string). **2.** *für Tennisschläger etc*: catgut (string), gut. **~ˌschlin·ge** *f* intestinal loop. **~ˌschnitt** *m* enterotomy. **~ˌspü·lung** *f* colonic irrigation. **~ˌstö·rung** *f* intestinal disorder. **~ˌtä·tig·keit** *f* bowel function (*od.* action). **~ˌträg·heit** *f* a) sluggishness of the bowels, b) (*Verstopfung*) constipation. **~verˌen·gung** *f* intestinal stenosis, enterostenosis. **~verˌschlin·gung** *f* twisting of the bowels, volvulus. **~verˌschluß** *m* ileus, intestinal obstruction (*od.* occlusion). **~ˌwand** *f* intestinal wall. **~ˌwind** *m* (intestinal) wind. **~ˌzot·ten** *pl* (intestinal) villi. **~ˌzwang** *m* tenesmus. **~ˌzy·ste** *f* enterocyst.

dar·nach [darˈnaːx; ˈdarˌnaːx] *adv obs. for* **danach.**

dar·nie·der [darˈniːdər] *adv obs. for* **danieder.**

dar·ob [daˈrɔp; ˈdaːˌrɔp] *adv rare for* **darüber** 5.

ˈDarrˌbo·den *m* kiln floor.

Dar·re [ˈdarə] *f* ⟨-; -n⟩ **1.** *chem. tech.* a) (*Anlage*) (drying) kiln, b) (*Vorgang*) kiln-drying. **2.** *metall.* liquation hearth.

ˈdarˌrei·chen *v/t* ⟨*sep*, **-ge-**, **h**⟩ *lit.* **1.** **j-m et.** ~ offer (*od.* hand) s. o. s. th.; **j-m e-e Gabe** ~ present s. o. with a gift. **2.** (*Medizin*) administer (**j-m** to s. o.).

dar·ren [ˈdarən] *v/t* ⟨**h**⟩ **1.** *chem. tech.* kiln-dry, kiln, dry. **2.** *metall.* (*Kupfer*) liquate.

ˈDarr|geˌwicht *n* kiln- (*od.* oven-)dry weight. **~ˌkup·fer** *n* liquated copper. **~ˌmalz** *n* cured (*od.* kiln-dried) malt. **~ˌofen** *m* **1.** (drying) kiln. **2.** *für Kupfer*: liquation hearth. **~ˌsau** *f Brauerei*: kiln sow.

ˈdarˌstell·bar *adj* **1.** representable, describable; **das ist in Worten nicht** ~ words cannot describe it. **2.** *thea. Rolle*: actable, playable; **schwer** ~ hard to play. **3.** *chem.* a) capable of being prepared (*od.* synthesized), b) *industriell*: producible. **4.** *colloq.* (*machbar*) feasible, possible.

ˈdarˌstel·len I *v/t* ⟨*sep*, **-ge-**, **h**⟩ **1.** (*beschreiben*) represent, describe, depict, portray; **et. erschöpfend** ~ give an exhaustive description of s. th.; **et. falsch** ~ give a false account (*od.* distorted picture) of s. th., misrepresent s. th.; **so wie du ihn darstellst** the way you describe him. **2.** (*wiedergeben, zeigen*) represent, depict, picture, portray, show; **was soll das Gemälde** ~? what is the painting supposed to represent? **3.** (*bedeuten*) be, mean, constitute, represent, form; **dies stellte e-e Überraschung dar** this came as (*od.* was) a surprise; **was soll das Zeichen** ~? what does this symbol mean (*od.* stand for)?; *colloq.* **er stellt et. dar** he is really somebody. **4.** *thea.* a) act (*od.* play, do, perform) (the part of), portray, (re-) present, (im)personate, b) (*interpretieren*) interpret. **5.** *chem.* a) prepare, synthesize, b) *industriell*: produce; *ein Element* **rein** ~ isolate. **6.** *math.* describe, construct, represent; **et. graphisch** (**schematisch**) ~ represent s. th. graphically (schematically); **e-e Kurve graphisch** (*od.* **zeichnerisch**) ~ trace (*od.* graph, chart, plot) a curve. **7.** *colloq.* (*bewerkstelligen*) do, manage; **das läßt sich** ~ that can be done. **II** *v/reflex* **8.** *lit.* **sich** ~ (**als**) present itself (as), appear (to be *difficult, etc*). **ˈdarˌstel·lend** *adj* **1.** representative, descriptive; **~e Geometrie** descriptive geometry. **2.** *Kunst, Künstler*: interpretative; **~e Künste** a) (*Schauspiel, Tanz*) interpretative (*od.* performing) arts, b) (*Malerei etc*) pictorial arts. **ˈDarˌstel·ler** *m* ⟨-s; -⟩ actor, player, performer, interpreter (of a part); **der** ~ **des Faust** the actor playing (the part of) Faust. **ˈDarˌstel·le·rin** *f* ⟨-; -nen⟩ actress, performer, player. **ˈdarˌstel·le·risch** *adj* ⟨*attrib*⟩ acting, performing, mimic; **s-e ~e Leistung** his (acting) performance, his (superb) acting.

ˈDarˌstel·lung *f* ⟨-; -en⟩ **1.** describing (*etc*; *cf.* **darstellen**). **2.** (*Beschreibung*) representation, description, depiction, picture, portrayal; **e-e ungenaue** (*od.* **unrichtige**) ~ an inexact account (*od.* description), *bes. jur.* (**des Sachverhalts**) a misrepresentation (of fact), an incorrect recital of fact; **e-e bildliche** ~ a pictorial representation; **s-e** ~ **des Vorfalls** his version (*od.* account) of the incident; **nach Ihrer** ~ **des Falles** as you describe it. **3.** (*Wiedergabe*) representation, depiction, portrayal, reproduction; (*Behandlung*) treatment; **e-e ausgezeichnete** ~ **m-s Vaters** an excellent portrait of my father. **4.** *thea.* a) acting, portrayal, performance, (re-) presentation, (im)personation, b) interpretation; **s-e** ~ **des Faust** his interpretation of (the part of) Faust, his "Faust". **5.** *chem.* a) preparation, synthesis, b) *industriell*: production. **6.** description, representation; **graphische** ~ graph(ic representation), diagram, figure, chart.

ˈDarˌstel·lungs|ˌga·be *f* gift of (re)presentation, *e-s Schauspielers*: *a.* acting (ability). **~ˌkraft** *f* power of representation, *e-s Schriftstellers*: *a.* descriptive (*od.* narrative) power. **~ˌkunst** *f e-s Schriftstellers, Malers etc*: art of representation; *e-s Schauspielers*: art of (re)presentation, acting (ability). **~ˌwei·se** *f* **1.** manner (*od.* style) of representation. **2.** *chem.* method of preparation (*od.* synthesis).

ˈdarˌtun *v/t* ⟨*irr, sep*, **-ge-**, **h**⟩ *lit.* show, prove, set forth, expound; **et.** (**praktisch**) ~ demonstrate s. th.; *jur.* **e-n Rechtsanspruch** ~ establish (*od.* clear) a title.

dar·über [daˈryːbər; ˈdaːˌryːbər] *adv* **1.** *räumlich*: over it (*od.* that, them), above it (*od.* that, them), *querüber*: across it (*od.* that, them), *betont*: *a.* over (*od.* above, across) there; **das Buch lag genau** ~ the book lay directly over (*od.* squarely on top of) it; ~ **hin(weg)** over it; *fig.* ~ **geht nichts** there is nothing like it, that beats everything. **2.** ~ **hinaus** a) beyond (*od.* past) it (*od.* that, them), b) *fig.* moreover, in addition (to this *od.* that), over and above that, on top of that; *fig.* **er ist** ~ **hinaus** he is past (all) that, he got over that. **3.** *zeitlich*: in the meantime, meanwhile; ~ **kann es Abend werden** evening may fall in the meantime; ~ **war ich eingeschlafen** I fell asleep over (*od.* while doing) it; ~ **werden Jahre vergehen** it will take years. **4.** (*mehr*) more; **100 Mark oder** ~ a hundred marks or more; **drei Jahre und** ~ over three years, three years and upward(s). **5.** *fig.* (*über e-e Sache*) about it (*od.* that), on that point (*od.* score), (*über ein Thema*) on that (*od.* it), (*des Inhalts*) to the effect (**daß** that); **ich bin froh** ~ I am glad about (*od.* of) it; **ich bin überrascht** ~, **daß** I am surprised (to learn) that; **e-e Erklärung** ~, **daß** a statement to the effect that; ~ **vergaß er s-n Kummer** this made him forget his grief; ~ **wird morgen verhandelt** this will be discussed tomorrow; **man kann ruhig** ~ **sprechen** it is quite all right to speak of (*od.* mention) it.

darˈüber|ˌma·chen *v/reflex* ⟨*sep*, **-ge-**, **h**⟩ *colloq.* **sich** ~ a) set about (*od.* set to work on) it, go at (*od.* attack, tackle) it, b) *über Essen*: fall upon it. **~ˌste·hen** *v/i* ⟨*irr, sep*, **-ge-**, **h** *u.* **sein**⟩ be (*od.* stand) above it (*a. fig.*).

dar·um [daˈrʊm; ˈdaːˌrʊm] **I** *adv* **1.** *räumlich*: (a)round it (*od.* that, them), *betont*: *a.* (a)round there; *fig.* ~ **herumreden** talk around it; → **herumkommen.** **2.** *fig.* about it (*od.* that, them); **er weiß** ~ he knows about it, he is aware of it; ~ **sei unbesorgt** don't worry about that. **3.** (*deswegen*) because of it (*od.* that); **ich bin** ~ **nicht unglücklicher** I am not less happy for that. **4. er bat ihn** ~ a) he asked him for it, b) he asked him to do it; **ich bitte dich** ~! a) please!, b) *negativ*: please, don't!; **wie steht es** ~? how does the matter stand?, how's it going?; ~ **geht es nicht!** that's not the point!; **es ist mir nur** ~ **zu tun** my only object (*od.* concern) is; **es ist mir sehr** ~ **zu tun, daß er freigelassen wird** I am very anxious to have him released; **sei es** ~! a) let it be, b) never mind; **ich gäbe viel** ~ **zu wissen, ob** I'd give a lot to know if; → **handeln** 6. **II** *conj* **5.** therefore, for that reason, on that account; ~ **ist es besser, wenn** therefore it is better if; **und** ~ **kam er** and that's (the reason) why he came; **warum taten Sie das? –** ~! why did you do that? — because!; (**ach**) ~! (so) that's why!; → **eben**[2] 3.

darˈumˌkom·men *v/i* ⟨*irr, sep*, **-ge-**, **sein**⟩ **1.** lose it. **2.** come away empty-handed, get nothing.

dar·un·ter [daˈrʊntər; ˈdaːˌrʊntər] **I** *adv* **1.** *räumlich*: under(neath) (*od.* beneath, *a.* below) it (*od.* that, them), underneath; **die Wohnung** ~ the flat (*Am.* apartment) below; **ich fand nichts** ~ I found nothing underneath. **2.** (*weniger*) less, under; **50 Mark und** ~ fifty marks and under (*od.* less); *colloq.* ~ **macht er es nicht** he won't do it for less. **3.** (*dazwischen*) among them; **mein Freund war mitten** ~ my friend was right among them (*od.* in the thick of it); ~ **auswählen** choose from among them. **4.** (*einschließlich*) including, among them; *es waren 50 Personen anwesend*, ~ **auch der Bürgermeister** ... among them the mayor. **5. was verstehst du** ~? what do you understand by it?; ~ **kann ich mir nichts vorstellen** that does not mean anything to me; **Ausländer fallen nicht** ~ (*unter dieses Gesetz*) foreign residents are not affected by it (*od.* do not come under it). **II** *conj* **6.** among them; **in verschiedenen Ländern,** ~ (**in**) **der Schweiz** in various countries, among them Switzerland.

darˈun·ter|ˌle·gen *v/t* ⟨*sep*, **-ge-**, **h**⟩ lay *s. th.* under(neath) it (*od.* them). **~ˌmen·gen** *v/t* ⟨*sep*, **-ge-**, **h**⟩, **~ˌmi·schen I** *v/t* ⟨*sep*, **-ge-**, **h**⟩ mix *s. th.* among(st) (*od.* with) it (*od.* them). **II** *v/reflex* **sich** ~ mix with them. **~ˌset·zen** *v/t* ⟨*sep*, **-ge-**, **h**⟩ put (*od.* set) *s. th.* under(neath) it; **s-n Namen** ~ put one's name (*od.* signature) to it; **sich** ~ sit (down) under it (*od.* them). **~ˌzie·hen** *v/t* ‹*irr, sep,* **-ge-, h**› **1.** pull *s. th.* under it (*od.* them). **2.** (*Kleidungsstück*) put (*od.* pull) *s. th.* on underneath (it).

dar·wi·nisch [darˈviːnɪʃ] *adj* Darwinian, Darwinist(ic); **℘e Lehre** → **Dar·wiˈnis·mus** [-viˈnɪsmʊs] *m* ‹-; *no pl*› Darwinism, Darwinian theory. **Dar·wiˈnist** [-viˈnɪst] *m* ‹**-en; -en**› Darwinian, Darwinist. **dar·wiˈni·stisch** *adj,* **ˈdar·winsch** [-viːnʃ] *adj* Darwinian, Darwinist(ic).

das [das] **I** *definite article* **1.** *n* ‹*nom and acc sg*› the; **~ Buch des Jahres** the book of the year; **~ Deutschland des letzten Jahrhunderts** the Germany of the last century; **~ Gute** the good. **II** *demonstrative pron* **2.** *n* ‹*nom sg*› this (one), that (one); **~ ist der neue Chef** this is the new boss; **~ ist es ja!** that's it (*od.* the point)!; **~ da** that one (over here *od.* there); *sie wurde gelobt,* **und ~ mit Recht** and rightly so; **~ sind s-e Bücher** those are his books; **~ war ich it** (*od.* that) was me. **3.** *n* ‹*acc sg*› this (one), that (one); **~ alles können wir uns schenken** we can do without all that; **nur** (*od.* **bloß**) **~ nicht!** anything but that! **III** *relative pron* **4.** *n* ‹*nom sg*› a) *bei Personen*: who, b) *bei Sachen*: which. **5.** ‹*acc sg*› a) *bei Personen*: whom, *colloq.* a. who, b) *bei Sachen*: which; **das Gedicht, ~ ich meine** the poem (which) I am talking about. **IV** *personal pron* **6.** *colloq. for* **es**[1] 1, 2.

ˈdaˌsein I *v/i* ‹*irr, sep,* **-ge-, sein**› **1.** (*anwesend*) be there, be present, attend. **2.** (*existieren*) exist, be in existence; **es ist alles schon dagewesen** it's all happened before, there is nothing new under the sun; **noch nie dagewesen** unprecedented, unheard-of, without precedent. **3.** (*verfügbar*) be available, be there; **ich werde immer für dich ~** you can always count on me. **4.** *colloq.* **(voll) ~** a) (*in Form*) be there, be on the ball, be in great shape, b) (*hellwach*) be wide awake. **II ℘** *n* ‹**-s;** *no pl*› **5.** (*Leben*) life, existence; **ein kümmerliches ℘ führen, sein ℘ fristen** lead (*od.* live) a miserable life, eke out a miserable existence; **der Kampf ums ℘** the struggle for existence; *lit.* **sein ℘ beschließen** depart this life. **6.** (*Existenz*) existence, *philos.* Dasein; **ins ℘ treten** come into existence (*od.* being). **7.** (*Anwesenheit*) presence; **sein bloßes ℘** his mere presence.

ˈDaˌseins... *in Zssgn* → *a.* **Lebensangst, -freude, -kampf, -wille. ~beˌrech·ti·gung** *f philos.* **1.** right to exist. **2.** (*Grund*) raison d'être, justification. **℘ˌmü·de** *adj* world-weary.

daˈselbst [da-] *adv obs. or dial. for* **dort** 1; *adm.* **~ wohnhaft** residing at the same (*od.* said) place (*od.* address).

ˈdaˌsit·zen *v/i* ‹*irr, sep,* **-ge-, h** *u.* **sein**› **1.** sit here. **2.** (*untätig*) sit by, sit idly.

ˈdasˌje·ni·ge [-ˌjeːnɪgə] *demonstrative pron n* ‹**desjenigen; diejenigen**› **1.** that; **mein Buch und ~ m-s Freundes** my book and my friend's (*od.* that of my friend). **2. ~, das** (*od.* **welches**) a) that ... which, the one ... which, b) *mit Substantiv*: the ... who (*od.* which); **~ Mädchen, das am meisten redet** the girl who talks most; **es ist genau ~, was ich suche** this is exactly what I am looking for.

daß [das] *conj* **1.** *vor Subjektsatz*: that; **es ist gut, ~ ihr kommt** it's good (that) you are coming; **es tut mir leid, ~ ich mich verspätet habe** I am sorry I'm late; **es sind zwei Jahre her, ~ ich ihn nicht gesehen habe** it is (*od.* has been) two years since I last saw him; **es war sehr nett von ihm, ~ er anrief** it was very nice of him to call. **2.** *vor Objektsatz*: that; **ich weiß, ~ er hier war** I know (that) he was here; **entschuldigen Sie, ~ ich Sie störe** please excuse me for (*od.* my) disturbing you. **3.** *vor Attributivsatz*: that; **wir sind der Überzeugung, ~** we are convinced that; **für den Fall, ~ du doch kommst** in case you come after all. **4.** *mit Präpositionalausdrücken*: that; **ich bin dagegen, ~ er mitkommt** I am against (*od.* I object to) his coming along; **du mußt dich damit abfinden, ~** you have to put up with the fact that. **5.** *vor Konsekutivsatz*: so that; **hier ist es so kalt, ~ man den Atem sieht** it's so cold here that you can see your breath; **er benimmt sich, ~ es e-e Schande ist** it's a disgrace the way he behaves (himself); **bist du so töricht, ~ du ihm glaubst?** are you such a fool as to believe him? **6.** *vor Modalsatz*: that; **es war keineswegs** (*od.* **nicht**) **so, ~** it was by no means (the case) that; **nicht, ~ er dazu zu dumm gewesen wäre** not that he would have been too stupid for it; **ohne ~ man es gelesen hat** without reading (*od.* having read) it. **7.** *vor Komparativsatz*: **als ~** rather than; **er verhungert eher** (*od.* **lieber**)**, als ~ er bettelt** he would rather starve than beg; **sie ist zu häßlich, als ~ ich sie lieben könnte** she is too ugly for me to love (her). **8.** *vor Finalsatz*: so (*od.* in order) that; **wir werden uns sehr bemühen, ~** (*od. obs.* **auf ~**) **Ihre Wünsche erfüllt werden** we'll make every effort to fulfil(l) your wishes (*od.* to see that your wishes are met); *colloq.* **~ ich's nicht vergesse** before I forget (it); *colloq.* **er ist offenbar krank, ~ er heute nicht kommt** he must be ill not to come today. **9. kaum, ~ wir fort waren** we had hardly (*od.* hardly had we) been gone; **bis ~** until; **nur ~** only that; **vorausgesetzt, ~** provided that. **10.** *in Ausrufen*: **oh ~ doch alles nur ein Traum wäre!** if only all (that) were just a dream!; **nicht, ~ ich wüßte** not that I know of; **~ ich das vergessen habe!** how could I forget that!; *colloq.* **~ du (mir) ja kommst!** be sure to come!, you'd better come!; **nicht, ~ du dich beschwerst** but don't complain.

ˌdasˈsel·be *demonstrative pron n* ‹**desselben; dieselben**› **1.** the same; **ein und ~ (Mädchen)** one and the same (girl); **genau** (*od.* **ein und**) **~ Muster** exactly the same pattern; **~ noch einmal** the same again; **~ tun (sagen)** do (say) the same (thing). **2.** *colloq.* (*das gleiche*) the same; **sie hat ~ Kleid an wie ihre Schwester** she's wearing the same dress as her sister. **3.** *obs.* (*an Stelle e-s Personalpronomens*) a) it, b) *pl* they. **4.** *obs.* (*gen an Stelle e-s Possessivpronomens*) a) its, b) *pl* their; *im Regal ist ein Buch*; **der Einband desselben ist grün** its cover is green.

ˈDas·selˌflie·ge *f zo.* (ox-)warble fly.

ˈdaˌste·hen *v/i* ‹*irr, sep,* **-ge-, h** *u.* **sein**› **1.** stand there; **untätig ~** stand idly by. **2.** *fig. colloq.* stand; **unerreicht** (*od.* **einzig**) **~** stand alone, have no equal, be unrival(l)ed; **gut ~** be in a good position, *weitS.* appear in a favo(u)rable light, *Geschäft etc*: be flourishing, be on a sound footing; **mittellos ~** be destitute, be penniless, be without financial resources; **wie stehe ich nun da!** a) *positiv*: just look at me now!, b) *negativ*: what a fool I look now!

Da·tei [daˈtaɪ] *f* ‹**-; -en**› data file.

Da·ten [ˈdaːtən] *pl* **1.** (*Angaben, Werte*) data, facts; **technische ~** technical data; *Computer*: **numerische ~** numerical data. **2.** (*Personalangaben*) particulars. **3.** *pl of* **Datum** 1. **~ˌauf·beˌrei·tung** *f* data preparation. **~ˌaus·ga·be** *f* data output. **~ˌbank** *f* data bank. **~ˌausˌtausch** *m* data exchange. **~erˌfas·sung** *f* data gathering (*od.* capture). **~ˌfluß** *m* data flow. **℘geˌsteu·ert** *adj* numerically- (*od.* computer-) -controlled. **~ˌmen·ge** *f* data set. **~ˌrei·he** *f* data stream. **~ˌsatz** *m* data record. **~ˌschutz** *m* (protection of the) privacy of personal data. **~ˌsicht·geˌrät** *n* (data *od.* video) display unit. **~ˌspei·cher** *m* data storage. **~ˌsteue·rung** *f* numerical (*od.* computer) control. **~ˌträ·ger** *m* data medium (*od.* carrier). **~tyˌpi·stin** *f* data-typist. **~ˌumˌset·zer** *m* data translator. **℘verˌar·bei·tend** *adj Computer*: data-processing (*machine*). **~verˌar·bei·ter** *m* data-processing machine, data processor. **~verˌar·bei·tung** *f* data processing. **~verˌar·bei·tungsˌanˌla·ge** *f* data-processor.

da·tie·ren [daˈtiːrən] **I** *v/t* ‹*no* **ge-, h**› **1.** (*Brief etc*) date; **et. falsch (später, früher) ~** misdate (postdate, predate) s. th.; **der Brief ist vom 1. März datiert** the letter is dated March 1st. **2.** (*Manuskript, Urzeitfund etc*) date, establish the date of (*od.* for). **II** *v/i* ‹*no* **ge-, h**› **3.** date (**aus, von** from); **der Brief datiert vom 1. März** the letter is dated March 1st; **die Urkunde datiert aus dem 4. Jahrhundert** the document dates from (*od.* back to) the fourth century. **Daˈtie·rung** *f* ‹**-; -en**› dating; **~en vornehmen** establish dates.

Da·tiv [ˈdaːtiːf] *m* ‹**-s; -e**› *ling.* dative (case). **~obˌjekt** *n* dative (*od.* indirect) object.

da·to [ˈdaːto] *adv econ.* **bis ~** up to (*od.* till) now, so far; **3 Monate ~** three months (after) date. **℘ˌwech·sel** *m econ.* dated bill, draft.

Da·tscha [ˈdatʃa] *f* ‹**-; -s** *u.* **Datschen**›, **ˈDa·tsche** [-tʃə] *f* ‹**-; -n**› da(t)cha.

Dat·tel [ˈdatəl] *f* ‹**-; -n**› **1.** date. **2.** → **~ˌbaum** *m* date (palm). **~ˌbrot** *n* dried dates *pl* pressed into a slab. **~ˌkern** *m* date seed. **~ˌöl** *n gastr.* date-palm oil. **~ˌpal·me** *f bot.* date (palm). **~ˌpflau·me** *f* **1.** date plum. **2.** → **~ˌpflau·menˌbaum** *m* a) persimmon, b) kaki, Japanese persimmon. **~ˌschnecke** (*getr.* **-k·k-**) *f zo.* red-mouthed olive. **~ˌwein** *m* date wine.

Dat·te·rich [ˈdatərɪç] *m* ‹**-(e)s;** *no pl*› → **Tatterich.**

Da·tum [ˈdaːtʊm] *n* ‹**-s; Daten**› **1.** date; **gleichen ~s** of even date; **heutigen ~s** of today's date; **neueren ~s** of recent date; **unter demselben ~** under same date; **ohne ~** undated; **das ~ vom 1. Mai tragen** be dated (as of) May 1st; **welches ~ haben wir heute?** what's the date today?; **von welchem ~ ist der Brief?** what's the date of the letter?; **~ des Poststempels** date of postmark. **2.** *pl* → **Daten** 1, 2.

ˈDa·tums|ˌanˌga·be *f* date; **ohne ~** undated. **~ˌaufˌdruck** *m* date mark. **~ˌgren·ze** *f geogr.* date line.

ˈDa·tum(s)ˌstem·pel *m* **1.** date stamp. **2.** (*Gerät*) dater.

Dau·be [ˈdaubə] *f* ‹**-; -n**› *tech.* stave.

Dau·er [ˈdauər] *f* ‹**-;** *no pl*› **1.** duration; **für die** (*od.* **während der**) **~ der Konferenz** for the duration of (*od.* throughout) the conference; **von ~** lasting, long, durable; **nicht von ~, von kurzer ~** of short duration, short-lived, not lasting long; **von langer ~** of long duration (*od.* standing), long. **2.** (*Zeit-*

spanne) period (of time); *e-s Vertrags:* term, life (*of contract*); **für die ~ von zwei Jahren gewählt werden** be elected for a period (*od.* term) of two years; **auf** (*od.* **für**) **unbestimmte ~** for an indefinite period. **3. auf die ~** a) for a long time, b) in the long run; **auf die ~ ist mir das zuviel** that's more than I could stand in the long run; **das kann man auf die ~ nicht ertragen** no one can tolerate that for long; **wir können auf die ~ nicht so weitermachen** we can't carry on like that indefinitely. **4.** (*Fort*Ձ) duration, continuance. **5.** (*Länge*) length; **die ~ der Sendung beträgt** ... the length of the radio broadcast will be ... **6.** → **Dauerhaftigkeit** 1. **7.** *ling. e-s Lautes:* quantity, duration. **8.** *mus.* duration.

ˈ**Dau·er|ˌan·geˌstell·te** *m, f* ⟨-n; -n⟩ permanent employee. **~ˌanˌla·ge** *f econ.* long-term investment. **~ˌan·ˌmel·dung** *f teleph.* booked call. **~ˌap·fel** *m* keeping apple. **~ˌar·beits·lo·sig·keit** *f* chronic (*od.* persistent) unemployment. **~arˌrest** *m jur.* indefinite custody. **~ˌaufˌtrag** *m econ.* **1.** standing order. **2.** (*Überweisung*) periodical payment order. **~ˌausˌschei·der** *m med.* (chronic) carrier. **~ˌausˌstel·lung** *f* permanent exhibition. **~ˌausˌweis** *m* → Dauerkarte. **~ˌbackˌwa·ren** *pl gastr.* good-keeping cakes (*od.* biscuits). **~ˌbad** *n med.* water bed. **~beˌanˌspru·chung** *f tech.* endurance stress. **~beˌhand·lung** *f med.* long-term treatment. **~beˌla·stung** *f tech.* constant load. **~beˌschäf·ti·gung** *f econ.* permanent occupation (*od.* employment). **~beˌschuß** *m mil.* sustained bombardment. **~beˌtrieb** *m e-r Maschine:* continuous operation; *electr.* permanent service. **~ˌblüt·ler** [-ˌblyːt-lər] *m bot.* long-flowering plant. **~ˌbrandˌofen** *m* → Dauerbrenner 1. **~ˌbren·ner** *m* **1.** slow-combustion stove. **2.** *colloq.* a) (*Kuß*) long, burning kiss, b) (*Verkaufsschlager etc*) long-lasting success (*od.* hit). **~deˌlikt** *n jur.* continuing offen/ce (*Am.* -se). **~ˌeinˌrich·tung** *f fig.* permanent institution. **~erˌfolg** *m* **1.** lasting success. **2.** *med.* permanent cure. **~erˌlaß** *m jur.* standing order. **~erˌpro·bung** *f tech.* endurance (*od.* fatigue) test. **~erˌschei·nung** *f fig.* permanent phenomenon (*od.* feature). **~ˌfal·te** *f Textil.* permanent pleat (*od.* crease). **~ˌfar·be** *f* fast (*od.* lasting) colo(u)r. **~ˌfe·stig·keit** *f tech.* fatigue limit (*od.* strength). **~ˌfeu·er** *n* **1.** *mil.* a) sustained fire, b) automatic fire. **2.** *aer.* fixed light. **~ˌflam·me** *f beim Gasofen:* pilot flame (*od.* jet). **~ˌfleisch** *n* preserved (*od.* smoked, salted, pickled) meat. **~ˌflug** *m aer.* endurance flight. **~ˌform** *f* **1.** *metall.* permanent (*od.* long-life) mo(u)ld. **2.** *biol.* a) permanent form (*od.* species), b) *von Mikroorganismen:* cyst, spore. **3.** *ling.* continuous (*od.* progressive) form. **~ˌfrost** *m* permafrost. **~ˌgast** *m* **1.** *im Hotel:* permanent guest (*od.* resident). **2.** *iro. colloq.* permanent fixture. **~geˌmü·se** *n* dehydrated vegetables *pl.* **~geˌschwin·dig·keit** *f mot. etc* cruising speed. **~geˌwächs** *n bot.* perennial (plant).

ˈ**dau·er|haft I** *adj* **1.** *Friede etc:* lasting, enduring, durable, stable, permanent (*peace, etc*); **~e Verträge** *etc a.* long-term agreements. **2.** *Material, Stoff etc:* durable, long-lasting, hard- (*od.* long-)wearing, robust, resistant; **~er sein als et.** outlast (*od.* outwear) s. th.; **~e Farbe** fast colo(u)r. **3.** *Lebensmittel etc:* durable, non(-)perishable (*food*). **4.** *Gebäude:* solid (*building*). **II** *adv* **5.** durably, solidly; **~ gearbeitet** made to last; **~ gebaut** solidly built. Ձ**haf·tig·keit** *f* ⟨-; *no pl*⟩ **1.** durability, permanence, stability, lastingness. **2.** *von Material, Stoff etc:* durability, resistance, long (service) life. **3.** *von Lebensmitteln etc:* keeping quality, durability. **4.** *von Farben:* fastness.

ˈ**Dau·er|ˌkar·te** *f* season ticket, *rail. Am. a.* commutation ticket. **~ˌkar·ten·ˌinˌha·ber** *m* **1.** season ticket holder. **2.** subscriber. **~kreˌdit** *m econ.* perpetual (*od.* long-term) loan. **~ˌkri·sen·ˌzuˌstand** *m* state of continual crisis. **~ˌkun·de** *m* regular customer. **~ˌlauf** *m Sport:* endurance run; jogging; *weitS.* **im ~** at a jog-trot. **~ˌlaut** *m ling.* continuant. **~ˌlei·stung** *f tech.* **1.** long-term performance, continuous service. **2.** *aer. mot.* cruising power. **3.** *e-r Kraftmaschine:* continuous rating (*od.* output). **~ˌlö·sung** *f* permanent solution. **~ˌlut·scher** *m colloq.* (all-day) lollipop. **~ˌmie·te** *f* **1.** permanent tenancy. **2.** → **Abonnement** 2. **~ˌmilch** *f* long-life milk.

dau·ern[1] [ˈdauərn] *v/i* ⟨h⟩ **1.** last, go on; **die Aufführung dauerte 2 Stunden** the performance lasted (for) 2 hours; **die Konferenz dauert immer noch** the conference is still going on; **der Unterricht dauert von 8 bis 12** school is from 8 to 12; **das dauert jetzt schon drei Wochen** that has been going on for three weeks now. **2.** (*Zeit beanspruchen*) take; **die Reise wird 2 Tage ~** the trip will take 2 days; **es wird lange ~, bis er kommt** he will be a long time coming; **es dauerte e-e Woche, bevor er schrieb** it was over a week before he wrote; **es wird nicht lange ~, dann** ... it won't be long before ...; **wie lange dauert es noch, bis du fertig bist?** how much longer will it take you to get ready?; **das dauert mir zu lange!** that's too long for me; *colloq.* **das dauert aber!** what a time that's taking!

ˈ**dau·ern**[2] *v/t* ⟨h⟩ (*leid tun*) **er (es) dauert mich** I feel (*od.* I am) sorry for him (it), I pity him (it); *colloq.* **er kann e-n ~** he's a sad case; **mich dauert jeder Pfennig** every penny hurts, I regret every penny.

ˈ**dau·ernd I** *adj* **1.** → **dauerhaft** 1. **2.** (*ständig*) constant, continual, continuous, perpetual; **ihre ~en Klagen** her constant (*od.* incessant, eternal) complaints. **3.** *Wohnsitz:* permanent. **II** *adv* **4.** continuously (*etc*), *a.* always; **es regnete ~** it rained incessantly; **er fragte ~ nach dir** he kept asking after you.

ˈ**Dau·er|ˌobst** *n* keeping (*od.* storing) fruit. **~ˌpar·ker** *m mot.* long-term (*od.* all-day) parker. **~ˌpo·sten** *m* → **Dauerstellung.** **~ˌpro·be, ~ˌprü·fung** *f tech.* endurance (*od.* fatigue) test. **~ˌprü·fungsˌfahrt** *f mot.* endurance test. **~ˌred·ner** *m contp.* marathon speaker. **~ˌre·gen** *m* continuous rain. **~ˌren·nen** *n* endurance race. **~ˌriß** *m tech.* fatigue crack. **~ˌruf** *m teleph.* permanent call (*od.* signal). **~ˌscha·den** *m med.* permanent damage. **~ˌschlaf** *m* prolonged sleep. **~ˌschmie·rung** *f tech.* permanent lubrication. **~ˌschuld** *f econ.* long-term debt. **~ˌsit·zung** *f* permanent session. **~ˌspei·cher** *m Computer:* permanent memory. **~ˌstel·lung** *f* permanent post (*od.* position, employment). **~ˌstrich** *m tel.* continuous wave. **~ˌstrom** *m electr.* continuous current. **~ˌton** *m mus. teleph.* continuous tone. **~ˌty·pus** *m biol.* permanent type. **~verˌsuch** *m tech.* endurance (*od.* fatigue) test. **~ˌvi·sum** *n* permanent visa. **~ˌwa·ren** *pl gastr.* nonperishable foodstuffs. **~ˌwel·le** *f* permanent (wave), *colloq.* perm; **sich** (*dat*) **~n machen lassen** have one's hair permed; **sie hat ~n** she has a perm. **~ˌwir·kung** *f* permanent (*od.* lasting) effect. **~ˌwurst** *f* long-keeping (*od.* hard smoked) sausage. **~ˌzuˌstand** *m* permanent condition (*a. med.*); **das darf kein ~ werden** that's not to become a (permanent) fixture, *weitS.* don't make a habit of it.

Dau·men [ˈdaumən] *m* ⟨-s; -⟩ **1.** thumb (*a. am Handschuh*); **(am) ~ lutschen** (*od.* **saugen**) a) suck one's thumb, b) *fig. colloq.* live on the smell of an oil-rag; *fig. colloq.* **(die) ~ drehen** twiddle one's thumbs; *colloq.* **et. über den ~ peilen** make a rough estimate of s. th.; *colloq.* **über den ~** at a guess, roughly; *colloq.* **drück** (*od.* **halt**) **mir den** (*od.* **die**) **~** keep your fingers crossed for me; *colloq.* **j-n unter dem ~ haben** have s. o. under one's thumb; *colloq.* **den ~ auf** (*acc*) **et. halten** (*od.* **drücken**) insist forcibly on s. th.; *colloq.* **den ~ auf den Beutel halten** keep a tight hold on the purse-strings. **2.** *tech.* a) (*Nocken*) cam, dog, b) *an e-m Sperrhebel:* tappet.

ˈ**Dau·men|ˌabˌdruck** *m* ⟨-(e)s; ⸚e⟩ thumbmark, *bes. zur Identifizierung:* thumbprint. **~ˌbal·len** *m anat.* ball of the thumb, thenar eminence. **~ˌbeu·ger** *m anat.* flexor pollicis longus (*od.* brevis). Ձˌ**breit** *adj* as broad as your thumb. **~ˌbrei·te** *f* ⟨-; *no pl*⟩ thumb's breadth; **um ~** by a thumb's breadth. Ձˌ**groß** *adj* of a thumb's length. **~ˌkap·pe** *f* → Däumling 2. **~ˌlut·schen** *n* thumb-sucking. **~ˌmut·ter** *f tech.* thumb nut. **~ˌna·gel** *m* thumbnail. **~reˌgi·ster** *n e-s Buches etc:* thumb index. **~ˌschei·be** *f tech.* cam disc. **~ˌschrau·ben** *pl hist.* thumbscrews; **j-m (die) ~ ansetzen** *fig.* put the screws on s. o. **~ˌschutz, ~ˌschüt·zer** *m* thumbstall. **~ˌsprung** *m mil.* thumb jump. **~ˌwel·le** *f tech.* camshaft.

ˈ**Dau·mesˌbrei·te** *f* ⟨-; *no pl*⟩ → Daumenbreite.

Däum·ling [ˈdɔymlɪŋ] **I** *npr m* ⟨-s; *no pl*⟩ **1.** (*Märchengestalt*) Tom Thumb. **II** *m* ⟨-s; -e⟩ **2.** (*Schutzkappe*) thumbstall. **3.** *am Handschuh:* thumb. **4.** *tech.* cam, dog.

Dau·ne [ˈdaunə] *f* ⟨-; -n⟩ down(y) feather, down.

ˈ**Dau·nen|ˌbett** *n* feather bed. **~ˌdecke** (*getr.* -k·k-) *f* eiderdown (quilt). **~ˌfe·der** *f* → Daune. **~ˌgras** *n* → Wollgras. **~ˌkis·sen** *n* down(y) pillow. **~ˌkleid** *n zo.* down. Ձˈ**weich** *adj* as soft as down, downy.

Daus [daus] *m colloq.* **ei der ~!** dear me!, golly!

ˈ**Da·vid(s)ˌstern** *m* hexagram, Star of David.

Da·vit [ˈdeːvɪt; ˈdaːvɪt] *m* ⟨-s; -s⟩ *mar.* davit.

da·von [daˈfɔn; ˈdaːˌfɔn] *adv* **1.** *räumlich:* (away) from it (*od.* that, them), away; **die Stadt ist nicht weit ~ (entfernt)** the town is not far away (*od.* from it); → **entfernt** 4. **2.** (*dadurch*) by (*od.* because of) it (*od.* that, them); **ich wurde ~ aufgeweckt** I was awakened by it; *jur.* **~ betroffene Rechtsansprüche** legal claims thereby affected. **3.** of it (*od.* that, them); **genug ~!** enough of that!; **willst du noch et. ~?** do you want (some) more (of it)? **4.** (*darüber*) about (*od.* of) it; **die ganze Stadt weiß (spricht) ~** it's the talk of (*od.* it's all over) the town; **er will ~ nichts hören** he does not want to hear a word of it. **5.** from it; **wenn man vier**

~ abzieht if you subtract four (from it). **6.** *colloq.* was habe ich ~? what does it get me?; *colloq.* das hast du nun ~ that's what you get; *colloq.* das kommt ~ that's what happens (wenn if), *a.* there you are!, that will teach you! **7.** (*fort, weg*) auf und ~ up and away; *colloq.* auf und ~ rennen take to one's heels, run away.

da'von... *in Zssgn meist* (*fly, hurry, ride, run*) off (*od.* away). **~ˌfah·ren** *v/i* ‹*irr, sep,* -ge-, sein› leave, *im Auto etc*: *a.* drive off (*od.* away); *beim Rennen*: den anderen ~ leave the field behind; der Zug ist mir beinahe davongefahren the train almost left without me. **~ˌge·hen** *v/i* ‹*irr, sep,* -ge-, sein› go away, leave, *zu Fuß*: *a.* walk off (*od.* away). **~ˌja·gen I** *v/t* ‹*sep,* -ge-, h› (*Hund etc*) chase away; *fig. a.* send *s. o.* packing. **II** *v/i* ‹sein› *Auto etc*: rush (*od.* zoom) off. **~ˌkom·men** *v/i* ‹*irr, sep,* -ge-, sein› get away (*od.* off), escape; nur wenige kamen (mit dem Leben) davon only a few survived (*od.* were saved); wir sind noch einmal davongekommen we escaped by the skin of our teeth; mit knapper Not ~ have a narrow escape (*od. colloq.* a close shave); mit dem Schrecken ~ get off with a fright. **~ˌlau·fen I** *v/i* ‹*irr, sep,* -ge-, sein› **1.** run away, bolt; vor der Polizei ~ run away (*od.* flee) from the police. **2.** *fig. Preise*: get out of hand, skyrocket; die Preise laufen den Löhnen davon prices are running away from wages. **II** ♀ *n* ‹-s› **3.** *fig. colloq.* es ist zum ♀ it's unbearable, it's enough to drive you mad. **~ˌma·chen** *v/reflex* ‹*sep,* -ge-, h› *colloq.* sich ~ **1.** make off, decamp, bolt, *colloq.* beat it, clear out; sich heimlich ~ → davonschleichen. **2.** *euphem.* (*sterben*) take one's leave of the world, bow out. **~ˌschlei·chen** *v/i* ‹*irr, sep,* -ge-, sein› *u.* sich ~ *v/reflex* ‹h›, **~ˌsteh·len** *v/reflex* ‹*irr, sep,* -ge-, h› sich ~ steal (*od.* slip) away, *colloq.* sneak away. **~ˌtra·gen** *v/t* ‹*irr, sep,* -ge-, h› **1.** carry away (*od.* off); *fig.* e-n Preis ~ carry off (*od.* walk away with) a prize. **2.** (*Schaden, Verletzung etc*) incur, suffer, sustain (*injury, etc*), (*Krankheit*) get, catch. **~ˌzie·hen** *v/i* ‹*irr, sep,* -ge-, sein› **1.** *Vögel etc*: fly (*od.* move) on (*od.* away), migrate. **2.** *Soldaten*: move off; aus e-r Stadt ~ leave (*od.* move on from) a town. **3.** *Sport*: pull (*od.* run) away (j-m from s. o.); er zog allen davon he left them all behind, he outstripped the field.

da·vor [da'foːr; 'daːˌfoːr] **I** *adv* **1.** *räumlich*: before (*od.* in front of) it (*od.* that, them); er setzte sich genau ~ he sat down right in front of it. **2.** *zeitlich*: before it (*od.* that). **3.** (*mit Bezug auf et.*) ~ habe ich k-e Angst I am not afraid of that; er hat mich ~ gewarnt he warned me of (*od.* against, about) it. **II** *relative pron* **4.** *archaic lit. for* wovor II.

da'vor|ˌset·zen *v/t* ‹*sep,* -ge-, h› put *s. o., s. th.* in front of (*od.* before) it (*od.* that, them). **~ˌste·hen** *v/i* ‹*irr, sep,* -ge-, h *u.* sein› stand in front of (*od.* before) it (*od.* that, them). **~ˌstel·len** *v/t* ‹*sep,* -ge-, h› put (*od.* place) *s. th.* in front of (*od.* before) it (*od.* that, them); ich habe mich davorgestellt I placed myself (*od.* stepped) in front of it.

da·wi·der [da'viːdər; 'daːˌviːdər] *adv archaic lit. for* dagegen 3.

da·zu [da'tsuː; 'daːˌtsuː] *adv* **1.** (*zu diesem Zweck*) for it (*od.* this, that), for the (*od.* that) purpose, to that end, therefore; der Stoff eignet sich nicht ~ the material is not suited to (*od.* for) that; ~ ist er ja da! but that's what he is here for!, but that's why he's here!; er ist ~ da, um it is his duty to, he's there to; das Geld ist ~ da, daß man es ausgibt money is there to be spent; ~ komme ich nicht hierher that's not what I come here for; *adm.* jegliche ~ erforderlichen Unterlagen any documents and data required therefor, all necessary documentation. **2.** (*außerdem*) besides, in addition to it (*od.* this, that), at that; noch ~ into the bargain, on top of it (*od.* that); faul und dumm ~ lazy and stupid too (*od.* into the bargain). **3.** (*dabei*) (together) with; essen Sie den Salat lieber ~ oder nachher? do you prefer to have your salad with or after the main course? **4.** ich riet ihm ~ I advised him to do it; er hat das (nötige) Geld ~ he can afford it; wie ist es ~ gekommen? how did that come about?; es wird nicht ~ kommen it won't come to that; doch es kam nie ~ but it was not to be; wie kommst du ~ (, dies zu tun)? what makes you do this?, *stärker*: how dare you?; wie kommt er ~, dies zu tun? a) how does he come to be (the one) doing it?, b) how does he come to do it?; ich kam nie ~ I never found the time to do it, *colloq.* I never got around to it; du hast das Buch, wie bist du ~ gekommen? you have the book, how did you come by (*od.* get hold of) it?; sich (nicht) ~ entschließen decide (not) to do it; → *a.* dazukommen.

da'zu|ˌge·ben *v/t* ‹*irr, sep,* -ge-, h› **1.** contribute *s. th.* to it; → Senf. **2.** *gastr.* add. **~geˌhö·ren** *v/i* ‹*sep, pp* dazugehört, h› belong to it (*od.* them); hast du alle Teile, die ~? do you have all the parts which belong to it?; in diesem Kreis habe ich immer das Gefühl dazuzugehören I always feel I belong in this company; Eiswürfel gehören unbedingt dazu icecubes are a must; *fig.* das gehört alles dazu that's all part of the game. **~geˌhö·rig** *adj* belonging to it (*od.* them), forming part of it; appropriate; necessary; der ~e Schlüssel the key belonging to it; ein Gerät und die ~en Ersatzteile an appliance and the spare parts that go with it. **~ˌhal·ten** *v/reflex* ‹*irr, sep,* -ge-, h› sich ~ → dranhalten 1. **~ˌkom·men** *v/i* ‹*irr, sep,* -ge-, sein› **1.** (gerade) ~ arrive (accidentally), happen to come (*od.* arrive) (als when). **2.** *Sache*: be added; *unvermutet, Krankheit etc*: supervene; kommen noch mehr Gäste dazu? are there (still) more guests to come?; kommt noch et. dazu? (is there) anything else (you want)?; dazu kommt (noch), daß add to this that, in addition, moreover; dazu kam noch, daß another factor was that ...; → *a.* dazu 4. **~ˌkön·nen** *v/i* ‹*irr, sep,* -ge-, h› *dial. for* dafürkönnen. **~ˌler·nen** *v/t* ‹*sep,* -ge-, h› learn (*s. th.* new), add *s. th.* to one's knowledge; er hat nichts dazugelernt it hasn't taught him a thing.

'da·zuˌmal [-tsu-] *adv archaic* then, in those days, at that time; → Anno.

da'zu|ˌschla·gen *v/t* ‹*irr, sep,* -ge-, h› (*Zinsen etc*) add *s. th.* (to it). **~ˌschrei·ben** *v/t* ‹*irr, sep,* -ge-, h› add *s. th.* (in writing). **~ˌset·zen I** *v/reflex* ‹*sep,* -ge-, h› sich ~ sit down with s. o., join s. o.; willst du dich nicht ~? won't you join us? **II** *v/t* (*Unterschrift etc*) add. **~ˌtun I** *v/t* ‹*irr, sep,* -ge-, h› *colloq.* add (*salt, etc*) (to it); das Seine ~ do one's share (*od.* bit). **II** *v/i colloq.* (*sich beeilen*) hurry up. **III** ♀ *n* ‹-s› ohne sein ♀ without his help, without (his) lifting a finger. **~ˌzäh·len** *v/t* ‹*sep,* -ge-, h› add *s. th.* (to it).

da·zwi·schen [da'tsvɪʃən; 'daːˌtsvɪʃən] *adv* **1.** *räumlich*: between them, (in) between; mit e-r Schiebetür ~ with a sliding door between. **2.** *zeitlich*: in between; ~ liegen 2 Monate there is a break of 2 months. **3.** (*darunter*) among them. **~ˌfah·ren** *v/i* ‹*irr, sep,* -ge-, sein› **1.** jump (*od.* step) in, intervene, interfere (vehemently). **2.** *mit Worten*: intervene (forcibly), put one's foot down; *im Gespräch*: interrupt, cut in. **~ˌfun·ken** *v/i* ‹*sep,* -ge-, h› *colloq. for* dazwischenfahren. **~geˌwor·fen** *adj Bemerkung etc*: interposed, injected. **~ˌkom·men I** *v/i* ‹*irr, sep,* -ge-, sein› **1.** *Ereignis etc*: intervene, interfere, happen, *colloq.* turn up; j-m ~ prevent s.o., get in s. o.'s way; wenn nichts dazwischenkommt if nothing unexpected happens (*od.* arises) (to prevent it *od.* us, *etc*), if nothing holds me (*etc*) up. **2.** *Person*: intervene, interfere, step in, appear. **II** ♀ *n* ‹-s› **3.** intervening (*etc*); intervention, interference.

Da'zwi·schenˌkunft *f* ‹-; *no pl*› *obs. for* dazwischenkommen II.

da'zwi·schen|ˌlie·gen *v/i* ‹*irr, sep,* -ge-, h *u.* sein› lie (in) between, intervene; die Jahre, die ~ the intervening years, the years between. **~ˌlie·gend** *adj Jahre, Seiten etc*: intervening. **~ˌpfu·schen** *v/i* ‹*sep,* -ge-, h› *colloq. contp.* meddle, butt in. **~ˌre·den** *v/i* ‹*sep,* -ge-, h› **1.** interrupt, *colloq.* butt (*od.* chip) in; j-m ~ interrupt s.o. **2.** *fig.* meddle, interfere (bei with *s. th.*), *colloq.* butt in. **~ˌru·fen I** *v/i* ‹*irr, sep,* -ge-, h› interrupt, shout (remarks). **II** *v/t* shout, interrupt with (*remarks, etc*). **~ˌschal·ten I** *v/t* ‹*sep,* -ge-, h› *fig.* call (*od.* bring) *s. o. od. s. th.* in. **II** *v/reflex* sich ~ step in, interpose, intervene. **~ˌschla·gen** *v/i* ‹*irr, sep,* -ge-, h› **1.** intervene (*od.* step in, break it up) forcibly, use force (*od.* blows, clubs). **2.** *fig. colloq.* jump in, crack down. **~ˌset·zen** *v/t* ‹*sep,* -ge-, h› put (*od.* place) *s. th.* (in) between, interpose. **~ˌste·hen** *v/i* ‹*irr, sep,* -ge-, h *u.* sein› stand (*od.* be) (in) between, *fig. a.* take (up) a middle position. **~ˌtre·ten I** *v/i* ‹*irr, sep,* -ge-, sein› intervene, interfere, step in. **II** ♀ ‹-s› intervention, interference. **~ˌwer·fen I** *v/t* ‹*irr, sep,* -ge-, h› *fig.* throw in, interject, interpose (*a remark, etc*). **II** *v/reflex* sich ~ (*zwischen Streitende etc*) throw o. s. between *them*, jump in (and break it up).

'D-ˌDur ['deː-] *n* ‹-; *no pl*› *mus.* D major.

De·ba·kel [de'baːkəl] *n* ‹-s; -› debacle.

De·bat·te [de'batə] *f* ‹-; -n› **1.** debate; in e-e ~ eingreifen join in a debate; in e-e ~ eintreten enter into (*od.* upon) a debate; zur ~ stehen be under (*Am.* up for) discussion (*od.* at issue), be debated; et. zur ~ stellen put s. th. up for (*od.* to the) debate, bring s. th. forward for discussion; zur ~ stehen be under discussion (*od.* at issue); das steht hier nicht zur ~ that's beside the point, that's not the (point at) issue here; die zur ~ stehende Sache the point in question (*od.* at issue, under debate). **2.** *pol.* debate; außenpolitische ~ debate on foreign policy; e-e heftige ~ a heated debate; die ~ eröffnen (schließen) open (close) the debate; Schluß e-r ~ closure, *bes. Am.* cloture. **de·bat·tie·ren** [deba'tiːrən] **I** *v/t* ‹*no* ge-, h› debate, argue, *schwächer*: discuss, deliberate on. **II** *v/i* debate, *schwächer*: discuss, deliberate; über et. ~ → I.

De·bat'tierˌklub *m* debating society (*od.* club).

De·bet ['deːbɛt] *n* ‹-s; -s› *econ.* debit

(side); im ~ **stehen** be on the debit side; et. **in das ~ eintragen** debit s. th. **~ˌanˌzei·ge, ~ˌno·te** *f* debit note. **~ˌpo·sten** *m* debit item (*od.* entry). **~ˌsal·do** *m* debit balance, balance due. **~ˌsei·te** *f* debit side; **die ~ mit et. belasten** put s. th. to the debit side.

de·bil [deˈbiːl] *adj* **1.** *med.* mentally deficient, feebleminded. **2.** (*schwach*) feeble, weak, debilitated. **De·bi·liˈtät** [-biliˈtɛːt] *f* ⟨-; *no pl*⟩ **1.** mental debility, feeblemindedness. **2.** debility, feebleness.

de·bi·tie·ren [debiˈtiːrən] *v/t* ⟨*no* ge-, h⟩ *econ.* debit, charge (**e-e Summe e-m Konto** a sum to an account); **j-m e-n Betrag ~, j-n mit e-m Betrag ~** debit s. o. with a sum, charge a sum to s. o.'s account. **De·bi·tor** [ˈdeːbitɔr] *m* ⟨-s; -en [debiˈtoːrən]⟩ *econ.* **1.** debtor. **2.** *pl in der Bilanz*: accounts receivable, receivables.

De·büt [deˈbyː] *n* ⟨-s; -s⟩ debut, début; **sein ~ geben** (*od.* **machen, liefern**) → **debütieren. De·büˈtant** [-byˈtant] *m* ⟨-en; -en⟩, **De·büˈtan·tin** *f* ⟨-; -nen⟩ **1.** performer making his/her debut. **2.** beginner. **3.** ⟨*only f*⟩ debutante, *colloq.* deb. **de·bü·tie·ren** [debyˈtiːrən] *v/i* ⟨*no* ge-, h⟩ *thea. etc* (make one's) debut; *Mädchen*: *a.* come out.

De·cha·nat [dɛçaˈnaːt] *n* ⟨-(e)s; -e⟩ *R. C.* deanery. **De·chaˈnei** [-ˈnaɪ] *f* ⟨-; -en⟩ deanery.

Deˈchant [dɛˈçant; ˈdɛçant] *m* ⟨-en [-ˈçantən]; -en [-ˈçantən]⟩ dean.

de·chifˈfrier·bar *adj* decipherable. **de·chif·frie·ren** [deʃɪˈfriːrən] *v/t* ⟨*no* ge-, h⟩ decipher; decode.

Dech·sel [ˈdɛksəl] *f* ⟨-; -n⟩, **ˈdech·seln** *v/t* ⟨h⟩ *tech.* adz(e).

De·ci·bel [detsiˈbɛl; -ˈbeːl] *n* ⟨-s; -⟩ → **Dezibel.**

Deck [dɛk] *n* ⟨-(e)s; -s, *rare* -e⟩ **1.** *mar.* deck; **an** (*od.* **auf**) **~** on deck; **unter ~** below deck; **untere ~s** lower decks; **alle Mann an ~!** all hands on deck!; **von ~ gehen** go below (deck). **2.** *e-s Busses*: top, upper deck. **3.** *aer.* deck.

ˈDeck|adres·se [-ˀaˌdrɛsə] *f*, **~ˌanˌschrift** *f* cover (address), mail cover. **~ˌanˌstrich** *m* top (*od.* finishing, final) coat. **~ˌaufˌbau** *m mar.* superstructure. **~ˌbett** *n* feather quilt. **~beˌzeich·nung** *f* → **Deckname. ~ˌblatt** *n* **1.** *bot.* bract. **2.** *e-r Zigarre*: wrapper. **3.** *print.* a) (*Vorsatzblatt*) fly leaf, b) (*durchsichtiges ~*) overlay, c) *zur Berichtigung, Ergänzung etc*: change (*od.* correction) sheet, d) → **Deckbogen. 4.** *Holz*: face. **~ˌbo·gen** *m print.* top drawsheet.

ˈDeck·chen *n* ⟨-s; -⟩ **1.** small cloth. **2.** *auf Tischen etc*: doily. **3.** *auf Sesseln etc*: antimacassar, tidy.

Decke (*getr.* -k·k-) [ˈdɛkə] *f* ⟨-; -n⟩ **1.** (*Woll*2) blanket. **2.** (*Bett*2) (bed)cover, (*Stepp*2) quilt, counterpane, *Am.* comforter, (*Tages*2) bedspread, coverlet; *fig. colloq.* **mit j-m unter e-r ~ stecken** be hand in glove (*od.* in league, in collusion, *Am. sl.* in cahoots) with s. o.; *fig.* **sich nach der ~ strecken** cut one's coat according to one's cloth, make the best of it. **3.** (*Reise*2) travelling rug, *Am.* lap robe. **4.** (*Pferde*2) horse rug (*od.* blanket). **5.** (*Tisch*2) (table)cloth, cover. **6.** (*Plane*) awning; tarpaulin. **7.** (*Zimmer*2) ceiling; **ein Raum mit niedriger** (**hoher**) **~** a low-(high-)ceilinged room; *fig. colloq.* **vor Freude** (**bis**) **an die ~ springen** jump (*od.* leap) for joy; (**vor Wut**) **an die ~ gehen** hit the ceiling, blow one's top. **8.** (*Hülle*) envelope. **9.** (*Überzug*) lining. **10.** (*Oberfläche*) surface. **11.** (*Bedeckung, Lage*) cover(ing); (*Schicht*) layer, coat; *fig.* blanket, cover, cloak; **e-e ~ von Eis** a layer (*od.* sheet) of ice; **e-e ~ von Schnee** a blanket (*od.* layer) of snow. **12.** *auf Flüssigkeiten*: head, top. **13.** *e-r Zigarre*: wrapper. **14.** *print.* (book) cover; **in fester ~ gebunden** case-bound. **15.** (*Straßen*2 *etc*) pavement; **mit fester ~** hard-surfaced. **16.** *mot.* a) (*Reifen*2) outer cover, casing, b) (*Karosserie*2) ceiling, roof, dome. **17.** *anat. zo.* tegmen. **18.** *geol.* a) (*Schutt*2 *etc*) mantlerock, sedimentary mantle, b) (*Basalt*2) basaltic layer (*od.* flow), c) (*Überschiebungs*2) nappe. **19.** *hunt.* coat, skin; **e-m Reh die ~ abziehen** skin a deer. **20.** *mus. e-s Saiteninstruments*: soundboard, belly.

ˈDeckel (*getr.* -k·k-) *m* ⟨-s; -⟩ **1.** lid, cover, top; (*Kappe*) top, cap; (*Schraub*2) screw top (*od.* cap); (*Schiebe*2) sliding cover; (*Uhr*2) (watch) cap; (*Pult*2) (desk) top, lid; **mit e-m ~** (**versehen** *od.* **verschlossen**) (provided) with a lid, lidded; **~ zum Aufklappen** hinged cover (*od.* lid), flap; **jeder Topf findet s-n ~** (*Sprichwort*) every Jack has his Jill. **2.** *humor.* (*Hut*) lid; **er hat eins auf den ~ bekommen** he copped one on the bean, *fig.* he was ticked off properly; *colloq.* **j-m eins auf den ~ geben** a) give s. o. a knock on the head (*od. sl.* a crack on the nut), b) *fig.* tick s. o. off properly, give s. o. hell. **3.** *bot. zo.* operculum. **4.** *print.* a) (*Buch*2) (book) cover, b) tympan. **5.** *mus.* a) (*Klavier*2) lid, b) *der Orgelpfeife*: cap, stopper, tampion, c) *bei Holzblasinstrumenten*: cup. **~ˌglas** *n* **1.** glass with a lid. **2.** screw-top jar. **~ˌkan·ne** *f* **1.** jug (*od.* pot, pitcher) with a lid. **2.** (lidded) tankard. **~ˌkorb** *m* lidded basket; *bes. für Picknick etc*: hamper. **~ˌschrau·be** *f tech.* cover bolt.

decken (*getr.* -k·k-) [ˈdɛkən] **I** *v/t* ⟨h⟩ **1.** (*Dach*) cover; **ein Dach mit Stroh** (**Schiefer, Ziegeln, Schindeln**) **~** thatch (slate, tile, shingle) a roof. **2.** (*Haus*) roof. **3.** (*Tisch*) lay, set (**für drei Personen** for three). **4. et. über** (*od.* **auf**) (*acc*) **et. ~** cover s. th. with s. th., put (*od.* spread) s. th. over s. th. **5.** (*abschirmen, schützen*) a) protect, shelter, screen, shield, cover, b) *fig.* shield, protect, stand up for, c) *fig. contp.* shield, screen, cover up for (*a criminal, etc*); **j-n mit s-m Körper ~** protect (*od.* shield, screen) s. o. with one's body; **j-s Lügen ~** cover up for s. o.'s lies; → **Rücken. 6.** *econ.* a) (*Deckung beschaffen*) provide cover for, b) (*Auslagen*) reimburse, c) (*Bedarf*) cover, meet, satisfy, supply, d) (*Defizit, Verlust, Schaden*) cover, make up (*od.* good), e) (*Kosten*) cover, meet, defray, f) (*Scheck*) cover, g) (*Schuld*) pay, meet, cover, h) (*Währung*) cover, guarantee, support, i) (*Wechsel*) meet, hono(u)r. **7.** a) *Fußball etc*: mark, cover, b) *Boxen*: guard, cover (up), c) *fenc.* parry, guard; **e-n Spieler scharf ~** mark a player close. **8.** *mil.* a) cover, b) *taktisch*: cover, support, c) (*geleiten*) escort, *mar. a.* convoy; **den Rückzug** (**der Armee**) **~** cover the (army's) retreat. **9.** a) *Schach etc*: protect, cover, b) *Bridge*: stop. **10.** *zo.* (*begatten*) cover, serve. **11.** *tech.* a) *Färberei*: fill up, top, b) (*Zucker*) clay, whiten. **12.** *lit.* (*be~*) *Schnee etc*: cover. **13.** *Bibl. od. poet.* (*verbergen*) conceal, hide. **II** *v/reflex* **sich ~ 14.** cover (*od.* guard, shield, protect) o. s. (*a. mil.*); **sich nach allen Seiten ~** protect o. s. on all sides, cover o. s. in every direction. **15.** *Boxen*: cover up. **16.** *hunt.* hide o.s. **17.** *econ.* a) cover o. s. (*against losses*), b) provide cover, c) insure o. s. **18.** *math.* coincide (with one another), be congruent (*od.* coincident, superposable, identical. **19.** *fig.* (mit) coincide (with), correspond (to), square (*od.* tally) (with), be identical (with); **unsere Auffassungen ~ sich** our views coincide (*od.* are in accord); **unsere Interessen ~ sich nicht** our interests are incompatible; **die Behauptung deckt sich nicht mit den Tatsachen** the statement does not tally (*od.* square) with the facts. **III** *v/i* **20.** *Farbe etc*: cover (*well, etc*). **21.** *Sport*: a) *Spieler*: mark, cover, b) *Boxer*: cover (up), guard. **IV** 2 *n* ⟨-s⟩ **22.** covering (*etc*); → *a.* **Deckung.**

ˈDecken|ˌbal·ken (*getr.* -k·k-) *m* ceiling joist (*od.* beam). **~beˌleuch·tung** *f* **1.** ceiling (*od.* overhead) lighting; ceiling light(s *pl*). **2.** *mot.* a) interior lighting, b) → **Deckenleuchte** 2. **~ˌfeld** *n arch.* coffer ceiling panel, caisson. **~ˌfen·ster** *n* → **Oberlicht** 2 a. **~geˌmäl·de** *n* ceiling painting (*od.* fresco). **~ˌhei·zung** *f tech.* overhead radiation heating. **~ˌlam·pe** *f* **1.** ceiling lamp. **2.** → **Deckenleuchte** 2. **~ˌleuch·te** *f* **1.** → **Deckenlampe** 1. **2.** *mot.* dome (*od.* courtesy, ceiling) lamp. **~ˌlicht** *n* **1.** → **Deckenbeleuchtung** 1. **2.** → **Deckenleuchte** 2. **3.** → **Oberlicht** 1. **~ma·leˌrei** *f* **1.** art of painting ceilings. **2.** → **Deckengemälde. ~ˌschal·ter** *m* ceiling-light switch. **~ˌstrah·ler** *m* ceiling reflecting lamp. **~ˌwulst** *m mot. am Reifen*: bead.

ˈDeck|er·ˌin·ne·rung *f psych.* screen (*od.* cover) memory. **2ˌfä·hig** *adj* **1.** *Farbe etc*: of good covering power. **2.** *zo.* → **zeugungsfähig. ~ˌfar·be** *f* **1.** *Kunst*: opaque (*od.* covering, body) colo(u)r (*od.* paint). **2.** *tech.* finishing coat (of paint). **~ˌfe·der** *f orn.* deck feather, (quill) covert, tectrix (*pl* tectrices). **~ˌflü·gel** *m zo.* wing case. **~ˌfrucht** *f agr.* cover (*od.* nurse) crop. **~furˌnier** *n* surface veneer. **~geˌwe·be** *n anat.* epithelial tissue. **~ˌhengst** *m agr.* stallion, stud(horse). **~ˌkraft** *f von Farbe etc*: covering properties *pl.* **~ˌlack** *m* coating varnish. **~ˌla·dung** *f mar.* deck cargo. **~ˌlei·ste** *f arch.* cover mo(u)lding. **~ˌmann·schaft** *f mar.* deck crew, deckhands *pl.* **~ˌman·tel** *m* ⟨-s; *no pl*⟩ *fig.* **1.** cloak, mask, veil, disguise, cover; **unter dem ~ der Nächstenliebe** under the cloak (*od.* guise) of charity; **et. als ~ benutzen** use s.th. as a cloak. **2.** (*Vorwand*) pretext, pretence. **~ˌna·me** *m* **1.** (*falscher Name*) assumed name, alias. **2.** pseudonym, *e-s Schriftstellers*: pen name, nom de plume. **3.** *mil.* a) code (*od.* cover) name, b) *für Manöver*: nickname, designation. **~ˌnum·mer** *f* secret number. **~of·fiˌzier** *m mar.* warrant officer. **~ˌschicht** *f* **1.** top layer (*od.* coating). **2.** (*Farbe*) top coat (*od.* layer). **3.** *geol.* a) sedimentary mantle, b) *über Erz, Kohle etc*: overburden, c) *über Salzlagern*: (super)cap. **4.** *med.* protective layer, cover.

ˈDecks|ˌhaus *n mar.* deckhouse. **~ˌjun·ge** *m* deck boy. **~ˌla·dung, ~ˌlast** *f* deck cargo. **~pas·saˌgier** *m* deck passenger.

ˈDeck|ˌsprung *m mar.* sheer. **~ˌstein** *m* cap jewel. **~ˌste·ward** *m mar.* deck steward. **~ˌstuhl** *m* **1.** deck chair. **2.** *civ. eng.* roof trestle.

ˈDeckung (*getr.* -k·k-) *f* ⟨-; *no pl*⟩ **1.** → **decken** IV. **2.** *bes. mil.* a) cover, shelter, protection, b) (*Tarnung*) concealment, camouflage, c) (*taktische ~*) protection, covering (*of flank, retreat, etc*); **volle ~** full cover; (**volle**) **~!** take cover!; **unter ~**

under cover; in ~ gehen, ~ nehmen (od. suchen) take (od. make for) cover. 3. econ. a) (Bedarfs♀) supply, b) (Währungs♀) cover, backing, c) (Bezahlung) payment, d) (Rückerstattung) reimbursement, e) (Kapital, Mittel) funds pl, provision, f) (Sicherheit) cover, security, collateral, g) (Spanne) margin; keine ~ no funds pl; ohne ~ unsecured, without cover (od. funds); ohne ~ verkaufen sell short; mangels ~ zurück returned for want of funds; sich (dat) ~ verschaffen cover o.s.; für diesen Scheck ist ~ da (od. vorhanden) this cheque (Am. check) is covered; ~ geben provide cover. 4. Sport: a) Fußball etc: (Markieren) marking, covering, (Verteidigung) defen/ce (Am. -se), defenders pl, backs pl, b) Boxen, fenc. guard; die ~ durchschlagen break through s.o.'s guard; s-e ~ vernachlässigen leave o.s. open, drop one's guard. 5. Schach: protection, cover, guard; die ~ abziehen leave a piece uncovered. 6. math. coincidence, congruence, congruency; (et.) zur ~ bringen superimpose (s.th.), bring (s.th.) to coincidence. 7. fig. von Begriffen etc: coincidence. 8. phot. a) → Schwärzung, b) registering. 9. hunt. cover, blind.

ˈ**Deckungs|beˌscheid** (getr. -k·k-) m econ. cover(ing) note. ♀ˌ**fä·hig** adj eligible (od. valid) as cover. ~ˌ**feu·er** n mil. covering fire. ~**geˌschäft** n econ. hedge, hedging transaction. ♀ˌ**gleich** adj math. congruent, identical; nicht ~ incongruent. ~ˌ**gleich·heit** f congruence. ~ˌ**gra·ben** m mil. shelter trench. ~ˌ**gren·ze** f econ. limit of cover. ~**ka·piˌtal** n covering funds pl (od. capital). ~ˌ**kauf** m covering purchase, (short) covering. ~ˌ**klau·sel** f cover clause. ~ˌ**loch** n mil. foxhole. ♀**los** adj 1. mil. exposed, uncovered; ~es Gelände open ground. 2. beim Boxen: unguarded, (wide) open. ~ˌ**mit·tel** pl econ. covering funds, cover sg. ~ˌ**si·cher·heit** f collateral security. ~ˌ**spie·ler** m Sport: marker, weitS. defensive player. ~ˌ**sum·me** f econ. insured sum, amount insured (od. covered). ~ˌ**wech·sel** m security credit note. ~ˌ**win·kel** m math. angle of coincidence.

ˈ**Deckˌweiß** n opaque white.

De·co·der [deˈkoːdər; ˌdiːˈkəʊdə] (Engl.) m ⟨-s; -⟩ electr. decoder.

de·cou·ra·gie·ren [dekuraˈʒiːrən] v/t ⟨no ge-, h⟩ j-n ~ discourage s.o.

de·di·zie·ren [dediˈtsiːrən] v/t ⟨no ge-, h⟩ j-m et. ~ a) (widmen) dedicate s.th. to s.o., b) (schenken) present (od. give) s.th. to s.o.

De·duk·ti·on [dedʊkˈtsĭoːn] f ⟨-; -en⟩ philos. deduction.

De·duk·tiˈons|theoˌrie f math. philos. → Beweistheorie 2. ~**verˌfah·ren** n deductive method.

de·duk·tiv [dedʊkˈtiːf] adj philos. deductive.

de·duˈzier·bar adj math. philos. deducible. **de·du·zie·ren** [deduˈtsiːrən] v/t ⟨no ge-, h⟩ deduce (aus from).

de·es·ka·lie·ren [deˀɛskaˈliːrən] v/t ⟨no ge-, h⟩ pol. u. fig. de-escalate.

de fac·to [de ˈfakto] adv jur. pol. de facto, in fact. **De-ˈfac·to-ˌAn·erˌken·nung** f de facto recognition.

De·fai·tis·mus [defɛˈtɪsmʊs] m ⟨-; no pl⟩ → Defätismus.

De·fä·ka·ti·on [defɛkaˈtsĭoːn] f ⟨-; -en⟩ med. defecation.

De·fä·tis·mus [defɛˈtɪsmʊs] m ⟨-; no pl⟩ defeatism. **De·fäˈtist** [-ˈtɪst] m ⟨-en; -en⟩ defeatist. **de·fäˈti·stisch** adj defeatist.

de·fekt [deˈfɛkt] adj ⟨-er; -est⟩ 1. bes. tech. defective, faulty, imperfect, damaged; print. ~er Buchstabe damaged (od. bad) letter, batter. 2. med. psych. defective.

Deˈfekt m ⟨-(e)s; -e⟩ 1. (an dat in) defect, fault, flaw. 2. pl print. a) (Reservebuchstaben) sorts, b) → Defektbogen. 3. med. psych. defect, deficiency. ~ˌ**bo·gen** m print. imperfect (od. overplus) sheet.

de·fek·tiv [defɛkˈtiːf] adj defective (a. ling.), faulty. **De·fekˈti·vum** [-ˈtiːvʊm] n ⟨-s; -tiva [-va]⟩ ling. defective (word).

de·fen·siv [defɛnˈziːf] adj defensive; mot. ~ fahren drive defensively; sich ~ verhalten be (od. act, stand) on the defensive. **De·fenˈsi·ve** [-ˈziːvə] f ⟨-; -n⟩ in der ~ on the defensive; in die ~ gedrängt werden be forced on to the defensive.

De·fenˈsiv|ˌkrieg m mil. defensive war. ~ˌ**spiel** n Sport: defensive play.

de·fi·lie·ren [defiˈliːrən] v/i ⟨no ge-, h u. sein⟩ 1. defile, pass in review. 2. march past.

de·fiˈnier·bar adj definable; schwer ~ difficult to define, elusive. ♀**keit** f ⟨-; no pl⟩ definability.

de·fi·nie·ren [defiˈniːrən] v/t ⟨no ge-, h⟩ define; sich nicht ~ lassen defy (od. elude) definition; ein Wort grammatisch ~ parse a word.

de·fi·nit [defiˈniːt] adj ling. math. definite.

De·fi·ni·ti·on [definiˈtsĭoːn] f ⟨-; -en⟩ definition; e-e ~ von et. geben define s.th., give a definition of s.th.; relig. dogmatische ~ definition of dogma.

de·fi·ni·tiv [definiˈtiːf] I adj 1. (endgültig) definitive, final (offer, reply, etc). 2. (eindeutig) definitive, definite (answer, etc); e-e ~e Zusage a positive promise. II adv 3. definitely, definitively, undoubtedly; das steht ~ fest that is definite. **De·fi·ni·ti·vum** [definiˈtiːvʊm] n ⟨-s; -tiva [-va]⟩ final state, finality.

de·fi·zi·ent [defiˈtsĭɛnt] adj math. Zahl etc: deficient.

De·fi·zit [ˈdeːfitsɪt] n ⟨-s; -e⟩ econ. deficit, deficiency, shortfall, shortage; ein ~ aufweisen show a deficit; ein ~ ausgleichen make up a deficit; mit e-m ~ von $ 100 abschließen show a (final) deficit of $ 100; aus dem ~ kommen overcome the deficit, get out of the red. **de·fi·zi·tär** [defitsiˈtɛːr] adj in deficit, deficitary.

ˈ**De·fi·zit|po·liˌtik** f policy of deficit budgeting. ~ˌ**wirt·schaft** f deficit budgeting.

De·fla·gra·ti·on [deflagraˈtsĭoːn] f ⟨-; -en⟩ chem. deflagration. **de·flaˈgrie·ren** [-ˈgriːrən] v/t ⟨no ge-, h⟩ chem. deflagrate.

De·fla·ti·on [deflaˈtsĭoːn] f ⟨-; -en⟩ 1. econ. deflation; e-e ~ durchführen deflate. 2. geol. (wind) deflation. **de·fla·tioˈnär** [-tsĭoˈnɛːr] adj econ. deflationary. **de·fla·tioˈni·stisch** [-tsĭoˈnɪstɪʃ] adj deflationary, deflationist. **De·fla·tiˈons·po·liˌtik** f deflationary policy, policy of deflation. **de·fla·to·risch** [deflaˈtoːrɪʃ] adj econ. deflationary.

De·flo·ra·ti·on [defloraˈtsĭoːn] f ⟨-; -en⟩ defloration. **de·floˈrie·ren** [-ˈriːrən] v/t ⟨no ge-, h⟩ deflower.

De·for·ma·ti·on [defɔrmaˈtsĭoːn] f ⟨-; -en⟩ 1. deformation, tech. a. (Verzug) distortion; elastische ~ elastic deformation. 2. med. a) deformation, malformation, b) bes. des Gesichts: disfigurement, deformity. **de·for·mie·ren** [defɔrˈmiːrən] v/t ⟨no ge-, h⟩ 1. deform, disfigure. 2. phys. tech. deform, distort. **De·forˈmie·rung** f ⟨-; -en⟩ → Deformation. **De·for·miˈtät** [-miˈtɛːt] f ⟨-; -en⟩ med. deformity.

De·frau·dant [defrauˈdant] m ⟨-en; -en⟩ jur. defrauder; (Veruntreuer) embezzler. **De·frau·da·tiˈon** [-daˈtsĭoːn] f ⟨-; -en⟩ 1. defraudation. 2. embezzlement. **de·frauˈdie·ren** [-ˈdiːrən] v/t u. v/i ⟨no ge-, h⟩ 1. defraud. 2. embezzle.

De·fro·ster [deˈfrɔstər] m ⟨-s; -⟩ tech. defroster. ~ˌ**anˌla·ge** f mot. defroster system.

def·tig [ˈdɛftɪç] I adj colloq. 1. Person: robust, hefty. 2. Witz etc, a. Person: earthy, robust, (gewagt) risqué, off-colo(u)r, Am. a. blue (joke, etc). 3. Essen, Material etc: solid. 4. Ohrfeige, Kritik etc: sharp, hefty, sound. 5. Preis etc: steep, hefty. II adv 6. (tüchtig, sehr) thoroughly; j-n ~ verprügeln give s.o. a thorough (od. sound) thrashing.

De·gen[1] [ˈdeːgən] m ⟨-s; -⟩ 1. sword; den ~ (blank)ziehen draw the sword; den ~ einstecken sheathe (od. put up) the sword. 2. fenc. épée, a. epee.

ˈ**De·gen**[2] m ⟨-s; -⟩ poet. u. archaic 1. warrior. 2. (young) hero, blade. 3. (Gefolgsmann) retainer.

De·ge·ne·ra·ti·on [degeneraˈtsĭoːn] f ⟨-; -en⟩ bes. biol. med. degeneration; ~**serscheinung** f sign of degeneration.

de·ge·ne·ra·tiv [degeneraˈtiːf] adj biol. med. degenerative. **de·ge·ne·rie·ren** [degeneˈriːrən] v/i ⟨no ge-, sein⟩ degenerate. **de·ge·neˈriert** adj degenerate. **De·ge·neˈriert·heit** f ⟨-; no pl⟩ degeneration, degeneracy. **De·ge·neˈrie·rung** f ⟨-; no pl⟩ → Degeneration.

ˈ**De·gen|ˌfech·ten** n épée fencing. ~ˌ**fech·ter** m épée fencer. ~ˌ**fisch** m ribbonfish. ~ˌ**griff** m hilt (of sword). ~ˌ**knauf** m pommel. ~ˌ**kop·pel** n sword belt. ~ˌ**korb** m 1. guard. 2. (Korbgriff) basket hilt. ~ˌ**qua·ste** f sword knot. ~ˌ**schlucker** (getr. -k·k-) m sword swallower. ~ˌ**spit·ze** f point of the sword. ~ˌ**stoß** m sword thrust; fenc. épée thrust.

De·glu·ti·na·ti·on [deglutinaˈtsĭoːn] f ⟨-; -en⟩ ling. deglutination.

De·gout [deˈguː] m ⟨-s; no pl⟩ disgust, schwächer: distaste. **de·gouˈtant** [-guˈtant] adj disgusting. **de·gouˈtie·ren** [-guˈtiːrən] v/t ⟨no ge-, h⟩ 1. j-n ~ disgust s.o. 2. et. ~ dislike s.th. strongly, be disgusted by s.th.

De·gra·da·ti·on [degradaˈtsĭoːn] f ⟨-; -en⟩ 1. R.C. degradation, expulsion from clerical office. 2. nucl. degradation (of energy). **de·gra·die·ren** [degraˈdiːrən] v/t ⟨no ge-, h⟩ 1. bes. mil. a) degrade, demote, reduce s.o. (in rank), break, Am. sl. bust, b) Marine: disrate, reduce s.o. to lower rating. 2. fig. degrade, abase. 3. agr. phys. degrade. **De·graˈdie·rung** f ⟨-; -en⟩ 1. mil. demotion. 2. bes. phys. u. fig. degradation.

De·gres·si·on [degrɛˈsĭoːn] f ⟨-; -en⟩ econ. degression. **de·gresˈsiv** [-ˈsiːf] adj degressive; ~e Abschreibung degressive depreciation.

De·gu·sta·ti·on [degustaˈtsĭoːn] f ⟨-; -en⟩ Swiss tasting.

ˈ**dehn·bar** adj 1. stretchable, elastic, expandable, expansible, extensible. 2. (elastisch) a. fig. flexible, elastic (law, concept etc); ein ~es Gewissen an elastic conscience. 3. bes. metall. a) (bildsam) ductile (a. min.), elastic, b) (kaltverformbar) malleable, c) (biegsam) flexible. 4. phys. a) fester Körper: dilatable, b) feste Körper, Gase: expansive, expansible. 5. econ. Preis: yielding, soft. 6. ling. mus. Vokal, Note etc: capable of being lengthened; *der Vokal* **ist** ~ can be lengthened. **ℒkeit** *f* ⟨-; *no pl*⟩ **1.** stretchability, extensibility, expansibility, elasticity. **2.** *a. fig.* flexibility, elasticity. **3.** *bes. metall.* ductibility, elasticity, flexibility, malleability. **4.** *phys.* a) dilatability, b) expansivity. **5.** *ling. mus.* capacity of being lengthened.

deh·nen [ˈde:nən] **I** *v/t* ⟨h⟩ **1.** (*in die Länge od. Breite ziehen*) stretch (*a pullover, etc*). **2.** (*in die Länge ziehen*) stretch, draw out, extend, lengthen; **ein Gummiband** ~ stretch a rubber band; *fig.* **e-e Besprechung in die Länge** ~ draw (*od.* spin) out a discussion. **3.** (*in die Breite ziehen*) stretch, widen; **Schuhe** ~ **lassen** have one's shoes stretched. **4.** *übermäßig*: distend. **5.** (*Volumen vergrößern*) expand, extend. **6.** (*Glieder etc*) stretch (*limbs, etc*). **7.** *fig.* (*Worte etc*) drawl, draw out. **8.** *fig.* (*Recht, Begriff etc*) stretch. **9.** *metall.* a) lengthen, extend, draw (out), b) (*elastische Werkstoffe*) stretch, c) *dreidimensional*: expand, d) *verformend bis zum Bruch*: elongate. **10.** *ling.* (*Vokal etc*) lengthen. **11.** *mus.* (*Ton*) hold (on to), sustain. **II** *v/reflex* **sich** ~ **12.** a) *in die Länge od. Breite*: stretch, b) *in die Länge*: stretch, draw out, extend, lengthen, c) *in die Breite*: stretch, widen. **13.** *übermäßig*: distend. **14.** (*Volumen vergrößern*) dilate, expand, extend; **Gase** ~ **sich** gases expand. **15.** *Person*: stretch (o.s.). **16.** *fig.* *Landschaft etc*: extend, stretch (out), spread out; **vor uns dehnte sich e-e Ebene** a plain extended before us; **endlos dehnte sich die Straße** the road stretched out endlessly. **17.** *fig.* *Zeit*: stretch (out), drag on, crawl, creep by; **die Minuten** ~ **sich wie Stunden** the minutes drag on like hours. **18.** *metall.* a) stretch, extend, draw (out), b) expand. **III** ℒ *n* ⟨-s⟩ **19.** stretching (*etc*). **20.** → **Dehnung**.

ˈDeh·ner *m* ⟨-s⟩ → **Dehnmuskel**.

ˈDehn|ˌfu·ge *f* → **Dehnungsfuge**. **~ˌgren·ze** *f metall.* proof stress, ultimate strength. **~ˌmus·kel** *m anat.* dilator. **~ˌson·de** *f med.* dilator. **~ˌstu·fe** *f ling.* lengthened grade.

ˈDeh·nung *f* ⟨-; -en⟩ **1.** → **dehnen** 19. **2.** *bes. metall.* a) (*Längung*) extension, b) (*elastische* ~) stretch, c) (*verformende* ~) elongation, d) (*Aus*ℒ) expansion, e) *unter Wärmeeinwirkung*: dilation, f) (*Spannung*) longitudinal stress. **3.** *phys. von festen Körpern, Gasen etc*: expansion. **4.** *ling.* lengthening. **5.** *med.* a) *des Herzens*: diastole, b) *e-r Struktur*: stretching, (instrumental) dilation. **6.** **metrische** ~ diastole. **7.** *des Brustkorbes etc*: expansion. **8.** *fig.* extension.

ˈDeh·nungs|ˌfä·hig·keit *f* → **Dehnbarkeit** 1–4. **~ˌfu·ge** *f tech.* expansion joint. **~-ˌH** [-ˌha:] *n* ⟨-;-⟩ *ling. h indicating length of a* (*preceding*) *vowel*. **~ˌhub** *m mot.* expansion stroke. **~ˌmes·ser** *m* **1.** *phys.* dilatometer. **2.** *tech. im Prüfwesen*: extensometer. **~ˌmus·kel** *m anat.* extensor (muscle). **~ˌriß** *m metall.* expansion crack. **~ˌzei·chen** *n ling.* length mark.

De·hy·dra·se [dehyˈdra:zə] *f* ⟨-; -n⟩ *chem.* dehydrogenase.

De·hy·dra·ta·ti·on [dehydrataˈtsĭo:n] *f* ⟨-; -en⟩ *chem.* dehydration. **de·hyˈdrie·ren** [-ˈdri:rən] *v/t* ⟨*no* **ge-**, h⟩ dehydrogenate, dehydrogenize. **De·hyˈdrie·rung** *f* ⟨-; *no pl*⟩ dehydrogenation.

Dei·bel [ˈdaɪbəl] *m* ⟨-s; *no pl*⟩ *dial. for* **Teufel**.

Deich [daɪç] *m* ⟨-(e)s; -e⟩ **1.** (*See*ℒ) dike, dyke; **e-n** ~ **bauen** (*od.* **aufwerfen**) build (*od.* raise) a dike. **2.** (*Fluß*ℒ) (river) embankment, bank, *Am.* levee, *a.* dike. **~ˌamt** *n* dike reeve's office. **~ˌauf·ˌse·her** *m* dike reeve. **~ˌbau** *m* ⟨-(e)s; *no pl*⟩ **1.** (*See*ℒ) diking, dyking. **2.** (*Fluß*ℒ) (river) embankment construction. **~(ˌein)ˌbruch** *m* dike breach. **~geˌschwo·re·ne** *m obs.* sworn dike inspector. **~geˌsetz** *n* dike law. **~ˌgraf** *m obs.*, **~ˌhauptˌmann** *m* dike reeve. **~ˌland** *n* dike land, innings *pl.* **~-ˌscha·den** *m* damage to a dike. **~-ˌschleu·se** *f* floodgate, sluice (gate).

Deich·sel [ˈdaɪksəl] *f* ⟨-; -n⟩ **1.** a) (~*stange*) pole, b) (*Gabel*ℒ, *a.* ~*arm*, ~*gabel*) shaft(s *pl*), thill(s *pl*). **2.** *e-s Hubwagens, Schlepperzugs*: drawbar, *Am.* tractor hitch. **deich·seln** [ˈdaɪksəln] *v/t* ⟨h⟩ *colloq. humor.* manage, wangle, engineer, pull off; **ich werde das** (*od.* **die Sache**) **schon** ~ I'll swing it (all right), just leave it to me.

ˈDeich|ˌsiel *m, n* → **Deichschleuse**. **~ˌvogt** *m obs. for* **Deichhauptmann**. **~ˌweg** *m* dike path.

Dei·fi·ka·ti·on [deifikaˈtsĭo:n] *f* ⟨-; -en⟩ *relig.* deification.

deik·tisch [ˈdaɪktɪʃ] *adj ling.* deictic.

dein [daɪn] **I** *possess pron* **1.** ⟨*used as adj*⟩ a) your, b) *poet.* ⟨*nachgestellt, undeclined*⟩ your; **e-e** ~**er Töchter** one of your daughters; **das ist** ~**e Sache** that's your affair; *colloq.* **du mit** ~**en Kirchen!** you and your churches!; *Bibl.* ~ **Wille geschehe** Thy will be done. **2.** ⟨*used as pred*⟩ a) ~**er**, ~**e**, ~**(e)s**; **der, die, das** ~**e** yours, b) ⟨*undeclined*⟩ yours; **sein Haus ist größer als** ~**es** (*od.* **das dein[ig]e**) his house is bigger than yours; **ist dieser Wagen** ~**er?** is this car yours?; **alles, was** ~ **ist** all that is yours; *Bibl.* **denn** ~ **ist das Reich** for Thine is the kingdom. **3.** ⟨*used as noun*⟩ **der, die, das** ℒ**e** your own, yours; **der Dein(ig)e** your husband; **stets der** ℒ**e**, **X** *im Brief*: yours ever, X; **die Dein(ig)e** your wife; **ich will die** ℒ**e werden** I want to be yours; **du hast das Dein(ig)e getan** you have done your bit; **die Dein(ig)en** your family, your people; **du und die Dein(ig)en** you and yours. **II** *personal pron* **4.** ⟨*gen of* **du**⟩ *poet. od. archaic* you; **wir gedachten** ~ we thought of you.

ˈdei·ner I *personal pron* ⟨*gen of* **du**⟩ **1.** (of) you; **er erinnerte sich** ~ **nicht mehr** he didn't remember you; **das ist** ~ **nicht würdig** that is not worthy of you. **2.** ~ **(selbst)** yourself; **du warst** ~ **(selbst) auch nicht ganz sicher** you weren't quite sure (of your ground) either. **~ˈseits** *adv* for (*od.* on) your part, on (*od.* from) your side; **bestehen irgendwelche Bedenken** ~? are there any doubts on your part?

ˈdei·nes|ˈglei·chen *indef pron* ⟨*undeclined*⟩ **1.** your equals, people like yourself, the likes of you, your own kind. **2.** people such as you; ~ **kann sich so et. eben leisten** people like you (*od.* the likes of you) can afford such things. **~ˈteils** *adv* → **deinerseits**.

dei·net|hal·ben [ˈdaɪnətˈhalbən] *adv obs. od. lit.* → **~ˈwe·gen** *adv* **1.** (*für dich*) for your sake. **2.** (*wegen dir*) on your account, because of you. **3.** on your behalf. **~ˈwil·len** *adv* (**um**) ~ → **deinetwegen** 1, 2.

ˈdei·nig *possess pron* **I der, die, das** ~**e** → **dein** 2a. **II der, die, das** ℒ**e** → **dein** 3.

De·is·mus [deˈɪsmʊs] *m* ⟨-; *no pl*⟩ *relig.* deism. **De·ist** [deˈɪst] *m* ⟨-en; -en⟩ deist. **dei·stisch** [deˈɪstɪʃ] *adj* deistic(al).

Dei·wel [ˈdaɪvəl] *m* ⟨-s; *no pl*⟩ *dial. for* **Teufel**.

de ju·re [deˈju:rə] *adv jur. pol.* de jure. **De-ˈju·re-ˌAn·erˌken·nung** *f pol.* de-jure recognition.

De·ka [ˈdɛka] *n* ⟨-(s); -⟩ *Austrian for* **Dekagramm**.

Deka..., deka... *in Zssgn* dec(a)..., dek(a)..., ten.

De·ka·de [deˈka:də] *f* ⟨-; -n⟩ **1.** decade, set (*od.* series) of ten. **2.** decade, period of ten years; **in der ersten** ~ **unseres Jahrhunderts** in the first decade of our (*od.* this) century. **3.** period of ten days; **die erste** ~ **des Monats** the first ten days of the month. **4.** *Literatur*: decade.

Deˈka·den|rheoˌstat *m electr.* decimal rheostat. **~syˌstem** *n* decimal (*od.* decadic) system.

de·ka·dent [dekaˈdɛnt] *adj* decadent; **ein** ~**er Mensch** a decadent. **De·ka·denz** [dekaˈdɛnts] *f* ⟨-; *no pl*⟩ decadence; ~**erscheinung** *f* (~**literatur** *f*) symptom (literature) of decadence.

De·ka·dik [deˈka:dɪk] *f* ⟨-; *no pl*⟩ decimal system. **deˈka·disch** *adj* decadic, decimal; ~**es (Zahlen)System** decadic (number) system, decimal system; ~**er Logarithmus** common logarithm.

De·ka·eder [dekaˈˀe:dər] *n* ⟨-s; -⟩ *math.* decahedron. **de·kaˈedrisch** [-ˈˀe:drɪʃ] *adj* decahedral.

De·ka·gon [dekaˈgo:n] *n* ⟨-s; -e⟩ *math.* decagon. **de·ka·goˈnal** [-goˈna:l] *adj* decagonal.

De·ka·gramm [dekaˈgram] *n* ⟨-s; -e⟩ decagram(me *Br.*).

De·ka·li·ter [dekaˈli:tər] *m, a. n* decalit/re (*Am.* -er).

De·ka·log [dekaˈlo:k] *m* ⟨-(e)s; *no pl*⟩ *relig.* decalog(ue *Br.*).

Dek·ame·ron", „Das [deˈka:merən] ⟨-s; *no pl*⟩ "the Decameron".

De·ka·me·ter [dekaˈme:tər] *m, n* ⟨-s; -⟩ decamet/re (*Am.* -er).

De·kan [deˈka:n] *m* ⟨-s; -e⟩ **1.** *relig.* a) *protestantisch*: superintendent, b) *katholisch u. anglikanisch*: dean. **2.** *univ.* dean. **De·ka·nat** [dekaˈna:t] *n* ⟨-(e)s; -e⟩ **1.** *relig. univ.* a) office of dean, deanery, b) dean's term of office, deanship. **2.** *relig.* a) deanery, b) *protestantisch*: district under the supervision of a superintendent. **De·ka·nei** [dekaˈnaɪ] *f* ⟨-; -en⟩ *relig.* deanery.

de·kan·tie·ren [dekanˈti:rən] *v/t* ⟨*no* **ge-**, h⟩ decant.

de·kar·bo·ni·sie·ren [dekarboniˈzi:rən], **de·kar·buˈrie·ren** [-buˈri:rən] *v/t* ⟨*no* **ge-**, h⟩ *tech.* decarbonize.

de·kar·tel·lie·ren [dekartɛˈli:rən], **de·kar·tel·liˈsie·ren** [-liˈzi:rən] *v/t* ⟨*no* **ge-**, h⟩ *econ.* decartelize.

de·ka·tie·ren [dekaˈti:rən] *v/t* ⟨*no* **ge-**, h⟩ *Textil. in kochendem Wasser*: decatize; *unter Dampf*: shrink, steam; *durch Einfeuchten*: sponge. **De·kaˈtier·ma·ˌschi·ne** *f* decatizing (*od.* steaming) machine.

De·kla·ma·ti·on [deklamaˈtsĭo:n] *f* ⟨-; -en⟩ **1.** declamation (*a. mus.*), recitation. **2.** *contp.* (lengthy) harangue, declamation. **De·kla·ma·tiˈonsˌstil** *m* declamatory style.

De·kla·ma·tor [deklaˈma:tɔr] *m* ⟨-s; -en [-maˈto:rən]⟩ **1.** reciter. **2.** *contp.* haranguer, bombastic orator. **de·kla·maˈto·risch** [-maˈto:rɪʃ] *adj* declamatory.

de·kla·mie·ren [deklaˈmi:rən] *v/t u. v/i* ⟨*no* **ge-**, h⟩ **1.** recite, declaim. **2.** *contp.* declaim, spout.

De·kla·ra·ti·on [deklaraˈtsĭo:n] *f* ⟨-; -en⟩ **1.** declaration. **2.** *econ.* a) (customs) declaration, b) (bill of) entry, c) statement of value; **e-e** ~ **abgeben** make (*od.* issue) a declaration. **3.** *pol.* *e-s Vertrages etc*: proclamation, announcement. **de·kla·raˈto·risch** [-ˈto:rɪʃ] *adj Urkunde etc*: declaratory.

de·kla·rie·ren [dekla'ri:rən] *v/t* ⟨*no* ge-, h⟩ **1.** *econ.* declare. **2.** *Billard*: call. **De·kla'rie·rung** *f* ⟨-; -en⟩ declaration.

de·klas·sie·ren [dekla'si:rən] *v/t* ⟨*no* ge-, h⟩ **1.** declass, lower the social position of. **2.** (*entwürdigen*) degrade. **3.** *Sport*: outclass, humble. **De·klas'sie·rung** *f* ⟨-; -en⟩ **1.** degradation. **2.** *Sport*: outclassing.

de·kli·na·bel [dekli'na:bəl] *adj ling.* declinable.

De·kli·na·ti·on [deklina'tsĭo:n] *f* ⟨-; -en⟩ **1.** *ling.* (**schwache, starke** ~) weak, strong) declension. **2.** *astr.* (**südliche** ~ southern) declination. **3.** *phys.* declination, variation; **magnetische** ~ magnetic declination.

de·kli'nier·bar *adj ling.* declinable. **2keit** *f* ⟨-; *no pl*⟩ declinability.

de·kli·nie·ren [dekli'ni:rən] *v/t* ⟨*no* ge-, h⟩ *ling.* decline.

De·kolle·té [dekɔl'te:] *n* ⟨-s; -s⟩ (low) neckline, décolletage, décolleté, decollete; **kleines** ~ high neckline; **tiefes** ~ low (*od.* plunging) neckline, décolleté. **de·kolle'tie·ren** [-'ti:rən] *v/t* ⟨*no* ge-, h⟩ cut *s.th.* low. **de·kolle'tiert** *adj* **1.** *Kleid*: low(-necked), low-cut, décolleté, decollete. **2.** *Dame*: décolleté, decollete.

De·kom·po·si·tum [dekɔm'po:zitum] *n* ⟨-s; -sita [-ta]⟩ *ling.* decomposite.

De·kon·ta·mi·na·ti·on [dekɔntamina'tsĭo:n] *f* ⟨-; -en⟩ *mil. nucl.* decontamination.

De·kor [de'ko:r] *m, a. n* ⟨-s; -s *u.* -e⟩ **1.** decoration. **2.** *thea.* décor, scenery, set(ting).

De·ko·ra·teur [dekora'tø:r] *m* ⟨-s; -e⟩ **1.** (painter and) decorator. **2.** (*Geschäfts2*) display artist; (*Schaufenster2*) window dresser; *für Gardinen*: curtain fitter. **3.** (*Polsterer*) upholsterer. **4.** *thea.* a) scene painter, b) set designer. **De·ko·ra·ti·on** [dekora'tsĭo:n] *f* ⟨-; -en⟩ **1.** → **dekorieren** II. **2.** decoration, ornamentation. **3.** (*Einrichtung*) furnishings *pl.* **4.** *mit Stoffen*: drapery. **5.** (*Schaufenster2*) (window) display, window dressing. **6.** (*Bühnenbild*) décor, scenery, set(ting). **7.** (*Orden etc*) decoration.

De·ko·ra·ti'ons|ˌar·beit *f* decoration. **~ma·gaˌzin** *n thea.* scenery (*od.* props) store. **~ˌma·ler** *m* **1.** (painter and) decorator. **2.** *thea.* scene painter. **~ma·leˌrei** *f thea.* scene painting. **~ˌpflan·ze** *f* ornamental plant. **~ˌstoff** *m* decorative (*od.* furnishing) material, drapery. **~ˌstück** *n* set piece, ornament (*a. fig.*).

de·ko·ra·tiv [dekora'ti:f] *adj* decorative, ornamental.

de·ko·rie·ren [deko'ri:rən] **I** *v/t* ⟨*no* ge-, h⟩ **1.** (*Saal etc*) decorate; (*verzieren*) *a.* ornament, adorn. **2.** *mit Gardinen, Stoffen etc*: drape. **3.** (*Schaufenster*) decorate, dress. **4.** j-n ~ (*mit Orden*) decorate s.o. **II** 2 *n* ⟨-s⟩ **5.** decorating (*etc*), decoration. **De·ko'rie·rung** *f* ⟨-; -en⟩ **1.** → **dekorieren** II. **2.** → **Dekoration** 2–7.

De·kort [de'kɔrt] *m* ⟨-s; -s *u.* -e⟩ *econ.* **1.** discount, deduction. **2.** abatement.

De·ko·rum [de'ko:rum] *n* ⟨-s; *no pl*⟩ decorum.

De·kre·ment [dekre'mɛnt] *n* ⟨-(e)s; -e⟩ **1.** *med.* decline. **2.** *math.* decrement.

De·kret [de'kre:t] *n* ⟨-(e)s; -e⟩ *jur.* decree; **ein** ~ **erlassen** (issue a) decree. **de·kre·tie·ren** [dekre'ti:rən] *v/t* ⟨*no* ge-, h⟩ *jur.* (order *s.th.* by) decree.

de·ku·pie·ren [deku'pi:rən] *v/t* ⟨*no* ge-, h⟩ *tech.* scroll-saw. **De·ku'pierˌsä·ge** *f* scroll saw.

De·la·wa·ren [dela'va:rən] *pl* (*Indianerstamm*) Delawares.

De·lea·tur [dele'a:tur] *n* ⟨-s; -⟩, **~ˌzei·chen** *n print.* delete mark, dele.

De·le·gat [dele'ga:t] *m* ⟨-en; -en⟩ **1.** *R.C.* apostolic delegate. **2.** → **Delegierte**. **De·le·ga·ti·on** [delega'tsĭo:n] *f* ⟨-; -en⟩ **1.** *pol.* delegation, deputation, delegacy; **e-e** ~ **entsenden** send a delegation; **~sleiter** (**~smitglied**) head (member) of a delegation. **2.** *jur.* (act of) delegating, delegation, (*Übertragung*) transfer. **de·le'gier·bar** *adj jur.* delegable, transferable. **de·le·gie·ren** [dele'gi:rən] *v/t* ⟨*no* ge-, h⟩ **1.** *pol.* delegate, depute (**j-n zu** s.o. to *a conference, etc*). **2.** *jur. u. allg.* delegate; **s-e Befugnisse** ~ delegate one's authority (*od.* powers); **j-m e-e Aufgabe** ~, **e-e Aufgabe an j-n** ~ delegate a task to s.o. **de·le'giert** *adj jur.* delegate, delegatory; **~e Vollmacht** delegated power (of attorney). **De·le'gier·te** *m, f* ⟨-n; -n⟩ *pol.* delegate, deputy, representative. **De·le'gie·rung** *f* ⟨-; -en⟩ *bes. jur. pol.* delegation.

de·lek·tie·ren [delɛk'ti:rən] *v/t u.* **sich** ~ *v/reflex* ⟨*no* ge-, h⟩ *obs. for* **ergötzen**.

Delf·ter ['dɛlftər] *adj* delft, *a.* delf, delph; ~ **Fayencen** (*od.* **Zeug**) delft, delf, delftware; ~ **Kachel** Dutch tile.

de·li·be·ra·li·sie·ren [deliberali'zi:rən] *v/t* ⟨*no* ge-, h⟩ *econ.* deliberalize, restrict.

de·li·kat [deli'ka:t] *adj* **1.** *Speisen etc*: delicious, savo(u)ry, exquisite, delicate, dainty. **2.** *lit. Problem etc*: delicate, ticklish. **3.** *lit. Gesundheit*: delicate, fragile (*health*). **4.** *Ausdrucksweise etc*: delicate, tactful, discreet.

De·li·ka·tes·se [delika'tɛsə] *f* ⟨-; -n⟩ **1.** (*Leckerbissen*) delicacy, dainty, titbit; **~n** *a.* delicatessen *pl*; **~ngeschäft** *n*, **~nhandlung** *f* → **Delikateßgeschäft**. **2.** ⟨*only sg*⟩ *lit.* delicacy, tact, discretion. **3.** *fig.* (rare) delicacy, titbit.

De·li·ka'teß|geˌschäft *n* delicatessen (shop *od.* store). **~ˌgur·ke** *f* gherkin. **~ˌwa·ren** *pl* delicatessen.

De·likt [de'lɪkt] *n* ⟨-(e)s; -e⟩ *jur.* offen/ce (*Am.* -se), delict, *im Strafrecht*: *a.* (penal) offen/ce (*Am.* -se), punishable act; *im bürgerlichen Recht*: *a.* tort(ious act); **schweres** ~ (serious) crime.

de'likts|ˌfä·hig *adj jur.* **1.** a) *im bürgerlichen Recht*: responsible (*od.* accountable) for tort, b) *im Strafrecht*: responsible (*od.* accountable, liable) for a crime. **2ˌkla·ge** *f* action for tort.

De·li·la [de'li:la] *npr f* ⟨-; *no pl*⟩ *Bibl.* Delilah.

De·lin·quent [delɪŋ'kvɛnt] *m* ⟨-en; -en⟩, **De·lin'quen·tin** *f* ⟨-; -nen⟩ *jur.* offender, delinquent.

de·li·rie·ren [deli'ri:rən] *v/i* ⟨*no* ge-, h⟩ be delirious (*od.* raving). **De·li·ri·um** [de'li:rĭum] *n* ⟨-s; -rien⟩ **1.** *med. psych.* delirium; ~ **tremens** delirium tremens, *colloq.* DT's *pl.* **2.** *fig.* delirium, ecstasy.

de·li·zi·ös [deli'tsĭø:s] *adj* delicious.

Del·kre·de·re [dɛl'kre:dərə] *n* ⟨-; -⟩ *econ.* del credere, guaran/tee (*Am.* -ty). **~geˌschäft** *n* del credere business. **~ˌkon·to** *n* del credere account. **~reˌser·ve,** **~ˌrückˌstel·lung** *f* del credere (*od.* contingency) reserve.

Del·le ['dɛlə] *f* ⟨-; -n⟩ **1.** *colloq.* dent. **2.** *med.* impression, pit. **3.** *geogr.* dell, depression.

Del·phi·er ['dɛlfĭər] *m* ⟨-s; -⟩, **'Del·phie·rin** *f* ⟨-; -nen⟩ Delphian.

Del·phin [dɛl'fi:n] *m* ⟨-s; -e⟩ **1.** *zo.* dolphin. **2.** *astr.* Delphinus, Dolphin. **3.** → **~ˌschwim·men** *n* **1.** butterfly breaststroke. **2.** → **~ˌstil** *m* butterfly style (*od.* stroke).

del·phisch ['dɛlfɪʃ] *adj hist. myth.* Delphian, Delphic (*a. fig.*); **das 2e Orakel** the Delphic Oracle.

Del·ta[1] ['dɛlta] *n* ⟨-(s); -s⟩ delta (*griech. Buchstabe*).

'Del·ta[2] *n* ⟨-s; -s *u.* **Delten**⟩ *geogr.* delta.

'Del·ta|ˌarm *m geogr.* distributary. **~ˌflü·gel** *m aer.* delta wing. **~ˌflüg·ler** [-ˌfly:glər] *m* ⟨-s; -⟩, **~ˌflugˌzeug** *n* delta aircraft. **2ˌför·mig** *adj geol.* deltaic, deltoid. **~meˌtall** *n* delta metal. **~ˌmün·dung** *f geol.* delta mouth. **~ˌmus·kel** *m anat.* deltoid (muscle). **~ˌschal·tung** *f electr.* delta connection.

Del·to·id [dɛlto'i:t] *n* ⟨-(e)s; -e⟩ *math.* deltoid.

dem I [dem] *definite article* ⟨*dat sg of* **der** 1, **das** 1⟩ to the; ~ **Jungen** to the boy. **II** [de:m] *demonstrative pron* ⟨*dat sg of* **der** 5, **das** 2⟩ **es ist nicht an** ~ that's not the case; **wenn** ~ **so ist** if that's the case; **wie** ~ **auch sei** be that as it may, however that may be. **III** [dem] *relative pron* ⟨*dat sg of* **der** 7, **das** 4⟩ **der,** ~ **ich es erzählte** the one (*od.* the person) I told. **IV** [dem; de:m] *personal pron colloq. for* **ihm** 1.

Dem·ago·ge [dema'go:gə] *m* ⟨-n; -n⟩ demagogue, *Am. a.* demagog. **Dem·ago·gen·tum** [-'go:-] *n* ⟨-s; *no pl*⟩ demagogism.

Dem·ago·gie [demago'gi:] *f* ⟨-; -n [-ən]⟩ demagogy. **dem·ago·gisch** [-'go:gɪʃ] *adj* demagogic(al).

De·mant ['de:mant; de'mant] *m* ⟨-(e)s; -e⟩ *poet. u. dial. for* **Diamant**[1]. **~ˌspat** *m min.* adamantine spar.

De·mar·che [de'marʃə] *f* ⟨-; -n⟩ *pol.* demarche; **e-e** ~ **unternehmen** make a demarche.

De·mar·ka·ti·on [demarka'tsĭo:n] *f* ⟨-; -en⟩ *med. pol.* demarcation, *Am.* demarkation; **~slinie** *f* line of demarcation, demarcation line. **de·mar·kie·ren** [demar'ki:rən] *v/t* ⟨*no* ge-, h⟩ *pol.* demarcate, delimit.

de·mas·kie·ren [demas'ki:rən] *v/t u.* **sich** ~ *v/reflex* ⟨*no* ge-, h⟩ unmask (*a. mil. u. fig.*).

'dem·ent'ge·gen *adv* → **demgegenüber**.

De·men·ti [de'mɛnti] *n* ⟨-s; -s⟩ *pol.* **1.** dementi, (official *od.* formal) denial. **2.** (*Richtigstellung*) (official) correction.

De·men·tia [de'mɛntsĭa] *f* ⟨-; -menzen [-tsən]⟩ *med. psych.* dementia, insanity; ~ **praecox** dementia praecox; ~ **senilis** senile dementia.

de·men·tie·ren [demɛn'ti:rən] *v/t* ⟨*no* ge-, h⟩ *pol.* **1.** deny (officially *od.* formally), disclaim. **2.** rectify (*od.* correct) (officially *od.* formally).

'dem·ent'spre·chend I *adv* consequently, accordingly. **II** *adj* corresponding, commensurate, ⟨*pred*⟩ as expected; **der Erfolg war** ~ the success was (as great) as expected. **'demˌge·gen'über** *adv* **1.** in contrast to that, compared with that. **2.** in opposition to that, on the other hand. **'dem·ge'mäß** *adv* → **dementsprechend** I.

De·mi·li·ta·ri·sa·ti·on [demilitariza'tsĭo:n] *f* ⟨-; *no pl*⟩ *pol.* demilitarization.

De·mi·monde [dəmi'mõ:t; dəmi'mõ:d] (*Fr.*) *f* ⟨-; *no pl*⟩ (*Halbwelt*) demimonde.

De·mis·si·on [demɪ'sĭo:n] *f* ⟨-; -en⟩ *pol.* resignation; **s-e** ~ **einreichen** → **de·mis·sio'nie·ren** [-sĭo'ni:rən] *v/i* ⟨*no* ge-, h⟩ resign (office), tender (*od.* submit) one's resignation.

'dem'nach *adv u. conj* **1.** (*also*) consequently, therefore, hence, so. **2.** (*demge-

mäß) accordingly, according to this *(od.* that).
ˈdemˈnächst *adv* shortly, soon, in the near future, before long; ~ **in diesem Theater** a) coming soon (to this cinema *od.* theatre), b) *colloq. humor.* our next attraction coming soon to this establishment; ~ **stattfindend (erscheinend)** forthcoming.
De·mo [ˈdemo] *f* ⟨-; -s⟩ *colloq.* demo.
De·mo·bi·li·sa·ti·on [demobilizaˈtsĭoːn] *f* ⟨-; -en⟩ → **Demobilisierung. de·mo·bi·liˈsie·ren** [-ˈziːrən] *v/t u. v/i* ⟨*no* **ge-, h**⟩ demobilize, *colloq.* demob. **De·mo·bi·liˈsie·rung** *f* demobilization, *colloq.* demobbing.
De·mo·du·la·ti·on [demodulaˈtsĭoːn] *f* ⟨-; -en⟩ *electr.* demodulation. **de·mo·duˈlie·ren** [-ˈliːrən] *v/t* ⟨*no* **ge-, h**⟩ demodulate.
De·mo·graph [demoˈgraːf] *m* ⟨-en; -en⟩ *sociol.* demographer. **De·mo·graˈphie** [-graˈfiː] *f* ⟨-; *no pl*⟩ demography.
De·mo·krat [demoˈkraːt] *m* ⟨-en; -en⟩ *pol.* **1.** democrat. **2.** Democrat *(member of a Democratic Party).* **De·mo·kraˈtie** [-kraˈtiː] *f* ⟨-; -n [-ən]⟩ democracy; **repräsentative (unmittelbare)** ~ representative (absolute *od.* pure) democracy. **De·moˈkra·tin** *f* ⟨-; -nen⟩ → **Demokrat. de·moˈkra·tisch I** *adj* **1.** democratic. **2.** *Partei*: Democratic. **II** *adv* **3.** democratically. **de·mo·kra·tiˈsie·ren** [-kratiˈziːrən] *v/t* ⟨*no* **ge-, h**⟩ democratize. **De·mo·kra·tiˈsie·rung** *f* ⟨-; -en⟩ democratization; ~**sprozeß** *m* (process of) democratization.
de·mo·lie·ren [demoˈliːrən] *v/t* ⟨*no* **ge-, h**⟩ demolish, wreck, smash. **De·moˈlie·rung** *f* ⟨-; -en⟩ demolition.
de·mo·ne·ti·sie·ren [demonetiˈziːrən] *v/t* ⟨*no* **ge-, h**⟩ *econ.* demonetize.
De·mon·strant [demɔnˈstrant] *m* ⟨-en; -en⟩, **De·monˈstran·tin** *f* ⟨-; -nen⟩ *pol.* demonstrator. **De·mon·stra·tiˈon** [-straˈtsĭoːn] *f* ⟨-; -en⟩ **1.** *allg., a. med. etc* demonstration. **2.** *pol.* demonstration, (mass) rally, *colloq.* demo; **e-e** ~ **gegen den Krieg veranstalten** hold a demonstration (*od.* demonstrate) against war. **3.** *fig.* *(Bekundung)* demonstration, manifestation, show *(of good will, etc)*; **e-e** ~ **der Macht** a show of force.
De·mon·stra·tiˈons|ˌrecht *n pol.* right to demonstrate. ~**ˌzug** *m* protest march.
de·mon·stra·tiv [demɔnstraˈtiːf] **I** *adj* **1.** demonstrative, ostentatious; pointed *(silence, etc).* **2.** *(anschaulich)* graphic, descriptive, vivid *(example, etc).* **3.** *ling.* demonstrative *(pronoun).* **II** *adv* **4.** demonstratively, ostentatiously, pointedly, in protest.
De·mon·straˈtiv *n* ⟨-s; -e⟩, ~**proˌno·men** *n*, **De·mon·straˈti·vum** [-ˈtiːvum] *n* ⟨-s; -tiva [-va]⟩ *ling.* demonstrative (pronoun).
De·mon·stra·tor [demɔnˈstraːtɔr] *m* ⟨-s; -en [-straˈtoːrən]⟩ *(Beweis-, Vorführer)* demonstrator.
de·mon·strie·ren [demɔnˈstriːrən] **I** *v/i* ⟨*no* **ge-, h**⟩ **1. (gegen** against) demonstrate, hold a demonstration. **II** *v/t* **2.** *(darlegen, vorführen)* demonstrate, show; **er demonstrierte uns den Vorgang** he demonstrated the process to us, he showed us how it works. **3.** *fig.* *(bekunden)* demonstrate, manifest, show. **III** ☐ *n* ⟨-s⟩ **4.** demonstrating.
De·mon·ta·ge [demɔnˈtaːʒə] *f* ⟨-; -n⟩ **1.** *tech.* disassembly, dismantling, stripping. **2.** *pol. hist.* dismantling program(me *Br.*) *(1945–50 in Germany).* **3.** *fig.* demolition, debunking.
de·monˈtier·bar *adj tech.* removable, detachable. **de·monˈtie·ren** [-ˈtiːrən] **I** *v/t* ⟨*no* **ge-, h**⟩ demount, disassemble, dismantle, take *s.th.* apart (*od.* down), strip; *fig.* demolish, debunk. **II** ☐ *n* ⟨-s⟩, **De·monˈtie·rung** *f* ⟨-; -en⟩ → **Demontage** 1, 2.
de·mo·ra·li·sie·ren [demoraliˈziːrən] *v/t* ⟨*no* **ge-, h**⟩ demoralize; ~**d** demoralizing. **De·mo·ra·liˈsie·rung** *f* ⟨-; -en⟩ demoralization.
De·mo·skop [demoˈskoːp] *m* ⟨-en; -en⟩ *sociol.* pollster. **De·mo·skoˈpie** [-skoˈpiː] *f* ⟨-; -n [-ən]⟩ (public) opinion research, demoscopy. **de·moˈsko·pisch** *adj* (public) opinion ..., polling; ~**e Umfrage** (public) opinion poll; ~**es Institut** polling institute.
de·mo·tisch [deˈmoːtɪʃ] **I** *adj a. ling.* demotic. **II** *ling.* ☐ ⟨*generally undeclined*⟩, **das** ☐**e** *n* ⟨-n⟩ demotic.
ˌdemˈsel·ben *demonstrative pron dat sg of* **derselbe, dasselbe.**
De·mut [ˈdeːˌmuːt] *f* ⟨-; *no pl*⟩ *lit.* **1.** humility, humbleness; **mit** (*od.* **in**) ~ **dienen** serve humbly. **2.** *(Unterwürfigkeit)* meekness; ~**sgebärde** *f psych. zo.* submissive gesture. **ˈdeˌmü·tig** [ˈdeː-] *adj lit.* **1.** humble. **2.** *(unterwürfig)* submissive, *iro.* meek. **de·mü·ti·gen** [ˈdeːˌmyːtɪgən] **I** *v/t* ⟨**h**⟩ humiliate, humble. **II** *v/reflex* **sich** ~ humble o.s. **(vor** before); *(sich herabwürdigen)* abase o.s., grovel. **ˈdeˌmü·ti·gend** *adj* humiliating. **ˈDeˌmü·ti·gung** *f* ⟨-; -en⟩ humiliation.
ˈdeˌmut(s)ˌvoll *adj* → **demütig.**
ˈdem·zuˈfol·ge [-tsu-] *adv* → **demnach.**
den I [den] *definite article* **1.** ⟨*acc sg of* **der** 1⟩ the. **2.** ⟨*dat pl of* **der** 1, **die** 1, **das** 1⟩ to the. **II** [deːn] *demonstrative pron* **3.** ⟨*acc sg of* **der** 5⟩ this (one), that (one). **III** [den] *relative pron* **4.** ⟨*acc sg of* **der** 7⟩ a) *bei Personen*: whom, *colloq. a.* who, b) *bei Sachen*: which. **IV** [den, deːn] *personal pron* **5.** *colloq. for* **ihn.**
De·nar [deˈnaːr] *m* ⟨-s; -e⟩ *antiq.* denarius *(Roman coin).*
De·na·tu·ra·li·sa·ti·on [denaturalizaˈtsĭoːn] *f* ⟨-; -en⟩ *pol.* denaturalization. **de·na·tu·ra·liˈsie·ren** [-ˈziːrən] *v/t* ⟨*no* **ge-, h**⟩ **j-n** ~ denaturalize s.o.
de·na·tu·rie·ren [denatuˈriːrən] *v/t* ⟨*no* **ge-, h**⟩ *bes. chem. nucl.* denature. **de·na·tuˈriert** *pp u. adj* denatured *(alcohol)*; ~**er Spiritus** methylated spirit. **De·na·tuˈrie·rung** *f* ⟨-; -en⟩ denaturation; ~**smittel** *n* denaturant.
Den·dro·lo·gie [dɛndroloˈgiː] *f* ⟨-; *no pl*⟩ dendrology.
de·nen [ˈdeːnən] **I** *demonstrative pron* ⟨*dat pl of* **der** 5, **die** 5, **das** 2⟩ **trau** ~ **nicht!** don't trust these people. **II** *relative pron* ⟨*dat pl of* **der** 7, **die** 9, **das** 4⟩ **die Leute,** ~ **er mißtraute** the people whom he distrusted. **III** *personal pron colloq. for* **ihnen** 1, 2.
den·geln [ˈdɛŋəln] *v/t* ⟨**h**⟩ sharpen *s.th.* (by hammering).
De·nier [dəˈnĭeː] *n* ⟨-(s); -⟩ *Textil.* denier.
De·nim [dəˈniːm] *m* ⟨-s; -⟩ *Textil.* denim.
de·ni·trie·ren [deniˈtriːrən] *v/t* ⟨*no* **ge-, h**⟩ *chem.* denitrate.
de·ni·tri·fi·zie·ren [denitrifiˈtsiːrən] *v/t* ⟨*no* **ge-, h**⟩ *chem.* denitrify.
ˈDenk|ˌanˌsatz *m* (intellectual) approach. ~**ˌanˌstoß** *m* (thought-provoking) impulse. ~**ˌar·beit** *f* (hard) thinking, mental effort, brainwork. ~**ˌart** *f* **1.** way of thinking. **2.** mentality; **edle** ~ high-mindedness. ~**ˌaufˌga·be** *f* problem, brain twister, puzzle.
ˈdenk·bar I *adj* thinkable, conceivable, imaginable, possible; **nicht** ~ unthinkable, inconceivable; **es ist durchaus** ~, **daß** it's quite possible that. **II** *adv* very; **es geht ihnen** ~ **gut** they are very well indeed; **e-e** ~ **leichte Sache** a very easy matter; **in der** ~ **kürzesten Zeit** in practically no time; **die** ~ **beste Erziehung** the best education imaginable; **ich habe mir die** ~ **größte Mühe gegeben** I've made every conceivable effort.
ˈDenkˌbla·se *f Comic strip*: thought balloon.
den·ken [ˈdɛŋkən] **I** *v/i* ⟨**denkt, dachte, gedacht, h**⟩ **1.** *allg.* think; *(nachsinnen)* reflect; *philos.* cogitate; **laut** ~ think aloud; **für** (*od.* **bei**) **sich** ~ think to o.s.; **edel** ~ be noble- (*od.* high-)minded; **anders** ~ a) be of a different opinion, b) hold unorthodox views, be non-conformist; *colloq.* **denkste!** that's what you think!, think again!, nothing doing!, no soap!; **europäisch** ~ think in terms of Europe, be Europe-minded; **j-m zu** ~ **geben** a) set s.o. thinking, give s.o. food for thought, b) *(verwirren)* puzzle (*od.* bemuse) s.o.; **das gibt e-m zu** ~ a) that makes you think, *lit.* that gives you pause, b) that's rather odd; **wo** ~ **Sie hin!** what (in the world) are you thinking of?, not on your life!, impossible!; **ich denke, also bin ich** I think therefore I am; **sie denkt mit dem Herzen** she follows her heart; **gedacht, getan** no sooner said than done; → **Mensch** 2. **2.** *(annehmen)* think, believe, suppose, imagine, *Am.* guess; **ich denke schon** I think (*od.* guess) so; **ich denke nicht** (*od.* **nein**) I don't think so, I think not; **ich dächte doch** I should imagine so; **machen Sie es, wie sie** ~ a) do as you think best, do as you see fit, b) do as you please. **3.** *(sich vorstellen)* think, imagine, fancy; **denk (dir) nur!** (just) imagine!, (just) think!; *colloq.* **denk mal an!** well, what do you know! **4.** *(sich erinnern)* remember, recall; **solange ich** ~ **kann** as long (*od.* far back) as I can remember. **5. an j-n (et.)** ~ a) have s.o. (s.th.) in mind, think of (*od.* about) s.o. (s.th.), consider s.o. (s.th.), b) think of (*od.* remember) s.o. (s.th.), not to forget s.o. (s.th.); **wenn ich nur daran denke** the mere (*od.* very) thought of it; **man kann nicht an alles** ~ one can't think of everything; **nur an sich selbst** ~ think only of o.s., have no thought for anyone but o.s.; **ich muß immer daran** ~ I can't help thinking about it, I can't get it out of my mind; **denke daran, daß du rechtzeitig zurückkommst** see to it that (*od.* make sure) you are back in time; **er denkt nicht an morgen** he never thinks of tomorrow; **an Schlaf war nicht zu** ~ sleep was out of the question; **woran denkst du?** what are you thinking about?, *colloq.* a penny for your thoughts!; **woran denkst du dabei?** a) what exactly do you have in mind?, b) what does this remind you of?, what does it suggest to you?; **der Partner, an den ich denke** the partner I have in mind; **denk an m-n Rat!** remember my advice! **6.** *(erwägen)* think of, consider, contemplate, propose; **ans Heiraten** ~ think of marrying; **er dachte gar nicht daran, mir zu helfen** he had not the slightest intention of helping me; **ich denke gar nicht daran!** I wouldn't dream of (doing) it!, *colloq.* nothing doing!; **es ist gar nicht daran zu** ~, **daß** it's out of the question that. **7. über j-n** (*od.* **von j-m**) **(et.)** ~ a) think about

(*od.* of) s.o. (s.th.), have an opinion of s.o. (s.th.), b) → **nachdenken**; **wie ~ Sie darüber?** what do you think of it?, what's your opinion (of it)?; **darüber** (*od.* **in diesem Punkt**) **denke ich anders** I think differently in the matter, I beg to differ; **wie denkt er über (die) Religion?** what are his thoughts on (*od.* what's his attitude to) religion?; **ich denke wie Sie darüber** I share your view (*od.* I am of the same opinion) in this matter. **8.** *obs. for* **gedenken** 1. **II** *v/t* **9.** think; **et. zu Ende ~** think s.th. through; **wie können Sie so et. ~!** how can you think such a thing!, how can you have such an idea!; **sich e-e Sache ~** a) think (of) s.th., have (*od.* bear) s.th. in mind, b) imagine (*od.* believe) s.th.; **was hast du dir eigentlich gedacht, als** a) what did you actually have in mind when?, b) what did you think (*od.* imagine) you were doing when?; **ich denke mir die Sache so** I have the following in mind; → **Böse**[1] 2; **dabei** 10. **10.** (*annehmen*) think, believe, suppose, imagine, *Am.* guess; **wer hätte das gedacht!** who would have thought that!; **man soll nicht immer das Schlimmste ~** one should not always think (*od.* believe, expect) the worst; **man könnte ~, man sei zu Hause** you would think you were at home; **ich dachte ihn mir viel größer** I imagined him as much taller; **man sollte ~, daß** one would think that; **das habe ich mir gleich gedacht** I thought so (*od.* as much); **das hätte ich nie gedacht** I would never have believed it. **11.** (*sich vorstellen*) think (of), imagine, fancy, visualize, picture, conceive; **das kann ich mir** (*od.* **das läßt sich**) **~** I can (well) imagine that; **denke dich an m-e Stelle** just put (*od.* imagine, picture) yourself in my place; **das hättest du dir wohl ~ können** what did you expect?; **du kannst dir m-e Freude ~** you can imagine my joy; **denke dir e-e Zahl zwischen 1 und 10** think of a number between 1 and 10; **er denkt sie sich schon als s-e Frau** he already sees her as his wife; → **Teil** 2. **12.** (*erwägen*) think (of), consider, contemplate, intend, plan, propose; **ich denke, morgen abzureisen** I am thinking of leaving tomorrow, I intend (*od.* mean) to leave tomorrow. **13.** (*be~*) consider, bear *s.th.* in mind, realize; **wenn man denkt, daß sie erst 18 ist** considering (*od.* to think) that she is only 18 years old. **14. et. über j-n** (*od.* **von j-m**) (**über** [*od.* **von**] **et.**) **~** think s.th. of s.o. (s.th.), hold (*od.* have) an opinion (*od.* view) on s.o. (s.th.); **was ~ Sie von ihm (darüber)?** what do you think of him (it)? **15. et. für j-n (et.) ~** mean (*od.* intend) s.th. for s.o. (s.th.); **das Buch habe ich für dich gedacht** the book is meant for you. **III** ♀ *n* ⟨-s⟩ **16.** thinking, thought; (*logisches* ♀) reasoning. **17.** *philos.* cogitation. **18.** → **Denkart.**

ˈ**den·kend** *adj* thinking; **jeder ~e Mensch** every thinking man; **vernünftig ~** rational, *weitS.* reasonable; **wissenschaftlich ~e Leute** scientifically-minded people.

ˈ**Den·ker** *m* ⟨-s; -⟩ thinker, philosopher.

ˈ**den·ke·risch** *adj* thinking, intellectual.

ˈ**Den·ker**ˌ**stirn** *f* thinker's brow.

ˈ**Denk·fa**ˌ**brik** *f colloq.* think tank.

ˈ**denk**ˌ**fä·hig** *adj* **1.** able to think, capable of thought (*od.* thinking). **2.** (*denkend*) rational. ♀**keit** *f* ⟨-; *no pl*⟩ **1.** ability to think (*od.* reason). **2.** intelligence.

ˈ**Denk**ˌ**fal·te** *f colloq.* wrinkle of thought.

ˈ**denk**ˌ**faul** *adj* mentally lazy, too lazy to think. ♀**heit** *f* ⟨-; *no pl*⟩ mental laziness.

ˈ**Denk**|ˌ**feh·ler** *m* error in (one's) reasoning, false reasoning; (*Trugschluß*) fallacy. **~**ˌ**form** *f* **1.** *philos.* category (*od.* form) of thought. **2.** → **Denkart** 1. **~**ˌ**frei·heit** *f* freedom of thought. **~ge**ˌ**setz** *n psych.* law of thinking. **~ge**ˌ**wohn·heit** *f* habit of thought. **~**ˌ**kraft** *f* → **Denkvermögen.** **~**ˌ**lei·stung** *f* intellectual feat (*od.* achievement).

ˈ**Denk**ˌ**mal** *n* ⟨-(e)s; ⸚er, *rare* -e⟩ *allg.* monument (*a. fig.*), (*Statue*) *a.* statue; **ein ~ für die Gefallenen** a war memorial; *fig.* **Denkmäler der Literatur** literary monuments; **j-m ein ~ setzen** erect a monument to s.o. (*a. fig.*); *fig.* **mit diesem Roman hat er sich ein ~ gesetzt** this novel will be a monument to him; *bes. iro.* **er ist ein lebendes** (*od.* **sein eigenes**) **~** he is a living monument. **~**ˌ**amt** *n* office for the preservation of (historical) monuments. **~**ˌ**pfle·ge** *f* preservation of monuments. **~**ˌ**pfle·ger** *m* curator of monuments. **~**ˌ**schutz** *m* preservation of monuments; **unter ~ stehen** a) be classified as a(n) historical monument, b) *fig. iro. Person*: be a protected animal.

ˈ**denk**ˌ**mä·ßig** *adj* logical.

ˈ**Denk**|**me**ˌ**tho·de** *f* method of thinking (*od.* thought). **~mo**ˌ**dell** *n* (theoretical) model, blueprint. **~**ˌ**mün·ze** *f* commemorative coin (*od.* medal). **~**ˌ**pau·se** *f* pause for reflection. **~pro**ˌ**zeß** *m* thinking (*od.* thought) process. **~psy·cho·lo**ˌ**gie** *f* psychology of thought perception. **~**ˌ**re·de** *f* commemorative address. ♀ˌ**rich·tig** *adj* logical. **~scha**ˌ**blo·ne** *f* (stereotyped) thought pattern. **~**ˌ**schrift** *f* **1.** *bes. pol.* memorandum. **2.** (*Bittschrift*) petition. **3.** (*Abhandlung*) memoir. **4.** *hist.* memorial. **~**ˌ**sport** *m* mental exercise (*od.* acrobatics *pl* [*a. als sg konstruiert*]). **~**ˌ**sport**ˌ**auf**ˌ**ga·be** *f* → **Denkaufgabe.** **~**ˌ**spruch** *m archaic* **1.** maxim, motto. **2.** aphorism. **~**ˌ**stein** *m* memorial (stone). **~**ˌ**übung** *f* mental exercise.

ˈ**Den·kungs**|ˌ**art** *f* **1.** → **Denkart. 2.** (*Gesinnung*) feeling(s *pl*), conviction(s *pl*), mind; **edle ~** high-mindedness, noble-mindedness; **von edler ~** high-minded, noble-minded; *poet., a. iro.* **die Milch der frommen ~** the milk of human kindness. **~**ˌ**wei·se** *f* → **Denkart.**

ˈ**Denk**|**ver**ˌ**mö·gen** *n* thinking (*od.* reasoning, brain) power, intelligence. **~**ˌ**vers** *m* mnemonic (rhyme *od.* verse). **~**ˌ**wei·se** *f* → **Denkart.** ♀ˌ**wür·dig** *adj* memorable (**wegen** for). **~**ˌ**wür·dig·keit** *f* **1.** memorableness. **2.** memorable occurrence (*od.* event), s.th. worth remembering. **3.** *pl Literatur*: memorabilia, memoirs. **~**ˌ**zeit** *f* **1.** time (to think s.th. over). **2.** *philos.* subjective time. **~**ˌ**zen·trum** *n* thought cent/re (*Am.* -er). **~**ˌ**zet·tel** *m fig. colloq.* reminder, lesson; **j-m e-n ~ verpassen** give s.o. what for.

denn [dɛn] **I** *conj* **1.** because, since, for; *sie konnte nicht kommen,* **~ sie war krank** for she was sick. **2.** (*nach Komparativ*) than; **mehr ~ je** more than ever; *lit.* **er war als Dichter besser ~ als Dramatiker** he was a better poet than playwright. **3.** *einräumend*: **es sei** (*od.* **wäre**) **~** (*ausgenommen*) unless, except, provided; **ich gehe nicht, es sei ~, du kommst mit** I won't go unless you come along. **II** *adv* **4.** *verstärkend*: then; **was machen wir ~ nun?** what are we (going) to do now?; **er ist ~ also gekommen** (so) he has come then. **5.** (*oft nicht übersetzt*) **warum ~ nicht?** (well,) why not?; **ist es ~ wirklich so schwer?** is it really so hard?; **wo ~?** (but) where?, **wo ~ sonst?** where else?; **was ~?** a) what (then)?, b) what is it now?; **wieso ~?** (but) why?, how so?; **wo steckt er ~?** wherever can he be?, where on earth is he?; **wie heißt du ~?** and what's your name?; **dies zeigt uns ~ doch** this shows us after all. **6.** *colloq.* (*dann*) then; **es ist ihm ~ doch gelungen** at last he made it; → **schon** 11.

den·noch [ˈdɛnɔx] *conj* (but) still, yet, nevertheless, all the same; **es regnete, ~ war der Urlaub schön** it rained but we still had a beautiful holiday; **sie blieb kalt und ~ höflich** she remained cold, yet polite; **~ bist du mir lieber** I like you better though.

de·no·mi·na·tiv [denominaˈtiːf] *ling.* **I** *adj* denominative. **II** ♀ *n* ⟨-s; -e⟩, *a.* **De·no·mi·naˈti·vum** [-vʊm] *n* ⟨-s; -tiva [-va]⟩ denominative.

ˌ**denˈsel·ben** *demonstrative pron* **1.** *acc sg of* **derselbe. 2.** *dat pl of* **derselbe, dieselbe, dasselbe.**

Den·si·tät [dɛnziˈtɛːt] *f* ⟨-; -en⟩ density.

den·tal [dɛnˈtaːl] *adj bes. ling. med.* dental. **Denˈtal** *m* ⟨-(e)s; -e⟩, **Denˈta·lis** [-lɪs] *f* ⟨-; -tales [-lɛs]⟩ *ling.* dental. **Denˈtal**ˌ**laut** *m ling.* dental.

den·ti·lin·gu·al [dɛntilɪŋˈgŭaːl] *adj ling.* dentilingual.

Den·tin [dɛnˈtiːn] *n* ⟨-s; *no pl*⟩ *med.* dentin(e). **~**ˌ**bil·dung** *f* dentinification. **~ka**ˌ**näl·chen** *n* dentinal canal.

Den·tist [dɛnˈtɪst] *m* ⟨-en; -en⟩ *med. obs.* dentist (*without university training*), dental technician.

Den·ti·ti·on [dɛntiˈtsĭoːn] *f* ⟨-; *no pl*⟩ *med.* teething, dentition.

De·nun·zi·ant [denʊnˈtsĭant] *m* ⟨-en; -en⟩ *contp.* (common) informer. **De·nun·ziˈan·ten·tum** *n* ⟨-s; *no pl*⟩ **1.** denouncing, denunciations *pl.* **2.** denouncers *pl.* **De·nun·ziˈan·tin** *f* ⟨-; -nen⟩ informer.

De·nun·zi·at [denʊnˈtsĭaːt] *m* ⟨-en; -en⟩ denounced person. **De·nun·zia·tiˈon** [-tsĭaˈtsĭoːn] *f* ⟨-; -en⟩ *contp.* (*gen*) denunciation (of), informing (against, on). **de·nunˈzie·ren** [-ˈtsiːrən] *v/t* ⟨*no* **ge-**, h⟩ **j-n ~** (**bei**) denounce s.o. (to), inform against (*od.* on) s.o. (with).

De·odo·rant [deˀodoˈrant] *n* ⟨-; -e *od.* -s⟩ deodorant; **~spray** *n* deodorant spray; **~stift** *m* deodorant stick. **de·odoˈrie·rend** [-doˈriːrənt] *adj* deodorant (*a.* = **~es Mittel**).

De·par·te·ment [depart(ə)ˈmãː] *n* ⟨-s; -s, *Swiss* -e [-təˈmɛntə]⟩ **1.** [-təˈmɛnt] *Swiss pol.* a) *auf Bundesebene*: ministry, b) *auf Kantonal-, Stadtebene*: department. **2.** *pol. in Frankreich*: department.

De·pen·dance [depãˈdãːs] *f* ⟨-; -n [-sən]⟩ annex(e *Br.*) (to a hotel), *Am.* dependency.

De·per·so·na·li·sa·ti·on [depɛrzonalizaˈtsĭoːn] *f* ⟨-; -en⟩ *psych.* depersonalization.

De·pe·sche [deˈpɛʃə] *f* ⟨-; -n⟩ **1.** *pol. hist.* (official) dispatch; *hist.* **die Emser ~** the Ems telegram. **2.** *obs.* telegram. **de·peˈschie·ren** [-ˈʃiːrən] *v/i u. v/t* ⟨*no* **ge-**, h⟩ *obs. for* **telegraphieren.**

De·pi·la·ti·on [depilaˈtsĭoːn] *f* ⟨-; -en⟩ *Kosmetik*: depilation. **De·pi·laˈto·ri·um** [-ˈtoːrĭʊm] *n* ⟨-s; -torien⟩ (*Enthaarungsmittel*) depilatory. **de·piˈlie·ren** [-ˈliːrən] *v/t* ⟨*no* **ge-**, h⟩ depilate, remove the hair from. **de·piˈlie·rend** *adj* depilatory.

de·pla·ciert [deplaˈtsiːrt] *adj fig. Person etc*: out of place, *Bemerkung*: *a.* misplaced; **er fühlt sich hier ~** he feels out of place here.

de·po·la·ri'sie·ren [depolari'ziːrən] *v/t* <*no* ge-, h> *electr.* depolarize.

De·po·ly·me·ri·sa·ti·on [depolymeriza'tsĭoːn] *f* <-; -en> *chem.* depolymerization.

De·po·nens [de'poːnɛns] *n* <-; -nentia [-po'nɛntsĭa] *u.* -nentien [-po'nɛntsĭən]> *ling.* deponent (verb).

De·po·nie [depo'niː] *f* <-; -n [-ən]> → Müllabladeplatz.

de·po·nie·ren [depo'niːrən] *v/t* <*no* ge-, h> **1.** *econ.* deposit; Geld auf der Bank (bei e-m Freund, in e-m Safe) ~ deposit money in the bank (with a friend, in a safe). **2.** *fig. colloq.* place, put. **De·po'nie·rung** *f* <-; *no pl*> **1.** deposition. **2.** deposit.

De·port [de'pɔrt; de'poːr] *m* <-s; -e [-'pɔrtə] *u.* -s [-'poːrs]> *econ.* backwardation.

De·por·ta·ti·on [depɔrta'tsĭoːn] *f* <-; -en> *pol.* deportation.

De'port·ge,schäft *n* → Deport.

de·por·tie·ren [depɔr'tiːrən] *v/t* <*no* ge-, h> *pol.* deport. **De·por'tier·te** *m, f* <-n; -n> deported person, deportee. **De·por'tie·rung** *f* <-; -en> deportation.

De·po·si·tar [depozi'taːr], **De·po·si'tär** [-'tɛːr] *m* <-s; -e> *econ. jur.* depositary.

De·po·si·ten [depo'ziːtən] *pl econ.* deposits. **~,bank** *f* (commercial) bank, deposit bank. **~,gel·der** *pl* deposits. **~,kas·se** *f* branch office (of a bank). **~,kon·to** *n* deposit account.

De·pot [de'poː] *n* <-s; -s> **1.** depot, depository. **2.** *econ.* (*Waren*♀) depository, warehouse; *für unverzollte Waren*: bonded warehouse. **3.** *econ.* a) (*~konto*) deposit, b) *für Wertpapiere*: safe custody (account), *Am.* custodianship (account); geschlossenes ~ strong box deposit; gesperrtes ~ blocked deposit (*od.* account); offenes ~ open account; im ~ on deposit; in ~ geben (place in) deposit, (*Effekten*) deposit for safe custody. **4.** *med. mil.* depot. **5.** (*Straßenbahn*♀) tram depot, *Am.* carbarn. **~,ab,tei·lung** *f econ.* securities department. **~,bank** *f* bank at which securities are deposited. **~be,hand·lung** *f med.* depot medication. **~prä·pa,rat** *n pharm.* depot (*od.* repository) preparation. **~,schein** *m* deposit receipt. **~,wech·sel** *m* bill on deposit.

Depp [dɛp] *m* <-en; -en> *dial. colloq.* fool, idiot, *sl.* mug, *bes. Am.* dope. **'dep·pen·haft** *adj sl.* daft.

De·pres·si·on [deprɛ'sĭoːn] *f* <-; -en> **1.** *psych.* depression. **2.** *econ.* depression, recession, *bes. plötzliche*: slump. **3.** *meteor.* depression, low (pressure area).

De·pres·si'ons|,bruch *m med.* depressed fracture. **~,mit·tel** *n pharm.* anti-depressant (drug). **~,zu,stand** *m psych.* (state of) depression, depressed state.

de·pres·siv [deprɛ'siːf] *adj psych.* depressive, depressed.

de·pri·mie·ren [depri'miːrən] *v/t* <*no* ge-, h> *psych.* depress, deject; ~d depressing. **de·pri'miert** *pp u. adj u. adv* depressed, dejected.

De·pu·tat [depu'taːt] *n* <-(e)s; -e> **1.** *econ.* a) allowance (*od.* payment) in kind, b) *bes. in Form von Sozialleistungen*: fringe benefits *pl.* **2.** *jur. hist.* service.

De·pu·ta·ti·on [deputa'tsĭoːn] *f* <-; -en> *pol.* deputation, delegation.

De·pu'tat|,koh·le *f econ.* free coal, coal allowance. **~,lohn** *m* wages *pl* in kind. **~,zah·lung** *f* payment in kind.

de·pu·tie·ren [depu'tiːrən] *v/t* <*no* ge-, h> *pol.* depute, delegate. **De·pu'tier·te** *m, f* <-n; -n> deputy, delegate. **De·pu'tier·ten,kam·mer** *f in Frankreich*: Chamber of Deputies.

der I [deːr] *definite article* **1.** *m* <*nom sg*> the; ~ Tisch the table; ~ eine ist fleißig, ~ andere ist faul one is industrious, (and) the other is lazy; ~ Goethe des 18. Jahrhunderts the Goethe of the 18th century; *dial. colloq.* ~ Peter Peter. **2.** <*gen sg of* die 1> of the; die Mauern ~ Stadt the walls of the city. **3.** <*dat sg of* die 1> to the; den Schlüssel gab ich ~ Nachbarin I gave the key to the (*od.* my) neighbo(u)r. **4.** <*gen pl of* der 1, die 1, das 1> of the; die Ankunft ~ Kinder the arrival of the children. **II** [deːr] *demonstrative pron* **5.** *m* <*nom sg*> this (one), that (one); ~ Dichter gefällt mir am besten I like this poet best; mein Hut und ~ des Gastes my hat and that of the guest; nur ~ ist glücklich, ~ sich zu bescheiden weiß only he (*od.* that man) is happy who knows how to content himself; *contp.* ~ und sein Wort halten! him keep his word? **6.** <*dat sg of* die 5> zu ~ und ~ Zeit at such and such a time. **III** [der] *relative pron* **7.** *m* <*nom sg*> a) *bei Personen*: who, b) *bei Sachen*: which; ~ Wissenschaftler, ~ das erfunden hat the scientist who invented that; ich, ~ ich das selbst gesehen habe I (*od. colloq.* me) who saw it myself; der erste Stein, ~ geworfen wurde the first stone which was (*od.* to be) thrown. **8.** <*dat sg of* die 9> die Freundin, ~ ich m-e Sorgen erzählte the (girl) friend (to) whom I told my worries, the (girl) friend (whom) I told my worries to; die Dame, ~ ich begegnete the lady (whom) I met. **IV** [der, deːr] *personal pron* **9.** *colloq. for* er 1—3, ihr 2—4.

de·ran·giert [derã'ʒiːrt] *adj fig.* untidy, messy, disarranged, <*pred*> (in) a mess.

der·art ['deːr'ʔaːrt] *adv* so, in such a manner (*od.* way), to such a degree (*od.* extent), like that; das hat ihn ~ gefreut, daß that pleased him so much that; ich war ~ zornig, daß I was so (*od. colloq.* that) angry that; die Auswirkungen waren ~, daß the effects were such that; man kann mich nicht ~ behandeln you can't (*od.* no one can) treat me like that.

'der'ar·tig I *adj* such; e-e ~e Politik such a policy, a policy such as this; ~e Worte such words. **II** *adv* → derart. **III** ♀e, das et. ♀es such a thing, s. th. like that; er sagte et. ♀es *a.* he said some words to that effect; nichts ♀es no such thing, nothing like that, nothing of the kind.

derb [dɛrp] **I** *adj* <-er; -st> **1.** *fig.* a) (*unfein*) coarse, crude (*fellow, language, etc*), b) (*urwüchsig*) robust, earthy (*character, humo[u]r, etc*), gross, broad (*joke, etc*); ein ~er Fluch a coarse (*od.* round) oath; e-n ~en Verweis bekommen be roundly rebuked. **2.** (*stark, kräftig*) strong, sturdy, robust. **3.** (*rauh, grob*) coarse, rough; ~es Gewebe coarse fabric. **4.** (*strapazierfähig*) tough, sturdy, hard-wearing (*material*). **5.** *Kost*: coarse (*food, fare*). **6.** *min. Erz, Gestein*: massive. **II** *adv* **7.** coarsely (*etc*); j-n ~ anfassen treat s. o. roughly. **♀heit** *f* <-; -en> **1.** *fig.* a) coarseness, crudeness, roughness, b) robustness, earthiness. **2.** strength, sturdiness, robustness. **3.** toughness, sturdiness. **~,kno·chig** *adj* big-boned.

Der·by ['dɛrbi; 'dœrbi] *n* <-(s); -s>, **~,ren·nen** *n* Derby.

,der'einst *adv* **1.** some day, in days to come. **2.** *archaic od. poet. for* einst 3.

,der'ein·stig *adj* future.

de·ren ['deːrən] **I** *relative pron* **1.** <*gen sg of* die 9> whose, *bei Dingen*: *a.* of which. **2.** <*gen pl of* der 7, die 7, das 4> die Berge, ~ Gipfel mit Schnee bedeckt sind the mountains whose peaks (*od.* the peaks of which) are covered with snow. **3.** *von v oder prep abhängig*: a) *bei Personen*: whom, b) *bei Dingen*: which; die Patientin, ~ er sich annahm the patient (whom) he looked after; *obs.* die Zeit, innerhalb ~ the time within which. **II** *demonstrative pron* **4.** <*gen sg of* die 5> ~ erinnere ich mich nicht I don't remember her. **5.** <*gen pl of* der 5, die 5, das 2> of these (*od.* those, them); ich habe ~ viele I have plenty of these (*od.* those); wenn es ~ noch welche gibt if there are any of them left. **III** *possessive pron* **6.** <*gen sg f*> her; die alte Dame und ~ Sohn the old lady and her son. **7.** <*gen pl*> their; die Eltern und ~ Kinder the parents and their children.

de·rent|hal·ben ['deːrənt'halbən] *adv archaic for* **~'we·gen I** *adv* **1.** a) *auf Personen bezogen*: <*sg*> because of her (*od.* it), on her (*od.* its) account, b) <*pl*> because of them, on their account. **2.** *auf Dinge bezogen*: a) <*sg*> because of this (*od.* that), b) <*pl*> because of them. **II** *relative pron* **3.** because of whom (*od.* which), on whose account; Ereignisse, ~ er s-n Urlaub unterbrach events because of which he broke off his holiday. **~'wil·len I** *adv* (um) ~ **1.** *auf Personen bezogen*: a) <*sg*> for her (*od.* its) sake, b) <*pl*> for their sake; die Leute, ~ er sprach the people on whose behalf (*od.* for whom) he spoke. **2.** *auf Dinge bezogen*: a) <*sg*> because (*od.* for the sake) of that, b) <*pl*> because (*od.* for the sake) of them; die Ware, ~ er gekommen war the merchandise for which he had come.

de·rer ['deːrər] *demonstrative pron* <*gen pl of* der 5, die 5, das 2> of those; die Zahl ~, die the number of those who.

'der·ge'stalt *adv lit. for* derart.

'der'glei·chen I *demonstrative pron* <*invariable*> **1.** such; ~ Dinge kommen oft vor such things (*od.* things like that) will happen. **2.** *substantivisch*: such a thing, such things, a thing (*od.* things) like that (*od.* of that kind), the like; nichts ~ no such thing, nothing of the kind (*od.* sort); ~ habe ich noch nie gehört I have never heard (of) anything like that, I have never heard of such a thing; und ~ (mehr) and so forth, and so on, and the like. **II** *adv* **3.** *colloq.* nicht ~ tun not to react, do nothing (of the kind).

De·ri·vat [deri'vaːt] *n* <-(e)s; -e> **1.** *chem. ling.* derivative, derivate. **2.** *biol.* derivate. **De·ri·va·ti'on** [-va'tsĭoːn] *f* <-; -en> *chem. ling.* derivation. **De·ri·va'tiv** [-'tiːf] *n* <-s; -e>, **De·ri·va'ti·vum** [-'tiːvʊm] *n* <-s; -tiva [-va]> *ling.* derivative. **de·ri'vie·ren** [-'viːrən] *v/t* <*no* ge-, h> derive. **de·ri'viert** *adj ling. Wort*: derivative.

'der,je·ni·ge *demonstrative pron m* <desjenigen, diejenigen> **1.** that; mein Brief und ~ m-s Freundes my letter and that of my friend, my letter and my friend's. **2.** ~, der (*od.* welcher) a) he ... who, the one ... who, b) *mit Substantiv*: the ... who (*od.* which); *colloq. iro.* du bist also ~, welcher! so you are the one; ~, der das gesehen hat the one who saw it.

'der'lei *demonstrative pron* <*invariable*> → dergleichen I.

'der'ma·ßen *adv* → derart.

Der·ma·ti·tis [dɛrma'tiːtɪs] *f* <-; -titiden [-ti'tiːdən]> *med.* dermatitis.

Der·ma·to·lo·ge [dɛrmatoˈloːgə] *m* ‹-n; -n› *med.* dermatologist, skin specialist. **Der·ma·to·loˈgie** [-loˈgiː] *f* ‹-; *no pl*› dermatology. **der·ma·toˈlo·gisch** *adj* dermatologic(al).

Der·ma·tom [dɛrmaˈtoːm] *n* ‹-s; -e› *anat. med.* (*Hautsegment od. Instrument*) dermatome. **Der·ma·to·pla·stik** [dɛrmatoˈplastɪk] *f* ‹-; -en› *med.* dermatoplasty. **Der·ma·to·se** [dɛrmaˈtoːzə] *f* ‹-; -n› *med.* dermatosis, skin disease.

de·ro [ˈdeːro] *pron obs.* **1.** → deren. **2.** ♀ *in der Anrede*: your; ♀ **Gnaden** Your Hono(u)r.

De·ro·ga·ti·on [derogaˈtsĭoːn] *f* ‹-; -en› *jur.* derogation. **de·ro·gaˈtiv** [-ˈtiːf], **de·ro·gaˈto·risch** [-ˈtoːrɪʃ] *adj* derogative, derogatory. **de·roˈgie·ren** [-ˈgiːrən] *v/t* ‹*no* **ge-**, **h**› **1.** annul (*od.* repeal) (*a law*) in part. **2.** restrict the force of (*a law*).

Der·rick [ˈdɛrɪk] *m* ‹-s; -s› **1.** *tech.* (*Öl-Bohrturm*) oil derrick. **2.** → **~ˌkran** *m mar.* derrick (crane).

ˌderˈsel·be *demonstrative pron m* ‹**desselben; dieselben**› **1.** the same; **ein und ~ (Mann)** one and the same (man), the very same (man); **genau** (*od.* **ganz**) **~** exactly the same, the very same, *lit.* the selfsame; **~ Mann, der gestern hier war** the same man as was here yesterday; **er ist immer ~ geblieben** he is always the same (old George, *etc*), he hasn't changed a bit. **2.** *colloq.* (*der gleiche*) the same; **sie trägt denselben Hut wie ihre Freundin** she's wearing the same hat as her friend. **3.** *anstelle e-s Personalpronomens*: a) he, b) *pl* they; **als er s-n Lehrer traf, begrüßte er denselben sehr höflich** when he met his teacher he greeted him very politely. **4.** *anstelle e-s Possessivpronomens*: a) his, b) *pl* their; *sie erwähnte Herrn X und sagte*, **sie sei die Schwester desselben** ... and said she was his sister.

ˈderˈweil, ˈderˈwei·len [-ˈvaɪlən] **I** *adv* meanwhile, (in the)meantime, the while. **II** *conj* while, whilst.

Der·wisch [ˈdɛrvɪʃ] *m* ‹-(e)s; -e› dervish; **heulender (tanzender) ~** howling (whirling *od.* dancing) dervish.

ˈderˈzeit *adv* **1.** (*jetzt*) at present, at the moment, now. **2.** *obs. for* **früher** 8, **damals** 2. **ˈderˈzei·tig** *adj* **1.** (*jetzig*) present. **2.** (*augenblicklich*) current, actual, present. **3.** (*damalig*) then, of the (*od.* that) time.

des[1] [dɛs] **I** *definite article* ‹*gen sg of* **der** 1, **das** 1› of the. **II** *relative pron obs. for* **dessen** I. **III** *demonstrative pron obs. for* **dessen** II.

des[2], **Des** *n* ‹-; -› *mus.* D flat; **des, des-Moll** D flat minor; **Des, Des-Dur** D flat major.

des·avou·ie·ren [dezavuˈiːrən; dɛsˀa-] *v/t* ‹*no* **ge-**, **h**› *lit.* **1.** (*ableugnen*) disavow, repudiate. **2. j-n ~** a) disappoint s. o., b) compromise s. o.

De·sen·si·bi·li·sa·tor [dezɛnzibiliˈzaːtɔr] *m* ‹-s; -en [-zaˈtoːrən]› *med. phot.* desensitizer.

De·ser·teur [dezɛrˈtøːr] *m* ‹-s; -e› *mil.* deserter, runaway. **de·serˈtie·ren** [-ˈtiːrən] *v/i* ‹*no* **ge-**, **sein**› desert, run away; **zum Feinde ~** desert (*od.* go over) to the enemy. **De·ser·tiˈon** [-ˈtsĭoːn] *f* ‹-; -en› desertion.

ˈdesˈes, ˈDesˈes *n* ‹-; -› *mus.* D double flat.

ˈdesˈglei·chen I *adv* (*ebenso*) in the same manner, likewise, similarly, ditto; **er tat ~** he did the same (*od.* likewise); *ich ging nach Hause*, **und mein Freund tat ~** and so did my friend. **II** *conj* also, likewise, as well; **~ darf nicht vergessen werden, daß** nor should be forgotten that. **III** *demonstrative pron n archaic* the like, such a thing; **~ habe ich noch nie gesehen** I never saw such a thing before.

ˈdesˈhalb I *adv* **1.** (*als Folge davon*) therefore, for that reason, on that account, so; *er war krank* **und konnte ~ nicht kommen** ... and therefore (*od.* so) he couldn't come; **sei mir ~ bitte nicht böse** please don't be angry with me on that account; **gerade ~** *als Antwort*: that's exactly why; **ach, ~ (hast du das getan)!** so that's why (you did it)! **2.** (*zu diesem Zweck*) for that purpose, to that end. **II** *conj* **3.** (*infolgedessen*) therefore, for that reason, on that account, that is why, so, *lit.* hence; **es ist spät, ~ müssen wir jetzt gehen** it is late, so we'll have to go now. **4.** *einschränkend*: nevertheless, all the same; *die Lage ist zwar ernst*, **aber wir brauchen ~ die Hoffnung nicht aufzugeben** ... but that's no reason for giving up hope; *er hat schnelle Fortschritte gemacht*, **ist aber ~ noch lange nicht perfekt** but that doesn't mean he is perfect (by a long way); **er ist ~ keineswegs gesünder** he isn't any healthier for it. **5.** (*aus dem Grunde*) *meist* **~, weil** because, for the reason that; **das kann schon ~ nicht stimmen, weil** that can't be so for the simple reason that; **es ist eher ~, weil** it is rather that.

De·si·de·rat [dezideˈraːt] *n* ‹-(e)s; -e› **1.** (*Erwünschtes*) desideratum. **2.** → **De·si·deˈra·tenˌbuch** *n* book of desiderata (*od.* special [library] requests).

De·sign [diˈzaɪn] *n* ‹-s; -s› *econ. tech.* design.

De·si·gna·ti·on [dezɪgnaˈtsĭoːn] *f* ‹-; -en› *pol.* designation (**zu** as *ambassador*; to, for *an office*).

De·si·gner [diˈzaɪnər] *m* ‹-s; -› *econ. tech.* designer.

de·si·gnie·ren [dezɪˈgniːrən] *v/t* ‹*no* **ge-**, **h**› *bes. pol.* designate (**zu** as *one's successor*; to, for *an office*; **der designierte Botschafter** the ambassador designate.

des·il·lu·sio·nie·ren [dɛsˀiluzĭoˈniːrən] *v/t* ‹*no* **ge-**, **h**› disillusion.

Des·in·fek·ti·on [dɛsˀɪnfɛkˈtsĭoːn; dezɪn-] *f* ‹-; -en› *med.* disinfection.

Des·in·fek·tiˈons|ap·paˌrat *m* disinfector. **~ˌflüs·sig·keit** *f* disinfecting solution, disinfectant. **~ˌkraft** *f* disinfecting (*od.* germicidal) power. **~ˌlö·sung** *f* disinfectant solution. **~ˌmit·tel** *n chem. u. med.* disinfectant; *med. a.* antiseptic.

des·in·fi·zie·ren [dɛsˀɪnfiˈtsiːrən; dezɪn-] *v/t* ‹*no* **ge-**, **h**› disinfect; **~d** disinfectant. **Des·in·fiˈzie·rung** *f* ‹-; -en› disinfection.

Des·in·te·gra·ti·on [dɛsˀɪntegraˈtsĭoːn; dezɪn-] *f* ‹-; -en› disintegration. **Des·in·teˈgra·tor** [-ˈgraːtɔr] *m* ‹-s; -en [-graˈtoːrən]› *phys. tech.* disintegrator. **des·in·teˈgrie·ren** [-ˈgriːrən] *v/i* ‹*no* **ge-**, **h**› disintegrate.

Des·in·ter·es·se [dɛsˀɪnteˈrɛsə; dezɪn-] *n* ‹-s; *no pl*› **1.** indifference, lack of interest, apathy. **2.** (*unparteiische Haltung*) disinterest(edness), detachment, objectivity. **des·in·ter·esˈsiert** [-ˈsiːrt] *adj* **1.** (*gleichgültig*) uninterested, indifferent. **2.** (*unparteiisch*) disinterested, detached.

des·krip·tiv [deskrɪpˈtiːf] *adj* descriptive.

Des·odo·rans [dɛsˀoˈdoːrans; dezo-] *n* ‹-; -rantien [-doˈrantsĭən]› (*etc*) → Deodorant (*etc*).

de·so·lat [dezoˈlaːt] *adj* desolate.

Des·or·ga·ni·sa·ti·on [dɛsˀɔrganizaˈtsĭoːn; dezɔr-] *f* ‹-; -en› disorganization. **des·or·ga·niˈsie·ren** [-ˈziːrən] *v/t* ‹*no* **ge-**, **h**› disorganize.

des·ori·en·tie·ren [dɛsˀoriɛnˈtiːrən; dezo-] *v/t* ‹*no* **ge-**, **h**› *psych.* a) disorient(ate), b) (*verwirren*) confuse. **Des·ori·enˈtie·rung** ‹-; *no pl*› a) disorientation, b) (*Verwirrung*) confusion.

Des·oxy·da·ti·on [dɛsˀɔksydaˈtsĭoːn; dezɔ-] *f* ‹-; -en› *metall.* deoxidation. **Des·oxy·da·tiˈonsˌmit·tel** *n* deoxidizer, deoxidizing agent. **des·oxyˈdie·ren** [-ˈdiːrən] *v/t* ‹*no* **ge-**, **h**› deoxidize.

de·spek·tier·lich [despɛkˈtiːrlɪç] *adj* disrespectful.

De·spe·ra·do [despeˈraːdo] *m* ‹-s; -s› desperado, bandit.

de·spe·rat [despeˈraːt] *adj lit.* desperate.

Des·pot [dɛsˈpoːt] *m* ‹-en; -en› despot, tyrant; **aufgeklärter ~** enlightened despot. **Des·poˈtie** [-poˈtiː] *f* ‹-; -n [-ən]› despotism, tyranny. **desˈpo·tisch** *adj* despotic(al), tyrannical. **Des·poˈtis·mus** [-poˈtɪsmʊs] *m* ‹-; *no pl*› → Despotie.

ˌdesˈsel·ben *demonstrative pron gen sg of* **derselbe, dasselbe**.

des·sen [ˈdɛsən] **I** *relative pron* **1.** ‹*gen sg of* **der** 7, **das** 4› whose, *bei Dingen*: *a.* of which; **das Kind, ~ Vater krank ist** the child whose father is ill; **ein Faß, ~ Boden ein Loch hat** a barrel with a hole in the bottom. **2.** *von v od. prep abhängig*: a) *bei Personen*: (of) whom, *colloq.* who, b) *bei Dingen*: (of) which; **ein Raum, an ~ einem Ende ein Tisch steht** a room with a table at one end. **II** *demonstrative pron* ‹*gen sg of* **der** 5, **das** 2› **3. sich** (*dat*) **~ bewußt sein, daß** be aware (of the fact) that; **er ist ~ ganz sicher** he is quite sure of that. **III** *possessive pron* **4.** a) *bei Personen*: his, b) *bei Dingen*: its.

des·sent|hal·ben [ˈdɛsəntˈhalbən], **~ˈwe·gen I** *adv* **1.** *auf Personen bezogen*: because of him, on his account. **2.** *auf Dinge bezogen*: because of it, on account of it. **II** *conj* **3.** *obs. for* **deshalb** II. **~ˈwil·len I** *adv* (**um**) **~ 1.** *auf Personen bezogen*: for his sake. **2.** *auf Dinge bezogen*: for its sake. **II** *relative pron* **3.** (**um**) **~** a) *auf Personen bezogen*: for whose sake, b) *auf Dinge bezogen*: for the sake of which.

ˈdes·senˌun·geˈach·tet *adv* nevertheless, none the less, all the same, notwithstanding (that), regardless (of that).

Des·sert [dɛˈsɛːr; -ˈsɛrt] *n* ‹-s; -s› *gastr.* dessert; **~messer** *n* (**~wein** *m*) dessert knife (wine). **~beˌsteck** *n* dessert set (*od.* cutlery).

Des·sin [dɛˈsɛ̃ː] *n* ‹-s; -s› design, pattern.

De·stil·lat [dɛstɪˈlaːt] *n* ‹-(e)s; -e› *chem.* distillate. **De·stil·laˈteur** [-laˈtøːr] *m* ‹-s; -e› distiller. **De·stil·la·tiˈon** [-laˈtsĭoːn] *f* ‹-; -en› distillation.

De·stil·la·tiˈons|ˌanˌla·ge *f chem. tech.* distilling plant. **~ˌbla·se** *f* still. **~ko·keˌrei** *f tech.* a) (*Anlage*) by-product coke-oven plant, b) (*Betrieb*) by-product coke-oven practice (*od.* plant operation), c) (*Prozeß*) by-product coking. **~ˌkol·ben** *m* distilling flask. **~proˌdukt** *n* distillation product, distillate.

De·stilˈlier|ˌanˌstalt *f chem.* distillery. **~ap·paˌrat** *m* distilling apparatus, still.

de·stilˈlier·bar *adj chem.* distillable. **de·stil·lie·ren** [dɛstɪˈliːrən] *v/t* ‹*no* **ge-**, **h**› *chem.* distil(l).

De·stilˈlier|geˌfäß *n*, **~ˌkol·ben** *m* → Destillationskolben.

de·stilˈliert *adj chem.* distilled (*water*).

De·sti·na·tar [dɛstinaˈtaːr], **De·sti-**

na'tär [-'tɛːr] *m* <-s; -e> *jur. Swiss* intended recipient (*od.* beneficiary).
De·sti·na·ti·on [dɛstina'tsǐoːn] *f* <-; -en> destination.
de·sto ['dɛsto] **I** *adv* (all) the; *er war stark gebräunt,* **so daß sein Haar ~ weißer wirkte** ... so that his hair looked all the whiter; *er ist sehr intelligent,* **sie dagegen ~ dümmer** ... she, however, all the more stupid; **~ besser!** all (*od.* so much) the better!; **~ schlimmer!** so much the worse!; **~ weniger** the less; **das ist ~ schwerer zu ertragen, als es so unerwartet kommt** that is the harder to bear for coming so unexpectedly. **II** *conj* **je ..., ~** the ... the; **je mehr, ~ besser** the more the better; **je eher, ~ lieber** the sooner the better.
De·struk·ti·on [dɛstruk'tsǐoːn] *f* <-; -en> destruction.
De·struk·ti'ons|,ebe·ne, ~,flä·che *f geol.* destructional plain. **~ge,bir·ge** *n* mountains *pl* of destruction. **~,trieb** *m psych.* instinct for destruction.
de·struk·tiv [dɛstruk'tiːf] *adj* destructive.
'des,un·ge'ach·tet *adv* → dessenungeachtet.
'des'we·gen *adv u. conj* → deshalb.
De·tail [de'taɪ] *n* <-s; -s> **1.** detail; **Liebe zum ~** love of detail(s); **ins ~ gehen** go into detail(s); **bis ins kleinste ~** (down) to the last detail; **sich in ~s verlieren** lose o. s. in details; → **Teufel. 2.** *econ.* **im ~** → **en detail** 2. **~,ar·beit** *f* detail(s *pl*). **~be,ra·tung** *f pol. e-s Gesetzentwurfs*: detailed discussion. **~be,richt** *m* detailed account (*od.* report). **~ge,schäft** *n econ.* **1.** retail trade. **2.** retail shop (*od.* store). **~,han·del** *m* retail trade. **~,händ·ler** *m* retailer.
de·tail·lie·ren [deta'jiːrən] *v/t* <*no* ge-, h> **1.** particularize, specify, itemize, give a detailed description of. **2.** *econ.* (sell at) retail. **de·tail'liert** *adj* detailed; **~e Aufstellung** specification; **~e Auskunft** detailed information, full particulars *pl.* **De·tail'lie·rung** *f* <-; -en> specification, itemization, stating full particulars.
De'tail|,schil·de·rung *f* **1.** detailed description. **2.** detail. **~ver,kauf** *m econ.* retail (sale). **~,zeich·nung** *f* detail drawing.
De·tek·tei [detɛk'taɪ] *f* <-; -en [-ən]> → **Detektivbüro.**
De·tek·tiv [detɛk'tiːf] *m* <-s; -e> **1.** (*Privat*≈) detective, private investigator, *colloq.* private eye, sleuth, *Am.* dick; *fig.* **(den) ~ spielen** play the detective. **2.** (*Polizei*≈) detective, plainclothesman. **~bü,ro** *n* detective agency, private investigators *pl.* **~ge,schich·te** *f,* **~ro,man** *m* detective story, mystery (novel), crime novel, *colloq.* whodunit.
De·tek·tor [de'tɛktɔr] *m* <-s; -en [-'toːrən]> *electr.* detector. **~,dräht·chen** *n* cat's whisker. **~emp,fän·ger** *m,* **~ge,rät** *n* detector, crystal receiver (*od.* set).
De·ter·gens [de'tɛrgɛns] *n* <-; -gentia [-'gɛntsǐa] *u.* **-gentien** [-'gɛntsǐən]> *meist pl chem.* detergent.
De·ter·mi·nan·te [detɛrmi'nantə] *f* <-; -n> *biol. math.* determinant.
De·ter·mi·na·ti·on [detɛrmina'tsǐoːn] *f* <-; -en> determination. **de·ter·mi·na'tiv** [-'tiːf] *adj* determinative.
De·ter·mi·na'tiv *n* <-s; -e>, **~pro,no·men** *n,* **De·ter·mi·na'ti·vum** [-'tiːvum] *n* <-s; -tiva [-va]> *ling.* determinative.
de·ter·mi·nie·ren [detɛrmi'niːrən] *v/t* <*no* ge-, h> determine.
De·ter·mi·nis·mus [detɛrmi'nɪsmus] *m* <-; *no pl*> *philos.* determinism. **De·ter·mi'nist** [-'nɪst] *m* <-en; -en> determinist. **de·ter·mi'ni·stisch** *adj* determinist(ic).
De·to·na·ti·on[1] [detona'tsǐoːn] *f* <-; -en> detonation, burst, explosion; **et. zur ~ bringen** explode s. th., set s. th. off. **De·to·na·ti'on**[2] *f* <-; -en> *mus.* singing (*od.* playing) off pitch.
De·to·na·ti'ons|,druck *m* blast (pressure). **~,hö·he** *f mil.* height of burst. **~,kap·sel** *f* detonator. **~,la·dung** *f* detonation charge. **~,wel·le** *f* blast wave.
De·to·na·tor [deto'naːtɔr] *m* <-s; -en [-na'toːrən]> detonator.
de·to·nie·ren[1] [deto'niːrən] *v/i* <*no* ge-, sein> detonate. **de·to'nie·ren**[2] *v/i* <*no* ge-, h> *mus.* sing (*od.* play) out of tune, waver in pitch.
Deu·bel ['dɔʏbəl] *m* <-s; -> *dial. for* Teufel 1.
deucht [dɔʏçt] *archaic 3 sg pres,* **'deuch·te** *archaic 1 u. 3 sg pret of* **dünken.**
Deul [dɔʏl] *m* <-s; -e> *metall.* (iron)ball, lump.
Deut [dɔʏt] *m* <-(e)s; -e> *fig. colloq.* **k-n ~ wert** not worth a fig (*od.* farthing); **ich würde k-n ~ dafür geben** I would not give a brass farthing for it; **(um) k-n ~ besser (als)** not a bit better (than).
'deut·bar *adj* interpretable, explicable, explainable; **schwer ~** hard to explain (*od.* interpret).
Deu·te'lei *f* <-; -en> *contp.* **1.** quibble, quibbling, hairsplitting, niggling, subtilization. **2.** pedantic (*od.* fussy) interpretation. **deu·teln** ['dɔʏtəln] *v/i* <h> **(an e-r Sache** about s. th.) quibble, niggle, split hairs, subtilize; **daran ist** (*od.* **gibt es**) **nichts zu ~** there can be no argument about that.
deu·ten ['dɔʏtən] **I** *v/t* <h> **1.** interpret, construe, read, expound, explain; **ein Zeichen (e-n Traum) ~** read (*od.* interpret) a sign (dream); **und wie ~ Sie die Stelle?** and how do you construe (*od.* read, interpret) the passage?; **et. falsch ~** a) misinterpret s. th., b) *fig.* misconstrue s. th., put a false construction on s. th. **II** *v/i* **2.** point (**auf** *acc* at *od.* to); **mit dem Finger auf et. (j-n) ~** point (one's finger) at s. th. (s. o.). **3.** *fig.* **auf et. ~** a) point to (*od.* indicate, suggest) s. th., b) (*ankündigen*) (fore)bode (*od.* portend, presage) s. th.; **alles deutet darauf, daß** indications are that, everything points to the fact that, there is every indication that; **das deutet auf nichts Gutes** that bodes no good. **III** ≈ *n* <-s> **4.** interpreting (*etc*). **5.** → **Deutung.**
'Deu·ter *m* <-s; -> **1.** interpreter, expounder. **2.** *relig.* exegete. **Deu·te'rei** *f* <-; *no pl*> *colloq.* → **Deutelei** 1.
Deu·te·ri·um [dɔʏ'teːrǐum] *n* <-s; *no pl*> *chem. nucl.* deuterium, heavy hydrogen. **~oxyd** [-ᵊɔ,ksyːt] *n chem.* deuterium oxide, heavy water.
Deu·te·ro·no·mi·um, das [dɔʏtero'noːmǐum] <-s; *no pl*> (*5. Buch Mose*) Deuteronomy.
'Deut·ler *m* <-s; -> *contp.* quibbler, hairsplitting pedant.
'deut·lich I *adj* **1.** distinct, clear (*a. fig. Erinnerung, etc*); (*sichtbar*) visible, conspicuous; (*hörbar*) audible; **~e Schrift (~er Druck)** clear (*od.* legible) handwriting (print); **~es Sprechen** articulate (*od.* distinct) speech, clear pronunciation; **~e Umrisse** distinct (*od.* bold, sharp) outlines. **2.** (*eindeutig, erkennbar*) plain, clear, obvious, evident, manifest, unmistakable, definite, positive; **e-e ~e Antwort** a plain answer; **ein ~er Beweis** clear proof, proof positive; **ein ~er Wink** a broad hint; **et. ~ machen** (*od.* **werden lassen**) make s. th. clear (*od.* plain); **j-m et. ~ machen** a) explain s. th. (*od.* point s. th. out) to s. o., b) bring s. th. home to s. o.; **sein Vortrag machte ~, daß** his lecture made it clear that. **3.** (*verständlich*) clear, lucid, intelligible, *lit.* perspicuous; **e-e ~e Erklärung** a clear (*od.* lucid) explanation. **4.** (*unmißverständlich*) plain, blunt, outspoken; **e-e ~e Sprache reden** be plain-spoken, not to mince matters; **(mit j-m) sehr ~ werden** speak in very plain terms (with s. o.), tell (s. o.) a few home truths; **das war (aber) ~!** that was plain speaking!, you didn't pull your punches there! **5.** (*ausgesprochen*) pronounced, marked, clear, visible (*progress, difference, etc*). **II** *adv* **6.** distinctly, clearly (*etc*); **~ sprechen** speak distinctly; **~ schreiben** write legibly (*od.* clearly); **~ sichtbar** clearly visible; **~ besser (als)** far better (than). **7.** (*unmißverständlich*) plainly, bluntly, outspokenly; **du brauchtest es nicht so ~ zu sagen** you didn't need to put it so bluntly. **≈keit** *f* <-; *no pl*> **1.** distinctness, clearness, clarity; (*Leserlichkeit*) *a.* legibility. **2.** *fig.* a) (*Eindeutigkeit, Augenfälligkeit*) plainness, clearness, obviousness, b) (*Unmißverständlichkeit*) plainness, bluntness, outspokenness; **j-m et. mit voller ~ vor Augen führen** make s. o. see s. th. quite clearly, bring s. th. home to s. o.; **mit aller ~ sagen** tell bluntly (*od.* roundly, in plain terms). **3.** (*Verständlichkeit*) clearness, clarity, lucidity, intelligibleness, *lit.* perspicuity.
'deut·lich·keits,hal·ber *adv* for clarity's sake, to make it quite clear.
Deu·to·plas·ma [dɔʏto'plasma] *n biol.* deutoplasm, yolk.
deutsch [dɔʏtʃ] **I** *adj* German; *bes. iro.* **(typisch) ~** Teutonic (*thoroughness, etc*); **auf** (*od.* **in, zu**) **~** in German; **~er Herkunft** a) of German descent (*od.* extraction), German, b) German-born; **die ~e Schweiz** German(-speaking) Switzerland; *hist.* **das ≈e Reich** the (German) Reich; **die ≈e Mark** the German mark, *a.* the deutschmark; *hist.* **der ≈e Orden** the Teutonic Order; *fig.* **auf (gut) ~** in plain language (*od.* English); *fig.* **auf gut ~ gesagt** to put it bluntly, plainly spoken; → **Michel. II** *adv* **~ denken** think like a German; **~ sprechen** speak (in) German; **~ geschrieben** written in German; **sich (auf) ~ unterhalten** talk (*od.* converse) in German; *fig. colloq.* **(mit j-m) ~ reden** speak plainly (with s. o.), not to mince matters (towards s. o.). **III** *ling.* ≈ <*generally undeclined*>, **das ≈e** <-n> German, the German language; **ich kann kein ≈** I don't know German; **aus dem ≈en (ins ≈e) übersetzt** translated from the German (into German).
'Deutsch|ame·ri,ka·ner *m,* **~ame·ri,ka·ne·rin** *f,* **≈ame·ri,ka·nisch** *adj* German-American. **≈,blü·tig** [-,blyːtɪç] *adj* of German blood.
'Deut·sche *m, f* <-n; -n> German; **wir ~(n)** we Germans; **sie ist e-e ~** she is (a) German. **'Deut·schen,freund** *m* Germanophil(e).
'deutsch-'eng·lisch *adj* German-English (*dictionary*).
'Deut·schen|,haß *m* hatred of the Germans, Germanophobia. **~,has·ser** *m* Germanophobe, German-hater.
'deutsch|,feind·lich *adj* anti-German, Germanophobic. **~-fran'zö·sisch** *adj*

1. Franco-German, German-French; *hist.* **der ♀e Krieg** the Franco-Prussian War. **2.** *Wörterbuch etc*: German--French. **~ˌfreund·lich** *adj* pro--German, Germanophil(e). **♀ˌfreund·lich·keit** *f* pro-German attitude. **♀ˌher·ren, die** *hist.* → Deutschritterorden. **♀ˌkun·de** *f* ⟨-; *no pl*⟩ *ped.* Germanic studies *pl.*

ˈDeutschˌland *n* ⟨-s; *no pl*⟩ Germany. **~ˌlied, das** the German national anthem. **~po·liˌtik** *f* German policy.

ˈDeutsch|ˌleh·rer *m*, **~ˌleh·re·rin** *f* German teacher. **~ˌmei·ster** *m* **1.** *hist.* German Master of the Teutonic Order. **2.** *pl mil. hist. former Austrian military regiment.* **~ˌor·densˌrit·ter** *m hist.* Teutonic Knight. **~ˌrit·terˌor·den, der** *hist.* the Teutonic Order (*od.* Knights *pl*). **~ˌschwei·zer** *m*, **~ˌschwei·ze·rin** *f*, **♀-ˌschwei·ze·risch** *adj* Swiss-German. **♀ˌspra·chig** [-ˌʃpraːxɪç] *adj* **1.** *Person, Gebiet etc*: German-speaking. **2.** *Zeitung etc*: German-language. **3.** *ped. Vorlesung, Unterricht*: (given) in German. **~ˌspra·chi·ge** *m, f* ⟨-n; -n⟩ German speaker. **♀ˌsprach·lich** *adj* German; **~er Unterricht** German lessons *pl* (*od.* classes *pl*), German language teaching. **♀ˌspre·chend** *adj* German-speaking.

ˈDeutsch·tum *n* ⟨-s; *no pl*⟩ **1.** (*deutsche Art*) Germanness, German national characteristics *pl*; **er konnte sein ~ nicht verleugnen** he couldn't deny his German origin. **2.** (*Kultur*) German civilization. **3.** (*deutsche Gruppen*) Germans *pl*; **das ~ im Ausland** "Germany abroad".

ˌDeutsch·tü·meˈlei [-tyːməˈlaɪ] *f* ⟨-; *no pl*⟩ *contp.* **1.** petty (*od.* excessive) display of Germanness. **2.** Germanomania, Teutomania, affectation of things German. **ˈDeutsch·tüm·ler** [-tyːmlər] *m* ⟨-s; -⟩ Germanomaniac.

ˈDeutschˌun·terˌricht *m ped.* German (teaching); **er gibt ~** he teaches German.

ˈDeu·tung *f* ⟨-; -en⟩ **1.** → **deuten** 4. **2.** *e-s Textes, Traums etc*: interpretation, explanation, expounding. **3.** (*Auslegung*) interpretation, construction, reading; **falsche ~** misinterpretation, misconstruction. **4.** (*Bibel♀*) exegesis.

De·vi·se [deˈviːzə] *f* ⟨-; -n⟩ **1.** motto, maxim. **2.** *her.* motto, device. **3.** *pl econ.* foreign currency *sg* (*od.* exchange *sg*); **~n anmelden** declare foreign currency; **100 Mark in ~n** 100 marks of foreign exchange.

Deˈvi·sen|ˌabˌkom·men *n econ.* (foreign) exchange agreement. **~ˌaus·ˌgleichsˌfonds** *m* foreign exchange stabilization fund. **~ˌausˌlän·der** *m* nonresident alien. **~beˌstand** *m meist pl* foreign exchange reserve(s *pl*) (*od.* holdings *pl*). **~beˌwirt·schaf·tung** *f* (foreign) exchange control. **~biˌlanz** *f* balance of payments. **~ˌbör·se** *f* foreign Exchange market. **♀ˌbrin·gend** *adj* exchange-yielding. **~geˌneh·mi·gung** *f* (foreign) exchange licen/ce (*Am.* -se). **~geˌschäft** *n* foreign exchange transaction(s *pl*). **~ˌhan·del** *m* foreign exchange dealings *pl.* **~ˌhänd·ler** *m* exchange dealer. **~ˌinˌlän·der** *m* resident. **~ˌknapp·heit** *f* (foreign) currency stringency. **~kon·tinˌgent** *n* foreign exchange (*od.* currency) quota. **~kon·tin·genˌtie·rung** *f* foreign exchange rationing. **~konˌtrol·le** *f* (foreign) exchange (*od.* currency) control. **~ˌkurs** *m* exchange rate. **~ˌpol·ster** *n* foreign exchange cushion (*od.* reserve). **♀ˌrecht·lich** *adj* under (foreign) exchange regulations; **~e Beschränkung** exchange restrictions *pl.* **~ˌschie·ber** *m* currency smuggler (*od.* profiteer). **~ˌschie·bung** *f* illegal transfer of foreign currency. **~ˌschmugg·ler** *m* → Devisenschieber. **~ˌsper·re** *f* exchange embargo. **~verˌge·hen** *n jur.* currency offen/ce (*Am.* -se). **~verˌkehr** *m* foreign exchange operations *pl.* **~ˌwech·sel** *m* bill in foreign currency. **~ˌwer·te** *pl* (foreign) exchange assets. **~ˌzwangsˌwirt·schaft** *f* (foreign) exchange control.

de·vi·ta·li·sie·ren [devitaliˈziːrən] *v/t* ⟨*no* **ge-**, h⟩ *med.* devitalize.

De·vo·lu·ti·on [devoluˈtsi̯oːn] *f* ⟨-; -en⟩ **1.** *relig.* devolution. **2.** *jur. obs. for* Heimfall. **De·vo·lu·tiˈonsˌkrieg** *m hist.* War of Devolution, Queen's War.

de·vot [deˈvoːt] *adj* **1.** *lit.* (*unterwürfig*) submissive, humble. **2.** *contp.* servile, cringing. **3.** (*fromm*) devout, pious. **De·vo·ti·on** [devoˈtsi̯oːn] *f* ⟨-; *no pl*⟩ **1.** *lit.* submissiveness, humbleness. **2.** *contp.* servility. **3.** devoutness, devotion, piety. **4.** *relig.* (*Andacht*) devotions *pl.* **De·vo·tio·na·li·en** [devotsi̯oˈnaːli̯ən] *pl R. C.* devotional articles.

Dex·trin [dɛksˈtriːn] *n* ⟨-s; -e⟩ *chem.* dextrin(e).

Dex·tro·se [dɛksˈtroːzə] *f* ⟨-; *no pl*⟩ *chem.* dextrose, dextro-glucose.

Dez [deːts] *m* ⟨-es; -e⟩ *dial. colloq.* (*Kopf*) *sl.* bean, onion.

De·zem·ber [deˈtsɛmbər] *m* ⟨-(s); *rare* -⟩ December; **im (Monat) ~** in (the month of) December. **deˈzem·ber·lich** *adj* December(like), Decemberish.

De·zen·ni·um [deˈtsɛni̯ʊm] *n* ⟨-s; -nien⟩ *lit.* decennium, decade.

de·zent [deˈtsɛnt] **I** *adj* **1.** discreet, unobtrusive. **2.** *Kleidung etc*: conservative. **3.** *Musik, Farbe etc*: subdued; **~es Licht** subdued (*od.* soft) light. **II** *adv* **4.** discreetly (*etc*).

de·zen·tral [detsɛnˈtraːl] *adj* decentralized. **De·zen·tra·li·sa·tiˈon** [-tralizaˈtsi̯oːn] *f* ⟨-; -en⟩ decentralization. **de·zen·tra·liˈsie·ren** [-traliˈziːrən] *v/t* ⟨*no* **ge-**, h⟩ decentralize.

De·zer·nat [detsɛrˈnaːt] *n* ⟨-(e)s; -e⟩ department; *der Polizei*: *a.* squad. **De·zerˈnent** [-ˈnɛnt] *m* ⟨-en; -en⟩ departmental head.

De·zi·bel [detsiˈbɛl; -ˈbeːl] *n* ⟨-s; -⟩ *phys.* decibel.

de·zi·diert [detsiˈdiːrt] *adj* decided.

De·zi|gramm [detsiˈgram] *n* decigram(me *Br.*). **~ˈli·ter** [-ˈliːtər] *m, n* decilit/re (*Am.* -er).

De·zil·li·on [detsɪˈli̯oːn] *f* ⟨-; -en⟩ *math.* decillion, *Am.* novemdecillion (10^{60}).

de·zi·mal [detsiˈmaːl] *adj math.* decimal. **♀ˌbruch** *m* decimal (fraction); **endlicher ~** terminate decimal; **periodischer ~** periodic (*od.* circulating, recurring) decimal; **vierstelliger ~** decimal of four figures. **De·ziˈma·le** *f* ⟨-(n); -n⟩ *math.* decimal (place).

De·ziˈmal|klas·si·fi·ka·tiˌon *f* decimal classification. **~ˌkom·ma** *n* decimal point. **~log·arith·mus** [-logaˌrɪtmʊs] *m* common (*od.* Brigg's, decimal) logarithm. **~ˌpunkt** *m* decimal point. **~ˌrech·nung** *f* **1.** (*Verfahren*) decimal arithmetic. **2.** (*Beispiel*) calculation (*od.* sum) with decimals, metric calculation. **~ˌrei·he** *f* → Dezimalsystem. **~ˌstel·le** *f* decimal (place). **~syˌstem** *n* decimal system; **nach dem ~** decimally. **~ˌzahl** *f* **1.** decimal (number); **zweistellige ~** two-figure (*od.* two-place) decimal; **vielstellige ~** decimal of many places. **2.** (*~bruch*) decimal fraction.

De·zi·me [ˈdeːtsimə; deˈtsiːmə] *f* ⟨-; -n⟩ **1.** *mus.* (interval of a) tenth. **2.** *metr.* ten-line stanza.

De·zi·me·ter [detsiˈmeːtər] *m, n* decimet/re (*Am.* -er). **~-Te·leˌphon** *n* portable radiotelephone set for decimetre waves. **~ˌwel·le** *f phys.* decimetre wave, microwave.

de·zi·mie·ren [detsiˈmiːrən] *v/t* ⟨*no* **ge-**, h⟩ decimate. **De·ziˈmie·rung** *f* ⟨-; -en⟩ decimation.

Dia [ˈdiːa] *n* ⟨-s; -s⟩ *phot. short for* Diapositiv.

Dia·bas [diaˈbaːs] *m* ⟨-es; -e⟩ *min.* diabase, dolerite.

Dia·be·tes [diaˈbeːtɛs] *m* ⟨-; *no pl*⟩ *med.* diabetes; **~diät** *f* diabetic diet. **Diaˈbe·ti·ker** [-tikər] *m* ⟨-s; -⟩ diabetic; **~brot** *n* diabetic bread; **~lebensmittel** *pl* diabetic foods. **diaˈbe·tisch** [-tɪʃ] *adj med.* diabetic.

ˈDia·beˌtrach·ter *m phot.* slide (*od.* transparency) viewer.

Dia·bo·lie [diaboˈliː] *f* ⟨-; *no pl*⟩, **Diaˈbo·lik** [-ˈboːlɪk] *f* ⟨-; *no pl*⟩ diabolism. **diaˈbo·lisch** *adj* diabolic(al).

Di·ace·tat [diˀatseˈtaːt] *n chem.* diacetate.

Di·acetˌsäu·re [diˀaˈtseːt-] *f med.* acetoacetic acid.

Dia·dem [diaˈdeːm] *n* ⟨-s; -e⟩ **1.** diadem. **2.** (*Stirnreif*) tiara.

Dia·do·che [diaˈdɔxə] *m* ⟨-n; -n⟩ **1.** *antiq.* diadochus; **die ~n** the Diadochi. **2.** *pl fig. petty successors of a great leader.* **Diaˈdo·chenˌkampf** *m pol. fig.* struggle for succession.

Dia·gno·se [diaˈgnoːzə] *f* ⟨-; -n⟩ **1.** diagnosis; *med.* **vorläufige ~** tentative diagnosis; **e-e ~ stellen** make a diagnosis, diagnose. **2.** *biol.* description, diagnosis.

Dia·gno·stik [diaˈgnɔstɪk] *f* ⟨-; *no pl*⟩ diagnostics *pl.* **Diaˈgno·sti·ker** [-tikər] *m* ⟨-s; -⟩ diagnostician. **diaˈgno·stisch** *adj* diagnostic. **dia·gno·stiˈzie·ren** [-tiˈtsiːrən] **I** *v/t* ⟨*no* **ge-**, h⟩ diagnose, state. **II** *v/i* make a diagnosis, diagnose.

dia·go·nal [diagoˈnaːl] **I** *adj* **1.** diagonal. **II** *adv* **2.** diagonally, in diagonals; *colloq.* **ein Buch ~ lesen** skip through a book. **3.** *her.* bendwise. **III ♀** *m* ⟨-(s); -s⟩ **4.** *Textil.* diagonal (cloth). **Dia·goˈna·le** *f* ⟨-; -n⟩ **1.** *math.* diagonal (line). **2.** *civ. eng.* diagonal (member *od.* rod).

Dia·goˈnal|eleˌment *n math.* leading element. **~ˌflä·che** *f* diagonal surface. **~ˌkraft** *f phys.* diagonal force. **~ˌrei·fen** *m mot.* cross-ply tyre (*Am.* tire).

Dia·gramm [diaˈgram] *n* ⟨-s; -e⟩ diagram, graph(ical representation); **in Form e-s ~s** diagrammatically.

Dia·graph [diaˈgraːf] *m* ⟨-en; -en⟩ diagraph.

ˈDiaˌka·sten *m phot.* slide box.

Dia·kla·se [diaˈklaːzə] *f* ⟨-; -n⟩ *geol.* diaclase, joint.

Dia·kon [diaˈkoːn] *m* ⟨-s *u.* -en; -e(n)⟩ *relig.* deacon. **Dia·koˈnat** [-koˈnaːt] *n, a. m* ⟨-(e)s; -e⟩ diaconate, deaconry. **Dia·ko·nie** [diakoˈniː] *f* ⟨-; *no pl*⟩ *relig.* **1.** (professional) charitable service. **2.** deacon's office, diaconate, deaconry; **männliche (weibliche) ~** male (female) diaconate. **Diaˈko·nin** *f* ⟨-; -nen⟩ *relig.* deaconess. **Dia·ko·nis·se** [diakoˈnɪsə] *f* ⟨-; -n⟩ *relig.* deaconess, Lutheran nurse; **~nanstalt** *f*, **~nhaus** *n* deaconesses' home. **Dia·koˈnis·sin** *f* ⟨-; -nen⟩ → Diakonisse. **Dia·ko·nus** [diˈa(ː)konʊs] *m* ⟨-; -kone(n) [diaˈkoːnə(n)]⟩ *relig.* deacon.

dia·kri·tisch [diaˈkriːtɪʃ] *adj ling.* diacritic(al); **~es Zeichen** diacritic(al mark), graphic accent.

Di·aku·stik [diaˈkʊstɪk] *f* ⟨-; *no pl*⟩ *phys.* diacoustics *pl* (*als sg konstruiert*).

Dia·lekt [diaˈlɛkt] *m* ⟨-(e)s; -e⟩ dialect, vernacular; ~ **sprechen** speak dialect. ~ˌ**ausˌdruck** *m* dialect expression (*od.* word). ~ˌ**for·schung** *f* dialect research, dialectology. ~ˌ**frei** *adj* dialect-free, standard. ~**geo·graˌphie** *f* linguistic (*od.* dialect) geography. ~ˌ**gren·ze** *f* dialect boundary.

Dia·lek·tik [diaˈlɛktɪk] *f* ⟨-; *no pl*⟩ *philos.* dialectic, dialectics *pl* (*oft als sg konstruiert*). **Diaˈlek·ti·ker** [-tikər] *m* ⟨-s; -⟩ dialectician. **diaˈlek·tisch** *adj* **1.** *bes. philos.* dialectic(al); **die ~e Methode** the dialectical method; → **Materialismus. 2.** *ling.* dialectal.

Dia·lek·to·lo·ge [dialɛktoˈloːgə] *m* ⟨-n; -n⟩ *ling.* dialectologist. **Dia·lek·to·loˈgie** [-loˈgiː] *f* ⟨-; *no pl*⟩ dialectology, study of dialects.

Dia·log [diaˈloːk] *m* ⟨-(e)s; -e⟩ dialogue, *Am.* dialog; **e-n ~ führen** carry on a dialogue. ~ˌ**form** *f* dialogue; **in ~** in dialogue (form). ~ˌ**füh·rung** *f* dialogue.

dia·lo·gisch [diaˈloːgɪʃ] *adj* dialogic(al), in dialogue (form). **dia·lo·giˈsie·ren** [-logiˈziːrən] *v/t* ⟨*no* ge-, h⟩ write *s. th.* in dialogue, put *s. th.* into a dialogue.

Dia·ly·sa·tor [dialyˈzaːtɔr] *m* ⟨-s; -en [-zaˈtoːrən]⟩ *chem.* dialyzer. **Diaˈly·se** [-ˈlyːzə] *f* ⟨-; -n⟩ dialysis. **diaˈly·tisch** [-ˈlyːtɪʃ] *adj* dialytic.

Dia·mant[1] [diaˈmant] *m* ⟨-en; -en⟩ *min. tech.* diamond; **ungeschliffener ~** uncut (*od.* rough) diamond; **schwarzer ~** carbonado, black (*od.* carbon) diamond; *fig.* **schwarze ~en** *pl* black diamonds, coal *sg.* **Diaˈmant**[2] *f* ⟨-; *no pl*⟩ *print.* diamond.

diaˈmant|ˌar·tig *adj* **1.** diamondlike. **2.** *fig.* (as) hard as a diamond. ~ˌ**boh·rer** *m* diamond drill. ~ˌ**druck·ausˌga·be** *f* diamond edition.

diaˈman·ten *adj* diamond; *fig.* **~e Hochzeit** diamond wedding. ~**beˌsetzt** *adj* diamond-studded, set with diamonds. ~ˌ**gru·be** *f* diamond mine. ~ˌ**hal·tig** *adj min.* diamondiferous. ~**kolˌlier** *n* diamond necklace.

Diaˈmant|geˌwicht *n* carat. ~ˌ**glanz** *m* adamantine lust/re (*Am.* -er). ~ˌ**pul·ver** *n tech.* diamond powder. ~ˌ**ring** *m* diamond ring. ~ˌ**schlei·fer** *m* diamond cutter. ~ˌ**schleifˌschei·be** *f tech.* diamond wheel. ~ˌ**schliff** *m* diamond (*od.* facet) cut. ~ˌ**schmuck** *m* diamond jewellery (*Am.* jewelry). ~ˌ**schnei·der** *m* (*Gerät*) diamond cutter. ~ˌ**schrift** *f print.* diamond. ~ˌ**spat** *m min.* adamantine spar, corundum.

Dia·mat [diaˈmat] *m* ⟨-; *no pl*⟩ *pol. colloq.* dialectical materialism, diamat.

Dia·me·ter [diaˈmeːtər] *m* ⟨-s; -⟩ *math.* diameter.

dia·me·tral [diameˈtraːl] **I** *adj* **1.** *bes. math.* diametral, diametric(al). **2.** *fig.* diametric(al); **~e Gegensätze** diametric opposites. **II** *adv* **3.** *fig.* diametrically; **~ entgegengesetzt** diametrically opposed. ~ˌ**ebe·ne** *f math.* diametral plane.

dia·me·trisch [diaˈmeːtrɪʃ] *adj math.* diametral, diametric(al).

dia·phan [diaˈfaːn] *adj* diaphanous.

Dia·pho·ra [diˈa(ː)fora] *f* ⟨-; *no pl*⟩ *Rhetorik*: diaphora.

Dia·phrag·ma [diaˈfragma] *n* ⟨-s; -phragmen⟩ *anat. chem.* diaphragm, *opt. a.* (glare) stop.

Dia·po·si·tiv [diapoziˈtiːf; ˈdiːa-] *n* ⟨-s; -e⟩ *phot.* slide, transparency. ~ˌ**hal·ter** *m* slide holder.

ˈDia|proˌjek·tor *m phot.* slide (*od.* transparency) projector. ~ˌ**rah·men** *m* slide frame.

Di·äre·sis [diˈɛːrezɪs], *a.* **Di·äre·se** [-ɛˈreːzə] *f* ⟨-; -äresen [-ɛˈreːzən]⟩ *ling. philos.* di(a)eresis. **di·äre·tisch** [-ɛˈreːtɪʃ] *adj* di(a)eretic.

Di·ar·rhö(e) [diaˈrøː] *f* ⟨-; -rhöen [-ən]⟩ *med.* diarrhoea, *Am.* diarrhea.

Di·ar·thro·se [diarˈtroːzə] *f* ⟨-; -n⟩ *med.* diarthrosis.

Dia·skop [diaˈskoːp] *n* ⟨-s; -e⟩ *phot.* diascope. **Dia·skoˈpie** [-skoˈpiː] *f* ⟨-; -n [-ən]⟩ slide projection.

Dia·spor [diaˈspoːr] *m* ⟨-s; -e⟩ *min.* diaspore.

Dia·spo·ra [diˈaspora] *f* ⟨-; *no pl*⟩ *relig.* a) *hist. der Juden*: Diaspora, b) *weitS.* diaspora, dispersion.

Dia·sta·se [diaˈstaːzə] *f* ⟨-; -n⟩ **1.** *biol. chem.* (*Ferment*) diastase, amylase. **2.** *med.* diastasis.

Dia·sto·le [diˈastole; -ˈstoːlə] *f* ⟨-; -n [-ˈstoːlən]⟩ *metr. physiol.* diastole.

Di·ät [diˈɛːt] *f* ⟨-; -en⟩ *med.* (special) diet, regimen; ~**fehler** *m* dietary indiscretion; **~ halten** (be on a) diet, keep a (strict) diet; **e-n Patienten auf ~ setzen** put a patient on a diet. **diˈät** *adv med.* **~ leben** be on a diet, (take a) diet.

Diä·ten [diˈɛːtən] *pl econ. pol.* **1.** (*Entschädigungen*) emoluments, remuneration *sg.* **2.** sessional (expense) allowance *sg.* **3.** (*Tagegelder, Sitzungsgelder*) attendance fees. ~**doˌzent** *m univ.* supernumerary (*od.* casual) lecturer.

Diä·te·tik [diɛˈteːtɪk] *f* ⟨-; -en⟩ *med.* dietetics *pl* (*als sg od. pl konstruiert*). **Diäˈte·ti·ker** [-tikər] *m* ⟨-s; -⟩ dietitian, dietician. **Diäˈte·ti·kum** [-tikum] *n* ⟨-s; -tika [-ka]⟩ dietary food. **diäˈte·tisch** *adj* dietary, dietetic(al).

Dia·thek [diaˈteːk] *f* ⟨-; -en⟩ *phot.* collection of slides.

dia·ther·man [diatɛrˈmaːn] *adj med. meteor.* diathermal. **Dia·ther·mie** [-ˈmiː] *f* ⟨-; *no pl*⟩ *med.* diathermy; ~**behandlung** *f* diathermic treatment.

Diä·ti·stin [diɛˈtɪstɪn] *f* ⟨-; -nen⟩ *med.* (woman) dietitian, (*od.* dietician).

Diˈät|ˌkoch *m*, ~ˌ**kö·chin** *f* diet cook. ~ˌ**kost** *f* diet(ary) food, dietary. ~ˌ**kü·che** *f* diet kitchen. ~ˌ**kun·de** *f* → Diätetik. ~ˌ**kur** *f* diet cure.

Dia·to·mee [diatoˈmeːə] *f* ⟨-; -n⟩ *meist pl biol.* diatom.

Dia·to·nik [diaˈtoːnɪk] *f* ⟨-; *no pl*⟩ *mus.* diatonicism.

Diˈät|ˌplan *m*, ~ˌ**re·gel** *f* → Diätvorschrift. ~ˌ**salz** *n med.* dietetic salt. ~ˌ**sche·ma** *n* dietary plan. ~ˌ**vor·ˌschrift** *f* dietary (prescription).

ˈDiaˌwer·bung *f econ.* slide advertising.

Diˈazoˌpro·be [diˈˀatso-] *f med.* diazo test.

ˈDib·bel|ˌholz *n agr.* dibble. ~**ma·ˌschi·ne** *f* dibbling machine, dibbler.

dib·beln [ˈdɪbəln] *v/t u. v/i* ⟨h⟩ *agr.* dibble.

Di·carˈbonˌsäu·re [dikarˈboːn-] *f chem.* dicarboxylic acid.

dich [dɪç] **I** *personal pron* ⟨*acc of* **du**⟩ **1.** you, *poet. Bibl.* thee; **ich kenne ~ nicht** I don't know you. **II** *reflexive pron* ⟨*acc of 2nd person*⟩ **2.** yourself, *poet. Bibl.* thyself; **betrachte ~** look at yourself. **3.** *nach Präpositionen*: you, *poet. Bibl.* thee; **sieh hinter ~!** look behind you.

Di·chlo·rid [dikloˈriːt] *n chem.* dichlorid(e).

di·cho·gam [dɪçoˈgaːm] *adj bot.* dichogamic.

di·cho·tom [dɪçoˈtoːm] *adj biol.* dichotomous. **Di·cho·toˈmie** [-toˈmiː] *f* ⟨-; -n [-ən]⟩ dichotomy.

di·chroi·tisch [dikroˈiːtɪʃ] *adj phys. Kristalle, Spiegel etc*: dichroic.

Di·chro·mat [dikroˈmaːt] *n chem. med.* dichromate.

dicht [dɪçt] **I** *adj* ⟨-er; -est⟩ **1.** *Haar, Gewebe, Nebel, Laub, Menge, Wald etc*: dense, thick; **~er Verkehr** dense (*od.* heavy, thick) traffic; *Statistik*: **~ester Wert** modal value; **e-e ~e Hecke** a thick (*od.* close-set) hedge; **ein ~er Schwarm von Vögeln** a thick swarm of birds; *fig.* **ein ~es Netz von Wachposten** a tight net of guards; *fig.* **in ~er Folge** in rapid (*räumlich*: close) succession. **2.** (*undurchlässig*) tight (*window, joint, shoes, etc*), (*wasser~*) *a.* watertight, waterproof; *Gefäß, Boot etc*: leakproof, (water)tight; *mar.* **die Luken ~ machen** batten down the hatches; *sl.* **er ist nicht ganz ~** he's not all there, he's barmy. **3.** compact, closely packed (*material, etc*). **4.** *fig. Stil, Handlung*: tight (*plot, style*). **5.** *phys.* a) *Atmosphäre etc*: dense, b) *Strahlung etc*: intense. **6.** *phot. Negativ*: dense, strong. **II** *adv* **7.** densely, thickly; **~ bevölkert** densely populated; **~ anliegend** tight(ly fitting) (*dress*); **der Himmel ist ~ mit Wolken verhangen** the sky is heavy with clouds; **die Hecke ist ~ gepflanzt** the hedge is close-set; **die Zuschauer standen ~ gedrängt** the spectators stood tightly packed. **8.** closely, densely; **~ beschrieben** closely written; **~ gewebt** closely woven; **Pflanzen ~ setzen** set plants close together; **die Fenster waren ~ verhängt** the windows were heavily curtained; *colloq.* **solche Posten sind nicht ~ gesät** positions like these are few and far between (*od.* don't grow on trees). **9.** closely; **~ aufeinanderfolgen** a) follow each other (*od.* one another) closely, b) *zeitlich*: follow in rapid succession. **10.** tight, tightly; **die Tür schließt nicht mehr ~** the door no longer shuts tight (*od.* properly); *colloq.* **die Wärmeflasche hat nicht ~ gehalten** the hot-water bottle has leaked. **11.** *mit prep od. adv*: **~ am Rand** close to the edge; *mar.* **sich ~ am Ufer halten** keep close to (*od.* hug) the shore; *mar.* **~ am Wind(e)** close-hauled; **~ am Wind(e) fahren** sail close to the wind; **~ beim Haus** close to the house; **~ beisammen** (*od.* **aneinander**) close together; **~ daneben** hard by; *fig.* **er war ~ daran aufzugeben** he was on the point of giving up, he was about to give up; **~ hinter j-m folgen** follow hard behind s. o. (*od.* on s. o.'s heels); **~ hintereinander** *zeitlich*: in rapid succession; **~ nebeneinander** close together; cheek by jowl; **~ unter dem Dach** right under the roof; **wir stehen ~ vor e-r Entscheidung** a decision is imminent; **~ vor Ablauf der Frist** shortly before the fixed time.

ˈdicht|ˈauf *adv* closely; **~ folgen** follow closely. ~**beˌbaut** *adj* densely built-up. ~**beˌhaart** *adj* hirsute, thick with hair. ~**beˌlaubt** *adj* densely foliaged. ~**beˌsetzt** *adj Lokal etc*: crowded, packed. ~**beˌsie·delt**, ~**beˌvöl·kert** *adj* densely populated. ~**beˌwal·det** *adj* densely (*od.* thickly) wooded.

ˈDich·te *f* ⟨-; *rare* -n⟩ **1.** *allg.* density (*a. phot.*), denseness, thickness; *e-s Gewebes etc*: *a.* closeness; *des Verkehrs etc*: *a.* heaviness. **2.** compactness (*a. geol. min. tech.*); *fig. des Stils, e-r Handlung*: *a.* tightness. **3.** *fig. e-s Programms etc*: fullness. **4.** *phys.* a) density, denseness, b) *e-r Strahlung etc*: intensity, c) (*spezifisches Gewicht*) specific gravity, d) (*Wichte*) volumetric weight. **5.** *Statistik*: density. **6.** *chem.* a) *von Flüssigkeiten*: density, consistency, b) *von Feststoffen*: compactness. ~ˌ**feld** *n phys.* density distribution.

ˈDich·teˌmes·ser *m* **1.** *phys.* a) densimeter, b) *für Flüssigkeiten*: hydrometer, c) *für Luft*: aerometer. **2.** *phot.* densitometer.

dich·ten[1] [ˈdɪçtən] **I** *v/i* ⟨h⟩ **1.** a) write (*od.* compose) poetry (*od.* verse), make verses, rhyme, b) write (novels, plays, *etc*), be a poet (*od.* writer). **II** *v/t* **2.** (*Vers, Epos etc*) write, compose; **e-n Liedertext** ~ write the lyrics to a song. **III** ≈ *n* ⟨-s⟩ **3.** composition (*od.* writing) of poetry, writing. **4.** versification, rhyming. **5. sein** ≈ **und Trachten auf et. richten** direct all one's thoughts and efforts toward(s) s. th., be bent (*od.* dead set) upon s. th.

ˈdich·ten[2] *v/t* ⟨h⟩ *tech.* a) make *s. th.* tight, seal, b) *durch Packung*: pack, c) *mittels Kitt etc*: lute, d) (*verstemmen*) *bes. mar.* ca(u)lk, e) (*wasserdicht machen*) (water)proof; *mar.* **ein Leck** ~ seal a leak.

ˈDich·ter *m* ⟨-s; -⟩ **1.** (*Vers*≈) poet; **ein verhinderter** ~ a poet manqué, a frustrated poet. **2.** a) *allg.* writer, author, b) dramatist. **Dich·teˈrei** *f* ⟨-; -en⟩ *colloq. contp.* versifying, scribbling.

ˈDich·ter|ˌfürst *m fig.* prince of poets. **~ˌga·be** *f* poetic (*od.* literary) gifts *pl.* **~geˌnie** *n* poetic (*od.* literary) genius.

ˈDich·te·rin *f* ⟨-; -nen⟩ **1.** poetess. **2.** authoress.

ˈdich·te·risch I *adj* poetic(al); **~es Schaffen** a) poetic work, poetry, b) literary work, creative writing (*od.* work); **~e Freiheit** poetic licen/ce (*Am.* -se); **~e Sprache** poetic diction; *colloq.* **er hat e-e ~e Ader** he has a poetic vein (*od.* a literary streak). **II** *adv* poetically; ~ **veranlagt sein** have a poetic (*od.* literary) bent.

ˈDich·ter|kom·poˌnist *m* poet (and) composer. **~ˌkreis** *m* school (*od.* circle) of poets. **~ˌle·sung** *f* (poetry-)reading (by the author); **e-e ~ halten** read from one's own works.

ˈDich·ter·ling *m* ⟨-s; -e⟩ *contp.* poetaster, rhymester, would-be poet, versifier, scribbler.

ˈDich·ter|naˌtur *f* poetic disposition; literary bent. **~phi·loˌsoph** *m* poet philosopher. **~ˌschu·le** *f* school of poets; **die romantische ~** the Romantic school. **~ˌspra·che** *f* poetic diction.

ˈDich·ter·tum *n* ⟨-s; *no pl*⟩ *lit.* **1.** poet's calling. **2.** literary vocation (*od.* calling).

ˈDich·ter|ˌwerk *n* → Dichtung[1]. **~ˌwort** *n* **1.** poet's word. **2.** *weitS.* poetical expression.

ˈdicht·geˌdrängt *adj* closely packed.

ˈdichtˌhal·ten *v/i* ⟨*irr, sep,* -ge-, h⟩ *colloq.* keep mum, hold one's tongue; **j-d hat nicht dichtgehalten** there must have been a leak, s. o. must have talked.

ˈDicht·heit, ˈDich·tig·keit *f* ⟨-; *no pl*⟩ **1.** (*Undurchlässigkeit*) tightness. **2.** → Dichte 1—4.

ˈDich·tig·keitsˌmes·ser *m* → Dichtemesser 1.

ˈDichtˌkunst *f* ⟨-; *no pl*⟩ **1.** poetry, poetic art. **2.** (art of) creative writing.

ˈdicht|ˌma·chen *colloq.* **I** *v/t* ⟨*sep,* -ge-, h⟩ **1.** (*Laden, Betrieb etc*) close, shut up. **II** *v/i* **2. (den Laden)** ~ shut up shop. **3.** *Sport*: **hinten** ~ close up in front of goal. **≈ˌring** *m* → **Dichtungsring.** **≈ˌschrau·be** *f* lock screw.

ˈDich·tung[1] *f* ⟨-; -en⟩ **1.** ⟨*only sg*⟩ *e-r Epoche, e-s Volkes*: literature. **2.** ⟨*only sg*⟩ (*Vers*≈) poetry; **lyrische (dramatische)** ~ lyric (dramatic) poetry. **3.** ⟨*only sg*⟩ (*Gesamtwerk*) a) writing(s *pl*), literary work(s *pl*), b) poetry, poetic work(s *pl*). **4.** (*Einzelwerk*) a) work of literature, b) (*Gedicht*) poem (*a. mus.*), c) (*Prosa*≈) work of fiction; *fig.* ~ **und Wahrheit** fact and fiction (*od.* fantasy).

ˈDich·tung[2] *f* ⟨-; -en⟩ *tech.* **1.** (*Vorgang*) sealing; *mit Kitt*: luting; (*Verfugen*) jointing; *bes. mar.* ca(u)lking. **2.** a) seal, b) (*Manschette*) gasket, c) (*Packung*) packing, d) (*Fuge*) joint, e) (*Scheibe*) washer.

ˈDich·tungs|ˌart, ~ˌform, ~ˌgat·tung *f* **1.** literary genre. **2.** (*Versdichtung*) poetic genre.

ˈDich·tungs|geˌhäu·se *n tech.* seal casing. **~ˌgum·mi** *n, m* sealing rubber. **~ˌkitt** *m tech.* lute. **~ˌlei·ste** *f* **1.** *tech.* packing strip. **2.** *mot.* weather-strip. **~manˌschet·te** *f* gasket. **~ˌmas·se** *f* **1.** sealing compound. **2.** *in schlauchlosen Reifen etc*: sealant. **~ma·te·riˌal** *n* sealing (*od.* packing) material. **~ˌmit·tel** *n* **1.** sealing (*od.* packing) material (*od.* agent). **2.** *für Beton*: waterproofer. **3.** → **Dichtungsmasse.** **~ˌmuf·fe** *f* packing sleeve. **~ˌring** *m* sealing ring; (*Unterlegscheibe*) washer. **~ˌschei·be** *f* (sheet) gasket, washer. **~ˌstoff** *m* → **Dichtungsmittel.** **~ˌstrei·fen** *m* **1.** *mot.* weather-strip. **2.** *pl gegen Zugluft*: draught (*Am.* draft) excluders.

ˈDichtˌwerk *n lit. for* Dichtung[1] 2—4.

dick [dɪk] **I** *adj* ⟨-er; -st⟩ **1.** thick (*board, slice of bread, etc*); **40 Zoll ~e Mauern** walls 40 inches thick; **ein ~er Stoff** a thick (*od.* heavy) material; *fig. colloq.* **mit j-m durch ~ und dünn gehen** go through thick and thin with s. o. **2.** (*massig*) thick, big, large, bulky, voluminous, fat; **ein ~er Baumstamm** a big trunk; *colloq.* **ein ~er Wälzer** a fat (*od.* bulky) tome; **~e Beine** thick (*od.* heavy, fat) legs; **~e Wangen** chubby (*od.* round, fat) cheeks; → **Backe** 1. **3.** *Person*: fat, stout, corpulent, obese; ~ **werden** get (*od.* grow) fat, put on fat (*od.* weight), get stout; **Suppen machen** ~ soups are fattening; *colloq.* **sich ~ und satt** (*od.* **voll, rund**) **essen** eat one's fill. **4.** *Bauch etc*: big, fat, large; **e-n ~en Bauch haben** a) have a big stomach, have a paunch (*od.* big belly), be potbellied, b) *vulg. Frau*: have a bun in the oven. **5.** *Brei, Suppe, Soße etc*: thick; ~ **werden (lassen)** thicken; **~e Milch** curdled milk, curds *pl*; *fig.* **~e Tränen vergießen** shed large tears. **6.** *Blut*: thick, clotted; ~ **werden** *Eiweiß, Blut etc*: coagulate. **7.** → **dickflüssig. 8.** *Nebel, Rauch etc*: thick, dense, heavy (*fog, smoke, etc*); *mar.* **~es Wetter** foggy weather. **9.** (*dicht*) dense; **~er Verkehr** dense (*od.* heavy, thick) traffic. **10.** *fig. Freundschaft etc*: close, intimate; **sie sind ~e Freunde** they are close (*od.* bosom-)friends, they are (as) thick as thieves. **11.** *fig. colloq.* (*groß*) big; **ein ~es Lob ernten** reap (*od.* earn) lavish praise; **ein ~er Auftrag** a fat order; **e-e ~e Chance** a big chance; **ein ~er Unternehmer** a big industrialist; **~e Beziehungen haben** have influential friends, be well connected; **~e Gelder haben** have heaps of money, be loaded; **bei j-m e-e ~e Nummer haben** be in s. o.'s good books; **e-n ~en Schädel haben** be stubborn, be pig-headed; → **Brocken** 4, **Ende** 1, **Hund, Luft. 12.** *hunt.* (*trächtig*) big with young. **II** *adv* **13.** thickly, thick; ~ **mit Staub bedeckt** thick with dust; ~ **mit Butter bestrichen** thickly spread with butter; ~ **fließen** run (*od.* flow) thickly; **sich ~ anziehen** put on warm clothes; → **auftragen** 9. **14.** (*sehr*) very; ~ **geschwollen sein** be very swollen; *colloq.* ~ **mit j-m befreundet sein** be very thick (*od.* great pals) with s. o. **15.** *colloq.* **j-n (et.) ~ haben** be fed up (to the teeth) with s. o. (s. th.), be sick of s. o. (s. th.); **sich mit et. ~ machen** brag about s. th.; **es ist ein bißchen ~ gekommen** it was a bit thick.

ˈdick|ˌbän·dig [-ˌbɛndɪç] *adj* bulky, fat. **≈ˌbauch** *m colloq.* big (*od.* fat) belly, potbelly, paunch. **~ˌbau·chig, ~ˌbäu·chig** *adj* **1.** *Person*: potbellied, big-bellied, paunchy. **2.** *Flasche etc*: big-bellied, bulgy. **≈ˌboh·ne** *f* broad bean. **≈ˌdarm** *m anat.* colon, large intestine.

ˈDicke[1] (*getr.* **-k·k-**) *f* ⟨-; *rare* -n⟩ **1.** thickness; **e-e Mauer von 40 Zoll ~** a wall 40 inches thick. **2.** (*Massigkeit*) thickness, bigness, largeness. **3.** *e-r Person*: fatness, stoutness, corpulence, obesity. **4.** *e-s Bauches*: bigness, fatness. **5.** *e-s Buches etc*: thickness, bulkiness, fatness. **6.** *e-r Suppe, Soße etc*: thickness. **7.** → **Dickflüssigkeit. 8.** *des Nebels, Rauchs etc*: thickness, density, heaviness. **9.** *tech.* a) thickness, b) (*Durchmesser*) diameter, c) *von Blech, Draht etc*: ga(u)ge.

ˈDicke[2] (*getr.* **-k·k-**) *m, f* ⟨-n; -n⟩ *colloq.* fat (*od.* stout, corpulent) person, *colloq.* fatty.

dicken (*getr.* **-k·k-**) [ˈdɪkən] *v/t* ⟨h⟩ *u. v/i* ⟨sein⟩ *gastr.* thicken.

ˈDicker·chen (*getr.* **-k·k-**) *n* ⟨-s; -⟩ *colloq.* **1.** fatty. **2.** (*Kind*) roly-poly, (little) dumpling.

ˈdickeˌtun (*getr.* **-k·k-**) *v/i u.* **sich ~** *v/reflex* ⟨*irr, sep,* -ge-, h⟩ → **dicktun.**

ˈdickˌfel·lig [-ˌfɛlɪç] *adj fig. colloq.* **1.** thick-skinned; ~ **sein** *a.* have a thick skin (*od.* hide). **2.** sluggish, phlegmatic. **≈keit** *f* ⟨-; *no pl*⟩ **1.** callousness. **2.** phlegma.

ˈdickˌflei·schig *adj* fleshy.

ˈdickˌflüs·sig *adj* **1.** (*zähflüssig*) syrupy, sirupy, viscous. **2.** (*halbflüssig*) semiliquid. **3.** *tech.* viscous; **~es Öl** high-viscosity (*od.* thick-bodied) oil. **≈keit** *f* ⟨-; *no pl*⟩ **1.** syrupy consistency. **2.** semiliquid state. **3.** *bes. tech.* viscosity.

ˈDick|ˌglas *n tech.* plate glass. **≈ˌgrif·fig** *adj Papier*: bulky. **≈ˌhaa·rig** *adj* **1.** thick-haired. **2.** *Wolle*: coarse. **~ˌhäu·ter** [-ˌhɔʏtər] *m* ⟨-s; -⟩ *zo.* pachyderm (*a. fig. colloq.*). **≈ˌhäu·tig** *adj* **1.** *zo.* pachyderm(at)ous, pachydermic. **2.** *fig. colloq.* thick-skinned, insensitive.

ˈDickicht (*getr.* **-k·k-**) *n* ⟨-(e)s; -e⟩ **1.** thicket, brush(wood), shrubbery. **2.** *fig.* thicket, tangle, labyrinth; **sich im ~ der Sprache verfangen** get caught in the labyrinth of language.

ˈdickˌko·chen *v/t* ⟨*sep,* -ge-, h⟩ boil down, thicken.

ˈDickˌkopf *m fig. colloq.* stubborn (*od.* headstrong, pigheaded) fellow, *colloq.* mule; **e-n ~ haben** be pigheaded; **s-n ~ aufsetzen** be obstinate.

ˈdickˌköp·fig [-ˌkœpfɪç] *adj fig. colloq.* stubborn, headstrong, pigheaded, mulish. **≈keit** *f* ⟨-; *no pl*⟩ pigheadedness, stubbornness, mulishness.

ˈdickˌlei·big [-ˌlaɪbɪç] *adj* **1.** corpulent, stout, paunchy, fat, *bes. med.* obese. **2.** *fig.* voluminous, thick, bulky; **~e Wälzer** *a.* fat tomes. **≈keit** *f* ⟨-; *no pl*⟩ **1.** corpulence, stoutness, fatness, *bes. med.* obesity. **2.** *fig.* thickness, bulkiness, *colloq.* fatness.

ˈdick·lich *adj* **1.** *Person*: plump, fattish, stoutish, chubby, tubby, dumpy. **2.** *Flüssigkeit*: thickish, viscous.

ˈdick|ˌma·chen *v/reflex* ⟨*sep,* -ge-, h⟩ *colloq.* **sich ~** take up a lot of space, spread o. s., *fig.* throw one's weight about. **~ˌma·chend** *adj* fattening.

≈ˌmilch *f* curdled milk, curds *pl*. **~ˌna·sig** [-ˌnaːzɪç] *adj* thick-nosed. **≈ˌrü·be** *f* → Runkelrübe. **≈ˌschä·del** *m* → Dickkopf. **~ˌschäd·lig** [-ˌʃɛːdlɪç] *adj* → dickköpfig.

'Dick·te *f* ⟨-; -n⟩ **1.** → Dicke¹ 9. **2.** *print.* set, width (of letter).

'Dickˌtu·er *m* ⟨-s; -⟩ *colloq. contp.* braggart, show-off. **ˌDick·tue'rei** *f* ⟨-; *no pl*⟩ boasting, bragging, showing off. **'dickˌtue·risch** *adj* boasting, bragging, show-off. **'dickˌtun** *v/i u.* **sich ~** *v/reflex* ⟨*irr, sep*, **-ge-**, **h**⟩ *colloq.* **1.** boast, brag, show off (**mit** with), talk big. **2.** puff o. s. up, give o. s. airs.

'Dickung (*getr.* **-k·k-**) *f* ⟨-; -en⟩ young forest stand.

'dick|ˌwan·dig [-ˌvandɪç] *adj* thick-walled. **≈ˌwanst** *m colloq.* **1.** fat bloke, potbelly. **2.** → Dickbauch. **~ˌwan·stig** *adj* → dickbauchig 1. **~ˌwol·lig** *adj Schaf*: thick-fleeced. **≈ˌwurz** *f* → Runkelrübe.

Dic·tum ['dɪktʊm] *n* ⟨-s; Dicta [-ta]⟩ → Diktum.

Di·dak·tik [di'daktɪk] *f* ⟨-; *no pl*⟩ **1.** *ped.* didactics *pl* (*als sg od. pl konstruiert*). **2.** didacticism, didactic manner. **Di'dak·ti·ker** [-tikər] *m* ⟨-s; -⟩ **1.** didactician. **2.** *contp.* didactic person. **di'dak·tisch** *adj* didactic(al).

di·del·dum [ˌdiːdəl'dʊm], **'di·delˌdum'dei** [-'daɪ] *interj* tra-la(-la).

die I [di] *definite article* **1.** *f* ⟨*nom sg*⟩ the; **~ Flasche** the bottle; *dial.* **~ Maria** Mary. **2.** ⟨*acc sg*⟩ the; **~ Regel kennen** know the rule. **3.** ⟨*nom pl of* **der** 1, **die** 1, **das** 1⟩ the; **~ Menschen sind sterblich** man is mortal. **4.** ⟨*acc pl of* **der** 1, **die** 1, **das** 1⟩ the; **~ Bücher lesen** read the books. **II** [diː] *demonstrative pron* **5.** *f* ⟨*nom sg*⟩ this (one), that (one); **~ nicht!** not she!; **die Frage ist ~** the question is. **6.** ⟨*acc sg*⟩ this (one), that (one). **7.** ⟨*nom pl of* **der** 5, **die** 5, **das** 2⟩ these, those; **~ und ~ Personen** such and such persons. **8.** ⟨*acc pl of* **der** 5, **die** 5, **das** 2⟩ these, those. **III** [di] *relative pron* **9.** *f* ⟨*nom sg*⟩ a) *bei Personen*: who, b) *bei Sachen*: which; **~ Stewardeß, ~** the stewardess who. **10.** ⟨*acc sg*⟩ a) *bei Personen*: whom, *colloq. a.* who, b) *bei Sachen*: which. **11.** ⟨*nom pl of* **der** 7, **die** 9, **das** 3⟩ a) *bei Personen*: who, b) *bei Sachen*: which. **12.** ⟨*acc pl of* **der** 7, **die** 9, **das** 3⟩ a) *bei Personen*: whom, *colloq. a.* who, b) *bei Sachen*: which. **IV** [di; diː] *personal pron* **13.** *colloq. for* **sie**¹ 6, 7.

Dieb [diːp] *m* ⟨-(e)s; -e⟩ **1.** thief; **kleiner ~** petty (*od.* sneak) thief, pilferer; **haltet den ~!** stop thief!; *colloq.* **wie ein ~ in der Nacht** like a thief in the night; **die kleinen ~e hängt man, die großen läßt man laufen** one law for the rich and another for the poor; → Gelegenheit. **2.** *jur.* larcenist, larcener. **3.** → Einbrecher.

Die·be'rei *f* ⟨-; -en⟩ *colloq. contp.* **1.** thieving, thievery. **2.** (petty) theft.

'Die·bes|ˌban·de *f* gang of thieves. **~ˌbeu·te** *f* loot. **~ˌgut** *n* stolen goods *pl*, loot. **~ˌhandˌwerk** *n* thief's calling, thieving, thievery. **~ˌhöh·le** *f*, **~ˌnest** *n* den of thieves. **~ˌpack** *n* → Diebsgesindel. **≈ˌsi·cher** *adj* **1.** thiefproof, (*diebstahlsicher*) theftproof. **2.** (*einbruchssicher*) burglarproof. **3.** *Türschloß etc*: unpickable. **~ˌspra·che** *f* thieves' Latin (*od.* slang, cant).

Die·bin ['diːbɪn] *f* ⟨-; -nen⟩ (female) thief (*etc, cf.* Dieb). **'die·bisch** [-bɪʃ] **I** *adj* **1.** thievish, thieving. **2.** *fig. colloq. Freude, Vergnügen etc*: malicious, fiendish. **II** *adv* **3.** *fig. colloq.* maliciously, fiendishly; **sich ~ (über** [*acc*] **et.) freuen** gloat (over s. th.), *colloq.* be tickled pink (about s. th.).

'Diebs·geˌsin·del *n* pack of thieves.

'Diebˌstahl *m* ⟨-(e)s; ⸚e⟩ theft, *jur. meist* larceny; **kleiner ~** petty theft, pilfering, filching; *jur.* **einfacher ~** petty (*od.* simple) larceny, plain theft; **schwerer ~** a) grand larceny, aggravated larceny (*od.* theft), b) robbery; **geistiger ~, ~ geistigen Eigentums** plagiarism; *fig.* **literarischer ~** literary theft, plagiarism, piracy; **räuberischer ~** theft (attended) with violence; **bewaffneter ~** armed robbery; **e-n ~ begehen** commit larceny (*od.* a theft).

'Diebˌstahlsˌklau·sel *f jur.* theft clause.

'Diebˌstahl·verˌsi·che·rung *f econ.* **1.** insurance against pilferage and theft. **2.** *gegen Einbruch*: burglary insurance.

'dieˌje·ni·ge *demonstrative pron f* ⟨**derjenigen**; **diejenigen**⟩ **1.** that; **m-e Tasche und ~ m-r Freundin** my purse and my friend's (*od.* that of my friend). **2. ~, die** (*od.* **welche**) a) she ... who, the one ... who, b) *mit Substantiv*: the ... who (*od.* which); **sie ist ~, die es am nötigsten braucht** she is the one who needs it most; **~ Frau, die** the woman who; *colloq. iro.* **sie ist immer ~, welche!** it's always her; **du bist also ~, welche!** so you are the one! **3.** *pl* these, those, the ones.

Die·le ['diːlə] *f* ⟨-; -n⟩ **1.** (*Brett*) (floor)board, *stärkere*: (flooring) plank. **2.** ⟨*only sg*⟩ (*Boden*) (boarded) floor(ing). **3.** (*Vorraum*) (entrance) hall, *bes. Am.* hallway; *in Hotels etc*: lounge. **4.** → a) Eisdiele, b) Tanzlokal.

Di·elek·tri·kum [diʔe'lɛktrikʊm] *n* ⟨-s; -trika [-ka]⟩ *electr.* dielectric (material *od.* medium). **di·elek·trisch** [-'lɛktrɪʃ] *adj* dielectric.

die·len ['diːlən] *v/t* ⟨**h**⟩ **1.** (*Fußböden etc*) board (*od.* plank) over. **2.** (*Zimmer etc*) floor.

'Die·len|ˌbrett *n* → Diele 1. **~ˌfuß·ˌbo·den** *m* → Diele 2. **~gar·niˌtur** *f* hall furniture (*od.* set). **~ˌle·ger** *m* floor layer.

Di·en [di'eːn] *n* ⟨-s; -e⟩ *meist pl chem.* diene.

die·nen ['diːnən] **I** *v/i* ⟨**h**⟩ **1.** *dem Staat, der Allgemeinheit etc*: serve; **j-s Interessen ~** serve (*od.* promote, be in) s. o.'s interests; **der Wahrheit ~** serve (the) truth; **der Wissenschaft ~** serve science; *Bibl.* **niemand kann zween** (*od.* **zwei**) **Herren ~** no man can serve two masters; **am Altar ~** a) serve (at) the altar, act as altar boy, b) be a priest; **dem Altar ~** be a priest; **e-m Götzen ~** serve (*od.* worship) an idol; **sie hat immer den Alten und Kranken gedient** she always devoted (*od.* dedicated) herself to the old and sick. **2.** *als Hausangestellte etc*: (**bei**) serve (*s. o.*), be a servant (of), be in service (with). **3.** *mil.* serve, do military service, serve one's time; **beim Heer ~** serve in (*od.* with) the Army; **bei den Fallschirmjägern ~** serve with the paratroopers; **er hat von der Pike** (*od.* **von unten auf**) **gedient** a) he has risen from the ranks, b) *fig. colloq.* he has worked his way up, he has come up the hard way. **4.** *e-m Laster*: be a slave to (*a vice*). **5.** *j-s Bedürfnissen etc*: minister to, provide for, cater to (*s. o.'s desires, etc*). **6. j-m ~** *Kleidungsstück etc*: serve s. o., be useful to s. o., stand s. o. in good stead. **7. j-m** (**in** *od.* **mit e-r Sache**) **~** *Person*: help (*od.* assist) s. o. (in s. th., with s. th.), be of use (*od.* help, assistance) to s. o. (in s. th., with s. th.), be of service to s. o. (in s. th., with s. th.); **womit kann ich ~?** *im Geschäft*: can I help you?, *a. humor.* what can I do for you?; *obs. u. iro.* **zu ~** at your service; **damit kann ich leider nicht ~** sorry, I can't help you there; **ist dir mit 100 Mark gedient?** will 100 marks help you (*od.* do)?; **mir wäre schon mit 50 Mark gedient** 50 marks would do (*od.* be enough); **damit ist mir nicht gedient** that's of no use to me; **damit ist mir nur halb gedient** that will only partly meet my needs. **8. als et. ~** serve as (*od.* for) s. th., be used as s. th.; **dieses Schloß dient nun als Museum** this castle serves now (*od.* is now used) as a museum. **9. als et.** (*od.* **zu e-r Sache**) **~** serve as s. th.; **das laß dir als** (*od.* **zur**) **Warnung ~** let this be a warning to you; **das diente ihm nur als** (*od.* **zum**) **Vorwand** that served him only as (*od.* was only) a pretext. **10.** (**zu**) **e-r Sache ~** serve s. th., be useful for s. th.; **diese Erfindung dient** (**zu**) **vielen Zwecken** this invention serves many purposes; **das Gerät dient dazu, die Schwingungen zu dämpfen** the apparatus serves to damp (*od.* serves the purpose of damping) the vibrations; (**zu**) **welchem Zweck** (*od.* **wozu**) **dient das?** what is the use (*od.* purpose) of this?, what is this (good) for?; **es dient nur dazu, ihn zu reizen** it only serves to irritate him; **es kann dazu ~, die Lage völlig zu verändern** it is apt to alter the whole situation. **11.** *lit.* **er diente allen zum Gelächter** he was a laughing-stock to everyone; **das dient ihm nur zum Besten** (*od.* **nur zu s-m Besten**) it's only for his own good. **II ≈** *n* ⟨-s⟩ **12.** serving, service.

'Die·ner¹ *m* ⟨-s; -⟩ **1.** (*Haus≈*) (domestic) servant, manservant, domestic, man; (*junger ~*) boy. **2.** (*Kammer≈, Leib≈*) valet, man(servant); *in Livree*: footman, *obs.* lackey. **3.** (*Gefolgsmann*) attendant. **4.** *fig.* servant; **ein ~ des Fortschritts** a servant (*od.* apostle) of progress; **ein ~ des Staates** a servant of the state; **~ Gottes** servant (*od.* man) of God; *obs.* **Ihr ergebenster** (**gehorsamster**) **~!** Your most humble (obedient) servant! **5. stummer ~** a) (*Serviertisch*) dumbwaiter, b) *für Kleider*: valet. **'Die·ner²** *m* ⟨-s; -⟩ (*Verbeugung*) bow; **e-n ~ machen** (**vor j-m**) make a bow (to s. o.).

'Die·ne·rin *f* ⟨-; -nen⟩ **1.** maid(-servant), servant, domestic. **2.** *fig.* handmaid(en). **die·nern** ['diːnərn] *v/i* ⟨**h**⟩ *contp.* bow and scrape (*a. fig.*).

'Die·ner·schaft *f* ⟨-; *no pl*⟩ **1.** servants *pl*, domestics *pl*, domestic staff. **2.** (*Gefolge*) attendants *pl*.

'dien·lich *adj* **1.** (*nützlich*) useful, serviceable, helpful; **~e Auskünfte** *pl* useful information *sg*; **j-m ~ sein** a) *Person*: be of help (*od.* service) to s. o. (**mit** with), b) *Sache*: be useful (*od.* helpful, of use) to s. o.; **sein Hinweis war mir sehr ~** his hint was of great use (*od.* help, service) to me; **kann ich Ihnen ~ sein?** can I help you? **2.** (*zweck~*) expedient, suitable, convenient, *colloq.* handy; **diese Änderung war s-m Zweck nur ~** this change only served (*od.* answered) his purpose, *colloq.* this change came in handy (for him); **jegliche für ~ erachtete Maßnahmen** any measures that may be deemed fit; **der Gesundheit ~** salutary, wholesome. **3. e-r Sache ~ sein** (*fördern*) be conducive (*od.* contribute) to s. th., promote (*od.* further) s. th.; **das wäre unserer Sache keineswegs ~** that would not help us (*od.* our cause) at all. **4.** (*ratsam, vorteilhaft*) advisable, expedient, advantageous. **≈keit** *f* ⟨-; *no pl*⟩ **1.** (*Nützlichkeit*) usefulness, serviceableness, helpfulness. **2.** (*Zweck*2) expedience, suitability, convenience. **3.** (*Ratsamkeit*) expedience, advantage.

Dienst [diːnst] *m* ⟨-es; -e⟩ **1.** *an der Allgemeinheit, am Volk etc*: service (to); **sich in den ~ der Nation stellen** offer one's services to one's country; **im ~(e) der Wissenschaft stehen** devote o. s. (*od.* be dedicated) to (the service of) science; **er hat sich in den ~ e-r guten Sache gestellt** he devoted himself to (*od.* espoused) a good cause. **2.** (*Hilfeleistung*) service; **j-m e-n guten** (*od.* **großen**) **~ leisten** (*od.* **erweisen**) do (*od.* render) s. o. a service, do s. o. a good turn (*od.* a great favo[u]r); **damit hat er mir e-n schlechten ~ erwiesen** he has done me a disservice (*od.* bad turn, bad service); *pol.* **gute ~e** good offices; **ein ~ ist des anderen wert** (*Sprichwort*) one good turn deserves another. **3.** (*~leistung*) service; *e-s Arztes*: *meist* attendance, (medical) care (*od.* service); *e-s Geistlichen, e-r Krankenschwester etc*: ministration; **geleistete ~e** services rendered; **j-s ~e in Anspruch nehmen** avail o. s. of s. o.'s services; *econ.* **~ am Kunden** (prompt) service to the customer; **j-m zu ~en stehen** be at s. o.'s disposal (*od.* command, service), *Bücher etc*: be at s. o.'s disposal; **er steht immer zu ~en** he is always on call (*od.* hand); *obs. od. humor.* **was steht zu (Ihren) ~en?** what can I do for you?; (**j-m**) **gute ~e tun** (*od.* **leisten**) render (s. o.) good services, *fig. Sache*: *a.* stand (s. o.) in good stead, serve (s. o.) well; **trotz s-s Alters tut unser Wagen noch s-n ~** our car still goes in spite of its age; *tech., a. Herz etc*: **den ~ versagen** fail, *tech. a.* fail (*od.* refuse) to work, break down, stop; **die Stimme versagte ihr den ~** her voice failed (her). **4.** a) *beim Staat etc*: service, employment (with), b) (*Staats*2, *öffentlicher ~*) Civil Service, *bes. Am.* public service, c) (*öffentliche Einrichtung, Organisation*) service, d) → **Dienstzeit**; **einfacher (gehobener, mittlerer, höherer) ~** lower (clerical, higher, senior) service (*od.* grade); **Minister außer ~** former (*od.* ex-)minister (*Am.* secretary); **er steht im französischen ~** (*od.* **in französischen ~en**) a) he works for France, b) *bes. contp.* he is in the pay of France; (→ *a.* 7). **5.** (*~ausübung*) duty; **im (außer) ~** on (off) duty; **der Arzt vom ~** the doctor on duty (*od.* on call), the duty (*od.* roster) doctor; **Apotheke vom ~** pharmacy open, roster (*od.* after-hours) chemist's; **der Chef vom ~** (*bei e-r Zeitung*) the Chief Subeditor; *humor.* **der Torschütze vom ~** the inevitable goal-scorer; **~ nach Vorschrift** work-to-rule (campaign); **er hat ~** he is on duty; **wann hast du ~?** when are you (*od.* do you go) on duty?; **zum ~ antreten, sich zum ~ melden** report for duty; **Trunkenheit im ~** drunkenness while on duty; **er handelte in Ausübung s-s ~es** he acted in line of duty; **e-n Beamten im ~ beleidigen** insult a public officer in the exercise of his duty. **6.** *mil.* a) service, b) duty; **Offizier vom ~** duty officer, officer on duty (*od.* of the day); **Unteroffizier vom ~** NCO in charge, charge of quarters (*abbr.* C. Q.); **Hauptmann außer ~** retired captain; **~ bei der Truppe** field service; **aktiver ~** active (*od.* regular) service; **im aktiven ~** on active duty; **sich zum ~ melden** report for duty; **~ tun** (*od.* **haben**) be on duty; **k-n ~ haben** be off duty; **den ~ quittieren** leave the service; **außer ~ stellen** a) (**j-n**) place (s. o.) on the retired list, b) (*Flugzeug, Schiff etc*) inactivate, put (*s. th.*) out of service (*od. mar.* commission), *mar. a.* lay up (*a ship*); **in ~ stellen** (*Flugzeug etc*) put into service, (*Schiff*) *a.* commission. **7.** (*Stellung*) position, post, situation, employment, *adm. a.* office; **er steht im ~(e) dieser Firma** he is employed by (*od.* in the employ of, works for) this firm; **bei e-r Firma in ~ treten** (*od.* **s-n ~ antreten**) take up a position (*od.* post) with a firm, become employed with (*od.* enter) a firm; **den ~ kündigen** (*od.* **quittieren**) a) resign (one's position), quit, b) *bes. von Beamten*: resign (*od.* quit) office; **aus dem ~ (aus)scheiden** a) leave one's position, b) *bes. von Beamten*: leave office (*od.* the service); **j-n aus dem ~ entlassen** dismiss s. o. (from office *od.* from his post); **j-n s-s ~es entheben** a) relieve s. o. of his post (*od.* office), b) *zeitweilig*: suspend s. o. from office; **j-n in ~ nehmen** engage (*bes. Am.* hire) s. o.; **außer ~** (*im Ruhestand*) retired, in retirement; **Beamter außer ~** retired civil (*od.* public) servant. **8.** (*Arbeit*) work; **der ~ beginnt um 9 Uhr** work starts at 9 o'clock; **s-n ~ gut ausüben** (*od.* **verrichten, versehen**) do one's work well, be a good worker; *humor.* **~ ist ~ (, und Schnaps ist Schnaps)!** work is work!, everything at its proper time! **9.** *von Dienstboten*: (domestic) service, employ; **bei j-m im ~** (*od.* **in j-s ~en**) **sein** be in s. o.'s service (*od.* employ), be employed by s. o.; **j-n in ~ nehmen** engage (*bes. Am.* hire) s. o.; **bei j-m in ~** (*od.* **in j-s ~e**) **treten** enter s. o.'s service. **10.** *bei e-m König etc, a. Ritter*2 *etc*: service; **er steht im ~ des Kaisers** he is in the emperor's service. **11.** *hist. bei Hof*: attendance; **im (vom) ~** in waiting; **~ haben** be in waiting. **12.** *relig.* ministry; **~ am Evangelium** (*od.* **Wort**) ministry of the Gospel; **~ am Altar** service at the altar, ministry.

'**Diensˌtag** ['diːns-] *m* ⟨-(e)s; -e⟩ Tuesday; **am ~** on Tuesday; **(am) ~ morgen** (*od.* **früh**) (on) Tuesday morning, early on Tuesday; **~ vormittag** Tuesday morning; **(am) ~ nachmittag** (on) Tuesday afternoon; **er kommt immer ~ morgens** he always comes on Tuesday mornings, he comes every Tuesday morning. **~'abend** *m* Tuesday evening (*od.* night).

'**diensˌtä·gig** *adj* (on) Tuesday; **die ~e Veranstaltung** Tuesday's meeting.

'**diensˌtäg·lich I** *adj* Tuesday('s), on Tuesday(s). **II** *adv* → **dienstags.**

'**Diensˌtag'mor·gen** *m* Tuesday morning. '**diensˌtags** *adv* a) on Tuesday, b) (*jeden Dienstag*) (on) Tuesdays, every (*od.* each) Tuesday; **~ abends** (on) Tuesday evenings (*od.* nights).

'**Dienst|ˌal·ter** *n* length (*od.* years *pl*) of service, seniority; **nach dem ~** by seniority. 2**ˌäl·ter** *adj* senior (**als** to). 2**ˌäl·test** *adj* senior, longest serving. **~ˌäl·te·ste** *m, f* ⟨-n; -n⟩ **1.** senior. **2.** (*Dienstführende*) senior in charge. **3.** *mil.* senior officer. **~ˌanˌschluß** *m Post*: office telephone. **~ˌanˌtritt** *m* **1.** starting of work, assumption of office, taking up duty; **bei ~** a) on taking up duty, b) on assuming office. **2.** entering into (*od.* upon) service. **3.** *bes. pol.* installation, investiture, swearing in. **~ˌanˌwei·sung** *f* (service) instruction(s *pl*), (service) regulation(s *pl*). **~ˌanˌzug** *m* service dress, *mil. a.* service uniform; **großer ~** dress uniform; **kleiner ~** semidress. **~ˌaufˌfas·sung** *f* conception of one's duty (*od.* duties). **~ˌaufˌsicht** *f* supervision; **die ~ haben** (*od.* **führen**) (**über** *acc*) be in charge (of), be supervising (*s. o. od. s. th.*). **~ˌaufˌsichts·beˌschwer·de** *f* disciplinary complaint. **~ˌaufˌtrag** *m* official order; **j-m e-n ~ geben** commission s. o. (*to do s. th.*). **~ˌaufˌwands·entˌschä·di·gung** *f* expense allowance. **~ˌausˌweis** *m* (duty) pass, identification card.

'**dienst·bar** *adj* **1.** *hist.* (*zur Dienstleistung verpflichtet*) subject, tributary, subservient; *im Lehnswesen*: liable to statute (*od.* forced) labo(u)r; **die Römer machten sich** (*dat*) **die Germanen ~** the Romans subjected (*od.* subdued) the Teutons; **j-m ~ sein** serve s. o., be in s. o.'s service. **2.** (*ergeben*) subservient (**j-m** to a p.); **~er Geist** a) *Bibl.* ministering spirit (*od.* angel), b) *humor.* factotum, servant. **3.** *fig.* **sich** (*dat*) **et. ~ machen** a) make s. th. serve one's (own) purpose (*od.* ends, turn), b) (*Naturkräfte etc*) harness, utilize, exploit (*nuclear energy, etc*). 2**keit** *f* ⟨-; -en⟩ **1.** ⟨*only sg*⟩ *hist.* a) subjection, servitude, bondage, subservience, b) bond service; **die Bauern wurden in ~ gehalten** the peasants were kept in bondage (*od.* servitude). **2.** ⟨*only sg*⟩ (*Ergebenheit*) submissiveness, subservience. **3.** *jur.* (*Servitut*) a) servitude, b) (*Realservitut*) easement.

'**Dienst|beˌfehl** *m* **1.** official order. **2.** *mil.* service order. 2**beˌflis·sen** *adj* **1.** zealous, assiduous (in office *od.* in one's duties), eager; (*gewissenhaft*) conscientious. **2.** (*übereifrig*) overzealous, officious. **~beˌflis·sen·heit** *f* ⟨-; *no pl*⟩ **1.** zeal, assiduity (in office *od.* in one's duties), eagerness; conscientiousness. **2.** *contp.* officiousness. **~beˌginn** *m* **1.** starting time. **2.** → **Dienstantritt.** **~beˌreich** *m* area of responsibility, competence, department. 2**beˌreit** *adj* **1.** ready (*od.* willing) to help (*od.* to be of service), obliging, helpful. **2.** *Apotheke*: open on roster. **3.** *Arzt*: on duty, on call. **~beˌreit·schaft** *f* ⟨-; *no pl*⟩ **1.** readiness (*od.* willingness) to help (*od.* to be of service), obligingness, helpfulness. **2.** *von Apotheken*: after-hours service. **3.** **~ haben** *Arzt*: be on duty, be on call. **~beˌschä·di·gung** *f med.* injury sustained at work (*od.* while on duty). **~beˌtrieb** *m* (regular) service (*od.* hours *pl*), (daily) office routine, routine working. **~beˌzeich·nung** *f* service designation. **~beˌzü·ge** *pl* **1.** earnings, emoluments. **2.** *bei Beamten*: salary *sg.* **3.** *mil.* pay *sg* (and allowances). **~ˌbo·te** *m obs.* (domestic) servant, domestic, help; **die ~n** *pl* the servants, the domestic staff *sg*; **~neingang** *m* service (*od.* tradesmen's) entrance; **~ntreppe** *f* backstairs *pl.* **~ˌbuch** *n* **1.** (*Dienstliste*) (duty) roster. **2.** *Polizei*: register, *Am.* police blotter. **~ˌeid** *m* official oath, oath of office (*od.* service); **den ~ leisten** be sworn in. **~ˌei·fer** *m* → **Dienstbeflissenheit.** 2**ˌeif·rig** *adj* → **dienstbeflissen.** **~entˌhe·bung** *f* **1.** (*zeitweilige ~*) suspension from office (*od.* duty). **2.** → **~entˌlas·sung** *f* dismissal (*od.* discharge, removal) from office (*od.* duty, the service). 2**ˌfä·hig** *adj* → **diensttauglich.** **~ˌfahrt** *f* official trip. 2**ˌfer·tig** *adj* **1.** → **dienstbereit** 1. **2.** → **dienstbeflissen.** **~ˌflag·ge** *f* official flag (*od.* colo[u]rs *pl*). 2**ˌfrei** *adj* off duty; **~er Tag** day off; **~ haben** be off duty, have time off; **in den ~en Stunden** in one's free (*od.* leisure) hours. **~geˌbäu·de** *n* office (building). **~ˌge·ber** *m*, **~ˌge·be·rin** *f* employer. **~geˌbrauch** *m* official use; **„nur für den ~"** "for official use only", *Am.*

"restricted (matter)". **~geˌhalt** *n* salary. **~geˌheim·nis** *n* **1.** official secret. **2.** (*Geheimhaltungspflicht*) official secrecy. **~geˌspräch** *n* official (*od.* business) call. **~geˌwalt** *f* (official) authority. **~ˌgrad** *m* ‹-(e)s; -e› **1.** grade, rank. **2.** *mil. von Offizieren*: rank, *Am.* grade. **3.** *mar.* rating. **~ˌgradˌabˌzei·chen** *n meist pl* **1.** *mil.* insignia *pl* (of rank). **2.** *e-s Polizisten etc*: badge (of rank). **≈ˌha·bend** *adj* on duty, in charge; **der ~e Arzt** the doctor on duty (*od.* on call); **~er Offizier (Unteroffizier)** → **Diensthabende**[1] 1.

ˈDienstˌha·ben·de[1] *m* ‹-n; -n› **1.** *mil.* a) officer of the day (*abbr.* O. D.), the duty officer, b) (*Unteroffizier*) officer on duty. **2.** *Beamter*: officer (*od.* official) on duty. **ˈDienstˌha·ben·de**[2] *f* ‹-n; -n› **1.** (*Schwester*) nurse on duty. **2.** (*Beamtin*) official on duty.

ˈDienst|ˌhand·lung *f* act (performed in line) of duty, official act. **~ˌherr** *m* **1.** employer, principal. **2.** *obs. od. jur.* master. **3.** *hist.* (feudal) lord. **~ˌherr·schaft** *f obs.* master and mistress *pl*, employers *pl*. **~ˌhund** *m* **1.** police dog. **2.** watchdog. **~ˌjahr** *n* **1.** year of service; **anzurechnende ~e** reckonable service, years of entitlement. **2.** *mil.* year of (military) service. **~ju·biˌläˌum** *n* anniversary. **~ˌklei·dung** *f* **1.** work dress, uniform. **2.** *mil.* uniform. **~ˌlast** *f aer.* service load. **~ˌlaufˌbahn** *f* (service) career. **~ˌle·hen** *n hist.* soc(c)age. **≈ˌlei·stend** *adj* service …

ˈDienstˌlei·stung *f* **1.** service (rendered). **2.** *pl econ.* (commercial) services; **aktive ~en** services rendered by one's country to others; **passive ~en** services rendered by foreign countries to one's own. **3.** *hist.* boon (work).

ˈDienstˌlei·stungs|beˌreich *m econ.* services *pl* (sector). **~beˌtrieb** *m* services enterprise (*od.* undertaking); **öffentlicher ~** public services enterprise. **~geˌsell·schaft** *f* service society. **~geˌwer·be** *n* service industries *pl*. **~verˌkehr** *m* service transactions *pl*, services *pl*. **~verˌtrag** *m* service contract. **~ˌwirt·schaft** *f* services *pl*.

ˈDienst|ˌlei·tung *f teleph.* service line, speaker circuit. **~ˌleu·te 1.** *pl hist. bes. Austrian of* **Dienstmann**[2]. **2.** *pl obs. for* **Dienerschaft**. **3.** *pl of* **Dienstmann**[1].

ˈdienst·lich I *adj* official; **~e Angelegenheit** official matter (*od.* business); **~er Befehl** official order; **~es Verschulden** breach of duty; **in ~er Eigenschaft** in an official capacity; **plötzlich wurde er ganz ~** suddenly he became quite official. **II** *adv* officially, on official business, in an official capacity; **~ verhindert** prevented by official duties (*od.* business); **er mußte ~ verreisen** he had to leave on an official (*od.* a business) trip; **~ (gegen j-n) vorgehen** take official steps (against s. o.).

ˈDienst|ˌmäd·chen *n colloq.* maid(servant), servant(-girl), domestic servant (*od.* helper), *bes. Am.* help. **~ˌmäd·chenˌknie** *n med.* housemaid's knee. **~ˌmagd** *f* → **Bauernmagd**.

ˈDienstˌmann[1] *m* ‹-(e)s; ⸚er *u.* -leute› *bes. Southern G. and Austrian* porter.

ˈDienstˌmann[2] *m* ‹-(e)s; -en, *Austrian a.* -leute› *meist pl hist.* **1.** (feudal) vassal, liege man. **2.** retainer.

ˈDienst|meˌdail·le *f* service medal. **~ˌmüt·ze** *f* cap, *mil.* service cap. **~ˌord·nung** *f* **1.** *bes. mil.* service regulations *pl*. **2.** official regulations *pl*. **~ˌpaß** *m* official passport. **~perˌso·nal** *n* ‹-s; *no pl*› **1.** (service) staff, personnel. **2.** (*Dienstboten*) servants *pl*. **~ˌpflicht** *f* **1.** (official) duty. **2.** *bei Notstand etc*: compulsory (*od.* directed) labo(u)r, conscription (for essential service). **3.** *mil.* (**allgemeine**) **~** (compulsory) military service, *Br.* national service. **4.** *hist.* feudal service. **≈ˌpflich·tig** *adj* **1.** *mil.* liable to (military) service; **er ist im ~en Alter** he is of military age. **2.** *bei Notstand etc*: liable to compulsory labo(u)r. **3.** *hist.* liable to feudal service. **~ˌpflich·ti·ge** *m* ‹-n; -n› *mil.* conscript, *Am.* draftee. **~piˌsto·le** *f* service pistol. **~ˌplan** *m bes. mil.* duty roster (*od.* schedule). **~ˌpost** *f* official mail. **~pragˌmaˌtik** *f Austrian jur.* **1.** Civil Service Regulations *pl*. **2.** (*Beamtengesetz*) Civil Service Act. **~ˌprä·mie** *f* service bonus. **~ˌrang** *m* → **Dienstgrad**. **~ˌraum** *m* office. **~ˌrei·se** *f* official (*od.* business) trip. **~ˌsa·che** *f* official matter. **~ˌschluß** *m* closing time; **nach ~** after (office) hours. **~ˌschrei·ben** *n* official letter. **~ˌstel·le** *f* **1.** (administrative) department, office, agency. **2.** (*Polizei≈*) police station. **3.** *mil.* (*Stab*) headquarters *pl* (*oft als sg konstruiert*). **~ˌstel·lenˌlei·ter** *m* departmental head. **~ˌstel·lung** *f* **1.** position. **2.** (*Stand*) status. **3.** (*Rangstufe*) service grade (*od.* rank). **4.** *mil.* appointment. **~ˌstem·pel** *m* official seal. **~ˌstra·fe** *f* disciplinary penalty (*od.* punishment).

ˈDienstˌstraf|geˌwalt *f jur.* disciplinary power(s *pl*). **~ˌord·nung** *f* disciplinary rules *pl*. **~ˌsa·che** *f*, **~verˌfah·ren** *n* disciplinary action.

ˈDienst|ˌstun·de *f meist pl* office hour. **≈ˌtaug·lich** *adj* **1.** fit for service (*od.* duty). **2.** *mil.* fit for (active) service, medically fit, able-bodied. **~te·leˌfon, ~te·leˌphon** *n* office telephone. **~ˌtreue** *f* loyalty. **≈ˌtu·end** *adj* → **diensthabend**. **~ˌtur·nus** *m* rotation in office, *bes. Br.* rota. **≈ˌunˌfä·hig** *adj* **1.** unfit for service (*od.* duty). **2.** → **dienstuntauglich** 2. **≈ˌunˌtaug·lich** *adj* **1.** unfit for service. **2.** *mil.* unfit for (military) service, medically unfit. **~verˌge·hen** *n* **1.** breach of duty, malfeasance in office. **2.** *mil.* offen/ce (*Am.* -se) against regulations. **~verˌhält·nis** *n* **1.** (contract of) employment, service. **2.** *pl* terms of employment. **~verˌmerk** *m* official entry. **≈verˌpflich·ten** *v/t* ‹*insep*, *no* -ge-, h› **1.** *mil.* conscript, *Am.* draft. **2.** (*arbeitsverpflichten*) conscript (for essential service). **~verˌpflich·te·te** *m, f* ‹-n; -n› **1.** employee. **2.** (*Soldat*) conscript (soldier). **3.** *pl* (*Arbeitskräfte*) conscript labo(u)r *sg* (*als pl konstruiert*). **~verˌpflich·tung** *f* → **Dienstpflicht** 2, 3. **~verˌrich·tung** *f* **1.** official function (*od.* duty). **2.** service; **einfache ~en** simple services. **~verˌtrag** *m* employment (*od.* service) contract. **~ˌvorˌschrift** *f* **1.** service regulation (*od.* instruction). **2.** *mil.* service regulation (*od.* manual). **~ˌwa·gen** *m* official car. **~ˌweg** *m* official channels *pl*; **auf dem ~(e)** through official channels; **den (vorgeschriebenen) ~ einhalten** act through the official (*od.* proper) channels. **≈ˌwid·rig** *adj* contrary to rules and regulations. **~ˌwid·rig·keit** *f* → **Dienstvergehen**. **≈ˌwil·lig** *adj* → **dienstbereit** 1. **~ˌwoh·nung** *f* **1.** *e-s Beamten etc*: government flat; *econ.* company flat. **2.** (*Haus*) official residence. **3.** *mil.* quarters *pl*. **~ˌzeit** *f* **1.** *im Büro etc*: office (*od.* working) hours *pl*. **2.** ‹*only sg*› (period of) service; **s-e ~ ableisten** (*od.* **abdienen**) complete one's service. **~ˌzeug·nis** *n* (character) reference, testimonial; *für Hausangestellte*: character. **~ˌzim·mer** *n* office. **~ˌzuˌla·ge** *f* service bonus. **~ˌzweig** *m* branch of (a) service.

dies [diːs] *demonstrative pron n* ‹*invariable*› *short for* **dieses** (→ **dieser**).

ˈdies·beˌzüg·lich I *adj* referring (*od.* relating) to this (*od.* thereto), relevant, pertinent, in this connection, concerning (*od.* regarding) this. **II** *adv* in this connection (*od.* respect, matter), with respect (*od.* relating) to this; **es gibt ~ noch ein paar Fragen** there are still a few questions in this matter (*od.* regard).

ˈdie·se *demonstrative pron f u. pl* → **dieser**.

Di·ese [diˈeːzə] *f* ‹-; -n› → **Diesis**.

Die·sel [ˈdiːzəl] *m* ‹-s *u.* -; -› *tech. colloq. short for* a) **Dieselmotor**, b) **Dieselkraftstoff**, c) **Dieselkraftfahrzeug**. **~ˌanˌtrieb** *m* diesel drive; **mit ~** diesel-driven.

ˌdieˈsel·be *demonstrative pron f* ‹**derselben; dieselben**› **1.** the same; **ein und ~ (Frau)** one and the same (woman), the very same (*od.* self-same) (woman); **von derselben Art** of the same kind. **2.** *colloq.* (*die gleiche*) the same. **3.** *an Stelle e-s Personalpronomens*: a) she, b) *pl* they.

ˈDie·sel|ˌkraftˌfahrˌzeug *n* diesel car (*bes. Am.* automobile). **~ˌkraftˌstoff** *m* diesel oil (*od.* fuel), fuel oil. **~lo·ko·moˌti·ve,** *a.* **~ˌlok** *f* diesel engine. **~ˌmo·tor** *m* diesel (oil) (*od.* injection-oil) engine. **~ˌöl** *n*, **~ˌtreibˌstoff** *m* → **Dieselkraftstoff**.

die·ser [ˈdiːzər] *demonstrative pron m*, **ˈdie·se** *f*, **ˈdie·ses** *n*, *a.* **dies** *n*, **ˈdie·se** *pl* **I** *adjektivisch*: **1.** this, that, *pl* these; **dies(es) Bild gefällt mir** I like this picture; **dieses Mal hatten wir Glück** this time we were lucky; **dies(es) eine Mal** this once; **diese s-e Bemerkung** this remark of his. **2.** *mit Zeitbestimmungen*: **(am) Ende dieses Jahres** a) at the end of the (*od.* this, the current) year, b) at the end of the (*od.* that) year; **~ Tage** a) (*neulich*) the other day, recently, lately, b) (*bald*) one of these days, within the next few days, in a day or so; **diese Nacht** a) this night, b) last night. **3.** (*Ausruf*) **~ Schurke!** the scoundrel!; **dieses Durcheinander!** what a muddle!; **diese Frechheit!** what cheek! **II** *substantivisch*: **4.** this (one), *pl* these; **welcher Hut gefällt dir? – ≈ da** which hat do you like? – This one; **ich mag diese lieber als jene** a) *von Sachen*: I like this one (*pl* these) more than that one (*pl* those), b) *von Personen*: I like her (*pl* them) more than the other one (*pl* the others). **5. all dies(es)** (*od.* **dies alles**) **hat er geschrieben** he has written all this; **dieses und jenes** (*od.* **dies und das**) **hat sich ereignet** one or two things have happened; **~ und jener** *hat sich dafür interessiert* some (people), one or two people; **wir sprachen von diesem und jenem** (*od.* **über dies und jenes, dies und das**) we talked about this and that (*od.* various things); **ich muß noch dies und das erledigen** I've still one or two things to do; **sind dies d-e Eltern?** are these your parents?; *sie ist verärgert* **und dies mit Recht** and rightly so; *colloq.* **hol ihn doch ~ und jener!** the devil take him!; *econ. obs.* **vom 3. dieses** (*Monats*) of the third instant (*abbr.* inst.). **6.** he, she, it, *pl* they; **man fragte den Mann, doch ~ stritt es ab** they asked the man but he denied it. **7.** (*letztere[r], letzteres*) the latter.

ˈdie·serˈart *adv bes. Austrian* thus.
ˈdie·ses *demonstrative pron n* → dieser.
die·sig [ˈdiːzɪç] *adj Wetter*: hazy, misty. **≈keit** *f* ⟨-; *no pl*⟩ haziness, mistiness.
ˈdiesˌjäh·rig *adj* this year's, of this year.
ˈdiesˌmal *adv* this time (*od.* once); für ~ genügt es it's enough for this time (*od.* for now). **ˈdiesˌma·lig** *adj* present, this; (*heutig*) today's.
ˈdiesˌsei·tig *adj* **1.** *örtlich*: near, on this side; das ~e Ufer (des Flusses) the near bank, (the bank on) this side of the river. **2.** *fig.* (*weltlich*) worldly. **3.** *philos.* immanent. **≈keit** *f* ⟨-; *no pl*⟩ *fig.* worldliness.
ˈdiesˌseits I *prep* ⟨*gen*⟩ on this side (of). **II** *adv* on this side.
ˈDiesˌseits, das ⟨-; *no pl*⟩ this life (*od.* world); im ~ in this life (*od.* world); aufs ~ gerichtet worldly(-minded); das ~ und das Jenseits this life (*od.* world) and the next (*od.* the life to come). **~ˌglau·be** *m* belief in this world.
Diet·rich [ˈdiːtrɪç] *m* ⟨-s; -e⟩ **1.** picklock; ein Schloß mit e-m ~ öffnen pick a lock. **2.** (*Nachschlüssel*) skeleton key, passkey.
ˌdieˈweil, ˌdieˈwei·len [-ˈvaɪlən] *obs.* **I** *conj* **1.** *zeitlich*: while. **2.** *kausal*: because, since. **II** *adv* **3.** in the meantime, meanwhile.
Dif·fa·ma·ti·on [dɪfamaˈtsi̯oːn] *f* ⟨-; -en⟩ → Diffamierung. **dif·fa·maˈto·risch** [-ˈtoːrɪʃ] *adj* → diffamierend. **dif·faˈmie·ren** [-ˈmiːrən] *v/t* ⟨*no* ge-, h⟩ defame, slander, calumniate. **dif·faˈmie·rend** *adj* defamatory, slanderous, calumnious. **Dif·faˈmie·rung** *f* ⟨-; -en⟩ **1.** defaming, slandering. **2.** defamation, slander, calumny.
dif·fe·ren·ti·al [dɪfərɛnˈtsi̯aːl] **I** *adj* differential. **II** ≈ *n* ⟨-s; -e⟩ **1.** *math.* a) differential, b) *bes. positives*: increment. **2.** → Differentialgetriebe. **3.** *in Zssgn* differential (*diagnosis, equation, geometry, quotient, relay, etc*). **≈geˌtrie·be** *n mot.* differential (gearing *od.* gear unit). **≈ˌrech·nung** *f* differential calculus. **≈ˌren·te** *f econ.* differential return. **≈ˌzoll** *m meist pl econ.* differential duty.
dif·fe·ren·ti·ell [dɪfərɛnˈtsi̯ɛl] *adj* differential.
Dif·fe·renz [dɪfəˈrɛnts] *f* ⟨-; -en⟩ **1.** (*Unterschied*) difference. **2.** *math.* difference, residual (quantity). **3.** *econ.* a) difference, b) (*Überschuß*) balance, surplus. **4.** *meist pl fig.* (*Unstimmigkeit*) difference, disagreement. **~beˌtrag** *m* → Differenz 2, 3. **~geˌschäft** *n econ.* time bargain, margin business.
dif·fe·renˈzier·bar *adj* distinguishable.
dif·fe·ren·zie·ren [dɪfərɛnˈtsiːrən] **I** *v/t* ⟨*no* ge-, h⟩ **1.** (voneinander) ~ differentiate (between), distinguish between, show (*od.* mark) the difference between. **2.** (*Wort*) differentiate. **3.** *math.* differentiate, derive. **II** *v/i* **4.** (zwischen between) differentiate, distinguish, make distinctions. **III** *v/reflex* sich ~ **5.** differentiate, be differentiated, differ. **dif·fe·renˈziert** *adj* **1.** differentiated, varied. **2.** *Geschmack etc*: discriminating, refined, sophisticated. **Dif·fe·renˈziert·heit** *f* ⟨-; *no pl*⟩ **1.** differentiation, variety. **2.** *fig.* discrimination, refinedness. **Dif·fe·renˈzie·rung** *f* ⟨-; -en⟩ differentiation (*a. biol. ling. math. psych.*), distinction.
dif·fe·rie·ren [dɪfəˈriːrən] *v/i* ⟨*no* ge-, h⟩ (um by) differ, be different.
dif·fi·zil [dɪfiˈtsiːl] *adj* **1.** *Person, Problem*: difficult, awkward, pernickety. **2.** (*sehr genau*) very exact, meticulous.

dif·frakt [dɪˈfrakt] *adj bot.* diffracted, broken. **Dif·frak·tiˈon** [-ˈtsi̯oːn] *f* ⟨-; -en⟩ *opt.* diffraction.
dif·fun·die·ren [dɪfʊnˈdiːrən] *v/t u. v/i* ⟨*no* ge-, h⟩ *chem. phys.* diffuse.
dif·fus [dɪˈfuːs] *adj* ⟨-er; -est⟩ **1.** *Licht*: diffuse(d). **2.** *fig. Gerede*: vague, indistinct.
Dif·fu·sat [dɪfuˈzaːt] *n* ⟨-(e)s; -e⟩ *chem. tech.* diffusate.
Dif·fu·si·on [dɪfuˈzi̯oːn] *f* ⟨-; *no pl*⟩ diffusion.
Dif·fu·siˈons|ap·paˌrat *m chem. tech.* diffuser. **≈ˌfä·hig** *adj* diffusible. **~ˌre·gel** *f sociol.* law of diffusion.
di·gen [diˈgeːn] *adj biol.* digenetic. **Di·geˈnie** [-geˈniː] *f* ⟨-; -n [-ən]⟩ digenesis.
di·ge·stiv [digɛsˈtiːf] *adj med.* digestive.
di·gi·tal [digiˈtaːl] *adj* digital; ~ darstellen digitize. **≈ˌanˌzei·ge** *f Computer*: digital display.
Di·gi·ta·lis [digiˈtaːlɪs] *n* ⟨-; *no pl*⟩ *med. pharm.* digitalis.
di·gi·ta·li·sie·ren [digitaliˈziːrən] *v/t* ⟨*no* ge-, h⟩ digitalize.
Di·giˈtal|ˌrech·ner *m tech.* digital computer. **~ˌuhr** *f* digital clock (*od.* watch).
Di·graph [diˈgraːf] *m* ⟨-s; -e(n)⟩ *ling.* digraph.
di·gyn [diˈgyːn], **diˈgy·nisch** *adj bot.* digynian, digynous.
Di·he·xa·eder [dihɛksaˈʔeːdər] *n* ⟨-s; -⟩ *math.* dihexahedron.
di·he·xa·go·nal [dihɛksagoˈnaːl] *adj* dihexagonal.
di·hy·brid [dihyˈbriːt] *adj biol.* dihybrid.
di·jam·bisch [diˈjambɪʃ] *adj metr.* di(i)ambic. **Diˈjam·bus** [-bʊs] *m* ⟨-; Dijamben⟩ di(i)amb.
Di·ke [ˈdiːke] *npr f* ⟨-; *no pl*⟩ *myth.* Dice, Dike.
Dik·tat [dɪkˈtaːt] *n* ⟨-(e)s; -e⟩ **1.** dictation; nach ~ schreiben write to s.o.'s dictation; das ~ aufnehmen take the dictation; (Fräulein,) bitte zum ~! take a letter, please; *ped.* ~ schreiben write (*od.* do) dictation. **2.** *fig.* (*Befehl*) dictate, dictation, *pol. a.* diktat; sie mußten sich s-m ~ fügen they had to submit to his dictates; das ~ der Mode the dictate of fashion. **~ˌaufˌnah·me** *f* taking (of) dictation. **~ˌfrie·den** *m pol.* dictated peace.
Dik·ta·tor [dɪkˈtaːtɔr] *m* ⟨-s; -en [-taˈtoːrən]⟩ *pol.* dictator. **dik·taˈto·risch** [-ˈtoːrɪʃ] *adj* dictatorial. **Dik·taˈtur** [-ˈtuːr] *f* ⟨-; -en⟩ dictatorship; die ~ des Proletariats the dictatorship of the proletariat.
Dikˈtatˌzei·chen *n* reference sign.
dik·tie·ren [dɪkˈtiːrən] **I** *v/t* ⟨*no* ge-, h⟩ **1.** (*Brief etc*) dictate; et. in die Maschine (aufs Tonband) ~ dictate s.th. into the machine (on to tape); j-m et. ~ dictate s.th. to s.o. **2.** *fig.* (*Bedingungen etc*) dictate, lay down. **II** *v/i* **3.** dictate (letters). **4.** *fig.* dictate, order.
Dikˈtier|geˌrät *n*, **~maˌschi·ne** *f* dictaphone, dictating machine.
Dik·ti·on [dɪkˈtsi̯oːn] *f* ⟨-; -en⟩ diction.
Dik·tio·när [dɪktsi̯oˈnɛːr] *n, m* ⟨-s; -e⟩ *obs.* dictionary.
Dik·tum [ˈdɪktʊm] *n* ⟨-s; -ta [-ta]⟩ dictum.
Di·la·ta·ti·on [dilataˈtsi̯oːn] *f* ⟨-; -en⟩ *med. phys.* dilatation.
di·la·to·risch [dilaˈtoːrɪʃ] *adj bes. jur.* dilatory; et. ~ behandeln be dilatory about s.th.
Di·lem·ma [diˈlɛma] *n* ⟨-s; -s *u.* -ta [-ta]⟩ dilemma (*a. Logik*); in e-m ~ sein, sich in e-m ~ befinden be in (*od.* on the horns of) a dilemma, be in a quandary. **di·lemˈma·tisch** [-ˈmaːtɪʃ] *adj* dilemmatic.
Di·let·tant [dilɛˈtant] *m* ⟨-en; -en⟩ dilettant(e), amateur. **di·letˈtan·ten·haft** *adj u. adv* → dilettantisch. **Di·letˈtan·ten·tum** *n* ⟨-s; *no pl*⟩ dilettantism. **Di·letˈtan·tin** *f* ⟨-; -nen⟩ → Dilettant. **di·letˈtan·tisch** *adj* dilettante, dilettantish, amateurish. **Di·let·tanˈtis·mus** [-ˈtɪsmʊs] *m* ⟨-; *no pl*⟩ dilettantism.
Dill [dɪl] *m* ⟨-(e)s; -e⟩ **1.** *a.* ~fenchel *m bot.* (garden) dill. **2.** (*Gewürz*) dill(seed). **~ˌkraut** *n* dill (leaves *pl*). **~ˌso·ße** *f* dill sauce.
di·lu·vi·al [diluˈvi̯aːl] *adj geol.* **1.** diluvial, diluvian. **2.** glacial, Pleistocene.
Di·lu·vi·um [diˈluːvi̯ʊm] *n* ⟨-s; *no pl*⟩ *geol.* **1.** glacial epoch (*od.* period), *a.* Drift period. **2.** (*Schwemmland*) diluvium. **3.** (*Diluvialzeit*) Pleistocene (age).
Di·men·si·on [dimɛnˈzi̯oːn] *f* ⟨-; -en⟩ **1.** *math. phys.* dimension. **2.** *pl* (*Umfang*) dimensions, proportions, size *sg*; die äußeren ~en e-r Maschine the outside (*od.* overall) dimensions of a machine; von gewaltigen ~en of enormous (*od.* vast) dimensions (*od.* proportions). **3.** *pl fig.* (*Ausmaß*) dimensions, proportions, extent *sg*; riesige ~en annehmen assume vast proportions.
di·men·sio·nal [dimɛnzi̯oˈnaːl] *adj* dimensional. **Di·men·sio·na·liˈtät** [-naliˈtɛːt] *f* ⟨-; -en⟩ dimensionality.
di·men·sio·nie·ren [dimɛnzi̯oˈniːrən] *v/t* ⟨*no* ge-, h⟩ **1.** *bes. tech.* dimension. **2.** *psych.* dimensionalize.
di·men·siˈons|los *adj bes. math. tech.* non-dimensional, dimensionless. **~ˌmä·ßig** *adj* dimensional, in dimension. **≈ˌzahl** *f math.* dimension (number).
di·mer [diˈmeːr] *adj biol.* dimerous.
Di·me·thyl|amin [dimeˈtyːlʔaˌmiːn] *n chem.* dimethylamine. **~ˌäther** *m* dimethyl ether.
Di·mi·nu·ti·on [diminuˈtsi̯oːn] *f* ⟨-; -en⟩ *ling. mus.* diminution.
di·mi·nu·tiv [diminuˈtiːf] **I** *adj*, **II** ≈ *n* ⟨-s; -e⟩, *a.* **Di·mi·nuˈti·vum** [-vʊm] *n* ⟨-s; -tiva [-va]⟩ *ling.* diminutive.
di·morph [diˈmɔrf] *adj biol. min.* dimorphous, dimorphic. **Di·morˈphie** [-ˈfiː] *f* ⟨-; -n [-ən]⟩, **Di·morˈphis·mus** [-ˈfɪsmʊs] *m* ⟨-; -phismen⟩ dimorphism.
Di·nar [diˈnaːr; ˈdiːnar] *m* ⟨-s; -e [-ˈnaːrə]⟩ *econ.* dinar (*monetary unit of Yugoslavia, Iraq and Iran*).
di·na·risch [diˈnaːrɪʃ] *adj anthrop. geogr.* Dinaric (*Alps, race*).
Di·ner [diˈneː] *n* ⟨-s; -s⟩ *lit.* (formal) dinner, dinner (party), banquet; bei (*od.* auf) e-m ~ at a dinner.
di·ne·risch [diˈneːrɪʃ] *adj phys.* dineric.
ˈDIN-ForˌMat [ˈdiːn-] *n* German standard paper size.
Ding[1] [dɪŋ] *n* ⟨-(e)s; -e, *colloq. contp.* -er⟩ **1.** (*Sache*) thing; vor allen ~en above all (things), first and foremost, first of all; das ist ein ~ der Unmöglichkeit that's quite impossible; *fig.* guter ~e sein a) be in good spirits, be cheerful, be of good cheer, b) be full of hope; sei guter ~e! cheer up!; jedes ~ zu s-r Zeit everything at the proper time; den Weg aller ~e gehen go the way of all flesh; der ~e harren, die da kommen sollen await the things that are to be; jedes ~ hat (s-e) zwei Seiten (*Sprichwort*) there are two sides to every question; gut ~ will Weile haben a) take your time to do it well, b) a thing well done can't be done quickly; aller guten ~e sind drei all good things come by

threes. **2.** (*Gegenstand*) thing, object. **3.** *pl* (*Angelegenheiten etc*) things, matters, affairs; **der Stand der ~e** the state of affairs; **nach (der) Lage der ~e, (so) wie die ~e liegen** (*od.* **stehen**) as matters stand, as things are, in the circumstances; *fig. colloq.* **das geht nicht mit rechten ~en zu** there is s.th. fishy (*od.* funny, queer) about it; *colloq.* **es müßte nicht mit rechten ~en zugehen, wenn** the devil must be in it if; **so, wie ich die ~e sehe** as I see it, the way I see things; **er steht über den ~en** he is above it all; **es bereiten sich große ~e vor** great things are in the offing; **er hat noch große ~e vor** he has great plans; *iro.* **das sind ja schöne ~e, die ich über euch höre** nice things I've been hearing about you, I must say!; **man muß die ~e nehmen wie sie sind** you have to take things as they are; → **Name. 4.** *philos.* thing, substance, entity, ens; **das ~ an sich** *bei Kant*: the thing-in-itself, the transcendental object. **5.** *relig.* **die Lehre von den Letzten ~en** the doctrine of the last things, eschatology. **6.** ⟨-(e)s; -er⟩ *colloq.* (*Kind, Mädchen, Tier*) thing, creature; **die armen ~er** the poor (little) things; **(du) dummes ~!** you stupid (thing)! **7.** ⟨-(e)s; -er⟩ *colloq. u. contp.* (*irgendein Gegenstand*) thing; **gib mir mal die ~er her** give me those things. **8.** ⟨-(e)s; -er⟩ *colloq.* thing, baby; **(tolles** *od.* **irres) ~** a) mad (*od.* wild) affair (*od.* caper), b) *bewundernd*: *sl.* wow, lulu, humdinger, knockout, c) (*lustige Sache*) a perfect scream, *sl.* riot, gas; **dolles ~!** a) wow!, golly!, b) what a gas (*od.* riot)!; **das war (vielleicht) ein ~!** that was really something (*od.* terrific, fantastic, far out, out of this world)!; **ein ~ steigen lassen** stage (*od.* start) s.th., get s.th. going; **ein ~ drehen** a) *von Gaunern*: pull a job, b) (*et. Tolles unternehmen*) do s.th. wild (*od.* mad); **j-m ein ~ verpassen** *a. fig.* land on s.o., let s.o. have it; *iro.* **ihr macht ja schöne ~er!** fine goings-on these!

Ding² *n* ⟨-(e)s; -e⟩ *hist.* thing, ting.

'Din·gel *m* ⟨-s; -⟩ *bot.* limodorum.

din·gen ['dɪŋən] **I** *v/t* ⟨**dingt, dingte,** *rare* **dang, gedungen,** *rare* **gedingt, h**⟩ *obs.* **1.** (*in Dienst nehmen*) hire, engage. **2.** (*Mörder etc*) hire. **II** *v/i* **3.** *obs.* bargain, haggle.

'Din·ger·chen *pl colloq.* little things.

'Ding|ˌfeld *n opt.* visual field. **2ˌfest** *adj* **j-n ~ machen** arrest (*od.* apprehend) s.o., take s.o. into custody, put s.o. behind bars. **~geˌdicht** *n short descriptive poem concentrating on an isolated object.* **~ˌgeld** *n obs. for* **Handgeld** 1.

'ding·haft *adj bes. philos.* real, objective, tangible.

Din·g(h)i ['dɪŋgi] *n* ⟨-s; -s⟩ *mar.* dinghy.

'ding·lich *adj* **1.** *philos.* real. **2.** *jur.* real (*contract, etc*); **~er Anspruch** ad rem claim; **~er Arrest** attachment; **~e Klage** real action, action in rem; **~es Recht** right in rem, real right; **~ berechtigt** holding interests in rem. **2keit** *f* ⟨-; *no pl*⟩ **1.** *philos.* reality. **2.** *jur.* real rights *pl*, reality.

'DIN-ˌGrad *m* ⟨-(e)s; -e⟩ *meist pl phot.* DIN speed.

Dings¹ [dɪŋs] *n* ⟨-; *no pl*⟩ *colloq.* **1.** (*junge Person*) (young) thing; **ein freches ~** a cheeky thing; **du dummes ~** you stupid (thing). **2.** → **Dingsda¹**.

'Dings² *m, f* ⟨-; -⟩ *colloq.* → **Dingsda²**.

'DingsˌBums¹ *n* ⟨-; *no pl*⟩ *colloq.* → **Dingsda¹**.

'Dingsˌbums² *m, f* ⟨-; *no pl*⟩ *colloq.* → **Dingsda²**.

'Dingsˌda¹ *n* ⟨-; *no pl*⟩ *colloq.* **1.** thingumabob, thingumajig, whoosis; **was ist denn das für ein komisches ~?** what sort of odd contraption is that? **2.** (*without article*) (*Ort*) what's-its-name, what-d'you-call-it.

'Dingsˌda² *m, f* ⟨-; *rare* -s⟩ *colloq.* **Herr ~** Mr. what's-his-name, Mr. what-d'you-call-him, Mr. whoosis, Mr. so-and-so, Mr. thingumabob; **die ~, Frau (Fräulein) ~** Mrs. (Miss) what's-her-name; **die ~s** the what's-their-name, the whoosises.

'Dingsˌkir·chen *n* ⟨-s; *no pl*⟩ *colloq.* → **Dingsda¹** 2.

'Dingˌstät·te *f hist.* meeting place for the t(h)ing.

'Ding|ˌwelt *f* material world. **~ˌwort** *n* ⟨-(e)s; ⸚er⟩ *ling.* noun, substantive.

di·nie·ren [di'niːrən] *v/i* ⟨*no* **ge-, h**⟩ *lit.* dine.

Din·kel ['dɪŋkəl] *m* ⟨-s; -⟩ *agr.* (common) spelt.

Din·ner ['dɪnər; 'dɪnə] (*Engl.*) *n* ⟨-s; -(s)⟩ dinner.

'DIN-ˌNorm *f tech.* DIN standard.

Di·no·sau·ri·er [dino'zaurĭər] *m* ⟨-s; -⟩, **Di·no'sau·rus** [-rus] *m* ⟨-; -saurier [-rĭər]⟩ *zo.* dinosaur.

Di·ode [di'oːdə] *f* ⟨-; -n⟩ *electr.* diode.

Di'odenˌgleich|ˌrich·ter *m electr.* diode detector (*od.* rectifier). **~ˌröh·re** *f* diode.

Dio·ny·si·en [dĭo'nyːzĭən] *pl antiq.* Dionysia. **dio'ny·sisch** [-zɪʃ] **I** *adj myth. u. fig.* Dionysiac(al), Dionysian; **2e Zeitrechnung** Dionysian era (*od.* period). **II 2e, das** ⟨-n⟩ *philos.* the Dionysian.

Dio·ny·sos ['dĭoːnyzɔs] *npr m* ⟨-; *no pl*⟩ *myth.* Dionysus.

Di·op·ter [di'ɔptər] *n* ⟨-s; -⟩ *opt.* peep sight; **~brille** *f* diopt/re (*Am.* -er) spectacles *pl.* **Di·op·trie** [diɔp'triː] *f* ⟨-; -n [-ən]⟩ *opt. phys.* diopt/re (*Am.* -er), dioptry; **e-e Linse von 5 ~n** a lens of 5 diopters. **di'op·trisch** *adj* dioptric(al).

Di·ora·ma [dio'raːma] *n* ⟨-s; -ramen⟩ diorama.

Di·os·ku·ren [dĭɔs'kuːrən] *pl myth.* (the) Dioscuri (*a. fig.*).

Di·oxid [diˀɔ'ksiːt], **Di·oxyd** [-'ksyːt] *n* ⟨-(e)s; -e⟩ dioxide.

Di·öze·san [diøtse'zaːn] *m* ⟨-en; -en⟩ *relig.* diocesan; **~bischof** *m* diocesan (bishop), bishop. **Di·öze·se** [-'tseːzə] *f* ⟨-; -n⟩ *relig.* diocese.

Di·özie [diø'tsiː] *f* ⟨-; *no pl*⟩ *biol.* dioecism. **di'özisch** [-'øːtsɪʃ] *adj* dioecian.

di·pha·sisch [di'faːzɪʃ] *adj electr.* diphase.

Diph·the·rie [dɪfte'riː] *f* ⟨-; -n [-ən]⟩ *med.* diphtheria. **~ˌschutzˌimp·fung** *f* inoculation against diphtheria. **~ˌse·rum** *n* diphtheria antitoxin, antidiphtheritic serum.

diph·the·risch [dɪf'teːrɪʃ] *adj* diphther(it)ic. **Diph·the'ri·tis** [-te'riːtɪs] *f* ⟨-; *no pl*⟩ diphtheria.

Di·phthong [dɪf'tɔŋ] *m* ⟨-s; -e⟩ *ling.* diphthong; **fallender (steigender) ~** falling (rising) diphthong. **di·phthon'gie·ren** [-tɔŋ'giːrən] *v/t u. v/i* ⟨*no* **ge-, h**⟩ diphthongize. **Di·phthon'gie·rung** *f* ⟨-; -en⟩ diphthongization. **di'phthon·gisch** [-'tɔŋgɪʃ] *adj* diphthongal, diphthongic.

Di·plom [di'ploːm] *n* ⟨-(e)s; -e⟩ **1.** a) *univ. etc* diploma, (*akademischer Grad*) degree, b) *e-r Fachschule etc*: certificate, diploma. **2.** (*Ehrenurkunde*) diploma.

Di'plom... *in Zssgn etwa* a) *allg.* holding a diploma, diploma'd, certificated, qualified, trained, *Am. a.* graduate (*nurse, etc*), b) *univ.* (academically) qualified, graduate (*cf.* **Diplomchemiker, Diplomdolmetscher, Diplomingenieur** *etc*).

Di·plo·mand [diplo'mant] *m* ⟨-en; -en⟩ graduand.

Di'plomˌar·beit *f* (diploma) thesis.

Di·plo·mat [diplo'maːt] *m* ⟨-en; -en⟩ *pol. u. fig.* diplomat, *Br. a.* diplomatist.

Di·plo'ma·ten|ˌart *f gastr.* **nach ~** diplomat style. **~ˌpaß** *m* diplomatic passport. **~ˌschreibˌtisch** *m colloq.* massive writing desk. **~ˌta·sche** *f* portfolio.

Di·plo·ma·tie [diploma'tiː] *f* ⟨-; *no pl*⟩ *pol.* **1.** diplomacy (*a. fig.*); **offene (geheime, ständige) ~** open (secret, permanent) diplomacy. **2.** *collect.* (the) diplomatic corps.

Di·plo·ma·tik [diplo'maːtɪk] *f* ⟨-; *no pl*⟩ (*Urkundenlehre*) diplomatics *pl* (*als sg konstruiert*). **Di·plo'ma·ti·ker** [-tikər] *m* ⟨-s; -⟩ expert in diplomatics.

Di·plo'ma·tin *f* ⟨-; -nen⟩ (woman) diplomat (*Br. a.* diplomatist).

di·plo'ma·tisch I *adj* **1.** *pol.* diplomatic (*a. fig.*); **~er Dienst (Vertreter)** diplomatic service (representative); **~es Korps** diplomatic corps (*Br. a.* body), corps diplomatique; **~e Note** memorandum, diplomatic note; **~er Schritt** demarche; **~e Vertretung** diplomatic representation (*od.* mission); **auf ~em Wege** through diplomatic channels; **in ~en Kreisen** in diplomatic circles; **die ~en Beziehungen zu e-m Land abbrechen (aufnehmen, wiederaufnehmen)** break off (enter into, resume) diplomatic relations with a country. **2.** (*urkundlich genau*) diplomatic. **II** *adv* **3.** diplomatically; **~ vorgehen** proceed diplomatically, act with diplomacy.

Di'plom|ˌche·mi·ker *m etwa* Bachelor of Science in Chemistry, B.Sc. (Chem.), diploma'd chemist. **~ˌdol·met·scher** *m* certificated (*od.* qualified) interpreter.

di·plo·mie·ren [diplo'miːrən] *v/t* ⟨*no* **ge-, h**⟩ award (*od.* grant) a diploma to, diploma, certificate. **di·plo'miert** *adj* → **Diplom...**

Di'plom|in·geˌnieur *m etwa* diploma'd engineer, Bachelor of Engineering, B.Sc.(Eng.). **~ˌkaufˌmann** *m etwa* Bachelor of Commerce, B.Com., B.C.; **er ist ~** he has a diploma in business studies, he holds a diploma in commerce. **~ˌphy·si·ker** *m etwa* Bachelor of Science in Physics, B.Sc. (Physics), diploma'd physicist. **~ˌprü·fung** *f* diploma examination. **~ˌvolksˌwirt** *m etwa* Bachelor of Economic Science, B.Sc. (Econ.), diploma'd economist.

Di·pol ['diːˌpoːl] *m* ⟨-s; -e⟩ *electr. phys.* dipole.

dip·pen ['dɪpən] *v/t* ⟨**h**⟩ **1.** *mar.* dip; **die Flagge (zum Gruß) ~** dip the flag. **2.** *agr.* (*Schafe*) dip. **3.** *mot.* a) (*Vergaser etc*) tickle, flood, b) (*Scheinwerfer*) dip.

Dip·so·ma·ne [dɪpso'maːnə] *m, f* ⟨-n; -n⟩ *psych.* dipsomaniac. **Dip·so·ma'nie** [-ma'niː] *f* ⟨-; -n [-ən]⟩ dipsomania.

Di·pte·re [dɪp'teːrə] *m* ⟨-n; -n⟩ *meist pl zo.* (*Zweiflügler*) dipteron.

Di·pty·chon ['dɪptyçɔn] *n* ⟨-s; -chen *u.* -cha [-ça]⟩ diptych.

dir [diːr] **I** *personal pron* ⟨*dat of* **du**⟩ **1.** you; **er wird ~ helfen** he will help you; **ein Buch von ~** a book of yours; **ein Freund von ~** a friend of yours, one of your friends; → **mir. 2.** to you, *poet. Bibl.* to thee; **er wird ~ das Buch geben** he will give the book to you, he will give you the book; **er war ~ stets ein guter Freund** he has always been a good friend to you. **3.** *ethical dative, often not translated*: believe me!; *iro.* **das war ~ e-e schöne Geschichte!** that was a nice affair for you!; *colloq.* **das war ~ ein Weinchen!** that was a wine for you! **II** *reflexive pron ⟨dat of 2nd person sg⟩* **4.** yourself; **du bist außer ~** you are beside yourself. **5.** *in Verbindung mit ‚unechten' reflexiven Verben*: your (*often not translated*); **wasche ~ die Hände** wash your hands. **6.** *poet. Bibl.* (to) thee, thyself.

di·rekt [diˈrɛkt] **I** *adj* **1.** (*gerade*) direct (*way, connection, etc*); *rail.* **~er Zug** through (*od.* direct) train (**nach** to); *teleph.* **~e Wahl** direct dialling. **2.** (*unmittelbar*) direct, immediate; **wir haben k-n ~en Schaden erlitten** we did not suffer (any) immediate injury; **~e Abstammung** lineal (*od.* direct) descent; *tech.* **~er Antrieb** direct drive; *econ.* **~e Kosten** (**~er Verkauf**) direct costs (sale); *ling.* **~es Objekt** (**~e Rede, ~e Methode**) direct object (speech, method); **~e Informationen** firsthand (*od.* direct) information *sg*; **~e Steuer** direct tax; *pol.* **~e Wahl** direct voting. **3.** (*unverblümt*) direct, plain, straight(forward), outspoken, blunt; **e-e sehr ~e Antwort** a very direct (*od.* plain) answer; *colloq.* **er wird immer gleich so ~** he is always so outspoken. **4.** (*ausgesprochen*) perfect, sheer, plain, decided; **das ist doch ~er Wahnsinn** but that's sheer madness. **II** *adv* **5.** (*geradewegs*) direct, straight (*into town, from London, etc*); **er lief ~ gegen die Wand** he ran straight (*od. colloq.* smack, bang) into the wall; **der Zug geht ~ nach Berlin** the train goes direct to Berlin; **sich ~ an j-n wenden** contact s.o. direct; **wir beziehen die Waren ~** (**vom Erzeuger**) we obtain the goods direct (*od.* straight) from the producer; *colloq.* **es ist ~ unter d-r Nase** it is right under your nose. **6.** (*unmittelbar*) directly, immediately; **das Hotel liegt ~ am Bahnhof** the hotel is right at the station. **7.** (*genau*) directly, exactly; **~ gegenüber** directly (*od.* exactly) opposite; *math.* **~ proportional** directly proportional; **die Wohnung liegt ~ nach Süden** the flat (*Am.* apartment) faces due south. **8.** *colloq.* (*sofort*) directly, immediately, at once; **~ nach dem Essen** immediately (*od.* right) after lunch. **9.** (*geradeheraus*) direct, plainly, point-blank, straightforward. **10.** *colloq.* (*ausgesprochen*) downright, absolutely, just, really; **das ist ja ~ lächerlich** that's downright ridiculous. **11.** *Radio, TV*: live; **ein Programm ~ übertragen** broadcast a program(me) live.

Diˈrekt|be·zug, ~ˌein·kauf *m econ.* direct purchase. **~ˌfar·be** *f* flushed colo(u)r. **~ˌflug** *m aer.* direct (*od.* nonstop) flight. **~geˌschäft** *n econ.* direct business.

Diˈrekt·heit *f* ⟨-; *no pl*⟩ directness.

Di·rek·ti·on [dirɛkˈtsi̯oːn] *f* ⟨-; -en⟩ **1.** (*Leitung*) direction. **2.** a) (*Verwaltung*) management, administration, b) (*Vorstand*) (the) directors *pl*, (the) executives *pl*, board of directors (*od.* management). **3.** *econ.* a) director's (*od.* executive, manager's) office, b) management (offices *pl*).

Di·rek·tiˈons|as·siˌstent *m* junior executive, assistant manager. **~ˌmit·ˌglied** *n* member of the board of directors, board member. **~se·kreˌtär** *m*, **~se·kreˌtä·rin** *f* director's (*od.* executive) secretary.

Di·rek·ti·ve [dirɛkˈtiːvə] *f* ⟨-; -n⟩ directive, (general) instruction(s *pl*), rule; **j-m ~n geben** give instructions to s.o., issue directions to s.o.

Di·rek·tor [diˈrɛktɔr] *m* ⟨-s; -en [-ˈtoːrən]⟩ **1.** *econ. etc* director, head, manager; **kaufmännischer ~** commercial (*od.* business) manager; **leitender ~** managing director, executive. **2.** (*Bank♀*) director, *bes. Br.* governor, *Am.* president. **3.** *ped.* headmaster, *bes. Am.* principal. **4.** *e-r Strafanstalt*: governor, *Am.* warden.

Di·rek·to·rat [dirɛktoˈraːt] *n* ⟨-(e)s; -e⟩ **1.** *econ. etc* a) directorship, directorate, b) (*Büro*) → **Direktion** 3. **2.** *ped.* a) headmastership, *Am.* principalship, b) headmaster's (*Am.* principal's) office.

Di·rekˈto·ren·kon·feˌrenz *f* directors' (*od.* board) meeting.

di·rek·to·ri·al [dirɛktoˈri̯aːl] *adj* directorial, *a.* managerial.

Di·rekˈto·rin *f* ⟨-; -nen⟩ **1.** *econ. etc* directress, manageress. **2.** *ped.* headmistress, *bes. Am.* principal.

Di·rek·to·ri·um [dirɛkˈtoːri̯ʊm] *n* ⟨-s; -rien⟩ **1.** *econ. etc* a) board of directors, (the) directors *pl*, b) (*Vorstands♀*) managing board, c) *bei Zentralbanken*: board of managers and governors. **2.** *hist.* **das ~** *in Frankreich*: the Directory, the Directoire.

Di·rek·tri·ce [dirɛkˈtriːsə] *f* ⟨-; -n⟩ *Textil.* directress, directrice.

Di·rek·trix [diˈrɛktrɪks] *f* ⟨-; *no pl*⟩ *math.* directrix.

Diˈrekt|ˌsen·dung *f Radio, TV*: live program(me), live broadcast. **~ˌspiel** *n Sport*: direct passing. **~stuˌdent** *m univ.* **1.** full-time (*Br.* registered intramural) student. **2.** student. **~ˌstu·di·um** *n* full-time (*Br.* registered intramural) (university) study. **~ˌüberˌtra·gung** *f Radio, TV*: live transmission (*od.* broadcast). **~verˌkehr** *m econ.* direct traffic. **~ˌwer·bung** *f* direct advertising. **♀ˌwir·kend** *adj tech.* direct-acting.

Di·rex [ˈdiːrɛks] *m* ⟨-; *rare* -e⟩ *ped. sl.* head.

Di·ri·gent [diriˈgɛnt] *m* ⟨-en; -en⟩ *mus.* conductor.

Di·riˈgen·ten|ˌpult *n mus.* (conductor's) desk. **~ˌstab, ~ˌstock** *m* (conductor's) baton.

di·riˈgier·bar *adj* controllable.

di·ri·gie·ren [diriˈgiːrən] **I** *v/t* ⟨*no* ge-, h⟩ **1.** (*lenken*) direct, control, steer. **2.** (*leiten*) direct, manage, *mus.* (*Orchester*) conduct. **3.** (*beherrschen*) control, rule. **4.** *econ.* (*Handel, Wirtschaft etc*) control. **5.** *fig.* (*kommandieren*) direct, *colloq.* boss. **6.** (*Weg weisen*) (**zu** to) direct, show *s.o.* the way, point the way for *s.o.* **7.** (*senden*) send, direct, dispatch, route. **II** ♀ *n* ⟨-s⟩ **8.** directing (*etc*).

Di·ri·gis·mus [diriˈgɪsmʊs] *m* ⟨-; *no pl*⟩ *econ. pol.* planned economy, dirigisme, stat(e)ism. **di·riˈgi·stisch** [-tɪʃ] *adj* statist, planned, state-controlled; **~e Maßnahmen** planned measures, controls; **~e Eingriffe** *pl* state interference *sg.*

Dirk [dɪrk] *m* ⟨-s; -e⟩ *mar.* topping lift.

Dirn [dɪrn] *f* ⟨-; -en⟩ *dial. for* a) **Mädchen** 1, b) **Magd** 1.

Dirndl [ˈdɪrndəl] *n* ⟨-s; -⟩ **1.** *Bavarian and Austrian* girl, lass(ie). **2.** → **Dirndlkleid.** **~ˌblu·se** *f* dirndl blouse. **~ˌkleid** *n* dirndl, Bavarian costume.

Dir·ne [ˈdɪrnə] *f* ⟨-; -n⟩ prostitute, whore, harlot.

ˈDirt-ˌTrack-ˌRen·nen [ˈdœrtˌtrɛk-; ˈdɜːt træk-] (*Engl.*) *n Sport*: dirt-track race.

dis, Dis [dɪs] *n* ⟨-; -⟩ *mus.* D sharp; **dis, dis-Moll** D sharp minor; **Dis, Dis-Dur** D sharp major.

Dis·agio [dɪsˈʔaːdʒo] *n* ⟨-s; *no pl*⟩ *econ.* disagio, discount.

Disˈcount|geˌschäft [dɪsˈkaʊnt-], **~ˌhaus** *n*, **~ˌla·den** *m* discount shop (*od.* store). **~ˌpreis** *m* discount price.

Dis·en·gage·ment [ˌdɪsɪnˈgeɪdʒmənt] (*Engl.*) *n* ⟨-s; *no pl*⟩ *pol.* disengagement.

Di·seur [diˈzøːr] *m* ⟨-s; -e⟩ *im Kabarett*: diseur. **Diˈseu·se** [-zə] *f* ⟨-; -n⟩ diseuse.

Dis·har·mo·nie [dɪsharmoˈniː] *f* ⟨-; -n [-ən]⟩ *mus. u. fig.* dissonance, discord, disharmony. **dis·har·moˈnie·ren** [-rən] *v/i* ⟨*no* ge-, h⟩ **1.** *mus.* be discordant (*od.* dissonant), disharmonize. **2.** *fig.* disharmonize, be out of harmony, clash. **dis·harˈmo·nisch** [-ˈmoːnɪʃ] *adj* dissonant, discordant, disharmonious (*alle a. fig.*).

dis·is, Dis·is [ˈdɪsˈʔɪs] *n* ⟨-; -⟩ *mus.* D double sharp.

dis·junk·tiv [dɪsjʊŋkˈtiːf] *adj* disjunctive; *ling.* **~e Konjunktion** disjunctive (conjunction).

Dis·kant [dɪsˈkant] *m* ⟨-s; -e⟩ *mus.* descant, discant, treble; **~flöte** *f* a) treble flute, b) descant recorder. **dis·kanˈtie·ren** [-ˈtiːrən] *v/i* ⟨*no* ge-, h⟩ descant, treble.

Disˈkant|ˌla·ge *f* treble register. **~ˌsän·ger** *m*, **~ˌsän·ge·rin** *f* descant singer, descanter, treble. **~ˌschlüs·sel** *m* treble (*od.* G, descant) clef. **~ˌstim·me** *f* descant (*od.* treble, soprano) (part *od.* voice).

ˈDiskˌjockey (*getr.* -k·k-) [ˈdɪsk-] *m* ⟨-s; -s⟩ disc (*od.* disk) jockey.

Dis·ko [ˈdɪsko] *f* ⟨-s; -s⟩ *colloq.* for **Diskothek** 2.

Dis·kont [dɪsˈkɔnt] *m* ⟨-s; -e⟩ *econ.* **1.** discount; **~bank** *f* discount bank; **e-n Wechsel zum ~ geben** have a bill discounted, discount a bill; **e-n Wechsel in ~ nehmen** take a bill on discount. **2.** → **Diskontsatz.** **Disˈkon·ten** *pl econ.* bills discounted.

Disˈkont|erˌhö·hung *f econ.* raising of the discount rate (*od.* bank rate). **♀ˌfä·hig** *adj* discountable, *Am.* eligible for rediscount. **~ˌge·ber** *m* **1.** discounter, discounting bank. **2.** bill broker. **~geˌschäft** *n* discount transaction. **~herˌabˌset·zung** *f* → **Diskontsenkung.**

dis·konˈtier·bar *adj econ.* discountable.

dis·kon·tie·ren [dɪskɔnˈtiːrən] *v/t* ⟨*no* ge-, h⟩ *econ.* discount; **e-n Wechsel ~ lassen** have a bill discounted. **Dis·konˈtie·rung** *f* ⟨-; -en⟩ discounting.

dis·kon·ti·nu·ier·lich [dɪskɔntinuˈiːrlɪç] *adj* discontinuous, intermittent, interrupted.

Disˈkontˌmak·ler *m econ.* discount (*od.* bill) broker.

Dis·kon·to [dɪsˈkɔnto] *m* ⟨-(s); -s *u.* -ti [-ti]⟩ → **Diskont.**

Disˈkont|po·liˌtik *f econ.* **1.** discount policy. **2.** bank rate policy. **~ˌsatz** *m* **1.** discount rate. **2.** bank rate. **~ˌsen·kung** *f* lowering of the discount rate (*od.* bank rate). **~ˌwech·sel** *m* discounted bill.

Dis·kor·danz [dɪskɔrˈdants] *f* ⟨-; -en⟩ discordance (*a. geol.*).

Dis·ko·thek [dɪskoˈteːk] *f* ⟨-; -en⟩ **1.** record collection (*od.* library), discotheque. **2.** (*Lokal*) discotheque, *colloq.* disco.

dis·kre·di·tie·ren [dɪskrediˈtiːrən] *v/t* ⟨*no* ge-, h⟩ (bring *s.th., s.o.* into) discredit. **Dis·kre·diˈtie·rung** *f* ⟨-; -en⟩ discrediting.

dis·kre·pant [dɪskreˈpant] *adj* discrepant. **Dis·kreˈpanz** [-ˈpants] *f* ⟨-; -en⟩ discrepancy; **zeitliche ~** time lag.

dis·kret [dɪsˈkreːt] **I** *adj* **1.** discreet, tactful; **~en Gebrauch von et. machen** make discreet use of s.th., use s.th.

discreetly (*od.* with tact). **2.** *Angelegenheiten, Ratschläge etc*: discreet, confidential. **3.** *Farbe etc*: discreet, unobtrusive, quiet. **4.** *math.* discrete. **5.** *phys.* continuous. **6.** *nucl.* discrete. **II** *adv* **7.** discreetly, tactfully, with discretion (*od.* tact). **≗heit** *f* ⟨-; *no pl*⟩ **1.** → Diskretion. **2.** *math.* discreteness.

Dis·kre·ti·on [dɪskreˈtsĭoːn] *f* ⟨-; *no pl*⟩ **1.** (*Takt*) discretion, discreetness. **2.** (*Verschwiegenheit*) discretion, secrecy; ~ **ist Ehrensache (für uns)** you may count on our strictest confidence; ~ **wahren** preserve confidence; **et. mit ~ behandeln** treat s.th. discreetly (*od.* with discretion). **dis·kre·tio'när** [-tsĭoˈnɛːr] *adj* discretionary.

Dis·kri·mi·nan·te [dɪskrimiˈnantə] *f* ⟨-; -n⟩ *math.* discriminant.

dis·kri·mi'nie·ren [-ˈniːrən] *v/t* ⟨*no* **ge-, h**⟩ discriminate against. **dis·kri·mi'nie·rend** *adj* discriminating, discriminatory. **Dis·kri·mi'nie·rung** *f* ⟨-; -en⟩ discrimination (*gen* against).

Dis·kurs [dɪsˈkʊrs] *m* ⟨-es; -e⟩ discourse, conversation. **dis·kur'siv** [-ˈziːf] *adj* discursive (*a. philos.*).

Dis·kus [ˈdɪskʊs] *m* ⟨-; -se *u.* -ken⟩ **1.** *Sport*: discus; **den ~ werfen** throw the discus. **2.** *anat. bot. zo.* disc, disk.

Dis·kus·si·on [dɪskʊˈsĭoːn] *f* ⟨-; -en⟩ discussion, *stärker*: debate; **e-e ~ über aktuelle Probleme** a discussion on current problems; **das zur ~ stehende Thema** the topic under discussion; **das steht außer ~** that is out of the question; **zur ~ kommen (stellen)** come up (put up) for discussion.

Dis·kus·si'ons|ˌabend *m* discussion evening. **~ˌba·sis** *f* basis for discussion. **~ˌbei·trag** *m* contribution to a discussion. **~ˌge·genˌstand** *m* subject of discussion. **~ˌlei·ter** *m* (panel) chairman. **~ˌred·ner, ~ˌteilˌneh·mer** *m* speaker; *bei Podiumsgespräch, TV etc*: panel member, panelist.

'Dis·kus|ˌwer·fen *n* discus throwing. **~ˌwer·fer** *m* discus thrower. **~ˌwurf** *m* **1.** discus throw. **2.** → Diskuswerfen.

dis·ku·ta·bel [dɪskuˈtaːbəl] *adj* discussible, debatable; **nicht ~** out of the question, *stärker*: preposterous.

dis·ku·tie·ren [dɪskuˈtiːrən] **I** *v/i* ⟨*no* **ge-, h**⟩ discuss, *stärker*: debate, argue; **über** (*acc*) **et. ~** discuss s.th., have a discussion about s.th. **II** *v/t* discuss, have a discussion, *a. pol.* debate.

dis·lo·zie·ren [dɪsloˈtsiːrən] *v/t* ⟨*no* **ge-, h**⟩ *geol. med.* dislocate.

Dis·pa·che [dɪsˈpaʃə] *f* ⟨-; -n⟩ *mar.* average statement (*od.* adjustment).

dis·pa·rat [dɪspaˈraːt] *adj* disparate. **Dis·pa·ri'tät** [-riˈtɛːt] *f* ⟨-; -en⟩ disparity.

Dis·pens [dɪsˈpɛns] *m* ⟨-es; -e⟩, *Austrian and relig. only f* ⟨-; -en⟩ dispensation (*a. jur. relig.*), exemption; **j-m ~ von et. erteilen** grant s.o. (a) dispensation from (doing) s.th., exempt s.o. from (doing) s.th. **dis·pen'sie·ren** [-ˈziːrən] *v/t* ⟨*no* **ge-, h**⟩ **1. j-n von e-r Sache ~** a) dispense (*od.* exempt, excuse) s.o. from (doing) s.th., b) *relig.* dispense s.o. from (doing) s.th. **2.** *pharm.* (*Arzneien*) dispense. **Dis·pen'sie·rung** *f* ⟨-; -en⟩ dispensation, exemption.

Dis·per·gens [dɪsˈpɛrgɛns] *n* ⟨-; -genzien [-ˈgɛntsĭən] *u.* -gentia [-ˈgɛntsĭa]⟩ *chem.* dispersion medium, dispersing agent. **dis·per'gie·ren** [-ˈgiːrən] *v/t* ⟨*no* **ge-, h**⟩ disperse.

dis·pers [dɪsˈpɛrs] *adj bes. chem.* disperse(d). **Dis·per·si'on** [-ˈzĭoːn] *f* ⟨-; -en⟩ dispersion; **~smittel** *n* a) dispersing agent, b) dispersion medicine.

Dis·po·nen·den [dɪspoˈnɛndən] *pl print.* unsold copies.

Dis·po·nent [dɪspoˈnɛnt] *m* ⟨-en; -en⟩ *econ.* **1.** managing clerk. **2.** (*Händler e-r Bank*) dealer.

dis·po·ni·bel [dɪspoˈniːbəl] *adj obs.* available.

dis·po·nie·ren [dɪspoˈniːrən] **I** *v/i* ⟨*no* **ge-, h**⟩ **1.** (*planen*) plan ahead, make arrangements (*od.* dispositions); **er disponierte so, daß** he arranged matters so that. **2. über j-n** (**et.**) **~** dispose over s.o. (s.th.); **ihr könnt jederzeit über uns ~** we are entirely at your disposal; **er kann nach Belieben über s-e Zeit ~** he can dispose over his time as he likes, his time is completely his own. **3.** *econ.* place orders. **II** *v/t* **4.** allot (*a sum, etc*). **dis·po'niert** *adj* **gut** (**schlecht**) **~ sein** be in good (bad) form; **~ sein, et. zu tun** feel disposed (*od.* inclined) to do s.th., be in the mood to do s.th.; **für et.** (*od.* **zu e-r Sache**) **~ sein** be (pre)disposed (*od.* inclined, prone) to s.th.; **für bestimmte Krankheiten ~ sein** be prone to certain illnesses.

Dis·po·si·ti·on [dɪspoziˈtsĭoːn] *f* ⟨-; -en⟩ **1.** *meist pl* a) (*Vorkehrung*) plan, arrangement, disposition(s *pl*), b) (*Planung*) (forward) planning, preparation(s *pl*), c) (*Maßnahmen*) action (*only sg*) taken, d) (*Anweisung*) direction(s *pl*), instruction(s *pl*), e) *econ.* (*Auftragserteilung*) placing of orders; (**s-e**) **~en für et.** (*od.* **zu e-r Sache**) **treffen** make arrangements for s.th., plan ahead for s.th.; *econ.* **laut ~** according to instructions. **2.** (*Entwurf, Anlage*) layout, plan, outline. **3.** (*Verfügung*) disposal; **zu j-s ~ stehen** be at s.o.'s disposal. **4.** (*Stimmung*) disposition, mood, state (*od.* frame) of mind. **5.** *jur.* **j-n zur ~ stellen** a) send s.o. into temporary retirement, b) lay s.o. off until further assignment, c) *mil. obs.* put s.o. on half-pay. **6.** *med. psych.* (**zu** to) (pre)disposition, inclination, proneness. **7.** *mus.* a) *der Orgel*: specification, b) (*Glockengeläut*) peal.

dis·po·si·ti'ons|ˌfä·hig *adj* qualified to act (*od.* contract). **≗ˌfonds** *m pol.* reserve funds *pl*.

dis·pro·por·tio·nal [dɪsprɔpɔrtsĭoˈnaːl] *adj* disproportionate, disproportional. **Dis·pro·por·tio·na·li'tät** [-tsĭonaliˈtɛːt] *f* ⟨-; -en⟩ disproportion(ality).

Dis·put [dɪsˈpuːt] *m* ⟨-(e)s; -e⟩ *lit.* dispute, argument, controversy. **Dis·pu·ta·ti'on** [-putaˈtsĭoːn] *f* ⟨-; -en⟩ *obs.* disputation. **dis·pu'tie·ren** [-puˈtiːrən] *v/i* ⟨*no* **ge-, h**⟩ **1.** *lit.* (**über** *acc*) dispute (about), debate (*od.* argue) (*s.th.*). **2.** *colloq.* (*streiten*) (**über** *acc* about) quarrel, argue.

Dis·qua·li·fi·ka·ti·on [dɪskvalifikaˈtsĭoːn] *f* ⟨-; -en⟩ *bes. Sport*: disqualification (**wegen** for); **durch ~ siegen** win on disqualification. **dis·qua·li·fi'zie·ren** [-ˈtsiːrən] *v/t* ⟨*no* **ge-, h**⟩ *a. fig.* disqualify (**wegen** for *unfair play, etc*). **Dis·qua·li·fi'zie·rung** *f* ⟨-; -en⟩ → Disqualifikation.

Dis·sens [dɪˈsɛns] *m* ⟨-es; -e⟩ *jur.* dissent.

Dis·sen·ter [dɪˈsɛntər; dɪˈsɛntə] (*Engl.*) *m* ⟨-s; -s⟩ *relig.* dissenter, nonconformist.

Dis·ser·ta·ti·on [dɪsɛrtaˈtsĭoːn] *f* ⟨-; -en⟩ *univ.* dissertation, thesis. **dis·ser'tie·ren** [-ˈtiːrən] *v/i* ⟨*no* **ge-, h**⟩ write a dissertation (*od.* thesis) (**über** *acc* et. on s.th.).

Dis·si·dent [dɪsiˈdɛnt] *m* ⟨-en; -en⟩ *relig.* **1.** dissident. **2.** → Dissenter.

Dis·si·mi·la·ti·on [dɪsimilaˈtsĭoːn] *f* ⟨-; -en⟩ *biol. ling.* dissimilation. **dis·si·mi'lie·ren** [-ˈliːrən] *v/t* ⟨*no* **ge-, h**⟩ *biol.* dissimilate (*a. ling.*), catabolize.

Dis·sol·vens [dɪˈsɔlvɛns] *n* ⟨-; -ventia [-ˈvɛntsĭa] *u.* -ventien [-ˈvɛntsĭən]⟩ *pharm.* solvent.

dis·so·nant [dɪsoˈnant] *adj mus. u. fig.* dissonant, discordant. **Dis·so'nanz** [-ˈnants] *f* ⟨-; -en⟩ *mus. u. fig.* dissonance, *fig. a.* discord(ant note).

Dis·so·zia·ti·on [dɪsotsĭaˈtsĭoːn] *f* ⟨-; -en⟩ *bes. chem. med. psych.* dissociation. **dis·so·zi'ier·bar** *adj chem. phys.* dissociable. **dis·so·zi·ie·ren** [dɪsotsiˈiːrən] *v/t* ⟨*no* **ge-, h**⟩ dissociate.

Di·stanz [dɪsˈtants] *f* ⟨-; -en⟩ **1.** distance; **auf (e-e) große ~** at a (great) distance. **2.** ⟨*only sg*⟩ *fig.* (*Zurückhaltung*) distance; **die (gebührende) ~ (j-m gegenüber) halten** (*od.* **wahren**) a) keep one's distance (from s.o.), b) keep aloof (from s.o.). **3.** ⟨*only sg*⟩ *fig.* (*innerer Abstand*) detachment, distance; **et. mit ~ betrachten** take a detached view of s.th. **4.** *Sport*: *allg.* distance; *Boxen etc*: **über die volle ~ gehen** go the distance; *Boxen*: **in der ~** at long range. **~ˌbo·xer** *m* outfighter. **~ˌbuch·se** *f tech.* spacer sleeve. **~ˌfracht** *f econ.* pro rata freight. **~geˌschäft** *n* → Termingeschäft.

di·stan·zie·ren [dɪstanˈtsiːrən] **I** *v/reflex* ⟨*no* **ge-, h**⟩ *fig.* **1. sich ~** keep one's distance, keep aloof. **2. sich von e-r Sache (j-m) ~** dis(as)sociate o.s. from s.th. (s.o.). **II** *v/t* **3.** *Sport*: (*Gegner*) (out)distance, outstrip; **j-n mit 5 Metern ~** beat s.o. by five yards. **di·stan'ziert** *pp u. adj fig.* reserved, aloof, distant; *Betrachtungsweise etc*: detached, distanced; **~e Höflichkeit** distant politeness. **Di·stan'ziert·heit** *f* ⟨-; *no pl*⟩ aloofness, reserve; detachment.

Di'stanz|ˌkampf *m Boxen*: outfighting. **~ˌpfo·sten** *m Pferderennen*: distance post. **~ˌren·nen** *n* long-distance race. **~ˌschei·be** *f tech.* washer, shim. **~ˌstück** *n* spacer. **~ˌwech·sel** *m econ.* out-of-town bill.

Di·stel [ˈdɪstəl] *f* ⟨-; -n⟩ *bot.* thistle. **~ˌfal·ter** *m zo.* painted lady. **~ˌfink** *orn.* goldfinch.

'di·ste·lig *adj* thistly.

Di·sti·chon [ˈdɪstiçɔn] *n* ⟨-s; -chen⟩ *metr.* distich.

di·stin·guiert [dɪstɪŋˈgiːrt] *adj* distinguished.

Dis·tri·bu·ti·vum [dɪstribuˈtiːvʊm] *n* ⟨-s; -tiva [-va]⟩ **1.** *ling.* distributive. **2.** → **Dis·tri·bu'tivˌzahl** *f math.* distributive (number).

Di·strikt [dɪsˈtrɪkt] *m* ⟨-(e)s; -e⟩ district.

di·syl·la·bisch [dizʏˈlaːbɪʃ] *adj ling.* disyllabic. **Di'syl·la·bum** [-ˈzʏlabʊm] *n* ⟨-s; -laba [-ba] *u.* -laben [-ˈlaːbən]⟩ *ling.* disyllable.

Dis·zi·plin [dɪstsiˈpliːn] *f* ⟨-; -en⟩ **1.** ⟨*only sg*⟩ discipline; **eiserne (militärische, strenge) ~** iron (military, strict) discipline; **die ~ aufrechterhalten** maintain discipline; **~ halten** show discipline; **auf ~ halten** expect discipline, be (very) strict; **j-m ~ beibringen** discipline s.o. **2.** (*Fach*) discipline, branch, department. **3.** *Sport*: event, competition; **die Olympischen ~en** the Olympic events. **4.** *relig.* discipline.

Dis·zi·pli'nar|ˌausˌschuß [dɪstsipliˈnaːr-] *m* disciplinary board. **~ˌfall** *m* disciplinary case. **~geˌricht** *n* disciplinary court. **~geˌwalt** *f* disciplinary power(s *pl*). **~ˌhof** *m* → Disziplinargericht.

dis·zi·pli'na·risch I *adj* disciplinary.

II *adv* by disciplinary action; ~ geahndet (*od.* bestraft) werden be punished by disciplinary measures; ~ gegen j-n vorgehen take disciplinary action against s.o.; j-n ~ bestrafen discipline s.o., impose a disciplinary punishment on s.o.

Dis·zi·pli'nar|ˌkam·mer *f* disciplinary board. ~ˌ**maßˌnah·me** *f* disciplinary action. ~ˌ**ord·nung** *f* disciplinary regulations *pl.* ~ˌ**stra·fe** *f* disciplinary punishment. ~**verˌfah·ren** *n* disciplinary proceedings *pl* (*od.* action). ~**verˌge·hen** *n* disciplinary offen/ce (*Am.* -se), breach of discipline. ~ˌ**weg** *m* auf dem (*od.* im) ~(e) by disciplinary proceedings.

dis·zi·pli·nie·ren [dɪstsipliˈniːrən] *v/t* ⟨*no* ge-, h⟩ discipline.

dis·zi·pli'niert *adj* disciplined. 2**heit** *f* ⟨-; *no pl*⟩ discipline.

dis·zi'plin|los *adj* undisciplined, disorderly, unruly. 2**lo·sig·keit** *f* ⟨-; *no pl*⟩ indiscipline, lack of discipline.

Di·thy·ram·be [dytyˈrambə] *f* ⟨-; -n⟩ *metr.* dithyramb (*a. fig.*). **di·thy'ram·bisch** *adj a. fig.* dithyrambic.

di·to [ˈdiːto] *adv bes. econ.* ditto.

'Di·to *n* ⟨-s; -s⟩ (*Einerlei*) ditto.

dit·to [ˈdɪto] *adv Austrian for* dito.

Di·ure·se [diuˈreːzə] *f* ⟨-; -n⟩ *physiol.* diuresis.

Di·ure·ti·kum [diuˈreːtikʊm] *n* ⟨-s; -tika [-ka]⟩ *med. pharm.* diuretic. **di·ure·tisch** [-ˈreːtɪʃ] *adj* diuretic.

Di·ur·nal [dĭʊrˈnaːl] *n* ⟨-s; -e⟩, **Di·ur'na·le** *n* ⟨-; -nalia [-lĭa]⟩ *R.C.* diurnal.

Di·va [ˈdiːva] *f* ⟨-; -s *u.* Diven⟩ diva.

Di·van [ˈdiːva(ː)n] *m* ⟨-s; -e⟩ → Diwan.

di·ver·gent [divɛrˈgɛnt] *adj* divergent. **Di·ver'genz** [-ˈgɛnts] *f* ⟨-; -en⟩ *a. geol. u. fig.* divergence. **di·ver'gie·ren** [-ˈgiːrən] *v/i* ⟨*no* ge-, h⟩ *a. fig.* diverge. **di·ver'gie·rend** *adj a. fig.* divergent.

di·vers [diˈvɛrs] *adj* ⟨-er; -est⟩ diverse, various, several, sundry; aus ~en Gründen for various reasons; *econ.* ~e Kosten → Diverses 2; ~e Artikel sundries. **Di·ver·sa** [-za] *pl* → Diverses.

Di·ver·sant [divɛrˈzant] *m* ⟨-en; -en⟩ *DDR pol.* saboteur.

Di'ver·ses *n* ⟨*without article*⟩ **1.** *bes. econ.* sundries *pl*, sundry (*od.* miscellaneous) items *pl.* **2.** *econ.* sundry expenses *pl* (*od.* charges *pl*).

Di·ver·si·fi·ka·ti·on [divɛrsifikaˈtsĭoːn] *f* ⟨-; -en⟩ *econ.* diversification. **di·ver·si·fi'zie·ren** [-fiˈtsiːrən] *v/t u. v/i* ⟨*no* ge-, h⟩ diversify.

Di·ver·si·on [divɛrˈzĭoːn] *f* ⟨-; -en⟩ **1.** *obs. for* Ablenkung. **2.** *DDR pol.* sabotage.

Di·ver·tis·se·ment [divɛrtɪs(ə)ˈmãː] *n* ⟨-s; -s⟩ *bes. mus.* divertissement.

Di·vi·dend [diviˈdɛnt] *m* ⟨-en; -en⟩ *math.* dividend.

Di·vi·den·de [diviˈdɛndə] *f* ⟨-; -n⟩ **1.** *econ.* a) dividend, b) (*Satz*) dividend rate; mit (ohne) ~ cum (ex) dividend, *Am.* dividend on (off); laufende ~ accrued dividend; fällige ~ dividend due (*od.* payable); e-e ~ ausschütten pay (*od.* distribute) a dividend; e-e ~ erklären declare a dividend; ~n beziehen draw dividends. **2.** *jur.* (*Konkursquote*) dividend (in bankruptcy).

Di·vi'den·den|ˌabˌga·be *f econ.* dividend tax. ~ˌ**ausˌfall** *m* passing of the dividend. ~ˌ**ausˌschüt·tung** *f* distribution of a dividend. 2**beˌrech·tigt** *adj* **1.** entitled to (a) dividend. **2.** *Kapital*: ranking for dividend. ~**erˌklä·rung** *f* declaration of dividend. ~**kuˌpon** *m* dividend coupon (*od.* warrant). ~**paˌpie·re** *pl* dividend-bearing securities, shares, stocks. ~ˌ**rückˌla·ge** *f* dividend reserve fund. ~ˌ**satz** *m* dividend rate. ~ˌ**schein** *m* → Dividendenkupon.

di·vi·die·ren [diviˈdiːrən] *v/t u. v/i* ⟨*no* ge-, h⟩ divide (durch by).

Di·vis [diˈviːs] *n* ⟨-es; -e⟩ *print.* hyphen.

di·vi·si·bel [diviˈziːbəl] *adj math.* divisible.

Di·vi·si·on[1] [diviˈzĭoːn] *f* ⟨-; -en⟩ *math.* division; die ~ geht auf the division is exact; abgekürzte (unabgekürzte) ~ short (long) division.

Di·vi·si'on[2] *f* ⟨-; -en⟩ *mil.* division.

Di·vi·si'ons|ˌabˌschnitt *m mil.* division combat sector. ~**beˌfehl** *m mil.* division order. ~**kom·manˌdeur** *m* division(al) commander. ~ˌ**zei·chen** *n math.* division sign (*od.* mark).

Di·vi·sor [diˈviːzɔr] *m* ⟨-s; -en [-viˈzoːrən]⟩ *math.* divisor.

Di·wan [ˈdiːva(ː)n] *m* ⟨-s; -e⟩ **1.** (*Sofa*) divan, sofa, couch, *Am. a.* davenport. **2.** *Literatur*: divan, diwan (*a collection of Persian or Arabic poems*); „Westöstlicher ~" "West-Eastern Divan" (*by Goethe*). **3.** *hist.* divan, diwan: a) *Muslim council of state*, b) *room where a divan is held*, c) *Muslim court of justice.*

Di·xie [ˈdɪksi] *m* ⟨-s; *no pl*⟩ *mus. colloq. for* **Di·xie·land** [ˈdɪksiˌlɛnt; ˈdɪksiˌlænd] (*Engl.*) *m* ⟨-(s); *no pl*⟩ *mus.* Dixie (-land).

d-Moll [ˈdeːmɔl; *a.* ˈdeːˈmɔl] *n* ⟨-; *no pl*⟩ *mus.* D minor.

Do [doː] *n* ⟨-; -⟩ *mus.* do.

'Do·berˌmann [ˈdoːbər-] *m* ⟨-s; ⸚er⟩, ~ˌ**pin·scher** *m zo.* Doberman (pinscher).

doch [dɔx] **I** *adversative conj* **1.** (*aber*) but, however, yet. **II** *causative conj* **2.** wo ~, wenn ~ when, since; *warum hast du mich nicht gefragt,* wo du ~ wußtest, daß when you knew that; warum fragst du, wenn du es ~ schon weißt? why do you ask when (*od.* if) you know it anyway? **3.** *lit.* since; er schwieg, sah er ~, daß alle Worte sinnlos waren he was silent since he saw (*od.* seeing) that all his words were in vain. **III** *adv* **4.** (*trotzdem, dennoch*) yet, however, still, nevertheless, all the same, anyhow; er ist sehr krank, und ~ verliert er nicht den Mut he is very ill and yet he hasn't lost his courage; er sagte, daß er ~ gehen wollte he said he would go all the same. **5.** (*schließlich, also* ~) after all; ich habe also ~ recht so I'm right after all; er hat es ~ noch geschafft he did make it after all; also ~! I knew it!, I was right after all!, just as I thought! **6.** *widersprechend*: but; er hat es ~ gesagt but he did say it; es gibt ~ noch e-e andere Möglichkeit but there is still another possibility. **7.** *colloq. nach verneinter Frage, Feststellung etc*: yes; siehst du es nicht? – ~! don't you see it? – Yes, I do!, yes, of course!; du kommst wohl nicht mit? – ~! you won't come with us I suppose? – Oh yes, I will! **IV** *particle* (*unstressed, often not translated*) **8.** *verstärkend*: du weißt ~, daß surely (*od.* I'm sure) you know that; sei ~ vernünftig! do be sensible; es ist ~ wunderschön hier! it is really lovely here!; das ist ~ Unsinn! but that's all nonsense!; du kommst ~? you will come, won't you?; das kann ~ nicht dein Ernst sein! you don't really mean that, do you?; daß sie ~ nie pünktlich sein kann! why on earth can't she ever be on time; *colloq.* komme ich ~ gestern nach Hause und just imagine, when I came home yesterday; er ist ~ nicht (etwa) tot? he isn't dead I hope (*od.* is he)?; wie war ~ gleich sein Name? what did you say was his name?; laß das ~! don't (do it)!; ja ~! yes, indeed!, of course!, by all means!; nein ~! no indeed!, certainly not!; nicht ~! a) don't!, b) (*gewiß nicht*) certainly not! **9.** *auffordernd*: just, *verbal*: do ...; kommen Sie ~ herein! do come in!, why don't you come in?; sei ~ lieb! *zu Kindern*: be a good boy (girl); frag ihn ~! (just) ask him!, why not ask him! **10.** *wünschend*: if only; wenn er ~ käme! if only he would come!; wenn (*od.* o daß) es ~ wahr wäre! if only it were true. **11.** *erinnernd*: as you know; ich muß ~ morgen nach Berlin fahren as you know I have to go to Berlin tomorrow; ich darf ~ nichts trinken! I mustn't drink, you know! **12.** *Vorausgehendes begründend*: after all; remember?; ich helfe dir – ich bin ~ d-e Schwester I will help you – after all I'm your sister! **13.** *rechtfertigend*: but; er hat es ~ selbst gesagt! but he said so himself! **14.** *Überraschung ausdrückend*: why; das ist ~ Michael! why, it's Michael!

Docht [dɔxt] *m* ⟨-(e)s; -e⟩ wick. ~ˌ**schmie·rung** *f* wick oiling.

Dock [dɔk] *n* ⟨-(e)s; -s, *rare* -e⟩ *mar.* dock; auf ~ legen (put in) dock; ins ~ gehen (go into) dock; im ~ liegen lie (*od.* be) in dock. ~ˌ**anˌla·ge** *f* docks *pl*, dockyard. ~ˌ**ar·bei·ter** *m* docker, *Am.* longshoreman.

Docke (*getr.* -k·k-) [ˈdɔkə] *f* ⟨-; -n⟩ **1.** (*Strähne Garn*) skein, hank. **2.** small bundle. **3.** (*Geländersäule*) baluster. **4.** *mus. am Cembalo etc*: jack. **5.** *tech.* mandril, arbor.

docken[1] (*getr.* -k·k-) [ˈdɔkən] **I** *v/t* ⟨h⟩ *mar.* dock. **II** *v/i mar., Raumfahrt*: dock. **III** 2 *n* ⟨-s⟩ docking, dockage.

'docken[2] (*getr.* -k·k-) *v/t* ⟨h⟩ **1.** *Textil.* a) (*Garn*) wind *s.th.* (up) in skeins, b) (*Seide*) sleave. **2.** *agr.* a) (*Flachs*) bundle, bind, b) (*Tabak*) roll, twist, c) (*Getreide*) shock.

'Docken·geˌlän·der (*getr.* -k·k-) *n arch.* balustrade.

'Docker (*getr.* -k·k-) *m* ⟨-s; -⟩ → Dockarbeiter.

'Dock|geˌbühr *f meist pl mar.* dock dues *pl*, dockage. ~ˌ**ha·fen** *m* docks harbo(u)r. ~ˌ**mei·ster** *m* dockmaster. ~ˌ**schleu·se** *f* entrance lock.

do·de·ka·disch [dodeˈkaːdɪʃ] *adj math.* duodecimal.

Do·de·ka·eder [dodekaˈʔeːdər] *n* ⟨-s; -⟩ *math.* dodecahedron. **do·de·ka'edrisch** [-ˈʔeːdrɪʃ] *adj* dodecahedral.

Do·de·ka·gon [dodekaˈgoːn] *n* ⟨-s; -e⟩ *math.* dodecagon. **do·de·ka·go'nal** [-goˈnaːl] *adj* dodecagonal.

Do·de·ka·pho·nie [dodekafoˈniː] *f* ⟨-; *no pl*⟩ *mus.* twelve-tone music, dodecaphony.

Do·ge [ˈdoːʒə] *m* ⟨-n; -n⟩ *hist.* doge. **'Do·gen·paˌlast** *m* Doge's (*od.* Ducal) Palace.

Dog·ge [ˈdɔgə] *f* ⟨-; -n⟩ *zo.* mastiff; Englische ~ mastiff; Deutsche ~ (German breed of) Great Dane.

Dog·ger[1] [ˈdɔgər] *m* ⟨-s; *no pl*⟩ *geol.* Dogger.

'Dog·ger[2] *m* ⟨-s; -⟩ *mar.* dogger (boat).

Dog·ma [ˈdɔgma] *n* ⟨-s; -men⟩ **1.** dogma; e-e Lehre zum ~ erheben proclaim a doctrine as a dogma, dogmatize a doctrine; (über *acc* et.) ein ~ aufstellen dogmatize (on a subject). **2.** *relig.* dogma, article of faith. **Dog'ma·tik** [-ˈgmaːtɪk] *f* ⟨-; -en⟩ *relig.* dogmatics *pl* (*als sg od. pl konstruiert*).

Dogˈma·ti·ker [-ˈgmaːtikər] *m* ‹-s; -› *philos. relig. u. fig.* dogmatist. **dogˈma·tisch** [-ˈgmaːtɪʃ] **I** *adj* dogmatic. **II** *adv* dogmatically. **dog·ma·tiˈsie·ren** [-tiˈziːrən] *v/t u. v/i* ‹*no* **ge-**, h› dogmatize. **Dog·maˈtis·mus** [-ˈtɪsmʊs] *m* ‹-; *no pl*› dogmatism.

Doh·le [ˈdoːlə] *f* ‹-; -n› *orn.* (jack)daw.

dok·tern [ˈdɔktərn] *v/i* ‹h› *colloq.* an j-m ~ doctor s.o.

Dok·tor [ˈdɔktɔr] *m* ‹-s; -en [-ˈtoːrən]› **1.** *univ.* doctor; ~ **der Medizin (Philosophie, Theologie)** Doctor of Medicine (Philosophy, Divinity); ~ **ehrenhalber** → **Ehrendoktor**; **den** (*od.* **s-n**) ~ **machen** (*od. colloq.* **bauen**), ~ **werden** take (*od.* work for) one's doctor's degree; **j-n zum** ~ **machen** (*od.* **promovieren**) make s.o. a doctor, confer the degree of doctor on s.o.; **zum** ~ **promoviert werden** have the degree of doctor conferred on one. **2.** *colloq.* (*Arzt*) doctor, *colloq.* doc.

Dok·to·rand [dɔktoˈrant] *m* ‹-en; -en›, **Dok·toˈran·din** [-dɪn] *f* ‹-; -nen› doctorand, doctoral candidate.

ˈDok·tor‚ar·beit *f* (doctoral) thesis (*od.* dissertation).

Dok·to·rat [dɔktoˈraːt] *n* ‹-(e)s; -e› doctorate.

ˈDok·tor|di‚plom *n* doctor's diploma. **~ex‚amen** *n* doctoral examination. **~‚fisch** *m* surgeonfish. **~‚fra·ge** *f fig.* vexed question, poser. **~‚grad** *m* doctor's degree, doctorate; **den** ~ **erwerben** take one's (doctor's) degree; **j-m den** ~ **verleihen** confer the degree of doctor on s.o. **~‚hut** *m* **1.** *hist.* doctoral cap. **2.** *fig.* → **Doktorgrad.**

dok·to·rie·ren [dɔktoˈriːrən] *v/i* ‹*no* **ge-**, h› *colloq.* **1.** take one's (doctor's) degree. **2.** work on one's (doctoral) thesis.

Dok·to·rin [dɔkˈtoːrɪn; ˈdɔktorɪn] *f* ‹-; -nen› **1.** (lady *od.* woman) doctor. **2.** *colloq.* doctor's wife.

ˈDok·tor|in·ge‚nieur *m* Doctor of Engineering (Science). **~kan·di‚dat** *m* → **Doktorand.** **~pro·mo·ti‚on** *f* → **Promotion.** **~‚prü·fung** *f* → **Doktorexamen.** **~‚ti·tel** *m* → **Doktorgrad.** **~‚va·ter** *m colloq.* supervisor. **~‚wür·de** *f* → **Doktorgrad.**

Dok·trin [dɔkˈtriːn] *f* ‹-; -en› *a. pol.* doctrine. **dok·tri·när** [dɔktriˈnɛːr] **I** *adj.* **II** ≈ *m* ‹-s; -e› doctrinaire, doctrinarian. **Dok·tri·na·ris·mus** [dɔktrinaˈrɪsmʊs] *m* ‹-; *no pl*› doctrinarism.

Do·ku·ment [dokuˈmɛnt] *n* ‹-(e)s; -e› **1.** document, record (*beide a. fig.*); → *a.* **Urkunde.** **2.** *jur.* (legal) document (*od.* instrument), deed. **3.** *meist pl econ. mar.* (shipping) document (*od.* papers *pl*); **~e gegen Akzept (Zahlung)** documents against acceptance (payment). **4.** *DDR pol.* membership book of the Socialist Unity Party.

Do·ku·menˈtar|‚auf‚nah·me [dokumɛnˈtaːr-] *f phot.* documentary photograph, *colloq.* news photo. **~be‚richt** *m* **1.** documentary report. **2.** → **~‚film** *m* documentary (film).

do·ku·menˈta·risch **I** *adj* documentary; **~er Beweis** documentary evidence (*od.* proof). **II** *adv* documentarily, by documents; **et.** ~ **belegen** (*od.* **nachweisen**) prove s.th. by documents, document s.th.; ~ **belegt** documented, supported by documents (*od.* by documentary evidence).

Do·ku·menˈtar‚stück *n thea.* documentary play.

Do·ku·men·ta·ti·on [dokumɛntaˈtsi̯oːn] *f* ‹-; -en› **1.** (*Beweisführung*) documentation, documentary evidence. **2.** (*Belege*) documentation, (collection of) documents *pl.* **3.** (*Bericht*) documentary (report). **4.** ‹*only sg*› (*Abteilung*) documentation department. **5.** *fig.* documentation, demonstration.

Do·ku·men·ta·tiˈons|‚film *m* → **Dokumentarfilm.** **~ge‚rät** *n* **1.** document recorder. **2.** microcopying apparatus.

Do·kuˈmen·ten|ak·kre·di‚tiv *n econ.* documentary letter of credit. **≈‚echt** *adj* accepted for use on official documents. **~in‚kas·so** *n* collection of documents. **~‚ta·sche** *f* briefcase. **~‚trat·te** *f econ.* documentary draft.

do·ku·men·tie·ren [dokumɛnˈtiːrən] *v/t* ‹*no* **ge-**, h› **1.** (*belegen*) document, prove (*od.* establish) *s.th.* by documents (*od.* documentary evidence). **2.** (*auswerten*) document. **3.** *fig.* demonstrate, show, reveal; **sich** ~ reveal itself, be shown.

Dolch [dɔlç] *m* ‹-(e)s; -e› **1.** dagger; **malaischer** ~ kris(s); **j-n mit e-m** ~ **erstechen** stab s.o. (with a dagger); *fig.* **ihre Worte trafen ihn wie ~e** her words wounded him to the core (*od.* cut him to the quick); **s-e Blicke waren wie ~e** he looked daggers. **2.** *mil.* (*Ehren≈*) dirk. **~‚klin·ge** *f* blade of a dagger. **~‚mes·ser** *n* **1.** dagger knife. **2.** hunting (*od.* bowie) knife. **~‚stoß** *m* **1.** dagger thrust. **2.** *fig.* stab in the back. **~‚stoß·le‚gen·de** *f hist.* myth of the 'stab in the back' (*1918*).

Dol·de [ˈdɔldə] *f* ‹-; -n› *bot.* umbel.

ˈDol·den|‚blu·me, ~‚blü·te *f bot.* umbellate flower. **≈‚blu·mig, ≈‚blü·tig** [-ˌblyːtɪç] *adj* umbellate(d), umbellar, umbelliferous. **~‚blüt·ler** [-ˌblyːtlər] *m* ‹-s; -› umbellate plant, umbellifer. **≈‚för·mig** *adj* umbelliform. **~ge‚wächs** *n*, **~‚pflan·ze** *f meist pl* → **Doldenblütler.** **≈‚tra·gend** *adj* umbelliferous. **~‚trau·be** *f* corymb(us). **≈‚trau·big** *adj* corymb(ifer)ous.

ˈdol·dig *adj bot.* umbellate(d), umbellar, umbelliferous.

Dold·rum [ˈdɔldrum; ˈdɒldrəm] (*Engl.*) *n* ‹-s; -s› *geogr.* (the) doldrums *pl.*

Do·le [ˈdoːlə] *f* ‹-; -n› *civ. eng.* culvert, drain.

Do·le·rit [doleˈriːt; -ˈrɪt] *m* ‹-s; -e› *min.* dolerite.

Do·li·ne [doˈliːnə] *f* ‹-; -n› *geol.* dolina. **Doˈli·nen‚see** *m geol.* sinkhole pond.

doll [dɔl] *adj* ‹-er; -st› *colloq. for* **toll** 3–6.

Dol·lar [ˈdɔlar] *m* ‹-s; -s› dollar, *Am. colloq.* buck; **tausend** ~ a (*od.* one) thousand dollars, *bes. Am. sl.* one grand, one G. **~‚ba·sis** *f* dollar basis. **~bi‚lanz** *f* dollar balance of payments. **~‚block** *m* dollar bloc. **~di·plo·ma‚tie** *f* dollar diplomacy. **~‚län·der** *pl* dollar countries. **~‚lü·cke** (*getr.* **-k·k-**) *f* dollar gap. **~‚raum** *m econ.* dollar area. **~‚schwund** *m* dollar drain. **~‚wäh·rung** *f* dollar currency. **~‚wäh·rungs·ge‚biet** *n* dollar area. **~‚zei·chen** *n* dollar sign.

ˈDoll‚bord *m* ‹-(e)s; -e› *mar.* gunwale.

Dol·le [ˈdɔlə] *f* ‹-; -n› *mar.* thole(pin).

Dol·man [ˈdɔlman] *m* ‹-s; -e› *hist.* dolmen.

Dol·metsch [ˈdɔlmɛtʃ] *m* ‹-es; -e› **1.** *fig. lit.* spokesman; **er machte sich zum** ~ **dieser Sache** he became the spokesman for that cause. **2.** → **Dolmetscher** 1. **ˈDol·metsch‚an‚la·ge** *f* interpreting installation. **ˈdol·met·schen** **I** *v/i* ‹h› interpret, act as interpreter. **II** *v/t* interpret, translate *s.th.* (orally). **III** ≈ *n* ‹-s› interpreting, translating, interpretation. **ˈDol·met·scher** *m* ‹-s; -› **1.** (**vereidigter** ~ sworn *od.* official) interpreter; **e-n** ~ **zuziehen** call in an interpreter. **2.** *rare for* **Dolmetsch** 1. **ˈDol·met·sche·rin** *f* ‹-; -nen› (woman) interpreter.

ˈDol·met·scher|in·sti‚tut *n* **1.** school for interpreters. **2.** (university) institute for interpreters. **~‚schu·le** *f* school for interpreters. **~‚we·sen** *n* interpreting.

Do·lo·mit [doloˈmiːt; -ˈmɪt] *m* ‹-s; -e› *min. a.* **~kalk** *m*, **~stein** *m* dolomite. **do·loˈmi·tisch** *adj min.* dolomitic.

Do·lus [ˈdoːlʊs] *m* ‹-; *no pl*› *jur.* dolus.

Dom[1] [doːm] *m* ‹-(e)s; -e› **1.** cathedral (church). **2.** *poet.* vault, canopy (**des Himmels** of heaven). **3.** *arch. geol. tech.* dome, cupola.

Dom[2] [dɔm] *m* ‹-; *no pl*› dom (*Portuguese title*).

Do·ma [ˈdoːma] *n* ‹-s; Domen› *min.* dome.

Do·mä·ne [doˈmɛːnə] *f* ‹-; -n› **1.** *jur.* domain, demesne, state property; **~ngut** *n* Government estate; **~nland** *n* demesne land, domain. **2.** *hist. e-s Landesherrn*: demesne. **3.** *fig.* domain, province.

Do·me·stik [domɛsˈtiːk] *m* ‹-en; -en› *meist pl archaic* domestic.

do·me·sti·zie·ren [domɛstiˈtsiːrən] *v/t* ‹*no* **ge-**, h› domesticate.

ˈDom‚herr *m* canon.

do·mi·nant [domiˈnant] *adj a. biol.* dominant. **≈ak‚kord** *m mus.* dominant chord.

Do·miˈnan·te *f* ‹-; -n› **1.** *mus.* a) dominant, b) dominant chord. **2.** *fig.* dominant factor. **do·miˈnan·tisch** *adj mus.* dominant. **Do·mi‚nantˈsept·ak‚kord** *m mus.* dominant seventh (chord).

do·mi·nie·ren [domiˈniːrən] *v/i* ‹*no* **ge-**, h› **1.** (*vorherrschen*) (pre)dominate, prevail, be predominant; **die Abendkleider dominierten** evening gowns predominated (*od.* were most in evidence). **2.** *Person*: dominate (**über** *acc* over), *Sport*: *a.* be in command. **3.** *biol.* (**über** *acc* over) dominate, be dominant. **~d** *adj* (pre)dominant, dominating, preponderant, prevailing.

Do·mi·ni·ka·ner [dominiˈkaːnər] *m* ‹-s; -› **1.** *R.C.* Dominican (friar), Black Friar. **2.** Dominican, inhabitant of the Dominican Republic. **Do·mi·niˈka·ne·rin** *f* ‹-; -nen› **1.** *R.C.* Dominican (nun). **2.** Dominican.

Do·mi·niˈka·ner|‚klo·ster *n R.C.* Dominican monastery. **~‚mönch** *m* → **Dominikaner** 1. **~‚or·den** *m* Order of St. Dominic, Dominican order, *collect.* Dominicans *pl.*

do·mi·ni·ka·nisch [dominiˈkaːnɪʃ] *adj* **1.** *R.C.* Dominican. **2.** Dominican, of (*od.* relating to) the Dominican Republic.

Do·mi·ni·on [doˈmɪnjən] *n* ‹-s; -s *u.* -minien› *pol.* dominion.

Do·mi·no[1] [ˈdoːmino] *m* ‹-s; -s› **1.** (*Kostüm u. Person*) domino. **2.** *Austrian for* **Dominostein.**

ˈDo·mi·no[2] *n* ‹-s; -s› game of dominoes, dominoes *pl* (*als sg konstruiert*).

ˈDo·mi·no|‚mas·ke *f* domino. **~‚spiel** *n* → **Domino**[2]. **~‚stein** *m Spiel*: domino. **~theo‚rie** *f pol.* domino theory.

Do·mi·zil [domiˈtsiːl] *n* ‹-s; -e› *lit. oft humor.* domicile (*a. econ.*), abode. **do·mi·ziˈlie·ren** [-tsiˈliːrən] *v/t* ‹*no* **ge-**, h› *econ.* (*Wechsel*) domicile, domiciliate (**bei** at *a bank*, with *a banker*). **Do·mi·ziˈlie·rung** *f* ‹-; *no pl*› *econ.* domiciliation.

Do·miˈzil‚wech·sel *m econ.* domiciled bill (of exchange).

ˈDom|ka‚pi·tel *n relig.* chapter (of a cathedral). **~ka·pi·tu‚lar** *m* canon. **~‚kir·che** *f* cathedral church.

Dom·mel [ˈdɔməl] *f* ‹-; -n› → Rohrdommel.

ˈ**Dom|ˌpfaff** *m orn.* bullfinch. **~ˌpre·di·ger** *m relig.* cathedral preacher. **~ˌpropst** *m* dean of a cathedral.

Domp·teur [dɔmpˈtøːr] *m* ‹-s; -e› (animal) tamer, animal trainer. **Dompˈteu·se** [-ˈtøːzə] *f* ‹-; -n› (woman) animal tamer.

ˈ**Dom|ˌschu·le** *f* **1.** *hist.* cathedral school. **2.** choir school. **~ˌstift** *n* cathedral chapter.

Do·nar [ˈdoːnar] *npr m* ‹-s; *no pl*› *myth.* Thor.

ˈ**Do·nau|ˌbecken** (*getr.* **-k·k-**) *n geogr.* Danube basin. **~mon·arˌchie** *f hist.* Danubian (*od.* Habsburg) monarchy, Austro-Hungarian Empire. **~ˌraum** *m geogr.* Danube area (*od.* basin); **Länder im ~** Danubia. **~ˌstaa·ten** *pl geogr.* Danubian States. **~ˌvöl·ker** *pl* Danubian peoples, Danubians.

Don Ju·an [dɔnxuˈan] **I** *npr m* ‹-s; *no pl*› Don Juan. **II** *m* ‹-s; -s› *fig.* Don Juan.

ˈ**Don·koˌsa·ken** *pl* **1.** Don Cossacks. **2.** *colloq. for* **~ˌchor** *m mus.* Don Cossack choir.

Don·ner [ˈdɔnər] *m* ‹-s; -› **1.** thunder; **der ~ rollt** (*od.* **grollt**) the thunder rumbles (*od.* roars, peals, rolls); *fig.* **wie vom ~ gerührt** thunderstruck; *colloq.* **~ und Doria!** damn and blast! **2.** *fig.* (*Getöse*) thunder(ing), roar. **~ˌbüch·se** *f mil. hist.* blunderbuss.

ˈ**Don·ner|geˌbrüll** *n* roar. **~geˌpol·ter, ~geˌtö·se** *n* din, ear-splitting noise, crash. **~ˌgott** *m myth.* **1.** (*Thor etc*) god of thunder. **2.** (*Jupiter*) Thunderer, Thunder-bearer. **~keil I** [ˈdɔnərˌkaɪl] *m* **1.** *myth.* thunderbolt. **2.** *geol.* thunderstone. **II** [ˈdɔnərˈkaɪl] *interj* **3.** *colloq., a.* **~ˈkiel, ~ˈlitt·chen** [-ˈlɪtçən] → Donnerwetter 3.

don·nern [ˈdɔnərn] **I** *v/impers* ‹h› **1.** thunder; **es donnert** it is thundering; *colloq.* **dastehen wie die Gans** (*od.* **Kuh**), **wenn's donnert** stand aghast. **II** *v/i* **2.** *fig. Geschütz, Stimme, Wasserfall etc*: thunder, roar; **Züge ~ über die Schienen** trains thunder over the rails. **3.** *fig.* (*schlagen*) thunder, hammer (away), pound (away) (**an** *acc*, **gegen** at *the door, etc*). **4.** *colloq.* **gegen et. ~** (*rasen*) crash into (*od.* against) s.th. **5.** *fig. lit.* (*wettern*) thunder, storm, fulminate (**gegen** against). **III** *v/t* **6.** *fig.* (*brüllen*) roar, thunder (out); ‚**Ruhe!**' **donnerte er** 'Be quiet!' he roared. **7.** *fig. colloq.* slam, bang; **er donnerte den Ball ins Tor** he slammed the ball home. **IV** °~ *n* ‹-s› **8.** thunder(ing) (*etc*). **9.** *fig.* thunder, roar. **~d I** *adj fig.* **1.** thundering, thunderous, roaring (*applause, etc*); **~es Gelächter** roaring laughter; **~e Hochrufe** rousing cheers; **mit ~er Stimme** in a thunderous voice. **2.** *Reden etc*: fulminating. **II** *adv* **3.** like thunder; **die Lawine kam ~ zu Tal** the avalanche came thundering down; **der Zug fuhr ~ über die Brücke** the train thundered over the bridge.

ˈ**Don·ner|ˌnel·ke** *f bot.* maiden pink. **~ˌrol·len** *n* rumble (*od.* rumbling) of thunder. **~ˌschlag** *m* **1.** thunderclap, peal (*od.* crash) of thunder. **2.** *fig.* thunderbolt.

ˈ**Don·nersˌtag** *m* ‹-(e)s; -e› Thursday; (**am**) **~ morgen** (on) Thursday morning; **~ vormittag** Thursday morning; **~ abends** (on) Thursday evenings (*od.* nights). **~ˌabend** *m* Thursday evening.

ˈ**don·nersˌtags** *adv* (on) Thursdays, every (*od.* each) Thursday; **~ abends** (on) Thursday evenings.

ˈ**Don·ner|ˌstein** *m* → Donnerkeil 2. **~ˌstim·me** *f colloq.* thunderous voice; **mit ~ sprechen** (*od.* **sagen**) thunder. **~ˌträ·ger** *m myth.* (*Jupiter*) Thunder-bearer. **~wet·ter** *colloq.* **I** *n* **1.** [ˈdɔnərˌvɛtər] (*heftige Schelte*) (unholy) row, blowup, explosion; **das wird ein schönes ~ geben** (*od.* **setzen**) there will be hell to pay, that will raise a stink; **du kannst dich auf ein** (**gehöriges**) **~ gefaßt machen** you will be in for it, you will catch it; **ein ~ loslassen, wie ein** (**heiliges**) **~ dreinfahren** raise hell, kick up a row. **2.** [ˈdɔnərˌvɛtər] *rare for* **Gewitter. II** *interj* **3.** [ˈdɔnərˈvɛtər] **~!** *staunend*: wow!, gosh!, I'll be damned! **4.** [ˈdɔnərˌvɛtər] (*als Fluch*) **zum ~** (**noch mal** *od.* **auch**)**!, da soll doch gleich das** (*od.* **ein**) **~ dreinfahren!** damn it!, (bloody) hell!; **wer, zum ~, hat dir das gesagt?** who the devil told you that?; **warum** (**was, wo**) **zum ~ …?** why (what, where) the hell …?

Don Quiˈchotte [dõkiˈʃɔt] *npr m* ‹-s; *no pl*› Don Quixote (*a. fig.*). **Don·qui·chot·teˈrie** [-ʃɔtəˈriː] *f* ‹-; -n [-ən]› quixotry.

doof [doːf] *adj* ‹-er; -st› *colloq. contp.* → blöd.

do·pen [ˈdɔpən; ˈdoːpən] *v/t* ‹h› *Sport*: dope. ˈ**Do·ping** [-pɪŋ] *n* ‹-s; -s› doping.

Dop·pel[1] [ˈdɔpəl] *n* ‹-s; -› **1.** (*Zweitschrift*) duplicate. **2.** *Tennis*: a) doubles *pl*, *Br. a.* double, b) doubles team, c) doubles match; **gemischtes ~** mixed doubles *pl*. ˈ**Dop·pel**[2] *m* ‹-s; -› *Swiss* stake at a shooting competition.

ˈ**Dop·pel|ˌacht** *m* ‹-; -› *phot.* double run 8-mm film, double-eight film. **~ˌach·ter** *m Rudersport*: sculling eight. **~ˌader** *f electr.* twin leader (*od.* wire), two-wire core. **~ˌad·ler** *m* (*Wappentier*) double eagle. **~agent** [-aˌgɛnt] *m pol.* double agent. °**~ˌar·mig** [-ˌʔarmɪç] *adj* two-armed. °**~ato·mig** [-ʔaˌtoːmɪç] *adj phys.* diatomic. **~ˌausˌfer·ti·gung** *f* duplicate. **~ˌausˌga·be** *f print.* double (*od.* joint) issue. **~ˌaxt** *f* **1.** *archeol.* double ax(e). **2.** *tech.* double-bit ax(e). **~-ˌB** [-ˌbeː] *n mus.* double flat. **~ˌband** *m* ‹-(e)s; ⸚e› *print.* double volume. **~beˌdeu·tung** *f* double meaning. **~beˌlich·tung** *f phot.* double exposure. **~beˌrei·fung** *f mot.* dual (*od.* twin) tyres *pl* (*Am.* tires *pl*), duals *pl*. **~beˌschäf·ti·gung** *f* double employment. **~beˌsteue·rung** *f econ.* double taxation. **~ˌbett** *n* double bed; **Zimmer mit ~** double room. **~ˌbettˌcouch** *f* studio couch. **~beˌwußtˌsein** *n psych.* double consciousness, dual personality. **~ˌbier** *n* double beer. **~ˌbild** *n TV* double image. **~ˌbock** *m* Doppelbock (*very strong German beer*). **~ˌbo·den** *m* double (*od.* false) bottom; **mit ~** double-bottomed. °**~ˌbö·dig** [-ˌbøːdɪç] *adj* **1.** double-bottomed. **2.** *fig.* ambiguous, two-faced; **~e Moral** double standard (of morals). **~ˌbö·dig·keit** *f* ‹-; *no pl*› *fig.* ambiguity, double standard. **~ˌbo·gen** *m* **1.** *print.* double sheet. **2.** *tech. e-s Rohres etc*: double bend. **3.** *arch.* twin arch. °**~ˌbreit** *adj Stoff*: of double width. **~ˌbrief** *m Post*: overweight letter. **~ˌbril·le** *f* double spectacles *pl*. **~ˌbruch** *m* **1.** *med.* compound fracture. **2.** *math.* compound fraction. **~ˌbrücke** (*getr.* **-k·k-**) *f* **1.** *civ. eng.* twin bridge. **2.** *electr.* duplex bridge. **~ˌbüch·se** *f hunt.* double-barrel(l)ed gun. **~ˌbuchˌsta·be** *m* **1.** double letter, digraph. **2.** *print.* ligature. **~ˌci·ce·ro** *f print.* two-line Pica. **~ˌdecker** (*getr.* **-k·k-**) *m* ‹-s; -› **1.** *aer.* biplane. **2.** *colloq.* double-decker (bus). **~ˌdeckung** (*getr.* **-k·k-**) *f Boxen*: covering up. °**~ˌdeu·tig** [-ˌdɔʏtɪç] *adj* ambiguous, equivocal. **~ˌdeu·tig·keit** *f* ‹-; *no pl*› ambiguity, equivocalness. **~ˌdrib·bel** *n Basketball*: second dribble. **~ˌdruck** *m* ‹-(e)s; -e› **1.** *print.* mackle, blur, double impression. **2.** *meist pl* (*Buch*) twin issue. **~ˌehe** *f* bigamy. **~ˌendˌball** *m Boxen*: floor-to-ceiling ball. °**~ˌfä·dig** [-ˌfɛːdɪç] *adj electr.* bifilar. °**~ˌfar·big** *adj* two- (*od.* double-)colo(u)red, dichroic, dichromatic. **~ˌfar·big·keit** *f* dichroism. **~ˌfeh·ler** *m Tennis*: double (fault). **~ˌfen·ster** *n* double window. **~ˌflin·te** *f* → Doppelbüchse. **~ˌform** *f ling.* **1.** doublet. **2.** alternative form (*od.* derivation). **~ˌgän·ger** [-ˌgɛŋər] *m* ‹-s; -› double, *colloq.* look-alike. °**~ˌgän·gig** *adj Schraube*: double-threaded. **~gaˌra·ge** *f* double (*od.* two-car) garage. **~geˌstirn** *n* → Doppelstern. **~geˌwe·be** *n Textil.* double(-woven) (*od.* reversible) cloth. **~ˌgleis** *n rail.* double track. °**~ˌglei·sig** [-ˌglaɪzɪç] *adj* **1.** *rail.* double-track(ed). **2.** *fig. contp.* double-track. **~ˌgriff** *m mus.* double stop; **~e** (*od.* **in ~en**) **spielen** double-stop. **~ˌhaus** *n* pair of semi-detached houses; (**~hälfte**) semi-detached house. **~ˌhochˌzeit** *f* double wedding. **~ˌhub** *m tech.* double stroke. **~-ˌIch** *n psych.* dual personality. **~kaˌbi·ne** *f mar.* double-berth cabin. **~ˌkinn** *n* double chin. **~ˌkol·ben·ˌmo·tor** *m tech.* double- (*od.* opposed)-piston engine. **~kon·soˌnant** *m ling.* double consonant. **~konˌzert** *n mus.* double concerto. **~ˌkopf** *m* ‹*only sg*› (*Kartenspiel*) doppelkopf. °**~ˌköp·fig** [-ˌkœpfɪç] *adj* double-headed, bicephalic. **~ˌkreuz** *n* **1.** *mus.* double sharp. **2.** *relig. e-s Erzbischofs*: cross of Lorraine (*a. her.*). **3.** *print.* double dagger, diesis. °**~ˌläu·fig** *adj Flinte etc*: double-barrel(l)ed. **~ˌlaut** *m ling.* diphthong. **~ˌle·ben** *n* **ein ~ führen** lead a double life. **~ˌlei·tung** *f* **1.** *electr.* twin conductor (*od.* cable). **2.** *teleph.* loop circuit. **~ˌli·nie** *f* **1.** double line. **2.** *opt.* doublet. °**~ˌli·nig** [-ˌliːnɪç] *adj* bilinear. **~ˌmit·tel** *f print.* 28-point type. **~mon·arˌchie** *f hist.* Dual Monarchy. **~ˌmord** *m* double murder.

dop·peln [ˈdɔpəln] **I** *v/t* ‹h› **1.** (*ver~*) double. **2.** *Textil.* a) (*Tuch*) fold, b) (*Garn etc*) twist, ply. **II** *v/i* **3.** a) (*würfeln*) dice, b) (*betrügen*) cheat. **4.** *Film etc*: double.

ˈ**Dop·pel|ˌna·me** *m* **1.** hyphenated name. **2.** *biol.* binomial. **~ˌnel·son** *m Ringen*: full nelson. **~ˌpackung** (*getr.* **-k·k-**) *f* double-sized package. **~parˌtie** *f* → Doppel[1] 2a, c. **~ˌpaß** *m Fußball*: wall pass. °**~ˌpo·lig** [-ˌpoːlɪç] *adj electr.* bipolar. **~ˌpo·sten** *m mil.* double sentry. **~ˌpris·ma** *n opt.* double prism, biprism. **~ˌpunkt** *m* **1.** *ling.* colon. **2.** *math. e-r Kurve*: double point. **~ˌrad** *n* twin wheel. **~ˌrei·fen** *m mot.* dual (*od.* twin) tyre (*Am.* tire). **~ˌrei·he** *f* **1.** double row. **2.** *math.* double series. **3.** *mil.* column by twos, double file. **~ˌrei·hen·ˌmo·tor** *m tech.* double-tandem engine. **~ˌrei·her** *m colloq.* double-breasted suit. **~ˌrol·le** *f thea. u. fig.* double role (*od.* rôle); **e-e ~ spielen** a) *thea.* double a part, b) *fig.* play a double role. **~ˌrumpf** *m aer.* twin fuselage. **~ˌrumpf·ˌflugˌzeug** *n* twin-boom aircraft. **~ˌsal·to** *m Sport*: double somersault. **~ˌsalz** *n chem.* double salt. **~ˌsatz** *m print.* doublet. **~ˌschal·ter** *m electr.* duplex switch. **~ˌschei·benˌwi·scher** *m mot.* tandem (*od.* dual) wiper. **~ˌschicht** *f* **1.** double layer. **2.** *e-r*

Farbe: double coating. **3.** *geol.* double stratum. **4.** *econ.* double shift. **~ˌschrei·ber** *m tel.* diplograph. **~ˌse·hen** *n med.* double vision, diplopia. **~ˌsei·te** *f* **1.** double page. **2.** *print.* double page (*od.* spread). **≈ˌsei·tig I** *adj* **1.** double(-sided), bilateral; *med.* **~e Lähmung** double paralysis; **~er Leistenbruch** bilateral hernia. **2.** *Textil. Gewebe*: reversible, double-faced. **3.** *print.* two-page, double-page. **4.** *ling. Assimilation*: reciprocal. **II** *adv* **5.** on both sides. **~ˌsei·tig·keit** *f* ⟨-; *no pl*⟩ bilateralism, bilaterality. **~ˌselbstˌlaut** *m ling.* diphthong. **~ˌses·sel** *m e-s Skilifts etc*: double (*od.* two-seat) chair. **≈ˌsich·tig** *adj med.* diplopic. **~ˌsich·tig·keit** *f* ⟨-; *no pl*⟩ → **Doppelsehen.** **~ˌsieg** *m Sport*: double (win *od.* victory). **~ˌsinn** *m* double meaning, ambiguity, double-entendre (*Fr.*). **≈ˌsin·nig** *adj* **1.** ambiguous, equivocal, double-meaning. **2.** *anat. Nervenfasern etc*: antidromic. **~ˌsin·nig·keit** *f* ⟨-; -en⟩ ambiguity, equivocality. **~ˌsitz** *m Motorrad etc*: twin (*od.* dual) seat. **~ˌsit·zer** [-ˌzɪtsər] *m* ⟨-s; -⟩ two-seater. **≈ˌsit·zig** [-ˌzɪtsɪç] *adj tech. Ventil*: double-beat (*od.* -seated). **~ˌsoh·le** *f* double sole; **dicke ~** clump sole. **~ˌspiel** *n* **1.** *fig. contp.* double game, double dealing; **ein ~ treiben** play a double game. **2.** → **Doppel**[1] 2a, c. **~ˌsprung** *m Eiskunstlauf*: double jump. **~ˌspur·aufˌzeich·nung** *f electr.* twin-track recording. **~ˌstecker** (*getr.* **-k·k-**) *m* **1.** two-way (*od.* two-pin) plug. **2.** (*Verteiler*) two-way adapter. **~ˌstern** *m astr.* double star, binary (star). **~ˌstern·mo·tor** *m aer.* twin-row radial engine. **≈ˌstöckig** [-ˌʃtœkɪç] (*getr.* **-k·k-**) *adj* two-storeyed, *bes. Am.* two-storied; **~er Bus** double-decker; **~es Bett** two-bunk bed, double-decker. **≈ˌstrah·lig** *adj aer.* twin-jet. **~ˌstrich** *m mus.* double bar.

ˈ**dop·pelt I** *adj* **1.** double; **~e Freude** (**~es Glück, ~er Whisky** *etc*) double joy (luck, whisky, *etc*); **mit ~er Kraft ans Werk gehen** double one's efforts; **~e Moral** double standard (of morals); **~er Sinn** double meaning. **2.** (**~** *soviel*) double, twice (as much), twice again; **die ~e Summe** double (*od.* twice) the sum; **den ~en Preis zahlen müssen** have to pay double the price. **3.** (*zweifach*) double, dual, twofold; **~e Fahrbahn** dual carriageway; **~e Funktion** dual (*od.* double) function; **aus ~em Grunde** for two reasons; **e-m ~en Zweck dienen** serve a dual (*od.* double) purpose; **~e Staatsbürgerschaft** dual nationality; → **Buchführung.** **4.** (**~** *vorhanden*) duplicate; **in ~er Ausfertigung** in duplicate, in two copies; **et. ~ haben** have two (copies *od.* sets) of s.th., have s.th. double (*od.* in duplicate). **5.** *bes. electr.* duplex. **6.** *tech.* a) *Motor etc*: twin, dual, double, b) *Übersetzung etc*: two-speed. **7.** *ling. Geschlecht*: common (*gender*). **II** *adv* **8.** (*zweimal*) double, twice; **~ so groß (wie)** twice as large (as); **er ist ~ so alt wie ich** he is twice as old as I (am), he is double (*od.* twice) my age; **~ soviel bezahlen** pay double (*od.* twice) as much, pay double the price; *colloq.* **~ sehen** *Betrunkener*: see double; *min.* **~ prismatisch** diprismatic; **~ genäht hält besser** (*Sprichwort*) two are better than one, better safe than sorry; → **gemoppelt.** **9.** *verstärkend vor Adjektiven*: doubly (*painful, etc*); **es tut mir ~ leid, daß** I am doubly sorry that. **10.** *Textil.* double, doubly; **der Stoff liegt ~ breit** the cloth is double width; **~ gewebt** double(-ply). **11.** *colloq.* **~ und dreifach** doubly (and more); **er zahlte es ihm ~ und dreifach heim** he paid him back with interest. **III ≈e, das** ⟨-n⟩ **12.** (the) double; **die Preise sind um das ≈e gestiegen** prices have doubled; **um das ≈e größer** double the size, twice as large; **das ≈e bezahlen** pay twice as much, pay double the sum; **das ≈e leisten** do double the (*od.* twice as much) work.

ˈ**Dop·pel·te** *m* ⟨-n; -n⟩ double (drink); *colloq.* **geben Sie mir e-n ~n** make it a double.

ˈ**dop·pelt|geˌfie·dert** *adj bot.* bipennate(d). **~geˌsägt** *adj Blatt*: biserrate. **~ˌkoh·lenˌsau·er** *adj chem.* bicarbonate of, bicarbonate (*nachgestellt*); **doppeltkohlensaures Natron** sodium bicarbonate, bicarbonate of soda.

ˈ**Dop·pelˌtref·fer** *m Sport*: double hit.

ˈ**Dop·pelt|ˌse·hen** *n med.* double vision, diplopia. **≈ˌsich·tig** *adj* diplopic.

ˈ**Dop·pelˌtür** *f* double doors *pl.*

ˈ**dop·peltˌwir·kend** *adj tech.* double-acting.

ˈ**Dop·pel|verˌanˌstal·tung** *f Sport*: double event, *Am.* double-header. **~verˌdie·ner** *m econ.* **1.** double wage-earner, two-job man. **2.** *pl* dual income family. **~verˌdienst** *m* double earnings *pl*, dual income. **~verˌkehr** *m tel.* two-way (*od.* duplex) communication. **~ˌvers** *m metr.* distich. **~ˌvie·rer** *m Rudern*: sculling four. **~voˌkal** *m ling.* diphthong. **~ˌwäh·rung** *f econ.* double standard, bimetallism. **≈ˌwan·dig** [-ˌvandɪç] *adj* double-walled. **≈ˌwer·tig** *adj* → **zweiwertig.** **~ˌzent·ner** *m* metric (*od.* double) centner, quintal (*100 kilograms*). **~ˌzim·mer** *n* a) *bes. mit zweischläfrigem Bett*: double(-bedded) room, b) *mit zwei Betten*: twin-bedded room. **≈ˌzün·gig** [-ˌtsʏŋɪç] *adj fig.* double-tongued, double-dealing, double-faced. **~ˌzün·gig·keit** *f* ⟨-; *no pl*⟩ double-dealing. **~ˌzwei·er** *m Rudern*: double sculls *pl.*

Dop·pik [ˈdɔpɪk] *f* ⟨-; *no pl*⟩ *econ.* double-entry (bookkeeping).

ˈ**Dopp·ler·efˌfekt** [ˈdɔplər-] *m* ⟨-(e)s; *no pl*⟩ *phys.* Doppler effect.

Do·ra·do [doˈraːdo] *n* ⟨-s; -s⟩ → **Eldorado.**

Do·rer [ˈdoːrər] *m* ⟨-s; -⟩ *antiq.* → **Dorier.**

Dorf [dɔrf] *n* ⟨-(e)s; ⸚er⟩ **1.** village; **auf dem ~** in the village; **das ~ X** the village of X, X village; **das olympische ~** the Olympic village; **er kommt** (*od.* **stammt, ist**) **vom ~(e)** he comes from the country. **2.** *collect.* (inhabitants *pl* of the) village; **das ganze ~ lief herbei** the entire village turned out. **3. auf die Dörfer gehen** a) *thea.* go barnstorming, b) *Kartenspiel*: discard. **~ˌäl·te·ste** *m* ⟨-n; -n⟩ *hist.* village elder. **~ˌan·ger** *m* village green. **~beˌwoh·ner** *m*, **~beˌwoh·ne·rin** *f* villager.

Dörf·chen [ˈdœrfçən] *n* ⟨-s; -⟩ small village, hamlet.

ˈ**Dorf|ˌgeist·li·che** *m* → **Dorfpfarrer.** **~geˌmein·de** *f* **1.** village community. **2.** *collect.* villagers *pl.* **3.** *relig.* rural parish.

dör·fisch [ˈdœrfɪʃ] *adj contp.* rural, rustic.

ˈ**Dorf|ˌju·gend** *f collect.* young people *pl* of the (*od.* a) village. **~ˌkir·che** *f* village church. **~ˌknei·pe** *f colloq.* village pub.

Dörf·lein [ˈdœrflaɪn] *n* ⟨-s; -⟩ → **Dörfchen.**

Dörf·ler [ˈdœrflər] *m* ⟨-s; -⟩ villager.

ˈ**Dorfˌleu·te** *pl* villagers, village folk *sg.*

dörf·lich [ˈdœrflɪç] *adj* ⟨*attrib*⟩ **1.** village; **~es Leben** village life. **2.** (*bäuerlich*) rural, rustic, country.

ˈ**Dorf|ˌpfar·rer** *m* **1.** country parson. **2.** *R.C.* village priest. **~ˌplatz** *m* village square.

Dorf·sa·me [ˈdɔrfzaːmə] *f* ⟨-; *no pl*⟩ *Swiss* village community.

ˈ**Dorf|ˌschen·ke** *f* village inn (*Br. colloq.* pub). **~ˌtrot·tel** *m contp.* village idiot.

Do·ri·er [ˈdoːrĭər] *m* ⟨-s; -⟩ *antiq.* Dorian.

ˈ**do·risch I** *adj* **1.** *antiq. u. ling.* Dorian, Doric; **die ≈e Wanderung** the Dorian invasion. **2.** *arch.* Doric; **~e Säulenordnung** Doric (order); **~er Stil** Doric style. **3.** *mus.* Dorian; **~e Tonart** Dorian mode. **II** *ling.* **≈** ⟨*generally undeclined*⟩, **das ≈e** ⟨-n⟩ **4.** Doric, the Doric dialect.

Dorn[1] [dɔrn] *m* ⟨-(e)s; -en, *colloq. a.* ⸚er⟩ **1.** thorn; **voll(er) ~en** thorny (*a. fig.*); *fig.* **sein Lebensweg war voll(er) ~en** he (has) had a hard life; **j-m ein ~ im Auge sein** be a thorn in s.o.'s side; **er (es) war ihm ein ~ im Auge** *a.* he hated (the sight of) him (it). **2.** *bot.* a) thorn, b) spine, spinule, c) prickle. **3.** → **Dornbusch.** **4.** *zo.* (*Stachel*) spine. **5.** *poet.* thorn(bush).

Dorn[2] *m* ⟨-(e)s; -e⟩ **1.** *tech.* a) *für Fräsen, Kreissägen, Schleifscheiben etc*: arbor, b) *e-r Lehre*: plug, c) *für Dreharbeiten*: mandrel, d) *für Schweißarbeiten*: contact bar, e) *für Preßarbeiten*: piercing die, f) (*Bolzen*) bolt, g) (*Drehstift*) pivot pin. **2.** *tech.* a) (*Durchtreiber*) drift pin, b) *auf der Dornpresse*: arbor, mandrel, c) *zum Ausweiten*: reamer. **3.** *metall. von Röhrenwalzen*: plug, piercing mandrel. **4.** *an Sportschuhen etc*: spike. **5.** *e-r Schnalle*: tongue. **6.** *mus. am Cembalo*: quill.

ˈ**Dorn|ˌap·fel** *m* → **Stechapfel.** **~ˌausˌzie·her** *m Kunst*: Boy with a Thorn (*statue*). **~ˌbusch** *m* thornbush, brier, briar, bramble; *Bibl.* **der brennende ~** the burning bush.

dor·nen[1] [ˈdɔrnən] *v/t* ⟨h⟩ *metall.* pierce.

ˈ**dor·nen**[2] *adj poet.* thorny, thorned.

ˈ**Dor·nen|geˌstrüpp** *n* → **Dorngebüsch.** **~ˌhecke** (*getr.* **-k·k-**) *f* thorn hedge, hedge of thorns. **~ˌkranz** *m*, **~ˌkro·ne** *f* crown of thorns. **≈los** *adj* thornless. **≈ˌreich** *adj bes. fig.* thorny.

~ˌstrauch *m* → **Dornbusch.** **≈ˌtra·gend** *adj bot. zo.* spiny, spined. **≈ˌvoll** *adj fig.* thorny (*path, etc*).

ˈ**dornˌför·mig** *adj* **1.** thorn-shaped. **2.** *anat. zo.* spinal.

ˈ**Dorn|ˌfortˌsatz** *m anat.* spinal (*od.* spinous) process; **~ e-s Wirbels** neural spine. **~geˌbüsch, ~geˌstrüpp** *n* thornbushes *pl*, brambles *pl*, brier, briar. **~ˌhai** *m* (piked *od.* spiny) dogfish. **~ˌhecke** (*getr.* **-k·k-**) *f* → **Dornenhecke.**

ˈ**dor·nig** *adj* **1.** thorny, spiny, prickly. **2.** *fig.* thorny, hard. **3.** (*voller Dornsträucher*) brambly, briery. **4.** *bot.* spinous, spiny.

ˈ**Dornˌpres·se** *f tech.* arbor (*od.* mandrel) press.

ˌ**Dornˈrös·chen** *npr n* ⟨-s; *no pl*⟩ (*Märchen[gestalt]*) (The) Sleeping Beauty. **~ˌschlaf** *m fig.* (deep,) long sleep; **e-n ~ halten, in e-m ~ liegen** a) lie dormant, b) be behind the times; **in e-n ~ sinken** (*od.* **fallen**) fall into a deep, long sleep.

ˈ**Dorn|ˌro·se** *f bot.* **1.** a) dogrose, b) sweet briar. **2.** (*Auswuchs am Dorn*) thorn-gall. **~ˌschuh** *m Sport*: spiked (*od.* track) shoe. **~ˌstrauch** *m bot.* **1.** → **Dornbusch.** **2.** (*bes. Weißdorn*) thorn.

dor·ren [ˈdɔrən] *v/i* ⟨sein⟩ dry (up), wither.

dör·ren [ˈdœrən] *v/t* <h> **1.** (*Gemüse, Obst etc*) dry, desiccate, dehydrate. **2.** (*Boden etc*) parch, bake. **3.** → **darren** 1.

ˈ**Dörr|ˌfleisch** *n gastr.* **1.** dried meat. **2.** (*Speck*) smoked (side of) bacon. **~geˌmü·se** *n* dried vegetables *pl.* **~ˌobst** *n* dried (*od.* desiccated) fruit. **~ˌzwetsch·ge** *f* → **Backpflaume.**

dor·sal [dɔrˈzaːl] *adj anat. bot. zo., a. ling.* dorsal.

Dorsch [dɔrʃ] *m* <-es; -e> *ichth.* cod(fish); **junger ~** codling. **~ˌle·ber** *f* cod liver.

dort [dɔrt] **I** *adv* **1.** there; **nach ~** there; **von ~** from there, *lit.* thence; **von ~ ab** (*od.* **an**) from there (on); **von ~ aus** from there; **da** (*od.* **hier**) **und ~** a) here and there, b) now and then; **~, wo** where; **bleib ~!** stay there; *teleph.* **wer ist ~?** who am I speaking to?; **~ entlang** along there; **~ drüben** a) over there, *lit.* yonder, b) on the other side; **~ herum** a) round that way, b) (*ungefähr dort*) thereabout(s), (somewhere) around there; **~ unten (oben)** down (up) there. **2.** *econ.* at your end; **lieferbar ab ~** to be delivered from there; **franko ~** carriage paid. **3.** *fig.* (*im künftigen Leben*) hereafter, in the other world. **II** ♀ *n* <-; *no pl*> **4.** *fig.* (the) hereafter.

ˈ**dor·ten** *adv lit. archaic for* **dort** I.

ˈ**dort|ˈher** *adv* (**von**) **~** from there. **~ˈhin** *adv* there; *fig.* **bitte, wenden Sie sich ~** please apply (*od.* ask) there (*od.* at that address); **bis ~** as far as there, up to there, up to that point. **~hinˈab** *adv* down there. **~hinˈaus** *adv* **1.** (out) there; **~ liegt das Schloß** out there is the castle. **2.** *fig.* **bis ~** awfully, terribly. **~hinˈüber** *adv* over there. **~hinˈun·ter** *adv* down there.

ˈ**dor·tig** *adj* there, of that place; **unsere ~e Filiale** a) our branch office there, b) our branch office in your town; **die ~en Verhältnisse** a) the conditions there, b) *econ.* (*bei Ihnen*) the conditions at your end.

ˈ**dort·zu|ˌlan·de** [-tsu-] *adv lit.* there, in those parts, in that country (*od.* region).

Dös·chen [ˈdøːsçən] *n* <-s; -> *dim. of* **Dose** 1–3.

Do·se [ˈdoːzə] *f* <-; -n> **1.** (lidded) box, case. **2.** (*Büchse, Blech*♀, *Konserven*♀) tin, *bes. Am.* can; **et. in ~n einmachen** tin (*Am.* can) s. th. **3.** (*Glas*♀, *Porzellan*♀) jar. **4.** *electr.* a) (*Steck*♀) (plug) socket, b) (*Abzweig*♀) distribution box. **5.** → **Dosis.**

dö·sen [ˈdøːzən] *v/i* <h> **1.** doze, drowse. **2.** daydream.

ˈ**Do·sen|ˌbier** *n* tinned (*Am.* canned) beer. **~ˌfleisch** *n* tinned (*Am.* canned) meat. **~liˌbel·le** *f tech.* box spirit level. **~ˌmilch** *f* tinned (*Am.* canned) milk, evaporated (*od.* condensed) milk. **~ˌöff·ner** *m* tin (*Am.* can) opener. **~ˌschal·ter** *m electr.* rotary (*od.* branch, box) switch. **~ˌschildˌkrö·te** *f zo.* box tortoise, box turtle.

Doˈsierˌeinˌrich·tung *f synth. tech.* dosing (*Am.* weigh) feeder.

do·sie·ren [doˈziːrən] **I** *v/t* <*no* **ge-**, h> **1.** *med. pharm.* dose, measure out (the dosage of); **et. zu gering (zu stark) ~** underdose (overdose) s. th. **2.** (*Zutaten etc*) measure (off *od.* out). **3.** *fig.* give (*od.* administer) *s. th.* in well-measured doses. **4.** *tech.* a) *meßbar*: meter, b) *zeitlich*: time, c) *anteilig im Verhältnis*: proportion, d) (*Beton etc*) batch. **II** ♀ *n* <-s> **5.** dosing, measuring out. **Doˈsie·rung** *f* <-; -en> **1.** → **dosieren** II. **2.** *med. pharm., a. fig.* (*Dosis*) dosage, dose. **3.** *tech.* a) *meßbar*: metering, b) *zeitlich*: timing, c) *anteilig im Verhältnis*: proportioning.

ˈ**dö·sig** *adj colloq.* **1.** dozy, drowsy, sleepy. **2.** → **blöd.**

Do·si·me·ter [doziˈmeːtər] *n* <-s; -> **1.** *tech.* weighing and measuring machine. **2.** *med. pharm.* dosimeter.

Do·sis [ˈdoːzɪs] *f* <-; **Dosen**> *med. pharm., a. fig.* dose, dosage; **zu große** (*od.* **starke**) **~** overdose; **zu kleine** (*od.* **schwache**) **~** underdose; **tödliche ~** lethal dose; *nucl.* **höchstzulässige ~** (*von Strahlen*) maximum permissible dose; **j-m et. in kleinen Dosen verabreichen** *a. fig.* give (*od.* administer) s.o. s.th. in small doses; *fig.* **mit e-r kräftigen (leichten) ~ Sarkasmus** with a heavy dose (with a dash) of sarcasm. ♀**geˌrecht** *adj u. adv* (given) in correct dosage. **~ˌlei·stung** *f med.* dose rate.

ˈ**Dös|ˌkopf,** *a.* ˈ**Dösˌkopp** [-ˌkɔp] *m colloq.* idiot.

Dos·si·er [dɔˈsĭeː] *m, a. n, Swiss only n* <-s; -s> dossier, file.

Do·ta·ti·on [dotaˈtsĭoːn] *f* <-; -en> **1.** *lit.* donation. **2.** *econ.* a) endowment, donation (of money), b) allocation (of funds), c) initial supply of new currency.

do·tie·ren [doˈtiːrən] *v/t* <*no* **ge-**, h> *econ.* a) endow, donate (money to), b) allocate (funds to); **e-e Anstalt mit 10 000 DM ~** endow an institution with 10,000 marks, donate 10,000 marks to an institution; **e-e Rücklage aus dem Gewinn ~** build up (*od.* increase, feed) a reserve fund out of the profit. **doˈtiert** *pp u. adj* **1.** endowed; **ein Rennen, das mit 400 000 DM ~ war** a race with a 400,000 mark purse (*od.* prize). **2.** (*bezahlt*) paid, remunerated (*position, etc*). **Doˈtie·rung** *f* <-; -en> *econ.* **1.** a) endowment, donation, b) allocation (*gen* to *a fund, etc*). **2.** (*Bezahlung*) payment, remuneration. **3.** (*Preis*) prize, purse.

Dot·ter[1] [ˈdɔtər] *m, n* <-s; -> **1.** yolk (*od.* yellow) (of an egg); **das ~ vom Eiweiß trennen** *zum Backen*: separate the yolk from the white of the egg; **mit zwei ~n** double-yolked; **ohne ~** yolkless. **2.** *biol.* yolk, vitellus.

ˈ**Dot·ter**[2] *f, m* <-; -> *bot.* gold of pleasure.

ˈ**Dot·ter|ˌblu·me** *f bot.* **1.** marsh marigold. **2.** *colloq. for* **Löwenzahn.** **~ˌeiˌweiß** *n biol.* vitellin. **~ˌgang** *m* vitelline (*od.* yolk) duct. ♀**ˌgelb** *adj* yolk-yellow. **~ˌhaut** *f* yolk (*od.* vitelline) membrane. **~ˌkern** *m* yolk nucleus. ♀**los** *adj* yolkless. **~ˌsack** *m* yolk sac.

dou·beln [ˈduːbəln] *v/t u. v/i* <h> *Film*: double. **Dou·ble** [ˈduːbəl] *n* <-s; -s> *Film, a. mus.* double.

Dou·blé [duˈbleː] *n* <-s; -s> → **Dublee.**

dou·blie·ren [duˈbliːrən] *v/t* <*no* **ge-**, h> **1.** *Textil.* double. **2.** *metall.* plate.

ˈ**Dou·glasˌfich·te** [ˈduːglas-] *f* <-; -n>, **Dou·gla·sie** [duˈglaːzĭə] *f* <-; -n>, ˈ**Dou·glasˌtan·ne** *f* Douglas fir, Oregon pine, red fir.

Doy·en [dŏaˈjɛ̃ː] *m* <-s; -s> *pol.* doyen, dean (of the diplomatic corps).

Do·zent [doˈtsɛnt] *m* <-en; -en> (university) lecturer; dozent, *Br. a.* reader, *Am. a.* assistant professor; **~ für Wirtschaftswissenschaften** lecturer in economics. **Doˈzen·ten·schaft** *f* <-; -en> *collect.* (university) lecturers *pl.*

Do·zen·tur [dotsɛnˈtuːr] *f* <-; -en> (university) lectureship; **e-e ~ innehaben** hold a lectureship, be a lecturer.

do·zie·ren [doˈtsiːrən] **I** *v/t* <*no* **ge-**, h> **1.** give lectures (*od.* be a lecturer) in. **2.** deliver a lecture on. **II** *v/i* **3.** lecture (**über** *acc* on). **4.** *fig. contp.* (**über** *acc* on) hold forth, pontificate.

Dra·che [ˈdraxə] *m* <-n; -n> **1.** *her. myth.* dragon; **kleiner ~** dragonet; *her.* **geflügelter ~** wyvern. **2.** *zo.* (**Fliegender**) **~** (flying) dragon. **3.** *astr.* Draco, (the) Dragon. **4.** *mil. hist.* dragon, drake. **5.** *mar. hist.* dragon, longship, drake. **6.** *Bibl.* a) dragon, serpent, b) (*Satan*) (the) old dragon. **7.** *fig. colloq.* → **Drachen** 2.

ˈ**Dra·chen** *m* <-s; -> **1.** a) (*Kinder*♀ *etc*) *a. meteor.* kite; **e-n ~ steigen lassen** fly a kite, b) *Sport*: hang glider. **2.** *fig. colloq. contp.* (*böses Weib*) virago, termagant, shrew, *colloq.* battle-ax(e). **3.** *math.* kite, deltoid. **4.** → **Drache** 1–6. **~anˌten·ne** *f* kite(-lifted) aerial (*Am.* antenna). **~balˌlon** *m aer. meteor.* kite balloon. **~ˌbaum** *m* dracaena (palm), dracena. **~ˌblut** *n a. bot. chem.* dragon's blood. **~ˌboot** *n Sport*: dragon boat. **~ˌbrut** *f fig. contp.* vipers *pl.* **~ˌflie·gen** *n* hang gliding. **~ˌflie·ger** *m* hang glider (pilot). **~ˌflugˌzeug** *n aer. hist.* fixed-wing aircraft. **~ˌsaat** *f lit.* dragon's teeth *pl*, seeds *pl* of discord; **die ~ war aufgegangen** the seeds of discord had sprouted; **e-e ~ aussäen** sow dragon's teeth (*od.* the seeds of discord). **~ˌschlan·ge** *f her.* winged dragon. **~ˌstei·gen** (**-ˌlas·sen**) *n* kite-flying. **~ˌtö·ter** *m fig.* dragon-slayer.

Drach·me [ˈdraxmə] *f* <-; -n> **1.** *econ.* drachma (*monetary unit of Greece*). **2.** *pharm.* (*Gewicht*) dram, drachm.

Dra·gée [draˈʒeː] *n* <-s; -s> *od. f* <-; -n [-ən]> **1.** *pharm.* coated tablet, dragée, sugarcoated pill. **2.** *gastr.* sugarcoated sweetmeat (*Am.* candy).

ˈ**drag·gen** [ˈdragən] *v/i* <h> *mar.* drag.

dra·gie·ren [draˈʒiːrən] *v/t* <*no* **ge-**, h> *gastr. pharm.* sugarcoat.

Dra·go·man [ˈdraːgoman] *m* <-s; -e> dragoman.

Dra·go·na·de [dragoˈnaːdə] *f* <-; -n> *pol. hist.* dragon(n)ade(s *pl*).

Dra·go·ner [draˈgoːnər] *m* <-s; -> **1.** *mil. hist.* dragoon. **2.** *fig. colloq.* a) (*ungeschlachte Frau*) virago, grenadier, b) → **Drachen** 2.

Draht [draːt] *m* <-(e)s; ⸚e> **1.** *tech.* wire; *electr. a.* (*dünner ~, Röhren*♀) filament, (*Leiter*) conductor, lead; **stromführender ~** live wire; *tel.* **per ~ antworten** reply by wire, wire back. **2.** *fig.* (*Verbindung*) line; *pol.* **heißer ~** hot line; **direkter ~** (**zum** *Chef etc*) pipeline (*od.* direct line) (to). **3.** *fig. colloq.* **auf ~ sein** a) be in good form (*od.* shape), be up to scratch, b) (*wachsam*) be on one's toes, be on the ball (*od.* beam), c) (*wissensmäßig*) know one's stuff; **ich bin heute nicht ganz auf ~** I don't feel quite up to the mark today. **4.** *sl.* (*Geld*) dough, bread, *bes. Br. sl.* lolly. **~akˌzept** *n econ.* telegraphic acceptance. **~ˌanˌschrift** *f tel.* cable address. **~ˌanˌwei·sung** *f* telegraphic money order. **~ˌausˌlö·ser** *m phot.* cable release. **~beˌricht** *m* telegraphic (*od.* cable) report. **~ˌbür·ste** *f* wire brush.

Dräht·chen [ˈdrɛːtçən] *n* <-s; -> thin (*od.* small) wire.

drah·ten[1] [ˈdraːtən] *v/t* <h> **1.** wire, telegraph. **2.** *von Übersee*: cable. **3.** *tech.* (*zs.-flechten*) wire. **4.** *med.* wire.

ˈ**drah·ten**[2] *adj* (made) of wire, wire.

ˈ**Draht|ˌesel** *m colloq. humor.* bike. **~ˌfen·ster** *n* wire-gauze window. **~ˌfunk** *m* wired radio. **~ˌga·ze** *f* wire gauze. **~geˌflecht, ~geˌwe·be** *n* → **Drahtnetz** 1. **~ˌgit·ter** *n* wire grating (*od.* fence, *Am.* grille). **~ˌglas** *n* wire(d) glass.

ˈ**Drahtˌhaar** *n zo.* wiry hair. **~ˌdackel** (*getr.* **-k·k-**) *m* wirehair (*od.* wire-haired) dachshund. **~ˌfox** *m*, **~ˌter·ri·er** *m* wire-haired (fox) terrier, wirehair.

ˈDraht|ˌhef·ter *m*, **~ˌheft·maˌschi·ne** *f* wire stitcher. **~ˌhin·der·nis** *n mil.* wire entanglement.

ˈdrah·tig *adj a. fig. colloq. Person*: wiry.

ˈDraht|ˌkorb *m* wire basket. **~ˌleh·re** *f tech.* wire ga(u)ge. **~ˌlei·tung** *f electr.* wire line; **mit ~en versehen** wired.

ˈdraht·los I *adj* wireless, radio-…; **~e Bildtelegraphie** radio-picture telegraphy, facsimile; **~e Telegraphie** radiotelegraphy, wireless telegraphy; **~e Telephonie** radiotelephony, wireless telephony; **~e Nachrichtenübermittlung** radio-communication; **~e Fernbedienung** cableless remote control. **II** *adv* by radio, *Br. a.* by wireless; **~ senden** (*od.* **telegraphieren**) radio, *Br. a.* wireless.

ˈDraht|maˌtrat·ze *f* wire mattress. **~ˌmel·dung**, **~ˌnachˌricht** *f* telegraphic (*od.* wire) message, telegram, wire. **~ˌnachˌrich·tenˌtech·nik** *f* telephony and telegraphy. **~ˌnaht** *f med.* wire suture. **~ˌnetz** *n* **1.** *tech.* a) wire netting, b) (*Gaze*) wire gauze, c) (*Geflecht*) wire mesh. **2.** *tel.* (*Funk*) wire (communication) network. **~ˌöse** *f tech.* staple. **~ˌpup·pe** *f* puppet, marionette. **~ˌrei·fen** *m mot.* wired (*od.* straight-side) tyre (*Am.* tire). **~ˌrol·le** *f tech.* wire coil. **~ˌsai·te** *f mus.* wire (string). **~ˌsche·re** *f tech.* wire shears *pl* (*od.* cutter[s *pl*]). **~ˌschie·ne** *f med.* cradle, wire splint. **~ˌschie·nung** *f Zahntechnik*: wiring. **~ˌschlin·ge** *f hunt.* wire (snare).

ˈDrahtˌseil *n* **1.** *tech.* wire rope (*od.* cable); → **Nerv** 1. **2.** tightrope, tightwire, high wire. **~akroˌbat** *m*, **~akroˌba·tin** *f* tightrope (*od.* wire) walker. **~ˌbahn** *f tech.* (aerial) cableway, wire ropeway, funicular (railway). **~ˌbrücke** (*getr.* **-k·k-**) *f* cable bridge. **~ˌfäh·re** *f* cable ferry.

ˈDraht|ˌsieb *n* **1.** *tech.* wire sieve (*od.* screen); **grobes ~** riddle. **2.** *gastr.* wire sieve (*od.* strainer). **~ˌspu·le** *f electr.* solenoid. **~ˌstär·ke** *f* wire ga(u)ge (*od.* thickness). **~ˌstift** *m* (wire) tack. **~te·le·graˌphie** *f* wire (*od.* line) telegraphy. **~verˌhau** *m, n mil.* wire entanglement. **~ˌwal·zen** *n metall.* wire rolling. **~ˌwi·derˌstand** *m electr.* wire-wound (*od.* wire) resistor. **~ˌwort** *n* telegraphic address. **~ˌwurm** *m zo.* wireworm. **~ˌzan·ge** *f tech.* cutting plier(s *pl*), wire cutter(s *pl*). **~ˌzaun** *m* wire fence. **~ˌzie·hen** *n* wiredrawing. **~ˌzie·her** *m* **1.** *tech.* (*Beruf*) wiredrawer. **2.** *fig.* wire-puller; **der ~ sein** pull the wires (*od.* strings). **~zie·heˈrei** [ˌdraːt-] *f fig. contp.* wire-pulling.

Drain [drɛ̃ː; drɛːn] *m* ⟨-s; -s⟩ **1.** *med* a) drain(age tube), b) *e-r Hohlnadel*: stylet, stilet, mandrin. **2.** → **Drän** 1.

Drai·na·ge [drɛˈnaːʒə] *f* ⟨-; -n⟩ *med., a. civ. eng.* drainage; **~röhre** *f med.* drainage tube. **drai·nie·ren** [drɛˈniːrən] *v/t* ⟨*no* **ge-**, h⟩ **1.** *med.* drain. **2.** → **dränieren** 1.

Drai·si·ne [draɪˈziːnə; drɛ-] *f* ⟨-; -n⟩ (rail) trolley, *Am.* (track) motor car.

dra·ko·nisch [draˈkoːnɪʃ] *adj* Draconian, draconic, harsh.

drall [dral] *adj* ⟨-er; -st⟩ **1.** *Mädchen, Frau*: buxom, strapping. **2.** *Wangen etc*: chubby, full.

Drall *m* ⟨-(e)s; -e⟩ **1.** *Textil. des Garns etc*: twist. **2.** *mil.* a) (*Gewehrzüge*) rifling, b) (*Geschoß*~) twist, spin. **3.** *tech.* a) twist, b) *e-r Schnecke*: spiral, helix, c) (*Drehmoment*) torque, d) (*Drehimpuls*) angular momentum, e) *von Drahtlitzen*: lay. **4.** *Sport*: spin; **e-m Ball e-n ~ geben** put spin on (*od.* slice) a ball. **~ˌför·mig** *adj tech.* spiral, helical. **~frei** *adj phys.* irrotational, nontwisting.

ˈDrall·heit *f* ⟨-; *no pl*⟩ *fig.* buxomness; *der Wangen etc*: chubbiness, fullness.

Dra·ma [ˈdraːma] *n* ⟨-s; Dramen⟩ **1.** *Literatur*: a) (*Gattung*) drama, dramatic art, b) (*Bühnenwerk*) drama, dramatic play. **2.** *fig.* drama, dramatic event, *stärker*: tragedy; *colloq.* **es ist doch immer das gleiche ~ mit ihm!** he is just hopeless!; *colloq.* **er machte daraus ein ~** he dramatized the affair.

Dra·ma·tik [draˈmaːtɪk] *f* ⟨-; *no pl*⟩ **1.** dramatic art, drama. **2.** *fig.* drama; **die ~ dieser Situation** the drama of this situation. **Draˈma·ti·ker** [-tikər] *m* ⟨-s; -⟩ dramatist, playwright. **draˈma·tisch** [-ˈmaːtɪʃ] **I** *adj* **1.** *Literatur*: dramatic; **die ~e Dichtung** a) *als Sammelbegriff*: drama, dramatic literature, b) *e-s Dichters*: drama(s *pl*), dramatic works *pl*, c) (*einzelnes Stück*) drama, play, d) *in Versen*: dramatic poem; **~e Situation** dramatic situation; **der ~e Konflikt** the dramatic conflict. **2.** *fig.* (*aufregend*) dramatic. **II** *adv* **3.** dramatically; **~ bearbeiten** → **dramatisieren** 1. **dra·ma·ti·sie·ren** [dramatiˈziːrən] *v/t* ⟨*no* **ge-**, h⟩ **1.** dramatize, adapt *s.th.* for the stage. **2.** *fig.* dramatize (*a matter*). **Dra·ma·tiˈsie·rung** *f* ⟨-; -en⟩ (*Vorgang u. Werk*) dramatization (*a. fig.*), stage adaptation.

Dra·ma·turg [dramaˈtʊrk] *m* ⟨-en; -en⟩ *thea.* dramatic adviser; *Film*: *a.* scenario editor. **Dra·ma·turˈgie** [-tʊrˈgiː] *f* ⟨-; -n [-ən]⟩ dramaturgy. **dra·maˈtur·gisch** [-gɪʃ] *adj* dramaturgic(al).

ˈDra·men|ˌdich·ter *m* playwright, dramatist. **~ˌdich·tung** *f* drama, dramatic art.

Dra·mo·lett [dramoˈlɛt] *n* ⟨-s; -e⟩ short drama, sketch.

dran [dran] *adv colloq.* **1.** (→ *a.* **daran** I) **man gewöhnt sich ~** one gets used to it; **ich denke ja nicht ~!** I wouldn't think (*od.* dream) of it!; **da** (*od.* **es**) **ist was** (**Wahres**) **~** there is s.th. in it; **an diesem Hühnchen ist nicht viel ~** there is not much flesh on this chicken; **da ist alles ~!** it's terrific!, *sl.* hot stuff!; **ein Unwetter, da war** (**aber**) **alles ~!** a hell of a storm!, a terrific storm!; → **drauf, drum** 2, **glauben** 7; → *a.* **dranbleiben** *etc.* **2. jetzt ist er ~** (*od. humor.* **am dransten**) a) (*an der Reihe*) now it's his turn, b) *b.s.* now he is (in) for it!, now he'll get his (*od.* it)!; **warte, bis du ~ bist!** wait your turn!; *fig.* **ich komme schon noch ~!** my turn will come!; **er ist kaum besser ~** he is little better off; **der ist bald ~** (*muß sterben*) he hasn't got long. **3. gut ~ sein** a) be well off, b) be lucky (*od.* fortunate), be sitting pretty; **übel** (*od.* **schlecht**) **~ sein** be badly off, be in a bad way (*od.* position), have a filthy time; **jetzt weiß ich, wie ich ~ bin** now I know where I stand; **ich weiß nie, wie ich mit ihm ~ bin** I never know what to make of him (*od.* where I am with him); **spät ~ sein** be late; **wie ist er mit Kleidern ~?** how is he off (*Am. a.* fixed) for clothes?

Drän [drɛːn] *m* ⟨-s; -s *u.* -e⟩ **1.** *agr. civ. eng.* drain. **2.** → **Drain** 1.

Drä·na·ge [drɛˈnaːʒə] *f* ⟨-; -n⟩ drainage. **~ˌrohr** *n* **1.** *civ. eng.* drain(age) pipe. **2.** *med.* drainage tube.

ˈdranˌblei·ben *v/i* ⟨*irr, sep,* **-ge-**, sein⟩ *colloq.* **1. an e-r Sache ~** *von Dingen*: remain on s.th.; **die Bilder müssen** (**an der Wand**) **~** the pictures must be left (*od.* have to stay) (on the wall). **2.** *fig.* **an e-r Sache ~** *von Personen*: stick to s.th.; **bleib dran!** keep at it!, hang on!; *teleph.* **bleib dran!** hold the line! **3. an j-m ~** stick to s.o., keep close to s.o.

drang [draŋ] *1 u. 3 sg pret of* **dringen**.

Drang *m* ⟨-(e)s; *rare* ⸚e⟩ **1.** pressure, stress; **der ~ der Geschäfte** the pressure of business, the rush (*od.* stress) (of work). **2.** (*Dringlichkeit*) urgency. **3.** (*Eile*) hurry. **4.** (*Trieb*) urge, drive; **der ~ nach** (*od.* **zur**) **Freiheit** the urge for freedom; *pol. hist.* **der ~ nach Osten** the drive to the east; **~ nach Höherem** aspiration for higher things, *weitS.* (driving) ambition; **ein unwiderstehlicher ~ zum Stehlen** an irresistible urge (*od.* a compulsion) to steal things. **5.** (*Verlangen*) (**nach** for) (strong) desire, yearning, thirst. **6.** (*Tendenz*) drift, trend; **der ~ in die Stadt** the drift (*od.* trend) to the city. **7.** (*Antrieb*) impetus, impulse; **im ~ des Augenblicks** on the spur of the moment. **8.** (*Bedrängnis*) distress. **9.** *physiol.* urge; **e-n heftigen ~ verspüren** need the lavatory badly, *colloq.* feel nature's call.

ˈdran|ˌge·ben *v/t* ⟨*irr, sep,* **-ge-**, h⟩ *colloq.* give up, sacrifice. **~ˌge·hen** *v/i* ⟨*irr, sep,* **-ge-**, sein⟩ *colloq. for* **darangehen**.

Drän·geˈlei *f* ⟨-; -en⟩ *colloq.* shoving, jostle, jostling.

drän·geln [ˈdrɛŋəln] *colloq.* **I** *v/t* ⟨h⟩ **1. j-n ~** a) push (*od.* shove, jostle, press) s.o., b) *mot.* tailgate s.o.; **j-n zur Seite ~** push s.o. aside. **2.** *fig.* **j-n ~, et. zu tun** press (*od.* urge, pester, badger) s.o. to do s.th. **II** *v/i* **3.** push, shove, jostle; **hör auf zu ~!** stop shoving! **4.** *fig.* pester s.o., badger s.o., keep on at s.o.; **er drängelte so lange, bis die Mutter ihm et. kaufte** he kept pestering his mother until she bought him s.th. **III** *v/reflex* **sich ~ 5.** → **drängen** 8. **IV** ~ *n* ⟨-s⟩ **6.** → **Drängelei**.

drän·gen [ˈdrɛŋən] **I** *v/t* ⟨h⟩ **1.** push, shove, press, thrust, force; **j-n ~** push (*od.* shove) s.o.; **j-n beiseite ~** push (*od.* shove, thrust) s.o. aside; *Boxen*: **den Gegner gegen die Seile ~** drive the opponent against the ropes; → **Defensive, Wand** 1. **2.** *fig.* **j-n zu et. ~, j-n ~, et. zu tun** press (*od.* urge) s.o. to do s.th., *mit Zwang*: pressure s.o. into doing s.th.; **e-n Schuldner** (**zur Zahlung**) **~** press a debtor for payment; **er wollte sie nicht ~** he didn't want to rush her; **ich lasse mich nicht ~!** I won't be rushed! **3.** *tech.* force. **II** *v/i* **4.** push, shove, press; *Menschenmenge*: crowd, throng, mill (*to the door, etc*); **nach vorn ~** → 8. **5.** *fig.* be pressing, be urgent; **die Zeit drängt** time is pressing (*od.* running short); **die Sache drängt zur Entscheidung** the matter calls for a quick decision. **6.** *fig.* (*dringlich machen*) press, urge; **auf Zahlung ~** press for (*od.* insist on) payment; **auf e-e Entscheidung ~** urge (*od.* demand) a decision. **7.** *fig.* **nach e-r Sache ~** aspire after (*od.* to) s.th., strive for s.th., seek (*the truth, etc*). **III** *v/reflex* **sich ~ 8.** crowd, throng, press; **sich um j-n ~** press (*od.* crowd) round s.o.; **sich aneinander ~** press closely together, *aus Angst etc*: huddle together; **sich zur Tür ~** push (*od.* force) one's way toward(s) the door; **sich durch die Menge ~** force (*od.* elbow) one's way through the crowd; **sich an j-n** (**et.**) **~** press against s.o. (s.th.); **sich nach vorn ~** force (*od.* push) one's way to the front, *Menge*: press (*od.* surge) forward, (*aus der Reihe tanzen*) jump the queue; → **Hintergrund** (*etc*). **9. sich zu** (*od.* **nach**) **e-r Sache ~, sich danach ~, et. zu tun** volunteer for s.th. (*od.* to do

s. th.), be keen on (doing) s. th., *stärker*: go all out after s. th. **IV** *v/impers* **10. es drängt j-n** (*od.* **j-n drängt es**), **et. zu tun** a) s. o. feels prompted (*od.* moved) to do s. th., b) s. o. feels forced (*od.* compelled) to do s. th. **V** ≈ *n* ⟨-s⟩ **11.** pushing (*etc*). **12.** *Menschenmenge*: (milling) crowd. **13.** *fig.* pressure, insistence, urging, urgent request(s *pl*); **auf sein ≈ hin** at his insistence. **~d** *adj* pressing, urgent; insistent.

ˈDrang·sal *f* ⟨-; -e⟩, *obs. n* ⟨-(e)s; -e⟩ *lit.* **1.** (*Not*) affliction, distress; **in großer ~ sein** be in great distress. **2.** (*seelische Qual*) anguish, agony, torment, ordeal. **3.** (*Ungemach*) tribulation, hardship, visitation, ordeal. **drang·sa·lie·ren** [draŋzaˈliːrən] *v/t* ⟨*no* **ge-**, h⟩ **1.** harass, persecute, torment, bully. **2.** *mit Bitten etc*: harass, *colloq.* plague, badger (*with requests, etc*).

ˈdrangˌvoll *adj lit.* **1.** crowded, thronged. **2.** *fig. Zeit etc*: turbulent, bad.

ˈdran|ˌhal·ten *v/reflex* ⟨*irr, sep,* **-ge-**, h⟩ *colloq.* **sich ~ 1.** hurry (up), step on it, get cracking, hustle. **2.** *beharrlich*: keep at it; *fleißig*: work hard. **~ˌhän·gen** *colloq.* **I** *v/t* ⟨*sep,* **-ge-**, h⟩ (*Tage, Stunden*) add, put in (*two hours' work, etc*). **II** *v/i* ⟨*irr, sep,* **-ge-**, h⟩ be connected with it; **aber was sonst noch alles dranhängt** but everything else connected (*od.* that goes) with it.

drä·nie·ren [drɛˈniːrən] **I** *v/t* ⟨*no* **ge-**, h⟩ **1.** (*Boden, Land etc*) drain. **2.** → **drainieren** 1. **II ≈** *n* ⟨-s⟩ → **Drä·ˈnie·rung** *f* ⟨-; -en⟩ *a. med.* drainage, draining.

ˈdran|ˌkom·men *v/i* ⟨*irr, sep,* **-ge-**, **sein**⟩ *colloq.* **1.** (*erreichen*) get at. **2.** have one's turn; **wer kommt jetzt dran?** whose turn is it?, who is next (, please)?; **jetzt komme ich dran!** now it's my turn!; **als erster ~** be (*od.* come) first; **du mußt warten, bis du drankommst** take your turn; *iro.* **er kommt schon noch dran!** he'll get his yet! **~ˌkrie·gen** *v/t* ⟨*sep,* **-ge-**, h⟩ *colloq.* **j-n ~ 1.** *zu e-r Arbeit etc*: get s. o. to do it, make s. o. do it. **2.** (*reinlegen*) take s. o. in, fool s. o., *sl.* have s. o. **3.** *strafend etc*: get s. o., give it to s. o. **~ˌma·chen** *v/reflex* ⟨*sep,* **-ge-**, h⟩ **sich ~** *colloq. for* **daranmachen. ~ˌneh·men** *v/t* ⟨*irr, sep,* **-ge-**, h⟩ *colloq.* **1.** let *s.o.* have a turn. **2.** *ped.* ask (*a pupil*). **3.** *b.s.* → **rannehmen. ~ˌset·zen** *v/t* ⟨*sep,* **-ge-**, h⟩ *colloq. for* **daransetzen. ~ˌwol·len** *v/i* ⟨*sep,* **-ge-**, h⟩ *colloq.* **1.** want to have one's turn. **2. nicht an et. ~** (*an e-e Arbeit etc*) not to want to go at (*od.* start) s. th.; **er will nicht (recht) dran** he is fighting shy of it.

Dra·pé [draˈpeː] *m* ⟨-(s); -s⟩ *Textil.* drapé fabric.

Dra·pe·rie [drapəˈriː] *f* ⟨-; -n [-ən]⟩ **1.** (*Faltenwurf*) drapery. **2.** *meist pl* (*Stoffdekoration*) drapery, curtain(s *pl*), hanging(s *pl*). **draˈpie·ren** [-ˈpiːrən] *v/t* ⟨*no* **ge-**, h⟩ drape. **Draˈpie·rung** *f* ⟨-; -en⟩ **1.** draping. **2.** (*Dekoration*) drapery.

Dra·stik [ˈdrastɪk] *f* ⟨-; *no pl*⟩ (graphic) vividness, *stärker*: crassness, bluntness. **ˈDra·sti·kum** [-kum] *n* ⟨-s; -stika [-ka]⟩ *pharm.* drastic. **ˈdra·stisch** [-tɪʃ] **I** *adj* **1.** (*sehr wirksam*) drastic (*example, measure, medicine, etc*), rigorous, radical. **2.** a) (*anschaulich*) vivid, graphic, b) (*derb, unverblümt*) crass, blunt, drastic. **II** *adv* **3.** drastically (*etc*).

drauf [drauf] **I** *adv* **1.** *colloq. for* **darauf** I; **~ und dran sein, et. zu tun** be on the point of (*od.* be near) doing s. th. **2.** *colloq. for* **daraufhin. II** *interj* **3.** go at it!, come on!, let's go! **4.** (*schlag[t] zu, greif[t] an*) let him (them) have it!, give it to him (them)!

ˈDraufˌga·be *f* → **Draufgeld** 1.

ˈDraufˌgän·ger [-ˌɡɛŋər] *m* ⟨-s; -⟩ **1.** (*Wagehals*) daredevil, (*Kämpfer*) *a.* fighting fool. **2.** (*Erfolgsmensch*) go-ahead fellow, *bes. Am. colloq.* go-getter. **3.** *colloq. in der Liebe*: he-man, Casanova, wolf. **ˈdraufˌgän·ge·risch** *adj* **1.** (*tollkühn*) daredevil, foolhardy, *colloq.* plucky, aggressive. **2.** (*energisch*) go-ahead (*attrib*), *bes. Am. colloq.* go-getting. **ˈDraufˌgän·ger·tum** *n* ⟨-s; *no pl*⟩ **1.** daredevilry, foolhardiness, aggressiveness, *colloq.* pluck, dash, spunk. **2.** go-ahead(itativeness), *bes. Am. colloq.* go-getting.

ˈdrauf|ˌge·ben *v/t* ⟨*irr, sep,* **-ge-**, h⟩ *colloq.* **1.** → **dreingeben. 2. j-m eins ~** → **verpassen**[2] 1. **~ˌge·hen** *v/i* ⟨*irr, sep,* **-ge-**, **sein**⟩ *colloq.* **1.** (*sterben*) die, go west, be killed, kick the bucket; **vor Langeweile (fast) ~** die with boredom, be bored stiff; **er ging bei der Schufterei beinahe drauf** he nearly killed himself working so hard. **2.** (*kaputtgehen*) go west, be wrecked (*od.* smashed, ruined); *Maschine etc*: *a.* give up the ghost, konk out; **dabei ging s-e Gesundheit drauf** that wrecked his health. **3.** (*verlorengehen*) be lost, *sl.* go phut, go by the board; *Geld etc*: *a.* go down the drain; **das ganze Geld ging für den Haushalt drauf** all the money went on household expenses. **4.** *Zeit*: be wasted; **dabei geht ein ganzer Tag drauf** that will take a full day. **≈ˌgeld** *n* ⟨-(e)s; *no pl*⟩ **1.** *econ.* bargain money, additional payment. **2.** → **Handgeld.**

ˈdrauf|ˌhel·fen *v/i* ⟨*irr, sep,* **-ge-**, h⟩ *fig. colloq.* **kannst du mir nicht ~?** can't you help me to remember? **~ˌknal·len** *colloq.* **I** *v/t* ⟨*sep,* **-ge-**, h⟩ (*Summe*) *sl.* slap (*od.* smack) on (*another 50 dollars [etc]*). **II** *v/i* ⟨**sein**⟩ crash into it, hit it. **~ˌkrie·gen** *v/t* ⟨*sep,* **-ge-**, h⟩ *colloq.* **1.** get *s. th.* on it. **2. eins ~** get it in the neck, catch it. **~ˌle·gen** *v/t* ⟨*sep,* **-ge-**, h⟩ **1.** *colloq. for* **drauflegen. 2.** *colloq.* **ich mußte noch 50 Mark ~** I had to pay (*od.* lay out) another 50 marks (on it). **3.** *colloq. for* **zulegen** 1.

ˌdraufˈlos I *adv* straight on (*od.* ahead). **II** *interj* **(nur)~!** go on!, go ahead!, come on!

ˌdraufˈlos|ˌar·bei·ten *v/i* ⟨*sep,* **-ge-**, h⟩ *colloq.* work away (like blazes). **~ˌfah·ren** *v/i* ⟨*irr, sep,* **-ge-**, **sein**⟩ **1.** (*schnell*) step on it, drive like the devil. **2.** (*ziellos*) drive on aimlessly. **~ˌge·hen** *v/i* ⟨*irr, sep,* **-ge-**, **sein**⟩ *colloq.* **1.** go at (*od.* for) it; **wie der Teufel ~** go at it hammer and tongs (*od.* like mad). **2.** (*auf ein Ziel*) make straight for it. **~ˌla·chen** *v/i* ⟨*sep,* **-ge-**, h⟩ laugh away. **~ˌknal·len** *v/i* ⟨*sep,* **-ge-**, h⟩ bang away. **~ˌre·den** *v/i* ⟨*sep,* **-ge-**, h⟩ talk at random, rattle on (*od.* away), ramble. **~ˌren·nen** *v/i* ⟨*irr, sep,* **-ge-**, **sein**⟩ *colloq.* **1.** rush (straight) at it (*od.* them). **2.** run like mad. **~ˌschie·ßen** *v/i* ⟨*irr, sep,* **-ge-**, h *u.* **sein**⟩ **1.** ⟨h⟩ blast (*od.* blaze, bang) away, shoot wildly (*od.* at random). **2.** ⟨**sein**⟩ → **drauflosrennen. ~ˌschimp·fen** *v/i* ⟨*sep,* **-ge-**, h⟩ *colloq.* swear like mad. **~ˌschla·gen** *v/i* ⟨*irr, sep,* **-ge-**, h⟩ *colloq.* hit (*od.* strike) out blindly (*od.* wildly), let fly. **~ˌwirt·schaf·ten** *v/i* ⟨*sep,* **-ge-**, h⟩ *colloq.* **1.** spend (one's) money recklessly. **2.** *Regierung etc*: muddle along.

ˈdrauf|ˌma·chen *v/t* ⟨*sep,* **-ge-**, h⟩ *colloq.* **einen ~** live (*od.* whoop) it up, go to town, go on the racket. **~ˌschla·gen** *v/t* ⟨*irr, sep,* **-ge-**, h⟩ *colloq.* **1.** let fly, hit out (blindly). **2.** slap (*an amount*) on (a sum).

ˈDraufˌsicht *f* ⟨-; *no pl*⟩ *arch.* top (*Am.* plan) view.

ˈdraufˌzah·len *colloq.* **I** *v/t* ⟨*sep,* **-ge-**, h⟩ → **drauflegen** 2. **II** *v/i fig.* pay for it.

draus [draus] *adv colloq. for* **daraus** I; **ich mache mir nichts ~** I don't care for it; **mach dir nichts ~!** never mind!, don't let it bother you!

ˈdrau·ßen *adv* **1.** outside, out, *lit.* without; **da ~** out there; **hier ~** out here; **~ und drinnen** outside and inside, within and without; **~ bleiben** stay outside; **bleib(t) ~!**, **~ bleiben!** don't come in!, keep out!; **er ist ~** he is outside; **~ auf der Terrasse (im Garten)** out on the terrace (in the garden). **2.** (*außerhalb des Raums*) outside (the room). **3.** (*im Freien*) out of doors, outdoors, in the open (air), outside. **4.** (*in der Fremde*) abroad; **~ in der Welt** out in the world. **5.** (*an der Front*) at the front; **er blieb ~** he was killed at the front. **6.** (*auf See*) at sea.

Dra·wi·da [draˈviːda; ˈdraːvida] *m* ⟨-(s); -(s)⟩ *anthrop.* Dravidian; **~spra·chen** *pl ling.* Dravidian languages. **draˈwi·disch** [-dɪʃ] **I** *adj* Dravidian. **II** *ling.* **≈** ⟨*generally undeclined*⟩, **das ≈e** ⟨-n⟩ Dravidian.

drech·seln [ˈdrɛksəln] **I** *v/t* ⟨h⟩ **1.** *tech.* turn *s. th.* (on the lathe). **2.** *fig. iro.* elaborate, turn out. **II** *v/i* **3.** *tech.* work on a wood-turning lathe. **4.** *fig.* **an e-r Sache ~** elaborate s. th., work on s. th. **ˈDrechs·ler** *m* ⟨-s; -⟩ *tech.* (wood *od.* lathe) turner; **~(dreh)bank** *f* wood-turning lathe. **Drechs·leˈrei** *f* ⟨-; -en⟩ **1.** turnery, (wood) turning. **2.** wood turner's workshop, turnery.

Dreck [drɛk] *m* ⟨-(e)s; *no pl*⟩ **1.** *colloq.* (*Schmutz*) dirt, *stärker*: filth, muck; *fig.* **im ~ sitzen** (*od.* **stecken**) be in a fine mess; **j-n wie (den letzten) ~ behandeln** treat s. o. like dirt; **aus dem gröbsten** (*od.* **größten, dicksten**) **~ heraus sein** be over the worst; **j-n aus dem ~ ziehen** get s. o. out of the mess; **er hat Geld wie ~** he's lousy with money; → **Stecken. 2.** *colloq.* (*Schlamm*) mud, dirt, (*bes. dicker, tiefer*) mire; **im ~ steckenbleiben** get stuck in the mud; *fig.* **j-n (et.) in** (*od.* **durch**) **den ~ ziehen** drag s. o.'s name (s. th.) in the mud; *a. fig.* **j-n mit ~ bewerfen** sling mud at s. o.; → **Karre** 1. **3.** (*Kot*) filth, muck, *sl.* crap. **4.** *fig. colloq.* a) (*Kram, Schund*) rubbish, *sl.* crap, *vulg.* shit, b) (*Quatsch*) *sl.* rot, bullshit; **kümmere du dich um d-n eigenen ~** mind your own business; **er kümmert sich um jeden ~** he pokes his nose into everything; **ich muß mich um jeden ~ (selbst) kümmern** I have to look after (*od.* do) every bloody thing (myself); **mach d-n ~ alleine** (*od.* **alleene**)**!** go to hell!; **das geht dich e-n (feuchten) ~ an** that's none of your business; **davon verstehst du e-n ~** you don't know a damn thing about it; **ich mache mir e-n ~ daraus** I don't care (*od.* give) a damn; **e-n ~ wert sein** not to be worth a damn. **~ˌar·beit** *f colloq.* dirty work. **~ˌbu·de** *f contp.* pigsty. **~ˌbür·ste** *f colloq.* (hard) shoe-cleaning brush. **~ˌding** *n colloq.* **1.** dirty thing. **2.** *fig. contp.* a) *sl.* lousy (*od.* rotten) thing, b) damn (*od.* bloody) thing. **~ˌfink** *m* **1.** *contp.* dirty (*od.* filthy) fellow. **2.** *colloq.* (*bes. Kind*) dirty little beggar, mudlark.

ˈdreckig (*getr.* **-k·k-**) *colloq.* **I** *adj* **1.** (*schmutzig*) dirty, *stärker*: filthy; **~e Wäsche** dirty (*od.* soiled) laundry; **et.**

~ machen make s.th. dirty, dirty s.th.; er macht sich die Finger nicht gern ~ he does not like to dirty his hands (*od.* fingers). **2.** (*schlammig*) muddy. **3.** *fig.* (*gemein*) dirty, filthy, nasty, mean; ~e Bemerkung (~es Lachen) dirty remark (laughter); ~e Witze filthy (*od.* smutty) jokes, smut. **4.** *fig. Wetter*: foul, filthy (*weather*). **5.** *contp.* für ~e 10 Mark for a measly 10 marks. **II** *adv* **6.** *fig.* (*gemein*) dirtily; ~ lachen give a dirty laugh. **7.** (*schlecht*) badly; ihm geht es ziemlich ~ he's having a filthy time.

ˈDreck|ˌkerl *m sl.* swine, heel, louse, *vulg.* (bloody) bastard, *Am.* son of a bitch. **~ˌloch** *n colloq.* **1.** quagmire, slough. **2.** → Dreckbude. **3.** → **~ˌnest** *n contp.* (*Ort*) godforsaken place, awful hole. **~ˌpfo·te** *f sl.* dirty paw (*od.* hand). **~ˌsack** *m sl.* → Dreckfink 1.

ˈDrecksˌar·beit *f colloq.* → Dreckarbeit.

ˈDreck|ˌsau *f vulg.* **1.** (dirty) swine (*od.* pig). **2.** (*Frau*) (dirty) slut. **~ˌschleu·der** *f sl.* filthy tongue. **~ˌschwein** *n* → Drecksau.

ˈDrecksˌkerl *m* → Dreckkerl.

ˈDreck|ˌspatz *m* → Dreckfink 2. **~ˌwet·ter** *n colloq.* foul (*od.* filthy) weather. **~ˌzeug** *n colloq.* crap, *vulg.* shit.

Dred·sche [ˈdrɛdʒə] *f* ⟨-; -n⟩ *mar.* dredge, dragnet.

Dreesch [dreːʃ] *agr.* **I** *m* ⟨-es; -e⟩ fallow land (*od.* field). **II** ≗ *adj* fallow. **~ˌwirt·schaft** *f* ley farming.

ˈDreggˌan·ker *m mar.* drag (anchor).

dreg·gen [ˈdrɛgən] *v/t* ⟨h⟩ (nach for) drag, sweep.

Dreh [dreː] *m* ⟨-(e)s; -s *u.* -e⟩ *colloq.* **1.** (*Idee*) idea; auf e-n guten ~ kommen get a good idea. **2.** (*Trick*) trick, ploy, gimmick; e-n ~ finden find a way; der Sache den richtigen ~ geben wangle it properly; jetzt habe ich den ~ heraus (*od.* ʼraus, weg) now I have got the hang of it; hinter den ~ kommen get on to it; e-r Geschichte e-n heiteren ~ geben give a story an amusing twist. **~ˌach·se** *f* **1.** centre (*math.* axis) of rotation. **2.** *tech. e-s Pendels*: fulcrum pin. **3.** *mot.* fulcrum shaft axle. **~ˌar·beit** *f* **1.** *meist pl* (film) shooting (*nur sg*). **2.** *tech.* a) (*Vorgang*) turning (operation), b) turning job, c) (*Produkt*) (piece of) turned work. **~ˌarm** *m* **1.** *tech.* a) *e-s Krans*: jib, b) *e-r Vorrichtung*: swivel arm. **2.** *electr. tel.* wiper. **~au·toˌmat** *m tech.* automatic lathe. **~ˌbank** *f* ⟨-; ≃e⟩ *tech.* (turning) lathe.

ˈdreh·bar *adj* **1.** that can be turned, revolving, rotating, rota(to)ry; (*schwenkbar*) swivel(l)ing; *im Drehgelenk*: pivoted; *an Angeln*: hinged; ~ eingesetzt pivoted.

ˈDreh|beˌanˌspru·chung *f* torsional stress (*od.* strain). **~beˌwe·gung** *f* **1.** *tech.* a) rotary motion (*od.* movement), b) (*Drehung*) rotation, c) *um e-n Zapfen*: pivoting, d) (*Schwenkbewegung*) swivel(l)ing motion. **2.** *geol.* torsional movement. **3.** *Sport*: turn. **~ˌbleiˌstift** *m* propelling (*Am.* mechanical) pencil. **~ˌblen·de** *f phot.* rotating stop plate. **~ˌbol·zen** *m tech.* pivot pin. **~ˌbrücke** (*getr.* -k·k-) *f* swing (*od.* turn) bridge. **~ˌbuch** *n* (film) script, scenario. **~ˌbuchˌau·tor** *m* (film) scriptwriter. **~ˌbüh·ne** *f* **1.** *thea.* revolving stage. **2.** *tech.* turntable.

dre·hen [ˈdreːən] **I** *v/t* ⟨h⟩ **1.** *allg.* turn (*knob, switch, wheel, ship, etc*); das Gas kleiner (*od.* auf klein) ~ turn down the gas; ein Auto ~ turn a car ([a]round); den Fuß einwärts (auswärts) ~ turn in (out) one's foot; *fig.* man mag es ~ und wenden, wie man will look at it from whatever angle you like; → Kurve (*etc*). **2.** (*winden*) twist, wrench, wrest; j-m et. aus der Hand ~ wrench s.th. out of s.o.'s hand; → Mantel 1, Nase 1, Strick 1. **3.** (*ver~*) *a. fig.* twist; j-m den Arm auf den Rücken ~ twist s.o.'s arm to the back. **4.** (*Drehorgel etc*) grind (*an organ*). **5.** (*Nummernscheibe*) turn (*a dial*). **6.** (*Bart etc*) twirl (*one's beard, etc*); → Daumen 1. **7.** *um e-e Achse*: rotate, turn, revolve. **8.** (*schwenken*) swivel. **9.** (*Faden etc*) twist, twine. **10.** (*formen*) make, form; e-e Tüte aus e-r Zeitung ~ make a bag out of a paper; Locken ~ make curls, curl (one's) hair. **11.** (*Pille, Zigarette etc*) roll. **12.** *durch Fleischwolf etc*: grind, pass *s.th.* through the grinder. **13.** *Film*: shoot, make (*a film*); e-e Szene ~ shoot a scene. **14.** *fig. colloq.* (*deichseln*) wangle, engineer, *b.s.* (*ein „Ding"*) pull (*a job*); das hat er geschickt gedreht he has wangled (*od.* handled) it cleverly; → Ding[1] 8. **15.** *tech.* a) *längs*: turn, b) *plan*: face, surface, c) *spanlos*: flow-turn. **16.** *tech.* a) (*Schaltscheibe*) dial, b) *um e-n Zapfen*: pivot. **II** *v/i* **17.** turn. **18.** *Flugzeug, Auto, Schiff*: a) turn, b) (*kurven*) curve, c) (*wenden*) turn (a)round. **19.** *Wind*: veer (round) (nach to), shift, turn. **20.** an e-r Sache ~ a) turn s.th., b) *spielerisch, a. fig.* tamper (*od.* fiddle) with s.th., *fig. a.* manipulate s.th.; *fig. colloq.* daran gibt es nichts zu ~ und zu deuteln that's how it is, whatever you might say!, that's a fact! **III** *v/reflex* sich ~ **21.** turn, rotate, go round; sich schnell ~ spin (*od.* whirl) round; sich um e-e Achse ~ a) rotate (about an axis), b) rotate (*od.* revolve) on an axle; die Erde dreht sich um ihre Achse (um die Sonne) the earth rotates on its axis (revolves about the sun); *fig.* sich ~ und wenden wriggle like an eel; alles dreht sich mir (in m-m Kopf) my head is spinning; → Kreis. **22.** *Drehstuhl, Kran etc*: swivel. **23.** *Tür*: swing, turn; die Tür dreht sich in den Angeln the door swings (*od.* turns) on its hinges. **24.** *Auto, Schiff etc*: → 18. **25.** *Wind*: → 19. **26.** *Person*: turn (nach to); sich im Kreise ~ (turn in a) circle, *schnell*: spin (*od.* whirl) (a)round; sich im Tanze ~ dance (in circles), whirl about; sich nach rechts ~ turn to the right. **27.** *fig.* sich ~ um revolve round, (*handeln von*) *a.* be about, deal with, relate to; ihre Gedanken ~ sich nur um ihn all her thoughts revolve round him; alles dreht sich um das Baby everything revolves about the baby; das Gespräch drehte sich um Steuern the conversation was about taxes, they (*od.* we) talked about taxes; alles dreht sich um die Liebe (ums Geld) it's love (money) that makes the world go round. **IV** *v/impers* **28.** es dreht sich darum, ob it's a matter (*od.* question) of, the point is whether; (genau) darum dreht es sich that's (just) the point; darum dreht es sich überhaupt nicht that's not the point (at all); um was dreht es sich eigentlich? what is it all about?; es dreht sich darum, den besten Weg zu finden the problem (*od.* point) is to find the best way. **V** ≗ *n* ⟨-s⟩ **29.** turning (*etc*). **30.** *tech.* turning (work). **~d** *adj* sich ~ turning, rotary, rotating, revolving, rotatory; *tech.* sich nach links ~ left-handed.

ˈDre·her *m* ⟨-s; -⟩ **1.** *tech.* turner, lathe operator. **2.** (*Töpfer*) thrower. **3.** *mus.* round dance. **Dre·heˈrei** *f* ⟨-; -en⟩ *tech.* **1.** (*Betriebsabteilung*) lathe shop (*od.* room). **2.** (*Dreharbeit*) lathe (*od.* turning) work.

ˈDreh|ˌfe·der *f tech.* torsion spring. **~ˌfeld** *n electr.* rotating field. **~ˌfen·ster** *n mot.* ventipane. **~ˌfe·stig·keit** *f tech.* torsion(al) strength. **~ˌflü·gel** *m aer. des Hubschraubers*: rotating air foil, rotary wing, rotor. **~ˌflü·gelˌflug·zeug** *n*, **~ˌflüg·ler** [-ˌflyːglər] *m* ⟨-s; -⟩ rotary-wing aircraft, rotorplane, rotorcraft. **~ˌfunkˌfeu·er** *n aer.* rotating (omnidirectional) radio beacon. **~ˌfut·ter** *n tech.* lathe chuck. **~geˌlenk** *n* **1.** *anat.* pivot joint. **2.** *tech.* swivel-joint. **~geˌschwin·dig·keit** *f tech.* **1.** → Drehzahl. **2.** *e-r Werkzeugmaschine*: turning speed. **~geˌstell** *n mot. rail. tech.* bogie. **~ˌgriff** *m* **1.** star (*od.* turning) handle. **2.** *Motorrad*: twist grip. **~imˌpuls** *m phys.* angular momentum. **~ˌknopf** *m tech.* control knob. **~ˌkol·benˌmo·tor** *m* rotary-piston engine, Wankel engine. **~kon·denˌsa·tor** *m electr.* rotary (*od.* variable) condenser. **~ˌkör·per** *m* **1.** *math.* solid (*od.* body) of revolution. **2.** *metall.* blank. **~ˌkraft** *f phys.* **1.** turning (*od.* torsional) force. **2.** (*Drehmoment*) torque. **~ˌkran** *m tech.* swing crane. **~ˌkrank·heit** *f vet.* (blind) staggers *pl* (*als sg konstruiert*). **~ˌkranz** *m* **1.** *tech.* turntable. **2.** *mil.* a) *e-s Maschinengewehrs*: skate mount, b) *e-s Panzers*: turret ring, c) *e-s Geschützes*: azimuth (*od.* race) ring. **~ˌkreuz** *n* **1.** turnstile. **2.** *tech.* capstan handle. **~ˌkup·pel** *f* **1.** revolving dome. **2.** *mil.* revolving turret. **~ˌkur·bel** *f tech.* crank. **~ˌla·ger** *n* pivot bearing. **~ˌlei·er** *f mus.* hurdy-gurdy.

ˈDreh·ling *m* ⟨-s; -e⟩ *tech.* **1.** (*Werkstück*) (lathe) work, blank. **2.** (*gefertigtes Teil*) turned part.

ˈDreh·moˌment *n* **1.** *phys.* moment of rotation. **2.** *tech.* (*Anzugsmoment*) torque. **~ˌanˌzei·ger** *m* torque indicator. **~ˌwand·ler** *m mot.* torque converter.

ˈDreh|ˌmus·kel *m anat.* rotator (muscle). **~ˌor·gel** *f mus.* barrel (*od.* street) organ. **~ˌor·gelˌspie·ler** *m* organ grinder. **~ˌort** *m Film*: scene of shooting, location. **~ˌpau·se** *f Film*: shooting break. **~ˌpol** *m phys.* (momentary) cent/re (*Am.* -er) of rotation. **~ˌpunkt** *m* **1.** *tech.* a) pivot(al) point, b) *e-s Hebels*: fulcrum. **2.** *fig.* pivot. **~ˌra·di·us** *m mot. etc* turning radius. **~ˌrich·tung** *f* sense of rotation. **~ˌschal·ter** *m electr.* rotary switch. **~ˌschei·be** *f* **1.** *tech.* a) *e-s Meßgerätes*: circular base, b) *e-r Hobelmaschine*: swivel, c) *e-r Karusselldrehmaschine*: turntable. **2.** *rail.* turntable. **3.** (*Töpferscheibe*) potter's wheel. **4.** *teleph. etc* dial. **~ˌsche·mel** *m* **1.** *mot. rail.* bogie; *des Sattelschleppers*: fifth wheel. **2.** → Drehstuhl 1. **~ˌschran·ke** *f rail.* swing gate. **~ˌses·sel** *m* swivel chair. **~ˌsinn** *m tech.* sense of rotation. **~ˌspie·gel** *m* **1.** swing mirror. **2.** *phys. tech.* revolving (*od.* rotating) mirror. **~ˌspin·del** *f tech.* (headstock) spindle. **~ˌspit·ze** *f tech.* **1.** *der Drehmaschine*: lathe cent/re (*Am.* -er). **2.** *e-s Gewindes*: crest, top. **~ˌspu·le** *f electr.* moving coil. **~ˌstab** *m* **1.** *tech.* torque shaft. **2.** *mot.* torsion bar. **~ˌstahl** *m tech.* turning (*od.* lathe) tool. **~ˌstän·der** *m für Bücher etc*: rotating shelf. **~ˌstift** *m* → Drehbleistift.

ˈDrehˌstrom *m electr.* three-phase current. **~ge·neˌra·tor** *m* three-phase generator. **~ˌmo·tor** *m* three-phase A.C. motor.

ˈDreh|ˌstuhl *m* **1.** swivel seat (*od.* chair).

2. *tech.* turning bench, speed lathe. **~ˌtag** *m Film*: shooting day. **~ˌteil** *n tech.* **1.** → Drehling. **2.** (*Bauteil*) pivoted member. **~ˌtisch** *m* **1.** *tech.* rotary table, turntable. **2.** *opt.* revolving stage. **~ˌtür** *f* revolving (*od.* swing) door. **~ˌturm** *m mar. mil.* revolving turret.

ˈDre·hung *f* ⟨-; -en⟩ **1.** → drehen V. **2.** turn; **schnelle ~** spin, whirl; **e-e einmalige ~ des Griffs** a single turn of the handle. **3.** *um die Achse*: rotation, *a. um e-n Körper*: revolution; **~ um x Grad** rotation of x degrees; **die ~ der Erde um ihre Achse** the rotation of the earth on its axis; **die ~ der Erde um die Sonne** the revolution of the earth (a)round the sun. **4.** (*Ver*≈) torsion, twist. **5.** → Drall 4. **6.** (*Schraubengang*) helix. **7.** *zo.* turn, torsion, *bei Schnecken*: volute.

ˈDreh|verˌmö·gen *n phys.* rotary power. **~ˌwäh·ler** *m electr.* rotary selector (*od.* switch). **~ˌwerkˌzeug** *n tech.* lathe (*od.* turning) tool. **~ˌwi·derˌstand** *m electr.* variable resistor. **~ˌwurm** *m* **1.** *zo.* dog tapeworm, staggerworm. **2.** *fig. colloq.* **den ~ haben** feel giddy.

ˈDrehˌzahl *f tech.* number of revolutions, (*Umlaufgeschwindigkeit*) rotational speed, (*Drehgeschwindigkeit*) speed; **~ pro Minute** revolutions *pl* per minute. **~ˌanˌzei·ger** *m* speed indicator. **~beˌreich** *m* speed range. **~ˌmes·ser** *m* rev(olution) counter. **~ˌreg·ler** *m* speed governor.

ˈDreh|ˌzap·fen *m* **1.** *tech.* a) pivot, fulcrum pin, b) (*Schildzapfen*) trunnion, c) *am Kran*: slewing journal. **2.** *rail.* bogie pin. **~ˌzeit** *f Film*: shooting time.

drei [draɪ] **I** *adj* **1.** three; *colloq.* **es ist ~** it's three (o'clock); **~ Viertel zehn** a quarter to ten; **halb ~** half past two; **sie (wir) waren zu ~en, es waren ihrer (unserer) ~** there were three of them (us), they (we) were three in number; **zu** (*od.* **je**) **~ und ~** by (*od.* in) threes, three by three; **bis ~ zählen** count up to three; *fig. colloq.* **ehe man bis ~ zählen konnte** before you could say Jack Robinson, in a jiffy (*od.* flash); **sie sieht aus, als ob sie nicht bis (auf) ~ zählen könnte** she looks as if butter wouldn't melt in her mouth; **er arbeitete für ~** he's doing the work of three; *Bibl.* **die Heiligen ≈ Könige** the Three Magi (*od.* Wise Men, Kings); → Ding[1] 1 (*etc*). **II ≈** *f* ⟨-; -en⟩ **2.** (number *od.* figure) three; **die ≈ ist e-e heilige Zahl** three is a sacred number. **3.** *ped.* a) *in e-r Klassenarbeit etc*: satisfactory mark, b) *im Examen*: pass. **4.** *colloq.* (tram, *Am.* streetcar) number three. **5.** *e-s Würfels*: (the number) three; **zwei ≈en würfeln** throw two threes.

ˈDrei|ˌach·ser [-ˌʔaksər] *m* ⟨-s; -⟩ *mot.* six-wheeler, three-axle vehicle. **≈ˌach·sig** [-ˌʔaksɪç] *adj* **1.** *bes. math.* triaxial. **2.** *mot.* three-axle. **~ˈach·telˌtakt** [ˌdraɪ-] *m mus.* three-eight time. **~ˌak·ter** [-ˌʔaktər] *m* ⟨-s; -⟩ *thea.* three-act play. **≈ˌar·mig** [-ˌʔarmɪç] *adj Leuchter etc*: three-armed. **≈ato·mig** [-ʔaˌtoːmɪç] *adj chem.* triatomic. **≈ˌbah·nig** [-ˌbaːnɪç] *adj Straße*: three-lane(d). **≈ˌbän·dig** [-ˌbɛndɪç] *adj* three-volume, in (*od.* of) three volumes. **≈ˌba·sig** [-ˌbaːzɪç], **≈ˌba·sisch** *adj chem.* tribasic (*acid*); **~es Salz** triple salt. **~ˌbein** *n* **1.** *colloq. for* Dreifuß. **2.** *tech.* a) *als Stativ*: tripod, b) *e-s Flaschenzugs*: shear legs *pl* (*a. als sg konstruiert*). **3.** *math.* trihedral. **≈ˌbei·nig** [-ˌbaɪnɪç] *adj Schemel etc*: three-legged, tripodal. **~ˌbein·staˌtiv** *n phot.* tripod. **~ˌblatt** *n* **1.** *bot.* trefoil, clover. **2.** *arch. her.* trefoil. **3.** *beim Kartenspiel*: three-card sequence. **≈ˌblät·te·rig**, **≈ˌblätt·rig** *adj bot.* three-leaf(ed), three-leaved, trefoiled. **~ˌbund** *m* ⟨-(e)s; *no pl*⟩ *pol. hist.* Triple Alliance (*1882*). **≈ˌchö·rig** [-ˌkøːrɪç] *adj mus.* trichord. **~ˌdecker** (*getr.* **-k·k-**) *m* ⟨-s; -⟩ **1.** *aer.* triplane. **2.** *mar. hist.* three-decker. **≈di·men·sioˌnal** *adj* three-dimensional; **~er Klang** stereophonic sound; **~es Sehen** stereoscopy. **~di·men·sio·na·liˌtät** *f* ⟨-; *no pl*⟩ tridimensionality.

ˈDreiˌeck *n* ⟨-(e)s; -e⟩ **1.** *bes. math.* triangle; **aus ~en zs.-gesetzt** triangulate; **ein ~ bestimmen** solve a triangle. **2.** (*Zeichengerät*) (drawing) triangle. **3.** *electr.* delta. **4.** → Dreiecksverhältnis. **~ˌach·se** *f mot.* wishbone pin. **~geˌschäft** *f econ.* triangular transaction.

ˈdreiˌeckig (*getr.* **-k·k-**) *adj* three-cornered, *a. math.* triangular.

ˈDreiˌeck|ˌlen·ker *m mot.* wishbone. **~ˌschal·tung** *f electr.* delta (*od.* mesh) connection (*od.* circuit).

ˈDreiˌecks|geˌschich·te *f* story about the eternal triangle. **~ˌspan·nung** *f electr.* delta (*od.* mesh) voltage. **~verˌhält·nis** *n fig. colloq.* triangle, ménage à trois.

ˈdreiˌeinˈhalb *adj* three and a half.

ˌdreiˈei·nig *adj relig.* triune; **die ~e Gottheit** the triune Godhead; **der ~e Gott** the triune God. **≈keit** *f* ⟨-; *no pl*⟩ Trinity; **die ~ Gottes** the triune nature of God; **~sfest** *n* Trinity Sunday.

ˈDrei·er *m* ⟨-s; -⟩ **1.** *bes. Southern G. for* drei 2–5. **2.** a) *Eiskunstlauf etc*: (figure) three, b) *Golf*: threesome. **3.** *im Lotto etc*: three (numbers) right; **e-n ~ haben** have three right. **~ˌeinˌmalˌeins** *n math.* three-times table. **~enˌtente** *f pol. hist.* Triple Entente (*1906*). **~ˌgrup·pe** *f* group of three, triad (*bes. math.*). **~kon·feˌrenz** *f pol.* tripartite conference.

ˈdrei·erˈlei *adj* ⟨*invariable*⟩ of three kinds (*od.* sorts), three sorts of; **auf ~ Art** in three (different) ways; **es gibt ~ Gründe** there are three reasons; **ich wünsche mir ~** I'd like to have three things.

ˈDrei·er|ˌpakt *m pol.* tripartite pact. **~ˌrei·he** *f* row of three; **in ~n marschieren** march three abreast (*od.* in threes); **in ~n antreten** line up in threes. **~ˌtakt** *m mus.* triple time. **~verˌtrag** *m pol.* tripartite treaty.

ˈdreiˌfach I *adj* **1.** threefold, triple, treble; **in ~er Ausfertigung** (*od.* **Ausführung**) in three copies, in triplicate; **e-e ~e Niederlage** a triple (*od.* threefold) defeat; **die ~e Menge** three times the amount; **~er Weltmeister** *Sport*: triple world champion. **2.** *Textil.* three-ply (*yarn*). **3.** *tech.* (*Übersetzung*) triple. **4.** *bot.* tern(ate). **II** *adv* **5.** triply, three times; **das Papier ~ nehmen** fold the paper into three; → **doppelt** 11. **III ≈e, das** ⟨-n⟩ **6.** three times as much (*od.* the amount), triple; **neun ist das ≈e von drei** nine is three times three; **sich um das ≈e vermehren** treble, triple, increase threefold.

ˈDreiˌfach|ˌschal·ter *m electr.* three-circuit double-pole switch. **~ˌstecker** (*getr.* **-k·k-**) *m* three-pole pin plug. **~verˌstär·ker** *m* three-phase amplifier.

ˈDrei|ˌfa·denˌlam·pe *f electr.* three-filament lamp. **~ˈfal·tig·keit** [ˌdraɪ-] *f* ⟨-; *no pl*⟩ → Dreieinigkeit. **~ˈfar·benˌdruck** [ˌdraɪ-] *m* ⟨-(e)s; -e⟩ *print.* three-colo(u)r print(ing). **≈ˌfar·big** *adj* **1.** three-colo(u)r, three-colo(u)red, tricolo(u)r. **2.** *phot.* trichromatic, tricolo(u)r. **~ˈfel·derˌwirt·schaft** [ˌdraɪ-] *f agr.* three-field system. **≈ˌflä·chig** *adj* **1.** three-faced. **2.** *math.* trihedral. **~ˌfläch·ner** [-ˌflɛçnər] *m* ⟨-s; -⟩ *math.* trihedron. **~ˌfuß** *m* **1.** tripod (*a. mil.*). **2.** (*Untersetzer*) trivet. **≈ˌfü·ßig** [-ˌfyːsɪç] *adj* → dreibeinig.

ˈDreiˌgang|geˌtrie·be *n tech.* three-speed gear (*od.* transmission). **~ˌschal·tung** *f* three-speed gearshift; **Fahrrad mit ~** three-speed bicycle.

ˈDrei|geˌspann *n* **1.** team of three (horses). **2.** three-horse carriage. **3.** *fig. colloq.* trio, threesome. **~geˌstirn** *n* **1.** *astr.* triple star. **2.** *fig.* trio; *pol.* triumvirate. **≈geˌstri·chen** *adj mus.* three-line. **≈geˌteilt** *adj* tripartite, *bot. a.* trichotomic. **≈ˌglied·rig** *adj* **1.** three-membered. **2.** *math.* a) *Ausdruck*: trinomial, three-termed, b) *Operation*: triadic; **~e Größe** trinomial. **3.** *biol. zo.* a) trimerous, b) *Nomenklatur*: trinomial.

ˌDreiˈgro·schen|ˌheft *n colloq. Br.* penny dreadful, *Am.* dime novel. **~ˌoper", „Die** *mus.* "The Threepenny Opera" (*by Brecht and Weill*).

ˈdreiˌhän·dig [-ˌhɛndɪç] *adj* three-handed.

ˈDrei·heit *f* ⟨-; *no pl*⟩ triplicity, threeness, trinity.

ˈdreiˈhun·dert *adj* three hundred. **≈ˈjahrˌfei·er** [ˌdraɪˌhʊndərt-] *f* tercentenary, tercentennial. **~ˌjäh·rig** *adj* tercenary, tercentennial.

ˈdreiˈhun·dertst *adj* three hundredth, tercentenary, *a.* tercentennial. **ˈDreiˈhun·dert·stel** *n* three hundredth.

ˈdrei|ˌjäh·rig I *adj* **1.** three-year, lasting (*od.* of) three years, triennial. **2.** *Kind*: three-year-old, of three (years). **II ≈e** *m, f* ⟨-n; -n⟩ **3.** three-year-old (child). **~ˌjähr·lich I** *adj* (occurring) every three years, triennial. **II** *adv* every three years.

ˈDrei|ˌkampf *m Sport*: triathlon. **~ˌkant** *n, m* ⟨-(e)s; -e⟩ *math.* trihedral, trihedron. **≈ˌkan·tig** *adj* **1.** *Feile etc*: three-square, triangular. **2.** *Klinge etc*: three-edged. **3.** *math.* trihedral, three-cornered. **4.** *bot. zo.* trigonal.

ˌDreiˈkä·seˌhoch *m* ⟨-s; -(s)⟩ *colloq. humor.* midget, runt, Tom Thumb, hop-o'-my-thumb.

ˈDreiˌklang *m mus.* triad. **~ˌhorn** *n mot.* triple-tone horn.

ˌDreiˈkö·ni·ge *pl relig.* Epiphany *sg*, Twelfth day *sg*; **an** (*od.* **zu**) **~** on Epiphany.

ˌDreiˈkö·nigs|ˌabend *m relig.* Twelfth night. **~ˌfest** *n*, **~ˌtag** *m* Epiphany.

ˈdrei|ˌköp·fig [-ˌkœpfɪç] *adj* **1.** (consisting) of three (persons); **e-e ~e Familie** a family of three. **2.** *myth.* triple-headed. **3.** *anat.* **~er Muskel** triceps. **≈ˌlaut** *m ling.* triphthong.

ˌDrei|ˈlei·ter·syˌstem *n electr.* three-wire system. **~ˈmäch·teˌabˌkom·men** *n pol.* tripartite agreement.

ˈdrei|ˌmal *adv* three times, thrice; **~ pro** (*od.* **in der**) **Woche** triweekly, three times a week; **~ täglich** three times a day; **~ soviel** three times as much. **~ˌma·lig** *adj* ⟨*attrib*⟩ done (*od.* repeated) three times, triple; **nach ~em Versuch** after the third attempt, after three attempts; **er erhielt e-e ~e Aufforderung** he was requested three times.

ˈDrei|ˌma·ster [-ˌmastər] *m* ⟨-s; -⟩ **1.** *mar.* three-master. **2.** → Dreispitz. **≈ˌma·stig** [-ˌmastɪç] *adj mar.* three-masted. **~ˌmastˌscho·ner** *m mar.* three-masted schooner.

ˌDreiˈmei·len|ˌgren·ze *f jur. mar.* three-mile limit. **~ˌzo·ne** *f* three-mile zone (*od.* belt).

ˌDreiˈme·terˌbrett *n* three-met/re (*Am.*-er) (diving) board.

ˈdrei|ˌmo·na·tig *adj* **1.** three-month, lasting (*od.* of) three months, three months'. **2.** *Baby etc*: three-month-old. **~ˌmo·nat·lich I** *adj* trimonthly, trimestrial. **II** *adv* every three months.

ˈdrei·moˌto·rig [-moˌtoːrɪç] *adj aer.* three-engined.

drein [draɪn] *adv colloq. for* darein I.

ˈdrein|ˌblicken (*getr.* **-k·k-**) *v/i* ‹*sep*, **-ge-**, **h**› *colloq.* look; **traurig ~** look sad. **~ˌfah·ren** *v/i* ‹*irr, sep*, **-ge-**, **sein**› *colloq. for* **dareinfahren**. **~ˌfin·den** *v/reflex* ‹*irr, sep*, **-ge-**, **h**› **sich ~** *colloq. for* **dareinfinden**. **~ˌfü·gen** *v/reflex* ‹*sep*, **-ge-**, **h**› **sich ~** *colloq. for* **dareinfügen**. **~ˌge·ben** *v/t* ‹*irr, sep*, **-ge-**, **h**› *colloq.* give *s.th.* into the bargain. **~ˌhau·en** *v/i* ‹*irr, sep*, **-ge-**, **h**› *colloq.* → **dreinschlagen**. **~ˌmen·gen, ~ˌmi·schen** *v/reflex* ‹*sep*, **-ge-**, **h**› **sich ~** *colloq.* → **(sich) einmischen**. **~ˌre·den** *v/i* ‹*sep*, **-ge-**, **h**› *colloq.* interrupt; *weitS.* interfere (*dat od.* **bei** with), butt (*od.* horn) in. **~ˌschau·en** *v/i* ‹*sep*, **-ge-**, **h**› *colloq.* → **dreinblicken**. **~ˌschicken** (*getr.* **-k·k-**) *v/reflex* ‹*sep*, **-ge-**, **h**› **sich ~** → **dareinfügen**. **~ˌschla·gen** *v/i* ‹*irr, sep*, **-ge-**, **h**› *colloq.* lay about one; **es ist zum ≈!** blast it (all)! **~ˌse·hen** *v/i* ‹*irr, sep*, **-ge-**, **h**› → **dreinblicken**.

ˌDrei|parˈtei·en·syˌstem *n pol.* three-party system. **~ˈpha·senˌstrom** *m* → **Drehstrom**.

ˈdrei|ˌpha·sig [-ˌfaːzɪç] *adj* three-phase. **~ˌpo·lig** [-ˌpoːlɪç] *adj* three-pole, triple-pole; **~er Stecker** three-pin plug. **~proˌzen·tig** [-proˌtsɛntɪç] *adj chem. pharm., a. econ.* three-percent.

ˌDreiˈpunktˌlan·dung *f aer.* three-point landing.

ˈDrei|ˌrad *n* **1.** *für Kinder*: tricycle. **2.** *mot.* three-wheeler. **≈ˌrä·de·rig** [-ˌrɛːdərɪç], **≈ˌräd·rig** [-ˌrɛːdrɪç] *adj* three-wheeled. **~ˌring** *m chem.* three-membered ring. **~ˌru·de·rer** *m antiq.* trireme. **≈ˌsai·tig** [-ˌzaɪtɪç] *adj mus.* three-stringed. **~ˌsatz** *m*, **~ˌsatz·ˌrech·nung** *f math.* rule of three. **≈ˌschen·ke·lig** [-ˌʃɛŋkəlɪç], **≈ˌschenk·lig** [-ˌʃɛŋklɪç] *adj* **1.** *math.* triangular. **2.** *tech.* three-legged. **~ˈschich·tenˌfarbˌfilm** [ˌdraɪ] *m phot.* **1.** tripack colo(u)r film. **2.** *mit Lichthofschutz*: integral tripack film. **≈ˌschich·tig** *adj* three-layered; *Anstrich, Bewurf*: three-coat; *Holz*: three-ply. **~ˌschlag** *m mus.* triple time. **~ˌseit** *n* ‹-(e)s; -e› *math.* three-sided figure, trilateral. **≈ˌsei·tig** *adj* **1.** *math.* three-sided, trilateral, triangular. **2.** *pol. Abkommen etc*: tripartite. **≈ˌsil·big** [-ˌzɪlbɪç] *adj* three-syllable(d), trisyllabic; **~es Wort** three-syllable word, trisyllabic (word). **~ˌsit·zer** *m* ‹-s; -› *aer. mot.* three-seater. **≈ˌspal·tig I** *adj* **1.** *Zeitungsartikel etc*: three-column(ed). **2.** *bes. bot. zo.* trifid. **II** *adv* **3.** in three columns. **~ˌspän·ner** [-ˌʃpɛnər] *m* ‹-s; -› three-horse carriage. **~ˌspitz** *m* ‹-es; -e› *hist.* three-cornered (*od.* cocked) hat, tricorn. **≈ˌspra·chig** [-ˌʃpraːxɪç] *adj* trilingual, three-language. **~ˌsprin·ger** *m Sport*: triple-jump man. **~ˌsprung** *m* triple jump. **≈ˌspu·rig** [-ˌʃpuːrɪç] *adj Fahrbahn*: three-lane(d).

drei·ßig [ˈdraɪsɪç] *adj* thirty; **im Alter von ~ Jahren** at thirty (years of age), at the age of thirty; **e-e ~ Jahre alte Frau** a thirty-year-old woman, a woman of thirty; **(auf) Seite ~** (on) page thirty; *Tennis*: **~ beide** thirty all.

ˈDrei·ßig *f* ‹-; -en› **1.** (number) thirty. **2.** ‹*only sg*› thirties *pl*; **Mitte (Ende) ~ sein** be in one's middle (late) thirties; **die Leute über ~** the over-thirties.

ˈdrei·ßi·ger *adj* ‹*invariable*› *only in* **die ~ Jahre** the thirties; **die Mode der ~ Jahre** the fashion of the thirties.

ˈDrei·ßi·ger *m* ‹-s; -› **1.** man of thirty, man in his thirties. **2.** man born in the year '30. **3. die ~** *pl* (*Alter*) the thirties; **in den ~n sein** be in one's thirties; **Mitte (Ende) der ~ sein** be in one's middle (late) thirties.

ˈDrei·ßi·ge·rin *f* ‹-; -nen› woman of thirty (*etc*; *cf.* Dreißiger 1, 2).

ˈdrei·ßig|ˌfach *adj* thirtyfold. **~ˌjäh·rig I** *adj* **1.** thirty-year-old, of thirty (years). **2.** thirty-year, lasting (*od.* of) thirty years; *hist.* **der ≈e Krieg** the Thirty Years' War (*1618–1648*). **II ≈e** *m, f* ‹-n; -n› **3.** thirty-year-old (person). **~ˌmal** *adv* thirty times.

ˈdrei·ßigst I *adj* thirtieth. **II ≈e, der** ‹-n› the thirtieth; **am ≈en (des Monats)** on the thirtieth (of the month). **ˈdrei·ßig·stel I** *adj* thirtieth. **II ≈** *n* ‹-s; -› thirtieth (part). **ˈdrei·ßig·stens** *adv* in the thirtieth place. **ˈdrei·ßigˌtä·gig** *adj* thirty-day, lasting (*od.* of) thirty days.

dreist [draɪst] **I** *adj* ‹-er; -est› **1.** *Person, Benehmen etc*: audacious, bold, brazen, brash. **2.** *Behauptung, Bemerkung etc*: brazen(faced), bold; **e-e ~e Lüge** a brazen (*od.* barefaced) lie. **3.** (*unverschämt, frech*) impertinent, impudent, *colloq.* cheeky. **II** *adv* **4.** boldly, brazenly. **5.** *colloq.* (*sogar*) even. **6.** *colloq. als Verstärkung*: **ich glaube ~ behaupten zu können, daß I** dare say that.

ˌDreiˈstär·kenˌglas *n opt.* trifocal lens.

ˈdreiˌstel·lig [-ˌʃtɛlɪç] *adj math.* **1.** three-figure, three-digit (*number*). **2.** *Dezimalbruch*: three-place (*decimal*.)

ˈDreist·heit *f* ‹-; -en›, **ˈDrei·stig·keit** *f* ‹-; -en› **1.** ‹*only sg*› *e-r Person, des Benehmens*: audacity, presumption, boldness, brazenness, forwardness; **die ~ haben zu behaupten** have the audacity (*od. colloq.* nerve, cheek) to say. **2.** ‹*only sg*› *e-r Behauptung, Bemerkung*: brazenness, boldness. **3.** a) ‹*only sg*› (*Frechheit*) impertinence, impudence, *colloq.* cheek, b) (*dreiste Handlung, Bemerkung*) piece of impudence, insolent act (*od.* remark); **sich (j-m gegenüber) ~en herausnehmen** take liberties (with s.o.), **4.** ‹*only sg*› *e-r Forderung etc*: exorbitance.

ˈdrei|ˌstim·mig *adj mus.* for (*od.* in) three voices, in three parts, three-part; **~ singen** sing in three voices. **~ˌstöckig** (*getr.* **-k·k-**) [-ˌʃtœkɪç] *adj* three-storeyed, *bes. Am.* three-storied. **~ˌstof·fig** [-ˌʃtɔfɪç] *adj chem.* ternary.

ˌDreiˈstu·fen|ˌmo·tor *m tech.* three-speed motor. **~raˌke·te** *f* three-stage rocket. **~ˌschal·ter** *m electr.* three-heat switch.

ˈdrei|ˌstu·fig *adj* **1.** of (*od.* with) three steps. **2.** *tech.* a) *Motor*: three-speed, b) *Vorgelege*: three-step. **3.** *Rakete*: three-stage. **~ˌstün·dig** [-ˌʃtʏndɪç] *adj* three-hour, lasting (*od.* of) three hours; **der Zug kam mit ~er Verspätung an** the train was three hours late. **~ˌstünd·lich I** *adj* occurring every three hours. **II** *adv* every three hours.

ˌDreiˈta·geˌfie·ber *n* three-day fever.

ˈdrei|ˌtä·gig *adj* **1.** three-day, three days', lasting (*od.* of) three days; **ein ~er Ausflug** a three-day trip; **~e Gültigkeitsdauer haben** have three days' validity, be valid for three days. **2.** *med. Fieber*: three-day, tertian.

ˈdreiˈtau·send *adj* three thousand.

ˈdrei|ˌtei·len *v/t* ‹*insep*, **-ge-**, **h**› **1.** divide *s.th.* into three (parts). **2.** *math.* trisect. **≈ˌtei·ler** *m math.* trisector. **~ˌtei·lig** *adj* **1.** (consisting) of three pieces (*od.* parts), three-piece (*suit, set of furniture, etc*); **~er Spiegel** triple mirror; **~es Altarbild** triptych. **2.** in three parts, three-part, tripartite; **ein ~er** (*od.* **~es**) **Essay** a three-part essay, an essay in three parts. **3.** *biol.* a) threefold, trichotomous, b) (*dreispaltig*) trifid, c) → **dreizellig**. **≈ˌtei·lung** *f* **1.** division into three (parts), tripartition. **2.** *math.* trisection. **≈ˌton·ner** [-ˌtɔnər] *m* ‹-s; -› *mot.* three-ton lorry, *Am.* three-tonner.

ˈdreiˌundˌeinˈhalb *adj* → **dreieinhalb**.

ˈdreiˈvier·tel I *adj* ‹*attrib, invariable*› three-quarter; **in ~ Länge** in three-quarter length; **in e-r ~ Stunde** in three quarters of an hour; **~ Liter** three quarters of a lit/re (*Am.* -er). **II** *adv* three-quarters (*full, etc*). **III ≈** ‹*undeclined*› three quarters *pl* (*of the way, etc*).

ˌDreiˈvier·tel|ˌgei·ge *f mus.* three-quarter(-size) violin. **~ˌman·tel** *m* three-quarter(-length) coat. **~ˌmehr·heit** *f pol.* three-quarters (*od.* three-fourths) majority. **~ˌstun·de** [ˈdraɪˌfɪrtəl-] *f* three quarters *pl* of an hour. **~ˌtakt** *m mus.* **1.** three-four time; **ein ~** a three-four bar. **2.** (*Walzertakt*) waltz time.

ˈDreiˌweg ..., **ˌDreiˈwe·ge ...** *electr. tech.* three-way ... (*cock, switch, plug, socket*).

ˈdreiˌwer·tig *adj* **1.** *chem. nucl.* trivalent; **~es Element** trivalent element, triad. **2.** *math.* three-valued. **≈keit** *f* ‹-; *no pl*› **1.** *chem. nucl.* trivalence. **2.** *math.* three-valuedness, triplicity.

ˈdrei|ˌwink·lig *adj math.* triangular. **~ˌwö·chent·lich I** *adj* three-weekly, triweekly. **II** *adv* every three weeks. **~ˌwö·chig** [-ˌvœçɪç] *adj* three-week, lasting (*od.* of) three weeks. **≈ˌzack** *m* ‹-(e)s; -e› **1.** *myth.* trident. **2.** *bot.* arrow grass. **~ˌzackig** (*getr.* **-k·k-**) *adj* **1.** three-pronged; **e-e ~e Krone** a crown with three points (*od.* prongs). **2.** *bes. bot. zo.* tridentate(d). **≈ˌzahl** *f math.* triad.

ˈdreiˌzehn I *adj* thirteen; **das Kind ist ~ (Jahre alt)** the child is thirteen (years old); *colloq.* **jetzt schlägt's (aber) ~!** that's the limit!, I'll be damned! **II ≈, die** ‹-; -en› (number) thirteen; **die böse ≈** the unlucky thirteen. **~ˌjäh·rig** *adj* **1.** thirteen-year-old; **ein ~er Junge** a thirteen-year-old boy, a boy of thirteen. **2.** thirteen-year, lasting (*od.* of) thirteen years.

ˈdrei|ˌzehnt I *adj* thirteenth. **II ≈e, der** ‹-n› the thirteenth (*of the month, etc*). **~ˌzehn·tel I** *adj* thirteenth. **II ≈** *n* ‹-s; -› thirteenth (part). **~ˌzehn·tens** *adv* in the thirteenth place.

ˈdrei|ˌzei·lig [-ˌtsaɪlɪç] *adj* **1.** three-line, of (*od.* having) three lines. **2.** *bot.* trifarious. **~ˌzel·lig** [-ˌtsɛlɪç] *adj anat.* tricellular. **~ˌzif·fe·rig** [-ˌtsɪfərɪç], **~ˌziff·rig** [-ˌtsɪfrɪç] *adj* three-figure.

ˌDreiˈzim·merˌwoh·nung *f* three-room flat (*Am.* apartment).

Drell [drɛl] *m* ‹-s; -e› → **Drillich**.

ˈDresch|ˌbo·den *m*, **~ˌdie·le** *f* threshing floor.

ˈDre·sche [ˈdrɛʃə] *f* ‹-; *no pl*› *colloq.* (*Prügel*) thrashing, hiding; **~ kriegen** (*od.* **beziehen**) get a good hiding.

dre·schen *v/t* ‹**drischt, drosch, gedroschen, h**› **1.** *agr.* thresh, thrash; → **Phrase** (*etc*). **2.** *colloq.* **j-n ~** (*prügeln*) thrash s.o., give s.o. a thrashing (*od.* hiding). **3.** *colloq.* (*Musikstück*) hammer (out). **ˈDre·scher** *m* ‹-s; -› **1.** thresher, thrasher. **2.** → **Dreschmaschine**. **3.** *ichth.* thresher (shark).

ˈDresch|ˌfle·gel *m agr.* flail. **~ma-ˌschi·ne** *f* threshing machine, thresher. **~ˌten·ne** *f* threshing floor.

Dreß [drɛs] *m* ⟨- *u.* -sses; *rare* - *u.* -sse⟩, *Austrian f* ⟨-; -ssen⟩ dress, sports clothing (*od.* outfit); (*Mannschaftstrikot*) shirt; *colloq.* **in vollem ~** in full dress, all dressed up.

Dres·seur [drɛˈsøːr] *m* ⟨-s; -e⟩ **1.** animal trainer. **2.** (*Bändiger*) tamer.

dres·sie·ren [drɛˈsiːrən] *v/t* ⟨*no* ge-, h⟩ **1.** (*Tier*) train (**et. zu tun** to do s. th.); **ein Pferd ~** a) train (*od.* school) a horse, b) (*zureiten*) break in a horse. **2.** (*bändigen*) tame. **3.** *fig. contp.* (*Kinder*) drill. **4.** *fig. colloq.* **j-n (mit et.) ~** pester s. o. (with s. th.). **5.** *tech.* (*Filzhut*) a) press, steam, b) block. **6.** *gastr.* a) (*Speisen*) make *s. th.* ready for the table, garnish *s. th.*, b) (*Geflügel*) truss up. **7.** *metall.* a) (*Bleche*) cold-finish, b) (*Walzgut*) skin-pass roll. **8.** *Textil.* dress. **dresˈsiert** *adj* **1.** trained. **2.** *Affe etc*: performing.

Dress·man [ˈdrɛsmən] *m* ⟨-s; Dressmen [ˈdrɛsmən]⟩ *Mode*: male (fashion) model.

Dres·sur [drɛˈsuːr] *f* ⟨-; -en⟩ **1.** training (*etc*, → **dressieren** 1, 2). **2.** → **Dressurakt**. **3.** → **Dressurreiten**. **~ˌakt** *m im Zirkus*: act of performing animals. **~ˌhals|ˌband** *n* ⟨-(e)s; ⸗er⟩ *für Hunde*: choke collar. **~ˌnum·mer** *f* → **Dressurakt**. **~ˌpferd** *n* dressage horse. **~ˌprü·fung** *f* dressage competition. **~ˌrei·ten** *n* dressage. **~ˌrei·ter** *m* dressage rider.

drib·beln [ˈdrɪbəln] *v/i* ⟨h⟩ *Sport*: dribble (**mit dem Ball** the ball). **ˈDribb·ler** *m* ⟨-s; -⟩ dribbler. **Dribb·ling** [ˈdrɪblɪŋ] *n* ⟨-s; -s⟩ dribble.

Drift[1] [drɪft] *f* ⟨-; -en⟩ *mar.* drift (current).

Drift[2] *m* ⟨-(e)s; -e⟩ *Färberei*: strainer, dyer's net.

ˈDriftˌeis *n mar.* drift ice.

drif·ten [ˈdrɪftən] *v/i* ⟨h⟩ *mar. u. fig.* drift.

Drill[1] [drɪl] *m* ⟨-(e)s; *no pl*⟩ *mil. u. fig.* drill.

Drill[2] *m* ⟨-(e)s; -e⟩ → **Drillich**.

ˈDrillˌboh·rer *m* spiral drill.

dril·len [ˈdrɪlən] *v/t* ⟨h⟩ **1.** *mil. u. fig.* drill. **2.** *agr., a. Textil.* drill.

ˈDril·lich [ˈdrɪlɪç] *m* ⟨-(e)s; -e⟩ *Textil.* **1.** drill (cloth). **2.** *für Matratzen*: ticking. **~ˌanˌzug** *m* **1.** dungarees *pl*, denims *pl.* **2.** *mil.* fatigue uniform, fatigues *pl.* **~ˌho·se** *f* **1.** dungarees *pl*, denims *pl.* **2.** jeans *pl.* **~ˌrock** *m mil.* canvas jacket. **~ˌzeug** *n mil.* fatigues *pl*, fatigue clothes *pl.*

Dril·ling [ˈdrɪlɪŋ] *m* ⟨-s; -e⟩ **1.** (*Kind*) triplet. **2.** (*Jagdgewehr*) three-barrel gun. **3.** *min.* (*Kristall*) trilling. **4.** *Kartenspiel*: triplets *pl.* **5.** *Angeln*: treble hook.

ˈDril·lings|ˌbru·der *m* triplet brother. **~geˌburt** *f med.* triplet birth, birth of triplets. **~ˌkind** *n* triplet. **~kriˌstall** *m min.* trilling. **~ˌturm** *m mil.* triple(-gun) turret.

ˈDrill|maˌschi·ne *f agr.* (seed) drill. **~ˌplatz** *m mil.* drill ground. **~ˌsaat** *f agr.* **1.** drill seed(s *pl*). **2.** drill sowing, drilling. **~ˌschar** *f* drill ploughshare (*Am.* plowshare).

drin [drɪn] *adv* **1.** *colloq. for* **darin** I. **2.** *colloq.* (*drinnen*) inside, in it (*od.* them), in there (*od.* here), in the house (room, box, *etc*); **ist hier jemand ~?** is anybody in here? **3.** *colloq.* **das ist nicht ~!** (*geht nicht, ist ausgeschlossen*), *a.* **das ist bei mir nicht ~!** (*das tu ich nicht*) that's out (*od.* not on, no go)!; **mehr war nicht ~** that was the best we (he, *etc*) could do (*od.* get); **das ist durchaus ~** that's quite possible, it's on the cards; **da ist (noch) alles ~!** anything goes!; **in diesem Spiel ist noch alles ~** anything is possible (*od.* goes) in this game still; **ein so teures Auto ist (bei uns) nicht ~** we can't afford such an expensive car. **4.** *colloq. unübersetzt*: **es ist nichts im Koffer ~** there is nothing in the suitcase, the suitcase is empty.

drin·gen [ˈdrɪŋən] *v/i* ⟨dringt, drang, gedrungen, sein *u.* h⟩ **1.** ⟨sein⟩ **durch et. ~** a) force one's way through s. th., break (*od.* get, pass) through s. th., b) *Messer, Kugel, Licht etc*: penetrate (*od.* pierce) s. th., pass (*od.* go) through s. th., c) *Wasser etc*: penetrate s. th., permeate s. th., *Flüssigkeit*: *a.* seep (*od.* leak) through s. th., d) *fig. Idee etc*: permeate s. th.; **durch die Menge ~** force (*od.* squeeze, elbow) one's way through the crowd; **die Feuchtigkeit dringt durch alle Ritzen** the damp is seeping through all the cracks; **der Regen ist durch m-e Kleider gedrungen** the rain has soaked (*od.* drenched, penetrated through) my clothes; **s-e Stimme drang durch den Lärm** his voice could be heard above the noise; **durch die feindlichen Linien ~** penetrate (*od.* break through) the enemy lines. **2.** ⟨sein⟩ **aus e-r Sache ~** a) break forth from s. th., b) *Geräusch etc*: come from s. th., c) *Menschenmenge*: surge (*od.* throng, pour) out of s. th., d) *Blut, Wasser etc*: run (*od.* issue) from s. th., *stärker*: gush (*od.* issue) out of (*od.* from) s. th.; **sie drangen aus der Stadt** they surged out of the town; **ein lauter Schrei drang aus dem Zimmer** a loud cry came from (*od.* was heard from inside) the room. **3.** ⟨sein⟩ **in e-e Sache ~** a) penetrate (into) s. th., make (*od.* force) one's (*od.* it's) way into s. th., get into s. th., b) (*ein~*) invade s. th. (*a. fig.*), enter s. th. (by force), c) *Wasser etc*: penetrate s. th., get (*od.* leak, seep) into s. th., permeate s. th., d) *fig. in od. hinter ein Geheimnis etc*: penetrate (*od.* search) into s. th., go (*od.* get) to the bottom of s. th., see through s. th., e) *fig. Idee etc*: permeate s. th.; *fig.* **in die Öffentlichkeit ~** leak out, transpire, get abroad. **4.** ⟨sein⟩ **bis zu e-r Sache (j-m) ~** get as far as s. th. (s. o.), reach s. th. (s. o.); **j-m bis ins Herz** (*od.* **zum Herzen**) **~** go (straight) to s. o.'s heart, move s. o.('s heart). **5.** ⟨h⟩ *fig.* **auf e-e Sache ~** press for s. th., insist on s. th., urge (*od.* demand) s. th.; **darauf ~, daß et. getan wird** urge that s. th. (should) be done, insist on s. th. being done; **auf e-e Antwort ~** press for an answer; **auf Zahlung ~** demand (*od.* press for) payment; **bei j-m auf et. ~** press s. o. for s. th. **6.** ⟨sein *u.* h⟩ **in j-n ~** press (*od.* urge) s. o., **mit Bitten**: plead with s. o., beseech (*od.* entreat, beg) s. o., **mit Fragen**: plead with (*od.* entreat) s. o., prevail on s. o.; **mit Fragen in j-n ~** press s. o. with questions; **er drang nicht weiter (in sie)** he didn't press the point (any further). **ˈdrin·gend I** *adj* **1.** *Arbeit etc*: urgent, pressing; **ein ~er Fall** an urgent case, a case of emergency, an emergency; **~er Mangel** urgent want; **~e Not** crying (*od.* dire) need; **~e Bitte** urgent request, entreaty; *teleph.* **~es Gespräch** urgent (*stärker*: emergency) call. **2.** *Notwendigkeit etc*: imperative, extreme. **3.** *Gefahr etc*: imminent, instant (*danger, etc*). **4.** *Verdacht, Rat etc*: strong (*suspicion, advice, etc*); **~es Anraten** strong recommendation; **~e Gründe** strong (*od.* compelling) reasons. **II** *adv* **5.** urgently; **~ notwendig** imperative, absolutely necessary, essential; **et. ~ benötigen** need (*od.* want) s. th. urgently (*od.* badly, *stärker*: desperately); **~ um Ruhe bitten** insist on silence; **j-n ~ bitten** (*od.* **ersuchen**) ask (*od.* request) s. o. urgently (*od.* earnestly), entreat s. o., plead with s. o.; **~ verlangen nach** cry (*od.* call) for. **6.** strongly; **et. ~ anraten** (*od.* **empfehlen**) advise (*od.* recommend) s. th. strongly. **7.** highly; **~ verdächtig** highly suspect.

ˈdring·lich I *adj* **1.** *Geschäfte, Problem etc*: urgent, pressing. **2.** *Rat etc*: urgent, strong. **II** *adv* **3. j-n ~ bitten** ask s. o. urgently (*od.* earnestly), entreat s. o.; **j-n ~ auffordern** urge s. o. **⁀keit** *f* ⟨-; *no pl*⟩ **1.** urgency. **2.** (*Vor⁀*) priority; **von größter ~** of first (*od.* top) priority.

ˈDring·lich·keits|ˌanˌtrag *m pol.* motion of urgency, *Br.* urgency; **den ~ stellen** call for a vote of urgency. **~beˌschei·ni·gung** *f* certificate of urgent need. **~ˌfall** *m* urgent case, case of emergency; **im ~** in case of emergency. **~ˌgrad** *m* degree of urgency, priority (class). **~ˌli·ste** *f* priority list. **~ˌmaßˌnah·me** *f* emergency (*od.* urgency) measure. **~ˌstu·fe** *f* priority (class); **höchste ~** top priority. **~verˌmerk** *m* priority note.

drin·nen [ˈdrɪnən] *adv* **1.** *colloq. for* **darinnen**. **2.** → **drin** 2, 4.

dritt [drɪt] *adj* **1.** third; **zum ~en Mal** for the third time; **am ~en Mai** on May third, on the third of May; **an ~er Stelle stehen** be in (the) third place, be (placed) third; **an e-m ~en Ort** at a third place; **et. von ~er Seite erfahren** learn (of) s. th. from a third party (*od.* person), learn (of) s. th. from another source; **~e Klasse** third class; **ein Hotel ~er Klasse** a third-class hotel; **~er Klasse reisen** travel third-class; **et. aus ~er Hand erwerben** buy s. th. third-hand; **~en Ranges** third-rate; *pol.* **die ~e Kraft** the third force; **~e Person** a) *jur. ling.* third person, b) *econ. jur.* third party; **der Autor schreibt in der ~en Person** the author uses (*od.* writes in) the third person; *econ.* **ein Artikel ~er Wahl** an article of third quality; *pol.* **die ~e Welt** the Third World; → **Fall**[2] 9 (*etc*). **2. zu ~** three of us (*od.* you, them); **zu ~ sein** be three; **wir waren zu ~** there were three of us; **sie kamen zu ~** they were three.

ˈdrittˈäl·test I *adj* third (eldest *od.* oldest). **II ⁀e, der** ⟨-n; -n⟩ the third eldest (*od.* oldest).

ˈdritt|ˈbest *adj* third best. **⁀be-ˌtei·lig·te** *m econ.* third party.

ˈDrit·te *m, f* ⟨-n; -n⟩, *n* ⟨-n; *no pl*⟩ **1.** third; **der ~ des Monats** the third of the month; **als ~r das Ziel erreichen** come in (*od.* finish) third; **entweder – oder, es gibt kein ~s** either – or, there is no third way (*od.* no other alternative); **ein ~r** a) *econ. jur.* third party (*od.* person), b) *weitS.* another person; *jur.* **unbeschadet der Rechte ~r** without prejudice to the right of third parties; → **Bund**[1] 2, **lachend** 1. **2.** *substantiviert mit Kleinschreibung*: third; **der ⁀ von links** the third from the left. **3.** *hist.* **Heinrich III** (*od.* **der ~**) Henry III (*od.* the Third).

ˈDrit·tel I *n, Swiss usually m* ⟨-s; -⟩ **1.** third (part); **zwei ~** two thirds; **ein ~ des Gewichts** a third of the weight. **2.** *Eishockey etc*: period. **II ⁀** *adj* **3.** third; **e-e ⁀ Seite** the third part of a page, a third of a page. **~ˌbo·gen** *m print.* third of a sheet.

drit·teln [ˈdrɪtəln] *v/t* ⟨h⟩ divide *s. th.* into thirds (*od.* three parts).

ˈ**drit·tens** *adv* thirdly, in the third place. ˈ**dritt|ˈgrößt** *adj* third biggest (*od.* largest). **~ˈhöchst** *adj* third highest. **2in·ter,es·se** *n* third-party interest. **~,klas·sig** [-,klasɪç] *adj* **1.** third-class; *econ.* **~e Waren** third-class goods, thirds. **2.** *fig.* third-rate. **~ˈletzt I** *adj* last but two; **das ~e Haus** the third house from the end, the last house but two; **er kam als ~er an** he was the third last to arrive. **II 2e, der** ⟨-n; -n⟩ the last but two. **~,ran·gig** *adj fig.* third-rate; **von ~er Bedeutung** of tertiary importance. **2,scha·den** *m jur.* third-party damage. **2,schrift** *f* third copy. **2,schuld·ner** *m jur.* third-party debtor; *des Pfändungsschuldners*: garnishee.

Drive-ˈin-,Kino [draɪvˈɪn-] *n* drive-in (cinema).

drob [drɔp] *adv obs. for* **darüber** 5.

dro·ben [ˈdro:bən] *adv* up (there), above; **da ~** up there; **~ in den Bergen** up in the mountains; **~ am Himmel** (up) in the sky, on high; **im Himmel ~** in the heaven above, on high; **von ~** from up there, from on high.

Dro·ge [ˈdro:gə] *f* ⟨-; -n⟩ *pharm. u. fig.* drug; **j-n unter ~n setzen** drug s. o.; **e-e ~ nehmen** take (*od. ständig*: be on) a drug.

ˈ**dro·gen|,ab,hän·gig** *adj* drug-dependent, drug-addicted. **2,kun·de** *f* pharmacognosy. **2,miß,brauch** *m* drug abuse. **2,rausch** *m* narcotism, *sl.* (**im ~** on a) trip. **~,süch·tig** *adj* drug-addicted. **2,süch·ti·ge** *m, f* drug addict.

Dro·ge·rie [drogəˈri:] *f* ⟨-; -n [-ən]⟩ chemist's (shop), *bes. Am.* druggist's, drugstore. **~,wa·ren** *pl* drugs and cosmetics.

Dro·gist [droˈgɪst] *m* ⟨-en; -en⟩ chemist, *bes. Am.* druggist; **beim ~en** at the chemist's (*bes. Am.* druggist's *od* drugstore).

ˈ**Droh,brief** *m* threatening letter.

dro·hen [ˈdro:ən] **I** *v/i* ⟨h⟩ **1.** threaten, menace (**j-m mit et.** s. o. with s. th.); **j-m (mit dem Finger) ~** shake a warning finger at s. o.; **j-m mit der Faust ~** shake a fist at s. o.; **mit Krieg ~** threaten war, rattle the sabre. **2.** *Gefahr, Unheil etc*: threaten, impend, be impending, be imminent, loom; **er weiß noch nicht, was ihm droht** he doesn't know (yet) what he is in for; **ihm droht der Bankrott** he is on the brink of bankruptcy. **3.** *fig.* **~, et. zu tun** threaten to do s. th., be in danger of (doing) s. th., be near (*od.* on the verge of) doing s. th.; **es drohte zu regnen** it looked like rain. **II 2** *n* ⟨-s⟩ **4.** threatening (*etc*). **5.** threat(s *pl*), menace. **6.** imminence. **7.** → **Drohung.** **~d** *adj* **1.** threatening, menacing. **2.** *Gefahr, Unglück etc*: threatening, impending, imminent; **~e Gefahr** impending danger, threat, menace.

ˈ**Droh·ge,bär·de** *f* threatening gesture.

Drohn [dro:n] *m* ⟨-en; -en⟩ → **Drohne** 1.

Droh·ne [ˈdro:nə] *f* ⟨-; -n⟩ **1.** *zo.* drone (bee). **2.** *fig.* drone, parasite. **3.** *aer. mil.* (*Zielflugkörper*) drone.

dröh·nen [ˈdrø:nən] **I** *v/i* ⟨h⟩ **1.** resound; *grollend*: rumble; *laut*: *z. B. Stimme, Lachen, Geschütz, Motor*: boom, roar; *eintönig*: *z. B. Maschine, Stimme*: *a.* drone, hum; *Donner*: roll; **der Lärm dröhnte mir in den Ohren** the noise was deafening (me); **vom Lärm der Maschinen ~** be resonant with the din of the engines; *fig.* **mir dröhnt der Kopf** my head is ringing. **2.** *fig.* (*erzittern*) quake, shake. **II 2** *n* ⟨-s⟩ **3.** rumbling, booming, roaring (*etc*). **4.** boom, roar, rumble, hum. **5.** *fig.* shaking, quaking, vibration. **~d** *adj* roaring, booming (*etc*); deafening; **~es Gelächter** roaring laughter; **~e Stimme** booming voice.

ˈ**droh·nen|haft** *adj fig.* dronish, parasitic. **2,schlacht** *f zo.* slaughter of the drones.

ˈ**Droh,re·de** *f* threatening speech.

ˈ**Dro·hung** *f* ⟨-; -en⟩ **1.** → **drohen** 4–6. **2.** threat (**mit e-r Sache** of s. th.; **gegen j-n** to s. o.), menace; **leere ~en** empty (*od.* idle, vain) threats, bluff *sg*; *jur.* **tätliche ~** assault; **e-e ~ wahrmachen** carry out a threat. **3.** (*Einschüchterung*) intimidation.

ˈ**Droh,wort** *n* ⟨-(e)s; -e⟩ threat(ening word).

drol·lig [ˈdrɔlɪç] *adj* droll, funny, comical; **es ist zu ~!** it is too funny (for words)! **2keit** *f* ⟨-; -en⟩ **1.** ⟨*only sg*⟩ drollery, drollness. **2.** drollery, droll (*od.* funny) story.

Dro·me·dar [dromeˈda:r; ˈdro:-] *n* ⟨-s; -e⟩ *zo.* dromedary, Arabian camel.

Drops [drɔps] (*Engl.*) *m* ⟨-; -⟩ *meist pl* (fruit) drop; **saure ~** acid drops.

drosch [drɔʃ] *1 u. 3 sg pret*, **drö·sche** [ˈdrœʃə] *1 u. 3 sg pret subj of* **dreschen.**

Drosch·ke [ˈdrɔʃkə] *f* ⟨-; -n⟩ **1.** (*Pferde2*) cab, hackney, *Am. a.* hack. **2.** (*Auto2*) taxi(cab), cab.

ˈ**Drosch·ken|,gaul** *m* cab horse. **~,kut·scher** *m* cabman, cabdriver. **~,stand(,platz)** *m* taxi rank, cabstand.

Dros·sel[1] [ˈdrɔsəl] *f* ⟨-; -n⟩ *orn.* thrush.

ˈ**Dros·sel**[2] *f* ⟨-; -n⟩ *hunt.* throat.

ˈ**Dros·sel**[3] *f* ⟨-; -n⟩ **1.** → **Drosselklappe** 1. **2.** *mot.* a) *für Vergasergemisch*: throttle, b) *für Luft*: choke. **3.** *electr.* choke coil. **4.** *aer.* throttle valve.

ˈ**Dros·sel|,ader** *f anat.* jugular (vein). **~,klap·pe** *f* **1.** *tech.* throttle (*od.* butterfly) valve. **2.** → **Drossel**[3] 2.

dros·seln [ˈdrɔsəln] *v/t* ⟨h⟩ **1.** *tech.* a) (*Dampf, Motor, Zufuhr*) throttle, choke, b) (*Drehzahlen*) slow down. **2.** *electr.* choke. **3.** *fig.* (*Einfuhr, Produktion etc*) throttle, curb, slow down.

ˈ**Dros·se·lung** *f* ⟨-; -en⟩ throttling (*etc*; *cf.* **drosseln**).

ˈ**Dros·sel|,ve·ne** *f* → **Drosselader.** **~ven,til** *n* → **Drosselklappe** 1. **~,wi·der,stand** *m electr.* choke impedance.

ˈ**Droß·lung** *f* ⟨-; -en⟩ → **Drosselung.**

drü·ben [ˈdry:bən] **I** *adv* **1.** (*a.* **da** *od.* **dort ~**) over there, *lit.* yonder; **in dem Hotel da ~** in the hotel over there. **2.** on the other side; **~ über dem Fluß (der Straße)** on the other side of (*od.* across) the river (road); → **hüben.** **3.** *fig. colloq.* (*in Amerika, in der DDR*) over there; **nach ~ auswandern** emigrate to America. **4.** *fig.* (*im Jenseits*) in the next world, beyond (the grave). **II 2, das** ⟨-; *no pl*⟩ **5.** the beyond, the next world.

drü·ber [ˈdry:bər] *adv colloq. for* **darüber**; → **drunter** 2.

Druck[1] [drʊk] *m* ⟨-(e)s; ⸚e⟩ **1.** ⟨*only sg*⟩ *allg.* pressure; *der Hand*: *a.* squeeze; *auf e-n Knopf etc*: pressure, push; **ein ~ auf den Knopf genügt** just press (*od.* push) the button; → **dahintermachen** II. **2.** *phys. tech.* a) *a. meteor.* pressure, b) (*dreidimensionaler ~*) compression, c) (*Axial2, Schub*) thrust, d) (*Flächen2*) pressure (per unit area), e) (*Stoß2*) push, f) (*Quetsch2*) squeeze, g) (*Last2*) load, h) (*~kraft*) (compressive) force, i) (*Beanspruchung*) stress, j) (*~welle*) blast; **atmosphärischer (dynamischer) ~** atmospheric (dynamic) pressure; **et. unter ~ setzen** pressurize s. th. (→ *a.* 4). **3.** *med.* a) (*Blut2 etc*) (blood, *etc*) pressure, b) (*~gefühl*) sensation of pressure (*in one's stomach, etc*). **4.** ⟨*only sg*⟩ *fig.* (*Zwang*) pressure; **(e-n) ~ auf j-n ausüben, j-n unter ~ setzen** put pressure (*od. colloq.* the screw, the squeeze) on s. o., bring pressure to bear on s. o., twist s. o.'s arm, *Am. a.* pressurize s. o.; **mit ~ arbeiten** work at high pressure; **unter dem ~ der öffentlichen Meinung** under the pressure of public opinion. **5.** ⟨*only sg*⟩ *fig.* (*Bedrängnis*) pressure, stress, strain; (*Belastung*) burden, weight; *colloq.* **(schwer** *od.* **mächtig) im ~ sein** be under pressure (*od.* in a fix), be hard put to it, *finanziell*: *a.* be in financial difficulties, *zeitlich*: be very rushed, be (hard) pressed for time; **(mit der Arbeit) in ~ kommen** be pressed for time (with one's work).

Druck[2] *m* ⟨-(e)s; -e⟩ **1.** ⟨*only sg*⟩ (*Vorgang*) printing; (*Druckerarbeit*) *a.* presswork; **et. in ~ geben** send s. th. to the press (*od.* the printers); **im ~ sein** be in the press, be printing; **das Manuskript geht in ~** the manuscript goes to the press; **zum ~ fertig sein** be ready for the press; **~ und Satz** composition and presswork; **~ und Verlag L** printed and published by L, Printers and Publishers L. **2.** ⟨*only sg*⟩ print; **im ~ erscheinen** appear in print, be published (*od.* printed). **3.** (*Ab2*) impression, print. **4.** (*Ausgabe*) edition. **5.** ⟨*only sg*⟩ (*Auflage*) edition, run; **5000 ~** a run (*od.* edition) of 5,000 (copies). **6.** (*Kunst2*) print, engraving. **7.** (*Textil2*) print(ed material). **8.** (*Schriftart*) print, type; **kleiner ~** small print.

ˈ**Druck|,ab,fall** *m allg.* pressure drop, fall (*od.* decrease) in pressure. **~,an,la·ge** *f aer.* pressurizer. **~,an,stalt** *f* printing office, printers *pl.* **~,an,stieg** *m allg.* increase in (*od.* rise of) pressure. **~,an,zei·ger** *m* pressure ga(u)ge. **~,an,zug** *m aer.* pressure suit. **~,ar·beit** *f print.* presswork. **~,aus,gleichs·ka,bi·ne** *f aer.* pressurized (*od.* pressure) cabin. **~be,häl·ter** *m tech.* pressure tank. **~be,la·stung** *f* compressive load. **~be,lüf·tung** *f* pressurization. **~be,wil·li·gung** *f print.* imprimatur, permission to print. **~,bild** *n* typography. **~,bin·de** *f med.* pressure bandage. **~,blei,stift** *m* drop action pencil. **~,blen·de** *f phot.* automatic diaphragm control. **~,bo·gen** *m* printed sheet; **fehlerhafter ~** spoil sheet. **~,buch,sta·be** *m* **1.** block letter; **in ~n schreiben** print, write in block letters. **2.** *print.* letter, type. **2,dicht** *adj* **1.** *tech.* pressure-tight. **2.** *aer.* pressurized.

ˈ**Drücke,ber·ger** (*getr.* **-k·k-**) [-,bergər] *m* ⟨-s; -⟩ *colloq.* **1.** shirker, dodger, *bei der Arbeit*: *a.* slacker; (*Feigling*) *a.* quitter, *bes. bei e-r Wette*: *sl.* welsher. **2.** *bes. mil.* (*Simulant*) malingerer, *Br. sl.* skiver. ,**Drücke·ber·geˈrei** (*getr.* **-k·k-**) *f* ⟨-; *no pl*⟩ *colloq.* shirking, dodging; (*Fehlen im Betrieb*) absenteeism; *bes. mil.* malingering.

ˈ**Druck|,ein·heit** *f phys.* unit of pressure. **~,ein,sprit·zung** *f mot.* solid (*od.* pump) injection. **2emp,find·lich** *adj* **1.** pressure-sensitive; *med.* **~er Punkt** pressure spot. **2.** *Frucht etc*: easily bruised.

drucken (*getr.* **-k·k-**) [ˈdrʊkən] *v/t* ⟨h⟩ (*Buch, Zeitschrift*) print (*a. Textil.*); (*veröffentlichen*) *a.* publish, bring out; **et. ~ lassen** a) have s. th. printed, b) have s. th. published; **et. wieder (***od.* **neu) ~** reprint s. th.; **1000 Exemplare ~** run off 1,000 copies.

drücken (*getr.* **-k·k-**) [ˈdrʏkən] **I** *v/t* ⟨h⟩ **1.** press; **et. nach unten ~** press (*od.* force, push) s. th. down (*od.* downward[s]);

j-n an sein Herz (*od.* **an die Brust**) ~ press (*od.* clasp) s. o. to one's heart, embrace (*od.* hug) s. o., give s. o. a hug; **den Hut ins Gesicht** ~ pull one's hat over one's eyes; **j-m e-n Kuß auf die Stirn** ~ press (*od.* plant) a kiss on s. o.'s forehead; **j-m et. in die Hand** ~ a) give s. o. s. th., put s. th. into s. o.'s hand, b) *heimlich*: slip s. th. into s. o.'s hand; → **Daumen** 1 (*etc*). **2.** (*quetschen*) press, squeeze; **j-m die Hand** (*od.* **j-s Hand**) ~ a) press (*od.* squeeze) s. o.'s hand, b) shake hands with s. o. **3.** (*Taste, Hebel etc*) (de)press (*key, lever*); **e-n Knopf** ~ push (*od.* press [on]) a button. **4. et. auf e-e Sache** ~ (*Siegel etc*) impress (*od.* [im]print, stamp) s. th. on s. th. **5.** (*Kleid etc*) crush (*clothes*). **6.** *Schuh etc*: pinch, be too tight for *s.o.*; → **Schuh** 1. **7.** *Magen*: pain, hurt. **8.** *fig.* **j-n** ~ *Gewissen, Schulden*: weigh heavily (up)on s. o., weigh on s. o.'s mind, oppress (*od.* depress) s. o.; **schwere Sorgen** ~ **ihn** he is weighed down by worries. **9.** (*umarmen*) hug, squeeze. **10.** *fig.* (*Leistung etc*) lower, force down (*performance, etc*). **11.** *fig.* (*Stimmung etc*) cast a gloom on, damp, *bes. Am.* dampen, depress; **j-s Stimmung** ~ make s. o. feel depressed. **12.** *econ.* (*Preise, Löhne etc*) depress, bring (*od.* force) down (*prices, wages, etc*); **den Markt** ~ depress the market. **13.** *Sport*: (*Rekord*) beat, lower, better (**um 2 Sekunden** by two seconds). **14.** *Gewichtheben*: press. **15.** *Kartenspiel*: discard (*the wrong cards*). **16.** *aer.* (*Flugzeug*) nose down. **17.** *tech.* a) → 3, b) (*Hohlgefäß*) spin, c) (*Gewinde*) roll, d) (*prägen*) stamp. **II** *v/i* **18.** press; **auf** (*acc*) **et.** ~ a) press (on) s. th., b) (*auf e-n Knopf etc*) press (*od.* push) s. th.; *fig.* **auf die Stimmung** ~ be depressing, make one feel depressed, cast a gloom (on everything); „~" *Aufschrift auf Türen*: "push"; → **Tempo** (*etc*). **19.** *Rucksack etc*: press, hurt, rub. **20.** *Schuh etc*: pinch, be too tight. **21.** *Nebel etc*: hang heavily (**auf die Dächer** over the rooftops). **22.** *Sonne, Hitze etc*: be oppressive. **III** *v/reflex* **sich** ~ **23. sich in** (*acc*) **et.** ~ squeeze into (*a room, etc*), *bes. ängstlich*: huddle (*od.* crouch) in (*a corner, etc*). **24.** *colloq.* dodge, shirk; **sich vor e-r Sache** (*od.* **um et.**) ~ shirk (doing) s. th., evade (*od.* dodge) s. th., *bei e-m Handel etc*: back out of s. th., *bes. bei e-r Wette*: *sl.* welsh on s. th.; *vor Angst*: *sl.* chicken out of s. th., funk doing s. th.; **er möchte sich gerne davor** ~ he wants to get (*od.* back) out of it. **25.** *colloq.* → **verdrücken. IV** ≈ *n* ⟨-s⟩ **26.** pressing (*etc*). **27.** *econ. der Preise etc*: depression, forcing down. **28.** *Gewichtheben*: (**beidarmiges** ≈ two-hands) clean and press. **29.** → **Druck**[1] 3 b. **ˈdrückend** (*getr.* **-k·k-**) *adj* **1.** *Last etc*: heavy, onerous. **2.** *Schulden, Steuern etc*: heavy, oppressive; ~**e Armut** grinding poverty. **3.** *Stimmung, Schweigen etc*: gloomy, dismal, leaden, oppressive. **4.** *Wetter*: (*a.* ~ **heiß,** ~ **schwül**) sultry, close, oppressive; ~**e Schwüle** oppressive (*od.* stifling) air (*od.* heat).

ˈDrucker (*getr.* **-k·k-**) *m* ⟨-s; -⟩ **1.** printer; ~ **und Verleger** printer(s *pl*) and publisher(s *pl*). **2.** (*Gerät*) printer.

ˈDrücker (*getr.* **-k·k-**) *m* ⟨-s; -⟩ **1.** a) (*Türklinke*) (door) handle, b) door-knob, c) *am Türschloß*: latch. **2.** *electr.* a) (*Bedienungsknopf*) push button, b) *e-r Klingel*: bell push. **3.** *tech.* trigger, thumb release. **4.** *am Gewehr etc*: trigger; *fig. colloq.* **die Hand am** ~ **haben** be ready to act; **am** ~ **sitzen** (*od.* **sein**) be at the controls, be in charge.

ˈDruckerˌar·beit (*getr.* **-k·k-**) *f print.* presswork.

Druckeˈrei (*getr.* **-k·k-**) *f* ⟨-; -en⟩ **1.** (*Betrieb*) printing office (*od.* shop), print shop, printers *pl*; ~ **und Verlag** printers and publishers; **in e-r** ~ at a printer's. **2.** (~*raum*) pressroom. **3.** printing. ~**ˌanˌstalt** (*getr.* **-k·k-**) *f* → **Druckerei** 1. ~**geˌwer·be** *n* printing trade.

ˈDruckerˌfar·be (*getr.* **-k·k-**) *f* → **Druckfarbe** 1.

ˈDruck·erˌlaub·nis *f* → **Druckbewilligung.**

ˈDrucker|ˌlehr·ling (*getr.* **-k·k-**) *m* printer's devil. ~**ˌpres·se** *f* (printing) press. ~**ˌschwär·ze** *f* printer's ink. ~**ˌzei·chen** *n* printer's mark.

ˈDruck|erˌzeu·ger *m tech.* pressure generator. ~**erˌzeug·nis** *n print.* publication, printed matter. ≈**ˌfä·hig** *adj print., a. fig.* printable. ~**ˌfah·ne** *f print.* (galley) proof, galley. ~**ˌfar·be** *f* **1.** (printing) ink. **2.** *Textil.* printing colo(u)r. ~**ˌfas·sung** *f print.* final version (for printing). ~**ˌfe·der** *f tech.* compression spring.

ˈDruckˌfeh·ler *m* misprint, printer's error, erratum. ~**ˌteu·fel** *m fig. colloq.* (the) gremlin causing misprints. ~**ver-ˌzeich·nis** *n* (list of) errata *pl*; *mit Verbesserung*: corrigenda *pl* (*als sg konstruiert*).

ˈDruck|ˌfeld *n meteor.* field of pressure. ≈**ˌfer·tig** *adj print.* ready for (the) press; ~**er Korrekturbogen** press proof; ~**es Manuskript** fair copy; ~**er Satz** live matter. ≈**ˌfest** *adj* **1.** *tech.* pressure-proof. **2.** *aer.* pressurized; ~ **machen** pressurize. ~**ˌfe·stig·keit** *f tech.* **1.** resistance to pressure. **2.** a) *statische*: compressive strength, b) *dynamische*: crushing strength. ≈**ˌfeucht** *adj print.* (still) wet (from the press). ~**ˌform** *f* (printing) block. ~**for·muˌlar** *n* printed form (*od.* blank). ~**ˌgang** *m* printing (operation); **in einem** ~ in one printing. ~**ˌgas** *n tech.* compressed gas. ~**geˌfäl·le** *n meteor. phys.* pressure gradient. ~**geˌfäß** *n tech.* pressure vessel (*od.* tank). ~**geˌfühl** *n med.* sensation of pressure. ~**geˌwer·be** *n* printing trade. ~**gie·ßeˌrei** *f* die-casting foundry (*od.* shop). ~**ˌhaus** *n* printing house (*od.* office). ~**ˌjahr** *n print.* year of publication. ~**kaˌbi·ne** *f aer.* pressure (*od.* pressurized) cabin. ~**ˌkam·mer** *f* **1.** *tech.* pressure chamber. **2.** *civ. eng.* air caisson. **3.** *synth.* transfer pot. ~**ˌkes·sel** *m tech.* (air) pressure tank.

ˈDruckˌknopf *m* **1.** (*Verschluß*) snap (*od.* press) fastener, *Br. a.* press stud. **2.** *electr. tech.* push (*od.* press) button. **3.** *in Zssgn electr. tech.* push-button (*control, starter, switch, tuning*).

ˈDruck|ˌkochˌtopf *m* pressure cooker. ~**ˌkol·ben** *m* **1.** *tech.* plunger. **2.** *chem.* pressure flask. ~**ˌko·sten** *pl* printing costs. ~**ˌku·gelˌla·ger** *n tech.* ball thrust bearing. ~**ˌlast** *f tech.* (compressive) load. ~**ˌle·gung** *f* printing; **während der** ~ **dieses Berichtes** while this report was being printed (*od.* going to press); **rechtzeitig für die** ~ in time for the press. ~**ˌlei·tung** *f tech.* **1.** pressure line. **2.** *Schmiertechnik*: feed line. ≈**los** *adj* **1.** pressureless, without pressure. **2.** *fig. Sport etc*: lame.

ˈDruckˌluft *f* **1.** compressed air. **2.** *in Zssgn* compressed-air (*chamber, hose, starter, vessel*), air-pressure, air(-operated), pneumatic(ally operated). ~**ˌbrem·se** *f* air brake. ~**ˌeinˌsprit·zung** *f mot.* air injection. ~**ˌham·mer** *m* pneumatic (*od.* air) hammer. ~**ˌmes·ser** *m* **1.** *mot.* tyre (*Am.* tire) (*od.* air) ga(u)ge. **2.** → **Druckmesser.** ~**piˌsto·le** *f für Farbe*: blowgun. ~**ˌpum·pe** *f mot.* air pump, tyre (*Am.* tire) inflator (*od.* pump).

ˈDruck|maˌschi·ne *f* printing machine. ~**ˌmes·ser** *m tech.* air pressure ga(u)ge, manometer. ~**ˌmin·de·rer** *m* ⟨-s; -⟩ pressure-relief valve. ~**ˌmit·tel** *n fig.* lever. ~**ˌmu·ster** *n* (print) pattern, print. ~**ˌöl** *n tech.* hydraulic oil. ~**ˌöler** *m* ⟨-s; -⟩ *tech.* pressure lubricator, force(d)-feed oiler. ~**paˌpier** *n* printing paper, print; *für Zeitungen*: newsprint. ~**ˌplat·te** *f* **1.** *electr.* armature head. **2.** (printing) plate, stereotype, cliché. ~**ˌpo·sten** *m colloq.* soft (*od.* cushy) job. ~**ˌpres·se** *f* printing press. ~**ˌpro·be** *f* **1.** *print.* proof sheet, specimen. **2.** *tech.* compression test specimen. ~**ˌpum·pe** *f tech.* a) pressure pump, b) *hydraulische*: force (*od.* hydraulic) pump. ~**ˌpunkt** *m* **1.** *aer.* aerodynamic cent/re (*Am.* -er). **2.** *med.* pressure point (*od.* spot). **3.** *beim Schießen*: trigger slack, first pressure; ~ **nehmen** take up the slack. ~**ˌreg·ler** *m* pressure governor. ≈**ˌreif** *adj print.* **1.** ready (*fig.* ripe) for the press. **2.** (*druckfähig*) printable (*a. fig.*). ~**ˌsa·che** *f* **1.** *Post*: (*a.* ~**n** *pl*) printed matter, *Am. a.* second-class matter (*od.* mail). **2.** *parl.* Document. ~**ˌsa·chenˌwer·bung** *f econ.* direct-mail advertising. ~**ˌsatz** *m print.* matter. ~**ˌschal·ter** *m tech.* push-(*od.* press-)button switch. ~**ˌschmierˌpres·se** *f* grease gun. ~**ˌschmie·rung** *f tech.* force(d)-feed (*od.* pressure) lubrication. ~**ˌschrau·be** *f* **1.** *tech.* a) thrust screw (*od.* bolt). **2.** *aer.* pusher (airscrew). ~**ˌschrau·ber** *m* pusher aircraft. ~**ˌschrift** *f* **1.** block letters *pl*; **in** ~ **schreiben** print, write in block letters. **2.** print type. **3.** (*Veröffentlichung*) publication; *kleine*: pamphlet.

druck·sen [ˈdrʊksən] *v/i* ⟨h⟩ *colloq.* hem and haw.

ˈDruck|ˌstel·le *f* **1.** pressure point (*med. a.* sore). **2.** mark (caused by pressure). **3.** *auf Obst etc*: bruise. ~**ˌstem·pel** *m* **1.** printing stamp. **2.** *tech.* a) piston, b) (*Stößel*) plunger, c) (*Stanze*) punch, die. ~**ˌstift** *m* → **Druckbleistift.** ~**ˌstock** *m* (printing) block, electro(-type). ~**ˌstoff** *m Textil.* print (cloth). ~**ˌta·ste** *f electr.* **1.** press key. **2.** → **Druckknopf** 2. ≈**ˌtech·nisch** *adj print.* typographic(al). ~**te·leˌgraph** *m* printing telegraph, typotelegraph. ~**ˌtie·gel** *m print.* platen. ~**ˌty·pe** *f* type. ~**ˌun·ter-ˌla·gen** *pl* **1.** printing details. **2.** (*Manuskripte*) copy *sg.* ~**venˌtil** *n* pressure valve. ~**verˌband** *m med.* pressure bandage. ~**verˌbot** *n* injunction forbidding printing, ban on publication. ~**ver-ˌfah·ren** *n* printing process. ~**ver-ˌmerk** *m im Buch*: imprint. ~**ˌvor-ˌschrift** *f mil.* (service) manual. ~**-ˌwal·ze** *f* **1.** printing roller, cylinder. **2.** *tech.* press roll.

ˈDruckˌwas·ser *n tech.* pressure water. ~**ˌspei·cher** *m* hydraulic accumulator.

ˈDruck|ˌwel·le *f* **1.** *phys.* pressure wave. **2.** *aer.* compression wave. **3.** *e-r Explosion*: shock wave, blast. ~**ˌwerk** *n* printed work. ~**ˌzei·le** *f* printline, printed line.

Dru·de [ˈdruːdə] *f* ⟨-; -n⟩ *archaic* **1.** witch. **2.** (*Nachtgeist*) elf, pixie; ~**nbaum** *m* witches' tree; ~**nfuß** *m* pentacle, pentagram.

Drui·de [druˈiːdə] *m* ⟨-n; -n⟩ *hist.* Druid; ~**naltar** *m,* ~**nstein** *m* druids' altar, cromlech, dolmen. **drui·disch** [druˈiːdɪʃ] *adj hist.* druidic(al), druid.

drum [drʊm] *colloq.* **I** *adv* **1.** → **darum** 1–4. **2. alles, was so** ~ **und dran**

hängt (*od.* ist) everthing connected with it, everything that goes with it, the paraphernalia *pl*, all the trappings (*od.* trimmings) *pl*. **3. sei's ~!** never mind!, forget it! **II** ≈ *n* ⟨*undeclined*⟩ **4.** *in Wendungen wie*: **das (ganze) ≈ und Dran** → 2; **mit allem ≈ und Dran** with all the trimmings.

ˈ**drum·herˈum, ˈdrumˈrum** *colloq.* **I** *adv* (a)round it. **II** ≈ *n* ⟨*nur sg*⟩ → **drum** 2. **~ˌkom·men** *v/i* ⟨*irr, sep,* **-ge-, sein**⟩ *colloq.* **um et. ~** get (a)round s. th., avoid s. th. **~ˌre·den** *v/i* ⟨*sep,* **-ge-, h**⟩ *colloq.* beat about the bush.

drun·ten [ˈdrʊntən] *adv* **1.** down, below; **da ~** down there. **2.** *im Hause*: downstairs.

drun·ter [ˈdrʊntər] *adv colloq.* **1.** → **darunter. 2. es** (*od.* **alles**) **geht ~ und drüber** everything is at sixes and sevens (*od.* topsy-turvy), it's a complete chaos.

Dru·se¹ [ˈdru:zə] *f* ⟨-; -n⟩ **1.** *min.* druse, geode. **2.** ⟨*only sg*⟩ *vet.* strangles *pl* (*a. als sg konstruiert*). **3.** *med. a. pl* sulphur (*Am.* -f-) granule(s *pl*). **4.** *pl chem.* lees (of wine).

ˈ**Dru·se²** *m* ⟨-n; -n⟩ *relig.* Druze, Druse.

Drü·se [ˈdry:zə] *f* ⟨-; -n⟩ *anat.* gland; **kleine ~** glandule, glandula; **~ mit innerer Sekretion** endocrine (*od.* ductless) gland; **~ mit äußerer Sekretion** exocrine gland; *colloq.* **es an den ~n haben** have gland trouble.

ˈ**Drü·sen ...** *in Zssgn* glandular (*abscess, cancer, disease, malfunction, swelling, etc*). **~entˌzün·dung** *f* adenitis. **≈ˌför·mig** [-ˌfœrmɪç] *adj anat.* glandiform, adeniform. **~geˌschwulst** *f med.* glandular tumo(u)r, adenoma. **~ˌma·gen** *m* **1.** *zo.* (glandular) stomach. **2.** *orn.* proventriculus.

ˈ**drü·sig** *adj anat. biol.* glandulous.

Drya·de [dryˈa:də] *f* ⟨-; -n⟩ *meist pl myth.* dryad, wood nymph.

Dschinn [dʒɪn] *m* ⟨-s; - *u.* -en⟩ jinn.

Dschun·gel [ˈdʒʊŋəl] *m, rare n* ⟨-s; -⟩, *rare f* ⟨-; -n⟩ jungle (*a. fig.*); **~fieber** *n* (**~krieg** *m*) jungle fever (warfare).

Dschun·ke [ˈdʒʊŋkə] *f* ⟨-; -n⟩ junk.

du [du:] **I** *personal pron* ⟨*of the second person sg*⟩ **1.** (*capitalized in letters*) you; **wenn ich ~ wäre** if I were you; **bist ~ es?** is it (*od.* that) you?; **~, der ~ mein Freund bist** you who are my friend; **j-n mit ~ anreden, j-n ~ nennen, ~ zu j-m sagen** → **duzen**; **mit j-m auf ~ und ~ stehen** be on intimate terms with s. o., *colloq.* be great pals with s. o.; *fig.* **mit et. auf ~ und ~ stehen** be well up in s. th., be on familiar terms with s. th.; **wie ~ mir, so ich dir** (*Sprichwort*) tit for tat. **2.** *Bibl. obs. od. lit.* thou; **~ sollst nicht töten!** thou shalt not kill! **3.** (*man*) you; **da freust ~ dich das ganze Jahr darauf, und dann** you look forward to it the whole year and then. **II Du** *n* ⟨-(s); -(s)⟩ **4.** you; **das vertraute Du** the familiar "Du"; **j-m das Du anbieten** suggest to s. o. to use the familiar "du" form of address.

du·al [duˈa:l] *adj* **1.** *electr. ling.* dual. **2.** *math. Zahlensystem*: binary. **Du·al** [ˈdu:a:l; duˈa:l] *m* ⟨-s; -e [duˈa:lə]⟩ **1.** *ling.* dual (number). **2.** *als Schachproblem*: dual. **Dua·lis** [duˈa:lɪs] *m* ⟨-; Duale⟩ → **Dual** 1.

Dua·lis·mus [duaˈlɪsmʊs] *m* ⟨-; *no pl*⟩ dualism. **Duaˈlist** [-ˈlɪst] *m* ⟨-en; -en⟩ *philos.* dualist. **duaˈlis·tisch** *adj* dualist(ic).

Duˈal·syˌstem *n math.* binary system.

Dü·bel [ˈdy:bəl] *m* ⟨-s; -⟩ *tech.* dowel (pin), (wall) plug. ˈ**dü·beln** *v/t* ⟨h⟩ dowel.

du·bi·os [duˈbĭo:s] *adj* ⟨-er; -est⟩ dubious. **Du·bio·sa** [duˈbĭo:za], **Du·bio·sen** [-ˈbĭo:zən] *pl econ.* bad debts.

du·bi·ta·tiv [dubitaˈti:f] *ling.* **I** *adj* dubitative. **II** ≈ *m* ⟨-s; -e⟩ dubitative subjunctive.

Du·blee [duˈble:] *n* ⟨-s; -s⟩ **1.** ⟨*only sg*⟩ (**~gold**) rolled gold; *in Zssgn* rolled-gold ..., gold-plated. **2.** *Billard*: stroke off the cushion.

Du·blet·te [duˈblɛtə] *f* ⟨-; -n⟩ **1.** (*Doppelstück*) doublet, duplicate, double. **2.** *hunt.* doublet (shot). **3.** (*unechter Schmuckstein*) doublet. **4.** a) *fenc.* double hit (*od.* touch), b) *Boxen*: one-two (blow). **du·blie·ren** [duˈbli:rən] *v/t* ⟨*no* **ge-, h**⟩ **1.** *mar. print. Textil.* double; *metall. a.* plate. **2.** *Billard*: (car[r]om off the) cushion.

Du·blo·ne [duˈblo:nə] *f* ⟨-; -n⟩ *hist.* doubloon.

Ducht [dʊxt] *f* ⟨-; -en⟩ *mar.* (*Ruderbank*) thwart; *e-s Taues*: strand.

ducken (*getr.* **-k·k-**) [ˈdʊkən] **I** *v/t* ⟨h⟩ **1. den Kopf ~** duck one's head. **2.** *fig. colloq.* **j-n ~** (*demütigen*) put s. o. down, cut s. o. down to size. **II** *v/reflex* **sich ~ 3.** duck; **er duckte sich vor dem Schlag** he ducked (to avoid) the blow. **4.** (*sich niederkauern*) duck (down), crouch (down), cower; **sich zum Sprung ~** crouch for the jump. **5.** *fig. colloq.* **sich (vor j-m) ~** cringe (*od.* cower) (before s. o.), knuckle under (to s. o.).

ˈ**Duckˌmäu·ser** [-ˌmɔyzər] *m* ⟨-s; -⟩ *colloq. contp.* **1.** (*Kriecher*) cringer, yes-man. **2.** (*Schleicher*) sneak, *sl.* pussyfoot. **3.** (*Scheinheiliger*) hypocrite.

ˌ**Duck·mäu·seˈrei** *f* ⟨-; *no pl*⟩ **1.** cringing, servility. **2.** sneaking, pussyfooting. **3.** hypocrisy. ˈ**duckˌmäu·se·risch** *adj* **1.** cringing, servile. **2.** sneaking, pussyfooting. **3.** hypocritic(al). ˈ**duckˌmäu·sern** *v/i* ⟨**ge-, h**⟩ **1.** (*kriechen*) cringe. **2.** (*schleichen*) sneak, pussyfoot.

Duc·tus [ˈdʊktʊs] *m* ⟨-; -⟩ *anat.* tube.

Du·deˈlei *f* ⟨-; -en⟩ *colloq. contp.* (constant) tootling. **du·deln** [ˈdu:dəln] *v/i u. v/t* ⟨h⟩ *colloq.* **1.** *allg.* tootle. **2.** *Dudelsack*: skirl. ˈ**Du·delˌsack** *m mus.* bagpipe(s *pl*); **~pfeifer** *m* (bag)piper; **den ~ spielen, auf dem ~ spielen** play the bagpipe(s), skirl.

Du·ell [duˈɛl] *n* ⟨-s; -e⟩ **1.** duel (**auf Pistolen** with pistols); **ein ~ austragen** fight a duel; **j-n zum ~ (heraus)fordern** challenge s. o. to a duel. **2.** *fig.* duel, fight, (*Wort*≈) *a.* battle of words. **Du·el·lant** [duɛˈlant] *m* ⟨-en; -en⟩ duel(l)ist. **du·elˈlie·ren** [-ˈli:rən] *v/reflex* ⟨*no* **ge-, h**⟩ **sich (mit j-m) ~** (fight a) duel (with s. o.).

Du·ett [duˈɛt] *n* ⟨-(e)s; -e⟩ *mus.* duet.

Düf·fel [ˈdʏfəl] *m* ⟨-s; -⟩ *Textil.* duffle.

Duft [dʊft] *m* ⟨-(e)s; ⸚e⟩ **1.** (pleasant) smell, (sweet) scent, perfume, fragrance, redolence; *e-r Zigarre etc*: *a.* aroma; **ein zarter ~** a faint smell, a waft, a whiff. **2.** *iro.* (nasty) smell (*of cheese, etc*). **3.** *poet.* (*feiner Dunst*) haze, (fine) vapo(u)r. **4.** *fig. lit.* fragrance, perfume, aura, charm. **5.** *Forstwesen*: hoarfrost. **~ˌdrü·se** *f zo.* scent gland.

duf·te [ˈdʊftə] *adj* ⟨-r; -st⟩ *colloq.* great, cool, *sl.* groovy, fantastic, super.

duf·ten [ˈdʊftən] **I** *v/i* ⟨h⟩ **1.** smell (pleasantly *od.* fragrantly), have a scent (*od.* perfume), be fragrant; **süß ~** smell sweet, have a sweet scent; **stark ~** have a strong perfume (*od.* scent, fragrance); **~ von** (*dat*) be fragrant (*od.* sweet, scented) with, *lit. stark*: be redolent with. **2.** *iro.* have a bad smell, smell (offensively). **II** *v/impers* **3. es duftet nach Äpfeln** *etc* there is a smell of apples, *etc.* **~d** *adj* fragrant, sweet-scented, aromatic.

ˈ**Duftˌhauch** *m* ⟨-(e)s; *no pl*⟩ whiff (*od.* waft) (of perfume), faint scent.

ˈ**duf·tig** *adj* **1.** → **duftend. 2.** *Kleid etc*: filmy, dainty.

ˈ**Duft|ˌkis·sen** *n* sachet. **≈los** *adj* odo(u)rless, unscented. **~ˌno·te** *f* special scent (*od.* fragrance). **~orˌgan** *n zo.* scent organ. **~ˌstoff** *m* **1.** *biol.* a) odorous substance, b) perfume, scent, aroma. **2.** *chem.* odiferous agent, aroma. **~ˌta·sche** *f zo.* scent bag. **~ˌwas·ser** *n* ⟨-s; -wässer⟩ toilet water, scent. **~ˌwol·ke** *f* cloud of perfume.

Du·gong [ˈdu:gɔŋ] *m* ⟨-s; -e *u.* -s⟩ *zo.* dugong, sea cow.

Du·ka·ten [duˈka:tən] *m* ⟨-s; -⟩ *hist.* ducat. **~ˌgold** *n* ducat (*od.* fine) gold.

duk·til [dukˈti:l] *adj tech.* ductile.

Duk·tus [ˈdʊktʊs] *m* ⟨-; *no pl*⟩ ductus.

ˈ**duld·bar** *adj* tolerable.

dul·den [ˈdʊldən] **I** *v/t* ⟨h⟩ **1.** (*ertragen*) bear, endure, suffer, stand (*pain, sorrow, etc*). **2.** *fig.* (*hinnehmen, sich gefallen lassen*) tolerate, suffer, put up with, stand (*injustice, criticism, etc*); **ich dulde k-n Widerspruch** I won't have (*od.* tolerate) any contradiction. **3.** *fig.* (*zulassen*) permit, allow, tolerate; **ich dulde es nicht** I won't have it (**daß** that); **et. (stillschweigend) ~** shut one's eyes to s. th., *a. jur.* connive at s. th.; **ich werde ihn nicht in m-m Hause ~** I won't have (*od.* allow) him in my house; **er wird hier nur geduldet** he is only tolerated here, he is here on sufferance; → **Aufschub. II** *v/i* **4.** suffer. **III** *v/impers* **5.** *lit.* **es duldet ihn nicht länger** he is impatient to go. **IV** ≈ *n* ⟨-s⟩ **6.** suffering, tolerating (*etc*). **7.** → **Duldung** 2.

ˈ**Dul·der** *m* ⟨-s; -⟩ (patient) sufferer, long-suffering man. **~ˌmie·ne** *f iro.* martyred expression.

ˈ**duld·sam** *adj* **1.** tolerant; **~ sein gegen j-n** be tolerant of s. o., tolerate s. o. **2.** (*nachsichtig, geduldig*) (**gegen**) indulgent (to), patient (with), tolerant (of), forbearing (with). **≈keit** *f* ⟨-; *no pl*⟩ tolerance; (*Nachsicht, Geduld*) *a.* indulgence, patience, forbearance.

ˈ**Dul·dung** *f* ⟨-; *no pl*⟩ **1.** → **dulden** 6. **2.** *allg.* toleration, tolerance, sufferance; **stillschweigende ~** tacit permission.

Dul·zi·nea [dultsiˈne:a] *f* ⟨-; -neen *u.* -s⟩ *colloq. humor.* dulcinea, sweetheart.

Dum·dum [ˈdʊmˌdʊm; ˌdʊmˈdʊm] *n* ⟨-(s); -(s)⟩, **~geˌschoß** *n mil.* dumdum (bullet).

dumm [dʊm] **I** *adj* ⟨⸚er; ⸚st⟩ **1.** stupid, dense, dull, *Am. colloq.* dumb; **~e Frage** stupid question; **er ist nicht ~** he is no fool; **er ist nicht so ~, wie er aussieht** he is not such a fool as he looks; *colloq.* **j-n für ~ verkaufen (wollen), j-n ~ machen (wollen)** (try to) dupe s. o. (*od. sl.* take s. o. for a ride), *Am. sl.* (try to) play s. o. for a sucker; **die dümmsten Bauern haben die größten Kartoffeln** (*Sprichwort*) fortune favo(u)rs fools; *colloq.* **~ geboren und nichts dazugelernt** born a fool always a fool. **2.** (*blöd*) idiotic, brainless, blockheaded. **3.** (*töricht, albern*) stupid, foolish, silly (*boy, remark, face, etc*); **das war ~ von mir** that was foolish of me, how stupid of me; *colloq.* **da müßte ich schön ~ sein!** not me!, catch me doing that!; **sich ~ stellen** a) play the fool, b) pretend to know nothing (about it), look (*od.* act) innocent; *colloq.* **~es Zeug!** (stuff and) nonsense!, rubbish!, bosh!; **~es Zeug reden** talk nonsense (*od.* rubbish, rot), talk through one's hat; **ein ~es Gesicht machen** a) look foolish (*od.* sheepish, b) (*erstaunt*) make big eyes, c) (*enttäuscht*) pull a long face; → **August**[2] 2 (*etc*). **4.** (*ungeschickt*) clumsy, awkward, stupid; **sich ~ anstellen** be clumsy. **5.** (*unangenehm*) awkward, stupid; **e-e ~e Sache** (*od.* **Geschichte**) a stupid (*od.* an awkward, a bad) business; **das ist (aber) ~!** that's too stupid (*od.* bad)!; **zu ~!, wie ~!** what a nuisance (*od.* bore)!, too bad!; **schließlich wurde mir diese Sache zu ~** in course of time I got (sick and) tired of it all; **die Sache wird mir zu ~!** I've had just about enough of that!, that's going too far! **6.** *colloq.* (*benommen, schwindlig*) dizzy, giddy, stupid; **mir ist ganz ~ im Kopf** I am (*od.* feel) dizzy, my head swims. **7.** *colloq.* (*jung*) young, green; **~er Junge** silly boy, *colloq.* young shaver (*od.* jackanapes); → **Ding**[1] 6. **8.** *colloq.* (*merkwürdig*) funny, awkward, peculiar. **II** *adv* **9.** stupidly (*etc*); **frag nicht so ~!** don't ask such silly questions; **das hätte ~ ausgehen können** that could have ended badly. **ˈDumm·chen** *n* ⟨-s; -⟩ → Dummerchen. **ˈdummˌdreist** *adj colloq.* impudent, cheeky. **ˈDum·me** *m, f* ⟨-n; -n⟩ fool; **den ~n spielen** play (*od.* act) the fool; *colloq.* **der ~ sein** a) be the dupe (*od.* loser), be left holding the baby, b) (have to) pay the piper; **die ~n werden nicht alle** (*od.* **sterben nicht aus**) (*Sprichwort*) fools never die out, *bes. Am.* there's a sucker born every minute; **da mußt du dir e-n Dümmeren suchen** no, thanks!, not me!, *sl.* I'm not having any! **ˌDum·meˈjun·genˌstreich** *m* (foolish) prank, (boyish) lark. **ˈDum·menˌfang** *m* confidence tricks *pl*, *sl.* con game; **auf ~ ausgehen** go looking for a sucker. **ˈDum·mer·chen** *n* ⟨-s; -⟩ *colloq.* silly (little) thing. **Dum·mer·jan** [ˈdumərˌjaːn] *m* ⟨-s; -e⟩ *colloq.* silly, ninny. **ˈdum·merˈwei·se** *adv colloq.* **1.** foolishly, like a fool; **ich habe es ~ vergessen** like a fool I forgot it. **2.** unfortunately; **~ fährt der Zug heute nicht** (it's) too bad that the train doesn't go today. **ˈDumm·heit** *f* ⟨-; -en⟩ **1.** ⟨*only sg*⟩ stupidity, denseness, *Am. colloq.* ˈdumbness. **2.** ⟨*only sg*⟩ (*Unwissenheit*) ignorance. **3.** ⟨*only sg*⟩ (*törichtes Wesen, Torheit*) stupidity, foolishness, folly, silliness. **4.** (*törichte Handlung, Torheit*) folly, stupid (*od.* foolish) thing (*od.* action), tomfoolery; **e-e ~ machen** (*od.* **begehen**) a) do s.th. stupid (*od.* foolish, rash), b) (*e-e Taktlosigkeit*) *colloq.* put one's foot in it, drop a brick (*od.* clanger); **~en treiben** cut capers, (play the) clown, lark (it); **er hat nichts als ~en im Kopf** he's full of nonsense (*od.* silly pranks); **j-n vor ~en bewahren** keep s.o. out of mischief; **mach k-e ~en!** a) don't do anything foolish!, b) *drohend*: no funny tricks!; **hör auf mit diesen ~en!** stop this nonsense! **5.** (*Fehler*) blunder, mistake, gaffe. **ˈDummˌkopf** *m colloq. contp.* fool, ninny, blockhead, fathead, (stupid) ass, duffer, *Am. sl.* dumbbell, sap(head), dope; **er ist kein ~** he's no fool. **Dumm·ri·an** [ˈdumriaːn] *m* ⟨-s; -e⟩ *colloq.* → **Dummerjan**.

düm·peln [ˈdʏmpəln] *v/i* ⟨h⟩ *mar.* roll.

dumpf [dumpf] **I** *adj* ⟨-er; -(e)st⟩ **1.** *Ton, Geräusch etc*: dull, muffled, hollow; **~er Aufprall, ~er Schlag** thud, thump. **2.** *Luft*: oppressive, close, heavy, sultry (*air*); **~es Wetter** *a.* muggy (*od.* stifling) weather. **3.** (*muffig*) stuffy, fusty (*air, room*). **4.** (*modrig*) mo(u)ldy, musty. **5.** *fig. Gefühl, Schmerz*: dull (*pain etc*); → *a.* 7. **6.** *fig. Schweigen, Stimmung etc*: heavy, gloomy, sullen, dismal; **~es Brüten** dark brooding, gloomy thoughts *pl.* **7.** *fig.* (*undeutlich, dunkel*) dark, vague; **e-e ~e Ahnung** (*od.* **ein ~es Gefühl**) **haben** have a dark feeling (**daß** that). **II** *adv* **8. ~ dröhnen** a) rumble, b) *Schlag etc*: thud, thump; **~ zu Boden fallen** fall down with a thud. **ˈDumpf·heit** *f* ⟨-; *no pl*⟩ **1.** dul(l)ness, hollowness. **2.** mustiness, fustiness, stuffiness. **3.** oppressiveness, closeness, heaviness, sultriness. **4.** mo(u)ldiness, mustiness. **5.** *fig. des Gefühls etc*: dul(l)ness. **6.** *fig.* gloominess. **ˈdump·fig** *adj* **1.** → **dumpf** 2, 3. **2.** (*feucht*) damp, dank.

Dum·ping [ˈdampɪŋ; ˈdʌmpɪŋ] (*Engl.*) *n* ⟨-s; *no pl*⟩ *econ.* dumping.

Dü·ne [ˈdyːnə] *f* ⟨-; -n⟩ dune; **~ngras** *n*, **~hafer** *m* beach grass.

Dung [duŋ] *m* ⟨-(e)s; *no pl*⟩ *agr.* dung, manure.

ˈDün·geˌmit·tel *n agr.* fertilizer.

dün·gen [ˈdʏŋən] *agr.* **I** *v/t* ⟨h⟩ a) fertilize, b) *mit natürlichem Dünger*: manure, dung. **II** *v/i* fertilize; **gut (schlecht) ~** be a good (bad) fertilizer. **III ≈** *n* ⟨-s⟩ fertilizing. **ˈDün·ger** *m* ⟨-s; -⟩ *agr.* a) *natürlicher*: manure, dung, b) (**künstlicher ~**) artificial *od.* chemical, commercial) fertilizer.

ˈDungˌer·de *f agr.* mo(u)ld, vegetable earth.

ˈDün·ge|ˌsalz *n agr.* fertilizer salt. **~ˌtorf** *m* peat fertilizer.

ˈDung|ˌflie·ge *f zo.* dung fly. **~ˌga·bel** *f agr.* manure (*od.* dung) fork. **~ˌgru·be** *f* manure (*od.* dung) pit. **~ˌhau·fen** *m* dunghill. **~ˌjau·che** *f* liquid manure. **~ˌla·der** *m* manure loader. **~ˌstreu·er** *m* manure spreader.

ˈDün·gung *f* ⟨-; *no pl*⟩ **1.** → **düngen** III. **2.** fertilization.

dun·kel [ˈduŋkəl] **I** *adj* ⟨dunkler; -st⟩ **1.** *Raum etc*: dark; **dunkle Wolken** dark (*od.* black) clouds, **es war ~ im Raum** a) the room was dark, b) the room was in darkness; **es wird ~** it is getting dark. **2.** *Farbe etc*: dark, deep (*red, voice*); *ling.* **dunkler Vokal** dark vowel; **dunkles Bier** dark (*od.* brown) beer; **~ machen** darken; **~ werden** get dark, darken. **3.** *Haar etc*: dark, brunette. **4.** *Hautfarbe etc*: dark, swarthy; **e-e dunkle Hautfarbe haben** be dark-skinned. **5.** *Kerzenlicht etc*: dim, faint, murky (*light, lantern, etc*). **6.** (*düster*) dark, gloomy, dim, dusky. **7.** *fig.* (*düster, schlimm*) dark, black, somb/re (*Am.* -er), gloomy, sad, dismal; **der ~ste Tag m-s Lebens** the darkest day of my life. **8.** *fig.* (*unbestimmt, unklar*) dim, faint, vague, hazy, dark; **dunkle Vorahnung** dark premonition; **e-e dunkle Erinnerung** a dim recollection. **9.** (*geheimnisvoll*) dark, obscure, mysterious (*meaning, words, etc*). **10.** *fig. Ungewißheit etc*: dark, obscure, uncertain, doubtful; **j-n (über** *acc* **et.) im ~n lassen** leave s.o. in the dark (about s.th.); **das liegt noch im ~n** that's still in the dark; *colloq.* **im ~n tappen** grope (*od.* be) in the dark, be all at sea. **11.** *fig. Existenz, Geschäft etc*: shady, dubious (*transactions, character, etc*); **dunkle Machenschaften** dark (*od.* evil, sinister, crooked) dealings (*od.* doings); → **Punkt** 6. **12.** *fig.* (*unaufgeklärt*) dark; **das dunkle Mittelalter** the Dark Ages *pl*; **der Dunkle Erdteil** the Dark Continent. **II** *adv* **13.** darkly (*etc*); *fig.* **ich kann mich ~ daran erinnern** I remember it dimly (*od.* vaguely), I have a dim (*od.* hazy) recollection of it; **sie fühlt ~, wie es enden wird** she has a dark feeling of how it will end. **III Dunk·le, das** ⟨-n⟩ **14.** the dark(ness); **ein Sprung ins Dunkle** a leap in the dark; *humor.* **im Dunkeln ist gut munkeln** (*etwa*) darkness favo(u)rs secret dealings.

ˈDun·kel *n* ⟨-s; *no pl*⟩ **1.** dark(ness); **das ~ der Nacht** the darkness of the night; **in tiefes ~ gehüllt** shrouded in darkness; **im ~ lauern** lurk in the dark; *fig.* **das ~ des Mittelalters** the darkness of the Middle Ages. **2.** *fig.* (*Geheimnis*) obscurity, darkness, mystery; **im ~ liegen** lie in obscurity; **sich (et.) in geheimnisvolles ~ hüllen** wrap (*od.* shroud) o.s. (s.th.) in mystery; **das Verbrechen blieb im ~** the crime remained an unsolved mystery; **das ~ um diesen Fall wurde gelichtet** the mystery surrounding this case was cleared up. **3.** *fig.* anonymity. **4.** *paint.* dark, shade; **Hell und ~** light and shade.

Dün·kel [ˈdʏŋkəl] *m* ⟨-s; *no pl*⟩ *contp.* **1.** (self-)conceit, arrogance, presumption. **2.** snobbery.

ˈDun·kel|ad·ap·tiˌon *f med.* dark adaptation, scotopia. **≈ˌäu·gig** *adj* dark-eyed. **≈ˌblau** *adj* dark- (*od.* deep-)blue. **≈ˌblond** *adj* dark-blond. **≈ˌbraun** *adj* dark-(*od.* deep-)brown. **≈ˌfar·ben** *adj lit.*, **≈ˌfar·big** *adj* **1.** dark(-colo[u]red). **2.** *Haut etc*: dark, swarthy. **≈geˌklei·det** *adj* (dressed) in dark clothes. **≈ˌgrau** *adj* dark-grey (*Am.* -gray). **≈ˌgrün** *adj* dark-green. **≈ˌhaa·rig** *adj* dark-haired, dark.

ˈdün·kel·haft *adj* (self-)conceited, arrogant.

ˈdun·kelˌhäu·tig *adj* dark-skinned.

ˈDun·kel·heit *f* ⟨-; *no pl*⟩ **1.** darkness; **tiefe (völlige) ~** black (total) darkness; **in ~ hüllen** plunge into darkness (→ *a.* 6). **2.** *abendliche*: dark(ness), dusk; **im Schutze der ~** under cover of (the) dark; **nach (bei) Einbruch der ~** after dark (*od.* nightfall) (at dusk); **von der ~ überrascht** overtaken by the dark. **3.** (*Düsternis*) darkness, gloom, dimness (*of a church, etc*). **4.** (*dunkle Farbe*) darkness, dark colo(u)r, *paint.* dark. **5.** (*dunkler Teint*) darkness, swarthiness (*of skin, complexion*). **6.** *fig.* (*Geheimnis*) obscurity, dark(ness), mystery; **et. in ~ hüllen** wrap s.th. in obscurity, spread a veil of mystery over s.th. **7.** *fig.* (*Unverständlichkeit*) obscurity, darkness (*of words, meaning, etc*).

ˈDun·kelˌkam·mer *f phot.* darkroom. **~ˌfil·ter** *n, m* safelight screen. **~ˌleuch·te** *f* safelight.

ˈDun·kelˌmann *m* ⟨-(e)s; ⸚er⟩ **1.** *hist.* obscurantist, obscurant. **2.** *colloq.* shady character.

dun·keln [ˈduŋkəln] **I** *v/impers u. v/i* ⟨h⟩ **es dunkelt,** *lit.* **der Abend dunkelt** it is getting (*od.* growing) dark. **II** *v/i* ⟨sein⟩ grow dark, darken; **ihr Haar ist gedunkelt** her hair has grown dark. **III** *v/t* ⟨h⟩ darken.

ˈdun·kel|ˌrot *adj* **1.** dark- (*od.* deep-) red. **2.** *fig.* red, scarlet, crimson (**vor** with *anger, shame*). **≈ˌschal·ter** *m electr.* dimmer switch. **≈ˌzif·fer** *f fig.* estimated number of unknown cases.

dün·ken [ˈdʏŋkən] *lit.* **I** *v/t u. v/impers* ⟨**dünkt,** *rare* **deucht, dünkte,** *rare* **deuchte, gedünkt,** h⟩ **mir** (*od.* **mich**) **dünkt, es dünkt mir** (*od.* **mich**) it seems to me, I fancy, I feel, *obs.* methinks; **ihn** (*od.* **ihm**) **dünkt die Antwort gut** he thinks this is a good answer; **es dünkt mich** (*od.* **mir**) **etwas seltsam** it strikes me (as being) a little odd. **II** *v/reflex contp.* **sich weise** *etc* **~** fancy (*od.* think, imagine) o.s. wise, *etc.*

dünn [dʏn] **I** *adj* ⟨-er; -st⟩ **1.** *allg.* thin (*paper, tree, etc*), fine (*thread, etc*); **~ machen** (make *s.th.*) thin, thin *s.th.* down (*od.* out); **~ werden** grow thin,

thin down (*od.* off, out). **2.** *Gewebe etc*: thin, fine, flimsy, delicate (*fabric, etc*). **3.** (*mager*) thin, spare, lean, meag/re (*Am.* -er) (*person, body, etc*); **~er Finger** thin (*od.* slender) finger; **~es Gesicht** thin face; **~ werden** grow (*od.* become) thin, lose flesh. **4.** *Flüssigkeit*: thin, weak; **~er Kaffee** weak coffee. **5.** *Stimme, Ton etc*: thin, weak. **6.** *Haarwuchs etc*: thin, sparse (*hair, vegetation*). **7.** *Luft etc*: thin, rare, rarefied (*air, atmosphere*). **8.** *fig. colloq.* (*dürftig, unbedeutend*) meag/re (*Am.* -er), poor, thin (*result, etc*); *parl.* **~e Mehrheit** thin (*od.* slim) majority. **II** *adv* **9.** thinly, thin (*etc*); → **dünnbesiedelt**; **dünngesät** 2, 3.

ˈdünn|ˌbei·nig [-ˌbaɪnɪç] *adj* thin-legged. **~beˌsie·delt, ~beˌvöl·kert** *adj* thinly (*od.* sparsely) populated. **≗ˌbier** *n* small beer. **~ˌblät·te·rig** *adj bot.* thin-leaved. **≗ˌblech** *n tech.* light-ga(u)ge steel sheet. **≗ˌdarm** *m anat.* small intestine (*od.* gut); **~entzündung** *f* enteritis. **≗ˌdruck** *m* ⟨-(e)s; -e⟩ *a.* **~ausgabe** *f* India- (*od.* thin-)paper edition; **~papier** *n* India paper; **in ~** printed on thin (*od.* India) paper.

ˈDü·ne[1] *f* ⟨-; *no pl*⟩ **1.** *allg.* thinness; *e-s Drahts etc*: *a.* fineness; *von Gewebe*: *a.* flimsiness; *e-r Flüssigkeit*: *a.* weakness; *der Luft*: *a.* rareness. **2.** *e-r Person etc*: thinness, spareness, leanness, slightness. **3.** *e-s Tons, e-r Stimme etc*: thinness, weakness. **4.** *des Haarwuchses, der Vegetation etc*: thinness, sparseness.

ˈDün·ne[2] *m, f* ⟨-n; -n⟩ thin (*od.* skinny) person.

ˈdün·neˌma·chen *v/reflex* ⟨*sep*, **-ge-**, **h**⟩ → **dünnmachen**.

ˈdünnˌflüs·sig *adj* **1.** highly liquid (*od.* fluid), thin; *Öl*: thin-bodied, light. **2.** (*wässerig*) watery. **≗keit** *f* ⟨-; *no pl*⟩ **1.** thinness, liquidity, fluidity, low viscosity. **2.** *Öl*: thin-bodiedness. **3.** wateriness.

ˈdünn|geˌsät *adj* **1.** thin-sown. **2.** (*verstreut*) thinly scattered. **3.** *fig.* sparse, scarce, ⟨*pred*⟩ *a.* few and far between. **~ˌhäu·tig** *adj* thin-skinned (*a. fig.*).

ˈDünn·heit *f* ⟨-; *no pl*⟩ thinness.

ˈdünn|ˌlip·pig [-ˌlɪpɪç] *adj* thin-lipped. **~ˌma·chen** *v/reflex* ⟨*sep*, **-ge-**, **h**⟩ *colloq.* **sich ~** make o.s. scarce, beat it. **≗ˌpfiff** *m* → **Dünnschiß**. **~ˌscha·lig** [-ʃaːlɪç] *adj* **1.** *Ei, Nuß etc*: with a thin shell, thin-shelled. **2.** *Frucht etc*: with a thin skin (*od.* peel), thin-skinned. **≗ˌschicht** *f synth.* thin layer, film; **~film** *m phot.* thin-emulsion film. **≗ˌschiß** *m colloq.* the runs *pl* (*od.* trots) *pl* (*beide a. als sg konstruiert*).

Dün·nung [ˈdʏnʊŋ] *f* ⟨-; -en⟩ *gastr. des Wildes*: flank.

Dunst [dʊnst] *m* ⟨-es; ⸚e⟩ **1.** ⟨*only sg*⟩ a) (*leichter Dampf*) vapo(u)r, steam, b) (*Rauch*) smoke, c) (*Schwaden*) fume(s *pl*), d) (*Feuchtigkeit*) damp, moisture, e) (*Nebel*) mist, haze, f) (*Sprühtröpfchen*) (fine) spray, mist. **2.** (*Geruch*) smell, reek. **3.** (*Ausdünstung*) exhalation, vapo(u)r, fume(s *pl*). **4.** *fig. colloq.* **j-m blauen ~ vormachen** throw dust in s.o.'s eyes, humbug (*od.* flimflam) s.o.; **er hat k-n (blassen) ~ davon** he hasn't the foggiest idea about it, he doesn't know the first thing about it, *sl.* he hasn't got a clue. **5.** ⟨*only sg*⟩ *hunt.* dust shot, *Am.* mustard seed. **6.** *mil. sl.* **~ bekommen** come under (heavy) fire.

dun·sten [ˈdʊnstən] *v/i* ⟨**h**⟩ *lit.* **1.** emit (*od.* exhale) vapo(u)r. **2.** (*dampfen*) steam, fume, give off fumes.

dün·sten [ˈdʏnstən] **I** *v/t* ⟨**h**⟩ *gastr.* **1.** (*schmoren*) stew, braise. **2.** (*dämpfen*) steam. **II** *v/i* **3.** *gastr.* stew. **4.** → **dunsten**.

ˈDunst|ˌglocke (*getr.* **-k·k-**) *f* smog (pall) (*over a town*). **~ˌhül·le** *f meteor.* veil of haze; → *a.* **Dunstglocke**.

ˈdun·stig *adj* vaporous, steamy; (*rauchig*) smoky, smoke-filled, fumy; (*neblig*) misty, hazy; **~es Wetter** hazy weather; (*feucht*) damp.

ˈDunstˌkreis *m lit.* atmosphere, aura.

ˈDünstˌobst *n* stewed fruit.

ˈDunst|ˌschicht *f meteor.* layer of dust (*feuchte*: of mist). **~ˌschlei·er** *m* (veil of) haze. **~ˌwol·ke** *f* cloud of haze (*feuchte*: of mist).

ˈDü·nung *f* ⟨-; -en⟩ *mar.* (*lange Wellen*) swell; *nach Sturm*: ground swell.

Duo [ˈduːo] *n* ⟨-s; -s⟩ *mus.* duet.

Duo·deˈnal·geˌschwür *n* [duodeˈnaːl-] duodenal ulcer.

Duo·dez [duoˈdeːts] *n* ⟨-es; *no pl*⟩ *print.* duodecimo, twelvemo, 12mo. **~ˌaus·ˌga·be** *f* duodecimo edition. **~ˌband** *m* ⟨-(e)s; ⸚e⟩ duodecimo (volume). **~forˌmat** *n* → **Duodez**. **~ˌfürst** *m hist.* duodecimo (*od.* petty) prince, princeling.

Duo·de·ziˈmal·ˌrech·nung [duodetsiˈmaːl-] *f* duodecimal calculation, duodecimals *pl.*

Duo·de·zi·me [duoˈdeːtsimə] *f* ⟨-; -n⟩ *mus.* **1.** twelfth. **2.** (*Intervall*) twelfth, duodecimo.

dü·pie·ren [dyˈpiːrən] *v/t* ⟨*no* **ge-**, **h**⟩ dupe.

Du·plet [duˈpleː] *n* ⟨-s; -s⟩ *opt.* doublet (lens).

Du·plex [ˈduːplɛks] *n* ⟨-; -plices [-plitsɛs]⟩ **1.** *relig.* double (feast). **2.** *Textil.* duplex. **~beˌtrieb** *m* **1.** *teleph.* duplex operation. **2.** *metall.* duplexing practice. **~ˌbrem·se** *f mot.* duplex (*od.* power, booster) brake. **~ˌbren·ner** *m* duplex burner (*od.* lamp). **~ˌdruck** *m* ⟨-(e)s; -e⟩ *print.* duotone. **~te·le·graˌphie** *f* duplex telegraphy.

Du·pli·kat [dupliˈkaːt] *n* ⟨-(e)s; -e⟩ **1.** (*Doppel, Zweitschrift*) duplicate; **ein ~ anfertigen von et.** duplicate s.th. **2.** (*Abschrift, Kopie*) (exact *od.* identical) copy. **3.** *jur.* counterpart. **4.** *Kunst*: replica.

Du·pli·zi·tät [duplitsiˈtɛːt] *f* ⟨-; -en⟩ duplicity.

Düp·pel [ˈdʏpəl] *m* ⟨-s; -⟩ *aer. mil.* window, (radar) chaff.

Dur [duːr] *n* ⟨-; *no pl*⟩ *mus.* major (mode *od.* key); **in ~** in major. **~akˌkord** *m* major chord.

du·ra·tiv [ˈduːratiːf, duraˈtiːf] *adj*, **≗** *m* ⟨-s; -e⟩ *ling.* durative.

durch [dʊrç] **I** *prep* ⟨*acc*⟩ **1.** through, *Am. a.* thru; **~ die Straße gehen** walk through (*od.* along) the street; → **Bank**[1] 1, **dick** 1, **Kakao** 1 (*etc*). **2.** (*quer hin~*) across, through (*the river, town, etc*); **er ging (quer) ~ das Zimmer zum Fenster** he went across (*od.* he crossed) the room to the window; **~ die ganze Welt** all over (*od.* throughout) the world. **3.** (*bes. im Passiv*) by; **Amerika wurde ~ Kolumbus entdeckt** America was discovered by Columbus. **4.** (*mittels*) by, by way (*od.* means) of, through; **~ e-n Brief (Boten)** by letter (messenger); **ich habe sie ~ m-n Freund kennengelernt** I got to know her through a friend of mine; **~ Zuhören** by listening; **~ Zufall** by (mere) accident (*od.* chance); **et. ~ den Lautsprecher bekanntgeben** announce s.th. through (*od.* over) the loudspeaker. **5.** (*infolge von*) owing to, due to, because of, as a result of, through; **~ Nachlässigkeit** by neglect; **~ harte Arbeit** through (*od.* by) hard work, by working hard. **6.** *zeitlich*: for, over, through(out), during; **~ e-e lange Zeit (hindurch)** for a long time, over a long period; **~ das ganze Leben (hindurch)** through(out) life, all one's life; **~ alle Jahrhunderte** (down) through the ages; **das ganze Jahr ~** throughout the year, the whole year through; **den ganzen Tag ~** all day (long), round the clock; **die ganze Nacht ~** all night (long), through(out) the night; **die Nächte ~ weinte sie** she wept incessantly night after night. **7.** *math.* a) divided by, b) *bei Brüchen*: over; **15 ~ 3** a) 15 divided by 3, b) 15 over 3. **II** *adv* **8.** through; **der Zug fährt ~ bis Berlin** the train goes through to Berlin; *colloq.* **wann bist du ~ mit d-r Arbeit?** when shall you get through with your work?; → **unten** 4. **9. ~ und ~** through and through, thoroughly, completely, out-and-out; **~ und ~ ehrlich** honest through and through, completely honest; **~ und ~ ein Ehrenmann** a thorough gentleman, every inch a gentleman; **er ist ~ und ~ ein Politiker** he is a politician through and through (*od.* to the core, to the backbone), he is a dyed-in-the-wool (*od.* an ingrained, engrained) politician; **e-e ~ und ~ vernünftige Politik** a perfectly sound policy; **der Apfel ist ~ und ~ faul** the apple is rotten to the core; **wir waren ~ und ~ naß** we were wet (*od.* drenched) to the skin, we were soaked.

ˈdurchˌackern *v/t* ⟨*sep*, **-ge-**, **h**⟩, *a.* **ˌdurchˈackern** (*getr.* **-k·k-**) *v/t* ⟨*insep*, *no* **-ge-**, **h**⟩ **1.** *agr.* plough (up), *bes. Am.* plow (up). **2.** *fig. colloq.* (*Buch etc*) → **durcharbeiten** 8.

ˌdurchˈädert *adj* veined.

ˈdurchˌar·bei·ten I *v/t* ⟨*sep*, **-ge-**, **h**⟩ **1.** work (*od.* go) through (*book, subject*); (*studieren*) *a.* study *s.th.* thoroughly. **2.** (*bearbeiten*) work *s.th.* out (in detail). **3.** (*zu Ende führen*) complete, finish. **4.** *gastr., a. Massage*: work (*od.* knead) (*dough, muscles*) (thoroughly). **5.** (*den Körper*) give (*the body*) a workout. **II** *v/i* **6.** work (through) without a break. **III** *v/reflex* **sich ~ 7.** *colloq.* work o.s. (*od.* one's way) through; **sich durch e-e Menge ~** elbow (*od.* shoulder) one's way through a crowd. **8.** *colloq.* (*studieren*) work (one's way) through, plough (*bes. Am.* plow) (one's way) through (*a book, etc*).

ˌdurchˈar·bei·tet *adj* (*night, etc*) spent working (*od.* at work).

ˈdurchˌat·men[1] *v/i* ⟨*sep*, **-ge-**, **h**⟩ (*a. tief ~*) breathe deeply.

ˌdurchˈat·men[2] *v/t* ⟨*insep*, *no* **-ge-**, **h**⟩ *fig. poet.* breathe through, fill, pervade.

ˈdurchˈaus *adv* **1.** thoroughly, altogether, entirely, *nachgestellt*: throughout; (*ganz u. gar*) through and through, out and out; (*geradezu*) downright; **~!** absolutely!, by all means!, quite!; **~ unerfreulich** thoroughly (*od.* downright) unpleasant; **das Buch ist ~ lesbar** the book is thoroughly readable. **2.** (*unbedingt*) quite, definitely, positively, absolutely, by all means, entirely; **das ist ~ in Ordnung** that's quite all right; **es ist ~ sicher** a) it is absolutely safe, it is safe enough (*od.* safe as houses), b) it is absolutely (*od.* quite) certain; **er will ~ daran teilnehmen** he insists on taking part in it; **wenn du es ~ willst** if you insist (on it), if you make a point of it. **3. ~ nicht** not at all, not in the least, not a bit, by no means, in no way; **er ist ~ nicht reich** he is by no means rich, he is far from being rich; **er wollte es ~ nicht zugeben** he absolutely refused to admit it; **sie ist ~ nicht so klug, wie man meint** she is by no means as clever as people think; **das ist ~ nicht so einfach** it's not all that simple.

ˌ**durchˈbe·ben** *v/t* ⟨*insep, no* **-ge-**, **h**⟩ *fig. lit.* thrill (*od.* run) through, pervade.

ˈ**durchˌbei·ßen**[1] **I** *v/t* ⟨*irr, sep*, **-ge-**, **h**⟩ bite through, bite *s. th.* in two. **II** *v/reflex fig. colloq.* **sich ~** fight one's way through, struggle through. ˌ**durchˈbei·ßen**[2] *v/t* ⟨*irr, insep, no* **-ge-**, **h**⟩ bite through (*s. o.'s finger, etc*), bite in two.

ˈ**durch|beˌkom·men** *v/t* ⟨*irr, sep, no* **-ge-**, **h**⟩ get *s. th. od. s. o.* through; **den Finger (ein Gesetz, e-n Prüfling) ~** get one's finger (a law, a candidate) through. **~beˌra·ten** *v/t* ⟨*irr, sep, no* **-ge-**, **h**⟩ **1.** discuss *s. th.* (thoroughly), debate, *colloq.* thresh *s. th.* out.

ˈ**durchˌbet·teln**[1] *v/reflex* ⟨*sep*, **-ge-**, **h**⟩ *colloq.* **sich ~** beg one's way (**nach** to), live on begging (*od.* alms).

ˌ**durchˈbet·teln**[2] *v/t* ⟨*insep, no* **-ge-**, **h**⟩ beg (*Am. sl.* bum) one's way through.

ˈ**durch|ˌbeu·teln** *v/t* ⟨*sep*, **-ge-**, **h**⟩ *colloq.* **j-n (tüchtig) ~** shake s. o. (vehemently *od.* like a rat); (*durchrütteln*) jolt s. o. **~ˌbie·gen I** *v/t* ⟨*irr, sep*, **-ge-**, **h**⟩ bend (all the way); **sich ~** bend (through), sag. **II** *v/i tech.* (*durchhängen*) sag. **~ˌbil·den** *v/t* ⟨*sep*, **-ge-**, **h**⟩ **1.** train (*od.* educate) *s. o.* thoroughly. **2.** (*entwickeln*) improve, perfect, develop *s. th.* fully (*od.* to perfection); **s-n Geist ~** develop one's intellect. **3.** (*entwerfen*) design, work out.

ˈ**durchˌbla·sen**[1] **I** *v/t* ⟨*irr, sep*, **-ge-**, **h**⟩ **1.** blow *s. th.* through. **2.** blow through *s. th.* **II** *v/i* **3.** blow through. ˌ**durchˈbla·sen**[2] *v/t* ⟨*irr, insep, no* **-ge-**, **h**⟩ blow through (*a room, etc*).

ˈ**durchˌblät·tern**[1] *v/t* ⟨*sep*, **-ge-**, **h**⟩, ˌ**durchˈblät·tern**[2] *v/t* ⟨*insep, no* **-ge-**, **h**⟩ leaf (*od.* thumb) through; **flüchtig ~** glance (*od.* skim) through (*a book*).

ˈ**durchˌbleu·en** *v/t* ⟨*sep*, **-ge-**, **h**⟩ *colloq.* **j-n ~** give s. o. a sound thrashing (*od.* hiding).

ˈ**Durchˌblick** *m* **1.** (**auf** *acc* of) view, vista, perspective. **2.** (*kurzer Blick*) peep, glimpse. **3.** *fig. colloq.* understanding, grasp; **~ haben** → **durchblicken** 4.

ˈ**durchˌblicken** (*getr.* **-k·k-**) *v/i* ⟨*sep*, **-ge-**, **h**⟩ **1. ~ (durch)** look (*od.* peer) through (*s. th.*); **laß mich mal ~!** let me have a look (through it). **2.** *fig.* (*sich zeigen*) become apparent, show. **3.** *fig.* **et. ~ lassen** give s. th. to understand, hint at s. th., intimate s. th.; **er ließ ~, daß** he intimated that …; **sie ließ ihren Ärger ~** she did not conceal her anger. **4.** *fig. colloq.* a) (*verstehen*) get it, b) (*alles übersehen*) have everything under control; **da blicke ich nicht (mehr) durch** that's beyond me, I don't get it; **er blickt nicht mehr durch** he is totally at sea.

ˈ**durchˌblit·zen**[1] *v/i* ⟨*sep*, **-ge-**, **h**⟩ flash (*od.* shine) through.

ˌ**durchˈblit·zen**[2] *v/t* ⟨*insep, no* **-ge-**, **h**⟩ **1.** shine (*od.* flash) through. **2.** *fig.* **ein Gedanke durchblitzte ihn** a thought flashed through his mind.

ˈ**durchˌblu·ten**[1] *v/i* ⟨*sep*, **-ge-**, **h**⟩ bleed through.

ˌ**durchˈblu·ten**[2] *v/t* ⟨*insep, no* **-ge-**, **h**⟩ *physiol.* supply *s. th.* with blood, vascularize; **dadurch wird die Haut besser durchblutet** this promotes blood circulation in the skin; **gut (schlecht) durchblutet** well (poorly) supplied with blood. ˌ**Durchˈblu·tung** *f* ⟨-; *no pl*⟩ (**von** *od. gen*) (blood) circulation (through, in, of), supply of blood (to); **≈sfördernd** stimulating (blood) circulation; **~sstörung** *f* circulatory disturbance.

ˈ**durchˌboh·ren**[1] **I** *v/t* ⟨*sep*, **-ge-**, **h**⟩ **1.** pierce. **2.** *tech.* a) bore through, b) *mittels Spiralbohrer*: drill through; **ein Loch durch das Brett ~** bore a hole through the board. **II** *v/i* **3.** bore through. **III** *v/reflex* **sich ~ 4.** bore (*od.* work) (one's way) through.

ˌ**durchˈboh·ren**[2] *v/t* ⟨*insep, no* **-ge-**, **h**⟩ pierce, bore (*od.* drill) through; (*durchlöchern*) perforate, puncture; (*durchstanzen*) punch; **e-e Kugel durchbohrte die Tür** a bullet pierced (*od.* penetrated, went through) the door; **j-n ~, j-s Körper ~** pierce s. o.('s body), *mit dem Schwert etc*: *a.* run *a sword etc* through s. o. ('s body), *mit dem Dolch*: stab s. o., *mit den Hörnern*: gore s. o., (*aufspießen*) impale s. o.; *fig.* **j-n mit s-n Blicken ~** stare hard at s. o., look daggers at s. o.; **sich ~** stab o. s., **mit dem Schwert:** run o. s. through, fall on one's sword. **~d** *adj Blick etc*: penetrating, piercing, sharp; *Schmerz etc*: shooting.

ˈ**durch|ˌbo·xen** *v/t* ⟨*sep*, **-ge-**, **h**⟩ *fig. colloq.* push (*a project etc*) through; **sich ~** fight (*od.* battle) one's way through, struggle through. **~ˌbra·ten** *v/t* ⟨*irr, sep*, **-ge-**, **h**⟩ (*Fleisch etc*) roast *s. th.* thoroughly.

ˈ**durchˌbrau·sen**[1] *v/i* ⟨*sep*, **-ge-**, **sein**⟩ *Auto etc*: roar through. ˌ**durchˈbrau·sen**[2] *v/t* ⟨*insep, no* **-ge-**, **h**⟩ *Auto, Sturm etc*: roar through (*a forest, town, etc*).

ˈ**durchˌbre·chen**[1] **I** *v/t* ⟨*irr, sep*, **-ge-**, **h**⟩ **1.** (*entzwei*) break *s. th.* through (*od.* in two), snap *s. th.* **2.** *tech.* a) (*Mauer etc*) make an opening (*od.* a hole) in, break through, breach, b) (*Tür, Fenster etc*) break through (*od.* breach) a wall for *s. th.*, make (*od.* put in, let in) (*a window, etc*) in a wall. **II** *v/i* ⟨**sein**⟩ **3.** *Brett etc*: break (through), break in two. **4.** *unter e-r Last*: break (*od.* cave) in, collapse. **5.** break through (*ice, etc*); **~ durch** → **durchbrechen**[2] I. **6.** *Sport*: break through. **7.** *fig. Charaktereigenschaften*: come out, show (*od.* reveal, assert) itself. **8.** *med.* a) *Kinderzähne*: come through, erupt, b) *Abszeß*: come to a head, erupt, c) *Blinddarm etc*: perforate, d) *Erbanlagen etc*: become manifest. **III ≈** *n* ⟨-s⟩ **9.** breaking (through) (*etc*). **10.** → **Durchbruch** 1a, 2, 6.

ˌ**durchˈbre·chen**[2] **I** *v/t* ⟨*irr, insep, no* **-ge-**, **h**⟩ **1.** break through (*a defence, the enemy lines, etc*), *stärker*: crash through; → **Schallmauer. 2.** (*Mauer etc*) break through, breach, burst (*wall, dam*). **3.** (*Blockade etc*) run, break through. **4.** *Tennis*: **das Aufschlagspiel ~** break the (opponent's) service. **5.** (*Monopol etc*) break (up). **6.** *fig.* (*übertreten*) break, violate, infringe, infract; **s-e Grundsätze ~** break (*od.* violate) one's principles; **alle Regeln ~** break (*od.* violate, ignore) all (the) rules; → **Tabu. II ≈** *n* ⟨-s⟩ **7.** breaking through (*etc*). **8.** *Tennis*: **≈ des Aufschlags** break (of the opponent's service). **9.** → **Durchbruch** 1 a, 3–5.

ˈ**durch|ˌbren·nen I** *v/t* ⟨*irr, sep*, **-ge-**, **h**⟩ **1.** burn through, burn a hole in. **II** *v/i* ⟨**h** *u.* **sein**⟩ **2.** ⟨**h**⟩ *Ofen, Licht etc*: keep burning, stay alight. **3.** ⟨**sein**⟩ *Kohle etc*: burn (right) through. **4.** ⟨**sein**⟩ *Geschirr etc*: have a hole burnt through. **5.** ⟨**sein**⟩ *electr.* a) *Sicherung*: blow, b) *Glühbirne etc*: burn out, c) *Glühfäden etc*: fuse, melt. **6.** ⟨**sein**⟩ *fig. colloq.* (*flüchten*) → **durchgehen** 4. **III ≈** *n* ⟨-s⟩ **7.** burning through (*etc*). **8.** *nucl.* burnout. **≈ˌbren·ner** *m* ⟨-s; -⟩ *colloq. for* **Ausreißer** 1.

ˈ**durchˌbrin·gen** *colloq.* **I** *v/t* ⟨*irr, sep*, **-ge-**, **h**⟩ **1.** get (*od.* bring) *s. th.* through. **2.** *fig.* (*e-n Kranken*) pull (*a patient*) through. **3.** *fig.* get (*a candidate, etc*) through; **j-n bei e-r Prüfung ~** get s. o. through an examination. **4.** *bes. parl.* (*Gesetzesantrag etc*) push (*od.* get) (*a bill*) through. **5.** *fig.* (*ernähren*) support, (*Kinder*) *a.* bring up, rear. **6.** *fig. colloq.* (*Geld etc*) go (*od.* get) through, squander, *sl.* blue (*money*). **II** *v/reflex* **sich ~ 7.** support o. s., make (both) ends meet; **sich ehrlich ~** make an honest living; **sich kümmerlich ~** eke out a poor living, scrape through.

ˌ**durchˈbro·chen I** *pp of* **durchbrechen**[2] I. **II** *adj* **1.** *Textil.* open-work(ed); **~e Spitze** open-worked (*od.* a jour) lace; **~e Arbeit** openwork, a jour work. **2.** *Schmuck*: filigree. **3.** *Schnitzerei etc*: perforate(d), pierced.

ˈ**Durchˌbruch** *m* ⟨-(e)s; ⸚e⟩ **1.** *civ. eng. e-r Mauer etc*: a) cutting through, opening up, b) (*Loch*) breach, cut, opening, gap. **2.** *e-s Dammes etc*: breakthrough, rupture, bursting. **3.** *mil.* breakthrough (*a. Sport*), penetration. **4.** *metall. e-s Schmelzofens*: breakout. **5.** *Bergbau*: opening. **6.** *med.* a) *der Kinderzähne*: cutting, eruption, b) *des Blinddarms etc*: perforation, rupture, c) *e-s Abszesses*: eruption, bursting; **zum ~ kommen** *Abszeß etc*: come to a head, burst, erupt, *fig.* (*sich zeigen*) become manifest (*od.* apparent), show. **7.** *fig.* (*Erfolg, entscheidende Wende*) breakthrough; **e-r Idee zum ~ verhelfen** bring an idea to fruition; **damit gelang ihm endlich der ~** this meant the long-due breakthrough for him.

ˈ**Durchˌbruchˌar·beit** *f* **1.** *Textil.* open-work, cutwork, a jour work. **2.** *aus Silber etc*: filigree (work).

ˈ**Durchˌbruch(s)|ˌschlacht** *f mil.* breakthrough battle. **~stickeˌrei** (*getr.* **-k·k-**) *f* open-work (embroidery).

ˈ**durchˌbum·meln**[1] **I** *v/t* ⟨*sep*, **-ge-**, **h**⟩ *colloq.* **e-e Nacht ~** make a night of it, be out (on a spree) all night. **II** *v/i* ⟨**sein**⟩ *durch Stadt, Straßen etc*: stroll through.

ˌ**durchˈbum·meln**[2] *v/t* ⟨*insep, no* **-ge-**, **h**⟩ → **durchbummeln**[1] I.

ˌ**durchˈdacht I** *pp of* **durchdenken**[2]. **II** *adj* (*a.* **gut ~**) well thought-out, (well-)considered.

ˈ**durchˌden·ken**[1] *v/t* ⟨*irr, sep*, **-ge-**, **h**⟩ **1.** (*bis zu Ende denken*) think (*a problem*) out. **2.** *logisch*: reason *s. th.* out.

ˌ**durchˈden·ken**[2] *v/t* ⟨*irr, insep, no* **-ge-**, **h**⟩ think *s. th.* over (thoroughly), consider *s. th.* (well).

ˈ**durch|dis·kuˌtie·ren** *v/t* ⟨*sep, no* **-ge-**, **h**⟩ discuss *s. th.* (in detail). **~ˌdrän·geln** *v/t u.* **sich ~** *v/reflex* ⟨*sep*, **-ge-**, **h**⟩ *colloq.* → **~ˌdrän·gen I** *v/t* ⟨*sep*, **-ge-**, **h**⟩ push (*od.* force) *s. o., s. th.* through. **II** *v/reflex* **sich ~** push (*od.* force, elbow, shoulder) one's way through. **~ˌdre·hen I** *v/t* ⟨*sep*, **-ge-**, **h**⟩ **1.** (*Fleisch etc*) mince, put (*od.* pass) *s. th.* through the mincer (*bes. Am.* through the [meat] grinder). **2.** (*Wäsche etc*) wring (dry), put *s. th.* through the wringer (*od.* mangle). **3.** *mot.* a) (*Motor*) rev (up), b) *von Hand*: crank. **4.** *aer.* a) (*Luftschraube*) turn, b) *von Hand*: swing, c) (*Strahltriebwerk*) motor. **II** *v/i* **5.** *mot.* a) *Räder*: spin, race, b) *Motor*: rev (up) (*a. aer.*), c) *bei zu geringer Belastung*: overspeed (*a. aer.*); **den Motor ~ lassen** a) rev (up) the engine, b) race the engine. **6.** *fig. colloq.* a) *nervlich*: crack up, *sl.* flip, b) *vor Angst*: panic, c) (*überschnappen*) *sl.* blow one's mind, freak out, d) *vor Wut*: have a fit, flip (one's lid).

ˌ**durchˈdring·bar** *adj* **1.** penetrable, permeable. **2.** *chem.* interpenetrable. **≈keit** *f* ⟨-; *no pl*⟩ **1.** penetrability, permeability. **2.** *chem.* interpenetrability.

ˈ**durchˌdrin·gen**[1] *v/i* ⟨*irr, sep*, **-ge-**,

sein⟩ **1.** penetrate (**bis** to), get through; *Neuigkeit etc*: seep through, leak out, transpire, get abroad; **er konnte** (**mit s-r Stimme**) **nicht** ~ his voice could not be heard (*od.* was drowned out). **2.** *fig.* a) *Person*: succeed, win through (**mit** with), carry one's point, *colloq.* make it, b) *Sache*: prevail, get through, be accepted (*od.* adopted).

ˌdurchˈdrin·gen[2] **I** *v/t* ⟨*irr, insep, no* **-ge-**, **h**⟩ **1.** penetrate, get (*od.* go) through, pierce; **das Schreien durchdrang die Wände** the cries penetrated the walls; **die Kugel durchdrang die Tür** the bullet went through (*od.* penetrated) the door; *fig.* **et.** (**mit dem Verstand**) ~ penetrate s. th. (with one's intellect). **2.** (*erfüllen*) fill, imbue, inspire (*alle*: **mit** with), pervade; → **durchdrungen** II. **3.** *math.* (*Fläche, Körper etc*) penetrate, cut into; **einander** ~ intersect. **II** ≈ *n* ⟨**-s**⟩ **4.** penetrating (*etc*); penetration.

ˈdurchˌdrin·gend[1] **I** *pres p of* **durchdringen**[1]. **II** *adj* **1.** penetrating, piercing (*a. Blick*), *Stimme*: *a.* shrill; **~er Geruch** penetrating (*od.* pungent) smell; **~e Kälte** piercing (*od.* biting) cold; **~er Schrei** scream, shriek. **2.** *fig. Verstand etc*: penetrating, keen. **III** *adv* **3.** piercingly; **j-n** ~ **ansehen** give s. o. a piercing look.

ˌdurchˈdrin·gend[2] **I** *pres p of* **durchdringen**[2] I. **II** *adj u. adv* → **durchdringend**[1] II, III.

ˌDurchˈdrin·gung *f* ⟨-; *no pl*⟩ **1.** → **durchdringen**[2] 4. **2.** penetration (*a. fig.*), permeation; *pol.* **friedliche** ~ **e-s Landes** peaceful penetration of a country. **3.** *fig. mit Ideen etc*: pervasion. **4.** *math.* a) penetration, b) *gegenseitige*: intersection.

ˈdurchˌdrücken (*getr.* **-k·k-**) **I** *v/t* ⟨*sep,* **-ge-**, **h**⟩ **1.** push (*od.* force, press, squeeze) *s. th.* through. **2.** *fig. colloq.* (*durchsetzen*) push (*od.* force) *s. th.* through. **3.** (*die Knie etc*) straighten. **4.** (*durchbiegen*) bend, cause to sag. **II** *v/reflex* **sich** ~ **5.** *colloq. Person*: squeeze through, push (*od.* force) one's way through. **6.** *Schrift etc*: come through, show.

ˈDurchˌdrückˌpackung (*getr.* **-k·k-**) *f* pushout package.

ˌdurch|ˈdrun·gen I *pp of* **durchdringen**[2] I. **II** *adj fig. lit.* **von e-m Gefühl** ~ filled (*od.* imbued, inspired) with a feeling. **~ˈduf·ten** *v/t* ⟨*insep, no* **-ge-**, **h**⟩ fill (*a room*) with fragrance.

ˈdurchˌei·len[1] *v/i* ⟨*sep,* **-ge-**, **sein**⟩ hurry (*od.* hasten, rush) through.

ˌdurchˈei·len[2] *v/t* ⟨*insep, no* **-ge-**, **h**⟩ hurry (*od.* hasten, rush) through (*the country, etc*); **die Nachricht von s-m Tod durcheilte die Welt** the news of his death flashed around the world.

ˌdurchˌeinˈan·der I *adv* **1.** ~ **sein** *Dinge*: be in disorder (*od.* disarray, confusion), be in a jumble (*od.* mess), be at sixes and sevens, be topsy-turvy (*od.* higgledy-piggledy, pell-mell). **2.** *fig.* (**ganz**) ~ **sein** *Person*: be all upset (*od.* mixed up), be confused (*od.* flustered, *colloq.* in a flap). **3.** (*wahllos*) indiscriminately; **alles** ~ **essen** (**trinken**) eat (drink) everything indiscriminately (*od.* as it comes). **II** ≈ *n* ⟨**-s**; *no pl*⟩ **4.** (*Unordnung*) disorder, disarray, confusion, jumble, mess. **5.** *fig.* confusion, muddle, mess, mix-up; **Ordnung in ein** ≈ **bringen** straighten out a mess; → **heillos. 6.** *fig. von Stimmen*: hubbub, babel.

ˌdurchˌeinˈan·der|ˌbrin·gen *v/t* ⟨*irr, sep,* **-ge-**, **h**⟩ **1.** → **durcheinanderwerfen. 2.** *fig.* (*Person*) confuse, bewilder, upset, mix up. **~geˌra·ten** *v/i* ⟨*irr, sep, pp* **durcheinandergeraten, sein**⟩ *allg., a. fig.* get mixed up. **~ˌlau·fen** *v/i* ⟨*irr, sep,* **-ge-**, **sein**⟩ run about in confusion. **~ˌlie·gen** *v/i* ⟨*irr, sep,* **-ge-**, **h** *u.* **sein**⟩ lie about in a jumble. **~ˌmen·gen, ~ˌmi·schen** *v/t* ⟨*sep,* **-ge-**, **h**⟩ mix (up). **~ˌre·den** *v/i* ⟨*sep,* **-ge-**, **h**⟩ talk all at once (*od. colloq.* in a crowd). **~ˌren·nen** *v/i* ⟨*irr, sep,* **-ge-**, **sein**⟩ → **durcheinanderlaufen. ~ˌwer·fen** *v/t* ⟨*irr, sep,* **-ge-**, **h**⟩ **1.** (*Sachen etc*) throw *s. th.* into disorder, jumble (*od.* mix) *s. th.* up. **2.** *fig.* (*Begriffe etc*) confuse, mix up.

ˈdurch|ˌes·sen *v/reflex* ⟨*irr, sep, pp* **durchgegessen, h**⟩ **sich** ~ *colloq.* **1.** live by cadging meals. **2.** *humor.* **sich durch et.** ~ eat one's way through s. th. **~ex·erˌzie·ren** *v/t* ⟨*sep, no* **-ge-**, **h**⟩ *fig.* **et.** ~ go through s. th.; (*proben*) rehearse s. th.

ˈdurchˌfah·ren[1] **I** *v/i* ⟨*irr, sep,* **-ge-**, **sein**⟩ **1.** go (*od.* travel, pass, *mot.* drive) straight through (*od.* without stopping); **der Zug fährt in X durch** the train doesn't stop at X; **der Zug fuhr bis Wien durch** the train went straight through (*od.* went nonstop) to Vienna. **2.** (*e-e bestimmte Zeit*) travel; **die ganze Nacht** ~ travel (*mot.* drive) all night (long). **3.** *mot.* go (*od.* drive) through; **er fuhr bei Rot durch** he drove through when the lights were at red, *colloq.* he crashed a red light. **II** *v/t* ⟨**h**⟩ **4.** (*Reifen etc*) wear *s. th.* out (by driving). **III** ≈ *n* ⟨**-s**⟩ **5.** passing through (*etc*). **6.** → **Durchfahrt** 1.

ˌdurchˈfah·ren[2] **I** *v/t* ⟨*irr, insep, no* **-ge-**, **h**⟩ **1.** go (*od.* drive, pass, travel) through, pass; **das Meer** ~ sail (*od.* cross) the sea; **die Rennstrecke mußte dreimal** ~ **werden** they had to drive (*od.* do) three laps; **ein Land auf dem kürzesten Wege** ~ a) take the shortest route to cross a country, b) rush through a country. **2.** *fig.* **j-n** ~ *Gedanke etc*: flash through s. o.('s mind). **II** ≈ *n* ⟨**-s**⟩ **3.** passing through (*etc*); passage (through).

ˈDurchˌfahrt *f* ⟨-; **-en**⟩ **1.** ⟨*only sg*⟩ (*Durchfahren*) passage (through); **freie** ~ (clear) passage; „**keine** ~", „~ **verboten**" "no thoroughfare". **2.** (**~stelle**) passage, way through; „~ **freihalten**" "don't block the passage (*od.* drive, *Am. a.* driveway)". **3.** (*Tor*≈) gate(way). **4.** (*Kanal*) channel. **5.** ⟨*only sg*⟩ → **Durchreise. ~ˌbrei·te** *f* clearance width. **~ˌhö·he** *f* clearance (height). **~ˌrecht** *n jur.* right of way (*od.* passage). **~siˌgnal** *n rail.* through (*od.* clear) signal. **~ˌstra·ße** *f* through street (*od.* road).

ˈDurchˌfall *m* **1.** *med.* diarrh(o)ea. **2.** *fig. colloq.* (*Mißerfolg*) failure, fiasco, *sl.* flop (*a. thea.*); **die Oper erlebte** (**bei der Premiere**) **e-n** ~ (the premiere of) the opera was a flop (*od.* flopped).

ˈdurchˌfal·len[1] **I** *v/i* ⟨*irr, sep,* **-ge-**, **sein**⟩ **1.** fall (*od.* drop) through. **2.** *fig. Licht etc*: fall (*od.* shine) through. **3.** *fig. colloq.* fail; **bei e-r Prüfung** ~ fail in an exam(ination), *Br. sl.* be ploughed, *Am. sl.* flunk; *pol.* **der Kandidat fiel** (**bei der Wahl**) **durch** the candidate was unsuccessful (*od.* defeated) (in the election); **der Film ist bei der Premiere durchgefallen** the film was (*od.* turned out to be) a flop at the first night; **der Vorschlag ist durchgefallen** the proposal was rejected (*od.* turned down, defeated). **II** ≈ *n* ⟨**-s**⟩ **4.** falling through (*etc*). **5.** → **Durchfall** 2.

ˌdurchˈfal·len[2] *v/t* ⟨*irr, insep, no* **-ge-**, **h**⟩ (*Raum, Höhe etc*) fall (*od.* drop) through.

ˈdurch|ˌfau·len *v/i* ⟨*sep,* **-ge-**, **sein**⟩ rot through. **~ˌfech·ten I** *v/t* ⟨*irr, sep,* **-ge-**, **h**⟩ **1.** *fig.* fight (*od.* battle, see) *s. th.* through; **es** ~ a) fight it out, b) (*sich durchsetzen*) carry one's point, win through. **II** *v/reflex* **sich** ~ **2.** fight one's way through. **3.** *fig. colloq.* → **durchbetteln**[1]. **~ˌfe·dern I** *v/i* ⟨*sep,* **-ge-**, **h**⟩ *mot.* jounce. **II** ≈ *n* ⟨**-s**⟩ spring action. **~ˌfei·ern** *v/i* ⟨*sep,* **-ge-**, **h**⟩ celebrate all night; **bis zum nächsten Morgen** ~ make a night of it. **~ˌfei·len** *v/t* ⟨*sep,* **-ge-**, **h**⟩ **1.** file through. **2.** *fig.* (*Aufsatz etc*) polish, give the last finish to.

ˌdurchˈfeuch·ten *v/t* ⟨*insep, no* **-ge-**, **h**⟩ wet *s. th.* thoroughly, soak.

ˈDurch·fi·nanˌzie·rung *f* ⟨-; *no pl*⟩ *e-s Projekts*: financing to completion.

ˈdurchˌfin·den *v/i u.* **sich** ~ *v/reflex* ⟨*irr, sep,* **-ge-**, **h**⟩ find one's way (through); *fig. a.* grasp (*od. colloq.* get) it; *fig.* (**sich**) **nicht mehr** ~ be (completely) at a loss.

ˌdurchˈflech·ten *v/t* ⟨*irr, insep, no* **-ge-**, **h**⟩ (**mit** with) **1.** interlace, intertwine, interweave. **2.** (*Rede etc*) interweave, lard (*with quotations, etc*).

ˈdurchˌflie·gen[1] *v/i* ⟨*irr, sep,* **-ge-**, **sein**⟩ **1.** fly through. **2.** *aer.* fly (straight) through, fly nonstop (**nach, bis** to). **3.** *fig. colloq.* → **durchfallen**[1] 3.

ˌdurchˈflie·gen[2] **I** *v/t* ⟨*irr, insep, no* **-ge-**, **h**⟩ **1.** (*Luft etc*) fly through. **2.** *aer.* a) (*Wolken*) fly through, b) (*Land*) fly over, c) (*Strecke*) fly (*od.* cover) (*a distance*) nonstop. **3.** *fig. colloq.* (*Buch etc*) skim (*od.* glance, run) through. **4.** *fig. lit.* **et. im Geiste** ~ run over s. th. in one's mind. **II** ≈ *n* ⟨**-s**⟩ **5.** flying through (*etc*). **6.** → **Durchflug** 1.

ˈdurchˌflie·ßen[1] *v/i* ⟨*irr, sep,* **-ge-**, **sein**⟩ flow (*od.* run) through.

ˌdurchˈflie·ßen[2] *v/t* ⟨*irr, insep, no* **-ge-**, **h**⟩ flow (*od.* pass) through (*a region, etc, a. electr. a wire, etc*).

ˈDurchˌflug *m aer.* **1.** a) flight (*od.* passage) through, flight over, b) (air) transit. **2.** (*Unterbrechung*) stopover; **auf dem** ~ (*während der Zwischenlandung*) during the stopover. **~ˌrecht** *n* right of (air) transit.

ˈDurchˌfluß *m* **1.** flow(ing) through, flow. **2.** *tech.* flow, discharge. **3.** *geol.* percolation. **~erˌhit·zer** *m tech.* flow heater. **~geˌschwin·dig·keit** *f* velocity (*od.* rate) of flow. **~ˌmen·ge** *f* (rate of) flow. **~ˌmes·ser** *m phys. tech.* flow meter. **~ˌreg·ler** *m* flow controller.

ˈdurchˌflu·ten[1] *v/i* ⟨*sep,* **-ge-**, **sein**⟩ flow (*od.* pour, rush) through.

ˌdurchˈflu·ten[2] *v/t* ⟨*insep, no* **-ge-**, **h**⟩ **1.** flow (*od.* run) through (*the country, etc*). **2.** flood; **Licht durchflutete den Raum** light flooded the room. **3.** *fig. Gefühl etc*: flow (*od.* pass, run, go, spread) through, pervade.

ˈdurchˌfor·men *v/t* ⟨*sep,* **-ge-**, **h**⟩ **1.** mo(u)ld (*a statue, etc*) (into final shape *od.* to perfection), work *s. th.* out (to the last detail). **2.** *fig.* (*Stil, Roman etc*) develop, work *s. th.* out thoroughly; **s-n Stil** ~ develop (*od.* polish) one's style. **3.** *fig.* (*Charakter*) develop *s. th.* fully.

ˈDurchˌfor·mung *f* ⟨-; *no pl*⟩ **1.** developing (*etc*). **2.** development.

ˌdurchˈfor·schen *v/t* ⟨*insep, no* **-ge-**, **h**⟩ **1.** (*Fachgebiet etc*) investigate, research, explore. **2.** (*Land etc*) explore (**nach** for). **ˌDurchˈfor·schung** *f* ⟨-; **-en**⟩ **1.** (*gen*) investigation (of), research (in *od.* into), examination (of), exploration (of); **genaue** ~ scrutiny. **2.** *e-s Landes etc*: exploration. **3.** *fig.* search, examination.

ˈdurchˌfor·sten[1] *v/t* ⟨*sep,* **-ge-**, **h**⟩, *a.*

ˌdurchˈfor·sten[2] ⟨*insep*, *no* -ge-, h⟩ **1.** (*Wald etc*) thin (out), clear. **2.** *fig.* weed (out).
ˈDurchˌfracht *f* ⟨-; *no pl*⟩ *econ.* transit (*od.* through) freight. **~ˌbrief** *m*, **~kon·nos·seˌment** *n* through bill of lading. **~ˌsatz** *m* through (*od.* transit) rate. **~verˌla·dung** *f* through-freight shipment.
ˈdurchˌfra·gen I *v/reflex* ⟨*sep*, -ge-, h⟩ sich ~ ask one's way (zu to). **II** *v/t* ask (*people*) one after another.
ˈdurchˌfres·sen[1] **I** *v/t* ⟨*irr*, *sep*, -ge-, h⟩ **1.** eat through, eat holes in *s. th.* **2.** *chem.* eat through, corrode. **II** *v/reflex* sich ~ **3.** *a. chem.* eat through. **4.** *colloq.* sponge on others, live by cadging meals; sich bei j-m ~ sponge on s. o. **5.** *fig.* sich durch ein Buch ~ wade (*od.* plough, *Am.* plow) through a book. **ˌdurchˈfres·sen**[2] *adj* eaten through; von Maden ~ worm-eaten; von Lauge ~ corroded by lye.
ˈdurchˌfrie·ren[1] **I** *v/i* ⟨*irr*, *sep*, -ge-, sein⟩ **1.** *Teich etc*: freeze through. **2.** *fig.* → durchfrieren[2]. **II** *v/t* ⟨h⟩ **3.** freeze *s. th.* through. **ˌdurchˈfrie·ren**[2] *v/i* ⟨*irr*, *insep*, *no* -ge-, sein⟩ *fig.* freeze through (*od.* stiff).
ˌdurchˈfro·ren *adj fig.* frozen through (*od.* stiff).
ˈDurchˌfuhr *f* ⟨-; -en⟩ *econ.* transit.
ˈdurchˌführ·bar *adj Plan etc*: practicable, feasible, workable; schwer ~ difficult to carry out, problematic; nicht ~ → undurchführbar. **≈keit** *f* ⟨-; *no pl*⟩ practicability, feasibility, workability.
ˈDurchˌfuhr|beˌschei·ni·gung *f* transit bill (*od.* bond). **~beˌwil·li·gung** *f* transit permit. **~de·kla·ra·tiˌon** *f* transit (*od.* through) declaration.
ˈdurchˌfüh·ren I *v/t* ⟨*sep*, -ge-, h⟩ **1.** lead (*od.* take) *s. o.*, *s. th.* through; die Pferde durch den Fluß ~ lead the horses through (*od.* across) the river. **2.** (*Kabel*, *Leitung etc*) lead (*od.* pass) *s. th.* through. **3.** *econ.* (*Waren etc*) convey (*od.* ship) (*goods*) through (a country). **4.** *fig.* (*Plan etc*) carry out (*od.* through), execute; (*Aufgabe*, *Arbeit*) *a.* perform (*a task*); (*verwirklichen*) realize, go ahead with; (*fertigstellen*) complete; e-e Untersuchung ~ conduct (*od.* make) an investigation; das läßt sich nicht ~ that's impracticable (*od.* not feasible), that can't be done. **5.** *jur.* a) (*Verordnungen etc*) implement, carry out, b) (*Zwangsvorschrift etc*) enforce. **6.** *fig.* (*Rolle etc*) sustain. **7.** *mus.* (*Thema*, *Fuge*) develop. **II** ≈ *n* ⟨-s⟩ **8.** leading through (*etc*). **9.** → Durchführung.
ˈDurchˌfuhr|erˌlaub·nis *f econ.* transit permit. **~ˌhan·del** *m* transit trade. **~ˌland** *n* transit country.
ˈDurchˌfüh·rung *f* ⟨-; -en⟩ **1.** carrying out, execution; (*Fertigstellung*) completion; (*Verwirklichung*) realization. **2.** *econ.* a) *von Aufträgen*: execution, performance, completion, b) *von Geschäften*: transaction. **3.** *jur.* a) *von Verträgen*, *Verordnungen etc*: implementation, b) *von Zwangsvorschriften etc*: enforcement. **4.** *mus.* a) *e-r Sonate*: development, b) *e-r Fuge*: exposition. **5.** *electr.* lead-through, lead-in.
ˈDurchˌfüh·rungs|beˌstim·mung *f* (implementing) regulation. **≈ˌreif** *adj Plan*: ripe for execution. **~verˌord·nung** *f jur.* implementing order (to a law), order implementing a law.
ˈDurchˌfuhr|verˌbot *n econ.* transit embargo. **~ˌwa·ren** *pl* goods in transit, transit goods. **~ˌzoll** *m* transit duty.
ˌdurchˈfur·chen *v/t* ⟨*insep*, *no* -ge-, h⟩ *lit.* **1.** (*die See etc*) plough, *bes. Am.* plow (*the waves*). **2.** *fig.* (*Gesicht etc*) furrow, line.
ˈdurchˌfüt·tern *v/t* ⟨*sep*, -ge-, h⟩ **1.** feed (*cattle*) through the winter. **2.** *colloq.* (*Person*) feed, support; sich von j-m ~ lassen live on s. o.
ˈDurchˌga·be *f* ⟨-; -n⟩ **1.** → durchgeben 5. **2.** → Durchsage. **3.** → Durchreiche.
ˈDurchˌgang *m* ⟨-(e)s; ¨-e⟩ **1.** (*Durchgehen*) passage, passing through. **2.** (*Verbindungsweg*) passage(way); (*Gasse*) alley; (*Torweg*) gateway; (*Einfahrt*) drive(way *Am.*); „~ verboten", „kein ~" a) "no thoroughfare", b) "no passage", c) "private (road)"; ~ zwischen Sitzreihen gangway, *Am.* aisle. **3.** *econ. von Waren*: transit. **4.** *astr.* passage, transit. **5.** *Sport*: a) *allg.* heat, b) run, round. **6.** (*Zeitabschnitt*) rotation (period). **7.** *tech.* a) *e-r Presse*: throat, b) *des Werkstoffs*: pass, c) *des Walzgutes*: travel.
ˈDurchˌgän·ger *m* ⟨-s; -⟩ (*Pferd*, *colloq. Person*) runaway.
ˈdurchˌgän·gig I *adj* **1.** *Meinung etc*: general, universal (*opinion*). **2.** *Preise*: uniform (*prices*). **3.** (*ständig*) constant, continual. **4.** *med.* a) *Gang*: open, free, b) *Tube*: permeable. **II** *adv* **5.** generally, universally, as a rule. **6.** throughout, down the line.
ˈDurchˌgangs|ˌbahnˌhof *m* through (*Am.* way) station. **~ˌfernˌamt** *n* through trunk (*Am.* long-distance) exchange. **~ˌflugˌha·fen** *m* transit airport. **~geˌspräch** *n teleph.* through call. **~ˌgü·ter** *pl econ.* transit goods. **~ˌhan·del** *m* transit trade. **~ˌkon·to** *n* transit account. **~ˌla·ger** *n* transit camp. **~ˌno·te** *f mus.* passing note. **~ˌrecht** *n jur.* right of way (*od.* passage). **~ˌsta·di·um** *n* transition stage. **~sta·tiˌon** *f* **1.** → Durchgangsbahnhof. **2.** *fig.* transition stage. **~ˌstra·ße** *f* through road, thoroughfare. **~taˌrif** *m econ.* transit rate. **~ˌton** *m mus.* passing note. **~verˌkehr** *m* **1.** through traffic; *mot. a.* non-resident traffic. **2.** *econ.* transit trade. **~ˌwa·gen** *m rail.* corridor carriage, *Am.* vestibule car. **~ˌwa·ren** *pl* transit goods. **~ˌwi·derˌstand** *m electr.* (volume) resistance; spezifischer ~ volume resistivity. **~ˌzim·mer** *n* room leading to another. **~ˌzug** *m* → D-Zug.
ˈdurch·geˌbacken (*getr.* -k·k-) *adj Brot*: done; (noch) nicht ~ not done (yet), underdone.
ˈdurchˌge·ben I *v/t* ⟨*irr*, *sep*, -ge-, h⟩ **1.** (*Meldung etc*) pass on, transmit. **2.** (*Telegramm etc*) send (telephonisch by phone). **3.** *Radio*: announce; e-e Nachricht (im Rundfunk) ~ announce s. th. on the radio, make an announcement on the radio; den Wetterbericht ~ broadcast (*od.* bring, read) the weather report. **4.** (*durchreichen*) hand (*od.* pass) *s. th.* through. **II** ≈ *n* ⟨-s⟩ **5.** passing on (*etc*). **6.** announcement. **7.** → Durchsage.
ˈdurch|geˌbra·ten *pp u. adj Fleisch*: (well) done; nicht ~ rare. **~geˌdreht** *pp u. adj fig. colloq.* **1.** confused, mixed-up. **2.** crazy, mad, *sl.* off one's rocker. **3.** dead tired (*od.* beat), washed-out. **~geˌfro·ren** → durchfroren.
ˈdurchˌge·hen[1] **I** *v/i* ⟨*irr*, *sep*, -ge-, sein⟩ **1.** walk (*od.* pass, go) through; *quer*: cross, go across *s. th.*; darf ich ~? may I pass? **2.** *Dinge*: pass (*od.* go) through; der Niet geht nicht durch the rivet won't go through; → *a.* durchdringen[1] 1. **3.** *Straße*, *Fluß etc*: go (*od.* run, pass) right through (*od.* across); *fig.* dieser Gedanke geht durch den ganzen Roman durch that idea runs through the whole novel. **4.** *colloq.* (*durchbrennen*) run away, bolt, abscond; mit dem Geld ~ run away (*od.* make off) with the money; mit s-m Liebhaber ~ run away (*od.* bolt, elope) with one's lover; *fig.* s-e Phantasie ging (s-e Gefühle gingen) mit ihm durch his imagination (his emotions) ran away with him. **5.** *rail.* go (right *od.* straight) through, not to stop. **6.** *fig. Anträge etc*: go (*od.* get) through, pass, be passed (*od.* carried); die Gesetzesvorlage ging im Bundestag durch the bill went through (*od.* passed) the Bundestag, the bill was passed by the Bundestag. **7.** *fig. colloq.* et. ~ lassen (*dulden*) let s. th. pass, overlook s. th., close one's eyes to s. th.; j-m et. ~ lassen let s. o. get away with s. th.; das kann man nicht ~ lassen that cannot be tolerated; sie lassen ihm nichts ~ they are very strict with him. **8.** *astr.* transit, pass. **9.** *tech. Motor*: race, run away. **10.** *electr.* a) *Sicherung*: blow, b) *Maschine*: race. **II** *v/t* ⟨h⟩ **11.** (*Notizen etc*) go (*od.* look) through (*od.* over); (*prüfen*) *a.* check; ein Buch schnell ~ skim (*od.* glance) through a book. **III** ≈ *n* ⟨-s⟩ **12.** walking through (*etc*). **13.** *fig. e-s Antrags etc*: passage, passing.
ˌdurchˈge·hen[2] *v/t* ⟨*irr*, *insep*, *no* -ge-, h⟩ walk through.
ˈdurchˌge·hend I *adj* **1.** *Zug*, *Flug etc*: through, nonstop, direct (*train*, *flight*, *etc*). **2.** *Wagen*, *Fahrkarte*: through (*carriage*, *ticket*); e-e ~e Fahrkarte lösen book through. **3.** *Betrieb etc*: continuous, uninterrupted; ~er Dienst twenty-four-hour (*od.* round-the-clock) service. **4.** *econ. Verkehr*, *Güter*: transit (*trade*, *goods*), (*goods*) in transit. **5.** *tech.* a) straight, b) *Tragfläche*, *Sitzbank etc*: one-piece, continuous; ~e Bohrung throughhole, straight bore. **6.** *print. Breite*: full. **II** *adv* **7.** continuously; das Geschäft ist ~ (von 8 bis 18 Uhr) geöffnet the shop is open all day (from 8 a. m. to 6 p. m.). **8.** a) (*allgemein*) generally, universally, b) (*durchweg*) throughout, all (through), down the line.
ˌdurchˈgei·stigt [-ˈgaɪstɪçt] *adj Mensch*, *Gesicht*: spiritual, (highly) intellectual.
ˈdurch|geˌknöpft *adj Kleid etc*: button-through (*dress*). **~geˌle·gen I** *pp of* durchliegen I. **II** *adj med.* bedsore. **~geˌstal·ten** *v/t* ⟨*sep*, *pp* durchgestaltet, h⟩ work *s. th.* out (to the last detail), design *s. th.* (to perfection). **~ˌgie·ßen** *v/t* ⟨*irr*, *sep*, -ge-, h⟩ **1.** pour *s. th.* through. **2.** *durch ein Sieb*: strain, filter. **~ˌglei·ten** *v/i* ⟨*irr*, *sep*, -ge-, sein⟩ glide (*od.* slide, slip) through. **~ˌglie·dern** *v/t* ⟨*sep*, -ge-, h⟩ (*Aufsatz*, *Buch etc*) organize (*od.* arrange) *s. th.* (well), lay out.
ˈdurchˌglü·hen[1] **I** *v/i* ⟨*sep*, -ge-, sein⟩ **1.** *Glühlampe etc*: burn out. **2.** *Kohle etc*: glow (with heat). **II** *v/t* ⟨h⟩ **3.** *tech.* a) (*Stahl*) heat *s. th.* red hot, b) (*Tempergußt*) soak. **ˌdurchˈglü·hen**[2] *v/t* ⟨*insep*, *no* -ge-, h⟩ *lit.* **1.** make *s. th.* glow. **2.** *fig.* j-n ~ make s. o. glow; Begeisterung durchglühte ihn he was aglow (*od.* inspired, fired) with enthusiasm.
ˈdurchˌgra·ben *v/t* ⟨*irr*, *sep*, -ge-, h⟩ (*Loch*, *Tunnel*) dig *s. th.* through, pierce; sich ~ dig one's way through.
ˈdurchˌgrei·fen I *v/i* ⟨*irr*, *sep*, -ge-, h⟩ **1.** reach through, put (*od.* pass) one's hand through. **2.** *fig.* (gegen against) take (vigorous) action, take (*od.* resort to) drastic (*od.* strong) measures (*od.* steps); *colloq.* crack down (gegen on). **II** ≈ *n* ⟨-s⟩ **3.** reaching through (*etc*). **4.** *fig.* (rigorous) action, (drastic) steps *pl*,

colloq. crackdown. **~d** *adj* **1.** *Maßnahmen etc*: drastic, rigorous, incisive, strong (*measures, etc*). **2.** (*tiefgreifend, weitreichend*) thorough(going), far-reaching, sweeping, radical (*reform, changes, etc*).

ˈDurchˌgriffsˌhaf·tung *f econ.* extended recourse (to non-liable shareholder, *etc*).

ˈdurch|ˌgucken (*getr.* **-k·k-**) *v/i* ⟨*sep*, **-ge-, h**⟩ *colloq. for* **durchblicken**. **~ˌha·ben** *v/t* ⟨*irr, sep*, **-ge-, h**⟩ *colloq.* (*Buch etc*) have finished (reading). **~ˌhacken** (*getr.* **-k·k-**) *v/t* ⟨*sep*, **-ge-, h**⟩ hack (*od.* chop, cut) *s. th.* through. **~ˌhal·ten I** *v/i* ⟨*irr, sep*, **-ge-, h**⟩ **1.** hold out (to the end), see it through, *colloq.* stick (*od.* sweat) it out, *bes. Sport*: last (out), stay the course; **bis zum äußersten ~** hold out to the last (*od.* end). **2.** *colloq. Patient etc*: pull through, last. **II** *v/t* **3.** (*Lebensweise etc*) keep up. **4.** (*Tempo etc*) keep up, stand (*the pace*).

ˈDurchˌhal·te|paˌro·le *f pol.* rallying-cry, morale-boosting slogan. **~verˌmö·gen** *n* stamina, staying power.

ˈDurch|ˌhang *m* ⟨-(e)s; *no pl*⟩ *tech.* sag, slack. **≈ˌhän·gen I** *v/i* ⟨*irr, sep*, **-ge-, h**⟩ *Leitung, Seil etc*: sag. **II ≈** *n* ⟨-s⟩ sagging, sag. **≈ˌhär·ten I** *v/t* ⟨*sep*, **-ge-, h**⟩ **1.** *metall.* full-harden, quench out. **2.** *synth.* cure. **II** *v/i* ⟨**sein**⟩ **3.** *metall.* harden through.

ˈdurchˌhau·en[1] **I** *v/t* ⟨*irr, sep*, **-ge-, h**⟩ **1.** hack (*od.* chop, hew, cut) through, hack (*od.* chop) *s. th.* in half. **2.** (*spalten*) cleave, split. **II** *v/reflex* **sich ~ 3.** hack one's way through.

ˈdurchˌhau·en[2] **I** *v/t* ⟨*irr, sep*, **-ge-, h**⟩ *fig. colloq.* **j-n ~** thrash s. o., give s. o. a (sound) beating (*od.* thrashing). **II** *v/impers electr. colloq.* **es hat die Sicherung durchgehauen** the fuse has blown.

ˌdurchˈhau·en[3] *v/t* ⟨*irr, insep, no* **-ge-, h**⟩ → **durchhauen**[1] 1, 2.

ˈdurchˌhe·cheln *v/t* ⟨*sep*, **-ge-, h**⟩ **1.** (*Flachs etc*) hackle, gill. **2.** *fig. colloq.* **j-n** (**et.**) **~** gossip about s. o. (s. th.), run s. o. (s. th.) down, pull s. o. (s. th.) to pieces.

ˈdurchˌhei·zen[1] **I** *v/t* ⟨*sep*, **-ge-, h**⟩ **1.** heat *s. th.* thoroughly. **II** *v/i* **2.** heat thoroughly. **3.** heat night and day.

ˌdurchˈhei·zen[2] *v/t* ⟨*insep, no* **-ge-, h**⟩ → **durchheizen**[1] 1.

ˈdurchˌhel·fen *v/i* ⟨*irr, sep*, **-ge-, h**⟩ **1. j-m ~** help s. o. (to get) through. **2. j-m ~** *durch Schwierigkeiten etc*: help (*od.* see) s. o. through, help s. o. out (of a difficulty). **3. sich** (*dat*) **~** get by, manage, scrape through; **sich kümmerlich ~** eke out a bare existence; **sich mit et. ~** a) get by (*od.* manage) on s. th., b) (*behelfen*) make shift with s. th.

ˈdurch|ˌhocken (*getr.* **-k·k-**) *v/i* ⟨*sep*, **-ge-, h**⟩ *gym.* squat through. **~ˌho·len I** *v/t* ⟨*sep*, **-ge-, h**⟩ *mar.* (*Tau*) reeve, haul in the slack of. **II** *v/i dial.* breathe deeply. **~ˌhö·ren** *v/t* ⟨*sep*, **-ge-, h**⟩ hear *s. th.* through. **~ˌhun·gern** *v/reflex* ⟨*sep*, **-ge-, h**⟩ *colloq.* **sich ~** scrape a living.

ˌdurchˈir·ren *v/t* ⟨*insep, no* **-ge-, h**⟩ wander (*od.* stray) through, rove, roam.

ˈdurchˌja·gen[1] **I** *v/t* ⟨*sep*, **-ge-, h**⟩ **1.** (*Pferd, Feind etc*) drive (*od.* chase) *s. o., s. th.* through. **2.** *fig.* (*Werkstück, Auftrag etc*) rush *s. th.* through. **II** *v/i* ⟨**sein**⟩ **3.** rush (*od.* race, shoot, dash, tear) through. **ˌdurchˈja·gen**[2] *v/t* ⟨*insep, no* **-ge-, h**⟩ **1.** rush (*od.* dash, race, shoot, tear) through (*a town, field, etc*). **2.** hunt (*a forest*) (**nach** for). **3.** *fig.* **j-n ~** *Gedanke*: flash through s. o.'s mind.

ˈdurchˌkäm·men[1] *v/t* ⟨*sep*, **-ge-, h**⟩ **1.** comb (*one's hair*) (thoroughly). **2.** *fig.* → **ˌdurchˈkäm·men**[2] *v/t* ⟨*insep, no* **-ge-, h**⟩ *mil. etc* comb, search (*woods, etc*) (**nach** for).

ˈdurchˌkämp·fen[1] **I** *v/t* ⟨*sep*, **-ge-, h**⟩ **et. ~** fight s. th. out; **e-n Prozeß ~** fight (out) a case; **es ~** a) fight it out, b) win through, carry one's point. **II** *v/reflex* **sich ~** fight one's way through (*a. fig.* **zum Ausgang** *etc* to the exit, *etc*); **man muß sich im Leben ~** one has to fight (*od.* struggle) one's way through life. **ˌdurchˈkämp·fen**[2] *v/t* ⟨*insep, no* **-ge-, h**⟩ *lit.* **Stunden** (**Tage**) **~** fight for hours (days).

ˈdurchˌkau·en *v/t* ⟨*sep*, **-ge-, h**⟩ **1.** chew *s. th.* (well *od.* thoroughly). **2.** *fig. colloq.* go over *s. th.* for a long time; **et. immer wieder ~** go over (*od.* repeat) s. th. over and over again, belabo(u)r s. th.

ˈdurchˌklet·tern[1] *v/i* ⟨*sep*, **-ge-, sein**⟩ climb through. **ˌdurchˈklet·tern**[2] *v/t* ⟨*insep, no* **-ge-, h**⟩ **1.** climb through (*a window, etc*). **2.** climb (*a mountainface, etc*).

ˈdurch|ˌklin·gen *v/i* ⟨*irr, sep*, **-ge-, h** *u.* **sein**⟩ **1.** sound (*od.* come) through, penetrate (through), be heard (through). **2.** *fig. Haß etc*: come (*od.* break) through, be noticeable; **durch s-e Worte klang durch, daß** a) his words somehow suggested that, b) I understood him to say that; (**j-m gegenüber**) **et. ~ lassen** a) give (s. o.) to understand s. th., b) suggest (*od.* insinuate) s. th. (to s. o.). **~ˌklop·fen** *v/t* ⟨*sep*, **-ge-, h**⟩ beat *s. th.* well (*od.* thoroughly). **~ˌkne·ten** *v/t* ⟨*sep*, **-ge-, h**⟩ (*Teig, Muskeln etc*) knead (*od.* work) *s. th.* (thoroughly). **~ˌknöp·fen** *v/t* ⟨*sep*, **-ge-, h**⟩ button (*a dress*) through (*od.* all the way up). **~ˌko·chen** *v/t* ⟨*sep*, **-ge-, h**⟩ (*Fleisch etc*) boil (*od.* cook) *s. th.* thoroughly.

durchˌkom·men I *v/i* ⟨*irr, sep*, **-ge-, sein**⟩ **1.** *Zug, Fahrzeug etc*: come (*od.* pass) through. **2.** get through (*the snow, traffic, etc*; *a. teleph.*); *colloq.* **ich komme mit m-r Arbeit nicht mehr durch** I can't get through (*od.* cope with) my work any more. **3.** *Patient*: come (*od.* pull) through; **wird er ~?** *a.* will he live? **4.** *fig. colloq. Prüfling*: get through, pass (the exam). **5. mit** *Geld, Können etc*: get by (*od.* along), manage (on *one's salary, etc*); **ich komme mit m-m Französisch ganz gut durch** I get along (*od.* manage) quite well with my French. **6.** *mit Ausrede, Schwindelei etc*: get away (*od.* by), succeed; **mit dieser Entschuldigung kommt er nicht durch** he won't get away with this excuse, this excuse won't help him; **damit kommst du bei ihm nicht durch** that won't work (*od. sl.* cut any ice, wash) with him. **7.** *Zahn etc*: come through, appear. **8.** *Nachricht etc*: come through, be passed on. **9.** *Charakterzug etc*: come through, become apparent, show. **II ≈** *n* ⟨-s⟩ **10.** passing (through) (*etc*); **es war kein ≈** there was no getting through.

ˈdurch|kom·poˌnie·ren *v/t* ⟨*sep, no* **-ge-, h**⟩ **1.** *mus.* compose *s. th.* with different music for each stanza; **durchkomponiert** through-composed. **2.** *fig.* (*Roman, Gemälde etc*) work *s. th.* out to the last detail. **~kon·juˌgie·ren** *v/t* ⟨*sep, no* **-ge-, h**⟩ *ling.* conjugate (*a verb*) (through all its grammatical forms). **~ˌkön·nen** *v/i* ⟨*irr, sep*, **-ge-, h**⟩ *colloq.* be able to get through; **ich kann nicht durch** I can't get through. **≈kon·nos·seˌment** *n econ.* through bill of lading. **~kon·struˌie·ren** *v/t* ⟨*sep, no* **-ge-, h**⟩ *tech.* design *s. th.* (to the last detail). **~ˌko·sten** *v/t* ⟨*sep*, **-ge-, h**⟩ **1.** taste (*dishes, etc*) one after the other. **2.** *fig. lit.* taste, go through (*pleasures, sorrows, etc*).

ˈdurchˌkra·men[1] *v/t* ⟨*sep*, **-ge-, h**⟩, **ˌdurchˈkra·men**[2] *v/t* ⟨*insep, no* **-ge-, h**⟩ *colloq.* rummage.

ˈdurchˌkreu·zen[1] *v/t* ⟨*sep*, **-ge-, h**⟩ (*Zahl, Namen etc*) cross (out *od.* off).

ˌdurchˈkreu·zen[2] **I** *v/t* ⟨*insep, no* **-ge-, h**⟩ **1.** *fig.* (*Plan, Absicht etc*) cross, thwart, foil, frustrate. **2.** (*Meere etc*) cross. **II** *v/reflex* **sich ~ 3.** *Linien etc*: cross, intersect (each other *od.* one another). **ˌDurchˈkreu·zung** *f* ⟨-; *no pl*⟩ **1.** crossing (*etc*; *cf.* **durchkreuzen**[2]); *e-s Planes etc*: *a.* frustration. **2.** *von Linien etc*: intersection.

ˈdurchˌkrie·chen[1] *v/i* ⟨*irr, sep*, **-ge-, sein**⟩ creep (*od.* crawl) through. **ˌdurchˈkrie·chen**[2] *v/t* ⟨*irr, insep, no* **-ge-, h**⟩ **1.** creep (*od.* crawl) through (*a hole, field, etc*). **2.** *fig. lit. Gefühl*: come (*od.* creep) over *s. o.*

ˈdurch|ˌkrie·gen *v/t* ⟨*sep*, **-ge-, h**⟩ *colloq.* → a) **durchbekommen**, b) **durchbringen** I. **~ˌla·den I** *v/t* ⟨*irr, sep*, **-ge-, h**⟩ charge, (*Pistole*) *a.* work the slide of. **II** *v/i* charge (one's rifle, etc); *bei Pistole*: *a.* work the slide. **~ˌlan·gen** *v/i* ⟨*sep*, **-ge-, h**⟩ *colloq.* reach through.

ˈDurchˌlaß *m* ⟨-sses; ⸗sse⟩ **1.** ⟨*only sg*⟩ *fig.* passage; **um ~ bitten** ask for permission to pass; **~ erhalten** be allowed to pass. **2.** (*Öffnung*) passage(-way), way through, opening, gap; **~ nach innen** inlet; **~ nach außen** outlet. **3.** *civ. eng.* a) (*Abzugskanal*) culvert, b) (*Leitung*) conduit, duct, c) (*Schleuse*) gate. **4.** *tech.* a) (*Ventil*) opening, outlet, port, b) (*Filter*) filter. **~beˌreich** *m*, **~ˌbrei·te** *f electr.* band(-pass) width.

ˈdurchˌlas·sen *v/t* ⟨*irr, sep*, **-ge-, h**⟩ **1.** let *s. o., s. th.* pass (through), let *s. o., s. th.* through; **e-n Antrag ~** pass an application (*od.* motion). **2.** *colloq.* (*durchgehen lassen*) let *s. th.* pass; **ich will es noch einmal ~** I'll let it pass just this once; → *a.* **durchgehen**[1] 7. **3.** (*Wasser, Licht etc*) let *s. th.* through, be pervious (*od.* permeable) to; **der Stoff läßt kein Wasser durch** the material is impermeable (*od.* impervious) to water, the fabric is waterproof; **die Verschalung läßt Wasser durch** the planking leaks. **4.** (*filtern*) filter, strain. **5.** *electr. phys.* transmit.

ˈdurchˌläs·sig *adj* **1.** *für Wasser, Luft, Licht etc*: pervious (to), permeable (to). **2.** (*porös*) porous. **3.** *undichtes Dach, Gefäß etc*: leaky. **4.** *phys.* a) *für Licht etc*: transparent, diaphanous, translucent, b) *für Wärmestrahlen*: diathermic. **5.** *fig. pol.* **~e Stelle** leak. **6.** *Sport, Pferd*: responsive. **≈keit** *f* ⟨-; *no pl*⟩ **1.** permeability, perviousness. **2.** porosity, porousness. **3.** leakiness (*a. fig. pol.*). **4.** *phys.* a) *für Licht*: transparency, diaphanousness, b) *für Wärmestrahlen*: diatherma(n)cy. **5.** *electr.* a) transmissivity, b) permeability. **6.** *opt.* transparency. **7.** *Sport, e-s Pferdes*: responsiveness.

ˈDurchˌlaß|ˌrohr *n civ. eng.* discharge pipe. **~ˌschein** *m* pass.

ˈDurchˌlaucht [-ˌlauxt] *f* ⟨-; **-en**⟩ (Serene) Highness; **Seine** (**Eure**) **~** a) (*Fürst*) His (Your) Highness, b) (*Herzog*) His (Your) Grace. **ˌdurchˈlauch·tig** *adj* Serene; **der ~ste Fürst** His Most Serene Highness.

ˈDurchˌlauf *m* **1.** *tech.* a) *von Öl*: flow, b) *von Werkstücken, Material*: pass, run (through), c) *e-r Strecke*: travel, traverse. **2.** *Sport*: heat, run. **3.** *pol. e-s Gesetzes*: passage (through parliament). **4.** *TV, des*

Bildes nach oben (unten): rolling up (down).

ˈdurchˌlau·fen[1] **I** *v/i* ⟨*irr, sep,* **-ge-,** **sein**⟩ **1.** run through; **durch viele Räume** ~ run through many rooms; **unter et.** ~ run under s.th. **2.** run (long distances, *etc*). **3.** *Flüssigkeit*: run (*od.* flow, pass) through; **et. durch e-n Filter** (*od.* **ein Sieb**) ~ **lassen** pass s.th. through a filter (sieve), filter (strain) s.th. **4.** *tech. Werkstück etc*: (*a. et.* ~ **lassen**) run (*od.* pass) through. **5.** *tech. Tragbalken etc*: be continuous, run through. **II** *v/t* ⟨**h**⟩ **6.** (*Schuhe, Sohlen*) wear through (*od.* out); **sich** (*dat*) **die Schuhe** ~ wear through (*od.* out) one's shoes; **sich** (*dat*) **die Füße** ~ walk one's feet sore.

ˌdurchˈlau·fen[2] **I** *v/t* ⟨*irr, insep, no* **-ge-, h**⟩ **1.** (*Gebiet, Straßen etc*) run through. **2.** *Sport*: cover, run (*a distance*). **3.** *fig.* go (*od.* pass, run) through; **die Schule** ~ pass through school; **verschiedene Phasen** ~ go (*od.* pass) through various stages; **dieses Gerücht durchlief mit Windeseile die Stadt** this rumo(u)r spread like wildfire through the town. **4.** *fig.* **j-n** ~ *Schauer etc*: run through s.o. **5.** *astr.* (*Bahn*) travel, describe. **II** *v/impers* **6. es durchlief ihn eiskalt** his blood ran cold (*od.* froze); **bei dem Gedanken durchlief es mich heiß** I shuddered at the thought.

ˈdurchˌlau·fend *adj* **1.** continuous (*a. tech.*). **2.** *tech.* ~**es Kolbenvolumen** swept volume, piston displacement. **3.** *econ. Geldmittel, Posten*: transitory (*items, funds*); ~**e Kredite** transmitted loans, loans granted on a trust basis.

ˈDurchˌlauf|erˌhit·zer *m* → Durchlauf-Wassererhitzer. ~**ˌpo·sten** *m econ.* transitory item. ~**ˌschlei·fen** *n tech.* through-feed grinding. ~**ˌschmie·rung** *f* total-loss lubrication. ~**ˌträ·ger** *m civ. eng.* continuous girder. ~**-ˌWas·ser·erˌhit·zer** *m* continuous-flow water heater, flow heater. ~**ˌzeit** *f tech.* **1.** runthrough time. **2.** machining time.

ˈdurch·laˌvie·ren *v/reflex* ⟨*sep, no* **-ge-, h**⟩ *fig. colloq.* **sich** ~ wangle through.

ˌdurchˈle·ben *v/t* ⟨*insep, no* **-ge-, h**⟩ live (*od.* pass, go) through, experience, see (*bad times, etc*); **et.** (**im Geiste**) **noch einmal** ~ relive s.th.

ˈdurch|ˌlei·ten *v/t* ⟨*sep,* **-ge-, h**⟩ **1.** *Draht, Wasser etc*: lead (*od.* pass, conduct) *s.th.* through. **2.** *econ.* (*Gelder*) transmit, (*Kredite*) *a.* pass on (*od.* through). ~**ˌle·sen I** *v/t* ⟨*irr, sep,* **-ge-, h**⟩ read *s.th.* (through *od.* over), peruse *s.th.*; **et. auf Fehler** (**hin**) ~ check s.th. for mistakes; **et. flüchtig** ~ skim (*od.* glance, run) through s.th.; **et. von Anfang bis Ende** ~, **et. ganz** ~ read s.th. to the end, (*Buch etc*) *a.* read s.th. from cover to cover. **II** ≈ *n* ⟨**-s**⟩ reading (through) (*etc*); **sorgfältiges** ≈ perusal; **beim** ≈ when (*od.* on) reading it.

ˌdurchˈleuch·ten[1] *v/t* ⟨*insep, no* **-ge-, h**⟩ **1.** *med.* a) X-ray, screen, b) transilluminate. **2.** (*Eier etc*) candle, test. **3.** *fig.* (*untersuchen*) examine, investigate, analyze (**auf** *acc* for); **j-s Vergangenheit** ~ probe into s.o.'s past. **4.** *fig.* (*aufklären*) clear *s.th.* up. **5.** *poet.* a) flood *s.th.* with light, b) *fig.* fill with light, illumine.

ˈdurchˌleuch·ten[2] *v/i* ⟨*sep,* **-ge-, h**⟩ **1.** shine through. **2.** *fig.* come to light, become apparent, show. **ˌDurchˈleuch·tung** *f* ⟨**-; -en**⟩ **1.** *med.* a) X-ray (*od.* fluoroscopic) examination, screening, b) transillumination. **2.** *fig.* examination, investigation, analysis. **3.** *fig.* illumination.

ˌDurchˈleuch·tungs|ap·paˌrat *m*, ~**geˌrät** *n med.* fluoroscope, X-ray apparatus. ~**ˌschirm** *m* fluorescent screen.

ˈdurchˌlie·gen I *v/t* ⟨*irr, sep,* **-ge-, h**⟩ (*Matratze etc*) wear *s.th.* through. **II** *v/reflex* ⟨**h**⟩ *med.* **sich** ~ get bedsore. **III** *v/i* ⟨**h** *u.* **sein**⟩ *mar.* stand on.

ˌdurch|ˈlo·chen *v/t* ⟨*insep, no* **-ge-, h**⟩ **1.** pierce, make (*od.* punch) a hole in. **2.** (*Sieblöcher*) perforate. **3.** *mit Lochzange*: punch. ~**ˈlö·chern** *v/t* ⟨*insep, no* **-ge-, h**⟩ **1.** perforate, make holes in (*od.* through). **2.** (*durchbohren*) pierce, puncture. **3.** *mit Kugeln*: riddle *s.o., s.th.* (with bullets). **4.** *fig. colloq.* shoot holes in, riddle (*argument, etc*), undermine (*od.* erode) *s.th.* completely. ~**ˈlö·chert** *pp u. adj* **1.** full of holes. **2.** perforated (*a. bot.*). **3.** ([**wie ein Sieb**] **von Kugeln**) ~ riddled (with bullets).

ˈdurchˌlot·sen *v/t* ⟨*sep,* **-ge-, h**⟩ pilot (*fig. a.* steer, get) *s.th., s.o.* through.

ˈdurchˌlüf·ten[1] **I** *v/t* ⟨*sep,* **-ge-, h**⟩ air *s.th.* (thoroughly), ventilate. **II** *v/i* air the room.

ˌdurchˈlüf·ten[2] *v/t* ⟨*insep, no* **-ge-, h**⟩ **1.** → **durchlüften**[1]. **2.** (*Erdreich, Getreide, Aquarium etc*) aerate, ventilate.

ˌDurchˈlüf·ter *m* ⟨**-s; -**⟩ *tech.* aerator, ventilator.

ˈDurchˌlüf·tung[1] *f* ⟨**-; -en**⟩ airing, ventilating; ventilation.

ˌDurchˈlüf·tung[2] *f* ⟨**-; -en**⟩ **1.** → Durchlüftung[1]. **2.** aeration.

ˈdurch|ˌlü·gen *v/reflex* ⟨*irr, sep,* **-ge-, h**⟩ *colloq.* **sich** ~ lie one's way through. ~**ˌma·chen I** *v/t* ⟨*sep,* **-ge-, h**⟩ **1.** (*Krankheit etc*) go through, suffer, endure; (*Operation*) have, undergo; **er hat viel durchgemacht** he has been through (*od.* has suffered) a lot. **2.** (*Schule etc*) pass (*od.* go) through; **et. bis zu Ende** ~ finish (*od.* complete) s.th. **3.** (*Wandel etc*) undergo (*a change, etc*). **II** *v/i* **4.** *colloq.* work through without a break. **5.** *colloq.* **die ganze Nacht** ~ make a night of it. ≈**ˌmarsch** *m* **1.** *mil. von Truppen*: passage, march(ing) through. **2.** *humor.* → Dünnschiß. ~**marˌschie·ren** *v/i* ⟨*sep, no* **-ge-, sein**⟩ *mil.* march through. ≈**ˌmarschˌrecht** *n* right of passage.

ˈdurchˌmes·sen[1] *v/t* ⟨*irr, sep,* **-ge-, h**⟩ take the measurement(s) of. **ˌdurchˈmes·sen**[2] *v/t* ⟨*irr, insep, no* **-ge-, h**⟩ **1.** (*Zimmer*) pace (*the room*), cross (*the floor*). **2.** (*Strecke etc*) cover, traverse, travel, cross. **ˈDurchˌmes·ser** *m* ⟨**-s; -**⟩ diameter; **im** ~ **messen** be ... in diameter, have a diameter of; **äußerer** ~ outside (*od.* external) diameter; **innerer** (*od.* **lichter**) ~ a) internal (*od.* inner, *tech.* inside) diameter, b) *e-s Rohrs*: calib/re (*Am.* -er).

ˈdurchˌmi·schen[1] *v/t* ⟨*sep,* **-ge-, h**⟩ mix *s.th.* thoroughly. **ˌdurchˈmi·schen**[2] *v/t* ⟨*insep, no* **-ge-, h**⟩ (inter)mix (**mit** with).

ˈdurch|ˌmo·geln *v/reflex* ⟨*sep,* **-ge-, h**⟩ *colloq.* **sich** ~ cheat (*od. weitS.* wangle) one's way through, sneak through. ~**ˌmüs·sen** *v/i* ⟨*irr, sep,* **-ge-, h**⟩ have to go (*od.* pass) through.

ˈdurchˌmu·stern[1] *v/t* ⟨*sep,* **-ge-, h**⟩ **1.** (*Waren, Papiere etc*) look through, examine (*od.* inspect) closely, scrutinize. **2.** *astr.* scan, survey. **ˌdurchˈmu·stern**[2] *v/t* ⟨*insep, no* **-ge-, h**⟩ → **durchmustern**[1] 1.

ˈdurchˌna·gen[1] **I** *v/t* ⟨*sep,* **-ge-, h**⟩ gnaw *s.th.* through; **ein Seil** ~ gnaw a rope in two. **II** *v/reflex* **sich** (**durch et.**) ~ gnaw one's way through (s.th.). **ˌdurchˈna·gen**[2] *v/t* ⟨*insep, no* **-ge-, h**⟩ → **durchnagen**[1] I.

ˈdurchˌnä·hen *v/i u. v/t* ⟨*sep,* **-ge-, h**⟩ stitch through, quilt.

ˌdurchˈnäs·sen[1] *v/t* ⟨*insep, no* **-ge-, h**⟩ soak (*od.* wet) *s.o., s.th.* through, drench. **ˈdurchˌnäs·sen**[2] **I** *v/i* ⟨*sep,* **-ge-, h**⟩ soak through. **II** *v/impers* **es hat durchgenäßt** the water (*od.* moisture) has come through. **ˌdurchˈnäßt** *adj* wet through, soaked, drenched; **völlig** (*od.* **bis auf die Haut**) ~ wet to the skin, soaking wet, drenched.

ˈdurch|ˌneh·men *v/t* ⟨*irr, sep,* **-ge-, h**⟩ **1.** *ped.* (*Thema*) do, deal with, treat, go through; **mit e-r Klasse den Dreißigjährigen Krieg** ~ take a class through the Thirty Years' War. **2.** *Färberei*: pass (*od.* run) *s.th.* through. **3.** *dial. for* **durchhecheln** 2. ~**nu·meˌrie·ren** *v/t* ⟨*sep, no* **-ge-, h**⟩ number *s.th.* consecutively. ~**or·ga·niˌsie·ren** *v/t* ⟨*sep, no* **-ge-, h**⟩ organize *s.th.* thoroughly (*od.* to the last detail). ~**pasˌsie·ren** *v/t* ⟨*sep, no* **-ge-, h**⟩ strain, pass *s.th.* through a sieve. ~**ˌpau·ken** *v/t* ⟨*sep,* **-ge-, h**⟩ *colloq.* **1.** → **büffeln**. **2.** → **durchpeitschen** 2. ~**ˌpau·sen** *v/t* ⟨*sep,* **-ge-, h**⟩ **1.** trace, transfer. **2.** *Textil.* pounce, trace. ~**ˌpeit·schen** *v/t* ⟨*sep,* **-ge-, h**⟩ **1.** whip, flog. **2.** *parl. contp.* rush (*od.* steamroller, *Am. a.* railroad) (*a bill*) through. **3.** *ped. colloq.* hurry (*od.* rush) through (*a subject*).

ˈdurchˌpflü·gen[1] *v/t* ⟨*sep,* **-ge-, h**⟩ *agr.* plough (*Am.* plow) *s.th.* (up). **ˌdurchˈpflü·gen**[2] *v/t* ⟨*insep, no* **-ge-, h**⟩ **1.** *lit.* (*Meer*) plough (*Am.* plow) (*the waves*). **2.** *fig.* (*Lehrstoff etc*) plough (*Am.* plow) through (*a subject, etc*).

ˈdurch|ˌpres·sen *v/t* ⟨*sep,* **-ge-, h**⟩ **1.** press (*od.* squeeze) *s.th.* through. **2.** *gastr.* pass *s.th.* through; (*Kartoffeln etc*) mash. **3.** (*filtern*) strain. ~**ˌpro·ben** *v/t* ⟨*sep,* **-ge-, h**⟩ *thea. etc, a. fig.* rehearse, run through. ~**proˌbie·ren** *v/t* ⟨*sep, no* **-ge-, h**⟩ **1.** (*Speisen*) try (*od.* taste) (*dishes*) one after the other. **2.** (*Kleider etc*) try (*clothes*) on one after the other. ~**ˌprü·fen** *v/t* ⟨*sep,* **-ge-, h**⟩ examine (*od.* test, check) *s.th.* thoroughly. ~**ˌprü·geln** *v/t* ⟨*sep,* **-ge-, h**⟩ *colloq. for* **durchhauen**[2] I.

ˌdurch|ˈpul·sen *v/t* ⟨*insep, no* **-ge-, h**⟩ *lit.* pulse (*od.* pulsate) through (*a. fig.*); **durchpulst von** pulsating (*od.* vibrating) with (*enthusiasm, life, etc*). ~**ˈquer·bar** *adj* crossable, traversable. ~**ˈque·ren** *v/t* ⟨*insep, no* **-ge-, h**⟩ **1.** (*Raum, Gebiet etc*) cross, traverse, pass through; **e-n Fluß** ~ cross (*od.* ford) a river; **e-n Erdteil** ~ travel across a continent; **ein Zimmer** ~ cross a room. **2.** *fig.* → **durchkreuzen**[2] 1.

ˈdurchˌquet·schen I *v/t* ⟨*sep,* **-ge-, h**⟩ **1.** squeeze *s.th.* through. **2.** → a) **durchpassieren**, b) **durchpressen** 2. **II** *v/reflex* **sich** ~ **3.** squeeze (one's way) through.

ˈdurchˌra·sen[1] *v/i* ⟨*sep,* **-ge-, sein**⟩ race (*od.* tear, rush, dash, shoot) through. **ˌdurchˈra·sen**[2] *v/t* ⟨*insep, no* **-ge-, h**⟩ (*Ort, Gebiet etc*) race (*od.* tear, rush, dash) through (*a town, an area, etc*).

ˈdurchˌras·seln *v/i* ⟨*sep,* **-ge-, sein**⟩ *colloq. for* **durchfallen**[1] 3.

ˈdurchˌräu·chern[1] *v/t* ⟨*sep,* **-ge-, h**⟩ **1.** (*Fleisch, Wurst etc*) smoke *s.th.* thoroughly. **2.** (*Zimmer etc*) fumigate. **ˌdurchˈräu·chern**[2] *v/t* ⟨*insep, no* **-ge-, h**⟩ → **durchräuchern**[1] 1.

ˈdurchˌrau·schen[1] *v/i* ⟨*sep,* **-ge-, sein**⟩ *humor.* **1.** *Person*: sweep (*od.* sail) through. **2.** → **durchfallen**[1] 3. **ˌdurchˈrau·schen**[2] *v/t* ⟨*insep, no* **-ge-, h**⟩ *poet. Wind*: rush (*od.* sweep, bluster) through (*the woods, etc*).

'durch|ˌrech·nen *v/t* ‹*sep*, -ge-, h› **1.** calculate, go through. **2.** (*überprüfen*) (noch einmal ~) check. **~ˌreg·nen** *v/impers* ‹*sep*, -ge-, h› **1.** es regnet durch it's raining through, the rain is coming through. **2.** es hat die ganze Nacht durchgeregnet it rained all night long. **~ˌrei·ben I** *v/t* ‹*irr, sep*, -ge-, h› **1.** rub *s.th.* through, chafe *s.th.* (through), fray. **II** *v/reflex* sich ~ **2.** *Stoff etc*: rub through, chafe (through), get chafed, fray. **3.** *Person*: rub o.s. sore, chafe o.s. **~ˌrei·che** *f* ‹-; -n› (service) hatch. **~ˌrei·chen** *v/t* ‹*sep*, -ge-, h› pass (*od.* hand, reach) *s.th.* through.

'Durchˌrei·se *f* journey (*od.* way) through, passage, *adm.* transit; auf der ~ (durch) on one's way through, (when) passing through; ich bin (hier) nur auf der ~ I am only passing through. **~erˌlaub·nis** *f* transit permission.

'durchˌrei·sen[1] *v/i* ‹*sep*, -ge-, sein› travel (*od.* pass) through. **ˌdurch'rei·sen**[2] *v/t* ‹*insep, no* -ge-, h› travel (over *od.* through, across), traverse, tour (*a country*). **'Durchˌrei·sen·de** *m, f* ‹-n; -n› **1.** person passing through, travel(l)er, *Am. a.* transient visitor. **2.** *rail.* through passenger. **'Durchˌrei·seˌvi·sum** *n* transit visa.

'durchˌrei·ßen[1] **I** *v/t* ‹*irr, sep*, -ge-, h› **1.** tear (*od.* rip) *s.th.* (in two *od.* apart, *lit.* asunder); et. in der Mitte ~ tear s.th. in half (*od.* two). **II** *v/i* ‹sein› **2.** tear, get torn, *Schnur etc*: *a.* break (in half *od.* two), snap. **3.** ‹h› *mil.* pull the trigger too fast. **ˌdurch'rei·ßen**[2] *v/t* ‹*irr, insep, no* -ge-, h› **1.** → durchreißen[1] 1. **2.** → Zielband.

'durchˌrei·ten[1] **I** *v/i* ‹*irr, sep*, -ge-, sein› **1.** ride through; ~ durch cross *s.th.* on horseback. **II** *v/t* ‹h› **2.** gall (*a horse*) by riding. **3.** (*Hose*) wear *s.th.* out by riding. **III** *v/reflex* ‹h› sich ~ **4.** get chafed (*od.* sore) by riding. **ˌdurch'rei·ten**[2] *v/t* ‹*irr, insep, no* -ge-, h› ride through *s.th.*, cross *s.th.* on horseback.

'durchˌren·nen[1] *v/i* ‹*irr, sep*, -ge-, sein› run (*od.* dash, race) through. **ˌdurch'ren·nen**[2] *v/t* ‹*irr, insep, no* -ge-, h› **1.** run (*od.* dash, race) through. **2.** *mit der Klinge etc*: run *s.o.* through.

'durchˌrie·seln[1] *v/i* ‹*sep*, -ge-, sein› trickle (*od.* run) through. **ˌdurch'rie·seln**[2] **I** *v/t* ‹*insep, no* -ge-, h› **1.** *fig.* j-n ~ *Gefühl*: run (*od.* pass, thrill) through s.o. **2.** *poet.* run (*od.* flow) through, *Bächlein*: *a.* murmur through (*a park, etc*). **II** *v/impers* **3.** es durchrieselte mich kalt cold shivers ran down my spine, my blood froze.

'durchˌrin·gen *v/reflex* ‹*irr, sep*, -ge-, h› sich ~ struggle through, make one's way; sich zu e-r Sache ~ a) struggle through to s.th., b) *fig.* bring o.s. (*od.* decide) to do s.th. (after a long [inner] struggle); sich zu e-m Entschluß ~ at last make up one's mind, come to a decision after much soul-searching.

'durch|ˌro·sten *v/i* ‹*sep*, -ge-, sein› rust through. **~ˌrücken** (*getr.* -k·k-) *v/i* ‹*sep*, -ge-, sein› *mil.* move (*od.* march) through. **~ˌrüh·ren** *v/t* ‹*sep*, -ge-, h› *gastr.* **1.** mix (*od.* stir) *s.th.* well (*od.* thoroughly). **2.** → durchpassieren. **~ˌrut·schen** *v/i* ‹*sep*, -ge-, sein› **1.** slip through (*a. fig.*); *colloq.* (bei e-r Prüfung) gerade noch ~ scrape through (an examination). **2.** *colloq. Fehler*: slip (*od.* creep) in; ihm ist ein Fehler durchgerutscht he made a silly mistake, he slipped up. **~ˌrüt·teln** *v/t* ‹*sep*, -ge-, h› shake *s.o.*, *s.th.* (up), jolt.

durchs *prep short for* durch das.

'durch|ˌsä·beln *v/t* ‹*sep*, -ge-, h› *colloq.* hack *s.th.* through. **~ˌsacken** (*getr.* -k·k-) *v/i* ‹*sep*, -ge-, sein› *aer.* **1.** *im Flug*: stall. **2.** *bei der Landung*: pancake. **~ˌsack·geˌschwin·dig·keit** *f aer.* stalling speed.

'Durchˌsa·ge *f* ‹-; -n› *im Lautsprecher, Radio etc*: announcement; (*Kurzmeldung*) newsflash; Achtung, e-e ~! attention, please, for the following announcement!

'durch|ˌsa·gen *v/t* ‹*sep*, -ge-, h› **1.** *im Radio etc*: announce (on the radio, *etc*); die Nachrichten ~ read the news; et. telephonisch ~ say s.th. over the telephone; ein Telegramm telephonisch ~ a) dictate a telegram over the telephone, b) deliver a telegram by telephone. **2.** (*Parole etc*) pass *s.th.* along (*a. mil.*). **~ˌsal·zen** *v/t* ‹*meist irr, sep*, -ge-, h› *gastr.* salt *s.th.* thoroughly.

'Durchˌsatz *m* ‹-es; =e› *tech.* throughput.

'durch|ˌsau·sen *v/i* ‹*sep*, -ge-, sein› *colloq.* **1.** → durchrasen[1]. **2.** → durchfallen[1] 3. **~ˌscha·ben I** *v/t* ‹*sep*, -ge-, h› wear (*od.* scrape) *s.th.* through. **II** *v/reflex* sich ~ *Ärmel, Hose etc*: wear through, be worn through.

ˌdurch'schal·len[1] *v/t* ‹*insep, no* -ge-, h› *tech.* irradiate *s.th.* with supersonic waves. **'durchˌschal·len**[2] *v/i* ‹*a. irr, sep*, -ge-, h› *Lärm etc*: penetrate.

'durchˌschal·ten I *v/t* ‹*sep*, -ge-, h› **1.** *teleph.* connect (*od.* put) (*a call*) through. **2.** *mot.* change up. **3.** *tech.* (*Drehautomaten*) index. **II** *v/i* **4.** *teleph.* make a connection (*Br. a.* -x-). **5.** *mot.* shift the gears through their full range.

ˌdurch'schau·bar *adj* obvious, transparent; s-e Beweggründe sind leicht (schwer) ~ his motives are (not) easily seen through; ein sehr schwer ~er Mensch a very puzzling (*od.* enigmatic) character. **ˌdurch'schau·en**[1] *v/t* ‹*insep, no* -ge-, h› j-n (et.) ~ see through s.o. (s.th.), find s.o. (s.th.) out, j-n *a.* read s.o.; ich habe d-e Absichten (*od.* dich) durchschaut I know what you are up to, *sl.* I've got your number, I've got you taped; j-s Spiel (Pläne) ~ see through s.o.'s game (plans *od.* schemes). **'durchˌschau·en**[2] *v/i* ‹*sep*, -ge-, h› *Southern G. for* durchsehen 1–4.

ˌdurch'schau·ern *v/t u. v/impers* ‹*insep, no* -ge-, h› *lit.* → durchrieseln[2] 1, 3.

'durchˌschei·nen *v/i* ‹*irr, sep*, -ge-, h› **1.** shine through. **2.** *Schrift, Ader etc*: show through. **3.** *fig. Charakterzug etc*: become apparent, be seen, show. **~d** *adj* transparent, translucent, diaphanous.

'durchˌscheu·ern I *v/t* ‹*sep*, -ge-, h› **1.** (*Kragen, Ärmel etc*) wear *s.th.* through, fray. **2.** *colloq.* rub *s.th.* sore; sich (*dat*) die Haut ~ chafe (*od.* gall) one's skin. **II** *v/reflex* sich ~ **3.** *Ärmel etc*: wear (*od.* be worn) through.

'durchˌschie·ßen[1] *v/i* **1.** ‹*irr, sep*, -ge-, h› shoot through; ~ durch → durchschießen[2] 1. **2.** ‹sein› → durchrasen[1].

ˌdurch'schie·ßen[2] *v/t* ‹*irr, insep, no* -ge-, h› **1.** shoot through (*a wall, etc*). **2.** *fig. Gedanke*: flash (*od.* shoot) through (*s.o.'s* mind). **3.** *print.* a) (*Satz*) lead, space (out) (*matter*), b) (*Buch, Text*) interleave, slip-sheet. **4.** *Textil.* interweave.

ˌdurch'schif·fen *v/t* ‹*insep, no* -ge-, h› sail (across *od.* through), cross, navigate.

'durchˌschim·mern[1] *v/i* ‹*sep*, -ge-, h› gleam (*od.* glimmer, shine, glisten) through. **ˌdurch'schim·mern**[2] *v/t* ‹*insep, no* -ge-, h› gleam (*od.* glisten) through (*curtain, etc*).

'durchˌschla·fen[1] *v/i* ‹*irr, sep*, -ge-, h› sleep through (bis 7 Uhr till 7 o'clock). **ˌdurch'schla·fen**[2] *v/t* ‹*irr, insep, no* -ge-, h› sleep through (*the night, etc*). **ˌdurch'schla·fen**[3] **I** *pp of* durchschlafen[2]. **II** *adj* ~e Tage days spent sleeping.

'Durchˌschlag *m* ‹-(e)s; =e› **1.** *e-s Briefes etc*: (carbon) copy, duplicate, *colloq.* carbon; 3 Durchschläge machen make 3 carbons (*od.* copies). **2.** (*großes Sieb*) colander, strainer. **3.** *tech.* (*Werkzeug*) drift pin, (drift) punch. **4.** *electr.* a) disruptive discharge, breakdown, b) *e-r Sicherung*: blowout, c) *mot. der Zündkerze*: flashover. **5.** *Bergbau*: crosscut. **6.** *mil. e-s Geschosses*: penetration.

'durchˌschla·gen[1] **I** *v/t* ‹*irr, sep*, -ge-, h› **1.** (*Brett etc*) cut (*od.* hew) *s.th.* in two. **2.** (*Gemüse, Obst etc*) pass *s.th.* through a strainer, strain. **3.** *Bergbau*: break open. **II** *v/i* **4.** *Nässe, Tinte etc*: go (*od.* come) through, show through. **5.** *fig. Charaktereigenschaft etc*: come through, appear, be dominant; bei ihm schlägt der Großvater durch he takes after his grandfather. **6.** *fig. Argument, Maßnahme etc*: be effective, have a (drastic) effect. **7.** *fig. colloq. Obst, Arznei etc*: do its (*od.* their) work. **8.** *electr.* a) *Sicherung*: blow (out), b) *Isolation etc*: puncture, spark through, c) (*Überschreiten der elektr. Festigkeit*) break down, disrupt. **9.** *Radiosendung*: break through. **III** *v/reflex* sich ~ **10.** fight one's way through. **11.** *fig. colloq.* make one's way, get along, fend for o.s.; sich recht und schlecht ~ make both ends meet, scrape through; er mußte sich immer allein ~ he always had to fend for himself. **ˌdurch'schla·gen**[2] *v/t* ‹*irr, insep, no* -ge-, h› **1.** knock a hole in (*od.* through) (*a wall, etc*). **2.** *Geschoß etc*: pierce, penetrate, go (*od.* crash) through. **'durchˌschla·gend** *adj* **1.** *Erfolg, Sieg etc*: sweeping, striking, smashing, brilliant, sensational (*success, etc*). **2.** *Beweis etc*: convincing, conclusive, clinching (*proof, etc*). **3.** *Grund etc*: compelling, cogent, convincing (*reason, etc*). **4.** (*wirkungsvoll*) effective, thorough, telling, striking, forceful. **'Durchˌschlag·paˌpier** *n* **1.** manifold (paper), flimsy. **2.** (*Kohlepapier*) carbon paper. **'Durchˌschlagsˌfe·stig·keit** *f electr.* dielectric (*od.* disruptive) strength. **'durchˌschlagˌsi·cher** *adj electr.* puncture-proof.

'Durchˌschlags|ˌkraft *f* ‹-; *no pl*› **1.** *e-s Geschosses etc*: penetrating power, penetration. **2.** *fig. e-s Beweises etc*: effectiveness, conclusiveness. **3.** *fig. e-r Idee etc*: force, impact. **4.** *Sport, e-r Sturmreihe etc*: striking power. **~ˌspan·nung** *f electr.* disruptive (*od.* breakdown) voltage.

'durchˌschlän·geln *v/reflex* ‹*sep*, -ge-, h› sich ~ **1.** *Fluß, Weg etc*: wind (its way) through, meander (through). **2.** *Person*: a) thread one's way through, b) *fig.* wriggle through.

'durchˌschlei·chen[1] *v/i* ‹*irr, sep*, -ge-, sein› *u.* sich ~ *v/reflex* ‹h› creep (*od.* steal, sneak, slip) through. **ˌdurch'schlei·chen**[2] *v/t* ‹*irr, insep, no* -ge-, h› creep (*od.* steal, sneak, slip) through (*bushes, etc*).

'durch|ˌschlep·pen I *v/t* ‹*sep*, -ge-, h› *colloq.* **1.** et. ~ drag (*od.* pull) s.th. through. **2.** *fig.* j-n (mit sich) ~ drag s.o. along (with one). **II** *v/reflex* sich ~ **3.** drag o.s. along. **~ˌschleu·sen** *v/t* ‹*sep*, -ge-, h› **1.** pass (*a ship*) through a lock, lock *s.th.* through. **2.** *fig.* j-n ~ guide (*od.* get, see) s.o. through. **3.** *adm.* pass (*od.* channel) *s.o.* through, *Am. a.* process, stage. 2ˌ**schlupf** *m* ‹-es; -e› hole (*through a wall, etc*), gap. ~ˌ**schlüp·fen** *v/i* ‹*sep*, -ge-, sein› slip through (*a. fig.*). ~ˌ**schmecken** (*getr.* -k·k-) *colloq.* **I** *v/t* ‹*sep*, -ge-, h› taste. **II** *v/i Gewürz*: come through. ~ˌ**schmel·zen I** *v/i* ‹*irr, sep*, -ge-, sein› *electr.* melt. **II** *v/t* ‹h› *metall.* melt through. ~ˌ**schmo·ren** *v/i* ‹*sep*, -ge-, sein› *electr.* char (*od.* scorch) through. ~ˌ**schmug·geln** *v/t* ‹*sep*, -ge-, h› smuggle *s.th.* through (durch den Zoll the customs); *colloq.* sich ~ sneak through.

ˈ**durchˌschnei·den**[1] **I** *v/t* ‹*irr, sep*, -ge-, h› cut *s.th.* (through *od.* in two); et. quer ~ cut s.th. across; j-m die Kehle ~ cut s.o.'s throat. **II** *v/i* durch et. ~ cut through s.th. ˌ**durchˈschnei·den**[2] *v/t* ‹*irr, insep, no* -ge-, h› **1.** → durchschneiden[1] I. **2.** *fig.* (*Linie, Land etc*) cut through, cross, intersect; die Linien ~ sich (*od.* einander) the lines cross (*od.* intersect). **3.** (*kreuzen*) cross, traverse. **4.** *fig.* (*Wellen*) cleave, plough (*Am.* plow) (*the waves*). **5.** *fig.* (*Bande etc*) sever, cut (off). **6.** *fig.* j-m das Herz ~ cut s.o. to the heart. ˌ**Durch-ˈschnei·dung** *f* ‹-; *no pl*› **1.** cutting (through). **2.** intersection. **3.** *med.* a) section, b) *völlige*: severance.

ˈ**Durchˌschnitt** *m* **1.** average; im ~ on an average; im ~ betragen (leisten, verdienen *etc*) *a.* average (*an amount, etc*); den ~ nehmen (berechnen) take (*od.* strike) (calculate *od.* find) the average; s-e Leistungen liegen über (unter) dem ~ his achievements are above (below) average (*od.* standard); der Schüler ist guter ~ the pupil keeps up a good average; er ist nur ~ he is only average, he has only average abilities, *contp.* he is a mediocrity; der (große) ~ der Bevölkerung the majority (*od.* common run) of people, most people *pl.* **2.** *math.* a) (*Mittelwert*) (arithmetic) mean, average, b) intersection. **3.** (*Schnitt*) section; et. im ~ zeichnen draw a section of s.th. ˈ**durch-ˌschnitt·lich I** *adj* **1.** average, mean, (*gewöhnlich*) *a.* normal, ordinary, common; ~e Größe (~er Preis, ~e Qualität) average (*od.* medium) size (price, quality); unser ~es Einkommen beträgt our average income is, we have an average income of. **2.** (*mittelmäßig*) average, mediocre, middling, second-rate; er verfügt über e-e ziemlich ~e Begabung his talents are very average. **II** *adv* **3.** on an average; ~ betragen (leisten, verdienen *etc*) *a.* average (*an amount, etc*); er raucht ~ 10 Zigaretten am Tag he smokes an average of (*od.* he normally smokes) 10 cigarettes a day.

ˈ**Durchˌschnitt·lich·keit** *f* ‹-; *no pl*› averageness.

ˈ**Durchˌschnitts...** *in Zssgn meist* average (*ability, age, calculation, income, speed, etc*). ~ˌ**bür·ger** *m* average citizen, *the* man in the street. ~**geˌsicht** *n* nondescript (*od.* ordinary) face. ~ˌ**lei·stung** *f* **1.** *allg.* average performance. **2.** *econ.* average (*od.* mean) output. **3.** *contp.* mediocre (*od.* middling) performance. ~ˌ**mensch** *m* **1.** average (*od.* ordinary, common) person, man in the street. **2.** man of mediocre abilities, mediocrity, very ordinary person. ~**niˌveau** *n* average standard. ~**qua·liˌtät** *f* (gute ~ fair) average quality; standard quality. ~**taˌlent** *n* **1.** average ability (*od.* talent). **2.** man (*od.* woman) of average ability, *contp.* mediocrity. ~**tem·pe·raˌtur** *f* average (*od.* mean) temperature. ~ˌ**wa·re** *f* merchandise of average quality. ~ˌ**wert** *m bes. math.* average (*od.* mean) value. ~ˌ**zahl** *f* **1.** average number. **2.** → Durchschnittswert.

ˌ**durchˈschnüf·feln**[1] *v/t* ‹*insep, no* -ge-, h›, ˈ**durchˌschnüf·feln**[2] *v/t* ‹*sep*, -ge-, h› *colloq.* nose (*od.* ferret) through, snoop around in (*a house, etc*).

ˌ**durchˈschos·sen I** *pp of* durchschießen[2]. **II** *adj print.* a) *Satz*: leaded (*matter*), b) *Exemplar*: interleaved (*book, copy*); ein mit Anzeigen ~er Text a text with advertisements inserted.

ˈ**Durchˌschrei·be|ˌblock** *m* ‹-(e)s; -s› duplicating pad. ~ˌ**buch** *n* duplicating book. ~ˌ**buchˌfüh·rung** *f econ.* multiple copy system.

ˈ**durchˌschrei·ben** *v/t* ‹*irr, sep*, -ge-, h› (*Rechnung etc*) make a (carbon) copy of.

ˈ**Durchˌschrei·be·verˌfah·ren** *n econ.* duplicating (process).

ˈ**Durchˌschreib|paˌpier** *n* → Durchschlagpapier. ~ˌ**stift** *m* stylus, *a.* stilus.

ˈ**durchˌschrei·ten**[1] *v/i* ‹*irr, sep*, -ge-, sein› walk (*od.* stride, step) through, pass through. ˌ**durchˈschrei·ten**[2] *v/t* ‹*irr, insep, no* -ge-, h› (*Raum etc*) cross, traverse, (*Fluß*) *a.* ford.

ˈ**Durchˌschrift** *f* carbon copy, *colloq.* carbon; *econ.* ~ an Herrn X carbon copy (*abbr.* c.c.) to Mr. X.

ˈ**Durchˌschuß** *m* **1.** *med.* penetration wound, shot (right) through, through and through (bullet) wound. **2.** *mil. durch Panzerung etc*: full penetration. **3.** *print.* (interlinear) space. **4.** *Textil.* woof, weft, pick. ~ˌ**blatt** *n print.* interleaf, slip sheet. ~ˌ**li·nie** *f* space line.

ˈ**durchˌschüt·teln** *v/t* ‹*sep*, -ge-, h› *colloq.* shake *s.th., s.o.* (up) thoroughly, jolt.

ˌ**durch|ˈschwär·men** *v/t* ‹*insep, no* -ge-, h› **1.** (*Straßen etc*) roam, swarm through (*od.* in). **2.** *fig.* die Nacht ~ make a night of it. ~ˈ**schwei·fen** *v/t* ‹*insep, no* -ge-, h› roam, rove (*od.* wander) through.

ˈ**durchˌschwei·ßen** *v/t* ‹*sep*, -ge-, h› *tech.* through-weld.

ˈ**durchˌschwim·men**[1] *v/i* ‹*irr, sep*, -ge-, sein› **1.** *Person*: swim through (*od.* across). **2.** *Dinge*: float through (*od.* across). ˌ**durchˈschwim·men**[2] *v/t* ‹*irr, insep, no* -ge-, h› (*Fluß, See etc*) swim (across); (*e-e Strecke*) swim (*a distance*).

ˈ**durch|ˌschwin·deln** *v/reflex* ‹*sep*, -ge-, h› *colloq.* sich ~ swindle (*od.* cheat, wangle) one's way through, sneak through. ~ˌ**schwin·gen I** *v/t* ‹*irr, sep*, -ge-, h› *Sport* **1.** swing (*a stick, etc*) through. **2.** swing (*arms*) forward(s) and backward(s). **II** *v/i* **3.** *Golf etc*: follow through. **III** 2 *n* ‹-s› **4.** *Golf etc*: follow-through. ~ˌ**schwit·zen** *v/t* ‹*sep*, -ge-, h› sweat *s.th.* through.

ˌ**durchˈseelt** *adj lit.* soulful, spiritual.

ˈ**durchˌse·geln**[1] *v/i* ‹*sep*, -ge-, sein› **1.** *mar.* sail through (*od.* across). **2.** *fig. colloq. for* durchfallen[1] 3. ˌ**durch-ˈse·geln**[2] *v/t* ‹*sep, no* -ge-, h› die Meere ~ sail (*od. lit.* plough, *Am.* plow) the seas.

ˈ**durch|ˌse·hen I** *v/i* ‹*irr, sep*, -ge-, h› **1.** see (*od.* look) through. **2.** *fig. colloq.* → durchblicken 4. **II** *v/t* **3.** (*durchgehen*) look (*od.* go) through (*od.* over); et. flüchtig ~ glance through (*od.* over) s.th., run through s.th. **4.** (*prüfen*) examine, inspect, check. **III** 2 *n* ‹-s› **5.** → Durchsicht 1, 2. ~ˌ**sei·hen** *v/t* ‹*sep*, -ge-, h› strain, (pass *s.th.* through a) filter, percolate. ~ˌ**sein** *v/i* ‹*irr, sep*, -ge-, sein› *colloq.* **1.** *Zug etc*: have already passed through, be through. **2.** *Schuhsohlen etc*: be (worn) through. **3.** *Prüfling*: be through, have passed. **4.** *gastr.* a) *Käse etc*: be ripe, b) *Fleisch*: be done; gut ~ be well done. **5.** *Patient*: be out of danger.

ˈ**durchˌset·zen**[1] **I** *v/t* ‹*sep*, -ge-, h› **1.** (*Plan, Vorhaben etc*) a) put (*od.* get) *s.th.* through, bring *s.th.* about, succeed with, b) (*erzwingen*) (mit Gewalt) push (*od.* force) *s.th.* through, get *s.th.* carried out, *a. jur.* enforce *s.th.*; (*e-n Wunsch etc*) bei j-m ~ get *s.th.* out of s.o.; s-e Meinung ~ carry one's point (bei j-m with s.o.); e-n Vorschlag ~ get a proposal accepted; s-n Willen (*od.* Kopf) ~ have one's way; s-e Ziele ~ achieve one's objectives, succeed in one's intentions; *jur.* e-n Anspruch ~ a) make good a claim, get a claim accepted, b) (*geltend machen*) enforce a claim; (es) ~, daß et. geschieht succeed in getting (*od.* manage to get) s.th. done. **2.** *metall.* (*Charge*) feed (*od.* put) *s.th.* through. **II** *v/reflex* sich ~ **3.** *Person*: a) have (*od.* get) one's way, assert o.s.; sich gegen *j-n* (*od. et.*) ~ hold one's own against, deal with, (*überwinden*) overcome, *colloq.* beat, b) (*erfolgreich sein*) win through, be successful (*od.* a success), *Sache*: *a.* win recognition, be generally accepted (*od.* adopted), prevail, *econ. Erzeugnis*: prevail on the market; sich im Leben ~ make one's mark (*od.* way); dieser Lehrer kann sich nicht ~ this teacher has no control over (*od.* authority in) his class; diese Ansicht setzt sich mehr und mehr durch this view is gaining ground; der Roman setzte sich sofort durch the novel caught on immediately (*od.* was an immediate success). **III** 2 *n* ‹-s› → Durchsetzung[1].

ˌ**durchˈset·zen**[2] **I** *v/t* ‹*sep, no* -ge-, h› (mit with) **1.** *mit Zitaten etc*: intersperse, (inter)lard, *colloq.* salt. **2.** *mit Propaganda etc*: permeate, pervade. **3.** *mit Agenten etc*: infiltrate. **4.** *chem.* a) (*durchdringen*) infiltrate, b) (*imprägnieren*) impregnate. **II** 2 *n* ‹-s› → Durchsetzung[2].

ˌ**durchˈsetzt I** *pp of* durchsetzen[2]. **II** *adj* interspersed (mit with) (*etc*); ~ mit *a.* honeycombed with, scattered (*od.* studded) with; die Luft ist mit Schadstoffen ~ the air is permeated (*od.* vitiated) with pollutants.

ˈ**Durchˌset·zung**[1] *f* ‹-; *no pl*› *e-s Plans, Vorhabens etc*: getting (*od.* putting) through (*etc*; *cf.* durchsetzen[1]); enforcement. ˌ**Durchˈset·zung**[2] *f* ‹-; *no pl*› **1.** interspersion, *a.* permeation, pervasion. **2.** *chem. u. fig.* infiltration.

ˈ**Durchˌset·zungs·verˌmö·gen** *n* ‹-s; *no pl*› *fig.* power to assert o.s., authority, forcefulness.

ˌ**durchˈseucht** *adj* infected, contaminated.

ˈ**Durchˌsicht** *f* ‹-; *no pl*› **1.** looking (*od.* going) through, perusal; et. zur ~ erhalten get s.th. to go (*od.* look) through (*od.* for inspection). **2.** (*Prüfung*) examination, inspection; *econ.* bei (der) ~ unserer Bücher on examining (*od.* checking) our books. **3.** (*Durchblick*) view (through), vista. **4.** *phys.* transmitted light.

ˈ**durchˌsich·tig** *adj* **1.** transparent (*a. fig. Gesicht*); *bes. Stoff*: diaphanous; (*klar*) clear. **2.** *fig.* transparent, obvious (*motive, etc*); *Politik etc.* ~ machen make *s.th.* transparent. 2**keit** *f* ‹-; *no pl*› **1.** transparency; diaphanousness; clearness. **2.** *fig.* transparency, obviousness.

ˈ**Durchˌsichtsˌsu·cher** *m phot.* direct viewfinder.

ˈ**durchˌsickern** (*getr.* -k·k-) *v/i* ‹*sep*,

-ge-, sein⟩ **1.** trickle (*od.* seep, ooze) through. **2.** *fig. Information etc*: leak (*od.* get) out.

ˈdurchˌsie·ben[1] *v/t* ⟨*sep*, -ge-, h⟩ sift, screen (*a. fig. colloq.*). **ˌdurchˈsie·ben**[2] *v/t* ⟨*insep, no* -ge-, h⟩ *mit Kugeln etc*: riddle *s.o., s.th.* with bullets.

ˈdurchˌsit·zen[1] *v/t* ⟨*irr, sep*, -ge-, h⟩ **1.** wear through. **2.** ⟨h *u.* sein⟩ → **ˌdurchˈsit·zen**[2] *v/t* ⟨*irr, insep, no* -ge-, h⟩ sit up (*all night, etc*).

ˈdurch|ˌspie·len I *v/t* ⟨*sep*, -ge-, h⟩ (*Musikstück, Rolle*) play *s.th.* through (*od.* to the end); (*proben, a. fig.*) rehearse (fully). **II** *v/i Sport*: pass through (**zu** to). **III** *v/reflex* **sich** ~ *Sport*: get through, *beim Fußball etc*: dribble through. **~ˌspre·chen** *v/t* ⟨*irr, sep*, -ge-, h⟩ talk *s.th.* over, discuss *s.th.* (thoroughly), go through. **~ˌspü·len** *v/t* ⟨*sep*, -ge-, h⟩ **1.** (*Wäsche*) rinse *s.th.* thoroughly. **2.** *med.* (*Magen etc*) irrigate, wash, rinse.

ˈdurchˌspü·ren[1] *v/t* ⟨*sep*, -ge-, h⟩ feel *s.th.* through. **ˌdurchˈspü·ren**[2] *v/t* ⟨*insep, no* -ge-, h⟩ *hunt.* scour (*the woods*) (for game).

ˈdurch|ˌstaf·feln *v/t* ⟨*sep*, -ge-, h⟩ *econ.* graduate. **~ˌstar·ten I** *v/i* ⟨*sep*, -ge-, sein⟩ **1.** *aer.* climb and reaccelerate (*when overshooting touchdown point*), *colloq.* go round again. **2.** *econ. colloq.* go into higher gear again, give a new boost to industry. **II** ♀ *n* **3.** missed approach, *colloq.* go-around, touch-and-go. **♀ˌstartˌhö·he** *f aer.* missed-approach altitude.

ˈdurchˌste·chen[1] **I** *v/i* ⟨*irr, sep*, -ge-, h⟩ pierce (through). **II** *v/t* (*Nadel etc*) stick (*od.* pierce, pass) *s.th.* through. **ˌdurchˈste·chen**[2] *v/t* ⟨*irr, insep, no* -ge-, h⟩ **1.** pierce *s.th.* (through), prick; **j-m das Ohrläppchen** ~ pierce s.o.'s earlobe. **2.** *mit e-m Degen etc*: run *s.o.* through, transfix. **3.** *civ. eng.* (*Damm etc*) cut through, pierce (through).

ˌDurch·ste·cheˈrei *f* ⟨-; -en⟩ *colloq.* double dealing, swindle, trickery, *sl.* con game.

ˈdurch|ˌstecken (*getr.* **-k·k-**) *v/t* ⟨*sep*, -ge-, h⟩ **et.** ~ stick (*od.* put, pass) *s.th.* through. **♀ˌsteckˌschrau·be** *f tech.* bolt. **~ˌste·hen** *v/t* ⟨*irr, sep*, -ge-, h⟩ **1.** *colloq.* (*schwere Zeit, Verlust etc*) go through, see *s.th.* through; **es kühl** ~ face it out. **2.** → **durchhalten** II. **~ˌstel·len** *v/t* ⟨*sep*, -ge-, h⟩ *teleph.* put (*a call*) through. **♀ˌstich** *m* **1.** cut(ting through). **2.** *civ. eng.* cut. **3.** *philat.* roulette.

ˈdurchˌstö·bern[1] *v/t* ⟨*sep*, -ge-, h⟩ **1.** (*Schublade etc*) search (*od.* hunt) (through), rummage through, ransack; **ein Gebiet** ~ scour an area. **2.** *hunt.* (*Dickicht etc*) beat. **ˌdurchˈstö·bern**[2] *v/t* ⟨*insep, no* -ge-, h⟩ → **durchstöbern**[1] 1.

ˈDurchˌstoß *m mil.* breakthrough.

ˈdurchˌsto·ßen[1] **I** *v/t* ⟨*irr, sep*, -ge-, h⟩ **1. et.** (**j-n**) (**durch et.**) ~ push (*od.* thrust) s.th. (s.o.) through (s.th.). **2.** (*Eis, Fensterscheibe etc*) knock (a hole) through (*od.* in), smash (*a window, etc*). **3.** (*Ärmel etc*) wear *s.th.* through. **II** *v/i* ⟨sein⟩ **4.** break through, penetrate, pierce; *mil.* **durch die Front** ~ penetrate (*od.* break through) the enemy lines; *Sport*: (**bis in den Strafraum**) ~ break through (into the penalty area). **ˌdurchˈsto·ßen**[2] *v/t* ⟨*irr, insep, no* -ge-, h⟩ **1.** (*Wolkendecke, Front etc*) break through, penetrate, pierce. **2.** → **durchbohren**[2].

ˈDurchˌstoßˌlan·dung *f aer.* descent-through-cloud landing.

ˌdurch|ˈstrah·len *v/t* ⟨*insep, no* -ge-, h⟩ **1.** *metall.* radiograph. **2.** *lit.* (*Raum etc*) illuminate, irradiate, light up. **♀ˈstrah·lung** *f* **1.** *phys.* penetration with rays, irradiation. **2.** *metall.* radiography, radiographic test.

ˈdurchˌstrei·chen[1] **I** *v/t* ⟨*irr, sep*, -ge-, h⟩ **1.** cross out, strike out (*od.* through), delete, cancel. **2.** → **durchpassieren. II** *v/i* ⟨sein⟩ **3.** *hunt. Vögel etc*: pass (through). **ˌdurchˈstrei·chen**[2] *v/t* ⟨*irr, insep, no* -ge-, h⟩ **1.** → **durchstreifen. 2.** *lit. Wind*: blow (*od.* sweep) through.

ˌdurchˈstrei·fen *v/t* ⟨*insep, no* -ge-, h⟩ rove (*od.* wander) through, roam; *bes. Raubtier, Verbrecher*: prowl; (**suchend**) **den Wald** ~ scour the forest.

ˈdurchˌströ·men[1] *v/i* ⟨*sep*, -ge-, sein⟩ *Menschenmenge etc*: stream (*od.* pour) through. **ˌdurchˈströ·men**[2] *v/t* ⟨*insep, no* -ge-, h⟩ flow (*od.* run) through, *fig. Gefühl*: *a.* thrill through *s.o.*

ˈdurch·stuˌdie·ren *v/t* ⟨*sep, no* -ge-, h⟩ **1.** study *s.th.* thoroughly. **2.** spend (*the night, etc*) studying, work through.

ˌdurchˈstür·men[1] *v/t* ⟨*insep, no* -ge-, h⟩ rush through (*a. fig.*). **ˈdurchˌstür·men**[2] *v/i* ⟨*sep*, -ge-, sein⟩ → **durchrennen**[1].

ˌdurchˈsu·chen *v/t* ⟨*insep, no* -ge-, h⟩ **1.** search (through), look (*od.* go) through, ransack; **j-n nach Waffen** ~ search (*od. sl.* frisk) s.o. for weapons. **2.** (*Gebiet, Wald etc*) scour, comb. **ˌDurchˈsu·chung** *f* ⟨-; -en⟩ **1.** searching (*etc*; *cf.* **durchsuchen**). **2.** search; **e-e** ~ **vornehmen** make a search; **~sbefehl** *m jur.* search warrant; **~srecht** *n* right of search.

ˈdurchˌtan·zen[1] *v/t* ⟨*sep*, -ge-, h⟩ **1.** wear (*one's shoes, etc*) through (*od.* out) by dancing. **2.** *choreogr.* (*Figur etc*) dance *s.th.* through. **ˌdurchˈtan·zen**[2] *v/t* ⟨*insep, no* -ge-, h⟩ spend (*the night etc*) dancing, dance (*all night, etc*).

ˈDurch·taˌrif *m econ.* through rate.

ˈdurchˌta·sten *v/reflex* ⟨*sep*, -ge-, h⟩ **sich** ~ feel (*od.* grope) one's way through.

ˌdurchˈto·ben *v/t* ⟨*insep, no* -ge-, h⟩ *lit. Krieg etc*: rage through (*the country, etc*).

ˈdurch|traiˌnie·ren *v/t* ⟨*sep, no* -ge-, h⟩ train *s.o., s.th.* thoroughly, bring *s.o., s.th.* into top form. **~traiˌniert** *adj* thoroughly trained, in top form, top fit.

ˌdurchˈträn·ken *v/t* ⟨*insep, no* -ge-, h⟩ **1.** soak, saturate, steep, impregnate; **ein mit Öl durchtränkter Lappen** an oil-soaked rag. **2.** *fig.* fill, imbue (**mit** with).

ˈdurch|ˌtrei·ben *v/t* ⟨*irr, sep*, -ge-, h⟩ **1.** drive (*od.* force) *s.th.* through. **2.** *agr.* drive (*cattle*) through. **3.** *gastr.* a) press (*od.* force) *s.th.* through (a strainer), b) → **durchdrehen** 1. **♀ˌtrei·ber** *m* ⟨-s; -⟩ *tech.* drift punch. **~ˌtren·nen** *v/t* ⟨*sep*, -ge-, h⟩ divide, split, cut *s.th.* in two, sever. **~ˌtre·ten I** *v/t* ⟨*irr, sep*, -ge-, h⟩ **1.** (*Schuhe etc*) wear out. **2.** *mot.* a) floor (*the accelerator od. gas pedal*), b) *beim Motorrad*: kick (*the starter*). **II** *v/i* ⟨sein⟩ **3.** *durch e-e Tür etc*: step (*od.* walk, go) through. **4.** *Gas, Wasser etc*: come (*od.* pass) through.

ˌdurchˈtrie·ben *adj colloq.* **1.** sly, wily, artful, crafty. **2.** (*schalkhaft*) mischievous, roguish, sly (*fellow, smile, etc*). **♀heit** *f* ⟨-; *no pl*⟩ **1.** slyness, artfulness. **2.** mischievousness, roguishness, slyness.

ˈDurch|ˌtritt *m* passage. **♀ˌtrock·nen** *v/t* ⟨*sep*, -ge-, h⟩ dry *s.th.* thoroughly.

ˌdurchˈwa·chen[1] *v/t* ⟨*insep, no* -ge-, h⟩ **1.** pass (*the night*) waking, lie awake (*all night*). **2.** keep watch (*od.* sit up) (*all night*). **ˈdurchˌwa·chen**[2] *v/t* ⟨*sep*, -ge-, h⟩ → **durchwachen**[1].

ˈdurchˌwach·sen[1] *v/i* ⟨*irr, sep*, -ge-, sein⟩ grow through. **ˌdurchˈwach·sen**[2] *adj* **1.** *Fleisch etc*: marbled, streaky. **2.** *Wald etc*: intermixed, interspersed; **von Unkraut ~e Blumenbeete** flowerbeds overgrown with weeds.

ˈdurch|ˌwa·gen *v/reflex* ⟨*sep*, -ge-, h⟩ **sich** ~ venture through. **♀ˌwahl** *f teleph.* direct dial(l)ing. **~ˌwäh·len** *teleph.* **I** *v/t* ⟨*sep*, -ge-, h⟩ dial (*a number*) through (*od.* direct). **II** *v/i* dial through (*od.* direct); **nach Wien** ~ dial through to Vienna, dial Vienna direct. **~ˌwal·ken** *v/t* ⟨*sep*, -ge-, h⟩ **1.** *Textil.* full, mill. **2.** (*Leder*) tumble, drum, mill. **3.** *colloq. for* **durchhauen**[2] I.

ˈdurchˌwan·dern[1] *v/i* ⟨*sep*, -ge-, sein⟩ wander (*od.* pass, hike) through. **ˌdurchˈwan·dern**[2] *v/t* ⟨*insep, no* -ge-, h⟩ → **durchwandern**[1].

ˈdurchˌwär·men[1] *v/t* ⟨*sep*, -ge-, h⟩ warm *s.o., s.th.* through (*od.* up). **ˌdurchˈwär·men**[2] *v/t u.* **sich** ~ *v/reflex* ⟨*insep, no* -ge-, h⟩ → **durchwärmen**[1].

ˈdurchˌwa·ten[1] *v/i* ⟨*sep*, -ge-, sein⟩ **1.** wade through (*od.* across). **2.** *an e-r Furt*: ford (the river). **ˌdurchˈwa·ten**[2] *v/t* ⟨*insep, no* -ge-, h⟩ **1.** (*Bach, Fluß etc*) wade through (*od.* across). **2.** (*Furt*) ford.

ˈdurchˌwe·ben[1] *v/t* ⟨*sep*, -ge-, h⟩ interweave. **ˌdurchˈwe·ben**[2] *v/t* ⟨*meist irr, insep, no* -ge-, h⟩ (*Stoff etc*) interweave; **e-e Decke mit Mustern** ~ weave a pattern into a blanket; *fig.* **durchwoben von** interwoven (*od.* interspersed) with.

ˈDurchˌweg *m* passage (through).

durch·weg [ˈdʊrçˌvɛk; ˌdʊrçˈvɛk], *a.* **durch·wegs** [ˈdʊrçˌveːks; ˌdʊrçˈveːks] *adv* **1.** (*ohne Ausnahme*) altogether, throughout, without exception, all of it (*od.* them), *colloq.* down the line. **2.** (*ohne Unterbrechung*) right through, all the time, consistently.

ˈdurchˌwei·chen[1] **I** *v/t* ⟨*sep*, -ge-, h⟩ **1.** soak, drench, make *s.th.* wet (*od.* soggy), wet *s.th.* through. **2.** soften. **II** *v/i* ⟨sein⟩ **3.** become wet (*od.* soggy). **ˌdurchˈwei·chen**[2] *v/t* ⟨*insep, no* -ge-, h⟩ → **durchweichen**[1] I. **ˌdurchˈweicht I** *pp of* **durchweichen**[2]. **II** *adj* **1.** soaked, drenched, wet, soggy. **2.** soft.

ˈdurch|ˌwet·zen *v/t* ⟨*sep*, -ge-, h⟩ *colloq.* wear through. **~ˌwich·sen** *v/t* ⟨*sep*, -ge-, h⟩ *colloq. for* **durchhauen**[2] I. **~ˌwin·den** *v/reflex* ⟨*irr, sep*, -ge-, h⟩ **sich** ~ **1.** *Fluß etc*: wind (*od.* meander) through. **2.** *Person etc*: a) worm (*od.* thread, wind) one's way through, b) *fig.* wriggle (*od.* struggle) through.

ˌdurchˈwin·tern *v/t* ⟨*insep, no* -ge-, h⟩ (*Vieh, Pflanzen etc*) winter. **ˌDurchˈwin·te·rung** *f* ⟨-; *no pl*⟩ wintering.

ˈdurchˌwir·ken[1] *v/t* ⟨*sep*, -ge-, h⟩ (*Teig etc*) knead (*od.* work) thoroughly. **ˌdurchˈwir·ken**[2] *v/t* ⟨*insep, no* -ge-, h⟩ interweave (**mit** with).

ˈdurchˌwüh·len[1] **I** *v/t* ⟨*sep*, -ge-, h⟩ **1.** → **durchwühlen**[2] 1. **2.** *fig. colloq.* (*Bücher etc*) work (*od.* plough, *Am.* plow) through. **II** *v/reflex* **sich** ~ **3.** *Maus etc*: burrow through. **4.** *fig. colloq.* work one's way through. **ˌdurchˈwüh·len**[2] *v/t* ⟨*insep, no* -ge-, h⟩ **1.** (*Gepäck, Schrank, Papiere etc*) search (*od.* rummage) through, forage (about) in, root in (*od.* among). **2.** (*Erde etc*) burrow (through), root up.

ˈDurch|ˌwurf *m tech.* **1.** (*Gittersieb*) riddle. **2.** a) (*Siebmaschenweite*) mesh, b) (*Siebdurchfall von Sand*) screenings *pl.* **♀ˌwur·steln** *v/reflex* ⟨*sep*, -ge-, h⟩ *colloq.* **sich** ~ **1.** muddle through. **2.** (*sich durchbringen*) scrape through. **♀ˌzäh-**

len I *v/t* ⟨*sep*, -ge-, h⟩ count (over). **II** *v/i* count (off); *mil.* **~!** by the left (*od.* right) number!, *Am.* count over!

ˈdurchˌze·chen[1] *v/t* ⟨*sep*, -ge-, h⟩ (**bis zum Morgen**) ~ go on drinking (till early morning). **ˌdurchˈze·chen**[2] *v/t* ⟨*insep*, *no* -ge-, h⟩ spend (*the night*) drinking (*od.* carousing).

ˈdurch|ˌzeich·nen *v/t* ⟨*sep*, -ge-, h⟩ **1.** trace, make a tracing of. **2.** draw *s.th.* in detail. **≈ˌzeich·nung** *f* ⟨-; *no pl*⟩ **1.** tracing. **2.** *phot.* definition, detail recording.

ˈdurchˌzie·hen[1] **I** *v/t* ⟨*irr*, *sep*, -ge-, h⟩ **1.** pull (*od.* draw) *s.th.* through; (*schleppen*) drag *s.th.* through. **2.** (*e-n Faden etc*) pass *s.th.* through. **3.** (*Graben etc*) cut (*od.* run) through. **4.** (*Ruder etc*) pull *s.th.* all the way (*od.* right through). **5.** *fig. colloq.* (*Projekt etc*) push (*od.* follow, see) *s.th.* through. **II** *v/i* ⟨**sein**⟩ **6.** pass (*od.* come, go, travel, march) through. **7.** ⟨h⟩ *Sport*: (**beim Schlag**) ~ follow through. **8.** *gastr. colloq.* **et. ~ lassen** soak s.th. well. **III** *v/reflex* ⟨h⟩ **sich durch et. ~ 9.** *Strom etc*: run (*od.* go, pass) through s.th. **10.** *fig. Thema etc*: run through s.th., pervade s.th.

ˌdurchˈzie·hen[2] *v/t* ⟨*irr*, *insep*, *no* -ge-, h⟩ **1.** (*Land, Stadt etc*) pass (*od.* come, go, travel, march) through, traverse. **2.** *Fluß etc*: run through (*od.* across), cross, traverse (*a country, etc*); **Risse ~ die Mauern** cracks run across the walls. **3.** *fig. Motiv etc*: run through (*a book, composition*). **4.** *Geruch etc*: fill, pervade (*the house, etc*). **5. mit Adern** *etc* ~ streak. **6. mit Fäden** *etc* ~ interweave. **7.** *fig.* **mit Ideen** *etc* ~ interweave (*od.* intersperse) with ideas, *etc.*

ˈDurchˌzieh|ˌna·del *f* bodkin. **~ˌschlau·fe** *f e-s Gürtels*: sliding sloop, *Br.* chape.

ˌdurch|ˈzo·gen I *pp of* **durchziehen**[2]. **II** *adj* **1.** *gastr. Speck etc*: streaky, streaked. **2.** *Stoff etc*: shot, interwoven (**mit** with). **3.** *Landschaft etc*: traversed, crisscrossed, *netzartig*: *a.* reticulated. **~ˈzucken** (*getr.* -k·k-) *v/t* ⟨*insep*, *no* -ge-, h⟩ flash through (*a. fig.*).

ˈDurch|ˌzug *m* ⟨-(e)s; ≃e⟩ **1.** (*Luft≈*) (through) draught (*Am.* draft), cross circulation; **~ machen** let in fresh air, ventilate the room. **2.** *von Zugvögeln etc*: passage (through), *mil. etc a.* march through. **3.** *Textil.* a) darning stitch, b) hem with ribbon drawn through. **4.** *civ. eng.* continuous girder; *bes. Brückenbau*: intermediate tie. **~ˌzüg·ler** [-ˌtsyːklər] *m* ⟨-s; -⟩ **1.** *orn.* bird of passage, migratory bird. **2.** *colloq.* s.o. passing through. **≈ˌzwän·gen I** *v/t* ⟨*sep*, -ge-, h⟩ force (*od.* squeeze, ram) *s.th.* through. **II** *v/reflex* **sich ~** force one's way through, squeeze (o.s.) through.

ˈDurˌdreiˌklang *m mus.* major triad.

dür·fen[1] [ˈdʏrfən] **I** *v/aux* ⟨**darf, durfte, dürfen**, h⟩ **1. et. tun ~** be allowed (*od.* permitted) to do s.th.; **er darf** he may; **du darfst nicht** you must not, you are not allowed to, you can't; **darf ich ausgehen?** may (*od.* can) I go out?; **Sie ~ mir trauen** you can trust me; **darf hier geraucht werden?** is smoking allowed here?, may one smoke here?; **s-n Namen ~ wir nicht bekanntgeben** we are not permitted (*od.* at liberty) to disclose his name; **hat er mitkommen ~?** did they let him go along?; **du darfst dich nicht wundern** you mustn't be surprised; **das darf nicht wieder vorkommen** that must not happen again; **das hättest du nicht tun ~!** you shouldn't have (*od.* ought not to have) done that! **2.** *als Höflichkeitsform*: **dürfte ich mir die Frage erlauben** may I be allowed the question (*od.* to ask); → **bitten** 1, 4. **3.** *bei Annahmen, Behauptungen etc*: **man darf erwarten** it is to be expected; **wir ~ es bezweifeln** we have reason to doubt it; **man darf wohl annehmen** it is safe to assume; **das dürfte wohl der Grund sein** that must (*od.* may well) be the reason, that's probably why; **ich darf (wohl) sagen** I daresay, (I believe) I am correct in saying; **es dürfte schon Mitternacht sein** it must be about midnight; **es dürfte Ihnen bekannt sein, daß** I am sure you are aware of the fact that; **das dürfte sich erübrigen** that would seem superfluous; **das dürfte Herr X sein** that would (*od.* must) be Mr X; **das dürfte genügen** that should be enough; **es dürfte zu e-r Krise führen** this is likely (*od* apt) to cause a crisis, this may well lead to a crisis. **II** *v/t* ⟨*pp* **gedurft**⟩ **4. warum darf ich es nicht? andere ~ es** why can't I (do it)? others are allowed to (do it); **das darf man nicht!** that simply isn't done, *stärker*: you can't (possibly) do that. **III** *v/i* ⟨*pp* **gedurft**⟩ **5. darf man?** is it allowed to?, may I?; **wenn ich dürfte** if I were allowed (to); **darf ich auch mal?** may I (have a look *od.* try, turn, go) too?; **die Kinder ~ nicht aus dem Haus** the children are not allowed out of the house.

ˈdür·fen[2] *pp of* **dürfen**[1] I.

durf·te [ˈdʊrftə] *1 u. 3 sg pret*, **dürf·te** [ˈdʏrftə] *1 u. 3 sg pret subj of* **dürfen**[1].

dürf·tig [ˈdʏrftɪç] *adj* **1.** *Kleidung, Einrichtung etc*: poor, shabby. **2.** *Verhältnisse*: needy, straitened; **in ~en Verhältnissen leben** live in needy circumstances, be poorly off. **3.** a) (*spärlich*) meag/re (*Am.* -er), scanty, skimpy, b) (*erbärmlich gering*) paltry, measly; *Chance, Mehrheit etc*: *a.* slim; **~e Kenntnisse** scanty (*od.* poor) knowledge; *humor.* **ein ~es Röcklein** a scanty skirt. **4.** *fig. Ausrede etc*: poor, feeble, lame (*excuse, etc*); **ein ~er Ersatz** a poor substitute. **5.** → **schmächtig**. **≈keit** *f* ⟨-; *no pl*⟩ **1.** poorness, shabbiness. **2.** neediness. **3.** meag/reness (*Am.* -er-), paltriness. **4.** scantiness, skimpiness.

ˈDur·geˌschlecht *n mus.* major mode.

dürr [dʏr] *adj* ⟨-er; -st⟩ **1.** *Äste, Holz etc*: dry, *stärker*: dead (*wood, etc*). **2.** *Boden, Land etc*: dry, arid, parched, *weitS.* barren. **3.** *Mensch, Körper etc*: thin, gaunt, skinny, meag/re (*Am.* -er), spindly, scraggy, scrawny (*man, body, etc*); **~e Arme** skinny arms. **4.** *fig.* **in ~en Worten** in plain terms, in so many words.

ˈDür·re *f* ⟨-; -n⟩ **1.** (*Regenmangel*) drought. **2.** *des Bodens etc*: dryness, aridity, aridness, *weitS.* barrenness. **3.** *fig.* dearth, barrenness, famine (*of intellect, etc*). **4.** *e-r Person etc*: gauntness, thinness. **~ˌjahr** *n* year of drought. **~ˌschä·den** *pl* drought damage *sg.*

ˈDürrˌfut·ter *n agr.* dry fodder.

ˌDurˈsept·akˌkord *m mus.* major seventh chord.

Durst [dʊrst] *m* ⟨-es; *no pl*⟩ thirst (*a. fig.* **nach** for *knowledge, etc*); **großer (brennender) ~** great (burning) thirst; **~ bekommen** get (*od.* become) thirsty; **den ~ löschen** (*od.* **stillen**) quench (*od.* slake) one's thirst; **diese Arbeit macht ~** this work makes one thirsty, this is thirsty work; *colloq.* **er hat e-n über den ~ getrunken** he has had one too many, *Br. colloq.* he has had one over the eight. **ˈdur·sten** [-tən] *v/i* ⟨h⟩ be thirsty; **j-n ~ lassen** let s.o. go thirsty; → *a.* **dürsten** II. **dür·sten** [ˈdʏrstən] *lit.* **I** *v/impers* ⟨h⟩ be thirsty, thirst; **mich dürstet, es dürstet mich** I am (*od.* feel) thirsty; *fig.* **ihn dürstet nach Ruhm, es dürstet ihn nach Ruhm** he is thirsting (*od.* craving) for fame. **II** *v/i fig.* (**nach** for) thirst, long, crave; **er dürstet nach Rache** he is thirsting for revenge.

ˈdurst|er|re·gend *adj* causing thirst, *colloq.* thirsty. **≈geˌfühl** *n* (sensation of) thirst.

ˈdur·stig *adj* **1.** thirsty (*a. fig.*; *cf.* **dürsten** II); **auf et. ~ sein** be thirsty for s.th.; → **Kehle** 1. **2.** *colloq. mot.* thirsty (*car, engine*). **≈keit** *f* ⟨-; *no pl*⟩ thirst(iness).

ˈdurst|ˌlö·schend *adj* thirst-quenching; **~es Getränk** *a.* refreshing drink, *colloq.* → **≈ˌlö·scher** *m colloq.* thirst-quencher. **~ˌstil·lend** *adj* → **durstlöschend**. **≈ˌstrecke** (*getr.* -k·k-) *f* **1.** waterless track, *Am. a.* thirstland. **2.** *fig.* long haul, hard slog.

ˈDurˌton|ˌart *f mus.* major (key). **~ˌlei·ter** *f* major scale.

ˈDusch|ˌanˌla·ge *f* shower (room *od.* facilities *pl*). **~ˌbad** *n* shower(-bath); **ein ~ nehmen** → **duschen** I.

Du·sche [ˈdʊʃə; ˈduːʃə] *f* ⟨-; -n⟩ **1.** (*Anlage u. Vorgang*) shower(-bath); **e-e ~ nehmen** have a shower; **e-e kalte ~** a) a cold shower (*a. fig.*), b) *colloq.* (*Guß*) a soaking, a dousing; *fig.* **j-m e-e kalte ~ verabreichen** cast a damp on s.o., throw cold water on s.o.; **s-e Rede wirkte wie e-e kalte ~ auf sie** *a.* his words brought them down to earth (with a bang). **2.** *med.* douche. **3.** *zur weiblichen Hygiene*: a) (vaginal) douche, b) (*Gerät*) feminine syringe, douche.

ˈDuschˌecke (*getr.* -k·k-) *f* shower cubicle.

du·schen [ˈdʊʃən; ˈduːʃən] **I** *v/i u.* **sich ~** *v/reflex* ⟨h⟩ **1.** have a shower(-bath), *bes. Am.* shower. **2.** *med.* douche. **II** *v/t* **3. j-n ~** give s.o. a shower(-bath).

ˈDusch|ge|le·gen·heit *f* shower (facility). **~kaˌbi·ne** *f* shower cabinet. **~ˌni·sche** *f* shower cubicle. **~ˌraum** *m* shower room.

Dü·se [ˈdyːzə] *f* ⟨-; -n⟩ **1.** *tech.* a) (*Mundstück*) nozzle, b) *e-s Brenners*: tip, c) *e-r Lötlampe*: orifice, d) *e-s Schachtofens*: tuyere, e) (*Ziehwerkzeug*) (drawing) die. **2.** *mot.* a) *e-r Einspritzanlage*: nozzle, b) *des Vergasers*: jet. **3.** *colloq.* (*Flugzeug*) jet(-plane).

Du·sel [ˈduːzəl] *m* ⟨-s; *no pl*⟩ *colloq.* **1.** luck, fluke; **~ haben** be lucky, be in luck; **da haben wir noch einmal ~ gehabt!** we were lucky!, that was a close shave!; **so ein ~!** what luck, what a (lucky) break! **2.** (*Rausch*) fuddle, tipsiness. **3.** (*Schläfrigkeit*) drowsiness, daze. **4.** (*Schwindligkeit*) dizziness. **Du·seˈlei** *f* ⟨-; *no pl*⟩ *colloq.* **1.** (*Gedankenlosigkeit*) thoughtlessness, absentmindedness. **2.** (*Nachlässigkeit*) carelessness, negligence. **3.** (*Verträumtheit*) dreaminess. **4.** → **Dußligkeit**. **ˈdu·se·lig** *adj colloq.* **1.** (*schwindlig*) dizzy, giddy. **2.** (*schläfrig*) drowsy. **3.** (*betäubt*) befogged, dazed. **4.** → **dusselig**. **du·seln** [ˈduːzəln] *v/i* ⟨h⟩ *colloq.* **1.** doze, be half asleep. **2.** (*träumen*) be daydreaming.

ˈDü·sen|ˌanˌtrieb *m aer.* jet propulsion; **mit ~** → **düsengetrieben**. **~ˌbom·ber** *m* jet bomber. **~ˌeinˌstel·lung** *f* **1.** *mot.* injection timing. **2.** *aer.* nozzle area setting. **~ˌflug·verˌkehr** *m* jet air traffic. **~ˌflugˌzeug** *n* jet aircraft, jet-plane, *colloq.* jet. **≈geˌtrie·ben** *adj aer.* jet-propelled, jet-powered. **~geˌwit·ter** *n* → **Düsenknall**. **~ˌhal·ter** *m tech.* nozzle holder. **~ˌjä·ger** *m aer. mil.* **1.** jet fighter. **2.** jet fighter pilot. **~ˌknall** *m* sonic boom (*Brit. a.* bang). **~ˌkopf** *m* **1.** *aer. mot.* nozzle head. **2.** *metall.* tuyere nozzle. **~maˌschi·ne** *f* → Düsenflugzeug. **~ˌmo·tor** *m* jet engine. **~ˌna·del** *f aer. mot.* nozzle pin, jet needle. **~ˌöff·nungsˌwin·kel** *m* nozzle throat. **~ˌprüf·geˌrät** *n mot.* nozzle tester. **~ˌtriebˌwerk** *n aer.* jet engine (*od.* unit). **~verˌkehrsˌflugˌzeug** *n* jet airliner, *Am. a.* jetliner. **~ˌzeitˌal·ter** *n* jet age.

Dus·sel [ˈdʊsəl] *m* <-s; -> *colloq.* silly ass, (silly) fool, goof, *Am.* dope, klutz. **Dus·seˈlei** *f* <-; -en> *colloq.* stupid (*od.* silly) thing (to do), idiocy. **ˈdus·se·lig** *adj colloq.* silly, stupid, idiotic, *Am. sl.* dopey. **ˈdus·seln** *v/i* <h> → duseln.

duß·lig [ˈdʊslɪç] *adj* → dusselig. **≈keit** *f* <-; *no pl*> silliness, stupidity, idiocy, *Am. sl.* dopiness.

du·ster [ˈduːstər] *adj* <dust(e)rer; -st> *dial. od. humor. for* düster 1, 2.

dü·ster [ˈdyːstər] **I** *adj* <düst(e)rer; -st> **1.** (*dunkel, finster*) dark, gloomy, somb/re (*Am.* -er) (*alle a. fig.*); (*dämmerig*) dark, dusky; ~er Himmel gloomy sky; ~e Nacht black (*od.* murky) night; es wird ~ it is getting dark; ein ~es Licht (auf *acc* et.) werfen a) cast a dim light (on s.th.), b) *fig.* cast a lurid light (on s.th.); *fig.* ~e Aussichten *pl* a bleak (*od.* dismal) outlook; ~er Blick gloomy (*od.* sullen) look; ein ~es Bild von et. entwerfen paint a gloomy picture of s.th.; die Zukunft in ~en Farben malen paint the future in dark colo(u)rs; *colloq.* die Lage (*od.* es) sieht ~ aus things look black; ein ~es (Vor)Zeichen an ominous sign, a bad (*od.* an ill) omen. **2.** *fig.* (*bedrückt*) gloomy, dismal, depressed, depressing, black (*thoughts, etc*); ~es Schweigen gloomy (*od.* dismal) silence; ~e Stimmung gloomy (*od.* black, dismal) mood. **II ≈** *n* <-s; *no pl*> *lit.*, **≈e, das** <-n> **3.** the dark(ness), the gloom. **≈heit** *f* <-; *no pl*> **1.** darkness, gloom. **2.** dimness. **3.** *fig.* gloom(iness), somb/reness (*Am.* -er-), darkness, bleakness. **≈keit** *f* <-; *no pl*> → Düsterheit 3. **≈nis** *f* <-; *no pl*> *lit. for* Düsterheit 1, 3.

Dutt [dʊt] *m* <-(e)s; -s *u.* -e> *dial. for* Haarknoten.

Dut·zend [ˈdʊtsənt] *n* <-s; -e> **1.** <*pl* Dutzend> dozen; zwei ~ two dozen; ein halbes ~ (Gläser) half a dozen (glasses), a half-dozen (glasses); 10 Mark das ~ 10 marks a dozen; einige (*od.* mehrere) ~ Leute some dozens of people, a few (*od.* several) dozen people; ein knappes ~ a bare dozen, a dozen or less; ein gutes ~ a good dozen, a dozen or more; im ~ billiger cheaper by the dozen; et. per (*od.* nach dem) ~ verkaufen sell s.th. in dozens (*od.* by the dozen). **2.** dozen; (viele) ~e von Leuten (many) dozens of people; in (*od.* zu) ~en in dozens. **ˈdut·zen·deˈmal** *adv* dozens of times.

ˈdut·zend|ˌfach I *adj* (*zahlreich*) dozens of, by the dozen, repeated, frequent. **II** *adv* → **~ˈmal** *adv* a dozen times, dozens of times; viele ~ many dozens of times, many a dozen times; *colloq.* ich habe dir das schon ~ gesagt I've told you (so) dozens (and dozens) of times. **≈ˌmensch** *m contp.* commonplace (*od.* mediocre, nondescript) person. **≈ˌpreis** *m econ.* price by the dozen. **≈ˌwa·re** *f* mass-produced articles *pl*; *contp.* cheap stuff. **~ˈwei·se** *adv* by the dozen, in dozens.

Du·um·viˈrat [duʊmviˈraːt] *n* <-(e)s; -e> *antiq.* duumvirate.

Dux [dʊks] *m* <-; Duces [ˈduːtsɛs]> *mus.* dux, antecedent.

ˈDuz|ˌbru·der *m* → Duzfreund. **~ˌbrü·der·schaft** *f* → Duzfreundschaft.

du·zen [ˈduːtsən] *v/t* <h> j-n (*od.* sich mit j-m) ~ use the familiar "du" form (of address) to s.o., be on first-name terms with s.o., address s.o. with "du".

ˈDuz|ˌfreund *m*, **~ˌfreun·din** *f* friend whom one addresses with "du", intimate friend, *colloq.* crony, pal. **~ˌfreund·schaft** *f* intimate friendship; ~ schließen form an intimate friendship, seal a friendship (by using "du"). **~ˌfuß** *m colloq.* (miteinander) auf (dem) ~ stehen → duzen.

dwars [dvars] *adv mar.* abeam. **≈ˌli·nie** *f mar. mil.* line abreast. **≈ˌsa·ling** [-ˌzaːlɪŋ] *f* → Quersaling. **~ˌschiffs** *adv* → querschiffs. **≈ˌsee** *f* beam sea. **≈ˌwind** *m* beam wind.

Dya·de [dyˈaːdə] *f* <-; -n> *bes. math. sociol.* dyad. **Dya·dik** [-ˈaːdɪk] *f* <-; *no pl*> *math.* binary (*od.* dyadic) system. **dya·disch** [-ˈaːdɪʃ] *adj* **1.** dyadic; ~es System → Dyadik. **2.** → permisch.

Dy·as [ˈdyːas] *f* <-; *no pl*>, **~for·ma·tiˌon** *f* → Perm.

dy·as·sisch [dyˈasɪʃ] *adj* → permisch.

Dyn [dyːn] *n* <-s; -> *phys.* dyne.

Dy·na·me·ter [dynaˈmeːtər] *n* <-s; -> *phys.* dynameter.

Dy·na·mik [dyˈnaːmɪk] *f* <-; *no pl*> *phys.* dynamics *pl* (*oft als sg konstruiert*), *fig. a.* dynamism; (*Kraft*) dynamic force. **dyˈna·misch** [-ˈnaːmɪʃ] *adj phys. u. fig.* dynamic (*forces, personality, etc*); *econ.* ~e Rente progressive pension; *ling.* ~er Akzent dynamic (*od.* stress) accent.

Dy·na·mit [dynaˈmiːt; -ˈmɪt] *n* <-s; *no pl*> dynamite; et. mit ~ sprengen (blow *s.th.* up with) dynamite. **~ˌla·dung** *f* dynamite charge. **~paˌtro·ne** *f* dynamite cartridge. **~ˌstan·ge** *f* stick of dynamite.

Dy·na·mo [dyˈnaːmo; ˈdyːnamo] *m* <-s; -s> *electr.* dynamo, generator. **~ˌan·ker** *m* dynamo armature. **≈elek·trisch** [dynamoʔeˈlɛktrɪʃ] *adj* dynamoelectric. **~maˌschi·ne** *f* → Dynamo. **~me·ter** [dynamoˈmeːtər] *n* <-s; -> *electr.* dynamometer.

Dy·nast [dyˈnast] *m* <-en; -en> *pol.* hereditary ruler, dynast. **Dy·naˈstie** [-ˈtiː] *f* <-; -n [-ən]> dynasty. **dyˈna·stisch** *adj* dynastic.

Dyn·ode [dyˈnoːdə] *f* <-; -n> *TV* dynode.

Dys·en·te·rie [dʏsʔɛnteˈriː] *f* <-; -n [-ən]> *med.* dysentery.

Dys·funk·ti·on [dʏsfʊŋkˈtsĭoːn] *f med. sociol.* dysfunction.

Dys·pep·sie [dʏspɛˈpsiː] *f* <-; -n [-ən]> *med.* dyspepsia, indigestion. **dysˈpep·tisch** [-ˈpɛptɪʃ] *adj* dyspeptic.

Dys·to·nie [dʏstoˈniː] *f* <-; -n [-ən]> *med.* dystonia; vegetative ~ neurodystonia.

Dys·tro·phie [dʏstroˈfiː] *f* <-; -n [-ən]> *med.* dystrophy.

Dys·urie [dʏsʔuˈriː] *f* <-; -n [-ən]> *med.* dysuria.

ˈD-ˌZug [ˈdeː-] *m rail.* **1.** express (*od.* through, fast) train. **2.** corridor train.

E

E, e [eː] *n* ⟨-; -⟩ **1.** (*Buchstabe*) E, e. **2.** *mus.* a) (the note) E, e, b) **e** (= *e-Moll*) E minor, c) E (= *E-Dur*) E major; **das Werk steht in E(-Dur)** the work is in (the key of) E (major).

Eb·be ['ɛbə] *f* ⟨-; -n⟩ **1.** a) ebb (tide); ~ **und Flut** ebb and flow, the tides *pl*, b) (*Niedrigwasser*) low (*od.* ebb) tide, low water; **mit der ~ auslaufen** go out with the tide; **die ~ tritt ein, es tritt ~ ein** the tide is going out (*od.* is ebbing); **es ist ~** the tide is out. **2.** *fig. colloq.* **bei mir** (*od.* **in m-m Geldbeutel, in m-r Kasse**) **ist ~** my funds are at a low ebb, I am hard up; **im Touristenverkehr herrscht ~** tourist traffic is at a low ebb. **'eb·ben I** *v/i* ⟨h⟩ ebb. **II** *v/impers* **es ebbt** it is ebb tide, the tide is (going) out. **'Eb·be-ˌund-'Flut-ˌKraftˌwerk** *n* tidal power plant.

'Ebbˌstrom ['ɛp-] *m mar.* ebb current.

eben[1] ['eːbən] **I** *adj* ⟨-er; -st⟩ **1.** even, level; **~e Fläche** even (*od.* flat) surface (→ *a.* 5); **zu ~er Erde wohnen** live at street level, live on the ground (*Am.* first) floor; **et. ~ machen** make s. th. even, even (*od.* level) s. th. **2.** (*flach*) flat, level; **~es Land** flat country. **3.** (*glatt*) smooth. **4.** (*gleichmäßig*) even, regular. **5.** *math.* plane (*curve, figure, surface*); **~e Geometrie** plane geometry, planimetry. **II** *adv* **6.** evenly (*etc*); **die Straße verläuft ~** the road is level.

'eben[2] *adv* **1.** (*so~, gerade*) just (now), this moment; **~ (erst)** only just (now), (just) a moment ago; **er ist ~ abgereist** he (has) just left; **~ als ich e-n Brief schrieb,** *klopfte es* just as (*od.* when) I was writing a letter; **er war ~ noch hier** he was here just a moment ago; **ich wollte ~ gehen** I was just about (*od.* going) to leave. **2.** (*jetzt*) (just) now, this very moment; **da kommt er ~** here he comes now, there he is now. **3.** (*genau, gerade*) just, exactly, precisely; **~ das wollte ich sagen** that is just what I wanted to say; **~ darum** (*od.* **deshalb**) → **ebendeshalb; das ist es (ja) ~** that's just it (*od.* the point); **damals, ~ zu der Zeit** just then (*od.* at that time); **~ an dem Tage** on that very day; *colloq.* **(ja** *od.* **na) ~!** quite (so)!, exactly!, that's just it!, you said it!; **(das nun) ~ nicht!** not exactly (*od.* precisely) that!, not at all!; **er tat es ~ nicht!** that's just the point — he didn't (do it)! **4.** (*gerade noch, zur Not*) just; **~ genug** just enough; **es wird ~ reichen** it will just (*od.* barely) do; **ich habe den Zug ~ (noch) erwischt** I just managed to catch the train; **ich komme, sooft es ~ geht** I'll come as often as I possibly can. **5.** (*nun einmal*) simply, just; **er mag ~ nicht (kommen)** he simply (*od.* just) doesn't want to (come); **das ist ~ so** well, that's how it is; **er ist ~ schon alt** he is an old man after all; **da kann man ~ nichts machen** there is simply nothing one can do (about it); it can't be helped, I'm afraid; **dann ~ nicht!** have it your own way!; → **Leben. 6.** *iro.* **nicht ~ schön (klug** *etc*) not exactly (*od.* what you'd call) beautiful (clever, *etc*). **7.** *colloq.* (*rasch, kurz*) just; **komm ~ mal her!** just come here.

'Ebenˌbild *n* image, (exact) likeness; **Gottes ~** God's image; **(ganz) das ~ s-s Vaters** the (living, *colloq.* spitting) image of his father.

'ebenˌbür·tig [-ˌbʏrtɪç] *adj* **1.** of equal birth. **2.** *fig.* (*gleichwertig*) equal, of equal rank (*od.* quality, value); **~er Gegner (Nachfolger)** worthy opponent (successor); **j-m ~ sein** be s. o.'s equal, be a match for s. o., be on a par with s. o.; **ein ≈er** an equal, s. o.'s peer; **ein mir geistig ~er Mensch** my intellectual equal (*od.* peer). **≈keit** *f* ⟨-; *no pl*⟩ **1.** equality of birth. **2.** *fig.* equality (of rank, of quality, of value), equal rank (*etc*).

'eben|'da *adv* **1.** at the very (same) place, just there. **2.** *in Quellenangaben*: ibidem (*abbr.* ibid., ib.). **~dar'um** *adv* → **ebendeshalb. ~da'selbst** *adv* → **ebenda.**

'eben'der, 'ebenˌder'sel·be, 'eben'die, 'ebenˌdie'sel·be, 'eben'das, 'ebenˌdas'sel·be I *demonstrative pron* the very same, that same (*od.* very) one. **II** *adj* that very, that same.

'eben|ˌdes'halb, ~ˌdes'we·gen *adv* for that very reason, *colloq.* that's just why.

'eben'die·ser, 'eben'die·se, 'eben'die·ses I *demonstrative pron* the very same, this same (*od.* very) one. **II** *adj* this very, this same.

'eben'dort *adv* at that very place.

'Ebe·ne *f* ⟨-; -n⟩ **1.** *geogr.* plain, level (*od.* flat) land, flat (open) country; **in der ~** in (*od.* on) the plain. **2.** *math.* plane; **projizierende ~** projecting plane; **in derselben ~ liegend** coplanar. **3.** *phys. tech.* plane (surface); **schiefe ~** inclined plane; *fig.* **auf die schiefe ~ geraten** fall into bad (*od.* evil) ways, go astray. **4.** *fig.* level, plane; **auf privater ~** privately; **auf staatlicher ~** at government level; **auf höherer (höchster) ~** at higher (top) level, *attrib* high-level (*talks*); **auf e-r hohen geistigen ~** on a high intellectual plane; **auf der gleichen ~ liegen** (*od.* **sein**) **wie** (*od.* **mit**) be on a level (*od.* par) with, be just as good (bad, *etc*) as. **'Ebe·nenˌpaar** *n math.* sliding pair.

'ebenˌer·dig *adj* **1.** at ground level; **~e Kreuzung** level (*Am.* grade) crossing. **2.** at street level, ground-floor, *Am.* first-floor; **~es Fenster** ground-floor window. **3.** *Haus*: one-storey(ed), *bes. Am.* one-storied.

'ebenˌfalls *adv* likewise, also, too, as well; **er kam ~** he came too (*od.* as well), he too (*od.* also) came; **er ist krank, sie ~** he is ill and so is she (*od.* and she is too); **ich werde kommen — ich ~** I shall come — so shall I (*od. colloq.* me too); **~ möchte ich betonen** likewise I want to stress; **er ist ~ kein Philologe** he is no philologist either; *ich wünsche Ihnen alles Gute* — **danke, (Ihnen) ~!** — thank you, (the) same to you.

'ebenˌflä·chig *adj bes. math. phys.* plane, flat-surfaced.

'Eben·heit *f* ⟨-; *no pl*⟩ **1.** evenness, levelness. **2.** (*Flachheit*) flatness. **3.** (*Glattheit*) smoothness.

'Ebenˌholz *n* ebony; **echtes** (*od.* **schwarzes**) **~** black ebony; **unechtes** (*od.* **künstliches**) **~** laburnum; **(so) schwarz wie ~** (as) black as ebony. **~ˌbaum** *m bot.* ebony (tree).

'eben'je·ner, 'eben'je·ne, 'eben'je·nes I *demonstrative pron* that same (*od.* very) one. **II** *adj* that very, that same.

'Eben|ˌmaß *n* ⟨-es; *no pl*⟩ regularity, harmony, harmonious proportion(s *pl*), symmetry; **das ~ s-r Züge** the regularity of his features; **das ~ ihres Körpers** the harmonious proportions *pl* (*od.* the shapeliness, beauty) of her body. **≈ˌmä·ßig** *adj* regular, harmonious, symmetric(al), well-proportioned, shapely; **~e Gesichtszüge** regular features. **~ˌmä·ßig·keit** *f* ⟨-; *no pl*⟩ → **Ebenmaß.**

'ebenˌso I *adv* **1.** *vor adj u. adv*: just as, equally; **~ oft** just as often; **~ reich** just as rich; **das ist ein ~ spannendes wie lehrreiches Buch** that book is just as exciting as it is instructive; **es ist ~ wahrscheinlich, daß** it is just as likely that; → *a.* **ebensogern,** *etc.* **2.** (just) in the same way, just so; **uns erging es ~** the same (thing) happened to us; **~ wie** in the same way as (*od.* that). **3.** → **ebenfalls, auch. II** *conj* **4.** **~, wie** just as (much as), exactly as.

'ebenˌso|'gern *adv* **1.** just as well (*od.* much); **ich mag ihn ~** I like him just as much. **2.** just as well (*od.* soon); **ich würde ~ auch ins Kino gehen** I would just as soon go to the cinema. **~'gut** *adv* (just) as well; **wir hätten ~ zu Hause bleiben können** we might just as well have stayed at home. **~'lang, ~'lan·ge** *adv* just as long.

'eben'solch, 'eben'sol·cher, 'eben'sol·che, 'eben'sol·ches *demonstrative pron* just (*od.* exactly) such a one, (*a hat, etc*) just like that.

'ebenˌso|'oft *adv* just as often, as many times (**wie** as). **~'sehr** *adv* just as much, no less; **er freute sich ~ wie ich** he was just as pleased as I (was), he was no less pleased than I. **~ˈviel** *indefinite pron* **1.** just as much (*money, luck, etc*). **2.** just as many (*days, etc*). **~ˈweit** *adv* just as far. **~ˈwe·nig I** *indefinite pron* **1.** (just) as little (*money, etc*). **2.** (just) as few (*days, etc*). **II** *adv* **3.** just as little, no more (**als** than *you, etc*); **ich mag das ~** *a.* I don't like that either. **III** *conj* **4. ~ wie** just as little as, no more than. **~ˈwohl** *adv* → **ebensogut.**

ˈEber *m* ⟨-s; -⟩ *zo.* boar; **Wilder ~** wild boar; *colloq.* **wütend wie ein angestochener ~** as fierce as a mad bull. **~ˌesche** *f bot.* rowan (tree), sorb. **~ˌjagd** *f* boar hunt.

eb·nen [ˈeːbnən] *v/t* ⟨h⟩ **1.** make *s. th.* even, even (up), level, plane; → **Weg** 4. **2.** (*planieren*) grade. **3.** (*glätten*) smooth. **4.** (*Steine*) face. **5.** *Phonetik*: smooth.

Ebo·nit [eboˈniːt; -ˈnɪt] *n* ⟨-s; *no pl*⟩ *chem.* ebonite, vulcanite.

Echap·pe·ment [eʃap(ə)ˈmãː] (*Fr.*) *n* ⟨-s; -s⟩ *der Uhr, im Klavier*: escapement.

echauf·fie·ren [eʃoˈfiːrən] *v/reflex* ⟨*no* -ge-, h⟩ **sich ~ 1.** get hot. **2.** *fig.* get (all) excited (*od.* worked up).

Echo[1] [ˈɛço] *n* ⟨-s; -s⟩ echo (*a. electr. mus. u. fig.*); **ein ~ geben** (re-)echo, reverberate; *fig.* **er ist nur das ~ s-r Frau** he is a mere echo of his wife; **s-e Rede fand ein lebhaftes ~** his speech met with a lively response (*od.* provoked much comment).

ˈEcho[2] *npr f* ⟨-; *no pl*⟩ *myth.* Echo.

ˈecho·ar·tig *adj* echolike, echoic.

ˈEcho|ˌbild *n TV* double image, ghost. **~ˌdämp·fung** *f* **1.** *electr.* echo attenuation. **2.** *teleph.* return loss.

echo·en [ˈɛçoən] **I** *v/t u. v/impers* ⟨h⟩ echo; **es echot** there is an echo. **II** *v/i Stimme etc*: (re-)echo, echo back.

ˈEcho|ˌlot *n* ⟨-(e)s; -e⟩ *mar.* echo (depth) sounder, sonic depth finder. **~ˌlo·tung** *f mar.* echo sounding, sonic depth finding. **~ˌor·tung** *f* echolation. **~reˌgi·ster** *n Orgel*: echo stop. **~ˌun·terˌdrückung** (*getr.* -k·k-) *f* echo suppression. **~ˌvers** *m metr.* echo verse. **~ˌzei·chen** *n Radar*: blip, echo (pulse).

Ech·se [ˈɛksə] *f* ⟨-; -n⟩ *zo.* **1.** saurian. **2.** → Eidechse 1. **ˈech·senˌar·tig** *adj* saurian.

echt [ɛçt] **I** *adj* ⟨-er; -est⟩ **1.** *Gold, Schmuck etc*: real, genuine; **~er Diamant** real diamond; **~es Leder** genuine leather; **~e Seide** real (*od.* pure) silk; **~es Silber** genuine (*od.* pure, sterling) silver; **~er Burgunder(wein)** genuine Burgundy; **garantiert ~** guaranteed (*od.* warranted) genuine. **2.** *Gemälde, Unterschrift etc*: genuine, authentic. **3.** *fig. Gefühl, Freund(schaft) etc*: genuine, sincere, true, real; **~e Freude** pure (*od.* unmixed, unalloyed) joy. **4.** *fig. Charakter etc*: genuine, unaffected, sincere; *colloq.* **er ist nicht ~!** a) I wouldn't trust him!, b) he's a fraud! **5.** *fig.* (*typisch*) typical, real, true (to type *od.* form); **ein ~er Deutscher** a typical (*od.* true[-born], regular, real) German, a German through and through (*od.* to the core); **ein ~er Sozialist** a thorough-going (*od.* dyed-in-the-wool) socialist. **6.** *Haarfarbe etc*: natural; **e-e ~e Blondine** a natural blonde. **7.** *fig.* (*wirklich*) real, true, genuine; **es ist mir ein ~es Anliegen** it is a matter of real concern to me; *colloq.* **~?** really? **8.** *Farbe*: fast. **9.** *math. phys.* proper; **~er Bruch** (**Teiler**) proper fraction (divisor); **~es Vakuum** complete vacuum. **10.** *biol.* true (*reptile, etc*). **II** *adv* **11. ~ Gold** real gold; **~ englischer Stoff** genuine English cloth. **12.** *fig.* truly, really; **~ demokratisch** truly democratic; *colloq.* **~ gut** real good; *colloq.* **~ stark!** real cool! **13.** *fig.* typically; **sein Verhalten ist ~ deutsch** his behavio(u)r is typically German; *colloq.* **das ist (wieder einmal) ~ Hans** that's typical of John, that's John all over.

ˈecht|ˌfar·big *adj* colo(u)r-fast, fast-dyed. **2ˌgold** *n* genuine (*od.* pure, solid) gold.

ˈEcht·heit *f* ⟨-; *no pl*⟩ **1.** genuineness; *e-s Dokuments etc*: *a.* authenticity; **et. mit dem Stempel der ~ versehen** hallmark s. th. (as genuine). **2.** *fig.* genuineness, sincerity (*of character, feeling, etc*). **3.** fastness (*of colo[u]r*).

ˈEcht·heits|beˌweis *m* proof of authenticity (*od.* genuineness). **~ˌprü·fung** *f* test of genuineness, verification. **~ˌzeug·nis** *n econ.* certificate of authenticity.

ˈEchtˌsil·ber *n* genuine (*od.* pure, sterling) silver.

Eck [ɛk] *n* ⟨-(e)s; -e; *Austrian* -en⟩ *Southern G.* corner; **über ~** cornerwise, across, diagonally. **~ˌball** *m* a) *Fußball*: corner (kick), b) *Hockey*: corner (hit), c) *Hand- u. Wasserball*: corner (throw). **~ˌbank** *f* ⟨-; ⸗e⟩ corner (*od.* nook) bench. **~ˌblech** *n* gusset plate. **~ˌbrett** *n* corner shelf. **~ˌda·ten** *pl* key features.

Ecke (*getr.* -k·k-) [ˈɛkə] *f* ⟨-; -n⟩ **1.** *e-s Buches, Hauses etc*: corner; **an der ~** (*der Straße*) at the corner; **an den ~n** at the corners; **gleich um die ~** just round the corner; **in der linken oberen** (**unteren**) **~ der Seite** in the top (bottom) left-hand corner of the page; *j-n* **in die ~ drängen** (drive *s. o.* into the) corner, *fig. a.* drive *s. o.* to the wall; **et. in die ~ stellen** a) put (*od.* stand) s. th. in the corner, b) *fig.* put s. th. on one side, shelve s. th.; **ein Kind in die ~ stellen** put a child in the corner; **et. in allen ~n und Winkeln suchen** look for s. th. in every nook and cranny; **um die ~ biegen** (*od.* **fahren, gehen**) turn the corner; **gehen Sie um die erste ~ rechts** take the first turn(ing) on your right; **e-e gefährliche ~** a dangerous corner (*a. fig. colloq.*). **2.** *fig. colloq.* **an allen ~n und Enden** (*od.* **Kanten**) everywhere; **du fehlst mir an allen ~n und Enden** I miss you at every turn, I am quite lost without you; **es fehlt** (*od.* **hapert**) **an allen ~n und Enden** a) there is a shortage of everything, b) things are unsatisfactory down the line; *fig.* **es brannte an allen ~n und Enden** everything was in an uproar, *colloq.* all hell was apopping; **an allen ~n und Enden sparen** save wherever one can, pinch and scrape; **j-n um die ~ bringen** do s. o. in, make away with s. o., *sl.* bump s. o. off; **Geld um die ~ bringen** squander money; **mit j-m um ein paar ~n (herum) verwandt sein** be distantly related to s. o.; **j-m nicht um die ~ trauen** not to trust s. o. out of one's sight. **3.** (*Kante*) edge, corner; *fig.* **sich** (*dat*) **die ~n und Kanten abstoßen** knock off the rough edges. **4.** (*Nische*) nook, recess, corner. **5.** (*spitzer Punkt*) angle. **6.** *colloq.* (*Stück*) piece, wedge (*of cheese, cake, etc*). **7.** *fig. colloq.* **das ist noch e-e ziemliche ~ nach N.** it's still a good stretch to N. **8.** *fig. colloq.* (*Gegend*) corner (*of a land*). **9.** *pl fig. colloq.* thinning hair above the temples. **10.** *Sport*: a) (*Tor2*) corner, b) → **Eckball**; **lange ~** far corner (of the goal), *Hockey*: (long) corner; **kurze ~** near corner (of the goal), *Hockey*: penalty corner; **den Ball zur ~ lenken** turn the ball round for a corner. **11.** *Boxen*: (*Ring2*) corner. **12.** *math.* corner, vertex. **13.** *e-s Kragens etc*: point.

ˈEckenˌste·her *m colloq.* loafer, loiterer, corner-boy, street(-corner) lounger.

Ecker (*getr.* -k·k-) [ˈɛkər] *f* ⟨-; -n⟩ **1.** *bot.* a) (*Buch2*) beech-nut, b) (*Eichel*) acorn. **2.** *pl Kartenspiel*: clubs.

ˈEck|ˌfah·ne *f Sport*: corner flag. **~ˌfeld** *n Schach etc*: corner square. **~ˌhaus** *n* corner house.

ˈeckig (*getr.* -k·k-) **I** *adj* **1.** square; **~er Tisch** square table; **~e Klammer** (square) bracket; **Kleid mit ~em Ausschnitt** → 6; **~es Gesicht** square (*od.* angular) face; **~es Kinn** square chin (*od.* jaw); **mit ~en Schultern** square-shouldered. **2.** *Gestalt etc*: square(-built), angular (*figure, etc*). **3.** *Form etc*: angular, (sharp-)cornered (*shape, etc*); **~e Handschrift** angular handwriting. **4.** *fig. Bewegung etc*: awkward, clumsy. **5.** *fig.* (*ungeschliffen*) rough. **II** *adv* **6.** square(ly); **~ ausgeschnittenes Kleid** square-necked dress. **2keit** (*getr.* -k·k-) *f* ⟨-; *rare* -en⟩ **1.** squareness; angularity. **2.** clumsiness. **3.** roughness.

ˈEck|ˌla·den *m* corner shop. **~ˌlohn** *m econ.* basic (*od.* standard, threshold) wage. **~ˌmaß** *n tech.* width across corners. **~ˌpfei·ler** *m* **1.** *arch.* corner pillar. **2.** *fig.* cornerstone. **~ˌpfo·sten** *m* corner post. **~ˌplatz** *m* corner seat. **~ˌpunkt** *m math. e-s Dreiecks etc*: corner, vertex; *e-r Kurve*: salient (*od.* corner) point. **~ˌsatz** *m mus.* outer movement. **~ˌschlag** *m Hockey*: corner hit. **~ˌschrank** *m* corner cupboard (*od.* cabinet). **~ˌstein** *m* **1.** *civ. eng.* cornerstone, quoin. **2.** *fig. Bibl.* cornerstone. **~ˌstoß** *m* **1.** *Fußball*: corner (kick). **2.** *tech.* corner joint. **~ˌwert** *m econ.* basic (*od.* threshold) value. **~ˌwurf** *m Sport*: corner (throw). **~ˌzahn** *m* **1.** *anat.* canine (tooth), *im Oberkiefer*: *a.* eyetooth. **2.** *zo.* a) corner tooth, tusk, b) (*Fangzahn*) fang. **~ˌzim·mer** *n* corner room. **~ˌzins** *m econ.* basic interest rate.

Eclair [eˈklɛːr] (*Fr.*) *n* ⟨-s; -s⟩ *gastr.* éclair.

Ecraˈséˌle·der [ekraˈzeː-] *n* **1.** goatskin. **2.** kid leather.

ecru [eˈkryː] *adj Textil.* ecru, natural-colo(u)red. **2ˌsei·de** *f* ecru (*od.* raw) silk.

Ecua·do·ria·ner [ekŭadoˈrĭaːnər] *m* ⟨-s; -⟩, **ecua·do·ria·nisch** [-ˈrĭaːnɪʃ] *adj* Ecuadorian.

Eda·mer [ˈeːdamər] *m* ⟨-s; -⟩, *a.* **~ ˈKä·se** *m* Edam (cheese).

Eda·phon [ˈeːdafɔn] *n* ⟨-s; *no pl*⟩ *biol.* edaphon, soil organisms *pl.*

Ed·da [ˈɛda] *f* ⟨-; Edden⟩ *Literatur*: Edda; **die Ältere ~** the Elder (*od.* Poetic) Edda; **die Jüngere ~** the Younger (*od.* Prose) Edda. **~ˌlie·der** *pl* poems (*od.* lays) of the Edda.

edel [ˈeːdəl] **I** *adj* ⟨edler; -st⟩ **1.** noble, aristocratic; **von edler Herkunft, aus edlem Geschlecht** → **edelbürtig. 2.** *Pferd etc*: thoroughbred, noble, blood (*horse, etc*). **3.** *fig.* noble(-minded), lofty, high(-minded); **edle Gesinnung, edler Sinn** → **Edelsinn**; **edle Tat** (**edles Herz**) noble deed (heart). **4.** *fig. Zweck etc*: lofty, noble, high (*purpose, aim, etc*). **5.** *fig. Gestalt etc*: noble; **edle Züge** (**Hände**) noble (*od.* fine, aristocratic) features (hands). **6.** *fig. Qualität etc*: exquisite, superior, high-class, rare, special; **edles Holz** → **Edelholz**; **edles Obst** → **Edelobst**; **edler Wein** (*od.* **Tropfen**) choice (*od.* exquisite, vintage) wine. **7.** *fig. Körperteil*: vital; *humor.* **der**

~ste Körperteil the backside, the bottom. **8.** *fig. iro.* fine, great; **ein edles Paar** a fine couple; **das ist ja ~!** isn't it (just) great? **9. die edle Kunst der Selbstverteidigung** (*Boxsport*) the noble art of self-defen/ce (*Am.* -se). **10.** *bes. min.* a) *Metall, Stein*: noble, precious, b) *Erz*: rich. **11.** *chem.* a) electropositive, b) (*schwer oxydierbar*) noble, rare, inert. **II** *adv* **12.** *fig.* nobly (*etc*); **~ geformt** → 5.

ˈEdel|ˌbee·re *f meist pl agr.* specially selected grape. **≈ˌbür·tig** [-ˌbʏrtɪç] *adj* of noble birth (*od.* blood), high-born. **~ˌda·me** *f* → Edelfrau. **≈ˌden·kend** *adj* noble-minded, high-minded. **~ˌfal·ke** *m orn.* **1.** (trained) falcon, noble hawk. **2.** (*Wanderfalke*) peregrine falcon. **~fa·ˌsan** *m* (common) pheasant. **~ˌfäu·le** *f* **1.** *der Trauben*: noble rot, pourriture noble. **2.** *bei Käse*: mo(u)ld. **~ˌfi·sche** *pl* noble fishes, salmonids. **~ˌfrau** *f hist.* noblewoman. **~ˌfräu·lein** *n* (unmarried) noblewoman. **~ˌgas** *n chem.* inert (*od.* noble) gas. **≈ge·ˌsinnt** *adj* → **edeldenkend.** **~ˌguß** *m tech.* special-grade cast iron. **≈ˌher·zig** *adj* noble-hearted; (*großmütig*) magnanimous. **~ˌhirsch** *m zo.* red deer. **~ˌholz** *n* fine (*od.* rare, luxury) wood.

Ede·ling [ˈeːdəlɪŋ] *m* ⟨-s; -e⟩ **1.** *hist.* nobleman. **2.** *bot.* a) scion, graft, b) grafted shoot.

ˈEdel|ka·ˌsta·nie *f bot.* **1.** (*Frucht*) edible (*od.* sweet) chestnut. **2.** (*Baum*) (Spanish, sweet) chestnut (tree). **~ˌkitsch** *m contp.* higher trash, kitsch. **~ˌkna·be** *m hist.* page. **~ko·ˌral·le** *f zo.* precious coral; **Rote ~** red coral. **~ˌkunst·ˌharz** *n synth.* cast resin. **~ˌmann** *m* ⟨-(e)s; **Edelleute**⟩ noble(man). **~ˌmar·der** *m zo.* beech (*od.* stone) marten. **~me·ˌtall** *n* precious (*od.* noble) metal. **~ˌmut** *m* noble- (*od.* high-)mindedness; (*Großmut*) magnanimity. **≈ˌmü·tig** *adj* noble(-minded); (*großmütig*) magnanimous, generous. **~ˌobst** *n* dessert (*od.* fancy) fruit. **~ˌpas·sung** *f tech. bei Lehren*: force(d) fit, high-class fit; *bei Gewinden*: close fit. **~ˌpflau·me** *f bot.* greengage. **~ˌpilz** *m* → **Champignon.** **~ˌpilz·ˌkä·se** *m* highly flavo(u)red blue-veined cheese, *bes.* a) Blue Stilton, b) Roquefort. **~ˌrei·fe** *f gastr. des Käses etc*: ripeness, maturity. **~ˌreis** *n bot.* **1.** graft, scion. **2.** (grafted) shoot. **~ˌschwein** *n agr.* pedigree pig. **~ˌsinn** *m* ⟨-(e)s; *no pl*⟩ noble- (*od.* high-)mindedness. **~ˌsor·te** *f Obst etc*: superior variety. **~ˌstahl** *m* high-grade steel.

ˈEdel·ˌstein *m* a) (*Roh*≈) (precious) stone, b) (*geschliffen u. geschnitten*) jewel, gem; **ungeschliffener** (*od.* **ungeschnittener**) **~** rough (*od.* uncut) stone. **~imi·ta·ti·ˌon** *f* imitation jewel (*od.* stone). **~ˌkun·de** *f* gemmary, gem(m)ology. **~ˌschlei·fer** *m* gem cutter.

ˈEdel|ˌtan·ne *f bot.* silver fir. **~ˌweiß** *n* ⟨-(e)s; -e⟩ *bot.* edelweiss. **~ˌwild** *n hunt.* red deer.

Eden [ˈeːdən] *npr n* ⟨-s; *no pl*⟩ *Bibl.* (**der Garten ~** the Garden of) Eden.

edie·ren [eˈdiːrən] *v/t* ⟨*no* **ge-**, **h**⟩ *print.* edit.

Edikt [eˈdɪkt] *n* ⟨-(e)s; -e⟩ *hist.* edict.

Edi·ti·on [ediˈtsǐoːn] *f* ⟨-; -en⟩ **1.** *print.* a) (*Vorgang*) editing, b) (*Ausgabe*) edition, c) (*Veröffentlichung*) publication. **2.** *jur.* producing of deeds and documents in court. **Edi·tor** [ˈeːditɔr] *m* ⟨-s; -en [ediˈtoːrən]⟩ **1.** editor. **2.** publisher.

ˈEd·le *m* ⟨-n; -n⟩ *hist.* person of noble birth (*od.* rank), noble(man); **~r von X** Lord X.

ˈE-ˌDur *n* ⟨-; *no pl*⟩ *mus.* E major.

EEG-Ap·pa·ˌrat [eːˀeːˈgeː-] *m med.* electro-encephalograph.

Efeu [ˈeːfɔʏ] *m* ⟨-s; *no pl*⟩ ivy. **≈be·ˌwach·sen** *adj* ivy-covered. **≈ˌblätt·rig** *adj* ivy-leaved. **~ˌran·ke** *f* ivy twine. **≈ˌum·ˌrankt** *adj* ivy-clad, ivied.

Eff·eff [ˈɛfˌˀɛf] *n* ⟨-; *no pl*⟩ *colloq.* **et. aus dem ~ können** have s. th. at one's fingertips, be very good at s. th.

Ef·fekt [ɛˈfɛkt] *m* ⟨-(e)s; -e⟩ **1.** (*Wirkung, Erfolg*) effect; **auf ~ berechnet** calculated for effect; **nach ~ haschen, auf ~ aussein** strain for effect, play to the gallery (*Am.* grandstand); **~ machen** produce an effect. **2.** (*Ergebnis*) effect, result. **3.** *thea. etc* (special) effect. **4.** *tech.* performance, efficiency. **5.** *math.* action. **~be·ˌleuch·tung** *f* **1.** *phot.* decorative lighting. **2.** *Film*: effect lighting. **~ˌdämp·fer** *m mus.* mute, sordine.

Efˈfek·ten *pl* **1.** *econ.* a) securities, b) (*Aktien*) shares, *bes. Am.* stocks, c) (*Obligationen*) bonds. **2.** *obs.* (*Habe*) effects, belongings, goods and chattels. **~ˌbank** *f* investment bank. **~be·ˌstand** *m* securities *pl* on hand, holdings *pl.* **~ˌbör·se** *f* stock exchange. **~ˌgi·ro** *n* transfer of securities. **~ˌhan·del** *m* dealing in securities, jobbing. **~ˌhänd·ler** *m* stockjobber, (stock) dealer. **~ˌmak·ler** *m* stockbroker. **~ˌmarkt** *m* stock market (*od.* exchange).

Efˈfekt|ˌha·scher *m* ⟨-s; -⟩ *contp.* showman, show-off, *Am.* grandstander. **≈ˌha·schend** *adj* straining after effect, sensationalist, theatrical, showy. **~ha·sche'rei** [ɛˌfɛkt-] *f* ⟨-; -en⟩ straining after effect, (cheap) showmanship, playing to the gallery, sensationalism; **aus ~** for cheap effect, to show off.

ef·fek·tiv [ɛfɛkˈtiːf] **I** *adj* ⟨-er; -st⟩ **1.** (*tatsächlich*) effective (*a. electr. tech.*), *a. econ.* actual, real; *econ.* **~er Bestand** → **Effektivbestand** 1; *electr. tech.* **~e Leistung** → **Effektivleistung**; *econ.* **~e Rendite** net yield; *econ.* **~er Wert** → **Effektivwert** 1. **2.** (*wirksam*) effective, efficacious. **II** *adv* **3.** actually, really, in effect; **~ nicht** definitely not. **III** ≈ *n* ⟨-s; -e⟩ *ling.* **4.** effective (verb). **5.** factitive (verb). **≈be·ˌstand** *m* **1.** *econ.* a) actual stock (*of goods, etc*), b) realizable assets *pl.* **2.** → **Effektivstand.** **≈ˌklau·sel** *f econ.* effective clause. **≈ˌlei·stung** *f* effective output (*od.* performance); actual power. **≈ˌlohn** *m econ.* actual wage. **≈ˌstand** *m*, **≈ˌstär·ke** *f mil.* effective strength (*od.* force), total strength. **≈ˌwert** *m* **1.** *econ.* real (*od.* actual) value. **2.** *electr. math.* root-mean-square value, virtual value.

Efˈfekt|ˌkoh·le *f electr.* flame carbon. **≈los** *adj* ineffective, ineffectual. **~ma·che'rei** [ɛˌfɛkt-] *f* ⟨-; -en⟩ → Effekthascherei. **~mu·ˌsik** *f Film*: background music, (additional) musical effects *pl.* **≈ˌvoll** *adj* (*wirkungsvoll*) effective; (*eindrucksvoll*) effective, striking, impressive; (*großartig*) spectacular.

ef·fe·mi·niert [ɛfemiˈniːrt] *adj* effeminate.

Ef·fet [ɛˈfeː] *m, a. n* ⟨-s; -s⟩ a) *Sport*: spin, twist, slice, screw, b) *Billard*: side; **e-m Ball ~ geben, e-n Ball mit ~ spielen** *Tennis*: put a spin on a ball, cut (*od.* slice) a ball, *Billard*: put side on a ball. **~ˌball** *m Sport*: a) twister, b) *bes. Tennis*: cut (*od.* sliced) ball.

Ef·fi·zi·enz [ɛfiˈtsǐɛnts] *f* ⟨-; -en⟩ *econ.* efficiency.

Ef·flo·res·zenz [ɛflorɛsˈtsɛnts] *f* ⟨-; -en⟩ **1.** *med.* efflorescence, (skin) eruption, rash. **2.** *bot.* flowering, *a. chem. min.* efflorescence.

Ef·fu·si·on [ɛfuˈzǐoːn] *f* ⟨-; -en⟩ *geol. phys.* effusion.

Ef·fu·siv·ge·ˌstein [ɛfuˈziːf-] *n* effusive rock.

egal[1] [eˈgaːl] *adj colloq.* **1.** ⟨*pred*⟩ **das ist (ganz) ~** (*einerlei*) that makes no difference!, that doesn't matter (a bit)!, who cares?; **das ist mir (ganz) ~** it makes no difference to me, I don't care (at all), I couldn't care less; **das ist mir nicht ~** I do care (about it), it does matter to me; **ganz ~ warum (wer, wie, wo)** no matter why (who, how, where); **ganz ~, wohin er geht** no matter (*od.* wherever) he goes. **2.** ⟨*pred*⟩ (*gleichartig*) alike, equal. **3.** (*gleichmäßig*) even, regular. **egal**[2] [eˈgaːl] *adv dial. u. colloq.* always, over and over again, constantly.

ega·li·sie·ren [egaliˈziːrən] **I** *v/t* ⟨*no* **ge-**, **h**⟩ **1.** (*ausgleichen*) make *s. th.* equal, equalize (*a. chem. tech.*); *tech. a.* (*planieren*) level, flatten. **2.** *Sport*: equalize; **e-n Rekord ~** equal a record. **3.** *Textil.* level, dye evenly. **II** *v/i* **4.** *Sport*: equalize (the score). **Ega·liˈsie·rung** *f* ⟨-; -en⟩ equalizing; equalization. **Ega·li·tät** [egaliˈtɛːt] *f* ⟨-; *no pl*⟩ *obs.* equality.

Egel [ˈeːgəl] *m* ⟨-s; -⟩ *zo.* leech.

Eger·ling [ˈeːgərlɪŋ] *m* ⟨-s; -e⟩ → **Champignon.**

Eg·ge [ˈɛgə] *f* ⟨-; -n⟩ *agr.* harrow; **schwere ~** drag. **ˈeg·gen** *v/t* ⟨**h**⟩ harrow, drag.

Ego [ˈeːgo] *n* ⟨-s; *no pl*⟩ *philos. psych.* ego.

Ego·is·mus [egoˈɪsmʊs] *m* ⟨-; *rare* **-ismen**⟩ **1.** egotism, egoism, selfishness; **aus reinem ~** from (*od.* out of) pure egoism. **2.** *philos.* egoism. **Egoˈist** [-ˈɪst] *m* ⟨-en; -en⟩ **1.** egotist, egoist, selfish person. **2.** *philos.* egoist. **Egoi·stin** [-ˈɪstɪn] *f* ⟨-; -nen⟩ egoist, egotist, selfish woman. **egoi·stisch** [-ˈɪstɪʃ] *adj* **1.** egoistic(al), egotistic(al), selfish, self-seeking. **2.** *philos.* egoistic(al).

Ego·tis·mus [egoˈtɪsmʊs] *m* ⟨-; *no pl*⟩ egotism. **Egoˈtist** [-ˈtɪst] *m* ⟨-en; -en⟩ egotist. **egoˈti·stisch** [-tɪʃ] *adj* egotistic(al).

Ego·zen·trik [egoˈtsɛntrɪk] *f* ⟨-; *no pl*⟩ egocentrism, egocentricity. **Egoˈzen·tri·ker** [-trikər] *m* ⟨-s; -⟩ egocentric (person), self-cent/red (*Am.* -ered) person. **egoˈzen·trisch** *adj* egocentric, self-cent/red (*Am.* -ered).

egre·nie·ren [egreˈniːrən] *v/t* ⟨*no* **ge-**, **h**⟩ (*Baumwolle*) gin. **Egreˈnier·ma·ˌschi·ne** *f* cotton gin.

Egyp·ti·enne [eʒɪˈpsǐɛn] *f* ⟨-; *no pl*⟩, **~ˌschrift** *f print.* Egyptian (type).

eh[1] [eː] **I** *adv* **1.** *dial. colloq.* (*ohnehin*) anyway, anyhow. **2.** (**seit**) **~ und je** at all times, always; **wie ~ und je** as always, now as ever. **II** *interj* **3.** eh! hey! **4.** eh? eh? **eh**[2] [eː] *conj colloq. for* ehe.

ehe [ˈeːə] *conj* **1.** before; **noch ~ ich antworten konnte** before I could answer. **2.** until; **ich glaube es nicht, ~** I won't believe it until. **3.** rather than; **~ (daß) sie sich ergäben, würden sie (lieber) sterben** they would die rather than surrender. **4.** → **eher, ehest.**

ˈEhe *f* ⟨-; -n⟩ marriage, (*~stand*) *a.* matrimony, married state (*od.* life), (*~bund*) *a.* union, *lit.* wedlock, matrimonial bond; **s-e ~ mit X** his marriage to X; **sie führen e-e glückliche ~** they are happily married; (**mit j-m**) **e-e ~ eingehen** (*od.* **schließen**) marry (s. o.), get married (to s. o.), contract a marriage (with s. o.); **in den (heiligen) Stand der ~ treten** be joined in (holy) matrimony;

e-e neue ~ eingehen marry again, remarry; (mit j-m) die ~ brechen commit adultery (with s. o.); j-m die ~ versprechen promise to marry s. o.; e-e ~ scheiden (*od.* auflösen) dissolve a marriage, divorce a couple; die ~ vollziehen consummate the marriage; aus erster (zweiter) ~ of (*od.* by, from) the first (*od.* former) (the second) marriage; sein ältester Sohn aus zweiter ~ the eldest son of his second wife; der Sohn stammt aus erster ~ the son is by his (*od.* her) first marriage; aus der ~ gingen zwei Kinder hervor there were two children of the marriage; (mit j-m) in wilder ~ leben live together (with s. o.) (without being married), live in sin (with s. o.); sie ist in zweiter ~ verheiratet she is twice married, it is her second marriage. **2ˌähn·lich** *adj jur.* ~es Verhältnis quasi-marital relationship. **~ˌanˌbah·nung** *f*, **~ˌanˌbah·nungs·in·stiˌtut** *n* → Heiratsvermittlung. **~ˌanˌfech·tung** *f jur.* petition for nullity of marriage, nullity suit. **~ˌaufˌhe·bung** *f* annulment of marriage; ~sklage *f* petition (*od.* suit) for annulment of marriage. **~ˌaufˌlö·sung** *f* dissolution of marriage, divorce. **~ˌband** *n* ⟨-(e)s; -e⟩ *lit.* matrimonial bond, marriage tie. **~beˌra·ter** *m*, **~beˌra·te·rin** *f* marriage guidance counsel(l)or. **~beˌra·tung** *f* marriage guidance. **~beˌra·tungsˌstel·le** *f* marriage guidance council (*od.* bureau). **~beˌtrug** *m* → Eheerschleichung. **~ˌbett** *n* marriage (*od.* matrimonial) bed. **2ˌbre·chen** *v/i* ⟨*only inf*⟩ commit adultery. **~ˌbre·cher** *m* ⟨-s; -⟩ adulterer. **~ˌbre·che·rin** *f* ⟨-; -nen⟩ adulteress. **2ˌbre·che·risch** *adj* adulterous. **~ˌbruch** *m* adultery; ~ begehen commit adultery. **~ˌbund** *m* ⟨-(e)s; ⸚e⟩ *lit.* marriage (tie), wedlock, matrimonial bond, union; den ~ eingehen (*od.* schließen) be joined in matrimony, marry. **~deˌlikt** *n jur.* matrimonial offen/ce (*Am.* -se).

ˈeheˈdem *adv lit.* formerly.

ˈEhe|disˌpens *f relig.* marriage dispensation. **~ˌdra·chen** *m colloq. contp.* shrew, Xant(h)ippe. **~erˌschlei·chung** *f jur.* marriage under false pretences (by concealment of an impediment to marriage). **2ˌfä·hig** *adj jur.* **1.** → ehemündig. **2.** a) fit to marry, b) (*noch unverheiratet*) free to marry. **~ˌfä·hig·keit** *f* **1.** → Ehemündigkeit. **2.** a) fitness to marry, b) freedom to marry. **~ˌfä·hig·keitsˌzeug·nis** *n für Ausländer: certificate showing that there is no impediment to the proposed marriage.* **~ˌfeind** *m* misogamist. **~ˌfrau** *f* wife; married woman. **~ˌfreu·den** *pl colloq. iro.* joys of wedded bliss. **~ˌgat·te** *m* **1.** *lit.* husband, spouse. **2.** *jur.* marriage partner, spouse; beide ~n both spouses, (both) husband and wife. **~ˌgat·tin** *f lit.* wife, spouse. **~geˌlöb·nis, ~geˌlüb·de** *n* marriage vow.

ˈEhe·geˌmahl 1. *m lit. for* Ehemann. **2.** *n obs. for* Ehefrau.

ˈEhe|geˌmein·schaft *f jur.* marriage, conjugal community. **~geˌsetz** *n jur.* Marriage Law, *Am. a.* Domestic Relations Act. **~geˌspons 1.** *m humor. for* Ehemann. **2.** *n humor. for* Ehefrau. **~ˌglück** *n* wedded (*od.* conjugal) bliss (*od.* happiness). **~ˌgut** *n jur.* dowry. **~ˌha·fen** *m humor.* im ~ landen enter the haven of marital bliss. **~ˌhälf·te** *f humor.* better half. **~ˌhin·der·nis** *n jur.* impediment (*od.* bar) to marriage; aufschiebendes (trennendes) ~ suspensive (diriment) impediment. **~ˌjahr** *n* year of matrimony. **~ˌjoch** *n iro.* yoke (*od.* cross) of matrimony. **~kan·diˌdat** *m* marriage candidate, suitor. **~konˌsens** *m* (parent's or guardian's) consent to a marriage. **~konˌtrakt** *m* → Ehevertrag. **~ˌkrach** *m colloq.* marital quarrel(s *pl*), row. **~ˌkreuz** *n humor.* **1.** → Ehejoch. **2.** a) (*Gatte*) (*my*) old man, b) (*Gattin*) (*my*) old woman, (*my*) ball and chain. **~ˌkri·se** *f* marriage crisis. **~ˌle·ben** *n* married life. **~leu·te** *pl* **1.** married people. **2.** married couple *sg*, husband and wife; die ~ X Mr. and Mrs. X.

ˈehe·lich I *adj* **1.** conjugal, marital, matrimonial; ~es Glück → Eheglück; ~es Leben → Eheleben; ~e Treue conjugal fidelity; *jur.* ~e Gemeinschaft a) conjugal community, b) (*als Rechtsanspruch*) conjugal rights *pl*, consortium; Klage auf Wiederherstellung der ~en Gemeinschaft petition for restitution of conjugal rights; ~e Gewalt marital powers *pl*; ~es Verhältnis marital relationship; ~er Verkehr conjugal intercourse; ~er Wohnsitz matrimonial domicil(e) (*od.* home). **2.** (*legitim*) legitimate (*child, etc*); ~e Abstammung legitimate descent, legitimacy; ein Kind für ~ erklären declare a child legitimate, legitim(at)ize a child. **II** *adv* **3.** matrimonially, in marriage; sich (mit j-m) ~ verbinden join (*od.* be joined) (with s. o.) in marriage, marry (s. o.); ~ geboren legitimate, born in (lawful) wedlock.

ehe·li·chen [ˈeːəlɪçən] *v/t* ⟨h⟩ *lit.* marry, wed. **ˈEhe·lich·keit** *f* ⟨-; *no pl*⟩ *jur.* legitimacy; die ~ e-s Kindes anfechten contest the legitimacy of a child; ~serklärung *f* a) declaration of legitimacy, b) (*Vorgang*) legitimation.

ˈehe·los *adj* **1.** unmarried, single. **2.** *relig.* celibate. **ˈEhe·lo·sig·keit** *f* ⟨-; *no pl*⟩ **1.** unwedded (*od.* single) state. **2.** *relig.* celibacy. **ˈEheˌmak·ler** *m colloq.* marriage broker.

ˈeheˌma·lig *adj* **1.** former, sometime, onetime, erstwhile, ex-…; der ~e Präsident the former president, the ex-president; ein ~er Soldat a former (*od.* an old) soldier, an ex-soldier (*od.* ex-serviceman); ~er Sträfling ex-convict. **2.** (*verstorben*) late. **ˈeheˌmals** *adv lit.* **1.** formerly, in former times, once; Herr X, ~ Bürgermeister dieser Stadt Mr. X, formerly (*od.* sometime, at one time, erstwhile) mayor of this town. **2.** (*vor alters*) of old, in the old days, in olden days.

ˈEhe|ˌmän·gel *pl jur.* (legal) defects of marriage. **~ˌmann** *m* husband; alle Ehemänner *a.* all married men. **2ˌmün·dig** *adj jur.* marriageable, of marriageable age. **~ˌmün·dig·keit** *f* marriageable age. **~ˌnich·tig·keit** *f* nullity of (the) marriage; ~sklage *f* petition for nullity of marriage, nullity suit. **~ˌpaar** *n* (married) couple. **~ˌpakt** *m Austrian jur. for* Ehevertrag. **~ˌpart·ner** *m*, **~ˌpart·ne·rin** *f* (marriage) partner, spouse. **~proˌzeß** *m jur.* matrimonial suit.

ˈeher *adv* **1.** (*früher*) earlier, sooner, before; ~ ging es nicht it couldn't be done any sooner, I (*etc*) couldn't do it (*od.* come, *etc*) any earlier; je ~, desto besser, je ~, je lieber the sooner, the better. **2.** nicht ~, als not until (*od.* before); er wird nicht ~ ruhen, als bis er hat, was er will he won't rest until he has what he wants. **3.** (*lieber*) rather, sooner, preferably; ich stehe ~ et. früher auf I prefer to get up a bit earlier; sie würden ~ sterben als sich ergeben they would die rather than surrender. **4.** um so ~, als (all) the more so as. **5.** (*wahrscheinlicher*) more likely; das ist (schon) ~ möglich that's more likely; es ist ~ anzunehmen, daß it is more likely that; → hören 8. **6.** (*leichter*) more easily, better; er kann sich das ~ leisten als ich he can afford that more easily than I (can); so wird es ~ gehen this way it will work better. **7.** (*vielmehr*) rather; das Kleid ist ~ blau als schwarz the dress is blue rather than black; man sollte ~ annehmen, daß one should (*od.* you would) rather think that. **8.** (*mehr*) more; ~ tot als lebendig more dead than alive; dieses Buch entspricht schon ~ m-m Geschmack this book is more to my taste.

ˈEhe|ˌrecht *n jur.* marriage (*od.* matrimonial, family) law. **2ˌrecht·lich** *adj* under the marriage law, in (*od.* under) matrimonial jurisdiction. **~ˌring** *m* wedding ring.

ehern [ˈeːərn] *adj lit.* **1.** (of) brass, brazen; ~es Standbild brazen (*od.* bronze) statue; *myth.* das 2e Zeitalter the brazen age; *Bibl.* die ~en Säulen the pillars of brass. **2.** *fig. iro.* firm, unshak(e)able, adamant; ~es Gesetz iron rule (*od.* law); ~er Wille iron will; *poet.* ~es Geschick pitiless fate. **3.** *fig.* (*dreist, kühn*) bold, brazen; mit ~er Stirn brazenly.

ˈEhe|ˌsa·che *f jur.* matrimonial cause (*od.* case). **~sa·kraˌment** *n relig.* sacrament of matrimony. **~ˌschei·dung** *f jur.* divorce; → *a.* Scheidung(s …). **2ˌscheu** *adj* shy of marriage. **~ˌschlie·ßung** *f jur.* **1.** (contraction of) marriage. **2.** a) marriage ceremony, b) *jur.* solemnization of a marriage.

ˈehest I *adj* **1.** earliest, first; bei (*od.* mit) ~er Gelegenheit at the earliest opportunity, as soon as possible. **II** *adv* am ~en **2.** (*zuerst*) (the) earliest, (the) soonest, first; ich war am ~en da I was there (the) earliest, I was the first to arrive. **3.** (*am besten, am leichtesten*) easiest, most easily, best; so geht es wohl am ~en this is perhaps the easiest (*od.* best) way of doing it. **4.** most likely; er kann es (noch) am ~en he can do it if anyone can.

ˈEheˌstand *m* ⟨-(e)s; *no pl*⟩ matrimony, married state, *lit.* wedlock; im ~ in matrimony, in the married state; in den ~ treten enter into matrimony (*od.* marriage), marry. **~sˌdarˌle·hen** *n* (government) loan to young married couples.

ˈehe·stens *adv* **1.** (*frühestens*) at the earliest; ~ in 3 Tagen in 3 days at the earliest. **2.** *Austrian* (*baldigst*) as soon as possible.

ˈEhe|ˌstif·ter *m*, **~ˌstif·te·rin** *f* matchmaker. **~ˌstif·tung** *f* matchmaking. **~ˌstreit** *m*, **~ˌstrei·tig·keit** *f* domestic quarrel (*od. colloq.* row). **~traˌgö·die** *f* marital tragedy. **~ˌtren·nung** *f jur.* judicial separation. **~ˌunˌmün·dig·keit** *f* want of marriageable age. **~verˌbot** *n* **1.** *jur.* (prohibitive) bar to marriage. **2.** → Zölibat. **~verˌfeh·lung** *f jur.* matrimonial offen/ce (*Am.* -se); schwere ~ gross marital misconduct. **~verˌmitt·ler** *m* → Heiratsvermittler. **~verˌmitt·lung** *f* → Heiratsvermittlung. **~verˌspre·chen** *n* promise of marriage (*od.* to marry); Bruch des ~s breach of promise. **~verˌtrag** *m jur.* **1.** marriage contract (*od.* settlement). **2.** *zwischen Verlobten:* marriage articles *pl.* **~ˌweib** *n obs. od. humor.* wife, spouse. **2ˌwid·rig** *adj jur.* constituting a matrimonial offen/ce (*Am.* -se); ~e Beziehungen, ~es Verhältnis extramarital (*od.* adulterous) relations *pl.* **~zerˌrüt·tung** *f* breakup of a marriage, *jur.* irretrievable breakdown of the marriage. **~ˌzwist** *m lit. for* Ehestreit.

ˈEhr|ˌabˌschnei·der *m* <-s; -> calumniator, slanderer, character assassin. **~ˌabˌschnei·dung** *f* <-; *no pl*> calumny, slander, defamation.

ˈehr·bar *adj* **1.** hono(u)rable, respectable, reputable, worthy, upright (*citizen, etc*); ~e Bürger respectable (*od.* upright) citizens; ~e Absichten (~es Handwerk) hono(u)rable intentions (trade). **2.** (*anständig, sittsam*) respectable, modest, decent (*girl, etc*). **3.** (*ehrlich*) honest; arm, aber ~ poor but honest. **2keit** *f* <-; *no pl*> hono(u)rableness, respectability; modesty, decency; honesty, integrity.

ˈEhr|beˌgriff *m* sense (*od.* code) of hono(u)r. **~beˌlei·di·gung** *f* **1.** insult (to s. o.'s hono[u]r). **2.** → Beleidigung 3.

Eh·re [ˈeːrə] *f* <-; -n> **1.** hono(u)r; militärische ~n military hono(u)rs; es ist mir e-e große ~ it is a great hono(u)r (*od.* privilege) (for me), I am greatly hono(u)red; ~, wem ~ gebührt hono(u)r to whom hono(u)r is due; j-m ~ erweisen do (*od.* pay) s. o. hono(u)r, hono(u)r s. o.; erweisen (*od.* geben, machen) Sie uns die ~, mit uns zu speisen do us the hono(u)r of dining with us; j-m die letzte ~ erweisen pay s. o. the last hono(u)rs, pay one's last respects to s. o.; wir geben uns die ~, Sie für morgen zum Tee einzuladen we request the pleasure of your company for tea tomorrow; ich habe nicht die ~, Sie zu kennen you have the advantage of me; mit wem habe ich die ~? to whom have I the hono(u)r of speaking?; (ich) habe die ~! *bes. Austrian colloq. archaic* a) how do you do?, b) good-bye!; j-s (s-e) ~ retten (wahren) save (guard) s. o.'s (one's) hono(u)r; s-e ~ verlieren (verpfänden, wiederherstellen) lose (pledge, redeem) one's hono(u)r; j-s ~ verletzen wound s. o.'s hono(u)r; was verschafft mir die ~ (Ihres Besuchs)? what gives me the pleasure (of your visit)?; *lit.* auf dem Felde der ~ bleiben die on the field of hono(u)r; aller ~n wert deserving (of) every hono(u)r, *weitS* very creditable; *lit.* auf (*od.* bei m-r) ~! (up)on my (word of) hono(u)r!; auf ~ und Gewissen upon my (*etc*) word; auf (*od.* bei s-r) ~ schwören swear on one's hono(u)r; ein Fleck auf s-r ~ a blot on one's escutcheon; et. (j-n) in ~n halten hono(u)r s. th. (s. o.); in allen ~n in due hono(u)r; dein Wort in ~n, aber ich denke anders with all due respect (*od.* deference) to you I still am of a different opinion; hoch in ~n stehen stand (*od.* be held) in high hono(u)r (*od.* esteem); er ist in ~n ergraut he has reached a venerable old age; et. mit ~n bestehen, mit ~n aus e-r Sache hervorgehen acquit o. s. creditably at s. th.; e-e Prüfung mit ~n bestehen pass an examination with hono(u)rs; j-m s-e ~ rauben dishono(u)r s. o., rob s. o. of his hono(u)r (→ *a.* 5); wir bitten um die ~ Ihres Besuchs we request the hono(u)r (*od.* pleasure) of your company; zu s-n (*od.* ihm zu) ~n in his hono(u)r; zu ~n des Tages in hono(u)r of the day, to celebrate the occasion; es sich zur ~ anrechnen (*od.* sich e-e ~ daraus machen), et. zu tun consider it an hono(u)r to do s. th.; zu ~n gelangen, es zu ~n bringen be hono(u)red, attain hono(u)rs, achieve eminence; et. wieder zu ~n bringen restore s. th. to favo(u)r; wieder zu ~n kommen, zu neuen ~n gelangen come back into (*od.* be restored to) favo(u)r; er gelangte (*od.* brachte es) zu hohen ~n he won high hono(u)r. **2.** <*only sg*> (*Ehrgefühl*) (sense of) hono(u)r; ein Mann von ~ a man of hono(u)r, an hono(u)rable man; k-e ~ im Leib haben have no sense of hono(u)r; s-e ~ dareinsetzen, et. zu tun make it a point of hono(u)r to do s. th.; j-n bei s-r ~ packen put s. o. on his hono(u)r; j-n in s-r ~ kränken wound s. o.'s hono(u)r (*od.* dignity). **3.** <*only sg*> (*Selbstachtung*) self-respect, dignity, pride. **4.** <*only sg*> (*Ansehen, Ruf*) credit, hono(u)r, reputation, prestige, (high) esteem; dies macht dir (*od.* gereicht dir zur) ~, damit legst du ~ ein this does you credit; mit dir kann ich k-e ~ einlegen you are no credit to me, you are nothing to be proud of; s-m Beruf (s-n Eltern) ~ machen be an hono(u)r (*od.* a credit) to one's profession (parents); j-m et. zur ~ anrechnen give s. o. the credit for s. th.; sich (*dat*) et. zur ~ anrechnen (*od.* gereichen lassen) a) consider s. th. an hono(u)r, b) take the credit for s. th.; zu s-r ~ sei es gesagt to do him justice it must be said. **5.** <*only sg*> *e-r Frau*: hono(u)r; e-r Frau die ~ rauben dishono(u)r a woman. **6.** <*only sg*> *bes. relig.* (*Ruhm*) glory; ~ sei Gott in der Höhe! Glory to God in the highest!; zur (höheren) ~ Gottes to the (greater) glory of God. **7.** (*Auszeichnung*) distinction. **eh·ren** [ˈeːrən] *v/t* <h> **1.** hono(u)r (j-n mit s. o. with), pay hono(u)r (*od.* tribute) to; (*ver~*) revere, venerate; (*achten*) respect (*s. o.'s feelings, etc*); j-s Andenken ~ hono(u)r s. o.'s memory; dein Vertrauen ehrt mich sehr I am (greatly) hono(u)red by your confidence; *Bibl.* du sollst d-n Vater und d-e Mutter ~ hono(u)r thy father and thy mother; → geehrt, Pfennig 2. **2.** (*zur Ehre gereichen*) do credit to, reflect credit on, be a credit to, hono(u)r; es ehrt dich it does you credit. **3.** (*auszeichnen*) hono(u)r.

ˈEh·ren|ˌabˌord·nung *f bes. mil.* guard of hono(u)r. **~ˌabˌzei·chen** *n* medal, decoration. **~akˌzept** *n econ.* acceptance supra protest. **~ˌamt** *n* honorary post (*od.* office, function). **2ˌamt·lich I** *adj* honorary (*assistant, etc*); ~e Stellung → Ehrenamt. **II** *adv* in an honorary capacity. **~banˌkett** *n* testimonial dinner. **~beˌlei·di·gung** *f* → Ehrbeleidigung. **~beˌsuch** *m* ceremonial visit. **~beˌzeich·nung** *f* → Ehrentitel. **~beˌzei·gung, ~beˌzeu·gung** *f* **1.** mark of respect, tribute; *pl* hono(u)rs. **2.** *mil. obs.* salute. **~ˌbo·gen** *m* triumphal arch.

ˈEh·renˌbür·ger *m* **1.** *e-r Stadt*: honorary citizen, (honorary) freeman; ~ e-r Stadt werden *a.* be given the freedom of a town; j-n zum ~ ernennen make s. o. an honorary citizen, confer on s. o. the freedom of a town. **2.** *univ.* honorary member. **~ˌrecht** *n* honorary citizenship, freedom of a town; j-m das ~ verleihen → Ehrenbürger 1 (*ernennen*). **~schaft** *f* <-; *no pl*> → Ehrenbürgerrecht.

ˈeh·rend *adj* hono(u)rable; *lit.* j-m ein ~es Andenken bewahren hono(u)r s. o.'s memory.

ˈEh·ren|ˌda·me *f* maid of hono(u)r. **~ˌde·gen** *m* sword of hono(u)r. **~ˌdok·tor** *m* honorary doctor, doctor honoris causa; er ist dreifacher ~ he has three honorary degrees. **~dok·toˌrat** *n* honorary doctorate, doctorate honoris causa. **~ˌdok·torˌwür·de** *f* degree of honorary doctor; j-m die ~ verleihen award the honorary degree of doctor to s. o. **~ˌeinˌtritt** *m econ.* (honoo[u]r) intervention (*of third party in favo[u]r of a bill of exchange*). **~erˌklä·rung** *f* e-e ~ (für j-n) abgeben make a full apology (to s. o.), make the amende honorable. **~for·ma·tiˌon** *f* → Ehrengarde. **~ˌfriedˌhof** *m* memorial cemetery. **~ˌgar·de** *f mil.* guard of hono(u)r. **~ˌgast** *m* guest of hono(u)r. **~geˌhalt** *n jur.* honorarium. **~geˌleit** *n bes. mil.* escort (of hono[u]r); j-m das ~ geben escort s. o. **~geˌricht** *n jur.* court of hono(u)r, disciplinary committee. **2geˌricht·lich** *adj* disciplinary (*action, etc*), before a court of hono(u)r. **~ˌgrab(ˌmal)** *n* **1.** tomb of hono(u)r. **2.** war memorial, cenotaph. **~ˌgrad** *m* honorary degree. **2haft I** *adj* **1.** hono(u)rable (*man, intentions, etc*); ein ~es Leben führen lead a respectable life; ~e Bedingungen hono(u)rable terms. **2.** (*ehrlich*) honest, upright. **II** *adv* **3.** hono(u)rably, with hono(u)r. **~haf·tig·keit** *f* <-; *no pl*> **1.** hono(u)rableness. **2.** honesty, uprightness, integrity. **~ˌhain** *m lit.* memorial grove. **2ˌhal·ber** *adv* **1.** for hono(u)r's sake. **2.** *univ.* Doktor ~ doctor honoris causa; → Ehrendoktorwürde (*verleihen*). **~ˌhal·le** *f* hall of hono(u)r, pantheon. **~ˌhan·del** *m* <-s; ⸚> affair of hono(u)r, duel. **~ˌjungˌfrau** *f* maid of hono(u)r. **~ˌkar·te** *f* complimentary ticket. **~ˌko·dex** *m* code of hono(u)r. **~kom·paˌnie** *f mil.* guard of hono(u)r; die ~ abschreiten inspect the guard of hono(u)r. **~ˌkrän·kung** *f* → Ehrbeleidigung. **~le·giˌon** *f* <-; *no pl*> Legion of Hono(u)r. **~ˌmahl** *n* → Ehrenbankett. **~ˌmal** *n* <-s; -e *u.* ⸚er> **1.** monument, memorial. **2.** war memorial, cenotaph. **~ˌmann** *m* <-(e)s; ⸚er> man of hono(u)r, hono(u)rable man, gentleman. **~meˌdail·le** *f* medal (of hono[u]r). **~ˌmitˌglied** *n* honorary member. **~pen·siˌon** *f* honorary pension. **~ˌpflicht** *f* obligation of hono(u)r; es ist mir e-e ~ I feel in hono(u)r bound. **~ˌplatz** *m* place of hono(u)r; den ~ einnehmen hold (*od.* occupy) the place of hono(u)r, *Gegenstand*: *meist* take pride of place (*in a room, etc*). **~ˌpo·sten** *m* honorary post. **~prä·siˌdent** *m* honorary chairman. **~ˌpreis**[1] *m* (first) prize. **~ˌpreis**[2] *n, m* <-es; -e> *bot.* (common) speedwell. **~pro·mo·tiˌon** *f* award of an honorary degree. **~ˌrat** *m* ethics (*od.* disciplinary) committee. **~ˌrech·te** *pl jur.* bürgerliche ~ civil rights; Aberkennung (Verlust) der bürgerlichen ~ deprivation (loss) of civil rights; j-m die bürgerlichen ~ aberkennen deprive s. o. of his civil rights. **~ˌret·tung** *f* **1.** vindication (of s. o.'s hono[u]r), *iro.* face-saving. **2.** rehabilitation. **3.** (*Rechtfertigung*) justification, apology. **2ˌrüh·rig** *adj* **1.** defamatory, slanderous. **2.** *Verhalten*: disgraceful. **~ˌrun·de** *f Sport*: lap of hono(u)r. **~ˌsä·bel** *m* → Ehrendegen. **~ˌsa·che** *f* **1.** <*only sg*> point of hono(u)r; es ist für mich (e-e) ~, ich betrachte es als (e-e) ~ it is a point of hono(u)r with me, I regard it a point of hono(u)r; *colloq.* (das ist doch) ~! you can count on me!, that's understood!; → Diskretion 2. **2.** *jur.* action for slander (*od.* libel). **3.** → Ehrenhandel. **~saˌlut** *m*, **~ˌsal·ve** *f mil.* (gun) salute; *bei Beerdigung*: *a.* volley. **~ˌschuld** *f* debt of hono(u)r. **~ˌschüs·se** *pl mil.* salute *sg.* **~ˌschutz** *m jur.* protection of *s. o.'s* hono(u)r. **~ˌsitz** *m* seat of hono(u)r. **~ˌsold** *m mil.* honorary pay. **~spaˌlier** *n* lane of hono(u)r. **~ˌstel·le, ~ˌstel·lung** *f* honorary post. **~ˌstra·fe** *f* **1.** → **Ehrverlust. 2.** *mil.* degrading punishment. **~ˌta·fel** *f* **1.** memorial tablet. **2.** *mil.* roll of hono(u)r. **~ˌtag** *m* day on which s. o. is hono(u)red, one's great day; **an s-m ~** (*Geburtstag*) on his birthday. **~ˌtem·pel** *m* pantheon. **~ˌti·tel** *m* honorary title. **~ˌtod** *m* hono(u)rable death; **den ~ sterben** die on the field of hono(u)r. **~ˌtor** *n Sport*: consolation goal. **~ˌur·ˌkun·de** *f* certificate (*od.* scroll) of hono(u)r. **≗ˌvoll I** *adj* **1.** hono(u)rable (*deed, death, etc*); **~e Erwähnung** hono(u)rable mention. **2.** (*ruhmvoll*) glorious. **II** *adv* **3.** hono(u)rably; **j-n ~ verabschieden** discharge s. o. hono(u)rably (*od.* with hono[u]rs). **~ˌvor·ˌsitz** *m* honorary chair(manship). **~ˌwa·che** *f mil.* guard of hono(u)r. **≗ˌwert** *adj lit.* hono(u)rable, respectable, reputable; **ein ~er Mann** *a. iro.* an hono(u)rable man. **~ˌwort** *n* ⟨-(e)s; -e⟩ **1.** word of hono(u)r; **auf (mein) ~!** I give you my word of hono(u)r!, upon my word!; *colloq.* **(großes) ~!** honestly!, hono(u)r bright!; *econ. jur.* **Erfüllung auf ~** performance pledged by word of hono(u)r; **sein ~ geben** give one's word of hono(u)r, pledge one's word. **2.** *bes. mil.* parole (of hono[u]r); **auf ~ entlassen** release *s. o.* on parole. **≗ˌwört·lich I** *adj* **~e Erklärung** statement made on one's word of hono(u)r, solemn promise. **II** *adv* **~ erklären** state on one's (word of) hono(u)r. **~ˌzah·lung** *f jur. e-s Wechsels*: payment for hono(u)r (*od.* supra protest). **~ˌzei·chen** *n* **1.** badge of hono(u)r. **2.** decoration, medal.

ˈehr·erˌbie·tig [-ˀɛrˌbiːtɪç] *adj* (gegen towards) respectful, deferential. **≗keit** *f* ⟨-; *no pl*⟩ respectfulness, deference.

ˈEhr·erˌbie·tung [-ˀɛrˌbiːtʊŋ] *f* ⟨-; *no pl*⟩ respect, deference; **aus ~ gegen die Älteren** out of respect for (*od.* in deference to) one's elders; **j-m ~ erweisen, j-m mit ~ begegnen** show respect (*od.* deference) to s. o.

ˈEhrˌfurcht *f* ⟨-; *no pl*⟩ (vor *dat*) reverence (for), awe (of), respect (for); (*Verehrung*) veneration (of); **~ vor Gott** fear of God; **aus ~ vor dem Alter** out of reverence for old age; **~ haben** (*od.* **empfinden) vor j-m (e-r Sache)** hold s. o. (s. th.) in reverence, feel respect for s. o. (s. th.), revere (*od.* venerate, look up to) s. o. (s. th.); **j-m ~ einflößen** inspire (*od.* strike, fill) s. o. with awe (over), awe s. o.; **von ~ ergriffen** awestruck, awed; *iro.* **sie erstarben vor ~ vor ihm** they were stricken dumb with awe by him. **≗geˌbie·tend** *adj* awe-inspiring, awesome.

ˈehrˌfürch·tig [-ˌfʏrçtɪç] **I** *adj* **1.** reverential, reverent, respectful; **~es Schweigen** reverent (*od.* awed, awe-stricken) silence; **mit** (*od.* **in) ~er Scheu** with reverential awe. **2.** (*beeindruckt, ergriffen*) awestruck, awed. **II** *adv* **3.** reverently, in awe, awed.

ˈehrˌfurchts|los *adj* irreverent, disrespectful, respectless. **≗lo·sig·keit** *f* ⟨-; *no pl*⟩ irreverence, disrespectfulness. **~ˌvoll** *adj u. adv* → **ehrfürchtig.**

ˈEhr·geˌfühl *n* **1.** sense of hono(u)r; **ein ausgeprägtes (falsches) ~** a keen (misplaced) sense of hono(u)r; **er hat k-n Funken ~ (im Leib)** he has not a spark of hono(u)r in him. **2.** (*Selbstachtung*) self-respect; **es verletzt sein ~** it hurts his pride.

ˈEhrˌgeiz *m* **1.** ambition, ambitiousness; **aus ~** from (*od.* out of) ambition; **gesunder (krankhafter) ~** healthy (morbid) ambition; **s-n ~ dareinsetzen, et. zu tun** make it a point of hono(u)r to do s. th. **2.** (*Energie*) push, drive. **3.** (*Ziel*) ambition, aim.

ˈehrˌgei·zig *adj* ambitious (*person, plan, etc*). **ˈEhrˌgeiz·ling** *m* ⟨-s; -e⟩ *contp.* **1.** ambitious person, highflier. **2.** *colloq.* careerist, climber, pusher.

ˈehr·lich I *adj* **1.** honest, fair, straight; **ein ~er Handel** an honest (*od.* square) deal; **auf ~e Art und Weise** honestly, fairly, by fair means; **in ~em Kampf** in a fair (*od.* straight, clean) fight. **2.** (*aufrichtig*) honest, upright, straight(forward), truthful, sincere, ⟨*pred*⟩ above-board; **sei ~!, seien Sie ~!** be honest!; **seien wir ~** (*geben wir's zu*) let's face it; **um ganz ~ zu sein** to be quite honest, to tell the truth; **ich will ganz ~ sein** I will be quite honest (with you); **~ währt am längsten** (*Sprichwort*) honesty is the best policy; *colloq.* **~?** really? **3.** (*offen*) candid, frank, honest, open (*answer, words, etc*). **4.** (*echt*) sincere, genuine, real; **mit** (*od.* **in) ~er Sorge** (*od.* **Besorgnis)** with genuine concern. **5.** (*anständig*) hono(u)rable, honest, respectable, decent, good; **~e Absichten** hono(u)rable intentions; **~er Leute Kind** a child of respectable parents; **mein ~er Name** my good name; **ein ~es Gewerbe** an honest trade. **II** *adv* **6.** honestly, fair(ly), straight (*etc*); **~ spielen** play a straight (*od.* honest) game; **er hat nicht ~ gespielt** he did not play fair; **es ging alles (offen und) ~ zu** it was all fair and aboveboard; **sie schlägt sich ~ durch** she ekes out an honest living; **er hat es ~ verdient** a) he earned it honestly, b) *fig., a. iro.* he thoroughly deserved it; **~ gesagt** frankly (speaking), to be honest, honestly; **ich bin ~ davon überzeugt** I am genuinely convinced of it; **wir bedauern ~, daß** we sincerely regret that; **er hat sich ~ bemüht** he has really tried (*od.* done his best); **er meint es ~ (mit uns)** his intentions (towards us) are the best, he means well (by us); *colloq.* **das war ~ gut!** that was real good! **ˈehr·li·cherˈwei·se** *adv* honestly, in (all) honesty, in fairness.

ˈEhr·lich·keit *f* ⟨-; *no pl*⟩ **1.** *des Handelns etc*: honesty, fairness, straightness. **2.** *e-r Person etc*: honesty, uprightness, truthfulness, sincerity. **3.** (*Offenheit*) frankness, honesty, openness. **4.** (*Glaubwürdigkeit*) credibility. **5.** (*Echtheit*) sincerity, genuineness.

ˈEhr|ˌlie·be *f* love of hono(u)r. **≗los** *adj* **1.** dishono(u)rable, disgraceful, infamous. **2.** *hist.* infamous; **j-n ~ machen** brand s. o. with infamy. **~lo·sig·keit** *f* ⟨-; *no pl*⟩ **1.** dishono(u)rableness, disgracefulness, infamy. **2.** *hist.* infamy.

ˈehr|ˌpus·se·lig *adj colloq. iro.* fussy about one's reputation. **~sam** *adj u. adv lit.* → **ehrbar.** **≗ˌsucht** *f* ⟨-; *no pl*⟩ inordinate ambition, ambitiousness. **~ˌsüch·tig** *adj* inordinately ambitious, overambitious, eaten up with ambition.

ˈEh·rung *f* ⟨-; -en⟩ **1.** hono(u)ring. **2.** hono(u)r (*conferred on s. o.*), hono(u)rable distinction; **sie wurden mit ~en überhäuft** they were showered with hono(u)rs; **j-m e-e ~ erweisen** pay tribute (*od.* homage) to s. o. **3.** → **Siegerehrung.**

ˈehr|verˌges·sen *adj lit.* → **ehrlos** 1. **~verˌlet·zend** *adj* insulting, defamatory. **≗verˌlust** *m* **1.** loss of hono(u)r (*od.* face). **2.** *jur.* loss of civil rights. **≗ˌwür·den** ⟨-; *no pl*⟩ *relig.* **Seine ~** the Reverend; **(Ew.) ~!** Reverend Sir! **~ˌwür·dig** *adj* **1.** venerable (*old man, etc*); **er erreichte ein ~es Alter** he reached a venerable (old) age. **2.** (alt) **~** venerable, time-hono(u)red; **in diesen ~en Hallen** in these sacred halls. **3.** *relig.* **~er Vater** Reverend Father; **~e Mutter** Reverend Mother (Superior). **≗ˌwür·dig·keit** *f* ⟨-; *no pl*⟩ venerability, venerableness.

ei [aɪ] *interj* **1.** oh, ah; **~, ~!** a) oho!, well, well!, b) *iro.* fancy (that)!; **~, wer kommt denn da!** look who's here!; **~, ~, sieh mal an!** a) just look at that now!, b) *iro.* just fancy that!; **~ ja doch!** why, of course!, oh Lord, yes! **2.** *Kindersprache*: **~, ~ machen** stroke (*od.* cuddle, snuggle up to) s. o. (*od.* s. th.).

Ei *n* ⟨-(e)s; -er⟩ **1.** egg; **hartes** (*od.* **hartgekochtes) ~** hard-boiled egg; **weiches** (*od.* **weichgekochtes) ~** soft-boiled egg; **gefüllte ~er** stuffed eggs; **ein ~ trennen** separate the yolk from the white; **ein ~ schlagen** a) beat an egg, b) whip (*od.* whisk) the white of an egg; **aus dem ~ kriechen** (*od.* **schlüpfen)** come out (of the shell), hatch (out); *fig. colloq.* **er ist kaum aus dem ~ gekrochen** he is still wet behind the ears; **j-n mit faulen ~ern bewerfen** pelt s. o. with rotten eggs. **2.** *fig. colloq.* **sie gleichen** (*od.* **ähneln) sich wie ein ~ dem anderen** they are as like as two peas; **man muß ihn wie ein rohes ~ behandeln** he has to be handled very gingerly (*od.* with kid gloves); **wie auf ~ern gehen** walk gingerly, pick one's way carefully; **sie sieht aus** (*od.* **geht) wie aus dem ~ gepellt** (*od.* **geschält)** she looks as if she had just stepped out of a bandbox; **kümmere dich nicht um ungelegte ~er!** don't cross your bridges before you come to them!; **will das ~ klüger sein als die Henne?** are you trying to teach your grandmother to suck eggs?; **das ~ des Kolumbus** a pat solution, the philosopher's stone. **3.** *biol.* ovum, egg; **~er bilden** ovulate. **4.** *pl zo.* a) *der Insekten*: eggs, b) *der Fische*: spawn *sg.* **5.** *pl colloq.* (*Geld*) bucks, dough *sg*, bread *sg*; **hundert ~er** a hundred bucks. **6.** *mil. sl.* egg, bomb. **7.** *pl vulg.* (*Hoden*) balls, nuts; **j-m in die ~er treten** kick s. o.'s balls. **8.** *arch.* ovolo, ovum.

eia [ˈaɪa] *interj* → **ei** 2.

ˈEi|ˌabˌla·ge *f zo.* oviposition. **~al·buˌmin** *n biol.* egg albumin.

eia·po·peia [ˌaɪapoˈpaɪa] *interj* hushaby (baby); **~ machen** lull (*od.* rock, croon) a child to sleep.

ˈEi|ˌaufˌnah·me *f physiol.* reception of the fertilized ovum. **~ˌausˌtritt** *m biol.* ovulation.

Ei·be [ˈaɪbə] *f* ⟨-; -n⟩ **1.** *bot.* yew (tree). **2.** → **Eibenholz.**

ˈEi·beˌfruch·tung *f physiol.* insemination, fertilization.

ˈei·ben *adj* yew, of yew(-wood). **≗ˌbaum** *m* yew (tree). **≗ˌholz** *n* yew(-wood). **≗zyˌpres·se** *f* swamp cypress.

ˈEiˌbil·dung *f biol.* oogenesis.

Ei·bisch [ˈaɪbɪʃ] *m* ⟨-es; -e⟩ *bot.* a) alth(a)ea, b) hibiscus; **Echter ~** marshmallow.

ˈEich|ˌamt *n jur.* Office of Weights and Measures, *Am.* Bureau of Standards. **~ˌap·fel** *m bot.* oak gall (*od.* apple). **~ˌbaum** *m* → **Eiche**[1] 1. **~beˌam·te** *m* officer of the → **Eichamt;** → *a.* **Eichmeister.** **~beˌhör·de** *f* → **Eichamt.**

Ei·che[1] [ˈaɪçə] *f* ⟨-; -n⟩ **1.** *bot.* oak (tree); **junge** (*od.* **kleine) ~** oakling; *fig.* **so stark wie e-e ~** (as) sturdy as an oak; **er stand fest wie e-e ~** he stood (as) solid as a rock. **2.** (**~nholz**) oak(wood); **Wohnzimmer in ~** living-room furniture in oak.

ˈEi·che[2] *f* ⟨-; -n⟩ → **Eichung** 1–4.

Ei·chel [ˈaɪçəl] *f* ⟨-; -n⟩ **1.** *bot.* acorn. **2.**

anat. glans (penis). **3.** (*Spielkarte*) acorn, club(s *pl*). **~ˌbe·cher** *m bot.* acorn cup, cupule. **≈ˌför·mig** *adj* acorn-shaped. **~ˌhä·her** *m orn.* jay.

ˈei·chen[1] *adj* (of) oak, oaken.

ˈei·chen[2] *v/t* ‹h› **1.** (*Maße, Gewichte*) adjust (to a standard). **2.** (*Meßgeräte*) calibrate, standardize, ga(u)ge. **3.** (*Gefäße*) ga(u)ge, *a.* (*Skalen, Thermometer etc*) calibrate. **4.** *astr.* (*Sterne*) ga(u)ge. **5.** *pharm.* (*Drogen etc*), *a. psych.* (*Test*) standardize. **6.** → **geeicht.**

ˈEi·chen *n* ‹-s; - *u.* Eierchen› *dim. of* Ei.

ˈEi·chen|ˌbaum *m* oak (tree). **~ˌblatt** *n* oak leaf. **~ˌfarn** *m bot.* oak fern. **~ˌhain** *m* oak grove. **~ˌholz** *n* oak(wood); **aus ~** (of) oak. **~ˌlaub** *n* **1.** oak leaves *pl*; **ein Kranz aus ~** an oak wreath. **2.** *mil.* (*Auszeichnung*) oak-leaf cluster. **~ˌreiz·ker** *m* mild toadstool. **~ˌspan·ner** *m zo.* oak beauty. **~ˌspin·ner** *m zo.* oak eggar. **~ˌwald** *m* oak forest (*od.* wood).

ˈEich|ˌfel·der *pl astr.* selected areas. **~freˌquenz** *f Radio*: calibration frequency. **~geˌrät** *n tech.* calibration instrument. **~geˌwicht** *n phys. tech.* standard weight.

ˈEich|ˌhorn, ~ˌhörn·chen *n zo.* squirrel. **~ˌhörn·chenˌvorˌrat** *m fig. colloq.* survival stores *pl.*

Eich·hor·nie [aɪçˈhɔrnɪə] *f* ‹-; -n› *bot.* water hyacinth.

ˈEich|ˌkätz·chen *n,* **~ˌkat·ze** *f zo.* squirrel.

ˈEich|ˌmar·ke *f* **1.** *tech.* calibrating mark. **2.** *pl mar.* draught (*od.* plimsoll) marks. **~ˌmaß** *n* **1.** *tech.* a) calibrating standard, standard (measure), b) (*Eichgerät*) calibrating instrument, ga(u)ge. **2.** *obs.* liquid standard measure. **~ˌmei·ster** *m* calibrator, ga(u)ger, *Am.* sealer. **~ˌord·nung** *f* standardization regulations *pl* (*for weights and measures and for the calibration of measuring apparatus*). **~ˌstab** *m* **1.** *tech.* ga(u)ge rod. **2.** *mot.* dipstick. **~ˌstem·pel** *m tech.* ga(u)ger's stamp. **~ˌstern** *m astr.* comparison star. **~ˌstrich** *m tech.* calibration mark, ga(u)ge line. **~ˌton** *m Radio*: reference tone.

ˈEi·chung *f* ‹-; -en› **1.** adjusting (*etc*; *cf.* **eichen**[2]). **2.** *von Maßen, Gewichten*: calibration, adjustment. **3.** *von Meßgeräten*: calibration, *a. psych. e-s Tests*: standardization. **4.** *von Gefäßen*: calibration. **5.** *von Skalen, Thermometern etc*: calibration.

Eid [aɪt] *m* ‹-(e)s; -e› *bes. jur.* oath; **falscher ~** false oath, perjury (*cf.* **Meineid**); **an ~es Statt** in lieu of an oath (→ *a.* **eidesstattlich**); **unter ~** under oath (→ *a.* **eidlich**); **Sie stehen unter ~!** you are under oath!; **e-n ~ ablegen** (*od.* **leisten, schwören**) take (*od.* swear) an oath (**auf die Bibel** on *od.* by the Bible); **der Präsident legte den ~ auf die Verfassung ab** the president swore to uphold and defend the constitution; *colloq.* **könntest du e-n ~ darauf schwören?** could you swear to it?; **j-m e-n ~ abnehmen** put s. o. on (his) oath, administer an oath to s. o., swear s. o. (in); **j-n in ~ und Pflicht nehmen** bind s. o. by oath, swear s. o.; **j-m e-n ~ zuschieben** tender an oath to s. o.; **e-n ~ brechen (verletzen)** break (violate) an oath; *colloq.* **sie schwor tausend ~e, daß** she swore by all that is holy that.

Ei·dam [ˈaɪdam] *m* ‹-(e)s; -e› *obs.* son-in-law.

ˈEid|ˌbre·cher *m* oath-breaker. **≈ˌbrü·chig** *adj* oath-breaking; **~ werden** break one's oath.

Ei·dech·se [ˈaɪdɛksə] *f* ‹-; -n› **1.** *zo.* lizard. **2.** *astr.* Lacerta. **ˈei·dech·senˌar·tig** *adj* lizardlike, lacertian.

ˈEi·der|ˌdau·nen *pl* eiderdown. **~ˌen·te, ~ˌgans** *f* eider (duck).

ˈEi·des|ˌabˌnah·me *f jur.* administering of an oath. **~beˌleh·rung** *f* caution (as to the import of an oath); **~ des Zeugen** caution to the witness. **~ˌfä·hig·keit** *f* capacity to be sworn. **~ˌfor·mel** *f* form of an oath. **≈ˌgleich** *adj* → **Beteuerung** 4. **~ˌhel·fer** *m jur. hist.* compurgator. **~ˌlei·stung** *f jur.* taking of an (*od.* the) oath; **die ~ verweigern** refuse to take an oath (*od.* to be sworn). **≈ˌmün·dig** *adj* of age to take an oath. **~ˌmün·dig·keit** *f* capacity to be sworn. **~ˌnorm** *f* → **Eidesformel.** **~ˌnotˌstand** *m* necessity in cases of perjury. **~ˌpflicht** *f* obligations *pl* of a person on (*od.* under) oath; **Verletzung der ~** violation of the (*od.* one's) oath. **≈ˌstät·tig** [-ˌʃtɛtɪç] *adj Austrian* → **≈ˌstatt·lich** *adj u. adv* in lieu of an oath; **~e Erklärung** statutory (*od.* solemn) declaration; **~ versichern** (*od.* **erklären**), **daß** affirm that. **≈ˌunˌfä·hig** *adj* under legal disability (to take an oath). **~ˌunˌmün·dig·keit** *f* incapacity to be sworn. **~verˌwei·ge·rung** *f* refusal to take an oath.

Ei·de·tik [aɪˈdeːtɪk] *f* ‹-; *no pl*› **1.** *philos.* theory of ideas. **2.** *psych.* eidetic ability. **Eiˈde·ti·ker** [-tɪkər] *m* ‹-s; -›, **eiˈde·tisch** *adj* eidetic.

ˈeid·geˌbun·den *adj* oath-bound, bound by (an) oath.

ˈEid·geˌnos·se *m* **1.** confederate. **2.** (*Schweizer*) Swiss (citizen); **die ~n** the Swiss. **ˈEid·geˌnos·sen·schaft** *f* **1.** confederacy. **2. die (Schweizerische) ~** the (Swiss) Confederation, Switzerland. **ˈeid·geˌnös·sisch** [-gənœsɪʃ] *adj* **1.** federal, confederate. **2.** Swiss.

eid·lich [ˈaɪtlɪç] *jur.* **I** *adj* sworn, (up)on (*od.* under, by) oath; **~e Aussage** sworn statement (*od.* testimony), statement on oath; **~e Erklärung** sworn statement, deposition, *nur schriftlich*: affidavit; **e-e ~e Erklärung abgeben** a) make a sworn statement (*etc*), b) swear an affidavit. **II** *adv* (up)on oath, under (*od.* by) oath; **et. ~ aussagen** (*od.* **bezeugen**) state (*od.* declare, depose) s. th. on oath, swear (*od.* testify) to s. th.; **j-n ~ verpflichten** bind s. o. by oath; **j-n ~ zur Geheimhaltung verpflichten** swear s. o. to secrecy; **~ verpflichtet sein** be under (*od.* bound by) oath; **e-e Aussage ~ erhärten** confirm a statement by oath.

ˈEiˌdot·ter *m, n* **1.** (egg) yolk. **2.** *biol.* deutoplasm, vitellus, yolk. **≈ˌgelb** *adj* yolk-yellow.

ˈEidˌschwur *m* oath.

ˈEi·er|ˌaufˌlauf *m* soufflé. **~ˌbe·cher** *m* egg-cup. **~ˌbo·vist** *m bot.* egg-shaped puff-ball. **~briˌkett** *n* egg-shaped briquette, (coal) ovoid.

ˈEi·er·chen [ˈaɪərçən] *pl of* Eichen.

ˈEi·er|ˌfrucht *f bot.* eggplant, eggfruit, aubergine. **~ˌhand·graˌna·te** *f mil.* egg-shaped hand-grenade, Mill's bomb (*od.* grenade). **~ˌhau·be** *f* → **Eierwärmer.** **~ˌko·gnak** *m* brandy flip. **~ˌkoh·le** *f* egg coal. **~ˌkopf** *m* **1.** egg-shaped head. **2.** *fig. colloq.* (*Intelligenzler*) egghead. **~ˌku·chen** *m* **1.** pancake. **2.** omelette. **~ˌkür·bis** *m bot.* egg-shaped gourd (*od.* pumpkin). **~ˌlan·dung** *f aer. sl.* (smooth) three-point landing. **~ˌlau·fen** *n* egg-and-spoon race. **~ˌle·gen** *n* **1.** egg-laying. **2.** *bei Insekten*: oviposition. **≈ˌle·gend** *adj* egg-laying, oviparous. **~liˌkör** *m* egg liqueur, egg-flip. **~ˌlöf·fel** *m* egg spoon.

ei·ern [ˈaɪərn] *v/i* ‹h› *colloq. Rad etc*: wobble.

ˈEi·er|ˌnu·deln *pl gastr.* egg noodles. **~ˌpfann·ku·chen** *m* → **Eierkuchen.** **~ˌpflan·ze** *f* → **Eierfrucht.** **~ˌpflau·me** *f bot.* large egg-shaped plum. **~ˌpunsch** *m* egg-nog. **~saˌlat** *m* egg salad. **~ˌscha·le** *f* eggshell; *fig.* **die ~n ablegen** come of age, grow up. **≈ˌscha·lenˌfar·ben** *adj* eggshell. **~ˌscha·len·por·zelˌlan** *n* eggshell porcelain. **~ˌschaum, ~ˌschnee** *m* whipped white of egg(s). **~ˌschnei·der** *m* egg slicer. **~ˌschwamm** *m bot.* egg-mushroom. **~sorˌtier·maˌschi·ne** *f agr.* egg grader. **~ˌspei·se** *f* **1.** egg dish. **2.** *Austrian* (*Rührei*) scrambled eggs *pl.* **~ˌstab** *m arch.* egg-and-dart mo(u)lding. **~ˌstän·der** *m* egg stand. **~ˌstich** *m* ‹-(e)s; *no pl*› *gastr.* royale, cooked-egg garnish.

ˈEi·erˌstock *m anat.* ovary. **~entˌfer·nung** *f* oophorectomy. **~entˌzün·dung** *f* oophoritis, ovaritis. **~ˌschwan·ger·schaft** *f* ovarian pregnancy. **~ˌzy·ste** *f* ovarian cyst.

ˈEi·er|ˌtanz *m* egg-dance; *fig. colloq.* **e-n ~ aufführen** tread warily; **sie führen e-n wahren ~ um ihn auf** they are handling him with kid gloves. **~ˌtätsch** *m gastr. Swiss dial. for* **Eierkuchen.** **~ˌteigˌwa·ren** *pl* egg-based farinacious food(s). **~ˌuhr** *f* egg timer. **~ˌwär·mer** *m* egg cozy.

Ei·fer [ˈaɪfər] *m* ‹-s; *no pl*› **1.** eagerness, keenness, *stärker*: zeal, zest; (*Begeisterung*) enthusiasm; **(glühender) ~** ardo(u)r, fervo(u)r; **blinder ~** a) rashness, blinkered zeal, b) *relig.* zealotry; **blinder ~ schadet nur** (*Sprichwort*) haste makes waste; **mit heiligem (fanatischem) ~** with holy (fanatic) zeal; **mit übertriebenem ~** overzealously, overeagerly, (*aufdringlich*) officiously; **unermüdlicher ~** indefatigable (*od.* unflagging) zeal (*od.* enthusiasm); **voller ~** → **eifrig** II; **mit neuem ~** with renewed zeal; **mit ~ an die Arbeit gehen, sich mit ~ ans Werk machen** set to work with zest, go to it with a will; **sein ~ ließ bald nach, sein ~ erkaltete** (*od.* **erlahmte**) **bald** his enthusiasm soon cooled off (*od.* waned). **2.** (*Hast*) haste, hastiness. **3.** (*Fleiß*) assiduity, application. **4.** (*Hingabe*) devotion. **5.** (*Erregung*) excitement, passion; **in ~ geraten** → **ereifern**; **sich in ~ reden** become impassioned (*od.* all worked up), talk o. s. into a (veritable) frenzy; → **Gefecht** 2. **6.** (*übertriebene Geschäftigkeit*) officiousness. **ˈEi·fe·rer** *m* ‹-s; -› zealot, fanatic. **ˈei·fern** *v/i* ‹h› **1. für et. (j-n) ~** agitate (*od.* campaign) for s. th. (s. o.). **2. gegen et. (j-n) ~** a) agitate (*od.* campaign) against s. th. (s. o.), b) (*beschimpfen*) declaim (*od.* inveigh, rail, fulminate) against s. th. (s. o.). **3. nach** (*od.* **um**) **et. ~** be eager (*od.* zealous) for s. th., strive (*od.* strain) after (*od.* for) s. th.; **mit j-m um die Wette ~** vie (*od.* compete) with s. o.

ˈEi·fer|ˌsucht *f* ‹-; *no pl*› (**auf** *acc* of) **1.** jealousy; **aus ~** out of jealousy. **2.** (*Neid*) envy, jealousy. **~süch·te·lei** [ˌaɪfərzʏçtəˈlaɪ] *f* ‹-; -en› *colloq.* petty jealousy (*od.* rivalry). **≈ˌsüch·tig I** *adj* (**auf** *acc* of) **1.** jealous; **j-n ~ machen** make s. o. jealous. **2.** (*neidisch*) envious, jealous. **II** *adv* **3. er wacht ~ über s-e Rechte** he guards his rights jealously.

ˈEi·ferˌsuchts|ˌanˌfall *m* fit of jealousy. **~ˌtat** *f* act of jealousy. **~ˌwahn** *m psych.* pathological jealousy.

ˈEif·felˌturm, der [ˈaɪfəl-] the Eiffel tower.

ˈEiˌform *f* egg shape. **ˈeiˌför·mig**

[-ˌfœrmɪç] *adj* egg-shaped, oval, ovoid, oviform.

eif·rig ['aɪfrɪç] **I** *adj* eager, zealous, keen, *stärker*: ardent, fervent, passionate, zestful; (*begeistert*) *a.* enthusiastic; (*emsig*) busy; **allzu ~** overzealous, overeager, (*aufdringlich*) officious; **~er Schüler** eager (*od.* keen) student; **~er Leser** eager (*od.* avid) reader; **~es Bemühen** (**um**), **~es Streben** (**nach**) zeal (for). **II** *adv* eagerly (*etc*); **sich ~ bemühen** (**um** at, for) make strenuous efforts, do one's utmost; **~ bestrebt** (*od.* **bemüht, darauf bedacht**) **sein, et. zu tun** be very anxious to do s. th., be keenly intent on doing s. th.; **~ damit beschäftigt sein, et. zu tun** be busy doing s. th. **≈keit** *f* ⟨-; *no pl*⟩ → Eifer 1.

'Ei|ˌfur·chung *f biol.* (egg) segmentation. **~ˌgang** *m* oviduct. **~ˌgelb** *n* ⟨-(e)s; -e *u.* (*bei Mengenangabe*) -⟩ (egg) yolk, yellow (of an egg). **~geˌle·ge** *n* nest with (*od.* of) eggs.

ei·gen ['aɪgən] *adj* **1.** own, of one's own; **sie haben ein ~es Haus** they have a house of their own; *fig. colloq.* **man kann ja vor Lärm sein ~es Wort nicht verstehen** you can't hear yourself think for noise; **er ging s-e ~en Wege** he went his own way; **auf ~e Gefahr, auf ~e Rechnung** at one's own risk; **auf ~e Kosten** at one's own cost (*od.* expense); **aus ~er Erfahrung** from one's own (*od.* personal) experience; **durch ~es Verschulden** through one's own fault; **in ~er Sache** on one's own behalf; **im ~en Interesse** in one's own interest; **~er Bericht** *in Zeitungen*: from our own correspondent; *Sport*: **auf ~em Platz** at home; → Faust 2, Fleisch 1, Fuß 1 (*etc*). **2.** (*persönlich*) personal, private, own, of one's own; **nur für den ~en Bedarf, nur zum ~en Gebrauch** only for one's own (*od.* private) use (*od.* consumption). **3.** *Eingang etc*: separate, own (*entrance, etc*). **4.** *Ernte etc*: homegrown (*produce, etc*). **5.** ⟨*invariable*⟩ *lit.* own; **es ist mein ~** it is my own, it is mine, it is my property, it belongs to me; **et. sein ~ nennen** call s. th. one's own, own s. th.; **et. zu ~ bekommen** get s. th. for one's own; **ich gab ihr das Buch zu ~** I gave her the book to keep (*od.* for her own); **sich** (*dat*) **j-s Gedanken zu ~ machen** make s.o.'s ideas one's own, adopt s.o.'s views; **wir können uns Ihre Auffassung nicht zu ~ machen** we cannot agree with your view; **m-m lieben Freund zu ~** dedicated to my dear friend. **6.** (*~tümlich*) (*dat*) peculiar (to), characteristic (of); **mit der ihm ~en Wendigkeit** with the agility which is characteristic of him, with characteristic agility; **er hat e-n ~en Stil** he has a (highly) individual style, he has a style all his own. **7.** (*besonder*) special, particular; **das Fest hatte e-e ~e Note** the celebration had a special (*od.* its own peculiar) flavo(u)r; **diese Landschaft hat e-n ganz ~en Reiz** this landscape has a charm all its own. **8.** (*seltsam*) strange, odd, curious, queer, peculiar; **wie ~!** how strange (*od.* odd)!; **er ist et.** (*od.* **ein bißchen**) **~** he is a little peculiar; **mir war ganz** (*od.* **so**) **~ zumute** I had the strangest feeling, I felt strange; **um die Freiheit ist es ein ~(es) Ding** it is a peculiar thing about freedom. **9.** (*heikel*) (*in dat*, **mit** about) particular, fastidious, fussy, finicky, finical. **10.** (*bedenklich*) delicate, nice, ticklish (*matter, question*). **11.** *bot.* endemic: **nur gewissen Gebieten ~** only indigenous in (*od.* peculiar to) certain areas. **12.** *hist.* → leibeigen. **'Ei·gen** *n* ⟨-s; *no pl*⟩ *obs. for* a) **Eigentum** 1, b) **Grundbesitz**.

'Ei·gen|anˌtrieb *m tech.* self-propulsion, individual drive; **mit ~** self-propelled (*od.* -driven, -powered).

'Ei·gen|ˌart *f* **1.** peculiarity, (peculiar) characteristic; **das ist so e-e ~ von ihr** that is a peculiarity (*od.* an idiosyncrasy, a quirk) of hers. **2.** characteristic (*od.* peculiar, special) features *pl* (*od.* quality, nature), individuality; **s-e künstlerische ~** the special quality of his art, his artistic originality. **≈ˌar·tig** *adj* **1.** (*besonder*) peculiar, characteristic, individual, special, original; **die Landschaft hat e-n ~en Reiz** the landscape has a charm all its own. **2.** (*seltsam*) strange, odd, curious, queer, peculiar, funny (*person, habit, etc*); **ein ~er Mensch** a peculiar (*od.* an odd) person; **e-e ~e Gewohnheit** a strange habit; **ist es nicht ~, daß** isn't it odd that; **das ist ja ~!** how strange! **≈ˌar·ti·ger'wei·se** *adv* strangely (enough), oddly (enough), strange to say. **~ˌar·tig·keit** *f* ⟨-; -en⟩ **1.** → Eigenart. **2.** (*das Seltsame*) strangeness, oddness, curiousness.

'Ei·gen|ˌbau *m* **1.** homemade construction (*od.* production). **2.** *a. humor., a.* **Marke ~** homegrown tobacco. **~beˌdarf** *m* **1.** personal (*od.* one's own) needs (*od.* requirements) *pl.* **2.** *e-s Landes*: home (*od.* domestic) requirements *pl.* **~beˌgriff** *m philos.* proper concept, essence. **~beˌla·stung** *f phys. tech.* dead load (*od.* weight). **~beˌricht** *m* **~** (**unserer Zeitung**) (report) from our own correspondent. **~beˌsitz** *m jur.* **1.** possession in fact and law, proprietary possession. **2.** *irriger*: adverse possession. **~beˌsit·zer** *m* **1.** owner-occupier, possessor in fact and law. **2.** *irriger*: adverse possessor. **~beˌtrieb** *m econ.* one's own enterprise. **~beˌwirt·schaf·tung** *f agr. econ.* self-management, owner occupancy. **~beˌwußtˌsein** *n* → Eigenpsyche.

ˌEi·gen·brö·te'lei [-brøːtə'laɪ] *f* ⟨-; -en⟩ *colloq.* **1.** solitary ways *pl.* **2.** oddity, eccentricity, crankiness. **'Ei·genˌbröt·ler** [-ˌbrøːtlər] *m* ⟨-s; -⟩ **1.** (*Einzelgänger*) solitary person, recluse, outsider, *sl.* loner. **2.** (*Sonderling*) odd (*od.* eccentric) person, crank. **'ei·genˌbröt·le·risch** *adj* **1.** solitary, reclusive. **2.** odd, eccentric, cranky.

'Ei·gen|ˌdün·kel *m* self-conceit. **~eˌnerˌgie** *f phys.* natural energy. **~erˌre·gung** *f electr. phys.* self-excitation. **~erˌzeu·gung** *f e-s Landes*: domestic production. **~fiˌnanˌzie·rung** *f* self-financing. **~freˌquenz** *f electr.* inherent (*od.* natural) frequency. **~funkˌti·on** *f math.* proper function. **≈geˌnutzt** *adj Wohnraum*: owner-occupied. **~geˌschäft** *n econ.* transaction carried out on one's own account. **~geˌschwin·dig·keit** *f* **1.** proper speed. **2.** *aer.* airspeed. **≈geˌsetz·lich** *adj* **1.** having its own laws, autonomous. **2.** *philos.* entelechial. **~geˌsetz·lich·keit** *f* **1.** (determination by) inherent laws *pl*, autonomy. **2.** *weitS.* inner laws *pl.* **3.** *philos.* entelechy, autonomy. **~geˌwäs·ser** *pl jur.* territorial waters. **~geˌwicht** *n* **1.** (own) weight. **2.** (*Leergewicht*) empty weight, tare. **3.** *econ.* net weight. **4.** dead weight, dead load. **~ˌgrup·pe** *f sociol.* ingroup.

'ei·genˌhän·dig [-ˌhɛndɪç] **I** *adj* personal (*delivery, signature, etc*); *jur.* **~es Delikt** personal crime; **~e Handlung** personal act; **~es Testament** holograph(ic will); **~e Urkunde** holograph(ic document). **II** *adv* with one's own hand(s), personally; **~ geschrieben** in one's own hand(writing), autographic(al), *jur.* holographic; **~ unterschreiben** sign personally; *auf Briefen*: **„~ abzugeben"** "to be delivered in person".

'Ei·gen|ˌhänd·ler *m econ.* businessman (*od.* firm) trading for his (its) own account. **~ˌheim** *n* home (of one's own).

'Ei·gen·heit *f* ⟨-; -en⟩ **1.** → Eigenart. **2.** → Eigenartigkeit 2.

'Ei·gen|ˌhil·fe *f* **zur ~ greifen** resort to self-help. **~in·itiaˌti·ve** *f* personal (*od.* one's own) initiative, self-initiative. **~in·ve·sti·tiˌon** *f econ.* self-financed investment. **~ka·pa·ziˌtät** *f electr.* natural (*od.* self-)capacitance. **~ka·piˌtal** *n econ.* own capital (funds *pl*), capital resources *pl.* **~ˌle·ben** *n* **1.** individual existence. **2.** one's own (way of) life. **~ˌlie·be** *f* **1.** self-love, egoism, amour propre. **2.** *psych.* narcissism. **~ˌlob** *n* self-praise; **~ stinkt!** (*Sprichwort*) self-praise is no recommendation!, don't blow your own trumpet! **~ˌmacht** *f* **1.** self-given authority. **2.** *jur.* **verbotene ~** trespass (to property). **≈ˌmäch·tig I** *adj* **1.** arbitrary, high-handed (*action, decision, etc*). **2.** (*unbefugt*) unauthorized. **3.** (*selbständig*) independent. **II** *adv* **4. ~ handeln** (*od.* **verfahren**) a) act arbitrarily (*od.* high-handedly), b) act on one's own authority (*od.* initiative), *colloq.* act off one's own bat; **er hat sich ~ Recht verschafft** he took the law into his own hands. **~ˌmäch·tig·keit** *f* ⟨-; -en⟩ **1.** ⟨*only sg*⟩ high-handedness, arbitrariness. **2.** arbitrary (*od.* high-handed, unauthorized) act (*od.* action). **~ˌmar·ke** *f econ.* private brand. **~ˌmas·se** *f phys.* proper mass. **~ˌmit·tel** *pl econ.* own resources, capital and reserves. **~ˌna·me** *m ling.* proper name (*od.* noun). **~ˌnutz** *m* ⟨-es; *no pl*⟩ **1.** self-interest, selfishness; **aus reinem ~** from pure selfishness. **2.** *jur.* **strafbarer ~** punishable act committed for personal gain; **aus grobem ~** from grossly selfish motives. **≈ˌnüt·zig** [-ˌnʏtsɪç] *adj* selfish, *nur Person*: self-interested. **~ˌnüt·zig·keit** *f* ⟨-; *no pl*⟩ selfishness. **~ˌpsy·che** *f philos.* self, self-consciousness.

'ei·gens *adv* **1.** (*ausdrücklich*) expressly, especially, specifically; **ich brauche das nicht ~ zu erwähnen** I need not mention it expressly (*od.* specifically). **2.** (*ausschließlich*) (e)specially, for the sole (*od.* express) purpose, solely, just; **~ für diesen Zweck** (e)specially for this purpose.

'Ei·gen·schaft *f* ⟨-; -en⟩ **1.** quality; (*Merkmal*) *a.* attribute, (distinctive) feature, characteristic; (*Wesen*) nature; (*Eigentümlichkeit*) peculiarity; **gute ~** *a. tech.* virtue; **s-e vielen guten ~en** his many good qualities (*od.* points). **2.** *chem. phys. tech.* property. **3.** (*Stellung*) capacity, position; **in s-r ~ als Vorsitzender** in his capacity as (*od.* of) chairman, as the chairman, acting as (the) chairman; **in amtlicher ~** in official capacity. **4.** *jur.* (legal) status.

'Ei·gen·schafts|ˌwort *n* ⟨-(e)s; ¨er⟩ *ling.* adjective. **≈ˌwört·lich** *adj* adjectival.

'Ei·gen|ˌschwin·gung *f* **1.** *Akustik*: natural sound. **2.** *electr.* natural (period of) oscillation. **3.** *phys. tech.* self-induced vibration. **~ˌsinn** *m* ⟨-(e)s; *no pl*⟩ **1.** obstinacy, stubbornness, headstrongness, pigheadedness. **2.** *colloq.* obstinate child. **≈ˌsin·nig** *adj* **1.** obstinate, stubborn, headstrong, self-willed, pigheaded. **2.** (*eigenwillig*) wilful, *Am.* willful.

~ˌsin·nig·keit f ⟨-; no pl⟩ → Eigensinn 1. **≈ˌstaat·lich** adj jur. pol. sovereign. **~ˌstaat·lich·keit** f ⟨-; no pl⟩ pol. sovereignty, (autonomous) statehood. **≈ˌstän·dig** adj independent, autonomous, nachgestellt: in one's own right. **~ˌstän·dig·keit** f ⟨-; no pl⟩ independence. **~ˌsucht** f ⟨-; no pl⟩ selfishness. **≈ˌsüch·tig** adj selfish, self-seeking.

ˈei·gent·lich I adj 1. (wirklich) actual, real, true, proper; sein ~er Name war his real name was; der ~e Herrscher war nicht der König the actual ruler was not the king; die ~e Ansprache the actual address, the address proper (od. itself); das ~e England England proper. 2. (genau) exact, precise, proper; im ~en Sinn des Wortes in the strict (od. literal) sense (of the word). 3. (innewohnend) intrinsic (value). 4. (ursprünglich) original, real (reason). 5. (wesentlich) essential. II adv 6. (in Wirklichkeit) actually, really, as a matter of fact, in reality; ~ nicht! not really!, not actually!; ich bin ~ froh, daß I am really (od. rather) glad that; was soll das ~ (bedeuten)? what's the idea (of that)? 7. (genau) (how, where, etc) exactly; was wollen Sie ~? a) what exactly do you want?, b) iro. what do you want anyhow? 8. (genaugenommen) strictly speaking; ~ müßte er das wissen he really ought to know that. 9. (ursprünglich) originally; ~ wollten wir nach Paris originally (od. actually) we wanted to go to Paris. 10. (offen gesagt) frankly (speaking), as a matter of fact, in fact. **≈keit** f ⟨-; no pl⟩ philos. authentic being.

ˈEi·gen|ˌton m mus. eigentone, proper tone. **~ˌtor** n Sport: own goal; a. fig. humor. ein ~ schießen score an own goal.

ˈEi·gen·tum n ⟨-s; no pl⟩ 1. (Besitz) property (owned), possession(s pl); jur. a. chose in possession, estate (→ a. 2); fremdes ~ other people's property, the property of others; sein rechtmäßiges ~ his rightful property; geistiges ~ a) intellectual property, b) an literarischen Werken: literary property, c) (urheberrechtlich geschütztes) literary (od. musical, artistic) work protected by copyright; öffentliches (privates) ~ public (private) property; das ist mein ~ that is my property (od. mine), that belongs to me, that is my own; die Ware bleibt unser ~, bis the merchandise remains our property until; → beweglich 5. 2. jur. a) (Herrschaftsrecht über e-e Sache) (absolute and exclusive) ownership (od. title, property, estate), b) weitS. → 1; gewerbliches ~ industrial property; das ~ erwerben (od. erlangen) an (dat) acquire the ownership of; das ~ haben an (dat) have the ownership of, be the absolute owner of, own; im öffentlichen ~ stehen be publicly owned; das ~ übertragen transfer the ownership (od. title); das ~ geht an den Käufer über the ownership (od. title) passes to the buyer; e-e Firma in staatlichem (amerikanischem) ~ a state-owned (American-owned) firm. 3. obs. for Grundbesitz. **ˈEi·gen·tü·mer** [-tyːmər] m ⟨-s; -⟩ 1. owner; späterer ~ a) subsequent owner, b) jur. successor in title; ~hypothek f owner's mortgage. 2. (Inhaber, bes. e-s Geschäfts, Hotels etc) proprietor; der ~ des Hauses the owner (od. proprietor) of the house, the landlord. 3. econ. e-s Wechsels etc: holder. **ˈEi·gen·tü·me·rin** f ⟨-; -nen⟩ 1. owner. 2. (Besitzerin) proprietress. **ˈEi·gen·tü·mer·schaft** f ⟨-; no pl⟩ 1. ownership. 2. proprietorship.

ˈei·gen·tüm·lich I adj 1. (dat) peculiar (to), characteristic (of); ein diesem Lande ~er Brauch a custom peculiar to (od. characteristic of) this country. 2. (seltsam) peculiar, strange, odd, curious, queer (person, thing, idea, etc). II adv 3. strangely, oddly; es hat mich sehr ~ berührt it struck me as very strange (od. odd). III ≈e, das ⟨-n⟩ 4. the peculiar (od. strange, odd) thing (daran od. an der Sache about the matter). **ˈei·gen·tüm·li·cherˈwei·se** adv oddly (od. strangely) enough. **ˈEi·gen·tüm·lich·keit** f ⟨-; -en⟩ 1. peculiarity, characteristic, (peculiar) feature, (special) trait; → a. Eigenart 1. 2. (Seltsamkeit) peculiarity, strangeness, oddness.

ˈEi·gen·tums|ˌanˌspruch m jur. 1. (Forderung) claim of ownership, proprietary claim. 2. (Anrecht) title (to property). **~ˌaufˌga·be** f 1. giving up (od. relinquishing) of ownership. 2. (Besitzaufgabe) dereliction. **~ˌbil·dung** f econ. creation of private property; → a. Vermögensbildung. **~deˌlikt** n → Eigentumsvergehen. **~erˌwerb** m 1. acquisition of property. 2. abstrakt: acquisition of title. **~ˌman·gel** m defect of (od. cloud on) title. **~ˌnachˌweis** m evidence of ownership; bei Liegenschaften: abstract (od. evidence) of title. **~ˌrecht** n (right of) ownership, property right, proprietary right (od. title); ~ an e-r Sache (proprietary) title to a thing. **~ˌti·tel** m 1. (Urkunde) title-deed. 2. (Recht) title (to property). **~ˌüberˌtra·gung** f transfer of ownership (od. title). **~ˌurˌkun·de** f title-deed. **~verˌge·hen** n offen/ce (Am. -se) against property. **~verˌhält·nis·se** pl 1. legal position sg concerning property, bei Grundbesitz: a. tenure sg; (Besitzrecht) possessory interests. 2. question sg of ownership. **~ˌvor·beˌhalt** m reservation of title (od. proprietary rights); Verkauf unter ~ conditional sale. **~ˌwoh·nung** f freehold flat, Am. condominion, cooperative apartment.

ˈEi·gen·vakˌzi·ne f ⟨-; -n⟩ med. autovaccine.

ˈei·gen·verˌantˌwort·lich adj (directly) responsible. **≈keit** f ⟨-; -en⟩ (direct od. one's own) responsibility.

ˈEi·gen|verˌbrauch m 1. private consumption. 2. electr. power consumption (by a machine, etc). **~verˌmö·gen** n econ. 1. own assets pl (od. capital). 2. Bilanz: capital and resources pl. 3. der Ehefrau: separate property. **~verˌsi·che·rung** f self-insurance. **~ˌwär·me** f 1. physiol. body temperature. 2. phys. specific heat, idiothermy. 3. geol. der Erde: interior heat. **~ˌwech·sel** m econ. promissory note (abbr. P/N). **~ˌwert** m a. math. intrinsic value. **~ˌwi·derˌstand** m electr. resistivity. **~ˌwil·le** m self-will, stärker: wilfulness (Am. will-). **≈ˌwil·lig** adj 1. self-willed, stärker: wilful, Am. willful, headstrong. 2. fig. individualist(ic), (highly) individual, original, wayward (style, etc). **~ˌwil·lig·keit** f ⟨-; -en⟩ 1. → Eigenwille. 2. fig. (strong) individualism, individuality, originality. **~ˌzün·dung** f mot. compression ignition. **~ˌzuˌstand** m phys. characteristic state.

eig·nen [ˈaɪgnən] I v/reflex ⟨h⟩ sich ~ (für, zu for) 1. von Personen: be suitable, be suited, be qualified; er eignet sich nicht als (od. zum) Lehrer he is not suited (od. made, colloq. cut out) for teaching (od. to be a teacher), he has no aptitude for teaching; er würde sich zum Arzt ~ he would make a good physician. 2. von Dingen: be suitable, be suited, be fit; das würde sich als Geschenk ~ that would make (od. be suitable as) a present; dieses Kleid eignet sich nicht für dich this dress just isn't your style (od. does not suit you). II v/i 3. lit. od. obs. j-m ~ (zugehören) be peculiar to (od. inherent in) s. o.; ihr eignet e-e gewisse Scheu there is a certain shyness about her.

ˈEig·ner m ⟨-s; -⟩ owner, holder, proprietor. **ˈEig·nung** f ⟨-; no pl⟩ 1. von Personen: (zu, für) suitability, qualification, aptitude, fitness, being suited (od. qualified, fit) (for od. to be s. th.). 2. von Dingen: suitability, appropriateness, applicability.

ˈEig·nungs|ˌprü·fung f, **~ˌtest** m aptitude test. **~ˌun·terˌsu·chung** f med. fitness test.

ˈEi|ˌhaut f biol. med. 1. egg membrane, chorion. 2. Embryologie: f(o)etal membrane. **~ˌhül·le** f 1. → Eihaut. 2. zo. a) primäre: vitelline (od. yolk) membrane, b) sekundäre: egg membrane, chorion, c) tertiäre: eggshell, ootheca. **~im·plan·ta·tiˌon** f implantation of the ovum. **~ˌkeim** m biol. ooblast. **~ˌkern** m egg nucleus. **~ˌklar** n ⟨-s; -⟩ Austrian for Eiweiß 1.

ˈEiˌland n ⟨-(e)s; -e⟩ poet. isle, island.

ˈEil|ˌaufˌtrag [ˈaɪl-] m rush order. **~ˌbo·te** m express (Am. special delivery) messenger; durch ~n (by) express (Am. special) delivery. **~ˌbrief** m express (Am. special-delivery) letter.

Ei·le [ˈaɪlə] f ⟨-; no pl⟩ haste, hurry, rush; (Schnelligkeit) speed; (Dringlichkeit) urgency; ~ haben a) Person: (a. in ~ sein) be in a hurry, be pressed for time, b) Dinge: be urgent; es hat (od. damit hat es) k-e ~ there is no hurry (about it), it isn't urgent, there is plenty of time, it can wait, sl. that'll keep; in ~ in haste, in a hurry; in aller (od. größter, höchster) ~ in great (od. hot) haste, hastily, hurriedly, precipitately, posthaste, (mit Beschleunigung) with the utmost dispatch; j-n zur ~ antreiben hurry s. o. up (od. along); in der ~ hatte er es vergessen he had forgotten about it in the rush; ~ mit Weile more haste, less speed.

ˈEiˌlei·ter m anat. Fallopian tube, oviduct. **~entˌzün·dung** f med. salpingitis. **~re·sek·tiˌon** f tubectomy. **~ˌun·terˌbin·dung** f tubal ligation.

ei·len [ˈaɪlən] I v/i ⟨sein u. h⟩ 1. ⟨sein⟩ hasten, hurry, rush, make haste; (emsig, aufgeregt) bustle, hustle; j-m zu Hilfe ~ rush to s. o.'s help (od. assistance); zu den Waffen ~ fly to arms; er eilte sehr mit dem Essen he was in a hurry to get through his lunch; er eilte nicht sehr damit he took his (own) time about it; die Zeit eilt time flies. 2. ⟨h⟩ Sachen: be urgent, be pressing; das eilt sehr, die Sache eilt this is very urgent; „eilt" als Aufschrift: "urgent". II v/impers ⟨h⟩ 3. es eilt sehr a) the matter is urgent, b) there is no time to lose; es eilt nicht (damit) there is no hurry (about it), it is not urgent, it can wait. III v/reflex ⟨h⟩ 4. sich ~ colloq. for beeilen. **ˈei·lend** pres p. u. adj hasty, hurrying, hurried, quick, speedy; poet. ~en Fußes a) with hurried steps, at a quick pace, b) → **ˈei·lends** adv hastily, in (great od. hot) haste, hurriedly, in a hurry, quickly, speedily.

ˈeilˌfer·tig adj 1. hasty, (vorschnell) a. rash. 2. → dienstbeflissen 2. **≈keit** f ⟨-; no pl⟩ 1. hastiness; rashness. 2. → Dienstbeflissenheit 2.

ˈEil|ˌfracht f 1. (Eilgut) express goods pl; ~brief m waybill for express goods. 2. (Eilsendung) express delivery, bes. Am.

fast freight. **~ˌfrach·ter** *m* **1.** *mot.* express-delivery vehicle. **2.** *mar.* express-cargo liner, *Am.* express freighter. **~ˌgang** *m* **1.** *mot.* overdrive. **2.** *tech.* rapid traverse. **~geˌbühr** *f Post*: express fee, *Am.* special-delivery charge, expressage. **~ˌgut** *n* express goods *pl*; **als** (*od.* **mit, per**) **~** (by) express. **~ˌgü·terˌschiff** *n mar.* express-cargo boat. **~ˌgü·terˌzug** *m* express goods (*Am.* freight) train.

ˈei·lig I *adj* **1.** hurried, hasty, quick, speedy; **~e Schritte** hurried (*od.* quick) steps; **es ~ haben** be in a hurry (*od.* rush), be hurried (*od.* in haste, pressed for time); **er hatte es nicht ~ damit** he was in no hurry about it; **warum so ~?** why the rush?, what's the hurry?; **wohin so ~?** where are you off to in such a hurry?, *colloq.* where's the fire? **2.** (*dringend*) urgent, pressing; **ein ~er Brief** an urgent letter; **(nicht) ~ sein** → **eilen** 2, 3. **II** *adv* **3.** hurriedly, hastily, quickly, in a hurry (*od.* rush), in haste; **~st** → **eilends**; **~(st) nach Hause gehen** hurry (*od.* rush) home; **das muß ~st erledigt werden** that has to be done with utmost dispatch (*od.* immediately). **III ℒe, das** ⟨-n⟩ **4. nichts ℒeres zu tun haben, als** have nothing more urgent to do than; **et. ℒes zu tun** (*od.* **zu besorgen**) **haben** have some urgent matter to attend to. **ℒkeit** *f* ⟨-; *no pl*⟩ urgency.

ˈEil|ˌmarsch *m mil.* forced march; **in Eilmärschen** by forced marches. **~paˌket** *n* express parcel. **~ˌschrift** *f* high-speed shorthand. **~ˌschritt** *m* **im ~** hurriedly, at a brisk pace. **~ˌsen·dung** *f* express item. **~ˌtem·po** *n* **im ~** hurriedly, at high speed, quickly. **~ˌzug** *m* semi-fast train. **~ˌzuˌschrift** *f econ.* reply by express mail. **~ˌzuˌstel·lung** *f* express (*Am.* special) delivery.

Ei·mer [ˈaɪmər] *m* ⟨-s; -⟩ **1.** pail, bucket; **e-n ~ Wasser holen** fetch a bucket(ful) of water; *fig. colloq.* **es regnet** (*od.* **schüttet**) **wie mit ~n** it is raining buckets; **in den ~ gucken** be the loser, be left out in the cold; **im ~** → **futsch**. **2.** *tech.* bucket. **~ˌbag·ger** *m* bucket dredger (*Am.* dredge). **~ˌket·te** *f am Bagger, a. bei Löscharbeit*: bucket-chain. **~ˌket·tenˌbag·ger** *m civ. eng.* **1.** *naß*: bucket(-chain) dredger (*Am.* dredge). **2.** *trocken*: bucket excavator. **ℒˌwei·se** *adv* in buckets, in bucketfuls.

ˈEiˌmut·terˌzel·le *f biol.* oocyte.

ein[1] [aɪn], **ei·ne** [ˈaɪnə], **ein I** *indef article* **1.** a, *vor Vokalen*: an; **ein Mensch und ein Tier** a human (being) and an animal; **ein Europäer** a European; **e-e (gewisse) Frau X** a (certain) Mrs. X; **ein jeder** a) each one, b) everyone; **er hat e-e unglaubliche Kraft** he has incredible strength; **ein Bernard Shaw** a (man like) Bernard Shaw. **2.** *bei Zeitangaben*: one; **e-s Tages** a) *in der Vergangenheit*: one day, b) *in der Zukunft*: one (*od.* some) day, one of these days. **3.** *meist unübersetzt*: **welch ein Glück!** what luck!; **war das ein Spaß!** was that fun! **II** *cardinal number* **4.** one, *a.* a, *vor Vokalen*: an; **um ein Uhr** at one o'clock; **ein halbes Pfund** half a pound; **ein für allemal** once (and) for all; **nur ein einziges Mal** only (*od.* just) once; **der eine Mann** that one man; **mit einem Blick übersah er die Situation** he took in the situation at a glance; **das eine Gute war** the one (*od.* only) good thing (about it) was; **nicht ein Ton** not a sound; **sie ist sein ein und alles** she is everything to him, she means the world to him. **5.** one, the same; **ein und derselbe Mann** the (very) same (*od.* the self-same) man, one and the same man; **alle gingen in eine Richtung** all went in one direction. **III** *indef pron* **6. der (die, das) eine (oder andere)** one (or the other).

ein[2] *adv* **1.** *bei Schaltern*: on; „**ein-aus**" "on-off". **2.** *in Wendungen wie*: **ein und aus gehen** come and go; **bei j-m ein und aus gehen** frequent s. o.'s house, be always coming and going at s. o.'s place; **weder ein noch aus wissen** be at one's wits' end, not to know which way to turn.

ˈein|ˌach·sig [-ˌˀaksɪç] *adj* **1.** *mot.* single-axle, two-wheel(ed). **2.** *bot. min.* uniaxial. **~ˌad·rig** *adj electr.* single-core. **ℒˌak·ter** [-ˌˀaktər] *m* ⟨-s; -⟩ *thea.* one-act play.

ein·an·der [ˌaɪˈnandər] *reciprocal pron* each other, *bes. mehrere*: one another, (*gegenseitig*) *a.* mutually; **~ im Wege sein** be in each other's way; **~ kennenlernen** become acquainted, meet, get to know one another; **sie gewannen ~ lieb** they grew fond of one another, they became mutually attached.

ˈeinˌar·bei·ten I *v/t* ⟨*sep*, **-ge-**, h⟩ **1. j-n ~** train s. o. (for a job), initiate s. o. into a job, familiarize (*od.* acquaint) s. o. with his (new) work, *colloq.* break s. o. in. **2. et. in e-e Sache ~** work s. th. into s. th.; **neue Erkenntnisse in e-e Abhandlung ~** work new findings into a treatise, incorporate new facts in a treatise. **3.** (*Stunde, Tag etc*) make up for (*lost time*) by extra work, *Am.* work in. **II** *v/reflex* **sich ~ 4.** familiarize o. s. with one's work (*od.* with the subject, *etc*), work o. s. in, get into the way of things; **sich in et. ~** familiarize o. s. with s. th. **III ℒ** *n* ⟨-s⟩ **5.** → **ˈEinˌar·bei·tung** *f* ⟨-; *no pl*⟩ training, familiarizing (s. o., o. s.) with one's work (*etc*), breaking-in. **ˈEinˌar·bei·tungsˌzeit** *f* training (*od.* breaking-in) period.

ˈeinˌar·mig [-ˌˀarmɪç] *adj* one-armed (*person*); *tech.* **~er Hebel** one-armed lever; **~er Handstand** one-hand handstand.

ˈeinˌäschern I *v/t* ⟨*sep*, **-ge-**, h⟩ **1.** reduce (*od.* burn) *s. th.* to ashes (*od.* cinders), lay *s. th.* in ashes, incinerate. **2.** (*Leichen*) cremate. **3.** *chem.* a) (*rösten*) calcine, b) (*veraschen*) incinerate. **II ℒ** *n* ⟨-s⟩ **4.** → **ˈEinˌäsche·rung** *f* ⟨-; -en⟩ **1.** incineration. **2.** cremation; **~shalle** *f* crematorium. **3.** *chem.* a) calcination, b) incineration.

ˈeinˌat·men I *v/t u. v/i* ⟨*sep*, **-ge-**, h⟩ inhale, breathe in; **tief ~** breathe in (*od.* inhale) deeply, draw a deep breath. **II ℒ** *n* ⟨-s⟩ inhaling (*etc*). **ˈEinˌat·mung** *f* ⟨-; *rare* -en⟩ **1.** → **einatmen** II. **2.** inhalation.

ˈein|ato·mig [-ˀaˌtoːmɪç] *adj chem.* monatomic. **~ˌät·zen** *v/t* ⟨*sep*, **-ge-**, h⟩ etch *s. th.* in. **~ˌäu·gig** *adj* **1.** one-eyed. **2.** *opt.* monocular. **3.** *phot.* single-lens. **ℒˌäu·gi·ge** *m, f* ⟨-n; -n⟩ one-eyed person; → **Blinde**[1]. **~ˌbah·nig** [-ˌbaːnɪç] *adj Straße etc*: a) (*einspurig*) single-lane, b) one-way, single-line. **ℒˌbahnˌstra·ße** *f* one-way street. **ℒˌbahn·verˌkehr** *m* one-way (*od.* single-line) traffic.

ˈein·bal·saˌmie·ren *v/t* ⟨*sep, no* **-ge-**, h⟩ embalm; *fig. colloq.* **du kannst dich ~ lassen!** go and hang yourself! **ˈEin·bal·saˌmie·rung** *f* ⟨-; -en⟩ **1.** embalming. **2.** embalmment.

ˈEin|ˌband *m* ⟨-(e)s; ⸚e⟩ binding, (book) cover; **ohne ~** unbound. **ℒˌbän·dig** [-ˌbɛndɪç] *adj* one-volume(d), in one volume. **~ˌbandˌlei·nen** *n print.* binding cloth. **ℒˌba·sig** [-ˌbaːzɪç], **ℒˌba·sisch** *adj chem.* monobasic.

ˈEinˌbau *m* ⟨-(e)s; -ten⟩ **1.** *von Möbeln etc*: building in, fitting (in), incorporation. **2.** *tech.* a) installation, fitting, building in, mounting, incorporation, insertion, b) **~ten** *pl* built-in elements, internal fittings, (structural) additions. **~anˌten·ne** *f* built-in aerial (*Am.* antenna).

ˈeinˌbau·en I *v/t* ⟨*sep*, **-ge-**, h⟩ **1.** (*Möbel etc*) build in, *tech. a.* install, fit, mount, incorporate; (*einfügen*) insert; **e-n neuen Motor in ein Auto ~** install (*od.* fit) a new engine into a car. **2.** *fig.* incorporate, fit; *Sport*: **e-n neuen Spieler in die Mannschaft ~** fit a new player into the team. **II ℒ** *n* ⟨-s⟩ **3.** → **Einbau** 1, 2 a. **ˈEinˌbauˌkü·che** *f* built-in (*od.* fitted) kitchen.

ˈEinˌbaum *m* dugout (canoe).

ˈEinˌbau|ˌmö·bel *pl* unit (*od.* built-in) furniture *sg.* **~ˌmo·tor** *m* **1.** *mot.* a) built-in engine, b) (*Austauschmotor*) replacement engine. **2.** *electr.* skeleton frame-type motor. **~ˌschal·ter** *m electr.* recessed (*od.* flush-mounting) switch. **~ˌscheinˌwer·fer** *m mot.* recessed headlight. **~ˌschrank** *m* built-in cupboard (*od.* closet).

ˈein·beˌgrei·fen *v/t* ⟨*irr, sep, no* **-ge-**, h⟩ *lit.* **(mit) ~** include, comprise, be inclusive of, contain; **et. in s-e Beurteilung mit ~** include s. th. in one's assessment; **der Kundendienst ist im Kaufpreis (mit) einbegriffen** the service is included in the price.

ˈein·beˌhal·ten *v/t* ⟨*irr, sep, no* **-ge-**, h⟩ retain, keep back, withhold; **die Steuern wurden zu Unrecht ~** the taxes were wrongfully deducted. **ˈEin·beˌhal·tung** *f* ⟨-; -en⟩ **1.** retaining (*etc*). **2.** retention; (*Abzug*) deduction; **unter ~ e-s Betrags von 100 Mark** retaining an amount of 100 marks.

ˈeinˌbei·nig [-ˌbaɪnɪç] *adj* one-legged.

ˈein·beˌken·nen *v/t* ⟨*irr, sep, no* **-ge-**, h⟩ **1.** *Austrian for* **eingestehen**. **2.** *Austrian econ.* **s-e Steuern ~** make one's income-tax return.

ˈein·beˌru·fen *v/t* ⟨*irr, sep, no* **-ge-**, h⟩ **1.** *mil.* call up, conscript, *Am. meist* draft, induct; **j-n zur Luftwaffe ~** call s. o. up into (*od.* for) (*Am. a.* draft s. o. into) the air force. **2.** (*Sitzung etc*) call (together), convene, convoke, summon; **e-e Versammlung auf zehn Uhr ~** call a meeting for ten o'clock. **3.** (*das Parlament*) summon, convoke. **ˈEin·beˌru·fe·ne** *m, f* ⟨-n; -n⟩ *mil.* conscript, *Am.* draftee, inductee. **ˈEin·beˌru·fung** *f* ⟨-; -en⟩ **1.** calling up (*etc*; *cf.* **einberufen**). **2.** *mil.* call-up, conscription, *Am. meist* draft, induction. **3.** convocation.

ˈEin·beˌru·fungs|beˌfehl, ~beˌscheid *m mil.* call-up order(s *pl*), call-up (card), *Am. meist* induction (*od.* draft) order(s *pl*).

ˈein|beˌschrei·ben *v/t* ⟨*irr, sep, no* **-ge-**, h⟩ *math.* inscribe. **~be·toˌnie·ren** *v/t* ⟨*sep, no* **-ge-**, h⟩ set (*od.* embed, encase) *s. th.* in concrete. **~ˌbet·ten** *v/t* ⟨*sep*, **-ge-**, h⟩ **1. et. in e-e Sache ~** put (*od.* lay, [em]bed) s. th. in s. th., (*verpacken*) pack (*od.* wrap) s. th. in s. th. **2.** *fig.* **(in acc)** embed (in), integrate (within). **~ˌbet·tig** [-ˌbɛtɪç] *adj* one-bed. **ℒˌbett·kaˌbi·ne** *f* single-berth cabin.

ˈEinˌbet·tung *f* ⟨-; -en⟩ embedding.

ˈEinˌbettˌzim·mer *n* single (room).

ˈeinˌbeu·len *v/t* ⟨*sep*, **-ge-**, h⟩ dent,

make a dent (*od.* dents) in. **ˈEinˌbeu·lung** *f* ⟨-; -en⟩ **1.** denting. **2.** dent.

ˈein·beˌzie·hen *v/t* ⟨*irr, sep, no* -ge-, h⟩ *allg.* include (in *acc* in). **ˈEin·beˌzie·hung** *f* ⟨-; -en⟩, **ˈEin·beˌzug** *m* ⟨-(e)s; ⁼e⟩ inclusion; incorporation.

ˈeinˌbie·gen I *v/t* ⟨*irr, sep,* -ge-, h⟩ **1.** bend (*od.* turn) *s. th.* inward(s). **II** *v/i* ⟨sein⟩ **2.** *Fahrzeug etc*: turn the corner, take a turn(ing), turn in; **links** ~ turn left, make a left turn; **in die nächste Straße** ~ turn into (*od.* take) the next street, turn off at the next corner, take the next turn(ing). **3.** *Straße etc*: turn. **III** *v/reflex* ⟨h⟩ **sich** ~ **4.** bend (*od.* turn) inward(s). **IV** ≈ *n* ⟨-s⟩ **5.** bending inward(s) (*etc*). **ˈEinˌbie·gung** *f* **1.** → **einbiegen** IV. **2.** bend, curve.

ˈeinˌbil·den *v/t* ⟨*sep,* -ge-, h⟩ **1. sich** (*dat*) **et.** ~ (*sich fälschlich vorstellen*) imagine (*od.* fancy, believe, think) s. th., delude o. s. about s. th.; **das bildest du dir nur ein** that's just your imagination, you're only imagining that, it's all in your mind; **bilde dir ja nicht ein, daß es so leicht ist** don't get (*od.* run away with) the idea that it's easy, don't fool (*od. colloq.* kid) yourself into thinking it's easy; **er bildet sich ein, ein Genie zu sein** he thinks (*od.* fondly believes) he is a genius; **ich bilde mir nicht ein, et. davon zu verstehen** I don't delude myself (*od.* am not so foolish) as to think I know a thing about it; *colloq.* **was bildest du dir (eigentlich) ein?** who do you think you are?, what do you think you're doing?; → **eingebildet** 1, **Schwachheit** 2. **2. sich** (*dat*) **et.** (*od.* **viel**) ~ (*eingebildet sein*) be conceited, fancy o. s., have a high opinion of o. s., *colloq.* think a lot (*od.* no end) of o. s., be stuck up; **sich** (*dat*) **et. auf** (*acc*) **et.** (**j-n**) ~ be conceited about s. th. (s. o.), pride (*od.* preen, pique) o. s. on s. th. (s. o.); **darauf brauchen Sie sich nichts einzubilden!** that's nothing to be proud of, *colloq.* that's nothing to write home about; **darauf können Sie sich et.** ~ that is s. th. to be proud of, that is a feather in your cap; → **eingebildet** 2. **3.** *colloq.* **sich** (*dat*) **et.** ~ (*haben wollen*) want (to have) s. th., set one's heart on (having) s. th. **ˈEinˌbil·dung** *f* ⟨-; -en⟩ **1.** ⟨*only sg*⟩ imagination, fancy, fantasy; **das ist nur** (*od.* **reine**) ~ that is pure imagination, that's only imaginary, it's all in the (*od.* your) mind; **war es** ~, **oder ...?** was it my imagination or ...? **2.** (*Trugbild*) illusion, delusion, *stärker*: hallucination; **er leidet an** ~**en** he is always imagining things, he suffers from hallucinations. **3.** ⟨*only sg*⟩ (*Überheblichkeit*) conceit, arrogance, self-importance, priggishness. **ˈEinˌbil·dungsˌkraft** *f* (power of) imagination, imaginative power, fantasy.

ˈeinˌbin·den *v/t* ⟨*irr, sep,* -ge-, h⟩ **1. et. in e-e Sache** ~ tie s. th. into (*od.* up in) s. th. **2.** (*Buch etc*) a) bind, b) put a cover on. **3.** *med.* (*Arm, Fuß etc*) bandage, dress. **4.** *civ. eng.* (*Steine, Ziegel etc*) bond. **5.** *hort.* (*Bäume*) tie up (with straw). **6.** *fig.* embed, include, integrate.

ˈein|ˌbla·sen I *v/t* ⟨*irr, sep,* -ge-, h⟩ **1.** blow down. **2.** *bes. tech.* (**in** *acc* in [to]) a) blow, blast, b) (*Gas, unter Druck*) blow, inject, c) *med.* blow, insufflate, inflate. **3.** *fig. colloq.* **j-m et.** ~ → **einflüstern** 1. **4.** *Bibl.* (*Odem*) breathe (in *acc* in[to]). **II** *v/i* **5.** *fig. colloq.* → **einflüstern** 2. ≈**ˌblä·ser** *m* ⟨-s; -⟩ **1.** *bes. ped. colloq.* (*Vorsager*) prompter. **2.** *med.* insufflator.

ˈein|ˌblätt·rig *adj bot.* one-leafed, unifoliate. ~**ˌbläu·en** *v/t* ⟨*sep,* -ge-, h⟩ (*Wäsche*) blue. ~**ˌblen·den** *v/t* ⟨*sep,* -ge-, h⟩ **1.** (*Szene, Funksendung etc*) fade in, cross-fade. **2.** (*Farben*) blend. ≈**ˌblen·dung** *f* ⟨-; -en⟩ **1.** (*Vorgang*) fading-in. **2.** fade-in, intercut, cross-fade. ~**ˌbleu·en** *v/t* ⟨*sep,* -ge-, h⟩ *colloq.* **j-m et.** ~ a) (*einprägen*) pound (*od.* hammer, knock, drum) s. th. into s. o. (*od.* s. o.'s head), b) *durch Schläge*: beat s. th. into s. o.

ˈEinˌblick *m* ⟨-(e)s; -e⟩ **1.** view (**in** *acc* into). **2.** *fig.* insight (**in** *acc* into); **ein kurzer** (*od.* **flüchtiger**) ~ **in et.** a glimpse of s. th., a quick look at s. th.; **e-n** ~ **in et. gewinnen** (**bekommen**), **sich** (**e-n**) ~ **in et. verschaffen** gain (get) an insight into s. th.; (**j-m**) (**e-n**) ~ **in et. gewähren** give (*od.* afford) (s. o.) an insight into s. th., give (s. o.) a general idea of s. th.; **e-n** (**guten**) ~ **in et. haben** a) have a good insight into s. th., b) be well up in s. th.; **er hat** ~ **in die internen Vorgänge** *a.* he is in a position to observe the internal affairs; ~ **in e-e Sache nehmen** a) look into a matter, b) (*in Dokumente etc*) inspect s. th. ~**ˌfern·ˌrohr** *n* monocular telescope.

ˈein|ˌblü·tig [-ˌblyːtɪç] *adj bot.* monanthous. ~**ˌboh·ren** *v/reflex* ⟨*sep,* -ge-, h⟩ **sich** ~ bore o. s. in; **die Kugel bohrte sich in die Wand ein** the bullet lodged in (*od.* penetrated, bored into) the wall. ~**ˌboo·ten** *v/t* ⟨*sep,* -ge-, h⟩ embark; **sich** ~ embark, go aboard.

ˈeinˌbre·chen I *v/t* ⟨*irr, sep,* -ge-, h⟩ **1.** (*Tür etc*) break (*od.* force) open, break down, smash in. **2.** (*Pferd etc*) break in. **II** *v/i* ⟨sein⟩ **3.** ⟨**sein** *u.* **h**⟩ *Dieb etc*: break in, *bes. bei Dunkelheit*: burgle, commit burglary, *Am. a.* burglarize; **in ein Haus** ~ break into a house; **in der Bank wurde eingebrochen** the bank was broken into; **bei uns wurde eingebrochen** our house was broken into (*od.* burgled), we had burglars. **4.** (**ins Eis**) ~ break (*od.* go) through the ice. **5.** (*einstürzen*) break (in), collapse, give way, cave in. **6.** *mil.* march in; (**in ein Land**) ~ invade (*od.* enter, march into, fall upon) a country; (**in die feindlichen Linien**) ~ penetrate (*od.* break through, breach) the enemy's lines. **7.** *fig. Kälte etc*: set in. **8.** *fig. lit. Nacht etc*: fall, set in, close in; **die Nacht bricht ein** night is falling; **bei** (*od.* **mit**) ~**der Nacht** (*od.* **Dunkelheit**) at nightfall. **9.** *fig. lit.* **auf j-n** ~ *Unheil etc*: overtake (*od.* befall) s. o. **III** ≈ *n* ⟨-s⟩ **10.** breaking in (*etc*). **11.** → **Einbruch** 1—7. **ˈEinˌbre·cher** *m* ⟨-s; -⟩ housebreaker, *bes. zur Nachtzeit*: burglar; ~**alarm** *m* burglar alarm; ~**werkzeug** *n* → **Einbruchwerkzeug**. **ˈeinˌbre·che·risch** *adj* burglarious.

ˈEinˌbrenn·email·le [-ˀ eˌmaljə] *f* baking enamel.

ˈeinˌbren·nen I *v/t* ⟨*irr, sep,* -ge-, h⟩ **1.** burn (**in** *acc* into); **e-m Tier ein Zeichen** ~ brand an animal. **2.** (*Farben, Lacke*) burn in, bake. **3.** *tech.* (*Schweißgut*) penetrate. **4.** (*Faß*) match, sulphur (*Am.* -f-). **5.** *gastr.* (*Mehl*) brown (*flour*). **6.** *Textil.* crab. **7.** (*Leder, Häute*) hot-stuff. **II** *v/reflex* **8.** *fig.* **sich in** (*acc*) **et.** ~ *Erlebnis etc*: burn itself into s. th. **ˈEinˌbrennˌlack** *m tech.* baking varnish, stove enamel.

ˈeinˌbrin·gen I *v/t* ⟨*irr, sep,* -ge-, h⟩ **1.** bring (*od.* take) in; **die Ernte** ~ bring (*od.* get) in the harvest. **2.** *bes. mil.* (*Beute etc*) take, capture. **3.** (*e-n Dieb etc*) catch, run in (*a thief, etc*). **4.** *pol.* (*Gesetzesvorlage etc*) bring in (*od.* forward, down), introduce, present, propose, *Br. a.* table, (*Antrag*) *a.* make, put; **e-n Antrag auf Vertagung der Sitzung** ~ move the adjournment of the meeting. **5.** *jur.* (*Klage*) bring, lodge, file (*an action*). **6.** *econ.* (*Kapital in e-e Firma*) pay (*od.* bring) *s. th.* in, contribute, invest. **7.** *in die Ehe, a. weitS. in ein Amt, e-e Partei etc*: bring *s. th.* in, contribute (to); → **eingebracht**. **8.** *fig.* **j-m et.** (*Nutzen etc*) ~ earn (*od.* get, win, bring) s.o. s.th.; **Vorteil** ~ bring an advantage; **das brachte ihm den Ruf ein, geizig zu sein** that earned him the reputation of being a miser, that stamped (*od.* branded) him as a miser; **ihre Güte bringt ihr viele Freunde ein** her kindness wins her many friends. **9.** (*Ertrag, Erfolg etc*) bring (in), yield, produce, realize; **j-m et.** ~ bring (*od.* get) s. o. s. th.; **das Geschäft bringt e-n hohen Gewinn ein** the business yields a high profit; **Kapital, das nichts einbringt** sterile (*od.* dead) capital; **Geschäft, das nichts einbringt** unprofitable business, losing proposition; **e-n Reingewinn von 1000 Mark** ~ net (*od.* clear) 1,000 marks; **das bringt nichts ein** that doesn't pay, there is no dividend in that, *fig. a.* it's no use (*od.* not worthwhile); *fig.* **s-e Bemühungen brachten nichts ein** his efforts were in vain (*od.* were abortive, brought no results); *Sport*: **der Eckball brachte nichts ein** the corner was unproductive. **10.** *fig.* (*wiederwettmachen*) a) (*Verlust etc*) make up for, make good, retrieve, recoup (*a loss, etc*), b) (*Zeit*) make up for (*lost time*). **11.** *print.* (*Zeile*) take in, break in. **12.** *Bergbau*: a) (*Ausbau*) set, place, b) (*Versatz*) fill, stow. **13.** *tech.* (*Werkzeug in die Maschine*) mount. **II** ≈ *n* ⟨-s⟩ **14.** bringing in (*etc*); → *a.* **Einbringung**. **ˈeinˌbring·lich** *adj* profitable, paying, lucrative. **ˈEinˌbrin·gung** *f* ⟨-; *no pl*⟩ **1.** → **einbringen** II. **2.** *e-s Antrags etc*: submission, submittal. **3.** *pol.* a) *e-r Gesetzesvorlage etc*: introduction, presentation, b) *e-s Antrags*: proposal (*of a motion*). **4.** *jur. e-r Klage etc*: filing, lodgment, bringing (*of an action*), institution (*of proceedings*). **5.** *econ. von Kapital*: contribution, paying in, investment.

ˈeinˌbrocken (*getr.* -k·k-) *v/t* ⟨*sep,* -ge-, h⟩ **1.** crumble, break (*bread into the soup, etc*). **2.** *fig. colloq.* **j-m** (**sich** *dat*) **et.** ~ get s. o. (o. s.) into trouble, let s. o. (o. s.) in for it, land o. s. with s. th.; **da hast du dir et. Schönes eingebrockt** you got yourself into a fine mess, you really let yourself in for it; **das hast du dir selbst eingebrockt** that was your own doing, you asked for it; **was man sich eingebrockt hat, muß man auch auslöffeln** (*Sprichwort*) as you make your bed so you must lie on it.

ˈEinˌbruch *m* ⟨-(e)s; ⁼e⟩ **1.** *jur.* breaking and entering, break-in, housebreaking, *mit Diebstahl*: burglary; **e-n** ~ **verüben** commit (a) burglary, break into (*od.* burgle) a house (*etc*). **2.** caving in. **3.** *mil.* a) *in ein Land*: invasion, incursion, b) *in die feindlichen Linien*: inroad, penetration, *stärker*: breach; **der** ~ **in die Front** the penetration of (*od.* breach in) the front; *fig.* **e-n** ~ **erzielen in** (*acc*) make an inroad into (*a market, etc*). **4.** *econ.* fall (in prices), break, slump. **5.** *von Kaltluft etc*: invasion, influx. **6.** *von Wasser etc*: invasion, incursion, irruption. **7.** *lit. der Nacht, Kälte etc*: setting in, beginning; **bei** ~ **der Nacht** (*od.* **Dunkelheit**) at nightfall (*od.* dusk). **8.** *geol.* a) → **Einbruchtal, Einbruchgebiet,** b) subsidence (of soil), down-faulting. ~**ˌbecken** (*getr.*

-k·k-) *n geol.* trough, cauldron subsidence, syncline. **∼ˌdiebˌstahl** *m jur.* (theft by) breaking and entering, burglary. **∼geˌbiet** *n geol.* sinking area, depression.

ˈEinˌbruchs... → Einbruch...

ˈeinˌbruch|ˌsi·cher *adj* burglarproof. **≗ˌstel·le** *f mil.* breach, point of penetration. **≗ˌtal** *n geol.* rift valley. **≗ˌtie·fe** *f mil.* depth of penetration. **≗verˌsi·che·rung** *f econ.* burglary insurance. **≗-ˌwerkˌzeug** *n* burglary tool(s *pl*), *jur.* burglarious implement(s *pl*).

ˈein|ˌbu·chen *v/t ‹sep, -ge-, h› econ.* (*Scheck etc*) give the value and/or date of. **∼ˌbuch·ten** *v/t ‹sep, -ge-, h›* **1.** indent. **2.** *fig. colloq.* **j-n ∼** clap s. o. in jail, put s. o. inside. **≗ˌbuch·tung** *f ‹-; -en›* **1.** indentation, dent. **2.** *geol.* bay, inlet. **∼ˌbud·deln** *v/t ‹sep, -ge-, h› colloq.* dig in; **sich ∼** dig (o. s.) in.

ˈeinˌbür·gern [-ˌbʏrgərn] **I** *v/t ‹sep, -ge-, h›* **1.** *jur.* naturalize. **2.** *fig.* (*Bräuche, Wörter etc*) naturalize, establish, adopt. **3.** *bot. zo.* (*Pflanze, Tier*) naturalize, acclimatize. **II** *v/reflex* **sich ∼** **4.** *jur.* be (*od.* become) naturalized; **sich ∼ lassen** a) become naturalized, b) apply for naturalization. **5.** (*sich niederlassen*) settle (down), establish o. s. **6.** *Pflanzen, Tiere*: be (*od.* become) naturalized (*od.* acclimatized, established). **7.** *fig. Brauch etc*: become naturalized (*od.* established), be adopted, come into use, become a custom, take root, *Wort etc*: *a.* become accepted usage; **sich fest eingebürgert haben** have come to stay, have become firmly established; **es hat sich bei uns so eingebürgert** it has become customary (*od.* a custom) with us. **ˈEinˌbür·ge·rung** *f ‹-; -en›* **1.** *jur.* naturalization. **2.** settlement, establishment. **3.** *bot. zo.* naturalization, acclimatization. **4.** *fig. von Brauch, Wort etc*: establishment, (general) adoption (*od.* acceptance).

ˈEinˌbür·ge·rungs|ˌanˌtrag *m*, **∼geˌsuch** *n* application for naturalization.

ˈEinˌbu·ße *f* (an *dat*) loss (of), damage (to); **∼ an Kundschaft** loss of custom; **∼ an Gesundheit** damage to one's health; **unter ∼ s-s gesamten Vermögens** at the cost (*od.* loss) of all his property; **durch s-e Spekulation hat er e-e große ∼ erlitten** he suffered heavy loss (*od.* lost heavily) by his speculation; **e-r Sache (schwere) ∼ tun** cause (great) damage to s. th., damage (*od.* injure) s. th. (severely); **das tut s-m Ansehen k-e ∼** that won't injure (*od.* impair, detract from) his good reputation. **ˈeinˌbü·ßen I** *v/t ‹sep, -ge-, h›* lose, forfeit; **ein Auge (s-e Gesundheit) ∼** lose an eye (one's health); *pol.* **Stimmen ∼** lose votes, suffer losses. **II** *v/i* **(stark) ∼** suffer (*od.* sustain) a (heavy) loss (*od.* [heavy] losses), suffer (great) damage, lose (heavily); **er hat viel an Einfluß eingebüßt** he lost much in (*od.* of his) influence.

ˈein|ˌchecken (*getr.* -k·k-) **I** *v/i ‹sep, -ge-, sein›* check in. **II** *n ‹-s›* check-in. **∼ˌcre·men** *v/t ‹sep, -ge-, h›* put cream on, cream; **sich ∼** put on cream. **∼ˌdäm·men I** *v/t ‹sep, -ge-, h›* **1.** (*Flüsse etc*) (em)bank. **2.** (*Land*) dike, dyke. **3.** (*Flut*) dam (up), stem. **4.** *fig.* dam up, stem; (*Brand, Epidemie etc*) check, control, get *s. th.* under control. **5.** *pol.* contain. **II** **≗** *n ‹-s›* **6.** a) damming (*etc*), b) *pol.* containment. **∼ˌdäm·mern** *v/i ‹sep, -ge-, sein›* fall into a slumber, doze off. **≗-ˌdäm·mung** *f ‹-; -en›* **1.** → eindämmen II. **2.** *von Flüssen etc*: embankment. **3.** *von Flut etc*: dam. **4.** *von Land*: dike, dyke. **5.** *fig.* (*Einhalt*) check, control. **6.** *pol.* containment; **∼spolitik** *f* policy of containment..

ˈeinˌdamp·fen *v/t ‹sep, -ge-, h› chem.* boil down, evaporate.

ˈein|ˌdecken (*getr.* -k·k-) **I** *v/t ‹sep, -ge-, h›* **1.** cover (up *od.* over). **2.** *civ. eng.* a) (*Dach*) cover, b) (*Haus*) roof. **3.** **j-n mit e-r Sache ∼** provide (*od.* supply) s. o. with s. th.; *colloq.* **j-n mit Arbeit ∼** swamp s. o. with work; **mit Schlägen (Granaten** *etc*) **∼** bombard *s. o. od. s. th.* with blows (shells, *etc*); → **eingedeckt.** **II** *v/reflex* **sich ∼** **4.** **sich ∼ mit** stock up on (*od.* in), lay in a stock (*od.* supply) of, provide (*od.* supply) o. s. with, buy a lot of; → **eingedeckt.** **5.** *econ. an der Börse*: cover. **III** **≗** *n ‹-s›* **6.** covering (*etc*). **≗ˌdecker** (*getr.* -k·k-) *m ‹-s; -› aer.* monoplane. **≗ˌdeckˌschiff** *n mar.* single-decker. **≗ˌdeckung** (*getr.* -k·k-) *f ‹-; no pl›* **1.** → eindecken III. **2.** cover(ing). **3.** roof(ing). **4.** (*Versorgung*) provision, supply. **∼ˌdei·chen** *v/t ‹sep, -ge-, h›* **1.** dike, dyke. **2.** (*Flüsse etc*) (em)bank. **≗ˌdei·chung** *f ‹-; -en›* **1.** diking, dyking. **2.** dike, dyke. **3.** *von Flüssen etc*: embankment. **∼ˌdel·len** [-ˌdɛlən] *v/t ‹sep, -ge-, h›* dent.

ˈeinˌdeu·tig [-ˌdɔʏtɪç] *adj* **1.** (*klar*) clear, plain, clear-cut, definite; (*unzweideutig*) unequivocal; (*unmißverständlich*) unmistakable, unambiguous; **ein ∼er Beweis** a clear (*od.* definite) proof, proof positive; **s-e Stellungnahme ist ∼** his comment leaves no doubt (where he stands); **ein ∼er Fall von Ungerechtigkeit** a clear case of injustice; **∼er Sieger** clear winner. **2.** *math.* single-valued. **II** *adv* **3.** clearly, plainly, (quite) definitely (*etc*); **sie wurden ∼ geschlagen** they were clearly defeated; **er gab das ∼ zu verstehen** he made that abundantly clear. **≗keit** *f ‹-; no pl›* clearness (*etc*).

ˈein|ˌdeut·schen [-ˌdɔʏtʃən] *v/t ‹sep, -ge-, h›* Germanize. **≗ˌdeut·schung** *f ‹-; -en›* Germanization. **∼ˌdicken** (*getr.* -k·k-) [-ˌdɪkən] **I** *v/t ‹sep, -ge-, h› chem.* thicken (*a. gastr.*), concentrate, condense, inspissate. **II** *v/i ‹sein›* thicken. **∼di·men·sioˌnal** *adj* one-dimensional, unidimensional. **∼ˌdocken** (*getr.* -k·k-) *v/t ‹sep, -ge-, h› mar.* (dry-)dock. **∼ˌdo·sen** [-ˌdoːzən] *v/t ‹sep, -ge-, h›* tin, *bes. Am.* can, pack (*od.* preserve) *s. th.* in tins (*od.* cans). **∼ˌdö·sen** *v/i ‹sep, -ge-, sein› colloq.* doze off. **∼ˌdrän·gen I** *v/i ‹sep, -ge-, h›* **1.** *fig. lit.* **auf j-n ∼** *Gedanken etc*: crowd in (up)on s. o. **II** *v/reflex* **sich ∼** **2.** force one's way in; *fig.* intrude, *colloq.* butt in; **sich in** (*acc*) **et. ∼** a) (*sich hin∼*) force (*od.* push, thrust) one's way into s. th., b) (*sich aufdrängen*) intrude (*od.* force) o. s. into s. th., c) *fig.* (*sich einmischen*) intrude in (*od.* [up]on) s. th., interfere (*od.* meddle) in (*od.* with) s. th. **3.** **sich (bei j-m) ∼** intrude (*od.* force) o. s. (up)on s. o. **III** **≗** *n ‹-s›* **4.** intruding (*etc*). **5.** intrusion, interference. **∼-ˌdre·hen I** *v/t ‹sep, -ge-, h›* **1.** *tech.* a) (*Schraube*) screw in (*od.* tight, into place), b) (*aushalsen*) neck, c) (*aussparen*) recess. **2.** (*Glühbirne etc*) screw (*od.* put) in. **3.** (*Haare*) put (*hair*) in curlers, curl; **sie drehte sich** (*dat*) **Locken ein** she curled her hair. **II** *v/i* **4.** *aer.* a) *Flugzeug*: turn (*od.* swing) (on) to a new course, b) *zum Angriff*: close (*od.* zero) in. **∼ˌdril·len** *v/t ‹sep, -ge-, h› colloq.* **1.** (*Rekruten*) drill, train. **2.** *fig.* → einexerzieren 2. **3.** (*Schüler für e-e Prüfung*) coach, cram.

ˈeinˌdrin·gen I *v/i ‹irr, sep, -ge-, sein›* **1.** *Person*: force one's way in, force an entry, enter (by force), penetrate; **allmählich ∼** work one's way in (gradually); **heimlich ∼** slip (*od.* sneak) in; **(gewaltsam) in ein Haus ∼** force an entry into a house, *Einbrecher*: break into a house; **in e-e Gesellschaft ∼** intrude into (*od. colloq.* [gate-]crash, muscle in on) a party; **bei j-m ungebeten ∼** intrude (*od.* break in) (up)on s. o. **2.** *bes. mil.* invade (**in ein Land** a country), enter (by force); **in die feindlichen Linien ∼** penetrate (into) the enemy lines. **3.** *Dinge*: penetrate, come in; (*einsickern*) *a.* soak (*od.* seep, ooze) in. **4.** (*sich einbohren*) penetrate, pierce; **die Kugel ist tief in den Arm eingedrungen** *a.* the bullet has lodged itself deeply in the arm. **5.** *Wörter in die Sprache*: infiltrate, find their way, creep (*into a language*). **6.** *fig.* **in** (*acc*) **et. ∼** (*ergründen*) get (*od.* delve) into s. th., go to the bottom (*od.* heart) of s. th., study s. th. (thoroughly *od.* closely); (*verstehen*) grasp (*od.* comprehend) s. th.; **in ein Geheimnis ∼** fathom a mystery. **7.** **auf j-n ∼** a) attack s. o., fall (up)on s. o., go for s. o. (*with a knife, etc*), b) *fig.* press s. o., urge s. o.; **(mit Bitten) auf j-n ∼** plead with (*od.* entreat) s. o., beset s. o. with requests. **8.** *fig. lit.* **auf j-n ∼** *Eindrücke etc*: crowd in (up)on s. o., *Gefühle*: throng in (up)on s. o., invade s. o.; **ihre Worte drangen tief in ihn ein** her words affected (*od.* moved) him deeply. **9.** *med.* a) infiltrate, b) *Bakterien*: enter, invade, c) *Instrument*: engage, enter. **II** **≗** *n ‹-s›* **10.** forcing one's way in, penetrating (*etc*). **11.** forcible (*od. jur.* unlawful) entry. **12.** penetration; infiltration; invasion. **ˈeinˌdring·lich I** *adj* **1.** *Warnung, Bitte etc*: urgent, pressing, insistent. **2.** *Sprache, Rede etc*: powerful, forceful, emphatic; (*plastisch*) graphic, vivid; (*eindrucksvoll*) striking, impressive; (*bewegend*) stirring, moving. **3.** *Gefühl etc*: deep, intense. **4.** *Stimme, Blicke etc*: penetrating. **II** *adv* **5.** urgently; **er bat sie auf das ∼ste** he asked her most urgently; **j-m ∼ nahelegen, et. zu tun** urge s. o. strongly to do s. th.; **j-n ∼ davor warnen, et. zu tun** warn s. o. strongly against doing s. th. **6.** powerfully, forcefully (*etc*; *cf.* 2, 3). **ˈEinˌdring·lich·keit** *f ‹-; no pl›* **1.** urgency, insistence. **2.** powerfulness, forcefulness; strikingness; vividness. **ˈEinˌdringling** *m ‹-s; -e›* **1.** intruder, interloper. **2.** *auf e-r Gesellschaft etc*: intruder, *colloq.* gate-crasher. **3.** (*Angreifer*) invader.

ˈEinˌdruck[1] *m ‹-(e)s; ⸚e›* **1.** *fig.* impression; **bleibender (tiefer) ∼** lasting (deep) impression; **flüchtiger ∼** fleeting impression, glimpse; **unauslöschlicher ∼** a) indelible impression, b) *psych.* trace; **für Eindrücke empfänglich** impressionable; **∼ machen auf j-n** impress s. o., make (*od.* leave) an impression on s. o.; **e-n guten ∼ auf j-n machen, bei j-m e-n guten ∼ hinterlassen** make (*od.* leave) a good impression on s. o., impress s. o. favo(u)rably; **er will stets e-n (möglichst) guten ∼ machen** *a.* he always puts his best foot forward; **e-n schlechten ∼ machen** make (*od.* leave) a poor (*od.* bad) impression, look bad; **j-m e-n falschen ∼ von et. geben (od. vermitteln)** give s. o. a wrong impression of s. th.; **ich habe den ∼ (od. kann mich des ∼(e)s nicht erwehren), daß** I have the impression (*od.* a feeling) that, I can't help thinking that; **er macht (od. erweckt) den ∼ großer Verläßlichkeit** he gives the impression of being very reliable, he appears to be very reliable; *colloq.* **er will nur ~ schinden** he only wants to show off; **er tat es nur, um ~ zu schinden** he did it only for show. **2.** ⟨*only sg*⟩ *fig.* (*Nachwirkung*) effect; **ich stand noch ganz unter dem ~ des großen Ereignisses** I was still under the spell of the great event; **sie steht noch ganz unter dem ~ s-s Todes** the impression of his death is still fresh in her mind. **3.** (*Fußspur etc*) imprint, impress(ion), mark. **4.** *metall.* impression, indent.

ˈEinˌdruck² *m* ⟨-(e)s; *no pl*⟩ **1.** printing in. **2.** *in Textilien*: blocking in.

ˈeinˌdrucken (*getr.* **-k·k-**) *v/t* ⟨*sep*, **-ge-**, *h*⟩ **1.** a) print (in), b) overprint, imprint, impress. **2.** *Textil.* (*Farbe*) block in.

ˈeinˌdrücken (*getr.* **-k·k-**) **I** *v/t* ⟨*sep*, **-ge-**, *h*⟩ **1.** (*zerbrechen*) break (in), push in, smash, shatter; **die Tür ~** force (*od.* crash) the door. **2.** (*zermalmen*) crush, squash; (*e-e Mauer etc*) cave in. **3.** (*flach drücken*) flatten. **4.** (*einbeulen*) dent, make a dent in. **5.** *mil.* **die feindliche Front ~** make a dent (*stärker*: a breach) in the enemy's lines. **6.** (*einpressen*) press in; **die Sporen ~** dig one's spurs in. **7.** (*Spur etc*) impress, imprint, press in. **II** *v/i* **8.** *Fußball*: press the ball home. **III** *v/reflex* **sich ~ 9.** make (*od.* leave) an impression (*od.* imprint), be imprinted, press in; **s-e Fußtritte hatten sich tief in den Boden eingedrückt** his footprints were deeply impressed on (*od.* pressed deeply into) the ground. **ˈeinˌdrück·lich** *adj obs. od. Swiss* impressive.

ˈEinˌdruckˌschmie·rung *f tech.* one-shot lubrication.

ˈeinˌdrucks|ˌfä·hig *adj* impressionable, receptive; sensitive. **≗ˌfä·hig·keit** *f* ⟨-; *no pl*⟩ impressionability, receptivity; sensitiveness. **~los** *adj* unimpressive. **~ˌvoll** *adj* impressive, *Erscheinung etc*: *a.* imposing, striking; **e-e ~e Rede** an impressive (*od.* a powerful, stirring) speech.

ˈein|ˌdun·sten I *v/t* ⟨*sep*, **-ge-**, *h*⟩ → **eindünsten. II** *v/i* ⟨*sein*⟩ evaporate, dry up. **~ˌdün·sten** *v/t* ⟨*sep*, **-ge-**, *h*⟩ (*Flüssigkeit*) evaporate (down). **≗ˌdun·stung, ≗ˌdün·stung** *f* ⟨-; *no pl*⟩ evaporation. **~ˌdu·seln** *v/i* ⟨*sep*, **-ge-**, *sein*⟩ *colloq.* doze (*od.* nod) off.

ˈei·ne *f* **I** *indef article* → **ein¹** I. **II** *cardinal number* → **ein¹** II. **III** *indef pron* → **ein¹** III, **einer.**

ˈeinˌeb·nen *v/t* ⟨*sep*, **-ge-**, *h*⟩ **1.** level, even (up), make *s. th.* even (*od.* flat), flatten; (*planieren*) level, grade. **2.** *durch Bombenangriff*: level, raze, make (*a town*) level to the ground. **3.** *fig. iro.* (*Unterschiede*) level out (*class distinctions, etc*). **ˈEinˌeb·nung** *f* ⟨-; -en⟩ level(l)ing (*etc*).

ˈEinˌehe *f* monogamy.

ˈeinˌei·ig [-ˌʔaııç] *adj biol.* uniovular; **~e Zwillinge** identical (*od.* uniovular) twins.

ˈeinˌeinˈhalb *adj* one and a half; **~ Stunden** one and a half hours, an hour and a half. **≗ˌdecker** (*getr.* **-k·k-**) *m aer.* sesquiplane. **~ˌmal** *adv* one and a half times; **~ soviel** one and a half times as much.

ei·nen [ˈaınən] *v/t* ⟨*h*⟩ *u.* **sich ~** *v/reflex lit.* unite.

ˈeinˌen·gen I *v/t* ⟨*sep*, **-ge-**, *h*⟩ *allg.* confine, restrict, narrow, constrict; **j-n ~** *a.* cramp, hamper; (*begrenzen*) *a.* limit, hem in; *fig.* **e-n Begriff ~** (**auf** *acc*) narrow down (*od.* confine, limit) an idea (to); **ein Zimmer ~** *Tisch etc*: make a room (look) narrow, cramp the whole room; **j-s Macht ~** limit (*od.* circumscribe) s. o.'s power; **sich eingeengt fühlen** feel hampered (*od.* cramped). **II ≗** *n* ⟨-s⟩ confining (*etc*). **ˈEinˌen·gung** *f* ⟨-; *no pl*⟩ **1.** → **einengen** II. **2.** restriction, confinement, limitation.

ˈei·ner, ˈei·ne, ˈei·nes *indef pron* **1.** one; **einer von euch (beiden)** one of you (two); *fig.* **alles in einem** all things considered, on the whole, all in all; **einer für alle und alle für einen** one for all and all for one; **einer zu viel** one too many; *colloq.* **er ist auch so einer** he is another (of them), he is tarred with the same brush; **das eine, was not tut** the one thing necessary; **die einen sagen so, die anderen so** some say this, others (*od.* some) that; **einer nach dem anderen** one after another, one by one; **sie glaubt weder dem einen noch dem anderen** she doesn't believe either one of them; **einer von** (*od.* **unter**) **zehn** one in ten. **2.** (*jemand*) someone, somebody. **3.** (*man*) one, you; **es tut einem leid** one feels (*od.* you feel) sorry; *colloq.* **wie kann einer nur so dumm sein** how can anyone be so stupid; **sieh mal einer an!** a) just look at that now!, b) well, well!, fancy that! **4.** *colloq.* **j-m eine langen** (*od.* **kleben**) paste s. o. one; **einen sitzen haben** be tight (*od.* drunk); **in einem fort** incessantly, without interruption (*od.* a break). **5.** → **eins** 3–5.

ˈEi·ner *m* ⟨-s; -⟩ **1.** *math.* unit. **2.** *Rudern*: single scull(er); **er wurde Sieger im ~** he won the single sculls.

ˈei·nerˈlei I *adj* **1.** ⟨*pred*⟩ (*gleichgültig*) all (*od.* one and) the same, all one; **es ist ganz ~** it's all one (*od.* the same), it makes no difference, it doesn't matter (at all, *colloq.* a bit); **~ ob** no matter if, regardless whether; **es ist mir (völlig) ~ (, ob)** it's all one to me (if), it makes no difference to me (whether), I don't care (whether), I couldn't care less (whether); **~, was er dir gesagt hat** whatever (*od.* no matter what) he told you; **~, wer (wie, wann, wo[hin])** whoever (however, whenever, wherever), no matter who (how, when, where); **~, wir gehen hin!** all the same let's go (there), let's go (there) anyhow (*od.* anyway). **2.** ⟨*invariable*⟩ (*gleich*) the same. **3.** ⟨*invariable*⟩ (*gleichartig*) of one (*od.* the same) kind (*od.* sort); **~ Stoff** material of the same kind. **4.** ⟨*invariable*⟩ (*eintönig*) monotonous, dull (*food, etc*). **II ≗** *n* ⟨-s; *no pl*⟩ **5.** uniformity, monotony, *des Lebens*: *a.* humdrum, tediousness, tedium; *colloq.* **immer dasselbe** (*od.* **das ewige**) **≗** always the same old routine.

ˈEi·nerˌren·nen *n Sport*: (race of) single sculls *pl.*

ˈei·nerˈseits *adv* **1.** on the one hand (*od.* side), in one respect. **2. ~ ..., ander(er)seits** (*od.* **andrerseits**) on the one hand ..., on the other hand, for one thing ... for another.

ˈEi·ner|ˌstel·le *f math.* unit's place. **~ˌzelt** *n* one-man tent. **~ˌzif·fer** *f math.* digit in the unit's place.

ˈei·nes I *indef pron* → **einer. II** *indef article* ⟨*gen sg of* **ein¹** 1, 2⟩ of a(n).

ˈei·nesˈteils *adv* → **einerseits.**

ˈein·ex·erˌzie·ren *v/t* ⟨*sep*, *no* **-ge-**, *h*⟩ **1.** *bes. mil.* drill (*od.* train) *s. o.* (thoroughly). **2.** *fig. colloq.* **et. ~** drill (*od.* rehearse) s. th.; **j-m et. ~** drill (*od.* drum) s. th. into s. o.('s head).

ˈeinˌfach I *adj* **1.** single; **~er Faden** single thread; **~e Fahrkarte** single (*Am.* one-way) ticket; *colloq.* **Berlin ~, bitte** single to Berlin (*Am.* Berlin one-way), please; → **Buchführung. 2.** (*leicht*) simple, easy (*task, etc*); *Problem, Konstruktion*: *a.* straightforward; **sich** (*dat*) **e-e Arbeit ~ machen** make a job easy for o. s.; **es ist ganz ~** it's quite simple (*od.* easy), there's nothing to it; **das ist gar nicht ~** that is not at all easy, that takes some doing; *colloq. iro.* **warum ~, wenn's auch kompliziert geht** why do it the easy way? **3.** (*schlicht*) simple, plain (*food, house, truth, etc*); **das ~e Leben** the simple life; **~e Lebensweise** plain living; **ein ~es Essen** a simple (*od.* frugal) meal; **ein ~er Mensch** a simple (*od.* ordinary) man (*od.* person); **aus dem ~en Grunde** for the simple reason. **4.** *Briefporto*: normal, standard (*postage*). **5.** *Briefumschlag etc*: plain. **6.** *Bier etc*: ordinary. **7.** *pol. Stimmenmehrheit*: simple (*majority*). **8.** *math. Gleichung, Bruch etc*: simple; **~e Größe** simple quantity, monomial. **9.** *jur.* simple (*bankruptcy, theft, etc*). **10.** *med. Bruch*: simple (*fracture*). **11.** *mil.* **~er Soldat** private (soldier), *Am. a.* enlisted man, *sl.* buck private. **12.** *electr.* single; **~er Schalter** one-way switch. **13.** *tel.* simplex. **14.** *tech.* a) plain, b) single; **~e Fräsmaschine** plain milling machine. **15.** *chem.* a) *Körper*: simple, b) *Reaktion*: elementary, c) *Bindung*: single. **II** *adv* **16.** (*leicht*) simply, easily; **die Sache liegt ganz ~** the matter is quite simple (*od.* straightforward). **17.** (*schlicht*) simply, plainly, modestly, *Essen*: *a.* frugally; **sich zu ~ kleiden** dress too plainly, underdress; **sie wohnen sehr ~** they live simply, they live in a very modest home. **18.** *colloq.* (*verstärkend*) simply, just, absolutely (*wonderful, etc*); **die Sache ist ~ die, daß** the simple fact is that; **das ist doch ~ Irrsinn** that's simply (*od.* sheer, downright) madness; **das ist ~ unglaublich** it's just unbelievable, it's fantastic; **das ist ~ e-e Lüge** that's a downright lie; **er hat sie ~ sitzenlassen** he simply walked out on her; **ich mußte ~ lachen** I couldn't help laughing. **III ≗e, das** ⟨-n⟩ **19.** the simple (*od.* easy) thing; **et. ≗es** s. th. simple (*od.* easy); **das ist doch das ≗ste von** (*od.* **in**) **der Welt** that's the easiest thing in the world, nothing could be easier. **20.** (*das Schlichte*) the simple (*od.* plain) thing; **wollen Sie et. ≗es oder et. Besseres?** do you want s. th. simple or s. th. better?

ˈEinˌfach·beˌtrieb *m electr. tel.* simplex operation.

ˈEinˌfach·heit *f* ⟨-; *no pl*⟩ **1.** simplicity; **der ~ halber** (*od.* **wegen**) to simplify matters, to save trouble. **2.** (*Schlichtheit*) simplicity, plainness, *e-s Mahls*: *a.* frugality.

ˈEinˌfach|ˌka·bel *n electr.* single-core cable. **~ˌkreis** *m* simplex circuit. **~verˌkehr** *m electr. tel.* simplex operation. **≗ˌwir·kend** *adj tech.* single-acting.

ˈeinˌfä·deln I *v/t* ⟨*sep*, **-ge-**, *h*⟩ **1.** (*Nadel, Faden, a. Film, Tonband*) thread. **2.** *fig. colloq.* a) start, set *s. th.* afoot; **et. (geschickt** *od.* **schlau) ~** contrive (*od.* arrange, engineer) s. th. (cleverly), b) (*tun*) do, go about *s. th.*, handle *s. th.*; **ein Gespräch ~** start (*od.* strike up) a conversation. **II** *v/reflex* **sich ~ 3.** *mot.* filter in, get into lane; **sich in e-e andere Spur ~** change over to another lane.

ˈEinˌfa·denˌlam·pe *f* single-filament lamp.

ˈeinˌfä·dig [-ˌfɛːdıç] *adj* **1.** *Faden etc*: single(-strand). **2.** *phys. tech.* unifilar.

ˈeinˌfah·ren I *v/t* ⟨*irr, sep*, **-ge-**, *h*⟩ **1.**

(*Auto etc*) run in, *bes. Am.* break in; **„wird eingefahren"** "running in", *Am.* "being broken in". **2.** (*Ernte*) bring (*od.* take, get) in (*the harvest*). **3.** (*zerschmettern*) knock down, crash (into), smash. **4.** *civ. eng.* transport (*od.* drive) *s. th.* into place; **e-e Schwimmbrücke ~** float pontoons into place. **5.** *aer. mar.* (*Fahrgestell, Sehrohr etc*) retract. **6.** (*Skipiste etc*) track. **II** *v/i* ⟨**sein**⟩ **7.** drive in; *a. mar. rail.* come in, enter, arrive; *Zug*: *a.* pull in(to the station); **pünktlich ~** come in on time. **8.** *Bergbau*: descend (into the pit). **9.** *hunt. Fuchs etc*: go to earth (*od.* ground), *Am. a.* hole up. **III** *v/reflex* ⟨**h**⟩ **sich ~ 10.** *beim Auto etc*: practise (driving), get used to a car. **11.** *fig. colloq.* **es hat sich so eingefahren, daß wir** it has become a habit with us to; → **eingefahren. IV** Ջ *n* ⟨**-s**⟩ **12.** running in (*etc*). **13.** → **Einfahrt** 2, 3.

ˈ**Ein|fahrt** *f* ⟨**-; -en**⟩ **1.** → **einfahren** 12; **bei der ~ in den Bahnhof** when coming into (*od.* pulling into, entering) the station; **der Zug aus Berlin hat ~ auf Gleis 10** the train from Berlin is now coming in on track 10. **2.** entry (**in** *acc* into); **„keine ~!"** "no entry!"; **der Zug hat (k-e) ~** the signal is at green (*od.* clear) (red *od.* stop). **3.** *Bergbau*: descent (into the pit). **4.** (*Grundstücks*Ջ *etc*) entrance, gateway, way in, drive, *bes. Am.* driveway; **„~ freihalten!"** "keep clear of the gate". **5.** *zur Autobahn*: approach, access (road). **6.** (*Verkehrszeichen*) a) "way in", b) *zur Autobahn*: "entry". **7.** *e-s Hafens, Tunnels etc*: entrance, mouth. **~si|gnal** *n rail.* home signal. **~|stra·ße** *f* access road. **~|tor** *n* (entrance) gate, entry. **~|weg** *m* drive, *bes. Am.* driveway.

ˈ**Ein|fahr||vor|schrift** *f mot.* running-in (*Am.* break-in) instructions *pl.* **~|zeit** *f* running-in (*Am.* break-in) time.

ˈ**Ein|fall** *m* ⟨**-(e)s; =e**⟩ **1.** → a) **einfallen** 9, b) **Einsturz** 1. **2.** *mil.* a) invasion, b) (*Überfall*) raid, incursion, inroad; **~ in ein feindliches Land** invasion of (*od.* raid into, incursion into) an enemy's country. **3.** *phys. des Lichts etc*: incidence. **4.** *fig.* idea, inspiration; **glücklicher ~** happy idea; **geistreicher** (*od.* **witziger**) **~** witty idea, flash of wit; **guter** (*od.* **toller**) **~** splendid idea, *colloq.* brain wave; *colloq.* **es war nur** (*od.* **bloß**) **so ein ~ (von mir)** it was just an idea (of mine); **plötzlich kam ihm der** (*od.* **er auf den**) **~ auszugehen** he had the sudden idea (*od.* it suddenly occurred to him) to go out; → *a.* **Idee** 2.

Ein·fall ..., ein·fall ... → **Einfalls ..., einfalls ...**

ˈ**ein|fal·len I** *v/i* ⟨*irr, sep,* **-ge-, sein**⟩ **1.** → **einstürzen** 1, 2. **2.** *Licht etc*: fall in; *phys.* be incident. **3.** *fig. Wangen, Gesicht*: sink in, become hollow (*od.* haggard); → **eingefallen. 4.** *mil.* **in ein Land ~** a) invade a country, b) raid (*od.* make a raid into) a country; *fig. colloq.* **bei j-m ~** descend (*od.* burst, drop in) on s. o. **5.** *fig. im Gespräch*: interrupt, cut (*od. colloq.* butt, horn) in. **6.** a) *mus.* come (*od.* strike) in, enter, *a. mit Refrain etc*: join in, b) *fig.* chime (*od.* join) in; **das ganze Publikum fiel ein** the whole audience joined in. **7.** *fig.* **j-m ~** occur to s. o., come to (*od.* enter) s. o.'s mind; **mir fällt nichts Besseres ein** I can't think of anything better; **sagen, was e-m gerade einfällt** say the first thing that enters one's head; **es fällt mir im Augenblick nicht ein** I can't think of it (*od.* don't remember it) at the moment; **es wird mir schon wieder ~** it'll come back to me soon; **dabei fällt mir et. ein** that reminds me of s. th.; **dabei fällt mir nichts ein** nothing comes to mind; **zu diesem Thema** (*od.* **dazu**) **fällt mir nichts ein** I can't think of anything in this respect; **es würde mir nie (im Traume) ~, dies zu tun** it would never occur to me to do that, I wouldn't dream of doing that; **was fällt dir (eigentlich) ein?** what do you think you're doing?, what's the (big) idea?, how dare you?; *colloq.* **fällt mir gar nicht ein!, das sollte mir (gerade) ~!** not on your life!, not me!, catch me (doing that)!, *sl.* no soap!; **laß dir das ja nicht ~!** don't you dare (to do such a thing)!, you'd better not!; **sich et. ~ lassen** a) take s. th. into one's head, b) (*sich ausdenken*) think of s. th., *colloq.* think (*od.* dream up) s. th., come up with s. th. (new, *etc*); **was dem so alles einfällt!** the ideas he gets (*od.* has)!; → *a.* 8. **II** *v/impers* **8. es fällt mir nichts ein** I have no idea(s), I can't think of anything, my mind is a blank; **es wäre mir nie eingefallen, ihm die Wahrheit zu sagen** it would never have occurred to me to tell him the truth, I would never have dreamed of telling him the truth; **es fällt ihm gar nicht ein, das zu tun** he has no intention (whatsoever) of doing that. **III** Ջ *n* ⟨**-s**⟩ **9.** falling in (*etc*). **10.** *phys.* incidence. **11.** → **Einfall** 2. **12.** *geol.* dip.

ˈ**ein|fal·lend** *adj phys. Licht, Strahl*: incident.

ˈ**Ein|falls||ebe·ne** *f* **1.** *geol.* dip plane. **2.** *phys.* plane of incidence. Ջ**los** *adj* unimaginative, lacking in ideas, dull. **~lo·sig·keit** *f* ⟨**-;** *no pl*⟩ unimaginativeness, lack of ideas. **~|lot** *n math. phys.* axis of incidence, perpendicular. Ջ**|reich** *adj* imaginative, inventive; (*findig*) resourceful. **~|reich·tum** *m* wealth of ideas (*od.* invention); fertility, resource(fulness). **~|stra·ße** *f* access road. **~|win·kel** *m* **1.** *phys.* (angle of) incidence. **2.** *Ballistik*: angle of descent.

ˈ**Ein|falt** *f* ⟨**-;** *no pl*⟩ **1.** simple-mindedness, simplicity, naïvety; innocence; (*Torheit*) foolishness; (*Leichtgläubigkeit*) credulity, gullibility. **2.** *lit.* (*Schlichtheit der Kunst, des Gemüts, Herzens, etc*) simplicity; **edle ~, stille Größe** noble simplicity and serene grandeur.

ˈ**ein|fäl·tig** [-ˌfɛltɪç] *adj* **1.** (*beschränkt*) simple(-minded); (*töricht*) foolish, fatuous, *stärker*: stupid; (*unschuldig*) innocent, naïve; (*leichtgläubig*) gullible. **2.** *lit.* (*schlicht*) simple, artless. ˈ**Ein|fäl·tig·keit** *f* ⟨**-;** *no pl*⟩ → **Einfalt.** ˈ**Ein|falts·|pin·sel** *m colloq.* simpleton, nincompoop, ninny.

ˈ**ein|fal·zen** *v/t* ⟨*sep,* **-ge-, h**⟩ **1.** (*Papier*) fold (in *od.* up). **2.** *tech.* a) *in der Schreinerei*: rebate, b) (*Dauben*) notch.

ˈ**Ein·fa|mi·li·en|haus** *n* one-family house (*od.* unit).

ˈ**ein|fan·gen I** *v/t* ⟨*irr, sep,* **-ge-, h**⟩ **1.** (*Verbrecher etc*) catch, capture, apprehend, bring in. **2.** (*Tiere etc*) catch, seize; **Pferde mit e-m Lasso ~** lasso horses. **3.** (*Bienen*) hive. **4.** *fig. humor.* catch, *colloq.* hook; **sich** (*dat*) **e-n Mann ~** hook a husband. **5.** *nucl.* capture, trap. **6.** *fig. in Wort, Bild etc*: capture, catch (*mood, experience, etc*). **II** Ջ *n* ⟨**-s**⟩ **7.** catching (*etc*). **8.** capture, apprehension.

ˈ**ein|fär·ben** *v/t* ⟨*sep,* **-ge-, h**⟩ **1.** dye. **2.** *print.* (*Druckwalzen etc*) ink.

ˈ**ein|far·big** *adj* **1.** one-colo(u)red, unicolo(u)red; *bes. Stoff, Kleid*: *a.* plain(-colo[u]red). **2.** *phot. print.* monochromatic, monochrome.

ˈ**ein|fas·sen I** *v/t* ⟨*sep,* **-ge-, h**⟩ **1.** (*umsäumen*) border, line, edge. **2.** (*umgeben*) surround, enclose, bound (**mit e-r Mauer** *etc* with a wall, *etc*); **e-n Garten mit e-r Hecke (e-m Zaun) ~** hedge in (fence in) a garden. **3.** (*Quelle etc*) kerb, *Am.* curb (*a well*). **4.** (*Kleider etc*) edge, border, trim, braid, hem; **mit Spitze ~** (edge with) lace; **mit Pelz ~** (trim with) fur. **5.** (*Schuhe etc*) welt. **6.** (*Brillengläser, Druckstock, Bild etc*) frame. **7.** (*Edelstein*) set, mount. **II** Ջ *n* ⟨**-s**⟩ **8.** bordering (*etc*). ˈ**Ein|fas·sung** *f* ⟨**-; -en**⟩ **1.** → **einfassen** II. **2.** (*Umsäumung*) border, lining, edge, edging; (*Umzäunung etc*) fence, enclosure; *e-r Quelle etc*: kerb, *Am.* curb. **3.** (*Kleidersaum etc*) edge, border, trim(ming), hem. **4.** *e-s Edelsteins*: setting, mounting. **5.** *e-s Schuhs*: welt. **6.** (*Rahmen e-s Bildes, Fensters etc*) frame. **7.** (*Rand*) rim. **8.** (*Geländer*) railing.

ˈ**ein||fet·ten I** *v/t* ⟨*sep,* **-ge-, h**⟩ **1.** (*Körper, Haare etc*) cream, oil; **sich** (*dat*) **die Haut ~, s-e Haut ~** rub cream into one's skin, cream o. s. **2.** grease; **mit Butter (Öl)**: *a.* butter (oil) *s. th.* **3.** *tech.* grease, oil, lubricate. **4.** (*Leder*) stuff, dress. **5.** (*Wolle*) oil. **II** *v/reflex* **sich ~ 6.** cream o. s. **III** Ջ *n* ⟨**-s**⟩ **7.** creaming (*etc*). **8.** *tech.* greasing, lubrication. **~|fie·ren** *v/t* ⟨*sep,* **-ge-, h**⟩ *mar.* (*Tau*) slack. **~|fin·den** *v/reflex* ⟨*irr, sep,* **-ge-, h**⟩ **sich ~ 1.** appear, come, put in an appearance, *colloq.* turn (*od.* show) up (**an e-m Ort ~** at a place); **sich pünktlich ~** arrive on time; *zu e-r Prüfung etc*: present o. s.; **sich bei j-m ~** come to s. o.('s place); **sich zu et. ~** appear (*od.* turn up) for s. th., come to s. th., (*teilnehmen*) attend s. th.; **sich wieder ~** *Sache*: turn up again, be found. **2.** (*sich versammeln*) assemble, come together, gather, meet. **3.** *fig.* **sich in** (*acc*) **et. ~** familiarize o. s. with s. th.

ˈ**ein|flech·ten I** *v/t* ⟨*irr, sep,* **-ge-, h**⟩ **1.** weave in; **Muster in e-n Teppich ~** weave a pattern into a carpet; **Bänder ins Haar ~** plait ribbons into one's hair; **sich** (*dat*) **die Haare ~** plait (*od.* braid) one's hair. **2.** *fig.* work in, insert; **et. in e-e Sache ~** a) (*Episode in Roman etc*) weave (*od.* interpolate) s. th. into s. th., b) (*Witze in Rede etc*) work (*od.* insert, include) s. th. into s. th.; **Anekdoten in e-n Vortrag ~** *a.* intersperse (*od.* garnish, *colloq.* lard, spice) a speech with anecdotes. **3.** *fig.* (*beiläufig erwähnen*) mention *s. th.* casually (*od.* in passing), inject. **II** Ջ *n* ⟨**-s**⟩ **4.** weaving in (*etc*). ˈ**Ein|flech·tung** *f* ⟨**-; -en**⟩ **1.** → **einflechten** II. **2.** *fig.* insertion, introduction, inclusion, interspersion. **3.** (injected) remark.

ˈ**ein||flicken** (*getr.* **-k·k-**) *v/t* ⟨*sep,* **-ge-, h**⟩ **1.** *dial.* (*Stück Stoff etc*) insert, put (*od.* patch) in. **2.** *fig.* add, insert, put (*od.* work, *contp.* botch) *s. th.* in. **~|flie·gen I** *v/t* ⟨*irr, sep,* **-ge-, h**⟩ **1.** *bes. mil.* (*Truppen, Proviant etc*) fly in(to **in** *acc*), airlift *s. th.* in; **Lebensmittel wurden in die Stadt eingeflogen** food was flown into the town. **2.** *aer.* (*Flugzeug*) make test-flights with, flight-test, test out. **II** *v/i* ⟨**sein**⟩ **3.** fly in(to *a territory*), enter; (*in die Flughafenzone*) approach, come in. **III** *v/reflex* ⟨**h**⟩ **sich ~ 4.** practise flying. **IV** Ջ *n* ⟨**-s**⟩ **5.** flying in (*etc*). **6.** (*Probeflug*) trial (*od.* test) flight. **7.** → **Einflug** 2, 3. Ջ**|flie·ger** *m aer.* test pilot. **~|flie·ßen I** *v/i* ⟨*irr, sep,* **-ge-, sein**⟩ **1.** *allg.* flow in; **in** (*acc*) **et. ~** flow into s. th., enter s. th. **2.** *fig.* **et. ~ lassen** a) (*Bemerkung etc*) slip s. th. (in), drop (*od.* let fall) (*a remark*), mention s. th. in passing, b) (*durchblicken lassen*) give s. th. to understand, hint at s. th., c) (*hin-

zufügen) insert (*od.* include, add) s. th. **II** ≈ *n* ⟨-s⟩ **3.** flowing in (*etc*).

ˈeinˌflö·ßen I *v/t* ⟨*sep*, **-ge-, h**⟩ **1. j-m et.** (**Flüssigkeit**) ~ a) pour s. th. into s. o.'s mouth, give s. o. s. th. (to drink), b) (*Suppe etc*) feed s. o. (with) s. th., c) *med.* administer s. th. to s. o. **2.** *fig.* **j-m et.** ~ inspire (*od.* fill, imbue) s. o. with s. th., instil(l) s. th. into s. o.; **j-m Achtung** (**Bewunderung**) ~ inspire (*od.* fill) s. o. with respect (admiration), command s. o.'s respect (admiration); **j-m Vertrauen** ~ inspire s. o. with confidence, make s. o. trust *s. o. od. s. th.*; **j-m Mitleid** ~ fill s. o. with pity, arouse s. o.'s pity, move s. o. to pity; **j-m Mut** ~ fill (*od.* inspire) s. o. with courage, encourage s. o.; **j-m Verdacht** ~ arouse s. o.'s suspicion, make s. o. suspicious. **II** ≈ *n* ⟨-s⟩ **3.** pouring in (*etc*). **4.** → **ˈEinˌflö·ßung** *f* ⟨-; -en⟩ **1.** → **einflößen** II. **2.** *fig.* inspiration, infusion, instil(l)ment, arousing.

ˈeinˌfluch·ten I *v/t* ⟨*sep*, **-ge-, h**⟩ *tech.* align, aline. **II** ≈ *n* ⟨-s⟩ aligning.

ˈEinˌflug *m* ⟨-(e)s; ⸚e⟩ **1.** → **einfliegen** IV. **2.** *aer.* a) *in ein Gebiet etc*: flight (into), entry (of, into), b) inbound (*od.* incoming) flight. **3.** *mil.* a) *von Feindflugzeug etc*: penetration, intrusion, b) (*Angriff*) raid.

ˈeinˌflü·ge·lig [-ˌflyːgəlɪç] *adj* **1.** *zo.* one-winged, monopteral. **2.** *Tür*: single-wing.

ˈEinˌflug|ˌschnei·se *f* approach lane, air corridor. **~ˌzo·ne** *f* area for incoming aircraft.

ˈEinˌfluß *m* **1.** → **einfließen. 2.** *allg., a. phys.* (**auf** *acc*) influence (on); (*Auswirkung*) *a.* effect (on), bearing (on); (*Macht*) *a.* power, control, sway (*alle*: over), *e-r Person*: *a. colloq.* pull; **schädlicher** ~ harmful influence; **unter dem** ~ **von Alkohol** under the influence of alcohol; (**e-n**) ~ **auf** (*acc*) **et.** (**j-n**) **ausüben** (*od.* **haben**) a) exert (*od.* exercise, have) an influence (up)on (*od.* over) s. th. (s. o.), influence s. th. (s. o.), b) (*einwirken*) have an effect (*od.* bearing) on s. th. (s. o.), affect s. th. (s. o.); **darauf habe ich k-n** ~ that's beyond my control, there's nothing I can do about it; **ein Mann von** (**ohne**) ~ a man of (without) influence (*od.* weight), an (un)influential man; **s-n** (**ganzen**) ~ **aufbieten** (*od.* **geltend machen**) use (all) one's influence, bring (all) one's influence to bear; ~ **gewinnen** gain (*od.* obtain) influence; **an** ~ **gewinnen** gain in influence; **er hat** ~ **bei Hofe** (**beim König**) he has influence at court (with the king); (**in e-r Sache**) ~ **haben** have influence (*od.* a voice, a say) (in s. th.); **unter j-s** ~ **stehen** (**geraten**) be (come) under s. o.'s influence (*od.* sway). **~beˌreich** *m*, **~geˌbiet** *n* sphere of influence. **≈los** *adj* without influence, uninfluential, powerless. **~lo·sig·keit** *f* ⟨-; *no pl*⟩ lack of influence, powerlessness. **~ˌnah·me** *f* ⟨-; *rare* -n⟩ (**auf** *acc*) influencing (*s. th.*), exerting (of) influence (on); (*Eingriff*) intervention (in), *stärker*: interference (in, with). **≈ˌreich** *adj Person, Amt etc*: influential, of influence; **sehr** ~ **sein** have great influence, *Person*: *a. colloq.* have a lot of pull, cast a long shadow. **~ˌsphä·re** *f* sphere of influence.

ˈeinˌflü·stern I *v/t* ⟨*sep*, **-ge-, h**⟩ **1. j-m et.** ~ a) whisper s. th. to s. o. (*od.* into s. o.'s ear), b) (*vorsagen*) prompt s. th. to s. o., c) *fig. contp.* insinuate s. th. to s. o., suggest s. th. to s. o. **II** *v/i* **2.** (**j-m**) ~ (*vorsagen*) prompt (s. o.). **3. auf j-n** ~ whisper into s. o.'s ear. **ˈEinˌflü·ste·rung** *f* ⟨-; -en⟩ **1.** whispering; prompting. **2.** *fig.* insinuation, suggestion.

ˈein|ˌflu·ten *v/i* ⟨*sep*, **-ge-, sein**⟩ **1.** flood in. **2.** *fig.* **auf j-n** ~ *Eindrücke etc*: flood (*od.* crowd) in on s. o., overwhelm s. o. **~ˌfor·dern** *v/t* ⟨*sep*, **-ge-, h**⟩ *econ.* a) (*Außenstände*) call in, demand payment of, b) (*Kapital*) call for (*od.* in), c) (*Steuern etc*) collect. **~ˌför·mig** [-ˌfœrmɪç] *adj* **1.** uniform, unvarying; → *a.* **eintönig** 1. **2.** *biol.* monoplastic. **≈ˌför·mig·keit** *f* ⟨-; *no pl*⟩ **1.** uniformity. **2.** → **Eintönigkeit** 1. **~ˌfres·sen** *v/reflex* ⟨*irr, sep*, **-ge-, h**⟩ **1. sich in** (*acc*) **et.** ~ a) *Säure etc*: eat into s. th., *in Metall*: *a.* corrode s. th., b) *Schmutz etc*: penetrate s. th., c) *Insekt etc*: eat (its way) into s. th. **2.** *fig.* **sich in j-n** ~ gnaw at s. o.'s heart, take hold of s. o.; **der Neid hat sich tief in s-e Seele eingefressen** envy is rankling in his heart. **~ˌfrie·den** *v/t* ⟨*sep*, **-ge-, h**⟩ (*Stück Land etc*) fence (in), enclose, close in; **mit e-r Mauer** (**Hecke, e-m Geländer**) ~ *a.* wall (hedge, rail) *s. th.* in. **≈ˌfrie·di·gung** *f* ⟨-; -en⟩ → **≈ˌfrie·dung** *f* ⟨-; -en⟩ **1.** enclosing (*etc*; *cf.* **einfrieden**). **2.** enclosure. **3.** (*Zaun*) fence. **4.** (*Mauer*) wall.

ˈeinˌfrie·ren I *v/i* ⟨*irr, sep*, **-ge-, sein**⟩ **1.** *Wasserrohr etc*: freeze (up *od.* in). **2.** *Teich etc*: freeze (over). **3.** *Schiff, Hafen*: become icebound, freeze in. **4.** *fig. Lächeln, Gesicht*: freeze. **5.** *fig. Unterhaltung etc*: dry up. **6.** *econ. Kapital etc*: freeze, be blocked; **et.** ~ **lassen** freeze s. th. **7.** *pol. Verhandlungen etc*: reach a deadlock. **8.** *bes. chem.* freeze, solidify, congeal. **II** *v/t* ⟨**h**⟩ **9.** *gastr.* (deep- *od.* quick-)freeze. **10.** *econ.* (*Preise etc*) freeze. **III** ≈ *n* ⟨-s⟩ **11.** *allg.* freezing. **12.** *gastr.* (deep-)freezing. **ˈEinˌfrie·rung** *f* ⟨-; *no pl*⟩ **1.** → **einfrieren** III. **2.** *econ.* freeze. **3.** *bes. chem.* congealment.

ˈeinˌfuch·sen *v/t* ⟨*sep*, **-ge-, h**⟩ *colloq.* **1.** → **einarbeiten** 1. **2. j-n auf** (*acc*) **et.** ~, **j-m et.** ~ drill s. o. in s. th.

ˈeinˌfü·gen I *v/t* ⟨*sep*, **-ge-, h**⟩ **1.** fit (*od.* put) *s. th.* in, insert; **ein Wort in e-n Text** ~ insert a word in(to) a text; **Zahlen** ~ put in numbers. **2.** (*Bemerkung etc*) put (*od.* throw) *s. th.* in, interpolate. **3.** *print.* run in. **II** *v/reflex* **sich** ~ **4.** (*hineinpassen*) fit in (**in et.** with s. th.); *harmonisch*: *a.* harmonize, blend well (with); **sich gut in e-n Plan** ~ fit in well with a plan. **5.** (*sich eingliedern*) adapt (*od.* adjust) o. s. (**in et.** to *a community, etc*). **III** ≈ *n* ⟨-s⟩ **6.** fitting in (*etc*). **ˈEinˌfü·gung** *f* ⟨-; -en⟩ **1.** → **einfügen** III. **2.** a) insertion (*into a text, etc*), b) insertion, inserted word (*od.* passage), interpolation. **3.** adaptation, adjustment (**in** *acc* to). **ˈEinˌfü·gungsˌsatz** *m ling.* incidental (*od.* parenthetical) clause.

ˈein|ˌfüh·len *v/reflex* ⟨*sep*, **-ge-, h**⟩ **1. sich in** (*acc*) **et.** ~ get into the spirit of s. th., acquire an insight into (*od.* understanding of) s. th., feel one's way into s. th. **2. sich in j-n** ~ project o. s. into s. o.'s mind, feel with s. o., *lit. od. psych.* empathize with s. o. **~ˌfüh·lend I** *pres p.* **II** *adj* **1.** (*verständnisvoll*) sympathetic, empathizing, *weitS.* sensitive. **2.** intuitive. **~ˌfühl·sam** *adj lit. for* **einfühlend** II. **≈ˌfüh·lung** *f* ⟨-; *no pl*⟩ **1.** (**in** *acc*) projection (into), sympathetic understanding (of), rapport (with), empathy (with). **2.** → **Einfühlungsgabe. 3.** *philos. psych.* empathy, intuition.

ˈEinˌfüh·lungs|ˌga·be *f*, **~ˌkraft** *f*, **~verˌmö·gen** *n* **1.** intuition(al grasp), (intuitive) understanding. **2.** empathy, (sympathetic) understanding.

ˈEinˌfuhr *f* ⟨-; -en⟩ *econ.* **1.** ⟨*only sg*⟩ (*Vorgang*) import, importation, importing (*of goods*); **bei der** ~ on importation. **2.** import(s *pl*); **die** ~ **übersteigt die Ausfuhr** imports exceed exports. **3.** *pl* imports, imported goods. **4.** *med. von Sauerstoff etc*: intake. **~arˌti·kel** *m* **1.** import (item). **2.** *pl* articles for (*od.* of) importation. **3.** *pl* imports, imported articles (*od.* goods).

ˈeinˌführ·bar *adj econ.* importable.

ˈEinˌfuhr|beˌschrän·kung *f econ.* import restriction. **~beˌstim·mung** *f* import regulation. **~beˌwil·li·gung** *f* import permit (*od.* licen/ce, *Am.* -se).

ˈeinˌfüh·ren I *v/t* ⟨*sep*, **-ge-, h**⟩ **1.** (*Neuheit, neue Methoden etc*) introduce, adopt; *Maßnahmen*: *a.* introduce, initiate; *Vorschrift, Beschränkung*: *a.* impose; **Einrichtungen** ~ establish (*od.* set up) institutions; **e-e Mode** ~ introduce (*od.* start, launch, set) a fashion; **et. zwangsmäßig** ~ make s. th. compulsory; *colloq.* **so et. wollen wir gar nicht erst** ~ let's not start anything like that. **2. in** *e-e Familie, Gesellschaft etc*: introduce (into); **j-n in e-e Familie** ~ introduce s. o. into a family; **in die Gesellschaft eingeführt werden** *junge Dame*: come out, debut; **j-n bei Hofe** ~ present s. o. at court; **j-n bei j-m** ~ introduce s. o. to s. o. **3.** (*Neuling in Arbeit etc*) (**in** *acc*) introduce (to), initiate (into), familiarize (with) (*work, science, etc*). **4.** (*Person in Amt etc*) (**in** *acc*) instal(l) (in), inaugurate (into) (*office*). **5.** (*Gegenstand in Öffnung etc*) introduce, insert; **e-e Sonde in die Wunde** ~ insert a probe into the wound. **6.** *electr.* (*Kabel etc*) lead in. **7.** *tech.* a) pass (*od.* feed) *s. th.* into, b) (*Werkzeuge*) insert, enter. **8.** *metall.* (*Walzgut*) enter. **9.** *biol.* (*Mikroorganismen etc*) inoculate. **10.** *econ.* a) (*Waren*) import, bring in, b) (*Wertpapier an der Börse*) introduce, list, c) (*Artikel*) launch. **II** *v/reflex* **sich** ~ **11.** introduce o. s.; **sich gut** (**nicht gut**) **bei j-m** ~ make a good (poor) first impression on s. o. **12.** *econ. Artikel, Firma*: establish itself (*on the market, etc*). **III** ≈ *n* ⟨-s⟩ **13.** introducing (*etc*). **14.** → **Einführung. ~d** *adj* introductory.

ˈEinˌfuhr|erˌklä·rung *f econ.* import declaration. **~erˌlaub·nis** *f* → **Einfuhrbewilligung. ~erˌleich·te·rung** *f meist pl* import facility. **~ˌgü·ter** *pl* import goods, import(ed) articles, imports. **~ˌha·fen** *m* port of entry. **~ˌhan·del** *m* import trade. **~ˌhänd·ler** *m* importer. **~kon·tinˌgent** *n* import quota. **~kon·tin·genˌtie·rung** *f* quota allocation for imports. **~ˌland** *n* importing country. **~ˌlen·kung** *f* import control. **~plaˌfond** *m* import ceiling. **~ˌprä·mie** *f* bounty (on imports). **~ˌquo·te** *f* **1.** import quota. **2.** import ratio. **~ˌsper·re** *f*, **~ˌstopp** *m* import embargo (*od.* ban).

ˈEinˌfüh·rung *f* ⟨-; -en⟩ **1.** → **einführen** 13. **2.** *e-r Neuheit etc*: introduction, adoption; *von Maßnahmen etc*: *a.* initiation; *von Einrichtungen*: establishment; **die** ~ **der allgemeinen Wehrpflicht** the introduction of compulsory military service. **3.** (*Vorstellung*) introduction, presentation; ~ **in e-n Klub** introduction (in)to a club; ~ **bei Hofe** presentation at court. **4.** *e-s Neulings*: (**in** *e-e Arbeit etc*) introduction (to), initiation (into *a job, science, etc*). **5.** (**in** *ein Amt etc*) installation (in), inauguration (into). **6.** *zu e-m Buch etc*: introduction, preface, foreword. **7.** (*Buch*) introduction (**in** *acc*) to *physics, etc*). **8.** *e-r Sonde, e-s Drahts, etc*: (**in** *acc* into) introduction, insertion. **9.** *econ.* a) → **Einfuhr** 1, b) *e-s Wertpapieres* *an der Börse*: listing, introduction, c) *e-s Artikels*: launching. **10.** *electr.* lead-in.

ˈEinˌfüh·rungs|ˌanˌzei·ge *f econ.* launch ad. **~ˌaufˌtrag** *m econ.* initial order. **~ˌbrief** *m* letter of introduction. **~ˌka·bel** *n* lead(ing)-in cable. **~ˌkurs** *m* **1.** *econ. e-s Wertpapiers*: issue price. **2.** *ped.* introductory course. **~ˌkur·sus, ~ˌlehrˌgang** *m* → Einführungskurs 2. **~ˌpreis** *m econ.* introductory price. **~reˌkla·me** *f* launch advertising. **~ˌschrei·ben** *n* letter of introduction. **~ˌwer·bung** *f* launch advertising.

ˈEinˌfuhr|verˌbot *n econ.* import prohibition (*od.* ban). **~ˌwa·ren** *pl* → Einfuhrgüter. **~ˌzoll** *m econ.* import duty. **~ˌzuˌschuß** *m* import subsidy.

ˈeinˌfül·len I *v/t* ‹*sep*, **-ge-**, *h*› **1.** fill (*od.* pour) in; **et. in** (*acc*) **et. ~** fill (*od.* pour) s. th. into s. th., fill s. th. with s. th.; **et. in Flaschen ~** bottle s. th.; **et. in Fässer ~** barrel (*od.* cask, tun) s. th.; **et. in Säcke ~** sack s. th.; **Wasser in e-n Behälter ~** fill a container with water. **2.** *metall.* charge; **Erz in e-n Hochofen ~** charge a blast furnace with ore. **II** ♀ *n* ‹**-s**› **3.** filling (*etc*).

ˈEinˌfüll|ˌschrau·be *f tech.* filler screw (plug). **~ˌstop·fen** *m* filler plug. **~ˌstut·zen** *m* **1.** *tech.* a) tank filler pipe, b) *e-s Schmiersystems*: inlet connection piece. **2.** *aer. mot. am Tank*: filler neck (cap). **~ˌtrich·ter** *m* **1.** funnel, hopper. **2.** *tech.* (in)feed hopper.

ˈeinˌfü·ßig *adj* **1.** *Schemel etc*: one-legged. **2.** *zo.* one-footed, uniped, monopode.

ˈEinˌga·be *f* ‹**-; -n**› **1.** → eingeben 7. **2.** (*Gesuch*) petition, application; **e-e ~ an e-e** (*od.* **bei e-r**) **Behörde machen** make (*od.* submit) an application to an authority, file a petition with an authority; **e-e ~ um** (*od.* **für**) **et. machen** (make *od.* submit a) petition for s. th., apply for s. th. **3.** ‹*only sg*› (*Einreichen*) (bei to) submission, submittal. **4.** *med.* administration (*of a medicine*). **5.** *Computer*: input; **~einheit** *f* input unit.

ˈeinˌga·beln *v/t* ‹*sep*, **-ge-**, *h*› *mil.* (*Ziel*) bracket, straddle.

ˈEinˌgang *m* ‹**-(e)s; ¨-e**› **1.** *e-s Gebäudes etc*: entrance, way in, entry; (*Tor*) door(way), gate(way); **am ~ des Stadions** at the entrance to the stadium. **2.** *e-s Ortes, e-r Schlucht etc*: entrance; *e-r Höhle, e-s Tunnels, e-s Hafens etc*: *a.* mouth; (*Durchgang*) passage, opening. **3.** *anat.* (*Darm*♀ *etc*) inlet, aditus. **4.** ‹*only sg*› (*Zutritt*) admission, access, entry, entrance; **sich** (*dat*) **den ~ erzwingen** force one's entry (*od.* way in); **j-m den ~ verwehren** refuse s. o. entry (*od.* admittance); „**kein ~!**", „**~ verboten!**" "no entry!"; *fig.* **~ finden** *Mode, Sitte etc*: be introduced, be adopted, become popular, come into vogue; **~ in et. finden** a) gain entry (*od.* access) to s. th., b) (*in vornehme Kreise etc*) gain admission to s. th., be accepted into s. th., gain an entrée to (*society*); **~ beim Publikum finden** be well received by the public, appeal to the public; **j-m ~ verschaffen** (**zu** *od.* **in** [*acc*] **et.** to s. th.) a) obtain access (*od.* admission, entry) for s. o., b) clear the way for s. o.; **sich** (*dat*) **~ verschaffen** (**zu, in** [*acc*]) obtain entry (*od.* access) (to), gain admission (to); **e-r Sache ~ verschaffen** a) introduce s. th., bring in s. th., b) open a door to s. th., make way for s. th. **5.** ‹*only sg*› (*Beginn*) beginning; **zu ~** at the beginning; **zu ~ des 20. Jahrhunderts** at the beginning (*od. lit.* on the threshold) of the 20th century. **6.** (*Einleitung*) introduction, opening, *a.* preamble. **7.** ‹*only sg*› *econ.* a) *von Waren*: arrival, b) *e-s Schreibens, e-r Summe*: receipt; **bei** (*od.* **nach**) **~ von** on receipt (*od.* payment) of. **8.** *pl econ.* a) (*Einnahmen*) incomings, receipts, takings, b) (*Zahlungen*) payments received, c) (*Waren*) goods received, arrivals, d) (*Lieferungen*) deliveries, e) (*Post*) incoming mail *sg*; „**Eingänge**" *auf Ablagekörben*: "In". **9.** *econ. colloq. for* **Eingangsdatum. 10.** *electr.* input.

ˈeinˌgän·gig¹ *adj* **1.** *Melodie etc*: catching, catchy. **2.** (**leicht**) **~** *Worte etc*: easy to grasp. **ˈeinˌgän·gig²** *adj tech.* **1.** *Gewinde*: single-thread(ed). **2.** *Fräser, Schnecke*: single-start.

ˈeinˌgangs I *adv* at the beginning (*od.* outset); **~ erwähnt** above-mentioned, aforementioned; **wie ~ erwähnt** as mentioned above (*od.* at the beginning); **die ~ gestellte Frage** the opening question. **II** *prep* ‹*gen*› at the beginning of.

ˈEinˌgangs|beˌstä·ti·gung *f* confirmation of receipt. **~biˌlanz** *f* → Eröffnungsbilanz. **~ˌbuch** *n* book of receipts (*od.* entries). **~ˌda·tum** *n* date of receipt. **~enerˌgie** *f electr.* input (power). **~ˌfor·mel** *f* **1.** *jur.* preamble. **2.** *in e-m Brief etc*: introduction. **~ˌha·fen** *m* port of entry. **~ˌhal·le** *f* entrance hall (*od.* lounge), hall. **~ˌklem·me** *f electr.* input terminal. **~ˌlei·stung** *f electr.* input power. **~ˌlied** *n relig.* **1.** introit. **2.** opening hymn. **~porˌtal** *n* portal, (entrance) gate. **~ˌre·de** *f* opening speech. **~ˌspan·nung** *f electr.* input voltage. **~ˌstem·pel** *m econ.* receipt (*od.* entry) stamp. **~ˌstro·phe** *f e-s Liedes etc*: first strophe (*od.* stanza). **~ˌtor** *n* **1.** (entrance) gate, gateway. **2.** *e-s großen Hauses*: portal. **3.** *fig.* gate(way). **~ˌtür** *f* **1.** entrance door. **2.** front (*od.* street) door. **~verˌmerk** *m econ.* notice of receipt. **~ˌwor·te** *pl* opening words, preamble *sg*.

ˈein·geˌbaut *pp u. adj tech.* built-in, mounted, installed, incorporated, integral, permanently attached; **~er Schrank** built-in wardrobe (*od.* closet).

ˈeinˌge·ben I *v/t* ‹*irr, sep*, **-ge-**, *h*› **1.** (*Medizin etc*) administer, give; **j-m et. ~** administer s. th. to s. o.; **j-m Gift ~** administer poison to s. o. **2.** *fig.* **j-m et. ~** a) inspire (*od.* imbue) s. o. with s. th., put s. th. into s. o.'s mind (*od.* head), b) suggest s. th. to s. o., prompt (*od.* tell) s. o. to do s. th.; **j-m e-n Gedanken ~** give s. o. an idea. **3.** (*Bittschrift etc*) submit, present, hand in, file. **4.** *colloq.* (*vorschlagen*) recommend (**j-n zur Beförderung** s. o. for promotion). **5.** (*Daten etc*) input, feed; **e-m Computer Daten ~** feed a computer with data, feed data into a computer (bank). **II** *v/i* **6. um et. ~** make (*od.* submit, file) an application for s. th., apply for s. th. **III** ♀ *n* ‹**-s**› **7.** administering (*etc*). **8.** → **Eingabe** 3—5.

ˈein·geˌbil·det *pp u. adj* **1.** imaginary (*disease, invalid, etc*); *med.* **~e Schwangerschaft** false (*od.* nervous) pregnancy. **2.** (*dünkelhaft*) (self-)conceited, vain, self-important, priggish, *colloq.* stuck-up; **er ist (sehr) ~** *a. colloq.* he thinks a lot (*od.* no end) of himself, he is a conceited ass; **worauf ist er wohl so ~?** what is he so conceited about? **3.** (*arrogant*) arrogant, supercilious. ♀**heit** *f* ‹**-**; *no pl*› → **Einbildung** 3.

ˈein·geˌbo·ren *adj* **1.** *Bevölkerung etc*: native, indigenous; (*ureingesessen*) aboriginal. **2.** *lit.* (*angeboren*) inborn, innate, inherent (**j-m** in s. o.). **3.** *philos.* innate. **4.** *Bibl.* **Gottes ~er Sohn** the only begotten Son of God.

ˈEin·geˌbo·re·ne¹ *m, f* ‹**-n; -n**› **1.** native. **2.** (*Ureinwohner*) aboriginal; **die ~n Neuseelands** the aborigines of New Zealand. **ˈEin·geˌbo·re·ne², der** ‹**-n**; *no pl*› *relig.* the only begotten Son (of God).

ˈEin·geˌbo·re·nen|re·serˌvat *n* (native) reserve. **~ˌspra·che** *f ling.* language of the natives, native (*od.* indigenous) language.

ˈein·geˌbracht I *pp of* **einbringen. II** *adj jur.* **~es Gut** *e-s Ehegatten* property brought in (*by a spouse* upon marriage); **~e Sachen** (*des Mieters*) tenant's personal property *sg*.

ˈein·geˌbrannt I *pp of* **einbrennen. II** *adj* **1.** *Muster etc*: burnt(-in). **2. ~e Holzmalerei** pyrography, pyrogravure, poker-work.

ˈEinˌge·bung *f* ‹**-; -en**› **1.** (**göttliche ~**) divine) inspiration; (*plötzlicher Einfall*) *a. colloq.* bright idea, brain wave. **2.** (*Regung*) impulse, inspiration; **e-r plötzlichen ~ folgend** acting upon a sudden impulse (*od.* on the spur of the moment). **3.** (*Stimme*) voice, prompting; **den ~en des Herzens folgen** follow the dictates of one's heart.

ˈEin·geˌbür·ger·te *m, f* ‹**-n; -n**› naturalized person.

ˈein·ge|ˌdeckt *pp* **mit et. ~ sein** have enough of s. th., be sufficiently (*od.* well) provided (*od.* stocked, supplied) with s. th.; **gut mit Vorräten ~ sein** have laid in a good stock of provisions; *colloq.* **mit Arbeit ~ sein** be swamped with work, have a lot of work to do. **~ˌdenk** *adj* ‹*gen*› *lit.* mindful (of), remembering (*s. th.*); **e-r Sache ~ sein (bleiben)** be mindful of a thing, bear (keep) s. th. in mind, remember s. th.; **~ der Toten** remembering (*od.* in memory of) the dead; **~ der Tatsache, daß** bearing in mind that, in view of the fact that. **~ˌfah·ren** *adj Auto*: run-in, *bes. Am.* broken-in. **~ˌfal·len** *adj* **1.** *Haus*: dilapidated, ramshackle. **2.** *Wangen, Augen*: hollow, sunken. **3.** *Gesicht*: haggard, gaunt, hollow-cheeked, *Person*: *a.* emaciated, shrunken. **~ˌfleischt** *adj* **1.** confirmed, inveterate, engrained, thorough(going); **ein ~er Junggeselle** a confirmed bachelor; **ein ~er Sozialist** a dyed-in-the-wool socialist. **2.** *Gewohnheit, Meinung etc*: engrained, deep-rooted, deep-seated, inveterate. **~ˌfroren** *adj* **1.** *Teich etc*: frozen. **2.** *Schiff*: icebound, frozen(-)in. **3.** *gastr.* (quick- *od.* deep-)frozen. **4.** *econ.* frozen. **~ˌfuchst** *pp u. adj colloq.* **auf** (*acc*) **et. ~ sein** be thoroughly skilled (*od.* trained) in s. th., be very good at s. th., have the hang of s. th. **~ˌführt** *pp u. adj* **1.** imported (**aus** from). **2.** *only in* **in** (*dat*) **et. ~ sein** (*in Gesellschaftskreisen etc*) have a place in s. th., be accepted in s. th.; *econ.* **gut ~** *Artikel, Firma etc*: well(-)established (on the market). **~ˌhakt** *adj colloq.* arm in arm, arms linked. **~ˌhängt** *adj colloq.* → eingehakt.

ˈeinˌge·hen I *v/i* ‹*irr, sep*, **-ge-**, *sein*› **1.** *econ. Geld, Post, Waren etc*: be received, come in (*od.* to hand), arrive. **2.** *fig.* **in** (*acc*) **et. ~** enter (into) s. th., pass into s. th.; **in die Geschichte ~** go down in history (*as a great statesman, etc*); **das Wort ist in die Gemeinsprache eingegangen** the word has entered (*od.* has been accepted into) the common language; **in die Unsterblichkeit ~** attain immortality (*od.* lasting fame), live for ever; **in das Himmelreich ~** enter into heaven; **in den ewigen Frieden** (*od.* **zur ewigen Ruhe**) **~** find eternal peace. 3. **bei j-m ein- und ausgehen** frequent s. o.'s house, come and go at s. o.'s place. 4. *fig. colloq.* **das ging ihm ein** a) he understood (*od.* got) it, it went down with him, b) he believed (*od.* accepted) that; **das will mir einfach nicht** ~ I just can't understand (*od.* grasp) that, I (simply) don't get it, that's beyond me. 5. *fig. colloq.* **j-m geht et. leicht ein** s. o. grasps (*od.* learns) s. th. easily; **Französisch ging ihm schwer ein** he found French very difficult, French came hard to him; *colloq.* **das ging ihr ein wie Honig** (*od.* Öl) that was (sweet) music to her ears, she lapped it up. 6. *Kleid, Stoff etc*: shrink. 7. *Tier, Pflanze*: die (**an** *dat* from, of), perish. 8. *colloq. Mensch*: a) (*sterben*) die, *colloq.* peg out, give up the ghost, b) *Sport etc*: wilt, go under, die on the vine; **vor Kälte (Langeweile) fast** ~ nearly die of cold (boredom); → **Primel**. 9. *fig. Firma, Betrieb etc*: close down, *colloq.* fold up, *sl.* go bust; *Zeitung*: *a.* die, perish; **e-e Zweigstelle** ~ **lassen** close down a branch office. 10. *fig. Verein etc*: cease to exist, dissolve, *colloq.* pack up. 11. *colloq. Motor etc*: give up the ghost, conk out. 12. **auf** (*e-n Vorschlag etc*) ~ a) (*akzeptieren*) accept, agree to, consent to, accede to, comply with, b) (*sich befassen mit*) consider, deal with; (*auf e-e Frage, Details etc*) *a.* go into; (*auf Gründe*) *a.* listen to (*reasons*); (*auf e-n Scherz etc*) go along with, join in (*a joke, etc*); (*reagieren*) react to; **er ging darauf ein, es zu tun** he consented to doing it; **auf Bedingungen** ~ accept conditions; **er ging auf m-n Wunsch ein** he complied (*od.* fell in) with my request; **auf e-e Sache näher** ~ consider s. th. in detail, go into s. th. more closely; **er ging auf dieses Problem gar nicht erst ein** he ignored that problem altogether. 13. **auf j-n** ~ a) respond to s. o., show interest (*od.* understanding) for s. o., *nachsichtig*: humo(u)r s. o., b) (*zuhören*) listen to s. o. **II** *v/t* 14. (*Verpflichtung, Verbindlichkeit etc*) enter into, contract, assume, accept, incur (*liabilities, etc*); → **Risiko** 1, **Wette** 1 *etc.* 15. (*Vertrag etc*) enter into, make, conclude. 16. (*Bündnis, Verbindung etc*) enter into, form; → **Ehe** 1. 17. (*Handel*) enter into, conclude (*a transaction*), strike (*a bargain*), make (*a deal*). 18. *chem.* a) (*Reaktion*) undergo, b) (*Verbindung*) form (*a compound*). **III** ☊ *n* ⟨-s⟩ 19. coming in (*etc*). 20. → **Eingang** 7. 21. *e-s Stoffes etc*: shrinkage. 22. *e-s Tieres, e-r Pflanze*: death; **am** ☊ dying, *bot. a.* withering. 23. *e-s Betriebs, e-r Zeitung etc*: death, dying, folding up, extinction; **am** ☊ dying, *colloq. a. Motor etc*: on the blink, at its last gasps, on its last legs; *colloq.* **ich war am** ☊ I nearly died (*od.* gave up the ghost). 24. (**auf** *Bedingungen, e-n Vorschlag etc*) acceptance (of), agreement (to), consent (to). 25. (**auf** *Fragen etc*) consideration (of), examination (of), dealing (with). 26. → **Eingehung**.

ˈein,ge·hend I *adj* 1. (*gründlich*) thorough, exhaustive, profound, close; (*sorgfältig*) careful; (*umfassend*) comprehensive, detailed (*report, etc*); **nach ~er Überlegung** after careful consideration. 2. *bes. econ. Post, Waren, Gelder etc*: incoming. 3. *math. Winkel*: re-entrant. **II** *adv* 4. thoroughly (*etc*; *cf.* 1); in detail; **sich ~ nach j-m erkundigen** inquire at length about s. o.

ˈEin,ge·hung *f* ⟨-; *no pl*⟩ 1. → **eingehen** 24, 25. 2. *e-r Verpflichtung etc*: contraction, assumption, incurrence; ~ **e-s Vergleichs** acceptance of (*od.* agreement to) an arrangement; ~ **e-s Vertrages** → **Vertragsabschluß**; ~ **e-r Ehe** → **Eheschließung**. 3. *e-s Bündnisses etc*: forming, formation. 4. *e-s Risikos*: acceptance (of), running (*a risk*), *bes. Am.* taking (*a chance*). 5. *chem. e-r Verbindung*: formation.

ˈein·ge|,klam·mert *pp u. adj Wort etc*: bracketed, in brackets, in parentheses. **~,knif·fen I** *pp of* **einkneifen**. **II** *adj* 1. *Mund etc*: pinched. 2. *Augen*: half-closed. 3. **mit ~em Schwanz** *Hund etc*: with its tail between its legs. **~,knöpft** *adj Futter etc*: buttoned-in. **~,las·sen** *pp u. adj* 1. *Behälter etc*: sunk. 2. *Diamant etc*: set, mounted. 3. *tech.* a) sunk, flush(-mounted), b) *Schraube*: countersunk. **~,legt** *pp u. adj* 1. *gastr.* a) *Eier, Früchte*: preserved, b) *Fleisch*: salted, c) *in Essig etc*: pickled (*herring, etc*). 2. *Möbelstück etc*: inlaid; **~e Arbeit** → **Einlegearbeit**; **mit Marmor** ~ incrusted with marble. 3. *mit Diamanten etc*: set (with).

ˈein·ge,macht *pp u. adj gastr.* 1. preserved; **in Dosen** ~ tinned, *bes. Am.* canned; **in Essig** ~ pickled. 2. preserved (*od.* bottled) in vacuum jars. **ˈEin·ge,mach·te** *n* ⟨-n; *no pl*⟩ *colloq.* 1. preserved food, preserves *pl*; **in Essig ~s** pickles *pl*. 2. (*Obst*) preserved fruit. 3. food preserved (*od.* bottled) in vacuum jars.

ˈein·ge,mein·den [-gəˌmaɪndən] *v/t* ⟨*sep, pp* **eingemeindet**, h⟩ incorporate (*dat*, **in** *acc*, **von** into). **ˈEin·ge,mein·dung** *f* ⟨-; -en⟩ incorporation.

ˈein·ge,nom·men *pp u. adj* 1. **für j-n (et.)** ~ **sein** be prejudiced in favo(u)r of s. o. (s. th.), be partial to s. o. (s. th.), be well disposed toward(s) s. o. (s. th.). 2. **von j-m** ~ **sein** a) have a high opinion of s. o., think much (*od.* highly) of s. o., b) be taken with s. o., like s. o., be fond of s. o.; **von et.** ~ **sein** be taken with (*od.* captivated by, intrigued by) s. th.; **sehr von et.** ~ **sein** be enthusiastic about (*od.* very taken by, heart and soul for) s. th.; (**sehr**) **von sich** ~ **sein** have a (very) high opinion of o. s., be (very) much impressed by o. s., *colloq.* think no end (*od.* a lot) of o. s. 3. **gegen j-n (et.)** ~ **sein** be prepossessed (*od.* prejudiced, biassed) against s. o. (s. th.), dislike s. o. (s. th.). 4. *rare for* **benommen** II. **☊heit** *f* ⟨-; *no pl*⟩ 1. (**für**) a) bias (toward[s], in favo[u]r of), prepossession (in favo[u]r of), partiality (for), b) fondness (of), c) enthusiasm (for). 2. (**gegen** against) bias, prejudice. 3. ~ **von sich selbst** (self-)conceit, high opinion (one has) of o. s.

ˈein·ge|,pö·kelt *pp u. adj gastr.* salted; **~es Rindfleisch** salted beef. **~,rech·net** *pp u. adj* (**nicht**) ~ *bes. econ.* a) *Preis etc*: (not) included, b) *Verpackung etc*: (not) allowed for, c) *Außenstände etc*: (not) taken into account (*od.* entered) (*alle nachgestellt*); **alles** ~ a) all inclusive, b) *fig.* all things considered, all in all. **~,ro·stet** *pp u. adj* rusty (*a. fig.*). **~,sandt** *pp u. adj* sent in. **~,schal·tet** *pp u. adj* 1. *electr.* switched (*od.* turned) on, on; **~er Zustand** "on" position. 2. (*eingeschoben*) inserted. 3. *ling. Wort, Satz etc*: interpolated, inserted, parenthetic(al). 4. *Tag im Jahr etc*: intercalary. **~,schla·fen** *pp u. adj Körperglied*: numb, ⟨*pred*⟩ (fallen *od.* gone) asleep. **~,schlech·tig** [-gəˌʃlɛçtɪç] *adj biol. bot.* unisexual. **~,schlecht·lich** *adj* 1. *biol.* unisexual. 2. *ling.* genderless. **~,schlos·sen** *pp u. adj* 1. locked in, shut in, enclosed, inclosed; **vom Land ~e Bucht** landlocked bay; **von Eis** ~ icebound. 2. *fig.* (*abgeschieden*) isolated, secluded. 3. (*umgeben, umzingelt*) surrounded, *mil. a.* encircled. 4. included; **im** (*a.* **in den**) **Preis** ~ included in the price. **~,schnappt** *pp u. adj colloq.* offended, cross, piqued, peeved, huffed; ~ **sein** *a.* sulk, be in a huff; **er ist sehr leicht** ~ he is easily offended, he is very touchy. **~,schneit** *pp u. adj* 1. *Auto etc*: snowed over (*od.* under). 2. *Haus, Dorf etc*: snowbound, snowed up (*od.* in). **~,schos·sig** [-gəˌʃɔsɪç] *adj* → **einstöckig**. **~,schränkt I** *pp u. adj* 1. limited, confined, restricted; **in s-r Bewegungsfreiheit** ~ **sein** be restricted in one's freedom of movement. 2. *Lebensverhältnisse*: reduced, straitened (*circumstances*). 3. *Antwort etc*: qualified. **II** *adv* 4. ~ **leben** live in straitened circumstances. **~,schrie·ben** *pp u. adj* 1. *Post*: registered. 2. *als Mitglied*: enrolled. 3. *math.* inscribed; **~er Kreis** in-circle. **~,schwo·ren I** *pp of* **einschwören**. **II** *adj* sworn (**auf** *acc* to). **~,se·hen** *pp u. adj* 1. „~" *bei Akten*: "seen". 2. *mil.* exposed (to observation).

ˈein·ge,ses·sen *pp u. adj* 1. (*ansässig*) resident, domiciled. 2. → **einheimisch** 1. **ˈEin·ge,ses·se·ne** *m, f* ⟨-n; -n⟩ 1. inhabitant, resident. 2. → **Einheimische**.

ˈein·ge|,spielt *pp u. adj* 1. (**gut**) **aufeinander** ~ **sein** a) *Mannschaft etc*: play well together, be (*od.* have) a good combination, *a. Arbeiter etc*: be well co(-)ordinated, work well together, be a good team, be perfectly attuned to each other, b) *Orchester etc*: play together as one. 2. *fig. System etc*: well-established; **es hat sich gut** ~ it is running smoothly (*od.* functioning well). **~,sprengt** *pp u. adj* 1. *Wäsche*: sprinkled. 2. *bes. geol. med.* scattered, interspersed.

ˈein·ge,stan·de·nerˈma·ßen *adv* confessedly, admittedly, avowedly, on one's own admission; ~ **ein Betrüger** *a.* a self-confessed swindler. **ˈEin·ge,ständ·nis** *n* ⟨-ses; -se⟩ confession, admission, avowal; **nach Ihrem eigenen** ~ by (*od.* on) your own admission. **ˈein·ge,ste·hen** *v/t* ⟨*irr, sep, pp* **eingestanden**, h⟩ confess, admit (**j-m et.** s. th. to s. o.), own up to (*s. th.*); **sich** (*dat*) **s-e Fehler** ~ admit one's faults to o. s. **ˈEin·ge,ste·hung** *f* ⟨-; *no pl*⟩ confession, admission.

ˈein·ge,stellt *pp u. adj* 1. *fig.* **auf j-n (et.)** ~ **sein** a) (*vorbereitet*) be prepared for s. o. (s. th.), b) (*abgestimmt*) be adjusted (*od.* adapted) to s. o. (s. th.), c) (*ausgerichtet*, *a. econ. Wirtschaft*) be keyed (*od.* geared, tuned) to s. o. (s. th.); **darauf bin ich nicht** ~ I am not prepared for that; **gut** (*od.* **glänzend**) **aufeinander** ~ → **eingespielt** 1; *Sport*: **die Mannschaft war gut (auf den Gegner)** ~ the team had the right tactical approach (*od.* formula); **ich bin ganz auf Liebe** ~ I don't want anything but love. 2. **gegen (für) j-n (et.)** ~ **sein** be unfavo(u)rably (favo[u]rably) disposed toward(s) s. o. (s. th.), be opposed to (be in favo[u]r of) s. o. (s. th.). 3. *mit adj od. adv*: **großzügig** ~ **sein** be broad-minded, be generous(ly minded); **materialistisch** ~ **sein** have a materialistic bent (*od.* turn of mind), be a materialist; **sozial** ~ **sein** be socially minded (*od.* oriented); **wie ist er (dazu)** ~? what is his opinion (about it)?, what is his attitude (toward[s] it)?, where does he stand (on this)?; **ich bin da anders** ~ I think differently on that. 4. *opt.* focus(s)ed; **nicht richtig** ~ out of focus.

ˈein·ge|,stemmt *adj* **mit ~en Armen** with one's arms akimbo. **~,stimmt** *pp* *u. adj* **aufeinander ~ sein** a) *mus. Instrumente*: be tuned to each other, b) *fig. Personen*: be attuned to one another. **~ˌstri·chen** *pp u. adj mus.* one-accented, one-line; **~es C** middle C. **~ˌsun·ken I** *pp of* einsinken. **II** *adj* → eingefallen 2. **~ˌtra·gen** *pp u. adj* **1.** *econ.* a) *Warenzeichen*: registered, b) *Gesellschaft etc*: incorporated, registered, c) *Mitglied*: enrolled; **~er** (*od.* **Ձer**) **Verein** registered association. **2.** *Anzug, Schuhe etc*: worn-in. **~ˌübt** *pp u. adj* → **geübt**. **~ˌwach·sen** *adj med. Haar, Nagel*: ingrown.

'Ein·geˌweck·te *n* ⟨-n; *no pl*⟩ → Eingemachte.

'Ein·geˌwei·de *n* ⟨-s; -⟩ *meist pl med. zo.* **1.** (*innere Organe*) entrails *pl*, viscera *pl*, *colloq.* innards *pl*. **2.** (*Gedärme*) intestines *pl*, entrails, *pl*, bowels *pl*, guts *pl*; **die ~ der Fische** the guts; **die ~ herausnehmen** a) **e-m Tier**: disembowel (*od.* eviscerate) an animal, b) **e-m Fisch**: gut a fish, c) **e-m Geflügel**: draw a fowl. **~ˌbruch** *m*, **~ˌher·nie** *f med.* (intestinal) hernia. **~ˌwurm** *m* intestinal worm, helminth.

'ein·geˌweiht *pp u. adj fig.* initiate(d), knowing, informed; **in das Geheimnis ~ sein** be in (on) the secret, *colloq.* be in the know. **'Ein·geˌweih·te** *m, f* ⟨-n; -n⟩ initiated (*od.* informed) person, insider; **die ~n** the initiated *pl*, *colloq.* those in the know.

'ein·geˌwöh·nen I *v/reflex* ⟨*sep, pp* **eingewöhnt**, **h**⟩ **sich ~ 1.** (**in** *dat od. acc*) get (*od.* become) acclimatized (to), accustom (*od.* acclimatize, *Am.* acclimate) o. s. (to), get (*od.* become) accustomed (to), settle (into); **er hat sich in s-r neuen** (*od.* **in s-e neue**) **Umgebung rasch eingewöhnt** he quickly got used to (*od.* settled into, felt at home in) his new surroundings; **er gewöhnte sich dort nur schwer ein** it was a long time before he felt at home there. **2. in** *neuen Arbeitsplatz etc*: settle down in; **sich in e-n Beruf ~** settle into a job. **II** *v/t* **3.** (**in** *acc*) accustom (to), acclimatize (to), *Am.* acclimate (to), make *s.o.* feel at home (in), settle *s.o.* (into). **'Ein·geˌwöh·nung** *f* ⟨-; *no pl*⟩ **1.** acclimatizing (*etc*). **2.** acclimatization, *Am.* acclimation. **3.** familiarization.

'ein·ge|ˌwur·zelt *pp u. adj* **1.** *Brauch etc*: long- (*od.* old-)established, deep-rooted. **2.** *Haß, Übel etc*: deep-rooted, engrained, inveterate. **3.** *Glaube, Loyalität etc*: deep-rooted. **~ˌzahlt** *pp u. adj econ. Aktien, Kapital etc*: paid-up. **Ձˌzo·ge·ne** *m* ⟨-n; -n⟩ *mil.* conscript, *Am.* draftee.

'ein|ˌgie·ßen I *v/t* ⟨*irr, sep,* **-ge-**, **h**⟩ **1.** (*Getränk*) pour *s.th.* in; **sie goß sich** (*dat*) **e-e Tasse Tee ein** she poured herself a cup of tea. **2.** (*aufgießen*) *bes. med.* infuse. **II** *v/i* **3.** pour (out) a cup (*od.* glass). **~ˌgip·sen** *v/t* ⟨*sep,* **-ge-**, **h**⟩ **1.** fix with plaster. **2.** *med.* put (*od.* set) *s.th.* in plaster (of Paris). **Ձˌglas** *n* ⟨-es; ⸗er⟩ → Monokel. **~ˌglei·sig** [-ˌglaɪzɪç] *adj rail.* single-track, *a. fig.* one-track. **~ˌglie·de·rig** [-ˌgliːdərɪç] *adj* → eingliedrig.

'einˌglie·dern I *v/t* ⟨*sep,* **-ge-**, **h**⟩ **1.** (**in** *acc* into) incorporate, integrate, (*zuordnen*) classify; **j-n in den Arbeitsprozeß ~** a) integrate s. o. into the working process, find employment for s. o., b) (*wieder~*) rehabilitate s. o.; **Fakten** (**Erkenntnisse** *etc*) **in et. ~** fit in (*od.* insert, incorporate, embody) facts (findings, *etc*) into s. th. **2. j-n in** *e-e Organisation etc* **~** a) fit s. o. into s. th., (*zuweisen*) assign s. o. to s. th., b) make s. o. a member of s. th., enrol(l) s. o. in s. th. **3.** (*Land*) annex (to), (*eingemeinden*) incorporate (into). **II** *v/reflex* **sich ~ 4.** *Fakten etc*: fit in; **sich in** (*acc*) **et. ~** fit into s. th. **5.** (**in** *e-n Verband etc*) become a member (of), join (*an organization*). **6.** *fig.* → **einfügen** 4, 5. **III Ձ** *n* ⟨-s⟩ **7.** incorporating (*etc*). **'Einˌglie·de·rung** *f* ⟨-; *no pl*⟩ **1.** → **eingliedern** III. **2.** (**in** *acc* into) incorporation, integration. **3.** rehabilitation. **4.** (**in** *acc* into) insertion, incorporation; classification. **5.** enrol(l)ment (**in** *acc* in). **6.** (**in** *acc*) annexation (to), incorporation (into). **7.** *fig.* (*Anpassung*) adaptation (**in** *acc* to).

'einˌglied·rig [-ˌgliːdrɪç] *adj* **1.** *math.* a) *Ausdruck*: one-term(ed), monomial, b) *Operation*: one-place, monadic. **2.** *bot.* monandrous.

'einˌgra·ben I *v/t* ⟨*irr, sep,* **-ge-**, **h**⟩ **1.** (*Leichnam*) bury. **2.** (*Schätze, Vorräte*) bury, hide *s. th.* in the ground. **3.** (*Pfahl etc*) sink (*od.* drive, ram) in(to the ground). **4.** (*Pflanze etc*) dig in(to the ground). **5.** *fig.* (*Sporen, etc*) dig (*od.* sink) in. **6.** *geol.* wash, wear (*a channel in a rock, etc*). **7.** (*einritzen*) (**in** *acc*) cut (in), carve (on, in), engrave (on). **II** *v/reflex* **sich ~ 8.** *Tier*: dig (itself) in, bury itself; **sich in e-n Bau ~** burrow (itself) in. **9.** *mil. u. fig.* dig (o. s.) in, entrench o. s. **10.** *Geschoß etc*: bury (*od.* embed) itself (in *the ground, flesh, etc*). **11.** *Wagenrad etc*: dig in, get stuck (in *the sand, etc*). **12.** *fig.* (*ins Gedächtnis etc*) engrave itself (*od.* be engraved) (upon *s. o.'s mind*).

'ein·graˌvie·ren *v/t* ⟨*sep, no* **-ge-**, **h**⟩ engrave (**in** *acc* on).

'einˌgrei·fen I *v/i* ⟨*irr, sep,* **-ge-**, **h**⟩ **1.** *Person, Polizei etc*: step in, take action, act, interfere, intervene; *mil.* (**in den Kampf**) **~** go into action. **2.** *in Streitfall etc*: intervene, interfere; *jur.* **in ein schwebendes Verfahren ~** interfere with a pending case. **3.** *in Gespräch etc*: join in, cut in (on *the conversation*); **in die Debatte ~** interfere (in the debate). **4. in** (*acc*) **et. ~** *Ereignis etc*: influence (*od.* reflect on, affect) s. th.; **ein Ereignis, das tief in mein Leben eingriff** an event that thoroughly changed (*od.* deeply affected) my life; **in den Gang der Ereignisse ~ wollen** try to influence (*od.* change) the course of events. **5.** *bes. jur. bes. in Rechte*: interfere (with), encroach (on), trespass (on), infringe (*acc*). **6.** *tech.* (**in** *acc*) *Zahnräder etc*: gear (*od.* mesh) (with), engage (*acc*). **II Ձ** *n* ⟨-s⟩ **7.** stepping in (*etc*). **8.** action. **9.** intervention (*a. mil.*), interference. **10.** → **Eingriff** 1–3, 5. **~d** *adj fig.* **1.** (*entscheidend*) decisive; **von ~er Bedeutung** of decisive importance. **2.** (*einschneidend*) drastic, far-reaching, incisive, *stärker*: radical; **~e Folgen** far-reaching consequences.

'Einˌgreif|re·ser·ve *f mil.* operational reserve. **~ˌstreitˌkraft** *f*, **~ˌtrup·pe** *f*, **~verˌband** *m* strike force.

'einˌgren·zen I *v/t* ⟨*sep,* **-ge-**, **h**⟩ **1.** (*Garten etc*) enclose, inclose, close in. **2.** *fig.* (*Epidemie etc*) localize, contain. **3.** *fig.* (*Thema etc*) (de)limit, narrow down. **4.** *fig.* (*Begriff, Bereich etc*) delimit, define. **II Ձ** *n* ⟨-s⟩ **5.** enclosing (*etc*). **'Einˌgren·zung** *f* ⟨-; -en⟩ **1.** → **eingrenzen** II. **2.** enclosure. **3.** *fig.* localization, containment. **4.** *fig.* limitation. **5.** *fig.* delimitation, definition.

'Einˌgriff *m* **1.** (**in** *acc*) intervention (in), interference (in, with); **staatliche ~e** *pl* **in die Wirtschaft** state intervention *sg* in the economy. **2. in** *e-e Entwicklung etc*: interference (in), disruption (of). **3.** *bes. jur.* (**in** *acc*) interference (with), encroachment (on), infringement (of). **4.** *med.* (**verbotener ~** illegal) operation; **kleiner ~** minor operation; **an j-m e-n ~ vornehmen** operate (*od.* perform an operation) on s. o. **5.** *tech. von Zahnrädern*: engagement, mesh(ing), action, *von Kupplungen*: engagement, *e-s Werkzeugs*: re-entry; **im ~ sein** *Zahnräder*: be in mesh (*od.* gear), be engaged, *Schneidewerkzeug*: be in attack; **in ~ bringen** (*Zahnräder*) engage, throw (*gears*) into mesh, mesh, (*Kupplung*) throw (*clutch*) into gear, let in (*the clutch*); **nicht im ~ sein** *Zahnräder*: be out of mesh, *Kupplung*: be out of engagement; **außer ~ bringen** (*Zahnräder*) throw *s. th.* out of gear (*od.* mesh), (*Kupplung etc*) disengage.

'ein·grupˌpie·ren *v/t* ⟨*sep, no* **-ge-**, **h**⟩ (**in** *acc* among) group, classify, class. **'Ein·grupˌpie·rung** *f* **1.** classification, classing. **2.** group, classification, class.

'Einˌguß *m* **1.** → **eingießen**. **2.** *metall.* a) sprue, feeder, b) *Anschnittstechnik*: downgate, ingate.

'ein|ˌhacken (*getr.* **-k·k-**) *v/i* ⟨*sep,* **-ge-**, **h**⟩ **1. ~ auf** (*acc*) hack at; *Vogel etc*: *a.* peck (*od.* pick) at. **2.** *fig. colloq.* **auf j-n ~** pick on (*od.* at) s. o., keep on at s. o. **~ˌha·geln** *v/i* ⟨*sep,* **-ge-**, **sein**⟩ *fig. colloq.* **auf j-n ~** *Schläge, Kugeln, Fragen etc*: fall as thick as hail on s. o., rain on s. o. **~ˌha·ken I** *v/t* ⟨*sep,* **-ge-**, **h**⟩ **1.** hook *s. th.* in, fasten *s. th.* (with a hook [*od.* clip, clasp]). **2.** (*Anhänger etc*) hitch on. **II** *v/i* **3.** *bei Gespräch*: cut in; **bei dieser Bemerkung hakte er ein** he took up (*stärker*: seized on) this remark. **III** *v/reflex* **sich ~ 4.** *colloq.* link arms; **sich bei j-m ~** take s. o.'s arm, link arms with s. o.; → **eingehakt**.

ˌein'halbˌmal *adv* half; **~ so teuer** half as expensive.

'Einˌhalt *m* ⟨*undeclined*⟩ **j-m** (**e-r Sache**) **~ gebieten** stop (*od.* halt, check) s. o. (s. th.), put a stop to s. o. (s. th.). **'einˌhal·ten I** *v/t* ⟨*irr, sep,* **-ge-**, **h**⟩ **1.** (*Versprechen etc*) keep; **e-e Verabredung** (**nicht**) **~** keep (break) an appointment. **2.** (*Vorschrift etc*) observe, keep, abide by, follow, comply with. **3.** (*Verpflichtung etc*) meet, fulfil(l). **4.** (*Frist*) keep (to), observe; **den Termin ~** *a.* keep within the time limit, meet the deadline; **die Zeit ~** be punctual, observe the appointed time. **5.** (*Bedingungen etc*) keep to, adhere to (*conditions, etc*). **6.** *bes. jur.* (*Vertrag*) perform, adhere to, abide by. **7.** *bes. econ.* (*Zahlungen*) keep up, meet. **8. den Kurs** (**die Richtung**) **~** hold course (*od.* direction). **9.** (*Diät etc*) keep to, observe; **die Mahlzeiten ~** have regular meals. **II** *v/i* **10.** *bes. Southern G. for* **innehalten** I. **11.** *lit. for* **aufhören** 1. **'Einˌhal·tung** *f* ⟨-; *no pl*⟩ **1.** keeping (*etc*). **2.** *e-r Vorschrift etc*: observance (of), compliance (with), fulfil(l)ment (of); *e-r Frist*: observance (of), meeting; *e-r Bedingung etc*: adherence (to), fulfil(l)ment (of), *e-s Vertrages*: *a.* performance (of).

'ein|ˌhäm·mern I *v/t* ⟨*sep,* **-ge-**, **h**⟩ **1.** *fig. colloq.* **j-m et. ~** hammer (*od.* drum, pound, drill) s. th. into s. o. ('s head). **2.** → **einschlagen** 1. **II** *v/i* **3. ~ auf** (*acc*) → **einschlagen** 16. **~ˌham·stern** *v/t* ⟨*sep,* **-ge-**, **h**⟩ *humor. for* **einheimsen** 2. **~ˌhan·deln** *v/t* ⟨*sep,* **-ge-**, **h**⟩ **1. et.** (**von** [*od.* **bei**] **j-m**) **~** a) buy (*od.* purchase) s. th. (from s. o.), b) *durch Tausch*: trade in (*od.* barter) s. th. (from s. o.), c) *a. fig.* (*herausschlagen*) get (*od.* obtain) s. th. (from s. o.); **et. für** (*od.*

gegen) et. (anderes) ~ barter s. th. for s. th. (else); *iro.* **sich et. ~ land** o. s. with s. th.; **da hast du dir aber et. Schönes eingehandelt** you've landed yourself in a fine mess there. **~ˌhän·dig** [-ˌhɛndɪç] **I** *adj* single-hand(ed). **II** *adv* single-handed, with one hand, one-handed. **~ˌhän·di·gen** [-ˌhɛndɪgən] *v/t* ‹*sep*, **-ge-**, *h*› **j-m et. ~** a) hand s. th. over to s. o., b) deliver s. th. to s. o. **≈ˌhän·di·gung** *f* ‹-; *no pl*› handing over, delivery. **≈ˌhandˌseg·ler** *m mar.* single-hand boat (*od.* yacht). **~ˌhän·gen I** *v/t* ‹*sep*, **-ge-**, *h*› **1.** hang (*od.* hook) in, suspend *s. th.* in (its) position; (*Tür etc*) put *s. th.* on its hinges. **2.** (*aufhängen*) hang up; **e-e Glocke ~** hang a bell. **3.** (*Telephonhörer*) hang up, replace, restore. **4.** *tech.* attach; (*Anhänger etc*) hitch on; *rail.* (*Wagen*) couple to (*od.* on); (*Kupplung*) lock. **5.** *print.* (*Buchblock*) case in, attach. **6.** → **einhaken** 1. **II** *v/i* ‹*a. irr*› **7.** *teleph.* hang up (the receiver), replace the receiver, *Br. a.* ring off. **III** *v/reflex* **sich ~ 8.** *colloq.* → **einhaken** 4. **~ˌhau·chen** *v/t* ‹*sep*, **-ge-**, *h*› **j-m (e-r Sache) et. ~** breathe s. th. into s. o. (s. th.), inspire s. o. (s. th.) with s. th.; **j-m (e-r Sache) neues Leben ~** breathe (*od.* infuse) new life into s. o. (s. th.). **~ˌhau·en I** *v/i* ‹*irr, sep*, **-ge-**, *h*› **1. ~ auf** (*acc*) → **einschlagen** 16. **2.** *colloq. beim Essen*: pitch (*od.* tuck) in, fall to. **II** *v/t* **3.** *colloq. for* **einschlagen** 3, 4. **4.** (*Öffnung etc*) (**in** *acc* in) make, hew. **5.** (*Inschrift etc*) carve (**in** *acc* in). **6.** (*Figur etc*) (**in** *acc* in) hew, carve. **~ˌhef·ten** *v/t* ‹*sep*, **-ge-**, *h*› **1.** (*Dokument etc*) file. **2.** (*Buchblatt etc*) sew in. **3.** *Textil.* (*Futter*) tack in, baste on. **~ˌhe·gen** *v/t* ‹*sep*, **-ge-**, *h*› → **umzäunen.**

ˈeinˌhei·misch *adj* **1.** *Bevölkerung etc*: native, indigenous, local, resident; *Sport*: **~e Mannschaft** home team. **2.** *Brauchtum, Tracht etc*: local, native. **3.** *Erzeugnisse*: home(-produced), home-made, inland, local, domestic. **4.** *Industrie etc*: home, domestic, internal, local; **der ~e Markt** the home market. **5.** *bes. agr.* a) *Früchte etc*: home(-grown), domestic (*produce*), b) *Vieh etc*: home-bred (*cattle, etc*). **6.** *bot. zo. Pflanzen, Tiere*: (**in** *dat* to) native, indigenous. **7.** *Sprache etc*: native, vernacular. **8.** *med.* endemic (*disease*). **ˈEinˌhei·mi·sche** *m, f* ‹-n; -n› native, local (resident).

ˈeinˌheim·sen [-ˌhaɪmzən] *v/t* ‹*sep*, **-ge-**, *h*› **1.** (*Früchte etc*) gather, get in. **2.** *colloq.* (*Geld etc*) pocket, rake in; (*Lob etc*) reap, take.

ˈEinˌhei·rat *f* **~ in e-e Familie (ein Geschäft)** marriage into a family (a business). **ˈeinˌhei·ra·ten** *v/i* ‹*sep*, **-ge-**, *h*› **in** (*acc*) **et. ~** marry into s. th.

ˈEin·heit *f* ‹-; -en› **1.** unit; (**geschlossene**) **~** homogeneous (*od.* integrated) whole; **et. zu e-r ~ verschmelzen** weld s. th. into a homogeneous whole; **e-e wirtschaftliche ~** an economic unit. **2.** (*Geschlossenheit*) unity; *Literatur*: **die ~ der Zeit, des Orts und der Handlung** the unities *pl* of time, place and action, the dramatic unities *pl.* **3.** *e-s Staates etc*: (national, *etc*) unity; **et. zu e-r ~ zs.-schließen** unify s. th. **4.** (*Einssein*) unity, oneness. **5.** *bes. phys. tech.* unit, *a.* standard; **~ der Wärmemenge** thermal unit; **statistische ~** statistical unit. **6.** *math.* a) unit, b) (*Eins*) unity, c) *e-s Vektorraums etc*: unit point. **7.** *mil.* unit, *Am. colloq. a.* outfit; **taktische (strategische) ~** tactical (strategical) unit. **8.** *chem. in Polymeren*: unit. **9.** *metr.* time. **10.** *econ.* a) *der Wertpapiere*: unit of trade, *Am.* full lot, b) (*Währungs≈*) (monetary) unit, c) (*Wohnungs≈*) (dwelling) unit, d) (*Verrechnungs≈*) unit of account. **11.** *philos.* unity, monad.

ˈein·heit·lich I *adj* **1.** *Ganzes*: homogeneous, integrated. **2.** *System, Muster etc*: homogeneous, uniform; **~e Gestaltung** unity of form (*od.* design, construction); **der Roman macht k-n ~en Eindruck** the novel lacks unity. **3.** *Gedankengang etc*: uniform, coherent, consistent. **4.** *Vorgehen etc*: concerted (*action*). **5.** *Kleidung, Regelung etc*: uniform; **~e Kleidung tragen** → 10; **~e Festlegung von Größen** standardization of sizes; **~e Maßstäbe anwenden** apply uniform standards. **6.** *fig.* united, undivided; **e-e ~e Front bilden** form a united front; *mil.* **unter ~em Kommando** under unified command. **7.** *bes. econ.* a) *Preis, Zoll etc*: uniform, standard, b) (*genormt*) standardized, c) *Kurs*: regular; **Waren von ~er Güte** goods of uniformly good quality. **8.** *pol.* a) *Regierung etc*: centralized, b) *Bestrebungen etc*: unionist(ic), centralistic. **9.** *bes. econ. pol. Institution, Bank etc*: unitary. **II** *adv* **10. ~ gekleidet sein** be uniformly dressed; **et. ~ regeln** settle s. th. uniformly; **~ vorgehen** act jointly (*od.* in unison). **≈keit** *f* ‹-; *no pl*› **1.** *e-s Ganzen*: homogeneity, homogeneousness, integrity. **2.** *e-s Systems, Musters etc*: uniformity, homogeneousness; **~ des Stils** unity of style. **3.** *e-s Gedankengangs etc*: uniformity, coherence, consistency. **4.** *e-r Kleidung, Regelung etc*: uniformity. **5.** *fig.* unity. **6.** *bes. econ.* a) *der Preise*: uniformity, b) *der Größenordnungen*: conformity to standard, c) *der Kurse*: regularity.

ˈEin·heits|ˌbauˌart *f tech.* standard type. **~beˌstre·bun·gen** *pl pol.* unitary tendencies (*od.* movement *sg*). **~eleˌment** *n math.* identity element. **~ˌform** *f* **1.** uniform shape, uniformity. **2.** *math.* a) primitive polynomial, b) primitive form. **~forˌmat** *n* standard size. **~for·muˌlar** *n* standard form. **~ˌfront** *f pol.* united front. **~geˌbühr** *f econ.* standard rate. **~geˌwerk·schaft** *f pol.* unified trade union. **~geˌwicht** *n* standard weight. **~ˌgrö·ße** *f* standard size. **~ˌkreis** *m math.* unit circle. **~ˌkurs** *m econ.* uniform quotation (*od.* price). **~ˌkurzˌschrift** *f* standard shorthand system. **~ˌli·ste** *f pol.* single list (*Am.* ticket). **~ˌmaß** *n tech.* standard measure. **~ˌmas·se** *f phys. tech.* unit mass. **~ˌma·trix** *f math.* unit matrix. **~ˌmo·nat** *m* month adjusted for calendar variation. **~parˌtei** *f pol.* unity party. **~ˌpol** *m phys.* unit magnetic pole. **~ˌpreis** *m econ.* **1.** uniform price. **2.** (*Pauschalpreis*) flat-rate price. **~ˌsatz** *m econ.* standard (*od.* flat) rate. **~ˌschlüs·sel** *m mus.* single clef. **~ˌschu·le** *f ped.* comprehensive school. **~ˌstaat** *m pol.* centralized state. **~ˌsteu·er** *f econ.* uniform tax. **~ˌstra·fe** *f jur.* global punishment. **~taˌrif** *m econ.* **1.** uniform rate. **2.** (*Tarifwerk*) uniform tariff. **~ˌvorˌdruck** *m econ.* standard (printed) form. **~ˌwäh·rung** *f econ.* standard currency. **~ˌwert** *m econ.* **1.** standard (*od.* unit) value. **2.** *Steuerrecht*: rateable (*od.* assessed) value. **~ˌwur·zeln** *pl math.* roots of unity. **~ˌzeit** *f* standard time.

ˈein|ˌhei·zen *v/i* ‹*sep*, **-ge-**, *h*› **1.** make (*od.* light) a fire, light the stove. **2.** heat the room(s). **3.** *fig. colloq.* **j-m** (**gründlich** *od.* **tüchtig**) **~** make things hot for s. o., give s. o. hell. **4.** *humor.* **er hatte gestern gut eingeheizt** he had one over the eight yesterday. **~ˌhel·fen** *v/i* ‹*irr, sep*, **-ge-**, *h*› *dial.* **j-m ~** prompt s. o.

ˈeinˌhel·lig [-ˌhɛlɪç] *adj* unanimous. **≈keit** *f* ‹-; *no pl*› unanimity.

ˌeinˈher... *in Zssgn* (*drive, go, etc*) along. **~stolˌzie·ren** *v/i* ‹*sep, no* **-ge-**, *sein*› *lit.* strut along (*od.* about).

ˈein|ˌhie·big [-ˌhiːbɪç] *adj tech. Feile*: single-cut. **~ˌhöcke·rig** (*getr.* **-k·k-**) *adj* **1.** *med.* unicuspid. **2.** *zo.* one-humped; → **Kamel.**

ˈeinˌho·len I *v/t* ‹*sep*, **-ge-**, *h*› **1.** (*Läufer, Fahrzeug etc*) overtake, catch up with, pull up to, draw level with; **j-n** (*od.* **j-s Vorsprung**) **~** *a. fig.* catch up with s. o. **2.** (*Versäumtes, verlorene Zeit etc*) make up for. **3.** (*Auskunft, Rat etc*) ask for, seek, take; (**sich** *dat*) **Erkundigungen über j-n ~** make inquiries about s. o.; **bei j-m Rat ~** seek (*od.* take) advice from s. o., consult s. o.; **ein Gutachten über** (*acc*) **et. ~** seek (*od.* call for) expert opinion on s. th. **4.** (*Erlaubnis etc*) get, seek, obtain, procure. **5.** (*Befehl etc*) receive, get, ask for. **6.** (*Flagge*) haul down, lower, strike. **7.** (*Segel*) strike, take in. **8.** *mar.* (*Tau*) haul in. **9.** (*Ernte*) bring (*od.* take) in. **10.** *colloq.* (*einkaufen*) (go and) buy *s. th.*; **~ gehen** go shopping. **11.** *lit.* (*empfangen*) escort *s. o.* home, receive *s. o.* (ceremoniously). **II ≈** *n* ‹-s› **12.** overtaking (*etc*). **13.** *colloq.* shopping. **14.** → Einholung 2, 3. **ˈEinˌholˌta·sche** *f colloq.* shopping bag. **ˈEinˌho·lung** *f* ‹-; *no pl*› **1.** → **einholen** II; **feierliche ~ der Fahne** ceremonial lowering of the flag. **2.** *e-r Erlaubnis etc*: procuring, obtaining. **3.** *lit.* ceremonious reception.

ˈEinˌhorn *n* ‹-s; ⸚er› *her. myth. zo.* unicorn. **ˈeinˌhör·nig** [-ˌhœrnɪç] *adj* single-horned, unicorn.

ˈEinˌhu·fer [-ˌhuːfər] *m* ‹-s; -› *zo.* soliped, *pl a.* perissodactyla *pl.* **ˈeinˌhu·fig** [-ˌhuːfɪç] *adj zo.* soliped.

ˈeinˌhül·len *v/t* ‹*sep*, **-ge-**, *h*› **1.** wrap (up); **j-n (sich) in et. ~** wrap s. o. (o. s.) (up) in s. th., wrap s. th. (a)round s. o. (o. s.). **2.** *fig.* envelop, (en)wrap, shroud (*in darkness, fog, etc*); *fig.* **in Schweigen eingehüllt** wrapped in silence. **3.** *math.* (*Kurve etc*) envelop. **4.** *tech.* a) envelop, b) (*einkapseln*) encase, c) (*umschließen*) enclose, d) (*ummanteln*) sheathe, e) (*einbetten*) embed, imbed, f) (*einpacken*) pack up, g) (*umwickeln*) enwrap, h) (*anstreichen*) coat. **ˈEinˌhül·len·de** *f* ‹-n; -n› *math.* envelope.

ˈeinˈhun·dert *adj* one (*od.* a) hundred.

ˈei·nig *adj* **1.** (*gleicher Ansicht*) agreed, in agreement (*od.* accord), at one; (**mit j-m**) **~ sein** (**in e-r Sache**), **sich ~ sein** (**über et.**) agree, be agreed, be in agreement (*od.* of one mind), be at one (with s. o.) (on s. th.); **darin** (*od.* **in diesem Punkt**) **sind wir uns ~** on this point we are agreed (*od.* in agreement, at one); **sich nicht ~ sein** (**über** *acc* on) disagree, differ; *a. humor.* **darüber sind sich die Gelehrten noch nicht ~** authorities still differ on this point; **die Fachwelt ist sich ~ darüber, daß** consensus of expert opinion is that, the experts are agreed that; **sich ~ werden** (**über e-e Sache**) agree (on, upon s. th.), come to (*od.* reach) an agreement (on, about s. th.), come to terms (on, about s. th.); *humor.* **die beiden wurden** (*od.* **waren**) **sich ~** the two wanted to get married; **er ist sich selbst nicht ~, was er tun soll** he can't even make up his own mind; **man ist sich allgemein darüber ~, daß** there is general agreement (*od.* consensus) that. **2.** *Volk etc*: united; **seid ~!** stand together (*od.* united)!

ˈei·ni·ge *indef pron* **I** (*adjektivisch*) **1.** some, a few, several; ~ **Male** → **einigemal**; ~ **Wochen** some (*od.* a few) weeks, a week or two; **vor** ~**n Tagen** the other day, some days ago; ~ **wenige** some few. **2.** (*ziemlich*) some, quite (a bit); **es besteht noch** ~ **Hoffnung** there is still some hope; **über** ~ **Erfahrung verfügen** have some experience; ~**s Aufsehen erregen** cause quite a stir; **es wird noch** ~ **Zeit dauern** it will still take some time; **aus** ~**r Entfernung** from a distance. **3.** (*ungefähr*) odd, some; ~ **30 Seiten** 30 odd pages, some 30 pages; ~ (*mehr als*) **hundert Dollar** some hundred dollars. **II** (*substantivisch*) **4.** *pl* a few, some, several; ~ **von ihnen** some of them; ~ **glauben, daß** some (people) believe that. **5.** → **einiges.**

ˈeinˌigeln [-ˌʔiːgəln] *v/reflex* ⟨*sep*, **-ge-**, **h**⟩ **sich** ~ **1.** *colloq.* curl up in a ball. **2.** *mil.* take up a position of all-round defen/ce (*Am.* -se), *colloq.* form a hedgehog. **3.** *fig.* a) shut o. s. off, b) dig o. s. in.

ˈei·ni·geˌmal *adv* several (*od.* a few) times, once or twice.

ˈei·ni·gen I *v/reflex* ⟨**h**⟩ **sich** ~ **1.** (**auf** *acc*, **über** *acc* on, about) agree, reach an agreement (*od.* understanding), come to terms, settle, *colloq.* get together; **sie einigten sich auf den 2. April** they agreed on April 2nd. **2.** *Völker etc*: unite. **II** *v/t* **3.** (*Volk etc*) unite, unify. **4.** (*Streitende*) (re)conciliate.

ˈei·ni·gerˈma·ßen *adv* a) to some (*od.* a certain) extent (*od.* degree), in some degree (*od.* measure), somewhat, up to a point, b) (*ziemlich*) rather, fairly, quite, *colloq.* pretty, c) (*leidlich*) passably (well), middling, *colloq.* so-so; **ich war** ~ **überrascht** I was somewhat (*od.* rather, fairly) surprised; **als ich mich** ~ **von dem Schreck erholt hatte** when I had somewhat recovered from the shock; *sprechen Sie Englisch?* — ~ more or less!; *wie geht es Ihnen?* — ~ fair to middling, so-so; ~ **brauchbar** of some use, useful up to a point.

ˈei·ni·ges *indef pron* something, some things; **er hat** ~ **gelernt** he learned a thing or two; ~ **davon** some (*od.* part) of it; **er versteht** ~ **davon** he knows quite a lot about it, he is quite good at it; **sein Vorschlag hat** ~ **für sich** there is s. th. to be said for his suggestion.

ˈei·nigˌge·hen *v/i* ⟨*irr*, *sep*, **-ge-**, **sein**⟩ *colloq.* (**mit j-m in e-r Sache**) ~ agree (*od.* be in agreement, of one mind) (with s. o. in s. th.); **darin gehen wir einig** there we agree, there (*od.* on this) I agree with you; **ich gehe mit Ihnen darin einig, daß** I agree with you that.

ˈEi·nig·keit *f* ⟨-; *no pl*⟩ **1.** unity, union, concord, harmony; ~ **macht stark** *Sprichwort*: unity is strength. **2.** *der Ansichten etc*: unanimity, agreement, accord, consensus; **es herrschte** (*od.* **bestand**) ~ **darüber, daß** there was unanimity that, all (were) agreed that.

ˈEi·ni·gung *f* ⟨-; -en⟩ **1.** *e-s Volkes etc*: unification. **2.** *von Streitenden*: reconciliation. **3.** (*Absprache*) agreement, accord, understanding, settlement; **zu k-r** ~ **gelangen** reach no agreement, fail to come to terms.

ˈEi·ni·gungs|ˌstel·le *f jur.* settlement board. ~**ˌvorˌschlag** *m* conciliatory proposal.

ˈeinˌimp·fen *v/t* ⟨*sep*, **-ge-**, **h**⟩ **1.** *med.* inoculate; **j-m ein Serum** ~ inoculate s. o. with vaccine, vaccinate s. o. **2.** *fig.* a) **j-m et.** ~ indoctrinate s. o. with s. th., implant s. th. in s. o.'s mind, b) → **einhämmern** 1. **ˈEinˌimp·fung** *f* ⟨-; *no pl*⟩ **1.** *med.* inoculation; **die** ~ **e-s Serums** *a.* the vaccination. **2.** *fig.* inoculation, indoctrination.

ˈein|ˌja·gen *v/t* ⟨*sep*, **-ge-**, **h**⟩ *colloq.* **j-m Angst** (*od.* **Furcht, e-n Schrecken**) ~ frighten (*od.* scare, terrify) s. o., give s. o. a fright, *Am. colloq.* throw a scare into s. o.; **da hast du mir e-n schönen Schrecken eingejagt** you did give me a fright (*od.* turn). ~**ˌjäh·rig** *adj* **1.** (*ein Jahr alt*) (one-)year-old, *Tier*: *a.* yearling; **mein** ~**er Sohn** my one-year-old son; **ein** ~**es Fohlen** a yearling (foal). **2.** (*ein Jahr dauernd*) one year's, (of) one year, one-year; **nach** ~**er Tätigkeit** after one year's work, after working a year. **3.** *bot.* annual; ~**e Pflanze** annual (plant), yearling.

ˈEinˌjäh·ri·ge[1] *m, f* ⟨-n; -n⟩ one-year-old. **ˈEinˌjäh·ri·ge**[2] *n* ⟨-n; -n⟩, *a.* ~**s** *ped.* Intermediate (*od.* Middle School) Certificate.

ˈein·kal·kuˌlie·ren *v/t* ⟨*sep*, *no* **-ge-**, **h**⟩ *bes. econ.* (*Kosten, Steuern etc*) take *s. th.* into account, allow for; (*einschließen*) include; **einkalkuliertes Risiko** calculated risk.

ˈeinˌkap·seln I *v/t* ⟨*sep*, **-ge-**, **h**⟩ **1.** *bes. med.* encapsulate, encapsule, encyst. **2.** *tech.* encase, enclose, inclose. **II** *v/reflex* **sich** ~ **3.** *med.* become encapsulated. **4.** *fig. Person*: retire into one's shell, shut o. s. off. **ˈEinˌkap·se·lung** *f* ⟨-; -en⟩ **1.** *bes. med.* encapsulation. **2.** *tech.* encasement, enclosure.

ˈein|kasˌsie·ren *v/t* ⟨*sep*, *no* **-ge-**, **h**⟩ → **kassieren.** ~**ˌka·steln** [-ˌkastəln] *v/t* ⟨*sep*, **-ge-**, **h**⟩ *colloq.* **j-n** ~ clap s. o. in jail. ~**ˌkä·steln** *v/t* ⟨*sep*, **-ge-**, **h**⟩ *colloq.* (*Buchstaben etc*) ring, box.

ˈEinˌkauf *m* ⟨-(e)s; ⸚e⟩ **1.** purchase; ~ **und Verkauf** purchase and sale; *econ.* **Einkäufe tätigen** make purchases; **Einkäufe machen** → **einkaufen** II. **2.** (*das Einkaufen*) buying, purchasing, purchase; **beim** ~ **von Lebensmitteln** when buying food. **3.** → **Einkaufsabteilung.** **ˈeinˌkau·fen I** *v/t* ⟨*sep*, **-ge-**, **h**⟩ buy, purchase (**et. bei j-m** s. th. from s. o.); (*beschaffen*) procure (from). **II** *v/i* (*Einkäufe machen*) shop, make (one's) purchases; ~ **gehen** do one's (*od.* go) shopping; **ich muß noch** ~ I have some shopping to do; **bei j-m** ~ buy (regularly) from s. o. (*od.* at s. o.'s shop). **III** *v/reflex* **sich in** (*acc*) **et.** ~ buy a place (*od.* share) in; (*in e-e Versicherung*) pay premiums on, take out. **IV** ≗ *n* ⟨-s⟩ buying, purchasing. **ˈEinˌkäu·fer** *m* ⟨-s; -⟩ *econ.* buyer; **erster** ~ chief buyer.

ˈEinˌkaufs|ˌabˌtei·lung *f econ.* purchasing department. ~**ˌbuch** *n* purchase book. ~**ˌbum·mel** *m* shopping tour; **e-n** ~ **machen** go on a shopping spree. ~**ge|nos·sen·schaft** *f* buying co(-)operative. ~**ˌkorb** *m* shopping basket. ~**ˌlei·ter** *m* head of the purchasing department. ~**ˌnetz** *n* shopping net, string bag. ~**ˌpreis** *m econ.* (**zum** ~ at the) purchase price. ~**ˌquel·le** *f* source (of supply). ~**ˌta·sche** *f* shopping bag. ~**ˌwa·gen** *m im Kaufhaus*: trolley. ~**ˌzeit** *f* shopping hours *pl*. ~**ˌzen·trum** *n* shopping cent/re (*Am.* -er).

ˈEinˌkehr *f* ⟨-; *no pl*⟩ **1.** *lit.* (**innere**) ~ self-communion, meditation; **bei** (*od.* **in**) **sich** (**selbst**) ~ **halten** commune with o. s., search one's soul (*od.* heart), take stock of o. s. **2.** *obs.* put up (*od.* stop) (at an inn); ~ **halten** → **einkehren** 1.

ˈein|ˌkeh·ren *v/i* ⟨*sep*, **-ge-**, **sein**⟩ **1.** stop (*über Nacht*: put up) at an inn. **2.** *fig. lit. Freude, Hoffnung etc*: come (**bei j-m** to s. o.). ~**ˌkei·len** *v/t* ⟨*sep*, **-ge-**, **h**⟩ **1.** wedge *s. o., s. th.* in (*a. fig.*); **eingekeilt zwischen zwei Autos** wedged in between two cars. **2.** *med.* impact, wedge *s. th.* in. ~**ˌkel·lern** [-ˌkɛlərn] *v/t* ⟨*sep*, **-ge-**, **h**⟩ lay *s. th.* in (the cellar), put down (*potatoes, etc*). ~**ˌker·ben I** *v/t* ⟨*sep*, **-ge-**, **h**⟩ notch, nick, groove, indent. **II** *v/reflex* **sich** ~ *fig.* etch (deep) lines (*in s. o.'s face*). ≗**ˌker·bung** *f* ⟨-; -en⟩ **1.** notching (*etc*). **2.** notch, nick. **3.** *tech.* a) (*Kerbnut*) notch, groove, b) (*Schlitz*) slot, c) (*Aussparung*) recess. ~**ˌker·kern** [-ˌkɛrkərn] *v/t* ⟨*sep*, **-ge-**, **h**⟩ *archaic* imprison, incarcerate. ≗**ˌker·ke·rung** *f* ⟨-; *no pl*⟩ imprisonment, incarceration. ~**ˌker·nig** *adj* **1.** *biol.* mononuclear. **2.** *bot.* monopyrenous. ~**ˌkes·seln I** *v/t* ⟨*sep*, **-ge-**, **h**⟩ *mil. hunt.* encircle. **II** *v/reflex* **sich** ~ *hunt. Wildschwein*: lair. ≗**ˌkes·se·lung** *f* ⟨-; -en⟩ *mil.* encirclement. ~**ˌkit·ten** *v/t* ⟨*sep*, **-ge-**, **h**⟩ **1.** fix *s. th.* with putty, putty *s. th.* in. **2.** *mit Klebstoff, Mörtel etc*: cement (**in** *acc* into).

ˈeinˌklag·bar *adj jur.* suable, actionable. **ˈeinˌkla·gen** *v/t* ⟨*sep*, **-ge-**, **h**⟩ *jur.* sue for, file a suit for; **e-e Forderung** (**gegen j-n**) ~ prosecute a claim (against s. o.), sue (s. o.) for a debt.

ˈeinˌklam·mern *v/t* ⟨*sep*, **-ge-**, **h**⟩ put *s. th.* in brackets (*od.* parentheses), bracket, parenthesize; → **eingeklammert.**

ˈEinˌklang *m* ⟨-(e)s; *no pl*⟩ **1.** *mus.* unison. **2.** *fig.* unison, concord, accord, harmony, consonance, agreement; **in** ~ **mit s-r Umwelt** (**stehen**) be in harmony with one's environment; **in** (**vollem**) ~ **mit den Vorschriften** in (full) conformity with the regulations; **zwei Dinge miteinander in** ~ **bringen** bring two things into harmony (*od.* line) with each other, reconcile (*od.* square, equate) two things with one another; **miteinander im** (*od.* **in**) ~ **stehen** a) *Tatsachen etc*: be in agreement (*od.* keeping, tune, line, *colloq.* on all fours), tally, coincide, square, b) *Personen*: be of one mind, be of the same opinion; **mit j-m im** (*od.* **in**) ~ **stehen** *a.* be of the same opinion as s.o.; **das stand im** ~ **mit s-n Lehren** that was in keeping with his teachings; **s-e Handlungen sind mit s-n Worten nicht in** ~ **zu bringen** his actions are incompatible (*od.* out of keeping) with what he says, his actions are not suited to his words.

ˈein·klaˌrie·ren *v/t* ⟨*sep*, *no* **-ge-**, **h**⟩ *mar.* clear (in). **ˈEin·klaˌrie·rung** *f* ⟨-; *no pl*⟩ *mar.* **1.** clearing (in). **2.** clearance (*od.* entry) inward(s).

ˈein|ˌkle·ben *v/t* ⟨*sep*, **-ge-**, **h**⟩ paste (*od.* stick, glue) *s. th.* in. ~**ˌklei·den I** *v/reflex* ⟨*sep*, **-ge-**, **h**⟩ **sich** (**neu**) ~ **1.** fit o. s. out (*od.* provide o. s.) with a new set of clothes; **sich ganz neu** ~ renew one's wardrobe. **II** *v/t* **2.** clothe, fit *s. o.* out, provide *s. o.* with a new set of clothes. **3.** *mil.* fit *s. o.* out, issue clothing to *s. o.* **4.** *relig.* clothe *s. o.* in the habit of the order, robe. **5.** *fig.* (*Gedanken*) clothe, couch. **III** ≗ *n* ⟨-s⟩ **6.** fitting out (*etc*). ≗**ˌklei·dung** *f* ⟨-; *rare* -en⟩ **1.** → **einkleiden** III. **2.** *relig.* investiture. **3.** *mil.* accoutrement(s *pl*), equipment.

ˈeinˌklem·men I *v/t* ⟨*sep*, **-ge-**, **h**⟩ **1.** (**sich** *dat*) **e-n Finger** ~ squeeze (*od.* jam, catch) a finger (**in** *dat* in); **sich** (*dat*) **den Mantel in der Tür** ~ catch one's coat in the door. **2.** (*einkeilen*; *a. Auto etc*) jam (*od.* wedge) *s. th.* in (**zwischen** between). **3.** → **einkneifen. 4.** *tech.* clamp in (*od.* fast); → *a.* **einspannen** 3. **II** *v/reflex* **sich** ~ **5.** jam, get jammed. **6.** *med.* a) *Bruch*: become incarcerated (*od.* strangulated), b) *Gallenstein*: impact.

III ℒ *n* ⟨-s⟩ 7. squeezing (in) (*etc*).

'Einˌklem·mung *f* ⟨-; -en⟩ **1.** → **einklemmen** III. **2.** *med.* a) incarceration, b) impaction.

'ein|ˌklin·ken I *v/t* ⟨*sep*, -ge-, h⟩ **1.** (*Tür*) latch. **2.** *tech.* engage. **II** *v/i* ⟨sein⟩ **3.** latch, engage, click to. **~ˌklop·fen** *v/t* ⟨*sep*, -ge-, h⟩ **1.** (*Nagel etc*) knock (*od.* drive) in. **2.** (*Creme*) pat in. **~ˌknei·fen** *v/t* ⟨*irr, sep*, -ge-, h⟩ **den Schwanz ~** a) *Hund*: put its tail between its legs, b) *fig. colloq. Person*: quail, *sl.* get cold feet; *fig. colloq.* **er hat den Schwanz eingekniffen** he went off with his tail between his legs; **die Lippen ~** press one's lips together. **~ˌknicken** (*getr.* -k·k-) **I** *v/t* ⟨*sep*, -ge-, h⟩ **1.** (*Papier etc*) fold (*od.* nip) *s. th.* in. **2.** (*Buchseitenecken etc*) dog-ear. **3.** (*Draht etc*) kink. **4.** (*Ast, Rippen etc*) snap, break. **5.** (*Tuch etc*) crease. **6.** *tech.* (*Stütze etc*) buckle. **7.** (*Arm*) bend. **II** *v/i* ⟨sein⟩ **8.** *Knie*: give way, buckle; **mit dem Fuß ~** turn one's ankle. **9.** *Draht etc*: kink. **10.** *Ast etc*: break, snap. **11.** *tech.* buckle, bend sharp.

'einˌknöpf·bar *adj Futter*: button-in.

'einˌknöp·fen *v/t* ⟨*sep*, -ge-, h⟩ button *s. th.* in. **'Einˌknöpfˌfut·ter** *n* button-in lining.

'Einˌkoch·ap·paˌrat *m gastr.* fruit preserver, sterilizer.

'ein|ˌko·chen I *v/t* ⟨*sep*, -ge-, h⟩ *gastr.* **1.** (*Früchte, Gemüse etc*) preserve, bottle; **Marmelade ~** make jam. **2.** (*Saft etc*) boil down, thicken *s. th.* by boiling. **II** *v/i* ⟨sein⟩ **3.** *Wasser, Saft*: boil down (*od.* away). **4.** *Soße, Suppe etc*: thicken. **III** ℒ *n* ⟨-s⟩ **5.** preserving (*etc*), preservation. **6.** evaporation. **~ˌkom·men** *v/i* ⟨*sep*, -ge-, sein⟩ **1.** *Läufer, Flugzeug etc*: come in. **2.** *econ. Gelder*: come in, be paid in. **3.** *adm.* **um et. ~** (**bei** to) apply for s. th., make an application for s. th., petition for s. th.; **er kam schriftlich darum ein** he made a written (*od.* formal) application for it.

'Einˌkom·men *n* ⟨-s; -⟩ *econ.* (**aus** from) income, *bes. des Staates*: revenue; **~ aus Erwerbstätigkeit** earned income, earnings *pl*; **~ aus Kapital (-vermögen)** unearned income, income from capital; **festes ~** fixed (*od.* regular) income; **Personen mit niedrigem ~** low-income persons (*od.* earners); **ein ~ beziehen (aus)** draw (*od.* derive) an income (from).

'Einˌkom·mens|ˌgrup·pe *f* income bracket (*od.* group). **ℒˌschwach** *adj* low-income. **~ˌstu·fe** *f* income bracket.

'Einˌkom·menˌsteu·er *f econ.* income tax. **~beˌscheid** *m* income-tax assessment. **~erˌklä·rung** *f* income-tax return. **~for·muˌlar** *n* income-tax form. **ℒˌfrei** *adj* exempt from income tax. **ℒˌpflich·tig** *adj* liable to income tax. **~verˌanˌla·gung** *f* income-tax assessment.

'ein|ˌköp·fen *v/t u. v/i* ⟨*sep*, -ge-, h⟩ *Sport*: head in, head (*the ball*) home. **~ˌköp·fig** [-ˌkœpfɪç] *adj* **1.** one-headed. **2.** *bot.* monocephalous. **3. ~e Besatzung** one-man crew. **~koˌpie·ren** *v/t* ⟨*sep, no* -ge-, h⟩ *print.* overprint. **~ˌkop·peln** *v/t* ⟨*sep*, -ge-, h⟩ fence in. **~ˌkra·chen** *v/i* ⟨*sep*, -ge-, sein⟩ *colloq. for* **einstürzen** 1, 2, **einbrechen** 5. **~ˌkral·len I** *v/reflex* ⟨*sep*, -ge-, h⟩ **sich ~ 1.** *Tier*: dig its claws in(to **in** *acc*). **2.** *Person*: dig one's nails in(to **in** *acc*). **3.** *Hände*: dig (**in** *acc* into). **II** *v/t* **4.** dig (*one's claws od. fingers*) in. **~ˌkrat·zen** *v/t* ⟨*sep*, -ge-, h⟩ scratch *s. th.* in.

'Einˌkreis·empˌfän·ger *m Radio*: single-circuit receiver.

'einˌkrei·sen I *v/t* ⟨*sep*, -ge-, h⟩ **1.** *mil.* encircle, surround. **2.** *pol.* encircle. **3.** (*Wort, Zahl etc*) encircle. **4.** *fig.* (*Problem etc*) tackle *s. th.* from all angles (*od.* systematically). **5.** *hunt.* (*Beute etc*) ring (*od.* close) in, encircle. **II** ℒ *n* ⟨-s⟩ **6.** encircling (*etc*). **'Einˌkrei·sung** *f* ⟨-; -en⟩ **1.** → **einkreisen** II. **2.** *mil. pol.* encirclement; **~spolitik** *f* policy of encirclement; **~sschlacht** *f* battle of encirclement.

'ein|ˌkre·men [-ˌkrɛːmən; -ˌkreːmən] *v/t* ⟨*sep*, -ge-, h⟩ cream, apply cream to, rub cream into; **sich ~** cream one's skin, apply cream to one's skin. **~ˌkrüm·men** *v/t* ⟨*sep*, -ge-, h⟩ bend, crook.

'Einˌkünf·te *pl* (**aus** from) a) earnings, income *sg*, b) *econ.* receipts, takings, proceeds, profit(s), c) *aus Kapitalbesitz*: unearned income *sg*, d) *aus nichtselbständiger Arbeit*: earned income *sg*, e) *aus Landbesitz, a. pol. des Staates*: revenue *sg*, f) (*Dienstbezüge*) emoluments; → *a.* **Einkommen.**

'ein|ˌkup·peln I *v/t* ⟨*sep*, -ge-, h⟩ **1.** *mot.* (*Gang*) engage. **2.** *tech.* a) couple, connect, link, b) (*e-e Kupplung*) engage, c) (*Zahnräder*) throw *s. th.* into gear, engage. **II** *v/i* **3.** let in the clutch. **~ˌkur·ven** *v/i* ⟨*sep*, -ge-, sein⟩ *aer.* turn in; **auf neuen Kurs ~** turn to new heading. **~ˌku·scheln** *v/reflex* ⟨*sep*, -ge-, h⟩ **sich ~** snuggle up (**in Decken** in blankets; **bei j-m** to s. o.).

'einˌla·den I *v/t* ⟨*irr, sep*, -ge-, h⟩ **1.** (*Waren etc*) *allg.* load *s. th.* (in), *mar. a.* ship, embark, *mot. a.* entruck, *rail. a.* entrain, *aer. a.* emplane. **2.** *fig.* invite, ask (**j-n zu sich** s. o. to one's home; **j-n zum Essen** s. o. to *od.* for lunch); **j-n ~, an e-r Tagung teilzunehmen** invite (*od.* ask, summon) s. o. to a conference; **j-n zu e-m Glas Wein ~** treat s. o. to a glass of wine; **ich lade dich dazu ein** that's my treat, this is on me. **II** *v/i* **3.** load. **4.** invite, give an invitation. **5.** entertain, have guests. **6.** *fig.* invite, call for; **das schöne Wetter lud zu e-m Ausflug ein** the fine weather invited one (*od.* me, us, *etc*) to make an excursion; **dieses Gesetz lädt förmlich zu Mißbräuchen ein** this law virtually invites (*od.* asks for, opens the door to) abuse. **III** ℒ *n* ⟨-s⟩ **7.** loading (*etc*).

'einˌla·dend *pres p u. adj fig. Wetter, Mahl etc*: inviting, tempting; (*lecker*) *a.* appetizing; **~es Lächeln** inviting (*od. contp. sl.* come-on) smile; **~e Handbewegung** inviting gesture.

'Einˌla·dung *f* ⟨-; -en⟩ **1.** → **einladen** III. **2.** invitation; **auf ~ von** at the invitation of; **~en verschicken** send out invitations; **~skarte** *f* invitation card; **~sschreiben** *f* letter of invitation. **3.** a) (*Gesellschaft*) party, b) (*Empfang*) reception, c) (*Verabredung*) engagement. **4.** *fenc.* invitation.

'Einˌla·ge *f* ⟨-; -n⟩ **1.** *im Brief etc*: enclosure, inclosure; accompanying document(s *pl*); *in Büchern, Zeitungen etc*: insert, insertion, supplement; *in Ringbüchern etc*: set of loose leaves. **2.** *meist pl* (*Fußstütze*) arch support. **3.** (*Einlegesohle*) insole. **4.** *med.* (*Zahn*ℒ) temporary filling, inlay. **5.** *Textil.* a) *weiche*: padding, b) *steife*: stiffener. **6.** *gastr.* a) (*Suppen*ℒ) garnish, b) (*Zwischengang*) side-dish, entrée, entree. **7.** *der Zigarre*: filler. **8.** *thea. etc., a. fig.* interlude, intermezzo; extra (item *od.* number), entr'acte; **musikalische ~n** musical interludes. **9.** *econ. bei der Bank*: deposit, *bei Unternehmen*: contribution (of capital); (*Beteiligung*) share(-holding), (*Investitionen*) investment, capital invested; **befristete ~** time deposit. **10.** (*Spieleinsatz*) stake. **11.** *tech.* a) (*Einsatzstück*) insert, b) (*~plättchen*) shim, c) (*Bewehrung*) reinforcement. **~ˌblatt** *n* (additional) loose leaf. **~ka·piˌtal** *n econ.* capital invested (*od.* paid in), investment, initial share (*od.* contribution). **~ˌkon·to** *n* **1.** *bei der Bank*: deposit account. **2.** *bei Unternehmen*: investment account.

'einˌla·gern I *v/t* ⟨*sep*, -ge-, h⟩ **1.** (*Waren etc*) store, lay *s. th.* in, put *s. th.* into stock (*od.* store); **neuen Vorrat ~** restock; **et. in ein Lagerhaus ~** warehouse s. th. **2.** (*Möbel etc*) store *s. th.* (up). **3.** (*Kartoffeln*) store, cellar, put down; (*Getreide etc*) store, silo. **4.** *chem. med.* deposit, store, intercalate. **5.** *geol.* (*Schicht etc*) embed, imbed, intercalate. **II** ℒ *n* ⟨-s⟩ **6.** storing (*etc*).

'Einˌla·ge·rung *f* ⟨-; -en⟩ **1.** → **einlagern** II. **2.** storage. **3.** *chem. med.* deposit, storage, intercalation (*a. geol.*). **4.** *metall.* a) *von Verunreinigungen*: inclusion, b) *von Gasen*: occlusion.

'Einˌlaß *m* ⟨-sses; ⸚sse⟩ **1.** (*Zugang*) (**zu** to) admittance, admission, entrance; **~ fordern** (*od.* **begehren**) ask to be let in, ask for admission; **~ finden** (*od.* **erhalten**) be admitted, gain admission (*od.* entry); **j-m ~ gewähren** a) grant s. o. admission, admit s. o., let s. o. in, b) *Tür etc*: afford s. o. entry, enable s. o. to enter; **sich** (*dat*) **~ verschaffen** a) get admitted, get in, gain admission, b) **mit Gewalt**: force one's way in; **j-m ~ verschaffen** get s. o. admitted. **2.** *tech.* a) (*Ventil*) inlet, intake, b) (*Zugang*) admission. **3.** (*Tür, Öffnung*) opening.

'einˌlas·sen *v/t* ⟨*irr, sep*, -ge-, h⟩ **1.** (*j-n, et.*) admit, let *s. o., s. th.* in; **die Öffentlichkeit ~** open the doors to the public; **Wasser in die Wanne ~** run the bath, draw a bath. **2.** *bei Intarsien*: set in, inlay; **Perlmutt in Holz ~** inlay wood with mother-of-pearl. **3.** (*Juwelen etc*) set in, mount. **4.** *civ. eng.* insert, embed, imbed, fit *s. th.* in. **5.** *dial. for* **einwachsen**[1], **imprägnieren. II** *v/reflex* **6. sich auf** (*acc*) **et. ~** a) engage in s. th., enter into s. th., b) (*auf ein Vorhaben, Abenteuer etc*) venture (*od.* embark) on s. th., *leichtsinnig*: let o. s. in for s. th., fool (*od.* meddle) with s. th., c) (*auf e-n Vorschlag etc*) entertain, accept, d) (*näher eingehen*) go into s. th.; **laß dich darauf nicht ein!** leave it alone!; **darauf lasse ich mich nicht ein** I am not getting involved (*od.* mixed up) in that, I'll have nothing to do with that. **7. sich auf** (*od.* **in**) (*acc*) **et. ~** a) (*unsaubere Geschäfte etc*) get involved (*od.* mixed up) in s. th., b) (*ein Gespräch etc*) engage in (*od.* enter into) s. th. **8.** *jur.* **sich auf e-e Klage ~** enter an appearance, appear (in an action), defend a charge (*od.* an action). **9. sich mit j-m ~** a) have dealings with s. o., *colloq.* get mixed up (*od.* involved) with s. o., b) *erotisch*: become involved with s. o., start an affair with s. o., c) (*mit e-m Gegner etc*) tangle with s. o.

'Einˌlaß|ˌhub *m mot.* intake stroke. **~ˌkar·te** *f* (admission) ticket.

'Einˌlaß|ˌöff·nung *f tech.* a) inlet (opening), b) *für Flüssigkeit, Luft etc*: intake. **~ˌrohr** *n* inlet pipe. **~ˌstut·zen** *m* **1.** *tech.* inlet connection (*Br. a.* -x-). **2.** *mot.* (filler) neck.

'Einˌlas·sung *f* ⟨-; -en⟩ *jur.* **1. ~ (zur Klage)** (entering an) appearance, notice of intention to defend, joinder of issue. **2.** (*Behauptung*) allegation, averment, defen/ce (*Am.* -se).

'Einˌlaß·venˌtil *n tech.* intake valve.

ˈEinˌlauf m ‹-(e)s; ⸗e› **1.** Sport: finish, run-in. **2.** mot. initial run. **3.** med. enema, clyster; (j-m) e-n ~ machen give (s. o.) an enema. **4.** → Eingang 7, 8. **5.** gastr. thickening. **6.** tech. a) für Luft etc: inlet, intake, b) e-s Getriebes: running-in, c) e-s Gewindes: run-in. **7.** metall. downgate. **≈ˌecht** adj Textil. shrinkproof.

ˈeinˌlau·fen I v/i ‹irr, sep, -ge-, sein› **1.** Wasser etc: run in; das Bad(ewasser) ~ lassen run the bath, draw a bath. **2.** rail. etc → einfahren 7. **3.** Schiff: put in, sail in; in den Hafen ~ enter (od. put into, make) port. **4.** Sport: a) (ins Ziel) come in, finish, b) (ins Spielfeld) take the field; als erster ~ finish first. **5.** → eingehen 1. **6.** print. a) Manuskript: run in, b) Farbe: feed (ink). **7.** tech. Motor etc: (be) run in; die Maschine ~ lassen run (bes. Am. break) in the engine. **8.** (beim Waschen) ~ shrink (in the wash). **II** v/t ‹h› **9.** (neue Schuhe) break in. **10.** colloq. j-m das Haus (od. die Bude, Tür) ~ a) be constantly on s. o.'s doorstep, b) mit Bitten etc: keep pestering s. o. (with requests, etc). **III** v/reflex ‹h› sich ~ **11.** Sport: limber up, warm up. **12.** tech. Motor: (be) run in, bes. Am. be broken in. **13.** fig. Sache, Projekt etc: get going, get into its stride. **IV ≈** n ‹-s› **14.** running in (etc). **15.** e-s Zugs, Schiffs: arrival. **16.** mot. run-in, Am. break-in. **17.** von Stoff etc: shrinkage. **~d** adj **1.** econ. Post etc: incoming, Rechnung etc: a. inward. **2.** Textil. shrinkable; nicht ~ shrinkproof.

ˈeinˌläu·fig adj Gewehr: single-barrel(l)ed.

ˈEinˌlauf|ˌkurs m mar. auf ~ liegen stand in (for the shore). **~ˌsup·pe** f gastr. clear soup into which an egg mixture is poured before serving. **~ˌtrich·ter** m tech. feed hopper. **~ˌwal·ze** f print. feed roller. **~ˌzeit** f tech. run-in (Am. break-in) period.

ˈeinˌläu·ten v/t ‹sep, -ge-, h› **1.** ring in; den Sonntag ~ ring in Sunday. **2.** Sport: e-e Runde ~ sound the bell (Boxen: gong) for a new lap (Boxen: round).

ˈeinˌle·ben v/reflex ‹sep, -ge-, h› sich ~ **1.** → eingewöhnen 1, 2. **2.** → einfühlen.

ˈEinˌle·ge|ˌar·beit f inlay, inlaid work, in Holz: a. marquetry, in Marmor, Mosaik etc: a. incrustation. **~ˌblatt** n print. loose leaf. **~ˌgur·ke** f meist pl gastr. a) pickled gherkin, b) pickling cucumber.

ˈeinˌle·gen I v/t ‹sep, -ge-, h› **1.** put (od. lay, place) s. th. in. **2.** (Beilage, Blatt, a. fig. Ruhetag, Sonderschicht etc) insert, put in; et. in e-n Brief ~ enclose (od. inclose) s. th. in (od. with) a letter; e-n Film (in die Kamera) ~ insert (od. put) a film in(to the camera), load the camera (with a film); mar. die Riemen ~ ship the oars; mot. den dritten Gang ~ change (od. go, Am. shift) into third (gear); e-e Pause ~ have a break (od. rest, breather); e-n Sonderzug ~ put on (od. run, insert) an extra train; e-n Spurt ~ put in a spurt (od. sprint). **3.** (sich dat) die Haare ~ set (one's) hair. **4.** print. a) (Schrift etc) distribute, b) (Bogen) feed, insert. **5.** (Edelsteine) encrust, incrust. **6.** tech. inlay; Elfenbein in e-e Tischplatte ~ inlay a tabletop with ivory. **7.** hist. (Lanze) place, couch, tilt. **8.** (eintauchen) soak, steep. **9.** gastr. a) (Eier) preserve, b) in Marinade: marinade, c) → einpökeln, d) in Töpfe: pot. **10.** econ. a) in Bank: deposit, b) in Unternehmen etc: invest. **11.** (Beschwerde etc) lodge, make, jur. (Rechtsmittel) a. file; → Berufung 4, Protest (etc). **12.** → Ehre 4. **II ≈** n ‹-s› **13.** putting in (etc). **14.** insertion.

ˈEinˌle·ger m ‹-s; -› **1.** tech. feeder, print. meist layer-on. **2.** econ. bei e-r Bank: depositor, deposit holder.

ˈEinˌle·geˌsoh·le f insole, inner sole, a. slipsole.

ˈEinˌle·gung f ‹-; no pl› → einlegen II.

ˈeinˌlei·ten I v/t ‹sep, -ge-, h› **1.** (Verhandlungen etc) begin, commence, start, open; die Feier mit e-r Rede ~ open the celebration with a speech; e-e Podiumsdiskussion leitete die Tagung ein the conference opened with a panel discussion. **2.** (vorangehen) be a prelude to, prelude. **3.** (Rede, Aufsatz etc) preface. **4.** (Zeitalter etc) inaugurate, introduce, usher in (an epoch). **5.** bes. jur. institute, initiate (proceedings, an inquiry, etc); e-n Prozeß (gegen j-n) ~ bring an action (against s. o.), go to law (with s. o.). **6.** (Reformen etc) launch, initiate, set s. th. on foot; Schritte (od. Maßnahmen) ~ take steps (od. measures). **7.** med. (Narkose, Geburt, Abort) induce. **8.** ling. (Nebensatz etc) introduce. **9.** electr. (Wärme, Strom etc) pass s. th. into. **10.** tech. feed (in acc into). **II ≈** n ‹-s› **11.** beginning (etc); → a. Einleitung. **ˈeinˌlei·tend I** adj **1.** Bemerkung, Erklärung etc: introductory, opening; ein paar ~e Worte a few introductory words, a few words of introduction. **2.** Maßnahme etc: preliminary (steps, etc). **II** adv **3.** by way of introduction, to begin with. **ˈEinˌlei·tung** f ‹-; -en› **1.** → einleiten II. **2.** ‹gen› introduction (of), prelude (to), (Vorbereitungen) preliminaries pl (to, of); zur ~ as an (od. by way of) introduction. **3.** e-s Buches etc: introduction, preface. **4.** e-s Zeitungsartikels: lead(-in). **5.** e-r Rede: a. ling. introduction. **6.** (Ingangsetzung) starting, launching, initiation. **7.** bes. jur. a) von Verhandlungen etc: initiation, e-s Verfahrens: a. institution, b) zu e-r Urkunde, e-m Gesetz: preamble (to). **8.** med. a) e-r Krankheit etc: prelude, first stage, b) e-r Geburt, e-s Aborts: induction. **9.** electr. conduction. **10.** mus. prelude. **11.** thea. prologue, a. prolog.

ˈEinˌlei·tungs|beˌschluß m jur. decision to institute proceedings. **~ˌfor·mel** f **1.** pol. introductory formula. **2.** jur. caption (of a deed). **~kaˌpi·tel** n opening chapter.

ˈeinˌlen·ken v/i ‹sep, -ge-, h› **1.** fig. give in, come round, show o. s. conciliatory. **2.** ‹h u. sein› mot. etc turn in; nach links (in e-e Straße) ~ turn to the left (into a side street). **~d I** adj conciliatory. **II** adv peaceably.

ˈeinˌle·sen I v/reflex ‹irr, sep, -ge-, h› sich in e-n Dichter ~ get used to (od. familiarize o. s. with) (the style of) a poet, read one's way into a poet. **II** v/t Computer: read (data) in.

ˈeinˌleuch·ten v/i ‹sep, -ge-, h› (dat to) be evident (od. plain, clear, obvious); es leuchtet ein, daß a. it stands to reason that; das leuchtet mir ein I can see that, that makes sense (to me); es will mir nicht ganz ~ I can't quite see that, it doesn't quite make sense to me; es leuchtet mir nicht ein, warum (od. daß) I don't really (od. I fail to) see why. **~d** adj **1.** evident, clear, plain, obvious; aus ~en Gründen for obvious reasons. **2.** Argument etc: convincing.

ˈeinˌlie·fern v/t ‹sep, -ge-, h› **1.** (Personen) take (in acc to); j-n in e-e Strafanstalt ~ take (od. send, jur. commit) s. o. to prison; j-n ins Krankenhaus ~ take s. o. to (the) hospital, hospitalize s. o., admit s. o. to the hospital. **2.** (bei to) (Schriftliches) hand (od. send) in, submit. **3.** econ. a) (Waren etc) deliver, b) (Effekten) deposit. **4.** (Briefe etc) post, send, bes. Am. mail. **ˈEinˌlie·fe·rung** f ‹-; -en› **1.** e-s Patienten: admission (to [the] hospital), hospitalization; bei der ~ on admission. **2.** jur. committal (to a penal institution, etc). **3.** von Briefen etc: posting, bes. Am. mailing. **4.** econ. von Effekten: deposit.

ˈEinˌlie·fe·rungs|beˌfehl m jur. committal order. **~beˌschei·ni·gung** f, **~ˌschein** m Post: certificate of posting.

ˈeinˌlie·gend adj u. adv adm. enclosed, inclosed.

ˈEinˌlie·ger m ‹-s; -› (sole) lodger. **~ˌwoh·nung** f separate apartment (Br. flat) built into a one-family house (let to obtain tax privileges).

ˈein|ˌlo·chen v/t ‹sep, -ge-, h› **1.** colloq. j-n ~ put s. o. behind bars (od. inside, in clink). **2.** Golf: hole (out), putt. **~loˌgie·ren** v/t ‹sep, no -ge-, h› lodge, put s. o. up (in e-m Hotel at a hotel); sich (bei j-m) ~ take lodgings (od. a room, rooms) (with s. o.).

ˈeinˌlös·bar adj **1.** econ. a) Pfand, Hypotheken etc: redeemable, b) Scheck, Wechsel etc: payable, c) Banknoten: convertible, d) Waren: collectible; nicht ~ irredeemable. **2.** fig. Versprechen: redeemable. **≈keit** f ‹-; no pl› econ. a) redeemability (a. fig.), b) payability, c) convertibility.

ˈeinˌlö·sen I v/t ‹sep, -ge-, h› **1.** (Pfand etc) redeem, take s. th. out of pawn (od. colloq. hock). **2.** (Garderobe, Gepäck etc) collect. **3.** fig. sein Versprechen (od. sein Wort) ~ redeem (od. make good, keep) one's promise (od. word); e-e Verpflichtung ~ hono(u)r (od. discharge, meet) an obligation. **4.** econ. a) (Schecks etc) cash, b) (Wechsel, Akzepte) hono(u)r, meet, take up, c) (Wertpapiere) redeem, pay s. th. off, d) (Banknoten) pay cash for, cash, (umwandeln) convert; e-n Wechsel nicht ~ dishono(u)r a bill; e-n Wechsel bei Verfall ~ protect a bill at maturity. **5.** mil. (Gefangene) ransom. **II ≈** n ‹-s› **6.** redeeming (etc); → a. Einlösung. **ˈEinˌlö·ser** m ‹-s; -› econ. redeemer. **ˈEinˌlö·sung** f ‹-; -en› **1.** → einlösen II. **2.** econ. a) von Hypotheken: redemption, discharge, b) von Wechseln: payment, discharge, c) von Wertpapieren: conversion, d) von Banknoten: cashing. **3.** mil. ransom. **4.** fig. redemption, keeping (of a promise).

ˈEinˌlö·sungs|ˌfrist f econ. term of redemption. **~ˌkurs** m redemption rate (od. price). **~ˌpflicht** f bei Goldwährungen: obligation to convert, compulsory convertibility.

ˈeinˌlul·len v/t ‹sep, -ge-, h› **1.** lull s. o. to sleep. **2.** fig. (j-n, j-s Argwohn) lull (s. o., s. o.'s suspicions); (in Sicherheit wiegen) lull s. o. into a false sense of security.

ˈeinˌma·chen gastr. **I** v/t ‹sep, -ge-, h› preserve; in Gläser: a. bottle; in Töpfe: pot; et. (in Büchsen) ~ tin (Am. can) s. th.; Gurken in Essig ~ pickle gherkins; Marmelade ~ make jam. **II ≈** n ‹-s› preserving (etc): preservation.

ˈEinˌmach|ˌes·sig m gastr. preserving vinegar. **~ˌglas** n preserving jar. **~ˌsup·pe** f Austrian cream soup.

ˈeinˌmah·nen v/t ‹sep, -ge-, h› → einfordern 1.

ˈeinˌmai·schen v/t ‹sep, -ge-, h› brew. mash.

ˈeinˌmal adv **1.** once, one time; nur ~ only (od. but, just) once; nicht ~ not once; ~ im Jahr once a year; ~ drei ist

drei once (*od.* one times) three is three; **(ausnahmsweise)** ~ for once, just this once (→ 7); **das gibt's nur** ~ a) that is unique, b) that happens only once; ~ **und nicht** (*od.* **nie**) **wieder**! never again!; ~ **ist keinmal** (*Sprichwort*) one doesn't count, once is no custom; **auf** ~ a) (*auf einen Sitz*) at once, at the same time, at a time, *colloq.* at one go, at a stretch, b) (*plötzlich*) all at once, suddenly, all of a sudden; **alle(s) auf** ~ all at the same time, all together, all at once; **zwei (drei) auf** ~ two (three) at a time; ~ **mehr** once more (*od.* again); **noch** ~ a) once more (*od.* again), b) (over) again, a second time; **ich muß noch** ~ **anfangen** I have to start once (*od.* all over) again (*od.* afresh, anew); **noch** ~ **so groß (alt)** twice as big (old), as big (old) again; **noch** ~ **so viel** twice (*od.* double) as much, as much again, double the number; ~ **übers and(e)re**, ~ **ums and(e)re** time after time, again and again, time and (time) again. **2.** (*in der Vergangenheit*) once, at one time, one day; **es war** ~ once (upon a time) there was; **das war** ~ that is a thing of the past, that's all gone. **3.** (*zuvor*) (once) before, formerly; **ich war (schon)** ~ **dort** I was there before; **haben Sie schon** ~ …? did you ever …? **4.** (*in der Zukunft*) once, some day (*Am.* someday), one day, sometime, one of these days; **das wird er** ~ **büßen müssen** one day he will have to pay for that; **wenn das (je)** ~ **geschehen sollte** if that should ever happen; **wenn du** ~ **groß bist** once you are grown up. **5.** (*später*) later (on). **6.** *unbetont, meist unübersetzt*: **das ist (nun)** ~ **so** that's the way (*od.* how) it is, such is life (*od.* the world), it's just one of those things, that's the way it goes; **ich bin nun** ~ **so** (I'm afraid) that's just my nature, I can't help being as I am; **da du (nun)** ~ **hier bist** now (that) you are here; **ich muß mich erst** ~ **ausruhen** first (of all) I must have a rest; **hör erst** ~ **zu, bevor du widersprichst** just listen, will you, before you contradict; **nicht** ~ **höflich kann er sein** he can't even (*od.* so much as) be polite; **komm** ~ **her**! come here, will you!; **stell dir das** ~ **vor**! just fancy that!, just imagine! **7.** (*ausnahmsweise, zur Abwechslung*) for once, for a change; **Ferien** ~ **anders** holidays with a difference. **8.** ~ … ~ now … now, now … then, sometimes … sometimes; ~ **hell**, ~ **dunkel** now bright now dark; ~ **sagt er dies**, ~ **das** first he says one thing then another. **9.** a) (*einerseits*) on the one hand, b) (*zum einen, erstens*) first; ~ **weil** …, **zum anderen** (*od.* **sodann**) **weil** first because …, then because, for one thing … for another.

ˌ**Einˌmalˈeins** *n* ⟨-; *no pl*⟩ **1.** *math.* multiplication table(s *pl*); **großes (kleines)** ~ multiplication table from eleven to twenty (up to ten). **2.** *fig.* ABC, basics *pl.*

ˈ**einˌma·lig I** *adj* **1.** single, one; **nach** ~**em Durchlesen** after reading it once, after a single reading. **2.** *bes. econ.* single, non(-)recurring (*expense, etc*); ~**e Abfindung** single (*od.* lump-sum) payment. **3.** *fig.* (*einzigartig*) unique, unequal(l)ed, singular, unparalleled, matchless, exceptional; **e-e** ~**e Gelegenheit** a unique chance (*od.* opportunity), a chance in a million (*od.* lifetime). **II** *adv* **4.** uniquely (*etc*); ~ **schön** of singular (*od.* breathtaking) beauty, *colloq.* gorgeous, marvellous. ⁓**keit** *f* ⟨-; *no pl*⟩ **1.** singleness. **2.** *fig.* uniqueness, singularity.

ˈ**Einˌmann|beˌtrieb** *m* **1.** one-man operation (*od. colloq.* show). **2.** → ~**geˌsell·schaft** *f econ.* one-man concern (*od.* business, company), corporation sole.

ˈ**einˌmän·nig** [-ˌmɛnɪç] *adj bot.* monandrous.

ˈ**Einˌmann|torˌpe·do** *m mil.* one-man torpedo. ~ˌ**un·terˌneh·men** *n* → Einmanngesellschaft.

ˈ**Einˌmarsch** *m* **1.** marching in, entry, march (in *acc* into). **2.** (*Einfall*) invasion. ˈ**ein·marˌschie·ren** *v/i* ⟨*sep, no* -ge-, *sein*⟩ march in; **in ein Land** ~ march into (*od.* enter) a country, (*einfallen*) *a.* invade a country.

ˈ**Einˌma·ster** [-ˌmastər] *m* ⟨-s; -⟩ *mar.* single-master. ˈ**einˌma·stig** [-ˌmastɪç] *adj* single-masted.

ˈ**ein|ˌmau·ern** *v/t* ⟨*sep*, -ge-, h⟩ **1.** wall in, immure. **2.** (*einbauen*) fix (*od.* embed) *s. th.* in a wall. ~ˈ**mehrˌdeu·tig** *adj math.* one-to-many. ~ˌ**mei·ßeln** *v/t* ⟨*sep*, -ge-, h⟩ chisel (*od.* carve) *s. th.* in. ~ˌ**men·gen** *v/t u.* **sich** ~ *v/reflex* ⟨*sep*, -ge-, h⟩ → **einmischen** I *u.* II. ~ˌ**mie·ten**[1] *v/t* ⟨*sep*, -ge-, h⟩ **j-n (bei j-m)** ~ get (*od.* find) lodgings for s. o. (with s. o.); **sich (bei j-m)** ~ take lodgings (*od.* rooms) (with s. o.). ~ˌ**mie·ten**[2] *v/t* ⟨*sep*, -ge-, h⟩ *agr.* **1.** (*Kartoffeln etc*) a) pit, b) stack (up). **2.** (*Getreide*) silo. ⁓ˌ**mie·ter** *m zo.* guest, inquiline.

ˈ**einˌmi·schen I** *v/reflex* ⟨*sep*, -ge-, h⟩ **sich** ~ (in *acc*) interfere (in, with), meddle (in, with), *colloq.* butt in (on); *bes. vermittelnd*: intervene (in); *neugierig*: poke one's nose in(to *s. th.*); (*in ein Gespräch*) join in, *störend*: interfere in, *colloq.* butt (*od.* horn) in (on); **misch dich da nicht (unnötig) ein**! (you) keep out of this! **II** *v/t* mix *s. th.* in, intermix, add. **III** ⁓ *n* ⟨-s⟩. ˈ**Einˌmi·schung** *f* ⟨-; -en⟩ **1.** interfering, meddling (*etc*). **2.** interference; *bes. pol.* intervention.

ˈ**Einˌmi·schungs|ˌkla·ge** *f* → **Hauptintervention**. ~**po·liˌtik** *f pol.* policy of intervention.

ˈ**ein|ˌmit·ten** *v/t* ⟨*sep*, -ge-, h⟩ *tech.* cent/re (*Am.* -er). ~ˌ**mo·na·tig** *adj* ⟨*attrib*⟩ of one month; ~**e Dauer** one month's duration. ~ˌ**mo·nat·lich** *adj* one-month. ~**monˌtie·ren** *v/t* ⟨*sep, no* -ge-, h⟩ *tech.* mount *s. th.* (into place *od.* position), install. ~**moˌto·rig** [-moˌtoːrɪç] *adj aer.* single-engined. ~ˌ**mot·ten** *v/t* ⟨*sep*, -ge-, h⟩ **1.** put *s. th.* in mothballs. **2.** *mil.* (*Geräte, Schiffe etc*) mothball, (*bes. Flugzeuge*) cocoon. ~ˌ**mum·meln** *v/t u.* **sich** ~ *v/reflex* ⟨*sep*, -ge-, h⟩ *colloq. for* ~ˌ**mum·men** *v/t* ⟨*sep*, -ge-, h⟩ muffle (*od.* wrap) *s. o.* up.

ˈ**einˌmün·den** *v/i* ⟨*sep*, -ge-, *sein*⟩ **1.** *Fluß*: (in *acc* into) empty, discharge, debouch, flow. **2.** *Straße etc*: join, lead in(to in *acc*). **3.** *anat. Adern*: inosculate (in *acc* with). **4.** *fig.* ~ **in** (*acc*) lead to, flow into. ˈ**Einˌmün·dung** *f* ⟨-; -en⟩ **1.** emptying (*etc*). **2.** → **Flußmündung**. **3.** *e-r Straße, Bahnlinie etc*: junction. **4.** *anat.* inosculation (with).

ˈ**einˌmü·tig I** *adj* unanimous, solid, ⟨*pred*⟩ *a.* of one mind. **II** *adv* unanimously, by common consent, with one voice; ~ **hinter j-m stehen** stand solidly behind s. o.; **wir sind** ~ **für (gegen) e-e Reform** we are solid for (against) a reform. ⁓**keit** *f* ⟨-; *no pl*⟩ **1.** unanimity, full accord. **2.** unity.

ˈ**einˌnä·hen** *v/t* ⟨*sep*, -ge-, h⟩ **1.** sew *s. th.* in(to *s. th.*). **2.** (*in e-n Sack etc*) sew *s. th.* up. **3.** (*Kleider etc enger machen*) take *s. th.* in, make a tuck in.

ˈ**Einˌnah·me** *f* ⟨-; -n⟩ **1.** → **einnehmen** II. **2.** *meist pl econ.* a) *e-r Firma*: takings *pl*, receipts *pl*, b) *e-r Person*: income, earnings *pl*, c) (*Erlös*) return(s *pl*), proceeds *pl*, d) *bes. des Staates*: revenue; **tatsächliche** ~**n** actual receipts, actuals; **öffentliche** ~**n** public (*od.* national) revenue *sg*; ~**n und Ausgaben** income (*parl.* revenues) and expenditure *sg*, incomings and outgoings. **3.** ⟨*only sg*⟩ *mil.* a) capture, seizure, taking, b) *e-s Landes*: occupation, conquest. ~ˌ**po·sten** *m econ.* item of receipt (*od.* income). ~ˌ**quel·le** *f* **1.** source of income. **2.** *des Staates*: source of revenue.

ˈ**einˌne·beln** *v/t* ⟨*sep*, -ge-, h⟩ **1.** *mil.* lay a smoke screen over; **sich** ~ lay a smoke screen (round o. s.). **2.** *colloq.* (*e-n Raum*) fill (*a room*) with smoke. **3.** *fig.* deceive, delude.

ˈ**einˌnehm·bar** *adj mil.* capable of being taken (*od.* captured), pregnable. ⁓**keit** *f* ⟨-; *no pl*⟩ pregnability.

ˈ**einˌneh·men I** *v/t* ⟨*irr, sep*, -ge-, h⟩ **1.** (*Geld*) take *s. th.* (in), receive, cash; *als Reingewinn*: net. **2.** (*Steuern*) collect. **3.** (*verdienen*) earn, make. **4.** (*Mahlzeit etc*) have, take. **5.** (*Medizin etc*) take; *regelmäßig*: *a.* be on (*a pill*). **6.** (*Platz, Raum etc*) take (up), occupy; **s-n Platz** ~ take one's seat; **zuviel Platz** ~ take up too much room; **j-s Stelle** ~ take (*od.* succeed to) s. o.'s place, replace s. o. **7.** *fig.* (*innehaben*) hold, fill, occupy; **die erste Stelle** ~ rank first, be at the top, be in first place, lead; **e-e hervorragende Stelle** ~ rank high. **8.** (*Standort, Position*) take (up); → **Haltung**. **9.** *fig.* **j-n (für sich)** ~ win (*od.* gain) s. o.'s favo(u)r (*od.* heart), prepossess s. o. (in one's favo[u]r), charm (*od.* captivate) s. o.; **das nimmt mich für ihn ein** I like him for that; **j-n gegen sich (et.)** ~ prepossess (*od.* prejudice, bias, set) s. o. against o. s. (s. th.); → **eingenommen** 1–3. **10.** *mil.* a) (*Stadt, Stellung*) take, capture, seize, b) (*Stellung*) carry, seize, c) (*Land*) conquer, occupy; **et. wieder** ~ retake (*etc*) s. th. **11.** *mar.* a) (*Fracht, Brennstoff etc*) take *s. th.* in (*od.* on board, aboard), b) (*Segel*) take in. **12.** *Textil.* gather (*od.* take) in. **II** ⁓ *n* ⟨-s⟩ **13.** taking (*etc*). **14.** *mar.* (in)take. **15.** → **Einnahme** 3. ~**d** *adj fig.* prepossessing, engaging, winning, lik(e)able, charming; **sie hat ein** ~**es Wesen** a) she has engaging manners (*od.* ways), she has an attractive personality, b) *colloq. humor.* she is greedy.

ˈ**Einˌneh·mer** *m* ⟨-s; -⟩ *econ.* collector.

ˈ**ein|ˌnicken** (*getr.* -k·k-) *v/i* ⟨*sep*, -ge-, *sein*⟩ nod (*od.* drop, doze) off. ~ˌ**ni·sten** *v/reflex* ⟨*sep*, -ge-, h⟩ **sich** ~ **1.** a) *Vögel*: nest, build its nest, b) *Ungeziefer*: nest in, settle in. **2.** *fig. humor. Person*: install o. s., make o. s. at home, come to stay. **3.** *fig. Zweifel etc*: creep (*od.* sneak) in; **bei j-m**: take possession of s. o.

ˈ**Einˌöde** *f* ⟨-; -n⟩ solitude, wilderness, waste, desert. ˈ**Einˌödˌhof** *m* solitary (*od.* isolated) farm.

ˈ**einˌölen** *v/t* ⟨*sep*, -ge-, h⟩ **1.** (*Haut etc*) rub oil into, oil; **sich** ~ oil one's skin. **2.** *tech.* oil, lubricate.

ˈ**einˌord·nen I** *v/t* ⟨*sep*, -ge-, h⟩ **1.** put *s. th.* in its proper place, arrange (*od.* range, place) *s. th.* (in proper order); **et. falsch (richtig)** ~ put s. th. in the wrong (right) place. **2.** *in Akten etc*: file. **3.** (**unter** *acc*) classify (as), categorize (as), class (with, as), rank (among). **4.** *in ein System etc*: incorporate, integrate, fit *s. th.* in. **II** *v/reflex* **sich** ~ **5.** take one's place. **6.** *im Verkehr*: get into (the correct) lane; **sich rechts** ~ move (*od.*

filter) to the right (lane). **7.** *fig. Person*: fit in, adjust (*od.* integrate) o. s., fall (*od. pol.* toe) into line; → *a.* **einfügen** 4. **III** ♀ *n* ⟨-s⟩ **8.** arranging (*etc*). **ˈEinˌord·nung** *f* ⟨-; *no pl*⟩ **1.** → **einordnen** III. **2.** arrangement. **3.** classification; incorporation, integration; adjustment.

ˈeinˌpaa·rig *adj bot.* unijugate.

ˈeinˌpacken (*getr.* **-k·k-**) **I** *v/t* ⟨*sep*, **-ge-**, **h**⟩ **1.** pack *s. th.* (up); **et. in e-e Schachtel** ~ pack s. th. in a box; **s-e Sachen** ~ pack one's things. **2.** (*einwickeln*) wrap (*od.* do, put) *s. th.* up. **3.** *fig. colloq.* (*Kind, Kranken etc*) wrap *s. o.* up. **4.** *med.* a) *in e-n Umschlag*: pack, b) *in e-n Verband*: dress, bandage. **II** *v/i* **5.** *für die Reise*: pack (up), pack one's things. **6.** *fig. colloq.* **da kann ich ja gleich** ~ I might as well pack up and go (home); **packen Sie doch ein!** go and boil your head!; **gegen ihn können wir** ~ we haven't got a chance against him, *colloq.* we are fools to him.

ˈEinˌpack·paˌpier *n* wrapping paper.

ˈeinˌpar·ken I *v/i* ⟨*sep*, **-ge-**, **h**⟩ park (between two cars); **in e-e Parklücke** ~ pull into a parking space. **II** *v/t* (*Auto*) park (*a car*) (in).

ˈEin·parˌtei·en ... in *Zssgn* one-party (*system, etc*).

ˈeinˌpas·sen I *v/t* ⟨*sep*, **-ge-**, **h**⟩ *tech.* **et. in e-e Sache** ~ fit s. th. into s. th. **II** *v/reflex* **sich** ~ *fig. Person*: adjust (o. s.). **III** ♀ *n* ⟨-s⟩ fitting in.

ˈein|ˌpau·ken *v/t* ⟨*sep*, **-ge-**, **h**⟩ *colloq.* **j-m et.** ~ drum (*od.* cram) s. th. into s. o., drill s. o. in s. th.; **sich** (*dat*) **et.** ~ cram s. th., *Br. sl.* swot s. th. up, *Am.* bone up on s. th. **♀ˌpau·ker** *m colloq.* crammer, *bes. Br.* coach. **~ˌpeit·schen I** *v/t* ⟨*sep*, **-ge-**, **h**⟩ *fig.* (**j-m**) **et.** ~ whip (*od.* drub, knock) s. th. in(to s. o.). **II** *v/i* **auf ein Pferd** ~ flog a horse. **♀ˌpeit·scher** *m* ⟨-s; -⟩ *pol.* (party) whip, *Am.* floor leader. **~ˌpen·deln** *v/reflex* ⟨*sep*, **-ge-**, **h**⟩ **sich** ~ **1.** *tech.* fall into its normal swing (*od.* into rhythm), adjust (itself). **2.** *fig.* find its (own) level, balance (*od.* even) out, *weitS.* get into its stride, find its rhythm. **~ˌpen·nen** *v/i* ⟨*sep*, **-ge-**, **sein**⟩ *colloq.* drop off, fall asleep. **~ˌpfäh·len** *v/t* ⟨*sep*, **-ge-**, **h**⟩ fence *s. th.* (in) (with pales), picket (*od.* pale) *s. th.* (in), palisade. **~ˌpfer·chen** *v/t* ⟨*sep*, **-ge-**, **h**⟩ **1.** (*Vieh etc*) pen in (*od.* up), fold. **2.** *fig.* (*Personen*) coop (*od.* pen) up, cram in, crowd together; ~ **zwischen** wedge (*od.* squeeze) in between; (**wie Schafe**) **eingepfercht** packed like sardines, cooped up. **~ˌpflan·zen I** *v/t* ⟨*sep*, **-ge-**, **h**⟩ **1.** *agr. hort.* a) (*Pflanze*) plant, b) (*Sämling*) prick out (*od.* off). **2.** *med.* implant. **3.** *fig.* **j-m et.** ~ implant s. th. in s. o.'s mind, instil(l *Am.*) s. th. into s. o. **II** ♀ *n* ⟨-s⟩ **4.** planting (*etc*). **♀ˌpflan·zung** *f* ⟨-; -en⟩ **1.** → **einpflanzen** II. **2.** *med. u. fig.* implantation. **~ˌpflü·gen** *v/t* ⟨*sep*, **-ge-**, **h**⟩ *agr.* plough (*bes. Am.* plow) in (*od.* under). **~ˌpfrop·fen** *v/t* ⟨*sep*, **-ge-**, **h**⟩ **1.** *hort.* (*in acc* into) (en)graft. **2.** *fig. colloq.* **j-m et.** ~ stuff (*od.* cram) s. th. into s. o.

ˈEinˌpha·sen ... *in Zssgn*, **ˈeinˌpha·sig** [-ˌfa:zɪç] *adj electr.* single-phase (*motor, etc*).

ˈein|ˌpin·seln *v/t* ⟨*sep*, **-ge-**, **h**⟩ *med.* paint, swab. **~ˌpla·nen I** *v/t* ⟨*sep*, **-ge-**, **h**⟩ **1.** include *s. th.* (in the planning *od.* programme [*Am.* program]), plan, schedule; *econ.* **Kredite** ~ schedule credits. **2.** (*einkalkulieren*) take *s. th.* into account, allow for, reckon with. **II** ♀ *n* ⟨-s⟩ **3.** planning (*etc*). **~plaˌnie·ren** *v/t* ⟨*sep*, *no* **-ge-**, **h**⟩ level, grade. **♀ˌpla·nung** *f* ⟨-; -en⟩ **1.** → **einplanen** II. **2.** inclusion in a plan (*od.* programme, *Am.* program). **~ˌpö·keln** *v/t* ⟨*sep*, **-ge-**, **h**⟩ a) pickle, salt (down), cure, b) *in Lake*: brine, souse; *fig. colloq.* **laß dich doch** ~! go (and) jump in a lake! **~ˌpo·lig** [-ˌpo:lɪç] *adj* **1.** *electr.* a) unipolar, single-pole, b) *Stecker*: one-in. **2.** *physiol.* unipolar.

ˈeinˌprä·gen I *v/t* ⟨*sep*, **-ge-**, **h**⟩ **1.** (*Siegel etc*) (*in acc* on) impress, imprint, stamp. **2.** *print.* emboss. **3.** *electr.* (*Spannung*) impress. **4.** *fig.* **j-m et.** ~ a) impress s. th. (up)on s. o. (*od.* s. o.'s mind), fix (*od.* imprint) s. th. in s. o.'s mind; → **einschärfen**; **j-m** ~, **et. zu tun** enjoin (*od.* urge, exhort, instruct) s. o. to do s. th. **5. sich** (*dat*) **et.** ~ a) impress (*od.* imprint, stamp, engrave) s. th. (up)on (*od.* fix s. th. in) one's memory, b) make a (mental) note of s. th., c) (*bes. Texte, Rollen etc*) memorize s. th., commit s. th. to memory, learn s. th. by heart; **präge dir das (gut) ein!** keep that in mind!, don't forget (that)! **II** *v/reflex* **sich (ins** *od.* **dem Gedächtnis)** ~ **6.** *fig. Namen, Worte etc*: impress (*od.* imprint, stamp, engrave) itself on s. o.'s mind, sink in, *colloq.* stick (in s. o.'s mind); **sich leicht** ~**d** → **ˈeinˌpräg·sam** *adj* **1.** easily remembered, easy to remember; *Melodie, Slogan etc*: *a.* catchy. **2.** (*eindrucksvoll*) impressive. **ˈEinˌpräg·sam·keit** *f* ⟨-; *no pl*⟩ **1.** memorability, catchiness. **2.** impressiveness. **ˈEinˌprä·gung** *f* ⟨-; -en⟩ **1.** impressing. **2.** *a. fig.* impression, imprint, stamp. **3.** *fig. e-r Idee etc*: inculcation, instillation.

ˈein|ˌpras·seln *v/i* ⟨*sep*, **-ge-**, **sein**⟩ *fig. colloq.* **auf j-n (et.)** ~ rain (*od.* hail) down on s. o. (s. th.). **~ˌpres·sen** *v/t* ⟨*sep*, **-ge-**, **h**⟩ **1.** press (*od.* squeeze, force) *s. th.* in. **2.** → **einpferchen** 2. **3.** *print.* a) (*Goldschrift etc*) engrave, b) (*einschnüren*) tie *s. th.* up. **4.** *tech.* (*Schrott etc*) bale. **5.** (*Zement etc*) inject, grout *s. th.* under pressure. **~ˌpro·ben** *v/t* ⟨*sep*, **-ge-**, **h**⟩ rehearse, study *s. th.* (up). **~ˌpu·dern** *v/t* ⟨*sep*, **-ge-**, **h**⟩ powder. **~ˌpum·pen** *v/t* ⟨*sep*, **-ge-**, **h**⟩ pump *s. th.* in. **~ˌpup·pen** *v/reflex* ⟨*sep*, **-ge-**, **h**⟩ *zo.* **sich** ~ change into a chrysalis, go into cocoon, pupate.

ˈein·quarˌtie·ren [-kvarˌti:rən] **I** *v/t* ⟨*sep*, *no* **-ge-**, **h**⟩ **1.** *mil.* quarter, billet (**bei j-m** on s. o.; **in e-r Stadt** in a town). **2.** → **einlogieren**. **II** *v/reflex* **sich** ~ **3.** (*in acc* at, **bei** with) take up quarters, lodge, *colloq.* put up. **III** ♀ *n* ⟨-s⟩ **4.** quartering, billeting. **ˈEin·quarˌtier·te** *m* ⟨-n; -n⟩ *mil.* billetee. **ˈEin·quarˌtie·rung** *f* ⟨-; -en⟩ **1.** → **einquartieren** III. **2.** billetees *pl*, soldiers *pl* billet(t)ed (on s. o.). **3.** *fig. colloq.* visitors *pl*, guests *pl* (staying at my, *etc*, house).

ˈein|ˌquet·schen *v/t* ⟨*sep*, **-ge-**, **h**⟩ **1.** squeeze, jam, *stärker*: crush (**sich den Finger** one's finger). **2.** *colloq.* → **einpferchen** 2. **~ˌräd·rig** [-ˌrɛ:drɪç] *adj* one-wheeled. **~ˌrah·men** *v/t* ⟨*sep*, **-ge-**, **h**⟩ **1.** (*Bild*) frame. **2.** *fig.* frame; (*umgeben*) *a.* surround; *musikalisch etc*: form the (*musical, etc*) background of. **♀ˌrah·mung** *f* ⟨-; -en⟩ **1.** framing. **2.** frame. **~ˌram·men** *v/t* ⟨*sep*, **-ge-**, **h**⟩ ram (*od.* drive) *s. th.* in (*od.* down, home). **~ranˌgie·ren** *v/t* ⟨*sep*, *no* **-ge-**, **h**⟩ *colloq. for* **einordnen** 1, 2. **~ˌra·sten I** *v/i* ⟨*sep*, **-ge-**, **sein** *u.* **h**⟩ **1.** ⟨**sein**⟩ *tech.* a) *Sperrklinke*: engage, b) *Feder*: click into position (*od.* place), snap home. **2.** ⟨**h**⟩ *fig. colloq.* **es hat (bei ihm) eingerastet** he's got it, the penny has dropped. **II** *v/t* ⟨**h**⟩ **3.** *tech.* engage. **~ˌräu·chern** *v/t* ⟨*sep*, **-ge-**, **h**⟩ fill *s. th.* with smoke.

ˈeinˌräu·men I *v/t* ⟨*sep*, **-ge-**, **h**⟩ **1.** put *s. th.* in its place, put *s. th.* away; **Bücher in ein Regal** ~ put away (*od.* place, arrange, range) books in (*od.* on) a shelf. **2.** (*Zimmer etc*) a) furnish, arrange furniture in (*a room*), b) (*in Ordnung bringen*) put *s. th.* in order; **e-n Schrank** ~ put things into (*od.* fill) a cupboard. **3.** (*wegräumen*) put (*od.* stow) *s. th.* away. **4.** *fig.* **j-m et.** ~ a) (*Recht etc*) concede (*od.* grant, accord) s. th. to s. o., b) (*Frist, Kredit etc*) grant (*od.* give, allow) s. o. s. th., let s. o. have s. th., c) (*Stellung, Zimmer, Platz etc*) cede (*od.* yield, give up) s. th. to s. o.; **e-r Sache den Vorrang** ~ give precedence (*od.* priority) to s. th. **5.** *fig.* (*zugeben*) admit, concede, grant; (*Möglichkeit*) allow. **II** ♀ *n* ⟨-s⟩ **6.** putting in, arranging (*etc*). **7.** → **Einräumung**. **ˈeinˌräu·mend** *adj ling. Satz*: concessive. **ˈEinˌräu·mung** *f* ⟨-; -en⟩ **1.** → **einräumen** 6. **2.** ⟨*only sg*⟩ *fig. e-s Rechts etc*: concession, grant, accordance. **3.** ⟨*only sg*⟩ *fig. e-r Frist etc*: grant, allowance. **4.** (*Eingeständnis*) admission, concession, acknowledg(e)ment. **ˈEinˌräu·mungsˌsatz** *m ling.* concessive clause.

ˈeinˌrech·nen *v/t* ⟨*sep*, **-ge-**, **h**⟩ **1.** (*einschließen*) include, count (*od.* reckon) (in); → **eingerechnet**. **2.** → **einkalkulieren**.

ˈEinˌre·de *f* ⟨-; -n⟩ **1.** (*Einwand*) objection, protest. **2.** (*Widerspruch*) contradiction. **3.** *jur.* (incidental) plea, (statement of) defen/ce (*Am.* -se), demurrer; **prozeßhindernde** ~ demurrer to action; ~ **der mangelnden Aktivlegitimation** plea of incompetence; **e-e** ~ **erheben** enter a plea, raise an objection in law. **ˈeinˌre·den I** *v/t* ⟨*sep*, **-ge-**, **h**⟩ **j-m et.** ~ a) talk (*od.* argue) s. o. into (believing) s. th., b) persuade (*od.* convince) s. o. of s. th., make s. o. believe s. th.; **sie wollte mir** ~, **daß** she would have me believe that; **du willst mir doch nicht (etwa)** ~, **daß** are you trying to tell me that ...?; **das lasse ich mir nicht** ~ I refuse to believe that; **sich** (*dat*) **et.** ~ a) talk o. s. into (believing) s. th., b) persuade o. s. of s. th., c) (*sich einbilden*) imagine s. th.; **rede dir doch das nicht ein!** don't get that idea into your head! **II** *v/i* **auf j-n** ~ a) talk (insistently *od.* persuasively) to s. o., keep on at s. o., buttonhole s. o., b) (*j-n drängen*) try to persuade s. o., urge s. o.

ˈein|ˌre·geln *v/t* ⟨*sep*, **-ge-**, **h**⟩ *tech.* adjust, regulate. **~ˌreg·nen I** *v/i* ⟨*sep*, **-ge-**, **sein**⟩ **1. eingeregnet sein** be caught by the rain. **2.** ⟨**h**⟩ *fig.* **auf j-n** ~ rain on s. o. **II** *v/impers* ⟨**h**⟩ **3. es regnet sich ein** it is settling in to (*od.* for) rain.

ˈEinˌrei·beˌmit·tel *n pharm.* liniment, ointment.

ˈeinˌrei·ben I *v/t* ⟨*irr*, *sep*, **-ge-**, **h**⟩ **1.** rub *s. th.* in. **2.** (*Haut, Gegenstand etc*) rub (with); **mit Fett** ~ grease; **sich** (*das Gesicht etc*) **mit Creme** ~ → **eincremen**; → *a.* **einsalben**; **Fleisch mit Salz** ~ rub salt into meat. **3.** *med.* (*Fuß etc*) rub in, embrocate. **II** *v/reflex* **4. sich mit et.** ~ rub (*od.* smear) o. s. with s. th., rub s. th. on (*od.* into one's skin); → *a.* **einsalben** II. **ˈEinˌrei·bung** *f* ⟨-; -en⟩ **1.** rubbing in. **2.** *e-r Salbe etc*: application. **3.** *med.* embrocation; **~smittel** liniment, ointment.

ˈeinˌrei·chen *v/t* ⟨*sep*, **-ge-**, **h**⟩ **1.** (*Unterlagen, Papiere etc*) (**bei**) send in, submit, present, hand *s. th.* in (*alle*: to), file (with); → **Abschied** 3 (*etc*). **2.** *jur.* (**bei** with) a) (*Klage*) file (*suit*), bring (*an action*), prefer (*charges*), b) (*Forderung*) lodge, enter. **3.** *econ.* (**bei** to) a) (*Wechsel, Scheck*) present, b) (*Angebot*) submit. **ˈEinˌrei·chung** *f* ‹-; -en› **1.** sending in (*etc*). **2.** presentation, submission, submittal, *e-s Angebots*: *a.* tender(ing). **3.** *jur. e-r Klage*: filing, bringing (*an action*), preferment (*of charges*). **ˈEinˌrei·chungsˌfrist** *f* **1.** time limit (*od.* deadline) for presentation. **2.** *econ.* tender period, closing date.

ˈeinˌrei·hen[1] **I** *v/t* ‹*sep*, **-ge-**, **h**› **1.** → **einordnen** 1—4. **2. j-n** (**in** *acc* **et.**) ~ integrate (*od.* incorporate) s. o. (into s. th.), fit (*od.* put) s. o. (in s. th.); *ins Heer*: enrol(l), enlist (in). **3. j-n unter** (*acc*) ~ rank (*od.* place, range) s. o. among (*other persons*), class s. o. with (*od.* as); **mit diesem Werk reihte er sich unter die großen Komponisten ein** this work placed him among the great composers. **II** *v/reflex* **4. sich** (**in** *acc* **et.**) ~ join (s. th.), get into (s. th.). **ˈeinˌrei·hen**[2] *v/t* ‹*sep*, **-ge-**, **h**› (*Kleid etc*) a) gather in, b) shirr. **ˈEinˌrei·her** *m* ‹-s; -› *Mode*: single-breasted suit. **ˈeinˌrei·hig** *adj* **1.** *Anzug*: single-breasted. **2.** *Perlenkette etc*: single-stranded. **3.** *bot.* uniserial. **4.** *tech.* single-row. **ˈEinˌrei·hung** *f* ‹-; -en› → **Einordnung** 1—4.

ˈEinˌrei·se *f* entry (**in** *acc* into); **bei der** ~ upon (*od.* when) entering; **~erlaubnis** *f* entry permit; **~verbot** *n* refusal of entry (to a country); **~visum** *n* entry visa. **ˈeinˌrei·sen** *v/i* ‹*sep*, **-ge-**, **sein**› enter (**in ein Land** [**nach Polen**] a country [Poland]).

ˈeinˌrei·ßen I *v/t* ‹*irr*, *sep*, **-ge-**, **h**› **1.** tear *s. th.* (at the edge), make a tear in *s. th.*; **sich** (*dat*) **e-n Fingernagel** ~ split (*od.* tear) one's (finger)nail. **2.** (*Haus etc*) pull (*od.* take) *s. th.* down, demolish. **3.** (*demontieren*) dismantle. **4. sich** (*dat*) **e-n Splitter in den Finger** ~ run a splinter in(to) one's finger.. **5.** *fig.* (*zerstören*) destroy, wreck. **II** *v/i* ‹**sein**› **6.** tear (*easily, etc*), be (*od.* get) torn. **7.** *fig. Unsitte etc*: spread, gain ground, become a habit; **das dürfen wir gar nicht erst ~ lassen** we must not let this become a habit (*od.* get started). **III** ℒ *n* ‹-s› **8.** tearing (*etc*). **9.** pulling down (*etc*), demolition.

ˈein|ˌrei·ten I *v/t* ‹*irr*, *sep*, **-ge-**, **h**› break (*a horse*) in. **II** *v/i* ‹**sein**› ride in, come riding in, enter on horseback. **~ˌren·ken I** *v/t* ‹*sep*, **-ge-**, **h**› **1.** *med.* set. **2.** *fig.* put *s. th.* right (*od.* to rights), straighten (*od.* iron) *s. th.* out. **II** *v/reflex* **sich** ~ **3.** *med.* set. **4.** *fig.* straighten (*od.* sort) itself out, right itself. **~ˌren·nen** *v/t* ‹*irr*, *sep*, **-ge-**, **h**› *colloq.* (*Tür etc*) smash open, crash through, force; *fig.* **offene Türen** ~ force an open door; *fig. contp.* **j-m das Haus** (*od.* **die Bude**) ~ be constantly on s. o.'s doorstep, pester s. o.; **sich den Schädel** ~ a) crack one's skull, b) *fig.* run against a brick wall.

ˈeinˌrich·ten I *v/t* ‹*sep*, **-ge-**, **h**› **1.** (*Zimmer, Wohnung*) furnish, decorate, fit out (*od.* up); **gut eingerichtet** well furnished (*od.* appointed). **2.** (*Büro, Küche etc*) equip, fit *s. th.* out (*od.* up); ~ **als** (*umwandeln*) convert (*cellar, etc*) into (*a workshop, etc*). **3.** (*installieren*) install. **4.** (*Schule, Geschäft etc*) set up, establish; (*eröffnen*) *a.* open; (*gründen*) *a.* found, organize; (*e-n Lehrstuhl*) establish, found; (*e-e Buslinie*) open, establish. **5.** (*sein Verhalten etc*) ~ **nach** regulate *s. th.* according to, adjust *s. th.* to. **6.** (*ermöglichen, organisieren*) arrange, manage; **es ~, daß** arrange (*od.* see to it) that; **das wird sich ~ lassen** that can be arranged; **wenn du es ~ kannst** if you can (manage to), if you possibly can; **darauf bin ich nicht eingerichtet** I am not prepared for that (→ *a.* 16). **7.** *med.* (*Knochen etc*) set, reduce. **8.** *math.* (*gemischte Zahl*) reduce. **9.** *mil.* a) (*Geschütz*) lay, b) (*Karte*) orient, c) (*Stellung*) prepare. **10.** *tech.* a) (*e-e Maschine*) set *s. th.* up, b) (*justieren*) adjust, c) (*e-n Betrieb*) instal(l *Am.*), d) (*ausrüsten*) equip, tool up, e) (*anordnen*) arrange, position. **11.** *print.* (*Seiten*) lay. **12.** *mus.* (*bearbeiten*) (**für** for) arrange, adapt. **II** *v/reflex* **sich ~ 13.** furnish one's home. **14.** (*sich niederlassen*) settle (in), get settled, establish (*od.* install[l *Am.*]) o. s.; → **häuslich**; **sich neu ~** refurnish one's home. **15.** (*sparen*) economize, live within one's means. **16. sich ~ auf** (*acc*) prepare (*od.* make preparations, arrangements) for; **ich habe mich nicht auf Besucher eingerichtet** I am not prepared for visitors. **III** ℒ *n* ‹-s› **17.** furnishing (*etc*). **18.** → **Einrichtung** 4, 5. **ˈEinˌrich·ter** *m* ‹-s; -› *tech.* (tool)setter. **ˈEinˌrich·tung** *f* ‹-; -en› **1.** → **einrichten** 17. **2.** furniture, furnishings *pl*. **3.** *e-s Geschäftes etc*: equipment, fittings *pl*. **4.** (*Installierung, Einbau*) installation. **5.** (*Errichtung*) establishment, setting up, organizing. **6.** (*Gründung*) foundation. **7.** *meist pl* institution, (*Amt*) agency; **öffentliche ~en** public institutions (*od.* services, utilities); **zu e-r ständigen** (*od.* **stehenden**) ~ **werden** become a permanent institution. **8.** *bes. tech.* a) (*Anlage*) plant, installation, b) (*Ausrüstung, Ausstattung*) equipment, facilities *pl*; **die sanitären ~en** the sanitary installations, the sanitation *sg*. **9.** *tech.* → **Vorrichtung**.

ˈEinˌrich·tungs|ˌge·genˌstand *m* **1.** (*Möbelstück*) piece of furniture; *pl* furnishings, appointments, household articles. **2.** *e-s Ladens, Büros etc*: piece of equipment; *pl collect.* equipment *sg*, facilities. **3.** *pl* (*Installationsteile*) fixtures, fittings, fitments. **~ˌhaus** *n* furniture store, home decorating firm.

ˈEinˌriß *m* **1.** tear, rent, slit. **2.** *in Erdreich, Fels*: score, crack, fissure, *med. a.* laceration. **3.** *metall.* flaw, fissure; (*Anriß*) incipient crack.

ˈEinˌritt *m* entry on horseback.

ˈein|ˌrit·zen *v/t* ‹*sep*, **-ge-**, **h**› **1.** (**in** *acc* **et.**) scratch (on s. th.). **2.** *tech.* (*Linien*) scribe. **~ˌrol·len I** *v/t* ‹*sep*, **-ge-**, **h**› **1.** roll *s. th.* (up). **2.** (*einwickeln*) wrap *s. th.* up. **3.** (*Haare*) curl (up); **sich** (*dat*) **die Haare ~** put one's hair (up) in rollers (*od.* curlers). **4.** *tech.* a) (*Blechkanten*) curl, b) (*Rohre*) roll (*pipes*) up, c) (*Draht*) coil, reel. **II** *v/reflex* **sich ~ 5.** *Person, Tier, Papier*: roll (*od.* curl) up. **6.** *bot. Blätter*: curl (up). **III** *v/i* ‹**sein**› **7.** *Zug*: come (*od.* pull) in. **~ˌro·sten** *v/i* ‹*sep*, **-ge-**, **sein**› **1.** rust (over), get rusty; *an Ort*: rust in. **2.** *fig. colloq.* get rusty.

ˈeinˌrücken (*getr.* **-k·k-**) **I** *v/t* ‹*sep*, **-ge-**, **h**› **1.** (*Zeile*) indent. **2.** (*Anzeige etc*) insert, put *s. th.* in, publish; **et. in die Spalte ~** insert s. th. in the column. **3.** *tech.* a) (*Hebel*) shift (*lever*) (into position), b) (*Kupplung*) engage (*the clutch*), c) (*Getriebeäder*) throw *s. th.* into gear (*od.* mesh), d) (*Maschine, Motor*) start. **4.** *mot.* (*Gang*) put in, engage; **den ersten Gang ~** shift (*od.* change) into first (gear). **II** *v/i* ‹**sein**› **5.** *mil.* a) *zum Militär*: enter the forces, join services, report for active duty, join up, enlist, b) *Truppen*: march in; **~ in** (*acc*) march into, enter (*a town, etc*); **in e-e Stellung ~** move into a position. **III** ℒ *n* ‹-s› **6.** indenting (*etc*). **7.** → **Einrückung** 4. **8.** *print.* insertion. **ˈEinˌrückˌhe·bel** *m tech.* engaging lever. **ˈEinˌrückung** (*getr.* **-k·k-**) *f* ‹-; -en› **1.** → **einrücken** 6. **2.** *e-r Zeile*: indent(ion), indentation. **3.** *print. e-r Anzeige*: insertion. **4.** *tech. bei Getriebe*: engagement. **ˈEinˌrückungs·beˌfehl** (*getr.* **-k·k-**) *m* → **Gestellungsbefehl**.

ˈein|ˌrüh·ren *v/t* ‹*sep*, **-ge-**, **h**› stir (*od.* mix) *s. th.* in(to **in** *acc*). **~ˌrü·sten** *v/t* ‹*sep*, **-ge-**, **h**› *civ. eng.* scaffold.

eins I *cardinal number* **1.** one; **Kapitel ~** chapter one, first chapter; **zehn zu ~** ten to one; **es ist ~** (*ein Uhr*) it is one (o'clock); **~ a, Ia** first-class, first-rate, A-I. **2.** *math.* prime number. **II** *indef pron* ‹*short for* **eines**› **3.** one (*of the books, etc*). **4.** one thing; **~ ist sicher** one thing is certain; **~ gefällt mir nicht** there is one thing I don't like; **~ nach dem andern!** one thing at a time!, first things first! **5.** *colloq.* one (*of you, etc*); **trink noch ~!** have another (drink)!; **er lachte sich ~** he laughed up his sleeve; **noch ~!** *im Gespräch*: one other thing. **III** *adj* ‹*pred*› **6.** (*einig*) agreed, in agreement; **~ sein** a) **mit j-m**: agree (*od.* be in agreement) with s. o., be of one mind with s. o., b) **mit Gott** (**dem All** *etc*): be (at) one with God (the universe, *etc*); **~ werden mit j-m** reach an agreement (*od.* come to terms) with s. o.; **sich mit j-m ~ fühlen** (*od.* **wissen**) feel at one with s. o. **7.** *colloq.* the same (thing), (all) one; **die beiden Begriffe sind ~** the two concepts are one (*od.* the same, identical); **es ist alles ~, es kommt alles auf ~ heraus** it all amounts to the same thing, it makes no difference; **es ist mir alles ~** it's all the same to me, I don't care one way or the other; **ihn sehen und fortrennen war ~** I saw him and off I went (like a flash).

ˈEins *f* ‹-; -en› **1.** (*Ziffer*) (figure) one; **e-e** (*od.* **die Note**) **~ bekommen** (*od.* **schreiben**) get full marks (*od.* an alpha, A); **e-e Prüfung mit ~** (*od.* **der Note ~**) **bestehen** a) get top marks at an examination, *Am.* get a (grade) one in an examination, b) *univ.* get full marks (*Am.* a straight A) in an examination; (**Linie**) **~** number one (tram *od.* bus); *colloq.* **wie e-e ~** (*großartig*) phenomenally, fabulously. **2.** *Würfelspiel*: one, ace. **3.** *math.* unit, unity.

ˈEinˌsaat *f* ‹-; *no pl*› → **Aussaat**.

ˈeinˌsacken (*getr.* **-k·k-**) **I** *v/t* ‹*sep*, **-ge-**, **h**› **1.** bag, sack, put (*od.* fill) *s. th.* into a bag (*od.* bags, sacks). **2.** *fig. colloq.* (*Gewinn etc*) bag, pocket, rake in, grab. **II** *v/i* ‹**sein**› **3.** *Boden, Dach etc*: sag. **ˈEinˌsackˌwaa·ge** *f* bagging weigher.

ˈein|ˌsä·en *v/t* ‹*sep*, **-ge-**, **h**› → **aussäen**. **~ˌsa·gen** *Southern G. and Austrian bes. ped.* **I** *v/t* ‹*sep*, **-ge-**, **h**› **j-m et. ~** whisper s. th. to s. o. **II** *v/i* **j-m ~** prompt s. o. **ℒˌsa·ger** *m* ‹-s; -› *Southern G. bes. ped.* prompter. **~ˌsal·ben I** *v/t* ‹*sep*, **-ge-**, **h**› *bes. med.* rub *s. o., s. th.* with ointment, apply ointment (*od.* a salve) to, rub ointment into, *med. a.* embrocate. **II** *v/reflex* **sich ~** rub o. s. with ointment (*od.* a salve). **~ˌsal·zen** *v/t* ‹*sep*, **-ge-**, **h**› → **einpökeln**.

ˈein·sam *adj* **1.** lonely; (*vereinsamt*) lone(some), ‹*pred*› *a.* alone; **~ und verlassen** forlorn, forsaken, *lit.* lone and lorne; **sich ~ fühlen** feel lonely (*od.* lonesome); → **Klasse, Spitze**[1] 6. **2.** (*vereinzelt*) solitary, lone, lonely (*wanderer, house, etc*); isolated (*farm, etc*). **3.** (*zurückgezogen*) retired, secluded; **ein ~es Leben führen** *a.* live in seclusion. **4.** (*abgelegen*) lonely, secluded, retired, unfrequented (*region, etc*). **5.** (*menschenleer*) deserted (*streets, etc*). **6.** *bot. zo.* **~ lebend** solitary. **ˈEin·sam·keit** *f* ‹-;

no pl> **1.** *allg.* loneliness, solitude; (*Abgeschiedenheit*) *a.* seclusion, isolation; **die ~ suchen** seek solitude. **2.** (*Ort, Gegend*) lonely (*od.* secluded) place, seclusion. **'Ein·sam·keits·be|dürf·nis** *n* desire for solitude (*od.* to be alone).

'ein|₁sam·meln *v/t* <*sep*, **-ge-**, **h**> **1.** gather. **2.** (*Geld, Spenden, Hefte etc*) collect. **3.** *fig. colloq.* (*Personen etc*) round up, collect. **~₁sar·gen** [-₁zargən] *v/t* <*sep*, **-ge-**, **h**> **1.** (put in a) coffin. **2.** *fig.* (*Hoffnungen*) bury, abandon.

'Ein₁satz *m* <**-es**; **⸚e**> **1.** *e-s Kleides etc*: insert(ion), inserted part (*od.* piece). **2.** *e-s Behälters, Topfes etc*: inset, *e-s Koffers etc*: *a.* tray. **3.** *e-s Tisches*: (extension) leaf. **4.** (*Filter*≗) cartridge, (filter) element. **5.** *tech.* a) (*~stück*) insert, b) (*Paßstück*) adapter, c) *e-s Schraubenschlüssels*: socket. **6.** *metall.* a) (*Ofen*≗) charge, b) (*~schicht*) case, c) (*~härtung*) case hardening; **im ~ gehärtet** case-hardened. **7.** a) (*Spiel*≗) stake(s *pl*, *a. fig.*), b) *Kartenspiel*: (*Gesamt*≗) pool; **den ~ erhöhen (verdoppeln)** raise (double) the stake(s), *colloq.* up the ante; **ohne (mit hohem) ~ spielen** play for love (high, for high stakes); *Roulette*: **den ~ machen** make one's play. **8.** *fig.* (*Anteil*) share. **9.** *econ.* (*Pfand*) deposit. **10.** *mus.* entry, coming in; **sauberer ~** clean entry; **den ~ geben** give the cue (to come in); **den ~ verpassen** miss one's cue, come in too late. **11.** *ling.* initial glide; **leiser (fester) ~** soft (rough) glide. **12.** <*only sg*> (*Wagnis*) risk, venture; **mit** (*od.* **unter**) **~ des Lebens** at the risk of one's life. **13.** <*only sg*> (*Anstrengung*) effort(s *pl*); (*harte Arbeit*) *a.* hard work; (*Eifer*) zeal; (*Hingabe*) dedication, devotion; (*Kampf, Mühen*) struggle; (*Arbeits-, Kampfmoral*) (working, fighting) morale; *Sport*: **harter ~** hard tackling; **mit vollem** (*od.* **letztem**) **~** with an all-out effort, (going) all out, extending o. s. fully. **14.** <*only sg*> *von Arbeitskräften etc*: assignment, deployment. **15.** <*only sg*> (*Dienst*) service; **im ~ stehen** a) be on duty, *Feuerwehr etc*: *a.* be in action. **16.** <*only sg*> *tech. von Maschinen etc*: application, use; **im (praktischen) ~** in practical service (*od.* operation), in action; **zum ~ kommen** be used, be employed (→ *a.* 17); **zum ~ bringen** → **einsetzen** 9, 10, 13, 15. **17.** *mil.* a) *taktischer*: deployment, b) (*Kampfauftrag*) mission, c) (*Aktion, Angriff*) action, operation, *a. aer.* mission, sortie; **im ~ stehen** (*od.* **sein**) be in action; **e-n ~ fliegen** fly a mission (*od.* sortie); **zum ~ kommen** be brought in(to action); **er ist nie im ~ gewesen** he has never seen action. **~₁auf₁trag** *m mil.* mission. **~be₁fehl** *m mil.* operation(al) (*od.* combat) order. **≗be₁reit** *adj* **1.** *Person, Polizei etc*, *a. Waffen etc*: ready for action (*od.* duty), prepared, *mil. a.* ready for operation, combat-ready, operational; (*in Alarmbereitschaft*) standing by, on the alert; **sich ~ halten** stand by. **2.** *Maschinen etc*: ready for use (*od.* service). **3.** (*willig*) willing, dedicated, devoted. **4.** (*kühn*) daring, gallant. **~be₁reit·schaft** *f* **1.** *mil. etc* readiness for action (*od.* duty), preparedness. **2.** *tech.* readiness for use (*od.* service, *mil.* operation). **3.** (*Arbeits-, Kampfmoral*) (working, fighting) morale. **4.** devotedness. **5.** willingness. **6.** gallantry. **~be₁richt** *m mil.* mission report. **~be₁spre·chung** *f aer. mil.* a) briefing, b) *nach dem Einsatz*: debriefing. **~₁dienst** *m* special service. **≗₁fä·hig** *adj* **1.** fit (*od.* suitable) (for use *od.* employment). **2.** (*verfügbar*) available. **3.** *mil. Truppen, Geräte*: operational. **~₁fä·hig·keit** *f* <**-**; *no pl*> **1.** fitness (for use *od.* employment). **2.** availability. **3.** *mil. von Truppen*: operational capability. **~₁flug** *m aer. mil.* sortie, mission. **≗₁freu·dig** *adj* dynamic, zealous, dedicated, enterprising; *person* with drive and initiative. **~₁freu·dig·keit** *f* <**-**; *no pl*> drive, enterprise, initiative, dynamic quality, zeal, dedication. **~ge₁biet** *n mil.* operational area. **~ge₁fäß** *n* inset. **~₁grup·pe** *f mil.* task force; *der Polizei*: *a.* special squad. **~₁ha·fen** *m mar. mil.* operational base. **≗₁här·ten** *v/t* <*insep*, **-ge-**, **h**> *metall.* (*Stahl*) a) case-harden, b) (*aufkohlen*) carbonize, c) *im Zyansalzbad*: cyanide. **~kom₁man·do** *n* → **Einsatzgruppe**. **~₁lei·ter** *m bei Polizei etc*: squad leader, officer in charge (of operations). **~₁ofen** *m metall.* case-hardening (*od.* carburizing) furnace. **~₁preis** *m bei Auktionen*: minimum bid, starting price. **~₁ren·nen** *n Sport*: sweepstakes *pl* (*a. als sg konstruiert*), sweepstake. **~₁stahl** *m* **1.** *metall.* case-hardening steel. **2.** *tech.* (*Drehstahl*) tool bit. **~₁stra·fe** *f* → **Gesamtstrafe**. **~₁stück** *n* **1.** → **Einsatz** 1, 5 a. **2.** *mus. e-s Blasinstruments*: a) *gekrümmtes*: crook, b) *gerades*: shank. **~₁sum·me** *f* → **Einsatz** 7. **~₁trup·pe** *f mil.* task force. **~ver₁pfle·gung** *f mil.* field rations *pl.* **~₁wa·gen** *m* **1.** *der Polizei etc*: squad car. **2.** special bus (*etc*). **~₁wert** *m econ.* entered (*od.* book, asserted, initial) value. **~₁wil·le** *m* → **Einsatzbereitschaft**. **~₁zei·chen** *n mus. des Dirigenten*: (opening) cue, sign (*od.* signal) to begin. **~₁zug** *m* relief (*od.* special) train.

'ein₁sau·gen I *v/t* <*a. irr, sep*, **-ge-**, **h**> **1.** suck in (*a. fig.*). **2.** (*aufsaugen*) suck up, absorb. **3.** <*irr, sep*, **-ge-**, **h**> *lit.* (*Luft, Rauch etc*) draw in, inhale. **4.** *fig.* (*Worte, Wissen etc*) **(gierig) ~** soak up, drink in, absorb, lap up. **II** *v/reflex* <*sep*, **-ge-**, **h**> **sich ~ 5.** *Farben etc*: soak up. **6.** → **festsaugen**.

'Ein₁saug|₁luft *f* <**-**; *no pl*> *mot.* induction air. **~₁rohr** *n mot.* suction tube.

'ein₁säu·men *v/t* <*sep*, **-ge-**, **h**> **1.** (*Kleid etc*) hem; *mit Borte etc*: *a.* edge, border. **2.** *fig.* (*Platz, Ufer etc*) border, edge, fringe, (*Straße*) *a.* line (*with trees*).

'ein₁säu·rig *adj chem.* monoacid.

'ein₁schach·teln I *v/t* <*sep*, **-ge-**, **h**> **1.** *tech.* box *s. th.* in (*od.* up). **2.** *ling.* (*Sätze*) encapsulate. **II** ≗ *n* <**-s**> **3.** boxing (in).

'ein₁scha·len *v/t* <*sep*, **-ge-**, **h**> → **verschalen**.

'ein₁schal·ten I *v/t* <*sep*, **-ge-**, **h**> **1.** *electr.* (*Licht, Strom, Gerät etc*) switch on, turn on, *tech. a.* connect (to the circuit), start, put into operation; (*Hebel*) shift into position; (*Getriebe*) engage; (*Kupplung*) *a.* let in; *mot.* **den Motor ~** start (*od.* switch on) the engine; **den dritten Gang ~** change (*od.* go, *Am.* shift) into third (gear); → **eingeschaltet** 1. **2.** *Radio*: (*e-n Sender*) tune in (**auf** *acc* on, to). **3.** *fig.* (*einschieben*) put (*od.* slip) in, insert; (*Wort, Satz*) *a.* interpolate; *astr.* (*Tag, Monat*) intercalate; **e-e Pause ~** take a pause, have a break. **4.** *fig.* (*Person etc*) call *s. o.* in (**in** *acc*, **bei** on *a case, etc*). **II** *v/reflex* **sich ~ 5.** *fig.* a) (*eingreifen*) intervene, step in, take a hand, b) (*in Gespräch etc*) engage (*od.* join) in. **6.** *electr.* **sich (von selbst) ~** switch itself on (automatically). **7.** *teleph.* (*in e-e Leitung*) listen in on, tap (a telephone). **III** ≗ *n* <**-s**> **8.** → **Einschaltung**. **'Ein₁schal·ter** *m electr.* circuit closer, contactor; **Ein- und Ausschalter** on-off switch.

'Ein₁schalt|₁he·bel *m tech.* starting lever. **~₁mo·tor** *m* starting motor. **~₁quo·te** *f TV* audience (participation), *als Beliebtheitsgrad*: rating. **~₁stel·lung** *f* **1.** *e-s Hebels*: engaged position. **2.** *electr.* on-position. **~₁strom** *m electr.* starting current.

'Ein₁schal·tung *f* <**-**; **-en**> **1.** switching on (*etc*). **2.** *fig. e-s Satzes etc*: insertion, interpolation, *ling. a.* parenthesis. **3.** *astr. e-s Tages*: intercalation. **4.** *fig.* a) (*Eingreifen*) intervention, b) *e-r Person*: calling in. **'Ein₁schal·tungs₁zei·chen** *n print.* caret.

'ein|₁schär·fen *v/t* <*sep*, **-ge-**, **h**> **j-m et. ~** impress s. th. on s. o. (*od.* s. o.'s mind), enjoin s. th. on s. o.; **j-m ~, et. zu tun** impress upon (*od.* enjoin, urge) s. o. to do s. th. **~₁schar·ren I** *v/t* <*sep*, **-ge-**, **h**> bury *s. o.* hastily. **II** *v/reflex* **sich ~** *Tier*: burrow (itself) (**in** *acc* in, into).

'ein₁schätz·bar *adj* assessable. **'ein₁schät·zen I** *v/t* <*sep*, **-ge-**, **h**> **1.** (*Einkommen, Kosten, Wert etc*) (**auf** *acc* at) estimate, appraise, assess. **2.** *fig.* a) (*beurteilen*) judge, b) (*einstufen*) rate, value, assess; **die Lage völlig falsch ~** misjudge the situation entirely; **et. als et. ~** judge s. th. to be s. th., regard s. th. as s. th.; **j-n hoch ~** rate s. o. highly, value s. o., have a high opinion of s. o.; **et. (j-n) zu hoch (niedrig) ~** overrate (underrate) s. th. (s. o.); **et. (j-n) höher (niedriger) ~ als et. anderes (e-n anderen)** rate s. th. (s. o.) above (*od.* as superior to) (below *od.* as inferior to) s. th. else (another); **so habe ich ihn eingeschätzt** that's what I have thought (of him). **II** ≗ *n* <**-s**> **3.** estimating (*etc*).

'Ein₁schät·zung *f* <**-**; **-en**> **1.** → **einschätzen** II. **2.** estimate, assessment (*a. math.*), appraisal. **3.** (*Beurteilung*) judg(e)ment, estimation.

'ein|₁schen·ken *v/t* <*sep*, **-ge-**, **h**> pour (out); **j-m (e-e Tasse) Tee ~** pour s. o. (*od.* help s. o. to) a cup of tea; **j-m (ein Glas) ~** pour s. o. a glass, fill s. o.'s glass; → **Wein** 1. **~₁sche·ren I** *v/i* <*sep*, **-ge-**, **sein**> **1.** *aer. mar.* sheer (in). **2.** *mot.* swing (*od.* move) in. **II** *v/t* <**h**> **3.** *mar.* (*Leine, Tau etc*) reeve. **~₁schich·tig** *adj* **1.** having one layer, single-layered. **2.** *Betrieb, Arbeit*: single-shift. **3.** *geol.* one-stratum. **4.** *Southern G.* a) (*einsam*) lone, b) (*unverheiratet*) single. **~₁schicken** (*getr.* **-k·k-**) *v/t* <*sep*, **-ge-**, **h**> send in. **~₁schie·ben** *v/t* <*irr, sep*, **-ge-**, **h**> **1.** (*hin~*) slip (*od.* push, shove, slide, put) *s. th.* in, insert. **2.** (*Sonderzug, Bus etc*) put on, run, insert. **3.** *fig.* (*Kapitel, Satz, Wort etc*) insert, interpolate, put in. **4.** *fig.* (*in e-n Zeitplan etc*) fit (*od.* squeeze) *s. o., s. th.* in; **e-e Pause ~** make a pause, have a break. **≗₁schie·be₁satz** *m ling.* incidental clause. **≗₁schieb·sel** [-₁ʃiːpsəl] *n* <**-s**; **-**> → **Einschiebung** 1. **≗₁schie·bung** *f* <**-**; **-en**> **1.** insertion, interpolation, inserted (*od.* interpolated) text (*od.* passage). **2.** → **Einschiebesatz**. **≗₁schie·ne** *f rail.* monorail. **~₁schie·nen** *v/t* <*sep*, **-ge-**, **h**> *med.* splint. **≗₁schie·nen₁bahn** *f rail.* monorail. **~₁schie·nig** [-₁ʃiːnɪç] *adj rail.* monorail, single-track. **~₁schie·ßen I** *v/t* <*irr, sep*, **-ge-**, **h**> **1.** (*Haus etc*) shoot (*od.* batter) *s. th.* down (*od.* to pieces). **2.** (*Fensterscheibe*) shoot *s. th.* out (*od.* through). **3.** *mil.* (*Gewehr etc*) test, break in, (*Geschütz*) *a.* range. **4.** (*Geld*) (**in** *acc*) a) (*beisteuern*) contribute (to), b) (*investieren*) put in(to), invest (in *an enterprise*). **5.** *print.* a) **ein Blatt ~** insert a leaf, interleave, b) **die Form ~** impose the form. **6.** *Weberei*: (*Fäden*) shoot. **7.** *Fußball etc*: drive (*the ball*) home. **II** *v/i* **8.** *Sport*: drive the ball home, score; **zum 2:0 ~** raise the score to 2—0. **10.** *physiol. Muttermilch*: engorge (the breast), rush in; **in die Brust ~** engorge the breast. **III** *v/reflex* **sich ~ 11.** practi/se (*Am. a.* -ce) (shooting). **12.** *mil. Artillerie*: find the range (**auf** *acc* of), register; **sich auf** (*acc*) **et. ~** *a. fig.* zero in on s. th.; **sich eingeschossen haben** be on target. **IV** ᘒ *n* ⟨-s⟩ **13.** shooting down (*etc*). **14.** demolition (*od.* destruction) by gunfire. **15.** *mil.* adjustment (fire), registration. **16.** *econ.* a) contribution, b) investment.

'ein|ˌschif·fen *mar.* **I** *v/t* ⟨*sep*, **-ge-, h**⟩ **1.** (*Truppen etc*) embark. **2.** (*Waren*) ship, embark, take *s. th.* on board. **II** *v/reflex* **sich ~ 3.** go on board (a ship), board (*od.* take a berth on) a ship, embark (**nach** for). **III** ᘒ *n* ⟨-s⟩ → **Einschiffung. ~ˌschif·fig** [-ˌʃɪfɪç] *adj arch. Kirche*: single-nave. **ᘒˌschif·fung** *f* ⟨-; -en⟩ embarkation (*a. mil.*); *econ. a.* shipping, shipment. **ᘒˌschif·fungs·ˌha·fen** *m* **1.** port of embarkation. **2.** port of shipment. **~ˌschir·ren** *v/t* ⟨*sep*, **-ge-, h**⟩ harness. **~ˌschla·fen I** *v/i* ⟨*irr*, *sep*, **-ge-, sein**⟩ **1.** fall asleep, doze off, *colloq.* drop off. **2.** *fig. Glieder*: go to sleep, become numb; **das rechte Bein ist mir eingeschlafen** *a.* I have (got) pins and needles in my right leg. **3.** *fig. Briefwechsel, Freundschaft, Angelegenheit etc*: peter out, be dropped, die a natural death; *Unterhaltung, a. Interesse etc*: die down, flag, peter out; *Brauch*: die out (gradually); **e-e Sache ~ lassen** let an affair peter out. **4.** *fig. lit.* (*entschlafen*) die (*od.* pass away) (peacefully). **5.** *fig. lit. Wind*: subside, die down. **II** ᘒ *n* ⟨-s⟩ **6.** falling asleep (*etc*). **~ˌschlä·fern I** *v/t* ⟨*sep*, **-ge-, h**⟩ **1.** *Geräusch etc*: a) lull *s. o.* to sleep, b) (*schläfrig machen*) make *s. o.* drowsy, have a soporific effect on *s. o.* **2.** *med.* narcotize, *colloq.* put *s. o.* to sleep (*a. vet. töten*). **3.** *fig.* a) (*j-n*) lull *s. o.* (into a false sense of security), b) (*Gewissen*) soothe, c) (*Wachsamkeit etc*) dull, numb, drug. **II** ᘒ *n* ⟨-s⟩ **4.** lulling to sleep (*etc*). **~ˌschlä·fernd** *adj* **1.** soporific, somnolent, *stärker*: narcotic; **e-e ~e Wirkung haben** have a soporific effect (**auf** *acc* on). **2.** *med.* soporific, *stärker*: narcotic; **~es Mittel** sleep-inducing drug, sleeping pill, soporific. **ᘒˌschlä·fe·rung** *f* ⟨-; *no pl*⟩ **1.** → **einschläfern** II. **2.** *med.* a) induction of sleep, soporification, b) (*Narkose*) an(a)esthetization, c) (*Hypnose*) hypnotization, d) (*Sterbehilfe*) euthanasia. **3.** *vet.* (*Tötung*) putting to sleep. **~ˌschläf·rig** *adj Bett*: single.

'Ein|ˌschlag *m* ⟨-(e)s; ⸚e⟩ **1.** *e-s Blitzes*: striking, stroke; *e-s Geschosses*: *a.* impact, strike, burst. **2.** *fig.* (**in** *acc* of) strain, streak, touch, suggestion, element; **sein Gesicht hat griechischen ~** there is a touch of the Greek in his face; **der maurische ~ in der spanischen Bevölkerung (Sprache)** the Moorish element (*od.* strain) in the Spanish people (language); **sein Stil hat e-n expressionistischen ~** there is an element (*od.* a touch) of expressionism in his style. **3.** *Forstwesen*: felling, cutting. **4.** *mot.* lock; **vollständiger ~ der Vorderräder** complete steering lock. **5.** *am Kleid etc*: fold, tuck. **6.** *Weberei*: weft, woof. **7.** (*Hülle*) wrapper, cover. **ᘒˌschla·gen I** *v/t* ⟨*irr*, *sep*, **-ge-, h**⟩ **1.** (*Nagel etc*) drive (*od.* knock, hammer) in(to **in** *acc*); **et. ganz ~** drive s. th. home. **2.** (*Krallen, Zähne etc*) dig (*od.* sink) in(to **in** *acc*). **3.** (*Fenster etc*) break, smash. **4.** (*Tür etc*) break in (*od.* down), smash in, force; *colloq.* **j-m den Schädel ~** bash s. o.'s head in, brain s. o.; **j-m (sich** *dat*) **die Zähne ~** knock s. o.'s (one's) teeth out (*od.* in); **j-m die Nase ~** break (*od.* flatten) s. o.'s nose; **sie schlugen sich** (*dat*) **die Köpfe ein** they had a real punch-up. **5.** a) (*Richtung*) take, (*Weg*) *a.* follow, choose (*path, way*), *fig. a.* pursue (*course*), b) *fig.* (*Verfahren*) adopt, apply, try, follow, choose (*method*), c) (*Laufbahn*) enter upon, choose, follow (*career*); **die falsche (umgekehrte) Richtung ~** take the wrong way (go in the opposite direction); *fig.* **e-n anderen Weg ~** adopt a different method. **6.** *fig.* (*Tempo*) strike up. **7.** (*einwickeln, -hüllen*) wrap (*od.* do) up. **8.** (*Saum, Ärmel etc*) turn up. **9.** (*Falte*) tuck (in), put (*a tuck*) into, fold. **10.** *agr.* (*Pflanzen, Wurzeln*) cover *s. th.* with earth, heel *s. th.* in. **11.** (*Holz*) cut, fell. **12.** *gastr.* (*Eier*) (**in** *acc* into) break, crack. **13.** *mot.* (*Lenkrad*) turn. **II** *v/i* **14.** *Rakete, Blitz etc*: strike, hit (**in das Haus** the house). **15.** *fig.* (**gut**) **~** (*Erfolg haben*) be a (great) success (*od.* a [big] hit), *stärker*: cause a sensation, make an impact, *econ. thea. a.* take well, catch on; → **Bombe** 1. **16. auf j-n (et.) ~** beat (*od.* hit, belabo[u]r, pound, pommel) s. o. (s. th.); **auf j-n ~** *a.* rain blows on (*od. colloq.* let fly at, pitch into) s. o. **17.** *beim Handel etc*: shake hands (on it), *fig.* agree to it; **in j-s Hand ~** shake hands with s. o. **III** ᘒ *n* ⟨-s⟩ **18.** driving in (*etc*). **19.** → **Einschlag** 1. **ᘒˌschlä·gig** [-ˌʃlɛːgɪç] **I** *adj* **1.** relevant, pertinent; **die ~e Literatur** the relevant literature, the literature on the subject; **ein ~er Fall** a) a case in point, b) *jur.* a relevant precedent; **in allen ~en Geschäften zu haben** obtainable from all dealers (specializing in that line). **2.** *med. Mittel*: appropriate. **II** *adv* **3.** *jur.* **~ vorbestraft** previously convicted for the same offence.

'Ein|ˌschlag|paˌpier *n* wrapping paper, brown paper. **~ˌtuch** *n* **1.** *für Waren*: wrapping cloth. **2.** *für Kleinkind*: blanket. **~ˌwin·kel** *m* **1.** *mot.* steering lock angle. **2.** *mil.* angle of impact.

'ein|ˌschläm·men *v/t* ⟨*sep*, **-ge-, h**⟩ **1.** *hort.* (*Sträucher etc*) water. **2.** *civ. eng.* a) (*Bodenverdichtung*) sluice, b) (*Gründungspfahl*) water-jet. **~ˌschlei·chen** *v/reflex* ⟨*irr*, *sep*, **-ge-, h**⟩ **sich ~ 1.** steal (*od.* creep, sneak, slip) in; *fig. Fehler*: creep in(to *a text*); **Zweifel schlichen sich bei ihr ein** she was beginning to have doubts; **sich in j-s Gunst (Vertrauen) ~** insinuate o. s. (*od.* worm one's way) into s. o.'s favo(u)r (confidence). **2.** *Unsitte, Mißbrauch etc*: creep in, take over stealthily. **~ˌschlei·fen** *v/t* ⟨*irr*, *sep*, **-ge-, h**⟩ **1.** grind (*in Glas*: cut) *s. th.* in(to **in** *acc*). **2.** *tech.* a) (*Ventil*) grind in, reseat, b) (*Kolben*) rebore. **3.** (*Brillengläser*) grind. **~ˌschlep·pen** *v/t* ⟨*sep*, **-ge-, h**⟩ **1.** drag *s. th.* in. **2.** *mar.* tow (*a ship*) in (*od.* into port). **3.** *med.* (*Krankheit*) (**in** *acc* to) bring *s. th.* in, import. **ᘒˌschlep·pung** *f* ⟨-; *no pl*⟩ **1.** dragging in (*etc*). **2.** *med.* importation. **~ˌschleu·sen** *v/t* ⟨*sep*, **-ge-, h**⟩ **1.** *a. fig.* pass (*od.* channel, let) *s. o., s. th.* in(to **in** *acc*). **2.** *fig.* (*Agenten, Spione etc*) infiltrate (**in** *acc* into). **3.** *fig.* → **einschmuggeln** 1. **ᘒˌschleu·sung** *f* ⟨-; *no pl*⟩ **1.** passing in (*etc*). **2.** *fig.* infiltration.

'ein|ˌschlie·ßen I *v/t* ⟨*irr*, *sep*, **-ge-, h**⟩ **1.** lock (*od.* shut) *s. o., s. th.* in (*od.* up), (*j-n*) *a.* turn the key on *s. o.*; **j-n in ein** (*od.* **e-m**) **Zimmer ~** lock s. o. up in a room; → *a.* **eingeschlossen. 2.** (*in Brief etc*) enclose, inclose. **3.** (*in e-m Gehäuse*) encase, house. **4.** (*umgeben*) (**mit**) enclose (*od.* inclose) *s. th.* (in, with, by), surround (*od.* encircle) *s. th.* (with, by); *Nebel*: envelop, enshroud (*a ship, etc*). **5.** *mil.* encircle, surround; (*e-e Stadt*) *a.* invest; *in e-r Falle*: trap. **6.** *jur.* imprison, lock *s. o.* up. **7.** *fig.* (*einbeziehen*) be inclusive of; (**in** *acc* in) include, comprise, embrace; **j-n in das Lob (mit) ~** include s. o. in one's praise; **unsere Preise schließen Ihre Provision ein** our prices include (*od.* reflect) your commission; **et. in sich ~** include (*od.* embrace) s. th.; **j-n ins Gebet ~** include (*od.* remember) s. o. in one's prayer(s). **8.** *math.* enclose. **9.** *chem.* (*Gas etc*) occlude, include. **10.** *geol.* intercalate. **II** *v/reflex* **sich ~ 11.** shut (*od.* lock) o. s. in (*od.* up). **12.** *fig.* (*einbeziehen*) include o. s.; **sich in die Kritik (mit) ~** include o. s. in the criticism. **III** ᘒ *n* ⟨-s⟩ **13.** locking in (*etc*). **14.** → **Einschließung, Einschluß. ~ˌschließ·lich I** *prep* ⟨*gen*⟩ including, inclusive of, *nachgestellt*: included; **~ Verpackung** packing included; **Pensionspreis ~ Bedienung** the charge for board and service. **II** *adv* including, inclusive(ly); **von Montag bis ~ Freitag** from Monday to Friday inclusive, *Am.* Monday through (*od.* thru) Friday; **geöffnet bis ~ Freitag** open to and including Friday, *Am.* open through Friday. **ᘒˌschlie·ßung** *f* ⟨-; -en⟩ **1.** → **einschließen** 13. **2.** confinement. **3.** enclosure, encirclement. **4.** (*Einbeziehung*) inclusion. **5.** *mil.* encirclement, *e-r Stadt*: *a.* investment, blockade. **6.** *pol. e-s fremden Gebiets*: enclavement. **7.** *jur.* (*Ehrenstrafe*) hono(u)rable corrective detention. **8.** *math.* interception. **9.** *chem.* occlusion. **10.** *geol.* intercalation.

'ein|ˌschlit·zen *v/t* ⟨*sep*, **-ge-, h**⟩ (*Stoff*) slit, slash. **~ˌschlum·mern** *v/i* ⟨*sep*, **-ge-, sein**⟩ **1.** fall into a slumber, doze (*od. colloq.* drop) off. **2.** *fig. lit.* (*sterben*) pass away peacefully. **ᘒˌschlupf** *m* ⟨-(e)s; ⸚e⟩ *zo. e-s Nestes, Baus*: hole.

'Einˌschluß *m* ⟨-sses; ⸚sse⟩ **1.** inclusion; **mit** (*od.* **unter**) **~ von** a) with the inclusion of, b) → **einschließlich** I. **2.** *meist pl med. min.* inclusion. **3.** *geol.* inclusion, pocket, xenolith. **4.** → **Einschließung** 6. **5.** *mil.* → **Einschließung** 5. **7.** *chem.* occlusion. **~ˌklam·mer** *f print.* bracket, parenthesis.

'einˌschmei·cheln *v/reflex* ⟨*sep*, **-ge-, h**⟩ **sich ~** ingratiate o. s.; **sich bei j-m** (*od.* **in j-s Gunst**) **~** ingratiate o. s. with s. o., curry favo(u)r with (*od.* fawn upon) s. o., cajole s. o., *colloq.* butter s. o. up, soft-soap s. o. **'einˌschmei·chelnd** *adj* **1.** ingratiating, fawning, cajoling; *Stimme, Ton*: *a.* sweet, dulcet, honeyed, silken, seductive. **2.** *Musik*: sweet, melodious. **'Einˌschmei·che·lung** *f* ⟨-; -en⟩ ingratiation, insinuation, cajolery.

'ein|ˌschmei·ßen *v/t* ⟨*irr*, *sep*, **-ge-, h**⟩ *colloq.* smash (in). **~ˌschmel·zen I** *v/t* ⟨*irr*, *sep*, **-ge-, h**⟩ **1.** melt *s. th.* (down); *metall. a.* (*Rohstoff*) smelt. **2.** *med.* (*Tbc-Herd*) cavitate. **II** *v/i* ⟨**sein**⟩ **3.** melt (down), fuse. **~ˌschmie·ren** *v/t* ⟨*sep*, **-ge-, h**⟩ **1.** smear (*od.* rub) (**mit** with); **et. mit Fett (Öl, Seife, Creme) ~** *a.* grease (oil, soap, cream) s. th. **2.** *colloq.* (make *s. th.*) dirty, soil. **3.** *tech.* grease, lubricate. **~ˌschmug·geln I** *v/t* ⟨*sep*, **-ge-, h**⟩ **1.** smuggle *s. th., s. o.* in(to **in** *acc*). **II** *v/reflex* **sich ~ 2.** smuggle o. s. in, sneak in; *fig.* (*in e-e Veranstaltung etc*) *a. colloq.* (gate-)crash (*a party, etc*). **3.** *fig.* → **einschleichen** 1. **~ˌschmut·zen** *v/t* ⟨*sep*, **-ge-, h**⟩ (make *s. th.*) dirty, soil.

~ˌschnap·pen *v/i* ‹*sep*, **-ge-**, **sein** *u.* **h**› **1.** ‹**h** *u.* **sein**› *Tür, Schloß etc*: snap to (*od.* shut), catch, click. **2.** ‹**sein**› *colloq.* (**wegen** *gen od. dat* at) take offen/ce (*Am.* -se), be peeved (*od.* huffed); → **eingeschnappt.**

ˈein|ˌschnei·den I *v/t* ‹*irr, sep*, **-ge-**, **h**› **1.** cut in(to), make a cut (*od.* incision) in. **2.** (*einkerben*) notch. **3.** *tech.* a) (*Schlitz*) slot, slit, b) (*Nut*) groove, c) (*Aussparung*) recess, d) (*Kerbe*) notch, e) (*Außengewinde*) thread, f) (*Innengewinde*) tap, g) (*Loch*) cut out. **4.** (*Namen etc*) (**in** *acc* in) carve, engrave, cut. **5.** *print.* (*Buch*) saw(-cut). **II** *v/i* **6.** (**in** *acc*) cut (into), *a. med.* make a cut (*od.* an incision) (in); (**in die Haut**) ~ *Riemen etc*: cut (into) the skin, pinch. **7.** *fig.* (**in** *acc*) *Ereignis, Maßnahme etc*: have far-reaching consequences (for), have a drastic effect (on), affect *s.th.* incisively. **~ˌschnei·dend** *adj* **1.** *Maßnahmen etc*: drastic, trenchant, incisive. **2.** (*weitreichend*) far-reaching; **von ~er Bedeutung** of far-reaching consequences. **~ˌschnei·dig** *adj* one-(*od.* single-)edged.

ˈein|ˌschnei·en *v/t* ‹*sep*, **-ge-**, **h**› **eingeschneit werden** be snowed in (*od.* up); → **eingeschneit.** **≈ˌschnitt** *m* ‹-(e)s; -e› **1.** cut, incision. **2.** *tech.* (*Kerbe*) notch (*a. bot.*). **3.** *tech.* a) slot, slit, b) (*Rille*) groove, c) (*Aussparung*) recess, d) (*Vertiefung*) indent(ation). **4.** *civ. eng. rail.* cut(ting). **5.** *geol.* a) cleft, cut, b) *an der Küste*: breach. **6.** *metr. mus.* caesura. **7.** *fig. in j-s Leben etc*: break, hiatus, upheaval; (*Wendepunkt*) turning-point. **~ˌschnit·zen** *v/t* ‹*sep*, **-ge-**, **h**› (**in** *acc* in[to]) cut, carve, engrave. **~ˌschnü·ren I** *v/t* ‹*sep*, **-ge-**, **h**› **1.** (*Paket etc*) cord (*od.* tie) *s.th.* up. **2.** *in Korsett etc*: lace *s.o.* (tight). **3.** (*einengen*) constrict. **4.** (*Hals, Kehle etc*) strangle, choke. **5.** *med.* a) constrict, tie up, b) (*Darm*) strangulate. **6.** tie (*a book*) up. **7.** *fig.* a) *mil. etc* encircle, hem in, b) *Sport*: beleaguer. **II** *v/reflex* **sich ~ 8.** lace o.s. up, tight-lace (*od.* corset) o.s. **≈ˌschnü·rung** *f* ‹-; -en› **1.** tying (up) (*etc*). **2.** (*Einengung*) constriction. **3.** *med.* a) constriction, stricture, b) strangulation.

ˈeinˌschrän·ken I *v/t* ‹*sep*, **-ge-**, **h**› **1.** (*Ausgaben etc*) (**auf** *acc* to) restrict, retrench, reduce, curtail, cut (back); **die Produktion ~** *a.* throttle (*od.* curb) production; **das Rauchen ~** cut down on smoking. **2.** (*Befugnisse, Macht, Rechte*) (**auf** *acc* to) restrict, limit, confine, curb. **3.** (*Behauptung, Bedingung etc*) modify, qualify. **4.** → **eingeschränkt** 2. **II** *v/reflex* **sich ~ 5.** economize, cut down expenses, make retrenchments, reduce one's standard of living, *colloq.* tighten one's belt. **ˈeinˌschrän·kend** *adj* **1.** *Maßnahmen etc*: restrictive. **2.** *Behauptung, Bedingung etc*: qualifying, modifying. **3.** *ling.* restrictive, qualificative; **~er Relativsatz** restrictive (*od.* defining) clause; **~e Bindewörter** arrestive conjunctions. **4.** *philos.* adjective. **ˈEinˌschrän·kung** *f* ‹-; -en› **1.** restricting (*etc*). **2.** restriction, retrenchment, reduction, curtailment, cut; **~ der Ausgaben** retrenchment; **wirtschaftliche ~** economic retrenchment, austerity; **~ des freien Wettbewerbs** restraint of trade; **sich** (*dat*) **~en auferlegen** → **einschränken** 5. **3.** *von Rechten etc*: restriction, limitation, curtailment. **4.** a) *e-r Behauptung, Bedingung etc*: (*a. einschränkende Behauptung etc*) qualification, modification, b) (*Vorbehalt*) reservation; **mit (gewissen) ~en muß ich zugeben** with (certain) reservations I must admit; **ohne (jede) ~** without reservation, unreservedly, without any qualification. **5.** *ling.* restrictive (adverb, preposition).

ˈeinˌschrau·ben *v/t* ‹*sep*, **-ge-**, **h**› screw *s.th.* in (*od.* home, into position); **et. in** (*acc*) **et. ~** screw s.th. into s.th.

ˈEinˌschreib... → **Einschreibe...**

ˈEinˌschrei·be|ˌbrief *m* registered letter. **~geˌbühr** *f* registration (*Am.* registry) fee.

ˈeinˌschrei·ben I *v/t* ‹*irr, sep*, **-ge-**, **h**› **1.** (*eintragen*) enter, write (*od.* put) *s.th.* in, inscribe (*in a book, on a list, etc*); (*buchen*) book; *als Mitglied etc*: *a. mil.* enrol(l), enlist; (*registrieren*) register, put down *s.o.* (*for school, etc*). **2.** *Post*: (*Brief etc*) register; **e-n Brief ~ lassen** *a.* have a letter registered. **3.** *math.* (*Kreis etc*) inscribe (**in** *acc* within). **4.** (*Feder etc*) break in. **II** *v/reflex* **sich ~ 5.** enter (*od.* put down) one's name (**in** *acc* in); **sich ~ lassen (für)** enrol(l) o.s. (for), put down one's name (for); **sich an der Universität ~ (lassen)** enrol(l) (*od.* register) (o.s.) at the university. **III ≈** *n* ‹-s; -› **6.** entering (*etc*); → *a.* **Einschreibung. 7.** *Post*: a) registration, b) (*Postsendung*) registered letter (*od.* parcel); „≈!" (*Vermerk*) "registered!"; **et. per ≈ schicken** send s.th. by registered post (*Am.* mail). **ˈEinˌschrei·beˌsen·dung** *f* → **einschreiben** 7b. **ˈEinˌschrei·bung** *f* ‹-; -en› **1.** → **einschreiben** 6. **2.** (*Eintrag*) entry; **~ in e-n Verein (für die Schule)** enrol(l)ment in(to) a club (for school); **~ an der Universität** enrol(l)ment (*od.* registration) at the university, matriculation. **3.** *mil.* enlistment. **4.** *math.* inscription.

ˈeinˌschrei·ten I *v/i* ‹*irr, sep*, **-ge-**, **sein**› (**gegen**) interfere (with), intervene, step in, take action (*od.* measures, steps); **energisch**: take drastic action (*od.* measures) (*alle*: against), *colloq.* crack down (on); *jur.* **gerichtlich gegen j-n ~** take legal measures (*od.* action) against s.o., proceed against s.o.; **strafrechtlich gegen j-n ~** prosecute s.o. **II ≈** *n* ‹-s› intervening (*etc*), intervention, action; **gerichtliches ≈ (gegen)** legal action (*od.* steps *pl*) (against), *strafrechtliches*: prosecution (of).

ˈEinˌschrieb *m* ‹-(e)s; *no pl*› *Swiss* → **einschreiben** 7a.

ˈein|ˌschrum·peln *v/i* ‹*sep*, **-ge-**, **sein**› *colloq. for* **einschrumpfen** 1.

ˈeinˌschrump·fen I *v/i* ‹*sep*, **-ge-**, **sein**› **1.** shrink (*a.* **~ lassen**). **2.** (*schrumpeln*) shrivel (up); *Gesicht, Haut etc*: *a.* become wizened (*od.* wrinkled), wrinkle. **3.** *med.* shrink, atrophy. **4.** *fig. Vorrat etc*: shrink, dwindle. **II ≈** *n* ‹-s› **5.** shrinking (*etc*). **ˈEinˌschrump·fung** *f* ‹-; -en› **1.** → **einschrumpfen** II. **2.** *a. fig.* shrinkage, *med. a.* atrophy.

ˈEinˌschub *m* **1.** (*Vorgang*) insertion. **2.** *tech.* insert. **3.** *electr.* slide-in unit (*od.* module), cubicle. **4.** *civ. eng.* a) (*~boden*) false floor, b) (*~decke*) false ceiling. **5.** → **Einschiebung** 1. **~voˌkal** *m ling.* inserted vowel, glide.

ˈein|ˌschüch·tern *v/t* ‹*sep*, **-ge-**, **h**› *allg.* intimidate, cow, *durch Drohungen*: *a.* browbeat, *durch Gewalttätigkeit*: *a.* bully; (*bluffen*) bluff; **j-n derart ~, daß er et. tut** intimidate s.o. into doing s.th.; **er ließ sich nicht ~** he was not (to be) intimidated, he was undaunted. **≈ˌschüch·te·rung** *f* ‹-; -en› intimidation; **~staktik** *f* scare tactics *pl*; **~spolitik** *f* policy of intimidation; **~sversuch** *m* attempt at intimidation (*od.* to intimidate).

ˈein|ˌschu·len *v/t* ‹*sep*, **-ge-**, **h**› **1.** *ped.* a) *adm.* take (*a child*) on the school rolls, b) (*a.* **~ lassen**) enrol(l) (*a child*) (in an elementary school), *weitS.* send (*a child*) to school (for the first time). **2.** → **schulen.** **≈ˌschu·lung** *f* ‹-; *no pl*› enrol(l)ment (in an elementary school).

ˈEinˌschuß *m* **1.** (*~stelle, Loch*) a) bullet hole, point of entry, b) *med.* (*Wunde*) entry wound. **2.** (*Treffer*) hit. **3.** *Sport*: scoring shot. **4.** *econ.* a) injection, capital (*od.* money) invested (*od.* paid in), b) *bei Börsenaufträgen*: margin. **5.** *Weberei*: weft, woof. **6.** *vet.* phlegmon. **7.** *fig.* admixture, tinge, touch. **~ˌfa·den** *m* weft yarn. **~ˌloch** *n*, **~ˌstel·le** *f* → **Einschuß** 1.

ˈein|ˌschüt·ten *v/t* ‹*sep*, **-ge-**, **h**› pour *s.th.* in(to **in** *acc*). **~ˌschwär·zen** *v/t* ‹*sep*, **-ge-**, **h**› **1.** blacken. **2.** *print.* ink. **3.** *metall.* (coat *s.th.* with) blackwash. **~ˌschwat·zen** *colloq.* **I** *v/i* ‹*sep*, **-ge-**, **h**› **auf j-n ~** chatter away (*od.* keep on) at s.o. **II** *v/t* **j-m et. ~** → **einreden** I. **~ˌschwen·ken I** *v/i* ‹*sep*, **-ge-**, **sein**› **1.** (*einbiegen*) turn (*od.* move) in(to **in** *acc*); (**nach**) **links ~** turn (to the) left. **2.** *mil.* wheel (inwards), swing into line; **rechts ~** wheel right; **Truppen (zur Linie) ~ lassen** swing troops into line. **3.** *fig.* (**in** *od.* **auf** *acc*) come round (to), fall into line (with), conform (to). **II** *v/t* **4.** swivel (*od.* swing) *s.th.* in(to **in** *acc*). **~ˌschwin·gen I** *v/reflex* **sich ~ 1.** *hunt. Wildvögel*: (**auf** *acc od. dat* on) settle, alight. **2.** *electr.* build up to full intensity (*od.* amplitude). **3.** *Pendel*: find its normal rhythm. **4.** *Akustik*: build up. **5.** *phys.* initiate impulses. **II** *v/i* ‹**sein**› **6.** *gym.* swing o.s. in. **~ˌschwö·ren** *v/t* ‹*irr, sep*, **-ge-**, **h**› *jur. pol.* **j-n ~** swear s.o. in; → **eingeschworen.** **~ˌseg·nen** *v/t* ‹*sep*, **-ge-**, **h**› *relig.* **1.** (*konfirmieren*) confirm. **2.** *R.C.* (*weihen*) consecrate. **≈ˌseg·nung** *f* ‹-; -en› **1.** confirmation. **2.** *R.C.* consecration.

ˈeinˌse·hen I *v/t* ‹*irr, sep*, **-ge-**, **h**› **1.** (*Schriftstücke*) look at (*od.* through), (*prüfen*) inspect, examine. **2.** (*Fachliteratur etc*) consult, study. **3.** a) (*Grundstück etc*) see *s.th.* from outside, b) *mil.* (*Gelände etc*) observe. **4.** (*Zweck, Irrtum etc*) see, realize, understand; **die Notwendigkeit ~** see the necessity; **er will s-e Fehler nicht ~** he refuses to see (*od.* to realize, *a.* he shuts his eyes to) his faults; **ich sehe nicht ein, warum** I can't see why, I see no reason why. **II** *v/i* **5.** **in** (*acc*) **et. ~** look into s.th. **III ≈** *n* ‹-s› **6.** inspecting (*etc*); examination, inspection; consultation, study. **7.** *mil.* observation.

ˈEinˌse·hen *n* ‹-s; *no pl*› *fig.* understanding; **ein ~ haben** a) show (some) consideration (*od.* understanding), b) (*vernünftig sein*) be reasonable, c) (*Milde walten lassen*) make allowances, be lenient; **haben Sie doch ein ~!** do show some understanding!, do be reasonable!, *colloq.* have a heart!; **das Wetter hatte ein ~** the weather was kind.

ˈeinˌsei·fen I *v/t* ‹*sep*, **-ge-**, **h**› **1.** (*Wäsche*) soap. **2.** (*Körper*) soap, (*Bart*) lather; **j-n ~** a) soap (*od.* lather) s.o., b) lather s.o.'s face. **3.** *colloq.* **j-n ~** a) (*umschmeicheln*) soft-soap s.o., butter s.o. up, b) (*betrügen*) take s.o. in (*od.* for a ride), bamboozle (*od.* do, con) s.o. **II** *v/reflex* **sich ~ 4.** soap (*od.* lather) o.s. **5.** lather one's face.

ˈeinˌsei·tig I *adj* **1.** *Bericht etc, a. Mensch*: one-sided. **2.** (*parteiisch*) partial, bias(s)ed, prejudiced. **3.** *jur.* unilateral (*contract, etc*), by one party (only), ex parte; **auf ~en Auftrag** upon ex parte application; **~e Parteiverhandlung** ex parte hearing. **4.** *math.* unilateral, semi-infinite. **5.** *med., a. Textil.* unilateral, one-sided; **~e Diät** (*od.* **Ernährung**) unbalanced diet (*od.* nutrition); **~e Lähmung** unilateral paralysis. **6.** *tech.* single-ended, single-(*od.* one-)sided; **~er Steckschlüssel** single-head socket wrench (*od.* spanner). **7.** *Radio*: unilateral (*communication, etc*). **II** *adv* **8.** on one side (only), unilaterally; **~ beschrieben** (**bedruckt**) written (printed) on one side; **~ verbindlich** unilaterally binding. **9.** *fig.* one-sidedly, from a one-sided point of view; **~ interessiert** (*od.* **veranlagt**) **sein** be one-sided. **Ձkeit** *f* ⟨-; *no pl*⟩ **1.** one-sidedness (*a. fig.*). **2.** *fig.* partiality, bias.

ˈEins·eleˌment *n math.* identity (element).

ˈeinˌsen·den I *v/t* ⟨*irr, sep,* -ge-, h⟩ **1.** send *s.th.* in. **2.** (*einreichen*) tender, submit, hand *s.th.* in, file. **3.** (*Geld*) remit, send in. **4.** *Sport*: drive (*the ball*) home. **II** Ձ *n* ⟨-s⟩ **5.** sending in (*etc*); → Einsendung 2, 4. **ˈEinˌsen·der** *m* ⟨-s; -⟩ **1.** sender, submitter; **die ~ von Leserzuschriften** the contributors of letters to the editor; **~ e-s Berichts** informant. **2.** *von Geld*: remitter.

ˈEinˌsen·de|ˌschluß, ~ˌtag, ~terˌmin *m* closing day (for entries).

ˈEinˌsen·dung *f* ⟨-; -en⟩ **1.** → einsenden II. **2.** submission, submittal, *von Angeboten*: *a.* tender. **3.** *an Zeitungen*: (**an** *acc* to) contribution, (*Zuschrift*) letter. **4.** *von Geld*: remittance; **gegen ~ des Betrages von** on remittance (*od.* receipt) of the sum of.

ˈeinˌsen·ken I *v/t* ⟨*sep,* -ge-, h⟩ **1.** sink (*od.* let, plant) in. **2.** *lit.* (*Sarg*) lower (*coffin*) into the earth. **3.** *hort.* layer, set. **4.** *tech.* a) *mittels Spitzsenker*: countersink, b) *mittels Kopfsenker*: counterbore, c) *mittels Senkstempel*: hob, hub, die-sink. **II** *v/reflex* **5. sich ~** → **sinken.**

Ein·ser [ˈaɪnzər] *m* ⟨-s; -⟩ *colloq. for* Eins 1, 2.

ˈeinˌsetz·bar *adj* **1.** that can be inserted (*od.* put in). **2.** (*austauschbar*) replaceable, interchangeable. **3.** (*abnehmbar*) removable. **4.** a) (*verwendbar*) usable, applicable, b) (*verfügbar*) available.

ˈeinˌset·zen I *v/t* ⟨*sep,* -ge-, h⟩ **1.** put (*od.* set, fit) *s.th.* in, insert; **e-e Scheibe in ein Fenster ~** put a pane in a window; **ein Wort in e-n Text ~** insert a word in a text; **für ein Wort ein anderes ~** substitute one word for another; **Rosen ~** plant (*od.* set out) roses; **Fische in e-n Teich ~** stock a pond (with fish). **2.** *tech.* (*Maschinenteile etc*) insert, put (*od.* build) in, mount, position (*component part*). **3.** (*Edelstein in Fassung etc*) inset, set in, mount (*jewel*). **4.** (*Anzeige in Zeitung*) insert, put in, run. **5.** *bes. pol.* (*Ausschuß, Regierung etc*) establish, set up, constitute, form (*committee, etc*). **6.** (*Institution etc*) institute, found, establish, set up. **7.** (*Person in Amt etc*) instal(l), appoint; **j-n zum Direktor ~** instal(l) s.o. as director; **j-n feierlich in sein Amt ~** inaugurate s.o. in office. **8.** *jur.* (*Erben, Bevollmächtigten etc*) appoint, constitute, designate, nominate; **j-n zu s-m Erben ~** appoint (*od.* constitute) s.o. as one's heir, make s.o. one's heir. **9.** (*Mittel, Maschinen, Waffen etc*) use, employ, bring in; **modernste Maschinen ~** use the most modern machinery; **schwere Artillerie ~** bring up heavy artillery. **10.** *bes. econ.* (*Arbeitskräfte*) a) (*beschäftigen*) employ, b) (*zuweisen*) assign, deploy, c) (*verfügbar machen*) make *s.o. od. s.th.* available; **j-n in der Buchhaltung ~** assign s.o. to the accounts department. **11.** *mil.* (*Truppen*) a) mobilize, b) put *s.o.* into action, engage, c) (*taktisch zuteilen*) deploy. **12.** (*Polizei, Feuerwehr etc*) call in (*od.* out). **13.** *Sport*: **e-n Spieler ~** a) (*aufstellen*) put a player on the team, field a player, b) *taktisch*: assign a player (*to the right wing, etc*). **14.** (*Kraft, Energie etc*) use, employ, exert (*energy, etc*). **15.** (*Einfluß, Können etc*) use, exert, bring *s.th.* to bear, bring (*one's influence, skill, etc*) into play. **16.** (*Sonderzug, Einsatzwagen etc*) put on, run (*relief trains, etc*). **17.** (*Geld*) invest, stake, *beim Wetten*: bet, wager. **18.** (*das Leben*) risk, stake; **er setzte sein Leben dabei ein** he risked his life (in) doing it. **19.** (*Gegenstand als Pfand etc*) pledge (as security), pawn. **20.** *jur.* **j-n in ein Recht ~** invest s.o. with a right, establish s.o. in a right; **j-n in j-s Rechte ~** subrogate s.o. to the rights of s.o. **21.** *metall.* a) (*Stahl*) case-harden, carburize, b) (*Schmelzgut*) charge. **22.** *math.* (*Zahlen, Werte*) a) put in, b) substitute. **23.** (*Früchte, Gemüse etc*) preserve. **II** *v/i* **24.** set in, start, begin, commence; **die Flut (das Fieber, die Regenzeit) setzte ein** the tide (fever, rainy season) set in; **erneut ~** start (up) again, recommence. **25.** *Handlung, Erzählung etc*: begin, start, open; **mit et. ~** begin (*od.* start off) with s.th., **wieder**: resume (*s.th.*). **26.** *mus.* a) *Instrument, Singstimme etc*: come in, strike up, b) *Thema etc*: enter; **zu früh ~** come in too early; **zu hoch ~** come in too high. **III** *v/reflex* **sich ~ 27.** (*sich anstrengen*) exert o.s., make an effort (*od.* efforts); **du mußt dich mehr ~** you must try harder, you must put more into it; **sich voll ~** do one's utmost, make every effort, work hard, *colloq.* put everything into it, go all out, *bes. Sport*: extend o.s. (fully). **28. sich für j-n (et.) ~** a) (*unterstützen*) support (*od.* give one's support to) s.o. (s.th.), b) (*plädieren*) plead (*od.* speak up, stand up) for s.o. (s.th.), advocate (*od.* come out in favo[u]r of) s.o. (s.th.), c) (*verfechten*) champion s.o. (s.th.); **er hat sich sehr für ihn eingesetzt** he has done a great deal for him; **der Politiker setzte sich für e-e elastischere Lohnpolitik ein** the politician advocated a more flexible wage policy; **sich bei j-m für j-n ~** plead with s.o. for s.o., intercede with s.o. for s.o., put in a good word for s.o. with s.o. **IV** Ձ *n* ⟨-s⟩ **29.** putting in (*etc*). **30.** → **Einsetzung. 31.** → **Einsatz** 10–14, 16, 17. **ˈEinˌset·zung** *f* ⟨-; *no pl*⟩ **1.** → **einsetzen** 29. **2.** *e-r Klausel etc*: insertion. **3.** *in ein Amt*: installation, appointment; *jur.* **~ e-s Erben** institution (*od.* appointment) of an heir; **~ e-s Nachfolgers** appointment (*od.* election) of a successor. **4.** *bes. pol. e-s Ausschusses etc*: setting up, establishment, constitution, forming. **5.** *math. in Formeln*: substitution.

ˈEinˌsicht *f* ⟨-; -en⟩ **1.** ⟨*only sg*⟩ (*Prüfung*) inspection, examination (**in Akten** of records); **~ nehmen in** (*acc*) inspect, examine; **j-m ~ in Akten gewähren** afford s.o. access to files (→ *a.* 2). **2.** ⟨*only sg*⟩ *fig.* (*Einblick*) insight; **j-m ~ in** (*acc*) **et. gewähren** (*od.* **verschaffen**) give s.o. an insight into s.th. **3.** *fig.* (*Verständnis*) insight, understanding, discernment; **zu e-r neuen ~ gelangen** gain a new insight, have a new idea; **es an ~ mangeln lassen** have (*od.* show) no understanding (*od.* discernment); → *a.* **Einsehen. 4.** ⟨*only sg*⟩ a) (*Urteilsvermögen*) judg(e)ment; **das wäre gegen** (*od.* **wider**) **m-e bessere ~** that would be contrary to (*od.* against) my better judgement, b) (*Vernunft*) reason, judiciousness, reasonable view; **zur ~ kommen** listen to (*od.* see) reason. **ˈeinˌsich·tig** *adj* understanding, discerning, judicious; (*vernünftig*) reasonable, sensible, wise. **ˈEinˌsichtˌnah·me** *f* ⟨-; *no pl*⟩ *adm.* inspection; **„zur ~"** "for your attention"; **nach ~** on sight, after perusal.

ˈeinˌsichts|los *adj* **1.** injudicious, obtuse, insensible, lacking in insight (*od.* understanding). **2.** (*unvernünftig*) unreasonable. **Ձlo·sig·keit** *f* ⟨-; *no pl*⟩ **1.** lack of insight (*od.* understanding). **2.** unreasonableness. **Ձˌrecht** *n jur.* right to inspect records. **~ˌvoll** *adj* → **einsichtig.**

ˈeinˌsickern (*getr.* -k·k-) **I** *v/i* ⟨*sep,* -ge-, sein⟩ **1.** seep in, soak in; **in** (*acc*) **et. ~** seep (*od.* soak, trickle, ooze) into s.th., infiltrate (into) s.th. **2.** *fig., a. mil.* (**in** *acc* **et.**) infiltrate ([into] s.th.), creep in(to s.th.). **II** Ձ *n* ⟨-s⟩ **3.** seeping in (*etc*); *a. fig.* infiltration.

ˌEin·sie·deˈlei *f* ⟨-; -en⟩ **1.** hermitage. **2.** *fig.* seclusion. **ˈEinˌsied·ler** *m* ⟨-s; -⟩ hermit, recluse, solitary, anchorite; **wie ein ~ leben** *cf.* **Einsiedlerleben.** **ˈeinˌsied·le·risch** *adj* hermit-like, recluse, solitary.

ˈEinˌsied·ler|ˌklau·se *f* hermitage. **~ˌkrebs** *m zo.* hermit crab, pagurian. **~ˌle·ben** *n fig.* recluse life; **ein ~ führen** live like a hermit, lead the life of a recluse.

ˈEin|ˌsil·ber [-ˌzɪlbər] *m* ⟨-s; -⟩ → **Einsilbler.** **Ձˌsil·big** [-ˌzɪlbɪç] *adj* **1.** *ling.* monosyllabic, of one syllable; **~es Wort** → **Einsilbler. 2.** *fig. Unterhaltung etc*: monosyllabic; **~e Antworten geben** answer in monosyllables. **3.** *fig.* a) (*wortkarg*) taciturn, untalkative, (*man*) of few words, b) (*kurz angebunden*) curt. **~ˌsil·big·keit** *f* ⟨-; *no pl*⟩ **1.** *ling.* monosyllabism. **2.** *fig.* monosyllabicity. **3.** *fig.* taciturnity; curtness. **~ˌsilb·ler** [-ˌzɪlplər] *m* ⟨-s; -⟩ *ling.* monosyllable, monosyllabic word.

ˈein|siˌlie·ren [-ziˌliːrən] *v/t* ⟨*sep, no* -ge-, h⟩ *agr.* ensilage. **~ˌsin·ken** *v/i* ⟨*irr, sep,* -ge-, sein⟩ **1.** sink in(to in *acc*). **2.** *Boden etc*: cave in, subside.

ˈEinˌsitz *m Swiss pol.* **~ nehmen** take one's seat (in parliament).

ˈein|ˌsit·zen *v/i* ⟨*irr, sep,* -ge-, h *u.* sein⟩ *jur.* serve a sentence, be detained. **Ձˌsit·zer** *m* ⟨-s; -⟩ *aer. mot. etc* single-seater. **~ˌsit·zig** [-ˌzɪtsɪç] *adj* single-seated.

ˈEinˌson·de·rungsˌdrü·se *f physiol.* endocrine gland.

ˈein·sorˌtie·ren *v/t* ⟨*sep, no* -ge-, h⟩ sort in(to **in** *acc*).

ˈEinˌspannˌbacke (*getr.* -k·k-) *f tech.* chuck jaw.

ˈein|ˌspan·nen *v/t* ⟨*sep,* -ge-, h⟩ **1.** harness (*horses*) (to s.th.), hitch up (*the carriage*). **2. e-n Bogen (in die Schreibmaschine) ~** insert (*od.* feed) a sheet of paper into the typewriter. **3.** *tech.* clamp, fix; (*Werkstück*) *a.* chuck. **4.** *fig. colloq.* **j-n ~** rope s.o. in (for a job, *etc*), make s.o. work. **Ձˌspän·ner** [-ˌʃpɛnər] *m* ⟨-s; -⟩ **1.** one-horse carriage. **2.** *fig.* a) recluse, loner, b) (*Junggeselle*) (confirmed) bachelor. **3.** *Austrian fig. colloq.* (glass of) black coffee with whipped cream. **~ˌspän·nig** [-ˌʃpɛnɪç] *adj* one-horse, *nachgestellt* (*od. adv*): with one horse, in single harness. **ՁˌspannˌvorˌRich·tung** *f tech.* a) clamping device, b) *für Werkstücke*: work-holding fixture, *für Werkzeuge*: *a.* chucking device.

ˈein|ˌspa·ren I *v/t* ⟨*sep,* -ge-, h⟩ **1.** save, economize (on), cut down on. **2.** (*Raum, Zeile etc*) save. **3.** (*Arbeitsplatz etc*) dispense with, abolish. **II ≈** *n* ⟨-s⟩ **4.** saving (*etc*). **≈ˌspa·rung** *f* ⟨-; -en⟩ **1.** → **einsparen** II. **2.** saving, economy, cut; **~en machen** make economies, economize; **die ~ von Geld (Raum, Zeit)** the saving in (*od.* of) money (space, time), money (space, time) saved; **große ~en** major economies, great saving(s). **3.** *e-s Arbeitsplatzes etc*: abolition, elimination. **≈ˌspa·rungsˌmaßˌnah·me** *f* → Sparmaßnahme.

ˈein|ˌspei·cheln *v/t* ⟨*sep*, **-ge-**, **h**⟩ *physiol.* insalivate. **~ˌspei·sen** *v/t* ⟨*sep*, **-ge-**, **h**⟩ *tech.* feed (**in** *acc* into). **~ˌsper·ren** *v/t* ⟨*sep*, **-ge-**, **h**⟩ **1.** lock (*od.* shut) in (*od.* up); **j-n ~** *a.* turn the key on s.o.; **in e-n Käfig ~** (shut [*animals*] up in a) cage. **2.** *colloq. im Gefängnis*: jail, lock *s.o.* up.

ˈeinˌspie·len I *v/reflex* ⟨*sep*, **-ge-**, **h**⟩ **sich ~ 1.** get into practice; **sich auf e-r Geige ~** a) get used to a violin, b) get the feel of (*od.* break in) a violin. **2.** *Sport*: a) warm up, b) *im Spiel*: play o.s. in, get going. **3.** *fig. Sache*: get into its stride, get into full swing, get going (properly), get running (smoothly); → **eingespielt** 2. **4.** *tech.* a) *Meßinstrument*: level out (**auf** *acc* at), b) *Wasserwaage, Libelle*: cent/re (*Am.* -er); **die Libelle** (*od.* **Wasserwaage**) **sich ~ lassen** cent/re (*Am.* -er) the bubble. **5. sich aufeinander ~** *Personen*: become co(-)ordinated (*od.* a good team), develop a (good) combination; **die Spieler müssen sich noch besser aufeinander ~** the players have got to become a real team first; → **eingespielt** 1. **II** *v/t* **6.** *Film etc*: (*Geld*) bring in, gross, show box-office returns of. **7.** *TV* a) (*einblenden*) fade in, b) *allg.* show, bring. **8.** *mus.* (*Instrument*) play (*od.* break) in. **ˈEinˌspiel·erˌgeb·nis** *n meist pl e-s Films*: box-office returns *pl*.

ˈeinˌspin·nen I *v/t* ⟨*irr, sep*, **-ge-**, **h**⟩ **1.** *zo.* a) cocoon, b) *Spinne*: spin a web (a)round. **2.** *Textil.* spin *s.th.* in(to **in** *acc*). **II** *v/reflex* **sich ~ 3.** *zo.* cocoon itself. **4.** *fig.* seclude o.s., keep to o.s. **5.** *fig.* (*sich vertiefen*) lose o.s., get wrapped up; **eingesponnen in** (*acc*) absorbed in (*one's studies, etc*).

ˈeinˌspo·rig *adj bot.* monosporous.

ˈEinˌspra·che *f* **1.** *Austrian and Swiss od. obs. for* Einspruch 1. **2.** *Swiss jur. for* Einrede 3. **~ˌrecht** *n* → **Einspruchsrecht** 1.

ˈein|ˌspra·chig [-ˌʃpraːxɪç] *adj Wörterbuch, Person*: monolingual, unilingual. **~ˌspre·chen** *v/i* ⟨*irr, sep*, **-ge-**, **h**⟩ **auf j-n ~** → einreden II. **~ˌspren·gen**[1] *v/t* ⟨*sep*, **-ge-**, **h**⟩ (*Wäsche etc*) sprinkle (with water). **~ˌspren·gen**[2] *v/t* ⟨*sep*, **-ge-**, **h**⟩ **1.** (*Loch etc*) blast. **2.** (*Tür etc*) break open, force. **~ˌspren·gen**[3] *v/t* ⟨*sep*, **-ge-**, **h**⟩ *geol.* a) disseminate, *a. fig.* intersperse, b) *zwischen Schichten etc*: interstratify. **~ˌsprin·gen I** *v/i* ⟨*irr, sep*, **-ge-**, **sein**⟩ **1.** *fig.* help out, step in(to the breach); **für j-n ~** a) take s.o.'s place, substitute (*od.* jump into the breach, step in, *Am. colloq.* pinch-hit) for s.o., b) *thea.* understudy for s.o. **2.** *tech. Feder, Schloß etc*: click (into place), catch, snap (to). **3.** *Textil.* shrink. **4.** *arch.* recede. **5. auf j-n ~** fall (*od.* pounce) upon s.o. **II** *v/t* ⟨**h**⟩ **6.** break (*od.* smash) *s.th.* in (by jumping on it). **7.** (*Pferd*) school (*a horse*) (over jumps). **~ˌsprin·gend** *adj* **1.** *arch.* recessed. **2.** *math. Winkel*: re(-)entrant.

ˈEinˌspritzˌdü·se *f* **1.** injection nozzle. **2.** *am Vergaser*: jet. **ˈeinˌsprit·zen** *v/t* ⟨*sep*, **-ge-**, **h**⟩ **1.** *med. mot. synth.* inject (**in** *acc* into); **j-m et. ~** give s.o. an injection of s.th., inject s.o. with s.th. **2.** (*Wäsche*) → **einsprengen**[1]. **ˈEinˌspritzˌpum·pe** *f mot.* injection pump. **ˈEinˌsprit·zung** *f* ⟨-; -en⟩ *allg.* injection.

ˈEinˌspritz|venˌtil *n mot.* injection valve. **~verˌga·ser** *m* spray (*od.* jet) carburet(t)er (*Am.* carburetor).

ˈEinˌspruch *m* (**gegen**) **1.** objection (to), protest (against); **~ (gegen et.) erheben** (enter a) protest (against s.th.), object (to s.th.), oppose (s.th.). **2.** *jur.* a) (formal) objection (to), *weitS.* appeal (from, against), b) *Patentrecht*: opposition (to), c) *pol.* veto (against); **~ erheben** (*od.* **einlegen**) (**gegen**) a) raise an objection (to), b) (file *od.* lodge an) appeal (from, against), c) *Patentrecht*: file (*od.* enter) an opposition (against), d) *pol.* enter a veto (against), veto (*s.th.*).

ˈEinˌspruchs|beˌgrün·dung *f jur.* **1.** (statement of) grounds *pl* of appeal. **2.** *Patentrecht*: argument in support of opposition. **~ˌfrist** *f* **1.** appeal period. **2.** *Patentrecht*: period for entering an opposition. **~ˌrecht** *n* **1.** *jur.* right to object (*od.* appeal). **2.** *pol.* (power of) veto. **~verˌfah·ren** *n Patentrecht*: opposition proceedings *pl*.

ˈeinˌspu·ren *v/i* ⟨*sep*, **-ge-**, **sein**⟩ *Auto*: filter in, get into lane.

ˈeinˌspu·rig [-ˌʃpuːrɪç] *adj* **1.** *rail.* single-track. **2.** *Straße*: single-lane.

ˈEinsˌsein *n* ⟨-s; *no pl*⟩ *a. philos.* oneness, unity (**mit** with).

einst I *adv* **1.** (*früher*) once, at one time, in the past, formerly, in former times; **~ wie jetzt** now as ever (*od.* then); **wie ~** a) the same as ever, b) as in the past; **es lebte ~ ein König, der** once upon a time there lived a king who; **der ~ so berühmte Künstler** the once so famous artist. **2.** (*vor langer Zeit*) long ago, in the days of old (*od.* yore), in olden times, *lit.* of yore; **die Tage von ~** the days of old; **das England von ~** the England of the past. **3.** (*künftig*) one (*od.* some) day, in the future, in days to come; **~ wird kommen der Tag** (, **wo**) the day will come (*od.* dawn) (when). **II ≈, das** ⟨-⟩ **4.** *lit.* the past, the days of yore (*od.* yesteryear).

ˈein|ˌstäm·mig *adj bot. ling.* with one stem. **~ˌstamp·fen** *v/t* ⟨*sep*, **-ge-**, **h**⟩ **1.** (*Papier, Bücher*) pulp. **2.** *gastr.* (*Kraut etc*) press (down), crush. **3.** *civ. eng.* a) (*Pfahl etc*) ram (down), b) (*Erde etc*) *a. tech.* tamp (down). **≈ˌstampf·paˌpier** *n* waste (*od.* pulping) paper.

ˈEin|ˌstand *m* **1.** start in (*od.* entry into) a new job; **s-n ~ geben** pay for one's footing. **2.** *Tennis*: deuce. **~ˌstandsˌpreis** *m econ.* cost price. **≈ˌstan·zen** *v/t* ⟨*sep*, **-ge-**, **h**⟩ (**in** *acc*) impress (on), stamp (into). **~ˌstär·keˌglas** *n opt.* unifocal lens. **≈ˌstäu·ben** *v/t* ⟨*sep*, **-ge-**, **h**⟩ **1.** dust, powder. **2.** *mit Sprühdose*: spray.

ˈeinˌste·chen I *v/t* ⟨*irr, sep*, **-ge-**, **h**⟩ **1.** pierce, prick, puncture. **2.** → **hineinstechen** I. **3.** *tech.* a) (*aussparen*) recess, b) (*aushalsen*) neck, c) (*Nuten*) groove, slot. **4.** (*eingravieren*) engrave. **II** *v/i* **5.** (**mit e-r Nadel**) **in** (*acc*) **et. ~** stick a needle into s.th. **6. auf j-n ~** stab at s.o.

ˈeinˌstecken (*getr.* **-k·k-**) *v/t* ⟨*sep*, **-ge-**, **h**⟩ **1.** (*Schlüssel etc*) put in, stick in, insert; **den Stecker ~** put the plug in. **2.** *colloq.* (*Brief etc*) post, *bes. Am.* mail. **3.** (*in die Tasche*) put *s.th.* into one's bag (*od.* pocket), pocket, take *s.th.* (along with one); (*einpacken*) pack, take; **kannst du m-e Brille ~?** could you take my spectacles?; **hast du genug Geld eingesteckt?** have you got enough money on you? **4.** *colloq. humor.* (*Brieftasche, weitS. Gewinn etc*) pocket. **5.** *fig. colloq.* (*Beleidigung, Tadel etc*) pocket, swallow, take, put up with, (*e-e Beleidigung*) *a.* sit under (*an insult*); **das werde ich nicht ohne weiteres ~** *a. colloq.* I won't take that lying down; **viel ~ müssen** have to put up with (*od.* swallow) a lot; *bes. Sport*: **e-n Schlag ~** take (*od.* get caught by, catch) a blow; *colloq.* **er kann viel ~** he can take a lot (of punishment), *fig. a.* he's got a broad back; **schwer ~ müssen** get a sound beating; **e-e Niederlage ~ (müssen)** suffer a defeat, be defeated (*od.* beaten). **6.** *fig. colloq.* **j-n ~** (*überlegen sein*) be more than a match for s.o., be head and shoulders above s.o. **7.** *colloq.* → **einsperren** 2.

ˈEinˌsteck|ˌkamm *m* dress comb. **~ˌlauf** *m mil.* subcalib/re (*Am.* -er) tube; *Br. a.* morris tube, *Am. a.* liner. **~ˌschloß** *n* mortise lock.

ˈeinˌste·hen *v/i* ⟨*irr, sep*, **-ge-**, **sein**⟩ **1. für et. (j-n) ~** a) (*verantwortlich sein*) answer (*od.* be answerable, be responsible, be accountable) for s.th. (s.o.), b) (*Verantwortung übernehmen*) accept (*od.* take) responsibility for s.th. (s.o.), c) (*garantieren*) vouch for s.th. (s.o.), guarantee s.th., d) (*sich einsetzen*) stand up for s.th. (s.o.); **für s-e Worte ~** answer for one's words; **für die Schulden s-r Frau ~** make o.s. liable for the debts incurred by one's wife; **für s-e Überzeugung ~** stand up for (*od.* have the courage of) one's convictions; **dafür ~, daß** vouch (*od.* guarantee, warrant) that. **2.** *hunt. Vogel*: alight, settle.

ˈEinˌsteigˌdieb *m* cat burglar, sneak thief.

ˈeinˌstei·gen *v/i* ⟨*irr, sep*, **-ge-**, **sein**⟩ **1.** get in(to **in** *acc*), *in ein Auto etc*: *a.* climb in(to a car, *etc*); **in e-n Bus (e-n Zug, ein Flugzeug) ~** get into (*od.* board, get on) a bus (train, plane); **bitte ~!** all aboard!; **in ein Schiff ~** board (*od.* go on board) a ship, embark; *mount.* **in e-e Felswand ~** get in (*od.* start climbing) a cliff. **2.** (*heimlich eindringen*) climb in, get in, enter (*through the window, etc*). **3.** *colloq. geschäftlich etc*: get in, climb aboard; **in ein Projekt ~** get in on a project; **groß ~** go all (*od.* flat) out, go in for it the big way. **4.** *colloq. Sport*: **hart ~** play rough; **hart ~ gegen j-n** tackle s.o. hard.

ˈEinˌsteig|ˌlu·ke *f mar.* hatch, access door. **~ˌöff·nung** *f*, **~ˌschacht** *m* manhole.

ˈEinˌstein *n* ⟨-; *no pl*⟩ *phys.* (*Maßeinheit*) Einstein. **Ein·stei·ni·um** [aɪnˈʃtaɪnĭʊm] *n* ⟨-s; *no pl*⟩ *chem.* einsteinium. **ˈEinˌstein·sche ˈGlei·chung** *f phys.* Einstein equation.

ˈeinˌstell·bar *adj tech.* adjustable; *Getriebe, Drehzahl etc*: *a.* variable. **≈keit** *f* ⟨-; *no pl*⟩ *tech.* adjustability; *von Getrieben*: variability.

ˈeinˌstel·len I *v/t* ⟨*sep*, **-ge-**, **h**⟩ **1.** put in; **ein Auto (in die Garage) ~** put a car in(to) the garage, garage a car. **2.** (*unterstellen*) store, leave (*furniture, etc, at a place*). **3.** (*Arbeitskräfte*) (**bei sich**) **~** take on, engage, employ, hire, *a. mil.* recruit. **4.** (*in Betrieb nehmen*) put (*machinery, etc*) into service (*od.* operation). **5.** (*aufgeben*) discontinue, stop, cease, drop, give up; **die Arbeit ~** a) stop work, b) (*streiken*) (go on) strike, down tools, walk out; **et. zeitweilig ~** suspend s.th.; **die Zahlungen ~** stop (*od.* suspend) payments; **e-e Buslinie ~** discontinue a bus line; **die Zeitung stellt ihr Erscheinen ein** the newspaper will cease publication; *mil.* **das Feuer (die Feindseligkeiten)** ~ cease fire (hostilities); → **Betrieb** 5. **6.** *jur.* a) (*Verfahren*) stay, squash (*proceedings*), b) (*Klage*) dismiss (*a case*). **7.** **et.** ~ **auf** (*anpassen*) adjust (*od.* adapt) s.th. to *s.th.* (*od. s.o.*); **s-e Gedanken auf et.** ~ focus (one's thoughts) on s.th., concentrate on s.th.; → **eingestellt** 1–3. **8.** *tech.* a) (**auf** *acc* to) adjust, set, b) (*regeln*) regulate, c) *mittels Wählscheibe*: dial, d) (*Werkzeug*) position; **et. zeitlich** ~ time s.th. **9.** *Radio*: (*abstimmen*) (**auf** *acc* to) tune, modulate; (**das Radio auf**) **e-n Sender** ~ tune (the radio) in on (*od.* to) a station. **10.** *opt. phot.* focus (**auf** *acc* on); **das Objektiv scharf** ~ focus the lens; **die Entfernung** ~ focus (the camera), adjust the distance. **11.** *electr.* (*Frequenz*) syntonize. **12.** *mil.* (*Bombe, Zünder etc*) set, time. **13.** *chem.* standardize. **14.** *med.* **j-n auf e-e Arznei** ~ put s.o. on a medicament. **15.** *Sport*: **e-n Rekord** ~ tie a record. **II** *v/reflex* **sich** ~ **16.** (*kommen, dasein*) come, appear, *colloq.* turn up, show up; **sich wieder** ~ come back, return, *a. Sache*: turn up again. **17.** *Wetter, Fieber etc*: set in; *Sommer etc*: come. **18.** *Sorgen, Schwierigkeiten etc*: come, arise; **Zweifel stellten sich bei ihr ein** she was beginning to have doubts; **dieser Gedanke stellt sich von selbst ein** that thought comes naturally (*od.* suggests itself). **19.** *Wirkung, Resultat etc*: appear; **die Folgen werden sich später** ~ the consequences will make themselves felt later on. **20.** **sich auf j-n (et.)** ~ a) adapt (*od.* adjust, attune) o.s. to s.o. (s.th.), b) be prepared (*od.* prepare o.s.) for s.o. (s.th.), c) *wünschend*: set one's mind on s.o. (s.th.); **das Auge stellt sich auf die Dunkelheit ein** the eye adapts itself to the darkness; **sich seelisch auf** (*acc*) **et.** ~ a) prepare o.s. (mentally) for s.th., b) get o.s. in the right mood (*od.* frame of mind) for s.th.; **sich ganz auf j-n (et.)** ~ focus one's attention (*od.* concentrate) on s.o. (s.th.), give s.o. (s.th.) one's undivided attention; *Sport*: **sich auf e-n Gegner** ~ a) study an opponent, b) *taktisch*: find the right formula (*od.* strategy) to deal with an opponent; → **eingestellt** 1–3. **III** ≈ *n* ⟨-s⟩ **21.** adjusting (*etc*).

ˈEinˌstellˌhe·bel *m tech.* adjusting (*od.* setting) lever.

ˈeinˌstel·lig [-ˌʃtɛlɪç] *adj* **1.** *math.* a) *Zahl*: one-figure, single-(*od.* one-)digit, b) *Dezimalbruch*: one-place; **~e Zahl** digit. **2.** *philos.* unary, monadic.

ˈEinˌstell|ˌknopf *m* adjusting (*od.* control) knob. **~ˌmar·ke** *f tech.* index mark. **~ˌring** *m* **1.** *phot.* focus(s)ing ring (*od.* knob). **2.** *tech.* adjusting ring, set collar. **~ˌschei·be** *f* **1.** *tech.* (setting) dial. **2.** *phot.* focus(s)ing screen. **~ˌschrau·be** *f tech.* setscrew.

ˈEinˌstel·lung *f* ⟨-; -en⟩ **1.** → **einstellen** III. **2.** *fig.* a) (*Haltung*) (**zu**) attitude (to[wards]), approach (to), outlook (on), b) (*Meinung*) *a.* opinion (of), view(s *pl*) (of), c) (*Denkart*) way of thinking, d) (*Standpunkt*) point of view; **geistige (persönliche)** ~ mental (personal) attitude; **s-e** ~ **zum Leben** his attitude toward(s) life, his outlook on life, his philosophy, the way he sees life; **s-e politische** ~ his political attitude (*od.* outlook, stance), *colloq.* his politics; **e-e feindliche (freundliche)** ~ **zu** (*od.* **gegenüber**) **j-m haben** be hostile (friendly) to(ward[s]) s.o., be well (ill) disposed towards s.o.; **s-e** ~ **ändern** change (*od.* alter) one's opinion; **das ist nicht die richtige** ~! that's not the proper attitude (to take)! **3.** *von Arbeitskräften*: engagement, employment. **4.** (*Beendigung*) discontinuance, cessation; **zeitweilige** ~ suspension; *mil.* ~ **der Kampfhandlungen** cessation of hostilities; ~ **des Feuers** cease-fire; ~ **von Zahlungen** suspension of payments. **5.** *jur.* *e-s Verfahrens*: stay (*of proceedings*), dismissal (*of a case*); **die** ~ **des Verfahrens anordnen** order the case to be dismissed, enter a nolle prosequi. **6.** (*Anpassung*) (**auf** *acc* to) adaptation, adjustment. **7.** *tech.* *e-s Geräts*: adjustment, setting, regulation. **8.** *opt. phot.* focus(s)ing. **9.** *Film*: a) angle, b) (*Szenen*≈) take, shot. **10.** *Radio*: tuning, modulation.

ˈEinˌstel·lungs|beˌdin·gun·gen *pl econ.* employment conditions. **~beˌscheid** *m jur.* stoppage order. **~beˌschluß** *m jur.* order to stay proceedings. **~geˌsuch** *n* application (for employment). **~terˌmin** *m für Angestellte*: starting date.

ˈEinˌstell|ˌvorˌrich·tung *f tech.* setting device, adjusting mechanism.

ˈeinˌstem·men *v/t* ⟨*sep*, **-ge-**, h⟩ *tech.* a) ca(u)lk, b) (*Holz*) mortise.

ˈein·stens *adv obs. od. lit. for* **einst**.

ˈEinˌstich *m* **1.** *e-r Nadel etc*: prick, *a. med.* puncture. **2.** *tech.* a) *e-r Drehmaschine*: recess, neck, b) *beim Rundschleifen*: plunge-cut, c) *beim Spitzenlosschleifen*: infeed. **3.** *metall. im Walzwerk*: pass.

ˈeinˌsticken (*getr.* **-k·k-**) *v/t* ⟨*sep*, **-ge-**, h⟩ embroider (**in** *acc* into, on).

ˈEinˌstieg *m* ⟨-(e)s; -e⟩ **1.** entrance, way in. **2.** *in Bus etc*: entrance; ~ **hinten!** enter at the rear. **3.** *fig.* (**in** *acc*) entering (into), venturing (into), going over (to), starting (on), first step (towards). **~ˌlu·ke** *f* (access) hatch, access door.

ˈEinˌstiegsˌdro·ge *f* conditioning (*od. colloq.* come-on) drug.

ˈein·stig *adj* **1.** *Freund etc*: former, sometime, one-time, *lit.* erstwhile. **2.** *lit. od. obs.* future.

ˈein|ˌstim·men I *v/t* ⟨*sep*, **-ge-**, h⟩ **1.** *mus.* (*Instrument*) tune (up); ~ **auf** (*acc*) attune *s.th.* to. **2.** *fig.* **j-n für** (*od.* **auf** *acc*) **et.** ~ put s.o. in the (right) mood for s.th. **II** *v/reflex* **3.** *fig.* **sich für** (*od.* **auf** *acc*) **et.** ~ get o.s. in the (right) mood (*od.* frame of mind) for s.th., *sl.* psych up for s.th. **III** *v/i* **4.** join (*od.* chime) in; **in ein Lied (das Gelächter)** ~ join in a song (the laughter). **IV** ≈ *n* ⟨-s⟩ **5.** tuning (up) (*etc*). **~ˌstim·mig I** *adj* **1.** *Beschluß etc*: unanimous. **2.** *mus.* of (*od.* for) one voice, monophonic. **II** *adv* **3.** unanimously, with unanimity, with one voice, to a man. **4.** *mus.* in unison, unisono. **≈ˌstim·mig·keit** *f* ⟨-; *no pl*⟩ **1.** unanimity, agreement, consensus, (common) consent. **2.** *mus.* unison. **≈ˌstim·mung** *f* ⟨-; *no pl*⟩ **1.** → **einstimmen** IV. **2.** *fig.* mental preparation.

ˈeinst|ˌma·lig *obs. od. lit.* **I** *adj* → **einstig**. **II** *adv* → **einst**. **~ˌmals** [-ˌmaːls] *adv obs. od. lit. for* **einst**.

ˈein|ˌstöckig (*getr.* **-k·k-**) [-ˌʃtœkɪç] *adj* one-storey(ed), one-story, one-storied. **~ˌstöp·seln** *v/t* ⟨*sep*, **-ge-**, h⟩ **1.** (*Korken etc*) put in. **2.** *electr.* (*Stecker*) plug in. **~ˌsto·ßen** *v/t* ⟨*irr*, *sep*, **-ge-**, h⟩ **1.** (*Tür, Fenster etc*) smash *s.th.* in. **2.** (*a.* **sich** ~) (*Zähne etc*) bash (*od.* knock) in (*one's teeth, etc*). **~ˌstrah·len I** *v/t* ⟨*sep*, **-ge-**, h⟩ (*Licht, Wärme etc*) irradiate, insolate. **II** *v/i* ⟨h *u.* sein⟩ *Licht etc*: shine (**auf** *acc* on, upon). **~ˌstrei·chen** *v/t* ⟨*irr*, *sep*, **-ge-**, h⟩ **1.** (*Tapete etc*) smear, brush. **2.** (*Gips, Kitt etc*) fill *s.th.* up with; **Kitt in e-e Fuge** ~ fill a crack up (*od.* in) with putty. **3.** *colloq.* (*Geld, Gewinn etc*) rake in, pocket. **~ˌstreu·en** *v/t* ⟨*sep*, **-ge-**, h⟩ **1.** **et. in** (*acc*) **et.** ~ strew s.th. in s.th. **2.** *agr.* (*Stroh*) litter down. **3.** *fig.* (*Wort, Bemerkung*) insert, slip in, let drop; **et. in** (*acc*) **et.** ~ intersperse (*od.* interlard) s.th. with s.th., insert s.th. into s.th. **≈ˌstreu·ung** *f* ⟨-; -en⟩ *fig.* interspersion. **~ˌströ·men I** *v/i* ⟨*sep*, **-ge-**, sein⟩ **1.** *Wasser etc, a. fig. Menschen etc*: stream (*od.* pour, flow, run, rush) in(to **in** *acc*). **II** ≈ *n* ⟨-s⟩ **2.** streaming in (*etc*). **3.** influx, inpour. **4.** *von Dampf, Gas etc*: inflow. **≈ˌströmˌven·ˌtil** *n tech.* inlet valve. **~stuˌdie·ren I** *v/t* ⟨*sep*, *no* **-ge-**, h⟩ **1.** study, *a. thea.* rehearse, *thea.* (*Rolle*) get up, learn; **e-e Rolle mit j-m** ~ coach s.o. in a part, rehearse a part with s.o.; **einstudiert werden** *Theaterstück*: be in rehearsal, *weitS.* be produced. **2.** (*Rede, Gedicht etc*) memorize, learn *s.th.* (by heart). **II** ≈ *n* ⟨-s⟩ **3.** studying (*etc*). **≈stuˌdie·rung** *f* ⟨-; -en⟩ **1.** → **einstudieren** II. **2.** *e-r Rolle etc*: study. **3.** *thea.* a) rehearsal, b) production.

ˈein|ˌstu·fen *v/t* ⟨*sep*, **-ge-**, h⟩ **1.** (**in** *acc* into; **als** as) classify, grade, rate; **j-n zu niedrig (falsch)** ~ put s.o. in too low a class (in a wrong class), rate (*od.* grade) s.o. too low (wrongly); **j-n in e-e höhere Steuerklasse** ~ put s.o. in(to) a higher tax group. **2.** *nach Leistung, Qualität etc*: grade, rate, assess; **j-n (et.) hoch** ~ rate s.o. (s.th.) high. **≈ˌstu·fen·raˌke·te** *f* single-stage rocket. **~ˌstu·fig** *adj* **1.** *mil. Rakete etc*: *a. electr.* single-stage. **2.** *math.* simple. **≈ˌstu·fung** *f* ⟨-; -en⟩ **1.** classifying, classification, rating. **2.** class, grade.

ˈEinˌstu·fungsˌgrup·pe *f econ.* class, grade, rating.

ˈein|ˌstül·pen I *v/t* ⟨*sep*, **-ge-**, h⟩ **1.** (*Hut etc*) push (*od.* turn) in. **2.** *biol. med.* invaginate. **II** *v/reflex* **sich** ~ **3.** get pushed (*od.* turned) in(ward). **4.** *med. zo. Darm etc*: invaginate. **~ˌstün·dig** [-ˌʃtʏndɪç] *adj* one-hour, lasting one hour, of one (*od.* an) hour. **~ˌstür·men** *v/i* ⟨*sep*, **-ge-**, sein⟩ **auf j-n** ~ a) rush at s.o., b) *bes. mil.* attack (*od.* charge, storm) s.o., c) *fig.* assail (*od.* bombard) s.o. (**mit Fragen** with questions); **Gedanken (Eindrücke) stürmten auf ihn ein** he was assailed (*od.* overwhelmed) by thoughts (impressions).

ˈEinˌsturz *m* **1.** *e-s Hauses etc*: collapse; **et. zum** ~ **bringen** bring about the collapse of s.th.; **~gefahr** *f* danger of collapse. **2.** *von Erdreich, e-r Decke etc*: caving in. **ˈeinˌstür·zen I** *v/i* ⟨*sep*, **-ge-**, sein⟩ **1.** *Brücke etc*: collapse, fall in (*od.* down), tumble down; *fig.* **ich glaubte, der Himmel stürzte ein** I thought the end of the world had come. **2.** *Decke, Stollen etc*: cave in. **3.** *fig.* **auf j-n** ~ assail (*od.* overwhelm, crowd in on) s.o. **II** ≈ *n* ⟨-s⟩ **4.** collapsing (*etc*); → **Einsturz**.

ˈeinst|ˈwei·len *adv* **1.** meanwhile, in the meantime. **2.** (*vorläufig*) for the time being, for the present (*od.* moment). **~ˈwei·lig** *adj* temporary, provisional, *jur. pol. a.* interim; *jur.* **~e Verfügung** a) interim order, b) (*Unterlassungsbefehl*) (interim) injunction.

ˈein·syn·chro·niˌsie·ren *v/t* ⟨*sep*, *no* **-ge-**, h⟩ *Film*: dub in.

ˈeinˌtä·gig *adj* **1.** one-day, one day's, of (*od.* lasting) one day. **2.** one-day-old, day-old. **3.** *med. zo.* ephemeral.

ˈEinˌtags|ˌblu·me *f bot.* ephemeral flower. **~ˌfie·ber** *n med.* ephemeral fever. **~ˌflie·ge** *f* **1.** *zo.* mayfly, day-fly, ephemera. **2.** *fig. colloq.* (*Buch, Schlager etc*) a) ephemeral success, nine days' wonder, *colloq.* flash in the pan, b) (*Fimmel*) passing fad. **3.** *fig. colloq.* (*Interesse, Liebe etc*) passing fancy, short-lived passion.

ˈEin|ˌtän·zer *m* (male) taxi-dancer, *contp.* gigolo. **≈ˌta·sten** *v/t* ⟨*sep*, **-ge-**, **h**⟩ *Computer*: feed (*data*) in. **≈tä·toˌwie·ren** *v/t* ⟨*sep*, *no* **-ge-**, **h**⟩ tattoo *s.th.* in(to **in** *acc*).

ˈein|ˌtau·chen I *v/t* ⟨*sep*, **-ge-**, **h**⟩ **1.** (*Feder, Ruder etc*) dip (*od.* plunge) *s.th.* in, immerse. **2.** (*Brot etc*) dip (*od.* steep, sop, *Am. a.* dunk) *s.th.* in. **II** *v/i* ⟨**sein**⟩ **3.** *Schwimmer*: dive in, plunge in. **4.** *Ruder etc*: dip into the water. **5.** *U-Boot*: dive. **≈ˌtauchˌschmie·rung** *f tech.* flood (*od.* splash) lubrication.

ˈEin|ˌtausch *m* **1.** exchange, *colloq.* swap, swop, *bes. im Tauschhandel*: barter, truck, *Am.* trading; **im ~ gegen** in exchange for, in return for. **2.** *von Geld*: (ex)change. **≈ˌtau·schen** *v/t* ⟨*sep*, **-ge-**, **h**⟩ **1.** (*Ware etc*) exchange, *colloq.* swap, swop, *bes. im Tauschhandel*: barter, truck; **et. für** (*od.* **gegen**) **et. ~** exchange s.th. for s.th., take (*od.* get) s.th. (in exchange) for s.th. **2.** (*Geldschein etc*) (ex)change. **3.** (*in Zahlung geben*) trade *s.th.* in (**gegen** for).

ˈeinˈtau·send *adj* one (*od.* a) thousand.

ˈein|ˌtei·len I *v/t* ⟨*sep*, **-ge-**, **h**⟩ **1.** divide, arrange; **et. in Gruppen ~** divide s.th. into groups, group s.th.; **et. in** (*od.* **nach**) **Arten ~** divide (*od.* classify, class) s.th. into species. **2.** *nach Begabung, Altersstufen etc*: class, grade, rate (according to). **3.** (*Geld*) budget, manage, husband, plan; **sein Geld einzuteilen wissen** know how to budget one's money, be a good manager. **4.** (*Vorräte*) a) plan (out), divide up, b) (*sparen mit*) use *s.th.* economically, be sparing of *s.th.* **5.** (*Zeit, Tag, Arbeit etc*) plan out, organize, divide up, arrange; **er kann s-e Zeit gut ~** he organizes his time well, he makes good use of his time. **6.** *phys. tech.* (*in Grade etc*) graduate. **7.** *bes. mil. od. Sport*: (**zu**) detail (for), assign (to). **II** *v/i* **8.** budget (one's money), manage (one's money); (**gut**) **~ können** → 3; **sehr ~ müssen** have to count one's pennies carefully. **III ≈** *n* ⟨**-s**⟩ **9.** dividing (*etc*); → *a.* **Einteilung** 2–8. **~ˌtei·lig** *adj Badeanzug etc*: one-piece. **≈ˌtei·lung** *f* ⟨**-**; **-en**⟩ **1.** → **einteilen** III. **2.** division (**in** *acc* into); → *a.* **Unterteilung. 3.** (*Anordnung*) arrangement. **4.** *nach Klassen*: classification (**in** *acc* into). **5.** a) planning, scheduling (*of work*, one's time, *etc*), b) plan, schedule; system; **er hat k-e ~** he lacks system (*cf.* 7). **6.** organization, arrangement. **7.** *von Geld*: management; **e-e gute ~ haben** → **einteilen** 3. **8.** *tech.* graduation, scale.

ˈEin·tel *n, Swiss meist m* ⟨**-s**; **-**⟩ *math.* one part, unit; **ein** (**zwei**) **~** one (two) over one.

ˈeinˌtö·nig [-ˌtøːnɪç] *adj* **1.** *allg.* monotonous (*speech, landscape, etc*); *Stimme*: *a.* droning; *Arbeit, Leben etc*: *a.* humdrum, dull, uniform, tedious. **2.** *mus.* monotonic. **≈keit** *f* ⟨**-**; *no pl*⟩ **1.** monotony; *fig. a.* humdrum, uniformity, sameness, tediousness. **2.** *mus.* monotone.

ˈEin|ˌton·ner [-ˌtɔnər] *m* ⟨**-s**; **-**⟩ *mot.* one-ton lorry (*Am.* truck), one-tonner. **~ˌtopf** *m* ⟨**-(e)s**; *no pl*⟩ → **Eintopfgericht. ≈ˌtop·fen** *v/t* ⟨*sep*, **-ge-**, **h**⟩ *hort.* pot. **~ˌtopf·geˌricht** *n gastr.* hot pot, stew, pot-au-feu.

ˈEinˌtracht *f* ⟨**-**; *no pl*⟩ harmony, concord, unity, peace; **in ~ leben** live in harmony (*od.* peace); **~ macht stark** (*Sprichwort*) unity is strength. **ˈeinˌträch·tig I** *adj* harmonious, united, peaceful. **II** *adv* harmoniously, in harmony. **ˈEinˌträch·tig·keit** *f* ⟨**-**; *no pl*⟩ → **Eintracht.**

ˈEinˌtrag *m* ⟨**-(e)s**; **≈e**⟩ **1.** *allg., a. econ.* entry, (*Buchungsposten*) *a.* item, *adm. a.* registration; **e-n ~ machen** make an entry (in a book); *jur.* **~ ins Strafregister** entry in the criminal records. **2.** ⟨*only sg*⟩ *fig.* a) **j-m ~ tun** be detrimental (*od.* injurious, prejudicial) to s.o., do harm (*od.* damage) to s.o., b) **e-r Sache ~ tun** → **beeinträchtigen. 3.** *ped.* **~** (**ins Klassenbuch**) black mark. **4.** *Textil.* woof, weft, filling. **ˈeinˌtra·gen I** *v/t* ⟨*irr*, *sep*, **-ge-**, **h**⟩ **1.** enter, make an entry of, put (*od.* write) *s.th.* down, record; **et. in e-e Liste ~** enter s.th. in (*od.* on) a list, put s.th. on a list, list s.th. **2.** *econ.* (*buchen*) book, enter, post. **3.** *als Mitglied*: enrol(l) *s.o.* (as a member). **4.** *in Dokumente etc*: record, (enter *s.th.* in a) register; **die Geburt e-s Kindes ~ lassen** have a child's birth registered, register (*od.* record) a child's birth; **sich ~ lassen** (**bei**) register (with), have one's name put down (*od.* entered), *als Mitglied*: enrol(l) (with); **e-e Gesellschaft** (**ins Handelsregister**) **~ lassen** register a company (in the Commercial Register), incorporate a company; → **eingetragen** 1. **5.** *fig.* → **einbringen** 8, 9. **6.** *fig.* **j-m et.** (*Lob etc*) **~** earn (*od.* get, gain, win, bring) s.o. s.th.; **das hat ihm den Haß s-r Kollegen eingetragen** by this he incurred the hatred of his colleagues; **das hat ihm die Feindschaft vieler eingetragen** that made him many enemies; → *a.* **einbringen** 8. **7.** *math. in Koordinatensystem etc*: plot. **8.** *jur. in Geschworenenliste*: impanel. **9.** *Weberei*: **den Schuß ~** pick. **II** *v/reflex* **sich ~ 10.** register, enrol(l), put o.s. down, register (*od.* enrol[l]) o.s., enter one's name; **sich** (**im Gästebuch e-s Hotels**) **~** sign the (hotel) register, *Am.* check in; **sich in e-e Liste ~** enter one's name in a list, put one's name on a list; **er hat sich in die Liste ~ lassen** he had his name put on the list.

ˈeinˌträg·lich [-ˌtrɛːklɪç] *adj* **1.** (*gewinnbringend*) profitable, lucrative, remunerative, paying. **2.** (*lohnend*) rewarding, worthwhile. **≈keit** *f* ⟨**-**; *no pl*⟩ profitableness, lucrativeness, remunerativeness.

ˈEinˌtra·gung *f* ⟨**-**; **-en**⟩ **1.** → **Eintrag** 1. **2.** *e-s Mitglieds*: enrol(l)ment. **3.** registration (*of mortgage, trademark, etc*); **~ e-r Hypothek** registration of a mortgage; **~ ins Handelsregister** registration in the Commercial Register, incorporation. **4.** (*Einfügung*) insertion.

ˈEinˌtra·gungs|geˌbühr *f* registration fee. **≈ˌpflich·tig** *adj* subject to registration.

ˈein|ˌträn·ken *v/t* ⟨*sep*, **-ge-**, **h**⟩ *fig. colloq.* **j-m et. ~** pay s.o. back (*bes. Br.* out), make s.o. pay for s.th., get even with s.o. for s.th. **~ˌträu·feln** *v/t* ⟨*sep*, **-ge-**, **h**⟩ (**in** *acc* into) instil(l), pour *s.th.* in drops; **Borwasser in j-s Augen ~** put a few drops of boric acid in s.o.'s eyes. **~ˌtref·fen I** *v/i* ⟨*irr*, *sep*, **-ge-**, **sein**⟩ **1.** *allg.* arrive (**in** *dat*, **an** *dat* at), come; *Postsache*: *a.* come to hand; **bei j-m ~** *Person*: arrive at s.o.'s house (*etc*), *Sache*: *a.* reach s.o.; **am verabredeten Ort ~** arrive at (*od.* reach) the appointed place; **soeben eingetroffen!** just arrived! **2.** *fig. Prophezeiung etc*: come true, be fulfilled; (*geschehen*) happen, *lit.* come to pass; **m-e Befürchtungen trafen ein** my fears proved (*od.* came) true. **3.** *Sport*: come in; **als erster** (**dritter**) **~** come in first (third). **II ≈** *n* ⟨**-s**⟩ **4.** (**bei m-m ≈** on my) arrival. **5.** *fig.* coming true, fulfil(l)ment, happening, arrival.

ˈeinˌtreib·bar *adj econ. jur. Gelder, Steuern*: collectible, *a. Forderungen*: recoverable. **ˈeinˌtrei·ben** *v/t* ⟨*irr*, *sep*, **-ge-**, **h**⟩ **1.** (*Vieh etc*) drive (*cattle*) in (*od.* home). **2.** (*Keile etc*) drive *s.th.* (in) (*od.* home), knock *s.th.* in. **3.** *econ. jur.* a) (*Gelder, Steuern*) collect, b) (*Forderung, Zahlung etc*) recover, enforce. **ˈEinˌtrei·bung** *f* ⟨**-**; **-en**⟩ *econ.* recovery, collection.

ˈeinˌtre·ten I *v/i* ⟨*irr*, *sep*, **-ge-**, **sein**⟩ **1.** enter, walk (*od.* go, step, come) in; **in ein Zimmer ~** enter a room; **bitte treten Sie ein!** come in, please! **2.** *Sache*: enter, pass in; **die Rakete ist in die Umlaufbahn eingetreten** the rocket has entered the intended orbit; **die Flut tritt ein** the tide comes in; **die Kugel trat ins Herz ein** the bullet entered the heart. **3.** *fig.* (*beginnen*) enter; **sie trat in ihr 30. Lebensjahr ein** she entered (upon) her 30th year; **in Verhandlungen ~** open (*od.* enter into) negotiations. **4.** *fig. Kälte etc*: set in; *Dunkelheit, Stillschweigen*: *a.* fall. **5.** *fig.* a) (*geschehen, sich ereignen*) happen, take place, occur, ensue, arise, supervene, be forthcoming, *jur.* accrue, arise, b) (*sich erfüllen*) → **eintreffen** 2; **unerwartet** (*od.* **plötzlich**) **~** intervene, *colloq.* turn (*od.* crop) up; **es kann der Fall** (**die Notwendigkeit**) **~, daß** it may happen (be necessary) that; **sollten Schwierigkeiten ~** if difficulties should arise, in case of difficulties; **leider ist noch k-e Besserung bei dem Patienten eingetreten** unfortunately the patient has shown no improvement as yet; **der Tod trat** (**bei ihm**) **um elf Uhr ein** death occurred at eleven o'clock, he died at eleven; **der Tod trat sofort ein** death was instantaneous; *jur.* **zum Zeitpunkt, als der Klagegrund eintrat** at the time (when) the cause of action arose (*od.* accrued). **6.** *fig. a.* **~ in** (*acc*) (*beitreten*) join, enter (*a club, firm, etc*); **ins politische Leben ~** enter politics; **in e-e Laufbahn ~** enter a career; **in den Krieg ~** enter the war; **in das Heer ~** join (*od.* enter, enlist in) the army, join up. **7. für j-n ~** a) → **einspringen** 1, b) (*verteidigen*) stand up (*od.* intercede, plead, speak up, *colloq.* stick up) for s.o., take s.o.'s part (*od.* side), support s.o.; **bei j-m für j-n ~** intercede (*od.* plead) with s.o. for s.o., plead s.o.'s cause with s.o. **8. für et. ~** a) stand up (*od.* plead, speak up) for s.th., support s.th., break a lance for s.th., advocate (*od.* champion) s.th., *empfehlend*: recommend s.th., b) (*für Schaden etc*) be liable (*od.* answer, assume liability) for s.th.; **für e-n Grundsatz ~** champion (*od.* stand up for) a principle. **9.** *jur.* **in j-s Rechte** (**Verbindlichkeiten**) **~** enter into (*od.* succeed to) s.o.'s rights (obligations); **in die Verhandlung ~** open the proceedings. **II** *v/t* ⟨**h**⟩ **10.** (*Schuhe*) break (*shoes*) in. **11.** (*Tür etc*) kick *s.th.* in, crash. **12.** (*Gras etc*) tread (*od.* trample) *s.th.* in. **13. sich** (*dat*) **et.** (**in den Fuß**) **~** run s.th. into one's foot. **III ≈** *n* ⟨**-s**⟩ **14.** entering (*etc*); → **Eintritt** 1, 2, 4–8. **ˈeinˌtre·ten·denˈfalls** *adv adm.* should the case arise.

ˈeinˌtrich·tern *v/t* ⟨*sep*, **-ge-**, **h**⟩ **1.** → **einflößen** 1. **2.** *fig. colloq.* **j-m et. ~** drum (*od.* pound, hammer) s.th. into s.o.('s head), cram s.th. into s.o.

ˈEinˌtritt *m* **1.** (**in** *acc* into) entry,

entrance; **beim ~ ins Zimmer** on entering the room; **„~ verboten!“** “no admittance (*od.* entry)!”, “keep out!”; *fig. pol.* **~ in e-n Krieg (in Verhandlungen)** entry (*od.* entering) into a war (negotiations). **2.** *e-r Sache*: entry (*of bullet, rocket, planet, etc*). **3.** a) entrance, admission, b) → **Eintrittsgebühr**; **~ frei!** admission free!; **~ verlangen** charge admission. **4.** (*Beginn*) beginning, commencement; *von Wetter, Winter, e-r Krankheit etc*: setting in, *stärker*: onset; **nach ~ der Dunkelheit** after dark; **bei ~ der Dunkelheit** when it gets dark, at nightfall; **vor ~ des Tauwetters** before the thaw (sets in). **5.** *e-s Umstandes etc*: happening, arising, occurrence, *bes. jur.* accrual; *des Todes*: occurring; **bei ~ völliger Taubheit** upon the occurrence of complete deafness; *jur.* **bei ~ e-r Bedingung (e-s Umstandes)** upon the happening of a contingency (an event); **bei ~ des Erbfalles** upon the testator’s death, upon devolution of the estate. **6.** (*Beitritt*) entry, entrance (**in** *acc* into *a club, etc*), (*s.o.’s*) joining (*s.th.*). **7.** *jur.* a) (**in** *j-s Rechte etc*) entry (into), succession (to), b) **~ in die (gerichtliche) Verhandlung** opening of the proceedings.

ˈEinˌtritts|erˌlaub·nis *f* admission. **~geˌbühr** *f*, **~ˌgeld** *n* **1.** entrance (fee), admission (fee). **2.** *Sport*: gate(-money). **~ˌkan·te** *f aer.* leading edge. **~ˌkarte** *f* (admission) ticket. **~ˌöff·nung** *f tech.* intake orifice. **~ˌprä·mie** *f econ.* take-over premium. **~ˌpreis** *m* → **Eintrittsgebühr**. **~ˌrecht** *n jur.* representation.

ˈein|ˌtrock·nen I *v/i* <*sep*, -ge-, sein> **1.** dry up. **2.** (*einschrumpfen*) shrivel (up). **II** *v/t* <h> **3.** (*Nahrungsmittel etc*) dry, dehydrate. **~ˌtrom·meln** *colloq.* **I** *v/t* <*sep*, -ge-, h> → **eintrichtern** 2. **II** *v/i fig.* a) **auf j-n ~** pommel s.o., b) *mit Worten etc*: keep at s.o. **~ˌtröp·feln** *v/t* <*sep*, -ge-, h> → **einträufeln**. **~ˌtrü·ben** *v/reflex* <*sep*, -ge-, h> *meteor.* **sich ~** become cloudy (*od.* overcast), cloud over. **2ˌtrü·bung** *f* <-; -en> (onset of) cloudiness. **~ˌtru·deln** *v/i* <*sep*, -ge-, sein> *colloq.* turn up. **~ˌtun·ken** *v/t* <*sep*, -ge-, h> *dial. for* **eintauchen** 2. **~ˌüben** *v/t* <*sep*, -ge-, h> **1.** (*Lied, Rolle etc*) practise, learn, study, get up; **sich** (*dat*) **et. ~** practise s.th., teach o.s. s.th. **2.** (*Mannschaft, Schüler etc*) train, coach. **3.** *colloq.* **j-m et. ~** teach s.o. s.th., coach s.o. in s.th. **2ˌübung** *f* <-; *no pl*> **1.** practising (*etc*). **2.** practice, study, systematic exercise.

ˈEin- ˌund ˈAusˌrückˌkupp·lung *f tech.* clutch (coupling).

ˈeinˌundˌeinˈhalb *adj* → **eineinhalb**.

ˈEi·nung *f* <-; -en> *obs. for* **Einigung**.

ˈein·verˌlei·ben *v/t* <*sep*, *no* -ge-, h> **1.** (*Territorium etc*) (*dat od.* **in** *acc*) incorporate (in, with), *bes. feindlich*: annex (to). **2.** (*Sache etc*) (*dat*) incorporate (in, with), *weitS.* add (*book, etc*) (to *one’s library, etc*). **3.** *colloq.* **sich** (*dat*) **et. ~** (*essen, trinken*) get outside of s.th., put s.th. inside one, down s.th. **ˈein·verˌlei·bend** *adj ling. Sprache*: polysynthetic, incorporating. **ˈEin·verˌlei·bung** *f* <-; -en> **1.** *e-s Territoriums etc*: incorporation, annexation. **2.** *e-s Buches etc*: addition, inclusion. **3.** *colloq.* consumption.

ˈEin|verˌnah·me *f* <-; -n> *jur.* interrogation, *bes. von Zeugen*: examination. **2verˌneh·men** *v/t* <*irr, sep, no* -ge-, h> interrogate, (*bes. Zeugen*) examine. **~verˌneh·men** *n* <-s; *no pl*> **1.** understanding, agreement, harmony, concord; **gutes (stillschweigendes) ~** good (tacit) understanding; **in gutem (bestem) ~ mit j-m stehen** be on good (the best of) terms with s.o.; **in gegenseitigem ~** by mutual agreement; *pol.* **gutes ~ der Nationen** comity of nations. **2.** *adm.* **sich mit j-m ins ~ setzen** come to terms (*od.* an understanding, an agreement) with s.o. **2verˌnehm·lich** *adj u. adv* in mutual agreement (**mit** with), *adj a.* joint, mutual.

ˈein|verˌstan·den *adj* <*pred*> **~ sein** agree, be agreeable, consent; **mit et. ~ sein** agree to (*od.* consent to, approve of) s.th., be agreeable to s.th.; **mit j-m ~ sein** a) (*j-m beipflichten*) agree (*od.* be in agreement) with s.o., b) (*j-n anerkennen*) approve of s.o.; **nicht ~ sein (mit)** disagree (with *s.th.*), disapprove (of *s.th. od. s.o.*); **sich mit et. ~ erklären** consent (*od.* assent) to s.th.; **wir sind damit ~, daß** we are agreed (*od.* in agreement) that; **~!** agreed!, done!, *colloq.* O.K.!, okay!; **~?** *a.* do you agree? **~verˌständ·lich** *adj u. adv Austrian adm.* by mutual consent. **2verˌständ·nis** *n* <-ses; *no pl*> **1.** (**zu**) assent (to), agreement (to), consent (to), approval (of); **im ~ mit j-m handeln** act by agreement with s.o.; **j-s ~ einholen** obtain s.o.’s consent; **sein ~ erklären** (give one’s) consent. **2.** → **Einvernehmen** 1. **3.** *jur.* a) (previous) consent, b) (*nachträgliche Billigung*) approval; **geheimes** (*od.* **strafbares**) **~** collusion, connivance; **stillschweigendes ~** tacit understanding; **im geheimen ~ handeln** act in collusion; **in geheimem ~ mit j-m stehen** connive with s.o.; **~erklärung** *f* declaration of consent.

ˈein|ˌwach·sen[1] *v/t* <*sep*, -ge-, h> wax(-polish), polish, apply wax to. **~ˌwach·sen**[2] *v/i* <*irr, sep*, -ge-, sein> *Fingernagel etc*: grow in(to **in** *acc*). **~ˌwä·gen** *v/t* <*irr, sep*, -ge-, h> *chem.* weigh in.

ˈEinˌwand *m* <-(e)s; ⸚e> **1.** (**gegen**) objection (to), argument (against); (**gegen et.**) **Einwände erheben** (*od.* **vorbringen, machen**) raise (*od.* make) objections (to s.th.), object (to s.th.), argue (against s.th.); **ich habe k-e Einwände** I have no objections; **ohne Einwände** without objection. **2.** *jur.* objection (in law), plea (in bar), defen/ce (*Am.* -se).

ˈEin|ˌwan·de·rer *m* <-s; -> immigrant. **2ˌwan·dern** *v/i* <*sep*, -ge-, sein> (**in** *acc* to) **1.** immigrate. **2.** *Völker, Tiere etc*: migrate. **2ˌwan·dernd** *adj* **1.** immigrant. **2.** migrant. **~ˌwan·de·rung** *f* <-; -en> **1.** immigration. **2.** *von Völkern, Tieren etc*: migration. **~ˌwan·de·rungs...** *in Zssgn* immigration (*country, quota, etc*); **~verbot** *n* ban on immigration.

ˈeinˌwandˌfrei I *adj* **1.** unobjectionable; (*fehlerfrei, vollkommen*) perfect, faultless, flawless, sound; **in ~em Zustand** in perfect condition; **sein Deutsch ist ~** his German is perfect (*od.* flawless); **ein ~es Alibi haben** have a perfect alibi; *fig. colloq.* **er (es) ist nicht ganz ~** he (it) is a bit shady (*od.* dubious). **2.** *Benehmen etc*: blameless, irreproachable, impeccable, *a. Leumund, Vergangenheit etc*: spotless, unblemished. **3.** *Beweisführung etc*: incontestable, undeniable, unassailable. **4.** *Gemüse, Eier etc*: fresh, good. **II** *adv* **5.** perfectly, faultlessly (*etc*); **er hat sich ~ benommen** he behaved irreproachably. **6.** (*unbestreitbar*) undoubtedly, undeniably, clearly (*the best, etc*); **~ bewiesen** proven beyond a shadow of doubt; → **feststehen**.

ˈeinˌwärts *adv* inward(s). **~ˌbie·gen** *v/t* <*irr, sep*, -ge-, h> bend *s.th.* inward(s). **~ˌge·hen** *v/i* <*irr, sep*, -ge-, sein> walk with one’s toes turned in, walk pigeon-toed. **2ˌschie·len** *n med.* convergent squint.

ˈein|ˌwäs·sern *v/t* <*sep*, -ge-, h> *gastr.* soak, steep. **~ˌwe·ben** *v/t* <*a. irr, sep*, -ge-, h> *a. lit. fig.* weave (*od.* work) *s.th.* in(to **in** *acc*). **~ˌwech·seln I** *v/t* <*sep*, -ge-, h> **1.** *econ.* (*Geld, Devisen etc*) (ex)change (**gegen** for). **2.** *econ.* (*Scheck etc*) cash. **3.** → **eintauschen**. **II** *v/i* <sein> **4.** *hunt.* move. **2ˌwech·se·lung, 2ˌwechs·lung** *f* <-; *no pl*> *econ.* **1.** (ex)changing. **2.** (ex)change.

ˈEinˌweck... *in Zssgn* → **Einmach** ...; **~apparat** *m* sterilizing apparatus, sterilizer. **ˈeinˌwecken** (*getr.* -k·k-) *v/t* <*sep*, -ge-, h> → **einmachen**.

ˈEinˌweg|ˌbahn *f rail.* monorail. **~ˌfla·sche** *f econ.* non-returnable (*Am. a.* nondeposit *od.* no-return) bottle. **~ˌgleichˌrich·ter** *m electr.* half-wave rectifier. **~ˌhahn** *m tech.* one-way cock. **~ˌschal·ter** *m electr.* one-way switch.

ˈeinˌwei·big [-ˌvaɪbɪç] *adj bot.* monogynous.

ˈeinˌwei·chen *v/t* <*sep*, -ge-, h> **1.** (*Brot, Wäsche etc*) soak, steep. **2.** *tech.* water. **3.** *chem.* digest, macerate. **4.** (*Flachs etc*) ret. **5.** *fig. colloq.* (*durchnässen*) soak.

ˈeinˌwei·hen *v/t* <*sep*, -ge-, h> **1.** (*Brücke, Straße etc*) inaugurate, (officially) open, *bes. Am.* dedicate; **e-e Wohnung ~** give a housewarming (party). **2.** *relig.* consecrate. **3.** *fig. colloq.* use (*od.* wear) *s.th.* for the first time, break in, *colloq.* christen (*dress, etc*). **4.** *fig.* **j-n ~** initiate s.o. (**in** *acc* into), **in ein Geheimnis**: *a. colloq.* let s.o. in on a secret; **wir sollten ihn ~** we should tell him (*od. colloq.* let him in on it); → **eingeweiht**. **ˈEinˌwei·hung** *f* <-; -en> **1.** inauguration, (formal) opening, *bes. Am.* dedication. **2.** *relig.* consecration. **3.** *fig.* initiation (**in** *acc* in, into).

ˈEinˌwei·hungs|ˌfei·er(·lich·keit) *f* **1.** inaugural (*bes. Am.* dedication) ceremony. **2.** *relig.* consecration (ceremony). **~ˌre·de** *f* inaugural address.

ˈeinˌwei·sen *v/t* <*irr, sep*, -ge-, h> (**in** *acc*) **1.** (*in Heim, Heilanstalt, Lager etc*) put (in), send (*jur.* commit) (to); **j-n (in ein Krankenhaus) ~** send (*od.* refer) s.o. to a hospital; **j-n in e-e Wohnung ~** assign a flat to s.o.; → *a.* **einliefern** 1. **2.** (*feierlich einführen*) instal(l) *s.o.* (in *his new office, etc*). **3.** **j-n** (**in** *e-e Materie*) **~** introduce s.o. (to), instruct s.o. (in), brief s.o. (in), *colloq.* cue s.o. in (on). **4.** (*Fahrer, Fahrzeug*) guide (into), direct (into *a parking space, etc*). **5.** (*Flugzeug*) *mittels Radar od. Funk*: vector (into). **6.** *jur.* **j-n in den Besitz e-r Sache ~** vest (the possession of) s.th. in s.o. **ˈEinˌwei·sung** *f* <-; -en> (**in** *acc*) **1.** (*in e-e Anstalt etc*) *bes. jur.* committal (to); **~ in e-e Wohnung** assignment of a flat (*to s.o.*). **2.** (*in ein Amt*) installation (in). **3.** directing, direction, guiding. **4.** (*Unterrichtung*) instruction (in), initiation (in), introduction (to), briefing (in). **5.** → **Besitzeinweisung**.

ˈEinˌwei·sungs|beˌscheid *m jur.* vesting order. **~ˌflug** *m aer.* **1.** instruction flight. **2.** checkout flight. **~ˌschein** *m med.* referral slip (for hospitalization).

ˈeinˌwen·den *v/t* <*a. irr, sep*, -ge-, h> **1.** **et. ~ (gegen)** object (to), make (*od.* raise) an objection (to), oppose (*acc*), argue (against); **er hat nichts dagegen einzuwenden** he does not object to it, he has no objection to it, *weitS. a.* he doesn't mind; **dagegen läßt sich nichts** ∼ there is nothing to be said against it; **er wandte ein, daß** he objected (*od.* argued) that. **2.** answer, (say in) reply. **ˈEinˌwen·dung** *f* <-; -en> → Einwand.

ˈein|ˌwer·fen I *v/t* <*irr, sep,* -ge-, h> **1.** throw in (*a. Sport*). **2.** (*Brief etc*) post, *Am.* mail. **3.** (*Münzen*) insert, put in (*coins*). **4.** (*Fensterscheiben etc*) break, smash. **5.** *fig.* (*Bemerkungen etc*) interject, throw in. **6.** *fig.* (*einwenden*) object. **II** *v/i* **7.** *Sport*: throw in (the ball). **III** ≈ *n* <-s> **8.** throwing in (*etc*). **9.** → Einwurf 2, 3. ∼**ˌwer·tig** *adj* **1.** *chem.* a) monovalent, b) *Alkohol*: monohydric; ∼**es Atom** (*od.* **Element, Radikal**) monad. **2.** *math.* single-valued. ≈**ˌwer·tig·keit** *f* <-; -en> **1.** *chem.* monovalence. **2.** *math.* single valuedness. ∼**ˌwickeln** (*getr.* -k·k-) **I** *v/t* <*sep,* -ge-, h> **1.** wrap *s.th., s.o.* (up). **2.** (*Haare*) → **eindrehen** 3. **3.** *fig. colloq.* a) (*überlisten*) take *s.o.* in, get round *s.o.*, b) (*charmieren*) beguile, inveigle, c) *durch Schmeicheleien*: butter *s.o.* up, *sl.* soft-soap *s.o.*; **sie hat sich von ihm völlig** ∼ **lassen** she was completely taken in by him. **II** *v/reflex* **sich** ∼ **4.** wrap o.s. up. ≈**ˌwickel·paˌpier** (*getr.* -k·k-) *n* wrapping paper. ∼**ˌwie·gen** *v/t* <*sep,* -ge-, h> **1.** rock (*child*) to sleep. **2.** *fig.* lull. ∼**ˌwil·li·gen** [-ˌvɪlɪgən] *v/i* <*sep,* -ge-, h> **1.** (in *acc*) (give one's) consent, agree, assent, accede (*alle*: to), approve (of), acquiesce (in); (*in j-s Bedingungen*) *a.* accept (*s.o.'s terms*). **2.** ∼ **in** (*acc*) → **erlauben** 1. ≈**ˌwil·li·gung** *f* <-; -en> **1.** consent, agreement, assent, approval; **j-s** ∼ **einholen** obtain s.o.'s consent; **s-e** ∼ **geben (zu)** → **einwilligen** 1. **2.** (*Erlaubnis*) permission. **3.** *jur.* a) (previous) consent, b) authorization. ∼**ˌwin·ken** *v/t* <*sep,* -ge-, h> **1.** *aer.* (in *acc* to) signal, marshal(l *Am.*). **2.** → **einweisen** 4. ∼**ˌwin·tern** *v/t* <*sep,* -ge-, h> (*Kartoffeln etc*) put *s.th.* down for the winter.

ˈeinˌwir·ken I *v/i* <*sep,* -ge-, h> **1. auf j-n (et.)** ∼ a) act (up)on s.o. (s.th.), have an effect (up)on s.o. (s.th.), b) (*beeinflussen*) influence s.o. (s.th.), have (*od.* exercise, exert) an influence on s.o. (s.th.), c) (*angreifen*) affect s.o. (s.th.), d) *med. pharm.* act (*od.* operate) on s.o. (s.th.); **auf j-n** ∼ (*od.* **einzuwirken suchen**) work on s.o., bring one's influence to bear on s.o., try to persuade s.o.; **e-e Salbe (auf die Haut)** ∼ **lassen** allow the ointment to take effect (on the skin); **ungünstig auf et.** ∼ affect s.th. adversely, have an unfavo(u)rable effect on s.th.; **et. auf sich** ∼ **lassen** *a. fig.* let s.th. take effect on o.s., *Gedicht etc*: let *a poem* sink in. **2.** *chem.* ∼ **auf** (*acc*) a) attack, affect, b) interact with; **et. (auf et.)** ∼ **lassen** allow s.th. to react (with s.th.). **II** *v/t* **3.** *Textil.* weave *s.th.* in. **III** ≈ *n* <-s> **4.** acting (*etc*). **ˈEinˌwir·kung** *f* <-; -en> **1.** → **einwirken** III. **2.** (auf *acc* on) effect, action, impact. **3.** influence (**auf** *acc* on); **unter der** ∼ **von Alkohol** under the influence of alcohol. **4.** *chem. med. pharm. phys.* action, operation, effect.

ˈeinˌwö·chig [-ˌvœçɪç] *adj* one-week, one week's, of (*od.* lasting) one week.

ˈEinˌwoh·ner *m* <-s; -> inhabitant, resident, citizen, *pl a.* population *sg.* ∼**ˌmel·deˌamt** *n* (residents') registration office. ∼**schaft** *f* <-; *no pl*> inhabitants *pl*, (resident) population. ∼**ˌzahl** *f* number of inhabitants, population.

ˈEinˌwurf *m* **1.** *an Briefkästen etc*: slit; *an Automaten*: slot. **2.** (*Einwerfen*) insertion; „**nach** ∼ **von 2 Markstücken Kurbel drehen**" "insert 2 mark pieces and turn the handle". **3.** *Sport*: throw-in. **4.** *fig.* (*Einwand*) objection.

ˈeinˌwur·zeln *v/i* <*sep,* -ge-, sein> *u.* **sich** ∼ *v/reflex* <h> take root, *fig. a.* become deeply rooted; → **eingewurzelt**.

ˈEinˌzahl *f* <-; *no pl*> *ling.* singular (number); **in der** ∼ in the singular; **in die** ∼ **setzen** put in the singular.

ˈein|ˌzahl·bar *adj* payable. ∼**ˌzah·len** *v/t* <*sep,* -ge-, h> pay in, deposit (**bei der Bank** at the bank); **Geld (auf ein Konto)** ∼ pay money into an account; → **eingezahlt**. ≈**ˌzah·ler** *m* <-s; -> payer, depositor. ≈**ˌzah·lung** *f* <-; -en> **1.** paying in, payment. **2.** payment, deposit; **e-e** ∼ **machen** pay in (*od.* deposit) money, make a deposit; **e-e** ∼ **auf Aktien leisten** pay a call on shares; ∼**sbeleg** *m* pay(ing)-in (*od.* deposit) slip; ∼**sschein** *m* a) paying-in (*od.* deposit) slip, b) *Swiss for* **Zahlkarte**.

ˈein|ˌzäu·nen *v/t* <*sep,* -ge-, h> (*Wiese etc*) fence *s.th.* (in), enclose. ≈**ˌzäu·nung** *f* <-; -en> **1.** fencing in. **2.** (*Zaun*) fence, enclosure. ∼**ˌzeich·nen I** *v/t* <*sep,* -ge-, h> **1.** draw (*od.* sketch) *s.th.* in, (*Einzelheiten*) *a.* enter, put in, *bes. surv.* plot *s.th.* (on). **2.** *math.* a) (*Figur*) inscribe, b) (*Kurve etc*) plot; → *a.* **einschreiben** 3, **eintragen** 7. **II** *v/reflex* **sich** ∼ **3.** → **eintragen** 10. **III** ≈ *n* <-s> **4.** drawing in (*etc*). **5.** → **Einzeichnung**. ≈**ˌzeich·nung** *f* <-; *no pl*> **1.** → **einzeichnen** 4. **2.** entry, insertion. **3.** *math.* inscription. ≈**ˌzei·ler** [-ˌtsaɪlər] *m* <-s; -> *metr.* monostich. ∼**ˌzei·lig** [-ˌtsaɪlɪç] *adj* **1.** one-line, single-line. **2.** *Schreibmaschinentext*: single-spaced. **3.** *metr.* monostich.

Ein·zel [ˈaɪntsəl] *n* <-s; -> *Tennis*: single(s *pl*); **ein** ∼ **spielen** play singles. ∼**ˌabˌteil** *n rail.* single compartment. ∼**akˌkord** *m econ.* individual contract work. ∼**ˌanˌfer·ti·gung** *f* **1.** single-part production, single-piece work. **2.** (*Sonderanfertigung*) special (*od.* individual) construction (*od.* design). ∼**ˌanˌga·be** *f* specification, detail; *pl* particulars, (isolated) data. ∼**ˌanˌtrieb** *m tech.* separate drive. ∼**ˌaufˌhän·gung** *f mot.* independent suspension. ∼**ˌaufˌnah·me** *f phot.* **1.** (*Bild*) single frame. **2.** (*Vorgang*) single-frame exposure. ∼**ˌaufˌstel·lung** *f econ.* specification, *Am. a.* itemized schedule, itemization. ∼**ˌaufˌzäh·lung** *f* detailed enumeration, *bes. Am.* itemization. ∼**ˌausˌga·be** *f* (*Buch*) separate edition. ∼**ˌband** *m* <-(e)s; ∸e> single volume. ∼**ˌbeiˌspiel** *n* **1.** individual example. **2.** (*Einzelfall*) isolated instance (*od.* case). ∼**beˌra·tung** *f pol.* discussion (*od.* consideration) in committees; **in** ∼**(en) eintreten** go into committee. ∼**beˌtrag** *m econ.* (single) item, single amount. ∼**beˌtrieb** *m econ.* individual firm (*od.* enterprise, *agr.* farm). ∼**ˌbett** *n* single bed. ∼**beˌwer·tung** *f* individual valuation (*etc*; *cf.* **Bewertung**). ∼**ˌbild** *n Film*: single frame (*od.* picture). ∼**erˌschei·nung** *f* isolated phenomenon (*od.* instance, case). ∼**ˌfall** *m* **1.** individual (*od.* particular, special) case (*od.* instance); **im** ∼ in particular (*od.* special) cases. **2.** (*vereinzelter Fall*) isolated case (*od.* instance). ∼**ˌfer·ti·gung** *f* → **Einzelanfertigung** 1. ∼**ˌfeu·er** *n mil.* **1.** independent fire. **2.** *mit Maschinengewehr*: single(-shot) fire. ∼**ˌfir·ma** *f econ.* single firm (*od.* concern), sole trader. ∼**ˌgän·ger** [-ˌgɛŋər] *m* <-s; -> **1.** *colloq.* lone wolf, loner. **2.** *hunt.* rogue. ≈**ˌgän·ge·risch** *adj* solitary, lone. ∼**ˌgän·ger·tum** *n* <-s; *no pl*> *colloq.* lone wolfing. ∼**ˌhaft** *f jur.* solitary confinement. ∼**ˌhan·del** *m econ.* retail trade; **nur im** ∼ **erhältlich** to be had only from retailers (*od.* by [*Am.* at] retail). ∼**ˌhan·dels·geˌschäft** *n econ.* **1.** (*Laden*) retail shop (*od.* store); → *a.* **Einzelhändler**. **2.** retail business. ∼**ˌhan·delsˌpreis** *m* retail price. ∼**ˌhänd·ler** *m econ.* retailer, retail dealer; **wir verkaufen an** ∼ we sell to the trade. ∼**ˌhaus** *n* detached house.

ˈEin·zel·heit *f* <-; -en> *meist pl* detail, particular, (particular) point, item; **ausführliche** ∼**en** full particulars; **technische** ∼**en** technical details (*od.* data); **bis in die** (*od.* **zu den**) **kleinsten** ∼**en** down to the smallest (*od.* last) detail; **in allen** ∼**en** in (every) detail; **nähere** (*od.* **weitere**) ∼**en erfahren Sie bei** (*od.* **von**) for further particulars please apply to, *kurz*: further particulars from; **auf** ∼**en eingehen** go (*od.* enter) into details; **der Redner verlor sich in** ∼**en** the speaker got lost (*od.* bogged down) in details.

ˈEin·zel|ˌhof *m agr.* solitary (*od.* isolated) farm. ∼**kaˌbi·ne** *f* **1.** *mar.* single(-bed) cabin. **2.** *zum Umziehen*: private cabin (*od.* cubicle). ∼**ˌkampf** *m* **1.** *mil.* single combat, hand-to-hand fighting. **2.** *aer. mil. colloq.* dogfight. **3.** *Sport*: individual contest (*od.* event). ∼**ˌkauf·mann** *m* sole trader. ∼**ˌkind** *n* only child. ∼**ˌko·sten** *pl econ.* itemized costs. ∼**ˌle·ben** *n* **1.** individual life. **2.** solitary life. ∼**ˌlei·stung** *f Sport, thea. etc*: individual performance. ∼**ˌlen·kung** *f mot. der Räder*: duplicated steering.

ˈEinˌzel·ler [-ˌtsɛlər] *m* <-s; -> **1.** *biol.* unicellular organism, protist, monad; **die** ∼ the Protista. **2.** *zo.* protozoon; **die** ∼ the Protozoa. **ˈeinˌzel·lig** [-ˌtsɛlɪç] *adj biol.* one-celled, unicellular.

ˈEin·zel|ˌlohn *m econ.* individual wage. ∼**ˌmensch** *m* individual.

ˈein·zeln I *adj* **1.** single, individual, separate; **ein** ∼**es Haus** a single (*od.* solitary, isolated) house, a house standing alone (*od.* by itself); **jedes** ∼**e Haus** each single house; **der** ∼**e Mensch** the individual (man); **die** ∼**en Mitgliedstaaten** the individual (*od.* various) member states; **die** ∼**en Teile** a) the several parts, b) *tech.* the component parts. **2.** (*besonder*) particular, special (*circumstances*). **3.** *Strumpf etc*: single, odd; **ein** ∼**er Schuh** an odd shoe. **4.** ∼**e** *pl* several, a few, some; ∼**e Mitglieder waren dagegen** several members were against it. **II** *adv* **5.** singly, individually, separately, one by one; ∼ **eintreten** enter one at a time (*od.* one by one); **die Teilhaber haften** ∼ the partners are individually responsible; ∼ **angeben** (*od.* **aufführen**), particularize, specify, *bes. Am.* itemize.

ˈEin·zel·ne[1], **das** <-n; *no pl*> **1.** the particular; **vom Allgemeinen zum** ∼**n übergehen** pass from the general to the particular. **2.** *mit Kleinschreibung*: **das einzelne** the detail(s *pl*), the particular(s *pl*); **im einzelnen** a) in detail, b) (*im besonderen*) in particular; **bis ins einzelne** in every detail, down to the smallest (*od.* last) detail(s); **ins einzelne gehen** go into details (*od.* particulars); **e-e bis ins einzelne gehende Beschreibung** a detailed description; **einzelnes in diesem Bericht** some points (*od.* things, parts) in the report.

ˈ**Ein·zel·ne**[2], *meist* ˈ**ein·zel·ne** *m, f* ⟨-n; -n⟩ individual; **der einzelne und die Gesamtheit** the individual and the whole; **jeder einzelne** each one, *stärker*: each and every one, every single one, *colloq.* every maniack; **einzelne** a few (*od.* some) (people).

ˈ**Ein·zel|per,son,** **~per,sön·lich·keit** *f* individual (person). **~,po·sten** *m econ.* (single) item. **~,preis** *m* price per unit. **~pro,ku·ra** *f* single (*od.* sole) power of procuration. **~,rad,an,trieb** *m mot.* individual wheel drive. **~,rad,auf,hän·gung** *f* independent wheel suspension. **~,rich·ter** *m jur.* judge sitting singly; **der Amtsrichter als ~** the judge of an "Amtsgericht" sitting singly. **~,spiel** *n* → **Einzel**. **~,staat** *m pol.* constituent (*od.* member) state. **≈,staat·lich** *adj* → **souverän** 1. **~,start** *m Sport*: individual start. **≈,ste·hend** *adj* isolated; *Gebäude*: *a.* detached; (*verstreut*) scattered. **~,stück** *n* **1.** single (*od.* odd) piece (*od.* item). **2.** (*einziges Stück*) unique piece, the only one existing. **~,tä·ter** *m jur.* single offender. **~,teil** *n tech.* **1.** component (part), single (*od.* individual) part. **2.** (*Einzelstück*) single part. **3.** (*Ersatzteil*) spare part. **~,übung** *f Sport*: individual exercise. **~,un·ter,neh·men** *n* → **Einzelfirma**. **~,un·ter,neh·mer** *m* individual entrepreneur, sole trader (*od.* proprietor). **~,un·ter,richt** *m ped.* individual instruction (*od.* tuition). **~ver,kauf** *m econ.* retail sale; **im ~** by (*Am.* at) retail. **~ver,kaufs,preis** *m* retail (*od.* selling) price. **~ver,packung** (*getr.* **-k·k-**) *f econ.* individual (*od.* unit) packing. **~,wer·bung** *f econ.* direct advertising. **~,wer·tung** *f Sport*: individual classification. **~,we·sen** *n* individual (being). **~,wett·be,werb** *m Sport*: individual contest (*od.* event). **~,wirt·schaft** *f econ.* (system of) private enterprise. **~,zeich·nung** *f* detail drawing. **~,zel·le** *f* **1.** *biol.* single cell. **2.** *jur. im Gefängnis*: solitary cell. **~,ziel** *n mil.* point target. **~,zim·mer** *n* **1.** single room. **2.** *im Hotel*: single (*od.* one-bed) room. **3.** *im Krankenhaus*: private room.

ˈ**ein·ze·men,tie·ren** *v/t* ⟨*sep, no* **-ge-**, **h**⟩ *tech.* **1.** cement *s.th.* in. **2.** (*Schrauben etc*) grout *s.th.* in.

ˈ**ein|,zieh·bar** *adj* **1.** *aer. Fahrgestell*: retractable. **2.** *Krallen etc*: retractile. **3.** *jur.* a) (*pfändbar*) seizable, distrainable, b) (*verwirkbar*) forfeitable. **4.** *econ.* a) *Geld*: collectible, b) *Außenstände*: recoverable, c) (*einlösbar*) redeemable. **~,zie·hen I** *v/t* ⟨*irr, sep,* **-ge-**, **h**⟩ **1.** draw (*od.* pull) *s.th.* in, retract; *aer.* **das Fahrgestell ~** retract the landing gear; **die Krallen ~** draw in (*od.* retract, sheathe) one's claws; **zieht die Köpfe ein!** mind your heads!, duck!; **den Bauch ~** draw (*od.* pull) in one's stomach; → **Horn, Schwanz**. **2.** (*Fahne etc*) haul (*flag, etc*) down, strike. **3.** *mar.* a) **die Segel ~** take in sail, shorten (*od.* strike) sail, reef sails, b) **die Riemen ~** ship the oars. **4.** (*Netz etc*) haul (*od.* pull, draw) *s.th.* in. **5.** (*Luft, Duft etc*) draw *s.th.* in, inhale, breathe *s.th.* in, sniff. **6.** (*Wasser etc*) draw (*od.* take, soak) in, absorb. **7.** (*Auskünfte etc*) gather, collect. **8.** (*Amtsstelle etc*) abolish, dissolve (*agency, etc*). **9.** *jur.* a) (*Vermögen etc*) confiscate, seize, b) (*Schmuggelware, Schiff etc*) condemn, c) (*Führerschein etc*) withdraw, revoke, d) (*Schulden*) recover, e) (*Schriften etc*) impound. **10.** *econ.* a) (*Steuern*) collect (*taxes*), b) (*Banknoten etc*) call *s.th.* in, withdraw *s.th.* (from circulation), c) (*Außenstände*) call *s.th.* in, collect (*outstanding debts*), d) (*Wechsel*) cash, withdraw (*bills of exchange*). **11.** *mil.* a) (*Wehrpflichtige*) call *s.o.* up, conscript, enlist, *Am.* draft, induct, b) (*Posten*) withdraw (*sentry*), c) (*unbrauchbare Waffen*) condemn (*weapons*). **12.** (*hineintun*) insert, put *s.th.* in. **13.** (*Faden etc*) thread (*od.* run, draw, lead, put) in. **14.** *civ. eng.* a) (*Balken, Decke etc*) put in (*beam, etc*), insert, b) (*Wand etc*) erect. **15.** *print.* (*Zeile*) indent. **16.** *gastr.* fold *s.th.* in(to **in** *acc*). **II** *v/i* ⟨**sein**⟩ **17.** march in, enter, come (marching) in; *fig.* **er zog (als Abgeordneter) ins Parlament ein** he took his seat in Parliament. **18.** *in e-e Wohnung etc*: move in; **bei j-m ~** move into s.o.'s house (*od.* flat), take lodgings with s.o., *unerwünscht*: move in on s.o. **19.** *fig. Winter etc*: come, arrive. **20.** *Wasser etc*: soak in, be absorbed. **III ≈** *n* ⟨**-s**⟩ **21.** drawing in (*etc*); *von Krallen, aer. des Fahrgestells*: *a.* retraction. **22.** *von Band etc*: insertion. **23.** *von Luft etc*: inhalation. **24.** *von Flüssigkeiten*: absorption, soakage. **25.** *civ. eng.* a) insertion, b) *e-r Wand*: erection. **26.** → a) **Einziehung,** b) **Einzug** 1, 2. **≈,zieh,fahr,werk** *n aer.* retractable landing gear. **≈,zie·hung** *f* ⟨-; **-en**⟩ **1.** → **einziehen** III. **2.** *von Erkundigungen etc*: collection, gathering, obtaining (*of information, etc*). **3.** *e-s Amtes etc*: abolishment. **4.** *jur.* a) *des Vermögens etc*: confiscation, seizure, b) *von Schmuggelware, Schiff etc*: condemnation, c) *des Führerscheins etc*: withdrawal, d) *von Schriften etc*: impounding. **5.** *econ.* a) *von Steuern, Außenständen, Beiträgen etc*: collection, b) *von Zahlungsmitteln*: withdrawal (from circulation), c) *von Wechseln*: (en)cashment, withdrawal, collection. **6.** *mil.* a) *von Wehrpflichtigen*: call-up, conscription, recruitment, *Am.* draft, induction, b) *von Posten*: withdrawal, c) *unbrauchbarer Waffen*: condemnation.

ˈ**Ein,zie·hungs|,auf,trag** *m econ.* collection order. **~,voll,macht** *f econ.* authority to collect.

ein·zig [ˈaɪntsɪç] **I** *adj* **1.** ⟨*attrib*⟩ only, single, *stärker*: sole, one and only; **sein ~es Kind** his only child; **sie ist das ~e Kind** (*ein Einzelkind*) she is an only child; **er ist der ~e Erbe** he is the sole heir; **kein ~er Mensch war zu sehen** not a single person (*od.* not a soul) was to be seen; **kein ~es Wort** not a (single) word, never a word; **sein ~er Gedanke** his one thought; → **Mal**. **2.** ⟨*pred*⟩ *fig.* (*a.* **~ in s-r Art**) → **einzigartig** I. **3.** *substantiviert mit Kleinschreibung*: **das ~e** the only thing; **das ~e wäre, dies zu tun** the only thing would be to do that. **II** *adv* **4.** (*a.* **~ und allein**) only, solely, merely, entirely; **~ und allein, weil** solely (*od.* just, merely) because, simply and solely because; **der ~ mögliche Weg** the only possible way, the only way possible; **~ zu diesem Zweck** solely (*od.* expressly, just, merely) for this purpose; → **wahr** II. **5.** → **einzigartig** II; **~ dastehen** be unique, stand alone. **~,ar·tig I** *adj* unique, singular, unparalleled, unequalled, outstanding, (*großartig*) *a.* marvellous, *colloq.* fantastic. **II** *adv* uniquely (*etc*); **~ schön** of singular beauty, *a. weitS.* marvellous, wonderful. **≈,ar·tig·keit** *f* ⟨-; *no pl*⟩ uniqueness, singularity, matchlessness.

ˈ**Ein·zi·ge** *m, f* ⟨**-n**; **-n**⟩ **1.** only child (*od.* son, daughter). **2.** *mit Kleinschreibung*: **der einzige** the only person, the only one; **wir waren die einzigen** we were the only ones; **ein einziger** only one, one (person) only; **kein** (*od.* **nicht ein**) **einziger** not (a single) one, none whatever. ˈ**Ein·zig·keit** *f* ⟨-; *no pl*⟩ uniqueness, singularity.

ˈ**Ein,zim·mer,woh·nung** *f* one-room flat (*Am.* apartment).

ˈ**ein,zuckern** (*getr.* **-k·k-**) *v/t* ⟨*sep,* **-ge-**, **h**⟩ sugar.

ˈ**Ein,zug** *m* ⟨-(e)s; ⸗e⟩ **1.** a) entry, march(ing) in, b) *fig. der Jahreszeiten etc*: coming, advent, arrival; **s-n ~ halten** a) make one's entry (*od.* entrance), march in, b) *fig. Frühling etc*: come, make its appearance. **2.** (*in e-e Wohnung etc*) moving in(to **in** *acc*), occupation (of). **3.** *print.* indent. **4.** → **Einziehung** 5.

ˈ**Ein,zugs|be,reich** *m* → **Einzugsgebiet**. **~,fei·er** *f,* **~,fest** *n* house-warming (party). **~ge,biet** *n* **1.** *geogr. e-s Flusses etc*: catchment basin (*od.* area). **2.** *meteor. e-r Frontalzone*: entrance region. **3.** *e-r Stadt*: commuter-belt, hinterland. **~,spe·sen** *pl econ.* collecting charges. **~,stel·le** *f* collecting agency. **~,tag** *m* moving-in day. **~ver,fah·ren** *n econ.* procedure (*Vorgang*: process) of collection. **~,voll,macht** *f* power of collection.

ˈ**ein,zwän·gen** *v/t* ⟨*sep,* **-ge-**, **h**⟩ **1.** squeeze (*od.* jam, wedge) *s.th., s.o.* in(to **in** *acc*). **2.** *fig.* constrain, straitjacket. ˈ**Ein,zwän·gung** *f* ⟨-; *no pl*⟩ *fig.* constraint, straitjacketing.

ˈ**Ein|,zweck·ma,schi·ne** *f* single-purpose machine. **~zy,lin·der·ma,schi·ne** *f* single-(*od.* one-)cylinder machine.

ˈ**Ei|,pul·ver** *n* egg powder, dried egg. **~,rei·fung** *f biol.* maturation of the egg (*od.* ovum). **≈,rund** *adj* → **eiförmig**.

Eis[1] [aɪs] ⟨**-es**; *no pl*⟩ **1.** ice; **zu ~ gefrieren** freeze, turn to ice; **das Schiff ist vom ~ eingeschlossen** the ship is trapped in ice, the ship is icebound; **sich mit ~ bedecken** (*od.* **überziehen**) cover with ice, frost (over); **das ~ trägt** the ice is frozen solid; **mit ~ kühlen** cool *s.th.* with ice, ice, freeze; **et. auf ~ legen** *a. fig. colloq.* put s.th. on ice (*od.* into cold storage), *fig. a.* shelve s.th.; *fig.* **das ~ brechen** break the ice; **damit war das ~ gebrochen** (after that) the ice was broken; *fig.* **j-n aufs ~ führen** a) lead s.o. on to dangerous ground, b) *weitS.* trap (*od.* dupe) s.o. **2.** *gastr.* ice(-cream); **~ am Stiel** ice lollipop (*od. colloq.* lolly), *bes. Am.* popsicle.

eis, Eis[2] [ˈeːɪs] *n* ⟨-; -⟩ *mus.* E sharp; **eis, eis-Moll** E sharp minor; **Eis, Eis-Dur** E sharp major.

ˈ**Eis|,auf,bruch** *m geol.* débâcle, (*Eisgang*) *a.* icedrift. **~,axt** *f mount.* ice-axe. **~,bahn** *f* (ice *od.* skating) rink. **~,bar** *f* → **Eisdiele**. **~,bär** *m zo.* polar (*od.* white) bear. **~,bar·re, ~bar,rie·re** [-baˌrĭɛːrə] *f geogr.* **1.** ice dam. **2.** Antarctic Barrier. **~,be·cher** *m* sundae, coup, *im Pappgefäß*: ice-cream cup. **≈be,deckt** *adj* ice-covered, ice-capped, iced (over). **~,beil** *n* → **Eisaxt**. **~,bein** *n* pickled pork knuckles *pl.* **~,berg** *m* iceberg; *a. fig.* **die Spitze des ~s** the tip of the iceberg. **~,beu·tel** *m med.* ice bag. **~,bil·dung** *f* formation of ice, glaciation. **≈,blau** *adj* ice-blue. **~,blink** *m* iceblink. **~,blu·me** *f* **1.** *pl am Fenster*: frostwork *sg,* frost flowers. **2.** *bot.* ice plant. **~,bom·be** *f gastr.* bombe glacée, ice-cream bombe. **~,bos·seln** *n* → **Eisschießen**. **~,bre·cher** *m mar.* icebreaker, *an Brücken*: *a.* ice apron.

ˈ**Ei,schnee** *m* whipped egg white.

ˈ**Eis|,creme** *f* ice(-cream). **~,decke**

(*getr.* -k·k-) *f* **1.** *auf Gewässern*: (layer *od.* sheet of) ice, frozen surface; **die ~ ist 20 cm dick** the ice is 20 cm thick. **2.** *geol.* ice sheet (*od.* cap). **~ˌdie·le** *f* ice-cream parlo(u)r.

ˈEi·sen *n* ‹-s; -› **1.** iron; (*Guß*≈) cast iron; **aus ~** (of) iron, made of iron. **2.** *tech.* a) (*Schneide*) iron, knife, b) (*Beschlag*) iron(-mountings *pl*), (*Zwinge*) ferrule, (*Spitze*) tip, c) *colloq.* (*Brand*≈, *Bügel*≈, *Golfschläger*≈ *etc*) iron, d) (*Huf*≈) (horse)shoe. **3.** *poet.* a) sword, b) dagger. **4.** *pl lit.* (*Fesseln*) irons, shackles, chains, fetters; **j-n in ~ legen** put s.o. in irons. **5.** *med.* (*~präparat*) iron; **~ einnehmen** take iron. **6.** *Bildhauerei*: **gekröpftes ~** carving tool. **7.** *fig.* **ein Mann aus ~** a man of iron; *colloq.* **zum alten ~ werfen** a) et. scrap s.th., consign s.th. to the scrap-heap, b) **j-n** shelve s.o., throw s.o. on the (economic) scrap-heap; **er gehört zum alten ~** he is ready for the scrap-heap, he is no longer (of) any use; *colloq.* **ein heißes ~ anfassen** (*od.* **anpacken**) a) tackle a hot problem, b) play with dynamite (*od.* fire); *colloq.* **ich habe mehrere ~ im Feuer** I have several irons in the fire, I have more than one string to my bow; **ich habe noch ein ~ im Feuer** I've still got a shot in the locker; **man muß das ~ schmieden, solange es heiß ist** (*Sprichwort*) strike the iron while it is hot. **~ace,tat** *n chem.* ferric acetate. **~alaun** [-ʔaˌlaun] *m* halotrichite. **~an·tiˌmon** *n min.* ferruginous antimony. **≈ˌarm** *adj* **1.** *Land etc*: poor in iron. **2.** *med.* a) *Kost*: deficient in iron, b) *Blut*: sideropenic. **~asˌbest** *m metall.* fibrous silica.

ˈEi·senˌbahn *f* **1.** railway, *Am.* railroad; → **Bahn**[1] 1; *colloq.* **jetzt ist es aber höchste ~!** it's high (*od.* about) time! **2.** (*Zug*) train; **in der ~** on (*od.* in) the train. **3.** (*Spielzeug*≈) (toy *od.* model) electric train. **~ˌabˌteil** *n* (train) compartment. **~ˌak·ti·en** *pl* railway (*Am.* railroad) shares (*od.* stocks). **~ˌanˌschluß** *m* rail connection. **~ˌar·bei·ter** *m* railway worker, railwayman, *Am.* railroad worker (*od.* man), railroader. **~ˌbau** *m* ‹-(e)s; *no pl*› **1.** railway (*Am.* railroad) construction, *Am. a.* railroading. **2.** (*Fach*) railway engineering. **~beˌam·te** *m* railway official. **~beˌdien·ste·te** *m* railway (*Am.* railroad) employee. **~ˌbrücke** (*getr.* -k·k-) *f* railway (*Am.* railroad) bridge. **~di·rek·tiˌon** *f* **1.** railway (*Am.* railroad) head office. **2.** *in Deutschland*: → **Bundesbahndirektion.**

ˈEi·senˌbah·ner *m* ‹-s; -› **1.** → **Eisenbahnarbeiter, -bedienstete, -beamte. 2.** *beim Zugpersonal*: trainman.

ˈEi·senˌbahn|ˌfäh·re *f* train ferry. **~ˌfahrˌkar·te** *f* railway (*od.* train, *Am.* railroad) ticket. **~ˌfahrˌplan** *m* railway time-table, *Am.* train (*od.* railroad) schedule. **~ˌfracht** *f* → **Bahnfracht. ~geˌlän·de** *n* → **Bahngelände. ~ˌgleis** *n* → **Bahngleis. ~ˌkno·tenˌpunkt** *m* railway junction. **~ˌkrank·heit** *f med.* train sickness. **~ˌli·nie** *f* → **Bahnlinie. ~ˌnetz** *n* railway network, *Am.* railroad system. **~ˌoberˌbau** *m* ‹-(e)s; -ten› roadbed, *Br. a.* permanent way. **~ˌschaff·ner** *m* railway (*Am.* railroad) guard (*od.* conductor), ticket inspector. **~ˌschie·ne** *f* railway rail. **~ˌschot·ter** *m* track ballast. **~ˌschran·ke** *f* (level-crossing) barrier (*od.* gate). **~ˌschwel·le** *f* sleeper, *Am.* tie. **~sta·tiˌon** *f* (railway) station. **~ˌstrecke** (*getr.* -k·k-) *f* (railway) line, track section, *bes. Am.* track. **~taˌrif** *m* **1.** *für Güter*: railway tariff (*od.* rates *pl*). **2.** *für Personen*: railway fares *pl.* **~transˌport** *m* → **Bahntransport. ~ˌüberˌfüh·rung** *f* → **Bahnüberführung. ~ˌüberˌgang** *m* → **Bahnübergang. ~ˌunˌglück** *n* train disaster (*od.* crash), railway accident. **~ˌun·terˌbau** *m* ‹-(e)s; -ten› roadbed, railway substructure. **~ˌun·terˌfüh·rung** *f* → **Bahnunterführung. ~verˌbin·dung** *f* rail connection. **~verˌkehr** *m* railway (*Am.* railroad) traffic. **~ˌwa·gen, ~wagˌgon** *m* **1.** (*Personenwagen*) railway car(riage) (*od.* coach), *Am.* railroad car. **2.** (*Güterwagen*) (goods) truck (*od.* waggon), *Am.* freight car. **~ˌzug** *m* (railway) train.

ˈEi·sen|ˌband *n tech.* steel band, iron hoop. **~ˌbart** *m npr colloq.* **ein Doktor ~** a kill-or-cure doctor, a sawbones. **~ˌbergˌwerk** *n* iron mine(s *pl*). **~beˌschlag** *m* iron-mounting(s *pl*). **≈beˌschla·gen** *adj* **1.** iron-mounted. **2.** *Absätze*: iron-tipped. **~beˌton** *m* → **Stahlbeton. ≈beˌwehrt** *adj* **1.** *civ. eng.* reinforced (with iron), armo(u)red. **2.** *electr. Kabel*: iron-sheathed. **~ˌblü·te** *f min.* aragonite. **~chloˌrid** *n chem.* **1.** ferrous chloride. **2.** ferric chloride. **~chloˌrür** *n* ferrous chloride. **~ˌchrom** *n* ferrochromium, ferrochrome. **~ˌer·de** *f* ferruginous earth. **~ˌerz** *n* iron ore. **~ˌfarn** *m bot.* common male fern. **~ˌfres·ser** *m fig. colloq.* fire-eater, swashbuckler. **~geˌhalt** *m* iron content; **Erz mit hohem (geringem) ~** high-grade (low-grade) ore. **~geˌwin·nung** *f* iron production. **~ˌgie·ßer** *m* iron founder. **~gie·ßeˌrei** *f* **1.** (*Anlage*) iron foundry. **2.** (*Prozeß*) iron founding. **~ˌglanz** *m min.* h(a)ematite, iron glance. **~ˌglim·mer** *m* micaceous iron ore. **~ˌguß** *m* **1.** (*Werkstoff*) cast iron. **2.** (*Gußstücke*) iron castings *pl.* **3.** (*Vorgang*) iron casting. **≈ˌhal·tig** *adj* **1.** iron-bearing, containing iron; *humor.* **die Luft is verdammt ~ hier** the air is rather unhealthy around here. **2.** *chem. min.* ferruginous. **~ˌhan·del** *m* iron (*od.* hardware) trade. **~ˌhänd·ler** *m* → **Eisenwarenhändler. ~ˌholz** *n bot.* (*a. Baum*) ironwood. **~ˌhüt·te** *f* ironworks *pl* (*a. als sg konstruiert*). **~ˌhüt·tenˌkun·de** *f* (ferrous) metallurgy. **~ˌhüt·tenˌwerk** *n* a) ironworks *pl* (*a. als sg konstruiert*), b) metallurgical plant. **~hy·droˌxyd** *n chem.* **1.** ferrous hydroxide. **2.** ferric hydroxide. **~in·duˌstrie** *f* iron industry. **~ˌkern** *m electr.* iron core. **~ˌkies** *m min.* iron pyrite(s *pl*). **~ˌkitt** *m* iron cement. **~ˌkraut** *n bot.* **1.** vervain, verbena. **2.** ironwort. **3.** ironweed. **~leˌgie·rung** *f* ferrous alloy. **≈maˌgne·tisch** *adj phys.* ferromagnetic. **~manˌgan** *n min.* ferromanganese. **~ˌmen·ni·ge** *f chem.* red iron och/re (*Am.* -er). **~ˌnickel·ak·ku·muˌla·tor** (*getr.* -k·k-) *m electr.* iron-nickel storage battery, Edison accumulator. **~ˌocker** (*getr.* -k·k-) *m min.* blue (*od.* iron) och/re (*Am.* -er). **~oxyd** [-ʔɔˌksyːt] *n chem.* **1.** ferrous oxide. **2.** ferric oxide. **3.** iron oxide. **~ˌpechˌerz** *n min.* pitticite. **~ˌquel·le** *f med.* chalybeate spring. **~ˌsau** *f metall.* iron bear, furnace sow. **≈ˌschaf·fend** *adj* **~e Industrie** iron and steel producing industry. **~ˌschlacke** (*getr.* -k·k-) *f* iron slag, scoria, clinker. **~ˌschmied** *m* blacksmith. **~ˌschmie·de** *f* **1.** *handwerkliche*: smithy. **2.** *industrielle*: forge. **~ˌschrott** *m* scrap iron. **~ˌschwamm** *m metall.* sponge iron. **~ˌschwarz** *n* plumbago. **~ˌschwär·ze** *f chem.* iron black. **~ˌsin·ter** *m* **1.** *metall.* iron dross. **2.** *min.* a) pitticite, glockerite, b) skorodite, c) (*Phosphor*≈) diadochite. **~ˌspat** *m min.* siderite. **~ˌstan·ge** *f* iron rod. **~sulˌfat** *n chem.* **1.** ferrous (*od.* iron) sulphate (*Am.* -f-). **2.** ferric (*od.* iron) sulphate (*Am.* -f-). **~sulˌfid** *n* ferrous sulphide (*Am.* -f-).

ˈEisˌen·te *f orn.* long-tailed duck, old-squaw, *Am.* winter duck.

ˈEi·sen|verˌbin·dung *f chem.* ferrous (*od.* ferric, iron) compound. **~vi·triˌol** *n* **1.** *chem.* ferrous sulphate (*Am.* -f-). **2.** *min.* melanterite. **~ˌwalzˌwerk** *n* iron-rolling mill.

ˈEi·senˌwa·ren *pl* hardware *sg*, ironware *sg.* **~ˌhänd·ler** *m* hardware dealer, *Br. a.* ironmonger. **~ˌhand·lung** *f* hardware store, *Br. a.* ironmongery.

ˈEi·sen|ˌwas·ser *n* → **Eisenquelle. ~ˌwerk** *n* → **Eisenhüttenwerk. ~ˌzeit, die** *hist.* the Iron Age.

ei·sern [ˈaɪzərn] **I** *adj* **1.** (of) iron; *med.* **~e Lunge** iron lung; *thea.* **~er Vorhang** fire-proof (*od.* safety) curtain; *fig. pol.* **der ≈e Vorhang** the Iron Curtain; → **Hochzeit**[1] 1. **2.** *fig. Gesundheit etc*: (cast-)iron, robust (*constitution, etc*), (*nerves, etc*) of iron (*od.* steel); **mit ~em Griff** with an iron grip. **3.** *fig. Wille etc*: iron, firm, rigid, unyielding, inflexible; **~e Disziplin** iron discipline; **mit ~er Hand regieren** rule with an iron hand (*od.* a rod of iron); **mit ~er Faust** with the mailed fist; **ein ~es Gesetz (ein ~er Grundsatz)** an iron law (principle); **mit ~er Miene** stonily, sternly; **~e Ruhe** imperturbability; **~e Sparsamkeit** rigid (*od.* strict) economy; *econ.* **~es Sparen** compulsory saving scheme; **mit ~er Stirn** a) with iron determination, undauntedly, b) *contp.* with brazen effrontery, brazenly; **er war ~ in s-m Entschluß** he was iron in his resolve, he was adamant; *colloq.* **da(rin) bin ich ~** a) that's an iron rule with me, b) in this I won't budge an inch; → **Besen** 1. **4.** *fig. Fleiß etc*: untiring, indefatigable, unremitting, unflagging. **5.** *fig.* (*für den Notfall*) emergency, reserve; **~er Bestand** permanent (*od.* emergency) stock; **~e Ration** iron (*od.* emergency, reserve) ration(s *pl*), *Am. mil. a.* D ration(s *pl*). **6.** *hist. Zeitalter etc*: Iron; *mil. hist.* **das ≈e Kreuz (erster Klasse)** the Iron Cross (first class) (*war decoration*); **der ≈e Kanzler** the Iron Chancellor (*Bismarck*); **die ≈e Krone** the Iron Crown (*of Lombardy*); **der ≈e Herzog** the Iron Duke (*Duke of Wellington*); **die ≈e Jungfrau** the Iron Maiden (*medieval instrument of torture*). **II** *adv* **7.** *fig.* firmly, rigidly, unyieldingly, inflexibly, grimly; **er hielt ~ an diesem Grundsatz fest** he adhered rigidly to this principle; **~ sparen** a) save rigorously, b) *econ.* save under a compulsory saving scheme. **8.** *fig. colloq.* (*gewiß*) **(aber) ~!** you bet!, sure thing!, and how!

ˈEi·sesˌkäl·te *f* icy cold; *fig. a.* icy (*od.* glacial) manner.

ˈEis|ˌflä·che *f* **1.** frozen (*od.* icy) surface. **2.** expanse of ice. **≈ˌfrei** *adj bes. mar.* ice-free, free (*od.* clear) of ice. **~ˌfuchs** *m* → **Polarfuchs. ~ˌgang** *m* break-up of (the) ice, ice drift, débâcle. **≈geˌkühlt** *adj* ice-cooled, iced, chilled. **~ˌglas** *n* → **Mattglas. ~ˌglät·te** *f auf den Straßen*: icy surface, glaced frost, glaze; **bei ~** on icy roads; **stellenweise ~** icy patches (on the roads). **≈ˌgrau** *adj* **1.** hoary. **2.** *fig. lit. Mann*: (hoary) ancient. **~ˌgren·ze** *f geol.* glacial (*od.* ice) limit. **~ˌgür·tel** *m geogr.* ice belt. **~ˌhei·li·gen, die** *pl* (*Maifröste*) the Ice Saints, the Icemen.

ˈEisˌhockey (*getr.* -k·k-) *n Sport*: ice hockey. **~ˌschei·be** *f* puck. **~ˌschlä·ger** *m* ice-hockey stick. **~ˌspiel** *n* **1.** (game of) ice hockey. **2.** (*Wettkampf*) ice-hockey match. **~ˌspie·ler** *m* ice-hockey player.

ˈEisˌhöh·le *f geol.* ice cave.

ei·sig [ˈaɪzɪç] **I** *adj* **1.** (*eisbedeckt*) icy, covered with ice. **2.** (*bitterkalt*) icy, ice-cold, icy-cold, cold as ice; **m-e Hände sind** ~ my hands are ice-cold (*od.* icy, frozen stiff). **3.** *fig.* icy, glacial, chilly, frigid, frosty (*smile, manner, etc*); **~er Blick** icy stare, glacial (*od.* freezing) look; **~er Empfang** icy (*od.* glacial, chilly) reception; **~es Schweigen** frosty (*od.* frigid) silence. **4.** *bes. med.* algid. **II** *adv* **5.** ~ **kalt** → 2 *u.* 3. **6.** *fig.* icily (*etc, cf.* 3). **~ˈkalt** *adj* → **eiskalt.**

ˈEisˌin·sel *f* ice island.

eis·is, Eis·is [ˈeːɪsˈʔɪs] *n* ⟨-; -⟩ *mus.* E-double sharp.

ˈEis|ˌjacht *f* ice yacht. **~ˌkaf·fee** *m* **1.** ice(d) coffee. **2.** coffee with ice-cream. **≈ˈkalt I** *adj* **1.** ice-cold, icy(-cold); → **durchlaufen**² 6. **2.** *gastr.* chilled. **3.** *fig.* a) → **eisig** 3, b) (*gelassen*) cool, calm, cold, c) (*frech*) brazen, cool, *b.s.* cold-blooded; **~e Berechnung** cold calculation; **ein ~er Blick** an icy stare. **II** *adv* **4.** *fig.* icily, coolly (*etc*); (*frech*) *a. colloq.* as cool as a cucumber (*od.* as you please); **j-n ~ umbringen** kill s.o. in cold blood. **~ˌkäl·te** *f* icy cold. **~ˌkel·ler** *m* **1.** ice cellar. **2.** *a. fig.* ice-house. **3.** → Eishöhle. **~kom-ˌpres·se** *f med.* ice pack. **~ˌkraut** *n bot.* ice plant. **~ˌkrem** *f, colloq. m* ice-cream. **~kriˌstall** *m meist pl meteor.* ice crystal, ice needle. **~ˌkü·bel, ~ˌküh·ler** *m* ice bucket. **~ˌkunstˌlauf** *m* ⟨-(e)s; *no pl*⟩ figure skating. **~ˌkunstˌläu·fer** *m,* **~ˌkunstˌläu·fe·rin** *f* figure skater. **~ˌlauf** *m* ⟨-(e)s; *no pl*⟩ (ice-)skating. **≈ˌlau·fen** *v/i* ⟨*irr, sep,* -ge-, sein⟩ (ice-)skate. **~ˌläu·fer** *m,* **~ˌläu·fe·rin** *f* skater. **~ˌmann** *m* ⟨-(e)s; Eismänner⟩ **1.** iceman. **2.** *pl dial. for* **Eisheiligen. ~maˌschi·ne** *f tech.* **1.** ice-cream freezer (*od.* machine). **2.** ice machine (*for artificial ice*). **~ˌmeer** *n geogr.* polar sea; **Nördliches ~** Arctic Ocean; **Südliches ~** Southern Ocean, Antarctic Ocean. **~ˌmo·nat, ~ˌmond** *m obs.* January. **~ˌmö·we** *f* glaucous gull. **~paˌlast** *m* indoor skating rink, ice stadium. **~ˌpickel** (*getr.* -k·k-) *m* **1.** ice-pick. **2.** *mount.* ice-ax(e).

ˈEiˌsprung *m biol.* ovulation.

ˈEis|ˌpunsch *m* iced punch. **~reˌvue** *f* ice revue (*od.* show). **~ˌschicht** *f* **1.** *auf e-m Fluß etc*: sheet of ice. **2.** (*Überzug*) coating of ice (*on road, etc*), icy surface. **~ˌschie·ßen** *n* (Continental-type) curling. **~ˌschnellauf** (*getr.* -llˌl-) *m* speed skating. **~ˌschnelläu·fer** (*getr.* -llˌl-) *m* speed skater. **~ˌschol·le** *f* ice floe. **~ˌschrank** *m* **1.** *obs.* icebox. **2.** *colloq. for* **Kühlschrank. ~ˌschutz** *m aer.* anti-icer. **~ˌse·geln** *n* **1.** ice yachting. **2.** *ohne Boot*: skate sailing. **~ˌseg·ler** *m* **1.** (*Boot*) ice yacht, ice-boat. **2.** (*Person*) ice yachtsman. **~ˌspal·te** *f* crevasse. **~ˌspat** *m min.* ice spar. **~ˌsport** *m* ice sport(s *pl*). **~ˌsta·di·on** *n* ice stadium. **~ˌstock** *m Sport*: (wooden) curling stone. **~ˌstrom** *m im Polarmeer*: ice stream. **~ˌsturmˌvo·gel** *m* fulmar (petrel). **~ˌtanz** *m Sport*: ice dancing. **~ˌtau·cher** *m orn.* common loon, great northern diver. **~ˌtor·te** *f gastr.* ice-cream gateau. **~ˌtrei·ben** *n,* **~ˌtrift** *f* ice drift. **~verˌkäu·fer** *m* ice-cream vender, *Am.* iceman. **~ˌvo·gel** *m* (water-)kingfisher. **~ˌwaf·fel** *f* **1.** ice-cream wafer. **2.** cream wafer (biscuit). **~ˌwas·ser** *n* ice(d) water. **~ˌwein** ice wine (*made from grapes exposed to frost*). **~ˌwür·fel** *m* ice cube; **~schale** *f* ice tray. **~ˌwü·ste** *f lit.* frozen waste. **~ˌzap·fen** *m* icicle.

ˈEisˌzeit *f,* **~ˌal·ter** *n geol.* Ice Age, ice age, glacial period (*od.* epoch), Pleistocene; **vor der Eiszeit** preglacial.

ˈeisˌzeit·lich *adj* glacial; **~e Funde** finds from the Ice Age. **ˈEisˌzeit-ˌmensch** *m* glacial man.

ˈEisˌzucker (*getr.* -k·k-) *m* icing (*Am.* confectioner's) sugar.

ˈEiˌtei·lung *f biol.* segmentation of the ovum.

ei·tel [ˈaɪtəl] *adj* ⟨eit(e)ler; eitelst⟩ **1.** (*eingebildet, gefallsüchtig*) (**auf** *acc*) vain (of, about), conceited (about, of), self-admiring; *colloq.* **ein eitler Fant** (*od.* **Affe, Geck, Pfau**) a dandy, a coxcomb, a peacock, a fop; ~ **wie ein Pfau** (as) vain (*od.* proud) as a peacock. **2.** (*leer, nichtig*) vain, empty, idle; **eitles Geschwätz** idle talk, empty words *pl*; **eitle Hoffnung** vain (*od.* idle) hope; **eitle Versprechungen** empty (*od.* vain) promises. **3.** (*wirkungs-, nutzlos*) vain, idle, futile, fruitless; **eitle Versuche** vain (*od.* futile) attempts. **4.** *lit. od. poet.* (*wertlos, unbedeutend*) worthless, trifling, paltry. **5.** ⟨*invariable*⟩ *obs. od. poet.* (*lauter*) pure, (*bloß*) mere, sheer; (**aus**) ~ **Gold** pure gold; ~ **Sonnenschein** a) all sunshine, b) *fig.* sunshine all the way; ~ **Zeitverschwendung** a mere waste of time. **≈keit** *f* ⟨-; -en⟩ **1.** vanity, vainness, conceit; **verletzte** ~ wounded vanity; **et. aus (reiner)** ~ **tun** do s.th. out of (sheer) vanity; **j-s** ~ **schmeicheln** tickle (*od.* feed, pander to) s.o.'s vanity. **2.** (*Nichtigkeit*) vanity, emptiness, idleness; **die ~(en) dieser Welt** the vanity (vanities) of this world. **3.** (*Frucht-, Nutzlosigkeit*) idleness, futility, vainness. **4.** *lit. od. poet. for* **Wertlosigkeit.**

Ei·ter [ˈaɪtər] *m* ⟨-s; *no pl*⟩ *med.* pus, matter. **~ˌabˌfluß** *m,* **~ˌabˌson·de·rung** *f* **1.** discharge of pus. **2.** purulent discharge. **~ˌbeu·le** *f* **1.** *med.* abscess, (*Furunkel*) boil, furuncle. **2.** *fig.* canker, festering sore. **≈ˌbil·dend** *adj* pus-forming, pyogenic. **~ˌbil·dung** *f* formation of pus, suppuration, pyogenesis. **~ˌbla·se** *f,* **~ˌbläs·chen** *n* pustule. **~erˌre·ger** *m meist pl* pyogenic organism. **~ˌflech·te** *f* impetigo. **~ˌfluß** *m* pyorrhea. **~geˌschwulst** *f,* **~geˌschwür** *n* → Eiterbeule. **~ˌgrind** *m* → Eiterflechte. **~ˌherd** *m* suppurative focus. **~ˌkok·ke** *f meist pl biol.* pyococcus. **~ˌkör·per·chen** *n* pus corpuscle.

ei·tern [ˈaɪtərn] **I** *v/i* ⟨h⟩ *med.* **1.** fester, run, discharge (pus *od.* matter), suppurate. **II ≈** *n* ⟨-s⟩ **2.** festering (*etc*); **zum ≈ bringen** suppurate, (*bes. Furunkel*) bring to a head. **3.** → **Eiterung. ~d** *adj* → eitrig.

ˈEi·ter|ˌpflock, ~ˌpfropf *m med.* core. **~ˌsack** *m* purulent cyst.

ˈEi·te·rung *f* ⟨-; -en⟩ *med.* **1.** → **eitern** 2. **2.** discharge of pus, suppuration, purulence, pyosis.

ˈeit·rig *adj med.* festering, suppurating; **~er Ausfluß** purulent discharge.

ˈEiˌweiß *n* ⟨-es; *rare* -e⟩ **1.** white of egg, (egg) white, albumen; *gastr.* **das ~ von 6 Eiern zu Schnee schlagen** beat the whites of 6 eggs until stiff; ~ **vom Dotter trennen** separate egg whites from the yolks. **2.** *biol. chem.* protein; **pflanzliches (tierisches)** ~ vegetable (animal) protein. **3.** *print.* glair(e). **≈ˌarm** *adj med.* low in protein; low-protein (*diet, etc*). **≈ˌar·tig** *adj* albuminous. **~geˌhalt** *m* protein content. **≈ˌhal·tig** *adj* albuminous, containing protein. **~ˌhausˌhalt** *m* protein metabolism. **~ˌkör·per** *m* **1.** *biol.* protein, albumin. **2.** *bot.* endosperm. **~ˌman·gel** *m med.* protein deficiency. **≈ˌreich** *adj* rich in protein; high-protein (*diet, etc*). **≈ˌspal·tend** *adj* proteolytic. **~ˌspal·tung** *f* a) proteolysis, b) protein hydrolysis. **~ˌstoff** *m* **1.** *biol. chem.* protein. **2.** *bot.* endosperm.

ˈEiˌzel·le *f biol.* egg cell, ovum.

Eja·ku·lat [ejakuˈlaːt] *n* ⟨-s; -e⟩ *physiol.* ejaculate(d seminal fluid). **Eja·ku·la·tiˈon** [-laˈtsi̯oːn] *f* ⟨-; -en⟩ ejaculation. **eja·kuˈlie·ren** [-ˈliːrən] *v/t* ⟨*no* ge-, h⟩ ejaculate.

ejek·tiv [ejɛkˈtiːf] *adj ling.* ejective.

Ekart [eˈkaːr] *m* ⟨-s; -s⟩ *econ.* margin (of profit).

Ekel¹ [ˈeːkəl] *m* ⟨-s; *no pl*⟩ **1.** (**vor** *dat*) aversion (to, for), disgust (at, toward[s]), *stärker*: loathing (for), nausea (at *s.th.*), revulsion (to, from, against *s.th.*, for *s.o.*); **e-n ~ vor et. (j-m) haben** (*od.* **empfinden**) → **ekeln** II; ~ **bei et. empfinden** (*od.* **bekommen, haben**) feel disgust (*od.* nausea) at s.th., be disgusted (*od.* nauseated) by (*od.* at) s.th.; **das erfüllt mich mit ~** that disgusts (*od.* nauseates) me, I find that sickening (*od.* revolting); **von ~ erfüllt** filled with disgust, sickened; **bis zum ~** (*Überdruß*) ad nauseam. **2.** *colloq.* **ein ~** (*et. Ekelerregendes*) s.th. disgusting (*od.* loathsome, revolting), sickener; **es ist mir ein ~, ich habe e-n ~ davor** I loathe (*od.* hate) it, it sickens me, I have a horror of it. **3.** (*Übelkeit*) nausea.

ˈEkel² *n* ⟨-s; -⟩ *colloq.* **1.** (*widerlicher Mensch*) loathsome (*od.* repulsive, nasty) person, (perfect) horror, beast; **du ~!** you beast! **2.** (*lästige od. unangenehme Person*) pest, nuisance, bore, *colloq.* a pain in the neck.

ˈekel|erˌre·gend *adj* → **ekelhaft** 1. **≈geˌfühl** *n* (feeling of) nausea, sick feeling. **~haft I** *adj* **1.** (*physisch widerlich*) sickening, disgusting, loathsome, repulsive, revolting, nauseating; *colloq.* **~es Zeug** vile stuff. **2.** *fig. colloq.* (*unangenehm, scheußlich*) disgusting, vile, filthy, hateful, *vulg.* bloody; **~es Wetter** filthy (*od.* beastly) weather. **3.** *fig. colloq. Person, Benehmen etc*: nasty, beastly, horrid, awful; **zu j-m ~ sein** be nasty to s.o.; **leicht ~ werden** get disagreeable (*od.* unpleasant) easily. **II** *adv* **4.** sickeningly (*etc*); ~ **riechen** smell revolting (*etc*). **5.** *fig. colloq.* (*sehr*) awfully, terribly, atrociously, *vulg.* bloody (*cold, etc*); **das tut ~ weh** that hurts like hell. **≈haf·tig·keit** *f* ⟨-; *no pl*⟩ **1.** disgustingness, repulsiveness, loathsomeness, nauseousness. **2.** *fig. colloq.* disgustingness, nastiness, atrociousness.

ekeln [ˈeːkəln] **I** *v/impers* ⟨h⟩ **es ekelt mich** (*od.* **mir**) **(davor), mir** (*od.* **mich**) **ekelt's (davor)** I am disgusted (*od.* nauseated) (at [*od.* by] it), I am repelled (by it), I loathe it, it nauseates (*od.* sickens) me, it makes me (feel) sick; **es ekelt mich** (*od.* **mich ekelt's**) **vor dieser Speise** I hate *od.* loathe) this dish, this dish nauseates (*od.* sickens) me; **mir ekelt** (*od.* **mich ekelt's**) **vor ihm** he nauseates (*od.* sickens) me, I find him disgusting (*od.* revolting). **II** *v/reflex* **sich vor et. (j-m) ~** feel disgust at s.th. (for *od.* toward[s] s.o.), be nauseated at (*od.* by) s.th.

(by s.o.), be repelled by s.th. (s.o.); → *a.* I.

Ek·kle·sias·tes [ɛkleˈzĭastɛs] *m* ⟨-; *no pl*⟩ *Bibl.* Ecclesiastes, the Preacher. **ek·kle·sia·stisch** [-ˈzĭastɪʃ] *adj* ecclesiastic(al).

Eklat [eˈklaː] *m* ⟨-s; -s⟩ éclat, *weitS.* sensation, furore, *colloq.* bombshell; **mit ~** a) with éclat, splendidly, *colloq.* with a bang, b) *iro.* gloriously, dismally; **mit ~ durchfallen** be a brilliant failure, be a resounding flop. **ekla·tant** [eklaˈtant] *adj* a) striking (*example, etc*), b) *contp.* blatant, flagrant, glaring (*mistake, etc*).

Ek·lek·ti·ker [ɛkˈlɛktikər] *m* ⟨-s; -⟩ *bes. philos.* eclectic. **ekˈlek·tisch** [-tɪʃ] *adj* eclectic. **Ek·lek·tiˈzis·mus** [-tiˈtsɪsmʊs] *m* ⟨-; *no pl*⟩ *philos.* eclecticism.

ˈek·lig *adj* → **ekelhaft**.

Ek·lip·se [ɛkˈlɪpsə] *f* ⟨-; -n⟩ *astr.* eclipse.

Ek·lip·tik [ɛkˈlɪptɪk] *f* ⟨-; *no pl*⟩ *astr.* ecliptic. **ek·lip·tiˈkal** [-tiˈkaːl], **ekˈlip·tisch** *adj* ecliptic(al).

Ek·lo·ge [ɛkˈloːgə] *f* ⟨-; -n⟩ eclogue.

Eko·no·mi·ser [iˈkɔnomaɪzər; ɪˈkɒnəmaɪzə] (*Engl.*) *m* ⟨-s; -⟩ *tech.* economizer.

Ekos·sai·se [ekɔˈsɛːzə] *f* ⟨-; -n⟩ *mus.* ecossaise.

Ekra·sit [ekraˈziːt; -ˈzɪt] *n* ⟨-s; *no pl*⟩ *chem. mil.* ecrasite.

ekrü [eˈkryː] *adj* → **ecru**.

Ek·sta·se [ɛkˈstaːzə] *f* ⟨-; -n⟩ *psych. u. fig.* ecstasy; **in ~ sein (über** *acc*) be in ecstasies (over), be in raptures (with), be ecstatic (over); **in ~ geraten (über** *acc*) go into ecstasies (over), be enraptured (*od.* entranced) (by); **j-n in ~ versetzen** throw s.o. into ecstasies (*od.* raptures), ecstasize s.o. **Ekˈsta·ti·ker** [-tikər] *m* ⟨-s; -⟩ ecstatic. **ekˈsta·tisch** [-tɪʃ] *adj* ecstatic.

Ek·ta·se [ɛkˈtaːzə] *f* ⟨-; -n⟩ *ling.* ectasis.

Ek·to|derm [ɛktoˈdɛrm] *n* ⟨-s; -e⟩ *biol. zo.* ectoderm. **~ˈplas·ma** *n biol.* ectoplasm.

Ekua·do·ria·ner [ekŭadoˈrĭaːnər] *m* ⟨-s; -⟩ → **Ecuadorianer**.

Ek·zem [ɛkˈtseːm] *n* ⟨-s; -e⟩ *med.* eczema. **ek·ze·ma·tisch** [ɛktseˈmaːtɪʃ], **ek·ze·maˈtös** [-maˈtøːs] *adj* eczematous.

Ela·bo·rat [elaboˈraːt] *n* ⟨-(e)s; -e⟩ **1.** elaborate (*od.* detailed) exposition. **2.** *contp.* (*Machwerk*) concoction.

Elan [eˈlaːn; eˈlãː] *m* ⟨-s; *no pl*⟩ élan, spirit, vigo(u)r, dash; **mit ~ an die Arbeit gehen** attack a job with élan (*od.* great vigo[u]r), go to work with a will. **~ vi·tal** [eˈlãː viˈtal] *m* ⟨-; *no pl*⟩ *philos.* élan vital.

Ela·stik [eˈlastɪk] *n* ⟨-s; -s⟩, *f* ⟨-; -en⟩ *Textil.* elastic (material). **~ˌrei·fen** *m mot.* cushion tyre (*Am.* tire).

ela·stisch [eˈlastɪʃ] *adj allg.* elastic, (*federnd*) *a.* resilient, springy, (*biegsam*) *a.* flexible; *tech.* **~es Gelenk** flexible joint; **~es Leder** supple leather; *fig.* **~er Gang** elastic (*od.* springy) steps; **~e Politik** flexible (*od.* elastic) policy; *econ.* **~e Währung** elastic currency. **Ela·sti·zi·tät** [elastitsiˈtɛːt] *f* ⟨-; *no pl*⟩ **1.** *allg.* elasticity, (*Dehnbarkeit*) *a.* stretch, (*Federung*) *a.* resilience, springiness, (*Biegsamkeit*) *a.* flexibility; **~sgrenze** *f tech.* elastic limit. **2.** *fig. allg.* elasticity (*a. econ.*), flexibility (*a. pol. etc*).

ela·sto·mer [elastoˈmeːr] *adj synth.* elastomeric. **Ela·stoˈme·re** *pl* elastomers.

Ela·tiv [ˈeːlatiːf] *m* ⟨-s; -e⟩ *ling.* elative.

ˈElbˌkahn [ˈɛlp-] *m* ⟨-(e)s; ⸚e⟩ **1.** barge on the Elbe. **2.** *pl colloq.* (*große Schuhe*) *Br. sl.* beetle-crushers, *Am. sl.* gunboats.

Elch [ˈɛlç] *m* ⟨-(e)s; -e⟩ *zo.* a) elk, b) (*nordamerikanischer*) moose. **~ˌhund** *m zo.* elkhound.

El·do·ra·do [eldoˈraːdo] *n* ⟨-s; -s⟩ *fig.* Eldorado.

Elea·te [eleˈaːtə] *m* ⟨-n; -n⟩ *meist pl philos.* Eleatic. **elea·tisch** [-ˈaːtɪʃ] *adj* Eleatic; **~e Lehre** Eleaticism.

Ele·fant [eleˈfant] *m* ⟨-en; -en⟩ **1.** *zo.* elephant; **junger ~** → **Elefantenkalb**; *fig. colloq.* **sich wie ein ~ im Porzellanladen benehmen** be like a bull in a china shop; → **Mücke**. **2.** *colloq.* (*Person*) (baby) elephant.

Eleˈfan·ten|ˌbul·le *m zo.* bull elephant. **~ˌgras** *n bot.* elephant (*od.* napier) grass. **~ˌhaut** *f* elephant hide; *fig. colloq.* **er hat e-e ~** he has a hide like a rhinoceros, he has a thick skin. **~ˌkalb** *n* elephant calf, *colloq.* baby elephant. **~ˌkuh** *f zo.* cow elephant. **~ˌrob·be** *f zo.* elephant seal. **~ˌrüs·sel** *m* elephant's trunk, proboscis. **~ˌtrei·ber** *m* elephant driver, mahout. **~ˌzahn** *m zo.* **1.** a) elephant's tooth, b) (*Stoßzahn*) tusk. **2.** elephant's-tusk (shell).

EleˈfantˌfoIio *n print.* elephant folio.

ele·gant [eleˈgant] *adj* ⟨-er; -est⟩ **1.** elegant, stylish, smart; *Person*: *a. colloq.* dressy; *Haus etc*: *a. colloq.* posh, swank, flash; **die ~e Welt** the fashionable world. **2.** *fig. Stil, Bewegung etc*: elegant, graceful; **e-e ~e Lösung** a neat (*od.* clever) solution. **Eleˈgant** [-ˈgãː] *m* ⟨-s; -s⟩ elegant, élégant, man of fashion, dandy. **Eleˈganz** [-ˈgants] *f* ⟨-; *no pl*⟩ **1.** elegance, smartness, fashionableness, stylishness. **2.** *fig.* elegance.

Ele·gie [eleˈgiː] *f* ⟨-; -n [-ən]⟩ elegy. **Ele·gi·ker** [eˈleːgikər] *m* ⟨-s; -⟩ elegist, elegiac poet. **ele·gisch** [eˈleːgɪʃ] *adj* **1.** elegiac; **~er Dichter** → **Elegiker**; **ein ~es Gedicht** an elegiac (poem), an elegy. **2.** *fig.* (*klagend, wehmütig*) elegiac, mournful, plaintive. **3.** *fig.* (*traurig*) elegiac, melancholy, sad.

elek·tiv [elɛkˈtiːf] *adj* selective.

Elek·tra·komˌplex [eˈlɛktra-] *m psych.* Electra complex.

elek·tri·fi·zie·ren [elɛktrifiˈtsiːrən] *v/t* ⟨*no* **ge-**, **h**⟩ electrify. **Elek·tri·fiˈzie·rung** *f* ⟨-; -en⟩ electrification.

Elek·trik [eˈlɛktrɪk] *f* ⟨-; *no pl*⟩ **1.** (science of) electricity, electrical engineering. **2.** *tech.* electrical equipment (*od.* system). **Elek·tri·ker** [eˈlɛktrɪkər] *m* ⟨-s; -⟩ electrician. **elek·trisch** [eˈlɛktrɪʃ] **I** *adj* **1.** electric(al); **~er Antrieb (Strom)** electric drive (current); **~es Schweißen** arc welding; **~er Strom** electric current; **~er Stuhl** electric chair, *sl.* (the) chair, hot seat; **~e Uhr** electric clock. **2.** *fig.* electric, electrifying. **II** *adv* **3.** electrically, by electricity; **~ betrieben** electrically driven; **~ beheizt** electric (*blanket, radiator, etc*). **Elek·tri·sche** [eˈlɛktrɪʃə] *f* ⟨-n; -n⟩ *colloq.* tram(-car), *Am.* streetcar.

elek·triˈsier·bar *adj* electrifiable.

elek·tri·sie·ren [elɛktriˈziːrən] **I** *v/t* ⟨*no* **ge-**, **h**⟩ **1.** a) electrize, b) (*auf elektrischen Betrieb umstellen*) electrify. **2.** *fig.* electrify, galvanize, thrill; **wie elektrisiert** (as if) electrified. **II** *v/reflex* **sich ~ 3.** get an electric shock. **Elektriˈsierˑmaˌschiˑne** *f* electrostatic machine. **Elekˑtriˈsieˑrung** *f* ⟨-; -en⟩ **1.** electrization. **2.** (*Elektrifizierung*) electrification (*a. fig.*). **Elek·tri·zi·tät** [elɛktritsiˈtɛːt] *f* ⟨-; *no pl*⟩ **1.** electricity. **2.** (*Strom*) electricity, (electric) current.

ˈElek·tri·ziˈtäts ... *in Zssgn* → *a.* **Strom ...** **~geˌsell·schaft** *f* (electric) power-supply company. **~ˌleh·re** *f* (science of) electricity, electrotechnology. **~ˌwerk** *n* power station.

Elek·tro|akuˑstik [elɛktroˀaˈkʊstɪk] *f* electroacoustics *pl* (*als sg konstruiert*). **~ˌanˌtrieb** [eˈlɛktro-] *m tech.* electric drive. **≈beˌar·bei·ten** [eˈlɛktro-] *v/t* ⟨*insep, no* **-ge-**, **h**⟩ *tech.* electro-machine. **~bio·lo·gie** [elɛktrobioloˈgiː] *f* electrobiology. **~ˌblech** [eˈlɛktro-] *n* electric(al) sheet. **~che·mie** [elɛktroçeˈmiː] *f* electrochemistry.

Elek·tro·de [elɛkˈtroːdə] *f* ⟨-; -n⟩ **1.** electrode; **negative ~** cathode, negative electrode; **positive ~** anode, positive electrode. **2.** *tech.* (*Schweiß≈*) electrode; **blanke (ummantelte) ~** bare (covered) electrode. **3.** *mot.* a) (*Batterie≈*) plate, b) (*Zündkerzen≈*) point.

Elekˈtro·den|ˌabˌstand *m* **1.** *electr.* electrode spacing. **2.** *mot.* a) electrode gap, b) spark-plug gap. **~meˌtall** *n* electrode metal. **~ˌspan·nung** *f* **1.** electrode potential. **2.** *gegen Kathode*: electrode voltage.

Elek·tro|dy·na·mik [elɛktrodyˈnaːmɪk] *f phys.* electrodynamics *pl* (*meist als sg konstruiert*). **≈dyˈna·misch** [-dyˈnaːmɪʃ] *adj* electrodynamic(al). **~enerˈgie** [-ˀenɛrˈgiː] *f* electrical energy, electric power. **~en·ze·pha·loˈgramm** [-ˀɛntsefaloˈgram] *n med.* electroencephalogram. **~ˌfahrˌzeug** [eˈlɛktro-] *n* electric vehicle, electromobile. **~geˌrät** [eˈlɛktro-] *n meist pl* electric appliance. **~geˌschäft** [eˈlɛktro-] *n* electrical (appliance) store. **~ˌhan·del** [eˈlɛktro-] *m econ.* electrical trade. **~ˌhänd·ler** [eˈlɛktro-] *m* electrical dealer. **~ˌherd** [eˈlɛktro-] *m* electric range (*od.* stove, *bes. Br.* cooker). **~in·duˌstrie** [eˈlɛktro-] *f* electrical industry. **~in·geˌnieur** [eˈlɛktro-] *m* electrical engineer. **~in·stal·laˌteur** [eˈlɛktro-] *m* electrician. **~kar·dioˈgramm** [-kardĭoˈgram] *n med.* electrocardiogram. **~kar·dioˈgraph** [-kardĭoˈgraːf] *m* electrocardiograph. **~ˌkar·ren** [eˈlɛktro-] *m* electric truck. **~kiˈne·tik** [-kiˈneːtɪk], **~ki·neˈma·tik** [-kineˈmaːtɪk] *f phys.* electrokinetics *pl* (*als sg konstruiert*). **~ˌko·cher** [eˈlɛktro-] *m* electric cooker, *colloq.* hot plate. **~lo·ko·moˌti·ve** [eˈlɛktro-] *f* electric locomotive.

Elek·tro·ly·se [elɛktroˈlyːzə] *f* ⟨-; -n⟩ *chem.* electrolysis. **elek·tro·lyˈsie·ren** [-lyˈziːrən] *v/t* ⟨*no* **ge-**, **h**⟩ electrolyze.

Elek·tro·lyt [elɛktroˈlyːt] *m* ⟨-en, *rare* -s; -e, *rare* -en⟩ *chem. phys.* electrolyte. **elek·troˈly·tisch** *adj* electrolytic.

Elek·tro|ma·gnet [elɛktromaˈgneːt] *m phys. tech.* electromagnet. **~maˌschi·nenˌbau** [eˈlɛktro-] *m tech.* **1.** (*als Fach*) electrical engineering. **2.** (*Industriezweig*) electrical engineering industry. **~meˈcha·nik** [-meˈçaːnɪk] *f* electromechanics *pl* (*als sg konstruiert*). **~meˈcha·ni·ker** [-meˈçaːnɪkər] *m* electrician. **≈meˈcha·nisch** [-meˈçaːnɪʃ] *adj* electromechanic(al). **~me·diˈzin** [-mediˈtsiːn] *f* electro-medicine. **~ˌmei·ster** [eˈlɛktro-] *m* (qualified) electrician. **~me·tall·urˈgie** [-metalʊrˈgiː] *f* electrometallurgy. **~meˈtrie** [-meˈtriː] *f* ⟨-; *no pl*⟩ electrometry. **≈ˈme·trisch** [-ˈmeːtrɪʃ] *adj* electrometric. **~moˈbil** [-moˈbiːl] *n* ⟨-s; -e⟩ → **Elektrofahrzeug**. **~ˈmo·tor** [-ˈmoːtɔr] *m* (electric) motor. **≈moˈto·risch** [-moˈtoːrɪʃ] *adj* electromotive.

Elek·tron [ˈeːlɛktrɔn] *n* ⟨-s; -en [elɛkˈtroːnən]⟩ *phys.* electron.

Elekˈtro·nen|ˌan·ord·nung *f nucl.* electron configuration. **~ˌausˌtritt** *m* electron exit. **~ˌbahn** *f* electron orbit (*od.* path). **~beˌschleu·ni·gung** *f* electron acceleration. **~beˌschuß** *m* electronic bombardment. **~ˌblitz** *n phot.* **1.** electronic flash, *Am. a.* speedflash. **2.** → **~ˌblitz·geˌrät** *n* electronic flash unit, *Am. a.* speedlight. **~ˌfernˌrohr** *n* electron telescope. **~geˌhirn** *n* electronic brain. **~ˌhül·le** *f nucl.* electron shell. **~ˌka·me·ra** *f phot.* electronic camera. **~kaˌno·ne** *f nucl.* electron gun. **~ˌla·dung** *f phys.* electronic charge. **~mi·kro·skoˌpie** *f* electron microscopy. **≈ˌop·tisch** *adj* electron-optical. **~ˌor·gel** *f mus.* electronic organ. **~ˌpaar** *n* electron pair. **~phyˌsik** *f* electronics *pl* (*als sg konstruiert*). **~ˌrech·ner** *m* computer. **~ˌröh·re** *f* electron(ic) (*od.* thermionic) valve (*Am.* tube). **~ˌschleu·der** *f* betatron, electron accelerator. **~ˌstrahl** *m meist pl phys.* electron (*od.* cathode) beam (*od.* ray). **~ˌuhr** *f* electronic clock. **~ˌvolt** *n* electron volt. **~ˌwol·ke** *f* electron cloud.

Elek·tro·nik [elɛkˈtroːnɪk] *f* ⟨-; *no pl*⟩ **1.** *phys.* electronics *pl* (*als sg konstruiert*). **2.** *tech.* electronic system (*od.* equipment).

elekˈtro·nisch I *adj* electronic. **II** *adv* electronically; ~ **gesteuerte Maschine** electronically automated machine, computer-controlled machine.

Elek·tro|ˌofen [eˈlɛktro-] *m* **1.** *metall.* electric furnace. **2.** (*Heizgerät*) electric stove (*od.* fire). **~ˈop·tik** [-ˈʔɔptɪk] *f* electro-optics *pl* (*als sg konstruiert*).

elek·tro|phil [elɛktroˈfiːl] *adj chem.* electrophilic. **~ˈphon** [-ˈfoːn] *adj mus.* electrophonic. **≈ˈphon** *n* ⟨-s; -e⟩ *mus.* electrophone.

Elek·tro|pho·re·se [elɛktrofoˈreːzə] *f* ⟨-; *no pl*⟩ *chem.* electrophoresis. **~phyˈsik** [-fyˈziːk] *f phys.* electrophysics *pl* (*als sg konstruiert*). **~phy·sio·loˈgie** [-fyzĭoloˈgiː] *f med.* electrophysiology. **≈platˌtie·ren** [eˈlɛktro-] *v/t* ⟨*insep, no* -ge-, h⟩ electroplate. **≈po·siˈtiv** [-poziˈtiːf] *adj phys.* electropositive. **~raˌsie·rer** [eˈlɛktro-] *m* electric razor. **~ˌschock** [eˈlɛktro-] *m med.* electroshock. **~ˌschwei·ßen** *n*, **~ˌschwei·ßung** [eˈlɛktro-] *f* electric (*od.* arc) welding.

Elek·tro·skop [elɛktroˈskoːp] *n* ⟨-s; -e⟩ *phys.* electroscope.

Elek·tro|ˌstahl [eˈlɛktro-] *m* electric steel. **~ˈsta·tik** [-ˈstaːtɪk] *f phys.* electrostatics *pl* (*als sg konstruiert*). **~ˈtech·nik** [-ˈtɛçnɪk] *f* ⟨-; *no pl*⟩ **1.** electrotechnology, electrotechnics *pl* (*als sg konstruiert*). **2.** (*als Fach*) electrical engineering. **~ˈtech·ni·ker** [-ˈtɛçnikər] *m* electrical engineer, electrotechnician. **≈ˈtech·nisch** [-ˈtɛçnɪʃ] *adj* electrotechnic(al), electric(al); **~es Bauteil** electrical component part; **~e Industrie** electrical industry. **~the·raˈpeu·tik** [-teraˈpɔʏtɪk] *f* electrotherapeutics *pl* (*als sg konstruiert*). **~the·raˈpie** [-teraˈpiː] *f* electrotherapy. **~ˈther·mik** [-ˈtɛrmɪk] *f phys.* electrothermics *pl* (*als sg konstruiert*). **~ˈty·pe** [-ˈtyːpə] *f print.* electrotype. **~tyˈpie** [-tyˈpiː] *f* electrotypy, galvanoplasty. **~ˌwerkˌzeug** [eˈlɛktro-] *n tech.* electric tool. **~ˌzäh·ler** [eˈlɛktro-] *m electr. tech.* electricity meter.

Elek·trum [eˈlɛktrum] *n* ⟨-s; *no pl*⟩ *metall.* electrum.

Ele·ment [eleˈmɛnt] *n* ⟨-(e)s; -e⟩ **1.** *lit.* (*Naturgewalt*) element; **die vier ~e** the four elements; **die entfesselten ~e** the raging elements; **der Aufruhr der ~e** the tumult (*od.* war) of the elements; **das feuchte** (*od.* **nasse**) ~ the liquid element. **2.** *pl* (*Grundbegriffe*) elements, rudiments. **3.** (*Bestandteil*) element, component, constituent, factor; **ein ~, das beiden Kunstrichtungen gemeinsam ist** an element common to both artistic schools; **er war das treibende ~ dabei** he was the prime mover (*od.* motor) of it, he was the motive power behind it. **4.** *pl contp.* (*criminal, etc*) elements. **5.** ⟨*only sg*⟩ *fig. colloq.* element; **in s-m ~ sein** be in one's element; **nicht in s-m ~ sein** be out of one's element, be like a fish out of water. **6.** *chem.* element; **einwertiges ~** univalent element, monad. **7.** *electr.* element, cell, battery; **galvanisches ~** galvanic (*od.* primary) cell; **nasses ~** wet cell; **radioaktives ~** radioelement; **thermoelektrisches ~** thermoelement. **8.** *tech.* a) *Wärmemessung*: thermocouple, b) (*Bauteil*) element, member, component, structural part, module, unit. **9.** *math.* element. **10.** *econ. bei Akkordarbeit*: piecework. **11.** *astr.* datum, element. **12.** *ling. psych. relig.* element. **ele·men·tar** [elemɛnˈtaːr] **I** *adj* **1.** (*naturhaft*) elemental; **~e Kraft** → **Elementargewalt**; **mit ~er Gewalt** with elemental force; **~e Leidenschaften** elemental (*od.* overpowering) passions. **2.** (*grundlegend*) basic, fundamental, elementary (*duty, right, etc*); **e-e ~e Begabung** an elemental (*od.* innate) talent. **3.** (*primär, primitiv*) elementary (*mathematics, etc*), rudimentary, primary; **ein ~er Fehler** an elementary mistake. **4.** *chem.* elemental, uncombined, pure. **II** *adv* **5.** elementally. **6.** elementarily.

Ele·menˈtar|anaˌly·se *f chem.* elementary (*od.* organic) analysis. **~ˌbauˌstein** *m phys.* elementary particle. **~beˌgriff** *m* fundamental (*od.* basic) idea. **~ˌbil·dung** *f* elementary (*od.* primary) education. **~ˌbuch** *n* primer, elementary book; **~ der Physik** (book on) elementary physics, introduction to physics, physics primer. **~erˌeig·nis** *n* **1.** → **Naturereignis**. **2.** *fig.* event of elemental force, act of God. **~ˌgeist** *m myth.* elemental (*od.* nature) spirit, elemental. **~geˌsetz** *n phys.* fundamental (*od.* basic) law. **~geˌwalt** *f* elemental (*od.* primeval) force; force of nature. **~ˌleh·rer** *m* primary teacher. **~phyˌsik** *f* elementary physics *pl* (*als sg konstruiert*). **~ˌscha·den·verˌsi·che·rung** *f* storm-and-tempest insurance. **~ˌschu·le** *f* → **Grundschule, Volksschule**. **~ˌteil·chen** *n nucl.* elementary particle. **~ˌun·terˌricht** *m* → **Anfangsunterricht**.

Eleˈmen·ten|ˌpaar *n tech.* pair of elements, (kinematic) pair; **höheres ~** higher pair. **~psy·cho·loˌgie** *f* psychological elementalism.

Eleˈmentˌkoh·le *f electr.* cell carbon.

Ele·mi [eˈleːmi] *n* ⟨-s; *no pl*⟩ *econ.* (gum) elemi.

Elen [ˈeːlɛn] *n, a. m* ⟨-s; -⟩ → **Elch. ~an·tiˌlo·pe** *f zo.* eland.

Elend [ˈeːlɛnt] *n* ⟨-(e)s; *no pl*⟩ **1.** misery, distress, wretchedness, calamity, affliction; **menschliches ~** human misery; **ein Bild des ~s, (wie) ein Häufchen ~** a picture of misery; **das ~ des Krieges** the miseries *pl* of war; **j-n ins ~ bringen** plunge s. o. into misery (→ *a.* 2); *colloq.* **es ist ein ~!** it's a shame!, it's a scandal!; **es ist schon ein ~ mit ihr!** a) it's a shame about her!, b) she's a real problem!, there is no end of trouble with her!; **ich kriegte das heulende ~** I got the horrors (*od.* dismals, *durch Alkohol*: a crying jag); **das graue ~ kam mich an** I was filled with black despair. **2.** (*Armut*) misery, poverty, distress, destitution, wretchedness, need; **j-n ins ~ stürzen** (*od.* **bringen**) plunge s. o. into distress (*od.* misery), ruin s. o.; **im** (**größten**) **~ leben** live in (utter) misery (*od.* destitution); **er geriet in großes ~** he was reduced to great distress (*od.* misery, poverty). **3.** *colloq.* **langes ~** tall streak, beanpole; **ein langes ~ sein** be as tall as a lamppost. **ˈelend I** *adj* ⟨-er; (e)st⟩ **1.** (*jämmerlich*) miserable, wretched, desolate, distressed; **ein ~es Leben** a miserable (*od.* wretched) life; **ein ~es Nest** a wretched (*od.* miserable) hole (of a place). **2.** (*arm, ärmlich*) poor, distressed, destitute, poverty-stricken, wretched, miserable, shabby; **e-e ~e Hütte** a wretched hovel; **in ~en Verhältnissen** in miserable (*od.* wretched) conditions, in dire poverty. **3.** (*krank*) wretched, poorly, ill, sick. **4.** *contp.* (*gemein*) mean, vile, miserable, awful, *vulg.* bloody; **~e Lügen** shameless lies. **5.** (*erbärmlich*) deplorable, sorry, poor, pitiable, pitiful, *sl.* rotten; **ein ~es Machwerk** a miserable botch. **6.** *colloq.* (*schrecklich*) terrible, awful, dreadful. **II** *adv* **7.** miserably; **~ zugrunde gehen** perish miserably, die a miserable death. **8.** (*kränklich*) poorly; **sich ~ fühlen** feel ill (*od.* wretched); **~ aussehen** look ill (*od.* wan, *colloq.* seedy). **9.** *colloq.* (*sehr*) terribly, awfully, dreadfully (*cold, etc*); **ein ~ weiter Weg** a terribly long way; **das tut ~ weh** it hurts like hell. **ˈElen·de** *m, f* ⟨-n; -n⟩ *lit.* (miserable) wretch. **elen·dig** [ˈeːlɛndɪç] *adj u. adv dial. for* **elend**. **ˈelen·dig·lich** *adv* → **elend** II.

ˈElends|quarˌtier *n* squalid quarters *pl*, hovel, shanty. **~ˌvier·tel** *n meist pl* slum(s *pl*).

Eleu·si·ni·en, die [elɔʏˈziːnĭən] *pl antiq.* the Eleusinia, the Eleusinian mysteries. **eleuˈsi·nisch** [-nɪʃ], **eleu·sisch** [eˈlɔʏzɪʃ] *adj* Eleusinian; **≈e Mysterien** → **Eleusinien**.

Ele·va·ti·on [elevaˈtsĭoːn] *f* ⟨-; -en⟩ *astr. math. mil. relig.* elevation. **Ele·va·tor** [eleˈvaːtɔr] *m* ⟨-s; -en [-vaˈtoːrən]⟩ **1.** *tech.* a) (*Aufzug*) elevator, b) (*Hebezeug*) hoist. **2.** → **Becherwerk**.

Ele·ve [eˈleːvə] *m* ⟨-n; -n⟩, **Ele·vin** [eˈleːvɪn] *f* ⟨-; -nen⟩ **1.** trainee. **2.** *Forstwesen*: a) student, b) apprentice. **3.** → **Schauspielschüler(in)**. **4.** → **Ballettschüler(in)**.

elf [ɛlf] *adj* ⟨*cardinal number*⟩ eleven; **um ~** (**Uhr**) at eleven (o'clock).

Elf[1] *f* ⟨-; -en⟩ **1.** (number) eleven. **2.** *Fußball*: side, team.

Elf[2] *m* ⟨-en; -en⟩ *myth.* elf, fairy, sprite, pixie.

El·fe [ˈɛlfə] *f* ⟨-; -n⟩ → **Elf**[2].

ˈElf|ˌeck *n* ⟨-(e)s; -e⟩ *math.* hendecagon. **≈ˌeckig** (*getr.* **-k·k-**) *adj* hendecagonal.

ˈEl·fenˌbein *n* ⟨-(e)s; *no pl*⟩ ivory; *hist.* **schwarzes ~** black ivory (*negro slaves*). **ˈel·fenˌbei·ne(r)n** [-ˌbaɪnə(r)n] *adj* (of) ivory; **elfenbeinerner Turm** → **Elfenbeinturm**.

ˈel·fenˌbein|ˌfar·ben, ~ˌfar·big *adj* ivory-colo(u)red, ivory (white). **≈paˌpier** *n* ivory paper. **≈schnit·zeˌrei** *f* ivory carving. **≈ˌschwarz** *n* ivory (*od.* bone) black. **≈ˌturm** *m fig. lit.* **im ~ leben** live in an ivory tower. **≈ˌweiß** *n* ivory (white).

ˈel·fen·haft *adj* elfish, elfin.

ˈEl·fen|ˌkind *n myth.* elf-child. **~ˌkö·nig** *m* king of the elves, fairy-king. **~ˌkö·ni·gin** *f* fairy queen. **~ˌreich** *n* elfland. **~ˌrei·gen** *m* fairy dance. **~ˌring** *m* → **Hexenring**.

ˈEl·fer *m* ⟨-s; -⟩ (figure) eleven. **~ˌpro·be** *f math.* casting out elevens. **~ˌrat** *m im Karneval*: committee of eleven.

ˈelf|ˌfach I *adj* elevenfold. **II ≈e, das** ⟨-n⟩ the elevenfold (amount). **~ˌjäh·rig** *adj* **1.** eleven-year-old, *a girl etc* of eleven. **2.** lasting (*od.* of) eleven years. **~ˌmal** *adv* eleven times. **ˌElf'me·ter** *m* ⟨-s; -⟩ *Fußball*: penalty (kick); **e-n ~ geben** award a penalty. **~ˌpunkt** *m* penalty spot.

elft *adj* **1.** ⟨*ordinal number*⟩ eleventh. **2.** *only in*: **zu ~** (the) eleven of us (*od.* you, them); **wir sind zu ~** we are eleven, there are eleven of us. **'Elf·te** *m, f* ⟨-n; -n⟩, *n* ⟨-n; *no pl*⟩ eleventh. **'elf·tel I** *adj* eleventh (part) of. **II ♀** *n* ⟨-s⟩, *Swiss bes. m* ⟨-s; -⟩ eleventh (part). **'elf·tens** *adv* in the eleventh place.

eli·die·ren [eli'di:rən] *v/t* ⟨*no* **ge-, h**⟩ *ling. metr.* elide. **Eli'die·rung** *f* ⟨-; -en⟩ elision.

Eli·mi·na·ti·on [elimina'tsĭo:n] *f* ⟨-; -en⟩ *bes. math.* elimination. **eli·mi'nier·bar** *adj bes. math.* eliminable. **eli·mi'nie·ren** [-'ni:rən] *v/t* ⟨*no* **ge-, h**⟩ *allg.* eliminate. **Eli·mi'nie·rung** *f* ⟨-; -en⟩ elimination.

Eli·sa·be·tha·ner [elizabe'ta:nər] *m* ⟨-s; -⟩ *hist.* Elizabethan. **eli·sa·be'tha·nisch** *adj* Elizabethan. **Eli·sa·bethˌstil** [e'li:zabɛt-] *m arch.* Elizabethan style.

Eli·si·on [eli'zĭo:n] *f* ⟨-; -en⟩ *ling. metr.* elision.

eli·tär [eli'tɛ:r] *adj* elitist.

Eli·te [e'li:tə] *f* ⟨-; -n⟩ *Br.* élite, elite, flower, pick, *colloq.* cream. **~ˌtrup·pe** *f mil.* elite (*od. colloq.* crack) troops *pl.*

Eli·xier [elɪ'ksi:r] *n* ⟨-s; -e⟩ *pharm.* elixir.

Elk [ɛlk] *m* ⟨-(e)s; -e⟩ *zo.* Canadian elk.

'EllˌbeuÂ·ge *f anat.* bend of the elbow.

'Ellˌbo·gen *m* ⟨-s; -⟩ elbow; **j-n mit dem ~ anstoßen** nudge s.o.; **(j-n) mit dem ~ stoßen** elbow (s.o.); *colloq.* **s-e ~ (ge)brauchen** use one's elbows (*a. fig.*); **sich** (*dat*) **mit den ~ e-n Weg bahnen (durch)** elbow one's way (through *a crowd*); *fig.* **die ~ frei haben** have elbow-room (*od.* free scope, a free hand); *fig. colloq.* **er hat (k-e) ~** he has got (no) push. **~ˌfrei·heit** *f fig. colloq.* elbow-room. **~geˌlenk** *n anat.* elbow joint. **~ˌkno·chen** *m anat.* ulna. **~ˌschutz, ~ˌschüt·zer** *m* elbow guard.

El·le ['ɛlə] *f* ⟨-; -n⟩ **1.** *anat.* ulna. **2.** *obs.* (*Längenmaß*) ell. **3.** *obs.* ell (measure); *fig.* **alles mit der gleichen ~ messen** apply the same standard to everything; *humor.* **als hätte er e-e ~ verschluckt** as if he had swallowed a poker.

'El·len|ˌbo·gen *m* ⟨-s; -⟩ → **Ellbogen.** **♀ˌlang** *adj* **1.** *obs.* an ell long. **2.** *fig. colloq.* **ein ~er Bericht** an interminable (*od.* a long-winded) report; **e-e ~e Reihe von Zahlen** a string of figures a yard long. **~ˌmaß** *n* ell (measure).

El·lip·se [ɛ'lɪpsə] *f* ⟨-; -n⟩ **1.** *astr. math.* ellipse. **2.** *ling.* ellipsis, ellipse. **3.** (*Schmuck*) jewel pin.

El'lip·sen|ˌbahn *f astr.* elliptic(al) orbit. **♀ˌför·mig** [-ˌfœrmɪç] *adj* elliptic(al). **~ˌzir·kel** *m* ellipsograph, elliptic compass.

El·lip·so·id [ɛlɪpso'i:t] *n* ⟨-(e)s; -e⟩ *math.* ellipsoid. **el·lip·soi·disch** [-'i:dɪʃ] *adj* ellipsoidal.

el·lip·tisch [ɛ'lɪptɪʃ] *adj* elliptic(al).

'ElmsˌfeuÂ·er ['ɛlms-] *n meteor.* St. Elmo's fire (*od.* light).

'E-ˌLok *f* ⟨-; -s⟩ *rail.* electric locomotive.

Elon·ga·ti·on [elɔŋga'tsĭo:n] *f* ⟨-; -en⟩ *astr. phys.* elongation; *phys. a.* a) swing, deflection, b) amplitude.

elo·quent [elo'kvɛnt] *adj obs.* eloquent. **Elo'quenz** [-'kvɛnts] *f* ⟨-; *no pl*⟩ *obs.* eloquence.

Elo'xal·verˌfah·ren [ɛɔ'ksa:l-] *n chem. tech.* eloxal process.

elo·xie·ren [ɛɔ'ksi:rən] *v/t* ⟨*no* **ge-, h**⟩ *chem. tech.* anodize.

El·säs·ser ['ɛlzɛsər] *m* ⟨-s; -⟩, **'El·säs·se·rin** *f* ⟨-; -nen⟩ Alsatian. **'el·säs·sisch I** *adj* Alsatian. **II** *ling.* **♀** ⟨*generally undeclined*⟩, **das ♀e** ⟨-n⟩ Alsatian.

'Elsˌbee·re *f bot.* beam-tree berry.

El·ster ['ɛlstər] *f* ⟨-; -n⟩ *orn.* magpie; *colloq.* **sie ist e-e diebische ~** she is thievish as a magpie, she is light-fingered.

El·ter ['ɛltər] *n, m* ⟨-s; -n⟩ *biol. med. psych.* parent.

'el·ter·lich *adj* parental; → **Gewalt** 5.

'El·tern *pl* parents; *fig. humor.* **nicht von schlechten ~** not half bad, terrific. **~ˌabend** *m ped.* parent-teacher meeting. **~ˌbeiˌrat** *m* parents' council. **~ˌhaus** *n* **1.** (one's) parents' home. **2.** *fig.* family, home, parental roof; **das ~ verlassen** leave home. **~ˌlie·be** *f* parental love. **♀los** *adj* parentless, orphaned, orphan. **~ˌmord** *m* parricide, parenticide. **~ˌpaar** *n* parents *pl.* **~ˌpflicht** *f* parental duty. **~ˌrat** *m* → Elternbeirat. **~schaft** *f* ⟨-; *no pl*⟩ **1.** parenthood. **2.** *collect.* (the) parents *pl.* **~ˌsprechˌtag** *m ped.* visiting (*od.* open) day. **~ˌteil** *m* parent. **~verˌsamm·lung** *f ped.* parents' meeting. **~ˌzeu·gung** *f biol.* parental generation, tocogony.

elu·vi·al [elu'vĭa:l] *adj geol.* eluvial. **♀ˌbo·den** *m* → **Elu·vi·um** [e'lu:vĭʊm] *n* ⟨-s; **Eluvien**⟩ eluvium, residual soil.

ely·sie·ren [ely'zi:rən] *v/t* ⟨*no* **ge-, h**⟩ *tech.* machine *s.th.* electrolytically.

ely·sisch [e'ly:zɪʃ] *adj myth.* Elysian; **die ~en Gefilde** the Elysian fields. **Ely·si·um** [e'ly:zĭʊm] *n* ⟨-s; *no pl*⟩ Elysium.

Ely·tron ['e:lytrɔn] *n* ⟨-s; **Elytren** [e'ly:trən]⟩ *zo.* elytron, wing cover.

El·ze·vir ['ɛlzəvi:r] *npr f* ⟨-; *no pl*⟩ *print.* Elzevir (type).

Email [e'maɪ(l)] *n* ⟨-s; -s⟩ *tech., a. physiol.* enamel. **~ˌar·beit** *f* enamel (work). **~ˌdraht** *m* enamel(l)ed wire. **~ˌfar·be** *f* enamel paint. **~geˌschirr** *n* enamel(ware). **~ˌlack** *m* enamel varnish.

Email·le [e'maljə; e'maɪ] *f* ⟨-; -n [-jən; -ən]⟩ → **Email.** **Email·leur** [ema(l)'jø:r] *m* ⟨-s; -e⟩ enamel(l)er. **email·lie·ren** [ema(l)'ji:rən] *v/t* ⟨*no* **ge-, h**⟩ *tech.* enamel. **Email'lie·rer** *m* ⟨-s; -⟩ enamel(l)er. **Email'lierˌofen** *m* enamel(l)ing oven. **Email'lie·rung** *f* ⟨-; -en⟩ enamel(l)ing.

Email|ˌma·ler [e'maɪ(l)-] *m* enamel painter. **~ˌwa·ren** *pl* enamelware *sg.*

Ema·na·ti·on [emana'tsĭo:n] *f* ⟨-; -en⟩ *allg.* emanation. **ema·nie·ren** [ema'ni:rən] *v/i* ⟨*no* **ge-, sein**⟩ *philos.* emanate.

Eman·ze [e'mantsə] *f* ⟨-; -n⟩ *colloq.* women's libber.

Eman·zi·pa·ti·on [emantsipa'tsĭo:n] *f* ⟨-; -en⟩ *allg.* emancipation; **~sbewe·gung** *f der Frauen*: Women's Liberation (Movement), *colloq.* Women's Lib. **eman·zi·pa·to·risch** [emantsipa'to:rɪʃ] *adj* emancipatory. **eman·zi·pie·ren** [emantsi'pi:rən] **I** *v/t* ⟨*no* **ge-, h**⟩ emancipate. **II** *v/reflex* **sich ~** emancipate o.s., become emancipated. **Eman·zi'pie·rung** *f* ⟨-; -en⟩ emancipation.

Em·bar·go [ɛm'bargo] *n* ⟨-s; -s⟩ embargo; **internationales (staatsrechtliches) ~** hostile (civil) embargo; **ein ~ auf ein Schiff legen, ein Schiff mit e-m ~ belegen** lay an embargo on a vessel, embargo a vessel; **ein ~ aufheben** take off (*od.* raise) an embargo.

Em·blem [ɛm'ble:m; ã'ble:m] *n* ⟨-s; -e⟩ emblem. **em·ble·ma·tisch** [ɛmble'ma:tɪʃ; ãble-] *adj* emblematic(al).

Em·bo·lie [ɛmbo'li:] *f* ⟨-; -n [-ən]⟩ *med.* embolism. **em'bo·lisch** [-'bo:lɪʃ] *adj* embolic. **Em·bo·lus** ['ɛmbolʊs] *m* ⟨-; -li [-li]⟩ *med.* embolus.

Em·bryo ['ɛmbryo] *m* ⟨-s; -s *u.* -nen [-'o:nən]⟩ *biol.* embryo. **~ge'ne·se** *f* ⟨-; *no pl*⟩ embryogeny. **~'lo·ge** [-'lo:gə] *m* ⟨-n; -n⟩ *med.* embryologist. **~lo'gie** [-lo'gi:] *f* ⟨-; *no pl*⟩ embryology. **♀'lo·gisch** *adj* embryologic(al).

em·bryo·nal [ɛmbryo'na:l] *adj biol. med.* embryonic; *fig.* **(noch) im ~en Zustand** (still) in embryo. **♀geˌwe·be** *n* embryonic tissue. **♀ˌhül·le** *f* embryonic membrane (*od.* sheath). **♀ˌzuˌstand** *m* embryonic stage.

'Em·bryoˌsack *m bot.* embryo(nic) sac.

Emen·da·ti·on [emɛnda'tsĭo:n] *f* ⟨-; -en⟩ emendation. **emen'die·ren** [-'di:rən] *v/t* ⟨*no* **ge-, h**⟩ emend, emendate.

eme·ri·tie·ren [emeri'ti:rən] *v/t* ⟨*no* **ge-, h**⟩ **j-n ~** emerit (*od.* retire) s.o. **eme·ri'tiert** *pp u. adj* retired, emeritus; **~er Professor** → **Emeritus.** **Eme·ri'tie·rung** *f* ⟨-; -en⟩ retirement. **Eme·ri·tus** [e'me:ritʊs] *m* ⟨-; -ti [-ti]⟩ (professor) emeritus.

Eme·ti·kum [e'me:tikʊm] *n* ⟨-s; -ka [-ka]⟩ *pharm.* emetic. **eme·tisch** [e'me:tɪʃ] *adj* emetic.

Emi·grant [emi'grant] *m* ⟨-en; -en⟩ emigrant, *bes. hist.* émigré. **Emi'gran·ten·tum** *n* ⟨-s; *no pl*⟩ emigrants *pl.* **Emi·gra·ti·on** [emigra'tsĭo:n] *f* ⟨-; -en⟩ **1.** emigration; **innere ~** inner emigration, passive resistance. **2.** exile; **in der ~ leben** live in exile; **in die ~ gehen** go into exile, emigrate. **3.** (*die Emigranten*) (the) emigrants *pl.* **emi'grie·ren** [-'gri:rən] *v/i* ⟨*no* **ge-, sein**⟩ emigrate.

emi·nent [emi'nɛnt] **I** *adj* eminent, outstanding; **von ~er Bedeutung** of eminent (*od.* supreme, vital) importance. **II** *adv* **~ begabt** eminently (*od.* extremely) talented. **Emi'nenz** [-ts] *f* ⟨-; -en⟩ *R.C.* Eminence (*title of cardinal*); **Eure ~** Your Eminence; **Graue ~** éminence grise, grey (*Am.* gray) eminence.

Emir ['e:mɪr; e'mi:r] *m* ⟨-s; -e ['e:mi:rə; e'mi:rə]⟩ emir, ameer. **Emi·rat** [emi'ra:t] *n* ⟨-(e)s; -e⟩ emirate.

Emis·sär [emɪ'sɛ:r] *m* ⟨-s; -e⟩ emissary.

Emis·si·on [emɪ'sĭo:n] *f* ⟨-; -en⟩ **1.** *econ.* issue. **2.** *phys.* emission. **3.** *med.* a) (*Entleerung*) emission, b) *von Samen*: ejaculation. **4.** *Swiss for* **Rundfunksendung.**

Emis·si'ons|ˌbank *f econ.* bank of issue, issuing bank. **♀ˌfä·hig** *adj* **1.** *econ.* issuable. **2.** *phys.* emissive. **~ˌfä·hig·keit** *f phys.* emissivity. **~geˌschäft** *n econ.* issuing business (*einzelnes*: transaction). **~konˌsor·ti·um** *n* underwriting syndicate. **~ˌkurs** *m* rate of issue, issue price. **~ˌwäh·rung** *f econ.* currency of issue.

Emit·tent [emɪ'tɛnt] *m* ⟨-en; -en⟩ *econ.* issuing establishment. **emit'tie·ren** [-'ti:rən] *v/t* ⟨*no* **ge-, h**⟩ **1.** *econ.* issue. **2.** *phys.* emit.

Em·men·ta·ler ['ɛmənˌta:lər] *m* ⟨-s; -⟩, *a.* **~ 'Kä·se** *m* Emmental (*od.* Swiss) (cheese), Gruyère (cheese).

'e-ˌMoll *n* ⟨-; *no pl*⟩ *mus.* E minor.

Emo·ti·on [emo'tsĭo:n] *f* ⟨-; -en⟩ emotion, feeling. **emo·tio'nal** [-tsĭo'na:l] *adj* emotional. **Emo·tio·na'lis·mus** [-tsĭona'lɪsmʊs] *m* ⟨-; *no pl*⟩ emotionalism. **emo·tio'nell** [-tsĭo'nɛl] *adj* emotional.

Em·pa·thie [ɛmpa'ti:] *f* ⟨-; -n [-ən]⟩ *psych.* empathy.

emp·fahl [ɛmˈpfaːl] *1 u. 3 sg pret,* **emp·fäh·le** [ɛmˈpfɛːlə] *1 u. 3 sg pret subj of* **empfehlen.**

emp·fand [ɛmˈpfant] *1 u. 3 sg pret,* **emp·fän·de** [ɛmˈpfɛndə] *1 u. 3 sg pret subj of* **empfinden.**

Emp·fang [ɛmˈpfaŋ] *m* ⟨-(e)s; ⸗e⟩ **1.** ⟨*only sg*⟩ receipt; **den ~ e-s Briefes bestätigen** acknowledge receipt of a letter; **et. in ~ nehmen** receive (*od.* take) s.th., take delivery of s.th.; *colloq.* **j-n in ~ nehmen** receive s.o., meet s.o. (**am Bahnhof** at the station); **j-m den ~ e-r Geldsumme bescheinigen** give s.o. (*od.* make s.o. out) a receipt for a sum of money; *econ.* **zahlbar bei ~ (der Waren)** cash (*od.* payable) (up)on receipt (on delivery); **zahlbar nach ~ der Rechnung** payment on receipt of bill. **2.** ⟨*only sg*⟩ (*Begrüßung, Aufnahme*) reception, welcome; **ein herzlicher ~** a warm welcome; **ihm wurde ein begeisterter (kühler) ~ bereitet** he was given an enthusiastic (a cool) reception; *fig.* **dem Feind wurde ein warmer** (*od.* **heißer**) **~ bereitet** the enemy met with a hot reception. **3.** ⟨*only sg*⟩ (*Büro in Hotels etc*) reception (desk *od.* office). **4.** (*Veranstaltung*) (formal) reception; **e-n ~ geben** hold (*od.* give) a reception. **5.** ⟨*only sg*⟩ *Radio*: reception; **auf ~ schalten** switch over to reception; **auf ~ bleiben** (*od.* **stehen**) stand by.

emp·fan·gen[1] [ɛmˈpfaŋən] **I** *v/t* ⟨**empfängt, empfing, empfangen,** *h*⟩ **1.** receive, get (*letters, presents, orders, impressions, etc*); **ein Gehalt ~** draw a salary; → **Abendmahl** (*etc*). **2.** (*begrüßen*) receive, welcome; **freundlich (kühl) ~ werden** meet with a kind (*od.* friendly) (cool) reception, be kindly (coolly) received; **j-n am Bahnhof ~** meet s.o. at the station; **er wurde vom Papst ~** he was received in audience by the pope; **sie empfängt niemanden** she refuses to see anyone, she is not at home to anyone. **3.** *Radio etc*: receive; **e-n Sender ~** get (*od.* pick up, receive) a station. **4.** *med.* (*Kind*) conceive. **II** *v/i* **5.** receive, be at home; *lit.* **Frau X empfängt heute nicht** Mrs. X is not at home (*od.* does not receive) today. **6.** *med.* (*schwanger werden*) conceive, become pregnant. **III** ∿ *n* ⟨-s⟩ **7.** receiving (*etc*). **8.** → **Empfang** 1, 2. **empˈfan·gen**[2] *pp of* **empfangen**[1]. **Emp·fän·ger** [ɛmˈpfɛŋər] *m* ⟨-s; -⟩ **1.** receiver, recipient. **2.** *Post*: addressee; **~ unbekannt** addressee unknown; **~ zahlt** cash (*Am.* collect) on delivery. **3.** *econ.* a) recipient, b) *von Überweisungen*: payee, recipient, c) *von Warensendungen*: consignee, d) (*Abtretungs*∿) transferee, assignee, e) *von Garantien*: warrantee. **4.** *med. von Blutspende*: donee. **5.** *Radio*: (radio, *Br. a.* wireless) receiver, (receiving) set; **~röh·re** *f* receiving valve (*Am.* tube). **6.** (telegraph) receiver. **Empˈfän·ge·rin** *f* ⟨-; -nen⟩ → **Empfänger** 1–4.

emp·fäng·lich [ɛmˈpfɛŋlɪç] *adj* (**für** to) **1.** susceptible, receptive, responsive, sensitive; **für Komplimente ~** susceptible to compliments; **~ für neue Ideen** receptive (*od.* open, alive) to new ideas; **für Eindrücke ~ sein** be impressionable; **er ist immer ~ für Trinkgelder** he never says no to a tip; **j-n für e-n Plan ~ machen** (*od.* **stimmen**) interest s.o. in a plan. **2.** *med.* predisposed, prone, susceptible, liable (*to diseases*). ∿**keit** *f* ⟨-; *no pl*⟩ (**für** to) **1.** susceptibility, receptiveness, receptivity. **2.** *med.* predisposition, proneness.

Empˈfangˌnah·me *f* ⟨-; *no pl*⟩ *bes. econ.* → **Empfang** 1.

Emp·fäng·nis [ɛmˈpfɛŋnɪs] *f* ⟨-; *no pl*⟩ *physiol.* conception; **3 Monate nach der ~** 3 months after conception; → **unbefleckt.** ∿ˌ**frei** *adj* **~e Tage** "safe period". ∿**verˌhü·tend** *adj* (*a.* **~es Mittel**) contraceptive. **~verˌhü·tung** *f* contraception. **~ˌzeit** *f a. jur.* period of (possible) conception.

Empˈfangs¦ˌanˌla·ge *f Radio*: receiving system (*od.* equipment). **~anˌten·ne** *f* receiving aerial (*Am.* antenna). ∿**beˌrech·tigt** *adj econ. jur.* authorized to receive. **~beˌrech·tig·te** *m, f* ⟨-n; -n⟩ authorized recipient; *econ.* legitimate consignee. **~beˌreich** *m Radio*: reception (*od.* service) area. **~beˌschei·ni·gung** *f econ.* receipt. **~beˌstä·ti·gung** *f* acknowledgement of receipt. **~büˌro** *n* reception office. **~ˌchef** *m e-s Hotels*: reception (*Am.* room) clerk. **~ˌda·me** *f* receptionist. **~geˌrät** *n* → **Empfänger** 5. **~ˌhal·le** *f* reception hall. **~ko·miˌtee** *n* reception committee. **~ˌlei·stung** *f* received power. **~ˌraum, ~ˌsaal, ~saˌlon** *m* reception hall. **~ˌschein** *m econ.* receipt. **~spe·diˌteur** *m* receiving agent. **~sta·tiˌon** *f* **1.** *rail.* point of destination. **2.** *Radio*: receiving station. **~ˌstö·rung** *f meist pl Radio*: interference; *atmosphärische*: statics *pl*; *beabsichtigte*: jamming. **~ˌtag** *m* at-home (day). **~verˌhält·nis·se** *pl Radio*: (*good, bad*) reception *sg.* **~ˌzim·mer** *n* reception room, parlo(u)r.

emp·feh·len [ɛmˈpfeːlən] **I** *v/t* ⟨**empfiehlt, empfahl, empfohlen,** *h*⟩ **1.** (*j-n, et.*) recommend (**als** as, **für** for); **j-m et. ~** recommend s.th. to s.o.; **sehr (nicht) zu ~** highly (not) recommended; *lit.* **~ Sie mich Ihren Eltern** please remember me (*od.* give my kind regards) to your parents. **2.** *lit.* (*anvertrauen*) (*dat* to) (re)commend; **s-e Seele Gott ~** commend one's soul to God. **II** *v/reflex* **sich ~ 3.** *Sache*: (**für** for) (re)commend itself, be recommended, *Verfahren etc*: *a.* suggest itself; **gute Qualität empfiehlt sich selbst** good quality is its own recommendation (*od.* speaks for itself). **4.** (*weggehen*) take one's leave; → **französisch** II. **5. sich j-m ~** give one's regards (*od.* present one's compliments, pay one's respects) to s.o. **III** *v/impers* **6. es empfiehlt sich** it is recommended (*od.* advisable) (**et. zu tun** to do s.th.); → *a.* 3. **empˈfeh·lensˌwert** *adj* (to be) recommended; (*ratsam*) advisable. **Empˈfeh·lung** *f* ⟨-; -en⟩ **1.** recommendation; (*Rat*) advice; **auf (d-e) ~** (up)on (your) recommendation. **2.** (*Zeugnis*) recommendation, reference, introduction; **gute ~en haben** have good references. **3.** *meist pl lit.* respects *pl*, regards *pl*, compliments *pl*; **mit e-r ~ an Ihre Frau Gemahlin** please remember me (*od.* give my kind regards) to your wife; **mit den besten ~en** with kind regards. **4.** → **Empˈfeh·lungsˌschrei·ben** *n* (letter of) recommendation (*od.* introduction), reference.

emp·fiehl [ɛmˈpfiːl] *imp,* **empˈfiehlt** *3 sg pres of* **empfehlen.**

empˈfind·bar *adj* perceptible, sensible. **emp·fin·den** [ɛmˈpfɪndən] **I** *v/t* ⟨**empfindet, empfand, empfunden,** *h*⟩ **1.** feel, have (*regrets, etc*); **die Tragweite e-r Sache (deutlich) ~** be aware (*od.* conscious) of the importance of s.th.; **nichts für j-n ~ können** have no feelings for s.o., feel nothing for s.o.; **j-s Verlust schmerzlich ~** feel the loss of s.o. keenly; **et. als ungerecht ~** feel s.th. to be unjust, find s.th. (to be) unjust; → **Mitleid** 1. **2.** (*Kälte, Schmerz etc*) feel, have a sensation of; **k-n Schmerz ~** feel no pain, be insensible to pain. **II** *v/i* **3.** feel; **mit j-m ~** feel with (*od.* for) s.o.; **ich empfinde da ganz anders** I feel quite differently (about that). **III** *v/reflex* **sich ~ 4. sich als Dichter ~** regard o.s. as a poet. **IV** ∿ *n* ⟨-s⟩ **5.** feeling (*etc*). **6.** (*Dafürhalten*) opinion; **nach m-m** ∿ to my mind, in my opinion, as I see it, the way I feel about it. **7.** (*Gefühl*) feeling, sense; **sie hat überhaupt kein** ∿ **dafür** she has no feeling for that, she is quite insensitive to that; **künstlerisches** ∿ artistic sense. **8.** → **Empfindung.** **~d** *adj lit.* feeling, sensitive, sentient.

emp·find·lich [ɛmˈpfɪntlɪç] **I** *adj* **1.** *allg.* sensitive (**gegen** to); (*zart*) *a.* delicate, tender; *Person*: *a.* feeling *the cold* (*etc*) (very much); *fig.* **~e Stelle** tender (*od.* sore) spot. **2.** *fig.* a) (*leicht gekränkt*) easily offended, touchy, sensitive, thin-skinned, b) (*reizbar*) irritable, testy, c) (*heikel*) squeamish. **3.** (*verwundbar*) vulnerable. **4.** (*fühlbar*) sensible, considerable; *Kälte etc*: severe; *Mangel, Lücke*: noticeable, critical; *Schmerz etc*: sharp, acute; *Strafe etc*: severe, drastic; *Verlust etc*: heavy, bad. **5.** *phot.* sensitive; **~ machen** sensitize. **6.** *med.* (**gegen** to) (hyper)sensitive, allergic. **II** *adv* **7.** severely, badly; **~ kalt** bitterly cold; **~ getroffen** severely (*od.* badly) hit; **~ reagieren** overreact. ∿**keit** *f* ⟨-; *no pl*⟩ **1.** (**gegen** to) sensitiveness, sensitivity. **2.** *e-s Materials etc*: delicateness, delicacy. **3.** (*leichtes Gekränktsein*) touchiness, sensitiveness; (*Reizbarkeit*) irritability. **4.** *von Strafe etc*: severity. **5.** *phot.* a) sensitivity, b) *als Maßeinheit*: speed. **6.** *med.* (**gegen** to) sensitivity, allergy.

Empˈfind·lich·keits¦ˌgrad *m opt.* sensitiveness, degree of sensitivity. **~ˌmes·ser** *m* sensitometer.

empˈfind·sam *adj* **1.** (*feinfühlig*) sensitive, sentient. **2.** (*gefühlvoll*) sentimental. ∿**keit** *f* ⟨-; -en⟩ **1.** sensitivity, sensitiveness. **2.** sentimentality, sentimentalism; *Literatur*: **die ~** (the age *od.* literature of) Sensibility.

Empˈfin·dung *f* ⟨-; -en⟩ **1.** (*Gefühl*) sensation, (*Sinneswahrnehmung*) *a.* perception. **2.** *fig.* a) (*Gefühl, Eindruck*) feeling, sentiment, b) (*Gemütsbewegung*) emotion; **s-e ~en bei diesem Anblick** his feelings at this sight; **ich habe die ~, daß** I have a feeling that. **3.** *psych.* sensation, sense datum.

empˈfin·dungs¦ˌfä·hig *adj* **1.** (**für** *Schmerzen etc*) sensitive (to), susceptible (to). **2.** capable of feeling (*od.* emotion), feeling, sentient. ∿ˌ**gren·ze** *f psych.* limen, threshold. ∿ˌ**kraft** *f* → **Empfindungsvermögen.** **~los** *adj* **1.** insensitive (**gegen, für** to). **2.** *Körperglied*: numb, dead. **3.** *fig.* insensitive, unfeeling, callous, hardhearted. ∿**lo·sig·keit** *f* ⟨-; *no pl*⟩ insensitiveness (**gegen, für** to); numbness (*etc*). ∿ˌ**nerv** *m anat.* sensory nerve. ∿**verˌmö·gen** *n* **1.** *der Sinne*: sensitivity, faculty of perception. **2.** *gefühlsmäßiges*: capacity for feeling (*od.* emotion), emotionality, sensitivity. ∿ˌ**wort** *n* ⟨-(e)s; ⸗er⟩ *ling.* interjection. ∿ˌ**zel·le** *f physiol.* sensory cell.

emp·fing [ɛmˈpfɪŋ] *1 u. 3 sg pret of* **empfangen**[1].

emp·foh·len [ɛmˈpfoːlən] **I** *pp of* **empfehlen.** **II** *adj* recommended.

emp·fun·den [ɛmˈpfʊndən] **I** *pp of* **empfinden.** **II** *adj* felt; **stark** (*od.* **tief**) **~** deeply (*od.* acutely) felt.

Em·pha·se [ɛmˈfaːzə] *f* ⟨-; -n⟩ emphasis. **emˈpha·tisch** [-tɪʃ] *adj* emphatic.

Em·phy·sem [ɛmfyˈzeːm] *n* ⟨-s; -e⟩ *med.* emphysema. **em·phy·seˈma·tisch** [-zeˈmaːtɪʃ] *adj* emphysematous.

Em·pire[1] [ãˈpiːr] *(Fr.)* *n* ⟨-s; *no pl*⟩ **1.** *hist.* Empire *(the first Empire of France)*. **2.** *(~stil)* Empire style.

Em·pi·re[2] [ˈɛmpaɪər; ˈempaɪə] *(Engl.)* *n* ⟨-(s); *no pl*⟩ *hist. (the British)* Empire.

Em·pi·rie [ɛmpiˈriː], **Emˈpi·rik** [-ˈpiːrɪk] *f* ⟨-; *no pl*⟩ *philos.* empiricism. **Emˈpi·ri·ker** [-ˈpiːrɪkər] *m* ⟨-s; -⟩ **1.** *(Praktiker)* empiric. **2.** *philos.* empiricist. **emˈpi·risch** [-ˈpiːrɪʃ] *adj* empiric(al). **Em·piˈris·mus** [-piˈrɪsmʊs] *m* ⟨-; *no pl*⟩ empiricism. **Em·piˈrist** [-piˈrɪst] *m* ⟨-en; -en⟩ → Empiriker 2. **em·piˈri·stisch** *adj* empiristic, empiric(al).

em·por [ɛmˈpoːr] *adv lit.* up, upward(s); *poet.* aloft, on high; *in Zssgn → a.* **auf …, hinauf …, hoch …** **~ˌar·bei·ten** *v/reflex* ⟨*sep*, **-ge-**, **h**⟩ **sich ~** work one's way up. **~ˌbrin·gen** *v/t* ⟨*irr, sep*, **-ge-**, **h**⟩ → **hochbringen.**

Em·po·re [ɛmˈpoːrə] *f* ⟨-; -n⟩ *arch.* **1.** gallery. **2.** *in Domen etc*: choir.

em·pö·ren [ɛmˈpøːrən] **I** *v/t* ⟨*no* **ge-**, **h**⟩ **1.** *(aufbringen)* (rouse *s.o.* to) anger, incense, outrage, infuriate, enrage. **2.** *(schockieren)* shock, scandalize, fill *s.o.* with indignation. **II** *v/reflex* **sich ~ 3.** (**über** *acc*) a) be angered (by), be incensed (*od.* outraged) (at, about), b) be shocked (*od.* scandalized, indignant) (at, about), boil with indignation (at). **4.** *(sich auflehnen)* (**gegen** against) rebel, revolt, rise (in arms). **emˈpö·rend** *pres p u. adj* shocking, outrageous, scandalizing, disgraceful. **Emˈpö·rer** *m* ⟨-s; -⟩ rebel, insurgent, insurrectionist. **emˈpö·re·risch** *adj* rebellious, insurgent.

emˈpor|ˌfah·ren *v/i* ⟨*irr, sep*, **-ge-**, **sein**⟩ **1.** → **hinauffahren. 2.** → **hochfahren** 2. **~ˌhal·ten** *v/t* ⟨*irr, sep*, **-ge-**, **h**⟩ hold up. **~ˌhe·ben** *v/t* ⟨*irr, sep*, **-ge-**, **h**⟩ lift (up), raise; *(die Augen) a.* cast up. **~ˌkom·men I** *v/i* ⟨*irr, sep*, **-ge-**, **sein**⟩ **1.** come up. **2.** *fig.* get on (*od.* rise) in life (*od.* in the world), make one's way. **II** **2** *n* ⟨-s⟩ **3.** rise (in life). **2ˌkömm·ling** [-ˌkœmlɪŋ] *m* ⟨-s; -e⟩ *contp.* upstart, parvenu. **~ˌra·gen** *v/i* ⟨*sep*, **-ge-**, **h** *u.* **sein**⟩ → **hochragen.** **~ˌschie·ßen** *v/i* ⟨*irr, sep*, **-ge-**, **sein**⟩ **1.** *allg.* shoot up, *Unkraut: a.* spring up; *fig.* **überall** (*od.* **wie Pilze**) **~** mushroom up; (**raketenartig**) **~** rocket (up). **2.** *Fontäne etc*: gush up. **~ˌschnel·len** *v/i* ⟨*sep*, **-ge-**, **sein**⟩ → **hochschnellen.** **~ˌschwin·gen** *v/reflex* ⟨*irr, sep*, **-ge-**, **h**⟩ **sich ~ 1.** soar (up), rise. **2.** *fig. colloq.* **sich zu** *e-r Stellung etc* **~** rise (*od.* work one's way up) to *(a post, etc)*, rise to be *(a manager, etc)*. **~ˌstei·gen** *v/i u. v/t* ⟨*irr, sep*, **-ge-**, **sein**⟩ → **hochsteigen.** **~ˌstre·ben** *v/i* ⟨*sep*, **-ge-**, **h** *u.* **sein**⟩ **1.** ⟨**sein**⟩ *lit.* strive upward(s); **zum Licht ~** strive toward(s) the light. **2.** ⟨**h**⟩ *fig.* aspire, aim high. **3.** → **hochragen.** **~ˌstre·bend** *adj* **1.** *Unternehmen etc*: thriving, flourishing. **2.** *Plan etc*: ambitious, *Mensch: a.* aspiring, *colloq.* up-and-coming, go-ahead.

emˈpört *pp u. adj* (**über** *acc* at, about) a) *(zornig)* outraged, incensed, b) *(entrüstet)* indignant, shocked, scandalized. **Emˈpö·rung** *f* ⟨-; -en⟩ **1.** ⟨*only sg*⟩ *(Unwille)* (**über** *acc* at) indignation, sense of outrage, resentment; **ein Sturm der ~** a storm of indignation; **voller ~** full of indignation, indignantly, outraged. **2.** *(Aufstand)* rebellion, revolt, (up)rising, insurrection; *(Meuterei)* mutiny.

Em·py·em [ɛmpyˈeːm] *n* ⟨-s; -e⟩ *med.* empyema.

Em·se [ˈɛmzə] *f* ⟨-; -n⟩ → **Ameise.**

em·sig [ˈɛmzɪç] **I** *adj* **1.** busy, active, bustling; **~ wie e-e Biene** (as) busy as a bee; **~es Treiben** busy activity, hustle and bustle. **2.** *(fleißig)* diligent, assiduous, sedulous. **3.** *(eifrig)* eager, keen, zealous. **4.** *(unermüdlich)* indefatigable. **II** *adv* **5.** busily *(etc)*. **2keit** *f* ⟨-; *no pl*⟩ **1.** activity. **2.** industry, diligence, assiduity. **3.** eagerness, zeal.

Emu [ˈeːmu] *m* ⟨-s; -s⟩ *orn.* emu.

Emu·la·tor [emuˈlaːtɔr] *m* ⟨-s; -en [-laˈtoːrən]⟩ *Computer*: emulator.

Emul·ga·tor [emʊlˈgaːtɔr] *m* ⟨-s; -en [-gaˈtoːrən]⟩ **1.** emulsifying agent, emulsifier. **2.** *(Apparat)* emulsifier. **emulˈgie·ren** [-ˈgiːrən] *v/t u. v/i* ⟨*no* **ge-**, **h**⟩ emulsify.

Emul·si·on [emʊlˈzĭoːn] *f* ⟨-; -en⟩ *chem. phot.* emulsion; **~sfarbe** *f* emulsion paint; **~smittel** *n* emulsifier; **~sträger** *m phot.* film base.

en bloc [ãˈblɔk] *(Fr.)* *adv* en bloc; **et. ~ kaufen** buy s.th. en bloc (*od.* in bulk, wholesale).

En·ce·pha·li·tis [ɛntsefaˈliːtɪs] *f* ⟨-; -tiden [-liˈtiːdən]⟩, **En·ce·pha·lo·mye·li·tis** [ɛntsefalomyeˈliːtɪs] *f* encephalomyelitis. **En·ce·pha·lon** [ɛnˈtseːfalɔn] *n* ⟨-s; -phala [-la]⟩ *anat.* encephalon.

ˈEnd|ˌab·neh·mer [ˈɛnt-] *m econ.* ultimate buyer. **~ˌab·rech·nung** *f* **1.** *econ.* final account (*od.* statement). **2.** *fig.* final reckoning. **~ˌabˌsicht** *f* ultimate object, end (in view). **~ˌabˌstim·mung** *f bes. pol.* final vote. **~arˌte·rie** *f anat.* end artery. **~ˌausˌschei·dung** *f Sport*: final elimination contest. **~ˌbahnˌhof** *m* terminus, terminal (station), *Am. a.* railhead. **2beˌar·bei·ten** *v/t* ⟨*insep, no* **-ge-**, **h**⟩ *tech.* **1.** finish. **2.** *zerspanend*: finish-machine. **~beˌar·bei·tung** *f* **1.** finishing process. **2.** *zerspanende*: finish-machining. **~beˌto·nung** *f ling.* final stress. **~beˌtrag** *m econ.* final amount, sum total. **~ˌbuchˌsta·be** *m ling.* final letter, terminal.

End·chen [ˈɛntçən] *n* ⟨-s; -⟩ **1.** (small) piece, bit, scrap. **2.** *(ein Stück des Weges)* short distance (*od.* way), bit.

ˈEndˌdarm *m anat.* rectum.

En·de [ˈɛndə] *n* ⟨-s; -n⟩ **1.** *räumlich*: end *(of tunnel, etc)*; **das ~ e-r Prozession** the tail (end) of a procession; **am ~ der Straße** at the end of the street; **in den Zug am ~ einsteigen** get in at the rear (end) (*od.* back, tail) of the train; **oberes** (**unteres**) **~ e-r Tafel** head (foot) end of a table; **das spitze ~ e-s Bleistifts** the point (*od.* tip) of a pencil; **äußerstes ~** extreme end (*od.* point), extremity; **e-n Brief zu ~ lesen** (**schreiben**) read (write) a letter to the end, finish reading (writing) a letter; *fig. colloq.* **am ~ der Welt wohnen** live at the back of beyond; *fig.* **j-m bis ans ~ der Welt folgen** follow s.o. to the ends of the earth; *fig.* **am falschen** (*od.* **verkehrten**) **~ anfassen** begin (*od.* start) at the wrong (*od.* false) end, go (*od.* set) about *s.th.* the wrong way; *fig.* **von allen ~n** from all quarters; *fig. colloq.* **das dicke ~ kommt nach** the disagreeable part is yet to come, there'll be hell to pay yet. **2.** ⟨*only sg*⟩ *e-s Zeitraums*: end, close, termination, conclusion; **am** (*od.* **zu**) **~ des 19. Jahrhunderts** at the end (*od.* close) of the 19th century; **gegen ~ des Monats** toward(s) the end of the month; **vor ~ der Woche** before (*od.* by) the end of the week, before the week is over; **bis ans ~ aller Zeiten** (*od.* **Tage**) till the end of time; **er ist ~ zwanzig** he is in his late twenties; (**am**) **~ der zwanziger Jahre** in the late (*od.* at the end of the) twenties; **~ Mai** late in May, toward(s) (*od.* at) the end of May; **zu ~ sein** be at an end, be over; **unsere Ferien gehen zu** (*od.* **nähern sich dem**) **~** our holidays are coming (*od.* drawing) to an end (*od.* a close); **sein Urlaub geht morgen zu ~** a) his holidays are over tomorrow, b) *mil.* his leave is up tomorrow. **3.** ⟨*only sg*⟩ *(Schluß)* end, conclusion, close, *e-s Romans, Films: a.* ending, *mus.* end, fine; **am ~** a) at the end, b) *(schließlich)* in the end, finally, ultimately, eventually, c) *colloq.* *(doch)* after all, d) *colloq.* *(vielleicht)* perhaps, maybe, possibly; **am ~ s-r Rede** at the end (*od.* close) of his speech; **„~ (der Durchsage)"** "end of the message", *Funk*: over (and out)!; **~ des Zitats** end of the quotation, "unquote"; **die Geschichte hat ein glückliches ~** the story has a happy ending; *fig.* **ich bin am ~** a) I am at the end of my resources, *colloq.* I'm broke, b) *nervlich, physisch*: I'm finished, I am at the end of my tether; **am ~ hat er doch recht** he may be (*od.* perhaps he is) right after all; **am ~ glaubt er noch, ich sei böse** he might end up thinking that I am angry; **ohne ~** without (an) end, endless, never-ending, interminable; **ein Schrecken ohne ~** a never-ending horror; **bis zum ~** to the very last (*od.* end); **bis zum bitteren ~** to the bitter end; **zu ~ sein** a) *Geduld etc*: be at an end, b) *Vortrag etc*: be over; *colloq.* **s-e Kunst** (*od.* **Weisheit**) **ist zu ~, er ist mit s-r Kunst** (*od.* **Weisheit**) **am ~, er ist mit s-m Latein am ~, er ist am ~ s-s Lateins** he is at his wit's end; **unser Vorrat ist zu ~** we have run (*od.* are) out of supplies; **s-e Zeit ist zu ~** his time is up; **et. zu ~ bringen** (*od.* **führen**) bring s.th. to an end (*od.* conclusion), *(fertigstellen)* complete s.th.; **ein Problem zu ~ denken** think a problem (right) to the end, think a problem out; **et. bis zum ~ anhören** *etc* hear (*od.* sit, *colloq.* sweat) s.th. out; **zu ~ gehen** a) *zeitlich*: come (*od.* draw) to an end (*od.* a close) (→ *a.* **enden** 2), b) *(knapp werden)* come to an end, run (*od.* give) out, run low (*od.* short); **zu e-m ~ kommen** come to an end (*od.* stop); **er kommt zu k-m ~, er findet kein ~** he can't stop, he goes on and on; **das kann kein gutes** (*od.* **das wird ein böses** *od.* **schlimmes**) **~ nehmen** that can't come to no good, that will end in disaster; **er wird noch ein böses ~ nehmen** he will come to a bad end (yet); *colloq.* **letzten ~s** in the end, finally, ultimately, in the last analysis, when all is said and done, strictly speaking; **letzten ~s bin ich ja nicht dein Schuhputzer** after all I am not your servant; **das ~ ist nicht abzusehen** a) there is no end in sight, b) there is no telling where it will end; **ohne daß ein ~ abzusehen wäre** with no end in sight; **e-r Sache ein ~ bereiten** (*od.* **machen, setzen**) put (*od.* set) an end to s.th., make an end of s.th., end (*od.* stop) s.th., *contp. a.* put paid to s.th.; **die Arbeit geht dem ~ entgegen** the work is nearing (its) completion; **das muß ein ~ haben** (*od.* **nehmen**) we'll (you'll, *etc*) have to put a stop to that; **alles hat einmal ein ~** there is an end to everything; **das nimmt kein ~**, *lit.* **dem ist kein ~** there is no end to it, that goes on and on; **~ gut, alles gut** *(Sprichwort)* all's well that ends well; → **Schraube** 1. **4.** ⟨*only sg*⟩ (*a.* **das ~ vom Lied**) *(Ausgang, Ergebnis)* result, outcome, end, upshot. **5.** ⟨*only sg*⟩ *lit.* *(Zweck)* end, purpose; **zu welchem ~?** to what end? **6.** ⟨*only sg*⟩ *lit. euphem.* end, death; **sie fand ein tragisches ~** she met (with) a tragic death; **er fühlte sein ~ nahen** he felt his end was near; **es geht mit ihm zu ~** he is nearing his end, *colloq.* he's on his last legs; **mit ihm ist es zu ~** it's all over (*od.* up) with him; **er machte (s-m Leben) ein ~** he put an end to his life, he committed suicide. **7.** *colloq.* (*kurzes Stück*) (small) piece. **8.** <*only sg*> *colloq.* (long) distance (*od.* way), (long) piece; **bis dahin ist es noch ein ~** it's still a long way (*od.* a good distance) off (*od.* to go). **9.** <*only sg*> *econ. jur. e-s Vertrages etc*: a) termination, b) (*Ablauf*) *a.* expiration, expiry. **10.** *pl hunt. am Geweih*: tines, points. **11.** *mar.* (*Tau*⁂) (rope's) end.

'End·ef‚fekt ['ɛnt-] *m fig.* final effect (*od.* result); **im ~** in the last analysis, ultimately, when all is said and done.

En·de·mie [ɛnde'miː] *f* <-; -n [-ən]> *med.* endemic (disease), endemia. **en'de·misch** [-'deːmɪʃ] *adj bot. med.* endemic(al).

en·den ['ɛndən] *v/i* <h> **1.** *räumlich*: (come to an) end, terminate, stop; **hier endet die Sackgasse** the blind alley ends here; **die Buslinie endet hier** the busline ends here, this is the end of the line. **2.** *zeitlich*: (come to an) end, be over, terminate, *a.* conclude, finish (up); **der Vortrag endet um 22 Uhr** the lecture ends at 10 p.m. **3.** (*aufhören*) (come to an) end, cease, stop; **hier endet die Geschichte** here the story ends; **nicht ~ wollend** endless, never-ending, interminable; **nicht ~ wollender Beifall** round after round of applause. **4.** (*schließen*) end (up), close, conclude; **er endete mit den Worten** *a.* he wound up by saying; **das Stück endet tragisch (gut)** the play has a tragic (happy) ending. **5.** (*ausgehen*) end (up), result, turn out; **ich weiß nicht, wie das ~ soll** I don't know how that is going to end; **der Streit endete mit e-r Prügelei** the quarrel ended in a brawl; *Sport*: **das Spiel endete unentschieden** the match ended in a draw. **6.** *lit. euphem.* (*sterben*) end, die, meet one's death; **auf schreckliche Weise ~** meet (with) a terrible end. **7.** *colloq.* (*landen*) end (up), wind up (*in jail, etc*); **am Galgen ~** end on the gallows. **8.** *econ. jur.* (*erlöschen*) end, terminate, expire, cease; **der Vertrag endet mit dem 1. Mai** the contract expires on May 1st. **9.** *ling.* **mit e-m** (*od.* **auf e-n**) **Vokal ~** terminate in (*od.* end with) a vowel.

'End|er‚geb·nis ['ɛnt-] *n* **1.** final (*od.* end) result, upshot; **im ~ kommt es auf das gleiche heraus** in the end it comes to the same. **2.** *math.* final result. **3.** *Sport*: final score (*od.* result). **~er‚zeug·nis** *n econ.* product.

'En·des‚un·ter‚zeich·ne·te *m, f* <-n; -n> *jur.* undersigned.

en dé·tail [ãde'taj] (*Fr.*) *adv* **1.** in detail. **2.** *econ.* by the piece, retail; **~ verkaufen** sell retail.

'End|‚fer·ti·gung ['ɛnt-] *f tech.* **1.** finish(ing). **2.** final manufacturing stage. **~ge‚halt** *n* **1.** final salary. **2.** *im Ruhestand*: retiring salary. **~ge‚schwin·dig·keit** *f* final speed (*od. phys.* velocity).

'end‚gül·tig I *adj* **1.** final, definite, definitive (*decision, etc*). **2.** (*letzte*) final, ultimate; **die ~e Entscheidung liegt bei ihm** the final decision is his. **3.** (*entscheidend*) decisive, (*unwiderruflich*) irrevocable; **e-e ~e Antwort** a decisive answer. **4.** *jur.* a) (*rechtskräftig*) final, absolute, b) *Beweis*: final, c) (*schlüssig*) conclusive, definite. **II** *adv* **5.** finally (*etc*), (*für immer*) *a.* for good, once (and) for all; **et. ~ entscheiden** a) decide s.th. finally (*od.* definitely, once and for all), b) *jur.* deliver (the) final judg(e)ment on s.th., c) *jur. im Rechtsmittelverfahren*: decide s.th. in the last resort; **et. ~ erledigen, et. ~ zum Abschluß bringen** settle s.th. for good (*od.* finally), finalize s.th., *colloq.* clinch s.th.; **er ist ~ weg** he is gone for good; **damit ist es ~ aus** that's over once (and) for all; **es steht ~ fest, daß** it is final (*od.* certain) that. **⁂keit** *f* <-; *no pl*> **1.** finality, definiteness, definitiveness. **2.** decisiveness, irrevocability. **3.** *jur.* a) finality, b) conclusiveness.

en·di·gen ['ɛndɪgən] *v/i* <h> *rare for* **enden.**

En·di·vie [ɛn'diːvĭə] *f* <-; -n> *bot.* endive; **~nsalat** *m* endive salad.

'End|‚kampf ['ɛnt-] *m* **1.** *mil.* final (*od.* last) battle, final struggle. **2.** *Sport*: final(s *pl*); **in den ~ kommen** go to the finals. **~‚la·ge·rung** *f* final disposal (*of nuclear waste, etc*). **~‚lauf** *m Sport*: final.

end·lich ['ɛntlɪç] **I** *adj* **1.** final, ultimate, eventual. **2.** *astr. math. philos.* finite. **II** *adv* **3.** finally, at (long) last; **hast du ~ genug?** have you finally had enough?; **wann werde ich das ~ nicht mehr sehen?** when shall I see the last of that?; **du solltest das ~ wissen** you should know that by now; **(na) ~!** at last!, about time! **4.** (*schließlich*) finally, ultimately, in the end, eventually; **~ doch** *a.* after all. **5.** *bei Aufzählungen*: lastly, finally. **III ~e, das** <-n> **6.** *philos.* the finite; **das ⁂e und das Unendliche** the finite and the infinite. **⁂keit** *f* <-; *no pl*> finiteness, finitude, finite nature; *astr.* **die ~ des Raumes** the finiteness of space.

'end·los I *adj* **1.** endless, unending, never-ending (*alle a. fig. debate, etc*); **e-e ~ scheinende Reise** an endless (*od.* interminable) journey. **2.** *fig.* (*unaufhörlich*) incessant, ceaseless. **3.** *fig.* (*unbegrenzt*) infinite, boundless (*patience, mercy, etc*). **4.** *tech.* continuous (*paper, etc*). **II** *adv* **5.** *fig.* endlessly (*etc*); **vor ~ langer Zeit** ages (and ages) ago. **III ⁂e, das** <-n> **6. bis ins ⁂e** endlessly, ad infinitum; **et. erstreckt sich ins ⁂e** s.th. extends into infinity, s.th. stretches out endlessly. **'End·lo·sig·keit** *f* <-; *no pl*> **1.** endlessness. **2.** <*only sg*> *fig.* endlessness, (*Unbegrenztheit*) *a.* infiniteness, boundlessness. **'End·los·pa‚pier** *n tech.* continuous paper.

'End‚lö·sung *f* **1.** final solution. **2.** *pol. hist.* Final Solution.

En·do|derm [ɛndo'dɛrm] *n* <-s; -e> *anat.* endoderm. **⁂'derm** *adj* endodermal. **~'der·mis** [-'dɛrmɪs] *f* <-; -dermen> *bot.* endodermis. **~ga'mie** [-ga'miː] *f* <-; -n [-ən]> endogamy. **⁂'gen** [-'geːn] *adj biol. med. psych.* endogenous, *a. geol.* endogenetic. **⁂'krin** [-'kriːn] *adj anat.* endocrine. **⁂'morph** [-'mɔrf] *adj min. psych.* endomorphic.

End·os·mo·se [ɛndɔs'moːzə] *f* <-; -n> *phys.* endosmosis.

En·do·sperm [ɛndo'spɛrm] *n* <-s; -e> *bot.* endosperm.

'End|‚pha·se *f* final stage. **~‚preis** *m econ.* final price, price to ultimate consumer. **~pro‚dukt** *n econ.* end (*od.* final, finished) product. **~‚punkt** *m* **1.** *e-r Strecke etc*: end, final (*od.* last) point. **2.** *e-r Buslinie etc*: end, terminal, terminus. **3.** → Endziel 1. **~‚reim** *m metr.* end rhyme. **~re·sul‚tat** *n* final result, upshot. **~‚run·de** *f Sport, beim Turnier*: final(s *pl*). **~‚run·den‚spiel** *n* final (match). **~‚run·den‚teil‚neh·mer** *m* finalist. **~‚sieg** *m* final (*od.* ultimate) victory. **~‚sil·be** *f ling.* final (*od.* last) syllable, terminal; **auf der ~ betont** end-stressed. **~‚span·nung** *f electr.* terminal voltage. **~‚spiel** *n Sport*: final(s *pl*); **ins ~ einziehen** go to the finals. **~‚spurt** *m Sport, a. fig.* final spurt, finish. **~‚sta·di·um** *n* final stage; *med.* **Kranker im ~** terminal case; **Krebs im ~** terminal cancer. **~‚stand** *m Sport*: final score. **~sta·ti‚on** *f* **1.** terminus, terminal (point). **2.** *fig.* end of the road. **~‚stel·lung** *f ling.* end position. **~‚stück** *n* **1.** end(piece). **2.** (*Spitze*) tip. **~‚stu·fe** *f* **1.** *Radio*: output stage. **2.** *e-r Rakete etc*: final stage. **~‚sum·me** *f* (sum) total. **~ter‚min** *m jur.* terminal date.

En·dung ['ɛndʊŋ] *f* <-; -en> *ling.* ending, inflection; **männliche (weibliche) ~** masculine (feminine) ending. **'en·dungs·los** *adj* without (an) ending, uninflected.

'End|‚ur‚sa·che *f philos.* final cause. **~‚ur·teil** *n jur.* final judg(e)ment. **~ver‚brau·cher** *m econ.* ultimate consumer, end-user. **~ver‚stär·ker** *m Radio*: output amplifier. **~‚wert** *m* final value. **~‚zeit** *f relig.* **1.** last (*od.* end of) days *pl* (*od.* times *pl*). **2.** eschaton. **⁂‚zeit·lich** *adj* eschatological. **~‚ziel** *n* **1.** (ultimate) goal (*od.* destination). **2.** *fig.* ultimate object (*od.* aim, purpose, goal), end. **~‚zu‚stand** *m* final condition (*od.* state). **~‚zweck** *m* ultimate purpose, *philos. a.* final cause.

Ener·ge·tik [enɛr'geːtɪk] *f* <-; *no pl*> **1.** energetics *pl* (*als sg konstruiert*). **2.** *philos.* energism. **ener'ge·tisch** *adj* energetic(al).

Ener·gie [enɛr'giː] *f* <-; -n [-ən]> **1.** energy, vigo(u)r, force, drive, vitality, *colloq.* vim, go, punch; **voller ~** full of energy (*etc*), energetically. **2.** *phys.* energy; **abgegebene (freiwerdende, ungenützte) ~** dissipated (released, waste) energy; **zugeführte ~** energy input; **~ erzeugen** generate power. **3.** *electr. tech.* a) energy, b) (*Kraft*) power. **~‚ab‚ga·be** *f* release of energy, energy output. **~‚auf‚nah·me** *f* energy intake. **~‚auf‚spei·che·rung** *f* accumulation (*od.* storage) of energy. **~‚auf‚wand** *m* expenditure of energy; **der ~ lohnt nicht** it isn't worth the effort. **~be‚darf** *m* power demand. **~‚bün·del** *n fig. colloq.* bundle of energy, live wire. **~‚ein·heit** *f* energy unit, unit of energy. **~er‚zeu·gung** *f* power production (*od.* generation). **~‚form** *f* form of energy. **⁂ge‚la·den** *adj* dynamic, bursting with energy, full of drive, energetic. **~‚haus‚halt** *m* **1.** *phys.* energy balance. **2.** *electr.* power economy. **~‚kri·se** *f* energy crisis. **~‚lei·stung** *f fig.* (enormous) effort, feat of energy. **⁂los** *adj* lacking energy, listless, weak, slack; **~ sein** be without (*od.* lack) energy, have no drive. **~lo·sig·keit** *f* <-; *no pl*> lack of energy (*od.* drive, *colloq.* vim). **~‚man·gel** *m* lack of energy. **~‚men·ge** *f phys.* quantity of energy. **~‚quant, ~‚quan·tum** *n phys.* quantum of energy. **~‚quan·te·lung** *f* energy quantization. **~‚quel·le** *f* source of energy, *electr. tech.* power source. **~‚um‚wand·ler** *m* energy converter. **~‚um‚wand·lung** *f* conversion of energy. **~ver‚brauch** *m* consumption of energy; *electr. tech.* power consumption. **~ver‚schwen·dung** *f* waste of energy. **~ver‚sor·gung** *f* power supply. **⁂‚voll** *adj* → **energisch.** **~‚wirt·schaft** *f econ.* **1.** power economy. **2.** power(-producing) industry.

ener·gisch [e'nɛrgɪʃ] **I** *adj* **1.** energetic(al), vigorous, forceful, dynamic, strong (*person, character, measures, etc*). **2.** *Gesicht, Kinn, Ton etc*: energetic, resolute, determined, firm, tough, (*nachdrücklich*) *a.* emphatic; *colloq.* ~ **werden** put one's foot down, get tough (with s.o.). **II** *adv* **3.** energetically, vigorously, forcefully (*etc*).

ener·vie·ren [enɛrˈviːrən] *v/t* <*no* **ge-**, **h**> **1.** *lit.* enervate. **2.** *med.* denervate.

eng [ɛŋ] **I** *adj* <-er; -st> **1.** narrow (*street, valley, etc*); *med.* **~es Becken** narrow pelvis; **hier wird die Straße ~er** the street narrows (*od.* gets narrower) here. **2.** (*gedrängt*) narrow, cramped, confined, close, (*überfüllt*) *a.* crowded, (closely) packed; **ein ~es kleines Zimmer** a cramped (*od. colloq.* poky) little room; **auf ~em Raum zs.-leben** live crowded together; **es wird hier sehr ~** it is getting very cramped (*od.* crowded) here. **3.** *Kleidung etc*: tight; **ein ~er Rock** a) a tight skirt, b) (*geradlinig*) a straight skirt; **~es Gewebe** close fabric (*od.* mesh); **ein Kleid ~er machen** take a dress in. **4.** *Schrift etc*: close, cramped (*writing*). **5.** *fig.* (*begrenzt*) narrow, limited, restricted; **in ~en Grenzen** within narrow bounds (*od.* limits); **e-n ~en Horizont haben** have a narrow outlook (*od.* horizon), be limited, be narrow-minded; **in ~en Verhältnissen leben** a) live in cramped conditions, b) *finanziell*: live in narrow (*od.* small) circumstances; → **Sinn** 8, **Wahl** 1. **6.** *fig.* (*nahe, befreundet*) close, intimate; **s-e ~sten Berater (Mitarbeiter)** his closest advisers (colleagues); **~e Freundschaft** close (*od.* intimate) friendship; **~e Zs.-arbeit** close co(-)operation; **in ~em Zs.-hang mit** in close connection with; **mit j-m in -er Verbindung stehen** be in close contact with s.o., be closely connected (*od.* linked) with s.o.; **im ~en Kreise der Familie** in one's immediate family circle. **7.** *mus.* close; **~e Lage** close position; **~er Satz** close harmony. **II** *adv* **8.** narrowly. **9.** closely, close (together); **~ (beieinander)sitzen** sit close (*od.* crowded, pressed) together, sit cheek by jowl. **10.** tight(ly); **~ anliegen** (*od.* **anschließen, sitzen**) fit tight, be tight-(*od.* close-)fitting, fit like a glove; **die Schuhe sitzen zu ~** the shoes are too tight; **et. ~ zs.-legen** fold s.th. compactly; → **Riemen**[1]. **11.** *fig.* narrowly, restrictedly; **~ begrenzt** narrow, restricted, limited. **12.** *fig.* closely, close, intimately; **~ verbunden (mit)** closely connected (*od.* linked (with); **~ (miteinander) befreundet sein** be close (*od.* intimate, bosom) friends. **13.** *fig.* close(ly); **sich ~ an den Text halten** keep close (*od.* strictly) to the text.

En·ga·ge·ment [ãgaʒəˈmãː] *n* <-s; -s> **1.** *thea. etc* (**festes ~** permanent) engagement. **2.** *econ. pol. u. fig.* commitment; **ein ~ eingehen** enter into a commitment, commit o.s. **en·gaˈgie·ren** [-ˈʒiːrən] **I** *v/t* <*no* **ge-**, **h**> engage, take *s.o.* on, employ, hire; **j-n an die Bühne ~** engage s.o. for the stage, take s.o. on. **II** *v/reflex* **sich ~** *fig.* commit o.s.

en·gaˈgiert *pp u. adj* **1.** engaged, busy. **2.** committed (*a. pol.*), engaged, engagé; **ein ~er Schriftsteller** a committed writer. **3.** *econ.* tied-up (*capital*). **≈heit** *f* <-; *no pl*> commitment, engagedness.

ˈeng|ˌanˌlie·gend *adj* tight(-fitting), close-fitting, clinging. **~beˌdruckt** *adj* close-printed. **~beˌfreun·det** *adj* close, intimate; **~e Mädchen** girls who are close (*od.* bosom) friends. **~beˌgrenzt** *adj* very limited, restricted, narrow. **~beˌschrie·ben** *adj* closely written. **~ˌbrü·stig** [-ˌbrʏstɪç] *adj* **1.** narrow-chested. **2.** (*kurzatmig*) short-winded, wheezy.

En·ge [ˈɛŋə] *f* <-; -n> **1.** <*only sg*> *e-s Raumes etc*: narrowness. **2.** (*enge Stelle*) narrow (place *od.* space, passage), bottle-neck. **3.** *geogr.* a) (*Meer≈*) strait, *meist* straits *pl* (*als sg konstruiert*), narrows *pl* (*oft als sg konstruiert*), b) (*Engpaß*) defile. **4.** <*only sg*> (*Gedrängtheit*) narrowness, confinement; **in fürchterlicher ~ leben** live in frightfully cramped conditions. **5.** <*only sg*> *von Kleidungsstücken*: tightness. **6.** <*only sg*> *fig. lit.* narrowness, restriction; **geistige ~** limitation of outlook (*od.* vision), mental limitation. **7.** <*only sg*> *fig.* (*Bedrängnis*) (tight) corner (*od.* spot), straits *pl*, trouble, difficulty; **j-n in die ~ treiben** drive s.o. into a corner (*od.* to the wall), corner s.o., press s.o. hard; **er sah sich in die ~ getrieben** he found himself cornered, his back was to the wall.

En·gel [ˈɛŋəl] *m* <-s; -> angel; **~ des Herrn (Lichtes, Todes)** angel of the Lord (of light, of death); **guter (gefallener, rettender) ~** good (fallen, preserving) angel; **sein böser ~** his evil genius; *colloq.* **du bist ein ~!** you are an angel!; *iro.* **du unschuldsvoller** (*od.* **ahnungsloser**) **~!** little innocent!; **mein (kleiner) ~** (*Kosewort*) my little angel (*od.* darling); *fig. colloq.* **die ~ (im Himmel) singen hören** see stars; *colloq.* **ein ~ geht durchs Zimmer!** a ghost walks! **~ˌamt** *n R.C.* Mass of the Angels.

ˈEn·geˌlaut *m ling.* fricative.

ˈEn·gel·chen *n* <-s; -> little angel, cherub. **ˈEn·gelˌchor** *m* choir of angels. **ˈEn·ge·lein** [ˈɛŋəlaɪn] *n* <-s; -> → **Engelchen.**

ˈEn·gel|ˌfisch *m* angelfish. **≈ˌgleich, ≈haft** *adj* angelic(al), like an angel. **~ˌhai** *m* angel shark. **~ˌma·che·rin** *f contp.* **1.** baby farmer. **2.** (*Abtreiberin*) (back-alley) abortionist. **~ˌschar** *f* host of angels.

ˈEn·gels|ˌchor *m* → **Engelchor.** **~ˌflü·gel** *m* angel's wing. **~geˌduld** *f fig. colloq.* patience of Job (*od.* a saint); **e-e ~ mit j-m haben** treat s.o. with divine patience. **~ˌgruß** *m R.C.* Angelic Salutation. **~ˌmie·ne** *f fig. colloq.* innocent look (*od.* face). **~muˌsik** *f fig.* heavenly music. **~ˌstim·me** *f* **1.** angelic voice. **2.** *mus.* vox angelica. **~ˌzun·gen** *pl fig.* **mit ~ reden** speak with the tongues of (men and) angels, speak honeyed words.

En·ger·ling [ˈɛŋərlɪŋ] *m* <-s; -e> *zo.* cockchafer (*od.* white) grub.

ˈEng·heit *f* <-; *no pl*> **1.** narrowness. **2.** *von Kleidern*: tightness. **3.** *fig.* narrowness; → *a.* **Enge** 6.

ˈengˌher·zig *adj* **1.** (*kleinlich*) narrow(-minded), mean-minded, petty, hidebound. **2.** (*knauserig*) mean, petty, ungenerous. **≈keit** *f* <-; *no pl*> **1.** narrow-mindedness, pettiness. **2.** lack of generosity, pettiness, meanness.

ˈEngˌlän·der[1] *m* <-s; -> Englishman, *weitS.* Briton, *Am.* Britisher; **er ist (ein) ~** *a.* he is English; **die ~** a) the English (people), b) (the) Englishmen, c) *weitS.* the British, the Britons. **ˈEngˌlän·der**[2] *m* <-s; -> *tech.* monkey wrench, (adjustable) spanner. **ˈEngˌlän·de·rin** *f* <-; -nen> Englishwoman, *weitS.* British woman; **sie ist (e-e) ~** *a.* she is English (*od. weitS.* British).

ˈEngˌland|ˌfeind *m* Anglophobe. **≈ˌfeind·lich** *adj* Anglophobe, Anglophobic, anti-English, *weitS.* anti-British. **~ˌfeind·lich·keit** *f* Anglophobia. **~ˌfreund** *m* Anglophile. **≈ˌfreund·lich** *adj* Anglophile, Anglophilic, pro-English, *weitS.* pro-British. **~ˌfreund·lich·keit** *f* Anglophilia, pro-English (*weitS.* pro-British) attitude.

Eng·lein [ˈɛŋlaɪn] *n* <-s; -> → **Engelchen.**

eng·lisch[1] [ˈɛŋlɪʃ] **I** *adj* **1.** English; **die ~e Sprache** English, the English language; *zo.* **~e Dogge** mastiff; **ein ~er Garten** an English landscape garden; **die ~e Kirche** the Church of England, the Anglican Church; **die ~e Krankheit** a) *med.* rickets *pl* (*als sg konstruiert*), rachitis, b) *econ.* the British disease. **2.** *weitS.* British; **~e Nationalität** British nationality. **II** *adv* **3.** (**in** *od.* **auf**) **~** in English; **~ sprechen** speak (in) English; **der Brief ist ~ geschrieben** the letter is (written) in English. **III** *ling.* ≈ <*generally undeclined*>, **das ≈e** <-n> **4.** English; **er spricht gut(es) ≈** he speaks good English, his (spoken) English is good; **aus dem ≈en** from (the) English; **aus dem Deutschen ins ≈e übersetzt** translated from (the) German into English; **im ≈en** in English.

ˈeng·lisch[2] *adj* angelic; *R.C.* **der ≈e Gruß** the Angelic Salutation.

ˈeng·lisch-ame·riˈka·nisch *adj* Anglo-American.

ˈEng·lischˌblau *n* royal blue.

ˈeng·lisch-ˈdeutsch *adj* **1.** Anglo-German (*relations, etc*). **2.** English-German (*dictionary, etc*).

ˈEng·lisch|ˌhorn *n mus.* English horn, cor anglais. **~ˌkennt·nis·se** *pl* command *sg* (*od.* knowledge *sg*) of English, one's English. **~ˌle·der** *n* moleskin. **~ˌrot** *n* English (*od.* Venetian) red. **≈ˌspre·chend** *adj* English-speaking. **~ˌtra·ben** *n Reitsport*: rising trot. **~ˌun·terˌricht** *m ped.* **1.** (instruction in *od.* teaching of) English. **2.** English lesson (*od.* class).

Eng·lish-Waltz [ˈɪŋglɪʃˈwɔːls] (*Engl.*) *m* <-; -> slow waltz.

ˈengˌma·schig *adj* **1.** *Textil.* close-(*od.* fine-)meshed. **2.** *fig.* close-meshed. **3.** *Sport*: close (*play*).

ˈEngˌpaß *m* **1.** (narrow) pass, defile. **2.** (*Straßen≈*) bottleneck; „~" "road narrows". **3.** *fig.* bottleneck; **in e-n ~ geraten** (reach a) bottleneck.

En·gramm [ɛnˈgram] *n* <-s; -e> *biol. psych.* engram.

en gros [ãˈgro] (*Fr.*) *adv econ.* wholesale, in bulk. **Enˈgros...** [ãˈgroː-] *in Zssgn* wholesale (*business, price, purchase, trade*); **~firma** *f* wholesale firm (*od.* house), wholesalers *pl*, bulk supplier(s *pl*); **~händler** *m* wholesale dealer, wholesaler. **En·gros·sist** [ãgroˈsɪst] *m* <-en; -en> *Austrian for* **Engroshändler.** **Enˈgros·verˌkauf** *m econ.* wholesale.

ˈeng|ˌspal·tig *adj print.* closely spaced. **~ˌstir·nig** [-ˌʃtɪrnɪç] *adj* narrow(-minded), petty, hidebound, borné. **≈ˌstir·nig·keit** *f* <-; *no pl*> narrow-(*od.* small-)mindedness, narrowness. **~ˌumˌgrenzt** *adj* narrowly restricted (*od.* limited), narrow. **~verˌbün·det** *adj Staaten etc*: closely allied. **~ˌzei·lig** [-ˌtsaɪlɪç] *adj print.* narrow-spaced.

En·kel [ˈɛŋkəl] *m* <-s; -> grandson, (male) grandchild; **die ~** a) the grandsons, b) the grandchildren, c) *fig.* one's descendants, posterity *sg.* **ˈEn·ke·lin** *f* <-; -nen> granddaughter.

ˈEn·kel|ˌkind *n* grandchild. **~ˌsohn** *m* grandson. **~ˌtoch·ter** *f* granddaughter.

En·kla·ve [ɛnˈklaːvə] *f* <-; -n> enclave.

En·kli·se [ɛnˈkliːzə], **En·kli·sis** [ˈɛnklizɪs] *f* <-; **-klisen** [-ˈkliːzən]> *ling.*

enclisis. **En'kli·ti·kon** [-tikɔn] *n* ⟨-s; -ka [-ka]⟩, **en'kli·tisch** [-tɪʃ] *adj* enclitic.

En'ko·mi·on [ɛnˈko:mĭɔn], **En'ko·mi·um** [-mĭʊm] *n* ⟨-s; -mien⟩ encomium.

en masse [ãˈmas] *(Fr.) adv* en masse.

enorm [eˈnɔrm] **I** *adj* ⟨*no comp, no sup*⟩ **1.** enormous, huge, immense, vast, colossal, extreme, *colloq.* tremendous, terrific. **2.** *colloq.* (*großartig*) terrific, great, fabulous, fantastic. **II** *adv* **3.** *colloq.* enormously (*etc*); ~ **hoch** enormous(ly high), huge; **du hast ~ viel Glück gehabt** you've been tremendously (*od.* terribly) lucky; ~ **schlau** awfully (*od. Am.* mighty) clever. **Enor·mi'tät** [-miˈtɛ:t] *f* ⟨-; -en⟩ *obs.* enormity.

en pas·sant [ãpaˈsã] *(Fr.) adv* en passant, in passing; *Schach*: ~ **schlagen** take (*od.* capture) (*a figure*) en passant.

En·que·te [ãˈkɛ:t(ə)] *f* ⟨-; -n [-ən]⟩ (official) inquiry.

en route [ãˈrut] *(Fr.) adv* en route.

Ens [ɛns] *n* ⟨-; *no pl*⟩ *philos.* ens, being.

En·sem·ble [ãˈsã:bəl] *n* ⟨-s; -s⟩ **1.** *mus., a. Mode*: ensemble. **2.** *thea.* a) company, troupe, ensemble, b) (*Besetzung*) cast, supporting cast. ~**ˌspiel** *n mus.* ensemble. ~**ˌstück** *n* ensemble (piece).

ent|'ar·ten *v/i* ⟨*no* **ge-**, *sein*⟩ *allg.* degenerate (*a. fig.*; **zu** into). ~**'ar·tet** *pp u. adj* degenerate; ~**e Kunst** *in NS-Zeit*: degenerate art. ⁓**'ar·tung** *f* ⟨-; -en⟩ degeneration, degeneracy.

ent'äu·ßern *v/reflex* ⟨*no* **ge-**, *h*⟩ *lit.* **sich e-r Sache ~** a) give s.th. up, part with s.th., relinquish (*od.* renounce) s.th., b) dispose (*od.* get rid) of s.th., divest o.s. of s.th.; **sich e-s Rechtes ~** relinquish (*od.* divest o.s. of) a right. **Ent'äu·ße·rung** *f* ⟨-; -en⟩ (*gen* of) **1.** *lit.* relinquishing, renunciation, giving up. **2.** *adm.* disposal.

ent'beh·ren [-ˈbe:rən] **I** *v/t* ⟨*no* **ge-**, *h*⟩ **1.** (*auskommen ohne*) do (*od.* go, manage) without, dispense with; **et. ~ müssen** have to go (*od.* do) without s.th., *stärker*: be deprived of s.th.; **ich kann ihn nicht ~** I can't manage (*od.* do) without him, I can't spare him; **im Krieg mußten wir viel ~** during the war we had to do without (*od.* had to go short of, were deprived of) many things; **er glaubt, daß er nicht zu ~ sei** he considers himself indispensable; **sie entbehrt nichts** a) she wants for (*od.* lacks) nothing, b) she denies herself nothing. **2.** (*vermissen*) miss, feel the want (*od.* lack, absence) of; **sie entbehrt den Kaffee sehr** she misses her coffee badly. **II** *v/i* **3.** *lit.* **e-r Sache ~** be without (*od.* be lacking in, be devoid of, lack) s.th.; **jeder Grundlage ~** be totally lacking in foundation, be absolutely unfounded; **die Situation entbehrt nicht e-r gewissen Komik** the situation is not without comedy (*od.* has its comical side). **III** ⁓ *n* ⟨-s⟩ **4.** doing without (*etc*). **5.** → **Entbehrung.**

ent'behr·lich *adj* dispensable, expendable; *Sache*: *a.* non(-)essential; (*unnötig, überflüssig*) unnecessary, superfluous; **das ist ~** *a.* one can do without it, that can be dispensed with (*od.* spared); **ist er jetzt ~?** can you spare him (just) now?; **nicht ~** → **unentbehrlich.** ⁓**keit** *f* ⟨-; *no pl*⟩ dispensability, superfluity.

Ent'beh·rung *f* ⟨-; -en⟩ **1.** *meist pl* privation, deprivation; **unter großen ~en** at the cost of great privations; **sich** (*dat*) **~en auferlegen** a) suffer (*od.* accept) privations, impose privations upon o.s., b) *schwächer*: deny o.s. **2.** (*Not*) want, need, privation, deprivation; ~ **leiden** suffer want, be destitute.

ent'beh·rungs|ˌreich, ~**ˌvoll** *adj* full of privation(s), deprived.

ent'bei·nen [-ˈbaɪnən] *v/t* ⟨*no* **ge-**, *h*⟩ *gastr.* bone.

ent'bie·ten *v/t* ⟨*irr, no* **ge-**, *h*⟩ *lit.* **1. j-m s-n Gruß ~** present (*od.* offer, send) one's compliments to s.o.; **j-m e-n guten Morgen (die Tageszeit) ~** bid s.o. a good morning (the time of day). **2.** *obs.* **j-n zu sich ~** send for s.o., summon s.o.

ent'bin·den I *v/t* ⟨*irr, no* **ge-**, *h*⟩ **1.** *med.* deliver (*a woman*) of a child; **sie wurde von e-m Knaben entbunden** *a.* she gave birth to a boy. **2.** *lit.* **j-n e-r Sache ~, j-n von et. ~** relieve s.o. of s.th., release (*od.* free, excuse, absolve) s.o. from s.th., let s.o. off s.th.; **j-n s-r Pflichten ~** relieve s.o. of his duties; **j-n von s-m Eid (Gelübde) ~** release (*od.* absolve) s.o. from his oath (vow). **3.** *chem.* (*Gase, Wärme*) set *s.th.* free, release, liberate. **II** *v/i* **4.** *med.* give birth to (*od.* be delivered of) a child.

Ent'bin·dung *f* ⟨-; -en⟩ **1.** *med.* a) delivery, (child)birth, b) confinement, accouchement, lying-in; **kurz vor der** (*od.* **ihrer**) ~ near her time (of delivery), shortly before her confinement. **2.** *lit.* (**von** from) release, exoneration, dispensation, exemption; ~ **von e-m Gelübde** release (*od.* absolution) from a vow. **3.** *chem.* release, liberation.

Ent'bin·dungs|ˌanˌstalt *f*, ~**ˌheim** *n* maternity hospital (*od.* clinic, home). ~**sta·tiˌon** *f* maternity ward. ~**ˌzan·ge** *f med.* obstetric forceps.

ent|'blät·tern I *v/t* ⟨*no* **ge-**, *h*⟩ **1.** (*Bäume etc*) strip *s.th.* of leaves, defoliate. **2.** *agr.* (*Zuckerrohr*) trash. **II** *v/reflex* **sich ~ 3.** *Baum etc*: shed (its) leaves. **4.** *colloq.* strip, shed one's clothes. ⁓**'blät·te·rung** *f* ⟨-; *no pl*⟩ defoliation. ~**'blö·den** [-ˈblø:dən] *v/reflex* ⟨*no* **ge-**, *h*⟩ **sich nicht ~, et. zu tun** not to be ashamed to do s.th., *colloq.* have the cheek to do s.th. ~**'blö·ßen** [-ˈblø:sən] **I** *v/t* ⟨*no* **ge-**, *h*⟩ **1.** *lit.* (*Oberkörper etc*) uncover, bare; **s-n Körper ~** → 6; **sein Haupt ~** bare (*od.* uncover) one's head, take off one's hat; **das Schwert ~** draw one's sword. **2.** *fig. lit.* (lay) bare, reveal, disclose; **sein innerstes Wesen ~** → 7; **3.** *mil.* a) (*Festung etc*) strip *s.th.* of troops, withdraw the troops from, b) (*Flanke etc*) expose. **4.** *Sport*: leave o.s. wide open, *Boxen*: *a.* drop one's guard. **5. j-n (et.) e-r Sache** (*od.* **von e-r Sache**) ~ strip (*od.* deprive, divest, denude, rob) s.o. (s.th.) of s.th. **II** *v/reflex* **sich ~ 6.** *lit.* take one's clothes off, strip, undress; **sich schamlos ~** expose o.s. indecently. **7.** *fig. geistig*: lay o.s. bare, bare one's soul. **8.** *fig.* **sich (von) e-r Sache ~** strip (*od.* deprive) o.s. of s.th. **III** ⁓ *n* ⟨-s⟩ **9.** uncovering (*etc*); → *a.* **Entblößung.** ~**'blößt** *pp u. adj* **1.** bare, naked, nude; ~**en Hauptes** bare-headed. **2.** *fig.* (**von**) **e-r Sache ~** destitute (*od.* stripped, robbed, devoid) of s.th. ⁓**'blö·ßung** *f* ⟨-; -en⟩ **1.** → **entblößen** III. **2.** *fig.* denudation, deprivation. **3.** *jur. mil.* exposure; *jur.* **öffentliche ~** indecent exposure. ~**'bren·nen** *v/i* ⟨*irr, no* **ge-**, *sein*⟩ **1.** *fig. Kampf, Streit etc*: start, break out, flare up. **2.** *fig. Zorn, Haß etc*: be aroused, blaze up, kindle. **3.** *fig. Person*: be inflamed (*od.* seized) (**in** *dat* with); **in Liebe zu j-m ~, für j-n ~** be inflamed with love for s.o.; **sie sind in Haß (gegen ihn) entbrannt** they are burning (*od.* consumed) with hatred (for him). **4.** *obs. od. poet.* catch fire, be kindled. ⁓**'brum·mer** *m electr.* antihum device. ~**bü·ro·kra·ti'sie·ren** *v/t* ⟨*no* **ge-**, *h*⟩ debureaucratize.

'Ent·chen *n* ⟨-s; -⟩ duckling, young duck, *colloq.* duckie; *fig.* **ein häßliches ~** an ugly duckling.

ent|'chlo·ren *v/t* ⟨*no* **ge-**, *h*⟩ *chem.* dechlorinate. ⁓**'chlo·rung** *f* ⟨-; *no pl*⟩ dechlorination. ~**'christ·li·chen** [-ˈkrɪstlɪçən] *v/t* ⟨*no* **-ge-**, *h*⟩ dechristianize. ~**'dämp·fen** *v/t* ⟨*no* **ge-**, *h*⟩ *electr.* de-attenuate. ~**'deck·bar** *adj* discoverable, detectable, (*wahrnehmbar*) *a.* discernible.

ent'decken (*getr.* **-k·k-**) **I** *v/t* ⟨*no* **ge-**, *h*⟩ **1.** (*Land, Stern, Element, Bodenschätze, Talent etc*) discover, (*finden*) *a.* find; **et. zufällig ~** stumble (up)on (*od.* tumble to) s.th. **2.** (*Fehler etc*) find *s.th.* (out), detect, discover, *colloq.* spot (*error, etc*). **3.** (*Betrug etc*) bring *s.th.* to light, uncover, discover, find *s.th.* out, expose (*swindle, etc*). **4.** (*offenbaren*) disclose, reveal (*secret, etc*). **5.** (*entlarven*) unmask, expose (*criminal, etc*). **6.** (*erspähen*) notice, see, discern, descry, make *s.th.* out, *colloq.* spot. **7.** *lit.* **j-m et. ~** disclose (*od.* reveal) s.th. to s.o. **II** *v/reflex* **8.** *lit. obs.* **sich j-m ~** a) confide in s.o., unbosom o.s. (*od.* bare one's soul) to s.o., b) disclose one's identity to s.o.

Ent'decker (*getr.* **-k·k-**) *m* ⟨-s; -⟩ *allg.* discoverer; (*Forscher*) explorer; ~**stolz** *m* pride of discovery. **Ent'deckung** (*getr.* **-k·k-**) *f* ⟨-; -en⟩ **1.** discovery; **e-e ~ machen** make a discovery, discover s.th. **2.** *e-s Fehlers, Diebstahls etc*: discovery, detection. **3.** (*Entlarvung*) exposure, unmasking. **4.** *e-s Geheimnisses etc*: discovery, disclosure, revelation. **5.** *colloq.* (*Filmstar etc*) discovery.

Ent'deckungs|ˌfahrt (*getr.* **-k·k-**), ~**ˌrei·se** *f* **1.** expedition; *zu Wasser*: *a.* voyage of discovery. **2.** *humor.* exploration; **machen wir e-e ~ durch die Stadt** let's go and explore the town. ~**ˌrei·sen·de** *m, f* explorer.

En·te [ˈɛntə] *f* ⟨-; -n⟩ **1.** *orn.* duck; **junge ~** duckling; **zahme ~** common (*od.* domestic) duck; **männliche ~** drake, male duck; **weibliche ~** duck; *fig. humor.* **sie schwimmt wie e-e bleierne ~** she swims like a brick; *fig. colloq.* **er ist e-e lahme ~** he is a lame duck. **2.** *gastr.* a) → **Entenbraten,** b) **kalte ~** (*Getränk*) white wine cup (with champagne). **3.** *fig.* (*Falschmeldung*) hoax, canard. **4.** *aer.* canard, tail-first plane. **5.** *med. colloq.* (bed) urinal.

ent|'eh·ren I *v/t* ⟨*no* **ge-**, *h*⟩ **1.** dishono(u)r, disgrace, bring dishono(u)r upon. **2.** (*entwürdigen*) degrade, debase. **3.** (*Frau*) dishono(u)r, violate, defile, (*Jungfrau*) *a.* deflower. **II** *v/reflex* **sich ~ 4.** disgrace (*od.* degrade) o.s. ~**'eh·rend** *pres p u. adj* dishono(u)rable, disgraceful, (*entwürdigend*) degrading; *jur.* ~**e Strafe** degrading punishment. ⁓**'eh·rer** *m* ⟨-s; -⟩ dishono(u)rer. ⁓**'eh·rung** *f* ⟨-; -en⟩ **1.** dishono(u)ring (*etc*; *cf.* **entehren** I). **2.** (*gen* to) dishono(u)r, disgrace. **3.** degradation. **4.** a) violation, b) defloration.

ent|'eig·nen *jur.* **I** *v/t* ⟨*no* **ge-**, *h*⟩ **1.** (*Besitz*) expropriate. **2.** (*Besitzer*) expropriate, dispossess. **3.** *gegen Entschädigung*: expropriate, *Am.* take *s.th.* by eminent domain. **II** ⁓ *n* ⟨-s⟩ **4.** expropriating (*etc*); → *a.* **Enteignung.** ⁓**'eig·nung** *f* ⟨-; -en⟩ **1.** → **enteignen** II. **2.** *von Besitz*: expropriation; *des Besitzers*: *a.* dispossession. **3.** (*Zwangs*⁓ *zu öffentlichen Zwecken*) compulsory purchase, *Am.* taking (by power of) eminent domain, condemnation.

Entˈeig·nungs|beˌschluß *m jur.* expropriation order. **~ˌrecht** *n* right to expropriate, *Am. a.* power (*od.* right) of eminent domain. **~verˌfah·ren** *n* expropriation proceedings *pl*, *Am. a.* condemnation (*od.* eminent domain) proceedings *pl.*

entˈ|ei·len *v/i* ⟨*no* ge-, sein⟩ *lit.* **1.** *Person*: hurry (*od.* hasten) away, depart in haste. **2.** (*entfliehen*) flee, escape. **3.** *Zeit*: fly (by), slip away. **~ˈei·sen I** *v/t* ⟨*no* ge-, h⟩ **1.** free (*od.* clear) *s. th.* of ice. **2.** *tech.* defrost, *aer. mot. etc a.* de-ice. **II** Ձ *n* ⟨-s⟩ **3.** defrosting (*etc*). **Ձˈei·ser** *m* ⟨-s; -⟩ → Entfroster. **Ձˈei·sung** *f* ⟨-; *no pl*⟩ → enteisen II.

Entˈei·sungs|ˌanˌla·ge *f tech.* defroster, de-icer. **~ˌmit·tel** *n* de-icer.

ˈEn·ten|ˌbei·ze *f hunt.* duck shooting. **~ˌbra·ten** *m* roast duck. **~ˌdunst** *m hunt.* duck-shot. **~ˌei** *n* duck('s) egg. **~ˌflin·te** *f* duck gun. **~ˌflugˌzeug** *n* → Ente 4. **~ˌjagd** *f* ducking, duck hunt. **~ˌklein** *n gastr.* duck's giblets *pl.* **~ˌkü·ken** *n* duckling. **~ˌschna·bel** *m* **1.** *orn.* duck's bill (*od.* beak). **2.** *tech. e-r Drahtzange*: duckbill jaws *pl.* **3.** *med.* speculum. **~ˌschrot** *m, n* → Entendunst. **~ˌteich** *m* duck pond.

en·te·ral [ɛntəˈraːl] *adj med.* enteric.

ˈEn·terˌbeil *n mar. hist.* grappling-iron.

entˈer·ben *v/t* ⟨*no* ge-, h⟩ disinherit, *colloq.* cut *s. o.* out of one's will. **Entˈer·bung** *f* ⟨-; *no pl*⟩ disinheritance.

ˈEn·terˌha·ken *m mar. hist.* grapnel.

En·te·rich [ˈɛntərɪç] *m* ⟨-s; -e⟩ *orn.* drake; Wilder ~ mallard.

en·te·risch [ɛnˈteːrɪʃ] *adj med.* enteric.

En·teˈri·tis [-teˈriːtɪs] *f* ⟨-; -tiden [-riˈtiːdən]⟩ enteritis.

en·tern [ˈɛntərn] *mar.* **I** *v/t* ⟨h⟩ (*Schiff*) board, grapple. **II** *v/i* ⟨h *u.* sein⟩ go aloft; in die Takelage ~ climb up the shrouds.

entˈfa·chen *v/t* ⟨*no* ge-, h⟩ **1.** *lit.* (*Brand etc*) kindle, set *s. th.* ablaze; das Feuer ~ light (*od.* kindle) the fire. **2.** *fig. lit.* (*Begierde etc*) (a)rouse, inflame, excite. **3.** *fig.* (*Diskussion etc*) provoke, touch off. **4.** *fig.* (*Revolution, Streit etc*) unleash, trigger, touch off, stir up.

entˈfah·ren *v/i* ⟨*irr, no* ge-, sein⟩ *j-m*: slip out, escape s. o.('s lips); ihr entfuhr ein Schrei she let out a scream; *colloq.* das ist mir nur so ~ it just slipped out.

Entˈfall *m tech.* **1.** (*Schrott*) waste, scrap. **2.** (*Verlust*) loss.

entˈfal·len *v/i* ⟨*irr, no* ge-, sein⟩ **1.** j-m (*od.* j-s Händen) ~ fall (*od.* slip, drop) from s. o.'s hands. **2.** j-m (*od.* j-s Gedächtnis) ~ escape s. o., escape (*od.* slip) s.o.'s memory; der Name ist mir im Augenblick ~ the name has slipped my memory, I have forgotten (*od. colloq.* I forget) the name. **3.** (*aus-, wegfallen*) be dropped (*od.* cancel[l]ed), *Wort etc*: *a.* be omitted; *Anspruch etc*: be ruled out, be set aside; (*nicht in Frage kommen*) be inapplicable; „entfällt" *auf Formularen*: "not applicable". **4.** auf j-n ~ *Anteil etc*: fall to s. o.('s share), go to s. o.; auf Einzelhändler ~ 30% a 30% commission is allotted (*od.* goes) to retailers, each retailer gets (*od.* receives) a 30% commission. **5.** auf (*acc*) et. ~ *in der Statistik etc*: go (*od.* belong) to s. th., account for s. th.

entˈfal·ten I *v/t* ⟨*no* ge-, h⟩ **1.** (*Zeitung, Tuch etc*) unfold, open *s. th.* (out), spread *s. th.* out. **2.** (*Flügel etc*) spread. **3.** (*Fahne, Segel*) unfurl. **4.** *fig.* (*Persönlichkeit, Fähigkeiten, Macht etc*) develop, unfold; s-e Fähigkeiten voll ~ können have full scope for developing one's abilities, be able to develop one's abilities to the full; dabei kann ich mich nicht recht ~ *a.* this cramps my style. **5.** *fig.* (*Mut etc*) display, show, exhibit, (*Aktivität etc*) *a.* launch into. **6.** *fig.* (*Pracht etc*) display, unfold. **7.** *mil.* (*Truppen*) deploy, spread out. **II** *v/reflex* sich ~ **8.** *Knospe, Fallschirm etc*: open, unfold. **9.** *Fahne, Segel etc*: unfurl. **10.** *fig. Charakter etc*: develop (zu into); ihre Schönheit hat sich voll entfaltet her beauty has come to full bloom. **11.** *mil.* deploy, spread out. **III** Ձ *n* ⟨-s⟩ **12.** unfolding (*etc*).

Entˈfal·tung *f* ⟨-; *no pl*⟩ **1.** → entfalten 12. **2.** *von Fähigkeiten, Macht etc*: development; (*einmalige*) ~ von Stärke (Macht *etc*) show of strength (power, *etc*); freie ~ der Persönlichkeit free development of personality; et. zur ~ bringen develop s. th., *weitS. a.* give s. th. full scope; zur ~ kommen develop, unfold, display itself, show, come to bear. **3.** *von Mut, Prunk etc*: display, exhibition. **4.** *von Aktivität etc*: development, display, show (*alle*: of), launching (into). **5.** *mil.* deployment.

entˈ|fär·ben I *v/t* ⟨*no* ge-, h⟩ **1.** decolo(u)r, *chem. tech. a.* decolo(u)rize. **2.** (*bleichen*) bleach. **3.** *print.* (*Walzen*) de-ink. **II** *v/reflex* sich ~ **4.** lose colo(u)r, discolo(u)r. **5.** *Gesicht, Person*: (turn) pale. **Ձˈfär·bung** *f* ⟨-; *no pl*⟩ **1.** decolo(u)ring, decolo(u)rization. **2.** bleaching. **Ձˈfär·bungsˌmit·tel** *n* **1.** colo(u)r (*od.* dye) remover. **2.** *chem. tech.* decolo(u)rant. **3.** *print.* de-inking agent. **~ˈfa·sern** *v/t* ⟨*no* ge-, h⟩ **1.** divest *s. th.* of fi/bres (*Am.* -ers). **2.** (*Bohnen*) string.

entˈ|fer·nen I *v/t* ⟨*no* ge-, h⟩ **1.** *allg.* remove, (*wegnehmen, -stellen*) *a.* take *s. th.* away, (*Flecken*) *a.* take out (*spots*). **2.** *a. fig.* (*Hindernis, Trümmer etc*) remove, clear *s. th.* away. **3.** (*ausstreichen*) strike (*od.* cross) *s. th.* out, remove, cancel; e-n Namen von e-r Liste ~ strike a name off a list. **4.** j-n ~ remove s. o. (aus dem Amt from office), von *e-r Schule etc*: *a.* expel, eject (from), send s. o. down, aus *e-m Haus*: *a.* turn s. o. out. **5.** *euphem.* j-n ~ (*töten*) remove, liquidate. **6.** *mil.* remove, withdraw (*troops*). **II** *v/reflex* sich ~ **7.** (*weggehen*) go away, leave; wir hatten uns schon zu weit entfernt we were already too far away; *mil.* sich unerlaubt von der Truppe ~ go absent without leave, *bes. Am.* go AWOL. **8.** (*sich zurückziehen*) withdraw, retire. **9.** (*verschwinden*) move away (*od.* off), move out of sight. **10.** *fig.* (*vom Thema etc*) (von from) digress, deviate, depart. **III** Ձ *n* ⟨-s⟩ **11.** removing (*etc*), removal. **12.** → Entfernung 4–10. **~ˈfernt I** *pp u. adj* **1.** (*entlegen*) distant, far(-)away, far-off; drei Meilen ~ sein be three miles away; wie weit ist die nächste Stadt ~? how far is the next town?; nur 10 Meilen davon ~ only 10 miles from there; sie liegen 5 Meilen voneinander ~ they are 5 miles apart; sehr weit von der nächsten Ortschaft ~ a long way from the next village. **2.** *fig. Verwandte*: remote, distant (*relations*). **3.** *fig. Ähnlichkeit, Möglichkeit etc*: distant, remote, faint, vague (*resemblance, etc*). **4.** *fig.* far; weit ~! far from it!; weit (davon) ~ sein, et. zu tun be far from doing s. th.; noch weit davon ~, ein Erfolg zu sein still far (*od.* a far cry) from being a success; weit von der Wirklichkeit ~ far removed from reality. **5.** *mus. Tonart etc*: irrelative. **II** *adv* **6.** (*entlegen*) *a.* weit ~ far away; sehr ~ wohnen live far away (*od.* a long way off). **7.** *fig.* (*weitläufig*) remotely, distantly; sie sind ~ miteinander verwandt they are distantly (*od.* remotely) related (to one another). **8.** *fig.* nicht ~, nicht im ~esten not in the least, not the least bit; ich hätte nicht im ~esten geglaubt, daß I would never have believed (*od.* dreamed) that, I never had the faintest idea that; es ist nicht ~ so gut it can't touch (*od.* compare with) it. **Ձˈfernt·heit** *f* ⟨-; *no pl*⟩ *lit.* remoteness. **Ձˈfer·nung** *f* ⟨-; -en⟩ **1.** → entfernen 11. **2.** *räumlich*: distance; in e-r ~ von at a distance of; die ~ beträgt the distance is; aus der ~ from the distance; aus einiger ~ from a distance; die zurückgelegte ~ the distance covered. **3.** *mil.* (*Schußweite, Ziel*Ձ) range; aus kurzer (großer) ~ at close (long) range. **4.** (*Beseitigung*) removal. **5.** (*Entlassung*) removal, dismissal (aus dem Amt from office). **6.** *euphem.* removal, liquidation. **7.** (*Ausweisung*) expulsion, ejection. **8.** (*Streichung*) removal, cancellation. **9.** *mil.* a) *von Truppen*: withdrawal, b) unerlaubte ~ von der Truppe absence without leave, *bes. Am.* AWOL. **10.** *fig. vom Thema etc*: digression, deviation, departure.

Entˈfer·nungs|ˌeinˌstel·lung *f* **1.** *mil.* range setting. **2.** *phot.* a) (*Apparateteil*) focus(s)ing mount, b) (*Tätigkeit*) focus(s)ing, distance setting. **~ˌmes·ser** *m* ⟨-s; -⟩ **1.** range finder, telemeter. **2.** (*Person*) range taker. **~ˌmes·sung** *f* **1.** *bes. mil.* range finding. **2.** telemetry. **~ˌschät·zen** *n mil.* range estimation. **~ˌska·la** *f phot.* focus(s)ing (*od.* distance) scale.

entˈ|fes·seln *v/t* ⟨*no* ge-, h⟩ **1.** (*Kampf, Streit etc*) provoke, start, touch off; e-n Krieg ~ start a war, *lit.* unleash the dogs of war. **2.** (*Leidenschaften etc*) let loose, unleash, arouse, provoke; e-n stürmischen Beifall ~ raise a storm of applause, *colloq.* bring down the house. **3.** unchain. **~ˈfes·selt** *pp u. adj fig.* raging, unleashed, (*wild*) furious, vehement, (*leidenschaftlich*) abandoned, passionate; die ~en Elemente the raging elements, the fury of the elements. **Ձˈfes·se·lung** *f* ⟨-; *no pl*⟩ *fig.* provoking, unleashing, provocation.

entˈfet·ten *v/t* ⟨*no* ge-, h⟩ **1.** remove the fat (*od.* grease) from. **2.** *chem. tech.* degrease, (*Wolle*) *a.* scour. **3.** *metall.* dewax. **4.** die Haut ~ make the skin dry. **Entˈfet·tung** *f* ⟨-; *no pl*⟩ **1.** removal of fat (*od.* grease). **2.** *chem. tech.* degreasing, scouring. **3.** *med.* reducing, slimming.

Entˈfet·tungs|ˌkur *f* reducing diet, slimming cure. **~ˌmit·tel** *n* **1.** *chem. tech.* degreasing agent. **2.** *med.* anti-fat (*od.* slimming) remedy (*od.* tablet, pill), anti-obesic.

entˈfeuch·ten *v/t* ⟨*no* ge-, h⟩ *tech.* dehumidify.

entˈflamm·bar *adj* **1.** (in)flammable, ignitable. **2.** *fig.* leicht ~ sein a) *Gefühle etc*: be easily roused, b) *Person*: be hot-tempered, c) *humor.* fall easily in love. **Ձkeit** *f* ⟨-; *no pl*⟩ **1.** (in)flammability, ignitability. **2.** *tech.* flammability.

entˈflam·men I *v/t* ⟨*no* ge-, h⟩ **1.** inflame, ignite, set ablaze. **2.** *fig.* (*Person, Leidenschaften etc*) inflame, rouse, fire, kindle (*s.o.'s passion, etc*); j-n für e-e neue Idee ~ rouse (*od.* kindle) s.o.'s enthusiasm for a new idea; er hat ihren Zorn entflammt he has roused her anger (*od.* wrath). **3.** *fig.* → entfesseln 2. **II** *v/i* ⟨sein⟩ **4.** burst into flames. **5.** *tech.* a) inflame, ignite, fire, burn, b) (*aufblitzen*) flash. **6.** *fig.* → **entbrennen** 1–3. **III** *v/reflex* ⟨h⟩ **7. sich an** (*dat*) **et.** ~ be (a)roused (*od.* excited) by s. th. **~'flech·ten** *v/t* ⟨*irr, no* **ge-, h**⟩ **1.** disentangle. **2.** *econ.* (*Trusts, Kartelle etc*) break up, decartelize. **3.** *mil.* (*Truppen*) disengage. **≈'flech·tung** *f* ⟨-; -en⟩ **1.** disentanglement. **2.** *econ.* decartelization, deconcentration. **3.** *mil.* (*Truppen*≈) disengagement. **~'fleu·chen** [-'flɔʏçən] *v/i* ⟨*no* **ge-, sein**⟩ *humor. for* **entfliehen. ~'flie·gen** *v/i* ⟨*irr, no* **ge-, sein**⟩ (*dat* from) fly away, escape. **~'flie·hen** *v/i* ⟨*irr, no* **ge-, sein**⟩ **1.** escape, flee, run away; **aus dem Gefängnis** ~ escape from prison; **j-m** ~ escape from s. o. **2.** *fig. lit. Jugend, Zeit etc*: fly (by), be fleeting. **≈'flo·he·ne** *m, f* ⟨-n; -n⟩ **1.** escaped prisoner, escapee. **2.** fugitive, runaway.

ent'frem·den [-'frɛmdən] **I** *v/t* ⟨*no* **ge-, h**⟩ **1. j-n j-m** ~ alienate (*od.* estrange) s. o. from s. o., turn s. o. away from s. o. **2.** *sociol.* **j-n e-r Sache** ~ alienate s. o. from s. th. **3. et. s-m Zweck** ~ a) use s. th. for alien ends, misapply s. th., b) convert s. th. to one's own use, (*Geld*) misappropriate s. th. **4. sich** ~ become estranged, drift apart, become strangers to one another. **5. sich j-m** ~ become estranged from s. o., become a stranger to s. o. **II** ≈ *n* ⟨-s⟩ **6.** alienating (*etc*). **Ent'frem·dung** *f* ⟨-; -en⟩ **1.** → **entfremden** 6. **2.** alienation, estrangement. **3.** *sociol. des Arbeiters, der Jugend etc*: alienation, disaffection.

ent|'frit·ten *v/t* ⟨*no* **ge-, h**⟩ *Radio*: decohere. **≈'frit·ter** *m* ⟨-s; -⟩ decoherer. **≈'frit·tung** *f* ⟨-; *no pl*⟩ decoherence.

ent'fro·sten [-'frɔstən] **I** *v/t* ⟨*no* **ge-, h**⟩ (*Windschutzscheibe, Tiefkühlkost etc*) defrost. **II** ≈ *n* ⟨-s⟩ defrosting. **Ent'fro·ster** *m* ⟨-s; -⟩ *mot.* (windshield, *bes. Br.* windscreen) defroster, de-icer. **Ent'fro·stung** *f* ⟨-; *no pl*⟩ defrosting.

ent|'füh·ren *v/t* ⟨*no* **ge-, h**⟩ **1.** *gewaltsam*: abduct, kidnap. **2.** (*Mädchen, mit Zustimmung*) elope (*od.* run away) with; **sie ließ sich von ihrem Geliebten** ~ she eloped with her lover. **3.** (*Flugzeug etc*) hijack. **4.** *fig. humor.* (*stehlen*) *colloq.* swipe, filch, hijack. **≈'füh·rer** *m* ⟨-s; -⟩ **1.** abductor, kidnapper. **2.** (*Flugzeug*≈) hijacker, skyjacker. **≈'füh·rung** *f* ⟨-; -en⟩ **1.** abduction, kidnap(ping). **2.** *mit Zustimmung*: elopement; *mus.* „**Die** ~ **aus dem Serail**" "Il Seraglio". **3.** (*Flugzeug*≈ *etc*) hijacking, *aer. a.* skyjacking.

ent|'ga·sen *v/t* ⟨*no* **ge-, h**⟩ **1.** degas. **2.** *mil.* degas, decontaminate. **3.** *metall.* degasify, deaerate. **≈'ga·ser** *m* ⟨-s; -⟩ *metall.* degasifier. **≈'ga·sung** *f* ⟨-; *no pl*⟩ **1.** degassing, *mil. a.* decontamination. **2.** *metall.* degasification.

ent'ge·gen *prep* ⟨*dat*⟩ **1.** contrary to, against, in opposition to; ~ **allen Erwartungen (s-r Gewohnheit)** contrary to all expectations (his habit). **2.** (*Richtung*) toward(s) (*the sun, the light, etc*); **der Sonne** ~ toward(s) the sun. **3.** against; **dem Wind** ~ against (*od.* into) the wind. **~ˌar·bei·ten** *v/i* ⟨*sep,* **-ge-, h**⟩ → **entgegenwirken. ~ˌblicken** (*getr.* **-k·k-**) *v/i* ⟨*sep,* **-ge-, h**⟩ → **entgegensehen. ~ˌbrin·gen** *v/t* ⟨*irr, sep,* **-ge-, h**⟩ **1. j-m et.** ~ bring s. th. to(ward[s]) s. o. **2.** *fig.* **j-m (e-r Sache) Sympathie (Vertrauen)** ~ show (*od.* have) sympathy for (trust in) s. o. (s. th.); **e-r Sache Verständnis (Interesse)** ~ show understanding for (interest in) s. th. **~ˌei·len** *v/i* ⟨*sep,* **-ge-, sein**⟩ **1. j-m** ~ hasten (*od.* hurry) toward(s) (*od.* to meet) s. o. **2.** *fig. lit.* (*s-m Untergang etc*) rush (headlong) towards (*one's doom, etc*). **~ˌfah·ren** *v/i* ⟨*irr, sep,* **-ge-, sein**⟩ **j-m** ~ a) *mot.* drive toward(s) s. o., drive out to meet s. o., b) go (*od.* travel) (by train) to meet s. o. **~ˌfüh·ren** *v/t* ⟨*sep,* **-ge-, h**⟩ **1. j-n j-m** ~ lead s. o. to(ward[s]) (*od.* up to) s. o. **2. j-n (et.) e-r Sache** ~ lead s. o. (s. th.) to s. th. **~ˌge·hen** *v/i* ⟨*irr, sep,* **-ge-, sein**⟩ **1. j-m** ~ go (*od.* walk) toward(s) s. o., go to meet s. o. **2.** *fig.* **e-r Sache** ~ a) face (*od.* confront) s. th., b) (*schlechten Zeiten etc*) be heading (*od.* be in) for s. th., be faced with s. th., c) (*der Vollendung etc*) be nearing (*completion, etc*); **wir gehen unsicheren Zeiten entgegen** an uncertain future lies ahead of us; **dem Ende** ~ be drawing to a close.

ent'ge·gen·geˌsetzt I *adj* **1.** *Richtung, Wirkung etc*: opposite (*direction, etc*). **2.** *Meinung, Interessen etc*: (*dat* to) contrary, opposed, conflicting, *Einflüsse etc*: *a.* opposing, antagonistic. **3.** *math.* a) *Element*: inverse, b) *Vorzeichen*: opposite. **II** *adv* **4.** contrary; **er hat sich genau** ~ **verhalten** he did exactly the opposite, he acted quite contrary to our expectations. **III** ≈**e, das** ⟨-n⟩ **5.** the opposite, the contrary.

ent'ge·gen|ˌhal·ten *v/t* ⟨*irr, sep,* **-ge-, h**⟩ **1. j-m et.** ~ hold s. th. out to s. o. **2.** *fig.* **j-m et.** ~ a) point s. th. out to s. o. (in reply to s. th.), b) (*Fehler etc*) confront s. o. with s. th. **3. e-r Sache et.** ~ a) *als Einwand*: say s. th. in answer to s. th., reply (s. th.) to s. th., advance s. th. (as an objection to s. th.), b) *als Vergleich*: contrast s. th. with s. th.; **dem ist nichts entgegenzuhalten** there is no objection to that. **4.** *bes. jur.* a) (*Tatsache*) advance s. th. against, b) *im Patentrecht*: cite *s. th.* (in opposition) (against); *jur.* **e-e Tatsache e-m Anspruch** ~ set up a fact as a bar to a claim. **≈ˌhal·tung** *f* ⟨-; -en⟩ **1.** (*Antwort*) reply; (*Einwand*) objection. **2.** *Patentrecht*: citation, patent cited (in opposition). **~ˌhan·deln** *v/i* ⟨*sep,* **-ge-, h**⟩ **1. j-m (e-r Sache)** ~ act against s. o. (s. th.). **2.** → **zuwiderhandeln. ~ˌkom·men I** *v/i* ⟨*irr, sep,* **-ge-, sein**⟩ **1. j-m** ~ a) come to meet s. o., b) *Fahrzeug etc*: come toward(s) s. o., approach s. o.; **j-m auf halbem Weg** ~ *a. fig.* meet s. o. halfway. **2.** *fig.* **j-m** ~ a) oblige s. o., comply with s. o.('s wishes), accommodate s. o., b) make s. o. concessions, c) co(-)operate with s. o. **3.** *fig.* **j-s Wünschen** ~ comply with (*od.* meet) s. o.'s wishes; **j-s Geschmack** ~ suit s. o.'s taste; **j-m freundlich** ~ treat s. o. kindly. **II** ≈ ⟨-s⟩ **4.** (*Gefälligkeit*) obligingness, kindness, courtesy, friendly advance. **5.** a) (*Zugeständnis*) concession, b) (*Zs.-arbeit*) co(-)operation; ≈ **zeigen** be willing to make concessions, be accommodating, be co(-)operative. **~ˌkom·mend** *pres p u. adj* **1.** *Fahrzeug, Verkehr etc*: oncoming (*traffic, etc*). **2.** *fig.* obliging, kind, accommodating, co(-)operative; **sich** ~ **zeigen** show o. s. accommodating. **~ˌkom·men·der'wei·se** *adv* kindly, obligingly. **~ˌlau·fen** *v/i* ⟨*irr, sep,* **-ge-, sein**⟩ **1. j-m** ~ run toward(s) (*od.* to meet) s. o., run up to s. o. **2.** *fig.* → **zuwiderlaufen. ≈ˌnah·me** *f* ⟨-; *no pl*⟩ **1.** accepting, receiving. **2.** receipt, acceptance. **3.** *von Aufträgen, Telephongesprächen etc*: taking. **~ˌneh·men** *v/t* ⟨*irr, sep,* **-ge-, h**⟩ (*Brief, Dank, Geschenk etc*) accept; (*Befehle, Glückwünsche etc*) receive; (*Bestellung, Telephongespräch etc*) take. **~ˌrei·sen** *v/i* ⟨*sep,* **-ge-, sein**⟩ → **entgegenfahren. ~ˌrücken** (*getr.* **-k·k-**) *v/i* ⟨*sep,* **-ge-, sein**⟩ *mil.* (*dem Feind*) advance (*od.* march) (against). **~ˌschal·len** *v/i* ⟨*a. irr, sep,* **-ge-, h**⟩ **j-m** ~ meet (s. o.'s ear). **~ˌschla·gen** *v/i* ⟨*irr, sep,* **-ge-, sein** *u.* **h**⟩ ⟨*dat*⟩ **1.** ⟨**sein**⟩ *Rauch etc*: roll (towards *s. o.*); *Geruch etc*: assail (*s. o.*); *Flammen*: leap out (at *s. o.*); *Lärm etc*: assail (*od.* strike) (*s. o.*'s ear). **2.** ⟨**h**⟩ *poet. Herz*: go out (to *s. o.*). **~ˌse·hen** *v/i* ⟨*irr, sep,* **-ge-, h**⟩ **e-r Sache** ~ a) *erwartend*: await (*od.* expect, anticipate) s. th., b) *freudig*: look forward to s. th., c) *mutig, entschlossen, gelassen*: face s. th.; *econ.* **wir sehen ihrem Auftrag gern entgegen** we are looking forward to your order; *econ.* **e-r baldigen Antwort ~d** awaiting (*od.* in anticipation of) an early reply. **~ˌset·zen I** *v/t* ⟨*sep,* **-ge-, h**⟩ **1. j-m (e-r Sache) Widerstand** ~ put up (*od.* offer) resistance to s. o. (s. th.), oppose s. o. (s. th.) **2.** → **entgegenhalten** 2–4. **II** *v/reflex* **3.** → **entgegenstemmen. ~ˌste·hen** *v/i* ⟨*irr, sep,* **-ge-, h** *u.* **sein**⟩ **1. j-m (e-r Sache)** ~ stand in s. o.'s way (in the way of s. th.), be opposed to s. o. (s. th.); **dem steht nichts entgegen** there is no objection to that. **2.** *bes. jur.* **e-r Sache** ~ a) *Anspruch etc*: be opposed to s. th., conflict with s. th., b) (*ausschließen*) bar (*od.* preclude) s. th. **3.** *mil.* **dem Feind** ~ face the enemy. **~ˌste·hend** *adj* conflicting, contradictory, opposing; *jur. Anspruch, Rechte etc*: *a.* adverse. **~ˌstel·len I** *v/t* ⟨*sep,* **-ge-, h**⟩ **1. j-m et.** ~ (*Truppen etc*) set (*od.* pit) s. th. against s. o. **2.** → **entgegenhalten** 2–4. **II** *v/reflex* **3.** → **entgegenstemmen. 4.** *fig.* **sich j-m** ~ *Schwierigkeiten etc*: confront s. o., be in s. o.'s way. **5.** *fig.* **sich e-r Sache** ~ be in the way of s. th. **~ˌstem·men** *v/reflex* ⟨*sep,* **-ge-, h**⟩ *fig.* **sich e-r Sache** ~ oppose (*od.* resist) s. th., *Person*: *a.* set o. s. (squarely) against s. th., fight (*od.* struggle) against s. th., stand up to s. th. **~ˌstrecken** (*getr.* **-k·k-**) *v/t* ⟨*sep,* **-ge-, h**⟩ **j-m et.** ~ hold (*od.* stretch) out s. th. toward(s) (*od.* to) s. o. **~ˌtre·ten** *v/i* ⟨*irr, sep,* **-ge-, sein**⟩ **1. j-m** ~ a) advance (*od.* go) toward(s) s. o., step up to (*od.* meet) s. o., b) *fig.* oppose s. o., (*e-m Gegner etc*) face s. o. **2.** *fig.* **e-r Sache** ~ a) → **entgegenstemmen,** b) (*e-m Mißbrauch etc*) take steps against s. th., counter s. th., c) (*e-r Gefahr*) face (*od.* meet) s. th., d) (*e-m Gerücht etc*) contradict (*od.* deny the truth of) s. th. **~ˌwir·ken** *v/i* ⟨*sep,* **-ge-, h**⟩ **1.** work (against), counteract, counter, oppose. **2.** *phys.* (*der Schwerkraft etc*) counterbalance. **~ˌwir·kend** *adj med.* counteractive, counteracting.

ent'geg·nen [-'ge:gnən] *v/t u. v/i* ⟨*no* **ge-, h**⟩ (**auf** *acc*) reply (to), answer (*acc*); *schlagfertig, kurz*: retort; **j-m höflich** ~ give s. o. a polite answer; **er entgegnete nichts** he made no reply, he gave no answer. **Ent'geg·nung** *f* ⟨-; -en⟩ **1.** (**auf** *acc* to) answer, reply; *schlagfertige*: retort, repartee. **2.** *in Zeitschrift etc*: rejoinder. **3.** *jur.* replication.

ent'ge·hen *v/i* ⟨*irr, no* **ge-, sein**⟩ **1. e-r Sache** ~ (*e-r Gefahr, Strafe etc*) escape (*od.* avoid) s. th. **2. j-m** ~ *Fehler, Tatsache etc*: escape s. o.('s notice); **das ist ihm entgangen** *a.* he missed (*od.* overlooked) that; **ihm entging kein Wort** he did not miss a word; **es kann ihm nicht** ~, **daß** he cannot fail to notice that; **ihm entging wenig** he didn't miss much. **3. sich** (*dat*) **et.** ~ **lassen** (*Gelegenheit etc*) miss s. th., let s. th. slip; **er ließ sich die Gelegenheit nicht** ~ he seized the opportunity, he jumped at the chance; **er läßt sich nichts** ~ he misses nothing, he doesn't miss a thing.

ent'gei·stert *adj u. adv* thunderstruck, dum(b)founded, stunned, *nur* ⟨*pred*⟩ *u. adv* aghast.

Ent|'gelt *n, obs. a. m* ⟨-(e)s; *no pl*⟩ **1.** (*Vergütung*) remuneration, compensation, recompense, consideration, payment; (*Gebühr, Honorar*) fee; **gegen** ~ against payment; **ohne** ~ free of charge, gratis, gratuitously. **2.** (*Belohnung*) reward. **3.** (*Gegenwert*) equivalent. **4.** *jur.* (valuable) consideration; **als** ~ **für** in consideration of. ≈**'gel·ten** *v/t* ⟨*irr, no* ge-, h⟩ **1. j-m et.** ~ a) (*Arbeit etc*) pay (*od.* remunerate) s.o. for s.th., b) *fig.* (*Gefälligkeit etc*) repay s.o. for s.th. **2.** *fig.* **j-n et.** ~ **lassen** make s.o. suffer (*od.* pay) for s.th., get one's own back at s.o. for s.th. **3.** *fig.* **et.** ~ **müssen** have to pay (*od.* atone, suffer) for s.th. ≈**'gelt·lich** *adj u. adv* against payment, for a (*bes. jur.* for valuable) consideration.

ent'gif·ten *v/t* ⟨*no* ge-, h⟩ **1.** *chem. med.* detoxicate, detoxify. **2.** *mil.* decontaminate. **3.** *fig.* (*Atmosphäre etc*) clear. **Ent'gif·tung** *f* ⟨-; *no pl*⟩ **1.** *chem. med.* detoxication. **2.** *mil. von Gas*: decontamination. **3.** clearing (*od.* decontamination) (*of the atmosphere, etc*).

Ent'gif·tungs|,an,la·ge *f chem.* detoxication plant. ~**,mit·tel** *n* **1.** detoxicating agent. **2.** *mil.* decontaminant. ~**,trupp** *m mil.* decontamination squad.

ent|'glei·sen [-'glaɪzən] *v/i* ⟨*no* ge-, sein⟩ **1.** *Zug etc*: be derailed, run (*od.* jump) off the rails; **e-n Zug** ~ **lassen** (*od.* **zum** ≈ **bringen**) derail a train. **2.** *fig.* make a faux pas (*od.* gaffe), *colloq.* drop a brick (*od.* clanger). ≈**'glei·sung** *f* ⟨-; -en⟩ **1.** derailment. **2.** *fig.* slip, gaffe, faux pas, social blunder. ~**'glei·ten** *v/i* ⟨*irr, no* ge-; sein⟩ **1. j-m** (*od.* **j-s Händen**) ~ slip from s.o.'s hands (*od.* fingers, grasp). **2.** *fig.* **j-m** (*od.* **j-s Hand**) ~ a) *Person*: grow (*od.* drift) away from s.o., b) *Sache*: slip (away) from s.o.; **die Sache entglitt ihm** *a.* he lost control over it, it got beyond his control. ~**'göt·tert** [-'gœtərt] *adj* **e-e** ~**e Welt** a world without gods. ~**'gran·nen** [-'granən] *v/t* ⟨*no* ge-, h⟩ *agr.* awn. ~**'gra·ten** [-'gra:tən] *v/t* ⟨*no* ge-, h⟩ *tech.* a) deburr, b) (*Gußgrat*) clip, c) (*Schmiedegrat*) trim. ~**'grä·ten** [-'grɛ:tən] *v/t* ⟨*no* ge-, h⟩ (*Fisch*) bone, fillet. ~**'haa·ren** *v/t* ⟨*no* ge-, h⟩ **1.** *Kosmetik*: depilate, remove superfluous hair from; ~**d** depilatory. **2.** (*Häute*) depilate, unhair. ≈**'haa·rung** *f* ⟨-; *no pl*⟩ **1.** *Kosmetik*: depilation, removal of superfluous hair; ~**screme** *f* depilatory cream; ~**smittel** *n* depilatory, hair remover. **2.** *tech.* a) depilation, unhairing, b) *von Schaffellen*: rough-shearing.

ent'hal·ten I *v/t* ⟨*irr, no* ge-, h⟩ *allg.* contain; (*fassen*) hold; (*umfassen*) comprise, include; (*beinhalten*) contain, embody. **II** *v/reflex* **sich** ~ *lit.* (**von** from) refrain, abstain ([**davon,**] **et. zu tun** from doing s.th.); **er konnte sich des Lachens nicht** ~ he couldn't help laughing; **sich des Alkohols** ~ abstain from alcohol (*od.* drink); **sich der Stimme** ~ a) *pol.* abstain (from voting), b) *colloq.* keep out of s.th. **III** *pp u. adj* **in** (*dat*) **et.** ~ **sein** a) be contained (*etc*) in s.th., b) *math.* go into s.th., be contained in s.th.; **im Preis nicht** ~ **sein** be not included in the price; **4 ist in 20 fünfmal** ~ 4 goes into 20 five times.

ent'halt·sam *adj* **1.** abstemious, abstinent; (*maßvoll*) moderate, *im Trinken*: temperate, sober; **er ist im Trinken sehr** ~ he is a moderate drinker. **2.** *geschlechtlich*: continent, abstinent. ≈**keit** *f* ⟨-; *no pl*⟩ **1.** abstemiousness, abstinence; **gänzliche** ~ total abstinence, teetotalism. **2.** (*Mäßigkeit*) moderation, temperance. **3.** *geschlechtlich*: continence; ~ **üben** practice continence, be abstinent.

Ent|'hal·tung *f* ⟨-; -en⟩ **1.** ⟨*only sg*⟩ (**von** from) abstention, abstaining. **2.** *bes. pol.* (*Stimm*≈) abstention; **bei 3** ~**en** with 3 abstentions. **3.** ⟨*only sg*⟩ → **Enthaltsamkeit.** ≈**'här·ten** *v/t* ⟨*no* ge-, h⟩ (*Wasser*) soften. ~**'här·tungs,mit·tel** *n* softening agent, softener. ≈**'haup·ten** [-'hauptən] *v/t* ⟨*no* ge-, h⟩ behead, decapitate. ~**'haup·tung** *f* ⟨-; -en⟩ beheading, decapitation. ≈**'häu·ten** *v/t* ⟨*no* ge-, h⟩ **1.** (*Tier*) skin, flay. **2.** (*Früchte*) skin, peel. ≈**'he·ben** *v/t* ⟨*irr, no* ge-, h⟩ ⟨*gen*⟩ **1.** *lit.* (*e-r Pflicht, Sorge etc*) relieve *s.o.* (of), release (*od.* absolve, exempt, dispense, excuse) *s.o.* (from); **j-n aller Zweifel** ~ remove all his (her) doubts, lay all his (her) doubts to rest. **2.** (*e-s Amtes etc*) relieve *s.o.* (of), remove *s.o.* (from); **j-n s-s Amtes** ~ *a.* dismiss s.o., *vorläufig*: suspend s.o. (from office). **3.** (*der Mühe, Entscheidung etc*) save, spare (*s.o. s.th.*). ~**'he·bung** *f* ⟨-; *no pl*⟩ **1.** (*von Pflichten etc*) relief, release (from). **2.** (*vom Amt*) removal (from office), dismissal; **vorläufige** ~ suspension. ≈**'hei·li·gen** *v/t* ⟨*no* ge-, h⟩ profane, desecrate; *den Sabbat*: *a.* break. ~**'hei·li·gung** *f* ⟨-; *no pl*⟩ profanation, desecration. ≈**'hem·men** *v/t* ⟨*no* ge-, h⟩ *psych.* disinhibit, remove inhibitions; ~**d** uninhibiting, disinhibitory. ~**'hem·mung** *f* ⟨-; *no pl*⟩ disinhibiting, disinhibition.

ent'hül·len I *v/t* ⟨*no* ge-, h⟩ **1.** (*Gesicht, Körper etc*) uncover, bare, expose. **2.** (*verschleiertes Gesicht, Denkmal etc*) unveil. **3.** *fig. lit.* (*Geheimnis, Wesen etc*) (*dat* to) reveal, disclose, divulge, unveil, show; **j-m s-e innersten Gefühle** ~ bare one's innermost feelings to s.o.; **der Brief enthüllte ihm, daß** the letter revealed to (*od.* told) him that. **4.** *fig. lit.* (*Verbrechen etc*) unmask, expose, bring *s.th.* to light; **e-e Lüge** ~ expose a lie. **II** *v/reflex* **sich** ~ **5.** *lit. Landschaft, Ferne etc*: reveal (*od.* unveil) itself, be revealed, unfold (*alle*: *dat* to), lie open to s.o.'s view (*od.* gaze). **6.** *fig. lit. Wahrheit etc*: be revealed, reveal itself, become clear (*alle*: *dat* to); come to light. **7.** → **entpuppen** 2. **Ent'hül·lung** *f* ⟨-; -en⟩ **1.** uncovering (*etc*); exposure. **2.** *e-s Denkmals etc*: unveiling. **3.** *fig. e-s Geheimnisses etc*: (*a. enthülltes Geheimnis*) revelation, disclosure; ~**en machen** make revelations (*od.* disclosures). **4.** *fig. lit. e-s Verbrechens etc*: exposure, expose. **ent'hül·sen** *v/t* ⟨*no* ge-, h⟩ **1.** (*Reis etc*) husk, hull, *Am.* shuck. **2.** (*Erbsen etc*) shell, hull.

en·thu·si·as·mie·ren [ɛntuzĭas'mi:rən] *v/t u. v/reflex* ⟨*no* ge-, h⟩ → **begeistern.**

En·thu·si'as·mus [-'zĭasmus] *m* ⟨-; *no pl*⟩ enthusiasm; → *a.* **Begeisterung** 2.

En·thu·si'ast [-'zĭast] *m* ⟨-en; -en⟩ enthusiast, *colloq.* fan. **en·thu·sia·stisch** [-'zĭastɪʃ] *adj* enthusiastic; → *a.* **begeistert.**

ent·ideo·lo·gi'sie·ren *v/t* ⟨*no* ge-, h⟩ de-ideologize.

ent·io·ni'sie·ren *v/t* ⟨*no* ge-, h⟩ *electr.* de-ionize.

En·ti·tät [ɛnti'tɛ:t] *f* ⟨-; -en⟩ *philos.* entity.

ent|'jung·fern [-'jʊŋfərn] *v/t* ⟨*no* ge-, h⟩ deflower. ≈**'jung·fe·rung** *f* ⟨-; *no pl*⟩ defloration. ~**'kal·ken** *v/t* ⟨*no* ge-, h⟩ *chem.* decalcify, delime; (*Boiler etc*) descale. ≈**'kal·kung** *f* ⟨-; *no pl*⟩ decalcification, deliming, descaling. ~**'kei·men I** *v/t* ⟨*no* ge-, h⟩ **1.** (*Raum etc*) disinfect. **2.** (*Gegenstände*) sterilize. **3.** (*Milch*) pasteurize. **4.** *agr.* a) (*Weizen etc*) degerm(inate), b) (*Kartoffeln*) free (*potatoes*) from eyes (*od.* buds), remove the sprouts from. **II** *v/i* ⟨sein⟩ **5.** *lit. Saat etc*: germinate, sprout. **6.** *fig.* (*dat* from) arise, grow, spring. ≈**'kei·mung** *f* ⟨-; *no pl*⟩ **1.** disinfection. **2.** sterilization. **3.** pasteurization. **4.** *agr.* a) *von Getreide*: degermination, b) *von Kartoffeln*: removal of sprouts (*od.* eyes). ~**'ker·nen** *v/t* ⟨*no* ge-, h⟩ **1.** (*Kirschen etc*) stone, (de)seed. **2.** (*Äpfel etc*) core. **3.** (*Trauben etc*) (de)seed. **4.** *tech.* (*Gußstück*) remove the cores of. ≈**'ker·ner** *m* ⟨-s; -⟩ **1.** stoner. **2.** deseeder. ~**'kirch·li·chen** [-'kɪrçlɪçən] *v/t* ⟨*no* ge-, h⟩ estrange (*od.* alienate) *s.o., s.th.* from the church. ~**'klei·den** *v/t* ⟨*no* ge-, h⟩ **1. j-n** ~ undress s.o., unclothe s.o., take s.o.'s clothes off; **sich** ~ undress, take one's clothes off, strip. **2.** *fig. lit.* **j-n (et.) e-r Sache** ~ divest (*od.* strip, deprive) s.o. (s.th.) of s.th.; **j-n s-r Würde** ~ divest (*od.* strip) s.o. of his dignity (*od.* rank); **e-n Raum s-s Schmuckes** ~ strip a room of its decoration. ≈**'klei·dung** *f* ⟨-; *no pl*⟩ **1.** undressing (*etc*); ~**snummer** *f*, ~**sszene** *f* striptease (act). **2.** *fig. lit.* divestment, deprivation. ~**'klet·ten** [-'klɛtən] *v/t* ⟨*no* ge-, h⟩ (*Wolle etc*) deburr. ~**'knit·tern** *v/t* ⟨*no* ge-, h⟩ *Textil.* make *s.th.* creaseproof. ~**'kno·ten** *v/t* ⟨*no* ge-, h⟩ (*Band etc*) undo, untie, loosen. ≈**'koh·lung** *f* ⟨-; *no pl*⟩ decarbonization, decarburization. ~**ko·lo·ni'sie·ren** *v/t* ⟨*no* ge-, h⟩ decolonize. ~**'kom·men I** *v/i* ⟨*irr, no* ge-, sein⟩ **1.** escape, get away, make one's escape (*od. colloq.* getaway); **j-m** ~ escape (from) s.o., *colloq.* give s.o. the slip; **aus dem Gefängnis** ~ escape from prison; **mit knapper Not** ~ have a narrow escape (*od. colloq.* close shave). **II** ≈ *n* ⟨-s⟩ **2.** escaping (*etc*). **3.** escape, *colloq.* getaway; **es gab kein** ≈ there was no escape. ~**'kop·peln** *v/t* ⟨*no* ge-, h⟩ *Radio*: decouple. ~**'kor·ken** *v/t* ⟨*no* ge-, h⟩ (*Flasche*) uncork, open. ~**'kör·nen** *v/t* ⟨*no* ge-, h⟩ (*Baumwolle*) gin. ≈**'kör·nungs·ma,schi·ne** *f* (cotton) gin. ~**'kör·per·licht** [-'kœrpərlɪçt] *adj* disembodied. ~**'kräf·ten** [-'krɛftən] *v/t* ⟨*no* ge-, h⟩ **1.** weaken, debilitate, sap *s.o.'s* strength. **2.** (*erschöpfen*) exhaust, tire. **3.** *fig.* a) (*Argument etc*) weaken, invalidate, b) *a. jur.* (*Beweis etc*) invalidate, c) (*widerlegen*) refute, defeat. ≈**'kräf·tung** *f* ⟨-; *no pl*⟩ **1.** weakening (*etc*). **2.** (*Zustand*) a) weakness, feebleness, debility, b) enfeeblement, debilitation. **3.** (*Erschöpfung*) exhaustion. **4.** *fig., a. jur.* a) invalidation, b) rebuttal, refutation, defeat. ~**'kramp·fen** [-'krampfən] *v/t u. v/reflex* **sich** ~ ⟨*no* ge-, h⟩ relax, *fig. a.* ease. ~**kri·mi·na·li'sie·ren** *v/t* ⟨*no* ge-, h⟩ de-criminalize. ≈**'la·de,brücke** (*getr.* -k·k-) *f tech.* unloading bridge. ~**'la·den I** *v/t* ⟨*irr, no* ge-, h⟩ **1.** (*Waggon, Ladung etc*) unload, (*Schiff, Schiffsladung*) *a.* discharge, unlade; (*Schüttgut*) dump. **2.** (*Gewehr etc*) unload. **3.** *electr.* (*Batterie etc*) discharge. **4.** *fig.* (*Zorn etc*) vent (*one's anger, etc*), give vent to, pour out. **II** *v/reflex* **sich** ~ **5.** *Gewitter etc*: break. **6.** *fig. Ärger etc*: erupt; vent itself (**über** *acc* on); **sein Zorn entlud sich über uns** *a.* he poured out his anger on us. **7.** *fig. Person*: give vent to one's anger. **8.** *Gewehr etc*: go off, discharge; *Sprengladung etc*: go off, explode. **9.** *electr.* a)

Batterie: discharge, run down, b) *Funken*: strike. **III** Ձ *n* ‹-s› **10.** unloading (*etc*). **11.** → Entladung. Ձ**ˈla·der** *m* ‹-s; -› **1.** (*Person*) unloader. **2.** (*Reederei*) stevedore. **3.** *tech.* (*Kippwagen*) dump car. Ձ**ˈla·deˌram·pe** *f* unloading ramp (*od.* platform). Ձ**ˈla·dung** *f* ‹-; -en› **1.** a) unloading, b) *von Gütern*: *a.* discharge. **2.** *e-r Sprengladung etc*: explosion, detonation. **3.** *electr.* a) *e-r Batterie etc*: discharge, b) *von Funken*: stroke; **plötzliche** ~ disruptive discharge; **übermäßige** ~ overdischarge. **4.** *e-s Gewitters*: breaking, burst. **5.** *fig.* explosion, outburst.

entˈlang I *prep* ‹*nachgestellt acc, seltener dat; vorangestellt dat*› along; **die** (*od.* **der**) **Straße** ~, ~ **der Straße** along (*od.* down) the street; **den ganzen Weg** ~ the whole length of the lane. **II** *adv* (**an** *dat*) ~ along (*the wall, etc*); **an der Küste** ~ *a.* alongshore; **hier** ~, **bitte!** this way, please! ~**ˌfah·ren I** *v/t* ‹*irr, sep,* **-ge-, sein**› (*Straße etc*) drive (*od.* travel) along. **II** *v/i* **mit et. an e-r Sache** ~ run s. th. along s. th. ~**ˌfüh·ren I** *v/i* ‹*sep,* **-ge-, h**› run along; **die Straße führt am Hafen entlang** the road runs along (*od.* skirts) the harbo(u)r. **II** *v/t* lead *s. o., s. th.* along. ~**ˌge·hen** *v/i* ‹*irr, sep,* **-ge-, sein**› go (*od.* walk) along (**an** *dat* s. th.).

ent|ˈlar·ven [-ˈlarfən] **I** *v/t* ‹*no* **ge-, h**› (*j-n, et.*) unmask, expose; *geistig*: *a. colloq.* debunk (*a writer, etc*). **II** *v/reflex* **sich** ~ **als** turn out to be. Ձ**ˈlar·vung** *f* ‹-; -en› unmasking, exposing, exposure. ~**ˈlas·sen I** *v/t* ‹*irr, no* **ge-, h**› **1.** dismiss (*visitors, etc*). **2.** (*Patienten etc*) discharge (**als geheilt** as cured). **3. aus der Schule** ~ **werden** leave school. **4.** (*Arbeitnehmer etc*) dismiss, (*Beamte*) *a.* remove, oust, (*pensionieren*) pension off, retire; (*wegjagen*) *colloq.* (give *s. o.* the) sack, fire; **entlassene Arbeitskräfte** redundant workers; → **fristlos. 5.** *mil.* a) discharge *s. o.* (from the service), demobilize, *Am.* muster out, *Br. colloq.* demob, b) (*Truppe, Einheit*) demobilize, disband. **6.** *mar.* (*Mannschaft*) discharge, pay off. **7.** *jur.* a) (*Häftling*) release, discharge, set *s. o.* free, b) (*Zeugen*) excuse *s. o.* from further attendance at (the) court, c) (*freistellen*) discharge, release; **j-n aus e-r Verbindlichkeit** ~ discharge (*od.* release) s. o. from an obligation. **II** Ձ *n* ‹-s› **8.** dismissing (*etc*). **9.** → **Entlassung.** Ձ**ˈlas·se·ne** *m, f* ‹-n; -n› **1.** person dismissed (*od.* discharged). **2.** *jur.* ex-convict; ~**fürsorge** *f* aftercare (for ex-convicts). Ձ**ˈlas·sung** *f* ‹-; -en› **1.** → **entlassen** 8. **2.** dismissal. **3.** *e-s Patienten etc*: discharge. **4.** *e-s Angestellten etc*: dismissal, discharge, *e-s Beamten*: *a.* removal (from office); **um s-e** ~ **nachsuchen** (*od.* **bitten**) *Beamter*: ask to be relieved of one's duties, tender (*od.* hand in) one's resignation. **5.** *mil.* a) discharge, b) *von Truppen*: demobilization, disbandment; **unehrenhafte** ~ dishono(u)rable discharge. **6.** *jur.* a) (*Freistellung*) discharge, release, b) *e-s Häftlings*: release, discharge; → **bedingt** 3.

Entˈlas·sungs|entˌschä·di·gung *f econ.* retirement bonus (pay). ~**ˌfei·er** *f ped.* school-leaving (*Am.* graduation) celebration. ~**ˌgeld** *n mil.* discharge (*Am.* mustering-out) pay. ~**geˌsuch** *n* **1.** (letter of) resignation; **sein** ~ **einreichen** hand in one's resignation. **2.** *jur.* petition for release (from custody). ~**ˌgrund** *m* reason (*od.* grounds *pl*) for dismissal (*etc*). ~**ˌla·ger** *n mil.* discharge camp, *Am.* separation center. ~**paˌpie·re** *pl* discharge papers. ~**ˌschrei·ben** *n* letter of dismissal.

ent|ˈla·sten I *v/t* ‹*no* **ge-, h**› **1.** (*Arbeitskraft etc*) relieve, lighten (*od.* ease) *s. o.'s* burden; **j-n in s-r Arbeit** ~ relieve s. o. in his work, reduce s. o.'s work load; **j-n finanziell** ~ ease s. o.'s financial burden, give s. o. financial relief; *fig.* **sein Gewissen** ~ ease one's conscience. **2.** (*Verkehr, Strecke etc*) relieve, ease the load (*od.* strain) on. **3.** *mil.* relieve (the pressure on). **4.** *innerlich*: relieve (**von** of). **5.** *jur.* (*Angeklagten*) exonerate, exculpate, clear *s. o.* of a charge. **6.** *econ.* a) (*Vorstand*) give (*the chairman, board, etc*) a release, give formal approval to the actions of, b) (*Schatzmeister*) accept (*od.* pass) the accounts of, give (*the treasurer*) a release, c) (*Schuldner*) discharge, release (*debtor*). **7.** *econ.* a) (*Bilanz etc*) reduce, b) (*Arbeitsmarkt etc*) improve, ease, c) (*Grundstück etc*) disencumber, d) (*Konto*) credit; **j-n für e-n Betrag** ~ credit a sum to s. o.'s account. **8.** *civ. eng.* relieve *s. th.* (of the load). **9.** *metall.* unstress, stress-relieve. **II** *v/reflex* **sich** ~ **10.** *jur.* exonerate o. s. ~**ˈla·stend** *pres p u. adj jur.* exonerating. Ձ**ˈla·stung** *f* ‹-; *no pl*› **1.** relieving. **2.** relief; **zu j-s** ~ in order to relieve s. o. (*od.* to ease s. o.'s work load), to take some of the burden off s. o.; **e-e große seelische** ~ a great relief, a load off one's mind. **3.** *jur. e-s Angeklagten*: exoneration, clearing (of a charge); **zu s-r** ~ **führte er an** in his defen/ce (*Am.* -se) he stated. **4.** *econ. des Vorstandes*: release, *des Schatzmeisters*: *a.* acceptance of the accounts, *e-s Schuldners*: *a.* discharge; **j-m** ~ **erteilen** → **entlasten** 6. **5.** *econ.* a) *e-r Bilanz etc*: reduction, b) *des Arbeitsmarktes etc*: improvement, easing. **6.** *civ. eng.* relief. **7.** *metall.* stress relief.

Entˈla·stungs|anˌgriff *m mil.* relief attack. ~**beˌweis** *m jur.* exonerating evidence. ~**ma·te·riˌal** *n jur.* exonerating evidence. ~**of·fenˌsi·ve** *f mil.* relief attack. ~**ˌstra·ße** *f* bypass (road). ~**venˌtil** *n tech.* relief valve. ~**ˌzeu·ge** *m jur.* witness for the defen/ce (*Am.* -se). ~**ˌzug** *m* relief (*Am. a.* extra) train.

ent|ˈlau·ben [-ˈlaʊbən] **I** *v/reflex* ‹*no* **ge-, h**› **sich** ~ *Baum etc*: shed its leaves. **II** *v/t* strip *s. th.* of (its) leaves, *a. mil.* defoliate. ~**ˈlaubt** *pp u. adj* stripped of leaves, leafless, bare. ~**ˈlau·fen** *v/i* ‹*irr, no* **ge-, sein**› *Hund etc*: run away (*dat* from); ~**es Kind** runaway child; ~, **weißer Spitz** *in der Zeitung*: lost, white pomeranian. ~**ˈlau·sen** *v/t* ‹*no* **ge-, h**› delouse. Ձ**ˈlau·sungsˌanˌstalt** *f* delousing station. ~**ˈle·di·gen** [-ˈleːdɪɡən] **I** *v/reflex* ‹*no* **ge-, h**› **sich** ~ ‹*gen*› **1.** (*e-r Person, Sache*) get rid of, rid (*od.* free) o. s. of, shake off, shed; **er entledigte sich s-s Gegners** he got rid of his rival; **sich s-r Schulden** ~ rid o. s. of (*od.* pay off) one's debts. **2.** (*e-s Kleidungsstückes*) take off; **sich s-r Kleider** ~ take off one's clothes, strip. **3.** *fig.* (*e-r Verpflichtung etc*) discharge, acquit o. s. of. **4.** *fig.* (*e-s Auftrages etc*) execute, carry out. **II** *v/t* **5.** *fig.* **j-n e-r Verpflichtung** ~ release (*od.* exempt, discharge) s. o. from an obligation. **6.** *a. fig. lit.* **j-n s-r Fesseln** ~ unchain (*od.* unshackle, free) s. o. **III** Ձ *n* ‹-s› **7.** getting rid of (*etc*). Ձ**ˈle·di·gung** *f* ‹-; *no pl*› **1.** → **entledigen** III. **2.** riddance. **3.** *e-r Pflicht etc*: fulfil(l)ment, discharge, performance, execution. **4.** (*Befreiung*) (**von** from) release, exemption, discharge. ~**ˈlee·ren I** *v/t* ‹*no* **ge-, h**› **1.** (*Briefkasten etc*) empty, clear. **2.** (*Faß, Tank etc*) drain, empty. **3.** (*Ballon etc*) deflate. **4.** *med.* a) (*Magen*) empty, b) (*Blase*) void, c) (*Darm*) evacuate, d) (*Eiter*) discharge, drain. **II** *v/reflex* **sich** ~ **5.** *Tank etc*: empty. **6.** *Ballon etc*: deflate, collapse. **7.** *med.* a) empty, b) *Eiter*: be discharged. **III** Ձ *n* ‹-s› **8.** emptying (*etc*). Ձ**ˈlee·rung** *f* ‹-; -en› **1.** → **entleeren** III. **2.** *e-s Tanks etc*: drainage. **3.** *e-s Ballons*: deflation. **4.** *med.* a) *des Darms*: evacuation, b) *von Eiter*: drainage.

entˈle·gen *adj* **1.** remote, out-of-the-way. **2.** (*abgeschieden*) secluded, isolated. **3.** (*entfernt*) distant, far-away, far-off. **4.** *rare fig. Gedanke etc*: remote. Ձ**heit** *f* ‹-; *no pl*› **1.** remoteness. **2.** seclusion.

ent|ˈleh·nen *v/t* ‹*no* **ge-, h**› (*Wort, Methode etc*) borrow (*dat od.* **aus** *od.* **von** from). ~**ˈlei·ben** *v/reflex* ‹*no* **ge-, h**› *lit.* **sich** ~ commit suicide, kill o. s. ~**ˈlei·hen** *v/t* ‹*irr, no* **ge-, h**› (*Buch, Geld, Gegenstände*) borrow (**aus, von** from). Ձ**ˈlei·her** *m* ‹-s; -›, Ձ**ˈlei·he·rin** *f* ‹-; -nen› borrower. Ձ**ˈlei·hung** *f* ‹-; -en› borrowing.

ˈEnt·lein *n* ‹-s; -› → Entchen.

ent|ˈlo·ben *v/reflex* ‹*no* **ge-, h**› **sich** ~ break off one's engagement. Ձ**ˈlo·bung** *f* ‹-; -en› breaking off (of) one's engagement. ~**ˈlocken** (*getr.* **-k·k-**) *v/t* ‹*no* **ge-, h**› **1.** *fig.* **j-m et.** ~ draw (*od.* elicit, extract) s. th. from s. o., *schmeichelnd*: wheedle (*od.* coax) s. th. out of s. o.; **j-m ein Geheimnis** ~ *colloq.* worm a secret out of s. o.; **j-m ein Geständnis** ~ draw (*od.* elicit) a confession from s. o.; **j-m Tränen** ~ bring tears to s. o.'s eyes. **2.** *lit.* draw; **e-m Instrument süße Töne** ~ draw (*od.* coax) sweet tones from an instrument. ~**ˈloh·nen,** *Austrian and Swiss a.* ~**ˈlöh·nen** *v/t* ‹*no* **ge-, h**› pay *s. o.* (off). Ձ**ˈloh·nung,** *Austrian and Swiss a.* Ձ**ˈlöh·nung** *f* ‹-; *no pl*› pay(ment); → *a.* **Entgelt.** ~**ˈlüf·ten I** *v/t* ‹*no* **ge-, h**› **1.** evacuate the air from, exhaust. **2.** *chem.* de-aerate. **3.** *mot.* a) (*Bremse*) bleed, b) (*Kurbelwanne*) breathe. **4.** (*durchlüften*) air, ventilate. **II** Ձ *n* ‹-s› **5.** evacuating the air from (*etc*); → *a.* **Entlüftung.** Ձ**ˈlüf·ter** *m* ‹-s; -› **1.** ventilator (*a. Bergbau*). **2.** *mot.* a) *e-r Bremse*, *a. bei Hydraulik*: bleeder, b) *e-r Kurbelwanne*: breather. **3.** *chem.* de-aerator. Ձ**ˈlüf·tung** *f* ‹-; *no pl*› **1.** → **entlüften** II. **2.** evacuation of air (*gen* from). **3.** (*Lüftung*) ventilation, de-aeration.

Entˈlüf·tungs|anˌla·ge *f tech.* ventilation (*od.* ventilating) plant (*od.* system). ~**ˌöff·nung** *f* vent hole. ~**ˌrohr** *n* **1.** *mot.* a) (*Belüftung*) breather tube, b) (*Entlüftung*) vent pipe. **2.** *Hydraulik*: bleeder tube. ~**ˌschrau·be** *f mot.* **1.** *der Bremse*: bleeder screw. **2.** *der Batterie, Einspritzdüse*: air vent screw. ~**venˌtil** *n* ventilating (*mot.* bleeder) valve.

ent|ˈmach·ten [-ˈmaxtən] *v/t* ‹*no* **ge-, h**› *pol.* deprive *s. o. od. s. th.* of his (its) power. Ձ**ˈmach·tung** *f* ‹-; *no pl*› *j-s*: depriving (*s. o.*) of (*his*) power. ~**ma·gne·tiˈsie·ren** *v/t* ‹*no* **ge-, h**› **1.** demagnetize, *electr. a.* de-energize. **2.** *mar. mil.* degauss. ~**ˈman·nen** *v/t* ‹*no* **ge-, h**› castrate, *a. fig.* emasculate, unman. Ձ**ˈmann·te** *m* ‹-n; -n› castrate. Ձ**ˈman·nung** *f* ‹-; *no pl*› castration, emasculation (*a. fig.*). ~**ˈmen·schen** [-ˈmɛnʃən], ~**ˈmensch·li·chen** [-ˈmɛnʃlɪçən] *v/t* ‹*no* **ge-, h**› dehumanize, brutalize, bestialize. ~**ˈmenscht** *pp u. adj* inhuman, brutish, bestial. Ձ**ˈmenscht·heit** *f* ‹-; *no pl*› bestiality, barbarity. ~**mi·li·ta·riˈsie·ren** *v/t* ‹*no* **ge-, h**› *pol.* demilitarize. ~**ˈmi·nen**

[-ˈmiːnən] *v/t* ⟨*no* **ge-, h**⟩ *mil.* clear (*an area*) of mines. **~ˈmün·di·gen** [-ˈmʏndɪɡən] *v/t* ⟨*no* **ge-, h**⟩ *jur.* **j-n** ~ place s. o. under (legal) disability. **~ˈmün·digt** *pp u. adj* under (legal) disability, (legally) incapacitated; **beschränkt** ~ under partial disability. **≈ˈmün·di·gung** *f* ⟨-; **-en**⟩ (legal) incapacitation, declaration of *s. o.*'s disability (*od.* incompetency), *bes. wegen Geisteskrankheit*: interdiction; **~sverfahren** *n* incapacitation (*od.* interdiction) proceedings *pl.* **~ˈmu·ti·gen** [-ˈmuːtɪɡən] *v/t* ⟨*no* **ge-, h**⟩ discourage, dishearten; **sie läßt sich leicht** ~ she easily gets discouraged (*od.* loses heart); **~d** discouraging, disheartening. **≈ˈmu·ti·gung** *f* ⟨-; *no pl*⟩ (*Vorgang u. Zustand*) discouragement, disheartening, frustration; (*Dämpfer*) damper; **tiefe** ~ despondency. **~my·tho·lo·giˈsie·ren** *v/t* ⟨*no* **ge-, h**⟩ *relig.* demythologize. **≈ˈnah·me** *f* ⟨-; **-n**⟩ (**aus** *dat* from) **1.** → **entnehmen** 6. **2.** ⟨*only sg*⟩ removal. **3.** ⟨*only sg*⟩ *von Dampf etc*: extraction. **4.** ⟨*only sg*⟩ *econ. von Geld*: withdrawal. **5.** *e-s Zitats etc*: quotation; passage taken (from a book, *etc*). **6.** *meist pl econ.* (*entnommene Beträge*) drawing, withdrawal. **7.** *med. etc e-r Probe*: taking (of sample), sampling; (*Blut≈*) withdrawal (of blood). **~na·tio·na·liˈsie·ren** *v/t* ⟨*no* **ge-, h**⟩ *pol.* denationalize. **~na·zi·fiˈzie·ren** [-natsifiˈtsiːrən] *v/t* ⟨*no* **ge-, h**⟩ *pol. hist.* denazify. **≈na·zi·fiˈzie·rung** *f* ⟨-; *no pl*⟩ denazification. **~ˈnehm·bar** *adj* inferable, deducible. **~ˈneh·men I** *v/t* ⟨*irr, no* **ge-, h**⟩ **1.** (*dat*) take *s. th.* (out of, from), remove (from), draw (from); **die Pflanze entnimmt ihre Nahrung dem Boden** the plant draws its nourishment from the soil; *med.* **e-r Vene Blut** ~ draw blood from a vein. **2.** (*Strom, Wasser etc*) use; (*Wasser*) *a.* draw (*dat* from). **3.** *econ.* (*Geld*) withdraw, draw (*od.* take) out. **4.** (*Zitat etc*) (*dat* from) take, quote. **5.** *fig.* **et.** (**aus**) **e-r Sache** ~ a) (*erfahren*) learn (*od.* see) s. th. from s. th., b) (*folgern*) gather (*od.* understand, conclude, infer) s. th. from s. th.; **ich entnehme Ihrem Schreiben, daß I** understand (*od.* take it) from your letter that; (**aus**) **s-n Ausführungen war nicht zu** ~, **ob** it was not clear from his remarks whether. **II ≈** *n* ⟨**-s**⟩ **6.** taking (out) (*etc*). **7.** → **Entnahme. ~ˈner·ven** [-ˈnɛrfən] *v/t* ⟨*no* **ge-, h**⟩ enervate, unnerve. **~ˈner·vend** *adj* enervating, *weitS. a.* nerve-racking. **~ˈnie·ten** *v/t* ⟨*no* **ge-, h**⟩ *tech.* unrivet. **~ni·ko·ti·niˈsie·ren** [-nikotiniˈziːrən] *v/t* ⟨*no* **ge-, h**⟩ denicotinize. **~ˈnom·men I** *pp of* **entnehmen. II** *adj* **1.** taken, drawn. **2.** *Wasser etc*: used. **3.** *bes. econ.* (with)drawn; **nicht ~e Gewinne** undistributed profits. **4.** *Zitat etc*: (*dat* from) taken, drawn, borrowed, quoted.

En·to|blast [ɛntoˈblast] *n* ⟨**-(e)s; -e**⟩ *biol.* entoblast, endoblast. **≈ˈbla·stisch** *adj* entoblastic, endoblastic. **~ˈderm** [-ˈdɛrm] *n* ⟨**-s; -e**⟩ *biol.* endoderm. **≈derˈmal** [-ˈmaːl] *adj* endodermal.

ent|ˈölen *v/t* ⟨*no* **ge-, h**⟩ remove oil from; drain *s. th.* of oil. **≈ˈöler** *m* ⟨**-s; -**⟩ oil separator; *mot. an der Bremse*: oil trap.

En·to|mo·lo·ge [ɛntomoˈloːɡə] *m* ⟨**-n; -n**⟩ entomologist. **~mo·loˈgie** [-loˈɡiː] *f* ⟨-; *no pl*⟩ entomology. **~pa·raˈsit** [-paraˈziːt] *m* ⟨**-en; -en**⟩ *zo.* entoparasite.

En·to·plas·ma [ɛntoˈplasma] *n* ⟨**-s; -men**⟩ *biol.* endoplasm.

ent|ˈpacken (*getr.* **-k·k-**) *v/i* ⟨*no* **ge-, h**⟩ *Computer*: unpack. **≈perˈsön·li·chung** *f* ⟨-; *no pl*⟩ depersonalization. **~ˈpflich·ten** [-ˈpflɪçtən] *v/t* ⟨*no* **ge-, h**⟩ **1.** relieve *s. o.* of his (active) duties. **2.** → **emeritieren. ~ˈplom·ben** [-ˈplɔmbən] *v/t* ⟨*no* **ge-, h**⟩ unseal. **~po·la·riˈsie·ren** *v/t* ⟨*no* **ge-, h**⟩ *phys.* depolarize. **~po·li·tiˈsie·ren** *v/t* ⟨*no* **ge-, h**⟩ depoliticize. **~ˈpup·pen** [-ˈpʊpən] *v/reflex* ⟨*no* **ge-, h**⟩ **sich** ~ **1.** *zo.* burst (*od.* emerge from) the chrysalis (*od.* cocoon). **2.** *fig. colloq.* **sich** ~ **als** turn out to be, reveal o.s. as; *iro.* **der hat sich ganz schön entpuppt** a nice fellow he's turned out to be. **~ˈquel·len** *v/i* ⟨*irr, no* **ge-, sein**⟩ *lit.* ⟨*dat*⟩ flow (*od.* spring) (from), well out (of) (*alle a. fig.*). **~ˈrah·men** *v/t* ⟨*no* **ge-, h**⟩ (*Milch*) cream (off), take the cream off, skim; *in der Zentrifuge*: separate. **≈ˈrah·mer** *m* ⟨**-s; -**⟩ cream separator, creamer. **~ˈrahmt** *pp u. adj* skim, skimmed, creamed. **~ˈra·ten** *v/i* ⟨*irr, no* **ge-, h**⟩ *lit. archaic* ⟨*gen*⟩ do without, dispense with. **~ˈrät·seln** *v/t* ⟨*no* **ge-, h**⟩ *fig.* **1.** solve, unravel, puzzle *s. th.* out, clear *s. th.* up. **2.** (*Schrift etc*) decipher.

ent|ˈrech·ten *v/t* ⟨*no* **ge-, h**⟩ deprive *s. o.* of (his *od.* her) rights. **~ˈrech·tet** *pp u. adj* underprivileged, disfranchised. **≈ˈrech·tung** *f* ⟨-; *no pl*⟩ *j-s*: depriving (*s. o.*) of (*his*) rights.

En·tre·cote [ãtrəˈkoːt] *n* ⟨**-(s); -s**⟩ *gastr.* entrecote, rib of beef.

En·tree [ãˈtreː] *n* ⟨**-s; -s**⟩ **1.** *gastr. u. mus.* entrée. **2.** *archaic od. Austrian for* a) **Eingangshalle**, b) **Eintrittsgebühr.**

entˈrei·ßen I *v/t* ⟨*irr, no* **ge-, h**⟩ **1. j-m et.** ~ wrench (*od.* wrest, snatch) s. th. from s. o.; *fig.* **j-m den Sieg** ~ snatch victory from s. o.; **der Tod hat ihn uns entrissen** death has snatched (*od.* taken) him away from us. **2.** *poet.* save, rescue (**den Fluten** from the floods); **et. der Vergangenheit** ~ rescue s. th. from oblivion. **II** *v/reflex* **3.** *poet.* **sich j-m** (**j-s Armen**) ~ tear o. s. from s. o.('s arms).

En·tre·pot [ãtrəˈpoː] *n* ⟨**-; -s**⟩ → **Zollniederlage.**

ent|ˈricht·bar *adj* payable. **~ˈrich·ten** *v/t* ⟨*no* **ge-, h**⟩ **1.** pay (off), discharge. **2.** *fig.* (*Dank etc*) (*dat* to) extend, offer. **≈ˈrich·tung** *f* ⟨-; *no pl*⟩ payment, discharge. **~ˈrie·geln** *v/t* ⟨*no* **ge-, h**⟩ **1.** unbolt. **2** *tech.* release, unlock. **~ˈrinden** [-ˈrɪndən] *v/t* ⟨*no* **ge-, h**⟩ **1.** (*Käse etc*) take the rind off; (*Brot etc*) take the crust off. **2.** (*Baum etc*) strip the bark off, bark, decorticate (*a. med.*). **~ˈrin·gen I** *v/t* ⟨*irr, no* **ge-, h**⟩ *lit.* **j-m et.** ~ wrest (*od.* wring) s. th. from s. o. (*a. fig.*); **j-m ein Geständnis** ~ wring a confession from (*od.* out of) s. o. **II** *v/reflex* **sich j-m** (**j-s Lippen**) ~ *Seufzer etc*: escape (*od.* break) from s. o. (s. o.'s lips). **~ˈrin·nen I** *v/i* ⟨*irr, no* **ge-, sein**⟩ **1.** escape, get away; **er entrann s-n Verfolgern** he escaped (from) his pursuers, he gave his pursuers the slip; **dem Tode** ~ escape death; **e-r Gefahr** ~ escape (from) a danger. **2.** *Zeit*: pass, fly (*od.* slip) by. **3.** *lit. Wasser, Tränen etc*: flow, run (*dat*) from. **II ≈** *n* ⟨**-s**⟩ **4.** escaping, escape; **da gab es** (*od.* **es gab**) **kein ≈** there was no escape. **~ˈrol·len I** *v/t* ⟨*no* **ge-, h**⟩ **1.** (*Karte etc*) unroll. **2.** (*Fahne, Segel etc*) unfurl. **3.** *fig.* (*entfalten*) unroll, reveal, unfold; **ein Bild von e-r Sache** ~ unfold a picture of s. th. **II** *v/i* ⟨**sein**⟩ **4.** (*den Händen etc*) roll (down) from. **III** *v/reflex* ⟨**h**⟩ **sich** ~ **5.** come unrolled; unfurl. **6.** *fig.* unroll, unfold. **~ro·man·tiˈsie·ren** *v/t* ⟨*no* **ge-, h**⟩ deromanticize.

En·tro·pie [ɛntroˈpiː] *f* ⟨-; **-n** [-ən]⟩ *phys.* entropy.

ent|ˈro·sten *v/t* ⟨*no* **ge-, h**⟩ *tech.* derust, remove the rust of. **≈ˈro·stungsˌmit·tel** *n tech.* derusting agent, rust remover. **~ˈrücken** (*getr.* **-k·k-**) *v/t* ⟨*no* **ge-, h**⟩ *lit.* **1. j-n** ~ carry (*od.* spirit) s. o. off; **j-n j-s Blicken** ~ remove s. o. from s. o.'s sight; **er wurde zum Himmel entrückt** he was carried up to heaven. **2.** *fig.* **j-n e-r Sache** ~ remove s. o. (*od.* carry s. o. away, transport s. o.) from s. th.; **die Musik entrückte ihn der Wirklichkeit** the music removed him from reality. **3.** *fig.* → **verzücken. ~ˈrückt** *pp u. adj lit.* **1.** *poet.* removed (*dat* from). **2.** *fig.* (*verzückt*) enraptured, (en)rapt, entranced. **3.** *fig.* (*geistesabwesend*) lost in thought. **≈ˈrückt·heit** *f* ⟨-; *no pl*⟩ *lit.* **1.** being removed, removal. **2.** rapture, ecstasy, trance. **3.** abstraction, absent-mindedness. **≈ˈrückung** (*getr.* **-k·k-**) *f* ⟨-; *no pl*⟩ **1.** being removed, removal; *Bibl.* translation. **2.** → **Entrücktheit** 2, 3. **~ˈrüm·peln** [-ˈrʏmpəln] *v/t* ⟨*no* **ge-, h**⟩ **1.** (*Dachboden etc*) clear *s. th.* (out), clear *s. th.* of lumber (*od.* junk). **2.** (*Haus etc, bei Sterbefall etc*) clear *s. th.* of furniture. **≈ˈrüm·pe·lung, ≈ˈrümp·lung** *f* ⟨-; *no pl*⟩ **1.** clearance of junk. **2.** house (*etc*) clearance. **≈ˈrun·dung** *f* ⟨-; *no pl*⟩ *ling.* unrounding, delabialization. **~ˈru·ßen** *v/t* ⟨*no* **ge-, h**⟩ **1.** remove (the) soot from. **2.** *mot.* decarbonize. **~ˈrü·sten I** *v/reflex* ⟨*no* **ge-, h**⟩ **1. sich über** (*acc*) **et.** ~ be indignant at (*od.* about) s. th., be outraged (*od.* shocked, scandalized) at (*od.* about) s. th. **2. sich über j-n** ~ be(come) indignant with s. o., be outraged by s. o., cry shame on s. o. **II** *v/t* **3.** *lit.* fill *s. o.* with indignation, outrage, shock, scandalize. **~ˈrü·stet I** *pp u. adj* (**über** *acc* at, about) indignant, shocked, scandalized, outraged. **II** *adv* indignantly, full of indignation, shocked (*etc*; *cf.* I). **≈ˈrü·stung** *f* ⟨-; *no pl*⟩ indignation, (sense of) outrage; **ein Schrei der** ~, **ein ~sschrei** a (public) outcry; **ein Sturm der** ~, **ein ~ssturm** a storm of indignation; **mit** ~, **voller** ~ → **entrüstet** II. **~ˈsaf·ten** *v/t* ⟨*no* **ge-, h**⟩ extract the juice from. **≈ˈsaf·ter** *m* ⟨**-s; -**⟩ juice extractor, juicer. **~ˈsa·gen I** *v/i* ⟨*no* **ge-, h**⟩ **1.** *lit.* **e-r Sache** ~ renounce (*od.* give up, forswear) s. th., (*Freuden etc*) *a.* for(e)go s. th.; (*e-m Anspruch*) *a.* waive, relinquish, abandon; **der Welt** ~ renounce the world; **dem Thron** ~ renounce the throne, abdicate; **dem Alkohol** ~ give up drink. **2.** *relig.* **dem Glauben** ~ renounce (*od.* abnegate) one's faith; **Gott** ~ deny God. **II ≈** *n* ⟨**-s**⟩ **3.** renouncing (*etc*). **~ˈsa·gend** *adj* → **entsagungsreich. ≈ˈsa·gung** *f* ⟨-; *no pl*⟩ **1.** → **entsagen** II. **2.** renunciation (*a. relig.*); **feierliche** ~ abjuration; **ein Leben der** ~ a life (full) of renunciation (*od.* self-denial).

entˈsa·gungs|ˌreich, ~ˌvoll *adj* **1.** *Leben*: full of privations, hard; *Arbeit, Beruf etc*: demanding sacrifices, full of self-denial. **2.** (*aufopfernd*) sacrificing. **3.** *Blick, Miene*: resigned (*look*).

ent|ˈsal·zen *v/t* ⟨*no* **ge-, h**⟩ *chem.* **1.** (*Meerwasser*) desalt, desalinate. **2.** (*Quellwasser*) demineralize. **≈ˈsal·zung** *f* ⟨-; *no pl*⟩ **1.** desalting, desalination. **2.** demineralization. **≈ˈsatz** *m* ⟨**-es**; *no pl*⟩ *mil.* relief; **~heer** *n* relieving army. **~ˈsäu·ern** *v/t* ⟨*no* **ge-, h**⟩ *chem.* **1.** free *s. th.* from acid, deacidify. **2.** *durch Wasser*: water. **3.** *durch Basen*: neutralize. **~ˈschä·di·gen** *v/t* ⟨*no* **ge-, h**⟩ **j-n** (**für et.**) ~ a) *bei Verlust etc*: compensate (*od.* indemnify, [re]cover) s. o. (for s. th.), b) (*für geleistete Dienste*) compensate (*od.* remunerate, pay) s. o. (for s. th.), c) (*für Auslagen*) reimburse (*od.* repay) s. o. (for s. th.), d) *fig.* (*für Entgangenes etc*) compensate s. o. (for s. th.); **sich ~ für** a) reimburse (*od.* indemnify) o. s. for, (re)cover (*a loss*), b) *fig.* make up for; **j-n für e-n Verlust ~** compensate (*od.* recompense) s. o. for a loss, recompense (*od.* make good) a loss to s. o.; *fig.* **sein späterer Wohlstand entschädigte ihn für die Entbehrungen s-r Jugend** the prosperity of his later years compensated (*od.* made up to) him for the privations of his youth. **2'schä·di·ger** *m* ‹-s; -› *jur.* indemnifier. **2'schä·dig·te** *m, f* ‹-n; -n› person receiving compensation, *Am. a.* indemnitee. **2'schä·di·gung** *f* ‹-; -en› **1.** (*Vorgang*) compensation, indemnification, (*Erstattung*) *a.* reimbursement. **2.** (*~ssumme*) (amount of) compensation, indemnity (→ *a.* 4b); **als ~ für den Verdienstausfall** in compensation for the loss of earnings. **3.** (*Entgelt*) remuneration, pay, consideration; **gegen e-e entsprechende ~** for a corresponding consideration. **4.** *jur.* a) compensation, setoff, b) (*Summe*) indemnity, damages *pl*; **e-e ~ für et. erhalten (verlangen)** recover (claim) damages for s. th.

Ent'schä·di·gungs|,an,spruch *m jur.* claim to compensation (*od.* damages, indemnification). **~be,rech·tig·te** *m, f* ‹-n; -n› *jur.* person entitled to compensation (*od.* damages), *Am. a.* indemnitee. **~,kla·ge** *f* action for damages. **~,lei·stung** *f* compensation (payment), indemnification. **2,pflich·tig** *adj jur.* liable to pay compensation (*od.* damages). **~,sum·me** *f* → Entschädigung 2, 4b.

ent|'schär·fen I *v/t* ‹*no* **ge-**, h› **1.** *mil.* a) (*Sprengkörper*) defuse, disarm, de-cap, b) (*Munition*) deactivate. **2.** *fig.* a) (*Krise, Lage etc*) defuse, ease, b) (*Rede etc*) take the edge of, take the bite out of, c) (*Film, Buch*) remove the offensive parts (*od.* scenes) from, *Br. a.* bowdlerize. **II** *v/reflex* **sich ~ 3.** *Krise, Lage*: ease, relax, grow less critical, pass its danger point. **2'schär·fung** *f* ‹-; *no pl*› **1.** defusing (*etc*); **~skommando** *n* bomb-(*od.* mine-)disposal squad. **2.** *fig.* *e-r Krise, Lage etc*: defusing, easing. **~'schäu·men** *v/t* ‹*no* **ge-**, h› remove the scum (*od.* foam) from, skim.

Ent|'scheid *m* ‹-(e)s; -e› *jur.* decision, decree; **gerichtlicher ~** → **Entscheidung** 2; **päpstlicher ~** papal decree, mandate. **2'scheid·bar** *adj* determinable, decidable, that can be decided. **2'schei·den I** *v/t* ‹*irr, no* **ge-**, h› **1.** decide, determine, fix, *endgültig*: settle; **er hat hier nichts zu ~** he has no say in this matter; **damit war die Sache entschieden** that settled (*od. colloq.* clinched) it; *Sport*: **dieses Tor entschied das Spiel** that goal brought the decision (*od.* was the decider). **2.** *jur.* (**über** *acc*) decide, judge, decree, adjudicate, rule (on). **II** *v/i* **3.** decide (**über** *acc* on; **für** for; **gegen** against); **darüber soll das Los ~** this should be decided by lot; **den Zufall ~ lassen** leave things to chance; **zu j-s Gunsten (Ungunsten) ~** decide (*od.* rule) in s. o.'s favo(u)r (against s. o.); **dieses Ereignis entschied über ihr zukünftiges Leben** this event decided (*od.* was decisive for, determined) her future life. **III** *v/reflex* **sich ~ 4.** *Person*: decide, make up one's mind, determine, resolve, come to a decision; *Fall, Sache*: be decided, be settled; **sie entschieden sich, nicht zu kommen** they decided not to come (*od.* against coming); **morgen wird sich ~, ob** tomorrow will see (*od.* settle) whether. **5. sich ~ für** (*wählen*) decide on (*od.* in favo[u]r of), vote (*od.* opt) for; **er entschied sich (schließlich) für den teureren Wagen** he settled on (*od.* opted for) the more expensive car. **2'schei·dend I** *pres p u. adj* **1.** decisive (*battle, victory, etc*); **~er Kampf (~es Spiel)** → **Entscheidungskampf (-spiel)**; *pol.* **die ~e Stimme** the casting vote; **ein ~es Problem** a vital (*od.* crucial) problem; **ein ~er Fehler** a fatal mistake; **für et. (j-n) ~ sein** be decisive for s. th. (s. o.), decide s. th. (s. o.). **2.** (*kritisch*) critical, decisive, crucial (*moment, etc*). **3.** (*endgültig*) final, definitive. **II** *adv* **4.** decisively; **~ zu et. beitragen** contribute decisively towards s. th., be instrumental in bringing s. th. about. **~'schei·dung** *f* ‹-; -en› **1.** (*gen* of; **über** *acc* on) decision, determination; **e-e ~ treffen (über et.)** take (*od.* reach, come to) a decision (on s. th.); **vor e-r schwierigen ~ stehen** be confronted by (*od.* face) a difficult decision; **diese ~ überlasse ich dir** I leave this for (*od.* to) you to decide; **et. zur ~ bringen** decide (on) s. th., bring s. th. to a head; **zur ~ kommen** be decided, come to a head; **e-e ~ suchen** seek a decision, *bes. pol. a.* want to have a showdown; **die letzte ~ haben** have the final say; *Sport*: **ein Kampf ohne ~** a no-decision contest, a tied match; **um die ~ spielen** play off; → **fallen** 17. **2.** *jur.* decision, judg(e)ment, ruling, decree; **ablehnende** (*od.* **abweisende**) **~** dismissal; **aufhebende ~** order setting aside.

Ent'schei·dungs|be,fug·nis *f jur.* competence, jurisdiction. **~,fra·ge** *f ling.* 'yes/no' question. **~,frei·heit** *f pol.* freedom of choice. **~ge,hil·fe** *m* → Entscheidungshelfer. **~ge,walt** *f jur.* **1.** decision-making power. **2.** → **Entscheidungsbefugnis.** **~,grund** *m* **1.** *jur.* reason (for a judicial decision). **2.** decisive factor. **~,hel·fer** *m iro.* backroom decision-maker. **~,kampf** *m* **1.** *mil.* decisive battle, *bes. fig.* showdown. **2.** *Sport*: final. **~,lauf** *m Sport*: final. **~,recht** *n* → **Entscheidungsbefugnis.** **2,reif** *adj* ripe for decision (*etc*). **~,ren·nen** *n Sport*: final. **~,schlacht** *f mil.* decisive battle. **~,spiel** *n Sport* **1.** deciding match, *colloq.* decider, *bei Punktgleichheit etc*: play-off. **2.** (*Finale*) final. **~,stun·de** *f* hour of decision, crucial hour.

ent|'schie·den I *pp of* **entscheiden. II** *adj* **1.** decided, determined, settled. **2.** (*entschlossen*) determined, resolute, firm, uncompromising, *Ton etc*: *a.* peremptory, categorical; **ein ~er Gegner von** a declared (*od.* decided) enemy of; **ein ~er Anhänger** (*od.* **Verfechter**) **von** a confirmed (*od.* sta[u]nch) supporter of; **e-e ~e Weigerung** a categorical (*od.* flat) refusal, a decided (*od.* flat) "no"; **mit e-m ~en Nein antworten** say firmly no, give (s. o.) a flat denial. **3.** (*ausgesprochen*) decided, distinct, definite, marked (*improvement, etc*); **ein ~er Vorteil** a definite advantage; **ein ~er Beweis** positive (*od.* definite) proof. **III** *adv* **4.** *a.* **ganz ~** a) (*entschlossen*) decidedly, decisively, resolutely, firmly, b) (*zweifellos*) decidedly, definitely, absolutely, c) *a.* **auf das ~ste** (*nachdrücklich*) categorically, absolutely, strongly, *ablehnen*: *a.* flatly; **(ganz) ~ der Beste** undeniably (*od.* decidedly) the best; **er ist (ganz) ~ dafür** he is strongly in favo(u)r of it, he is all for it; **er ist (ganz) ~ dagegen** he is firmly (*od. colloq.* dead) against it; **er warnte (ganz) ~ davor (dies zu tun)** he strongly warned against (doing) it; **er trat ~ dafür ein** he came out strongly in favo(u)r of it; **die Preise sind ~ zu hoch** prices are definitely too high. **2'schie·den·heit** *f* ‹-; *no pl*› decidedness, determination, resoluteness, firmness, peremptoriness; **die ~ s-s Tones** the firmness of his tone, his firm (*od.* peremptory) tone; **mit (aller) ~** → **entschieden** 4. **~'schlacken** (*getr.* **-k·k-**) *v/t* ‹*no* **ge-**, h› **1.** *metall.* remove the slag (*od.* dross) from. **2.** *tech.* (*Feuerung*) remove the cinders (*od.* slag) from. **3.** *med.* a) (*Körper, Blut*) purify (*the system or blood*), b) (*Darm*) purge. **~'schlackung** (*getr.* **-k·k-**) *f* ‹-; *no pl*› **1.** *metall.* removal of slag. **2.** *tech.* removal of cinders. **3.** *med.* a) *des Körpers*: purification, b) *des Darmes*: purge. **~'schla·fen** *v/i* ‹*irr, no* **ge-**, **sein**› **1.** *lit.* (*sterben*) pass away (*od.* on), die; **sanft ~** pass away peacefully; **er ist im Herrn ~** he is with the Lord. **2.** *poet.* (*einschlafen*) fall asleep. **2'schla·fe·ne** *m, f* ‹-n; -n› *lit.* (the) departed (*a. pl*). **~'schla·gen** *v/reflex* ‹*irr, no* **ge-**, h› **1.** *obs.* **sich e-r Sache ~** a) (*verzichten auf*) renounce s. th., b) (*sich freimachen von*) rid (*od.* free) o. s. of s. th. **2.** *Austrian jur.* **sich e-r Aussage ~** refuse to give evidence **~'schlam·men** *v/t* ‹*no* **ge-**, h› *civ. eng.* clear *s. th.* of mud, dredge. **~'schlei·ern** [-'ʃlaɪərn] *v/t* ‹*no* **ge-**, h› (*Gesicht etc, a. fig. Geheimnis etc*) unveil, reveal; **sich ~** *Person*: unveil, take off one's veil, reveal o. s. **2'schleie·rung** *f* ‹-; *no pl*› *a. fig.* unveiling, revelation.

ent'schlie·ßen *v/reflex* ‹*irr, no* **ge-**, h› **sich ~ (für** *od.* **zu et.** on s. th.; **zu tun** to do) decide, determine, resolve, make up one's mind, come to a decision; **sich anders ~** change one's mind; **ich kann mich nicht (dazu) ~** I can't make up my mind; **sie kann sich einfach zu nichts ~** she simply can't settle on anything; **ich habe mich noch nicht entschlossen** I have not decided yet; **ich habe mich zu diesem Wagen entschlossen** I decided to take (*od.* I chose, settled on) that car; → **entschlossen** II. **Ent'schlie·ßung** *f* ‹-; -en› *bes. pol.* **1.** resolution; **e-e ~ einbringen (verabschieden)** propose (pass) a resolution; **~santrag** *m* motion for resolution; → *a.* **Beschluß. 2.** *e-s Ministeriums*: decision.

ent'schlos·sen I *pp of* **entschließen. II** *adj* **1.** determined, resolute, decided, firm; **zu et. fest ~ sein** be firmly resolved upon s. th.; **in ihrer Verzweiflung war sie zu allem ~** in her despair she was ready for anything, she was desperate. **2.** (*unerschütterlich*) determined, firm; **die Regierung nimmt e-e ~e Haltung ein** the government takes a firm stand. **III** *adv* **3.** resolutely, decidedly, firmly; **kurz ~** a) without (a moment's) hesitation, at once, b) (*plötzlich*) abruptly; **~ handeln** take resolute action. **2heit** *f* ‹-; *no pl*› **1.** determination, decision, resolution; **mit ~ → entschlossen** 3. **2.** firmness.

ent|'schlum·mern *v/i* ‹*no* **ge-**, **sein**› → **entschlafen.** **~'schlüp·fen** *v/i* ‹*no* **ge-**, **sein**› **1.** escape, slip away; **j-m ~** escape s. o., *colloq.* give s. o. the slip; *fig.* **e-e gute Gelegenheit ~ lassen** let a chance slip, pass up a good opportunity. **2.** *Wort etc*: → **entfahren.**

Ent'schluß *m* ‹-sses; ⸗sse› decision, resolve, resolution, determination; **e-n ~**

fassen, zu e-m ~ kommen make (*od.* take, come to, arrive at, reach) a decision, make up one's mind; **mein ~ ist gefaßt** (*od.* **steht fest**) my decision is made, my mind is made up; **es ist mein fester ~, heute abzureisen** it is my firm intention to leave today; **aus eigenem ~** on one's own initiative.

ent'schlüs·seln [-'ʃlʏsəln] *v/t* <*no* **ge-, h**> decipher; (*Funkspruch etc*) decode.

Ent'schluß|,frei·heit *f* <-; *no pl*> freedom of decision. **~,freu·de** *f* <-; *no pl*> initiative, decisiveness, resolution. **2-,freu·dig** *adj* enterprising, full of initiative. **~,kraft** *f* <-; *no pl*> determination, resolution, strength of purpose, initiative; **ein Mann von (ohne) ~** a man of (lacking) resolution. **2los** *adj* irresolute, undecided, lacking resolution. **~lo·sig·keit** *f* <-; *no pl*> irresoluteness, indecision.

ent|'schuld·bar *adj* excusable, pardonable. **~'schul·den** *v/t* <*no* **ge-, h**> *econ.* disencumber, free (*od.* clear) *s. th.* of debts. **~'schul·di·gen** [-'ʃʊldɪgən] **I** *v/t* <*no* **ge-, h**> **1.** excuse, pardon; **ich bitte (Sie), mein Fehlen zu ~** please excuse (*od.* forgive) me for not coming, please excuse my absence, I must apologize for my absence; **sein Verhalten ist mit** (*od.* **durch**) **nichts zu ~** there is no excuse for his behavio(u)r, his behavi(u)r is impardonable; **das entschuldigt nicht, daß er nicht schreibt** this is no excuse for his not writing; **können Sie mich für e-n Augenblick ~** would you excuse me for a minute; **~ Sie!, entschuldige!** (I am) sorry!; excuse me!, pardon (me)!, I beg your pardon!; **~ Sie (bitte) vielmals!** I am very (*od.* so) sorry! **2.** (*rechtfertigen*) justify *s. o., s. th., lit.* exculpate *s.o.*, exonerate *s.o.* **II** *v/reflex* **sich ~ 3.** (**wegen** *gen, dat*, **für** for) apologize, make apologies (*od.* an apology, one's apology), beg s. o.'s pardon, excuse o. s.; **wer sich entschuldigt, klagt sich an** (*Sprichwort*) he who excuses himself, accuses himself. **4.** *für Abwesenheit etc*: excuse o. s.; **sich beim Gastgeber (für heute abend) ~** send one's apologies to the host (for this evening); **der Herr Präsident läßt sich ~** the president sends his regrets (*od.* apologies); **ich möchte mich für morgen ~** I should like to be excused from attendance (*od.* for) tomorrow. **~'schul·di·gend** *adj* apologetic (*smile, etc*). **2'schul·di·gung** *f* <-; -en> **1.** excuse; **als** (*od.* **zu s-r**) **~ gab er an, krank gewesen zu sein** he pleaded sickness; **als ~ für sein Fehlen** as an excuse for his absence; **es muß zu s-r ~ gesagt werden** it has to be said in his defen/ce (*Am.* -se), in tenuation it must be said for him. **2.** (*Verzeihung*) apology, apologies *pl*, pardon; **j-n um ~ bitten** apologize to s. o., make (*od.* offer) apologies (*od.* an apology, one's apology) to s.o., beg s.o.'s pardon, excuse o. s. to s.o.; **ich bitte Sie vielmals um ~** I am very (*od.* so) sorry; **~!** (I am) sorry!, excuse me! **3.** (*Ausrede, Vorwand*) (**für** for) excuse, pretext. **4.** *colloq.* letter (*od.* note) of apology.

Ent'schul·di·gungs|,grund *m* excuse; **et. als ~ anführen** plead s.th., offer (*od.* give) s.th. as an excuse. **~,schrei·ben** *n* **1.** letter of apology, (written) apology. **2.** *ped.* note of absence.

Ent|'schul·dung *f* <-; *no pl*> *econ.* **1.** *e-s Grundstücks*: disencumberment. **2.** *e-r Person*: liquidation of *s.o.'s* indebtedness. **2'schup·pen** *v/t* <*no* **ge-, h**> (*Fisch*) scale. **2'schwe·ben** *v/i* <*no* **ge-, sein**> **1.** *lit.* float (*od.* drift, fly) away. **2.** *colloq.* sail off, vanish. **~'schwe·fe·lung** *f* <-; *no pl*> desulphurization (*bes. Am.* -f-). **2'schwei·ßen** *v/t* <*no* **ge-, h**> (*Wolle*) scour. **2'schwin·den** *v/i* <*irr, no* **ge-, sein**> *lit.* **1.** disappear, vanish, fade (away); **aus dem Blickfeld ~** pass out of (*od.* vanish, fade from) sight; **j-s Blicken ~** disappear from s.o.'s sight; *fig.* **j-s Gedächtnis entschwinden** slip (*od.* escape, fade from) s.o.'s memory. **2.** *fig. Furcht, Hoffnung etc*: vanish (away); *Zeit etc*: *a.* fly by. **2'seelt** [-'zeːlt] *adj poet.* **1.** dead, lifeless. **2.** *fig.* (*ohne Leben*) inanimate. **3.** *fig.* (*seelenlos*) soulless. **2'sen·den** *v/t* <*irr, no* **ge-, h**> send *s. o.* (out), dispatch.

ent|'set·zen I *v/reflex* <*no* **ge-, h**> **sich ~ 1.** (**bei, vor** *dat*; **über** *acc* at, about) be terrified (*od.* horrified, appalled, dismayed), *moralisch*: be shocked (*od.* scandalized), shudder. **II** *v/t* **2.** (*Person*) terrify, horrify, appal(l), shock, fill *s. o.* with terror (*od.* horror, dismay); **ich war zu Tode entsetzt** I was frightened to death; **diese Nachricht entsetzte uns alle** this news shocked us all. **3.** *mil.* (*Stadt, Festung etc*) relieve, rescue. **4.** *lit. for* **entheben** 2. **III 2** *n* <-s> **5.** terror, horror, dismay; **zu m-m 2** to my horror (*od.* dismay); **mit 2** with horror, horrified; **mit 2 sah ich, wie** I was horrified to see how; **2 erfaßte** (*od.* **packte**) **ihn** he was seized with terror, he was horror-stricken. **6.** → **Entsetzung. 2'set·zens,schrei** *m* scream of terror, horrified scream. **~'setz·lich I** *adj* **1.** dreadful, frightful, terrible, horrible, horrid; (**wie**) **~!** (how) terrible! **2.** (*scheußlich*) shocking, atrocious, abominable, ghastly; (*katastrophal*) *a.* disastrous; **ein ~es Verbrechen** a heinous (*od.* atrocious) crime. **3.** *colloq.* dreadful, awful, terrible; **Regen ist ~** rain is awful; **er findet ihn einfach ~** he finds him simply dreadful (*od.* horrid, ghastly); **er hat e-n ~en Hunger** he is awfully hungry. **II** *adv* **4.** *colloq.* dreadfully, awfully, terribly (*cold, stupid, nervous, etc*); **~ aussehen** *Person*: *a.* look a fright. **2'setz·lich·keit** *f* <-; *no pl*> **1.** frightfulness, terribleness, horribleness. **2.** shockingness, atrociousness; **die ~ dieses Verbrechens** the atrocity (*od.* heinousness) of this crime. **3.** (*Greueltat*) atrocity, heinous deed (*od.* crime). **~'setzt I** *adj* (**über** *acc* at) terrified, horrified, terror-(*od.* horror-)stricken; **ich bin ~ über s-n Tod** I am horrified (*od.* shocked, upset) at his death; **~er Schrei** → **Entsetzensschrei. II** *adv* terrified (*etc*), in horror. **2'set·zung** *f* <-; *no pl*> *mil. e-r Stadt etc*: relief, rescue. **~'seu·chen** [-'zɔʏçən] *v/t* <*no* **ge-, h**> **1.** *biol. nucl.* decontaminate. **2.** *med.* disinfect. **2'seu·chung** *f* <-; -en> decontamination; disinfection. **~'si·chern** *v/t* <*no* **ge-, h**> *mil.* **1.** (*Waffen etc*) release the safety-catch of, cock. **2.** (*Zünder etc*) arm. **~'sie·geln** *v/t* <*no* **ge-, h**> unseal. **~'sin·ken** *v/i* <*irr, no* **ge-, sein**> *poet.* **1. j-m** (*od.* **j-s Händen**) **~** fall from s.o.'s hands. **2.** *fig.* **ihm entsank der Mut** his courage failed him, his heart sank. **~'sin·nen** *v/reflex* <*irr, no* **ge-, h**> **sich ~** remember, recall, recollect; **wenn ich mich recht entsinne** if I remember correctly (*od.* right), if my memory serves me right; **ich kann mich nicht ~** I can't remember (*od.* think of) it. **~'sinn·li·chen** [-'zɪnlɪçən] *v/t* <*no* **ge-, h**> **1.** desensualize. **2.** *ling.* make *s. th.* abstract. **~'sitt·li·chen** [-'zɪtlɪçən] *v/t* <*no* **ge-, h**> demoralize, deprave, corrupt. **2'sitt·li·chung** *f* <-; *no pl*> demoralization, corruption (of morals). **~'sor·gen** *v/t* <*no* **ge-, h**> dispose of the nuclear (or toxic) waste of (*a power station, plant*). **2'sor·gung** *f* <-; *no pl*> disposal of nuclear (*or* toxic) waste.

ent|'span·nen I *v/reflex* <*no* **ge-, h**> **sich ~ 1.** relax, find (*od.* take) relaxation; **sich bei et. ~** find relaxation in s. th., relax in doing s. th.; **Sie sollten sich ein wenig ~** you ought to (try to) relax a little (*od.* take things a little easier). **2.** *Gesicht, Muskeln etc*: relax. **3.** *fig. Krise, Lage etc*: ease (up) (a little), grow less tense. **4.** *chem. Gase*: expand. **II** *v/t* **5.** relax; **s-e Muskeln ~** relax (*od.* loosen up) one's muscles; **die Nerven ~** relax (*od.* steady, have a soothing effect on) the nerves; **Kriminalromane ~ mich** I find detective stories so relaxing. **6.** (*Feder, Seil etc*) slacken. **7.** (*Bogen*) unbend. **8.** (*Wasser*) unstress, reduce the surface tension of. **9.** *chem.* (*Gase*) expand. **10.** (*Glas*) anneal. **11.** *tech.* a) stress-relieve, b) (*Meßwerkzeuge*) season, c) (*hydraulischen Druck*) release. **12.** *mil.* (*Gewehrhahn etc*) uncock. **III** *v/i* **13.** relax, be relaxing, be a relaxation, have a relaxing effect. **IV 2** *n* <-s> **14.** relaxing (*etc*). **2'span·nung** *f* <-; *no pl*> **1.** relaxing. **2.** relaxation, (*Sache*) *a.* outlet; **zur ~** for (one's) relaxation, in order to relax. **3.** *fig. pol.* détente, easing (*od.* lessening) of tension; *econ.* **~ am Geldmarkt** easing of money rates; **e-e ~ der politischen Lage trat ein** the political tension eased up (a little). **4.** *e-r Feder*: slackening. **5.** *chem. von Gasen*: expansion. **6.** *des Wassers*: reduction of the surface tension. **7.** *von Glas*: anneal. **8.** *tech.* removal (*od.* relief) of tension (*od.* stress).

Ent'span·nungs|,mit·tel *n med.* relaxant. **~po·li,tik** *f* détente policy. **~the·ra,pie** *f psych.* release therapy. **~,übung** *f med.* relaxation exercise.

ent|'spie·geln *v/t* <*no* **ge-, h**> *opt.* eliminate reflection from. **~'spie·gelt** *adj opt.* **~e Gläser** anti-reflection lenses. **~'spinnen** *v/reflex* <*irr, no* **ge-, h**> **sich ~** (**aus** from) arise, start, develop, spring up.

ent'spre·chen I *v/i* <*irr, no* **ge-, h**> <*dat*> **1.** (*e-r Beschreibung, der Wahrheit etc*) correspond (to *od.* with), agree (with), be in keeping (*od.* accordance, conformity) (with), (*gleichwertig sein*) be equivalent (to), (*sich decken mit*) coincide (*od.* tally) (with), (*passen zu*) suit (*od.* match) *s.th.*; **der Bericht entspricht nicht den Tatsachen** the report does not correspond to (*od.* is not in keeping with) the facts; **er entspricht nicht der Beschreibung** he doesn't answer the description. **2.** (*e-r Erwartung, Hoffnung etc*) meet, answer, come (*od.* live) up to (*one's expectations, etc*); **ihre Leistung entspricht nicht unseren Anforderungen** her performance falls short of (*od.* does not meet) our demands. **3.** (*e-m Wunsch etc*) comply (*od.* conform, fall in) (with), fulfil(l), meet (*a request, etc*). **4.** *math.* a) correspond (to *od.* with), b) (*e-r Gleichung*) satisfy. **5.** *Statistik*: be correlated (to). **II 2** *n* <-s> **6.** corresponding (*etc*). **7.** → **Entsprechung** 2. **ent'spre·chend I** *adj* **1.** corresponding, (*sinngemäß*) *a.* analogous, (*verhältnismäßig*) proportionate to, commensurate with; **die ~e Antwort** the corresponding answer; *jur.* **Artikel 10 findet ~e Anwendung** article 10 is applied accordingly (*od.* mutatis mutandis). **2.** (*passend*) appropriate, suitable, proper; (*jeweilig*) respective; **sich bei der ~en Stelle erkundigen** inquire at the appropriate (*od.* competent) office; **die ~e Ausbildung** the appropriate (*od.* necessary) training. **3.** (*angemessen*) adequate, appropriate (*pay, reward, etc*). **4.** *math.* a) corresponding, correspondent, b) homologous. **5.** *ling. Ausdruck*: equivalent. **6.** *Statistik*: correlate. **7.** *biol.* homotypical. **8.** *bot. zo.* representative. **II** *adv* **9.** correspondingly (*etc*); **dem Anlaß ~** to fit the occasion; **wir werden uns ~ verhalten** we'll act accordingly; **sie wird ~ entlohnt** she is paid suitably (*od.* commensurately). **III** *prep* ⟨*dat*⟩ **10.** corresponding (*od.* according) to, in accordance (*od.* conformity) with; **~ den Bestimmungen** according to (*od.* in accordance with) the regulations; **~ den besonderen Umständen** in keeping with the special circumstances; **dicke Arme und ~ dicke Beine** fat arms and legs to match; **das Haus ist auch ~ groß** and so the house is a big one, of course. **Ent'spre·chung** *f* ⟨-; -en⟩ **1.** → **entsprechen** 6. **2.** correspondence. **3.** (*Ähnlichkeit*) analogy. **4.** *bes. ling.* equivalent. **5.** parallel. **Ent'spre·chungs,zif·fer** *f Statistik*: coefficient of correlation.

ent|'sprie·ßen *v/i* ⟨*irr, no* **ge-, sein**⟩ **1.** *Pflanzen*: sprout forth, shoot (*od.* spring, come) up. **2.** *fig. lit.* (*dat* from) spring, arise, come; → *a.* **entstammen. ~'sprin·gen** *v/i* ⟨*irr, no* **ge-, sein**⟩ **1.** *Fluß etc*: rise, have its source (*in the mountains, etc*). **2.** (*entweichen*) escape (*dat* from *prison, etc*). **3.** *fig.* (*dat* from) spring, arise, come; → *a.* **entstammen. ~'staat·li·chen** [-'ʃtaːtlɪçən] *v/t* ⟨*no* **ge-, h**⟩ **1.** *econ.* denationalize. **2.** *relig.* (*Kirche*) disestablish. **2'staat·li·chung** *f* ⟨-; *no pl*⟩ **1.** denationalization. **2.** disestablishment. **2'städ·te·rung** [-'ʃtɛːtərʊŋ] *f* ⟨-; *no pl*⟩ de-urbanization. **2sta·li·ni'sie·rung** *f* ⟨-; *no pl*⟩ destalinization. **~'stam·men** *v/i* ⟨*no* **ge-, sein**⟩ ⟨*dat*⟩ **1.** (*e-r Familie etc*) come (of), be descended (from), issue (from). **2.** (*herrühren von*) come (*od.* derive, be derived) (from), originate (in). **~'stau·ben** *v/t* ⟨*no* **ge-, h**⟩ **1.** (free *s.th.* from) dust (*a. fig.*). **2.** *tech.* de-dust.

ent'ste·hen I *v/i* ⟨*irr, no* **ge-, sein**⟩ **1.** (*sich bilden od. entwickeln*) come into being (*od.* existence), *allmählich*: emerge, develop, grow, form, arise, evolve; *Idee, Kunstrichtung etc*: *a.* originate, take its origin (*od.* rise), be born; **aus e-r Sache ~** originate in (*od.* from) s.th., arise (*od.* take its rise, develop) from s.th.; **wie ist die Welt entstanden?** how did the world come into being (*od.* begin)?; **wie entsteht ein Gesetz?** how does a law come into being?, how is a law made? **2.** (*geschaffen, gebaut, konstruiert werden*) be created (made, built, produced); (*geschrieben, komponiert, gemalt werden*) be written (composed, painted); (*gebildet werden*) be formed (*od.* organized, established, set up); **dort entsteht e-e Kirche** a church is being built (*od.* is building) over there; **das Konzert entstand 1792** the concerto was composed in (*od.* dates from, dates back to) 1792. **3.** (*geschehen, eintreten*) arise, come about, occur, happen, (*folgen*) follow, ensue, result, (*verursacht werden*) be caused (*od.* produced, brought about, created), (*sich entspinnen*) spring up, arise, start; (*sich entwickeln*) develop; **Schwierigkeiten entstanden** difficulties arose, there were difficulties; **Feuer entsteht** fire breaks out; **es entstand e-e peinliche Pause** there was an awkward pause; **durch et.** (*od.* **aus e-r Sache**) **~** a) arise (*od.* result) from s. th., be caused by s. th., originate in s. th., b) develop from s. th., be formed by s. th.; **daraus** (*od.* **dabei**) **entstand e-e Notlage** this gave rise to (*od.* lead to, caused, brought about) an emergency; **die daraus entstehenden** (*od.* **entstandenen**) **Mißstände** the abuses provoked (*od.* created) by that; **die Kosten, die dadurch** (*od.* **daraus**) **~** (*od.* **entstanden sind**) costs resulting (*od.* accruing, arising) from it; **was ist daraus entstanden?** what was the result?, what has come of it? **4.** *chem. phys. tech. Wärme etc*: be generated (*od.* produced, developed). **II 2** *n* ⟨-s⟩ **5.** → **Entstehung**; **im 2 begriffen sein** be forming (*od.* growing, developing), be in the making (*od.* process of development), *a. chem.* be nascent, *bes. med.* be incipient. **Ent'ste·hung** *f* ⟨-; *no pl*⟩ **1.** coming into being (*od.* existence), beginning, *allmählich*: emergence, rise, development, arising, forming, formation; **~ der Erde** origin (*od.* genesis) (of the earth). **2.** (*Ursprung*) origin(s *pl*), birth; *biol.* **die ~ der Arten** the origin of the species; **die ~ dieser Legende** the origin of this legend. **3.** (*Ursache*) cause. **4.** a) (*Erschaffung*) creation, production, b) (*Bau*) construction.

Ent'ste·hungs|,art *f* way (*od.* mode) of origin (*od.* formation, *etc*). **~ge,schich·te** *f* **1.** history of the origins (*of s.th.*), genesis. **2.** *Bibl.* Genesis. **~,ur,sa·che** *f* original cause. **~,zeit** *f* date (*od.* time) when s.th. is made, date of origin. **~,zu,stand** *m* a) state of emergence, b) *chem. u. fig.* nascent state, c) *biol. u. fig.* embryonic state.

ent|'stei·gen *v/i* ⟨*irr, no* **ge-, sein**⟩ **1.** **e-r Sache** (*dem Bett, dem Bad etc*) **~** get (*od.* climb) out of, (*e-m Fahrzeug*) *a.* alight from; *poet.* **den Wogen ~** rise (*od.* emerge) from the waves. **~'stei·nen** [-'ʃtaɪnən] *v/t* ⟨*no* **ge-, h**⟩ (*Obst*) stone. **~'stel·len** *v/t* ⟨*no* **ge-, h**⟩ **1.** (*Gesicht, Person etc*) disfigure, deform, (*verzerren*) distort; **sein Gesicht war durch Narben** (**vor Wut**) **entstellt** his face was disfigured by scars (distorted with rage). **2.** (*Schönheit, Landschaft etc*) mar, spoil, disfigure; **e-e Statue ~** deface a statue. **3.** *fig.* (*Tatsachen etc*) distort, misrepresent; **e-n Bericht ~** garble (*od.* distort) a report; **die Wahrheit ~** pervert the truth; **e-n Text ~** distort (*od.* corrupt) a text; **entstellter Bericht** garbled account. **2'stel·lung** *f* ⟨-; -en⟩ **1.** *des Gesichts etc*: disfigurement, deformation, *vor Wut*: distortion; **e-e dauernde ~** a permanent deformation (*od.* deformity). **2.** *der Schönheit, Landschaft etc*: marring, spoiling, disfigurement, defacement. **3.** *fig. von Tatsachen etc*: distortion, misrepresentation, garbling; (*entstellter Bericht*) garbled account; **~ der Wahrheit** perversion of the truth; **~ e-s Textes** corruption of a text. **~'stoff·li·chen** [-'ʃtɔflɪçən] *v/t* ⟨*no* **ge-, h**⟩ *lit.* dematerialize. **~'stöp·seln** *v/t* ⟨*no* **ge-, h**⟩ unstopper. **~'stö·ren I** *v/t* ⟨*no* **ge-, h**⟩ **1.** a) *electr.* suppress (interferences from), radio-shield, b) *teleph.* clear, de-jam. **2.** *tech.* (*Gerät etc*) remove defects (*od.* trouble) from, *sl.* debug. **II 2** *n* ⟨-s⟩ → **Entstörung. 2'stö·rer** *m* ⟨-s; -⟩ **1.** *electr.* (interference *od.* distortion) suppressor. **2.** (*Person*) trouble man.

Ent'stör|,fil·ter *n electr.* interference suppressor. **~ge,rät** *n* suppressor, anti--interference device.

ent'stört *pp u. adj electr.* interference-free. **Ent'stö·rung** *f* ⟨-; *no pl*⟩ **1.** *electr.* suppression (of interference), noise suppression. **2.** *teleph.* fault--clearing. **3.** *tech.* troubleshooting. **Ent'stö·rungs,dienst** *m teleph.* fault--clearing service.

ent|'strah·len *v/t* ⟨*no* **ge-, h**⟩ *biol. nucl.* decontaminate. **~'strö·men** *v/i* ⟨*no* **ge-, sein**⟩ (*dat* from) **1.** *Blut, Wasser etc*: flow, stream, *stärker*: gush. **2.** *Gas*: escape, leak, issue. **~'süh·nen I** *v/t* ⟨*no* **ge-, h**⟩ *relig.* expiate, atone for. **II** *v/reflex* **sich ~** atone (**von** for). **2'süh·nung** *f* ⟨-; *no pl*⟩ expiation, atonement. **~'sump·fen** *v/t* ⟨*no* **ge-, h**⟩ drain. **~ta·bui'sie·ren** *v/t* ⟨*no* **ge-, h**⟩ remove the taboo from (*s.th.*). **~'tar·nen** *v/t* ⟨*no* **ge-, h**⟩ unmask, expose (*agent*). **~'täu·schen I** *v/t* ⟨*no* **ge-, h**⟩ **1.** *allg.* disappoint; (*j-n im Stich lassen*) *a.* let *s.o.* down. **2.** (*Hoffnung etc*) disappoint, dash, blight (*s.o.'s hopes*). **3.** (*desillusionieren*) disillusion. **4.** *psych.* frustrate. **II** *v/i* **5.** be disappointing, be a disappointment (*a. Person*). **~'täu·schend** *pres p u. adj* **1.** disappointing. **2.** disillusioning. **3.** frustrating. **~'täuscht I** *pp u. adj* **1.** disappointed; **über j-n ~** disappointed with (*od.* in) s.o.; **über et. ~** disappointed with (*od.* at) s.th.; **angenehm ~** agreeably disappointed; **~e Liebe** (**Hoffnung**) disappointed love (hope); → **Erwartung** 2. **2.** disillusioned. **II** *adv* **3. j-n ~ ansehen** look at s.o. in disappointment. **2'täu·schung** *f* ⟨-; -en⟩ **1.** disappointment, *colloq.* letdown; *psych.* frustration; **j-m e-e ~ bereiten** disappoint s.o.; **das Kind ist e-e ~** (**für sie**) the child is a disappointment (for her). **2.** disillusion(ment). **~'tee·ren** *v/t* ⟨*no* **ge-, h**⟩ *tech.* detar, free *s.th.* from tar. **~'thro·nen** *v/t* ⟨*no* **ge-, h**⟩ dethrone (*a. fig.*). **2'thro·nung** *f* ⟨-; *no pl*⟩ dethronement. **2'trüm·me·rung** *f* ⟨-; *no pl*⟩ rubble clearance. **~'völ·kern** [-'fœlkərn] *v/t* ⟨*no* **ge-, h**⟩ depopulate. **~'völ·kert** *pp u. adj* **1.** depopulated. **2.** (*leer*) deserted. **2'völ·ke·rung** *f* ⟨-; *no pl*⟩ depopulation. **~'wach·sen**[1] *v/i* ⟨*irr, no* **ge-, sein**⟩ **1. e-r Sache ~** *a. fig.* grow out of s. th., outgrow s. th. (*clothes, etc*); → **Kinderschuh. 2.** *lit.* (*dem Boden etc*) grow out of. **~'wach·sen**[2] *v/t* ⟨*no* **ge-, h**⟩ dewax, free *s.th.* from wax. **~'waff·nen** *v/t* ⟨*no* **ge-, h**⟩ disarm (*a. fig.*); **~d** *fig. Lächeln etc*: disarming. **2'waff·nung** *f* ⟨-; *no pl*⟩ **1.** disarming. **2.** *e-s Landes*: disarmament. **~'wal·den** [-'valdən] *v/t* ⟨*no* **ge-, h**⟩ deforest. **2'wal·dung** *f* ⟨-; *no pl*⟩ deforestation. **~'war·nen** *v/i* ⟨*no* **ge-, h**⟩ *mil. beim Luftschutz*: sound the "all-clear". **2'war·nung** *f* ⟨-; *no pl*⟩ (*~zeichen*) "all-clear" (signal).

ent|'wäs·sern *v/t* ⟨*no* **ge-, h**⟩ **1.** (*Boden etc*) drain. **2.** *chem.* a) (*Wasser abspalten*) dehydrate, b) (*trocknen*) dry, c) *im Exsikkator*: desiccate. **2'wäs·se·rung** *f* ⟨-; -en⟩ **1.** draining, drainage. **2.** *chem.* a) dehydration, b) desiccation.

Ent'wäs·se·rungs|,an,la·ge *f civ. eng.* drainage (installations *pl*), *pl a.* drainage system *sg.* **~,gra·ben** *m* drainage ditch, drain. **~,mit·tel** *n chem.* dehydrant, dehydrating agent. **~,rohr** *n* drain pipe. **~sy,stem** *n* drainage (system).

ent·we·der [ɛnt'veːdər; 'ɛntˌveːdər] *conj* **~ ... oder** either ... or; **ich reise ~ heute oder morgen ab** I'll depart (either) today or tomorrow; **~ sofort oder gar nicht** either at once or not at all; **~ alles oder nichts** all or nothing; **~ oder!** one thing or the other!, take it or leave it! **'Ent,we·der-'Oder** *n* ⟨-; -⟩ "either-or"; **da gibt es nur ein ~** only two courses are open to us.

ent|'wei·chen I *v/i* ⟨*irr, no* **ge-, sein**⟩ (*dat,* **aus** *dat* from) **1.** (*fliehen*) escape, flee. **2.** *Gas, Dampf etc*: escape, leak. **II** ≈ *n* ⟨-s⟩ → ≈'**wei·chung** *f* ⟨-; *no pl*⟩ (**aus** *dat* from) **1.** *(Flucht)* escape, flight. **2.** *von Gasen etc*: escape, leakage. ~'**wei·hen** *v/t* ⟨*no* **ge-**, **h**⟩ *relig.* *(Sonntag etc)* profane; *(Kirche, Grab etc)* desecrate. ≈'**wei·hung** *f* ⟨-; *no pl*⟩ profanation; desecration. ~'**wen·den** *v/t* ⟨*no* **ge-**, **h**⟩ **1.** steal (**j-m et.** s. th. from s. o.); misappropriate, purloin, make away with. **2.** *(unterschlagen)* embezzle. ≈'**wen·dung** *f* ⟨-; -**en**⟩ **1.** purloining, stealing, theft. **2.** embezzlement. ~'**wer·fen I** *v/t* ⟨*irr, no* **ge-**, **h**⟩ **1.** *(Brief, Rede, Vertrag etc)* draw up, draft, make a draft of; (**in großen Zügen**) ~ sketch, outline *(beide a. fig. Idee, Roman etc)*; **ein Buch** ~ plan *(od.* outline, prepare) a book; **e-e Verfassung** ~ frame a constitution. **2.** *(Programm etc)* plan, work out, map out, project, prepare, *colloq.* blueprint, *(entwickeln)* develop; **e-n Plan** ~ make *(od.* work out, devise) a plan. **3.** *tech. etc* a) *(zeichnen)* draw, trace *s. th.* (out), design, b) *(planen, konstruieren)* design, work *s. th.* out, blueprint *(machine, etc)*, c) *(äußerlich od. modisch gestalten)* design, style *(carbody, dress, etc)*; **ein Haus** ~ plan *(od.* design) a house; **ein Muster** ~ design a pattern, draw *(od.* produce) a design; **e-n Garten** ~ lay out *(od.* plan) a garden. **II** ≈ *n* ⟨-s⟩ **4.** drawing *(etc)*. ≈'**wer·fer** *m* ⟨-s; -⟩ *tech.* designer. ≈'**wer·fung** *f* ⟨-; *no pl*⟩ → **entwerfen** II. ~'**wer·ten I** *v/t* ⟨*no* **ge-**, **h**⟩ **1.** *econ.* a) *(außer Kurs setzen)* *(Münzen)* demonetize, b) *durch Einziehen*: call in, withdraw, c) → **abwerten**. **2.** *(Briefmarken, Fahrschein etc)* cancel, deface. **3.** *a. fig.* a) lower the value of, depreciate, *colloq.* devalue, b) (**völlig**) ~ render *s. th.* valueless, invalidate *(statement, etc)*. **II** ≈ *n* ⟨-s⟩ → ≈'**wer·tung** *f* ⟨-; *no pl*⟩ **1.** *econ. von Münzen*: a) debasement, b) *(Außerkurssetzung)* demonetization, c) *(Einziehung)* calling in, withdrawal, d) *(Inflation)* inflation, e) → **Abwertung**. **2.** *von Briefmarken, Fahrscheinen etc*: cancel(l)ation, invalidation. **3.** *fig.* devaluation, depreciation; *(völlige* ~*)* invalidation. ~'**we·sen** *v/t* ⟨*no* **ge-**, **h**⟩ free *s. th.* of vermin, disinfest. ≈'**we·sung** *f* ⟨-; *no pl*⟩ disinfestation. ~'**wet·zen** *v/i* ⟨*no* **ge-**, **sein**⟩ *colloq.* run away (*dat* from).

ent|'wickeln *(getr.* -**k·k-**) **I** *v/t* ⟨*no* **ge-**, **h**⟩ **1.** *(reifen lassen)* develop *(muscles, talents, etc)*. **2.** *(aufbauen)* develop, build (up) *(industry, etc)*. **3.** *tech.* develop *(engine, etc)*. **4.** *(ausarbeiten)* develop, evolve, work out *(idea, method, plan, theory, etc)*. **5.** *(darlegen)* (**j-m gegenüber** to s. o.) unfold, evolve, set forth; **et. näher** ~ amplify *(od.* expound) s. th., elucidate *(one's plan, etc)*. **6.** *(entfalten)* display, show *(an interest, quality, energy, etc)*; (**e-e lebhafte**) **Tätigkeit** ~ *a.* launch into (a hectic) activity; **e-e hohe Geschwindigkeit** ~ develop a high speed; **Geschmack für et.** ~ acquire a taste for s. th.; *humor.* **e-n kräftigen Appetit** ~ develop a hearty appetite. **7.** *math.* develop *(equation, etc)*. **8.** *phot.* develop, *(Film) a.* process. **9.** *phys.* develop, generate, produce *(gas, etc)*. **10.** *mus.* develop *(theme)*. **11.** *Schach*: develop *(move, etc)*. **12.** *mil.* deploy *(troops)*. **13.** *DDR pol.* *(Nachwuchskräfte)* train. **II** *v/reflex* **sich** ~ (**zu**, **aus**) **14.** develop (into, from), grow (into, out of), *(sich bilden) a.* form *(od.* be formed) (to, out of); *Gas etc*: develop, form, be produced *(od.* generated); *Körper, Tätigkeit*: develop; **das Mädchen hat sich zu e-r Dame entwickelt** the girl has grown into a lady; **das Dorf hat sich zu e-r kleinen Stadt entwickelt** the village has developed *(od.* grown) into a small town; → *a.* **entstehen** 1. **15.** *Rasse etc*: develop (into, from), evolve (from). **16.** *Situation etc*: develop (into, from), grow (into, out of), lead (to), result (in); **daraus könnte sich e-e schwierige Lage** ~ *a.* this might produce *(od.* give rise to, bring about) a difficult situation; → *a.* **entstehen** 3. **17.** *mil.* deploy. **18.** *colloq.* *(Fortschritte zeigen)* be shaping well, be coming along nicely; **du entwickelst dich** (**allmählich**)! you are shaping up! **III** ≈ *n* ⟨-s⟩ **19.** developing *(etc)*. **20.** → **Entwicklung.** ~'**wickelt** *(getr.* -**k·k-**) *pp u. adj* **1.** developed; **niedrig** *(od.* **wenig**) ~ low, primitive; *biol.* **höher** ~ higher; **voll** ~ a) definitive, b) ripe, mature, fully matured. **2.** *math. Funktion*: explicit; ~**e Schreibweise** definite form, expansion.

Ent'wick·ler *m* ⟨-s; -⟩ **1.** *phot.* developer. **2.** *chem.* generator. **3.** *DDR pol.* trainer. ~ˌ**bad** *n phot.* developing bath. ~ˌ**flüs·sig·keit** *f* developer, developing liquid. ~ˌ**scha·le** *f* developing dish. ~**subˌstanz** *f* developer, developing agent.

Ent'wick·lung *f* ⟨-; -**en**⟩ **1.** → **entwickeln** 19. **2.** development, growth *(beide a. econ.)*, *a. biol.* evolution; *(Ausdehnung, Vergrößerung)* expansion; **zur** ~ **bringen** (**kommen**) develop; **in der** ~ **sein** *(od.* **stehen**) be developing, be in a stage of development, *Kind*: be in the age of puberty; *biol.* **die** ~ **des Menschen** the evolution of man; **s-e** ~ **zu e-m Künstler** his development *(od.* developing) into an artist; **in der** ~ **zurückgeblieben** *Land, Person etc*: backward, *Land*: *a.* underdeveloped; **das Kind ist in s-r geistigen** ~ **zurückgeblieben** the child is backward *(od.* mentally retarded). **3.** a) *der Lage etc*: development, *(Tendenz) a.* trend, b) *(eingetretener Zustand)* development, situation; **die** ~ **geht dahin** the development tends *(od.* the general trend seems) to go in this direction. **4.** *von Abneigung, Geschmack etc*: development, *e-s Talents*: *a.* formation; *e-s Verfahrens etc*: *a.* evolution. **5.** *von Ideen, e-m Plan etc*: development, evolution, unfolding. **6.** *von Aktivität, Phantasie etc*: development, display, show *(of activity, etc)*. **7.** *e-r Geschwindigkeit*: development. **8.** *phot.* development, *bes. von Film*: processing. **9.** *chem. phys. tech.* development, generation, production, formation *(of gas, etc)*. **10.** *mil.* deployment. **11.** *math., a. Schach*: development. **12.** → **Entwicklungsabteilung.**

Ent'wick·lungs|ˌabˌlauf *m* (course of) development *(od.* evolution). ~ˌ**ab·ˌtei·lung** *f tech.* development department, Development. ~ˌ**al·ter** *n* formative years *pl*, *engS.* age of puberty, adolescence. ~ˌ**bad** *n phot.* developing bath. ~**beˌschleu·ni·gung** *f physiol.* acceleration (of physical development in children). ~**büˌro** *n tech.* engineering office *(od.* firm), project planning engineers *pl.* ~ˌ**do·se** *f phot.* developing box. ≈ˌ**fä·hig** *adj* **1.** capable of development, developable. **2.** *(vielversprechend)* promising. **3.** *biol.* *(lebensfähig)* viable. ~ˌ**fä·hig·keit** *f* **1.** capacity of development *(od.* for developing). **2.** promisingness. **3.** *biol.* viability. ~ˌ**fonds** *m econ.* development fund. ~ˌ**gang** *m* **1.** → **Entwicklungsablauf.** **2.** *zo.* cycle. ~**geˌbiet** *n econ. pol.* development area. ~**geˌfäß** *n* **1.** *chem.* generator, generating vessel. **2.** *phot.* developing tray *(od.* tank). ~**geˌschich·te** *f* **1.** history of (the) development. **2.** *biol.* a) history of evolution, biogenesis, b) *(Stammesgeschichte)* phylogeny, c) *des Einzelwesens*: ontogenesis, ontogeny; ~ **des Menschen** anthropogenesis. ≈**geˌschicht·lich** *adj* **1.** concerning the history of development, developmental. **2.** *biol.* a) biogenetic, b) *(stammesgeschichtlich)* phylogenetic, c) *in bezug auf Einzelwesen*: ontogenetic. ~ˌ**hel·fer** *m*, ~ˌ**hel·fe·rin** *f econ. pol.* development aid volunteer, technical adviser (in developing countries). ≈ˌ**hem·mend** *adj biol.* arresting *(od.* inhibiting) the development. ~ˌ**hem·mung** *f* arrest *(od.* inhibition, retardation) of development, arrested development. ~ˌ**hil·fe** *f econ. pol.* development aid. ~**in·geˌnieur** *m* development engineer. ~ˌ**jah·re** *pl* → **Entwicklungsalter.** ~ˌ**land** *n pol.* developing *(od.* emergent) country. ~ˌ**leh·re** *f biol.* theory of evolution. ~ˌ**mög·lich·keit** *f* possibility (for development). ~**paˌpier** *n phot.* developing paper. ~**pe·riˌode,** ~ˌ**pha·se** *f* → **Entwicklungsstufe.** ~ˌ**plan** *m*, ~**proˌgramm** *n* development program(me). ~**proˌzeß** *m* (process of) development; *biol. a.* evolutionary process. ~**psy·cho·loˌgie** *f* developmental psychology. ~**roˌman** *m* "Entwicklungsroman". ~ˌ**sta·di·um** *n* → **Entwicklungsstufe.** ~ˌ**stö·rung** *f med.* developmental disturbance, mal-development. ~ˌ**stu·fe** *f* stage of development, developmental stage *(od.* level). ~**theoˌrie** *f biol.* theory of evolution; **Anhänger der** ~ evolutionist. ~ˌ**vorˌha·ben** *n tech.* development project. ~ˌ**zeit** *f* **1.** period of development. **2.** a) → **Entwicklungsalter**, b) *e-r Krankheit*: incubation period, c) *Embryologie*: developmental period. **3.** *phot.* developing time.

ent|'win·den I *v/t* ⟨*irr, no* **ge-**, **h**⟩ **j-m et.** ~ wrench *(od.* wrest) s. th. from s. o. **II** *v/reflex* **sich e-r Sache** ~ wrench *(od.* extricate, free) o. s. from s. th. ~'**wir·ren I** *v/t* ⟨*no* **ge-**, **h**⟩ **1.** disentangle, unravel; *fig. a.* clear up, sort *(od.* straighten) out. **II** *v/reflex* **sich** ~ **2.** become disentangled, disentangle, unravel. **3.** *fig. Situation etc*: disentangle, unravel, sort itself out. ≈'**wir·rung** *f* ⟨-; *no pl*⟩ *a. fig.* disentanglement, unravel(l)ing. ~'**wi·schen** *v/i* ⟨*no* **ge-**, **sein**⟩ **1.** get away, escape, slip off; **j-m** ~ escape (from) s. o., elude s. o., *colloq.* give s. o. the slip. **2.** *Bemerkung*: slip out; **j-m** ~ escape s. o.('s lips). ~'**wöh·nen** [-'vøːnən] **I** *v/t* ⟨*no* **ge-**, **h**⟩ **1. j-n** (**e-r Sache**) ~ disaccustom *(od.* break) s. o. (of s. th.), wean s. o. (from s. th.), *(e-r Sucht etc)* cure s. o. (of s. th.), make s. o. give up (s. th.). **2.** *(Säugling od. Jungtier)* wean. **II** *v/reflex* **3. sich e-r Sache** ~ a) become disaccustomed to s. th., grow unused to s. th., b) *(sich abgewöhnen)* break *(od.* cure) o. s. of s. th., wean o. s. from s. th., c) *(aufgeben)* give up *(od.* leave off) s. th., cure o. s. of s. th. ≈'**wöh·nung** *f* ⟨-; *no pl*⟩ **1.** disaccustoming, weaning *(etc)*. **2.** *e-s Säuglings*: weaning, ablactation. **3.** *e-s Süchtigen*: weaning, withdrawal; ~**skur** *f* → **Entziehungskur.** ~'**wöl·ken** *v/reflex* ⟨*no* **ge-**, **h**⟩ **sich** ~ *lit.* **1.** *Himmel etc*: clear up. **2.** *Berge etc*: become clear (of clouds). **3.** *fig. Gesicht, Situation*: clear, brighten. ~'**wür·di·gen** *v/t* ⟨*no* **ge-**, **h**⟩ (**sich** o. s.) degrade, debase; *(entehren)* disgrace; ~**d** degrading; disgraceful. ≈'**wür·di·gung** *f* ⟨-; -**en**⟩ **1.** degradation, degrading, debasement; (*Entehrung*) disgrace. **2.** (*Kränkung*) indignity.

Ent'wurf *m* **1.** → **entwerfen** II. **2.** a) (*ErstՁ, Konzept*) (rough *od.* first) draft, b) (*Skizze, a. fig.*) sketch, outline, draft, *e-s Romans etc*: *a.* skeleton, c) (*Plan*) plan, outline, sketch, blueprint, d) (*Denkmodell*) model, blueprint. **3.** *arch.* a) plan, layout, b) drawing. **4.** *tech.* a) (*Zeichnung*) drawing, b) (*Plan*) blueprint, plan, c) (*Gestaltung*) design. **5.** *Kunst*: a) *sculpt.* (clay) model, b) *paint.* sketch, c) *Graphik*: design, layout. **6.** *Mode*: a) *e-s Kleides etc*: design, style, b) (*Entwerfen e-s Musters etc*) designing, production, invention. **7.** a) *parl.* (*GesetzՁ*) bill, b) *econ. jur.* (*VertragsՁ*) draft (agreement).

Ent'wurfs|ˌsta·di·um *n* planning (*od.* blueprint) stage. **~ˌzeich·ner** *m* **1.** *tech.* draughtsman, *Am.* draftsman. **2.** *Mode etc*: designer.

ent|'wur·zeln *v/t* ⟨*no* **ge-**, **h**⟩ uproot (*a. fig.*). **Ձ'wur·ze·lung** *f* ⟨-; -**en**⟩ *a. fig.* uprootal. **~'zau·bern** *v/t* ⟨*no* **ge-**, **h**⟩ **1.** free *s.o., s.th.* from a magic spell. **2.** *fig.* break the spell of, take the spell from, disenchant, *colloq. Sport*: take the starch out of (*a team, etc*); **entzaubert werden** lose its magic. **Ձ'zau·be·rung** *f* ⟨-; *no pl*⟩ *fig.* disenchantment. **~'zer·ren I** *v/t* ⟨*no* **ge-**, **h**⟩ **1.** *Radio, teleph.* correct (the distortion of). **2.** *phot.* rectify. **3.** *fig.* straighten *s.th.* out. **II** Ձ *n* ⟨-**s**⟩ → **Entzerrung.** **Ձ'zer·rer** *m* ⟨-**s**; -⟩ **1.** *Radio*: distortion corrector. **2.** *teleph.* attenuation compensator. **Ձ'zerrˌlin·se** *f opt.* anamorphote (projection) lens. **Ձ'zer·rung** *f* ⟨-; *no pl*⟩ **1.** *Radio, teleph.* (distortion) correction. **2.** *fig.* straightening out.

ent'zie·hen I *v/t* ⟨*irr, no* **ge-**, **h**⟩ **1.** (*dat*) *allg.* withdraw *s.th.* (from); → **Boden** 2. **2. j-m et.** ~ (*wegnehmen*) take s.th. (away) from s.o.; **j-m den Führerschein** ~ *a.* disqualify s.o. from driving, revoke s.o.'s licen/ce (*Am.* -se); **j-m die Konzession** ~ revoke (*od.* withdraw, cancel) s.o.'s licen/ce (*Am.* -se); **j-m s-e Befugnisse** ~ divest (*od.* strip) s.o. of his powers. **3. j-m et.** ~ a) (*Vertrauen, Erlaubnis etc*) withdraw s.th. from s.o., b) (*Freiheit, Staatsbürgerschaft, Ehrenrechte etc*) deprive (*od.* divest, strip) s.o. of (*rights, etc*), c) (*Hilfe, Gunst etc*) withhold (*one's help, favo[u]r*) from s.o., d) (*Alkohol etc*) withdraw (*alcohol*) from s.o., e) (*Pension, Taschengeld etc*) stop (*od.* cut off) s.o.'s (*pension, pocket money*); **j-m das Wort** ~ a) impose silence on s.o., b) *parl.* rule s.o. out of order. **4. et. j-s Zugriff (Einfluß)** ~ put s.th. out of (*od.* remove s.th. from) s.o.'s reach (influence). **5. et. j-s Blick(en)** ~ hide (*od.* conceal) s.th. from s.o.'s sight. **6.** *chem.* a) extract, b) (*Wasserstoff*) dehydrogenize, c) (*Sauerstoff*) deoxygenize, d) (*Kohlenstoff*) decarbonate. **7.** *med.* a) **j-m Blut** ~ bleed s.o., b) **dem Körper Wärme** ~ take heat from the body, c) → 3 d. **II** *v/reflex* **8. sich j-m** ~ *Person*: a) (*meiden*) avoid, withdraw from (*a friend, etc*), b) (*Verfolgern etc*) elude, escape, evade (*pursuers, etc*). **9. sich e-r Sache** ~ a) (*vermeiden, entgehen*) avoid, escape, (*e-r Pflicht etc*) *a.* evade, shirk, dodge (*duty, military service, etc*), back out of (*an obligation*), b) (*der Definition etc*) elude; **sich der strafrechtlichen Verfolgung** ~ flee from (*od.* evade) justice, abscond; **das entzieht sich jeder Berechnung** it defies calculation, it is quite incalculable; **das entzieht sich m-r Beurteilung** I am in no position to judge that, I am no judge (of that); **das entzieht sich m-r Zuständigkeit** that exceeds my authority; → **Kenntnis. 10. sich j-s Blicken** ~ a) *Person*: hide from s.o.'s sight, b) *Sache*: be hidden (*od.* concealed) from s.o.'s sight, c) (*verschwinden*) disappear (*od.* vanish) (from sight); **sich j-s Griff (Umarmung)** ~ free o.s. of (*od.* shake off, escape) s.o.'s hold (embrace). **III** Ձ *n* ⟨-**s**⟩ **11.** withdrawing (*etc*), withdrawal. **Ent'zie·hung** *f* ⟨-; *no pl*⟩ → **Entzug** 2–5.

Ent'zie·hungs|ˌanˌstalt *f med.* institution for alcoholics (*od.* drug addicts), detoxication cent/re (*Am.* -er). **~erˌschei·nung** *f* withdrawal symptom. **~ˌkur** *f* withdrawal (*od.* detoxication) treatment.

ent|'zif·fer·bar *adj* decipherable. **Ձ'zif·fe·rer** *m* ⟨-**s**; -⟩ decipherer. **~'zif·fern** [-'tsɪfərn] **I** *v/t* ⟨*no* **ge-**, **h**⟩ **1.** decipher, *weitS. a.* puzzle (*od.* make) out, read. **2.** (*Geheimschrift etc*) decipher, cryptanalyze, break (*od.* solve) the key of, *colloq.* crack. **3.** (*dechiffrieren*) decode. **II** Ձ *n* ⟨-**s**⟩ **4.** deciphering (*etc*). **Ձ'zif·fe·rung** *f* ⟨-; *no pl*⟩ **1.** → **entziffern** II. **2.** decipherment, cryptanalysis.

ent|'zücken (*getr.* **-k·k-**) **I** *v/t* ⟨*no* **ge-**, **h**⟩ **1.** (*bezaubern*) captivate, charm, enchant. **2.** (*faszinieren*) fascinate. **3.** (*delektieren*) (fill *s.o.* with) delight. **4.** (*hinreißen*) enrapture, enchant, ravish, thrill, carry *s.o.* away. **5.** (*Auge, Ohr*) delight, enchant. **II** *v/reflex* **6. sich an** (*dat*) **et.** ~ take delight in s.th. **III** Ձ ⟨-**s**⟩ **7.** delight (**über** *acc* at); **zu s-m** Ձ to his delight; **vor** Ձ with delight. **8.** → **Entzückung.** **~'zückend** (*getr.* **-k·k-**) **I** *pres p u. adj* charming, enchanting, delightful; fascinating; *colloq.* (*reizend*) lovely, sweet. **~'zückt I** *adj* (**über** *acc*, **von**) delighted (at, with), charmed (by), enchanted (by, with) thrilled (at); **ganz** (*od. colloq.* **hellauf**) **von et.** ~ **sein** be in raptures over s.th., be wild (*od.* crazy) about s.th. **II** *adv* delighted(ly), with delight. **Ձ'zückung** (*getr.* **-k·k-**) *f* ⟨-; -**en**⟩ **1.** → **entzücken** 7. **2.** rapture(s *pl*), transport(s *pl*), ecstasy; **in** ~ **geraten (über** *acc* over) go into raptures, be carried away; **j-n in** ~ **versetzen** send s.o. into raptures, enchant (*od.* delight) s.o.

Ent'zug *m* ⟨-(**e**)**s**; *no pl*⟩ **1.** → **entziehen** III. **2.** *des Vertrauens, der Erlaubnis etc*: withdrawal; *der Freiheit, Liebe, Staatsbürgerschaft etc*: deprivation; ~ **des Wahlrechts** disfranchisement; ~ **der bürgerlichen Ehrenrechte** civic degradation. **3.** *adm. jur. e-r Konzession etc*: revocation, cancellation; **zeitweiliger** ~ suspension. **4.** *des Rauschgifts etc*: withdrawal. **5.** *chem.* a) extraction, b) *des Wasserstoffs*: dehydrogenation, c) *des Sauerstoffs*: deoxygenation, d) *des Kohlenstoffs*: decarbonization.

ent'zünd·bar *adj* **1.** *chem. tech.* (in)flammable, combustible, ignitable; **leicht** ~ highly (in)flammable. **2.** *fig.* excitable, inflammable. **Ձkeit** *f* ⟨-; *no pl*⟩ **1.** *chem. tech.* (in)flammability (*etc*). **2.** *fig.* excitability, inflammability.

ent|'zün·den I *v/reflex* ⟨*no* **ge-**, **h**⟩ **sich** ~ **1.** catch (*od.* take) fire (**an** *dat* from). **2.** (*aufflammen*) blaze (*od.* flare) up. **3.** *bes. chem. tech.* ignite. **4.** *fig.* (**an** *dat*) a) *Leidenschaften etc*: be (a)roused (*od.* stirred up, inflamed, kindled) (by), b) *Person*: be(come) inflamed (at), kindle (at). **5.** *med.* become inflamed. **II** *v/t* **6.** *lit. for* **anzünden** 1, 2. **7.** *fig.* (*Leidenschaften, Haß, Phantasie etc*) (a)rouse, inflame, kindle, fire, spark. **III** Ձ *n* ⟨-**s**⟩ → **Entzündung.** **~'zun·dern** [-'tsʊndərn] *v/t* ⟨*no* **ge-**, **h**⟩ *metall.* descale. **~'zün·det** *pp u. adj med.* **1.** *Wunde etc*: inflamed. **2.** *Haut*: sore. **3.** *Augen*: red. **~'zünd·lich** [-'tsʏntlɪç] *adj* **1.** *med.* inflammatory, phlogistic. **2.** → **entzündbar** 1. **Ձ'zün·dung** *f* ⟨-; -**en**⟩ **1.** *bes. chem. tech.* ignition. **2.** *med.* inflammation. **3.** *fig. der Leidenschaften etc*: kindling, inflaming.

ent'zün·dungs|ˌhem·mend *adj med.* anti-inflammatory, antiphlogistic. **Ձˌherd** *m* focus (*od.* cent/re [*Am.* -er]) of inflammation. **Ձˌpunkt** *m*, **Ձtem·peraˌtur** *f chem.* **1.** flash (*od.* ignition) point. **2.** (*Brennpunkt*) burning point.

ent'zwei *adj* ⟨*pred*⟩ **1.** in two, in half, asunder. **2.** (*zerbrochen*) broken, in (*od.* to) pieces. **3.** (*zerrissen*) torn. **~ˌbre·chen** *v/t u. v/i* ⟨*irr, sep,* **-ge-**, **h** *u.* **sein**⟩ break *s.th.* in two (*etc*).

ent'zwei·en [-'tsvaɪən] **I** *v/t* ⟨*no* **ge-**, **h**⟩ (*auseinanderbringen*) disunite, divide, separate, set (*persons*) at variance, turn (*friends*) against each other; **das Volk** ~ *a.* sow dissension among the people. **II** *v/reflex* **sich** ~ (**mit** with) fall out, break, split, quarrel; **sich mit j-m entzweit haben** have fallen out (*od.* broken) with s.o., be on bad terms with s.o.

ent'zwei|ˌge·hen *v/i* ⟨*irr, sep,* **-ge-**, **sein**⟩ **1.** break (in two *od.* into pieces), go (*od.* fall) to pieces, come asunder. **2.** *fig. Ehe etc*: break up. **~ˌhau·en** *v/t* ⟨*irr, sep,* **-ge-**, **h**⟩ cut *s.th.* in two (*od.* into pieces). **~ˌschla·gen** *v/t* ⟨*irr, sep,* **-ge-**, **h**⟩ smash *s.th.* (in pieces), shatter. **~ˌschnei·den** *v/t* ⟨*irr, sep,* **-ge-**, **h**⟩ cut *s.th.* in two (*od.* half, in pieces).

Ent'zwei·ung *f* ⟨-; -**en**⟩ **1.** disuniting (*etc*; *cf.* **entzweien**). **2.** division, separation, disunity. **3.** (*Streit*) quarrel, strife. **4.** (*Bruch*) split, rupture.

En·ure·se [enu're:zə] *f* ⟨-; -**n**⟩, **En·ure·sis** [-'re:zɪs] *f* ⟨-; -**resen**⟩ *med.* enuresis.

en vogue [ã'vɔg] (*Fr.*) *adj* ⟨*pred*⟩ fashionable, popular, in vogue, *colloq.* all the rage.

En·ze·pha|li·tis [ɛntsefa'li:tɪs] *f* ⟨-; -**litiden** [-li'ti:dən]⟩ *med.* encephalitis. **Ձ'li·tisch** *adj* encephalitic. **~lo'gramm** [-lo'gram] *n* ⟨-**s**; -**e**⟩ encephalogram, encephalograph. **~lo·mye'li·tis** [-mye'li:tɪs] *f* encephalomyelitis.

En·zi·an ['ɛntsĭa:n] *m* ⟨-**s**; -**e**⟩ **1.** *bot.* gentian. **2.** Enzian (schnapps). **~ˌbit·ter** *n* ⟨-**s**; *no pl*⟩ *pharm.* gentian bitter. **~geˌwäch·se** *pl bot.* Gentianaceae. **~ˌschnaps** *m* → **Enzian** 2.

En·zy·kli·ka [ɛn'tsy:klika] *f* ⟨-; -**kliken**⟩ *R.C.* encyclic(al).

En·zy·klo|pä·die [ɛntsyklopɛ'di:] *f* ⟨-; -**n** [-ən]⟩ encyclop(a)edia. **~'pä·di·ker** [-'pɛ:dikər] *m* ⟨-**s**; -⟩ encyclop(a)edist. **Ձ'pä·disch** [-'pɛ:dɪʃ] *adj* encyclop(a)edic. **~pä'dist** [-'dɪst] *m* ⟨-**en**; -**en**⟩ encyclop(a)edist.

En·zym [ɛn'tsy:m] *n* ⟨-**s**; -**e**⟩ *biol. chem.* enzyme. **en·zy'ma·tisch** [-tsy'ma:tɪʃ] *adj* enzymic.

eo ip·so ['e:o 'ɪpso] *adv* ipso facto.

Eo·lith [eo'li:t] *m* ⟨-**s** *u.* -**en**; -**e**(**n**)⟩ *archeol.* eolith, celt. **Eo'li·thi·kum** [-tikʊm] *n* ⟨-**s**; *no pl*⟩ *geol. hist.* eolithic. **eo'li·thisch** *adj* eolithic.

Eo·zän [eo'tsɛ:n] *geol.* **I** *n* ⟨-**s**; *no pl*⟩ Eocene. **II** Ձ *adj* Eocene.

Eo·zoi·kum [eo'tso:ikʊm] *n* ⟨-**s**; *no pl*⟩ *geol.* Eozoic (era). **eo'zo·isch** [-ɪʃ] *adj* eozoic.

Epau·lett [epo'lɛt] *n* ⟨-**s**; -**s**⟩, **Epau'let·te** [-'lɛtə] *f* ⟨-; -**n**⟩ *mil.* epaulet(te).

Ep·en·the·se [epɛnˈteːzə] *f* ⟨-; -n⟩, **Ep·en·the·sis** [eˈpɛntezɪs] *f* ⟨-; -thesen [-ˈteːzən]⟩ *ling.* epenthesis.

ephe·mer [efeˈmeːr] *adj* ephemeral. **Ephe·me·ra** [eˈfeːmera] *pl med.* ephemeral fever *sg*, ephemera. **Ephe·me·ri·de** [efemeˈriːdə] *f* ⟨-; -n⟩ **1.** → Eintagsfliege 1. **2.** *astr.* astronomical table, ephemeris.

Ephe·ser [ˈeːfezər] *m* ⟨-s; -⟩ *Bibl.* Ephesian; (**der Brief des Paulus an die**) ~ → ~**,brief, der** the Epistle (of St. Paul) to the Ephesians, Ephesians *pl* (*als sg konstruiert*).

Epho·rie [efoˈriː] *f* ⟨-; -n [-ən]⟩ *relig.* diocese. **Epho·rus** [ˈeːforus] *m* ⟨-; Ephoren [eˈfoːrən]⟩ **1.** superintendent (*in the German Reformed Churches*). **2.** head (of a theological college).

Epi·blast [epiˈblast] *n* ⟨-en; -en⟩ *biol.* epiblast, ectoderm.

Epi·de·mie [epideˈmiː] *f* ⟨-; -n [-ən]⟩ *med.* epidemic (disease). **Epi·de·mio·loˈgie** [-mĭoloˈgiː] *f* ⟨-; *no pl*⟩ epidemiology. **epiˈde·misch** [-ˈdeːmɪʃ] *adj* epidemic(al).

Epi·der·mis [epiˈdɛrmɪs] *f* ⟨-; -men⟩ **1.** *physiol.* epiderm(is); **unter der** ~ **gelegen** subcuticular. **2.** *bot.* epidermis.

epi·ga·strisch [epiˈgastrɪʃ] *adj med.* epigastric(al). **Epiˈga·stri·um** [-trĭum] *n* ⟨-s; -trien⟩ epigastrium.

Epi·glot·tis [epiˈglɔtɪs] *f* ⟨-; glottiden [-ˈtiːdən]⟩ *anat.* epiglottis.

Epi·go·ne [epiˈgoːnə] *m* ⟨-n; -n⟩ (weak) successor, (inferior) imitator, epigon(e). **epiˈgo·nen·haft** *adj* epigonous. **Epiˈgo·nen·tum** *n* ⟨-s; *no pl*⟩ epigonism.

Epi·gramm [epiˈgram] *n* ⟨-s; -e⟩ epigram; **ein** ~ **machen über** (*acc*) **et.** epigrammatize s. th. **Epi·gramˈma·ti·ker** [-ˈma(ː)tikər] *m* ⟨-s; -⟩ epigrammatist. **epi·gramˈma·tisch** [-ˈma(ː)tɪʃ] *adj* epigrammatic(al).

Epi·graph [epiˈgraːf] *n* ⟨-s; -e⟩ epigraph.

Epik [ˈeːpɪk] *f* ⟨-; *no pl*⟩ **1.** epic poetry. **2.** narrative literature.

Epi·karp [epiˈkarp] *n* ⟨-s; -e⟩ *rare*, **Epiˈkar·pi·um** [-pĭum] *n* ⟨-s; -pien⟩ *bot.* epicarp.

Epi·ker [ˈeːpikər] *m* ⟨-s; -⟩ **1.** epic poet. **2.** narrative author (*od.* writer).

Epi·ku·re·er [epikuˈreːər] *m* ⟨-s; -⟩ **1.** *philos.* Epicurean. **2.** *lit.* (*Genießer*) epicurean. **epi·kuˈre·isch** [-ɪʃ] *adj* **1.** (*genüßlich*) epicurean. **2.** ≈ *philos.* Epicurean. **Epi·ku·reˈis·mus** [-reˈɪsmus] *m* ⟨-; *no pl*⟩ *philos.* Epicureanism, Epicurism.

Epi·lep·sie [epilɛˈpsiː] *f* ⟨-; -n [-ən]⟩ *med.* epilepsy. ≈**,ar·tig** *adj* epileptoid.

Epi·lep·ti·ker [epiˈlɛptikər] *m* ⟨-s; -⟩, **Epiˈlep·ti·ke·rin** *f* ⟨-; -nen⟩ epileptic. **epiˈlep·tisch** [-tɪʃ] *adj* epileptic.

epi·lie·ren [epiˈliːrən] *v/t* ⟨*no* **ge-**, **h**⟩ → depilieren.

Epi·log [epiˈloːk] *m* ⟨-s; -e⟩ epilogue, *Am. a.* epilog.

Epi·pha·nia [epiˈfaːnĭa; -faˈniːa] *f* ⟨-; *no pl*⟩ *relig.* Epiphany. **Epi·pha·ni·as** [epiˈfaːnĭas] *n* ⟨-; *no pl*⟩, **Epiˈpha·ni·as,fest** *n* → Epiphanienfest. **Epi·phaˈnie** [-faˈniː] *f* ⟨-; *no pl*⟩ → Epiphania. **Epiˈpha·ni·en,fest** [-ˈfaːnĭən-] *n* Epiphany, Feast of the Epiphany.

episch [ˈeːpɪʃ] *adj* **1.** a) epic, b) narrative; ~**e Dichtung** → a) Epik, b) Epos; ~**er Sagenkreis** epic cycle; → **Breite** 3. **2.** epic, heroic.

epi·sko·pal [epɪskoˈpaːl] *adj relig.* episcopal. **Epi·sko·paˈlis·mus** [-paˈlɪsmus] *m* ⟨-; *no pl*⟩ **1.** episcopacy. **2.** *R.C.* episcopalism. **Epi·sko·paˈlist** [-paˈlɪst] *m* ⟨-en; -en⟩ Episcopalian. **Epi·skoˈpal,kir·che** *f* Episcopal Church. **Epi·sko·pat** [epɪskoˈpaːt] *m, n* ⟨-(e)s; -e⟩ *relig.* **1.** episcopacy, episcopate, (the) bishops *pl.* **2.** (*Bischofsamt*) episcopate.

Epi·so·de [epiˈzoːdə] *f* ⟨-; -n⟩ episode (*a. mus.*). **epiˈso·disch** *adj* episodic(al).

Epi·stel [eˈpɪstəl] *f* ⟨-; -n⟩ **1.** *relig.* a) epistle (of an apostle), b) (*gottesdienstliche Lesung*) Epistle. **2.** *colloq.* epistle, (long) letter. **3.** *colloq.* → **Strafpredigt.** ~**,sei·te** *f relig.* epistle (*od.* south) side of altar.

Epi·ste·mo·lo·gie [epɪstemoloˈgiː] *f* ⟨-; *no pl*⟩ → Erkenntnistheorie.

Epi·taph [epiˈtaːf] *n* ⟨-s; -e⟩, **Epiˈta·phi·um** [-fĭum] *n* ⟨-s; -phien⟩ **1.** epitaph. **2.** memorial stone.

Epi·ta·sis [eˈpiːtazɪs] *f* ⟨-; -tasen [epiˈtaːzən]⟩ *Literatur:* epitasis.

Epi·thel [epiˈteːl] *n* ⟨-s; -e⟩ *anat.* epithelium.

Epi·zen·trum [epiˈtsɛntrum] *n geogr.* epicent/re (*Am.* -er).

Epi·zo·on [epiˈtsoːɔn] *n* ⟨-s; -zoen *u.* -zoa [-ˈtsoːa]⟩ *zo.* epizoon.

Epi·zoo·tie [epitsooˈtiː] *f* ⟨-; -n [-ən]⟩ *vet.* epizootic (disease).

epo·chal [epɔˈxaːl] *adj* **1.** epochal. **2.** → **epochemachend.**

Epo·che [eˈpɔxə] *f* ⟨-; -n⟩ epoch (*a. geol.*), era, period; ~ **machen** mark an epoch. ≈**,ma·chend** *adj* epoch-making, epochal.

Epos [ˈeːpɔs] *n* ⟨-; Epen⟩ epic (poem), epos; **höfisches** ~ court(ly) epic.

Ep·pich [ˈɛpɪç] *m* ⟨-(e)s; -e⟩ **1.** *bot.* → a) **Sellerie,** b) **Petersilie,** c) **Scharbockskraut. 2.** *poet. for* **Efeu.**

Ep·si·lon [ˈɛpsilɔn] *n* ⟨-(s); -s⟩ (*griech. Buchstabe*) epsilon.

ˈEp·som,salz [ˈɛpsəm-] (*Engl.*) *n med. pharm.* Epsom salts *pl* (*meist als sg konstruiert*), Epsom salt.

Equi·pa·ge [ek(v)iˈpaːʒə] *f* ⟨-; -n⟩ *rare* **1.** equipage, carriage (and horses). **2.** *mar.* a) (ship's) crew, b) (naval officer's) turnout.

Equipe [eˈk(v)ɪp] *f* ⟨-; -n [-ən]⟩ *Sport:* (riding) team.

er [eːr] **I** *pers pron* **1.** *von Personen:* he; ~ **selbst** he himself; ~ **ist es nicht** it is not he, *meist colloq.* it's not him. **2.** *von Dingen:* it, *Mond, Dampfer, Wagen: a.* she. **3.** *Hund etc:* he, it. **II** ≈ *m* ⟨-; -s⟩ **4.** *colloq.* he; **der** ≈ **und die Sie** the he and the she; **das neugeborene Baby ist ein** ≈ the newborn baby is a he (*od.* a boy). **5.** ⟨*only sg*⟩ *obs.* you (*address of 2 sg of male sex*).

erˈach·ten *lit.* **I** *v/t* ⟨*no* **ge-**, **h**⟩ consider, deem, believe, think, judge; **et. für nötig** ~ consider (*od.* deem, think) s. th. necessary; **er erachtete es als s-e Pflicht** he considered it (*od.* regarded it as) his duty. **II** ≈ *n* ⟨-s⟩ opinion, judg(e)ment; **m-s** ≈**s, m-m** ≈ **nach** in my opinion, to my mind, as I see it; **nach s-m** ≈ *a.* he holds (*od.* takes) the view (that).

erˈah·nen *v/t* ⟨*no* **ge-**, **h**⟩ → **ahnen** I.

erˈar·bei·ten I *v/t* ⟨*no* **ge-**, **h**⟩ **1.** gain (*od.* get, acquire, achieve) *s. th.* by working, work for, acquire *s. th.* by one's own efforts; **Reichtum** ~ gain wealth by work(ing); **sich** (*dat*) **e-e Existenz** ~ gain (*od.* earn) a livelihood by work(ing); **du hast dir dein Haus schwer erarbeitet** you worked hard for your house. **2.** (*Wissensstoff etc*) acquire, make *s. th.* one's own. **3.** (*zs.-tragen*) collect, compile, (*herausziehen*) extract, (*entwickeln*) elaborate, develop. **II** ≈ *n* ⟨-s⟩ **4.** acquiring (*etc*). **Erˈar·bei·tung** *f* ⟨-; *no pl*⟩ **1.** → **erarbeiten** II. **2.** acquirement, achievement. **3.** a) extraction, b) compilation, collection, c) elaboration.

eras·misch [eˈrasmɪʃ] *adj* Erasmian.

ˈErb|,adel [ˈɛrp-] *m* hereditary nobility. ~**,än·de·rung** *f biol.* idiovariation, mutation. ~**,an,fall** *m jur.* succession (to an estate). ~**,an,fall,steu·er** *f* → **Erbschaftssteuer.** ~**,an,la·ge** *f biol.* hereditary disposition, (genetic) trait, genetic code, genes *pl.* ~**,an,spruch** *m jur.* hereditary title, claim to an inheritance; **bedingter** ~ contingent remainder. ~**,an,teil** *m* → **Erbteil** 1.

erˈbar·men [-ˈbarmən] **I** *v/reflex* ⟨*no* **ge-**, **h**⟩ **1. sich j-s** (*od.* **über j-n**) ~ pity (*od.* take pity on) s. o., have pity (*od.* compassion) on s. o., (*Gnade walten lassen*) show s. o. mercy, have mercy (up)on s. o.; **er erbarmte sich ihrer** a) he took pity on her, b) *colloq.* (*nahm sich ihrer an*) he (had a heart and) took care of her; *Bibl.* **Herr erbarme Dich unser!** Lord, have mercy upon us! **2.** *colloq.* **sich über** (*acc*) **et.** ~ take pity on (*the leftovers of a meal*). **II** *v/t* **3. j-n** ~ move s. o. to pity, arouse pity (*od.* compassion) in s. o.; **er erbarmt mich** I pity (*od.* feel sorry for) him; *colloq.* **das möchte e-n Hund** ~ that would melt a heart of stone; **daß (es) Gott erbarm'** a) pitifully, miserably, wretchedly, b) awfully. **III** ≈ *n* ⟨-s⟩ **4.** pity, compassion, (*Gnade*) mercy; **ohne** ≈ → **erbarmungslos; kein** ≈ **kennen** know no pity (*od.* mercy); **mit j-m** ≈ **haben** have pity on s. o., feel pity for s. o.; **j-n um** ≈ **anflehen** beg s. o. for mercy; **er hatte kein** ≈ he was pitiless, he had no pity (*od.* mercy); *colloq.* **zum** ≈ (**schlecht**) miserable, awful(ly); **er sah zum** ≈ **aus** he was a pitiful sight; **hab' doch** ≈! have a heart! **erˈbar·mens,wür·dig** *adj* pitiable, pitiful, wretched.

Erˈbar·mer *m* ⟨-s; *no pl*⟩ **Gott, der** ~ merciful God, (God) the Merciful.

erˈbärm·lich [-ˈbɛrmlɪç] **I** *adj* **1.** (*mitleiderregend*) pitiable, pitiful, piteous; **er ist in e-r** ~**en Lage** he is in a pitiful situation; **ein** ~**es Dasein führen** lead a pitiable life; **er war damals in e-m** ~**en Zustand** at that time he was in a piteous (*od.* sorry) state. **2.** (*schlecht*) miserable, wretched, pitiful, deplorable, terrible, *colloq.* awful, *sl.* lousy (*quality, etc*). **3.** (*gering*) paltry, pitiful, *sl.* piddling (*sum, etc*). **4.** (*gemein*) wretched, mean, base; **er ist ein** ~**er Lügner** he is a wretched liar. **5.** *colloq.* terrible, awful; **er hatte** ~**e Angst** he was terribly afraid. **II** *adv* **6.** pitiably, pitifully (*etc*); *colloq.* **es ist** ~ **kalt** it is terribly (*od.* awfully) cold; ~ **wenig** precious little, ridiculously little (*money, etc*). ≈**keit** *f* ⟨-; *no pl*⟩ pitiableness, miserableness (*etc*).

Erˈbar·mung *f* ⟨-; *no pl*⟩ → erbarmen III.

erˈbar·mungs|los I *adj* pitiless, merciless. **II** *adv* mercilessly (*etc*), without mercy (*od.* pity). ≈**lo·sig·keit** *f* ⟨-; *no pl*⟩ pitilessness, mercilessness. ~**,voll** *adj* pitiful, merciful, compassionate, full of pity (*od.* compassion). ~**,wür·dig** *adj* → erbärmlich 1.

erˈbau·en[1] *v/t* ⟨*no* **ge-**, **h**⟩ build, construct, erect, raise; → **Rom** 1. **erˈbau·en**[2] *v/reflex* ⟨*no* **ge-**, **h**⟩ *fig.* **sich** ~ **1.** (**an** *dat* by) be edified, be uplifted. **2.** (*sich erfreuen*) be delighted (**an** *dat* by); → **erbaut** II. **erˈbau·end** *pres p u. adj fig.* → **erbaulich. Erˈbau·er** *m* ⟨-s; -⟩ **1.** builder, constructor, architect. **2.** *fig.* (*Gründer*) founder, *weitS. a.* builder, architect. **erˈbau·lich** *adj* **1.** edifying, elevating, uplifting; *iro.* **nicht gerade** ~ not exactly edifying; *colloq.* **s-e Leistungen sind nicht gerade** ~ his work is not exactly encouraging. **2.** *relig.*

Schrift: devotional. **Er'bau·lich·keit** *f* ⟨-; *no pl*⟩ edifying nature (*od.* quality).

'Erb|ˌausˌeinˌan·derˌset·zung *f jur.* partition (of an estate). **~ˌausˌschla·gung** *f* → Erbschaftsausschlagung.

er'baut *pp u. adj* (**von**) delighted, pleased (*beide*: with, about), enthusiastic (about); *iro. colloq.* **nicht gerade ~ von** not exactly enthusiastic about.

Er'bau·ung[1] *f* ⟨-; *no pl*⟩ building, construction, erection. **Er'bau·ung**[2] *f* ⟨-; *no pl*⟩ *fig.* **1.** edification, (moral) uplift; **ein Buch zu unserer ~** a book for our edification. **2.** *humor.* (*Freude*) delight, enthusiasm; **zu m-r ~ hörte ich, daß** I was delighted to hear that.

Er'bau·ungs|ˌbuch *n relig.* devotional book. **~ˌschrift** *f* (religious) tract.

'Erb|ˌbau·er *m jur.* **1.** *farmer holding his land in fee simple.* **2.** *hist. peasant holding land under villein socage.* **~ˌbauˌrecht** *n jur. heritable (and alienable) right of erecting and maintaining a building (on another person's property) (as a form of encumbrance).* **≈beˌdingt** *adj psych.* hereditary, inherited, innate. **~beˌgräb·nis** *n* family vault. **≈beˌrech·tigt** *adj* entitled to inherit (*od.* to the inheritance). **~beˌrech·tig·te** *m, f* ⟨-n; -n⟩ person entitled to inherit, (legitimate) successor. **~beˌrech·ti·gung** *f* right of inheritance (*od.* succession), heirship. **~beˌsitz** *m* **1.** inheritance, (corporeal) hereditament. **2.** family estate. **~ˌbild** *n biol.* a) genotype, b) diagram showing the working of hereditary factors. **~bio·lo·gie** *f* genetics *pl* (*als sg konstruiert*). **≈bioˌlo·gisch** *adj* genetic.

Er·be[1] ['ɛrbə] *m* ⟨-n; -n⟩ **1.** *jur. allg.* heir, successor (*beide*: **j-s** of [*od.* to] s. o.; **e-s Vermögens** to an estate); (*Begünstigter*) beneficiary (under a will); (*Vermächtnisnehmer*) legatee; *von Immobilien*: devisee; **alleiniger ~** sole heir, universal successor; **gesetzlicher ~** legal (*od.* general) heir, distributee, heir-at-law; **gesetzmäßiger ~ e-s noch Lebenden** heir apparent; **leiblicher ~** heir of one's body; **mutmaßlicher ~** heir presumptive; **rechtmäßiger ~** right (*od.* true) heir; **testamentarischer ~** heir testamentary; **~ nach Mannesstamm** heir male; **ohne leiblichen ~n** without issue; **j-n zum ~n einsetzen** (*od.* **machen**) make (*od.* appoint, constitute) s. o. one's heir; **es fällt an die ~n** it passes to the heirs; *humor.* **die lachenden ~n** the joyful heirs. **2.** *fig.* (*gen* of, to) heir, successor.

'Er·be[2] *n* ⟨-s; *no pl*⟩ **1.** *jur.* inheritance, heritage; **ein ~ antreten** enter upon an inheritance, succeed to an estate; **das gesamte ~ fiel an uns** the whole inheritance fell to us. **2.** *fig.* (*cultural, etc*) heritage, inheritance, legacy; **das ist das traurige ~ des letzten Krieges** that is the sad heritage of the last war.

er'be·ben *v/i* ⟨*no* **ge-**, **sein**⟩ **1.** *fig.* (**vor** *dat* with; **bei** at) tremble, quiver, shake, quake; **ihre Stimme erbebte** her voice trembled (*od.* shook). **2.** *Erde etc*: shake, quake, tremble; **die Detonation ließ die Häuser ~** the detonation shook the houses.

'erb|ˌei·gen *adj jur.* inherited, hereditary, belonging *to s. o.* by right of inheritance. **≈ˌei·gen·tum** *n* → Erbbesitz. **≈ˌei·gen·tü·mer** *m* owner of a family estate. **≈ˌeinˌfluß** *m med.* hereditary influence. **≈ˌein·heit** *f biol.* gene.

er·ben ['ɛrbən] **I** *v/t* ⟨h⟩ **1.** *jur.* inherit (*a. weitS. Aussehen, Talent, etc*; **von** from); succeed to, be (*od.* fall) heir to, *a.* come into (*a fortune*); be left. **2.** *fig. colloq.* (*kriegen*) get; **hier ist nichts zu ~** (it's) nothing doing (here)!, there's nothing in it for us (*etc*). **II** *v/i* ⟨h⟩ **3.** inherit, succeed, *jur. a.* take (under a will).

'Er·ben|geˌmein·schaft *f jur.* community of heirs. **~ˌhaf·tung** *f* liability of the heir (*to discharge the debts of the estate*). **≈los** *adj jur.* heirless, having no heir(s).

er'be·ten I *pp of* **erbitten**. **II** *adj* requested, *nachgestellt*: asked for; **Anfragen sind ~ an** (*acc*) inquiries should be addressed to.

er'bet·teln *v/t* ⟨*no* **ge-**, **h**⟩ (**sich** *dat*) **et. von j-m ~** a) beg (*od. colloq.* scrounge, cadge) s. th. from s. o., b) (*durch Betteln erhalten*) get (*od.* obtain) s. th. from s. o. by begging, c) *durch Schmeicheln*: wheedle s. th. out of s. o.

er'beu·ten *v/t* ⟨*no* **ge-**, **h**⟩ **1.** *mil.* capture, take (as booty). **2.** *fig. colloq.* grab, snatch, pocket. **Er'beu·tung** *f* ⟨-; *no pl*⟩ capturing, capture.

'erb|ˌfä·hig *adj jur.* (legally) capable to inherit. **≈ˌfä·hig·keit** *f* (legal) capacity to inherit. **≈ˌfak·tor** *m biol.* gene, (hereditary *od.* unit) factor, allele. **≈ˌfall** *m jur.* a) (case of) succession, b) *death of a person giving rise to a succession.* **≈ˌfeh·ler** *m biol.* hereditary defect. **≈ˌfeind** *m* **1.** hereditary (*od.* traditional) enemy. **2.** (*Teufel*) (*the*) Foe. **≈ˌfeind·schaft** *f* hereditary (*od.* traditional) enmity.

'Erbˌfol·ge *f jur.* (hereditary) succession, devolution (of an estate) upon death, *Am. a.* descent; **gesetzliche ~** intestate succession; **gewillkürte ~** testate succession, succession by will; **~ in gerader Linie** lineal descent. **~ˌkrieg** *m hist.* war of succession; **Spanischer ~** War of the Spanish Succession. **~ˌord·nung** *f jur.* statutory order of distribution, canon of descent. **~ˌrecht** *n* law of succession.

'Erb|ˌfor·schung *f biol.* genetic research, genetics *pl* (*als sg konstruiert*). **~ˌgang** *m jur.* devolution (upon death), succession (to an estate); **im ~e** by (right of) inheritance. **≈geˌsund** *adj med.* of healthy stock, free from hereditary disease. **~geˌsund·heitsˌleh·re** *f* eugenics *pl* (*meist als sg konstruiert*). **~ˌgut** *n* **1.** *biol.* genotype, inheritance. **2.** *jur.* a) → Erbmasse 1, b) (*ererbtes Gut*) inherited property (*od.* assets *pl*). **~ˌhof** *m jur.* hereditary farm. **≈hy·gie·nisch** [-hy-ɡi̯eːnɪʃ] *adj biol.* eugenic.

er'bie·ten I *v/reflex* ⟨*irr, no* **ge-**, **h**⟩ **sich ~, et. zu tun** offer to do s. th. **II ≈** *n* ⟨-s⟩ offer.

'Er·bin *f* ⟨-; -nen⟩ heiress (*cf.* **Erbe**[1]).

er'bit·ten *v/t* ⟨*irr, no* **ge-**, **h**⟩ **1.** ask for, request, *stärker*: beg (*od.* plead) for; **j-s Hilfe ~, Hilfe von j-m ~** ask s. o. for help, ask (for) s. o.'s help; **sich** (*dat*) **et. ~** a) ask for (*od.* request) s. th., b) get (*od.* obtain) s. th. by asking (*od.* by entreaties). **2. sich ~ lassen** be moved by (*od.* yield to) entreaties.

er'bit·tern [-'bɪtərn] *v/t* ⟨*no* **ge-**, **h**⟩ **1.** embitter, fill *s. o.* with bitterness. **2.** (*erzürnen*) incense, exasperate, anger. **er'bit·tert** *pp u. adj* **1.** *Kampf, Gegner etc*: fierce, furious, grim. **2. über** (*acc*) **et. ~ sein** a) be embittered (*od.* filled with bitterness) about s. th., b) be provoked (*od.* angered, vexed) by s. th. **Er'bit·te·rung** *f* ⟨-; *no pl*⟩ **1.** (*Außersichsein*) bitterness, embitterment. **2.** (*Zorn*) anger, vexation. **3.** (*Heftigkeit*) vehemence.

'erb|ˌkrank *adj med.* afflicted with an hereditary disease. **≈ˌkrank·heit** *f* hereditary disease (*od.* taint). **≈ˌlan·de** *pl hist.* patrimonial lands (*od.* dominions).

er'blas·sen *v/i* ⟨*no* **ge-**, **sein**⟩ **1.** *Person, Gesicht etc*: (**vor** *dat* with) become (*od.* grow, turn, go) pale (*od.* white), pale, blanch; **die Nachricht ließ sie ~** the news made her turn (*od.* turned her) pale. **2.** *poet.* die.

'Erb|ˌlas·ser *m* ⟨-s; -⟩ *jur.* **1.** deceased (person), *Am. a.* decedent (leaving property). **2.** (*testamentarischer ~*) testator. **~ˌlas·se·rin** *f* ⟨-; -nen⟩ **1.** → Erblasser 1. **2.** testatrix. **~ˌle·hen** *n hist.* hereditary fief. **~ˌleh·re** *f biol.* genetics *pl* (*als sg konstruiert*).

er'blei·chen *v/i* ⟨*no* **ge-**, **sein**⟩ **1.** *lit. for* **erblassen** 1. **2.** ⟨*pp* **erblichen**⟩ *obs. poet.* die.

erb·lich ['ɛrplɪç] **I** *adj Krankheit, Eigenschaft etc*: hereditary, (*vererbbar*) (in)heritable (*a. Amt, Titel, Besitz etc*). **II** *adv* by inheritance; → **belasten** 2.

er'bli·chen *pp of* **erbleichen** 2.

'Erb·lich·keit *f* ⟨-; *no pl*⟩ **1.** *biol.* heredity, hereditary character, inheritableness. **2.** *jur.* (in)heritability.

er'blicken (*getr.* **-k·k-**) *v/t* ⟨*no* **ge-**, **h**⟩ **1.** see, catch sight of, sight, *colloq.* spot, *lit.* behold; *flüchtig*: catch a glimpse of. **2.** *fig.* **et. in e-r Sache (j-m) ~** see s. th. in s. th. (s. o.), look upon s. th. (s. o.) as s. th.

er'blin·den [-'blɪndən] **I** *v/i* ⟨*no* **ge-**, **sein**⟩ **1.** go (*od.* become) blind, lose one's (eye)sight. **2.** *Glas etc*: dull, dim. **II ≈** *n* ⟨-s⟩ **3.** going blind (*etc*). **er'blin·det** *pp u. adj* blind (**auf e-m Auge** in one eye). **Er'blin·dung** *f* ⟨-; *no pl*⟩ **1.** → **erblinden** II. **2.** loss of (one's) (eye)sight. **3.** (*Blindheit*) blindness.

'Erb|ˌli·nie *f* **1.** *jur.* line of succession (*od.* descent). **2.** *biol.* hereditary (*od.* genetic) line.

er'blü·hen *v/i* ⟨*no* **ge-**, **sein**⟩ **1.** → **aufblühen** 1. **2.** *fig. poet.* blossom, grow (**zu voller Schönheit** into a beauty).

'Erb|ˌmas·se *f* **1.** *jur.* (*Nachlaß*) estate (of a deceased person). **2.** *biol.* genotype. **~mon·arˌchie** *f pol.* hereditary monarchy. **~ˌnachˌweis** *m jur.* proof of heirship. **~ˌon·kel** *m* wealthy uncle (*whose property one hopes to inherit*).

er'bo·sen [-'boːzən] **I** *v/t* ⟨*no* **ge-**, **h**⟩ infuriate, incense, provoke, anger, exasperate, vex. **II** *v/reflex* **sich über** (*acc*) **et. (j-n) ~** become (*od.* get) furious (*od.* angry) about s. th. (with s. o.). **er'bost** *pp u. adj* furious, angry, incensed.

er'bö·tig [-'bøːtɪç] *adj* ⟨*pred*⟩ **zu et. ~ sein, sich zu et. ~ zeigen** be ready (*od.* willing, prepared) to do s. th., offer to do s. th.; **sich ~ machen zu helfen** offer one's help, be (*od.* show o. s.) willing to help.

'Erb|ˌpacht *f jur.* **1.** hereditary tenancy (*od.* leasehold). **2.** fee farm. **~ˌpäch·ter** *m* **1.** heritable tenant (*od.* leaseholder). **2.** fee farmer. **~ˌprinz** *m* hereditary prince.

er'bre·chen I *v/t* ⟨*irr, no* **ge-**, **h**⟩ **1.** → **aufbrechen** 1, 2. **2.** *med.* vomit (up), bring up, throw up. **II** *v/i u.* **sich ~** *v/reflex* **3.** vomit, be sick, throw up. **III ≈** *n* ⟨-s⟩ **4.** *med.* vomiting, sickness; **morgendliches ~** morning sickness; *fig. colloq.* **bis zum ≈** ad nauseam; **et. bis zum ≈ satt haben** be sick and tired of s. th.

'Erbˌrecht *n jur.* **1.** (*Gesetz*) law of inheritance (*od.* succession, *Am. a.* descent). **2.** (*Erbanspruch*) right of inheritance (*od.* succession), hereditary title. **≈lich** *adj* under the law of inheritance; **~e Ansprüche** succession rights.

er'brin·gen I *v/t* ⟨*irr, no* **ge-**, **h**⟩ **1.** *jur.* (*Alibi etc*) furnish, bring, produce, adduce; → **Beweis** 1. **2.** *adm.* (*als Ergebnis*

liefern) result in. **3.** *econ.* → a) **aufbringen** 2, b) **einbringen** 9. **II** 2 *n* ⟨-s⟩ **4.** furnishing (*etc*). **Er'brin·gung** *f* ⟨-; *no pl*⟩ **1.** → **erbringen** II. **2.** *jur.* production, adduction.
er'brü·ten *v/t* ⟨*no* **ge-**, **h**⟩ *nucl.* breed.
'Erbˌscha·den *m* → **Erbfehler.**
'Erb·schaft *f* ⟨-; -en⟩ *jur.* a) inheritance, b) (*Nachlaßmasse*) estate, c) (*Vermächtnis*) legacy; **e-e ~ antreten** enter upon an inheritance, succeed to an estate; **e-e ~ machen** inherit, come into an inheritance; **er hat e-e reiche ~ gemacht** he inherited (*od.* came into) a fortune.
'Erb·schafts|ˌan·geˌle·gen·heit *f* in **~en** in matters of an inheritance. **~ˌanˌspruch** *m* claim to an inheritance, hereditary title. **~ˌanˌteil** *m* → **Erbteil** 1. **~ˌanˌtritt** *m* accession to an estate. **~ˌausˌschla·gung** *f* renunciation (*od.* disclaimer) of an inheritance. **~ˌkla·ge** *f* **1.** suit to establish a right of inheritance. **2.** action for recovery of an inheritance. **~ˌmas·se** *f* → **Erbmasse** 1. **~ˌsteu·er** *f econ. Br.* death (*od.* estate) duty, *Am.* inheritance tax. **~ˌstreit** *m* dispute over an inheritance.
'Erb|ˌschein *m jur.* certificate of heirship. **~ˌschlei·cher** *m* legacy-hunter. **~schlei·che'rei** [ˌɛrp-] *f* legacy-hunting.
Erb·se ['ɛrpsə] *f* ⟨-; -n⟩ *bot.* pea; **Englische ~** purple trefoil; **Wilde ~** (*od.* **~nwicke** *f*) pea-shaped vetch; *gastr.* **grüne ~n** fresh green peas, petits pois; **„die Prinzessin auf der ~"** "the Princess and the Pea".
'Erb·sen|ˌbein *n anat.* pisiform (bone). **~ˌbrei** *m* pease pudding, creamed peas *pl*, *Am.* (split) pea puree. **2ˌför·mig** [-ˌfœrmɪç] *adj* pea-shaped. **2ˌgroß** *adj* (of) the size of a pea. **~ˌmehl** *n* pease meal (*od.* flour). **~pü'ree** *n* → **Erbsenbrei.** **~ˌscho·te** *f bot.* pea pod. **~ˌsup·pe** *f* pea soup.
'Erb|ˌsprung *m biol.* saltation. **~ˌstamm** *m biol.* biotype. **~ˌstück** *n jur.* heirloom. **~subˌstanz** *f biol.* genes *pl.* **~ˌsün·de** *f relig.* original sin.
'Erbsˌwurst *f gastr.* pease-flour sausage (soupmix).
'Erb|ˌtan·te *f* wealthy aunt (*whose property one hopes to inherit*). **~ˌteil** *n* **1.** *a. m jur.* (share in an) inheritance, distributive share, portion; **väterliches ~** patrimony; **gesetzliches ~** intestate share, statutory portion. **2.** *biol.* inherited quality. **~ˌtei·lung** *f jur.* partition (of the estate). **~ˌübel** *n* hereditary evil. **~ˌunˌfä·hig·keit** *f* (legal) incapacity to inherit. **2ˌunˌwür·dig** *adj* (judicially) disqualified from inheriting; **j-n für ~ erklären** disqualify s.o. as an heir. **~verˌtrag** *m* contract of inheritance. **~verˌzicht** *m* (contractual) renunciation of succession rights. **~ˌweg** *m* **im ~** by way of inheritance, by devolution upon death. **~ˌzel·le** *f biol.* zygote.
'Erdˌach·se *f* ⟨-; *no pl*⟩ *geogr.* earth's axis.
er'dacht I *pp of* **erdenken. II** *adj Geschichte etc*: invented, fictitious, imaginary.
'Erd|al|ˌka·li *n chem.* alkaline earth. **~ˌal·ter·tum** *n* ⟨-s; *no pl*⟩ *geol.* Pal(a)eozoic era. **~ˌanˌschluß** *m* → **Erdung.** **~anˌten·ne** *f* ground (*od.* buried) aerial (*Am.* antenna). **~ˌanˌzie·hung** *f phys.* gravity pull, earth's gravitational attraction. **~ˌap·fel** *m bes. Austrian* potato. **~ˌar·bei·ten** *pl civ. eng.* **1.** earthwork *sg*, excavation (work) *sg.* **2.** *bes. im Straßen-, Bahn-, Kanalbau*: embankment *sg*, groundwork *sg.* **~ˌar·bei·ter** *m* **1.** digger, excavator. **2.** *bes. im Straßen-, Bahn-, Kanalbau*: navvy, *Am.* ditchdigger. **~at·moˌsphä·re** *f* (earth's) atmosphere. **~ˌaufˌklä·rung** *f aer. mil.* ground reconnaissance. **~ˌbahn** *f astr.* earth's orbit. **~ˌball** *m* ⟨-(e)s; *no pl*⟩ (terrestrial) globe, *weitS.* (the) earth, (the) world; **auf dem ganzen ~** *a.* world-wide.
'Erdˌbe·ben *n* (earth)quake, seism, *Am. a.* trembler; **leichtes ~** earth tremor. **~geˌbiet** *n* **1.** seismic area. **2.** area hit by an earthquake. **~ˌherd** *m* (seismic) focus. **~ˌkun·de** *f* seismology. **~ˌmes·ser** *m* seismometer; **selbstschreibender ~** seismograph. **2ˌsi·cher** *adj Gebäude etc*: earthquake-proof. **~ˌwar·te** *f* seismological station. **~ˌwel·le** *f* seismic wave.
'Erdˌbee·re *f bot.* **1.** strawberry (plant). **2.** (*Frucht*) strawberry.
'Erd|beˌschleu·ni·gung *f astr.* acceleration due to gravity. **~beˌwe·gung** *f meist pl* **1.** *civ. eng.* earth movement. **2.** *astr.* motion of the earth (in its orbit). **~beˌwoh·ner** *m* inhabitant of earth, terrestrial. **~ˌbie·ne** *f* ground-bee. **~ˌbo·den** *m* ground, earth; **e-e Stadt dem ~ gleichmachen** raze (*od.* level) a city (to the ground), flatten a city; **wie vom ~ verschluckt** (*od.* **verschwunden**) vanished (into thin air), as if swallowed up by the earth. **~ˌboh·rer** *m tech.* earth auger. **~ˌboh·rung** *f* earth boring.
Er·de ['eːrdə] *f* ⟨-; -n⟩ **1.** ⟨*only sg*⟩ (*Erdreich*) soil, earth; *lit.* **ihn deckt die (kühle) ~** he is under the sod; **j-n der ~ übergeben** commit s. o. to the grave; *poet.* **Mutter ~** mother earth; *lit.* **im Schoß der ~** in the womb of the earth; *relig.* **wieder zu ~ werden** return to dust (and ashes); **~ zu ~, Staub zu Staub!** ashes to ashes, dust to dust. **2.** ⟨*only sg*⟩ (*Erdboden*) earth, ground; **unter der ~** a) under (*od.* below) the ground, underground, subterranean, subterraneous, b) (*tot*) under the sod; **zu ebener ~** on the ground floor, at street (*od.* ground) level; **zur** (*od.* **auf die**) **~ fallen** fall to the ground; *fig.* **j-n unter die ~ bringen** be the death of s. o.; **mit beiden Füßen auf der ~ stehen** have both feet (firmly) on the ground; **kehr (mal) wieder auf die ~ zurück!** come back to earth (*od.* reality)! **3.** ⟨*only sg*⟩ (*Fußboden*) floor. **4.** ⟨*only sg*⟩ (*Stück Land*) soil, ground, land; **auf heimatlicher ~** on one's native soil; **in fremder (geweihter) ~ ruhen** rest (*od.* be buried) in alien (consecrated) soil. **5.** ⟨*only sg*⟩ (*Erdball*) (the) earth, world, the globe, our planet; **auf ~n, auf der ~** on earth; **auf der ganzen ~** all over the world, world-wide; *lit.* **auf der ~ wandeln** walk the (face of the) earth; **der glücklichste Mensch auf ~n** (*od.* **auf der ~**) the happiest man on earth (*od.* under the sun). **6.** ⟨*only sg*⟩ *bes. relig.* earth; **e-e Hölle auf ~n** (a) hell on earth; **auf dieser ~** here below, in this world. **7.** ⟨*only sg*⟩ *astr. geogr.* the earth, the (terrestrial) globe; **zur ~ gehörig** terrestrial. **8.** ⟨*only sg*⟩ → **Erdung** 2. **9.** *chem. min.* earth; **seltene ~n** rare earths. **2los** *adj hort.* soilless.
er·den ['eːrdən] *v/t* ⟨**h**⟩ *electr.* earth, *Am.* ground. **2ˌbür·ger** *m* inhabitant of the earth, earthly being, mortal; **neuer** (*od.* **kleiner**) **~** new addition to the human race. **2ˌglück** *n* earthly happiness.
er'den·ken *v/t* ⟨*irr, no* **ge-**, **h**⟩ **1.** think up (*od.* out), devise. **2.** (*erfinden*) invent; → **erdacht. er'denk·lich I** *adj* imaginable, conceivable, thinkable, possible; **sich** (*dat*) **alle ~e Mühe geben** do one's utmost, spare no effort; **ich wünsche dir alles ~(e) Gute** I wish you the best of luck. **II 2e, das** ⟨-n⟩ **sie taten alles 2e, um ihm zu helfen** they did everything imaginable to help him; **alles 2e versuchen** do all one possibly can, try everything.
'Er·den|ˌkloß *m fig.* lump of mortal clay. **~ˌle·ben** *n* life on earth, earthly life. **~ˌrund** *n* ⟨-(e)s; *no pl*⟩ *poet.* globe, (terrestrial) sphere, world. **~ˌsohn** *m poet.* son of (the) earth, mortal. **~ˌwurm** *m poet.* (poor) mortal.
'Er·der *m* ⟨-s; -⟩ *electr.* earth (*Am.* ground) lead.
'Erd|erˌschüt·te·rung *f geol.* earth tremor. **~ˌfall** *m geol.* collapse sink. **~ˌfar·be** *f min.* earth colo(u)r. **2ˌfar·ben** *adj* earth-colo(u)red. **~ˌfer·kel** *n zo.* aardvark, ant-eater. **~ˌfer·ne** *f* ⟨-; *no pl*⟩ *astr. geogr.* apogee. **~ˌfloh** *m zo.* flea beetle. **~ˌfunkˌstel·le** *f* ground radio station. **~ˌgas** *n* natural gas. **~ˌgeist** *m* **1.** *myth.* a) earth spirit, b) gnome. **2.** (the) Earth Spirit (*in Goethe's "Faust"*). **~geˌschich·te** *f* ⟨-; *no pl*⟩ *geol.* history of the earth, geology. **2geˌschicht·lich** *adj* geologic(al). **~geˌschoß** *n* ground floor, *Am. a.* first floor. **~ˌgrün** *n* green verditer. **~ˌgür·tel** *m geogr.* (earth) zone. **~ˌhälf·te** *f* hemisphere. **~ˌhörn·chen** *n zo.* ground squirrel. **~ˌhü·gel** *m* (earth) mound, hillock.
er'dich·ten *v/t* ⟨*no* **ge-**, **h**⟩ think (*od.* make) up, invent, fabricate, concoct, trump up. **er'dich·tet** *pp u. adj* made-up, invented, fabricated, trumped-up. **Er'dich·tung** *f* ⟨-; -en⟩ invention, fabrication.
'er·dig *adj* earthy.
'Erd|ˌin·ne·re *n geol.* interior of the earth. **~ˌka·bel** *n electr.* underground (*od.* buried) cable. **~ˌkampf** *m mil.* ground fighting. **~ˌkar·te** *f* map of the world. **~kaˌsta·nie** *f bot.* earth chestnut, hawknut. **~ˌkern** *m geol.* core of the earth, barysphere. **~ˌklem·me** *f electr.* earth (*Am.* ground) terminal. **~ˌklum·pen** *m* clod, lump of earth. **~ˌko·balt** *m min.* asbolite. **~ˌkoh·le** *f* (brown) lignite. **~ˌkreis** *m* ⟨-es; *no pl*⟩ world, earth. **~ˌkru·me** *f agr.* surface soil, topsoil. **~ˌkrüm·mung** *f* earth curvature. **~ˌkru·ste** *f* → **Erdrinde.** **~ˌku·gel** *f* ⟨-; *no pl*⟩ → **Erdball.** **~ˌkun·de** *f* ⟨-; *no pl*⟩ geography. **~ˌkund·ler** [-ˌkʊntlər] *m* ⟨-s; -⟩ geographer. **2ˌkund·lich** [-ˌkʊntlɪç] *adj* geographic(al). **~ˌlei·ter** *m electr.* earthing conductor, earth (*Am.* ground) wire. **~ˌlei·tung** *f* **1.** *von Öl, Gas*: underground pipe(line) (*od.* main). **2.** *electr.* earth (*Am.* ground) connection, earth (*Am.* ground) wire. **3.** *aer.* earthing circuit, earth return. **~ˌlicht** *n astr.* earth-shine. **~ˌloch** *n* **1.** hole in the ground. **2.** *von Tieren*: burrow. **3.** *mil.* a) foxhole, b) (*Unterstand*) dug-out. **~ma·gneˌtis·mus** *m* geomagnetism. **~ˌmänn·chen** *n* **1.** *bot.* mandrake. **2.** *zo.* suricate. **~ˌmas·se** *f* **1.** *astr.* mass of the earth. **2.** *pl* earth masses, masses of earth. **~ˌmaus** *f zo.* field-vole, field-mouse. **~ˌmes·sung** *f geogr.* geodesy. **~meˌtall** *n meist pl chem.* earth metal. **~ˌmit·telˌal·ter** *n geol.* Mesozoic (era). **2ˌnah** *adj astr.* close to (the) earth. **~ˌnä·he** *f astr.* perigee. **~ˌneuˌzeit** *f geol.* Neozoic era. **~ˌnuß** *f bot.* peanut, *bes. Br.* ground-nut; **~butter** *f* peanut butter. **~ˌoberˌflä·che** *f* earth's surface. **~ˌöl** *n min.* (mineral) oil, (crude) petroleum; **nach ~ bohren** drill for oil; **~ finden** strike oil;

~bohrung f oil drilling; ~chemie f petrochemistry.

erˈdol·chen [-ˈdɔlçən] v/t <no ge-, h> stab s. o. (to death) (with a dagger); → Blick 1.

ˈErdˌöl... in Zssgn meist oil (company, industry, product, spring, well, etc). ~ˌfeld n oil field, petroleum field. ~ˌför·de·rung f, ~geˌwin·nung f oil production. 2ˌhal·tig adj oil-bearing, petroliferous. 2ˌhöf·fig [-ˌhœfɪç] adj offering good prospects for oil. ~ˌla·ger n geol. mineral-oil (od. petroleum) reservoir, oil deposit. ~ˌlei·tung f (oil) pipeline. ~raf·fi·neˌrie f oil (od. petroleum) refinery. ~ˌvorˌkom·men n geol. source of (mineral) oil, oil field.

ˈErd‖ˌpech n min. (mineral) pitch, bitumen, asphaltite, asphalt(um). ~ˌpol m geogr. pole (of the earth). ~po·ten·tiˌal n electr. earth potential. ~ˌpro·be f soil (test) sample. ~ˌreich n <-(e)s; no pl> 1. earth, ground, soil. 2. Bibl. das ~ the earthly kingdom.

erˈdreis·ten [-ˈdraɪstən] v/reflex <no ge-, h> sich ~ 1. have the audacity (od. impudence, face, colloq. nerve, cheek) (to do s. th.). 2. (sich die Freiheit nehmen) presume (to do s. th.), take the liberty (of doing s. th.).

ˈErdˌrin·de f <-; no pl> geol. 1. earth's crust. 2. (Gesteinsmantel) lithosphere.

erˈdröh·nen v/i <no ge-, sein> → dröhnen.

erˈdros·seln I v/t <no ge-, h> 1. strangle, throttle, choke (to death). 2. bes. jur. hist. garotte. 3. fig. (Demokratie etc) strangle. II 2 n <-s> 4. strangling (etc). **Erˈdros·se·lung, Erˈdroß·lung** f <-; -en> 1. → erdrosseln II. 2. strangulation (a. fig.).

ˈErdˌrü·be f → Kohlrübe.

erˈdrücken (getr. -k·k-) I v/t <no ge-, h> 1. crush s. o. (to death). 2. fig. crush, overwhelm; von Arbeit fast erdrückt werden be swamped with work. 3. fig. optisch: kill, smother (picture, etc). II 2 n <-s> 4. crushing; zum 2 voll packed (od. crammed) to suffocation, chock-full. **erˈdrückend** (getr. -k·k-) pres p u. adj fig. 1. Beweismaterial, Übermacht etc: overwhelming. 2. Sorgen, Schulden etc: heavy, crushing, oppressive.

ˈErd‖ˌrutsch m 1. geol. landslide, landslip. 2. pol. bei Wahlen: landslide. ~ˌsalz n min. rock salt. ~sa·telˌlit m astr. u. tech. earth satellite. ~ˌschat·ten m astr. shadow of the earth. ~ˌschicht f geol. layer of earth (od. soil), stratum. ~ˌschluß m electr. earth (contact), Am. ground, earth (Am. ground) connection; ~strom m current (od. short circuit) to earth. ~ˌschol·le f 1. clod, lump of earth. 2. fig. lit. soil. 3. geol. block. ~ˌschwe·re f phys. gravity. ~ˌsicht f aer. ground visibility; in ~ fliegen fly in ground contact. ~ˌspal·te f crevice, chasm. ~ˌstamm m bot. rhizome. ~sta·tiˌon f aer. ground station. ~ˌstoß m geol. earth-tremor, seismic shock. ~ˌstrom m earth current. ~ˌteil m geogr. continent; der Schwarze ~ the Dark Continent. ~traˌbant m 1. astr. natürlicher: satellite of the earth, moon. 2. tech. earth satellite.

erˈdul·den v/t <no ge-, h> suffer, endure, bear.

ˈErd‖ˌumˌdre·hung f astr. rotation of the earth. ~ˌumˌfang m circumference of the earth. ~ˌumˌkrei·sung f e-s Satelliten etc: orbiting (around the earth). ~ˌumˌlauf m astr. revolution of the earth. ~ˌumˌlaufˌbahn f earth orbit.

ˈEr·dung f <-; -en> electr. 1. earthing, Am. grounding. 2. earth (Am. ground) connection; ~sdraht m earth (Am. ground) wire.

ˈerd|verˌlegt adj tech. Kabel etc: underground, buried. 2verˌwe·hung f geol. soil drift. 2verˌwer·fung f fault. 2ˌwachs n min. earth wax, ozokerite. 2ˌwall m earth bank, earthwork, embankment. 2ˌwär·me f geol. temperature of the earth('s interior). ~ˌwärts adv earthward(s). ~ˌwen·dig adj bot. geotropic. 2ˌziel n aer. mil. ground target.

erˈei·fern v/reflex <no ge-, h> sich ~ 1. (über acc, wegen about, over) get (od. grow) excited (od. heated, agitated, worked up, impassioned), stärker: fly into a passion, lash out (at). 2. say (s. th.) heatedly. **Erˈei·fe·rung** f <-; no pl> excitement, agitation, heat.

erˈeig·nen v/reflex <no ge-, h> sich ~ happen, occur, take place, come about (od. to pass).

Er·eig·nis [ɛrˈʔaɪgnɪs] n <-ses; -se> 1. event, happening; ein großes (trauriges) ~ a great (sad) event; ein mögliches ~ an eventuality; freudiges ~ (Geburt) blessed (od. happy) event; → Schatten. 2. (Vorfall) occurrence, incident. 3. (große Sache) great event, sensation; das ist ein ~! that's quite an event! 2los adj uneventful. 2ˌreich adj eventful.

erˈei·len v/t <no ge-, h> fig. lit. overtake, catch up with; der Tod (das Schicksal) hat ihn ereilt he met his death (fate).

erek·til [erɛkˈtiːl] adj physiol. erectile.

Erek·ti·on [erɛkˈtsĭoːn] f <-; -en> erection.

Ere·mit [ereˈmiːt] m <-en; -en> hermit, recluse, anchorite. **Ere·miˈta·ge** [-miˈtaːʒə] f <-; -n> hermitage.

erˈerb·bar adj med. inheritable.

erˈer·ben v/t <no ge-, h> lit. obs. inherit; ererbt inherited, biol. med. a. hereditary.

erˈfah·ren[1] I v/t <irr, no ge-, h> 1. hear, learn, (come to) know, be told, be informed; ich habe ~, daß I have heard that, it has come to my knowledge that; wie wir aus zuverlässiger Quelle ~ as we know from a reliable source; es darf niemand et. davon ~ nobody is to know about it. 2. (erleben) experience, go through; (erdulden) a. suffer (injustice, etc); (empfangen) get, receive, know (affection, love, etc); (Undank etc) experience, encounter, meet with (ingratitude, etc); et. am eigenen Leibe ~ experience s. th. personally, learn s. th. from personal experience. 3. Änderungen ~ undergo changes, be changed; Kritik ~ meet with criticism; die Produktion erfuhr e-e Steigerung production (was) increased. II v/i 4. von et. ~ hear (od. learn) about s. th.

erˈfah·ren[2] pp u. adj 1. experienced; Soldat, Sportler etc: a. seasoned; in Gelddingen wenig ~ sein have little experience in money matters. 2. (geübt) (in dat) versed (in), practised (in); er ist in diesen Dingen sehr ~ a. he is an old hand at such things. **Erˈfah·ren·heit** f <-; no pl> → Erfahrung 2.

Erˈfah·rung f <-; -en> 1. (Einzel2) experience; ~en sammeln get (od. gather) experience; die ~ machen, daß make the experience that, find that; schlechte ~en mit j-m (e-r Sache) machen be disappointed with s. o. (s. th.), fare badly with s. o. (s. th.); wir haben mit diesem Gerät gute ~en gemacht the device has proved quite (od. extremely) satisfactory, the device has been quite a success; wir haben die bittere ~ gemacht, daß we know from bitter experience that; durch ~ klug werden learn it the hard way; um e-e ~ reicher sein be wiser (for it), iro. a. have learnt one's lesson; → eigen 1. 2. <only sg> (Kenntnis, Praxis) experience, practice; nach m-r ~ in my experience; technische ~ technical experience, (technical) know-how; auf dem Wege praktischer ~ by practical experience, by trial and error; ich spreche aus ~ I'm speaking from experience; die ~ hat gezeigt, daß past experience has shown that; durch ~ wird man klug (Sprichwort) once bitten, twice shy; → jahrelang. 3. et. in ~ bringen a) → erfahren[1] 1, b) (herausfinden) find out s. th., ascertain s. th. 4. philos. empirism; innere ~ introspection; äußere ~ (external) observation; auf dem Wege der ~, durch ~ empirically.

Erˈfah·rungs‖ˌausˌtausch m exchange of experience. ~beˌreich m scope of one's experience. 2geˌmäß I adv from (previous) experience, previous experience has shown (that); ~ wissen wir, daß we know from experience that. II adj philos. empiric(al). 2ˌmä·ßig I adj philos. empiric(al). II adv → erfahrungsgemäß I. 2ˌreich adj experienced, rich in (od. full of) experience. ~ˌsatz m 1. philos. empirical theorem. 2. (Faustregel) rule of thumb. ~ˌschatz m rich experience. ~ˌtatˌsa·che f fact established by (od. based on) experience. ~ˌwert m pragmatical value. ~ˌwis·sen·schaft f empirical science.

erˈfaß·bar adj adm. 1. recordable; zahlenmäßig ~ calculable; steuerlich ~ taxable. 2. in Statistiken etc: ascertainable; statistisch nicht ~e Fälle cases for which no statistics can be given.

erˈfas·sen I v/t <no ge-, h> 1. (ergreifen) grasp, seize, grip, take, take (od. catch, lay) hold of; j-s Hand ~ grasp (od. take) s. o.'s hand. 2. (mitreißen) catch; das Kind wurde vom Auto erfaßt the child was caught by the car. 3. fig. (überwältigen) seize, grip, overcome; von e-m Verlangen erfaßt werden be seized with desire; von Schwindel erfaßt werden be overcome by (od. seized with) dizziness, become dizzy. 4. fig. (verstehen) grasp, understand, comprehend, apprehend; colloq. er hat's erfaßt he's got it. 5. adm. a) (einbeziehen) include, comprise, cover, b) (Anwendung finden auf) apply to, c) (berücksichtigen) consider, d) (statistisch ~) register, record, list; das neue Gesetz erfaßt alle Steuerpflichtigen the new law includes (od. applies to) all persons liable to tax; et. statistisch ~ make a statistical survey of s. th.; zahlenmäßig ~ count; steuerlich ~ tax, impose (od. levy) a tax on. 6. mil. a) zum Wehrdienst: call up, muster, b) (ein Ziel) pick up. II 2 n <-s> 7. grasping (etc). 8. fig. grasp, understanding, comprehension. **Erˈfas·sung** f <-; no pl> 1. → erfassen II. 2. adm. a) inclusion, b) consideration, c) registration, recording, listing. 3. mil. a) von Wehrpflichtigen etc: call-up, b) (Ziel2) pick-up. **Erˈfas·sungsˌstel·le** f 1. registration office. 2. DDR econ. collection cent/re (Am. -er).

erˈfech·ten v/t <irr, no ge-, h> get (od. gain) s. th. (by fighting); e-n Sieg ~ gain a victory.

erˈfin·den I v/t <irr, no ge-, h> 1. invent, devise (machine, etc). 2. (sich ausdenken) invent, make up, contp. a. fabricate, concoct, sl. cook up; e-e Entschuldigung ~ invent (od. find) an excuse; das hast du erfunden! you made that up!; das ist alles erfunden!

that's pure invention, that's fantastic (*od.* all made up). **II** **2** *n* ⟨-s⟩ **3.** inventing (*etc*), invention. **Er'fin·der** *m* ⟨-s; -⟩ inventor; **~geist** *m* a) inventive (*od.* ingenious) mind, b) inventiveness, (inventive) genius. **er'fin·de·risch** *adj* **1.** inventive, ingenious. **2.** (*phantasievoll*) imaginative; (*schöpferisch*) creative; (*findig*) resourceful.

Er'fin·der|paˌtent *n* patent. **~ˌrecht** *n* patent rights *pl*. **~ˌschutz** *m* protection of inventors.

Er'fin·dung *f* ⟨-; -en⟩ **1.** → **erfinden** II. **2.** invention; **mehrere ~en machen** make several inventions, invent several things. **3.** (*Erdichtung*) fiction, invention, *contp. a.* concoction; **das ist reine ~** it is pure invention (*od.* all made up).

Er'fin·dungs|ˌga·be, ~ˌkraft *f* ⟨-; *no pl*⟩ **1.** inventive talent (*od.* genius), inventiveness, ingenuity. **2.** (*Phantasie*) imagination. **~paˌtent** *n* patent. **2ˌreich** *adj* → **erfinderisch**. **~ˌreich·tum** *m* → **Erfindungsgabe**.

er'fle·hen *v/t* ⟨*no* **ge-**, **h**⟩ **1.** *lit.* beg, implore, beseech; **j-s Hilfe ~** implore s. o.'s help, beseech s. o. for help. **2.** *relig.* (*Gottes Segen etc*) implore, invoke.

Er'folg [-'fɔlk] *m* ⟨-(e)s; -e⟩ **1.** (*gutes Ergebnis, große Leistung*) success, (*Leistung*) *a.* achievement; **ein großer** (*od.* **voller**) **~** a great success, *colloq.* a big hit (**bei** with); **mit ~** successfully, with success; **ohne ~** → **erfolglos** II; **~ haben** (**als** as; **bei** in; **mit** with) be successful, meet with (*od.* score a) success, succeed; **k-n ~ haben** be unsuccessful, have no success, not to succeed, fail, *sl.* (*a. thea.*) flop, *Unternehmen etc*: *a.* come to grief, be abortive, *Bemühungen*: *a.* be (*od.* prove) fruitless (*od.* unavailing); **große ~e erringen** (*od.* **ernten**) achieve (*od.* win) great success; **von ~ zu ~ schreiten** go from triumph to triumph, sweep all before one; **von ~ gekrönt** crowned with success, (highly) successful; **er hat viel ~ bei den Jungwählern** he's quite a success with young voters; **er hatte keinerlei ~ bei ihr** he didn't get anywhere (*Am.* with her); **ich wünsche Ihnen viel ~** I wish you every success; **e-n ~ verbuchen** score (*colloq.* chalk up) a success. **2.** a) (*Endergebnis, Ausgang*) result, outcome, b) (*Folge*) consequence, upshot, c) (*Wirkung*) effect; **mit dem ~, daß** with the result, that; **der ~ war, daß wir zu spät kamen** as a result we arrived too late. **3.** *econ.* a) result(s *pl*), returns *pl*, b) *bei Gewinn- u. Verlustrechnungen*: profit or loss. **4.** *jur.* *e-r strafbaren Handlung etc*: effect.

er'fol·gen *v/i* ⟨*no* **ge-**, **sein**⟩ **1.** (*geschehen*) happen, take place, occur; **Ihr Eintritt (in unsere Firma) kann sofort ~** you can start (*od.* take up your duties) immediately; **die Zahlung muß sofort ~** payment must be made (*od.* effected) immediately; **die Kündigung erfolgte gleichzeitig** notice was given at the same time; → *a.* **eintreten** 5. **2.** (*eintreffen*) follow, ensue, result, come, arrive, be forthcoming; **auf** (*acc*) **et.** (**hin**) **~** follow (as a consequence of) s. th., be due to s. th., be caused by s. th., result from s. th., be the result of s. th.; **auf m-n Brief erfolgte sehr bald e-e Antwort** I received a speedy reply to my letter.

er'folg|geˌkrönt *adj* crowned with success, successful. **~los I** *adj* **1.** *Person*: unsuccessful. **2.** *Sache*: unsuccessful, (*vergeblich*) vain, futile, unavailing, (*wirkungslos*) ineffectual, ineffective, (*fruchtlos*) fruitless, abortive. **II** *adv* **3.** unsuccessfully (*etc*), without success, in vain. **2lo·sig·keit** *f* ⟨-; *no pl*⟩ **1.** ill-success, unsuccess, failure. **2.** futility. **3.** ineffectualness, ineffectiveness. **4.** fruitlessness, abortiveness. **~ˌreich I** *adj* (**in** *dat* in; **als** as; **mit** with) successful; **~ sein** be successful, be a success, meet with success, succeed (**bei e-r Sache** in [doing] s. th.). **II** *adv* successfully, with success.

Er'folgs|ˌanˌteil *m econ.* share in (the) results. **~ˌausˌsich·ten** *pl* chances of success. **~ˌauˌtor** *m* best-selling author, best seller. **~beˌtei·li·gung** *f econ.* profit sharing. **~ˌchan·ce** *f* chance (of success). **~erˌleb·nis, ~geˌfühl** *n* sense of achievement. **~ho·noˌrar** *n* contingent fee. **~ˌmensch** *m* go-ahead person, careerist, *bes. Am. colloq.* go-getter. **~ˌquo·te, ~ˌra·te** *f* success rate. **~ˌrech·nung** *f* profit and loss account(ing). **2ˌsi·cher** *adj* sure (of success). **~ˌzwang** *m* **unter ~ stehen** be under pressure to succeed.

er'folg·verˌspre·chend *adj* promising.

er'for·der·lich I *adj* (**für** for) necessary, required, requisite; **~ sein für** → **erfordern**; **unbedingt ~** indispensable, essential, imperative; **das ~e Alter haben** be (of) the required age; **falls ~** if required; **~ machen** → **erfordern**. **II** **2e, das** ⟨-n⟩ the things *pl* necessary; **das zum Leben 2e** the necessities *pl* (*od.* necessaries *pl*) of life; **er hat das zum Leben 2e** he has enough to live on.

er'for·der·li·chen'falls *adv adm.* if required, if necessary, in case of need.

er'for·dern *v/t* ⟨*no* **ge-**, **h**⟩ *u. v/impers* require, demand, call for, necessitate, *stärker*: exact; **die Sache wird viel Zeit ~** the matter will require (*od.* take [up]) a great deal of time; **das erfordert Mut** that takes courage. **Er'for·der·nis** *n* ⟨-ses; -se⟩ (**für** for) **1.** demand, requirement, *stärker*: exigency, necessity; **ein unbedingtes ~** a must, an essential (requirement); **allen ~sen gerecht werden** satisfy (*od.* meet) all requirements. **2.** (*Voraussetzung*) prerequisite.

er'forsch·bar *adj* explorable. **er'for·schen** *v/t* ⟨*no* **ge-**, **h**⟩ **1.** (*Land, Meer etc*) explore. **2.** (*Wissensgebiet*) study, research, investigate, explore. **3.** (*Gründe, Zs.-hänge etc*) examine, investigate, inquire into, go into, explore. **4.** (*ergründen*) probe, fathom, get to the bottom of, (try to) find out; **sein Gewissen ~** search one's conscience (*od.* soul).

Er'for·scher *m* explorer; investigator.

Er'for·schung *f* ⟨-; *no pl*⟩ **1.** exploring (*etc*), exploration. **2.** study, investigation. **3.** examination, investigation, inquiry (into), search.

er'fra·gen *v/t* ⟨*no* **ge-**, **h**⟩ ask (for), inquire (about); (*feststellen*) ascertain, find out; **zu ~ bei Herrn X** direct inquiries to Mr. X; **im Büro zu ~!** inquire at the office!

er'fre·chen [-'frɛçən] *v/reflex* ⟨*no* **ge-**, **h**⟩ **sich ~, et. zu tun** have the impudence (*od. colloq.* cheek, nerve) to do s. th., dare (to) do s. th.

er'freu·en I *v/t* ⟨*no* **ge-**, **h**⟩ **1.** please, give *s. o.* pleasure, give pleasure to, gladden; (*entzücken*) delight; (*befriedigen*) gratify; **j-n mit e-m** (*od.* **durch ein**) **Geschenk ~** please s. o. with a gift; → **erfreut**. **II** *v/reflex* **2. sich an** (*dat*) **et. ~** delight in s. th., enjoy s. th., take (*od.* find) pleasure (*od.* delight) in s. th., be delighted by s. th. **3. sich e-r Sache ~** enjoy s. th.; **sich bester Gesundheit ~** enjoy (*od.* be in) the best of health; **sich großer Beliebtheit ~** enjoy great popularity, be very popular; **er erfreut sich k-s guten Rufes** he has a bad reputation. **er'freu·lich I** *adj* **1.** pleasing, pleasant, agreeable, *stärker*: delightful; *iro.* **das sind ja ~e Aussichten!** nice prospects, indeed! **2.** *Nachrichten etc*: glad, welcome, pleasant. **3.** (*ermutigend*) encouraging; **das ist ja nicht gerade (sehr) ~** that's not very encouraging. **4.** (*befriedigend*) gratifying (*progress, etc*). **II** **2e, das** ⟨-n⟩ **5.** the pleasing (*od.* agreeable, nice) thing (**daran** about it); **er hatte nichts 2es zu berichten** he didn't have any pleasant news to report.

er'freu·li·cher'wei·se *adv* **1.** (*zum Glück*) fortunately, happily. **2.** (*zu j-s Freude*) (much) to s. o.'s pleasure (*od.* joy). **3.** (*zu j-s Erleichterung*) (much) to s. o.'s relief. **er'freut** *pp u. adj* (**über** *acc*) pleased (at, about), delighted (at, about), glad (about, of); **ich bin darüber ~** I am glad of it, I am pleased (*od.* delighted) to hear it; **ein ~es Gesicht machen** look pleased (*od.* happy); **sehr ~!** *bei der Vorstellung*: how do you do?, pleased to meet you!

er'frie·ren I *v/i* ⟨*irr, no* **ge-**, **sein**⟩ **1.** freeze to death, die of cold; → **erfroren**. **2.** be killed by the frost, be frostbitten. **II** *v/t* ⟨**h**⟩ **3. sich** (*dat*) **die Hände** (**Füße**) **~** get one's hands (feet) frostbitten. **III** **2** *n* ⟨-s⟩ **4.** freezing to death (*etc*); **Tod durch 2** death by freezing (*od.* from exposure [to cold]). **Er'frie·rung** *f* ⟨-; -en⟩ **1.** → **erfrieren** III. **2.** frostbite; **sich** (*dat*) **~en zuziehen** suffer frostbite, get frostbitten.

er'fri·schen I *v/reflex* ⟨*no* **ge-**, **h**⟩ **sich ~** refresh o. s. (**mit e-m Bad** *etc* with a bath); *mit e-m Getränk etc*: *a. colloq.* refresh the inner man. **II** *v/t* (*beleben*) refresh, revive, give new life to; (*abkühlen*) cool. **III** *v/i Bad etc*: be refreshing. **er'fri·schend** *pres p u. adj* refreshing (*a. fig. Humor, Person etc*). **Er'fri·schung** *f* ⟨-; -en⟩ **1.** refreshing (*etc*). **2.** ⟨*only sg*⟩ refreshment; **et. Eis als** (*od.* **zur**) **~** some ice for refreshment. **3.** (*Speise, Getränk*) refreshment.

Er'fri·schungs|geˌtränk *n* refreshing drink, refreshment. **~ˌraum** *m im Bahnhof, Theater etc*: refreshment room, *Br. a.* buffet; *als Aufschrift*: "Refreshments". **~ˌstand** *m* refreshment stand, *Br. a.* kiosk. **~ˌtuch** *m* refreshing tissue.

er'fro·ren I *pp of* **erfrieren**. **II** *adj Finger etc*: frostbitten. **Er'fro·re·ne** *m, f* ⟨-n; -n⟩ person frozen to death.

er'füll·bar *adj* capable of being satisfied (*od.* fulfilled), satisfiable; **~e Wünsche** wishes that can be fulfilled. **er'fül·len I** *v/t* ⟨*no* **ge-**, **h**⟩ **1.** (**mit** with) *allg.* fill, *fig. mit Begeisterung etc*: *a.* inspire; *mit Furcht etc*: *a.* strike; **j-n mit Abscheu ~** fill s. o. with disgust, disgust s. o.; **Lärm erfüllte den Saal** the room was full of noise; **ein Bild mit Leben ~** bring life into a picture. **2.** (*befriedigen*) satisfy; **s-e Arbeit** (**Familie**) **erfüllt ihn ganz** he is all wrapped up in his work (family). **3.** (*Aufgabe etc*) fulfil(l), accomplish, perform. **4.** (*Bedingung, Wunsch etc*) comply with, meet, fulfil(l); **j-s Bitte** (*od.* **j-m s-e Bitte**) **~** *a.* grant s. o.'s request. **5.** (*Erwartungen*) meet, come up to (*expectations*). **6.** (*Pflicht*) do (*one's duty*), carry out (*a duty*). **7.** (*Versprechen*) keep, make good (*a promise*). **8.** (*Zweck*) serve, answer (*one's purpose*). **9.** *jur.* (*Vertrag*) perform, fulfil(l), carry out; → **Tatbestand**. **10.** *econ.* (*Verpflichtungen*) meet, discharge (*obligations*). **II** *v/reflex* **sich ~** **11.** *Hoffnungen, Prophezeiung etc*: come true, be fulfilled (*od.*

realized). **III** 2 *n* ⟨-s⟩ **12.** filling (*etc*).
er'füllt *pp u. adj* (**von**) filled (with), full (of), *von Begeisterung, e-r Idee etc*: *a.* imbued (*od.* inspired) (with); **ein ~es Leben** a full life, a life of fulfil(l)ment; **er war ganz ~ von dem Gedanken zu helfen** he was filled with (*od.* possessed by) the desire to help; **ihr Leben war von Sorge und Arbeit ~** her life was full of work and worries. **Er'fül·lung** *f* ⟨-; *no pl*⟩ **1.** → **erfüllen** III. **2.** *e-r Aufgabe etc*: fulfil(l)ment, accomplishment, performance. **3.** *e-s Wunsches etc*: fulfil(l)ment; (*Verwirklichung*) realization; **mein Wunsch ging in ~** my wish was fulfilled (*od.* came true). **4.** *von Erwartungen etc*: satisfaction, fulfil(l)ment. **5.** *e-r Pflicht*: fulfil(l)ment, execution. **6.** (*innere Befriedigung*) fulfil(l)ment, (complete) satisfaction. **7.** *jur. e-s Vertrages*: performance, fulfil(l)ment; **an ~s Statt** in lieu of performance; **auf ~ klagen** sue for performance. **8.** *econ. von Verpflichtungen*: execution, discharge. **9.** *in der Mengenlehre*: elementhood, membership.
Er'fül·lungs|ge,hil·fe *m jur.* (debtor's) agent. **~,ort** *m* **1.** *econ.* (*Lieferort*) place of delivery. **2.** *jur.* place of performance (*od.* fulfil[l]ment). **~po·li,tik** *f pol.* policy of fulfil(l)ment (*od.* appeasement).
er'fun·den I *pp of* **erfinden**. **II** *adj* invented, imaginary, fictional; *contp.* fictitious, fabricated, fantastic.
Erg [ɛrk] *n* ⟨-s; -⟩ *phys.* erg.
er'gän·zen [-'gɛntsən] **I** *v/t* ⟨*no* **ge-**, **h**⟩ **1.** complement; **sich** (*od.* **einander**) **~** complement each other (*od.* one another), be complementary; **die beiden Leute ~ sich sehr gut** the two people complement each other nicely, *Mitarbeiter etc*: *a* the two men make a good team. **2.** (*vervollständigen*) complete (*collection, etc*). **3.** (*ersetzen*) replace (*broken cups, etc*). **4.** (*einsetzen*) supply, add (*missing words, etc*): **bitte die fehlenden Wörter ~** please add the missing words. **5.** (*nachträglich hinzufügen*) supplement, add; **et. laufend ~** keep s. th. up to date. **6.** (*wiederherstellen*) restore (*a sculpture, etc*). **7.** (*Vorräte, Lager, etc*) replenish (*stores, etc*). **8.** (*Summe*) make up. **9.** *math.* (*Winkel*) a) *zu 90°*: complement, b) *zu 180°*: supplement, c) *zu 360°*: explement. **10.** *jur.* (*Gesetzesentwurf*) amend. **II** 2 *n* ⟨-s⟩ **11.** complementing (*etc*). **12.** → **Ergänzung**. **er'gän·zend I** *adj* **1.** complementary (*acc* to). **2.** (*nachträglich*) supplemental, supplementary (*acc* to). **3.** (*zusätzlich*) additional, further (*remarks, etc*). **4.** (*zum Ganzen gehörig*) integral. **5.** *ling. Satz*: completive (*clause*). **II** *adv* **6.** additionally, in addition.
Er'gän·zung *f* ⟨-; -en⟩ **1.** → **ergänzen** 11. **2.** (*Vervollständigung*) completion; **zur ~ m-r Sammlung** to complete my collection. **3.** (*Ersetzung*) replacement. **4.** (*Einsetzung*) supply, addition. **5.** (*Nachtragen*) supplementing. **6.** (*Wiederherstellung*) restoration. **7.** (*Auffüllung*) replenishment. **8.** (*das Ergänzte*) complement (**zu** to); **in j-m s-e ~ finden** find one's complement in s. o. **9.** (*Nachtrag*) (*gen* to) a) supplement, b) addition. **10.** *math. e-s Winkels*: a) *zu 90°*: complement, b) *zu 180°*: supplement, c) *zu 360°*: explement. **11.** *jur. zu e-m Gesetz*: amendment. **12.** *ling.* a) adjunct, complement, b) object; **attributive ~** attributive adjunct; **adverbiale ~** adverbial adjunct (*od.* clause).
Er'gän·zungs|,band *m* supplement(ary volume). **~be,stim·mung** *f jur.* **1.** supplementary provision. **2.** (*Ausführungsbestimmung*) implementing directives *pl.* **~,far·be** *f* complementary colo(u)r. **~,heft** *n* supplement(ary issue). **~,prü·fung** *f ped.* supplementary examination. **~,stück** *n* complement. **~,vor,la·ge** *f econ.* supplementary estimate. **~,wort** *n ling.* supplementary word.
er'gat·tern [-'gatərn] *v/t* ⟨*no* **ge-**, **h**⟩ *colloq.* get (hold of), secure, bag, snare.
er'gau·nern *v/t* ⟨*no* **ge-**, **h**⟩ get *s. th.* by trickery, *sl.* finagle, wangle; **sich** (*dat*) **et. bei j-m ~** cheat (*od.* trick, *sl.* con) s. o. out of s. th.
er'ge·ben[1] **I** *v/t* ⟨*irr, no* **ge-**, **h**⟩ **1.** result in, (*herbeiführen*) *a.* produce, bring about, give rise to, lead to. **2.** (*zeigen, beweisen*) show, prove, establish, demonstrate. **3.** (*abwerfen*) yield, produce (*profit, results, etc*). **4.** (*betragen*) amount to, come to. **5.** (*ausmachen*) provide for, make; **diese Menge ergibt 4 Portionen** this quantity provides for four servings. **II** *v/reflex* **sich ~ 6.** *bes. mil.* (*dat* to) surrender, capitulate; **ergebt euch!** surrender!, hands up!; *lit.* **sie ergab sich ihm** *sexuell*: she gave herself (*od.* yielded) to him. **7.** *Schwierigkeiten etc*: arise. **8.** (*geschehen*) happen; **es hat sich so ~** it so happened. **9.** (*folgen*) follow, ensue; **sich aus et. ~** a) be a (*od.* the) consequence (*od.* result) of s. th., arise out of s. th., result (*od.* follow, spring) from s. th., b) (*sich erweisen*) be shown (*od.* established) by s. th.; **daraus ergibt sich, daß** this goes to prove that, hence follows that, this shows that. **10.** **sich e-r Sache ~** a) (*dem Studium etc*) devote o. s. to s. th., b) (*e-m Laster*) give o. s. up to s. th., become addicted to s. th., take to (*drink*). **11.** **sich in** (*acc*) **et. ~** (*in Schicksal etc*) resign o. s. to s. th., submit to s. th. **12.** (*sich klären*) come right; **das ergibt sich von selbst** that will take care of itself.
er'ge·ben[2] **I** *pp of* **ergeben**[1]. **II** *adj* **1.** devoted (*dat* to); **ein ~er Freund** a devoted (*od.* loyal) friend; **dem Studium** (*od.* **den Wissenschaften**) **~** studious, scholarly. **2.** (*gefaßt*) resigned; **in sein Schicksal ~** resigned to one's fate. **3.** (*untertänig*) humble; **~er Diener** obedient servant. **4.** ⟨*pred*⟩ (*verfallen*) (*dat* to) addicted, given; **dem Trunk** (*od. sl.* **Suff**) **~ sein** be addicted to drink(ing) (*od.* to the bottle). **5.** **~st X, Ihr** (**sehr**) **~er X** *am Briefschluß*: Yours sincerely, X; Yours very truly, X. **III** *adv* **6.** devotedly, with devotion, loyally. **7.** resignedly. **2heit** *f* ⟨-; *no pl*⟩ **1.** devotion, devotedness. **2.** loyalty. **3.** resignation (**in sein Schicksal** to one's fate). **4.** humbleness.
Er'ge·ben·heits·adres·se [-ˀa,drɛsə] *f* loyal address (*to the throne*).
Er'geb·nis [-'ge:pnɪs] *n* ⟨-ses; -se⟩ **1.** (*Resultat*) result, outcome; **das ~ e-r Wahl** the result (*od.* returns *pl*) of an election; **gute ~se erzielen** (*od.* **zeitigen**) achieve good results; **wissenschaftliche ~se** scientific results (*od.* findings). **2.** (*Folge*) result, consequence, upshot; **das ~ war, daß sie nicht kam** as a result she did not come. **3.** *der Ernte etc*: result, yield. **4.** *bes. Sport*: a) result, (*Ausgang*) *a.* outcome, b) (*Punktzahl*) *a.* score. **5.** → **Ertrag** 3, 5. **6.** *math.* result, answer, solution. **2los** *adj u. adv* **1.** without result; **die Verhandlungen verliefen ~** the negotiations failed (*od.* came to nothing). **2.** → **erfolglos**. **~lo·sig·keit** *f* ⟨-; *no pl*⟩ → **Erfolglosigkeit**. **2,reich** *adj* fruitful, successful.
Er'ge·bung *f* ⟨-; *no pl*⟩ **1.** *mil.* surrender, capitulation. **2.** *fig.* resignation (**in** *acc* to); **voll ~** resignedly.
er'ge·hen I *v/i* ⟨*irr, no* **ge-**, **sein**⟩ (**an** *acc* to) **1.** be issued; **e-e Verordnung ~ lassen** issue an ordinance. **2.** (*geschickt werden*) be sent; **e-e Einladung an j-n ~ lassen** send (*od.* extend) an invitation to s. o. **3.** *Ruf, Berufung*: be offered; **an ihn erging ein Ruf an die Universität X** he received a call to the university of X. **4.** **et. über** (*acc*) **sich ~ lassen** (*erdulden*) (passively *od.* patiently) suffer (*od.* endure, bear, submit to) s. th. **5.** *jur.* a) *Urteil etc*: be pronounced, be handed down, b) *Beschluß etc*: be passed; **ein Urteil ~ lassen** pronounce (*od.* pass) judg(e)ment; → **Gnade**. **II** *v/reflex* **6.** **sich in e-r Sache ~** a) (*in Vermutungen, Redensarten etc*) indulge in s. th., b) (*in Schmähungen etc*) break out in s. th., pour forth s. th., c) (*in Lobpreisungen etc*) be profuse in s. th. **7.** **sich über** (*acc*) **et. ~** (*Thema etc*) hold forth on s. th., expatiate (up)on s. th., *in begeisterten Worten*: rave (*od.* enthuse) about s. th. **8.** *lit.* **sich ~** *im Garten etc*: take a walk (*od.* stroll). **III** *v/impers* **9.** **j-m ergeht es gut** (**schlecht**) s. o. fares (*od.* gets on) well (badly), things go well (badly) with s. o.; **es ist ihm schlecht ergangen** *a.* he had a bad (*od.* hard) time; **wie ist es dir in der Prüfung ergangen?** how did you fare (*od.* do, *colloq.* make out) in the exam?; **mir ist es ebenso ergangen** the same thing happened to me; **den Fachleuten erging es wenig besser** the experts fared little better. **IV** 2 *n* ⟨-s⟩ **10.** condition, (*the*) way s. o. fares (*od.* is doing, is getting on) (*in life, etc*). **11.** → **befinden** 7.
Er'gibt,an,ga·be *f Computer*: giving option.
er'gie·big [-'gi:bɪç] *adj* **1.** *Farbe etc*: economical, high-yielding; **dieser Kaffee ist sehr ~** a little of this coffee goes a long way. **2.** *Quelle, Vorkommen etc*: rich, productive (*a. med.*). **3.** *Ernte, Beute etc*: rich, abundant, plentiful, bountiful. **4.** *Boden*: rich, fertile. **5.** *Geschäft etc*: profitable, lucrative, paying. **6.** *Mahl, Portion etc*: substantial. **7.** *fig. Thema*: broad. **8.** *fig. Unterhaltung etc*: productive. **9.** *meteor. Regenfälle etc*: heavy, abundant. **2keit** *f* ⟨-; *no pl*⟩ **1.** *von Farbe, Tee etc*: (high) yield, *tech. a.* yield value. **2.** *e-r Quelle etc, a. fig. e-s Gesprächs etc*: productiveness. **3.** *e-r Ernte etc*: richness, abundance. **4.** *e-s Bodens*: richness, fertility. **5.** *e-s Geschäftes*: profitableness, lucrativeness. **6.** *fig. e-s Themas*: breadth. **7.** *von Regenfällen etc*: heaviness, abundance.
er'gie·ßen I *v/reflex* ⟨*irr, no* **ge-**, **h**⟩ **1.** **sich in** (*od.* **auf**) (*acc*) **et. ~** pour (*od.* flow, run) into s. th.; *fig. Menschenmenge*: pour (*od.* surge) (*into the street*); **der Fluß ergießt sich ins Meer** the river flows (*od.* discharges, empties itself) into the sea. **2.** **sich über** (*acc*) **et. ~** a) flow (*od.* pour, *bes. Verschüttetes*: spill) over s. th., b) *bei Überflutungen*: flood (*od.* inundate) s. th.; *fig.* **e-e Flut von Verwünschungen ergoß sich über ihn** a torrent of abuse (*od.* curses) poured down on him. **3.** *physiol.* **sich ~** ejaculate. **II** *v/t* **4.** *lit.* pour (**auf** *acc* on; **in** *acc* into; **über** *acc* over, upon); **der Fluß ergießt sein Wasser ins Meer** the river discharges (its waters) into the sea; *fig.* **er ergoß s-n Zorn über sie** he vented his fury (up)on her.
er'glän·zen *v/i* ⟨*no* **ge-**, **sein**⟩ *lit.* (begin to) shine, gleam (up), sparkle.
er'glim·men *v/i* ⟨*irr, no* **ge-**, **sein**⟩ *lit.* (begin to) glimmer (*od.* glow); flicker up.

er'glü·hen I *v/i* ⟨*no* ge-, sein⟩ *lit.* **1.** *Gesicht etc*: (**vor** *dat* with) blush, flush, (begin to) glow. **2.** *Sterne, Berge etc*: (begin to) glow. **3.** *fig.* (**für**) be flushed (with enthusiasm) (for), become enthusiastic (about). **4. in Liebe für j-n** (*od.* **zu j-m**) ~ fall passionately in love with s. o. **II** ♀ *n* ⟨-s⟩ **5.** flushing (*etc*); **j-n zum** ♀ **bringen** make s. o. blush (*od.* flush, glow).

er·go ['ɛrgo] *conj* ergo, therefore.

Er·go·tis·mus [ɛrgo'tɪsmus] *m* ⟨-; *no pl*⟩ *med.* ergotism.

er'göt·zen [-'gœtsən] *lit.* **I** *v/t* ⟨*no* ge-, h⟩ **1.** (**mit** with) amuse, entertain, divert, delight. **2.** (*das Auge, Ohr etc*) delight, please. **II** *v/reflex* **3. sich** ~ enjoy (*od.* amuse, divert) o. s.; **sich an** (*dat*) **et.** ~ a) be amused (*od.* diverted, highly entertained) by s. th., b) *schadenfroh etc*: take delight in (*od.* gloat over) s. th., c) (*an e-m Anblick*) feast one's eyes on, be delighted at (*od.* by). **III** ♀ *n* ⟨-s⟩ **4.** amusing (*etc*). **5.** amusement, delight; **zum** ♀ **der Kinder** to the (great) delight of the children. **er'götz·lich** *adj* amusing, delightful, delectable; (*unterhaltsam*) entertaining, diverting; (*drollig*) amusing, comical, funny.

er'grau·en *v/i* ⟨*no* ge-, sein⟩ go (*od.* turn, get, grow) grey (*Am.* gray), grey, *Am.* gray; **über Nacht** ~ go grey (*Am.* gray) overnight; *fig.* **im Dienst** ~ grow old in service.

er'grei·fen I *v/t* ⟨*irr, no* ge-, h⟩ **1.** (*Gegenstand etc*) seize, grasp, take (up), catch (*od.* take, lay) hold of, grip; **j-s** (*od.* **j-n bei der**) **Hand** ~ take (hold of) s. o.'s hand, grasp s. o.'s hand, take s. o. by the hand. **2.** (*Dieb etc*) seize, capture, apprehend. **3.** *fig. Flammen etc*: spread to. **4.** *fig.* (*Maßnahme, Initiative etc*) take; → **Beruf, Besitz** 1 (*etc*). **5.** *fig.* seize, grip, overcome; **Angst ergriff sie** she was seized (*od.* overcome) with fear. **6.** *fig.* (*bewegen*) move, touch, stir, affect. **II** ♀ *n* ⟨-s⟩ **7.** seizing (*etc*). **8.** → **Ergreifung. er'grei·fend** *pres p u. adj Szene, Worte etc*: moving, stirring, touching. **Er'grei·fung** *f* ⟨-; *no pl*⟩ **1.** → **ergreifen** 7. **2.** *e-s Diebes etc*: seizure, capture, apprehension. **3.** *von Maßnahmen, der Initiative etc*: taking. **4.** *der Macht*: seizure, assumption.

er'grif·fen *pp of* **ergreifen** *u. adj* **1.** (**von** by) moved, touched, deeply stirred, affected; **tief** ~ **sein** be deeply moved. **2.** *von Unruhe, Begeisterung, Furcht etc*: seized (**von** with); **von Panik** ~ seized with panic, panic-stricken; **von Trauer** ~ overcome with grief, grief-stricken. ♀**heit** *f* ⟨-; *no pl*⟩ (profound) emotion; **voller** ~ overcome with emotion, deeply moved.

er'grim·men I *v/i* ⟨*no* ge-, sein⟩ become furious (*od.* enraged, infuriated), flare up, fly into a rage. **II** *v/t* ⟨h⟩ enrage, infuriate.

er'grün·den *v/t* ⟨*no* ge-, h⟩ **1.** (*Angelegenheit, j-s Gedanken etc*) fathom, get to the bottom of, penetrate to, probe (into); **ein Geheimnis** ~ fathom (*od.* sound) a mystery (*od.* secret); **die Tiefe der Seele zu** ~ **suchen** try to probe into the depth of the soul. **2.** (*Grund, Ursache etc*) find out, fathom. **3.** (*erforschen*) explore, probe (into).

er'grü·nen *v/i* ⟨*no* ge-, sein⟩ *lit.* become (*od.* turn) green.

Er'guß *m* ⟨-sses; ⸚sse⟩ **1.** flowing, *etc* (*cf.* **ergießen** 1). **2.** discharge. **3.** *fig. von Worten*: outpour(ing), flood, torrent (*of words*); *iro.* **dichterische Ergüsse** poetic outpourings. **4.** *fig. lit. von Gefühlen*: effusion, outpour(ing), *contp. a.* gush(ing). **5.** *physiol.* a) (*Ausscheidung*) discharge, b) (*Samen*♀) emission, ejaculation, c) → **Bluterguß. ~ge,stein** *n geol.* effusive rock.

er'ha·ben I *adj* ⟨-er; -st⟩ **1.** (*erhöht*) raised, elevated. **2.** *print., Kunst etc*: raised, embossed, in relief; **~e Arbeit** embossed (*od.* raised) work, relief. **3.** *opt.* convex. **4.** *fig. lit. Gedanken, Sprache etc*: lofty, sublime, exalted, elevated. **5.** (*großartig*) grand, magnificent, majestic, august. **6. über** (*acc*) **et.** ~ **sein** a) (*über Zweifel, Tadel etc*) be above (*od.* beyond) s. th., b) (*über Schmeicheleien, Klatsch etc*) be above (*od.* superior to) s. th.; **über alles Lob** ~ beyond all praise; **über Versuchungen** (**[jede] Kritik**) ~ above temptation (criticism); *contp.* **sich über j-n** (**et.**) ~ **dünken** fancy o. s. to be above s. o. (s. th.); **tu nicht so** ~! don't be so (damned) superior! **II** ♀**e, das** ⟨-n⟩ **7.** *bes. philos.* the sublime; **vom** ♀**en zum Lächerlichen ist nur ein Schritt** it (*od.* there) is but one step from the sublime to the ridiculous. ♀**heit** *f* ⟨-; *no pl*⟩ **1.** *print., Kunst etc*: elevation. **2.** *math. opt.* convexity. **3.** *fig. lit. von Gedanken, Gefühlen etc*: loftiness, sublimity, exaltedness, elevation. **4.** *fig. lit.* (*Großartigkeit*) grandeur, magnificence. **5.** *fig.* superiority (**über** *acc* to, over); **s-e** ~ **über Vorurteile zeigen** show o. s. (to be) above prejudice.

Er'halt *m* ⟨-(e)s; *no pl*⟩ **1.** → a) **erhalten** 14, b) **Erhaltung. 2.** receipt; *econ.* **nach** ~ **der Sendung** after receipt of (*od.* receiving) the shipment.

er'hal·ten I *v/t* ⟨*irr, no* ge-, h⟩ **1.** get, receive (→ *a.* **bekommen** 1, 2); **zu** ~ → **erhältlich. 2.** (*erlangen*) get, obtain; (*Genehmigung etc*) *a.* be given (*od.* granted); **e-n Preis** ~ be awarded (*od.* given) a prize, *Sache*: *a.* fetch a prize; **Zutritt zu et.** ~ obtain (*od.* gain) access to s. th. **3.** (*bewahren*) keep, preserve (*tradition, vitamins, etc*); **et.** (**j-n**) **am Leben** ~ keep s. th. (s. o.) alive; **das erhält** (**einen**) **jung** that keeps you young. **4.** (*retten*) save (*s. o.'s eyesight, etc*). **5.** (*Gebäude, Straße etc*) maintain, keep; **die Straßen werden in gutem Zustand** ~ the roads are well maintained (*od.* kept in good repair). **6.** (*Recht, Brauch, Frieden, Freiheit etc*) keep, maintain, preserve. **7.** (*ernähren*) maintain, support, keep. **II** *v/reflex* **sich** ~ **8.** keep (o. s.); **sich gesund** ~ keep o. s. in good health, keep fit. **9.** *Art, Pflanze etc*: survive, continue to exist. **10.** *Brauch etc*: be preserved, be maintained, survive; **der Brauch hat sich bis heute** ~ *a.* the custom is still alive today. **11. sich von et.** ~ a) (*von Nahrung*) live (*od.* subsist) on s. th., b) *finanziell*: keep (*od.* support, maintain) o. s. with s. th. **III** *pp* **12. gut** (**schlecht**) ~ **sein** *Bauwerk, Auto etc*: be in good (bad) condition (*od.* repair); *humor.* **sie ist gut** ~ she is well preserved. **13.** ~ **bleiben** survive, be preserved; *fig.* **der Friede blieb** ~ peace was preserved (*od.* maintained). **IV** ♀ *n* ⟨-s⟩ **14.** getting (*etc*); → *a.* Erhalt 2. **15.** → **Erhaltung.**

Er'hal·ter *m* ⟨-s; -⟩ *lit.* **1.** (*Bewahrer*) preserver, protector. **2.** → **Ernährer.**

er'hält·lich [-'hɛltlɪç] *adj* obtainable, available, to be had; **nicht** ~ not obtainable, not to be had, unobtainable; **schwer** ~ difficult to obtain (*od.* buy, get), *colloq.* hard to come by; **Stadtpläne sind am Schalter** ~ city maps can be obtained (*od.* bought, are sold) at the counter; **Karten sind im Vorverkauf** ~ tickets can be booked in advance.

Er'hal·tung *f* ⟨-; *no pl*⟩ **1.** → **erhalten** 14. **2.** *e-s Brauches, der Gesundheit, biol. der Art*: preservation; **et. zur** ~ **der Gesundheit tun** do s. th. for one's health. **3.** *von Gebäuden, Straßen, Maschinen etc*: maintenance, upkeep. **4.** *von historischen Bauwerken etc*: conservation, preservation. **5.** *des Friedens*: preservation, maintenance; **zur** ~ **des Friedens** (in order) to preserve (*od.* maintain) the peace. **6.** *e-r Familie etc*: maintenance, support. **7.** *phys. der Energie etc*: conservation. **Er'hal·tungs,satz** *m phys.* law of conservation.

er'han·deln *v/t* ⟨*no* ge-, h⟩ get (*od.* obtain) *s. th.* by bargaining; (*kaufen*) buy.

er'hän·gen I *v/t* ⟨*no* ge-, h⟩ hang; **sich** ~ hang o. s. **II** ♀ *n* ⟨-s⟩ **Tod durch** ♀ death by hanging. **Er'häng·te** *m, f* ⟨-n; -n⟩ **1.** person who was hanged. **2.** person who hanged himself. **Er'hän·gung** *f* ⟨-; *no pl*⟩ (execution by) hanging.

er'här·ten I *v/t* ⟨*no* ge-, h⟩ **1.** harden. **2.** *tech.* (*Zement etc*) harden, set. **3.** *fig.* (*bestätigen*) bear out, confirm, corroborate, substantiate; **e-e Theorie** ~ bear out a theory; *jur.* **e-e Aussage eidlich** ~ swear to one's evidence. **II** *v/i* ⟨sein⟩ **4.** harden, become (*od.* get, grow) hard. **5.** *tech. Zement etc*: harden, set. **III** ♀ *n* ⟨-s⟩ **6.** hardening (*etc*). **Er'här·tung** *f* ⟨-; *no pl*⟩ **1.** → **erhärten** III. **2.** *fig.* corroboration, substantiation, *a. philos.* confirmation; **zur** ~ **s-r Behauptung** in confirmation of his statement, to corroborate his statement.

er'ha·schen *v/t* ⟨*no* ge-, h⟩ *a. fig.* catch; **er versuchte, e-n Blick von ihr zu** ~ a) he tried to catch her eye, b) he tried to catch a glimpse of her.

er'heb·bar *adj Steuer, Zoll etc*: leviable.

er'he·ben I *v/t* ⟨*irr, no* ge-, h⟩ **1.** (*Arm, Augen etc*) raise, lift (up); **den Blick zu j-m** ~ look up at s. o., raise one's eyes to s. o.; **s-e Hand gegen j-n** ~ raise one's hand against s. o.; *fig.* **s-e Stimme** ~ a) raise one's voice, speak up, b) begin to speak; → **Geschrei** 2. **2.** *im Rang etc*: raise, promote; **j-n auf den Thron** ~ raise s. o. to the throne, enthrone s. o. **3.** *fig.* make, adopt; **et. zum System** ~ make a system of s. th.; **et. zur Maxime** ~ make s. th. one's maxim; **et. zum Gesetz** ~ make s. th. into a law, enact s. th. **4.** *fig.* (*Bedenken etc*) raise; → **Anspruch, Einspruch** 1, 2 (*etc*). **5.** *econ.* a) (*Steuern, Zoll etc*) levy, impose, raise, collect, b) (*Gebühr etc*) charge. **6.** *math.* raise; → **Potenz** 2, **Quadrat** 2. **7.** (*Daten etc*) collect; *jur.* **Beweise** ~ take evidence. **8.** *Southern G.* (*amtlich feststellen*) ascertain, assess. **9.** *fig. lit.* (*Geist, Gemüt etc*) edify, have an uplifting effect on. **II** *v/reflex* **sich** ~ **10. sich** (**von s-m Platz**) ~ rise (to one's feet), get up. **11.** *Flugzeug, Vogel etc*: rise, soar (up). **12.** *Gebirge, Hochhaus etc*: rise, tower (up). **13.** *Sturm, Wind*: arise, spring up. **14.** *Geschrei, Stimme etc*: arise, ring out, be heard. **15.** *Volk*: rise (in arms), revolt (**gegen** against). **16.** *fig. Frage, Zweifel, Schwierigkeit*: arise; ~ **sich irgendwelche Bedenken?** are there any doubts? **17.** *fig. lit.* **sich über** (*acc*) **et.** ~ rise above s. th. **18.** *fig.* **sich über j-n** ~ a) rise above s. o., b) be superior to s. o. **III** ♀ *n* ⟨-s⟩ **19.** raising (*etc*). **20.** → **Erhebung** 3–6.

er'he·bend *pres p u. adj fig.* **1.** *Augenblick, Anblick etc*: edifying, elevating, heart-warming, exalting; **ein ~es Gefühl** an edifying experience, a great feeling. **2.** (*ergreifend*) soul-stirring, moving.

er'heb·lich [-'heːplɪç] **I** *adj* **1.** (*beträchtlich*) considerable; **~er Schaden** (**Verlust**) considerable (*od.* serious, grave, heavy) damage (loss); **~e Summe** considerable (*od.* substantial, important) amount. **2.** (*wichtig*) important; **nicht ~ sein** be of no importance. **3.** *jur.* (*rechts~*) relevant, material. **II** *adv* **4.** considerably; **~ besser** considerably (*od.* much, far, *colloq.* a long sight) better; **~ größer** considerably (*od.* a good deal) larger. **ℒkeit** *f* ⟨-; *no pl*⟩ **1.** importance. **2.** *jur.* relevance.

Er'he·bung *f* ⟨-; -en⟩ **1.** → **erheben** 19. **2.** (*Bodenℒ*) elevation, rise (in the ground), (*Hügel, Berg*) hill, height. **3.** (*in e-n höheren Stand*) (**in** *acc* to) elevation, promotion; **~ in den Adelsstand** elevation to noble rank (*in England*: to the peerage). **4.** *econ.* a) *von Steuern, Zöllen etc*: levy, imposition, b) *e-r Gebühr etc*: charge. **5.** *math.* involution; **~ in die zweite Potenz** squaring; **~ in die dritte Potenz** cubing. **6.** *parl.* **~ zum Gesetz** enactment. **7.** → **Klageerhebung. 8.** (*Nachforschung*) investigation, inquiry; **~en anstellen über** (*acc*) **et.** make inquiries about (*od.* inquire into) s. th., investigate s. th. **9.** (*statistische* **~**) a) survey, b) (*Zählung*) census, count; **~en** *pl* statistics *pl* (*a. als sg konstruiert*), data *pl* (collected). **10.** *Southern G. and Austrian* (*amtliche Feststellung*) ascertainment, assessment. **11.** *fig. lit.* (*Erbauung*) edification, elevation, uplift. **12.** (*Volksℒ*) revolt, uprising, rebellion. **13.** *med.* torus, elevation, prominence.

er'hei·schen *v/t* ⟨*no* **ge-, h**⟩ *lit.* demand, require, call for; **Respekt ~** command respect.

er'hei·tern [-'haɪtərn] **I** *v/t* ⟨*no* **ge-, h**⟩ **1.** amuse. **2.** (*heiter stimmen*) cheer *s. o.* up. **II** *v/reflex* **sich ~ 3.** be amused (**über** *acc* by). **4.** (*heiter werden*) cheer up. **5.** *Gesicht*: brighten, light up. **er'hei·ternd I** *pres p.* **II** *adj* amusing. **III ℒe, das** ⟨-n⟩ the amusing thing (*od.* side, part); **et. ℒes sagen** say s. th. amusing.

Er'hei·te·rung *f* ⟨-; *no pl*⟩ amusement, entertainment; **zur allgemeinen ~** to everybody's amusement.

er'hel·len I *v/t* ⟨*no* **ge-, h**⟩ **1.** light (up), illuminate. **2.** (*Farben*) brighten. **3.** *fig.* (*Sinn, Verhalten etc*) throw (*od.* shed) light (up)on, elucidate, clarify. **II** *v/reflex* **sich ~ 4.** *Raum etc*: become (*od.* grow) light(er); *Himmel*: *a.* brighten, clear (up). **5.** *Gesicht etc*: brighten, light up. **6.** *fig.* become clear(er). **III** *v/i* **7.** *lit.* be(come) evident; **daraus erhellt, daß** from this (*od.* hence) it appears that, this shows that.

er'heu·cheln *v/t* ⟨*no* **ge-, h**⟩ **1.** obtain *s. th.* by preten/ce (*Am.* -se). **2.** (*vortäuschen*) feign, sham, pretend, put on; **erheuchelt** artificial, sham, feigned, false.

er'hit·zen [-'hɪtsən] **I** *v/t* ⟨*no* **ge-, h**⟩ **1.** heat up (**auf** *acc* to). **2.** (*pasteurisieren*) pasteurize. **3.** (*Person*) make *s. o.* (feel) hot. **4.** *fig.* inflame, rouse, excite; **der Prozeß erhitzte die Gemüter** the trial made feelings run high. **II** *v/reflex* **sich ~ 5.** get (*od.* grow) hot. **6.** *Person*: get hot (**beim Laufen** from running). **7.** *fig. Debatte, Gemüt etc*: get heated; *Gefühle*: be roused; (*zornig werden*) flush (with anger), work up a rage; **die Gemüter erhitzten sich** feeling ran high. **III ℒ** *n* ⟨-s⟩ **8.** heating (up) (*etc*). **er'hitzt** *pp u. adj* **1.** heated, hot, *Gesicht, Person*: *a.* flushed. **2.** *fig.* heated, hot, excited.

Er'hit·zung *f* ⟨-; *no pl*⟩ **1.** → **erhitzen** III. **2.** becoming heated (*od.* hot); *fig. a.* excitement.

er'ho·ben I *pp of* **erheben. II** *adj* **1.** *allg.* **~en Hauptes** with one's head held high. **2.** *fig.* elevated, elated.

er'hof·fen *v/t* ⟨*no* **ge-, h**⟩ (*a.* **sich ~**) hope for, expect. **er'hofft** *pp u. adj* hoped-for, hoped for.

er'hö·hen I *v/t* ⟨*no* **ge-, h**⟩ **1.** (*Gebäude, Weg etc*) raise, make *s. th.* higher, heighten (*wall, etc*). **2.** *fig.* (*steigern*) (**auf** *acc* to; **um** by) raise, increase, augment. **3.** (*verstärken*) intensify, *colloq.* boost. **4.** *fig.* (*Interesse, Einfluß, Stimmung, Spannung, Wirkung etc*) increase, heighten, intensify, enhance, *colloq.* boost; → **erhöht** 2. **5.** (*den Appetit*) whet, sharpen, increase. **6.** *econ.* a) (*Preis, Miete etc*) raise, increase, advance, mark up, *colloq.* up, b) (*Gehalt, Steuern etc*) raise, increase, c) (*Produktion etc*) raise, increase, step up, *colloq.* up, d) (*Kredit*) extend; **et. um das Doppelte** (**Dreifache, Vierfache**) **~** double (treble [*od.* triple], quadruple) s. th. **7.** *im Rang*: raise, promote, elevate, *lit.* exalt. **8.** *mus.* (*Ton um Halbton*) raise, sharp, *bes. Br.* sharpen. **II** *v/reflex* **sich ~** (**auf** *acc* to) **9.** increase, be increased (*od.* raised). **10.** *Zahl, Temperatur etc*: rise, go up. **11.** *fig. im Rang*: raise (*od.* elevate, *lit.* exalt) o. s.; *Bibl.* **wer sich selbst erhöh(e)t, der wird erniedrig(e)t werden** everyone that exalteth himself shall be abased. **12.** *fig. Spannung, Wirkung etc*: increase, intensify, heighten, be increased (*od.* intensified, heightened, enhanced, *colloq.* boosted), grow. **13.** *fig. Wert etc*: increase, be increased, be improved, rise. **14.** *fig. Ansehen, Ruf etc*: be enhanced. **15.** *econ.* rise, increase, be raised, be increased, advance, mount, go up; **die Preise haben sich auf das Doppelte erhöht** prices have doubled. **III ℒ** *n* ⟨-s⟩ **16.** raising (*etc*). **17.** → **Erhöhung** 3–6.

er'höht *pp u. adj* **1.** *Stelle, Platz etc*: raised, elevated. **2.** *fig. Aufmerksamkeit, Sorgfalt, Einfluß, Spannung etc*: increased, heightened, intensified, added; **~e Wahrnehmung** heightened perception; **in ~em Maße** a) to a higher degree, b) to a high degree, highly; **~er Blutdruck** raised blood pressure. **3.** *mus.* sharp; **~es G** G sharp. **Er'hö·hung** *f* ⟨-; -en⟩ **1.** → **erhöhen** 16. **2.** (*Anhöhe*) elevation. **3.** *fig.* (*Steigerung*) increase, enhancement, heightening, intensification. **4.** *fig. im Rang*: elevation, promotion, advancement, *lit.* exaltation. **5.** *des Werts*: increase, rise, improvement. **6.** *econ. der Preise etc*: increase, rise, advance. **7.** *mus.* sharp; **~szeichen** *n* sharp, diesis.

er'ho·len *v/reflex* ⟨*no* **ge-, h**⟩ **sich ~ 1.** (*genesen*) recover (**von e-r Krankheit** from an illness), get well (*od.* better) (again), pick up again, recuperate, convalesce. **2.** *fig.* recover, rally; **sich von der Überraschung** *etc* **~** recover from (*od.* get over) one's surprise (*etc*). **3.** *im Urlaub, von Anstrengung etc*: take (*od.* have) a rest, relax; **sich im Urlaub gut ~** have a good rest on one's holiday, have a restful and relaxing holiday; **sich von den Strapazen e-r Reise ~** rest after the strain of a journey. **4.** *econ.* a) *Preise, Kurse, Markt, Aktien*: recover, rally, b) *Wirtschaft, Industrie*: recover, pick (*od.* look) up; **die Papiere erholten sich auf 420** stocks rose to 420. **5.** *jur.* **sich bei** (*od.* **an**) **j-m für et. ~** reimburse o. s. (up)on s. o. for s. th. **er'hol·sam** *adj* restful, relaxing. **er'holt** *pp u. adj* rested; **er sieht gut ~ aus** he looks very rested, he looks very fit again. **Er'ho·lung** *f* ⟨-; *no pl*⟩ **1.** *von od. nach e-r Krankheit*: recovery, recuperation, convalescence. **2.** (*Entspannung*) relaxation, rest; **Gartenarbeit ist für mich ~** gardening is my form of relaxation (*od.* recreation). **3.** (*Ferien*) holiday, *Am.* vacation; **zur ~ fahren** go on a holiday (*Am.* vacation). **4.** *fig. von Schock, Staunen etc*: recovery (from). **5.** *econ. allg.* recovery, rally, pick-up. **6.** *jur.* recovery, reimbursement.

Er'ho·lungs|,auf·ent,halt *m* holiday, *Am.* vacation. **ℒbe,dürf·tig** *adj* in need of a rest (*od.* a holiday), run-down. **~,fä·hig·keit** *f med.* recuperative capacity. **~ge,biet** *n* recreation area. **~,heim** *n* **1.** rest home. **2.** (*Ferienheim*) recreation home, rest cent/re (*Am.* -er). **~,kur** *f* rest (*od.* recreation) cure. **~,ort** *m* health (*od.* holiday) resort. **~,pau·se** *f* rest, *colloq.* breather. **~,rei·se** *f* holiday (*Am.* vacation) trip. **~,ur,laub** *m* holiday (leave), *Am.* vacation; *nach e-r Krankheit*: convalescent leave, sick-leave. **~,wert** *m* recreational value. **~,zeit** *f* holiday (*Am.* vacation) time. **~,zen·trum** *n* recreation cent/re (*Am.* -er).

er'hö·ren *v/t* ⟨*no* **ge-, h**⟩ **1.** (*Gebet, Flehen etc*) hear, answer; **e-e Bitte ~** grant a request; **Gott hat mich erhört** God heard my prayers. **2.** (*Freier*) accept; (*Liebhaber*) yield to.

eri·gi·bel [eri'giːbəl], **eri'gier·bar** *adj physiol.* erectile. **eri'gie·ren** [-'giːrən] *v/i* ⟨*no* **ge-, h**⟩ become erected, stiffen. **eri'giert** *pp u. adj* erect(ed).

Eri·ka ['eːrika] *f* ⟨-; **-ken**⟩ *bot.* erica, heather, heath. **~ge,wäch·se** *pl* Ericaceae.

er'in·ner·lich *adj* **mir ist ~, es ist mir ~** I remember (it *od.* that *od.* doing); **soviel** (*od.* **soweit**) **mir ~ ist** as far as I (can) remember. **er'in·nern** [-'ʔɪnərn] **I** *v/t* ⟨*no* **ge-, h**⟩ remind; **j-n an** (*acc*) **et. ~** a) remind s. o. of s. th., recall s. th. to s. o.'s mind, b) (*hinweisen*) draw s. o.'s attention to s. th., point s. th. out to s. o.; **j-n daran ~, daß** remind s. o. (of the fact) that, point out to s. o. that. **II** *v/i* **~ an** (*acc*) remind (one) of, make one think of, be reminiscent (*od.* remindful, suggestive, evocative) of, suggest, call *s. th. od. s. o.* to (one's) mind; **das Gemälde erinnert an Rubens** the painting reminds one of Rubens. **III** *v/reflex* **sich ~** remember, recollect; **sich an et.** (**j-n**) **~**, *lit.* **sich e-r Sache** (**j-s**) **~** remember (*od.* recollect, recall) s. th. (s. o.); **wenn ich mich recht erinnere** if I remember rightly, if my memory serves me (right); **soviel** (*od.* **soweit**) **ich mich erinnere** as far as I (can) remember. **IV ℒ** *n* ⟨-s⟩ a) reminding (*etc*), b) remembering (*etc*).

Er'in·ne·rung *f* ⟨-; -en⟩ **1.** → **erinnern** IV. **2.** ⟨*only sg*⟩ (*Gedächtnis*) memory, recollection, remembrance; **et. deutlich in ~ haben** remember s. th. clearly (*od.* vividly), have a clear recollection of s. th.; **j-m et. in ~ bringen** (*od.* **rufen**) remind s. o. of s. th.; **sich** (*dat*) **et. in ~ rufen** recall (*od.* recollect) s. th., call s. th. to memory; **sich bei j-m in ~ bringen** remind s. o. of o. s. **3.** (*bewahrter Eindruck*) (**an** *acc* of) memory, reminiscence; **s-n ~en nachhängen, sich s-n ~en hingeben** reminisce; **die ~ wachrufen an** (*acc*) **et.** call (*od.* bring) s. th. back to mind, be reminiscent (*od.* evocative) of s. th., call s. th. up; **das erweckt ~en in ihr, das ruft ~en in ihr wach** that evokes memories in her, that brings memories back to her mind; **k-e ~ an** (*acc*) **et. haben** not to remember s. th. **4.** ⟨*only sg*⟩ (*Gedanken*) remembrance, memory; **j-n** (**et.**) **in guter ~ behalten** hold (*od.* keep) s. o. (s. th.) in fond remembrance, have pleasant memories of s. o. (s. th.); zur ~ an (*acc*) in memory (*od.* commemoration, remembrance) of. **5.** (*Andenken*) a) ⟨*only sg*⟩ remembrance, memento, b) keepsake, souvenir; **das Buch ist e-e ~ an ihn** the book is a keepsake of him (*od.* s. th. to remember him by). **6.** *pl* (*Memoiren*) reminiscences, memoirs. **7.** (*Mahnung*) reminder. **8.** *jur.* objection.

Erˈin·ne·rungs... *in Zssgn* → *a.* **Gedächtnis...** **~meˌdail·le** *f* **1.** commemorative medal. **2.** *mil.* campaign medal. **~ˌschrei·ben** *n* reminder. **~ˌta·fel** *f* memorial plaque, commemorative tablet. **~verˌmö·gen** *n* memory, (power of) recollection (*od.* recall). **~ˌwer·bung** *f econ.* follow-up advertising. **~ˌwert** *m* **1.** sentimental (personal) value. **2.** *econ. Bilanz*: pro memoria figure.

Erin·nye [eˈrɪnyə] *npr f* ⟨-; -n⟩ *meist pl myth.* Erinys, Fury; **die ~n** the Erin(n)yes, the Furies.

erˈja·gen *v/t* ⟨*no* **ge-**, **h**⟩ **1.** hunt down. **2.** *fig.* (*Glück, Ehre etc*) gain, achieve, secure; **et. zu ~ suchen** chase after s. th., hunt (*od.* strive) for s. th.

erˈkal·ten [-ˈkaltən] *v/i* ⟨*no* **ge-**, **sein**⟩ *a. fig.* cool (down *od.* off), grow cold.

erˈkäl·ten I *v/reflex* ⟨*no* **ge-**, **h**⟩ **sich ~** catch (a) cold, get a cold; **stark erkältet sein** have a bad cold. **II** *v/t* **sich** (*dat*) **et. ~** (*Blase etc*) get a cold on s. th. **Erˈkäl·tung** *f* ⟨-; -en⟩ *med.* (common) cold, chill; **sich** (*dat*) **e-e ~ holen** (*od.* **zuziehen**) → **erkälten** I. **Erˈkäl·tungsˌkrank·heit** *f meist pl med.* (illness caused by a) cold.

erˈkämp·fen *v/t* ⟨*no* **ge-**, **h**⟩ (**sich** *dat*) **et. ~** a) gain s. th. (after a hard struggle), b) *Sport*: win (*title*), gain (*victory*) (after a stiff fight); **er mußte sich das hart ~** he had to struggle (*od.* fight) hard for it.

erˈkau·fen *v/t* ⟨*no* **ge-**, **h**⟩ (*Leben, Freiheit etc*) buy, purchase (**mit** at the expense of); **et. teuer ~ müssen** have to pay a heavy (*od.* high) price for s. th., (have to) pay dearly for s. th.; **j-s Schweigen ~** buy s. o.'s (*od.* bribe s. o. into) silence.

erˈkenn·bar *adj* **1.** *allg.* recognizable, *a.* identifiable, (*wahrnehmbar*) *a.* discernible, distinguishable, perceptible, detectable. **2.** *philos.* knowable, cognizable. **≈keit** *f* ⟨-; *no pl*⟩ **1.** recognizability; identifiability; perceptibility. **2.** *philos.* cognizability.

erˈken·nen I *v/t* ⟨*irr, no* **ge-**, **h**⟩ **1.** (**an** *dat* by) recognize, know. **2.** (*identifizieren*) (**an** *dat* by) identify, know, tell; **sich zu ~ geben** a) (**j-m**) make o. s. known (to s. o.), b) *fig.* declare o. s., come out into the open. **3.** (*wahrnehmen*) discern, recognize, distinguish, make out, perceive, see; (*entdecken*) detect, discover, *colloq.* spot. **4.** (*sehen*) realize, see, recognize, perceive; **aus s-n Worten war zu ~, daß** it was plain from his words that. **5. j-n ~** (*durchschauen*) see through s. o., find s. o. out; **dich hab' ich erkannt!** *colloq.* I've got your number! **6. et. zu ~ geben** indicate (*od.* intimate, show) s. th., give s. th. to understand. **7. et. ~ lassen** show (*od.* reveal, suggest, display) s. th. **8.** *philos.* know, (re)cognize, perceive; **erkenne dich selbst!** know thyself! **9.** *econ.* (*Person, Konto etc*) credit (**für e-n Betrag** with an amount). **10.** *jur.* adjudge, find; **j-n für schuldig ~** a) find s. o. guilty, b) *Geschworene*: return a verdict of guilty. **11.** *med.* (*Krankheit*) diagnose. **12.** *Bibl.* (*Frau*) know. **II** *v/i* **13.** *jur.* **in e-r Sache ~** decide (*od.* adjudge, decree) in a matter; **über e-n Antrag ~** decide on an application; **auf** (*acc*) **et. ~** impose s. th., pass a sentence of s. th.; → **Recht** 1. **III ≈** *n* ⟨-s⟩ **14.** recognizing (*etc*). **15.** recognition. **16.** identification. **17.** discernment, recognition, perception. **18.** realization. **19.** *philos.* cognition.

erˈkennt·lich *adj* **1.** (*dankbar*) grateful; **sich (j-m) ~ zeigen** show o. s. grateful (to s. o.), show (s. o.) one's gratitude (*od.* appreciation). **2.** (*ersichtlich*) perceptible. **≈keit** *f* ⟨-; -en⟩ (sign of) gratitude (*od.* appreciation).

Erˈkennt·nis[1] *f* ⟨-; -se⟩ **1.** → **erkennen** III. **2.** (piece of) knowledge; → **Baum** 1. **3.** (*Gedanke*) idea, thought. **4.** (*Einsicht*) realization; **ihm kam die ~, er kam** (*od.* **gelangte**) **zu der ~** he came to realize, he realized. **5.** (*Entdeckung*) discovery, (*scientific, etc*) finding. **6.** (*Wahrnehmung*) perception. **7.** *philos.* a) (*gen od.* **von** of) knowledge, cognition, science, b) (*einzelne*) cognition, perception. **Erˈkennt·nis**[2] *n* ⟨-ses; -se⟩ *jur.* a) *e-s Richters*: decision, sentence, judg(e)ment, finding, b) *der Geschworenen*: verdict; **~ auf Todesstrafe** imposition of the death penalty.

Erˈkennt·nis|kriˌtik *f philos.* a) epistemology, b) *bei Kant*: critique of knowledge. **~ˌleh·re** *f* → **Erkenntnistheorie**. **≈theoˌre·tisch** *adj philos.* epistemological. **~theoˌrie** *f* epistemology, theory of cognition. **~verˌmö·gen** *n philos. psych.* cognitive faculty, intellectual capacity. **~ˌwert** *m econ.* informative value.

Erˈken·nung *f* ⟨-; *no pl*⟩ → **erkennen** III.

Erˈken·nungs|ˌdienst *m* Criminal Identification Department. **~ˌmar·ke** *f mil.* identity disc, *Am.* identification tag, *sl.* dog-tag. **~me·loˌdie** *f mus.* signature (tune). **~ˌmerkˌmal** *n* distinguishing mark. **~ˌwort** *n* ⟨-(e)s; -e⟩ *mil.* password, watchword. **~ˌzei·chen** *n* **1.** sign of recognition. **2.** *aer.* (recognition *od.* aircraft) markings *pl.* **3.** (*Abzeichen etc*) badge. **4.** *med.* symptom, sign.

Er·ker [ˈɛrkər] *m* ⟨-s; -⟩, **~ˌfen·ster** *n* **1.** bay(-window). **2.** *hist.* oriel. **~ˌzim·mer** *n* room with a bay(-window) (*od.* oriel).

erˈkie·sen *v/t* ⟨*irr, no* **ge-**, **h**⟩ *lit. obs.* choose, (s)elect.

erˈklär·bar *adj* **1.** explainable, explicable; (*definierbar*) definable; **leicht ~ sein** be easily explained; **das ist nicht mehr rational ~** there is no rational explanation for that. **2.** *Text etc*: interpretable. **erˈklä·ren I** *v/t* ⟨*no* **ge-**, **h**⟩ **1.** (*erläutern*) explain (**j-m et.** s. th. to s. o.); **das ist leicht zu ~** that's easily explained; **würden Sie mir bitte ~, warum** would you please tell me why. **2.** (*deuten*) interpret. **3.** (*definieren*) define, explain. **4.** (*veranschaulichen*) illustrate, demonstrate; **et. an e-m** (*od.* **durch ein**) **Beispiel ~** illustrate s. th. by an example, exemplify s. th. **5.** (*Aufschluß geben*) explain, account for; **ich kann es mir nicht ~** I don't understand it. **6.** (*Willen, Absicht etc*) declare, state, pronounce, announce; **et. mit Nachdruck ~** state s. th. emphatically, emphasize s. th.; **s-e Bereitwilligkeit ~** declare (*od.* express) one's willingness. **7.** (*Unabhängigkeit, j-n zum Staatsfeind etc*) declare, proclaim. **8.** (*bezeichnen, nennen*) declare, pronounce; **j-n für gesund ~** pronounce s.o. healthy, give s.o. a clean bill of health; **er wurde für schuldig erklärt** he was declared (*od.* found) guilty; → **bankrott**. **9.** (*öffentlich bekennen*) profess. **10.** *jur.* (*aussagen*) state, declare, depose; → **eidesstattlich**. **11.** *econ.* (*Dividende*) declare, announce. **II** *v/reflex* **sich ~** **12.** *Ereignis etc*: (**aus**, **durch** by) be explained, explain itself; **das erklärt sich daraus, daß** that explains itself by (*od.* is due to) the fact that; **so erklärt sich dieser Umstand** that accounts for (*od.* explains) this fact. **13.** *Person*: explain o. s., give an explanation, speak one's mind. **14.** *lit.* (*Liebeserklärung machen*) declare o. s. **15. sich für (gegen) et. (j-n) ~** declare (*od.* pronounce) o. s. for (against) s. th. (s. o.). **16. sich für et. ~** (*bezeichnen*) declare o. s. (to be) s. th.; **sich für zahlungsunfähig ~** declare o. s. insolvent. **III ≈** *n* ⟨-s⟩ **17.** explaining (*etc*). **18.** → **Erklärung**. **erˈklä·rend I** *adj* explanatory, illustrative. **II** *adv* explanatorily, (*add, say*) by way of explanation.

erˈklär·lich *adj* **1.** → **erklärbar** 1. **2.** (*verständlich*) understandable; (*offensichtlich*) evident, obvious; **es ist mir nicht ~, warum** I can't explain why, I don't understand (*od.* see) why; **das macht die Sache ~er** that helps to explain matters. **erˈklär·li·cherˈwei·se** *adv* for obvious reasons. **erˈklärt** *pp u. adj.* **1.** *Gegner, Freund etc*: declared, professed, avowed. **2.** *Favorit etc*: acknowledged, special. **erˈklär·terˈma·ßen** *adv* declaredly, professedly, openly.

Erˈklä·rung *f* ⟨-; -en⟩ **1.** → **erklären** 17. **2.** (*Erläuterung*) explanation; **zur ~** (*gen*) in explanation of; **er sagte zur ~** he said by way of explanation. **3.** interpretation. **4.** definition. **5.** (*Veranschaulichung*) illustration. **6.** (*Aufschluß*) explanation; **das wäre e-e ~ (dafür)** that would explain (*od.* account for) it. **7.** (*Aussage, Feststellung*) *a. pol.* declaration, statement, announcement; **e-e ~ abgeben** make a statement. **8.** *der Unabhängigkeit etc*: declaration, proclamation. **9.** (*Bekenntnis*) profession. **10.** *jur.* (*Aussage*) statement, declaration, deposition; → **eidesstattlich**. **11.** *econ. e-r Dividende*: declaration, announcement.

Erˈklä·rungs|ˌtag *m econ.* contango day. **~verˌsuch** *m* attempt at (an) explanation, attempted explanation.

erˈkleck·lich [-ˈklɛklɪç] *adj* considerable, substantial, goodly; **ein ~es Sümmchen** a considerable (*od. colloq.* tidy) sum.

erˈklet·tern *v/t* ⟨*no* **ge-**, **h**⟩, **erˈklim·men** *v/t* ⟨*irr, no* **ge-**, **h**⟩ **1.** climb (up); (*Berg*) *a.* ascend, conquer; (*Stufen etc*) *a.* mount; (*Steilwand etc*) *a.* scale. **2.** *fig.* (*Position etc*) rise to, attain.

erˈklin·gen *v/i* ⟨*irr, no* **ge-**, **sein**⟩ (re)sound, ring (out), be heard; **die Gläser ~ lassen** clink the glasses; **et. ~ lassen** sound s. th., (*ein Lied*) sing, strike up; **j-s Lob ~ lassen** sound the praise of s. o.

erˈko·ren I *pp of* **erkiesen**. **II** *adj lit. poet.* (s)elect, chosen.

erˈkran·ken *v/i* ⟨*no* **ge-**, **sein**⟩ **1.** fall (*od.* be taken) ill (*od.* sick), sicken, contract a disease, *Am. a.* get sick; **an e-r Lungenentzündung ~** be taken ill with (*od.* develop, contract) pneumonia; **erkrankt sein (an** *dat*) be ill (*od.* laid up, *colloq.* down) (with). **2.** *Organe*: be diseased, be affected. **Erˈkran·kung** *f* ⟨-; -en⟩ **1.** falling ill (*etc*). **2.** illness, sickness. **3.** *med. e-s Organs*: a) disease, affection, b) (*Störung*) disorder. **Erˈkran·kungsˌfall** *m* **im ~(e)** in case of illness.

erˈküh·nen [-ˈkyːnən] *v/reflex* ⟨*no* **ge-**, **h**⟩ *lit.* **sich ~** make bold, venture, dare, have the audacity (*od.* temerity).

erˈkun·den [-ˈkʊndən] **I** *v/t* ⟨*no* **ge-**, **h**⟩ **1.** (*Umgebung etc*) explore, investigate; **die Lage ~** see how the land lies. **2.** (*Versteck, Namen etc*) find (*od.* spy) out. **3.** *mil.* reconnoit/re (*Am.* -er). **II ≗** *n* ⟨-s⟩ **4.** exploring (*etc*). **5.** → **Erkundung** 2, 3.

erˈkun·di·gen [-ˈkʊndɪgən] **I** *v/reflex* ⟨*no* **ge-**, **h**⟩ **sich ~ 1.** inquire, ask; **sich bei j-m nach dem Weg ~** inquire the way of s. o., ask s. o. the way; **sich nach j-s Befinden ~** inquire after (*od.* about) s. o.'s health; **sich nach j-m ~** inquire after s. o. **2.** (*Auskunft einholen*) (**über** *acc*) make inquiries (about), inquire (about), seek (*od.* gather) information (on), ask (about); **sich (bei j-m) über et. ~** make inquiries (of s. o.) about s. th., ask (s. o.) about s. th. **II ≗** *n* ⟨-s⟩ **3.** inquiring (*etc*). **Erˈkun·di·gung** *f* ⟨-; -en⟩ **1.** → **erkundigen** II. **2.** inquiry; **~en einholen** (*od.* **einziehen**) **über** (*acc*) → **erkundigen** 2.

Erˈkun·dung *f* ⟨-; -en⟩ **1.** → **erkunden** II. **2.** exploration, investigation; **~sgespräch** *n pol.* exploratory talk. **3.** *mil.* reconnaissance; **~sflug** *m* reconnaissance mission.

erˈkün·steln *v/t* ⟨*no* **ge-**, **h**⟩ affect, *stärker:* feign. **erˈkün·stelt** *pp u. adj* **1.** *Naivität etc:* affected, unnatural. **2.** (*geheuchelt*) feigned. **3.** *Lächeln etc:* forced.

Erˈlagˌschein [-ˈlaːk-] *m Austrian for* **Zahlkarte.**

erˈlah·men I *v/i* ⟨*no* **ge-**, **sein**⟩ **1.** (grow) weary, tire, fail. **2.** *fig.* a) *Person:* weary, tire, slacken, lose one's grip, weaken, b) *Kraft, Interesse, Eifer etc:* flag, slacken, wane. **II ≗** *n* ⟨-s⟩ → **Erˈlah·mung** *f* ⟨-; *no pl*⟩ slackening, flagging.

erˈlan·gen *v/t* ⟨*no* **ge-**, **h**⟩ **1.** (*erreichen*) attain (to), achieve, reach, get; *relig.* **die ewige Seligkeit ~** attain eternal salvation; **ein hohes Alter ~** reach (*od.* attain) a high old age. **2.** (*erwerben*) gain, acquire; **große Bedeutung ~** gain great importance. **3.** (*sich verschaffen*) obtain, get, secure; **Vorteile ~** obtain advantages; *relig.* **Gnade ~** obtain (*od.* find) mercy; **Zutritt ~** gain admittance. **Erˈlan·gung** *f* ⟨-; *no pl*⟩ **1.** attaining (*etc*); attainment; **nach ~ des Pensionsalters** after attaining (the) retiring age. **2.** achievement, acquisition, gain(ing).

Erˈlaß *m* ⟨-sses; -sse, *Austrian* ≗sse⟩ **1.** → **erlassen** II. **2.** (*Verordnung*) decree, ordinance, promulgation. **3.** (*Befehl*) order. **4.** (*Gesetz*) law. **5.** *jur.* a) *e-r Behörde:* writ, b) *e-s höheren Gerichts:* mandate. **erˈlas·sen I** *v/t* ⟨*irr, no* **ge-**, **h**⟩ **1.** issue, (*Verordnung*) *a.* publish; **e-n Haftbefehl gegen j-n ~** issue a warrant for the arrest of s. o. **2.** *jur.* a) (*Gesetz*) enact, (*veröffentlichen*) promulgate (*law*), b) (*Gebühr, Vorteil etc*) waive, c) (*Schuld*) remit, cancel. **3. j-m et. ~** a) (*Strafe, Schuld etc*) release (*od.* absolve) s. o. from s. th., b) (*Prüfung etc*) dispense (*od.* exempt, excuse) s. o. from s. th., c) (*Verpflichtung*) release s. o. from s. th., relieve s. o. of s. th., let s. o. off from s. th.; **j-m die Antwort ~** spare s. o. the answer; **bitte, ~ Sie es mir, darüber zu sprechen** I would rather not talk about it. **II ≗** *n* ⟨-s⟩ **4.** issuing (*etc*). **5.** issuance, publication. **6.** (*gen*) remission (of), release (from). **7.** (*gen*) exemption (from). **8.** *jur.* a) *e-s Gesetzes:* enactment, b) *e-r Gebühr etc:* waiver, c) *e-r Schuld:* remission. **Erˈlas·sung** *f* ⟨-; *no pl*⟩ → **erlassen** II.

erˈlau·ben [-ˈlaʊbən] *v/t* ⟨*no* **ge-**, **h**⟩ **1.** permit, allow; **j-m et. ~** allow (*od.* permit) s. o. (to do) s. th., give s. o. permission (*od.* leave) to do s. th.; **wenn es die Umstände ~** if circumstances permit; **wenn es das Wetter erlaubt** if the weather permits, weather permitting; **wenn Sie ~** if you don't mind, with your permission; **~ Sie (, daß ich …)?** may I (*do s. th.*)?; *colloq.* **~ Sie mal!** I beg your pardon!; **das ist ihm nicht erlaubt** he is not allowed to do that; **ist es erlaubt, hier zu rauchen?** is smoking permitted here?, can you smoke here?; **ich erlaube nicht, daß du es tust** I will not allow you to do it. **2. sich** (*dat*) **et. ~, sich ~, et. zu tun** a) (*gestatten*) permit o. s. (to do) s. th., (*wagen*) *a.* venture (to do) s. th., take the liberty of doing s. th., be so free as to do s. th., (*sich erdreisten*) *a.* dare (to) do s. th., *colloq.* (*Schlimmes tun*) perpetrate (*od.* do) s. th. (*bad*), b) (*gönnen*) indulge in s. th., treat o. s. to s. th.; **ich kann mir das ~** *allg.* I can afford that; **sich j-m gegenüber Vertraulichkeiten ~** become too familiar (*od. colloq.* chummy) (with s. o.); *colloq.* **was ~ Sie sich?** how dare you!, what do you think you are doing?; **ich erlaube mir festzustellen** permit me to say, by your permission (, …); **sich mit j-m e-n Scherz ~** play a joke on s. o. **Erˈlaub·nis** [-ˈlaʊpnɪs] *f* ⟨-; *no pl*⟩ **1.** permission, leave; **behördliche ~, ~schein** *m* permit, licen/ce (*Am.* -se); **j-n um ~ bitten** ask s. o.'s permission, ask s. o. for permission; **(die) ~ erhalten** obtain permission (*od.* consent); **j-m (die) ~ geben** (*od.* **erteilen**), **et. zu tun** give (*od.* grant) s. o. permission to do s. th., authorize s. o. to do s. th.; **(die) ~ haben, et. zu tun** have permission to do s. th. **2.** *bes. jur.* (*Ermächtigung, Vollmacht*) authority. **3.** (*Bescheinigung*) permit. **erˈlaubt** *pp u. adj* **1.** permitted, allowed. **2.** (*zulässig*) permissible, admissible.

erˈlaucht [-ˈlaʊxt] *adj* illustrious, noble.

erˈlau·schen *v/t* ⟨*no* **ge-**, **h**⟩ overhear.

erˈläu·tern I *v/t* ⟨*no* **ge-**, **h**⟩ (**j-m et.**) s. th. to s. o.) explain, *lit.* expound, elucidate; *durch Beispiel:* illustrate, exemplify; (*kommentieren*) comment on; (*deuten*) interpret. **II ≗** *n* ⟨-s⟩ explaining (*etc*). **erˈläu·ternd** *adj* explanatory, illustrating. **Erˈläu·te·rung** *f* ⟨-; -en⟩ **1.** → **erläutern** II. **2.** explanation, *lit.* elucidation; illustration, exemplification; (*Anmerkung*) (explanatory) note, annotation; comment(ary).

Er·le [ˈɛrlə] *f* ⟨-; -n⟩ *bot.* alder(-tree).

erˈle·ben I *v/t* ⟨*no* **ge-**, **h**⟩ **1.** experience, meet with; (*bes. Abenteuer, Freude, schöne Tage etc*) have; **er erlebte e-e große Überraschung** he had a great surprise; **er hat viel erlebt** a) he has had a great many adventures, b) he has seen a great deal of life, c) *iro.* he has had a lot of trouble; *colloq.* **hat man schon so et. erlebt!** did you ever!, can you beat that!; **et. Seltsames ~** have a strange experience; **ich habe es (oft) erlebt, daß** I have (often) seen it happen that; **ich habe es nie erlebt, daß er sagte** I have never known him to say; **ich habe ihn auch schon anders erlebt** I have known (*od.* seen) other sides of him; *colloq.* **sonst kannst du was ~!** or else!; **na, er soll was ~!** he'll catch it (for that)!, just let him come!; → **Wunder** 2. **2.** (*durchleben*) experience, see, live (*od.* pass, go) through, know; **das Land erlebte e-e Zeit des Friedens** the country went through a time of peace; **dieses Haus hat bessere Zeiten erlebt** this house has seen better days. **3.** (*durchmachen*) see, go through (*misery, etc*); **ich habe (es) selbst** (*od. colloq.* **am eigenen Leibe**) **erlebt, was es heißt, arm zu sein** I know from experience what it means to be poor. **4.** (*mit ansehen*) see, witness, be witness of; **wir werden es ja ~!** we'll see (what we shall see)!; **er will et. ~** he wants to see things (*od.* to live), he wants (real) action. **5.** (*noch mit~*) live to see; **er sollte es nicht mehr ~, daß** he didn't live to see that. **6.** *lit.* (*Landschaft, Kunstwerk etc*) see, absorb. **7.** (*Aufschwung, etc*) have (*a boom, etc*); **das Buch erlebte mehrere Auflagen** (**e-e Neuauflage**) the book ran into several editions (was reprinted); **das Stück erlebte 100 Aufführungen** the play had (a run of) 100 performances. **II ≗** *n* ⟨-s⟩ **8.** experiencing, meeting with (*etc*). **9.** *lit.* experience. **Erˈle·bensˌfall** *m econ.* **im ~** in case of survival; **~versicherung** *f* (pure) endowment insurance.

Erˈleb·nis [-ˈleːpnɪs] *n* ⟨-ses; -se⟩ **1.** experience; **es war ein großes ~** it was a great experience. **2.** (*Ereignis*) event, episode, occurrence. **3.** (*Abenteuer*) adventure. **~ˌdich·tung** *f* literature (*od.* work) based on personal experience. **≗ˌhung·rig** *adj* thirsting for adventure. **~psy·cho·loˌgie** *f* experiential psychology. **≗ˌreich** *adj* eventful. **~ˌun·terˌricht** *m ped.* "make it live" method of teaching.

erˈlebt I *pp u. adj* **1.** *Dichtung, Gefühl etc:* deeply felt. **2.** *Geschichte etc:* true, real-life. **3.** *Literatur:* **~e Rede** interior monologue. **II ≗e, das** ⟨-n⟩ **4.** experience.

erˈle·di·gen [-ˈleːdɪgən] **I** *v/t* ⟨*no* **ge-**, **h**⟩ **1.** a) (*zu Ende bringen, fertigstellen*) finish (with), get *s. th.* finished (*od.* done), b) (*durchführen*) carry (*od. colloq.* see) *s. th.* through, effect, execute, c) (*besorgen*) do, d) (*sich kümmern um, in die Hand nehmen*) deal with, attend (*od.* see) to, handle, take care of, e) (*arrangieren*) arrange, f) (*aus der Welt schaffen*) dispose of (*a matter*), settle (*dispute, question, transaction*); **ich werde das ~** I'll attend to (*od.* deal with, handle) this matter; **er hat dort e-e Menge zu ~** he has lots of things to do there; **es bleibt noch einiges zu ~** there are still some things to be done; **hast du all d-e Einkäufe erledigt?** did you do all your shopping?; **wird erledigt!** will be attended to!, *sl.* will do!; **et. schnell ~** rush s. th., *colloq.* knock (*od.* run, dash) s. th. off. **2.** (*abtun*) dispose of, dismiss; **diese Epoche wurde in dem Artikel in zwei Sätzen erledigt** the article disposed of this era in a few sentences. **3.** *colloq.* **j-n ~** a) (*erschöpfen*) finish s. o., wear s. o. out, *a. seelisch, nervlich:* get s. o. down, shatter s. o., b) (*ruinieren*) ruin s. o., dispose of s. o., *colloq.* do for s. o., settle s. o.'s hash, c) (*Gegner*) *a. Sport:* finish s. o., demolish s. o., d) (*ermorden*) do s. o. in. **II** *v/reflex* **sich ~ 4. sich von selbst ~** *Angelegenheit:* take care of itself; **damit ~ sich die übrigen Punkte** this disposes (*od.* takes care) of the remaining questions. **5.** *jur. Amt etc:* fall vacant. **III ≗** *n* ⟨-s⟩ **6.** finishing (*etc*). **7.** → **Erledigung. erˈle·digt** *pp u. adj* **1.** finished, settled; **so, das wäre ~!** that's settled then!, and that's that!; **damit ist alles ~** a) that is all there is to it, b) that clinches the matter, c) (*bezahlt*) that settles it; **damit war der Fall für ihn ~** he wouldn't bother about it any more; **das ist für mich ~** that's all over and done with; **~!** finished!; *colloq.* **der ist für mich ~** I am through with him. **2.** *colloq.* (*erschöpft*) worn out, done (*od.*

all) in, ready to drop. **3.** *colloq.* (*ruiniert etc*) finished; **der ist ~!** *a.* he is done for, *sl.* he has had it. **4.** *jur. Amt etc*: vacant. **Erˈle·di·gung** *f* ⟨-; -en⟩ **1.** → **erledigen** 6. **2.** ⟨*only sg*⟩ a) settlement, b) execution, handling, c) consideration, treatment, action, d) disposal, e) arrangement, f) transaction; **zur umgehenden ~** for immediate attention (*od.* action); **~ e-r Schuld** settlement of a debt; **in ~ Ihres Auftrages** concerning your order. **3.** ⟨*only sg*⟩ *e-s Gegners etc*: disposal, finishing. **4.** *meist pl* business; **ich habe noch einige ~en zu machen** I have still some business to take care of. **5.** ⟨*only sg*⟩ *jur. e-s Amtes*: vacancy.

erˈle·gen *v/t* ⟨**no ge-, h**⟩ *hunt.* bag, shoot, kill.

erˈleich·tern I *v/t* ⟨*no* **ge-, h**⟩ **1.** (*Bürde, Last etc*) lighten. **2.** *fig.* (*Gewissen etc*) ease, relieve, lighten; **sein** (*od.* **sich** *dat* **das**) **Herz ~** → 7. **3.** *fig.* (*Schmerzen, Leid etc*) ease, relieve, alleviate, assuage, allay. **4.** *fig.* (*e-e Aufgabe etc*) facilitate, make *s. th.* easy (*od.* easier) (**j-m** for s. o.); **j-m die Zahlung ~** facilitate payment for s. o. **5.** (*Lage etc*) relieve, ease. **6.** *humor.* **j-n um s-n Geldbeutel** *etc* **~** ease (*od.* relieve) s. o. of his purse, *etc.* **II** *v/reflex* **sich ~ 7.** *fig.* unburden (*od.* ease) one's mind, relieve one's feelings. **8.** *colloq.* take off some clothes. **9.** *fig. colloq.* (*Notdurft verrichten*) relieve nature (*od.* o. s.). **III** *v/i* **10.** *colloq.* ease, give relief; *lassen Sie ihn fluchen,* **das erleichtert** it will do him good. **erˈleich·tert I** *pp u. adj* relieved; **da bin ich aber ~!** that's a relief; **er fühlte sich ~** he felt great relief. **II** *adv* in relief; **~ aufatmen** heave a sigh of relief. **Erˈleich·te·rung** *f* ⟨-; -en⟩ **1.** lightening (*etc*). **2.** relief; **zu m-r (großen) ~** (much) to my relief; **er stieß e-n Seufzer der ~ aus** he heaved a sigh of relief. **3.** *von Schmerzen etc*: relief, ease, alleviation; **~ verschaffen** give relief. **4.** *pl bes. econ.* a) (*Vorteile*) facilities, b) (*Steuer*ᒿ *etc*) relief *sg.*

erˈlei·den I *v/t* ⟨*irr, no* **ge-, h**⟩ **1.** (*Schaden, Niederlage, Verluste etc*) suffer, sustain, incur, meet with (*damage, defeat, loss, etc*); **den Tod ~** suffer (*od.* meet with) death, die, be killed; → **Rückschlag** (*etc*). **2.** (*erdulden*) endure, bear, suffer, go through. **3.** (*Veränderungen etc*) undergo, suffer (*changes, etc*). **II** ᒿ *n* ⟨-s⟩ **4.** suffering (*etc*).

ˈEr·len|ˌbaum *m* → Erle. **~ˌholz** *n* alder (wood).

erˈlern·bar *adj* learnable; **leicht (schwer) ~** easy (difficult) (to learn).

erˈler·nen *v/t* ⟨*no* **ge-, h**⟩ **1.** (*Beruf etc*) learn. **2.** (*Sprache, Fertigkeit etc*) learn, acquire.

erˈle·sen[1] *v/t* ⟨*irr, no* **ge-, h**⟩ **1.** *archaic u. lit.* (*auswählen*) select, choose, pick. **2.** *Swiss for* **aussortieren** 1, 2. **erˈle·sen**[2] *pp u. adj Wein, Geschmack etc*: select, choice, exquisite; **e-e ~e Gesellschaft** a select company.

erˈleuch·ten *v/t* ⟨*no* **ge-, h**⟩ **1.** light(en) up, illuminate. **2.** *fig.* (*j-n, j-s Geist*) enlighten; **erleuchtet werden** *a.* see the light (*a. humor.*). **Erˈleuch·tung** *f* ⟨-; -en⟩ **1.** illumination. **2.** *fig.* enlightenment, *a. relig.* illumination; (**göttliche ~**) divine) inspiration. **3.** *colloq.* (*Einfall*) inspiration, bright idea, brain wave.

erˈlie·gen I *v/i* ⟨*irr, no* **ge-, sein**⟩ ⟨*dat*⟩ **1.** (*e-r Versuchung etc*) succumb (*od.* yield, give in) (to). **2.** (*e-m Irrtum, e-r Täuschung etc*) be the victim (of). **3.** (*dem Gegner etc*) succumb (to), be overcome (by), be defeated (by). **4.** *lit.* (*e-m Leiden etc*) die (of *od.* from), succumb (to). **II** ᒿ *n* ⟨-s⟩ **5.** succumbing (*etc*); **zum ᒿ kommen** a) give way, fail, *a. Verkehr etc*: break down, be paralyzed, be brought to a standstill, b) *Bergwerk etc*: close down; **et. zum ᒿ bringen** bring s. th. to a standstill.

erˈli·sten [-ˈlɪstən] *v/t* ⟨*no* **ge-, h**⟩ snare, *colloq.* wangle.

ˈErlˌkö·nig *m* ⟨-(e)s; *no pl*⟩ **1.** *myth.* erlking. **2.** *colloq. mot.* mystery model (*disguised prototype car*).

erˈlo·gen *pp u. adj* false, fabricated, made-up, trumped-up; **von A bis Z ~** made out of whole cloth; **das ist** (*colloq.* **erstunken und**) **~** that's a (filthy) lie.

Erˈlös [-ˈløːs] *m* ⟨-es; -e⟩ **1.** proceeds *pl* (**aus** from). **2.** (*Gewinn*) profit(s *pl*). **3.** (*Reingewinn*) net profit(s *pl*).

erˈlo·schen I *pp of* **erlöschen. II** *adj* **1.** *Feuer, Licht etc*: extinguished, ⟨*pred*⟩ out. **2.** *Vulkan, a. Familie etc*: extinct. **3.** *fig. lit. Gefühl, Liebe etc*: dead. **4.** *jur.* a) *Verträge, Ansprüche etc*: expired, lapsed, b) *Rechte, Patente etc*: lapsed, c) *Firmen etc*: dissolved, d) *Schulden etc*: cancel(l)ed. **erˈlö·schen I** *v/i* ⟨**erlischt, erlosch, erloschen, sein**⟩ **1.** *Feuer, Licht etc*: go out, be extinguished, *langsam*: *Feuer*: die (down), *Licht*: fade (away); *lit.* **sein Leben(slicht) erlischt** he is dying; **mit ~der Stimme** with a failing voice. **2.** *Vulkan*: become extinct. **3.** *fig. lit. Liebe, Hoffnung etc*: die, fade. **4.** *fig. lit. Namen, Geschlecht etc*: become extinct, die out. **5.** *jur.* a) *Verträge, Ansprüche etc*: lapse, expire, terminate, b) *Rechte, Patente etc*: lapse, c) *Firmen etc*: cease to exist, be dissolved, d) *Schulden etc*: be cancel(l)ed. **II** ᒿ *n* ⟨-s⟩ **6.** extinguishing (*etc*). **7.** *allg.* extinction; **et. zum ᒿ bringen** extinguish s. th. **8.** *jur.* lapse, expiration.

erˈlö·sen *v/t* ⟨*no* **ge-, h**⟩ **1.** *aus Gefangenschaft, Banden etc*: (**aus** from) release, free, deliver, liberate; **j-n von s-m Leiden ~** deliver s. o. from his suffering, *a. iro.* put s. o. out of his misery; **er ist erlöst** (*tot*) his sufferings are over; **erlöstes Gefühl** sense of release, relief. **2.** (*retten*) rescue, save (**aus** *s. o.* from *a situation, etc*). **3.** *relig.* redeem, deliver, save; **erlöse uns von dem Übel** deliver us from evil. **4.** *econ.* (*Geld etc*) realize, get, net. **erˈlö·send** *adj fig.* relieving; **ein ~es Lachen** a laugh that breaks the tension; **das ~e Wort sprechen** break the tension (*od.* ice, spell). **Erˈlö·ser** *m* ⟨-s; -⟩ **1.** *relig.* **der ~** the Redeemer, the Savio(u)r. **2.** *fig.* liberator, rescuer. **Erˈlö·sung** *f* ⟨-; -en⟩ **1.** *aus Gefangenschaft etc*: deliverance, release, liberation. **2.** (*Erleichterung*) release, relief. **3.** *relig.* redemption, salvation, deliverance; **~sreligion** *f* redemptive religion.

erˈmäch·ti·gen [-ˈmɛçtɪgən] *v/t* ⟨*no* **ge-, h**⟩ empower, authorize, vest *s. o.* with powers (*od.* authority). **erˈmäch·tigt** *pp u. adj* **~ sein (et. zu tun)** be authorized (*od.* empowered) (to do s. th.), have authority (*od.* power) (to do s. th.). **Erˈmäch·ti·gung** *f* ⟨-; -en⟩ **1.** (*Vorgang*) authorizing, authorization. **2.** (*Befugnis*) authorization, authority, power. **3.** (*Urkunde*) warrant, licen/ce (*Am.* -se); → *a.* **Vollmacht. Erˈmäch·ti·gungs·geˌsetz** *n pol.* Enabling Act.

erˈmah·nen *v/t* ⟨*no* **ge-, h**⟩ **1.** admonish, exhort, (*drängen*) urge; **j-n zur Vorsicht ~** admonish (*od.* urge) s. o. to be careful. **2.** (*rügen*) reprove, rebuke, expostulate with. **3.** (*warnen*) warn, caution (*beide a. Sport*). **erˈmah·nend** *adj Worte etc*: admonitory, admonishing, (ex)hortative. **Erˈmah·nung** *f* ⟨-; -en⟩ **1.** admonishing (*etc*). **2.** admonition, exhortation. **3.** rebuke, reproof. **4.** warning, (a) word to the wise. **5.** *Sport*: (first) caution.

erˈman·geln I *v/i* ⟨*no* **ge-, h**⟩ *archaic* ⟨*gen*⟩ lack (*acc*), want (*acc*), be lacking (*od.* wanting) (in); **er ermangelte jeglichen Feingefühls** *a.* he was innocent of any delicacy. **II** *v/t adm.* fail; **ich werde nicht ~, zu** I shall not fail to. **Erˈman·ge·lung, Erˈmang·lung** *f* ⟨-; *no pl*⟩ **1.** lack(ing), want(ing). **2. in ~ e-r Sache** for want of s. th., in the absence (*od.* in default) of s. th.; **in ~ e-s Bessern** for want of s. th. better.

erˈman·nen *v/reflex* ⟨*no* **ge-, h**⟩ *lit.* **sich ~** brace (*od.* nerve) o. s., take heart, pluck up courage (**et. zu tun** to do s. th.); (*sich zs.-reißen*) pull o. s. together.

erˈmä·ßi·gen *v/t* ⟨*no* **ge-, h**⟩ (*Gebühr etc*) reduce, lower, cut; (*Preise*) *a.* mark down; **sich ~** be reduced (**auf** *acc* to). **erˈmä·ßigt** *pp u. adj* reduced, cut; **zu ~en Preisen** at reduced prices, at cut rates. **Erˈmä·ßi·gung** *f* ⟨-; -en⟩ **1.** reducing (*etc*), reduction. **2.** (*Betrag*) reduction, cut.

erˈmat·ten [-ˈmatən] **I** *v/t* ⟨*no* **ge-, h**⟩ **1.** tire, fatigue, exhaust, wear *s. o.* out (*od.* down). **II** *v/i* ⟨**sein**⟩ **2.** (**vor** *dat*) tire (with), be exhausted (from). **3.** *geistig*: (grow) weary; (*nachlassen*) slacken; *Interesse etc*: wane, flag. **III** ᒿ *n* ⟨-s⟩ **4.** tiring, getting tired (*etc*). **erˈmat·tet** *pp u. adj* **1.** tired, weary, fatigued, weak, exhausted, worn-out, spent. **2.** *geistig*: weary, jaded. **Erˈmat·tung** *f* ⟨-; *no pl*⟩ **1.** → **ermatten** III. **2.** → **Ermüdung** 2. **3.** exhaustion; **bis zur ~** to (the point of) exhaustion. **Erˈmat·tungs·stra·teˌgie** *f mil.* strategy of attrition.

erˈmeß·bar *adj Folgen etc*: assessable; foreseeable.

erˈmes·sen I *v/t* ⟨*irr, no* **ge-, h**⟩ **1.** (*abschätzen*) estimate, assess, judge, appraise. **2.** (*erfassen, begreifen*) realize, imagine, appreciate, conceive (of), see; **man wird den Wert dieser Arbeit erst später voll ~ können** one will not be able fully to appreciate the value of this work until later. **3.** (*folgern*) (**aus** from) conclude, infer. **II** ᒿ *n* ⟨-s⟩ **4.** estimating (*etc*). **5.** (*Urteil, Meinung*) judg(e)ment, discretion; **freies ᒿ** (free) discretion; **nach m-m ᒿ** in my opinion, as I see it; **nach dem ᒿ des Gerichts** at the discretion of the court; **nach bestem ᒿ** to the best of one's judgement; **ich stelle es in dein ᒿ, ich überlasse es d-m ᒿ** I leave it to you(r discretion); **nach menschlichem ᒿ** as far as is humanly possible to tell, in all probability; **nach eigenem ᒿ handeln** act completely at one's own discretion; **das liegt** (*od.* **steht**) **ganz in d-m ᒿ** that lies (*od.* is) completely within your discretion, it is entirely up to you.

Erˈmes·sens|entˌschei·dung *f jur.* discretionary decision. **~ˌfra·ge** *f* matter of discretion. **~ˌfrei·heit** *f* (free) discretion; → **Ermessensspielraum. ~ˌhand·lung** *f* discretionary act. **~ˌmißˌbrauch** *m* abuse of discretion. **~ˌspielˌraum** *m* latitude, leeway, scope. **~ˌüberˌschrei·tung** *f* violation of authority.

erˈmit·teln [-ˈmɪtəln] **I** *v/t* ⟨*no* **ge-, h**⟩ **1.** (*feststellen*) ascertain, find out, establish, *a. chem. math. phys. etc* (*bestimmen*) determine; **j-s Identität ~** identify s. o.; **e-n anonymen Autor ~** find out the name of (*od.* identify) an anonymous author. **2.** (*finden*) trace, locate, find out, discover. **II** *v/i* **3.** *polizeilich*: investigate, conduct investigations (*od.* make inquiries) (**in e-r Sache** in a matter; gegen j-n concerning s. o.). **III** ≈ *n* ⟨-s⟩ **4.** ascertaining (*etc*). **Er'mitt·lung** *f* ⟨-; -en⟩ **1.** → ermitteln III. **2.** ascertainment, establishment; *a. chem. math. phys. etc* (*Bestimmung*) determination; (*Entdeckung*) detection, discovery, tracing. **3.** *pl* (*Feststellungen*) findings, facts, information *sg*. **4.** *pl jur.* investigations, inquiries; ~en anstellen (*od.* führen) (über *acc*, gegen) → ermitteln 3.

Er'mitt·lungs|,aus,schuß *m pol.* fact-finding committee. **~be,am·te** *m jur.* investigating officer. **~ver,fah·ren** *n* preliminary proceedings *pl*, judicial inquiry.

er'mög·li·chen [-'mø:klıçən] *v/t* ⟨*no* ge-, h⟩ **1.** make (*od.* render) *s. th.* possible, enable (*s. th.* [to be done]); j-m et. ~ make s. th. possible for s. o.; j-m ~, et. zu tun make it possible for (*od.* enable) s. o. to do s. th.; wenn es sich ~ läßt if it is possible (*od.* can be arranged). **2.** (*gestatten*) allow, permit. **Er'mög·li·chung** *f* ⟨-; *no pl*⟩ making *s. th.* possible, enabling; zur ~ e-r Sache to make s. th. possible, to enable s. th. to be done.

er'mor·den *v/t* ⟨*no* ge-, h⟩ **1.** murder. **2.** assassinate. **Er'mor·de·te** *m, f* ⟨-n; -n⟩ murdered person, (murder) victim. **Er'mor·dung** *f* ⟨-; -en⟩ **1.** murdering. **2.** murder. **3.** assassination.

er'müd·bar *adj* fatigable, *a.* fatiguable; leicht ~ sein be easily tired. **≈keit** *f* ⟨-; *no pl*⟩ fatigability.

er'mü·den [-'my:dən] **I** *v/t* ⟨*no* ge-, h⟩ **1.** → ermatten I. **II** *v/i* ⟨sein⟩ **2.** → ermatten II. **3.** *tech. Material etc*: fatigue. **III** ≈ *n* ⟨-s⟩ **4.** tiring, getting tired. **er'mü·dend** *pres p u. adj Arbeit etc*: tiring, tedious, fatiguing, wearisome; nie ~ never-tiring, untiring, indefatigable. **Er'mü·dung** *f* ⟨-; *no pl*⟩ **1.** → ermüden III. **2.** tiredness, fatigue, weariness. **3.** *tech. des Metalls*: fatigue.

er'mü·dungs|be,stän·dig *adj tech.* fatigue-resistant. **≈er,schei·nung** *f a. tech.* sign of fatigue. **≈,gren·ze** *f tech.* fatigue limit. **≈,stoff** *m physiol.* fatigue toxin.

er'mun·tern [-'muntərn] **I** *v/t* ⟨*no* ge-, h⟩ **1.** a) (*ermutigen*) encourage (zu et. *od.* et. zu tun to do s. th.), b) (*anfeuern*) rouse, stir up, stimulate, c) (*anregen*) animate, stimulate, enliven, d) (*aufheitern*) cheer *s. o.* up. **2.** (*beleben*) put new life into *s. o.*, brace, invigorate. **3.** (*aufwecken*) awake, rouse. **II** *v/reflex* sich ~ **4.** *rare* wake up, come to life. **er'mun·ternd** *adj* encouraging, heartening. **Er'mun·te·rung** *f* ⟨-; -en⟩ **1.** encouraging (*etc*). **2.** encouragement; Worte der ~ words of encouragement. **3.** (*Anstoß*) fillip. **4.** (*Anreiz*) incentive, stimulus.

er'mu·ti·gen [-'mu:tıgən] *v/t* ⟨*no* ge-, h⟩ encourage, hearten, *lit.* embolden; j-n zu e-r Tat ~ encourage s. o. to do s. th.; j-n in s-m Entschluß ~ encourage s. o. in his decision. **er'mu·ti·gend** *pres p u. adj* encouraging, heartening, reassuring. **Er'mu·ti·gung** *f* ⟨-; -en⟩ encouragement; zur ~ as an encouragement, (in order) to encourage *s. o.*

er'näh·ren I *v/t* ⟨*no* ge-, h⟩ **1.** feed, nourish; j-n künstlich ~ feed s. o. artificially. **2.** *fig.* (*unterhalten*) keep, maintain, support, provide for, feed; er hat e-e große Familie zu ~ he has a large family to support; dieser Beruf ernährt s-n Mann you can make a (good) living in this trade. **II** *v/reflex* sich ~ **3.** (von on) live, subsist, *bot. zo. a.* feed. **4.** (*s-n Unterhalt verdienen*) (von *od.* durch by) earn (*od.* make) one's living, live, support o. s.; sich durch (*od.* von) s-r Hände Arbeit ~ earn one's living by manual work. **Er'näh·rer** *m* ⟨-s; -⟩ *e-r Familie*: provider, breadwinner. **er'nährt** *pp u. adj* nourished; schlecht ~ ill-fed, malnourished; künstlich ~ artificially fed, *Säugling*: bottle-fed. **Er'näh·rung** *f* ⟨-; *no pl*⟩ **1.** feeding, nourishing. **2.** *bes. med.* feeding, nutrition, alimentation. **3.** (*Nahrung*) food, nourishment, nutrition, diet; schlechte ~ malnutrition. **4.** (*Unterhalt*) maintenance, support. **5.** *bot.* phytotrophy.

Er'näh·rungs|,fach,mann *m* **1.** nutrition expert, nutritionist. **2.** *med.* dietitian, dietician. **≈ge,stört** *adj med.* malnourished, dystrophic. **~,krank·heit** *f* nutritional disease. **~,kun·de** *f* → Ernährungslehre. **~,la·ge** *f* food situation. **~,leh·re** *f* dietetics *pl* (*a. als sg konstruiert*). **~,stö·rung** *f* nutritional disturbance, dystrophy. **~the·ra,pie** *f* dietetic treatment, tropotherapy. **~,wei·se** *f* **1.** (form of) nutrition, diet; richtige (falsche) ~ correct (wrong) diet; verordnete ~ diet, regime. **2.** *zo.* feeding habit. **~,wirt·schaft** *f* food production and distribution, agricultural and food industries *pl*. **~,wis·sen·schaft** *f* (science of) dietetics *pl* (*als sg od. pl konstruiert*), nutrition. **~,wis·sen·schaft·ler** *m* nutritionist. **~,zu,stand** *m* nutritional condition.

Er'nann·te *m, f* ⟨-n; -n⟩ nominee.

er'nen·nen *v/t* ⟨*irr, no* ge-, h⟩ appoint, nominate, name; j-n zum Direktor ~ appoint s. o. as (*od.* make s. o. a) director; s-n Nachfolger ~ appoint (*od.* designate) one's successor; er wurde zum Vorsitzenden ernannt he was appointed chairman. **Er'nen·nung** *f* ⟨-; -en⟩ (*Vorgang u. Ergebnis*) appointment, nomination, designation; s-e ~ zum Konsul his appointment as (*od.* to the post of) consul.

Er'nen·nungs|,recht *n jur. pol.* power (*od.* right) of appointment. **~,schrei·ben** *n*, **~,ur,kun·de** *f* letter (*od.* certificate) of appointment, commission.

er'neu·en [-'nɔyən] *v/t u.* sich ~ *v/reflex* ⟨*no* ge-, h⟩ *lit.* → **er'neu·ern I** *v/t* ⟨*no* ge-, h⟩ **1.** (*Haus etc*) renovate, *a. Gemälde etc*) restore. **2.** (*Farben etc*) renew, refresh. **3.** (*Batterie, Reifen etc*) renew, replace; *mot.* das Öl ~ change the oil. **4.** (*reparieren*) a) repair, mend, b) (*ganz überholen*) overhaul. **5.** *fig.* (*Freundschaft etc*) renew, revive. **6.** *fig.* (*Versprechen etc*) repeat, renew. **7.** *jur.* a) (*Vertrag etc*) renew, b) (*Patent*) reinstate. **II** *v/reflex* sich ~ **8.** be renewed, revive. **Er'neue·rung** *f* ⟨-; -en⟩ **1.** renewing (*etc*), renewal. **2.** *e-s Hauses, Gemäldes etc*: renovation, restoration. **3.** *von Farben*: renewal, refreshment. **4.** *tech.* a) *e-r Batterie, e-s Reifens etc*: renewal, replacement, b) (*Reparatur*) repair; (Rund)~ e-s Reifens retreading. **5.** *fig.* (*Wiederaufleben*) *a. e-r Freundschaft etc*: renewal, revival; *e-s Versprechens etc*: renewal, reiteration. **6.** *jur. e-s Vertrags*: renewal, *e-s Patents*: reinstatement. **7.** (*Wiederaufleben*) renewal, revival.

Er'neue·rungs|,fonds *m econ.* replacement fund. **~,rück,la·ge** *f* reserve for renewals. **~,schein** *m* talon.

er'neut I *adj* renewed, new, fresh; mit ~er Kraft with renewed strength; *jur.* ~e Verhandlung rehearing, trial de novo. **II** *adv* once more, again, anew; ihr Wunsch erwachte ~ her wish revived.

er'nied·ri·gen [-'ni:drıgən] **I** *v/t* ⟨*no* ge-, h⟩ **1.** degrade (j-n zum Sklaven s. o. to a slave). **2.** (*demütigen*) humiliate, humble. **3.** *mus.* (*Ton*) flatten. **4.** → herabsetzen 2. **II** *v/reflex* sich ~ **5.** degrade (*od.* abase, demean, lower) o. s.; sich (so weit) ~, et. zu tun lower (*od.* demean) o. s. so far as to do s. th., stoop (so low as) to do s. th. **6.** (*sich demütigen*) humble (*od.* humiliate) o. s.; *Bibl.* wer sich selbst erniedrigt he that humbleth himself. **er'nied·ri·gend** *pres p u. adj* **1.** *Tätigkeit etc*: degrading. **2.** *Benehmen, Bemerkung etc*: humiliating. **Er'nied·ri·gung** *f* ⟨-; -en⟩ **1.** degrading (*etc*). **2.** degradation, abasement. **3.** (*Demütigung*) humiliation, mortification. **4.** *econ.* reduction. **Er'nied·ri·gungs,zei·chen** *n mus.* flat.

ernst [ɛrnst] **I** *adj* ⟨-er; -est⟩ **1.** serious, earnest, *stärker*: grave, (*feierlich*) solemn (*person, face, words, etc*); ein ~er Mensch a serious(-minded) person; sich ~e Gedanken über (*acc*) et. machen be very concerned (*od.* worried) about s. th. **2.** (*streng*) severe, stern, serious. **3.** (*bedrohlich*) grave, serious, critical (*situation, etc*). **4.** (*gewichtig*) grave, weighty, serious, diet; das ist e-e sehr ~e Sache that is a very serious business; ihm kamen ~e Zweifel he had serious doubts. **5.** (*aufrichtig*) serious, earnest, sincere; ~e Absichten haben have serious intentions. **6.** *Film, Roman etc*: serious; ~e Musik serious (*od.* classical) music; ~e Oper opera seria. **7.** → ernstzunehmend. **II** *adv* **8.** seriously (*etc*), in earnest; ~ mit j-m reden have a serious talk with s. o.; ich meine das ~ I am serious (*od.* in earnest) about it, I mean it; et. (j-n) ~ nehmen take s. th. (s. o.) seriously; ich nehme die Sache ~ I regard the matter as serious; das war nicht ~ gemeint a) I (he, *etc*) didn't mean it, b) no offen/ce (*Am.* -se) meant!; → tierisch. **Ernst** *m* ⟨-es; *no pl*⟩ **1.** seriousness, earnest, *stärker*: graveness, gravity, solemnity; im ~, allen ~es in all seriousness, quite seriously, in earnest; im ~? seriously?, really?; ist das ~? are you serious?; das kann doch nicht dein ~ sein! you don't (seriously) mean that, do you?; mir ist es (vollkommener) ~ damit I am quite serious (*od.* in earnest) about that; es ist mein voller (*od. colloq.* blutiger) ~ I am in dead earnest, I am dead serious; ~ machen mit carry out (*plan, threat, etc*), go ahead with *s. th.*; et. für ~ nehmen (*od.* halten) take s. th. seriously; du denkst doch nicht im ~ daran? you aren't thinking of it seriously, are you?, you don't really mean it, do you? **2.** (*ernsthaftes Wesen*) seriousness, serious-mindedness, earnestness; ihm fehlt der nötige ~ he lacks seriousness. **3.** (*Aufrichtigkeit*) seriousness, earnest(ness), sincerity. **4.** (*Strenge*) seriousness, severity, sternness. **5.** (*Gewichtigkeit*) seriousness, gravity, weightiness; der ~ der Stunde the graveness of the hour; der ~ des Lebens the harsh(er) side of life; *colloq.* jetzt fängt wieder der ~ des Lebens an! back to work (*od.* the grindstone)! **6.** (*Bedrohlichkeit*) seriousness, gravity (*of the situation, etc*).

'Ernst|,fall *m* **1.** (case of) emergency; im ~ in case of emergency, if things come to a head, if need be; für den ~ gerüstet sein be prepared for an emergency. **2.** *mil.* (im ~ in) case of war. **≈ge,meint** *adj* serious, earnest, genuine. **≈haft** *adj* **1.** → ernst 1, 3–5. **2.** → ernstzunehmend. **~haf·tig·keit** *f* ⟨-; *no pl*⟩ → Ernst 1–6. **≈lich I** *adj* **1.** *Gefahr, Zweifel, Hindernis, Mangel etc*: serious, grave. **2.** *Versuch etc*: serious, earnest. **3.**

Absicht, Wunsch etc: serious, sincere, genuine, earnest. **II** *adv* **4.** seriously (*etc*); ~ **besorgt** very anxious, alarmed; ~ **krank** seriously ill; **er wurde ~ böse** he got really angry; **er war ~ verletzt** he was seriously (*od.* badly, gravely, critically) injured. **≈zuˌneh·mend** [-tsu-] *adj* serious, formidable (*rival, etc*).

Ern·te [ˈɛrntə] *f* ⟨-; -n⟩ **1.** (~*ertrag*) harvest (*a. fig.*), crop(s *pl*); **die ~ einbringen** (bring in the) harvest; ~ **auf dem Halm** standing crop; *fig.* **die ~ s-s Fleißes** the fruits *pl* of his labo(u)r; **reiche ~** *a. fig.* rich harvest; *fig.* **der Tod hielt reiche** (*od.* **furchtbare, schreckliche**) ~ death took a heavy toll. **2.** (*das Ernten*) harvest(ing). **3.** (*Wein≈*) vintage. **4.** → **Erntezeit.** **~ˌamei·se** *f zo.* harvest ant. **~ˌar·beit** *f* harvest(ing). **~ˌar·bei·ter** *m,* **~ˌar·bei·te·rin** *f* harvester. **~ˌausˌfall** *m* crop failure. **~ˌausˌsich·ten** *pl* crop prospects. **~ˌdankˌfest** *n* harvest festival, *Am.* Thanksgiving Day. **~erˌtrag** *m* crop yield. **~ˌfest** *n* harvest home. **~ˌjahr** *n* crop year. **~ˌlied** *n* harvest song (*Am.* home). **~maˌschi·ne** *f agr.* harvesting machine, harvester. **~ˌmo·nat, ~ˌmond** *m obs. od. poet.* harvest moon.

ern·ten [ˈɛrntən] **I** *v/t* ⟨h⟩ **1.** *agr.* a) (*Getreide etc*) harvest, gather, reap, b) (*Obst*) pick; **Wein ~** harvest (*od.* vintage) grapes. **2.** *fig.* reap, earn, win, get; **die Früchte s-r Arbeit ~** reap the fruits of one's work; **Beifall ~** win applause; **Dank ~** reap (*od.* win) gratitude; **Ruhm ~** reap (*od.* win, gain) fame. **II** *v/i* **3.** *agr.* (bring in the) harvest; **wer ~ will, muß auch säen** (*Sprichwort*) he who will reap must sow; *fig.* ~, **wo man nicht gesät hat** reap where one has not sown.

ˈern·te|ˌreif *adj* ready for harvesting. **≈ˌscha·den** *m* crop damage, damage to crops. **≈ˌse·gen** *m fig.* rich harvest. **≈ˌtanz** *m* harvest home (dance). **≈verˌsi·che·rung** *f* crop insurance. **≈ˌwa·gen** *m* harvest wag(g)on. **≈ˌwet·ter** *n* harvest weather. **≈ˌzeit** *f* harvest (time *od.* home).

erˈnüch·tern I *v/t* ⟨*no* **ge-, h**⟩ **1.** (*Betrunkenen*) sober *s. o.* (down *od.* up), make *s. o.* sober. **2.** *fig.* sober, disillusion, have a sobering effect on *s. o.*, bring *s. o.* down to earth again. **II** *v/reflex* **sich ~ 3.** sober (down *od.* up), *fig. a.* come down to earth again. **erˈnüch·ternd I** *pres p u. adj fig.* sobering, disillusioning. **II** *adv* (**auf j-n**) ~ **wirken** have a sobering effect (on s. o.). **Erˈnüch·te·rung** *f* ⟨-; -en⟩ **1.** sobering (down *od.* up). **2.** disillusionment, disenchantment.

Erˈobe·rer *m* ⟨-s; -⟩ conqueror. **erˈobern** [-ˈʔoːbərn] *v/t* ⟨*no* **ge-, h**⟩ **1.** *mil.* (*Gebiet, Land*) conquer, (*Stadt, Stellung etc*) *a.* take (by storm), capture; *fig.* **alle Herzen im Sturm ~** take all hearts by storm; **j-s Herz im Sturm ~** *a.* sweep s. o. off his (her) feet; **sich** (*dat*) **e-e gute Position ~** conquer (*od.* attain, secure o. s.) a good position; **j-n** (*od.* **j-s Herz**) ~ win (*od.* conquer) s. o.'s heart, conquer s. o. **2.** *econ.* **e-n Markt ~** capture (*od.* conquer) a market. **Erˈobe·rung** *f* ⟨-; -en⟩ **1.** conquering (*etc*). **2.** *e-s Gebietes etc*: conquest, *e-r Stadt etc*: *a.* capture, taking. **3.** *fig. humor.* conquest; **e-e ~ machen** make a conquest; **s-e neueste ~** his latest conquest; **auf ~en aus sein** be out to make conquests, *sl.* be on the make.

Erˈobe·rungs|ˌfeldˌzug *m mil.* (warlike) expedition, invasion. **~ˌkrieg** *m* war of conquest. **~ˌlust** *f* thirst for conquest(s). **≈ˌlu·stig** *adj* **1.** thirsty for conquest(s). **2.** *humor. Mann, Frau*: out to make conquests, *sl.* on the make.

ero·die·ren [eroˈdiːrən] *v/t* ⟨*no* **ge-, h**⟩ *bes. geol., a. fig.* erode; **~d** erosive.

erˈöff·nen I *v/t* ⟨*no* **ge-, h**⟩ **1.** (*Ausstellung, Sitzung, Spielzeit etc*) open, *feierlich*: inaugurate. **2.** (*Geschäft etc*) open, set up, start (*a business*); **wieder ~** reopen. **3.** *econ.* a) (*Konto, Kredit*) open, b) (*Konkursverfahren*) institute. **4.** *jur.* a) (*Verhandlungen etc*) open, b) (*Testament*) open, read. **5.** *fig.* (*Aussichten, Möglichkeiten etc*) open (up), offer. **6.** *fig.* **j-m et. ~** (*sagen*) disclose (*od.* reveal, *förmlich*: notify) s. th. to s. o., inform s. o. of s. th., tell s. o. s. th. **7.** *mil.* open (*fire, hostilities*). **8.** *med.* a) (*Geschwür etc*) open, b) (*Geburt*) start, induce. **II** *v/i* **9.** *Geschäft, Saison, Börse etc*: open. **10.** *Schach*: open (the game). **III** *v/reflex* **sich ~ 11.** *fig. Möglichkeiten etc*: (**[vor]** *j-m*) open up (before, for), offer (*od.* present) itself (to). **12.** *fig.* **sich j-m ~** open one's heart to s. o., take s. o. into one's confidence. **Erˈöff·nung** *f* ⟨-; -en⟩ **1.** opening, *feierliche*: *a.* inauguration; **die ~ der Buchmesse ist für den 4. Oktober geplant** the bookfair will open on October 4. **2.** *e-s Geschäfts, e-r Praxis*: establishment, start; **der Anwalt plant die ~ e-r eigenen Kanzlei** the lawyer intends to open a (law) firm of his own. **3.** *econ.* a) *e-s Kontos, Akkreditivs etc, a. jur. e-s Testaments*: opening, b) *des Konkurses*: institution (*of bankruptcy proceedings*). **4.** *fig.* (*Mitteilung*) disclosure, revelation, announcement, *förmlich*: notification; **j-m e-e ~ machen** → **eröffnen** 6. **5.** *Schach, Sport*: opening.

Erˈöff·nungs|ˌanˌspra·che *f* opening (*od.* inaugural) address (*od.* speech). **~beˌschluß** *m jur.* **1.** order to proceed (*od.* to commit *s. o.* for trial). **2.** bankruptcy order. **~biˌlanz** *f econ.* opening balance-sheet. **~ˌfei·er** *f* opening ceremony, inauguration. **~ˌfei·er·lich·kei·ten** *pl* inaugural (*od.* opening) ceremonies. **~ˌkampf** *m Boxen*: opening bout. **~ˌkurs** *m econ. Börse*: opening price (*od.* quotation). **~ˌre·de** *f* → **Eröffnungsansprache.** **~ˌsit·zung** *f* **1.** initial meeting. **2.** *parl.* opening session. **~ˌspiel** *n Sport*: opening match. **~ˌtag** *m* opening day.

ero·gen [eroˈgeːn] *adj physiol.* **~e Zone** erogenous area.

erˈör·tern *v/t* ⟨*no* **ge-, h**⟩ discuss, debate. **Erˈör·te·rung** *f* ⟨-; -en⟩ **1.** (*gen*) discussion (of), debate (on); **zur ~ stehen** be under discussion. **2.** *ped.* (*Aufsatz*) essay.

Eros [ˈeːrɔs] **I** *npr m* ⟨-; *no pl*⟩ *myth.* Eros. **II** *m* ⟨-; *no pl*⟩ *lit. psych.* Eros. **~ˌcen·ter** [-ˌsɛntər] *n* ⟨-s; -⟩ Eros cent/re (*Am.* -er).

Ero·si·on [eroˈzĭoːn] *f* ⟨-; -en⟩ *geol. med., a. fig.* erosion.

Ero·ten [eˈroːtən] *pl Kunst*: Cupids.

Ero·tik [eˈroːtɪk] *f* ⟨-; *no pl*⟩ eroticism. **Ero·ti·ka** [eˈroːtika] *pl* erotica. **Ero·ti·ker** [eˈroːtikər] *m* ⟨-s; -⟩ **1.** erotic (person). **2.** (*Dichter*) erotic writer (*od.* poet). **ero·tisch** [eˈroːtɪʃ] *adj* erotic. **ero·ti·sie·ren** [erotiˈziːrən] *v/t* ⟨*no* **ge-, h**⟩ eroticize. **Ero·to·ma·ne** [erotoˈmaːnə] *m, f* ⟨-n; -n⟩ *psych.* erotomaniac, *colloq.* sex maniac. **Ero·to·maˈnie** [-maˈniː] *f* ⟨-; *no pl*⟩ erotomania, *colloq.* sex mania.

Er·pel [ˈɛrpəl] *m* ⟨-s; -⟩ → **Enterich.**

erˈpicht [-ˈpɪçt] *adj* ~ **sein auf** (*acc*) be bent (*od.* intent, *colloq.* keen) on; (**darauf**) ~ **sein, et. zu tun** *a.* be intent (*etc*) on doing s. th., be anxious to do s. th. **≈heit** *f* ⟨-; *no pl*⟩ (**auf** *acc*) keenness (on), eagerness (for), anxiety (for).

erˈpres·sen *v/t* ⟨*no* **ge-, h**⟩ **1.** *jur. u. fig.* **j-n ~** blackmail s. o.; *wegen Lösegeld*: *a. fig.* hold s. o. to ransom, *humor.* hold s. o. up; **j-n ~, et. zu tun** blackmail s. o. into doing s. th. **2. et. von j-m ~** (*Geld, Unterschrift etc*) extort s. th. from s. o., blackmail (*colloq.* squeeze) s. th. out of s. o.; **von j-m ein Geständnis ~** extort a confession from s. o. **Erˈpres·ser** *m* ⟨-s; -⟩ *jur. u. fig.* extortioner, extortionist, blackmailer; **~brief** *m* blackmailing letter. **erˈpres·se·risch** *adj jur. u. fig.* extortionate, blackmailing. **Erˈpres·ser·po·liˌtik** *f* blackmailing politics *pl* (*a. als sg konstruiert*), political blackmail. **Erˈpres·sung** *f* ⟨-; -en⟩ *jur. u. fig.* blackmail, extortion; *fig. a.* robbery. **Erˈpres·sungs·verˌsuch** *m* attempted blackmail, attempt at blackmailing *s. o.*

erˈpro·ben *v/t* ⟨*no* **ge-, h**⟩ **1.** (*Gerät, Mittel etc*) test, try (out), prove; **et. praktisch ~** try s. th. out, test s. th. (in practice). **2.** *fig.* (*j-n, j-s Treue etc*) put *s. o., s. th.* to the test, test *s. o., s. th.* **3.** *chem. tech.* (*Drogen, Metall*) assay. **erˈprobt** *pp u. adj* **1.** *Mittel, Methode etc*: well-tried, tested, proved, proven. **2.** (*erfahren*) experienced. **3.** (*zuverlässig*) reliable. **Erˈpro·bung** *f* ⟨-; -en⟩ **1.** testing (*etc*). **2.** test, trial, try-out; **~sflug** *m* proving (*od.* test) flight.

erˈquicken (*getr.* **-k·k-**) *lit.* **I** *v/t* ⟨*no* **ge-, h**⟩ refresh, revive; **s-e Augen an et. ~** feast one's eyes on s. th. **II** *v/reflex* **sich ~** refresh o. s., be refreshed (*od.* revived). **erˈquickend** (*getr.* **-k·k-**) *pres p u. adj* **1.** *Bad, Schlaf etc*: refreshing, (re)invigorating, reviving, bracing. **2.** → **erquicklich** 2. **erˈquick·lich** *adj* **1.** → **erquickend** 1. **2.** *fig.* heart-warming, up-lifting, agreeable, delightful; *iro.* **nicht gerade ~** not exactly edifying. **Erˈquickung** (*getr.* **-k·k-**) *f* ⟨-; -en⟩ **1.** refreshing (*etc*). **2.** refreshment, revival. **3.** (*Getränk etc*) refreshment; **~en zu sich nehmen** have some refreshment(s).

erˈraf·fen *v/t* ⟨*no* **ge-, h**⟩ **1.** grab, snatch. **2.** *fig.* amass *s. th.* (quickly).

Er·ra·ta [ɛˈraːta] *pl print.* errata.

erˈra·ten *v/t* ⟨*irr, no* **ge-, h**⟩ guess; (**du hast es**) **~!** you've guessed (*od.* got) it!, right (you are)!

er·ra·tisch [ɛˈraːtɪʃ] *adj geol. med.* erratic; **~er Block** erratic (block), boulder.

erˈre·chen·bar *adj* calculable, computable. **erˈrech·nen I** *v/t* ⟨*no* **ge-, h**⟩ **1.** calculate, compute, work (*od.* reckon) *s. th.* out, find (*od.* arrive at) *s. th.* **2.** *fig.* (**sich** *dat*) **et. ~** work (*bes. Am. a.* figure) s. th. out (for o. s.). **II** *v/reflex* **sich ~ 3.** (**aus** from) be calculated, be arrived at, appear, follow. **III ≈** *n* ⟨-s⟩ **4.** → **Erˈrech·nung** *f* ⟨-; -en⟩ **1.** calculating (*etc*), calculation; **zur ~ e-r Sache** (in order) to calculate (*etc*) s. th. **2.** calculation, computation.

erˈreg·bar *adj* **1.** *Nerven, Phantasie etc*: excitable. **2.** *Mensch*: excitable, irritable; **leicht ~** a) very excitable, b) (*reizbar*) very irritable, c) (*nervös*) high-strung. **≈keit** *f* ⟨-; *no pl*⟩ **1.** excitability. **2.** excitability, irritability.

erˈre·gen I *v/t* ⟨*no* **ge-, h**⟩ **1.** (*j-n, j-s Sinne, Nerven etc*) excite; **j-n** (**sexuell**) ~ excite (*a.* arouse) s. o., *sl.* turn s. o. on. **2.** a) (*aufregen*) excite, upset, b) (*reizen*) irritate, c) (*erzürnen*) infuriate, incense, enrage, madden. **3.** (*j-s Herz, Gefühle etc*) rouse, stir up; *freudig, durch Spannung*: thrill. **4.** (*verursachen*) cause, produce; → **Aufsehen** *etc.* **5.** (*Haß, Erstaunen etc*) cause, arouse, provoke; **j-s Abscheu ~** fill

s. o. with disgust, disgust s. o.: → **Bewunderung** (*etc*). **6.** *electr.* excite, energize. **7.** *nucl.* (*Kern*) excite. **II** *v/reflex* **sich ~ 8.** (**über** *acc* about) get (*od.* become) excited (*etc*), *zürnend*: flare up, fly into a rage. **III** 2 *n* ‹-s› **9.** exciting (*etc*), excitement. **10.** → **Erregung** 2, 4, 7. **erˈre·gend** *pres p u. adj* **1.** exciting, thrilling, stirring, dramatic; **ein ~er Augenblick** a dramatic (*od.* tense) moment. **2.** *pharm.* excitant, stimulant.

Erˈre·ger *m* ‹-s; -› **1.** exciter (*a. electr.*), cause. **2.** *med.* pathogen(ic agent *od.* organism); (*Keim*) germ; (*Virus*) virus; **der ~ der Krankheit ist ein Bazillus** the disease is caused by a bacillus. **~ener·ˌgie** *f electr.* field energy. **~ˌfeld** *n* exciting field. **~ˌkreis** *m* exciting circuit. **~ma·ˌschi·ne** *f* exciter, exciting generator. **~ˌstrom** *m* exciting (*od.* energizing) current.

erˈregt *adj* **1.** excited, agitated, in a state of excitement (*od.* agitation), *colloq.* in a state; **ihre Gemüter waren ~** they were excited (*od.* heated), feelings ran high. **2.** *Worte, Debatte, Gemüter etc*: heated. **3.** *Zeiten etc*: stormy, turbulent. **4.** (*sexuell* ~) excited; **in ~em Zustand** *Penis etc*: erect. **Erˈregt·heit** *f* ‹-; *no pl*› excitement, agitation. **Erˈre·gung** *f* ‹-; -en› **1.** → **erregen** 9. **2.** (*Verursachung*) creation, causing, *contp.* provocation; *jur.* **~ öffentlichen Ärgernisses** disorderly conduct, disturbance of the peace. **3.** (*Zustand*) (state of) excitement (*od.* agitation), emotion(al state); **in ~** → **erregt** 1; **vor ~ zittern** tremble with excitement. **4.** *der Sinne, Nerven etc*: excitement, excitation, stimulation; *sexuelle*: excitement, arousal, *engS.* erection. **5.** (*Reizung u. Reizbarkeit*) irritation. **6.** (*Zorn*) exasperation, fury, rage. **7.** *electr.* excitation, energizing.

Erˈre·gungs|ˌmit·tel *n pharm.* excitant. **~ˌzuˌstand** *m* **1.** *physiol.* state of excitement; *des Penis*: erection. **2.** *psych.* (state of) agitation, emotional state.

erˈreich·bar *adj* **1.** within reach; **vom Bahnhof leicht ~** within easy reach of the station; **zu Fuß (mit dem Wagen) leicht ~** within easy walking (driving) distance, easily reached on foot (by car); **nicht ~** out of reach. **2.** *fig. Person*: reachable; **er ist telephonisch ~ (unter Nr. 2077)** you can reach him on the (*od.* get in touch with him by) (tele)phone (at No. 2077); **er ist nie ~** you can never get hold of him. **3.** *fig. Absicht, Ziel*: attainable, achievable, obtainable, within reach. **4.** *fig.* (*verfügbar*) available, *Sache*: *a.* obtainable. **2keit** *f* ‹-; *no pl*› *fig.* attainability, obtainability.

erˈrei·chen I *v/t* ‹*no* ge-, h› **1.** *mit der Hand etc*: reach. **2.** (*Ort*) reach; (*Person*) reach (*a. fig. geistig*), get hold of; **leicht (zu Fuß** *etc*) **zu ~** → **erreichbar** 1; **sind Sie telephonisch zu ~?** can I get you on the (*od.* get in touch with you by) (tele)phone?, *Br. a.* are you on the phone? **3.** (*Ufer etc*) reach, gain, make (*the shore, etc*) **4.** (*Stadt, Reiseziel etc*) reach, arrive at, get to (*destination*). **5.** (*Bus, Zug etc*) catch, make; **ich habe den Bus nicht mehr erreicht** I (just) missed the bus. **6.** *a. fig.* (*einholen*) come (*od.* catch) up with, overtake. **7.** *fig.* (*Alter*) reach, attain; **ein hohes Alter ~** live to a great (*od.* an old) age. **8.** *fig.* (*Geschwindigkeit*) reach (*speed*); **90 Stundenkilometer ~** make 60 miles per hour. **9.** (*ein gewisses Maß*) come up to. **10.** (*erlangen*) obtain, get. **11.** (*Absicht etc*) achieve, attain; **(es) ~, daß** succeed in doing (*etc*); **er erreichte bei der Behörde, daß** he succeeded in persuading (*od.* managed to prevail on) the authorities that (*od.* to do *s. th.*); **er hat nichts erreicht** he didn't achieve anything (*od.* get anywhere), he was not successful; **hast du et. erreicht?** what was the result (of your letter, *etc*)?; **haben Sie bei ihm et. erreicht?** did you get anywhere with him?; **alles, was dabei erreicht wurde, war** the only result of it was; **deshalb erreicht er auch et.** that's why he gets results; **nichts wurde erreicht** it was all in vain, we didn't get anywhere; → **Ziel. II** 2 *n* ‹-s› **12.** reaching (*etc*). **Erˈrei·chung** *f* ‹-; *no pl*› **1.** → **erreichen** II. **2.** arrival; **bei ~ der Stadt** on our arrival in (*od.* upon reaching) the town. **3.** *fig. der Altersgrenze, e-r Geschwindigkeit etc*: attainment; **bei ~ des 21. Lebensjahres** on reaching (*od.* attaining) one's 21st year. **4.** *fig.* achievement, attainment; **zur ~ s-r Absicht** (in order) to attain his purpose.

erˈret·ten *v/t* ‹*no* ge-, h› **1.** (**vor** *dat*, **von, aus** from) rescue, save. **2.** → **erlösen** 3. **Erˈret·ter** *m* ‹-s; -› **1.** rescuer. **2.** → **Erlöser. Erˈret·tung** *f* ‹-; *no pl*› **1.** rescue (**vor** *dat*, **von, aus** from). **2.** → **Erlösung** 3.

erˈrich·ten *v/t* ‹*no* ge-, h› **1.** (*Denkmal, Statue etc*) erect, raise, set up. **2.** (*Haus etc*) erect, build, construct, raise. **3.** (*Gerüst, Barrikaden etc*) erect, set up, put up, build, raise. **4.** *fig.* (*Diktatur etc*) establish, set up. **5.** *fig.* (*Stiftung etc*) found, establish. **6.** *econ.* (*Gesellschaft*) found, establish, set up, organize (*company*), open, set up (*business*). **7.** *math.* (*Lot etc*) raise. **8.** *jur.* (*Testament*) draw up, make (*last will*). **Erˈrich·tung** *f* ‹-; *no pl*› **1.** erecting (*etc*), erection, construction. **2.** *fig.* a) establishment, foundation, b) setting-up. **3.** *math.* erection.

erˈrin·gen *v/t* ‹*irr, no* ge-, h› **1.** (*Erfolg, Ruhm etc*) achieve, (*a. Sieg*) gain. **2.** (*Preis etc*) win, carry off; **er errang den zweiten Platz** he was second, *beim Lauf etc*: he came in (*od.* ran) second. **3.** (*Wissen, Position etc*) gain, win, acquire, attain. **4.** (*Vertrauen, Ansehen etc*) win, gain. **Erˈrin·gung** *f* ‹-; *no pl*› **1.** achievement (*etc*). **2.** achievement, attainment.

erˈrö·ten I *v/i* ‹*no* ge-, sein› (**vor** *dat* with; **aus** with; **über** *acc* at) blush, flush, colo(u)r, get (*od.* turn, go) red, redden; **vor Scham ~** blush with (*od.* for) shame, go red with shame; **über und über ~** blush all over, turn crimson (*od.* scarlet). **II** 2 *n* ‹-s› blushing (*etc*), blush; **j-n zum 2 bringen** make s. o. blush (*od.* turn red), put s. o. to the blush.

Erˈrun·gen·schaft *f* ‹-; -en› **1.** (*Anschaffung*) acquisition. **2.** *fig.* achievement, attainment; (*Großtat*) *a.* feat, triumph (*of science, etc*). **3.** *fig.* (*technische* ~, *Gerät etc*) device, convenience. **4.** *jur.* community property accumulated during the marriage; **~sgemeinschaft** *f* community of after-acquired property.

Erˈsatz *m* ‹-es; *no pl*› **1.** → **Ersetzung. 2.** *zeitweiliger*: substitute; **et. als** (*od.* **zum**) **~ für et. nehmen** use s. th. as a substitute for (*od.* in place of) s. th.; **als ~ für j-n einspringen** step in (as a substitute) for s. o., substitute (*od. colloq.* sub) for s. o.; → *a.* **Ersatzmann. 3.** *dauernder*: replacement; **k-n ~ für et. (j-n) finden** *a.* find nothing (no one) to replace s. th. (s. o.); → *a.* **Ersatzstück. 4.** (~*stoff, Kaffee*2, *Gummi*2 *etc*) (**für** for) substitute, surrogate, *bes. contp.* ersatz (*alle a. fig.*). **5.** (*Alternative*) alternative, equivalent. **6.** *mil.* a) replacements *pl*, b) (*Verstärkung*) reinforcements *pl*, c) (*Rekruten*) recruits *pl*. **7.** *econ. jur.* a) (*Vergütung*) compensation, b) (*Entschädigung*) indemnification, c) (*Erstattung*) restitution, d) (*Schaden*2) damages *pl*, indemnity; **~ leisten (für)** a) make compensation (for), b) pay damages (for), c) make restitution (of); **als ~ für** as compensation for, in exchange (*od.* return) for. **~ˌan·spruch** *m* claim for compensation (*od.* damages). **~ˌbank** *f Sport*: substitutes' bench. **~ba·tail·ˌlon** *n mil.* depot (*Am.* replacement training) battalion. **~bat·te·ˌrie** *f mot.* spare battery. **~be·ˌfrie·di·gung** *f psych.* vicarious satisfaction, compensation. **~ˌbril·le** *f* spare pair of spectacles. **~chir·ur·ˌgie** *f* replacement surgery. **~ˌdienst** *m mil.* alternative service. **~ˌer·be** *m jur.* substitute heir. **~ˌfah·rer** *m* substitute driver. **~ˌgeld** *n* token money. **~ˌhand·lung** *f psych.* redirection activity, (act of) compensation. **~ˌheer** *n mil.* reserve army. **~ˌkaf·fee** *m* ersatz coffee. **~ˌkas·se** *f econ.* (private) health insurance society. **~ˌko·sten** *pl econ.* replacement costs. **~ˌlei·stung** *f* **1.** (*Vergütung*) compensation. **2.** (*Schaden*2) (payment of) damages *pl*. **3.** (*Entschädigung*) indemnification, indemnity. **~ˌlie·fe·rung** *f* compensation delivery. **2los** *adj u. adv* without substitution. **~ˌmann** *m* ‹-(e)s; ⸚er *u.* -leute› **1.** substitute, replacement, *Am. a.* alternate. **2.** *Sport*: substitute, reserve, *colloq.* spare. **3.** *mil.* replacement. **~ˌmi·ne** *f für Kugelschreiber etc*: refill. **~ˌmit·tel** *n* → **Ersatz** 4. **~ˌpflicht** *f econ.* liability (for compensation *od.* to pay damages). **~ˌrad** *n* spare wheel. **~ˌrei·fen** *m* spare tyre (*Am.* tire). **~re·li·gi·ˌon** *f* ersatz religion. **~ˌspie·ler** *m* → **Ersatzmann**; **Bank der ~** → **Ersatzbank. ~ˌstoff** *m* → **Ersatz** 4. **~ˌstra·fe** *f jur.* alternative punishment. **~ˌstück, ~ˌteil** *n tech.* replacement part; (*mitgeliefertes* ~) spare (part). **~ˌteil·chir·ur·ˌgie** *f* spare part surgery. **~ˌteil·ˌla·ger** *n* spare parts store. **~ˌteil·ˌli·ste** *f* parts list. **~ˌwahl** *f pol.* by-election. **2ˌwei·se** *adv* **1.** as a substitute, by way of substitution. **2.** *jur. etc* alternatively. **~ˌzeit** *f bei Rentenansprüchen*: equally ranking waiting period.

erˈsau·fen *v/i* ‹*irr, no* ge-, sein› **1.** *colloq.* drown, be drowned. **2.** *Bergwerk etc*: be flooded. **erˈsäu·fen** [-ˈzɔyfən] *v/t* ‹*no* ge-, h› drown; *fig. colloq.* **s-n Kummer im Alkohol ~** drown one's sorrows in alcohol (*od.* drink).

erˈschaf·fen *v/t* ‹*irr, no* ge-, h› create, make. **Erˈschaf·fer, der** ‹-s› *relig.* (*Gott*) the Creator, the Maker. **Erˈschaf·fung** *f* ‹-; *no pl*› creation.

erˈschal·len *v/i* ‹erschallt, erschallte *od. lit.* **erscholl, erschallt** *od. lit.* **erschollen, sein**› **1.** *Instrumente, Schritte etc*: (re)sound; **die Trompeten ~ lassen** sound the trumpets. **2.** *Stimmen, Lachen etc*: ring out, be heard. **3.** (*widerhallen*) (**von** with) resound, ring, echo.

erˈschau·dern *v/i* ‹*no* ge-, sein› shudder (*od.* tremble, quiver) (with horror) (**bei e-m Anblick** at a sight); **der bloße Gedanke daran läßt mich ~** the very thought of it makes me shudder.

erˈschau·en *v/t* ‹*no* ge-, h› *lit. u. dial.* see, behold.

erˈschau·ern *v/i* ‹*no* ge-, sein› (**vor** *dat* with) *vor Kälte*: shiver, shudder, tremble, *vor Angst etc*: *a.* quiver; **s-e Worte ließen sie ~** a) his words made her shudder, b) his words thrilled her (heart); **in** (*od.* **vor**) **Ehrfurcht ~** thrill with awe.

erˈschei·nen I *v/i* ‹*irr, no* ge-, sein› **1.** *Person*: appear, make one's appearance, *colloq.* turn up, show up, (*kommen*) *a.* come along; (**persönlich**) ~ put in a (personal) appearance, present o. s.; **vor Gericht** ~ appear (*od.* attend) in court; **nicht** ~ fail to appear, *jur. a.* default; → **Bildfläche, erschienen. 2.** *Sache*: appear, show (*od.* present) itself (**in e-m anderen Licht** in a different light). **3.** (*auftauchen*) emerge (**aus** from). **4.** *Geist etc*: (**j-m** to s. o.) appear, show o. s. **5.** *in Dokumenten, Quellen etc*: appear, occur, be found, be mentioned. **6.** *Buch, Zeitung*: be published, appear, come out; **erscheint in Kürze** will be published soon. **7.** *Briefmarken, a. econ. Wertpapiere*: be issued. **8.** (*scheinen*) (**j-m** to s. o.) appear, seem, look (*strange, etc*). **II** *v/impers* **9. es erscheint ratsam zu** it appears (*od.* would seem) advisable to. **III** Ձ *n* ⟨-s⟩ **10.** appearing (*etc*), appearance (*a. jur.*). **11.** *bei e-r Veranstaltung etc*: attendance. **12.** *e-s Geistes etc*: apparition. **13.** *e-s Buches etc*: appearance, publication; **beim** Ձ when published; **sofort nach** Ձ immediately on publication; **im** Ձ **begriffen** forthcoming; → **einstellen** 5. **14.** *econ. von Wertpapieren*: issue. **Erˈschei·nung** *f* ⟨-; -en⟩ **1.** → **erscheinen** III. **2. in** ~ **treten** a) *Person*: appear, show o. s., be in evidence, enter the picture, b) *Umstand etc*: appear, emerge, enter the picture, come to the fore, be (*od.* make itself) felt; **stark (kaum) in** ~ **treten** be (not) much in evidence; **er tritt kaum in** ~ he keeps very much in the background. **3.** (*Vorkommnis, Tatsache*) occurrence, event, fact, thing, (*a. phys. u. Natur*Ձ) phenomenon. **4.** (*äußere Gestalt*) (outward) appearance; **sie ist e-e stattliche** ~ she is a woman of stately appearance. **5.** (*Persönlichkeit*) (*imposing, etc*) figure; **e-e glänzende** ~ **sein** cut a fine figure. **6.** (*Geister*Ձ) apparition, spect/re (*Am.* -er). **7.** (*Traumbild*) vision. **8.** *fig.* (*Anzeichen*) indication, sign, symptom. **9.** *med.* a) symptom, sign, b) (*Krankheitsbild*) manifestation. **10.** *philos.* phenomenon. **11.** *relig.* a) appearance, b) manifestation; (**Fest der**) ~ **Christi** Epiphany, Twelfth Night; **sichtbare** ~ **Gottes** manifestation of God to men, epiphany.

Erˈschei·nungs|ˌbild *n* **1.** → **Erscheinungsform** 1—3. **2.** *philos.* a) image, appearance, b) (*Phantasie*) apparition. **~ˌform** *f* **1.** (outward) appearance, *a. med. e-r Krankheit*: manifestation. **2.** (*Verkörperung*) embodiment. **3.** *biol.* phenotype. **4.** *philos. relig.* a) form (*od.* structure) of appearance, b) form of intuition. **~ˌjahr** *n* **1.** *print.* year of publication. **2.** *von Briefmarken*: year of issue. **~ˌort** *m print.* place of publication. **~ˌpflicht** *f jur.* duty to appear. **~ˌtag** *m* **1.** *print.* day of publication. **2.** *von Briefmarken etc*: day of issue. **3.** *relig.* Epiphany. **~ˌwei·se** *f* **1.** form (*od.* mode) of appearance. **2.** *e-r Zeitung*: publication dates *pl.* **~ˌwelt** *f philos.* phenomenal (*od.* physical, tangible) world.

erˈschie·nen I *pp of* **erscheinen. II** *adj* **1.** *Buch*: published; **soeben** ~ just published (*od.* out). **2.** *Person*: present; **nicht** ~ absent. **Erˈschie·ne·ne** *m, f* ⟨-n; -n⟩ *jur.* declarant, deponent.

erˈschie·ßen I *v/t* ⟨*irr, no* **ge-**, **h**⟩ **1.** shoot *s. o.* (dead); **j-n** ~ **lassen** have s. o. shot. **2.** *als Hinrichtungsart*: execute *s. o.* by a firing squad, shoot *s. o.* (by order of a court martial). **3. sich** (*dat*) **e-n Preis** ~ win (*od.* carry off) a (shooting) prize. **II** *v/reflex* **sich** ~ **4.** shoot o. s., *colloq.* blow out one's brains. **Erˈschie·ßung** *f* ⟨-; -en⟩ shooting; (**standrechtliche**) ~ execution (by a firing squad); **~skommando** *n* firing squad.

erˈschlaf·fen [-ˈʃlafən] **I** *v/i* ⟨*no* **ge-**, **sein**⟩ **1.** *med.* a) *Muskeln etc*: become slack, slacken, *a. Haut*: get flabby, b) *Darm*: become sluggish. **2.** *Person*: tire, be(come) exhausted (*od.* weary). **3.** *fig. Interesse, Kraft etc*: slacken, languish, flag. **II** *v/t* ⟨**h**⟩ **4.** (*erschöpfen*) exhaust. **III** Ձ *n* ⟨-s⟩ **5.** slackening, getting slack (*etc*). **Erˈschlaf·fung** *f* ⟨-; *no pl*⟩ **1.** → **erschlaffen** III. **2.** *med.* a) *e-s Muskels etc*: relaxation, slackness, atony, b) *des Darms*: sluggishness, c) *bes. psych.* enervation. **3.** *fig.* a) slackening, flagging, b) (*Zustand*) slackness.

erˈschla·gen I *v/t* ⟨*irr, no* **ge-**, **h**⟩ **1.** strike *s. o.* dead, kill, *lit.* slay; **vom Blitz** ~ killed by lightning. **II** *pp u. adj* ⟨*pred*⟩ *fig. colloq.* **2.** (**wie**) ~ (*erschöpft*) (dead-)beat, whacked, bushed, all in. **3.** (*verblüfft*) stunned, dum(b)founded, (completely) bowled over.

erˈschlei·chen *v/t* ⟨*irr, no* **ge-**, **h**⟩ **1.** *bes. jur.* (**sich** *dat*) **et.** ~ obtain (*od.* get) s. th. by trickery (*od.* by fraud, by false preten/ces [*Am.* -ses]). **2. sich** (*dat*) **j-s Gunst** ~ worm o. s. into s. o.'s favo(u)r. **Erˈschlei·chung** *f* ⟨-; *no pl*⟩ *jur.* obtaining by false preten/ces (*Am.* -ses).

erˈschließ·bar *adj* **1.** *econ. Markt, Gebiet etc*: that can be opened up. **2.** *civ. eng.* developable. **3.** *fig.* (**aus** from) inferable. **erˈschlie·ßen I** *v/t* ⟨*irr, no* **ge-**, **h**⟩ **1.** (*Gebiet etc*) open (up), make *s. th.* accessible. **2.** *econ.* a) (*Markt etc*) open up, throw open, find, b) (*unterentwickeltes Gebiet*) develop, c) (*Hilfs-, Geldquellen*) tap, exploit (*resources*). **3.** *civ. eng.* develop (*land, site*). **4.** *fig.* (*offenbaren*) (*dat* to) disclose, reveal, unfold. **5.** *fig.* (*folgern*) (**aus** from) infer, deduce. **6.** *ling.* a) (*Wort*) derive, b) (*Form*) conjecture. **7.** *math.* gather. **II** *v/reflex* **8.** *lit.* **sich j-m** ~ a) *Person*: open one's heart to s. o., b) *Geheimnis etc*: be revealed to s. o., c) *Möglichkeit*: open (*od.* present itself) to s. o. **Erˈschlie·ßung** *f* ⟨-; *no pl*⟩ **1.** opening (up) (*etc*). **2.** *econ.* a) development, b) exploitation. **3.** *civ. eng.* development. **4.** *fig.* disclosure, revelation. **5.** *fig.* inference, deduction. **6.** *ling.* conjecture.

erˈschlos·sen *pp u. adj* → **erschließen.**

erˈschmei·cheln *v/t* ⟨*no* **ge-**, **h**⟩ (**sich** *dat*) **et.** ~ obtain s. th. by flattery; (**sich** *dat*) **et. von j-m** ~ cajole (*od.* wheedle) s. th. out of s. o.; **sich** (*dat*) **j-s Gunst** ~ worm o. s. into s. o.'s favo(u)r.

erˈschol·len [-ˈʃɔlən] *pp of* **erschallen.**

erˈschöpf·bar *adj* exhaustible. **erˈschöp·fen I** *v/t* ⟨*no* **ge-**, **h**⟩ **1.** (*ermüden*) exhaust, tire (*od.* wear) *s. o.* out, take it out of *s. o.* **2.** (*Kraft*) exhaust, drain, deplete (*powers*). **3.** (*Geduld*) exhaust (*s. o.'s patience*). **4.** (*Thema etc*) exhaust, treat (*a subject*) exhaustively. **5.** (*Möglichkeiten etc*) exhaust (*possibilities*). **6.** *agr.* (*Land, Boden etc*) exhaust. **II** *v/reflex* **sich** ~ **7.** *Person*: a) exhaust o. s., wear (*od.* tire) o. s. out, b) *fig. Schriftsteller*: write o. s. out, run dry. **8.** *Kraft*: be drained, be exhausted, be depleted. **9.** *Geduld, Möglichkeiten etc*: be exhausted. **10.** *Thema*: be exhausted, be treated exhaustively. **11.** *Vorräte*: be exhausted, run out, get short. **12.** *fig.* **sich in** (*dat*) ~ *Talent, Fähigkeiten etc*: be limited to. **erˈschöp·fend I** *pres p u. adj* **1.** exhausting, punishing. **2.** *fig. Auskunft, Darstellung*: exhaustive, full. **II** *adv* **3.** exhaustively; **ein Thema** ~ **behandeln** *a.* give a subject full treatment. **erˈschöpft** *pp u. adj* **1.** exhausted, worn-out, spent, *colloq.* dead-beat; **er machte e-n** ~**en Eindruck** he looked exhausted (*etc*). **2.** *Vorräte etc*: exhausted; *Batterie*: *a.* run-down. **Erˈschöp·fung** *f* ⟨-; *no pl*⟩ **1.** exhaustion, weariness, fatigue; *bes. med.* **äußerste** ~ prostration; **geistige** ~ mental exhaustion, brain-fag; **bis zur** ~ to the point of exhaustion. **2.** *fig. von Mitteln, Kraft, Vorräten etc*: exhaustion, depletion. **3.** *agr. des Bodens*: exhaustion. **4.** *electr. der Batterie*: running down.

Erˈschöp·fungs|ˌtod *m* death by exhaustion. **~ˌzuˌstand** *m* (state of) exhaustion.

erˈschos·sen I *pp of* **erschießen. II** *adj* ⟨*pred*⟩ *fig. colloq.* → **erschlagen** II.

erˈschrak *1 u. 3 sg pret of* **erschrecken** II.

erˈschrecken (*getr.* **-k·k-**) **I** *v/t* ⟨*no* **ge-**, **h**⟩ **1.** frighten, scare, alarm, dismay, *stärker*: terrify; **j-n furchtbar** ~ frighten s. o. out of his (*od.* her) wits, give s. o. the shock of his (her) life. **2.** *plötzlich*: startle, give *s. o.* a start. **II** *v/i* ⟨**erschrickt, erschrak, erschrocken, sein**⟩ *u.* **sich** ~ *v/reflex* ⟨**h**⟩ **3.** (**über** *acc* at) be (*od.* get) frightened (*etc*), take fright; **vor j-m** ~ be frightened of s. o. **4.** *plötzlich*: be startled, (give a) start (**bei e-m Geräusch** at a noise). **III** Ձ *n* ⟨-s⟩ **5.** frightening (*etc*). **6.** (*Schreck*) alarm, shock, *stärker*: terror. **erˈschreckend** (*getr.* **-k·k-**) **I** *pres p u. adj* **1.** *Nachricht, Ausmaß etc*: alarming, frightening, startling, appalling, terrifying. **2.** *Anblick, Deutlichkeit*: terrible, dreadful. **II** *adv* **3.** ~ **blaß** terribly pale; ~ **wenige** alarmingly (*od.* appallingly) few. **erˈschreck·lich** *adj u. adv obs. od. humor. for* **schrecklich. erˈschreckt I** *pp of* **erschrecken** I. **II** *adj* **1.** frightened, scared. **2.** *plötzlich*: startled.

erˈschrocken (*getr.* **-k·k-**) **I** *pp of* **erschrecken** II. **II** *adj* frightened, scared, *stärker*: terrified; **zu Tode** ~ **sein** be frightened (*od.* scared) to death, *colloq.* be scared stiff. **III** *adv* frightened (*etc*), with fright (*od. stärker*: terror). Ձ**heit** *f* (*getr.* **-k·k-**) *f* ⟨-; *no pl*⟩ → **erschrecken** 6.

erˈschüt·tern *v/t* ⟨*no* **ge-**, **h**⟩ **1.** (*Boden etc*) shake, rock, make *s. th.* tremble (*od.* quake). **2.** *fig.* (*Entschluß, Glauben etc, a. Gesundheit*) shake; **erschüttertes Vertrauen** shaken confidence; *jur.* **j-s Aussage** ~ shake s. o.'s testimony. **3.** *fig.* **j-n** ~ a) (*bestürzen*) shock (*od.* shake, upset) s. o., b) (*tief bewegen*) move (*od.* affect) s. o. deeply, shake s. o. (up); **er läßt sich durch nichts** ~ nothing ever ruffles him; *colloq.* **das konnte ihn nicht** ~ it left him cold; **die Nachricht erschütterte ihn sehr** he was much shaken by (*od.* with, at) the news. **4.** *fig.* **e-n Gegner** ~ shake an opponent. **5.** *fig.* a) (*Wirtschaft, Währung etc*) shake, unsettle, upset, b) (*Land durch Bürgerkrieg etc*) shake, convulse. **6.** *med.* (*Gehirn*) concuss; (*Nervensystem*) shock. **erˈschüt·ternd** *pres p u. adj fig.* **1.** (*ergreifend*) (deeply) moving, (heart-)stirring, heart-wrenching. **2.** shocking, distressing, pitiable. **Erˈschüt·te·rung** *f* ⟨-; -en⟩ **1.** (*Vorgang*) shaking (*etc*). **2.** (*Stoß*) shock, jolt; *der Erde etc*: tremor; *tech.* vibration. **3.** *fig. seelische*: a) shock, jolt, b) (*Schlag*) blow (*gen* to), c) (*Rührung*) emotion. **4.** *fig. e-s Staates etc*: convulsion. **5.** *med. des Gehirns*: concussion; *der Nerven*: shock, breakdown.

erˈschüt·te·rungs|ˌfrei *adj* vibrationless, free from vibration. **~ˌsi·cher** *adj* *tech.* shock-proof. **2ˌwel·le** *f geol.* earthquake wave.

er'schwe·ren I *v/t* ⟨*no* **ge-**, **h**⟩ **1.** make (*od.* render) *s. th.* more difficult, make *s. th.* harder, complicate; (*Handel, Fortschritt etc*) *a.* impede, hamper, handicap. **2.** (*stören*) seriously interfere with. **3.** (*verschlimmern*) *a. jur.* aggravate. **4.** *Textil.* (*Seide*) load, weight. **II** 2 *n* ⟨-s⟩ **5.** complicating (*etc*). **6.** → **Erschwerung**. **er'schwe·rend I** *pres p u. adj* complicating, *a. jur.* aggravating. **II** *adv* ~ **kommt hinzu** this is aggravated by (the fact that). **Er'schwer·nis** *f* ⟨-; -se⟩ → **Erschwerung** 2. **er'schwert** *pp u. adj* more difficult, harder, impeded, aggravated. **Er'schwe·rung** *f* ⟨-; -en⟩ **1.** → **erschweren** 5. **2.** (added) difficulty, complication, aggravation. **3.** *des Handels, Fortschritts etc*: hindrance (of), obstruction (of), impediment (to), handicap (to). **4.** *jur.* aggravation.

er'schwin·deln *v/t* ⟨*no* **ge-**, **h**⟩ obtain (*od.* get) *s. th.* by trickery (*od.* fraud), *sl.* wangle *s. th.*; (**sich** *dat*) **et. von j-m** ~ cheat (*od. colloq.* do, *sl.* con) s. o. out of s. th.

er'schwin·gen *v/t* ⟨*irr, no* **ge-**, **h**⟩ (**sich** *dat*) **et.** ~ **können** be able to afford s. th.; **das kann ich kaum** ~ I can hardly afford it. **er'schwing·lich** *adj* within one's reach (*od.* means); **das ist für uns nicht** ~ we can't afford that; **zu** ~**en Preisen** at reasonable (*od.* agreeable) prices; **für jeden** ~ within the reach of everyone.

er'se·hen I *v/t* ⟨*irr, no* **ge-**, **h**⟩ **1. et. aus e-r Sache** ~ a) see (*od.* learn, understand) s. th. from s. th., b) (*schließen*) gather s. th. from s. th., c) (*erkennen*) notice (*od.* observe) s. th. from s. th.; **daraus ist zu** ~, **daß** hence it appears that, this goes to show that; **daraus ist nicht zu** ~, **ob** this does not show (*od.* indicate) whether; **ich ersehe aus Ihrem Brief, daß** I see from your letter that. **2.** *obs. for* a) **ausersehen** I, b) **erblicken**. **II** *v/i* **3.** see; **wie du ersiehst** as you can see.

er'seh·nen *v/t* ⟨*no* **ge-**, **h**⟩ (**sich** *dat*) **et.** ~ long (*od.* yearn) for s. th., hanker after s. th. **er'sehnt** *pp u. adj* (long-)desired, longed-for, hoped-for.

er'ses·sen *pp u. adj* → **ersitzen**.

er'setz·bar *adj* **1.** replaceable (**durch** by). **2.** *Schaden*: repairable, reparable, *Verlust*: *a.* recoverable. **3.** *Kosten*: repayable, reimbursable, refundable. **4.** *econ. Ware*: fungible. **er'set·zen I** *v/t* ⟨*no* **ge-**, **h**⟩ **1.** (**durch**) replace (by); **ein Wort durch ein Zeichen** ~ substitute a symbol for a word. **2. j-n** ~ a) replace s. o., fill (*od.* take) s. o.'s place, (serve as a) substitute for s. o., b) (*Beamten etc*) supersede s. o.; **diese Maschine ersetzt 5 Arbeitskräfte** this machine does the work of five men; **sie ersetzte ihm die Eltern** she was father and mother to him; *colloq.* **das ersetzt mir e-n Fernseher** for me, that's as good as a telly. **3.** (*an die Stelle treten von*) take the place of, supersede, displace. **4.** (*ausgleichen*) compensate (for), make up for, offset; **er ersetzte mangelndes Talent durch Fleiß** he made up for his lack of talent by his industry. **5.** (*Schaden, Verlust etc*) make up for, make good, compensate (for), indemnify for, pay for, repair; **j-m den Schaden** ~ indemnify (*od.* compensate) s. o. for the damage; **den Schaden ersetzt bekommen** get paid for the damage, *jur.* recover damages. **6.** (*Kosten, Auslagen etc*) repay, reimburse, refund. **7.** (*fehlenden Geldbetrag etc*) pay. **8.** *Sport*: replace, substitute (*od.* come in) for *s. o.* **II** 2 *n* ⟨-s⟩ **9.** replacing (*etc*). **10.** → **Er'set·zung** *f* ⟨-; *no pl*⟩ **1.** → **ersetzen** 9. **2.** replacement, substitution; **die** ~ **von A durch B** the replacement of A by B, the substitution of B for A. **3.** compensation. **4.** *e-s Schadens etc*: compensation, indemnification, reparation. **5.** *der Kosten etc*: repayment, reimbursement.

er'sicht·lich *adj* evident, obvious, apparent, manifest, clear; **et.** ~ **machen** show s. th., make s. th. clear; **ohne** ~**en Grund** for no obvious reason; **daraus ist** ~ hence it appears, this goes to show; **wie aus dem Zs.-hang** ~ **ist** as can be seen from the context; **aus Ihrem Brief ist** ~, **daß** it appears from your letter that.

er'sin·nen *v/t* ⟨*irr, no* **ge-**, **h**⟩ think up, devise, contrive, invent.

er·sisch ['ɛrzɪʃ] **I** *adj* Erse. **II** *ling.* 2 ⟨*generally undeclined*⟩, **das** 2**e** ⟨-n⟩ Erse, the Erse language.

er'sit·zen *v/t* ⟨*irr, no* **ge-**, **h**⟩ **1.** *humor.* **sich** (*dat*) **e-n Posten** ~ obtain a post by sheer length of service. **2.** *jur.* acquire *s. th.* by (positive) prescription. **Er'sit·zung** *f* ⟨-; *no pl*⟩ *jur.* (positive) prescription, usucaption.

er'spä·hen *v/t* ⟨*no* **ge-**, **h**⟩ espy, descry, catch sight of, *colloq.* spot; **e-e Chance** ~ see a chance.

er'spa·ren I *v/t* ⟨*no* **ge-**, **h**⟩ **1.** (*a.* **sich** *dat et.* ~) (*Geld etc*) save (up), put (*od.* lay) by (*od.* aside); **er hat sich ein kleines Haus erspart** he saved enough to buy himself a small house. **2.** *fig.* **sich** (*dat*) **et.** ~ spare (*od.* save) o. s. s. th.; **sich e-n Umweg** ~ save o. s. a detour; **du kannst dir diese dummen Bemerkungen** ~ you can keep those silly remarks to yourself. **3.** *fig.* **j-m Kosten (Mühe, Zeit** *etc*) ~ save s. o. costs (trouble, time, *etc*); **ich wollte ihm diese Demütigung** ~ I wanted to spare him this humiliation; **ihr blieb nichts erspart** she was spared nothing; **diese Maßnahme erspart viel Arbeit** this measure saves a great deal of work (*od.* is very labo[u]r-saving). **II** 2 *n* ⟨-s⟩ **4.** saving (*etc*). **Er'spar·nis** *f* ⟨-; -se⟩, *Austrian a. n* ⟨-ses; -se⟩ **1.** (*Einsparung*) saving (**an** *dat* in labo[u]r, *time, etc*). **2.** *pl* (*ersparte Summe*) savings *pl.* **er'spart I** *pp u. adj* saved; ~**es Geld** savings *pl.* **II** 2**e, das** ⟨-n⟩ the savings *pl.*

er'spie·len *v/t* ⟨*no* **ge-**, **h**⟩ **sich** (*dat*) **e-n Preis** *etc* ~ win a prize, *etc.*

er'sprieß·lich [-'ʃpriːslɪç] *adj lit.* profitable, fruitful. 2**keit** *f* ⟨-; *no pl*⟩ profitableness, fruitfulness.

er'spur·ten *v/t* ⟨*no* **ge-**, **h**⟩ (*Sieg etc*) win *s. th.* by a sudden burst of speed.

erst [eːrst] *adv* **1.** (*zu*~) (at) first; ~ **sagtest du, du würdest es tun** first you said you would (do it); **ich möchte mir das** ~ **einmal überlegen** I want to think it over first. **2.** (*nicht eher od. später als*) only, not before, not till (*od.* until); ~ **jetzt** only now, not until now; ~ **nach der Wahl** not until after the election; **mein Geburtstag ist** ~ **in e-r Woche** my birthday is still a week away; ~ **gestern** only yesterday; ~ **wenn er 21 ist** not before (*od.* until) he is 21; ~ **als** only when, not until. **3.** (*nicht mehr als*) only, (only) just; **es ist** ~ **neun Uhr** it is only nine o'clock. **4.** (*noch*) still, yet; **das wird sich** ~ **zeigen** that remains to be seen; **ein wirklich gutes Mittel muß** ~ **gefunden werden** a really good remedy has yet to be found. **5.** (*gerade eben*) just; **das habe ich eben** ~ **gefragt** I have just asked it. **6.** *verstärkend*: **wenn ich** ~ **in Paris bin** once I am in Paris; **das würdest du** ~ **recht nicht wollen** you would like that even less; **du hättest** ~ **die anderen sehen sollen!** you should have seen the others; **wenn du** ~ **so alt bist wie ich** once you're as old as I am; *colloq.* **das gab** ~ **ein Theater!** that really tore it!; **das macht die Sache** ~ **recht schlimm** that makes it all the worse; **jetzt** ~ **recht!** now with a vengeance!; **nun** ~ **recht nicht!** now less than ever!; **und ich** ~**!** *als Antwort*: me too!, and how! **7.** *dial. for* **vorhin**.

'Erst|ˌan·geˌbot *n* bidding price, initial offer. ~ˌ**anˌmel·dung** *f jur. e-s Patents*: first (*od.* original) application. ~ˌ**anˌsa·ge** *f Bridge*: original bid.

er'star·ken [-'ʃtarkən] **I** *v/i* ⟨*no* **ge-**, **sein**⟩ grow strong(er), gather (*od.* gain) strength, strengthen. **II** 2 *n* ⟨-s⟩ → **Er'star·kung** *f* ⟨-; *no pl*⟩ **1.** strengthening (*etc*). **2.** a) (*Aufschwung*) upsurge, rise, b) (*Besserung*) recovery.

er'star·ren I *v/i* ⟨*no* **ge-**, **sein**⟩ **1.** *Körper etc*: (**vor** with) stiffen, grow stiff; *Glieder*: get numb. **2.** *fig. Person, Lächeln etc*: freeze; **vor Schrecken** ~ be paralyzed (*od.* petrified) with fear, freeze (with horror), be scared stiff; → **Blut** 1. **3.** *bes. tech.* a) *Flüssigkeit, Zement, Kunststoff etc*: set, solidify, b) *Stahl, Guß*: solidify, freeze. **4.** *bes. chem. Öl, Fett etc*: congeal, solidify. **5.** *Blut*: coagulate. **6.** *fig. Tradition etc*: become rigid, rigidify, ossify. **7.** *mil. Front*: freeze. **II** 2 *n* ⟨-s⟩ **8.** stiffening (*etc*). **9.** → **Erstarrung** 3, 4. **er'starrt** *pp u. adj* **1.** *Körper*: stiff, *vor Kälte*: numb, benumbed. **2.** *fig.* rigid; ~**e Überlieferungen** iron-bound traditions. **Er'star·rung** *f* ⟨-; *no pl*⟩ **1.** → **erstarren** 8. **2.** *e-s Körpers*: stiffness, *vor Kälte*: numbness (*a. fig.*). **3.** *bes. tech. e-r Flüssigkeit, des Zements etc*: setting, *a. von Stahl, Guß etc*: solidification; *von Öl, Fett etc*: *a.* congealment. **4.** *von Blut*: coagulation. **5.** *fig.* a) paralyzed state, b) *e-s Brauchs etc*: rigidity, ossification; (*cultural*) paralysis.

Er'star·rungs|geˌstein *n geol.* igneous rock. ~ˌ**punkt** *m* **1.** *von Guß etc*: solidification point. **2.** *von Zement, Kunststoff etc*: setting point. **3.** *von Fett etc*: congealing point.

er'stat·ten [-'ʃtatən] **I** *v/t* ⟨*no* **ge-**, **h**⟩ **1.** (*Unkosten etc*) refund, repay, reimburse, return. **2.** *jur.* (**gegen j-n**) **Anzeige** ~ lay an information (against s. o.), report (s. o.) to the police (*od.* the authorities); → **Bericht** 1. **II** 2 *n* ⟨-s⟩ **3.** refunding (*etc*). **Er'stat·tung** *f* ⟨-; *no pl*⟩ **1.** (*Rückzahlung*) refund, repayment, reimbursement. **2.** (*Rückgabe*) restitution, return. **3.** *e-s Berichts etc*: sending in (*od.* delivery of) a report. **4.** *jur. e-r Anzeige*: (laying an) information, report(ing) (to the police *od.* authorities).

Er'stat·tungs|ˌanˌspruch *m econ.* claim for refund (*etc*). 2ˌ**fä·hig** *adj* reimbursable. ~ˌ**pflicht** *f jur.* **1.** (*Rückgabepflicht*) liability to make restitution. **2.** (*Rückzahlungspflicht*) liability to reimburse (*od.* refund). 2ˌ**pflich·tig** *adj* **1.** liable to make restitution. **2.** *Kosten etc*: reimbursable.

'erstˌauf|ˌfüh·ren *v/t* ⟨*only inf u. pp*, **erstaufgeführt**, **h**⟩ *thea. etc* give the first public performance of. 2ˌ**füh·rung** *f* first performance (*od.* night), premiere (*a.* -è-), *e-s Films*: *a.* (*erste Laufzeit*) first run. 2ˌ**füh·rungsˌfilm·thea·ter** [-teˌaːtər] *n* first-run theat/re (*Am.* -er).

er'stau·nen I *v/t* ⟨*no* **ge-**, **h**⟩ **j-n** ~ surprise (*od.* astonish, *stärker*: amaze, astound) s. o., make s. o. stare, fill s. o. with amazement; **diese Nachricht erstaunt mich sehr** I'm very surprised at the news; **das würde uns nicht ~** we shouldn't be surprised. **II** *v/i* ⟨sein⟩ (**über** *acc* at) be surprised (*od.* astonished, *stärker*: amazed, astounded). **III** *v/reflex* **sich über et. ~** → II. **IV** ♀ *n* ⟨-s⟩ surprise, *stärker*: astonishment, amazement, (*Verblüffung*) *a.* stupefaction; **j-n in ♀ (ver)setzen** → I; **zu m-m (großen) ♀** (much) to my surprise.

er'stau·nens|,wert, ~,wür·dig *adj* → erstaunlich I.

er'staun·lich I *adj* surprising, astonishing, *stärker*: amazing, astounding; (*beachtlich*) *a.* remarkable, (*gewaltig*) *a.* stupendous, enormous; **das ist e-e ~e Geschichte** that's an amazing (*od.* a remarkable) story. **II** *adv* surprisingly (*etc*). **III ♀e, das** ⟨-n⟩ the surprising (*etc*) thing; **das ♀e daran ist, daß** the surprising (*od.* remarkable) thing is that.

er'staun·li·cher'wei·se *adv* astonishingly, to my (*etc*) surprise (*od.* amazement, *etc*), strange to say. **er'staunt** *pp u. adj* (**über** *acc* at) surprised, astonished, *stärker*: amazed, astounded. **Er'staunt·heit** *f* ⟨-; *no pl*⟩ → erstaunen IV.

'Erst|,aus,fer·ti·gung *f* **1.** *e-r Urkunde etc*: original (copy). **2.** *econ.* a) bank original, b) *e-s Wechsels*: first of exchange. **~,aus,füh·rung** *f tech.* prototype. **~,aus,ga·be** *f print.* first edition. **~,aus,stat·tung** *f* **1.** initial equipment. **2.** *mil.* initial issue. **3.** *für Babys*: layette. **♀'be·ste I** *adj* first, any; **die ~ Gelegenheit ergreifen** take the first opportunity; **in das ~ Hotel gehen** put up at the first hotel one finds. **II** *substantiviert mit Kleinschreibung*: *m, f* ⟨-n; -n⟩ a) **der** (**die**) **~** the first person (*od.* comer), anybody, b) **das ~** the first (*od.* next) thing, anything. **~be,stei·gung** *f e-s Berges*: first ascent. **~,druck** *m* ⟨-(e)s; -e⟩ *print.* **1.** (*Korrekturabzug, Probedruck*) first impression. **2.** (*Wiegendruck*) incunabulum. **3.** (*erste Auflage*) first edition.

'er·ste I *adj* ⟨*ordinal number*⟩ **1.** first; **die ~n beiden** (*od.* **beiden ~n**) **Monate** the first two months; **der ~ Buchstabe** the first (*od.* initial) letter; **et. auf den ~n Blick sehen** see s. th. at the first glance (*od. at* once); **der ~ beste** a) the first best, b) → **erstbeste** II a; **das ~ beste** → **erstbeste** II b; **zum ~n! zum zweiten! zum dritten!** *bei Versteigerungen*: going, going, gone!; **100 zum ~n, zum zweiten!** 100 is the bid!, going for 100!; **die ~ Fassung** the original version; **der ~ Staatsmann s-r Zeit** the foremost (*od.* leading) statesman of his age; → Geige (*etc*). **II** *adv* **2. fürs ~** for now, for the present (*od.* moment), for the time being; **zum ~n möchte ich darauf hinweisen, daß** in the first place (*od.* first of all) I want to point out that. **III ♀** *m, f* ⟨-n; -n⟩, *n* ⟨-n; *no pl*⟩ **3.** first; **der ♀ des Monats** the first of the month; **er ist der ♀ in der Klasse** he is the best of his class; *Sport*: **er war der ♀** he was first. **4.** *substantiviert mit Kleinschreibung*: first; **der ~ von links** the first from left; **er war der ~, der das erwähnte** he was the first to mention it; **als ~r eintreffen** arrive (*Sport*: come in) first; **et. als ~s tun** do s. th. first (thing *colloq.*). **5.** *hist.* **Otto I.** (*od.* **der ♀**) Otto I (*od.* the First).

er'ste·chen *v/t* ⟨*irr, no* **ge-**, **h**⟩ **j-n ~** stab s. o. (to death).

er'ste·hen[1] *v/t* ⟨*irr, no* **ge-**, **h**⟩ buy, purchase, get.

er'ste·hen[2] **I** *v/i* ⟨*irr, no* **ge-**, **sein**⟩ *lit.* **1.** rise, arise; **Christ ist erstanden** Christ has risen. **2.** *fig.* rise, come into being; *Gebäude etc*: rise, be erected (*od.* built); → *a.* **entstehen** 1. **3.** *Schwierigkeiten etc*: (**aus** from) arise, result, spring; **daraus könnten uns Unannehmlichkeiten ~** this could cause us trouble. **II ♀** *n* ⟨-s⟩ **4.** arising (*etc*).

Er'ste·her *m* ⟨-s; -⟩ buyer, (successful) purchaser. **Er'ste·hung**[1] *f* ⟨-; *no pl*⟩ acquisition, buying, purchase. **Er'ste·hung**[2] *f* ⟨-; *no pl*⟩ *lit.* **1.** → erstehen[2] II. **2.** rise.

er'steig·bar *adj Berg etc*: climbable. **er'stei·gen** *v/t* ⟨*irr, no* **ge-**, **h**⟩ **1.** (*Berg etc*) climb, mount, ascend. **2.** (*Gipfel*) climb (up) to, go up to. **3.** *fig.* (*Position etc*) reach, rise (*od.* ascend) to, attain; **die Stufen der Macht ~** climb (*od.* rise to) the summit of power.

Er'stei·ge·rer *m* ⟨-s; -⟩ *econ.* (successful) buyer (at an auction), highest bidder. **er'stei·gern** *v/t* ⟨*no* **ge-**, **h**⟩ buy *s. th.* at an auction. **Er'stei·ge·rung** *f* ⟨-; *no pl*⟩ buying *of s. th.* at an auction.

Er'stei·gung *f* ⟨-; *no pl*⟩ climbing, ascent.

'Erst,ein,la·ge *f econ.* original investment.

er'stel·len *v/t* ⟨*no* **ge-**, **h**⟩ **1.** (*Gebäude etc*) erect, construct, build, put up. **2.** (*Ausrüstung etc*) provide, make *s. th.* available, supply. **3.** (*Bilanz, Gutachten, Liste etc*) draw up, prepare. **4.** (*Buch etc*) produce, (*Wörterbuch etc*) *a.* compile. **Er'stel·lung** *f* ⟨-; *no pl*⟩ **1.** erection, construction. **2.** provision. **3.** drawing up, preparing. **4.** production, compilation. **Er'stel·lungs,ko·sten** *pl econ.* **1.** *e-s Baues etc*: cost *sg* of construction, building cost(s *pl*). **2.** *e-s Buches etc*: production cost(s *pl*).

'er·ste,mal, das the first time; **zum erstenmal** for the first time; **beim erstenmal** a) the first time, b) (*sofort*) at once, straight away, *colloq.* at the first go.

'er·stens *adv* first(ly), in the first place; **~ einmal möchte ich Ihnen sagen** first (of all) (*od.* to begin with) I would like to tell you.

'er·ster *adj* → **erste** I *u.* III.

er'ster·ben *v/i* ⟨*irr, no* **ge-**, **sein**⟩ *lit.* **1.** die, expire; **mit ~der Stimme** with an expiring voice. **2.** *fig.* **vor Ehrfurcht ~** be awestruck. **3.** *fig. Geräusch, Gefühl etc*: die (away), fade (away); **das Lächeln auf ihren Lippen erstarb** the smile faded from her lips.

'er·ste·re *adj* **der ~ ..., der letztere** the former ..., the latter.

'erst·er,wähnt *adj* → **erstgenannt.**

'Erst|er,werb *m econ.* first acquisition. **~ge,bä·ren·de** *f med.* primipara, woman giving birth for the first time. **♀ge,bo·ren** *adj* first-born, eldest. **~ge,bo·re·ne** *m, f, n* ⟨-n; -n⟩ the eldest (*od.* first-born) (child). **~ge,bot** *n econ.* first bid. **~ge,burt** *f* **1.** first-born (child). **2.** first birth. **3.** → **~ge,burts,recht** *n* birthright, primogeniture. **♀ge,nannt** *adj* first-named, first-mentioned. **~ge,nann·te** *m, f, n* ⟨-n; -n⟩ *the* first-named (*etc*).

er'sticken (*getr.* **-k·k-**) **I** *v/i* ⟨*no* **ge-**, **sein**⟩ **1.** *Person*: suffocate, stifle, choke; **das Kind erstickte im Rauch** the child was suffocated by smoke; **er wäre fast an e-r Gräte erstickt** he nearly choked on a fish bone; **an Gasen ~** be suffocated (*od.* asphyxiated) by gas(es); *fig.* **vor Hitze (fast) ~** be suffocated from the heat; **vor Lachen fast ~** almost choke with laughter; *colloq.* **in Arbeit ~** be up to one's neck in work. **2.** *Flamme etc*: be smothered, be extinguished, die. **II** *v/t* ⟨**h**⟩ **3.** suffocate, asphyxiate, stifle, choke, smother. **4.** *fig.* (*überhäufen*) smother (*s. o. with kisses, etc*). **5.** (*Flamme, Feuer etc*) smother, quench, put out. **6.** (*Geräusch*) muffle, smother, stifle (*sound*). **7.** (*Revolution, Gefühl etc*) suppress, quell, stifle, smother (*rebellion, feeling, etc*); → **Keim** 5. **III ♀** *n* ⟨-s⟩ **8.** suffocating (*etc*). **9.** suffocation, asphyxiation, asphyxia; **Tod durch ♀** → **Erstickungstod**; *fig.* **zum ♀ (heiß)** stifling(ly hot), suffocating. **10.** → **Erstickung.** **er'stickend** (*getr.* **-k·k-**) *pres p u. adj a. fig.* stifling, suffocating; *mil.* **~er Kampfstoff** asphyxiating gas, asphyxiant. **er'stickt** *pp u. adj fig.* stifled (*laughter, etc*); **mit ~er Stimme** in a choked (*od.* strangled) voice.

Er'stickung (*getr.* **-k·k-**) *f* ⟨-; -en⟩ **1.** → ersticken 8, 9. **2.** *fig.* suppression.

Er'stickungs|,an,fall (*getr.* **-k·k-**) *m* choking fit. **~,tod** *m* death from (*od.* due to) suffocation, asphyxia.

'Erst|in·fek·ti,on *f med.* primary (*od.* initial) infection. **♀in,stanz·lich** [-ˀɪn-ˌstantslɪç] *adj jur.* of (*od.* at) the first instance, of the trial court; **~e Gerichtsbarkeit** original jurisdiction. **♀-,klas·sig** [-ˌklasɪç] *adj* **1.** first-class, first-rate, excellent, ⟨*pred*⟩ of the first order, *colloq.* super, great. **2.** *econ.* a) *Waren etc*: first-class, first-rate, prime, top-quality, high-grade, b) *Wertpapiere*: gilt-edged. **~,kläß·ler** [-ˌklɛslər] *m* ⟨-s; -⟩ *bes. Southern G. colloq.* beginner, *Am.* firstgrader. **~kom·mu·ni,kant** *m*, **~kom·mu·ni,kan·tin** *f R.C.* first communicant. **~kom·mu·ni,on** *f* first Communion.

'erst·lich *adv* → **erstens.**

'Erst·ling *m* ⟨-s; -e⟩ **1.** first-born (child). **2.** *agr.* firstling, first-born. **3.** *fig.* first work (*od.* production).

'Erst·lings|,ar·beit *f e-s Künstlers etc*: first work. **~,aus,stat·tung** *f für Babys*: layette. **~er,folg** *m* first success; **~e** *a.* first-fruits. **~,re·de** *f parl.* maiden speech. **~ro,man** *m* first novel. **~,werk** *n* → **Erstlingsarbeit.**

'erst|,ma·lig I *adj* **1.** first. **2.** new, novel. **II** *adv* → **~,mals** [-ˌmaːls] *adv* (for) the first time. **♀,mel·dung** *f* exclusive report (*od.* story), *colloq.* scoop. **♀mon,ta·ge** *f tech.* green assembly. **♀pla,cier·te** *m, f* ⟨-n; -n⟩ *Sport*: first, winner.

er'strah·len *v/i* ⟨*no* **ge-**, **sein**⟩ shine, sparkle; *Augen*: *a.* light up (**vor** with).

'erst,ran·gig [-ˌraŋɪç] *adj* first-class, first-rate.

er'stre·ben *v/t* ⟨*no* **ge-**, **h**⟩ aim at, aspire to (*od.* after), strive after (*od.* for); (*begehren*) covet, desire; **ein Ziel ~** aim at (*od.* work toward[s]) a goal. **er'stre·bens,wert** *adj* desirable, worthwhile, *nachgestellt*: to be wished (*od.* desired), worth striving for.

er'strecken (*getr.* **-k·k-**) *v/reflex* **sich ~** ⟨*no* **ge-**, **h**⟩ **1.** (**bis, zu** to; **über** *acc* over) extend, stretch, reach, range, spread; **sich über ein riesiges Gebiet ~** extend over (*od.* cover) a vast area. **2.** *fig.* **sich ~ über** (*acc*) cover, extend over (*a period, etc*). **3.** *fig.* **sich ~ auf** (*acc*) a) (*betreffen*) refer (*od.* extend, apply) to, b) (*umfassen*) include, comprise, embrace; **dieses Gesetz erstreckt sich auch auf Rentenempfänger** this law also applies to pensioners.

er'strei·ten *v/t* ⟨*irr, no* **ge-**, **h**⟩ → erkämpfen.

'Erst|,schrift *f* original (copy). **~,schuld·ner** *m* primary debtor. **♀,stel·lig** [-ˌʃtɛlɪç] *adj* first-ranking; **~e Hypo-**

thekengelder first-mortgage loan monies. **~ˌstim·me** *f pol.* first vote. **~ˌtagsˌbrief** *m philat.* first-day cover.

erˈstun·ken *adj colloq.* → **erlogen.**

erˈstür·men *v/t* ⟨*no* **ge-, h**⟩ *mil.* (take *a fortress, etc* by) storm. **Erˈstür·mung** *f* ⟨**-; -en**⟩ **1.** taking (by storm *od.* assault). **2.** storming, assault.

ˈErst|verˌbre·cher *m jur.* first offender. **~ˌwäh·ler** *m pol.* first-time voter.

erˈsu·chen I *v/t* ⟨*no* **ge-, h**⟩ **j-n um et. ~** ask (*od.* request) s. th. of s. o., **dringend:** entreat (*od.* beseech, urgently request) s. o. for s. th. (*od.* to do s. th.); **Sie werden ersucht, sich am Montag einzufinden** you are requested to appear on Monday. **II** *v/i* **um et. ~** a) (*bitten*) ask (*od.* request) s. th., b) (*beantragen*) apply (*od.* petition) for s. th. **III ≈** *n* ⟨**-s**⟩ *adm.* **1.** request; **auf sein ≈** at his request. **2.** (*Antrag*) application, petition.

erˈtap·pen I *v/t* ⟨*no* **ge-, h**⟩ catch, surprise; **j-n beim Stehlen (bei e-r Lüge) ~** catch s. o. stealing (in a lie); → **Tat. II** *v/reflex fig.* **sich bei et. ~** catch o. s. doing s. th.; **ich ertappte mich bei dem Gedanken an** (*acc*) I caught myself thinking of.

erˈta·sten *v/t* ⟨*no* **ge-, h**⟩ **1.** make out *s. th.* by touch (*od.* feel). **2.** *fig.* grope one's way towards (understanding) *s. th.*

erˈtei·len *v/t* ⟨*no* **ge-, h**⟩ **1.** (*Rat, Auskunft, etc*) give; **j-m die Erlaubnis ~, et. zu tun** give (*od.* grant) s. o. permission to do s. th.; **j-m ein Lob ~** praise s. o., give s. o. praise; → **Abfuhr** 2 (*etc*). **2. j-m ein Recht ~** confer (*od.* bestow) a right (up)on s. o.; **j-m e-e Lizenz ~** grant s. o. a licen/ce (*Am.* -se). **Erˈtei·lung** *f* ⟨**-;** *no pl*⟩ **1.** giving (*etc*). **2.** *e-s Befehls*: issue. **3.** *e-s Rechts etc*: bestowal, conferment, grant(ing).

erˈtö·nen *v/i* ⟨*no* **ge-, sein**⟩ → **erklingen.**

Erˈtrag [-ˈtraːk] *m* ⟨**-(e)s; ¨-e**⟩ **1.** *agr.* yield, produce; **gute Erträge liefern** (*od.* **abwerfen**) yield well; **den ~ e-s Ackers steigern** increase the yield of a field. **2.** *econ. e-s Geschäftes etc*: (**aus** from) proceeds *pl*, return(s *pl*), yield, profit(s *pl*), income. **3.** *e-r Sammlung*, **aus** *Verkäufen etc*: proceeds *pl* (from). **4.** *e-s Bergwerks etc*: output, yield. **5.** *fig. e-r Arbeit etc*: fruits *pl*, results *pl*.

erˈtrag·bar *adj* → **erträglich** 1.

erˈtra·gen I *v/t* ⟨*irr, no* **ge-, h**⟩ **1.** (*aushalten*) bear, endure, stand (*pain, etc*); **das ist kaum noch** (*od.* **mehr**) **zu ~** that is hardly bearable; **ich kann den Anblick (Gedanken daran) nicht ~** I can't bear the sight (the idea) of it, I can't bear to see (think of) it; **ich kann ihn nicht ~** I can't bear (*od.* stand, abide, *colloq.* stick, stomach) him. **2.** (*dulden*) bear, tolerate, suffer, put up with; **er erträgt k-n Widerspruch** he won't bear (*od.* tolerate) contradiction; **nicht zu ~** → **unerträglich. II ≈** *n* ⟨**-s**⟩ **3.** bearing, enduring. **4.** endurance. **5.** toleration.

erˈtragˌfä·hig *adj* **1.** *Feld etc*: productive. **2.** *Kapital etc*: profit-yielding, yielding a profit (*od.* return). **≈keit** *f* ⟨**-;** *no pl*⟩ **1.** productiveness, yield capacity. **2.** *von Kapital etc*: profit-yielding capacity, return potential.

erˈträg·lich [-ˈtrɛːklɪç] **I** *adj* **1.** (*zu ertragen*) bearable, endurable, supportable. **2.** (*leidlich*) passable, tolerable, tolerably good, *colloq.* fair to middling, not bad. **II** *adv* **3.** tolerably (*od.* fairly) well, passably. **III ≈e, das** ⟨**-n**⟩ **4. die Grenze des ≈en überschreiten** be unbearable. **≈keit** *f* ⟨**-;** *no pl*⟩ **1.** bearableness. **2.** tolerableness, passableness.

erˈtrag·los *adj* **1.** *Feld etc*: unproductive, non(-)productive. **2.** *Geschäft etc*: unprofitable.

Erˈträg·nis [-ˈtrɛːknɪs] *n* ⟨**-ses; -se**⟩ *meist pl econ. for* **Ertrag** 2.

erˈtragˌreich *adj* **1.** *Feld etc*: productive. **2.** *Geschäft etc*: profitable, (well-)paying, lucrative, ⟨*pred*⟩ showing a good profit. **3.** *fig.* fruitful (*year, etc*).

Erˈtrags|ˌausˌfall *m econ.* loss of profit. **~beˌtei·li·gung** *f* → **Gewinnbeteiligung. ~ˌla·ge** *f* earnings *pl* (and profits *pl*), returns *pl*, profit and loss position, profitability. **~ˌrech·nung** *f* → **Erfolgsrechnung. ~ˌrückˌgang** *m* diminishing returns *pl*, falling off in returns. **~ˌspit·ze** *f* maximum productivity, peak yield. **~ˌstei·ge·rung** *f* **1.** increase in productiveness (*od.* returns). **2.** increased returns *pl*. **~ˌsteu·er** *f* profits tax, tax on earnings. **~ˌwert** *m* capitalized value of potential yield (*od.* returns).

erˈträn·ken I *v/t* ⟨*no* **ge-, h**⟩ drown; *fig.* **s-e Sorgen im Alkohol ~** drown one's sorrows in alcohol (*od.* drink). **II** *v/reflex* **sich ~** drown o. s.

erˈträu·men *v/t* ⟨*no* **ge-, h**⟩ **sich** (*dat*) **et. ~** dream of (*od.* imagine, [en]vision) s. th. **erˈträumt** *pp u. adj* **1.** (**lang ~**) long) dreamt-of, dreamed-of; **nie ~es Glück** undreamt-of happiness. **2.** (*unwirklich*) imaginary, visionary.

erˈtrin·ken I *v/i* ⟨*irr, no* **ge-, sein**⟩ **1.** be drowned, drown. **2.** *fig.* be swamped, be snowed under (**in e-r Flut von Briefen** by a flood of letters). **II ≈** *n* ⟨**-s**⟩ **3.** drowning; **Tod durch ≈** death by drowning; **j-n vor dem ≈ retten** save s. o. from drowning. **Erˈtrin·ken·de** *m, f* ⟨**-n; -n**⟩ drowning man (woman).

erˈtrot·zen *v/t* ⟨*no* **ge-, h**⟩ (**sich** *dat*) **et.** (**von j-m**) **~** get s. th. (from s. o.) by sheer defiance (*od.* stubbornness); **von j-m:** *a.* wring (*od.* wrest) s. th. from s. o.

Erˈtrun·ke·ne *m, f* ⟨**-n; -n**⟩ drowned man (woman).

erˈtüch·ti·gen [-ˈtʏçtɪgən] **I** *v/t* ⟨*no* **ge-, h**⟩ **j-n** (**körperlich**) **~** train s. o., make s. o. fit (*od.* strong, tough), toughen s. o. up, trim s. o. **II** *v/reflex* **sich ~** become fit (*od.* strong, tough), toughen (up), make o. s. (physically) fit. **Erˈtüch·ti·gung** *f* ⟨**-;** *no pl*⟩ (**körperliche**) **~** (physical) training, hardening, toughening (up).

erˈüb·ri·gen [-ˈʔyːbrɪgən] **I** *v/t* ⟨*no* **ge-, h**⟩ **1.** (*Geld, Vorräte etc*) save, put aside (*od.* by). **2.** (*Zeit*) spare (*s. o. an hour, etc*). **II** *v/reflex* **sich ~ 3.** be unnecessary, be superfluous; **es erübrigt sich, darauf einzugehen** it is unnecessary (*od.* useless) to go into that; **jedes weitere Wort erübrigt sich** there is nothing more to say.

eru·ie·ren [eruˈiːrən] *v/t* ⟨*no* **ge-, h**⟩ **1.** establish, elicit, find out. **2.** *Austrian jur.* (*Täter etc*) trace.

Erup·ti·on [erʊpˈtsĭoːn] *f* ⟨**-; -en**⟩ *geol. u. med.* eruption. **erup·tiv** [erʊpˈtiːf] *adj geol.* eruptive; **≈ge·stein** *n* igneous (*od.* volcanic) rock.

erˈwa·chen I *v/i* ⟨*no* **ge-, sein**⟩ **1.** wake (up), awake(n); *plötzlich*: start up; **sie erwachte von dem Lärm** she was awakened (*od.* [a]roused) by the noise; **sie erwachte aus ihren Träumereien** she awoke from her reverie; *lit.* **die Natur erwacht zu neuem Leben** nature awakes to new life. **2.** *fig. Gefühl etc*: awake(n), be awakened, be aroused; **sein Interesse (Ehrgeiz) erwachte** his interest (ambition) was awakened (*od.* aroused). **3.** *poet. Tag*: dawn, break. **II ≈** *n* ⟨**-s**⟩ **4.** awaking (*etc*); **bei m-m ≈** on (my) awaking; *fig.* **ein trauriges** (**böses**) **≈** a sad (rude) awakening. **5.** *poet. des Tages*: dawn, break.

erˈwach·sen[1] *v/i* ⟨*irr, no* **ge-, sein**⟩ (**aus** from) arise, develop, grow, spring; *Vorteil, Nachteil, Unkosten etc*: accrue (**j-m** to s. o.); **daraus können (uns) große Schwierigkeiten ~** this may cause (us) great difficulties; → *a.* **entstehen** 3. **erˈwach·sen**[2] **I** *pp of* **erwachsen**[1]. **II** *adj* adult, grown-up, (*ausgewachsen*) full-grown; **~er Mensch** → **Erwachsene. III** *adv* **er benimmt sich schon sehr ~** he behaves like a grown-up. **Erˈwach·se·ne** *m, f* ⟨**-n; -n**⟩ adult (person), grown-up (person); **nur für ~!** adults only!; **≈nbildung** *f* adult education. **Erˈwach·senˌsein** *n* adulthood; (*Reife*) maturity.

erˈwä·gen I *v/t* ⟨**erwägt, erwog, erwogen, h**⟩ **1.** (*überdenken*) consider, weigh, think *s. th.* over, deliberate; **et. sorgfältig ~** weigh s. th., give s. th. careful consideration; **~, et. zu tun** consider (*od.* contemplate) (doing) s. th., think of doing s. th. **2.** (*in Betracht ziehen*) take *s. th.* into account (*od.* consideration). **3.** (*prüfen*) examine. **II ≈** *n* ⟨**-s**⟩ **4.** considering (*etc*). **5.** → **Erwägung.**

erˈwä·gensˌwert *adj Plan etc*: worth considering (*od.* thinking about).

Erˈwä·gung *f* ⟨**-; -en**⟩ **1.** consideration, deliberation; **in ~ ziehen** → **erwägen** 1, 2; **wenn man alles in ~ zieht** taking all things into consideration, all things considered; **in der ~, daß** considering that; **~en darüber anstellen, ob** consider (*od.* deliberate as to) whether. **2.** reflection, thought, idea. **3.** contemplation.

erˈwäh·len *v/t* ⟨*no* **ge-, h**⟩ *rare* **1.** (*aussuchen*) choose; (**sich** *dat*) **e-n Beruf ~** choose a profession. **2.** (*wählen*) elect, choose. **erˈwählt** *pp u. adj* **1.** chosen; **die ~e Braut** the bride-to-be. **2.** elected; **der ~e Bischof** the bishop elect. **Erˈwähl·te** *m, f* ⟨**-n; -n**⟩ → **Auserwählte.**

erˈwäh·nen *v/t* ⟨*no* **ge-, h**⟩ mention, make mention of, refer to; **et. am Rande** (*od.* **nebenbei, beiläufig**) **~** mention s. th. in passing (*od.* incidentally); **er hat das mit k-r Silbe** (*od.* **k-m Wort**) **erwähnt** he didn't mention (*od.* breathe) a word of it; **j-n ehrenvoll ~** make hono(u)rable mention of s. o. **erˈwäh·nensˌwert** *adj* worth mentioning; **nicht ~** *a.* nothing to speak of. **Erˈwäh·nung** *f* ⟨**-; -en**⟩ (*gen*) mention (of), reference (to); **ehrenvolle ~** hono(u)rable mention; *e-r Sache* **~ tun** → **erwähnen; (nicht) der ~ wert** → **erwähnenswert; bei der ~ s-s Namens** at the mention of his name.

erˈwan·dern *v/t* ⟨*no* **ge-, h**⟩ (**sich** *dat*) **e-e Gegend ~** get to know a region by hiking (through it).

erˈwär·men I *v/t* ⟨*no* **ge-, h**⟩ **1.** warm (*od.* heat) *s. th.* (up). **2.** *fig.* **j-n für et.** (**j-n**) **~** get s. o. interested in s. th. (s. o.), arouse s. o.'s enthusiasm for s. th. (s. o.). **II** *v/reflex* **sich ~ 3.** *Person*: warm o. s. (up). **4.** *Luft etc*: warm up, get (*od.* become) warm. **5.** *fig.* **sich für et.** (**j-n**) **~** warm (*od.* take) to s. th. (s. o.). **Erˈwär·mung** *f* ⟨**-;** *no pl*⟩ warming (up), heating (up); **e-e ~ (der Luft) um 8°** a rise in temperature of 8°.

erˈwar·ten I *v/t* ⟨*no* **ge-, h**⟩ **1.** expect, (*rechnen mit*) *a.* anticipate; **j-n zum Essen ~** expect s. o. to dinner; **zu ~(d)** to be expected, in expectation, (*bevorstehend*) impending, coming, (*in Aussicht stehend*) (being) in the offing, (*wahrscheinlich*) probable; **es war zu ~, daß** it was to be expected that; wie zu ~ war as was to be expected; das habe (*od.* hatte) ich erwartet I thought (*od.* expected) as much; das wird nicht von dir erwartet that's not expected of you; ich erwarte (von dir), daß du kommst I expect you to come; sich (*dat*) viel von e-r Sache ~ expect a great deal from (*od.* of) s. th.; et. (Unangenehmes) zu ~ haben *colloq.* be in for s. th. (unpleasant); wenn er wüßte, was ihn erwartet if he knew what is in store for him; *colloq.* von ihm kann man noch allerhand ~ he is a man to watch. **2.** (*warten auf*) await, expect, be waiting for; ich erwarte ihn am Bahnhof I'll wait for (*od.* await) him at the station; → Kind. **3.** (*freudig* ~) be looking forward to (*s. th. od. doing s. th.*); er kann es kaum ~ he can hardly wait for it. **II** ≈ *n* ⟨-s⟩ **4.** awaiting (*etc*). **5.** expectation; wider (alles) ≈ contrary to (*od.* against) (all) expectation(s); über (alles) ≈ beyond (all) expectation; über ≈ gut *a.* far better than expected. **Erˈwar·tung** *f* ⟨-; -en⟩ **1.** → erwarten II. **2.** *allg.* expectation, (*bes. gespannte* ~) expectancy (*alle a. Gegenstand der* ~), (*Hoffnung*) *a.* hope, anticipation; in ~ e-r Sache in anticipation of s. th., expecting s. th.; in der ~, daß expecting that; in angenehmer ~ with pleasant anticipation; in freudiger ~ in joyful expectation; *adm. econ.* in ~ Ihrer Antwort awaiting (*od.* looking forward to) your reply; voller ~, in gespannter ~, brennend vor ~ → erwartungsvoll II; auf (*od.* in) j-n ~en setzen place one's hopes (*od.* expectations) on s. o.; große ~en an et. knüpfen expect a great deal of s. th.; den (*od.* unseren *etc*) ~en entsprechen come up to (our, *etc*) expectations, *colloq.* fill the bill; hinter den (*od.* unseren *etc*) ~en zurückbleiben fall short of the (*od.* our, *etc*) expectations; sie sahen sich in ihren ~en getäuscht (*od.* enttäuscht) they were disappointed (in their expectations).

erˈwar·tungs|ˌfroh → erwartungsvoll. **~geˌmäß** *adv* as (was to be) expected. **≈ho·riˌzont** *m* expectations *pl.* **~ˌvoll I** *adj* expectant (*mood, look, etc*), (*gespannt, eifrig*) *a.* eager, ⟨*pred*⟩ full of expectation, all agog. **II** *adv* expectantly, full of expectation, *stärker*: in joyful anticipation, on tiptoes with expectation.

erˈwecken (*getr.* -k·k-) **I** *v/t* ⟨*no* ge-, h⟩ **1.** → wecken 1. **2.** (*wiederbeleben*) resuscitate, recall *s. o.* to life; j-n (*od.* et.) wieder zu Leben ~ revive s. o. (s. th.); *Bibl. u. humor.* j-n vom Tode (*od.* von den Toten) ~ raise s. o. from the dead. **3.** *fig. allg.* awaken, arouse (*desire, etc*); (*Gefühle*) *a.* stir up (*emotions*), (*Erinnerungen*) *a.* raise, evoke, bring back (*memories*), (*Hoffnung*) *a.* raise (*hopes*), (*Interesse*) *a.* excite; (*Vertrauen, Furcht etc*) inspire (*confidence, fear*); Mitleid ~ arouse pity; Verdacht ~ arouse suspicion(s); bei j-m den Glauben ~, daß make s. o. believe that; → Anschein, Eindruck[1] 1. **4.** *relig.* (*bekehren*) convert. **II** ≈ *n* ⟨-s⟩ **5.** awakening (*etc*). **6.** arousal; inspiration. **7.** revival, resuscitation. **Erˈweckung** (*getr.* -k·k-) *f* ⟨-; -en⟩ **1.** → erwecken II. **2.** (religiöse) ~ a) (religious) revival, b) *e-s Einzelnen*: religious awakening, (*Bekehrung*) conversion; ~sbewegung *f* revivalism, revivalist movement; ~sprediger *m* revivalist.

erˈweh·ren *v/reflex* ⟨*no* ge-, h⟩ **1.** sich j-s ~ keep (*od.* fend, ward) s. o. off, keep s. o. at bay (*weitS. a.* at arm's length). **2.** sich e-r Sache nicht ~ können a) be helpless against s. th., be defen/celess (*Am.* -seless) against s. th., b) not to be able to resist s. th.; er konnte sich e-s Lächelns nicht ~ he couldn't help smiling; sie konnte sich kaum der Tränen ~ she could hardly keep back her tears; ich kann mich des Eindrucks (Gedankens) nicht ~, daß I can't help feeling (thinking) that.

erˈwei·chen I *v/t* ⟨*no* ge-, h⟩ **1.** *med. tech. etc, a. ling.* soften. **2.** *fig.* (*j-n*) soften, mollify; j-s Herz ~ soften (*od.* melt) s. o.'s heart; sich ~ lassen relent, yield, come round; er ließ sich nicht ~ he would not relent, he was adamant; endlich ließ er sich ~, mir zu helfen at last he relented and helped me, *iro.* at last he condescended to help me. **II** ≈ *n* ⟨-s⟩ **3.** softening (*etc*). **erˈwei·chend** *adj* **1.** softening. **2.** *pharm.* emollient. **Erˈwei·chung** *f* ⟨-; -en⟩ **1.** → erweichen II. **2.** *med.* softening; ~smittel *n* emollient.

erˈwei·sen I *v/t* ⟨*irr, no* ge-, h⟩ **1.** (*beweisen*) prove, establish, show, demonstrate. **2.** j-m et. ~ a) (*e-n Dienst, Gefallen etc*) do (*od.* render) s. o. (*a service, good turn, favo[u]r, etc*), b) (*Ehre*) do (*od.* pay) s. o. (*an hono[u]r*), c) (*s-e Gunst*) grant (*od.* bestow on) s. o. (*one's favo[u]r*), (*Gastfreundschaft etc*) *a.* extend to s. o. (*hospitality, etc*), d) (*Achtung*) pay (*od.* show) s. o. (*respect, etc*). **II** *v/reflex* sich ~ **3.** sich (j-m gegenüber) dankbar *etc* ~ show o. s. grateful (*etc*) (to s. o.), show (one's) gratitude (*etc*) (to s. o.); sich e-r Sache würdig ~ prove (*od.* show) o. s. worthy of s. th.; s-s Rufes: live up to one's reputation. **4.** sich ~ (*herausstellen*) be seen (*od.* proved), become clear (*od.* apparent, manifest); sich als et. ~ prove (*od.* turn out) to be (*right, wrong, a good friend, etc*), be found (*good, necessary, etc*); es hat sich erwiesen, daß it (has) appeared that, we have seen that. **erˈweislich** *adj* → nachweisbar I.

erˈwei·tern I *v/t* ⟨*no* ge-, h⟩ **1.** *allg.* widen, enlarge (*road, hole, etc*); ein Gebäude ~ extend (*od.* enlarge) a building. **2.** (*e-n Betrieb etc*) extend, enlarge (*business, factory, etc*); (*die Produktion*) *a.* expand. **3.** (*Buch, Programm etc*) enlarge. **4.** *fig.* a) (*Kenntnisse, Wissen etc*) extend, enlarge, improve, broaden (*knowledge, etc*), b) (*Einfluß, Befugnis etc*) extend, widen, expand (*influence, powers, etc*), c) (*Begriff, Fragestellung etc*) extend (*concept, meaning, etc*). **5.** *math.* (*e-n Bruch*) reduce (*a fraction*) to higher terms. **6.** *med.* a) (*Magen*) distend, b) (*Herz, Leber*) enlarge, c) (*Pupillen etc*) dilate. **II** *v/reflex* sich ~ **7.** *Straße, Öffnung etc*: widen, *Tal etc*: *a.* open out. **8.** *med.* a) *Pupille etc*: dilate, b) *Magen*: distend, be distended, c) *Herz*: enlarge, be enlarged. **9.** *econ. Geschäft etc*: expand, be extended, grow. **10.** *fig.* a) *Einfluß, Wissen etc*: widen, enlarge, extend, b) *Begriff etc*: become wider, be extended. **III** ≈ *n* ⟨-s⟩ **11.** widening, enlarging (*etc*). **12.** → Erweiterung.

erˈwei·tert *pp u. adj* **1.** enlarged (*etc*; *cf.* erweitern I); ~e Vollmachten extended powers. **2.** *ling.* a) *Laut*: expanded, b) *Satz*: compound, c) *Infinitiv*: extended. **Erˈwei·te·rung** *f* ⟨-; -en⟩ **1.** → erweitern 11. **2.** enlargement, extension, *fig. a.* expansion (*cf.* erweitern I). **3.** *math.* a) *e-s Bruches*: reduction of *a fraction* to higher terms, b) *e-s Zahlenkörpers*: extension. **4.** *med.* a) enlargement, b) dila(ta)tion, c) distention (*cf.* erweitern 6). **Erˈwei·te·rungsˌbau** *m* ⟨-(e)s; -ten⟩ annexe, *bes. Am.* annex, extension, addition.

Erˈwerb [-ˈvɛrp] *m* ⟨-(e)s; -e⟩ (*das Erwerben*) acquisition, acquiring, buying; (*Kauf*) purchase; (*Lohn, Verdienst*) earnings *pl*; s-m ~ nachgehen earn (*od.* work for) one's living, (go to) work.

erˈwer·ben I *v/t* ⟨*irr, no* ge-, h⟩ **1.** acquire, get; et. (käuflich) ~ acquire s. th. (by purchase), purchase (*od.* buy) s. th. **2.** (*verdienen*) earn, make; et. durch Arbeit ~ acquire (*od.* gain) s. th. by work; (sich *dat*) sein Brot ~ earn one's living. **3.** *fig.* (*sich aneignen*) acquire, get, gain (*knowledge, etc*). **4.** a) *jur.* (*Rechte*) acquire, obtain, b) *econ.* (*Beteiligungen*) secure, acquire. **5.** *fig.* (*Ruhm, Vertrauen*) win, gain, earn. **II** ≈ *n* ⟨-s⟩ **6.** acquiring (*etc*). **7.** → Erwerbung 2. **Erˈwer·ber** *m* ⟨-s; -⟩ **1.** acquirer, purchaser. **2.** *jur.* assignee, transferee.

erˈwerbs|be₁hin·dert, ~beˌschränkt *adj* partially disabled. **≈ˌein·kom·men** *n* earned income. **~ˌfä·hig** *adj* capable of gainful employment, fit for work; in ~em Alter of employable age; voll ~ of full earning capacity. **≈ˌfä·hig·keit** *f* ⟨-; *no pl*⟩ earning capacity, fitness for work. **≈geˌnos·sen·schaft** *f* co(-)operative society. **≈geˌsell·schaft** *f* trading company, *Am.* corporation. **≈ˌle·ben** *n* business (life). **~los** *adj* → arbeitslos. **≈ˌmin·de·rung** *f* reduction of earning (*od.* working) capacity, loss of services. **≈ˌmit·tel** *pl* means of living. **≈ˌquel·le** *f* source of income. **≈ˌsinn** *m* ⟨-(e)s; *no pl*⟩ business sense (*od.* acumen), acquisitiveness. **~ˌtä·tig** *adj* (gainfully) employed, working (for a living); selbständig ~ self-employed. **≈ˌtä·ti·ge** *m, f* ⟨-n; -n⟩ gainfully employed person. **≈ˌtä·tig·keit** *f* gainful employment. **~ˌunˌfä·hig** *adj* disabled, incapable of gainful employment, unable to earn a living. **≈ˌunˌfä·hig·keit** *f* disability, inability to earn a living. **≈ˌurˌkun·de** *f jur.* title deed. **≈ˌzweig** *m* branch (of industry *od.* trade), line (of business), trade.

Erˈwer·bung *f* ⟨-; -en⟩ **1.** → erwerben 6. **2.** acquisition, (*Kauf*) *a.* purchase. **3.** (*das Erworbene*) purchase.

erˈwi·dern I *v/t* ⟨*no* ge-, h⟩ **1.** (auf *acc*) reply (to), answer (*s. th. od.* to), *treffend, scharf*: retort (upon), rejoin (on, upon), (*sagen*) say (to); et. ~ make (*od.* give) a reply, (give an) answer; was soll man darauf ~? what(ever) could you say (in reply) to this?; auf m-e Frage erwiderte er in reply to my question he said. **2.** *fig.* (*Gruß, Besuch, Gefälligkeit etc*) return, reciprocate; s-e Liebe wurde nicht erwidert → Erwiderung 3. **3.** *mil.* return, reply to, answer (*enemy fire*). **4.** *jur.* answer, state by way of rejoinder. **II** ≈ ⟨-s⟩ **5.** replying (*etc*). **Erˈwi·de·rung** *f* ⟨-; -en⟩ **1.** → erwidern II. **2.** (auf *acc* to) reply, answer; (scharfe *od.* treffende) ~ retort, rejoinder; in ~ Ihrer Anfrage in reply (*od.* answer) to your inquiry, referring to your letter. **3.** *fig.* return (*of salute, visit, feelings, favo[u]r, etc*), reciprocation; s-e Liebe fand k-e ~ his love was not returned (*od.* was unrequited). **4.** *jur.* rejoinder.

erˈwie·se·nerˈma·ßen *adv* as has been proved (*od.* demonstrated, established).

erˈwir·ken *v/t* ⟨*no* ge-, h⟩ **1.** obtain, succeed in getting *s. th.* **2.** (*Freilassung etc*) effect, bring about. **3.** *jur. bes. gerichtlich*: obtain, procure (*postponement, etc*); gegen j-n e-e Vorladung (**e-n Haftbefehl**) ~ take out a writ (warrant) against s. o.; **e-n Gerichtsbeschluß** ~ sue (out) a writ.

erˈwi·schen *v/t* ⟨*no* **ge-**, **h**⟩ *colloq.* **1.** catch, get (hold of); **er erwischte sie an den Haaren** he caught her by the hair; **ich erwischte ihn (mit e-m Schlag) am Kinn** I caught him (a blow) at the chin. **2.** (*ertappen*) catch, *colloq.* nab (*thief, etc*); **j-n beim Stehlen** ~ catch s. o. (in the act of) stealing; **ich erwischte ihn dabei** I caught him at it; **laß dich nicht** ~ don't let yourself be caught, don't get yourself caught. **3.** (*bekommen*) get (hold of) (*a seat, bargain, etc*). **4.** (*erreichen*) catch, get, make (*train, bus, etc*). **5.** *fig.* (*Krankheit etc*) catch, get; **ihn hat's am Bein erwischt** he has caught (*od.* has got) it in his leg; **ich habe die Grippe** (*od.* **die Grippe hat mich**) **erwischt** the flu has got (hold of) me; **den hat's ganz schön erwischt** a) *Krankheit, Liebe etc*: he's got it badly, b) *etwas Schlimmes*: he got quite a knocking, *beim Unfall*: he was badly injured; **es hat ihn erwischt** (*er ist tot*) he's had it.

erˈwünscht *adj* **1.** desired (*effect, result, etc*). **2.** (*willkommen*) welcome; **ich glaube, ich bin hier nicht** ~ I think I'm not welcome (*od.* wanted) here. **3.** (*wünschenswert*) desirable; **persönliche Vorsprache** ~ applications *pl* should be made in person; **Stenographie** ~, **aber nicht Bedingung** shorthand an asset but not essential.

erˈwür·gen I *v/t* ⟨*no* **ge-**, **h**⟩ **1.** strangle, strangulate, throttle, choke (*s. o.* to death *od.* the life out of *s. o.*). **II** Ձ *n* ⟨**-s**⟩ **2.** strangling (*etc*). **3.** strangulation.

Erz [eːrts; ɛrts] *n* ⟨**-es; -e**⟩ **1.** *metall. min.* ore. **2.** (*Bronze*) bronze; *fig.* **wie aus** (*od.* **in**) ~ **gegossen** like a brazen statue. ~ˌ**ader** *f* vein (*od.* lode) of ore.

erˈzäh·len I *v/t* ⟨*no* **ge-**, **h**⟩ **1.** tell (**j-m et.** s. o. s. th., s. th. to s. o.); **man hat mir erzählt, daß** I have been told that; **man erzählt sich** people (*od.* they) say; *fig.* **er kann et.** ~ he has a lot to tell, he has seen a great deal; *fig. colloq.* **davon kann ich was** ~ I can tell you a thing or two about it; **dem werde ich was** ~ I'll give him a piece of my mind, I'll give him what for; **wem** ~ **Sie das!** you are telling me! **2.** (*berichten*) tell, recount, relate, *kunstvoll*: narrate. **3.** *fig. colloq.* (*weismachen*) tell; **wer hat dir denn das erzählt?** who told you that (yarn)?; **du kannst mir nichts** (*od.* **viel**) ~ tell me another!, don't give me that!; **das kannst du e-m anderen** (*od.* **d-r Großmutter**) ~! tell that to the marines. **II** *v/i* **4.** tell; **j-m von** (*od.* **über** *acc*) **et.** ~ tell s. o. about (*od.* of) s. th.; **man erzählt (sich) von ihm, daß er reich sei** people say (*od.* they say) that he is rich, he is said to be rich. **5.** (*berichten*) tell, recount, relate. **6.** tell a story (*od.* stories), narrate; **er kann sehr gut** ~ he is a good story-teller. **III** Ձ *n* ⟨**-s**⟩ **7.** story-telling, narration. **erˈzäh·lend** *pres p u. adj* **1.** *Stil, Gedicht etc*: narrative; ~**e Literatur** fiction. **2.** (*episch*) epic. **erˈzäh·lensˌwert** *adj* worth telling. **Erˈzäh·ler** *m* ⟨**-s; -**⟩ **1.** story-teller. **2.** *im Radio, Schauspiel etc*: narrator, relator. **3.** (*Schriftsteller*) narrative writer. **erˈzäh·le·risch** *adj* narrative. **Erˈzählˌkunst** *f* (art of) narration (*od.* story-telling), narrative art. **Erˈzäh·lung** *f* ⟨**-; -en**⟩ **1.** narration. **2.** (*Bericht*) account. **3.** *Literatur*: a) narrative, story, tale, b) short story, c) *collect.* fiction.

ˈ**Erz|ˌbergˌwerk** *n* ore mine. ~ˌ**bett** *n geol.* bed of ore.

ˈ**Erz|ˌbi·schof** [ˈɛrts-] *m relig.* archbishop. Ձˌ**bi·schöf·lich** *adj* archiepiscopal. ~ˌ**bis·tum** *n* archbishopric, archdiocese, see. ~**diaˌkon** *m* archdeacon. ~**dia·koˌnat** *n* **1.** (*Amt*) archdeaconate, archdeaconship. **2.** (*Gebäude*) archdeaconry. ~**di·öze·se** [-diøˌtseːzə] *f* → **Erzbistum.**

ˈ**erzˌdumm** *adj* infernally stupid.

erˈzei·gen *v/t u.* **sich** ~ *v/reflex* ⟨*no* **ge-**, **h**⟩ → **erweisen** 3, 4.

ˈ**er·zen** *adj* **1.** (made) of bronze (*od.* brass), bronze, brazen. **2.** *fig.* iron, steel, steely.

ˈ**Erzˌen·gel** [ˈɛrts-] *m relig.* archangel.

erˈzeu·gen I *v/t* ⟨*no* **ge-**, **h**⟩ **1.** *econ.* (*Güter*) produce, fabricate, manufacture, make. **2.** *agr.* grow, produce, raise. **3.** *phys.* (*Elektrizität, Gas etc*) generate, produce. **4.** (*Kinder*) beget, produce, *poet.* sire. **5.** (*verursachen*) cause, give rise to, bring about; (*Gefühl, Zustand etc*) create, engender, produce, generate, (*Haß etc*) *a.* breed, beget. **II** Ձ *n* ⟨**-s**⟩ **6.** producing (*etc*). **7.** → **Erzeugung. Erˈzeu·gen·de** *f* ⟨**-n; -n**⟩ *math.* generator.

Erˈzeu·ger *m* ⟨**-s; -**⟩ **1.** *econ.* producer, manufacturer, maker. **2.** *agr.* a) grower, producer, b) farmer. **3.** *tech.* (*Strom*Ձ) generator. **4.** (*Vater*) procreator, father, *poet.* sire. ~ˌ**kos·ten** *pl econ.* cost *sg* of production. ~ˌ**land** *n* country of origin, producer country. ~ˌ**preis** *m* producer's price.

Erˈzeug·nis *n* ⟨**-ses; -se**⟩ **1.** *econ.* product; (*Fabrikat*) *a.* make, article; **eigenes** ~ our (*etc*) own product (*od.* make). **2.** (agricultural) produce, product; **landwirtschaftliche** ~**se** agricultural (*od.* farm) produce *sg.* **3.** *chem.*, *a. fig. der Phantasie etc*: product. **4.** (*literarisches, geistiges etc* ~) production, creation; **geistiges** ~ *a.* brain-child (*bes. iro.*).

Erˈzeu·gung *f* ⟨**-**; *no pl*⟩ **1.** → **erzeugen** 6. **2.** *econ. von Gütern*: production (*a. agr.*), manufacture, making, fabrication. **3.** *phys.* generation. **4.** *von Kindern*: procreation, begetting. **5.** *fig. von Gefühl, Wirkung etc*: creation, generation, production.

Erˈzeu·gungs|ˌkos·ten *pl* cost *sg* of production, prime cost *sg.* ~ˌ**kraft** *f phys.* generative force.

ˈ**Erzˌfeind** [ˈɛrts-] *m* **1.** arch-enemy. **2.** *relig.* (the) Arch-fiend, (the) Foe, Satan.

ˈ**Erzˌgang** *m* → **Erzader.**

ˈ**Erzˌgau·ner** [ˈɛrts-] *m* arrant rogue, scoundrel.

ˈ**Erz|geˌwin·nung** *f* ore winning (*od.* production). ~ˌ**gicht** *f* ore charge. ~ˌ**gru·be** *f* (ore) mine, pit. Ձˌ**hal·tig** *adj min.* ore-bearing, rich.

ˈ**Erz|ˌher·zog** [ˈɛrts-] *m* archduke. Ձˌ**her·zog·lich** *adj* archducal. ~ˌ**her·zog·tum** *n* archduchy, archdukedom.

ˈ**Erzˌhüt·te** *f* smelting works *pl* (*a. als sg konstruiert*).

erˈzieh·bar *adj* educable; **schwer** ~**es Kind** difficult (*od.* problem-)child.

erˈzie·hen I *v/t* ⟨*irr, no* **ge-**, **h**⟩ **1.** (*aufziehen*) bring up, rear, raise (*children*); **j-n streng** ~ bring s. o. up strictly; **im christlichen Glauben erzogen** brought up in the Christian faith; → **erzogen. 2.** (*geistig* ~) educate; **j-n zu et.** ~ train (*od.* educate) s. o. to be s. th.; *weitS.* **j-n zur Sparsamkeit** ~ teach s.o. (*od.* bring s.o. up) to be economical. **3.** (*Tiere*) train. **II** *v/reflex* **sich** ~ **4.** train (*od.* educate, discipline) o. s. **III** Ձ *n* ⟨**-s**⟩ **5.** bringing up (*etc*). **6.** → **Erziehung. Erˈzie·her** *m* ⟨**-s; -**⟩ **1.** (*Pädagoge*) educator, *bes. Br.* educationist, educationalist. **2.** (*Lehrer*) teacher. **3.** *im Internat etc*: tutor. **Erˈzie·he·rin** *f* ⟨**-; -nen**⟩ **1.** → Erzieher 1. **2.** (lady) teacher. **3.** *im Internat etc*: governess, tutoress. **erˈzie·he·risch I** *adj* educational, p(a)edagogic(al), educative. **II** *adv* ~ **wirken** have an educative effect, be educative. **Erˈzie·hung** *f* ⟨**-**; *no pl*⟩ **1.** → **erziehen** 5. **2.** upbringing, bringing up, rearing; **er hat e-e gute** ~ **genossen** he has had (*od.* enjoyed) a good upbringing, he is well brought up (*od.* well-bred). **3.** (*geistige, politische etc* ~) education; **körperliche** ~ physical training (*od.* education). **4.** (*gute Manieren*) manners *pl*, breeding.

Erˈzie·hungs|ˌanˌstalt *f* reform school, reformatory, *Br. a.* approved school, borstal. ~ˌ**beiˌhil·fe** *f* educational grant. ~**beˌra·ter** *m* educational advisor. ~**beˌra·tung** *f* child (*od.* educational) guidance. ~**beˌrech·tig·te** *m, f* ⟨**-n; -n**⟩ person vested with the right of education, parent or guardian. Ձˌ**fä·hig** *adj* educable. ~**geˌwalt** *f* custody (**für ein Kind** of a child). ~ˌ**heim** *n* → **Erziehungsanstalt.** ~ˌ**leh·re** *f* → **Erziehungswissenschaft.** ~ˌ**maßˌre·gel** *f jur.* corrective measure. ~**meˌtho·de** *f* educational method. ~**miˌni·ster** *m* Minister of Education. ~**roˌman** *m* → **Bildungsroman.** ~ˌ**we·sen** *n* education(al system *od.* matters *pl*). ~ˌ**wis·sen·schaft** *f* (science of) education, p(a)edagogics *pl* (*als sg konstruiert*).

erˈzie·len I *v/t* ⟨*no* **ge-**, **h**⟩ **1.** (*Ergebnis etc*) achieve, obtain, attain, get (*results, etc*); **e-e Wirkung** ~ produce an effect; **e-n Erfolg** ~ achieve (*od.* score) a success. **2.** (*Einigung etc*) reach, arrive at, come to (*an agreement, etc*). **3.** *econ.* a) (*Gewinn etc*) make, realize (*profit*), b) (*Preis*) obtain, get, *Ware*: fetch; **als Reingewinn** ~ clear, net. **4.** *Sport*: score, make (*goal, point*). **II** Ձ *n* ⟨**-s**⟩ **5.** achieving, obtaining (*etc*). **6.** achievement, obtainment. **7.** *econ.* obtaining, realization. **Erˈzie·lung** *f* ⟨**-**; *no pl*⟩ → **erzielen** II.

erˈzit·tern *v/i* ⟨*no* **ge-**, **sein**⟩ **1.** *Person*: (begin to) tremble, shake, quiver, quake (**vor Angst** *etc* with fright, *etc*). **2.** *Boden, Brücke etc*: shake, tremble, vibrate; *die Erde*: shake, quake.

ˈ**Erz|ka·tho·lik** [ˈɛrts-] *m* ultra-Catholic. ~ˌ**ket·zer** *m relig.* arch-heretic, heresiarch. Ձ**kon·ser·vaˌtiv** *adj pol.* arch- (*od.* ultra-)conservative.

ˈ**Erz|ˌkör·per** *m geol.* ore body. ~ˌ**la·ger** *n* → **Erzvorkommen.** ~ˌ**la·gerˌstät·te** *f* mineral (*od.* ore) deposit, ore bed.

ˈ**Erz|ˌlüg·ner** [ˈɛrts-] *m* arch-liar. ~ˌ**narr** *m* arrant fool.

erˈzo·gen I *pp of* **erziehen. II** *adj* **gut** ~ well brought up, well-mannered, well-bred, well-behaved, well-trained; **schlecht** ~ badly brought up, ill-mannered, ill-bred.

ˈ**Erz|pes·siˌmist** [ˈɛrts-] *m* arch-pessimist. ~ˌ**prie·ster** *m* archpriest.

ˈ**Erz|ˌpro·be** *f Bergbau*: **1.** ore sample, ore specimen. **2.** (*Test*) (ore) assay. ~ˌ**schei·der** *m* (ore) separator.

ˈ**Erz|ˌschelm** [ˈɛrts-] *m* arch-rogue. ~ˌ**schur·ke** *m* arch-villain, arrant knave.

erˈzür·nen I *v/t* ⟨*no* **ge-**, **h**⟩ **j-n** ~ anger s. o., make s. o. angry (*od.* furious), incense (*od.* enrage, infuriate) s. o. **II** *v/reflex* **sich** ~ (**über** *acc*) get angry (*od.* furious, incensed) (at), lose one's temper (over), fly into a rage (at, because of); *obs.* **sich mit j-m** ~ fall out (*od.* quarrel) with s. o. **III** *v/i* ⟨**sein**⟩ → II.

'Erz|ˌva·ter ['ɛrts-] *m relig.* patriarch. **≗ˌvä·ter·lich** *adj* patriarchal.

'Erz|ver|ar·bei·tung, **~ver|hüt·tung** *f* ore smelting. **~ˌvorˌkom·men** *n* ore deposit. **~ˌwä·sche** *f* **1.** ore washing. **2.** (*Anlage*) ore-washing plant.

er'zwing·bar *adj* enforcible. **er'zwin·gen I** *v/t* <*irr, no* **ge-**, h> **1.** obtain (*od.* get) *s. th.* by force, force; **j-s Rücktritt ~** force s.o. to resign; **sich** (*dat*) **den Zugang (Durchgang) ~** force one's entry (way); **Liebe läßt sich nicht (***od.* **kann man nicht) ~** love cannot be commanded (*od.* compelled); **e-e Entscheidung ~ (wollen)** (try to) force an issue. **2. et. von j-m ~** force s. th. from (*od.* out of) s. o., extort (*od.* wring, wrest) s. th. from s. o.; **ein Zugeständnis von j-m ~** wring (*od.* wrest) a concession from s. o. **3.** (*Gehorsam etc*) compel, enforce. **4.** *jur. gesetzlich*: enforce (by law), compel compliance with; **j-s Erscheinen ~** compel s. o.'s attendance. **5.** *mil. hist.* (*Festung*) force. **II ≗** *n* <-s> **6.** → **Er'zwin·gung** *f* <-; *no pl*> **1.** forcing (*etc*); **die ~ s-s Rücktritts** the forcing of his resignation. **2.** *e-s Geständnisses etc*: extortion. **3.** *jur.* enforcement (by law).

er'zwun·gen I *pp of* erzwingen. **II** *adj* **1.** *Geständnis, Rücktritt etc*: forced (*a. phys.*). **2.** *fig. Lächeln, Heiterkeit etc*: forced, unnatural, artificial. **er'zwun·ge·ner'ma·ßen** *adv* under compulsion (*od.* coercion, duress).

es¹ [ɛs] **I** *pers pron* **1.** <*nom*> it, *bei abweichendem Geschlecht*: he, she; **~ ist daheim** (*das Kind*) a) *bei unbekanntem Geschlecht*: it is at home, b) he (*od.* she) is at home; **~ ist nicht zu Hause** (*das Mädchen*) she is not at home; **~ ist im Stall** (*das Pferd*) it (*od. colloq.* he *od.* she) is in the stable; **~ liegt im Hafen** (*das Schiff*) it (*od.* she) lies in the harbo(u)r; **~ fährt schnell** (*das Auto*) it (*od.* she) travels fast. **2.** <*acc*> it, *bei abweichendem Geschlecht*: him, her; **ich nahm ~** (*das Geld*) I took it; **ich sah ~** (*das Kind*) a) *bei unbekanntem Geschlecht*: I saw it, b) I saw him (*od.* her); **ich weiß ~** I know (it); **verstehen Sie ~?** do you understand (it)?; **wer hat ~ dir gesagt?** who told you? **3.** *bei v/impers*: a) it, b) there; **~ ist kalt** it is cold; **~ klopft** there is a knock; **~ friert mich** I am cold. **4.** *als Hilfssubjekt*: **~ ist mein Freund** a) it is my friend, b) he is my friend; **wer ist ~? ~ sind die Kinder** who is it? (it's) the children; **ich bin ~** it is I, *colloq.* it's me; **~ wurde gegessen und getrunken** there was eating and drinking; **~ geschah ein Unglück** there was an accident; **~ war einmal ein König** once (upon a time) there was a king; **~ kamen drei Männer** there came three men; **~ freut mich, Sie kennenzulernen** (I am) pleased to meet you; **~ gibt Leute, die** there are people who. **5.** *als unbestimmtes Objekt*: **~ gut mit j-m meinen** mean well by s. o.; **da haben wir ~** (*od. colloq.* **wir's**)! there we are!; *colloq.* **~ im Magen haben** have stomach trouble. **6.** *statt Wiederholung e-s Satzgliedes*: **er ist müde und ich bin ~ auch** he is tired and so am I; **er ist ehrlich und wird ~ immer sein** he is honest and will always remain so; **ich hoffe ~** I hope (so); **er sieht krank aus, aber er ist ~ nicht** he looks ill, but he isn't; **m-e Freundin kann nicht schwimmen, aber ich kann ~** my friend can't swim, but I can. **7.** *bei v/reflex und Artangabe*: **~ schläft sich gut in diesem Bett** one sleeps well in this bed; **hier läßt ~ sich gut leben** life is good here. **8.** *lit. als ursprünglicher Objektsgenitiv*: **ich bin ~ müde** I am tired of it; **ich bin ~ zufrieden** I am content with it. **II ≗** *n* <-; -> **9.** *ling.* "es", it. **10.** *psych.* id, Id.

es², Es *n* <-; -> *mus.* E flat; **es, es-Moll** E flat minor; **Es, Es-Dur** E flat major.

'E-ˌSai·te *f mus.* E-string.

Es'cape-ˌKlau·sel [ɪs'keɪp-] (*Engl.*) *f econ.* escape clause.

Es·cha·to·lo·ge [ɛsçato'lo:gə] *m* <-n; -n> *relig.* eschatologist. **Es·cha·to·lo'gie** [-lo'gi:] *f* <-; *no pl*> eschatology.

Esche ['ɛʃə] *f* <-; -n> **1.** *bot.* ash (tree). **2.** (*Eschenholz*) ash.

'eschen *adj* ash(en), of ash. **≗ˌbaum** *m* → Esche 1. **≗ˌholz** *n* ash; **aus (***od.* **von) ~** ash(en), of ash.

'E-ˌSchicht *f* <-; *no pl*> *Funk*: E-layer, E-stratum.

Es·cu·do [ɛs'ku:do] *m* <-(s); -(s)> escudo (*Währungseinheit von Portugal und Chile*).

Esel ['e:zəl] *m* <-s; -> **1.** *zo.* ass, donkey; **männlicher ~** he-ass, (jack)ass; **weiblicher ~** she-ass, jenny ass; *fig. colloq.* **beladen (***od.* **bepackt) sein wie ein ~** be loaded like a mule; **störrisch wie ein ~** (as) stubborn as a mule, mulish; **wenn's dem ~ zu wohl wird, geht er aufs Eis (tanzen)** (*Sprichwort*) pride goeth before the fall; **wenn man den ~ nennt, kommt er (schon) gerennt** talk of the devil (and he will appear); **ein ~ schimpft (***od.* **schilt) den andern Langohr** the pot calls the kettle black; **der ~ geht (***od.* **den ~ führt man) nur einmal aufs Eis** once bitten, twice shy. **2.** *fig. colloq. contp.* (silly) ass (*od.* fool), (jack)ass; **der alte ~** the (silly) old ass (*od.* fool, duffer); **ich ~!** what a fool I am! **Ese'lei** *f* <-; -en> *colloq.* folly, stupid (*od.* foolish) thing; **e-e ~ begehen** do s. th. foolish. **'esel·haft** *adj* **1.** *zo.* asinine. **2.** *fig.* asinine, inane, idiotic. **'Esel|hengst** *m* he-ass, jackass. **'ese·lig** *adj* → eselhaft 2. **'Ese·lin** *f* <-; -nen> *zo.* she-ass, jenny ass.

'Esels|ˌbrücke (*getr.* **-k·k-**) *f* **1.** *fig.* (*Merkhilfe*) mnemonic, *colloq.* donkey-bridge; **j-m e-e ~ bauen** give s.o. a hint (*od.* clue). **2.** *fig. colloq.* (*Übersetzungshilfe*) crib, *Am.* pony. **3.** *math. philos.* asses' bridge, pons asinorum. **~ˌmilch** *f* **1.** *zo.* asses' milk. **2.** *bot.* leafy spurge. **~ˌohr** *n* **1.** donkey's ear. **2.** *fig. colloq.* dog-ear, dog's-ear; **mit ~en** dog-eared; **~en in ein Buch machen** dog-ear (*od.* dog's-ear) a book. **~ˌschrei** *m* bray. **~ˌtritt** *m fig. colloq.* **j-m e-n ~ versetzen** give s. o. one for good measure.

'es'es, 'Es'es *n* <-; -> *mus.* E double flat.

Es·ka·dron [ɛska'dro:n] *f* <-; -en> *mil. obs. for* **Schwadron.**

Es·ka·la·de [ɛska'la:də] *f* <-; -n> *mil. hist.* escalade. **es·ka·la'die·ren** [-la'di:rən] **I** *v/t* <*no* **ge-**, h> (*Festung etc*) escalade. **II** *v/i* climb (up) an escalading wall.

Es·ka·la·ti·on [ɛskala'tsĭo:n] *f* <-; *no pl*> *mil. pol. u. fig.* escalation. **es·ka'lie·ren** [-'li:rən] *v/t u. v/i* <*no* **ge-**, h> escalate.

Es·ka·pa·de [ɛska'pa:də] *f* <-; -n> escapade.

Es·ka·pis·mus [ɛska'pɪsmus] *m* <-; *no pl*> *psych.* escapism.

Es·ki·mo ['ɛskimo] *m* <-(s); -(s)> Eskimo; **die ~s** the Eskimo(e)s (*od.* Eskimo); **~frau** *f* Eskimo woman; **~hund** *m* Eskimo (*od.* sled) dog, husky; **~sprache** *f* Eskimo.

es·ki·mo·isch [ɛski'mo:ɪʃ] **I** *adj* Eskimoan. **II** *ling.* **≗** <*generally undeclined*>, **das ≗e** <-n> Eskimo.

Es'kontˌsatz [ɛs'kɔnt-] *m Austrian econ.* rate of discount.

Es·kor·te [ɛs'kɔrtə] *f* <-; -n> *bes. mil.* escort, *mar. a.* convoy. **es·kor'tie·ren** [-'ti:rən] *v/t* <*no* **ge-**, h> escort.

Es·ku·do [ɛs'ku:do] *m* <-(s); -(s)> → **Escudo.**

Eso·te·rik [ezo'te:rɪk] *f* <-; -en> *philos.* esotericism. **Eso'te·ri·ker** [-'te:rikər] *m* <-s; ->, **eso'te·risch** *adj* esoteric.

Es·pe ['ɛspə] *f* <-; -n> *bot.* asp (tree), aspen.

'es·pen aspen, of aspen (wood). **≗ˌbaum** *m* → Espe. **≗ˌholz** *n* aspen wood; **aus ~** of aspen wood, aspen. **≗ˌlaub** *n* aspen leaves *pl*; *fig.* **zittern wie ~** tremble like an aspen leaf, tremble all over.

Es·pe·ran·tist [ɛsperan'tɪst] *m* <-en; -en> *ling.* Esperantist. **Es·pe'ran·to** [-'ranto] *n* <-(s); *no pl*> Esperanto.

Es·pla·na·de [ɛspla'na:də] *f* <-; -n> esplanade.

Es·pres·so¹ [ɛs'prɛso] *m* <-(s); -s *u.* Espressi [-si]> *gastr.* espresso (coffee).

Es'pres·so² *n* <-(s); -(s)> espresso bar.

Es'pres·so|ˌbar *f* espresso bar. **~maˌschi·ne** *f* espresso (machine).

Es·prit [ɛs'pri:] *m* <-s; -(s)> esprit, wit.

Es·qui·lin [ɛskvi'li:n], **der** <-s> the Esquiline Hill (*in Rome*).

Es·ra ['ɛsra] *npr m* <-s; *no pl*> *Bibl.* Ezra.

'Eßˌap·fel *m* eating (*od.* dessert) apple.

Es·say ['ɛse; ɛ'se:] *m, n* <-s; -s> essay (**über** *acc* on). **Es·say·ist** [ɛse'ɪst] *m* <-en; -en> essayist. **es·sayi·stisch** [-'ɪstɪʃ] *adj* essayistic.

'eß·bar I *adj* eatable, edible; **~er Pilz** (edible) mushroom. **II ≗e, das** <-n> edible thing; **alles ≗e** everything eatable; **et. (nichts) ≗es** something (nothing) to eat. **≗keit** *f* <-; *no pl*> edibility.

'Eß·beˌsteck *n* → **Besteck.**

Es·se ['ɛsə] *f* <-; -n> **1.** *dial.* (*Schornstein*) chimney, stack; *fig. colloq.* **et. in die ~ schreiben** write s. th. off. **2.** *fig. colloq.* silk (*od.* top) hat. **3.** *tech.* (*Schmiedeherd*) smith's hearth. **4.** *geol.* (volcanic) vent.

'Eßˌecke (*getr.* **-k·k-**) *f* → **Eßnische.**

es·sen ['ɛsən] **I** *v/i* <**ißt, aß, gegessen,** h> **1.** eat; **gut ~** eat well; **zu Mittag ~** (have) lunch; **zu Abend ~** have supper, *feiner*: have dinner, dine; **auswärts ~** eat (*od.* dine) out; **in e-m Restaurant ~** eat (*od.* have a meal, *ständig*: have one's meals) at a restaurant; **man ißt (ganz) gut dort** you get a good meal there, the food isn't bad there; **kalt (warm) ~** have a cold (hot) meal; **tüchtig ~** eat heartily; **haben Sie schon gegessen?** have you had your lunch (*etc*) yet?; **was gibt es heute zu ~?** what are we having (*od.* what's) for lunch (*od.* dinner)?; **selber ~ macht fett** (*Sprichwort*) charity begins at home. **2.** *mar. mil.* mess. **II** *v/t* **3.** eat; **zuviel ~** eat too much, overeat (*od.* stuff) o. s.; **den Teller leer ~** clear one's plate, eat it all up; **~ Sie gerne Obst?** do you like fruit?; **sie hat k-n Bissen gegessen** she did not even touch her food; *colloq.* **j-n arm ~** eat s. o. out of house and home; → **Brot** 1 (*etc*). **III** *v/reflex* **4. sich satt (***od. colloq.* **voll, dick) ~** eat one's fill; **sich an** (*dat*) **et. satt ~** a) eat one's fill of s. th., b) *im Überdruß*: sicken o. s. of s. th. **IV ≗** *n* <-s> **5.** eating (*etc*); **der Kuchen ist zum ≗ da** the cake is there to be eaten; **≗ und Trinken hält Leib und Seele zusammen** (*Sprichwort*) eating and drinking keeps body and soul together. **6.** (*Nahrung, Verpflegung*) food, fare; **≗ und Trinken** food and drink; *mil.* **≗ fassen** a) queue up for one's meal, *Am.* join the chowline, b) (*Verpflegung*) draw rations. **7.** (*Mahl-*

385 **Essenbon – Etmal**

zeit) meal, *lit.* repast; **j-n zum ♀ einladen** invite (*od.* ask) s. o. to dinner (*od.* lunch, supper); **wollen Sie nicht zum ♀ bleiben?** won't you stay for lunch (*od.* dinner)?; **vor (nach) dem ♀ einzunehmen** to be taken before (after) meals; **nach dem ♀ sollst du ruh'n oder tausend Schritte tun** (*Sprichwort*) *etwa* after dinner sit awhile or, at pleasure, walk a mile. **8.** (*Fest♀*) (formal) dinner, banquet. **9.** (*Portion*) meal, portion; **20 ♀ ausgeben** serve 20 meals. **10.** *mar. mil.* mess.

ˈEs·senˌbon *m* → **Essensmarke.**

Es·se·ner [ɛˈseːnər] *m* ⟨-s; -⟩ *Bibl.* Essene.

ˈEs·senˌho·ler [-ˌhoːlər] *m* ⟨-s; -⟩ *bes. mil.* ration carrier.

es·se·nisch [ɛˈseːnɪʃ] *adj Bibl.* Essenian, Essenic.

ˈEs·senˌkar·te *f* → **Essensmarke.**

ˈEs·senˌkeh·rer *m* → **Schornsteinfeger.**

ˈEs·sens|entˌzug *m* deprival of food. **~geˌruch** *m* smell of food. **~ˌmar·ke** *f* meal (*od.* lunch) voucher, *Am.* meal ticket. **~ˌpau·se** *f* lunch break. **~ˌzeit** *f* mealtime; *mittags*: *meist* lunchtime, lunch hour; *abends*: supper-time, dinner-time.

es·sen·ti·ell [ɛsɛnˈtsĭɛl] *adj* essential (*a. chem.*).

ˈEs·senˌträ·ger *m* **1.** (*Behälter*) transportable meal container, food carrier. **2.** → **Essenholer.**

Es·senz [ɛˈsɛnts] *f* ⟨-; -en⟩ **1.** *chem. pharm.* essence. **2.** ⟨*only sg*⟩ *lit. od. philos.* (*Wesen*) essence, substance.

ˈEs·ser *m* ⟨-s; -⟩ eater; **ein starker (schwacher) ~** a big (poor) eater; **unnütze ~** useless mouths to feed.

ˈEß|ˌfei·ge *f* common (*od.* edible) fig. **~ˌga·bel** *f* table fork. **~geˌschirr** *n* **1.** table-service, plates *pl* and dishes *pl*, tableware. **2.** *mil.* mess tin (*od.* gear, *Am.* kit). **~geˌwohn·heit** *f meist pl* eating habit. **~ˌgier** *f* gluttony, greediness.

Es·sig [ˈɛsɪç] *m* ⟨-s; *rare* -e⟩ **1.** *chem.* vinegar, acetum; **in ~ verwandeln** acetify. **2.** *gastr.* vinegar; **in ~ einlegen** pickle; **mit ~ gewürzt** vinegar-flavo(u)red. **3.** *fig. colloq.* **damit ist es ~** it's all off now, that's out; **mit der Reise ist es ~** our trip has fallen through; **mit unseren Plänen ist es jetzt ~** that has killed all our plans. **~ˌäther** *m* → Essigester. **~ˌbaum** *m bot.* tanner's sumac(h). **~ˌbee·re** *f* barberry. **~ˌbil·dung** *f* acetification. **~ˌester** *m chem.* ethylacetate. **~ˌfla·sche** *f* **1.** vinegar bottle. **2.** *auf dem Tisch*: vinegar cruet. **~geˌmü·se** *n* (mixed) pickles *pl*. **~ˌgur·ke** *f* (pickled) gherkin. **~ˌkahm** *m biol.* mother (of vinegar). **~ˌkol·ben** *m bot.* Virginian sumac(h). **~ˌkräu·terˌsau·ce** *f gastr.* Vinaigrette sauce. **~ˌmut·ter** *f* → **Essigkahm.** **~ˌpilz** *m* **1.** *biol.* acetobacter. **2.** *pl gastr.* pickled mushrooms. **~ˌro·se** *f bot.* French rose. **~ˌsau·ce** *f* vinegar sauce. **♀ˌsau·er** *adj* **1.** *chem.* acetic; → **Tonerde.** **2.** *fig. Miene*: vinegary, sour.

ˈEs·sig|ˌsäu·re *f* acetic acid. **~anhyˌdrid** *n* acetic anhydride. **~äthylˌester** [-ʔɛˌtyːl-] *m* → **Essigester.** **~ˌbil·dung** *f* acetification.

ˈEs·sig-ˌund-ˈÖl-ˌStän·der *m* cruet stand.

ˈEß·kaˌsta·nie *f bot.* **1.** Spanish chestnut. **2.** (*Marone*) marron.

ˈEßˌkoh·le *f tech.* **1.** *für Dampfkessel*: steam coal. **2.** *für Schmiedefeuer*: forge coal.

ˈEß|ˌlauch *m* → **Schalotte.** **~ˌlöf·fel** *m* tablespoon; **zwei ~ (Zucker)** two tablespoonfuls (of sugar). **♀ˌlöf·felˌwei·se** *adv* in (*od.* by) tablespoonfuls. **~ˌlust** *f* appetite. **~ˌmar·ke** *f* → **Essensmarke.** **~ˌnapf** *m* **1.** (small) bowl, *Am. a.* dinner pail. **2.** *mil.* mess tin. **~ˌni·sche** *f* dining alcove, *Am.* dinette. **~ˌobst** *n* eating fruit. **~paˌket** *n* food package. **~ˌraum** *m* **1.** dining-room. **2.** *in Betrieben etc*: canteen. **~ˌsaal** *m* dining-hall. **~scho·koˌla·de** *f* eating chocolate. **~ˌstäb·chen** *n* chopstick. **~ˌtel·ler** *m* dinner-plate. **~ˌtisch** *m* dining-table. **~ˌunˌlust** *f med.* distaste for food. **~ˌwa·ren** *pl* comestibles, eatables; (*Nahrungsmittel*) food *sg*, foodstuffs, victuals; (*Vorräte*) provisions. **~ˌzim·mer** *n* dining-room.

Es·tab·lish·ment [ɪˈstæblɪʃmənt] (*Engl.*) *n* ⟨-s; -s⟩ *pol. contp.* establishment.

Estam·pe [ɛsˈtãːpə] *f* ⟨-; -n⟩ *print.* engraving, print.

Este [ˈeːstə] *m* ⟨-n; -n⟩ *geogr.* Estonian.

Ester [ˈɛstər] *m* ⟨-s; -⟩ *chem.* ester; **saurer ~** acid ester. **~ˌgum·mi** *n, a. m synth.* ester gum, rosin ester.

ˈEstin *f* ⟨-; -nen⟩ *geogr.* Estonian.

ˈEstˌlän·der *m* ⟨-s; -⟩, **ˈEstˌlän·de·rin** *f* ⟨-; -nen⟩ *geogr.* Estonian. **ˈestˌlän·disch I** *adj* Estonian. **II** *ling.* ♀ ⟨*generally undeclined*⟩, **das ♀e** ⟨-n⟩ Estonian. **est·nisch** [ˈeːstnɪʃ] *adj* → **estländisch.**

Estra·de [ɛsˈtraːdə] *f* ⟨-; -n⟩ **1.** *archaic* estrade. **2.** *DDR* (popular) show.

Estra·gon [ˈɛstragɔn] *m* ⟨-s; *no pl*⟩ *bot.* tarragon.

Est·rich [ˈɛstrɪç] *m* ⟨-s; -e⟩ **1.** *arch.* stone (*od.* cement, asphalt) floor, *engS.* composition floor. **2.** *Swiss for* **Dachboden, Dachkammer.** **~ˌgips** *m* hard(-finish) plaster. **~ˌle·ger** *m civ.eng.* flooring plasterer.

Es·zett [ɛsˈtsɛt] *n* ⟨-; -⟩ (the letter) ß (*in the German alphabet*).

Eta [ˈeːta] *n* ⟨-(s); -s⟩ *ling.* eta (*seventh letter of the Greek alphabet*).

eta·blie·ren [etaˈbliːrən] *v/reflex* ⟨*no* ge-, h⟩ **sich ~** establish o. s., become established (*beide a. fig. Brauch etc*); **sich (geschäftlich** *od.* **als Kaufmann) ~** set up in (*od.* start a) business, set up as a merchant (*etc*); *humor.* **sich in e-m Zimmer ~** settle down in a room. **Etaˈblie·rung** *f* ⟨-; *no pl*⟩ establishment (als as).

Eta·blis·se·ment [etablɪs(ə)ˈmãː; *Swiss a.* -ˈmɛnt] *n* ⟨-s; -s, *Swiss a.* -e [-ˈmɛntə]⟩ establishment.

Eta·ge [eˈtaːʒə] *f* ⟨-; -n⟩ **1.** storey, *bes. Am.* story, floor; **wir wohnen auf der vierten ~** we live on the fourth (*Am.* fifth) floor. **2.** *agr.* tier.

Eta·gen|ˌbett [eˈtaːʒən-] *n* bunk bed. **~ˌchef** *m econ.* floor manager. **♀ˌför·mig I** *adj* arranged in tiers. **II** *adv* in tiers; **~ angeordnet** arranged in tiers. **~ˌhaus** *n* block of flats, *Am.* apartment house. **~ˌhei·zung** *f* single--stor(e)y heating system, central heating serving one flat. **~ˌkell·ner** *m* floor waiter. **~ˌtrock·ner** *m gastr.* shelf drier. **~venˌtil** *n tech.* multiple-seated valve. **~ˌwoh·nung** *f* (self-contained) flat, *Am.* apartment (comprising a whole floor).

Eta·ge·re [etaˈʒɛːrə] *f* ⟨-; -n⟩ *obs. for* a) **Bücherbord,** b) **Glasschrank.**

Etap·pe [eˈtapə] *f* ⟨-; -n⟩ **1.** *mil.* a) rear area, b) (*Verbindungszone*) communications zone, c) (*Stützpunkt*) base, d) (*Tagesmarsch*) day's march; **in der ~** behind the lines, at (the) base. **2.** *fig.* (*Teilstrecke*) stage, leg (*beide a. Sport*); **in ~n** in stages. **3.** *fig.* phase, stage. **4.** *fig.* (*Rastort*) stop.

Etap·pen|ˌhengst [eˈtapən-] *m mil. contp.* base wallah. **~ˌren·nen** *n Radsport*: stage race. **~ˌschwein** *n* → **Etappenhengst.** **♀ˌwei·se** *adv* by stages.

Etat [eˈtaː] *m* ⟨-s; -s⟩ **1.** (*Haushaltsplan*) budget, *parl. a.* (*veranschlagter ~*) estimates *pl*; (*bewilligter ~*) supplies *pl*; **den ~ aufstellen** draw up the budget; **nicht im ~ vorgesehen** not budgeted for; *humor.* **das übersteigt m-n ~** that exceeds my budget. **2.** *mil.* (*Truppenstärke*) establishment. **~ˌanˌsatz** *m econ.* budgetary estimate. **~ˌausˌgleich** *m* **1.** (*Vorgang*) balancing of the budget. **2.** (*Ergebnis*) budgetary balance. **~beˌra·tung** *f* budget debate. **~ˌde·fi·zit** *n* budgetary deficit. **~entˌwurf** *m* draft budget.

eta·ti·sie·ren [etatiˈziːrən] *v/t* ⟨*no* ge-, h⟩ *econ.* (enter *s. th.* in the) budget.

Etat|ˌjahr [eˈtaː-] *n* → **Etatsjahr.** **♀ˌmä·ßig** *adj* **1.** *econ.* budgetary, in accordance with the budget. **2.** *jur. Beamter etc*: permanent. **~ˌmit·tel** *pl* budgetary (*od.* voted) funds.

Etatsˌjahr [eˈtaːs-] *n* fiscal (*od.* financial) year.

Eta·zis·mus [etaˈtsɪsmʊs] *m* ⟨-; *no pl*⟩ *ling.* etacism.

et ce·te·ra [ɛt ˈtseːtera] et cetera, and so on.

ete·pe·te·te [ˌeːtəpeˈteːtə] *adj colloq.* **1.** (*penibel*) overparticular, fussy, finicky. **2.** (*zimperlich*) oversensitive, squeamish. **3.** (*geziert*) la-di-da, over-nice.

Eter·nit [etɛrˈniːt; -ˈnɪt] (*TM*) *n, m* ⟨-s; *no pl*⟩ *tech.* asbestos cement.

Ethik [ˈeːtɪk] *f* ⟨-; *rare* -en⟩ **1.** *philos.* ethics *pl* (*als sg od. pl konstruiert*), moral philosophy. **2.** → **Ethos 2.** **ˈEthi·ker** [-tikər] *m* ⟨-s; -⟩ **1.** *philos.* ethic (*od.* moral) philosopher. **2.** *weitS.* ethicist, moralist. **ˈethisch** [-tɪʃ] *adj* ethical.

eth·nisch [ˈɛtnɪʃ] *adj* (*völkisch, volksmäßig*) ethnic.

Eth·no|graph [ɛtnoˈgraːf] *m* ⟨-en; -en⟩ ethnographer. **~graˈphie** [-graˈfiː] *f* ⟨-; *no pl*⟩ ethnography. **♀ˈgra·phisch** *adj* ethnographic(al). **~ˈlo·ge** [-ˈloːgə] *m* ⟨-n; -n⟩ ethnologist. **~loˈgie** [-loˈgiː] *f* ⟨-; -n [-ən]⟩ ethnology. **♀ˈlo·gisch** *adj* ethnological.

Etho|lo·ge [etoˈloːgə] *m* ⟨-n; -n⟩ ethologist. **~loˈgie** [-loˈgiː] *f* ⟨-; -n [-ən]⟩ ethology. **♀ˈlo·gisch** *adj* ethologic.

Ethos [ˈeːtɔs] *n* ⟨-; *no pl*⟩ **1.** *philos.* ethos. **2.** *fig.* ethos, ethics *pl* (*a. als sg konstruiert*), ethical (*od.* moral) values *pl*.

Eti·enne [eˈtĭɛn] *f* ⟨-; *no pl*⟩ *print.* Etienne.

Eti·kett [etiˈkɛt] *n* ⟨-(e)s; -e(n)⟩ *bes. econ.* **1.** label (*a. fig.*), ticket; **~enschwindel** *m* fraudulent label(ling) (*a. fig.*). **2.** (*Preisschild*) price tag (*od.* ticket).

Eti·ket·te [etiˈkɛtə] *f* ⟨-; -n⟩ **1.** etiquette, conventional decorum, convention(s *pl*); **Verstoß gegen die ~** breach of etiquette; **es ist gegen die ~,** zu it is bad form to (*do s. th.*). **2.** *Swiss od. obs. for* **Etikett.**

eti·ket·tie·ren [etikɛˈtiːrən] *v/t* ⟨*no* ge-, h⟩ label (*a. fig.*), ticket, tag. **Eti·ketˈtier·maˌschi·ne** *f tech.* label(l)ing machine.

et·lich [ˈɛtlɪç] *indef pron* **1.** (*etwas*) some, a little; **mit ~em kalten Wasser** with some cold water. **2. ~e** *pl* (*einige*) several, (quite) a few, some; **~e Male** → **etlichemal;** **~e tausend Mark** several thousand marks; **~e gute Leute** a few good people. **3.** *colloq.* **~es** *substantivisch*: various (*od.* several, a few, some) things, a thing or two. **ˈet·li·cheˌmal** *adv* several times.

ˈEtˌmal [ˈɛt-] *n* ⟨-(e)s; -e⟩ *mar.* day's work (*od.* run).

Etrus·ker [eˈtrʊskər] *m* ⟨-s; -⟩ *antiq.* Etruscan. **etrus·kisch** [eˈtrʊskɪʃ] **I** *adj* Etruscan. **II** *ling.* Ջ ⟨*generally undeclined*⟩, **das** Ջ**e** ⟨-n⟩ Etruscan.

Etü·de [eˈtyːdə] *f* ⟨-; -n⟩ *mus.* étude, study.

Etui [ɛtˈviː] *n* ⟨-s; -s⟩ case.

et·wa [ˈɛtwa] *adv* **1.** *a.* in ∼ (*ungefähr*) about, approximately, *colloq.* round about, *bes. Am.* around; ∼ **drei Tage** about 3 days, 3 days or so (*od.* thereabouts); ∼ **um diese Zeit** (at) about this time; ∼ **um das Jahr 1000** somewhere about the year 1000; **wieviel brauchen Sie** ∼? about (*od.* approximately) how much do you need?; ∼ **das gleiche** about (*od.* more or less) the same (thing). **2.** (*gewissermaßen*) to some extent. **3.** (*vielleicht*) perhaps, by any chance; **warst du** ∼ **dort?** where you there by any chance?; **du warst doch nicht** ∼ **dort?** you were not there, were you?; **ist das** ∼ **nichts?** is that nothing?; **kannst du es** ∼ **besser?** can you do any better?; **soll das** ∼ **heißen, daß?** is that supposed to mean that, do you mean to say that; **kennst du ihn** ∼? do you happen to know him?; **denken Sie** ∼ **nicht, daß** don't think for a moment that. **4.** (*zum Beispiel*) for instance, for example, *colloq.* (let's) say; **denken Sie** ∼ **an** think for instance (*od.* for example) of, think (let's) say of. **5.** **nicht** ∼ a) not that, not as if, b) surely; **er war nicht** ∼ **betrunken** not that he was drunk; **nicht** ∼, **daß es et. ausgemacht hätte** not that it mattered; **du nimmst doch nicht** ∼ **an, daß** you surely don't suppose that. **et·wa·ig** [ˈɛtvaːɪç; -ˈvaːɪç] *adj* ⟨*attrib*⟩ any, whatever; (*eventuell*) (any) possible; ∼**e Ausgaben werden erstattet** any expenses (incurred) will be refunded; **gegen** ∼**e Schäden versichert** insured against any damage (that may occur); **bei** ∼**en Schwierigkeiten** in case of difficulty, should any difficulties arise.

et·was [ˈɛtvas] **I** *indef pron* **1.** a) something, b) (*irgend* ∼) anything; ∼ **Merkwürdiges** something strange; ∼ **anderes** a) something else, b) *fragend*: anything else; ∼, **was** something that; **sonst (noch)** ∼? (is there) anything else?; **das ist immerhin** ∼ that's at least something; ∼ **haben wir vergessen: das Geld** (there is) one thing we have forgotten: the money; **so** ∼ **Schönes habe ich noch nie gesehen** I have never seen anything as beautiful as that; **das ist** ∼ **anderes** a) that's something else, b) that's a different story (*od.* matter); **nein so** ∼! would you believe it!, imagine!, (just) fancy!; **so** ∼ **kommt vor** such things (do) happen; **so** ∼ **Dummes!** what a stupid thing!; *colloq.* **er hat** ∼ **gegen mich** he does not like me; *colloq.* **das ist so sicher wie nur** ∼ that's as sure as anything (*od.* as eggs is eggs); **er hat** ∼ **von e-m Gelehrten an sich** there is something scholarly about him. **II** *adj* **2.** a little (*patience, etc*), some; **er spricht** ∼ **Englisch** he knows a little English. **III** *adv* **3.** some, a little; **möchten Sie** ∼ **mehr davon?** would you like a little more (of it)? **4.** somewhat, a little, a bit, slightly (*better, etc*). **5.** (*ziemlich*) somewhat, rather, fairly; **ein** ∼ **schwieriges Problem** a rather difficult problem. **IV** Ջ *n* ⟨-; -⟩ **6.** something; **sie hat das gewisse** Ջ she has that certain something; **ein unbestimmbares** Ջ an undefinable something; **ein winziges** Ջ a tiny little thing. **7.** *philos.* this-quiddity; **ein** Ջ an existent.

ˈet,wel·che [ˈɛt-] *indef pron pl obs. for* **einige.**

Ety·mo|lo·ge [etymoˈloːgə] *m* ⟨-n; -n⟩ *ling.* etymologist. ∼**lo'gie** [-loˈgiː] *f* ⟨-; -n [-ən]⟩ etymology. Ջ**'lo·gisch** *adj* etymological. Ջ**lo·gi'sie·ren** [-logiˈziːrən] *v/t* ⟨*no* **ge-**, *h*⟩ etymologize.

Ety·mon [ˈeːtymɔn] *n* ⟨-s; **Etyma** [-ma]⟩ *ling.* etymon.

ˈEt-,Zei·chen [ˈɛt-] *n print.* ampersand, short and.

euch [ɔʏç] **I** *pers pron* ⟨*dat u. acc pl of* **du**⟩ (*capitalized in letters*) **1.** ⟨*dat*⟩ (to) you; **ich gebe es** ∼ I'll give it to you; **wir schreiben** ∼ **e-n Brief** we'll write you a letter. **2.** ⟨*acc*⟩ you; **wir fragen** ∼ we ask you. **II** *reflexive pron* ⟨*dat u. acc pl*⟩ (*capitalized in letters*) **3.** yourselves; **nehmt** ∼! help yourselves!; **setzt** ∼! sit down! **4.** *nach Präpositionen*: you; **seht hinter** ∼ look behind you.

Eu·cha·ri·stie [ɔʏçarɪsˈtiː] *f* ⟨-; -n [-ən]⟩ *relig.* Eucharist. **eu·cha'ri·stisch** [-tɪʃ] *adj* eucharistic.

Eu·dä·mo·nie [ɔʏdɛmoˈniː] *f* eud(a)emonia. **Eu·dä·mo'nis·mus** [-dɛmoˈnɪsmʊs] *m* eud(a)emonism.

eu·er [ˈɔʏər] (*capitalized in letters*) **I** *pers pron* ⟨*gen pl of* **du**⟩ **1.** (of) you; **ich gedenke** ∼ I am thinking of you; ∼ **sind drei (wenige)** there are three (few) of you. **II** *possess pron* ⟨*nom pl m u. n*⟩ **2.** your; ∼ **Haus** your house; **eu(e)re Eltern** your parents; **das ist unser und** ∼ **Haus** this is our house and yours. **3.** → **eurig.** **ˈEu·er** *possess pron vor Titeln*: Your; ∼ **Ehren** Your Hono(u)r; ∼ **Majestät** Your Majesty; ∼ **Gnaden** Your Grace. **ˈeu·ers'glei·chen** *indef pron* ⟨*undeclined*⟩ → **euresgleichen.** **ˈeu·ert'hal·ben** [ˈɔʏərt-] *adv* → **euretwegen.**

Eu·ge·nik [ɔʏˈgeːnɪk] *f* ⟨-; *no pl*⟩ *biol. psych.* eugenics *pl* (*meist als sg konstruiert*). **eu'ge·nisch** *adj* eugenic(al).

Eu·he·me·ris·mus [ɔʏhemeˈrɪsmʊs] *m* ⟨-; *no pl*⟩ euhemerism.

Eu·ka·lyp·tus [ɔʏkaˈlʏptʊs] *m* ⟨-; - *od.* -lypten⟩, ∼**,baum** *m bot.* eucalyptus, gum tree. ∼**bon,bon** *n, m* eucalyptus lozenge (*Am.* candy).

Eu·klas [ɔʏˈklaːs] *m* ⟨-; *no pl*⟩ *min.* euclase.

eu·kli·disch [ɔʏˈkliːdɪʃ] *adj* Euclidean.

Eu·le [ˈɔʏlə] *f* ⟨-; -n⟩ **1.** *orn.* owl; *fig.* ∼**n nach Athen tragen** carry coals to Newcastle. **2.** *zo.* (*Falter*) noctuid, owlet moth.

ˈeu·len|,äu·gig *adj* owl-eyed. Ջ**,fal·ter** *m* → **Eule 2.** Ջ**,nest** *n* owlery. Ջ**,ruf,** Ջ**,schrei** *m* owl's screech.

ˈEu·len,spie·gel *npr m* ⟨-s; *no pl*⟩ *Literatur*: Owlglass. **,Eu·len·spie·ge'lei** *f* ⟨-; -en⟩ espièglerie, roguish trick (*od.* prank).

Eu·me·ni·de [ɔʏmeˈniːdə] *f* ⟨-; -n⟩ *meist pl myth.* Eumenide.

Eu·nuch [ɔʏˈnuːx] *m* ⟨-en; -en⟩ eunuch.

Eu·phe·mis·mus [ɔʏfeˈmɪsmʊs] *m* ⟨-; -men⟩ *ling.* euphemism. **eu·phe'mi·stisch** [-tɪʃ] *adj* euphemistic(al).

Eu·pho·nie [ɔʏfoˈniː] *f* ⟨-; -n [-ən]⟩ *ling. mus.* euphony. **eu'pho·nisch** [-ˈfoːnɪʃ] *adj* euphonic.

Eu·pho·ni·um [ɔʏˈfoːnĭʊm] *n* ⟨-s; -nien⟩ *mus.* euphonium.

Eu·pho·rie [ɔʏfoˈriː] *f* ⟨-; *no pl*⟩ *med. psych.* euphoria. **eu'pho·risch** [-ˈfoːrɪʃ] *adj* euphoric.

Eu·phu·is·mus [ɔʏfuˈɪsmʊs] *m* ⟨-; *no pl*⟩ *Literatur*: euphuism. **eu·phui·stisch** [-ˈɪstɪʃ] *adj* euphuistic(al).

Eu·ra·si·er [ɔʏˈraːzĭər] *m* ⟨-s; -⟩, **eu'ra·sisch** [-zɪʃ] *adj* Eurasian.

Eu·ra·tom [ɔʏraˈtoːm] *f* ⟨-; *no pl*⟩ *pol.* Euratom (*European Atomic Community*). ∼**,land** *n* member country of Euratom.

eu·re [ˈɔʏrə] **I** *possess pron f* **1.** → **euer 2.** **2.** → **eurig.** **II** Ջ **3.** *vor Titeln*: → **Euer.** **ˈeu·rer** *possess pron* ⟨*gen u. dat sg f u. gen pl*⟩ *von* **euer 2.** ∼**'seits** *adv* on your part, on (*od.* from) your side.

ˈeu·res'glei·chen *indef pron* ⟨*undeclined*⟩ **1.** (*a.* **Leute** ∼) (people) of your kind, the like(s *pl*) of you. **2.** your equal(s *pl*), your peer(s *pl*).

ˈeu·ret|'hal·ben [ˈɔʏrət-], ∼**'we·gen** *adj* **1.** because of you, on your account. **2.** for your sake; ∼ **gab er alles auf** for your sake he gave up everything. ∼**'wil·len** *adv* (um) ∼ → **euretwegen.**

Eu·rhyth·mie [ɔʏrʏtˈmiː] *f* ⟨-; *no pl*⟩ *allg.* eurhythmy.

eu·rig [ˈɔʏrɪç] *possess pron* **1.** **der (die, das)** ∼**e** yours; **dieses Buch ist das** ∼**e** this book is yours. **2.** **der (die, das)** Ջ**e** yours; **immer** (*od.* **ganz**) **der** Ջ**e** *in Briefen*: Yours ever; **ihr habt das** Ջ**e getan** you have done your best.

Euro... *in Zssgn* Euro(*communism, -dollar, -market, etc*).

Eu·ro·pa [ɔʏˈroːpa] **I** *n* ⟨-s; *no pl*⟩ *geogr.* Europe. **II** *npr f* ⟨-; *no pl*⟩ *myth.* Europa. ∼**,cup** *m* → **Europapokal.**

Eu·ro·pä·er [ɔʏroˈpɛːər] *m* ⟨-s; -⟩, **Eu·ro'päe·rin** *f* ⟨-; -nen⟩ European.

Eu·ro·pä·i·de [ɔʏropɛˈiːdə] *m, f* ⟨-n; -n⟩ *anthrop.* Europoid.

eu·ro·pä·isch [ɔʏroˈpɛːɪʃ] *adj* European; **das** ∼**e Gleichgewicht** the European balance of power; **die** Ջ**e Türkei** the European part of Turkey; Ջ**e (Wirtschafts)Gemeinschaft** European (Economic) Community; Ջ**e Atomgemeinschaft** European Atomic Community; Ջ**er Gerichtshof** European Court of Justice.

eu·ro·päi·sie·ren [ɔʏropɛiˈziːrən] *v/t* ⟨*no* **ge-**, *h*⟩ Europeanize.

Eu'ro·pa|,mei·ster *m Sport*: European champion. ∼**,mei·ster·schaft** *f* European championship. ∼**mi,ni·ster** *m pol.* minister for European affairs. ∼**par·la,ment** *n* European Parliament. ∼**po,kal** *m Sport*: European cup. ∼**,rat** *m pol.* Council of Europe. ∼**re,kord** *m Sport*: European record. ∼**uni,on** *f pol.* European Union. ∼**ver,trag** *m* Treaty of Rome.

Eu·ro·pi·de [ɔʏroˈpiːdə] *m, f* ⟨-n; -n⟩ *anthrop.* Caucasian.

ˈEu·ro,scheck [ˈɔʏro-] *m econ.* Eurocheque.

Eu·ro·vi·si·on [ɔʏroviˈzĭoːn] *f* ⟨-; *no pl*⟩ *TV* Eurovision.

Eu·ry·di·ke [ɔʏriˈdiːke] *npr f* ⟨-; *no pl*⟩ *myth.* Eurydice.

Eu·sta·chisch [ɔʏsˈtaxɪʃ] *adj anat.* ∼**e Röhre** Eustachian tube.

Eu·ter [ˈɔʏtər] *n* ⟨-s; -⟩ *zo.* udder.

Eu·tha·na·sie [ɔʏtanaˈziː] *f* ⟨-; *no pl*⟩ *med.* euthanasia.

Eu·tro·phie [ɔʏtroˈfiː] *f* ⟨-; *no pl*⟩ eutrophia.

Eva [ˈeːfa; ˈeːva] **I** *npr f* ⟨-; *no pl*⟩ *Bibl.* Eve. **II** *f* ⟨-; -s⟩ *fig.* → **Evastochter.** ∼**ko,stüm** *n* → **Evaskostüm.**

eva·ku·ie·ren [evakuˈiːrən] *v/t* ⟨*no* **ge-**, *h*⟩ (*Gebiet, Menschen etc*) evacuate; *phys. a.* exhaust. **Eva·ku'ier·te** *m, f* ⟨-n; -n⟩ evacuee. **Eva·ku'ie·rung** *f* ⟨-; -en⟩ evacuation.

Evan·ge·li·ar [evaŋgeˈlĭaːr] *n* ⟨-s; -e *od.* -arien⟩, **Evan·ge·lia·ri·um** [-ˈlĭaːrĭʊm] *n* ⟨-s; -arien⟩ *relig.* gospel (book).

Evan'ge·li·en|,buch *n* → **Evangeliar.** ∼**,sei·te** *f R. C.* gospel side.

Evan·ge·li·sa·ti·on [evaŋgelizaˈtsĭoːn] *f* ⟨-; -en⟩ *relig.* evangelization.

evan·ge·lisch [evaŋˈgeːlɪʃ] *adj relig.* **1.** evangelical. **2.** *Kirche, Konfession*: Protestant. **~-ˈlu·the·risch** *adj* (strictly) Lutheran (Protestant). **~-re·forˈmiert** *adj* Reformed.

evan·ge·li·sie·ren [evaŋgeliˈziːrən] *v/i* ⟨*no* ge-, h⟩ *relig.* evangelize, preach the gospel. **Evan·geˈlist** [-ˈlɪst] *m* ⟨-en; -en⟩ evangelist. **Evanˈge·li·um** [-ˈgeːlĭʊm] *n* ⟨-s; -lien⟩ gospel; die vier Evangelien the Four Gospels; das ~ des Matthäus the Gospel according to St. Matthew; das ~ verkünd(ig)en preach the gospel; *fig.* diese Worte sind für ihn (ein) ~ these words are gospel (*od.* the gospel truth) for him.

Eva·po·ra·ti·on [evaporaˈtsĭoːn] *f* ⟨-; -en⟩ *phys. tech.* evaporation. **eva·poˈrie·ren** [-ˈriːrən] *v/i* ⟨*no* ge-, sein⟩ *u. v/t* ⟨h⟩ evaporate.

ˈEvas|koˌstüm *n colloq.* im ~ in the nude. **~ˌtoch·ter** *f fig.* (echte~ true) daughter of Eve.

Even·tuˈal|ˌanˌtrag *m jur.* auxiliary petition. **~ˌfall** *m* für den ~ gerüstet sein be prepared for a contingency. **~geˌbühr** *f* contingent fee. **~ˌhausˌhalt** *m econ.* contingency budget.

Even·tua·li·tät [evɛntŭaliˈtɛːt] *f* ⟨-; -en⟩ contingency, possibility.

Even·tuˈal·verˌbind·lich·keit *f econ. jur.* contingent liability.

even·tu·ell [evɛnˈtuɛl] **I** *adj* possible, contingent; ~e Änderungen possible changes, any changes (made); ~e Verluste possible losses, any losses (incurred); bei ~en Schwierigkeiten in case of difficulty, should difficulties arise. **II** *adv* (*möglicherweise*) possibly, perhaps; (*notfalls*) if necessary, if need be; (*gegebenenfalls*) in that case, should the occasion arise.

Ever·te·brat [evɛrteˈbraːt] *m* ⟨-en; -en⟩ *meist pl zo.* invertebrate.

evi·dent [eviˈdɛnt] *adj* **1.** *lit.* evident, obvious. **2.** *Austrian pol.* up-to-date; et. ~ halten → Evidenz 2. **Eviˈdenz** [-ˈdɛnts] *f* ⟨-; *no pl*⟩ **1.** *lit.* evidence, obviousness. **2.** *Austrian pol.* et. in ~ halten a) keep s. th. up-to-date, b) keep a clear record of s. th.

Evik·ti·on [evɪkˈtsĭoːn] *f* ⟨-; -en⟩ *jur.* eviction.

Evo·ka·ti·on [evokaˈtsĭoːn] *f* ⟨-; -en⟩ *a. jur.* evocation.

Evo·lu·te [evoˈluːtə] *f* ⟨-; -n⟩ *math.* evolute.

Evo·lu·ti·on [evoluˈtsĭoːn] *f* ⟨-; -en⟩ *bes. biol.* evolution. **Evo·lu·tio·nis·mus** [evolutsĭoˈnɪsmʊs] *m* ⟨-; *no pl*⟩ evolutionism. **Evo·lu·tiˈons·theoˌrie** *f biol.* theory of evolution.

Evol·ven·te [evɔlˈvɛntə] *f* ⟨-; -n⟩ *math.* involute.

ˈE-ˌWerk *n short for* Elektrizitätswerk.

ewig [ˈeːvɪç] **I** *adj* **1.** eternal, everlasting, perpetual, unending, endless; ~er Friede eternal (*od.* everlasting) peace; ~es Leben eternal (*od.* everlasting) life, immortality; *R.C.* das &e Licht, die &e Lampe the sanctuary lamp; ~er Ruhm immortal fame, immortality; ~er Schnee everlasting (*od.* eternal, perpetual) snow; die &e Stadt the Eternal City (*Rome*); *colloq.* ein ~er Student a perpetual student; der &e Jude the Wandering Jew; seit ~en Zeiten from time immemorial, from all eternity; ich habe ihn seit ~en Zeiten nicht gesehen I haven't seen him for ages; zum ~en Gedenken in everlasting remembrance, to the immortal memory; er schwor ihr ~e Treue he swore eternal faithfulness to her; → Jagdgründe (*etc*). **2.** *colloq.* (*ständig*) eternal, incessant, constant, endless (*lamentations, etc*). **3.** *econ.* perpetual; ~e Rente perpetual annuity, perpetuity. **4.** *hist.* der &e Landfriede the Perpetual Peace (*1495*); die &e Richtung the Perpetual Settlement (*in Switzerland, 1474*). **5.** *Bergbau*: ~e Teufe unlimited depth. **6.** ~es Schach perpetual check. **II** *adv* **7.** eternally (*etc*), for ever, *bes. Am.* forever (*alle a. colloq.*); ~ leben live eternally (*od.* for ever); auf (immer und) ~ for ever(more), for ever and ever, *colloq.* for good; das dauert ja ~! this is taking an eternity!; ich warte schon ~ lange auf dich I have been waiting for you for ages; *humor.* ~ und drei Tage for ever and a day; da kannst du ~ warten! you can wait till doomsday (*od.* till you are blue in the face); er wird ~ lange dafür brauchen it will take him ages to do it; es ist ~ schade it is a great pity, it's a shame. **III &e, das** ⟨-n⟩ **8.** the eternal. **IV &e, der** ⟨-n; *no pl*⟩ **9.** *relig.* the Eternal (Father), God Eternal. **ˈEwig-ˈge·stri·ge** *m* ⟨-n; -n⟩ *contp.* **1.** die-hard reactionary. **2.** *pol.* ultrareactionary.

ˈEwig·keit *f* ⟨-; *rare* -en⟩ **1.** a) (*das Unvergängliche*) eternity, everlastingness, endlessness, b) (*das Leben nach dem Tode*) eternity; (bis) in alle ~ to (*od.* in) all eternity, to the end of time; *lit.* in die ~ eingehen pass into eternity, enter into eternal life; *relig.* von ~ zu ~ from everlasting to everlasting, for ever and ever; und von ~ zu ~ world without end. **2.** *colloq.* ich habe ihn e-e ~ nicht gesehen I haven't seen him for ages; es dauerte e-e ~, bis er kam it took ages (*od.* an eternity) for him to come; seit e-r ~, seit ~en for ages. **ˈEwig·keitsˌwert** *m lit.* everlasting value; et. hat ~ s. th. is everlasting. **ˈewig·lich** *adv obs. Bibl.* eternally, for ever, *bes. Am.* forever.

ˈEwigˈweib·li·che, das ⟨-n⟩ *poet.* the Eternal Feminine.

ex [ɛks] **I** *prep* **1.** ex, out (of), from; ~ cathedra sprechen speak ex cathedra. **2.** *econ.* ex, without; ~ Dividende ex dividend. **II** *adj* **3.** *colloq.* finished, over and done with. **III** *adv* **4.** *colloq.* ~ trinken drink up; ~! bottoms up!, down the hatch!

Ex...[1], **ex...** *in Zssgn* ex...

Ex...[2] *in Zssgn* ex-, former.

ex·akt [ɛˈksakt] **I** *adj* ⟨-er; -est⟩ exact, accurate, precise; die ~en Wissenschaften the exact sciences; er ist sehr ~ he is very accurate (*od.* conscientious, scrupulous). **II** *adv* exactly, accurately, precisely; ~ arbeiten be accurate (*od.* exact) in one's work. **&heit** *f* ⟨-; *no pl*⟩ exactness, exactitude, accurateness, accuracy, preciseness, precision.

ex·al·tie·ren [ɛksalˈtiːrən] *v/reflex* ⟨*no* ge-, h⟩ sich ~ get (over)excited (*od.* agitated), get stirred (*od.* wrought up). **ex·alˈtiert** *pp u. adj* **1.** (*aufgeregt*) (over)excited, agitated, wrought-up, highly strung. **2.** (*überspannt*) eccentric, extravagant. **Ex·alˈtiert·heit** *f* ⟨-; -en⟩ **1.** (over)excitement, agitation. **2.** eccentricity.

Ex·amen [ɛˈksaːmən] *n* ⟨-s; -, *a.* Examina [-mina]⟩ *ped.* examination, *colloq.* exam; im ~ in the examination; er steht (gerade) im ~ he is taking (*od.* sitting for) his examination; → *a.* Prüfung(s)...

Ex·ami·nand [ɛksamiˈnant] *m* ⟨-en; -en⟩ → Prüfling 1.

Ex·ami·na·tor [ɛksamiˈnaːtɔr] *m* ⟨-s; -en [-naˈtoːrən]⟩ *ped.* examiner. **ex·amiˈnie·ren** [-ˈniːrən] *v/t* ⟨*no* ge-, h⟩ **1.** *ped. rare for* prüfen 1. **2.** *fig.* a) (*genau ausfragen*) question *s. o.* closely, catechize, quiz, b) (*untersuchen*) examine, inspect.

Ex·ege·se [ɛkseˈgeːzə] *f* ⟨-; -n⟩ *relig.* exegesis. **Ex·eget** [-ˈgeːt] *m* ⟨-en; -en⟩ exegete. **Ex·ege·tik** [-ˈgeːtɪk] *f* ⟨-; *no pl*⟩ exegetics *pl* (*a. als sg konstruiert*). **ex·ege·tisch** [-ˈgeːtɪʃ] *adj* exegetic(al).

exe·ku·tie·ren [ɛksekuˈtiːrən] *v/t* ⟨*no* ge-, h⟩ *jur.* **1.** (*hinrichten*) execute. **2.** (*eintreiben*) enforce. **3.** *Austrian and Swiss for* pfänden. **Exe·ku·tiˈon** [-ˈtsĭoːn] *f* ⟨-; -en⟩ *jur.* **1.** (*Hinrichtung*) execution. **2.** (*Eintreibung*) enforcement. **3.** *Austrian and Swiss for* Pfändung.

Exe·ku·tiˈons|beˌfehl *m jur.* **1.** death warrant, execution order. **2.** *Austrian and Swiss court order levying distraint.* **~komˌman·do** *n mil.* firing squad. **~verˌkauf** *m Börse*: forced sale.

exe·ku·tiv [ɛksekuˈtiːf] *adj jur. pol.* executive. **&ˌausˌschuß** *m* **1.** *pol.* executive committee. **2.** *econ. e-r Firma*: executive board.

Exe·ku·ti·ve [ɛksekuˈtiːvə] *f* ⟨-; -n⟩ *pol.* executive.

Exe·kuˈtiv|geˌwalt *f pol.* executive power. **~orˌgan** *n* executive organ (*od.* body), law-enforcement agency.

exe·ku·to·risch [ɛksekuˈtoːrɪʃ] *adj* executory, executive.

Ex·em·pel [ɛˈksɛmpəl] *n* ⟨-s; -⟩ **1.** (warning) example (*od.* instance); ein ~ statuieren set a warning example, an j-m: make an example of s. o.; die Probe aufs ~ machen put it to the test, check back. **2.** *obs. math.* problem.

Ex·em·plar [ɛksɛmˈplaːr] *n* ⟨-s; -e⟩ **1.** (*Einzelstück*) specimen, sample, piece; ein seltenes ~ a) a rare specimen (*of animal, etc*), b) *iro.* a queer specimen, *weitS.* quite a character. **2.** *print.* a) *e-s Buches*: copy, b) *e-r Zeitschrift etc*: number, issue. **3.** *econ. e-s Wechsels*: set. **ex·emˈpla·risch I** *adj* **1.** (*beispielhaft*) exemplary, model (*solution, etc*). **2.** (*abschreckend*) exemplary, drastic, severe (*punishment, etc*). **II** *adv* **3.** exemplarily; j-n ~ bestrafen punish s. o. severely, make an example of s. o.

ex·em·pli·fi·zie·ren [ɛksɛmplifiˈtsiːrən] *v/t* ⟨*no* ge-, h⟩ exemplify.

Exe·qua·tur [ɛkseˈkvaːtʊr] *n* ⟨-s; -en [-kvaˈtuːrən]⟩ *jur. pol., a. relig.* exequatur.

Exe·qui·en [ɛˈkseːkviən] *pl R.C.* exequies.

Ex·erˈzier|ˌbom·be *f* dummy (*od.* practice) bomb.

ex·er·zie·ren [ɛksɛrˈtsiːrən] **I** *v/i* ⟨*no* ge-, h⟩ **1.** *mil.* drill. **II** *v/t* **2.** *mil.* drill. **3.** *colloq.* (*üben*) drill, rehearse, practise. **III &** *n* ⟨-s⟩ **4.** drilling (*etc*). **5.** *mil.* drill; beim & at drill.

Ex·erˈzier|mu·ni·tiˌon *f mil.* drill (*od.* dummy) ammunition. **~paˌtro·ne** *f* dummy cartridge. **~ˌplatz** *m* drill (*od.* parade) ground, *colloq.* (*the*) square.

Ex·er·zi·ti·en [ɛksɛrˈtsiːtsĭən] *pl R.C.* (spiritual) exercise *sg.*

Ex·hau·stor [ɛksˈhaustɔr] *m* ⟨-s; -en [-ˈtoːrən]⟩ *tech.* exhauster.

Ex·hi·bi·tio·nis·mus [ɛkshibitsĭoˈnɪsmʊs] *m* ⟨-; *no pl*⟩ *psych.* exhibitionism. **Ex·hi·bi·tioˈnist** [-ˈnɪst] *m* ⟨-en; -en⟩, **ex·hi·bi·tioˈni·stisch** *adj* exhibitionist.

ex·hu·mie·ren [ɛkshuˈmiːrən] *v/t* ⟨*no* ge-, h⟩ exhume, disinter. **Ex·huˈmie·rung** *f* ⟨-; -en⟩ exhumation, disinterment.

Exil [ɛˈksiːl] *n* ⟨-s; -e⟩ exile; ~heimat *f* adopted country, exile; ~regierung *f* government-in-exile; ins ~ gehen go into exile; im ~ leben live in exile; ins ~

schicken → **exi·lie·ren** [ɛksiˈliːrən] *v/t* ⟨*no* ge-, h⟩ exile.

exi·stent [ɛksɪsˈtɛnt] *adj* existent, real.

exi·sten·ti·al [ɛksɪstɛnˈtsi̯aːl] *adj philos.* existential. **Exi·sten·tia'lis·mus** [-tsi̯aˈlɪsmʊs] *m* ⟨-; *no pl*⟩ existentialism, existential philosophy. **Exi·sten·tia'list** [-ˈlɪst] *m* ⟨-en; -en⟩, **exi·sten·tia'li·stisch** *adj* existentialist. **Exi·sten·tia·li'tät** [-liˈtɛːt] *f* ⟨-; *no pl*⟩ existentiality. **Exi·sten·ti'al·phi·lo·so,phie** *f* → Existentialismus.

exi·sten·ti·ell [ɛksɪstɛnˈtsi̯ɛl] *adj philos.* ontic.

Exi·stenz [ɛksɪsˈtɛnts] *f* ⟨-; -en⟩ **1.** ⟨*only sg*⟩ (*Vorhandensein*) existence. **2.** ⟨*only sg*⟩ (*Leben*) existence, life; **die nackte ~** one's bare life; **er fühlt sich in s-r ~ bedroht** he feels that his very existence is threatened (*od.* at stake). **3.** ⟨*only sg*⟩ (*Lebensunterhalt*) livelihood, living, existence, subsistence; **bescheidene ~** modest livelihood; **gesicherte ~** secure existence (*od.* living, position). **4.** *contp.* (*Mensch*) individual, character, type; **dunkle ~en** shady characters (*od.* elements); **er ist e-e verkrachte ~** he is a failure (in life). **~,angst** *f* **1.** *psych.* existential dread, angst. **2.** economic fears *pl.* **≈be,rech·tigt** *adj* having the right to exist. **~be,rech·ti·gung** *f* right (*od.* reason) to exist; raison d'être. **≈,fä·hig** *adj* able to exist, *a. biol. econ. etc* viable. **~,fra·ge** *f* matter of life and death. **~,grund,la·ge** *f* basis of existence. **~,kampf** *m* struggle for existence (*od.* life). **~,mi·ni·mum** *n econ.* **1.** (bare) subsistence level; **am Rande des ~s** on the verge of starvation. **2.** (*Minimallohn*) living wage. **~,mit·tel** *n meist pl* means *pl* of existence. **~,mög·lich·keit** *f* possibility of existence. **~phi·lo·so,phie** *f* → Existentialismus. **~,sor·ge** *f* anxiety about one's economic position (*od.* existence).

exi·stie·ren [ɛksɪsˈtiːrən] *v/i* ⟨*no* ge-, h⟩ **1.** (*vorhanden sein*) exist, be in existence; **davon ~ nur noch wenige Exemplare** of this only a few specimens still exist (*od.* are extant, have survived). **2.** (*leben*) (**von** on) exist, live, subsist.

Ex·itus [ˈɛksitʊs] *m* ⟨-; *no pl*⟩ *med.* (*Tod*) death, exitus.

Ex·ka·va·ti·on [ɛkskavaˈtsi̯oːn] *f* ⟨-; -en⟩ excavation. **Ex·ka'va·tor** [-ˈvaːtɔr] *m* ⟨-s; -en [-vaˈtoːrən]⟩ *bes. med.* excavator.

Ex·kla·ve [ɛksˈklaːvə] *f* ⟨-; -n⟩ *pol.* exclave.

ex·klu·siv [ɛkskluˈziːf] **I** *adj* **1.** exclusive, select (*club, etc*). **2.** *econ. etc* exclusive, sole (*right, etc*). **II** *adv* **3.** exclusively; **unsere Zeitung wird ~ darüber berichten** our newspaper will carry the exclusive story of it. **≈be,richt** *m* exclusive (story).

ex·klu·si·ve [ɛkskluˈziːvə] *bes. econ.* **I** *prep* **1.** ⟨*gen*⟩ exclusive of, excluding (*acc*); **~ aller Versandkosten** exclusive of all forwarding expenses. **2.** ⟨*nom*⟩ exclusive of; **Preise ~ Verpackung und Transport** prices exclusive of (*od.* not including) packing and shipping. **3.** ⟨*dat*⟩ exclusive of (*drinks, etc*). **II** *adv* **4.** exclusively. **III ≈** *f* ⟨-; -n⟩ **5.** *R.C. hist.* ius exclusivae, veto power.

Ex·klu'siv,in·ter·view *n* exclusive interview.

Ex·klu·si·vi·tät [ɛkskluziviˈtɛːt] *f* ⟨-; *no pl*⟩ exclusiveness.

Ex·klu'siv,recht *n jur.* exclusive right.

Ex·kom·mu·ni·ka·ti·on [ɛkskɔmunikaˈtsi̯oːn] *f* ⟨-; -en⟩ *relig.* excommunication. **ex·kom·mu·ni'zie·ren** [-ˈtsiːrən] *v/t* ⟨*no* ge-, h⟩ excommunicate. **Ex·kom·mu·ni'zier·te** *m, f* ⟨-n; -n⟩ excommunicate. **Ex·kom·mu·ni'zie·rung** *f* ⟨-; -en⟩ excommunication.

Ex·kre·ment [ɛkskreˈmɛnt] *n* ⟨-(e)s; -e⟩ *meist pl med.* excrement, (*Kot*) *a.* f(a)eces *pl.*

Ex·kret [ɛksˈkreːt] *n* ⟨-(e)s; -e⟩ *physiol.* excretion, excretum. **Ex·kre·ti'on** [-kreˈtsi̯oːn] *f* ⟨-; -en⟩ excretion.

Ex·kurs [ɛksˈkʊrs] *m* ⟨-es; -e⟩ **1.** → Exkursion 2. **2.** (*Anhang*) appendix.

Ex·kur·si·on [ɛkskʊrˈzi̯oːn] *f* ⟨-; -en⟩ **1.** *ped.* (*Lehrausflug*) excursion, field trip, study outing (*od.* tour). **2.** *fig.* excursion (*into a subject*).

Ex·li·bris [ɛksˈliːbrɪs] *n* ⟨-; -⟩ *print.* ex libris, bookplate.

Ex·ma·tri·kel [ɛksmaˈtriːkəl] *f* ⟨-; -n⟩ *univ.* leaving certificate.

Ex·ma·tri·ku·la·ti·on [ɛksmatrikulaˈtsi̯oːn] *f* ⟨-; -en⟩ *univ.* removal (of s. o.'s name) from the register of students. **ex·ma·tri·ku'lie·ren** [-ˈliːrən] *v/t* ⟨*no* ge-, h⟩ **j-n ~** remove s. o.'s name from the register of students; **sich ~ lassen** have one's name removed from the register of students, *colloq.* go down. **Ex·ma·tri·ku'lie·rung** *f* ⟨-; -en⟩ → Exmatrikulation.

'Ex,mei·ster *m Sport*: ex-champion.

Ex·mis·si·on [ɛksmɪˈsi̯oːn] *f* ⟨-; -en⟩ *jur.* eviction. **ex·mit'tie·ren** [-ˈtiːrən] *v/t* ⟨*no* ge-, h⟩ evict.

Exo·der·mis [ɛksoˈdɛrmɪs] *f* ⟨-; -dermen⟩ *bot.* exoderm.

Ex·odus [ˈɛksodʊs] *m* ⟨-; *no pl*⟩ **1.** (*Auszug*) exodus. **2.** *Bibl.* Exodus.

Exo|elek·tron [ɛksoˈˀeːlɛktrɔn] *n* ⟨-s; -en [-elɛkˈtroːnən]⟩ *phys.* exoelectron. **~ga'mie** [-gaˈmiː] *f* ⟨-; -n [-ən]⟩ *sociol.* exogamy. **≈'ga·misch** [-ˈgaːmɪʃ] *adj* exogamous. **≈'gen** [-ˈgeːn] *adj biol. bot. geol.* exogenous. **~'karp** [-ˈkarp] *n* ⟨-(e)s; -e⟩ *bot.* exocarp. **≈'krin** [-ˈkriːn] *adj physiol.* exocrine.

ex·or·bi·tant [ɛks(ˀ)ɔrbiˈtant] *adj lit.* exorbitant.

ex·or|zie·ren [ɛks(ˀ)ɔrˈtsiːrən], **~zi'sie·ren** [-tsiˈziːrən] *v/t* ⟨*no* ge-, h⟩ *relig.* (*böse Geister*) exorcise, exorcize, cast out. **≈'zis·mus** [-ˈtsɪsmʊs] *m* ⟨-; -zismen⟩ exorcism. **≈'zist** [-ˈtsɪst] *m* ⟨-en; -en⟩ exorcist.

Ex·os·mo·se [ɛks(ˀ)ɔsˈmoːzə] *f* ⟨-; -n⟩ *biol.* exosmosis.

Exo·sphä·re [ɛksoˈsfɛːrə] *f* ⟨-; *no pl*⟩ *meteor. phys.* exosphere.

Exot [ɛˈksoːt] *m* ⟨-en; -en⟩ **1.** exotic (person). **2.** *bot.* exotic (plant). **3.** *zo.* exotic (animal).

Exo·te·rik [ɛksoˈteːrɪk] *f* ⟨-; *no pl*⟩ *philos.* exoterics *pl.* **exo'te·risch** [-rɪʃ] *adj* exoteric(al).

exo·therm [ɛksoˈtɛrm] *adj chem.* exothermic.

Exo·tin [ɛˈksoːtɪn] *f* ⟨-; -nen⟩ exotic woman. **exo·tisch** [ɛˈksoːtɪʃ] *adj* exotic.

Ex·pan·der [ɛksˈpandər] *m* ⟨-s; -⟩ *Sport*: (chest-)expander. **ex·pan'die·ren** [-ˈdiːrən] *v/t u. v/i* ⟨*no* ge-, h⟩ *allg.* expand. **ex·pan'si·bel** [-ˈziːbəl] *adj bes. phys.* expansible, expandable.

Ex·pan·si·on [ɛkspanˈzi̯oːn] *f* ⟨-; -en⟩ **1.** *bes. pol.* expansion. **2.** *phys. von Gasen etc*: expansion, dilation, dilatation. **3.** *tech.* expansion. **ex·pan·sio'ni·stisch** [-zi̯oˈnɪstɪʃ] *adj bes. pol.* expansionist.

Ex·pan·si'ons|be,stre·bun·gen *pl bes. pol.* expansionist tendencies. **~,drang** *m* urge to expand, expansionist drive; **wirtschaftlicher ~** urge (*od.* drive) for economic expansion. **~,hub** *m mot.* expansion stroke. **~,kraft** *f phys.* expansive force. **~,krieg** *m* war of expansion. **~,kur·ve** *f phys. tech.* expansion curve. **~ma,schi·ne** *f* expansion (steam) engine. **~po·li,tik** *f pol.* policy of expansion, expansionism. **~po,li·ti·ker** *m* expansionist. **~ven,til** *n tech.* expansion valve. **~ver,mö·gen** *n phys.* expansivity.

ex·pan·siv [ɛkspanˈziːf] *adj* expansive; **≈beton** *m* self-stressed concrete. **Ex·pan·si·vi·tät** [ɛkspanziviˈtɛːt] *f* ⟨-; -en⟩ expansivity. **Ex·pan'siv,kraft** *f phys.* expansive force.

Ex·pa·tria·ti·on [ɛkspatri̯aˈtsi̯oːn] *f* ⟨-; -en⟩ → Expatriierung. **ex·pa·tri'ie·ren** [-ˈiːrən] *v/t* ⟨*no* ge-, h⟩ expatriate, denaturalize *s. o.* (compulsorily), exile. **Ex·pa·tri'ie·rung** *f* ⟨-; -en⟩ expatriation, (compulsory) denaturalization, exile(ment).

Ex·pe·di·ent [ɛkspeˈdi̯ɛnt] *m* ⟨-en; -en⟩ *econ.* forwarding (*Am.* shipping) clerk.

ex·pe'die·ren [-ˈdiːrən] *v/t* ⟨*no* ge-, h⟩ **1.** (*Güter, Briefe etc*) dispatch, send off, forward, *bes. Am.* ship. **2.** *colloq.* **j-n an e-n anderen Ort ~** whisk (*od.* rush, bundle) s. o. off to another place.

Ex·pe·di·ti·on [ɛkspediˈtsi̯oːn] *f* ⟨-; -en⟩ **1.** (*Forschungsreise*) expedition. **2.** *econ.* a) dispatch, forwarding, *bes. Am.* shipment, b) (*Versandabteilung*) forwarding (*Am.* shipping) department. **3.** *mil. obs. for* Kriegszug.

Ex·pe·di·ti'ons|,ab,tei·lung *f* → Expedition 2 b. **~,korps** *n mil.* expeditionary force. **~,schiff** *n* expedition ship. **~,teil,neh·mer** *m* member of an expedition.

Ex·pek·to·rans [ɛksˈpɛktorans] *n* ⟨-; -torantien [-ˈrantsi̯ən]⟩ *pharm.* expectorant.

Ex·pe·ri·ment [ɛksperiˈmɛnt] *n* ⟨-(e)s; -e⟩ experiment (*a. fig.*), test; **~e an Meerschweinchen durchführen** carry out experiments on (*od.* experiment on) guinea-pigs.

ex·pe·ri·men·tal [ɛksperimɛnˈtaːl] *adj u. adv* → **experimentell.** **≈phy,sik** *f* experimental physics *pl* (*meist als sg konstruiert*). **≈psy·cho·lo,gie** *f* experimental psychology.

Ex·pe·ri·men·ta·tor [ɛksperimɛnˈtaːtɔr] *m* ⟨-s; -en [-taˈtoːrən]⟩ experimenter, experimentalist, *bes. univ.* demonstrator.

ex·pe·ri·men·tell [ɛksperimɛnˈtɛl] **I** *adj* experimental. **II** *adv* experimentally, by (way of) experiment.

ex·pe·ri·men·tie·ren [ɛksperimɛnˈtiːrən] **I** *v/i* ⟨*no* ge-, h⟩ **1.** (**an** *dat* **et.** on s. th.; **mit et.** with s. th.) experiment, make experiments. **II ≈** *n* ⟨-s⟩ **2.** experimenting. **3.** experimentation.

ex·pe·ri·men'tier|,freu·dig *adj* keen on experimenting, being a great experimenter. **≈thea·ter** [-te,aːtər] *n* experimental (*od.* little, *a.* laboratory) theat/re (*Am.* -er).

ex·pert [ɛksˈpɛrt] *adj obs.* expert; **~ in** (*dat*) **et. sein** be an expert on (*od.* in the field of) s. th. **Ex'per·te** *m* ⟨-n; -n⟩, **Ex'per·tin** *f* ⟨-; -nen⟩ expert (**für, auf dem Gebiet** *gen* on, in the field of). **Ex·per'ti·se** [-ˈtiːzə] *f* ⟨-; -n⟩ **1.** (*Sachkenntnis*) expertise. **2.** (*Gutachten*) expertise, expert opinion.

Ex·ple·tiv [ɛkspleˈtiːf] *n* ⟨-s; -e⟩ *ling.* expletive.

ex·pli·zie·ren [ɛkspliˈtsiːrən] **I** *v/t* ⟨*no* ge-, h⟩ explain, interpret, *bes. philos.* explicate. **II** *v/reflex colloq.* **sich ~** make one's meaning clear. **ex·pli'zit** [-ˈtsiːt] **I** *adj* explicit (*a. math.*). **II** *adv meist* **ex'pli·zi·te** [-ˈpliːtsite] explicitly, clearly, plainly.

ex·plo'dier·bar *adj* explosible, explosive. **ex·plo·die·ren** [ɛksploˈdiːrən] *v/i*

⟨*no* **ge-, sein**⟩ **1.** explode, burst, (*in die Luft fliegen*) *a.* blow up. **2.** *colloq.* (**vor Wut [fast]**) ~ explode (with rage), blow up (*od.* one's top).

Ex·plo·ra·ti·on [ɛksploraˈtsǐoːn] *f* ⟨-; -en⟩ *med.* a) exploration, b) exploratory surgery. **Ex·ploˈra·tor** [-ˈraːtɔr] *m* ⟨-s; -en [-raˈtoːrən]⟩ *ling.* field worker.

ex·plo·si·bel [ɛksploˈziːbəl] *adj* explosible, explosive. **Ex·plo·siˈon** [-ˈzǐoːn] *f* ⟨-; -en⟩ explosion (*a. ling. u. fig.*), *fig.* (*Wutanfall*) *a.* violent outburst; **zur ~ bringen** explode, detonate; **die ~ der Kosten** the cost explosion.

ex·plo·siˈons|ˌar·tig *adj* explosive (*a. fig.*). **≈ˌdruck** *m* ⟨-(e)s; ¨e⟩ *tech.* explosion pressure, blast. **~ˌfä·hig** *adj* explosible, explosive. **≈geˌfahr** *f* danger of explosion. **≈geˌmisch** *n* explosive mixture. **~geˌschützt** *adj* explosion-proof. **≈ˌherd** *m fig.* storm cent/re (*Am.* -er), trouble spot. **≈ˌkraft** *f* explosive force. **≈ˌmo·tor** *m* internal combustion engine. **≈ˌpilz** *m e-r Atombombe*: mushroom. **≈ˌraum** *m mot.* combustion chamber. **~ˌsi·cher** *adj* explosion-proof. **≈ˌwel·le** *f* explosion wave.

ex·plo·siv [ɛksploˈziːf] **I** *adj* explosive (*a. ling. u. fig.*). **II ≈** *m* ⟨-s; -e⟩ *meist pl* → **Explosivlaut.** **≈geˌschoß** *n mil.* high-explosive shell. **≈ˌlaut** *m ling.* (ex)plosive, *bes. Am.* stop. **≈ˌstoff** *m* **1.** *chem.* explosive (substance). **2.** *fig.* dynamite.

Ex·po·nat [ɛkspoˈnaːt] *n* ⟨-(e)s; -e⟩ *Kunst*: exhibit.

Ex·po·nent [ɛkspoˈnɛnt] *m* ⟨-en; -en⟩ **1.** *math.* exponent; **~ Null** zero exponent. **2.** *fig.* (*Person*) exponent.

Ex·po·nen·tiˈal|funk·tiˌon [ɛksponɛnˈtsǐaːl-] *f math.* exponential function. **~ˌgrö·ße** *f* exponential.

ex·po·nie·ren [ɛkspoˈniːrən] **I** *v/reflex* ⟨*no* **ge-, h**⟩ **sich ~** expose o. s. (*dat* to), lay o. s. open to criticism (*od.* attack). **II** *v/t* expose (*a. phot.*). **ex·poˈniert** *pp u. adj* **1.** exposed, *stärker*: precarious. **2.** *Film*: exposed.

Ex·port [ɛksˈpɔrt] **I** *m* ⟨-(e)s; -e⟩ *econ.* **1.** export, exportation, exporting; **im ~ tätig sein** be engaged in the export trade (*od.* business); → *a.* **Ausfuhr(...)**. **2.** (*Güter*) export(s *pl*), goods exported. **II 3. ~...** *in Zssgn* export (*department, order, product, regulation, etc*). **~arˌti·kel** *m* export article (*od.* item, commodity); → *a.* **Exporten.** **~ˌausˌfüh·rung** *f* export model (*od.* version). **~beˌschrän·kung** *f meist pl* export restriction, restriction on export.

Exˈpor·ten *pl econ.* (*Ausfuhrwaren*) exports, export goods (*od.* commodities).

Ex·por·teur [ɛkspɔrˈtøːr] *m* ⟨-s; -e⟩ *econ.* exporter.

exˈport|ˌfä·hig *adj econ.* exportable. **≈ˌfir·ma** *f* exporter, export firm. **≈ˌför·de·rung** *f* export promotion. **~ˌfreu·dig** *adj* export-minded. **≈ˌfreu·dig·keit** *f* export-mindedness. **≈geˌneh·mi·gung** *f* export permit (*od.* licen/ce [*Am.* -se]). **≈geˌschäft** *n* **1.** → **Exportfirma. 2.** export transaction. **3.** export trade (*od.* business). **≈ˌgut** *n* → **Exportartikel.** **≈ˌha·fen** *m* port of exportation. **≈ˌhan·del** *m* export trade. **≈ˌhänd·ler** *m* exporter.

ex·por·tie·ren [ɛkspɔrˈtiːrən] *v/t* ⟨*no* **ge-, h**⟩ *econ.* export (**nach** to).

Exˈport|kamˌpa·gne *f econ.* export drive. **~ˌkaufˌmann** *m* **1.** exporter. **2.** (*Angestellter*) export clerk. **~konˌtinˌgent** *n* export quota. **~ˌland** *n* **1.** exporting country. **2.** country of destination of exports, importing country. **~ˌlei·ter** *m* export manager, head of an (*od.* the) export department. **~ˌprä·mie** *f* export bounty. **~ˌprä·mi·enˌschein** *m* bounty certificate. **~ˌquo·te** *f* **1.** export quota. **2.** (*Ziffer*) export rate. **~ˌstei·ge·rung** *f* increase in exports. **~ˌwa·re** *f* → **Exportartikel.** **~ˌwirt·schaft** *f* export trade and industry. **~ˌzoll** *m* export duty.

Ex·po·sé [ɛkspoˈzeː] *n* ⟨-s; -s⟩ exposé, expose, exposition.

Ex·po·si·ti·on [ɛksposiˈtsǐoːn] *f* ⟨-; -en⟩ **1.** *thea.* a) exposition, b) *antiq.* protasis. **2.** *econ.* → **Ausstellung. 3.** *med. mus. phot.* exposure. **4.** *obs.* (*Darlegung*) exposition.

Ex·po·si·tur [ɛkspoziˈtuːr] *f* ⟨-; -en⟩ **1.** *relig.* a) chapel of ease, b) parish without priest of its own. **2.** *Austrian* a) *econ.* external branch (office), b) *ped.* overflow premises *pl.*

ex·preß [ɛksˈprɛs] **I** *adv* **1.** *colloq.* (*eilig*) express; **e-n Brief (per) ~ schicken** send a letter express (*od.* by express delivery, *bes. Am.* special delivery). **2.** *obs. for* **eigens** 1, **ausdrücklich** II. **II ≈** *m* ⟨-sses; -züge⟩ **3.** express (train). **≈ˌbrief** *m* → **Eilbrief.** **≈ˌgut** *n rail.* express parcel(s *pl*), *Am.* fast freight; **ein Paket als ~ schicken** send a parcel by express (delivery), send a parcel express. **≈ˌgutˌdienst** *m* express freight service.

Ex·pres·sio·nis·mus [ɛksprɛsǐoˈnɪsmʊs] *m* ⟨-; *no pl*⟩ *Kunst, Literatur*: expressionism. **Ex·pres·sioˈnist** [-ˈnɪst] *m* ⟨-en; -en⟩, **Ex·pres·sioˈni·stin** *f* ⟨-; -nen⟩, **ex·pres·sioˈni·stisch** *adj* expressionist.

ex·pres·siv [ɛksprɛˈsiːf] *adj* expressive.

Exˈpreß|ˌkar·te *f* waybill for express parcels. **~ˌzug** *m* ⟨-(e)s; ¨e⟩ express (train).

ex·qui·sit [ɛkskviˈziːt] *adj* ⟨-er; -est⟩ exquisite.

Ex·spi·ra·ti·on [ɛkspiraˈtsǐoːn] *f* ⟨-; -en⟩ *ling. med.* expiration. **ex·spi·raˈto·risch** [-ˈtoːrɪʃ] *adj* expiratory. **ex·spiˈrie·ren** [-ˈriːrən] *v/i u. v/t* ⟨*no* **ge-, h**⟩ **1.** breathe out. **2.** (*enden*) expire.

Ex·stir·pa·ti·on [ɛkstɪrpaˈtsǐoːn] *f* ⟨-; -en⟩ *med.* extirpation. **ex·stirˈpie·ren** [-ˈpiːrən] *v/t* ⟨*no* **ge-, h**⟩ extirpate.

Ex·su·dat [ɛkszuˈdaːt] *n* ⟨-(e)s; -e⟩ *biol. med.* exudate.

Ex·tem·po·ra·le [ɛkstɛmpoˈraːlə] *n* ⟨-s; -lien [-lǐən]⟩ *ped.* surprise test.

Ex·tem·po·re [ɛksˈtɛmpore] *n* ⟨-s; -(s)⟩ *thea.* improvisation, extemporization. **ex ˈtem·po·re** *adv* extempore, impromptu, ad libitum; **~ sprechen** *etc* → **extemporieren.** **ex·tem·poˈrie·ren** [-ˈriːrən] **I** *v/i* ⟨*no* **ge-, h**⟩ extemporize, improvise, speak (*od.* play) extempore, (*sprechen*) *a. colloq.* ad-lib. **II** *v/t* (*Rede etc*) extemporize, *colloq.* ad-lib.

Ex·ten·ded [ɪkˈstendɪd] (*Engl.*) *f* ⟨-; *no pl*⟩ *print.* extended type.

Ex·ten·si·on [ɛkstɛnˈzǐoːn] *f* ⟨-; -en⟩ *bes. med.* extension; **~sverband** *m* traction (*od.* extension) bandage. **ex·ten·siv** [ɛkstɛnˈziːf] *adj* extensive. **Ex·ten·sor** [ɛksˈtɛnzɔr] *m* ⟨-s; -en [-ˈzoːrən]⟩ *anat.* extensor (muscle).

Ex·te·ri·eur [ɛksteˈrǐøːr] *n* ⟨-s; -s *u.* -e⟩ exterior.

ex·tern [ɛksˈtɛrn] *adj* external, outside; **~er Schüler (Student)** → **Externe.** **Ex·terˈnat** [-ˈnaːt] *n* ⟨-(e)s; -e⟩ *Swiss ped.* day-school.

Exˈter·ne *m* ⟨-n; -n⟩ **1.** *ped.* day student, non-resident pupil. **2.** *univ.* external student.

ex·ter·ri·to·ri·al [ɛkstɛritoˈrǐaːl] *adj jur. pol.* extraterritorial. **Ex·ter·ri·to·ria·liˈtät** [-rǐaliˈtɛːt] *f* ⟨-; *no pl*⟩ extraterritoriality.

Ex·tink·ti·on [ɛkstɪŋkˈtsǐoːn] *f* ⟨-; -en⟩ *allg.* extinction.

ex·tra [ˈɛkstra] **I** *adv* **1.** (*getrennt*) extra, separately, apart; **wir bezahlen jeder ~** each of us pays separately; **das geht ~** that is extra, that's separate. **2.** (*zusätzlich*) extra, in addition, *colloq.* into the bargain; **die Heizung muß man ~ bezahlen** there is an extra charge for heating, heating costs are extra; **er verdient sich abends noch et. ~** he earns some extra money in the evenings. **3.** (*eigens*) expressly, specially; **~ deswegen** expressly (*od.* specially) for that purpose, for that very purpose. **4.** *colloq.* (*absichtlich*) expressly, on purpose, (*aus Bosheit*) *a.* out of spite. **5.** *colloq.* (*besonders gut*) too (*od.* very) well; **es geht ihm nicht ~** a) he is not feeling too well, b) *econ.* he is not too well off. **II** *adj colloq.* **6.** extra, special, additional; **ein ~ Handtuch** an extra towel (*for the visitors, etc*). **III ≈** *n* **7.** *colloq.* **et. ≈(e)s** something (extra-)special, something extra. **IV ≈** *n* ⟨-s; -s⟩ **8.** (*Zubehör etc*) extra; **und viele ~s** *in Annoncen*: with many extras.

ˈEx·tra|ausˌga·be *f* **1.** *print.* a) *e-r Zeitung etc*: extra number, special, b) *e-s Buches etc*: special edition. **2.** *meist pl* extra (*od.* additional) expense, extra. **~ˌblatt** *n* **1.** *print.* extra (edition); **~!** *als Ausruf*: extra! **2.** extra (*od.* additional) page. **~di·viˌden·de** *f econ.* extra dividend, bonus. **≈ˌfein** *adj* extra-fine, *bes. econ.* superfine, superior (*quality, etc*).

ex·tra·hie·ren [ɛkstraˈhiːrən] *v/t* ⟨*no* **ge-, h**⟩ *allg.* extract (**aus** from).

Ex·trakt [ɛksˈtrakt] *m, a. n* ⟨-(e)s; -e⟩ **1.** *bes. chem. med. pharm.* extract. **2.** *aus Schriften*: extract, excerpt; *fig.* **et. im ~ wiedergeben** give the essence of s. th.

Ex·trak·ti·on [ɛkstrakˈtsǐoːn] *f* ⟨-; -en⟩ *allg.* extraction.

Ex·tra|or·di·na·ri·at [ɛkstraʔɔrdinaˈrǐaːt] *n univ.* associate professorship. **~or·diˈna·ri·us** [-ˈnaːrǐʊs] *m* associate professor. **~po·la·tiˈon** [-polaˈtsǐoːn] *f* ⟨-; -en⟩ *math.* extrapolation. **≈poˈlie·ren** [-ˈliːrən] *v/t* ⟨*no* **ge-, h**⟩ extrapolate.

ˈEx·traˌtour *f* → **Extrawurst** 1.

ex·tra|va·gant [ɛkstravaˈgant] *adj* extravagant. **≈vaˈganz** [-ˈgants] *f* ⟨-; -en⟩ extravagance. **≈vaˈsat** [-vaˈzaːt] *n* ⟨-s; *no pl*⟩ *med.* extravasation. **≈ver·siˈon** [-vɛrˈzǐoːn] *f psych.* extraversion. **~verˈtiert** [-vɛrˈtiːrt] *adj* extrovert; **~er Mensch** extrovert.

ˈEx·traˌwurst *f* **1.** *colloq.* something (extra-)special, something extra. **2.** *Austrian* → **Fleischwurst.**

ex·trem [ɛksˈtreːm] *adj* ⟨-er; -st⟩ *allg.* extreme (*point, cold, party, etc*); **~e Ansichten** extreme (*od.* radical) views; *math.* **~er Wert e-r Funktion** extremum, extreme (value) of a function.

Exˈtrem *n* ⟨-s; -e⟩ **1.** extreme; **bis zum ~** to extremes, to the extreme; **er fällt von e-m ~ ins andere** he goes from one extreme to another; **ins ~ verfallen** rush to extremes; **ins andere ~ verfallen** go to the other extreme. **2.** *math.* extreme (value), extremum.

Exˈtremˌfall *m* extreme case.

Ex·tre·mis·mus [ɛkstreˈmɪsmʊs] *m* ⟨-; -men⟩ extremism. **Ex·treˈmist** [-ˈmɪst] *m* ⟨-en; -en⟩, **Ex·treˈmi·stin** *f* ⟨-; -nen⟩, **ex·treˈmi·stisch** *adj* extremist, ultra.

Ex·tre·mi·tät [ɛkstremiˈtɛːt] *f* ⟨-; -en⟩ **1.** extremity. **2.** *pl anat.* (*Glieder*) extremities, limbs.

Exˈtrem|ˌpunkt *m math. e-r Kurve*: a) bend (*od.* turning) point, b) *in Polarkoor-*

dinaten: apse, apsis, c) *e-r Häufigkeitsfunktion*: mode. **~ther·mo‚me·ter** *n meteor.* maximum and minimum thermometer.

Ex·tre·mum [ɛksˈtreːmʊm] *n* ⟨-s; -ma [-ma]⟩ → Extrem 2.

Exˈtrem‚wert *m* **1.** *bes. math.* extreme value. **2.** *electr.* peak (*od.* crest) value.

ex·tro·ver·tiert [ɛkstrovɛrˈtiːrt] *adj* → extravertiert.

ex·zel·lent [ɛkstsɛˈlɛnt] *adj* excellent. **Ex·zel·lenz** [ɛkstsɛˈlɛnts] *f* ⟨-; -en⟩ Excellency; **Eu(e)re** (*od.* **Euer**) ~ your Excellency.

Ex·zen·ter [ɛksˈtsɛntər] *m* ⟨-s; -⟩ **1.** *tech.* eccentric. **2.** *mot. e-r Trommelbremse*: cam. **3.** *Textil.* (shadding) tappet. **Ex·zen·ter...** *in Zssgn* eccentric (*drive, disk, shaft, etc*).

Ex·zen·trik [ɛksˈtsɛntrɪk] *f* ⟨-; *no pl*⟩ **1.** eccentricity. **2.** *Varieté etc*: grotesque comedy. **Exˈzen·tri·ker** *m* ⟨-s; -⟩ **1.** eccentric. **2.** *Varieté*: grotesque comedy artist. **ex·zen·trisch** [ɛksˈtsɛntrɪʃ] *adj* **1.** *Mensch, Benehmen etc*: eccentric. **2.** *math. tech.* eccentric; **~e Lage** eccentricity; **~e Umlaufbahn** eccentric orbit. **3.** *bot.* excentral. **Ex·zen·tri·zi·tät** [ɛkstsɛntritsiˈtɛːt] *f* ⟨-; -en⟩ *psych., a. math. tech.* eccentricity.

ex·zer·pie·ren [ɛkstsɛrˈpiːrən] *v/t* ⟨*no* ge-, h⟩ (*Buch etc*) excerpt, make excerpts from. **Exˈzerpt** [-ˈtsɛrpt] *n* ⟨-(e)s; -e⟩ (**aus** from) excerpt, extract.

Ex·zeß [ɛksˈtsɛs] *m* ⟨-sses; -sse⟩ **1.** excess; **bis zum ~** to excess, excessively. **2.** (*Gewalttätigkeit etc*) excess, outrage, ⟨*only sg*⟩ violence. **3.** *chem. math.* excess.

ex·zes·siv [ɛkstsɛˈsiːf] *adj* **1.** *Niederschlag, a. fig.*: excessive. **2.** *Klima*: continental.

ex·zi·die·ren [ɛkstsiˈdiːrən] *v/t* ⟨*no* ge-, h⟩ *med.* excise. **Ex·zi·siˈon** [-ˈzĭoːn] *f* ⟨-; -en⟩ excision.

ex·zi·to·mo·to·risch [ɛkstsitomoˈtoːrɪʃ] *adj med.* excitomotor(y).

F

F, f [ɛf] *n* ⟨-; -⟩ **1.** (*Buchstabe*) F, f; → **Schema. 2.** *mus.* a) (the note) F, *a.* f, b) f (= *f-Moll*) F minor, c) F (= *F-Dur*) F major; **in F(-Dur)** in (the key of) F (major).

Fa [faː] *n* ⟨-; -⟩ *mus.* fa.

Fa·bel [ˈfaːbəl] *f* ⟨-; -n⟩ **1.** (*Tier*≈) fable; **die Äsopischen ~n** Aesop's fables. **2.** *e-s Dramas etc*: plot, story. **3.** (*erfundene Geschichte*) fable, (fabulous) story, tale; **aus dem Reich der ~** from the realm of fable (*od.* fiction); **diese Behauptung gehört ins Reich der ~** this statement is pure fabrication. **4.** *colloq.* → **Ammenmärchen. ~ˌdich·ter** *m* writer of fables, fabulist, fabler. **~geˌschöpf** *n* → **Fabelwesen. ~geˌstalt** *f* figure of a fable. **≈haft** *colloq.* **I** *adj* (*großartig*) fabulous, marvel(l)ous, splendid, capital, fantastic, *sl.* great, terrific; (*erstaunlich*) amazing, incredible; (*riesig*) enormous; **ein ~er Kerl** a capital fellow, *Am. sl.* a great guy; **ein ~es Gedächtnis** a phenomenal (*od.* fantastic) memory; *iro.* **ist ja ~!** that's just great (*od.* dandy)! **II** *adv* fabulously (*etc*); **~ billig** incredibly cheap; **~ schön** (just) gorgeous; **er hat ~ gespielt** he played marvel(l)ously, he was terrific. **~ˌland** *n* **1.** land (*od.* world) of fable. **2.** fabled land.

fa·beln [ˈfaːbəln] **I** *v/t* ⟨h⟩ **1.** (*erfinden*) invent, make *s. th.* up. **2.** → **faseln** 3. **II** *v/i* **3.** tell (tall *od.* fabulous) tales, spin a yarn. **4.** → **faseln** 1. **III** ≈ *n* ⟨-s⟩ **5.** inventing (*etc*), story-telling.

ˈFa·bel|ˌreich *n* realm (*od.* world) of fable (*od.* fiction). **~ˌtier** *n* fabulous (*od.* legendary) creature (*od.* animal, beast). **~ˌwelt** *f* → **Fabelreich. ~ˌwe·sen** *n* fabulous creature.

Fa·bi·er [ˈfaːbĭər] *npr m* ⟨-s; -⟩ *pol.* Fabian (*member of the Fabian Society*).

Fa·brik [faˈbriːk] *f* ⟨-; -en⟩ factory, works *pl* (*oft als sg konstruiert*), (production) plant, shop(s *pl*); (*Textil*≈, *Papier*≈, *Stahl*≈ *etc*) mill; **chemische ~** chemical works; **ab ~** ex works, *Am.* (direct) from factory, factory-direct; **in der ~** in (*od.* at) the factory (*od.* works). **~ˌanˌla·ge** *f* **1.** → **Fabrik. 2.** works installation(s *pl*).

Fa·bri·kant [fabriˈkant] *m* ⟨-en; -en⟩ **1.** (*Hersteller*) manufacturer, maker. **2.** (*Besitzer*) factory owner, millowner.

Faˈbrik|ˌar·beit *f* **1.** factory work, work in a factory. **2.** → **Fabrikware** 1. **~ˌar·bei·ter** *m* factory (*od.* industrial) worker, mill-hand.

Fa·bri·kat [fabriˈkaːt] *n* ⟨-(e)s; -e⟩ **1.** (manufactured) article, product. **2.** (*Typ*) manufacture, make, brand; **Autos verschiedener ~e** cars of various makes; **Zigarren verschiedener ~e** cigars of various brands; **(unser) eigenes ~** a) our own make (*od.* product), b) *humor.* homemade.

Fa·bri·ka·ti·on [fabrikaˈtsĭoːn] *f* ⟨-; -en⟩ **1.** manufacturing (*a. fig. contp.*), manufacture, making, production; **in (die) ~ geben** put into production. **2.** (*Ausstoß*) output.

Fa·bri·ka·tiˈons... *in Zssgn meist* production (*cost, control, manager*), manufacturing; → *a.* **Herstellungs** ... **~ˌanˌla·ge** *f* production installation(s *pl*) (*od.* equipment), plant(s *pl*). **~ˌfeh·ler** *m* (factory) flaw (*od.* defect). **~geˌheim·nis** *n* manufacturing (*od.* trade) secret. **~ˌnum·mer** *f* serial number. **~proˌgramm** *n* **1.** production schedule. **2.** range of manufacture. **~ˌteil** *n* manufacturing (*od.* production) part. **~ˌzweig** *m* branch (*od.* line) of manufacture (*od.* production).

Faˈbrik|beˌsit·zer *m*, **~beˌsit·ze·rin** *f* factory owner, *bes. e-r Papierfabrik etc*: millowner. **~diˌrek·tor** *m* works manager, managing director. **~ˌeinˌrich·tung** *f* → **Fabrikanlage** 2. **~erˌzeug·nis** *n* manufactured article. **≈ˌfer·tig** *adj* **1.** factory-built. **2.** prefabricated. **≈ˌfrisch** *adj* → **fabrikneu. ~geˌbäu·de** *n* factory (building), (factory) premises *pl*. **~geˌlän·de** *n* factory site (*od.* premises *pl*). **~ˌgold** *n* (strong) leaf gold. **~ˌhal·le** *f* workshop. **~ˌklau·sel** *f* ex works clause. **~ˌmar·ke** *f* trademark, brand. **≈ˌmä·ßig I** *adj* industrial (*production, etc*). **II** *adv* by manufacture; **~ herstellen** a) manufacture, b) mass-produce; **~ hergestellt** *a.* factory-made. **≈ˌneu** *adj* brand-new, fresh from the factory. **~ˌnum·mer** *f* serial number. **~ˌpreis** *m* **1.** factory prime cost, cost price. **2.** (*Preis ab Werk*) price ex works. **~ˌschiff** *n* factory (ship). **~ˌschlot, ~ˌschornˌstein** *m* (factory) chimney stack, *bes. Am.* smokestack. **~siˌre·ne** *f* factory whistle, *bes. Br.* (factory) hooter. **~ˌstadt** *f* industrial town. **~ˌwa·re** *f* **1.** factory(-made) (*od.* manufactured) product(s *pl*). **2.** *contp.* mass-produced article(s *pl*). **~ˌzei·chen** *n* trademark, brand.

fa·bri·zie·ren [fabriˈtsiːrən] *v/t* ⟨*no* ge-, h⟩ **1.** manufacture, make, produce. **2.** *humor.* a) manufacture, make, concoct, b) perpetrate, manage to do (*od.* bring about).

fa·bu·lie·ren [fabuˈliːrən] **I** *v/t* ⟨*no* ge-, h⟩ **1.** → **fabeln** 1. **II** *v/i* **2.** → **fabeln** 3. **3.** *lit.* tell (*od.* invent) stories (*od.* tales), fable, romance. **Fa·buˈlie·rer** *m* ⟨-s; -⟩ story-teller.

Fa·cet·te [faˈsɛtə] *f* ⟨-; -n⟩ **1.** *e-s Edelsteins, Facettenauges etc*: facet (*a. fig.*); **~nauge** *n* compound eye; **~nglas** *n* facet(t)ed glass. **2.** *print.* bevel (edge).

fa·cet·tie·ren [fasɛˈtiːrən] *v/t* ⟨*no* ge-, h⟩ **1.** (*Edelsteine*) facet. **2.** (*Glas etc*) bevel (*a. print.*). **Fa·cetˈtie·rung** *f* ⟨-; -en⟩ **1.** facet(t)ing (*etc*). **2.** *e-s Edelsteins etc*: cut. **3.** *print.* bevel(l)ing.

Fach [fax] *n* ⟨-(e)s; ⸚er⟩ **1.** *e-r Schublade etc*: compartment, partition, division, section, *e-s Regals*: *a.* shelf; **in Fächer aufgeteilt** partitioned off, sectioned. **2.** *e-r Aktentasche etc*: partition. **3.** (*Kasten*) *a. print. im Setzkasten*: box. **4.** (*Schub*≈) drawer. **5.** (*Ablege*≈ *im Schreibtisch etc*) pigeonhole. **6.** *arch.* → **Feld** 12. **7.** *bot.* a) *des Fruchtknotens*: cell, locule, b) *der Fruchtkapsel*: valve. **8.** *biol.* chamber, loculus. **9.** *anat.* cell. **10.** ⟨*only sg*⟩ *Weberei*: shed. **11.** *fig.* (*Arbeitsfeld*) department, field, line, province; **das ist mein ~** that's my line (*od.* province), *colloq.* that's right down (*od.* up) my alley; **das ist nicht** (*od. colloq.* **schlägt nicht in**) **mein ~** that's not in my line, that's not my department, *colloq.* that's off my beat. **12.** *fig.* (*Berufszweig*) line, profession, job; **ein Mann vom ~** an expert, a specialist, a professional; **e-e Künstlerin vom ~** a professional (artist); **sie versteht ihr ~** she knows her business (*od.* job, *colloq.* stuff, onions). **13.** *econ.* (*Branche*) business, branch, trade, line (of business); **er ist nicht vom ~** he is not in the trade, he is not in our line of business. **14.** *ped.* (*Unterrichts*≈) subject; **naturwissenschaftliches ~** (physical *od.* natural) science; **humanistische Fächer** *pl* humanities, classical subjects. **15.** *thea.* a) character, (type of) rôle, line (of character), b) (*besonderes ~*) speciality, *Am.* specialty. **16.** *mus.* category.

...ˌfach [-ˌfax] *in Zssgn* times, ...fold, *z.B.* **dreifach** three times, threefold, triple.

ˈFach|ˌabˌtei·lung *f* **1.** special branch. **2.** *e-r Klinik*: department, ward. **~ˌar·beit** *f* **1.** expert (*od.* skilled) work. **2.** (scientific) paper. **~ˌar·bei·ter** *m* **1.** skilled (*od.* trained) worker, specialist, technician; **gelernter ~** skilled workman. **2.** *pl collect.* skilled labo(u)r. **~ˌar·bei·terˌbrief** *m* certificate of proficiency. **~ˌarzt** *m*, **~ˌärz·tin** *f* (**für** in) (medical) specialist; **zugezogene(r) ~** consultant; **~ für Geburtshilfe** obstetrician; **~ für Ohrenleiden** ear specialist, otologist; **~ für innere Krankheiten** internist. **≈ˌärzt·lich I** *adj* specialist('s), by a specialist, by specialists; **~e Ausbildung** specialist training. **II** *adv* by a specialist, by specialists; **sich ~ beraten lassen** consult a specialist. **~ˌausˌbil·dung** *f* special(ized) (*od.* technical, professional) training. **~ˌausˌdruck** *m* (technical) term; **wissenschaftlicher (technischer) ~** scientific (engineering) term. **~ˌausˌschuß** *m* committee (of experts), technical (*od.* professional, *Am.* blue-ribbon) committee. **~ˌausˌstel·lung** *f* specialized (*od.* trade)exhibition. **~beˌgriff** *m* → Fachausdruck. **~beˌra·ter** *m* technical adviser, (technical) consultant. **~beˌreich** *m* **1.** → Fachgebiet. **2.** *univ.* department. **~beˌzeich·nung** *f* → Fachausdruck. **≈beˌzo·gen** *adj* specialized, technical. **~bi·blioˌthek** *f* specialized (*od.* technical) library. **~ˌblatt** *n* → Fachzeitschrift. **~ˌbuch** *n* **1.** specialized (*od.* technical) book; **medizinisches ~** medical book. **2.** *ped.* (specialized) textbook. **3.** → Handbuch.

fä·cheln [ˈfɛçəln] **I** *v/t* ⟨h⟩ **1. j-n ~, j-m Luft ~** fan s. o.; **sich ~** fan o. s.; **j-s Haar ~** *Wind*: fan s. o.'s hair. **II** *v/i* **2.** *poet. Wind*: waft, blow gently, play. **3.** *Blätter im Wind*: flutter gently, wave. **4.** *Bienen, Fische etc*: fan.

fa·chen[1] [ˈfaxən] *v/t* ⟨h⟩ **1.** divide *s. th.* into compartments. **2.** (*Garn, Seide*) ply. **3.** (*Flachs*) break. ˈ**fa·chen**[2] *v/t* ⟨h⟩ *lit. obs. for* **anfachen.**

Fä·cher [ˈfɛçər] *m* ⟨-s; -⟩ **1.** fan (*a. arch.*). **2.** *fig.* range, spectrum; **ein breiter ~ von Erzeugnissen** a wide range of products. **3.** *electr.* **(magischer) ~** electric eye, electron-raytube. **4.** *geol.* alluvial fan. **5.** *hunt. orn.* fantail. **~anˌten·ne** *f electr.* fan(-shaped) aerial (*Am.* antenna). **≈ˌar·tig** *adj* → fächerförmig I. **~ˌfen·ster** *n arch.* fan window, fanlight. **≈ˌför·mig I** *adj* fan-shaped, fan-like, flabellate. **II** *adv* fanwise; **sich ~ ausbreiten** (*od. mil.* **ausschwärmen**) fan out. **~geˌwöl·be** *n arch.* fan vault(ing).

ˈ**fä·che·rig** *adj u. adv* → **fächerförmig.**

ˈ**Fä·cher|ˌka·sten** *m* partitioned box. **~koˌral·le** *f zo.* fan coral. **~ˌlun·ge** *f zo.* pulmobranchia. **~ˌmo·tor** *m* double V engine.

fä·chern [ˈfɛçərn] *v/t* ⟨h⟩ **1.** → **fächeln** 1. **2.** *rare for* **fachen**[1] 1. **3.** (*ausbreiten*) (*a. fig.* **sich ~**) fan (*od.* spread) out.

ˈ**Fä·cher|ˌpal·me** *f* fan palm. **~ˌschwanz** *m orn.* fantail.

ˈ**Fä·che·rung** *f* ⟨-; *no pl*⟩ division into compartments, compartmentation.

ˈ**Fä·cherˌwerk** *n arch.* fanwork, fan tracery.

ˈ**Fach|ˌfra·ge** *f* technical (*od.* specialized) question (*od.* subject). **~geˌbiet** *n* **1.** → Fach 11–14. **2.** (*Spezialgebiet*) special field (*od.* subject), speciality, *bes. Am.* specialty. **~geˌlehr·te** *m, f* ⟨-n; -n⟩ expert, specialist. **≈geˌmäß** *adj* **1.** *Ausbildung etc*: technical, professional, specialist(ic), specialized. **2.** → fachmännisch. **~geˌnos·se** *m* colleague. **≈geˌrecht** *adj u. adv* → **fachgemäß. ~geˌschäft** *n econ.* (specialized) dealer; **in allen ~en (für Elektrogeräte) erhältlich** obtainable from all dealers (specializing in electrical appliances). **~geˌspräch** *n* technical discussion. **~ˌgrö·ße** *f* authority. **~ˌgrup·pe** *f* **1.** *econ.* trade group. **2.** *ped.* subject section. **3.** team (*od.* group) of specialists. **~ˌhan·del** *m econ.* specialized dealers *pl* (*od.* trade); *cf.* **Fachgeschäft. ~ˌhänd·ler** *m* (specialized) dealer; **erhältlich bei Ihrem ~** obtainable from your (local) dealer. **~ˌhochˌschu·le** *f* technical college, *Am.* professional school. **~idiˌot** *m colloq. contp.* idiot savant, specialist borné. **~in·geˌnieur** *m* specialist (*od.* expert) engineer; **~ für Hoch- und Tiefbau** civil engineer. **~jarˌgon** *m* lingo, technical jargon. **~ˌken·ner** *m* → Fachmann. **~ˌkennt·nis** *f* technical (*od.* specialized, expert) knowledge (of a subject), expertise. **~kolˌle·ge** *m* colleague, confrere. **~ˌkraft** *f* **1.** skilled (*od.* trained) worker, specialist. **2.** *pl collect.* technical (*od.* qualified) personnel. **~ˌkreis** *m* experts *pl* (*od.* specialists *pl*) (in a profession, in a trade); **in ~en** a) among experts, b) (*in der Branche*) in the trade; **in medizinischen ~en** in medical circles, among medical specialists. **~ˌkun·de** *f* **1.** *ped.* (*Unterricht*) (technical) instruction. **2.** → Fachbuch 2, Handbuch. **3.** → Fachkenntnis. **≈ˌkun·dig I** *adj* **1.** expert, competent. **2.** (*erfahren*) experienced. **II** *adv* **3.** expertly (*etc*), *a.* professionally. **~ˌkun·di·ge** *m, f* ⟨-n; -n⟩ expert, specialist. **≈ˌkund·lich** [-ˌkʊntlɪç] *adj* technical, specialized. **~ˌkurs, ~ˌkur·sus** *m* technical course (of instruction). **~ˌleh·rer** *m*, **~ˌleh·re·rin** *f* subject (*od.* specialist) teacher; **~ für Physik** physics teacher. **~ˌlehrˌgang** *m* → **Fachkurs. ~ˌleu·te** *pl of* **Fachmann. ≈lich I** *adj* **1.** technical, specialist, specialized, professional; **~e Ausbildung** → **Fachausbildung; ~e Kenntnis(se)** → **Fachkenntnis. 2.** → **fachmännisch** 3. **II** *adv* **3.** technically, professionally; **sich ~ spezialisieren** specialize (in a subject). **4.** → **fachmännisch** 4. **~li·te·raˌtur** *f* **1.** (technical *od.* specialized) literature; **die medizinische ~** (the) medical literature. **2.** trade literature. **~ˌmann** *m* ⟨-(e)s; ⸚er *u.* Fachleute⟩ (**für** in; **auf, in** *dat* in, on) expert, specialist. **≈ˌmän·nisch** [-ˌmɛnɪʃ] **I** *adj* **1.** (*sachgemäß*) workmanlike, expert, professional, competent (*design, job, etc*); **~es Geschick** expert skill, expertise. **2.** *e-s Fachmanns*: expert('s), specialist('s), professional; **ein ~es Urteil** an expert opinion; **mit ~em Auge** with an expert's eye. **3.** (*fachlich*) technical, specialist(ic), specialized, professional; **~es Wissen** → **Fachwissen. II** *adv* **4.** expertly (*etc*); **et. ~ beurteilen** judge s. th. professionally, give an expert('s) opinion on s. th.; **j-n ~ beraten** give s. o. expert advice. **~ˌmes·se** *f econ.* trade fair. **~miˌni·ster** *m pol.* departmental minister, minister with portfolio. **~ˌnor·menˌausˌschuß** *m* engineering standards committee. **~orˌgan** *n* → Fachzeitschrift. **~per·soˌnal** *n* → Fachkraft 2. **~ˌpres·se** *f* trade press. **~ˌprü·fung** *f ped.* **1.** subject examination. **2.** *als Abschluß*: qualifying examination. **~reˌdakˌteur** *m* special editor. **~ˌrich·tung** *f* special subject, field (of specialization), branch (of study). **~schaft** *f* ⟨-; -en⟩ **1.** (branch of a) professional association. **2.** → **Fachgruppe** 3. **3.** *ped. univ. all the students of a school* (*od. department*). **~ˌschu·le** *f* technical college. **~sim·peˈlei** [ˌfax-] *f* ⟨-; -en⟩ *contp.* shop(-)talk; **k-e ~!** cut the shop!, no shop(-)talk, please! **≈ˌsim·peln** *v/i* ⟨*insep, pp* **gefachsimpelt,** h⟩ talk shop. **~ˌspra·che** *f ling.* technical language (*od.* terminology); → *a.* **Fachjargon; in der medizinischen ~** in medical language (*od.* terminology, terms). **≈ˌsprach·lich** *adj* technical. **~ˌstu·di·um** *n* special(ized) studies *pl.* **~ˌtext** *m* technical text. **~ˌüberˌset·zer** *m* technical translator. **~verˌband** *m* **1.** professional association. **2.** *gewerblicher*: trade (*od.* industrial) association. **~verˌlag** *m* specialist publishing house. **~ˌwelt** *f* ⟨-; *no pl*⟩ experts *pl*, profession(al world), trade; **in der ~** in professional circles, among experts, in the trade.

ˈ**Fachˌwerk** *n* ⟨-(e)s; -e⟩ **1.** *arch. civ. eng.* a) framework, b) *in Skelettbauweise*: skeleton structure, c) *aus Holz*: half-timber(ing). **2.** *aer. tech.* truss. **3.** → **~ˌbau** *m* ⟨-(e)s; -ten⟩ **1.** (*Gebäude*) half-timbered building. **2.** ⟨*only sg*⟩ → **~ˌbauˌwei·se** *f* half timber construction, truss design. **~ˌbrücke** (*getr.* **-k·k-**) *f* truss bridge. **~ˌhaus** *n* half-timbered (*Am.* frame) house. **~ˌrumpf** *m aer.* girder fuselage.

ˈ**Fach|ˌwis·sen** *n* ⟨-s; *no pl*⟩ technical (*od.* specialized, expert, professional) knowledge. **~ˌwis·sen·schaft** *f* special branch of science, speciality, *Am.* specialty. **~ˌwort** *n* ⟨-(e)s; ⸚er⟩ → Fachausdruck. **~ˌwör·terˌbuch** *n* technical dictionary; **technisches ~** engineering dictionary. **~ˌzeitˌschrift** *f* **1.** (professional) journal, technical journal (*od.* publication). **2.** *gewerbliche*: trade journal.

Fackel (*getr.* **-k·k-**) [ˈfakəl] *f* ⟨-; -n⟩ **1.** torch, flare, firebrand; **die olympische ~** the Olympic torch; *fig.* **die ~ der Wissenschaft (Zwietracht)** the torch of learning (discord); **die ~ des Krieges entzünden** light the torch (*od.* fires) of war; **Häuser brannten wie ~n** buildings were burning like torches. **2.** (*Wachs≈*) flambeau. **3.** *hist.* link.

Facke'lei (*getr.* **-k·k-**) *f* ⟨-; -en⟩ *colloq.* shilly-shallying.

ˈ**Fackel|ˌlauf** *m* torch race. **~ˌlicht** *n* ⟨-(e)s; -er⟩ (**bei ~** by) torchlight. **~ˌli·lie** *f bot.* red-hot poker.

fackeln (*getr.* **-k·k-**) [ˈfakəln] *v/i* ⟨h⟩ *colloq.* (*zögern*) shilly-shally, hesitate, waver; **er fackelte nicht lange** he lost no time, he didn't hesitate (*od.* think twice); **er fackelte nicht lang damit (mit ihnen)** he made short work of it (of them); **nicht (lang) gefackelt!** what are you waiting for?, go (right) ahead!

ˈ**Fackel|ˌtanz** (*getr.* **-k·k-**) *m* torch dance. **~ˌträ·ger** *m* torchbearer (*a. fig. of a revolution, etc*). **~ˌzug** *m* (**für j-n**) **e-n ~ veranstalten** hold a torchlight procession (in s. o.'s hono[u]r).

fad [faːd] *adj* ⟨-er; -est⟩ *dial. for* **fade.**

Fäd·chen [ˈfɛːtçən] *n* ⟨-s; -⟩ **1.** *dim. of* **Faden**[1]. **2.** fine (*od.* small, thin) thread. **3.** (*Fäserchen*) filament (*a. bot. u. electr.*). **4.** → **Fussel.**

fa·de [ˈfaːdə] *adj* ⟨-r; -st⟩ **1.** *Essen etc*: insipid, tasteless, flat, flavo(u)rless (*food, etc*). **2.** (*schal*) flat, stale, wishy-washy (*drink, etc*); **e-n ~n Geschmack im Mund haben** have a stale taste in one's mouth. **3.** dull (*colour*). **4.** *colloq.* (*langweilig*) dull, boring, dreary; **ein ~r Kerl** a dull fellow, a dreary, a wet blanket, *sl.* a drag; **das ist (der Abend war) ~!** *sl.* that's (the evening was) a drag (*od.* a yawn); *Austrian* **komm, sei nicht fad!** come on, don't be such a wet blanket!

Fa·den[1] [ˈfaːdən] *m* ⟨-s; ⸚⟩ **1.** thread; **gezwirnter ~** twine; **gesponnener ~** yarn; **mit Fäden durchziehen** thread; *colloq.* **er hat k-n trockenen ~ am Leib** he hasn't a dry stitch on him. **2.** *fig.* thread; **die Fäden zwischen zwei Regierungen** the links (*od.* wires, contacts) between two governments; **der rote ~ e-r Geschichte** *etc* the red thread of a story, *etc*; **er verlor den ~** he lost the thread; **der ~ der Unterhaltung riß ab** they lost the thread of their conversation; **den ~ e-r Rede wiederanknüpfen** resume (*od.* take up) the thread of a talk; **es hing an e-m ~** it hung by a thread, it was touch and go; **sein Leben hängt an e-m (dünnen** *od.* **seidenen) ~** his life hangs upon a thread (*od.* is trembling in the balance); **die Fäden e-s Komplotts aufdecken** unravel the skeins of a conspiracy; **er hält alle Fäden in der Hand** he holds all the strings in his hand, he pulls the strings, he is the mastermind (behind it);

die Fäden des Unternehmens laufen alle in s-r Hand zusammen he controls all the activities of the enterprise; **sie läßt k-n guten ~ an ihm** she hasn't a good word to say for him. **3.** (*Bind≈, Schnur*) string, twine. **4.** (*Baumwoll≈*) cotton. **5.** *e-s Gewebes*: strand. **6.** *e-r Spinnwebe*: cobweb, thread. **7.** *e-r Flüssigkeit*: string, *dicker*: *a.* rope; **Fäden ziehen** be(come) (*od.* get) stringy, string, *bes. Sirup*: thread. **8.** *von Bohnen etc*: string. **9.** *von Marionetten*: string, wire. **10.** (*Faser*) fib/re (*Am.* -er). **11.** *opt.* → **Fadenkreuz** 1. **12.** *electr. e-r Birne etc*: filament. **13.** *bot.* a) (*~pilz*) hyphomycete, b) → **Staubfaden. 14.** *med.* thread; **die Fäden ziehen** remove the stitches (*od.* sutures).

ˈ**Fa·den**[2] *m* ⟨-s; -⟩ **1.** *mar.* (*Längen- u. Tiefenmaß*) fathom. **2.** *obs.* (*Holzmaß*) a) fathom, b) (*Klafter*) cord.

ˈ**Fa·den|bak·te·ri·um** *n meist pl biol. med.* filamentous bacterium. **~ˌdich·te** *f Textil.* set(t). **~ˌdreiˌeck** *n astr. e-s Fernrohrs*: reticle, reticule. **~eleˌment** *n* **1.** *electr.* filament. **2.** *chem.* fib/re (*Am.* -er). **≈ˌför·mig** *adj* **1.** *zo* thread-shaped, threadlike, filiform. **2.** *bot.* filamentous, fibrous. **~ˌglas** *n* spun glass; **Venezianisches ~** lace (*od.* filigree) glass. **~ˌgold** *n* spun (*od.* threaded) gold. **~ˌheft·maˌschi·ne** *f print.* book-sewing machine. **~ˌhef·tung** *f* thread-stitching. **~hy·groˌme·ter** *n phys.* wet-and-dry-bulb hygrometer. **~kaˌtho·de** *f electr.* filament. **~ˌkie·me** *f ichth.* filiform gill.

ˈ**Fa·denˌkreuz** *n* **1.** *opt.* reticule, reticle, graticule, cross-wires *pl*, spider-lines *pl*. **2.** *Weberei*: lease. **3.** *her.* fillet cross. **~ˌlu·pe** *f* reticle magnifier (*od.* lens). **~mi·kroˌme·ter** *n* cross wire micrometer.

ˈ**fa·den|los** *adj Bohnen etc*: stringless. **≈mi·kroˌme·ter** *n phys. tech.* wire (*od.* filar) micrometer. **≈mo·leˌkül** *n chem.* threadlike molecule. **≈ˌnetz** *n* → **Fadenkreuz** 1. **≈ˌnu·deln** *pl* vermicelli. **≈ˌpilz** *m* hyphomycete. **≈ˌrol·le** *f* cotton reel, *Am.* spool of thread.

ˈ**fa·denˌschei·nig** [-ˌʃaɪnɪç] *adj* **1.** *Stoff etc*: threadbare, worn-out, sleazy, shabby. **2.** *fig. Ausrede, Vorwand etc*: thin, poor, weak, flimsy. **3.** *fig. Moral etc*: threadbare, hollow. **≈keit** *f* ⟨-; *no pl*⟩ **1.** threadbareness, shabbiness, sleaziness. **2.** *fig.* flimsiness.

ˈ**Fa·den|ˌstär·ke** *f Textil.* **1.** (*Feinheit*) count of yarn. **2.** (*Festigkeit*) strength of yarn, tensile strength. **~ˌstrich** *m opt.* spider line. **~ˌwurm** *m zo.* **1.** nematode, threadworm. **2.** hairworm. **~ˌzäh·ler** *m Textil.* thread counter. **≈ˌzie·hend** *adj Klebstoff etc*: stringy, ropy.

ˈ**Fad·heit** *f* ⟨-; *no pl*⟩ **1.** *von Essen etc*: tastelessness, insipidness, flatness. **2.** *fig. colloq.* a) (*Langweiligkeit*) dullness, dreariness, b) (*Schalheit, Leere*) staleness, insipidity.

fä·dig [ˈfɛːdɪç] *adj bot.* thready, stringy.

Fa·ding [ˈfeːdɪŋ; ˈfeɪdɪŋ] (*Engl.*) *n* ⟨-s; *no pl*⟩ *Radio*: fading. **~ˌausˌgleich** *m*, **~ˌre·ge·lung** *f* automatic volume (*od.* gain) control.

Fa·gott [faˈgɔt] *n* ⟨-s; -e⟩ *mus.* bassoon (*a. Orgelregister*). **Fa·gotˈtist** [-ˈtɪst] *m* ⟨-en; -en⟩ bassoonist.

Fä·he [ˈfɛːə] *f* ⟨-; -n⟩ *hunt.* → **1. Füchsin. 2. Wölfin.**

fä·hig [ˈfɛːɪç] *adj* **1.** capable, able; **(dazu) ~ sein, et. zu tun** be capable of doing s. th., be able to do s. th.; **er ist zu allem ~** he's capable of anything, *b. s.* (*zu jeder Schandtat*) *a.* he'll stop (*od. colloq.* stick) at nothing, *Verbrecher etc*: *a.* he's desperate; **er ist (zu) e-r solchen Gemeinheit (nicht) ~** he is (in)capable of such a mean act; **~ machen** → **befähigen. 2.** a) (*tüchtig*) able, capable, competent, efficient, b) (*begabt, gescheit*) talented, gifted, clever, ingenious; **er ist ein ~er Kopf** he is very capable, he has an able mind. **3.** (*qualifiziert*) qualified (**zu et.** for s. th.; **et. zu tun** to do s. th.). **≈keit** *f* ⟨-; -en⟩ **1.** ability, power, faculty, capability; **die ~ zu et. haben, die ~ haben, et. zu tun** have the ability to do s. th., be able to do s. th.; **ein Mann mit** (*od.* **von**) **großen ~en** a man of great abilities. **2.** (*Tüchtigkeit*) ability, capability, competence, efficiency. **3.** (*Begabung*) talent, gift. **4.** *geistige*: capacity, ability, (mental *od.* intellectual) power. **5.** qualification (**zu** for).

fahl [faːl] *adj* ⟨-er; -st⟩ **1.** (*bleich*) pale, pallid, *Gesicht*: *a.* sallow, ashen, wan; **~e Blässe** deathly pallor; **~es Licht** pale (*od.* wan, lurid) light. **2.** *Farbe*: pale, faded, washed-out. **~ˌgelb** *adj* pale-yellow, fallow. **~ˌgrau** *adj* pale-grey (*Am.* -gray), livid. **≈heit** *f* ⟨-; *no pl*⟩ **1.** paleness, pallor, wanness. **2.** *e-r Farbe*: paleness. **≈ˌle·der** *n* **1.** upper (*od.* shaft) leather. **2.** dressing hides *pl*.

Fähn·chen [ˈfɛːnçən] *n* ⟨-s; -⟩ **1.** *dim. of* Fahne. **2.** (*Wimpel*) pennant, pennon, streamer. **3.** *an Akten etc*: tab. **4.** *fig. colloq.* cheap, flimsy (summer) dress. **5.** *mus. am Notenhals*: hook, pennant. **6.** *Sport*: flag, course marker.

fahn·den [ˈfaːndən] *v/i* ⟨h⟩ **nach j-m (et.) ~** search (*od.* look) for s. o. (s. th.); **nach e-m Verbrecher ~** search (*od.* hunt) for a criminal, try to catch (*od.* trace) a criminal. ˈ**Fahn·der** *m* ⟨-s; -⟩ investigator. ˈ**Fahn·dung** *f* ⟨-; -en⟩ **1.** (**nach** for) search, hunt; (*Groß≈*) dragnet operation. **2.** → **Fahndungsdienst.**

ˈ**Fahn·dungs|ˌblatt, ~ˌbuch** *n* wanted persons file. **~ˌdienst** *m* tracing and search department. **~ˌli·ste** *f* "wanted" list. **~ˌstel·le** *f* → **Fahndungsdienst.**

Fah·ne [ˈfaːnə] *f* ⟨-; -n⟩ **1.** flag, *meist lit. u. fig.* banner; **die weiße ~** a) the white flag, the flag of truce, b) the flag of surrender; *fig. colloq.* **die ~ hochhalten** keep the flag flying; *meist fig.* **sich (j-n) um j-s ~ scharen** rally (s.o.) to s. o.'s banner; *fig.* **die ~ nach dem Winde drehen** trim one's sails to the wind; *fig. lit.* **sie hatten die Freiheit auf ihre ~n geschrieben** they had taken up the cause of freedom. **2.** → **Fähnchen** 2. **3.** *e-s Regiments, Vereins etc*: colo(u)rs *pl*, flag; *mil.* **der ~ folgen** follow the flag; *bes. fig.* **mit fliegenden ~n zu et. (j-m) übergehen** go over to s. th. (s. o.) with flying colo(u)rs; *a. fig.* **mit fliegenden ~n untergehen** go down with flying colo(u)rs (*od.* fighting). **4.** *mil.* (*Standarte*) standard. **5.** *fig. colloq.* **e-e ~ haben** reek of the bottle. **6.** *print.* galley (proof), (slip) proof, slip; **~n lesen** proofread, correct proofs. **7.** *bot.* standard, vexillum. **8.** *zo. der Federn*: vane, vexillum. **9.** *hunt.* a) *des Hundes*: bush, flag, b) *des Eichhörnchens*: bushy tail. **10.** *poet.* (*Rauch≈ etc*) trail, wisp.

ˈ**Fah·nen|ˌabˌzug** *m* → **Fahne** 6. **~ˌeid** *m mil.* oath of allegiance. **~ˌflucht** *f* desertion. **≈ˌflüch·tig** *adj* **~ sein** be a deserter; **~ werden** desert (the colo[u]rs). **~ˌflüch·ti·ge** *m* deserter. **~ˌjun·ker** *m mil.* officer cadet senior grade. **~kor·rekˌtur** *f print.* correction of galley proof(s), proofreading. **~ˌmast** *m* flagpole, flagstaff. **~ˌschwen·ken, ~ˌschwin·gen** *n* flag throwing. **~ˌstan·ge** *f* flagpole, flagstick, flagstaff. **~ˌstock** *m* flagstick. **~ˌträ·ger** *m* colo(u)r (*od.* standard) bearer. **~ˌtuch**[1] *n* ⟨-(e)s; -e⟩ *Textil.* bunting. **~ˌtuch**[2] *n* ⟨-(e)s; ⸚er⟩ (*Fahne*) flag.

Fähn·lein [ˈfɛːnlaɪn] *n* ⟨-s; -⟩ **1.** *dim. of* Fahne. **2.** → **Fähnchen** 2. **3.** *mil. hist.* (*Truppe*) troop, squad.

Fähn·rich [ˈfɛːnrɪç] *m* ⟨-s; -e⟩ *mil.* **1.** *im Heer*: officer cadet (junior grade). **2.** *in der Luftwaffe*: acting pilot officer, *Am.* aviation cadet, warrant officer. **3.** *zur See*: midshipman. **4.** → **Fahnenträger.**

ˈ**FahrˌausˌWeis** *m* ticket.

ˈ**Fahr|bahn** *f* **1.** road(way), *Br. a.* carriageway, *Am. a.* pavement. **2.** (*Spur*) (traffic) lane; **Straße mit zwei ~en** two-lane(d) road. **~beˌnut·zer** *m* road user. **~verˌen·gung** *f* (*Verkehrszeichen*) "road narrows".

ˈ**fahr·bar** *adj* **1.** mobile, travel(l)ing; **e-e ~e Bücherei** a mobile library, *Am. a.* a bookmobile; **~e Treppe** mobile (*od.* wheeled) gangway; **~es Heim** home on wheels; → **Untersatz**[1] 2. **2.** *tech.* travel(l)ing, portable (*crane, etc*). **3.** a) → **befahrbar** 1, b) *mar.* navigable.

ˈ**Fahr|beˌreich** *m* driving (*od.* cruising) range, action radius. **≈beˌreit** *adj* **1.** *Fahrzeug*: ready for driving (*od.* for service), in (good) running order. **2.** *Kolonne etc*: ready to start. **3.** *mar. Schiff*: ready to proceed. **~beˌreit·schaft** *f mot.* **1.** readiness (for use *od.* service). **2.** (*Unternehmen*) motor (transport) pool.

ˈ**Fähr|beˌtrieb** *m mar.* ferry(boat) service. **~ˌboot** *n* ferryboat, *Am. a.* transfer.

ˈ**Fahr|ˌbrem·se** *f mot.* service (*od.* foot) brake. **~ˌdamm** *m* → **Fahrbahn** 1.

ˈ**Fährˌdamp·fer** *m mar.* steam ferry.

ˈ**Fahrˌdienst** *m* **1.** ⟨*only sg*⟩ *rail.* (train) crew duty. **2.** ⟨*only sg*⟩ *mot.* a) crew duty, b) (*Einrichtung*) motor (transport) pool. **3.** (*die Diensttuenden*) crew on duty.

ˈ**Fährˌdienst** *m* → **Fährbetrieb.**

ˈ**Fahr|ˌdienstˌlei·ter** *m* **1.** (station) train control(l)er, stationmaster, *Am.* dispatcher. **2.** *bei Bussen etc*: schedules (*od.* transport) officer. **~ˌei·gen·schaf·ten** *pl mot.* roadability *sg*, road performance *sg*, driving properties.

Fäh·re [ˈfɛːrə] *f* ⟨-; -n⟩ *mar.* ferry(boat); **schwebende ~** suspension ferry; **fliegende ~** flying bridge; **(j-n) in e-r ~ übersetzen** ferry (s. o.) across (*od.* over) (a river).

fah·ren [ˈfaːrən] **I** *v/i* ⟨**fährt, fuhr, gefahren, sein**⟩ **1.** *Bus, Zug etc*: go, *Person* (*reisen*): *a.* travel, *Schiff*: *a.* sail; **in die Stadt (aufs Land) ~** go (in)to town (*od. Am.* downtown) ([in]to the country); **wie lange fährt man nach München?** how long does it take to go (*od.* get) to Munich? **2.** (*verkehren*) run; *zwischen zwei Punkten*: *a.* ply (between); **es ~ täglich 3 Züge** there are 3 trains (running) every day; **e-n Bus** *etc* **~ lassen** run a bus, *etc*. **3.** (*ab~*) (**nach** for) leave, go, depart; **wann fährt der nächste Zug nach X?** *a.* when is the next train to X?; **das Schiff fährt aus dem Hafen** the ship leaves (*od.* clears) the port. **4.** *in e-m Verkehrsmittel etc*: go, ride; **mit dem Bus (Zug) ~** go (*od.* travel) by bus (train), take (*od.* ride on) a bus (train); **im Auto ~** go by (*od.* ride in a) car (*cf. a.* 5); **erster Klasse ~** travel first class; → **Boot, Karussell** 1 (*etc*). **5.** (*lenken*) drive, steer; (**mit dem Auto**) **~** drive; **er kann ~** he can (*od.* knows how to) drive, he's a good driver; **an den Straßenrand ~** pull over to the side; **in e-e Seitenstraße ~** turn (*od.* drive) into a side street; **zu schnell ~** drive too fast, be speeding; **er fuhr mit 100 km/h** he was driving at 100 km per hour; ~ **lernen** learn to drive, take driving lessons; **rechts** ~! keep to the right!; **an** (*od.* **gegen**) **e-n Baum** ~ drive (*od.* crash) into a tree, hit a tree; **über e-e Brücke** (**e-n Fluß, e-n Platz**) ~ cross a bridge (river, square). **6.** *auf dem Fahrrad etc*: ride (on); → **Fahrrad. 7.** (*sich bewegen*) travel, move, go; **das Auto fährt 150 km/h** a) *momentan*: the car is travel(l)ing (*od.* running, going, moving) at 150 km per hour, b) *als Spitze*: the car makes (*od.* does) 150 km per hour. **8.** (*angetrieben werden*) (**mit**) run (on), be driven (*od.* propelled) (by), be (*diesel-etc*)-driven (*od.* -powered); **elektrisch** ~ run electrically, be electrically driven. **9.** *tech. colloq.* (**mit e-r Leitung** *etc*) ~ (*legen, anbringen*) run (a line up, *etc*); → *a.* 23. **10.** *fig.* (*streichen*) **mit der Hand** *etc* **über e-e Sache** ~ run (*od.* pass) one's hand, *etc* over s. th.; **sich** (*dat*) **mit der Hand** (**dem Kamm**) **durch** (*od.* **über**) **das Haar** ~ run one's hand (a comb) through one's hair. **11.** *Kugel, Messer etc*: ~ **in** (*acc*) go into, bury itself in; **aus der Hand** ~ slip from (*od.* jump out of) one's hand. **12.** *fig.* (*sausen*) rush, dash; **aus dem Bett** ~ start from (*od.* jump out of) one's bed; **der Schreck fuhr ihm in die Glieder** he was struck numb with terror; **gen Himmel** ~ ascend to heaven; **in die Kleider** ~ fling on one's clothes; **es** (*od.* **der Gedanke**) **fuhr mir durch den Kopf** it flashed through my mind; (**erschreckt**) **in die Höhe** ~ (give a) start (*od.* jump), start up; **mit der Hand in die Tasche** ~ thrust a hand into one's pocket; *colloq.* **was ist bloß in ihn gefahren?** what has come over (*od.* got into) him? **13.** *fig.* **gut** (**schlecht**) **mit e-r Sache** (**mit j-m**) ~ fare well (badly) with s. th. (s. o.), be (un)lucky with s. th. (s. o.); **bei diesem Tausch ist er nicht schlecht gefahren** *a.* he didn't come off badly with that bargain, he did well out of that deal. **14.** *vulg.* **e-n** (**Wind**) ~ **lassen** fart. **II** *v/t* ⟨h *u.* sein⟩ **15.** ⟨h⟩ (*Auto etc*) drive, (*lenken*) *a.* steer; **der Wagen ist leicht zu** ~ (*od.* **fährt sich leicht**) the car is easy to drive (*od.* handle); **auf dieser Straße fährt es sich gut, diese Straße fährt sich gut** the going (*od.* driving) is good on this road. **16.** ⟨h⟩ (*Motorrad etc*) ride. **17.** ⟨h⟩ (*Boot etc*) steer, sail, navigate. **18.** ⟨h⟩ (*Person*) (**nach, zu**) drive, take, run; → **Haufen** 1. **19.** ⟨h⟩ (*Güter etc*) run, carry, transport, convey, cart, deliver. **20.** ⟨h⟩ (*benutzen*) use. **21.** ⟨sein⟩ (*zurücklegen*) drive, cover, make, do (*50 miles a day, etc*). **22.** *Sport*: a) ⟨sein⟩ (*Rennen*) race, b) ⟨sein⟩ (*Zeit*) make, clock, c) ⟨h⟩ (*Eislauffigur*) do, execute; **er fuhr die beste Zeit** he made (*od.* clocked) the best time. **23.** ⟨h⟩ *tech.* a) (*Schicht*) work, b) (*Kraftwerk etc*) run, operate. **24.** ⟨h⟩ *colloq.* (*Schallplatte etc*) put on, play.

'fah·rend *adj* **1.** moving (*train, etc*). **2.** → **fahrbar** 1. **3.** (*umherziehend*) travel(l)ing, wandering, strolling, itinerant, vagrant; **ein** ~**er Geselle** a travel(l)ing journeyman; ~**es Volk** a) (*Schausteller*) wandering performers *pl*, travel(l)ing show people *pl*, b) wayfaring people *pl*, vagrants *pl*, c) (*Zigeuner*) gipsies *pl*, *bes. Am.* gypsies *pl*; *hist.* ~**er Schüler** (*od.* **Scholar**) wandering scholar; ~**er Ritter** knight-errant. **4.** *jur.* ~**e Habe,** ~**es Gut** → **Fahrnis.**

Fah·ren·heit ['fa:rənhaɪt] *n* ⟨*undeclined*⟩ *phys.* Fahrenheit.

'fah·ren|las·sen *v/t* ⟨*irr, sep, no* **-ge-**, *pass* **-ge-**, h⟩ *colloq.* **1.** let *s. th.* go, let go of, drop. **2.** *fig.* (*Hoffnung, Vorhaben etc*) give *s. th.* up, abandon. **3.** → **fahren** 14.

'Fah·rer *m* ⟨-s; -⟩ **1.** *mot. etc* a) *allg.* driver, b) (*Chauffeur*) chauffeur, c) (*Herren*♀) motorist; → **Rennfahrer. 2.** (*Rad*♀, *Motorrad*♀) rider, cyclist.

Fah·re'rei *f* ⟨-; -en⟩ *colloq.* **1.** (tedious) travel(l)ing. **2.** (endless *od. contp.* bad) driving.

'Fah·rer||flucht *f* absconding from the scene of accident, hit-and-run offen/ce (*Am.* -se). ♀**|flüch·tig** *adj* absconding, hit-and-run; **er ist** ~ he absconded from the scene of the accident. ~**|haus** *n* (driver's) cab (*od.* cabin).

'Fah·re·rin *f* ⟨-; -nen⟩ (woman) driver (*etc*; *cf.* **Fahrer**). **'fah·re·risch** *adj* driving (*skill, etc*).

'Fahr·er|laub·nis *f* → **Führerschein.**

'Fah·rer|sitz *m* driver's seat.

'Fahr|gast *m* passenger; *e-s Taxis*: *a.* fare. ~**|raum** *m* **1.** *e-s Busses etc*: passenger compartment. **2.** *e-s Personenwagens*: *a.* (car) interior, rear part of the car, tonneau. ~**|schiff** *n* passenger ship (*od.* vessel), liner.

'Fahr|geld *n* fare (money), *Am. a.* carfare; ~**zuschuß** *m* travel allowance.

'Fähr|geld *n* ferry dues *pl*, ferriage.

'Fahr|ge|le·gen·heit *f* **1.** (means *pl* of) transport, conveyance, transport facilities *pl*. **2.** *bes. im Auto*: ride, lift. ~**ge|schwin·dig·keit** *f* (running *od.* driving) speed; *cf.* **Geschwindigkeit** 1. ~**ge|stell** *n* **1.** *mot.* chassis, carriage. **2.** → **Fahrwerk** 1. **3.** *rail.* bogie, *Am.* truck. **4.** *humor.* (*Beine*) chassis.

'Fähr|haus *n* ferry house.

'fah·rig *adj* **1.** *Person, Bewegungen etc*: fidgety, nervous, jumpy. **2.** (*unstet*) flighty, volatile, scatter-brained; (*unaufmerksam*) inattentive. **3.** *Schrift etc*: nervous, hurried. ♀**keit** *f* ⟨-; *no pl*⟩ fidgetiness (*etc*).

'Fahr|kar·te *f* **1.** ticket; **einfache** ~ single (*Am.* one-way) ticket; **e-e** ~ **hin und zurück** a return (*Am. a.* round-trip) ticket; **e-e** ~ **1. Klasse** a first-class ticket; **e-e durchgehende** ~ a through ticket; **ich habe e-e** ~ **bis London** I have booked to London. **2.** *mil. colloq.* (*Fehlschuß*) miss, washout; **e-e** ~ **schießen** miss the target, *Am. sl.* shoot (*od.* get) Maggie's drawers.

'Fahr|kar·ten||aus|ga·be *f* **1.** issue of tickets. **2.** → **Fahrkartenschalter.** ~**au·to|mat** *m* automatic ticket machine. ~**|block** *m*, ~**|heft** *n* book of tickets. ~**kon|trol·le** *f* ticket control (*od.* inspection). ~**kon·trol|leur** *m* ticket inspector; *an der Sperre*: ticket collector. ~**|schal·ter** *m* booking (*od.* ticket) office (window). ~**|zan·ge** *f* ticket punch.

'Fahr|ki·lo|me·ter *m* **1.** kilometer of driving distance (*od.* [to be] driven). **2.** *pl* mileage *sg* (covered). ~**kom|fort** *m* driving (*od.* riding) comfort. ~**|ko·sten** *pl* → **Fahrtkosten.** ~**|kunst** *f* **1.** art of driving. **2.** *e-s Fahrers*: (driving) skill.

'fahr|läs·sig I *adj* **1.** *Person, Handlung etc*: careless, reckless, negligent. **2.** *jur.* a) *Person*: (culpably) negligent, b) *Unfall etc*: caused by negligence; ~**e Handlung** (act of [criminal]) negligence, negligent act; **grob** ~ grossly negligent; ~**e Tötung** (involuntary) manslaughter, *Am.* negligent homicide; ~**e Körperverletzung** bodily harm caused by negligence. **II** *adv* **3.** *jur.* negligently, through (*od.* by) negligence; **grob** ~ **handeln** act with gross negligence (*od.* recklessly). ♀**keit** *f* ⟨-; *no pl*⟩ carelessness, recklessness, negligence (*a. jur.*); **aus** (*od.* **durch**) ~ through (*od.* by) carelessness, through want of (due) care; **grobe** ~ gross negligence, recklessness; **leichte** ~ ordinary (*Am.* slight) negligence.

'Fahr||leh·rer *m* driving instructor. ~**|lei·stung** *f* **1.** *des Autos*: road performance. **2.** *des Kraftstoffs*: economy.

'Fähr|mann *m* ⟨-(e)s; -leute *u.* -männer⟩ ferryman.

'Fahr|mo·tor *m electr.* traction motor.

'Fahr·nis *f* ⟨-; -se⟩, *n* ⟨-ses; -se⟩ *jur.* chattels *pl*, movables *pl*. ~**ge|mein·schaft** *f* community of movables.

'Fahr|pe|dal *n* → **Gaspedal.** ~**per·so|nal** *n* (train, bus, *etc*) crew. ~**|plan** *m* **1.** *rail. etc* timetable, *Am. a.* schedule; **den** ~ **einhalten** keep to the timetable, be on time. **2.** *fig. colloq.* timetable (*of project, etc*). ♀**|plan|mä·ßig I** *adj* a) *Zug etc*: regular, scheduled (*train, etc*), b) *Ankunft etc*: scheduled, ⟨*pred*⟩ according to schedule, (*pünktlich*) on time; ~**e Ankunft** (**Abfahrt**) **des Zuges 9 Uhr** the train is due (*od.* scheduled) to arrive (leave, depart) at 9 o'clock. **II** *adv* regularly, according to schedule, on time; **der Zug fährt** ~ **um 9 Uhr ab** *cf.* I; ~ **eintreffen** arrive on time. ~**|pra·xis** *f* driving experience.

'Fahr|preis *m* fare; **einfacher** ~ single fare (*od.* ticket); ~ **für die Hin- und Rückfahrt** return (fare), *Am. a.* round-trip fare. ~**|an|zei·ger** *m* taximeter, cab meter. ~**er|mä·ßi·gung** *f* fare reduction. ~**|zo·ne** *f* fare stage (*Am.* zone).

'Fahr|prü·fung *f* driving test.

'Fahr|rad *n* (bi)cycle, *colloq.* (push-) -bike, *Am.* wheel; (**auf** *od.* **mit dem**) ~ **fahren** ride a bicycle, (bi)cycle; ~ **mit Hilfsmotor** motor-assisted bicycle. ~**|schlauch** *m* bicycle inner tube. ~**|schlüs·sel** *m* **1.** (*Werkzeug*) (bi)cycle spanner. **2.** bicycle(-lock) key. ~**|stän·der** *m* **1.** *am Fahrrad*: parking (*od.* kick) stand. **2.** *für Fahrräder*: bicycle (*od.* rack) stand. ~**|weg** *m* cycle track.

'Fahr||rin·ne *f mar.* **1.** (shipping) channel (*od.* lane), fairway; *bes. durch Untiefen*: gat. **2.** (*binnenländische* ~) waterway. ~**|schacht** *m Bergbau*: man-riding shaft, manway. ~**|schein** *m* ticket; ~**entwerter** *m* (ticket) cancel(l)ing machine; ~**heft** *n* book of tickets.

'Fähr|schiff *n* → **Fähre.**

'Fahr||schu·le *f* driving school. ~**|schü·ler** *m*, ~**|schü·le·rin** *f* **1.** *mot.* learner(-driver). **2.** *ped.* non-local student. ~**|si·cher·heit** *f* **1.** safe driving. **2.** *e-s Autos*: road safety, roadworthiness. ~**|spur** *f* **1.** (traffic) lane. **2.** (vehicle) track. ~**|stra·ße** *f* **1.** (paved) road. **2.** *rail.* (running) line. ~**|strecke** (*getr.* **-k·k-**) *f* **1.** a) distance to be covered, b) distance (covered). **2.** (*Reiseweg*) route, itinerary. **3.** *rail.* route.

'Fahr|stuhl *m* **1.** (*Aufzug*) lift, *Am.* elevator. **2.** → **Rollstuhl.** ~**|füh·rer** *m* lift attendant, lift boy, *Am.* elevator operator. ~**|schacht** *m* lift well, *Am.* elevator shaft.

'Fahr|stun·de *f* driving lesson.

Fahrt [fa:rt] *f* ⟨-; -en⟩ **1.** (*Reise*) journey, trip, (*bes. Rund*♀) tour; (*Einzel*♀ *per Bahn etc*) trip, journey; **e-e** ~ **mit der Bahn machen** go for a journey by train; **e-e** ~ **ins Gebirge unternehmen** take a trip into the mountains; **auf der** ~ **nach X** on the (*od.* one's) way to X; **während der** ~ **aufspringen** jump on to the moving train (*etc*); **gute** ~! have a good trip (*od.* a pleasant journey)!, bon voyage! **2.** (*Auto*♀) drive, ride, run; **e-e** ~ **mit dem Auto unternehmen** go for a drive (*od.* ride, run, *colloq.* spin); **freie** ~ a) *mot.*

clear road, *auf Autobahn etc*: end of speed limit!, open drive!, b) *rail.* green light, "go" signal; **freie ~ haben** have the green light (*a. fig.*); **freie ~ geben** a) *mot.* signal the traffic to advance, b) *rail.* clear the line. **3.** (*Rad≈, Motorrad≈ etc*) ride. **4.** *mar.* a) (*Schiffsreise*) voyage, trip, b) (*Rund≈, Lust≈*) cruise, c) (*Über≈*) passage; → *a.* 8. **5.** (*Schi≈ etc*) run. **6.** (*Ausflug*) (walking-)tour, hike, (*mit dem Fahrrad*: cycling) trip; **auf ~ gehen, e-e ~ machen** go on a trip (*etc*), *zu Fuß*: *a.* go hiking; → **Blaue**[1]. **7.** (*Geschwindigkeit*) speed, *mar. a.* räte, *aer. a.* airspeed; **in ~ kommen** get up speed, get underway (*od.* going) (→ *a.* 10); **in voller ~** at full (*od.* top) speed; *mar.* **große (volle, halbe, kleine) ~** three quarter (full, half, dead-slow) speed; **volle ~ voraus** full speed ahead; **~ machen** (*od.* **aufnehmen**) gather (head)way (*od.* speed). **8.** *econ. mar.* trade; **kleine (große) ~** home (foreign-going) trade. **9.** (*Fahrpreis, Fahrkarte*) fare; **einfache ~** one-way (*od.* single) fare (*od.* ticket). **10.** *fig. colloq.* **(schwer) in ~ sein** a) *Person*: be going it strong, *beschwipst etc*: be in high spirits, *redselig*: talk one's head off, *wütend*: be in a rage, be flipping (one's lid), b) *Sache*: be in full swing, be going full blast; **in ~ bringen** a) **j-n**: get s. o. going, set s. o. off, (*in Wut*) make s. o. wild, (*erregen, a. sexuell*) turn s. o. on, b) **Sache**: get s. th. going (*od.* under way, in full swing); **in ~ kommen** a) *Person*: get going, get into one's stride, (*wütend werden*) blow one's top, b) *Sache*: get going, get into its stride; **wenn er erst mal in ~ ist** once he really gets going.

ˈFahrtˌanˌtritt *m* departure.

ˈfahrˌtaug·lich *adj Fahrzeug*: roadworthy. **≈keit** *f* ⟨-; *no pl*⟩ roadworthiness.

ˈFahrt|ˌausˌweis *m* ticket. **~ˌdau·er** *f* length (*od.* duration) of a journey (*od.* trip).

Fähr·te [ˈfɛːrtə] *f* ⟨-; -n⟩ **1.** *hunt.* a) track, trace, trail, spoor, b) (*Witterung*) scent; **die ~ verlieren, von der ~ abkommen** lose the scent (*od.* trail), be thrown off the scent; **(hart) auf der ~ sein** be (hot) on the trail; **die ~ aufnehmen** pick up the scent; **e-n Hund auf die ~ setzen** put a dog on the scent. **2.** *fig.* (*Spur*) track, trail, scent; **falsche ~** false trail (*od.* scent); **auf der richtigen ~ sein** be on the right track (*od.* scent); **auf der falschen ~ sein** be on the wrong track, *colloq.* be barking up the wrong tree; **j-n auf die richtige ~ bringen** put s. o. on the right track (*od.* scent), give s. o. a lead; **j-n auf die falsche ~ bringen** throw s. o. off the scent, mislead s. o.

ˈFahrˌtech·nik *f* driving (technique).

ˈFahr·ten|ˌbuch *n* (driver's) logbook. **~ˌmes·ser** *n* sheath knife. **~ˌschrei·ber** *m* tachograph. **~ˌschwim·mer** *m Sport*: **1.** *swimmer who has passed the 30-minute swimming test.* **2.** (*Prüfung*) *jump from the 3-metre board followed by a 30-minute swimming test.*

ˈFahrt|ˌko·sten *pl* **1.** fare *sg.* **2.** travel expenses. **~ˌmes·ser** *m* **1.** *aer.* airspeed indicator. **2.** *mar.* log, speedometer. **~ˌrich·tung** *f* direction of motion (*od.* traffic), (driving) direction; **in ~ sitzen** *im Zug*: sit (*od.* travel) facing the engine (*im Bus*: the front); **mit dem Rücken zur ~ sitzen** *im Zug*: sit (*od.* travel) with one's back to the engine (*im Bus etc*: facing backwards).

ˈFahrtˌrich·tungs|ˌän·de·rung *f* change of direction. **~ˌanˌzei·ger** *m* direction indicator, *bes. Br.* trafficator, *bes. Am.* turning light.

ˈfahrˌtüch·tig *adj* **1.** *Fahrer*: fit to drive. **2.** *Fahrzeug*: roadworthy. **≈keit** *f* ⟨-; *no pl*⟩ **1.** fitness to drive. **2.** roadworthiness.

Fahrt|ˌun·terˌbre·chung *f* break(ing) (*od.* interruption) of the journey, stop(over). **~ˌwind** *m* airstream, head wind, *aer. a.* slipstream.

ˈFahr|ˌun·terˌricht *m* driving instruction (*od.* lessons *pl*). **≈ˌunˌtüch·tig** *adj* **1.** *Fahrer*: unfit to drive. **2.** *Fahrzeug*: unroadworthy. **~verˌbot** *n* **1.** a) driving ban, b) prohibition of entry of vehicles. **2.** *jur.* (temporary) suspension of *s. o.'s* driving licence (*Am.* driver's license). **~verˌhal·ten** *n* **1.** *des Fahrers*: driving (behavio[u]r). **2.** *des Fahrzeugs*: road behavio(u)r. **~ˌwas·ser** *n* **1.** → Fahrrinne 1. **2.** *fig. colloq.* **im richtigen ~ sein** be in one's element. **3.** *fig.* (*Strömung, Tendenz*) drift, current; **in politisches ~ geraten** get on a political track; **in ein übles ~ geraten** get into evil ways. **~ˌweg** *m* road(way). **~ˌwei·se** *f* **1.** *mot.* driving (technique *od.* habits *pl*, style). **2.** *Sport*: (skiing, *etc*) technique (*od.* style). **~ˌwerk** *n* **1.** *aer.* a) landing gear, b) *als Baugruppe*: undercarriage. **2.** *mot.* chassis (*od.* carriage) unit, running gear. **~ˌwi·derˌstand** *m* **1.** *phys.* wind (*od.* friction, traction) resistance. **2.** *mot.* road resistance, *a. aer.* drag. **~ˌwind** *m mot.* head wind. **~ˌzeit** *f* **1.** running time, time (of run). **2.** (*Fahrtdauer*) duration (of a trip, *etc*). **3.** a) *tech.* hours *pl* of operation, b) *mot.* engine mileage.

ˈFahrˌzeug *n* **1.** (road) vehicle; **„gesperrt für ~e aller Art"** (*Verkehrszeichen*) "closed to all traffic". **2.** *mot.* motor vehicle, (motor)car, auto(mobile). **3.** *mar.* vessel, craft (*a. pl*). **~ˌbau** *m* **1.** construction of vehicles. **2.** → Fahrzeugindustrie. **~ˌhal·ter** *m* car (*od.* vehicle) owner. **~in·duˌstrie** *f* (motor)car (*od.* automobile) industry. **~ko·lon·ne** *f* **1.** column (*od.* line) of vehicles. **2.** *mil. etc* convoy. **~ˌmo·tor** *m* car engine, (automotive) engine. **~ˌnum·mer** *f* number plate, *Am. a.* license plate. **~paˌpie·re** *pl* registration papers. **~ˌpark** *m* **1.** *mot.* fleet of cars, vehicle fleet. **2.** *rail.* rolling stock. **~ˌschlan·ge** *f* → Fahrzeugkolonne. **~verˌkehr** *m* vehicular (*od.* wheeled) traffic.

Fai·ble [ˈfɛːbəl] *n* ⟨-(s); -s⟩ **(für** for**)** weak (*od.* soft) spot, weakness.

fair [fɛːr; feə] (*Engl.*) **I** *adj* fair; **das ist nicht ~** that's not fair, that's unfair. **II** *adv* fair(ly); **~ spielen** play fair. **Fair·neß** [ˈfɛːrnɛs; ˈfernɪs] (*Engl.*) *f* ⟨-; *no pl*⟩ fairness. **Fair play** [ˈfɛːrˈpleː; ˈfeəˈpleɪ] (*Engl.*) *n* ⟨-; *no pl*⟩ fair play.

Fait ac·com·pli [fɛtakõˈpliː] *n* ⟨-; -s -s [fɛzakõˈpliː]⟩ accomplished fact, *lit.* fait accompli.

fä·kal [fɛˈkaːl] *adj* f(a)ecal. **Fäˈka·li·en** [-lǐən] *pl* f(a)eces, excrements, f(a)ecal matter *sg.*

Fa·kir [ˈfaːkɪr] *m* ⟨-s; -e⟩ fakir.

Fak·si·mi·le [fakˈziːmile] *n* ⟨-s; -s⟩ **1.** facsimile (copy). **2.** *TV* facsimile. **3.** *print.* → **~ˌausˌga·be** *f* facsimile edition. **~ˌstem·pel** *m* signature stamp. **~te·leˌgraph** *m* facsimile telegraph. **~ˌüberˌtra·gung** *f* **1.** *Funk*: radio transmission (of pictures). **2.** *TV* facsimile transmission. **~ˌun·terˌschrift** *f* facsimile signature.

fak·si·mi·lie·ren [fakzimiˈliːrən] *v/t* ⟨*no* **ge-**, h⟩ make a facsimile (copy) of, (reproduce *s. th.* in) facsimile.

Fakt [fakt] *n u. m* ⟨-(e)s; -en⟩ → Faktum.

Fak·ti·on [fakˈtsǐoːn] *f* ⟨-; -en⟩ *pol.* faction, splinter group.

fak·tisch [ˈfaktɪʃ] **I** *adj* actual, effective, real; *jur.* **der ~e Inhaber** the actual (*od.* de facto) owner. **II** *adv* actually, virtually, in fact, de facto.

fak·ti·tiv [faktiˈtiːf] *ling.* **I** *adj* factitive, causative. **II ≈** *n* ⟨-s; -e⟩ factitive (verb).

Fak·tor [ˈfaktɔr] *m* ⟨-s; -en [-ˈtoːrən]⟩ **1.** (*Umstand*) factor; **bestimmender ~** determinant; **der menschliche ~** the human factor (*od.* element); *tech.* **veränderliche ~en** variables. **2.** *math.* a) factor (*a. biol. med.*), b) measure; **in ~en zerlegen** resolve into factors, factor(ize). **3.** *econ.* a) (*Geschäftsführer*) manager, b) (*Agent*) factor, agent, c) (*Vorarbeiter*) foreman (*a. print.*), d) → **Handelsvertreter. Fak·toˈrei** [-toˈraɪ] *f* ⟨-; -en⟩ *econ.* **1.** trading post. **2.** *hist.* factory.

Fak·to·tum [fakˈtoːtum] *n* ⟨-s; -s *u.* -ten⟩ *colloq. humor.* factotum.

Fak·tum [ˈfaktum] *n* ⟨-s; -ta [-ta] *u.* -ten⟩ **1.** (proved *od.* accepted) fact. **2.** reality.

Fak·tur [fakˈtuːr] *f* ⟨-; -en⟩ *econ.* invoice; **laut ~** as per invoice, as invoiced; **die ~ über** (*acc*) **et. ausfertigen** invoice s. th. **Fakˈtu·ra** [-ˈtuːra] *f* ⟨-; -ren⟩ *bes. Austrian for* Faktur. **Fakˈtu·renˌbuch** *n econ.* invoice book.

fak·tu·rie·ren [faktuˈriːrən] *v/t* ⟨*no* **ge-**, h⟩ *econ.* invoice. **Fak·tuˈrier·maˌschi·ne** *f* invoicing machine. **Fak·tuˈrist** [-ˈrɪst] *m* ⟨-en; -en⟩, **Fak·tuˈris·tin** *f* ⟨-; -nen⟩ invoice clerk.

Fa·kul·tät [fakulˈtɛːt] *f* ⟨-; -en⟩ **1.** *univ.* faculty, *bes. Am.* department, school; **medizinische ~** faculty (*etc*) of medicine. **2.** *math.* factorial.

fa·kul·ta·tiv [fakultaˈtiːf] *adj* optional, facultative; *ped.* **~e Fächer** optional subjects, *Am. a.* electives.

falb [falp] *adj* ⟨-er; -st⟩ **1.** *Pferd*: dun(-colo[u]red). **2.** *lit. Blätter etc*: dun, fallow. **ˈFal·be** [-bə] *m* ⟨-n; -n⟩ dun(-colo[u]red) horse.

Fal·bel [ˈfalbəl] *f* ⟨-; -n⟩ *Mode*: furbelow, flounce.

fä·lisch [ˈfɛːlɪʃ] *adj Rasse*: Dalo-Nordic.

Fal·ke [ˈfalkə] *m* ⟨-n; -n⟩ **1.** *orn.* falcon. **2.** *hunt.* falcon, hawk; **männlicher ~** tiercel, tercel; **junger ~** young falcon, eyas, eyess; **kleiner ~** falconet; **mit ~n jagen** hunt with the hawk (*od.* falcon), hawk, go hawking; *fig.* **Augen wie ein ~ haben** have eyes like a hawk. **3.** *fig. pol.* (*Kriegstreiber*) hawk.

ˈFal·ken|ˌau·ge *n* **1.** falcon's eye. **2.** *fig.* eagle eye, hawk(-)like eye; **~n haben** have eyes like a hawk; **mit ~n** hawk-eyed. **3.** *min.* hawk's eye. **~ˌbei·ze** *f hunt.* hawking, falconry. **~ˌhau·be** *f* hood (of a falcon).

Fal·ke·nier [falkəˈniːr] *m* ⟨-s; -e⟩ → Falkner.

ˈFal·kenˌjagd *f* → Falkenbeize.

Falk·ner [ˈfalknər] *m* ⟨-s; -⟩ *hunt.* falconer, hawker. **Falk·neˈrei** *f* ⟨-; -en⟩ falconry.

Fall[1] [fal] *m* ⟨-(e)s; *no pl*⟩ **1.** fall; *phys.* **freier ~** free fall. **2.** (*Sturz*) fall, *in die Tiefe*: *a.* drop, plunge; *im Fallschirm*: descent, drop; **zu ~ kommen** a) (have a) fall, b) *fig.* → 3; **schwer zu ~ kommen** have a bad fall, *colloq.* come a cropper; **zu ~ bringen** a) make *s. o.* fall (down), cause *s. o.* to fall, *im Kampf*: bring *s. o.* down, *durch e-n Schlag*: *a.* fell (*od. colloq.* floor) *s.o.*, *durch Beinstellen, a. Gegenstand*: trip *s.o.* up, b) *fig.* → 3. **3.** (*Niedergang, Untergang*) (down)fall, ruin, (*Zs.-bruch*) collapse, *e-r Regierung*: *a.* overthrow; *Bibl.* **der ~ Adams** the fall of man, the Fall; **der ~** (*Fehltritt*) **e-s**

Mädchens the fall of a girl; **der ~ e-s Reiches** the (down)fall (*od.* collapse) of an empire; **der ~ e-r Festung** the fall (*od.* surrender) of a fortress; **der ~ Trojas** the Fall of Troy; *obs. od. poet.* **der ~ e-s Helden** the fall (*od.* death) of a hero; **zu ~ bringen** a) (*j-n*) ruin *s.o.*, bring *s.o.* down, cause *s.o.'s* downfall, trip *s.o.* up, b) (*Sache*) wreck, ruin, foil (*plan, etc*), (*Gesetzentwurf etc*) kill, defeat (*bill, etc*); **zu ~ gebracht werden, zu ~ kommen** a) *Person*: fall, be ruined, be brought down, be tripped up, b) *Sache*: come to grief, be ruined, be defeated, be foiled; *jur.* **e-e Klage zu ~ bringen** bring about the dismissal of a suit. **4.** *e-s Stoffes etc*: fall, hang, drape. **5.** *des Wassers, der Flut etc*: fall. **6.** *des Barometers etc, a. econ. der Preise etc*: fall, drop. **7.** *metr. e-s Verses*: cadence.

Fall[2] *m* ‹-(e)s; ⸚e› **1.** case, (*Einzel*Ƨ, *Beispiel*) *a.* instance, example; **ein typischer ~** a typical case, a case in point. **2.** (*Umstand*) case; **der ideale ~** the ideal; **auf jeden ~, auf alle Fälle** in any case, (*unter allen Umständen*) *a.* at any rate, at all events, by all means; **auf (gar) k-n ~** in no case, on no account, by no means; **für den ~, daß der Plan mißlingt** in case the plan fails (*od.* should fail); **gesetzt den ~, daß** (let us) suppose that, supposing that; **in diesem ~(e)** in this (*od.* that) case; **im anderen ~(e)** otherwise; **in vielen Fällen** in many cases (*od.* instances), often; **in den meisten Fällen, in der Mehrzahl der Fälle** in most (*od.* the majority of) cases; **im besten** (*od.* **günstigsten**) **~(e)** at (the) best; **im schlimmsten** (*od.* **äußersten**) **~(e)** a) at (the) worst, if the worst comes to the worst, b) in the last resort, as a last way out; **außer im ~(e), (daß) es regnet** except in case of rain, unless it rains; *colloq.* **das (er) ist ganz** (*od.* **genau**) **mein ~** that's (he's) just my cup of tea; **das ist nicht mein ~** that's not my cup of tea (*od. sl.* not my scene). **3.** (*zutreffende Tatsache*) case; **das ist (bei ihm) nicht der ~** that is not the case (*od.* not so) (with him); **das ist auch bei ihm der ~** that's true for him too, it is the same thing with him; **wie es auch bei mir der ~ ist** as is the case with me. **4.** (*Sachlage*) case, matter, issue, state of affairs, situation, circumstances *pl*; **der ~ liegt folgendermaßen** the case is this, the situation is as follows; **von ~ zu ~** a) from case to case, *bes. jur.* from time to time, b) according to (the) circumstances; **(et.) von ~ zu ~ entscheiden** decide (s. th.) from time to time, *colloq.* play it by ear; **das ist von ~ zu ~ verschieden** that differs from case to case; *colloq.* **klarer ~!** of course!, sure!, you bet! **5.** (*Eventualität*) case, eventuality; **ich werde ihn für alle Fälle nochmals daran erinnern** I'll remind him of it just in case (*od.* just to be on the safe side); *colloq.* **im ~e e-s ~es** if need be. **6.** (*Vorkommnis*) case, event, occurrence; **ein alltäglicher ~** s. th. that happens every day (*od.* daily), a daily occurrence. **7.** (*Gelegenheit*) case, occasion; **für besondere Fälle** for special occasions. **8.** *jur.* case, cause, matter; **im ~e Müller und Genossen** in the case (*od.* matter) of Muller et al; **der zu behandelnde ~** the case at issue. **9.** *ling.* case; **erster (zweiter, dritter, vierter) ~** nominative (genitive, dative, accusative) (case). **10.** *med.* case; **ein klinischer (schwerer, leichter) ~** a clinical (serious, mild) case; *fig.* **er ist ein schwieriger ~** he is a hard case; **er ist ein hoffnungsloser ~** a) he is a hopeless case, he is incurably ill (*od.* past hope), b) *fig.* he is hopeless.

Fall[3] *n* ‹-(e)s; -en› *mar.* halyard, halliard.

Fall[4] *m* ‹-(e)s; ⸚e› *rare for* **Wasserfall.**

ˈFallˌbär *m tech.* a) drop hammer, b) (*Rammbock*) ram, monkey.

ˈfäll·bar *adj* **1.** *chem.* precipitable. **2.** (*Baum*) fit for felling.

ˈFall|beˌhäl·ter *m* gravity (feed) tank. **~ˌbeil** *n* **1.** blade (of a guillotine). **2.** guillotine. **~beˌschleu·ni·gung** *f phys.* gravitational acceleration. **~ˌbö** *f* **1.** *aer.* air pocket. **2.** *mar.* white squall. **3.** *meteor.* down gust. **~ˌbrücke** (*getr.* **-k·k-**) *f* drawbridge.

Fal·le [ˈfalə] *f* ‹-; -n› **1.** *bes. hunt.* a) trap, b) (*Grube*) pit(fall), c) (*Schlinge*) snare; **e-e ~ stellen** set (*od.* lay) a trap; **mit ~n fangen** catch (*animals*) in traps, trap; **in die ~ gehen** be caught in the trap (→ *a.* 2, 3). **2.** *fig.* trap, pit(fall), snare; **j-m e-e ~ stellen** set (*od.* lay) a trap for s. o.; **j-n in e-e ~ locken** lure s. o. into a trap; **er ist in die ~ gegangen** he walked (*od.* fell) into the trap, he took the bait; **er ging der Polizei in die ~** he fell into the trap set by (*od.* got caught in the net of) the police; **sich in der eigenen ~ fangen** be caught in one's own trap. **3.** *colloq.* (*Bett*) bed, bunk, *Br. sl.* kip; **in die ~ gehen** turn in, *sl.* hit the sack (*od.* hay). **4.** *mil.* a) trap, b) (*Hinterhalt*) ambush. **5.** *tech. e-s Schnappschlosses*: latch (bolt), catch.

fal·len [ˈfalən] **I** *v/i* ‹**fällt, fiel, gefallen, sein**› **1.** fall (**von** from, of); **der Regen fällt** the rain is falling; **auf den** (*od.* **zu**) **Boden ~** fall on (*od.* to) the floor (*od.* ground). **2.** (*hinunter~*) fall (down), plunge (down), drop, (*purzeln*) tumble (down); **~ lassen** drop, let *s. th.* fall, (*Bombe, Masche*) drop, (*Anker*) cast, drop, *thea.* (*Vorhang*) ring down (*the curtain*); (→ *a.* **fallenlassen**); **er fiel tot zu Boden** he fell down (*od.* dropped) dead. **3.** (*hin~*) (have a) fall; **er ist schwer gefallen** he had a bad fall. **4.** (*niedersinken*) sink (down), fall (down), drop; **er ließ sich in e-n Sessel ~** he dropped (*od.* sank, flopped) into a chair; **auf die Knie ~** fall (*od.* go down, sink) on one's knees; → **Fuß**[1] 1. **5.** (*herabhängen*) fall (*od.* hang) (down); **e-e Haarsträhne fiel ihr ins Gesicht** a strand of hair fell across her face. **6.** *Stoff, Gewand etc*: fall, hang, drape, set. **7.** *fig. Linie, Kurve, a. Stimme, Melodie*: fall, drop, descend. **8.** *Barometer, Fieber, Temperatur etc*: (**um** by) fall, drop, go down, sink, subside. **9.** *econ. Preise, Kurse*: fall, drop, decline, go down, *plötzlich u. stark*: slump. **10.** *Blick, Licht, Strahl etc*: fall (**auf** *acc* on). **11.** *mil.* a) *Festung etc*: fall, be taken, (*sich ergeben*) surrender, b) *Soldat*: be killed (in action), fall, die. **12.** *Regierung etc*: fall, be overthrown. **13.** *Hindernis, Schranke etc*: go, be removed; *Gesetz etc*: *a.* be abolished (*od.* repealed, dropped). **14.** *obs. Engel, Mädchen etc*: fall; → **gefallen**[2]. **15.** (*hörbar werden*) fall, be heard; **plötzlich fiel ein Schuß** suddenly a shot rang (*od.* was fired). **16.** *Bemerkung, Name etc*: fall; **es fielen harte Worte** there were harsh words; **auch sein Name fiel** his name was mentioned too; → *a.* **fallenlassen** 4. **17.** *Entscheidung etc*: come, fall; **die Entscheidung ist noch nicht gefallen** the matter is still undecided (*od.* pending, awaiting a decision); **am dritten Tage fiel die Entscheidung** the third day brought the (*od.* a) decision; *Sport*: **die Entscheidung fiel in der 2. Halbzeit** *colloq.* the decider came in the second half. **18.** *Sport Tor*: be scored, fall, come. **19.** *fig.* **an j-n ~** *Anteil etc*: fall (*od.* go, come) to s. o., *Erbschaft*: *a.* devolve on s. o. **20.** *fig.* **auf j-n ~** *Wahl, Verdacht, Verantwortung etc*: fall on s.o.; **die Wahl fiel auf ihn** he was chosen (*od.* selected). **21. unter** (*od.* **in**) **e-e Sache ~** come (*od.* fall) under (*a law, definition, etc*); **es (er) fällt nicht unter diese Bestimmung** *a.* the provision does not apply to it (him). **22. ~ in** → **verfallen**; → **Apfel, Arm, Auge** (*etc*). **II** Ƨ *n* ‹-s› **23.** falling (*etc*). **24.** fall, drop; → *a.* **Fall**[1] 2, 4–6.

fäl·len [ˈfɛlən] **I** *v/t* ‹h› **1.** (*Baum etc*) fell, cut down, hew (down). **2.** *lit.* (*Gegner, Tier*) fell. **3.** *mil.* (*das Bajonett*) lower. **4.** (*Urteil*) pass, give, render; *jur.* → **Urteil.** **5.** (*Entscheidung*) (**über** *acc* on) reach, come to, take, make. **6.** *chem.* precipitate. **7.** *math.* (*Lot*) (**auf** *acc* on, upon) let fall, drop, erect. **II** Ƨ *n* ‹-s› **8.** felling (*etc*). **9.** *math.* erection. **10.** → **Fällung.**

ˈfal·lend *adj* **1.** *Barometer, Luftdruck, Kurse etc*: falling. **2.** *Preis etc*: sinking. **3.** *Gelände etc*: sloping. **4.** *econ. Tendenz*: downward, bearish. **5.** *ling.* a) (*tieftonig*) grave, b) *Diphthong*: falling. **6.** *math. Kurve*: decreasing.

ˈfal·lenˌlas·sen *v/t* ‹*irr, sep, no* **-ge-**, *bes. pass* **-ge-**, h› **1.** (*Plan etc*) drop, discard, abandon, give up; **lassen wir das Thema fallen!** let's drop the subject. **2.** (*Forderung etc*) drop, abandon, waive, relinquish (*claim, etc*). **3.** (*Widerstand etc*) give up (*resistance, etc*). **4.** (*Bemerkung etc*) drop (*remark, etc*). **5.** (*Hemmungen etc*) drop, throw overboard (*inhibitions, etc*). **6.** (*Freund, Partner etc*) drop, discard, let *s.o.* fall.

ˈFal·lenˌstel·ler *m* ‹-s; -› trapper.

ˈFall|geˌschwin·dig·keit *f phys.* velocity (*od.* rate) of fall. **~geˌsetz** *n* law of falling bodies. **~ˌgru·be** *f* **1.** *hunt.* pit(fall), deadfall. **2.** *fig.* pitfall, trap. **~ˌham·mer** *m* **1.** *tech.* drop hammer, monkey (hammer), ram. **2.** *civ. eng.* pile driver. **~ˌham·merˌschmie·den** *n* drop(-)forging. **~ˌhö·he** *f phys. tech.* height of fall (*od.* drop). **~ˌholz** *n* fallen wood.

fal·lie·ren [faˈliːrən] *v/i* ‹*no* **ge-**, h› *econ.* fail, become insolvent, go bankrupt.

ˈfäl·lig *adj* **1.** due; **längst ~** (long) overdue; **das Flugzeug ist um 5 Uhr ~** the plane is due (to arrive) at 5 o'clock; *colloq.* **da war einiges** (*od.* **allerhand, was**) **~** things were pretty lively, the fat was in the fire; *colloq.* **jetzt bist du aber ~!** now you are (in) for it!; **ein Besuch bei Herrn X ist wieder mal ~** it's about time to visit Mr. X again. **2.** *econ.* a) *Summe, Miete etc*: due, payable, b) *Wechsel etc*: mature(d), maturing; **~ werden** a) fall due, become payable, b) *Wechsel, a. Obligation*: mature, c) (*verfallen*) *Bezugsrecht*: expire; **täglich ~es Geld** money at (*od.* on) call. **Ƨkeit** *f* ‹-; *no pl*› *econ.* maturity, due date; (*Ablauf*) expiration; **bei ~** when due, at maturity.

ˈFäl·lig·keits|ˌtag, ~terˌmin *m* **1.** due date, date when payment is due. **2.** *e-s Wechsels etc*: maturity (date).

ˈFäl·ligˌwer·den *n* → **Fälligkeit.**

ˈFall|ˌkip·pe *f gym.* drop upstart. **~ˌkur·ve** *f phys.* flight path, trajectory. **~ˌobst** *n* **1.** windfall. **2.** *humor. Boxen*: easy meat.

fal·lo·pisch [faˈloːpɪʃ] *adj anat.* **Ƨe Röhre** Fallopian tube.

Fall·out [ˈfɔːlaut] (*Engl.*) *m* ‹-s; -s› *nucl.* fallout.

ˈFall|ˌrecht *n jur.* case law. **~ˌreep** *n mar.* gangway, accommodation (*od.*

rope) ladder. **~ˌrohr** *n* downpipe. **~ˌrückˌzie·her** *m Fußball*: falling overhead kick.

falls *conj* **1.** in case, if; ~ **es regnet** in case it rains; ~ **er kommen sollte** if he should come, in the event of his coming; ~ **(vom Arzt) nicht anders verordnet** if not otherwise prescribed. **2.** (*vorausgesetzt*) provided (that), providing. **3.** (*angenommen*) supposing, suppose.

ˈFallˌschirm *m aer.* parachute; **mit dem ~ abspringen** a) (jump with a) parachute, b) *im Notfall*: bail (*Br. a.* bale) out; **et. mit dem ~ absetzen** (*od.* **abwerfen**) parachute (*od.* air-drop, paradrop) s. th. **~ˌabˌsprung** *m* parachute jump (*od.* descent). **~ˌabˌwurf** *m* paradrop, airdrop. **~ˌgurtˌwerk** *n* parachute harness. **~ˌjä·ger** *m mil.* paratrooper. **~ˌlei·ne** *f* (parachute) rigging line. **~ˌsprin·gen** *n* parachute jumping, parachuting, *als Sport*: *a.* skydiving. **~ˌsprin·ger** *m* parachutist, *Sport*: *meist* skydiver. **~ˌtrup·pen** *pl* paratroops.

ˈFall|ˌschmie·rung *f tech.* gravity lubrication. **~ˌstrick** *m* **1.** *hunt.* snare, noose. **2.** *fig.* snare, trap, pitfall; **j-m ~e legen** set a trap for s. o., lay (*od.* set) snares for s. o. **~ˌstrom** *m tech.* down-draught, *Am.* downdraft. **~ˌstu·die** *f* case study. **~ˌsucht** *f* ⟨-; *no pl*⟩ *med. obs.* falling sickness, epilepsy. **2ˌsüch·tig** *adj*, **~ˌsüch·ti·ge** *m, f* ⟨-n; -n⟩ *obs.* epileptic.

fällt [fɛlt] *3 sg pres of* **fallen.**

ˈFall|ˌtank *m aer.* gravity (feed) tank. **~ˌtrep·pe** *f* trap (*od.* foldaway) stairs *pl* (*a. als sg konstruiert*). **~ˌtür** *f* **1.** trapdoor. **2.** *im Flugzeug etc*: escape hatch.

ˈFäl·lung *f* ⟨-; *no pl*⟩ **1.** → **fällen** 8, 9. **2.** *e-s Baumes etc*: fell(ing). **3.** *jur. e-s Urteils*: pronouncement, delivery, passing. **4.** *chem.* precipitation; **~smittel** *n* precipitant.

ˈFall|ˌwind *m* **1.** fall (*od.* down, katabatic) wind. **2.** *mar.* eddy wind. **~ˌwin·kel** *m* **1.** *geol.* dip angle. **2.** *phys.* angle of fall (*od.* descent). **3.** *civ.eng.* dip, incline; **~messer** *m* clinometer. **4.** *mil. e-s Geschosses*: angle of descent (*od.* impact).

falsch [falʃ] **I** *adj* ⟨-er; -est⟩ **1.** (*verkehrt*) wrong; **im ~en Augenblick** at the wrong moment; *colloq.* **Sie sind hier ~** (*od.* **an der ~en Stelle**) you are in the wrong place here; **am ~en Platz sein** be out of (*od.* in the wrong) place; **wie man's macht, ist's ~** (*Sprichwort*) no matter how you do it, it's always wrong; **auf dem ~en Weg sein** a) be going the wrong way, b) *fig.* be on the wrong track (*od.* scent); → **Adresse** 1, **Bein** 1, **Dampfer** (*etc*). **2.** (*unrichtig*) false, wrong, incorrect; **~e Anwendung, ~er Gebrauch** improper use, misapplication, misusage; **~e Bezeichnung** misnomer; **~e Rechnung** miscalculation; **~e Übersetzung** wrong translation, mistranslation; **j-m e-e ~e Auskunft geben** misinform s. o. **3.** (*unwahr*) false, untrue; **~e Angabe** false statement; **~e Darstellung** misrepresentation; **~er Eid** false oath. **4.** (*irrig*) false, wrong, mistaken, erroneous; **es wäre ~ zu glauben, daß** it would be wrong (*od.* a mistake) to believe that. **5.** (*unangebracht*) false, misplaced; **~e Bescheidenheit** (**~e Scham, ~er Stolz**) false modesty (shame, pride); **~e Rücksichtnahme** misplaced consideration; **aus ~em Idealismus** out of a mistaken idealism. **6.** (*unecht*) false, spurious, bogus, fake, *bes. Am. sl.* phon(e)y; **~e Hemdenbrust** detachable shirtfront, *colloq.* dick(e)y; **~es Pathos** false pathos, bathos; *anat.* **~e Rippe** false (*od.* floating) rib; **~er Freund** false friend; **~er Prophet** false (*od.* pseudo-)prophet; **unter ~em Namen** under a false (*od.* a fictitious, an assumed) name. **7.** (*künstlich*) false, artificial (*teeth, hair, etc*), imitation, faked (*jewel, pearls, etc*). **8.** (*gefälscht*) false, forged, faked, bogus, spurious, *bes. Am. sl.* phon(e)y, *Geld*: *a.* counterfeit, bad; (*betrügerisch*) fraudulent; **~e Spielkarten** marked (*od.* nicked) cards; **~e Würfel** loaded dice; **sein Paß war ~** his passport was forged. **9.** (*unehrlich*) false, double-(*od.* two-)faced, double-dealing, deceitful, treacherous, perfidious, *sl.* double-crossing; **~ gegenüber j-m** (*od.* **gegen j-n**) false to s. o.; **e-e ~e Schlange** a snake in the grass; → **Spiel** 6. **10.** a) *Pferd*: vicious, b) *dial.* (*böse*) wild, *colloq.* mad. **11.** *gastr.* mock; **~e Schildkrötensuppe** mock-turtle soup; *colloq.* **~er Hase** mince loaf, meat roll. **12.** *mus. Ton etc*: wrong, false. **13.** *ling. metr.* a) *Silben-, Vokallänge*: false, b) *Vers*: faulty, defective. **14.** *bot.* false. **15.** *Sport Einwurf etc*: foul. **II** *adv* **16.** wrong(ly), the wrong way; **er macht immer alles ~** whatever he does is wrong; **was haben wir ~ gemacht?** where did we go wrong?; **et. ~ verstehen** a) hear s. th. wrongly, mishear s. th., b) (*auffassen*) misunderstand s. th., (*übelnehmen*) take s. th. amiss; **ich habe es (ihn) ~ verstanden** I misunderstood it (him), *colloq.* I got it (him) wrong; **m-e Uhr geht ~** my watch is wrong. **17.** wrong(ly), incorrectly; **~ aussprechen (einschätzen, informieren, schreiben, übersetzen, zitieren)** *a.* mispronounce (misjudge, misinform, misspell, mistranslate, misquote); **et. ~ beantworten** give the wrong answer to s. th., answer s. th. wrong; *mus.* **~ spielen** a) play out of tune (*od.* off key), b) make mistakes (*od.* a mistake) in playing; **et. ~ verwenden** (*od.* **gebrauchen**) use s. th. improperly, misuse s. th. **18.** falsely; **~ schwören** swear falsely, forswear (*od.* perjure) o. s.; **vor Gericht ~ aussagen** make false statements in court. **19.** falsely, deceitfully, treacherously, perfidiously. **III 2e, das** ⟨-n⟩ **20.** (*do, say, etc*) the wrong thing. **21.** → **Falschheit** 1.

Falsch *m* ⟨-; *no pl*⟩ *lit.* guile; **ohne ~** without guile, guileless; **es ist kein ~ an ihm** there is no guile in him.

ˈFalsch|ˌausˌsa·ge *f jur.* false statement (*od.* testimony). **~beˌurˌkundung** *f jur.* making false entry. **~ˌbu·chung** *f econ.* fraudulent entry.

ˈFal·sche *m, f* ⟨-n; -n⟩ wrong person; *fig. colloq.* **an den ~n kommen** a) mistake one's man, catch a Tartar, b) come to the wrong person.

ˈFalschˌeid *m jur.* false oath.

fäl·schen [ˈfɛlʃən] **I** *v/t* ⟨h⟩ **1.** *allg.* falsify, fake, (*Dokument, Unterschrift etc*) *a.* forge; (*Geld*) counterfeit, forge, *jur. a.* (*nachmachen*) make *s. th.* falsely; *econ.* **die Bücher (Abrechnungen) ~** fake (*od.* tamper with, *colloq.* doctor, cook) the books (accounts). **2.** (*Sachverhalt etc*) falsify, distort (*facts, etc*). **3.** (*Wein etc*) adulterate, *colloq.* hocus. **4.** (*Spielkarten*) mark, nick; (*Würfel*) load, cog. **II 2** *n* ⟨-s⟩ **5.** falsifying, faking (*etc*). **6.** → **Fälschung** 2.

ˈFäl·scher *m* ⟨-s; -⟩ **1.** falsifier, forger, faker, *von Geld*: *a.* counterfeiter. **2.** *von Wein etc*: adulterator. **~ˌban·de** *f* gang of forgers, counterfeit ring.

ˈFalsch|ˌgeld *n* ⟨-(e)s; *no pl*⟩ counterfeit (*od.* false, bogus) money. **~heit** *f* ⟨-; -en⟩ **1.** ⟨*only sg*⟩ *e-r Person etc*: falseness, duplicity, deceitfulness, treacherousness. **2.** ⟨*only sg*⟩ *e-r Aussage etc*: falseness, falsity. **3.** (*betrügerische Handlung*) double-dealing, treachery, deception.

ˈfälsch·lich I *adj* **1.** false, wrong, mistaken, incorrect, (*irrtümlich*) *a.* erroneous. **2.** (*betrügerisch*) fraudulent. **II** *adv* **3.** → **ˈfälsch·li·cherˈwei·se** *adv* falsely (*etc*); by mistake.

ˈFalsch|ˌluft *f tech.* bypass (*od.* secondary) air. **~ˌmel·dung** *f* **1.** false report. **2.** (*Zeitungsente*) canard, (*Jux*) *a.* hoax.

ˈFalschˌmün·zer *m* ⟨-s; -⟩ counterfeiter. **ˌFalsch·mün·zeˈrei** *f* ⟨-; -en⟩ counterfeiting, false coining.

ˈFalsch|ˌspiel *n* → **falschspielen** II. **2ˌspie·len I** *v/i* ⟨*sep*, **-ge-**, h⟩ cheat (at cards). **II 2** *n* ⟨-s⟩ card-sharping, cheating (at cards). **~ˌspie·ler** *m* cheat(er); *beim Kartenspiel*: card-sharper.

ˈFäl·schung *f* ⟨-; -en⟩ **1.** → **fälschen** 5. **2.** falsification. **3.** (*Dokument, Kunstwerk etc*) forgery, fake. **4.** (*Falschgeld*) counterfeit money.

ˈFalschˌwei·sung *f tech.* wrong reading.

Fal·sett [falˈzɛt] *n* ⟨-(e)s; -e⟩ *mus.* falsetto; (im) **~ singen** sing falsetto.

Fal·si·fi·kat [falzifiˈkaːt] *n* ⟨-(e)s; -e⟩ forgery, fake.

ˈfalt|bar *adj* folding, foldable, collapsible. **2ˌbett** *n* camp bed, cot. **2ˌboot** *n* collapsible canoe, faltboat.

Fält·chen [ˈfɛltçən] *n* ⟨-s; -⟩ **1.** *dim. of* Falte. **2.** *der Haut*: wrinkle; **~ pl am Auge** (*Krähenfüße*) crow's-feet.

ˈFaltˌdach *n mot.* convertible (*od.* folding) top (*od.* roof).

Fal·te [ˈfaltə] *f* ⟨-; -n⟩ **1.** fold; **in ~n legen** fold s. th. (up) (→ *a.* 5, 7); **schöne ~n werfen** drape beautifully. **2.** (*Knitter2*) wrinkle, crease, crinkle. **3.** (*sich beutelnde Stelle*) pucker; **~n werfen** (*od.* **schlagen**) pucker. **4.** (*Bügel2*) crease. **5.** (*Rock2*) pleat, plait; **e-n Stoff in ~n legen** pleat a piece of material. **6.** (*eingenähte Quer2*) tuck. **7.** (*Runzel*) wrinkle, crease, line; **tiefe ~n** deep lines (*od.* furrows); **die Stirn in ~n legen** (*od.* **ziehen**) wrinkle (*od.* knit, pucker) one's brow, frown. **8.** *im Papier etc*: fold, crease, crinkle. **9.** *anat.* fold, crease, wrinkle, plica. **10.** *geol.* fold, plication. **11.** *fig. lit.* **die verborgensten ~n des Herzens** the innermost recesses of the heart.

fäl·teln [ˈfɛltəln] **I** *v/t* ⟨h⟩ **1.** arrange (*od.* fix) *s. th.* in small folds (*od.* pleats), pleat, crimp, goffer; (*smoken*) smock, *bes. Am.* shirr; (*kräuseln*) gather, frill. **2.** *fig.* (*Gesicht etc*) wrinkle. **II 2** *n* ⟨-s⟩ **3.** pleating (*etc*). **ˈFäl·te·lung** *f* ⟨-; -en⟩ **1.** → **fälteln** II. **2.** pleat(s *pl*). **3.** *geol.* crumpling.

fal·ten [ˈfaltən] **I** *v/t* ⟨h⟩ **1.** fold *s. th.* (up); **es läßt sich ganz einfach ~** it folds quite easily. **2.** (*kniffen*) fold (down), crease. **3.** (*in Falten legen*) pleat, plait. **4.** (*Hände*) fold (**zum Gebet** in prayer). **5.** (*Stirn, Gesicht etc*) wrinkle. **6.** → **fälteln** 1. **II** *v/reflex* **sich ~** **7.** (*knittern*) *a. Gesicht*: wrinkle, crinkle, crease. **8.** *geol.* fold.

ˈFal·ten|geˌbir·ge *n geol.* folded mountains *pl*. **2los** *adj* **1.** without folds. **2.** without pleats. **3.** (*unzerknittert*) *a. Gesicht*: unwrinkled, uncreased, smooth; **~er Sitz** faultless fit. **~ˌrock** *m* pleated skirt. **~ˌwurf** *m* (cast of) folds *pl*, drapery.

ˈFal·ter *m* ⟨-s; -⟩ *zo.* butterfly, lepidopter(on).

ˈFalt|ˌfahrˌrad *n* folding bicycle. **~ˌfen·ster** *n* folding window. **~gaˌra·ge** *f* collapsible garage.

ˈfal·tig *adj* **1.** (*curtain, etc*) with folds. **2.**

Rock etc: pleated, plaited. **3.** (*zerknittert*) wrinkled, creased, crinkled; *Haut, Gesicht etc*: *a.* lined, *stärker*: furrowed. **4.** *anat. bot. zo.* plicate(d).

ˈFalt|proˌspekt *m* folder. **~ˌschachtel** *f* folding carton. **~ˌstuhl** *m* **1.** folding chair. **2.** *ohne Lehne*: folding stool, camp-stool. **~ˌtür** *f* folding door.

Falz [falts] *m* ⟨-es; -e⟩ **1.** (*Kniff, Faltstelle*) crease, fold. **2.** *an Luftpostkuverts*: a) fold, b) (*Klappe*) flap. **3.** *print.* a) *e-s Druckbogens*: fold, b) *zum Einkleben*: guard, slip, fold, c) *der Buchdecke*: joint. **4.** *tech.* a) (*Fuge, Saum*) seam, b) (*Bördel*) bead, c) (*Holz*) rabbet, rebate, d) (*Auskehlung*) groove, e) (*Kante*) edge, welt. **5.** *philat.* stamp hinge. **6.** *biol.* furrow. **~ˌbein** *n print.* (bone) folder, (paper-) knife. **~ˌblech** *n* sheet metal with good bending properties.

fal·zen [ˈfaltsən] **I** *v/t* ⟨h⟩ **1.** crease, fold. **2.** *print.* (*Papier*) sheet, fold. **3.** *tech.* a) (*doppeln*) (*Bleche*) fold, b) (*umlegen*) (*Blechkanten*) bead, seam, c) (*auskehlen*) groove, d) (*Holz*) rabbet, rebate, d) (*Leder*) shave, skive. **II** ♀ *n* ⟨-s⟩ **4.** creasing (*etc*). **ˈFal·zer** *m* ⟨-s; -⟩ *print. tech.* folder.

ˈFalz|ˌho·bel *m* rabbet plane. **~ma·ˌschi·ne** *f* **1.** *tech.* a) *für Blech*: folding (*od.* seaming) machine, b) *zum Bördeln*: beading machine, c) *für Holz*: rabbeting machine, d) *für Leder*: shaving machine. **2.** *für Papier, zur Schuhherstellung*: folding machine, folder. **~ˌmes·ser** *n*, **~ˌstahl** *m für Leder*: shaving knife, (shaving) slicker.

ˈFal·zung *f* ⟨-; -en⟩ → **falzen** II.

Fa·ma [ˈfa:ma] *f* ⟨-; *no pl*⟩ **1.** *myth.* Fama. **2.** *fig. lit.* (*Gerücht*) rumo(u)r, Dame Rumo(u)r.

fa·mi·li·är [famiˈli̯ɛ:r] **I** *adj* **1.** (concerning the) family; **~e Angelegenheiten** family affairs (*od.* matters); **aus ~en Gründen** for family reasons. **2.** (*vertraut*) familiar, intimate (*relations, etc*). **3.** (*ungezwungen*) a) informal, free and easy, familiar (*tone, atmosphere, etc*), b) *contp.* (*allzu ~*) (over-)familiar. **4.** *ling.* familiar; **~er Ausdruck** colloquial expression, colloquialism. **II** *adv* **5.** familiarly (*etc*).

Fa·mi·lie [faˈmi:li̯ə] *f* ⟨-; -n⟩ **1.** family (*a. biol. ling.*); **die ~ Braun** the Braun family; *Briefaufschrift*: **~** (*abbr.* **Fam.**) **Fischer** Mr and Mrs Fischer (and family); *relig.* **die Heilige ~** the Holy Family; **e-e ~ gründen** found a family, marry and settle down; **hat er ~?** does he have a family?; **der Gast fühlte sich schon bald wie zur ~ gehörig** the guest soon felt like one of the family; **wir sind alle (wie) e-e große ~** we are (all) one big family; *fig.* **die ~ der Völker** the family of nations. **2.** (*Abstammung*) family, stock, descent, lineage; **sie ist** (*od.* **stammt**) **aus guter ~** she is of (*od.* comes from a) good family; **das liegt in der ~** that runs in the family; *colloq.* **so et. kommt in den besten ~n vor** accidents will happen in the best-regulated of families. **3.** (*Haushalt*) household. **4.** (*Kinder*) children; **sie haben noch k-e ~** they have no children yet.

Faˈmi·lien|ˌähn·lich·keit *f* family likeness. **~ˌan·geˌhö·ri·ge** *m, f* ⟨-n; -n⟩ member of the family, family member, *jur.* (*Abhängige*) dependent. **~ˌan·geˌle·gen·heit** *f* family affair. **~ˌanˌschluß** *m* **ich suche e-e Stellung mit ~** I am looking for a job where I am treated as one of the family. **~ˌanˌzei·gen** *pl* personal announcements; birth, marriage and death announcements. **~ˌbad** *n* mixed bathing. **~ˌbeiˌhil·fe** *f* family allowance. **~beˌtrieb** *m* **1.** family business, family-owned enterprise. **2.** family farm. **~ˌerbˌstück** *n* (family) heirloom. **~ˌfest** *n* family celebration. **~ˌfor·schung** *f* genealogical research. **~geˌricht** *n jur.* family court. **~ˌglück** *n* domestic happiness (*od.* bliss). **~ˌgrab** *n* family grave (*bes. Am.* plot). **~ˌgruft** *f* family vault. **~ˌgut** *n* **1.** family possessions *pl* (*od.* estate). **2.** *jur.* entail(ed estate). **~ˌhil·fe** *f* family assistance. **~ˌkrach** *m* family row. **~ˌkreis** *m* family circle. **~ˌle·ben** *n* family life. **~ˌlohn** *m* wage allowance for a wife and children. **~ˌmitˌglied** *n* family member, member of the family. **~ˌnachˌrich·ten** *pl* → Familienanzeigen. **~ˌna·me** *m* surname, family name, *Am. a.* last name. **~ˌoberˌhaupt** *n* head of a family, *lit.* paterfamilias. **~ˌpackung** (*getr.* -k·k-) *f* family size package. **~ˌpla·nung** *f* family planning. **~ˌrat** *m* family council. **~ˌrecht** *n jur.* family law. **~ˌrich·ter** *m* family court judge. **~roˌman** *m* roman fleuve, saga novel. **~ˌsinn** *m* **~ haben** be family-minded. **~ˌstammˌbuch** *n* family register (*issued to newly married couples*). **~ˌstand** *m* marital status. **~ˌstif·tung** *f econ. jur.* family trust. **~ˌstück** *n* **1.** heirloom. **2.** *thea.* family play. **~ˌtyp** *m biol.* type genus. **~ˌun·terˌhalt** *m* family maintenance (*od.* upkeep). **~ˌun·terˌstüt·zung** *f* → Familienbeihilfe. **~ˌva·ter** *m* **1.** → Familienoberhaupt. **2.** *weitS.* family man. **~verˌband** *m* family organization. **~verˌhält·nis·se** *pl* family background *sg* (*od.* relationships). **~ˌwa·gen** *m* family car. **~ˌzüch·tung** *f biol.* family (*od.* pedigree) selection. **~ˌzu·ˌla·ge** *f* → Familienbeihilfe. **~zu·ˌsam·menˌkunft** *f* family reunion. **~ˌzuˌschlag** *m* family allowance. **~ˌzuˌwachs** *m* addition to the family, *colloq.* a little newcomer.

fa·mos [faˈmo:s] *adj colloq.* excellent, splendid, marvel(l)ous, great, grand.

fa·mu·lie·ren [famuˈli:rən] *v/i* ⟨*no* ge-, h⟩ **1.** *med.* work as an extern, do one's clinical training (*as a senior medical student*). **2.** *pharm.* do one's practical training. **Fa·mu·lus** [ˈfa:mulʊs] *m* ⟨-; -se *u.* -li [-li]⟩ **1.** *med. pharm.* assistant. **2.** *archaic* famulus.

Fan [fɛn; fæn] (*Engl.*) *m* ⟨-s; -s⟩ *colloq.* fan.

Fa·nal [faˈna:l] *n* ⟨-s; -e⟩ *lit.* **1.** fire signal, beacon light. **2.** *fig.* beacon, torch, oriflamme.

Fa·na·ti·ker [faˈna:tikər] *m* ⟨-s; -⟩, **Faˈna·ti·ke·rin** *f* ⟨-; -nen⟩ **1.** fanatic. **2.** *colloq. Sport*: fan. **faˈna·tisch** [-tɪʃ] *adj* fanatic. **fa·na·tiˈsie·ren** [-natiˈzi:rən] *v/t* ⟨*no* ge-, h⟩ fanaticize, make a fanatic of *s.o.* **Fa·naˈtis·mus** [-naˈtɪsmʊs] *m* ⟨-; *no pl*⟩ fanaticism.

fand [fant] *1 u. 3 sg pret of* **finden**.

fän·de [ˈfɛndə] *1 u. 3 sg pret subj of* **finden**.

Fan·fa·re [fanˈfa:rə] *f* ⟨-; -n⟩ **1.** *mus.* a) (*a. Signal*) fanfare, flourish, trumpet-call, b) (*Instrument*) (ceremonial) trumpet. **2.** *mot.* multitone horn.

Fang [faŋ] *m* ⟨-(e)s; ¨-e⟩ **1.** ⟨*only sg*⟩ → **fangen** 12; **zum ~ ausfahren** go fishing; **auf ~ ausgehen** go hunting. **2.** ⟨*only sg*⟩ (*Fische*) a) *im Netz*: catch, haul, draught, b) *mit der Angel*: catch; **e-n guten ~ machen** make a good catch. **3.** ⟨*only sg*⟩ *hunt.* a) (*Jagdbeute*) bag, kill, b) (*Großwild*) catch. **4.** ⟨*only sg*⟩ *fig. colloq.* catch, haul, (*Kauf*) *a.* good bargain (*od.* buy, deal); **e-n guten ~ machen** (*od.* **tun**) make a good catch (*od.* a rich haul); **mit dem neuen Spieler hatte der Verein e-n guten ~ gemacht** the new player had been a fine catch for the club. **5.** *meist pl* (*Vogelklauen*) claw, talon; *fig. colloq.* **j-n (et.) in s-n Fängen halten** have s.o. (s. th.) in one's clutches. **6.** *pl* (*~zähne*) fangs, *bes. des Ebers*: tusks. **7.** ⟨*only sg*⟩ *hunt.* (*Maul*) throat. **8. angeschossenem Wild den ~ geben** kill (*od.* dispatch) wounded game; → *a.* **Fangschuß**. **~ˌarm** *m meist pl zo.* tentacle. **~ˌball** *m* **mit j-m ~ spielen** a) play ball with s. o., b) *fig.* push s. o. around.

fan·gen [ˈfaŋən] **I** *v/t* ⟨**fängt, fing, gefangen,** h⟩ **1.** catch (*fish, etc*); *mit dem Netz*: *a.* net; **Vögel ~** catch (*mit Netzen*: snare, *mit Leim*: lime) birds; → **Feuer** 4 (*etc*); → *a.* **gefangen**. **2.** (*fassen, gefangennehmen*) catch, apprehend, seize (*criminal, etc*); *mil.* take *s.o.* prisoner, capture. **3.** *fig.* (*Kunden, Stimmen etc*) catch. **4.** *fig. colloq.* (*zu Fall bringen*) catch, trap, (en)snare; *durch Fragen*: *a.* trip *s.o.* up; **ich lasse mich nicht so leicht ~** I won't let myself be caught so easily; **sich ~ lassen** walk into the trap. **5.** *fig. colloq.* catch (*cold, a disease*). **6.** *fig.* (*fesseln*) captivate, fascinate, enthral(l). **7.** *Southern G. and Austrian colloq.* (**sich** *dat*) **e-e (Ohrfeige) ~** catch one; **gleich fängst du eine!** watch out, or you'll catch one! **II** *v/reflex* **sich ~ 8.** be caught (*od.* trapped); **der Fuchs fing sich in der Falle** the fox got caught in the trap. **9.** *fig.* (*sich ver~*) a) catch, get caught, b) (*sich sammeln*) collect, accumulate, c) (*sich festsetzen*) collect; **der Wind fängt sich in der Veranda** the wind catches (*od.* is caught) in the veranda; **das Wasser fängt sich im Staubecken** the water collects in the reservoir; **auf den Büchern fängt sich der Staub** dust gathers on the books. **10.** a) (*Gleichgewicht wiedererlangen*) catch o. s., recover o. s., b) *fig.* get a grip on o. s., regain one's composure, pull o. s. together, c) (*sich zs.-nehmen u. bessern*) recover, pick up again, *a. Sport*: rally. **11.** *fig. Auto etc*: recover, right (itself) again, pick up again; *aer.* flatten (*od.* straighten) out. **III** ♀ *n* ⟨-s⟩ **12.** catching (*etc*). **13.** ♀ **spielen** play catch(ing), *Am.* play tag. **ˈFän·ger** *m* ⟨-s; -⟩ **1.** catcher, *lit.* captor. **2.** *Sport*: a) catcher, b) (*Feldspieler*) fielder. **3.** (*Fanggerät*) trap. **4.** *tech.* catch.

ˈFang|ˌfra·ge *f* catch (*od.* trick) question. **~ˌgarn** *n* **1.** → Fangnetz 1. **2.** *fig.* snare, trap. **~ˌgrund** *m meist pl* fishing ground. **~ˌkorb** *m* **1.** *des Anglers*: creel. **2.** *Bergbau*: safety cage. **~ˌlan·dung** *f aer.* arrested landing. **~ˌlei·ne** *f* **1.** *mar.* painter, mooring line. **2.** *aer. am Fallschirm*: shroud line. **3.** *des Feuerwehrmanns*: belt line, lifeline. **4.** *Walfang etc*: harpoon line. **~ˌmes·ser** *n* hunting knife. **~ˌnetz** *n* **1.** *hunt.* a) *für Fische, Wild etc*: net, b) *für Vögel etc*: snare. **2.** *fig.* snare, trap. **3.** *mar. mil.* a) antisubmarine net, b) (torpedo) recovery net.

Fan·go [ˈfaŋgo] *m* ⟨-s; *no pl*⟩ *med.* mud, fango; **~bad** *n* mud bath; **~packung** *f* mud pack.

ˈFang|ˌquo·te *f* catch quota. **~ˌplatz** *m* → Fanggrund. **~ˌrie·men** *m für Skier*: binding strap. **~ˌschal·tung** *f teleph.* interception circuit. **~ˌschlin·ge** *f hunt.* snare. **~ˌschnur** *f bes. mil. an Uniformen*: aiguillette. **~ˌschuß** *m hunt.* coup de grace (*a. fig.*), finishing shot. **~ˌspiel** *n* catch(ing game), *Am.* tag. **~ˌtuch** *n der Feuerwehr*: → **Sprungtuch**. **~ˌzahn** *m meist pl zo.* fang. **~ˌzeit** *f* fishing season. **~ˌzeug** *n* **1.** *hunt.* snare. **2.** *nucl.* a) remote handling device, telemanipulator, b) *beim Neutronenfang*: trap.

Fant [fant] *m* ‹-(e)s; -e› *contp.* (young) coxcomb, fop.

Fan·ta·sia [fantaˈziːa] *f* ‹-; -s› (*arabisches Reiterstück*) fantasia.

Fan·ta·sie [fantaˈziː] *f* ‹-; -n[-ən]› *mus.* fantasia, fantasy.

Fa·rad [faˈraːt] *n* ‹-(s); -› *electr.* farad. **Fa·ra·daysch** [ˈfaːradeːʃ] *adj electr.* Faraday('s); ~**er Käfig** Faraday cage.

ˈFarb|ˌabˌstim·mung *f* colo(u)r scheme (*od.* balance). ~ˌ**abˌstu·fung** *f* colo(u)r gradation. ~ˌ**anˌstrich** *m* (coat of) paint. ~ˌ**aufˌnah·me** *f* **1.** *phot.* colo(u)r photo(graph). **2.** *Textil.* dye absorption. ~ˌ**aufˌtrag** *m* **1.** a) application of paint, b) paint coat. **2.** *print.* application of ink.

ˈFarbˌband *n* ‹-(e)s; ⸚er› (typewriter *od.* ink) ribbon. ~ˌ**ga·bel** *f* ribbon guide. ~ˌ**spu·le** *f* ribbon spool. ~**transˌport** *m* ribbon feed. ~ˌ**umˌschal·tung** *f* ribbon reverse.

ˈfarb|beˌstän·dig *adj* → farbecht. ≈**ˌbild** *n* → Farbaufnahme 1. ≈ˌ**brü·he** *f* **1.** *Textil.* liquor. **2.** *Leder*: floater, handler. ≈ˌ**buch** *n pol.* (official) government report (*designated by colo[u]r of binding, i.e. White Book*). ≈ˌ**dia,** ≈**dia·po·siˌtiv** *n phot.* colo(u)r slide (*od.* transparency). ≈ˌ**druck** *m* ‹-(e)s; -e› → Farbendruck.

Far·be [ˈfarbə] *f* ‹-; -n› **1.** colo(u)r; **einfache (zs.-gesetzte)** ~**n** primary (*od.* fundamental, simple) (secondary) colo(u)rs; **in allen** ~**n schillern** (*od.* **spielen**) sparkle (*od.* shine, flash) in all colo(u)rs; **was für e-e** ~ **hat es?** what colo(u)r is it?; **das Kleid war von dunkelblauer** ~ the dress was a dark blue (*od.* dark blue in colo[u]r); **Stoffe in allen** ~**n** fabrics of every colo(u)r; *fig.* **et. in rosigen** ~**n schildern** (*od.* **malen**) paint s. th. in rosy (*od.* bright, glowing) colo(u)rs, paint a rosy picture of s. th.; **et. in düsteren (den schwärzesten)** ~**n schildern** paint s. th. in gloomy (blackest) colo(u)rs; *fig.* **e-r Sache** ~ **verleihen** lend (*od.* add) colo(u)r to s. th.; **mit dem Blinden läßt sich nicht von der** ~ **reden** (*Sprichwort*) blind men can judge no colo(u)rs. **2.** (*Farbton, Farbschattierung*) colo(u)r, hue, tinge, *bes. hell*: tint, *bes. dunkel*: shade; **herbstliche** ~**n** autumn(al) tints; **ein in zarten** ~**n gehaltenes Bild** a picture painted in delicate (*od.* pastel) tints. **3.** (*Anstrich*≈, *Mal*≈) paint, colo(u)r; ~**n und Lacke** paints and varnishes; ~ **auftragen** put (*od.* lay) on paint, apply (*od.* spread) paint. **4.** (*Farbkörper*) pigment. **5.** *tech.* a) *für Textilien, Papier, Haar etc*: dye(-stuff), colo(u)r, b) *für Holz, Glas etc*: stain. **6.** (printer's *od.* printing) ink. **7.** *TV* colo(u)r; **in** ~ **(ausgestrahlt)** (broadcast) in colo(u)r. **8.** *mus.* (tone) colo(u)r, timbre. **9.** (*Gesichts*≈) colo(u)r(ing), complexion; **sie hat e-e blühende** ~ she has a rosy colo(u)r; ~ **bekommen** get some colo(u)r into one's cheeks, (*braun werden*) get a tan; **die** ~ **wechseln** a) change colo(u)r, turn pale, b) *fig.* change sides; *fig.* **die** ~ **verlieren** lose colo(u)r. **10.** *pl fig. e-s Clubs etc*: colo(u)rs; **die deutschen** ~**n** the German colo(u)rs; **die englischen** ~**n haben gewonnen** England has won; ~**n tragen** wear the colo(u)rs of a students' society; **s-n** ~**n treu bleiben** stick to one's colo(u)rs. **11.** *Kartenspiel*: suit; **die vier** ~**n** the four suits; **lange (höhere, geringere)** ~ long (major, minor) suit; **e-e** ~ **vorgeben** lead a suit; ~ **bekennen** a) follow suit, b) *fig. colloq.* put one's cards on the table, show one's hand, declare o. s.; **e-e** ~ **anspielen** open a suit.

ˈFär·beˌbad *n tech.* dye bath.

ˈfarbˌecht *adj* **1.** (colo[u]r)fast, nonfading. **2.** *phot.* orthochromatic. ≈**heit** *f* ‹-; *no pl*› colo(u)rfastness (to light), colo(u)r stability.

ˈFarb·efˌfekt *m* colo(u)r effect.

ˈFär·be|ˌflot·te *f Textil.* dye bath. ~ˌ**in·dex** *m med. des Blutes*: colo(u)r index. ~ˌ**kraft** *f tech.* colo(u)ring (*od.* dyeing) power. ~ˌ**mit·tel** *n* dye(-stuff), colo(u)ring agent.

ˈFarb|empˌfin·den *n* **1.** colo(u)r perception (*od.* sensation). **2.** → Farbensinn. ≈**empˌfind·lich** *adj* colo(u)r--sensitive.

fär·ben [ˈfɛrbən] **I** *v/t* ‹h› **1.** (*Textilien*) dye; **et. im Stück** ~ dip-dye s. th.; **et. zweimal** ~ double-dye s. th.; **et. in der Wolle** (*od.* **waschecht**) ~ dye s. th. in the wool (*od.* grain), engrain s. th.; **dieser Stoff läßt sich gut (schlecht)** ~ this material dyes well (badly). **2.** (*Haare*) dye, (*tönen*) tint, rinse; **sich** (*dat*) **die Haare** ~ **lassen** have one's hair dyed. **3.** (*kolorieren, tönen*) colo(u)r, dye, *schwächer*: tint, tinge; **die Abendsonne färbte den Himmel rot** the sky turned red in the evening sun. **4.** *tech.* (*Holz, Glas, Papier etc*) stain; **ein Präparat** ~ stain a specimen. **5.** *fig.* (*Bericht, Nachrichten etc*) colo(u)r, give a bias to, *schwächer*: tinge, *sl.* slant; → **gefärbt. 6.** *gastr.* (*grünen Tee*) face. **II** *v/i* **7.** *colloq.* (*ab*~) stain, lose colo(u)r. **8.** *Farbstoff etc*: dye; **Indigo färbt blau** indigo dyes blue. **III** *v/reflex* **sich** ~ **9.** colo(u)r; **das Laub beginnt sich zu** ~ the leaves have begun to (change) colo(u)r (*od.* to turn); **der Himmel färbte sich rot** the sky turned red. **10.** *Person, Gesicht*: (**vor** *dat* with) colo(u)r (up), go red, redden, *vor Verlegenheit*: *a.* blush. **IV** ≈ *n* ‹-s› **11.** colo(u)ring, dyeing (*etc*). **12.** colo(u)ration.

ˈFar·ben|ˌabˌstu·fung *f* **1.** colo(u)r gradation. **2.** (*Farbton*) shade. ~ˌ**band,** ~ˌ**bild** *n phys.* spectrum. ≈ˌ**blind** *adj* colo(u)r-blind. ~ˌ**bre·chung** *f phys.* colo(u)r-refraction. ~ˌ**buchˌdruck** *m* letterpress colo(u)r printing, chromotypy. ~**cheˌmie** *f* colo(u)r chemistry. ~ˌ**dreiˌeck** *n* chromatic triangle.

ˈFar·benˌdruck *m* ‹-(e)s; -e› *print.* **1.** (*Verfahren*) colo(u)r printing; **lithographischer** ~ chromolithography. **2.** (*Bild*) colo(u)r print (*od.* reproduction), chromotype. ~**maˌschi·ne** *f* colo(u)r printing machine.

ˈfar·ben|empˌfind·lich *adj* → farbempfindlich. ~**erˌzeu·gend** *adj chem.* colo(u)r-producing, chromogenic. ≈**faˌbrik** *f* paint (*od.* dye-stuff) factory. ≈ˌ**fol·ge** *f* colo(u)r scheme. ≈**fo·to·graˌfie** *f* → Farbphotographie. ~ˌ**freu·dig** *adj* **1.** *Kleidung etc*: colo(u)rful, gay, gaily colo(u)red. **2.** ~ **sein** be fond of gay (*od.* bright) colo(u)rs. ~ˌ**froh** *adj* → farbenfreudig 1. ≈**geˌschäft** *n*, ≈ˌ**hand·lung** *f* paint shop (*od.* store, dealer). ≈**in·duˌstrie** *f* paint industry. ≈ˌ**ka·sten** *m* → Farbkasten. ≈ˌ**kleck·ser** *m colloq. contp.* dauber. ≈**kom·bi·na·tiˌon** *f* colo(u)r combination. ~ˌ**kräf·tig** *adj* → farbkräftig. ≈ˌ**kreis** *m opt.* colo(u)r disc. ≈ˌ**krei·sel** *m* → Farbkreisel. ≈ˌ**kunstˌdruck** *m* ‹-(e)s; -e› colo(u)red plate. ~ˌ**leh·re** *f phys.* theory of colo(u)rs, chromatics *pl* (*als sg konstruiert*). ≈ˌ**lei·ter** *f* colo(u)r scale. ≈ˌ**lichtˌdruck** *m* ‹-(e)s; -e› (*Verfahren u. Bild*) collotype. ≈**li·tho·graˌphie** *f* **1.** chromolithography. **2.** (*Bild*) chromolithograph, *colloq.* chromo. ≈ˌ**mes·sung** *f* colorimetry. ≈**ˌpracht** *f* rich colo(u)ring, blaze of colo(u)rs. ~ˌ**präch·tig** *adj* (gorgeously) colo(u)rful, resplendent, gorgeous. ~ˌ**reich** *adj* colo(u)rful, richly colo(u)red. ≈ˌ**reich·tum** *m* colo(u)rfulness, richness of colo(u)r. ≈ˌ**schei·be** *f opt.* colo(u)r disc. ≈ˌ**schran·ke** *f pol.* colo(u)r bar, *Am. a.* color line. ≈ˌ**se·hen** *n* colo(u)r vision. ≈ˌ**sinn** *m* colo(u)r sense. ≈ˌ**ska·la** *f* **1.** colo(u)r scale (*od.* range). **2.** (*Tafel*) colo(u)r chart. ≈ˌ**spek·trum** *n phys.* (colo[u]r *od.* chromatic) spectrum. ≈ˌ**spiel** *n* play of colo(u)rs. ≈ˌ**steinˌdruck** *m* ‹-(e)s; -e› **1.** chromolithography. **2.** (*Bild*) chromolithograph, *colloq.* chromo. ≈**sym·pho·ˌnie** *f fig.* symphony of colo(u)r. ≈ˌ**ta·fel** *f* colo(u)r chart. ≈**theoˌrie** *f* → Farbenlehre. ~**tra·gend** *adj Student*: wearing the colo(u)rs of a students' society; ~**e Verbindung** students' society in which colo(u)rs are worn. ≈ˌ**wech·sel** *m* change of colo(u)r. ≈ˌ**werk** *n*, ≈ˌ**wer·ke** *pl* **1.** paint factory (*od.* manufacturers *pl*). **2.** *für synthetische Farben*: dye-works *pl* (*a. als sg konstruiert*). ≈**zuˌsam·menˌstel·lung** *f* → Farbzusammenstellung.

ˈFär·ber *m* ‹-s; -› **1.** *Textil. etc* dyer. **2.** *von Glas, Holz*: stainer. ~ˌ**bee·re** *f bot.* purging buckthorn.

ˈFarbˌer·de *f* Armenian bole.

ˈFär·ber|ˌdi·stel *f bot.* **1.** saw-wort. **2.** safflower, bastard saffron. ~ˌ**dorn** *m* buckthorn.

Fär·beˈrei *f* ‹-; -en› **1.** dye-works *pl* (*a. als sg konstruiert*), dye-house, dyers *pl*; **et. in die** ~ **geben** take s. th. to be dyed. **2.** (*Tätigkeit*) dyeing. **3.** → Färbereigewerbe.

ˈFär·berˌei·che *f bot.* dyer's oak, black oak, quercitron.

Fär·beˈrei·geˌwer·be *n* dyeing (*od.* dyer's) trade.

ˈFär·ber|ˌrin·de *f* quercitron (bark). ~ˌ**waid** *m* (dyer's) woad, pastel. ~ˌ**wau** *m* dyer's-weed, weld. ~ˌ**wur·zel** *f* madder.

ˈFarb|ˌfeh·ler *m* colo(u)r defect, chromatic aberration. ~ˌ**fernˌse·hen** *n* colo(u)r television (*od.* TV). ~ˌ**fernˌseh·empˌfän·ger,** ~ˌ**fernˌse·her** *m* colo(u)r (television) set. ~ˌ**fernˌsehˌsen·dung** *f* colo(u)r cast. ~ˌ**film** *m* **1.** *phot.* colo(u)r film. **2.** *im Kino*: colo(u)r film, film in colo(u)r. ~ˌ**fil·ter** *n*, *m phot. tech.* colo(u)r filter (*od.* screen). ~ˌ**fleck** *m* → Farbklecks. ~ˌ**fo·to** *n* → Farbphotographie 2. ~**fo·to·graˌfie** → Farbphotographie. ~ˌ**ge·bung** *f* **1.** colo(u)ring, colo(u)ration. **2.** → Farbzusammenstellung. ≈**geˌtreu** *adj* faithful. ~ˌ**glas** *n* **1.** colo(u)red (*od.* tinted, stained) glass. **2.** *opt.* colo(u)red (*od.* tinted) lens. ~ˌ**holz** *n* dyewood.

ˈfar·big I *adj* **1.** colo(u)red, (in) colo(u)r. **2.** *Glas, Leder, Papier*: stained; ~**es Kirchenfenster** stained-glass church window. **3.** (*lebendig*) colo(u)rful (*a. fig. description, scene, etc*). **4.** *Hautfarbe*: colo(u)red (*skin, girl, race, etc*). **5.** *opt. phot.* colo(u)red, chromatic. **II** *adv* **6.** (*illustrated, etc*) in colo(u)r. **7.** *fig.* colo(u)rfully. **ˈFar·bi·ge** *m*, *f* ‹-n; -n› colo(u)red person (*od.* man, woman, lady); **die** ~**n** the colo(u)red people (*od.* population *sg*), the colo(u)reds, the non-whites. **ˈFar·big·keit** *f* ‹-; *no pl*› *a. fig.* colo(u)r, colo(u)rfulness.

ˈFarb|ˌka·sten *m* **1.** paint box, box of paints. **2.** *print.* (ink) duct. ~ˌ**kis·sen** *n* ink pad. ~ˌ**klecks** *m* **1.** paint spot, spot of paint. **2.** (*bunter Fleck*) dash of colo(u)r. ~**koˌpie** *f phot.* colo(u)r print. ~ˌ**kör·per** *m* pigment (*a. biol.*), colo(u)ring matter. ~ˌ**kör·per·chen** *n* pigment granule.

ˈFärbˌkraft *f* colo(u)ring power (*od.* strength).

ˈfarb|ˌkräf·tig *adj* strong in colo(u)r. **≈ˌkrei·sel** *m opt.* colo(u)r sensitometer. **≈ˌlack** *m* lake, lacquer. **≈ˌläu·fer** *m print.* **1.** colo(u)r grinder. **2.** (*Gummiwalze*) rubber. **3.** (*Messingwalze*) brayer. **4.** (*Farbbehälter*) ink block.

farb·lich [ˈfarplɪç] **I** *adj* colo(u)r, *nachgestellt*: in colo(u)r; **der ~e Eindruck** the colo(u)r effect; **~es Aussehen** colo(u)ring. **II** *adv* in colo(u)r; **das Kleid und der Mantel passen ~ nicht zusammen** the colo(u)rs of the dress and the coat do not match; **et. ~ aufeinander abstimmen** harmonize the colo(u)rs of s. th.

ˈFarb|ˌlichtˌbild *n* → Farbphotographie 2. **~li·tho·graˌphie** *f* → Farbenlithographie.

ˈfarb|los *adj* **1.** colo(u)rless; **~er Lack** *a.* clear varnish; **~e Schuhcreme** neutral-colo(u)r shoe polish. **2.** (*blaß*) colo(u)rless, pale (*lips, face, etc*). **3.** *fig. Schilderung, Landschaft, Person etc*: colo(u)rless, dull, drab. **4.** *biol. phys.* colo(u)rless, uncolo(u)red, achromatic. **≈lo·sig·keit** *f* ⟨-; *no pl*⟩ **1.** *a. fig.* colo(u)rlessness. **2.** paleness. **3.** *biol.* achromatism. **≈ˌmes·ser**[1] *n* **1.** spatula, paint knife. **2.** *print.* ink knife. **≈ˌmes·ser**[2] *m* chromoscope, colorimeter. **≈ˌmu·ster** *n* colo(u)r pattern (*econ. a.* sample). **≈ne·gaˌtiv** *n phot.* colo(u)r negative. **≈nuˌan·ce** *f* → Farbton 1. **≈ˌpho·to** *n colloq. for* Farbphotographie 2. **≈pho·to·graˌphie** *f phot.* **1.** colo(u)r photography. **2.** (*Bild*) colo(u)r photo(graph). **≈schatˌtie·rung** *f* hue, (colo[u]r) shade. **≈ˌschei·be** *f für Scheinwerfer*: colo(u)r screen, gelatine, *colloq.* jelly. **≈ˌschicht** *f* layer of paint. **≈ˌschnitt** *m e-s Buches*: colo(u)red edge. **~ˌschön** *adj* beautiful in colo(u)r. **≈ˌschrei·ber** *m* **1.** (*Meßgerät*) multicolo(u)r recorder. **2.** *tel.* ink recorder (*od.* printer). **≈ˌskiz·ze** *f* colo(u)red sketch. **~ˌsprit·zen** *v/t* ⟨*insep*, -ge-, h⟩ paint-spray, spray-coat. **≈ˌspritz·verˌfah·ren** *n* spray-gun painting. **≈ˌstein** *m print.* **1.** inkstone. **2.** *für Klischees*: block. **≈ˌstich** *m* **1.** *print.* copperplate colo(u)r print. **2.** *phot.* (colo[u]r) cast. **≈ˌstift** *m* colo(u)red pencil (*od.* crayon).

ˈFarbˌstoff *m* **1.** *tech.* dye(-stuff). **2.** *für Lebensmittel etc*: colo(u)ring matter. **3.** *Kunst*: colo(u)r. **4.** *für Mikroskopie etc*: stain. **5.** *biol.* pigment. **≈ˌbil·dend** *adj biol.* chromogenic. **~ˌbil·dung** *f* chromogenesis. **~in·duˌstrie** *f* dye-stuff industry. **~ˌträ·ger** *m biol.* chromatophore. **~ˌzuˌsatz** *m* colo(u)r additive.

ˈFarb|taˌbel·le *f* colo(u)r chart. **~ˌta·fel** *f* **1.** *in Büchern*: colo(u)r-plate. **2.** → Farbtabelle. **~ˌtisch** *m print.* inking table. **~ˌton** *m* **1.** shade, tint, hue; **herbstliche Farbtöne** autumn tints. **2.** *phot.* tone. **≈ˌtonˌrich·tig** *adj phot.* orthochromatic. **≈ˌtreu** *adj* → farbgetreu. **~ˌtreue** *f* colo(u)r fidelity, orthochromatism. **~ˌtu·be** *f* tube of paint. **~ˌtup·fen** *m* spot of colo(u)r. **~ˌüberˌzug** *m* coat of paint, paint coat. **~ˌumˌkehrˌfilm** *m phot.* colo(u)r reversal film.

ˈFär·bung *f* ⟨-; -en⟩ **1.** → färben IV. **2.** (*Farbe, Tönung*) colo(u)r(ing), colo(u)ration; (*Farbton*) *a.* hue, tint, shade; **herbstliche ~** autumnal tints; **schwache** (*od.* **leichte**) **~** tinge, soft hue. **3.** *fig.* (*political, etc*) colo(u)ring, bias, *sl.* slant; **Politiker aller ~en** politicians of all shades (*od.* of every colo[u]r). **4.** *physiol.* a) colo(u)r, chromatism, b) pigmentation. **5.** *phys.* (*Klang≈*) timbre, (tone) colo(u)r.

ˈFär·bungs|ˌmit·tel *n* → Färbemittel. **~ˌpha·se** *f zo.* colo(u)r phase.

ˈFarb|ˌun·terˌschied *m* difference in colo(u)r. **≈verˌgü·tet** *adj opt.* (colo[u]r-)coated. **~verˌlust** *m* discolo(u)ration. **~ˌwal·ze** *f print.* ink(ing) roller, inker. **~ˌwa·ren** *pl* **1.** paints. **2.** dyes. **~ˌwerk** *n* → Farbenwerk. **~ˌwert** *m* colo(u)r (*od.* chromatic) value. **~ˌwie·derˌga·be** *f* colo(u)r reproduction (*od.* rendering); **treue ~** colo(u)r fidelity. **~ˌwir·kung** *f* colo(u)r effect. **~ˌzel·le** *f biol. zo.* pigment cell. **~zuˌsam·menˌstel·lung** *f* colo(u)r combination (*od.* scheme).

Far·ce [ˈfarsə] *f* ⟨-; -en⟩ **1.** *thea.* farce, burlesque. **2.** *fig.* farce, charade. **3.** *gastr.* stuffing, filling, forcemeat. **ˈfar·cenhaft** *adj* farcical. **far·cie·ren** [farˈsiːrən] *v/t* ⟨*no* ge-, h⟩ *gastr.* stuff.

Fa·rin [faˈriːn] *m* ⟨-s; *no pl*⟩ **1.** brown sugar. **2.** *roher*: muscovado. **3.** → **Fa·riˈna·de** [-riˈnaːdə] *f* ⟨-; -n⟩ *gastr.* powdered (*od.* icing, *Am.* confectioner's) sugar. **Faˈrinˌzucker** (*getr.* -k·k-) *m* → Farin.

Farm [farm] *f* ⟨-; -en⟩ *agr.* (large) farm; **~arbeiter** *m* farm labo(u)rer, farmhand.

ˈFar·mer *m* ⟨-s; -⟩ farmer.

Farn [farn] *m* ⟨-(e)s; -e⟩ *bot.* fern; **fossiler ~** filicite; **zu den ~en gehörig** filical, pteridological. **~geˌwächs** *n bot.* pteridophyte, fern. **~ˌhaar** *n* **1.** *bot.* ramentum, palea. **2.** *Textil.* pulu. **~ˌkraut** *n bot.* fern, bracken. **~ˌkun·de** *f* pteridology. **~ˌpal·me** *f* fern palm, cycad. **~ˌwe·del** *m* frond.

fä·rö·isch [fɛˈrøːɪʃ] *adj* Faeroese, Faroese.

Far·re [ˈfarə] *m* ⟨-n; -n⟩ *dial.* young bull.

Fär·se [ˈfɛrzə] *f* ⟨-; -n⟩ *agr.* heifer, young cow.

Fa·san [faˈzaːn] *m* ⟨-(e)s; -e(n)⟩ *orn.* pheasant.

Faˈsa·nen|ˌbra·ten *m* roast pheasant. **~ˌgar·ten** *m* pheasantry. **~ˌhen·ne** *f*, **~ˌhuhn** *n* hen pheasant. **~ˌjagd** *f* pheasant shooting.

Fa·sa·ne·rie [fazanəˈriː] *f* ⟨-; -n [-ən]⟩ pheasantry.

Fa·sche [ˈfaʃə] *f* ⟨-; -n⟩, **ˈfa·schen** *v/t* ⟨h⟩ *Austrian* bandage.

fa·schie·ren [faˈʃiːrən] *v/t* ⟨*no* ge-, h⟩ *Austrian* (*Fleisch*) mince. **Faˈschierˌmaˌschi·ne** *f Austrian for* Fleischwolf. **Faˈschier·te** *n* ⟨-n; *no pl*⟩ *Austrian for* Hackfleisch.

Fa·schi·ne [faˈʃiːnə] *f* ⟨-; -n⟩ *civ. eng.* fascine.

Fa·sching [ˈfaʃɪŋ] *m* ⟨-s; -e *u.* -s⟩ *Southern G.* carnival, Shrovetide.

ˈFa·schings... *in Zssgn* carnival (*ball, costume, prince, etc*). **~ˌdiens·tag** *m* Shrove Tuesday, *bes. Am.* Mardi Gras. **~ˌkrap·fen** *m gastr.* doughnut. **~ˌor·den** *m* fool's badge, carnival decoration. **~ˌtrei·ben** *n*, **~ˌtru·bel** *m* carnival revelries *pl.* **~ˌzeit** *f* carnival time (*od.* season), Shrovetide. **~ˌzug** *m* carnival parade (*od.* pageant).

Fa·schis·mus [faˈʃɪsmus] *m* ⟨-; *no pl*⟩ *pol.* fascism, Fascism. **Faˈschist** [-ˈʃɪst] *m* ⟨-en; -en⟩ **1.** fascist, Fascist. **2.** *in Italien*: Fascista, *colloq.* blackshirt; **die ~en** the Fascisti. **faˈschi·stisch** *adj* fascist(ic). **fa·schi·sto·id** [faʃistoˈiːt] protofascist.

Fa·se [ˈfaːzə] *f* ⟨-; -n⟩ *tech.* **1.** chamfer, bevel. **2.** *e-s Spiralbohrers etc*: land.

Fa·seˈlei *f* ⟨-; -en⟩ *colloq. contp.* **1.** → faseln 4. **2.** (*sinnloses Gerede*) twaddle, blather, drivel. **ˈFa·se·ler** *m* ⟨-s; -⟩ *colloq. contp.* drivel(ler), blatherer.

ˈFa·selˌhans *m* ⟨-(es); -e *u.* -hänse⟩ *colloq. contp.* **1.** → Faseler. **2.** (*zerfahrener Mensch*) scatterbrain, harum-scarum. **fa·seln** [ˈfaːzəln] *colloq. contp.* **I** *v/i* ⟨h⟩ **1.** babble, drivel, blather, twaddle. **2.** (*drauflosreden*) talk at random. **II** *v/t* **3.** babble, drivel, blather, blether, twaddle. **III** ≈ *n* ⟨-s⟩ **4.** babbling (*etc*). **5.** → Faselei 2.

fa·sen [ˈfaːzən] *v/t* ⟨h⟩ *tech.* chamfer, bevel.

Fa·ser [ˈfaːzər] *f* ⟨-; -n⟩ **1.** *anat. biol. bot. metall. Textil.* fibre, *Am.* fiber; (*Faden*) thread, (*Woll≈*) staple; (*Strähne, biol. Gewebe≈*) strand; *metall.* (*Schlacken≈*) wool; (*Holz≈*) grain; **feine ~** *allg.* filament; **kleine ~** → Fäserchen; *fig.* **mit jeder ~** (*od.* **mit allen ~n**) **s-s Herzens** with every fibre of one's heart; *fig. colloq.* **ich hatte k-e trockene ~ mehr am Leibe** I hadn't a dry stitch on me. **2.** *gastr. im Fleisch, Gemüse etc*: string. **≈ar·tig** *adj* fibrous, fibriform. **~asˌbest** *m* fibrous asbestos. **~ˌbrei** *m tech.* pulp (slurry). **~ˌbün·del** *n anat.* fillet, fascicle.

Fä·ser·chen [ˈfɛːzərçən] *n* ⟨-s; -⟩ **1.** *dim. of* Faser. **2.** (*Stoff≈*) fluff, *Am.* lint. **3.** *anat. bot.* fibril.

ˈfa·ser|ˌför·mig *adj biol.* fibriform, fibrilliform. **≈geˌschwulst** *f med.* fibroma. **≈geˌwe·be** *n biol.* fibrous tissue.

ˈfa·se·rig *adj* **1.** fibrous, fibriform. **2.** *gastr. Fleisch, Gemüse etc*: stringy. **3.** *anat. biol.* fibrous, fibrillar. **4.** *Putzwolle*: fluffy.

ˈFa·ser|ˌkoh·le *f* mineral charcoal. **≈los** *adj* **1.** fibreless, *Am.* fiberless. **2.** *Gewebe*: textureless.

fa·sern [ˈfaːzərn] *v/i* ⟨h⟩ **1.** *Gewebe, Stoff etc*: fray (out), ravel (out), fuzz. **2.** *Papier*: flake. **ˈfa·serˈnackt** *adj* stark-naked.

ˈFa·ser|ˌpflan·ze *f bot.* fibre (*Am.* fiber) (*od.* thread) plant. **~ˌplat·te** *f* fibreboard, *Am.* fiberboard. **~ˌrich·tung** *f beim Holz*: grain; **in der ~** with (*od.* along) the grain. **~ˌstoff** *m* **1.** fibre, *Am.* fiber. **2.** *tech.* fibrous material. **3.** *biol.* fibrin. **~ˌstrang** *m* **1.** *anat.* fascicle. **2.** *Textil.* sliver.

ˈFa·se·rung *f* ⟨-; -en⟩ **1.** fraying (*etc*; *cf.* fasern). **2.** *tech. e-s Gewebes*: fibre, *Am.* fiber, texture. **3.** (*Holz≈*) grain. **4.** *biol. metall. etc* fibrillation.

ˈFa·serˌwur·zel *f bot.* fibre, *Am.* fiber, fibrillated root.

ˈFas·ler *m* ⟨-s; -⟩ *colloq.* → Faseler.

Faß [fas] *n* ⟨-sses; ⸚sser⟩ **1.** *allg.* barrel, cask; **kleines ~** *bis zu 45 l*: keg, firkin; **großes ~** *bes. für Bier, Wein*: butt, tun, vat; **~ zum Gären** vat, tun; **angestochenes ~** barrel on tap; **zwei ~ Bier** two barrels of beer; **Bier** (**frisch**) **vom ~** beer on tap (*od.* draught, *Am.* draft); **Bier in** (*od.* **auf**) **Fässer füllen** barrel (*od.* cask) beer; **drei Jahre im ~ gelagerter Wein** wine (aged) three years in the wood; **ein ~ binden** hoop a cask; *colloq.* **er ist ein** (**richtiges**) **~** he looks like a barrel on legs; *fig.* **ein ~ ohne Boden** a bottomless pit; *colloq.* **das schlägt dem ~ den Boden aus!** that's the limit!, that's the last straw!; *colloq.* **ein ~ aufmachen** make whoopee, go to town; *colloq.* **du bist ein ~!** you're the greatest! **2.** (*Bottich*) vat, tub. **3.** (*Blechtrommel für getrocknete Früchte, Öl etc*) drum.

Fas·sa·de [faˈsaːdə] *f* ⟨-; -n⟩ *arch.* façade, facade, front (*alle a. fig. contp.*), frontal; **die ausgebrannten ~n bombardierter Häuser** the burned-out shells of bombed houses; *colloq.* **alles nur ~!** that's just show!; **hinter die ~**

schauen see behind the façade (*od.* scene). **Fasˈsa·denˌklet·te·rer** *m* cat burglar.

ˈfaß·bar *adj* **1.** (*begreifbar*) conceivable, comprehensible; **nicht** ~ inconceivable, incomprehensible; **schwer** ~ difficult (to understand); *colloq.* **das ist nicht** ~ that's incredible! **2.** *lit.* (*greifbar*) tangible.

ˈFaß|ˌbier *n* draught (*Am.* draft) beer. **~ˌbin·der** *m* cooper. **~ˌbut·ter** *f* tub butter.

Fäß·chen [ˈfɛsçən] *n* <-s; -> **1.** *dim. of* Faß. **2.** small barrel (*od.* cask), *ca. 75 l Inhalt*: kilderkin, *unter 45 l Inhalt*: keg, firkin.

ˈFaßˌdau·be *f* (barrel) stave.

fas·sen [ˈfasən] **I** *v/t* <faßt, faßte, gefaßt, h> **1.** (*ergreifen*) seize, grasp, take (*od.* catch, get, lay) hold of, grab; **j-s Hand (Arm)** ~ grasp s. o.'s hand (arm), take hold of s. o.'s hand (arm); **j-n bei der Hand (beim** [*od.* **am**] **Arm)** ~ take s. o. by the hand (arm); *colloq.* **j-n am Kragen** ~ seize (*od.* grab) s. o. by the collar, collar s. o.; *zum Hund*: **faß ihn!** get him!, *Am. colloq.* sic(k)'em!; **j-n zu** ~ **bekommen** (*od.* **kriegen**) *a. fig.* get hold of s. o., lay hands on s. o. **2.** *fig.* **e-e Abneigung** ~ **gegen** take a dislike to; **Argwohn** (*od.* **Mißtrauen**) **gegen j-n** ~ begin to suspect (*od.* distrust) s. o.; → **Auge** 1, **Beschluß** 1 (*etc*). **3.** (*festnehmen*) seize, catch, apprehend, arrest, *colloq.* run down, nab (*criminal, etc*); *fig.* **er läßt sich nicht** ~ there's no getting at him, you can't pin him down. **4.** (*begreifen*) understand, grasp, conceive, comprehend; seize; (*glauben*) believe; **er konnte sein Glück kaum** ~ he could hardly believe his luck; **ich kann es noch gar nicht** ~! I still cannot believe it; **das** (*od.* **es**) **ist nicht zu** ~! that's (*od.* it's) incredible; **leicht zu** ~ → **faßbar**. **5.** (*ausdrücken*) express, put, formulate; **et. juristisch genau** (*od.* **exakt**) ~ formulate s. th. in precise legal terms; **ein Schreiben kurz** ~ keep a letter brief; **um es kurz zu** ~ to make it brief (*od.* short), to cut a long story short; **et. in Worte** ~ put s. th. into words, express (*od.* clothe, couch) s. th. in words; **das läßt sich nicht in Worte** ~ that's beyond words; **e-n Text neu** ~ reword (*od.* rewrite, reformulate) a text. **6.** (*definieren*) define. **7.** (*räumlich aufnehmen*) hold, take, have a capacity of, (*Personen*) *a.* accommodate, seat; **der Topf faßt 3 Liter** the pot holds (*od.* contains, has a capacity of) 3 litres; **der Saal faßt 500 Menschen** the hall holds (*od.* has room for, seats) 500 people. **8.** *mil.* (*Verpflegung, Material etc*) draw, be issued (with); **Essen** ~ draw rations. **9.** (*Treibstoff, Kohlen etc*) take on, refill. **10.** (*Edelstein etc*) mount, set, enchase; **e-e Perle neu** ~ **lassen** have a pearl reset. **11.** *tech.* (*das Werkstück*) *mit Zange od. Spannvorrichtung*: catch. **12.** *civ. eng.* (*Quelle etc*) kerb, *Am.* curb. **13.** *phot.* (*Objektiv*) mount. **14.** (*Fensterscheibe*) set. **15.** (*Bild*) frame. **16.** (*Mantelkragen etc*) (in with) edge, line. **17.** *lit.* **et. in sich** ~ include (*od.* comprise, embrace, encompass) s. th. **18.** *lit. for* **erfassen** 4, **ergreifen** 5. **II** *v/i* **19.** ~ **an** (*acc*) (*berühren*) touch, grasp (*od.* catch) at; ~ **nach** grasp (*od.* clutch) at; **j-m** (*od.* **j-n**) **unter das Kinn** ~ chuck s. o. under the chin; **sich** (*dat od. acc*) **an den Kopf** ~ put one's hand to (*od.* touch, feel) one's head, *verzweifelt*: *a.* clutch one's brow; *fig. colloq.* **da kann man sich nur noch an den Kopf** ~! that's (sheer) madness! **20.** (*lernen und verstehen*) apprehend, learn; **das Kind faßt leicht (schwer)** the child is quick of apprehension (slow on the uptake). **21.** *hunt.* (*apportieren*) fetch; **faß!** a) fetch!, b) get him!, *Am. colloq.* sic(k)'em! **22.** *Werkzeug, Anker etc*: bite, grip; *Bremse*: grip hold. **III** *v/reflex* **sich** ~ **23.** (*Fassung wiedergewinnen*) recover one's composure (*od.* self-control), collect (*od.* recover) o. s., master one's feelings; **sich schnell wieder** ~ rally quickly; **er konnte sich vor Glück kaum** ~ he was beside himself with happiness. **24.** (*sich zs.-nehmen*) compose (*od.* control) o. s., get a hold on o. s.; **fasse dich doch!** control yourself!, pull yourself together! **25.** **sich kurz** ~ be brief, make it brief (*od.* short), cut a long story short, get to the point; **fasse dich kurz!** please be brief! **IV** ♀ *n* <-s> **26.** seizing (*etc*). **27.** apprehension, arrest. **28.** *tech.* bite. **29.** → **Fassung**.

ˈfäs·serˌwei·se *adv* **1.** by the barrel(ful), by the cask. **2.** in barrels (*od.* casks).

ˈFaß|ˌgä·rung *f* cask fermentation. **~ˌhahn** *m* tap.

ˈfaß·lich *adj* → **faßbar** 1.

Fas·son [faˈsõ:; *Austrian and Swiss* faˈso:n] *f* <-; -s, *Austrian and Swiss a.* -en [-ˈso:nən]> **1.** *Mode*: a) shape, form, design, b) cut, style; **nach** (*od.* **auf**) ~ **gearbeitet** fully fashioned; **die** ~ **verlieren** go out of shape. **2.** *fig.* (*Art*) manner, way, fashion; **nach s-r** ~ **leben** live after one's own fashion; **jeder soll nach s-r** ~ **selig werden** may each be saved (*od. weitS.* live) after his own fashion. **3.** *tech.* a) form, shape, profile, b) (*Umriß*) contour, c) (*Querschnitt*) section, d) (*Modell*) style. **4.** *gastr.* *e-s Weines etc*: imitation, ("*Burgundy*" *etc*) type. **5.** → **Fassonschnitt**. **~ˌar·beit** *f tech.* shaping (work). **~ˌdraht** *m* section wire. **♀ˌdre·hen** *v/t* <*sep*, -ge-, h> form-turn, profile.

fas·so·nie·ren [fasoˈni:rən] *v/t* <*no* ge-, h> **1.** *tech.* form(-turn), shape, profile. **2.** (*Holz*) mo(u)ld. **3.** *Textil.* shape, fashion, style. **4.** *Austrian* (*Haare*) trim.

Fasˈson|ˌschnitt *m* (*Frisur*) (trim) short back and sides. **~ˌstahl** *m tech.* **1.** forming tool, shaper. **2.** *metall.* (*Werkstoff*) structural (*od.* sectional) steel.

ˈFaß|ˌreif, ~ˌrei·fen *m* (barrel) hoop. **~ˌspund** *m* (barrel) bung.

ˈFas·sung *f* <-; -en> **1.** → **fassen** 26—28. **2.** <*only sg*> (*Beherrschung*) composure, self-possession, countenance, poise, aplomb; **die** ~ **bewahren** keep (*od.* retain) one's composure, keep one's head, *sl.* keep cool; **die** ~ **verlieren, aus der** ~ **kommen, außer** ~ **geraten** a) lose one's composure (*od.* head), *colloq.* be rattled, b) *vor Wut*: lose one's self-control (*od.* temper), lose control of o. s., *colloq.* go off the deep end; **s-e** ~ **wiedergewinnen** → **fassen** 23; **j-n aus der** ~ **bringen** disconcert (*od.* upset, shake, *colloq.* rattle) s. o., take s. o. aback; **ihn kann nichts aus s-r** ~ **bringen** nothing can upset (*od.* shake) him; **nach** (*od.* **um**) ~ **ringen** try to recover one's composure. **3.** <*only sg*> (*inneres Gleichgewicht*) composure, equanimity, calmness, coolness, poise; **die Nachricht mit** ~ **aufnehmen** receive the news with composure (*od.* calmly); **Unglück mit** ~ **tragen** bear misfortune with equanimity. **4.** a) text, wording, b) formulation, c) version (*of book, film, etc*); **in der vorliegenden** ~ in its present form. **5.** *jur.* a) (*Abfassen*) drafting, drawing up, b) (*Konzept*) draft; **das Gesetz X vom ... in der** ~ **vom** law X of ... as amended (on); **in der jeweils geltenden** ~ as (hereafter) amended. **6.** *e-s Edelsteins*: mount(ing), setting; *e-s Rings*: bezel, claw; *e-r Brille*: frame; *phot.* *e-r Linse, e-s Objektivs*: mount, setting; *e-s Bildes*: frame; *e-r Quelle etc*: kerb, *Am.* curb; *electr.* *e-r Lampe*: (lamp) holder (*od.* socket); *von Dioden*: (cartridge) socket.

ˈFas·sungs|ˌkraft *f* (mental) capacity, (powers *pl* of) comprehension, grasp; **es übersteigt** (*od.* **geht über**) **s-e** ~ it is beyond his comprehension (*od.* grasp). **♀los I** *adj* **1.** consternated, stunned, thunderstruck, speechless, <*pred*> aghast, (*überrascht*) *a.* dum(b)founded, staggered; **ich war völlig** ~ *a.* you could have knocked me down with a feather; ~ **vor Schmerz (Glück)** beside o. s. with grief (joy); ~ **vor Empörung** speechless with indignation. **2.** *lit.* *Wut etc*: uncontrolled, towering (*rage*). **II** *adv* **3.** consternated (*etc*; *cf.* 1); ~ **weinen** weep uncontrollably. **~lo·sig·keit** *f* <-; *no pl*> consternation, perplexity, dismay. **~ˌraum** *m* → **Fassungsvermögen** 1. **~ˌsteckˌdo·se** *f* plug adapter. **~ˌstecker** (*getr.* -k·k-) *m* lamp holder plug. **~verˌmö·gen** *n* **1.** *bes. tech.* a) capacity, b) *e-s Lastwagens etc*: (loading *od.* carrying) capacity, c) (*Rauminhalt*) (volumetric) capacity. **2.** *e-s Saales etc*: (seating) capacity; **das Stadion hat ein** ~ **von 100 000 Zuschauern** the stadium holds 100 000 spectators. **3.** *fig.* → **Fassungskraft**.

ˈFaß|ˌwa·ren *pl* **1.** goods in casks (*od.* barrels). **2.** coopers' goods. **~ˌwein** *m* wine from (*od.* in) the wood. **♀ˌwei·se** *adv* → **fässerweise**.

fast [fast] *adv* **1.** almost, nearly; ~ **jeder (überall)** almost (*od.* nearly) everyone (everywhere); **ich bin** ~ **überzeugt** I am almost (*od.* all but) convinced; **das ist** ~ **dasselbe** this is almost (*od.* much) the same thing; **man könnte** ~ **meinen** one might (almost) think; **das hätte ich mir** ~ **denken können** I might have thought as much; **ich möchte** ~ **glauben** I would almost be inclined (*od.* rather like) to think; **es war** ~ **Mord, es kam** ~ **e-m Mord gleich** it came near to murder; **ich wünsche** ~ I almost (*od.* half) wish. **2.** *in Verneinungen*: hardly, scarcely; ~ **nie** hardly (*od.* scarcely) ever, practically never; ~ **niemand** hardly anyone; ~ **nicht** hardly, scarcely; ~ **nichts** hardly (*od.* scarcely) anything, practically (*od.* next to) nothing; ~ **nirgends** scarcely anywhere, *bes. Am.* almost nowhere. **3.** *vor Zahlenangaben*: almost, nearly, *Br.* close (up)on (*od.* to); **sie ist** ~ **sechzig (Jahre alt)** she is almost (*od.* close on) sixty. **4.** (*annähernd*) approximately, about.

Fa·ste [ˈfastə] *f* <-; *no pl*> *obs. for* **Fastenzeit** 2.

fa·sten [ˈfastən] **I** *v/i* <h> **1.** fast (*a. relig.*), abstain from food (and drink), go without food, *colloq.* go hungry, starve. **II** ♀ *n* <-s> **2.** fasting. **3.** fast; **das** ♀ **unterbrechen** break one's fast.

ˈFa·sten *pl* → **Fastenzeit** 2; **Montag vor** ~ Shrove Monday.

ˈFa·sten|ˌblu·me *f* liverwort. **~ˌbrief** *m relig.* Lenten pastoral letter. **~geˌbot** *n relig.* obligation to fast. **~ˌkur** *f med.* fasting cure; **strenge** ~ hunger cure. **~ˌpre·digt** *f* Lenten sermon. **~ˌsonnˌtag** *m* Sunday in Lent. **~ˌspei·se** *f* Lenten fare (*od.* diet). **~ˌtuch** *n hist.* Lenten veil. **~ˌzeit** *f* **1.** period of fasting, fast. **2.** *relig.* Lent, Lenten season.

ˈFastˌnacht *f* <-; *no pl*> **1.** Shrove Tuesday, *bes. Am.* Mardi Gras. **2.** Shrovetide, carnival (season).

ˈFastˌnachts... *in Zssgn* → Faschings... **~ˌdiensˌtag** *m* → Fastnacht 1. **~ˌnarr** *m* carnival fool. **~ˌsonnˌtag** *m* Shrove Sunday.

ˈFastˌtag *m* **1.** *relig.* fast (day). **2.** *med.* fasting day.

fas·zi·al [fasˈtsĭaːl] *adj anat. biol.* fascial.

Fas·zie [ˈfatsĭə] *f* ⟨-; -n⟩ **1.** *anat.* (*Gewebe*) fascia. **2.** *med.* (*Verband*) bandage. **Fas·zi·kel** [fasˈtsiːkəl] *m* ⟨-s; -⟩ **1.** *print.* (*Teillieferung*) fascicle, instalment. **2.** *obs. for* **Aktenbündel.**

Fas·zi·na·ti·on [fastsinaˈtsĭoːn] *f* ⟨-; -en⟩ fascination. **fas·ziˈnie·ren** [-ˈniːrən] *v/t* ⟨*no* **ge-**, h⟩ fascinate; **der Roman faszinierte mich** I found the novel fascinating. **fas·ziˈnie·rend I** *pres p u. adj* fascinating. **II ≈e, das** ⟨-n⟩ **das ≈e daran (an ihm)** the fascinating thing about it (him). **fas·ziˈniert I** *pp u. adj* fascinated. **II** *adv* fascinated(ly), in fascination.

fa·tal [faˈtaːl] *adj* ⟨-er; -st⟩ **1.** (*verhängnisvoll*) fatal, disastrous, dire (*consequences, etc*); **ein ~er Irrtum** a fatal (*od.* bad, ghastly) mistake. **2.** a) (*unangenehm*) (most) unfortunate, b) (*peinlich*) (very) awkward (*affair*), c) (*schlimm, scheußlich*) bad, awful, dreadful, d) (*ärgerlich*) exasperating, e) (*düster, bedrohlich*) ominous (*sign, smile, etc*); **e-e ~e Ähnlichkeit mit** a ghastly similarity with; **ein ~er Hang zu** a deplorable tendency to; **in e-r ~en Lage sein** be in an awkward position, be in a bad predicament.

Fa·ta·lis·mus [fataˈlɪsmʊs] *m* ⟨-; *no pl*⟩ fatalism. **Fa·taˈlist** [-ˈlɪst] *m* ⟨-en; -en⟩ fatalist. **fa·taˈli·stisch** *adj* fatalist(ic).

Fa·ta·li·tät [fataliˈtɛːt] *f* ⟨-; -en⟩ **1.** disastrousness. **2.** awkwardness. **3.** (*Mißgeschick*) misfortune, adversity.

Fa·ta Mor·ga·na [ˈfaːta mɔrˈgaːna] *f* ⟨--; - **Morganen** *u.* - -s⟩ *a. fig.* fata morgana, mirage.

Fa·tum [ˈfaːtʊm] *n* ⟨-s; **Fata** [-ta]⟩ *lit.* fate, destiny.

Fatz·ke [ˈfatskə] *m* ⟨-n; -n *u.* -s⟩ *colloq.* **1.** (*Geck*) dandy, *sl.* dude. **2.** silly ass, fathead.

fau·chen [ˈfaʊxən] **I** *v/i* ⟨h⟩ **1.** *Löwe, Tiger etc*: snarl; *Katze etc*: spit. **2.** *fig. Person*: hiss, snarl. **3.** *fig. Lokomotive etc*: puff, hiss, chuff. **II** *v/t* **4.** *fig.* (*Bemerkung etc*) spit, hiss, snarl. **III ≈** *n* ⟨-s⟩ **5.** snarling (*etc*). **6.** snarl. **7.** hiss.

faul [faʊl] **I** *adj* ⟨-er; -st⟩ **1.** *Obst, Gemüse etc*: bad, rotten; **~e Stelle** rotten speck (*od.* spot); **durch und durch ~** rotten to the core. **2.** *Fleisch, Fisch etc*: bad, rotten, spoiled, putrid, tainted; **~ werden** spoil, go (*od.* turn) bad, become (*od.* turn) putrid, putrefy. **3.** *Ei*: bad, rotten, addled; **das Ei ist ~ geworden** the egg has gone bad (*od.* off); **j-n mit ~en Eiern bewerfen** throw rotten eggs at s.o. **4.** → **faulend, faulig** 1, 2. **5.** *Geruch, Geschmack etc*: foul, putrid, fetid; **~ riechen** have a foul smell, smell bad. **6.** *Laub, Holz etc*: rotten, rotted, decayed. **7.** *med. Zahn*: decayed, bad, rotten, carious; **~es** (*wucherndes*) **Fleisch** proud flesh. **8.** *fig. Gesellschaftsordnung etc*: (morally) rotten; **etwas ist ~ im Staate Dänemark** something is rotten in the state of Denmark. **9.** *fig. Kompromiß, Friede etc*: spurious, sham, hollow. **10.** *fig. Schnee*: slushy. **11.** *fig. colloq.* (*unlauter*) dubious, shady, fishy; **ein ~er Kunde** a shady customer; **an der Sache ist et. ~** there is s. th. fishy (*od.* very wrong) about it, I smell a rat; → **Zauber. 12.** *fig. colloq. Ausrede etc*: poor, lame, thin (*excuse*); **~e Redensarten** (*od.* **Fische**) empty words, hollow phrases; **~e Witze machen** a) make (*od.* crack) poor (*od.* bad) jokes, b) make (*od.* crack) doubtful (*od.* crude) jokes. **13.** *fig. colloq.* (*schlecht*) bad; **es steht ~ um ihn** things are looking bad for him. **14.** *Person*: lazy, indolent, idle, slothful; **~er Kerl** → **Faulenzer** 1; **~es Leben** → **Faulenzerleben. 15.** *fig. colloq.* **nicht ~** (*sofort*) without hesitation, at once, promptly; **sie, nicht ~, sprang auf mich los** *a.* she up and went for me. **16.** *econ. colloq.* a) *Wechsel etc*: worthless, bad, dud (*cheque, bill, etc*), b) *Schuldner etc*: dilatory, slow, bad (*debtor, etc*). **17.** *metall.* brittle, short. **18.** *electr.* **~er Heinrich** (*Antenne*) lazy henry (*od.* H). **II** *adv* **19.** lazily. **III ≈e, das** ⟨-n⟩ **20.** *an Obst etc*: the rotten (*od.* bad) part(s *pl*). **21.** *colloq.* **das ≈e an der Sache ist, daß** the doubtful (*od.* shady, fishy) thing about it is that.

ˈFaul‖ˌbaum *m bot.* black alder, alder buckthorn. **~ˌbaumˌrin·de** *f pharm.* buckthorn bark. **~ˌbrand** *m* **1.** *agr. des Weizens*: bunt. **2.** *bot.* smut (ball *od.* fungus). **3.** *med.* moist gangrene. **~ˌbruch** *m metall.* brittleness, shortness.

ˈFau·le *m, f* ⟨-n; -n⟩ → **Faulenzer** 1; **die ~n** the idle.

Fäu·le [ˈfɔʏlə] *f* ⟨-; *no pl*⟩ **1.** → **Fäulnis** 1–3. **2.** *vet.* putrefaction, rottenness. **3.** *agr.* a) rot, mo(u)ld, blight, b) *des Weizens*: smut. **4.** *von Holz*: (**nasse, trockene ~** wet, dry) rot.

fau·len [ˈfaʊlən] **I** *v/i* ⟨sein, *a.* h⟩ **1.** *Obst, Gemüse etc*: rot, spoil, go (*od.* turn) bad, *Fleisch, Fisch etc*: *a.* become putrid, putrefy, *Ei*: *a.* addle. **2.** *Wasser etc*: become putrid (*od.* stagnant), stagnate. **3.** *Laub, Holz etc*: rot, decay. **4.** *med.* a) *Zahn*: decay, rot, become carious, *colloq.* go bad, b) *Gewebe etc*: putrefy, decompose, decay, rot. **5.** *Papierherstellung, Hadern*: rot, ret. **6.** (*verwesen*) decay, decompose. **II ≈** *n* ⟨-s⟩ **7.** rotting (*etc*). **8.** putrescence, putrefaction. **9.** *med.* decay, decomposition. **10.** *Papierherstellung*: fermentation.

fäu·len [ˈfɔʏlən] *v/t* ⟨h⟩ *Papierherstellung*: ferment.

ˈfau·lend *adj* **1.** *Obst, Gemüse etc*: spoiling, rotting. **2.** *Fleisch etc*: spoiling, putrid, putrescent. **3.** *Wasser etc*: putrid, foul. **4.** *Laub etc*: rotting, decaying, mo(u)ldy. **5.** *med.* a) *Zahn etc*: decaying, rotting, carious, b) *Gewebe etc*: putrescent, c) *Wunde*: septic.

fau·len·zen [ˈfaʊlɛntsən] **I** *v/i* ⟨h⟩ **1.** *contp.* be lazy, idle, loaf, laze. **2.** *colloq.* (*nichts tun, es sich gemütlich machen*) do nothing, loaf, take it easy. **II ≈** *n* ⟨-s⟩ **3.** being lazy, loafing (*etc*). **4.** laziness, idleness, sloth(fulness). **5.** idle life. **ˈFau·len·zer** *m* ⟨-s; -⟩ **1.** lazy (*od.* idle, slothful) person (*od.* fellow), sluggard, *colloq.* lazybones *pl* (*als sg od. pl konstruiert*), lazy dog, do-nothing, layabout. **2.** (*Müßiggänger*) idler, loafer. **3.** (*Langschläfer*) sleepyhead. **4.** *fig. colloq.* easy (*od.* lounge) chair. **5.** *fig. Austrian for* **Linienblatt. 6.** *tech.* idler. **Fau·len·zeˈrei** *f* ⟨-; *no pl*⟩ *colloq.* → **faulenzen** II. **ˈFau·len·ze·rin** *f* ⟨-; -nen⟩ → **Faulenzer** 1–3. **ˈfau·len·ze·risch** *adj* idle, lazy. **ˈFau·len·zerˌle·ben** *n colloq.* idle (*od.* lazy) life, loafing.

ˈFaulˌgas *n* sewage gas.

ˈFaul·heit *f* ⟨-; *no pl*⟩ laziness, idleness, indolence, sloth(fulness); **aus reiner** (*od.* **purer**) **~** out of pure laziness; *colloq.* **er stinkt vor ~** he's bone-lazy.

ˈfau·lig *adj* **1.** *Geruch etc*: rotten, putrid, bad. **2.** (*modrig*) mo(u)ldy. **3.** → **faulend** 1–4. **4.** *med. Gangrän(e)*: moist. **5.** *chem. Gärung*: putrefactive.

Fäul·nis [ˈfɔʏlnɪs] *f* ⟨-; *no pl*⟩ **1.** *von Obst etc*: rottenness, rot, spoilage; **in ~ übergehen** (begin to) rot. **2.** *von Fleisch etc*: putrefaction, putrescence. **3.** *von Laub, Holz etc*: rottenness, decay. **4.** *med.* a) *e-s Zahns*: decay, caries, b) *von Gewebe*: putrefaction, decomposition, c) *e-r Wunde*: sepsis, d) (*Verwesung*) decomposition, decay; **durch ~ hervorgerufen** septic. **5.** *fig. lit.* (moral) decay, corruption. **~al·ka·loˌid** *n chem.* ptomaine. **~bakˌte·ri·en** *pl biol.* putrefactive bacteria. **~ˌba·se** *f chem.* ptomaine. **≈beˌstän·dig** *adj* **1.** rotproof, decay-resistant. **2.** imputrescible. **≈erˌregend** *adj* **1.** *biol.* putrefactive, putrefacient. **2.** *med.* saprogenic, septic. **~erˌre·ger** *m* **1.** *biol.* putrefactive agent. **2.** *med.* saprogen(ic agent). **3.** *Käseherstellung*: (bacterial) starter. **~erˌschei·nung** *f* **1.** symptom of putrefaction. **2.** *fig.* symptom of decay. **~ˌgä·rung** *f* putrefactive fermentation. **~ˌgift** *n med.* septic poison. **~ˌpflan·ze** *f bot.* saprophyte. **~proˌzeß** *m* **1.** putrefactive process. **2.** process of decomposition (*od.* decay). **≈verˌhü·tend** *adj med.* antiseptic, antiputrefactive.

ˈFaul‖ˌpelz *m fig. colloq. for* **Faulenzer** 1. **~ˌschlamm** *m* **1.** *geol.* sapropel. **2.** *tech.* sludge. **~ˌtier** *n* **1.** *zo.* sloth, bradypod. **2.** *fig. colloq.* → **Faulenzer** 1.

Faun [faʊn] *m* ⟨-(e)s; -e⟩ *myth. u. fig. contp.* faun.

Fau·na [ˈfaʊna] *f* ⟨-; **Faunen**⟩ *zo.* fauna, animal life.

ˈfau·nisch *adj a. fig.* faun-like.

fau·ni·stisch [faʊˈnɪstɪʃ] *adj zo.* faunal.

Faust [faʊst] *f* ⟨-; **Fäuste**⟩ **1.** fist; **geballte ~** clenched fist; *pol.* (**erhobene**) **~** *als Gruß*: clenched-fist salute; **e-e ~ machen** make a fist; **die Fäuste ballen** clench one's fists; **die ~ in der Tasche ballen** *fig.* grit one's teeth (with powerless rage); **j-m mit der ~ drohen, j-m die ~ zeigen** (*od. colloq.* **unter die Nase halten**) shake one's fist at s.o., show one's fist to s.o.; **die Fäuste gegen et. erheben** raise one's fists against s. th.; **mit der bloßen** (*od.* **blanken**) **~** with one's bare fist(s), bare-fisted; **mit den Fäusten kämpfen** fight with fists, engage in fisticuffs; **mit der ~ auf den Tisch schlagen** a) bang the table, b) *fig.* put one's foot down. **2.** *fig. colloq.* **das paßt wie die ~ aufs Auge** a) *Farbzusammenstellung etc*: that clashes horribly, that won't do at all, b) *Bemerkung etc*: that's utterly absurd here, that doesn't fit at all; **auf eigene ~ handeln** act on one's own initiative, do s. th. off one's own bat; *fig.* **mit eiserner ~ regieren** rule with an iron hand; *fig.* **die ~ im Nacken spüren** feel the iron heel in one's neck. **3.** *meist pl* (*Hand*) hand, *colloq.* fist, paw. **4.** *tech.* (*Werkzeug*) socket. **5.** *mot.* stub axle.

ˈFaustˌball *m Sport* **1.** ball used in fistball. **2.** ⟨*only sg*⟩ → **~ˌspiel** *n* "faustball", German fistball.

Fäust·chen [ˈfɔʏstçən] *n* ⟨-s; -⟩ *dim. of* **Faust**; *fig.* **sich** (*dat*) (**eins**) **ins ~ lachen** a) laugh up one's sleeve, b) *triumphierend*: gloat (**über** *acc* over).

faust·dick I *adj* **1.** [ˈfaʊstˌdɪk] → **faustgroß. 2.** [ˈfaʊstˈdɪk] *fig. colloq.* **e-e ~e Lüge** a whopping lie, a whopper. **II** *adv* **3.** [ˈfaʊstˈdɪk] *fig. colloq.* **~ lügen** lie one's head off, tell a pack of lies; **~ auftragen** lay it on thick (*od.* with a trowel); **er hat es ~ hinter den Ohren** he's a deep one, (*ist schlau*) he's a sly dog; **es kommt immer gleich ~** it never rains but it pours.

Fäu·stel [ˈfɔystəl] *m* ⟨-s; -⟩ *tech.* **1.** miner's hammer, mallet. **2.** (stonemason's) two-handed hammer.

fau·sten [ˈfaustən] *v/t u. v/i* ⟨h⟩ fist (the ball).

ˈFaust|ˌfeu·erˌwaf·fe *f* hand gun. **≗ˌgroß** *adj* as big as (*od.* the size of) a fist. **~ˌhandˌschuh** *m* mitt(en). **~ˌhieb** *m* → Faustschlag.

ˈfau·stisch *adj* Faustian.

ˈFaust|ˌkampf *m* **1.** fistfight. **2.** *Sport*: a) boxing match, b) *ohne Handschuhe*: fisticuffs *pl* (*a. als sg konstruiert*), c) (*Sportart*) pugilism, boxing. **~ˌkämp·fer** *m* pugilist; *mit Handschuhen*: boxer. **~ˌkeil** *m* celt.

Fäust·ling [ˈfɔystlɪŋ] *m* ⟨-(e)s; -e⟩ → Fausthandschuh.

ˈFaust|ˌpfand *n* (dead) pledge, *bes. fig.* pawn. **~ˌrecht** *n* **1.** club-law. **2.** *hist.* right to private warfare. **~ˌre·gel** *f* rule of thumb, general rule, rough (and ready) formula. **~ˌschlag** *m* punch, blow (with the fist). **~ˌskiz·ze** *f* rough (*od.* freehand) sketch.

Fau·teuil [foˈtøːj; foˈtœj] (*Fr.*) *m* ⟨-s; -s⟩ *archaic* armchair, easy chair.

ˈFautˌfracht [ˈfaut-] *f mar.* dead freight.

Faux·pas [foˈpa] *m* ⟨- [-ˈpa(s)]; -[-ˈpas]⟩ faux pas, gaffe.

fa·vo·ri·sie·ren [favoriˈziːrən] *v/t* ⟨*no* **ge-**, h⟩ favo(u)r; *bes. Sport*: **favorisiert werden** be the favo(u)rite. **Fa·voˈrit** [-ˈriːt] *m* ⟨-en; -en⟩ *a. Sport*: favo(u)rite; **hoher (todsicherer) ~ des Rennens** hot (odds-on) favo(u)rite of the race. **Fa·voˈri·tin** *f* ⟨-; -nen⟩ favo(u)rite.

Fa·xen [ˈfaksən] *pl colloq.* **1.** grimaces, facial contortions; **~ ziehen** (*od.* **schneiden, machen**) make faces, grimace. **2.** (*Unsinn*) nonsense *sg*, antics, silly pranks (*od.* tricks); **~ machen** fool (*od.* goof) around, clown about, play the fool; **mach k-e ~!** a) stop that nonsense!, b) don't make a fuss! **~ˌma·cher** *m* ⟨-s; -⟩ clown, joker, fun-man.

Fa·yence [faˈjãːs] *f* ⟨-; -n [-sən]⟩ faïence, fayence.

Faˈzet·tenˌau·ge [faˈtsɛtən-] *n zo.* compound (*od.* facet) eye.

Fa·zit [ˈfaːtsɪt] *n* ⟨-s; -e *u.* -s⟩ **1.** result, upshot; **das ~ aus et. ziehen** sum s. th. up, draw one's conclusions from s. th. **2.** *econ.* result.

FDJler [ɛfdeːˈjɔtlər] *m* ⟨-s; -⟩ *DDR pol.* member of the "Freie Deutsche Jugend".

F-ˌDur [ˈɛf-] *n* ⟨-; *no pl*⟩ *mus.* F major.

FD-ˌZug [ɛfˈdeː-] *m* long-distance express (train), *Am.* limited express.

Fea·ture [ˈfiːtʃər; ˈfiːtʃə] (*Engl.*) *n* ⟨-s; -s⟩, *a. f* ⟨-; -s⟩ **1.** *Radio, TV*: feature. **2.** (*Zeitungsartikel*) feature story.

Fe·bru·ar [ˈfeːbruar] *m* ⟨-(s); *rare* -e⟩ February; **im (Monat) ~** in (the month of) February.

Fech·ser [ˈfɛksər] *m* ⟨-s; -⟩ *bot.* (off)shoot, scion.

ˈFecht|ˌanˌzug *m Sport*: fencing dress. **~ˌbahn** *f* fencing strip. **~ˌbo·den** *m* fencing loft (*od.* hall). **~ˌbru·der** *m archaic colloq.* (*Bettler*) beggar; (*Landstreicher*) tramp.

fech·ten [ˈfɛçtən] **I** *v/i* ⟨**ficht, focht, gefochten,** h⟩ **1.** *Sport*: fence (**mit j-m** *od.* **gegen j-n** against s. o.). **2.** *mil.* (*kämpfen*) fight. **3.** *fig.* **für** *e-e Sache etc*: fight (for), battle (for). **4.** *colloq.* (*betteln*) beg; **~ gehen** go begging. **II** *v/t* **5.** *Sport*: **e-n Gang ~** fence (*od.* fight) one bout. **6.** *colloq.* **sich** (*dat*) **et. ~** *sl.* scrounge (*od.* cadge, bum) s. th. **III ≗** *n* ⟨-s⟩ **7.** fencing (*etc*).

ˈFech·ter *m* ⟨-s; -⟩ **1.** fencer (*a. Sport*), swordsman. **2.** *fig.* fighter. **~ˌgruß** *m* fencer's salute.

ˈFech·te·rin *f* ⟨-; -nen⟩ *Sport*: (lady) fencer.

ˈFecht|ˌgang *m Sport*: phrase. **~ˌhandˌschuh** *m* fencing glove, gauntlet. **~ˌho·se** *f* fencing breeches *pl.* **~ˌkampf** *m* fencing bout (*od.* match). **~ˌkunst** *f* ⟨-; *no pl*⟩ (art of) fencing. **~ˌmas·ke** *f* fencing mask. **~ˌmei·ster** *m* fencing master. **~ˌsaal** *m* → Fechtboden. **~ˌschu·le** *f* school of fencing. **~ˌsport** *m* fencing. **~ˌstel·lung** *f* on guard (position).

Fe·der [ˈfeːdər] *f* ⟨-; -n⟩ **1.** feather; **mit weißen ~n** with white feathers (*od.* plumage), white-feathered; **ohne ~n** bald, deplumate; **~n bekommen** feather, grow feathers; **die ~n verlieren** shed (*od.* lose, cast) feathers, mo(u)lt; *fig. colloq.* **~n lassen (müssen)** not to escape unscathed, lose a few feathers. **2.** (*Schmuck≗*) plume, feather; **kleine ~** plumelet; **mit ~n schmücken** deck with plumes, plume, feather; *fig.* **sich mit fremden ~n schmücken** adorn o. s. with borrowed plumes. **3.** (*Daune, Flaum≗*) down. **4.** (*Schwung≗, Schwanz≗*) quill (feather). **5.** *pl colloq.* **noch in den ~n liegen** be still in bed. **6.** (*Schreib≗ aus Metall*) nib. **7.** (*Gänsekiel*) quill. **8.** *fig. lit.* pen; **ein Mann der ~** a man of letters, a literary man, a penman; **(j-m et.) in die ~ diktieren** dictate s. th. (to s. o.); **die ~ ergreifen, zur ~ greifen** a) take up pen, put (*od.* set) pen to paper, b) take up writing; **e-e scharfe ~ führen** wield a formidable pen; **viele Romane sind** (*od.* **stammen**) **aus s-r ~** (*od.* **sind aus s-r ~ geflossen**) many important novels have been written by him (*od.* are from his pen). **9.** *an e-m Pfeil*: vane, feather. **10.** *tech.* a) (*Trag≗*) spring, b) (*Paß≗*) feather (key), c) *e-r Keilwelle*: spline (key), d) (*Holzverbindung*) tongue, e) *e-s Hammerstiels*: strap; → **Nut. 11.** (*Uhr≗*) (watch) spring. **12.** *fenc. der Klinge*: foible.

ˈFe·der|ˌanˌtrieb *m tech.* spring (-actuated) drive; **mit ~** spring-driven. **≗ˌar·tig** *adj u. adv* **1.** featherlike (*a. min.*), feathery, plumelike, plumy. **2.** *bot. zo.* plumate, pinnate. **~ˌaufˌhän·gung** *f tech.* spring suspension.

ˈFe·derˌball *m Sport* **1.** (*Ball*) shuttle(cock), bird. **2.** ⟨*only sg*⟩ → Federballspiel 1. **~ˌschlä·ger** *m* battledore, badminton racket. **~ˌspiel** *n* **1.** ⟨*only sg*⟩ a) battledore and shuttlecock, b) (*Sportdisziplin*) badminton. **2.** (*Einzelspiel*) game of battledore and shuttlecock (*etc*).

ˈFe·der|ˌbein *n mot.* **1.** transverse control arm. **2.** *am Motorrad*: telescopic fork. **≗beˌla·stet** *adj tech. Ventil etc*: spring-loaded. **~ˌbe·sen** *m* feather duster, whisk. **~ˌbett** *n* **1.** feather bed. **2.** → Federdecke 1. **~ˌblatt** *n* **1.** *tech.* spring leaf. **2.** *mot.* suspension leaf. **~ˌblu·me** *f* **1.** *bot.* great mullein, Aaron's rod. **2.** (artificial) feather flower. **~ˌboa** *f Mode*: feather boa. **~ˌbock** *m mot.* spring bracket. **~ˌbol·zen** *m* **1.** *tech.* spring(-loaded) bolt. **2.** *mot.* spring pin. **~ˌbrett** *n Sport*: springboard. **~ˌbü·gel** *m* spring U-bolt, spring clip. **~ˌbusch** *m* **1.** *am Hut, Helm etc*: tuft of feathers, plume, panache. **2.** → **Federschopf.**

ˈFe·der·chen *n* ⟨-s; -⟩ **1.** *dim. of* Feder. **2.** *zo.* pinnula. **3.** *bot. des Samens*: plumule.

ˈFe·der|ˌdecke (*getr.* **-k·k-**) *f* **1.** eiderdown, *Am.* comforter. **2.** *zo.* plumage; **innere ~** *des Flügels*: internal tectrice. **~ˌdruck** *m* ⟨-(e)s; ⸚e⟩ spring pressure; *axialer*: spring thrust. **~ˌfuch·ser** [-ˌfʊksər] *m* ⟨-s; -⟩ *contp.* **1.** *Schriftsteller etc*) scribbler, pen-pusher. **2.** pedant, fusspot. **~fuch·seˈrei** [ˌfeːdər-] *f* ⟨-; -en⟩ **1.** scribbling, inkslinging. **2.** pedantry, pettifoggery. **≗ˌfüh·rend** *adj* responsible, *nachgestellt*: (*office, etc*) in charge. **~ˌfüh·rung** *f* ⟨-; *no pl*⟩ responsibility, central handling. **~ˌga·bel** *f* front (*od. am Hinterrad*: rear) spring fork. **~geˌhäu·se** *n der Uhr*: (spring) barrel. **~geˌwicht** *n Sport*: featherweight. **~geˌwicht·ler** *m* ⟨-s; -⟩ featherweight (boxer *od.* wrestler). **~ˌhal·ter** *m* **1.** penholder. **2.** (*Füll≗*) fountain pen. **≗ˌhart** *adj metall.* spring-hard. **~ˌhut** *m* plumed hat.

ˈfe·de·rig *adj* **1.** feathery, feathered, featherlike. **2.** *bot. zo.* plumose.

ˈFe·der|ˌkern *m* **1.** *der Uhr*: barrel core. **2.** *tech.* (spring) core. **3.** *e-r Matratze*: spring interior. **~ˌkern·maˌtrat·ze** *f* interior spring mattress, *Am.* innerspring mattress. **~ˌkiel** *m* **1.** quill (pen). **2.** *mus.* a) *beim Cembalo*: quill, b) *bei der Mandoline*: plectrum. **3.** *zo.* scape, scapus. **~ˌkis·sen** *n* feather pillow. **~ˌkleid** *n der Vögel*: plumage, *poet.* plume. **~ˌkohl** *m bot.* curly kale. **~ˌkraft** *f bes. tech.* **1.** spring tension. **2.** (*Elastizität*) elasticity, resilience. **3.** (*Federwirkung*) spring action. **~ˌkrieg** *m lit. humor.* war of words, literary feud. **≗ˈleicht** *adj* (as) light as a feather (*a. adv*), featherweight. **~ˌle·sen** *n fig. colloq.* **ohne viel ~(s)** without more (*od.* further) ado, without much ceremony; **nicht viel ~s mit et. (j-m) machen** a) (*kurzen Prozeß machen*) make short work of s. th. (s. o.), give s. th. (s. o.) short shrift, b) (*sich nicht kümmern*) not to bother too much about s. th. (s. o.). **~maˌtrat·ze** *f* spring mattress. **~ˌmes·ser** *n* **1.** penknife. **2.** *Holzbearbeitung*: tenoner knife.

fe·dern [ˈfeːdərn] **I** *v/i* ⟨h⟩ **1.** → 10. **2.** *Sessel etc*: be springy, be resilient, give; **der Wagen federt gut** the car has good springs (*od.* is well sprung). **3.** *Holz, Metall etc*: be springy (*od.* resilient, flexible). **4.** (*schnellen*) jerk, whip (up), bounce, (*beim Gehen od. Stehen wippen*) bounce (up and down). **5.** *Sport*: a) *gym.* flex, bend up and down, b) *Wasserspringen*: spring the board, c) *Rudern*: feather. **II** *v/t* **6.** (*Auto, Sessel etc*) fit *s. th.* with springs; **gut gefedert** well-sprung. **7.** *tech.* a) spring-load (*od.* -cushion), b) *Tischlerei*: tongue. **8.** (*rupfen*) pluck. **9.** *hunt.* shoot (*deer*) in the spine (*od.* back). **10.** *orn.* **sich ~** mo(u)lt, shed (*od.* lose) its feathers. **11.** → **teeren. III ≗** *n* ⟨-s⟩ **12.** springing (*etc*). **13.** → **Federung. ˈfe·dernd I** *adj* **1.** *Schritt etc*: springy, elastic. **2.** *Metall, Holz, Plastik etc*: springy, elastic, resilient, flexible; **~es Lager** flexible (*od.* spring-supported) bearing; **~e Aufhängung** spring (*od.* cushioned) suspension. **II** *adv* **3.** elastically; *tech.* **~ gelagert** (*od.* **angebracht**) spring-mounted.

ˈFe·der|ˌnel·ke *f bot.* feathered pink. **~ˌring** *m* **1.** *tech.* spring lock washer. **2.** *orn.* ruff, collar. **~ˌschal·ter** *m electr.* spring(-contact) switch. **~ˌschloß** *m* spring lock. **~ˌschmuck** *m* **1.** plume. **2.** *des Indianers*: feather headdress. **3.** *orn.* feathers *pl*, plume, plumage. **~ˌschopf** *m orn.* tuft of feathers; **mit ~** tufted. **~ˌschuß** *m hunt.* grazing shot. **~ˌskiz·ze** *f* pen-and-ink sketch. **~ˌspan·nung** *f tech.* spring tension; **unter ~** spring-loaded. **~ˌspiel** *n hunt.* **1.** lure. **2.** → Falkenbeize. **~ˌspit·ze** *f* nib, pen point. **~ˌspitzˌzir·kel** *m* spring dividers *pl.* **~ˌsprungˌbrett** *n* → Federbrett. **~ˌstab** *m mot.* torsion bar. **~ˌstahl** *m* **1.** *metall.* spring steel. **2.** *tech.*

gooseneck, spring tool. **~ˌstrich** *m a. fig.* stroke (of the pen), mark, dash; **mit ein paar ~en et. entwerfen** sketch s. th. with a few strokes (of the pen); *fig.* **das kann nicht mit einem ~ aus der Welt geschafft werden** this cannot be undone by a mere stroke of the pen. **~ˌta·ster** *m tech.* spring cal(l)ipers *pl.*

ˈFe·de·rung *f* ⟨-; -en⟩ **1.** → federn 12. **2.** *tech.* a) *von Lagern, Tragfedern etc*: resilience, b) *e-s Maschinenkörpers*: spring, c) *e-s Bauelements*: springiness, d) (*Ab≈*) spring-loading (*od.* -cushioning), e) (*Biegsamkeit*) flexibility, f) elasticity, g) (*~svermögen*) spring action; **der Sessel hat e-e gute ~** the armchair is well sprung. **3.** *mot.* spring suspension; **das Auto hat e-e gute ~** the car has good springs (*od.* is well sprung).

ˈFe·der|ˌvieh *n* ⟨-(e)s; *no pl*⟩ **1.** fowl, poultry. **2.** → Federwild. **~ˌvolk, das** *collect.* the birds *pl.* **~ˌwaa·ge** *f tech.* spring balance. **≈ˈweich** *adj* (as) soft as a feather, downy. **~ˌweiß** *n* ⟨-; *no pl*⟩ **1.** → Talk. **2.** tailor's chalk. **~ˌwei·ße** *m* ⟨-n; -n⟩ *gastr.* fermenting new wine. **~ˌwel·le** *f der Uhr*: barrel arbor. **~ˌwerk** *n tech.* spring mechanism. **~ˌwild** *n hunt.* feathered (*od.* winged) game, game birds *pl*, (wild)fowl; **Wild und ~** fur and feather. **~ˌwisch** *m* feather duster, whisk. **~ˌwol·ke** *f* cirrus (cloud). **~ˌzeich·nung** *f* pen-and-ink (drawing). **~ˌzir·kel** *m* spring dividers *pl.* **~ˌzug** *m* **1.** → Federstrich. **2.** *tech.* spring tension.

Fee [feː] *f* ⟨-; -n [-ən]⟩ (**gute, böse ~**) good, wicked) fairy; *fig.* **gute ~** fairy godmother. **ˈfe·en·haft** *adj* **1.** fairy-like. **2.** *fig.* a) (*zauberhaft schön*) magic(al), enchanting, b) (*wunderbar*) marvel(l)ous.

ˈFe·en|ˌkö·nig *m* fairy king. **~ˌkö·ni·gin** *f* fairy queen. **~ˌreich** *n* fairyland. **~ˌrei·gen** *m* fairy dance. **~ˌring** *m bot.* fairy-ring. **~ˌwelt** *f* fairy world.

Fe·ge [ˈfeːgə] *f* ⟨-; -n⟩ **1.** *agr.* winnower. **2.** *dial.* cleaning woman, charwoman. **~ˌfeu·er** *n R. C.* purgatory; **die Leiden im ~** the purgatorial sufferings; **ins ~ kommen** go to purgatory. **~maˌschi·ne** *f agr. tech.* winnower, sweep mill.

fe·gen [ˈfeːgən] **I** *v/t* ⟨h⟩ **1.** a) (*kehren*) sweep, b) (*reinigen*) clean, wipe, c) (*scheuern*) scour, d) *hist.* (*Schwert etc*) furbish, burnish. **2. Schnee ~** clear away the snow. **3.** *fig.* (*heftig wegreißen, -wischen*) sweep (away *od.* off); **in s-r Wut fegte er alles vom Tisch** in his rage he swept everything from the table; → Platz 8. **4.** *fig.* (*streifen*) *Rock etc*: sweep (*the floor*). **5.** *agr.* (*Getreide*) winnow. **6.** *hunt.* (*Gehörn*) fray, rub the velvet off (*its antlers*). **II** *v/i* ⟨h *od.* sein⟩ **7.** ⟨h⟩ sweep. **8.** ⟨sein⟩ *fig. Sturm etc*: sweep, rage. **9.** ⟨sein⟩ *fig. colloq.* (*eilen, rennen*) sweep, dash, rush, shoot; **sie kam ins Zimmer gefegt** she dashed (*od.* burst, sailed) into the room. **10.** ⟨sein⟩ (*streifen*) sweep (*over the ground, etc*). **11.** ⟨h⟩ *fig.* **mit der Hand (dem Arm) über den Tisch ~** sweep (*od.* brush) one's hand (arm) across the table. **12.** ⟨h⟩ *hunt.* fray the antlers. **ˈFe·ger** *m* ⟨-s; -⟩ **1.** (*Handbesen*) whisk broom, (household) brush. **2.** *Bavarian fig. colloq.* (*Stutzer*) dandy, fop, *Am.* dude. **3.** *fig. colloq.* (*Frechdachs*) rascal, scamp. **4.** *fig. colloq.* a) live wire of a woman, b) loose girl, tramp. **5.** *mil.* rear guard. **6.** *Judo*: sweeper. **ˈFe·geˌsand** *m* scouring sand.

ˈFegˌfeu·er *n* → Fegefeuer.

Feh [feː] *n* ⟨-(e)s; -e⟩ **1.** *zo.* (common) squirrel. **2.** (*Fell*) squirrel fur, calabar. **3.** *her.* vair.

Feh·de [ˈfeːdə] *f* ⟨-; -n⟩ *hist. u. fig.* feud, private war(fare); **e-e literarische ~** a literary feud; **in offener ~ (mit)** at open feud (with); **mit j-m in ~ liegen** be at feud with s. o., have (*od.* carry on) a feud with s. o.; **j-m ~ ansagen** (*od.* **ankündigen**) fling down the gauntlet to s. o., challenge s. o. **~ˌbrief** *m* (written) challenge. **~ˌhandˌschuh** *m a. fig.* gauntlet, gage, glove; **j-m den ~ hinwerfen** fling down the gauntlet to s. o., challenge s. o.; **den ~ aufnehmen** take (*od.* pick) up the gauntlet, accept the challenge. **~ˌrecht** *n* → Faustrecht 2.

ˈFehˌfell *n* → Feh 2.

fehl [feːl] *adj* **~ am Platz(e)** (*od.* **Ort**) **sein** be out of place, be misplaced.

Fehl *m lit.* **ohne ~** without blemish, faultless, flawless, unblemished; **ohne ~ und Tadel** without blemish or blame. **~ˌabˌschluß** *m econ.* deficit balance. **~ˌanˌflug** *m aer.* missed approach. **~ˌanˌpas·sung** *f* **1.** *electr.* a) *Radio*: mismatch(ing), b) *bei Meßschaltungen*: standing wave ratio. **2.** *med. psych.* maladjustment. **~ˌanˌruf** *m teleph.* false call. **~ˌanˌzei·ge** *f* **1.** negative report; *colloq.* **~!** nothing doing!; **das war e-e ~** that didn't work out. **2.** *mil.* nil return. **3.** *econ.* a) report of shortage (*od.* deficiency), b) *e-s Wertes*: erroneous declaration. **4.** *jur.* false report (*od.* information). **5.** *tech.* a) mis-read, faulty reading, b) instrument error.

ˈfehl·bar *adj* **1.** *lit.* fallible. **2.** *Swiss jur.* guilty. **≈keit** *f* ⟨-; *no pl*⟩ *lit.* fallibility.

ˈFehl|beˌdarf *m econ.* uncovered demand. **~beˌlich·tung** *f phot.* incorrect exposure. **~beˌnen·nung** *f* misnomer. **~beˌrech·nung** *f econ. math.* miscalculation. **≈beˌset·zen** *v/t* ⟨*sep, no* -ge-, h⟩ *bes. thea. Film*: miscast. **~beˌset·zung** *f* **1.** *bes. thea. Film*: miscasting; **e-e ~ sein (als)** be miscast (as). **2.** *Sport: etc*: wrong choice (*od.* man). **~beˌstand** *m econ.* deficiency, shortage, *Am. a.* shortfall. **~beˌtrag** *m econ.* **1.** deficit; **e-n ~ von 1000 Dollar aufweisen** show a deficit (*bes. Am. a.* shortfall) of 1,000 dollars. **2.** missing sum. **3.** → Fehlbestand. **~beˌzeich·nung** *f* misnomer. **~ˌbil·dung** *f* **1.** *med.* abnormality, malformation. **2.** *biol.* (*Verkümmerung*) abortion. **~ˌbit·te** *f lit.* **e-e ~ tun** ask in vain, meet with a refusal. **~ˌblatt** *n Kartenspiel*: bad card. **~ˌbo·gen** *m print.* imperfect sheet. **~ˌdeu·tung** *f* misinterpretation. **~diaˌgno·se** *f med.* wrong (*od.* mis)diagnosis. **~dis·po·si·tiˌon** *f econ.* misguided action, mistake. **~ˌdruck** *m* ⟨-(e)s; -e⟩ *print.* **1.** *a. philat.* misprint. **2.** (*Makulatur*) spoilage, spoilt sheet. **≈ˌdrucken** (*getr.* -k·k-) *v/t* ⟨*sep*, -ge-, h⟩ misprint. **~ˌeinˌschät·zung** *f* false estimation. **~ˌeinˌstel·lung** *f med. psych.* maladjustment.

feh·len [ˈfeːlən] **I** *v/i* ⟨h⟩ **1.** (*nicht anwesend sein*) be absent; **in der Schule ~** be absent from school; **unentschuldigt ~** be absent without (an) excuse; **fehlt!** *beim Aufrufen*: not here!, absent! **2.** (*nicht gekommen sein*) be missing, have failed to come (*od.* appear, attend); **er fehlt auch nie, wenn et. Aufregendes passiert** he is always around when s. th. exciting happens. **3. j-d (et.) fehlt j-m** s. o. misses s. o. (s. th.); **du fehlst uns sehr** we miss you very much (*od.* badly); → Ecke 2. **4.** (*abhanden gekommen sein*) be missing; **mir ~ 10 Dollar aus m-m Geldbeutel** there are 10 dollars missing from my purse; **ihm ~ zwei Zähne** he has two teeth missing, he has lost two teeth; **fehlt noch et.?** (is there) anything missing?, anything else (you want)? **5.** ⟨*often v/impers*⟩ (*ermangeln, vermissen lassen*) lack, be lacking, want, be wanting; **uns fehlt das nötige Geld, es fehlt uns am nötigen Geld** we lack (*od.* haven't got) the necessary money; **er läßt es am rechten Ernst ~** he lacks the proper seriousness, he is not serious enough; **ihr fehlt jegliches Schamgefühl** she is quite without shame; **es fehlt ihm an nichts** he wants (*od.* lacks) for nothing, he has plenty of everything; **es fehlte an jeder Zs.-arbeit** there was no cooperation whatsoever; **was ihm fehlt ist e-e Tracht Prügel** what he needs is a good thrashing; **es fehlt ihm nie an e-r Ausrede** he is never at a loss for an excuse; **mir ~** (*od.* **es ~ mir**) **die Worte** I am at a loss for words, words fail me; **ihr ~** (*od.* **es ~ ihr**) **zwei Jahre zur Volljährigkeit** it is another two years before she comes of age; **an mir soll es nicht ~!** I shall not fail to do my share! **6. er hat es dir an nichts ~ lassen** he spared no pains (*od.* expense) for you, he did everything (possible) for you; **sie ließ es ihren Gästen an nichts ~** she saw to it that her guests wanted for nothing; **daran (an Geld) soll es nicht ~** that (money) is no object; **da fehlt noch viel, bis er das kann** it will take him quite a bit (of time) before he is able to do that; **es fehlte nicht viel** (*od.* **es hätte nicht viel gefehlt**) **und sie wäre ertrunken** she came very near (*od.* close) to drowning, she almost (*od.* nearly, all but) drowned; **es fehlte nicht viel und wir hätten e-n schlimmen Unfall gehabt** it was touch and go that we had a bad accident, a little more and we would have crashed (*etc*); *iro.* **das hat (gerade) noch gefehlt!, das fehlte gerade noch!** that's all we needed (*od.* wanted)!; *iro.* **du hast uns gerade noch gefehlt!** you just would have to come! **7.** ⟨*often v/impers*⟩ (*nicht genügend haben*) be short (*od.* in need) of, need; **es fehlt uns an Geld** we are short of money; **es fehlt an Lehrern** there is a lack (*od.* shortage, dearth) of teachers; → Ecke 2. **8.** *lit.* (*unrecht handeln*) do wrong, err, (*sündigen*) sin; **~ gegen** offend against, violate (*acc*), wrong *s. o.* **9.** *archaic* (*nicht treffen*) miss, shoot wide; *fig.* **weit gefehlt!** (you are) quite wrong!, nothing of the sort!, far from it! **10.** *archaic* (*fehlgehen*) go wrong. **II** *v/impers* **11.** *fig. colloq.* **was fehlt dir?** what's the matter (*od.* what's wrong) with you?, what is ailing you?; **fehlt Ihnen was?** is anything wrong (*od.* the matter) with you?; **wo fehlt's denn diesmal?** what is it (*od.* the trouble) this time?; **ihm fehlt überhaupt nichts** there is (absolutely) nothing wrong with him; **bei dir fehlt's wohl** you must be crazy (*od.* off your head). **III** *v/t* **12.** *archaic* (*nicht treffen*) miss. **IV ≈** *n* ⟨-s⟩ **13.** being absent (*etc*). **14.** (**bei, in** *dat*) absence (from), non-attendance (at), *bes. von Arbeitnehmern*: absenteeism; **≈ in der Schule** absence from school; **häufiges ≈ am Arbeitsplatz** frequent absences *pl* from one's job; **das ≈ von Einzelheiten** the absence of detail. **15.** (*Mangel*) lack. **ˈfeh·lend I** *adj* **1.** (*nicht anwesend*) absent. **2.** (*nicht vorhanden*) lacking, wanting, missing. **3.** (*noch ausstehend*) outstanding, lacking, deficient. **4.** (*restlich*) remaining. **5.** *biol.* obsolete. **II ≈e, das** ⟨-n⟩ **6.** (*Nichtvorhandene*) the missing thing (*od.* part), what is missing (*od.* lacking). **7.** (*Rest, Übrige*) rest, remainder. **8.** *econ.* deficit, deficiency, shortage. **ˈFeh·len·de** *m, f* <-n; -n> absentee, absent person.

ˈFehl|entˌscheid *m a. jur.* false decision. **~entˌschei·dung** *f* wrong decision, mistake. **~entˌwick·lung** *f* **1.** undesirable (*od.* bad) development. **2.** *med.* faulty development, malformation.

ˈFeh·ler *m* <-s; -> **1.** *beim Rechnen, Schreiben etc*: mistake, error, slip, *sl.* boob(oo); **grober** (*od.* **schwerer**) ~ bad (*od.* serious, gross) mistake, blunder; **leichter** ~ slip, slight mistake, *durch Übersehen*: *a.* oversight; **dummer** ~ stupid mistake, bad blunder; **lächerlicher** ~ foolish mistake, *colloq.* howler; **grammatischer** ~ grammatical mistake, solecism; **orthographischer** ~ misspelling, mistake in spelling, spelling mistake; **e-n** ~ **machen** make (*od.* commit) a mistake (*etc*), *colloq.* slip up, boob; → **einschleichen** 1; **unterlaufen**[1]. **2.** (*Versehen, Mißgriff, Irrtum, Dummheit*) mistake, error, *colloq.* blunder, slip(-up); **e-n** ~ **machen** (*od.* **begehen**) make a mistake, perpetrate a blunder, slip up; **ich halte es für e-n** ~, **länger zu warten** I think it's wrong (*od.* a mistake) to wait any longer; **in den** ~ **verfallen, alles zu glauben** make the mistake of believing everything. **3.** (*Vergehen, Schuld*) fault; **dein** ~! (that's) your fault!, you've only to blame yourself! **4.** (*Charakter≈, Schwäche*) fault, failing, defect, shortcoming, imperfection, weakness. **5.** (*Taktlosigkeit etc*) faux pas; **e-n** ~ **begehen** make a faux pas, put one's foot in it. **6.** (*Material≈ etc*) fault, defect, imperfection, *a. in Edelstein, Glas*: flaw; **Waren mit kleinen** ~**n** goods with slight flaws, slightly imperfect goods; **versteckter** ~ hidden flaw (*od.* defect). **7.** (*Mangel*) fault, shortcoming, weakness, defect. **8.** (*Haken, Nachteil*) drawback, trouble, disadvantage, snag; **der** ~ **an diesem Plan ist, daß** the drawback of this plan is that; **der** ~ **ist nämlich, daß** the (real) trouble is that; **das war gerade der** ~ **an der Sache** that was just the trouble (with it). **9.** *electr. tech.* defect, fault, trouble (spot). **10.** *med.* (*physical, etc*) defect, disability, infirmity. **11.** *Sport*: a) fault, b) *Schießen*: miss, bad shot; ~, **zweiter Aufschlag** *beim Tennis*: fault, second service, please.

ˈFeh·ler|ˌanˌzei·ge *f Computer*: malfunction (*od.* error) indicator. **~beˌrich·ti·gung** *f* correction (of mistakes). **≈ˌfrei I** *adj* **1.** *allg.* faultless, flawless, perfect, (*richtig*) *a.* correct, without (any) mistakes (*od.* errors), *tech. a.* trouble-free; **~e Kalkulation** correct calculation; **sein Deutsch ist noch nicht ganz** ~ his German is not perfect yet; **~er Diamant** flawless diamond. **2.** *Charakter*: without fault (*od.* flaw), faultless. **II** *adv* **3.** faultlessly (*etc*), without (any) mistakes (*od.* errors). **~funk·tiˌon** *f math.* error function. **~geˌsetz** *n* law of error(s). **~ˌgren·ze** *f* **1.** margin of error. **2.** *tech.* a) tolerance, b) (*Passungslehre*) permissible variation. **≈haft** *adj* **1.** *Übersetzung etc*: faulty, full of mistakes, (*unrichtig*) incorrect, *Aussprache etc*: *a.* imperfect. **2.** *Berechnung etc*: faulty, incorrect, inaccurate, wrong. **3.** *Ware, Arbeit etc*: faulty, imperfect, defective. **4.** *Stelle, Stein etc*: flawed, blemished. **5.** *tech. Werkstoffe, Schweißstelle etc*: defective; **~e Stelle** *im Stoff etc*: flaw; **~e Leitung** (*od.* **Isolierung**) fault. **6.** *med.* a) unsound, imperfect, bad, b) abnormal; **~es Gebiß** defective teeth *pl.* **7.** *print.* foul. **8.** *jur.* defective (*title, etc*). **~haf·tig·keit** *f* <-; *no pl*> **1.** faultiness; incorrectness, wrongness. **2.** imperfection. **3.** defectiveness. **~in·teˌgral** *n math.* error integral. **~kor·rekˌtur·proˌgramm** *n Computer*: error-correcting program(me). **~ˌkur·ve** *f math. phys.* error distribution curve. **≈los** *adj* → **fehlerfrei**. **~lo·sig·keit** *f* <-; *no pl*> **1.** faultlessness. **2.** correctness, accuracy. **3.** perfection. **4.** flawlessness, faultlessness.

ˈFehl·erˌnäh·rung *f med.* false nutrition.

ˈFeh·ler|ˌpunkt *m Sport*: fault. **~ˌquel·le** *f* **1.** source (*od.* origin) of (an) error (*od.* a mistake). **2.** *tech.* source of a defect (*od.* fault), source of trouble. **~ˌrech·nung** *f Statistik*: calculus of error. **~ˌstrom** *m* fault current. **~ˌsu·che** *f* **1.** search (*od.* check) for a mistake (*od.* an error). **2.** *Computer*: error detection. **~ˌta·ste** *f Fernschreiber*: erasing key. **~verˌzeich·nis** *n print.* list of corrigenda, errata *pl.*

ˈFehl|ˌfar·be *f* (*Zigarre*) second choice (*od.* off-shade) cigar. **~ˌfracht** *f econ. mar.* dead freight. **~funk·tiˌon** *f med.* defective function. **~geˌburt** *f* miscarriage, abortion. **≈ˌge·hen** *v/i* <*irr, sep,* **-ge-**, **sein**> **1.** miss one's way, go wrong. **2.** *Schuß, Pfeil etc*: miss (the target *od.* mark), go wide. **3.** *fig. lit.* (*sich irren*) err, go (*od.* be) wrong, be mistaken; **ich gehe wohl nicht fehl in der Annahme, daß** I think I am not wrong in supposing that. **4.** *fig.* (*mißlingen*) fail, go amiss (*od.* wrong, awry). **≈geˌschla·gen** *pp u. adj Versuch etc*: abortive. **≈geˌsteu·ert** *adj* misdirected (*behaviour, etc*). **~geˌwicht** *n econ.* short weight, underweight. **≈ˌgrei·fen** *v/i* <*irr, sep,* **-ge-**, **h**> **1.** miss one's hold. **2.** *fig.* make a mistake. **3.** *fig.* commit a faux pas. **4.** *mus.* play a wrong note. **~ˌgriff** *m* **1.** slip of the hand; **e-n** ~ **tun** miss (one's hold *od.* aim). **2.** *fig.* (*Irrtum*) mistake; (*falsche Wahl*) *a.* wrong choice. **3.** *fig.* (*Taktlosigkeit*) faux pas. **~ˌhal·tung** *f psych.* abnormal attitude. **~ˌhand·lung** *f* **1.** *psych.* slip. **2.** *med.* parapraxis. **3.** *fig.* slip, blunder. **~in·ve·sti·tiˌon** *f econ.* bad investment, misinvestment. **~kal·ku·la·tiˌon** *f* miscalculation. **~ˌkauf** *m* bad (*od.* wrong) buy. **~kon·struk·tiˌon** *f* **1.** *tech.* faulty design. **2.** *colloq.* misconceived thing, s. th. useless, *sl.* dud. **~ˌlei·stung** *f* **1.** *psych.* **Freudsche** ~ Freudian slip. **2.** *weitS.* blunder, slip. **≈ˌlei·ten** *v/t* <*sep,* **-ge-**, **h**> **1.** (*Person*) lead astray, mislead, misdirect. **2.** (*Brief etc*) miscarry, misdirect. **3.** (*Anruf*) misroute. **4.** *econ.* (*Kapital*) misdirect. **~ˌmel·dung** *f* → **Falschmeldung**. **~ˌmen·ge** *f econ.* shortage, deficiency. **~ˌpaß** *m Sport*: misplaced pass. **~proˌgno·se** *f* false prognosis. **~ˌpunkt** *m Sport*: **1.** bad point (*od.* mark). **2.** (*Strafe*) penalty. **~ˌrech·nung** *f* miscalculation. **~ˌschal·tung** *f* **1.** *electr.* faulty switch (*od.* control), wrong connection. **2.** *tech. e-s Triebwerkes*: faulty operation (*od.* engagement). **~ˌschät·zung** *f* wrong estimate, false appraisal. **≈ˌschie·ßen** *v/i* <*irr, sep,* **-ge-**, **h**> **1.** miss (the mark *od.* aim *od.* target). **2.** *fig. colloq.* miss the mark, be wrong, be wide of the mark; (**da hast du aber**) **fehlgeschossen!** (you are) all wrong! **~ˌschlag** *m* **1.** miss, *sl.* foozle. **2.** *fig.* failure, disappointment, setback, *colloq.* washout. **≈ˌschla·gen** *v/i* <*irr, sep,* **-ge-**, **h** *u.* **sein**> **1.** <**h**> miss (the mark). **2.** <**sein**> *fig.* fail, prove (to be) a failure, miscarry, come to naught (*od.* to grief), go wrong. **~ˌschluß** *m* false (*od.* wrong) conclusion, fallacy. **~ˌschuß** *m* miss, bad shot.

ˈfehlˌsich·tig *adj med.* with defective vision, ametropic. **≈keit** *f* <-; *no pl*> defective vision, ametropia.

ˈFehl|spe·ku·la·tiˌon *f* **1.** bad (*od.* wrong) speculation. **2.** *fig.* wrong assumption, misconjecture. **~ˌspruch** *m jur.* judicial error, incorrect sentence. **~ˌstart** *m Sport*: false start (*a. fig.*); **e-n** ~ **verursachen** jump the gun. **~ˌstoß** *m* miss. **≈ˌtre·ten** *v/i* <*irr, sep,* **-ge-**, **sein**> *lit.* **1.** make a false step, miss one's footing, slip, stumble. **2.** *fig.* slip, lapse. **~ˌtritt** *m* **1.** false step, slip (of the foot). **2.** *lit. fig.* (*Lapsus*) blunder, faux pas; (*moralischer* ~) slip, lapse; **e-n** ~ **tun** (*od.* **begehen**) slip up, go wrong, get into trouble. **3.** (*Vergehen*) offen/ce (*Am.* -se), misdeed. **~ˌur·teil** *n* **1.** misjudg(e)ment. **2.** → **Fehlspruch**. **~verˌhal·ten** *n* misguided behavio(u)r, lapse. **~ˌwurf** *m* miss. **≈ˌzün·den** *v/i* <*only inf u. pp* **fehlgezündet, h**> *tech.* misfire, backfire. **~ˌzün·dung** *f* **1.** *mot.* (*a.* ~ **haben**) misfire, backfire. **2.** *aer.* a) *e-s Flugmotors*: backfiring, b) *e-s Flugkörpers*: unsuccessful firing (*od.* launching). **3.** *fig. colloq.* wrong conclusion (*od.* guess); **das war e-e** ~ **von dir** you've got hold of the wrong end of the stick.

Feh·me [ˈfeːmə] *f* <-; -n> → **Feme**.

fei·en [ˈfaɪən] *v/t* <h> *lit.* charm *s. o.* (**gegen** against); **j-n gegen et.** ~ *a. fig.* make s. o. proof against s. th., (*unverwundbar machen*) make s. o. invulnerable (*od.* immune) to s. th.; → **gefeit**.

Fei·er [ˈfaɪər] *f* <-; -n> **1.** (*das Feiern*) celebration, celebrating. **2.** (*festliche Gelegenheit*) celebration; **e-e** ~ **begehen** hold a celebration, celebrate; *colloq.* **zur** ~ **des Tages** in hono(u)r of the day, to celebrate the occasion. **3.** (*Festlichkeit*) festival, fete, fête, festivity. **4.** (*Festakt*) ceremony. **5.** (*Gesellschaft*) party.

ˈFei·erˌabend *m* **1.** finishing (*od.* closing, *colloq.* knocking-off) time; *colloq.* ~ **machen** finish (work), knock off; (**machen wir**) ~! let's call it a day!; **nach** ~ after work (*od.* working hours); *fig. colloq.* **damit ist's jetzt** ~! that's finished (*od.* out) now! **2.** → **Freizeit** 1. **3.** *fig. colloq.* time to finish, *Am.* knock-off. **4.** (*Abend*) evening; *poet.* **der** ~ **des Lebens** the evening of life. **ˈFei·erˌabend...** *in Zssgn* after-work, spare-time, leisure(-time) (*occupations, etc*).

ˈfei·er·lich I *adj* **1.** (*ernst, würdig*) solemn; *a. mus.* grave; **~e Erklärung** (**Stille**) solemn declaration (silence); **in ~em Schwarz** (**gekleidet**) (dressed) in solemn black; *mus.* **~er Marsch** grave (*od.* processional) march. **2.** (*festlich*) festive; **in ~er Stimmung** in a festive mood. **3.** (*förmlich*) ceremonial, ceremonious, formal; **~e Handlung** a) ceremonial act, ceremony, b) (*Ritus*) rite; **bei ~en Anlässen** on ceremonial occasions; **~er Empfang** ceremonial (*od.* formal) reception; *colloq.* **das ist** (**schon**) **nicht mehr** ~! that's (really) too much! **II** *adv* **4.** solemnly; **er versprach es mir** ~ he solemnly promised it to me. **5.** (*festlich*) festively (*decorated, etc*); **et.** ~ **begehen** celebrate s. th. **6.** (*förmlich*) with ceremony; **e-n Gast** ~ **empfangen** receive a guest with ceremony; **die Ausstellung wird morgen** ~ **eröffnet** the exhibition will be formally opened (*od.* opened with all due ceremony) tomorrow. **7.** *mus.* (*Anweisung*) grave. **≈keit** *f* <-; -en> **1.** <*only sg*> solemnity (*of words, of the moment, etc*). **2.** <*only sg*> (*Förmlichkeit*) ceremony, ceremoniousness; **e-n Anlaß mit großer** ~ **begehen** celebrate an occasion with great ceremony. **3.** <*only sg*> (*bedeutsamer Ernst*) gravity. **4.** (*Feier*) ceremony, celebration, festivity.

fei·ern [ˈfaɪərn] **I** *v/t* ⟨h⟩ **1.** celebrate (*birthday, victory, etc*); **das muß gefeiert werden!** that calls for a celebration!; → **Fest** 1, **Triumph** 1. **2.** (*veranstalten*) hold, celebrate. **3.** (*einhalten*) (*Festtag*) celebrate, keep, observe. **4.** (*Jahrestag etc*) commemorate, celebrate. **5.** (*ehren, verherrlichen*) celebrate, hono(u)r, praise, extol, (*j-n*) *a.* fête. **6.** *mit Beifall*: applaud, acclaim, hail. **7.** *relig.* (*Gottesdienst, Abendmahl etc*) celebrate, hold. **II** *v/i* **8.** celebrate. **9.** (*lustig* ~) make merry, have a party (*od. sl.* a ball). **10.** *colloq.* be out of work, be idled, be jobless. **11.** *fig.* (*faulenzen*) take it easy, loaf. **III** ♀ *n* ⟨-s⟩ **12.** celebrating (*etc*). **13.** celebration. **14.** observance.

ˈ**Fei·er|ˌschicht** *f econ.* idle shift; **~en einlegen** drop shifts. **~ˌstun·de** *f* **1.** (*Feier*) ceremony, celebration. **2.** (*Andacht*) solemnity, (hour of) meditation. **~ˌtag** *m* **1.** holiday, *a.* red-letter day; **gesetzlicher ~** official (*od.* legal, public) holiday; **halber ~** half holiday; **religiöser** (*od.* **kirchlicher**) **~** (church) holy day, religious holiday, feast(-day). **2.** (*Festtag*) festive day.

ˈ**fei·erˌtags** *adv* on holidays. ♀ˌ**ar·beit** *f* Sunday and holiday work. ♀ˌ**klei·dung** *f* Sunday clothes *pl*, *colloq.* Sunday best.

Fei·fel [ˈfaɪfəl] *m* ⟨-s; -n⟩ *vet.* parotid (gland).

feig [faɪk] *adj u. adv* → **feige**.

fei·ge [ˈfaɪgə] **I** *adj* ⟨-r; feigst⟩ **1.** cowardly, chickenhearted, white-livered, *colloq.* yellow, funky, ⟨*pred*⟩ *sl.* chicken; **dazu ist er viel zu ~** he is too much of a coward to do that; **komm, sei nicht ~!** come on, don't be a coward!; **~e Angst** craven fear. **2.** (*gemein, heimtückisch*) dastardly, perfidious, mean; **ein ~r Mord** a dastardly (*od.* foul) murder. **II** *adv* **3.** cowardly, like a coward, coward-like. **4.** in a dastardly manner, perfidiously.

ˈ**Fei·ge** *f* ⟨-; -n⟩ **1.** *bot.* a) fig, b) fig (tree). **2.** → **Feigenschnecke**.

ˈ**Fei·gen|ˌbaum** *m bot.* fig (tree). **~ˌblatt** *n a. fig.* fig leaf. **~ˌfrucht** *f bot.* **1.** syconium. **2.** fig. **~ˌkak·tus** *m* prickly pear. **~ˌschnecke** (*getr.* **-k·k-**) *f zo.* fig shell.

ˈ**Feig·heit** *f* ⟨-; *no pl*⟩ **1.** cowardice, cowardliness, *colloq.* chickenheartedness, yellowness, funk; **aus ~** out of cowardice; → **Feind** 1. **2.** (*Gemeinheit*) dastardliness, perfidy.

ˈ**feigˌher·zig** *adj lit. for* **feige** 1.

Feig·ling [ˈfaɪklɪŋ] *m* ⟨-(e)s; -e⟩ **1.** coward. **2.** *gemeiner, heimtückischer*: dastard. **3.** (*Drückeberger*) shirker, quitter.

feil [faɪl] *adj archaic and lit.* **1.** (*verkäuflich*) for (*od.* on) sale, to be sold. **2.** *fig.* (*käuflich*) venal, mercenary; **e-e ~e Dirne** a prostitute. **~ˌbie·ten I** *v/t* ⟨*irr, sep,* **-ge-**, *h*⟩ **1.** offer (*od.* put up) *s. th.* for sale. **2.** *fig. contp.* prostitute. **II** *v/reflex* **sich ~ 3.** prostitute o. s.

Fei·le [ˈfaɪlə] *f* ⟨-; -n⟩ *tech.* file; **grobe ~** rasp; *fig.* **die letzte ~ an et.** (**an**)**legen** put the finishing touches to s. th. **fei·len** [ˈfaɪlən] **I** *v/t* ⟨h⟩ **1.** file; **ein Werkstück ~** file a tool; **sich** (*dat*) **die Fingernägel ~** file one's (finger)nails; **et. mit e-r Raspel** (*od.* **Grobfeile**) **~** rasp s. th. **2.** *fig.* (*Sprache, Stil etc*) polish, refine, finish off, file. **II** *v/i* **3.** (**an** *e-r Sache*) **~** → 1 *u.* 2. **III** ♀ *n* ⟨-s⟩ **4.** filing.

ˈ**Fei·len|ˌhau·er** *m* file cutter. **~ˌhieb** *m* cut (of a file).

ˈ**feilˌhal·ten** *v/t* ⟨*irr, sep,* **-ge-**, h⟩ *archaic* have *s. th.* on sale, offer *s. th.* for sale; → **Maulaffen**.

ˈ**Feil·heit** *f* ⟨-; *no pl*⟩ *contp.* **1.** (*Käuflichkeit*) venality. **2.** *von Phrasen etc*: cheap currency.

feil·schen [ˈfaɪlʃən] **I** *v/i* ⟨h⟩ **1.** (**um et.**) bargain (for s. th.), haggle (about s. th., over s. th.), *Am. a.* dicker (for s. th.). **II** ♀ *n* ⟨-s⟩ **2.** bargaining, haggling. **3.** haggle, *Am.* dicker. ˈ**Feil·scher** *m* ⟨-s; -⟩ bargainer, haggler.

ˈ**Feil|ˌspä·ne** *pl tech.* filings. **~ˌstrich** *m* **1.** stroke (of the file). **2.** (*Markierung*) file mark.

Feim [faɪm] *m* ⟨-(e)s; -e⟩, ˈ**Fei·me** *f* ⟨-; -n⟩, ˈ**Fei·men** *m* ⟨-s; -⟩ *dial.* (hay-)stack, rick.

fein [faɪn] **I** *adj* ⟨-er; -st⟩ **1.** (*dünn*) fine, thin (*wire, thread, etc*); **~es Garn** thin yarn, yarn of fine count; **~er Regen** fine rain, drizzle. **2.** *Haar etc*: fine. **3.** (*zart*) fine, delicate (*skin, etc*); **~er Kopf** fine(ly shaped *od.* noble) head; **~e Züge** delicate *od.* finely chisel[l]ed) features; **ihr Gesicht ist ~ geschnitten** her face is finely chisel(l)ed. **4.** (*zierlich, graziös*) graceful. **5.** (*kaum wahrnehmbar*) faint, slight; **ein ~es Lächeln** a faint (*od.* subtle) smile; **~es Stimmchen** delicate (*od.* tiny) voice. **6.** (*aus kleinsten Teilen*) fine (*sand, salt, etc*); **das Mehl ist ~ gemahlen** the flour is finely ground; **es läßt sich ~ mahlen** it grinds fine; **et. ~ hacken** chop s. th. (up) fine(ly), mince s. th. (finely). **7.** *Sieb*: fine(-meshed). **8.** *Kamm*: fine(-toothed). **9.** (*von guter Qualität*) fine, high-grade, *a.* best quality; **~es Porzellan** fine (*od.* delicate, dainty) porcelain; **~es Leder** fine (*od.* soft) leather. **10.** (*erlesen*) choice, excellent, exquisite (*wine, etc*); **~e Küche** a) good cooking, b) exquisite cuisine; **~ste Sorte** choicest quality. **11.** (*wohlschmeckend*) good, delicious; **das schmeckt ~** that tastes good. **12.** (*famos, tadellos*) fine, excellent, splendid, *colloq.* great; **ein ~es Auto** a fine (*od. colloq.* classy) car; *colloq.* **das ist ~** that's fine (*od.* great); **ein ~es Lokal** a fine (*od.* an elegant, *colloq.* a posh) restaurant. **13.** *Sinne etc*: delicate, sensitive, keen; **ein ~es künstlerisches Empfinden** a delicate (*od.* sensitive) artistic flair; **ein ~es Gehör** a keen (*od.* sharp, quick, sensitive) ear; **ein ~es Unterscheidungsvermögen** a keen, discriminating mind (*od.* eye). **14.** (*gering*) fine, subtle, nice (*distinction, etc*). **15.** (*genau*) accurate, precise, fine (*adjustment, etc*). **16.** (**~***sinnig, schlau*) clever, subtle, shrewd, sharp; **ein ~er Humor** a subtle humo(u)r. **17.** (*vornehm*) distinguished, refined, fine, genteel, well-bred, cultured; **die ~e Gesellschaft** polite society; **e-e ~e Dame** a refined lady, a (real) lady; **der ~e Ton** the refined (*od.* good) tone, the bon ton. **18.** (*elegant*) elegant, fashionable, fine; **~e Läden** fashionable shops; **die ~e Welt** fashionable people, the (*od.* le) beau monde; **~es Benehmen** elegant manners *pl*, polish. **19.** (*verfeinert*) refined, delicate, cultivated (*taste, etc*). **20.** (*anständig*) nice, decent (*girl, etc*); **das ist nicht ~** that's not nice (*od.* gentlemanlike, ladylike), that's not good form. **21.** (*nett*) *a. iro.* nice, fine, decent (*fellow, etc*); *iro.* **ihr seid** (**mir**) **e-e ~e Gesellschaft!** a fine lot you are!; *iro.* **e-e ~e Dame!** some lady! **22.** *gastr.* fine; **~es Gebäck** fancy cakes *pl*, pastries *pl*. **23.** *Gold etc*: fine, pure. **24.** *metall.* fine, refined. **II** *adv* **25.** finely. **26.** *colloq.* well, fine; **das hast du ~ gemacht** a) well done!, good job (*od.* show)!, b) *iro.* you have made a nice mess of it!; **er ist ~ heraus** a) he is well out of it, b) *weitS.* he's a lucky devil, he's in clover. **27.** (*schön, elegant*) elegantly, fashionably, smartly. **28.** (*genau*) accurately, precisely, finely. **29.** (*sehr*) very, quite; *colloq.* **sei du ~ brav** you be good!; **~ säuberlich** very carefully. **III** *interj* **30. ~!** fine!, good! **IV** ♀**e, das** ⟨-n⟩ **31.** (*das Gute*) the good (*od.* fine) thing; **das** ♀**e an der Sache ist** the good thing about it is; *colloq.* **das** ♀**ste vom** ♀**en** the cream (*od.* pick) of it.

ˈ**Fein|ˌab|le·se·geˌrät** *n tech.* fine-reading device, vernier scale. **~ˌab|le·sung** *f* fine (*od.* vernier) reading. **~ˌab|stim·mung** *f* **1.** *Radio*: fine (*od.* sharp) tuning. **2.** *tech.* precision adjustment. **~ˌar·beit** *f tech.* precision work. **~ˌbäcker** (*getr.* **-k·k-**) *m* pastry cook, confectioner. ♀**beˌar·bei·ten** *v/t* ⟨*sep, no* **-ge-**, h⟩ *tech.* finish. **~beˌar·bei·tung** *f tech.* finishing; *zerspanende*: finish-machining. **~ˌblech** *n tech.* **1.** (*Werkstoff*) sheet metal (*od.* steel). **2.** (*Erzeugnis*) thin ga(u)ge plate, (light) sheet. ♀ˌ**boh·ren** *v/t* ⟨*sep,* **-ge-**, h⟩ *tech.* precision-bore, fine-bore. ♀ˌ**bren·nen** *v/t* ⟨*irr, sep,* **-ge-**, h⟩ *metall.* refine. **~che·miˌka·li·en** *pl* fine chemicals.

Feind [faɪnt] *m* ⟨-(e)s; -e⟩ **1.** *mil.* enemy, *rhet.* foe; **der ~** *collect.* a) (*die feindlichen Truppen*) the enemy, b) *beim Manöver*: the aggressor forces *pl*; (**dicht**) **am ~ bleiben** keep in (close) contact with the enemy; **ran an den ~!** a) *mil.* up and at them!, b) *fig. colloq.* let's get cracking!; **vom ~ besetzte Stadt** enemy-occupied (*od.* -held) city; **vor dem ~ fallen** fall on the field of hono(u)r, be killed on the battlefield (*od.* in action); **Tapferkeit** (**Feigheit**) **vor dem ~** bravery (cowardice) in the face of the enemy. **2.** (*persönlicher ~*) enemy, *lit. od. poet.* foe; **~ j-s** (*od.* **e-r Sache**) **sein** → **feind**; **ein ~ der Gesellschaft** an enemy to society; **der äußere ~** the external (*od.* alien, foreign) enemy; **von Freund und ~ geachtet** respected by friend and foe alike; **sich** (*dat*) **j-n zum ~**(**e**) **machen** make an enemy of s. o., antagonize s. o.; **sich** (*dat*) **~e machen** make enemies; **viel ~ viel Ehr** (*Sprichwort*) the more enemies, the greater the hono(u)r; *Bibl.* **liebet eure ~e** love your enemies. **3.** (*Gegner*) adversary, opponent, antagonist, foe. **4.** (*Rivale*) rival. **5.** *Bibl.* **der böse ~** the Fiend (*od.* Foe).

feind *adj* ⟨*pred*⟩ **j-m** (**e-r Sache**) **~ sein** be an enemy of s. o. (s. th.), be opposed (*od.* hostile) to s. o. (s. th.), be against s. o. (s. th.), hate s. o. (s. th.); **j-m ~ werden** become an enemy of s. o., fall out with s. o., begin to hate s. o.

ˈ**Feind|beˌrüh·rung** *f mil.* contact with the enemy. **~beˌschuß** *m* enemy fire. **~ˌbild** *n mil. pol.* foe image. **~ˌeinˌwir·kung** *f* enemy action.

ˈ**Fein·des|ˌhand** *f mil.* **in ~ sein** (**fallen**) be in (fall into) enemy hand; **von ~ getötet** killed by the enemy. **~ˌland** *n* ⟨-(e)s; *no pl*⟩ enemy country (*od.* territory).

ˈ**Feind|ˌfahrt** *f mar. mil.* operational cruise, mission. **~ˌflug** *m* operational flight, sortie (over enemy area), (combat) mission. **~ˌflugˌzeug** *n* enemy (*od.* hostile) aircraft. ♀ˌ**frei** *adj* clear of the enemy. **~geˌbiet** *n* → **Feindesland**.

Fein·din [ˈfaɪndɪn] *f* ⟨-; -nen⟩ **1. sie ist s-e ~** she is his enemy. **2.** → **Feind** 2–4.

feind·lich [ˈfaɪntlɪç] **I** *adj* **1.** *mil.* enemy (*troops, aircraft, etc*), hostile; **das ~e Heer** the enemy; **~er Ausländer** enemy alien; **das ~e Ausland** the enemy countries *pl*, the enemy; **~e Handlungen** hostilities. **2.** *Person, Gesinnung etc*: (**gegen** to) hostile, inimical, antagonistic, *schwächer*: unfriendly; **die ~en Brüder** the hostile brothers; *fig.* **im ~en**

Lager in the hostile camp; **~e Parteien** opposed parties. **II** *adv* **3. j-m ~ gesinnt sein** be hostile to (*od.* ill-disposed toward[s]) s. o. (→ *a.* feind); **sich** (*dat*) (*od.* **einander**) **~ gesinnt sein** be enemies; **~ gegen die Religion eingestellt sein** be opposed to religion, be anti-religious. **≈keit** *f* ⟨-; -en⟩ hostility.

ˈFeind|ˌmäch·te *pl* enemy powers. **~pro·paˌgan·da** *f* enemy propaganda.

ˈFeind·schaft *f* ⟨-; -en⟩ **1.** enmity, *stärker*: hostility, animosity; **mit j-m in ~ leben** be at enmity (*od.* at variance, at daggers drawn) with s. o.; **~ säen** (**zwischen**) sow the seeds of discord (between); **~ gegen j-n hegen** *cf.* feindlich 3. **2.** (*Haß*) hatred (**gegen** of, against, for). **3.** (*Gegnerschaft*) antagonism. **4.** (*Zwietracht*) discord. **5.** (*Fehde*) feud, quarrel.

ˈfeindˌse·lig *adj* **1.** (**gegen** to) hostile, inimical. **2.** (*böswillig*) malevolent. **3.** (*haßerfüllt*) hateful. **≈keit** *f* ⟨-; -en⟩ **1.** ⟨*only sg*⟩ hostility. **2.** (*Böswilligkeit*) malevolence. **3.** (*Haß*) hatred. **4.** *pl mil.* hostilities; **die ~en eröffnen** (**einstellen**) commence (cease) hostilities; **Eröffnung** (**Einstellung**) **der ~en** outbreak (cessation) of hostilities.

ˈFeind|ˌtä·tig·keit *f* enemy activity. **~ˌtrup·pen** *pl* enemy troops. **~ver·ˌmö·gen** *n econ.* enemy property.

ˈfein|ˌeinˌstel·len *v/t* ⟨*sep*, -ge-, h⟩ *tech.* fine-adjust, micro-adjust; *mittels Lehre*: micrometer. **≈ˌeinˌstel·ler** *m* vernier. **≈ˌeinˌstellˌska·la** *f* graduated (*od.* vernier) scale. **≈ˌeinˌstel·lung** *f tech.* fine adjustment (*a. phot.*), *bes. electr.* micro-adjustment; *Radio*: fine tuning.

fei·nen [ˈfaɪnən] *v/t* ⟨h⟩ *metall.* **1.** (*Stahlschmelze*) deoxidize. **2.** (*Guß durch Zuschlagstoffe*) refine, purify.

ˈFein|ˌerz *n min.* fine ore. **≈ˌfa·se·rig** *adj* **1.** *Stoff*: finefibred. **2.** *Holz*: fine-grained. **~ˌfo·lie** *f synth.* film. **≈ˌfrä·sen** *v/t* ⟨*sep*, -ge-, h⟩ precision-mill. **~ˌfrost** *m*, **~ˌfrost·ˌwa·re** *f* deepfreeze vegetables *pl* (*od.* fruit). **≈ˌfüh·lend** *adj*, **≈ˌfüh·lig** [-ˌfyːlɪç] *adj* **1.** (*sensibel*) sensitive. **2.** (*zartfühlend*) delicate, tactful. **~ˌfüh·lig·keit** *f* ⟨-; *no pl*⟩ → Feingefühl. **~ˌgarn** *n* high-count (*od.* fine, thin) yarn. **~geˌbäck** *n* pastry, fancy cakes *pl*. **~geˌfü·ge** *n geol. metall.* microstructure. **~geˌfühl** *n* ⟨-(e)s; *no pl*⟩ **1.** sensitiveness. **2.** (*Takt*) tact, (sense of) delicacy; **Mangel an ~** tactlessness, want of tact; **mit großem ~** with great delicacy. **≈geˌhackt** *adj* finely chopped, (finely) minced. **~geˌhalt** *m metall.* a) fineness, title, tit/re (*Am.* -er), b) *gesetzlich festgelegter*: standard; **~sstempel** *m* hallmark, plate mark. **≈geˌmah·len** *adj* fine-ground, finely ground. **≈ge·ˌschlif·fen** *adj tech.* fine-(*od.* precision-)ground. **≈geˌschnit·ten** *adj* **1.** finely cut; **~er Tabak** fine cut. **2.** *in Scheiben*: thinly sliced. **3.** *fig. Gesicht*: fine, finely chisel(l)ed. **≈geˌspon·nen** *adj a. fig.* fine-spun. **~geˌwicht** *n* **1.** *von Gold und Silber*: weight of fine metal; → *a.* Feingehalt. **2.** *tech.* precision weight. **≈ˌglied·rig, ≈ˌglie·de·rig** *adj* delicately boned, slender-boned. **~ˌgold** *n* fine (*od.* refined) gold. **~ˌguß** *m metall.* **1.** (*Erzeugnis*) precision castings *pl*. **2.** (*Verfahren*) precision casting.

ˈFein·heit *f* ⟨-; *no pl*⟩ **1.** *allg.* fineness; (*Dünne*) *a.* thinness; (*Zierlichkeit*) *a.* delicacy, daintiness; *von Material*: *a.* delicacy; *von Garn*: size, grist; *metall.* (*Reinheit*) purity. **2.** (*schwache Wahrnehmbarkeit*) faintness, slightness. **3.** a) (*gute Qualität*) fineness, high quality, b) (*beste Qualität*) exquisiteness, superior (*od.* choice) quality. **4.** *der Sinne*: delicacy, sensitiveness, sharpness, keenness. **5.** *e-s Unterschieds etc*: subtleness, nicety. **6.** (*Feinsinnigkeit, Raffinesse*) subtlety. **7.** (*Grazie*) grace(fulness). **8.** (*Vornehmheit*) refinement, gentility, distinction; (*Eleganz*) elegance; (*Verfeinerung*) refinement, culture; *des Benehmens, Stils etc*: refinement, polish. **9.** ⟨*pl* -en⟩ niceties, finer points, delicacies, subtleties (*of a poem, etc*); **die letzten ~en** the finishing (*od.* last) touches.

ˈFein·heits|beˌzeich·nung *f* **1.** designation of fineness. **2.** *Textil.* yarn count category. **~ˌgrad** *m* **1.** degree of fineness. **2.** *Textil. von Garn*: count, size, *von Nylon, Seide etc*: denier, tit/re (*Am.* -er).

ˈfein|ˌhö·rig *adj* having a sensitive (*od.* quick, sharp) ear. **≈keˌra·mik** *f* fine ceramics *pl*. **≈ˌkoks** *m* culm coke, coke fines *pl*.

ˈFeinˌkorn *n* ⟨-(e)s; *no pl*⟩ **1.** *Schießen*: fine sight. **2.** *phot.* fine grain. **~ˌei·sen** *n metall.* close-grained cast iron. **~ˌfilm** *m* fine-grain film.

ˈfeinˌkör·nig *adj* **1.** *phot.*, *a. geol.* fine-grained. **2.** *metall.* fine-(*od.* close-)grained. **3.** *Mahlgut*: fine-granular. **≈keit** *f* ⟨-; *no pl*⟩ **1.** *phot.* fineness of grain. **2.** *metall.* close-grained structure.

ˈFeinˌkost *f* ⟨-; *no pl*⟩ delicatessen *pl*. **~geˌschäft** *n*, **~ˌla·den** *m* delicatessen *sg* (store).

ˈFein|ˌkup·fer *n* high purity copper. **≈ˌma·chen** *colloq.* **I** *v/reflex* ⟨*sep*, -ge-, h⟩ **sich ~** dress up, smarten (*od.* spruce) o. s. up. **II** *v/t* **j-n ~** dress s. o. up. **≈ˌma·schig** [-ˌmaʃɪç] *adj* fine-meshed. **~meˌcha·nik** *f* precision (*od.* fine) mechanics *pl* (*a. als sg konstruiert*), light engineering. **~meˌcha·ni·ker** *m* precision mechanic, fine-mechanical engineer, (precision) instrument worker. **≈meˌcha·nisch** *adj* fine-mechanical.

ˈFeinˌmeß|geˌrät *n tech.* micrometer (*od.* precision) measuring instrument. **~ˌschiebˌleh·re** *f* vernier cal(l)iper. **~ˌschrau·be** *f* micrometer cal(l)iper ga(u)ge (*od.* screw).

ˈFein|ˌmes·sung *f* precision measuring. **~meˌtall** *n* fine metal. **~ˌmüh·le** *f Papier*: refiner. **≈ˌner·vig** *adj* sensitive. **~ˌop·tik** *f* precision (*od.* fine) optics *pl* (*meist als sg konstruiert*). **~paˌpier** *n* fine paper. **~ˌpas·sung** *f tech.* close fit. **~ˌputz** *m civ.eng.* finish(ing) plaster, fine stuff. **~ˌreg·ler** *m tech.* fine control (device). **≈ˌschlei·fen** *v/t* ⟨*irr*, *sep*, -ge-, h⟩ *tech.* **1.** (*Metall*) fine-grind. **2.** (*Glas etc*) smooth. **~ˌschliff** *m* finishing (*od.* final) rub, finish. **~ˌschmecker** (*getr.* -k·k-) *m* ⟨-s; -⟩, **~ˌschmecke·rin** (*getr.* -k·k-) *f* ⟨-; -nen⟩ gourmet, epicure; **für die ~** *a.* for the fastidious palates. **≈ˌschmecke·risch** (*getr.* -k·k-) *adj* epicurean, gourmet. **~ˌschnitt** *m* **1.** *von Tabak*: fine cut. **2.** *Film*: final cutting (*od.* editing). **~ˌschrau·be** *f* **1.** *tech.* fine-adjustment screw. **2.** *am Sextanten*: tangent screw. **~ˌsei·fe** *f* toilet soap. **~ˌsi·che·rung** *f electr.* fine-wire fuse, microfuse. **~ˌsil·ber** *n* fine (*od.* refined, pure) silver.

ˈfeinˌsin·nig *adj* subtle (*humour, remark, etc*), sensitive, witty. **≈keit** *f* ⟨-; *no pl*⟩ subtlety, sensitivity, wit.

ˌFeinsˈlieb·chen *n* ⟨-s; -⟩ *poet.* sweetheart.

ˈFein|spin·neˌrei *f* **1.** spinning of fine yarn. **2.** (*Fabrik*) fine-spinning mill.

ˈFeinst|beˌar·bei·tung *f tech.* **1.** superfinishing, microfinish. **2.** *zerspanende*: precision machining. **~ˌbohrˌwerk** *n* superfine boring machine. **~ˌdre·hen** *n* ⟨-s; *no pl*⟩ superfine-turning. **~ˌein·ˌstel·lung** *f* micrometer adjustment.

ˈFeinˌstell|ˌschrau·be *f tech.* micrometer adjusting screw. **~ˌska·la** *f* micrometer adjustment scale.

ˈFein|ˌstel·lung *f* → Feineinstellung. **~ˌstim·mer** *m mus.* adjuster. **~ˌstra·ße** *f metall.* sheet rolling mill train. **~strukˌtur** *f phys.* microstructure. **~ˌstrumpf** *m* full-fashioned stocking. **≈ˌstu·fig** *adj tech.* sensitive; **~e Drehzahlregelung** sensitive speed variation; **~es Getriebe** selective speed gear mechanism. **~ˌwaa·ge** *f* precision balance. **~ˌwä·sche** *f* **1.** (*Wäsche*) (delicate *od.* dainty) lingerie. **2.** *beim Waschen*: fine laundering. **~ˌwaschˌmit·tel** *n* light-duty detergent. **~ˌzeug** *n Papierherstellung*: stuff. **~ˌziehˌschlei·fen** *n tech.* finish honing, superfinishing. **~ˌzinn** *n* grain tin. **~ˌzucker** (*getr.* -k·k-) *m* refined sugar.

feist [faɪst] **I** *adj* ⟨-er; -est⟩ **1.** fat, stout, obese. **2.** *Gesicht*: chubby, fat. **3.** *Tiere*: fat, in grease. **II ≈** *n* ⟨-es; *no pl*⟩ **4.** *hunt.* grease. **ˈFei·ste** *f* ⟨-; *no pl*⟩, **ˈFeist·heit** *f* ⟨-; *no pl*⟩ fatness, obesity. **ˈFeist·ˌhirsch** *m hunt.* stag in grease. **ˈFei·stig·keit** *f* ⟨-; *no pl*⟩ → Feiste. **ˈFeistˌzeit** *f hunt.* season of grease.

fei·xen [ˈfaɪksən] *v/i* ⟨h⟩ *colloq.* smirk, grin.

Fe·kun·da·ti·on [fekʊndaˈtsɪoːn] *f* ⟨-; -en⟩ *biol.* impregnation.

Fel·chen [ˈfɛlçən] *m* ⟨-s; -⟩ whitefish.

Feld [fɛlt] *n* ⟨-(e)s; -er⟩ **1.** ⟨*only sg*⟩ (*unbebautes Land*) field(s *pl*), open country; **auf freiem ~e** in the open fields (*od.* country). **2.** (*Acker*) field; **auf dem ~ arbeiten** work in the field. **3.** ⟨*only sg*⟩ (*Boden, Ackerland*) ground, soil, land; **fruchtbares ~** fertile soil; **das ~ bebauen** (*od.* **bestellen**) till (*od.* cultivate) the ground. **4.** (*snow, ice, coal, oil*) field. **5.** ⟨*only sg*⟩ *fig.* (*Arbeitsgebiet*) domain, province, department. **6.** ⟨*only sg*⟩ *fig.* (*geistiges Tätigkeits≈*) field, area, sphere; **das ist ein weites ~** that is a broad field (*od.* subject); **auf diesem ~** in this field; **s-e Forschungen erstrecken sich über ein weites ~** his researches cover a wide field; **das steht noch im weiten ~** that's still very uncertain (*od.* a long way off). **7.** ⟨*only sg*⟩ *econ. etc* (*Außendienst*) field; **im ~ arbeiten** work in the field, do field work. **8.** ⟨*only sg*⟩ *fig.* (*Spielraum*) scope; **freies ~ haben** (**geben**) have (give) full scope (*od.* free rein). **9.** ⟨*only sg*⟩ *mil. u. fig.* field; **das ~ der Ehre** the field of hono(u)r; **ins ~ führen** a) lead (*army*) into battle, b) *fig.* put forward (*od.* advance) (*arguments*); **das ~ behaupten** *a. fig.* stand one's ground, hold the field; **das ~ räumen** (beat a) retreat, *fig. a.* make off, clear out, (*aufgeben*) quit; **im ~(e) stehen** be at the front; **ins ~ ziehen** (*od.* **rücken**) take the field, go to the front; *fig.* **gegen j-n** (**et.**) **zu ~(e) ziehen** fight (*od.* campaign, crusade) against s. o. (s. th.), attack s. o. (s. th.); *fig.* **j-m das ~ überlassen** leave the field to s. o.; **den Gegner aus dem ~(e) schlagen** a) drive the enemy from the field, rout the enemy, b) *fig.* defeat (*od.* eliminate, triumph over) an opponent (*od.* rival). **10.** a) (*Spiel≈*) field, pitch, b) (*Tennisplatz*) court, c) (*Gros der Läufer, Pferde etc*) field; **das ~ anführen** lead the field; **das ~ liegt noch dicht beisammen** the field is still (closely) bunched; **e-n Spieler des ~es verweisen** send (*od.* order) a player off the field.

11. *Schach, Brettwürfelspiel*: square; **zurück auf ~ 7!** go back to square 7! **12.** *arch.* a) (*Füllung*) panel, compartment, b) *e-r Täfelung*: pane, panel, mural tablet, c) *tiefer liegendes*: coffer, sunk panel, d) *zwischen Gewölberippen*: cell, e) *e-s Fensters*: pane. **13.** *civ.eng.* road panel (*od.* bay), concrete slab. **14.** *print.* (*Papier*≗) square, panel. **15.** *electr. nucl. phys.* (*electric, magnetic, atomic*) field; **skalares ~** scalar field. **16.** *mil. im Gewehrlauf*: a) *kurzes*: land, b) *langes*: chase. **17.** *Statistik*: a) *e-r Tabelle*: column, b) *e-r Korrelationstabelle*: cell. **18.** *Bergbau*: panel. **19.** *her.* a) (*Wappen*≗) field, ground, b) *des Wappenschildes*: compartment, c) (*Quartier*) quarter, d) (*Quartierchen*) canton. **20.** *ling.* (semantic *od.* word) field. **21.** *psych.* psychological (*od.* behavio[u]ral) field. **22.** *biol.* area. **23.** *tech.* a) (*Bereich*) range, b) (*Abschnitt*) section, c) *in der Passungslehre*: zone. **24.** *Computer*: array, field.

ˈ**Feld|ˌahorn** *m bot.* common maple. **~ˌanˌzug** *m mil.* field (service) uniform, battle-dress. **~ˌar·beit** *f* **1.** *agr.* farm (*od.* field, agricultural) work. **2.** *econ. etc* (*Außendienst*) field work. **~ˌar·bei·ter** *m* field (*od.* agricultural) labo(u)rer. **~ar·til·leˌrie** *f* field artillery. **~ˌarzt** *m* army medical officer, army surgeon. **~ˌausˌrü·stung** *f* field equipment. **~ˌbahn** *f* portable (*od.* light, field) railway (*Am.* railroad). **~ˌbau** *m* ⟨-(e)s; *no pl*⟩ tillage (of the fields). **~ˌbe·cher** *m* **1.** picnic cup (*od.* beaker). **2.** *mil.* canteen cup. **~beˌfe·sti·gung** *f* field fortification (*od.* work). **~beˌgriff** *m ling.* (semantic) field concept. **~beˌrei·ni·gung** *f* → Flurbereinigung. **~beˌstel·lung** *f* → Feldbau. **~ˌbett** *n* camp bed, *Am.* (camp) cot. **~ˌbi·schof** *m mil.* Chief of Chaplains. **~ˌblu·me** *f bot.* field (*od.* wild) flower. **~ˌblu·se** *f mil.* battle-dress tunic. **~ˌboh·ne** *f bot.* horse bean. **~ˌdienst** *m mil.* field duty. ˌ**feldˈein** *adv* **1.** → feldeinwärts. **2.** *only in* **~, feldaus** *od.* **~ und feldaus** through the fields. **~ˌwärts** *adv* into the fields, across the country.

ˈ**Feld|ˌeis** *n* field ice. **~ˌelek·tron** *n phys.* field electron. **~ˌfla·sche** *f mil.* canteen, *bes. Br.* water bottle. **~ˌflugˌplatz** *m mil.* advanced airfield. **~ˌflur** *f* → Flur[1] 1. **~ˌfrucht** *f meist pl agr.* field product(s *pl*) (*od.* produce), field crop(s *pl*). **~ˌfunkˌsprech·geˌrät** *n mil.* field radio set, *colloq.* walkie-talkie. **~ˌgeist·li·che** *m* army chaplain. **~gen·dar·meˌrie** *f* military police, MP. **~geˌpäck** *n* kit-bag, (battle) kit, *Am.* field pack; **mit vollständigem ~** in full battle order. **~geˌricht** *n jur. mil.* field (*od.* general) court-martial. **~geˌschütz** *n mil. hist.* fieldpiece, fieldgun. **~ˌglei·chung** *f math. phys.* field equation. **~ˌgot·tesˌdienst** *m mil. relig.* drumhead (*od.* camp) service. ≗ˌ**grau I** *adj mil.* field-grey (*Am.* -gray). **II** ≗ *n* ⟨-s⟩ field-grey (*Am.* -gray); **in** ≗ in field-grey (uniform). **~ˌha·se** *m* common hare. **~hauˌbit·ze** *f mil. hist.* field howitzer. **~ˌhauptˌmann** *m mil. hist.* a) commander in chief (of army), b) colonel (of regiment of lansquenets). **~ˌheer** *n mil.* field forces *pl*, army in the field. **~ˌherr** *m hist.* **1.** general, military leader (*od.* commander). **2.** strategist.

ˈ**Feldˌherrn|ˌkunst** *f* generalship, strategy. **~ˌmie·ne** *f* commanding (*weitS.* triumphant) air (*od.* expression). **~ˌstab** *m mil. hist.* commander's baton.

ˈ**Feld|ˌheuˌschrecke** (*getr.* -k·k-) *f* short-horned grasshopper, locust. **~ˌhockey** (*getr.* -k·k-) *n* field hockey. **~ˌhuhn** *n* → Rebhuhn. **~ˌhü·ter** *m* field guard. **~kaˌplan** *m mil. relig.* (Catholic) military chaplain, *colloq.* padre. **~ˌklee** *m bot.* shamrock. **~ˌkohl** *m bot.* **1.** field cabbage. **2.** wild radish (*od.* rape). **~ˌkrä·he** *f* rook. **~ˌkres·se** *f bot.* field-(*od.* cow-)cress. **~ˌkü·che** *f mil.* field (*od.* motor) kitchen, *Am.* field mess. **~ˌla·ger** *n mil.* bivouac, (military) camp, encampment. **~la·zaˌrett** *n mil.* field (*Am.* evacuation) hospital. **~ˌler·che** *f orn.* skylark, field-lark. **~ˌli·ni·en** *pl* **1.** *electr.* lines of (electric *od.* magnetic) flux. **2.** *phys.* lines of force. **~maˌgnet** *m* field magnet. **~ˌmar·schall** *m mil.* field marshal(l), *Am.* general. ≗ˌ**marschˌmä·ßig** *adj* in full marching order, *Am.* on battle dress and full (battle) kit; **~e Ausrüstung** field equipment. **~ˌmaus** *f* field vole. **~ˌmes·sen** *n* surveying. **~ˌmes·ser** *m* surveyor. **~ˌmes·sung** *f* (land) surveying, geodesy. **~ˌmohn** *m bot.* corn (*od.* field) poppy. **~ˌmüt·ze** *f mil.* forage (*Am.* garrison) cap. **~ˌpost** *f mil.* army postal service, *Am.* army mail; **~amt** *n* Army Post Office, APO; **~brief** *m* letter from (*od.* to) the front; **~num·mer** *f mil.* Field Post Number, *Am.* Army Post Office Number, APO No. **~ˌreg·ler** *m electr.* field regulator (*od.* rheostat). **~ˌrü·be** *f bot.* turnip. **~saˌlat** *m* lamb's lettuce.

ˈ**Feldˌscher** *m* ⟨-(e)s; -e⟩ *med. mil. hist.* army surgeon.

ˈ**Feld|ˌschlacht** *f mil.* battle; **in offener ~** in open (*od.* pitched) battle. **~ˌschlan·ge** *f mil. hist.* culverin(g). **~ˌschmie·de** *f* portable (*od.* field) forge. **~ˌspan·nung** *f electr.* field voltage. **~ˌspat** *m min.* feldspar. **~ˌspie·ler** *m Sport*: outfield player. **~ˌstär·ke** *f phys.* field strength. **~ˌste·cher** *m* binoculars *pl*, field glasses *pl*. **~ˌstein** *m* **1.** fieldstone. **2.** *geol.* (*Findling*) boulder. **3.** (*Grenzstein*) landmark. **~ˌstu·die** *f Marktforschung etc*: field study. **~ˌstuhl** *m* **1.** camp-stool. **2.** *mit Lehne*: camp chair. **~te·leˌfon, ~te·leˌphon** *n* field telephone. **~theoˌrie** *f phys. psych.* field theory. **~ˌtrup·pe** *f mil.* **1.** field unit. **2.** *collect.* field forces *pl*. ≗ˌ**überˌle·gen** *adj Sport*: in command. **~ˌübung** *f mil.* field exercise. **~verˌband(s)ˌplatz** *m mil.* advanced dressing station, *Am.* collecting station. **~verˌweis** *m Sport*: dismissal from the field; **j-m e-n ~ erteilen** send s.o. off (the field). **~-ˌWald-ˌund-ˈWie·sen...** *in Zssgn contp.* common or garden (*psychologist, etc*). **~ˌwe·bel** [-ˌveːbəl] *m* ⟨-s; -⟩ **1.** *mil.* a) sergeant, b) *der Luftwaffe*: *Am.* staff sergeant. **2.** *fig. colloq.* (*Frau*) sergeant major, bossy woman. **3.** *fig. colloq.* head (on a glass of beer). **~ˌwe·belˌton** *m* ⟨-s; *no pl*⟩ bellowing tone. **~ˌweg** *m* field path; *zwischen Hecken*: (country) lane; (*unbefestigtes Sträßchen*) country road, *Am.* dirt road. **~ˌwei·zen** *m bot.* creeping wheat. **~ˌwirt·schaft** *f* → Ackerwirtschaft. **~ˌzei·chen** *n mil. hist.* **1.** ensign. **2.** (*Standarte*) (battle) standard. **3.** (*Fahne*) (field) banner, flag. **~ˌzug** *m* **1.** *mil.* campaign, expedition; **e-n ~ gegen j-n führen** conduct a campaign against s.o. **2.** *fig.* a) (*Werbe*≗ *etc*; *a. gegen et. od. j-n*) campaign, drive, b) (*Kreuzzug*) crusade (**gegen** against). **~ˌzugsˌplan** *m mil.* plan of operations.

ˈ**Felg|ˌaufˌschwung, ~ˌaufˌzug** *m gym.* upward circle (forward[s]).

Fel·ge[1] [ˈfɛlɡə] *f* ⟨-; -n⟩ **1.** (*Rad*≗) (wheel) rim, felloe; **auf den ~n fahren** drive on the rims; **mit ~n versehen** rim. **2.** *gym.* circle. ˈ**Fel·ge**[2] *f* ⟨-; -n⟩ *Southern G. agr.* **1.** fallow (land). **2.** ploughing (*Am.* plowing) up of fallow.

ˈ**Fel·gen|ˌabˌziehˌhe·bel** *m* rim remover. **~ˌbrem·se** *f* **1.** *mot.* rim brake. **2.** *am Fahrrad*: cal(l)iper brake. **~ˌrand** *m* rim edge.

ˈ**Felgˌumˌschwung** *m gym.* circle.

Fell [fɛl] *n* ⟨-(e)s; -e⟩ **1.** *zo.* coat. **2.** *abgezogenes*: a) hide, *von kleineren Tieren*: skin, b) *ungegerbtes*: pelt, c) *bes. gegerbtes*: fur, d) (*Schafs*≗) fleece; **e-m Tier das ~ abziehen** skin an animal. **3.** *humor. des Menschen*: skin, *colloq.* bark; *colloq.* **ein dickes ~ haben** have a thick skin, be thick-skinned; **j-m das ~ gerben** give s. o. a good (*od.* sound) hiding, tan s. o.'s hide; **ihm** (*od.* **ihn**) **juckt das ~** a) he's asking for trouble, he's itching for a fight, b) he is in a reckless mood; **j-m das ~ über die Ohren ziehen** fleece s. o., clean s. o. out; **ihm sind alle ~e weggeschwommen** all his hopes have been wrecked. **4.** *tech.* (*Walz*≗) rough (*od.* rolling) sheet. **5.** *mus.* a) *e-s Banjos*: vellum, parchment, b) *e-r Pauke etc*: (drum)head, hide, skin. **6.** *der Skier*: skin.

Fel·la·che [fɛˈlaxə] *m* ⟨-n; -n⟩ fellah.

ˈ**Fell|ˌei·sen** *n obs.* (*Ranzen*) knapsack. **~ˌzeich·nung** *f zo.* coat pattern.

Fe·lo·nie [feloˈniː] *f* ⟨-; -n [-ən]⟩ *hist.* felony.

Fels [fɛls] *m* ⟨-en; -en⟩ rock (*a. fig.*); *spitzer*: crag; (*Steil*≗, *Klippe*) cliff; **gewachsener** (*od.* **fester**) **~** bedrock, living rock; **in ~en gehauen** rock-hewn (*od.* -cut); *fig.* **wie ein ~ in der Brandung** as firm as a rock, a tower of strength; *bes. fig.* **auf ~ gebaut** built (*od.* founded) on rock. **~ˌabˌhang** *m* rocky declivity, precipice. **~ˌband** *n* ⟨-(e)s; ⸚er⟩, **~ˌbank** *f* ⟨-; ⸚e⟩ ledge (of rock). **~ˌblock** *m* ⟨-(e)s; ⸚e⟩ *geol.* rock, boulder. **~ˌbo·den** *m* **1.** rocky ground. **2.** *geol.* rock(y) bed (*od.* bottom, floor). **~ˌbrocken** (*getr.* -k·k-) *m* (piece of) rock, boulder.

Fel·sen [ˈfɛlzən] *m* ⟨-s; -⟩ → Fels. **~ˌbein** *n anat.* petrosal (bone). **~beˌwoh·ner** *m* cliff dweller. ≗ˈ**fest** *fig.* **I** *adj Glaube, Überzeugung etc*: rocklike, firm, steadfast, unshakable. **II** *adv* firmly, steadfastly; **das steht ~** that's as sure as eggs is (*od.* are) eggs; **ich bin ~ davon überzeugt** I am firmly (*od.* absolutely) convinced of it. **~geˌbir·ge** *n* **1.** range (*od.* chain) of rocks. **2.** *geogr.* **das ~** *in Amerika*: the Rocky Mountains *pl*. **~ˌgrund** *m geol.* rock-bottom, rock bed. **~ˌhöh·le** *f geol.* rock cave (*od.* cavern). **~ˌkel·ler** *m* rock(-hewn) cellar. **~ˌnest** *n orn. u. fig.* eyrie. **~ˌschwal·be** *f orn.* crag martin. **~ˌtem·pel** *m archeol.* rock-cut (*od.* cave) temple.

ˈ**Fels|geˌröll** *n* rock debris. **~geˌstein** *n* rock. **~ˌglim·mer** *m min.* mica. **~ˌgrat** *m* (high) rocky ridge, *bes. Am.* razorback. **~ˌgrund** *m* → Felsengrund.

fel·sig [ˈfɛlzɪç] *adj geol.* rocky, craggy.

ˈ**Fels|ˌinˌschrift** *f archeol.* petroglyph, pictograph. **~ˌin·sel** *f geol.* rock island.

Fel·sit [fɛlˈziːt; -ˈzɪt] *m* ⟨-s; -e⟩ *min.* felsite.

ˈ**Fels|ˌklet·tern** *n* rock-climbing. **~ˌklip·pe** *f* cliff. **~ˌkü·ste** *f* rocky (*od.* rockbound) coast. **~ma·leˌrei** *f* rock painting. **~ˌmas·se** *f* mass of rocks, rock mass. **~ˌna·del** *f geol.* spine, belonite. **~ˌna·se** *f* rock projection. **~ˌpflan·ze** *f* rock plant. **~ˌplat·te** *f* bench (*od.* ledge) of rock. **~ˌriß** *m*, **~ˌrit·ze** *f* → Felsspalte. **~ˌschlucht** *f* gorge, ravine, canyon. **~ˌspal·te** *f* (narrow) cleft (*od.* crevice) (in a rock).

~ˌ**spit·ze** *f* crag, (rock) peak. ~ˌ**sturz** *m* rock-slide. ~ˌ**vorˌsprung** *m* rock(y) spur, ledge. ~ˌ**wand** *f* rock face (*od.* wall). ~ˌ**zacke** (*getr.* -k·k-) *f* crag. ~ˌ**zeich·nung** *f* rock drawing.

Fe·lu·ke [feˈluːkə] *f* <-; -n> *mar.* felucca.

Fe·me [ˈfeːmə] *f* <-; -n> *bes. hist.* **1.** vehme. **2.** → Femgericht. ˈ**Fe·meˌmord** *m hist.* vehmic murder. ˈ**Femgeˌricht** *n bes. hist.* vehmic court, vehmgericht.

fe·mi·nin [femiˈniːn] *adj* **1.** *a. ling.* feminine. **2.** (*weibisch*) effeminate, womanish. **Fe·miˈni·num** [-num] *n* <-s; -nina [-na]> *ling.* **1.** feminine gender. **2.** feminine (noun).

Fe·mi·nis·mus [femiˈnɪsmus] *m* <-; -men> **1.** *biol.* feminism. **2.** <*only sg*> feminism. **Fe·miˈni·stin** *f* <-; -nen>. **fe·miˈni·stisch** *adj pol.* feminist.

Fen·chel [ˈfɛnçəl] *m* <-s; *no pl*> *bot.* fennel. ~ˌ**holz** *n* sassafras (wood).

Fen·der [ˈfɛndər] *m* <-s; -> *mar.* fender.

Fenn [fɛn] *n* <-(e)s; -e> *Low G.* fen, bog, marsh(land).

Fen·ster [ˈfɛnstər] *n* <-s; -> **1.** window (*a. mot. etc*); *fig. pol.* **ein ~ nach dem Westen** a gate to the West; **ohne ~** without windows, windowless; **am ~ stehen** stand by (*od.* at) the window; **aus dem ~ sehen, zum ~ hinaussehen** look out of (*od.* at) the window; *fig. colloq.* **Geld zum ~ hinauswerfen** throw money away (*od.* down the drain); **er ist weg vom ~** he is out (of the game), his goose is cooked. **2.** (*Oberlicht*) skylight. **3.** → **Schaufenster. 4.** *e-s Briefumschlags*: (envelope) window. **5.** *hort.* a) *e-s Gewächshauses*: glass, b) *e-s Mistbeets*: glass frame. **6.** *anat. im Mittelohr*: fenestra. **7.** *phot.* a) *e-r Photozelle*: window, b) *e-s Projektors etc*: gate aperture. **8.** *geol.* inlier, window. ~ˌ**bank** *f* <-; ¨-e> window-sill. ~ˌ**bo·gen** *m* window arch. ~ˌ**brett** *n* window-sill (*od.* -ledge). ~ˌ**briefˌumˌschlag** *m* window envelope.

ˈ**Fen·ster·chen** *n* <-s; -> **1.** *dim. of* Fenster. **2.** *arch.* fenestella. **3.** *zo. an Insektenflügeln*: fenestra.

ˈ**Fen·ster|ˌflü·gel** *m* leaf (of casement window), wing. ~ˌ**fut·ter** *n* window lining (*od.* casing). ~ˌ**git·ter** *n* lattice, window grate (*od.* grating, grille). ~ˌ**glas** *n* window glass. ~ˌ**he·ber** *m mot.* window regulator. ~ˌ**kitt** *m* glazier's putty. ~ˌ**kreuz** *n* window cross. ~ˌ**kro·ne** *f med.* window crown. ~ˌ**la·den** *m* (window) shutter. ~ˌ**le·dern** chamois (*od.* wash, *colloq.* shammy) leather.

fen·sterln [ˈfɛnstərln] *v/i* <h> *dial.* climb in (to one's sweetheart).

ˈ**fen·ster·los** *adj* windowless.

fen·stern [ˈfɛnstərn] *v/t* <h> **1.** *civ. eng.* window, put windows in. **2.** *med.* (*Gipsverband*) fenestrate.

ˈ**Fen·ster|ˌni·sche** *f* window embrasure (*od.* recess). ~ˌ**pfei·ler** *m* mullion, pier. ~ˌ**pfo·sten** *m* mullion, (window) jamb. ~ˌ**platz** *m rail.* window seat. ~ˌ**put·zer** *m* window cleaner. ~ˌ**ro·se,** ~**roˌset·te** *f arch.* rose window, rosette. ~ˌ**schei·be** *f* (window-)pane. ~ˌ**sims** *m, n* window-sill. ~ˌ**ska·la** *f tech.* window dial. ~ˌ**sturz** *m* **1.** *arch.* (window) lintel. **2.** *hist.* **der Prager ~** the Defenestration of Prague (*1618*). ~ˌ**tür** *f* French window (*od.* door). ~ˌ**umˌschlag** *m Brief*: window envelope.

Fe·ri·en [ˈfeːrĭən] *pl* **1.** *Br.* holiday(s *pl*), *Am.* vacation *sg*; **die großen ~** the summer holidays, *Am.* the (long) vacation; **in (die) ~ fahren** go on a (*od.* one's) holiday (*Am.* vacation); **~ haben** be on (*od.* have a) holiday, (*Am.* vacation); **~ machen** (take *od.* have a) holiday, *Am.* (take a) vacation, go (*od.* be) vacationing; **in (den) ~ sein** be on holiday, *Am.* be on vacation, be vacationing; *fig.* **~ vom Ich** a holiday from one's workaday self. **2.** a) *parl.* recess, b) *jur. des Gerichts*: vacation, recess; **das Parlament ging in die ~** Parliament rose (*od.* went into recess); **das Gericht geht in die ~** Court adjourns for the vacation. **3.** *antiq. relig.* feriae. ˈ**Fe·ri·en...** *in Zssgn meist* holiday (*Am.* vacation) (*area, camp, course, flat, home, trip, tour, village*). ~ˌ**kind** *n* child on holiday (*Am.* vacation); **Berliner ~** child on holiday from Berlin. ~**ko·loˌnie** *f* holiday camp. ~ˌ**ort** *m* holiday (*Am.* vacation) resort (*od.* place). ~ˌ**rei·sen·de** *m, f* <-n; -n> tourist, holidaymaker, *Am. a.* vacationist. ~ˌ**stim·mung** *f* **1.** (**in ~** in a) holiday mood. **2.** holiday atmosphere. ~ˌ**tag** *m* day of one's holidays. ~ˌ**zeit** *f* holiday (*Am.* vacation) time (*od.* season).

Fer·kel [ˈfɛrkəl] *n* <-s; -> **1.** *agr.* little pig, piglet; **~ werfen** → **ferkeln** 1. **2.** (*Mast*≈) porker. **3.** *fig. contp.* (*Person*) (dirty *od.* filthy) pig. **Fer·keˈlei** *f* <-; -en> *fig. colloq.* **1.** dirtiness, smut. **2.** (*Zote*) smutty (*od.* dirty) joke. **3.** (*Obszönität*) smut. ˈ**fer·keln** *v/i* <h> **1.** *zo.* farrow, pig, litter. **2.** *fig. colloq.* a) make a mess, b) (*Zoten reißen*) talk smut.

Fer·ma·te [fɛrˈmaːtə] *f* <-; -n> *mus.* fermata.

Fer·ment [fɛrˈmɛnt] *n* <-s; -e> *chem.* ferment, enzyme. **Fer·men·ta·tiˈon** [-taˈtsĭoːn] *f* <-; -en> fermentation. **fer·menˈtie·ren** [-ˈtiːrən] *v/t u. v/i* <h> ferment.

fern [fɛrn] **I** *adj* <-er; -st> **1.** *Land etc*: far(-away), far-off, *a. fig.* distant, remote (*relative, resemblance, ideal, etc*); **der** ≈**e Osten** the Far East; *fig.* **das sei ~ von mir!** far be it from me! (*cf* **fernliegen**). **2.** *fig.* a) (*zukünftig*) future, far-away, distant, remote (*days, times*), b) (*vergangen*) past, bygone, distant, remote, *days* of yore; **in ~er Zukunft** in the distant future; **in nicht allzu ~er Zukunft** in a not too distant future, before long. **II** *adv* **3.** far (away *od.* off), in the distance, distant(ly), remote(ly), *lit.* afar; **~ am Horizont** on the far horizon; **von ~ (her)** from afar, from a distance, *hören etc*: *a.* in the distance, a long way off; *a. fig.* **von ~ betrachtet** viewed (*od.* seen) from a distance. **III** *prep* <*dat*> **4.** far (away) from, a long way from (*home, etc*).

ˌ**fernˈab** *adv* far away, far off.

ˈ**Fern|ˌab·le·sung** *f* <-; -en> *tech.* remote (*od.* distant) reading. ~ˌ**amt** *n teleph.* trunk (*Am.* long-distance, toll) exchange, *colloq.* trunks, *Am.* long-distance. ~ˌ**anˌruf** *m* → Ferngespräch. ~ˌ**anˌschluß** *m* direct long-distance connection. ~ˌ**anˌtrieb** *m tech.* remote drive (*od.* control). ~ˌ**anˌzei·ge** *f tech.* remote indication. ~ˌ**aufˌklä·rer** *m aer. mil.* long-range reconnaissance aircraft. ~ˌ**aufˌnah·me** *f* **1.** *phot.* telephoto(graph). **2.** *med. beim Röntgen*: teleradiograph. ~ˌ**ausˌlö·ser** *m phot.* remote control release. ~ˌ**be·ben** *n geol.* distant earthquake. ~**beˌdie·nung** *f* remote control. ~**beˌdie·nungsˌwerkˌzeug** *n nucl.* remote handling device. ~**beˌhand·lung** *f med.* teletherapy. ≈ˌ**blei·ben I** *v/i* <*irr, sep,* -ge-, sein> **1.** (*dat od.* **von** from) stay away, absent o.s.; **er blieb der Versammlung fern** he stayed away from (*od.* did not attend) the meeting. **II** ≈ *n* <-s> **2.** staying away from (*etc*). **3.** (**von**) absence (from) (*duty, school, etc*), non-attendance (at); *vom Arbeitsplatz etc*: *a.* absenteeism. ~ˌ**blick** *m* distant view, vista. ~ˌ**bom·ber** *m aer. mil.* long-range bomber. ~ˌ**bril·le** *f* distance spectacles *pl* (*od.* glasses *pl*). ~ˌ**drucker** (*getr.* -k·k-) *m* teleprinter.

Fer·ne [ˈfɛrnə] *f* <-; *no pl*> **1.** distance, remoteness; **aus der ~** from (*od.* at) a distance, from far away (*od. lit.* afar); **aus weiter ~** (from) afar, (from) a long way off; **Grüße aus der ~** greetings from afar; **s-e Stimme klang wie aus weiter ~** his voice sounded far away; **j-n aus der ~ verehren** admire s.o. from afar; **in der ~** in the (*od.* at a) distance, far away; **in der ~ liegend** distant, remote, far-away; **in der ~ leben** live far away (*od.* far from home); **in der ~ verschwinden** fade into the distance, pass out of sight; *fig.* **das liegt noch in weiter ~** that's still a long way off (*od.* a far cry); *fig.* **in weite ~ gerückt** receded into a dim distance; **in die ~ schweifen** roam afield. **2.** *Kunst*: distance, (distant) background.

ˈ**Fern·empˌfang** *m Radio*: long-distance reception.

ˈ**fer·ner I** *comp of* **fern** I. **II** *adj Aufträge etc*: further, future, continued. **III** *adv* → fernerhin. **IV** *conj* (*außerdem*) further(more), moreover, besides, in addition, also; *Sport*: **~ liefen** (there) also ran; *fig. colloq.* **er erschien unter „~ liefen"** he was among the also rans.

ˈ**Fer·ner** *m* <-s; -> *Bavarian for* **Gletscher.**

ˈ**fer·nerˌhin** *adv* for (*od.* in) the future, from now (on), *lit.* henceforward, henceforth; **auch ~ tun** continue to do, keep doing.

ˈ**Fern|ˌfah·rer** *m* long-distance lorry driver, *Am.* long-haul truck driver. ~ˌ**fahrt** *f* long(-distance) trip (*od.* run, *mar. a.* cruise); *mit Lastwagen*: *a.* long-haul trip. ~ˌ**flug** *m* long-distance flight. ~ˌ**funk** *m* long-distance broadcast (*od.* transmission). ~ˌ**gang** *m mot.* overdrive.

ˈ**Fernˌgas** *n* long-distance (*od.* grid) gas. ~ˌ**lei·tung** *f* long-distance gas main (*od.* pipeline).

ˈ**fern|geˌlenkt** *adj* → **ferngesteuert** I. ≈**geˌspräch** *n* trunk (*bes. Am.* long-distance) call. ~**geˌsteu·ert I** *adj* remote-(*od.* radio-)controlled; *Flugzeug etc*: *a.* pilotless; **~es Geschoß** guided missile. **II** *adv* by remote control. ≈ˌ**glas** *n* binoculars *pl*, (field-)glass, spyglass. ~ˌ**hal·ten I** *v/t* <*irr, sep,* -ge-, h> **1.** (**von** from) keep away (*od.* off), hold off; **j-n von j-m ~** keep s.o. away from s.o.; **j-n von sich ~** keep s.o. at a distance, *stärker*: fend s.o. off; **et. von j-m ~** a) keep s.th. from s.o., b) protect (*od.* shield) s.o. from s.th. **2.** (*ausschließen*) exclude (**j-n von e-m Gespräch** *etc* s.o. from a talk, *etc*). **II** *v/reflex* **sich ~ (von) 3.** keep away (from), *weitS. a.* keep aloof (from) (*politics, etc*), keep (*od.* steer) clear (of), fight shy of. **4.** → **fernbleiben** 1. ≈ˌ**hei·zung** *f* district heating (system), tele-(*od.* distant) heating. ~ˈ**her** *adv* **von ~** from afar. ~ˈ**hin** *adv* to a great distance. ≈ˌ**hö·rer** *m* **1.** telephone receiver. **2.** (*Kopfhörer*) headphone. ≈ˌ**ka·bel** *n* trunk (*Am.* long-distance) cable. ≈ˌ**kurs,** ≈ˌ**kur·sus** *m ped.* correspondence course. ≈ˌ**la·ster** *m colloq. for* **Fernlastzug.** ≈ˌ**last·verˌkehr** *m* long-distance road haulage, *bes. Am.* long-haul transport. ≈ˌ**lastˌzug** *m* long-distance road train. ≈ˌ**lehrˌgang** *m* → **Fernkurs.** ≈ˌ**lehr·in·stiˌtut** *n* correspondence school.

≈ˌlei·tung *f* **1.** *teleph.* trunk (*Am.* long-distance) line. **2.** *electr.* (long-distance) transmission (*od.* power) line. **3.** (*Röhren*≈) pipeline. ~ˌ**len·ken** *v/t* <*sep*, -ge-, h> → fernsteuern. ≈ˌ**lenkˌpult** *n* control desk. ≈ˌ**len·kung** *f* remote (*od.* distant, radio) control. ≈ˌ**lenkˌwaf·fe** *f mil.* guided weapon (*od.* missile). ≈ˌ**licht** *n mot.* full (headlight) beam, high beam (position).

ˈ**fernˌlie·gen** *v/i* <*irr, sep*, -ge-, h *u.* sein> es liegt mir fern zu glauben, daß far be it from me to suppose that; die Absicht liegt mir fern that's far from my mind; nichts liegt mir ferner nothing is further from my mind; der Gedanke lag mir fern nothing was further from my mind, the idea never occurred to me. ~**d** *adj* **1.** → fern 1. **2.** *fig. Problem etc*: far-fetched.

ˈ**Fernˌmel·de|ˌamt** *n* (tele)communication(s) (*od.* telephone) office. ~ˌ**anˌla·ge** *f* transmitting station, (tele)communication(s) system (*od.* equipment). ~**ba·tailˌlon** *n mil.* signal battalion. ~ˌ**dienst** *m* (tele)communication(s) service. ~ˌ**netz** *n* telecommunication(s) system (*od.* network). ~ˌ**tech·nik** *f* (tele)communications engineering. ~ˌ**turm** *m* telecommunications (*od.* post-office) tower. ~ˌ**we·sen** *n* telecommunication(s *pl*).

ˈ**Fern|ˌmel·dung** *f* remote signal, distant message. ~ˌ**meß·geˌrät**, ~ˌ**meß·in·struˌment** *n* telemeter. ~ˌ**mes·sung** *f* **1.** telemetering. **2.** (*Ergebnis*) distant reading. ≈ˌ**münd·lich I** *adj* telephonic, (by *od.* over the) telephone, *colloq.* over the phone; ~es Gespräch telephone conversation. **II** *adv* j-n ~ benachrichtigen inform s. o. by telephone (*od. colloq.* over the phone). ~ˈ**ost** *m* in ~ in the Far East. ≈ˈ**öst·lich** *adj* Far Eastern. ~**pho·to·graˌphie** *f* telephotography. ~ˌ**rohr** *n* telescope. ~ˌ**rohrˌaufˌsatz** *m auf Gewehr*: telescopic sight. ~ˌ**ruf** *m* **1.** (*Anruf*) (telephone) call, long-distance call. **2.** (*Rufnummer*) telephone (number), *abbr. auf Briefköpfen etc*: Tel. ~ˌ**schal·ter** *m* remote-control switch. ~ˌ**schal·tung** *f* remote-control connection. ~ˌ**schnellˌzug** *m* long-distance express (train), *Am.* limited express. ~ˌ**schrei·ben** *n* telex (message); per ~ by telex. ~ˌ**schrei·ber** *m* **1.** (*Apparat*) telex (machine), teletypewriter, teleprinter; durch ~ by telex. **2.** (*Person*) telex operator, teletyper, teletypist. ~ˌ**schreibˌnetz** *n* telex (*od.* teletype) network (*od.* service). ≈ˌ**schrift·lich** *adj u. adv* by telex, by teleprint, by teletype.

ˈ**Fernˌseh...** *in Zssgn* television (*od.* TV) (*announcer, network, picture, series, studio, etc*); *a.* televisual, video. ~ˌ**an·spra·che** *f* televised address. ~ˌ**anˌstalt** *f* television (broadcasting) station (*od.* company). ~**ap·paˌrat** *m* → Fernsehgerät. ~ˌ**aufˌnah·me** *f* **1.** (*Handlung*) television recording, telerecording. **2.** (*Bild*) televised picture (*od.* shot), telerecording. ~ˌ**aufˌzeich·nung** *f* telerecording, videotape recording. ~ˌ**au·ge** *n* television eye. ~ˌ**bildˌschirm** *m* → Fernsehschirm. ~**dis·kus·siˌon** *f* television (*od.* TV) panel discussion. ~**empˌfän·ger** *m* → Fernsehgerät.

ˈ**Fernˌse·hen** *n* <-s; *no pl*> television; im (deutschen) ~ on (German) television; im ~ übertragen televise, telecast, broadcast on television; et. im ~ sehen see (*od.* watch) s. th. on television; was gibt es heute abend im ~? what is on television tonight? ˈ**fernˌse·hen I** *v/i* <*irr, sep*, -ge-, h> watch television, teleview. **II** ≈ *n* <-s> (beim ≈ when) watching television. ˈ**Fernˌse·her** *m* <-s; -> *colloq.* **1.** → Fernsehgerät. **2.** → Fernsehteilnehmer.

ˈ**Fernˌseh|ˌfas·sung** *f* television (*od.* TV) version. ~ˌ**film** *m* telefilm, television film. ~**geˌrät** *n* television (*od.* TV) set, *Br. colloq.* telly. ~ˌ**ka·me·ra** *f* television camera, telecamera, TV camera. ~**kaˌnal** *m* television channel. ~**kasˌset·te** *f* videocassette. ~ˌ**kof·fer·empˌfän·ger** *m* portable television set. ~**proˌgramm** *n* **1.** television program(me *Br.*). **2.** (*Kanal*) (television *od.* TV) channel. ~ˌ**pu·bli·kum** *n* television audience. ~**re·porˌta·ge** *f* television report. ~ˌ**rat** *m* Supervisory Board of TV companies. ~ˌ**röh·re** *f* **1.** *in der Kamera*: television (*od.* pickup) tube, iconoscope. **2.** *im Apparat*: picture tube, kinescope. ~**sa·telˌlit** *m* television satellite. ~ˌ**schirm** *m* (tele)screen, TV screen. ~ˌ**sen·der** *m* **1.** television transmitter. **2.** (*Anstalt*) television (broadcasting) station. ~ˌ**sen·dung** *f* television (*od.* TV) broadcast (*od.* program[me *Br.*]), telecast. ~ˌ**spiel** *n* television play, teleplay. ~ˌ**tech·nik** *f* television engineering. ~ˌ**tech·ni·ker** *m* television engineer (*od.* technician). ~ˌ**teilˌneh·mer** *m* television viewer, televiewer, *pl* television (*od.* TV) audience *sg.* ~**te·leˌphon** *n* video telephone. ~ˌ**turm** *m* television tower. ~ˌ**überˌtra·gung** *f* → Fernsehsendung. ~ˌ**zuˌschau·er** *m* → Fernsehteilnehmer.

ˈ**Fernˌsicht** *f* **1.** (sehr gute ~ excellent) view. **2.** *meteor.* visibility, visual range.

ˈ**fernˌsich·tig** *adj med.* long-sighted, far-sighted, presbyopic. ≈**keit** *f* <-; *no pl*> long-sightedness (*etc*).

ˈ**Fernˌsprech|ˌamt** *n* telephone exchange, *Am.* central (office). ~ˌ**anˌla·ge** *f* telephone installation (*od.* system). ~ˌ**anˌsa·geˌdienst** *m* → Fernsprech-Sonderdienst. ~ˌ**anˌschluß** *m* telephone connection, subscriber's line. ~**ap·paˌrat** *m* → Fernsprecher. ~ˌ**aufˌtragsˌdienst** *m* automatic telephone answering service. ~ˌ**ausˌkunftsˌdienst** *m* telephone information service. ~**au·toˌmat** *m* coin-box telephone, *Am.* pay phone (*od.* station). ~ˌ**buch** *n* telephone directory, *colloq.* phone book.

ˈ**Fernˌspre·cher** *m* telephone (set), *colloq.* phone; öffentlicher ~ public telephone (station), *Am.* pay station; am ~ at (*od.* on) the (tele)phone; durch den ~ over (*od.* on) the (tele)phone.

ˈ**Fernˌsprech|geˌbühr** *f* telephone charge. ~ˌ**lei·tung** *f* telephone line. ~ˌ**ne·benˌstel·le** *f* extension (station). ~ˌ**netz** *n* telephone network (*od.* system). ~ˌ**num·mer** *f* telephone (*od.* call) number. ~ˌ**säu·le** *f* roadside telephone box. ~-ˌ**Son·derˌdienst** *m für Kinoprogramm etc*: special telephone service. ~ˌ**tech·nik** *f* telephone engineering. ~ˌ**teilˌneh·mer** *m* telephone subscriber; ~verzeichnis *n* telephone directory. ~**verˌkehr** *m* telephone traffic (*od.* communication); drahtloser ~ radio telephony. ~**verˌmitt·lung** *f* → Fernsprechamt. ~ˌ**we·sen** *n* telephony. ~ˌ**zel·le** *f* telephone (*od.* call) box, telephone kiosk, *Am. a.* phone booth. ~**zenˌtra·le** *f* → Fernsprechamt.

ˈ**Fern|ˌspruch** *m* telephone message (*od.* call). ≈ˌ**ste·hen** *v/i* <*irr, sep*, -ge-, h *u.* sein> **1.** j-m ~ be a stranger to s. o., not to be close to s. o., have no real contact with s. o. **2.** e-r Sache ~ have no personal connection with s. th. ~ˌ**ste·hen·de** *m, f* <-n; -n> outsider, (detached) onlooker. ≈ˌ**steu·ern** *v/t* <*sep*, -ge-, h> remote-control, operate (*od.* guide) by remote control. ~ˌ**steue·rung** *f* **1.** remote (*od.* radio) control. **2.** remote-control system. ~ˌ**stra·ße** *f* → Fernverkehrsstraße. ~ˌ**stu·di·um** *n* (study by a) correspondence course. ~**ther·moˌme·ter** *n* telethermometer. ~**transˌport** *m* long-distance (*od.* long-haul) transport. ≈ˌ**trau·en** *v/t* <*sep*, -ge-, h> marry *s. o.* by proxy; sie ließen sich ~ they married (*od.* were married) by proxy. ~ˌ**überˌwa·chung** *f electr. tech.* remote monitoring. ~ˌ**un·terˌricht** *m* **1.** correspondence course. **2.** correspondence instruction (*od.* tuition). ~**verˌbin·dung** *f* **1.** *teleph.* a) (*Leitung*) trunk (*Am.* long-distance) connection, b) (*Ferngespräch*) trunk (*Am.* long-distance) call. **2.** (*Transport*) long-distance traffic, *Am.* long hauls *pl.* **3.** → ~**verˌkehr** *m* **1.** *teleph.* trunk (*Am.* long-distance) traffic. **2.** *Transportwesen*: long-distance (*od.* long-haul) traffic.

ˈ**Fern·verˌkehrs|ˌflugˌzeug** *n* long-range aircraft. ~ˌ**om·ni·bus** *m* long-distance coach (*od.* bus), cross-country bus. ~ˌ**stra·ße** *f* **1.** arterial (*od.* trunk, main) road. **2.** (*Autobahn*) motorway, *Am.* superhighway, expressway, freeway.

ˈ**Fern|verˌmitt·lung** *f* → Fernsprechamt. ~**verˌsor·gungsˌnetz** *n* long-distance grid system. ~ˌ**waf·fe** *f mil.* long-range weapon. ~ˌ**wahl** *f teleph.* trunk dialling, *Am.* direct distance dialing. ~ˌ**wär·meˌnetz** *n* long-distance heating system. ~ˌ**weh** *n* wanderlust, yearning for faraway places. ~ˌ**wir·kung** *f* **1.** *tech.* remote (*od.* distant) action. **2.** *phys.* distant (*od.* long-range) effect. **3.** *psych.* telepathy, thought transference. ~ˌ**ziel** *n* **1.** long-term objective. **2.** (*Endziel*) ultimate aim (*od.* objective). **3.** *mil.* remote target. ~ˌ**zug** *m* long-distance (express) train. ~ˌ**zün·dung** *f tech.* remote-controlled ignition.

Fer·ri|amˈmon·sulˌfat [fɛriˀaˈmoːn-] *n chem.* ammonium ferric sulphate (*Am.* -f-). ~**azeˈtat** [-ˀatseˈtaːt] *n* ferric acetate. ~**chloˈrid** [-kloˈriːt] *n* ferric chloride. ~**zy·anˈka·li·um** [-tsyaːnˈkaːlĭʊm] *n* potassium ferricyanide.

Fer·ro|chloˈrid [fɛrokloˈriːt] *n chem.* ferrous chloride. ~ˈ**chrom** [-ˈkroːm] *n* ferrochromium, ferrochrome. ≈**eˈlek·trisch** [-ˀeˈlɛktrɪʃ] *adj* ferroelectric. ~**manˈgan** [-maŋˈgaːn] *n* ferromanganese. ~ˌ**salz** [ˈfɛro-] *n* ferrous salt. ~**sulˈfat** [-zʊlˈfaːt] *n* ferrous sulphate (*Am.* -f-). ~**tyˈpie** [-tyˈpiː] *f* ferrotype (process). ~**zyaˈnid** [-tsyaˈniːt] *n* ferrocyanide. ~**zy·anˈka·li·um** [-tsyaːnˈkaːlĭʊm] *n* potassium ferrocyanide.

Fer·se [ˈfɛrzə] *f* <-; -n> **1.** (*a. Strumpf*≈ *u. tech.*) heel; j-m auf die ~n treten a) tread on s. o.'s heels, b) *fig. colloq.* tread on s. o.'s toes (*od.* corns); *fig.* j-m dicht auf den ~n sein be hard (*od.* close, hot) (up)on s. o.'s heels, run s. o. close; j-m auf den ~n bleiben keep close (up)on s. o.'s heels; j-m (*od.* e-r Sache) (dicht) auf den ~n folgen follow hot on s. o.'s heels (on the heels of s. th.); sich an j-s ~n heften a) dog s. o.'s footsteps, b) *Sport*: tuck (*od.* drop) in behind. **2.** *des Golfschlägers*: heel.

ˈ**Fer·sen|ˌbein** *n anat.* heel bone, calcaneum. ≈ˌ**frei** *adj Schuh*: open-back. ~ˌ**geld** *n colloq.* ~ geben take to one's heels, show a clean pair of heels, turn tail.

fer·tig [ˈfɛrtɪç] *adj* **1.** (*bereit*) ready; das Essen ist ~ dinner is ready; ~ zum Ausgehen ready to leave; *Sport*: Achtung, ~, los! ready, get set, go!; → fix 5. **2.** (*beendet, abgeschlossen*) finished, done, *bes. Am.* through; ~ **werden mit** a) finish, be finished with (*one's work, etc*), b) *fig.* (*zurechtkommen*) cope (*od.* deal) with, manage, master (*difficulties, etc*), overcome (*an opponent*), get over (*trouble, etc*); **damit wird man nie** ~ there's no end to it; *fig.* **ohne j-n (et.)** ~ **werden** get along (*od.* do) without s.o. (s.th.); **ich bin mit m-r Arbeit** ~, **ich habe m-e Arbeit** ~ I have finished (*od.* I am finished with) my work; **er ist mit dem Frühstück** ~ he has finished (his) breakfast; *colloq.* **und damit** ~! and that's that! **3.** (~*gestellt*) finished, completed. **4.** *Kleidung*: ready-made, ready-to-wear; → **Fertigkleidung. 5.** *econ.* finished, manufactured (*products*). **6.** *gastr. Speisen*: instant (*food*). **7.** *tech.* (*vorgefertigt*) prefabricated, *colloq.* prefab. **8.** *fig. colloq.* (*erschöpft*) finished, ready to drop, done in, whacked, bushed; **ich bin** ~! *a.* I've had it! **9.** *fig. colloq.* (*finanziell ruiniert*) ruined, broke, down and out, done for, *sl.* bust. **10.** *colloq. Sport etc*: (*geschlagen*) finished; **der ist** ~! he has had it! **11.** *fig. colloq.* **mit j-m** ~ **sein** be finished (*bes. Am.* through) with s.o. **12.** *fig. colloq.* (*sprachlos*) speechless, flabbergasted; **da bist du** ~, **was?** that bowls you over, eh?; **jetzt bin ich aber** ~! well, I'm floored.

'Fer·tig|bau *m arch.* prefabricated building, *colloq.* prefab. ~**ele|ment** *n*, ~**|teil** *m, n* prefabricated (*od. colloq.* prefab) element, (*Betonfertigteil*) precast element. ~**|wei·se** *f* prefabricated (*od. colloq.* prefab) construction; **Haus in** ~ prefabricated house.

'fer·tig|be|ar·bei·ten *tech.* **I** *v/t* <*sep, no* **-ge-, h**> **1.** finish. **2.** *spanabhebend*: finish-machine. **II** ∼ *n* <**-s**> **3.** finishing (*etc*). ∼**be|ar·bei·tung** *f* **1.** → **fertigbearbeiten** II. **2.** finish. **3.** (*Arbeitsgang*) finishing operation. ~**be|kom·men** *v/t* <*irr, sep, no* **-ge-, h**> → **fertigbringen.** ∼**be|ton** *m* ready-mixed concrete. ~**|brin·gen** *v/t* <*irr, sep,* **-ge-, h**> **1.** (*beenden*) finish, complete, get *s. th.* done, do *s. th.* **2.** (*zustande bringen*) bring *s. th.* about (*od.* off), manage, get *s. th.* done, do *s. th.*, succeed in doing; **et.** ~ (*Erfolg haben*) achieve s.th., get results, get things done; **es** ~, **et. zu tun** *a. iro.* manage (*od.* contrive) to do s.th., succeed in doing s.th.; **ich brachte es nicht fertig** I couldn't do it, I failed, I didn't make it; *iro.* **das bringt er (glatt) fertig!** he is easily capable of (doing) that!, I wouldn't put that past him!; *iro.* **du bringst auch alles fertig!** you really take the cake!; **das bringst nur du fertig!** you would do (just) that!, that's typical of you!; **ich bringe es nicht fertig, es ihm zu sagen** I haven't the heart (*od.* I can't bring myself) to tell him. ~**|dre·hen** *v/t* <*sep,* **-ge-, h**> *tech.* finish-turn.

fer·ti·gen ['fɛrtɪgən] *v/t* <**h**> make, manufacture, produce.

'Fer·tig|er|zeug·nis, ~**fa·bri|kat** *n* finished product. ∼**|frä·sen** *v/t* <*sep,* **-ge-, h**> finish-mill. ∼**ge|packt** *adj econ. Ware etc*: prepacked, packaged. ~**ge|richt** *n* instant meal. ~**|haus** *n* prefabricated house, *colloq.* prefab (house). ~**in·du|strie** *f* finishing industry.

'Fer·tig·keit *f* <-; **-en**> (**in** *dat*) **1.** (in) a) (*manuelle* ~) (manual) skill, dexterity, b) *weitS.* skill, facility, art; **große** ~ **beim Erlernen fremder Sprachen** great facility in learning foreign languages. **2.** talent (for). **3.** (*Können*) proficiency (in); **(e-e) große** ~ **haben in** (*dat*) be highly proficient in, be very good at. **4.** (*Übung*) practice (in). **5.** *mus.* **technische** ~ execution. **6.** *im Sprechen*: fluency. **7.** *pl* (*erlernte* ~*en*) accomplishments, skills.

'Fer·tig||klei·dung *f* ready-to-wear (*od.* ready-made) clothes. ∼**|krie·gen** *v/t* <*sep,* **-ge-, h**> *colloq. for* **fertigbringen.** ∼**|ma·chen I** *v/t* <*sep,* **-ge-, h**> **1.** (*vollenden, abschließen*) finish, complete. **2.** (*bereitmachen*) get *s. o., s. th.* ready (**für** for). **3.** *colloq.* **j-n** ~ a) (*erschöpfen*) finish s.o., wear s.o. out, take it out of s.o., get s.o. down, b) *nervlich, seelisch*: get s.o. down, c) (*abkanzeln*) tell s.o. off, give s.o. hell, settle s.o.'s hash, d) (*mundtot machen*) squash s.o., squelch s.o., put s.o. down, e) *durch Kritik*: slam (*od.* slat, pan, clobber) s.o., f) (*verprügeln*) beat s.o. up, clobber s.o., give s.o. the works, g) *Sport*: trounce (*od.* demolish, clobber) s.o., h) (*umbringen*) finish s.o. off, give s.o. the works, rub s.o. out. **4.** *print.* adjust. **II** *v/reflex* **sich** ~ **5.** get ready (**zu** for). ~**|maß** *n tech.* finished (*od.* final) size. ~**mon|ta·ge** *f* final assembly. ~**|packung** (*getr.* **-k·k-**) *f* prepack(age). ~**pro|dukt** *n* → **Fertigerzeugnis.** ∼**|stel·len** *v/t* <*sep,* **-ge-, h**> finish, complete, get *s. th.* ready; **fertiggestellt sein** be finished (*od.* completed, ready). ~**|stel·lung** *f* <-; *no pl*> completion. ~**|stel·lungs·ter|min** *m* completion date. ~**|stra·ße** *f im Walzwerk*: finishing train. ~**|teil** *n* prefabricated part (*od.* component).

'Fer·ti·gung *f* <-; **-en**> *tech.* **1.** making, manufacturing, manufacture, production; **in** ~ **gehen** go into production. **2.** (*Ausstoß*) output.

'Fer·ti·gungs... *in Zssgn meist* production (*capacity, engineer, planning, etc*); → *a.* **Herstellungs ...** ~**be|trieb** *m* production plant, factory. ~**|jahr** *n* year of manufacture (*od.* production). ~**|lohn** *m meist pl* direct labo(u)r cost. ~**|stra·ße** *f* assembly (*od.* production) line. ~**|teil** *n* production part.

'fer·tig|ver|packt *adj* prepacked, prepackaged. ~**|wal·zen** *v/t* <*sep,* **-ge-, h**> *metall.* finish-roll. ∼**|wa·ren** *pl econ.* finished products.

fes [fɛs], **Fes**[1] *n* <-; -> *mus.* F flat.

Fes[2] *m* <- *u.* **-ses**; - *u.* **-se**> fez.

fesch [fɛʃ] *adj* <**-er**; **-est**> *colloq.* **1.** (*schick*) smart, chic, natty, snazzy (*hat, etc*). **2.** (*flott*) dashing (*person*). **3.** *Austrian* **sei** ~ **und** ...! be a sport and ...!

'fes'es, 'Fes'es *n mus.* F double flat.

Fes·sel[1] ['fɛsəl] *f* <-; **-n**> *meist pl* **1.** *a. fig.* fetter, shackles *pl*, chain; (*Handschelle*) handcuff, manacle; tie, bond, (*Seil*) rope; **j-m** ~**n anlegen, j-n in** ~**n legen** (*od. poet.* **schlagen**) put s.o. in chains; **die** ~**n abschütteln** (*od.* **abwerfen**) (**sprengen**) *a.* shake off (break) one's chains; **der Geist läßt sich nicht in** ~**n schlagen** one cannot fetter the mind. **2.** *fig.* bond, tie, trammel, ball and chain; **er empfand die Ehe als e-e (lästige)** ~ he felt tied down by marriage. **3.** *Ringen*: lock. **'Fes·sel**[2] *f* <-; **-n**> **1.** *anat.* ankle. **2.** *zo. bes. des Pferdes*: pastern.

'Fes·sel|bal|lon *m* captive balloon. ~**ge|lenk** *n zo.* hock; **die** ~**e des Pferdes** the hocks (*od.* pasterns, fetlocks) of the horse. ~**|griff** *m Ringen*: lock.

fes·seln ['fɛsəln] **I** *v/t* <**h**> **1.** *a. fig.* (**an** *acc* to) bind, tie; **j-n an Händen und Füßen** ~ bind s.o. hand and foot; *fig.* **j-n an sich** ~ tie s.o. to one; → **Bett** 1. **2.** *fig.* a) fascinate, captivate, enthral(l), hold *s. o.'s* interest, spellbind (*audience, etc*), b) (*Aufmerksamkeit, Auge etc*) hold, arrest, catch, rivet (*s. o.'s attention, eye*). **3.** *Ringen*: lock. **4.** *mil.* (*feindliche Truppen*) contain. **II** ∼ *n* <**-s**> **5.** binding (*etc*). **6.** → **Fesselung.** ~**d I** *pres p u. adj Redner etc*: fascinating, captivating, enthralling, *Buch, Film etc*: *a.* gripping, spellbinding. **II** *adv* fascinatingly (*etc*); **er kann sehr** ~ **erzählen** he is a fascinating story-teller.

'Fes·sel|socke (*getr.* **-k·k-**) *f* anklet.

'Fes·se·lung, 'Feß·lung *f* <-; **-en**> **1.** → **fesseln** 5. **2.** *fig.* (*Bezauberung*) fascination, captivation, enthral(l)ment. **3.** *Ringen*: lock.

fest [fɛst] **I** *adj* <**-er**; **-est**> **1.** (*nicht weich*) firm (*flesh, rock, etc*); **ein Buch mit** ~**em Einband** a book with a firm (*od.* stiff) cover; ~**es Land** (dry) land, terra firma; → **Boden** 2. **2.** (*nicht flüssig*) solid (*food, etc*); *phys.* ~**er Körper** solid (body); ~ **werden** become solid (*od.* firm), solidify, harden, *Zement etc*: set. **3.** (*kräftig, widerstandsfähig*) sturdy, strong (*material, etc*). **4.** (*gut befestigt*) fast, firmly attached, secured. **5.** (*straff*) tight (*knot*). **6.** *bes. fig.* firm; ~**er Halt** *a. fig.* firm hold; *fig.* **auf** ~**en Füßen** (*od.* **Beinen**) **stehen** have one's feet firmly on the ground; *fig.* **mit** ~**er Hand** (~**em Schritt**) with a firm hand (step); *fig. colloq.* **sie ist in** ~**en Händen** she is in firm hands; ~ **sein in** (*e-m Wissensgebiet etc*) be well grounded (*od.* versed) in, have a solid knowledge of. **7.** (*starr*) fixed, rigid; ~**er Punkt** fixed point. **8.** (*ständig*) permanent, steady; ~**e Kundschaft** regular customers *pl*; *colloq.* **e-e** ~**e Freundin** a steady girl friend; ~**er Wohnsitz** permanent residence, *jur. a.* fixed abode; **e-e** ~**e Stellung** a permanent position. **9.** (*dauerhaft*) lasting, stable, durable; **e-e** ~**e Freundschaft** a lasting friendship. **10.** *Blick, Charakter etc*: firm, steady, steadfast, *Stimme*: *a.* unfaltering. **11.** (*verbindlich*) firm, binding; ~**e Abmachung** binding agreement. **12.** *Zeitpunkt, Termin etc*: fixed (*date, etc*). **13.** *Schlag etc*: heavy, sound, hard. **14.** *Gesundheit*: robust, sound. **15.** *Kenntnisse, Wissen etc*: solid. **16.** (*unerschütterlich*) firm, unshakable (*faith, etc*); **ein** ~**er Entschluß** a firm resolve; **ich war der** ~**en Meinung, daß** I was firmly convinced that, I was positive that; **dafür gibt es k-e** ~**e Regel** there is no firm (*od.* hard-and-fast) rule for that. **17.** (~*stehend*) set, standing, standard; **e-e** ~**e Redewendung** a set phrase. **18.** (~*umrissen*) firm; ~**e Form annehmen** take shape. **19.** (*endgültig*) definite. **20.** *Schlaf*: deep, sound. **21.** *tech.* a) (*orts*~) stationary, b) (*starr*) rigid, fixed, c) *Anschlag*: positive, d) *Kupplung*: solid. **22.** *civ. eng. Straße*: surfaced. **23.** *econ.* a) *Kurs, Börse, Markt etc*: steady, firm, b) *Kosten, Preise, Einkommen, Gehalt etc*: fixed, c) *Angebot*: binding, firm, d) *Währung*: stable, hard, sound; ~**es Geld** → **Festgeld**; ~**e Anlagen** long-time investments. **24.** *mil. Ort etc*: fortified, strong; **ein** ~**er Platz** a fortress, a stronghold. **II** *adv* **25.** firmly; **j-n** ~ **anfassen** a) grasp s.o. firmly, b) *fig.* handle s.o. firmly; *fig.* **et.** ~ **in der Hand haben** have s.th. firmly in hand; **e-e Sache** ~ **in die Hand nehmen** take a matter firmly in hand; ~ **angebracht** → 4. **26.** tightly; **die Tür** ~ **zumachen** close the door tightly; **Schrauben** ~ **anziehen** tighten screws. **27.** (*beharrlich, unbeirrt*) firmly, steadily; ~ **auf et. beharren** insist on s.th. (firmly); **er behauptete (steif und)** ~, **daß** he maintained firmly (*od.* steadfastly, positively) that; ~ **zu s-n Freunden (Grundsätzen) stehen** stand firmly by one's friends (principles); **ich bin ~ davon überzeugt, daß** I am perfectly convinced that, I am positive that; **et. ~ versprechen** make a firm promise of s. th.; **das habe ich ihm ~ versprochen** I gave him my word for that. **28.** (*endgültig*) definitely, for certain; **et. ~ abmachen** settle s. th. definitely (*od.* finally); **j-n ~ anstellen** employ s. o. on a permanent basis. **29.** deep, fast, sound(ly); **~ schlafen** *a.* be fast asleep. **30.** *econ.* firmly; **Kapital ~ anlegen** tie up capital; **~ kaufen (verkaufen)** make a firm purchase (sale). **31.** *colloq. a.* **~e** (*mächtig*) properly, thoroughly; **j-n ~e verhauen** give s. o. a sound thrashing; **aber ~!, immer ~e!** go it!, keep at it!; **(immer) ~e drauf** (*od.* **druff**)! give it to him (*od.* them)!

Fest *n* ⟨-(e)s; -e⟩ **1.** festivity, celebration, festival, festive occasion; (*Festlichkeiten*) festivities *pl*; **ein kleines ~ im Familienkreis** a little family celebration; **ein ~ begehen** (*od.* **feiern**) celebrate; **man muß die ~e feiern wie sie fallen** (*Sprichwort*) one must celebrate the occasion when it occurs; *colloq.* **es war mir ein ~!** it was a pleasure!; **sich** (*dat*) **ein ~ aus et. machen** *sl.* get a kick out of s. th. **2.** (*Gesellschaft*) party; **ein ~ geben** (*od.* **veranstalten**) give a party. **3.** (*Freuden*≈, *a. Garten*≈) fête, fete. **4.** a) (*Feiertag*) holiday, b) *kirchliches*: feast, festival; **(un)bewegliche ~e** (im)movable feasts; **Frohes ~!** happy holiday! **~ˌabend** *m* (festive) night. **~ˌakt** *m* ceremonial act, ceremony.

ˈFest|ˌan·geˌbot *n econ.* firm (*od.* binding) offer. **≈ˌan·geˌlegt** *adj econ.* tied-up (*capital*). **≈ˌan·geˌstellt** *adj* **1.** permanently employed. **2.** *Beamter etc*: established, *Am.* with tenure.

ˈFestˌanˌspra·che *f* → **Festrede.**

ˈFest·anˌten·ne *f* fixed aerial (*Am.* antenna).

ˈFestˌaufˌfüh·rung *f* gala performance.

ˈFestˌaufˌtrag *m econ.* firm order.

ˈFestˌausˌschuß *m* festival committee.

ˈfestˌbacken (*getr.* **-k·k-**) *v/i* ⟨*a. irr, sep,* **-ge-, h** *u.* **sein**⟩ (**an** *acc* to) cake, stick.

ˈFest·banˌkett *n* → **Festessen.**

ˈfest|ˌban·nen *v/t* ⟨*sep,* **-ge-, h**⟩ **1.** fix (*od.* rivet) *s. o.* to the spot. **2.** spellbind. **3.** *fig.* (*festhalten*) capture. **~ˌbei·ßen** *v/reflex* ⟨*irr, sep,* **-ge-, h**⟩ **sich ~** → **verbeißen** II.

ˈFest·beˌleuch·tung *f* festive (*od.* gala) illumination; *colloq.* **wozu denn die ganze ~?** what are all the lights on for?

ˈfest|beˌsol·det *adj* with a fixed salary, salaried. **~ˌbin·den** *v/t* ⟨*irr, sep,* **-ge-, h**⟩ **1.** tie (*od.* fasten) (**an** *acc* to). **2.** (*zs.-binden*) tie *s. th.* up, bind *s. th.* fast. **~ˌblei·ben** *v/i* ⟨*irr, sep,* **-ge-, sein**⟩ *Person, a. econ. Preise etc*: remain firm; **in s-m Entschluß ~** stand by (*od. colloq.* stick to) one's decision, *colloq.* stick to one's guns. **≈ˌbrennˌstoff** *m aer.* solid propellant.

ˈFest·de·ko·ra·tiˌon *f* festive decoration(s *pl*).

ˈfest|ˌdre·hen *v/t* ⟨*sep,* **-ge-, h**⟩ (*Deckel etc*) screw *s. th.* (on) tight, tighten *s. th.* (up); **et. an** (*od.* **auf**) (*dat*) **~** screw s. th. (tight) on to. **~ˌdrücken** (*getr.* **-k·k-**) *v/t* ⟨*sep,* **-ge-, h**⟩ press *s. th.* down (*od.* in, together) (firmly).

ˈfe·ste *adv colloq.* → **fest** 31.

ˈFe·ste *f* ⟨-; -n⟩ **1.** *mil. hist.* → **Festung** 1—3, **Burg** 1. **2.** *fig. lit.* citadel, stronghold. **3.** *poet. Bibl.* firmament. **4.** *Bergbau*: pillar.

ˈFest|empˌfang *m* festive reception. **~ˌes·sen** *n* banquet, feast, (gala) dinner; *colloq.* **ein (wahres) ~** a) a regular feast, b) *fig.* (*that was*) real (*od.* great) fun.

ˈfest|ˌfah·ren I *v/t* ⟨*irr, sep,* **-ge-, h**⟩ **1.** (*Boden etc*) make *s. th.* hard. **2.** *mar.* run (*ship*) aground. **3.** (*Fahrzeug etc*) get *s. th.* stuck, get stuck with (*od. colloq.* ditch) one's car (*etc*) (*in the snow, etc*). **II** *v/i* ⟨**sein**⟩ *u.* **sich ~** *v/reflex* ⟨**h**⟩ **4.** get stuck, get bogged down (*beide a. fig.*); *Schiff*: run aground, get stranded; **wir sind** (*od.* **haben uns**) **(mit dem Wagen) im Schnee festgefahren** we got stuck (with the car) in the snow; **sie ist** (*od.* **hat sich**) **bei ihrer Arbeit festgefahren** she has got stuck in (*od.* bogged down with) her work. **5.** *fig. colloq. Verhandlungen etc*: reach a deadlock, bog down. **~ˌfres·sen** *v/reflex* ⟨*irr, sep,* **-ge-, h**⟩ **sich ~ 1.** *Rost etc*: eat (**in** *dat* into). **2.** *tech. Kolben etc*: seize (up), freeze. **3.** *fig. Gedanken etc*: get fixed, rankle (**in j-m** in s. o.'s mind).

ˈFestˌfreu·de *f* → **Feststimmung.**

ˈfestˌfrie·ren *v/i* ⟨*irr, sep,* **-ge-, sein**⟩ **1.** freeze (up *od.* in), *Schiff*: *a.* become icebound. **2. ~ an** (*dat*) freeze to.

ˈFestˌga·be *f* gift (presented on a festive occasion).

ˈfest·geˌbannt *pp u. adj* **(wie) ~** (as if) spellbound, rooted to the spot.

ˈFest·geˌdicht *n* festive poem.

ˈfest|geˌfah·ren I *pp of* **festfahren. II** *adj* **~e Schneedecke** packed-down snow. **~geˌfügt** *adj Ordnung etc*: firmly established, firm, solid. **≈geˌhalt**[1] *n econ.* fixed salary. **≈geˌhalt**[2] *m* (*Raummaß*) solid content.

ˈFest|geˌla·ge *n* feast, banquet. **~geˌläu·te** *n* festive peal of bells.

ˈFest|ˌgeld *n,* **~ˌgel·der** *pl econ.* time money; (*Einlage*) fixed (*Am.* time) deposits *pl.* **≈geˌlegt** *pp u. adj* **1.** → **festgesetzt**; *teleph.* **Gespräch zur ~en Zeit** fixed-time call; *econ.* **~e Raten** fixed instal(l)ments. **2.** *fig.* **auf** (*acc*) **et. ~ sein** be (totally) committed (*od.* tied down) to s. th. **≈geˌsetzt** *pp u. adj* **1.** *Tag etc*: fixed, set, assigned, arranged, appointed, *bes. Am.* scheduled; **zur ~en Zeit** at the set (*od.* stated) time, at the time appointed (*bes. Am.* scheduled); **am ~en Tage** at the set day; **~er Termin** appointed time. **2.** *Preise, Reihenfolge etc*: fixed (*sequence, etc*). **3.** (*genau bestimmt*) definite (*period, etc*), precisely defined. **~geˌstein** *n geol.* solid rock.

ˈFest·geˌwand *n lit. for* **Festkleid.**

ˈfest·geˌwur·zelt *pp u. adj* **1.** *Gedanke, Sitte etc*: deep-rooted. **2. wie ~ dastehen** stand (as if) rooted to the spot.

ˈFestˌgot·tesˌdienst *m relig.* special service.

ˈfest|ˌgur·ten *v/t* ⟨*sep,* **-ge-, h**⟩ strap down (*od.* in). **~ˌhaf·ten** *v/i* ⟨*sep,* **-ge-, h**⟩ (**an** *dat* to) stick, cling, adhere. **~ˌha·ken I** *v/t* ⟨*sep,* **-ge-, h**⟩ **1.** hook (*od.* hitch) up (*od.* on); **den Verschluß e-s Kleides ~** hook up the clasp (*od.* fastener) of a dress; **das Seil am Segelflugzeug ~** hitch a rope (on)to the glider. **II** *v/reflex* **sich ~ 2.** catch, get stuck. **3.** *fig.* get stuck (**an e-m Problem** *etc* on a problem, *etc*); **sich bei j-m ~** *Idee, Verdacht etc*: fix itself in s. o.'s mind.

ˈFestˌhal·le *f* (festival) hall, *Am. a.* auditorium.

ˈfestˌhal·ten I *v/t* ⟨*irr, sep,* **-ge-, h**⟩ **1.** hold *s. th.* tight(ly) (*od.* fast, firmly), hold on to, clasp; **et. krampfhaft ~** clutch s. th. **2.** (*stützen*) hold. **3.** *gewaltsam*: hold, stop, detain (*thief, etc*). **4.** a) (*in Haft nehmen*) detain, arrest, seize, b) (*in Gewahrsam nehmen*) hold, keep *s. o.* in custody, detain; **j-n als Geisel (Gefangenen) ~** hold (*od.* keep) s. o. as (a) hostage (s. o. prisoner). **5.** (*packen*) hold *s. o.* tight (*od.* fast), grip (*od.* grasp) *s. o.* firmly; **er hielt mich am Arm fest** he held on to my (*od.* me by the) arm; **er hielt ihn am Boden fest** he pinned him to the ground; **sich (aneinander) ~** hold (*od.* cling) to each other. **6.** (*j-n aufhalten*) hold *s. o.* up, detain, keep, (*auf j-n einreden*) buttonhole; **wir wurden eine Stunde an der Grenze festgehalten** we were held up at the frontier for one hour; **der Kongreß hielt ihn ein paar Tage in Berlin fest** the congress kept him in Berlin for a couple of days. **7.** (*einbehalten*) (with)hold, retain. **8.** (*Geld*) keep, hold on to (*one's savings, etc*), (*sparen*) save. **9.** *in Lage, Stellung etc*: hold, fix, keep *s. th.* in place (*od.* in a position). **10.** *fig.* (*j-s Blick*) hold; (*j-s Aufmerksamkeit*) *a.* arrest, catch. **11.** *fig. in Wort, Ton etc*: record, *im Bild, photographisch, zeichnerisch*: *a.* capture, photograph, film; **et. schriftlich ~** put (*od.* set) s. th. down (*od.* record s. th.) in writing, write s. th. down, commit s. th. to paper, *wörtlich genau*: take s. th. down in writing; **e-e Idee ~** make a (written, *geistig*: mental) note of an idea; **das wollen wir mal ~!** that's a fact!, don't forget that!; **(nur) um das einmal festzuhalten!** just for the record! **II** *v/i fig.* **12. ~ an** (*e-m Grundsatz, e-r Meinung etc*) adhere (*od.* keep, cling, stick) to (*a plan, principle, an opinion, etc*). **13. an j-m ~** adhere (*od.* cling, stick) to s. o. **III** *v/reflex* **14. sich ~** hold on (*od.* tight, fast); **bitte ~!** hold tight (*od.* on), please! **15. sich an e-r Sache (j-m) ~** *a. fig.* hold on (*od.* hang on, cling) to s. th. (s. o.). **IV** ≈ *n* ⟨-s⟩ **16.** holding on (*etc*). **17.** (*Haft, Inhaftierung*) detention. **18.** *fig.* adherence (**an** *dat* to).

fe·sti·gen [ˈfɛstɪɡən] **I** *v/t* ⟨**h**⟩ **1.** *allg.* strengthen, make strong(er), (*Gesundheit, Charakter, Person etc*) *a.* fortify, stabilize (*s. o., s. o.'s health, etc*), (*Stellung, Macht etc*) *a.* establish (more firmly), consolidate (*s. o.'s position, power, etc*), (*Freundschaft*) *a.* cement, (*Ruf*) *a.* establish (*s. o.'s reputation*), (*Glauben*) *a.* confirm (*s. o.'s faith*); **den Frieden ~** strengthen peace; **j-s Wissen ~** strengthen (*od.* improve) s. o.'s knowledge. **2.** *econ.* (*Währung*) stabilize, strengthen, steady. **II** *v/reflex* **sich ~ 3.** (*fest werden*) become firm, *Boden*: *a.* settle. **4.** *fig. allg.* strengthen, grow (*od.* become) strong (-er), *Stellung, Macht etc*: *a.* consolidate, be(come) more firmly established, *Wissen*: improve, become more solid, *Gesundheit*: strengthen, improve, become better. **5.** *econ. Währung etc*: stabilize, harden, strengthen, *Preise, Kurse*: *a.* grow (*od.* become) steady (*od.* firm), steady. **III** ≈ *n* ⟨-s⟩ **6.** strengthening (*etc*). **7.** → **Festigung.**

ˈFe·stig·keit *f* ⟨-; *no pl*⟩ **1.** *allg.* firmness (*a. fig. des Blicks, der Hand, der Stimme etc*); (*Härte*) *a.* hardness; (*Haltbarkeit*) *a.* strength, sturdiness, durability, stability, robust quality (*of material, etc*); (*Straffheit*) *a.* tightness (*of a knot, etc*). **2.** *tech.* a) *e-s Werkstoffes*: strength, b) (*Widerstandsfähigkeit*) resistance (**gegen** to), stability, c) *von Formstoffen*: bond, d) *e-r Farbe*: fastness, e) *e-s Gewebes*: closeness, f) *von Zement etc*: consistency. **3.** *econ. von Preisen, der Währung etc*: firmness, steadiness, stability. **4.** *fig.* (*Standhaftigkeit*) strength (*of character, faith, etc*) firmness, steadiness, steadfastness. **5.** *fig.* (*Beständigkeit*) firmness, constancy, *e-r Freundschaft*: *a.* staunchness. **6.** *fig.* (*Entschlossenheit*) decision, resoluteness; **mit ~** (*sagen etc*) firmly, resolutely.

ˈFe·stig·keits|ˌgrad *m* degree of firmness (*od.* strength). **~ˌgren·ze** *f phys. tech.* breaking (*od.* yield) point. **~ko·ef·fi·ziˌent** *m phys.* coefficient of resistance. **~ˌleh·re** *f* theory of strength (*od.* material). **~ˌpro·be, ~ˌprü·fung** *f* strength test. **~ˌwert** *m* strength (*od.* tensile) value.

ˈFe·sti·gung *f* ⟨-; *no pl*⟩ **1.** → festigen 6. **2.** *allg.* strengthning, consolidation; *des Friedens, der Preise, Währung etc*: *a.* stabilization. **ˈFe·sti·gungs·geˌwe·be** *n biol.* supporting tissue.

Fe·sti·val [ˈfɛstivəl; ˈfɛstəvl] (*Engl.*) *n* ⟨-s; -s⟩ festival. **Fe·sti·vi·tät** [fɛstiviˈtɛːt] *f* ⟨-; -en⟩ *obs. u. colloq. humor. for* Festlichkeit 1.

ˈFest·kaˌlen·der *m* **1.** *hist.* calendar of events. **2.** *relig.* ecclesiastical calendar.

ˈfest|ˌkei·len *v/t* ⟨*sep*, -ge-, h⟩ **1.** wedge *s. th.* (in) (tightly), fasten *s. th.* by wedges; *tech. mittels Paßkeil*: key. **2.** *print.* lock up. **3.** *fig.* wedge *s. o.* in. **~ˌket·ten** *v/t* ⟨*sep*, -ge-, h⟩ *a. fig.* chain (**an** *acc* to); **e-n Hund ~** chain up a dog. **~ˌkit·ten** *v/t* ⟨*sep*, -ge-, h⟩ **1.** *colloq.* fasten *s. th.* with glue. **2.** (*Glas*) fix (*pane*) (in, on) with putty. **~ˌklam·mern I** *v/t* ⟨*sep*, -ge-, h⟩ (**an** *acc* to) **1.** *mit Heft-, Büroklammern etc*: clip *s. th.* on. **2.** (*Wäsche etc*) fasten (*od.* peg) *s. th.* on. **3.** *bes. tech.* clamp *s. th.* (on *od.* fast). **II** *v/reflex* **4. sich** (**an j-m, an e-r Sache**) **~** cling (*od.* hold on, hang on) (to s. o., s. th.), clutch (s. o., s. th.). **~ˌkle·ben** *v/i u. v/t* ⟨*sep*, -ge-, h⟩ → **kleben.**

ˈFest|ˌkleid *n* **1.** festive (*od.* gala) dress. **2.** best clothes *pl.* **3.** *hist.* robe. **4.** *fig.* festive garb (*of town, etc*). **~ˌklei·dung** *f* → Festkleid 1–3.

ˈfestˌklem·men I *v/t* ⟨*sep*, -ge-, h⟩ **1.** clamp *s. th.* (firmly); → *a.* **festklammern** 1, 2. **2.** (*Haare etc*) pin. **3. et.** (**in e-e Sache**) **~** jam (*od.* press, squeeze) s. th. (into s. th.). **4.** *tech.* a) clamp, b) (*verriegeln*) lock, c) *mittels Keil*: wedge, d) *mittels Bolzen*: bolt, e) (*sichern*) secure. **II** *v/i* ⟨**sein**⟩ **5.** stick (fast), get stuck, jam, be jammed; **die Schublade ist festgeklemmt** the drawer jams (*od.* is jamming, got stuck). **III** *v/reflex* ⟨h⟩ **sich ~ 6.** jam, get jammed, get stuck.

ˈFest·ko·miˌtee *n* festival committee.

ˈFest|ˌkom·ma *n Computer*: fixed point; **~rechnung** *f* fixed-point calculation; **~zahl** *f* integer. **≗ˌkom·men** *v/i* ⟨*irr, sep*, -ge-, sein⟩ *mar.* run aground. **~ˌkon·to** *n econ.* blocked account.

ˈFest·konˌzert *n* festival (*od.* gala) concert.

ˈFestˌkör·per *m phys.* solid (body). **~phyˌsik** *f* solid-state physics *pl* (*als sg konstruiert*).

ˈFest|ˌkraftˌstoff *m* solid fuel. **≗ˌkral·len** *v/reflex* ⟨*sep*, -ge-, h⟩ **sich ~ an** (*dat*) cling (on) to, clutch, *Tier*: *a.* dig its claws into; *fig. mil.* **sich am Boden ~** fight for every inch of ground. **~ˌkurs** *m econ.* fixed rate. **~ˌland** *n geogr.* a) *im Gegensatz zu Inseln*: mainland, b) *im Gegensatz zur See*: land, c) continent; **das europäische ~** the continent of Europe, the Continent. **~ˌland·ˌblock** *m* continental block. **≗ˌlän·disch** *adj* continental. **~ˌland·ˌkli·ma** *n* continental climate. **~ˌland(s)ˌsockel** (*getr.* -k·k-) *m* continental shelf. **≗ˌle·gen I** *v/t* ⟨*sep*, -ge-, h⟩ **1.** → festsetzen 1–10. **2.** (*Grundsatz, Regel, Plan etc*) set (up), lay down. **3.** (*Politik etc*) define, lay down (*policy, etc*). **4.** (*Landesgrenzen etc*) fix, determine, define, delimit (*boundaries*). **5.** *econ.* (*Kapital*) tie up, freeze. **6.** *mil.* (*Ziel*) a) designate, spot, b) *haargenau*: pinpoint. **7.** *mar.* (*Kurs*) plot. **8.** *mar.* make (*ship*) fast, moor. **9. j-n** (**auf** *acc* **et.**) **~** pin (*od.* tie, nail) s. o. down (to s. th.), commit (*od.* bind, pledge) s. o. (to s. th.); **e-n Schauspieler auf ein Rollenfach ~** limit an actor to a certain type of rôle, typecast an actor. **II** *v/reflex* **10. sich** (**auf** *acc* **et.**) **~** commit (*od.* bind, pledge) o. s. (to s. th.), (*sich entschließen zu*) decide (on *a method, etc*); **er möchte sich nicht ~** he does not want to commit himself; **sich** (**noch**) **nicht ~** *a.* leave one's option open. **~ˌle·gung** *f* ⟨-; -en⟩ **1.** a) laying down (*etc*), b) → **Festsetzung** 2–8. **2.** *der gemeinsamen Politik*: definition. **3.** *von Landesgrenzen*: determination, delimination. **4.** *econ.* lockup. **5.** *mil. e-s Ziels*: designation. **6.** (*Verpflichtung, Bindung*) commitment (**auf** *acc* to). **~ˌleh·re** *f tech.* (fixed) ga(u)ge.

ˈfest·lich I *adj* **1.** festive, festival (*day, concert, etc*), *lit.* festal; **~er Anlaß** (**~e Kleidung**) festive (*od.* gala) occasion (dress); **~e Veranstaltung** festive event, festivity; **~e Stimmung** → **Feststimmung. 2.** (*feierlich*) solemn, ceremonial; **ein ~er Empfang** a ceremonial reception. **3.** (*prächtig*) splendid. **4.** *Bewirtung etc*: lavish, sumptuous. **II** *adv* **5.** festively (*etc*); **e-n Tag ~ begehen** celebrate a day (festively); **~ gestimmt** in a festive mood; **~ geschmückt** festively decorated; **~ gekleidet** festively dressed, in festive (*od.* gala) dress; **der Kongreß wurde ~ eröffnet** the congress was opened ceremonially. **≗keit** *f* ⟨-; -en⟩ **1.** festivity; **die ~en anläßlich** (*gen*) the festivities on the occasion of. **2.** ⟨*only sg*⟩ a) (*Stimmung*) festive atmosphere, b) (*Gepräge*) festive character, festivity.

ˈfestˌlie·gen I *v/i* ⟨*irr, sep*, -ge-, h *u.* sein⟩ **1.** *mar. Schiff etc*: be grounded (*od.* aground, stranded) (**auf** *dat* on). **2.** *mit kaputtem Auto etc*: be stuck. **3.** *Zeit, Ort, Tag etc*: be fixed (*od.* appointed, determined, scheduled). **4.** *Grundsätze, Regeln etc*: be laid down, be fixed (*od.* defined, set). **5.** *Bedingungen*: be fixed (*od.* settled, determined, laid down). **6.** *Gesetze*: be established. **7.** *Grenze etc*: be fixed (*od.* determined). **8.** *Steuern etc*: be fixed, be assessed. **9.** *Preise etc*: be fixed (*od.* determined, laid down, settled). **10.** *Kapital*: be locked (*od.* tied) up, be frozen. **II** *v/impers* **11.** → **feststehen** 8 b. **~d** *adj* **1.** fixed, settled. **2.** *mar.* grounded, aground, stranded (*on a sandbank, etc*). **3.** *econ. Kapital*: locked-up, tied-up, frozen.

ˈFest|ˌma·cheˌbo·je *f mar.* mooring buoy. **≗ˌma·chen I** *v/t* ⟨*sep*, -ge-, h⟩ **1.** (*befestigen*) (**an** *dat od. acc*) fasten, fix, attach, secure (*alle*: to), (*anbinden*) *a.* tie (to, on), bind (to). **2.** (*ankleben*) (**an** *dat od. acc* to, on[to]) attach, stick, paste. **3.** *mit Nadeln*: pin (**an** *dat od. acc* to, on). **4.** *mar.* (**an** *dat od. acc* to) make (*a boat*) fast, tie up, moor. **5.** *fig.* (*vereinbaren*) arrange (definitely), fix, settle, (*Handel, Geschäft*) *a.* close, clinch, bind; **wir haben noch nichts festgemacht** we have not yet arranged anything definite. **II** *v/i* **6.** *mar.* moor. **III ≗** *n* ⟨-s⟩ **7.** fastening (*etc*).

ˈFestˌmahl *n* → **Festessen.**

ˈFest|ˌmark *f econ.* fixed mark. **~ˌme·ter** *m, n* (*Holzmaß*) cubic met/re (*Am.* -er) (of solid timber). **≗ˌna·geln** *v/t* ⟨*sep*, -ge-, h⟩ **1.** (*Brett etc*) nail *s. th.* down (*od.* fast) (**an** *dat* [on] to); *colloq.* **wie festgenagelt dastehen** stand as if nailed (*od.* riveted) to the spot. **2.** *fig. colloq.* **j-n** (**auf e-e Sache**) **~** nail (*od.* pin) s. o. down (to s. th.); **er ließ sich nicht ~** he could not be nailed down to it, he did not commit himself. **3.** *fig. colloq.* (*aufhalten*) hold *s. o.* up, (*auf j-n einreden*) buttonhole *s. o.* **4.** *fig. colloq.* **e-e Lüge ~** nail a lie to the counter. **~ˌnah·me** *f* ⟨-; -n⟩ *jur.* arrest, apprehension, detention; **vorläufige ~** preliminary arrest. **~ˌnaht** *f tech.* strength weld. **≗ˌneh·men** *v/t* ⟨*irr, sep*, -ge-, h⟩ *jur.* (place under) arrest, apprehend, detain, take *s. o.* into custody. **~ˌneh·mung** *f* ⟨-; -en⟩ **1.** arresting (*etc*). **2.** → **Festnahme. ~ofˌfer·te** *f* → **Festangebot.**

Fe·ston [fɛsˈtõː] *n* ⟨-s; -s⟩ festoon. **fe·stoˈnie·ren** [-toˈniːrən] *v/t* ⟨*no* ge-, h⟩ **1.** decorate *s. th.* with festoons, festoon. **2.** *Stickerei*: scallop *s. th.* (with buttonhole stitch).

ˈFest|ˌord·ner *m* steward. **~ˌord·nung** *f* → **Festprogramm. ~ˌplatz** *m* **1.** festival ground. **2.** (*Rummelplatz*) fairground.

ˈFestˌpreis *m econ.* fixed price.

ˈFest·proˌgramm *n* program(me *Br.*) of events.

ˈFest|ˌpunkt *m* **1.** *math.* fixed point. **2.** *civ. eng.* a) *bei Vermessungen*: bench mark, b) *beim Rohr*: pipe anchor. **3.** *tech.* locating point. **≗ˌram·men** *v/t* ⟨*sep*, -ge-, h⟩ ram down (*od.* in).

ˈFest|ˌre·de *f* ceremonial address, speech. **~ˌred·ner** *m* (official) speaker.

ˈfestˌren·nen *v/reflex* ⟨*irr, sep*, -ge-, h⟩ **sich ~ 1.** *mil. Angriff, Panzer etc*: get blocked (*od.* stopped). **2.** *fig. colloq.* **sich in e-r Idee ~** get dead stuck on (*od.* in) an idea.

ˈFestˌsaal *m* **1.** (festival *od.* banquet) hall. **2.** *e-r Schule etc*: assembly hall, *Am. a.* auditorium.

ˈfestˌsau·gen *v/reflex* ⟨*irr, sep*, -ge-, h⟩ **sich ~** (**an** *dat* to) fasten on, cling, adhere.

ˈFest|ˌschmaus *m* → **Festessen. ~ˌschmuck** *m* festive decoration(s *pl*).

ˈfest|ˌschnal·len I *v/t* ⟨*sep*, -ge-, h⟩ (**an** *od.* **auf** *dat, a. acc*) **1.** (*Gürtel etc*) buckle on (to). **2.** (*Ski etc*) fasten (to), (*Gepäck, Patienten etc*) strap *s. o., s. th.* (down) (to). **II** *v/reflex* **sich ~ 3.** *im Auto etc*: strap o. s. in, fasten one's (seat-)belt. **~ˌschnü·ren** *v/t* ⟨*sep*, -ge-, h⟩ tie *s. th.* up. **~ˌschrau·ben** *v/t* ⟨*sep*, -ge-, h⟩ **1.** (*Deckel, Schraube etc*) screw *s. th.* (on) tight, tighten up. **2.** *tech.* screw *s. th.* on (*od.* tight), screw *s. th.* home, bolt s. th. **~ˌschrei·ben** *v/t* ⟨*irr, sep*, -ge-, h⟩ *econ.* contract (*od.* impose an obligation) to hold (*securities, etc*) for a fixed period.

ˈFestˌschrift *f* **1.** commemorative (*od.* anniversary) volume (*od.* publication), publication in hono(u)r of s. o. **2.** *zu Ehren e-s Gelehrten*: Festschrift.

ˈfest|ˌset·zen I *v/t* ⟨*sep*, -ge-, h⟩ **1.** (*Zeit, Ort etc*) fix, appoint, name, set, state, determine, schedule; **der Beginn der Vorstellung wurde auf 8 Uhr festgesetzt** the performance was scheduled to begin at 8 o'clock; **das Treffen wurde auf 2 Uhr festgesetzt** the meeting was fixed (*od.* arranged, set down) for 2 o'clock; **e-n Termin ~** fix (*od.* set) a date (**auf** *acc* for); **den Tag für die Hochzeit ~** fix (*od.* name) the day for the wedding; **die Reiseroute** (**Reihenfolge**) **~** fix (*od.* determine) the route (order); → **festgesetzt, Frist** 2. **2.** (*Bedingungen etc*) fix, settle, lay down, determine, *durch Übereinkunft*: agree (up)on, (*vorschreiben*) prescribe, (*regeln*) regulate; **et. vertraglich** (*od.* **in e-m Vertrag**) ~ settle s.th. by contract, stipulate s.th.; **et. gesetzlich** ~ provide s.th. by law; **die Bestimmungen e-s Vertrages** ~ lay down (*od.* stipulate) the terms of a contract. **3.** (*Höchstgrenze etc*) fix, set, determine (**auf** *acc* at *1000 miles, etc*). **4.** (*Maßstäbe*) establish, set (*standards, etc*). **5.** *econ.* (*Steuer etc*) fix, assess. **6.** *econ.* (*Preise etc*) (**auf** *acc* at) fix, determine, set, quote, mark; **den Preis für et.** ~ *a.* price s.th. **7.** (*Strafe*) fix, determine (*penalty*). **8.** (*Gehalt etc*) fix (*salary, etc*). **9.** (*Schaden, Schuld*) (**auf** *acc* at) assess (*damage, debt, etc*). **10.** *econ.* (*Dividende etc*) fix, declare; **e-n Zinssatz von** (*od.* **auf**) **6 Prozent** ~ declare an interest rate of 6 percent. **11.** (*inhaftieren*) arrest, detain, take *s. o.* into custody, imprison. **II** *v/reflex* **sich** ~ **12.** *Schmutz etc*: (**in** *dat* in) settle, collect, gather. **13.** *fig. Ideen etc*: fix (*od.* establish, entrench) itself (firmly) (**in** *od.* **bei j-m** in s.o.'s mind). **14.** *colloq.* (*sich niederlassen*) settle (down) (**in** *dat* in). **15.** *mil.* (**in** *dat* in) lodge (*od.* establish) o.s., gain a footing (*od.* foothold). **16.** *med.* a) *Krankheit*: settle (**auf** *od.* **in** *dat* in, on), b) *Parasiten*: (**in** *dat* in) lodge, settle. **17.** *zo. Austern*: set. **III** ≈ *n* ⟨-s⟩ **18.** fixing (*etc*). **19.** → **≈ˌset·zung** *f* ⟨-; -en⟩ **1.** → **festsetzen** 18. **2.** *e-r Zeit, e-s Ortes etc*: appointment, assignment, arrangement, determination, fixing. **3.** *von Reihenfolge, Weg, Grenze, Strafe*: determination, fixing. **4.** *von Bedingungen*: determination; **vertragliche** ~ stipulation. **5.** *e-r Aufgabe*: assignment. **6.** *von Maßstäben*: establishment. **7.** *von Steuern, e-r Strafe etc*: assessment. **8.** *econ. von Preisen etc*: fixing, determination, quotation, *e-r Dividende*: declaration. **9.** (*Regelung*) regulation. **10.** (*Inhaftierung*) arrest, detention, imprisonment. **~ˌsit·zen** *v/i* ⟨*irr, sep,* **-ge-, h** *u.* **sein**⟩ **1.** *Schmutz etc*: (**an** *dat* to) stick, cling, adhere. **2.** a) *Kleider etc*: *a. tech.* fit tightly (*od.* well), be a tight fit, b) *tech.* (*klemmen*) jam, be jammed. **3.** *Nagel, Haken etc*: be firmly fixed, be firm. **4.** *Verband etc*: be tight. **5.** *Wagen*: be stuck, be stalled, be bogged down (*in the mud, etc*). **6.** *Schiff*: be (fast) aground, be stranded; **im Eis** ~ be icebound. **7.** *Person*: be stuck (*od.* stranded (*in Italy, etc*); *auf e-r Insel, an abgelegenem Ort*: *a.* be marooned. **8.** *fig. colloq.* (*nicht weiterkommen*) be stuck; **wir sitzen mit unserer Arbeit fest** we got stuck with our work. **9.** *fig. Idee etc*: be firmly fixed (*od.* rooted, entrenched) (**bei** *od.* **in j-m** in s.o.'s mind). **~ˌspan·nen** *v/t* ⟨*sep,* **-ge-, h**⟩ **1.** tighten *s. th.* (up); *mit Klammer*: clamp. **2.** *tech.* a) clamp, fasten, b) (*Schrauben*) tighten, c) (*Werkstück in Futter*) chuck, d) (*sichern*) lock *s. th.* (securely), e) (*verankern*) tie, anchor, f) (*befestigen*) fix, fasten.

ˈFestˌspiel *n* **1.** *pl* festival *sg*; **Salzburger ~e** Salzburg Festival. **2.** *thea.* festival performance. **~ˌhaus** *n* festival opera house (*od.* theat/re [*Am.* -er]). **~ˌstadt** *f* festival town. **~ˌwo·che** *f* Festival(s *pl*).

ˈfest|ˌstamp·fen *v/t* ⟨*sep,* **-ge-, h**⟩ stamp (*od.* ram, *tech. a.* tamp) *s. th.* down. **~ˌstecken** (*getr.* **-k·k-**) **I** *v/t* ⟨*sep,* **-ge-, h**⟩ *mit e-r Nadel etc*: pin (**an** *dat, a. acc* on[to], to). **II** *v/i* ⟨**h** *u.* **sein**⟩ → **festsitzen** 3, 5, 6. **~ˌste·hen I** *v/i* ⟨*irr, sep,* **-ge-, h** *u.* **sein**⟩ **1.** *Tisch, Flasche etc*: stand firm (*od.* fast), be stable. **2.** *fig.* → **festbleiben. 3.** *fig.* (**einwandfrei**) ~ be (quite *od.* absolutely) certain (*od.* positive), be a(n undisputable) fact (*cf. a.* 8); **soviel** (**eins**) **steht fest** this much (one thing) is certain. **4.** *fig. Brauch*: be established. **5.** *fig. Plan etc*: be fixed (*od.* settled, determined). **6.** *fig. Termin etc*: be fixed (*od.* appointed, arranged, scheduled). **7.** *fig. Preis etc*: be fixed. **II** *v/impers* **8. es steht** (**einwandfrei**) **fest** a) it is a(n undisputable) fact, b) it is (quite *od.* absolutely) certain (*od.* positive, definite), c) it is (perfectly) clear; **es steht fest, daß er für Rußland spioniert hat** it is a(n established) fact that he spied for Russia; **eins steht fest** one thing is for sure. **~ˌste·hend** *pres p u. adj* **1.** *tech.* a) *Bauteile*: fixed, stationary, b) *Ventil*: seated, c) *Achse*: fixed, dead. **2.** *Film, Bild*: still. **3.** *fig. Tatsache*: established, positive (*fact*). **4.** *fig. Brauch etc*: established, standing (*custom*). **5.** *fig. Regel etc*: standing (*rule*); **~e Geschäftsordnung** standing orders *pl*. **6.** *fig. Redensart etc*: set, standing (*phrase*).

ˈfestˌstell|bar *adj* **1.** ascertainable, detectable, *a. chem. etc* determinable; that can be established (*od.* ascertained); **schwer ~ sein** be hard to ascertain. **2.** identifiable. **3.** (*merklich*) noticeable, appreciable. **4.** *tech.* lockable, securable. **≈ˌbol·zen** *m tech.* locking pin. **≈ˌbrem·se** *f mot.* parking (*od.* hand) brake.

ˈfestˌstel·len I *v/t* ⟨*sep,* **-ge-, h**⟩ **1.** (*ermitteln*) establish, ascertain, determine, identify, detect, find out, (*aufspüren*) *a.* trace; *e-n Ort etc*: locate; **sich ~ lassen** be ascertainable; **die Namen ließen sich nicht** ~ the names could not be found (*od.* made) out; **den genauen Sachverhalt** ~ establish (*od.* make out) the precise facts; **j-s Identität** (*od.* **Personalien**) ~ establish s.o.'s identity, identify s.o.; **j-s Unschuld** ~ establish s.o.'s innocence; **e-n Materialfehler** ~ detect (*od.* find) a flaw in the material. **2.** (*konstatieren*) establish, state, *med. a.* diagnose; **der Arzt konnte nur noch den Tod** ~ the doctor could only state that he (*od.* she) was dead (*od.* pronounce him [*od.* her] dead); **e-e Blutgruppe** ~ type a blood group (*cf. a.* 9) **3.** *chem. phys.* determine. **4.** (*Schaden, Schuldbetrag etc*) assess. **5.** (*wahrnehmen*) see, notice, perceive, observe; **ich kann k-n Unterschied** ~ I don't see any difference. **6.** (*erkennen, einsehen*) realize, see. **7.** (*heraushören, sehen*) tell; **an s-m Blick stellte ich fest, daß er wütend war** I could tell by his look that he was very angry. **8.** (*sagen, erklären*) say, declare, state, (*bemerken*) remark; (*hinweisen auf*) point out. **9.** (*festhalten, konstatieren*) state; **ich stelle nur Tatsachen fest** I am only stating facts. **10.** *econ.* a) (*Kurs etc*) fix, b) (*Bilanz etc*) approve. **11.** *tech.* secure (in position), lock, clamp (fast), set, arrest. **II** ≈ *n* ⟨-s⟩ **12.** establishing (*etc*). **13.** → **Feststellung** 2, 4, 5.

ˈFestˌstel·ler *m* ⟨-s; -⟩ *tech.* **1.** *der Schreibmaschine*: shift lock. **2.** *der Uhr*: stop work. **3.** *e-r Maschine*: locking fixture.

ˈFestˌstell|ˌhe·bel *m tech.* **1.** lock(ing) lever. **2.** → **Feststeller** 1. **~ˌknopf** *m* arresting knob. **~ˌmut·ter** *f* lock nut. **~ˌschrau·be** *f* lock(ing) screw. **~ˌta·ste** *f* → **Feststeller** 1.

ˈFestˌstel·lung *f* ⟨-; -en⟩ **1.** → **feststellen** 12. **2.** (*Ermittlung*) establishment, ascertainment, discovery, detection, *a. chem. phys. etc* determination; ~ **von Tatsachen** finding of facts, fact finding; *jur.* **~en** (**des Gerichts**) findings of the court; **~ der Vaterschaft** determination of paternity, *Am.* filiation. **3.** identification. **4.** *e-s Ortes etc*: locating. **5.** *e-s Schadens, Schuldbetrags etc*: assessment. **6.** (*Wahrnehmung*) observation; **er machte die ~,** **daß** he noticed (*od.* found, discovered) that. **7.** (*Erkenntnis*) realization; **er mußte die ~ machen, daß** he came to realize that. **8.** (*Erklärung*) declaration, statement, (*Bemerkung*) remark; **die ~ machen** (*od.* **treffen**), **daß** state (*od.* declare, remark, observe) that. **9.** *econ.* a) *des Kurses etc*: fixation, b) *e-r Bilanz etc*: adoption. **10.** *tech.* a) (*Bauteil*) locking device, detent, stop, b) (*Vorgang*) locking, securing.

ˈFestˌstel·lungs|beˌscheid *m jur.* **1.** *adm.* declaratory decree. **2.** *Steuer*: notice of assessment. **3.** *Wertpapierbereinigung*: declaratory decision. **4.** *e-s Schadens*: assessment of damage. **~ˌkla·ge** *f jur.* action for declaratory judg(e)ment. **~ˌur·teil** *n* declaratory judg(e)ment.

ˈFestˌstim·mung *f* festive mood; festive atmosphere, gaiety.

ˈFestˌstoff *m* **1.** *chem. phys.* solid (matter). **2.** *aer.* solid fuel. **~raˌke·te** *f* solid-fuel missile.

ˈFest|ˌta·fel *f* (festive) dinner table. **~ˌtag** *m* **1.** festive (*od.* high) day, holiday; **an Fest- und Feiertagen** on high days and holidays. **2.** *relig.* feast (*od.* high, holy) day, feast, holiday, festival. **3.** *im Kalender* (*a. fig. Glückstag*) red-letter day. **4.** *pl* (*Festspieltage*) Festival(s) *sg*. **≈ˌtäg·lich** *adj* festive.

ˈfestˌtags *adv* **1.** on a festival day, on festival days, on a (public, *bes. Am.* legal) holiday, on (public, *bes. Am.* legal) holidays. **2.** *relig.* at (high) festivals, on feast days, on holidays. **≈ˌfreu·de** *f* holiday (*od.* festive) mood. **≈ˌklei·dung** *f* dressy (*od.* holiday) clothes *pl*; ~ **tragen** wear one's best clothes. **≈ˌstim·mung** *f* holiday (*od.* festive) mood (*od.* atmosphere).

ˈFestˌtracht *f* festive costume.

ˈfestˌtre·ten I *v/t* ⟨*irr, sep,* **-ge-, h**⟩ **1.** tread, tread (*od.* trample) down. **II** *v/reflex* **sich ~ 2.** *Weg etc*: tread down. **3.** *humor.* **das tritt sich fest** leave it — it'll tread in.

ˈfestˌumˌris·sen *adj* clear-cut, clear(ly defined), definite.

ˈFest- ˌund Terˈminˌgeld *n econ.* money at fixed periods or at notice.

ˈFe·stung *f* ⟨-; -en⟩ **1.** fortress. **2.** (*Fort*) fort, stronghold (*a. fig.*). **3.** *e-r Stadt*: citadel. **4.** *aer.* **fliegende** ~ flying fortress. **5.** *jur. mil. colloq. for* **Festungshaft**.

ˈFe·stungs|ˌanˌla·gen *pl mil.* fortifications. **~ˌbau** *m* **1.** building of fortifications, fortress construction. **2.** fortification(s *pl*). **~ˌgür·tel** *m* ring of forts, belt of fortifications. **~ˌhaft** *f jur. mil.* confinement in a fortress. **~ˌkrieg** *m* siege warfare. **~ˌstra·fe** *f* → **Festungshaft**.

ˈFest|verˌanˌstal·tung *f* festival (*od.* gala) event. **~verˌsamm·lung** *f* festive gathering.

ˈfest|verˌwur·zelt *adj* deeply rooted. **~verˌzins·lich** *adj econ.* fixed-interest(-bearing), at a fixed rate of interest; **~es Wertpapier** bond; **~e Anlagepapiere** investment bonds.

ˈFestˌvorˌstel·lung *f* → **Festaufführung**.

ˈfestˌwach·sen *v/i* ⟨*irr, sep,* **-ge-, sein**⟩ (**an** *dat*) **1.** grow on (to). **2.** *bot.* take (root) (in, on). **3.** *med.* adhere (to).

ˈFestˌwa·gen *m* (pageant, *Am. a.* street-parade) float.

ˈ**Fest|ˌwer·den** *n* setting, hardening, solidification. **~ˌwert** *m* **1.** standard value. **2.** *phys.* constant.

ˈ**Fest|ˌwie·se** *f* fairground. **~ˌwo·che** *f* festival; **die Berliner ~n** the Berlin Festival *sg.*

ˈ**festˌwur·zeln** *v/i* ⟨*sep*, **-ge-**, **sein**⟩ take root; *fig. a.* become deeply rooted; → **festgewurzelt**.

ˈ**Festˌzelt** *n* marquee.

ˈ**festˌzie·hen** *v/t* ⟨*irr, sep*, **-ge-**, **h**⟩ **1.** (*Schraube, Knoten etc*) tighten. **2.** (*Handbremse*) put (full) on.

ˈ**Festˌzug** *m* pageant, procession, parade.

ˈ**festˌzur·ren** *v/t* ⟨*sep*, **-ge-**, **h**⟩ *mar.* lash.

fe·tal [feˈtaːl] *adj med.* f(o)etal.

Fe·te [ˈfeːtə; ˈfeːtə] *f* ⟨-; -n⟩ *obs. u. humor.* **1.** party. **2.** *im Freien*: fete, fête.

Fe·tisch [ˈfeːtɪʃ] *m* ⟨-(e)s; -e⟩ fetish.

Fe·ti·schis·mus [fetɪˈʃɪsmʊs] *m* ⟨-; *no pl*⟩ *psych.* fetishism. **Fe·tiˈschist** [-ˈʃɪst] *m* ⟨-en; -en⟩ fetishist. **fe·tiˈschi·stisch** *adj* fetishistic.

fett [fɛt] **I** *adj* ⟨-er; -est⟩ **1.** *allg.* fat, (*~leibig*) *a.* corpulent, *stärker*: obese, *physiol.* adipose; **~ werden** become (*od.* get, grow) fat, put on weight, run to fat; *fig. colloq.* **davon kann man** (*od.* **ich**) **nicht ~ werden** that doesn't pay, a fat lot of good that'll do you (*od.* me). **2.** *Speck etc*: fat, fatty; *Milch*: rich, creamy, fatty; **sie kocht gerne ~** she likes to use plenty of fat in cooking; **Sie dürfen nicht ~ essen** you must not eat fat(ty) food; *fig. colloq.* **ein ~er Bissen** (*od.* **Brocken, Happen**) a fat morsel (*od.* catch, haul); *fig.* **ein ~es Lachen** a fat laugh. **3.** *Haare, Salbe etc*: greasy. **4.** *fig. colloq. Erbschaft, Beute, Posten etc*: fat, rich, big; **e-e ~e Pfründe** a fat living. **5.** *fig. colloq. Jahre etc*: fat, prosperous; **~e Zeiten** times of plenty; *Bibl.* **die sieben ~en und die sieben mageren Jahre** the seven fat and the seven lean years. **6.** *print.* bold; **~e Schrift** bold (*od.* fat) type, boldface; **~ drucken** print in bold (*od.* heavy) type. **7.** *civ. eng.* a) *Mischung, Kalk*: fat, rich, b) *Mörtel*: rich. **8.** *agr.* a) *Boden, Weide*: fat, rich, fertile, b) *Klee, Gras etc*: rich. **9.** *Bergbau*: a) *Kohle*: fat, bituminous, b) *Erz*: rich. **10.** *chem.* a) *Öle*: fatty, b) *Benzingemisch*: rich. **II ≈e, das** ⟨-n⟩ **11.** fat(ty) substance; **er soll alles ≈e vermeiden** he should avoid (*od.* not eat) fat food (*od.* things).

Fett *n* ⟨-(e)s; -e⟩ **1.** fat; **tierisches** (**pflanzliches**) **~** animal (vegetable) fat; **festes** (**flüssiges**) **~** solid (liquid) fat; **~ ansetzen** put on weight (*od.* flesh); **vom eigenen ~ zehren** live on one's (own) fat (*od.* reserves); *gastr.* **in schwimmendem ~ (aus)backen** cook in hot fat, deep-fry; **das ~ abschöpfen** skim off the fat (*fig. colloq.* the cream); **den Braten mit ~ begießen** baste the roast; *fig. colloq.* **er sitzt** (*od.* **schwimmt**) **im ~** he lives on the fat of the land, he is in clover; **j-n in s-m eigenen ~ schmoren lassen** let s. o. stew in his own juice; **er wird sein ~ schon noch (ab)kriegen** he'll catch it yet; **der hat sein ~ weg** he's got his, that'll teach him (a lesson); **j-m sein ~ geben** settle s. o.'s hash. **2.** (*Schmalz*) lard. **3.** (*Braten≈*) dripping(s *pl*). **4.** (*Back≈*) shortening. **5.** *med.* (*~gewebe*) fat, adipose. **6.** *chem.* fat, grease; **die einfachen ~e** the fats. **7.** *tech.* (*Schmier≈*) grease; **et. mit ~ einschmieren** grease s. th. **8.** *hunt. des Wildes*: grease. **~ˌal·ko·hol** *m chem.* fatty alcohol. **~ˌanˌsatz** *m physiol.* **1.** corpulence, obesity, adiposity. **2.** layer(s *pl*) of fat. **≈ˌarm** *adj Kost*: low-fat. **~ˌau·ge** *n meist pl* grease drop, speck of fat. **~beˌstandˌteil** *m* fatty constituent. **≈ˌbil·dend** *adj* fat-forming, adipogenic. **~ˌbil·dung** *f* fat formation, adipogenesis. **~ˌbüch·se** *f tech.* grease cup. **~ˌcreme** *f* rich (skin) cream. **~ˌdruck** *m print.* bold(-faced) (*od.* heavy-faced) type. **~ˌdrü·se** *f physiol.* sebaceous gland.

ˈ**Fet·te** *f* ⟨-; *no pl*⟩ fatness.

fet·ten [ˈfɛtən] **I** *v/t* ⟨h⟩ **1.** *tech.* grease, lubricate, *mit Öl*: oil, (*Leder*) dub, stuff. **2.** *gastr.* grease (*cake-tin, etc*). **3.** *chem.* (*Öl*) compound. **II** *v/i* **4.** be greasy; **diese Hautcreme fettet nicht** this skin cream is non-greasing. **5.** *Haare, Haut etc*: be (*od.* get) greasy.

ˈ**Fett|ˌfleck** *m* grease spot. **≈geˌdruckt** *adj print.* boldface, in bold type. **~geˌhalt** *m* **1.** fat content. **2.** *von Wolle etc*: grease content. **~geˌschwulst** *f med.* fatty tumo(u)r, lipoma. **~geˌwe·be** *n* fatty tissue. **≈ˌglän·zend** *adj* greasy, shiny. **≈ˌhal·tig** *adj* **1.** *Nahrung etc*: fatty. **2.** *Hautcreme etc*: containing grease. **3.** *Gewebe*: fatty. **4.** *chem.* aliphatic. **~ˌhär·tung** *f chem.* fat hardening. **~ˌhausˌhalt** *m med.* fat balance, lipometabolism; **gestörter ~** fat imbalance. **~heit** *f* ⟨-; *no pl*⟩ fatness. **~ˌherz** *n med.* fat(ty) heart.

ˈ**fet·tig** *adj* **1.** *Haar, Haut etc, a. Wolle*: greasy; (*schmierig*) *a.* grimy; *adv* **~ glänzen** have a greasy shine. **2.** (*Fett enthaltend*) fat(ty). **3.** *chem.* fatty. **≈keit** *f* ⟨-; *no pl*⟩ **1.** greasiness. **2.** fatness, fattiness.

ˈ**Fett|ˌkalk** *m civ. eng.* white (*od.* fat) lime. **~ˌkloß** *m colloq.* → **Fettwanst** 2. **~ˌkoh·le** *f* fat (*od.* bituminous) coal. **~ˌkör·per** *m physiol.* adipoid, lipoid. **~ˌle·ber** *f med.* fatty (infiltration of the) liver.

ˈ**fettˌlei·big** [-ˌlaɪbɪç] *adj* corpulent, obese, stout, adipose. **≈keit** *f* ⟨-; *no pl*⟩ corpulence, obesity, adiposis.

ˈ**fett|ˌlö·send** *adj* fat-(*od.* grease-)dissolving. **~ˌlös·lich** *adj* fat-soluble, soluble in fat. **≈ˌnäpf·chen** *n fig. colloq.* **ins ~ treten** put one's foot in it, drop a brick (*od. sl.* clanger). **≈ˌnie·re** *f med.* fatty (infiltration of the) kidney. **≈ˌnip·pel** *m tech.* grease nipple. **≈paˌpier** *n* grease-proof paper. **≈ˌpol·ster** *n* **1.** *physiol.* a) pad of fat, panniculus adiposus, b) *der Haut*: subcutaneous fatty tissue, c) *allg.* layer (*od.* cushion) of fat. **2.** *fig.* (*Reservekapital*) guarantee fund. **≈ˌpres·se** *f tech.* grease gun. **~ˌreich** *adj Kost etc*: rich, with a high fat content. **≈ˌsal·be** *f* greasy ointment. **≈ˌsäu·re** *f* fatty acid. **≈ˌschicht** *f* layer of fat. **≈ˌschmierˌbüch·se** *f tech.* stuffing box. **≈ˌschmie·re** *f* **1.** *tech.* grease. **2.** *für Leder*: fat liquor. **≈ˌschmie·rung** *f tech.* greasing, grease lubrication. **≈ˌschweiß** *m der Schafwolle*: yolk (of wool), wool grease, suint. **≈ˌsei·fe** *f* fat (*od.* lard) soap. **~ˌspal·tend** *adj biol. chem.* fat-splitting, lipolytic. **≈ˌstift** *m* greasy pencil. **≈ˌsucht** *f med.* obesity, adiposity, *örtliche*: lipomatosis. **~ˌsüch·tig** *adj* obese. **~ˌtrie·fend** *adj* dripping with fat (*od.* grease). **≈verˌbin·dung** *f chem.* fatty (*od.* aliphatic) compound. **≈ˌwanst** *m colloq.* **1.** potbelly, paunch. **2.** (*Person*) fatty, *Am. a.* fatso. **≈ˌwol·le** *f* yolk (*od.* grease) wool. **≈ˌwulst** *m, f* roll of fat. **≈ˌzel·le** *f* fat (*od.* adipose) cell.

Fe·tus [ˈfeːtʊs] *m* ⟨-ses; -se⟩ *biol.* f(o)etus.

ˈ**Fetz·chen** *n* ⟨-s; -⟩ *colloq.* **1.** *dim. of* **Fetzen**. **2.** (*Papier, Stoff etc*) bit, scrap.

Fet·zen [ˈfɛtsən] *m* ⟨-s; -⟩ **1.** *colloq.* (*Stück*) piece, bit, scrap, shred, (*Stoff≈*) *a.* rag; **ein ~ Papier** a scrap of paper; **in ~** in rags, in ribbons, in (shreds and) tatters; **in ~ gehen** *Kleid*: fall to pieces; **sein Anzug hing ihm in ~ vom Leib** his suit hung from him in tatters; **e-n Brief in ~ reißen** tear a letter to (*od.* in) pieces (*od.* shreds); **sie wurden in ~ gerissen** they were blown to pieces (*od.* bits); *fig. colloq.* **(sie stritten sich, daß) die ~ flogen** (they had a row and the) sparks flew; **wir arbeiteten, daß die ~ flogen** we worked like mad (*od.* like blazes). **2.** *colloq. contp. u. humor.* (*Kleidungsstück*) rag; **ich hab' k-n ~ anzuziehen** I haven't a rag to put on. **3.** *fig. colloq.* (*Lumpen*) rag, tatter; **in ~ herumlaufen** walk about in rags. **4.** *colloq.* (*Wolken≈, Rauch≈, Nebel≈*) wisp, scrap, rag. **5.** *contp.* (*Zeitung*) rag. **6.** *pl fig. colloq.* (*Gesprächs≈, Lied≈ etc*) snatches, scraps. **7.** *Austrian colloq. for* **Rausch** 1. **8.** *bot.* lacinia. **~ˌwol·ke** *f* **1.** *meteor.* fractus. **2.** *mar.* scud.

feucht [fɔʏçt] *adj* ⟨-er; -est⟩ **1.** (**von** with) damp, moist, *Boden, Farbe, Gras etc*: *a.* wet; *Klima, Luft*: *a.* humid; *lit.* **~es Element** (**Grab**) watery element (grave); *fig. colloq.* **ein ~er Abend** a booze-up, a binge. **2.** *Keller, Höhle etc*: damp, dank, clammy. **3.** *Hände etc*: moist, clammy. **4.** *Augen*: moist.

ˈ**Feuch·te** *f* ⟨-; *no pl*⟩ → **Feuchtigkeit**.

feuch·ten [ˈfɔʏçtən] *v/t* ⟨h⟩ **1.** moisten, damp(en). **2.** (*naßmachen*) wet.

ˈ**feuchtˈfröh·lich** *adj colloq. humor.* bibulous, alcoholic, merry, boozy; **ein ~er Abend** → **feucht** 1. ˈ**Feuch·tig·keit** *f* ⟨-; *no pl*⟩ **1.** moistness, damp(-ness), *des Bodens, der Farbe, des Grases*: *a.* wetness; **„vor ~ schützen!"** "keep dry!" **2.** *des Klimas, der Luft etc*: humidity, damp(ness), moisture; **relative (absolute) ~** relative (absolute) humidity. **3.** *e-s Kellers etc*: damp(ness), dank(ness). **4.** *der Augen*: moistness, *der Hände*: *a.* clamminess. **5.** (*~sgehalt*) moisture (content); **~ aufnehmen (abgeben** [*od.* **absondern**]) take up (*od.* absorb) (give off [*od.* release]) moisture.

ˈ**Feuch·tig·keits|ˌanˌzei·ger** *m phys.* hygroscope. **≈beˌstän·dig** *adj* moisture-proof; *Wand, Bau etc*: damp-proof; *Stoff*: moisture-resistant. **~ˌcreme** *f* moisturizing cream. **~geˌhalt** *m* moisture content; *der Luft, des Bodens*: *a.* humidity. **~ˌgrad** *m* **1.** degree of moisture. **2.** *der Luft*: (degree of) humidity. **~isoˌlie·rung** *f* damp-proofing. **~ˌleh·re** *f* hydrology. **~ˌmen·ge** *f* amount of moisture (*od.* humidity). **~ˌmes·ser** *m phys.* hygrometer. **~ˌmes·sung** *f* hygrometry. **~ˌre·ge·lung** *f a. Raumfahrt*: moisture control. **~ˌreg·ler** *m* humidistat.

ˈ**feucht|ˌkalt** *adj* **1.** *Wetter, Luft, Raum etc*: damp and cold, (cold and) dank. **2.** *Haut, Hand etc*: clammy. **~ˌwarm** *adj Klima etc*: damp and warm, humid, muggy, sticky.

feu·dal [fɔʏˈdaːl] **I** *adj* **1.** *hist.* feudal. **2.** *fig.* aristocratic, exclusive; **~es Regiment** crack regiment. **3.** *colloq.* regal, royal, (*vornehm, luxuriös*) magnificent, sumptuous, luxurious, posh; **ein ~es Essen** a sumptuous (*od.* regal, *sl.* slap-up) meal; **~e Wohnung** swanky (*od. sl.* ritzy) apartment. **II** *adv colloq.* **4.** regally (*etc*; *cf.* 3), in royal style; **~ leben** live like a lord. **≈beˌsitz** *m hist.* feudal estate. **≈ˌherr** *m* feudal lord, liege (lord). **≈ˌherr·schaft** *f* feudalism.

Feu·da·lis·mus [fɔʏdaˈlɪsmʊs] *m* ⟨-; *no*

pl⟩ feudalism. **feu·da'li·stisch** [-tɪʃ] *adj* feudalistic.

Feu'dal|ˌrecht *n jur. hist.* **1.** feudal law. **2.** (*subjektives* ~) feudal right. **~syˌstem** *n* feudal system, feudalism.

Feu·er ['fɔʏər] *n* ⟨-s; -⟩ **1.** fire; *relig.* **das ewige (höllische)** ~ the eternal (infernal) fire; **ein ~ (an)machen** (*od.* **anzünden**) make (*od.* light, *lit.* kindle) a fire; **das ~ schüren** a) stir (*od.* poke) the fire, b) *fig.* fan the flames, add fuel to the fire (*od.* flames); ~ **aus (mit) e-m Stein schlagen** strike fire from (with) a stone; ~ **speien** a) *Vulkan*: spit fire, erupt, b) *Drache*: spit (*od.* vomit) fire; *fig. colloq.* ~ **und Flamme sein** be on fire, be full of enthusiasm, **für et.**: be enthusiastic about (*od.* heart and soul for, all for) s. th., *Br. a.* be as keen as mustard about s. th.; *fig.* **mit dem ~ spielen** play with fire; **das ist ein Spiel mit dem ~** that's playing with fire; **er geht für sie durchs ~** he would go through fire and water for her; *colloq.* ~ **hinter et. machen** put steam behind s. th.; **sie passen zusammen wie ~ und Wasser** they are completely incompatible, they are as different as chalk and cheese; → **Eisen** 7 (*etc*). **2.** *im Freien*: (bon)fire, (camp)fire. **3.** (*Kamin*) fire(side); **am** (*od.* **beim**) ~ **sitzen** sit at (*od.* by) the fire(side). **4.** (*Brand, ~sbrunst*) fire, blaze, conflagration; **~!** fire!; ~ **an ein Haus legen** set a house on fire, set fire to a house; **die Vorhänge fingen** ~ the curtains caught fire; *fig. colloq.* **er fängt leicht** ~ a) his enthusiasm is easily roused, b) he falls in love easily, he is easily smitten; **er hat sofort für sie ~ gefangen** he has fallen for her at once; *colloq.* **in ~ geraten (über** *acc*) get excited (about), become enthusiastic (about), (*sich erregen*) flare (*od.* blaze) up; *fig. colloq.* **bei ihm ist immer gleich ~ unterm Dach** he flies off the handle easily, he's very hot-headed; *lit.* **mit ~ und Schwert** with fire and sword. **5.** (*Flamme*) flame; **das olympische ~** the Olympic flame. **6.** *für Zigarette etc*: light; **j-m ~ geben** give s. o. a light; **haben Sie bitte ~?** have you got a light, please? **7.** *im Herd etc*: fire, heat; **bei** (*od.* **auf**) **schwachem** (*od.* **kleinem**) ~ **kochen** cook on (*od.* over) a low (*od.* slow) heat (*od.* fire); **bei** (*od.* **auf**) **starkem ~ kochen** cook on (*od.* over) a good heat (*od.* fire). **8.** *der Augen, e-s Edelsteins*: fire, sparkle; **ihre Augen sprühten ~** her eyes flashed. **9.** *des Weins*: fire, body. **10.** *fig.* a) (*Temperament, Eifer*) fire, enthusiasm, ardo(u)r, fervo(u)r, mettle, b) (*Schwung*) verve, vivacity, spirit(edness), dash, animation, c) (*Liebesglut, feuriges Wesen*) fire, ardo(u)r, passion; **jugendliches ~** youthful ardo(u)r. **11.** *mil.* a) fire, b) (*Feuern*) firing; (**gebt**) **~!** fire!; ~ **frei!** a) open fire!, b) *colloq. humor.* you may smoke!; ~ **halt!** cease fire (*od.* firing)!; **das ~ eröffnen (einstellen)** open (cease) fire; **unter ~ nehmen** a) fire at, bring *s. th.* under fire, *mit Artillerie*: *a.* shell, bombard, b) *fig.* fire at, bombard; **im ~ stehen** be under fire (*a. fig.*); *fig.* **zwischen zwei ~ geraten** be caught between two fires (*od.* between the devil and the deep blue sea). **12.** *aer. mar.* → a) **Leuchtfeuer,** b) **Signalfeuer.**

'**Feu·er|alarm** [-ʔaˌlarm] *m* (~ **geben** sound the) fire-alarm. **~alarmˌübung** *f* fire drill (*Br. a.* practice). **~ˌanˌbe·tung** *f* fire worship. **~ˌanˌzün·der** *m* fire lighter. **~ˌball** *m* **1.** *phys.* (*a. fig. lit. Sonne etc*) fireball. **2.** *astr.* bolide. **~beˌfehl** *m mil.* order to (open) fire. **~beˌkämp·fung** *f* fire fighting. **2beˌreit** *adj mil.* **1.** *Geschütz*: ready (for action); *in Feuerstellung*: in firing position. **2.** *Rakete*: ready for firing. **2beˌstän·dig** *adj* → **feuerfest.** **2beˌstat·ten** *v/t* ⟨*insep, no* **-ge-**, **h**⟩ cremate. **~beˌstat·tung** *f* cremation. **~ˌbock** *m am Kamin*: andiron, firedog. **~ˌboh·ne** *f bot.* scarlet runner (bean). **~ˌbo·je** *f mar.* fire beacon. **~ˌbrand** *m* **1.** *a. fig. lit.* firebrand. **2.** *bot.* fire blight. **~ˌei·fer** *m colloq.* (ardent) zeal, ardo(u)r, (great) enthusiasm; **mit ~** eagerly, enthusiastically. **~ˌeinˌstel·lung** *f mil.* cessation of fire; *auf Grund von Verhandlungen*: cease-fire. **~erˌöff·nung** *f* opening of fire. **2ˌfar·ben, 2ˌfar·big** *adj* flame-colo(u)red. **2ˌfest** *adj tech.* **1.** fireproof, fire-resisting (*od.* -resistant); (*unbrennbar*) incombustible; *Baustoffe*: refractory. **2.** (*hitzebeständig*) heatproof, heat-resisting. **~ˌfe·stig·keit** *f* **1.** fire-resistance; *von Baustoffen*: refractoriness. **2.** heat resistance. **~ˌfres·ser** *m colloq.* fire-eater. **~ˌgar·be** *f* **1.** *mil.* sheaf (*od.* cone) of fire. **2.** (*Feuerwerkskörper*) gerb(e). **~geˌfahr** *f* **1.** danger (*od.* risk) of fire, fire hazard. **2.** *Versicherung*: fire risk. **2geˌfähr·lich** *adj* **1.** inflammable, hazardous; **~e Stoffe** *a.* combustibles; „2!" *als Aufschrift*: "Inflammable!". **2.** *bes. tech.* flammable. **~geˌfähr·lich·keit** *f* inflammability. **~geˌfecht** *n mil.* gun-fight duel (*od.* battle). **~ˌgeist** *m* **1.** *myth.* spirit of (the) fire. **2.** *fig. lit.* a) fiery spirit, b) (*Person*) firebrand. **~geˌschwin·dig·keit** *f mil.* rate of fire. **~ˌglocke** (*getr.* **-k·k-**) *f* **1.** fire bell, tocsin. **2.** *mil.* (box) barrage. **~ˌha·ken** *m* **1.** *der Feuerwehr*: fire hook. **2.** (*Schüreisen*) poker. **~ˌhal·le** *f Austrian for* **Krematorium.** **2ˌhem·mend** *adj* fire-retardant. **~ˌherd** *m* **1.** fireplace, hearth. **2.** → **Brandherd.** **~ˌholz** *n* → **Brennholz.** **~komˌman·do** *n* → **Feuerbefehl.** **~ˌkopf** *m fig. colloq.* hotspur, firebrand. **~ˌkraft** *f mil.* fire power. **~ˌku·gel** *f* → **Feuerball.** **2lackiert** (*getr.* **-k·k-**) *adj* black-enamel(l)ed. **~ˌlei·ter** *f* **1.** *der Feuerwehr*: fire ladder. **2.** (*Nottreppe*) fire-escape.

'**Feu·erˌleit|geˌrät** *n mil.* fire-control equipment, gun director, predictor. **~raˌdar** *m, n* fire-control radar. **~ˌstand** *m*, **~ˌstel·le** *f* **1.** *mil.* (artillery) command post. **2.** *mar.* fire-control tower.

'**Feu·er|ˌlei·tung** *f mil.* fire-control. **~ˌli·lie** *f bot.* orange lily. **~ˌli·nie** *f mil.* **1.** firing line. **2.** *e-s Gewehrs*: line of fire.

'**Feu·erˌlö·scher** *m* fire-extinguisher.

'**Feu·erˌlösch|ˌfahrˌzeug** *n* **1.** fire-brigade (*od.* fire-fighting) vehicle, fire-engine. **2.** *aer.* fire tender. **~geˌrät** *n* **1.** → **Feuerlöscher.** **2.** fire-fighting equipment. **~ˌmit·tel** *n* fire-extinguishing agent. **~ˌpum·pe** *f* fire pump. **~ˌteich** *m* static water tank, fire pond. **~ˌübung** *f* fire drill. **~ˌwa·gen** *m* → **Feuerlöschfahrzeug.** **~ˌzug** *m* set of fire-fighting vehicles, fire-brigade.

'**Feu·er|ˌlö·ten** *n tech.* *hart*: muffle brazing; *weich*: sweating. **~ˌmal** *n med.* n(a)evus flammeus, *colloq.* portwine mark. **~ˌmeer** *n fig. lit.* sea of flames, sheet of fire. **~ˌmel·deˌanˌla·ge** *f* fire-alarm system. **~ˌmel·der** *m* fire-alarm (box).

feu·ern ['fɔʏərn] **I** *v/t* ⟨**h**⟩ **1.** (*heizen*) fire, heat, stoke (up), fuel. **2.** (*Kohle, Holz etc*) fire, use *s. th.* as fuel, burn, heat with. **3.** *colloq.* (*schleudern*) hurl, fling, chuck; *Sport*: shoot, slam (*the ball*). **4.** *colloq.* (*entlassen*) fire, (give *s. o.* the) sack; *aus der Schule etc*: throw *s. o.* out; **er wurde gefeuert** he was fired, he got the sack (*od.* boot, push). **5.** *colloq.* **j-m e-e ~** paste s. o. one. **6.** *mil.* (*Salut, Salve etc*) fire. **II** *v/i* **7.** (*heizen*) make (*od.* light) a fire; **mit et. ~** → 2. **8.** (*schießen*) fire, shoot; **auf j-n ~** fire at (*od.* on) s. o., shoot at s. o. **III 2** *n* ⟨-s⟩ **9.** firing (*etc*).

'**Feu·er|ˌnel·ke** *f bot.* scarlet lychnis. **~ˌpat·sche** *f* fire-beater. **~ˌpau·se** *f mil.* pause (*od.* break) in firing; **~!** cease fire! **~ˌpro·be** *f* **1.** *hist.* (*Gottesurteil*) ordeal by fire. **2.** *fig.* (crucial *od.* acid) test; **die ~ bestehen** stand (up to) the (acid) test, pass the (crucial) test. **3.** *der Feuerwehr*: fire drill. **4.** *metall.* fire trial. **5.** *chem.* fire (*od.* flame) test. **~ˌrad** *n* **1.** (*Feuerwerk*) Catherine wheel. **2.** fire wheel. **~ˌri·si·ko** *n* fire hazard (*od.* risk). **~ˌroß** *n* **1.** *myth.* fiery steed. **2.** *obs. colloq.* (*Lok*) iron horse. **~ˌrost** *m tech.* fire grate. **2'rot** *adj* **1.** fiery (red), flaming (*od.* blazing) red. **2.** *Gesicht etc*: crimson, scarlet; **sie wurde ~** she turned crimson (*od.* scarlet). **~sa·laˌman·der** *m zo.* spotted salamander. **~ˌsäu·le** *f* column of fire.

'**Feu·ersˌbrunst** *f* conflagration, blaze, (large) fire.

'**Feu·er|ˌscha·den** *m* damage caused by fire, fire damage. **~ˌschein** *m* firelight, glow (*od.* glare) of fire; *mil.* sky glow. **~ˌschiff** *n mar.* lightship. **~ˌschlag** *m mil.* sudden concentration (*od.* burst) of fire, strike. **~ˌschlucker** (*getr.* **-k·k-**) *m* fire-eater.

'**Feu·erˌschutz** *m* **1.** protection against fire, fire protection (*od.* prevention). **2.** *mil.* fire support; **j-m ~ geben** give s. o. covering fire. **~ˌmit·tel** *n* fireproofing agent.

'**Feu·er|ˌschwamm** *m bot.* a) **Echter ~** male agaric, b) **Unechter ~** female agaric. **~ˌschwei·ßung** *f tech.* forge welding.

'**Feu·ers·geˌfahr** *f* → **Feuergefahr.**

'**feu·er|ˌsi·cher** *adj* fireproof. **~ˌspei·end** *adj* **1.** *Drachen etc*: fire-breathing. **2.** *geol.* volcanic; **~er Berg** volcano. **2ˌsprit·ze** *f* fire-extinguisher. **2ˌstein** *m allg.* flint. **2ˌstel·le** *f* **1.** fireplace, hearth. **2.** → **Brandstelle** 1. **2ˌstel·lung** *f mil.* firing position, gun emplacement; **Geschütze in ~ bringen** emplace guns, bring guns into position. **2ˌstoß** *m mil.* burst of fire. **2ˌstrahl** *m* flash of fire, *mil. a.* gun flash, *rückwärtiger*: backblast. **2ˌstuhl** *m colloq.* (motor)bike. **2ˌtau·fe** *f mil., a. fig.* baptism of fire; **die ~ erhalten** receive the baptism of fire. **2ˌtod** *m* death by fire; **den ~ sterben** a) burn to death, b) *hist. auf dem Scheiterhaufen*: die at the stake. **2ˌton** *m* fire-clay. **2ˌtrep·pe** *f* fire-escape. **2ˌteu·fel** *m colloq.* fire bug. **2ˌüberˌfall** *m mil.* **1.** surprise fire (*od.* attack). **2.** → **Feuerschlag.**

'**Feue·rung** *f* ⟨-; -en⟩ *tech.* **1.** (*Be2, Beheizung*) firing, heating. **2.** *e-r Kesselanlage*: stoking. **3.** → **Feuerungsanlage.** **4.** → **Feuerstelle** 1. **5.** (*Brennmaterial*) fuel.

'**Feue·rungs|ˌanˌla·ge** *f tech.* firing equipment (*od.* installation), furnace. **~ma·te·riˌal** *n* fuel. **~ˌraum** *m* firebox, fireroom, furnace, *mar. a.* stokehold.

'**Feu·er|ˌun·terˌstüt·zung** *f mil.* fire support. **~ˌur·teil** *n hist.* ordeal by fire. **~verˌei·ni·gung** *f mil.* concentration of fire. **2verˌgol·det** *adj tech.* fire-gilt (*od.* -gilded). **~verˌhü·tung** *f* fire prevention. **~verˌkup·fe·rung** *f* copper coating. **2verˌlö·ten** *v/t* ⟨*insep, no* **-ge-**, h⟩ sweat *s. th.* together. **~verˌsi·che·rung** *f econ.* **1.** fire insurance. **2.** → **~verˌsi·che·rungsˌanˌstalt** *f* fire-insurance company, *Br. a.* fire-office. **≈verˌzin·ken** *v/t ⟨insep, no* -ge-, h⟩ *tech.* hot-galvanize. **~verˌzin·nung** *f* hot(-dip) tinning. **~ˌvo·gel** *m* **1.** a) *orn.* firebird, b) *zo.* copper (butterfly). **2.** *myth.* phoenix. **3.** *mus.* „Der ~" "The Firebird" (*by Stravinsky*). **~ˌvorˌhang** *m* **1.** *thea. etc* fire curtain. **2.** *mil.* curtain of fire, fire screen barrage. **~ˌwa·che** *f* **1.** (*Gebäude*) fire station. **2.** → Brandwache. **~ˌwaf·fe** *f* firearm, gun. **~ˌwal·ze** *f* **1.** *mil.* creeping barrage. **2.** *zo.* pyrosome. **~ˌwas·ser** *n colloq.* firewater.

ˈ**Feu·erˌwehr** *f* **1.** fire-brigade, *Am. a.* fire department; *fig. colloq.* **wie die ~** like a flash, at a terrific speed. **2.** (*Revier*) fire station. **3.** → Feuerwehrauto. **4.** *colloq. pol.* "fire-brigade". **~ˌau·to** *n* fire-engine, *Am. a.* fire truck. **~ˌfahrˌzeug** *n* → Feuerlöschfahrzeug. **~ˌhauptˌmann** *m obs.* fire chief. **~ˌhelm** *m* fireman's helmet. **~ˌlei·ter** *f* → Feuerleiter 1. **~ˌmann** *m* ⟨-(e)s; ⸚er *u.* -leute⟩ **1.** fireman, *Am. a.* fire fighter. **2.** *fig. colloq.* troubleshooter. **~ˌschlauch** *m* fire-hose. **~ˌübung** *f* fire drill. **~ˌwa·gen** *m* → Feuerlöschfahrzeug.

ˈ**Feu·erˌwerk** *n* **1.** fireworks *pl*; **ein ~ abbrennen** let off fireworks. **2.** *fig. von Gedanken, Witz etc*: fireworks *pl* (*manchmal als sg konstruiert*). ˈ**Feu·erˌwer·ker** *m* ⟨-s; -⟩ **1.** pyrotechnician. **2.** manufacturer (*od.* maker) of fireworks. **3.** *mil.* (sergeant) artificer, ordnance technician. ˌ**Feu·er·wer·keˈrei** *f* ⟨-; *no pl*⟩ pyrotechnics *pl* (*als sg od. pl konstruiert*). ˈ**Feu·erˌwerksˌkör·per** *m* firework, pyrotechnic article.

ˈ**Feu·er|ˌwir·kung** *f mil.* fire effect. **~ˌzan·ge** *f* (fire) tongs *pl* (*a. als sg konstruiert*); **e-e ~** a pair of tongs; *colloq.* **ich würde ihn nicht mit der ~ anfassen** I wouldn't touch him with a barge-pole. **~ˌzan·genˌbow·le** *f* burnt punch. **~ˌzau·ber** *m* **1.** fire magic. **2.** *colloq. mil. etc* fireworks *pl*. **~ˌzei·chen** *n* fire (*od.* light) signal. **~ˌzeug** *n* (cigarette) lighter. **~ˌzeug·benˌzin** *n* lighter fuel (*od.* fluid). **~ˌzo·ne** *f mil.* firing zone. **~ˌzug** *m tech.* heating flue.

Feuil·le·ton [fœjəˈtõː] *n* ⟨-s; -s⟩ **1.** (*Zeitungsteil*) feuilleton, feature supplement, magazine section. **2.** (*einzelner Beitrag*) feuilleton, short essay. **Feuil·le·toˈnist** [-toˈnɪst] *m* ⟨-en; -en⟩ feuilletonist, feuilleton writer, contributor to a feature section. **feuil·le·toˈni·stisch** *adj* feuilletonistic.

feu·rig [ˈfɔʏrɪç] **I** *adj* **1.** (*glühend*) glowing, burning; *fig.* **~e Kohlen auf j-s Haupt sammeln** heap coals of fire on s. o.'s head. **2.** (*feuerrot*) fiery (red), flaming (red). **3.** *fig.* (*leidenschaftlich*) fiery, glowing, passionate, ardent; **ein ~er Liebhaber** a passionate (*od.* ardent) lover; **e-e ~e Rede** a fiery (*od.* impassioned, rousing) speech; **~e Musik** fiery (*od.* spirited) music, pulsating rhythms *pl*; **~e Augen** flashing (*od.* glowing) eyes. **4.** *fig. Edelstein etc*: sparkling. **5.** *fig. Wein*: heady, strong. **6.** *Pferd*: fiery, mettlesome. **II** *adv* **7.** passionately, ardently, glowingly.

Fex [fɛks] *m* ⟨-es, *rare* -en; -e, *rare* -en⟩ **1.** (*Narr*) fool. **2.** (*Enthusiast*) faddist, *in Zssgn* …-fan, …-fiend, … enthusiast, … buff.

Fez[1] [feː(t)s] *m* ⟨- *u.* -es; - *u.* -e⟩ → Fes[2]. **Fez**[2] [feːts] *m* ⟨-es; *no pl*⟩ *colloq.* (*Unsinn, Spaß*) lark; **(sich e-n) ~ machen** have a lark; **aus ~** for fun.

Fia·ker [ˈfĭakər] *m* ⟨-s; -⟩ *Austrian* **1.** (*Mietkutsche*) cab, hackney (coach). **2.** (*Kutscher*) cabman, *colloq.* cabby.

Fi·as·ko [ˈfĭasko] *n* ⟨-s; -s⟩ (*Mißerfolg*) fiasco, (complete) failure, *sl.* flop; **ein ~ erleiden** (*od.* **erleben**) suffer a fiasco; **in e-m ~ enden** *Vorstellung, Party etc*: end in (*od.* be) a fiasco.

Fi·bel[1] [ˈfiːbəl] *f* ⟨-; -n⟩ **1.** *ped.* (*Lesebuch*) first reader, primer. **2.** (*Elementarlehrbuch*) primer. ˈ**Fi·bel**[2] *f* ⟨-; -n⟩ *archeol.* fibula, brooch.

Fi·ber [ˈfiːbər] *f* ⟨-; -n⟩ fib/re (*Am.* -er); *fig.* **mit jeder ~ s-s Herzens** with every fibre of his being (*od.* heart). **~ˌglas** *n* fib/re (*Am.* -er) glass.

fi·bril·lär [fibrɪˈlɛːr] *adj biol.* fibrillar(y). **Fiˈbril·le** [-ˈbrɪlə] *f* ⟨-; -n⟩ fibril(la).

Fi·brin [fiˈbriːn] *n* ⟨-s; *no pl*⟩ *chem. physiol.* fibrin. **fi·brös** [fiˈbrøːs] *adj* fibrous, fibrose.

Fi·bu·la [ˈfiːbula] *f* ⟨-; -lä [-lɛ]⟩ **1.** *anat.* (*Wadenbein*) splint-bone, fibula. **2.** → Fibel[2].

Fiche [fiːʃ] *f* ⟨-; -s⟩ fiche.

ficht [fɪçt] *3 sg pres of* **fechten.**

Fich·te [ˈfɪçtə] *f* ⟨-; -n⟩ *bot.* **1.** spruce (tree), *colloq.* pine (tree), fir (tree); **Gemeine ~** spruce (fir); **Kanadische ~** Canadian fir, hemlock fir; **Weiße ~** white spruce. **2.** → Fichtenholz.

ˈ**fich·ten** *adj* (of) spruce. **≈ˌbaum** *m* → Fichte 1. **≈ˌharz** *n* spruce resin (*od.* rosin). **≈ˌholz** *n* spruce. **≈ˌna·delˌbad** *n* spruce-needle bath. **≈ˌtan·ne** *f bot.* spruce (fir). **≈ˌzap·fen** *m* spruce cone.

ficken (*getr.* -k·k-) [ˈfɪkən] *v/i u. v/t* ⟨h⟩ *vulg.* fuck. **ficke·rig** (*getr.* -k·k-) [ˈfɪkərɪç] *adj colloq.* nervy, jumpy.

Fi·dei·kom·miß [fideikɔˈmɪs; ˈfiː-] *n* ⟨-sses; -sse⟩ *jur.* fideicommissum, estate held in (fee) tail, entail.

fi·del [fiˈdeːl] *adj* ⟨-er; -st⟩ *colloq.* merry, jolly, cheerful.

Fi·di·bus [ˈfiːdibʊs] *m* ⟨- *u.* -ses; - *u.* -se⟩ *obs.* spill.

Fie·ber [ˈfiːbər] *n* ⟨-s; *rare* -⟩ **1.** *med.* a) fever, b) (raised) temperature; **~ haben** have a fever, be feverish, run (*od.* have) a temperature; **39 (Grad C[elsius]) ~ haben** have a temperature of 102.2 (degrees F[ahrenheit]); **j-m** (*od.* **j-s**) **~ messen** take s. o.'s temperature; **sein ~ steigt** his temperature is rising; **im ~ phantasieren** be delirious; **gelbes ~** yellow fever. **2.** *fig.* (*Leidenschaft*) fever, passion; **im ~ der Begeisterung** in a fever of enthusiasm; **das ~ der Spielwut** the gambling fever (*od.* bug). **~ˌanˌfall** *m* attack (*od.* bout) of fever. **~ˌbläs·chen** *n med.* fever blister, herpes febrilis. **~deˌli·ri·um** *n* (febrile) delirium. **≈erˌre·gend** *adj* producing fever, pyrogenic; **~er Stoff** pyrogen. **~ˌfleck** *m* fever spot. **≈ˌfrei** *adj* free from fever. **~ˌfrost** *m* fever(ish) chills *pl*, shivering fit. **≈haft** *adj* **1.** *med.* feverish, febrile, pyretic, pyrexic, pyrexial. **2.** *fig.* feverish (*activity, etc*), *colloq.* hectic (*search, etc*); **in ~er Spannung** (*od.* **Erregung**) in a fever of (expectation *od.* excitement). **~haf·tig·keit** *f* ⟨-; *no pl*⟩ **1.** *med.* feverishness, febrility. **2.** *fig.* a) feverishness, b) feverish activity. **≈ˌkrank** *adj* feverish, *colloq.* down with fever. **~ˌkran·ke** *m, f* ⟨-n; -n⟩ fever case. **~ˌkur·ve** *f* **1.** temperature curve. **2.** temperature chart. **~ˌmit·tel** *n* antipyretic, febrifuge.

fie·bern [ˈfiːbərn] *v/i* ⟨h⟩ **1.** *med.* a) have a fever (*od.* a raised temperature), be febrile, be feverish, fever, b) be delirious (with fever). **2.** *fig.* be feverish (**vor** *dat* with); **vor Erregung (Erwartung) ~** be in a fever of excitement (expectation); **nach e-r Sache ~** yearn (*od.* crave) for s. th.; **er fieberte dem Tag entgegen** he awaited the day in a fever of anticipation. **~d** *pres p u. adj* feverish (*a. fig.* **vor** *dat* with), fevered, febrile.

ˈ**Fie·ber|phan·taˌsie** *f med.* (febrile) delirium, raving(s *pl*); **~n haben** be delirious with fever. **~ˌrin·de** *f pharm.* a) cinchona (bark), Peruvian bark, b) fever bark. **~ˌrin·denˌbaum** *m bot.* Peruvian bark (tree), cinchona. **~ˌrin·denˌholz** *n* china wood. **~ˌschau·er** *m med.* **1.** shivers *pl*, shivering fit. **2.** → Schüttelfrost. **≈ˌsen·kend** *adj* antipyretic. **~taˌbel·le** *f* temperature chart. **~ther·moˌme·ter** *n* clinical thermometer. **~ˌtraum** *m* feverish dream. **≈verˌtrei·bend** *adj* antipyretic. **~ˌwahn** *m* → Fieberdelirium. **~ˌwurz** *f bot.* bitterwort. **~ˌzuˌstand** *m med.* feverishness, febrile condition, pyrexia.

ˈ**fieb·rig** *adj* **1.** *med.* feverish, febrile. **2.** *fig.* feverish (**vor** *dat* with), in a fever (*of excitement, etc*).

Fie·del [ˈfiːdəl] *f* ⟨-; -n⟩ *mus. hist. u. colloq.* fiddle; **~bogen** *m colloq.* fiddle-stick (*od.* -bow). **fie·deln** [ˈfiːdəln] *v/i u. v/t* ⟨h⟩ fiddle.

Fie·der [ˈfiːdər] *f* ⟨-; -n⟩, **~ˌblatt** *n bot.* leaflet, pinna. **~ˌblätt·chen** *n* pinnula; **mit ~** pinnulate(d).

ˈ**fie·de·rig** *adj bot.* pinnate(d).

ˈ**Fie·de·rung** *f* ⟨-; -en⟩ *bot.* pinnation.

ˈ**Fied·ler** *m* ⟨-s; -⟩ **1.** *colloq. contp.* fiddler. **2.** *ichth.* guitarfish.

fiel [fiːl] *1 u. 3 sg pret of* **fallen.**

fie·pen [ˈfiːpən] *v/i* ⟨h⟩ **1.** *Hunde etc*: whimper. **2.** *Vögel etc*: cheep. **3.** *hunt. Reh*: whistle.

fie·ren [ˈfiːrən] *v/t* ⟨h⟩ *mar.* **1.** (*Tau etc*) pay (out), veer (out). **2.** (*Boot etc*) lower.

fies [fiːs] *adj* ⟨-er; -est⟩ *colloq. contp.* nasty, filthy, dirty; **~er Kerl** nasty piece of work (→ *a.* **Scheißkerl**).

fif·ty-fif·ty [ˌfɪftɪˈfɪftɪ] (*Engl.*) *adv colloq.* **(mit j-m) ~ machen** go fifty-fifty (*od.* halves) (with s. o.); **s-e Chancen stehen ~** he's got a fifty-fifty chance.

Fight [faɪt] (*Engl.*) *m* ⟨-s; -s⟩ (*bes. Boxkampf*) fight. **figh·ten** [ˈfaɪtən] *v/i* ⟨h⟩ fight. **Figh·ter** [ˈfaɪtər] *m* ⟨-s; -⟩ fighter.

Fi·gur [fiˈguːr] *f* ⟨-; -en⟩ **1.** a) (*Körperform*) (good, *etc*) figure, b) (*Wuchs, Körperbau*) build, frame, physique, stature, c) (*Taille*) waist-line; **auf s-e ~ achten** watch one's waist-line; **s-e ~ nicht verlieren** keep one's figure. **2.** (*Gestalt*) shape, appearance. **3.** *fig.* **e-e traurige (gute) ~ abgeben** (*od.* **machen**) cut a poor (good) figure; **e-e lächerliche ~ machen** cut a ridiculous (*od.* sorry) figure, make a fool of o. s. **4.** figure, character; **komische ~** a) *bes. thea.* comic figure, b) *fig.* figure of fun, *colloq.* clown, *sl.* jerk; **wichtige ~** important figure (*od.* person, personage). **5.** (*Form*) shape, figure, form. **6.** *Kunst*: figure, (*Plastik*) *a.* statue, *kleine*: figurine, statuette. **7.** *math. tech.* a) figure (*a. phys.*), b) diagram, graph, c) configuration; **ebene ~** plane figure; **eingeschriebene ~** inscribed figure; **et. in e-r ~ darstellen** plot s. th. graphically. **8.** *Eiskunstlauf, Tanzen, etc*: figure. **9.** (*Schach≈*) (chess)man, piece; **leichtere ~en** (*Läufer u. Springer*) minor pieces. **10.** *Kartenspiel*: a) figure (on a face card), b) face card. **11.** *mus.* figure. **12.** (*Rede≈*) (rhetorical) figure, figure of speech. **13.** *Logik*: figure.

fi·gu·ral [figuˈraːl] *adj bes. mus.* figurate, florid. **≈muˌsik** *f* figurate music.

Fi·gu·rant [figuˈrant] *m* ⟨-en; -en⟩ *thea. Ballett*: figurant.
fi·gu·ra·tiv [figuraˈtiːf] *adj ling.* figurative, metaphorical; **im ~en Sinn** in the (*od.* a) figurative sense, figuratively (speaking).
Fi·gür·chen [fiˈgyːrçən] *n* ⟨-s; -⟩ **1.** *dim. of* Figur. **2.** *aus Ton, Metall etc*: figurine.
Fiˈgu·ren|ˌlau·fen *n Sport*: figure skating. **~ˌtanz** *m* figure-dance.
fi·gu·rie·ren [figuˈriːrən] **I** *v/t* ⟨*no* ge-, h⟩ *mus.* figure. **II** *v/i* (als as) a) *thea.* appear, b) *fig.* figure. **fi·guˈriert** *pp u. adj math. mus.* figurate.
Fi·gu·ri·ne [figuˈriːnə] *f* ⟨-; -n⟩ **1.** *thea.* costume design (*od.* sketch). **2.** *Kunst*: figurine, statuette.
fi·gür·lich [fiˈgyːrlıç] **I** *adj* **1.** → **figurativ. 2.** *Kunst*: figured. **II** *adv* **3. et. ~ darstellen** represent s.th. as a figure (*od.* by figures). **4.** *von Person etc*: as to *s.o.'s* figure (*od.* build).
Fik·ti·on [fıkˈtsĭoːn] *f* ⟨-; -en⟩ *a. jur. philos.* fiction. **fikˈtiv** [-ˈtiːf] *adj* fictitious.
Fi·la·ment [filaˈmɛnt] *n* ⟨-s; -e⟩ *astr. bot.* filament.
Fi·let [fiˈleː] *n* ⟨-s; -s⟩ **1.** *gastr. allg.* fil(l)et; **et. als ~ schneiden** (*od.* **zubereiten**) fil(l)et s.th.; **~ mignon** filet mignon. **2.** → **~ˌar·beit** *f Textil.* network, netting; **~ machen** net. **~ˌbra·ten** *m* roast fil(l)et.
Fi·le·te [fiˈleːtə] *f* ⟨-; -n⟩ *print.* **1.** (*Fadenstempel*) back tools *pl.* **2.** (*Zierleiste*) fillet.
Fiˈlet|ˌspit·zen *pl* filet (lace) *sg.* **~ˌsteak** *n* fil(l)et steak.
Fi·liˈal|ˌbank [fiˈlĭaːl-] *f econ.* branch bank. **~beˌtrieb** *m* → **Filiale** 1.
Fi·lia·le [fiˈlĭaːlə] *f* ⟨-; -n⟩ **1.** *econ.* a) branch (establishment), b) *e-r Versicherung etc*: branch (office), c) *e-s Geschäftes*: branch (store *od.* shop), d) (*Kettenladen*) multiple shop, chain store. **2.** *relig.* filial church.
Fi·liˈal|ge·ne·ra·ti·on *f biol.* (first) filial generation. **~geˌschäft** *n econ.* **1.** → **Filiale** 1 c *u.* d. **2.** branch banking. **~ˌlei·ter** *m* branch manager. **~ˌun·terˌneh·men** *n* branch establishment.
fi·lie·ren [fiˈliːrən] *v/t* ⟨*no* ge-, h⟩ **1.** *Textil.* net. **2.** *gastr.* fil(l)et. **3.** *Kartenspiel*: palm.
Fi·li·gran [filiˈgraːn] **I** *n* ⟨-s; -e⟩ **1.** filigree (work); **mit ~ verziert** filigreed. **2.** *fig.* filigree pattern. **II** ♀ *adj* **3.** filigree(d). **~ˌar·beit** *f* **1.** filigree (work). **2.** (piece of) filigree (work). **~ˌglas** *n tech.* reticulated (*od.* lace) glass.
Fi·li·us [ˈfiːlĭʊs] *m* ⟨-; -lii [-lii] *u.* -liusse⟩ *humor.* son, Junior.
Film [fılm] *m* ⟨-s; -e⟩ **1.** *phot.* a) film, b) *für Kameras*: (cine)film. **2.** (*Spiel*♀) film, (motion) picture, *bes. Am. colloq.* movie; **e-n ~ drehen** shoot (*od.* make) a film, film; **der ~ läuft im Kino** the film is on (*od.* is showing) in the cinema (*Am.* movie house); **im ~ sieht sie jünger aus** she looks younger on the screen. **3. der** ~ *collect.* (**~branche**) the films *pl*, the cinema, the (motion) pictures *pl*, the screen, *bes. Am. colloq.* the movies *pl*, the film industry; **zum ~ gehen** get into (*od.* go on) the films, become a screen actor (*od.* actress). **4.** → **Filmkunst. 5.** *bes. tech.* film. **~amaˌteur** *m* film (*od.* cine-)amateur. **~arˌchiv** *n* film library (*od.* archives *pl*). **~ateˌlier** *n* → **Filmstudio. ~ˌaufˌnah·me** *f* **1.** (*Vorgang*) shooting (of a film), filming. **2.** (*Einstellung*) shot, take. **3.** (*Film*) film. **4.** (*Standphoto*) still. **~ˌau·tor** *m* film(-script) author, screenwriter, scenarist. **~ˌband** *n* ⟨-(e)s; ⸗er⟩ (film) strip. **~ˌbau·ten** *pl* (film) sets. **~beˌar·bei·tung** *f* **1.** film (*Am.* screen) adaptation. **2.** *tech.* film processing. **~beˌricht** *m* **1.** filmed report. **2.** *TV* film videorecording, taped record (*od.* report). **~beˌsu·cher** *m* filmgoer, cinema-goer, *bes. Am. colloq.* moviegoer. **~beˌwer·tungsˌstel·le** *f* Film Assessment Board. **~ˌbild** *n* **1.** motion picture. **2.** *einzelnes*: frame. **3.** (*Standphoto*) still. **~ˌbran·che** *f* → **Filmindustrie. ~ˌdarˌstel·ler** *m* → **Filmschauspieler. ~ˌdi·va** *f* → **Filmstar. ~ˌdra·ma** *n* film (*od.* screen) drama, screenplay. **~ˌdruck** *m* ⟨-(e)s; -e⟩ *Textil.* screen printing.
ˈFil·meˌma·cher *m* film-maker.
ˈFilm·empˌfind·lich·keit *f phot.* film speed.
fil·men [ˈfılmən] **I** *v/t* ⟨h⟩ **1.** film, shoot; → *a.* **verfilmen. II** *v/i* **2.** be filming, take shootings, make a film; (**bei Außenaufnahmen**) **~** be on location. **3.** (*in e-m Film spielen*) (act *od.* play in a) film. **III** ♀ *n* ⟨-s⟩ **4.** filming (*etc*).
ˈFilm|ˌfen·ster *n phot.* film gate. **~ˌfe·sti·val** *n*, **~ˌfestˌspie·le** *pl* film festival. **~geˌlän·de** *n* a) studio (*od.* filming) lot, b) *für Außenaufnahmen*: location. **~geˌsell·schaft** *f* film (*bes. Am.* motion-picture) company. **~geˌwal·ti·ge** *m* ⟨-n; -n⟩ *colloq.* cinemogul. **~ˌgrö·ße** *f colloq.* → **Filmstar. ~ˌheld** *m* film (*od.* screen) (*bes. Am. colloq. a.* movie) hero. **~ˌherˌstel·ler** *m* (film) producer. **~in·duˌstrie** *f* film (*bes. Am.* motion-picture) industry.
ˈfil·misch *adj* filmic, cinematic, cinematographic.
ˈFilm|ˌka·me·ra *f* film (*bes. Am.* motion-picture *od. colloq.* movie) camera, (*bes. Schmalspur*♀) cine-camera. **~kar·rie·re** [-kaˌrĭɛːrə] film (*od.* screen, *bes. Am. colloq.* movie) career. **~kasˌset·te** *f* film magazine, (film) cartridge. **~ˌkle·beˌpres·se** *f* (film) splicer. **~ˌklub** *m* film club, cine-club. **~ˌko·mi·ker** *m* film (*od.* screen, *bes. Am. colloq.* movie) comedian. **~koˌmö·die** *f* (film) comedy (*od.* comic). **~komˌpar·se** *m*, **~komˌpar·sin** *f* (film) extra, super(numerary). **~kom·poˌnist** *m* composer of film (*od.* screen) music. **~kriˌtik** *f* film review. **~ˌkri·ti·ker** *m* film critic. **~kuˌlis·se** *f* film (*bes. Am.* motion-picture *od. colloq.* movie) set. **~ˌkunst** *f* cinematic art, cinematics *pl* (*als sg konstruiert*). **~ˌlän·ge** *f* footage, length of film. **~ˌleinˌwand** *f* **1.** (cinema, *etc*) screen. **2.** *für Heimkino*: cine-screen. **~ˌleu·te** *pl* film (*bes. Am. colloq.* movie) people. **~ˌlustˌspiel** *n* → **Filmkomödie. ~ma·nuˌskript** *n* → **Drehbuch. ~muˌsik** *f* film (*od.* screen, *bes. Am. colloq.* movie) music. **~ˌnachˌwuchs** *m* young (*od.* budding) film actors *pl.*
Fil·mo·thek [filmoˈteːk] *f* ⟨-; -en⟩ film library (*od.* archives *pl*).
ˈFilm|ˌpack *m phot.* film pack. **~paˌlast** *m* film (*bes. Am.* motion-picture) palace. **~paˌtro·ne** *f phot.* (film) cartridge. **~ˌpreis** *m* **1.** film award (*od.* prize). **2.** *phot.* price of a film. **~pro·duˌzent** *m* (film) producer. **~proˌjek·tor** *m* film projector, cine-projector. **~ˌprüfˌstel·le** *f* Film Viewing (*od.* Censorship) Board. **~ˌpu·bli·kum** *n* **1.** film-goers *pl*, cinema-goers *pl*, *bes. Am. colloq.* moviegoers *pl.* **2.** audience (in a cinema). **~ˌrech·te** *pl* film rights. **~reˌgie** *f* (film) direction. **~re·gisˌseur** *m* film director. **~reˌkla·me** *f* **1.** *econ.* a) screen advertising, b) screen advertisement. **2.** *Film*: a) advertising of films, b) advertisement for a film, cinema (*bes. Am. colloq.* movie) advertisement. **~ˌrol·le** *f* **1.** film role (*od.* part), part (in a film). **2.** *phot.* roll of film, (film) spool. **~saˌlat** *m colloq.* spaghetti *pl.* **~ˌsatz** *m print.* filmsetting. **~ˌschaf·fen** *n* film-making, *a.* cinematics *pl* (*als sg konstruiert*), *bes. Am. colloq.* movie-making. **~ˌschaf·fen·de** *m, f* ⟨-n; -n⟩ cinéaste, *weitS.* person employed in the film industry. **~ˌschauˌspie·ler** *m* (**~ˌschauˌspie·le·rin** *f*) film (*od.* screen, *bes. Am. colloq.* movie) actor (actress). **~ˌschnitt** *m* film cutting (and editing). **~ˌspu·le** *f phot.* **1.** film reel. **2.** *beim Kleinbildfilm*: spool. **~ˌstadt** *f* film (*bes. Am. colloq.* movie) town. **~ˌstar** *m* film (*od.* screen, *bes. Am. colloq.* movie) star. **~staˌtist** *m* → **Filmkomparse. ~ˌstern·chen** *n* (film *od.* screen, *bes. Am. colloq.* movie) starlet. **~ˌstoff** *m* film (script) material, story for a film. **~ˌstrei·fen** *m* **1.** *beim Filmschnitt*: reel, *bes. Am.* trailer. **2.** (*Film*) film (strip), strip. **~ˌstück** *n* screenplay. **~ˌstu·dio** *n* film studio. **~ˌsze·ne** *f* **1.** scene (in a film). **2.** *bei der Dreharbeit*: take. **~ˌtech·nik** *f* **1.** film technique, cinematics *pl* (*als sg konstruiert*). **2.** *phot.* filming technique. ♀**ˌtech·nisch** *adj* film-technical, cinematographical. **~thea·ter** [-teˌaːtər] *n* cinema, *bes. Am.* motion-picture (*od. colloq.* movie) theater (*od.* house). **~verˌleih** *m* **1.** (*Vertrieb*) film distribution. **2.** (*Gesellschaft*) film distributors *pl.* **~ˌvorˌfüh·rer** *m* projectionist. **~ˌvorˌführ·geˌrät** *n* → **Filmprojektor. ~ˌvorˌführˌraum** *m* film projection room. **~ˌvorˌfüh·rung** *f* **1.** → **Filmvorstellung. 2.** (*Vorführen*) film projection, showing of films (*od.* a film). **~ˌvorˌschau** *f* **1.** (*Ausschnitte, als Reklame*) trailer. **2.** *für Kritiker*: preview. **3.** (*Zeitungsrubrik*) forthcoming films *pl.* **~ˌvorˌstel·lung** *f* film (*od.* screen, cinema, *bes. Am. colloq.* movie) performance, film show(ing). **~ˌwelt, die** ⟨-; *no pl*⟩ the film world, filmland, *Am. a.* screendom, *colloq.* movieland. **~ˌwer·bung** *f* → **Filmreklame. ~ˌwerk** *n lit.* film(ic) (*bes. Br.* cinematographic) work, film. **~ˌzäh·ler** *m phot.* **1.** *der Filmkamera*: film (*od.* footage) counter. **2.** *des Fotoapparats*: frame counter. **~ˌzeitˌschrift** *f* film (*od.* screen, *bes. Am. colloq.* movie) magazine. **~zenˌsur** *f* film censorship; **die ~ passieren** pass the film censor.
Fi·lou [fiˈluː] *m* ⟨-s; -s⟩ *humor.* rascal, rogue.
Fil·ter [ˈfıltər] *m*, *bes. tech. n* ⟨-s; -⟩ **1.** *a. chem. electr. phys.* filter; **Zigarette mit** (**ohne**) **~** filter(tipped) (plain) cigarette. **2.** (coffee) filter. **3.** *phot.* (colo[u]r) filter. **~ˌbecken** (*getr.* -k·k-) *n civ. eng.* filtering basin. **~ˌeinˌsatz** *m*, **~eleˌment** *n* filter element. **~ˌfla·sche** *f chem.* filter (-ing) flask. **~ˌkaf·fee** *m* percolated (*od.* filter[ed]) coffee, drip coffee. **~ˌkan·ne** *f* filter (*od.* drip) (coffee) pot, *Am.* drip coffee maker, dripolator. **~ˌkoh·le** *f tech.* filter(ing) charcoal, filter carbon. **~ˌmundˌstück** *n* filter tip.
fil·tern [ˈfıltərn] **I** *v/t* ⟨h⟩ **1.** (*Flüssigkeit etc*) filter, filtrate, strain. **2.** (*ab*~) filter (off *od.* out). **3.** (*Kaffee*) filter, strain, percolate. **4.** *electr.* filter. **II** ♀ *n* ⟨-s⟩ **5.** filtering (*etc*). **6.** → **Filterung.**
ˈFil·ter|paˌpier *n* filter(ing) paper. **~ˌrückˌstand** *m* filtration residue, sludge. **~ˌschicht** *f tech.* filter bed. **~ˌtuch** *n* filter(ing) (*od.* straining) cloth, cloth filter.
ˈFil·te·rung *f* ⟨-; -en⟩ **1.** → **filtern** 5. **2.** percolation. **3.** *opt.* absorption.
ˈFil·ter·zi·gaˌret·te *f* filtertip(ped) cigarette.

Fil·trat [fɪlˈtraːt] *n* ⟨-(e)s; -e⟩ filtrate.
Fil·tra·ti·on [fɪltraˈtsɪ̆oːn] *f* ⟨-; -en⟩ *bes. chem. tech.* a) *durch Absaugen im Vakuum*: filtration, b) *durch Schwerkraft*: → Filterung 1, 2.
Filˈtrier|ap·pa,rat *m* filter(ing) apparatus, percolator. **⁀bar** *adj* filt(e)rable.
fil·trie·ren [fɪlˈtriːrən] *v/t* ⟨*no* ge-, h⟩ → filtern.
Filˈtrie·rung *f* ⟨-; -en⟩ → Filtration.
Filz [fɪlts] *m* ⟨-es; -e⟩ **1.** felt; aus ~ felt(ed), of felt. **2.** (paper) felt. **3.** *colloq.* felt (hat). **4.** *fig. colloq.* a) (*Wirrwarr*) tangle, b) *contp. pol.* corruption, *Am.* tammanyism. **5.** *bot.* toment(um). **6.** *biol.* hair-dressed skin. **7.** *Austrian* pork belly fat. **8.** *dial. for* Bierdeckel. **⁀,ar·tig** *adj* **1.** feltlike. **2.** *bot.* tomentous. **~,deckel** (*getr.* -k·k-) *m* beer mat. **~,dich·tung** *f tech.* felt packing.
fil·zen [ˈfɪltsən] **I** *v/t* ⟨h⟩ **1.** felt. **2.** *fig. colloq.* (*durchsuchen*) search, *sl.* frisk. **II** *v/i* **3.** *Wolle*: felt. **ˈFilz,hut** *m* felt (hat). **ˈfil·zig** *adj* **1.** feltlike, felty. **2.** (*aus Filz*) of felt, felt(ed). **3.** (*verfilzt*) felted. **4.** *Haar, Gras etc*: matted. **5.** *bot. zo.* tomentous. **6.** *fig. colloq.* (*geizig*) mean, stingy. **ˈFilz,laus** *f* crab louse.
Fil·zo·kra·tie [fɪltsokraˈtiː] *f* ⟨-; -n [-ən]⟩ *contp. pol.* corrupt system, *Am.* tammanyism.
ˈFilz|pan,tof·fel *m meist pl* felt slipper. **~,pap·pe** *f* felt board. **~,schei·be** *f tech. zum Glätten*: felt rubbing pad; *zum Polieren*: felt polishing wheel. **~,schrei·ber** *m* felt-tip(ped) pen. **~,stie·fel** *m* felt boot. **~,tuch** *n* felt(ed) cloth. **~,un·ter,la·ge** *f* felt pad.
ˈFim·mel¹ [ˈfɪməl] *m* ⟨-s; -⟩ **1.** *bot.* fimble (hemp). **2.** *Bergbau*: gad. **ˈFim·mel²** *m* ⟨-s; -⟩ *colloq.* **1.** craziness; er hat e-n ~ he is nuts (*od.* crackers). **2.** (*Besessenheit*) craze, mania, fad, (*Mode*) *a.* dodge, kick; sie hat e-n ~ für Pop-Musik she is crazy (*od.* wild, nuts) about pop music.
fi·nal [fiˈnaːl] *adj a. ling. philos.* final. **Fi·na·le** [fiˈnaːlə] *n* ⟨-s; -⟩ **1.** *mus. u. fig.* finale. **2.** *Sport*: a) (*Endkampf*) final, b) (*Endrunde*) finals *pl*; im ~ in the final; das ~ erreichen reach the final(s). **Fi·na·lis·mus** [finaˈlɪsmʊs] *m* ⟨-; *no pl*⟩ *philos.* finalism. **Fi·na·list** [finaˈlɪst] *m* ⟨-en; -en⟩ *Sport*: finalist. **Fiˈnal,satz** *m ling.* final (*od.* purpose) clause.
Fi·nan·cier [finãˈsɪ̆eː] *m* ⟨-s; -s⟩ → Finanzier.
Fi·nanz [fiˈnants] *f* ⟨-; -en⟩ *econ.* **1.** finance, financial world. **2.** *pl* → Finanzen. **~,ab,kom·men** *n* financial agreement. **~,ab,tei·lung** *f* finance department (*od.* division). **~,amt** *n* tax (*od.* revenue) office, *Brit.* inland (*Am.* internal) revenue office; (*örtliches* ~) *Br.* (local *od.* district) office of the Inspector of Taxes; *humor.* wir arbeiten nur noch fürs ~ we only work for the tax collector. **~,auf,kom·men** *n* state revenue. **~,aus,gleich** *m* financial adjustment. **~,aus,schuß** *m* finance committee. **~be,am·te** *m* revenue (*od.* fiscal) officer. **~be,hör·de** *f* fiscal authority. **~be,ra·ter** *m* financial adviser. **~,blatt** *n* financial (news)paper. **~,buch,hal·tung** *f* **1.** financial accountancy. **2.** financial accounts department.
Fiˈnan·zen *pl* finances; *colloq.* wie stehen d-e ~? how are your finances?
Fiˈnanz|ge,ba·rung *f* ⟨-; *no pl*⟩ *econ.* **1.** management (*od.* conduct) of public finances. **2.** fiscal policy. **~ge,richt** *n jur.* (German) Fiscal Court (*appellate tax tribunal*). **~ge,richts·bar·keit** *f* fiscal jurisdiction. **~ge,schäft** *n* **1.** financial transaction. **2.** investment business. **~ge,sell·schaft** *f Swiss* investment company. **~ge,setz** *n* finance (*od.* revenue) act. **~,grö·ße** *f colloq.* **1.** big financier. **2.** financial expert (*od. humor.* wizard). **~,hof** *m* → Finanzgericht. **~,ho·heit** *f* ⟨-; *no pl*⟩ fiscal autonomy, supreme financial control.
fi·nan·zi·ell [finanˈtsɪ̆ɛl] **I** *adj* **1.** financial; in ~er Hinsicht financially; ~e Schwierigkeiten financial (*od.* pecuniary) difficulties. **2.** a) (*währungspolitisch*) monetary, b) (*finanzpolitisch*) fiscal. **II** *adv* **3.** financially; j-n ~ unterstützen a) back s. o. financially (*od.* with money), b) give s. o. financial aid (*od.* support); ~ gut gestellt sein be in a good financial position, be well off, be financially sound. **Fi·nan·zier** [finanˈtsɪ̆eː] *m* ⟨-s; -s⟩ *econ.* financier. **fi·nan·zie·ren** [finanˈtsiːrən] *v/t* ⟨*no* ge-, h⟩ **1.** finance. **2.** (*Studium etc*) pay for, *colloq.* finance. **3.** (*Rundfunksendung etc*) sponsor. **4.** *econ.* (*Anleihe*) float. **5.** (*unterstützen*) subsidize. **Fi·nanˈzie·rung** *f* ⟨-; -en⟩ **1.** financing (*etc*). **2.** financing; der Staat übernahm die ~ the state undertook the financing (*od.* provided the necessary funds, provided the capital); ein Wohnungsbauprogramm, dessen ~ vom Staat getragen wird a housing scheme financed by the Government, a Government-sponsored housing scheme.
Fi·nanˈzie·rungs|,art *f* type (*od.* mode) of financing. **~ge,sell·schaft** *f* finance company. **~,ko·sten** *pl* cost *sg* of financing. **~,mit·tel** *pl* financing funds. **~,plan** *m* financial scheme.
Fiˈnanz|,jahr *n pol.* fiscal (*od.* financial) year. **⁀,kräf·tig** *adj* financially strong. **~,krei·se** *pl* financial circles (*od.* quarters). **~,la·ge** *f* financial state (*od.* position, condition, standing), finances *pl*. **~,macht** *f* financial power. **~,mann** *m* ⟨-(e)s; -männer *u.* -leute⟩ financier. **~mi,ni·ster** *m pol.* Minister of Finance, *Br.* Chancellor of the Exchequer, *Am.* Secretary of the Treasury. **~mi·ni,ste·ri·um** *n* Ministry of Finance, *Br.* Treasury (Board), *Am.* Treasury Department. **~pe·ri,ode** *f* fiscal (*od.* budgetary) period. **~,plan** *m* financing scheme. **~po·li,tik** *f* **1.** financial policy. **2.** *des Staates*: fiscal (*od.* budgetary) policy. **⁀po,li·tisch** *adj* relating to financial (*od.* budgetary) policy, financial, budgetary, finance. **~,recht** *n* fiscal law. **~,sach·ver,stän·di·ge** *m* financial expert. **⁀,schwach** *adj* financially weak. **⁀,stark** *adj* → finanzkräftig. **⁀,tech·nisch** *adj* financial. **~,teil** *m e-r Zeitung*: financial section. **~ver,wal·tung** *f* **1.** financial (*od.* fiscal) administration. **2.** (*Behörde*) fiscal authorities *pl*. **~,wech·sel** *m* accommodation bill. **~,welt, die** the financial world (*od.* circles *pl*). **~,we·sen** *n* ⟨-s; *no pl*⟩ finances *pl*, financial system. **~,wis·sen·schaft** *f* (public) finance. **~,zoll** *m* revenue(-raising) duty.
ˈFin·del|,an,stalt [ˈfɪndəl-] *f*, **~,haus** *n* foundling hospital. **~,kind** *n* foundling.
fin·den [ˈfɪndən] **I** *v/t* ⟨findet, fand, gefunden, h⟩ **1.** *durch Suchen*: find; ich finde m-e Brille nicht I can't find my glasses; e-n (Ehe)Mann ~ find (*od.* get) a husband; nirgends zu ~ nowhere to be found; *colloq.* die beiden haben sich (*od.* einander) (gesucht und) gefunden a) they have found each other, b) *iro.* those two make a nice pair indeed. **2.** (*entdecken*) discover, detect, find; et. zufällig ~ discover s. th. by accident (*od.* accidentally), come across (*od.* chance upon, *colloq.* stumble on) s. th. **3.** (*heraus*~) find (out); die Lösung e-s Problems ~ find the solution to a problem. **4.** (*vor*~) find; er fand die Tür verschlossen he found the door locked; ich fand mich umgeben von I found myself surrounded by. **5.** (*antreffen*) find, meet; wir fanden ihn bei der Arbeit we found him at work; solche Menschen findet man selten you don't find such people very often, such people are few and far between; diese Bäume findet man nur in den Tropen these trees are (*od.* can be) found only in the tropics; das findet man nicht alle Tage that's rather exceptional; zu ~ sein unter (*dat*) a) be found among, b) range among. **6.** (*bekommen*) find, get, come by; Hausangestellte sind heutzutage schwer zu ~ servants are hard to come by nowadays. **7.** (*halten für*) find, think, consider; ich finde ihn unmöglich I think he is (*od.* I find him) impossible; ~ Sie? do you think so?; ~ Sie nicht auch? don't you think so too?, don't you agree?; wie ~ Sie das Buch? what do you think of (*od.* how do you like) the book?; et. leicht (schwierig, interessant) ~ find s. th. easy (difficult, interesting). **8.** (*feststellen*) find (out), see, notice; Sie werden ~, daß you will find (*od.* see) that; ich finde nichts dabei I see nothing wrong with that, I don't see any harm in that, it seems all right to me; *colloq.* ich möchte bloß wissen, was er an ihr findet I wonder what he sees in her. **9.** *fig.* (*Beruhigung, Freude, Trost etc*) find (in *dat*, an *dat* in); Muße ~ find leisure. **10.** *fig.* (*Aufnahme, Beifall, Zustimmung etc*) find, meet with, receive. **11.** *fig.* sein Auskommen (*od.* Fortkommen) ~ make a living; s-n Abschluß ~ come to a conclusion; ein Ende ~ come to an end; bei j-m Glauben ~ be believed by s. o.; k-e Worte ~ können be at a loss for words, be speechless; Zeit für et. ~ find time for s. th.; → Absatz 2, Haar 2, Halt 3 (*etc*). **12.** *adm.* Anwendung ~ be applied; Berücksichtigung ~ be taken into consideration, be considered; Verwendung ~ be used. **13.** *jur.* (*Urteil*) find, arrive at. **14.** *math.* find, obtain; den Mittelpunkt von et. ~ locate the cent/re (*Am.* -er) of s. th. **II** *v/i* **15.** find one's way (*home, etc*); ich fand nicht zu ihnen I didn't find the way to them (*od.* to their house); *colloq.* er fand nicht aus dem Bett (*od.* aus den Federn) he couldn't drag himself out of bed; *lit.* zu Gott ~ find one's way to God; er fand schon früh zur Politik he started his political career very early; *Sport*: endlich fand die Mannschaft zu ihrem Spiel at last the team got into its stride; *Bibl.* suchet, so werdet ihr ~ seek, and ye shall find; wer suchet, der findet (*Sprichwort*) he who seeks shall find. **III** *v/reflex* sich ~ **16.** (*gefunden werden*) be found, *colloq.* turn up (again). **17.** (*entdeckt werden*) be discovered (*od.* found, detected, traced). **18.** (*anzutreffen sein*) be found, occur; dieses Zitat findet sich bei Shakespeare this quotation is found (*od.* occurs) in Shakespeare; das findet sich selten bei primitiven Völkern this is a rare occurrence with primitive peoples; es findet sich zuweilen, daß occasionally it happens that; in dem Brief fand sich kein Wort darüber the letter didn't say a word about it. **19.** (*sich fassen*) regain one's composure, recover. **20.** *Sport etc*: find one's feet, get into one's stride, rally, find back to one's

form. **21.** **sich in e-e Sache ~** a) (*in Schicksal etc*) resign (*od.* reconcile) o. s. to s. th., b) (*in neue Umgebung etc*) get accustomed to s. th., c) (*in e-e neue Materie etc*) get the hang of s. th. **22.** (*sich erweisen*) be found, turn out; **es fand sich, daß er recht hatte** he was found (*od.* turned out, proved) to be right; **das wird sich schon ~** a) time will tell, we'll see, b) that remains to be seen, we'll see; **es wird sich alles ~** it will all work out (*od.* sort itself out). **23.** (*anzutreffen sein*) be found; **es findet sich immer j-d, der** there will always be (*od.* you will always find) s. o. who; **es fanden sich nur wenige Freiwillige** there were only a few volunteers. **24.** *rare* **sich zu j-m ~** find one's way to s. o., join s. o. **IV** ≈ *n* ⟨-s⟩ **25.** finding (*etc*). **26.** → Findung. ˈ**Fin·der** *m* ⟨-s; -⟩, ˈ**Fin·de·rin** *f* ⟨-; -nen⟩ **1.** finder. **2.** *lit.* (*Entdecker*) discoverer.

ˈ**Fin·der|ˌlohn** *m* finder's reward. **~ˌrecht** *n jur.* a) law relating to objects found, b) right of the finder to an object found.

ˈ**fin·dig** *adj* resourceful, ingenious, clever. **≈keit** *f* ⟨-; *no pl*⟩ resourcefulness (*etc*).

ˈ**Find·ling** [ˈfɪntlɪŋ] *m* ⟨-s; -e⟩ **1.** → Findelkind. **2.** *geol.* erratic (block).

ˈ**Find·lings|ˌblock** *m* → Findling 2. **~ˌheim** *n* → Findelanstalt. **~ˌstein** *m* → Findling 2.

ˈ**Fin·dung** *f* ⟨-; *no pl*⟩ **1.** *der Wahrheit etc*: finding (out). **2.** *jur. e-s Urteils etc*: finding (of), arrival (at).

Fi·ne [ˈfiːne] *n* ⟨-s; -s⟩ *mus.* fine.

Fi·nes·se [fiˈnɛsə] *f* ⟨-; -n⟩ **1.** (*Feinheit*) fine(r) point, subtlety, nicety; **er beherrscht alle ~n** he knows all the ins and outs of it. **2.** (*Trick*) finesse, trick. **3.** (*technische Neuheit*) (new) gadget; **ein Auto mit allen ~n** a car with the latest gadgets (*od.* with all the trimmings).

fing [fɪŋ] *1 u. 3 sg pret of* fangen.

Fin·ger [ˈfɪŋər] *m* ⟨-s; -⟩ **1.** finger; **der kleine ~** the little finger; **ein böser** (*od.* **entzündeter**) **~** a sore finger; **~ weg!** don't touch!, hands off!; **et. an den ~n abzählen** count s. th. on one's fingers (*cf. Bes. Redew.*); *colloq., a. fig.* **et.** (*od.* **eins**) **auf die ~ bekommen** get a rap over the knuckles; **mit dem ~ drohen** wag an admonishing finger; **et. mit den ~n malen** finger-paint s. th.; **sich** (*dat*) **in den ~ schneiden** a) cut one's finger, b) → *Bes. Redew.*; *a. fig.* **mit dem ~ auf j-n zeigen** (*od.* **deuten**) point (a finger) at s. o.; **den ~ an den Mund legen** put one's finger to one's lip; *lit.* **der ~ Gottes** the (warning) finger of God, Providence; **wenn man dem Teufel den kleinen ~ gibt, (so) nimmt er die ganze Hand** (*Sprichwort*) give him an inch and he'll take an ell. **2.** *als Maß*: finger; **zwei ~ dick sein** be two fingers (*od.* fingerbreadths) thick. **3.** *e-s Handschuhs*: finger. **4.** *zo.* digit.

Besondere Redewendungen:
sich (*dat*) **et. an den (fünf)** (*od.* **an drei**) **~n abzählen können** be able to count s. th. on the fingers of one hand; **das kann man sich an den ~n abzählen** (*od.* **mit den ~n greifen**) that's obvious enough (*od.* as clear as daylight); *colloq.* **er hat an jedem ~ zehn** he's got more girls than fingers; **j-m auf die ~ sehen** (*od.* **schauen**) keep a close (*od.* sharp) eye on s. o.; **j-m auf die ~ klopfen** rap s. o.'s knuckles; **j-n** (**et.**) **nicht aus den ~n lassen** not to let go of s. o. (s. th.), not to let s. o. (s. th.) out of one's clutches; **sich** (*dat*) **et. aus den ~n saugen** invent s. th., *colloq.* make (*od.* cook) up s. th.; *colloq.* **j-m durch die ~ sehen** a) be indulgent (*od.* lenient) toward(s) s. o., b) close (*od.* shut) one's eyes to (*od.* wink at) s. o.'s faults; **sich** (*dat*) **et. durch die ~ gehen lassen** let s. th. slip through one's fingers; **j-m durch die ~ gehen** (*od.* **schlüpfen**) a) *Geld*: slip through s. o.'s fingers, b) *Verbrecher etc*: give s. o. the slip; **et. im kleinen ~ haben** have s. th. at one's fingers' ends, know s. th. inside out; **j-m in die ~ fallen** (*od.* **geraten**) fall into s. o.'s hands; **et. in die ~ bekommen** (*od.* **kriegen**) get (*od.* lay) hold of s. th.; **j-m unter** (*od.* **vor, zwischen**) **die ~ kommen** (*od.* **geraten**) fall into s. o.'s hands; *colloq.* **der soll mir nur unter die ~ kommen!** let me only get hold of him; *colloq.* **sich** (*dat*) **in den ~ schneiden** make a big mistake; *colloq.* **et. mit spitzen ~n anfassen** touch s. th. gingerly; *colloq.* **das mache ich mit dem kleinen ~** that's a snap (for me); *colloq.* **j-n um den (kleinen) ~ wickeln** twist s. o. round one's (little) finger; *colloq.* **k-n ~ krumm machen** (*od.* **krümmen, rühren**) not to lift (*od.* stir) a finger; *colloq.* **krumme** (*od.* **lange**) **~ machen** steal, *sl.* swipe; *colloq.* **lange ~ haben** be light-fingered; **überall s-e ~ im Spiel** (*od.* **dazwischen**) **haben** have a finger in every pie; *colloq.* **sich** (*dat*) **alle zehn ~ nach et. lecken** be very keen on s. th.; **sie würde sich** (*dat*) **die ~ danach lecken** she would give her eyeteeth for it; **sich** (*dat*) **die ~ an** (*od.* **bei**) **et. verbrennen** burn one's fingers in s. th.; **ihn jucken die ~ danach** his fingers itch to have (*od.* do) it; **die ~ von j-m** (**et.**) **lassen** keep one's fingers off s. o. (s. th.), leave s. o. (s. th.) alone; **den ~ auf die Wunde legen** put one's finger on the sore (spot); **sich** (*dat*) **die ~ mit et. nicht schmutzig machen** not to dirty one's hands with s. th.

ˈ**Fin·gerˌabˌdruck** *m* **1.** fingerprint, dactylogram, dactylograph; **j-s ~** (*od.* **Fingerabdrücke**) **(ab)nehmen, e-n ~ von j-m machen** fingerprint s. o., take s. o.'s fingerprints. **2.** (*Fleck*) finger-mark. **~verˌfah·ren** *n* fingerprint identification, dactyloscopy.

ˈ**Fin·ger|al·phaˌbet** *n* manual (*od.* deaf-and-dumb) alphabet, finger spelling (*od.* alphabet), dactylology. **~ˌbeu·ger** *m anat.* digital flexor. **≈ˌbreit I** *adj u. adv* as broad as a finger. **II ≈** *m* ⟨-; -⟩ fingerbreadth; **(um) fünf ≈ kürzer** five fingers' breadths shorter; *fig.* **k-n ≈ nachgeben** (*od.* **weichen**) not to budge an inch. **≈ˌdick I** *adj* as thick as a finger. **II** *adv fig. colloq.* **~ auftragen** lay it on thick (*od.* with a trowel). **~ˌdruck** *m* pressure (*od.* touch) of the finger. **≈ˌfer·tig** *adj* dext(e)rous (*od.* deft, skil[l]ful) (with one's fingers), nimble-fingered. **~ˌfer·tig·keit** *f* ⟨-; -en⟩ **1.** dexterity (*od.* deftness, skill) (with one's fingers), manual skill, nimble fingers *pl.* **2.** *e-s Taschenspielers etc*: sleight of hand, legerdemain. **3.** *mus.* velocity, dexterity. **≈ˌför·mig** *adj* finger-shaped, digitiform. **~geˌlenk, ~ˌglied** *n anat.* finger joint. **~ˌha·keln** *n* finger-tug. **~ˌhandˌschuh** *m* (fingered) glove. **~ˌhut** *m* **1.** thimble. **2.** *fig.* thimbleful; **ein ~ voll Kognak** a thimbleful of brandy. **3.** *bot.* foxglove, digitalis. **~ˌkraut** *n bot.* cinquefoil, potentilla. **~ˌkup·pe** *f* fingertip, finger end. **~ling** *m* ⟨-s; -e⟩ **1.** (*Schutz*) fingerstall. **2.** *e-s Handschuhs*: finger. **3.** *mar.* (rudder) pintle. **~ˌloch** *n mus.* finger hole. **≈los** *adj* **1.** without fingers, fingerless. **2.** *zo.* adactylous.

fin·gern [ˈfɪŋərn] *colloq.* **I** *v/i* ⟨h⟩ (**an** *dat*) finger (*s. th.*), fumble (at *s. th.*), fiddle (with *s. th.*); **nach et. ~** fumble for s. th. **II** *v/t fig.* (*zuwege bringen*) wangle.

ˈ**Fin·ger|ˌna·gel** *m* fingernail. **~ˌring** *m* (finger) ring. **~ˌsatz** *m mus.* fingering. **~ˌscha·le** *f* finger-bowl. **~ˌspit·ze** *f* fingertip; *fig.* **bis in die ~n** to the fingertips; **musikalisch bis in die ~n** musical to one's fingertips (*od.* through and through); *colloq.* **das hat er in den ~n** he has that at his fingertips (*od.* fingers' ends). **~ˌspit·zen·geˌfühl** *n* ⟨-s; *no pl*⟩ sure instinct, flair, smooth touch. **~ˌspra·che** *f* deaf-and-dumb (*od.* sign) language, finger spelling, dactylology. **~ˌtech·nik** *f mus.* finger action (*od.* technique). **~ˌübung** *f mus.* finger exercise. **~ˌwech·sel** *m mus.* (finger) substitution. **~ˌzeig** *m* ⟨-(e)s; -e⟩ **1.** (*Hinweis*) cue. **2.** (*Wink*) hint, tip, pointer. **3.** *lit.* warning sign; **ein ~ Gottes** the warning finger of God.

fin·gie·ren [fɪŋˈgiːrən] *v/t* ⟨*no* ge-, h⟩ **1.** (*vortäuschen*) feign, fake, sham, simulate. **2.** (*erfinden*) fabricate. **finˈgiert** *pp u. adj* **1.** feigned, faked, sham, simulated. **2.** (*unecht, erfunden*) fictitious (*name, etc*); *econ.* **~es Geschäft** fictitious (*od.* sham, bogus) transaction; **~e Rechnung** faked invoice; **~er Wechsel** bogus (*od.* fictitious) bill. **Finˈgie·rung** *f* ⟨-; -en⟩ **1.** feigning (*etc*). **2.** simulation. **3.** fabrication.

Fi·nish [ˈfɪnɪʃ] (*Engl.*) *n* ⟨-s; -s⟩ **1.** *Sport u. fig.* (*Endspurt*) finish, final spurt. **2.** *tech.* finish. **Fi·ni·sher** [ˈfɪnɪʃər] *m* ⟨-s; -⟩ **1.** *Textil.* finisher. **2.** *print.* stop-press editor.

fi·nit [fiˈniːt] *adj* **1.** *ling. Verbform*: finite. **2.** *philos.* finitary.

Fink [fɪŋk] *m* ⟨-en; -en⟩ *orn.* finch.

ˈ**Finn-ˌDin·g(h)i-ˌKlas·se** [ˈfɪn-ˌdɪŋgi-] *f Segeln*: Finn Class.

Fin·ne[1] [ˈfɪnə] *f* ⟨-; -n⟩ **1.** *zo.* (*Rückenflosse*) fin. **2.** *med. zo.* (*Bandwurmlarve*) bladder worm, cysticercus. **3.** *vet. der Schweine u. Rinder*: measles *pl.* **4.** *tech. e-s Hammers*: pane.

ˈ**Fin·ne**[2] *m* ⟨-n; -n⟩ Finn, Finlander.

ˈ**Fin·nenˌkrank·heit** *f med. vet.* cysticercosis.

ˈ**Fin·nin** *f* ⟨-; -nen⟩ Finn, Finnish woman (*od.* girl), Finlander. ˈ**fin·nisch I** *adj* Finnish, Finnic; **≈er Meerbusen** Gulf of Finland. **II** *ling.* ≈ ⟨*generally undeclined*⟩, **das ≈e** ⟨-n⟩ Finnish, Finnic. ˈ**fin·nisch-ˈugrisch** *adj* → finno-ugrisch.

ˈ**Finnˌmark** *f econ.* fin(n)mark.

ˈ**fin·no-ˈugrisch** [ˈfɪno-] **I** *adj* Finno-Ugrian (*od.* -Ugric). **II** *ling.* ≈ ⟨*generally undeclined*⟩, **das ≈e** ⟨-n⟩ Finno-Ugrian (*od.* -Ugric).

ˈ**Finnˌwal** *m* finback, fin whale.

fin·ster [ˈfɪnstər] **I** *adj* ⟨-er *u.* finstrer; -st⟩ **1.** (*dunkel*) dark, black, (*düster, trübe*) gloomy, somb/re (*Am.* -er), murky; **~e Nacht** pitch-dark night; **~er Raum** dark (*od.* gloomy) room; **es wird ~** it is getting dark. **2.** *fig.* dark; **das ~e Mittelalter** the Dark Ages. **3.** *fig.* (*düster*) dark, gloomy, grim, black, somb/re (*Am.* -er); **~er Blick** scowl, black look; **er machte ein ~es Gesicht** he scowled; **mit ~er Miene** with a grim (*od.* dour) face (*od.* look). **4.** *fig. Vorahnung, Gedanke etc*: sinister, dark, ominous; **ein ~er Plan** a sinister (*od.* an evil) plan. **5.** a) *Mensch*: sinister, grim, sullen, b) *Charakter etc*: shady, low(-down), c) *fig. colloq. Kneipe etc*: shady, low, d) (*fragwürdig*) shady (*affair, etc*), e) (*schrecklich*) awful, ghastly, horrible; *colloq.* **ein ~er Bursche** (*od.* **Typ**) a shady customer, *stärker*: a blackguard, an ugly. **II** *adv* **6.** dark (*etc*), grimly (*etc*); **j-n ~ ansehen**

scowl (*od.* glower) at s. o., give s. o. a black look. **III ~e, das** ‹-n› **7.** the dark(ness), the gloom; **im ~n tappen (nach)** grope in the dark (for). **~keit** *f* ‹-; *no pl*› → **Finsternis** 1.

ˈFin·ster·ling *m* ‹-s; -e› obscurantist.

ˈFin·sterˌmet·te *f meist pl R. C.* Tenebrae *pl (als sg od. pl konstruiert).*

ˈFin·ster·nis *f* ‹-; -se› **1.** (*Dunkelheit*) darkness, gloom(iness), blackness, obscurity, murkiness; **die nächtliche ~** the darkness of night; *colloq.* **hier herrscht ja e-e wahrhaft ägyptische ~** it's absolutely pitch-dark in here; **in (e-e) tiefe ~ tauchen** plunge (*a room*) into darkness. **2.** *fig. lit. od. Bibl.* (*das Böse*) darkness, evil; **die Macht** (*od.* **die Mächte**) **der ~** the power(s) of darkness (*od.* evil); **der Herr** (*od.* **Fürst**) **der ~** the Prince of darkness; **das Reich der ~** the kingdom of darkness. **3.** *fig.* gloom (-iness), darkness, blackness. **4.** *astr.* eclipse.

Fin·te [ˈfɪntə] *f* ‹-; -n› **1.** *bes. Sport*: feint; **e-e ~ machen** feint. **2.** *fig. colloq.* (*Trick, Kunstgriff*) feint, ruse, trick, stratagem; **e-e ~ anwenden** use a (clever) ruse. **3.** *fig. colloq.* a) (*Vorwand*) preten/ce (*Am.* -se), b) (*Ausflucht*) pretext, c) (*Ablenkungsmanöver*) red herring. **4.** *ichth.* t(h)waite (shad).

fin·tie·ren [fɪnˈtiːrən] *v/i* ‹*no* ge-, h› *Sport*: feint.

Fir·le·fanz [ˈfɪrləˌfants] *m* ‹-es; -e› *colloq.* **1.** (*Possen*) tomfoolery, caper(s *pl*); **~ treiben** fool around. **2.** (*Unsinn*) nonsense. **3.** a) (*unnützes Zeug*) gewgaws *pl*, gimcrackery, frippery, b) (*wertloser Kram*) junk, trash.

firm [fɪrm] *adj* → **beschlagen**[5].

Fir·ma [ˈfɪrma] *f* ‹-; -men› *econ.* **1.** (*Unternehmen*) firm, (commercial) house, enterprise, business, establishment, (*Gesellschaft*) company, concern; **die ~ X** the firm of X; **e-e gutgehende ~** a going concern. **2.** (*Firmenbezeichnung*) firm (name), (company) name, style; **unter der ~ X** under the firm (name) (*od.* style) of X. **3.** *in der Adresse*: Messrs; **(An die) ~ X** a) Messrs X, b) The X Company.

Fir·ma·ment [fɪrmaˈmɛnt] *n* ‹-(e)s; -e› *lit.* **(am ~** in the) firmament, sky.

fir·men [ˈfɪrmən], *a.* **fir·meln** [ˈfɪrməln] *v/t* ‹h› *R. C.* confirm.

ˈFir·men|ˌaufˌdruck *m* **1.** (*Briefkopf*) (firm *od.* business) letterhead. **2.** *auf der Ware*: (imprint of) name of firm. **~be·ˌzeich·nung** *f* → **Firma** 2. **~ˌei·gen** *adj* company(-owned); *Computer etc*: in-house. **~ˌinˌha·ber** *m* owner of the firm, proprietor. **~ˌkopf** *m* → **Firmenaufdruck** 1. **~ˌna·me** *m* → **Firma** 2. **~reˌgi·ster** *n econ.* **1.** register of (commercial) firms, company register. **2.** → **Handelsregister. ~ˌren·te** *f* company pension. **~ˌschild** *n* **1.** *an Gebäuden*: firm's nameplate (*od.* name, sign), facia, *Am. colloq.* shingle. **2.** *an e-r Maschine*: nameplate. **3.** *in Kleidungsstück etc*: firm's name (*od.* label). **~ˌschutz** *m jur.* protection of registered company (*od.* firm) names. **~ˌstem·pel** *m econ.* firm('s) (*od.* company) stamp. **~ver·ˌzeich·nis** *n* trade directory. **~ˌwa·gen** *m* company car. **~ˌwer·bung** *f* institutional advertising. **~ˌwert** *m* goodwill (of a firm). **~ˌzei·chen** *n econ.* a) firm's symbol, b) (*Warenzeichen*) trademark, c) *mot. etc* maker's emblem.

fir·mie·ren [fɪrˈmiːrən] *econ.* **I** *v/i* ‹*no* ge-, h› **1.** **(als)** have (*od.* use) the company (*od.* firm) name (of). **2.** (*unterzeichnen*) sign for a firm (*od.* company). **II** *v/t* **3.** have (*od.* use) the firm name of. **4.** (*unterzeichnen*) sign (**für** for).

Firˈmie·rung *f* ‹-; -en› **1.** using the firm name. **2.** → **Firma** 2.

ˈFirm·ling *m* ‹-s; -e› *R. C.* confirmand.

ˈFirm|ˌpa·te *m*, **~ˌpa·tin** *f R. C.* (confirmand's) sponsor.

ˈFir·mung *f* ‹-; -en› *R. C.* confirmation; **j-m die ~ spenden** confirm s. o.

Firn [fɪrn] *m* ‹-(e)s; -e› **1.** (*Schnee*) a) firn (snow), névé, b) *Schisport*: corn (*od.* spring) snow. **2.** (*Gletschereis*) glacier ice. **3.** → **~ˌeis** *geol.* firn (ice).

ˈFir·neˌwein [ˈfɪrnə-] *m* **1.** last year's wine. **2.** old (*od.* well-seasoned, matured) wine.

ˈFirn|ˌfeld *n* névé (field), firn. **~ˌgren·ze** *f* névé line.

ˈfir·nig *adj* **~er Schnee** → **Firn** 1.

Fir·nis [ˈfɪrnɪs] *m* ‹-ses; -se› **1.** *tech.* a) boiled linseed oil, b) (*Klarlack*) (clear) varnish; **fetter ~** oil varnish; **mit ~ streichen** varnish. **2.** *fig.* varnish, veneer. **~paˌpier** *n tech.* glazed paper.

fir·nis·sen [ˈfɪrnɪsən] *v/t* ‹h› varnish.

ˈFirnˌschnee *m* → **Firn** 1.

First [fɪrst] *m* ‹-es; -e› **1.** *arch.* (*Dach~*) (top) ridge. **2.** → **Firste. 3.** *lit.* a) (*Bergkamm*) ridge, crest, b) (*Gipfel*) peak, top, summit. **~ˌbal·ken** *m arch.* ridgepole, ridge beam. **~ˌblech** *n* ridge plate.

Fir·ste [ˈfɪrstə] *f* ‹-; -n› *Bergbau*: roof (of gallery).

fis, Fis [fɪs] *n* ‹-; -› *mus.* F sharp; **fis** F-sharp minor; **Fis** F-sharp (major).

Fisch [fɪʃ] *m* ‹-(e)s; -e› **1.** fish; **~e** *pl meist* fish *sg* (*als pl konstruiert*); **~e fangen** a) (catch) fish, b) *mit dem Schleppnetz*: trawl; **faule ~e** a) bad fish, b) *fig. colloq.* (*Ausreden*) lame excuses, c) *fig. colloq.* (*Lügen*) humbug *sg*; *fig. colloq.* **kleine ~e** a) a mere nothing *sg*, peanuts, small beer *sg*, *Am. a.* chickenfeed *sg*, b) (*Personen*) small fry (*od.* beer) *sg*, *Am.* small potatoes; *fig. colloq.* **große ~e** big fish; **die ~e füttern** feed the fish (*a. humor.*); **munter** (*od.* **gesund**) **wie der** (*od.* **ein**) **~ im Wasser** (as) fit as a fiddle, in top form; **er fühlte sich wie ein ~ auf dem Trockenen** he felt like a fish out of water; **sich wohlfühlen wie ein ~ im Wasser** *colloq.* feel (just) great; **stumm wie ein ~** (as) mute as a fish; → **Fleisch** 1. **2.** *gastr.* fish; **gebackener (gebratener, geräucherter, marinierter) ~** baked (fried, smoked, pickled *od.* marinated) fish; **frische ~e** fresh fish; **~ muß** (*od.* **will**) **schwimmen** fish and wine go together. **3.** *pl astr.* Pisces, the Fishes; **geboren im** (*od.* **unter dem**) **Sternbild der ~e** born in the sign of Pisces. **4.** *relig.* (*Symbol*) ichthus. **5.** → **Zwiebelfisch. 6.** *colloq. im Tee etc*: stranger. **~ˌad·ler** *m orn.* osprey, fish hawk. **~ˌar·tig** *adj* fishlike, fishy, ichthyic, ichthyoid. **~ˌau·ge(n·ob·jekˌtiv)** *n phot.* fish-eye lens. **~ˌband** *n tech.* (*Scharnier*) butt (*od.* counter-flap) hinge. **~ˌbein** *n* ‹-(e)s; *no pl*› **1.** *zo.* whalebone, baleen. **2.** *für Mieder*: whalebone. **~beˌsteck** *n* a) fish knife and fork, b) (set of) fish knives and forks *pl*, *a.* (set of) fish eaters *pl*. **~ˌbla·se** *f* **1.** *zo.* air bladder, fish maw. **2.** *Kunst*: bladder ornament. **~ˌblut** *n* fish blood; *fig.* **er hat ~ in den Adern** he is as cold as a fish, he is fish-blooded. **~ˌbratˌkü·che** *f* fried-fish shop, *Br. a.* fish-and-chip shop. **~ˌbrut** *f zo.* fry, alevin.

ˈFisch·chen *n* ‹-s; -› **1.** *dim. of* **Fisch. 2.** silverfish.

ˈFisch|ˌdampf·er *m mar.* steam trawler. **~ˌdün·ger** *m* fish manure (*od.* guano, meal). **~ˌei** *n* **1.** *im Fisch*: fish-egg, roe-corn, *pl a.* roe *sg*. **2.** *pl* (*Laich*) spawn *sg*.

fi·schen [ˈfɪʃən] **I** *v/t* ‹h› **1.** fish; **Forellen ~** fish (for) trout; **Austern ~** dredge (for) oysters; **Perlen ~** fish for pearls. **2.** (*angeln*) angle, fish, *mit Schleppangel*: troll. **3.** (*fangen*) catch. **4.** *fig. colloq.* (*herausholen, gewinnen*) fish (**aus** out of). **5.** *fig. colloq.* **sich** (*dat*) **j-n ~** (*Mann*) hook (*od.* catch) (o. s.) s. o. **II** *v/i* **6.** fish; **~ gehen** go fishing; **nach Korallen ~** fish for corals; **mit dem Schleppnetz ~** trawl, drag, seine. **7.** (*angeln*) angle. **8.** *fig. colloq.* **nach e-r Sache ~** fish for s. th.; **er fischt nur nach Komplimenten** he is only fishing for compliments; **im trüben ~** fish in troubled waters. **III ~** *n* ‹-s› **9.** fishing (*etc*).

ˈFi·scher *m* ‹-s; -› **1.** fisherman. **2.** *poet. Bibl.* fisher. **3.** (*Angler*) angler. **~ˌboot** *n* fishing boat (*od.* smack). **~ˌdorf** *n* fishing village.

Fi·scheˈrei *f* ‹-; -en› **1.** (*Tätigkeit* fishing. **2.** (*Gewerbe*) fishery, fishing industry (*od.* trade). **~faˌbrikˌtraw·ler** *m* fishing-factory trawler. **~ˌfahrˌzeug** *n* fishing vessel (*od.* craft). **~geˌbiet** *n* fishing ground, fishery. **~geˌrät** *n* fishing tackle (*od.* gear). **~ˌgren·ze** *f* **1.** three-mile limit. **2.** fishing limit. **~ˌha·fen** *m* fishing port. **~ˌrecht** *n jur.* **1.** fishing right(s *pl*), (right *od.* common of) fishery. **2.** (*Gesetze*) law of fisheries. **~ˌschein** *m* fishing licen/ce (*Am.* -se).

ˈFi·scher|ˌflot·te *f* fishing fleet. **~ˌkno·ten** *m mar.* fisherman's bend. **~ˌnetz** *n* → **Fischnetz. ~ˌring** *m R. C. des Papstes*: Fisherman's ring (*od.* seal). **~ˌste·chen** *n mock fight of fishermen on a river.*

ˈFisch|ˌfang *m* **1.** (*Tätigkeit*) fishing. **2.** (*Gewerbe*) fishery. **3.** → **Fischzug** 1. **~ˌfang·geˌbiet** *n* → **Fischgrund. ~fiˌlet** *n* fil(l)et of fish, fish fil(l)et. **~ˌfleisch** *n* fish meat. **~ˌflos·se** *f* fin. **~ˌför·mig** *adj* fish-shaped, pisciform. **~ˌfres·send** *adj* fish-eating, piscivorous. **~ˌfut·ter** *n* **1.** fish food. **2.** *agr.* fish meal. **~ˌgang** *m* **1.** *an Schleusen etc*: fishway, (fish) pass. **2.** *gastr.* fish course. **~geˌrech·tig·keit** *f* → **Fischereirecht** 1. **~geˌricht** *n* fish dish (*od.* course). **~geˌruch** *m* smell of fish, fishy smell. **~geˌschäft** *n* fish (*Br. a.* fishmonger's) shop. **~geˌschmack** *m* fishy taste. **~ˌgrä·te** *f* fishbone.

ˈFischˌgrä·ten|ˌmu·ster *n Textil. etc*: herringbone (pattern). **~ˌstich** *m Stickerei*: herringbone stitch. **~ver·ˌband** *m civ. eng.* herringbone bond.

ˈFisch|ˌgrund *m meist pl* fishing ground, fishery. **~ˌhan·del** *m* fish trade. **~ˌhänd·ler** *m* **1.** *im Einzelhandel*: fish dealer, *Br. a.* fishmonger, *Am.* fishman. **2.** *im Großhandel*: fish merchant. **~ˌhand·lung** *f* → **Fischgeschäft. ~ˌhaut** *f* **1.** fish skin. **2.** → **Fischschuppenkrankheit.**

ˈfi·schig *adj* fishy, fishlike.

ˈFisch|in·duˌstrie *f* fish-processing industry. **~ˌkel·le** *f* fish slice. **~ˌkö·der** *m* bait. **~konˌser·ve** *f* **1.** *a. pl collect.* tinned (*Am.* canned) fish. **2.** tin (*Am.* can) of fish. **~ˌkorb** *m* **1.** *des Anglers*: creel, fish(ing) basket. **2.** → **Fischreuse. ~ˌkun·de** *f* ichthyology. **~ˌkut·ter** *m* fishing cutter, trawler. **~ˌlaich** *m* (fish) spawn. **~ˌleim** *m* fish glue, isinglass. **~ˌlei·ter** *f an Schleusen etc*: fish ladder. **~ˌlog·ger** *m mar.* drifter, (fishing) lugger. **~loˌkal** *n* → **Fischrestaurant. ~ˌmehl** *n* fish meal. **~ˌmilch** *f* milt, soft roe. **~ˌnetz** *n* **1.** (fishing) net, fishnet, seine. 2. (*Schleppnetz*) drag (*od.* sweep) net. **~ˌot·ter** *m zo.* (old world) otter. **~ˌrecht** *n* → Fischereirecht 1. **⁓ˌreich** *adj Gewässer*: abounding in fish, fishy. **~ˌrei·her** *m* (common) heron. **~re·stauˌrant** *n* fish (*Am. a.* seafood) restaurant. **~ˌreu·se** *f* fish trap, weir basket. **~ˌro·gen** *m* roe. **~ˌschup·pe** *f* (fish) scale. **~ˌschup·penˌkrank·heit** *f med.* fishskin disease, ichthyosis. **~ˌschwanz** *m* fishtail. **~ˌstäb·chen** *n gastr.* fish finger. **~ˌster·ben** *n* fish mortality, death of fish. **~ˌteich** *m* fishpond. **~ˌtrep·pe** *f* fish ladder. **⁓verˌar·bei·tend** *adj* fish-processing (*industry, etc*). **~verˌgif·tung** *f med.* fish poisoning, ichthyotoxism. **~ˌwan·de·rung** *f* fish migration. **~ˌwas·ser** *n* stretch of water (suitable) for fishing, fishery; **ein gutes ~** a river (*od.* pond) abounding in fish. **~ˌweg** *m* fishway. **~ˌwehr** *n* (fish) weir, kiddle, fishgarth. **~ˌweib** *n obs.* fishwife. **~ˌzeit** *f* fishing (*od.* open) season. **~ˌzeug** *n* → Fischereigerät. **~ˌzucht** *f* ⟨-; -en⟩ 1. fish culture, pisciculture. 2. *von Speisefischen*: fish-farming. 3. *collect.* stock of fish. **~ˌzuchtˌanˌstalt** *f* fish hatchery (*od.* farm). **~ˌzüch·ter** *m* fish farmer (*od.* breeder), pisciculturist. **~ˌzug** *m* 1. catch (*od.* haul, draught, *Am.* draft) (of fish); *fig.* **e-n reichen ~ machen** make a big haul. 2. (*Fischschwarm*) shoal (*od.* school) of fish. 3. *Bibl.* **Petri ~** the miraculous draught of fishes.

Fi·si·ma·ten·ten [fizimaˈtɛntən] *pl colloq.* 1. (*Umstände*) fuss *sg*; **machen Sie bitte k-e ~!** don't fuss (*od.* bother), please! 2. (*Ärger*) trouble *sg*; **~ machen** make trouble. 3. (*Tricks*) tricks; **k-e ~!** none of your tricks! 4. (*Ausflüchte*) lame excuses.

fis·is, Fis·is [ˈfɪsˈˀɪs] *n* ⟨-; -⟩ *mus.* F double sharp.

Fis·kal [fɪsˈkaːl] *m* ⟨-s; -e⟩ *obs. hist.* 1. (*Beamter der Staatskasse*) fiscal, official of the Treasury. 2. (*Staatsanwalt*) public prosecutor. **fisˈka·lisch** *adj jur.* 1. fiscal. 2. state(-owned), Government. **ˈFis·kus** [-kʊs] *m* ⟨-; *rare* -ken *u.* -se⟩ *jur.* 1. (*Staatskasse*) *Br.* Exchequer, *Am.* Treasury. 2. (*Staat*) (local, state, federal) government, state, *in England*: (the) Crown.

fis·sil [fɪˈsiːl] *adj phys.* fissile. **Fis·si·on** [fɪˈsĭoːn] *f* ⟨-; -en⟩ *nucl.* fission.

Fis·sur [fɪˈsuːr] *f* ⟨-; -en⟩ *med.* 1. (*Knochen-, Schleimhautriß*) fissure. 2. *der Haut*: crack. 3. *embryonale*: cleft.

Fi·stel [ˈfɪstəl] *f* ⟨-; -n⟩ *med.* fistula. **⁓ˌar·tig** *adj* fistular, fistulous. **~ˌgang** *m* sinus tract. **~ˌstim·me** *f* 1. falsetto (voice), piping voice. 2. *mus.* falsetto; **mit ~ singen** sing falsetto.

fit [fɪt] *adj colloq. bes. Sport*: fit, in good shape (*od.* trim); **sich ~ machen (halten)** make o. s. (keep) fit. **Fit·neß** [ˈfɪtnɛs] *f* ⟨-; *no pl*⟩ fitness.

Fit·tich [ˈfɪtɪç] *m* ⟨-(e)s; -e⟩ *poet.* wing, pinion, pennon; *fig.* **j-n unter s-e ~e nehmen** take s. o. under one's wing.

fit·zen [ˈfɪtsən] *v/t* ⟨h⟩ 1. (*Garn*) skein. 2. *colloq.* whip, birch. 3. *colloq.* (*Bohnen*) string.

fix [fɪks] I *adj* ⟨-er; -est⟩ 1. (*fest*) fixed; **~es Gehalt** fixed salary; **~e Preise** fixed (*od.* set) prices; **~e Kosten** fixed costs, overheads, overhead charges (*od.* expenses); *psych.* **~e Idee** fixed idea, idée fixe, obsession. 2. *colloq.* (*schnell*) quick (**in** *dat*, **bei** at); **er ist ~ im Lernen** he is quick at learning; **jetzt aber ~!** hurry (up)!, get a move on!; **mach (mal) ein bißchen ~!** make it snappy!, look sharp! 3. *colloq.* (*flink*) agile, nimble, quick. 4. *colloq.* (*gewandt, gescheit*) smart, sharp, bright (*fellow, etc*). 5. *colloq.* **~ und fertig** a) (*bereit*) quite (*od.* all) ready (*od.* set), b) *mit e-r Arbeit etc*: completely (*od.* all) finished, c) *fig.* → **fertig** 8—12; **j-n ~ und fertig machen** → **fertigmachen** 3. II *adv* 6. *colloq.* quickly, (*im Nu*) *a.* in a flash (*od.* jiffy); **sich ~ anziehen** dress quickly; **das geht ganz ~** that's quickly (*od.* easily) done. 7. *colloq.* **~ und fertig** completely (*dressed, etc*).

Fi·xa·teur [fɪksaˈtøːr] *m* ⟨-s; -e⟩ *tech.* (fixative) sprayer.

Fi·xa·ti·on [fɪksaˈtsĭoːn] *f* ⟨-; -en⟩ *med. psych.* fixation.

Fi·xa·tiv [fɪksaˈtiːf] *n* ⟨-s; -e⟩ 1. *für Zeichnungen*: fixative. 2. (*Haarfestiger*) setting lotion.

fi·xen [ˈfɪksən] *v/i* ⟨h⟩ 1. *econ. Börse*: sell bear, *Am. a.* sell short. 2. *sl.* (*sich Rauschgift spritzen*) fix, shoot, mainline. **ˈFi·xer** *m* ⟨-s; -⟩ 1. *econ.* (*Baissier*) bear. 2. *sl.* (*Süchtiger*) junkie, mainliner.

ˈFix·geˌschäft *n econ.* time bargain.

Fiˈxierˌbad *n phot.* fixing bath, fixer.

fi·xie·ren [fɪˈksiːrən] I *v/t* ⟨*no* ge-, h⟩ 1. (af)fix (**an** *acc*, *dat* to). 2. *fig.* (*festlegen*) *allg.* fix (*date, place, price, etc*). 3. (*bestimmen*) determine, define (*idea, etc*); **et. schriftlich ~** record s. th. (in writing), set s. th. down in writing, formulate s. th. 4. (*anstarren*) look (*od.* stare) (fixedly) at. 5. (*Haar*) apply setting lotion to, fix. 6. *paint. phot. etc* fix. 7. *med.* a) (*Organe*) fix, b) *durch Verband etc*: immobilize. 8. *psych.* fixate (**auf** *acc*, *dat* on). II **⁓** *n* ⟨-s⟩ 9. fixing (*etc*). 10. → Fixierung 2.

Fiˈxier|ˌmit·tel *n* fixative. **~ˌsalz** *n phot.* fixer, fixing salt.

Fiˈxie·rung *f* ⟨-; -en⟩ 1. → **fixieren** 9. 2. *psych.* fixation (**auf** *acc*, *dat* on).

ˈFi·xig·keit *f* ⟨-; *no pl*⟩ *colloq.* 1. (*Schnelligkeit*) quickness. 2. (*Flinkheit*) agility, nimbleness. 3. (*Gewandtheit, Gescheitheit*) smartness, cleverness.

ˈFix|ˌpunkt *m math. phys.* fixed point. **~ˌstern** *m* fixed star.

Fi·xum [ˈfɪksʊm] *n* ⟨-s; -xa [-ksa]⟩ *econ.* 1. fixed sum. 2. (*festes Gehalt*) fixed salary.

Fjord [fjɔrt] *m* ⟨-(e)s; -e⟩ fjord, fiord.

flach [flax] I *adj* ⟨-er; -st⟩ 1. flat; **~e Hand** flat of the hand, palm; **~es Boot** flat-bottomed boat; **~er Schuh** flat(-heeled) shoe; **mit der ~en Klinge** with the flat of the sab/re (*Am.* -er); **j-n ~ hinlegen** lay s. o. with his head flat; → **Brett** 1; → *a.* **flachlegen**. 2. (*eben*) flat, level, even, plane; **ein ~es Land** a flat country; **auf dem ~en Lande leben** live in the country; **~er Abhang** gentle slope; **~ klopfen** beat *s. th.* flat, flatten; **~ machen** flatten, level; **~ werden** flatten (out), level off. 3. (*nicht tief*) shallow (*a. meteor*; *a. med. Atmung*); **ein ~er Teller** a) a shallow plate, b) a dinner plate; **~es Gewässer** shallow waters *pl*, shallows *pl*, shoal. 4. *fig.* (*oberflächlich*) shallow, superficial, trivial (*conversation, etc*); **ein ~er Kopf** a shallow person (*od.* mind). 5. *fig. Farben etc*: flat. 6. *mot.* flat-type (*engine*). 7. *math. Kurve etc*: plane, flat. II *adv* 8. flat, low, shallow(ly); **~ atmen** breathe shallowly; **sich ~ auf den Boden legen** lie flat on the ground.

ˈFlach|ˌbahn *f* 1. *tech.* square guideway. 2. *mil. Flugbahn*: flat trajectory. 3. *Sport*: flat course. **~ˌbahn·geˌschütz** *n mil.* flat trajectory gun. **~ˌball** *m* 1. *Tennis*: drive. 2. *Fußball etc*: low ball. **~ˌbau** *m* ⟨-(e)s; -ten⟩ low building. **~ˌbettˌfel·ge** *f mot.* flat-base rim. **~ˌboot** *n* flat-bottomed boat. **~ˌbren·ner** *m tech.* flat-flame burner. **⁓ˌbrü·stig** [-ˌbrʏstɪç] *adj* flat-chested. **~ˌdach** *n arch.* flat roof. **~ˌdraht** *m* flat wire. **~ˌdruck** *m* ⟨-(e)s; -e⟩ *print.* 1. flatbed (*od.* level) print. 2. ⟨*only sg*⟩ (*Verfahren*) planographic (*od.* flat-bed, level) printing.

Flä·che [ˈflɛçə] *f* 1. (*Ober⁓*) (flat) surface; **die glitzernde ~ des Sees** the glistening surface (*od. poet.* sheet) of the lake; **geneigte ~** inclined surface, gradient, slant, slope. 2. (*Gebiet*) area, region, tract, stretch; (**weite**) **~** expanse, (wide) space. 3. (*~nraum*) area, space. 4. (*Ebene*) flat, level, plain. 5. (*Wand⁓ etc*) (sur)face, side. 6. a) *von Kristallen etc*: face, b) *e-s geschliffenen Steins*: facet. 7. *math.* a) surface, base, b) (*geometrische Ebene*) plane, c) (*Grund⁓*) base, d) (*räumliche Ausdehnung*) area; **krumme** (*od.* **gekrümmte**) **~** warped (*od.* curved) surface. 8. *tech.* a) (*~nraum*) (unit) area, b) (*Ober⁓*) surface, d) (*Schneid⁓*) cutting face, d) (*Boden⁓*) floor space, d) (*Platzbedarf*) floor space occupied (*od.* required); **aufeinander arbeitende ~n** mating surfaces. 9. *aer.* area, surface. 10. *print.* face.

ˈFlachˌei·sen *n metall.* 1. flat iron. 2. flat bar iron, flats *pl*.

ˈFlä·chen|anˌten·ne *f* flat-top aerial (*Am.* antenna). **~ˌausˌdeh·nung** *f* 1. (*Flächenraum*) superficial area. 2. (*Flächenerweiterung*) areal (*od.* square) extension. **~beˌrech·nung** *f* 1. *civ. eng.* surface calculation. 2. *math.* a) squaring, quadrature, b) *Geometrie*: planimetry. **~ˌblitz** *m meteor.* sheet (of) lightning. **~ˌbrand** *m* area conflagration. **~ˌdruck** *m* ⟨-(e)s; -e⟩ 1. *print.* relief printing. 2. *Textil.* blotch printing. 3. ⟨*only sg*⟩ *phys.* pressure per unit area, surface pressure. **~ˌeinˌheit** *f math.* unit area. **~ˌfrä·ser** *m* face-milling cutter. **~geˌwicht** *n* area weight. **⁓ˌgleich** *adj math.* equal in area. **~ˌinˌhalt** *m bes. math.* 1. area, surface (area), superficies; **den ~ bestimmen** square an area. 2. *in Morgen*: acreage. **~ˌmaß** *n math.* square (*od.* superficial, surface) measure(ment). **~ˌmes·ser** *m* planimeter. **~ˌmes·sung** *f* 1. measurement of plane surfaces (*od.* areas). 2. ⟨*only sg*⟩ planimetry. **~ˌnut·zung** *f agr.* land utilization. **~ˌschlei·fen** *n* (sur)face grinding, surfacing. **~ˌwin·kel** *m math.* plane (*od.* interfacial) angle.

ˈflach|ˌfal·len *v/i* ⟨*irr, sep,* -ge-, sein⟩ *fig. colloq.* be off (*od.* out), fall down (*od.* through). **⁓ˌfe·der** *f tech.* flat spring. **⁓ˌfeu·er** *n mil.* flat (trajectory) fire. **⁓ˌfisch** *m* → Plattfisch. **⁓geˌwin·de** *n tech.* square thread. **⁓ˌhang** *m geol.* gentle (*od.* dip) slope.

ˈFlach·heit *f* ⟨-; *no pl*⟩ 1. flatness. 2. (*Ebenheit*) flatness, levelness, evenness. 3. (*Niedrigkeit*) lowness. 4. (*Seichtheit, a. fig.*) shallowness.

ˈflä·chig *adj* 1. flat(-spread); **ein ~es Gesicht** a flat face. 2. (*zweidimensional*) planar, two-dimensional. 3. *Kunst*: a) flat, two-dimensional, b) composed of flat areas of unbroken colo(u)r. 4. *in Zssgn math.* ...-sided, ...-hedral.

ˈFlach|ˌkol·ben *m tech.* flat piston. **~ˌkopfˌschrau·be** *f tech.* countersunk (*od.* flathead) screw. **~ˌkü·ste** *f* flat coast (*od.* shore). **~ˌland** *n* ⟨-(e)s; *no pl*⟩ lowland, flat country, plain. **~ˌlän·der** *m* ⟨-s; -⟩ lowlander. **⁓ˌle·gen** *colloq.* I *v/t* ⟨*sep,* -ge-, h⟩ **j-n ~** bring s. o. down, *durch e-n Schlag*: *a.* floor s. o., lay s. o. out cold, *durch Krankheit etc*: put s. o. to bed (*od.* on his back). II *v/reflex* **sich ~** lie down.

≗ˌ**lie·gen** *v/i* ⟨*irr, sep,* -ge-, h *u.* sein⟩ *colloq.* (*krank sein*) be laid up. ~ˌ**mei·ßel** *m* **1.** *tech.* flat chisel. **2.** *med.* spud. ~ˌ**paß** *m Fußball*: low (*od.* ground) pass. ~**re·liˌef** *n* low (*od.* bas-)relief. ~ˌ**ren·nen** *n Pferdesport*: flat race (*od.* racing). ~ˌ**rie·men** *m tech.* flat belt.

Flachs [flaks] *m* ⟨-es; *no pl*⟩ **1.** *bot. u. Textil.* flax; ~ **rösten** ret flax. **2.** *fig. colloq.* kidding; **kein** ~!(?) no kidding!(?). ≗ˌ**blond** *adj* flaxen(-haired). ~ˌ**bre·che,** ~ˌ**brech·maˌschi·ne** *f tech.* flax brake.

ˈ**Flach**|ˌ**schleif·maˌschi·ne** *f* face grinder. ~ˌ**schnäb·ler** [-ˌʃnɛːblər] *m* ⟨-s; -⟩ *orn.* **1.** pressirostral. **2.** *pl collect.* pressirostres. ~ˌ**schnitt** *m Holzbearbeitung*: flat (*od.* slab) cut. ~ˌ**schuß** *m Sport*: low shot.

flach·sen [ˈflaksən] **I** *v/i* ⟨h⟩ *colloq.* joke, kid, *sl.* (wise)crack. **II** ≗ *n* ⟨-s⟩ → **Flach·seˈrei** *f* ⟨-; -en⟩ kidding, (wise)crack(ing).

ˈ**flachs**|ˌ**far·ben,** ~ˌ**far·big** *adj* flaxen, flax-colo(u)red.

ˈ**Flachˌspu·le** *f electr.* flat coil.

ˈ**Flachs·spin·neˌrei** *f* **1.** ⟨*only sg*⟩ flax spinning. **2.** (*Fabrik*) flax-spinning mill.

ˈ**Flach**|ˌ**stahl** *m metall.* a) (*Werkstoff*) flat steel, b) (*Handelserzeugnis*) flat bar steel, flats *pl.* ≗ˌ**wal·zen** *v/t* ⟨*sep,* -ge-, h⟩ **1.** roll *s. th.* flat, flat-roll. **2.** *metall.* (*Rohblöcke*) slab. ~ˌ**wurm** *m med.* trematode. ~ˌ**zan·ge** *f* flat-nose(d) plier(s *pl*). ~ˌ**zie·gel** *m civ. eng.* **1.** flat brick. **2.** *für Dächer etc*: flat (*od.* plain) tile.

flackern (*getr.* -k·k-) [ˈflakərn] **I** *v/i* ⟨h⟩ **1.** *Feuer, Licht*: flicker, waver. **2.** (*lodern*) flare. **3.** *fig. Blick etc*: flicker. **II** ≗ *n* ⟨-s⟩ **4.** flickering (*etc*). **5.** flicker. **6.** flare.

ˈ**Flad·derˌmi·ne** [ˈfladər-] *f mil.* contact mine.

Fla·den [ˈflaːdən] *m* ⟨-s; -⟩ **1.** *gastr.* pancake, flat cake. **2.** → **Kuhfladen.**

Fla·gel·lant [flagɛˈlant] *m* ⟨-en; -en⟩ *relig. hist.* flagellant.

Fla·gel·lat [flagɛˈlaːt] *m* ⟨-en; -en⟩ *zo.* flagellate. **Flaˈgel·le** [-ˈgɛlə] *f* ⟨-; -n⟩, **Flaˈgel·lum** [-lum] *n* ⟨-s; -len⟩ flagellum.

Fla·geo·lett [flaʒoˈlɛt] *n* ⟨-s; -e⟩ *mus.* flageolet.

ˈ**Fla-Geˌschütz** [ˈflaː-] *n* anti-aircraft gun, A. A. gun.

Flag·ge [ˈflagə] *f* ⟨-; -n⟩ **1.** → **Fahne** 1. **2.** *mil.* flag; **die amerikanische** ~ the Stars and Stripes *pl*; **die britische** ~ the Union Jack; **die** ~ **aufziehen** (*od.* **hissen, heißen**) hoist the flag; **die** ~ **einholen** lower (*od.* haul down) the flag; **die** ~ **streichen** *a. fig.* strike (*od.* lower) the flag. **3.** (*Regimentsfahne*) colo(u)rs *pl.* **4.** *mar.* a) flag, b) *mit Nationalitätszeichen*: ensign, jack, c) (*Wimpel*) pennant, d) (*Lotsenfahne*) jack; **unter fremder (falscher)** ~ **fahren** sail under a foreign (false) flag; *fig.* **unter falscher** ~ **segeln** sail under false colo(u)rs; **e-e** ~ **führen** fly a flag.

flag·gen [ˈflagən] **I** *v/i* ⟨h⟩ **1.** fly a (*od.* the) flag, fly flags; **alle Häuser hatten geflaggt** all houses were flying a flag (*od.* were decorated with flags). **2.** *Person*: hoist a (*od.* one's) flag, put out the flag(s). **3.** *Schiffe*: fly flags, dress. **II** *v/t* **4.** (*Schiff etc*) dress. **5.** (*signalisieren*) signal *s. th.* (with flags), flag. **III** ≗ *n* ⟨-s⟩ **6.** flagging (*etc*). ≗ˌ**eh·rung** *f mar.* hono(u)ring of the flag. ≗ˌ**gruß** *m* colo(u)r-salute. ≗**pa·ra·de** *f* flag parade. ≗**siˌgnal** *n mar.* flag signal. ≗ˌ**stan·ge** *f,* ≗ˌ**stock** *m* flag-pole, flagstaff. ≗ˌ**tuch** *n* → **Fahnentuch**[1] *u.* [2]. ≗ˌ**zei·chen** *n* **1.** *mar.* flag signal. **2.** *mil.* marker flag.

ˈ**Flagg**|ˌ**lei·ne** *f mar.* flag (*od.* signal, ensign) halyard, flag line. ~**of·fiˌzier** *m* flag officer. ~ˌ**schiff** *n* flagship.

fla·grant [flaˈgrant] *adj lit.* flagrant.

Flair [flɛːr] (*Fr.*) *n* ⟨-s; *no pl*⟩ **1.** flair (**für** for). **2.** (*Reiz*) special charm, appeal.

Flak [flak] *f* ⟨-; -, *a.* -s⟩ *mil.* **1.** → **Flakgeschütz. 2.** → ~**ar·til·leˌrie** *f* anti-aircraft artillery. ~ˌ**feu·er** *n* anti-aircraft (*od.* A. A.) fire, *colloq.* flak. ~**geˌschütz** *n* anti-aircraft (*od.* A. A.) gun. ~ˌ**gür·tel** *m* cordon of anti-aircraft guns (*od.* fire).

Fla·kon [flaˈkõː] *n, m* ⟨-s; -s⟩ flacon, phial.

ˈ**Flakˌscheinˌwer·fer** *m mil.* anti-aircraft searchlight.

flam·bie·ren [flamˈbiːrən] *v/t* ⟨*no* ge-, h⟩ *gastr.* flame. **flamˈbiert** *pp u. adj* flambé.

Flam·boyˈantˌstil [flãbŏaˈjãː-] *m arch.* flamboyant style.

Fla·me [ˈflaːmə] *m* ⟨-n; -n⟩ Fleming.

Fla·men·co [flaˈmɛŋko] *m* ⟨-(s); -s⟩ *mus.* flamenco.

ˈ**Fla·min, Flä·min** [ˈflɛːmɪn] *f* ⟨-; -nen⟩ Flemish woman, Fleming.

Fla·min·go [flaˈmɪŋgo] *m* ⟨-s; -s⟩ *orn.* flamingo.

flä·misch [ˈflɛːmɪʃ] **I** *adj* Flemish. **II** *ling.* ≗ *n* ⟨*generally undeclined*⟩, **das** ≗**e** Flemish, the Flemish language.

Flam·me [ˈflamə] *f* ⟨-; -n⟩ **1.** flame; (*loderndes Feuer*) blaze; (*Feuerstrahl*) jet; **die** ~ **anfachen (löschen)** fan (quench) the flame; **in** ~**n aufgehen (ausbrechen)** burst into (go up in) flames; **in** ~**en stehen** be in flames (*od.* ablaze); **auf kleiner (großer)** ~ **kochen** cook *s. th.* over a low (high) flame; **unser Gasherd hat nur zwei** ~**n** our gas stove has only two flames (*od.* burners); **die Leiche wurde den** ~**n übergeben** the body was committed to the flames (*od.* was cremated); *fig.* **die** ~ **der Leidenschaft** the flames of passion; → **Feuer** 1. **2.** (*Fackel*) torch; **die olympische** ~ the Olympic torch; *fig.* **die** ~ **der Freiheit** the torch of freedom. **3.** *fig. colloq.* (*Freundin*) flame; **s-e alte** ~ his old flame. **flam·men** [ˈflamən] **I** *v/i* ⟨h⟩ **1.** flame, blaze, flare. **2.** *fig. lit. allg.* be ablaze, blaze, (*aufleuchten*) *a.* flash, (*glühen*) be aglow, (*erregt sein*) (**vor** *dat* with) flame, burn; **Zorn flammte in ihren Augen** her eyes flashed (*od.* burned) with anger; **ihr Gesicht flammte vor Zorn** her face blazed (*od.* flushed) with rage; **ihre Augen flammten vor Begeisterung** her eyes shone (*od.* sparkled) with enthusiasm. **II** *v/t* **3.** *tech.* a) (*Holz*) flame, decorate (*wood*) with a wavy pattern, b) (*absengen*) flame, sear, singe, c) (*Stahl*) flame-treat, d) (*Walzgut*) deseam, e) (*Walzknüppel*) skin by flame. **4.** *Textil.* a) singe, cloud, b) water. ˈ**Flam·menˌbaum** *m bot.* flame tree. ˈ**flam·mend** *adj fig.* **1.** *Farbe, Blick etc*: flaming, blazing, burning, fiery. **2.** *Rede etc*: flaming, glowing, stirring.

ˈ**flam·men**|ˌ**för·mig** *adj* **1.** flamy, flaming, flame-like. **2.** *her.* flam(m)ant. ≗ˌ**lö·tung** *f* blowlamp soldering. ≗ˌ**meer** *n fig. lit.* sea of flames. ≗ˌ**schrift** *f* ⟨-; *no pl*⟩ *poet.* letters *pl* of fire; **die** ~ **(an der Wand)** the hand (*od.* writing) on the wall. ≗ˌ**schwert** *n poet.* flaming sword. ≗ˌ**tod** *m lit.* death in the flames, death by fire. ≗ˌ**wer·fer** *m mil.* flame-thrower, flame-projector. ≗ˌ**zei·chen** *n* **1.** signal fire, flame signal. **2.** *fig.* oriflamme.

Flam·me·ri [ˈflaməri] *m* ⟨-(s); -s⟩ *gastr.* flummery, blancmange.

ˈ**flammˌhär·ten** *v/t* ⟨*insep,* -ge-, h⟩ *tech.* flame-harden.

ˈ**flam·mig** *adj* **1.** flamy, flame-like. **2.** *Textil.* a) watered, moiré, b) clouded, shadowed. **3.** *her.* radiant.

ˈ**Flamm**|ˌ**ofen** *m tech.* reverberatory (*od.* air) furnace; **im** ~ **frischen** puddle. ~ˌ**punkt** *m phys.* flash point. ~ˌ**rohr** *n tech.* flue, fire tube. ~ˌ**schutz** *m* flame-proofing.

flan·drisch [ˈflandrɪʃ] *adj* → **flämisch.**

Fla·nell [flaˈnɛl] *m* ⟨-s; -e⟩ flannel; ~**anzug** *m* flannel suit; ~**hose** *f* flannel trousers *pl*, flannels *pl.* **flaˈnel·len** *adj* **1.** (made of) flannel. **2.** flannel-like, flannelly.

Fla·neur [flaˈnøːr] *m* ⟨-s; -e⟩ **1.** stroller. **2.** *contp.* (*Bummler*) flaneur, idler. **flaˈnie·ren** [-ˈniːrən] *v/i* ⟨h *u.* sein⟩ *colloq.* stroll (about *od.* along), saunter.

Flan·ke [ˈflaŋkə] *f* ⟨-; -n⟩ **1.** (*Seite*) side, flank; *mil.* **dem Gegner in die** ~ **fallen** attack the enemy in (the) flank; **der Feind umfaßte unsere linke** ~ the enemy outflanked us on the left. **2.** *zo.* (*Weiche*) flank, side (*of horse, etc*). **3.** *gym.* flank (*od.* side) vault. **4.** *Fußball etc*: a) (*Flügel*) wing, flank, b) (*Paß zur Mitte*) (cross to the) cent/re (*Am.* -er), cross, c) *Rugby*: cross kick; **e-e** ~ **schlagen** centre. **5.** *tech.* a) *e-s Fräsers*: flank, b) *e-s Gewindezahnes*: side, c) *e-s Zahnradzahnes*: tooth surface. **6.** *geol.* flank, side (*of mountain*). **7.** *electr.* slope.

flan·ken [ˈflaŋkən] *Sport*: **I** *v/t* ⟨h⟩ **1.** (*Ball*) cent/re (*Am.* -er). **II** *v/i* **2.** *Fußball etc*: centre, cross. **3.** *gym.* (side-)vault.

ˈ**Flan·ken**|ˌ**ball** *m* → **Flanke** 4 b. ~**beˌwe·gung** *f mil.* flanking movement. ~ˌ**deckung** (*getr.* -k·k-) *f* flank protection (*od.* cover). ~ˌ**feu·er** *n* flanking fire, enfilade. ~ˌ**marsch** *m mil.* flanking march. ~ˌ**schutz** *m,* ~ˌ**si·che·rung** *f* → **Flankendeckung.** ~ˌ**sprung** *m gym.* flank vault.

flan·kie·ren [flaŋˈkiːrən] *v/t* ⟨*no* ge-, h⟩ **1.** flank (*person, building, etc*). **2.** *mil.* a) (*umgehen*) (out)flank, b) (*beschießen*) flank, enfilade, rake, c) (*schützen*) flank. **3.** (*Schachfigur*) place (*a piece*) on the wing(s). ~**d** *pres p u. adj* **1.** *mil.* flanking (*movement, etc*); ~**es Feuer** → **Flankenfeuer. 2.** *econ. pol.* ~**e Maßnahmen** supporting measures.

Flansch [flanʃ] *m* ⟨-(e)s; -e⟩ *tech.* flange. ˈ**flan·schen** *v/t* ⟨h⟩ flange. ˈ**Flan·schenˌkupp·lung** *f* flange coupling.

ˈ**Flansch**|ˌ**mo·tor** *m* flange(-mounted) motor. ~ˌ**rohr** *n* flange(d) pipe. ~ˌ**stut·zen** *m* flange connection. ~**verˌbin·dung** *f* flange(d) joint (*od.* coupling).

Flap·pe [ˈflapə] *f* ⟨-; -n⟩ *dial. colloq.* **1.** wry face; **e-e** ~ **ziehen** pull (*od.* make) a (wry) face. **2.** → **Klappe** 1.

Flaps [flaps] *m* ⟨-es; -e⟩ *colloq.* **1.** (young) whippersnapper (*od.* pipsqueak). **2.** (*Flegel*) lout, boor. ˈ**flap·sig** *adj* **1.** green, (young and) silly. **2.** (*flegelhaft*) loutish, boorish.

ˈ**Fla-Raˌke·te** *f mil.* anti-aircraft (*od.* ground-to-air) missile.

Fläsch·chen [ˈflɛʃçən] *n* ⟨-s; -⟩ **1.** *dim. of* **Flasche** 1, 2. **2.** *für Arznei*: phial, vial. **3.** *für Säugling*: (feeding) bottle.

Fla·sche [ˈflaʃə] *f* ⟨-; -n⟩ **1.** bottle; **kleine, flache** ~ flask; **e-e** ~ **Wein** a bottle of wine; **in** ~**n abgefüllt** bottled; **Bier auf** ~**n ziehen** (*od.* **in** ~**n füllen**) bottle beer; **aus der** ~ **trinken** drink from the bottle; **et. bei e-r** ~ **Wein besprechen** discuss s. th. over a bottle of wine; *colloq.* **e-r** ~ **den Hals brechen** crack a bottle; *weitS.* **zur** ~ **greifen** take to the bottle (*od.* to drink). **2.** (*Säuglings*♀) (feeding) bottle; **er bekommt noch die** ~ he is still on the bottle; **ein Kind mit der** ~ **großziehen** bring up (*od.* rear) a baby on the bottle. **3.** (*Karaffe*) decanter. **4.** (*Gas*♀, *Druckluft*♀) cylinder, bottle. **5.** *tech. des* ~*nzugs*: (pulley-)block. **6.** *electr.* **Leidener** ~ Leyden jar. **7.** *colloq. contp.* a) *Sport u. weitS.* dud, washout, bum, slouch, flop, (*Versager*) *a.* loser, (*Dummkopf*) *a.* nitwit, b) (*Feigling*) quitter, c) (*Weichling*) softie, jelly-baby.

ˈ**Fla·schen|ˌab·ˌzug** *m* bottling. ~**aze·ty**ˌ**len** *n tech.* cylinder gas. ~**bat·te**ˌ**rie** *f* **1.** *electr.* battery of bottle cells. **2.** *humor.* battery (*od.* row) of bottles. ~ˌ**bier** *n* bottled beer. ~**-**ˌ**füll·ma**ˌ**schi·ne** *f* bottling machine, bottle filler. ~ˌ**gä·rung** *f* fermentation in the bottle. ~ˌ**gas** *n* bottled (*od.* cylinder) gas. ~**ge**ˌ**stell** *n* bottle rack. ~ˌ**glas** *n* bottle glass. ♀ˌ**grün** *adj* bottle-green. ~ˌ**hals** *m* neck of a bottle. ~ˌ**kind** *n* bottle-fed baby (*od.* child). ~ˌ**kür·bis** *m bot.* (bottle) gourd. ~ˌ**milch** *f* bottled milk. ~ˌ**na·se** *f zo.* bottle-nose(d) dolphin. ~ˌ**öff·ner** *m* bottle opener. ~ˌ**pfand** *n* (bottle) deposit. ~ˌ**post** *f* **1.** bottle post, (*Nachricht*) *a.*message-in-bottle. **2.** *Ozeanographie*: drift bottle, floater. ♀ˌ**reif** *adj Wein*: fit for bottling. ~ˌ**rei·ni·ger** *m* bottle brush. ~**ver**ˌ**schluß** *m* bottle cap (*od.* top, stopper, closure). ~ˌ**wein** *m* bottled wine. ♀ˌ**wei·se** *adv* by the bottle, in bottles. ~ˌ**win·de** *f tech.* bottle jack. ~ˌ**zug** *m tech.* block (and tackle), pulley block; ~ **mit drei Rollen** triple track block; ~ **mit eingebauter Laufkatze** trolley block.

ˈ**fla·schig** *adj colloq. contp.* hopeless, useless, *sl.* lousy.

Flasch·ner [ˈflaʃnər] *m* ⟨-s; -⟩ *Southern G. for* **Klempner**.

ˈ**Flat·ter**|ˌ**fuß** *m zo.* **1.** winged foot. **2.** *pl* → **Flattertiere**. ~ˌ**füß·ler** [-ˌfyːslər] *m* → **Flattertiere**. ~ˌ**geist** *m contp.* flighty (*od.* giddy) person, *colloq.* flibbertygibbet. ♀**haft** *adj* **1.** flighty, giddy, *sl.* fly. **2.** (*wankelmütig, unstet*) fickle, volatile, flighty. **3.** (*wirrköpfig*) scatterbrained, *colloq.* harum-scarum. ~**haf·tig·keit** *f* ⟨-; *no pl*⟩ **1.** flightiness, giddiness. **2.** fickleness, volatility, flightiness. **3.** muddle-headedness. ~ˌ**haut** *f zo.* parachute, patagium.

ˈ**flat·te·rig** *adj* **1.** (*zittrig*) trembly, shaky. **2.** (*aufgeregt*) nervous, flustered.

ˈ**Flat·ter**ˌ**mar·ke** *f print.* collating mark.

flat·tern [ˈflatərn] **I** *v/i* ⟨h *u.* sein⟩ **1.** ⟨sein⟩ *Vogel etc*: flutter. **2.** ⟨h⟩ (*mit den Flügeln schlagen*) beat (*od.* flap) the wings, flap. **3.** ⟨h⟩ *Flagge, Tuch, Rock etc*: flutter, wave, fly, *knallend*: flap; **im Winde** ~ flutter before the wind. **4.** ⟨h⟩ *Bänder, Haare etc*: stream, fly. **5.** ⟨sein⟩ *Blätter, Papier etc*: flutter, float (**zu Boden** to the floor); *fig. colloq.* **mir ist gestern ein Brief ins Haus geflattert** I got a letter yesterday. **6.** ⟨h⟩ *fig. Hände, a. Puls, Herz*: flutter (**vor** *dat* with). **7.** ⟨h⟩ *tech.* a) *Teile*: flutter, b) *Räder*: wobble. **8.** ⟨h⟩ *Licht*: flicker. **9.** ⟨h⟩ *Radio*: fade intermittently. **II** ♀ *n* ⟨-s⟩ **10.** fluttering (*etc*). **11.** *e-s Rades*: wobble, shimmy.

ˈ**Flat·ter**|ˌ**ro·se** *f bot.* Frankfort rose. ~ˌ**tie·re** *pl* Chiroptera, bats. ~ˌ**zun·ge** *f mus.* double (*od.* flutter) tongue.

ˈ**flatt·rig** *adj* → **flatterig**.

fla·tu·lent [flatuˈlɛnt] *adj med.* flatulent. **Fla·tu**ˈ**lenz** [-ˈlɛnts] *f* ⟨-; *no pl*⟩ flatulence.

flau [flau] *adj* ⟨-er; -(e)st⟩ **1.** *colloq.* (*leicht unwohl*) queasy, queer; (*schwach*) faint, weak; **mir ist ganz** ~ **(zumute)** I feel rather queasy, I have butterflies in my stomach; **ihm wurde** ~ **(vor Angst)** he had a sinking feeling, *sl.* he got cold feet. **2.** *Unterhaltung, Stimmung etc*: dull, lifeless, flat. **3.** *Geschmack*: flat, stale, insipid. **4.** *Brise etc*: slack, light, gentle. **5.** *Farbe*: pale, dull. **6.** *phot.* flat, fuzzy, weak. **7.** *econ.* a) *Markt, Geschäft, Handel etc*: dull, slack, slow, b) *Börse*: stagnant, sluggish, listless; ~**e Zeit** slack season. ♀**heit** *f* ⟨-; *no pl*⟩ **1.** *colloq.* queer (*od.* queasy) feeling; (*Schwäche*) faintness, weakness. **2.** *e-r Unterhaltung, Stimmung etc*: dul(l)ness, lifelessness, flatness. **3.** *des Geschmacks*: flatness, insipidity. **4.** *e-r Brise etc*: slackness. **5.** *e-r Farbe etc*: paleness, dul(l)ness. **6.** *phot.* flatness, fuzziness. **7.** *econ.* a) *des Marktes etc*: dul(l)ness, slackness, b) *an der Börse*: stagnation, sluggishness, listlessness.

Flaum¹ [flaum] *m* ⟨-(e)s; *no pl*⟩ **1.** *orn.* down. **2.** a) (*erster Bartwuchs*) down, fuzz, b) (*erste Haare e-s Kindes*) fuzz. **3.** *bot.* bloom, villosity, villi *pl*, *bes. filziger*: fur, *bes. feiner*: fuzz; **mit** ~ **bedeckt** lanuginose. **4.** *Textil.* nap, fluff. **5.** (*Produkt der Seidenraupe*) floss. **Flaum**² *m* ⟨-(e)s; *no pl*⟩ → **Flom(en)**.

ˈ**Flau**ˌ**ma·cher** *m* ⟨-s; -⟩ *colloq. contp.* **1.** pessimist, alarmist, scaremonger, *bes. pol.* defeatist. **2.** (*Miesmacher*) killjoy, wet blanket. **3.** *econ.* bear, panicmonger. ˌ**Flau·ma·che**ˈ**rei** *f* ⟨-; *no pl*⟩ defeatism.

ˈ**Flaum**|ˌ**bart** *m* fluff. ~ˌ**fe·der** *f* down, plumule. ~ˌ**haar** *n* **1.** → **Flaum**¹ 2. **2.** downy (*od.* fine, cat) hair. **3.** *bot.* → **Flaum**¹ 3.

ˈ**flau·mig** *adj* **1.** fluffy, downy, (*mit Härchen bedeckt*) *a.* fuzzy. **2.** *gastr. Austrian* frothy, fluffy.

Flaus [flaus] *m* ⟨-es; -e⟩ → **Flausch** 2.

Flausch [flauʃ] *m* ⟨-es; -e⟩ **1.** (*Büschel*) tuft. **2.** *Textil.* pilot cloth. ˈ**flau·schig** *adj* fluffy. ˈ**Flausch**ˌ**rock** *m* pilot (*od.* pea) coat.

Flau·se [ˈflauzə] *f* ⟨-; -n⟩ *meist pl colloq.* **1.** a) (*närrischer Einfall*) whim, funny (*od.* crazy) idea, b) (*Unsinn*) nonsense; **j-m** ~**n in den Kopf setzen** put funny ideas into s. o.'s head; **er hat nichts als** ~**n im Kopf** he's full of nonsense (*od.* crazy ideas); **er wird ihm die** ~**n schon austreiben** he will knock that nonsense out of him. **2.** (*Ausflucht, Lüge*) fib; **mach k-e** ~**n!** don't give me that yarn!

Flau·te [ˈflautə] *f* ⟨-; -n⟩ **1.** calm, lull (in the wind). **2.** *fig. bes. econ.* a) slack period, slackness, lull, b) stagnation, c) recession. **3.** *fig.* down, low (point).

Fla·vin [flaˈviːn] *n* ⟨-s; -e⟩ *chem.* flavin(e).

Fläz [flɛːts] *m* ⟨-es; -e⟩ *Northern G. colloq. contp.* lout. ˈ**flä·zen** *v/reflex* ⟨h⟩ **sich** ~ loll, sprawl.

Flech·se [ˈflɛksə] *f* ⟨-; -n⟩ sinew, tendon. ˈ**flech·sig** *adj* sinewy.

ˈ**Flecht**|ˌ**ar·beit** *f* **1.** → **flechten** III. **2.** woven (*od.* plaited) article, plaitwork. **3.** wickerwork. ~ˌ**band** *n arch.* guilloche.

Flech·te [ˈflɛçtə] *f* ⟨-; -n⟩ **1.** *aus Bast etc*: plait, braid, (*Haar*♀) *a.* tress. **2.** *bot.* lichen. **3.** *med.* a) herpes, eczema, lichen, tetter, b) (*Bart*♀, *Kopf*♀ *etc*) tinea; **fressende** ~ lupus (vulgaris), serpigo; **kriechende** ~ serpigo; **scherende** ~ ringworm; **nässende** ~ weeping eczema. **4.** → **Krätzmilbe** 2.

flech·ten [ˈflɛçtən] **I** *v/t* ⟨**flicht, flocht, geflochten,** h⟩ **1.** (*Haare, Zopf etc*) plait, braid; **sich** (*dat*) **ein Band ins Haar** ~ plait a ribbon into one's hair. **2.** (*Blumen, Kränze etc*) wreathe, bind. **3.** (*Korb, Matte etc*) weave, plait; (*Rohrstuhl etc*) cane. **4.** (*Seil etc*) twist, strand. **5.** (*schlingen*) twine (**um** [a]round). **6.** (*binden, fesseln*) bind; *hist.* **j-n aufs Rad** ~ break s. o. on the wheel. **7.** → **einflechten** 1, 2. **II** *v/reflex* **sich** ~ **8.** (**um** [a]round) twine, wind. **III** ♀ *n* ⟨-s⟩ **9.** plaiting (*etc*). ♀ˌ**al·ge** *f bot.* lichen alga. ~ˌ**ar·tig** *adj bot. med.* lichenous. ♀ˌ**pilz** *m* lichen fungus.

ˈ**Flecht**|ˌ**korb** *m* wicker basket. ~ˌ**ware** *f meist pl* → **Korbware**. ~ˌ**wei·de** *f* **1.** *bot.* osier. **2.** (*Material*) wicker. ~ˌ**werk** *n* **1.** (*Geflecht*) basketwork, wickerwork. **2.** *civ. eng., mil.* wattlework. **3.** *arch.* guilloche (ornament).

Fleck [flɛk] *m* ⟨-(e)s; -e⟩ **1.** (*Schmutz*♀ *etc*) spot, mark, smear, smudge, *bes. durch Flüssigkeit*: *a.* stain; **kleiner** ~ speck; **e-n** ~ **entfernen** remove (*od.* take out) a spot; **Öl macht** ~**e** oil causes stains. **2.** (*Klecks*) blot, blotch, splotch, *Br. a.* splodge; (*Spritzer*) splash. **3.** *in Gesicht, Gefieder, Fell etc*: spot, patch, dot; **kleiner** ~ fleck, speckle; **blauer** ~ (*Prellung*) bruise, black and blue mark; *med.* ~ **(auf der Haut)** macula. **4.** *fig.* **ein** ~ **auf s-r Ehre** a blot on his hono(u)r; *colloq.* **ein** ~ **auf der (weißen) Weste** a blot on one's escutcheon, a black mark against one. **5.** *auf Obst etc*: spot, speck, blemish. **6.** *in Diamanten*: flaw, blemish, cloud. **7.** *astr.* (*Sonnen*♀ *etc*) spot. **8.** (*kleine Fläche*) spot, patch; **hier ist noch ein weißer** ~ **auf der Landkarte** here is still a white patch (*od.* a blank) on the map. **9.** *colloq.* (*Stelle*) spot, place; *a. fig.* **am falschen** ~ in the wrong place; *fig.* **das Herz auf dem rechten** ~ **haben** have one's heart in the right place. **10.** (*Stück Land*) patch, piece; **ein schöner** ~ **Erde** a lovely spot. **11.** (*Flicken*) patch; **e-n** ~ **auf et. aufsetzen** put a patch on s. th., patch s. th. **12.** *fig. colloq.* **vom** ~ **weg** (*marry s. o., etc*) on the spot; **mit der Arbeit nicht vom** ~ **kommen** make no headway (*od.* progress) in one's work; **die Verhandlungen kamen nicht vom** ~ the negotiations were not getting anywhere (*od.* stagnated); **sich nicht vom** ~ **rühren** not to stir (*od.* budge) from the spot (*od.* an inch); **mit dem Auto komme ich leichter vom** ~ I can get about more easily with a car. **13.** *pl gastr.* tripe *sg.*

ˈ**Fleck·chen** *n* ⟨-s; -⟩ **1.** *dim. of* **Fleck**. **2.** (*Staub*♀ *etc*) speck, speckle, fleck. **3.** *fig.* spot; **ein schönes** ~ **Erde** a lovely spot. **Flecken** (*getr.* **-k·k-**) [ˈflɛkən] *m* ⟨-s; -⟩ **1.** → **Fleck** 1—7. **2.** *hist.* small (market-)town, townlet, borough.

ˈ**flecken** (*getr.* **-k·k-**) *v/i* ⟨h⟩ **1.** (*Flecke machen*) spot, stain, make spots (*od.* stains). **2.** (*fleckempfindlich sein*) spot easily. **3.** *colloq. Arbeit etc*: go with a swing; **es will nicht** ~ I am (we are) not getting anywhere.

ˈ**Flecken**|**ent**ˌ**fer·ner** (*getr.* **-k·k-**) *m*, ~**ent**ˌ**fer·nungs**ˌ**mit·tel** *n* spot (*od.* stain) remover. ♀ˌ**frei** *adj* spotless, stainless. ♀**los** *adj* **1.** (*ohne Flecken*) spotless, clean; **e-e** ~**e Haut** a spotless (*od.* flawless) skin. **2.** *fig.* spotless, immaculate; **e-e** ~**e Vergangenheit** a spotless past. ~ˌ**mit·tel** *n*, ~ˌ**rei·ni·ger** *m*, ~ˌ**was·ser** *n* → **Fleckenentferner**.

Fleckerl (*getr.* **-k·k-**) [ˈflɛkɛrl] *n* ⟨-s; -n⟩ *meist pl Austrian* **1.** small square flat noodle. **2.** rag. ~ˌ**tep·pich** *m* rag mat.

ˈ**Fleck**ˌ**fie·ber** *n med.* (epidemic) typhus.

ˈ**fleckig** (*getr.* **-k·k-**) *adj* **1.** (*gefleckt*) spotted, speckled. **2.** (*befleckt*) spotted, stained, soiled, full of stains (*od.* spots, blots); ~ **machen** (*od.* **werden**) spot, stain. **3.** *Edelstein etc*: flawed, clouded. **4.** *med.* spotted, spotty, macular; ~**e Haut** spotted (*od.* blotched) skin.

ˈFleck|ˌschat·ten *m beim Röntgen*: spotty shadow. ~**ˌschie·fer** *m min.* spotted slate. ~**ˌty·phus** *m* → Fleckfieber. ~**ˌvieh** *n agr.* spotted cattle.

fled·dern [ˈflɛdərn] *v/t* ⟨h⟩ *sl.* plunder, rob, *Am.* roll (*corpses*).

ˈFle·derˌmaus [ˈfleːdər-] *f* **1.** *zo.* bat. **2.** *mus.* „Die ~" "The Bat" (*operetta*). ~**ˌär·mel** *m Mode*: leg-of-mutton sleeve.

ˈFle·der|ˌtie·re *pl zo.* alipeds. ~**ˌwisch** *m* **1.** feather duster, whisk. **2.** *colloq.* flighty (*od.* skittish) person.

Fleet [fleːt] *n* ⟨-(e)s; -e⟩ *Low G.* **1.** *Fischerei*: fleet, drift net. **2.** *bes. in Hamburg*: narrow canal. **3.** *civ. eng.* main drain.

Fle·gel [ˈfleːgəl] *m* ⟨-s; -⟩ **1.** *agr.* (*Dresch*Ձ) flail. **2.** *colloq. contp.* lout, boor, uncouth fellow; ~**alter** *n* → Flegeljahre. **3.** *hist.* (*Waffe*) morning star. **Fle·geˈlei** *f* ⟨-; -en⟩ **1.** rude behavio(u)r, loutishness. **2.** (*Handlung*) (piece of) rudeness, impudence.

ˈfle·gel|haft *adj* **1.** loutish, rude. **2.** (*frech*) insolent, saucy. Ձ**haf·tig·keit** *f* ⟨-; *no pl*⟩ loutishness, rudeness; insolence, sauciness.

ˈfle·ge·lig *adj* → flegelhaft. **ˈFle·gelˌjah·re** *pl* awkward age *sg*, difficult years. **fle·geln** [ˈfleːgəln] *v/reflex* ⟨h⟩ **sich** ~ loll (about), lounge (about), sprawl (about).

fle·hen [ˈfleən] **I** *v/i* ⟨h⟩ **1.** implore, beg, pray, plead, beseech, supplicate; **um et.** ~ beg (*od.* plead) for s. th., implore (*od.* entreat) s. th.; **um Frieden** ~ pray for peace; **um Gnade** ~ beg for mercy; **um Vergebung** ~ beg for forgiveness; **zu** (*od.* **bei**) **j-m um Hilfe** ~ implore (*od.* beseech, entreat) s. o. for help, implore s. o.'s help; (**um et.**) **zu Gott** ~ pray (*od.* cry) to God (for s. th.). **II** Ձ *n* ⟨-s⟩ **2.** imploring (*etc*). **3.** imploration, supplication, entreaty, entreaties *pl*; **da hilft kein (Bitten und kein)** Ձ it's no use begging and imploring. ~**d I** *adj* imploring, beseeching, entreating, supplicant; **mit** ~**er Stimme** → **II** *adv* imploringly, beseechingly.

ˈfle·hent·lich *lit.* **I** *adj* → flehend I; ~**e Bitte** entreaty, supplication; ~**es Gebet** supplicatory (*od.* fervent) prayer. **II** *adv* imploringly (*etc*); (**j-n**) ~ **bitten** (**um**) → flehen 1.

Flei·er [ˈflaɪər] *m* ⟨-s; -⟩ *Textil.* flyer, spinning frame.

Fleisch [flaɪʃ] *n* ⟨-es; *no pl*⟩ **1.** *bes. lebendes*: flesh (*a. fig.*); *med.* **wildes** ~ proud flesh; *colloq. humor.* **sie zeigte viel** ~ she showed a lot of flesh; ~ **ansetzen** put on flesh; **ein Mensch von** ~ **und Blut** a man of flesh and blood; **mein eigen** (*od.* **eigenes**) ~ **und Blut** my own flesh and blood; *colloq.* **sich ins eigene** ~ **schneiden** cut off one's nose to spite one's face, turn the tables on o. s., do o. s. an ill favo(u)r; *lit.* **den Weg allen** ~**es gehen** go the way of all flesh; **das ist ihm in** ~ **und Blut übergegangen** that has become second nature with him; *colloq.* **vom** ~ **fallen** lose much weight, grow thin; **das ist weder Fisch noch** ~ that's neither fish nor fowl, *bes. Br.* that's neither flesh, fowl nor good red herring; **j-m ein Pfahl im** ~**e sein** be a thorn in s. o.'s flesh; *relig.* **das (sündige)** ~ the flesh; *relig.* ~ **werden** be incarnated; *Bibl.* **und das Wort ward** ~ and the Word was made flesh; **die Auferstehung des** ~**es** the resurrection of the body; *fig.* **e-n Vertrag mit** ~ **ausfüllen** flesh out an agreement; → **Geist**[1] 1. **2.** (*Nahrungsmittel*) meat, (*bes. Ggs. Fisch*) *a.* flesh; **frisches** ~ fresh(ly killed) meat. **3.** *bot.* (*Frucht*Ձ) pulp, flesh, *Am. a.* meat. ~**ˌbank** *f Southern G.* butcher's stall, *Am.* meat counter. ~**beˌschau** *f* ⟨-; *no pl*⟩ **1.** meat inspection. **2.** *humor.* flesh parade. ~**beˌschau·er** *m* meat inspector. ~**ˌbrü·he** *f gastr.* **1.** (meat) broth, consommé, bouillon, beef tea. **2.** (*Suppengrundlage etc*) meat stock. ~**ˌbrüh·ˌwür·fel** *m* bouillon (*od.* beef) cube. ~**ˌeiˌweiß** *n biol.* meat albumin.

ˈFlei·scher *m* ⟨-s; -⟩ butcher; **beim** ~ at the butcher's. **Flei·scheˈrei** *f* ⟨-; -en⟩ butcher's shop.

ˈFlei·scher|geˌsel·le *m* journeyman butcher. ~**geˌwer·be**, ~**ˌhandˌwerk** *n* butcher's trade, butchery. ~**ˌhund** *m colloq.* butcher's dog, mastiff. ~**ˌla·den** *m* butcher's shop. ~**ˌmei·ster** *m* master butcher.

ˈFlei·schesˌlust *f poet. od. relig.* lust (of the flesh), carnal desire (*od.* lust).

ˈFleisch|exˌtrakt *m* meat extract. Ձ**ˌfar·ben**, Ձ**ˌfar·big** *adj* **1.** flesh-colo(u)red; ~**es Trikot** flesh tights *pl*, fleshings *pl*. **2.** *paint.* flesh pink (*od.* red), carnation. ~**ˌflie·ge** *f* flesh fly, meat fly, blowfly. Ձ**ˌfrei** *adj Diät*: meatless. Ձ**ˌfres·send** *adj* **1.** *zo.* carnivorous; **fleisch- und pflanzenfressend** amphivorous; ~**es Tier** → **Fleischfresser. 2.** *bot.* carnivorous, biophagous; (*insektenfressend*) insectivorous; ~**e Pflanze** a) carnivore, b) insectivore. ~**ˌfres·ser** *m zo.* carnivore, carnivorous animal; **Ordnung der** ~ Carnivora. ~**ˌfül·le**, ~**ˌfül·lung** *f gastr.* meat filling (*od.* stuffing). ~**ˌgang** *m gastr.* meat course. ~**geˌricht** *n* meat (dish); ~**e** *auf der Speisekarte*: meats. Ձ**geˌwor·den** *adj poet. od. relig.* incarnate; **das** ~**e Wort** the incarnate Word, the Word made flesh. ~**ˌgift** *n med.* meat toxin (*od.* poison), ptomaine. ~**ˌhacker** (*getr.* **-k·k-**) *m Austrian* butcher. ~**ˌhack·maˌschi·ne** *f* → Fleischwolf. ~**ˌhal·le** *f* **1.** (covered) meat market. **2.** meat (market) hall. ~**ˌhan·del** *m* **1.** meat trade. **2.** butchery trade. ~**ˌhau·er** *m Austrian* butcher.

ˈflei·schig *adj* **1.** (*aus Fleisch*) fleshy. **2.** *Schlachttier*: meaty. **3.** *Arme, Beine etc*: fleshy, plump, *colloq.* meaty. **4.** *bot. Frucht etc*: fleshy, pulpy; ~ **und saftig** succulent.

ˈFleisch|ˌklop·fer *m* meat mallet. ~**ˌkloß** *m* **1.** *gastr.* meatball. **2.** *fig. contp.* fat slob, mound of flesh. ~**ˌklöß·chen** *n* small meatball. ~**ˌklotz** *m* **1.** (butcher's) chopping block. **2.** *fig. contp.* → Fleischkloß 2. ~**konˌser·ve** *f* **1.** *pl* tinned (*bes. Am.* canned) meat. **2.** tin (*bes. Am.* can) of meat. ~**ˌkost** *f* **1.** meat (food). **2.** meat diet. ~**ˌküch·lein** *n Southern G. for* Frikadelle. ~**ˌlap·pen** *m orn.* wattle. Ձ**lich** *adj* **1.** (*sinnlich*) fleshly, carnal; ~**e Lüste** carnal desires, lusts of the flesh. **2.** (*irdisch, sterblich*) mortal, fleshly; *relig.* ~**e Gestalt** incarnation; **j-m wieder** ~**e Gestalt geben** reincarnate s. o. **3.** *bes. zo. Nahrung etc*: (consisting of) meat. Ձ**los I** *adj* **1.** meatless (*diet, day*). **2.** fleshless, *Gesicht etc*: *a.* gaunt, emaciated, *Arme etc*: *a.* skinny, bony. **II** *adv* **3.** ~ **leben, sich** ~ **ernähren** live without meat, eat no meat.

ˈFleisch|ˌma·de *f* maggot. ~**ˌmarkt** *m* **1.** meat market. **2.** *fig. colloq.* flesh parade, meat market. ~**maˌschi·ne** *f* → Fleischwolf. ~**ˌmas·se** *f* **1.** mass of flesh (*od.* meat). **2.** *e-s großen Tieres*: bulk of flesh. **3.** *gastr.* (*zubereitetes Gehacktes*) a) meat mixture, b) → **Fleischfülle.** ~**ˌmast** *f agr.* fatt(en)ing (of an animal) to produce lean meat. ~**ˌmes·ser** *n* **1.** butcher's (*od.* meat) knife. **2.** carving knife. ~**ˌnah·rung** *f* **1.** meat food. **2.** *med.* meat diet. ~**paˌste·te** *f* meat pie, *Am.* potpie. ~**ˌplat·te** *f* **1.** (*Anrichteteller*) meat dish. **2.** *gastr.* (plate of) sliced cold meats *pl* (*Am.* cold cuts *pl*). ~**ˌrind** *n agr.* beef cattle. Ձ**ˌrot** *adj* flesh pink (*od.* red), flesh-colo(u)red. ~**ˌsaft** *m* a) juice of meat, b) (*Soße*) (meat) gravy. ~**saˌlat** *m* meat salad. ~**ˌschaf** *n* mutton sheep. ~**ˌschnit·te** *f* slice of meat. ~**ˌsei·te** *f Leder*: flesh (side). ~**ˌso·ße** *f* (meat) gravy. ~**ˌspieß** *m* meat skewer (*od.* spit). ~**ˌsup·pe** *f* meat soup (*od.* broth). ~**ˌtel·ler** *m* → Fleischplatte 1. ~**ˌton** *m paint.* flesh tint. ~**ˌtopf** *m* **1.** saucepan (for meat). **2.** *pl fig. humor.* fleshpots; **sich nach den Fleischtöpfen Ägyptens zurücksehnen** long for the fleshpots of Egypt. Ձ**verˌar·bei·tend** *adj* meat-processing. ~**verˌgif·tung** *f med.* meat (*od.* ptomaine) poisoning, botulism. ~**ˌwa·ren** *pl* meat products (*od.* goods), meats; **Fleisch- und Wurstwaren** meats and sausages. ~**ˌwer·dung** *f* ⟨-; *no pl*⟩ *poet. od. relig.* incarnation. ~**ˌwolf** *m* (meat) mincer, (meat-)mincing machine, *Am.* meat grinder; *fig. colloq.* **j-n durch den** ~ **drehen** put s. o. through the wringer. ~**ˌwun·de** *f med.* **1.** flesh wound. **2.** (*Riß*) laceration. ~**ˌwurm** *m zo.* flesh worm. ~**ˌwurst** *f* pork sausage.

Fleiß [flaɪs] *m* ⟨-es; *no pl*⟩ **1.** (*Arbeitseifer*) diligence, industry, application, assiduity; **mit großem** ~ very diligently (*od.* industriously); **die Aufgabe erfordert** (*od.* **verlangt**) **viel** ~ the task requires (*od.* involves) much hard work; **viel** ~ **auf e-e Sache verwenden** take great pains with (*od.* over) s. th.; **ohne** ~ **kein Preis** (*Sprichwort*) no pains, no gains, no sweet without sweat. **2.** (*Sorgfalt*) painstaking care; **et. mit allem** ~ **erledigen** accomplish s. th. with painstaking care. **3.** *ped.* (*Zeugnisfach*) diligence. **4.** *obs. od. dial.* **mit** ~ (*absichtlich*) intentionally, deliberately, on purpose; **ich habe es nicht mit** ~ **getan** I didn't do it on purpose, I didn't mean to do it. ~**ˌar·beit** *f* **1.** (piece of) work requiring much diligence. **2.** *ped.* a) *additional homework done by a student to prove his diligence*, b) *written test to check a student's diligence.* **3.** *iro.* laborious (*od.* sweaty) job, work smelling of oil. ~**ˌaufˌga·be** *f* → Fleißarbeit 2 a.

ˈflei·ßig I *adj* **1.** (*arbeitsam*) industrious, diligent, hardworking, assiduous; *colloq.* **sei nicht gar zu** ~! don't work too hard! **2.** (*eifrig tätig*) busy, active. **3.** (*Fleiß beweisend*) showing diligence, diligent; **e-e sehr** ~**e Arbeit** a piece of work that has involved much diligence. **4.** (*sorgfältig*) painstaking, diligent, careful. **5.** *Sammler etc*: keen, enthusiastic. **6.** *colloq. Kirchgänger, Theaterbesucher etc*: frequent, regular. **II** *adv* **7.** industriously (*etc*); ~ **arbeiten** *a.* work hard. **8.** *colloq.* (*viel, oft*) plenty, very much, a lot; **j-n** ~ **besuchen** visit s. o. frequently; ~ **spazierengehen** do plenty of walking; **et.** ~ **benutzen** make frequent use of s. th.

flekˈtier·bar *adj ling.* (in)flectional.

flek·tie·ren [flɛkˈtiːrən] **I** *v/t* ⟨*no* ge-, h⟩ **1.** (*Substantiv, Adjektiv etc*) inflect, decline. **2.** (*Verb*) inflect, conjugate. **II**

v/i u. sich ~ *v/reflex* 3. inflect. **III** ♀ *n* <-s> **4.** inflecting (*etc*). **5.** → Flexion 1. **flek'tie·rend** *pres p u. adj* (in-)flectional. **flek'tiert** *pp u. adj* inflected; **unregelmäßig** ~ heteroclitic; **unregelmäßig** ~**es Wort** heteroclite.

flen·nen ['flɛnən] *v/i* <h> *colloq.* cry, blubber, blub.

flen·sen ['flɛnzən] *v/t* <h> (*Wal*) flense.

flet·schen ['flɛtʃən] *v/t u. v/i* <h> **die Zähne** (*od.* **mit den Zähnen**) ~ a) *Raubtier etc*: bare its teeth (*od.* fangs), b) *colloq. Mensch*: bare one's teeth, *wütend*: *a.* snarl.

fleucht [flɔʏçt] *3 sg pres obs. for* **flieht.**

fleugt [flɔʏkt] *3 sg pres obs. for* **fliegt.**

Fleu·ron [flø'rõ:] *m* <-s; -s> **1.** *arch.* fleuron. **2.** *pl gastr.* puff-paste shapes.

fle·xi·bel [flɛ'ksi:bəl] *adj* <flexibler; -st> **1.** *allg., a. tech. u. fig.* flexible. **2.** → flektierbar. **Fle·xi·bi·li'tät** [-ksibili'tɛ:t] *f* <-; *no pl*> flexibility (*a. fig.*).

Fle·xi·on [flɛ'ksĭo:n] *f* <-; -en> **1.** *ling.* a) *e-s Substantivs, Adjektivs*: (in)flection, *Br. a.* (in)flexion, declension, b) *e-s Verbs*: (in)flection, conjugation; **schwache (starke)** ~ weak (strong) inflection. **2.** *physiol.* flexion.

Fle·xi'ons|,en·dung *f ling.* (in)flectional ending, (in)flection. ♀**,fä·hig** *adj* (in)flectional. ~**,leh·re** *f* accidence. ♀**los** *adj* uninflectional.

fle·xi·visch [flɛ'ksi:vɪʃ] *adj ling.* (in)flectional.

Fle·xor ['flɛksɔr] *m* <-s; -en [-'kso:rən]> *m anat.* flexor (muscle).

flicht [flɪçt] *imp u. 3 sg pres,* **flichtst** [flɪçtst] *2 sg pres of* **flechten.**

'Flick,ar·beit *f* **1.** mending, patching, patchwork. **2.** (piece of) patching, patchwork. **3.** *colloq. contp.* patchwork, botch.

flicken (*getr.* **-k·k-**) ['flɪkən] **I** *v/t* <h> **1.** (*Kleider, Reifen etc*) mend, repair, patch; **e-n Kessel (Schuhe)** ~ repair a kettle (shoes); → **Zeug. 2.** *schlecht, unsachgemäß*: botch, bungle. **3.** *fig. humor.* (*Person, Wunde*) patch up. **II** ♀ *n* <-s> **4.** mending (*etc*). **5.** → **Flickarbeit** 1.

'Flicken (*getr.* **-k·k-**) *m* <-s; -> (*Stück Stoff, Leder etc*) patch; **e-n** ~ **auf e-e Hose aufsetzen** (*od.* **aufnähen**) put a patch on (*od.* patch) a pair of trousers. ~**,decke** (*getr.* **-k·k-**) *f* patchwork (*Am.* crazy) quilt.

'Flick,flack [-,flak] *m* <-s; -s> *gym.* flip-flop.

'Flick|,gum·mi *n, m* patching rubber. ~**,ka·sten,** ~**,korb** *m* work-basket. ~**,schnei·der** *m* **1.** jobbing tailor. **2.** *fig. contp.* botcher, bungler. ~**schu·ste'rei** [,flɪk-] *f* **1.** patchwork. **2.** → **Flickwerk** 1. ~**,vers** *m metr.* expletive (*od.* padding) line. ~**,werk** *n* <-(e)s; *no pl*> **1.** *colloq. contp.* patchwork, botch(ed work), patched-up job. **2.** *in Literatur, Kunst etc*: pasticcio, pastiche. ~**,wort** *n* <-(e)s; ⁼er> *ling.* expletive (word), filler, patchword. ~**,zeug** *n* <-(e)s; *no pl*> **1.** *zum Nähen etc*: mending (*od.* sewing) kit. **2.** *zum Reifenflicken*: (tyre, *Am.* tire) repair kit, patch kit.

Flie·der ['fli:dər] *m* <-s; -> *bot.* **1.** lilac, Syringa. **2.** (*Holunder*) (common) elder. ~**,bee·re** *f* elderberry. ♀**,blau** *adj* → **fliederfarben.** ~**,busch** *m* **1.** → **Flieder** 1. **2.** elder(berry) bush. ♀**,far·ben** *adj* lilac(-colo[u]red). ~**,strauch** *m* → **Flieder** 1. ~**,tee** *m pharm.* elder(berry) tea.

Flie·ge ['fli:gə] *f* <-; -n> **1.** *zo.* fly; **e-e** ~ **totschlagen** swat a fly; **von** ~**n beschmutzt** fly-blown; **von** ~**n gestochen** fly-bitten. **2.** *fig.* **die Menschen starben wie die** ~**n** people died like flies; **ihn stört (sogar) die** ~ **an der Wand** every little thing bothers him; **zwei** ~**n mit einer Klappe schlagen** kill two birds with one stone; **er sieht (so) aus, als könnte er k-r** ~ **et. zuleide tun** he looks as if he couldn't hurt a fly; *sl.* **mach 'ne** ~! beat it!, get lost!; → **Not** 2. **3.** *Angelsport*: fly; **mit** ~**n angeln** fly-fish. **4.** *colloq.* (*Querbinder*) bow (tie). **5.** *colloq.* (*Bärtchen*) small moustache.

flie·gen ['fli:gən] **I** *v/i* <fliegt, flog, geflogen, sein> **1.** *Vogel, Geschoß, Funken, Blätter etc*: fly; **in die Höhe** ~ fly up (into the air), soar up; **ein Modellflugzeug (e-n Drachen)** ~ **lassen** fly a model airplane (a kite); → **Fetzen** 1 (*etc*). **2.** *mit dem Flugzeug etc*: fly, go (*od.* travel) by air (*od.* plane); **nach New York fliegt man 7 Stunden** it takes 7 hours to fly (*od.* it's a 7-hour trip by air) to New York; **ich fliege mit der 8-Uhr-Maschine** I am flying with (*od.* taking) the 8 o'clock plane. **3.** *Haare, Fahne etc*: fly, stream (*in the wind, etc*). **4.** *fig. Puls etc*: race; *Hände*: fly, *nervös*: flutter; **am ganzen Körper** ~ be trembling all over; **sein Atem flog** he was panting (*od.* gasping for breath). **5.** *fig. colloq.* fly, fall; **der Teller flog mir aus der Hand** the plate fell (*od.* flew) out of my hand; **über e-n Stein** ~ fall over a stone; *mot. etc* **aus der Kurve** ~ fly (*od.* be thrown) out of the curve. **6.** *fig. colloq. aus e-r Stellung etc*: be fired, get the sack (*od.* boot), *a. aus der Schule, e-r Wohnung etc*: be kicked (*od.* turned, thrown) out (of), *im Examen*: flunk (out), be ploughed. **7.** *fig.* (*eilen*) fly, rush (*towards s. o., etc*); **die Zeit fliegt** time flies; **die Feder fliegt über das Papier** the pen flies over the paper; **sie flogen sich** (*od.* **einander**) **in die Arme** they flew into each other's arms; **sie flog ihm um den** (*od.* **an den**) **Hals** she threw her arms (a)round his neck; *colloq.* **ich fliege ja schon** I'm flying (*od.* under way); **ich kann doch nicht** ~ I don't have wings; **du mußt geflogen sein** you must have flown; *lit.* **ein Lächeln flog über sein Gesicht** a quick smile passed over his face; **die Nachricht flog von Ort zu Ort** the news spread like wildfire. **8.** *fig. colloq.* **auf j-n (et.)** ~ go for s. o. (s. th.), be wild (*od.* crazy, mad) about s. o. (s. th.), *sl.* dig s. o. (s. th.) (the big way), **auf j-n:** *a.* fall for s. o. **II** *v/t* <h> **9.** (*Flugzeug*) fly, pilot. **10.** (*Personen, Truppen, Güter*) fly, transport (*od.* convey) *s. o., s. th.* by air. **11.** *aer.* a) (*e-e Strecke*) fly, cover (*distance, route*), b) (*Platzrunde, Kurve etc*) fly, do; **e-e Kurve** ~ fly (*od.* describe) a curve. **12.** *aer. mil.* (*Einsatz*) fly (*a mission, etc*); **e-n Angriff** ~ fly (*od.* carry out) a bombing mission. **III** ♀ *n* <-s> **13.** flying (*etc*); ♀ **im Verband** formation flying. **14.** (*Flugwesen*) aviation, flying. **15.** travel(l)ing by air, flying. **'flie·gend** *pres p u. adj* **1.** flying; *fig.* **in** ~**er Eile** in a flying hurry; ~**er Teppich** magic carpet; **mit** ~**en Händen** with fluttering hands; → **Fahne** 3. **2.** *aer.* flying (*personnel, bomb, etc*). **3.** *fig. Handel etc*: itinerant; → **Händler** 3. **4.** *med.* a) *Puls*: fluttering, b) *Rippe*: floating, false; → **Hitze** 3. **5.** *Sport*: flying (*change, start, somersault, etc*). **6.** *zo.* volant (*a. her.*), volitant; ~**er Fisch** flying fish; → **Hund** 5. **7.** *tech.* a) *Anlage*: temporary (*plant*), b) *Achse*: floating (*axle*); ~ **angeordnet** in overhung position.

'Flie·gen|,dreck *m* fly-speck. ~**,ei** *n* fly's egg, *a. pl* fly-blow. ~**,fän·ger** *m* **1.** flypaper, flycatcher (*a. zo.*). **2.** *bot.* tutsan-leaved apocynum. ~**,fen·ster** *n* (fly) screen, wire (mesh) window. ~**fi·sche,rei** *f* fly-fishing. ~**ge,wicht** *n,* ~**ge,wicht·ler** *m* <-s; -> *Sport*: flyweight. ~**,git·ter** *n* **1.** wire mesh (screening). **2.** → **Fliegenfenster.** ~**,klap·pe,** ~**,klat·sche** *f* fly-swat(ter), fly-flap. ~**,kopf** *m* **1.** fly's head. **2.** *print.* turn(ed letter). ~**,krank·heit** *f vet.* fly disease. ~**,netz** *n* fly net. ~**pa,pier** *n* flypaper. ~**,pilz** *m bot.* fly agaric. ~**,pilz·ver,gif·tung** *f* muscarinism. ~**,schim·mel** *m* **1.** (*Pferd*) grey-(*Am.* gray-)speckled horse. **2.** → ~**,schim·mel,pilz** *m bot.* fly mo(u)ld. ~**,schmiß,** ~**,schmutz** *m* → **Fliegendreck.** ~**,schnäp·per** *m orn.* flycatcher. ~**,schwamm** *m* → **Fliegenpilz.** ~**,seu·che** *f* → **Fliegenkrankheit.** ~**,spray** *m, n* fly spray. ~**,stein** *m min.* fly stone, native arsenic.

'Flie·ger *m* <-s; -> **1.** (*Vogel etc; a. Rennpferd*) flier, flyer; *aer.* airman, aviator, pilot; *colloq. bei der Luftwaffe*: aircraftman, *Am.* airman; **er ist bei den** ~**n** he is with the air force. **2.** *aer. mil.* (*unterster Dienstgrad*) aircraftman second class, *Am.* basic airman, airman basic. **3.** *colloq.* (*Flugzeug*) plane; (*Kinderspielzeug*) (model *od.* toy) plane. **4.** *Radsport*: sprinter. **5.** *mar.* a) flying jib, b) (*Mittelstagsegel*) middle staysail. ~**,ab,wehr** *f* **1.** *mil.* anti-aircraft (*od.* air) defen/ce (*Am.* -se). **2.** *in Zssgn* anti-aircraft (*abbr.* A. A.) ...; → *a.* **Flak... ~,ab,zei·chen** *n aer. mil.* flying badge, wings *pl.* ~**alarm** [-ʔa,larm] *m* air-raid warning, air alert. ~**,an,griff** *m* air raid, air (*od.* aerial) attack. ~**,an,zug** *m* → **Fliegerdreß.** ~**,bom·be** *f mil.* aircraft bomb. ~**,deckung** (*getr.* **-k·k-**) *f* cover from air attack (*od.* air observation). ~**,dreß** *m* flying suit, overalls *pl.*

Flie·ge'rei *f* <-; *no pl*> flying, aviation.

'Flie·ger|ge,schä·dig·te *m, f* <-n; -n> air-raid victim. ~**ge,schwa·der** *n aer. mil.* group, *Am.* wing. ~**,held** *m* (flying) ace. ~**,helm** *m* flying helmet. ~**,horst** *m* air base.

'Flie·ge·rin *f* <-; -nen> woman flier (*od.* pilot), airwoman, aviatrix.

'flie·ge·risch I *adj* flying, aeronautic(al), aerial; ~**es Können** flying skill. **II** *adv* aeronautically.

'Flie·ger|,kar·te *f* navigation map. ~**kom·bi·na·ti,on** *f* flying suit, overalls *pl.* ~**,korps** *n* flying (*od.* air) corps. ~**,krank·heit** *f* altitude sickness, aviator's disease. ~**,not·si,gnal** *n* aircraft distress signal, Mayday. ~**,oberst** *m mil.* Group Captain, *Am.* (Air Force) Colonel. ~**of·fi,zier** *m mil.* air force officer. ~**,ren·nen** *n* <-s; -> **1.** *Radsport*: sprint (*od.* scratch) race; **1000-m-**~ 1,000 metres scratch race. **2.** *Pferderennen*: short-distance race. ~**,scha·den** *m* air-raid damage. ~**,schu·le** *f* flying school. ~**,schutz** *m aer.* **1.** anti-aircraft protection. **2.** air cover. ~**,spra·che** *f* airmen's slang. ~**,staf·fel** *f* flying (*bes. Am.* flight) squadron. ~**-,Such·ak·ti,on** *f* aerial search. ~**,tuch** *n* ground panel. ~**,war·nung** *f* → **Fliegeralarm.** ~**,war·te** *f* air observation tower (*od.* post). ~**,wet·ter** *n iro.* bad flying weather, unflyable weather.

'Flieh,burg *f hist.* refuge (camp *od.* keep).

flie·hen ['fli:ən] **I** *v/i* <flieht, floh, geflohen, sein> **1.** flee, take to flight, run away, *colloq.* turn tail, take to one's heels; **von zu Hause** ~ run away from home; **vor et. (j-m)** ~ run away from s. th. (s. o.), flee (from *od.* before) s. th. (s. o.); **vor e-r Gefahr** ~ flee (*od.* run away) from a danger; **er floh aus dem Gefängnis** he escaped (*od.* fled) from (the) prison. **2.** *fig. lit.* a) *Zeit etc*: fly (by), b) *Gedanken etc*: fly. **II** *v/t* ⟨h⟩ *lit.* **3.** (*meiden*) avoid, shun, keep away from, flee (from); **die Gesellschaft ~** shun society. **4.** (*Welt etc*) renounce, forsake. **III** 2 *n* ⟨-s⟩ **5.** fleeing (*etc*). **6.** flight.

ˈflie·hend *pres p u. adj* **1.** fleeing, flying, fugitive. **2.** *Stirn, Kinn etc*: receding. **ˈFlie·hen·de** *m, f* ⟨-n; -n⟩ fugitive.

ˈFlieh·geˌwicht *n* **1.** *phys.* centrifugal weight. **2.** *tech.* flyweight.

ˈFliehˌkraft *f* **1.** *phys.* centrifugal force. **2.** *in Zssgn* centrifugal (*acceleration, clutch, moment, etc*). **~ˌabˌschei·der** *m tech.* centrifugal separator. **~ˌreg·ler** *m tech.* centrifugal governor.

ˈFlieh·moˌment *n* centrifugal moment.

ˈFliesˌbo·den *m* → Fliesen(fuß)boden.

Flie·se [ˈfliːzə] *f* ⟨-; -n⟩ (*Wand*2) (wall) tile; (*Boden*2) (floor) tile; **~n legen, mit ~n auslegen** tile.

ˈFlie·sen|beˌlag *m* floor tiles *pl*, tile pavement. **~(ˌfuß)ˌbo·den** *m* tiled floor, tiling. **~ˌle·ger, ~ˌset·zer** *m* tile setter (*od.* layer), tiler.

ˈFließˌar·beit *f tech.* flow (*od.* line) production, assembly (*od.* production) line work, *Am. a.* progressive assembly.

ˈFließˌband *n* ⟨-(e)s; ⸗er⟩ *tech.* **1.** assembly (*od.* production) line, *colloq.* line; **vom ~ rollen** come off the assembly line. **2.** (*Förderband*) conveyor belt. **~ˌar·beit** *f* → Fließarbeit. **~ˌar·bei·ter** *m* assembly line worker. **~ˌfer·ti·gung, ~monˌta·ge, ~pro·duk·tiˌon** *f* **1.** → Fließarbeit. **2.** belt (*Am. a.* progressive) assembly.

ˈFließ|ˌblatt *n* blotting paper. **~ˌei** *n orn.* wind-egg. **~ˌei·gen·schaft** *f* flow property.

flie·ßen [ˈfliːsən] **I** *v/i* ⟨fließt, floß, geflossen, sein⟩ **1.** *Wasser etc*: flow, run, *in Strömen*: pour, gush, stream; **der Main fließt in den** (*od.* **zum**) **Rhein** the Main flows (*od.* runs, empties) into the Rhine; **über den Rand ~** overflow the brim; **mir floß der Schweiß von der Stirn** sweat ran (*od.* poured, streamed) from my forehead; **Blut floß aus der Wunde** blood was running from the wound, the wound was bleeding; **s-e Nase floß** his nose was running; **bei der Beerdigung flossen viele Tränen** tears were flowing freely (*od.* many tears were shed) at the funeral; **es wird viel Blut ~** much blood will flow (*od.* be spilled), there will be bloodshed. **2.** *Verkehr*: flow, run. **3.** *fig. Gaben, Getränk etc*: flow; **die Gaben flossen reichlich** gifts were flowing abundantly (*od.* came in freely); **Sekt floß in Strömen** champagne flowed freely (*od.* like water). **4.** *fig. Worte, Arbeit etc*: flow, run; *lit.* **die Verse ~ ihm leicht aus der Feder** verses flow easily from his pen (*od.* come easily to him). **5.** *fig. Geld etc*: go (*into one's own pocket, into a building project, etc*). **6.** *fig. Zeit*: flow by, pass away. **7.** *fig.* (*sich ergeben*) (**aus** *dat* from) follow, proceed, result. **8.** *fig. lit. Haare, Gewänder etc*: flow. **9.** *Papier*: blot. **10.** *Metall etc*: flow, melt. **11.** *Schüttgut etc*: run, flow, pass. **12.** *electr. phys.* flow. **II** 2 *n* ⟨-s⟩ **13.** flowing (*etc*). **14.** flow; *metall.* **plastisches** 2 plastic flow.

ˈflie·ßend I *pres p u. adj* **1.** flowing, running; **~e Gewässer** running waters; **ein Zimmer mit ~em Wasser** a room with running water; **ein Zimmer mit ~em warmen und kalten Wasser** a room with hot and cold water. **2.** *fig. Haar, Gewand, a. Handschrift, Umrisse etc*: flowing. **3.** *Verkehr*: flowing smoothly, fast-moving. **4.** *fig. Rede, Vortrag etc*: flowing, fluent, *Stil*: *a.* fluid, smooth, easy; **in ~em Russisch** in fluent Russian. **5.** *fig.* (*unbestimmt*) fluid, indistinct; **die Grenzen zwischen Stolz und Hochmut sind ~** the boundaries between pride and arrogance are fluid. **6.** *Phonetik*: liquid. **7.** *geol. Lava*: fluent. **II** *adv* **8.** flowingly; **der Verkehr wickelt sich ~ ab** traffic flows smoothly. **9. ~ lesen** read fluently; **er spricht ~ Deutsch** he speaks German fluently (*od.* fluent German).

ˈfließˌfä·hig *adj* **1.** fluid. **2.** *phys.* flowable. **2keit** *f* ⟨-; *no pl*⟩ **1.** fluidity, cold-flowing properties *pl*. **2.** *phys.* flowability.

ˈFließ|ˌfer·ti·gung *f tech.* **1.** belt production. **2.** → Fließarbeit. **~ˌfe·stig·keit** *f phys.* resistance to flow. **~ˌfett** *n* semifluid grease. **~geˌschwin·dig·keit** *f phys.* velocity of flow. **~ˌgleich·geˌwicht** *n* steady state. **~ˌgren·ze** *f* yield point. **~ˌheck** *n mot.* fastback. **~ˌkom·ma** *n* floating point. **~paˌpier** *n* **1.** blotting paper. **2.** filter paper. **~ˌpres·se** *f metall.* extrusion press. **~prinˌzip** *n* → Fließarbeit. **~ˌpro·be** *f metall.* pouring test. **~ˌpunkt** *m* **1.** *tech.* pour point. **2.** *phys.* yield point. **~ˌsand** *m geol.* quicksand. **~ˌstra·ße** *f tech.* assembly (*od.* production) line. **~verˌhal·ten** *n synth.* flow behavio(u)r.

Flim·mer [ˈflɪmər] *m* ⟨-s; -⟩ **1.** ⟨*only sg*⟩ *des Lichts etc*: glimmer, shimmer. **2.** ⟨*only sg*⟩ *fig.* (false) glitter. **3.** → Flimmerhaar. **~beˌwe·gung** *f biol.* ciliary movement. **~efˌfekt** *m opt.* flickering effect. **2ˌfrei** *adj opt.* flickerless. **~ˌhaar, ~ˌhär·chen** *n biol.* cilium.

ˈflim·me·rig *adj* → flimmrig.

ˈFlim·mer|ˌka·sten *m*, **~ˌki·ste** *f colloq.* **1.** *TV* telly, (goggle-)box. **2.** *obs.* (*Kino*) (the) flicks *pl*, (the) movies *pl*.

flim·mern [ˈflɪmərn] **I** *v/i* ⟨h⟩ **1.** *Licht etc*: glimmer, glitter, scintillate, *Sterne*: *a.* twinkle. **2.** *Luft, Hitze etc*: shimmer, glisten; **es flimmert mir vor den Augen** everything is dancing in front of my eyes, my head swims. **3.** *Film, Fernsehbild etc*: flicker. **4.** *med. Herz*: fibrillate. **II** *v/t* **5.** *dial. colloq.* polish. **III** 2 *n* ⟨-s⟩ **6.** glimmering (*etc*). **7.** glimmer, glitter, scintillation, *der Sterne*: *a.* twinkle. **8.** *der Luft, des Schnees etc*: shimmer. **9.** *e-s Films etc*: flicker. **10.** *med.* a) *des Herzens*: fibrillation, b) 2 **vor den Augen** flickering (*od.* spots *pl*) in front of one's eyes.

ˈFlim·mer|ˌschei·be *f colloq.* (TV) screen. **~ˌstrom** *m zo.* ciliary current. **~ˌzel·le** *f biol.* ciliated (*od.* flagellated) cell.

ˈflimm·rig *adj* glimmering (*etc*; *cf.* flimmern I).

flink [flɪŋk] **I** *adj* ⟨-er; -(e)st⟩ **1.** *Person*: quick, fast, nimble, agile, brisk, swift; **ein ~es Mädchen** a lively girl; **~ wie ein Wiesel** (as) quick as a flash (*od.* a hare, the wind); **sie ist immer ~ bei der Hand** she is always on hand (*od.* on the spot, ready to help); **nun macht mal ein bißchen ~!** hurry up, will you!, *colloq.* get a move on! **2.** *Füße, Hände etc*: nimble, agile, quick, deft; **~e Finger** nimble fingers; **~ auf den Beinen** light-footed. **3.** *Augen*: quick. **4.** *Zunge etc*: ready; **ein ~es Mundwerk** a ready (*od.* glib) tongue, the gift of the gab. **5.** *Bewegung etc*: agile, nimble, brisk, deft. **6.** (*aufgeweckt*) bright, alert, smart; **sie hat e-n ~en Verstand** she is very quick-witted (*od.* bright), she has a nimble mind. **7.** (*geschickt*) dext(e)rous, deft. **II** *adv* **8.** quickly (*etc*); **~ arbeiten** work quickly, be a quick worker; **~ et. besorgen** do s.th. quickly (*od.* promptly); **et. ~ lernen** be quick to learn s.th.; **~ wie ein Wiesel** as quick as a flash, swiftly; *colloq.* **ich geh' noch mal ~ zum Fleischer** I'm just going to pop over to the butcher's. **~ˌfü·ßig** *adj lit.* light-footed.

ˈFlink·heit *f* ⟨-; *no pl*⟩ **1.** *e-r Person*: quickness, nimbleness, agility, swiftness; *der Füße, Hände etc*: *a.* deftness; *der Augen*: quickness; *der Zunge etc*: readiness, glibness; *e-r Bewegung*: quickness, agility, nimbleness. **2.** (*Aufgewecktheit*) brightness, alertness, smartness, swiftness. **3.** (*Geschicktheit*) dexterity, deftness.

Flint [flɪnt] *m* ⟨-(e)s; -e⟩ *Low G.* flint.

Flin·te [ˈflɪntə] *f* ⟨-; -n⟩ **1.** (*Schrot*2) (shot)gun; *fig.* **die ~ ins Korn werfen** throw up the sponge, throw in the towel, lose courage, resign; *fig. colloq.* **der soll mir nur vor die ~ kommen** just wait till I lay my hands on him. **2.** *colloq.* (*Gewehr*) gun, rifle. **3.** (*Jagdgewehr*) shooting (*od.* sporting) gun; (*Vogel*2) fowling-piece. **4.** *obs.* musket, flintlock.

ˈFlin·ten|ˌlauf *m* (shot)gun barrel. **2ˌscheu** *adj hunt. Hund*: gun-shy. **~ˌschuß** *m* gunshot. **~ˌweib** *n colloq. contp.* gun woman, woman soldier.

ˈFlint|ˌglas *n* flint glass. **~paˌpier** *n* flint paper.

Flip [flɪp] (*Engl.*) *m* ⟨-s; -s⟩ *gastr.* flip.

ˈFlip-ˌBlät·ter *pl* flip cards.

ˈFlipˌflop [-ˌflɔp] *m electr.* flip-flop. **~-ˌSchal·tung** *f* flip-flop circuit.

ˈFlip·per *m* ⟨-s; -⟩ *colloq.* pin-ball machine; *Brit. a.* pin-table.

flir·ren [ˈflɪrən] *v/i* **1.** ⟨h⟩ → flimmern 1—3. **2.** ⟨sein⟩ (*schwirren*) whirr, whizz.

Flirt [flɪrt; flœrt; flɜːt] (*Engl.*) *m* ⟨-(e)s; -s⟩ **1.** flirtation. **2.** *colloq.* (*Person*) flirt, (boy-, girl-)friend. **ˈflir·ten I** *v/i* ⟨h⟩ **1.** flirt. **II** 2 *n* ⟨-s⟩ **2.** flirting. **3.** flirtation.

Flitt·chen [ˈflɪtçən] *n* ⟨-s; -⟩ *colloq.* **1.** (*Dirne*) floozie, tart. **2.** *weitS.* (little) tramp, baggage.

Flit·ter [ˈflɪtər] *m* ⟨-s; *no pl*⟩ **1.** *collect.* (*Pailletten*) spangles *pl*, sequins *pl*; **mit ~ besetzt** (*od.* **bestickt**) spangled, sequin(n)ed. **2.** (*Glitzerschmuck*) glittering finery (*od.* decoration). **3.** *fig. contp.* a) (false) glitter, tinsel, b) → Flitterkram 2. **~ˌblätt·chen** *n* spangle, sequin. **~ˌglanz** *m* **1.** glitter (of spangles *od.* sequins). **2.** *fig.* → Flitter 3 a. **~ˌgold** *n* Dutch metal (*od.* gold), tinsel. **~ˌkleid** *n* spangled (*od.* sequin[n]ed) dress. **~ˌkram** *m* **1.** tawdry finery, (cheap) trinkets *pl*, frippery, tinsel. **2.** *fig. contp.* (worthless) trash, tinsel.

flit·tern [ˈflɪtərn] *v/i* ⟨h⟩ **1.** glitter. **2.** *humor.* be honeymooning, bill and coo.

ˈFlit·ter|ˌpap·pel *f bot.* asp(en), trembling poplar. **~ˌstaat** *m* ⟨-(e)s; *no pl*⟩ → Flitterkram 1. **~ˌwo·chen** *pl* honeymoon *sg*; **sie verbringen ihre ~ in Spanien** *a.* they are honeymooning in Spain.

ˈFlitzˌbo·gen *m* (*Spielzeug*) (toy) bow; *humor.* **gespannt wie ein ~** all agog.

flit·zen [ˈflɪtsən] *v/i* ⟨sein⟩ *colloq.* **1.** (*rasen, sausen*) flit, whizz, shoot. **2.** (*verschwinden*) flit, split, beat it. **3.** (*spuren, schnell gehorchen*) run, be on the hop.

ˈFlit·zer *m* ⟨-s; -⟩ *colloq. mot.* nippy (*od.* snappy) little car.

floa·ten [ˈfloʊtən] *v/t u. v/i* ⟨h⟩ *econ.* float. **ˈFloa·ting** *n* ⟨-s; *no pl*⟩ floating.

flocht [flɔxt] *1 u. 3 sg pret of* flechten.

ˈFlöck·chen [ˈflœkçən] *n* <-s; -> **1.** *dim. of* Flocke. **2.** (*Schnee*≗ *etc*) small flake, flakelet. **3.** *chem.* floc.

Flocke (*getr.* **-k·k-**) [ˈflɔkə] *f* <-; -n> **1.** (*Schnee*≗, *Schaum*≗ *etc*) flake. **2.** (*Hafer*≗, *Kartoffel*≗ *etc*) flake. **3.** (*Seifen*≗) (soap) flake. **4.** (*Butter*≗) flake, pat. **5.** (*Woll*≗) *etc*) flock, tuft. **6.** (*Staub*≗, *Feder*≗, *Flaum*≗ *etc*) fluff. **7.** *zo.* white spot. **8.** *chem.* floc, floccule; (**sich zu**) **~n bilden** flocculate. **9.** *astr.* (solar) flocculus, *meist pl* flocculi *pl.* **ˈflocken** (*getr.* **-k·k-**) **I** *v/i* <h> **1.** form flakes, flake. **2.** *chem.* flocculate. **3.** (*zerfasern*) fuzz. **II** *v/t* **4.** form *s. th.* into flakes. **5.** (*Wolle*) pull (*wool*) into flocks (*od.* tufts). **III** *v/reflex* **sich ~ 6.** flake.

ˈFlocken|as|best (*getr.* **-k·k-**) *m* flaked asbestos. **~ˌbast** *m* cottonized bast. **~ˌbil·dung** *f* **1.** flake formation. **2.** *chem.* flocculation. **~ˌblu·me** *f bot.* centaury. **≗ˌför·mig** *adj* → flockig. **~maˌschi·ne** *f tech.* carding machine. **~ˌtanz, ~ˌwir·bel** *m* whirling snow flakes *pl.*

ˈflockig (*getr.* **-k·k-**) *adj* **1.** flaky. **2.** *Schnee*: fluffy, flocculent. **3.** *Schaum etc*: fluffy. **4.** *Staub etc*: flocky, fluffy. **5.** *Wolle*: flocky, fuzzy. **6.** (*flaumig*) fluffy. **7.** *chem.* flocculent. **8.** *bot.* floccose.

ˈFlock|ˌsei·de *f* floss silk. **~ˌwol·le** *f* flock (*od.* short) wool.

flog [floːk] *1 u. 3 sg pret of* fliegen.

flö·ge [ˈfløːgə] *1 u. 3 sg pret subj of* fliegen.

floh [floː] *1 u. 3 sg pret of* fliehen.

Floh *m* <-(e)s; ⸚e> **1.** *zo.* flea; **von Flöhen gebissen** (*od.* **zerstochen**) flea-bitten. **2.** *fig. colloq.* **er hört die Flöhe husten** he thinks he knows everything; **j-m e-n ~ ins Ohr setzen** put ideas into s. o.'s head; **lieber** (**e-n Sack** [**voll**]) **Flöhe hüten** anything rather than that. **3.** *pl colloq.* (*Geld*) *sl.* dough *sg*, bread *sg*, *Br. a.* lolly *sg.* **~ˌbiß** *m* fleabite.

flö·he [ˈfløːə] *1 u. 3 sg pret subj of* fliehen.

flö·hen [ˈfløːən] *v/t* <h> (de)flea, rid (*a dog, etc*) of fleas; **die Affen flöhten sich** the monkeys picked the fleas from each other.

ˈFloh|ˌhüp·fen *n* → Flohspiel. **~ˌki·no** *n humor.* fleapit. **~ˌki·ste** *f humor.* (*Bett, Schlafsack*) flea-bag. **~ˌmarkt** *m colloq.* flea market. **~ˌspiel** *n* (game *od.* set of) tiddlywinks *pl* (*als sg konstruiert*). **~ˌstich** *m* fleabite. **~ˌwal·zer** *m mus.* chopsticks *pl* (*als sg konstruiert*). **~ˌzir·kus** *m* flea circus.

Flom [floːm] *m* <-(e)s; *no pl*>, **ˈFlo·men** [-mən] *m* <-s; *no pl*> *Northern G.* leaf fat (of pig), pork flare.

Flor[1] [floːr] *m* <-s; -e> *lit.* **1.** display (*od.* abundance, mass) of flowers (*od.* blossoms); **die Gärten in ihrem reichen ~** the gardens in their splendid array; **in** (**vollem**) **~ stehen** be in (full) bloom, *fig. a.* be flourishing. **2.** *fig.* (*Blüte*) bloom, flourishing (state). **3.** *fig. von Damen*: bevy.

Flor[2] *m* <-s; -e, *rare* ⸚e> **1.** (*Trauer*≗) mourning band, crêpe (*od.* crepe, crape) (band). **2.** *Textil.* a) (*Gaze*) gauze, b) *auf Teppichen*: pile, c) *auf Samt*: pile, nap, d) (*~garn*) gassed cotton yarn, lisle, e) *Spinnerei*: web. **3.** <*only sg*> *fig. lit.* (*Schleier*) veil.

Flo·ra[1] [ˈfloːra] *npr f* <-; *no pl*> *myth.* Flora. **ˈFlo·ra**[2] *f* <-; -ren> *biol. bot.* flora.

ˈFlorˌband *n* → Flor[2] 1.

ˈFlo·ren|ge|biet *n*, **~proˌvinz** *f*, **~ˌreich** *n* geobotanical (sub)region, floral zone.

Flo·ren·ti·ner [florɛnˈtiːnər] **I** *m* <-s; -> **1.** (*Person*) Florentine. **2.** *gastr.* (*Gebäck*) Florentine. **3.** (*~hut*) picture (*od.* wide-brimmed straw) hat. **II** *adj* **4.** Florentine, of Florence. **Flo·renˈti·ne·rin** *f* <-; -nen> Florentine. **flo·renˈti·nisch** *adj* Florentine, of Florence.

Flo·rett [floˈrɛt] *n* <-(e)s; -e> *fenc.* foil. **~ˌfech·ten** *n* foils *pl*, foil fencing. **~ˌfech·ter** *m* foilsman, (foil) fencer. **~ˌfech·te·rin** *f* (foil) fencer, foilswoman. **~ˌgarn** *n Textil.* floss (yarn *od.* silk). **~ˌsei·de** *f* **1.** floss, silk waste. **2.** → Florettgarn.

flo·rie·ren [floˈriːrən] *v/i* <*no* ge-, h> **1.** *Geschäft, Handel etc*: flourish, prosper, thrive, boom. **2.** *Kunst, Wissenschaft etc*: flourish, thrive, flower.

Flo·rin [floˈriːn] *m* <-s; -e *u.* -s> (*Münze*) florin.

Flo·rist [floˈrɪst] *m* <-en; -en> botanist. **Floˈri·stik** [-tɪk] *f* <-; *no pl*> floristics *pl* (*a. als sg konstruiert*). **floˈri·stisch** *adj* floristic.

ˈFlor|ˌpost *f*, **~ˌpost·paˌpier** *n* onionskin (paper). **~ˌschlei·er** *m* gauze veil.

Flos·kel [ˈflɔskəl] *f* <-; -n> meaningless (*od.* empty) phrase, set phrase, *pl a.* mere words. **≗haft** *adj* meaningless, empty.

floß [flɔs] *1 u. 3 sg pret of* fließen.

Floß [floːs] *n* <-es; ⸚e> **1.** raft, float. **2.** *am Fischnetz*: float. **ˈflöß·bar** *adj* floatable.

Flos·se [ˈflɔsə] *f* <-; -n> **1.** a) *der Fische etc*: fin, pinna, b) *e-s Seehunds etc*: flipper, paddle. **2.** *Sport*: (*Schwimm*≗, *Tauch*≗) flipper. **3.** *aer.* a) (*Höhen*≗) stabilizer, b) *e-r Rakete etc*: (stabilizing) fin, c) *e-s Luftschiffs*: (horizontal *od.* vertical) fin. **4.** *mar.* fin. **5.** a) *colloq.* (*Hand*) fin, paw, mitt, b) *sl.* (*Fuß*) trotter. **6.** *metall.* pig.

flös·se [ˈflœsə] *1 u. 3 sg pret subj of* fließen.

ˈflos·sen|ˌar·tig *adj zo.* finny. **~ˌför·mig** *adj* fin-shaped, pinniform. **≗ˌfü·ßer** [-ˌfyːsər] *m* <-s; -> *zo.* **1.** pinniped. **2.** → Flügelschnecke. **3.** (*Echse*) pygopod. **~ˌfü·ßig** *adj* wing-footed, pinniped. **≗ˌsta·chel** *m* fin-spine. **≗ˌstrahl** *m* fin ray. **≗ˌtau·cher** *m zo.* penguin.

ˈFlö·ßer *m* <-s; -> raftsman, log driver. **Flö·ßeˈrei** *f* <-; *no pl*> rafting of timber, log driving.

ˈFloßˌholz *n*, **ˈFlößˌholz** *n* raft(ed) (*od.* float[ed]) timber, raft wood, floating timber. **ˈFloßˌsack** *m mil.* inflatable raft.

Flo·ta·ti·on [flotaˈtsĭoːn] *f* <-; -en> *metall.* flo(a)tation.

Flö·te [ˈfløːtə] *f* <-; -n> **1.** *mus.* a) flute, b) (*Rohr*≗) pipe, c) (*Pikkolo*) piccolo (flute), d) (*Quer*≗) (transverse) flute, e) (*Längs*≗) beaked (*od.* end-blown) flute; (**auf der**) **~ spielen** (play the) flute; *fig. colloq.* **nach j-s ~ tanzen** dance to s. o.'s tune. **2.** (*Pfeife*) whistle. **3.** (*hohes Trinkglas*) flute (glass). **4.** *Kartenspiel*: *colloq.* flush.

flö·ten[1] [ˈfløːtən] *v/t u. v/i* <h> **1.** (play on the) flute. **2.** *colloq.* (*pfeifen*) whistle. **3.** *Vögel*: sing, warble. **4.** *fig. colloq.* say *s. th.* (*od.* speak) in dulcet tones. **ˈflö·ten**[2] *adj* <*pred*> *colloq.* *Geld etc*: **~ sein** be lost, be gone.

ˈFlö·ten|ˌblä·ser *m* → Flötist. **≗ˌge·hen** *v/i* <*irr, sep,* -ge-, sein> *colloq.* **1.** (*verlorengehen*) be lost, go phut, go down the drain. **2.** (*kaputtgehen*) go to the dogs, go to pot. **~konˌzert** *n* flute concerto. **~muˌsik** *f* flute music. **~reˌgi·ster** *n e-r Orgel*: flue stop. **~ˌspiel** *n* flute playing, fluting. **~ˌspie·ler** *m*, **~ˌspie·le·rin** *f* → Flötist, Flötistin. **~ˌstim·me** *f* flute part. **~ˌton** *m* **1.** fluting, note (*od.* tone) of a flute; *fig. colloq.* **j-m die Flötentöne beibringen** teach s. o. what's what. **2.** *fig.* sweet (*od.* silvery) note.

Flö·tist [fløˈtɪst] *m* <-en; -en>, **Flöˈti·stin** *f* <-; -nen> flutist, flute-player, flute.

flott [flɔt] *colloq.* **I** *adj* <-er; -est> **1.** (*schnell*) quick, speedy, brisk, snappy; **in ~em Tempo** at a brisk pace; **ein ~er Fahrer** a brisk driver. **2.** (*schick*) smart, chic, jaunty, snazzy; **ein ~er Hut** a jaunty hat; **ein ~er Wagen** a stylish (*od.* racy, sporty) car. **3.** (*schneidig*) dashing, sporting, breezy (*person*). **4.** (*flüssig*) brisk, lively (*business, conversation, style, etc*). **5.** (*lustig*) gay; **ein ~es Leben führen** live fast, live it up, go the pace, swing it. **6.** *Musik, Tanz etc*: gay, lively. **7.** *Tänzer etc*: excellent, accomplished. **8.** ready, glib (*tongue*). **9.** *mar.* **~ sein** (**werden**) be (get) afloat. **10.** (**wieder**) **~ sein** a) *Auto*: be in running order (again), b) *Firma*: be back on its feet (again), be thriving (again), c) (*gut bei Kasse sein*) be flush (again); → *a.* flottmachen. **II** *adv* **11.** quickly, briskly (*etc*); **bitte et. ~!** make it snappy!; **sie arbeitet ~, die Arbeit geht ihr ~ von der Hand** she is a quick worker; **die Arbeit ging ~ voran** work went off smoothly, work went without a hitch; **die Kapelle spielte sehr ~** the band played with zest; **~ gekleidet** smartly dressed, chic; **~ leben** *cf.* 5; **die Geschäfte gehen ~** business is brisk (*od.* lively); **~ geschrieben** *Buch etc*: written in a lively (*od.* brisk, racy) style.

Flott *n* <-(e)s; *no pl*> **1.** *Low G. for* Milchrahm. **2.** *bot.* (lesser) duckweed.

Flot·te [ˈflɔtə] *f* <-; -n> **1.** *mar.* fleet. **2.** *mar. mil.* (*Marine*) navy, *Br. a.* fleet. **3.** *aer. mil.* (*Luft*≗) (air) fleet. **4.** *Textil.* (*Färbe*≗) dye liquor, dyebath.

ˈFlot·ten... *in Zssgn* naval (*agreement, forces, station, treaty, unit*). **~ˌba·sis** *f* naval base. **~beˌwe·gung** *f* fleet movement, naval manœuvre (*Am.* maneuver). **~ˌchef** *m* fleet commander. **~paˌra·de** *f* naval review. **~ˌstützˌpunkt** *m* naval base. **~verˌband** *m* naval formation.

ˈflottˌge·hend *adj* *Geschäft etc*: flourishing, thriving.

flot·tie·ren [flɔˈtiːrən] *v/i* <*no* ge-, h> float. **~d** *pres p u. adj jur.* **~e Schuld** floating debt.

Flot·til·le [flɔˈtɪl(j)ə] *f* <-; -n> *mar. mil.* **1.** flotilla. **2.** (small) fleet. **Flotˈtil·len·ad·miˌral** *m Br.* Commodore, *Am.* Rear Admiral.

ˈflott|ˌma·chen *v/t* <*sep,* -ge-, h> **1.** (*Schiff etc*) get (*od.* set) *s. th.* afloat, float. **2.** (*Auto etc*) get (*a car*) going again. **3.** *fig.* (*Firma*) put (*a firm*) back on its feet. **~ˈweg** *adv colloq.* briskly, quickly (without stopping).

Flöz [fløːts] *n* <-es; -e> *Bergbau*: seam. **~ˌbau** *m* working of a seam. **~ˌmäch·tig·keit** *f* seam thickness.

Flu·at [fluˈaːt] *n* <-(e)s; -e> *chem. civ. eng.* fluate.

Fluch [fluːx] *m* <-(e)s; ⸚e> **1.** <*only sg*> (*Verfluchung*) curse, malediction, imprecation; **et. mit e-m ~ belegen** lay a curse (up)on s. th.; *fig.* **der ~ des Goldes** the curse of gold; *fig.* **der ~ der bösen Tat** the curse of an evil deed; **es liegt ein ~ darauf** there is a curse (up)on it; *lit.* **~ über dich!** a curse (up)on you!; **~ den Feinden!** cursed be the enemies! **2.** (*Kraftwort*) (profane) oath, profanity, curse, swear word; **Flüche ausstoßen** → fluchen 1. **3.** (*Gotteslästerung*) blasphemy. **4.** ⟨*only sg*⟩ *fig.* (*Unheil, Plage*) curse, bane, plague. **5.** *relig.* (*Bann*≈) ban, anathema. **6.** *Bibl.* curse. **≈be·ˌla·den** *adj lit.* **1.** accursed, ⟨*pred*⟩ under a curse. **2.** *Tat etc*: ill-fated.

flu·chen [ˈfluːxən] **I** *v/i* ⟨h⟩ **1.** (*Flüche ausstoßen*) curse (and swear), *Am. colloq.* cuss; *colloq.* **~ wie ein Landsknecht** (*od.* **Fuhrknecht, Bierkutscher**) swear like a trooper (*od.* bargee). **2. auf** (*od.* **über**) **j-n** (**et.**) ~ curse s. o. (s. th.). **3.** *lit.* **j-m** (**e-r Sache**) ~ curse s. o. (s. th.), execrate s. o. (s. th.). **II** ≈ *n* ⟨-s⟩ **4.** cursing (*etc*). **5.** curses *pl*, imprecations *pl*. ˈ**Flu·cher** *m* ⟨-s; -⟩ curser.

Flucht[1] [fluxt] *f* ⟨-; -en⟩ **1.** flight (**vor** *dat* from); **wilde ~** rout, stampede; **die ~ ergreifen** flee, take to flight, run away, take to one's heels; **den Feind in die ~ schlagen** put the enemy to flight, rout (*od.* drive away) the enemy; **vor j-m** (**et.**) **auf der ~ sein** be fleeing (*od.* on the run) from s. o. (s. th.); **die Menge stürzte in wilder ~ davon** the crowd stampeded (*od.* fled in panic); *Bibl.* **die ~ nach Ägypten** the flight to Egypt. **2.** *e-s Gefangenen etc*: escape; **er wurde auf der ~ erschossen** he was shot while attempting to escape; **j-m zur ~ verhelfen** help s. o. (to) escape; **der ~ verdächtig** → **fluchtverdächtig. 3.** *fig.* flight; **die ~ aus** (*od.* **vor**) **der Wirklichkeit** the flight (*od.* escape) from reality, escapism; **~ vor der Verantwortung** flight from (*od.* shirking of) responsibility; **er versuchte es mit der ~ in die Krankheit** he tried to find refuge in (*od.* escape into) illness; **die ~ in die Öffentlichkeit antreten** resort to publicity, *durch Presseartikel etc*: *a.* rush into print; **die ~ nach vorn antreten** seek refuge in attack, take the bull by the horns. **4.** *econ.* (*Kapital*≈ *etc*) flight, drain, (out)flow, exodus. **5.** *lit. der Jahre etc*: rapid passing, flight.

Flucht[2] *f* ⟨-; -en⟩ **1.** *civ. eng.* alignment, alinement; **die Häuser liegen** (*od.* **stehen**) **in einer ~** (**mit der Kirche**) the houses are (*od.* stand) in line (with the church). **2.** (*Zimmer*≈, *Treppen*≈) flight; **e-e ~ von vier Zimmern** *a.* a suite of four rooms.

ˈ**flucht|ˌar·tig I** *adj* hasty, hurried, headlong, precipitate. **II** *adv* hastily, in a hurry, in great haste, helter-skelter, precipitately. **≈ˌau·to** *n* getaway car. **≈ˌbau** *m* ⟨-(e)s; -ten⟩ *hunt.* refuge earth. **≈ˌburg** *f* → **Fliehburg.**

fluch·ten [ˈfluxtən] *civ. eng.* **I** *v/t* ⟨h⟩ align, aline. **II** *v/i* be in alignment.

flüch·ten [ˈflʏçtən] **I** *v/i* ⟨sein⟩ **1.** (**vor** *dat* from) flee, run away; (*die Flucht ergreifen*) *a.* take to flight, take to one's heels, turn tail; **er mußte aus dem Land ~** he had to flee (from) the country; *fig.* **vor der Wirklichkeit ~** run away from reality. **2.** (*Zuflucht nehmen*) take (*od.* seek, find) refuge, flee; **zu j-m ~** take refuge with s. o., flee to s. o.; **hinter** (*acc*) **et. ~** take refuge (*od.* shelter) behind s. th. **3.** (*entkommen*) escape (**aus** from *prison*); **ins Ausland ~** escape abroad; **aus dem Gefängnis ~** escape from prison. **4.** *fig.* **in** (*acc*) **et. ~** resort to s. th.; **in e-e Lüge ~** resort to (*od.* hide behind) a lie; → **Öffentlichkeit. 5.** *jur.* (**vor** *dat* from) abscond, escape. **II** *v/reflex* ⟨h⟩ **sich ~ 6.** take (*od.* seek, find) refuge; **sich an e-n sicheren Ort ~** take refuge (*od.* shelter) in (*od.* flee to) a safe place; **sie hatte sich in s-e Arme geflüchtet** she had fled into his arms; *fig.* **sich in Ausreden ~** resort to excuses; **sich in e-e Traumwelt** (**Krankheit**) **~** seek refuge in (*od.* try to escape into) a dream world (an illness).

ˈ**Flucht|geˌfahr** *f jur.* risk of an attempt to escape; **es besteht** (**bei dem Angeklagten**) **k-e ~** there is no risk of the accused attempting to escape (*od.* abscond). **≈geˌrecht** *adj civ.eng.* (*dat* with) truly aligned (*od.* alined), flush, straight. **~ˌhel·fer** *m pol.* refugee smuggler. **~ˌhil·fe** *f* **1.** *jur.* aiding and abetting of an escape. **2.** *pol.* refugee smuggling.

ˈ**flüch·tig I** *adj* **1.** (*fliehend*) fleeing, fugitive. **2.** (*entflohen*) fugitive, escaped, runaway, *jur.* absconding, ⟨*pred*⟩ on the run; **~ werden** *Verbrecher etc*: flee, escape, *bes. Schuldner etc*: abscond; **noch ~ sein** be still at large; **~er Schuldner** absconding debtor; **~er Fahrer** absconded (*od.* hit-and-run) driver. **3.** (*rasch und ungenau*) cursory, perfunctory, (*oberflächlich*) *a.* superficial, (*hastig*) hasty, hurried (*kiss, inspection, etc*); **e-n ~en Blick auf** (*acc*) **et. werfen** cast a cursory (*od.* quick) glance at s. th.; **~e Bemerkung** casual (*od.* passing) remark; **e-n ~en Einblick in e-e Sache gewinnen** gain a superficial insight into (*od.* knowledge of) s. th.; **ich habe nur e-e ~e Vorstellung davon** I have only a vague (*od.* hazy) idea about it. **4.** (*schlampig*) careless, *colloq.* sloppy, slapdash. **5.** (*fahrig*) flighty. **6.** *Bekanntschaft*: a) passing, casual, b) nodding (*acquaintance*). **7.** *Besuch*: brief, flying (*visit*). **8.** (*vergänglich*) fleeting, fugitive, transitory, passing, short-lived (*joys, etc*); **ein ~er Augenblick** a short (*od.* brief) moment; **e-e ~e Wirkung** a transient (*od.* momentary) effect. **9.** *chem.* volatile (*oil, etc*). **10.** *geol. Gestein*: brittle, friable. **11.** *agr.* fine (*soil*). **12.** *zo. Tier*: (very) shy. **13.** *mus.* volante. **14.** *electr.* transient. **II** *adv* **15.** fleetingly (*etc*). **16.** hastily, hurriedly, in a hurry; **et. ~ niederschreiben** jot s. th. down. **17.** cursorily, in passing; **et. ~ durchlesen** glance through (*od.* skim over) s. th.; **et. ~ erwähnen** mention s. th. in passing; **et. ~ zu sehen** (*od.* **zu Gesicht**) **bekommen** catch a glimpse of s. th.; **ein Thema ~ berühren** treat a subject superficially, touch upon a subject. **18.** vaguely; **j-n** (**et.**) **~ kennen, mit j-m** (**et.**) **~ bekannt sein** know s. o. (s. th.) slightly (*od.* vaguely). **19.** *mus.* volante. ˈ**Flüch·ti·ge** *m, f* ⟨-n; -n⟩ fugitive, runaway. ˈ**Flüch·tig·keit** *f* ⟨-; *no pl*⟩ **1.** (*Eile*) hurry, haste. **2.** (*Raschheit und Ungenauigkeit*) cursoriness, perfunctoriness; (*Oberflächlichkeit*) superficiality; (*Schlampigkeit*) carelessness; (*Fahrigkeit*) flightiness. **3.** (*Vagheit*) vagueness, haziness, sketchiness. **4.** (*Vergänglichkeit*) fleetingness, fugacity. **5.** *chem.* a) volatility, b) fugacity. ˈ**Flüch·tig·keitsˌfeh·ler** *m* oversight, slip (of the pen).

ˈ**Flucht·ka·piˌtal** *n econ.* fugitive money.

ˈ**Flücht·ling** *m* ⟨-s; -e⟩ **1.** fugitive, runaway. **2.** (*Entflohener*) escapee. **3.** *pol.* refugee; (*Vertriebener*) expellee.

ˈ**Flücht·lings|ˌausˌweis** *m* certificate of registration as a refugee. **~ˌhil·fe** *f* assistance to refugees. **~kom·misˌsar** *m* (United Nations) High Commissioner for Refugees. **~ˌla·ger** *n* refugee camp. **~ˌstrom** *m* stream of refugees.

ˈ**Flucht|ˌli·nie** *f* **1.** *opt.* vanishing line. **2.** *civ. eng.* a) alignment, alinement, b) (*Bau*≈) building line. **3.** *math.* straight line. **~ˌpunkt** *m opt.* vanishing point. **~ˌstab** *m surv.* field rod. **~verˌdacht** *m jur.* suspicion of escaping; **es besteht kein ~** (**bei dem Angeklagten**) the accused is not likely to try to escape (*od.* abscond). **≈verˌdäch·tig** *adj* suspected of planning to escape. **~verˌsuch** *m* attempt to escape; **e-n ~ unternehmen** attempt (*od.* try) to escape. **~ˌwa·gen** *m* getaway car. **~ˌweg** *m* escape route.

ˈ**fluchˌwür·dig** *adj* damnable, abominable, execrable.

Flu·der[1] [ˈfluːdər] *n* ⟨-s; -⟩ *tech.* **1.** *e-r Mühle*: mill-race. **2.** *e-r Tränke*: spout. ˈ**Flu·der**[2] *f* ⟨-; -⟩ (*Holzfloß*) raft, flume.

Flug [fluːk] *m* ⟨-(e)s; ⸚e⟩ **1.** *e-s Vogels, Geschosses, Balles etc*: flight; **e-n Vogel im ~ treffen** (*od.* **schießen**) shoot a bird in flight (*od.* on the wing), flight a bird; **et. im ~** (**auf**)**fangen** catch s. th. in midair; *Sport*: **e-n Ball im ~ nehmen** take a ball on the volley (*od.* in midair), volley a ball. **2.** *aer.* flight; **planmäßiger ~** scheduled flight; **j-s ~ bezahlen** pay for s. o.'s air passage. **3.** *fig.* (**wie**) **im ~**(**e**) quickly, swiftly, rapidly. **4.** *fig. lit. der Gedanken, Phantasie etc*: flight (*of thought, fancy, etc*). **5.** *hunt.* (*Vogelschar*) flight, covey, flock. **6.** *Skispringen*: descent. **7.** *her.* vol. **8.** *Textil.* fly.

ˈ**Flug|ˌabˌkom·men** *n* air agreement. **~ˌabˌstand** *m* spacing (between aircraft). **~ˌabˌwehr** *f mil.* air defen/ce (*Am.* -se). **~ˌabˌwehr·raˌke·te** *f* anti--aircraft rocket, surface-to-air missile. **~ap·paˌrat** *m aer. hist.* flying machine. **~ˌasche** *f tech.* flue ash. **~ˌbahn** *f* **1.** *phys.* trajectory; **ansteigende** (*od.* **gekrümmte**) **~** arched trajectory; **gestreckte** (*od.* **rasante**) **~** flat trajectory. **2.** *e-s Flugkörpers, Geschosses*: trajectory, flight path. **3.** *e-s Flugzeugs*: flight path. **4.** *e-s Elektrons etc*: path, orbit. **~ˌball** *m Sport*: volley (ball). **≈beˌgei·stert** *adj* air-minded. **~beˌra·tung** *f* briefing, flight information. **~beˌreich** *m* flying (*od.* maximum) range. **≈beˌreit** *adj aer.* ready to take off, ready for take-off, *neues Flugzeug*: airworthy. **~beˌtrieb** *m* **1.** air traffic. **2.** *mil.* flying operations *pl*. **~ˌbie·ne** *f* field (*od.* foraging) bee. **~ˌblatt** *n* **1.** leaflet, handbill. **2.** *mil.* leaflet. **3.** *hist.* (*Flugschrift*) broadsheet, broadside. **~ˌboot** *n* seaplane, flying boat. **~ˌbrand** *m bot.* smut. **~ˌbuch** *n* **1.** *e-s Flugzeuges, Piloten*: logbook, air log. **2.** (*Flugablauf*) flight log. **~ˌdau·er** *f* flight duration. **~ˌdeck** *n mar.* flight deck. **~ˌdienst** *m* **1.** *aer.* a) air(line) service, b) flying duty. **2.** *mil.* flying service (*od.* section). **~ˌdra·chen** *m* kite. **~ˌebe·ne** *f Ballistik*: plane of flight. **~ˌech·se** *f zo.* pterosaur(ian). **~ˌei·gen·schaft** *f meist pl aer.* flight characteristic.

Flü·gel [ˈflyːgəl] *m* ⟨-s; -⟩ **1.** *orn. zo., a. bot.* wing; **mit ~n, ~ habend** winged; **ohne ~** wingless; **mit den ~n schlagen** beat (*od.* flap) one's wings; *fig.* **j-m die ~ beschneiden** (*od.* **stutzen**) clip s. o.'s wings; *lit.* **auf den ~n der Phantasie** on the wings of fantasy; **j-m ~ verleihen** lend wings to s. o.; **die ~ über j-n breiten** take s. o. under one's wing(s); **die ~ hängen lassen** a) lose heart, b) be downcast, be dejected, *colloq.* be down in the mouth; **die Zeit hat ~** time flies. **2.** *aer.* (*Tragfläche*) wing, aerofoil, *Am.* airfoil. **3.** *e-r Bombe etc*: fin, vane. **4.** *tech.* a) *e-r Pumpe*: vane, b) *e-s Ventilators*: blade, c) *e-r ~schraube*: wing, thumb drive, d) *e-s Gebläses*: impeller, e) *e-r Windmühle*: sail. **5.** a) (*Fenster*≈, *Tür*≈) wing, leaf, b) *e-s Gebäudes*: wing, aisle. **6.** *e-s Triptychons*: wing, volet. **7.** *mil.* wing, flank; **am linken ~** on the left wing. **8.** *pol. e-r Fraktion, Partei etc*: wing; **der linke ~** the left (wing). **9.** *Sport*: (*Angriffs*≈) wing; **auf dem linken ~** on the left wing, outside left; **über die ~ spielen** attack over the wings. **10.** *anat.* (*Lungen*≈) lobe.

11. *rail.* (*Signal≈*) arm. 12. *mus.* grand piano; am ~ H. X. accompanied by H. X.

ˈ**Flü·gel|ˌabˌstand** *m aer.* wing gap. **~ad·juˌtant** *m mil.* aide-de-camp. **~alˌtar** *m* winged altar-piece; **dreiteiliger** ~ triptych. **~ˌanˌgriff** *m mil. u. Sport*: wing attack. **~ˌanˌord·nung** *f aer.* wing arrangement. **~ˌbrem·se** *f aer.* wing air brake. **~ˌdecke** (*getr.* **-k·k-**) *f zo.* wing case (*od.* sheath), elytron. **~ˌdeckˌfe·der** *f meist pl orn.* quill covert, pinion. **~ˌfe·der** *f orn.* wing feather, pinion; **große** ~ pen. **~ˌfen·ster** *n* casement (window). **≈ˌför·mig** *adj bes. zo.* wing-shaped, aliform, pennate. **~ˌfrucht** *f bot.* winged fruit. **≈ˌfrüch·tig** [-ˌfrʏçtɪç] *adj bot.* pterocarpous. **~ˌfü·ßer** [-ˌfyːsər] *m* ⟨-s; -⟩ *zo.* pteropod. **~ˌhau·be** *f hist.* pinner, fly cap, cornette. **~ˌholm** *m aer.* (wing) spar. **~ˌhorn** *n mus.* fluegel horn. **~ˌklap·pe** *f aer.* wing flap. **≈ˌlahm** *adj* 1. *Vogel*: broken-winged; **e-n Vogel ~ schießen** wing a bird. 2. *fig.* (*kraftlos*) lame, limp; (*mutlos*) despondent, downcast, *colloq.* down in the mouth. **≈los** *adj* 1. *zo.* wingless, impennate, apterous; **~e Insekten** Aptera. 2. *bot.* exalate. **~ˌmal** *n* ⟨-(e)s; -e *u.* ⸗er⟩ *zo.* pterostigma. **~ˌmann** *m* ⟨-(e)s; ⸗er *u.* -leute⟩ 1. *mil.* a) (*äußerer* ~) marker, flank man, b) (*innerer* ~) pivot (man). 2. → **Flügelstürmer.** **~ˌmi·ne** *f mil.* finned (*od.* vaned) bomb. **~ˌmut·ter** *f tech.* wing (*od.* butterfly, thumb) nut. **~ˌpum·pe** *f tech.* propeller pump. **~ˌrad** *n tech. e-r Pumpe*: impeller; *e-r Turbine*: rotor; *e-r Mischmaschine*: propeller; *e-s Gebläses*: vane wheel. **~ˌradˌpum·pe** *f* vane-type pump. **~ˌroß** *n myth. poet.* winged horse (*od.* steed), Pegasus. **~ˌsa·me** *m bot.* winged seed. **~ˌschlag** *m* 1. flapping of wings, wing-beat, stroke of wing(s). 2. *fig. lit.* **der ~ e-r neuen Zeit** the signs of the approach of a new era; **den ~ der Zeit verspüren** be in touch with the times. **~ˌschnecke** (*getr.* **-k·k-**) *f zo.* sea butterfly, pteropod. **~ˌschrau·be** *f* 1. *tech.* thumb screw. 2. *aer.* propeller, (air)screw. **~ˌschrau·benˌmut·ter** *f* → **Flügelmutter.** **~ˌspan·ne, ~ˌspannˌwei·te** *f aer. orn.* wing-spread, wing-span. **~ˌspit·ze** *f aer. orn.* wing tip, *orn. a.* pinion. **~ˌstür·mer** *m Sport*: wing forward, *colloq.* winger. **~ˌtür** *f* double door, folding door(s *pl*). **~turˌbi·ne** *f* propeller-type turbine. **~ˌwech·sel** *m Sport*: wing change. **~ˌzeich·nung** *f zo.* wing pattern (*od.* marking).

ˈ**Flug|entˌfer·nung** *f aer.* air distance, distance to be flown. **~erˌfah·rung** *f* flying experience. **~erˌpro·bungs·ˌsta·di·um** *n* flight-test(ing) stage. **≈ˌfä·hig** *adj* 1. *zo.* able to fly, volant. 2. *aer.* airworthy. **~ˌfe·der** *f orn.* pen (*od.* flight) feather. **~ˌfeld** *n aer.* airfield. **~fiˌgur** *f* aerobatic figure. **~ˌfisch** *m* flying fish. **~ˌgast** *m* (air) passenger. **~ˌgast·ki·loˌme·ter** *m* passenger kilomet/re (*Am.* -er). **~ˌgastˌraum** *n* passenger cabin.

flüg·ge [ˈflʏgə] *adj orn. u. fig.* full-fledged, fully fledged; **(noch) nicht ~** unfledged; *orn.* **eben ~ geworden, seit kurzem ~** new-fledged; **eben ~ gewordener Vogel** fledg(e)ling; **~ werden** a) *orn.* fledge, b) *fig.* begin to stand on one's own feet, leave the (family) nest.

ˈ**Flug|geˌlän·de** *n aer.* flying terrain (*od.* ground). **~geˌschwin·dig·keit** *f* 1. *aer.* air speed, flying speed. 2. *phys.* travel(l)ing velocity. **~geˌsell·schaft** *f* airline (company). **~geˌwicht** *n* take-off weight. **~ˌha·fen** *m* airport, *Br. a.* aerodrome, *Am. a.* airdrome. **~ˌhal·le** *f aer.* hangar. **~ˌhaut** *f zo.* a) flying membrane, b) *bei Fledermäusen*: patagium; **mit ~ (versehen)** patagiate. **~ˌhö·he** *f* 1. *aer.* (flight) altitude, height above ground; **höchste ~** absolute ceiling. 2. *Raumfahrt*: height (of trajectory), altitude. **~ˌhörn·chen** *n zo.* flying squirrel. **~ˌhuhn** *n orn.* sand grouse. **~ˌhund** *m zo.* flying fox. **~inˌsekt** *n* winged insect. **~ka·pi·tän** *m* (aircraft) captain. **~ˌkar·te** *f* 1. flight ticket (**nach** for). 2. aeronautical map. **~ki·loˌme·ter** *m meist pl* kilomet/re (*Am.* -er) flown. **≈ˌklar** *adj* ready for take-off. **~ˌkör·per** *m* 1. flying object. 2. *Aerodynamik*: body (designed to produce an aerodynamic reaction). 3. *mil.* missile. 4. (*Trägerrakete*) launcher. 5. (space) vehicle. **~ˌkraft** *f* power of flight. **~ˌla·ge** *f* flying attitude; *Flugzeug* **in normale ~ zurückbringen** redress; **in überzogene ~ geraten** stall. **~ˌlärm** *m* air-traffic noise. **~ˌleh·rer** *m* pilot instructor. **~ˌlei·stung** *f* flying performance. **~ˌlei·ter** *m* → **Fluglotse.** **~ˌlei·tung** *f* flight control. **~ˌli·nie** *f* 1. *aer.* a) airline (company), b) air route, airway. 2. → **Flugbahn** 2, 3. **~ˌloch** *n* 1. entrance to beehive. 2. pigeonhole. **~ˌlot·se** *m* air-traffic controller. **~maˌschi·ne** *f hist.* flying machine. **~meˌcha·nik** *f* aeromechanics *pl* (*als sg konstruiert*). **~ˌmel·de·ˌdienst** *m mil.* aircraft reporting service. **~moˌdell** *n* → **Flugzeugmodell.** **~ˌmoˌtor** *m* aircraft engine, aero(-)engine. **~na·vi·ga·tiˌon** *f* air navigation. **~ˌnetz** *n* network of air routes. **~obˌjekt** *n* flying object; **unbekanntes ~** Unidentified Flying Object (*abbr.* UFO). **~paˌra·de** *f* flypast. **~pas·saˌgier** *n* → **Fluggast.** **~per·soˌnal** *n* flying (*od.* flight) personnel. **~ˌplan** *m* flight plan, (air service) timetable, *Am.* (flying) schedule. **~ˌplatz** *m* 1. airfield. 2. → **Flughafen.** **~ˌpra·xis** *f* 1. flying practice. 2. *e-s Piloten*: flying experience. **~ˌpreis** *m* (air) fare. **~ˌrei·se** *f* air journey (*od.* travel, trip). **~ˌrei·sen·de** *m, f* air passenger, person travel(l)ing by air (*od. colloq.* plane). **~ˌrich·tung** *f* direction of flight; (*Kurs*) heading.

flugs [fluks] *adv* 1. (*sogleich*) at once, instantly, straightaway. 2. (*schnell*) quickly, swiftly, *colloq.* in a jiffy (*od.* flash).

ˈ**Flug|ˌsand** *m* wind-borne sand. **~ˌsau·ri·er** *m* pterodactyl. **~ˌschal·ter** *m* flight desk. **~ˌschan·ze** *f* jumping-hill (for ski-flying). **~ˌschein** *m* 1. (*Flugzeugführerschein*) pilot's licen/ce (*Am.* -se). 2. (*Flugkarte*) flight ticket. **~ˌschirm** *m bot.* parachute. **~ˌschlag** *m Sport*: volley. **~ˌschnei·se** *f* air (*od.* flight) lane. **~ˌschrau·ber** *m* gyrodyne. **~ˌschrei·ber** *m* flight recorder. **~ˌschrift** *f* 1. pamphlet. 2. → **Flugblatt.** **~ˌschu·le** *f* flying school. **~ˌschü·ler** *m*, **~ˌschü·le·rin** *f* student pilot, pilot trainee. **~ˌsi·cher·heit** *f* air safety, safety in flying. **~ˌsi·che·rung** *f*, **~ˌsi·che·rungsˌdienst** *m* air traffic control (service). **~ˌsicht** *f* flight visibility. **~ˌsport** *m* aviation, (sport) flying. **~ˌstaub** *m* flue dust. **~ˌsteig** *m aer.* gate. **~ˌstrecke** (*getr.* **-k·k-**) *f* 1. a) flight (*od.* air) route, b) (*Etappe*) flight, leg, *colloq.* hop; **(zurückgelegte) ~** distance flown (*od.* covered). 2. *e-s Geschosses etc*: flight path. 3. *des Golfballs etc*: carry. **~ˌstrecken·beˌfeue·rung** (*getr.* **-k·k-**) *f* airway lighting. **~ˌstützˌpunkt** *m mil.* air base. **~ˌtag** *m* 1. air display. 2. (*good, etc*) day for flying. **~ˌta·geˌbuch** *n* → **Flugbuch.** **≈ˌtaug·lich** *adj* 1. *Person*: fit to fly. 2. *Flugzeug etc*: airworthy. **~ˌtaug·lich·keit** *f* 1. *e-r Person*: fitness for flying. 2. *e-s Flugzeugs etc*: airworthiness. **~ˌta·xi** *n* air taxi, taxiplane. **~ˌtech·nik** *f* 1. (*Wissenschaft*) aeronautics *pl* (*als sg konstruiert*). 2. *angewandte*: aircraft engineering. 3. *des Piloten*: flying technique, airmanship. **~ˌtech·ni·ker** *m* aeronautical engineer. **≈ˌtech·nisch** *adj* aeronautical. **≈ˌtüch·tig** *adj* airworthy. **~ˌtüch·tig·keit** *f* airworthiness. **~ˌüberˌwa·chung** *f* 1. air-traffic control. 2. *an Bord*: flight supervision. **~ˌunˌfall** *m* flying accident. **~ˌun·terˌbre·chung** *f* 1. break in a flight. 2. (*Zwischenaufenthalt*) stopover. **~ver·ˌanˌstal·tung** *f* air display. **~verˌbin·dung** *f* 1. *zwischen Orten*: air connection. 2. (*Anschlußflug*) connecting flight. **~verˌbot** *n für Piloten*: grounding (order); **~ haben** be grounded, be banned from flying. **~verˌkehr** *m* 1. air traffic; **planmäßiger ~** air service. 2. (*Warnschild*) "Low-Flying-Aircraft". **~ver·ˌkehrsˌli·nie** *f* airway, airline (*od.* route). **~verˌsuch** *m* 1. attempt to fly. 2. flight experiment. **~ˌvorˌfüh·rung** *f* flight demonstration, air display. **~ˌwarnˌdienst** *m mil.* air raid warning service. **~ˌweg** *m* 1. air route. 2. flight path. 3. **auf dem ~** by air (*od.* plane). **~ˌwegˌschrei·ber** *m* flight recorder. **~ˌwerk** *n* (aircraft) structure, airframe. **~ˌwe·sen** *n* 1. flying, aviation. 2. (*Wissenschaft*) aeronautics *pl* (*als sg konstruiert*). **~ˌwett·beˌwerb** *m* flying competition. **~ˌwet·ter** *n* flying weather; **kein ~** unflyable weather; **gutes ~** (good) flying weather, flyable weather; **~dienst** *m* aviation weather service; **~warte** *f* aeronautical meteorological office. **~ˌwi·derˌstand** *m* (air *od.* aerodynamic) drag. **~ˌwild** *n hunt.* game birds *pl*, wing(ed) game. **~ˌwo·che** *f* flying (*od.* aviation) week. **~ˌzeit** *f* flying (*od.* flight) time. **~ˌzet·tel** *m* → **Flugblatt** 1.

ˈ**Flugˌzeug** *n* ⟨-(e)s; -e⟩ aircraft, *Br. a.* aeroplane, *Am.* airplane, *colloq.* plane, (*Düsen≈*) *a.* jetplane, *colloq.* jet; **mit dem ~ fliegen** (*od.* **reisen**) go (*od.* travel) by air, fly, *colloq.* go by plane, *a.* take a plane (**nach** for); **mit dem** (*od.* **im**) **~ ankommen** arrive by air (*od. colloq.* by plane). **~ˌabˌsturz** *m* (air *od. colloq.* plane) crash. **~ˌabˌwehr** *f* → **Flugabwehr**; **~geschütz** *n*, **~kanone** *f* anti-aircraft (*abbr.* A. A.) gun. **~ˌanˌgriff** *m mil.* aircraft attack, air raid. **~ˌbau** *m* ⟨-(e)s; *no pl*⟩ 1. aircraft construction. 2. (*Lehrfach, Wissenszweig*) aeronautical engineering. **~ˌbau·er** *m* 1. (*Firma*) aircraft manufacturer(s *pl*). 2. (*Einzelperson*) aircraft designer. **~beˌob·ach·ter** *m mil.* aircraft observer. **~beˌsat·zung** *f* 1. aircrew. 2. *eingeteilte*: flight crew. **~entˌfüh·rer** *m* hijacker. **~entˌfüh·rung** *f* hijacking, skyjacking. **~erˌken·nung** *f* aircraft recognition and identification. **~faˌbrik** *f* aircraft factory (*od.* works *pl* [*als sg od. pl konstruiert*]). **~ˌfüh·rer** *m* pilot; **erster ~** chief pilot; **zweiter ~** co-pilot. **~geˌschwa·der** *n mil.* wing. **~ˌhal·le** *f* hangar. **~in·duˌstrie** *f* aircraft industry. **~kaˌno·ne** *f mil.* (aircraft) cannon. **~ka·taˌstro·phe** *f* airplane disaster, great (air) crash. **~kom·manˌdant** *m mil.* captain, aircraft commander. **~kon·strukˌteur** *m* aircraft designer. **~meˌcha·ni·ker** *m* 1. (*Monteur*) aircraft mechanic. 2. (*Bodenmechaniker) ground mechanic. **~moˌdell** *n* model aircraft. **~ˌmo·tor** *m* aircraft (*od.* aero-)engine. **~ˌmut·terˌschiff** *n* aircraft tender (*od.* carrier). **~raˌke·te** *f* aircraft rocket. **~ˌrumpf** *m* fuselage. **~ˌschlepp** *m* glider tow(ing), aer-tow. **~ˌschleu·der** *f* catapult. **~ˌschup·pen** *m* aircraft shed. **~ˌstaf·fel** *f mil.* squadron. **~ˌstützˌpunkt** *m mil.* air base. **~torˌpe·do** *m* aerial torpedo. **~ˌträ·ger** *m mar. mil.* aircraft carrier, *Am. sl.* flattop; **kleiner ~** escort carrier. **~ˌtreibˌstoff** *m* aircraft fuel. **~ˌtyp** *m* type of aircraft. **~ˌunˌglück** *n* flying accident; → *a.* Flugzeugkatastrophe. **~verˌband** *m mil.* air(craft) formation. **~ˌwart** *m* aircraft mechanic. **~ˌwerk** *n* → Flugzeugfabrik. **~ˌzel·le** *f* airframe.

ˈFlugˌzuˌstand *m* flying (*weitS.* flight) condition.

Fluh [fluː] *f* ⟨-; ¨-e⟩ *Swiss for* Felswand.

flu·id [fluˈiːt] *adj chem.* fluid. **Flu·id** [ˈfluːɪt] *n* ⟨-s; -ida [-ida]⟩ fluid.

Fluˈid·exˌtrakt *m, a. n med.* liquid (*od.* fluid) extract. **Flui·di·fi·ka·ti·on** [fluidifikaˈtsĭoːn] *f* ⟨-; -en⟩ *chem.* fluidification. **Flui·di·tät** [fluidiˈtɛːt] *f* ⟨-; *no pl*⟩ *chem.* fluidity. **ˈFlu·idˌkom·paß** *m mar.* fluid (*od.* liquid) compass.

Flui·dum [ˈfluːidum] *n* ⟨-s; -da [-da]⟩ **1.** *fig.* atmosphere, air, aura. **2.** *chem. med.* fluid.

Fluk·tua·ti·on [flʊktŭaˈtsĭoːn] *f* ⟨-; -en⟩ fluctuation. **fluk·tu·ie·ren** [flʊktuˈiːrən] *v/i* ⟨*no* ge-, h⟩ fluctuate.

Flun·der [ˈflʊndər] *f* ⟨-; -n⟩ *ichth.* flounder.

Flun·keˈrei *f* ⟨-; -en⟩ **1.** → flunkern II. **2.** fib, (cock-and-bull) story. **ˈFlun·ke·rer** *m* ⟨-s; -⟩ **1.** fibber, story-teller. **2.** (*Aufschneider*) braggart. **flun·kern** [ˈflʊŋkərn] **I** *v/i* ⟨h⟩ **1.** fib, tell fibs (*od.* stories). **2.** (*aufschneiden*) tell tall stories, brag, spin a yarn, *colloq.* draw the long bow. **II ≈** *n* ⟨-s⟩ **3.** fibbing, story-telling.

Flunsch [flʊnʃ] *m* ⟨-es; -e⟩ *colloq.* pout, wry face; **e-n ~ ziehen** (*od.* **machen**) pout, make a wry face.

Flu·or [ˈfluːɔr] *n* ⟨-s; *no pl*⟩ *chem.* fluorine; **mit ~ verbinden** (*od.* **behandeln**) fluorinate. **≈ˌborˌsau·er** *adj* fluoboric; **fluorborsaures Salz** fluoborate. **~ˌborˌsäu·re** *f* fluoboric acid.

Fluo·ren [fluoˈreːn] *n* ⟨-s; *no pl*⟩ *chem.* fluorene.

Fluo·res·zenz [fluorɛsˈtsɛnts] *f* ⟨-; *no pl*⟩ **1.** *chem. phys.* fluorescence. **2.** *des Petroleums*: bloom. **~ˌfar·be** *f* luminous paint. **~ˌlam·pe** *f* fluorescent lamp. **~ˌschirm** *m* fluorescent screen.

fluo·res·zie·ren [fluorɛsˈtsiːrən] *v/i* ⟨*no* ge-, h⟩ *chem. phys.* fluoresce; **~d** fluorescent.

ˈflu·orˌhal·tig *adj chem.* containing fluorine.

Fluo·rid [fluoˈriːt] *n* ⟨-(e)s; -e⟩ *chem.* fluoride; **mit ~ behandeln** fluoridize. **fluo·rie·ren** [fluoˈriːrən] *v/t* ⟨*no* ge-, h⟩ fluorinate. **Fluo·rit** [fluoˈriːt; -ˈrɪt] *m* ⟨-s; -e⟩ *min.* fluorite, fluorspar.

ˈFlu·or|ˌka·li·um *n* potassium fluoride. **~ˌkal·zi·um** *n* calcium fluoride, fluorspar. **≈ˌkie·selˌsau·er** *adj* fluosilicic. **~ˌkie·selˌsäu·re** *f* fluosilicic acid.

Fluo·ro·skop [fluoroˈskoːp] *n* ⟨-(e)s; -e⟩ *med.* fluoroscope.

ˈFlu·or|ˌsäu·re *f* fluoric acid. **~si·liˌkat** *n* fluosilicate.

ˈFlu·orˌwas·serˌstoff *m chem.* hydrogen fluoride. **≈ˌsau·er** *adj* hydrofluoric. **~ˌsäu·re** *f* → Flußsäure.

Flur[1] [fluːr] *f* ⟨-; -en⟩ **1.** (*Feld≈*) field, plain, open fields *pl*; *fig.* **allein auf weiter ~** all alone. **2.** (*Weide*) meadow(lands *pl*), pasture. **3.** *agr.* (*Dorfmark*) village land(s *pl*). **4.** *poet.* lea.

Flur[2] *m* ⟨-(e)s; -e⟩ **1.** (*Haus≈*) (entrance) hall. **2.** (*Treppen≈, Gang*) corridor, passage. **3.** (*Fußboden*) floor.

ˈFlur|be·rei·ni·gung *f agr.* (re-allocation and) consolidation of arable land. **~ˌbuch** *n* agricultural land register. **~gar·deˌro·be** *f* hall (mirror and) coat rack, hall-stand. **~ˌgren·ze** *f agr.* boundary of the village holding. **~ˌhü·ter** *m* field guard. **~ˌkar·te** *f* cadastral map of the fields (of a village). **~ˌna·me** *m* field name. **~ˌscha·den** *m* damage to crops.

Fluß [flʊs] *m* ⟨-sses; ¨-sse⟩ **1.** a) river, stream, b) (*kleiner ~*) brook, rivulet, streamlet, *Am. a.* creek. **2.** ⟨*only sg*⟩ *a. fig.* (*Fließen*) flow(ing), flux; **der ~ des Verkehrs** the flow of traffic; **der ~ der Zeit** the flow of time; **im ~ sein** be in (a state of) flux; **in ~ geraten** (start to) run (*od.* flow); **e-e Unterhaltung wieder in ~ bringen** get the conversation going again; **endlich kam die Arbeit in ~** at last the work got under way (*od.* into its stride); **die Entwicklung ist noch im ~** the development is still in a state of flux. **3.** *metall.* (*Schmelz≈*) flux. **4.** *tech. des Glases*: fused (*od.* molten) mass. **5.** *med.* discharge; **weißer ~** leucorrh(o)ea. **6.** *electr. math. nucl. phys.* flux. **7.** *geol.* fluorspar.

ˈFluß|ˌaal *m* common eel. **≈ˈab(ˌwärts)** [ˌflʊs-] *adv* down the river (*od.* stream), downstream. **~ˌad·ler** *m* → Fischadler. **~ˌarm** *m* arm (*od.* branch) (of a river). **≈ˈauf(ˌwärts)** [ˌflʊs-] *adv* up the river, upstream. **~ˌbar·be** *f* barbel. **~ˌbarsch** *m* perch. **~ˌbecken** (*getr.* -k·k-) *n geol.* river basin. **~ˌbett** *n* river-bed.

ˈFlüß·chen [ˈflʏsçən] *n* ⟨-s; -⟩ **1.** *dim. of* Fluß 1. **2.** → Fluß 1 b.

ˈFluß|ˌdamp·fer *m* steamboat, steamer. **~ˌdel·ta** *n* **1.** (river) delta. **2.** *geol.* alluvial fan. **~ˌei·sen** *n* ingot (*od.* low-carbon) iron (*od.* steel). **~ˌfisch** *m* river fish. **~foˌrel·le** *f* river trout. **~geˌbiet** *n* river basin, catchment area. **~ˌgold** *n* placer gold. **~ˌgott** *m myth.* river god. **~ˌha·fen** *m* river (*od.* close) port.

flüs·sig [ˈflʏsɪç] **I** *adj* **1.** liquid (*food, etc*). **2.** *chem. phys.* liquid (*air, body, etc*), fluid; **~er Zustand** liquid state, liquidity; **in ~en Zustand umwandeln** liquefy; **~ werden** a) become liquid, liquefy, b) (*schmelzen*) melt, c) *Gase*: condense. **3.** (*geschmolzen*) melted, *geol. metall. a.* molten; **~e Butter** melted butter. **4.** *fig. Stil etc*: fluent, fluid, flowing; **in ~em Deutsch** in fluent German; *Sport*: **~es Spiel** flowing (*od.* fluent) play. **5.** *econ.* a) *Kapital etc*: liquid (*a. Aktien, Bank etc*), available, disposable, ready, b) *Geldmarkt etc*: easy, c) *colloq. Person*: having money, being in cash; → *a.* **flüssigmachen. II** *adv* **6.** in liquid form. **7.** *fig.* fluently (*etc*); **~ lesen** read fluently; **der Verkehr läuft ~** ab the traffic runs smoothly. **≈ˌgas** *n* **1.** *chem. tech.* liquid gas. **2.** *mot.* liquid bottled motor fuel. **3.** (*Flüssigkeitsgas*) liquefied petroleum gas.

ˈFlüs·sig·keit *f* ⟨-; -en⟩ **1.** (*flüssiger Körper*) liquid, fluid. **2.** ⟨*only sg*⟩ (*flüssiger Zustand*) fluidity, liquidity. **3.** ⟨*only sg*⟩ *e-r Farbe etc*: flow. **4.** (*Saft*) liquor. **5.** ⟨*only sg*⟩ *econ.* a) *des Geldes etc*: liquidity, b) (*Verfügbarkeit*) availability, c) *e-r Bank etc*: liquidity, d) *des Geldmarktes*: ease. **6.** *med.* a) fluid, b) *des Auges*: humo(u)r, c) (*Blutwasser*) rheum. **7.** ⟨*only sg*⟩ *des Stils etc*: fluency, smoothness. **8.** ⟨*only sg*⟩ *des Verkehrs etc*: smooth flow.

ˈFlüs·sig·keits|ˌaufˌnah·me *f biol.* fluid intake. **~baˌroˌme·ter** *n* liquid barometer. **~beˌhäl·ter** *m* **1.** tank, reservoir. **2.** basin. **~ˌbrem·se** *f* hydraulic brake. **~ˌdämp·fung** *f* **1.** *tech.* fluid (*od.* hydraulic) damping. **2.** *mot.* hydraulic shock absorption. **≈geˌkühlt** *adj tech.* liquid-cooled. **~geˌtrie·be** *n tech.* fluid drive (*od.* transmission). **~ˌgrad** *m* **1.** *metall. phys.* (degree of) liquidity (*od.* fluidity). **2.** *chem.* viscosity. **~ˌhausˌhalt** *m des Körpers*: fluid balance. **~ˌkom·paß** *m* liquid (*od.* immersed) compass. **~ˌküh·lung** *f* liquid cooling. **~ˌkupp·lung** *f* fluid (*od.* hydraulic) coupling (*od. mot.* clutch). **~ˌlin·se, ~ˌlu·pe** *f* water lens. **~ˌmaß** *n* liquid (*od.* fluid) measure. **~ˌmen·ge** *f* amount of liquid (*od.* fluid). **~ˌmes·ser** *m* liquid meter. **~raˌke·te** *f* liquid-fuel rocket. **~ˌsäu·le** *f* column of liquid, liquid column. **~ˌspie·gel** *m* **1.** surface of a liquid. **2.** *physiol.* fluid level. **~ˌstand** *m* liquid (*od.* fluid) level. **~ˌwaa·ge** *f phys.* hydrometer.

ˈflüs·sig|ˌma·chen *econ.* **I** *v/t* ⟨*sep*, -ge-, h⟩ **1.** (*Kapital*) disengage, make (*money*) available, liquidate, convert (*od.* turn) *s. th.* into cash. **2.** (*Werte*) realize, liquidate. **II ≈** *n* ⟨-s⟩ **3.** disengaging (*etc*). **4.** liquidation, conversion into cash (*od.* ready money). **5.** realization. **≈ˌwer·den** *n* **1.** deliquescence. **2.** *metall.* fusion, fusing.

ˈFluß|ˌin·sel *f* river island. **~ˌkarp·fen** *m* river carp. **~ˌkies** *m* river gravel. **~ˌkrab·be** *f zo.* **1.** telphusian crab. **2.** river crab. **~ˌkrebs** *m* (river) crayfish. **~ˌkun·de** *f* potamology. **~ˌlachs** *m* saurel. **~ˌland·schaft** *f* riverside. **~ˌlauf** *m* course of a river.

Flüß·lein [ˈflʏslaɪn] *n* ⟨-s; -⟩ → Flüßchen.

ˈFluß|ˌmit·tel *n chem. tech.* flux. **~ˌmün·dung** *f* river mouth; *den Gezeiten ausgesetzte*: estuary. **~ˌnetz** *n* river system, network of rivers (*od.* watercourses). **~ˌnie·de·rung** *f* river plain. **~ˌpferd** *n* hippopotamus, *colloq.* hippo. **~ˌpflan·ze** *f bot.* water (*od.* fluviatile) plant. **~re·guˌlie·rung** *f civ. eng.* river correction (*od.* regulation). **~ˌsäu·re** *f* hydrofluoric acid. **~ˌschiff** *n* river boat. **~ˌschiffahrt** (*getr.* -ffˌf-) *f* river navigation (*od.* shipping, traffic). **~ˌschnel·le** *f* rapid(s *pl*). **~ˌspat** *m* fluorite, fluorspar. **~ˌstahl** *m* ingot (*od.* low-carbon) steel. **~ˌtal** *n* river valley. **~ˌüberˌgang** *m* **1.** river crossing. **2.** (*Furt*) ford. **~ˌufer** *n* riverbank. **~verˌunˌrei·ni·gung** *f* river pollution.

ˈFlü·ster|ˌba·ri·ton *m colloq.* whispering baritone. **~ˌdol·met·schen** *n* whispered interpretation.

ˈFlü·ste·rer *m* ⟨-s; -⟩ whisperer.

ˈFlü·ster|ga·leˌrie *f*, **~geˌwöl·be** *n* whispering gallery. **~ˌlaut** *m* whispered tone.

flü·stern [ˈflʏstərn] **I** *v/i* ⟨h⟩ **1.** whisper (**mit j-m** to s. o.), speak in a whisper (*od.* under one's breath). **2.** *poet. Blätter etc*: whisper, rustle. **II** *v/t* **3.** whisper; *colloq.* **ihm werde ich was ~** I'll tell him a thing or two; **das kann ich dir ~!** I tell you!, take it from me! **III ≈** *n* ⟨-s⟩ **4.** whispering (*etc*); whisper(s *pl*).

ˈFlü·ster|paˌro·le *f contp.* **1.** whispered secret order, whispering. **2.** *colloq.* (*Gerücht*) rumo(u)r, whispering. **~pro·paˌgan·da** *f* whispering campaign. **~ˌstim·me** *f* whisper; **mit ~** in a whisper, in whispers, under one's breath. **~teˌnor**

m colloq. whispering tenor, crooner. **~ˌton** *m* im ~ *cf.* **Flüsterstimme.** **~ˌtü·te** *f colloq.* megaphone, *Am.* bullhorn. **~ˌwort** *n* whispered word.

Flut [flu:t] *f* ‹-; -en› **1.** ‹*only sg*› *mar.* (flood) tide, flow, flux; **die ~ kommt (geht)** the tide is coming in (going out); **es ist ~** the tide is in; **hohe ~** springtide; **mit der ~ fahren** go out with the tide; **das Einsetzen der ~** the inset of the tide; → **Ebbe** 1. **2.** a) *a. pl* (*Wassermasse*) flood, waters *pl*, b) *pl* (*Wogen*) waves, billows. **3.** (*Überschwemmung*) *a. fig.* flood, *lit.* inundation, *stärker*: deluge. **4.** *fig. von Tränen, Menschen etc*: flood, *von Briefen, Worten etc*: *a.* spate, deluge; **e-e ~ von Worten** a flood (*od.* torrent) of words; **mit e-r ~ von Briefen überschüttet werden** be flooded (*od.* deluged) with letters. **~ˌbecken** (*getr.* **-k·k-**) *n mar.* tidal basin. **~ˌdeich** *m* tidal dike (*od.* dyke).

flu·ten [ˈflu:tən] **I** *v/i* ‹sein› **1.** *Wasser, a. fig. Licht, Menschen, Verkehr etc*: flood, flow, stream, pour; **~der Verkehr** surging traffic; **~des Haar** flowing hair. **2.** (*anschwellen*) swell, surge. **3.** *mar. Flut*: rise. **II** *v/t* ‹h› **4.** *mar.* a) (*Schiff etc*) set afloat, b) (*Tank, Schleuse etc*) flood. **III** ≈ *n* ‹-s› **5.** flooding (*etc*). **6.** flow. **7.** surge.

ˈFlut|ˌgat·ter *n* floodgate. **~ˌha·fen** *m* tidal harbo(u)r. **~ka·taˌstro·phe** *f* flood disaster. **~ˌkraftˌwerk** *n tech.* tidal power-station. **~ˌlicht** *n* floodlight; **mit ~ beleuchten** floodlight; **bei** (*od.* **unter**) **~** under floodlights, by floodlight; **~anlage** *f* floodlight(ing) installation; **~spiel** *n Sport*: floodlit match. **~ˌli·nie** *f* high-water line (*od.* mark), landwash. **~ˌmar·ke** *f* high-water mark. **~ˌmün·dung** *f* tidal estuary.

flut·schen [ˈflutʃən] *v/i* ‹sein *u.* h› *colloq.* **1.** ‹sein› (*rutschen, gleiten*) slip. **2.** ‹h› *fig. Arbeit*: go with a swing; **es flutscht nicht so recht** it doesn't go as well as it should.

ˈFlut|ˌschleu·se *f* tide lock. **~ˌtor** *n* floodgate. **~ˌwar·nung** *f* flood warning. **~ˌwel·le** *f* tidal wave.

flu·vi·al [fluˈvĭa:l] *adj geol.* fluvial, fluviatile.

ˈf-ˌMoll [ˈɛf-] *n* ‹-; *no pl*› *mus.* F minor.

focht [fɔxt] *1 u. 3 sg pret of* **fechten.**

Fock [fɔk] *f* ‹-; -en› *mar.* **1.** *bei Segelschiffen*: foresail. **2.** *bei Segelbooten*: jib. **~ˌmast** *m* foremast. **~ˌse·gel** *n* → Fock.

Fö·de·ra·lis·mus [fødeраˈlɪsmus] *m* ‹-; *no pl*› *pol.* federalism. **Fö·de·raˈlist** [-ˈlɪst] *m* ‹-en; -en› federalist. **fö·de·raˈli·stisch** *adj* **1.** *Staatsaufbau etc*: federal. **2.** *Bestrebungen etc*: federalist(ic). **Fö·de·ra·tiˈon** [-ˈtsĭo:n] *f* ‹-; -en› **1.** (con)federation. **2.** (*lockerer Zs.-schluß*) confederacy. **fö·de·ra·tiv** [føderaˈti:f] *adj pol.* **1.** *Regierung, Ideen etc*: federative, federal. **2.** *Staat etc*: federal. **fö·de·riert** [fødeˈri:rt] *adj pol.* (con)federate(d). **Fö·deˈrier·te** *m, f* ‹-n; -n› confederate.

Foh·len [ˈfo:lən] **I** *n* ‹-s; -› **1.** *zo.* foal; (**männliches**) **~** colt; **weibliches ~** filly. **2.** (*Pelz*) foalskin. **II** ≈ *v/i* ‹h› **3.** foal.

Föhn [fø:n] *m* ‹-(e)s; -e› (**~wind**) foehn, föhn. **ˈföh·nig** *adj* foehn, föhn (*weather, wind*).

Föh·re [ˈfø:rə] *f* ‹-; -n› *bot.* pine (tree).

fo·kal [foˈka:l] *adj* focal.

Fo·kus [ˈfo:kus] *m* ‹-; - *u.* -se› **1.** *opt. phys.* (*Brennpunkt*) focus, focal point. **2.** *med.* (*Herd*) focus. **fo·kusˈsie·ren** [fokuˈsi:rən] *v/t* ‹*no* **ge-**, h› *phys.* focus.

Fol·ge [ˈfɔlgə] *f* ‹-; -n› **1.** (*Ergebnis*) consequence, result, outcome, sequel; **et. zur ~ haben** result in s. th., entail s. th., lead to s. th., bring s. th. in its wake; **die ~ war, daß** the result was that, as a result; (**üble**) **~n haben** have (dire) consequences; **das wird nicht ohne ~n bleiben** this won't remain without consequences; **die ~n tragen** (*od.* **auf sich nehmen**), **für die ~n einstehen** bear (*od.* take) the consequences; **als (e-e) ~ hiervon** as a consequence of this, as a result, consequently. **2.** (*logische ~*) a) consequence (*cf.* 1), b) *bes. philos.* corollary. **3.** (*Wirkung*) effect. **4.** (*Nachwirkung*) after-effect, (*ernste ~, Kriegs≈ etc*) aftermath. **5.** (*Aufeinander≈*) sequence, succession; **in rascher (bunter) ~** in rapid (colo[u]rful) succession; **in ununterbrochener ~** in continuous succession, continuously; **e-e lange ~ von Königen** a long succession (*od.* line) of kings. **6.** (*Reihen≈*) order; **in zwangloser ~ erscheinen** be published in no particular (*od.* set) order (*od.* irregularly). **7.** (*Reihe, Serie*) series, succession; **e-e ~ von Unglücksfällen** a series of accidents. **8.** (*Fortsetzung*) continuation, instal(l)ment, (*bes. zweiter Teil*) sequel; **der Roman erscheint in mehreren ~n** the novel will be published in instal(l)ments (*od.* in serial form). **9.** (*Heft, Ausgabe*) number, issue. **10.** (**~zeit**) sequel; **in der ~** in the sequel, subsequently, later (on). **11.** (*Zukunft*) future; **für die ~, in der ~** in (the) future; **in der ~ wird sich zeigen, daß** the future will show that. **12.** (*das Folgende*) the following. **13.** **~ leisten** a) (*e-r Bitte etc*) meet, grant, b) (*e-m Befehl etc*) obey, comply with, carry out (*an order*), c) (*e-r Einladung etc*) accept (*an invitation*), d) (*e-m Gesuch etc*) grant (*a petition*), e) (*e-m Rat*) take, follow (*an advice*), f) (*e-r Aufforderung*) answer (*a summons, etc*), g) (*j-m*) obey *s. o.*, follow (*od.* obey) *s. o.'s* instructions. **14.** *Kartenspiel*: set, suit, run. **15.** → **Folgeerscheinung** 2. **16.** *math.* sequence. **17.** *mus. von Tönen*: succession. **18.** *Film*: (*Szenen≈*) sequence. **~erˌschei·nung** *f* **1.** consequence, result, sequel, after-effect. **2.** *med.* a) (*Symptom*) consecutive symptom, b) *bes. e-r Krankheit, von Drogen*: after-effect, sequel. **~ˌko·sten** *pl*, **~ˌla·sten** *pl* resultant (*od.* subsequent) costs; **~ aus** (*dat*) (subsequent) costs resulting from.

fol·gen[1] [ˈfɔlgən] *v/i* ‹sein› ‹*dat*› **1.** (*nachgehen*) follow; **~ Sie mir unauffällig** follow me quietly; **j-m auf Schritt und Tritt ~** dog s. o.'s footsteps; **j-m mit den Blicken ~** follow s. o. with one's eyes. **2.** (**ver~**) pursue; (*nachspüren*) *a.* trail, dog, track, hunt. **3.** (*beschatten*) shadow, *Am. colloq. a.* tail. **4.** (*begleiten*) follow, accompany. **5.** (*entlanggehen*) follow, go along. **6.** (*sich halten an*) follow (*a course, the sign-posts, etc*), keep to. **7.** (*sich anschließen*) follow (upon), come after; **ein Unglück folgte dem anderen** one misfortune followed (upon) the other; **weitere Einzelheiten ~ morgen** further details will follow (*od.* be given, be published) tomorrow; **den Worten Taten ~ lassen** let the words be followed by deeds; **Brief folgt!** letter to (*od.* will) follow!, writing!; **Fortsetzung (Schluß) folgt** (to be) continued (concluded). **8.** *als Nachfolger*: succeed, follow. **9.** *rangmäßig*: follow (up)on; **Major folgt auf Hauptmann** major comes (*od.* is) next after (*od.* to) captain. **10.** (*sich richten nach*) follow; **j-s Beispiel ~** follow s. o.'s example, follow suit; **j-s Rat ~** follow (*od.* take, act upon) s. o.'s advice; **s-r Eingebung ~** follow one's intuition (*od. colloq.* a hunch). **11.** (*e-r Einladung etc*) answer (*an invitation, a summons, etc*). **12.** (*e-m Befehl etc*) obey, comply with (*an order*). **13.** **~ aus** (*sich ergeben*) follow (*od.* ensue) from; **aus s-n Worten folgt, daß** from what he said it follows that; **hieraus folgt, daß** hence (*od.* from this) it follows that; **was folgt daraus?** so what follows? **14.** *geistig*: follow; **können Sie mir ~?** can (*od.* do) you follow (me)? **15.** (*zuhören*) follow, listen to. **16.** (*beobachten*) follow, watch. **17.** (*zustimmen*) agree (*od.* concur) with; **ich kann Ihnen da(rin) nicht ~** I can't agree with you there.

ˈfol·gen[2] *v/i* ‹h› *colloq.* (*gehorchen*) obey, follow; **die Schüler ~ dem Lehrer aufs Wort** the pupils obey the teacher to the letter; **der Hund folgt aufs Wort** the dog obeys instantly; **das Schiff folgte dem Ruder** the ship obeyed the helm. **ˈfol·gend I** *adj* **1.** *Tag, Monat, Jahr etc*: following, next; **am ~en Tag** next day, the following day, the day after. **2.** **auf e-e Sache ~** following (up)on s. th. **3.** (*später*) subsequent, following, ensuing. **4.** (*anschließend erwähnt*) following, as follows; **er sprach die ~en Worte** he said the following words, he spoke as follows; **die Situation ist ~e** the situation is as follows; **ein Brief ~en Inhalts** a letter running (*od.* which reads) as follows. **II ≈e, das** ‹-n› **5.** a) the following, what follows, b) (*später Geschehenes*) following event(s *pl*), what followed. **6.** ‹*mit Kleinschreibung*› the following; **aus ~em** from the following (*it becomes clear, etc*); **im ~en** (*od.* **in ~em**) **finden Sie weitere Einzelheiten** (in the) following are more details; *jur.* **im ~en X genannt** *in Verträgen*: hereinafter called X; **es geschah ~es** this is what happened; **es handelt sich um ~es** the matter is this (*od.* thus); **also, ~es** *als Gesprächseinleitung*: well, the matter is this; now, listen.

ˈFol·gen·de *m, f* ‹-n; -n› **1.** following person. **2.** (*Nachfolgender*) follower. **3.** ‹*mit Kleinschreibung*› person following, next person; **alle ≈n werden nicht mehr hineingelassen** the next ones (*od.* the rest, whoever comes now) will not be admitted.

ˈfol·gen·der|ˈma·ßen, ~ˈwei·se *adv* as follows, in the following way (*od.* manner); **der Text lautet ~** the text is (*od.* runs, reads) as follows; **das geschieht** (*od. colloq.* **geht**) **~** this is done in the following way (*od.* like this).

ˈfol·gen|ˌreich *adj* **1.** fraught with consequences, portentous, momentous. **2.** → **~ˌschwer** *adj* **1.** *Irrtum etc*: of grave consequences, grave. **2.** (*schwerwiegend*) momentous, portentous. **3.** (*weitreichend*) far-reaching.

ˈFol·ge|proˌduk·te *pl nucl.* daughter products. **≈ˌrecht, ≈ˌrich·tig** *adj* logical; (*konsequent*) consistent. **~ˌrich·tig·keit** *f* (logical) consistency.

fol·gern [ˈfɔlgərn] **I** *v/t* ‹h› (**aus** from) **1.** (*schließen*) conclude, draw (*od.* come to) the conclusion, deduce, infer, gather. **2.** *philos.* syllogize, deduce. **II** *v/i* ‹sein› **3.** follow; **daraus folgert, daß** from this follows that. **4.** *math.* conclude. **III** ≈ *n* ‹-s› **5.** concluding (*etc*). **6.** *philos.* syllogism.

ˈFol·ge·rung *f* ‹-; -en› **1.** conclusion, deduction, inference; **~en ziehen** draw conclusions. **2.** *philos.* a) (*Endglied e-r Ableitung*) consequence, b) (*Instanz e-r ~*) consequent, c) (*deduktive Ableitung*) inference, d) *unmittelbare*: corollary.

ˈFol·ge|ˌsatz *m* **1.** *ling.* consecutive

clause. 2. *math. philos.* corollary. **~ˌscha·den** *m* 1. *med.* secondary injury (*od.* damage). 2. *jur.* consequential damage. **~ˌschal·ter** *m electr.* sequence switch.

ˈfol·geˌwid·rig *adj* 1. (*unlogisch*) contradictory, inconsistent, illogical. 2. (*inkonsequent*) inconsistent, inconsequent(ial). **≈keit** *f* ⟨-; *no pl*⟩ inconsistency.

ˈFol·ge|ˌzeit *f* a) following time (*od.* period), b) (*Zukunft*) future; **in der ~** a) in the following time (*od.* years, *etc*), in the sequel, b) in (the) future, later (on), afterwards. **~ˌzuˌstand** *m med.* result(-ing condition), sequela.

folg·lich [ˈfɔlklɪç] *conj* 1. (*als Folge*) consequently. 2. (*somit*) thus, so, hence. 3. (*deshalb*) therefore, for that reason.

ˈfolg·sam *adj* (*gehorsam*) obedient; (*brav*) good; (*fügsam*) docile, submissive. **≈keit** *f* ⟨-; *no pl*⟩ obedience; docility.

Fo·li·ant [foˈli̯ant] *m* ⟨-en; -en⟩ 1. (heavy) tome. 2. *print.* folio (volume).

Fo·lie [ˈfoːli̯ə] *f* ⟨-; -n⟩ 1. a) (*Metall≈*) foil, b) (*Plastik≈*) (plastic) foil (*od.* sheet [-ing], film); **mit ~ belegen** (cover *s. th.* with) foil; **e-n Spiegel mit ~ hinterlegen** back a mirror with foil, foliate a mirror. 2. *des Röntgenapparats*: screen. 3. *fig.* (*Hintergrund*) foil, background; **j-m** (*od.* **e-r Sache**) **zur** (*od.* **als**) **~ dienen** serve as a foil to s. o. (s. th.).

fo·li·ie·ren [foliˈiːrən] *v/t* ⟨*no* **ge-, h**⟩ 1. *tech.* foliate, cover (*od.* coat) *s. th.* with foil. 2. *print.* foliate. **Fo·liˈie·rung** *f* ⟨-; -en⟩ *print. tech.* foliation.

Fo·lio [ˈfoːli̯o] *n* ⟨-s; -lien *u.* -s⟩ 1. (*Papierformat*) folio. 2. *econ.* (*Blatt im Geschäftsbuch*) folio, page of ledger. **~ˌausˌga·be** *f print.* folio (edition). **~ˌblatt** *n* folio. **~forˌmat** *n* ⟨-(e)s; *no pl*⟩ folio (size); **in ~** in folio.

Folk·lo·re [fɔlkˈloːrə; ˈfɔlkloːr(ə)] *f* ⟨-; *no pl*⟩ folklore. **Folk·lo·ri·stik** [fɔlkloˈrɪstɪk] *f* ⟨-; *no pl*⟩ folklorism. **ˌfolk·loˈri·stisch** *adj* folklor(ist)ic.

Fol·li·kel [fɔˈliːkəl] *m* ⟨-s; -⟩ *physiol.* follicle, follicule; **~hormon** *n* follicular hormone, (o)estradiol; **~sprung** *m* ovulation. **fol·li·ku·lar** [fɔlikuˈlaːr] *adj* follicular.

Fol·ter [ˈfɔltər] *f* ⟨-; -n⟩ 1. *hist.* (*a.* **~bank** *f*) rack; **j-n auf die ~ spannen** a) → **foltern** 1, b) *fig.* keep s. o. on tenterhooks (*od.* in suspense), tantalize s. o. 2. (*das Foltern*) torture. 3. *fig.* (*Pein, Qual*) torture, torment, ordeal. **~geˌrät, ~in·struˌment** *n* instrument of torture. **~ˌkam·mer** *f* torture chamber. **~ˌknecht** *m* torturer.

fol·tern [ˈfɔltərn] **I** *v/t* ⟨h⟩ 1. torture; *auf der Folterbank*: put *s. o.* on (*od.* to) the rack. 2. *fig.* torture, torment. **II ≈** *n* ⟨-s⟩ 3. torturing (*etc*). 4. → **Folterung**.

ˈFol·terˌqual *f* 1. *hist.* agony of torture. 2. *fig.* torture, torment, agony, anguish, ordeal. **ˈFol·te·rung** *f* ⟨-; -en⟩ 1. → **foltern** 3. 2. torture. 3. *fig.* torture, torment. **ˈFol·terˌwerkˌzeug** *n* → **Foltergerät**.

Fön [føːn] (*TM*) *m* ⟨-(e)s; -e⟩ (electric) hair-dryer.

Fond [fõː] *m* ⟨-s; -s⟩ 1. *mot.* back (of the car), back seat(s *pl*), tonneau. 2. *bes. Kunst*: a) (*Hintergrund*) background, b) *e-s Porträts, e-r Tapete etc*: ground. 3. (*Grundlage*) foundation. 4. *gastr.* gravy (from roast meat). 5. *Textil.* ground (shade).

Fon·dant [fõˈdãː] *m, Austrian n* ⟨-s; -s⟩ fondant.

Fonds [fõː] *m* ⟨-[fõː(s)]; -[fõːs]⟩ 1. *econ.* a) (*zweckgebundene Geldsumme*) fund, b) *gemeinsamer*: pool, c) (*Gelder*) funds *pl*, capital, d) (*Staatspapier*) (government) funds *pl* (*od.* stocks *pl*, securities *pl*), e) (*Organisation*) fund. 2. *fig.* (*Grundstock, Schatz*) fund, stock. **~ˌbör·se** *f* stock exchange.

Fon·due [fõˈdyː] *f* ⟨-; -s⟩, *n* ⟨-s; -s⟩ *gastr.* 1. (*Käse≈*) fondue. 2. (*Fleisch≈*) fondue bourguignonne.

fö·nen [ˈføːnən] *v/t* ⟨h⟩ dry (*hair*) with a (hair-)dryer.

Fon·tä·ne [fɔnˈtɛːnə] *f* ⟨-; -n⟩ 1. jet (*od.* column) of water, spout. 2. (*Blut≈ etc*) jet, gush (*of blood, etc*). 3. (*Springbrunnen*) fountain. 4. *zo. des Wals*: spout.

Fon·ta·nel·le [fɔntaˈnɛlə] *f* ⟨-; -n⟩ *anat.* fontanel(le).

fop·pen [ˈfɔpən] *v/t* ⟨h⟩ *colloq.* 1. (*necken*) tease, chaff, banter, pull *s. o.'s* leg, kid. 2. (*narren*) make a fool of, fool. 3. (*irreführen*) hoax. **Fop·peˈrei** *f* ⟨-; -en⟩ *colloq.* 1. teasing, chaff(ing), banter(ing), leg-pull(ing), kidding. 2. fooling. 3. hoaxing. 4. (*Schabernack*) hoax.

Fo·ra·men [foˈraːmən] *n* ⟨-s; - *u.* -mina [-mina]⟩ foramen.

for·cie·ren [fɔrˈsiːrən] *v/t* ⟨*no* **ge-, h**⟩ 1. (*erzwingen*) force. 2. (*vorantreiben*) push (*od.* forge) on with, push *s. th.* (ahead); **die Produktion ~** step up (*od. colloq.* boost) production. 3. (*beschleunigen*) force, speed up; **das Tempo ~** force the pace. 4. *tech.* force. **forˈciert** *pp u. adj Lächeln etc*: forced.

För·de [ˈfœrdə] *f* ⟨-; -n⟩ *Low G.* (shallow) fiord (*od.* fiord), firth.

ˈFör·der|ˌanˌla·ge *f* 1. *tech.* conveyor (system). 2. *Bergbau*: winding (*od.* hauling) plant. **~ˌband** *n* ⟨-(e)s; ⸚er⟩ *tech.* conveyor (belt), band conveyor. **~ˌei·mer** *m* bucket.

ˈFör·de·rer *m* ⟨-s; -⟩ 1. promoter, furtherer. 2. (*Unterstützer*) supporter. 3. (*Mäzen*) patron, *Am. a.* sponsor. 4. *tech.* conveyor, conveyer, transporter.

ˈFör·der|ˌerz *n* run-of-mine ore. **~geˌmein·schaft** *f econ.* promotion society; **~ für** *et.* association for the promotion of. **~geˌrüst** *n Bergbau*: headgear. **~ˌgut** *n tech.* material (to be conveyed *od.* hauled *od.* transported). **~ˌhö·he** *f tech. e-r Pumpe, e-s Krans*: (height of) lift. **~ˌhund** *m Bergbau*: mine car, tub.

ˈFör·de·rin *f* ⟨-; -nen⟩ 1. → **Förderer** 1, 2. 2. patroness.

ˈFör·der|ˌket·te *f tech.* conveyor chain. **~ˌklas·se** *f ped.* a) advanced class, b) (*Nachhilfe*) remedial class. **~ˌkoh·le** *f* run-of-mine coal. **~ˌkorb** *m* (mine) cage. **~ˌlei·stung** *f* 1. *tech.* a) *e-s Bands, Krans etc*: (conveying) capacity, b) *e-r Pumpe etc*: delivery (rating), pump capacity. 2. *Bergbau*: a) *e-r Förderanlage*: hoisting capacity, b) *e-s Schachts*: tonnage (wound), output.

ˈför·der·lich *adj* (*dat*) 1. conducive (to), promotive (of), (*günstig*) beneficial (to), favo(u)rable (to), of advantage (to); **der Gesundheit ~** beneficial to health; **e-r Sache ~ sein** be beneficial to s. th., promote s. th., contribute (*od.* be conducive) to s. th. 2. (*nützlich*) useful (to). 3. (*heilsam*) beneficial (to). 4. (*wirksam*) effective.

ˈFör·der|maˌschi·ne *f* 1. *tech.* conveyor. 2. *Bergbau*: winding engine. **~ˌmen·ge** *f* 1. *tech.* a) quantity conveyed, b) → **Förderleistung** 1. 2. *Bergbau*: output, tonnage.

for·dern [ˈfɔrdərn] **I** *v/t* ⟨h⟩ 1. demand, require, ask; **et. von j-m ~** demand s. th. from (*od.* of) s. o., ask (*od.* require) s. th. of s. o.; **Gehorsam von j-m ~** ask obedience of s. o., exact obedience from (*od.* of) s. o.; **das fordert die Vernunft** reason demands it; → **Rechenschaft**. 2. (*nachsuchen um*) request, ask for (*a respite, etc*). 3. *bes. jur.* claim, demand (*one's right, etc*); **Schadenersatz ~** claim damages; **et. von j-m zu ~ haben** have a claim against s. o. for s. th. 4. (*er~*) demand, call for, require; **e-e solche Situation fordert schnelle Entscheidungen** such a situation calls for quick decisions; **diese Pflanze fordert viel Pflege** this plant requires much care. 5. (*erwarten*) expect (**von** of); **viel ~** expect a great deal, set a high standard. 6. (*Geld, Preis*) ask, charge; **von j-m e-n zu hohen Preis für et. ~** ask too much (*od.* too high a price) of s. o. for s. th. (*a. fig.*), overcharge s. o. for s. th.; **wieviel ~ Sie dafür?** how much do you charge for that? 7. (*Todesopfer etc*) claim (*victims*). 8. (*heraus~*) challenge; **j-n (zum Duell) ~** challenge s. o. (to a duel); **j-n auf Pistolen (vor die Klinge) ~** challenge s. o. to a duel with pistols (swords); *fig.* **j-n in die Schranken ~** challenge s. o. 9. (*e-n Sportler etc zu großer Leistung zwingen*) challenge, force *s. o.* to extend himself. 10. *Kartenspiel*: call for. 11. *bes. jur.* summon, cite (*before the court, etc*). 12. *bes. philos.* postulate. **II ≈** *n* ⟨-s⟩ 13. demanding (*etc*).

för·dern [ˈfœrdərn] **I** *v/t* ⟨h⟩ 1. further, promote, advance (*s. o., s. o.'s interests, talents, science, etc*). 2. (*unterstützen*) support, aid, assist, (*ermutigen*) encourage; **j-s Bestrebungen ~** encourage (*od.* support) s. o.'s endeavo(u)rs. 3. (*kultivieren, entwickeln*) cultivate, develop, foster; **das Verständnis für Literatur ~** cultivate s. o.'s understanding of literature; **das fördert den Menschen** that improves a man's mind. 4. *als Gönner*: patronize, support, sponsor (*art, science, etc*). 5. (*verfechten*) advocate, champion, subscribe to (*an idea, etc*). 6. (*förderlich sein*) promote, be beneficial (*od.* conducive, favo[u]rable) to, (*anregen*) stimulate, (*verbessern*) improve, promote; **das fördert die Gesundheit** that is conducive to health; **den Appetit (die Verdauung) ~** stimulate the appetite (digestion). 7. (*beschleunigen*) speed up, expedite, accelerate. 8. *univ.* support, give *s. o.* a grant (*od.* scholarship); **gefördert werden** receive (government-)grants. 9. *econ.* a) promote, advance, *colloq.* boost (*exports, sales*), b) *durch handelspolitische Maßnahmen etc*: sponsor. 10. *Bergbau etc*: a) (*Kohle, Öl*) produce, (*Kohle*) *a.* win, get, b) *im Streb*: convey, c) *in der Strecke*: haul, d) *im Schacht*: hoist, wind, e) *als Produktionsmenge*: have an output of, produce. 11. *tech.* a) (*be~*) convey, deliver, transport, b) *durch Pumpe etc*: deliver, pump, c) (*zuführen*) feed, supply. 12. *bes. fig.* → **zutage**. **II ≈** *n* ⟨-s⟩ 13. promoting (*etc*). 14. → **Förderung** 2–10.

ˈfor·dernd *pres p u. adj* 1. demanding. 2. *Bibl.* **der ~e Gott** the jealous God.

ˈför·dernd *pres p u. adj* 1. promoting, supporting; **~es Mitglied** supporting member. 2. (*förderlich*) (*dat* to) beneficial, conducive; **die Verdauung ~es Mittel** digestive, digestant.

ˈFör·der·nis *n* ⟨-ses; -se⟩ *obs.* furtherance, support.

ˈFör·der|ˌpum·pe *f tech.* feed pump. **~ˌrin·ne** *f* conveyor trough. **~ˌrohr** *n* 1. conveyor pipe. 2. feed pipe. **~ˌrut·sche** *f Bergbau*: chute. **~ˌschacht** *m* winding shaft. **~ˌschicht** *f* production shift. **~ˌschnecke** (*getr.* **-k·k-**) *f tech.* screw (*od.* worm) conveyor. **~ˌsoh·le** *f* haulage level (*od.* road). **~ˌsoll** *n* production target. **~ˌstol·len** *m*, **~ˌstrecke** (*getr.* **-k·k-**) *f* haulage way (*od.* road). **~ˌturm** *m Bergbau*: pithead frame.

ˈFor·de·rung *f* ⟨-; -en⟩ **1.** → fordern 13. **2.** demand (**nach** for, **an** *acc* on); **an j-n e-e ~ nach et. stellen** demand s. th. of (*od.* from) s. o. **3.** (*Wunsch*) request. **4.** → **Anforderung** 5. **5.** (*Gebot*) call, dictate(s *pl*); **die ~ der Stunde (des Tages)** the call (*od.* dictates *pl*) of the hour (day); **das ist e-e ~ der Vernunft** that is a dictate of reason, reason demands that. **6.** (*Heraus*2) challenge; **e-e ~ auf Pistolen** a challenge to a duel with pistols. **7.** *econ.* a) claim, demand, b) (*Preis*) charge, c) (*Schuld*) debt (claim); **gesicherte** (*od.* **bevorrechtigte**) **~en** secured claims; **buchmäßige ~en** book debts; **ausstehende ~en** outstanding debts, accounts receivable; **e-r ~ nachkommen** meet a demand; **e-e ~ an j-n haben** have a claim against s. o.; **e-e ~ geltend machen** a) make a claim, b) enforce a claim. **8.** *jur.* claim; **gerichtlich anerkannte** (*od.* **vollstreckbare**) **~** judg(e)ment debt.

ˈFör·de·rung *f* ⟨-; *no pl*⟩ **1.** → fördern 13. **2.** furtherance, promotion, advancement (*of s. o., of s. o.'s interests, of art and science, etc*). **3.** (*Unterstützung*) support, aid. **4.** (*Begünstigung*) encouragement. **5.** (*Kultivierung, Entwicklung*) cultivation, development. **6.** *als Gönner*: patronage, support, sponsorship. **7.** (*Verfechtung*) advocation. **8.** (*Anregung*) promotion, stimulation; **e-e Arznei zur ~ des Kreislaufs** a drug for the stimulation of circulation. **9.** (*Verbesserung*) improvement. **10.** (*Beschleunigung*) expedition, acceleration. **11.** *ped.* scholarship, *staatliche*: *a.* grant(s *pl*); **~ beantragen** apply for a grant. **12.** *econ.* a) promotion (*of trade, sales, etc*), b) *durch handelspolitische Maßnahmen etc*: sponsorship; **staatliche ~ erfahren** be state-sponsored. **13.** (*Kohle*2, *Öl*2) a) production, (*Fördermenge*) *a.* output, b) (*Abbau*) extraction, c) (*Transport*) haulage. **14.** *tech.* a) (*Transportwesen*) conveyance, transport, transfer, *Am. a.* shipment, b) *e-r Pumpe etc*: delivery, c) (*Zuführung*) feed, supply.

ˈFor·de·rungs|ˌabˌtre·tung *f jur.* assignment of (a) claim. **2beˌrech·tigt** *adj* entitled (to claim). **~beˌrech·tig·te** *m, f* ⟨-n; -n⟩ **1.** rightful claimant. **2.** *Versicherungsrecht etc*: beneficiary. **~ˌpfän·dung** *f jur.* garnishment. **~ˌrecht** *n jur.* **1.** right to claim. **2.** (*Anspruch*) (legal) claim.

ˈför·de·rungsˌwür·dig *adj* deserving promotion.

ˈFör·der|ˌwa·gen *m Bergbau*: (mine) car, tub. **~ˌzif·fer** *f* production figure, output.

Fo·rel·le [foˈrɛlə] *f* ⟨-; -n⟩ trout; **~n fangen** catch trout; *gastr.* **~ blau** poached trout, trout au bleu.

Foˈrel·len|ˌbach *m* trout brook. **~ˌbarsch** *m* black bass. **~ˌfang** *m* trout fishing. **~ˌflie·ge** *f* (*Köder*) trout fly. **~quinˌtett", „das** *mus.* "The Trout Quintet" (*by Schubert*). **~ˌstör** *m* angler(fish). **~ˌzucht** *f* **1.** trout breeding. **2.** trout nursery. **3.** *collect.* stock of trout.

fo·ren·sisch [foˈrɛnzɪʃ] *adj jur.* forensic.

Fo·rint [ˈfoːrɪnt; ˈfɔrɪnt] *m* ⟨-(s); -s, *Austrian* -e⟩ forint (*Hungarian monetary unit*).

For·ke [ˈfɔrkə] *f* ⟨-; -n⟩ **1.** *Northern G.* (pitch)fork. **2.** *hunt.* fork(ed antler).

Form [fɔrm] *f* ⟨-; -en⟩ **1.** form, shape; **die Erde hat die ~ e-r Kugel** the earth has the shape of (*od.* is shaped like) a sphere; **e-r Sache ~ (und Gestalt) geben** give shape to s. th.; **e-r Sache konkrete** (*od.* **feste**) **~ geben** give concrete (*od.* definite) shape to s. th.; **in ~ von** (*od. gen*) in the form of (*a. fig.*); **aus der ~ geraten** (*od.* **kommen**) go out of (*od.* lose its) shape; **s-e ~ behalten** keep its shape. **2.** *fig.* form, shape; **der Plan hat schon bestimmte (feste, greifbare) ~en angenommen** the plan has taken on definite (firm, palpable) shape; **merkwürdige (häßliche) ~en annehmen** assume strange (ugly) aspects, become strange (revolting). **3.** (*Körperbau, Körper*2) form, shape, figure; **ausgeprägte weibliche ~en** pronounced feminine forms (*od.* curves). **4.** *econ. tech.* design, styling, *e-s Schiffes etc*: lines *pl*. **5.** (*Typ*) type. **6.** *Mode*: style, cut (*of dress, etc*). **7.** *fig.* (*Art und Weise*) form, way, manner, fashion, mode; **in höflicher ~** in a polite way, politely, in polite terms; **in abgekürzter ~** in abridged form, abridged; **in sehr kurzer ~** in a nutshell, very briefly. **8.** (*Erscheinungs*2) form, mode; **Wärme ist e-e ~ der Bewegung** heat is a mode of motion; **~en des Denkens** forms of thought, thought patterns. **9.** (*hergebrachtes, feststehendes Verhalten*) form (*of social life, etc*); **der ~ halber** (*od.* **wegen**) **et. tun** do s. th. for form's sake (*od.* pro forma, to keep up appearances); **in aller** (*od.* **gebührender, gehöriger**) **~** in all due (*od.* proper) form, with due decorum; **sich in aller ~ um et. bewerben** make a formal application for s. th.; **in aller ~ erklären** declare solemnly; **sich in aller ~ entschuldigen** apologize formally. **10.** (*Umgangs*2) form, manners *pl*, behavio(u)r; **gewinnende ~en** winning manners (*od.* ways); **sie achtet** (*od.* **hält**) **sehr auf ~en** she is very observant of form, she stands (up)on ceremony; **er hat gute ~en** he has good manners. **11.** (*Anstand, guter Ton*) (good) form, (conventional) proprieties *pl*; **die ~ wahren (verletzen)** observe (offend) the proprieties. **12.** (*Etikette*) conventions *pl*, etiquette; **sich über alle ~en hinwegsetzen** ignore all conventions. **13.** (*Förmlichkeit*) form, formality; **das sind leere ~en** those are mere forms. **14.** *colloq.* (*körperliche und geistige Verfassung*) form, shape, trim, *Sport*: *a.* condition; **(gut) in ~ sein** be in (good) form (*od.* shape, trim); **in bester ~, groß in ~** in top form; **nicht in ~** off form, *weitS. a.* not up to the mark, under par; **in ~ bleiben, sich in ~ halten** keep in good shape (*etc*), keep fit; **(allmählich) in ~ kommen** be getting into shape, be shaping up; **zu e-r großen ~ auflaufen** reach top form, show an excellent performance; **nach zwei Gläsern kommt er erst richtig in ~** he needs two glasses to really get going; **er spielte weit unter s-r sonstigen ~** he played far below his usual form. **15.** *Kunst etc*: form (*of a drama, piece of music, sculpture*); **nach ~ und Inhalt vollendet** perfect in form and substance. **16.** *Grammatik*: a) form, b) voice; **~en e-s Substantivs (Verbs)** forms of a noun (verb); **aktive (passive) ~** active (passive) voice. **17.** *math.* form (*of an equation, etc*). **18.** *jur.* form; **gesetzlich vorgeschriebene (rechtsgültige) ~** legal (valid) form; **notarielle ~** notarized form; **in ordnungsgemäßer ~** in due form. **19.** *tech.* a) (*Guß- od. Preß*2) mo(u)ld, b) (*Windfang*) tuyere. **20.** *tech.* a) (*Matrize*) die, b) (*Schablone*) master. **21.** *synth.* a) (*Preß*2) mo(u)ld, b) (*Spritzguß*2, *Strangpreß*2) die. **22.** *tech.* a) (*Hut*2) block, b) (*Schuh*2) block, last. **23.** *gastr.* a) (*Kuchen*2) tin, mo(u)ld, b) (*Ausstech*2) pastry cutter. **24.** *print.* a) form, *Br. a.* forme, b) (*Drucksguß*2) die, c) (*~rahmen*) chase. **25.** *pol.* (*Gesellschafts*2) form, structure. **26.** *biol.* form (of life); **ausgestorbene ~en** extinct forms. **27.** *bes. geogr.* configuration.

for·mal [fɔrˈmaːl] **I** *adj* formal, technical (*beide a. jur.*); **~e Ausbildung** a) formal training, b) *mil.* drill; **aus ~en Gründen** on technical grounds. **II** *adv* formally, technically, in form; **~ und inhaltlich richtig** correct in form and content; *jur.* **~ und materiell** in form and in fact. **~äsˌthe·tisch** *adj* formal and (a)esthetic. **2ˌausˌbil·dung** *f mil.* drill. **2beˌlei·di·gung** *f jur.* verbal insult.

Form·al·de·hyd [ˈfɔrmˀaldeˌhyːt; ˌfɔrmˀaldeˈhyːt] *m* ⟨-s; *no pl*⟩ *chem.* formaldehyde.

For·ma·li·en [fɔrˈmaːlĭən] *pl* formalities.

for·ma·li·sie·ren [fɔrmaliˈziːrən] *v/t* ⟨*no* ge-, h⟩ formalize.

For·ma·lis·mus [fɔrmaˈlɪsmʊs] *m* ⟨-; -men⟩ formalism. **For·maˈlist** [-ˈlɪst] *m* ⟨-en; -en⟩ formalist. **for·maˈli·stisch** *adj* formalist(ic).

For·ma·li·tät [fɔrmaliˈtɛːt] *f* ⟨-; -en⟩ (**e-e reine ~** a mere) formality.

for·ma·li·ter [fɔrˈmaːlitər] *adv* formaliter, formally.

forˈmal|ju·ri·stisch, ~ˌrecht·lich *adj jur.* technical. **2verˌtrag** *m jur.* formal contract.

Form·amid [fɔrmaˈmiːt] *n* ⟨-(e)s; *no pl*⟩ *chem.* formamide.

ˈForm|anaˌly·se *f Literatur*: formal analysis. **~ˌän·de·rung** *f* **1.** change of form (*od.* shape). **2.** *tech.* deformation.

For·mans [ˈfɔrmans] *n* ⟨-; **mantia** [-ˈmantsĭa] *od.* **-manzien** [-ˈmantsĭən]⟩ *ling.* formative.

ˈFormˌanˌstieg *m Sport*: improvement in form.

For·mant [fɔrˈmant] *m* ⟨-en; -en⟩ *ling.* formant.

ˈFormˌar·beit *f tech.* **1.** forming work. **2.** *Gießerei*: mo(u)lding (operation).

For·mat [fɔrˈmaːt] *n* ⟨-(e)s; -e⟩ **1.** format, size (*of book, etc*); **von großem (kleinem, mittlerem) ~** of large (small, medium) size, large- (small-, medium-) -sized; **auf ~ geschnitten** cut to size. **2.** (*Maß, Abmessung*) size, dimensions *pl*. **3.** *print.* a) furniture, b) form, *Br. a.* forme; **~ abschlagen** take off the furniture; **~ machen** make up the margin, ga(u)ge (*od.* dress) a form(e). **4.** *fig.* calib/re (*Am.* -er), stature; **ein Mann von ~** a man of calibre (*od.* stature); **der Mann hat kein ~** that man has no stature; **er hat nicht das ~ dazu, in die Politik zu gehen** *colloq.* he hasn't got what it takes to go into politics.

For·ma·ti·on [fɔrmaˈtsĭoːn] *f* ⟨-; -en⟩ **1.** *allg., a. bot. geol. Sport*: formation. **2.** *mil.* a) (*Truppenverband etc*) unit, b) (*Gruppierung*) formation; **~sflug** *m* formation flying.

for·ma·tiv [fɔrmaˈtiːf] *adj* formative.

Forˈmat|ˌma·chen *n print.* making up the margin, ga(u)ging the form(e). **~ˌschnei·der** *m* guillotine cutting machine.

ˈform·bar *adj* **1.** *Ton, Wachs etc*: plastic, mo(u)ldable, workable. **2.** (*ver~*) deformable. **3.** *metall.* a) ductile, malleable, b) *Gießerei*: mo(u)ldable. **4.** *fig. Charakter etc*: malleable, pliant. **2keit** *f* ⟨-; *no pl*⟩ **1.** plasticity, mo(u)ldability, workability. **2.** *metall.* a) ductility, b) mo(u)ldability. **3.** *fig.* malleability, pliancy.

ˈ**form·beˌstän·dig** *adj* **1.** *tech.* resistant to deformation, *bes. synth.* dimensionally stable, shape-retaining. **2.** *Sport*: consistently in (good) form, consistent. **≈keit** *f* ⟨-; *no pl*⟩ **1.** *tech.* resistance to deformation, *bes. synth.* dimensional stability. **2.** *Sport*: consistent good form.

ˈ**form|ˌbil·dend** *adj* **1.** *ling.* formative. **2.** *zo.* morphogenetic. **≈ˌblatt** *n* (blank) form, blank. **≈ˌblech** *n tech.* shaped plate. **≈ˌdraht** *m* sectional wire. **~ˌdre·hen** *v/t* ⟨*insep*, -ge-, h⟩ *tech.* form(-turn).

For·mel [ˈfɔrməl] *f* ⟨-; -n⟩ **1.** *chem. math. u. fig.* formula; *fig.* **et. auf e-e (einfache) ~ bringen** reduce s. th. to a (simple) formula; **e-e gemeinsame ~ für et. finden** find a common formula for s. th.; **dafür gibt es k-e ~** there is no set formula for that; **auf e-e kurze ~ gebracht** in a nutshell; **die ~ des Eides (Glaubensbekenntnisses)** the formula of the oath (creed). **2.** a) (*festgesetzter Wortlaut etc*) (set) formula, b) (*Redensart*) (set) phrase. **3.** (*Rennwagenklasse*) formula; **~-I-Rennen** formula-I race. **4.** → **Zauberformel.** **~ˌbild** *n chem.* structural formula. **~geˌwicht** *n chem.* formula weight. **≈haft I** *adj* set, stereotyped (*phrase, etc*). **II** *adv* in a set phrase, in set phrases. **~ˌheft** *n* → **Formelsammlung.** **~ˌkram** *m colloq. contp.* damnable formulas *pl.*

for·mell [fɔrˈmɛl] **I** *adj* **1.** formal (*visit, etc*). **2.** (*offiziell*) formal, official (*affair, etc*). **3.** (*steif*) formal, stiff. **4.** *jur.* a) (*förmlich*) formal, b) **~es Recht** adjective law. **II** *adv* **5.** formally; **e-e Behauptung ~ zurückziehen** recant a statement; **er benahm sich sehr ~ (mir gegenüber)** he was very formal (towards me).

ˈ**For·mel|ˌrennˌwa·gen** *m* formula car. **~ˌsamm·lung** *f* formulary, collection of formulas. **~ˌspra·che** *f* **1.** language of formulae. **2.** *chem. etc* notations *pl.* **~ˌzei·chen** *n bes. chem.* symbol.

for·men [ˈfɔrmən] **I** *v/t* ⟨h⟩ **1.** (**zu** into) form, shape, model, fashion, mo(u)ld; **aus Draht e-n Ring ~** form a ring out of wire. **2.** form, make, construct; **Gedanken ~** form (*od.* frame) one's thoughts; **Laute ~** form (*od.* articulate) sounds. **3.** *fig.* (*j-n, j-s Charakter etc*) form, mo(u)ld. **4.** *tech.* a) (*gestalten*) design, style (*car, etc*), b) *zerspanend*: shape, profile, c) *spanlos*: form, contour. **5.** *metall.* (*Gußstücke*) mo(u)ld. **II** *v/reflex* **sich ~ 6.** form, shape, develop; **neue Ideen ~ sich** new ideas are forming. **III ≈** *n* ⟨-s⟩ **7.** forming (*etc*). **8.** → **Formung** 3–5.

ˈ**For·men|ˌgie·ßer** *m tech.* mo(u)lder. **~ˌleh·re** *f* **1.** *ling.* a) (*Flexion*) accidence, b) (*Wortbildungslehre*) morphology. **2.** *biol. geogr. geol.* morphology. **3.** *mus.* theory of musical form(s). **~ˌmensch** *m* **1.** formalist. **2.** pedant, stickler for form. **~ˌreich·tum** *m* abundance (*od.* great variety) of forms.

ˈ**For·mer** *m* ⟨-s; -⟩ **1.** *tech.* former, mo(u)lder. **2.** *phys.* former. ˈ**Form·er·de** *f* mo(u)lding clay. **For·meˈrei** *f* ⟨-; -en⟩ **1.** mo(u)lding shop. **2.** mo(u)lding operation.

ˈ**Form|er,for·der·nis** *f jur.* **1.** requirement of form. **2.** formality, formal requirement. **~ˌfeh·ler** *m* **1.** *tech.* flaw (of form), irregularity. **2.** *gesellschaftlicher*: breach of etiquette, social blunder, faux pas. **3.** *jur.* formal defect, irregularity. **4.** *in Geschäftsbriefen etc*: formal error, flaw. **~ˌfrä·sen** *n tech.* profile (*od.* form, contour) milling. **~ˌfrä·ser** *m* **1.** forming cutter. **2.** *für Holz*: mo(u)lding cutter. **~ˌfräs·maˌschi·ne** *f* profile (*od.* contour) miller. **~ˌge·bung** *f* **1.** a) forming, shaping, b) (*Form*) form, shape. **2.** → **Formgestaltung.** **≈geˌpreßt** *adj synth.* compression-mo(u)lded. **≈geˌrecht** *adj u. adv* **1.** *tech.* accurate to size. **2.** *Textil.* fully fashioned. **3.** *jur.* in due form, *adv a.* duly. **~geˌstal·ter** *m* (industrial) designer, stylist. **~geˌstal·tung** *f* (industrial) design(ing), styling. **≈geˌwandt** *adj* polished, urbane, refined. **~ˌgie·ßer** *m metall.* mo(u)lder. **~ˌguß** *m* **1.** shaped casting. **2.** → **~ˌgußˌteil** *n* die casting.

for·mie·ren [fɔrˈmiːrən] **I** *v/reflex* ⟨*no* ge-, h⟩ **sich ~ 1.** *bes. mil.* form up (**zu**, **in** *dat* in), *in Linie*: fall in(to line), serry ranks. **2.** *Gesellschaft etc*: align. **II** *v/t* **3.** *mil.* (*Truppen etc*) form (up), line (*od.* draw) up, marshal, array. **4.** *print.* (*Text etc*) make *s. th.* up (into pages). **5.** *electr.* (*Akkumulatoren etc*) form. **III ≈** *n* ⟨-s⟩ **6.** forming up (*etc*). **forˈmiert** *adj sociol.* **~e Gesellschaft** aligned society. **Forˈmie·rung** *f* ⟨-; -en⟩ **1.** → **formieren** III. **2.** formation. **3.** alignment. **4.** *print.* make-up.

ˈ**Form|ˌka·sten** *m metall.* mo(u)lding box, flask; **oberer (unterer) ~** cope (drag). **~ˌkri·se** *f Sport*: temporary lack of form; **in e-r ~ stecken** be (badly) off form.

förm·lich [ˈfœrmlɪç] **I** *adj* **1.** *Erklärung, Einladung etc*: formal, official. **2.** *Benehmen, Manieren etc*: formal, ceremonious. **3.** *colloq.* (*regelrecht, buchstäblich*) regular, veritable, literal. **4.** *jur. Vertrag etc*: formal. **II** *adv* **5.** formally (*etc*). **6.** *colloq.* literally, virtually, practically; **er kochte ~ vor Wut** he was fairly boiling with rage; **man könnte ~ verzweifeln** one could really despair. **≈keit** *f* ⟨-; -en⟩ **1.** (**e-e bloße** *od.* **leere ~** a mere) formality. **2.** ⟨*only sg*⟩ *des Benehmens etc*: formality, conventionality; **ohne ~** without ceremony (*od. colloq.* fuss); **in aller ~** in due and proper form.

ˈ**Form·ling** *m* ⟨-s; -e⟩ **1.** *tech.* a) *Preßtechnik*: stamping, die-formed part, b) *Brikettierung*: briquette, *Am.* briquet. **2.** (*Hartmetall*) compact. **3.** *civ. eng. aus Beton*: precast structural element. **4.** *synth.* mo(u)lding.

ˈ**form|los** *adj* **1.** *Masse, Gestalt etc*: formless, shapeless, *lit., a. biol. chem. min.* amorphous. **2.** *Benehmen etc*: informal, casual, unconventional. **3.** *jur. Urkunde, Vertrag etc*: informal. **≈lo·sig·keit** *f* ⟨-; *no pl*⟩ **1.** formlessness, shapelessness, *lit., a. biol. chem. min.* amorphousness. **2.** *des Benehmens etc*: informality, unconventionality, casualness. **3.** *jur.* informality. **≈ˌman·gel** *m jur.* **1.** (*ohne Formvorschrift*) informality. **2.** (*Formfehler*) formal defect, irregularity. **≈maˌschi·ne** *f* **1.** *metall.* mo(u)lding machine. **2.** *Textil.* shaping machine. **≈ˌmas·se** *f synth.* mo(u)lding material (*od.* mixture). **~ˌnich·tig** *adj jur.* invalid because of want of legal form. **≈ˌpres·se** *f tech.* shaping and mo(u)lding press. **≈ˌpres·sen** *n tech.* compression mo(u)lding. **≈ˌsa·che** *f* **e-e reine** (*od.* **bloße**) **~** a mere formality, a mere matter of form. **≈ˌsand** *m metall.* mo(u)lding sand. **~ˌschön** *adj* stylish, elegant, of graceful (*od.* elegant, beautiful) design, well-designed, streamlined. **≈ˌschön·heit** *f* beautiful (*od.* graceful, elegant) design, stylishness, beauty. **≈ˌstahl** *m tech.* **1.** a) structural steel, b) (*Produkt*) steel section. **2.** (*Werkzeug*) form(ing) tool. **≈ˌstein** *m civ. eng.* shaped brick, (shaped) block. **≈ˌstich** *m metall.* shaping pass. **≈ˌstück** *n* **1.** *civ. eng.* (pipe) fitting, (pipe) special. **2.** laminated mo(u)lding. **3.** → Formteil 1. **≈ˌtech·nik** *f synth.* mo(u)lding (practice). **≈ˌteil** *n* **1.** *tech.* shape(d part). **2.** *synth.* mo(u)lded article. **≈ˌtief** *n Sport*: (very) poor form.

For·mu·lar [fɔrmuˈlaːr] *n* ⟨-s; -e⟩ **1.** (printed *od.* blank) form, blank, *Am. a.* schedule; **ein ~ ausfüllen** fill in (*od.* complete, *bes. Am.* fill out) a form. **2.** → **Fragebogen.**

for·mu·lie·ren [fɔrmuˈliːrən] **I** *v/t* ⟨*no* ge-, h⟩ **1.** formulate, word, phrase, define, (*Ideen etc*) *a.* put into words; **et. neu ~** reformulate, reword, rephrase. **2.** (*in e-e Formel fassen*) formularize. **3.** *jur.* (*Vertrag, Klage etc*) draw up. **II ≈** *n* ⟨-s⟩ **4.** formulating (*etc*). **For·muˈlie·rung** *f* ⟨-; -en⟩ **1.** → **formulieren** II. **2.** formulation, wording, phrasing. **3.** formularization.

ˈ**For·mung** *f* ⟨-; -en⟩ **1.** → **formen** 7. **2.** → **Formgebung** 1. **3.** formation. **4.** construction. **5.** *ling. e-s Lautes*: articulation.

ˈ**Form|verˌän·de·rung** *f* **1.** change of form, modification. **2.** *unerwünschte*: deformation. **≈ˌvollˌen·det I** *adj* **1.** *Sache*: perfect (in form), of perfect shape, perfectly shaped, finished. **2.** *Benehmen etc*: perfect, very correct; **e-e ~e Verbeugung** a perfectly executed bow. **3.** *Gedicht, Brief, Rede etc*: perfect (in form). **II** *adv* **4.** perfectly. **5.** with perfect elegance, very correctly. **~ˌvollˌen·dung** *f* **1.** perfect form (*od.* shape), perfection of form (*od.* shape). **2.** *e-s Gedichtes etc*: perfect(ion of) form. **~ˌvorˌschrift** *f jur.* formal requirement. **~ˌwal·zen** *n* section rolling. **≈ˌwid·rig** *adj* **1.** informal, irregular. **2.** *fig.* (*verletzend*) offensive, informal. **3.** *jur. Vertrag etc*: a) incorrectly drawn up, b) not in accordance with formal requirements, irregular. **~ˌwort** *n* ⟨-(e)s; ⸚er⟩ *ling.* function word.

For·myl [fɔrˈmyːl] *n* ⟨-s; *no pl*⟩ *chem.* formyl.

ˈ**Formˌzwang** *m jur.* obligation to comply with the statutory form.

forsch [fɔrʃ] *adj* vigorous, energetic; (*flott, schneidig*) dashing, smart; (*resolut, lebhaft*) brisk, spirited, snappy; (*kühn*) bold, brash.

for·schen [ˈfɔrʃən] **I** *v/i* ⟨h⟩ **1.** *wissenschaftlich*: do research (work), research. **2.** search, investigate, explore; **nach j-m (et.) ~** search for s. o. (s. th.); **nach der Ursache e-s Unglücks ~** search for (*od.* investigate, inquire into, probe into) the cause of an accident; **bei j-m nach et. ~** make inquiries of s. o. for s. th., sound s. o. (out) on s. th. **3. in** (*dat*) **et. ~** search (in *od.* through) s. th., scrutinize (*od.* examine) (*old papers, etc*). **4.** (*fragen*) inquire, probe, ask. **II ≈** *n* ⟨-s⟩ **5.** (re)searching (*etc*). **6.** (re)search, investigation, inquiry, enquiry. **7.** examination, scrutiny. **8.** → **Forschung** 2. **~d** *pres p u. adj* **1.** searching (*etc*). **2.** (*fragend*) questioning, inquiring, *Blick*: *a.* searching, speculative.

ˈ**For·scher** *m* ⟨-s; -⟩ **1.** *wissenschaftlicher*: researcher, research worker, (research) scientist. **2.** (*Entdecker*) explorer. **3.** (*Suchender, Fragender*) inquirer, *lit.* seeker. **~ˌblick** *m fig.* scrutinizing (*od.* scholar's) eye. **~ˌdrang** *m* zeal for research, scientific curiosity, inquiring mind. **~ˌgeist** *m* spirit of research, inquiring mind.

ˈ**For·sche·rin** *f* ⟨-; -nen⟩ → **Forscher.**

ˈ**For·scherˌtrieb** *m* → **Forscherdrang.**

ˈ**Forsch·heit** *f* ⟨-; *no pl*⟩ **1.** energy, vigorousness. **2.** (*Flottheit, Schneidig-

keit) dash, smartness. **3.** (*Resolutheit, Lebhaftigkeit)* briskness, spirit(edness). **4.** (*Elan, Schwung)* dash, *colloq.* pep, go. **5.** (*Kühnheit)* boldness, brashness.

ˈFor·schung *f* ‹-; -en› **1.** → **forschen** 5—7. **2.** research (work), (scientific) investigation; **angewandte (reine)** ~ applied (pure) research; **~en betreiben** do research work. **3.** → **Forschungsabteilung.**

ˈFor·schungs... *in Zssgn meist* research (*centre, engineer, reactor, satellite, etc*); (*branch, field, etc*) of research. **~ˌabˌtei·lung** *f* research department, *colloq.* Research. **~ˌanˌstalt** *f* research institute (*od.* station), laboratory. **~ˌar·beit** *f* research (work). **~ˌaufˌtrag** *m* research commission. **~ˌbeiˌrat** *m pol.* Council of Scientific Advisers for German Affairs. **~geˌmein·schaft, ˈDeut·sche** *f* German (Federal) Society for the Advancement of Scientific Research. **~geˌsell·schaft** *f* research association. **~in·stiˌtut** *n* → **Forschungsanstalt.** **~ˌrat** *m* ‹-(e)s; ~̈e› council for the advancement of research. **~ˌrei·se** *f* **1.** (exploring) expedition. **2.** (*Studienreise*) study tour. **~ˌrei·sen·de** *m, f* ‹-n; -n› **1.** explorer. **2.** scholar (*od.* student) on a study tour. **~ˌstel·le, ~ˌstät·te** *f* research establishment. **~stiˌpen·di·um** *n* fellowship. **~ˌtrieb** *m* → **Forscherdrang.** **~ˌzwecke** (*getr.* **-k·k-**) *pl* **für** ~ for research purposes.

Forst [fɔrst] *m* ‹-es; -e(n)› forest, woodland. **~aka·deˌmie** *f* school of forestry. **~ˌamt** *n* office of the (local) forest superintendent. **~ˌar·bei·ter** *m* forestry worker. **~ˌaufˌse·her** *m* (forest)guard, *Am.* forest ranger. **~beˌam·te** *m* forestry official, forest officer. **~beˌtrieb** *m* **1.** forest enterprise. **2.** forest management. **~ˌdienst** *m* forest service.

Förs·ter [ˈfœrstər] *m* ‹-s; -› **1.** forester. **2.** → **Forstaufseher.**

Förs·teˈrei *f* ‹-; -en› **1.** forester's (*Am.* ranger's) house (*od.* lodge). **2.** forester's (*Am.* ranger's) district.

ˈFörs·terˌhaus *n* → **Försterei** 1.

ˈForst|ˌfach *n* forestry. **~ˌfre·vel** *m jur.* offen/ce (*Am.* -se) against forest laws. **~geˌhil·fe** *m* assistant forester. **~ˌhaus** *n* → **Försterei** 1.

ˈforst·lich *adj* (relating to) forestry, forest, sylvicultural.

ˈForst|ˌmann *m* ‹-(e)s; ~̈er *u.* -leute› forester. **~ˌmei·ster** *m* (district) forest superintendent. **~ˌnut·zung** *f* forest exploitation. **~ˌrat** *m* ‹-(e)s; ~̈e› *m* **1.** chief forest superintendent. **2.** (*Gremium*) forestry commission. **~ˌrecht** *n jur.* **1.** forest law(s *pl*). **2.** forest right(s *pl*). **~reˌvier** *n* forest district. **~ˌschu·le** *f* school of forestry. **~ˌschutz** *m* forest protection. **~verˌwal·tung** *f* **1.** forest administration (*od.* management). **2.** (*Beamtenschaft*) Forest Service. **~ˌwart** *m* forest warden. **~ˌwe·sen** *n* forestry. **~ˌwirt** *m* forestry expert. **~ˌwirt·schaft** *f* ‹-; *no pl*› **1.** forestry. **2.** forest management. **3.** *betriebswirtschaftliche*: forest economics *pl* (*a. als sg konstruiert*). **⁓ˌwirt·schaft·lich** *adj* forestry, forest (*property, etc*). **~ˌwis·sen·schaft** *f* (science of) forestry.

For·sy·thie [fɔrˈzyːtsĭə; -tĭə] *f* ‹-; -n› *bot.* golden bell(s *pl*), forsythia.

Fort [foːr] *n* ‹-s; -s› *mil.* fort.

fort [fɔrt] *adv* **1.** (*weg*) away, off, gone; ~ **(mit dir)!** begone!, (be) off with you!, go away!, *colloq.* beat it!; ~ **mit ihm** (**damit**)! away with him (it)!, take him (it) away!; *colloq.* ~ **mit Schaden!** good riddance!; **ich muß jetzt** ~ I must be off now, I must be going now; **wie lange waren Sie** ~? how long have you been away?; **sie sind schon** ~ they have already gone (*od.* left); *colloq.* **du brauchst noch nicht** ~ you need not go yet; → *a.* **weg** 1. **2.** (*weiter, vorwärts*) on; **das geht immer so** ~ it goes on and on (like that); **und so** ~ and so on, and so forth; **in einem** ~, ~ **und** ~ continuously, on and on, uninterruptedly, ceaselessly, without a break (*od. colloq.* without let-up); **ich mußte in einem** ~ **an ihn denken** I couldn't stop thinking of him. **3.** (*verschwunden*) gone, lost, missing.

Fort..., fort... → **Weg..., weg..., Weiter ..., weiter ...**

ˌfort|ˈab *adv lit.* → **~ˈan** *adv lit.* from now on, hereafter, from this time forth (*od.* onwards), henceforth.

ˈfort|ˌar·bei·ten *v/i* ‹*sep*, **-ge-**, h› → **weiterarbeiten.** **~beˌge·ben** *v/reflex* ‹*irr, sep, no* **-ge-**, h› **sich** ~ *lit.* depart, leave, go away. **⁓beˌstand** *m* ‹-(e)s; *no pl*› **1.** continued existence, continuance. **2.** *e-r Nation, Einrichtung etc*: survival. **~beˌste·hen I** *v/i* ‹*irr, sep, no* **-ge-**, h› **1.** continue (to exist), remain in existence, endure, persist. **2.** *Nation etc*: continue to exist, survive. **II** ⁓ *n* ‹-s› **3.** → **Fortbestand.** **~beˌwe·gen I** *v/t* ‹*sep, no* **-ge-**, h› **1.** (*Gegenstand*) move *s. th.* (on *od.* away). **2.** (**vom Fleck**) ~ budge; **er war (von dieser Stelle) nicht fortzubewegen** he wouldn't budge (an inch) (from that spot). **3.** (*antreiben*) propel, drive. **II** *v/reflex* **sich** ~ **4.** move (along); **sich langsam** ~ crawl along, move at a snail's pace; **sich auf Krücken** ~ walk on crutches. **5.** move (away); **sich nicht** ~ not to move (*od.* budge, stir). **6.** *tech. Schlitten etc*: traverse. **7.** *phys.* move. **III** ⁓ *n* ‹-s› **8.** moving (*etc*). **⁓beˌwe·gung** *f* ‹-; *no pl*› **1.** → **fortbewegen** III. **2.** (loco)motion, movement, progression. **3.** *tech.* propulsion.

ˈFort·beˌwe·gungs|ˌart *f* mode (*od.* method) of locomotion. **~ˌmit·tel** *n* means *pl* (*a. als sg konstruiert*) of locomotion.

ˈfort|ˌbil·den I *v/t* ‹*sep*, **-ge-**, h› **1.** j-n ~ a) improve s. o.'s education, train s. o., b) provide s. o. with further education (*od.* training). **II** *v/reflex* **sich** ~ **2.** continue one's studies (*od.* education, training). **3.** perfect (*od.* improve) o. s. (*od.* one's knowledge, education). **⁓ˌbil·dung** *f* ‹-; *no pl*› **1.** advanced training, further (*od.* supplementary) education (*od.* training); **die ärztliche** ~ postgraduate medical education. **2.** improvement (of one's knowledge *od.* education). **3.** *ped. von Lehrern*: in-service training.

ˈFortˌbil·dungs|ˌkurs, ~ˌkur·sus, ~ˌlehrˌgang *m* **1.** adult education course, continuation course. **2.** *für Lehrer etc*: refresher course. **3.** → **Abendkurs.** **~ˌschu·le** *f Austrian and Swiss for* **Berufsschule.**

ˈfort|ˌblei·ben *v/i* ‹*irr, sep*, **-ge-**, sein› stay away (**von der Arbeit** *etc* from work, *etc*). **~ˌbrin·gen I** *v/t* ‹*irr, sep*, **-ge-**, h› **1.** carry (*od.* take) *s. th., s. o.* away. **2.** (*entfernen*) remove. **3.** → **fortbewegen** 2. **4.** (*weiterbewegen*) move (on *od.* away). **5.** (*fortbegleiten*) see *s. o.* off. **6.** (*ernähren, erhalten*) support, maintain. **II** *v/reflex* **sich** ~ **7.** make a living, *colloq.* keep the pot boiling; **sich kümmerlich** ~ scrape a living. **⁓ˌdauer** *f* ‹-; *no pl*› continuation, continuance. **~ˌdau·ern** *v/i* ‹*sep*, **-ge-**, h› continue, last, persist, endure; **~d** continuous, continual, constant, lasting, persistent, (*unaufhörlich*) incessant, ceaseless; (*immerwährend*) permanent, lasting. **~ˌden·ken** *v/t* ‹*irr, sep*, **-ge-**, h› → **wegdenken.** **~ˌdrän·gen I** *v/t* ‹*sep*, **-ge-**, h› push *s. o.* away (*od.* aside). **II** *v/i* wish to go away (*od.* leave). **⁓ˌdruck** *m print.* run-on. **~ˌdür·fen** *v/i* ‹*irr, sep*, **-ge-**, h› → **wegdürfen.**

for·te [ˈfɔrte] *mus.* **I** *adv u. adj* forte, loud. **II** ⁓ *n* ‹-s; -s *u.* Forti [-ti]› forte.

ˈfort|ˌei·len *v/i* ‹*sep*, **-ge-**, sein› hasten (*od.* hurry) away, dash (*od.* rush) off. **~entˌwickeln** (*getr.* **-k·k-**) *v/t* ‹*sep, no* **-ge-**, h› → **weiterentwickeln.**

ˈFor·te·peˌdal *n mus.* damper pedal.

ˌfor·te·pia·no [-ˈpĭaːno] *adv u. adj mus.* forte-piano.

ˈfort|ˌer·ben *v/reflex* ‹*sep*, **-ge-**, h› be passed on. **~ˌfah·ren**[1] **I** *v/i* ‹*irr, sep*, **-ge-**, sein› **1.** *mit Bus, Bahn etc*: depart, leave, go away (*od.* off). **2.** *mit dem Auto*: drive away (*od.* off). **3.** *colloq.* (*verreisen*) go on a journey. **II** *v/t* ‹h› **4.** carry (*od.* take, transport) *s. th., s. o.* away. **5.** (*Person, Fahrzeug*) drive *s. o., s. th.* away (*od.* off). **~ˌfah·ren**[2] *v/i* ‹*irr, sep*, **-ge-**, h *u.* sein› continue, go (*od.* carry, keep) on; ~, **et. zu tun, mit** (*od.* **in** *dat*) **et.** ~ continue (*od.* go on) doing s. th. (*od.* with s. th.); ~ **zu lesen** go on (*od.* continue) reading, continue to read; **er fuhr mit** (*od.* **in**) **s-r Erzählung fort** he continued (with) his story; **bitte, fahren Sie fort!** please go on! **⁓ˌfall** *m* ‹-(e)s; *no pl*› → **Wegfall.** **~ˌfal·len** *v/i* ‹*irr, sep*, **-ge-**, sein› → **wegfallen.** **~ˌflat·tern** *v/i* ‹*sep*, **-ge-**, sein› flutter away. **~ˌflie·gen** *v/i* ‹*irr, sep*, **-ge-**, sein› fly away (*od.* off). **~ˌfüh·ren I** *v/t* ‹*sep*, **-ge-**, h› **1.** → **wegführen.** **2.** → **fortsetzen** 1. **3.** (*Geschäft, Krieg etc*) carry on. **4.** (*wiederaufnehmen*) resume. **II** ⁓ *n* ‹-s› **5.** continuing (*etc*). **⁓ˌfüh·rung** *f* ‹-; *no pl*› **1.** → **fortführen** II. **2.** continuation. **3.** resumption. **4.** *math.* extension. **⁓ˌgang** *m* ‹-(e)s; *no pl*› **1.** *e-r Arbeit, Handlung etc*: progress; **die Sache nimmt ihren** ~ the matter is progressing; **e-n guten** ~ **nehmen** make good progress. **2.** (*Weiterentwicklung*) progress, (further) development; **den** ~ **der Sache abwarten** see how matters develop. **3.** (*Fortsetzung*) continuation. **4.** *lit.* (*Weggang*) departure, leaving. **~ˌge·hen** *v/i* ‹*irr, sep*, **-ge-**, sein› **1.** go away (*od.* off), leave, depart; **ich muß jetzt** ~ I must leave (*od.* be off, be gone) now; **sie sind gerade fortgegangen** they have just gone (*od.* left); *a. fig. colloq.* **geh fort!** go away! **2.** walk away (*od.* off). **3.** *fig.* (*weitergehen*) go on, continue. **4.** *colloq. for* **ausgehen** 1. **~geˌschrit·ten** *adj* **1.** *Schüler, Fall, Krankheit etc*: advanced; **in ~em Alter** at an advanced age; **in e-m ~en Stadium** in an advanced state; **zu ~er Stunde** at a late hour. **2.** (*fortschrittlich*) advanced, progressive. **⁓geˌschrit·te·ne** *m, f* ‹-n; -n› advanced student; **Englisch für** ~ advanced English, English for advanced students. **⁓geˌschrit·te·nenˌkurs** *m* advanced course. **~geˌsetzt** *adj* **1.** continued, continuous, constant, incessant; *jur.* **~es Verbrechen** continued offen/ce (*Am.* -se). **~ˌhel·fen** *v/i* ‹*irr, sep*, **-ge-**, h› **1.** *fig.* **j-m (e-r Sache)** ~ help s. o. (s. th.) on. **2. sich** (*dat*) ~ a) move (about), b) *fig.* get on (*od.* along).

ˌfortˈhin *adv* → **fortan.**

For·tis [ˈfɔrtɪs] *f* ‹-; Fortes [-tɛs]› *ling.* fortis. **for·tis·si·mo** [fɔrˈtɪsimo] *mus.* **I**

adv u. adj fortissimo, very loud. **II** Ձ *n* ‹-s; -mos *u.* -mi [-mi]› fortissimo.

ˈ**fort|ˌja·gen I** *v/t* ‹*sep*, -ge-, h› **1.** chase (*od.* drive) *s. o., s. th.* away (*od.* off), shoo *s. o., s. th.* away. **2.** turn (*od. colloq.* kick) *s. o.* out, send s. o. packing. **II** *v/i* ‹sein› **3.** rush (*od.* dash, race, tear) off. **~ˌkom·men I** *v/i* ‹*irr, sep*, -ge-, ‹sein› **1.** get away (*od.* off); *colloq.* **mach, daß du fortkommst!** be gone!, buzz off! **2.** *a. fig.* get on (*od.* ahead), proceed, make progress, advance. **II** Ձ *n* ‹-s› **3.** getting away (*etc*). **4.** *fig.* progress, advancement; **berufliches** Ձ professional advancement, career. **5.** (*Lebensunterhalt*) **sein** Ձ **finden** make a living; **ein gutes** Ձ **haben** have a fair competence. **~ˌlas·sen** *v/t* ‹*irr, sep*, -ge-, h› **1.** j-n ~ let s. o. go (away), allow s. o. to go (away); **er wollte mich nicht** ~ he would not let me go. **2.** → **weglassen.** **~ˌlau·fen** *v/i* ‹*irr, sep*, -ge-, sein› **1.** run away (**vor** *od.* **von** *dat* from). **2.** *Numerierung etc*: run on, continue, be continued. **3.** *print. ohne Absatz*: run on. **~ˌlau·fend I** *pres p u. adj* **1.** continuous, continual, consecutive, uninterrupted, running; **~e Nummer** consecutive (*od.* running, successive, serial) number; **~e Numerierung** consecutive (*od.* serial) numbering; *econ.* **~e Notierung** consecutive quotation. **2.** *Publikation etc*: serial; **~e Nummern** *e-r Zeitschrift* serial (*od.* successive) numbers; **in ~en Nummern erscheinen** be published in serials (*od.* serially); **ein ~er Bericht** a serial report, a series, a sequel. **3.** *math. Proportion*: continued. **II** *adv* **4.** continuously (*etc*); ~ **numeriert** consecutively numbered; *print.* ~ **gesetzter Text** run-on text. **~ˌle·ben I** *v/i* ‹*sep*, -ge-, h› **1.** live on, survive; **in s-n Werken** ~ live on (*od.* survive) in one's works. **II** Ձ *n* ‹-s› **2.** living on (*etc*), survival. **3.** *nach dem Tode*: life after death, afterlife. **4.** *e-s Brauches etc*: survival. **~ˌle·gen** *v/t* ‹*sep*, -ge-, h› lay (*od.* put) *s. th.* away (*od.* aside). **~ˌlei·ten** *v/t* ‹*sep*, -ge-, h› **1.** (*Wärme, Reflex, Elektrizität*) transmit, conduct. **2.** (*Abwässer*) carry off. **3.** (*Fördergut*) convey. **4.** *med.* (*Schmerz*) radiate. **5.** → **ableiten** 1. **~ˌlo·ben** *v/t* ‹*sep*, -ge-, h› *colloq.* **j-n** ~ get rid of s. o. by excessive praise. **~ˌma·chen I** *v/reflex* ‹*sep*, -ge-, h› *colloq.* **sich** ~ make off. **II** *v/i* → **weitermachen.** **~ˌmüs·sen** *v/i* ‹*irr, sep*, -ge-, h› → **wegmüssen.** **~ˌneh·men** *v/t* ‹*irr, sep*, -ge-, h› → **wegnehmen** 1, 2.

ˈ**fort|ˌpflan·zen I** *v/reflex* ‹*sep*, -ge-, h› **sich** ~ **1.** *biol. bot. zo.* reproduce, propagate (o. s.), multiply. **2.** *phys.* be propagated, be transmitted, *Licht etc*: travel. **3.** *fig. Beifall, Bewegung, Unruhe etc*: spread, be communicated. **4.** *fig. Tradition, Glauben, Gerücht, Krankheit etc*: spread, be propagated (*od.* passed on, transmitted). **5.** *fig. von Generation zu Generation*: be passed on, be handed down. **II** *v/t* **6.** *biol.* propagate, reproduce. **7.** *phys.* transmit, propagate. **8.** *fig.* (*Tradition, Glauben, Gerücht, Krankheit etc*) propagate, spread. **9.** *fig.* (*j-s Namen, Andenken etc*) keep *s. th.* alive; *von Generation zu Generation*: pass *s. th.* on, hand *s. th.* down. **III** Ձ *n* ‹-s› **10.** reproducing (*etc*). **Ձˌpflan·zung** *f* **1.** → **fortpflanzen** III. **2.** *biol. bot. zo.* reproduction, propagation, procreation; **geschlechtliche** ~ sexual (*od.* parental) reproduction, zoogamy; **ungeschlechtliche** ~ a) asexual reproduction, monogony, b) *bot.* apomixis. **3.** *phys.* propagation, transmission. **4.** *fig.* *e-r Bewegung*: communication; *e-r Tradition, e-s Glaubens, e-r Krankheit etc*: propagation, spread.

ˈ**Fortˌpflan·zungs|ˌal·ter** *n biol.* age of reproduction. **~ap·paˌrat** *m biol.* reproductive organs *pl.* **Ձˌfä·hig** *adj* **1.** *biol.* reproductive, capable of reproduction. **2.** *phys.* transmissible. **~ˌfä·hig·keit** *f* **1.** *biol.* reproductiveness. **2.** *phys.* transmissibility. **~orˌgan** *n meist pl biol.* reproductive (*od.* sexual) organ. **~ˌtrieb** *m* reproductive instinct. **~ˌwel·le** *f phys.* wave of propagation. **~ˌzeit** *f zo.* reproductive season. **~ˌzel·le** *f* **1.** *biol.* reproductive cell; **geschlechtliche** ~ gamete. **2.** *bot.* spore.

ˈ**fort|ˌraf·fen** *v/t* ‹*sep*, -ge-, h› → **wegraffen.** **~ˌräu·men** *v/t* ‹*sep*, -ge-, h› → **wegräumen.** **~ˌrei·sen** *v/i* ‹*sep*, -ge-, sein› depart, leave, go away. **~ˌrei·ßen** *v/t* ‹*irr, sep*, -ge-, h› **1.** → **wegreißen. 2. j-n (et.) (mit sich)** ~ a) pull s. o. (s. th.) along (with one), b) *Menschenmenge, Hochwasser etc*: sweep (*od.* carry) s. o. (s. th.) away (*od.* along), c) *fig.* → **hinreißen.** **~ˌren·nen** *v/i* ‹*irr, sep*, -ge-, sein› run away, dash off. **Ձˌsatz** *m anat. med.* a) process, b) (*Anhang*) appendix, c) (*Knochen*Ձ) eminence, apophysis. **~ˌschaf·fen** *v/t* ‹*sep*, -ge-, h› → **wegschaffen.** **~ˌsche·ren** *v/reflex* ‹*sep*, -ge-, h› *colloq.* **sich** ~ → **wegscheren.** **~ˌscheu·chen** *v/t* ‹*sep*, -ge-, h› → **verscheuchen.** **~ˌschlei·chen** *v/i* ‹*irr, sep*, -ge-, sein› *u.* **sich** ~ *v/reflex* ‹h› → **wegschleichen.** **~ˌschlep·pen I** *v/t* ‹*sep*, -ge-, h› **1.** drag (*od.* haul, *colloq.* lug) *s. th., s. o.* away (*od.* off). **II** *v/reflex* **sich** ~ **2.** drag o. s. along. **3.** *fig. Unterhaltung etc, a. Irrtum etc*: drag on. **~ˌschleu·dern** *v/t* ‹*sep*, -ge-, h› fling *s. th.* away. **~ˌschrei·ben** *v/t* ‹*irr, sep*, -ge-, h› *econ.* **1.** *Statistik etc*: extrapolate, project *s. th.* to a subsequent date. **2.** *fig.* perpetuate. **Ձˌschrei·bung** *f* ‹-; -en› **1.** extrapolation, projection (to a later date). **2.** *fig.* perpetuation. **~ˌschrei·ten I** *v/i* ‹*irr, sep*, -ge-, sein› **1.** advance, progress, proceed; → **fortgeschritten. 2.** *Epidemie etc*: spread. **3.** *Zeit*: advance, march on, pass. **4.** *mus. Melodie etc*: progress. **II** Ձ *n* ‹-s› **5.** advancing (*etc*). **6.** progress, advance; **stufenweises** Ձ a) gradual advance, b) *mus.* stepwise progression. **~ˌschrei·tend** *pres p u. adj allg., a. med. phys.* progressive, (*zunehmend*) *a.* increasing. **Ձˌschritt** *m* **1.** *meist pl* progress, advance, (*Verbesserung*) *a.* improvement, step forward; **die ~e der modernen Technik** the progress *sg* of modern technology; **~e machen** a) *Arbeit, Schüler etc*: make progress (*od.* headway), progress, advance, get on, b) *Patient*: improve, make progress; **große ~e machen** make great (*od.* rapid) strides, forge ahead; **das ist schon ein ~!** that's quite an improvement (*od. colloq.* [quite] something)! **2.** *bes. pol.* progress; **den ~ aufhalten** retard progress. **Ձˌschritt·ler** *m* ‹-s; -› progressionist, *pol. meist* progressive.

ˈ**fortˌschritt·lich I** *adj Ansichten, Idee etc*: progressive (*a. pol.*), advanced, *tech. Anlage etc*: *a.* modern, up-to-date. **II** *adv* ~ **denken** have progressive ideas (*od.* views). **Ձkeit** *f* ‹-; *no pl*› **1.** progressiveness (*a. pol.*), advanced state. **2.** modernity, up-to-dateness.

ˈ**fortˌschritts|ˌfeind·lich** *adj* antiprogressive, reactionary. **Ձˌglau·be** *m* belief in progress. **~ˌgläu·big** *adj* believing in progress, progressive.

ˈ**fort|ˌschwem·men** *v/t* ‹*sep*, -ge-, h› → **wegschwemmen.** **~ˌschwim·men** *v/i* ‹*irr, sep*, -ge-, sein› → **wegschwimmen.** **~ˌseh·nen** *v/reflex* ‹*sep*, -ge-, h› **sich** ~ long to go away. **~ˌset·zen I** *v/t* ‹*sep*, -ge-, h› **1.** (*Arbeit, Erzählung, Tradition etc*) continue, carry on, go on with; **s-e Reise** ~ continue (*od.* proceed on) one's journey; „**wird fortgesetzt**" *Roman, Serie etc*: "to be continued"; → **fortgesetzt. 2.** (*wiederaufnehmen*) resume. **II** Ձ *n* ‹-s› **3.** continuing (*etc*), continuation. **Ձˌset·zung** *f* ‹-; -en› **1.** continuation. **2.** (*Wiederaufnahme*) resumption. **3.** *e-s Romans, e-r Geschichte etc*: continuation; „~ **folgt**" "to be continued"; „~ **auf (von) Seite 10**" "continued on (from) page 10"; „~ **und Schluß**" "concluded". **4.** (*Folge*) instal(l)ment, sequel; **Roman in ~en** novel in serial form, serial; **Film** (*etc*) **in ~en** serial; **e-n Roman in ~en abdrucken** serialize a novel; **Veröffentlichung in ~en** serialization. **5.** *e-r Straße etc*: continuation, extension.

ˈ**Fortˌset·zungs|ˌanˌzei·ge** *f econ.* following on. **~geˌschich·te** *f* serial (story). **~roˌman** *m* serial(ized novel). **~ˌse·rie** *f* serialized articles *pl*, series *pl.*

ˈ**fort|ˌspin·nen** *v/t* ‹*irr, sep*, -ge-, h› *u.* **sich** ~ *v/reflex* ‹h› *fig.* develop. **~ˌsteh·len** *v/reflex* ‹*irr, sep*, -ge-, h› **sich** ~ steal (*od.* sneak, slink) away (*od.* off). **~ˌsto·ßen** *v/t* ‹*irr, sep*, -ge-, h› → **wegstoßen.** **~ˌtra·gen** *v/t* ‹*irr, sep*, -ge-, h› carry (*od.* take) *s. th., s. o.* away (*od.* off). **~ˌtrei·ben I** *v/t* ‹*irr, sep*, -ge-, h› **1.** drive *s. o., s. th.* away; **es treibt mich fort** it drives me away, I am forced to leave. **2.** (*weitertreiben*) continue (with), carry (*od.* go) on with; **so darfst du es nicht** ~ you can't go on like that. **II** *v/i* ‹sein› **3.** *Boot etc*: drift (*od.* float) away (*od.* off).

For·tu·na [fɔrˈtuːna] *npr f* ‹-; *no pl*› **1.** *myth.* Fortuna, Fortune; **Frau** ~ Dame Fortune. **2.** *fig.* fortune, luck; ~ **lächelte ihm** fortune smiled on him; → *a.* **Glück** 1.

ˈ**fort|ˌwa·gen** *v/reflex* ‹*sep*, -ge-, h› **sich** ~ dare to go away, venture (to go) away. **~ˌwäh·ren** *v/i* ‹*sep*, -ge-, h› *lit.* **1.** *Zustand etc*: continue (to exist), go on, last, persist. **2.** *Ruhm, Freundschaft etc*: last, endure. **~ˌwäh·rend I** *pres p u. adj* continual, continuous, constant, incessant. **II** *adv* continually (*etc*), all the time, always; **er wurde ~ unterbrochen** he was constantly interrupted; **sie sprechen ~ davon** they keep (on) talking about it. **~ˌwäl·zen I** *v/t* ‹*sep*, -ge-, h› (*Stein etc*) roll *s. th.* away. **II** *v/reflex* **sich** ~ *Menschenmenge, Wogen etc*: roll on. **~ˌwer·fen** *v/t* ‹*irr, sep*, -ge-, h› → **wegwerfen.** **~ˌwir·ken** *v/i* ‹*sep*, -ge-, h› *Einfluß, Kraft etc*: continue; **der Einfluß dieses Mannes wirkt noch heute fort** the influence of this man is still felt today. **~ˌwün·schen I** *v/t* ‹*sep*, -ge-, h› **j-n (et.)** ~ wish s. o. (s. th.) further. **II** *v/reflex* **sich** ~ long to be far away. **~ˌzie·hen I** *v/t* ‹*irr, sep*, -ge-, h› **1.** (**von** from) pull (*od.* draw) *s. o., s. th.* away. **2.** (**mit sich**) ~ pull (*od.* draw, drag) *s. o., s. th.* along. **II** *v/i* ‹sein› **3.** (*umziehen*) move away (*od.* out), go away. **4.** *Zugvögel*: fly away, migrate. **Ձˌzug** *m* **1.** *aus e-r Wohnung, Gegend etc*: removal, *bes. Am.* move. **2.** *orn.* migration.

Fo·rum [ˈfoːrum] *n* ‹-s; Foren, Fora [-ra] *u.* -s› **1.** *antiq.* forum; ~ **Romanum** the Forum. **2.** *fig.* forum (*of specialists, etc*); *für Diskussionen etc*: forum, platform; **diese Frage gehört vor das ~ der Öffentlichkeit** this question should be discussed in public (*od.* in the forum of

public opinion). **3.** (*Podiumsgespräch*) (public) forum, panel discussion.
Fos·sa [ˈfɔsa] *f* ⟨-; -sae [-sɛ]⟩ *anat. zo.* fossa.
fos·sil [fɔˈsiːl] *adj geol.* fossil; **~e Pflanze** plant fossil, phytolite, phytolith; **~er Farn** fossil fern, filicite.
Fosˈsil *n* ⟨-s; -ien [-lĭən]⟩ **1.** *meist pl geol.* fossil. **2.** *fig. colloq.* (old) fossil. **fosˈsi·li·en|hal·tig** *adj geol.* fossiliferous.
fö·tal [føˈtaːl] *adj* f(o)etal.
fö·tid [føˈtiːt], **föˈti·de** [-də] *adj med.* (*übelriechend*) fetid.
Fo·to [ˈfoːto] *n* ⟨-s; -s⟩ photo.
Fo·to... → **Photo ...**
Fö·tus [ˈføːtus] *m* ⟨-ses; -se⟩ *biol.* f(o)etus.
Fot·ze [ˈfɔtsə] *f* ⟨-; -n⟩ **1.** *vulg.* cunt. **2.** *dial.* a) *for* **Maul** 3, b) *for* **Ohrfeige.**
ˈfot·zen *v/t* ⟨h⟩ *Bavarian and Austrian dial. for* **ohrfeigen.**
Foul [faul] (*Engl.*) *n* ⟨-s; -s⟩ *Sport*: foul; **ein ~ begehen (an j-m)** commit a foul (on s. o.), foul (s. o.). **foul** *adv* foul; **~ spielen** play foul (*od.* rough). **ˈFoul|elf|me·ter** *m Fußball*: penalty for a foul. **fou·len** [ˈfaulən] *v/t u. v/i* ⟨h⟩ *Sport*: foul. **ˈFoul|spiel** *n Sport*: foul (an *dat* on).
Fox [fɔks] (*Engl.*) *m* ⟨-(es); -e⟩ *colloq.* **1.** → **Foxterrier. 2.** → **Foxtrott.** **~|ter·ri·er** [ˈfɔks-] *m zo.* fox-terrier. **~|trott** *m* ⟨-(e)s; -e *u.* -s⟩ foxtrot; **~ tanzen** (dance the) foxtrot.
Foy·er [fŏaˈjeː] *n* ⟨-s; -s⟩ **1.** *thea.* foyer, *Am.* lobby. **2.** *e-s Hotels*: foyer, (entrance) hall, lounge.
Fracht [fraxt] *f* ⟨-; -en⟩ **1.** (*Ladung*) freight, load, cargo, goods *pl* (for transport), (*Schiffs*♀) cargo, shipload, (*Luft*♀) air freight, cargo; **~ führen** carry freight (*od.* goods); **volle ~** full cargo; **et. in ~ geben (nehmen)** freight (charter) s. th.; *mar.* **tote ~** dead freight. **2.** (*~gebühr*) a) carriage, *Am.* freight(age), b) (*Rollgeld*) cartage, c) (*See*♀) freightage; **~ berechnen** charge freight; **~ bezahlt** carriage (*Am.* freight) paid; **durchgehende ~** through rate. **~|brief** *m* **1.** waybill, consignment note, *Am.* bill of lading. **2.** (air) waybill. **3.** *mar.* a) (ocean) bill of lading, b) *im Binnenverkehr*: (inland) bill of lading. **~|damp·fer** *m* → **Frachter** 1. **~emp|fän·ger** *m econ.* consignee.
ˈFrach·ter *m* ⟨-s; -⟩ **1.** *mar.* freighter, cargo (*od.* freight) boat. **2.** *colloq. for* **Frachtflugzeug.**
ˈFracht||flug|zeug *n* (air *od.* cargo) freighter, freight (*od.* cargo) aircraft. **♀|frei** *adv u. adj* carriage (*Am.* freight) paid, prepaid, *mar.* freight(-)free; **~ Grenze** carriage (*Am.* freight) paid to border. **~|füh·rer** *m* (common) carrier, *Am. a.* teamster. **~ge|bühr** *f*, **~|geld** *n* → **Fracht** 2. **~ge|schäft** *n* carrying (*od.* freight[ing]) trade. **~|gut** *n* **1.** freight, goods *pl*; **et. als ~ senden** send s. th. by freight; **Frachtgüter** *pl Am.* ordinary freight *sg.* **2.** *mar.* cargo, shipload. **~|gut|sen·dung** *f* consignment. **~|kahn** *m* (freight) barge. **~|ko·sten** *pl* **1.** carriage *sg*, freight(age) *sg*, freight(age) costs. **2.** *Seetransport*: freight *sg*, freight costs, *Am.* ocean freight *sg.* **3.** *Lufttransport*: air freight *sg*, air freight costs. **~|li·ste** *f* freight list. **~|lohn** *m* → **Fracht** 2. **~|ra·te** *f* → **Frachttarif.** **~|raum** *m aer. mar.* **1.** cargo compartment, hold. **2.** (*Ladefähigkeit*) freight (*od.* cargo) space (*od.* capacity). **~|satz** *m* → **Frachttarif.** **~|schein** *m* → **Frachtbrief.** **~|schiff** *n* → **Frachter** 1. **~|spe·sen** *pl* carriage (*od.* freight[age]) charges. **~|stück** *n* **1.** (*Paket*) package, parcel. **2.** (*Ballen*) bale. **~ta|rif** *m* freight rates *pl.* **~|ton·ne** *f mar.* freight (*od.* shipping) ton. **~ver|kehr** *m* **1.** goods (*od.* freight) traffic. **2.** freight transport. **~ver|si·che·rung** *f* freight insurance. **~ver|trag** *m* **1.** freight contract. **2.** *mar.* charter party, contract of affreightment. **~|zu|schlag** *m* **1.** extra carriage (*Am.* freight[age]). **2.** *mar.* extra freight(age), primage.
Frack [frak] *m* ⟨-(e)s; ⸚e *u.* -s⟩ **1.** tailcoat, dress coat, *colloq.* tails *pl*; **im ~** in full (*od.* evening) dress, *colloq.* in tails; „~" *auf Einladungen*: "tails", "white tie". **2.** *der Pinguine*: white shirt-front. **3.** *fig. colloq.* **j-m den ~ vollhauen** give s. o. a sound thrashing; **ihm saust der ~** *cf.* **Fracksausen.** **~|an|zug** *m* dress suit. **~|hemd** *n* dress shirt. **~|sau·sen** *n colloq.* **~ haben** be scared stiff, be in a blue funk. **~|schlei·fe** *f* white (evening *od.* bow) tie. **~|schoß** *m meist pl* coat-tail. **~ver|leih** *m* evening dress hiring service, *Am.* tuxedo (*od.* dress coat) rentals *pl.*
Fra·ge [ˈfraːgə] *f* ⟨-; -n⟩ **1.** *allg.* question, *bes. anzweifelnde od. unangenehme*: query; **e-e ~ stellen** ask (*od.* pose, put) a question; **j-m e-e ~ stellen, e-e ~ an j-n stellen** (*od.* **richten**) ask s. o. a question, put a question to s. o.; **~n stellen über** (*acc*) **et.** ask (*od.* inquire) about s. th.; **~n über ~n stellen** ask a million questions; **e-e ~ an j-n haben** have a question (*od.* s. th.) to ask s. o.; **es erhebt sich die (bange** *colloq.*) **~, ob** the question arises whether or not; **der in ~ stehende Punkt** the point in question; **das ist die ~** that is the question; **die ~ ist, ob es sich lohnt** the question (*od.* point) is whether or not it is worth it; *colloq.* **~, wo kriegen wir das Geld her?** one thing, where will we get the money?; **in ~n und Antworten** in question-and-answer form; **wie die ~, so die Antwort** a foolish question deserves a foolish answer. **2.** (*Problem*) question, problem, issue. **3.** (*Zweifel*) question, doubt; **et. in ~ stellen** a) (*anzweifeln*) question (*od.* doubt, query) s. th., b) (*gefährden*) jeopardize s. th., make s. th. doubtful (*od.* uncertain), c) *a.* **et. in ~ ziehen** question (*od.* query, challenge) s. th.; **ohne ~** unquestionably, undoubtedly, doubtless, clearly; **das steht außer ~, das ist gar k-e ~** there is no doubt about that; **es steht außer ~, daß** there is no doubt that; *colloq.* **gar k-e ~!** of course! **das ist noch sehr die ~** that is rather doubtful, that remains to be seen. **4.** (*Angelegenheit, Sache*) question, matter; **das ist e-e andere ~** that's another question; **das ist nur noch e-e ~ der Zeit** that's only a matter of time now. **5.** (*Erkundigung*) inquiry, interrogation. **6. in ~ kommen** be possible, be a possibility, come into consideration, be suitable, *Person*: *a.* be eligible; **nicht in ~ kommen** a) *Person*: be unsuitable, be not eligible, b) *Sache*: be out of the question; **die in ~ kommenden Bewerber** the eligible candidates; **die einzig in ~ kommenden Lösungen** the only possible solutions; **(das) kommt (gar) nicht in ~!** that is out of the question!, *colloq.* nothing doing! **7.** → **Fragesatz. 8.** *Skatspiel*: frage. **~|bo·gen** *m* **1.** questionnaire, *Am. a.* questionaire. **2.** *Meinungsforschung*: opinionnaire. **3.** (*Formular*) form. **4.** *ped. mit Prüfungsfragen*: test-paper. **~|form** *f ling.* interrogative (form). **~|für|wort** *n* interrogative (pronoun). **~|ka·sten** *m e-r Zeitung*: readers' questions *pl.*
fra·gen [ˈfraːgən] **I** *v/t* ⟨**fragt,** *a.* **frägt, fragte,** *a.* **frug, gefragt,** h⟩ **1.** ask; (**j-n**) **et. ~** ask (s. o.) a question (*od.* s. th.); **da fragst du mich zuviel** I'm afraid I don't know that, *colloq.* there you've got me stumped; **das frage ich dich!** that's what I am asking you!; **sprich nur, wenn du gefragt wirst** speak only when you are spoken to. **2. j-n nach et. ~** a) ask s. o. for s. th., b) ask s. o. about s. th., inquire s. th. of s. o.; **j-n nach dem Weg (s-m Namen, s-r Meinung) ~** ask s. o. the way (his name, for his opinion). **3. j-n wegen et. ~** ask s. o. about s. th., inquire s. th. of s. o. **4. j-n nach j-m ~** ask s. o. about s. o. **5.** (*zu Rate ziehen*) ask, consult (*a doctor, etc*); → **Rat**[1] 1. **6.** (*aus~*) question, query, interrogate. **II** *v/i* **7.** ask; **er fragt gern** he likes to ask questions; **er tat es, ohne erst lange zu ~** he did it without asking a lot of questions; **wo warst du denn, wenn ich ~ darf?** where have you been if I (*od.* one) may ask?; *colloq.* **wie war es? — ~ Sie (lieber) nicht!** how was it? — don't ask (*od.* no comment)!; **da fragst du noch?** you have the nerve to ask?; **wer viel fragt, kriegt viel Antwort** (*od.* **geht viel irr[e]**) (*Sprichwort*) ask no questions and you will be told no lies. **8. nach et. ~** a) ask for s. th., b) (*sich erkundigen*) ask about s. th., inquire after s. th., c) (*sich kümmern*) care for (*od.* about) s. th.; **nach der Zeit (j-s Alter) ~** ask the time (for s. o.'s age); **wer fragt schon danach?** who cares?; *colloq.* **er fragt nicht den Teufel danach, er fragt k-n Dreck danach** he doesn't give a damn (about it). **9. nach j-m ~** a) (*sprechen wollen*) ask for s. o., b) (*sich erkundigen*) inquire after s. o., c) (*sich kümmern*) care about s. o.; **kein Mensch fragt nach mir, wenn ich krank bin** nobody cares (*od.* bothers) about me when I'm ill. **III** *v/reflex* **sich ~ 10.** ask o. s., wonder; **ich frage mich, warum** I wonder why. **11. es fragt sich, ob** the question is whether; **das fragt sich noch** that's (rather) the question; **das fragt sich noch sehr** that is still very doubtful. **IV** ♀ *n* ⟨-s⟩ **12.** asking (*etc*); **♀ kostet nichts** (*Sprichwort*) there is no harm in asking. **ˈfra·gend I** *pres p u. adj Blick, Ton etc*: questioning, inquiring. **II** *adv* **j-n ~ ansehen** look at s. o. questioningly. **ˈFra·gen·kom|plex** *m* complex of questions.
ˈFra·ge|par|ti·kel *f ling.* interrogative particle. **~pro|no·men** *n* interrogative (pronoun).
ˈFra·ger *m* ⟨-s; -⟩ **1.** questioner, inquirer; **lästiger ~** person who keeps asking tiresome questions. **2.** *bes. jur.* interrogator. **ˈFra·ge|recht** *n jur.* **1.** *im Zivilprozeß*: right to put questions. **2.** *im Strafprozeß*: right to interrogate.
Fra·geˈrei *f* ⟨-; *no pl*⟩ constant asking (*od.* questioning, questions *pl*).
ˈFra·ge||satz *m ling.* a) interrogative sentence, b) *als Nebensatz*: interrogative clause, c) (*Frage*) question; **(in)direkter ~** (in)direct question; **abhängiger ~** dependent (*od.* oblique) question. **~|stel·ler** *m* **1.** questioner. **2.** *bes. jur.* interrogator. **~|stel·lung** *f* **1.** formulation of the question, statement of the problem; **die ~ ist falsch** the question is wrongly put. **2.** (*Frage, Problem*) question, problem. **3.** *ling.* a) (*Satzstellung*) interrogative word order, b) *e-s Wortes*: interrogative position. **~|stun·de** *f parl.* question time. **~-|und-ˈAnt|wort-|Spiel** *n* question (and answer) game. **~|wort** *n ling.* interrogative (word *od.* particle). **~|zei·chen** *n* **1.** *ling.*

question mark, interrogation (point *od.* mark). **2.** *am Textrand*: query (mark); et. **mit e-m ∼ versehen** query s. th. **3.** *fig.* questionmark, query; **et. mit e-m (dicken** *od.* **großen) ∼ versehen** put a (fat) question mark behind s. th.

fra·gil [fraˈgiːl] *adj* fragile.

frag·lich [ˈfraːklɪç] *adj* **1.** (*matter, person, etc*) in question, under discussion (*od.* consideration); **an dem ∼en Tag** on the day in question, on that particular day. **2.** ⟨*pred*⟩ (*ungewiß*) doubtful, uncertain. **3.** (*strittig*) controversial. **♀keit** *f* ⟨-; *no pl*⟩ doubtfulness; uncertainty.

ˈfrag·los *adv* unquestionably, undoubtedly, doubtless(ly); **∼ richtig** absolutely correct.

Frag·ment [fraˈgmɛnt] *n* ⟨-(e)s; -e⟩ fragment. **frag·menˈta·risch** [-ˈtaːrɪʃ] **I** *adj* fragmentary. **II** *adv* as a fragment, in fragments, in fragmentary form.

ˈfragˌwür·dig *adj* questionable, dubious, *colloq.* shady. **♀keit** *f* ⟨-; *no pl*⟩ dubiousness, dubious (*od.* doubtful) character.

frais [frɛːs], **frai·se** [ˈfrɛːzə; frɛːz] (*Fr.*) *adj* (*erdbeerfarben*) fraise, strawberry-colo(u)red.

Frak·ti·on [frakˈtsĭoːn] *f* ⟨-; -en⟩ **1.** *parl.* parliamentary party (*od.* group); **die konservative ∼** the Parliamentary Conservative Party. **2.** *chem.* fraction.

frak·tio·nie·ren [fraktsĭoˈniːrən] *v/t* ⟨*no* **ge-**, **h**⟩ *chem.* fractionate. **Frak·tioˈnier·koˌlon·ne** *f chem. tech.* fractionating column. **frak·tioˈniert** *pp u. adj chem.* fractional. **Frak·tioˈnier·ˌturm** *m* bubble (*od.* fractionating) tower. **Frak·tioˈnie·rung** *f* ⟨-; -en⟩ *chem.* fractionation.

Frak·tiˈons|ˌausˌschuß *m pol.* (sub-) committee of the parliamentary group (*od.* party). **∼disˌziˌplin** *f* party discipline, voting on party lines. **∼ˌfüh·rer** *m* leader (*od.* chairman) of the parliamentary group (*od.* party), Parliamentary Party Leader, *Br. a.* chief whip, *Am.* floor leader. **∼geˌschäftsˌfüh·rer** *m* secretary of the parliamentary group. **♀los** *adj* independent. **∼ˌmitˌglied** *n* member of the parliamentary group (*od.* party). **∼ˌstär·ke** *f* **1.** numerical (*od.* party) strength (in parliament). **2.** *in der BRD*: minimum strength of a party required for recognition (as a parliamentary group). **∼ˌvorˌsit·zen·de** *m* → **Fraktionsführer.** **∼ˌzwang** *m* obligation to vote according to group (*od.* party) policy, automatic vote; **unter ∼ stehen** be obliged to vote according to party policy, *Br.* be under the party whip; **es wurde kein ∼ ausgeübt** free vote was allowed, voting was on non-party lines.

Frak·tur [frakˈtuːr] *f* ⟨-; -en⟩ **1.** *med.* fracture; **einfache (komplizierte) ∼** simple (compound) fracture. **2.** *print.* Gothic (type), German text, Old English, black letter. **3.** *fig. colloq.* **mit j-m ∼ reden** tell s. o. what's what, *Am.* talk turkey with s. o. **∼ˌschrift** *f* → **Fraktur** 2.

Fram·bö·sie [frambøˈziː] *f* ⟨-; -n [-ən]⟩ *med.* framb(o)esia, yaws *pl* (*als sg od. pl konstruiert*).

Franc [frɑ̃ː] *m* ⟨-; -s⟩ (*Währungseinheit*) franc.

Fran·chi·se [frɑ̃ˈʃiːzə] *f* ⟨-; -n⟩ *econ.* **1.** *Zoll*: exemption from (customs) duty. **2.** *Güterversicherung*: franchise.

frank [fraŋk] *adv* **∼ und frei** (quite) frankly, openly, straight out.

Frank *m* ⟨-en; -en⟩ → **Franc.**

Fran·ke [ˈfraŋkə] *m* ⟨-n; -n⟩ **1.** Franconian. **2.** *hist.* Frank, Franconian; **ripuarische (salische) ∼n** Ripuarian (Salian) Franks.

Fran·ken [ˈfraŋkən] *m* ⟨-s; -⟩ (Swiss) franc.

ˈFran·ken|ˌkö·nig *m hist.* Frankish king. **∼ˌreich** *n* Frankish Empire. **∼ˌwein** *m* Franconian wine.

ˈFrankˌfur·ter[1] **I** *m* ⟨-s; -⟩ native (*od.* inhabitant) of Frankfort (*od.* Frankfurt). **II** *adj* (of) Frankfort; *hist.* **die ∼ Nationalversammlung** the Frankfurt National Assembly (*1848–49*); **∼ Würstchen** → **ˈFrankˌfur·ter**[2] *f* ⟨-; -⟩ *meist pl gastr.* frankfurter, frankforter.

fran·kie·ren [fraŋˈkiːrən] **I** *v/t* ⟨*no* **ge-**, **h**⟩ **1.** prepay, pay the postage for, stamp; **der Brief war nicht frankiert** the letter was not stamped. **2.** *bes. maschinell*: frank. **II ♀** *n* ⟨-s⟩ **3.** stamping (*etc*). **Franˈkier·maˌschi·ne** *f* franking machine, *Am.* postage meter. **franˈkiert** *pp u. adj Brief etc*: stamped, prepaid, postpaid, franked; **ungenügend ∼** understamped. **Franˈkie·rung** *f* ⟨-; -en⟩ → **frankieren** II.

frän·kisch [ˈfrɛŋkɪʃ] **I** *adj* **1.** Franconian. **2.** *hist.* Frankish, Franconian; **das ∼e Reich** the Frankish Empire; **die ∼en Kaiser** the Frankish (*od.* Salian) emperors. **II** *ling.* **♀** ⟨*generally undeclined*⟩, **das ♀e** ⟨-n⟩ **3.** Franconian, the Franconian language. **4.** *hist.* Frankish, Franconian.

fran·ko [ˈfraŋko] *adv* **1.** (*postfrei*) postpaid, prepaid, postage free, post-free; **∼ Berlin** postpaid to Berlin; **∼ ab Berlin** (delivered) free in Berlin. **2.** *econ.* free (of charge), carriage (*od.* freight) (pre)paid; **∼ Station** free on rail; **∼ verzollt** duty-free.

ˈFran·ko·kaˌna·di·er *m* French Canadian. **Fran·ko·ma·nie** [fraŋkomaˈniː] *f* ⟨-; *no pl*⟩ Gallomania. **fran·ko·phil** [fraŋkoˈfiːl] *adj* Francophile.

ˈFrankˌreich *npr n* ⟨-s; *no pl*⟩ *geogr.* France; *fig. colloq.* **leben wie Gott in ∼** live on the fat of the land.

Fran·se [ˈfranzə] *f* ⟨-; -n⟩ **1.** *e-s Teppichs etc*: fringe; **et. mit ∼n besetzen** fringe s. th.; *fig. colloq.* **in ∼n sein** be in shreds. **2.** (*loser Faden*) (loose) thread, thrum. **3.** (*Ausgefranstes*) frazzle. **4.** *e-s Mops etc*: strand. **5.** *pl colloq.* (*Haare*) bangs, fringe *sg.* **6.** *Textil.* pillar stitch, fringe. **7.** *bot. zo.* fimbriation. **ˈfran·sen I** *v/i* ⟨**h**⟩ (*aus∼*) fray, (un)ravel, frazzle. **II** *v/t* fringe. **ˈfran·sig** *adj* **1.** (*ausgefranst*) frayed, frazzled; *colloq.* **sich den Mund ∼ reden** talk one's head off. **2.** (*mit Fransen versehen*) fringed.

ˈFranz|ˌband *m print.* **1.** calf (binding). **2.** (*Lederband*) calf-bound volume. **∼ˌbranntˌwein** *m* rubbing alcohol.

Fran·zis·ka·ner [frantsɪsˈkaːnər] *m* ⟨-s; -⟩ Franciscan (friar), Grey (*Am.* Gray) Friar. **Fran·zisˈka·ne·rin** *f* ⟨-; -nen⟩ Franciscan (nun).

Fran·zisˈka·ner|ˌklo·ster *n* **1.** Franciscan monastery. **2.** *für Frauen*: Franciscan convent. **∼ˌor·den** *m* Order of St. Francis, Franciscan Order.

Franz·mann *m* ⟨-(e)s; ⸚er⟩ *colloq.* Frenchy, Frog(gy).

Fran·zo·se [franˈtsoːzə] *m* ⟨-n; -n⟩ **1.** Frenchman; **die ∼n** the French (people); **er ist ∼** he is French (*od.* a Frenchman). **2.** *zo.* croton bug. **3.** *tech.* (*Schraubenschlüssel*) wrench.

Franˈzo·sen|ˌfeind *m* Francophobe. **♀ˌfeind·lich** *adj* anti-French, Francophobe. **∼ˌfreund** *m* Francophil(e), Gallophile. **♀ˌfreund·lich** *adj* Francophil(e), Gallophile, pro-French. **∼-ˌfreund·lich·keit** *f* Francophilia. **∼ˌhaß** *m* Francophobia. **∼tum** *n* ⟨-s; *no pl*⟩ French nationality (*od.* civilization, culture).

fran·zö·sie·ren [frantsøˈziːrən] *v/t* ⟨*no* **ge-**, **h**⟩ gallicize, *colloq.* frenchify.

Fran·zö·sin [franˈtsøːzɪn] *f* ⟨-; -nen⟩ Frenchwoman; **sie ist ∼** she is French.

franˈzö·sisch I *adj* French; **die ∼e Schweiz** the French-speaking part of Switzerland; **∼e Küche** French cooking (*od.* cuisine); **sie sprachen ∼** they spoke (in) French; **sie unterhielten sich auf ∼** they conversed (*od.* spoke) in French, they talked French. **II** *adv* **∼ kochen** cook French dishes; *fig. colloq.* **sich (auf) ∼ empfehlen** take French leave. **III** *ling.* **♀** ⟨*generally undeclined*⟩, **das ♀e** ⟨-n⟩ French, the French language; **ins ♀e (aus dem ♀en)** into (from the) French. **∼-ˈdeutsch** *adj* **1.** *Wörterbuch etc*: French-German. **2.** *bes. pol.* Franco-German. **∼ˌspre·chend** *adj* French-speaking. **♀ˌstun·de** *f* French class (*Br. a.* lesson).

frap·pant [fraˈpant] *adj* → **frappierend.**

Frap·pé [fraˈpeː] *n* ⟨-s; -⟩ *Austrian* (cold *od.* iced) milk shake.

frap·pie·ren [fraˈpiːrən] *v/t* ⟨*no* **ge-**, **h**⟩ **1. et. (j-d) frappiert j-n** s. o. is astonished (*od.* amazed, surprised) at s. th. (s. o.), s. o. is taken aback at (*od.* struck by) s. th. (s. o.). **2.** *gastr.* (*Wein, Sekt*) ice, chill, cool *s. th.* in ice. **∼d** *pres p u. adj* striking, remarkable, amazing.

ˈFräs|ˌar·beit *f* **1.** *metall.* milling work. **2.** *in Holz*: shaping work. **3.** *agr.* rotary hoeing. **∼au·toˌmat** *m* automatic milling machine, milling automatic. **∼ˌdorn** *m* cutter arbor.

Frä·se [ˈfrɛːzə] *f* ⟨-; -n⟩ **1.** → **Fräsmaschine.** **2.** *agr.* rotary hoe. **3.** *obs.* (*Halskrause*) ruff.

frä·sen [ˈfrɛːzən] *v/t u. v/i* ⟨**h**⟩ **1.** *metall.* mill. **2.** *Holz*: shape, mo(u)ld. **3.** *agr.* till (*soil*) by rotary hoe. **4.** *med.* fraise. **ˈFrä·ser** *m* ⟨-s; -⟩ **1.** *metall.* a) (*Werkzeug*) milling cutter, b) (*Arbeiter*) milling machine operator. **2.** *für Holz*: a) (*Werkzeug*) shaper, b) (*Arbeiter*) shaper operator. **3.** *med.* cutter, fraise. **Frä·seˈrei** *f* ⟨-; -en⟩ *tech.* **1.** (*Arbeit*) milling (practice). **2.** (*Betrieb*) milling shop.

ˈFräs|ˌfut·ter *n tech.* cutter chuck. **∼ˌkopf** *m* **1.** *tech.* a) (*Werkzeug*) (cone-type) face-milling cutter, b) (*Maschinenteil*) milling head, c) *e-r Wälzfräsmaschine*: hobbing head. **2.** *für Holz*: cutter head. **∼maˌschi·ne** *f* **1.** *metall.* milling machine, miller. **2.** (*Holz♀*) shaper. **∼ˌmes·ser** *n* → **Fräser** 1 a, 2 a.

fraß [fraːs] *1 u. 3 sg pret of* **fressen.**

Fraß [fraːs] *m* ⟨-es; *no pl*⟩ **1.** *colloq. contp.* (*Essen*) *sl.* grub; **der ∼ ist ungenießbar** one can hardly eat that stuff. **2.** (*Tiernahrung*) food, feed; **ein ∼ der Geier sein** be food for the vultures; **et. den wilden Tieren zum ∼ vorwerfen** throw s. th. to the wild beasts. **3.** *bes. agr.* a) (*Schädlings♀*) damage, b) canker. **4.** (*Rost♀, Säure♀*) corrosion. **5.** *med.* caries.

frä·ße [ˈfrɛːsə] *1 u. 3 sg pret subj of* **fressen.**

ˈFraß|ˌgang *m bes. agr. von Schädlingen*: channel, tunnel, gallery. **∼ˌgift** *n* stomach insecticide.

ˈFräs|ˌschlit·ten *m tech.* cutter slide. **∼ˌspin·del** *f* cutter (*od.* milling) spindle. **∼ˌspin·delˌkopf** *m* cutterhead. **∼ˌwerk** *n* horizontal drilling, boring and milling machine.

Fra·ter [ˈfraːtər] *m* ⟨-s; Fratres [-trɛs]⟩ *R. C.* Brother.

fra·ter·ni·sie·ren [fratɛrniˈziːrən] *v/i* ⟨*no* **ge-**, **h**⟩ *bes. pol.* fraternize. **Fra·ter·niˈsie·rung** *f* ⟨-; *no pl*⟩ fraternization.

Fratz [frats] *m* ⟨-es; -e(n)⟩ *colloq.* **1.** (**kleiner**) ~ little monkey (*od.* rascal); **süßer** ~ cute little thing, *nur Mädchen*: *Br. a.* poppet. **2.** (*freches Kind*) brat, imp, (little) rascal.

Frat·ze [ˈfratsə] *f* ⟨-; -n⟩ **1.** (*abstoßendes Gesicht*) distorted (*od.* ugly) face, *sl.* mug. **2.** grimace; **e-e ~ schneiden** (make a) grimace; **~n schneiden** make faces (*od.* grimaces), *sl.* mug. **3.** *colloq.* (*Gesicht*) face; **e-e hübsche ~** a pretty face. **4.** (*Maske*) mask. **5.** *Kunst*: mask, antic.

ˈ**frat·zen|haft** *adj* **1.** distorted, grimacing. **2.** (*grotesk*) grotesque. **Ձor·naˌment** *n Kunst*: antic (ornament).

Frau [frau] *f* ⟨-; -en⟩ **1.** woman; *collect.* **die ~, die ~en** woman *sg*, women, womankind *sg*; **die moderne ~, die ~ von heute** modern woman; **e-e ~ von Welt** a woman of the world, a sophisticated woman, a (real) lady; *iro.* **typisch ~!** just like a woman!; **~en und Kinder zuerst!** women and children first! **2.** *in Statistiken etc*: female. **3.** (*EheՁ*) wife; **m-e ~** my wife, *colloq.* my missus, *förmlich*: Mrs N; **Ihre ~** your wife, *förmlich*: Mrs X; **er möchte sie gern zur ~ haben** he wants (*od.* would like) to marry her; **~ und Kinder haben** have a family; (**sich** *dat*) **e-e ~ nehmen** take a wife, marry; **j-m s-e Tochter zur ~ geben** give s. o. one's daughter in marriage; **er hat e-e geborene N. zur ~** he is married to (*od.* his wife is) a N, his wife's maiden name is N; **j-m e-e gute ~ sein** make s. o. a good wife. **4.** (*Herrin*) mistress, lady (*of the house, etc*). **5.** (*EdelՁ, Dame*) lady. **6.** *in Verbindung mit Name, Titel*: (**die**) **~ X** Mrs X; **Ihre ~ Mutter** (**Schwester**) your mother (sister); **~ Professor X** a) (*Professorin*) Professor X, b) (*Professorengattin*) Mrs X; **Liebe** (*od.* **Sehr geehrte**) **~ B** (*Briefanfang*) Dear Mrs B; **gnädige ~** (*Anrede*) madam; *colloq.* **gnä' ~** ma'am; „**~en**" (*Aufschrift an Toiletten*) "Women", "Ladies". **7.** *colloq.* (*Mädchen*) girl, *sl.* bird, chick. **8.** *in Personifizierungen*: dame, lady; → **Fortuna** 1, **Holle**². **9.** *relig.* **Unsere liebe ~** Our (Blessed) Lady.

ˈ**Frau·chen** *n* ⟨-s; -⟩ **1.** *dim. of* **Frau** 1, 3. **2.** *als Kosewort*: little wife, wifey, *colloq.* old girl. **3.** *colloq.* (*Herrin e-s Hundes etc*) mistress.

ˈ**Frau·en|ˌab·teiˌlung** *f med.* female (*od.* gyn[a]ecological) ward. **~ˌar·beit** *f* **1.** woman's work (*od.* job); **das ist k-e ~** that isn't a woman's job. **2.** *in der Gemeinde*: ladies' aid. **~ˌar·beits·ˌschutz** *m jur.* protection of working women. **~ˌarzt** *m*, **~ˌärz·tin** *f* gyn(a)ecologist. **~beˌruf** *m* woman's profession. **~beˌschwer·den** *pl med.* period(ic) pains. **~beˌwe·gung** *f pol.* feminist (*od.* women's) movement. **~eman·zi·pa·tiˌon** *f pol.* women's emancipation (*od.* liberation). **~ˌfarn** *m bot.* lady fern. **~ˌfeind** *m* woman hater, misogynist. **Ձˌfeind·lich** *adj* misogynic. **~ˌfra·ge** *f* **1.** woman's question (*od.* problem). **2.** ⟨*only sg*⟩ question (*od.* issue) of women's rights. **~ˌfunk** *m* **1.** women's programmes *pl* (*Am.* programs *pl*). **2.** (*Titel*) Women's Programme, *Am.* Homemaker's Program. **~ge·ˌfäng·nis** *n* women's prison. **~geˌstalt** *f* **1.** female figure. **2.** *in Romanen etc*: female character. **Ձhaft** *adj u. adv* → fraulich. **~ˌheilˌkun·de** *f med.* gyn(a)ecology. **~ˌheld** *m* ladies' man, lady-killer, Don Juan. **~ˌherr·schaft** *f* female (*od.* *contp.* petticoat) rule, matriarchy. **~ˌkir·che** *f relig.* (*Kirchenname*) Church of Our (Blessed) Lady. **~ˌkleid** *n* **1.** (women's) dress. **2.** *pl* → **~ˌklei·dung** *f* women's wear (*od.* dresses *pl*, clothing). **~ˌkli·nik** *f* gyn(a)ecological hospital (*od.* clinic). **~ˌklo·ster** *n* convent, nunnery. **~ˌkrank·heit** *f* women's (*od.* female) disease; **~en betreffend** gyn(a)ecological; **Facharzt für ~en** gyn(a)ecologist. **~ˌlei·den** *n med.* female complaint (*od.* disorder), women's disease, gynopathy. **~ˌrech·te** *pl jur.* women's rights. **~ˌrecht·ler** *m* ⟨-s; -⟩ feminist. **~ˌrecht·le·rin** *f* ⟨-; -nen⟩ **1.** *jur.* feminist. **2.** *pol. hist.* suffragette. **Ձˌrecht·le·risch** *adj* feminist. **~ˌrol·le** *f thea.* female part (*od.* role). **~roˌman** *m* **1.** novel for women (readers). **2.** *als Gattung*: novel about a woman. **~ˌschmer·zen** *pl med.* period(ic) pains. **~ˌschuh** *m* **1.** woman's (*od.* lady's) shoe. **2.** *bot.* lady's slipper. **~ˌsport** *m* women's sport(s *pl*). **~sta·tiˌon** *f* → **Frauenabteilung.** **~ˌstift** *n* **1.** → **Damenstift** 1. **2.** *relig.* community (*od.* house) of secular canonesses. **~ˌstim·me** *f* **1.** woman's (*od.* female) voice. **2.** *mus.* female voice. **3.** *pol.* woman's vote. **~ˌstimmˌrecht** *n pol.* women's (*od.* female) suffrage (*od.* franchise), women's right to vote.

ˈ**Frau·en·tum** *n* ⟨-s; *no pl*⟩ **1.** womanhood. **2.** (*Weiblichkeit*) womanliness.

ˈ**Frau·en|ˌtur·nen** *n* women's gymnastics *pl* (*als sg konstruiert*). **~ˌüber·ˌschuß** *m* surplus of women. **~ˌwahl·ˌrecht** *n* → **Frauenstimmrecht.** **~ˌwelt** *f* **1.** *collect.* womankind, women *pl*, the female world. **2.** (*Welt der Frau*) women's world, the world of women. **~ˌzeitˌschrift** *f* woman's magazine (*od.* journal). **~ˌzim·mer** *n* **1.** *bes. contp.* woman, female. **2.** *humor.* petticoat, *vulg. sl.* skirt, *bes. Am.* dame, broad; **er ist hinter jedem ~ her** he runs (*od.* chases) after every woman (*od.* *vulg.* every bit of skirt). **~ˌzim·mer·chen** *n lit.* (little) woman.

Fräu·lein [ˈfrɔylaɪn] *n* ⟨-s; -, *colloq. a.* -s⟩ **1.** young lady (*od.* woman), girl. **2.** (*unverheiratete Frau*) unmarried (*od.* single) woman (*od.* lady); **ein älteres ~** an elderly lady, a spinster. **3.** *in Verbindung mit Namen, Titel*: Miss; (**das**) **~ Müller** Miss Müller; (**das**) **~ Doktor** (the) Doctor, Dr. X; **Ihr ~ Schwester** your sister, *förmlich*: Miss X. **4.** *als Anrede in Verbindung mit Namen*: Miss; **~ Rita** Miss Rita; **Liebes** (*od.* **Sehr verehrtes**) **~ Rita!** *als Briefanfang*: Dear Miss Rita. **5.** *als Anrede ohne Namen*: *colloq.* miss, *förmlich*: Madam; *colloq.* **gnä' ~** ma'am; **~!** a) *im Restaurant etc*: waitress!, *colloq.* miss, b) *im Laden etc*: *colloq.* miss, c) *in der Schule*: Miss X!, Teacher!, *colloq.* Miss!; *humor.* **kleines ~** *zu e-m Kind*: young lady! **6.** (*Kellnerin etc*) waitress, *colloq.* girl; *cf. a.* 5. **7.** (*Verkäuferin*) salesgirl, shopgirl, (shop) assistant; *cf. a.* 5. **8.** (*Lehrerin*) teacher; *cf. a.* 5. **9.** (*Erzieherin*) governess, *colloq.* miss; (*KinderՁ*) nurse, nanny. **10.** *teleph. colloq.* **das ~ vom Amt** the operator. **11.** *R.C.* **die Englischen ~** the Institute *sg* of Mary, the Ladies of Loretto.

ˈ**frau·lich I** *adj* womanly, womanlike, feminine; **diese Mode ist sehr ~** these fashions are very feminine. **II** *adv* in a womanly (*od.* feminine) way (*od.* manner); **~ wirken** be womanly, be feminine. **Ձkeit** *f* ⟨-; *no pl*⟩ womanliness.

frech [frɛç] **I** *adj* ⟨-er; -st⟩ **1.** (**zu, gegen**) to) impudent, impertinent, insolent, *colloq.* saucy, cheeky, snooty, *Am.* fresh (*fellow, answer, etc*); *colloq.* **komm** (*od.* **werd**) **mir ja nicht ~!** don't get cheeky (*Am.* fresh) with me!; **k-e ~en Antworten!** no cheeky answers!, no backchat (*Am.* back talk)!; **er war so ~** (*od.* **~ genug**) **zu behaupten** he had the impudence (*od.* *colloq.* cheek, nerve) to say; → **Oskar.** **2.** (*vorlaut, naseweis*) pert, forward, *colloq.* brash, cocky. **3.** (*schamlos*) brazen, barefaced, shameless (*lie, etc*); **mit ~er Stirn** brazenly. **4.** (*dreist*) bold, audacious (*attack, etc*). **5.** *colloq.* (*keß, fesch*) pert, saucy; **ein ~es Hütchen** a saucy (*od.* jaunty) little hat; **ein ~es Näschen** a pert little nose; **e-e ~e Melodie** (**Karikatur**) a saucy tune (cartoon). **II** *adv* **6.** impudently (*etc*), *colloq.* cheekily, saucily; **j-m ~ antworten** give s. o. an insolent answer, answer s. o. back; **j-n ~ anlügen** lie brazenly to s. o., lie to s. o.'s face. **Ձˌdachs** *m colloq.* *humor.* cheeky (*od.* saucy) (little) devil (*od.* rascal), (*Junge*) *a.* whipper-snapper, (*Mädchen*) *a.* minx, hussy. **Ձˌheit** *f* ⟨-; -en⟩ **1.** ⟨*only sg*⟩ impudence, impertinence, insolence, *colloq.* sauciness, cheekiness, (*Unverfrorenheit*) *a.* effrontery, *colloq.* cheek, nerve, gall; **so** (**ei**)**ne ~!** such (an) impudence!, the insolence of it!, *colloq.* what (a) cheek!, what a nerve!; *colloq.* **dazu gehört schon e-e gute Portion ~** it takes a great deal of cheek to do that. **2.** ⟨*only sg*⟩ (*vorlaute Art*) pertness, forwardness, *colloq.* brashness. **3.** ⟨*only sg*⟩ *e-r Lüge etc*: brazenness. **4.** ⟨*only sg*⟩ (*Kühnheit*) boldness, audacity. **5.** (*freche Handlung, Äußerung etc*) (piece of) impudence (*od.* insolence, impertinence); **sich ~en erlauben** (*od.* **herausnehmen**) (**gegenüber j-m**) take liberties (with s. o.), *Am. colloq. a.* get fresh (with s. o.).

Free·sie [ˈfreːzĭə] *f* ⟨-; -n⟩ *bot.* freesia.

Fre·gat·te [freˈgatə] *f* ⟨-; -n⟩ **1.** *mar., a. hist.* frigate; **~nkapitän** *m* commander. **2.** *fig. humor. contp.* (**alte**) **~** (stately) old galleon.

frei [fraɪ] **I** *adj* ⟨-er; -st⟩ **1.** free; **die Gedanken sind ~** thought is free; **~e Liebe** free love; **~er Wille** free will; **~e Wahl** free choice; **die ~e Wahl haben** be free to choose; **er hat ~en Zutritt zur Bibliothek** he has free access to (*od.* the freedom of, *colloq.* the run of) the library; **ein ~er Mann** a) a free man, b) *jur. hist.* a freeman, c) *Sport*: *cf.* 34 b; **du bist** (**schließlich**) **ein ~er Mensch** (*kannst tun, was du willst*) you are a free agent (after all); **er ist ~, zu tun, was ihm beliebt** he is free (*od.* at liberty) to do what he likes; **ich bin so ~** a) (**et. zu tun**) a) I take the liberty (of doing s. th.), b) *als Antwort auf ein Angebot*: well, thank you!, if I may!; **ich bin so ~, Sie zu erinnern** permit me to remind you; **die Ձe Stadt Frankfurt** the free city of Frankfort; **die Ձe und Hansestadt Hamburg** the Free Hanseatic City of Hamburg; **die ~en Reichsstädte** the free (imperial) cities; **~e Meinungsäußerung** free speech; *pol.* **die Ձe Demokratische Partei** the Free Democratic Party; *DDR pol.* **Ձe Deutsche Jugend** Free German Youth. **2.** (*unabhängig, selbständig*) free, independent (*life, person, etc*); **die ~en Berufe** the independent (*od.* liberal) professions. **3.** (*~schaffend*) freelance (*journalist, writer, etc*). **4.** (*unbehindert*) free, unrestrained, unhampered, free of (*od.* without) restraint; **~e Entwicklung** (*od.* **Entfaltung**) free development. **5.** (*in Freiheit*) free; **der Gefangene ist wieder ~** the prisoner is free (*od.* at liberty, *colloq.* out, *b. s.* at large) again. **6.** (*nicht gezwungen*) free, unconstrained, uncompelled, unforced. **7.** *Stuhl, Raum etc*: free, vacant, unoccupied; **ist hier** (*od.* **ist dieser Platz**) **noch ~?** is this seat (already) taken?, is this seat free (*od.* vacant)?, is anyone sitting here?; „~" a) *am WC*: "vacant", b) *am Taxi*: "for hire"; „**Zimmer ~**" *Br.* "rooms to let", *Am.* "rooms to rent". **8.** *Straße, Platz etc*: free, clear; **j-m den Tisch ~ machen** clear the table for s.o.; **den Eingang ~ machen** clear (*od.* move away from) the entrance. **9.** (*unbeschrieben*) blank; **e-e ~e Seite** a blank page; **e-n ~en Platz lassen** leave a blank. **10.** *Posten*: open, vacant; **e-e ~e Stelle** a vacant position, a vacancy, an opening. **11.** *Zeit, Tag etc*: free, *nachgestellt*: off; **~e Zeit** → **Freizeit**; **ein ~er Tag** a free day, a holiday, (*bes. dienst~, schul~*) a day off; **sie hat heute abend ~** she is free tonight, it's her evening off tonight; **morgen nehmen wir ~** we'll take a holiday (*od.* a day off) tomorrow; **ich habe k-n ~en Augenblick** I haven't got a (free) moment to myself; **um sechs Uhr hat** (*od.* **ist**) **er ~** he'll be off (duty) (*od.* free) at six o'clock, he finishes work (*od. colloq.* knocks off) at six o'clock. **12.** (*unbeschäftigt*) free, unoccupied, not engaged, not busy; **sind Sie gerade ~?** are you free at the moment?, have you got a moment (to spare)? **13.** (*nicht gebunden*) unattached, free, single. **14.** (*offen, unbegrenzt*) open (*country, field, view, etc*); **~e Aussicht** open (*od.* unhampered) view; **~es Feld** (*od.* **Gelände**) open field (*od.* country); **~ stehen** stand alone (*od.* by itself); **in der ~en Natur** in the open (country); **das ~e Meer** a) the open sea, b) *jur.* the free sea; → **Himmel** 1 (*etc*). **15.** (*unbedeckt*) uncovered, free; **den Oberkörper ~ machen** strip to the waist. **16.** *Ansicht, Glaube etc*: liberal, free, broad (*views, etc*). **17.** a) *Benehmen, Ton etc*: free (and easy), unconventional, b) *Lebenshaltung*: emancipated; **~es Auftreten** free manner; **sie ist viel ~er geworden** *colloq.* she has loosened up a great deal. **18.** *Ausdrucksweise, Äußerung etc*: free, frank, outspoken. **19.** (*offen und ehrlich*) open, candid, frank (*look, talk, etc*). **20.** (*nicht wörtlich*) free, loose (*translation*). **21.** (*moralisch ~, tabu~*) free, (*moralisch großzügig*) *a.* permissive, *Film etc*: *a.* candid. **22.** (*kostenlos*) free (of charge), gratis; **Eintritt ~ (für)** admission free (for); *colloq.* **Kinder unter sechs sind ~** a) children under six are admitted free, b) *in Straßenbahn etc*: children under six travel free; **20 kg Gepäck (sind) ~** *im Flugzeug etc*: 40 pounds of luggage (are) allowed. **23.** *Autorenrechte*: not reserved, no longer bound by copyright. **24. ~ von Schmerzen sein** be without pain, be free from pain; **~ von Schulden** clear of debts; **die Straßen sind ~ von Eis** the roads are free from (*od.* clear of) ice; **~ von Zusätzen** without admixtures; **kein Mensch ist ~ von Fehlern** nobody is perfect; **er ist ~ von Vorurteilen** he has no prejudice(s). **25.** *Film*: **~ für Jugendliche ab 12 Jahren** suitable for children from 12 years on. **26.** *econ.* a) *Käufe, Rücklagen etc*: voluntary, b) *Wettbewerb, Handel etc*: free, c) → **steuerfrei**; **~er Wechselkurs** freely floating exchange rate; **~e Wirtschaft** free economy (*od.* enterprise); → **Markt** 1 (*etc*). **27.** *econ.* a) *Lieferung*: free (of charge), b) *Postsendung*: (pre)paid, postpaid, *bes. Br.* post-free, franco; „~" *auf Postsendungen*: "expenses prepaid". **28.** *jur.* (*unbewirtschaftet*) uncontrolled, unrestricted; **die Mieten werden ~** rents are being decontrolled. **29.** *chem. phys. Energie, Element etc*: free, released, uncombined, liberated; **~er Kohlenstoff** uncombined carbon; **Wärme wird ~** heat is released (*od.* liberated); **Kräfte werden ~** forces are set free (*od.* released). **30.** *phys. Fall, Elektron etc*: free. **31.** *electr.* a) *Installationen*: open, b) *Strom*: transient. **32.** *teleph. Leitung*: vacant, disengaged, *Am.* not busy. **33.** *im Verkehr*: free; → **Fahrt** 2. **34.** *Sport*: a) (*ungedeckt*) unmarked, <*pred*> *a.* (in the) clear, b) *Fußball*: **~er Mann** free man, libero; → **Bahn**[2] 1 (*etc*). **II** *adv* **35.** freely; **sich ~ entscheiden** decide freely; **~ herumlaufen** *Hund*: run about freely, be at large; **~ atmen** breathe freely; *econ.* **~ konvertierbar** freely convertible; **~ erhältlich** freely obtainable (*od.* available); **~ verkäuflich** for sale without restrictions; **~ finanziert** privately financed; **~ finanzierter Wohnungsbau** unassisted private house-building; **sich ~ entfalten** develop freely (*od.* unrestrainedly); **~ zugänglich** accessible from all sides; *phys. tech.* **~ beweglich** free-moving, freely moving, mobile; **~ (schwebend) aufgehängt** freely suspended. **36. ~ arbeitender Schriftsteller** freelance (writer); **~ praktizierender Arzt** doctor in (private) practice. **37. ~ herumliegen** lie openly; **ein Kabel ~ verlegen** lay a cable uncovered (on the surface). **38. ~ in der Luft schweben** float unsupported in the air. **39. ~ erzogen** liberally educated. **40.** freely, in a free and easy manner, unconventionally; **er benimmt sich zu ~** he is too free and easy, (*vertraulich*) he is a bit too familiar; **sich ~ geben** be free and easy, be quite unconstrained. **41. ~ (und offen)** freely, openly, frankly, candidly; **sich ~ ausdrücken** (*od.* **äußern**), **~ heraus sprechen** speak openly, express one's opinion frankly, be outspoken; **sprich nur (immer) ~ heraus!** speak up (*od.* out)!; → **frank**. **42. ~ reden, e-e Rede ~ halten** speak without notes (*od.* extempore, offhand). **43. Kinder fahren ~** children travel free; **et. ~ bekommen** get s. th. free (*od.* gratis); *econ.* **Lieferung ~ Haus** free domicile, free to the door, free delivery; **~ an Bord** free on board, f. o. b.; **~ Bahn, ~ Waggon** free on rail, f. o. r.; **~ längsseits Schiff** free alongside ship. **44.** *mus.* freely, sciolto; **~ improvisieren** improvise (freely).

ˈ**Frei|ˌak·tie** *f* free (*od.* bonus) share. **~ˌan|la·ge** *f* open park (*od.* garden). **~an|ten·ne** *f* free (*od.* outdoor) aerial (*Am.* antenna). **~ˌant|wort** *f Post*: prepaid reply. **~ˌbad** *n* open-air (*od.* outdoor) swimming pool, *Br. a.* lido. **~bal|lon** *m* free balloon. **~ˌbank** *f* cheap-meat stall (*od.* department). **2be|kom·men I** *v/t* <*irr, sep, no* -ge-, h> **1.** (*Stunde etc*) get (*od.* be given) (*an hour, etc*) off. **2.** (*Gefangenen*) get *s. o.* released (*od.* free). **3.** (*Weg etc*) (get *s. th.*) clear. **4.** (*losbekommen*) (get *s. th.*) free; **er versuchte, s-e Hände freizubekommen** he tried to free his hands. **II** *v/i* **5.** get (*od.* be given) time (*od.* a day, *etc*) off. **~be|ruf·ler** *m* freelance, self-employed person. **2be|ruf·lich I** *adj Schriftsteller etc*: freelance, *adm.* self-employed; *Rechtsanwalt, Arzt etc*: in private practice. **II** *adv* **~ tätig sein** a) *als Journalist etc*: work (as a) freelance, be self-employed, b) *als Rechtsanwalt, Arzt etc*: have a private practice. **~be|trag** *m econ.* free allowance. **~ˌbeu·ter** [-ˌbɔʏtər] *m* <-s; -> *hist.* freebooter, buccaneer. **~beu·teˈrei** [ˌfraɪ-] *f* <-; *no pl*> freebooting, piracy. **2ˌbeu·te·risch** *adj* freebooting. **~ˌbier** *n* free beer. **2ˌblei·bend** *adj u. adv econ.* without engagement, subject to being sold (*od.* to alteration without notice), not binding. **~ˌbord** *n mar.* freeboard. **~ˌbrief** *m* **1.** *hist.* a) (*Urkunde*) charter, letters *pl* patent, b) (*Vorrecht*) privilege, patent. **2.** *fig.* **(für)** warrant (for), right (to), excuse (for). **~de·mo|krat** *m pol.* Free Democrat, Liberal. **~ˌden·ker** *m* free-thinker. **2ˌden·ke·risch** *adj* free-thinking. **~ˌden·ker·tum** *n* <-s; *no pl*> free-thinking, free thought.

ˈ**Freie**[1] *n* <-n; *no pl*> **1.** the open (field *od.* country); **im ~n** a) in the open, outdoors, b) in the open air; **Spiele im ~n** outdoor games; **ins ~ gehen** go into the open (*od.* outside); **im ~n übernachten** camp out, sleep in the open (*od.* under the open sky). **2.** (*Ungezwungenheit*) ease, informality. ˈ**Freie**[2] *m, f* <-n; -n> *hist.* freeman (freewoman).

frei·en [ˈfraɪən] *lit.* **I** *v/t* <h> **1.** marry. **II** *v/i* **2. um ein Mädchen ~** court (*od.* woo) a girl; **jung gefreit, hat nie(mand) gereut** (*Sprichwort*) marry young and you will never regret it. **III 2** *n* <-s> **3.** marrying (*etc*). **4.** courtship. ˈ**Frei·er** *m* <-s; -> *lit.* **1.** suitor. **2.** *humor. e-r Prostituierten*: customer. ˈ**Frei·ers|fü·ße** *pl humor.* **auf ~n gehen** go (*od.* be) courting, be looking for a wife.

ˈ**Frei|ex·em|plar** *n print.* free (*od.* complimentary, gratis) copy; *mit Widmung*: presentation copy; (*Belegexemplar*) author's copy; *für Anzeigenkunden*: voucher copy; *zur Rezension*: review (*od.* press) copy; (*Zeitschrift etc zur Probe*) specimen (copy). **~ˌfach** *n Austrian and Swiss for* Wahlfach. **~ˌfahr|kar·te** *f*, **~ˌfahr|schein** *m* free ticket. **~ˌfahrt** *f* free ride (*od.* trip). **~ˌfall|bahn** *f* free-fall trajectory. **~ˌfall|schirm** *m* drop-type parachute. **~ˌflä·che** *f* **1.** *civ. eng.* free space. **2.** *aer.* clearway. **2ˌflie·gend** *adj tech.* overhung, cantilever, self-supporting. **~ˌflug** *m allg.* free flight. **~ˌfrau** *f* baroness, baron's wife. **~ˌfräu·lein** *n* baroness, daughter of a baron.

ˈ**Frei|ga·be** *f* <-; *no pl*> **1.** → **freigeben** 16. **2.** (*Freilassung*) release. **3.** *zur Aufführung, zum Druck etc*: release; **~ e-s Films** release of a film, *durch Filmkontrolle*: passing of a film. **4.** *e-r Leiche*: release. **5.** a) *e-r Startbahn, Bahnstrecke etc*: clearance, b) *adm.* opening (*of road, etc*) (to traffic). **6.** *econ.* a) *von Bewirtschaftung*: decontrol, b) *von gesperrten Konten, Kontingenten etc*: release, c) *des Wechselkurses*: floating. **7.** *jur. von gepfändeten etc Gegenständen*: release, surrender. **8.** *mil. von beschlagnahmtem Gut*: derequisition. ˈ**frei|ge·ben I** *v/t* <*irr, sep,* -ge-, h> **1. j-m e-n Tag (e-e Woche) ~** give s. o. a day (a week) off; **sich** (*dat*) **e-n Tag ~ lassen** get a day off. **2.** (*Gefangenen etc*) release, set *s. o.* free. **3.** (*Verlobten, Ehemann etc*) release, let *s. o.* go. **4.** (*Straße etc*) a) clear, b) *adm.* open; **für den Verkehr ~** open *s. th.* to traffic. **5. die Fahrtrichtung ~** signal the traffic to go ahead (*od.* proceed). **6.** (*Eingang, Weg etc*) clear. **7.** *zum Druck etc*: release (**zur Veröffentlichung** for publication); **e-n Film ~** a) release a film, b) *Filmkontrolle*: pass a film. **8.** (*Leiche*) release. **9. den Blick auf** (*acc*) **et. ~** give a view over s. th. **10.** (*Startbahn, Bahnstrecke etc*) clear. **11.** *Sport*: **den Start ~** give the signal to start. **12.** *econ.* a) (*Miete etc*) decontrol, b) (*ge-

sperrte Konten, Kontingente etc) release, c) (*den Wechselkurs*) float. **13.** *jur.* (*gepfändetes etc Gut*) release, surrender. **14.** *mil.* (*beschlagnahmtes Gut*) derequisition, release. **II** *v/i* **15.** j-m ~ give s. o. time off. **III** ≈ *n* ⟨-s⟩ **16.** releasing (*etc*). **17.** → Freigabe.

ˈfreiˌge·big [-ˌgeːbɪç] *adj* generous, liberal, open-handed, *stärker*: lavish, munificent; ~ sein *a.* have an open hand; er ist sehr ~ mit s-m Geld (Lob) he is very generous (*od.* free) with his money (praise). **≈keit** *f* ⟨-; *no pl*⟩ generosity, liberality, open-handedness.

ˈfrei|geˌbo·ren *adj* free-born. **≈geˌhe·ge** *n im Zoo*: open-air enclosure. **≈ˌgeist** *m* ⟨-(e)s; -er⟩ free-thinker. **~ˌgei·stig** *adj* free-thinking. **≈geˌlän·de** *n* open(-air) grounds *pl.* **≈geˌlas·se·ne** *m* ⟨-n; -n⟩ *hist.* freed slave. **≈geˌpäck** *n aer.* free (*od.* allowed) luggage (*od.* baggage). **≈geˌricht** *n* → Feme.

ˈfreiˌgie·big [-ˌgiːbɪç] *adj* → freigebig.

ˈFrei|ˌgren·ze *f econ.* **1.** (tax) exemption limit. **2.** free quota. **~ˌgut** *n* **1.** *econ.* duty-free goods *pl.* **2.** *jur. hist.* al(l)odium, freehold (estate). **≈ˌha·ben** *v/i* ⟨*irr, sep,* -ge-, h⟩ have a holiday, *im Betrieb etc*: *a.* have time (a day, *etc*) off; Montag habe ich frei I have a day off (*od.* I don't work) on Monday, *regelmäßig*: Monday is my day off. **~ˌha·fen** *m econ.* free port. **≈ˌhal·ten I** *v/t* ⟨*irr, sep,* -ge-, h⟩ **1.** j-n ~ pay for s. o., treat s. o.; sich von j-m ~ lassen let s. o. pay for one; j-n beim Essen ~ treat s. o. to (*od.* stand s. o.) a dinner. **2.** (*reservieren*) keep *s. th.* free, reserve, save; halte mir bitte e-n Platz frei please save a seat for me; ich werde die Zeit zwischen 3 und 4 für dich ~ I'll keep myself free for you from three to four. **3.** (*Einfahrt etc*) keep *s. th.* clear (*od.* free). **4.** *econ.* (*Angebot etc*) keep *s. th.* open. **II** *v/reflex* **5.** sich ~ (für) keep o. s. free (for). **~ˌhand·bi·blioˌthek, ~ˌhand·bü·cheˌrei** *f* open-access (*bes. Am.* -shelf, -stack) library. **~ˌhan·del** *m econ.* free trade; Anhänger des ~s free trader.

ˈFreiˌhan·dels|geˌmein·schaft, die Eu·roˈpä·ische *econ.* the European Free Trade Association. **~po·liˌtik** *f* free trade policy. **~ˌzo·ne** *f* **1.** (*Freihafen etc*) free (*od.* foreign) trade zone. **2.** *zwischenstaatliche*: free trade area; Europäische ~ European Free Trade Area; Kleine ~ European Free Trade Association (EFTA). **3.** *im Luftverkehr*: customs-free trade zone.

ˈfreiˌhän·dig [-ˌhɛndɪç] *adj u. adv* **1.** *Radfahren etc*: with no hands, no-handed. **2.** *Schießen etc*: without support. **3.** *Zeichnung etc*: freehand. **4.** *econ.* by private contract, privately; ~er Verkauf sale in the open market, over the counter trade; ~ verkaufen sell privately, *an der Freiverkehrsbörse*: sell on the kerb (*Am.* curb) market.

ˈFrei|ˌhandˌzeich·nen *n,* **~ˌhandˌzeich·nung** *f* freehand (drawing). **≈ˌhän·gend** *adj civ. eng.* (freely) suspended.

ˈFrei·heit *f* ⟨-; -en⟩ **1.** freedom, liberty; geistige ~ intellectual freedom (*od.* liberty), freedom of thought; bürgerliche ~en civil liberties; ~, Gleichheit, Brüderlichkeit! liberty, equality, fraternity!; ~ der Presse (Rede) freedom of the Press (of speech); *jur.* die ~ der Meere freedom of the seas; völlige (*od.* volle) ~ haben, et. zu tun have the complete freedom (*od.* have full scope) to do s. th.; j-m in (*dat*) et. große ~ gewähren allow s. o. great liberty (*od.* latitude) in s. th.; ich lasse dir hierin volle ~ you are completely at liberty to do what you like; in ~ sein a) be at liberty, be free, b) *bes. Verbrecher etc*: be at large; j-n in ~ setzen set s. o. free (*od.* at liberty), release s. o.; in ~ lebende Tiere free (*od.* wild) animals; in ~ geborene Tiere free-born (*od.* wild-born) animals. **2.** (*Erlaubnis*) liberty; sich (*dat*) die ~ (heraus-) nehmen, et. zu tun take the liberty to do (*od.* of doing) s. th., venture to do s. th. **3.** *meist pl* (*Ungehörigkeit*) liberty; sich (*dat*) j-m gegenüber (*od.* gegen j-n) ~en herausnehmen (*od.* erlauben) take liberties (*od.* make free) with s. o. **4.** (*Vorrecht*) liberty, privilege. **5.** (*Unabhängigkeit*) independence. **6.** (künstlerische, dichterische ~ artistic, poetic) licen/ce (*Am.* -se). **7.** *jur. pol.* (*Immunität*) immunity; parlamentarische ~ Parliamentary privilege, *Am.* privilege of Congress. **8.** *econ.* a) (*Ausgenommensein*) (von from) exemption, immunity, b) (*Abschreibung*) depreciation allowance. **9.** *tech.* (*Spielraum*) free play, clearance. **ˈfrei·heit·lich I** *adj* **1.** *Denker, Gesinnung etc*: liberal. **2.** *Verfassung etc*: based on the principle of freedom (*od.* liberty), free (and democratic); ~e Demokratie free (and constitutional) democracy. **3.** (*unabhängig*) independent. **II** *adv* **4.** liberally; ~ gesinnt sein be liberal-minded.

ˈFrei·heits|beˌrau·bung *f jur.* **1.** deprivation of liberty. **2.** ~ im Amt a) (*ungerechtfertigte Festnahme*) illegal arrest (*od.* detention), b) (*ungerechtfertigte Gefängnisstrafe*) false imprisonment. **~beˌschrän·kung** *f* restriction of liberty, restraint. **~beˌwe·gung** *f* **1.** struggle for freedom. **2.** liberation movement. **~ˌdrang** *m* desire for freedom (*od.* liberty, independence). **~entˌzug** *m jur.* **1.** → Freiheitsberaubung. **2.** → Freiheitsstrafe. **~ˌkampf** *m* fight (*od.* struggle) for freedom. **~ˌkämp·fer** *m* freedom fighter. **~ˌkrieg** *m* war of liberation (*od.* independence); *hist.* die ~e the Wars of Liberation (*1813–15*). **~ˌlie·be** *f* love of freedom (*od.* liberty). **≈ˌlie·bend** *adj* freedom-loving. **~ˌsta·tue** *f von New York*: Statue of Liberty. **~ˌstra·fe** *f jur.* (term of *od.* sentence of) imprisonment, prison sentence.

ˌfrei·herˈaus *adv* frankly, openly, freely, straight out, *stärker*: point-blank, bluntly.

ˈFrei|ˌherr *m* baron. **≈ˌherr·lich** *adj* baronial. **≈ˌher·zig** *adj* open-hearted, frank.

ˈFrei·in *f* ⟨-; -nen⟩ → Freifräulein.

ˈfrei|ˌkämp·fen I *v/t* ⟨*sep,* -ge-, h⟩ (*Stadt etc*) free, liberate. **II** *v/reflex* sich ~ fight one's way free (*od.* through, out). **≈ˌkar·te** *f* free ticket (*od.* pass), *thea. a.* complimentary ticket. **≈ˌkauf** *m e-r Geisel etc, a. fig.* redemption, ransom. **~ˌkau·fen** *v/t* ⟨*sep,* -ge-, h⟩ redeem, ransom. **≈ˌkir·che** *f relig.* Free Church. **~ˌkirch·lich** *adj* free-church. **~ˌkom·men** *v/i* ⟨*irr, sep,* -ge-, sein⟩ **1.** get free, get away; *aer.* vom Boden ~ become airborne, get off (the ground). **2.** *mar.* come off, get away; ~ von der Küste clear (the coast). **3.** *jur.* a) (*entlassen werden*) be released, be set free, b) (*freigesprochen werden*) be acquitted. **≈ˌkör·per·kulˌtur** *f* nudism. **≈ˌkorps** *n mil. hist.* volunteer corps. **~ˌkrie·gen** *v/t u. v/i* ⟨*sep,* -ge-, h⟩ *colloq. for* freibekommen. **≈kuˌvert** *n* → Freiumschlag. **≈ˌla·ger** *n econ.* bonded warehouse. **≈ˌla·ge·rung** *f* open-air storage. **≈ˌland** *n* ⟨-(e)s; *no pl*⟩ *hort.* open land; ins ~ (aus)pflanzen plant *s. th.* out; ~gemüse *n* outdoor vegetable. **~ˌlas·sen I** *v/t* ⟨*irr, sep,* -ge-, h⟩ **1.** (*Gefangenen, Vogel etc*) release, set *s. o.* free (*od.* at liberty), free, liberate, (*Sklaven*) *a.* emancipate; j-n gegen ein Lösegeld ~ release s. o. for a ransom, ransom s. o. **2.** (*Hund von der Leine*) let (*a dog*) loose (*od.* off the leash), unleash, slip. **II** ≈ *n* ⟨-s⟩ **3.** releasing (*etc*). **≈ˌlas·sung** *f* ⟨-; *no pl*⟩ **1.** → freilassen II. **2.** release. **≈ˌlauf** *m Fahrrad u. mot.* freewheel; im ~ fahren freewheel, coast. **≈ˌlaufˌbrem·se** *f* freewheel (*od.* coaster) brake. **~ˌlau·fen** *v/reflex* ⟨*irr, sep,* -ge-, h⟩ sich ~ *Sport*: run clear. **≈ˌlaufˌkupp·lung** *f mot.* freewheel (*od.* overrunning) clutch. **≈ˌlaufˌna·be** *f* freewheel (*od.* coaster) hub. **~ˌle·gen I** *v/t* ⟨*sep,* -ge-, h⟩ **1.** lay open (*od.* bare), uncover, expose (*a painting, etc*). **2.** *med.* a) *durch Operation*: lay *s. th.* open, expose, b) (*Wunde*) uncover. **II** ≈ *n* ⟨-s⟩ **3.** laying open (*etc*). **≈ˌle·gung** *f* ⟨-; *no pl*⟩ **1.** → freilegen II. **2.** exposure. **≈ˌlei·tung** *f electr.* overhead (*od.* open) line.

ˈfrei·lich *adv* **1.** *colloq. bejahend*: certainly, indeed, of course, *Am.* sure; ja ~ yes indeed, yes of course, by all means, to be sure, *Am.* sure enough. **2.** *einräumend*: it is true, of course, indeed, to be sure; es gibt ~ noch ein paar Schwierigkeiten there are still some difficulties, of course. **3.** *einschränkend*: however, though; dies ist ~ nicht ganz richtig this is not quite correct, though.

ˈFreiˌlicht... *in Zssgn* open-air (*museum, performance, theatre*). **~ˌaufˌnah·me** *f phot.* exterior shot. **~ˌbüh·ne** *f* **1.** open-air stage. **2.** open-air theat/re (*Am.* -er). **~ˌki·no** *n* open-air cinema, drive-in. **~ma·leˌrei** *f* plein-air painting.

ˈFreiˌli·ste *f econ.* **1.** *für zollfreie Waren*: free list. **2.** list of tax-free goods. **~ˌlos** *n* **1.** free (lottery) ticket. **2.** *Sport*: bye; ein ~ ziehen draw a bye.

ˈFreiˌluft... *in Zssgn* open-air (*school, treatment, etc*).

ˈfrei|ˌma·chen I *v/t* ⟨*sep,* -ge-, h⟩ **1.** *Post*: prepay, stamp. **2.** *colloq.* einen Tag ~ take a day off. **II** *v/reflex* sich ~ **3.** sich von et. ~ free o. s. from s. th., (*loswerden*) *a.* get rid of s. th. **4.** *colloq.* (*sich Zeit nehmen*) arrange to be free. **≈ˌma·chung** *f* ⟨-; *no pl*⟩ prepayment (of postage), stamping; ~sgebühr *f* postage, prepayment fee. **≈ˌmar·ke** *f* postage stamp; *philat.* definitive stamp. **≈ˌmau·rer** *m* Freemason, Mason. **≈mau·reˈrei** [ˌfraɪ-] *f* ⟨-; *no pl*⟩ Freemasonry, Masonry. **~ˌmau·re·risch** *adj* Masonic. **≈ˌmau·rerˌlo·ge** *f* (Freemason's *od.* Masonic) lodge. **≈ˌmau·rer·tum** *n* ⟨-s; *no pl*⟩ Freemasonry, Masonry. **≈ˌmut** *m* ⟨-(e)s; *no pl*⟩ → Freimütigkeit. **~ˌmü·tig I** *adj* **1.** (*offen*) frank, candid, open; ~es Geständnis frank confession. **2.** (*rückhaltlos*) outspoken, straightforward. **3.** (*ohne Zurückhaltung*) frank, unreserved. **II** *adv* **4.** frankly (*etc*); ~ s-e Meinung sagen speak one's mind freely. **≈ˌmü·tig·keit** *f* ⟨-; *no pl*⟩ frankness, cando(u)r, openness; straightforwardness. **≈ˌpla·stik** *f* free-standing sculpture. **≈ˌplatz** *m* **1.** a) *ped.* free place, b) (university) scholarship. **2.** *thea. etc* free seat, pass. **~ˌpres·sen** *v/t* ⟨*sep,* -ge-, h⟩ force *s. o.'s* release (from prison). **≈ˌraum** *m* **1.** *mar.* free space. **2.** *fig.* private area. **~re·li·giˌös** *adj* free-thinking, non-dogmatic religious. **≈ˌsaß**

m ⟨-sassen; -sassen⟩, **2ˌsas·se** *m* ⟨-n; -n⟩ *hist.* freeholder, yeoman. **2ˌsas·senˌgut** *n* freehold. **∼ˌschaf·fend** *adj* freelance; **∼er Künstler** freelance artist, freelance. **2ˌschaf·fen·de** *m, f* ⟨-n; -n⟩ freelance. **2ˌschar** *f mil. hist.* volunteer corps. **2ˌschär·ler** [-ˌʃɛːrlər] *m* ⟨-s; -⟩ **1.** (volunteer) irregular. **2.** (*Partisane*) guerrilla. **3.** franc-tireur. **2ˌschlag** *m Sport*: free hit. **∼ˌschwe·bend** *adj* freely suspended. **∼ˌschwim·men** *v/reflex* ⟨*irr, sep,* **-ge-**, h⟩ **sich ∼ 1.** pass the 15-minute swimming test. **2.** *Wasserball*: swim clear. **3.** *fig.* find one's feet. **2ˌschwim·mer** *m swimmer who has passed the 15-minute swimming test.* **2ˌsein** *n* ⟨-s; *no pl*⟩ **1.** → **Freiheit** 1. **2.** state of being free from s. th., freedom (*from tuberculosis, etc*). **∼ˌset·zen** *v/t* ⟨*sep,* **-ge-**, h⟩ **1.** *chem. phys. u. fig.* set *s. th.* free, release, liberate. **2.** *econ. euphem.* make redundant; **freigesetzte Arbeitskräfte** redundant workers. **2ˌset·zung** *f* ⟨-; *no pl*⟩ **1.** *chem. phys. u. fig.* release, liberation, setting free. **2.** *econ.* laying off, dismissal. **2ˌsinn** *m* ⟨-(e)s; *no pl*⟩ **1.** liberal-mindedness. **2.** *pol. hist.* liberalism. **∼ˌsin·nig** *adj* **1.** liberal(-minded). **2.** *pol.* liberal. **∼ˌspie·len I** *v/reflex* ⟨*sep,* **-ge-**, h⟩ **sich ∼** *Sport*: break clear. **II** *v/t* **j-n ∼** create an opening for s. o. **∼ˌspre·chen** *v/t* ⟨*irr, sep,* **-ge-**, h⟩ **1.** (**von** *dat*) absolve (from), clear (of), exonerate (from), *lit.* exculpate (from); **j-n von e-m Verdacht ∼** clear s. o. of a suspicion; **von Fahrlässigkeit muß ich ihn ∼** I must say he is not guilty of negligence. **2.** *jur.* **j-n ∼** acquit s. o. (**von** *dat* of); **von e-r Anklage freigesprochen werden** be acquitted (*od.* cleared) of a charge, *colloq.* get off. **3.** *relig. von Sünden etc*: absolve (from). **4.** *econ.* (*Lehrling*) release (*an apprentice*) from his indentures. **2ˌspre·chung** *f* ⟨-; -en⟩ **1.** absolution (*a. relig.*), exoneration, exculpation. **2.** → **Freispruch. 3.** *econ. e-s Lehrlings*: release (from one's indentures). **2ˌspruch** *m jur.* acquittal. **2ˌstaat** *m pol.* free state; **der ∼ Bayern** the Free State of Bavaria; **der ∼ Irland** the Irish Free State. **∼ˌstaat·lich** *adj pol.* of a free state, free-state. **2ˌstadt** *f hist.* free city. **2ˌstatt** *f* ⟨-; ⸚en⟩, **2ˌstät·te** *f* ⟨-; -n⟩ *lit.* asylum, sanctuary, (place of) refuge. **∼ˌste·hen I** *v/i* ⟨*irr, sep,* **-ge-**, h *u.* sein⟩ **1.** *Wohnung etc*: be vacant, be unoccupied. **2.** *Sport*: be unmarked. **3. j-m ∼** be (left) open to s. o.; **die Wahl stand uns frei** the choice was (left) open to us, we were free (*od.* at liberty) to choose. **II** *v/impers* **4. es steht Ihnen frei zu tun, was Ihnen beliebt** you are at liberty (*od.* free) to do what you like, you may (*od.* can) do what you like; **das steht Ihnen völlig frei** that's entirely up to you. **∼ˌste·hend** *adj* **1.** (*leerstehend*) vacant, unoccupied (*apartment, etc*). **2.** (*einzeln*) isolated. **3.** (*nicht angebaut*) detached (*house*). **4.** (*ungeschützt*) exposed. **5.** *Säule*: free-standing. **6.** *print.* cut-out; **∼e Autotypie** silhouette. **7.** *Sport*: unmarked. **8.** *bot.* inadherent. **2ˌstel·le** *f* **1.** *in Altersheim etc*: free quarters *pl.* **2.** → **Freiplatz** 1. **∼ˌstel·len I** *v/t* ⟨*sep,* **-ge-**, h⟩ **1. j-m et. ∼** leave s. th. to s. o. (*od.* to s. o.'s discretion), give s. o. the choice (*od.* option) of (doing) s. th.; **j-m freigestellt sein** *cf.* **freistehen** 3, 4; **ich stelle Ihnen frei, ob Sie gehen oder nicht** I leave it to you whether you'll go or not. **2.** (**von** *dat*) exempt (*od.* free) *s. o.* (from *military service, etc*). **3.** *jur.* **j-n ∼ (von)** discharge (*od.* release) s. o. (from *an obligation, etc*). **4.** *econ.* → **freisetzen** 2. **II** *v/reflex* **sich ∼ 5.** *Sport*: run clear. **2ˌstel·lung** *f* (**von** from) **1.** (*Befreiung*) exemption. **2.** *jur.* release, discharge. **2ˌstel·lungsbeˌscheid** *m* **1.** *mil.* notification of exemption (from military service). **2.** *econ.* exemption order.

ˈFreiˌstil *m Sport* **1.** *Schwimmen*: freestyle (swimming). **2.** *Ringen*: freestyle (wrestling). **∼ˌrin·gen** *n* → **Freistil** 2. **∼ˌrin·ger** *m* freestyle wrestler. **∼ˌschwim·men** *n* → **Freistil** 1. **∼ˌschwim·mer** *m* freestyle swimmer, freestyler.

ˈFrei|ˌstoß *m Fußball*: free kick; **e-n ∼ ausführen** take a free kick; **auf ∼ entscheiden** award a free kick. **∼ˌstun·de** *f ped.* free period.

ˈFreiˌtag *m* Friday; **(am) ∼ morgen** (on) Friday morning; **der Stille ∼** Good Friday. **∼ˌabend** *m* Friday evening (*od.* night). **2ˈabends** *adv* (on) Friday evenings (*od.* nights).

ˈfreiˌtags *adv* on Friday(s), Fridays, every (*od.* each) Friday.

ˈFrei|ˌtisch *m* free board, free meals *pl.* **∼ˌtod** *m lit. euphem.* voluntary death, suicide; **in den ∼ gehen** commit suicide, take one's own life; **den ∼ wählen** choose a voluntary death, kill o. s. **2ˌtra·gend** *adj arch. tech.* cantilever, self-supporting; **∼er Balken** cantilever (beam); **∼er Mast** pylon; *aer.* **∼er Tragflügel** cantilever; **∼e Achse** floating axle. **∼ˌtrep·pe** *f* (flight of) outdoor stairs (*od.* steps), perron, *Am.* stoop. **∼ˌtritt** *m Rugby*: free kick. **∼ˌübun·gen** *pl* **1.** free-standing exercises, light (*od.* free) gymnastics. **2.** *gesundheitsfördernd*: cal(l)isthenics *pl* (*a. als sg konstruiert*), *colloq.* physical jerks, daily dozen. **∼ˌumˌschlag** *m Post*: stamped (*od.* reply-paid) envelope. **∼verˌkehr** *m econ. Börse*: unofficial dealings *pl*, free market dealings *pl*; **im ∼** in the open market, *Am.* over the counter; **∼skurs** *m* unofficial quotation, kerb (*Am.* curb) price. **∼verˌmerk** *m* note of prepayment of freight. **∼ˌwa·che** *f mar.* watch below. **2ˈweg** [ˌfraɪˈvɛk] *adv colloq. for* **freiheraus. ∼ˌwild** *n* **1.** *hunt.* unprotected game. **2.** *fig.* fair game.

ˈfreiˌwil·lig I *adj* **1.** (*aus freien Stücken*) voluntary. **2.** (*freigestellt*) voluntary, optional, free; **∼e Versicherung** voluntary (*od.* non-compulsory) insurance; **∼e Gerichtsbarkeit** voluntary (*od.* non-contentious) jurisdiction. **3.** (*aus sich heraus*) spontaneous. **II** *adv* **4.** voluntarily, of one's own free will (*od.* accord); **sich ∼ (zu et.) melden** volunteer (for s. th.); *lit.* **∼ in den Tod gehen, ∼ aus dem Leben scheiden** take one's own life, commit suicide. **5.** (*je nach Wunsch*) optionally. **ˈFreiˌwil·li·ge** *m, f* ⟨-n; -n⟩ volunteer (*a. mil.*); **∼ vor!** volunteers one step forward! **ˈFreiˌwil·lig·keit** *f* ⟨-; *no pl*⟩ **1.** voluntariness, voluntary nature. **2.** non-compulsory (*od.* optional) nature. **3.** spontaneity.

ˈFrei|ˌwurf *m Sport*: free throw. **∼ˌzei·chen** *n* **1.** *teleph.* a) dial tone, b) *der gewählten Nummer*: ringing tone. **2.** *econ. jur.* free symbol (*od.* word) (*that cannot be protected by trademark, etc*). **∼ˌzeich·nung** *f econ.* stipulation of exemption from liability. **∼ˌzeich·nungsˌklau·sel** *f* saving clause.

ˈFreiˌzeit *f* **1.** ⟨*only sg*⟩ leisure (time), free (*od.* spare) time; time off. **2.** a) *ped. etc* holiday (*od.* weekend) course, b) *relig.* (Protestant) retreat. **∼ˌan·geˌbot** *n* recreational facilities *pl.* **∼beˌschäf·ti·gung** *f* spare- (*od.* leisure-)time occupation. **∼geˌstal·tung** *f* **1.** leisure-time (*od.* recreational) activities *pl.* **2.** planning (*od.* organization) of leisure time. **∼ˌhemd** *n* casual shirt. **∼in·duˌstrie** *f* leisure industry. **∼ˌklei·dung** *f* leisure wear. **∼ˌla·ger** *n* holiday (*Am. a.* vacation) camp. **∼ˌwert** *m* recreational value.

ˈFreiˌzo·ne *f econ.* free zone.

ˈfreiˌzü·gig *adj* **1.** free to move. **2.** *econ.* unrestricted. **3.** a) (*großzügig*) generous, liberal, b) (*moralisch ∼*) permissive, free; **∼er Film** candid film. **2keit** *f* ⟨-; *no pl*⟩ **1.** *jur. pol. bei Wohn- und Arbeitsplatz*: freedom of movement; **∼ von Arbeitskräften** free movement of labo(u)r. **2.** generosity. **3.** permissiveness.

fremd [frɛmt] *adj* ⟨**-er**; **-est**⟩ **1.** (*nicht einheimisch*) strange; **∼e Leute** strangers; **ich bin hier ∼** I am a stranger here; **er ist mir (nicht) ∼** he is a (no) stranger to me. **2.** (*nicht vertraut, unbekannt*) unfamiliar, strange, unknown; **das Gesicht ist mir nicht ganz ∼** that face is not unfamiliar to me; **da ist noch ein ∼es Gesicht** there is another face I don't know; **die Version ist mir ∼** I have never heard of that version; **sich** (*dat*) (*od.* **einander**) **∼ werden** become strangers to one another, become estranged. **3.** (*nicht eigen*) strange, belonging to others; **∼e Kinder** other people's children; **∼es Leid** the grief of others, s. o. else's grief; **∼es Eigentum** s. o. else's (*od.* other people's) property; **das ist nicht für ∼e Ohren bestimmt** that is not meant for other people's ears; → **Feder** 2. **4.** (*ausländisch*) foreign, alien; **∼e Länder** foreign countries; **∼e Währung** foreign currency. **5. Lügen sind ihr (völlig) ∼** lying is foreign (*od.* alien) to her nature. **6.** (*ungewohnt, seltsam*) strange, unaccustomed, odd, queer. **7.** (*nicht zu et. gehörig*) extraneous (*sounds, etc*). **8.** *von außen*: outside, extraneous; **ohne ∼e Hilfe auskommen** manage without outside help (*od.* on one's own). **9.** (*angenommen*) adopted, assumed; **unter ∼em Namen reisen** travel under an assumed name, travel incognito. **10.** *colloq.* (*zurückhaltend*) reserved, distant, cool (**gegen j-n** towards s. o.). **11.** *econ.* foreign, outside (*funds, etc*); **∼e Anteile** outside interest holdings; **∼e Gelder** funds borrowed from outside sources, borrowed monies; **für ∼e Rechnung** for third-party account. **12.** *mus. Tonart*: unrelated. **ˈFremdˌar·bei·ter** *m* → **Gastarbeiter.**

ˈfremdˌar·tig *adj allg.* (*a. weitS. merkwürdig*) strange, foreign, exotic, outlandish. **2keit** *f* ⟨-; *no pl*⟩ **1.** strangeness, foreignness. **2.** exoticism. **3.** oddness.

ˈFremd|beˌeinˌflus·sung *f psych.* heterosuggestion. **∼beˌfruch·tung** *f bot.* cross-fertilization, allogamy. **∼beˌstäu·bung** *f bot.* cross-pollination, xenogamy.

Frem·de[1] [ˈfrɛmdə] *f* ⟨-; *no pl*⟩ foreign (*od.* distant) parts *pl*, (*Ausland*) *a.* foreign country (*od.* countries *pl*); **in die ∼ gehen** (*od.* **ziehen**) a) go away from home, b) *ins Ausland*: go abroad; **in der ∼ leben** a) live away from home, b) *im Ausland*: live abroad (*od.* in foreign countries). **ˈFrem·de**[2] *m, f* ⟨-n; -n⟩ **1.** (*Unbekannter*) stranger; **j-n wie e-n ∼n behandeln** treat s. o. like a stranger; **er ist mir kein ∼r** he is no stranger to me, I know him (well). **2.** (*Ausländer*) foreigner, alien. **3.** (*Reisender*) tourist. **4.** (*Gast*) visitor, guest. **5.** newcomer.

ˈFremd|ˌeinˌfluß *m* foreign influence, *a. chem. phys.* outside (*od.* extraneous) influence. **∼ˌeiˌweiß** *n biol.* foreign protein. **~ˌelek·tron** *n phys.* stray electron.

frem·deln [ˈfrɛmdəln] *v/i* ⟨h⟩ *Southern G.* **1.** *Kind*: be shy with strangers. **2.** *weitS.* be cool, be distant.

ˈFrem·den|ˌbett *n meist pl* bed (for paying guest). **~ˌbuch** *n* **1.** visitors' book. **2.** hotel register. **≈ˌfeind·lich** *adj* hostile to strangers (*od.* foreigners), xenophobe. **~ˌfüh·rer** *m*, **~ˌfüh·re·rin** *f* (tourist) guide. **~ˌhaß** *m* xenophobia. **~ˌheim** *n* boarding (*od.* guest) house. **~in·duˌstrie** *f* tourist industry. **~le·giˌon** *f mil. hist.* Foreign Legion. **~le·gioˌnär** *m* (foreign) legionnaire. **~po·liˌzei** *f* **1.** police dealing with the registration of aliens. **2.** aliens registration office. **~ˌrecht** *n jur.* **1.** laws *pl* concerning the rights and status of aliens. **2.** right of aliens. **~verˌkehr** *m* tourism, tourist trade (*od.* traffic).

ˈFrem·den·verˌkehrs|büˌro *n* tourist (information) office. **~geˌwer·be** *n* tourist trade. **~ˌort** *m* tourist cent/re (*Am.* -er), resort. **~verˌein** *m* local tourist association.

ˈFrem·denˌzim·mer *n* **1.** *im Gasthof etc*: room; **~ (zu vermieten)** rooms to let. **2.** → **Gästezimmer** 1.

ˈFremd|fi·nanˌzie·rung *f econ.* outside financing. **≈ˌge·hen** *v/i* ⟨*irr, sep,* **-ge-, sein**⟩ *colloq.* be unfaithful (to one's wife *od.* husband), play around, *bes. Am. sl.* two-time one's wife *od.* husband. **~ˌgrup·pe** *f sociol.* outgroup. **~heit** *f* ⟨-; *no pl*⟩ strangeness, foreignness. **~ˌherr·schaft** *f* foreign rule. **~ka·piˌtal** *n econ.* outside (*od.* borrowed) capital. **~ˌkör·per** *m* **1.** *med.* foreign body (*od.* matter, substance). **2.** *fig.* alien element. **≈ˌlän·disch** *adj* foreign, strange, outlandish, *a. bot.* exotic.

Fremd·ling [ˈfrɛmtlɪŋ] *m* ⟨-s; -e⟩ *lit.* stranger.

ˈFremd|ˌpla·stik *f med.* heteroplasty. **≈ˌras·sisch** *adj* alien (to the race), foreign, of a foreign race. **~ˌspra·che** *f* foreign language.

ˈFremdˌspra·chen|in·stiˌtut *n* school of languages, foreign-language institute. **~kor·re·sponˌdent** *m*, **~kor·re·sponˌden·tin** *f* foreign correspondence clerk. **~se·kreˌtä·rin** *f* secretary with languages, linguist-secretary. **~ˌun·terˌricht** *m* instruction in foreign languages.

ˈfremd|ˌspra·chig [-ˌʃpraːxɪç] *adj Buch, Unterricht etc*: foreign-language, in a foreign language, in foreign languages. **≈ˌsprach·ler** *m* ⟨-s; -⟩ foreign-language expert (*od.* specialist), linguist. **~ˌsprach·lich** *adj* foreign-language. **~ˌstäm·mig** *adj* → **fremdrassisch.** **≈ˌstoff** *m* **1.** → **Fremdkörper** 1. **2.** (*Verunreinigung*) impurity. **≈ˌstrom** *m electr.* parasitic current. **≈trans·planˌtat** *n med.* heterotransplant, heterograft. **≈trans·plan·ta·tiˌon** *f* heteroplastic transplantation. **≈verˌsi·che·rung** *f econ.* insurance for account of others. **≈ˌwäh·rung** *f* foreign currency. **≈ˌwort** *n* ⟨-(e)s; ⸗er⟩ foreign word. **≈ˌwör·terˌbuch** *n* dictionary of foreign words.

fre·ne·tisch [freˈneːtɪʃ] *adj lit.* frenetic, frantic, frenzied, wild.

fre·quent [freˈkvɛnt] *adj bes. med. Puls*: frequent. **fre·quen·ta·tiv** [frekvɛntaˈtiːf] *adj* frequentative. **Fre·quen·ta·ˈti·vum** [-ˈtiːvʊm] *n* ⟨-s; -tiva [-va]⟩ *ling.* frequentative. **fre·quen·tie·ren** [frekvɛnˈtiːrən] *v/t* ⟨*no* **ge-**, h⟩ frequent; **stark frequentiert** much(-)frequented.

Fre·quenz [freˈkvɛnts] *f* ⟨-; -en⟩ **1.** *electr. phys.* frequency; **auf der ~ von 50 kHz senden** broadcast on the frequency 50 kilocycles. **2.** (*Besucherzahl*) attendance, number of visitors. **3.** (*Verkehrsdichte*) (density of) traffic. **4.** *med. des Pulses etc*: frequency, (pulse) rate. **5.** *Statistik*: frequency. **~ˌabˌstand** *m* frequency spacing. **~ˌband** *n* ⟨-(e)s; ⸗er⟩ **1.** frequency band. **2.** (*Wellenband*) (wave) band. **3.** (*Kanal*) channel. **~beˌreich** *m* frequency range. **~ˌmes·ser** *m* frequency (*od.* wave) meter. **~ˌreg·ler** *m* frequency controller. **~ˌschrei·ber** *m* frequency recorder. **~ˌumˌfor·mer, ~ˌumˌset·zer** *m* frequency converter.

Fres·ke [ˈfrɛskə] *f* ⟨-; -n⟩ → **Fresko**[1].

Fres·ko[1] [ˈfrɛsko] *n* ⟨-s; -ken⟩ (*~gemälde*) fresco; **et. in** (*od.* **als**) **~ malen** paint s. th. in fresco; **~maler** *m* fresco painter.

ˈFres·ko[2] *m* ⟨-s; *no pl*⟩ *Textil.* fresco.

Fres·sa·li·en [frɛˈsaːli̯ən] *pl colloq. humor.* eats.

ˈFreßˌbeu·tel *m für Pferde*: nosebag.

Fres·se [ˈfrɛsə] *f* ⟨-; -n⟩ *vulg.* **1.** (*Mund*) *sl.* trap, kisser; → *a.* **Maul. 2.** (*Gesicht*) *sl.* mug, map, puss; **j-m** (*od.* **j-n**) **in die ~ schlagen, j-m die ~ polieren** sock s. o. in the kisser, give s. o. a black eye; **m-e ~!** God's teeth!, bloody hell!

fres·sen [ˈfrɛsən] **I** *v/t* ⟨**frißt, fraß, gefressen,** h⟩ **1.** eat, (*verschlingen*) devour; **dem Hund (et.) zu ~ geben** feed the dog. **2.** (*sich ernähren von*) feed on, eat. **3.** *vulg. Mensch*: eat *s. th.* (greedily), devour, *colloq.* gobble up, wolf. **4.** *fig. colloq.* **j-n arm ~** eat s. o. out of house and home; **sie hätte ihn (vor Liebe) ~ mögen** she could have eaten him alive; *humor.* **er wird dich schon nicht ~** he won't eat you; **friß mich nicht gleich!** don't bite my head off!; **ihn frißt der Neid** he is eaten up (*od.* green) with envy; **s-n Ärger in sich ~** bottle up one's anger; **den habe ich gefressen** I can't stick him; **diese Arbeit habe ich gefressen** a) I can't stand this job, b) I am sick (and tired) of this job; **er hat es gefressen** a) (*verstanden*) he's got it at last, at last the penny has dropped, b) (*geglaubt*) he has swallowed (*od.* bought) it; → **Affe** (*etc*). **5.** *colloq.* (*verbrauchen*) consume (*fuel, etc*), swallow (*money, etc*). **6.** *colloq.* (*Bücher etc*) read (greedily), devour. **II** *v/i* **7.** *Tier*: eat; **an** (*dat*) **et. ~** *Maus etc*: gnaw at s. th.; → **Vogel. 8.** (*Nahrung aufnehmen*) feed, eat; (*grasen*) graze (*on the meadow*). **9.** *vulg. Mensch*: eat greedily (*od.* like a pig), feed, (*schnell essen*) gobble (*od.* wolf, bolt) one's food, (*viel essen*) gorge, eat like a wolf. **10.** *fig.* (*zehren, nagen*) (**an** *dat*) gnaw (at *s. o.'s heart*), prey (on *od.* upon *s. o.'s mind*); **das frißt an ihm** that preys on his mind, *Haß etc*: that rankles in his mind. **11.** *fig.* **an** (*dat*) **et. ~** a) *Rost, Säure etc*: eat away s. th., corrode s. th., b) *Brandung etc*: erode s. th. **12.** *med. Geschwür etc*: spread, fester. **13. um sich ~** *Brand etc*: spread. **III** *v/reflex* **14. sich satt ~** *Tier*: eat its fill; **sich in** (*acc*) **et. ~** eat into s. th. **15.** *vulg.* **sich rund und voll** (*od.* **dick**) **~** *Mensch*: stuff o. s., gorge (o. s. with food). **16. sich in** (*acc*) **et. ~** *Säure etc*: eat into s. th., corrode s. th. **17. sich in** (*acc*) (*od.* **durch**) **et. ~** *Bagger, Säge etc*: eat into s. th. **IV ≈** *n* ⟨-s⟩ **18.** eating, feeding (*etc*); *fig. colloq.* **Sie ist zum ≈** (*nett*) she is so sweet I could eat her alive. **19.** *tech.* (*Fest~*) seizure. **ˈFres·sen** *n* ⟨-s; *no pl*⟩ **1.** *für Tiere*: food, feed. **2.** *vulg.* (*Essen*) food, *colloq.* grub; *fig. colloq.* **das war ein gefundenes ~ für ihn** a) that was grist to his mill, b) that was just what he was waiting for, c) that was playing right into his hands. **ˈfres·send** *adj* **1.** *Säure etc*: corrosive. **2.** *med.* a) *Geschwür*: corrosive, rodent, b) (*krebsig*) cancerous; **~e Flechte** lupus.

ˈFres·ser *m* ⟨-s; -⟩ **1.** *agr.* (*Vieh*) feeder, eater. **2.** *vulg.* (*Vielfraß*) glutton, guzzler. **3.** *hort.* canker. **Fres·seˈrei** *f* ⟨-; -en⟩ **1.** *vulg.* gobbling. **2.** *vulg.* gluttony, guzzling. **3.** *colloq.* (*Schmauserei*) feed, spread, *sl.* blowout.

ˈFreß|geˌla·ge *n colloq.* → **Fresserei** 3. **~geˌmein·schaft** *f zo.* commensalism; **in ~ lebend** commensal. **~ˌgier** *f e-s Tieres*: voracity; *e-s Menschen*: greediness, gluttony, voracity; *med.* → **Freßsucht.** **≈ˌgie·rig** *adj* **1.** *Tier*: voracious. **2.** *Mensch*: gluttonous, greedy. **~ˌkorb** *m colloq.* **1.** (*Geschenkkorb*) gift basket. **2.** (picnic) hamper, lunch basket. **~ˌlust** *f* **1.** *zo.* appetite. **2.** → **Freßgier.** **~ˌnapf** *m für Katzen, Hunde etc*: feeding bowl; *für Vögel*: seed bowl. **~paˌket** *n colloq.* food parcel. **~ˌsack** *m* **1.** → **Freßbeutel. 2.** *vulg.* (greedy) pig. **~ˌschüs·sel** *f* → **Freßnapf.** **~ˌsucht** *f med.* excessive appetite, bulimia. **~ˌtrog** *m* feeding trough; (*Krippe*) manger. **~ˌwel·le** *f colloq.* wave of excessive food consumption, eating spree. **~ˌwerkˌzeu·ge** *pl zo.* feeding organs.

Frett·chen [ˈfrɛtçən] *n* ⟨-s; -⟩ *zo.* ferret; **mit ~ jagen** → **fret·tie·ren** [frɛˈtiːrən] *v/t* ⟨*no* **ge-**, h⟩ (hunt *s. th.* with a) ferret.

Freud [frɔʏt] *f* ⟨-; -en⟩ *dial. od. poet. for* **Freude**; **in ~ und Leid** through thick and thin; **~ und Leid mit j-m teilen** share one's joys and sorrows with s. o.

Freu·de [ˈfrɔʏdə] *f* ⟨-; -n⟩ **1.** joy, mirth; **herzliche ~** heartfelt joy; **diebische ~** malicious joy; **außer sich vor ~ (sein)** (be) beside o. s. with joy, (be) overjoyed; **voller ~** full of joy; **herrlich und in ~n leben** live in the lap of luxury (*od.* on the fat of the land); **geteilte ~ ist doppelte ~** (*Sprichwort*) *etwa*: joy shared is joy doubled. **2.** (*Vergnügen*) pleasure, delight, joy; **mit ~(n)** with pleasure, gladly; **es war mir e-e große ~** it was a great pleasure for me; **das macht mir viel ~** that gives me great pleasure, I enjoy that very much; **das war e-e ~** *a. iro.* that was a real joy!; *colloq.* **das war k-e reine ~!** that was no real pleasure!; **zu m-r (großen) ~** to my (great) delight, much to my delight; **an** (*dat*) **et. ~ finden** (*od.* **haben**) take (*od.* find) pleasure in s. th., be delighted at s. th., delight in s. th.; **j-m e-e (große) ~ machen** (*od.* **bereiten**) make s. o. (very) happy, please s. o. (greatly) (*cf. a.* 3); **würden Sie mir die ~ bereiten, es zu tun** would you do me the favo(u)r of doing it; **ich möchte ihr gern e-e ~ machen** I would like to do s. th. to please her; **zu m-r ~ höre ich, daß** I am glad (*od.* delighted) to hear that; **aus ~ an der Sache** for the fun of it; **s-e Arbeit macht ihm k-e ~** he takes no pleasure in his work, *stärker*: he is disgusted with (*od.* hates) his job; **sie hatte ihre helle ~ daran** she was delighted at it. **3.** (*Überraschung*) (pleasant) surprise; **j-m e-e kleine ~ bereiten** (*od.* **machen**) a) do s. th. nice for s. o., b) give s. o. a little present. **4.** *meist pl* (*Genuß*) pleasure; **weltliche ~n** worldly pleasures; **die kleinen ~n des Alltags** the little pleasures of everyday life. **5.** (*Verzückung*) bliss, delight; **in höchster ~** in raptures of delight, blissfully. **6.** (*Glück*) happiness.

ˈFreu·den|ˌbe·cher *m lit.* cup of joy. **~ˌbot·schaft** *f* glad tidings *pl.* **~ˌfest** *n* **1.** (joyful) celebration. **2.** (*Jubiläum*) jubilee. **3.** (occasion for) rejoicing, happy event. **~ˌfeu·er** *n* bonfire. **~geˌheul** *n* **1.** howl of joy. **2.** *colloq.* → **~geˌschrei** *n* shouts *pl* of joy, cheers *pl*. **~ˌhaus** *n euphem.* brothel, disorderly house. **♀los** *adj* → **freudlos. ~ˌmäd·chen** *n euphem.* prostitute. **~ˌrausch** *m lit.* raptures *pl* (*od.* ecstasy) (of joy). **♀ˌreich** *adj Leben etc*: joyful, rich in happiness. **~ˌschrei** *m* shout of joy. **~ˌspen·der** *m lit.* giver of delight. **~ˌtag** *m* **1.** day of rejoicing, red-letter day. **2.** *Bibl.* high day. **~ˌtanz** *m* dance of joy; **Freudentänze aufführen** dance with joy, *colloq.* dance a jig. **~ˌtau·mel** *m* → **Freudenrausch. ~ˌträ·nen** *pl* tears of joy.

ˈfreu·de|ˌstrah·lend *adj* radiant (with joy). **~ˌtrun·ken** *adj lit.* drunk with joy, rapturous, delirious (with joy).

Freu·dia·ner [frɔʏˈdĭaːnər] *m* ⟨-s; -⟩ *psych.* Freudian.

ˈfreu·dig I *adj* **1.** (*frohgestimmt*) joyful, joyous, cheerful; **~e Stimmung** cheerful mood, high spirits *pl*, elation; **~en Herzens** cheerfully. **2.** (*beglückend*) joyful, glad, happy; **in ~er Erwartung** in happy anticipation; **~es Ereignis** (*a. Geburt*) happy event; *euphem.* **sie sieht e-m ~en Ereignis entgegen** she is expecting (a baby); **welch ~e Überraschung!** what a pleasant surprise! **3.** (*bereitwillig*) ready, willing; **~e Zustimmung finden** find ready agreement. **II** *adv* **4.** cheerfully, joyfully, gladly, with pleasure; **j-n ~ begrüßen** give s. o. a warm welcome. **♀keit** *f* ⟨-; *no pl*⟩ **1.** joyfulness, joyousness, joy. **2.** readiness, willingness.

ˈfreud·los *adj* joyless, cheerless, bleak, dismal, mirthless, dreary. **ˈFreud·lo·sig·keit** *f* ⟨-; *no pl*⟩ joylessness (*etc*).

Freudsch [frɔʏtʃ] *adj psych.* Freudian; → **Fehlleistung** 1.

freu·en [ˈfrɔʏən] **I** *v/reflex* ⟨h⟩ **sich ~ 1.** be glad (*od.* pleased, happy, delighted); *colloq.* **sich königlich** (*od.* **mächtig, riesig**) **~** be hugely pleased, be overjoyed; **sich an** (*dat*) **et. ~** be delighted (*od.* pleased) with (*od.* by, about) s. th.; **sich auf** (*acc*) **et. ~** be looking forward to s. th.; **sich über** (*acc*) **et. ~** be glad about s. th., be pleased with (*od.* about) s. th.; **sich zu früh ~** rejoice too soon; **freu dich nicht zu früh** don't count your chickens before they are hatched. **2.** *lit.* **sich e-r Sache ~** → **erfreuen** 3; **sich des Lebens ~** enjoy life. **II** *v/t* **3. et. freut j-n** s. th. pleases (*od.* delights) s. o., s. th. makes s. o. glad (*od.* happy); **das freut mich sehr** I am very glad about that, I am glad to hear that. **III** *v/impers* **4. es freut mich, daß du hier bist** I am glad (*od.* happy, pleased) you are here; **es freut mich für ihn** I am happy for him; **es würde mich sehr ~, wenn** I should be very pleased if.

Freund [frɔʏnt] *m* ⟨-(e)s; -e⟩ **1.** friend; **ein vertrauter ~** → **Busenfreund; sich** (*dat*) **j-n zum ~e machen** make friends with s. o., win s. o.'s friendship; **~ und Feind** friend and foe alike; **~e und Verwandte** friends and relations, kith and kin; *colloq.* **unter ~en ist das 50 Mark wert** for a friend I'll charge only 50 marks; **jedermanns ~ ist niemandes ~** (*Sprichwort*) a friend to everybody is a friend to nobody; **~e in der Not gehen tausend auf ein Lot** (*Sprichwort*) friends in need are scarce indeed; **in der Not erkennt man s-e ~e** (*Sprichwort*) a friend in need is a friend indeed; → **dick** 10. **2.** *fig.* friend, admirer, lover; **ein ~ sein von et.** be a friend of s. th., be fond of s. th., be partial to s. th., like s. th., be a lover of (*music, etc*); **ich bin kein ~ von vielen Worten** I am not a man of many words; **ich bin kein ~ davon** I don't hold with it; **kein ~ von Veränderungen sein** be averse to (all) change. **3.** (*Kamerad*) *colloq.* chum, pal, mate, buddy; *iro.* **guter** (*od.* **lieber**) **~!** my dear fellow!; *humor.* **alter ~** *in der Anrede*: a) old chap (*od.* man), b) *leicht drohend*: my dear fellow (→ *a.* **Freundchen**). **4.** *colloq. e-s Mädchens*: boyfriend, sweetheart, beau. **5.** *relig. bei den Quäkern*: Friend; **Gesellschaft der ~e** Society of Friends. **6.** *poet.* **~ Hein** (Goodman) Death, the (Grim) Reaper.

freund *adj* ⟨*pred*⟩ *lit.* **j-m ~ sein** (**bleiben, werden**) be (remain, become) well-disposed (*od.* friendly) toward(s) s. o. **ˈFreund·chen** *n* ⟨-s; *no pl*⟩ *iro.* old chap (*od.* man), laddie, buddy.

ˈFreun·des|ˌdienst *m* good turn, act of friendship; **er erwies ihm e-n ~** he did him a good turn. **~ˌkreis** *m* circle of friends. **~ˌland** *n lit.* friendly nation. **~ˌpflicht** *f* duty of a friend. **~ˌtat** *f* act of friendship.

Freun·din [ˈfrɔʏndɪn] *f* ⟨-; -nen⟩ **1.** (girl)friend, lady friend. **2.** *e-s jungen Mannes*: girlfriend, sweetheart, (my, *etc*) girl. **3.** *fig.* friend, admirer, lover (*of music, etc*).

freund·lich [ˈfrɔʏntlɪç] **I** *adj* **1.** (**gegen, zu** to[wards]) *allg.* friendly, (*liebenswürdig*) *a.* kind, pleasant, amiable, genial (*person, smile, word, etc*); **~er Empfang** friendly (*od.* warm, cordial) reception; **~e Grüße** kind regards; **j-n ~ stimmen** put s. o. in a pleasant mood; **j-n wieder ~ stimmen** mollify s. o. **2.** (*zuvorkommend*) kind, obliging; **seien Sie so ~, ihm das mitzuteilen** (will you) be so kind as to tell him that, be kind enough to tell him; **seien Sie so ~!** please do me the favo(u)r!; **überaus ~ von Ihnen** so kind of you; **mit ~er Genehmigung** (*des Verlags etc*) by courtesy of. **3.** (*leutselig*) affable. **4.** *Wetter, Klima*: friendly, mild, pleasant, *Wetter*: *a.* fair. **5.** *Landschaft*: pleasant. **6.** *Raum, Farben etc*: cheerful, pleasant, bright; **die Vorhänge machen das Zimmer ~er** the curtains brighten up the room. **7.** *econ. Tendenz*: cheerful, favo(u)rable. **II** *adv* **8.** kindly, in a friendly manner; **j-n ~ empfangen** give s. o. a friendly (*od.* warm) welcome, receive s. o. kindly; *phot.* **bitte recht ~!** smile, please! **ˈfreund·li·cherˈwei·se** *adv* kindly; **er überließ mir ~ das Buch** he was so kind as to leave me the book, he kindly left me the book. **ˈFreund·lich·keit** *f* ⟨-; -en⟩ **1.** ⟨*only sg*⟩ friendliness, kind(li)ness, pleasantness, amiability, geniality. **2.** ⟨*only sg*⟩ kindness, obligingness, courteousness; **würden Sie bitte die ~ haben zu** would you be kind enough to (*od.* have the kindness to, be good enough to). **3.** ⟨*only sg*⟩ affability. **4.** (*Gefälligkeit*) (act of) kindness, favo(u)r, good turn; **j-m e-e ~ erweisen** do s. o. a favo(u)r (*od.* good turn). **5.** kind word (*od.* remark); **j-m ~en sagen** say kind (*od.* nice) things to s. o. **6.** *meist pl* (*kleine Aufmerksamkeit*) attention. **7.** ⟨*only sg*⟩ *des Wetters, Klimas*: pleasantness, mildness, friendliness. **8.** ⟨*only sg*⟩ *e-r Landschaft*: pleasantness; *e-s Raumes, von Farben etc*: *a.* cheerfulness, brightness.

ˈfreund·los *adj* friendless.

ˈFreund·schaft *f* ⟨-; -en⟩ **1.** (**aus ~** out of) friendship; (**mit j-m**) **~ schließen** make friends (with s. o.); **für j-n ~ hegen** feel friendly towards s. o.; **~ halten** (**pflegen**) keep up (cultivate) a friendship; **in ~ leben** be on friendly terms. **2.** *collect.* circle of friends; **er gehört zu m-r ~** *a.* he is one of my friends. **3.** *DDR* a) student group, b) **~!** *als Gruß*: friendship!

ˈfreund·schaft·lich I *adj* **1.** friendly, amicable; **~e Beziehungen** friendly relations; **mit j-m auf ~em Fuß stehen** (*od.* **verkehren**) be on friendly terms with s. o. **2.** (*wohlmeinend*) friendly, well-intended (*advice, etc*). **II** *adv* **3.** friendly, in a friendly manner, amicably; **j-m ~ gesinnt sein** have friendly feelings (*od.* be well-disposed) toward(s) s. o.; **~ gegen Deutschland gesinnt** pro-German. **♀keit** *f* ⟨-; *no pl*⟩ **1.** friendliness, amicableness. **2.** friendliness, good intention.

ˈFreund·schafts|ˌband *n* ⟨-(e)s; -e⟩ *meist pl lit.* tie (*od.* bond) of friendship. **~beˌsuch** *m bes. pol.* goodwill visit. **~beˌweis** *m* proof of friendship. **~beˌzei·gung** *f* mark (*od.* token) of friendship. **~ˌbund** *m*, **~ˌbünd·nis** *n pol.* friendly alliance. **~ˌdienst** *m* good turn; **j-m e-n ~ erweisen** do s. o. a good turn. **~ˌpakt** *m pol.* **1.** friendship pact. **2.** → **Freundschaftsvertrag. ~ˌring** *m* ring given as a token of friendship. **~ˌspiel** *n Sport*: friendly game (*od.* match), *colloq.* friendly. **~verˌhält·nis** *n* friendly relations *pl*, friendship. **~verˌtrag** *m pol.* treaty of friendship.

Fre·vel [ˈfreːfəl] *m* ⟨-s; -⟩ *lit.* **1.** (**an** *dat*, **gegen**) (*Untat*) outrage (on, upon, against), crime (against). **2.** *relig.* a) (*Entweihung*) sacrilege, desecration, b) (*Lästerung*) blasphemy. **3.** *fig.* a) sin, crime, b) (*Kunst♀ etc*) sacrilege, solecism. **4.** → **Frevelhaftigkeit. ˈfre·vel** *adj lit. obs. for* **frevelhaft; frevler Mut** wanton boldness.

ˈfre·vel|haft *adj lit.* **1.** *Tat etc*: criminal, outrageous, heinous. **2.** (*mutwillig*) wanton; **~er Leichtsinn** wanton carelessness, wantonness. **3.** (*sündhaft*) wicked, iniquitous. **4.** *bes. relig.* a) (*entweihend*) sacrilegious, b) (*lästerlich*) blasphemous, impious. **♀haf·tig·keit** *f* ⟨-; *no pl*⟩ **1.** outrageousness. **2.** wantonness. **3.** wickedness, iniquity. **4.** *bes. relig.* a) (*das Entweihende*) sacrilegiousness, b) (*das Lästerliche*) blasphemy. **♀ˌmut** *m lit.* wantonness, wickedness.

fre·veln [ˈfreːfəln] *v/i* ⟨h⟩ *lit.* **1.** commit a crime (*od.* an outrage), trespass; **~ gegen** (*od.* **an** *dat*) commit an outrage against, outrage, trespass against. **2.** *bes. relig.* a) commit a sacrilege, b) (*lästern*) commit blasphemy. **ˈFre·velˌtat** *f* → **Frevel** 1–3. **ˈfre·vent·lich** *adj* → **frevelhaft.**

ˈFrev·ler *m* ⟨-s; -⟩ *lit.* **1.** evil-doer, transgressor, offender. **2.** *bes. relig.* a) sacrilegious person, transgressor, b) (*Gotteslästerer*) blasphemer. **ˈfrev·le·risch** *adj* → **frevelhaft.**

Frey·ja [ˈfraɪja] *npr f* ⟨-; *no pl*⟩ *myth.* Freyja.

fri·de·ri·zia·nisch [frideriˈtsĭaːnɪʃ] *adj hist.* of Frederick the Great.

Frie·de [ˈfriːdə] *m* ⟨-ns; -n⟩ **1.** → **Frieden. 2.** *relig.* **ruhe in ~n!** rest in peace!; *Bibl.* **~ sei mit Euch!** peace be unto you; *Bibl.* **und ~ auf Erden** and on earth peace; **zum** (*od.* **in den**) **ewigen ~n eingehen** go to one's eternal reward (*od.* peace).

Frie·den [ˈfriːdən] *m* ⟨-s; -⟩ **1.** *pol.* peace; **bewaffneter ~** armed peace; **~ schließen** make (*od.* conclude) peace; **den ~ bewahren** (**brechen**) keep (break) the peace. **2.** → **Friedenszeit. 3.** (**~svertrag**) peace (treaty); *hist.* **der Westfälische ~** the Peace of Westphalia (*1648*); **dem besiegten Land den ~**

diktieren dictate the terms of peace to the defeated country. **4.** (*Eintracht*) peace; **häuslicher (innerer, öffentlicher)** ~ domestic (internal, public) peace; **in Ruhe und** ~ in peace and quiet; **in** ~ **mit j-m leben** live in peace with s. o.; **mit aller Welt in** ~ **leben** be at peace with everybody; **wir wollen** ~ **schließen!** let's make peace!, *colloq.* let's make it up!; **ich muß immer** ~ **zwischen ihnen stiften** I always have to reconcile them (*od.* to pour oil on troubled waters). **5.** (*Einklang*) harmony. **6.** (*Ruhe*) peace, tranquil(l)ity; **innerer** ~, ~ **der Seele** inner peace, peace of mind; **s-n** ~ **machen mit** make one's peace with; **er kann k-n** ~ **finden** he can't find any peace of mind, his (*od.* he) is a troubled soul; **er will nur s-n** ~ **(haben)** he only wants his peace (*od.* to be left alone); *colloq.* **laß mich (gefälligst) in** ~! leave me alone (*od.* in peace)!; *colloq.* **um des lieben** ~**s willen** for the sake of peace; **man hat vor ihm niemals** ~ one is never safe from him; *colloq.* **dem** ~ **traue ich nicht** there's s. th. in the wind, I smell a rat. **7.** *lit.* *der Natur etc*: peace(fulness), tranquil(l)ity.

'**Frie·dens|ˌab·ˌschluß** *m* conclusion of a peace treaty. ~**ˌan·ge·ˌbot** *n* peace offer, offer of peace. ~**ap·ˌpell,** ~**ˌauf·ˌruf** *m* appeal (*od.* call) for peace. ~**be·ˌmü·hun·gen** *pl* peace efforts. ~**be·ˌstand** *m mil.* peacetime strength. ~**be·ˌstre·bun·gen** *pl* peace efforts. ~**be·ˌwe·gung** *f* peace movement (*od.* offensive). ~**ˌbo·te** *m lit.* messenger of peace. ~**ˌbot·schaft** *f* message of peace. ~**ˌbre·cher** *m* peacebreaker. ~**ˌbruch** *m* **1.** *pol.* violation of the peace. **2.** *jur.* breach of the (public) peace. ~**dik·ˌtat** *n* (peace) dictate. ~**ˌen·gel** *m a. fig.* angel of peace. ~**ˌfor·schung** *f* peace and conflict research. ~**ˌfo·rum** *n DDR* peace forum. ~**ˌfüh·ler** *pl* ~ **ausstrecken** put out peace feelers, make peace overtures. ~**ˌfürst** *m relig.* (*Christus*) Prince of Peace. ~**ge·ˌricht** *n jur.* court of a lay magistrate, *in Großbritannien und USA*: court of a justice of the peace. ~**ge·ˌsprä·che** *pl* (~ **führen** hold) peace talks. ~**ˌgöt·tin** *f* goddess of peace. ~**ˌheer** *n mil.* standing army. ~**kon·fe·ˌrenz** *f* peace conference. ~**ˌkorps** *n* Peace Corps. ~**ˌlie·be** *f* love of peace. ~**ˌmarsch** *m* march in demonstration for peace. ≈**ˌmä·ßig** *adj* (as in) peacetime. ~**mis·si·ˌon** *f pol.* peace mission. ~**no·ˌbel·ˌpreis** *m* Nobel peace prize; **Träger des** ~**es** Nobel peace prize winner. ~**ˌpfei·fe** *f der Indianer*: calumet, peace pipe; *fig.* **die** ~ **mit j-m rauchen** smoke the pipe of peace with s. o. ~**po·li·ˌtik** *f* peaceful policy. ~**ˌpreis** *m* Peace Prize (of the German booktrade). ~**ˌrich·ter** *m jur.* lay magistrate, *in Großbritannien u. USA*: justice of the peace, JP. ~**ˌschluß** *m* conclusion of peace. ~**ˌsi·che·rung** *f* (measures *pl* taken for) securing the peace. ~**ˌstand** *m,* ~**ˌstär·ke** *f mil.* peacetime strength. ~**ˌstif·ter** *m* peacemaker, troubleshooter. ~**ˌstif·tung** *f* peacemaking. ~**ˌstö·rung** *f* disturbance of the peace. ~**ˌtau·be** *f fig.* dove of peace. ~**ˌtrup·pe** *f der UN*: peacekeeping force. ~**ver·ˌhand·lun·gen** *pl* peace negotiations. ~**ver·ˌtrag** *m* peace treaty. ~**ˌwa·re** *f* pre-war (*od.* peacetime) goods *pl.* ~**ˌwil·le** *m* desire for peace. ~**ˌzeit** *f meist pl* peacetime, time of peace; **in** ~**en** in times of peace, in peacetime.

'**fried·ˌfer·tig** *adj* peaceable, peaceful, peace-loving; *Bibl.* **selig sind die** ≈**en** blessed are the peacemakers. ≈**keit** *f* ⟨-; *no pl*⟩ peaceableness.

'**Fried|ˌfisch** *m* non(-)predacious fish. ~**ˌhof** *m* **1.** cemetery, graveyard, *mit Kirche*: *a.* churchyard. **2.** (*Begräbnisstätte*) burial-ground. **3.** *fig.* graveyard.

'**Fried·ˌhofs|gärt·ne·ˌrei** *f* cemetery florist. ~**ka·ˌpel·le** *f* cemetery chapel. ~**ˌru·he,** ~**ˌstil·le** *f a. fig.* graveyard silence.

fried·lich ['friːtlɪç] **I** *adj* **1.** (*ohne Krieg*) peaceful (*times, coexistence*); ~**e Zeiten** *a.* times of peace. **2.** (*gütlich*) peaceful, amicable (*settlement*). **3.** (*gewaltlos*) peaceful, non(-)violent (*methods, etc*). **4.** (*friedfertig*) peaceable, peaceful (*person, character*); *colloq.* **sei doch** ~! cool off!; **j-n** ~ **stimmen** placate (*od.* mollify) s. o. **5.** (*ruhig, still*) peaceful, serene, tranquil (*morning, valley, etc*). **6.** (*ungestört*) peaceful, untroubled (*hours, etc*). **II** *adv* **7.** peacefully (*etc*); **e-n Streit** ~ **beilegen** settle a conflict amicably; **er ist** ~ **entschlafen** he died peacefully. ≈**keit** *f* ⟨-; *no pl*⟩ *allg.* peacefulness; *weitS.* peaceableness; serenity, tranquil(l)ity.

'**fried|ˌlie·bend** *adj* peace-loving, peaceable. ~**los** *adj* **1.** *lit. Mensch, Dasein etc*: peaceless, (*ruhelos*) *a.* restless. **2.** *jur. hist.* (*vogelfrei*) outlawed; **j-n für** ~ **erklären** outlaw (*od.* proscribe) s. o. ≈**lo·sig·keit** *f* ⟨-; *no pl*⟩ **1.** *lit.* peacelessness, peaceless character, restlessness. **2.** *jur. hist.* outlawry. ~**sam** *adj lit. for* **friedlich** 4–6. ~**ˌse·lig** *adj rare for* **friedfertig.** ~**ˌvoll** *adj lit.* → **friedlich** 5.

frie·ren ['friːrən] **I** *v/impers* ⟨**friert, fror, gefroren,** h⟩ **1.** freeze; **es friert** it is freezing; **heute nacht friert es** a) it is freezing tonight, b) there will be frost tonight; → **Stein** 1. **2. es friert mich, mich friert** I am (*od.* feel) cold, *stärker*: I am freezing; **es friert mich an den Händen** my hands are cold. **II** *v/i* ⟨h *u.* sein⟩ **3.** ⟨h⟩ be (*od.* feel) cold, be freezing; **er fror entsetzlich** (*od. colloq.* **wie ein Schneider**) he felt terribly cold, he was shivering with cold; **ich fror an den Füßen** my feet were cold; **mir** (*od.* **mich**) ~ **die Ohren** my ears are freezing. **4.** ⟨sein⟩ *See etc*: freeze; **der Fluß ist gefroren** the river is frozen (over).

Fries [friːs] *m* ⟨-es; -e⟩ **1.** *Kunst, a. Textil.*: frieze. **2.** *arch.* a) (*Teil e-s Gebälks*) frieze, string course, b) (*Schmuckleiste*) mo(u)lding.

Frie·se ['friːzə] *m* ⟨-n; -n⟩ Frisian.

Frie·sel ['friːzəl] *m, n* ⟨-s; -n⟩ *med.* heat rash, prickly heat; ~**fieber** *n* → **Frie·seln** ['friːzəln] *pl med.* miliary fever *sg,* purples.

'**Frie·sin** *f* ⟨-; -nen⟩ Frisian (woman *od.* girl). '**frie·sisch I** *adj* Frisian, Friesian. **II** *ling.* ≈ ⟨*generally undeclined*⟩, **das** ≈**e** ⟨-n⟩ Frisian, the Frisian (*od.* Friesian) language. '**Fries·ˌlän·der** *m* ⟨-s; -⟩ → **Friese.**

Frigg [frɪk] *npr f* ⟨-; *no pl*⟩ → **Freyja.**

fri·gid [fri'giːt] *adj,* **fri·gi·de** [fri'giːdə] *adj psych.* frigid, cold. **Fri·gi·di'tät** [-gidi'tɛːt] *f* ⟨-; *no pl*⟩ frigidity.

Fri·ja ['friːja] *npr f* ⟨-; *no pl*⟩ → **Freyja.**

Fri·ka·del·le [frika'dɛlə] *f* ⟨-; -n⟩ *gastr.* rissole, meatball, hamburger.

Fri·kan·del·le [frikan'dɛlə] *f* ⟨-; -n⟩ *gastr.* slice of stewed meat.

Fri·kas·see [frika'seː] *n* ⟨-s; -s⟩ *gastr.* fricassee; *fig. colloq.* **aus j-m** ~ **machen** → **frikassieren** 2. **fri·kas'sie·ren** [-'siːrən] *v/t* ⟨*no* **ge-**, h⟩ **1.** fricassee. **2.** *fig. colloq.* **j-n** ~ make mincemeat of s. o.

fri·ka·tiv [frika'tiːf] *adj ling.* fricative.

Fri·ka'tiv *m* ⟨-s; -e⟩, ~**ˌlaut** *m,* **Fri·ka'ti·vum** [-vum] *n* ⟨-s; -tiva [-va]⟩ fricative (sound), spirant.

Frik·ti·on [frɪk'tsĭoːn] *f* ⟨-; -en⟩ **1.** *med. phys. tech.* friction, rubbing. **2.** *fig.* (*Reiberei*) friction, tiff.

Frik·ti'ons|ˌkupp·lung *f* friction clutch. ≈**los** *adj tech.* frictionless, without friction.

frisch [frɪʃ] **I** *adj* ⟨-er; -est⟩ **1.** *Obst, Fleisch, Blumen etc*: fresh; **et.** ~ **halten** keep s. th. fresh; ~ **vom Brunnen (Faß)** fresh (*od.* straight) from the well (barrel). **2.** *Eier*: fresh, new-(*od.* fresh-)laid, newly (*od.* freshly) laid. **3.** *Salat, Gemüse*: green, fresh. **4.** (*ganz neu*) fresh, new; **das Brot ist nicht mehr** ~ the bread is stale; ~**er Schnee** new(-fallen) snow, newly (*od.* freshly) fallen snow; → **Semmel, Tat** (*etc*). **5.** (*sauber*) clean (*underwear, linen, etc*). **6.** (*neu*) new (*page, etc*). **7.** (*unverbraucht, ausgeruht*) fresh, new; **mit** ~**en Kräften** with renewed (*od.* fresh) strength; **mit** ~**em Mut** with fresh courage; ~**e Truppen** fresh troops; **ich fühle mich wieder ganz** ~ I feel quite fresh (*od.* refreshed) again; ~ **und munter** (as) fresh as a daisy; **sich** ~ **machen** freshen up. **8.** *Anstrich etc*: new, fresh, wet (*paint, etc*). **9.** *fig.* fresh (*colour, complexion, impression, etc*); **das ist mir noch in** ~**er Erinnerung** that is still fresh in my memory, the memory of that is still fresh. **10.** *fig.* a) (*lebhaft, munter*) fresh, lively, brisk, b) (*aufgeweckt*) alert, wide-awake; **ein** ~**er Junge** a fresh youth. **11.** (*erfrischend*) fresh, cool, refreshing (*drink, air, etc*); ~**e Luft schöpfen** get some fresh air. **12.** (*unangenehm kalt*) fresh, cool, chilly (*air, evening, etc*); → **Wind** 1. **13.** (*kürzlich eingetreten*) recent (*case, etc*). **14.** *hunt.* a) *Fährte, Spur*: fresh, b) *Witterung*: warm; **e-e** ~**e Spur** a fresh trail, *fig.* a new lead. **II** *adv* **15.** (*eben erst*) freshly, newly, recently; ~ **gebackenes Brot** fresh-baked bread; ~ **gelegte Eier** *cf.* 2; ~ **geschlachtet** fresh-killed; ~ **geschnittene Blumen** freshly cut flowers; **e-e** ~ **gestrichene Tür** a newly painted door; „**(Vorsicht,)** ~ **gestrichen!**" "wet (*Am. a.* fresh) paint!"; ~ **eingetroffen** just arrived; ~ **verheiratet** just married; *colloq. humor.* **ein** ~ **gebackener Ehemann** a newly married husband. **16.** (*direkt*) straight (*from the university, etc*); **sie sind** ~ **aus ihrem Urlaub zurück** they have just got back from their holidays. **17.** (*erneut*) afresh, anew, again, once more; **(noch einmal)** ~ **anfangen** start anew, make a new start. **18.** *fig.* (*lebhaft, munter*) freshly, briskly, cheerfully; **sie redete** ~ **drauflos** she was talking away animatedly; ~ **zu!** go ahead!, let's go!, look sharp!; ~ **gewagt ist halb gewonnen** (*Sprichwort*) a good start is half the battle.

'**Frisch|ˌar·beit** *f metall.* **1.** (re)fining process. **2.** *im Flammofen*: puddling (process). ≈**ˌbacken** (*getr.* **-k·k-**) *adj* new-(*od.* fresh-)baked, newly baked, new, fresh. ~**ˌblei** *n metall.* refined (soft) lead. ~**ˌdampf** *m* live steam.

'**Fri·sche** *f* ⟨-; *no pl*⟩ **1.** *a. fig.* freshness (*of bread, paint, snow, etc*). **2.** (*Sauberkeit*) clean(li)ness, freshness. **3.** *körperliche*: freshness, vigo(u)r, (physical) fitness; **geistige** ~ mental alertness, buoyancy; **er kam in alter** ~ **zurück** he came back with all his old vigo(u)r. **4.** (*Lebhaftigkeit*) freshness, liveliness, sprightliness, briskness, cheerfulness. **5.** *des Gesichts*: freshness, healthiness, ruddiness. **6.** (*das Erfrischende*) freshness, coolness. **7.** (*Kühle*) coolness, chilliness.

'**Frisch|ˌei** *n* **1.** fresh (*od.* new-laid) egg.

2. (*Ggs. Eipulver*) shell egg. **~ˌei·sen** *n* refined iron.

fri·schen [ˈfrɪʃən] **I** *v/t* ⟨h⟩ **1.** *tech.* a) (*Metalle*) (re)fine, *im Flammofen*: puddle, b) (*Blei*) reduce, c) (*Metalloxyd*) revivify, d) (*wind~*) blow, convert, e) (*Öl*) reclaim. **2.** *hunt.* (*tränken*) water. **II** *v/i hunt.* **3.** (*saufen*) drink. **4.** (*Frischlinge werfen*) farrow.

ˈFrisch|ˌerz *n* raw ore. **~ˌfisch** *m gastr.* fresh fish. **~ˌfleisch** *n* fresh (*od.* butcher's) meat. **~geˌmü·se** *n* fresh vegetables *pl.* **~geˌwicht** *n* fresh (*od.* green) weight. **~ˌhal·teˌfo·lie** *f* plastic foodwrap. **~ˌhal·teˌpackung** (*getr.* **-k·k-**) *f* vacuum (*od.* keep-fresh, airtight) package; **in ~** vacuum-packed. **~ˌhal·tung** *f* ⟨-; *no pl*⟩ **1.** preservation, conservation. **2.** (*Kühlung*) refrigeration, cold storage. **~ˌherd** *m metall.* refining hearth. **~ˌkost** *f gastr.* **1.** fresh fruit and vegetables *pl.* **2.** *als Diät*: vegetable diet.

ˈFrisch·ling *m* ⟨-(e)s; -e⟩ *hunt.* young wild boar.

ˈFrischˌluft *f* fresh air. **~apo·stel** [-aˌpɔstəl] *m humor.* fresh-air fiend. **~ˌzuˌfuhr** *f* admission of fresh air.

ˈFrisch|ˌmilch *f* fresh milk. **~ˌobst** *n* fresh fruit. **~ˌschlacke** (*getr.* **-k·k-**) *f* refining slag. **~verˌfah·ren** *n metall.* refining process. **~ˌwas·ser** *n* **1.** fresh water. **2.** (*Süßwasser*) sweet water. **3.** (*Trinkwasser*) drinking-water. **2weg** [ˌfrɪʃˈvɛk] *adv colloq.* **1.** (*sofort*) straightaway. **2.** (*ohne Scheu*) freely, frankly, openly. **3.** (*munter*) briskly, with gusto. **~ˌzel·le** *f med.* live (*od.* living) cell. **~ˌzel·len·the·raˌpie** *f* embryonal fresh cell (*od.* Niehans') therapy.

Fri·seur [friˈzøːr] *m* ⟨-s; -e⟩ **1.** (*Damen2*) hairdresser; **beim ~** at the hairdresser's. **2.** (*Herren2*) barber, *Br. a.* hairdresser. **~geˌschäft** *n*, **~ˌla·den**, **~saˌlon** *m* **1.** *für Damen*: hairdresser's shop. **2.** *für Herren*: barber's (*a.* hairdresser's) shop, *Am.* barbershop. **3.** *für Damen u. Herren*: hairdresser's salon (*od.* saloon).

Fri·seu·se [friˈzøːzə] *f* ⟨-; -n⟩ (woman) hairdresser.

Friˈsierˌcreme *f* hair cream.

fri·sie·ren [friˈziːrən] **I** *v/t* ⟨*no* **ge-**, **h**⟩ **1.** **j-n** (*od.* **j-s Haar**) **~** a) dress (*od.* do) s. o.'s hair, b) comb s. o.'s hair; **sich ~ lassen** have one's hair done (*od.* dressed). **2.** *fig. colloq.* a) (*Bilanz, Nachrichten etc*) cook, doctor *s. th.* (up), fake, b) (*tendenziös darstellen*) slant. **3.** *fig. colloq.* a) (*herrichten*) do (*od.* doll) *s. th.* up, b) (*Motor, Wagen etc*) hot (*od.* soup) up. **4.** *Textil.* friz(z), curl. **II** *v/reflex* **sich ~** **5.** a) do (*od.* dress) one's hair, b) comb one's hair. **III 2** *n* ⟨-s⟩ **6.** hairdressing. **7.** *fig. colloq.* manipulation, doctoring, window-dressing. **8.** *mot. colloq.* souping up.

Friˈsier|ˌkamm *m* dress comb. **~komˌmo·de** *f* → Frisiertisch. **~ˌkrem** *f* hair cream. **~ˌman·tel** *m* → Frisierumhang. **~saˌlon** *m* → Friseursalon. **~ˌspie·gel** *m* dressing-table (*Am. a.* vanity) mirror. **~ˌtisch** *m*, **~toiˌlet·te** *f* dressing table, *Am. a.* dresser. **~ˌumˌhang** *m* (hairdressing) cape.

Fri·sör [friˈzøːr] *m* ⟨-s; -e⟩ → Friseur.

friß [frɪs] *imp sg*, **frißt** [frɪst] *2 u. 3 sg pres of* **fressen**.

Frist [frɪst] *f* ⟨-; -en⟩ **1.** (*Zeitraum*) (prescribed) period, (set) term (*od.* time); **innerhalb e-r ~ von zehn Tagen** within a ten-day period; **die ~ ist abgelaufen** the period has expired (*od.* elapsed); *fig.* **d-e ~ ist abgelaufen** your time is up; **in kürzester ~** at very short notice, without delay; **auf kurze ~** for the short term, for a short time; **j-m mit e-r ~ von e-m Monat kündigen** give s. o. a month's notice. **2.** (*Zeitpunkt*) time limit, date (of completion), deadline; **äußerste ~** final date, deadline; **e-e ~ einhalten** meet a deadline; **e-e ~ (fest)setzen** set (*od.* prescribe, fix) a time limit, fix a deadline. **3.** (*Zwischenraum*) interval. **4.** (*Aufschub*) time allowed, extension, prolongation. **5.** *econ.* a) (*Zahlungsaufschub*) extension, b) (*Nach2*) respite; **j-m e-e ~ von drei Tagen gewähren** grant s. o. an extension of three days, give s. o. three days(' grace); **j-m bis morgen ~ gewähren** give s. o. (time) until tomorrow. **6.** *jur.* (*Strafaufschub*) reprieve; **drei Tage ~** three days' grace. **~ˌabˌlauf** *m* lapse of time, expiry.

fri·sten [ˈfrɪstən] *v/t* ⟨h⟩ **1.** (**kümmerlich**) **sein Leben** (*od.* **Dasein**) **~** just manage to keep alive, scrape a living, eke out a scanty living. **2.** *econ.* → befristen.

ˈfrist|geˌmäß, ~geˌrecht *adj u. adv* within the period prescribed, in time. **~los** *adj u. adv* without notice; **~e Kündigung** dismissal without notice, summary dismissal; **j-n ~ entlassen**, **j-m ~ kündigen** dismiss s. o. without notice, *colloq.* fire s. o. on the spot. **2ˌset·zung** *f* appointment (*od.* fixing) of a term (*od.* time limit, deadline). **2verˌlän·ge·rung** *f* extension (of time *od.* of the time limit, of the deadline, *für Zahlungen*: of credit). **2verˌsäum·nis** *n bes. jur.* default.

Fri·sur [friˈzuːr] *f* ⟨-; -en⟩ **1.** hairstyle, hairdo; (**kunstvolle**) **~** coiffure. **2.** (*Haarschnitt*) haircut, hairstyle.

Fri·teu·se [friˈtøːzə] *f* ⟨-; -n⟩ deep-frying pan. **friˈtie·ren** [-ˈtiːrən] *v/t* ⟨*no* **ge-**, **h**⟩ deep-fry.

Frit·te [ˈfrɪtə] *f* ⟨-; -n⟩ *tech.* (*Glas, Emaille*) frit.

frit·ten [ˈfrɪtən] **I** *v/t* ⟨h⟩ **1.** *tech.* a) frit, b) (*Kohlenstaub, a. geol. Gestein etc*) sinter. **II** *v/i* **2.** *tech.* sinter. **3.** *geol.* sinter, melt partially. **4.** *Radio*: cohere. **III 2** *n* ⟨-s⟩ **5.** fritting (*etc*). **6.** *Radio*: coherence.

ˈFrit·ten·por·zelˌlan *n* tender porcelain.

ˈFrit·ter *m* ⟨-s; -⟩, **~empˌfän·ger** *m Radio*: coherer.

Fri·tü·re [friˈtyːrə] *f* ⟨-; -n⟩ *gastr.* **1.** hot fat for deep frying. **2.** deep fried food.

Frit·ze [ˈfrɪtsə] *m* ⟨-n; -n⟩ *colloq.* chap, bloke, fellow.

fri·vol [friˈvoːl] *adj* ⟨-er; -st⟩ **1.** (*leichtfertig, gewissenlos*) frivolous. **2.** (*respektlos, frech*) flippant. **3.** (*schlüpfrig*) indecent, risqué (*joke, etc*). **Fri·vo·liˈtät** [-voliˈtɛːt] *f* ⟨-; -en⟩ **1.** (*Bemerkung etc*) frivolous (*od.* flippant) remark. **2.** ⟨*only sg*⟩ a) frivolity, frivolousness, b) flippancy, levity, c) indecency. **3.** *pl Textil.* tatted work *sg.* **Fri·vo·liˈtä·tenˌar·beit** *f* tatting.

froh [froː] *adj* ⟨-er; -est⟩ **1.** a) (*glücklich, freudig*) happy, (*~gestimmt*) *a.* joyful, cheerful, *lit.* blithe, (*erfreut*) *a.* glad, b) → fröhlich; *lit.* **~en Mutes sein** be cheerful, be of good cheer; **~en Mutes an die Arbeit gehen** set to work cheerfully; **ich bin ~, dich wiederzusehen** I am glad to see you again; **über** (*a.* **um**) **e-e Sache ~ sein** be glad of (*od.* about) s. th., be happy about s. th.; *colloq.* **er wurde s-s Lebens nie** (*od.* **nicht**) **mehr ~** he had no end of trouble; **er wurde s-s Erfolges nie ~** he had no chance to enjoy his success; **sei ~, daß du nicht da warst** be thankful (*od.* glad) you weren't there; → Botschaft 2. **2.** (*erleichtert*) (**über** *acc*, *a.* **um**) relieved (at), glad (about). **3.** *als Wunsch*: **2e Weihnachten!** Merry Christmas!; **2e Ostern!** Happy Easter!; **~e Feiertage!** have a pleasant (*od.* nice) holiday. **~beˌschwingt** *adv* in an elated (*od.* animated) manner. **~geˌlaunt** *adj* → froh 1. **~geˌmut** *adj* **1.** → froh 1. **2.** (*zuversichtlich*) confident, optimistic. **~geˌstimmt** *adj* → froh 1.

fröh·lich [ˈfrøːlɪç] *adj* **1.** (*froh, heiter*) cheerful, happy, *lit.* blithe. **2.** (*lustig*) gay, merry, cheerful, happy, jolly, hilarious, *colloq.* chirpy, *Am. colloq.* chipper; **e-e ~e Gesellschaft** a merry company; **~es Treiben** gaiety, merrymaking; **~ werden** cheer up; **j-n ~ machen** cheer s. o.; **sie waren in ~er Stimmung** they were in high (*od.* gay) spirits. **3.** → froh 3. **2keit** *f* ⟨-; *no pl*⟩ **1.** cheerfulness, good cheer, *lit.* blitheness; → *a.* Frohnatur 1. **2.** (*Lustigkeit*) gaiety, merriment, cheerfulness, jollity, mirth, hilarity, high spirits *pl.*

ˌfrohˈlocken (*getr.* **-k·k-**) **I** *v/i* ⟨*insep, no* **-ge-**, **h**⟩ *lit.* (**über** *acc*) a) (*jubeln*) exult (at, in, over), rejoice (in, at), jubilate (over, at), be exultant (*od.* jubilant) (at, over), b) triumph (at, over), c) *schadenfroh*: gloat (over); **zu früh ~** rejoice too soon, count one's chickens before they are hatched; *Bibl.* **frohlocket dem Herrn!** rejoice in the Lord! **II 2** *n* ⟨-s⟩ exulting (*etc*), exultation, jubilation, shouts *pl* of joy, triumph; **mit 2** exultantly, jubilantly. **~d** *adj* **1.** exultant, jubilant, rejoicing. **2.** triumphant.

ˈFroh|naˌtur *f lit.* **1.** ⟨*only sg*⟩ cheerful (*od.* sunny) disposition (*od.* nature). **2.** cheerful person, *colloq.* sunny boy. **~ˌsinn** *m* ⟨-(e)s; *no pl*⟩ **1.** (*frohes Wesen*) cheerfulness, lightheartedness, happiness. **2.** → Fröhlichkeit.

fromm [frɔm] *adj* ⟨-er *od.* ⸚er; -st *od.* ⸚st⟩ **1.** *Mensch, Leben etc*: pious, devout, religious, godly, godfearing; **~ werden** get religion, become religious, turn pious; *fig.* **e-e ~e Lüge** a white lie; **nichts als ~e Wünsche** only wishful thinking; **~er Betrug** pious fraud. **2.** *Tat, Lied, Gesinnung etc*: pious; **~e Einfalt** (**Literatur**) pious innocence (literature). **3.** (*andächtig*) devout. **4.** *Bibl.* (*gerecht*) just, good. **5.** (*bigott, scheinheilig*) sanctimonious, bigoted; **~es Getue** sanctimoniousness. **6.** (*sanft*) gentle, meek (*as a lamb*); *Pferd*: steady. **7.** *hist.* (*tapfer*) brave, valiant. **ˈFrom·me¹** *m, f* ⟨-n; -n⟩ pious (*od.* devout, religious, godly) person; *hist.* **Ludwig der ~** Louis the Pious. **ˈFrom·me²** *m* ⟨-n; *no pl*⟩ *obs. for* **Nutzen** 1; **j-m** (**et.**) **zu Nutz und ~n** for (*od.* to) the benefit (*od.* good, advantage) of s. o. (s. th.).

Fröm·meˈlei *f* ⟨-; -en⟩ pietism, sanctimoniousness, bigotry, saintliness, cant. **ˈfröm·meln** [ˈfrœməln] *v/i* ⟨h⟩ be sanctimonious, be bigoted, cant. **ˈfröm·melnd** *pres p u. adj* sanctimonious, bigoted, canting.

from·men [ˈfrɔmən] *v/i* ⟨h⟩ *obs. od. lit. for* **nutzen** I.

Fröm·mig·keit [ˈfrœmɪçkaɪt] *f* ⟨-; *no pl*⟩ piety, piousness, devoutness, godliness, religiousness.

ˈFrömm·ler *m* ⟨-s; -⟩, **ˈFrömm·le·rin** *f* ⟨-; -nen⟩ *contp.* bigot(ed person), pietist, devotee, sanctimonious person.

Fron [froːn] *f* ⟨-; -en⟩ *hist.* → Frondienst 1. **~ˌar·beit** *f* → Frondienst. **~ˌar·bei·ter** *m* **1.** *hist.* sokeman, socman, soc(c)ager. **2.** *fig.* drudge, galley-slave.

Fron·de[1] [ˈfroːndə] *f* <-; -n> *hist.* → Frondienst 1. **Fron·de**[2] [ˈfrõːdə] *f* <-; -n> **1.** *bes. pol.* a) (malcontent) faction, b) violent opposition. **2.** *hist.* **die ~** *in Frankreich*: the Fronde.

ˈFronˌdienst *m* **1.** *hist.* corvée, soc(c)age, compulsory labo(u)r; **~e leisten (für)** → **fronen.** **2.** *fig.* drudgery.

fro·nen [ˈfroːnən] *v/i* <h> **1.** *hist.* (*dat*) do soc(c)age service (for). **2.** *fig.* drudge, slave.

frö·nen [ˈfrøːnən] *v/i* <h> (*dat*) indulge in, be a slave to, be addicted to; **dem Alkohol übermäßig ~** overindulge in alcohol.

ˈFron|ˌfa·sten *pl relig.* ember days. **~ˌfe·ste** *f hist.* public jail (*Br. a.* gaol).

ˌFronˈleich·nam *m* <-(e)s; *no pl*> *relig.* Corpus Christi; **am ~** on Corpus Christi (Day).

ˌFronˈleich·nams|ˌfest *n* → Fronleichnam. **~pro·zes·siˌon** *f* Corpus Christi procession. **~ˌtag** *m* Corpus Christi Day.

ˈfronˌpflich·tig *adj* adscript(ive), liable to soc(c)age duty.

Front [frɔnt] *f* <-; -en> **1.** *arch.* (*Vorderseite*) front(age), face; **das Haus liegt mit der ~ nach Osten** the house faces east. **2.** *mil.* (*Kampflinie*) front, (front) line; **an der ~ (stehen)** (be) at the front; **an die ~ gehen** go to the front, go up; **hinter der ~** behind the lines; **in vorderster ~ stehen** *a. fig.* be in the front line; **an zwei ~en kämpfen** fight on two fronts; **auf breiter ~ angreifen** attack on a wide front. **3.** *mil. e-r Kompanie etc*: front; **die ~ abschreiten** a) review the troops, b) *e-r Ehrenkompanie*: take the salute, inspect the guard of hono(u)r. **4. zu** (*od.* **vor**) **j-m ~ machen** stand at attention (before s. o.). **5.** *fig.* front; **die ~ der Arbeiterschaft** the labo(u)r front; **e-e geschlossene ~ bilden (gegen)** form a united front (against); **gegen j-n (et.) ~ machen** turn (*od.* make a stand) against s. o. (s. th.), resist (*od.* oppose) s. o. (s. th.). **6.** *meteor.* front. **7.** *Sport*: **in ~ gehen** take the lead, surge ahead; **in ~ liegen** (have the) lead, be ahead. **~ˌabˌschnitt** *m mil.* (front) sector.

fron·tal [frɔnˈtaːl] **I** *adj* frontal (*attack, etc*); *mot.* **~er Zs.-stoß** head-on collision. **II** *adv* head on, frontally; **die Autos stießen ~ zusammen** the cars collided head on; **j-n ~ angreifen** make a frontal attack on s. o.; **~ gesehen** seen from the front. **≈ˌanˌgriff** *m mil.* frontal attack. **≈zuˌsam·menˌstoß** *m* head-on collision.

ˈFront|ˌanˌsicht *f* front view. **~ˌanˌtrieb** *m mot.* front-wheel drive. **~beˌricht** *m* front-line report (*od.* despatch). **~beˌrich·ti·gung** *f mil.* correction of the front. **~ˌbrei·te** *f mil.* frontage. **~ˌdienst, ~ˌeinˌsatz** *m* front-line (*od.* combat) duty, action (at the front).

ˈFron·tenˌbil·dung *f* **1.** *meteor.* frontogenesis. **2.** *fig. pol.* polarization.

ˈFrontˌflug *m mil.* (combat) sortie, mission.

Fron·ti·spiz [frɔntiˈspiːts] *n* <-es; -e> *e-s Buches*: a) frontispiece (*a. arch.*), b) title page.

ˈFront|ˌkämp·fer *m mil.* front-line soldier, combatant; **ehemaliger ~** veteran. **~ˌla·der** *m tech.* front-loader. **≈ˌla·stig** [-ˌlastıç] *adj mot.* nose-heavy. **~ˌlen·ker** *m* forward control truck. **~ˌli·nie** *f mil.* front line. **~ˌmo·tor** *m* front engine. **~ˌräu·mer** *m tech.* bulldozer. **~ˌschei·be** *f mot.* windscreen, *Am.* windshield. **~solˌdat** *m mil.* front-line soldier. **~ˌtrup·pen** *pl* combat troops, line forces. **~ˌurˌlaub** *m* leave from the front. **~ˌwech·sel** *m mil.* change of front, *fig. a.* about-face, turnabout.

ˈFronˌvogt *m jur. hist.* taskmaster, overseer.

fror [froːr] *1 u. 3 sg pret*, **frö·re** [ˈfrøːrə] *1 u. 3 sg pret subj of* **frieren.**

Frosch [frɔʃ] *m* <-es; ⸚e> **1.** *zo.* frog. **2.** *fig. colloq.* **e-n ~ im Halse (stecken) haben** have a frog in one's throat; **sich aufblasen wie ein ~** puff o. s. up like a frog; **sei kein ~!** come on, be a sport!; **der kleine ~** (*Kind*) the little tot. **3.** (*Knall≈*) (jumping) cracker, squib, *Am.* firecracker. **4.** *arch.* (*Balkenstütze*) bracket. **5.** *mus. am Geigenbogen*: nut, frog. **6.** *tech.* a) (*Daumen*) cam, b) (*Anschlagnocken*) dog, c) (*Klemme*) clip, d) (*Explosionsramme*) frog rammer. **7.** *print.* slide, sliding bar. **8.** *rail.* frog. **~amˌphi·bi·en** *pl* batrachia(ns). **≈ˌar·tig** *adj* a) froggy, ranine, b) (*froschlurchartig*) batrachian. **~geˌqua·ke** *n* croaking of frogs. **~geˌschwulst** *f med. vet.* ranula. **~ˌhüp·fen** *n* leap-frog. **~ˌkö·nig", „Der** (*Märchen*) "The Frog Prince". **~konˌzert** *n humor.* frogs' chorus. **~ˌlaich** *m zo.* frog spawn. **~ˌlurch** *m zo.* an(o)ura, salientia. **~ˌmann** *m* <-(e)s; ⸚er> *bes. mil.* frogman. **~per·spekˌti·ve** *f fig.* **1.** worm's-eye view; **et. aus der ~ sehen** have (*od.* get) a worm's-eye view of s. th. **2.** *contp.* narrow outlook. **~ˌschen·kel** *m* **1.** frog's (hind) leg. **2.** *pl gastr.* frog's legs. **~ˌteich** *m* frog pond. **~ˌtest** *m med.* frog test.

Frost [frɔst] *m* <-es; ⸚e> **1.** frost; **bei eintretendem ~** when frost sets in; **anhaltender ~** freeze; **strenger (klirrender) ~** severe (crisp) frost; *geol.* **ewiger** (*od.* **ständiger**) **~** permafrost. **2.** (*Kältegefühl*) chill, cold(ness). **3.** *med.* a) (*Fieber≈*) cold shivers *pl*, b) (*~beule*) chilblain, frostbite. **~ˌaufˌbruch** *m auf der Straße*: frost heave. **≈beˌstän·dig** *adj* frost-resistant. **~ˌbeu·le** *f med.* chilblain, frostbite. **~ˌbrand** *m* **1.** *hort.* frost blight, nip. **2.** *med.* frost gangrene.

frö·steln [ˈfrœstəln] **I** *v/i u. v/impers* <h> **1. ich fröstele, mich fröstelt, es fröstelt mich** I feel chilly. **2.** (*zittern*) shiver (**vor Kälte** with cold); *fig.* **der Gedanke macht** (*od.* **läßt**) **e-n ~** the idea makes you shiver. **II ≈** *n* <-s> **3.** shivering (*etc*). **4.** shiver, chill.

ˈFro·ster *m* <-s; -> *e-r Kühlvorrichtung*: froster. **~ˌfach** *n* freezer.

ˈfrost|ˌfrei *adj* free from frost, frostless, frost-free. **≈geˌfahr** *f* danger of frost. **~geˌschützt** *adj* protected from frost. **≈ˌgren·ze** *f* frost limit (*Am.* line).

ˈfro·stig *adj* **1.** *Wetter etc*: frosty. **2.** *fig.* frosty, chilly, frigid, cold.

ˈFrost|ˌnacht *f* frosty night. **~ˌriß** *m tech.* frostshake, *in Holz*: a. frost crack. **≈ˌris·sig** *adj Haut etc*: frost-cracked. **~ˌsal·be** *f* anti-frostbite (*od.* chilblain) ointment. **~ˌscha·den** *m* **1.** frost damage; **„Frostschäden"** (*Verkehrsschild*) "road damaged by frost". **2.** *med.* frostbite.

ˈFrostˌschutz *m* frost protection. **~ˌmit·tel** *n* **1.** *chem. tech.* anti-freezing agent, anti-freeze. **2.** → **Frostsalbe.** **~ˌschei·be** *f mot.* anti-frost (*od.* demister) screen.

ˈfrost|ˌsi·cher *adj* frost-resistant, non(-)freezing. **≈ˌwet·ter** *n* frosty weather, frost.

Frot·tee [frɔˈteː] *n, m* <-(s); -s> *Textil.* **1.** *für Bademäntel, Handtücher etc*: terry (cloth). **2.** sponge cloth, ratiné, ratine. **~(ˌhand)ˌtuch** *n* Turkish (*od.* terry) towel. **~ˌkleid** *n* terry cloth dress. **~ˌstoff** *m* → **Frottee.**

Frotˈtierˌbür·ste *f* flesh-brush. **frot·tie·ren** [frɔˈtiːrən] **I** *v/t* <*no* ge-, h> **1.** (*den Körper*) rub down, towel. **2. j-n ~** rub s. o. down, give s. o. a towel(l)ing (*od.* rub[-]down). **II** *v/reflex* **sich ~** **3.** have a rub(-)down. **III ≈** *n* <-s> **4.** rubbing down (*etc*), rub(-)down. **5.** *med.* massage, frottage.

Frotˈtier|geˌwe·be *n* → **Frottee.** **~ˌhandˌschuh** *m* friction glove. **~(ˌhand)ˌtuch** *n* → **Frotteehandtuch.** **~ˌstoff** *m* → **Frottee.**

Frot·zeˈlei *f* <-; -en> *colloq.* **1.** → **frotzeln** III. **2.** teasing remark (*od.* remarks *pl*), chaff. **frot·zeln** [ˈfrɔtsəln] **I** *v/t* <h> tease, chaff, pull *s. o.'s* leg, kid *s. o.* **II** *v/i* tease, chaff, make teasing remarks. **III ≈** *n* <-s> teasing (*etc*), chaff, leg-pull.

Frucht [fruxt] *f* <-; ⸚e> **1.** fruit; **eingemachte (getrocknete, kandierte) Früchte** preserved (dried, candied) fruit *sg*; **Früchte tragen** a) bear (*od.* yield) fruit, fructify, b) *fig.* bear fruit, have (good) results; **die Früchte des Feldes (Waldes)** the fruit *sg* of the field (forest); *fig.* **das fiel ihm als reife ~ in den Schoß** it fell (right) into his lap; **verbotene Früchte schmecken am besten** (*Sprichwort*) forbidden fruit is sweetest. **2.** *meist pl fig.* (*Ergebnis*) fruit(s *pl*), product(s *pl*), result(s *pl*); **die Früchte s-r Arbeit ernten** reap the fruit(s) of one's work; *Bibl.* **an ihren Früchten sollt ihr sie erkennen** ye shall know them by their fruits. **3. ~ des Leibes** a) *poet. u. relig.* fruit of the womb, b) *jur. med.* f(o)etus. **4.** *agr.* a) <*only sg*> crop(s *pl*), produce, b) *dial.* (*Getreide*) corn, *Am.* grain. **5.** *meist pl fig.* (*Nutzen*) profit(s *pl*), advantage(s *pl*), benefit(s *pl*). **6.** *meist pl jur.* a) natural product(s *pl*), b) (*Einnahmen*) revenue. **~ˌanˌsatz** *m bot.* **1.** fructification. **2.** *von Äpfeln*: set. **~ˌbalg** *m* air bag, follicle.

ˈfrucht·bar *adj* **1.** *Boden, Erde etc*: fertile (**an** *dat* in); **et. ~ machen** a) make s. th. fertile, fertilize s. th., b) *fig.* (**für** to) make s. th. profitable; *fig.* **auf ~en Boden fallen** fall on fertile ground. **2.** *Land, Gebiet etc, a. fig. Phantasie etc*: (**an** *dat* of) fertile, fruitful, productive. **3.** *Baum, a. fig. Gedanke, Verhandlungen, Zs.-arbeit etc*: fruitful; *Jahr, Zeit etc*: *a.* plentiful, productive. **4.** *Lebewesen*: fertile, fecund, *a. fig. Schriftsteller etc*: prolific; **die ~en Tage der Frau** a woman's days of fertility; *Bibl.* **seid ~ und mehret euch** be ye fruitful and multiply. **≈keit** *f* <-; *no pl*> **1.** *des Bodens, der Erde etc*: fertility (**an** *dat* of, in). **2.** *e-s Landes etc*: (**an** *dat* of) fertility, fruitfulness, productivity. **3.** *e-s Baumes etc, fig. der Phantasie*: fruitfulness, fecundity. **4.** *fig. e-s Jahres, e-r Zeit etc*: plentifulness, fruitfulness, productivity. **5.** *e-s Lebewesens*: fertility, fecundity. **6.** *fig. der Gedanken, von Verhandlungen etc*: fruitfulness. **7.** *fig. e-s Schriftstellers etc*: prolificacy, voluminousness. **≈ˌma·chung** [-ˌmaxuŋ] *f* <-; *no pl*> fertilization.

ˈFrucht|ˌbe·cher *m* **1.** *gastr.* fruit sundae. **2.** *bot.* a) cup, b) *der Lebermoose*: gemma cup, c) *bes. bei Eicheln*: cupule. **~beˌhäl·ter** *m bot.* conceptacle. **~ˌbil·dung** *f* **1.** *bot.* fructification. **2.** *med.* formation of the embryo, embryogeny. **~ˌbla·se** *f med.* amniotic sac, f(o)etal membranes *pl.* **~ˌblatt** *n bot.* carpel, carpophyll, carpellary leaf. **~ˌbo·den** *m bot.* receptacle, placenta, thalamus. **≈ˌbo·denˌstän·dig** *adj* epigynous. **~bonˌbon** *m, n* fruit drop, jujube, *Am.* fruit candy. **≈ˌbrin·gend** *adj* **1.** *bot.* fruit-bearing, fructiferous. **2.**

fig. fruitful, productive, fertile; (*nützlich*) profitable.

Frücht·chen [ˈfrʏçtçən] *n* ‹-s; -› **1.** *dim. of* Frucht 1. **2.** fruitlet. **3.** *fig. colloq.* (**sauberes**) ~ (young) scamp (*od.* rascal).

ˈ**Fruchtˌdecke** (*getr.* -k·k-) *f bot.* epicarp.

ˈ**Früch·te|ˌbrot** *n gastr.* **1.** yeast loaf containing dried fruit. **2.** ‹*only sg*› mixed dried fruit (and nuts) compressed into a slab. ~ˌ**cock·tail** *m* fruit cocktail.

ˈ**Fruchtˌeis** *n* fruit-flavo(u)red ice-cream.

fruch·ten [ˈfruxtən] *v/i* ‹h› bear fruit, be of use, have effect, be successful; **nicht(s)** ~ be fruitless, be of no use (*od.* avail); **Ermahnungen** ~ **bei ihm nichts** *a.* warnings are lost on him.

ˈ**Früch·teˌstand** *m bot.* arrangement of the fruit(s) (upon the axis *od.* stem); zs.-gesetzter ~ syncarpy.

ˈ**Frucht|ˌfleisch** *n bot.* (fruit) flesh (*od.* pulp). ~ˌ**fol·ge** *f agr.* crop rotation. ≈ˌ**fres·send** *adj zo.* frugivorous. ~**ge·ˌhäu·se** *n bot.* seed vessel. ~**ge·ˌschmack** *m* fruity taste (*od.* flavo[u]r); **mit** ~ fruity, fruit-flavo(u)red. ~ˌ**haut** *f* **1.** → Eihaut 2. **2.** → Fruchthülle 1. ~ˌ**holz** *n hort.* fruitwood, fruit-bearing boughs *pl.* ~ˌ**hül·le** *f* **1.** *bot.* pericarp. **2.** *anat.* f(o)etal envelope. ~ˌ**hül·se** *f bot.* pod, cod.

ˈ**fruch·tig** *adj Wein*: fruity.

ˈ**Frucht|ˌkap·sel** *f bot.* capsule. ~ˌ**keim** *m* germ. ~ˌ**kelch** *m* induvial calyx. ~ˌ**kern** *m des Kernobstes*: pip; *des Steinobstes*: stone; *der Nüsse*: kernel. ~ˌ**klap·pe** *f* valve. ~ˌ**kno·ten** *m* ovary. ≈**los** *adj* **1.** *fig.* fruitless, vain, futile, unavailing, abortive, unsuccessful. **2.** *bot.* fruitless, acarpous. ~**lo·sig·keit** *f* ‹-; *no pl*› fruitlessness, *fig. a.* vainness, futility, uselessness. ~ˌ**mark** *n bot.* (fruit) pulp. ~ˌ**pres·se** *f* (fruit) press, juicer. ~ˌ**rin·de** *f* epicarp. ~ˌ**saft** *m gastr.* fruit juice. ~**saˌlat** *m* fruit salad. ~ˌ**säu·re** *f chem.* fruit acid. ~ˌ**scha·le** *f* **1.** peel (of fruit). **2.** (*Gefäß*) fruit bowl, fruit dish. **3.** *gastr.* fruit cup (*od.* cocktail). ~ˌ**schei·be** *f bot.* disk, disc. ≈ˌ**tra·gend** *adj bot.* fruit-bearing, fructiferous; ~**er Baum** *a.* fruiter. ~ˌ**trä·ger** *m bot.* a) carpophore, b) *e-s Pilzes*: cap. ~ˌ**wand** *f bot.* pericarp. ~ˌ**was·ser** *n* ‹-s; *no pl*› *med.* amniotic fluid; **das** ~ **geht ab** *colloq.* the waters break. ~**ˌwech·sel** *m* → Fruchtfolge. ~**ˌwech·selˌwirt·schaft** *f* crop rotation. ~ˌ**wol·le** *f bot.* down. ~ˌ**zap·fen** *m* cone. ~ˌ**zucker** (*getr.* -k·k-) *m chem.* fruit sugar, fructose, levulose.

Fruc·to·se [frukˈtoːzə] *f* ‹-; *no pl*› → Fruchtzucker.

fru·gal [fruˈgaːl] *adj* ‹-er; -st› **1.** frugal. **2.** *fälschlich für* **opulent. Fru·ga·liˈtät** [-galiˈtɛːt] *f* ‹-; *no pl*› frugality.

früh [fryː] **I** *adj* ‹-er; -(e)st› **1.** (~*zeitig*) early; **am** ~**en Nachmittag** (**im** ~**en Sommer**) in the early afternoon (summer), early in the afternoon (summer); **in** ~**er Jugend** in early youth (*od.* life); **von** ~**er Kindheit an** from early childhood, from an early age; **die** ~**en dreißiger Jahre** the early thirties; *colloq.* **zu dieser schrecklich** ~**en Zeit** at this ungodly (*od.* unearthly) hour; → **früher, frühest. 2.** (*vorzeitig*) early, premature; **in** ~**em Alter** at an early age; **ein** ~**er Tod** an early (*od.* untimely) death. **3.** (~*reifend*) *Obst etc*: early. **4.** (*früher*) former; **in** ~**en Zeiten** in former times, formerly, *lit.* in times past. **5.** *Epoche, Werk etc*: early; **das** ~**e Altertum** early antiquity; **ein** ~**er van Gogh** an early (work by) van Gogh. **6.** (*jung*) young; **der** ~**e Goethe** (the) young Goethe. **7.** (*morgendlich*) early (morning), *lit.* matutinal. **II** *adv* **8.** early, at an early hour; (**schon**) ~ early on; ~ **zu Bett gehen** go to bed early. **9.** (*vorzeitig*) early, untimely, prematurely; **zu** ~ **sterben** die early (*od.* young, before one's time); **zu** ~ **kommen** be early. **10.** (*bald*) soon; **et.** ~ **genug erfahren** learn s. th. soon enough; **k-e Minute zu** ~ not a minute too soon; **freu dich nicht zu** ~! don't crow too soon!, don't count your chickens before they are hatched! **11.** (*morgens*) in the morning; **um sechs Uhr** ~ at 6 o'clock in the morning, at 6 a.m.; **heute** ~ (early) this morning; **gestern** (**morgen**) ~ yesterday (tomorrow) morning; **von** ~ **bis spät** from morning till night. ≈ˌ**ap·fel** *m* early apple. ~ˌ**auf** *adv* **von** ~ from early childhood, from an early age. ≈ˌ**aufˌste·her** *m* ‹-s; -› early riser, *colloq.* early bird. ≈**baˌrock** *n, m* **1.** *hist.* early Baroque period. **2.** *arch.* early Baroque (style). ≈ˌ**beet** *n agr.* **1.** (*Mistbeet*) hotbed. **2.** cold frame. ≈**beˌhand·lung** *f med.* early treatment. ≈ˌ**bir·ne** *f* early pear. ~ˌ**blü·hend** *adj* precocious, early-flowering. ~**ˌchrist·lich** *adj* early Christian. ≈**diaˌgno·se** *f med.* early diagnosis. ≈**ˌdienst** *m* early duty. ≈ˌ**druck** *m* ‹-(e)s; -e› *print.* incunabulum.

ˈ**Frü·he** *f* ‹-; *no pl*› **1.** (early) morning; **in der** ~ in the (early) morning, at an early hour; **heute in der** ~ early this morning. **2.** (*Tagesanbruch*) daybreak, dawn; **in aller** ~ at daybreak, (very) early in the morning, quite early.

ˈ**Frühˌehe** *f* early (*od.* young) marriage.

ˈ**frü·her I** *adj* ‹*comp of* früh› **1.** earlier; **e-e** ~**e Ausgabe** (**Fassung**) an earlier edition (version); **zu e-m** ~**en Zeitpunkt** at an earlier time (*od.* hour, date, age), earlier. **2.** (*vorherig*) previous, former; **der** ~**e Besitzer** the previous owner. **3.** (*einstig*) earlier, former, past, bygone; **in** ~**en Zeiten** → 8. **4.** (*ehemalig*) former, *lit.* erstwhile, quondam; **der** ~**e Präsident** the former president, the ex--president. **5.** (*älter*) earlier, older; ~**e Quellen berichten nichts darüber** older sources do not mention this. **II** *adv* **6.** (*zeitiger*) earlier. **7.** (*eher*) earlier, sooner; ~ **oder später** sooner or later; **warum haben Sie das nicht** ~ **gesagt?** why didn't you say so before?; **ich kam** ~ **als er** I was there earlier than he was, I was there before him. **8.** (*einstmals*) formerly, in former times (*od.* days), at one time; ~, **als es noch k-e Autos gab** in the days when there were no cars; **er kommt nicht so oft wie** ~ he doesn't come as often as he used to. **9. von** ~ a) from former times (*od.* days), b) of former times (*od.* days); **wir kennen ihn von** ~ we know him from former times (*od.* from the old days).

ˈ**Früh|erˌken·nung** *f med.* early recognition (*od.* diagnosis). ~ˌ**ern·te** *f agr.* **1.** early harvest. **2.** (*Vorernte*) first crop.

ˈ**frü·hest I** *adj* ‹*sup of* früh› **1.** earliest (*time, a. culture, etc*); ~**e Jugend** earliest years *pl*, early age; **in** ~**en Zeiten** in earliest (*od.* the most distant) times. **2.** (*erst*) earliest, early, first; **s-e** ~**en Gemälde** his early paintings; **die** ~**en Symptome** the first (*od.* initial) symptoms. **II** *adv* **3. am** ~**en** a) → **frühestens,** b) first; **er weiß es immer am** ~**en** he is always the first to know it.

ˈ**frü·he·stens** *adv* **1.** (~ **morgen** tomorrow) at the earliest. **2.** as early as possible. ˈ**frü·hestˈmög·lich** *adm.* **I** *adj* earliest possible. **II** *adv* as early as possible.

ˈ**Früh|ˌform** *f* early form (*od.* type). ~**geˌburt** *f med.* **1.** premature birth (*od.* delivery). **2.** (*Kind*) premature(ly born) baby. ~**geˌmü·se** *n agr.* early vegetables *pl*, primeurs *pl.* ~**geˌschich·te** *f* early (*od.* ancient) history. ≈**ge·ˌschicht·lich** *adj* early, ancient(-history). ~ˌ**go·tik** *f* **1.** *hist.* early Gothic period. **2.** *arch.* early Gothic (style). ~ˌ**got·tesˌdienst** *m relig.* morning (*od.* early) service. ~**gymˌna·stik** *f* early morning gymnastics *pl* (*als sg konstruiert*). ~ˌ**herbst** *m* early autumn (*Am. a.* fall). ~ˌ**jahr** *n* spring; **im** ~ in (the) spring.

ˈ**Frühˌjahrs|ˌmo·de** *f* spring fashion. ~**ˌmü·dig·keit** *f* spring fatigue. ~ˌ**putz** *m* spring cleaning.

ˈ**Früh|karˌtof·fel** *f* early (*od.* new) potato. ~ˌ**kir·che, die** *relig. hist.* the early Church. ~ˌ**klas·sik** *f* **1.** *hist.* early Classic(al) period. **2.** *Kunst*: early Classical (style). ~**konˌzert** *n* morning concert. ~**kulˌtur** *f* early civilization.

ˈ**Früh·ling** *m* ‹-s; -e› *a. fig.* spring(time); **es wird** ~ spring is coming; **im** ~ in (the) spring; *fig.* **im** ~ **des Lebens** in the spring(time) of life; *humor.* **zweiter** ~ second spring.

ˈ**Früh·lings|ˌanˌfang** *m* beginning of spring. ~ˌ**blu·me** *f bot.* spring flower. ~ˌ**bo·te** *m poet.* harbinger of spring. ~ˌ**fest** *n* **1.** spring festival. **2.** *relig. der Juden*: Shabuot(h), Feast of Weeks. ≈**haft** *adj* springlike, *lit.* vernal. ~ˌ**hauch** *m poet.* breath of spring, vernal breeze. ~ˌ**kro·kus** *m bot.* spring crocus. ~ˌ**lied** *n* spring song. ~ˌ**luft** *f* spring air, *lit.* vernal air. ≈ˌ**mä·ßig** *adj* → frühlingshaft. ~ˌ**mo·nat** *m* **1.** spring month. **2.** *poet.* (month of) March. ~ˌ**punkt** *m astr.* vernal (*od.* spring) equinox. ~ˌ**schlüs·selˌblu·me** *f bot.* cowslip. ~ˌ**sup·pe** *f* spring (vegetable) soup. ~ˌ**tag** *m* spring day. ~-ˌ**Tagˌundˌnachtˌglei·che** *f astr.* vernal (*od.* spring) equinox. ~ˌ**wet·ter** *n* spring weather. ~ˌ**zei·chen** *n astr.* spring constellation; **das** ~ (the sign of) Aries. ~ˌ**zeit** *f* spring(time).

ˈ**Früh|ˌmes·se** *f R. C.* early mass, matins *pl.* ~ˌ**mit·telˌal·ter** *n* early Middle Ages *pl.* ≈ˈ**mor·gens** [ˌfryː-] *adv* early in the morning, in the early morning. ~ˌ**ne·bel** *m* early morning fog.

ˈ**frühˌneu|ˌeng·lisch** *ling.* **I** *adj* early modern English. **II** ≈ ‹*generally undeclined*›, **das** ≈**e** ‹-n› early modern English. ~ˌ**hochˌdeutsch** *ling.* **I** *adj* Early New High German. **II** ≈ ‹*generally undeclined*›, **das** ≈**e** ‹-n› Early New High German.

ˈ**Früh|ˌobst** *n* early fruit, primeurs *pl.* ~ˌ**reif** *m* early (morning) hoarfrost (*od.* white frost). ≈ˌ**reif** *adj* **1.** *Kind*: a) (sexually) precocious, forward, b) *geistig*: (intellectually) precocious. **2.** *bot.* precocious, *a. zo.* early(-maturing). ~ˌ**rei·fe** *f* ‹-; *no pl*› **1.** *med.* (sexual) precocity, early (sexual) maturity. **2.** *geistige*: (intellectual) precocity, precociousness. **3.** *bot.* precociousness, *a. zo.* early maturity. ~**re·naisˌsance** *f hist.* early Renaissance. ~ˌ**rent·ner** *m* invalided pensioner, person invalided out. ~**roˌman·tik** *f* **1.** early Romanticism, early Romantic period. **2.** early Romanticism, early Romantic school (*od.* style). ~**roˌman·ti·ker** *m*, ≈**roˌman·tisch** *adj* early Romantic. ~ˌ**saat** *f agr.* spring seed (*od.* sowing). ~ˌ**schicht** *f econ.* early (morning) shift. ~ˌ**schop·pen** *m colloq.* (early) morning drink (*od.* glass), morning pint. ~ˌ**som·mer** *m* early summer. ~ˌ**sport** *m* early morning exercises *pl.*

frühst *adj u. adv* → frühest.

ˈFrüh|ˌsta·di·um *n* early stage; **sich noch im ~ befinden** be still in the early stages. **~ˌstart** *m Sport*: → Fehlstart. **~ˌsteinˌzeit** *f* early Stone Age, Eolithic Age.

ˈfrüh·stens *adv* → frühestens.

ˈFrühˌstück *n* **1.** breakfast; **zweites ~** midmorning snack, *Br. colloq.* elevens(es *pl*); **zum ~** for breakfast; **Zimmer mit ~** bed and breakfast. **2.** breakfast (party), midmorning reception. **ˈfrühˌstücken** (*getr.* **-k·k-**) **I** *v/i* ‹*insep*, **ge-**, **h**› breakfast, have (one's) breakfast. **II** *v/t* have *s. th.* for (one's) breakfast.

ˈFrühˌstücks|ˌbrett·chen *n* small wooden board (used as a plate). **~ˌtisch** *m* breakfast table. **~ˌzeit** *f* breakfast time.

ˈFrüh|symˌptom *n med.* early symptom. **≈ter·tiˌär** *adj*, **~ter·tiˌär·pe·riˌode** *f geol.* Eocene. **~toˌma·te** *f agr.* early tomato. **≈ˌtra·gend** *adj bot.* early-fruiting. **≈verˌstor·ben** *adj s. o.* who died young. **~ˌwarn·syˌstem** *n mil.* early-warning system. **~ˌwar·nung** *f* early warning. **~ˌwerk** *n Kunst*: early work. **~ˌzeit** *f* **1.** *e-r Kultur, Kunstrichtung etc*: early period (*od.* times *pl*); **die ~ des Christentums** early Christian times. **2.** *e-r Wissenschaft etc*: early days *pl* (*od.* years *pl*), beginnings *pl.* **3.** *der Geschichte*: early epoch, dawn. **4.** (*Vorzeit*) prehistoric times *pl*, dawn of history.

ˈfrühˌzei·tig I *adj* **1.** early (*measures, etc*). **2.** (*vorzeitig*) early, untimely, premature (*death, etc*). **3.** (*frühreif*) early, precocious (*fruit, etc*). **II** *adv* **4.** early, in good time; (**schon**) **~** early on, at an early date (*od.* hour). **5.** prematurely; **~ sterben** die prematurely (*od.* young, early). **≈keit** *f* ‹-; *no pl*› **1.** earliness. **2.** untimeliness, prematureness.

ˈFrüh|ˌzug *m* early (*od.* morning) train. **≈ˌzün·den** *v/i* ‹*sep*, **-ge-**, **h**› *tech.* backfire. **~ˌzün·dung** *f* **1.** *fehlerhafte*: backfire. **2.** *beabsichtigte*: pre-ignition, advanced ignition.

Fruk·to·se [frukˈtoːzə] *f* ‹-; *no pl*› → Fruchtzucker.

Frust [frust] *m* ‹**-es**; *no pl*› *colloq.* frustration(s *pl*).

Fru·stra·ti·on [frustraˈtsi̯oːn] *f* ‹-; **-en**› *psych.* frustration. **fruˈstrie·ren** [-ˈtriːrən] *v/t* ‹*no* **ge-**, **h**› frustrate.

ˈF-ˌSchlüs·sel [ˈɛf-] *m mus.* F (*od.* bass) clef.

Fuchs [fuks] *m* ‹**-es**; **≃e**› **1.** *zo.* fox; (**männlicher**) **~** he-fox, dog-fox; *fig.* **alter (schlauer) ~** old (sly) fox; **schlau wie ein ~** (as) sly as a fox, foxy; **Reineke ~** (*Fabelgestalt*) Reynard the Fox; *colloq.* **wo sich ~ und Hase gute Nacht sagen** at the back of beyond; **dir geht's wie dem ~ mit den sauren Trauben!** (you talk like the fox about the) sour grapes! **2.** (*Pelz*) fox (fur). **3.** *zo.* **fliegender ~** flying fox, fox-bat. **4.** (*Pferd*) sorrel (horse), chestnut (horse). **5.** *zo.* (*Schmetterling*) a) **Großer ~** large tortoiseshell (butterfly), b) **Kleiner ~** painted lady. **6.** *e-r Studentenverbindung*: first-year member. **7.** *astr.* Little Fox. **8.** *tech.* (*Zugkanal*) flue. **9.** *Billard*: fluke, scratch. **ˈFuchsˌbau** *m* fox earth.

Füchs·chen [ˈfʏksçən] *n* ‹-s; -› **1.** *dim. of* Fuchs 1. **2.** young fox, (fox) cub.

ˈFuchsˌei·sen *n hunt.* fox trap.

fuch·sen [ˈfuksən] **I** *v/t* ‹**h**› make *s. o.* wild (*od.* furious), madden. **II** *v/reflex* **sich ~** (**über** *acc*) fret (and fume) (about).

ˈFuchs|ˌfal·le *f* fox trap. **≈ˌfar·ben** *adj* fox-colo(u)red, foxy. **~ˌfell** *n* fox skin. **~ˌhengst** *m zo.* sorrel stallion.

Fuch·sie [ˈfuksi̯ə] *f* ‹-; **-n**› *bot.* fuchsia.

ˈfuch·sig *adj* **1.** → **fuchsrot** 1. **2.** → fuchtig.

Fuch·sin [fuˈksiːn] *n* ‹**-s**; *no pl*› *chem.* (basic) fuchsin(e).

Füch·sin [ˈfʏksɪn] *f* ‹-; **-nen**› she-fox, vixen.

ˈFuchsˌjagd *f* fox-hunt(ing); **auf die ~ gehen** go fox-hunting.

Füchs·lein [ˈfʏkslaɪn] *n* ‹-s; -› → Füchschen.

ˈFuchs|maˌjor *m e-r Studentenverbindung*: *senior member supervising the first-year members.* **~ˌpelz** *m* fox (fur). **~ˌräu·de** *f vet.* fox mange. **~ˌre·be** *f bot.* fox grape. **~ˌro·se** *f* yellow rose. **≈rot** *adj* **1.** [ˈfuksˈroːt] *Haar etc*: foxy(-red), *colloq.* carroty, ginger. **2.** [ˈfuksˌroːt] *Pferd*: sorrel. **~ˌschwanz** *m* **1.** foxtail, fox-brush. **2.** *tech.* (*Säge*) pad-saw. **3.** *bot.* a) foxtail grass, b) → **~ˌschwanz·amaˌrant** *m bot.* a) pigweed, amaranth, b) love-lies-bleeding. **~ˌstu·te** *f zo.* sorrel (*od.* chestnut) mare. **≈ˈteu·felsˈwild** *adj colloq.* → **fuchtig**.

Fuch·tel [ˈfuxtəl] *f* ‹-; **-n**› *fig. colloq.* **j-n unter s-r ~ halten** keep s. o. under one's thumb; **unter j-s ~ stehen** be under s. o.'s thumb. **ˈfuch·teln** *v/i* ‹**h**› **mit et. ~** wave s. th. about (wildly), *nervös*: *a.* fidget with s. th., *drohend*: brandish s. th.; **mit den Händen ~** gesticulate, saw the air.

fuch·tig [ˈfuxtɪç] *adj colloq.* hopping mad, wild, furious; **~ werden** get wild (*od.* mad, furious), see red; **j-n ~ machen** make s. o. wild (*od.* mad), infuriate s. o.

Fu·der [ˈfuːdər] *n* ‹**-s**; -› **1.** (cart-)load. **2.** tun (of wine). **≈ˌwei·se** *adv* **1.** by the cart-load, by cart-loads (*a. fig. colloq.*). **2.** by the tun.

ˈfuffˌzehn [ˈfuf-] *adj colloq.* fifteen.

Fuff·zi·ger [ˈfuftsɪgər] *m* ‹**-s**; -› *colloq.* a) fifty-pfennig piece, b) fifty-mark note (*Am.* bill); *fig.* **falscher ~** double-faced scoundrel, double-dealer, *bes. Am. sl.* phon(e)y, fink.

Fug [fuːk] *m* **mit ~ und Recht** → füglich.

fu·gal [fuˈgaːl] *adj mus.* fugal.

Fu·ge[1] [ˈfuːgə] *f* ‹-; **-n**› **1.** *tech.* a) (*Stoß≈*) joint, b) (*Naht*) seam, c) (*Nut*) groove, d) (*Schlitz*) slit; **aus den ~n** disjointed, unjointed; **aus den ~n gehen** (*od.* **geraten**) a) come apart, go to pieces, b) *fig.* come off the hinges, go to pieces, crack (up); *fig.* **die Zeit ist aus den ~n** time is out of joint; **in allen ~n krachen** creak in every joint. **2.** *biol.* commissure. **3.** *anat.* (*Becken≈*) symphysis. **ˈFu·ge**[2] *f* ‹-; **-n**› *mus.* fugue.

ˈFü·ge|ˌho·bel *m* jointing plane, jointer. **~maˌschi·ne** *f* jointing machine, jointer.

fu·gen [ˈfuːgən] *v/t* ‹**h**› *tech.* joint, *mit Falz*: groove, (*verstreichen*) point up.

fü·gen [ˈfyːgən] **I** *v/t* ‹**h**› **1.** → a) **anfügen**, b) **hinzufügen**, c) **zs.-fügen**. **2.** *fig.* (*ver~*) decree, ordain, dispose; **Gott wird alles zu unserem Besten ~** God will make everything right for us; **das Schicksal fügte es, daß** fate decreed that. **II** *v/reflex* **3. sich an** (*acc*) **et. ~** join (*od.* meet) s. th., follow (upon) s. th.; **eins fügte sich ans andere** one thing led to another. **4.** *fig.* **sich in** (*acc*) **et. ~** a) (*nachgeben*) submit (*od.* give in, yield, bow) to s. th., b) (*sich abfinden*) put up with s. th., resign (*od.* reconcile) o. s. to s. th.; **sich in das Unabänderliche ~** bow to the inevitable. **5.** *fig.* **sich e-r Sache ~** a) (*e-m Befehl etc*) comply with s. th., b) (*j-s Willen, Wunsch etc*) submit (*od.* give in, yield) to s. th., acquiesce in s. th. **III** *v/impers* **6.** *fig.* **es fügte sich, daß** it so happened that, as luck would have it.

ˈfu·gen|ˌar·tig *adj mus.* fugal. **≈ˌfül·lung** *f* joint-sealing (material). **≈ˌkel·le** *f* pointing trowel. **~los** *adj* **1.** jointless. **2.** (*nahtlos*) seamless. **3.** *fig.* → lückenlos 2.

Fu·ghet·ta [fuˈgɛta] *f* ‹-; **-ten**› *mus.* fughetta.

fu·gie·ren [fuˈgiːrən] *v/t* ‹*no* **ge-**, **h**› *mus.* fugue.

füg·lich [ˈfyːklɪç] *adv lit.* justly, with every justification, with good reason; **man kann ~ behaupten** you are fully justified in saying, one can very well say.

ˈfüg·sam *adj* **1.** (*lenksam*) docile, tractable, manageable. **2.** (*gehorsam*) obedient, *stärker*: submissive. **3.** (*willfährig*) pliant, pliable, supple. **≈keit** *f* ‹-; *no pl*› **1.** docility, tractability, manageability. **2.** obedience, *stärker*: submissiveness. **3.** pliancy, pliability.

Fugue [fjuːg] (*Engl.*) *f* ‹-; *no pl*› *psych.* fugue.

ˈFü·gung *f* ‹-; **-en**› (act of) providence, (stroke of) fate; **durch e-e gnädige ~ (des Schicksals)** by a merciful dispensation of fate, by a merciful act of providence; **das war e-e göttliche ~** (*od.* **e-e ~ Gottes**) that was a dispensation (of providence), that was Providence; **e-e seltsame ~** a trick (*od.* quirk) of fate; **durch e-e glückliche ~** by a lucky coincidence, by a stroke of luck.

ˈfühl·bar *adj* **1.** that can be felt, tangible, palpable. **2.** *fig.* a) (*spürbar, merklich*) noticeable, perceptible, sensible, b) (*deutlich*) distinct, marked, c) *beträchtlich*) considerable, appreciable; **~er Verlust** serious loss; **sich ~ machen** make itself felt. **≈keit** *f* ‹-; *no pl*› *fig.* perceptibility, markedness, seriousness.

füh·len [ˈfyːlən] **I** *v/t* ‹**h**› **1.** *sinnlich u. geistig*: feel, sense, be conscious (*od.* aware) of, *fig. a.* have a feeling of; *fig.* **die Berufung zum Künstler (in sich) ~** feel a calling for the arts; **j-s Nähe ~** feel that s. o. is near, sense s. o.'s presence; **er fühlte, daß er unrecht hatte** he felt (*od.* was conscious of the fact) that he was wrong; **er ließ mich s-e ganze Verachtung ~** he made me feel all his contempt. **2.** (*ahnen*) feel, sense, have a presentiment (*od.* premonition, feeling, *colloq.* hunch) of (*od.* that). **3.** (*abtasten*) feel; → **Puls**. **II** *v/i* **4.** (*tasten*) feel, grope (**nach** for); → **Zahn** 1. **5.** *empfinden*) feel; **mit j-m ~** feel with s. o., sympathize with s. o.; **für j-n ~** feel for s. o.; → **hören**. **III** *v/reflex* **sich ~ 6.** feel (*happy, ill, guilty, etc*); **sich wohl ~** a) feel well, b) feel comfortable (*od.* at ease); **sich zu et. in der Lage ~, sich e-r Sache gewachsen ~** feel up to (doing) s. th., feel able to cope with s. th.; **~ Sie sich wie zu Hause!** make yourself at home!; **sich zu j-m hingezogen ~** feel drawn (*od.* attracted) to s. o., take to s. o.; *lit.* **sie fühlt sich Mutter** she is expecting a baby; **er fühlte sich mehr und mehr bedroht** he had a growing sense of being in danger. **7.** regard (*od.* consider) o. s. as (*master in the house, etc*). **8.** *colloq.* (*eingebildet sein*) think a lot (*od.* no small beer) of o. s., be feeling pretty grand; **jetzt kannst du dich aber ~!** that's a feather in your cap! **IV ≈** *n* ‹-s› **9.** feeling (*etc*). **ˈfüh·lend** *pres p u. adj* feeling (*heart, etc*), (*mit~*) *a.* sympathetic.

ˈFüh·ler *m* ‹**-s**; -› **1.** *zo.* a) feeler, antenna, b) *von Würmern etc*: feeler, tentacle, *von Schnecken*: *a.* horn; **s-e ~ ausstrecken** a) put out its horns (*od.* feelers), b) *fig.* put out a feeler. **2.** *biol.*

tactor, feeler, antenna. **3.** *tech.* a) (*Stift*) feeler (pin), tracer, stylus, b) sensor, detector. **~ˌbor·ste** *f zo.* antennal bristle, arista. **~ˌleh·re** *f tech.* feeler ga(u)ge.

ˈFühl|ˌfa·den *m bot. zo.* feeler, tentacle. **~ˌfarn** *m bot.* sensitive fern. **~ˌhaar, ~ˌhär·chen** *n zo.* tactile hair, palpocil. **~ˌhorn** *n* → Fühler 1. **~los** *adj lit. for* gefühllos. **~ˌstift** *m* → Fühler 3 a.

ˈFüh·lung *f* ⟨-; *no pl*⟩ touch, contact (*a. mil.*); **mit j-m in ~ sein** (*od.* **stehen**), **mit j-m ~ haben** be in touch with s. o., have contact with s. o.; **mit j-m ~ (auf)nehmen** get in touch with s. o., contact (*od.* approach) s. o.; **mit j-m ~ suchen** try to get in touch with s. o.; **die ~ mit j-m verlieren** *a. mil.* lose (*od.* get out of) touch (*od.* contact) with s. o. **~ˌnah·me** *f* ⟨-; -n⟩ (entering into) contact, approach, first (*od.* preliminary) step(s *pl*) (*od.* talk[s *pl*]); **das Ergebnis der ersten ~ war, daß** the first contact (*od.* approach, step) resulted in.

fuhr [fuːr] *1 u. 3 sg pret of* **fahren.**

Fuh·re [ˈfuːrə] *f* ⟨-; -n⟩ **1.** (cart-)load (*a. fig.*), *Am. a.* truckload; **zwei ~n Sand** two cart-loads of sand. **2.** (*Wagen mit Ladung*) loaded cart (*od.* wag[g]on). **3.** (*Transport*) conveyance, carriage, cartage. **4.** (*Fahrt*) trip.

füh·re [ˈfyːrə] *1 u. 3 sg pret subj of* **fahren.**

füh·ren [ˈfyːrən] **I** *v/t* ⟨h⟩ **1.** lead; **ein Kind an der Hand ~** lead a child by the hand; **ein Heer ins Feld ~** lead an army into battle; **j-n zu j-m ~** lead (*od.* take, bring) s. o. to s. o.; **der Zufall führte ihn hierher** chance led (*od.* brought) him here; **was führt dich her** (*od.* **zu mir**)? what brings you here (*od.* to me)? **2.** (*den Weg zeigen*) guide, lead, conduct, pilot. **3.** (*geleiten*) take, lead, show, conduct, escort; **j-n in ein Zimmer** (**durchs Haus** *etc*) **~** show s. o. into a room (over the house, *etc*); **j-n zu s-m Platz ~** usher s. o. to his seat; **ein Ingenieur führte uns durch die Fabrik** an engineer showed us round the factory. **4.** (*aus~, begleiten*) take, escort; **j-n zum Tanz ~** take s. o. dancing (*od.* to a dance); **j-n nach Hause ~** take (*od.* see) s. o. home. **5.** (*die Richtung weisen*) direct. **6.** *gewaltsam*: march, escort (*s. o. out of the room, etc*). **7.** (*herum~, a. fig. lenken, leiten*) guide (*tourists, young people, etc*); **j-m die Hand ~** guide s. o.'s hand; → **Versuchung. 8. zum Mund ~** raise (*od.* lift) *s. th.* to one's mouth. **9.** (*an~, Führer sein von*) lead, head, be the leader (*od.* head) of, be in charge of, *mil. a.* command, be in command of, (*Mannschaft, Unternehmen*) *a.* captain; **ein Amt ~** hold an office; → **Aufsicht** (*etc*). **10.** (*Betrieb etc*) run, manage, be in charge of; → **Haushalt. 11.** (*Geschäfte etc*) conduct, manage, handle, run. **12.** (*Gespräch, Verhandlung etc*) carry on, have, hold. **13.** *jur.* (*Prozeß*) conduct; **j-s Sache ~** plead s. o.'s cause; → **Beweis** (*etc*). **14.** (*Werkzeug, Leitung etc*) (**durch, um, über** *acc*) pass (*od.* lead) (*tool, wire, etc*) (through, round, across) *s. th.*; **et. in et. ~** pass (*od.* introduce) s. th. into s. th. **15.** (*bauen*) run, build (*pipeline, wall, etc*). **16.** (*handhaben*) use, wield, handle; **den Pinsel ~** wield the brush, paint; *mus.* **den Bogen ~** bow. **17.** (*bei sich tragen*) carry, have with one; **Geld bei sich ~** have (*od.* carry) money about (*od.* on, with) one; *geol.* **Erz ~** bear (*od.* contain) ore; **der Fluß führt Sand** (**mit sich**) the river carries sand; *electr.* **Strom ~** a) be live, b) (*leiten*) conduct current. **18.** (*Namen etc*) bear, go by (*the name of*); **e-n Titel ~** a) *Person etc*: bear (*od.* hold) a title, b) *Buch etc*: be entitled, have (*od.* bear) a title; **ein Wappen ~** bear (*od.* have) a coat of arms. **19.** *econ.* (*Buch etc*) keep; **ein Konto ~** keep (*od.* carry) an account. **20.** (*Leben*) lead, live (*a good, etc, life*). **21.** (*Reden etc*) use (*bad language, etc*). **22.** *econ.* a) *auf Lager*: stock, carry *s. th.* (in stock), keep, b) *zum Verkauf*: sell, have *s. th.* for sale, keep, deal in, *bes. Am.* carry (*line of goods*), c) *in den Büchern*: carry (*s. th. on the books*). **23.** (*lenken, steuern*) a) *mot. etc* drive, steer, b) (*Flugzeug etc*) pilot. **24.** *Sport*: **den Ball ~** dribble (the ball). **25.** *mar.* a) (*Ladung*) carry (cargo), b) (*Schiff*) pilot, navigate, c) (*Flagge*) carry, fly; **das Ruder ~** be at the helm; **Fracht ~** carry goods, freight. **26.** *fig.* **et. zum Erfolg ~** lead s. th. to success, make a success of s. th.; **j-n zu der Erkenntnis ~, daß** make s. o. realize that; → *a. Verbindungen mit anderen Substantiven, z. B.* **Feld** 9. **II** *v/i* **27.** lead, *Tür*: *a.* open (**nach, zu** into); **die Brücke führt über den Fluß** the bridge leads across (*od.* crosses) the river. **28.** *fig.* **~ zu** (*zur Folge haben*) lead to, result (*od.* end) in, entail; **zu k-m Ergebnis ~** bring (*od.* get, lead to) no results; **zu nichts ~** lead to nothing, lead (us) nowhere, be abortive; **zu der Annahme ~, daß** lead (one) to the assumption that; **dies führte mich dazu, et. zu tun** this lead me to do s. th., this made me do s. th.; **wohin soll das noch ~?** I wonder where that is leading us (*od.* where it all will end)?; **es würde zu weit ~, zu** it would be carrying things too far to. **29.** (*an der Spitze stehen*) lead, be the leader. **30.** *Sport u. fig.* (have *od.* be in the) lead, be ahead, be in front; **mit zwei Toren ~** be leading by two goals, be two goals ahead, have a two-goal lead; **nach Punkten ~** (be) lead(ing) on points. **31.** *mus.* preside, lead. **III ~** ⟨-s⟩ **32.** leading (*etc*); → *a.* **Führung.** **ˈfüh·rend** *pres p u. adj* **1.** leading, prominent, top(-ranking) (*position, personality, etc*); **e-e ~e Stellung** a leading (*od.* prominent) position, a position of authority; **auf e-m Gebiet e-e ~e Rolle spielen** (*od.* **an ~er Stelle stehen** *od.* **sein**) play a prominent role (*od.* part) in a field, be at the top (*od.* a leader, leading) in a field; **ein ~er Industrieller** a captain of industry, *bes. Am.* a tycoon. **2.** *thea.* leading; **~e Rolle** lead(ing part).

ˈFüh·rer *m* ⟨-s; -⟩ **1.** *e-r Partei, Organisation etc*: leader; *hist.* **der ~** (*Hitler*) the Fuehrer. **2.** (*Leiter*) head, chief, *colloq.* boss. **3.** (*Fremden~ etc*) guide. **4.** *mil.* commander, leader. **5.** *Sport*: (*Mannschafts~*) captain. **6.** *aer.* pilot. **7.** (*Kran~ etc*) operator. **8.** (*Fahrer*) driver. **9.** *fig.* (*Wegweiser, Richtschnur*) guide. **10.** (*Handbuch, Leitfaden*) guide(book); **~ durch Paris** guide to Paris. **11.** *tech.* guide. **~ˌei·genˌschaf·ten** *pl* (qualities of) leadership *sg.* **~ˌhaus** *n mot.* (driver's) cab. **~ˌkan·zel** *f aer.* (pilot's) cockpit. **~los** *adj* **1.** *Partei etc*: without a leader, leaderless. **2.** *Bergsteiger etc*: without a guide, guideless. **3.** *Fahrzeug etc*: driverless; *Flugzeug etc*: pilotless. **~naˌtur** *f* born leader. **~per|sön·lich·keit** *f* **1.** leader (figure). **2.** born leader. **~prinˌzip** *n pol.* leader principle, principle of (totalitarian) leadership. **~ˌraum** *m aer.* **1.** pilot's cabin. **2.** cockpit. **~ˌrol·le** *f* role (*a.* rôle) of a leader. **~ˌschaft** *f* ⟨-; *no pl*⟩ **1.** leadership. **2.** *collect.* leaders *pl.*

ˈFüh·rerˌschein *m* **1.** driving licence, *Am.* driver's license (*od.* permit); *colloq.* **s-n ~ machen** a) take driving lessons, b) take one's driving test; → **entziehen** 2. **2.** *aer.* pilot's certificate. **~entˌzug** *m jur.* disqualification (from driving), revocation of s. o.'s driving licence (*etc*).

ˈFüh·rer|ˌsitz *m aer.* pilot's seat, cockpit. **~ˌstand** *m* **1.** *rail. etc* driver's cab(in). **2.** *e-s Krans etc*: (operator's) control cabin, driver's cage. **3.** → **Führerraum. ~ˌstel·lung** *f* (position of) leadership. **~ˌtum** *n* ⟨-s; *no pl*⟩ leadership.

ˈFuhrˌgeld *n* → **Fuhrlohn.**

ˈfüh·rig *adj Schnee*: good (for skiing).

ˈFuhr|ˌknecht *m archaic* **1.** carter's man. **2.** → **Fuhrmann** 1. **~ˌlohn** *m* cartage, carriage. **~ˌmann** *m* ⟨-(e)s; ¨-er *u.* -leute⟩ **1.** *archaic* a) carter, wag(g)oner, b) (*Kutscher*) driver. **2.** → **Fuhrknecht** 1. **3.** ⟨*only sg*⟩ *astr.* Charioteer, Auriga. **~ˌpark** *m* **1.** transport park, *bes. Am.* vehicle (*od.* motor) pool. **2.** (*Wagen*) fleet (of vehicles *od.* cars).

ˈFüh·rung *f* ⟨-; -en⟩ **1.** → **führen** III. **2.** ⟨*only sg*⟩ a) *pol. etc* leadership, control, b) guidance, direction; **unter der ~ von** led (*od.* headed) by, under the direction (*od.* guidance) of; **die ~ innehaben** have (*od.* hold) the leadership, be the leader; **die ~ übernehmen** take charge, take over (→ *a.* 8, 9); **die ~ an sich reißen** seize control, take over. **3.** ⟨*only sg*⟩ *e-s Unternehmens etc*: management, control. **4.** ⟨*only sg*⟩ *e-s Namens etc*: use. **5** ⟨*only sg*⟩ *von Verhandlungen, Geschäften etc*: conduct. **6.** *durchs Museum etc*: (guided *od.* conducted) tour (of). **7.** ⟨*only sg*⟩ (*Betragen*) (*good, etc*) conduct, behavio(u)r. **8.** ⟨*only sg*⟩ *bes. Sport*: lead; **in ~ gehen, die ~ übernehmen** take the lead; **in ~ liegen** (*od.* **sein**), **die ~ haben** be in (*od.* have) the lead, be leading; **das brachte ihn in ~** that put him in the lead (*od.* out front). **9.** *mil.* a) (*Befehlsstelle*) command, b) **innere ~** moral leadership, morale; **die ~ übernehmen** take charge (*od.* command). **10.** *collect.* a) *pol.* leaders *pl*, b) *econ.* top echelon (*od.* management, executives *pl*). **11.** *tech.* guide(ways *pl*).

ˈFüh·rungs|aka·deˌmie *f mil.* (command and general) staff college. **~ˌanˌspruch** *m* claim to leadership. **~ˌaufˌga·be** *f* executive function. **~ˌbahn** *f tech.* guide(way). **~ˌflä·che** *f tech.* guiding surface. **~ˌgre·mi·um** *n*, **~ˌgrup·pe** *f pol.* controlling (*econ.* managerial) body. **~ˌkampf** *m* leadership struggle. **~ˌkraft** *f meist pl* **1.** *econ.* manager, top executive. **2.** *pol.* leader. **~ˌla·ger** *n tech.* guide bearing. **~ˌlei·ste** *f* guide bar, guiding strip. **~ˌnachˌwuchs** *m* **1.** *pol.* potential leaders *pl.* **2.** *econ.* management (*od.* top echelon) material, future executives *pl.* **~ˌnut** *f tech.* guide slot. **~po·si·tiˌon** *f* **1.** leading position. **2.** *econ.* managerial (*od.* executive) position. **~ˌril·le** *f* **1.** *mil. e-r Patrone*: cannelure. **2.** *e-s Skis etc*: groove. **3.** *e-r Schallplatte*: groove, track. **~ˌring** *m* **1.** *mil. e-r Granate etc*: rotating band. **2.** *tech.* a) *e-s Kugellagers etc*: ball case, b) *e-r Achse etc*: guide ring. **3.** *mar.* fairlead. **~ˌrol·le** *f* **1.** *fig.* leading role (*od.* rôle). **2.** *tech.* a) guide roller, b) *e-r Schiebetür*: roller guide. **~ˌschicht** *f* **1.** *der Gesellschaft etc*: leading stratum, (the) Establishment. **2.** *pol.* group of leaders. **3.** *econ.* management, managerial class. **~ˌschie·ne** *f tech.* guide rail. **~ˌschwä·che** *f pol.* lack of (*od.* indecisive) leadership. **~ˌspit·ze** *f pol.* top echelon, *econ. a.* top management. **~ˌstab** *m mil.* operations staff, command. **~ˌstil** *m* (style of) leadership. **~ˌtor** *n*, **~ˌtref·fer** *m Sport*: goal that puts a team in the lead. **~ˌwech·sel** *m* change in leadership. **~ˌzei·chen** *n mus.* custos. **~ˌzeug·nis** *n* certificate of (good) conduct, *polizeiliches*: *a.* police clearance; **militärisches ~** service record.

ˈFuhr|ˌun·terˌneh·men *n* haulage contractors *pl*, haulage contracting firm, *Br.* (firm of) hauliers *pl*. **~ˌun·terˌneh·mer** *m* carrier, hauling contractor, haulier, *Am.* hauler, teamster. **~ˌwerk** *n* **1.** horse-drawn vehicle (*für Personen*: carriage). **2.** cart, wag(g)on (*drawn by oxen, etc*). **≈ˌwer·ken** *v/i* ⟨*insep*, **ge-**, **h**⟩ *colloq.* **1.** *in Küche, Garten etc*: potter (about). **2. mit et. ~** fidget with s. th. **3.** → **herumfuhrwerken.** **~ˌwe·sen** *n* ⟨-s; *no pl*⟩ *econ.* carrying trade, hauling business, *Am.* trucking (trade).

ˈFüll|ˌanˌla·ge *f tech.* a) filling plant, b) filling system. **~ˌanˌsatz** *m tech.* filler neck. **~ˌanˌzei·ge** *f print.* stopgap advertisement. **~ˌbleiˌstift** *m* propelling (*Am.* mechanical) pencil.

Fül·le[1] [ˈfʏlə] *f* ⟨-; *no pl*⟩ **1.** *fig.* (*Menge*) (**an** *dat*, **von** of) wealth (*of knowledge, experience, data, etc*), abundance; **e-e ~ von Einfällen** a wealth (*od.* host) of ideas. **2.** *fig.* (*Übermaß*) plenty, abundance, profusion; **Wein in** (*od.* **die**) **~** plenty (*od.* a lot) of wine, wine in plenty; → **Körperfülle. 3.** *fig. allg.* fullness; *der Stimme, des Klangs etc*: *a.* richness; *des Haars, Weins etc*: *a.* body. **4.** *lit. des Glücks etc*: profusion. **5.** *Bibl.* **in der ~ der Zeit** in the fullness of time.

ˈFül·le[2] *f* ⟨-; -n⟩ *bes. Southern G. and Austrian for* **Füllung** 3 *a u. d.*

fül·len [ˈfʏlən] **I** *v/t* ⟨**h**⟩ **1.** *allg.* fill; **et. in** (*acc*) **et. ~** *a.* pour s. th. into s. th.; **in Fässer ~** barrel; **in Flaschen ~** bottle; **in Säcke ~** sack, put *s. th.* into bags. **2.** *fig.* (*Lücke etc*) fill, stop. **3.** (*Kissen etc*) fill, stuff. **4.** (*Ballon etc*) fill, inflate. **5.** (*Raum, Zeitraum etc*) fill; **der Aufsatz füllte drei Seiten** the essay covered three pages. **6.** *lit.* (*er~*) fill; **Gelächter füllte den Raum** laughter filled the room. **7.** *colloq.* (**sich** *dat*) **et. auf den Teller ~** put (*od.* pile) s. th. on one's plate. **8.** *gastr.* a) (*Geflügel, Paprika etc*) stuff, b) (*Kuchen, Pralinen etc*) fill. **9.** *med.* (*Zahn*) fill, stop. **10.** *mot.* a) (*Benzintank*) fill (up), b) *mit Wasser etc*: top up. **11.** *mil.* (*Geschoß mit Ladung*) load, charge. **12.** *Kunst*: ground (*a picture*). **II** *v/reflex* **sich ~ 13.** fill; **ihre Augen füllten sich mit Tränen** her eyes filled with tears; **die Kirche füllte sich** (**mit Menschen**) the church filled. **III ≈** *n* ⟨-s⟩ **14.** filling (*etc*). **15.** → **Füllung.**

ˈFül·len *n* ⟨-s; -⟩ **1.** *zo.* foal, (*Hengst≈*) colt, (*Stuten≈*) filly. **2.** ⟨*only sg*⟩ *astr.* Foal, Equuleus.

ˈFül·ler *m* ⟨-s; -⟩ **1.** *colloq. for* **Füllfeder(halter). 2.** → **Füllvorrichtung. 3.** *print.* (*Fülltext etc*) filler.

ˈFul·lerˌer·de [ˈfʊlər-; ˈfʊlə-] (*Engl.*) *f chem. min.* fuller's earth.

ˈFüllˌfe·der *f*, **~ˌhal·ter** *m* fountain-pen.

ˈFüll|ˌgas *n* **1.** *aer. e-s Ballons*: lifting gas. **2.** *electr.* filler. **~geˌwicht** *n* **1.** *econ.* net weight (of contents). **2.** *e-r Waschmaschine etc*: capacity. **~ˌhahn** *m tech.* filling cock. **~ˌhal·ter** *m* fountain-pen; **~feder** *f* fountain-pen nib. **~ˌhorn** *n* horn of plenty, cornucopia.

ˈfül·lig *adj* **1.** *Gesicht*: full, *Figur, Person*: plump, *stärker*: portly, stout, *Busen, Kleid*: ample. **2.** *Wein*: full. **≈keit** *f* ⟨-; *no pl*⟩ fullness (*etc*).

ˈFüll|ˌmas·se *f tech.* filling (compound), filler. **~ma·te·riˌal** *n* **1.** filling (material), stuffing (material). **2.** *tech.* filling (material), filler. **3.** *chem.* a) packing (material), b) *als Beschwerungsmittel*: loading material. **4.** *synth.* mo(u)ld charge. **5.** *print.* leads *pl*. **~ˌmit·tel** *n* **1.** → **Füllmaterial** 2. **2.** *pharm.* bulkage. **~ˌort** *m* ⟨-(e)s; ¨er⟩ *Bergbau*: pit bottom. **~ˌrumpf** *m tech.* hopper, storage bin. **~ˌschrau·be** *f tech.* filler screw plug.

Füll·sel [ˈfʏlzəl] *n* ⟨-s; -⟩ **1.** filler. **2.** *fig.* a) stopgap, b) *in e-m Aufsatz etc*: padding, filler. **3.** → **Füllung** 2, 3.

ˈFüll|ˌstoff *m* **1.** → **Füllmaterial. 2.** *pharm.* bulkage. **3.** *für Farben etc*: extender. **~ˌstut·zen** *m tech.* filler neck (*od.* cap). **~ˌtrich·ter** *m* **1.** (filling) funnel. **2.** *tech.* (infeed) hopper.

ˈFülluftˌmes·ser (*getr.* -llˌl-) *m mot.* air inflation indicator.

ˈFül·lung *f* ⟨-; -en⟩ **1.** → **füllen** 14. **2.** *e-s Kissens etc*: filling, stuffing. **3.** *gastr.* a) (*Geflügel≈*) stuffing, b) (*Kuchen≈ etc*) filling, c) (*Pralinen≈ etc*) cent/re (*Am.* -er), d) (*Fleisch≈*) forcemeat. **4.** *med.* a) *e-s Zahns*: filling, stopping, b) *beim Röntgen*: filling. **5.** *electr.* (*Batterie≈*) load, charge. **6.** *mil.* a) (*Ladung*) load, charge, b) (*Schub*) batch. **7.** *civ. eng.* a) (*Tür≈*) pane, (door) panel, b) (*Pfeiler≈ etc*) core, c) (*Mauer≈ etc*) filling. **8.** *synth.* (*Preßform≈*) mo(u)ld charge. **9.** *bes. mot.* a) (*Polsterung*) padding, stuffing material, b) (*Tank≈*) filling. **10.** *e-r Blüte*: cent/re (*Am.* -er). **11.** (*Ballon≈ etc*) inflation. **12.** (*Inhalt*) contents *pl*.

ˈFüll|ˌvorˌrich·tung *f tech.* filling device. **~ˌwerk** *n* **1.** *civ.eng. e-r Mauer etc*: rubblework, core. **2.** *in Zeitungen etc*: padding. **3.** *e-s Gemäldes etc*: filling, accessories. **~ˌwort** *n* ⟨-(e)s; ¨er⟩ *ling.* expletive (word), filler.

ful·mi·nant [fʊlmiˈnant] *adj* **1.** *Rede etc*: brilliant, fantastic. **2.** *med.* fulminant. **Ful·mi·nat** [fʊlmiˈnaːt] *n* ⟨-(e)s; -e⟩ *chem.* fulminate.

ˈFum·mel *m* ⟨-s; -⟩ *contp.* (*Kleid*) (flimsy) dress, rag. **Fum·meˈlei** *f* ⟨-; -en⟩ → **fummeln** II. **fum·meln** [ˈfʊməln] *colloq.* **I** *v/i* ⟨**h**⟩ **1.** (**an** *dat* at, with) fumble, fiddle. **2.** (*herumbasteln*) (**an** *dat* with) fiddle, tinker. **3.** (*kramen*) fumble. **4.** (*knutschen*) pet. **II ≈** *n* ⟨-s⟩ **5.** fumbling (*etc*).

Fund [fʊnt] *m* ⟨-(e)s; -e⟩ **1.** (*das Finden*) finding, discovery. **2.** (*das Gefundene*) find (*a. archeol.*), object found; **e-n ~ machen** *a. fig.* make a find. **3.** *jur.* (*Schatz≈*) treasure trove.

Fun·da·ment [fʊndaˈmɛnt] *n* ⟨-(e)s; -e⟩ **1.** *civ. eng.* a) (*Grundmauern*) foundation(s *pl*), b) (*Grundplatte*) baseplate, foundation wall, c) (*Mauerfuß*) footing, d) *Unterbau*) substructure; **das ~ für ein Haus legen** lay the foundations for a house. **2.** *fig.* (*Grundlage*) basis, foundation(s *pl*), groundwork. **3.** → **Fundamentplatte. 4.** *geol. e-s Berges*: base.

fun·da·men·tal [fʊndamɛnˈtaːl] *adj* fundamental, elementary, basic. **≈ˌbaß** *m mus.* fundamental bass. **≈beˌgriff** *m* → **Grundbegriff** 1, 3.

Fun·da·men·ta·lis·mus [fʊndamɛntaˈlɪsmʊs] *m* ⟨-; *no pl*⟩ *relig.* fundamentalism. **Fun·da·men·taˈlist** [-ˈlɪst] *m* ⟨-en; -en⟩ fundamentalist.

Fun·da·menˈtal|ˌsatz *m math.* fundamental theorem. **~theo·loˌgie** *f R. C.* apologetics *pl* (*als sg konstruiert*).

fun·da·men·tie·ren [fʊndamɛnˈtiːrən] *v/t* ⟨*no* **ge-**, **h**⟩ *civ. eng.* lay the foundation of.

Fun·daˈment|ˌmau·er *f civ. eng.* foundation wall. **~ˌplat·te** *f tech. e-r Maschine etc*: bed plate, baseplate. **~ˌstein** *m* → **Grundstein** 1, 2.

ˈFund|büˌro *n* lost-property (*Am.* lost and found) office. **~ˌge·genˌstand** *m* object found. **~ˌgru·be** *f fig.* rich source, mine (of information, *etc*), bonanza. **~ˌgut** *n* lost property.

fun·die·ren [fʊnˈdiːrən] **I** *v/t* ⟨*no* **ge-**, **h**⟩ **1.** → **fundamentieren. 2.** *fig. Behauptung etc*) substantiate, establish the truth of. **3.** *econ.* fund, consolidate; **e-e Anleihe ~** fund a loan, raise a loan against securities. **4.** *philos.* a) *Gegenstandstheorie*: (*Meinung*) reduce, b) *Mengenlehre*: found, ground. **II ≈** *n* ⟨-s⟩ **5.** substantiating (*etc*). **6.** → **Fundierung. funˈdiert** *pp u. adj* **1.** *fig. Wissen etc*: well-founded, sound. **2.** *econ.* a) *Anleihe etc*: funded, consolidated, b) (*gut*) **~** *Geschäft etc*: well-established, sound; **~e Schuld** funded debt, consols *pl*. **Funˈdie·rung** *f* ⟨-; -en⟩ **1.** → **fundieren** 5. **2.** *fig. e-r Behauptung etc*: substantiation. **3.** *econ.* a) consolidation, b) foundation, basis.

fün·dig [ˈfʏndɪç] *adj* **1.** *Lagerstätte*: rich. **2.** *Bohrung*: successful; **~ werden** a) strike (*od.* discover) gold (*od.* oil, *etc*), b) *fig.* find (*od.* discover) s. th., strike oil.

ˈFund|ˌort *m* ⟨-(e)s; -e⟩ **1.** place where s. th. is (*od.* was) found, place of discovery. **2.** *archeol.* finding place. **3.** *bot. zo.* habitat. **~ˌrecht** *n jur.* **1.** right of discovery. **2.** right to s. th. found. **~ˌsa·che** *f* object found, *bes. pl* lost property *sg*. **~ˌstät·te, ~ˌstel·le** *f* → **Fundort. ~ˌun·terˌschla·gung** *f jur.* larceny by finder.

Fun·dus [ˈfʊndʊs] *m* ⟨-; -⟩ **1.** *fig. des Wissens etc*: fund. **2.** *econ.* funds *pl*. **3.** *thea.* general equipment. **4.** *jur.* (landed) property, estate. **5.** *anat.* fundus.

fünf [fʏnf] *adj* **1.** five; **es ist halb ~** it is half past four; **drei zu ~ verlieren** lose three to five; **die ~ Bücher Mose** the five books of Moses, the Pentateuch. **2.** *fig.* **~ gerade** (*od.* **grad**) **sein lassen** stretch a point; **~ Minuten vor zwölf** at the eleventh hour; **es ist ~ Minuten vor zwölf** it is high time; → **Finger** (*etc*). **3.** *pol. hist.* **Die großen ≈** The Big Five. **Fünf** *f* ⟨-; -en⟩ **1.** (number) five. **2.** *ped.* (*Note*) "poor" (mark). **3.** *e-s Spielwürfels*: (the number) five, cinque. **4.** *colloq.* (*Straßenbahn etc*) number five.

ˈfünf|ato·mig [-ʔaˌtoːmɪç] *adj chem.* pentatomic. **~ˌba·sisch** *adj* pentabasic. **~ˌblät·te·rig, ~ˌblätt·rig** *adj bot.* five-leaved, quinquefoliolate. **≈ˌeck** *n math.* pentagon. **~ˌeckig** (*getr.* -k·k-) *adj* pentangular, pentagonal. **~ˌeinˈhalb** *adj* five and a half.

ˈFün·fer *m* ⟨-s; -⟩ **1.** *colloq. for* **Fünf. 2.** *colloq.* (*Geld*) *allg.* fiver; → **Fünfpfennigstück, Fünfmarkschein, Fünfmarkstück. 3.** *im Lotto etc*: five (numbers) right. **ˈfün·ferˈlei** *adj* ⟨*invariable*⟩ of five (different) kinds (*od.* sorts), five kinds (*od.* sorts) of; **~ Arten** five different types; **das kann ~ bedeuten** this can have five (different) meanings.

ˈfünf|ˌfach I *adj* fivefold, quintuple; **die ~e Menge** five times the amount; **in ~er Ausfertigung** in five copies, in quintuplicate; **er ist ~er Olympiasieger** he is a five-time Olympic champion. **II** *adv* fivefold, five times. **III ≈e, das** ⟨-n⟩ the fivefold (amount); **et. um das ≈e vermehren** quintuple s. th. **~ˌfin·ge·rig** [-ˌfɪŋərɪç] *adj* pentadactyl. **≈ˌfin·gerˌkraut** *n bot.* cinquefoil. **≈ˌfin·gerˌübung** *f mus.* five-finger exercise. **≈ˌflach** *n* ⟨-(e)s; -e⟩ → **Fünfflächner. ~ˌflä·chig** *adj math.* pentahedral, pentahedrical, pentahedrous.

♀ˌ**fläch·ner** [-ˌflɛçnər] *m* ⟨-s; -⟩ pentahedron. ~ˌ**fü·ßig** *adj metr.* five-foot; ~**er Vers** pentameter; ~**er Jambus** iambic pentameter. ~ˌ**glie·de·rig** *adj math.* five-membered. ~ˈ**hun·dert** *adj* five hundred. ♀ˌ**hun·dert**ˈ**jahr**ˌ**fei·er** [ˌfʏnf-] *f* quincentenary, quingentenary. ~ˈ**hun·dertst** *adj* five hundredth. ♀-ˈ**hun·dert·stel** *n* five hundredth (part). ♀ˈ**jah·res**ˌ**fei·er** [ˌfʏnf-] *f* quinquennial. ♀ˈ**jah·res**ˌ**plan** [ˌfʏnf-] *m econ. pol.* five-year plan. ~ˌ**jäh·rig** *adj* **1.** five-year-old, of five (years). **2.** *Amtszeit etc*: five-year, of (*od.* lasting) five years, *lit.* quinquennial. ~ˌ**jähr·lich I** *adj* five-yearly, (occurring) every (*od.* once in) five years, *lit.* quinquennial. **II** *adv* every (*od.* once in) five years. ♀ˌ**kampf** *m Sport*: (**Moderner** ~ modern) pentathlon. ♀ˌ**kämp·fer** *m* pentathlete. ~ˌ**kan·tig** *adj* five-sided, pentagonal. ~ˌ**köp·fig** [-ˌkœpfɪç] *adj* ~**e Familie** family of five.

ˌ**Fünf**ˈ**li·ber** *m* ⟨-s; -⟩ *Swiss* five-franc piece.

ˈ**Fünf·lin·ge** *pl* quintuplets, *colloq.* quins.

ˈ**fünf**|ˌ**mal** *adv* five times; ~ **so groß** five times as large (*od.* big); ~ **soviel Leute** five times the number of people. ~ˌ**ma·lig** *adj* done (*od.* repeated, recurring) five times; **nach** ~**em Versuch** after five attempts. ♀ˈ**mark**ˌ**schein** [ˌfʏnf-] *m* five-mark note (*Am.* bill). ♀-ˈ**mark**ˌ**stück** [ˌfʏnf-] *n* five-mark piece. ~ˌ**mo·na·tig** *adj* **1.** five-month, of (*od.* lasting) five months. **2.** five-month-old. ♀ˌ**paß** *m* ⟨-sses; -sse⟩ *arch.* cinquefoil. ♀ˈ**pfen·nig**ˌ**stück** [ˌfʏnf-] *n* five-pfennig piece. ♀ˌ**pol**ˌ**röh·re** *f electr.* pentode, five-electrode valve (*Am.* tube). ~**pro**ˌ**zen·tig** [-proˌtsɛntɪç] *adj* five-percent, of (*od.* at, bearing) five percent. ~ˌ**sei·tig** *adj* **1.** *math.* five-sided, pentagonal, pentahedral. **2.** *Brief etc*: five-page, covering five pages. ~ˌ**sil·big** [-ˌzɪlbɪç] *adj ling.* having five syllables, pentasyllabic. ~ˌ**spra·chig** [-ˌʃpraːxɪç] *adj* **1.** *Person*: speaking (*od.* knowing) five languages. **2.** *Wörterbuch etc*: five-language, in five languages. ~ˌ**stel·lig** [-ˌʃtɛlɪç] *adj math.* **1.** *ganze Zahl*: five-digit, five-figure. **2.** *Dezimalzahl*: five-figure, five-place. **3.** *Logarithmus*: five-place, pentadic. ~ˌ**stim·mig** [-ˌʃtɪmɪç] *mus.* **I** *adj* for five voices, five-voice. **II** *adv* ~ **singen** sing in five voices. ~ˌ**stöckig** [-ˌʃtœkɪç] (*getr.* **-k·k-**) *adj* five-storeyed (*bes. Am.* -storied), five-story (*bes. Am.* -story). ♀ˈ**strom**ˌ**land, das** [ˌfʏnf-] *geogr.* the Punjab. ~ˌ**stün·dig** [-ˌʃtʏndɪç] *adj* five-hour, lasting (*od.* of) five hours.

fünft *adj* **1.** ⟨*ordinal number*⟩ fifth; **zum** ~**en Mal** for the fifth time; **an** ~**er Stelle** in the fifth place; **er steht an** ~**er Stelle** he holds (*od.* is in) fifth place; **jeder** ~**e** every fifth person; → **Kolonne** 4, **Rad** 1. **2. zu** ~ (the) five of us (*od.* you, them); **wir sind zu** ~ there are five of us, we are five.

ˌ**Fünf**ˈ**ta·ge**|ˌ**fie·ber** *n* ⟨-s; *no pl*⟩ *med.* trench (*od.* five-day, quintan) fever. ~ˌ**wo·che** *f econ.* five-day week.

ˈ**fünf**|ˌ**tä·gig** *adj* **1.** five-day, lasting (*od.* of) five days. **2.** *med.* quintan. ~-ˈ**tau·send** *adj* five thousand.

ˈ**Fünf·te** *m, f* ⟨-n; -n⟩, *n* ⟨-n; *no pl*⟩ fifth; **der** ♀ **von links** the fifth from the left; *hist.* **Heinrich der** ~ (*od.* V.) Henry the Fifth, Henry V. ˈ**fünf**ˌ**tei·lig** *adj* **1.** having (*od.* consisting of) five parts, five-part, five-piece. **2.** *pol.* quinquepartite. **3.** *zo.* pentamerous. **4.** *bot.* quintuple, quinquepartite. ˈ**Fünf·tel I** *n*, *Swiss meist m* ⟨-s; -⟩ fifth (part); **drei** ~ three fifths. **II** ♀ *adj* fifth (part) of. ˈ**fünf·tens** *adv* fifth(ly), in the fifth place.

ˈ**Fünf**|ˌ**ton**ˌ**lei·ter** *f mus.* five-note scale, pentatonic scale. ~ˌ**ton·mu**ˌ**sik** *f* pentatonic music. ~ˌ**uhr**ˌ**tee** *m* five-o'clock tea. ♀ˌ**wer·tig** *adj chem.* pentavalent. ~ˌ**wer·tig·keit** *f* ⟨-; *no pl*⟩ pentavalence. ♀ˌ**wö·chig** [-ˌvœçɪç] *adj* lasting (*od.* of) five weeks, five-week.

ˈ**fünf**ˌ**zehn I** *adj* fifteen; ~ **beide** (**null**) *beim Tennis*: fifteen all (love); ~ **Uhr** 3 p.m. **II** ♀ *f* ⟨-; -en⟩ (number) fifteen. ~ˌ**jäh·rig** *adj* **1.** fifteen-year-old; **ein** ~**er Junge** a fifteen-year-old boy, a boy of fifteen. **2.** fifteen-year, lasting (*od.* of) fifteen years.

ˈ**fünf**ˌ**zehnt I** *adj* fifteenth. **II** ♀**e, der** ⟨-n⟩ the fifteenth. ˈ**Fünf**ˌ**zehn·tel I** *n*, *Swiss meist m* ⟨-s; -⟩ fifteenth (part); **zwei** ~ two fifteenths. **II** ♀ *adj* fifteenth (part) of.

fünf·zig [ˈfʏnftsɪç] **I** *adj* **1.** fifty; **im Alter von** ~ **Jahren** at (the age of) fifty; **e-e** ~ **Jahre alte Frau** a fifty-year-old woman, a woman of fifty. **II** ♀ *f* ⟨-; -en⟩ **2.** (number) fifty. **3.** ⟨*only sg*⟩ fifties *pl*; **er ist Anfang** (**der**) ♀ he is in his early fifties. ˈ**fünf·zi·ger** *adj* ⟨*invariable*⟩ **die** ~ **Jahre** (*e-s Jahrhunderts*) the fifties. ˈ**Fünf·zi·ger**[1] [ˈfʏnftsɪgər] *m* ⟨-s; -⟩ **1.** man in his fifties. **2.** man of fifty, *lit.* quinquagenarian. **3.** *colloq.* fifty-pfennig piece. **4.** *colloq.* fifty-mark note (*Am.* bill); → *a.* **Fuffziger**. **5. die** ~ *pl* (*Alter*) the fifties; **in den** ~**n sein** be in one's fifties; **Mitte** (**Ende**) **der** ~ **sein** be in one's middle (late) fifties. ˈ**Fünf·zi·ger**[2] *f* ⟨-; -⟩ *colloq.* fifty-pfennig stamp. ˈ**Fünf·zi·ge·rin** *f* ⟨-; -nen⟩ **1.** woman in her fifties. **2.** woman of fifty, *lit.* quinquagenarian.

ˈ**fünf·zig**|ˌ**fach** *adj* fiftyfold. ♀ˈ**jahr**ˌ**fei·er** [ˌfʏnftsɪç-] *f* fiftieth (*od.* golden) anniversary (*od.* jubilee). ~ˌ**jäh·rig I** *adj* **1.** fifty-year-old, of fifty (years), *lit.* quinquagenarian. **2.** fiftieth; ~**es Jubiläum** fiftieth (*od.* golden) anniversary (*od.* jubilee). **3.** fifty-year, lasting (*od.* of) fifty years. **II** ♀**e** *m, f* ⟨-n; -n⟩ **4.** fifty-year-old (person). ♀ˈ**mark**ˌ**schein** [ˌfʏnftsɪç-] *m* fifty-mark note (*Am.* bill).

ˈ**fünf·zigst I** *adj* fiftieth. **II** ♀**e, der** ⟨-n⟩ the fiftieth. ˈ**Fünf·zig·stel I** *n*, *Swiss meist m* ⟨-s; -⟩ fiftieth (part); **drei** ~ three fiftieths. **II** ♀ *adj* fiftieth (part) of.

fun·gi·bel [fʊŋˈgiːbəl] *adj econ. jur.* fungible.

fun·gie·ren [fʊŋˈgiːrən] *v/i* ⟨*no* **ge-**, h⟩ **1.** *Person*: (**als** as) act, function, officiate; **als Dolmetscher** ~ act as (*od.* be the) interpreter; **als Vorsitzender** ~ be in the chair, be the chairman. **2.** *Wörter, Dinge*: (**als** as) serve, function.

fun·gi·zid [fʊŋgiˈtsiːt] *biol.* **I** *adj* (*pilztötend*) fungicidal. **II** ♀ *n* ⟨-(e)s; -e⟩ (*Mittel*) fungicide. **fun·gös** [fʊŋˈgøːs] *adj med.* fungoid. **Fun·gus** [ˈfʊŋgʊs] *m* ⟨-; **Fungi** [-gi]⟩ *bot. med.* fungus, mycete.

fu·ni·ku·lär [funikuˈlɛːr] *adj anat. bot.* funicular.

Funk [fʊŋk] *m* ⟨-s; *no pl*⟩ **1.** radio, *Br. a.* wireless; **et. durch** ~ **übermitteln** transmit (*od.* send) s. th. by radio; **über** ~ over the (*od.* by) radio. **2.** → **Rundfunk** 1. ~**ama**ˌ**teur** *m* radio amateur, *colloq.* ham. ~ˌ**an**ˌ**la·ge** *f* radio installation (*od.* equipment, apparatus, set); **mit e-r** ~ (**versehen**) radio-equipped. ~ˌ**aus**ˌ**stel·lung** *f* radio (and television) show. ~ˌ**ba·ke** *f mar.* radio beacon. ~**be**ˌ**ar·bei·tung** *f* radio adaptation. ~**be**ˌ**richt** *m* radio report, broadcast. ~**be**ˌ**rich·ter** *m* radio reporter. ~ˌ**bild** *n* radio picture.

Fünk·chen [ˈfʏŋkçən] *n* ⟨-s; -⟩ **1.** *dim. of* Funke 1. **2.** sparklet. **3.** → **Funke** 3, 4.

ˈ**Funk**ˌ**dienst** *m* radio service.

Fun·ke [ˈfʊŋkə] *m* ⟨-ns; -n⟩ **1.** spark; ~**n** (**aus e-m Stein**) **schlagen** strike sparks (*od.* fire) (from a stone); ~**n springen über** *a. electr.* sparks flash over (*cf. a.* 3); *fig. colloq.* **sie stritten sich, daß die** ~**n flogen** they had a terrible row, sparks flew. **2.** (electric) spark, *stärker*: flash; ~**n sprühen** spark, emit sparks, *a. fig. Augen*: flash. **3.** *fig.* spark (*of enthusiasm, etc*); **der göttliche** ~ the divine spark; **der zündende** ~ the (vital) spark; **der** ~ **sprang über** a) *zwischen Redner u. Publikum etc*: the audience caught fire (*od.* was electrified), b) *zwischen zwei Menschen*: s. th. clicked between them. **4.** *fig. von Anstand, Gefühl etc*: spark, *von Hoffnung*: *a.* glimmer, *von Verstand, Wahrheit etc*: trace, grain, vestige; **nicht e-n** ~**n** (**von**), **k-n** ~**n** (**von**) not a spark (*od.* not the least bit) of; **ohne e-n** ~**n** (**von**) without a scrap of, devoid of (all).

ˈ**Funk**ˌ**ein**ˌ**rich·tung** *f* → Funkanlage.

fun·keln [ˈfʊŋkəln] **I** *v/i* ⟨h⟩ **1.** *allg.* sparkle, (*glitzern*) glitter, glisten, glint, scintillate, *Sterne*: *a.* twinkle. **2.** *fig. Augen*: (**vor** *dat* with) sparkle, glitter, gleam, *stärker*: flash, *zornig*: *a.* blaze. **3.** *fig. Geist, Witz etc*: sparkle, scintillate. **II** *v/t* **4.** *lit.* gleam (*od.* blaze) with (*hatred, etc*). **III** ♀ *n* ⟨-s⟩ **5.** sparkling (*etc*). **6.** sparkle, glitter, gleam, twinkle, scintillation.

ˈ**fun·kel**ˈ**na·gel**ˈ**neu** *adj colloq.* brand-new.

ˈ**Funk**|**emp**ˌ**fän·ger** *m*, ~**emp**ˌ**fangs·ge**ˌ**rät** *n* radio receiver.

fun·ken [ˈfʊŋkən] **I** *v/t* ⟨h⟩ **1.** radio, transmit, send out. **II** *v/i* **2.** radio, transmit radio messages. **3.** be a radio amateur. **4.** *electr.* a) spark, b) arc (over). **III** *v/impers* **5.** *fig. colloq.* **bei mir** (**ihm** *etc*) **hat's gefunkt** the penny dropped, I have (he has, *etc*) got it (at last); **zwischen ihnen hat's gefunkt** s. th. clicked between them; **paß auf, sonst funkt's** be careful or you'll get it (in the neck); **da** (*bei dem Streit*) **hat's mächtig gefunkt** the sparks flew; **daß es nur so funkte** like blazes.

ˈ**Fun·ken** *m* ⟨-s; -⟩ → Funke *bes.* 3, 4. ~ˌ**bil·dung** *f electr.* **1.** sparking. **2.** (*Lichtbogenbildung*) arc(k)ing. ~**ent**ˌ**la·dung** *f* spark discharge. ~ˌ**fän·ger** *m* spark arrester. ~ˌ**flug** *m* flying sparks *pl.* ~ˌ**län·ge** *f zwischen Elektroden*: sparking distance. ~ˌ**lö·scher** *m* spark-quenching device. ~ˌ**sen·der** *m* spark transmitter. ♀ˌ**sprü·hend** *adj* emitting sparks. ~ˌ**strecke** (*getr.* **-k·k-**) *f electr.* spark gap.

ˈ**funk**|**ent**ˌ**stört** *adj* radio-screened, suppressed. ♀**ent**ˌ**stö·rung** *f* ⟨-; *no pl*⟩ **1.** interference suppression. **2.** *im Kabel*: shielding, screening. **3.** (*Vorrichtung*) static screen.

ˈ**Fun·ken**|ˌ**über**ˌ**schlag** *m electr.* arc(k)ing, flashover, sparkover. ~ˌ**zün·dung** *f tech.* spark ignition.

ˈ**Fun·ker** *m* ⟨-s; -⟩ radio (*Br. a.* wireless) operator.

ˈ**funk**ˌ**fern**|**ge**ˌ**steu·ert** *adj* radio-controlled. ♀ˌ**schrei·ber** *m* radio teleprinter (*Am.* teletype). ♀ˌ**spre·cher** *m* **1.** radio(tele)phone. **2.** *tragbarer*: walkie-talkie.

ˈ**Funk**|ˌ**feu·er** *n aer. mar.* radio beacon. ~ˌ**flug** *m aer.* radio navigation. ~**fre**ˌ**quenz** *f* radio frequency. ~ˌ**gast** *m mar.* W/T operator. ~**ge**ˌ**rät** *n* radio

(*Br. a.* wireless) set, transmitter. **~ge·ˌspräch** *n* radiotelephone call. **~ˌhaus** *n* broadcasting cent/re (*Am.* -er). **~ˌleitˌstrahl** *m* **1.** radio beam. **2.** *aer.* localizer beam. **~ˌlen·kung** *f* radio guidance. **~ˌmast** *m* radio mast. **~ˌmel·dung** *f* radio (*Br. a.* wireless) message, *schriftlich*: *a.* radio(tele)gram; e-e ~ **senden** radio a message. **~ˌmeß·geˌrät** *n* radar (set). **~ˌmeßˌtech·nik** *f* radar direction finding. **~na·vi·ga·tiˌon** *f aer. mar.* radio navigation. **~ˌnetz** *n* radio network. **~of·fiˌzier** *m mil.* signal officer. **~ˌor·tung** *f* **1.** *aer.* radiolocation. **2.** → Funkmeßtechnik. **~ˌpei·ler** *m* radio direction finder. **~ˌpei·lung** *f* **1.** (radio) direction finding. **2.** (*Ergebnis*) (radio) bearing. **~ˌrichtˌstrahl** *m* radio beam. **~ˌsen·der** *m* radio transmitter. **~siˌgnal** *n* radio signal. **~ˌsprech·geˌrät** *n* → Sprechfunkgerät. **~ˌsprech·ver·ˌkehr** *m* radiotelephony. **~ˌspruch** *m* radio (*Br. a.* wireless) message. **~ˌsta·tiˌon, ~ˌstel·le** *f* radio station. **~ˌsteue·rung** *f aer. mar.* radio navigation. **~ˌstil·le** *f* **1.** radio silence. **2.** *mar.* silence period (for mayday watch). **~ˌstö·rung** *f* **1.** (radio) interference. **2.** *durch Störsender*: (radio) jamming. **~ˌstrei·fe** *f* **1.** (*Wagen*) radio patrol car, *Am. a.* prowl (*od.* squad) car. **2.** (*Mannschaft*) radio patrol, squad. **~ˌstrei·fenˌwa·gen** *m* → Funkstreife 1. **~ˌta·xi** *n* radio taxi (*od.* cab). **~ˌtech·nik** *f* radio engineering. **~ˌtech·ni·ker** *m* radio technician (*od.* engineer). **2ˌtech·nisch** *adj* (of) radio engineering. **~te·le·foˌnie** *f* → Funktelephonie. **~te·le·graˌfie** *f* → Funktelegraphie. **~te·leˌgramm** *n* radio(tele)gram; ein ~ senden radiotelegraph. **~te·le·graˌphie** *f* radiotelegraphy. **2te·leˌgra·phisch I** *adj* radiotelegraphic. **II** *adv* by radiotelegraph(y). **~te·le·phoˌnie** *f* radiotelephony.

Funk·ti·on [fʊŋkˈtsĭoːn] *f* ⟨-; -en⟩ **1.** *allg.* function (*a. anat. math. etc*), (*Zweck*) *a.* purpose, (*Amt*) *a.* duty, office, (*Tätigkeit*) *a.* work; **die ~ des Beamten** the function(s *pl*) of the civil servant; *math.* **~ e-r ~** compound function; **in m-r ~ als** in my function as (*od.* capacity of); **in ~ treten** a) act, take action, b) *Ausschuß etc*: begin (*od.* take up) work; **in ~ sein** be functioning (*od.* working, in action). **2.** *philos.* a) corollary, result, product, b) *Logik*: function.

funk·tio·nal [fʊŋktsĭoˈnaːl] *math.* **I** *adj* functional. **II 2** *n* ⟨-s; -e⟩ functional.

Funk·tio·na·lis·mus [fʊŋktsĭonaˈlɪsmʊs] *m* ⟨-; *no pl*⟩ *arch. u. psych.* functionalism. **Funk·tio·när** [fʊŋktsĭoˈnɛːr] *m* ⟨-s; -e⟩, **Funk·tioˈnä·rin** *f* ⟨-; -nen⟩ *pol.* functionary, (*a. Sport2*) official. **funk·tio·nell** [fʊŋktsĭoˈnɛl] *adj* functional.

Funk·tio·nen|ˌglei·chung [fʊŋkˈtsĭoːnən-] *f math.* functional equation. **~theoˌrie** *f* theory of functions, function theory.

funk·tio·nie·ren [fʊŋktsĭoˈniːrən] *v/i* ⟨*no* ge-, h⟩ *Geräte etc*: function, work, operate; **der Mechanismus funktionierte nicht** the mechanism was not functioning (*od.* refused to work, was out of order); *fig. colloq.* **das funktioniert!** it works!; **der Plan funktionierte gut** the plan worked out well; *colloq.* **die Sache funktioniert so** it goes (*od.* works) as follows.

Funk·tiˈons|er|ˌpro·bung *f tech.* operational test. **2ˌfä·hig** *adj* functioning, *tech. a.* in working order. **~ˌfä·hig·keit** *f* ⟨-; *no pl*⟩ functioning, efficiency, *tech. a.* working order. **2los** *adj math.* functionless. **~raˌbatt** *m* functional (*od.* trade) discount. **2ˌsi·cher** *adj tech.* fail-safe. **~ˌstö·rung** *f med.* malfunction, dysfunction. **2ˌtüch·tig** *adj tech.* efficient, functional.

ˈFunk|ˌturm *m* radio tower. **~ver·ˌbin·dung** *f* **1.** radio contact; **~ aufnehmen, ~ bekommen** establish radio contact, get in touch by radio; **in ~ stehen mit** be in radio contact with. **2.** (*Verbindungsstrecke*) radio link. **~verˌkehr** *m* **1.** radio communication(s *pl*). **2.** radio traffic. **~ˌwa·gen** *m* **1.** radio van (*Am.* truck). **2.** → Funkstreife 1. **~ˌweg** *m* **auf dem ~** by radio. **~ˌwe·sen** *n* ⟨-s; *no pl*⟩ **1.** (*Hörfunk*) radio, broadcasting. **2.** radio communications *pl.* **~ˌwet·terˌdienst** *m* radio weather service. **~ˌzei·tung** *f* radio magazine.

Fun·sel [ˈfʊnzəl], **Fun·zel** [ˈfʊntsəl] *f* ⟨-; -n⟩ *colloq.* miserable lamp.

für [fyːr] **I** *prep* ⟨*acc*⟩ **1.** for; **Zeit ~ j-n haben** have time for s. o.; **das ist nichts ~ dich** that is nothing for you; **das ist von großem Interesse ~ mich** this is of great interest for (*od.* to) me; **~ mich ist Italien das schönste Land** for me (*od.* to me, in my opinion) Italy is the most beautiful country (in the world); *colloq.* **~ dich heißt es jetzt warten** all you can do now is wait (and see); **dasselbe gilt auch ~ euch** the same goes for (*od.* applies to) you; **~ ihn ist es das beste, wenn** the best thing for him (to do) is to. **2.** (*zugunsten*) for, in favo(u)r of; **alles spricht ~ ihn** everything speaks for him (*od.* in his favo[u]r); **das hat viel ~ sich** there is s. th. in that, much can be said for that; **dieser Plan hat einiges ~ sich** there is much to be said in favo(u)r of this plan; **~ wen bist du?** on whose side do you stand (*od.* are you)?; **ich bin (ganz) ~ e-e Reform** I am (all) for a reform; **die Gründe ~ und wider** the reasons for and against, the pros and cons. **3.** *colloq.* (*gegen*) for, against; **ein Mittel ~ Kopfschmerzen** a remedy for headaches. **4.** (*zum Zwecke von*) for (the purpose of); **~ e-e Prüfung lernen** study for an exam; **er spart ~ ein Auto** he is saving for a car. **5.** (*in Anbetracht*) for, considering; **~ die Jahreszeit ist es zu kühl** it is too cool for this time of the year; **~ sein Alter sieht er jung aus** he does not look his age; **~ e-n Ausländer spricht er gut Deutsch** for a foreigner he speaks good German. **6.** *zeitlich*: for (*a week, two years, etc*); **~ immer** forever; **~ alle Zeiten** (now and) forever, *colloq.* for good; **~ heute machen wir Schluß!** that's enough for today!, *colloq.* let's call it a day!; **j-n ~ 10 Uhr bestellen** make an appointment with s. o. for 10 o'clock. **7.** (*Aufeinanderfolge*) by, after; **Tag ~ Tag** day by (*od.* after) day; **Jahr ~ Jahr** year by (*od.* after) year, year in year out; **Wort ~ Wort** word by word; **et. Punkt ~ Punkt besprechen** discuss s. th. point by point. **8.** (*Gegenwert ausdrückend*) (in return) for; **wieviel zahlten Sie ~ das Auto?** how much did you pay for the car?; *colloq.* **~ nichts und wieder nichts** for nothing. **9.** (*im Austausch*) (in exchange) for; **et. ~ et. eintauschen** exchange s. th. for s. th.; **~ 50 Pfennig Eis kaufen** buy 50 pfennigs' worth of ice-cream; **Diamanten ~ 1 Million Mark** diamonds worth (*od.* to the value of) one million marks. **10.** (*anstatt*) for, instead of, in place of, in *s. o.'s* place, *bes. jur.* in lieu of, on behalf of, on *s. o.'s* behalf; **~ j-n die Arbeit machen** do s. o.'s work; **dieses Beispiel steht ~ viele** this example is typical of many others. **11.** (*wegen*) for, because of; **er ist ~ s-n Leichtsinn bekannt** he is well known for his recklessness; **~ et. bestraft werden** be punished for s. th. **12.** (*als*) as; **er erklärte die Konferenz ~ eröffnet** he declared the conference (as) opened; **er gibt sich ~ e-n Grafen aus** he poses as a count; **j-n ~ tot erklären** declare s. o. dead; **et. ~ wahrscheinlich halten** think s. th. likely; **ich hielt ihn ~ jünger** I thought he was younger (than that). **13.** (*gegenüber*) to; **e-e Bedrohung ~ unser Land** a threat to our country; **e-e Beleidigung ~ j-n** an insult to s. o. **14.** *fig.* **ich kann nichts ~ den Fehler** this mistake is not my fault, you can't blame me for this mistake; **sie tanzt ~ ihr Leben gern** there's nothing she likes better than dancing, she (just) loves dancing; **ich ~ mein Teil** (*od.* **m-e Person**) I for one, as for me, as far as I am concerned. **15. ~ sich** a) (*allein*) by oneself, alone, single, b) (*bei sich*) to oneself, c) *fig.* (*besonders, eigen*) unique, *nachgestellt*: *s. th.* apart, d) (*leise*) in an undertone, to oneself, e) *thea. Regieanweisung*: aside; **~ sich leben** live by oneself; **~ sich bleiben** a) remain alone (*od.* single), b) *colloq.* keep to oneself (*od.* aloof); **bei der Prüfung sitzt jeder ~ sich** in the exam everyone sits by himself; **das ist e-e Sache ~ sich** a) this is s. th. unique (*od.* exceptional), b) this is quite another matter (*od.* thing); **sie sind ein Volk ~ sich** they are a race apart (*od.* all by themselves); **an und ~ sich** in itself, (*eigentlich*) properly speaking. **II** *in pronominaler Verbindung* **16. was ~** a) what kind (*od.* sort) of, b) *bei Ausrufen*: what a; **was ~ Schuhe wollen Sie?** what kind of shoes do you want?; *colloq.* **was war das ~ ein Herr?** who was that gentleman?; *colloq.* **was haben Sie ~ Anzüge da?** what have you got in the way of suits?; *colloq.* **was ~ ein schönes Geschenk!** what a nice present!; **was ~ ein Unsinn!** what nonsense!; *colloq.* **er hat ein Auto, aber was ~ eins!** he has a car, but what a car! **III** *adv* **17.** *Northern G. colloq.* a) **da** (*od.* **hier**) ... **~** for this, b) **wo** ... **~** for what; **da kann ich nichts ~** that's not my fault. **18.** *poet.* **~ und ~** for ever, *bes. Am.* forever. **IV 2, das 19.** das **2 und** (das) **Wider** the reasons *pl* for and against, the pros and cons *pl.*

Fu·ra·ge [fuˈraːʒə] *f* ⟨-; *no pl*⟩ *mil. hist.* forage, fodder. **fu·raˈgie·ren** [-raˈʒiːrən] *v/i* ⟨*no* ge-, h⟩ forage.

ˌfürˈbaß *adv archaic* **~ schreiten** go (*od.* walk) on, proceed further.

ˈFürˌbit·te *f* ⟨-; -n⟩ *lit.* intercession, mediation (*beide a. relig.*), plea; **bei j-m** (**für j-n**) **~ einlegen** → **ˈfürˌbit·ten** *v/i* ⟨*only inf*⟩ *relig.* intercede, plead; **bei j-m** (**für j-n**) **~** intercede (*od.* plead) with s. o. (for s. o.). **ˈFürˌbit·ter** *m* ⟨-s; -⟩, **ˈFürˌbit·te·rin** *f* ⟨-; -nen⟩ *bes. relig.* intercessor.

Fur·che [ˈfʊrçə] *f* ⟨-; -n⟩ **1.** *agr.* a) *im Acker*: furrow, b) *kleine*: drill, c) *für Kartoffeln*: trench, d) *zum Wasserabfluß*: ditch; **~n ziehen** plough (*bes. Am.* plow) (*od.* cut) furrows. **2.** *fig.* (*Runzel im Gesicht*) furrow, line. **3.** (*Wagenspur etc*) rut, track. **4.** *geol.* a) furrow, groove, b) (*Eis2*) stria. **5.** *tech.* groove, channel. **6.** *bot.* groove, suture. **7.** *zo.* furrow, crena. **8.** *anat.* (*Gehirn2*) furrow, groove, fissure. **ˈfur·chen I** *v/t* ⟨h⟩ **1.** *fig.* (*Stirn etc*) furrow. **2.** *lit.* (*den Weg etc*) *v/t* furrow, rut. **3.** *geol.* groove, striate. **II** *v/reflex* **sich ~ 4.** *lit. Stirn etc*: furrow. **5.** *biol. Eizelle etc*: cleave. **ˈfur·chig** *adj* **1.**

furrowed (*a. Gesicht etc*). **2.** *Weg*: rutted. **3.** *anat.* a) furrowed, grooved, sulcate, b) *Haut*: rugous.

Furcht [furçt] *f* ⟨-; *no pl*⟩ (**vor** *dat* of) **1.** fear, *stärker*: dread, fright, terror, (*Besorgnis*) apprehension, anxiety; **panische ~** panic; **aus ~** for fear; **aus** (*od.* **vor**) **~, daß** for fear that; **von ~ erfüllt** (**ergriffen**) filled (seized) with fear, fearful; **von ~ gelähmt** paralyzed (*od.* numb) with fear; **j-m ~ einflößen** (*od.* **einjagen**) strike fear into s. o., frighten (*od.* scare, terrify) s. o., *colloq.* throw a scare into s. o.; **~ haben vor** (*dat*) → **fürchten**; **~ und Schrecken verbreiten** spread fear and terror; **ein Ritter ohne ~ und Tadel** a knight without fear and without reproach; → *a.* **Angst**. **2.** (*Ehr≈*) awe. **3.** *lit. u. obs.* respect, reverence, awe. **4.** *Bibl.* fear; **die ~ des Herrn** the fear of the Lord. **5.** *psych.* phobia; **~ vor Feuer** pyrophobia.

ˈ**furcht·bar I** *adj* **1.** *allg.* terrible, frightful, dreadful (*disaster, disease, etc*); **~e Folgen** terrible (*od. lit.* dire) consequences. **2.** (*grauenvoll*) horrible, horrifying, terrifying, horrid, gruesome, ghastly. **3.** *Gegner etc*: formidable. **4.** *colloq.* awful, terrible, horrible, dreadful, ghastly, fearful; **es herrschte e-e ~e Hitze** it was terribly hot; **ein ~er Mensch** a horrible (*od.* ghastly, an awful) person; **ein ~es Deutsch** a horrible (*od.* ghastly) German; **das ist ja ~!** but that's awful! **5.** *colloq.* (*sehr groß etc*) tremendous, awful. **II** *adv* **6.** terribly (*etc*; *alle a. fig. colloq.*); *colloq.* **es tut mir ~ leid** I am terribly (*od.* awfully, frightfully) sorry; **das ist ~ nett von Ihnen** that's awfully nice of you; **wir haben ~ gelacht** we laughed our heads off. **≈keit** *f* ⟨-; *no pl*⟩ **1.** terribleness, frightfulness (*etc*). **2.** horribleness, horridness. **3.** formidableness.

ˈ**furcht|ein|flö·ßend** *adj* → **furchterregend**.

fürch·ten [ˈfʏrçtən] **I** *v/t* ⟨h⟩ **1.** fear, dread, be afraid (*od.* frightened, scared) of, be in dread of, be terrified by; **ihr braucht nichts zu ~** you need not be afraid of anything. **2.** (*be~*) fear, be afraid of; **ich fürchte, du hast nicht recht** I am afraid you are wrong. **3.** (*scheuen*) shun, fight shy of (*work, etc*). **4.** *relig.* **Gott ~** fear (*od.* revere) God. **II** *v/i* **5. für** (*od.* **um**) **j-n** (**et.**) **~** fear for s. o. (s. th.). **III** *v/reflex* **sich ~ 6.** be frightened (*od.* scared, afraid); **sich ~ vor** (*dat*) → 1; **davor fürchte ich mich nicht** I am not afraid of that; **sich ~, et. zu tun** be afraid of doing s. th., dread to do s. th.; **fürchte dich nicht!** don't be afraid!, *lit. od. Bibl.* fear not! **IV ≈** *n* ⟨-s⟩ **7.** fearing (*etc*), fear(s *pl*), dread; **das ≈ lernen** (learn to) know fear; *colloq.* **er sieht zum ≈ aus** he looks frightening.

fürch·ter·lich [ˈfʏrçtərlıç] *adj u. adv* → **furchtbar**.

ˈ**furcht|er|re·gend** *adj* frightening, fearsome, fearful, terrifying, alarming (→ *a.* **furchtbar** 1, 2). **~los** *adj* fearless, dauntless, intrepid. **≈lo·sig·keit** *f* ⟨-; *no pl*⟩ fearlessness, dauntlessness, intrepidity. **~sam** *adj* **1.** *von Natur*: timid, timorous, fainthearted. **2.** (*von Furcht gepackt*) timid, apprehensive, ⟨*pred*⟩ afraid, *stärker*: frightened, terrified. **≈sam·keit** *f* ⟨-; *no pl*⟩ timidity, fearfulness.

ˈ**Fur·chung** *f* ⟨-; -en⟩ **1.** *biol.* cleavage, *a. anat.* segmentation. **2.** *geol.* striation.

ˈ**Fur·chungs|tei·lung** *f biol.* cleavage, segmentation.

ˈ**für·der(|hin)** [ˈfʏrdər(-)] *adv obs. od. poet.* in (the) future.

ˌ**für|ein'an·der** *adv* for each other, for one another; **sie sind immer ~ da** they always help one another; **~ sorgen** look after one another.

Fu·rie [ˈfuːrĭə] *f* ⟨-; -n⟩ **1.** *meist pl myth.* Fury; *fig.* **wie e-e ~** like a fury, like s. o. possessed; **wie von ~n gehetzt** as if the furies were after him (her, *etc*). **2.** *fig. colloq.* fury, she-devil, hellcat.

Fu·rier [fuˈriːr] *m* ⟨-s; -e⟩ *mil. hist.* quartermaster sergeant (*abbr.* QM), *Am.* ration N. C. O.

fu·ri·os [fuˈrĭoːs] *adj* furious, vehement.

ˌ**für'lieb|neh·men** *v/i* ⟨*irr, sep,* **-ge-**, h⟩ *archaic for* **vorliebnehmen**.

Fur·nier [furˈniːr] *n* ⟨-s; -e⟩ veneer. **~|ar·beit** *f* veneering. **~|blatt** *n* (sheet of) veneer.

fur·nie·ren [furˈniːrən] **I** *v/t* ⟨*no* **ge-**, h⟩ veneer. **II ≈** *n* ⟨-s⟩ veneering.

Fur'nie·rung *f* ⟨-; -en⟩ **1.** → **furnieren** II. **2.** veneer.

Fu·ro·re [fuˈroːrə] *f* ⟨-; *no pl*⟩ *od. n* ⟨-s; *no pl*⟩ *lit.* furore, (great) stir; **~ machen** make (*od.* create) a furore (*od.* furor), cause (*od.* create) a sensation (*od.* quite a stir); **er machte mit s-m neuen Buch ~** his new book caused quite a stir; **die neue Mode wird bald ~ machen** the new fashion will soon become a hit (*od.* be all the rage).

fürs [fyːrs] *prep* **1.** *short for* **für das**. **2. ~ erste** a) for the present, for the moment, for the time being, b) first (of all).

ˈ**Für|sor·ge** *f* ⟨-; *no pl*⟩ **1.** (loving) care, solicitude; **göttliche ~** God's provident care. **2.** (**öffentliche ~**) (public) welfare (service[s *pl*] *od.* work), public relief; **soziale ~** social welfare (work); **~ für Alte** old-age assistance; **~ für Strafentlassene** after-care (for discharged prisoners). **3.** *colloq.* (*~unterstützung*) relief, assistance; **~ bekommen** (*od.* **beziehen**) be on relief; **von der ~ leben** a) receive (public) assistance, b) be a public charge. **4.** *med.* service, care, attention; **zahnärztliche ~** dental service. **5.** *obs. for* **Vorsorge**. **~|amt** *n* welfare cent/re (*Am.* -er), welfare department (*od.* office), public relief office. **~|an|stalt** *f* **1.** welfare institution. **2.** *jur.* (*Erziehungsheim*) reformatory. **~|ar·beit** *f* social (*od.* welfare) work. **~|arzt** *m* welfare service medical officer. **~be|hör·de** *f* welfare authority. **≈be|rech·tigt** *adj* eligible for (public) relief (*od.* welfare). **~|ein|rich·tung** *f* (public) welfare service(s *pl*) (*od.* institution). **~emp|fän·ger** *m* **1.** person who receives welfare assistance, welfare recipient. **2.** (*~rentner*) public charge. **~er|zie·hung** *f jur.* (*Strafe*) corrective training. **~|heim** *n* welfare home. **~|pflicht** *f* obligation of providing welfare services.

ˈ**Für|sor·ger** *m* ⟨-s; -⟩, ˈ**Für|sor·ge·rin** *f* ⟨-; -nen⟩ welfare (*od.* social) worker. ˈ**für|sor·ge·risch** *adj* (of *od.* relating to) welfare; **~e Betreuung werdender Mütter** care of (*od.* welfare service for) expectant mothers.

ˈ**Für|sor·ge||stel·le** *f* welfare cent/re (*Am.* -er). **~|un·ter|stüt·zung** *f* → **Fürsorge** 3. **~|we·sen** *n* social welfare (system), welfare (work). **~|zög·ling** *m jur.* child in the care of the welfare authorities, (public) ward.

ˈ**für|sorg·lich** *adj* **1.** thoughtful, considerate, solicitous. **2.** *obs. for* **vorsorglich** I. **≈keit** *f* ⟨-; *no pl*⟩ thoughtfulness, considerateness, solicitude.

ˈ**Für||spra·che** *f* ⟨-; *no pl*⟩ **1.** (**für** for) intercession, plea; **auf Ihre ~** at your intercession; **~ bei j-m einlegen** (**für j-n**) intercede (*od.* plead) with s. o. (for s. o.). **2.** (*Vermittlung*) mediation, good offices *pl*. **3.** (*Empfehlung*) recommendation. **~|sprech** [-ˌʃprɛç] *m* ⟨-s; -e⟩ **1.** *obs. od. lit. for* **Fürsprecher** 1—3. **2.** *Swiss for* **Rechtsanwalt, Rechtsbeistand**. **~|spre·cher** *m* ⟨-s; -⟩ **1.** intercessor, advocate. **2.** (*Vermittler*) mediator. **3.** *fig.* (*Vorkämpfer, Verfechter*) champion, advocate. **4.** *Swiss for* **Rechtsanwalt, Rechtsbeistand**. **~|spre·che·rin** *f* ⟨-; -nen⟩ → **Fürsprecher** 1—3.

Fürst [fʏrst] *m* ⟨-en; -en⟩ **1.** (*Herrscher*) prince, ruler, sovereign; **geistliche und weltliche ~en** princes and prince bishops; *fig.* **wie ein ~ leben** live like a king, live off the fat of the land. **2.** (*Adelstitel*) prince; **j-n zum ~en machen** (*od.* **ernennen**) → **fürsten** 1; **~ Bismarck** Prince Bismarck; *lit.* **er ist ein ~ unter den Dichtern** he is the prince of poets; *Bibl.* **der ~ dieser Welt** the prince of this world; **der ~ der Finsternis** the prince of darkness. **~|abt** *m hist.* prince-abbot. **~|bi·schof** *m* prince bishop.

für·sten [ˈfʏrstən] *v/t* ⟨*only inf u. pp* **gefürstet**⟩ **1.** raise *s. o.* to the rank of a prince. **2.** convert (*a country*) into a principality. **≈ge|schlecht**, **≈|haus** *n* dynasty (*od.* house) of princes. **≈|sitz** *m* residence of a prince. **≈|stand** *m* **1.** rank of a prince, princedom; **j-n in den ~ erheben** → **fürsten** 1. **2.** *collect.* (the) princes *pl*. **≈tum** *n* ⟨-s; ¨er⟩ principality, princedom.

ˈ**Für·stin** *f* ⟨-; -nen⟩ **1.** (*Herrscherin*) princess, ruler, sovereign. **2.** (*Titel*) princess. **3.** (*Gemahlin eines Fürsten*) princess.

ˈ**fürst·lich I** *adj* **1.** princely; **~e Familie** princely family; **~es Schloß** prince's castle, castle of a prince; **≈e Durchlaucht** → **Fürstlichkeit** 2. **2.** royal; **von ~em Geblüt** of royal (*od.* noble) blood; **~e Pracht** royal (*od.* regal) splendo(u)r. **3.** *fig. Trinkgeld, Geschenk etc*: generous, princely; **~es Gehalt** princely salary. **4.** *fig. Essen etc*: sumptuous, lavish, opulent. **5.** *fig. Zimmer, Empfang etc*: splendid, magnificent, royal. **II** *adv* **6.** *bes. fig.* like a prince, royally (*etc*); **~ leben** live in a grand style, live like a king; **j-n ~ bewirten** entertain s. o. lavishly; **j-n ~ belohnen** reward s. o. royally; **ein ~ eingerichtetes Zimmer** a splendidly furnished room. **≈keit** *f* ⟨-; -en⟩ **1.** *meist pl* a) royal (*od.* princely) person, b) royalty; **sämtliche ~en Europas** all the royalty of Europe. **2.** *als Anrede*: **Eure** (**Seine**) **~** Your (His) Serene Highness.

ˈ**Fürst'pri·mas** *m hist. relig.* prince-primate.

Furt [furt] *f* ⟨-; -en⟩ ford.

Fu·run·kel [fuˈrʊŋkəl] *m* ⟨-s; -⟩ *med.* boil, furuncle. **fu·run·ku'lös** [-kuˈløːs] *adj* furuncular. **Fu·run·ku'lo·se** [-kuˈloːzə] *f* ⟨-; -n⟩ furunculosis.

ˌ**für'wahr** *adv archaic od. lit.* indeed, truly.

ˈ**Für|witz** *m* ⟨-es; *no pl*⟩ *obs. for* **Vorwitz**.

ˈ**Für|wort** *n* ⟨-(e)s; ¨er⟩ *ling.* pronoun; → *a.* **Pronomen**.

Furz [furts] *m* ⟨-es; ¨e⟩ *vulg.* fart; **e-n ~** (**fahren** *od.* **streichen**) **lassen** fart; *fig.* **wie ein ~** like a fart. ˈ**fur·zen** *v/i* ⟨h⟩ *vulg.* **1.** fart. **2.** *fig.* (*sausen*) dash, zoom, fart.

Fu·sel [ˈfuːzəl] *m* ⟨-s; -⟩ **1.** → **Fuselöl**. **2.** *colloq.* (*Schnaps*) *sl.* rotgut, *Am. a.* hooch. **~|öl** *n chem.* fusel oil.

Fü·si·lier [fyziˈliːr] *m* ⟨-s; -e⟩ **1.** *mil. hist.* fusilier. **2.** *Swiss for* **Infanterist**.

fü·si'lie·ren *v/t* ⟨*no* **ge-**, h⟩ *obs.* execute *s. o.* (by a firing squad), shoot.

Fu·si·on [fuˈzĭoːn] *f* ⟨-; -en⟩ **1.** *a. biol. chem. opt.* fusion. **2.** *econ. jur., a. pol. etc* merger, fusion, amalgamation. **fu·sio·ˈnie·ren** [-zĭoˈniːrən] *v/t u. v/i* ⟨*no* ge-, h⟩ **1.** fuse. **2.** *econ. jur.* merge, fuse, amalgamate, *pol. a.* unite. **Fu·sioˈnie·rung** *f* ⟨-; -en⟩ → Fusion.

Fu·siˈons|enerˌgie *f nucl.* fusion energy. **~geˌsell·schaft** *f econ.* new company resulting from a merger, consolidated company. **~reˌak·tor** *m* (nuclear) fusion reactor.

Fuß[1] [fuːs] *m* ⟨-es; Füße⟩ **1.** foot; **beide Füße** both feet; **zu ~** on foot; **zu ~ gehen** walk, go on foot; **zu ~ erreichbar** within walking distance; **ich bin gut (schlecht) zu ~** I am a good (poor) walker; **kalte Füße bekommen** *a. fig. colloq.* get cold feet; **(festen) ~ fassen** a) gain a foothold (*a. fig. Unternehmen etc*), *fig. Sache*: *a.* become (firmly) established, *colloq.* catch on, b) *fig. Person*: settle down permanently; **trockenen ~es** with dry feet, without getting wet; **leichten ~es** lightly; *colloq.* **sich** (*dat*) **die Füße vertreten** stretch one's legs; **sich** (*dat*) **die Füße wund laufen** a) get sore feet from walking, b) *fig. colloq.* run from pillar to post; **über die eigenen Füße stolpern** a) trip (*od.* fall) over one's own feet, b) *fig. colloq.* be clumsy; **von e-m ~ auf den anderen treten** shift from one foot to the other, **ungeduldig:** *a.* kick one's heels; **~ setzen auf et.** set foot on s. th.; **ich werde sein Haus mit k-m ~ mehr betreten** (*od.* **k-n ~ mehr über s-e Schwelle setzen**) I will never set foot in his house again (*od.* never cross his threshold again); **auf dem ~ folgen** a) **j-m:** follow close on s. o.'s heels, b) *fig.* **e-r Sache:** follow in the wake of s. th., **rasch:** be prompt; **j-m zu Füßen fallen** fall at s. o.'s feet; **sich j-m zu Füßen werfen** throw o. s. at s. o.'s feet; **j-m zu Füßen liegen** lie at s. o.'s feet, *fig. a.* worship s. o.; **j-n mit Füßen treten** a) kick s. o., b) *fig.* trample on s. o., *colloq.* treat s. o. as a doormat; **et. mit Füßen treten** a) kick s. th., b) *fig.* trample (up)on s. th., tread s. th. under foot, **sein Glück:** throw away one's happiness (*od.* good fortune); *zum Hund*: **(bei) ~!** (to) heel! **2.** *fig.* **sich** (*dat*) **die Füße nach et. ablaufen** run one's legs off trying to get s. th.; **stehenden ~es** at once, immediately, on the spot; **auf eigenen Füßen stehen** stand on one's own feet, be independent, be on one's own; **auf freiem ~ sein** *Verbrecher*: be at large; **j-n auf freien ~ setzen** set s. o. free (*od.* at liberty), release s. o.; **auf großem ~ leben** live in grand style (*od.* like a king); **mit j-m auf freundschaftlichem (vertrautem) ~ stehen** be on friendly (intimate) terms with s. o.; **mit j-m auf gespanntem ~ stehen** be on (rather) bad terms with s. o.; **auf schwachen Füßen stehen** *allg.* rest on a weak foundation, be shaky, be built on sand, *Behauptung etc*: *a.* be ill founded; **mit beiden Füßen im Leben stehen** have both feet firmly on the ground; *colloq.* **du bist wohl heute mit dem linken ~ zuerst aufgestanden?** did you get out on the wrong side of bed today?; **mit e-m ~ (schon) im Grabe stehen** have one foot in the grave. **3.** *zo.* a) foot, b) *e-s Huftieres*: hoof, c) *e-s Insekts*: foot, tarsus, d) *e-s Falken*: hand; **ohne Füße** → **fußlos. 4.** *gastr.* foot, *bei Schlachttieren*: *a.* trotter. **5.** *bes. Southern G. and Austrian* leg; **sich** (*dat*) **den ~ brechen** break one's leg. **6.** ⟨*only sg*⟩ *e-s Berges, e-r Treppe, Leiter etc*: foot; **am ~(e) des Berges** at the foot of the mountain. **7.** *e-s Möbelstücks etc*: foot, leg. **8.** → Fußende. **9.** *colloq. for* **Füßling. 10.** *e-s Weinglases etc*: base, foot, stem. **11.** ⟨*only sg*⟩ *arch.* a) *e-s Bauwerks*: base, pedestal, b) *e-r Säule etc*: base. **12.** *e-r Lampe*: stand, standard, base. **13.** *tech.* a) *e-s Zahnrads*: root, b) *e-s Schraubstocks*: bottom, c) *e-r Elektrosäge*: shoe, d) *e-r Maschine*: leg, e) *als Konsole*: base. **14.** *print.* a) *e-r Druckseite, Liste, Kolumne*: foot, b) *bei Klischees etc*: base, mount, c) *e-s Buchstabens*: feet *pl*; **am ~ der Seite** at the foot (*od.* bottom) of the page. **15.** *metr.* (metrical) foot. **Fuß**[2] *m* ⟨-es; -⟩ (*altes Längenmaß*) foot; **zehn ~ lang** ten feet long; *aer.* **Höhe unter 1000 ~** zero.

ˈFuß|abˌblendˌschal·ter *m mot.* foot(-operated) dimming switch. **~ˌab·ˌdruck** *m* ⟨-(e)s; ⸚e⟩ footprint, footmark. **~ˌabˌstrei·fer** *m* **1.** doorscraper. **2.** *bes. Southern G.* → **~ˌab·ˌtre·ter** *m* doormat (*a. fig. contp.*). **~ˌan·gel** *f* **1.** mantrap. **2.** *mil. hist.* caltrop. **3.** *fig.* trap, snare; **j-m ~n legen** set traps (*od.* a trap) for s. o. **~ˌanˌlas·ser** *m Motorrad*: kick-starter. **~ˌanˌtrieb** *m tech.* treadle (*od.* pedal) drive. **~ˌbad** *n* footbath (*a. fig. colloq.*).

ˈFußˌball *m Sport* **1.** (*Ball*) football, *colloq. u. Am.* soccer ball. **2.** ⟨*only sg*⟩ (*Spiel*) *Br.* (Association) football, *Br. colloq. u. Am.* soccer; **~ spielen** (play) football.

ˈFußˌball... *in Zssgn* football, *Br. colloq. u. Am.* soccer (*boot, champion, club, fan, stadium, team, etc*).

ˈFußˌballän·derˌspiel (*getr.* -llˌl-) *n* international football match, football international.

ˈFußˌball|ˌbraut *f humor.* wife (*od.* fiancée) of a football fan. **~ˌbund** *m* ⟨-(e)s; *no pl*⟩ football association.

ˈFußˌbal·len *m anat.* ball of the foot; **entzündeter ~** bunion.

ˈFußˌbal·ler [-ˌbalər] *m* ⟨-s; -⟩ *colloq.* footballer.

ˈFußˌball|ˌfeld *n* football field, *colloq. a.* pitch. **~ˌplatz** *m* **1.** → **Fußballfeld. 2.** *colloq.* football stadium; **auf den ~ gehen** go to see a football match. **~ˌspiel** *n* **1.** football match (*od.* game). **2.** → Fußball 2. **~ˌspie·ler** *m* football player, footballer. **~ˌsport** *m* → Fußball 2. **~ˌstrumpf, ~ˌstut·zen** *m* footballer's stocking. **~ˌto·to** *n, a. m* football pool(s *pl*), *colloq.* (the) pools *pl*; **im ~ gewinnen** win on the (football) pools. **~ˌtrai·ner** *m* football coach. **~verˌband** *m* football association. **~ˌweltˌmei·ster·schaft** *f* world football championship, World Cup.

ˈFuß|ˌbank *f* ⟨-; ⸚e⟩ footstool, footrest. **~beˌklei·dung** *f* footwear, footgear. **~beˌtrieb** *m* → Fußantrieb.

ˈFußˌbo·den *m* **1.** floor. **2.** → **~beˌlag** *m* floor covering, flooring. **~ˌflä·che** *f* floor space, floorage. **~ˌhei·zung** *f* underfloor heating. **~ˌlei·ste** *f* → Fußleiste.

ˈFuß|ˌbreit I *m* ⟨-; -⟩ breadth (*od.* width) of a foot; *fig.* **k-n ~ weichen** not to budge an inch. **II 2** *adj* as broad (*od.* wide) as a foot. **~ˌbrem·se** *f mot.* foot (*od.* pedal, service) brake. **~ˌbrems·he·bel** *m*, **~ˌbrems·peˌdal** *n* (foot-) brake pedal. **~ˌbrett** *n* footboard.

Füß·chen [ˈfyːsçən] *n* ⟨-s; -⟩ **1.** *dim. of* Fuß[1] 1. **2.** *Kindersprache*: tootsy (-wootsy).

ˈFuß|ˌdecke (*getr.* -k·k-) *f* rug. **~ˌei·sen** *n* **1.** *hunt.* (*Falle*) (foot) trap. **2.** *mil. hist.* caltrop. **3.** (*Fessel*) fetter.

Fus·sel [ˈfusəl] *f* ⟨-; -n⟩, *a. m* ⟨-s; -(n)⟩ *colloq.* fluff, fuzz, *Am. a.* lint.

ˈfus·se·lig *adj* covered with fluff, *Am.* linty; *fig. colloq.* **sich** (*dat*) **den Mund ~ reden** talk one's head off. **ˈfus·seln** *v/i* ⟨h *u.* sein⟩ fuzz.

fü·ßeln [ˈfyːsəln] *v/i* ⟨h⟩ *colloq. unterm Tisch*: play footsie.

fu·ßen [ˈfuːsən] *v/i* ⟨h⟩ **auf** (*dat*) **et. ~** rest (*od.* be based, be founded) on s. th.; **~d auf** basing upon.

ˈFuß|ˌen·de *n* foot. **~ˌfall** *m* prostration; **sie tat vor ihm e-n ~** she threw herself at his feet. **2ˌfäl·lig I** *adj Bitte etc*: made on one's (bended) knees (*od.* at s. o.'s feet). **II** *adv* on one's (bended) knees; → *a.* **kniefällig. ~ˌfeh·ler** *m Tennis etc*: foot fault. **2ˌfrei** *adj Kleid, Rock*: ankle-length. **~ˌgän·ger** *m* ⟨-s; -⟩ pedestrian. **~ˌgän·gerˌbrücke** (*getr.* -k·k-) *f* footbridge. **~ˌgän·ge·rin** *f* ⟨-; -nen⟩ pedestrian.

ˈFußˌgän·ger|ˌschran·ke *f* barrier (for pedestrians). **~ˌschutzˌin·sel** *f* pedestrian (*od.* safety) island. **~ˌstrei·fen** *m Swiss* → **~ˌüberˌgang, ~ˌüberˌweg** *m* pedestrian (*od.* zebra) crossing, *Am. a.* crosswalk. **~ˌun·terˌfüh·rung** *f* (pedestrian) subway, *Am.* underpass. **~verˌkehr** *m* pedestrian traffic. **~ˌzo·ne** *f* pedestrian precinct, traffic-free zone; **in e-e ~ umwandeln** pedestrianize.

ˈFuß|ˌgasˌhe·bel *m mot.* accelerator (pedal), *Am.* gas pedal. **~ˌge·her** *m Austrian for* Fußgänger. **~geˌlenk** *n anat.* ankle (joint), talus. **~ˌgicht** *f med.* gout (in the feet), podagra. **~ˌglied** *n zo.* tarsus. **~gymˌna·stik** *f* foot exercises *pl*. **~ˌhaut** *f orn. zo.* podotheca.

ˈFußˌhe·bel *m* pedal. **~ˌschal·ter** *m* pedal switch. **~ˌsteue·rung** *f* pedal (*od.* foot) control.

ˈfuß|ˌhoch *adj* **1.** one foot high. **2.** *Schnee etc*: ankle-deep. **3.** *Gras etc*: ankle-high. **~ˌkalt** *adj Wohnung*: cold underfoot. **2ˌknö·chel** *m anat.* ankle (-bone), malleolus. **2ˌkno·chen** *m* tarsal bone. **2ˌkrampf** *m* cramp in a foot. **~ˌkrank** *adj* **1.** suffering from a foot disease. **2.** *vom Gehen*: footsore. **2ˌkupp·lung** *f mot.* foot-operated clutch. **2ˌlän·ge** *f e-s Strumpfes etc*: size of the foot. **2ˌlei·den** *n med.* foot disease, pedopathy. **~ˌlei·dend** *adj* → **fußkrank. 2ˌlei·ste** *f* skirting(-board), baseboard.

fuß·lig [ˈfuslıç] *adj* → **fusselig.**

Füß·ling [ˈfyːslıŋ] *m* ⟨-s; -e⟩ *am Strumpf*: foot.

ˈfuß·los *adj zo.* footless, apodal; **~es Tier** apod.

ˈFuß|ˌmarsch *m* march. **~ˌmat·te** *f* **1.** doormat. **2.** *mot.* floor mat. **~ˌmo·tor** *m tech.* a) foot-mounting motor, b) *als Regelmotor*: standard motor. **~ˌna·gel** *m anat.* toe-nail. **~ˌno·te** *f* footnote; **e-e ~ anbringen** add (*od.* make) a footnote. **~ˌpfad** *m* footpath. **~ˌpfle·ge** *f* **1.** care of the feet. **2.** pedicure, chiropody, *Am. a.* podiatry. **~ˌpfle·ger** *m*, **~ˌpfle·ge·rin** *f* pedicurist, chiropodist, *Am. a.* podiatrist. **~ˌpilz** *m med.* **1.** dermatophyte. **2.** → **~ˌpilz·erˌkran·kung** *f* athlete's foot. **~ˌplat·te** *f tech.* base (*od.* bed) plate. **~proˌthe·se** *f med.* artificial foot. **~ˌpu·der** *m* foot powder. **~ˌpum·pe** *f* foot (*od.* pedal-operated) pump. **~ˌpunkt** *m* **1.** *math.* foot, pedal. **2.** *astr.* nadir. **~ˌra·ste** *f Motorrad etc*: footrest. **~ˌraum** *m mot.* legroom. **~reˌgi·ster** *n der Orgel*: pedal stop. **~ˌrei·se** *f archaic* journey on foot. **~ˌring** *m* **1.** (*Schmuck*) anklet, bangle. **2.** *für Vögel, Geflügel*: ring; *für Jagdfalken*: vervel. **~ˌrücken** (*getr.* -k·k-) *m* *anat.* back (*od.* dorsum) of the foot. **~ˌsack** *m* foot-muff, foot-warmer. **~ˌschal·ter** *m tech.* foot(-operated) switch. **~ˌschal·tung** *f* **1.** (*Tätigkeit*) pedal control. **2.** *Motorrad*: foot-operated gearshift. **~ˌsche·mel** *m* footstool. **~ˌschweiß** *m* sweating of the feet. **~ˌsoh·le** *f* sole (of the foot). **~ˌsoh·len·reˌflex** *m med.* plantar (*od.* sole, Babinski) reflex. **~solˌdat** *m mil.* foot-soldier, infantryman. **~ˌspann** *m* instep. **~spe·ziaˌlist** *m med.* foot specialist. **~ˌspit·ze** *f* **1.** a) point of the foot, b) → **Zehenspitze. 2.** *beim Strumpf*: toe. **~ˌsprung** *m Schwimmsport*: feet first jump. **~ˌspur** *f* **1.** (*einzelner Abdruck*) footprint, footmark. **2.** (*Fährte*) track. **~ˌstap·fe** *f*, **~ˌstap·fen** *m meist pl* footprint, footmark; *fig.* **in j-s Fußstapfen treten** follow s. o.'s footsteps. **~ˌsteg** *m* **1.** footbridge. **2.** *print.* tail (margin), foot. **~ˌsteig** *m* **1.** (*Gehsteig*) pavement, *Am.* sidewalk. **2.** (*Pfad*) (foot)path, *Am. a.* trail. **~ˌstun·de** *f* hour's walk; **zwei ~n** two hours' walk. **~ˌstüt·ze** *f* **1.** footrest. **2.** *im Schuh*: instep raiser, arch support. **~ˌtap·fe** *f*, **~ˌtap·fen** *m* → **Fußstapfe(n). Ƨˌtief** *adj* **1.** *Schnee etc*: ankle-deep. **2.** *Vertiefung etc*: one foot deep. **~ˌtritt** *m* **1.** kick; **j-m e-n ~ geben** give s. o. a kick, kick s. o.; **e-n ~ bekommen** a) be kicked, b) *fig. colloq.* be (*od.* get) kicked out, get the boot. **2.** (*Geräusch*) footstep, footfall. **3.** → **Fußspur** 1. **4.** *tech.* treadle. **~ˌtrup·pe** *f meist pl mil.* infantry, foot-soldiers *pl.* **~ˌvolk** *n* ⟨-(e)s; *no pl*⟩ **1.** *mil. hist.* foot-soldiers *pl*, infantry; *fig. colloq.* **unters ~ geraten** sink low. **2.** *fig. contp.* rank and file (*of a party, etc*). **~ˌwan·de·rung** *f* walking tour, hike. **Ƨˌwarm** *adj Wohnung etc*: warm underfoot. **~ˌwär·mer** *m* foot-warmer. **~ˌwaschˌbecken** (*getr.* -**k·k**-) *n* foot-bath. **~ˌwa·schung** *f bes. relig.* foot washing. **~ˌweg** *m* **1.** → **Fußsteig. 2.** walk; **e-e Stunde ~** an hour's walk. **Ƨˌwund** *adj* footsore.

ˈ**Fußˌwur·zel** *f anat.* tarsus. **~geˌlenk** *n* **1.** tarsal joint. **2.** *orn.* knee. **~ˌkno·chen** *m* tarsal bone.

futsch [fʊtʃ] *adj* ⟨*pred*⟩ *colloq.* **~ sein** a) (*verloren, dahin*) be gone, be lost, have gone down the drain, b) (*kaputt*) be broken (*od.* wrecked, *sl.* bust), have had it, c) (*ruiniert*) ruined, wrecked (*a. Plan, Unternehmen etc*); **er ist ~** a) he has had it, he's sunk, b) he's a goner (*od.* dead duck).

Fut·ter[1] [ˈfʊtər] *n* ⟨-**s**; *no pl*⟩ **1.** *agr.* a) *für Vieh*: fodder, forage, b) *für Hühner etc*: feed, c) (*Nahrung*) food, feed; **dem Vieh ~ geben** feed the cattle; **grünes ~** green fodder; **gut im ~ stehen** (*od.* **sein**) be well fattened. **2.** *für Haustiere*: food. **3.** (*vom Tier gesuchtes*) food, forage. **4.** *colloq.* food, eats *pl*, *sl.* grub, *Am. sl.* chow.

ˈ**Fut·ter**[2] *n* ⟨-**s**; -⟩ **1.** (*MantelƧ etc*) lining. **2.** *e-s Briefumschlags etc*: lining. **3.** *tech.* a) (*Auskleidung*) lining, b) (*Spannzeug*) chuck.

Fut·te·ral [fʊtəˈraːl] *n* ⟨-**s**; -**e**⟩ **1.** (*BrillenƧ etc*) case. **2.** (*SchirmƧ etc, Hülle*) cover; **~kleid** *n* sheath (dress).

Fut·te·ra·li·en [fʊtəˈraːlĭən] *pl colloq.* → **Futter**[1] 4.

ˈ**Fut·ter|ˌanˌbau** *m agr.* cultivation of fodder plants. **~au·toˌmat** *m* **1.** *agr.* automatic feeder, *bes. Am.* self-feeder. **2.** *tech.* chucking machine. **~ˌbeu·tel** *m für Pferde*: nosebag. **~ˌbie·ne** *f* feeding bee. **~ˌblech** *n tech.* lining plate. **~ˌboh·ne** *f bot.* horsebean. **~ˌbrei** *m agr.* swill, mash, slop. **~ˌdrehˌbank** *f tech.* chuck lathe. **~geˌtrei·de** *n* fodder cereals *pl.* **~ˌgras** *n* **1.** grass for cattle. **2.** *weitS.* green food (*od.* fodder). **~ˌhäus·chen** *n* (covered) bird table. **~ˌkrip·pe** *f agr.* manger, crib; *fig. colloq.* **an der ~ sitzen** feed at the public trough. **~ˌkrip·pen·syˌstem** *n pol.* placemanism, *Am.* spoils system. **~ˌman·gel** *m* ⟨-**s**; *no pl*⟩ lack of feed. **~ˌmau·er** *f civ. eng.* retaining wall. **~ˌmehl** *n agr.* middlings *pl.* **~ˌmit·tel** *n* feed(ing stuff), fodder.

fut·tern [ˈfʊtərn] *colloq.* **I** *v/i* ⟨h⟩ eat heartily, tuck in, fall to. **II** *v/t* tuck (*od.* stow) away, tuck into.

füt·tern[1] [ˈfʏtərn] **I** *v/t* ⟨h⟩ **1.** (*Tiere*) feed (**mit** on *od.* with). **2.** *colloq.* give *s. o.* to eat, feed *s. o.* **3.** *fig. colloq.* feed (*s. o.* with news, data, etc); **Schüler mit lateinischen Vokabeln ~** cram students with Latin words. **4.** *agr.* (*mästen*) fatten (up). **II** *v/i* **5.** feed the cattle (*etc*). **III** Ƨ *n* ⟨-**s**⟩ **6.** feeding (*etc*); **Ƨ der Schwäne verboten!** do not feed the swans! **7.** → **Fütterung**[1]. ˈ**füt·tern**[2] **I** *v/t* ⟨h⟩ **1.** (*Kleid etc*) line; **e-n Mantel mit Pelz ~** line a coat with fur, fur a coat. **2.** (*wattieren*) pad, stuff. **3.** *tech.* line; **mit Blei ~** *a.* lead; **mit Metall ~** *a.* sheathe. **4.** *civ. eng.* case, revet. **5.** *print.* key. **II** Ƨ *n* ⟨-**s**⟩ **6.** lining (*etc*).

ˈ**Fut·ter|ˌnapf** *m* feeding dish (*od.* bowl). **~ˌneid** *m* **1.** (animal's) jealousy about food. **2.** *fig. contp.* (professional) jealousy. **Ƨˌnei·disch** *adj* **1.** jealous (about food). **2.** *fig. contp.* jealous, envious. **~ˌpflan·ze** *f agr.* fodder (*od.* forage) plant, *pl a.* forage crops. **~ˌplatz** *m* **1.** feeding ground (*od.* place, area). **2.** *für Wild im Winter*: deer yard. **~ˌrau·fe** *f* rack. **~ˌrohr** *n tech.* casing. **~ˌrü·be** *f agr.* fodder beet. **~ˌsack** *m* → **Futterbeutel. ~ˌsei·de** *f Textil.* silk for lining. **~ˌstel·le** *f* → **Futterplatz. ~ˌstoff** *m Textil.* lining (material). **~ˌtrog** *m* feeding trough, manger.

ˈ**Füt·te·rung**[1] *f* ⟨-; -**en**⟩ **1.** feeding. **2.** *im Zoo*: feeding (time); **die ~ der Raubtiere** a) feeding time for lions and tigers, b) *colloq. humor.* feeding time at the zoo.

ˈ**Füt·te·rung**[2] *f* ⟨-; -**en**⟩ → **füttern**[2] II.

ˈ**Fut·ter|verˌwer·ter** *m agr. u. fig. colloq.* **guter (schlechter) ~** good (poor) doer, *bes. Am.* easy (hard) keeper. **~ˌwert** *m* feeding value.

Fu·tur [fuˈtuːr] *n* ⟨-**s**; *no pl*⟩ *ling.* future (tense); **erstes ~** future (tense); **zweites ~** future perfect (tense). **fuˈtu·risch** *adj* future.

Fu·tu·ris·mus [futuˈrɪsmʊs] *m* ⟨-; *no pl*⟩ *Kunst*: futurism. **Fu·tuˈrist** [-ˈrɪst] *m* ⟨-**en**; -**en**⟩ futurist. **fu·tuˈri·stisch** *adj* futuristic.

Fu·tu·ro·lo·ge [futuroˈloːgə] *m* ⟨-**n**; -**n**⟩ futurologist, *a.* futurist. **Fu·tu·ro·loˈgie** [-loˈgiː] *f* ⟨-; *no pl*⟩ futurology, *a.* futurism. **fu·tu·roˈlo·gisch** [-ˈloːgɪʃ] *adj* futurologic(al).

Fu·tu·rum [fuˈtuːrʊm] *n* ⟨-**s**; -**ra** [-ra]⟩ → **Futur.**

G

G, g [geː] *n* ⟨-; -⟩ **1.** (*Buchstabe*) G, g. **2.** *mus.* a) (the note) G, *a.* g, b) **g** (= *g-Moll*) G minor, c) **G** (= *G-Dur*) G major; **das Werk steht in G(-Dur)** the work is in (the key of) G (major).

gab [gaːp] *1 u. 3 sg pret of* **geben.**

Ga·bar·di·ne [gabarˈdiːnə] *m* ⟨-s; *no pl*⟩, *a. f* ⟨-; *no pl*⟩ gabardine, gaberdine.

Ga·be [ˈgaːbə] *f* ⟨-; -n⟩ **1.** gift; **milde ~** charitable gift, alms (*als sg od. pl konstruiert*), charity; *fig.* **e-e ~ Gottes** (*od.* **des Himmels**) a gift of (*od.* from) God. **2.** (*Geschenk*) gift, present. **3.** (**an** *acc* to) a) (*Schenkung*) donation, b) (*Spende*) contribution. **4.** *med.* (*Dosis*) dose. **5.** *fig.* talent, gift, endowment; **ein Mensch mit reichen ~n** a richly (*od.* well-) talented person. **6.** *fig.* (*Geschick, Kunst*) gift, skill, art, *colloq.* knack. **7.** *relig.* (*Opfer*) offering.

gä·be[1] [ˈgɛːbə] *1 u. 3 sg pret subj of* **geben.**

ˈ**gä·be**[2] *adj* → **gang.**

Ga·bel [ˈgaːbəl] *f* ⟨-; -n⟩ **1.** (*Eß∽*) fork. **2.** *agr.* (*Heu∽, Mist∽*) pitchfork, prong. **3.** → **Gabelung** 1, 2. **4.** *tech., a. beim Motor-, Fahrrad*: fork. **5.** (*Telefon∽*) rest, cradle. **6.** (*Ast∽*) crotch, fork. **7.** (*Deichsel*) shafts *pl.* **8.** *zo.* (*Geweih∽*) spire. **9.** → **Stimmgabel. 10.** *mil. Artillerie*: bracket, straddle. **11.** *Schach*: fork. **~ˌbein** *n orn.* **1.** furcula. **2.** *des Geflügels*: wishbone. **~ˌbis·sen** *m gastr.* tidbit, titbit, cocktail snack. **~ˌbock** *m* **1.** *zo.* pronghorn(ed) antelope. **2.** *hunt.* pricket, stag. **~ˌdeich·sel** *f* pair of shafts (*od.* thills). **∽ˌför·mig** *adj* forked, fork-shaped, bifurcate(d). **~ˌfrühˌstück** *n* early lunch, mid-morning snack. **~geˌweih** *n hunt.* forked antlers *pl.* **~ˌkno·chen** *m* → **Gabelbein.**

ga·beln [ˈgaːbəln] **I** *v/reflex* ⟨h⟩ **sich ~ 1.** *Straße, Fluß, Zweig etc*: fork (out *od.* off), branch (off), divide, (bi)furcate. **2.** *fig. colloq.* **sich j-n ~** catch (hold of) s. o., pick s. o. up. **II** *v/t* **3.** fork. **4.** (*gabelförmig machen*) split, divide. **III** *v/i* **5.** *colloq.* **nach et. ~** fish for s. th.

ˈ**Ga·bel|ˌpunkt** *m* point of bifurcation. **~ˌschie·ßen** *n mil.* bracket firing. **∽ˌschwän·zig** [-ˌʃvɛntsɪç] *adj* fork-tailed, forktail. **~ˌstap·ler** *m tech.* fork(-lift) truck. **~ˌstel·lung** *f Schach*: fork. **~ˌstüt·ze** *f* **1.** forked support. **2.** *mil.* a) *e-s Maschinengewehrs*: bipod, b) *hist. e-r Muskete*: (fork) rest.

ˈ**Ga·be·lung** *f* ⟨-; -en⟩ **1.** (*Straßen∽, Fluß∽ etc*) fork(ing), (bi)furcation. **2.** (*Ast∽*) crotch. **3.** *anat. bot.* dichotomy.

ˈ**Ga·belˌwei·he** *f orn.* red kite, fork-tailed glede.

ˈ**Ga·benˌtisch** *m* table on which presents are laid out.

gackeln (*getr.* **-k·k-**) [ˈgakəln] *v/i* ⟨h⟩ → **gackern.**

gackern (*getr.* **-k·k-**) [ˈgakərn] **I** *v/i* ⟨h⟩ **1.** *Henne*: cackle. **2.** *fig. colloq.* cackle, chatter. **II ∽** *n* ⟨-s⟩ **3.** cackling (*etc*), cackle.

Gaf·fel [ˈgafəl] *f* ⟨-; -n⟩ *mar.* gaff. **~ˌscho·ner** *m* fore-and-aft schooner. **~ˌse·gel** *n* gaffsail.

gaf·fen[1] [ˈgafən] *v/i* ⟨h⟩ *colloq. contp.* gape, stare, gawk, stand agape. ˈ**gaf·fen**[2] *v/t* ⟨h⟩ (*Lachs*) gaff. ˈ**Gaf·fer** *m* ⟨-s; -⟩ gaper.

Gag [gɛk; gæg] (*Engl.*) *m* ⟨-s; -s⟩ *thea. u. fig.* gag.

Ga·gat [gaˈgaːt] *m* ⟨-(e)s; -e⟩, **~ˌkoh·le** *f min.* jet.

Ga·ge [ˈgaːʒə] *f* ⟨-; -n⟩ *bes. thea.* a) salary, b) (*einmalige ~*) fee, honorarium.

gäh·nen [ˈgɛːnən] **I** *v/i* ⟨h⟩ **1.** (give a) yawn. **2.** *fig. Abgrund etc*: yawn, gape. **II ∽** *n* ⟨-s⟩ **3.** yawning. **4.** (*einmaliges*) yawn. **~d** *adj* yawning (*a. fig.*); **~ leer** yawning, quite empty; **~e Leere** yawning void (*od.* emptiness); **~e Langeweile** utter boredom, *colloq.* (a) big yawn.

ˈ**Gähnˌkrampf** *m med.* yawning fit, convulsive yawning.

Ga·la [ˈgala; ˈgaːla] *f* ⟨-; *no pl*⟩ gala (*od.* full, festive) dress; *colloq.* **sich in ~ werfen** spruce o. s. up. **~ˌabend** *m* gala night. **~ˌanˌzug** *m* **1.** gala suit, full dress, *colloq.* tails *pl.* **2.** → **Galauniform. ~ˌaufˌfüh·rung** *f* gala performance. **~beˌset·zung** *f thea.* all-star cast. **~empˌfang** *m* gala reception. **~ˌesˌsen** *n* gala banquet (*od.* dinner). **~ˌkleiˌdung** *f* → **Gala.**

ga·lak·tisch [gaˈlaktɪʃ] *adj astr.* galactic.

Ga·lak·to·se [galakˈtoːzə] *f* ⟨-; -n⟩ *chem.* galactose.

ˈ**ga·laˌmä·ßig** *adj* (in) gala.

Ga·lan [gaˈlaːn] *m* ⟨-s; -e⟩ *a. iro.* gallant, beau, *iro.* swain.

ga·lant [gaˈlant] *adj* **1.** gallant, courteous, chivalresque, chivalrous (*man, manners, etc*). **2.** amorous; **~es Abenteuer** love affair, amorous adventure; *fig. obs.* **~e Krankheit** venereal disease. **3.** galant; **~e Dichtung** galant literature.

Ga·lant [ˈgaːlant] *m* ⟨-s; -s⟩ *bot.* **1. Wilder ~** long cypress-grass, English galanga. **2.** (*Alantwurzel*) horseheal.

Ga·lan·te·rie [galantəˈriː] *f* ⟨-; -n [-ən]⟩ *lit.* **1.** ⟨*only sg*⟩ gallantry, chivalry. **2.** (*Schmeichelei*) gallantry, flattering words *pl.* **~ˌde·gen** *m hist.* dress sword. **~ˌwa·ren** *pl obs.* fancy goods, novelties, *Am.* notions.

Ga·la·ter [ˈga(ː)latər] *m* ⟨-s; -⟩ Galatian; *Bibl.* (**der Brief des Paulus an die**) **~** → **~ˌbrief, der** the Epistle (of St. Paul) to the Galatians, Galatians *pl* (*als sg konstruiert*).

ˈ**Ga·la|uniˌform** *f mil.* full dress, full-dress uniform. **~verˌanˌstal·tung** *f* gala (*od.* dress) affair. **~ˌvorˌstel·lung** *f* gala performance.

Ga·la·xie [galaˈksiː] *f* ⟨-; -n [-ən]⟩ *astr.* galaxy. **Ga·la·xis** [gaˈlaksɪs] *f* ⟨-; *no pl*⟩ *astr.* Galaxy, Milky Way.

Gä·le [ˈgɛːlə] *m* ⟨-n; -n⟩ *hist.* Gael, Goidel.

Ga·lee·re [gaˈleːrə] *f* ⟨-; -n⟩ **1.** *mar. hist.* galley; **j-n zu den ~n verurteilen, j-n auf die ~n schicken** send s. o. to the galleys. **2.** *zo.* **Portugiesische ~** Portuguese man-of-war.

Gaˈlee·ren|ˌskla·ve *m hist. u. fig.* galley-slave. **~ˌstra·fe** *f* forced labo(u)r in the galleys. **~ˌsträf·ling** *m* → **Galeerensklave.**

Ga·le·nit [galeˈniːt; -ˈnɪt] *m* ⟨-s; -e⟩ → **Bleiglanz.**

Ga·leo·ne [galeˈoːnə] *f* ⟨-; -n⟩ *mar. hist.* galleon.

Ga·le·rie [galəˈriː] *f* ⟨-; -n [-ən]⟩ **1.** *arch.* gallery, loft. **2.** *thea.* gallery, upper balcony, *colloq.* (the) gods *pl*; **für die ~ spielen** play to the gallery (*od. Am.* grandstand). **3.** *Kunst*: (art *od.* picture) gallery. **4.** *fig.* collection, bevy; **e-e ~ schöner Frauen** a bevy of beauties.

Gal·gen [ˈgalgən] *m* ⟨-s; -⟩ **1.** gallows *sg*, gibbet; **j-n an den ~ bringen** send s. o. to the gallows; *fig.* **das wird ihn noch an den ~ bringen** he is going to swing for that; **an den ~ kommen** end up on the gallows; **er ist reif für den ~** he deserves to be hanged (for that). **2.** *mar.* gallows bitt. **3.** *Film*: gallows *sg*, boom. **~ˌfrist** *f fig.* last (*od.* brief) respite; *colloq.* **bis morgen gebe ich dir noch ~** I give you till tomorrow. **~huˌmor** *m* gallows (*od.* grim) humo(u)r. **~ˌmie·ne** *f* hangdog look. **~ˌstrick, ~ˌvo·gel** *m fig. colloq.* gallows-bird, scal(l)awag, rogue.

Ga·li·ci·er [gaˈliːtsǐər] *m* ⟨-s; -⟩ *in Spanien*: Galician. **gaˈli·cisch** [-ˈtsɪʃ] *adj* Galician.

Ga·li·lä·er [galiˈlɛːər] *Bibl.* **I** *m* ⟨-s; -⟩ *hist.* Galilean. **II** *npr m* ⟨-s; *no pl*⟩ **der ~** the Galilean, (the) Christ. **ga·liˈlä·isch** *adj* Galilean; **das ∽e Meer** the Sea of Galilee.

ga·li·le·isch [galiˈleːɪʃ] *adj* Galilean.

Ga·li·ma·thi·as [galimaˈtiːas] *m, n* ⟨-; *no pl*⟩ *contp.* balderdash.

Ga·li·on [gaˈlǐoːn] *n* ⟨-s; -s⟩ *mar. hist.* head knee. **Ga·liˈons·fiˌgur** *f* figure-head.

gä·lisch [ˈgɛːlɪʃ] **I** *adj* Gaelic, Goidelic. **II** *ling.* **∽** ⟨*generally undeclined*⟩, **das ∽e** ⟨-n⟩ Gaelic, Goidelic.

Ga·li·zi·er [gaˈliːtsǐər] *m* ⟨-s; -⟩ *geogr.* Galician. **gaˈli·zisch** [-tsɪʃ] *adj* Galician.

ˈ**Gallˌap·fel** *m bot.* a) gall(nut), b) *von Eichen*: oak-gall, oak-apple, nutgall. **~ˌei·che** *f* → **Galleiche.**

Gal·le [ˈɡalə] *f* <-; -n> **1.** *anat.* gall bladder. **2.** *physiol.* (*Sekret*) a) bile (*a. bot.*), b) *bes. zo.* gall. **3.** *fig. colloq.* gall, bile, venom; **s-e ~ ausschütten** (*od.* **ausspritzen**) (**über** *acc*) vent one's spite (upon); **mir kam die ~ hoch, mir lief die ~ über** my blood was up, I saw red; → Gift 2. **4.** → Gallapfel. **5.** *chem.* gall, bile. **6.** *min.* nodule.

ˈGall‚ei·che *f bot.* gall oak.

gal·len [ˈɡalən] **I** *v/t* <h> *gastr.* (*Fisch*) remove the gall from. **II** *v/i hunt. Wild*: urinate.

ˈGal·len|‚an‚fall *m med.* bilious attack. **~be‚schwer·den** *pl* gall bladder trouble *sg*, biliousness *sg*. **≈ˈbit·ter** *adj* (as) bitter as gall. **~‚bla·se** *f anat.* gall (bladder), biliary vesicle.

ˈGal·len‚bla·sen|ent‚fer·nung *f* (operative) removal of the gall bladder, cholecystectomy. **~ent‚zün·dung** *f* inflammation of the gall bladder, cholecystitis. **~‚gang** *m* cystic duct. **~‚ko·lik** *f* bilious colic, cholecystalgia.

ˈGal·len|‚fluß *m* bile flow, bilious flux. **~‚flüs·sig·keit** *f* → Galle 2. **~‚gang, ~ka‚nal** *m* bile (*od.* biliary) duct. **~‚ko·lik** *f* → Gallenblasenkolik. **~‚lei·den** *n* gall bladder trouble, cholecystopathy. **~‚stau·ung** *f* retention of bile, cholestasis. **~‚stein** *m med.* gallstone, bilestone, bile calculus. **~‚stein·ope·ra·ti‚on** *f* gallstone operation, cholelithotomy. **~sy‚stem** *n* biliary tract. **~‚weg** *m meist pl* bile (*od.* biliary) duct.

Gal·lert [ˈɡalərt; ɡaˈlɛrt] *n* <-(e)s; -e> **1.** *chem.* a) (*Gelatine*) gelatin(e), b) (*disperses System*) gel, colloid. **2.** *gastr.* jelly, gelatin(e); **~ bilden** jellify, set, jelly. **≈‚ar·tig** *adj* **1.** *chem.* a) gelatinous (*a. med.*), b) gel-like, colloidal; **~e Substanz** gelatinoid. **2.** *gastr.* jellied, gelatinous.

Gal·ler·te [ɡaˈlɛrtə; ˈɡalərtə] *f* <-; -n> → Gallert.

ˈGal·lert|‚mas·se *f* gelatinous (*od.* jelly-like) substance (*od.* mass), jelly. **~‚schwamm** *m* slime sponge.

ˈgal·le‚trei·bend *adj med.* (*a.* **~es Mittel**) choleretic.

gall·iam·bisch [ɡaˈlĭambɪʃ] *adj metr.* (*a.* **~er Vers**) galliambic.

Gal·li·er [ˈɡalĭər] *m* <-s; -> *hist.* Gaul.

ˈgal·lig *adj med. u. fig.* bilious.

gal·lisch [ˈɡalɪʃ] **I** *adj* Gallic, Gaulic, Gaulish. **II** *ling.* **≈** <*generally undeclined*>, **das ≈e** <-n> Gallic, Gaulic.

Gal·li·zis·mus [ɡaliˈtsɪsmʊs] *m* <-; -men> *ling.* Gallicism.

Gal·lo|ma·ne [ɡaloˈmaːnə] *m* <-n; -n> Gallomaniac. **~maˈnie** [-maˈniː] *f* <-; *no pl*> Gallomania. **≈ˈphil** [-ˈfiːl] *adj*, **~ˈphi·le** *m* <-n; -n> Francophile, Gallophile. **≈ˈphob** [-ˈfoːp] *adj*, **~ˈpho·be** [-bə] *m* <-n; -n> Francophobe, Gallophobe. **≈roˈma·nisch** [-roˈmaːnɪʃ] **I** *adj* Gallo-Roman, Gallo-Romanic. **II** *ling.* **≈** <*generally undeclined*>, **das ≈e** <-n> Gallo-Romance.

ˈGall‚sucht *f vet.* gall sickness.

ˈGall‚wes·pe *f zo.* gall wasp, gall-fly.

Ga·lopp [ɡaˈlɔp] *m* <-s; -e *u.* -s> **1.** a) gallop, b) (**kurzer** *od.* **leichter**) **~** canter; **voller** (**gestreckter, versammelter**) **~** full (extended, collected) gallop; **im ~** at a gallop, *fig. a.* at a lope, *weitS.* in hot haste; **in vollem ~** *a. fig.* in full career; **~ reiten** gallop; **in ~ fallen** (*od.* **übergehen**) break into a gallop; **in leichtem ~ reiten** canter; *fig. colloq.* **et. im ~ erledigen** gallop through s. th.; **das geht ja wie im ~** that goes bang, bang, bang!; **er ist im ~ durch die Kinderstube geritten** he's a real boor. **2.** *mus.* galop. **Ga·lop·pa·de** [ɡalɔˈpaːdə] *f* <-; -n> *Tanz*: gallopade.

ga·lop·pie·ren [ɡalɔˈpiːrən] *v/i* <*no* ge-, sein> a) gallop, b) *bes. in der Dressur*: canter; **er ließ sein Pferd ~** he galloped his horse. **~d** *adj med.* **~e Schwindsucht** galloping consumption; *econ.* **~e Inflation** galloping (*od.* runaway) inflation.

Gaˈlopp|‚ren·nen *n* gallop race. **~‚wech·sel** *m Dressur*: change of leg.

Ga·lo·sche [ɡaˈlɔʃə] *f* <-; -n> *meist pl* galosh, overshoe.

galt [ɡalt] *1 u. 3 sg pret*, **gäl·te** [ˈɡɛltə] *1 u. 3 sg pret subj of* **gelten**.

Gal·va·ni·sa·ti·on [ɡalvanizaˈtsĭoːn] *f* <-; -en> *electr.* galvanization. **gal·va·nisch** [ɡalˈvaːnɪʃ] *adj Strom, Zelle etc*: galvanic, voltaic, electrolytic; **~es Element** galvanic (*od.* voltaic, primary) cell; **~e Vergoldung** electrogilding; **~e Kette** voltaic chain (*od.* couple); **~e Metallisierung** electro(-)deposition, metal-plating; **~e Verchromung** chrome-plating; **~e Verzinkung** electro-galvanizing. **Gal·va·ni·seur** [ɡalvaniˈzøːr] *m* <-s; -e> *tech.* galvanizer, electroplater. **gal·va·niˈsie·ren** [-ˈziːrən] **I** *v/t* <*no* ge-, h> *tech.* galvanize (*a. med.*), zinc, electroplate. **II ≈** *n* <-s> galvanizing (*etc*). **Gal·va·niˈsie·rung** *f* <-; -en> **1.** → galvanisieren II. **2.** galvanization, electro(-)deposition. **Gal·vaˈnis·mus** [-ˈnɪsmʊs] *m* <-; *no pl*> *electr.* galvanism (*a. med.*), voltaism.

Gal·va·no [ɡalˈvaːno] *n* <-s; -s> *print.* electro(type), galvanograph.

Gal·va·no|gra·phie [ɡalvanoɡraˈfiː] *f* <-; -n [-ən]> electroplating, galvanography. **~ˈpla·stik** [-ˈplastɪk] *f* **1.** *tech.* galvanoplasty. **2.** *print.* electrotyping. **~ˈpla·sti·ker** [-tikər] *m print.* electrotyper. **≈ˈpla·stisch I** *adj* galvanoplastic; **~er Abdruck** electrotype. **II** *adv* **~ vervielfältigen** electrotype. **~ˈskop** [-ˈskoːp] *n* <-s; -e> *phys.* galvanoscope. **~ˈtech·nik** [-ˈtɛçnɪk] *f* **1.** *tech.* electroplating. **2.** *print.* electrotyping. **~the·raˈpie** [-teraˈpiː] *f med.* galvanotherapy.

Ga·man·der [ɡaˈmandər] *m* <-s; -> *bot.* germander.

Ga·ma·sche [ɡaˈmaʃə] *f* <-; -n> *meist pl* **1.** *bis zum Knie*: gaiter, *lederne*: legging; *fig. colloq.* **~n haben** (**vor** *dat*) be scared (stiff) (of). **2.** *über dem Fuß*: spat. **3.** (*Wickel≈*) puttee. **Gaˈma·schen‚ho·se** *f für Kinder*: leggings *pl*.

Gam·be [ˈɡambə] *f* <-; -n> *mus. hist.* (viola da) gamba; **konische ~** (*Orgel*) cone gamba.

Gam·bit [ɡamˈbɪt] *n* <-s; -s> *Schach*: gambit.

Ga·met [ɡaˈmeːt] *m* <-en; -en> *biol.* gamete. **Gaˈme·ten·ver‚schmel·zung** *f biol.* syngamy. **Ga·me·to …, ga·me·to …** *in Zssgn* gameto …

Ga·me·to|ge·ne·se [ɡametoɡeˈneːzə] *f* <-; *no pl*> *biol.* gametogenesis. **~ˈphor** [-ˈfoːr] *m* <-s; -e> *bot.* gametophore.

Gam·ma [ˈɡama] *n* <-(s); -s> **1.** (*griech. Buchstabe*) gamma. **2.** *phys.* gamma (*1/1000 mg*). **~funk·ti‚on** *f math.* gamma function. **~glo·bu‚lin** *n physiol.* gamma globulin. **~gra·phie** [ɡamaɡraˈfiː] *f* <-; *no pl*> *tech.* gammagraphy, gamma radiography. **~‚strahl** [ˈɡama-] *m meist pl phys.* gamma ray. **~spek·tro‚me·ter** *n* gamma-ray spectrometer. **~‚strah·lung** *f* gamma radiation.

Gam·meˈlei *f* <-; *no pl*> → gammeln II.

ˈgam·me·lig *adj colloq.* **1.** a) (*faulig*) rotten, b) (*matschig*) squashy, soggy. **2.** (*verlottert*) crummy. **gam·meln** [ˈɡaməln] **I** *v/i* <h> **1.** go bad, rot. **2.** loaf, hang about. **II ≈** *n* <-s> **3.** loafing.

ˈGamm·ler *m* <-s; ->, **ˈGamm·le·rin** *f* <-; -nen> loafer, bum, beatnik, lie-about. **ˈGamm·ler·tum** *n* <-s; *no pl*> **1.** loafing, bumming around. **2.** beatniks *pl*.

Ga·mo …, ga·mo … *in Zssgn* gamo …

Gams [ɡams] *m, f, dial. a. n* <-; -en> *hunt. u. dial. for* **Gemse**. **~‚bart** *m* **1.** tuft of chamois hair (*for a hat*), *colloq.* shaving-brush. **2.** → **~‚gras** *n bot.* Alpine rush. **~‚wild** *n zo.* chamois *pl* (*als sg od. pl konstruiert*).

gang [ɡaŋ] *adj* **~ und gäbe sein** be usual (*od.* quite common, customary); **das ist durchaus ~ und gäbe** that's nothing unusual, that's quite the usual thing.

Gang[1] *m* <-(e)s; =e> **1.** <*only sg*> (*Art des Gehens*) walk, gait, (the) way *s. o.* walks; **gemächlicher ~** amble; **schleppender** (*od.* **schlurfender**) **~** shuffling walk, shuffle, drag; **sie hat e-n schönen ~** she has a graceful gait, she walks gracefully; **er hatte e-n unsicheren ~** he was not very steady on his feet. **2.** <*only sg*> (*Schrittempo etc*) step, pace; **er hat e-n schnellen ~** he is a quick (*od.* fast) walker; **s-n ~ beschleunigen** walk faster, quicken one's pace. **3.** → Gangart 2. **4.** (*bes. Spazier≈*) walk, stroll; **ein ~ von 10 Minuten** a 10 minutes' walk; **machen wir noch e-n kleinen ~** let's take (*od.* go for) a short walk. **5.** (*Besorgung*) errand; **e-n ~ machen** go on an errand; **Gänge besorgen** run errands; *fig.* **ein schwerer ~** a bitter errand. **6.** (*Weg*) way; **auf dem ~ zur Kirche** on one's way to church; *fig. lit.* **der letzte ~** the last journey. **7.** <*only sg*> *der Gestirne etc*: course. **8.** <*only sg*> *fig. von Geschehen etc*: course, run; **~ der Ereignisse** course (*od.* march) of events; **~ der Handlung** course (*od.* run) of the plot; **der ~ der Geschäfte** (**der Unterhaltung**) the course of business (of the conversation); **der gewohnte ~** the normal course, the routine; **s-n ~ gehen** take its course; **alles geht** (**wieder**) **s-n** (**gewohnten**) **~** everything is going on as usual; **den Dingen ihren ~ lassen** let matters take their course; **et. in ~ bringen** (*od.* **setzen**) set (*od.* get) s. th. going, start (*od.* launch) s. th., set s. th. in train (→ *a.* 9); **e-e Unterhaltung in ~ bringen** start a conversation, get a conversation going (*od.* started); **im ~e sein** be (going) on, be in progress, be afoot, be under way; *colloq.* **es ist et. im ~(e)** there is s. th. going on (*od.* in the wind, cooking); **in vollem ~e sein** be in full swing (*od.* cry) (→ *a.* 9); **der Prozeß war in vollem ~e** the process was well under way; **et. in ~ halten** keep s. th. going, make (*the world, etc*) go round; **der Kampf war im ~e** the battle was on; **e-e Debatte in ~ halten** keep a debate going (*od.* alive), *colloq.* keep the ball rolling; **in ~ kommen** get started (*od.* going, under way); **et. außer ~ setzen** stop s. th. (→ *a.* 9). **9.** <*only sg*> *tech.* a) *e-r Maschine etc*: running, working, functioning, b) (*Wirkungsweise*) action, operation, c) (*Bewegung*) movement, d) (*Arbeits≈*) operation, *metall.* run, (*Schmelz≈*) heat, *beim Walzen, Schweißen etc*: pass; **ruhiger ~** smooth running; *e-e Maschine etc* **in ~ bringen** (*od.* **setzen**) start *s. th.*, set *s. th.* in action (*od.* motion), put *s. th.* in operation, throw *s. th.* in gear, actuate *s. th.*; **in ~ sein** be in operation (*od.* motion), be running (*od.* operating, working); **außer ~ setzen** stop (*a machine*), throw *s. th.* out of gear; **et. in einem ~ tun** do s. th. in one operation (*od. colloq.* at one go). **10.** *tech.* (*Schalt≈*) speed, *mot.*

gear, speed; **erster ~** first (*od.* bottom, *Am.* low) gear; **zweiter ~** second gear; **den dritten ~ einschalten** change (*od.* shift) into third (gear); **höchster ~** top (gear); **den ~ wechseln** change (*bes. Am.* shift) gears; **den ~ herausnehmen** change (*Am.* shift) into neutral. **11.** *tech.* (*Gewinde*≗) (worm) thread; **toter ~** backlash, *von Maschinenteilen*: dead travel. **12.** *gastr.* course; **Essen mit drei Gängen** three-course dinner. **13.** *Sport*: bout, *Boxen*: round, (*Durch*≗) heat. **14.** (*Flur*) corridor, hall(way); (*Durch*≗) passage(way); *zwischen Sitzreihen etc*: aisle, *Br. a.* gangway, *im Zug*: *a.* corridor; *tech.* walk(way), catwalk; *Bergwerk, a. mil.* tunnel, gallery; *geol.* lode, vein; *anat.* passage, canal, *a. bot.* duct(us). **15.** *mus.* passage.

Gang² [gɛŋ; gæŋ] (*Engl.*) *f* ⟨-; -s⟩ (*Bande*) gang.

ˈGang|an,ord·nung *f mot.* gear-change (*Am.* gearshift) pattern. **~,art** *f* **1.** gait, walk. **2.** *e-s Pferdes etc, a. fig.* (*Tempo*) pace; **die ~ wechseln** change pace, break (step); *fig.* **e-e scharfe ~ anschlagen** go (*od.* hit) the pace. **3.** *geol. min.* a) gangue, b) matrix.

ˈgang·bar *adj* **1.** *Weg etc*: passable, practicable. **2.** *fig. Idee etc*: practicable, feasible, workable. **3.** → **gängig** 2. **4.** *tech.* working, running, operational. **≗keit** *f* ⟨-; *no pl*⟩ practicability (*etc*).

ˈGän·gel,band *n* ⟨-(e)s; *no pl*⟩ *fig. colloq.* leading-strings *pl*; **j-n am ~ führen** (*od.* **haben**), **j-n am** (*od.* **ans**) **~ nehmen** → **gängeln**. **Gän·geˈlei** *f* ⟨-; *no pl*⟩ *fig. colloq.* patronizing, keeping *s. o.* in leading-strings. **gän·geln** [ˈgɛŋəln] *v/t* ⟨h⟩ *fig. colloq.* **j-n ~** keep s. o. in leading-strings (*od.* in tutelage), lead s. o. by the nose.

ˈGang|ge,stein *n min.* **1.** → **Gangart** 3. **2.** (*Erstarrungsgestein*) dike (*od.* dyke) rock. **~,he·bel** *m mot.* change speed (*od.* gear[-change], *Am.* gearshift) lever. **~,hö·he** *f tech.* a) *e-s Gewindes*: lead, b) *e-r Schraube*: pitch.

gän·gig [ˈgɛŋɪç] *adj* **1.** current (*expression, etc*). **2.** *econ.* a) *Ware*: sal(e)able, marketable, selling, popular, b) *Preise*: ruling, c) *Münze*: current; **unsere ~sten Artikel** our best-selling products. **3.** → **gangbar** 2. **4.** *Hund etc*: well-trained. **5.** *Pferd etc*: swift. **≗keit** *f* ⟨-; *no pl*⟩ **1.** *e-s Ausdrucks etc, a. e-r Münze*: currency. **2.** *econ.* sal(e)ability, sal(e)ableness, marketability. **3.** → **Gangbarkeit**. **4.** *e-s Hundes*: obedience. **5.** *e-s Pferdes*: swiftness.

ˈGan·gli·en|,kno·ten *m* **1.** *med.* gangliform swelling. **2.** *zo. bei Insekten*: node. **~,zel·le** *f* ganglion cell, gangliocyte.

Gan·gli·om [gaŋgliˈoːm] *n* ⟨-s; -e⟩ *med.* ganglioma.

Gan·gli·on [ˈgaŋgliɔn] *n* ⟨-s; -glien⟩ *med.* ganglion.

Gan·grän [gaŋˈgrɛːn] *f* ⟨-; -en⟩, *a. n* ⟨-s; -e⟩, *rare* **Ganˈgrä·ne** *f* ⟨-; -n⟩ *med.* gangrene, necrosis. **gan·gräˈnös** [-grɛˈnøːs] *adj* gangrenous.

ˈGang|,schal·ter, ~,schalt,he·bel *m* → **Ganghebel**. **~,schal·tung** *f* gear change, *Am.* gearshift(ing). **~,spill** *n mar.* capstan, *tragbares*: crab. **~,stei·gung** *f tech.* lead.

Gang·ster [ˈgɛŋstər; ˈgæŋstə] (*Engl.*) *m* ⟨-s; -⟩ gangster, *Am. a.* racketeer. **~,ban·de** *f* gang (of criminals), mob. **~,braut** *f* (gun) moll. **~tum** *n* ⟨-s; *no pl*⟩ **1.** gangsterism, *Am. a.* racketeering. **2.** gangsters *pl*.

ˈGang|,wäh·ler *m mot.* gear selector. **~,wech·sel** *m* gear change, *Am.* gearshift(ing). **~,werk** *n e-r Uhr*: mechanism. **~,zahl** *f* **1.** *mot.* number of gears (*od. a. tech.* speeds). **2.** *e-s Gewindes*: number of threads, *e-s Fräsers*: number of starts.

Ga·no·ve [gaˈnoːvə] *m* ⟨-n; -n⟩ *contp.* crook, *sl.* con.

Gaˈno·ven|,eh·re *f* hono(u)r among thieves. **~,spra·che** *f* thieves' cant (*od.* Latin).

Gans [gans] *f* ⟨-; ⸚e⟩ **1.** *orn.* goose; **junge ~** green goose, gosling; **Wilde ~** wild goose, marsh goose; **zahme ~** domestic goose. **2.** *fig. colloq. contp.* (**dumme**) **~** (silly) goose, ninny. **~,bra·ten** *m Southern G.* roast goose.

Gäns·chen [ˈgɛnsçən] *n* ⟨-s; -⟩ **1.** *dim. of* **Gans**. **2.** gosling. **3.** *fig. colloq.* (little) ninny.

ˈGän·se|,blüm·chen *n bot.* daisy. **~,blu·me** *f* a) → **Gänseblümchen**, b) **Große ~** (great white) ox-eye (daisy), moonflower. **~,bra·ten** *m* roast goose. **~,brust** *f* goose breast. **~,ei** *n* goose egg. **~,fe·der** *f* **1.** goose feather, (goose) quill. **2.** → **Gänsekiel** 2. **~,fleisch** *n* goose meat. **~,füß·chen** *n meist pl colloq.* quotation mark, inverted comma. **~,haut** *f* ⟨-; *no pl*⟩ **1.** goose-skin. **2.** *fig. colloq.* goose-flesh, goose-pimples *pl*; **schon bei dem Gedanken daran überlief mich e-e ~** the very thought of it made my flesh creep (*od.* gave me the creeps). **3.** *med.* goose-flesh, anserine skin. **~,hirt** *m* gooseherd. **~,hir·tin** *f* goosegirl. **~,jun·ge** *m* gooseboy, gooseherd. **~,keu·le** *f gastr.* leg of goose. **~,kiel** *m* **1.** (goose) quill. **2.** quill (pen). **~,klein** *n* ⟨-s; *no pl*⟩ *gastr.* goose giblets *pl*. **~,kü·ken** *n* gosling. **~,le·ber** *f* goose liver; **~pastete** *f* (pâté de) foie gras. **~,marsch** *m colloq.* **im ~** in single (*od.* Indian) file; **im ~ gehen** (*od.* **marschieren**) walk single (*od.* Indian) file; **sie kamen im ~ aus dem Haus** they filed out of the house.

Gän·se·rich [ˈgɛnzərɪç] *m* ⟨-s; -e⟩ *orn.* gander.

ˈGän·se|,schmalz *n* goose fat (*od.* dripping). **~,vö·gel** *pl* anseres *pl*, anseriformes *pl*. **~,wein** *m humor.* Adam's ale, water.

Gäns·lein [ˈgɛnslaɪn] *n* ⟨-s; -⟩ → **Gänschen**.

Gant [gant] *f* ⟨-; -en⟩ *obs. u. Swiss* **1.** (*öffentliche Versteigerung*) (sale by) auction, public sale. **2.** (*Konkurs*) bankruptcy.

Gan·ter [ˈgantər] *m* ⟨-s; -⟩ *Low G. for* **Gänserich**.

Ga·ny·med [ganyˈmeːt] *npr m* ⟨-s; *no pl*⟩ *myth.* Ganymede.

ganz [gants] **I** *adj* **1.** whole, entire, all; **die ~e Familie** the whole family; **die ~e Stadt** a) the whole town, b) (*alle Einwohner*) all the town, everyone in town; **~ Deutschland** all (*od.* the whole of) Germany; **in der ~en Welt** the world over; **die ~e Welt betreffend** world-wide; **die ~e Nation betreffend** *Am.* nationwide; **das ~e Leben während** lifelong; **den ~en Morgen (Tag)** all morning (day); **die ~e Nacht (hindurch)** all night (long), all through the night; **die ~e Zeit (über)** all the time, all along; *tech.* **~e Länge** total (*od.* overall) length; **von ~er Seele** heart and soul. **2.** (*ungeteilt*) whole, entire, undivided (*attention, etc*). **3.** (*vollständig*) whole, entire, full, complete, total; **den ~en Betrag bezahlen** pay the full (*od.* whole) amount, pay in full. **4.** (*voll*) whole, full; **drei ~e Stunden** three whole (*od.* full) hours; *contp.* **~e drei Stunden (lang)** a) (for) three solid hours, b) (*nicht mehr*) (for) just three hours. **5.** ⟨*pred*⟩ *colloq.* (*heil, unbeschädigt*) whole, undamaged, intact; **kein Fenster war mehr ~** none of the windows was undamaged (*od.* whole); **et. ~ machen** mend s. th. **6.** *colloq.* (*alle*) all (*the neighbours, etc*). **7.** *colloq.* (*ziemlich*) quite, a lot of; **e-e ~e Menge Geld** quite a bit of money, quite a packet, a tidy sum; **es hat e-e ~e Zeit gedauert, bis** it took quite a (bit of) time, until. **8.** *colloq.* (*nur*) just, only, merely, no more than (*three men, etc*). **9.** *colloq.* (*echt, wahr*) real, true, proper; **er ist ein ~er Mann** he is a real man. **10.** *colloq. only in* **er ist der ~e Vater, er ist ~ der Vater** he is the very (*od.* the spit and) image of his father, he's a chip off the old block. **11.** *mus.* whole; **~e Note** semibreve, *Am.* whole note; **~e Stufe** whole step; **~e Pause** semibreve rest, *Am.* whole-note rest. **12.** *math.* whole, integral; **~e Zahl** whole number, integer. **II** *adv* **13.** wholly, completely, entirely, totally, altogether, quite, all; **~ oder teilweise** in whole or in part; **das ist et. ~ anderes** that is s. th. completely (*od.* quite) different, that is quite another thing; **das ist ~ unmöglich** that is quite (*od.* altogether, absolutely) impossible; **bist du dessen ~ sicher?** are you quite sure of that?; **das habe ich ~ allein gemacht** I did that entirely (*od.* all) on my own, I did that all by myself; **ich bin ~ durcheinander** I am all confused; **~ durchnäßt** wet (right) through, (completely) drenched; **~ unverbindlich** without any obligation; **~ plötzlich** all of a sudden; **et. ~ aufessen** eat s. th. up; **et. ~ schlucken** swallow s. th. whole; **ein Buch ~ durchlesen** read a book from cover to cover; **et. ~ bezahlen** pay s. th. in full, pay the full (*od.* whole) amount; **~ recht** quite right, quite (so), precisely, that's right; → **gern** 4, **gut** 23. **14. ~ und gar** absolutely, completely, entirely, altogether, totally, *contp. a.* utterly; **~ und gar nicht** not at all, not in the least, not a bit, by no means; **er hat ~ und gar versagt** he was a complete (*od.* an utter) failure; **das gefällt mir ~ und gar nicht** I do not like that at all; → *a.* **gänzlich** 3. **15.** (*sehr*) very; **ein ~ armer Mann** a very poor man; **~ kleine Unterschiede** very small (*od.* minute, infinitesimal) differences; **~ in der Nähe** very near, nearby; **~ besonders weil** especially since, all the more so as; **ein ~ klein wenig** a tiny little bit. **16.** (*genau*) just, exactly, quite; **er hat mir ~ dasselbe gesagt** he told me exactly the same thing; **es sieht ~ danach aus, als ob** it looks just as if; **~ wie du willst** just as you like; **er ist ~ der Mann dazu** he is just the man to do that. **17. im (großen und) ~en** on the whole, all things considered, by and large, generally (speaking). **18. im ~en** a) in all, altogether, all told, b) *econ.* in the lump, wholesale; **ich habe im ~en noch zehn Mark** altogether I have ten marks left; **Waren im ~en verkaufen** sell goods in bulk (*od.* wholesale); **im ~en 50,2 betragen** total (up to) 50.2. **19.** *colloq.* all; **er war ~ Ohr** he was all ears (*od.* attention); **sie war ~ Freude** she was all joy, she was overjoyed. **20.** (*ziemlich*) quite, rather (*interesting, etc*); **~ gut** (*od.* **nett**) quite good (*od.* nice), *colloq.* not bad; **ich ginge ~ gern hin, aber** I'd quite like to go but.

Ganz *f* ⟨-; *no pl*⟩, **Gänz** [gɛnts] *f* ⟨-; *no pl*⟩ *Bergbau*: rock.

ˈGanz|,auf,nah·me *f phot.* full-length portrait (*od.* picture). **~au·to,mat** *m tech.* fully automatic machine.

ˈ**Gan·ze** *n* ⟨-n; -n⟩ **1.** (*the*) whole; **vier Halbe sind zwei** ~ four halves are (*od.* make) two wholes; → *a.* **ganz** 17, 18. **2.** (*Gesamtheit*) totality, entirety, whole; **ein einheitliches ~s** an integral whole; **als ~s** as a whole; **das große ~ sehen** take the broad view; **als ein ~s (betrachtet)** (seen) as a whole, in its entirety; **ein ~s bilden** form a whole; → **geschlossen** 3. **3.** (*Gesamtbetrag*) total (amount), sum (total), (the) whole amount, (the) lot. **4.** *colloq.* (*alles*) the whole thing, everything, all, the lot; **mir gefällt das ~ nicht** I don't like the whole thing; **er hat das ~ nur getan, um mich zu ärgern** he did all that only to annoy me. **5. das ist nichts ~s und nichts Halbes** that is neither one thing nor the other; *colloq.* **aufs ~ gehen** go all out, risk all, go for the kill; **jetzt geht's ums ~** it's do or die (*od.* all or nothing) now. **6.** *mil.* **das ~ halt!** company, halt!

Gän·ze[1] [ˈgɛntsə] *f* ⟨-; *no pl*⟩ *lit.* → Ganzheit; **zur ~** entirely, in its entirety.

ˈ**Gän·ze**[2] *f* ⟨-; *no pl*⟩ → Ganz, Gänz.

ˈ**Ganz·fa·bri**ˌ**kat** *n econ.* finished product.

ˈ**Ganz·heit** *f* ⟨-; *no pl*⟩ **1.** wholeness, completeness, entirety; **et. in s-r ~ erfassen** comprehend s. th. in its entirety. **2.** *philos.* totality, complex unity. **3.** *math.* integralness. **≈lich** *adj* **1.** whole, entire, integral, comprehensive, all-embracing. **2.** *philos. psych.* holistic.

ˈ**Ganz·heits|me**ˌ**tho·de** *f ped.* **1.** → Ganzwortmethode. **2.** → Ganzheitsunterricht. **~psy·cho·lo**ˌ**gie** *f* holism. **~theo**ˌ**rie** *f philos.* holistic theory, holism. **~**ˌ**un·ter**ˌ**richt** *m ped.* **1.** global method. **2.** integrated curriculum. **3.** → Ganzwortmethode.

ˈ**Ganz|**ˌ**holz**ˌ**bau**ˌ**wei·se** *f arch.* all-wood construction. **≈**ˌ**jäh·rig I** *adj* **1.** full-year, all-year, twelvemonth. **2.** *mot.* all-season (*oil*). **II** *adv* **3.** all year round, permanently.

ˈ**Ganz**ˌ**le·der** *n print.* (full) leather, whole-leather binding; **in ~ (gebunden)** leatherbound. **~**ˌ**band** *m* leatherbound volume. **~**ˌ**ein**ˌ**band** *m* (whole-) leather binding.

ˈ**ganz**ˌ**le·dern** *adj* whole-leather.

ˈ**Ganz**ˌ**lei·nen** *print.* **I** *n* (full) cloth, cloth-binding; **in ~ (gebunden)** clothbound. **II ≈** *adj* clothbound. **~**ˌ**band** *m* clothbound volume. **~**ˌ**ein**ˌ**band** *m* (full-)cloth binding.

gänz·lich [ˈgɛntslɪç] **I** *adj* **1.** complete, entire, total, full, *contp. a.* utter (*ignorance, trust, etc*). **2.** (*völlig, absolut*) complete, absolute; **~e Stille** absolute quiet. **II** *adv* **3.** completely, entirely, wholly, altogether, (*völlig*) *a.* absolutely, (*äußerst*) *a.* utterly, totally, (*vollkommen*) perfectly, (*in jeder Hinsicht*) in every respect; **das ist ~ unbedeutend** that's quite unimportant, that's of no importance whatsoever; **ich habe es ~ vergessen** I have completely (*od.* clean) forgotten it; **er war ~ unzufrieden mit dem Ergebnis** he was utterly (*od.* thoroughly) dissatisfied with the result; **ich habe diesen Plan ~ aufgegeben** I have given up this plan altogether.

ˈ**Ganz|me**ˌ**tall**ˌ**bau** *m* ⟨-(e)s; -ten⟩ *tech.* all-metal construction. **~por**ˌ**trait** *n* full-length portrait. **~**ˌ**sa·che** *f* postcard (*od.* envelope) with printed postage stamp. **≈**ˌ**sei·den** *adj* (of) pure silk. **≈**ˌ**sei·tig** *adj print.* full-page (*advertisement, etc*). **~**ˌ**stahl·ka·ros·se**ˌ**rie** *f mot.* all-steel body. **~**ˌ**stoff** *m* → Ganzzeug. **≈**ˌ**tä·gig I** *adj* **1.** *Ausflug, Beratung etc*: all-day. **2.** *Beschäftigung*: full-time. **3.** *meteor. Amplitude, Schwankung etc*: daily, diurnal. **II** *adv* **4.** the whole day, all day; **~ geöffnet** open all day; **~ Beschäftigte** *m, f* full-timer. **~**ˌ**tags·be**ˌ**schäf·ti·gung** *f* full-time occupation (*od.* job). **~**ˌ**tags**ˌ**schu·le** *f* whole-day school. **~**ˌ**ton** *m mus.* whole tone. **~**ˌ**ton**ˌ**lei·ter** *f* whole-tone scale. **~**ˌ**ton**ˌ**schritt** *m* whole-tone step. **≈**ˌ**wol·len** *adj* all-wool. **~**ˌ**wort·me**ˌ**tho·de** *f ped.* "look and say" method. **≈**ˌ**zah·lig** [-ˌtsaːlɪç] *adj* integral. **~**ˌ**zeug** *n Papier*: pulp, stuff; **~hol·län·der** *m* (paper-pulp) beater, Hollander.

gar[1] [gaːr] *adj* ⟨*bes. pred*⟩ **1.** *gastr.* (well) done, cooked; **völlig ~** well done; **nicht (ganz) ~** underdone, rare; **halb ~** half done; **mehr als ~** overdone. **2.** *Leder*: tanned; **Leder ~ machen** tan leather. **3.** *metall.* a) *Stahl*: refined, b) *Koks*: carbonized; **Stahl ~ machen** refine steel. **4.** *agr. Boden*: of good tilth. **5.** *Southern G.* (*zu Ende*) finished.

gar[2] *adv* **1. ~ nicht** not at all, by no means; **~ k-e Einwände (Geduld)** no objections (patience) at all (*od.* whatsoever); **~ kein Zweifel** not the least doubt; **~ nicht schlecht** not at all (*od. colloq.* not half) bad; **das paßt mir ~ nicht** that doesn't suit me at all; **so et. könnte ich mir ~ nicht vorstellen** I couldn't think of such a thing; **lieber spät als ~ nicht** better late than never; **das sieht ihm eigentlich ~ nicht ähnlich** that's really very unlike him; catch me doing that!; (*rein*) **~ nichts** absolutely nothing; **er hat mir ~ nichts davon gesagt** he did not tell me anything about it, he didn't breathe a word about it; **es macht ~ nichts** it doesn't matter in the least (*od.* a bit); **alles oder ~ nichts** all or nothing; **das ist ja (noch) ~ nichts verglichen mit ihm!** that's nothing compared to (*od.* with) him!; **besser als ~ nichts** (that's) better than nothing; **~ keiner, ~ niemand** no one (*od.* nobody) at all, not a single one, none whatever, *colloq.* not a soul. **2.** *colloq.* (*so~*) even, indeed; **er ist sehr reich, vielleicht ~ Millionär** he is very rich, perhaps even (*od.* if not) a millionaire; **am Ende hat er ihm ~ noch geholfen?** I suspect he did help him in the end, didn't he?; **er scheint nicht sehr klug, wenn nicht ~ dumm zu sein** he isn't very bright, in fact he seems to be even stupid. **3.** (*etwa*) perhaps, by any chance, possibly; **hast du die Sache ~ selbst erledigt?** you haven't dealt with the matter, have you? **4.** *Southern G. archaic* (*sehr*) very; **~ so schwierig ist das nicht** it's not all that difficult; **~ mancher** many a man. **5. ~ zu, ~ so** too, so very; **sei doch nicht ~ so wild!** don't be so very wild!; **man sollte nicht ~ zu bescheiden sein** one should not be too modest; → *a.* **allzu(…)**. **6.** (*erst*) even worse, even more (so), to say nothing of (*his wife, etc*). **7.** (*wirklich, ja*) really, indeed; *colloq.* **warum nicht ~?** a) why not (, I ask you)?, b) *iro.* you don't say (so)!, what next! **8.** → **ganz** 14.

Ga·ra·ge [gaˈraːʒə] *f* ⟨-; -n⟩ **1.** garage; **das Auto in die ~ fahren** put the car in the garage, garage the car. **2.** (*Parkhaus*) car park.

Ga·ra·mond [garaˈmõː] *f* ⟨-; *no pl*⟩ *print.* Garamond (type).

Ga·rant [gaˈrant] *m* ⟨-en; -en⟩ *econ. jur. u. fig.* guarantor; → *a.* **Bürge**.

Ga·ran·tie [garanˈtiː] *f* ⟨-; -n [-ən]⟩ **1.** *econ. des Verkäufers*: warranty; **ohne ~** without guarantee (*od.* obligation). **2.** *jur.* a) (*Bürgschaft*) guarantee, guaranty, undertaking, pledge, b) (*Sicherheit*) surety, guaranty, security, pledge; **~ geben** (*od.* **leisten**) furnish (*od.* give) a guarantee. **3.** *pol. u. fig.* guarantee; **dafür kann ich k-e ~ übernehmen** I can't guarantee (*od.* vouch for) that; *colloq.* **unter ~** definitely, undoubtedly; **er wird unter ~ verlieren** he is sure to lose. **~**ˌ**ab**ˌ**kom·men** *n pol.* treaty of guarantee. **~**ˌ**an**ˌ**spruch** *m econ.* claim under guarantee. **~**ˌ**frist** *f* period of guarantee (*od.* warranty). **~**ˌ**klau·sel** *f* warranty clause. **~**ˌ**lei·stung** *f* **1.** *bes. pol.* giving of guarantees. **2.** *econ.* making of guarantees, providing of security. **~**ˌ**lohn** *m* guaranteed wage. **~**ˌ**macht** *f pol.* Guarantor Power. **~**ˌ**preis** *m* guaranteed price.

ga·ran·tie·ren [garanˈtiːrən] **I** *v/t* ⟨*no* ge-, h⟩ **1.** guarantee, warrant. **2.** *jur.* (*zusichern*) guarantee, undertake, pledge. **3.** *pol.* guarantee, *fig. a.* warrant; **das (*od.* dafür) kann ich nicht ~** I can't guarantee (*od.* vouch for) that; *colloq.* **das garantiere ich dir!** I promise (you)! **II** *v/i* **4. für et. ~** guarantee s. th. **5. für j-n ~** a) vouch for s. o., b) *jur.* stand (*od.* go) surety for s. o. **ga·ran**ˈ**tiert** *adj u. adv* guaranteed, warranted; **~e Dividende (Preise)** guaranteed dividend (prices); **~ reine Wolle** guaranteed pure wool.

Ga·ranˈ**tie|**ˌ**schein** *m* **1.** *econ. für Waren etc*: warranty (certificate). **2.** *jur.* surety bond, guarantee (bond), guaranty. **~**ˌ**stem·pel** *m* warranty stamp. **~syn·di**ˌ**kat** *n* underwriters *pl*, underwriting syndicate. **~ver**ˌ**pflich·tung** *f* warranty of quality. **~ver**ˌ**trag** *m* **1.** *pol.* treaty of guarantee. **2.** *jur.* guarantee contract. **~**ˌ**wech·sel** *m econ.* security bill. **~**ˌ**zeit** *f* (period of) guarantee.

ˈ**Gar**ˌ**ar·beit** *f metall.* (re)fining.

ˈ**Gar**ˌ**aus** *m* **j-m den ~ machen** finish off (*od.* dispatch) s. o.; **e-r Sache den ~ machen** put an end (*od.* a stop) to s. th., put paid to s. th., demolish (*od.* kill) s. th.

Gar·be[1] [ˈgarbə] *f* ⟨-; -n⟩ **1.** *agr.* sheaf; **in (*od.* zu) ~n binden** sheave. **2.** *von Lichtstrahlen etc*: pencil, sheaf, bundle. **3.** *mil.* cone of fire, sheaf.

ˈ**Gar·be**[2] *f* ⟨-; -n⟩ *bot.* **1.** yarrow, milfoil. **2.** → Schafgarbe.

ˈ**Gar·ben**ˌ**bin·der** *m* **1.** sheaf binder. **2.** (*Maschine*) (sheaf) binder.

ˈ**Gär**ˌ**bot·tich** *m* fermenting vat.

ˈ**Gärb**ˌ**stahl** [ˈgɛrp-] *m metall.* shear steel.

Gar·de [ˈgardə] *f* ⟨-; -n⟩ **1.** *mil.* (the) Guards *pl*; **~ zu Fuß** Foot Guards *pl*; **~offizier** *m* Guards officer; **~regiment** *n* Guards regiment. **2.** *hist.* (*Leibwache*) a) *e-r Person*: (body)guard, b) *e-s Königs etc*: household troops *pl*. **3.** *fig. colloq.* guard; **die alte ~** the Old Guard; **die junge ~** the new generation. **~in·fan·te**ˌ**rie** *f mil.* Foot Guards *pl*. **~ka·val·le**ˌ**rie** *f* Horse Guards *pl*. **~**ˌ**korps** *n* (Corps of) Guards *pl*.

Gar·de·nie [garˈdeːnĭə] *f* ⟨-; -n⟩ *bot.* gardenia.

Gar·de·ro·be [gardəˈroːbə] *f* ⟨-; -n⟩ **1.** ⟨*only sg*⟩ (*Kleiderbestand*) wardrobe, clothes *pl*; **sie hat viel ~** she has a lot of clothes. **2.** coat (and hat); **die ~ abgeben** deposit (*Am.* check) one's things; **s-e ~ ablegen** take off one's coat. **3.** a) (*Raum zur Kleiderablage*) cloakroom, *Am.* checkroom, b) → **Garderobenständer**. **4.** *thea.* dressing-room; **in den ~n** a) in the dressing-rooms, b) *fig.* backstage.

Gar·deˈ**ro·ben|**ˌ**frau** *f* **1.** cloakroom (*Am.* checkroom) attendant, *Am. colloq.* hatcheck girl. **2.** *thea.* wardrobe mistress, dresser. **~**ˌ**mar·ke** *f* cloakroom ticket, *Am. a.* check. **~**ˌ**num·mer** *f* cloakroom (*Am.* checkroom) ticket number. **~ˌschrank** *m* wardrobe. **~ˌstän·der** *m* **1.** *im Haus*: hall-stand, *Am. a.* clothes tree. **2.** *im Lokal etc*: clothes rack, coat rack, hat-stand. **~ˌzet·tel** *m* cloakroom (*Am.* checkroom) ticket.

Gar·de·ro·bier [gardəroˈbĭeː] *m* ⟨-s; -s⟩ **1.** cloakroom attendant. **2.** *thea.* dresser, wardrobe master. **Gar·de·roˈbie·re** [-ˈbĭɛːrə] *f* ⟨-; -n⟩ → Garderobenfrau.

Gar·di·ne [garˈdiːnə] *f* ⟨-; -n⟩ curtain; **die ~n zuziehen** draw the curtains; *colloq. humor.* **hinter schwedischen ~n sitzen** be behind (prison) bars.

Garˈdi·nen|ˌpre·digt *f colloq. humor.* **j-m e-e ~ halten** give s. o. a curtain lecture (*od.* a dressing down). **~ˌschnur** *f* drawstring. **~ˌstan·ge** *f* curtain rod. **~ˌstoff** *m* curtaining.

Gar·dist [garˈdɪst] *m* ⟨-en; -en⟩ *mil.* guardsman.

Ga·re [ˈgaːrə] *f* ⟨-; *no pl*⟩ **1.** *agr. des Bodens*: mellowness, friable condition. **2.** *Leder*: a) (*Vorgang*) tanning, b) (*Gerbmittel*) tanning agent, c) (*Ballen*) bundle of twenty-four skins. **3.** *metall.* refined state. **ga·ren** [ˈgaːrən] **I** *v/t* ⟨h⟩ **1.** *gastr.* (*Fisch etc*) cook. **2.** (*Stahl*) refine. **3.** (*Kohle*) coke. **II** *v/i* **4.** *gastr.* **auf kleiner Flamme ~** cook at low heat.

gä·ren[1] [ˈgɛːrən] **I** *v/i* ⟨**gärt, gor, gegoren, h u. sein**⟩ *Wein, Bier etc*: ferment, work; *Tabak*: sweat; **~d** fermenting (*etc*), *chem.* fermentative, zymotic. **II** *v/t* ⟨h⟩ (*Bier etc*) ferment; (*Tabak*) sweat. **ˈgä·ren**[2] *v/i* ⟨h⟩ **1.** *lit.* (*brodeln*) seethe (up), boil (*od.* froth) up. **2.** *u. v/impers fig.* be seething, be in a (state of) ferment, be in a turmoil; **es gärt im Volk** there is unrest among the people, the population is in a (state of) ferment; **es gärt in ihm** he is in a turmoil; **im Lande gärte der Aufruhr** the country was seething with revolt (*od.* unrest). **ˈgärˌfä·hig** *adj* fermentable.

ˈGärˌfut·ter *n agr.* (en)silage.

ˈGarˌkü·che *f gastr.* cookshop, eating-house.

ˈGärˌmit·tel *n* **1.** ferment. **2.** (*Hefe*) yeast, leaven.

Gar·mond [garˈmõː] *f* ⟨-; *no pl*⟩ → Garamond.

Garn [garn] *n* ⟨-(e)s; -e⟩ **1.** yarn; **einfaches (zweifaches) ~** single (twofold) yarn; **gezwirntes ~** doubled yarn, twine; **ein ~ spinnen** *a. fig.* spin a yarn. **2.** (*Zwirn*) thread; (*Näh*≈) sewing cotton (*Am.* thread); (*Baumwoll*≈) cotton yarn. **3.** *hunt.* net; *fig.* **j-m ins ~ gehen** fall into s. o.'s snare (*od.* trap), get ensnared by s. o.; **j-n ins ~ locken** ensnare (*od.* trap) s. o. **4.** *mar.* a) (*Segel*≈) twine, b) (*Schiemanns*≈) spun yarn, c) (*Kabel*≈) rope yarn.

Gar·ne·le [garˈneːlə] *f* ⟨-; -n⟩ *zo.* shrimp; **rote ~** prawn.

gar·nie·ren [garˈniːrən] *v/t* ⟨*no* **ge-, h**⟩ **1.** (*Hut, Kleid, Tisch etc*) garnish, trim, decorate, adorn. **2.** *gastr.* a) (*verzieren*) garnish, b) serve *s. th.* with vegetables and trimmings, c) (*Salat*) dress (up); **man garniere mit** garnish with. **3.** *mar.* dunnage. **4.** *fig.* garnish, adorn, embellish (*a story, etc*). **garˈniert** *pp u. adj* **1.** *Kleid, Hut etc*: trimmed, decorated, adorned. **2.** *gastr.* with vegetables and trimmings; **Hammelkeule ~** leg of mutton with vegetables and trimmings. **Garˈnie·rung** *f* ⟨-; -en⟩ **1.** garnishing (*etc*). **2.** *von Kleidern etc*: trimmings *pl*, decoration, adornment. **3.** *gastr.* a) (*Verzierung*) garnish(ing), b) vegetables *pl* and trimmings *pl*, c) *von Salat*: dressing. **4.** *mar.* dunnage. **5.** *fig.* garnish(ing), trimmings *pl.*

Gar·ni·son [garniˈzoːn] *f* ⟨-; -en⟩ *mil.* **1.** garrison (town), *Am. a.* (army *od.* military) post; **in ~ liegen** (*od.* **sein**) be in garrison, be garrisoned. **2.** (*Truppe*) garrison.

Gar·niˈson(s)... *in Zssgn* garrison (*church, duty, town, etc*). **~la·zaˌrett** *n* base hospital. **≈verˌwen·dungsˌfä·hig** *adj* fit for garrison duty, fit for limited service.

Gar·ni·tur [garniˈtuːr] *f* ⟨-; -en⟩ **1.** (*Satz Wäsche etc*) set (*of underwear, toiletry, etc*). **2.** (*Kleiderbesatz*) trimming(s *pl*). **3.** *mil.* complete uniform; **erste (zweite) ~** number one (two) dress. **4.** *tech.* a) (*Ausrüstung*) outfit, b) (*Beschläge*) fittings *pl*, mountings *pl*. **5.** *fig. colloq.* (*erste, zweite etc*) rank, string; **erste ~** first string (*od.* rank), élite, top-flighter(s *pl*); **dritte ~** third string, third-rater(s *pl*).

ˈGarn|ˌknäu·el *m, n* **1.** ball of yarn. **2.** *Spinnerei*: cop. **~ˌnum·mer** *f* yarn count. **~ˌrol·le** *f* reel. **~ˌspu·le** *f* bobbin, spool. **~ˌstär·ke** *f* size of the yarn. **~ˌsträh·ne** *f* hank (*od.* skein) of yarn. **~ˌwick·ler** *m* reeler.

ˈGarˌofen *m metall.* refining furnace.

Gar·rot·te [gaˈrɔtə] *f* ⟨-; -n⟩, **gar·rotˈtie·ren** [-ˈtiːrən] *v/t* ⟨*no* **ge-, h**⟩ *hist.* garote, garrotte.

gar·stig [ˈgarstɪç] *adj* **1.** *Wesen, Benehmen, Geruch etc*: nasty, *stärker*: loathsome, foul, vile; **er war sehr ~ gegen s-e** (*od.* **zu s-n**) **Eltern** he was really nasty (*od. colloq.* beastly) to his parents. **2.** *colloq. Wetter etc*: nasty, foul, filthy, dirty, beastly. **3.** (*häßlich, abstoßend*) ugly, disgusting, revolting. **4.** (*anstößig*) filthy, foul, obscene, dirty. **≈keit** *f* ⟨-; *no pl*⟩ loathsomeness, nastiness, filthiness, beastliness (*etc*).

ˈGärˌstoff *m* **1.** *chem.* ferment, (en)zyme. **2.** *fig.* leaven.

Gärt·chen [ˈgɛrtçən] *n* ⟨-s; -⟩ small garden.

Gar·ten [ˈgartən] *m* ⟨-s; ⸚⟩ garden; **botanischer ~** botanical gardens *pl*; **im ~ arbeiten** work in the garden, do (the) gardening; *Bibl.* **der ~ Eden** the Garden of Eden. **~ˌamt** *n* public gardens department. **~ˌanˌla·ge** *f* **1.** (*Tätigkeit*) laying out of a garden. **2.** (*Anlage*) gardens *pl*. **~ˌar·beit** *f* gardening. **~ar·chiˌtekt** *m* landscape gardener (*Am. a.* architect). **~ˌbau** *m* ⟨-(e)s; *no pl*⟩ gardening, horticulture; **~ treiben** do gardening; **~ausstellung** *f* horticultural show; **~erzeugnis** *n* horticultural product; **~schule** *f* school of horticulture. **~ˌbeet** *n* (flower *od.* vegetable) bed. **~ˌboh·ne** *f bot.* common (*od.* French) bean. **~ˌerb·se** *f* garden (*od.* green) pea. **~ˌer·de** *f* garden mo(u)ld. **~ˌfest** *n* garden party. **~geˌmü·se** *n hort.* greens *pl*, garden vegetables *pl* (*od.* stuff, *Am. a.* truck). **~geˌrät** *n* **1.** gardening implement (*od.* tool). **2.** *collect.* gardening implements *pl* (*od.* tools *pl*). **~geˌstal·tung** *f* garden architecture, horticultural landscaping. **~geˌwächs** *n* **1.** garden plant. **2.** *pl* → Gartengemüse. **~ˌgrill** *m*, **~ˌgrillˌfest** *n* barbecue. **~ˌgrundˌstück** *n* garden plot. **~ˌgur·ke** *f bot.* common cucumber. **~ˌhaus, ~ˌhäus·chen** *n* summer-house. **~kräu·ter** *pl gastr.* pot-herbs. **~ˌkres·se** *f bot.* garden cress. **~ˌkür·bis** *m* pumpkin. **~ˌlau·be** *f* **1.** arbo(u)r, bower. **2.** *Literatur*: a) „Die ~" "The Gartenlaube" (*former German magazine*), b) *fig. contp.* sentimental trash; **~nstil** *m* keepsake (*od.* giftbook) style. **~loˌkal** *n* **1.** open-air (*od.* outdoor) restaurant (*od.* café), tea-garden. **2.** beer-garden. **~ˌmes·ser** *n* pruning knife. **~ˌmin·ze** *f bot.* spearmint, garden mint. **~ˌnel·ke** *f bot.* clove pink, gillyflower. **~re·stauˌrant** *n* → Gartenlokal 1. **~ˌret·tich** *m bot.* cultivated (*od.* turnip) radish. **~ˌro·se** *f* cabbage rose. **~saˌlat** *m* lettuce. **~ˌschäd·ling** *m zo.* garden pest. **~ˌschau** *f* horticultural show. **~ˌschau·kel** *f* garden swing. **~ˌsche·re** *f* pruning shears *pl*, *bes. Br.* secateurs *pl*. **~ˌschirm** *m* garden umbrella, *Am. a.* sunshade. **~ˌschlauch** *m* garden hose. **~ˌschnecke** (*getr.* **-k·k-**) *f zo.* garden snail. **~ˌschwamm** *m bot.* mushroom. **~ˌspar·gel** *m* (shop) asparagus. **~ˌsprit·ze** *f* **1.** garden syringe. **2.** (*Schlauch*) garden hose. **~ˌstadt** *f* garden city. **~ˌwirt·schaft** *f* **1.** → Gartenlokal. **2.** ⟨*only sg*⟩ → Gartenbau. **~ˌzaun** *m* garden fence. **~ˌzwerg** *m* (garden) gnome; *fig. colloq. a.* shrimp, twerp.

Gärt·ner [ˈgɛrtnər] *m* ⟨-s; -⟩ gardener; → Bock[1] 1.

Gärt·neˈrei *f* ⟨-; -en⟩ **1.** ⟨*only sg*⟩ (*Tätigkeit*) gardening, horticulture. **2.** (*Gebäude*) gardener's house (*od.* shop). **3.** (*Handels*≈) market garden, *Am.* truck garden. **4.** (*Baumschule*) nursery. **ˈGärt·ne·rin** *f* ⟨-; -nen⟩ (woman) gardener. **ˈGärt·ne·rinˌart** *f gastr.* **nach ~** à la jardinière. **ˈGärt·nerˌmei·ster** *m* qualified gardener. **gärt·nern** [ˈgɛrtnərn] *v/i* ⟨h⟩ do gardening.

ˈGä·rung *f* ⟨-; -en⟩ **1.** fermenting (*etc*). **2.** *bes. chem.* (*Zustand*) fermentation, zymosis; **faulende ~** putrefaction; **saure ~** sour (*od.* acetous) fermentation; **von selbst eintretende ~** spontaneous (*od.* self-)fermentation; **in ~ geraten** (*od.* **bringen**) a) ferment, b) *Heu etc*: heat; **in ~ übergehen** begin to ferment. **3.** *fig.* **in ~ sein** → gären[2] 2.

ˈGä·rungs|ˌal·ko·hol *m chem.* ethyl alcohol. **~cheˌmie** *f* fermentation chemistry, zymurgy. **≈erˌre·gend** *adj* zymogenic. **~erˌre·ger** *m* zymogen. **≈ˌfä·hig** *adj* fermentable. **~ˌmit·tel** *n* → Gärmittel. **~ˌpilz** *m* a) fermentation fungus, b) yeast plant. **~proˌzeß** *m chem.* (process of) fermentation. **~ˌstoff** *m* → Gärmittel.

ˈGarˌzeit *f gastr.* exact cooking period.

Gas [gaːs] *n* ⟨-es; -e⟩ **1.** gas; **~ erzeugen** generate (*od.* produce) gas; **zu ~ werden** gasify. **2.** (*Haushalts*≈) (lighting *od.* heating) gas; **das ~ andrehen (anzünden)** turn on (light) the gas; **et. auf das ~ setzen** put s. th. on the gas; **auf** (*od.* **mit**) **~ kochen** cook with gas; **mit ~ vergiften** gas. **3.** *tech.* a) → Gaspedal, b) (*Beschleunigung*) *colloq.* gas, *Br. sl.* juice; **~ geben** step on the accelerator, open the throttle, *colloq. od. Am.* (*a. fig.*) step on the gas; **gib ~!** *colloq.* step on it!; **das ~ wegnehmen** throttle down (*od.* back), release the gas pedal. **~alarm** [-ˀaˌlarm] *m mil.* gas warning. **~ˌanˌgriff** *m mil.* gas attack. **~ˌanˌstalt** *f* → Gaswerk. **~ˌanˌzün·der** *m* gas lighter. **≈ˌar·tig** *adj* gaseous. **~ˌausˌtausch** *m physiol.* gaseous interchange. **~ˌausˌtritt** *m* **1.** gas leakage. **2.** *bei Ölbohrungen*: blowout. **~ˌau·to** *n* gas-powered car. **~au·toˌmat** *m* coin-operated gas-meter. **~ˌba·deˌofen** *m* gas water heater for bathrooms, *Br. a.* (gas) geyser. **~beˌhäl·ter** *m tech.* gas container, gas tank, gasometer. **≈beˌheizt** *adj* gas-fired, gas-heated. **~beˌleuch·tung** *f* gas-light(ing). **~ˌbil·dung** *f* gas production (*od.* formation). **~ˌbom·be** *f mil.* gas bomb. **~ˌbrand** *m med.* gas (*od.*

gaseous) gangrene. **~ˌbren·ner** *m tech.* gas burner. **~ˌbrennˌschwei·ßen** *n* constant-temperature pressure welding. **≈ˌdicht** *adj* **1.** gastight. **2.** gasproof. **~ˌdruck** *m* gas pressure. **≈ˌdurch-ˌläs·sig** *adj* permeable (*od.* pervious) to gas(es).

Ga·sel [gaˈzeːl] *n* ⟨-s; -e⟩, **Gaˈse·le** *f* ⟨-; -n⟩ *Literatur*: ghazel.

ˈGas·em·boˌlie *f med.* aeroembolism.

ga·sen [ˈgaːzən] **I** *v/t* ⟨h⟩ gas. **II** *v/i* (develop) gas.

ˈGas|entˌla·dung *f phys.* gas discharge. **~entˌwick·lung** *f chem. tech.* evolution (*od.* generation) of gas. **≈erˌzeu-gend** *adj* gas-generating, gas-producing, gasogenic. **~erˌzeu·ger** *m* gas producer; **~gas** *n* producer gas. **~ˌfernˌlei-tung** *f* long-distance gas main, gas grid. **~ˌfeue·rung** *f* gas firing. **~ˌfeu·er-ˌzeug** *n* gas lighter. **~ˌflam·me** *f* gas flame. **~ˌfla·sche** *f tech.* gas cylinder, *Am. a.* gas bottle. **≈ˌför·mig** *adj chem. phys.* gaseous, gasiform. **~ˌför·mig-keit** *f* ⟨-; *no pl*⟩ gaseousness, gaseity. **~ganˌgrän** *f, a. n* → Gasbrand.

ˈGas·geˌblä·se|ˌlam·pe *f* gas blowtorch. **~maˌschi·ne** *f* gas-driven blowing engine.

ˈgas|geˌfüllt *adj* gas-filled. **≈geˌmisch** *n* **1.** *chem.* gas mixture. **2.** → Gas-Luftgemisch. **≈ge·neˌra·tor** *m* → Gaserzeuger. **≈geˌruch** *m* smell (*od.* odo[u]r) of gas. **≈geˌsetz** *n phys.* gas law. **≈geˌwin·nung** *f* gas production. **≈graˌna·te** *f mil.* **1.** gas shell. **2.** gas grenade. **≈ˌgriff** *m* → Gashebel 1 b. **≈ˌhahn** *m* gas tap, gas cock. **~ˌhal·tig** *adj* **1.** *Sprudel etc*: carbonated. **2.** *chem.* gassy, containing gas. **≈ˌhe·bel** *m* **1.** *mot.* a) → Gaspedal, b) *Motorrad*: (hand) throttle(-control). **2.** *aer.* a) throttle lever, b) *bes. bei Strahltriebwerken*: power lever. **≈ˌhei·zung** *f* gas heating. **≈ˌherd** *m* gas stove, gas range. **≈ˌhül·le** *f* **1.** gaseous envelope. **2.** (*Atmosphäre*) atmosphere.

ˈga·sig *adj* → gasartig.

ˈGas|ˌkam·mer *f zur Hinrichtung*: gas chamber. **~ˌkes·sel** *m* → Gasbehälter. **~ˌko·cher** *m* gas cooker. **~ˌkoks** *m* gas coke. **~ˌkrieg** *m mil.* gas (*od.* chemical) warfare. **~ˌlam·pe** *f* gas lamp, gaslight. **~ˌlei·tung** *f* **1.** *in Gebäuden etc*: gas line pipe; **e-e ~ legen** lay in (*bes. Br.* on) gas. **2.** *des Versorgungsnetzes*: gas main. **3.** *e-s Koksofens*: gas flue. **~ˌlicht** *n* **1.** gaslight. **2.** → Gaslampe. **~-ˈLuft-geˌmisch** *n mot.* gas-air (*od.* explosive) mixture, air-fuel mixture. **~ˌmann** *m colloq.* gasman. **~maˌschi·ne** *f tech.* gas(-driven) engine. **~ˌmas·ke** *f* gas-mask. **~ˌmes·ser** *m tech.* gas-meter. **~ˌmo·tor** *m tech.* gas engine. **~ˌne·bel** *m astr.* gaseous nebula. **~ˌofen** *m* **1.** *im Haushalt*: gas stove. **2.** *tech.* gas furnace.

Ga·sol [gaˈzoːl] *n* ⟨-s; *no pl*⟩ *chem.* liquefied petroleum gas.

ˈGasˌöl *n* gas oil.

Ga·so·lin [gazoˈliːn] *n* ⟨-s; *no pl*⟩ gasoline, gasolene, petrol.

Ga·so·me·ter [gazoˈmeːtər] *m* ⟨-s; -⟩ → Gasbehälter.

ˈGas|peˌdal *n mot.* accelerator (pedal), *bes. Am.* gas pedal. **~piˌsto·le** *f* gas pistol. **~ˌrohr** *n* gas main, gas pipe.

Gäß·chen [ˈgɛsçən] *n* ⟨-s; -⟩ (little *od.* narrow) alley (*od.* lane).

ˈGas|ˌschlauch *m* gas hose. **~-ˌschmelzˌschwei·ßung** *f tech.* autogenous (*od.* gas) welding. **~ˌschutz** *m* **1.** protection against gas. **2.** (anti-)gas defen/ce (*Am.* -se). **~ˌschwa·den** *m* gas fumes *pl.* **~ˌschweißˌbren·ner** *m tech.* gas torch.

Gas·se [ˈgasə] *f* ⟨-; -n⟩ **1.** (narrow) lane (*od.* alley, street); **auf der ~** in the street; *fig. colloq.* **man hört es auf allen ~n** you hear it everywhere, it's in everybody's mouth; → Hansdampf. **2.** *Austrian for* Straße 1. **3.** *fig.* (*Spalier*) lane; **e-e ~ bilden** form a lane (*od.* gangway); **sich** (*dat*) **e-e ~ (durch die Menge) bahnen** force one's way through (the crowd). **4.** *Sport* a) *Fußball*: space, b) *Rugby*: lineout; **j-n in die ~ schicken** send s. o. through the gap.

ˈGas·sen|ˌhau·er *m mus.* popular (*od.* street, hit) song. **~ˌjun·ge** *m contp.* (street) urchin, street Arab, guttersnipe.

ˈGas|ˌspür·geˌrät *n tech.* gas detector. **~ˌstrahl** *m* (gas) jet.

Gast[1] [gast] *m* ⟨-es; ⸚e⟩ **1.** guest; **er ist hier ein seltener ~** he is a rare guest (*od.* quite a stranger) here; **ungebetener ~** a) unbidden guest, b) intruder, *sl.* gatecrasher; **zahlender ~** paying guest; **Gäste haben** have guests (*od.* visitors, company); **j-s ~ sein, bei j-m zu ~(e) sein** be s. o.'s guest, be invited by s. o., be staying with s. o.; **sie haben oft Gäste** they entertain a great deal, they have much company; **als Gäste begrüßen wir** *in e-r Rede*: we welcome as guests. **2.** (*Besucher*) visitor, caller. **3.** *im Hotel etc*: guest, lodger, *im Fremdenheim*: boarder. **4.** *im Restaurant*: patron, client, customer; **ständiger ~** regular customer, frequenter, habitué. **5.** (*Fahr≈*) passenger, fare. **6.** (*Tourist*) guest, tourist. **7.** *thea.* guest (performer *od.* artist, star); **als ~ auftreten** → gastieren 2. **8.** *pl Sport* → Gastmannschaft. **9.** *biol.* guest, parasite. **Gast[2]** *m* ⟨-es; -en⟩ *mar.* a) → Funkgast, b) → Rudergast, c) → Signalgast.

ˈGast|ˌar·bei·ter *m*, **~ˌar·bei·te·rin** *f* foreign worker. **~ˌbett** *n* spare bed. **~di·riˌgent** *m* guest conductor. **~do-ˌzent** *m* guest lecturer.

ˈGä·steˌbuch *n* visitors' book.

ˈGasˌteer *m tech.* (coal) gas tar.

ˈGä·ste|ˌhaus, ~ˌheim *n* guesthouse. **~ˌzim·mer** *n* **1.** *privat*: guest-bedroom, spare (bed)room. **2.** *in Pension etc*: sitting-room, lounge. **3.** *im Wirtshaus*: taproom, *Br. a.* (bar) parlour.

ˈgast|ˌfrei *adj* hospitable. **≈ˌfrei·heit** *f* hospitality. **≈ˌfreund** *m archaic* guest. **~ˌfreund·lich** *adj* → gastlich 1. **≈-ˌfreund·lich·keit, ≈ˌfreund·schaft** *f* hospitality. **≈ˌge·ber** *m* **1.** *a. weitS.* host; **den ~ spielen** act as host. **2.** *pl Sport*: home team *sg.* **≈ˌge·be·rin** *f* ⟨-; -nen⟩ hostess. **≈geˌschenk** *n* present (*od.* gift) for the host(ess), *lit.* xenial present. **≈ˌhaus** *n* **1.** restaurant. **2.** *mit Unterkunft*: inn, (small) hotel, guesthouse. **3.** (*Schenke*) tavern, *bes. Br.* public house, *colloq.* pub, *Am.* saloon. **≈-ˌhausˌschild** *n* sign of an inn. **≈ˌhof** *m* → Gasthaus. **≈ˌhof·beˌsit·zer** *m* innkeeper, owner of an inn, (hotel) proprietor. **≈ˌhö·rer** *m*, **≈ˌhö·re·rin** *f univ.* guest student, *Am.* auditor.

ga·stie·ren [gasˈtiːrən] *v/i* ⟨*no* ge-, h⟩ **1.** *Zirkus etc*: give performances (in *dat* in). **2.** *Schauspieler etc*: appear as a guest (star), give a guest performance (*od.* guest ˈperformances), guest.

ˈGastˌland *n* host country.

ˈgast·lich I *adj* **1.** hospitable. **2.** *Stube*: hom(e)y, cosy. **II** *adv* **3. j-n ~ aufnehmen** receive s. o. hospitably (*od.* as a guest). **≈keit** *f* ⟨-; *no pl*⟩ **1.** hospitality. **2.** homeyness, cosiness.

ˈGast|ˌmahl *n* ⟨-(e)s; ⸚er *u.* -e⟩ *antiq.* banquet, feast; **(Platons) „~"** (Plato's) "Symposium". **~ˌmann·schaft** *f Sport*: visiting team, visitors *pl.* **~-ˌpflan·ze** *f bot.* parasite (plant). **~pro-ˌfes·sor** *m* visiting (*od.* guest) professor.

ga·stral [gasˈtraːl] *adj physiol.* gastric.

Gaˈstralˌraum *m zo.* coelenteron.

ˈGastˌrecht *n* (right of) hospitality; (das) **~ genießen** enjoy hospitality; **j-m ~ gewähren** grant s. o. hospitality.

ga·strisch [ˈgastrɪʃ] *adj med.* gastric.

Ga·stri·tis [gasˈtriːtɪs] *f* ⟨-; -tiden [-triˈtiːdən]⟩ *med.* gastritis. **Ga-stro·en·te·ri·tis** [gastroˀɛnteˈriːtɪs] *f* ⟨-; -tiden [-riˈtiːdən]⟩ *med.* gastroenteritis. **Ga·stro·lith** [gastroˈliːt; -ˈlɪt] *m* ⟨-en; -en⟩ *med.* gastrolith, gastric calculus.

ˈGastˌrol·le *f thea.* guest part; **e-e ~ geben** a) → **gastieren** 2, b) *fig.* (**in** *dat*) pay a flying visit (to), show up briefly (at), enter an appearance (at).

Ga·stro|nom [gastroˈnoːm] *m* ⟨-en; -en⟩ gastronomer; → *a.* Gastwirt. **~-noˈmie** [-noˈmiː] *f* ⟨-; *no pl*⟩ **1.** (*Kochkunst*) gastronomy. **2.** (*Gewerbe*) catering trade. **≈ˈno·misch** *adj* **1.** gastronomic. **2.** catering.

Ga·stro·po·den [gastroˈpoːdən] *pl zo.* gastropods.

Ga·stro|skop [gastroˈskoːp] *n* ⟨-s; -e⟩ *med.* gastroscope. **~toˈmie** [-toˈmiː] *f* ⟨-; -n [-ən]⟩ gastrotomy.

ˈGastˌspiel *n thea. u. fig. colloq.* guest performance; → *a.* Gastrolle. **~ˌrei·se** *f* tour; → *a.* Tournee. **~ˌtrup·pe** *f* travel(l)ing theat/re (*Am.* -er) company.

ˈGastˌstät·te *f* **1.** restaurant. **2.** (*Gasthaus*) inn.

ˈGastˌstät·ten|beˌtrieb *m* **1.** restaurant. **2.** → **~geˌwer·be** *n* restaurant industry (*od.* business), catering trade.

ˈGastˌstu·be *f* **1.** restaurant. **2.** (bar) parlo(u)r, taproom, lounge.

ˈGas·turˌbi·ne *f tech.* gas turbine.

ˈGast|ˌvorˌle·sung *f univ.* guest lecture. **~ˌvorˌstel·lung** *f thea.* guest performance. **~ˌwirt** *m* landlord, innkeeper, host, *Am.* saloonkeeper, *Br. a.* publican. **~ˌwirt·schaft** *f* **1.** restaurant. **2.** → Gasthaus 2, 3. **~ˌzim·mer** *n* → **1.** Gästezimmer. **2.** Gaststube.

ˈGas|ˌuhr *f* gas-meter. **~verˌgif·tung** *f* gas poisoning. **~verˌsor·gung** *f* gas supply. **~ˌwas·ser** *n chem.* gas (*od.* ammonia) liquor. **~ˌwerk** *n* gasworks *pl* (*als sg od. pl konstruiert*). **~ˌzäh·ler** *m* gas-meter. **~ˌzel·le** *f aer.* gas-bag, gas cell. **~ˌzuˌfuhr** *f tech.* gas supply.

Gat(t) [gat] *n* ⟨-(e)s; -en *u.* -s⟩ *Low G. mar.* **1.** (*Heck*) stern. **2.** (*Loch*) hole. **3.** (*Spei≈*) scupper (hole). **4.** (*Helle≈*) bosun's locker. **5.** (*Durchfahrt*) fairway, gut.

Gat·te [ˈgatə] *m* ⟨-n; -n⟩ **1.** *lit.* husband, *poet. jur. u. iro.* spouse. **2.** *pl* (*Ehepaar*) (married) couple *sg*, husband and wife, *jur.* spouses, (marital) partners.

ˈGat·ten|ˌlie·be *f* conjugal love. **~ˌmord** *m jur.* murder of one's spouse. **~ˌwahl** *f* **1.** choice of a husband (*od.* wife, spouse). **2.** *biol.* assortative mating.

Gat·ter [ˈgatər] *n* ⟨-s; -⟩ **1.** (*Gitter*) lattice(-work), trellis. **2.** (*Zaun*) fence. **3.** *dial.* (*Tor*) (lattice) gate, lattice door, grille. **4.** *Computer*: gate. **~ˌsä·ge** *f tech.* frame-saw. **~ˌschal·tung** *f Computer*: gate. **~ˌtor** *n*, **~ˌtür** *f* → Gatter 3.

ˈGat·tin *f* ⟨-; -nen⟩ *lit.* wife, *poet.* mate, *a. jur. u. iro.* spouse; **Ihre ~** your wife, *formell*: Mrs. X; **Herr X und s-e ~** Mr. X and his wife, Mr. and Mrs. X.

ˈGat·tung *f* ⟨-; -en⟩ **1.** (*Sorte, Art*) type, kind, sort, class, species, (*Rasse*) race; **Menschen dieser ~** people of this kind; **Waren jeder ~** goods of every (kind

and) description. **2.** *bot. zo.* genus. **3.** *Kunst, Literatur*: genre, type.
'Gat·tungs|be,griff *m* generic term (*od.* concept). **~,kauf** *m econ.* purchase of unascertained goods. **~,na·me** *m* **1.** *biol. bot.* generic name. **2.** *ling.* appellative, common noun. **~,schuld** *f econ.* obligation to supply a certain species of goods.
Gau [gaʊ] *m* ‹-(e)s; -e› **1.** region, district, province. **2.** *hist.* gau.
Gauch [gaʊx] *m* ‹-(e)s; -e *u.* ⸗e› **1.** *lit. for* Narr. **2.** *obs. for* Kuckuck 1.
Gau·di ['gaʊdi] *n* ‹-s; *no pl*›, *Bavarian and Austrian f* ‹-; *no pl*› *colloq. for* **'Gau·di·um** [-dĭʊm] *n* ‹-s; *no pl*› fun, *sl. a* (real) gas; **zum allgemeinen ~, zum ~ aller** to the general merriment; **aus purem ~** just for fun.
gau·frie·ren [go'fri:rən] *v/t* ‹*no* ge-, h› **1.** *Textil.* a) (*kräuseln*) goffer, gauffer, crimp, b) (*Muster aufprägen*) emboss. **2.** *Papier*: gauffer, goffer, emboss, indent.
'Gau·kel,bild *n* phantasm, phantom, illusion.
Gau·ke'lei *f* ‹-; -en› → Gaukelspiel. **'gau·kel·haft** *adj* delusive. **gau·keln** ['gaʊkəln] **I** *v/i* ‹h *u.* sein› **1.** ‹h› juggle, do tricks. **2.** ‹sein› *fig.* a) (*hin u. her flattern*) flutter (about), b) (*sich wiegen*) sway, swing. **II** *v/t* ‹h› **3.** → vorgaukeln.
'Gau·kel|,spiel, ~,werk *n* **1.** hocus-pocus, delusion, deception. **2.** → Gaukelbild.
'Gauk·ler *m* ‹-s; -› **1.** juggler, tumbler. **2.** clown. **3.** *fig.* charlatan, mountebank. **4.** → **~,blu·me** *f* monkey flower.
'gauk·le·risch *adj* delusive.
Gaul [gaʊl] *m* ‹-(e)s; ⸗e› **1.** horse. **2.** *contp.* nag; **alter ~** (old) jade (*od.* crock). **3.** *fig. colloq.* **mach die Gäule nicht scheu!** come, come!; **den ~ beim Schwanz aufzäumen** put the cart before the horse; **e-m geschenkten ~ sieht** (*od.* **schaut**) **man nicht ins Maul** (*Sprichwort*) never look a gift horse in the mouth.
Gaul·lis·mus [go'lɪsmʊs] *m* ‹-; *no pl*› *pol.* Gaullism. **Gaul'list** [-'lɪst] *m* ‹-en; -en› Gaullist. **gaul'li·stisch** *adj* Gaullist.
Gau·men ['gaʊmən] *m* ‹-s; -› palate, roof of the mouth; **harter ~** hard palate; **weicher ~** soft palate, velum; *fig.* **feiner (verwöhnter) ~** delicate (fastidious) palate; *fig. colloq.* **das kitzelt den ~** that tickles the palate, that makes your mouth water. **~,bein** *n* palatine (*od.* palatal) bone. **~,bo·gen** *m* **vorderer (hinterer) ~** glossopalatine (pharyngopalatine). **~,kit·zel** *m colloq.* a) tickling of the palate, b) s. th. that tickles one's palate. **~,kno·chen** *m* → Gaumenbein. **~,laut** *m ling.* a) palatal (sound), b) velar (sound). **~,plat·te** *f med.* upper denture (*od.* plate). **~,se·gel** *n anat. ling.* soft palate, velum (palatinum). **~,se·gel,laut** *m ling.* velar. **~,zäpf·chen** *n anat.* uvula.
Gau·ner ['gaʊnər] *m* ‹-s; -› *colloq. contp.* **1.** swindler, sharper, crook, *sl.* con man; **~bande** *f* gang of crooks (*etc*). **2.** (*Halunke*) *a. humor.* scoundrel, rascal.
Gau·ne'rei *f* ‹-; -en› *colloq. contp.* **1.** swindling, sharping, sharp practices *pl*, trickery, con game, *Am. a.* skullduggery. **2.** swindle, cheat, trickery, take-in, do.
'gau·ner·haft, 'gau·ne·risch *adj colloq. contp.* knavish, scoundrelly, crooked. **gau·nern** ['gaʊnərn] *v/i* ‹h› *colloq. contp.* swindle, cheat.
'Gau·ner|,spra·che *f* thieves' cant (*od.* Latin). **~,streich** *m*, **~,stück** *n* → Gaunerei 2.
Gauß [gaʊs] *n* ‹-; -› *phys.* gauss.
Gaut·sche ['gaʊtʃə] *f* ‹-; -n› **1.** → Gautschpresse. **2.** *dial. for* Schaukel 1. **'gaut·schen I** *v/t* ‹h› **1.** *Papier*: couch. **2.** *colloq.* **e-n Lehrling ~** initiate an apprentice. **II** *v/i* **3.** *dial. for* schaukeln 1, 2, 5. **'Gautsch,pres·se** *f* couch press.
Ga·vot·te [ga'vɔtə] *f* ‹-; -n› *mus.* (*Tanz*) gavotte.
Ga·ze ['ga:zə] *f* ‹-; -n› **1.** *Textil.* a) gauze, b) *feine*: gossamer, c) (*Baumwoll*⁓) cheesecloth. **2.** *med.* (*Mull*) gauze. **3.** *tech.* (*Draht*⁓) wire gauze. **~,bausch** *m med.* gauze pad (*od.* sponge). **~,bin·de** *f* gauze bandage. **~,fen·ster** *n* gauze-screened window. **~,schlei·er** *m* gauze veil.
Ga·zel·le [ga'tsɛlə] *f* ‹-; -n› *zo.* gazelle.
Ga·zet·te [ga'tsɛtə; -'zɛtə] *f* ‹-; -n› *obs. for* Zeitung.
'G-,Dur ['ge:-] *n* ‹-; *no pl*› *mus.* G major.
ge'ach·tet *adj* respected, esteemed.
Ge'äch·te·te *m, f* ‹-n; -n› outlaw, outcast.
Ge'äch·ze *n* ‹-s; *no pl*› *colloq.* groaning, groans *pl.*
Ge'äder *n* ‹-s; *no pl*› **1.** *anat.* blood vessels *pl.* **2.** *biol.* venation. **3.** *fig.* veins *pl*, veined structure. **4.** *im Holz, Stein etc*: graining, veins *pl.* **5.** *e-s Flusses etc*: ramifications *pl.* **ge'adert, ge'ädert** *adj* **1.** *bot.* nerved, nervate, nervose, veined. **2.** *biol.* veined, veinous, venulose. **3.** *zo.* nerved, reticulate(d); **netzartig ~** *Insektenflügel*: netted. **4.** *Holz, Stein etc*: grained, veined, streaky. **5.** *tech.* (*marmoriert*) marbled, marmorate(d).
ge'ar·tet *pp u. adj* **1.** natured, conditioned, disposed. **2.** of a nature, of a kind; **anders ~ sein** be different, be of a different nature; **ich bin nicht so ~** I am not that kind, I am not made (*colloq.* built) that way; **ein besonders ~er Fall** a special case; **so ~ sein** be thus.
Ge'äst *n* ‹-(e)s; *no pl*› branches *pl*, boughs *pl*, branchwork.
Ge'bab·bel *n* ‹-s; *no pl*› *colloq.* **1.** (constant) babble (*od.* babbling). **2.** chatter(ing), prattle. **3.** → Geschwätz.
Ge'bäck [-bɛk] *n* ‹-(e)s; -e› **1.** baker's ware, baked goods *pl.* **2.** *feines*: pastry, fancy cakes *pl.* **3.** (*Plätzchen*) *Br.* biscuits *pl*, *Am.* cookies *pl.*
Ge'backe·ne (*getr.* **-k·k-**) *n* ‹-n; *no pl*› **1.** baked (*od.* fried) food. **2.** → Gebäck.
Ge'bäck|,scha·le *f* pastry dish. **~,zan·ge** *f* cake tongs *pl* (*a. als sg konstruiert*).
Ge'bal·ge *n* ‹-s; *no pl*› *colloq.* → Balgerei.
Ge'bälk [-'bɛlk] *n* ‹-(e)s; *no pl*› **1.** framework, timberwork; *fig.* **es knistert** (*od.* **kracht**) **im ~** there are first signs of a crack-up, there are signs of impending disaster. **2.** a) (*Balken*) (system of binders and) joists *pl*, beams *pl*, b) *über e-r Säule*: entablature, c) *e-s Daches*: rafters *pl.*
ge'ballt I *pp of* ballen. **II** *adj* **1.** *Faust*: clenched. **2.** *fig.* concentrated. **3.** *mil.* a) **~e Ladung** concentrated charge, b) **~es Feuer** concentric (*od.* massed) fire. **4.** *zo.* conglobate. **5.** *lit. Stil etc*: terse. **6.** *Wolkenmasse*: solid.
ge'bän·dert *adj bes. bot. zo.* streaked, striped.
ge'bannt *pp u. adj* spellbound, fascinated, (*wie hypnotisiert*) mesmerized; *adv a.* in fascination; **~ vor dem Fernseher sitzen** be glued to one's TV set.
ge'bar [-'ba:r] *1 u. 3 sg pret of* gebären.
Ge'bär·de [-'bɛ:rdə] *f* ‹-; -n› **1.** gesture; **heftige** (*od.* **lebhafte**) **~** gesticulation; **sprechende ~** expressive gesture, (panto)mime. **2.** *lit.* (*Haltung*) attitude, air, mien.
ge'bär·den [-'bɛ:rdən] *v/reflex* ‹*pp* gebärdet, h› **sich ~** **1.** behave, act; **sich (wie) wild ~** act like a wild man, be raving, be frantic; **sich wie toll ~** act (*od.* behave) like a madman (*od.* like a [wo]man possessed). **2.** (*sich ausgeben als*) → geben 26. **⁓,spiel** *n* ‹-(e)s; *no pl*› **1.** gesticulation, gestures *pl.* **2.** *stummes*: pantomime, dumb show (*a. fig.*). **3.** *thea.* pose. **⁓,spra·che** *f* **1.** language of gestures, sign language. **2.** *thea.* mimicry.
ge'ba·ren [-'ba:rən] *v/reflex* ‹*pp* gebart, h› **sich ~** → gebärden. **Ge'ba·ren** *n* ‹-s; *no pl*› **1.** behavio(u)r, demeano(u)r, deportment. **2.** *econ.* conduct; → Geschäftsgebaren.
ge'bä·ren [-'bɛ:rən] **I** *v/t* ‹gebärt *od. lit.* gebiert, gebar, geboren, h› **1.** (*Kind*) bear, give birth to, be delivered of; **geboren werden** be born; **ich wurde geboren am (in)** I was born on (in); *fig. colloq.* **so ein Mann muß erst noch geboren werden** such a man has yet to be born; → geboren. **2.** *zo.* bring forth; **Junge ~** have young. **3.** *fig. lit.* produce, bring forth, beget, breed; **Haß gebiert Krieg** hatred breeds war. **II** *v/i* **4.** bear a child, give birth (to a child), be delivered of a child. **III** ⁓ *n* ‹-s› **5.** childbearing, confinement, parturition. **ge'bä·rend** *adj* being in labo(u)r, parturient. **Ge'bä·ren·de** *f* ‹-n; -n› woman in labo(u)r, parturient. **ge'bär,fä·hig** *adj* capable of childbearing.
Ge'bär,mut·ter *f anat.* uterus, womb. **~,blu·tung** *f med.* **1.** metrorrhagia, uterine h(a)emorrhage. **2.** *innerhalb der Regel*: menorrhagia. **~,hals** *m* neck of the uterus, cervix (uteri). **~,höh·le** *f* uterine cavity. **~,krebs** *m* carcinoma of the uterus. **~,öff·nung** *f* uterine orifice. **~,sen·kung** *f* uterine descent. **~,spie·gel** *m* hysteroscope. **~,vor,fall** *m* prolapse of the uterus, metroptosis.
ge'bauch|,kit·zelt, ~,pin·selt *pp colloq.* **sich ~ fühlen** be flattered.
Ge'bäu·de [-'bɔydə] *n* ‹-s; -› **1.** building, structure, *bes. bemerkenswertes*: edifice; **ein öffentliches ~** a public building. **2.** (*Wohn*⁓) dwelling block. **3.** *fig.* a) structure, framework, b) (*Gedanken*⁓ *etc*) edifice. **4.** *Bergbau*: underground workings *pl.* **~kom,plex** *m* complex of buildings. **~,scha·den** *m* damage to buildings. **~ver,si·che·rung** *f* house insurance.
ge'bauscht *pp u. adj Ärmel etc*: bouffant, puffed-out.
ge'baut *pp u. adj* built; *fig.* **gut ~ sein** *Person*: be well built (*od.* made, proportioned), have a fine figure.
'ge·be,freu·dig *adj* openhanded, generous. **⁓keit** *f* ‹-; *no pl*› openhandedness, generosity.
Ge'bein *n* ‹-(e)s; -e› *lit.* **1.** bones *pl*, frame. **2.** *pl* (*sterbliche Reste*) (mortal) remains. **3.** *pl relig.* relics.
Ge'bel·fer [-'bɛlfər] *n* ‹-s; *no pl*› *von Hunden, a. contp. von Personen*: yelping, yapping.
Ge'bell *n* ‹-(e)s; *no pl*› **1.** bark(ing). **2.** *großer Hunde*: bay(ing). **3.** (*Kläffen*) yap(ping). **4.** *hunt.* a) *der Meute*: cry, b) (*Maul*) mouth. **5.** *colloq.* (*Husten*) barking cough(s *pl*).
ge·ben ['ge:bən] **I** *v/t* ‹gibt, gab, gegeben, h› **1.** *allg.* give (**j-m et.** s. o. s. th., s. th. to s. o.), (*reichen*) *a.* hand (s. o. s. th., s. th. over to s. o.), (*schenken*) *a.* present (s. o. with s. th.), (*verleihen*) *a.* confer, bestow (s. th. on s. o.); **jedem das Seine ~** give everyone his due; **j-m**

et. als (*od.* **zum**) **Geschenk** ~ make s. o. a present of s. th.; **et. als Pfand** ~ give s. th. as a pledge; **sich** (*dat*) **e-e Quittung** ~ **lassen** ask for a receipt; **j-m die Hand** ~ shake hands with s. o., give s. o. one's hand; **was darf ich Ihnen** ~**?** what may I offer you?, what would you like?; **darf ich Ihnen noch et.** ~**?** *bei Tisch*: may I help you to some more? **2.** (*her*~) give (up); **alles für j-n** ~ give up everything for s. o.; **sein Leben für j-n** ~ give (*od.* sacrifice) one's life for s. o. **3.** (*überlassen*) deliver, hand *s. th.* over, consign; → **Kommission** 2; **Zahlung. 4.** (*gewähren*) give, grant (*s. o. an interview, etc*); (**j-m**) **ein Interview** ~ grant (s. o.) an interview; **j-m Kredit** ~ give s. o. credit, extend credit to s. o.; **gebe Gott, daß** God grant that. **5.** (*bieten*) give, provide, afford; **j-m neue Hoffnung** ~ give s. o. (*od.* fill s. o. with) new hope; → **Gelegenheit** 1 (*etc*). **6.** (*verkaufen*) sell; **et. billiger** (**auf Kredit**) ~ sell s. th. at a lower price (on credit). **7.** (*bezahlen*) pay, give; *fig.* **ich gäbe viel darum, wenn** I would give a great deal (*od. colloq.* my eyes, a lot) if. **8.** (*Fest, Essen, Konzert etc*) give; **e-e Gesellschaft** ~ give (*od.* hold, *colloq.* throw) a party. **9.** (*Theaterstück etc*) perform, produce, present, give, (*Film*) *a.* show; **das Stück wurde ein halbes Jahr lang gegeben** the play had a run of six months; **die Oper wird nicht mehr gegeben** a) the opera is no longer performed, b) the opera has been taken off (*od.* is off); **was wird heute gegeben?** what's on tonight? **10.** (*er*~) make; **zweimal zwei gibt vier** two times two makes (*od.* is) four; **das gibt e-e gute Suppe** that will make a good soup; **er wird einmal e-n guten Koch** ~ he will make a good cook one day. **11.** (*Ertrag etc*) give, yield, produce; **Milch** ~ give milk. **12.** (*tun, legen, stecken etc*) put; **Salz an das Essen** ~ add salt to the food; **e-n Brief auf die Post** ~ post (*Am.* mail) a letter. **13. von sich** ~ a) *bes. contp.* (*Äußerung etc*) utter, make, b) (*Schmerzenslaut etc*) give, utter, let out, c) (*Rede*) hold, deliver, d) (*Flüche*) pour forth, e) *bes. chem.* give off, emit; **er gibt nur Unsinn von sich** he talks nothing but nonsense; **k-n Ton von sich** ~ a) not to give a sound, b) not to say (*od.* breathe) a word; *colloq.* **et.** (**wieder**) **von sich** ~ (*erbrechen*) bring (*od.* throw) s. th. up. **14.** *fig.* **et. auf** (*acc*) **et.** ~ attach (great) importance to s. th., set (great) store by s. th., value s. th. highly, *colloq.* believe in s. th.; **ich gebe wenig auf s-e Worte** his words don't count for very much with me; **sie gibt viel auf gutes Benehmen** good manners count a lot with her. **15.** *fig.* **et.** (*od.* **viel**) **auf j-n** ~ think much of s. o., have a high opinion of s. th.; **ich gebe nichts auf ihn** I don't think much of him. **16.** (*Unterricht, Fach etc*) give (lessons in), teach; **er gibt ihnen Englisch** he instructs them in English. **17.** (*Aufsatzthema etc*) set. **18.** (*Auskunft, Befehl, Hinweis, Hilfe etc*) give; **e-n Wink** ~ give (*od.* drop) a hint. **19.** (*Nachricht, Vorstellung, Überblick etc*) give, convey. **20.** (*Gesetz, Verordnung etc*) give, make. **21.** → *die Verbindungen mit anderen Stichwörtern, z. B.* **Bescheid, Blöße** (*etc*). **22.** *fig. colloq.* **es j-m** ~ give it to s. o., give s. o. hell; **es j-m tüchtig** ~ give it to s. o. hot and strong; **gib's ihm!, gib ihm Saures!** give it (to) him!, let him have it! **23.** *med.* (*Medizin*) give (*s. o. s. th.*), administer (*s. th. to s. o.*). **24.** *aer.* (*Ruder etc*) apply. **II** *v/reflex* **sich** ~ **25.** (*sich benehmen*) behave, act (*naturally, etc*). **26.** (*vor*~) pretend to be; **sich** (**nach außen hin**) **gelassen** ~ pretend to be calm; **er gibt sich gern als Experte** he likes to pose as an expert (*od.* to play the expert); **wenn er sich sozialistisch gibt** when he wears a socialist hat. **27.** (*nachlassen, vorübergehen*) pass, *colloq.* blow over, *Leidenschaft etc*: *a.* cool (off). **28.** (*wieder gut werden, sich finden*) come right; **es wird sich alles** ~ things will come right, it will be all right. **29.** *Gelegenheit etc*: arise, present (*od.* offer) itself. **30. sich in** (*acc*) **et.** ~ resign o. s. to s. th. **III** *v/i* **31.** give; **den Armen** ~ give to the poor; **gerne** ~ be always willing to give, be openhanded, be generous. **32.** *beim Kartenspielen*: deal; **wer gibt?** whose deal is it?; **falsch** ~ misdeal. **33.** *Tennis etc*: serve. **34.** *tel.* transmit, send. **IV** *v/impers* **es gibt 35.** (*ist vorhanden*) there is, *pl* there are; **gibt es e-n Gott?** is there a God?; **der beste Spieler, den es gibt** the best player there is; **der beste Boxer, den es je gab** the best boxer ever (*od.* of all time). **36.** (*ist*) there is; **es gab nicht viel zu sehen** there was not much to be seen; **es gab viel zu tun** there was much to be done (*od. colloq.* a lot to do); **es gab kein Entrinnen** (**mehr**) there was no escape. **37.** (*wird sein*) there will be; **es gibt Regen** (**Schnee**) there will be rain (snow); *colloq.* **das gibt Ärger** there will be trouble; *colloq.* **sei ruhig, sonst gibt's was!** be quiet, or you'll catch it! **38.** (*zum Essen*) **was gibt es heute?** what are we having (for lunch, *etc*) today? **39.** *colloq.* **was gibt's?** a) what's the matter?, b) what's up?; **was gibt's Neues** (**bei dir**)**?** what's new (with you)?; **was es nicht alles gibt!** well, I never!, it takes all kinds!; **das gibt's nicht!** a) there is no such thing!, b) *verbietend*: that's out, *colloq.* nothing doing!; **das gibt's ja gar nicht!** that can't be true!, impossible!; **singen kann er, da gibt's nichts!** he can sing, and no mistake about it! **V** ℒ *n* ⟨-s⟩ **40.** giving (*etc*); **alles ist ein** ℒ **und Nehmen** it's all a matter of give and take; *Bibl.* ℒ **ist seliger denn Nehmen** it is more blessed to give than to receive. **41.** *Kartenspiel*: deal; **am** ℒ **sein** be dealing; **er ist am** ℒ! it's his deal! **42.** *tel.* transmission. **43.** *econ.* **Geschäft auf** ℒ **und Nehmen** a) double option, put and call, *Am. a.* spread, straddle, b) *Börse*: straddling.

ge·be·ne'deit *adj relig.* blessed. **Ge·be·ne'dei·te, die** ⟨-n; *no pl*⟩ the Blessed Virgin.

'Ge·ber *m* ⟨-s; -⟩ **1.** giver, donor, donator. **2.** *jur.* donor. **3.** *econ.* seller; ~ **und Nehmer** *pl* sellers and buyers. **4.** *Tennis*: server. **5.** *Kartenspiel*: dealer. **6.** *tel.* transmitter. **7.** *phys.* (*Meßwert*ℒ) pickup. **8.** (*Automat*) dispenser. **9.** *Computer*: generator. ~**ˌlau·ne** *f* in ~ **sein** be in a generous mood.

Ge'bet *n* ⟨-(e)s; -e⟩ **1.** prayer (**an, zu Gott** to God); **beim** ~ at prayer(s); **stilles** ~ silent prayer; **das** ~ **des Herrn** (*Vaterunser*) the Lord's Prayer; **sein** ~ **verrichten** say one's prayers; **ein** ~ **erhören** answer a prayer; **erhöre mein** ~! hear my prayer!; *fig. colloq.* **j-n ins** ~ **nehmen** a) (*ermahnen*) take s. o. to task, call (*od.* have) s. o. on the carpet, give s. o. a good talking-to, b) (*verhören*) question s. o. closely, catechize s. o. **2.** (*Bitt*ℒ) supplication. **3.** (*Beten*) praying, devotions *pl.* ~**ˌbuch** *n* prayer-book.

ge'be·ten I *pp of* bitten. **II** *adj* invited.

Ge'bets|ˌfor·mel *f relig.* prayer formula. ~**ˌmüh·le** *f* prayer-wheel. ~**ˌtep·pich** *m* prayer-rug.

Ge'bet·tel *n* ⟨-s; *no pl*⟩ *contp.* (constant) begging (*od. colloq.* pestering).

ge'beugt *pp u. adj* **1.** bent, stooping; ~**e Körperhaltung** stoop. **2.** *fig.* (**von**) stricken (with), bowed (with *age*); → **gramgebeugt. 3.** *anat.* flexed. **4.** *ling.* a) *Substantiv etc*: inflected, declined, b) *Verb*: inflected, conjugated.

ge'beut [-'bɔʏt] *obs. od. poet. 3 sg pres of* **gebieten.**

Ge'biet *n* ⟨-(e)s; -e⟩ **1.** (*Gegend, Bezirk*) region, area, zone, district; ~ **e-r Stadt** municipal area. **2.** *bes. pol.* a) (*Staats*ℒ) territory, b) (*Landesteil*) area; **auf deutschem** ~ in (*od.* on) German territory. **3.** (*Landfläche*) area; (*Gelände*) terrain; (*Landstrich*) tract; (*Boden*) soil, ground. **4.** *econ. jur.* (*Vertrags*ℒ) (contractual) territory (*od.* district). **5.** *jur.* (*Zuständigkeit*) jurisdiction. **6.** *fig.* (*Bereich*) sphere, field, realm; **auf politischem** ~ in the political sphere. **7.** *fig.* (*Fach*) field, domain, province, department; **auf s-m** ~ in his field; **das ist nicht mein** ~ this is not my line (*od.* field [of interest]), that is not within my domain (*od.* province). **8.** *fig.* (*Thema*) subject. **9.** *meteor.* area, region; → **Hochdruckgebiet** *etc.* **10.** *math.* a) domain, range, b) *Geometrie*: configuration.

ge'bie·ten I *v/t* ⟨*irr, pp* **geboten, h**⟩ **1.** (*befehlen*) command, order; **j-m et.** ~, **j-m** ~, **et. zu tun** command s. o. to do s. th., *lit.* bid s. o. do s. th., (*anweisen*) direct (*od.* instruct) s. o. to do s. th., (*einschärfen*) enjoin s. o. to do s. th.; → **Einhalt. 2.** (*Schweigen etc*) impose (**j-m** [up]on s. o.). **3.** (*Achtung, Ehrfurcht etc*) command (*respect, etc*). **4.** (*erfordern*) require, demand, call for; **die Not** (**Höflichkeit**) **gebietet es** necessity (politeness) demands it; **die Vernunft gebietet uns zu** reason commands us to. **II** *v/i lit.* **5. über j-n** (**et.**) ~ a) have command (*od.* control) over s. o. (s. th.), control s. o. (s. th.), b) (*herrschen*) rule over s. o. (s. th.); ~ **Sie über mich!** (I am) at your command! **6. über** (*acc*) **et.** ~ a) (*verfügen*) possess s. th., have s. th. (at one's disposal *od.* command), b) (*bezwingen*) check (*od.* control, curb, bridle) s. th.; **über s-e Leidenschaften** ~ control one's passions. **Ge'bie·ter** *m* ⟨-s; -⟩ *lit. od. obs.* **1.** (*Herr*) master (**über** *acc* of); **ihr Herr und** ~ *a. iro.* her lord and master. **2.** (*Herrscher*) (**über** *acc*) ruler (of, over), lord (over). **Ge'bie·te·rin** *f* ⟨-; -nen⟩ *lit.* **1.** (*Herrin*) lady, mistress. **2.** (*Herrscherin*) ruler (**über** *acc* of, over). **ge'bie·te·risch** *adj* **1.** imperious, domineering, *stärker*: despotic; **sein** ~**es Wesen** his imperiousness. **2.** *Ton, Stimme etc*: peremptory, authoritative.

Ge'biets|ˌab·ˌtre·tung *f pol.* cession of territory. ~**ˌanˌspruch** *m* territorial claim. ~**erˌwei·te·rung** *f* territorial expansion. ~**erˌwer·bung** *f* **1.** territorial acquisition. **2.** (*Annexion*) annexation. ~**ˌho·heit** *f* territorial sovereignty. ~**ˌkör·per·schaft** *f pol.* territorial authority. ℒ**ˌwei·se I** *adj* regional, *Regen etc*: local. **II** *adv* regionally, locally; ~ **Regen** local showers.

Ge'bil·de *n* ⟨-s; -⟩ **1.** (*Ding*) thing. **2.** (*Werk, Erzeugnis*) work, creation, product; **ein** ~ **von Menschenhand** a creation of man, man's handiwork. **3.** (*Gefüge*) structure. **4.** (*Muster*) pattern, figure. **5.** *econ. jur., a. philos. reales*: entity. **6.** *geol.* formation.

ge'bil·det *pp u. adj* **1.** educated, *wissensmäßig*: *a.* (well-)informed, (*belesen*) well-read; **akademisch** ~ having an academic background (*od.* a university education), university-educated (*od.*

-bred). **2.** (*kultiviert*) well-bred, cultured, cultivated, refined. **Geˈbil·de·te** *m, f* ⟨-n; -n⟩ **1.** educated (*etc*) person; **ein akademisch ~r** a university man, a scholar; **die ~n** the educated (classes), the lettered, the intelligentsia. **2.** (*Gelehrter*) scholar.

Geˈbim·mel *n* ⟨-s; *no pl*⟩ *colloq.* (continual *od.* awful) ringing (*od.* jingling, tinkling).

Geˈbin·de *n* ⟨-s; -⟩ **1.** bundle, bunch. **2.** (*Blumen*2) spray; (**kranzförmiges**) ~ garland. **3.** *von Garn*: skein. **4.** *von Getreide*: sheaf. **5.** *civ. eng.* a) *von Dachsparren*: truss, b) **ein ~ Ziegel** a range (*od.* row) of tiles. **6.** a) (*Behälter*) container, b) (*Faß*) cask, barrel. **7.** *gastr.* fishguts *pl.*

Geˈbir·ge [-ˈbɪrgə] *n* ⟨-s; -⟩ **1.** mountains *pl*, mountainous region, highlands *pl*; **er wohnt im ~** he lives in the mountains. **2.** → **Gebirgskette. 3.** *Bergbau*: (*Gestein*) ground, rock. **4.** *fig.* mountain.

geˈbir·gig *adj* **1.** mountainous. **2.** (*hügelig*) hilly. **2keit** *f* ⟨-; *no pl*⟩ **1.** mountainous nature. **2.** hilliness.

Geˈbirg·ler [-ˈbɪrklər] *m* ⟨-s; -⟩ *colloq. for* **Gebirgsbewohner.**

Geˈbirgs... → *a.* **Berg ...**

Geˈbirgs|ar·til·leˌrie *f* mountain artillery. **~ˌausˌläu·fer** *m* spur (of a mountain range). **~ˌbach** *m* mountain stream; *reißender*: (mountain) torrent. **~ˌbahn** *f* → **Bergbahn. ~geˌschütz** *n mil.* mountain gun. **~ˌjä·ger** *m mil.* **1.** mountain infantryman. **2.** *pl collect.* mountain infantry *sg.* **~ˌkamm** *m* mountain crest. **~ˌkes·sel** *m* deep valley (with steep sides), cirque, corrie. **~ˌket·te** *f* mountain range (*od.* chain). **~ˌkun·de** *f* orology. **~ˌland·schaft** *f* **1.** mountain landscape (*od.* scenery). **2.** mountainous region. **~maˌri·ne** *f humor.* **reitende ~** horse marines *pl.* **~masˌsiv** *n geol.* massif. **~ˌpaß** *m* mountain pass, col. **~ˌsee** *m* mountain lake. **~ˌstock** *m geol.* massif. **~syˌstem** *n* mountain system. **~ˌtrup·pe** *f meist pl mil.* mountain troops *pl.* **~ˌvolk** *n* (tribe of) mountain dwellers *pl.* **~ˌzug** *m* → **Gebirgskette.**

Geˈbiß *n* ⟨-sses; -sse⟩ **1.** a) *natürliches*: (set of) teeth *pl*, dentition, b) *künstliches*: denture(s *pl*), (set of) false (*od.* artificial) teeth *pl.* **2.** *vet. zo.* dentition. **3.** *am Pferdezaum*: bit; **am ~ kauen** champ (at) the bit. **~ˌabˌdruck** *m* ⟨-(e)s; ⸚e⟩ *med.* dental impression. **~an·omaˌlie** *f* malformation of teeth, malocclusion.

geˈbis·sen [-ˈbɪsən] *pp of* **beißen.**

Geˈbißˌplat·te *f med.* dental plate.

Geˈblä·se [-ˈblɛːzə] *n* ⟨-s; -⟩ **1.** *tech.* blower, fan. **2.** *mot.* a) (*Kühl*2) air fan, b) (*Auflade*2) supercharger, c) (*Spülluft*2) scavenger. **3.** *metall.* a) blowing engine, b) (*~lampe*) blowtorch, c) (*Blasebalg*) bellows *pl* (*als sg od. pl konstruiert*). **~ˌlam·pe** *f* blowtorch. **~ˌluft** *f* blast air. **~ˌmo·tor** *m* **1.** *tech.* fan motor. **2.** *mot.* a) (*Lademotor*) supercharger engine, b) (*Diesel*) blast-injection engine. **~ˌofen** *m* blast furnace. **~ˌrad** *n* impeller. **~ˌwind** *m* (air) blast.

geˈblie·ben [-ˈbliːbən] *pp of* **bleiben.**

Geˈblö·del *n* ⟨-s; *no pl*⟩ *colloq.* → **Blödelei.**

Geˈblök *n* ⟨-(e)s; *no pl*⟩, **Geˈblö·ke** *n* ⟨-s; *no pl*⟩ → **blöken II.**

geˈblümt [-ˈblyːmt] *adj* **1.** *Stoff*: flowered, with a floral design. **2.** *Muster*: flowered, floral. **3.** *fig. Stil etc*: flowery, florid.

Geˈblüt [-ˈblyːt] *n* ⟨-(e)s; *no pl*⟩ **1.** (*Geschlecht*) blood, lineage, descent; **Prinz von königlichem ~** prince of blood royal; **von edlem ~** of noble descent (*od.* blood), noble. **2.** *bei Tieren, bes. Pferden*: blood; **von reinem ~** purebred, pureblood, thoroughbred. **3.** *fig.* (*Blut*) blood.

geˈbo·gen [-ˈboːgən] **I** *pp of* **biegen. II** *adj* **1.** bent, curved. **2.** *Nase*: hooked, aquiline. **3.** *med.* circumflex.

geˈbo·ren [-ˈboːrən] **I** *pp of* **gebären. II** *adj* **1.** born; **ich bin am 1. Juli ~** I was born on the 1st of July; **unehelich ~** born out of wedlock, illegitimate; **im Lande ~** native-born; **~er Deutscher** German by birth; **in Deutschland ~** German-born; *fig.* **zu et. ~ sein** a) be born to be s. th., b) *zu e-m Beruf etc*: be cut out for s. th. **2.** née; **Frau N, ~e X** Mrs. N, née X; **sie ist e-e ~e N** her maiden name is (*od.* was) N. **3.** born (*poet, etc*), natural (*genius, etc*).

geˈbor·gen [-ˈbɔrgən] **I** *pp of* **bergen. II** *adj* **1.** (**vor** *dat* from) safe, sheltered, secure; **ein ~es Leben** a sheltered life. **2.** salvaged; **~es Gut** salvage(d property). **2heit** *f* ⟨-; *no pl*⟩ safety, safeness, security; **in häuslicher ~** in the security of one's home.

geˈbor·sten [-ˈbɔrstən] **I** *pp of* **bersten. II** *adj* **1.** burst. **2.** (*mit e-m Sprung*) split, cracked.

Geˈbot [-ˈboːt] *n* ⟨-(e)s; -e⟩ **1.** *relig.* commandment, law; **göttliches ~** divine law; *Bibl.* **die Zehn ~e** the Ten Commandments, the Decalog(ue) *sg*; **die ~e halten** keep the commandments; *humor.* **das elfte ~** the eleventh commandment. **2.** *fig.* (*Erfordernis*) requirement, demand, necessity, dictates *pl*; **das oberste ~** the prime necessity; **das ~ der Vernunft (des Herzens, der Stunde)** the dictates of reason (of one's heart, of the moment); **das erste ~ s-s Handelns** the first principle for his actions. **3.** *lit. od. archaic* (*Befehl*) command, order; **das ~ des Gewissens** the command (*od.* voice) of one's conscience; **j-m zu ~(e) stehen** be at s. o.'s disposal (*od.* command); **ihm stehen reiche Hilfsquellen zu ~e** he has (*od.* commands, can rely on) rich resources; **zu ~(e) stehend** available. **4.** (*Vorschrift*) rule, *jur. a.* mandatory regulation. **5.** *econ. bes. bei Versteigerung*: bid. **6.** *Bridge*: bid. **geˈbo·ten** [-ˈboːtən] **I** *pp of* **bieten, gebieten. II** *adj* **1.** (*notwendig*) required, necessary, (*angezeigt*) indicated, (*dringend ~*) imperative, ⟨*pred*⟩ called for. **2.** (*gehörig*) due; **mit ~er Vorsicht** with due care. **3.** *jur.* mandatory. **4.** *econ. Preis etc*: bid, offered; *fig. colloq.* **da war et. ~** a) (*Spaß etc*) there was (*od.* we had, *etc*) great fun, b) *b. s.* there was hell to pay.

Geˈbots|ˌschild, ~ˌzei·chen *n jur. mot.* mandatory sign.

Geˈbrab·bel *n* ⟨-s; *no pl*⟩ *colloq. meist contp.* mumbling.

geˈbracht [-ˈbraxt] *pp of* **bringen.**

geˈbrannt [-ˈbrant] **I** *pp of* **brennen. II** *adj* **1.** burnt, burned; → **Kind** 4. **2.** *tech.* a) calcined, b) *Mauersteine*: kilned; **~er Kalk** quicklime. **3.** *metall.* **~e Form** dry sand mo(u)ld. **4.** *Keramik*: baked. **5.** *Porzellan*: fired. **6.** *Kaffee, Mandeln etc*: roasted.

geˈbra·ten *adj* roast(ed); **zu lange ~** overdone.

Geˈbräu *n* ⟨-(e)s; -e⟩ **1.** brew. **2.** *fig. contp.* brew, concoction.

Geˈbrauch *m* ⟨-(e)s; ⸚e⟩ **1.** ⟨*only sg*⟩ use, (*Anwendung*) *a.* application; **von et. ~ machen** make use of s. th., use s. th., avail o. s. of s. th.; **von e-m Recht ~ machen** avail o. s. of a right; **guten (schlechten) ~ machen von** make good (bad) use of s. th.; **bitte machen Sie von dieser Äußerung k-n ~** please treat what I have said as confidential; **zum persönlichen ~** for personal use; **außer ~ kommen** go out of use, fall into disuse; **in ~ kommen** come into use; **et. in ~ nehmen** put s. th. into use, use s. th. for the first time; **allgemein im** (*od.* **in**) **~** in general (*od.* common) use; **sparsam im ~** economical (in use), thrifty; **der ~ s-s linken Armes** the use of his left arm; *med.* **zum äußerlichen (innerlichen) ~** for external (internal) application, for external (oral) use; **vor ~ (gut) schütteln!** shake (well) before using! **2.** ⟨*only sg*⟩ (*Verwendung*) application. **3.** *pl* (*Sitten*) customs. **4.** (*Gepflogenheit*) practice, usage; **religiöse Gebräuche** religious practices (*od.* rites); *bes. jur.* **nach örtlichem ~** according to local practice. **5.** ⟨*only sg*⟩ *ling.* **e-s Wortes** *etc*: usage.

geˈbrau·chen *v/t* ⟨*pp* **gebraucht, h**⟩ **1.** use, make use of; **ich kann es gut ~** I can make good use of it, I can put it to good use, it's just what I needed; **ich kann es nicht ~** I can't use it, it's useless to (*od.* for) me, it's of no use to me; **noch gut zu ~** still quite usable (*od.* serviceable); **alle Mittel ~** use all means, leave no stone unturned; **ein Werkzeug ~** use (*od.* handle) a tool; **es läßt sich zu vielem ~** it is usable for (*od.* it serves, it lends itself to) many purposes; **den Verstand ~** use one's brains (*od.* head); *colloq.* **er ist zu nichts zu ~** he is (quite) useless; *colloq.* **er ist zu allem zu ~** he is a good hand at anything, he can turn his hand to anything; **du wirst nicht mehr gebraucht** you are no longer needed. **2.** (*anwenden*) employ, use; **Gewalt ~** use force, *stärker*: resort to violence. **3.** (*verwenden*) (**zu** to, for) use, apply. **4.** *bes. med.* a) (*Arzneimittel*) take, use, b) *äußerlich*: apply; **äußerlich zu ~** for external application. **5.** *colloq.* (*benötigen*) do with, use; **ich könnte e-n Mantel (Kognak** *etc*) **~** I could do with a coat (brandy, *etc*). **6.** *dial. for* **brauchen** 1, 4.

geˈbräuch·lich *adj* **1.** in use; **nicht mehr ~** no longer in use, out of date, obsolete, *colloq.* out; **~ werden** come into use (*od.* fashion, vogue). **2.** (*üblich*) customary, usual, normal. **3.** (*gewöhnlich*) common, ordinary. **4.** *Wörter*: current, in common (*od.* general, everyday) use. **2keit** *f* ⟨-; *no pl*⟩ **1.** customariness, usualness. **2.** commonness. **3.** *von Wörtern*: currency, common (*od.* general) use.

Geˈbrauchs|ˌanˌlei·tung *f* → **Gebrauchsanweisung. ~ˌanˌma·ßung** *f jur.* (temporary) conversion (to one's own use). **~ˌanˌwei·sung** *f* **1.** directions *pl* for use, instructions *pl* (for use). **2.** *med. beim Rezept*: signature. **~arˌti·kel** *m econ.* **1.** article of daily use. **2.** commodity (article), utility article. **~ˌausˌfüh·rung** *f tech.* **einfache ~** utility type. **~ˌdiebˌstahl** *m* → **Gebrauchsanmaßung. 2ˌfä·hig** *adj* usable, serviceable. **~ˌfahrˌzeug** *n* utility vehicle. **2ˌfer·tig** *adj* **1.** ready (for *od.* to use). **2.** instant (*coffee, soup, etc*). **3.** *print.* (*druckfertig*) live. **~ˌge·genˌstand** *m* **1.** utensil, requisite. **2.** → **Gebrauchsartikel. ~geˌschirr** *n* crockery (*od.* china) for everyday use. **~ˌgraphik** *f* **1.** ⟨*only sg*⟩ commercial (*od.* applied) art. **2.** commercial artwork. **~ˌgra·phi·ker** *m*, **~ˌgra·phi·ke·rin** *f* commercial (*od.* industrial) artist, designer. **~ˌgü·ter** *pl econ.* commodities, utility goods, consumer durables. **~ˌmö·bel** *n* **1.** piece of utility furniture. **2.** *pl* utility furniture *sg.* **~muˌsik** *f* functional music. ~ₗ**mu·ster** *n jur.* registered (*od.* industrial) design; ~schutz *m* legal protection of (*od.* copyright on) registered design. **~verₗlust** *m med.* loss of use. ~ₗ**vorₗschrift** *f* → **Gebrauchsanweisung.** ~ₗ**wa·ren** *pl* → **Gebrauchsgüter.** ~ₗ**wert** *m* **1.** practical value. **2.** *econ.* utility value. **3.** *tech.* functional value. ~ₗ**zweck** *m* purpose, intended use.

geˈbraucht I *pp of* **brauchen, gebrauchen. II** *adj* **1.** used. **2.** *econ.* used, secondhand (*car, clothes, etc*).

Geˈbrauchtₗwa·gen *m econ.* used (*od.* secondhand) car. ~ₗ**händ·ler** *m* used-car dealer. ~ₗ**markt** *m* used-car market.

Geˈbrauchtₗwa·ren *pl econ.* secondhand articles.

geˈbräunt *adj Gesicht etc*: tanned, brown; **tief** ~ bronzed.

Geˈbraus *n* ‹-es; *no pl*› *colloq.* roar(ing).

geˈbre·chen *v/impers* ‹*irr, pp* **gebrochen,** *h*› *lit.* **es gebricht ihm an** (*dat*) **et.** he lacks (*od.* wants) s. th., he has no (*courage, etc*). **Geˈbre·chen** *n* ‹-s; -› **1.** *lit.* (*Krankheit*) disease, ailment, complaint. **2.** *med.* a) (*Schwäche*) infirmity, b) (*Fehler*) (physical) defect (*od.* handicap), disability, c) (*geistiges* ~) mental defect; **die ~ des Alters** the infirmities of old age. **3.** *fig.* defect, shortcoming, handicap.

geˈbrech·lich *adj* **1.** *med.* shaky, frail, fragile, weak; (*altersschwach*) infirm; (*hinfällig*) decrepit. **2.** → **zerbrechlich.** **≈keit** *f* ‹-; *no pl*› *med.* shakiness, frailty, frailness, fragility, weakness; (*Altersschwäche*) infirmity; (*Hinfälligkeit*) decrepitude.

geˈbro·chen [-ˈbrɔxən] **I** *pp of* **brechen**[1]. **II** *adj* **1.** broken, *med. a.* fractured; *math.* **~e Zahl** broken number, fraction(al number); *mus.* **~er Akkord** broken chord, arpeggio; **~e Farben** broken colo(u)rs. **2.** *fig. ling.* broken (*German, etc*). **3.** *fig. körperlich, seelisch*: broken(-down); **mit ~er Stimme** in a broken voice, brokenly; **mit ~em Herzen, ~en Herzens** broken-hearted(ly), brokenly. **4.** *ling.* (*durch Brechung diphthongiert*) broken. **5.** *her.* rompu. **III** *adv* **6. er spricht nur ~ Deutsch** he speaks only broken German. **≈heit** *f* ‹-; *no pl*› *fig.* brokenness, broken-heartedness.

Geˈbrü·der [-ˈbry:dər] *pl* brothers; **die ~ Grimm** the Brothers Grimm; *econ.* ~ **N** N Brothers (*abbr.* Bros.).

Geˈbrüll *n* ‹-(e)s; *no pl*› **1.** *allg.* roar(ing), roar(s *pl*); *colloq.* **auf ihn mit ~!** let him have it! **2.** *e-s Rindes etc*: low(ing). **3.** (*Kinder≈ etc*) bawl(ing), howl(s *pl*).

Geˈbrumm *n* ‹-(e)s; *no pl*›, **Geˈbrum·me** *n* ‹-s; *no pl*› → **brummen** III.

geˈbückt *pp u. adj* bowed, stooped; **~e Haltung** stoop.

Geˈbühr[1] [-ˈby:r] *f* ‹-; -en› **1.** charge, fee; **e-e ~ entrichten** pay a charge (*od.* fee); **darauf wird e-e ~ von zwei Mark erhoben** there is a fee of two marks for it. **2.** (*Unterrichts≈ etc*) fee, tuition. **3.** (*Transporttarif etc*) rate; **ermäßigte ~** reduced rate. **4.** *Post*: a) postage, b) (*Gebührensatz*) rate; **„~ zahlt Empfänger"** "postage will be paid by licensee", *Am.* "collect on delivery" (*abbr.* "COD"); **~ bezahlt** postage paid. **5.** *teleph.* a) *für Gespräche*: charge, *Am. a.* toll, b) *für Anlage*: fee. **6.** (*Straßenbenutzungs≈ etc*) toll. **7.** *econ.* a) (*Abgabe*) due, duty, b) **prozentuale ~** percentage (due). **8.** *jur.* a) *pl e-s Verfahrens*: cost *sg*, b) (*Nutzungs≈*) royalty; → **Anwaltsgebühr, Lizenzgebühr. 9.** (*Beitrag*) subscription (**für** to). **Geˈbühr**[2] *f* ‹-; *no pl*› **1. nach ~** duly, appropriately, properly, according to *s. o.'s* deserts. **2. über ~** unduly, excessively, to excess, immoderately; **j-s Dienste über ~ in Anspruch nehmen** make excessive use of s. o.'s services; **et. über ~ betonen** stress s. th. excessively, overemphasize s. th. **geˈbüh·ren** [-ˈby:rən] **I** *v/i* ‹*pp* **gebührt,** *h*› **j-m ~** be due to s. o., belong (by right) to s. o.; **es gebührt ihm** *a.* he is entitled to it; → **Ehre** 1. **II** *v/reflex* **sich ~** be fitting, be proper, be seemly; **wie es sich gebührte** as was fit and proper; **es gebührt sich nicht für e-n Ausländer** it ill becomes (*od.* befits) a foreigner, it does not befit a foreigner.

Geˈbüh·ren|ₗanₗsa·ge *f teleph.* **Gespräch mit ~** "advise duration and charge" call (*abbr.* ADC call). ~ₗ**anₗzei·ger** *m* **1.** *teleph.* call-fee indicator, *Am.* tollcharge meter. **2.** *im Taxi*: taximeter.

geˈbüh·rend I *adj* **1.** (*schuldig*) due (*dat* to). **2.** (*geziemend*) due, proper, fitting; **mit der ~en Achtung (Sorgfalt)** with due respect (care); *iro.* **in ~em Abstand** at a respectful distance. **II** *adv* **3.** duly, properly, according to *s. o.'s* deserts; **j-n ~ loben** praise s. o. duly.

geˈbüh·ren·der|ˈma·ßen, ~ˈwei·se *adv* → **gebührend** II.

Geˈbüh·ren|ₗeinₗheit *f teleph.* unit (of charge). **~erₗhö·hung** *f* increase of charges (*od.* fees, *etc*). **~erₗlaß** *m* remission of fees. **~erₗmä·ßi·gung** *f* reduction of charges (*od.* rates, fees, duties). **~erₗstat·tung** *f* → **Gebührenrückerstattung.** ≈ₗ**frei** *adj* **1.** free of charge, without fee. **2.** *teleph.* non-chargeable, *Am.* toll-free. **3.** *Post*: postage-free. ~ₗ**frei·heit** *f* exemption from charges (*od.* fees). ~ₗ**mar·ke** *f* revenue stamp. ~ₗ**ord·nung** *f* schedule (*od.* scale) of charges (*od.* fees). ≈ₗ**pflich·tig** *adj* **1.** subject (*od.* liable) to a fee (*od.* charge); *jur.* **~e Verwarnung** warning involving a summary fine, on-the-spot fining; **~e Autostraße** toll (*od.* turnpike) road; **~er Anruf** chargeable call, *Am.* toll call. **2.** *Post*: postage due, chargeable, liable to a charge. ~ₗ**rück·erₗstat·tung** *f* return (*od.* refund) of charges (*od.* a charge). ~ₗ**satz** *m* **1.** rate (of charges, *etc*). **2.** *bei Krankenkasse etc*: rate of contributions. **3.** *Post*: postage rate, rate of postage. ~ₗ**stem·pel** *m* fee stamp. ~ₗ**vorₗschuß** *m jur. e-s Anwalts*: retainer. ~ₗ**zo·ne** *f teleph.* tariff zone. ~ₗ**zuₗschlag** *m* extra (*od.* additional) charge.

geˈbün·delt *adj* bundled, *phys. a.* pencil(l)ed (*rays*).

geˈbun·den [-ˈbʊndən] **I** *pp of* **binden. II** *adj* **1.** *print.* bound; (*Ggs.* **Paperback**) hardcover, hardback; **in Leinen ~** clothbound, bound in cloth. **2.** *chem.* (**an** *acc* with) bound, fixed; **~er Stickstoff** fixed nitrogen; **nicht ~** free. **3.** *phys. Wärme*: latent. **4.** *mus.* slurred, legato. **5.** *econ.* a) bonded, bound, b) *Preis*: fixed, c) *Kapital*: tied (up), d) (*gesperrt*) blocked, e) (*zweck~*) earmarked, f) (*gelenkt*) controlled; **~er Zahlungsverkehr** payment through fixed clearing channels; **vertraglich ~** bound by contract. **6.** *fig.* bound, tied; *durch Familie etc*: tied down; **sich an** (*acc*) **et. ~ fühlen** feel bound (*od.* pledged, committed) to s. th.; **ihm sind die Hände ~** his hands are tied. **7.** *fig.* engaged. **8.** *Literatur*: **in ~er Rede** a) in metrical language, b) in verse. **9.** *gastr. Soße etc*: bound, thickened. **III** *adv* **10.** *mus.* legato. **≈heit** *f* ‹-; *no pl*› *fig.* **1.** (*Gebundensein*) restraint, constraint. **2.** (*Abhängigkeit*) dependence (**an** *acc* on).

Geˈburt [-ˈbu:rt] *f* ‹-; -en› **1.** birth; **von ~ an, seit s-r ~** from (one's) birth; **bei s-r ~** at his birth. **2.** *med.* a) (*Vorgang*) (child)birth, parturition, b) (*Entbindung*) delivery, c) (*Niederkunft*) confinement, d) (*Wehen*) labo(u)r; **leichte (schwere) ~** easy (difficult) delivery (*cf. a.* 4); **bei der ~ sterben** die in childbed; **unter der ~** in labo(u)r; **vor (nach) der ~ (stattfindend)** antenatal (postnatal). **3.** (*Abstammung*) birth, descent, extraction; **ein Deutscher von ~** a German by birth; **von niedriger ~** of humble birth, base-born; **von hoher ~** high-born. **4.** *fig.* (*Entstehung*) birth, origin, rise, creation; *colloq.* **das war e-e schwere ~** that was a tough job, that took some doing. **5.** *relig.* (*Christi, Mariä ~*) Nativity; **vor (nach) Christi ~** before Christ (anno Domini) (*abbr.* B. C. [A. D.]).

Geˈbur·ten|beₗschrän·kung, ~konₗtrol·le, ~ₗre·ge·lung *f* birth control, planned parenthood, family planning. **~ₗrückₗgang** *m* decline in the birthrate. ≈ₗ**schwach** (≈ₗ**stark**) *adj Jahrgang etc*: having a low (high) birthrate. ~ₗ**überₗschuß** *m* excess of births (over deaths). ~ₗ**zahl,** ~ₗ**zif·fer** *f* birthrate.

geˈbür·tig [-ˈbʏrtɪç] *adj* born (in), native (of); **aus Deutschland ~** born in Germany; **er ist (ein) ~er Deutscher** he is a German by birth, he is German-born.

Geˈburts|ₗadel *m* inherited (*od.* hereditary) nobility. ~ₗ**akt** *m med.* parturition. ~ₗ**anₗzei·ge** *f* birth announcement. ~ₗ**beiₗhil·fe** *f* maternity allowance. ~ₗ**da·tum** *n* date of birth. ~ₗ**feh·ler** *m med.* congenital defect. **~geₗwicht** *n* weight at birth. ~ₗ**haus** *n* birthplace, house where s. o. was born. ~ₗ**hel·fer** *m* obstetrician. ~ₗ**hel·fe·rin** *f* midwife. ~ₗ**hel·ferₗkrö·te** *f zo.* midwife toad. ~ₗ**hil·fe** *f* a) (*Lehre*) obstetrics *pl* (*als sg od. pl konstruiert*), b) (*aktive ~*) midwifery; **~ leisten** attend at a birth. ~ₗ**jahr** *n* year of birth. ~ₗ**jahrₗgang** *m* age class. ~ₗ**land** *n* **1.** country of birth, native country, country where s. o. was born. **2.** *fig.* country of origin. ~ₗ**ort** *m* place of birth, birthplace. ~ₗ**recht** *n jur.* birthright. ~ₗ**schein** *m* birth certificate. ~ₗ**stadt** *f* native town, hometown. **~ₗstät·te** *f* → **Geburtshaus.** ~ₗ**stun·de** *f* **1.** hour of birth. **2.** *fig.* birth. ~ₗ**tag** *m* birthday; *adm.* date of birth; **alles Gute zum ~!** best wishes for your birthday!, many happy returns (of the day)!; **s-n 60. ~ feiern** (*od.* **begehen**) celebrate one's sixtieth birthday.

Geˈburtsₗtags|ₗfei·er *f* birthday celebration (*od.* party). **~geₗschenk** *n* birthday present. ~ₗ**kind** *n colloq.* person celebrating his (her) birthday. ~ₗ**ku·chen** *m* birthday cake. ~ₗ**ständ·chen** *n* birthday serenade. ~ₗ**tisch** *m* table (laden) with birthday presents.

Geˈburts|ₗurₗkun·de *f* birth certificate. ~ₗ**vorₗgang** *m med.* parturition. ~ₗ**we·ge** *pl* maternal passages, birth canal *sg.* ~ₗ**we·hen** *pl* **1.** *med.* labo(u)r *sg* (pains), throes of childbirth, travail *sg*; **in ~ liegen** be in labo(u)r. **2.** *fig.* throes, travail *sg.* ~ₗ**zan·ge** *f* (obstetric) forceps.

Geˈbüsch [-ˈbʏʃ] *n* ‹-(e)s; -e› **1.** bushes *pl*, shrubbery. **2.** (*Dickicht*) thicket. **3.** (*Gehölz*) underbrush, undergrowth, copse; **sich ins ~ schlagen** take to the bush.

Geck [gɛk] *m* ‹-en; -en› *contp.* **1.** (*Stutzer*) dandy, fop, *sl.* toff, *Am. sl.* dude. **2.** (*Laffe*) coxcomb, popinjay.

ˈgecken·haft (*getr.* -k·k-) *adj contp.* **1.** dandyish, foppish. **2.** (*eingebildet*) conceited, affected. **ˈGecken·haf·tig·keit** (*getr.* -k·k-) *f* ⟨-; *no pl*⟩ **1.** dandyism, foppishness. **2.** affectation.

Gecko (*getr.* -k·k-) [ˈgɛko] *m* ⟨-s; -s *u.* -nen [gɛˈkoːnən]⟩ *zo.* **1.** gecko, tokay. **2.** (*Fächerzeher*) fanfoot.

geˈdacht [-ˈdaxt] **I** *pp of* **denken, gedenken. II** *adj* **1.** imaginary, imagined, assumed; *math.* **~er Punkt** mathematical (*od.* imaginary) point; **~e Größe** imagined quantoü**2.** **~ für (als)** (*bestimmt*) intended (*od.* meant) for (as), (*geplant*) *a.* conceived (*od.* calculated) for (as).

Geˈdächt·nis [-ˈdɛçtnɪs] *n* ⟨-ses; -se⟩ **1.** (*Erinnerungsvermögen*) memory; **gutes (schlechtes, kurzes) ~** good (*od.* retentive) (bad, short *od.* poor) memory; *colloq.* **ein ~ wie ein Sieb haben** have a memory like a sieve; **wenn mich mein ~ nicht trügt** (*od.* **täuscht**) if (my) memory serves me right, if I remember rightly; **das ~ verlieren** lose one's memory. **2.** ⟨*only sg*⟩ (*Erinnerung*) memory, recollection, remembrance; **aus dem ~** a) from memory, b) (*auswendig*) by heart; **et. aus dem ~ tilgen** erase s. th. from one's memory (*od.* mind), dismiss the memory of s. th.; **et. aus dem ~ verlieren** forget s. th.; **et. im ~ behalten** bear (*od.* keep) s. th. in mind, remember s. th.; **j-m et. ins ~ zurückrufen** remind s. o. of s. th.; **sich** (*dat*) **et. ins ~ zurückrufen** recall s. th., call s. th. to mind, remember s. th.; **et. dem ~ einprägen** commit s. th. to memory, engrave s. th. on one's mind; **das war m-m ~ entfallen** that had slipped my mind; **s-m ~ nachhelfen** prod (*od.* jog) one's memory. **3.** ⟨*only sg*⟩ (*ehrendes Andenken*) commemoration, remembrance; **zum ~ (an)** in commemoration (*od.* remembrance, memory) (of). **4.** *Computer*: memory. **~ˌausˌstel·lung** *f* commemorative exhibition. **~ˌfeh·ler** *m* slip (*od.* lapse) of the memory. **~ˌfei·er** *f* commemoration (ceremony). **~ˌgot·tesˌdienst** *m relig.* memorial service. **~ˌhil·fe** *f* → **Gedächtnisstütze.** **~ˌkir·che** *f* memorial church. **~ˌkunst** *f* mnemonics *pl* (*als sg konstruiert*). **~ˌkünst·ler** *m* mnemonist. **~ˌlücke** (*getr.* -k·k-) *f* **1.** gap in one's memory, memory lapse. **2.** *med.* lacunar amnesia. **~ˌre·de** *f* memorial address. **~ˌschu·lung** *f* memory training. **~ˌschwä·che** *f* **1.** shortness (*od.* weakness) of memory; **an ~ leiden** have a short (*od.* weak, poor) memory. **2.** defect of memory. **~ˌschwund** *m med.* loss of memory, amnesia, (*kurzfristiger* **~**) memory lapse. **~ˌstö·rung** *f* disturbance of memory, paramnesia. **~ˌstüt·ze** *f* memory (*od.* mnemonic) aid. **~ˌübung** *f* memory training (exercise). **~verˌlust** *m med.* loss of memory, amnesia.

geˈdämpft I *adj* **1.** *Stimme etc*: subdued, hushed; **mit ~er Stimme** in an undertone, under one's breath, sotto voce. **2.** *Schall etc*: muffled, dull, deadened. **3.** *Licht*: subdued, soft. **4.** *Schritte etc*: soft, muffled. **5.** *Farbe*: subdued, quiet. **6.** *phys. Welle, Schwingung*: damped. **7.** *electr. Leistung etc*: attenuated. **8.** *fig. Stimmung, a. colloq. Person*: subdued, ⟨*pred*⟩ *a.* in key minor; **~er Optimismus** guarded optimism. **9.** *gastr.* a) stewed, b) *mit Dampf*: steamed. **II** *adv* **10.** subdued (*etc*). **11.** *mus.* sordamente.

Geˈdan·ke [-ˈdaŋkə] *m* ⟨-ns; -n⟩ **1.** thought, idea; **j-n auf andere ~n bringen** make s. o. think of other things, divert s. o. ('s thoughts); **j-n auf den ~n bringen, daß** make s. o. think that, put the idea into s. o.'s head that; **j-n auf dumme ~n bringen** give s. o. (silly) ideas; **ich kam auf den ~n, mir kam der ~** it occurred to me, I had the idea, I hit upon (the idea of) s. th.; **wie kommst du auf diesen ~n?** what makes you think (of) that?, what gives you that idea?; **auf dumme ~n kommen** get (silly) ideas (into one's head); **die ~n bei der Arbeit haben** have one's mind on one's work; **in ~n** a) (*nachdenklich*) in thought, pensive, b) (*im Geiste*) in the spirit, in one's thoughts, c) in imagination, in fancy, d) (*zerstreut*) absent(-)mindedly; **in ~n sein** a) be in a pensive mood, b) be absent(-)minded, have one's thoughts elsewhere; **et. in ~n tun** do s. th. absent(-)mindedly; **in ~n versunken** (*od.* **vertieft, verloren**) (w)rapt (*od.* absorbed, lost) in thought, (lost) in a brown study, preoccupied; **s-n ~n nachhängen** be lost in thought; **mit dem ~n spielen, et. zu tun** toy with the idea of doing s. th.; **er ist mit s-n ~n immer bei ihr** his thoughts are always with her; **wo bist du nur mit d-n ~n?** whatever are you thinking about?, a penny for your thoughts!; **sich ~n machen** a) wonder, b) *besorgt*: be worried, be concerned; **sich** (*dat*) **über** (*acc*) **et. ~n machen** a) think about s. th., reflect on s. th., b) wonder about s. th., c) be worried (*od.* concerned) about s. th.; **mach dir k-e ~n (darüber)** don't let it worry you!; **s-e ~n beisammenhaben (beisammenhalten)** have (keep) one's wits about one, have (keep) a clear mind; **s-e ~n zs.-nehmen** collect one's thoughts, *colloq.* pull o. s. together; **j-s ~n lesen** read s. o.'s thoughts (*od.* mind); **s-e ~n auf** (*acc*) **et. richten** a) concentrate (one's thoughts) upon s. th., b) turn one's thoughts toward(s) s. th.; **e-n ~n fassen** form an idea; **ich war unfähig, e-n ~n zu fassen** I couldn't even think (clearly); **~n sind (zoll)frei** (*Sprichwort*) thought is free, thoughts pay no toll. **2.** (*Vorstellung*) idea, thought; **bei dem ~n** at the thought; **es ist mir ein schrecklicher ~** I can't bear thinking about it; **s-e eigenen ~n über** (*acc*) **et. haben** have one's own views (*od.* ideas) about s. th. **3.** (*Einfall*) idea, thought; **guter ~** bright (*od.* good) idea; **glänzender ~** brilliant idea, *colloq.* brain-wave, *Br. a.* brain-storm; **da kam ihm der rettende ~** there he hit upon the solution; **kein schlechter ~!** not a bad idea! **4.** (*Absicht*) intention, idea, thought; **sich mit dem ~n tragen, et. zu tun** think of (*od.* consider) doing s. th., have in mind (*od.* intend) to do s. th. **5.** (*Begriff*) idea, concept (*of democracy, etc*). **6.** ⟨*only sg*⟩ (*das Denken*) thinking, thought; **der ~ an** (*acc*) **et.** the thought of s. th.; **der bloße ~ daran** the mere (*od.* very) thought of it; *colloq.* **kein ~!** a) (*keineswegs*) certainly not!, nothing of the kind!, b) (*unmöglich*) not a hope!; **kein ~ daran!** (this is) out of the question! **7.** (*Gefühl, Ahnung*) notion. **8.** (*Betrachtung*) reflection; **~n und Erinnerungen** reflections and reminiscences. **9.** (*Mutmaßung*) supposition, idea, conjecture.

geˈdan·ken|arm *adj* lacking in ideas. **≈ˌar·mut** *f* lack (*od.* poverty) of ideas. **≈as·so·zia·ti̱on** *f psych.* association of ideas. **≈ˌausˌtausch** *m* exchange of ideas. **≈ˌblitz** *m colloq.* sudden inspiration, brain-wave, bright idea. **≈ˌflucht** *f psych.* flight of ideas. **≈ˌflug** *m lit.* soaring thoughts *pl.* **≈ˌfrei·heit** *f* freedom of thought. **≈ˌgang** *m* **1.** train of thought. **2.** (chain of) reasoning. **≈geˌbäu·de** *n* edifice of thoughts (*od.* ideas). **≈ˌgut** *n* ideas *pl.* **≈ˌinˌhalt** *m* thought content. **~ˌleer** *adj* **1.** *Blick etc*: vacant. **2.** empty. **≈ˌlee·re** *f* complete absence of ideas, vacancy of mind. **≈ˌlesen** *n* mind- (*od.* thought-)reading. **≈ˌle·ser** *m* thought- (*od.* mind-)reader. **~los I** *adj* **1.** (*unüberlegt*) thoughtless, unthinking, unreflecting. **2.** (*rücksichtslos*) thoughtless, inconsiderate. **3.** (*zerstreut*) absent(-)minded. **4.** mechanical. **5.** (*leichtsinnig*) careless, *stärker*: harebrained, dizzy. **6.** (*unaufmerksam*) inattentive. **II** *adv* **7.** thoughtlessly (*etc*); without thinking. **≈lo·sig·keit** *f* ⟨-; *no pl*⟩ thoughtlessness (*etc*). **≈ˌly·rik** *f* contemplative poetry. **~ˌreich** *adj* rich in (*od.* full of) ideas. **≈ˌsplit·ter** *m* aphorism. **≈ˌsprung** *m* jump (from one idea to another). **≈ˌstrich** *m* dash. **≈ˌüberˌtra·gung** *f* thought-transference, telepathy. **≈verˌbin·dung** *f* association of ideas. **~verˌlo·ren, ~verˌsun·ken** *adj* **1.** *a. adv* lost (*od.* deep, wrapped) in thought. **2.** absent(-)minded. **~ˌvoll** *adj* **1.** full of thought. **2.** (*nachdenklich*) thoughtful, pensive. **≈ˌvor·beˌhalt** *m* mental reservation. **≈ˌwelt** *f* **1.** world of thought (*od.* ideas). **2.** (*Geisteswelt*) intellectual world.

geˈdank·lich *adj* **1.** intellectual, mental, (of) thought, in ideas; **~e Tiefe** depth of thought. **2.** *philos.* notional.

Geˈdärm [-ˈdɛrm] *n* ⟨-(e)s; -e⟩, **Geˈdär·me** *n* ⟨-s; -⟩ *meist pl* **1.** *von Menschen*: bowels *pl*, intestines *pl*, *colloq.* guts *pl.* **2.** *zo.* entrails *pl*, guts *pl.*

Geˈdeck *n* ⟨-(e)s; -e⟩ **1.** cover; **ein ~ auflegen** lay a place; **zwei ~e** (*od.* **ein ~ für zwei**) **auflegen** set the table for two. **2.** (*festes Menü*) set menu, table d'hôte. **3.** (*~preis*) cover charge. **geˈdeckt** *adj* **1.** covered. **2.** *Tisch*: spread. **3.** *Farben*: subdued.

geˈdehnt *adj u. adv ling.* lengthened; **~ sprechen** drawl; **Vokale ~ aussprechen** pronounce vowels long (*od.* lengthened).

Geˈdeih [-ˈdaɪ] *m* **auf ~ und Verderb** for better or (for) worse, for good or (for) ill; **sich auf ~ und Verderb mit j-m verbinden** cast in one's lot with s. o.

geˈdei·hen [-ˈdaɪən] **I** *v/i* ⟨**gedeiht, gedieh, gediehen, sein**⟩ **1.** *Pflanzen, Tiere, Kinder etc*: thrive, prosper, do (*od.* develop) well. **2.** (*wachsen*) grow. **3.** *fig. Geschäfte, Kunst etc*: flourish, prosper, thrive. **4.** (*vorwärtskommen*) (make) progress, get on (well); **wie weit sind die Verhandlungen gediehen?** how far have the negotiations progressed?; **die Verhandlungen sind schon weit gediehen** the negotiations are in good progress (*od.* well under way); **die Dinge sind soweit gediehen, daß** things have reached a stage (*od.* point) where; *colloq.* **wie weit seid ihr gediehen?** how far did you get? **5.** (*blühen*) blossom, flourish; **er blüht und gedeiht** he is flourishing. **6.** *lit.* (*erwachsen*) turn out, result; **es gedieh ihm zum Heil** it turned out for his own good. **II ≈** *n* ⟨-s⟩ **7.** thriving (*etc*). **8.** growth. **9.** *fig.* prosperity, success; **gutes ≈ wünschen** wish good success. **10.** *fig.* (good) progress. **geˈdeih·lich** *adj* **1.** (*ersprießlich*) profitable, successful. **2.** (*fruchtbar*) fruitful, productive. **3.** (*förderlich*) beneficial.

Geˈdenk|ˌausˌga·be *f philat.* commemorative issue. **~ˌband** *m* ⟨-(e)s; ¨-e⟩ commemorative volume. **~ˌblock** *m philat.* souvenir sheet.

ge'den·ken I *v/i* ⟨*irr*, *pp* **gedacht**, h⟩ **1.** *lit.* **j-s (e-r Sache)** ~ a) think of s. o. (s. th.), remember s. o. (s. th.), bear s. o. (s. th.) in mind, b) (*erwähnen*) mention s. o. (s. th.), make mention of s. o. (s. th.), c) (*feiern*) commemorate s. o. (s. th.), d) *ehrend*: hono(u)r s. o. (s. th.). **II** *v/t* **2. et. zu tun** ~ mean (*od.* intend, propose, have in mind) to do s. th., think of doing s. th. **III** ♀ *n* ⟨-s⟩ **3.** remembering (*etc*). **4.** memory, remembrance; **zum** ♀ **an ihn** in memory (*od.* remembrance) of him; → *a.* Gedächtnis 3.

Ge'denk|,fei·er *f* commemoration (ceremony). **~,got·tes,dienst** *m* memorial service. **~mi,nu·te** *f* minute's silence (in memory of s. o. *od.* s. th.); **e-e ~ einlegen** have a minute's silence. **~,re·de** *f* commemorative address. **~,stät·te** *f* memorial (place). **~,stein** *m* memorial (stone). **~,stun·de** *f* hour of remembrance. **~,ta·fel** *f* commemorative tablet (*od.* plaque). **~,tag** *m* commemoration day.

Ge'dicht *n* ⟨-(e)s; -e⟩ **1.** poem; **~e verfassen** (*od.* **schreiben**, *colloq.* **machen**) write poems (*od.* poetry). **2.** *fig. colloq.* dream; **dieser Hut ist ein ~** this hat is a (perfect) dream (*od.* is just lovely, gorgeous). **~,band** *m* ⟨-(e)s; ⸚e⟩ volume of poems (*od.* verse). **~,form** *f* **1.** poetic form; **in ~** in verse, in the form of a poem. **2.** type of poem. **~,samm·lung** *f* **1.** collection of poems (*od.* verse). **2.** (*Auswahl*) anthology. **~,zy·klus** *m* cycle of poems.

ge'die·gen *adj* ⟨-er; -st⟩ **1.** *metall.* native, pure (*copper, etc*). **2.** *Gold, Silber*: a) pure, sterling, b) (*massiv*) solid; **aus ~em Gold** of pure (*od.* solid) gold. **3.** *Ware etc*: solidly(-)made, of quality (and distinction), (*geschmackvoll*) dignified, tasteful; **~e Arbeit** a solid piece of work, *weitS.* ⟨*pred*⟩ good craftsmanship. **4.** *fig. Arbeit, Leistung etc*: solid; **~e Kenntnisse** a solid (*od.* sound, thorough) knowledge. **5.** *fig. Charakter, Mensch*: upright, solid, sterling. **6.** *colloq.* (*komisch, seltsam*) funny, odd; **du bist aber ~!** you are a funny one!; **das ist ~** that's (very) funny, that's a good one. **♀heit** *f* ⟨-; *no pl*⟩ **1.** purity, solidness, solidity. **2.** quality and distinction, solidity, good craftsmanship. **3.** *e-r Arbeit etc*: solidness, solidity, *von Kenntnissen etc*: *a.* soundness, thoroughness. **4.** *des Charakters etc*: uprightness, solidness, sterling quality.

ge'dieh [-'diː] *1 u. 3 pret*, **ge'die·hen** *pp of* **gedeihen**.

ge'dient *adj* **ein ~er Soldat** a) an old soldier, a veteran, b) a trained soldier, a reservist.

Ge'din·ge *n* ⟨-s; -⟩ **1.** ⟨*only sg*⟩ *hist. im Feudalismus*: a) tribute, b) contract. **2.** *Bergbau*: stint (*od.* stent) piecework (contract); **im ~ arbeiten** do piecework. **~,ar·beit** *f* piecework, work on a piece-rate basis.

Ge'döns [-'dœns] *n* ⟨-es; *no pl*⟩ *dial. colloq.* fuss; **mach kein ~!** don't make such a fuss.

ge'dörrt *adj* **~es Obst** → **Dörrobst**; **~e Pflaumen** (dried) prunes; **~es Fleisch** hung beef.

Ge'drän·ge *n* ⟨-s; *no pl*⟩ **1.** thronging, crowding, pushing, shoving, jostle. **2.** (*sich drängende Menge*) crowd, throng, *colloq.* crush. **3.** (*Ansturm*) (**nach** for) a) rush, scramble, run, b) *pol. etc contp.* wrangling, jockeying (*for position, etc*). **4.** *Rugby*: scrummage. **5.** *fig.* **ins ~ kommen** get into trouble, be hard pressed. **Ge'drän·gel** *n* ⟨-s; *no pl*⟩ *colloq. für* **Gedränge** 1, 2.

ge'drängt I *adj* **1.** (*dicht* ~) crowded, packed, crammed. **2.** *Stil, Rede etc*: concise, compact, terse, succinct; **e-e ~e Übersicht** a brief summary, a condensed review. **II** *adv* **3. ~ voll** packed (to capacity), chockful, crowded, *Am. a.* jammed. **♀heit** *f* ⟨-; *no pl*⟩ *fig.* conciseness (*etc*).

ge'drech·selt *adj Rede, Stil*: stilted.

ge'dritt *adj astrol.* trine. **♀,schein** *m* trine.

Ge'dröhn *n* ⟨-(e)s; *no pl*⟩, **Ge'dröh·ne** *n* ⟨-s; *no pl*⟩ *colloq.* → **dröhnen** II.

ge'dro·schen [-'drɔʃən] *pp of* **dreschen**.

ge'druckt *adj* printed; *colloq.* **lügen wie ~** lie one's head off, tell a pack of lies; *electr.* **~e Schaltung** printed circuit.

ge'drückt *adj* **1.** (*niedergeschlagen*) depressed, dejected; **~e Stimmung** gloom, low spirits *pl*, dejected mood; **in ~er Stimmung sein** be depressed, be downhearted, be in low spirits. **2.** *econ.* a) *Kurse, Preise etc*: depressed, b) *Geldmarkt*: stringent. **3.** *tech.* shallow (-formed). **♀heit** *f* ⟨-; *no pl*⟩ **1.** depression, low spirits *pl*, dejection, gloom(iness). **2.** *econ.* a) *der Kurse, Preise etc*: depression, b) *des Geldmarkts*: stringency.

ge'drun·gen [-'drʊŋən] **I** *pp of* **dringen**. **II** *adj* **1.** *Gestalt*: stocky, thickset, squat. **2.** *bes. tech. Form etc*: compact. **♀heit** *f* ⟨-; *no pl*⟩ stockiness, thicksetness (*etc*).

Ge'du·del *n* ⟨-s; *no pl*⟩ *colloq.* → **Dudelei**.

Ge'duld *f* ⟨-; *no pl*⟩ *allg.* patience, (*Nachsicht*) *a.* indulgence, forbearance, (*Ausdauer*) *a.* perseverance; **~ haben (mit)** have patience (with), be patient (with), **mit j-m:** *a.* bear with s. o.; **et. mit (*od.* in) ~ tragen** bear s. th. patiently; **die ~ verlieren** lose patience, (*in Wut geraten*) *a.* lose one's temper; **sich in ~ fassen** have patience, *lit.* possess one's soul in patience; **fasse dich in ~!, nur ~!** (have) patience!, *colloq.* take it easy!; **j-n um ~ bitten** ask s. o. to be patient; **j-s ~ auf die Probe stellen** try (*od.* tax) s. o.'s patience; *colloq.* **jetzt reißt mir aber die ~!** that's the last straw!, that's about all I can stand!; **m-e ~ war zu Ende, ich war mit m-r ~ am Ende** my patience was exhausted (*od.* gave out), I lost all patience; **mit ~** patiently, with patience; *colloq.* **mit ~ und Spucke (fängt man e-e Mucke)** patience and snare catch many a hare. **ge'dul·den** *v/reflex* ⟨*pp* **geduldet**, h⟩ **sich ~** be patient, wait (patiently); **~ Sie sich bitte e-n Augenblick** wait a minute, please.

ge'dul·dig [-'dʊldɪç] **I** *adj allg.* patient, (*nachsichtig*) *a.* indulgent, forbearing, (*ausdauernd*) *a.* persevering; **~ wie ein Lamm** as patient as Job; **~ mit j-m sein** be patient (*od.* have patience) with s. o.; → **Papier**. **II** *adv* patiently, in (*od.* with) patience.

Ge'dulds|,ar·beit *f* work (*od.* task) requiring a great deal of patience. **~,fa·den** *m colloq.* **bald reißt mir der ~** my patience is wearing thin; **mir riß der ~** I lost all patience, my patience gave out.

Ge'duld,spiel *n* → **Geduldsspiel**.

Ge'dulds|,pro·be *f* trial of patience, ordeal; **es war e-e reine ~** it was a real trial to (my, *etc*) patience, it was nerve-racking; **j-n auf e-e (harte) ~ stellen** try s. o.'s patience. **~,spiel** *n* **1.** puzzle (*a. fig.*). **2.** (*Zs.-setzspiel*) jigsaw (*od.* picture) puzzle.

ge'dun·gen [-'dʊŋən] **I** *pp of* **dingen**. **II** *adj* hired (*killer, etc*).

ge'dun·sen [-'dʊnzən] *adj* **1.** *bes. Gesicht*: bloated, puffy. **2.** *Körper, Glied*: swollen, bloated, turgid.

ge'durft [-'dʊrft] *pp of* **dürfen**[1] II, III.

ge'ehrt *adj* hono(u)red; **Sehr ~er Herr X** Dear Sir, *adm.* Sir, *vertraulich*: Dear Mr. X; **Sehr ~er Herr** Dear Sir; **Sehr ~e Herren** Dear Sirs, *bes. Am.* Gentlemen; **ich fühle mich sehr ~** I am greatly (*od.* much) hono(u)red.

ge'eicht I *pp of* **eichen**[2]. **II** *adj* **1.** *tech.* calibrated, standardized. **2.** *colloq.* **er ist darauf ~** he is an expert in that, that's just his pigeon.

ge'eig·net *pp u. adj* **1.** suitable; **er ist dafür nicht der ~e Mann** he is not the right man for it, he is not suited (for the job); **er ist zum Lehrer ~** he is suited for (*od.* to be) a teacher; **~e Maßnahmen ergreifen** take suitable (*od.* appropriate) measures; **das ist für m-e Zwecke ~** that suits my purposes. **2.** (*befähigt*) (**für** for) qualified, eligible (*candidate, etc*); **für diese Arbeit ist er nicht ~** he is not qualified for this work. **3.** *bes. körperlich*: fit (**für, zu** for). **4.** (*passend*) right, fitting, appropriate, proper; **im ~en Moment** (*od.* **Augenblick**) at the right moment. **5.** (*beschaffen*) likely, apt; **das ist eher ~, die Kunden abzuschrecken** that is more likely to discourage the customers. **♀heit** *f* ⟨-; *no pl*⟩ → **Eignung**.

Geer [geːr] *f* ⟨-; -en⟩, **'Geer·de** [-də] *f* ⟨-; -n⟩ *mar.* vang.

Geest [geːst] *f* ⟨-; -en⟩, **~,land** *n* ⟨-(e)s; *no pl*⟩ geest (*sandy region in N. Germany*).

Ge'fahr *f* ⟨-; -en⟩ **1.** danger, hazard, risk; **in ~ bringen** → **gefährden**; **in ~ sein** (*od.* **schweben**) be in danger (*od.* peril), be endangered, be imperil(l)ed; **außer ~ sein** be out of danger, be safe, *colloq.* be out of the wood(s); **ohne ~** without danger, safely, with safety; **sich e-r ~ aussetzen, sich in ~ begeben** (*od.* **bringen**) expose o. s. to danger, take a risk (*od.* risks); **es besteht** (*od. dial.* **hat**) **k-e ~, daß** there is no danger (*od.* risk) that; **der ~ entkommen** (*od.* **entgehen, entrinnen**) escape (danger); **in ~ geraten** (*od.* **kommen**) run (*od.* get) into danger; **in ~ sein, getötet zu werden** be in danger of being killed; **er läuft ~, sich zu schaden** he is liable (*od.* likely) to harm himself; **~en trotzen** brave dangers; **es ist ~ im Verzuge** a) there is danger in delay, b) *weitS.* there is danger ahead; **wer die ~ sucht, kommt darin um** (*Sprichwort*) he who looks for trouble finds it. **2.** (*Bedrohung*) (**für** to) danger, threat, menace; **e-e ~ für die Menschheit** a threat to mankind. **3.** *große, drohende*: peril; *pol.* **die gelbe (rote) ~** the Yellow (Red) Peril. **4.** (*Risiko*) risk; **mit** (*od.* **unter**) **~ s-s Lebens** at the risk of one's life; **auf eigene ~** at one's own risk; **auf die ~ hin, mißverstanden zu werden** at the risk of being misunderstood; *econ.* **für Rechnung und ~ von** for account and at the risk of; **gegen alle ~en** *Versicherung*: against all risks. **5.** (*akuter Notfall*) emergency; **bei ~** in an (*od.* in case of) emergency. **6.** (*Wagnis*) risk, hazard, jeopardy; **die ~en des Unternehmens** the hazards involved in the enterprise. **♀,brin·gend** *adj* → **gefährlich**.

ge'fähr·den [-'fɛːrdən] *v/t* ⟨*pp* **gefährdet**, h⟩ **1.** endanger, expose *s. o., s. th.* to danger, *stärker*: imperil; **s-n Ruf ~** endanger (*od.* compromise) one's reputation. **2.** (*aufs Spiel setzen*) risk, hazard. **3.** (*in Frage stellen*) jeopardize, threaten; **s-e Zukunft ~** jeopardize one's future;

den Frieden ~ threaten (the) peace. **ge'fähr·det** *pp u. adj* endangered; (sittlich) ~**e Jugend** (morally) endangered youth; ~**e Gesundheit** weak health; **s-e Versetzung ist** ~ his promotion is in danger, there is a danger (*od.* chance) that he will not be promoted; **e-e** ~**e Lage** an exposed position. **Ge'fähr·de·ten‚für‚sor·ge** *f* social care for predelinquents. **Ge'fähr·dung** *f* ‹-; -en› **1.** endangering (*etc*; *cf.* **gefährden**); exposure to danger, imperilment. **2.** (*gen* to) danger, threat; **Schundliteratur stellt e-e** ~ **der** (*od.* **für die**) **Jugend dar** trashy literature is a threat (*od.* danger) to youth; *nucl.* ~ **durch Strahlung** radiation hazards *pl.*

Ge'fah·ren|be‚reich *m*, ~**‚feld** *n* danger area; **aus dem** ~ out of danger (*od.* harm's way). ~**ge‚mein·schaft** *f* **1.** *pol.* self-protective alliance. **2.** *econ. bei Versicherung*: a) common safety arrangement for vessel and cargo, b) society covering common risks. ~**‚herd** *m* (constant) source of danger, *pol. a.* storm cent/re (*Am.* -er), trouble spot. ~**‚klas·se** *f econ. bei Versicherung*: class of risk. ~**mo‚ment**[1] *n* (element of) danger, risk, hazard. ~**mo‚ment**[2] *m* moment of danger. ~**‚punkt** *m* danger spot (*od.* point), *fig. a.* critical point. ~**‚quel·le** *f* (constant) source of danger. ~**‚stel·le** *f* danger spot. ~**‚zo·ne** *f* danger zone; → *a.* **Gefahrenbereich.** ~**‚zu‚la·ge** *f* **1.** danger pay, *Am. a.* hazard bonus. **2.** *aer.* flight (*od.* incentive) pay.

ge'fähr·lich [-'fɛːrlıç] *adj* **1.** dangerous, *stärker*: perilous; **j-m** (*od.* **für j-n**) ~ **sein** be dangerous to s. o.; **er kann (dir)** ~ **werden** he can become dangerous (*od.* a danger) (to you); *colloq.* **das ist nicht so** ~ that's nothing much; → **Spiel** 11. **2.** (*gewagt*) risky, hazardous. **3.** (*heikel*) ticklish, tricky. **4.** (*ernst*) grave, serious, critical (*condition, etc*); **e-e** ~**e Krankheit** a serious illness; **ein** ~**er Fehler** a grave (*od.* fatal) mistake. **5.** (*unsicher*) unsafe, precarious. **6.** (*drohend*) threatening, menacing. **2keit** *f* ‹-; *no pl*› **1.** danger(ousness), *stärker*: peril(ousness). **2.** (*Gewagtheit*) riskiness, hazardousness. **3.** (*das Heikle*) trickiness. **4.** (*Ernst*) seriousness, gravity, critical nature. **5.** (*Unsicherheit*) unsafety, precariousness.

ge'fahr|los I *adj* **1.** without (*od.* free from, involving no) danger (*od.* risk). **2.** (*risikolos*) riskless. **3.** (*sicher*) safe. **4.** (*harmlos*) harmless. **II** *adv* **5.** safely. **2lo·sig·keit** *f* ‹-; *no pl*› **1.** safety, security. **2.** harmlessness.

Ge'fährt [-'fɛːrt] *n* ‹-(e)s; -e› vehicle; → *a.* **Fuhrwerk.**

Ge'fähr·te *m* ‹-n; -n› **1.** companion. **2.** → **Kamerad** 1, **Lebensgefährte. 3.** *mus.* comes. **Ge'fähr·tin** *f* ‹-; -nen› **1.** (female) companion. **2.** → **Lebensgefährtin.**

ge'fahr‚voll *adj* full of (*od. lit.* fraught with) danger, dangerous, perilous, risky, hazardous.

Ge'fäl·le *n* ‹-s; -› **1.** *des Geländes*: fall, descent, slope, incline, *e-r Straße etc*: *a.* gradient, *bes. Am.* grade; „**starkes** ~!" (*Warnschild*) "steep gradient". **2.** *Wasserbau*: (height of) fall, head. **3.** *math.* gradient. **4.** *electr.* potential gradient. **5.** *meteor. phys. der Wärme*: gradient, drop. **6.** *econ.* (*Abschwung*) downward trend, fall. **7.** *fig.* (*graduelle Unterschiede*) differential, variation(s *pl*), difference(s *pl*).

ge'fal·len[1] **I** *v/i* ‹*irr, pp* **gefallen, h**› **1.** **j-m** ~ please s. o.; **wie gefällt Ihnen dieses Bild** how do you like this picture?; **das Buch hat ihr nicht** ~ she didn't like (*od.* enjoy) the book, the book didn't appeal to her; **das gefällt mir (gut)** I like that very much, that's to my liking (*od.* taste), *bes. Br.* I fancy that; **er gefiel mir auf den ersten Blick** I liked (*od.* took to) him at once; **die Sache gefällt mir nicht** I don't like (the look[s] of) it, *colloq.* there is s.th. fishy about it; *colloq.* **er gefällt mir nicht** (*sieht krank aus*) I am worried about him (*od.* his health); **man kann nicht allen** ~ one cannot please (*od.* suit) everybody; **tu, was dir gefällt!** please (*od.* suit) yourself!, do as you like (*od.* please)! **2.** **sich** (*dat*) **et.** ~ **lassen** a) (*hinnehmen*) put up with (*od.* submit to, suffer) s. th., b) (*mögen*) like (*od.* be pleased with, enjoy) s. th., c) (*billigen, zustimmen*) agree with (*od.* approve of) s. th.; **das lasse ich mir nicht** ~! I won't put up with that!, I won't stand (for) that!; **sich nichts** ~ **lassen** stand no nonsense; **er läßt sich alles** ~ he puts up with everything, *colloq.* he lets people walk all over him; **das lasse ich mir** ~! that's what I like!, good!; **das lasse ich mir schon eher** ~! *colloq.* that's more like it!, now you are talking! **3.** **sich** (*dat*) **in** (*dat*) **et.** ~ indulge (*od.* take pleasure) in s. th., affect s. th.; **sich in e-r Rolle** *etc* ~ fancy o. s. in a role, fancy o. s. as (*a protector, etc*); **sich in Anspielungen** ~ indulge in allusions; **er gefiel sich in dem Gedanken, daß** he gloried in the thought that, he flattered himself in the belief that. **II** *v/impers* **4.** like; **wie hat es Ihnen in London** ~? how did you like London?; **tu, wie es dir gefällt!** do as you like (*od.* please)!; **ob es dir nun gefällt oder nicht** whether you like it or not, *colloq.* like it or lump it.

ge'fal·len[2] **I** *pp of* **fallen, gefallen**[1]. **II** *adj* **1.** *fig. Mädchen, Größe, Engel*: fallen; **e-e** ~**e Frau** a fallen woman. **2.** *mil.* dead, fallen, killed in action.

Ge'fal·len[1] *m* ‹-s; -› (*Freundschaftsdienst*) favo(u)r, kindness; **j-m e-n** ~ **tun** (*od.* **erweisen**) do s.o. a favo(u)r (*od.* kindness, service, good turn); **(bitte) tu mir den** ~ **und schreibe bald** please do me the favo(u)r of writing soon, be so kind as to write soon, please write soon; **j-n um e-n** ~ **bitten** ask a favo(u)r of s. o.; **mir zu** ~ to please (*od.* oblige) me, for my sake; **j-m et. zu** ~ **tun** do s. th. to please s. o.; **j-m zu** ~ **reden** tell s. o. just what he wants to hear.

Ge'fal·len[2] *n* ‹-s; *no pl*› pleasure; ~ **finden** (*od.* **haben**) a) **an e-r Sache** (*od.* **daran, et. zu tun**) take pleasure in (*od.* enjoy, like) s. th. (*od.* doing s. th.), b) **an j-m** like (*od.* take to, take a fancy to) s. o.; **bei j-m** ~ **finden** appeal to s. o.

Ge'fal·le·ne *m* ‹-n; -n› *mil.* dead (*od.* killed) soldier; **die** ~**n** the dead (*od.* fallen).

Ge'fal·le·nen|‚denk‚mal *n* war memorial. ~**‚fried‚hof** *m* war cemetery. ~**‚li·ste** *f mil.* a) casualty list, b) *auf Gedenktafel etc*: roll of hono(u)r.

ge'fäl·lig *adj* **1.** (*ansprechend*) pleasing, agreeable, pleasant, nice; **e-e** ~**e Melodie** a pleasing (*od.* catching) melody. **2.** (*zuvorkommend*) obliging, accommodating, kind; **j-m** ~ **sein** a) do s.o. a favo(u)r, oblige (*od.* accommodate) s. o. **3.** (*einnehmend*) engaging, likeable, pleasing. **4.** *colloq. in Fragen*: **Zigarette** ~? (would you like) a cigarette?; **Zigaretten** ~? cigarettes, please?; **sonst noch et.** ~? (would you like) anything else? **5.** *fig. colloq.* **hier ist (gleich) (et)was** ~! s. th. is going to happen (*od. sl.* to give)!, things will get lively soon!; **wenn's** ~ **ist** *a. iro.* if you please, if you don't mind; → **gefälligst. 6.** *econ.* kind; **um** ~**e Antwort wird gebeten** the favo(u)r of an answer is requested; **zur** ~**en Beachtung** for your kind attention. **2keit** *f* ‹-; -en› **1.** favo(u)r, kindness, good turn; → **Gefallen**[1]. **2.** ‹*only sg*› (*ansprechende Art*) agreeableness, pleasantness. **3.** ‹*only sg*› (*Zuvorkommenheit*) obligingness, kindness, complaisance; **et. nur aus** ~ **tun** do s. th. out of sheer kindness (*od.* only to please s. o.).

Ge'fäl·lig·keits|ak‚zept *n*, ~**‚wech·sel** *m econ.* accommodation bill, *colloq.* kite.

ge'fäl·ligst *adv colloq.* (*grobe Aufforderung*) will you, *iro.* kindly, (if you) please; **mach** ~ **die Tür zu!** shut that door, will you!; **beeilt euch** ~! hurry up, will you!, get a move on!

Ge'fall|‚sucht *f* **1.** *weibliche*: coquetry. **2.** *contp.* (excessive) desire to please, craving for admiration. **2‚süch·tig** *adj* **1.** *Frau*: coquettish. **2.** *contp.* anxious to please (*od.* to be admired).

ge'fälscht *adj* (*Geld etc*) forged, (*a. Kunstwerk, etc*) fake(d).

ge'fäl·telt *adj* **1.** folded. **2.** pleated. **3.** gathered, *Am. a.* shirred.

Ge'fän·ge [-'fɛŋə] *n* ‹-s; -› *hunt.* antlers *pl.*

ge'fan·gen *adj* **1.** caught; **mit e-r Falle** ~ trapped. **2.** (*in fremder Gewalt*) captive, captured; **sich** ~ **geben** surrender, give o. s. up. **3.** imprisoned, in prison. **4.** *fig.* (von by) captivated, enthralled. **Ge'fan·ge·ne** *m, f* ‹-n; -n› **1.** (*Kriegs2*) prisoner (of war); ~ **machen** take prisoners. **2.** a) (*Häftling*) prisoner; **politischer** ~**r** political (*od.* state) prisoner, b) (*Sträfling*) convict. **3.** *fig. lit.* captive, prisoner.

Ge'fan·ge·nen|‚ar·beit *f* convict labo(u)r. ~**be‚frei·ung** *f jur.* aiding (and abetting) a prisoner to escape. ~**‚für‚sor·ge** *f* prison welfare work. ~**‚la·ger** *n* **1.** prison camp. **2.** *mil.* prisoner-of-war (*od.* POW) camp. ~**psy‚cho·se** *f* prison psychosis. ~**‚wa·gen** *m* prison van, *Am.* patrol wagon, *colloq.* Black Maria.

ge'fan·gen|‚hal·ten *v/t* ‹*irr, sep,* **-ge-, h**› **1.** **j-n** ~ keep s. o. (a) prisoner (*od.* imprisoned, in prison), hold s. o. captive, detain s. o. (in prison). **2.** *fig.* **j-n** ~ hold s. o. under one's spell (*od.* enthralled), captivate s. o. **2‚nah·me** *f* ‹-; *no pl*› **1.** *mil.* taking prisoner (*of s. o.*), capture (*od.* capturing) (*of s. o.*). **2.** *jur.* arrest, apprehension. ~**‚neh·men** *v/t* ‹*irr, sep,* **-ge-, h**› **1.** **j-n** ~ a) *mil.* take s. o. prisoner, capture s. o., b) *jur.* arrest (*od.* apprehend, seize) s. o., take s. o. into custody; **sich** ~ **lassen** give o. s. up (as a prisoner). **2.** *fig.* **j-n** ~ captivate (*od.* enthrall, absorb, grip) s. o.; **sich von e-r Sache** ~ **lassen** be captivated (*etc*) by s. th. **2schaft** *f* ‹-; *no pl*› *a. mil.* captivity, (*Haft*) imprisonment, *Gewahrsam*) custody; *mil.* **er war fünf Jahre in** ~ he was a prisoner (of war) (*od.* POW) for five years; **in** ~ **geraten** be taken prisoner, be captured, become a prisoner of war. ~**‚set·zen** *v/t* ‹*sep,* **-ge-, h**› **j-n** ~ a) imprison s. o., put s. o. in prison, jail (*Br. a.* gaol) s. o., b) arrest s. o., take s. o. into custody.

Ge'fäng·nis [-'fɛŋnıs] *n* ‹-ses; -se› **1.** prison, jail, *Br. a.* gaol (→ *a.* **Strafanstalt, Knast**); **im** ~ **sein** (*od.* **sitzen**) be in prison, serve (*od. colloq.* do) time, *sl.* do a stretch; **ins** ~ **kommen** (*od. colloq.* **wandern**) be sent (*od.* go) to prison; **j-n ins** ~ **stecken** (*od.* **werfen**) put s. o. in prison (*od.* behind bars), send s. o. to prison, imprison (*od.* jail) s. o., *colloq.* run s. o. in, clap s. o. in jail. **2.** *obs.*

(*∼strafe*) (term of) imprisonment, prison sentence; **zu 2 Jahren ∼ verurteilt werden,** *colloq.* **2 Jahre ∼ bekommen** be sentenced to 2 years' imprisonment, get 2 years; **darauf steht ∼** this is punishable by imprisonment; **mit ∼ bestraft werden** a) *Person*: be sentenced to a term of imprisonment, b) *Vergehen*: be punishable by imprisonment. **3.** *hist.* (*Kerker*) dungeon. **4.** *fig.* prison(-house). **∼ˌarzt** *m* prison doctor. **∼diˌrek·tor** *m* governor (*bes. Am.* warden) (of a prison). **∼ˌgeist·li·che** *m* prison chaplain. **∼ˌhaft** *f* detention (in prison). **∼ˌhof** *m* prison yard. **∼ˌinˌsas·se** *m*, **∼ˌinˌsas·sin** *f* (prison) inmate. **∼ˌmau·er** *f* prison wall. **∼reˌvol·te** *f* prison mutiny (*od.* riot). **∼ˌstra·fe** *f jur. obs.* (sentence *od.* term of) imprisonment, prison sentence; **j-n zu e-r ∼ von zwei Jahren verurteilen** sentence s. o. to two years' imprisonment; → *a.* **Gefängnis** 2. **∼ˌwär·ter** *m obs.* jailer, *Br. a.* gaoler, turnkey, prison guard. **∼ˌzel·le** *f* prison cell.

geˈfärbt *adj* **1.** *Stoff, Haar etc*: dyed. **2.** (*getönt*) tinted. **3.** *Laub etc*: colo(u)red. **4.** *fig. Ansichten etc*: bias(s)ed, colo(u)red; **s-e Ideologie ist kommunistisch ∼** his ideology has a communist bias; **s-e Aussprache ist bay(e)risch ∼** his pronunciation has a Bavarian dialect colo(u)ring.

Geˈfa·sel *n* ⟨-s; *no pl*⟩ *colloq. contp.* twaddle, blather, drivel.

geˈfa·sert *adj* fibrous.

Geˈfäß [-ˈfɛːs] *n* ⟨-es; -e⟩ **1.** (*Behälter*) vessel, receptacle, container. **2.** (*Topf*) pot, jar. **3.** (*Schale, Schüssel*) bowl, basin. **4.** (*Vase*) vase. **5.** *anat. biol.* vessel; **kleines ∼** vasculum. **6.** *bot. im ∼bündel*: trachea. **7.** *am Degen u. Säbel*: hilt. **8.** *Bibl.* vessel; **∼ des Zorns** vessel of wrath. **9.** *fig.* vessel, receptacle, vehicle. **∼ˌbün·del** *n biol. bot.* vascular bundle. **∼chi·rurˌgie** *f* vascular surgery. **∼entˌzün·dung** *f* vasculitis. **≈erˌwei·ternd** *adj* vasodilating. **∼erˌwei·te·rung** *f* vasodilatation. **∼ˌklap·pe** *f* vascular valve. **∼ˌklem·me** *f* artery forceps, h(a)emostatic clamp. **∼ˌkrampf** *m* angiospasm. **∼ˌleh·re** *f med.* angiology. **∼ˌlei·den** *n* vascular disease, angiopathy. **∼ˌnerv** *m* vasomotor nerve. **∼ˌnetz** *n* vascular network.

geˈfaßt I *adj* **1.** calm, composed. **2. auf** (*acc*) **et. ∼ sein** be prepared for s. th., expect s. th.; **auf das Schlimmste ∼ sein** be prepared for the worst; **darauf war ich nicht ∼** I was not prepared for (*od.* expecting) that; **bei ihm muß man auf alles ∼ sein** you can expect (just) anything with him. **3.** *colloq.* **sich auf et. ∼ machen** prepare o. s. for s. th.; **du kannst dich auf et. ∼ machen!** you're (in) for it now!, now you'll get it (in the neck)!; **darauf kannst du dich ∼ machen!** and no doubt about it! **4.** *Edelstein*: (**in** *dat* in) set, mounted; **in Gold ∼er Diamant** diamond set in gold. **II** *adv* **5.** calmly, with composure. **≈heit** *f* ⟨-; *no pl*⟩ calmness, composure.

Geˈfäß|ˌto·nus *m med.* vascular tone. **≈verˌen·gend** *adj* vasoconstricting. **∼verˌhär·tung** *f* angiosclerosis. **∼verˌkal·kung** *f* vascular calcification. **∼ˌwand** *f* vascular wall.

Geˈfecht *n* ⟨-(e)s; -e⟩ **1.** *mil.* a) engagement, encounter, b) (*∼stätigkeit*) action, c) (*Kampf*) combat, fight, d) (*Scharmützel*) skirmish, e) (*Schlacht*) battle; **hinhaltendes ∼** delaying action; **laufendes ∼** running fight; **außer ∼ setzen** put *s. th. od. s. o.* out of action, disable (*cf. a.* 2), (*Artillerie etc*) *a.* silence, (*Panzer etc*) *a.* knock out; **den Feind in ein ∼ verwickeln** engage the enemy; → **klar** 9. **2.** *fig.* encounter, duel; *colloq.* **in der Hitze** (*od.* **im Eifer**) **des ∼s** in the heat of the battle (*od.* moment); **Argumente ins ∼ führen** advance arguments (to support one's case); **j-n** *durch Argumente etc* **außer ∼ setzen** silence (*od. sl.* squelch) s. o. **3.** *Sport*: fencing bout.

Geˈfechts|ˌaufˌtrag *m* **1.** combat mission. **2.** (*Ziel*) objective. **∼ˌausˌbil·dung** *f* combat training. **≈beˌreit** *adj* combat-ready, ready for action. **∼beˌrüh·rung** *f* contact (with the enemy). **∼ˌein·heit** *f* combat unit. **∼ˌglie·de·rung** *f* tactical disposition. **∼ˌhand·lung** *f* action. **≈ˌklar** *adj mar. mil.* clear(ed) for action; **ein Schiff ∼ machen** clear a ship for action. **∼ˌkopf** *m e-r Rakete etc*: warhead. **∼ˌla·ge** *f* tactical situation. **∼ˌlärm** *m* noise (*od.* din) of battle. **≈ˌmä·ßig** *adj* combat, *nachgestellt*: under combat conditions. **∼ˌmast** *m* fighting mast. **∼ˌpau·se** *f* lull in combat. **∼ˌschie·ßen** *n* **1.** *mil.* field firing. **2.** *mar.* battle practice. **∼ˌstand** *m* **1.** *mil.* command post; **vorgeschobener ∼** forward command post. **2.** *aer.* operations room, operational HQ *pl* (*oft als sg konstruiert*). **3.** *aer.* turret. **∼ˌstär·ke** *f* fighting (*od.* combat) strength. **∼ˌtä·tig·keit** *f* combat activity. **∼ˌturm** *m e-s Panzers*: turret. **∼ˌübung** *f* **1.** field exercise. **2.** combat practice. **∼ˌwa·gen** *m* ammunition and weapons cart. **∼ˌziel** *n* objective. **∼ˌzo·ne** *f* zone of action, battle area.

geˈfe·dert *pp u. adj* **1.** a) *tech.* spring-loaded, spring-cushioned, b) *mot.* spring-suspended, c) *Sitze etc*: sprung; **gut ∼** well sprung. **2.** *Bretter etc*: tongued.

Geˈfe·ge *n* ⟨-s; *no pl*⟩ *hunt.* velvet (*rubbed off the antlers*).

Geˈfeil·sche *n* ⟨-s; *no pl*⟩ *colloq. contp.* haggling.

geˈfeit *pp u. adj* **∼ gegen** invulnerable to, proof against, *gegen Krankheiten, Einflüsse etc*: *a.* immune to.

Geˈfie·der *n* ⟨-s; -⟩ **1.** *orn.* plumage, feathers *pl*. **2.** *e-s Pfeils*: feathering, feathers *pl*. **geˈfie·dert** *adj* **1.** *orn.* feathered, plumed, pennate, *lit.* winged. **2.** *Pfeil*: feathered. **3.** *bot.* pinnate; **doppelt ∼** bipinnate; **paarig ∼** paripinnate; **unpaarig ∼** imparipinnate.

Geˈfil·de [-ˈfɪldə] *n* ⟨-s; -⟩ *meist pl* **1.** *poet.* fields *pl*, regions *pl*; *myth.* **die elysischen ∼, die ∼ der Seligen** the Elysian Fields, Elysium *sg*; **wir nähern uns wieder heimatlichen ∼n** we are reaching home grounds again. **2.** *fig. meist iro.* realm, domain, sphere; **er schwebt in höheren ∼n** he has his head in the clouds.

geˈflammt *adj* **1.** *Textil.* moiré, watered (*silk, etc*); **∼e Muster** tabby (*od.* wavy) patterns. **2.** *Marmor, Holz etc*: mottled, grained. **3.** *bes. zo.* flammulated.

Geˈflat·ter *n* ⟨-s; *no pl*⟩ flutter(ing).

Geˈflecht *n* ⟨-(e)s; -e⟩ **1.** *allg.* net(work) (*a. fig.*); **wirres ∼** tangle; **enges ∼** *a. fig.* close weave. **2.** *mattenartiges*: matting. **3.** *aus Holz, Metall etc*: latticework. **4.** (*Weiden≈*) wickerwork, *um Flaschen*: wicker covering. **5.** *anat.* a) (*Nerven≈*) plexus, b) (*Adern≈, Netz≈*) reticulum. **6.** (*Gewebe*) tissue.

geˈfleckt *adj* **1.** spotted, speckled, *Haut*: *a.* freckled; **∼er Panther** spotted panther. **2.** *Marmor etc*: mottled.

Geˈflim·mer *n* ⟨-s; *no pl*⟩ → **flimmern** 6–9.

geˈflis·sent·lich [-səntlɪç] **I** *adj* **1.** deliberate, intentional. **2.** *adm.* **zur ∼en Beachtung** please note. **II** *adv* **3.** deliberately, studiously, designedly, on purpose.

geˈfloch·ten [-ˈflɔxtən] *pp of* **flechten.**

geˈflo·gen [-ˈfloːgən] *pp of* **fliegen.**

geˈflo·hen [-ˈfloːən] *pp of* **fliehen.**

geˈflos·sen [-ˈflɔsən] *pp of* **fließen.**

Geˈflu·che *n* ⟨-s; *no pl*⟩ *colloq.* (constant) swearing (*od.* cursing).

Geˈflü·gel *n* ⟨-s; *no pl*⟩ **1.** fowl(s *pl*). **2.** *collect. agr.* (**das ∼**) poultry. **3.** *gastr.* a) poultry, b) *als Gang*: fowl; **Fisch oder ∼?** fish or fowl? **∼ˌausˌstel·lung** *f* poultry show. **∼ˌcremeˌsup·pe** *f gastr.* creamed chicken soup. **∼ˌhänd·ler** *m* poulterer. **∼ˌkrank·heit** *f* poultry disease. **∼ˌpest** *f* → **Hühnerpest.** **∼saˌlat** *m gastr.* chicken salad. **∼ˌsche·re** *f* poultry shears *pl*.

geˈflü·gelt *adj* **1.** winged. **2.** *bot. Same etc*: winged, alate. **3.** *zo. Insekt etc*: winged, wing-bearing, pinnate(d). **4.** *fig.* **∼es Wort** dictum, saying; **∼e Worte** a) familiar quotations, household words, b) *bei Homer*: winged words. **5.** *myth.* winged; **mit ∼en Füßen** *Merkur*: wing-footed. **6.** *hunt.* winged, shot in the wing.

Geˈflü·gel|ˌzucht *f* **1.** poultry farming (*od.* breeding). **2.** poultry farm. **∼ˌzüch·ter** *m* poultry farmer (*od.* breeder).

Geˈflun·ker *n* ⟨-s; *no pl*⟩ *colloq.* **1.** story-telling, fibbing, lying. **2.** (*Flunkerei*) fibs *pl*, lies *pl*. **3.** a) (*Aufschneiden*) boasting, bragging, b) boastful (*od.* big) talk, boast(s *pl*).

Geˈflü·ster *n* ⟨-s; *no pl*⟩ whisper(ing), whispers *pl*.

geˈfoch·ten [-ˈfɔxtən] *pp of* **fechten.**

Geˈfol·ge *n* ⟨-s; -⟩ **1.** *e-s Fürsten etc*: a) *a. allg.* train, suite, retinue, entourage, b) (*Bedienstete*) attendants *pl*, retainers *pl*. **2.** (*Bedeckung*) escort. **3.** (*Trauer≈*) cortege, cortège, mourners *pl*. **4.** *fig.* **im ∼** (*gen*) in the train (*od.* wake) of; **et. im ∼ haben** bring s. th. in its train (*od.* wake), lead to, give rise to. **Geˈfolg·schaft** *f* ⟨-; -en⟩ **1.** *hist.* retainers *pl*, vassals *pl*, following, (body of) followers *pl*. **2.** *bes. pol. e-r Partei etc*: (body of) adherents *pl* (*od.* followers *pl*, supporters *pl*), following; **j-m ∼ leisten** give one's allegiance to s. o. **Geˈfolg·schaftsˌtreue** *f hist.* allegiance, loyalty (*a. fig.*). **Geˈfolgsˌmann** *m* ⟨-(e)s; ⸚er *u.* -leute⟩ **1.** *hist.* a) retainer, vassal, b) follower. **2.** *bes. pol.* adherent, follower, supporter.

Geˈfopp·te *m, f* ⟨-n; -n⟩ dupe.

Geˈfra·ge *n* ⟨-s; *no pl*⟩ *colloq.* constant questions *pl*.

geˈfragt *pp u. adj* in demand (*a. econ.*), sought after, (*beliebt*) popular, (*in Mode*) "in"; *iro.* **Zivilcourage ist nicht sehr ∼** personal courage is not much in demand.

geˈfrä·ßig [-ˈfrɛːsɪç] *adj* **1.** *contp. Person*: greedy, gluttonous, voracious. **2.** *Insekt, Raupe*: voracious. **≈keit** *f* ⟨-; *no pl*⟩ greed(iness), gluttony, *a. zo.* voracity.

Geˈfrei·te *m* ⟨-n; -n⟩ *mil.* **1.** *beim Heer*: *Br.* lance-corporal, *Am.* private first class. **2.** *bei der Luftwaffe*: *Br.* aircraftman first class, *Am.* airman third class. **3.** *bei der Marine*: *Br.* able seaman, *Am.* seaman apprentice.

geˈfres·sen *pp of* **fressen.**

Geˈfrier|ˌanˌla·ge *f tech.* refrigerating (*od.* freezing) plant. **∼ap·paˌrat** *m* freezing apparatus, freezer. **≈bar** *adj* freezable. **∼chi·rurˌgie** *f med.* cryosurgery.

geˈfrie·ren I *v/i* ⟨*irr, pp* **gefroren,** *sein*⟩ **1.** freeze; **et. ∼ lassen** (*od.* **machen**) freeze s. th. **2.** *Flüssigkeit*: freeze, congeal; **das Wasser war gefroren** the water had frozen (*od.* turned to ice); *fig.* **der Schreck ließ ihm das Blut in den Adern ~** his blood froze (with fright); **das Lächeln gefror auf s-n Lippen** the smile froze on his lips. **II** ≈ *n* ⟨-s⟩ **3.** freezing (*etc*). **4.** freeze. **5.** congelation.

Geˈfrier|ˌfach *n e-s Kühlschranks*: freezing compartment, freezer. **≈ˌfest** *adj* cold-resistant, non-freezing. **~ˌfleisch** *n* frozen meat. **~ˌgrün·dung** *f civ. eng.* freezing foundation. **~ˌgut** *n* frozen goods *pl.* **~maˌschi·ne** *f* → Gefrierapparat. **~ˌpunkt** *m phys.* (**auf dem ~** at) freezing point. **~ˌraum** *m* refrigerating (*od.* freezing) room (*od.* chamber), freezer. **~ˌschrank** *m* (upright) freezer. **~ˌschutzˌmit·tel** *n* anti-freeze (agent *od.* mixture). **~tem·pe·raˌtur** *f* freezing temperature. **≈ˌtrock·nen** *v/t* ⟨*insep, pp* **gefriergetrocknet**, h⟩ freeze-dry. **~ˌtru·he** *f* deep-freeze, freezer. **~ˌwa·re** *f* frozen goods *pl.*

geˈfro·ren [-ˈfroːrən] *pp of* **frieren, gefrieren. Geˈfro·re·ne, Geˈfror·ne** *n* ⟨-n; *no pl*⟩ *Southern G. and Austrian* ice-cream.

Geˈfror·nis *f* ⟨-; *no pl*⟩ *geol.* (**ewige**) ~ permafrost.

Geˈfuch·tel *n* ⟨-s; *no pl*⟩ *colloq.* gesticulating.

Geˈfü·ge *n* ⟨-s; -⟩ **1.** *e-s Baues etc*: structure. **2.** (*Beschaffenheit*) *a. anat. metall.* structure, texture. **3.** *Bergbau*: layer(s *pl*), stratum, bed. **4.** *fig.* structure, framework, make-up, system, fabric.

geˈfü·gig *adj* **1.** *fig. Person, Charakter*: (com)pliant, tractable, docile, malleable, (*gehorsam*) obedient; **j-n ~ machen** bring s. o. to heel; **sich** (*dat*) **j-n** (*od.* **j-n s-n Wünschen**) **~ machen** bend s. o. to one's will. **2.** *Material*: pliable, supple, flexible. **≈keit** *f* ⟨-; *no pl*⟩ **1.** *fig.* pliancy, tractability, docility, obedience. **2.** *tech.* pliability, suppleness.

Geˈfühl *n* ⟨-(e)s; -e⟩ **1.** ⟨*only sg*⟩ (*Tastsinn*) (sense of *od.* sensation of) feeling (*od.* touch); **er hatte kein ~ in den Füßen** he had no feeling in his feet, his feet were numb (*od.* had gone dead). **2.** ⟨*only sg*⟩ (*Art, wie sich et. anfühlt*) feel, touch; **dem ~ nach muß es Kunststoff sein** judging by the feel it must be (made of) plastic. **3.** (*Empfindung*) feeling, sentiment; **in ~en schwelgen** indulge in fine sentiments, sentimentalize; **j-s ~e verletzen** hurt s. o.'s feelings; *colloq.* **das ist das höchste der ~e!** a) that's simply marvel(l)ous!, b) *iro.* that's the most I can (*od.* will) do! **4.** (*sinnliche u. seelische Wahrnehmung*) feeling, sense, (*bes. kurzes* ~) sensation; **unbehagliches ~** uneasy feeling, sense of discomfort; **das ~ haben, daß** have a feeling that, sense (*od.* feel) that. **5.** ⟨*only sg*⟩ (*Instinkt*) feeling, instinct; **et. im ~ haben** a) have a feeling (*od.* flair) for s. th., know s. th. instinctively (*od.* intuitively), b) (*Zukünftiges*) *colloq.* feel s. th. in one's bones; **sie verläßt sich ganz auf ihr ~** she relies completely on her instinct (*od.* intuition); **nach m-m ~** I feel (*that*), as I see it. **6.** ⟨*only sg*⟩ (*Gespür*) (**für**) sense (of), feeling (for), intuitive understanding (of); **ein ~ für Recht und Unrecht** a sense of right and wrong; **ein ~ für Proportionen** a sense of proportions; **das muß man mit ~ machen** that takes a certain touch. **7.** ⟨*only sg*⟩ (*Begabung*) flair (*for languages, etc*). **8.** *meist pl* (*Gemütsbewegung*) emotion, feeling, sentiment; **im Überschwang der ~e** carried away by one's feelings; **widerstreitende ~e** conflicting emotions; **s-n ~en k-n Zwang antun** (*od.* **Luft machen**) give vent to one's emotions; **er singt mit ~** he sings with feeling; **mit gemischten ~en** with mixed feelings; **s-e ~e offen zur Schau tragen** show one's feelings openly, wear one's heart on one's sleeve.

geˈfühl|los *adj* **1.** *bes. med.* a) *gegen Schmerzen*: insensible (**gegen** to), b) *Gliedmaßen*: numb, insensible, dead, c) (*Zustand*) an(a)esthetic. **2.** *fig.* (*unempfindlich*) (**gegen** to) insensible, insensitive. **3.** *fig.* (*hart, herzlos*) unfeeling, hard(hearted), heartless, callous. **4.** *fig.* (*grausam*) cruel, brutish. **5.** *psych.* apathetic, indifferent. **≈lo·sig·keit** *f* ⟨-; *no pl*⟩ **1.** *bes. med.* a) insensibility (**gegen** to), b) *e-s Gliedes*: numbness, deadness, c) (*Zustand*) an(a)esthesia. **2.** *fig.* (**gegen** to) insensibility, insensitiveness, lack of feeling. **3.** *fig.* heartlessness, callousness. **4.** *fig. a. e-r Handlung*: cruelty. **5.** *psych.* apathy.

Geˈfühls|ˌanˌwand·lung *f* (fit of) emotion. **≈ˌarm** *adj* lacking in feeling, cold, emotionally impoverished. **~ˌaufˌwal·lung** *f*, **~ˌausˌbruch** *m* (emotional) outburst. **≈beˌtont** *adj* (highly) emotional, emotive. **~du·seˌlei** *f colloq. contp.* maudlin sentimentality, (sloppy) sentimentalism, mawkishness. **≈ˌdu·se·lig, ≈ˌdus·lig** *adj colloq. contp.* sentimental, mawkish, maudlin, sloppy. **≈geˌla·den** *adj* emotional(ly charged), emotive. **~ˌkäl·te** *f* frigidity, coldness. **~ˌle·ben** *n* ⟨-s; *no pl*⟩ emotional life, emotions *pl.* **≈ˌmä·ßig I** *adj* **1.** emotional. **2.** instinctive, intuitive; **~es Handeln** intuitive action. **II** *adv* **3.** emotionally. **4.** instinctively, intuitively, by instinct, by intuition. **5.** according to my (*etc*) feeling(s). **~ˌmensch** *m* emotional person (*od.* character), emotionalist, *stärker*: sentimentalist. **~ˌnerv** *m anat.* sensory nerve. **~ˌre·gung** *f* emotion; **keine ~ zeigen** not to bat an eyelid. **~ˌsa·che** *f* matter of feeling. **~ˌumˌschwung** *m* revulsion of feelings. **~ˌwelt** *f* emotions *pl.* **~ˌwert** *m* emotional value; *e-s Gegenstands etc*: sentimental value; *e-s Wortes, Begriffs*: emotive value.

geˈfühlˌvoll I *adj* **1.** (full of) feeling. **2.** (*empfindsam*) sensitive. **3.** (*zärtlich*) tender. **4.** (*gefühlsbetont*) emotional. **5.** *Äußerung, Dichtkunst etc*: emotional, full of feeling (*od.* emotion). **6.** sentimental. **7.** *colloq.* (*geschickt*) deft, delicate. **II** *adv* **8.** feelingly (*etc*); **~ singen** sing with feeling. **9.** *colloq.* a) (*vorsichtig*) gently, gingerly, b) (*geschickt*) deftly.

geˈfüllt *adj* **1.** filled, replete; **mit Luft ~** *Reifen etc*: inflated (with air), pneumatic. **2.** (*voll*) full; **prall ~er Geldbeutel** bulging purse. **3.** *Schokolade, Torte etc*: filled, with a filling. **4.** *gastr.* stuffed. **5.** *bot. Blüte*: double. **6.** *med. Zahn*: filled, stopped. **~ˌblü·tig** *adj bot.* andropetalous.

geˈfun·den [-ˈfʊndən] *pp of* **finden.**

Geˈfun·kel *n* ⟨-s; *no pl*⟩ → **funkeln** III.

geˈfurcht I *pp.* **II** *adj* **1.** *Erde, Gesicht etc*: furrowed; **mit ~er Stirn** with a furrowed (*od.* knitted) brow. **2.** (*faltig*) wrinkled. **3.** *Weg*: rutted. **4.** *bot.* sulcate; *zo.* fossulate; *anat.* furrowed, striate.

geˈfüt·tert I *pp of* **füttern**[1] *u.* [2]. **II** *adj Briefumschlag, Handschuh etc*: lined.

geˈga·belt *adj* **1.** *Weg etc*: forked. **2.** *bot. zo.* divaricate. **3.** *anat.* forked, bifurcate(d).

Geˈgacker (*getr.* **-k·k-**) *n* ⟨-s; *no pl*⟩ → **gackern** II.

geˈgan·gen [-ˈgaŋən] *pp of* **gehen.**

geˈge·ben I *pp of* **geben. II** *adj* **1.** given (*facts, temperature, etc*); *math.* **~e Größe** given quantity; **unter den ~en Umständen** under the prevailing conditions, things being as they are, as things stand; **innerhalb e-r ~en Frist** within a given (*od.* specified) time; **et. als ~ voraussetzen** assume s. th. as a fact, take s. th. for granted; **wenn wir als ~ voraussetzen, daß** taking (it) for granted that, supposing. **2.** (*passend*) proper, best, obvious; **zur ~en Zeit** a) at the proper time, when (the) occasion arises, b) (*später*) at a later date, at some future time (*od.* date); **er ist der ~e Mann** he is the obvious man; **die ~e Methode** the best (*od.* obvious) approach. **3. j-m ~ sein** *Fähigkeit etc*: be given to s. o., be in s. o.'s nature; **es war ihm nicht ~, sich zu verstellen** it was not given to him to play a part, it was not his nature to dissemble. **III ≈e, das** ⟨-n⟩ **4.** the given fact. **5.** *math.* the given quantity. **6.** *philos.* **das unmittelbar ≈e** the immediately given, the immediacy. **7.** (*substantiviert mit Kleinschreibung*) **das ~e sein** be the best (*od.* obvious) thing (to do), *colloq.* be the best bet.

geˈge·be·nenˈfalls *adv* **1.** should the occasion arise. **2.** (*notfalls*) if necessary. **3.** (*soweit möglich*) if possible. **4.** *auf Formularen etc*: if applicable.

Geˈge·ben·heit *f* ⟨-; -en⟩ **1.** (given) fact (*od.* factor). **2.** *meist pl* condition, circumstance; **die sozialen (örtlichen) ~en** the social (local) conditions. **3.** *meist pl* fact, reality; **die ~en des Lebens** the facts of life.

ge·gen [ˈgeːgən] **I** *prep* ⟨*acc*⟩ **1.** (*in Richtung nach*) toward(s); **~ Osten** toward(s) the east, eastward(s); **die Zimmer liegen ~ die Straße (hin)** the rooms face the street. **2.** (*an*) against (*the wall, etc*); **et. ~ das Licht halten** hold s. th. up against (*od.* to) the light. **3.** *zeitlich*: toward(s), at about; **~ Abend** toward(s) evening; **er kommt ~ zehn Uhr** he'll come (at) about ten o'clock. **4.** *fig.* against; **der Kampf ~ den Krebs** the fight against cancer; **hast du et. ~ mich?** have you (got) anything against me?; **~ et. sein** be against (*od.* opposed to) s. th., object to s. th.; **~ m-e Überzeugung** against my conviction. **5.** *fig.* contrary to; **~ alle Erwartung** contrary to all expectations; **das geht ~ unsere Abmachung** that is contrary to our agreement. **6.** *fig.* (**~über**) toward(s), to; **grausam (freundlich) ~ j-n** cruel (friendly) to s. o.; **e-n Verdacht ~ j-n haben** be suspicious of s. o.; **s-e Pflicht ~ j-n** one's duty to s. o. **7.** *fig.* (*im Vergleich zu*) compared (*od.* in comparison) with (*od.* to); **was ist er schon ~ dich** what is he compared with you; **das ist nichts ~ das, was wir gesehen haben** that is nothing to what we have seen; **die Verhältnisse sind so anders ~ früher** conditions are so different from (*od.* to) what they used to be; **ich wette zehn ~ eins** I'll bet you ten to one; **e-e Steigerung von 10% ~ 5% des Vorjahres** an increase of 10% (as) against (*od.* compared with) 5% of the previous year. **8.** *fig.* (*für*) for; **ein Mittel ~ Kopfschmerzen** a remedy for headaches. **9.** (*als Entgelt für*) against, (in exchange) for, in return for; *econ.* **~ Bezahlung (Dokumente)** against payment (documents); **Mark ~ Pfund einwechseln** exchange marks for pounds; **~ Geld** for money; **~ bar** for cash. **10.** *jur. Sport u. fig.* versus (*abbr.* v, vs); **in Sachen A ~ B** in the case A versus B; **England spielt ~ Deutschland** England plays (against) Germany. **II** *adv* **11.** *vor Zahlen*: about, some, nearly, approximately, roughly, *bes. Am.*

around; **sie ist ~ dreißig** she is about thirty.

ˈGe·gen|ˌab·ˌdruck, ~ˌab·ˌzug *m print.* counterproof. **~ak·ti·ˌon** *f allg.* counteraction. **~ˌan·ge·ˌbot** *n* counteroffer. **~ˌan·ˌgriff** *m bes. mil.* counterattack; **e-n ~ gegen j-n machen** (*od.* **führen**) counterattack s. o.; **zum ~ übergehen** start (*od.* launch) a counterattack, *bes. fig.* carry the war into the enemy's country (*od.* camp). **~ˌan·ˌkla·ge** *f jur.* countercharge. **~ˌan·ˌschlag** *m* counterplot, countermine. **~ˌan·ˌsicht** *f* opposing view, counterview. **~ˌan·ˌspruch** *m econ. jur.* counterclaim. **~ˌan·ˌtrag** *m* **1.** counterproposal. **2.** *pol.* countermotion. **~ˌant·ˌwort** *f* **1.** rejoinder, reply. **2.** *jur.* replication, counterplea. **~ˌan·ˌzei·ge** *f med.* contraindication. **~ˌar·gu·ˌment** *n* counterargument. **~ˌauf·ˌtrag** *m econ.* counterorder. **~ˌaus·ˌsa·ge** *f bes. jur.* counterstatement. **~be·ˌdin·gung** *f* counterstipulation; **wir haben zur ~ gemacht, daß** in return we have stipulated that. **~be·ˌfehl** *m mil.* counterorder; **e-n ~ geben** countermand an order. **~ˌbei·ˌspiel** *n* example demonstrating the opposite. **~be·ˌmer·kung** *f* retort, rejoinder. **~be·ˌschul·di·gung** *f jur.* countercharge. **~be·ˌstre·bung** *f meist pl* countereffort. **~be·ˌsuch** *m* return visit (*od.* call); **j-m e-n ~ machen** (*od.* **abstatten**) return s. o.'s visit. **~be·ˌwe·gung** *f* **1.** countermovement, countermotion. **2.** *mil.* countermanœuvre, *Am.* counterman(o)euver. **3.** *fig.* opposition movement, reaction. **~be·ˌweis** *m* proof to the contrary, *jur. a.* counterevidence; **den ~ antreten** (*od.* **erbringen, liefern**) furnish proof to the contrary, *jur. a.* introduce rebutting evidence. **~ˌbit·te** *f* **ich habe e-e ~ an Sie** I'd like to ask you a favo(u)r in return. **~ˌbuch** *n econ.* **1.** check register, tally. **2.** *im Bankwesen*: passbook, bankbook. **~ˌbu·chung** *f econ.* cross entry.

Ge·gend [ˈgeːgənt] *f* ⟨-; -en⟩ **1.** area, region, district, part(s *pl*), (part of the) country; **e-e schöne ~** a beautiful area (*od.* place, countryside); **e-e verrufene ~** a disreputable district (*od.* part of the town, quarter); **er lebt in e-r vornehmen ~** he lives in a fashionable part (of the town) (*od.* neighbo[u]rhood); **hügelige ~** hilly country(side); **in dieser ~ findet man** in these parts (*od.* hereabouts) you find. **2.** (*Umgebung*) vicinity, neighbo(u)rhood, environs *pl*, surroundings *pl*; **in der ~ von München** in the vicinity of (*od.* in the area of, near, not far from, [a]round) Munich. **3.** (*Richtung*) direction; **aus allen ~en der Welt** from all directions (*od.* quarters, corners) of the world. **4.** (*Landschaft*) scenery, landscape. **5.** *collect.* (*Nachbarschaft*) neighbo(u)rhood; **die ganze ~ spricht davon** it is the talk of the neighbo(u)rhood. **6.** *fig. colloq.* **in der ~ um** (a)round (*Christmas, etc*). **7.** *anat.* region, area; → **Herzgegend** (*etc*).

ˈGe·gen|ˌdar·ˌstel·lung *f* counterrepresentation, corrective answer. **~de·mon·stra·ti·ˌon** *f* counterdemonstration. **~ˌdienst** *m* reciprocal service, service in return; **als ~** in return; **j-m e-n ~ erweisen** return a person's favo(u)r, do s. th. for s. o. in return; **zu ~en gern bereit** (always) glad to reciprocate. **~ˌdreh·mo·ˌment** *n phys.* antitorque moment. **~ˌdre·hung** *f* counterrotation. **~ˌdruck**[1] *m* ⟨-(e)s; ¨-e⟩ **1.** counterpressure, *a. tech.* back pressure; **Druck erzeugt ~** pressure creates counterpressure. **2.** ⟨*only sg*⟩ *fig.* reaction, resistance; **Druck und ~** action and reaction. **~ˌdruck**[2] *m* ⟨-(e)s; -e⟩ *print.* counterproof.

ˌge·gen·ˌeinˈan·der *adv* **1.** against each other (*od.* one another); **~ kämpfen** fight against each other; *colloq.* **sie haben et. ~** they have s. th. against each other. **2.** (*zueinander*) to (*od.* toward[s]) each other (*od.* one another); **freundlich ~ sein** be friendly toward(s) each other. **3.** (*gegenseitig*) mutually, reciprocally. **~ˌhal·ten** *v/t* ⟨*irr, sep,* **-ge-, h**⟩ compare, put (*things*) side by side. **~ˌpral·len** *v/i* ⟨*sep,* **-ge-, sein**⟩ → **gegeneinanderstoßen** II. **~ˌste·hen** *v/i* ⟨*irr, sep,* **-ge-, h** *u.* **sein**⟩ **1.** *Gegner*: be (*od.* stand) on opposite sides, be pitted against each other. **2.** *fig. Aussagen etc*: contradict each other, be conflicting. **~ˌsto·ßen I** *v/t* ⟨*irr, sep,* **-ge-, h**⟩ bump together. **II** *v/i* ⟨**sein**⟩ *Auto, Personen etc*: collide, run (*od.* crash, bump) into each other.

ˈGe·gen|ˌein·ˌspruch *m jur.* counterplea. **~ent·ˌwurf** *m* **1.** counterproject. **2.** *bes. pol.* alternative draft. **~er·ˌklä·rung** *f* **1.** counterstatement. **2.** (*Ableugnung*) denial. **~ˌfahr·ˌbahn** *f* opposite lane, lane of oncoming traffic. **~ˌfor·de·rung** *f econ. jur.* a) (*Gegenanspruch*) counterclaim, b) (*Ausgleich*) set-off. **~ˌfra·ge** *f* counterquestion. **~ˌfu·ge** *f mus.* counterfugue. **~ˌfüß·ler** [-ˌfyːslər] *m* ⟨-s; -⟩ antipode. **~ˌga·be** *f* return present, present given in return. **~ge·ˌra·de** *f Sport*: back straight, *bes. Am.* backstretch. **~ge·ˌschäft** *n econ.* contra transaction. **~ge·ˌschenk** *n* → **Gegengabe.** **~ge·ˌwalt** *f* counterviolence. **~ge·ˌwicht** *n* (**gegen, zu** to) *a. fig.* counterweight, counterpoise; **ein ~ bilden zu e-r Sache, als ~ zu e-r Sache dienen** counterbalance s. th.; **als ~ zu s-r Strenge** to counterbalance (*od.* offset) his severity. **~ˌgift** *n* (**gegen**) *med.* a) *a. fig.* antidote (against, to, for), b) (*Antitoxin*) antitoxin, c) (*Gift gegen Gift*) counterpoison. **~ˌgleis** *n rail.* opposite track (*od.* line). **~ˌgriff** *m Ringen*: counterhold. **~ˌgrund** *m* counterargument; **die Gründe und Gegengründe** *a.* the arguments for and against it, the pros and cons. **~ˌgruß** *m* **1.** greeting (*od.* bow) in return. **2.** *mar.* return salute. **⚬ˌhal·ten** *v/i* ⟨*irr, sep,* **-ge-, h**⟩ *beim Nieten*: hold (*od.* back) up. **~ˌhang** *m* counterslope. **~hor·ˌmon** *n biol.* antihormone. **~in·duk·ti·ˌon** *f electr.* mutual induction. **~ˌkai·ser** *m hist.* rival emperor. **~kan·di·ˌdat** *m* **1.** opponent. **2.** *pol.* opposition (*od.* rival) candidate; **ohne ~en** unopposed; **Wahl ohne ~en** uncontested election. **~ˌkla·ge** *f jur.* cross action; **~ erheben** → **⚬ˌkla·gen** *v/i* ⟨*sep,* **-ge-, h**⟩ bring (*od.* file) a cross action. **~ˌklä·ger** *m* defendant counterclaiming, party entering a cross action. **~ˌkol·ben·ˌmo·tor** *m* opposed(-piston) engine. **~kom·pli·ˌment** *n* compliment in return; **j-m ein ~ machen** return s. o.'s compliment. **~ˌkö·nig** *m hist.* anti-king, rival king. **~ˌkop·pe·lung, ~ˌkopp·lung** *f electr.* negative feedback. **~ˌkraft** *f phys. tech. a. fig.* counteracting (*od.* opposing) force, counterforce. **~kri·ˌtik** *f* countercriticism. **~ˌkurs** *m aer. mar. u. fig.* opposite course; **auf ~ gehen** reverse one's course. **~ˌlauf** *m tech.* reverse (*od.* opposed) motion; *bei Rundlauf*: contrarotation. **⚬ˌläu·fig** *adj* **1.** *bes. tech.* moving (*od.* running) in opposite directions; **~e Kolben** opposed (*od.* opposite) pistons. **2.** *aer.* counterrotating. **3.** *fig.* contrary; **das rief e-e ~e Bewegung hervor** that started a countermovement. **~ˌlei·stung** *f* **1.** return (service), quid pro quo; **als ~ (für)** in return (for); **als ~ zahlen** pay in return for s. th. **2.** *bes. econ. jur.* (valuable) consideration. **~ˌlicht** *n* back light, *phot.* contre jour; **im** (*od.* **bei**) **~** against the light; **~auf·nahme** *f* against-the-light exposure, contre-jour picture. **~ˌlicht·ˌblen·de** *f* lens hood. **~ˌlie·be** *f* **s-e Liebe** (*od.* **er**) **fand k-e ~** his love was not returned; *fig.* **sein Vorschlag stieß** (*od.* **mit s-m Vorschlag stieß er**) **auf k-e ~** his proposal found no takers. **~log·arith·mus** [-logaˌrɪtmʊs] *m* antilogarithm. **~ˌmacht** *f* opposing power, *bes. feindliche*: enemy power. **~ˌmaß·ˌnah·me** *f* **1.** countermeasure, *a. pl* counteraction; **~n treffen** (*od.* **ergreifen**) **gegen et.** take countermeasures against s. th., counter(act) s. th. **2.** (*vorbeugende ~*) preventive measure. **3.** (*Vergeltung*) reprisal, (*Strafmaßnahme*) *a.* sanction. **~ˌmit·tel** *n* (**gegen**) *med. u. fig.* antidote (against, for, to), remedy (for). **~ˌmut·ter** *f tech.* counternut, check nut. **~of·fen·ˌsi·ve** *f mil.* counteroffensive. **~ˌor·der** *f* → **Gegenauftrag.** **~ˌpapst** *m relig. hist.* antipope. **~ˌpart** *m* **1.** → **Gegenspieler.** **2.** → **Gegenstück** 3. **3.** *mus.* counterpart. **~par·ˌtei** *f* **1.** *bes. jur.* a) opposing party, b) (*Gegenseite*) other side; **die ~ ergreifen** take the other side. **2.** *pol.* opposition; **zur ~ übergehen** go over to the opposition, *Br.* cross the floor (of the house). **3.** *Sport*: opposite side, opponents *pl*. **~ˌpha·se** *f electr.* inverse (*od.* reversed) phase; **in ~** in phase opposition. **⚬ˌpha·sig** [-ˌfaːzɪç] *adj* inversely (*od.* oppositely) phased. **~ˌplan** *m* counterplan. **~ˌpol** *m* counterpole, opposite pole, *electr. a.* antipole. **~ˌpo·sten** *m econ.* **1.** contra entry. **2.** (*Bilanzausgleichsposten*) offset item. **~ˌpro·be** *f* **1.** check test, cross-check; **die ~ machen** *a. fig.* cross-check, countercheck. **2.** *bei Abstimmung etc*: counterverification. **~pro·pa·ˌgan·da** *f* counterpropaganda. **~ˌquit·tung** *f econ.* counterreceipt. **~ˌrech·nung** *f* **1.** *econ.* contra (account), offset, set-off, check account, balancing; **et. in ~ stellen (zu)** set off (*od.* offset) s. th. (against). **2.** *bes. jur.* (*Gegenforderung*) a) counterclaim, b) (*gegenseitige Aufrechnung*) compensation. **~ˌre·de** *f* **1.** reply, rejoinder; **Rede und ~** exchange (of views), dialogue. **2.** (*Widerrede*) contradiction, objection. **3.** *jur.* counterplea. **~re·for·ma·ti·ˌon, die** *hist.* the Counter-Reformation. **~re·ˌgie·rung** *f* countergovernment. **~re·vo·lu·ti·ˌon** *f* counterrevolution. **~ˌrich·tung** *f* opposite direction; **der Verkehr aus der ~** *a.* the oncoming traffic. **~ˌru·der** *n od. pl aer.* opposed control surfaces (*od.* controls) *pl*. **~ˌsal·do** *m econ.* counterbalance.

ˈGe·gen·ˌsatz *m* **1.** contrast; **scharfer** (*od.* **starker**) **~ (zu)** sharp contrast (to); **im ~ zu** a) in contrast with (*od.* to), as contrasted with, contrary to, unlike, b) (*im Widerspruch*) in opposition to, as opposed to, contrary to; **im ~ hierzu** as opposed to this, by way of contrast; **im ~ zu s-m Vorgänger arbeitet er hart** unlike his predecessor he works hard; **im ~ zu et. (j-m) stehen** a) be in contrast with (*od.* to) s. th. (s. o.), contradict s. th. (s. o.), conflict with s. th. (s. o.), b) be in opposition to s. th. (s. o.); **e-n ~ zu e-r Sache bilden** contrast with (*od.* contradict) s. th., be the antithesis of s. th.; → *a.* **Widerspruch.** **2.** (*Gegenteil*) opposite, antithesis (*a. philos.*); **hier berühren**

sich die Gegensätze here the opposites (*od.* extremes) meet; Gegensätze ziehen sich an opposites attract one another. **3.** *meist pl der Meinungen, Interessen etc*: difference; unüberbrückbare Gegensätze irreconcilable antagonisms; soziale Gegensätze social differences. **4.** *mus.* ~ e-r Fuge countersubject.

ˈge·genˌsätz·lich [-ˌzɛtslɪç] **I** *adj* **1.** contrary, opposite, opposed, antithetic(al); e-e ~e Meinung haben have opposite views; ~e Begriffe contrary terms, antonyms. **2.** (*entgegenwirkend*) opposing; ~e Kräfte antagonistic forces; ~e Vorschriften opposing (*od.* conflicting) regulations. **3.** (*verschieden*) contrasting, different. **II** *adv* **4.** contrarily, antithetically. **5.** by way of contrast. **6.** in opposition, antagonistically. **2keit** *f* ‹-; -en› **1.** opposite (*od.* contrary) nature, contrariness. **2.** antagonism.

ˈGe·gen|ˌschein *m astr.* gegenschein. **~ˌschlag** *m* counter(blow), *fig. a.* retaliation; e-n ~ tun counter; zum ~ ausholen get ready (*od.* start) to hit back. **~ˌschrift** *f jur.* (auf *acc* to) reply, rejoinder. **~ˌsee** *f mar.* head sea. **~ˌsei·te** *f* **1.** opposite (*od.* other) side. **2.** → Gegenpartei 2.

ˈge·genˌsei·tig I *adj* **1.** *Hilfe, Einverständnis, Vertrauen, Vereinbarung etc*: mutual; ~e Abhängigkeit mutual dependence, interdependence; ~es Interesse mutual interest; ~e Beziehung mutual relation, interrelation, reciprocity. **2.** *Zuneigung, Beeinflussung etc*: mutual, reciprocal; ~e Wirkung reciprocal effect, interaction, interplay. **3.** *econ. jur.* a) reciprocal, mutual (*contract, etc*), b) (*beidseitig*) bilateral. **II** *adv* **4.** mutually, reciprocally; ~ abhängig mutually dependent, interdependent. **5.** each other, one another; sich ~ loben praise each other (*od.* one another); sich ~ beeinflussen influence each other, interact. **2keit** *f* ‹-; *no pl*› mutuality, reciprocity (*a. econ. jur.*); *colloq.* das beruht (ganz) auf ~! that's mutual!, same here!; ihre Liebe beruht auf ~ their love is mutual; auf ~ (gegründet) founded on mutual interest, (founded) on a basis of reciprocity, mutual benefit (*undertaking, etc*).

ˈGe·genˌsei·tig·keits|ˌabˌkom·men *n econ. jur.* reciprocal agreement. **~geˌschäft** *n econ.* barter transaction. **~ˌklau·sel** *f econ. jur.* reciprocity clause. **~prinˌzip** *n* principle of reciprocity. **~verˌtrag** *m* **1.** mutual assistance treaty. **2.** (*zweiseitiges Abkommen*) bilateral treaty (*od.* agreement). **3.** → Gegenseitigkeitsabkommen.

ˈGe·gen|ˌsinn *m* im ~ in the opposite direction (*od.* sense). **~ˌson·ne** *f meteor.* a) mock sun, parhelion, b) (*Haloerscheinung*) countersun, anthelion. **~ˌspan·nung** *f electr.* counter (*od.* balancing) voltage, counter emf. **~ˌspie·ler** *m* antagonist (*a. thea.*), *a. Sport*: opponent, opposite number. **~spioˌna·ge** *f mil.* counterespionage, counterintelligence. **~ˌsprechˌanˌla·ge** *f* duplex (telephone) system, intercom(munication) system. **~ˌsprech·beˌtrieb** *m* duplex operation. **~ˌspre·chen** *n* duplexing, two-way (*od.* duplex) operation. **~ˌsprech·verˌkehr** *m* duplex communication.

ˈGe·genˌstand *m* **1.** object, thing, *a.* item; ein runder ~ a round object, s. th. round; er wurde mit e-m stumpfen ~ erschlagen he was killed with a blunt instrument. **2.** *bes. econ.* article, item. **3.** *fig. des Denkens, Fühlens, der Bewunderung etc*: object; ~ ihres Mitleids object of her pity; ~ des Gespötts object (*od.* butt) of ridicule, laughing-stock. **4.** *fig.* a) (*Thema*) subject, topic (*of conversation, etc*), b) (*Inhalt*) subject-matter, c) (*Streitfrage*) issue, d) (*Ziel*) object; *econ. jur.* ~ e-s Unternehmens objects *pl* of a company; ~ e-s Vertrags (e-r Versicherung, e-r Erfindung) subject-matter of a contract (insurance, invention); ~ (*Punkt*) der Tagesordnung item on the agenda; et. zum ~ haben have s. th. for subject, deal (*od.* be concerned) with s. th.; et. zum ~ e-r Debatte (e-s Rechtsstreits *etc*) machen make s. th. the subject of a debate (lawsuit, *etc*). **5.** *fig. e-s Gemäldes, Musikstücks etc*: theme, motif, subject. **6.** (*Angelegenheit*) matter, affair. **7.** *philos.* object. **8.** *Austrian ped.* → Fach 14.

ˈge·genˌstän·dig *adj bot.* opposite.

ˈge·genˌständ·lich [-ˌʃtɛntlɪç] *adj* **1.** *philos.* a) *Denken, Einstellung etc*: objective, b) concrete, c) *Richtung*: realistic. **2.** *ling.* concrete. **3.** *Kunst*: representational (*art, picture*). **4.** (*anschaulich*) graphic. **2keit** *f* ‹-; *no pl*› **1.** *philos.* a) objectivity, b) concreteness, c) realism. **2.** *ling.* concreteness. **3.** *Kunst*: a) representational art, objective realism, b) representational nature.

ˈge·genˌstands|los *adj* **1.** *fig.* ‹*meist pred*› a) (*hinfällig, ungültig*) invalid, b) (*belanglos, unerheblich*) irrelevant, c) (*zwecklos, sinnlos*) pointless, meaningless, to no purpose, d) (*unnötig*) unnecessary, superfluous, e) (*unbegründet*) unfounded, groundless, baseless (*fears, etc*); diese Regelung ist ~ geworden this regulation is no longer valid; damit ist diese Frage ~ geworden (thus) the question is now irrelevant, this settles (*od.* disposes of, takes care of) that question. **2.** *Kunst*: non-representational, non-objective (*art, painting, etc*); ~er Künstler non-representational (*od.* abstract) artist, non-objectivist. **2lo·sig·keit** *f* ‹-; *no pl*› **1.** *fig.* a) invalidity, b) irrelevancy, c) pointlessness, meaninglessness, d) superfluousness, e) baselessness. **2.** *Kunst*: non-representationalism, abstractness. **2ˌwort** *n* ‹-(e)s; =er› *ling.* concrete noun.

ˈge·gen|ˌsteu·ern *v/i* ‹*sep*, -ge-, h› **1.** *aer.* correct (*a. fig.*), use opposite controls. **2.** *mot.* correct, apply opposite lock; zu stark ~ overcorrect. **2ˌstim·me** *f* **1.** *mus.* counterpart. **2.** *fig.* opposing opinion. **3.** *pol.* dissenting vote, no; mit vier ~n with four dissenting votes, with four votes against; ohne ~ with no dissenting vote (*od.* dissentient), unanimously. **2ˌstoß** *m* counterthrust, *mil. a.* counterattack; e-n ~ führen make a counterthrust (*etc*). **2ˌstrom** *m electr. tech.* countercurrent. **2ˌströ·mung** *f* **1.** → Gegenstrom. **2.** *mar.* a) backset, underset, countercurrent, b) eddy. **3.** *fig.* countercurrent, crosscurrent; geheime ~en undercurrents. **2ˌstro·phe** *f metr.* antistrophe. **2ˌstück** *n* (zu) **1.** counterpart (of, to). **2.** (*Teil e-s Paares*) partner (of), fellow (to), twin (of); ein ~ zu dieser Vase a twin of (*od.* mate to) this vase. **3.** *Kunst*: pendant (to), companion piece (to), counterpart (of, to). **4.** *tech.* mating (*od.* companion) part (of, to). **5.** → Gegenteil. **2ˌtakt ...** *in Zssgn electr.* push-pull (*circuit, etc*).

ˈGe·gen|ˌteil *n* (the) opposite, (the) contrary, (the) reverse; genau das ~ just the opposite, quite the reverse (von of) (→ *a.* genau 2); das ~ tun do the very opposite; das ~ bewirken have the contrary effect; das ~ behaupten maintain the contrary; das ~ von dem, was wir erwartet haben the reverse of what we expected; im ~! on the contrary!; ganz im ~! quite the reverse!, far from it!; sein Glück schlug ins ~ um his luck changed, he had a severe setback; et. ins ~ verkehren reverse s. th., make s. th. mean the opposite, *colloq.* stand s. th. on its head. **2ˌtei·lig** *adj Auskunft, Ansicht, Wirkung etc*: (to the) contrary, opposite; ~e Auskunft information to the contrary; ~er Meinung sein be of the contrary (*od.* opposite) opinion; *adm. jur.* falls nachfolgend nichts 2es bestimmt wird unless otherwise provided hereinafter.

ˈGe·gen|ˌtor *n*, **~ˌtref·fer** *m Sport*: goal against; ein ~ hinnehmen (müssen) concede a goal.

ˌge·genˈüber I *prep* ‹*dat*› **1.** *räumlich*: opposite, facing, vis-à-vis, across from; er saß mir ~ he was sitting opposite me; sie standen einander ~ they stood facing each other; plötzlich stand er mir ~ all of a sudden he stood opposite (*od.* face to face with, in front of) me. **2.** *fig.* (*gegen*) to, toward(s); unsere Pflicht der Heimat ~ our duty toward(s) our country; er war mir ~ sehr höflich he was very polite to me. **3.** *fig.* (*im Vergleich zu*) (as) compared with (*od.* to), as against, in comparison with. **4.** *fig.* (*angesichts*) in view of, in the face of, considering. **II** *adv* **5.** opposite, across the way (*od.* road), vis-à-vis; mein Nachbar ~ my neighbo(u)r opposite; die Leute ~ (*od. colloq.* von ~) a) the people (living) opposite (*od.* across the street), b) *im selben Haus*: the people (living) opposite (*od.* across the hall); ~ befindet sich ein Park there is a park on the opposite side. **III** 2 *n* ‹-s; -› **6.** person opposite, vis-à-vis, *fig. Politik, Sport etc*: *a.* opposite number, counterpart. **7.** house across the road. **~ˌlie·gen** *v/i* ‹*irr, sep*, -ge-, h *u.* sein› j-m (e-r Sache) ~ face (*od.* be facing, lie opposite) s. o. (s. th.); *math.* e-m Winkel ~ subtend an angle. **~ˌlie·gend** *adj* opposite (*side, etc*); die der Seite 100 ~e Abbildung the illustration opposite (*od.* facing) page 100; das ~e Haus the house opposite (*od.* across the road); *math.* ~e Winkel opposite angles. **~ˌse·hen** *v/reflex* ‹*irr, sep*, -ge-, h› sich j-m (e-r Sache) ~ find o. s. faced (*od.* confronted) with (*od.* be faced with, be up against) s. o. (s. th.). **~ˌset·zen** *v/t* ‹*sep*, -ge-, h› j-n (et.) j-m (e-r Sache) ~ put s. o. (s. th.) opposite (*od.* facing, vis-à-vis) s. o. (s. th.). **~ˌsit·zen** *v/i* ‹*irr, sep*, -ge-, h *u.* sein› j-m ~ sit opposite (*od.* facing, vis-à-vis) s. o. **~ˌste·hen** *v/i* ‹*irr, sep*, -ge-, h *u.* sein› **1.** j-m ~ a) face s. o., be facing s. o., stand opposite s. o., b) *fig.* confront s. o.; sich feindlich ~ be opposed to (*od.* at enmity with) each other, be enemies; Meinungen, die sich (*od.* einander) ~ conflicting (*od.* opposed) views. **2.** e-r Sache ~ a) be faced with s. th., face s. th., be in front of s. th., b) *fig.* (*mit et. zu tun haben*) be faced (*od.* be confronted) with s. th., face s. th., *colloq.* be up against s. th., c) *fig.* (*betrachten*) look upon (*od.* at) s. th., regard s. th.; j-s Vorhaben wohlwollend ~ take a favo(u)rable view of s. o.'s aims; e-m Plan skeptisch ~ view a plan with scepticism, frown upon a plan. **~ˌstel·len I** *v/t* ‹*sep*, -ge-, h› **1.** j-n j-m ~ a) put s. o. opposite s. o., b) *fig.* (*konfrontieren*) confront s. o. (*od.* bring s. o. face to face) with s. o., c) *fig.* (*Gegner*) set (*od.* pit) s. o. against s. o. **2.** et. e-r Sache ~ a) put s. th. opposite s. th., b) *fig.* oppose s. th. to s. th., set (*od.* put) s. th. against s. th., c) *fig. verglei-*

chend: compare (*od.* contrast) s. th. with s. th. **II** *v/reflex* **3. sich j-m (e-r Sache) (feindlich)** ~ oppose s. o. (s. th.). **ϩ-ˌstel·lung** *f* **1.** *a. jur.* confrontation; *jur. a.* identity parade. **2.** opposition. **3.** (*Vergleich*) comparison, contrast. **~-ˌtre·ten** *v/i* ⟨*irr, sep,* **-ge-, sein**⟩ **j-m** ~ a) stand in front of s. o., face s. o., b) *fig.* face (*od.* confront) s. o.; **j-m (e-r Sache) (feindlich)** ~ oppose s. o. (s. th.); **e-r Schwierigkeit mutig** ~ face (up to) a difficulty courageously.

ˈGe·gen|ˌun·terˌschrift *f* countersignature. **~verˌkehr** *m* **1.** oncoming traffic. **2.** (*Verkehrsschild*) two-way traffic. **~verˌsuch** *m* control test. **~ˌvor-ˌmund** *m jur.* co-guardian. **~ˌvor-ˌschlag** *m* counterproposal. **~ˌwaf·fe** *f* counterweapon.

ˈGe·gen|ˌwart *f* ⟨-; *no pl*⟩ **1. die** ~ (*jetzige Zeit*) the present (time); **Schriftsteller der** ~ contemporary (*od.* present-day, modern) writers. **2.** (*Anwesenheit*) presence; **er tat es in ihrer** ~ he did it in her presence (*od.* before her eyes); **d-e** ~ **ist unerwünscht** your presence is (*od.* you are) not wanted; *relig.* **wirkliche** ~ Real Presence. **3.** *fig. lit.* (*Umgebung*) surroundings *pl,* environment. **4.** *ling.* present (tense). **ϩˌwär·tig** [-ˌvɛrtɪç] **I** *adj* **1.** (*jetzig*) present (*moment, situation, etc*), current, actual (*prices, etc*), (*vorherrschend*) prevailing; **der ~e Stand der Dinge** a) the present (*od.* actual, existing) state of affairs, b) *bes. pol.* the status quo; **unter den ~en Umständen** in (*od.* under) the (present *od.* prevailing) circumstances, as things (*od.* matters) stand (at present); **im ~en Zustand** as it is; **zum ~en Zeitpunkt** at present, at the moment. **2.** (*heutig*) present-day, contemporary, of today, today's (*problems, etc*). **3.** ⟨*pred*⟩ (*erinnerlich*) **das ist mir jetzt nicht** ~ I can't think of it now, I forget, it has slipped my mind. **4.** ⟨*pred*⟩ (*anwesend*) ~ **sein (bei e-r Sache)** be present at s. th., attend s. th. **II** *adv* **5.** at present, at the present time, at the moment, at the time being. **6.** (*heutzutage*) today, nowaday(s), (in) these days.

ˈge·genˌwarts|beˌzo·gen *adj* → **gegenwartsnah. ~ˌfern** *adj* remote. **ϩ-ˌform** *f ling.* present (tense form). **~-ˌfremd** *adj* a) *Denken etc*: unrealistic, b) *Person etc*: out of touch with the present. **ϩˌkun·de** *f* ⟨-; *no pl*⟩ *ped.* current affairs *pl,* social studies *pl.* **~ˌnah, ~ˌna·he** *adj* **1.** related (*od.* close) to the present, close to present (*od.* contemporary) affairs (*od.* ideas). **2.** (*aktuell*) topical, of topical interest. **ϩˌnä·he** *f* **1.** closeness to contemporary ideas. **2.** topicalness, topical interest. **ϩproˌblem** *n* present-day problem, problem of our times. **ϩˌspra·che** *f* present-day (*od.* modern) language (*od.* speech).

ˈGe·gen|ˌwehr *f* defen/ce (*Am.* -se), resistance. **~ˌwert** *m* **1.** *bes. econ.* equivalent (value), value; **im** ~ **von** to the equivalent of. **2.** (*Erlös*) proceeds *pl.* **~ˌwind** *m* head wind. **~ˌwin·kel** *m math.* opposite angle. **~ˌwir·kung** *f* (**gegen, auf** *acc* to) reaction, counteraction, countereffect; **Wirkung und** ~ action and reaction. **ϩˌzeich·nen** *v/t u. v/i* ⟨*sep,* **-ge-, h**⟩ *econ.* countersign. **~ˌzeu·ge** *m jur.* counterwitness, witness for the opposing party. **~ˌzug** *m* **1.** *Schach u. fig.* countermove. **2.** *rail.* corresponding train (in the other direction). **3.** (*Luftzug*) cross-draught, *Am.* cross-draft.

geˈgli·chen [-ˈglɪçən] *pp of* **gleichen.**

geˈglie·dert *adj* **1.** *biol. Körper, Stengel, Gliedmaßen etc*: jointed, membered, articulate(d). **2.** *fig.* a) planned, constructed (*essay, etc*), b) structured, organized. **3.** *tech.* **~e Bauweise** sectionalized design.

geˈglit·ten [-ˈglɪtən] *pp of* **gleiten.**

geˈglückt → **gelungen** 1.

Geg·ner [ˈgeːgnər] *m* ⟨**-s;** -⟩ **1.** opponent, adversary, *stärker*: antagonist, enemy, *lit.* foe; ~ **der Monarchie** opponent of monarchy, antimonarchist; **sich** (*dat*) **j-n zum** ~ **machen** make an enemy of s. o., antagonize s. o. **2.** *bes. mil.* (*Feind*) enemy, *lit.* foe. **3.** (*Angreifer*) assailant. **4.** (*Rivale*) rival, competitor. **5.** *jur.* opposing party, other side. **6.** *Sport*: a) opponent, b) opposing team. **ˈGeg·ne·rin** *f* ⟨-; **-nen**⟩ → **Gegner** 1, 4, 6a. **ˈgeg·ne·risch** *adj* **1.** opposing, adverse, *stärker*: antagonistic. **2.** (*feindlich, a. mil.*) (of the) enemy, hostile. **3.** *jur., a. Sport*: opposing, of the other side; **die ~e Partei** the opposing party, the other side. **ˈGeg·ner·schaft** *f* ⟨-; *no pl*⟩ **1.** *collect.* opposition, opponents *pl,* enemies *pl, stärker*: antagonists *pl.* **2.** (*Widerstand*) (**gegen** to) opposition, *stärker*: antagonism, hostility. **3.** → **Feindschaft** 3. **4.** rivalry.

geˈgol·ten [-ˈgɔltən] *pp of* **gelten.**

geˈgo·ren [-ˈgoːrən] *pp of* **gären**[1].

Geˈgrin·se *n* ⟨**-s;** *no pl*⟩ *colloq.* → **grinsen** II.

Geˈgrö·le *n* ⟨**-s;** *no pl*⟩ *colloq.* → **grölen** III.

geˈgrün·det *pp u. adj* (**auf** *acc* on) founded, based; **auf Tatsachen** ~ based on fact(s).

Geˈgrun·ze *n* ⟨**-s;** *no pl*⟩ *colloq.* → **grunzen** III.

Geˈha·be *n* ⟨**-s;** *no pl*⟩ **1.** (affected *od.* strange) behavio(u)r, affectation, airs *pl.* **2.** (*Getue*) fuss. **geˈha·ben** *v/reflex* **sich** ~ *only in* **gehab Dich wohl!** good-bye!, farewell! **Geˈha·ben** *n* ⟨**-s;** *no pl*⟩ **1.** behavio(u)r, demeano(u)r. **2.** → **Gehabe.**

Geˈhack·te *n* ⟨**-n;** *no pl*⟩ → **Hackfleisch.**

Geˈha·der *n* ⟨**-s;** *no pl*⟩ (constant) quarrel(l)ing (*od.* wrangling).

Geˈhalt[1] *n* ⟨**-(e)s;** ⸚**er**⟩ **1.** salary, pay, remuneration; **ein festes** ~ **beziehen** draw a fixed salary; **sein** ~ **weiterbeziehen** be kept on the payroll; **sein** ~ **wurde erhöht** his salary has been raised, he has had a rise (in salary), *Am.* he has had a (pay) raise; **mit e-m** ~ **von** at a salary of; **mit vollem** ~ **pensioniert werden** retire on full pay. **2.** *mil.* pay.

Geˈhalt[2] *m* ⟨**-(e)s; -e**⟩ **1.** (**an** *dat* of) content, proportion, (*prozentualer* ~) percentage, *chem.* content, level, concentration; **der** ~ **an Alkohol** the alcohol content; **der** ~ **an Feuchtigkeit** the content (*od.* degree) of moisture. **2.** (*Nährwert*) nutritive value, richness; **Nahrung mit** ~ rich (*od.* nourishing, substantial) food. **3.** *e-s Weins etc*: body. **4.** (*Fassungsvermögen*) capacity, (cubic) content. **5.** *fig.* (*Ggs. Form*) a) content, b) (*Wertinhalt*) substance; **geistiger (innerer, ethischer)** ~ intellectual (inner, ethical) content; **ohne tieferen** ~ without much substance, superficial; **der eigentliche** ~ **dieser Rede** the real substance (*od. colloq.* the meat) of this speech; **der** ~ **macht's** (*Sprichwort*) it's quality that counts. **6.** → **Feingehalt. 7.** → **Inhalt** 3.

geˈhal·ten I *adj* **1.** ⟨*pred*⟩ (*abgefaßt*) worded, formulated. **2.** *lit.* (*verpflichtet*) obliged, bound; ~ **sein, et. zu tun** be obliged (*od.* in duty bound) to do s. th. **3.** *mus.* a) sostenuto, b) *Ton*: sustained. **4.** (*ruhig, nüchtern*) controlled, sober. **II** *adv* **5.** *mus.* sostenuto.

geˈhalt·lich *adj u. adv* concerning one's salary, *adv a.* in salary; ~ **bessergestellt sein** draw a higher salary.

geˈhalt|los *adj* **1.** *Nahrung etc*: unnourishing, unsubstantial. **2.** *Wein*: lacking body. **3.** *fig. Buch etc*: lacking (*od.* without any [real]) substance, unsubstantial, empty, trivial. **ϩlo·sig·keit** *f* ⟨-; *no pl*⟩ **1.** *von Nahrung*: lack of substance. **2.** *des Weins*: lack of body. **3.** *fig.* lack of substance, emptiness, triviality. **~ˌreich** *adj* → **gehaltvoll.**

Geˈhalts|ˌabˌzug *m* deduction from salary (*od.* pay). **~ˌanˌglei·chung** *f* salary adjustment. **~ˌanˌspruch** *m* salary claim, salary expected. **~ˌaufˌbes·se·rung** *f* → **Gehaltserhöhung. ~ˌausˌzah·lung** *f* payroll disbursement(s *pl*). **~empˌfän·ger** *m* **1.** salaried employee. **2.** *pl als Klasse*: salariat *sg,* salaried class *sg.* **~erˌhö·hung** *f* salary (*od.* pay) increase, increase in salary (*od.* pay), rise (in salary), *Am.* (pay) raise. **~ˌfor·de·rung** *f* salary claim. **~ˌgren·ze** *f* salary limit; **obere (untere)** ~ maximum (minimum) salary. **~ˌgrup·pe** *f* salary group. **~ˌklas·se** *f* salary grade (*od.* bracket). **~ˌkür·zung** *f* reduction in (*od.* of) salary, salary cut. **~ˌli·ste** *f* payroll. **~ˌsät·ze** *pl* scale *sg* of salaries, pay scale *sg.* **~ˌstrei·fen** *m* salary slip. **~ˌstu·fe** *f* **1.** salary level. **2.** → **Gehaltsklasse. ~ˌvorˌschuß** *m* advance (on one's salary). **~ˌzah·lung** *f* payment of salary. **~ˌzuˌla·ge** *f* **1.** → **Gehaltserhöhung. 2.** *nicht monatliche*: bonus, additional pay.

geˈhaltˌvoll *adj* **1.** *Nahrung*: substantial, nourishing, nutritious, rich. **2.** *Wein*: full-bodied. **3.** *fig. Buch etc*: full of substance, substantial, rich in content, (*tief*) profound, *wissensmäßig*: containing a wealth of information.

Geˈhäm·mer *n* ⟨**-s;** *no pl*⟩ (continual) hammering.

geˈhan·di·kapt *pp u. adj* handicapped.

Geˈhän·ge *n* ⟨**-s;** -⟩ **1.** (*Schmuck*ϩ) pendant(s *pl*). **2.** → **Girlande. 3.** *collect. aus Glas, Blumen etc*: festoons *pl,* festoonery. **4.** (*Ohr*ϩ) (ear) pendants *pl,* (ear)drops *pl.* **5.** *e-r Uhr*: watch charm. **6.** (*Koppel*) belt. **7.** sword-belt. **8.** *hunt. des Hundes*: hanging (*od.* flap) ears *pl.*

geˈhar·nischt *adj* **1.** *fig.* sharp, withering, stinging (*reply, etc*). **2.** *hist.* (clad) in armo(u)r, steel-clad.

geˈhäs·sig [-ˈhɛsɪç] *adj* spiteful, malicious, venomous, malignant. **ϩkeit** *f* ⟨-; **-en**⟩ **1.** ⟨*only sg*⟩ spite(fulness), maliciousness, malice, venom, *e-r Frau*: *a.* cattiness, bitchiness; **aus reiner** ~ out of sheer spite. **2.** spiteful (*od.* malicious, vindictive) act (*od.* words *pl*), snide remark.

geˈhäuft *pp u. adj* **zwei ~e Eßlöffel** two heaped spoonfuls, two rounded tablespoons.

Geˈhäu·se [-ˈhɔʏzə] *n* ⟨**-s;** -⟩ **1.** case, box. **2.** *tech.* case, casing, cabinet, housing (*of radio, motor, switchgear, etc*). **3.** *tech.* a) *e-s Lagers etc*: housing, b) *e-s Nadellagers*: shell, c) *e-s Stehlagers*: plummer block, d) *e-s Ventils etc*: box, chamber, e) (*Kurbel*ϩ) (crank)case. **4.** *phot.* body. **5.** *mar.* (*Kompaß*ϩ) bowl, binnacle. **6.** *zo.* a) (*Muschel*ϩ, *Schnecken*ϩ *etc*) shell, b) *e-r Puppe, e-s Insekts*: case, c) *e-r Raupe*: cocoon. **7.** *bot.* a) *von Pilzen*: perithece, b) (*Apfel*ϩ *etc*) core, c) (*Frucht*ϩ) pericarp. **~ˌschnecke** (*getr.* **-k·k-**) *f zo.* snail.

ˈ**geh·be|hin·dert** *adj* hampered in walking.

geˈhech·tet *adj Sport*: pike(d).

geˈhef·tet *adj print.* stitched, sewn.

Geˈhe·ge *n* ⟨-s; -⟩ **1.** (*Einfriedung*) enclosure, fenced-in area; **innerhalb des ~s** inside the fence. **2.** *für Tiere*: a) pen, *bes. für Pferde*: paddock, *Am.* corral, b) *im Zoo*: (open-air) enclosure. **3.** *hunt.* (game) preserve(s *pl*); *fig. colloq.* **j-m ins ~ kommen** poach (*od.* trespass) on s. o.'s preserve, get in s. o.'s way.

geˈheim I *adj* ⟨-er; -st⟩ **1.** secret; **s-e ~sten Gedanken** his most secret (*od.* his innermost) thoughts; **~e Tätigkeit** a) secret activity, b) *bes. pol.* underground activity; **das soll noch ~ bleiben** this should be kept secret; *jur.* **~er Vorbehalt** mental reservation; **die** ♀**e Staatspolizei** a) the secret state police, b) *hist. in NS-Zeit*: the gestapo; *mil.* **~e Dienstsache** classified matter; **„~!"** *auf Akten etc*: "Classified!", "Restricted!"; **streng ~** top secret. **2.** (*vertraulich*) secret, confidential, private. **3.** (*verborgen*) secret, hidden, concealed; **~e Drohung** secret (*od.* covert) threat; **~er Gang** secret passage; **~e Gefühle** hidden feelings; **die ~en Verführer** (*Werbeleute*) the Hidden Persuaders. **4.** (*unerlaubt*) clandestine. **5.** *Lehre*: occult, esoteric. **II** *adv* **6.** ~, **im ~en** a) secretly, in secret, (*innerlich*) *a.* inwardly, privately, b) (*vertraulich*) confidentially, privately, c) (*unerlaubt*) surreptitiously, clandestinely; **ganz im ~en teilte er mir mit** he told me in strict confidence.

Geˈheim... *in Zssgn meist* secret (*agent, agreement, diplomacy, document, etc*). **~|bund** *m* secret society. **~bün·deˈlei** [-|haɪmbʏndəˈlaɪ] *f* **1.** association *of s. o.* with secret societies. **2.** activities *pl* of a secret society. **3.** (*Verschwörung*) conspiracy. **~|dienst** *m* secret service. **~|fach** *n* **1.** secret drawer. **2.** (*Tresor*) secret (*od.* hidden) safe. ♀**|hal·ten** *v/t* ⟨*irr, sep,* **-ge-, h**⟩ **1.** keep *s. th.* (a) secret, conceal, *colloq.* keep *s. th.* under wraps; **et. vor j-m ~** keep s. th. (a secret) from s. o., keep s. o. in the dark about s. th. **2.** (*vertuschen*) hush up. **~|hal·tung** *f* ⟨-; *no pl*⟩ **1.** keeping *s. th.* secret, concealment. **2.** (observance of) secrecy; **strengste ~** utmost secrecy; **j-n zur ~ (e-r Sache) verpflichten** swear (*od.* bind) s. o. to secrecy (concerning a matter). **3.** hush(ing)-up.

Geˈheim|hal·tungs||pflicht *f* ⟨-; *no pl*⟩ (imposed) secrecy. **~|stu·fe** *f mil.* security classification (*od.* grade). **~sy|stem** *n* **1.** *tel.* secrecy system. **2.** *mil.* security system.

Geˈheim|kon·fe|renz *f* secret conference. **~|kon·to** *n econ.* private (*od.* secret) account. **~|kult** *m* mystery cult. **~|leh·re** *f bes. philos. relig.* **1.** esoteric doctrine, esoter(ic)ism, mystery. **2.** occult (*od.* secret) doctrine. **~|mit·tel** *n* **1.** secret remedy. **2.** *contp.* quack medicine, nostrum. **3.** *meist pl der Alchimisten*: arcanum, arcana *pl*.

Geˈheim·nis *n* ⟨-ses; -se⟩ **1.** secret (**vor** *dat* from); **ein offenes** (*od.* **öffentliches**) **~** an open (*od.* nobody's) secret; **das ~ ist gelüftet** the secret is out; **ein ~ preisgeben** (*od.* **verraten**) reveal (*od.* disclose, let out, betray, divulge) a secret; **j-n in ein ~ einweihen** let s. o. into a secret; **in ein ~ eingeweiht sein** be in the secret (*od.* know); **ein ~ vor j-m haben** have a secret from s. o., keep (*od.* conceal) s. th. from s. o.; *colloq.* **das ist das ganze ~** that's all there is to it. **2.** (*Rätselhaftes, Verborgenes*) mystery, secret; **hinter ein ~ kommen** get to the bottom of a mystery; **ein (kein) ~ aus et. machen** make a (no) secret (*od.* mystery) of s. th. **3.** *des Erfolgs etc*: secret (*of success, etc*), *lit.* arcana *pl*; **die ~se e-s Berufs** *etc* the secrets (*od. iro.* mysteries) of a trade, *etc.* **4.** *relig.* mystery. **~|krä·mer** *m colloq. contp.* mysterymonger. **~krä·meˈrei** [-|haɪmnɪskrɛːməˈraɪ] *f* ⟨-; *no pl*⟩ mysterymongering. **~|trä·ger** *m pol.* official in charge of secrets, *Br.* person who has had to sign the Official Secrets Act. **~|tu·er** [-|tuːər] *m* ⟨-s; -⟩ *colloq. contp.* mysterymonger. **~tueˈrei** [-|haɪmnɪstuːəˈraɪ] *f* ⟨-; *no pl*⟩ mysterymongering. ♀**|um|wit·tert,** ♀**-|um|wo·ben** *adj poet.* surrounded by mystery, shrouded in mystery, mysterious. **~ver|rat** *m jur.* betrayal of a state (*od. econ.* trade) secret, *Br. pol.* contravention of the Official Secrets Act. ♀**|voll I** *adj* **1.** mysterious, *a.* mystery (*train, man, etc*); **auf ~e Art verschwinden** disappear under mysterious circumstances. **2.** (*rätselhaft*) enigmatic, cryptic. **3.** (*verborgen*) hidden, obscure, dark. **II** *adv* **4.** mysteriously; **tu nicht so ~!** don't be so mysterious! **III** ♀**e, das** ⟨-n⟩ **5.** the mysterious thing. **6.** the mysteriousness, the mystery.

Geˈheim||num·mer *f teleph.* ex-directory (*Am.* unlisted) number. **~po·li|zei** *f* secret police. **~po·li|zist** *m* **1.** member of the secret police. **2.** detective, plainclothesman. **~|rat** *m* privy councillor. **~|rats|ecken** (*getr.* **-k·k-**) *pl colloq. humor.* bald spots at the temples; **er hat ~** he is going bald at the temples. **~re|zept** *n* **1.** *gastr.* secret (*od.* private) recipe. **2.** *fig.* secret remedy (*od.* cure, method). **~|sa·che** *f* **1.** matter of secrecy. **2.** *mil.* security matter; **~!** Classified! **~|schloß** *n tech.* secret lock. **~|schrei·ber** *m* **1.** *hist.* private secretary. **2.** cryptograph. **~|schrift** *f* **1.** (writing in) code, cipher, secret writing, cryptograph; **in ~ schreiben** cipher, code. **2.** (*Schriftstück*) cryptogram, cryptograph. **~|schub|la·de** *f* secret drawer. **~se·kre|tär** *m* **1.** *hist.* → **Geheimschreiber** 1. **2.** secretary (*od.* writing-desk) with secret drawers. **~|sen·der** *m* clandestine (radio) transmitter (*od.* station). **~|sit·zung** *f* **1.** secret session. **2.** *jur. e-s Gerichts etc*: meeting in camera. **~|spra·che** *f* **1.** secret language. **2.** *contp.* jargon, lingo. **~|text** *m* encoded text. **~|tin·te** *f* invisible (*od.* secret, sympathetic) ink. **~|tip** *m* (personal) tip. ♀**|tun** *v/i* ⟨*irr, sep,* **-ge-, h**⟩ (**mit** about) **1.** be mysterious, be secretive. **2.** put on an air of secrecy (*od.* mysteriousness). **~|tür** *f* secret (*od.* hidden) door. **~ver|trag** *m* secret treaty. **~|waf·fe** *f* secret weapon. **~|wis·sen·schaft** *f* **1.** → **Geheimlehre** 1. **2.** occult science. **~|zei·chen** *n* **1.** secret sign. **2.** (*Chiffre*) code (number).

Geˈheiß *n* ⟨-es; *no pl*⟩ *lit.* order, command, bidding, behest; **auf sein ~ (hin)** at his command (*od.* behest), by his order.

geˈhelmt [-ˈhɛlmt] *adj bot.* hooded, galeate.

geˈhemmt *adj* **1.** *a. psych.* inhibited, full of inhibitions. **2.** (*befangen*) self-conscious; (*unsicher*) uneasy, shy, awkward. ♀**heit** *f* ⟨-; *no pl*⟩ **1.** *a. psych.* inhibition. **2.** self-consciousness; uneasiness, shyness, awkwardness.

ge·hen [ˈgeːən] **I** *v/i* ⟨**geht, ging, gegangen, sein**⟩ **1.** *Mensch, Tier*: walk, go; **aufrecht ~** walk upright; **auf und ab ~, hin und her ~** go (*od.* pace) up and down, go to and fro; **er ging im Zimmer auf und ab** he walked up and down in (*od.* he paced) the room; **einkaufen (schwimmen) ~** go shopping (swimming); **j-n suchen ~** go looking for s. o., go (and) look for s. o.; **gut gekleidet ~** go (*od.* be) well dressed, dress well; **da geht er hin** there he goes; **es geht sich gut hier** the walking is good here; *Boxen*: **mit dem Schlag ~** roll with the punch; *fig.* **das geht (du gehst) zu weit** that is (you are) going too far; **er ging so weit zu sagen** he went so far as to say; **das ging so weit, daß** it reached such a state that; **wie ich ging und stand** a) (*in dieser Kleidung*) just as I was, b) (*sofort*) at once, on the spot; **wo man geht und steht** everywhere (you go), any time; **„~"** *an Verkehrsampeln*: "cross now", *Am.* "walk"; **wie hoch ~ Sie?** how high will you go?, *beim Kauf*: *a.* how much are you prepared to pay?, *beim Wetten*: *a.* how much are you prepared to bet (*od.* stake)? **2.** (*weg~, fort~*) leave, go (away), *lit.* depart; **geh!, ~ Sie!** a) go away!, b) *fig.* (*Ausdruck der Ungeduld*) get along (with you)!, come on!, c) *fig.* (*Ausdruck des Erstaunens, Zweifels etc*) go on!, really?; **~ wir!, laßt uns ~!** let's go!; **ich muß jetzt ~** I must go (*od.* be going, be off) now; *fig.* **~ Sie mir doch mit Ihren faulen Ausreden!** none of (*od.* spare me) your lame excuses! **3.** *fig.* (*e-e Stellung verlassen*) leave, quit, *aus e-m Amt*: *a.* resign, (*abtreten*) *a.* step down. **4.** *fig.* **als j-d (et.) ~** a) (*arbeiten*) go out (working) as s. o. (s. th.), b) (*sich verkleiden*) go (disguised) as s. o. (s. th.). **5.** *fig.* (*sich, bes. in der Öffentlichkeit, zeigen*) go; **so kannst du nicht ~** you cannot go like that, you are not fit to be seen like that. **6.** *fig. colloq.* (*weg-, abfahren*) leave, go; **der Bus geht um 10.30** the bus leaves at 10.30. **7.** *fig. colloq.* (*verkehren*) go, run; **alle Stunde geht ein Zug** a train goes every hour. **8.** *fig. colloq. Tür, Klingel etc*: go, ring. **9.** *fig. colloq. Radio etc*: be on, play. **10.** *fig. colloq. Puls*: beat. **11.** *fig. Teig etc*: rise; **den Teig ~ lassen** raise the dough. **12.** *fig. Wind etc*: blow. **13.** *fig. colloq. bes. Gebrauchsgegenstände*: do, last; **der Mantel muß diesen Winter noch ~** the coat will have to do for this winter. **14.** *fig. colloq.* go (well); **der Artikel geht (gut)** the article goes (*od.* sells) (well); **die Geschäfte ~ nicht** business is bad; **wie ~ die Geschäfte?** how is business? **15.** *fig. Gerücht etc*: go; **es geht das Gerücht, er sei unheilbar krank** rumo(u)r has it that he is (*od.* he is rumo[u]red to be) incurably ill. **16.** (*funktionieren*) go, run, work, function, operate; **die Uhr geht nicht** the watch doesn't go (*od.* run), (*ist kaputt*) the watch doesn't work (*od.* is out of order); **die Uhr geht falsch** a) the clock is (set) wrong, b) the clock keeps bad time. **17.** *a. v/impers fig.* a) (*klappen, funktionieren*) work, go, b) (*möglich sein*) be possible, c) (*erlaubt sein*) be allowed, d) (*lauten*) go; **mal sehen, ob es geht** let's see if it works; **das Lied geht so** the song goes like this; **das geht** that's possible, that can be done; **es geht** (*funktioniert*) it works, (*ich brauche k-e Hilfe*) I can manage (alone), (*ist nicht übel*) (it's) not (too) bad, (it) could be worse, *gesundheitlich, geschäftlich etc*: I am all right, *colloq.* so-so, fair to middling; **es geht nicht** (*ist unmöglich*) it can't be done, it's impossible, that's out, *colloq.* nothing doing, it's no go, (*geht nicht an*) you can't do that, (*genügt nicht*) *a.* that won't do, (*funktioniert nicht*) it doesn't work; **wie geht das?** how does it go (*od.* work)?, how is it done?; **es wird schon ~** it will be all right, don't worry about it; **so**

geht das nicht! that won't do (at all)!; es geht auch so (*so kann man es auch machen*) it can also be done that way, (*ohne das*) we can manage (*od.* do) without that; es geht auch ohne ihn we can do (*od.* manage) without him; es geht eben nicht anders it can't be helped, there is no other way; wie es so geht a) (just) as things go, b) as it happened, as luck would have it; es geht nun schon drei Jahre so it has been (going on) like this for three years; so geht es, wenn man lügt that's what comes of lying, that's what happens if you lie. **18.** *v/impers* (*j-m er~*) be, feel, fare; es geht mir gut I am (feeling) well (*od.* fine), *geschäftlich etc*: I am doing well; es geht mir schlecht I am not (feeling) well, *seelisch*: I am in a bad way, I am (rather) miserable (*od.* down), *finanziell etc*: I am doing badly, I am in a bad way (*od.* badly off); wie geht es Ihnen?, wie geht's? how are you?, how are things?, *zu e-m Kranken*: how do you feel?; *colloq.* wie geht's, wie steht's? how is life?; mir geht es genauso I feel the same way, *colloq.* same here; mir ist es genauso gegangen a) the same thing has happened to me, b) = mir ist es auch nicht besser gegangen I didn't fare any better; mir geht es immer so it's always like that with me; ich lasse es mir gut ~ a) I take good care of myself, I look after myself well, b) I am having a good time, I'm taking it easy; laß dir's gut ~ take care of yourself!, have a good time! **II** *v/t* ⟨sein⟩ **19.** go, walk (*a mile, etc*); *humor.* er ist gegangen worden he was fired, he got the boot (*od.* sack, push). **III** ~ *n* ⟨-s⟩ **20.** going, walking (*etc*). **21.** *Sport*: walking; 20 km ~ 20 kilometres' walk. **22.** (*Gang*) movement, motion; e-e Maschine zum ~ bringen a) set a machine in motion (*od.* going), b) (*reparieren*) put a machine in working order, get a machine going.

Verbindungen mit Präpositionen:

gehen| an *v/i* ⟨*acc*⟩ **1.** (*sich begeben*) go to; an die See ~ go to the seaside; an Land (Bord) ~ go ashore (aboard). **2.** *fig.* (*reichen*) reach to (*od.* as far as), extend to (*od.* as far as); er geht mir (bis) an die Schulter he (only) reaches (*od.* comes up) to my shoulder. **3.** *a. v/impers fig.* (*beginnen*) begin, start, commence, set to (*od.* about); an die Arbeit ~, ans Werk ~ set (*od.* go) to work; an e-e Aufgabe ~ begin (with) (*od.* set about, tackle) a task; *lit.* als es ans Sterben ging when he was about to die. **4.** *fig.* (*e-n Beruf ergreifen*) take up; er ging an die Schule he took up teaching, he became a teacher; sie ging ans Theater she went on the stage, she became an actress. **5.** *fig.* (*sich richten*) go to; dieser Aufruf geht an alle this appeal goes to everyone. **6.** *fig. Erbschaft etc*: fall to, go to. **7.** *fig.* (*sich unerlaubt nehmen*) touch; geh nicht an das Geld! don't touch (*od.* keep your hands off) the money! **8.** *fig.* wenn es ans Trinken geht when it comes to drinking. **~ auf** *v/i* **I** ⟨*acc*⟩ **1.** (*hinaufsteigen*) go up to; auf das Dach ~ go up to (*od.* on) the roof; auf den Berg ~ go up (*od.* ascend, climb) the mountain. **2.** (*sich begeben*) go to; aufs Land ~ go into the country; auf sein Zimmer ~ go (*od.* retire) to one's room. **3.** *mit bestimmter Absicht*: go; auf Urlaub ~ go on holiday (*Am. a.* vacation); auf die Universität ~ go (up) to the university; auf Reisen (die Jagd) ~ go travel(l)ing (hunting). **4.** *fig. Blick, Fenster etc*: look out on (to); das Fenster (die Tür) geht auf den Garten the window (door) looks out on (*od.* opens on [to]) the garden. **5.** *fig.* (*passen*) go on; der Koffer geht nicht auf den Schrank the suitcase does not go on the wardrobe; das geht nicht mehr auf diese Seite there is no room for that on this page. **6.** *fig.* (*zielen*) be aimed at, be meant for; *colloq.* das geht auf mich that is (*od.* was) aimed at me. **7.** *a. v/impers* (*auf dem Spiele stehen*) be a matter of; es geht auf Leben und Tod it is a matter of life and death. **8.** *a. v/impers fig.* (*sich nähern*) approach, get (*od.* go) on for; er geht auf die dreißig he is getting on for thirty; die Uhr (*od.* es) geht auf zehn it is getting on for ten; es geht auf Mitternacht it is nearly midnight. **9.** *fig.* (*reizen*) upset; er geht mir auf die Nerven he gets on my nerves; fettes Essen geht mir auf den Magen fat(ty) food upsets (*od.* affects) my stomach. **10.** *fig.* (*ergeben*) go to, make up; auf e-n Zentner ~ 50 Kilo 50 kilogram(me)s go to one centner. **II** ⟨*dat*⟩ **11.** walk (*od.* go) on; *colloq.* auf allen vieren ~ go on all fours. **~ bis** *v/i* **1.** *zu Fuß*: walk (*od.* go) to (*od.* as far as). **2.** *fig. Fahrzeuge*: go to, go (*od.* run) as far as. **3.** *fig. Straße*: go (*od.* lead) to (*od.* as far as). **4.** *fig.* ~ bis an (*reichen*) → gehen an 2. **~ ge·gen I** *v/i* **1.** *Feinde etc*: go against. **2.** *fig.* go against (*one's conscience, etc*); diese Bemerkung geht gegen dich this remark goes against (*od.* is aimed at, is meant for) you. **II** *v/impers* **3.** *fig.* (*sich nähern*) get on toward(s), approach, near; es geht gegen Morgen morning is approaching, it is nearly morning. **~ in** *v/i* **I** ⟨*acc*⟩ **1.** (*hinein~*) go (*od.* walk) into, enter. **2.** *in Schule, Theater etc*: go to, attend; viel in Gesellschaft ~ go to many parties, go out frequently. **3.** *zur Berufsausübung*: go into; in die Industrie ~ go into industry. **4.** *fig. colloq.* (*hineinpassen*) go into; 100 Personen ~ in diesen Saal a hundred persons go into this hall, this hall holds (*od.* accommodates, seats) a hundred persons. **5.** *fig. colloq.* (*führen*) lead into; diese Leitung geht in den Keller this cable leads (*od.* goes, runs) into the cellar. **6.** *fig.* (*eintreten*) enter, begin; der Krieg geht schon ins 4. Jahr the war is now entering (into) the fourth year; er geht in sein 70. Jahr he is entering upon his seventieth year. **7.** *a. v/impers fig.* (*dauern*) approach, get (*od.* go) on for; es geht ins 7. Jahr, daß it is nearly 7 years since. **8.** *fig.* (*aufgeteilt werden*) be divided into. **9.** *fig. colloq.* (*enthalten sein*) go into; wie oft geht 2 in 10? how many times does 2 go into 10? **10.** *fig.* ins Geld (in die Millionen) ~ run into money (millions); in sich ~ a) search one's conscience, take stock of o. s., b) (*bereuen*) feel remorse, repent; in Urlaub (*od.* Ferien) ~ go on holiday (*Am. a.* vacation). **II** ⟨*dat*⟩ **11.** walk in, go in (*the middle of the road, etc*); in nördlicher Richtung ~ go north. **12.** *im Schritt, Trab etc*: go at. **13.** *fig. colloq.* in Schwarz (*od.* Trauer) ~ go in black, wear (*od.* be in) mourning. **~ mit** *v/i* **1.** (*begleiten*) walk (*od.* go) (along) with, accompany. **2.** *fig. colloq.* (*befreundet sein*) go with; mit e-m Mädchen ~ go (out) with a girl, have a girl friend. **3.** *fig.* (*tragen*) wear; sie geht mit Hut she wears a hat. **4.** *fig.* mit der Zeit ~ move with the times; → Mode 1. **5.** *a. v/impers fig. colloq.* (*bestellt sein um*) go; wie geht es mit Ihrer Arbeit? how is your work coming along?, how are you getting on with your work? **~ nach** *v/i* **1.** go (*od.* walk) (to); nach Hause ~ go home; nach rechts ~ go (to the) right. **2.** *fig. colloq.* (*fahren*) go to; nach X ~ a) go to X, b) (*verziehen*) go (*od.* move) to X. **3.** *fig. Verkehrsmittel*: go (*od.* run) to, be bound for, take *s. o.* to. **4.** *fig.* (*führen*) lead (*od.* go) to, take *s. o.* to. **5.** *a. v/impers fig.* wo geht hier die Straße (*od.* es hier) nach X? where (*od.* which) is the way to X? **6.** *fig. Blick, Fenster etc*: face, look toward(s). **7.** *fig.* (*urteilen*) go (*od.* judge) by; man kann nicht nach s-r Aussage (s-m Äußeren) ~ you cannot go by his testimony (appearance). **8.** *fig.* (*e-m Muster folgen*) follow; das Lied geht nach der Melodie von the song goes to the tune of. **9.** *fig.* (*abhängen*) wenn es nach mir ginge, dann if it depended on me, then, if I had (*od.* if it were for me) to decide, then, if I had it my way then. **~ über** *v/i* **I** ⟨*acc*⟩ **1.** (*überqueren*) go (*od.* walk) over, cross. **2.** *fig. Briefe etc*: go (*od.* be routed) via. **3.** *fig.* (*übersteigen*) exceed, go beyond; das geht über m-e Kraft that goes beyond my strength, that's too much for me. **4.** *fig. colloq.* (*zum Thema haben*) be on, be about. **5.** *fig.* s-e Familie geht ihm über alles his family matters more to him than anything. **6.** *fig.* nichts geht über ein Zuhause there is nothing like (*od.* better than) a home, nothing beats a home. **7.** *fig.* (*sich ausbreiten*) spread across (*od.* over), pass over. **II** ⟨*dat*⟩ **8.** walk above (*od.* over). **~ um** *v/i* **1.** walk (*od.* go) (a)round; um die Ecke ~ walk (a)round (*od.* turn) the corner. **2.** *fig. Mauern etc*: go (a)round. **3.** *a. v/impers fig.* (*sich drehen um*) be a matter (*od.* question) of; es geht ihm nur ums Geld he is just interested in the money; es geht darum festzustellen, ob the point is to find out whether; worum (*od. colloq.* um was) geht es hier? what is it all about?; darum geht es (hier) gar nicht! that's not the point! **4.** *a. v/impers fig.* (*handeln von*) be on, be about, be concerned with, deal with. **5.** *fig.* es geht um den Frieden (unser Leben) peace is (our lives are) at stake; du weißt, worum es geht you know what it is all about (*od.* what is at stake). **~ un·ter** *v/i* **I** ⟨*acc*⟩ **1.** (*sich begeben*) go under. **2.** *fig. unter Menschen, Leute etc*: go among, mix with. **3.** *fig.* become; unter die Soldaten ~ become a soldier. **II** ⟨*dat*⟩ **4.** walk under (*od.* below). **5.** *fig. bei Namen etc*: go by, go under; und das geht unter dem Namen „Nächstenliebe" and a thing like that goes by the name of (*od.* passes for) charity, and that is called charity. **~ vor** *v/i* **I** ⟨*acc*⟩ **1.** go before, go in front of. **2.** *fig.* vor sich ~ a) happen, occur, take place, b) (*verlaufen*) go on, go along, c) (*funktionieren*) work, go; was geht denn hier vor (sich)? what's going on here?; wie geht das vor sich? how does it go (*od.* work)? **II** ⟨*dat*⟩ **3.** walk (*od.* go) before (*od.* in front of). **4.** *fig.* (*Vorrang haben*) go before, have preference over. **~ wi·der** *v/i* go against. **~ zu** *v/i* **1.** go to; zum Arzt ~ go to (see) the doctor, see the doctor; zur Polizei ~ a) go to the police, b) *fig. colloq.* become a policeman, join the police force; zur See ~ go to sea, join the navy. **2.** *zur Kirche, Schule etc*: go to, attend. **3.** → besuchen 4. **4.** *fig. colloq.* (*sich nähern*) approach. **5.** *fig.* a) (*reichen*) → gehen an 2, b) (*führen*) → gehen nach 4, 5.

Ge'henk *n* ⟨-(e)s; -e⟩ (sword-)belt.

Ge'henk·te *m* ⟨-n; -n⟩ hanged man.

'ge·hen|las·sen I *v/t* ⟨*irr, sep, no* -ge-, h⟩ **1.** let *s. o.* go. **2.** (*loslassen*) let *s. th., s. o.* go, let go of. **3.** (*in Ruhe lassen*) leave *s. o., s. th.* alone. **II** *v/reflex* ⟨h⟩ **sich ~ 4.** let o. s. go, *stärker*: take leave of one's manners, (*die Beherrschung verlieren*) lose one's temper. **5.** (*sich entspannen*) take it easy, relax, unwind.

'Ge·her *m* ⟨-s; -⟩ *Sport*: walker.

Ge'het·ze *n* ⟨-s; *no pl*⟩ *colloq.* hurry, rush, *des Berufslebens*: *a.* rat-race.

ge'hetzt *adj* **1.** *Wild*: hunted. **2.** *fig. Mensch*: hurried, rushed, in a rush; *Blick etc*: hunted.

ge'heu·er [-'hɔyər] *adj* ⟨*pred*⟩ **nicht** (**ganz** *od.* **recht**) **~ 1.** (*unheimlich*) uncanny, eerie, creepy; **hier ist es nicht ganz ~** this is an uncanny place, *colloq.* this place gives one the creeps. **2.** (*verdächtig*) queer, suspicious, *colloq.* fishy; **die Sache kommt mir nicht** (**ganz**) **~ vor** that looks a bit fishy (to me); **er ist mir nicht ~** there's s. th. fishy about him. **3.** (*riskant*) risky, ticklish. **4. ihm war nicht recht ~** (**zumute**) he had an uneasy feeling.

Ge'heul *n* ⟨-(e)s; *no pl*⟩ *colloq. for* **heulen** II.

'geh|ˌfä·hig *adj med.* **1.** able to walk. **2.** a) ambulant (*case*), b) *mil.* walking (*wounded*). **≈geˌstell** *n* invalid walker. **≈ˌgips** *m* walking plaster (*od.* cast).

Ge'hil·fe *m* ⟨-n; -n⟩ **1.** helper, assistant. **2.** *econ.* a) (*Laden*≈) (shop) assistant, b) (*Handlungs*≈, *Büro*≈) clerk. **3.** (*Handwerks*≈) journeyman. **4.** *jur.* (*Tat*≈) accessory before the fact. **5.** *fig.* a) helpmate, b) *contp.* henchman. **Ge'hil·fen·schaft** *f* ⟨-; *no pl*⟩ *Swiss jur.* aiding and abetting. **Ge'hil·fin** *f* ⟨-; -nen⟩ → **Gehilfe** 1, 4, 5 a.

Ge'hirn *n* ⟨-(e)s; -e⟩ **1.** *anat.* brain, encephalon; **das ~ betreffend** cerebral, encephalic, (of the) brain. **2.** *colloq.* (*Verstand*) brain(s *pl*), mind; **sein ~ anstrengen** use one's brain (*od.* head). **3.** *fig. allg.* brain, (*Person*) *a.* mastermind. **~ˌblu·tung** *f med.* cerebral h(a)emorrhage. **~ˌbruch** *m* encephalocele. **~chir·urˌgie** *f* brain surgery. **~entˌzün·dung** *f* encephalitis, brain fever. **~erˌschüt·te·rung** *f* (brain) concussion. **~erˌwei·chung** *f* softening of the brain, encephalomalacia. **~ˌfur·che** *f* sulcus (cerebri). **~geˌschwulst** *f* → **Gehirntumor**. **~ˌhaut** *f* meninx, meninges *pl*. **~ˌhaut·entˌzün·dung** *f* meningitis. **~he·miˌsphä·re** *f* cerebral hemisphere, hemicerebrum. **~ˌkam·mer** *f* cerebral ventricle. **~ˌka·sten** *m humor.* skull, head; **streng d-n ~ an** use your head (*od.* brains). **~ˌlap·pen** *m* lobe of the brain. **~ˌlei·den** *n* brain disorder, cerebral disease. **≈los** *adj* **1.** *zo.* brainless, anencephalic. **2.** *fig. colloq.* brainless. **~ˌman·tel** *m* brain mantle, pallium. **~ˌmark** *n* white matter (of the brain), medullary substance. **~ˌmas·se** *f* brain matter. **~ˌnerv** *m* cranial nerve. **~ödem** [-øˌde:m] *n* cerebral (o)edema. **~ˌquet·schung** *f* cerebral contusion. **~ˌrin·de** *f* cerebral cortex. **~ˌschä·di·gung** *f* brain damage, cerebral lesion. **~ˌscha·le** *f* brainpan, cranium. **~ˌschlag** *m* (cerebral) apoplexy. **~ˌschwund** *m* cerebral atrophy. **~skleˌro·se** *f* sclerencephaly. **~subˌstanz** *f* brain matter; **graue** (**weiße**) **~** grey (*Am.* gray) (white) matter. **~ˌtä·tig·keit** *f* cerebration. **~ˌtod** *m* cerebral death. **~ˌtrust** *m econ. pol.* Brains Trust, *Am.* brain trust. **~ˌtu·mor** *m* brain (*od.* cerebral) tumo(u)r. **~ˌwä·sche** *f pol.* brainwashing; **bei j-m e-e ~ vornehmen** brainwash s. o. **~ˌwas·serˌsucht** *f* hydrocephalus. **~ˌwin·dung** *f* cerebral convolution.

ge'ho·ben [-'ho:bən] **I** *pp of* **heben**. **II** *adj* **1.** elevated, exalted; **~e Stimmung** elation, high spirits *pl*; **in ~er Stimmung** in high spirits, merry, gay. **2.** *Sprache, Stil etc*: elevated, exalted, lofty, literary. **3.** *Stellung*: high, senior, executive; → **Dienst** 4. **4.** *econ.* **Güter des ~en Bedarfs** (*od.* **Verbrauchs**) luxuries and semiluxuries.

Ge'höft [-'hø:ft; *a.* -'hœft] *n* ⟨-(e)s; -e⟩ farm(stead).

Ge'hol·per *n* ⟨-s; *no pl*⟩ *colloq.* jolting, bumping.

Ge'hölz [-'hœlts] *n* ⟨-es; -e⟩ **1.** (small) wood, copse. **2.** (*Dickicht*) thicket. **3.** *meist pl bot.* woody plant.

Ge'hör ⟨-(e)s; *no pl*⟩ **1.** (sense of) hearing, ear; **ein feines ~** a delicate (*od.* sensitive) ear; **er hat ein scharfes ~** he is sharp of hearing, he has a sharp (*od.* quick) ear; **ein musikalisches ~** a musical ear, an ear for music; *mus.* **nach ~ spielen** play by ear; **er hat das absolute ~** he has the absolute (*od.* perfect) pitch. **2.** (*Beachtung*) hearing; **j-n um ~ bitten** request a hearing from s. o., ask s. o. to listen to one; **j-m ~ schenken** a) lend s. o. an (*od.* one's) ear, listen to s. o., b) give s. o. a hearing; **j-m** (**e-r Sache**) **kein ~ schenken** refuse to listen to s. o. (s. th.), turn a deaf ear to s. o. (s. th.); **~ finden** be heard, be listened to; **ihre Bitten fanden bei ihm kein ~** he turned a deaf ear (*od.* refused to listen) to her requests; **mir ist zu ~ gekommen, daß** it has come to my ears that, I've heard that; *mus.* **et. zu ~ bringen** a) play (*od.* present) s. th., b) sing a song; **sich** (*dat*) **~ verschaffen** a) make o. s. heard, b) *jur. etc* obtain a hearing; **j-n ohne rechtliches ~ verurteilen** sentence s. o. without a hearing (*Am.* without due process of law). **3.** *hunt.* (*Ohren*) ears *pl*.

ge'hor·chen *v/i* ⟨*pp* **gehorcht**, h⟩ **1.** (*dat* to) obey, be obedient; **aufs Wort ~** obey implicitly (*od.* to the letter); **dem Gesetz ~** obey (*od.* comply with, abide by) the law; **j-m nicht ~** not to obey s. o., disobey (*od.* be disobedient to) s. o. **2.** *bes. tech. dem Ruder, Steuer etc*: respond (*dat* to).

ge'hö·ren I *v/i* ⟨*pp* **gehört**, h⟩ **1.** ⟨*dat*⟩ belong to; **es gehört mir** it belongs to me, it is mine; **der Raumfahrt gehört die Zukunft** the future belongs to space travel. **2.** (*s-n Platz haben*) belong (**in** *acc* in, **auf** *acc* on); **diese Sachen ~ in den Schrank** these things belong (*od.* go) in(to) the cupboard; **wissen, wohin man gehört** know one's place (*od.* where one belongs); **das gehört nicht hierher** a) *Gegenstand*: that doesn't belong here, b) *Bemerkung etc*: that is beside (*od.* not to) the point, that is irrelevant. **3. ~ unter** (*acc*) come (*od.* fall) under; **das gehört unter e-e andere Rubrik** that falls under a different heading. **4. ~ zu** a) belong to, b) (*zählen zu*) belong to, be (*od.* rank) among, c) *als Mitglied*: be a member of, d) *als Teil*: belong to, be (*od.* form) part of, e) *als Voraussetzung*: be necessary for, be called for, f) *als Ergänzung*: go with; **er gehört zu den großen Pianisten** he ranks among (*od.* is one of) the great pianists; **er gehört nicht zu uns** he does not belong to us, he is not one of us; *colloq.* **er gehört nicht zu dieser Sorte Menschen** he is not that sort of person; **diese Pflichten ~ zu m-r Arbeit** these duties are part of my work; **dazu gehört nicht viel** that doesn't take much (doing), there is nothing to it; **es gehört schon et.** (**viel Mut**) **dazu** it takes a lot of doing (courage); **alles, was dazu gehört** all that goes with it. **5.** (*sein müssen, sollen*) ought to be, should be; **er gehört ins Bett** he ought to be in bed; **die Sache gehört vors Gericht** this case should be taken to court; *colloq.* **das gehört verboten** that ought to be forbidden. **II** *v/reflex u. v/impers* **sich ~ 6.** be fitting (*od.* proper, right); **wie es sich gehört** properly, duly, as (it) should be; **das gehört sich nicht** it is bad manners, it is not done, it is not good form; **das gehört sich auch so** that's as (it) should be; **er weiß, was sich gehört** he knows how to behave. **ge'hö·rend** *adj* **1. j-m ~** *als Besitz*: belonging to s. o., owned by s. o.; **das ihm ~e Eigentum** the property belonging to him, his property. **2.** → **gehörig** 2.

Ge'hör|ˌfeh·ler *m med.* defective (*od.* defect of) hearing, auditory defect. **~ˌgang** *m* auditory canal.

ge'hö·rig I *adj* **1.** → **gehörend** 1. **2. zu et. ~** *als Teil*: belonging to (*od.* forming part of, appertaining to) s. th.; **zur Sache ~** relevant, pertinent; **nicht zur Sache ~** irrelevant, beside (*od.* not to) the point. **3.** (*gebührend*) proper, due, right, just, fit; **mit der ~en Achtung** with due respect; **in ~er Form** a) *Benehmen*: in the proper manner, properly, b) *bei Bewerbung etc*: in due form, duly. **4.** (*notwendig*) necessary; **mit dem ~en Eifer** with the necessary enthusiasm. **5.** *colloq.* (*tüchtig, gründlich*) thorough; **e-e ~e Portion Mut** a great deal (*od.* a lot) of courage; **e-e ~e Tracht Prügel** a sound thrashing; **mit ~em Respekt** with due respect; **sie hatten ~en Respekt vor ihm** they had a healthy respect for him; **ein ~er Schluck** a good (*od.* powerful, mighty) gulp. **II** *adv* **6.** properly (*etc*). **7.** *colloq.* properly, soundly, awfully; **er hat es ihm ~ gegeben, er hat ihm ~ die Meinung gesagt** he gave him a piece of his mind, he really gave it to him; **ganz ~ kalt** awfully cold.

Ge'hör|ˌknö·chel·chen *n* auditory ossicle. **~ˌlei·den** *n* defect of hearing. **~ˌlei·den·de** *m, f* ⟨-n; -n⟩ person with impaired hearing (*od.* with a hearing handicap). **≈los** *adj* deaf. **~lo·se** *m, f* ⟨-n; -n⟩ deaf person; **die ~n** the deaf. **~lo·senˌschu·le** *f* school for the deaf. **~lo·sig·keit** *f* ⟨-; *no pl*⟩ deafness.

Ge'hörn [-'hœrn] *n* ⟨-(e)s; -e⟩ **1.** *zo.* horns *pl*. **2.** *hunt.* antlers *pl*.

Ge'hörˌnerv *m* auditory nerve.

ge'hörnt *adj* **1.** *Rind etc*: horned. **2.** *hunt. Reh etc*: antlered. **3.** *myth.* **der ~e Siegfried** Siegfried the invulnerable. **4.** *fig. colloq. Ehemann*: cuckolded.

Ge'hör|or,gan *n* organ of hearing. **~ˌpro·be** *f* hearing test.

ge'hor·sam [-'ho:rza:m] **I** *adj* **1.** obedient; **ein ~es Kind** an obedient (*od.* a dutiful) child; **j-s Befehlen ~ sein** obey s. o.'s orders; *obs.* **Ihr ~(st)er Diener** *als Briefschluß*: your (most) obedient servant. **2.** *Bürger, Untertan etc*: law-abiding. **3.** (*folgsam, willfährig*) docile, dutiful, submissive. **II** *adv* **4.** obediently (*etc*). **5.** *mil. obs.* respectfully. **III ≈** *m* ⟨-s; *no pl*⟩ **6.** obedience (**gegen** [-**über**] to); **blinder ≈** blind obedience; **aus ≈ gegen j-n** in obedience to s. o.; **j-m ≈ leisten** obey s. o.; **j-m den ≈ verweigern** refuse to obey s. o.; **sich** (*dat*) **≈ verschaffen** enforce (*od.* exact) obedience.

Ge'hor·sams|ˌpflicht *f* duty to obey, obedience. **~verˌwei·ge·rung** *f* **1.** refusal to obey, disobedience. **2.** *bes. mil.* insubordination.

Ge'hör|ˌscha·den *m* → Gehörfehler. **~ˌschnecke** (*getr.* -k·k-) *f anat.* cochlea. **~ˌsinn** *m* (sense of) hearing. **~verˌlust** *m med.* loss of hearing.

geh·ren ['ge:rən] *v/t* ⟨h⟩ *tech.* mit/re (*Am.* -er).

'GehˌRock *m obs.* frock coat, *Am. a.* Prince Albert (coat).

'Geh·rung *f* ⟨-; -en⟩ *tech.* **1.** (*Vorgang*) mitring, *Am.* mitering. **2.** a) mit/re (*Am.* -er), b) *mit anderem Winkel als 45°*: diagonal (*od.* bevel) cut.

'Geh|ˌsteig *m* pavement, *Am.* sidewalk. **~ˌstö·rung** *f med.* locomotor disturbance, dysbasia.

ge'huft [-'hu:ft] *adj zo.* hoofed, ungulate.

Ge'hu·pe *n* ⟨-s; *no pl*⟩ *colloq.* constant (*od.* terrible) honking.

ge'hupft *pp u. adj colloq.* **das ist ~ wie gesprungen** that is six of one and half a dozen of the other, that is as broad as it is long, that's much of a muchness.

Ge'hu·ste *n* ⟨-s; *no pl*⟩ *colloq.* (continual) coughing.

'Geh|ver|ˌband *m med.* **1.** walking bandage. **2.** → Gehgips. **~verˌsuch** *m meist pl* attempt to walk (*od.* at walking); *fig.* **erste ~e e-s Künstlers** first attempts of a budding artist. **~ˌweg** *m* **1.** footpath. **2.** → Gehsteig. **~ˌwerk** *m der Uhr*: clockwork, movement, works *pl.* **~ˌwerkˌzeu·ge** *pl biol.* locomotor apparatus *sg.*

Gei [gaɪ] *f* ⟨-; -en⟩ *mar.* guy, vang.

Gei·er ['gaɪər] *m* ⟨-s; -⟩ *orn.* vulture (*a. fig. contp.*); *colloq.* **hol's der ~!** the devil take it!, hang it!, to hell with it! **~ˌfal·ke** *m* → Gerfalke, Jagdfalke 1.

Gei·fer ['gaɪfər] *m* ⟨-s; *no pl*⟩ **1.** (*Speichel*) slaver, drivel. **2.** (*Schaum*) froth, foam. **3.** *fig. contp.* venom, spite. **'Gei·fe·rer** *m* ⟨-s; -⟩ *fig. contp.* vituperator, (person with a) vicious tongue. **'gei·fern** *v/i* ⟨h⟩ **1.** slaver, drivel, dribble, drool, slobber. **2.** (**vor Wut**) ~ foam at the mouth, foam (with rage). **3.** *fig.* (**gegen**) rail at, vituperate.

Gei·ge ['gaɪgə] *f* ⟨-; -n⟩ violin, *colloq.* fiddle; (**die**) **~ spielen** → geigen 1; **die erste** (**zweite**) **~ spielen** play first (second) violin (*od. fig.* fiddle). **'gei·gen I** *v/i* ⟨h⟩ **1.** play the violin (*od. colloq.* fiddle), *colloq.* fiddle. **2.** *poet. Grille*: chirp. **II** *v/t* **3.** play *s. th.* on the violin.

'Gei·gen|ˌbau *m* violin making. **~ˌbau·er** *m* violin maker. **~ˌbo·gen** *m* (violin) bow, *colloq.* fiddlestick. **~ˌhals** *m* neck (of the violin). **~ˌharz** *n* rosin, colophony. **~ˌka·sten** *m* violin case. **~ˌspiel** *n* violin playing. **~ˌspie·ler** *m* → Geiger. **~ˌstim·me** *f* part for the violin, violin part. **~ˌstrich** *m* stroke (of the violin bow).

'Gei·ger *m* ⟨-s; -⟩ violinist, violin player; **der erste ~** (**e-s Orchesters**) the first violin (of *od.* in an orchestra).

'Gei·gerˌzäh·ler *m phys.* Geiger counter.

geil [gaɪl] *adj* **1.** *contp.* (*wollüstig*) lecherous, lewd, lascivious, wanton, lustful; *vulg.* **~er Bock** (lecherous) old goat; **~ sein** (**auf**) → geilen. **2.** *vulg.* (*geschlechtlich erregt*) randy, hot, horny, *Frau*: *a.* in heat; **j-n ~ machen** turn s. o. on. **3.** *zo.* rutting, *Weibchen*: in (*od.* on) heat. **4.** *hort. Pflanze etc*: rank. **5.** *Southern G.* overrich (*food*).

'Gei·le *f* ⟨-; -n⟩ *hunt.* (*Hode*) testicle.

gei·len ['gaɪlən] *v/i* ⟨h⟩ *contp.* (**nach** for, after) lust, *sl.* lech.

'Geil·heit *f* ⟨-; *no pl*⟩ **1.** *contp.* lecherousness, lewdness, randiness, lasciviousness, wantonness. **2.** *vulg.* randiness, horniness. **3.** *hort.* rankness. **4.** *zo.* rut, *bes. des Weibchens*: heat.

Gei·sel ['gaɪzəl] *f* ⟨-; -n⟩, *a. m* ⟨-s; -⟩ hostage; **~n stellen** give hostages; **j-n als ~ behalten** hold s. o. as (a) hostage. **~ˌdra·ma** *n* kidnap(p)ing drama. **~ˌnah·me** *f* ⟨-; -n⟩ taking of hostage(s). **~ˌneh·mer** *m* taker of hostages, kidnap(p)er.

Gei·ser ['gaɪzər] *m* ⟨-s; -⟩ *geol.* geyser, geysir.

Geiß [gaɪs] *f* ⟨-; -en⟩ **1.** *Southern G.* she-goat, nanny(-goat). **2.** *hunt.* (*Reh*♀ *etc*) doe. **~ˌbart** *m bot.* goatsbeard. **~ˌblatt** *n* honeysuckle. **~ˌbock** *m Southern G.* he-goat, billy-goat.

Gei·ßel ['gaɪsəl] *f* ⟨-; -n⟩ **1.** (*Peitsche*) whip, lash, *bes. zur Kasteiung etc*: scourge. **2.** *fig.* (*Plage*) scourge, plague, bane, pest, curse; *hist.* **Attila, die ~ Gottes** Attila, the Scourge of God. **3.** *biol.* flagellum, cilium. **~ˌbru·der** *m R.C. hist.* Flagellant. **♀ˌför·mig** *adj biol.* flagelliform. **~ˌhaar** *n* → Geißel 3.

gei·ßeln ['gaɪsəln] *v/t* ⟨h⟩ **1.** (*peitschen*) whip, lash, scourge, *relig.* flagellate. **2.** (*kasteien*) castigate, chastise. **3.** *fig.* a) (*heimsuchen*) plague, b) (*anprangern*) lash (out at), castigate, denounce. **'Gei·ßelˌtier·chen** *n* flagellate. **'Gei·ße·lung** *f* ⟨-; -en⟩ **1.** whipping, lashing, scourging. **2.** *relig.* flagellation. **3.** (*Kasteiung*) castigation, chastisement. **4.** *fig.* (*Anprangerung*) castigation, severe criticism, denouncement, condemnation.

'Geiß|ˌfuß *m* **1.** *tech.* a) (*Nagelheber*) saddler's nail puller, b) (*Bildhauerbeitel*) V-tool for carvers. **2.** *des Zahnarztes*: elevator. **3.** *bot.* goutweed. **~ˌhirt** *m* goatherd.

'Geiß·lein *n* ⟨-s; -⟩ *zo.* kid.

Geist[1] [gaɪst] *m* ⟨-es; -er⟩ **1.** ⟨*only sg*⟩ (*Verstand*) mind, intellect; **~ und Körper** mind and body; **ein scharfer** (**enger**) **~** a keen (narrow) mind; **der Sieg des ~es über die Materie** the triumph of mind over matter; **s-n ~ anstrengen** a) tax one's mind (*od.* brain), b) use one's brain; **der ~ ist willig, aber das Fleisch ist schwach** the spirit is willing but the flesh is weak. **2.** ⟨*only sg*⟩ (*Denken, Einbildung*) spirit, mind, imagination; **im ~e bei j-m sein** be with s. o. in spirit (*od.* in one's thoughts); **sie sah die Szene im ~e vor sich** she saw the scene in (*od.* before) her mind's eye; **er sah sich im ~e schon als Sieger** he already imagined himself the winner. **3.** ⟨*only sg*⟩ (*Witz, Esprit*) wit, brilliance, esprit; **ein Mann von ~** a (man of) wit, a witty (*od.* brilliant) man. **4.** (*bedeutender Mensch*) mind, intellect, brain, genius; **e-r der größten ~er unserer Zeit** one of the greatest minds of our time; *humor.* **große ~er stört das nicht** (little things like) that won't bother a great mind. **5.** ⟨*only sg*⟩ (*Sinn, Gesinnung*) spirit; **der preußische** (**olympische**) **~** the Prussian (Olympic) spirit; **der ~ e-s Zeitalters** the spirit (*od.* genius) of an age, the zeitgeist; **in j-s ~ handeln** act in the spirit of s. o.; **ein frischer ~ belebt die Politik** a wind of change puts new life into politics; **daran erkennt man, wes ~es Kind er ist** you can tell from that what sort of person he is. **6.** ⟨*only sg*⟩ (*das Eigentümliche, Besondere*) genius (*of a language, etc*); **der ~ der Zeit** the spirit of the age, the zeitgeist. **7.** ⟨*only sg*⟩ (*Haltung, Kampfmoral etc*) morale, spirit. **8.** ⟨*only sg*⟩ (*Weltanschauung, Denken*) thought, mind; **die Geschichte des deutschen ~es** → Geistesgeschichte. **9.** *pl* (*Meinungen*) mind *sg*, opinion(s *pl*), view(s *pl*); **hier scheiden sich die ~er** here opinion differs. **10.** → Lebensgeister. **11.** ⟨*only sg*⟩ (*Seele*) spirit, soul; *fig. humor.* **den ~ aufgeben, s-n ~ aushauchen** give up the ghost, *colloq.* conk out. **12.** a) (*übermenschliches Wesen*) spirit, b) (*Gespenst*) ghost, spect/re (*Am.* -er), *colloq.* spook, c) (*Erscheinung*) apparition, phantom, d) (*Kobold*) sprite; **in dem Schloß geht ein ~ um** the castle is haunted (*od.* inhabited by a ghost); **der böse ~, der ~ der Finsternis** the evil spirit, the Evil One; **böse ~er** evil spirits, demons. **13.** *colloq.* **ein dienstbarer ~** a (domestic) servant, a factotum, *humor.* a ministering angel; **j-s guter ~ sein** be s.o.'s good genius; **die kleinen ~er** the little ones, the children; **er ist ein unruhiger ~** he is a restless man; **von allen guten ~ern verlassen sein** be out of one's mind, have taken leave of one's senses. **14.** ⟨*only sg*⟩ *relig.* spirit; **der Heilige ~** the Holy Ghost (*od.* Spirit); **der ~ Gottes** the Spirit of God. **15.** (*Psyche*) psyche.

Geist[2] *m* ⟨-es; -e⟩ *chem.* spirit.

'geistˌbil·dend *adj* educative.

'Gei·ster|ˌbahn *f* ghost train, *Am.* tunnel of horror. **~beˌschwö·rer** *m* **1.** (*der Geister ruft*) necromancer, sorcerer. **2.** (*der Geister austreibt*) exorcist. **~beˌschwö·rung** *f* **1.** (*Anrufung*) necromancy, sorcery. **2.** (*Austreibung*) exorcism. **~ˌbild** *n TV* ghost (image). **~erˌschei·nung** *f* apparition, phantom, vision, ghost, spect/re (*Am.* -er). **~geˌschich·te** *f* ghost story. **~ˌglau·be** *m* **1.** belief in ghosts. **2.** spirit(ual)ism. **3.** (*Aberglaube*) superstition. **♀haft** *adj* **1.** ghostly, ghostlike, spectral. **2.** (*unheimlich*) eerie, weird, *colloq.* spooky, creepy. **~ˌhand** *f* **wie von** (*od.* **durch**) **~** as (though) by a magic hand. **~ˌklop·fen** *n* spirit rapping.

gei·stern ['gaɪstərn] *v/i* ⟨h *u.* sein⟩ **1.** ⟨h⟩ haunt a place. **2.** ⟨sein⟩ (**durch** through) move (*od.* pass) like a ghost (*od.* spectrally), ghost, spook; (*huschen*) flit, dart. **3.** ⟨h⟩ *fig.* **diese Idee geistert noch immer in ihren Köpfen** this idea is still lurking in their minds.

'Gei·ster|ˌreich *n* realm of spirits, spirit-world. **~ˌschiff** *n* phantom ship. **~ˌse·her** *m* **1.** ghost-seer. **2.** (*Spiritist*) spiritualist. **3.** person with second sight. **~ˌstim·me** *f* **1.** spooky voice. **2.** *TV* a) mystery voice, b) *des Dolmetschers etc*: voiceover. **~ˌstun·de** *f* witching hour.

'gei·stes|abˌwe·send *adj* absent-minded, abstracted; **~ sein** *a.* be in a brown study. **♀ˌabˌwe·sen·heit** *f* ⟨-; *no pl*⟩ absent-mindedness.

'Gei·stes|ˌanˌla·ge *f meist pl* (mental) ability, talent, (natural) gift. **~ˌanˌstren·gung** *f* **1.** mental effort. **2.** (*Strapaze*) (mental) strain. **~ˌar·beit** *f* intellectual work, brainwork, headwork. **~ˌar·bei·ter** *m* brainworker. **~ˌar·mut** *f* poverty of intellect, dul(l)ness, simpleness. **~ˌart** *f* cast of mind, mentality. **~beˌhin·de·rung** *f* mental deficiency. **~ˌbil·dung** *f* cultivation of the mind, mental culture. **~ˌblitz** *m* **1.** flash of genius, (flash of) inspiration, *colloq.* brain wave, (*witziger* ~) flash of wit. **2.** (*Gedankensplitter*) aphorism. **~ˌflug** *m lit.* flight (*od.* soaring) of the imagination. **~ˌfrei·heit** *f* freedom of thought (*od.* of the mind), intellectual freedom (*od.* liberty). **~ˌfri·sche** *f* mental vigo(u)r, freshness of mind. **~ˌga·be** *f* intellectual gift (*od.* talent). **~ˌgeˌgenˌwart** *f* presence of mind; **die ~ aufbringen, et. zu tun** have the presence of mind to do s. th. **♀ˌge·genˌwär·tig I** *adj* **1.** (on the) alert. **2.** (*geistig flink*) quick-witted. **II** *adv* **3.** ~

et. tun have the presence of mind to do s. th. **~ge,schich·te** *f* history of the *German, etc* mind (*od.* of thought), intellectual history. **2ge,schicht·lich I** *adj* intellectual-history, relating to the history of the *human, German, etc* mind. **II** *adv* ~ **betrachtet** in terms of the intellectual history (*etc*). **2ge,stört** *adj* mentally disturbed, *stärker*: (mentally) deranged, insane, *colloq.* mental. **~ge-,stör·te** *m, f* <-n; -n> mentally disturbed (*od. stärker*: deranged) person, mental case, *stärker*: lunatic, *jur.* person of unsound mind. **~ge,stört·heit** *f* <-; *no pl*> (mental) derangement (*od.* alienation). **~,grö·ße** *f* **1.** greatness of mind, intellectual greatness. **2.** (*Hochherzigkeit*) magnanimity. **3.** (*genialer Mensch*) great mind, mental giant, genius. **~,hal·tung** *f* (mental) attitude, mentality. **~,kraft** *f* mental vigo(u)r (*od.* power). **2,krank** *adj med.* insane, mentally ill (*od.* deranged), lunatic, demented, crazy, mad, *colloq.* mental; *jur.* insane, of unsound mind, non compos mentis. **~-,kran·ke** *m, f* <-n; -n> insane person, mental case, *stärker*: lunatic, *colloq.* mental, *in Behandlung*: mental patient; **Klinik für ~** mental hospital (*od.* home). **~,krank·heit** *f* insanity, lunacy, mental disease (*od.* illness, disorder). **~,le·ben** *n* <-s; *no pl*> intellectual (*od.* spiritual) life, *weitS.* cultural life. **~pro,dukt** *n* (intellectual) product, *colloq.* brainchild. **~,rich·tung** *f* **1.** cast of mind, mentality. **2.** school of thought, philosophy, outlook. **~,rie·se** *m colloq.* intellectual giant, mastermind, genius. **~,schaf·fen·de** *m, f* <-n; -n> brainworker. **~,schär·fe** *f* <-; *no pl*> acuteness (of mind), sagacity, keen(ness of) intellect, perspicacity. **2,schwach** *adj* feeble-minded, weak-minded, mentally deficient. **~,schwä·che** *f* feeble-mindedness, mental deficiency. **~,stär·ke** *f* **1.** strength of mind, fortitude. **2.** → Geisteskraft. **~,stö·rung** *f med.* mental disorder (*od.* derangement, disturbance), psychopathy. **~,strö·mung** *f* current of thought, (intellectual) trend. **~,tat** *f* intellectual achievement, feat of intellect. **~,tä·tig·keit** *f* mental activity. **2-,trä·ge** *adj* mentally sluggish. **~,träg·heit** *f* mental sluggishness, inertia. **~ver,fas·sung** *f* frame (*od.* state) of mind, (mental) state. **2ver,wandt** *adj* (mit to) congenial, kindred. **~ver-,wandt·schaft** *f* congeniality, affinity. **~ver,wir·rung** *f* mental confusion (*od.* disturbance). **~,welt** *f* intellectual world. **~,wis·sen·schaft** *f* humane discipline, *a.* soft science; **die ~en** the (liberal) arts, the humanities. **~,wis·sen·schaft·ler** *m* (arts) scholar. **2,wis·sen·schaft·lich** *adj* humane, relating to the (liberal) arts. **~zer-,rüt·tung** *f* (mental) derangement, dementia, insanity. **~,zu,stand** *m* <-(e)s; *no pl*> state of mind, mental state; **j-n auf s-n ~ untersuchen lassen** have s. o.'s mental state examined; *humor.* **er sollte sich auf s-n ~ untersuchen lassen** he should have his head examined.

'gei·stig¹ I *adj* **1.** mental, of the mind; **~e Aufgeschlossenheit** open-mindedness; **~e Freiheit** → **Geistesfreiheit**; **~e Frische** mental alertness; **~e Veranlagung** mentality, mental disposition; **~e Verfassung** → **Geistesverfassung**; **~er Vorbehalt** mental reservation; **et. vor s-m ~en Auge vorüberziehen lassen** review s. th. before one's mind's eye. **2.** intellectual (*abilities, élite, etc*); **~e Arbeit** intellectual work, brainwork; **~er Austausch** exchange of opinions (*od.* ideas, thoughts); **~er Gehalt** intellectual content (*od.* substance); **~e Größe** → **Geistesgröße**; *jur.* **~es Eigentum** intellectual (*od.* literary) property; **Diebstahl ~en Eigentums** plagiarism. **3.** (*innerlich, seelisch*) spiritual, of the spirit; **~es Band, ~e Bindung** spiritual tie; **~e Entwicklung** spiritual development; **~er Führer** spiritual leader, brain; **~e Liebe** spiritual (*od.* platonic) love; **~e Verwandtschaft** → **Geistesverwandtschaft**. **4.** (*unkörperlich*) spiritual, incorporeal; **~es Wesen** spiritual being. **5.** *psych.* mental; **~e Krankheit** mental disease; **~e Umnachtung** mental derangement. **II** *adv* **6.** *a. med.* mentally; **~ rege** mentally active; **~ zurückgeblieben** (mentally) retarded; **~ behinderte Kinder** mentally handicapped children; **~ gesund** sane, of sound mind. **7.** intellectually; **j-m ~ überlegen (unterlegen) sein** be intellectually superior (inferior) to s. o.; **~ anspruchsvoll, ~ hochstehend** demanding, highbrow; **~ anspruchslos** undemanding, lowbrow; **~ arbeiten** work with one's intellect (*od.* brain), do brainwork.

'gei·stig² *adj* **~e Getränke** spirits, spirituous liquors, alcoholic beverages.

'Gei·stig·keit *f* <-; *no pl*> **1.** *a. philos.* spirituality. **2.** intellectuality.

'gei·stig-'see·lisch *adj* mental and spiritual.

'geist·lich *adj* **1.** *Orden etc*: religious. **2.** *Lied, Musik etc*: religious, spiritual, sacred. **3.** a) (*kirchlich*) ecclesiastic(al), b) (*die Geistlichkeit betreffend*) clerical; **~es Amt** ecclesiastical office, (*Priesteramt*) ministry; **~e Würdenträger** ecclesiastical (*od.* church) dignitaries; **~er Stand** clergy; **in den ~en Stand treten** a) *R.C.* take holy orders, b) *Protestant*: enter the clergy. **4.** (*seelisch*) spiritual; **~er Beistand** spiritual support.

'Geist·li·che *m* <-n; -n> **1.** clergyman, cleric, *lit.* man of God; **die ~n** the clergy *sg*, the clerics. **2.** *bes. e-r protestantischen Kirche*: minister, pastor. **3.** (*Priester*) priest. **4.** *mil.* (*a. Gefängnis2, Schiffs2*) chaplain. **'Geist·lich·keit** *f* <-; *no pl*> *relig.* clergy.

'geist|los *adj* **1.** lacking (in) wit. **2.** (*langweilig*) dull. **3.** (*seicht*) banal, insipid, platitudinous, vapid. **4.** (*dumm*) stupid. **2lo·sig·keit** *f* <-; -en> **1.** <*only sg*> lack of wit. **2.** <*only sg*> dul(l)ness. **3.** <*only sg*> banality, insipidity. **4.** <*only sg*> stupidity. **5.** (*~e Bemerkung etc*) platitude, banality. **~,reich** *adj* **1.** (*klug, witzig*) witty, *stärker*: brilliant; **ein ~er Mensch** a witty person, a wit; → *a.* **geistsprühend**. **2.** (*gescheit*) clever, ingenious; *iro.* **das war sehr ~** that was clever of you. **3.** (*intellektuell*) sophisticated. **2rei·che'lei** [,gaist-] *f* <-; -en> (forced) witticism, quip. **~,rei·cheln** *v/i* <*insep*, ge-, h> quip, try to be witty. **~,sprü·hend** *adj* sparkling (with wit), scintillating. **2,tau·fe** *f relig.* baptism by the spirit. **~,tö·tend** *adj* deadly dull, soul-destroying. **~,voll** *adj* **1.** → **geistreich** 1. **2.** (*tief*) profound.

Geiz¹ [gaits] *m* <-es; *no pl*> **1.** (*Knauserei*) miserliness, stinginess, niggardliness, meanness. **2.** *obs. for* **Gier** 3, **Habgier**.

Geiz² *m* <-es; -e> *hort.* (side) shoot, sucker.

gei·zen¹ ['gaitsən] *v/i* <h> **1. mit e-r Sache ~** a) be sparing with (*od.* of) s. th., b) be miserly (*od.* stingy, niggardly) with s. th., stint s. th.; **mit Lob soll man nicht ~** one should not be sparing with one's praise; **sie geizt nicht mit ihren Reizen** she does not stint her charms. **2.** *obs.* **nach et. ~** covet s. th.; **nach Ruhm ~** be thirsting for fame.

'gei·zen² *v/t* <h> *hort.* remove the (side) shoots from.

'Geiz,hals *m contp.* miser, niggard, *colloq.* skinflint, meanie, *Am.* tightwad.

'gei·zig *adj* miserly, stingy, niggardly, mean, *colloq.* penny-pinching, closefisted; **mit e-r Sache ~ sein** → **geizen** 1.

'Gei·zi·ge *m, f* <-n; -n> miser, niggard.

'Geiz,kra·gen *m* → **Geizhals**.

'Geiz,trieb *m hort.* → **Geiz²**.

Ge'jam·mer *n* <-s; *no pl*> *colloq.* **1.** (*Quengeln*) whining. **2.** (*Wehklagen*) wailing, (constant) lamentation. **3.** *Klagen*) complaining, moaning, *colloq.* belly-aching.

Ge'johl, Ge'joh·le *n* <-s; *no pl*> *colloq.* howling, yelling.

Ge'ju·bel *n* <-s; *no pl*> *colloq. for* **jubeln** III.

ge'kehrt *pp u. adj fig.* **in sich ~** a) withdrawn, inward-looking, b) (*versunken*) absorbed, lost in thought.

Ge'keif *n* <-(e)s; *no pl*>, **Ge'kei·fe** *n* <-s; *no pl*> *colloq. for* **keifen** II.

Ge'ki·cher *n* <-s; *no pl*> *colloq. for* **kichern** II.

Ge'kläff *n* <-(e)s; *no pl*>, **Ge'kläf·fe** *n* <-s; *no pl*> *colloq.* yapping (*a. fig.*).

Ge'klap·per *n* <-s; *no pl*> *colloq. for* **klappern** 5.

Ge'klatsch *n* <-es; *no pl*>, **Ge'klat·sche** *n* <-s; *no pl*> *colloq. for* **klatschen** III.

Ge'kleck·se *n* <-s; *no pl*> → **Kleckserei**.

Ge'klim·per *n* <-s; *no pl*> → **Klimperei**.

Ge'klirr *n* <-(e)s; *no pl*>, **Ge'klir·re** *n* <-s; *no pl*> *colloq. for* **klirren** 3, 4.

ge'klom·men [-'klɔmən] *pp of* **klimmen**.

Ge'klö·ne *n* <-s; *no pl*> *Northern G. colloq. for* **Geplauder**.

ge'klun·gen [-'kluŋən] *pp of* **klingen**.

Ge'knall *n* <-(e)s; *no pl*>, **Ge'knal·le** *n* <-s; *no pl*> *colloq.* (constant) banging.

Ge'knat·ter *n* <-s; *no pl*> *colloq. for* **knattern** II.

ge'knech·tet *pp u. adj* enslaved, oppressed, downtrodden.

ge'knickt *pp u. adj* **1.** *med. tech.* bent, flexed. **2.** *colloq.* (*niedergeschlagen*) crestfallen, downcast, crushed.

ge'knif·fen [-'knɪfən] *pp of* **kneifen**.

Ge'kni·ster *n* <-s; *no pl*> *colloq. for* **knistern** 4.

Ge'knut·sche *n* <-s; *no pl*> → **Knutscherei**.

ge'konnt [-'kɔnt] **I** *pp of* **können¹** II, III. **II** *adj* competent, accomplished, masterly, skil(l)ful.

ge'kö·pert *adj Textil.* twilled.

ge'ko·ren [-'ko:rən] *pp of* **kiesen**, *a. of* **küren**.

ge'körnt *pp u. adj* (*körnig*) granular, grained.

Ge'krächz *n* <-es; *no pl*>, **Ge'kräch·ze** *n* <-s; *no pl*> *colloq.* croaking.

Ge'kra·kel *n* <-s; *no pl*> *colloq. for* **Gekritzel**.

ge'kränkt *pp u. adj* (**über** *acc*) hurt (at), offended (at, by), injured, wounded; **leicht ~ sein** be easily offended, be touchy; **tief ~ sein** be deeply hurt, be cut to the quick; **~er Stolz** wounded pride.

Ge'krätz [-'krɛts] *n* <-es; *no pl*> *tech.* waste, dross.

Ge'kräu·sel *n* <-s; *no pl*> **1.** *des Haars*: curling, *mit dichten Löckchen*: frizz. **2.** *der Wasseroberfläche*: rippling. **ge'kräu·selt** *adj* **1.** *Haar*: curly (*a. Schrift*), curled (*a. Lippen*), (*mit dichten Löckchen*) frizzy, *a.* frizzly. **2.** *Wasser*:

rippled. **3.** *Stoff*: a) gathered, b) (*mit Krausen*) frilly.

Ge'kreisch *n* ⟨-(e)s; *no pl*⟩, **Ge'krei·sche** *n* ⟨-s; *no pl*⟩ *colloq. for* kreischen 2, 3.

Ge'kreu·zig·te *m* ⟨-n; -n⟩ **1.** *hist.* person hung on a cross. **2.** ⟨*only sg*⟩ **der ~** Christ crucified.

ge'kreuzt *adj* **1.** crossed; **mit ~en Beinen dasitzen** sit with one's legs crossed. **2.** (*kreuz und quer*) criss-cross(ed). **3.** *bot.* cruciform.

Ge'krit·zel *n* ⟨-s; *no pl*⟩ *colloq.* **1.** (*Vorgang*) scrawling, scribbling. **2.** (*Schrift*) scrawl, scribble.

ge'kro·chen [-'krɔxən] *pp of* **kriechen.**

ge'kröpft *adj* **1.** *tech.* cranked, offset, goosenecked; **~e Achse** dropped axle; **~er Meißel** gooseneck tool; **~es Rohr** S-shaped pipe; **dreimal ~e Kurbelwelle** three-throw crankshaft; *mot.* **~er Rahmen** kick-up frame. **2.** *arch.* angulate.

Ge'krö·se *n* ⟨-s; -⟩ **1.** *anat.* mesentery. **2.** *gastr.* a) *vom Schwein*: tripe, chitterlings *pl*, b) *vom Kalb u. Lamm*: pluck, crow, c) *vom Geflügel*: giblets *pl.*

ge'krümmt *adj* **1.** *Linie, Fläche etc*: curved. **2.** *Nase etc*: crooked. **3.** (*gebogen*) bent; **vom Alter ~** bent with (old) age. **4.** (*hakenförmig*) hooked. **5.** (*verzogen*) warped. **6.** *Schultern*: hunched. **7.** *med. Rückgrat*: kyphotic. **8.** *biol.* (*hakenförmig*) hook-shaped, uncinate.

ge'kün·stelt *adj* **1.** (*geziert*) artificial, affected, *Stil*: *a.* mannered, stilted. **2.** forced (*laughter, etc*).

ge'kürzt *adj* **1.** *Buch, Ausgabe*: abridged, condensed. **2.** *Film, Fassung*: shortened, cut-down, abridged.

Gel [geːl] *n* ⟨-s; -e⟩ *chem.* gel.

Ge'lab·ber *n* ⟨-s; *no pl*⟩ *colloq.* dishwater, slops *pl.*

Ge'la·che *n* ⟨-s; *no pl*⟩ *colloq.* (continual *od.* stupid, *etc*) laughing.

Ge'läch·ter [-'lɛçtər] *n* ⟨-s; -⟩ **1.** laughter, laughing; **brüllendes ~** roar(s *pl*) of laughter; **wieherndes ~** guffaw, horselaugh; **in schallendes ~ ausbrechen** roar with laughter, guffaw; **~ erregen** (*od.* **hervorrufen, auslösen**) produce (*od.* give rise to) laughter (*od.* hilarity, mirth), draw a laugh; **sich dem ~ preisgeben** (*od.* **aussetzen**) expose o.s. to ridicule, make a fool of o.s. **2.** (*Gegenstand des Spotts*) laughing-stock, butt, object of ridicule; **zum ~ werden** become a laughing-stock; **j-n zum ~ der anderen machen** make s.o. the laughing-stock (*od.* butt) of the others.

ge'lack,mei·ert *pp colloq.* **~ sein, der** (*die*) **♀e sein** be the dupe, be had for a sucker.

ge'la·den I *pp of* **laden**[1] *u.* [2]. **II** *adj* **1.** loaded. **2.** *Gewehr etc*: loaded (*a. phot.*), charged. **3.** *electr. Leitung*: charged, live. **4.** *phys.* **einfach ~es Ion** single-charged ion. **5.** *fig.* **mit et. ~ sein** be charged (*od.* brimming, pregnant) with s.th. **6.** *fig. colloq.* (*wütend*) furious, fuming, mad, hot under the collar; **auf j-n ~ sein** have it in for s.o., be mad at s.o. **7.** *Gast*: invited.

Ge'la·ge *n* ⟨-s; -⟩ **1.** feast, banquet, *colloq.* spread. **2.** (*Zech♀*) drinking bout, carouse, *colloq.* binge, booze.

ge'la·gert *pp u. adj* **1.** *tech.* a) (*gestützt*) supported, b) (*in e-m Lager*) bearing-mounted, running in bearings, c) (*positioniert*) located, d) (*befestigt*) mounted. **2.** *geol.* bedded. **3.** *her. Tier*: lodged. **4.** *fig.* **dieser Fall ist anders ~** this case is different; **so ~** thus, as follows; **in besonders ~en Fällen** in special cases.

ge'lähmt *pp u. adj* **1.** *med.* paralysed (*Am.* -z-) paralytic. **2.** *fig.* benumbed, dazed, *stärker*: crippled, paralysed, *Wirtschaft etc*: *a.* hamstrung; **ich war von dem Schreck wie ~** I was paralysed with terror; **m-e Zunge war wie ~** I was tongue-tied. **Ge'lähm·te** *m, f* ⟨-n; -n⟩ *med.* paralytic.

ge'lahrt [-'laːrt] *adj obs. u. humor. for* **gelehrt. Ge'lahrt·heit** *f* ⟨-; *no pl*⟩ *obs. u. humor. for* **Gelehrsamkeit.**

Ge'län·de *n* ⟨-s; -⟩ **1.** (tract of) land, area, country, ground, terrain; **hügeliges ~** hilly ground; *mil.* **offenes** (*od.* **freies**) **~** open country (*od.* terrain); **nicht eingesehenes ~** defiladed (*od.* hidden) ground; **schwieriges ~** difficult terrain; **~ verlieren** (**gewinnen**) lose (gain) ground. **2.** (*Bau♀, Grundstück, a. Ausstellungs♀*) site. **3.** (*Parzelle*) lot, plot. **4.** *sociol.* field. **~ˌabˌschnitt** *m* sector, area. **~ˌanˌtrieb** *m tech.* all-wheel drive. **~ˌaufˌnah·me** *f* **1.** *geogr.* a) topographic survey, b) (*Karte*) topographic map. **2.** (*Luftbild*) air photograph. **~ˌausˌbil·dung** *f mil.* field training. **~beˌspre·chung** *f mil.* tactical exercise without troops (*abbr.* T.E.W.T.). **~erˌschlie·ßung** *f civ. eng.* land development. **~ˌfahrt** *f* cross-country drive. **~ˌfahrˌzeug** *n* cross-country vehicle. **~ˌgang** *m mot.* cross-country (*od.* off-the-road) gear, high-ratio gear. **♀ˌgän·gig** *adj mot.* all-terrain, cross-country going (*od.* mobile); **~es Fahrzeug** → **Geländefahrzeug. ~ˌgän·gig·keit** *f* ⟨-; *no pl*⟩ cross-country mobility. **~geˌstal·tung** *f* terrain features *pl.* **~ˌhin·der·nis** *n* natural obstacle. **~ˌlauf** *m Sport*: cross-country run (*od.* race). **~ˌmarsch** *m mil.* cross-country march. **~ˌprü·fung** *f Reitsport*: endurance test. **~ˌpunkt** *m* landmark.

Ge'län·der *n* ⟨-s; -⟩ **1.** (*~stange*) railing, (hand)rail. **2.** (*Treppen♀*) banisters *pl.* **3.** (*Balkon♀ etc*) balustrade.

Ge'län·de|ˌrei·fen *m mot.* **1.** cross-country (*od.* off-the-road) tyre (*Am.* tire). **2.** *e-s Traktors*: ground grip tyre (*Am.* tire). **~ˌritt** *m Sport*: cross-country test.

Ge'län·der|ˌpfo·sten *m* newel(-post). **~ˌstan·ge** *f* handrail.

Ge'län·de|ˌspiel *n* scouting game. **~ˌsport** *m* field (*od.* outdoor) sports *pl.* **~ˌsprung** *m Skisport*: geländesprung, gelände jump. **~ˌstrei·fen** *m* strip of ground, *mil. a.* sector. **~ˌübung** *f mil.* field exercise. **~ˌwa·gen** *m* **1.** cross-country (*od.* all-terrain) car (*od.* vehicle). **2.** *mil.* jeep.

ge'lang [-'laŋ] *3 sg pret*, **ge'län·ge** [-'lɛŋə] *3 sg pret subj of* **gelingen.**

ge'lan·gen *v/i* ⟨*pp* **gelangt, sein**⟩ **1. ~ an** (*acc*) (*od.* **nach, zu, auf** *acc*) reach, arrive at, get (*od.* come) to; **ans Ziel ~** a) reach (*od.* get to) one's destination, b) *fig.* reach one's goal, achieve one's aim (*od.* purpose, ends), attain one's object; **in j-s Hände ~** come (*od.* get) into s.o.'s hands, reach s.o.'s hands; **in andere Hände ~** change hands; **die Nachricht ist noch nicht zu ihm gelangt** the news has not reached him yet; **zu e-r Ansicht ~** form an opinion; **zu der Ansicht ~, daß** decide (*od.* conclude) that; **zu e-r Erkenntnis** (**Folgerung**) **~** arrive at (*od.* reach) a conclusion; **zu der Erkenntnis** (*od.* **Einsicht**) **~, daß** (come to) realize that. **2. et. an j-n ~ lassen** send (*od.* transmit, forward) s.th. to s.o. **3. zu et. ~** gain (*od.* win, achieve, reach) s.th., attain (to) s.th.; **zu Ehren ~** come to (*od.* achieve, attain) hono(u)rs; **zu Reichtum ~** make a fortune, gain wealth, become rich. **4. in den Besitz von et. ~** come into possession of s.th., acquire s.th. **5. zur Aufführung ~** be performed (*od.* played, enacted), be put on (the stage), be presented; **zum Druck ~** be printed; **zur Ausführung ~** be carried out.

ge'langˌweilt *pp u. adj* **~ dreinschauen** look bored; **zu Tode ~** bored to death (*od. colloq.* stiff).

ge'lappt *adj* lobed, lobate(d).

Ge'laß *n* ⟨-sses; -sse⟩ *lit. obs.* (small) chamber (*od.* cabinet).

ge'las·sen I *pp of* **lassen**[1] II, III. **II** *adj* **1.** (*ruhig*) calm, composed, cool; **mit ~er Stimme** calmly, coolly, in a calm voice; **er blieb ~** he kept cool (*od.* his temper), *colloq.* he kept his cool. **2.** (*unerschüttert*) unperturbed, unruffled, serene, placid, tranquil. **3.** (*unerschütterlich*) unperturbable, *colloq.* unflappable. **4.** (*ausgeglichen*) even-tempered. **♀heit** *f* ⟨-; *no pl*⟩ **1.** calm(ness), composure, coolness, unconcern; **mit ~** calmly, coolly. **2.** imperturbability.

Ge'lä·ster *n* ⟨-s; *no pl*⟩ *colloq. for* **lästern** III.

Ge·la·ti·ne [ʒela'tiːnə] *f* ⟨-; -n⟩ gelatin(e). **♀ˌar·tig** *adj* gelatinous. **~dy·naˌmit** *n chem.* gelatin dynamite, gelignite. **♀ˌhal·tig** *adj* gelatinous. **~ˌkap·sel** *f* gelatin capsule, perle.

ge·la·ti·nie·ren [ʒelati'niːrən] *v/t* ⟨*pp* **gelatiniert, h**⟩ *u. v/i* ⟨**sein**⟩ gelatinize, gelatinate. **ge·la·ti'nös** [-'nøːs] *adj* gelatinous, gelatinoid.

Ge'läuf [-'lɔʏf] *n* ⟨-(e)s; -e⟩ **1.** *hunt.* tracks *pl.* **2.** *e-r Pferderennbahn*: going, turf.

Ge'lau·fe *n* ⟨-s; *no pl*⟩ *colloq. contp.* running about.

ge'lau·fen *pp of* **laufen.**

ge'läu·fig *adj* **1.** *Ausdruck, Wendung etc*: common, current, frequently used. **2.** (*vertraut*) familiar; **das ist mir ~** I am familiar with that. **3.** (*redegewandt*) voluble, glib; **er hat e-e ~e Zunge** he has a glib tongue, *colloq.* he has the gift of the gab. **4.** (*fließend*) fluent (*French, etc*). **♀keit** *f* ⟨-; *no pl*⟩ **1.** currency, common (*od.* widespread) use. **2.** familiarity. **3.** glibness. **4.** fluency, ease.

ge'launt [-'launt] *adj* ⟨*pred*⟩ **gut ~ sein** be in a good mood (*od.* humo[u]r), be in high spirits, *colloq.* be chirpy (*Am.* chipper); **schlecht ~ sein** be in a bad mood (*od.* humo[u]r, temper), be in an evil mood, be in a foul temper, be bad-(*od.* ill-)tempered, be cross; **wie ist er heute ~?** what sort of mood is he in today?; **ich bin nicht dazu ~** I am not in the mood for it, I don't feel like (doing) it.

Ge'läut *n* ⟨-(e)s; -e⟩, **Ge'läu·te** *n* ⟨-s; -⟩ **1.** → **läuten** IV. **2.** (*die Glocken*) (set of) bells *pl*, chime(s *pl*).

ge'läu·tert *adj* **1.** *tech.* purified, clear, *Öl*: *a.* refined. **2.** *fig. Charakter, Mensch*: purified, chastened.

gelb [gɛlp] **I** *adj* ⟨-er; -st⟩ **1.** yellow; **~ werden** turn (*od.* go, become) yellow; **~es Fieber** yellow fever; *Sport*: **~e Karte** yellow card; **die ~e Rasse** the yellow race; **~e Rübe** *Southern G.* carrot; *fig.* **~ vor Neid** green with envy; → **Gefahr** 3. **2.** *Gesichtsfarbe*: sallow, yellow. **3.** *Verkehrslicht*: amber, yellow; **das ~e Licht überfahren** *cf.* 5. **II ♀** *n* ⟨-s; *no pl, colloq.* -s⟩ **4.** yellow (colo[u]r); **in ♀** in yellow. **5.** *der Verkehrsampel*: amber, yellow; **bei ♀** on (the) amber; **bei ♀ über die Kreuzung fahren** shoot the amber. **♀ˌbleiˌerz** *n min.* wulfenite, yellow lead ore. **~ˌbraun** *adj* yellowish-brown. **♀ˌbuch** *n pol.* Yellow Book.

ˈGel·be[1] *n* ⟨-n; *no pl*⟩ **1.** → gelb 4. **2.** *vom Ei*: yolk.

ˈGel·be[2] *m* ⟨-n; -n⟩ *contp.* yellow man.

ˈGelbˌei·senˌˌerz *n min.* yellow iron ore, copiapite. **~ˌstein** *m* yellow ironstone.

ˈGelbˌˌerz *n min.* sylvanite. **~ˌfie·ber** *n med.* yellow fever. **~ˌfil·ter** *n, m phot.* yellow filter. **~ˌgie·ßer** *m metall.* brass and bronze founder. **~gie·ßeˌrei** *f* **1.** brass and bronze foundry. **2.** (*Tätigkeit*) brass and bronze founding. **~ˌglut** *f* yellow heat. **2ˌgrün** *adj* yellowish-green. **~ˌguß** *m metall.* brass and bronze. **~ˌka·li** *n chem.* potassium ferrocyanide. **~ˌkör·per** *m med.* yellow body. **~ˌkraut** *n bot.* dyer's rocket, yellow-weed. **~ˌkreuz(ˌgas)** *n chem. mil.* mustard gas. **~ˌkup·fer** *n* (yellow) brass.

gelb·lich [ˈgɛlplɪç] *adj* **1.** yellowish. **2.** *Gesichtsfarbe*: sallow. **3.** (*fahl*) fallow.

ˈGelbˌˌlicht *n im Verkehr*: amber (*od.* yellow) light (*cf.* gelb 5). **~meˌtall** *n* yellow metal. **2ˌrot** *adj* yellow-(*od.* yellowish-)red. **~ˌschei·be** *f phot.* yellow filter. **2ˌsti·chig** *adj* **1.** → gelblich 1. **2.** *bes. Farbphoto*: yellow-tinged. **~ˌsucht** *f med.* jaundice, icterus. **2ˌsüch·tig** *adj med.* jaundiced, suffering from jaundice, icteric. **~ˌwurz** *f bot.* turmeric.

Geld [gɛlt] *n* ⟨-(e)s; -er⟩ **1.** ⟨*meist sg*⟩ money, *sl.* dough, brass, bread, *Br. a.* lolly; **falsches ~** → Falschgeld; **bares ~** cash, ready money; **hartes ~** money in coin, specie; *colloq.* **großes ~** notes *pl*, *Am.* bills *pl*; **kleines ~** (small) change, loose cash; **verfügbares ~** money on hand; **sein ~ arbeiten lassen** put one's money to work; **hast du ~ bei dir?** do you have any money on (*od.* with, about) you?; **für sein ~ et. bekommen** get value for one's money; *colloq.* **er ist nicht mit ~ zu bezahlen** he is worth his weight in gold, he is invaluable; *colloq.* **dicke ~er einstreichen** cash in heavily; **alles, was für ~ zu haben ist** all that money can buy; **am ~e hängen** (*od. colloq.* **kleben**) be a slave to money; **das ~ auf die Straße werfen** throw one's money away; *colloq.* **mit ~ herumschmeißen** throw money about (like dirt); **zu ~ kommen** come into money, strike it rich; *colloq.* **~ machen** make money; **et. zu ~ machen** a) turn (*od.* convert) s. th. into cash (*od.* [ready] money), b) *econ.* realize s. th., (*verkaufen*) *a.* sell s. th.; *colloq.* **in ~ schwimmen** be rolling in money; **um ~ spielen** a) play for money, b) gamble; **~ in** (*acc*) **et. stecken** put (*od.* sink) money into s. th., invest money in s. th.; *colloq.* **er hat ~ wie Heu, er stinkt vor ~** he has money to burn, he is rolling in money, he is filthy (*od.* stinking) rich; **~ wechseln** a) *in kleines*: change money, b) *in andere Währung*: (ex)change money; *colloq.* **das geht** (*od.* **läuft**) **ins ~** that runs into money; *fig.* **das ~ liegt auf der Straße** the money is there for the asking; **man findet das ~ nicht auf der Straße** money does not grow on trees; **das liebe ~!** money!; **~ spielt k-e Rolle** money is no object; **nicht für ~ und gute Worte** not for love or money; **~ allein macht nicht glücklich** money is not everything; **~ regiert die Welt** money makes the world go round; **~ stinkt nicht** money does not smell. **2.** ⟨*only sg*⟩ (*Münzen*) coin(s *pl*). **3.** ⟨*only sg*⟩ (*Scheine*) notes *pl*, *Am.* bills *pl*. **4.** ⟨*only sg*⟩ *im Umlauf*: currency. **5.** ⟨*only sg*⟩ *econ. in Kurszetteln*: bid, buyers *pl*. **6.** *pl econ.* a) funds, money *sg*, monies, moneys, b) capital *sg*, c) deposits; **langfristige ~er** a) time deposits, b) long-term capital *sg*; **öffentliche ~er** public funds.

ˈGeldˌˌabˌfin·dung *f econ.* **1.** monetary compensation, compensation (in cash). **2.** *bei Aufgabe von Ansprüchen*: cash settlement. **~ˌabˌfluß** *m* drain (*od.* outflow, efflux) of money. **~ˌadel** *m* moneyed aristocracy, plutocracy. **~ˌange ˌle·gen·hei·ten** *pl* money (*od.* financial) matters (*od.* affairs). **~ˌanˌla·ge** *f* investment. **~ˌanˌlei·he** *f* loan. **~ˌanˌspruch** *m jur.* financial (*od.* monetary) claim. **~ˌanˌwei·sung** *f* **1.** money order, remittance. **2.** (postal) money order, *Br. a.* postal order. **~ari·sto·kraˌtie** *f* → Geldadel. **~ˌaufˌnah·me** *f econ.* **1.** borrowing (of money). **2.** raising (*od.* taking up) of money. **~ˌaufˌwand** *m* **1.** expenditure. **2.** (*Unkosten*) expense(s *pl*). **~ˌaufˌwer·tung** *f* revaluation (of a currency). **~ˌausˌga·ben** *pl* **1.** disbursement *sg*. **2.** → Geldaufwand. **~ˌausˌwei·tung** *f* monetary expansion. **~beˌdarf** *m* **1.** money requirements *pl*, financial needs *pl*. **2.** *am Geldmarkt*: money (*od.* currency) demands *pl*. **~ˌbeiˌtrag** *m* financial contribution. **~beˌloh·nung** *f* pecuniary reward, reward (in cash). **~beˌschaf·fung** *f* raising of funds. **~beˌstand** *m* monetary holding(s *pl*) (*od.* stock). **~beˌtrag** *m* amount (*od.* sum) (of money). **~ˌbeu·tel** *m* **1.** purse; *fig. colloq.* **den ~ verwalten** hold the purse-strings; *fig.* **jetzt geht es dir an den ~** now you will suffer in your pocket; **für jeden ~** within anyone's reach. **2.** *für Scheine*: wallet, *Am. a.* pocketbook, billfold. **3.** *hist.* moneybag. **~beˌwil·li·gung** *f* grant (of money). **~beˌwil·li·gungsˌanˌtrag** *m pol.* money bill. **~ˌbör·se** *f* → Geldbeutel 1, 2. **~ˌbriefˌträ·ger** *m* (*special*) *postman delivering money orders.* **~ˌbüch·se** *f* money-box. **~ˌbu·ße** *f* fine, penalty. **~ˌein·heit** *f* monetary unit. **~ˌeinˌla·ge** *f* deposit. **~ˌeinˌnah·men** *pl* **1.** (cash) receipts, takings. **2.** *laufende, feste*: revenues. **~ˌeinˌwurf** *m* **1.** insertion of coins. **2.** (*Automatenschlitz*) coin slot. **~empˌfän·ger** *m* payee, remittee. **~entˌschä·di·gung** *f jur.* **1.** → Geldabfindung 1. **2.** *bei Verlusten*: indemnity. **~entˌwer·tung** *f econ.* **1.** depreciation (*od.* devaluation) of money (*od.* of [a] currency). **2.** inflation. **~erˌwerb** *m* money-making; **auf ~ ausgehen** try to make money (*od.* gain a livelihood). **~ˌesel** *m fig. colloq.* money-spinner.

ˈGel·desˌwert *m* ⟨-(e)s; *no pl*⟩ **1.** money's worth, value in money. **2. Geld und ~** money and valuables *pl*.

ˈGeldˌˌfor·de·rung *f meist pl econ.* **1.** money due (*od.* owing), outstanding money (*od.* debt). **2.** demand for money. **3.** (*Anspruch*) monetary claim. **~ˌfra·ge** *f* financial matter; (**bloß**) **e-e ~** (merely) a question of money. **~ˌge·ber** *m* **1.** (financial) backer. **2.** lender of money. **3.** financier. **4.** investor. **5.** *bei Hypotheken*: mortgagee. **~geˌschäft** *n* **1.** financial (*od.* money) transaction, financial operation. **2.** financial (*od.* banking) business. **~geˌschenk** *n* **1.** gift of money. **2.** *bes. für Dienstleistung*: gratuity. **3.** (*Schenkung*) donation. **4.** (*Trinkgeld*) tip. **~ˌgier** *f* greed (for money), avarice, cupidity. **2ˌgie·rig** *adj* greedy (for money), avaricious, grasping, *colloq.* money-grubbing. **~ˌhei·rat** *f* marriage for money, money marriage (*od.* match). **~ˌhil·fe** *f* financial aid. **~in·stiˌtut** *n* financial institution. **~kasˌset·te** *f* strongbox, cashbox. **~ˌkat·ze** *f hist.* money belt. **~ˌklem·me** *f colloq. for* Geldschwierigkeiten. **~ˌknapp·heit** *f econ.* tightness of money, (financial) stringency. **~ˌkri·se** *f* **1.** financial crisis. **2.** monetary crisis. **~ˌkurs** *m* **1.** rate of exchange. **2.** *der Bank*: buying rate. **3.** *der Börse*: demand rate, bid price. **~ˌlei·her** *m* → Geldverleiher. **~ˌlei·stung** *f* **1.** (money) payment. **2.** *von Versicherungen etc*: (cash) benefit.

geld·lich [ˈgɛltlɪç] **I** *adj* monetary, financial, pecuniary; **~e Hilfe** *etc* → Geldhilfe *etc.* **II** *adv* financially.

ˈGeldˌˌmacht *f* financial power. **~ˌma·kler** *m econ.* money broker. **~ˌman·gel** *m* **1.** lack (*od.* want) of money, impecuniosity. **2.** → Geldknappheit. **~ˌmann** *m* ⟨-(e)s; -leute⟩ *colloq.* **1.** financier. **2.** moneyed (*od.* rich) person, capitalist.

ˈGeldˌmarkt *m econ.* money market. **2empˌfind·lich** *adj* sensitive to money-market influences. **~paˌpier** *n*, **~ˌti·tel** *m* money-market security (*od.* paper).

ˈGeldˌˌmensch *m colloq.* **1.** → Geldraffer. **2.** → Geldmann 2. **~ˌmit·tel** *pl* funds, means, (financial) resources. **~ˌmün·ze** *f* coin. **~ˌmün·zer** *m* minter, mint-master. **~ˌneuˌord·nung** *f* monetary reform. **~ˌnot** *f* **1.** → Geldschwierigkeiten. **2.** *econ.* → Geldknappheit. **~po·liˌtik** *f econ.* monetary policy. **~ˌprä·mie** *f* **1.** bonus. **2.** cash prize. **~ˌpreis** *m* cash (*od.* money) prize. **~ˌprotz** *m colloq.* purse-proud character; **ein neureicher ~** a rich upstart. **~ˌquel·le** *f* source of money (*od.* capital, income), pecuniary (re)source. **~ˌraf·fer** *m* money-grubber. **~reˌform** *f econ.* monetary reform. **~ˌsa·che** *f* money (*od.* financial) matter. **~ˌsack** *m* **1.** *für Geld*: moneybag. **2.** *mit Inhalt*: bag of money. **~ˌsamm·lung** *f* **1.** collection, *Br. colloq.* whip-round; **e-e ~ für j-n veranstalten** make a collection for s. o., *colloq.* pass the hat round for s. o. **2.** *für bestimmte Zwecke*: fund-raising campaign. **~ˌschein** *m* (bank-)note, currency note, *Am.* bill. **~schnei·de·rei** [ˌgɛltʃnaidəˈrai] *f* usury. **~ˌschöp·fung** *f* creation of currency. **~ˌschrank** *m* safe, strongbox; **e-n ~ aufbrechen** (*od. colloq.* **knacken**) break open (*od. colloq.* crack) a safe. **~ˌschrankˌknacker** (*getr.* -k·k-) *m colloq.* safecracker. **~ˌschubˌla·de** *f* **1.** cash drawer. **2.** *bes. e-r Registrierkasse etc*: till. **~ˌschuld** *f* (money *od.* pecuniary) debt. **~ˌschwem·me** *f* glut of money. **~ˌschwie·rig·kei·ten** *pl* financial (*od.* pecuniary) difficulties (*od.* straits); **in ~ sein** be in financial difficulties, be financially embarrassed, *colloq.* be hard up, be in low water. **~ˌsen·dung** *f* (cash) remittance. **~ˌsog** *m econ.* drain of money. **~ˌsor·gen** *pl* financial worries, pecuniary distress *sg*; → *a.* Geldschwierigkeiten. **~ˌsor·te** *f* (monetary) denomination, *pl* notes and coin. **~ˌspen·de** *f* **1.** (financial) contribution, donation. **2.** subscription. **~ˌstra·fe** *f jur.* fine, *a.* penalty; **j-n mit e-r ~ belegen** fine s. o., impose a fine on s. o. **~ˌstück** *n* coin. **~ˌsum·me** *f* sum (*od.* amount) (of money). **~syˌstem** *n* monetary system. **~ˌtäsch·chen** *n* purse. **~ˌta·sche** *f* **1.** → Geldbeutel 1, 3. **2.** *im Kleidungsstück*: change pocket. **~theo·ˌrie** *f* monetary theory. **~transˌport** *m* **1.** money transport. **2.** armo(u)red car for money transports. **~ˌüberˌfluß** *m* glut (*od.* excess) of money. **~ˌüber·ˌhang** *m econ.* surplus money. **~ˌüber·ˌwei·sung** *f* remittance, (money) transfer. **~ˌumˌlauf** *m econ.* money circulation. **~ˌumˌsatz** *m* (money) turnover. **~ˌumˌstel·lung** *f* currency conversion. **~ˌumˌtausch** *m in andere Währung*: exchange of money, conversion. **~verˌdie·nen** *n* making money, money-making. **~verˌdie·ner** *m* money-maker; **der ~ in der Familie** the breadwinner in the family. **~verˌkehr** *m* **1.** circulation of money. **2.** money (*od.* monetary) transactions *pl.* **~verˌle·gen·heit** *f* financial (*od.* pecuniary) embarrassment; → *a.* **Geldschwierigkeiten. ~verˌlei·her** *m* money-lender. **~verˌlust** *m* financial (*od.* pecuniary) loss. **~verˌschwen·dung** *f* waste of money. **~verˌwal·ter** *m* treasurer. **~voˌlu·men** *n* money supply. **~ˌvorˌrat** *m* **1.** funds *pl.* **2.** cash reserve. **3.** (*Kassenbestand*) cash in hand. **4.** *auf dem Geldmarkt*: supply of money. **5.** → **Geldbestand. ~ˌvorˌschuß** *m* (cash) advance. **~ˌwäh·rung** *f* **1.** currency. **2.** money (*od.* monetary) standard. **~ˌwech·sel** *m* → **Geldumtausch. ~ˌwechs·ler** *m* money changer. **~ˌwert** *m* ⟨-(e)s; *no pl*⟩ **1.** cash (*od.* monetary) value. **2.** *econ.* value of (the) currency. **ˌwert·beˌstim·mung** *f econ.* valuation. **~ˌwert·sta·bi·liˌtät** *f* monetary stability. **~ˌwe·sen** *n econ.* **1.** finance. **2.** monetary system. **3.** financial (*od.* money) matters *pl* (*od.* affairs *pl*). **4.** → **Geldgeschäft** 2. **~ˌwirt·schaft** *f* money economy. **≗ˌwirt·schaft·lich** *adj* monetary. **~ˌwu·cher** *m* usury. **~ˌzah·lung** *f* (money *od.* cash) payment. **~ˌzei·chen** *n* money token. **~ˌzins** *m* (money) interest. **~zir·ku·la·tiˌon** *f* → **Geldumlauf. ~ˌzuˌwen·dung** *f* **1.** appropriation (of funds). **2.** *regelmäßige*: allowance. **3.** → **Geldgeschenk.**

geˈleckt *adj* ⟨*pred*⟩ *colloq.* **1.** painstakingly clean, spic(k)-and-span. **2.** *Person*: *contp.* a) scrubbed (clean), fastidiously clean, b) (*überelegant*) dapper, spruce(d-up).

Ge·lee [ʒeˈleː; ʒəˈleː] *n, m* ⟨-s; -s⟩ **1.** *von Früchten*: jelly; **zu ~ werden, ~ bilden** jelly. **2.** (*Aspik*) aspic, jelly; **Aal in ~** jellied eel. **3.** *Kosmetik*: (skin) gel. **≗ˌar·tig** *adj* jellylike. **~bonˌbon** *m, n* gumdrop. **~ˌfrucht** *f* Turkish delight. **~ˌguß** *m auf Obsttorte*: fruit-flavo(u)red gelatin(e) glaze; **mit ~ überziehen** glaze.

Geˈle·ge *n* ⟨-s; -⟩ clutch (*od.* nest) (of eggs).

geˈle·gen I *pp of* **liegen. II** *adj* **1.** situate(d), lying, sited, *Am. a.* located; **e-e herrlich ~e Villa** a magnificently situated villa; **an e-m See ~** situated at (*od.* beside) a lake; **nach Norden (der Straße) ~** facing north (the street); **am weitesten nördlich ~** northernmost. **2.** (*passend*) convenient, suitable; **dieses Datum ist mir sehr ~** that date is very convenient for me (*od. colloq.* suits me fine). **3.** (*günstig*) opportune; **zu e-m ~en Augenblick** at an opportune moment. **4.** (*angemessen, recht*) appropriate, proper; **zur ~en Zeit** at the proper (*od.* appropriate) time. **5. j-m ist an** (*dat*) **et. ~** s.th. is important to s. o.; **mir ist daran ~, daß** I am anxious to, what I want is to (*od.* that); **mir ist viel daran ~** it is very important to me, it matters a great deal to me; **was ist daran ~?** what does it matter?, what difference does it make?, *colloq.* what of it?, so what?; **mir ist nichts daran ~** a) I am not keen on it, I don't care for it, b) (*es ist mir gleich*) I don't care (one way or another), *colloq.* I couldn't care less. **III** *adv* **6.** opportunely, at the right time; **das Geld kommt sehr ~** the money has come at just the right time (*od.* comes in handy); **das kommt mir sehr ~** that suits me (perfectly *od. colloq.* fine); **Sie kommen mir gerade ~** you are just the man I wanted to see.

Geˈle·gen·heit *f* ⟨-; -en⟩ **1.** (**gute ~**) opportunity, chance, *Am. colloq.* break; **e-e ~ ausnutzen (benutzen, ergreifen, wahrnehmen)** seize (*od.* take, avail o. s. of, profit by) an opportunity; **j-m die ~ geben, et. zu tun** give s. o. the opportunity (*od.* a chance) to do s. th.; **die ~ beim Schopf packen** seize (*od.* grasp) the opportunity; **e-e ~ abwarten** (**, et. zu tun**) bide one's time (*od.* wait for an opportunity) (to do s. th.); **die ~ ungenutzt verstreichen lassen, die ~ verpassen** miss (*od.* lose) the opportunity (*od.* chance), let the opportunity slip by; **suche ~ zum Mitfahren nach London** looking for a ride to London; **~ macht Diebe** opportunity makes the thief; → *a.* **bieten** 9. **2.** (*Anlaß*) occasion, chance; **bei ~** a) sometime, b) at one's convenience (*od.* leisure), when there is a chance, on occasion; **bei dieser ~** a) on this occasion, b) in this connection (*I wish to say, etc*); **bei der ersten besten ~** at the first opportunity; *colloq.* **bei jeder passenden und unpassenden ~** at any odd time; **bei solchen ~en** at such times, on such occasions. **3.** (*Einrichtung*) facilities *pl*; **~ zum Kochen** cooking facilities. **4.** *in Zeitungsanzeigen*: opportunity, bargain.

Geˈle·gen·heits|ˌar·beit *f* **1.** casual labo(u)r. **2.** *einzelne*: casual (*od.* odd) job; **~en machen** do odd jobs, job. **~ˌar·bei·ter** *m* casual (*od.* day) labo(u)rer, odd-job man. **~ˌaufˌtrag** *m* odd job. **~ˌdich·ter** *m* **1.** occasional writer (*od.* poet). **2.** writer of occasional verse. **~ˌdieb** *m* casual thief. **~geˌdicht** *n* occasional poem. **~geˌschäft** *n* **1.** occasional (*od.* chance) business (*od.* profit). **2.** *gutes*: bargain, deal. **~ˌkauf** *m* chance purchase, *preiswerter*: bargain. **~ˌkäu·fer** *m* chance buyer. **~ˌschrift·ˌstel·ler** *m* occasional writer. **~verˌbre·cher** *m jur.* casual criminal.

geˈle·gent·lich I *adj* **1.** occasional. **2.** (*zufällig, vereinzelt*) accidental, chance. **3.** (*zeitweilig*) temporary, transient. **4.** (*unverbindlich*) casual. **5.** (*beiläufig*) incidental, casual (*remark, etc*). **II** *adv* **6.** (*bei Gelegenheit*) occasionally, on occasion, when the occasion arises, when there is a chance, at *your, etc* leisure. **7.** (*manchmal*) occasionally, at times, sometimes, from time to time, now and then. **III** *prep* ⟨*gen*⟩ **8.** (*anläßlich*) *adm.* on the occasion of.

geˈleh·rig [-ˈleːrɪç] *adj* docile, teachable; (*klug, anstellig*) intelligent, clever, quick to learn. **≗keit** *f* ⟨-; *no pl*⟩ docility, teachability; intelligence, cleverness.

geˈlehr·sam [-ˈleːrzaːm] *adj obs. for* **gelehrt. ≗keit** *f* ⟨-; *no pl*⟩ learning, learnedness, erudition, scholarship.

geˈlehrt *adj* learned, erudite, scholarly; **die ~e Welt** → **Gelehrtenwelt; ~e Bücher** learned books; **~e Gesellschaft** learned society; → **Haus** 6.

Geˈlehr·te¹ *m* ⟨-n; -n⟩ **1.** scholar, *lit.* savant; **er ist kein großer ~r** he is not much of a scholar; *humor.* **darüber streiten sich die ~n noch** that's a moot point. **2.** learned man, man of learning (*od.* letters), *humor.* pundit. **Geˈlehr·te**² *f* ⟨-n; -n⟩ **1.** scholar, *lit.* savant. **2.** learned woman, woman of learning (*od.* letters, erudition).

geˈlehr·ten|haft *adj* scholarly. **≗ˌkrei·se** *pl* **in ~n** among scholars, in scholarly circles. **≗ˌstu·be** *f* scholar's study. **≗ˌwelt** *f* (*the*) learned world, (*the*) world of learning (*od.* letters).

Geˈlehrt·heit *f* ⟨-; *no pl*⟩ → **Gelehrsamkeit.**

Geˈlei·er *n* ⟨-s; *no pl*⟩ *fig. colloq.* singsong (speech *od.* music), *endloses*: droning (*of speakers*).

Geˈlei·se *n* ⟨-s; -⟩ *lit. for* **Gleis.**

Geˈleit *n* ⟨-(e)s; *rare* -e⟩ **1.** escort, conduct; **j-m das ~ geben** accompany (*od. schützend*: *a.* escort) s. o. (*cf. a.* 3); *jur.* **j-m sicheres** (*od.* **freies**) **~ geben** give (*od.* grant) s. o. safe-conduct; **zum ~** *in Büchern*: Foreword. **2.** *bes. mar. mil.* escort, *mar. a.* convoy; **unter ~** under escort (*mar. a.* convoy). **3.** (*herzliche Verabschiedung*) send-off; **j-m das ~ geben** see s.o. off; **j-m das letzte ~ geben** pay s. o. the last hono(u)rs. **4.** *lit.* (*Gefolge*) retinue, suite, attendants *pl.* **~ˌboot** *n* escort vessel. **~ˌbrief** *m* (letter of) safe-conduct, pass.

geˈlei·ten *v/t* ⟨h⟩ *lit.* **1.** conduct, accompany, *schützend*: *a.* escort; **j-n an die Tür ~** escort (*od.* see, show) s. o. to the door; **j-n an den Bahnhof** *etc* **~** see s. o. off (*od.* to the station, *etc*). **2.** *bes. mar. mil.* escort, *mar. a.* convoy.

Geˈleit|ˌfahrˌzeug *n* **1.** *mar.* escort vessel. **2.** *mil.* escorting vehicle. **~ˌflugˌzeug** *n mil.* escort aircraft. **~ˌschein** *m mar.* navicert. **~ˌschiff** *n* convoy ship, escort (vessel). **~ˌschutz** *m mil.* escort, *mar. meist* convoy; **unter ~** under escort (*mar. a.* convoy); **~ geben** (*dat*) escort, convoy. **~ˌwort** *n* ⟨-(e)s; -e⟩ *im Buch etc*: foreword, prefatory note, introduction. **~zerˌstö·rer** *m mar.* destroyer escort. **~ˌzug** *m mar. mil.* convoy; **im ~ fahren** sail in convoy.

geˈlenk *adj archaic for* **gelenkig** 1.

Geˈlenk *n* ⟨-(e)s; -e⟩ **1.** joint; **mit ~en (versehen)** jointed. **2.** *anat. bot.* a) joint, b) (*~verbindung*) articulation, c) (*Hand≗*) wrist, d) (*Fuß≗*) ankle; **die ~e betreffend** articular. **3.** *tech.* a) joint, b) (*Scharnier*) hinge, c) (*~verbindung*) articulation. **~ˌband** *n* ⟨-(e)s; ⸚er⟩ **1.** *anat.* ligament. **2.** *tech.* hinge plate. **~entˌzün·dung** *f med.* arthritis. **~erˌguß** *m* articular effusion. **~erˌkran·kung** *f* joint disease, arthropathy. **~ˌfahrˌzeug** *n* articulated vehicle. **~ˌflüs·sig·keit** *f physiol.* synovial fluid. **~ˌgal·le** *f vet.* windgall. **~geˌtrie·be** *n tech.* crankdrive mechanism.

geˈlen·kig I *adj* **1.** *Person, Körper etc*: flexible, (*geschmeidig*) lithe, supple, (*flink, gewandt*) agile, limber. **2.** *tech.* a) (*elastisch*) flexible, b) (*~ montiert*) articulated. **II** *adv* **3.** *tech.* **~ angebracht** a) *mittels Drehzapfen*: swivel-mounted, b) *mittels Scharnier*: hinge-mounted. **≗keit** *f* ⟨-; *no pl*⟩ **1.** flexibility (*a. tech.*). **2.** suppleness, litheness. **3.** agility.

Geˈlenk|ˌkap·sel *f anat.* articular capsule. **~ˌket·te** *f tech.* sprocket chain. **~ˌkno·ten** *m bot.* joint, articulation. **~ˌkopf** *m* **1.** *tech.* a) *e-s Drehgelenks*: swivel head, b) *e-s Kugelgelenks*: ball of a joint. **2.** *anat.* condyle. **~ˌkupp·lung** *f tech.* ball-joint coupling. **~ˌleh·re** *f med.* arthrology. **~ˌlei·den** *n* disease of a joint, arthropathy; (*fehlerhaftes Gelenk*) dysarthrosis. **~ˌleuch·te** *f electr.* flexible arm lamp. **≗los** *adj* **1.** *med.* jointless, acondylous. **2.** *zo.* exarticulate. **~ˌom·ni·bus** *m* articulated bus. **~ˌpfan·ne** *f anat.* articular (*od.* glenoid) cavity, socket. **~ˌpla·stik** *f med.* arthroplasty. **~ˌrheu·ma** *n colloq.*, **~rheu·maˌtis·mus** *m med.* articular rheumatism. **~ˌschei·be** *f anat.* (inter)articular disc, meniscus. **~ˌschmerz** *m med.* pain in the joints, arthralgia. **~ˌschmie·re** *f* *physiol.* synovial fluid. **~ˌschrau·be** *f tech.* hinged (*od.* swing) bolt. **~ˌspur·ˌstan·ge** *f* link rod. **~ˌstück** *n tech.* a) articulation piece, link, b) (*Kreuzgelenk*) universal joint, c) *e-s Winkelhebels*: toggle lever. **~ˌstul·pe** *f mot.* universal joint sleeve.

geˈlenkt *adj* **1.** *econ.* planned. **2.** *mil. Flugkörper*: guided.

Geˈlenk|verˌbin·dung *f* **1.** *anat.* articulation. **2.** *tech.* a) articulated joint, b) universal joint, c) swivel joint, d) hinge joint. **~verˌstei·fung, ~verˌwach·sung** *f med.* ankylosis. **~ˌwel·le** *f tech.* cardan shaft, universal (joint) shaft. **~ˌzap·fen** *m* a) *e-s Drehgelenks*: pivot pin, b) *e-r Kette*: link pin, c) *e-s Zirkels*: fulcrum stud, d) *e-s Scharniers*: hinge pin. **~ˌzug** *m rail.* articulated train.

geˈlernt *adj* **1.** *Arbeiter*: skilled. **2.** *Handwerker etc*: trained. **Geˈlern·te** *n* ⟨-n; *no pl*⟩ what one has learned, (acquired) knowledge (*od.* skill).

Geˈlich·ter *n* ⟨-s; *no pl*⟩ *contp.* riffraff, rabble, shady characters *pl.*

geˈlich·tet *adj* **1.** *Haar*: thinning, thinned. **2.** *fig. Reihen*: thinned. **3.** *Wald*: a) opened, b) thinned-out.

geˈliebt *adj* (be)loved, dear. **Ge·ˈlieb·te**[1] *m* ⟨-n; -n⟩ **1.** *contp.* (*Liebhaber*) lover, *lit.* paramour. **2.** *lit.* lover, *bes. als Anrede*: darling, sweetheart, love, beloved. **Geˈlieb·te**[2] *f* ⟨-n; -n⟩ **1.** *contp.* mistress, *lit.* paramour. **2.** *lit.* lover, (lady)love, *bes. als Anrede*: darling, sweetheart, beloved. **Geˈlieb·te**[3] *pl relig. als Anrede*: beloved (brethren); **~, m-e ~n im Herrn** beloved (brethren) in the Lord.

geˈlie·fert *adj* ⟨*pred*⟩ *colloq.* done for, dished; **er ist ~** *a.* he has had it.

geˈlie·hen [-ˈliːən] *pp of* **leihen.**

geˈlie·ren [ʒeˈliːrən; ʒə-] **I** *v/i* ⟨*no* **ge-, h**⟩ **1.** jelly, *Am. a.* jell; **et. ~ lassen** jelly s. th. **2.** gelatinize. **II ℒ** *n* ⟨-s⟩ **3.** jellying (*etc*). **4.** jellification. **5.** gelatin(iz)ation.

Geˈlierˌmit·tel *n gastr.* jell(y)ing agent.

geˈlin·de I *adj* ⟨-r; -st⟩ *allg.* gentle, mild (*wind, rain, word, etc*), *Strafe*: *a.* lenient, light, *Schmerz, Kälte etc*: light, slight, (*mäßig*) *a.* moderate; **~ Zweifel haben** have (some *od.* one's) doubts; *colloq.* **da packte mich e-e (nicht) ~ Wut** at that I got real angry. **II** *adv* gently, mildly (*etc*); **~ gesagt** to put it mildly, to say the least; **mit j-m** (*od.* **gegen j-n**) **~ verfahren** be lenient with (*od.* towards) s. o.

geˈlin·gen [-ˈlɪŋən] **I** *v/i* ⟨**gelingt, gelang, gelungen, sein**⟩ succeed, be successful, be a success; **nicht ~** not to succeed (*etc*), fail; **j-m gelingt et.** s. o. succeeds (*od.* is successful) in s. th.; **ihm gelingt alles** he succeeds in everything; **mir gelingt auch (gar) nichts** nothing goes right with me; **der Versuch ist gelungen** the attempt was successful (*od. colloq.* came off); **diese Überraschung ist dir wirklich gelungen** you really managed to surprise me (completely); **der Plan ist dir gut gelungen** your plan succeeded (*od.* worked) well; **der Kuchen (das Bild) ist dir gut gelungen** your cake (picture) turned out well; → **gelungen. II** *v/impers* **es gelingt j-m, et. zu tun** s. o. succeeds (*od.* is successful) in doing s. th., s. o. manages (*od.* contrives) to do s. th.; **es gelang ihm nicht (, es zu tun)** he did not succeed (*od.* he failed) (in doing it). **III ℒ** *n* ⟨-s⟩ success, successful outcome; **alle trugen zum guten ℒ des Abends bei** everyone did his bit to make the evening a success; **auf gutes ℒ!** the best of luck!

Geˈlis·pel *n* ⟨-s; *no pl*⟩ *colloq. for* lispeln III.

geˈlit·ten [-ˈlɪtən] *pp of* **leiden.**

gell[1] [gɛl] *adj* ⟨-er; -st⟩ → **gellend** I.

gell[2] → **gelt**[1].

gel·len [ˈgɛlən] **I** *v/i* ⟨h⟩ **1.** *Schrei, Pfiff etc*: ring (out) (piercingly); **Stimmen gellten durch die Luft** voices rang out through (*od.* rent) the air; **der Schrei gellte ihm in den** (*od.* **s-n**) **Ohren** the scream made his ears ring. **2.** (*schreien*) yell, scream, shrill, screech. **3.** *Haus, Luft etc*: (**von** with) ring, echo, resound; **m-e Ohren gellten von dem Lärm** the noise made my ears ring. **II** *v/t* **4.** (*et. schreien*) yell, scream, shrill, shriek. **~d I** *adj Stimme, Pfiff etc*: shrill, piercing; **~er Schrei** piercing scream (*od.* shriek), (loud) yell; **~es Geschrei** (piercing) screams *pl*, shrieks *pl*; **~es Gelächter** shrill (*od.* screeching) laughter, shrieking. **II** *adv* **~ aufschreien** shriek out, yell; **~ lachen** shriek with laughter.

geˈlo·ben *v/t* ⟨*pp* **gelobt, h**⟩ *lit.* **1.** promise *s. th.* (solemnly), vow; **j-m ewige Treue ~** vow (*od.* swear) eternal fidelity (*od.* pledge one's faith) to s. o.; **j-m ~, Stillschweigen zu bewahren** make a solemn promise (*od.* a vow) to s. o. to observe secrecy. **2. sich** (*dat*) **~, et. zu tun** vow to o. s. (*od.* make a solemn resolve) to do s. th.

Geˈlöb·nis [-ˈløːpnɪs] *n* ⟨-ses; -se⟩ *lit.* vow, solemn promise, pledge; **ein ~ ablegen (halten)** make (keep) a vow.

geˈlobt *adj Bibl.* **das ℒe Land** the Promised Land, the Land of Promise.

Geˈlock *n* ⟨-(e)s; *no pl*⟩ *lit.* (mass of) curls *pl.* **geˈlockt I** *pp of* **locken**[1] *u.* [2]. **II** *adj* **1.** curly(-haired), with curly hair. **2.** *Haar*: curly, *bes. künstlich*: curled.

geˈlo·gen [-ˈloːgən] *pp of* **lügen.**

geˈlöscht *adj chem.* **~er Kalk** slaked (*od.* hydrated) lime.

geˈlöst *adj Person, Stimmung, Züge etc*: relaxed, ⟨*pred*⟩ at ease. **ℒheit** *f* ⟨-; *no pl*⟩ relaxedness, relaxed mood, ease.

Gel·se [ˈgɛlzə] *f* ⟨-; -n⟩ *Austrian for* **Stechmücke.**

gelt[1] [gɛlt] *interj bes. Southern G. colloq.* (*nicht wahr*) eh?, what?, don't you think?; **er war dort, ~?** he was there, wasn't he?

gelt[2] *adj agr. bes. von Kühen*: **1.** (*milchlos*) dry, giving no milk. **2.** (*unfruchtbar*) barren.

gel·ten [ˈgɛltən] **I** *v/t* ⟨**gilt, galt, gegolten, h**⟩ **1.** (*wert sein*) be worth (*10 dollars, etc*); → **Wette. 2.** *fig.* count for; **sein Wort gilt viel bei uns** his word counts for much (*od.* has weight, carries weight) with us; **er gilt dort viel** he counts for much (*od.* is highly respected, made much of) there; **das gilt nicht viel** (*od.* **wenig**) **bei uns** that does not count for much (*od.* has no weight) with us; **der Prophet gilt nichts in s-m Vaterlande** a prophet is not without hono(u)r, save in his own country. **II** *v/i* **3.** (*gültig sein*) be valid; **der Paß gilt nicht mehr** the passport is no longer valid (*od.* has expired); **die Fahrkarte gilt zwei Monate** the ticket is valid (*od.* good) for two months; **der Handel gilt nicht mehr** the deal is off. **4.** *Preise etc*: be effective, be in effect (*od.* force); **die neuen Preise ~ ab 1. Januar** the new prices will be effective (*od.* will apply) from January 1st. **5.** *Gesetz, Vertrag etc*: be in force, be effective. **6.** *Grundsatz, Theorie, Bestimmung etc*: (**für**) be valid, hold (good *od.* true) (for), apply (to), *jur. a.* be applicable (to); **das gilt für alle** that applies to (*od. colloq.* goes for) all of you; *jur.* **dasselbe gilt auch für** the same (rule) shall apply to; **dasselbe gilt auch für dich** (*od.* **von dir**) a) the same applies to (*od. colloq.* goes for) you too, b) (*ist wahr*) the same is true for you; **was er sagt, gilt** what he says goes; **sonst gilt die englische Fassung** otherwise the English version shall be applied (*od.* prevail, be the official text); **unser Angebot gilt immer noch** our offer still stands. **7.** a) (*zählen*) count, b) (*zulässig sein*) be allowed; *Sport*: **der Versuch (Treffer) gilt** the try (goal) counts; **dabei ~ alle Mittel** any means are allowed (*od.* can be used); **das gilt nicht** *bes. beim Spiel*: a) that is not allowed, b) that is not fair, c) that does not count; → **Bangemachen. 8.** *lit.* **hier gilt kein Leugnen** denial is useless; **hier galt kein Zaudern** there was no time for hesitation. **9. et. ~ lassen** accept s. th., let s. th. pass (*od.* stand); **j-n (et.) ~ lassen als** let s. o. (s. th.) pass for, accept s. o. (s. th.) as; **für diesmal lasse ich es ~** I'll accept it for this once; **soweit lasse ich es ~, aber** with that I agree, but; so far so good, but; *colloq.* **das lasse ich ~** granted!, agreed!, I'm with you there! **10. als et.** (**j-d**) **~, für et.** (**j-n**) **~** a) be regarded (*od.* looked upon) as s. th. (s. o.), be considered to be (*od.* pass for) s. th. (s. o.), rank (*od.* rate) as s. th. (s. o.), b) (*den Ruf haben*) be reputed (*od.* thought, supposed) to be s. th. (s. o.), have the reputation of being s. th. (s. o.); **es gilt als sicher** (*od.* **ausgemacht**), **daß er kommt** it is taken for granted that he will come; **er gilt als reicher Mann** he is said to be a rich man, they say he is rich; **das gilt als unschicklich** this is regarded (*od.* thought) to be bad form; *jur.* **das gilt als Sonderfall** this shall be deemed (*od.* treated as) an exceptional case. **11. j-m ~** a) *Bemerkung, Vorwurf, Schuß etc*: be meant (*od.* intended) for s. o., be aimed at s. o., b) *Liebe, Haß etc*: be for s. o.; **gilt das etwa mir?** is that meant for (*od. colloq.* a dig at) me?; **ihre Liebe galt (ihre Sympathien galten) den Schwächeren** their love was for (their sympathies were with) the weak. **III** *v/impers* **12. es gilt, zu** (*kommt darauf an*) what matters (most) is to, it is necessary (*od.* imperative, essential) to; **es gilt, rasch zu e-m Entschluß zu kommen** it is necessary for us to (*od.* we must) make up our minds quickly; **wenn es galt, war er immer zur Hand** he was always there when needed; **jetzt gilt's** now is the moment of decision, it's now or never; **jetzt gilt's, rasch zu handeln** now's the time for quick action, we must act quickly; **es gilt e-n Versuch** let's try it for once, we should give it a try. **13.** *colloq.* **es gilt!** *bei Wetten, Handel etc*: done!, agreed!, settled!, I'm on! **14.** (*auf dem Spiel stehen*) be at stake; **es galt die Freiheit (unser Leben)** liberty was (our lives were) at stake; **es galt Leben und Tod** it was a matter of life and death. **IV ℒ** *n* ⟨-s⟩ **15.** → **Geltung** 2, 6. **ˈgel·tend** *adj* **1.** *Gesetz etc*: valid, effective, *nachgestellt od.* ⟨*pred*⟩: in force (*od.* effect, operation). **2.** *Recht, Meinung etc*: accepted, acknowledged, established, (*vorherrschend*) prevailing, current; **den ~en Ansichten widersprechen** contradict the established (*od.* prevailing) opinion; **die ~e Aussprache** the accepted (*Br. a.* received) pronunciation. **3.** *Preise, Währung*: ruling, current. **4.** (*anwendbar*) applicable (**für** to). **5.** *math.* valid, true; **drei ~e Dezimalen** three significant decimals. **6. ~ machen** a) (*Ansprüche, Rechte etc*) assert, enforce, put forward, lodge, set up, b) (*Einfluß etc*) bring *s. th.* to bear, exert, exercise, c) (*Gründe etc*) advance, put forward, set forth; **er machte s-n ganzen Einfluß ~** he brought his entire influence to bear; **er machte ~, daß** he maintained (*od.* argued, put forward, insisted, pointed out) that; **dagegen machte er folgendes ~** against this he argued as follows; **et. als Entschuldigung ~ machen** plead s. th.; **e-n Einwand ~ machen** put forward (*od.* raise, make) an objection; **Bedenken ~ machen** voice one's doubts; *jur.* **Verjährung ~ machen** plead prescription. **7. sich ~ machen** (*sich zeigen*) (begin to) show, (*fühlbar werden*) be (*od.* make itself) felt, begin to tell. **ˈGel·tendˌma·chung** *f* ⟨-; *no pl*⟩ **1.** *von Ansprüchen etc*: advancing, asserting, assertion, raising, lodging, enforcing, enforcement. **2.** *von Einfluß*: exerting, exertion, exercise. **3.** *von Gründen etc*: advancing, assertion.

ˈGeltˌtier *n hunt.* barren doe.

ˈGel·tung *f* ⟨-; *no pl*⟩ **1.** (*Wert*) worth, value. **2.** (*Gültigkeit*) validity; **~ haben** a) *Ansicht etc*: be accepted (*od.* recognized, acknowledged), b) *j-s Worte etc*: (**bei**) have (*od.* carry) weight (with), be respected (by), count for much (with), c) *Ausdruck, Sprichwort etc*: be current, be in vogue, d) *Gesetz, Verordnung etc*: → **gelten** 5, e) *Grundsatz, Theorie, Methode etc*: → **gelten** 6, f) *obs. for* **gelten** 3, 4; **~ haben für** → **gelten** 6; **s-e Meinung hat allgemeine ~** his opinion is generally accepted (*od.* acknowledged); **sein Wort hat bei mir nur geringe ~** his word means (*od.* matters) very little to me; *adm.* **in ~ sein** be valid; **außer ~ sein** be invalid, be void. **3.** *fig.* (*Bedeutung*) importance, consequence, weight, *e-r Person*: *a.* authority, credit. **4.** *fig.* (*Achtung*) respect, recognition. **5.** *fig.* (*Ansehen*) credit, prestige; **an ~ verlieren** lose prestige. **6.** *fig.* effect; **et. zur ~ bringen** a) give effect to s. th., b) *vorteilhaft*: show s. th. (to advantage), c) (*hervorheben*) emphasize (*od.* accentuate) s. th., d) (*Einfluß, Macht etc*) bring s. th. to bear, exert (*od.* exercise) s. th.; **das Kleid bringt ihre Figur gut zur ~** the dress brings out her figure to advantage, the dress enhances her figure; **ihre Frisur bringt ihr schönes Haar (vorteilhaft) zur ~** her hairstyle brings out the beauty of her hair; **er versteht es, sein Wissen zur ~ zu bringen** he knows how to show off his knowledge (to advantage); **er versteht es, sich zur ~ zu bringen** he knows how to put himself into the foreground (*od.* in a good light); **zur ~ kommen** a) *wirkungsvoll*: be effective, b) *vorteilhaft*: show to advantage, c) (*hervorgehoben werden*) be emphasized, be accentuated, d) (*herausragen*) be conspicuous, stand out, e) (*fühlbar werden*) make itself felt, (begin to) tell, f) (*an Ansehen gewinnen*) gain recognition (*od.* prestige), g) *Einfluß, Macht etc*: come into play; **das Bild kommt hier nicht zur ~** the picture does not show (off) to advantage (*od.* is not effective) here; **alte Gebräuche kommen wieder zur ~** old customs are coming into their own again; **s-e Fähigkeiten kommen allmählich zur ~** his capabilities are beginning to show; **er kam in der Masse nicht zur ~** he was hardly noticed in the crowd; **sich** (*dat*) **~ verschaffen** a) assert o. s., make o. s. be respected, prevail, b) (*Ansehen*) gain recognition (*od.* prestige), c) (*Bedeutung*) gain importance; **e-r Sache ~ verschaffen** enforce s. th.

ˈGel·tungs|beˌdürf·nis *n* craving for recognition (*od.* admiration), drive for personal prestige, egotism. **≈beˌdürf·tig** *adj* craving for recognition (*od.* admiration), attention-seeking, egotistic. **~beˌreich** *m* **1.** scope, range, (*Anwendungsbereich*) *a.* field (*od.* range) of application. **2.** *jur.* a) jurisdiction, b) *e-s Gesetzes*: purview; **in den ~ e-s Gesetzes fallen** come within the purview of a law. **~ˌdau·er** *f* **1.** (period of) validity; **e-e ~ von zehn Tagen haben** be valid for ten days. **2.** *e-s Vertrags*: term (of validity). **3.** *e-s Patents etc*: life. **~ˌdrang** *m*, **~ˌsucht** *f* → **Geltungsbedürfnis.** **≈ˌsüch·tig** *adj* → **geltungsbedürftig.** **~ˌtrieb** *m* → **Geltungsbedürfnis.**

Geˈlüb·de [-ˈlʏpdə] *n* ⟨-s; -⟩ vow, solemn promise; **das ~ der Armut ablegen** (*od.* **leisten, tun**) take (*od.* make) the vow of poverty; **durch ein ~ gebunden sein** be under a vow.

Geˈlum·pe *n* ⟨-s; *no pl*⟩ *colloq. contp.* rubbish, junk.

geˈlun·gen [-ˈlʊŋən] *pp of* **gelingen** *u. adj* **1.** a) (*erfolgreich*) successful, ⟨*pred*⟩ a success, b) (*wirkungsvoll*) effective; **das Bild ist gut ~** the picture turned out well; **der Abend ist ~** the evening was a success. **2.** *Southwestern G. colloq.* (*drollig*) funny, amusing; *iro.* **du siehst ja ~ aus** you do look a sight.

Geˈlüst [-ˈlʏst] *n* ⟨-es; -e⟩, *a.* **Geˈlü·ste** *n* ⟨-s; -⟩ *lit. od. humor.* (**nach, auf** *acc* for) (strong) desire, craving, appetite, lust, *plötzliches*: itch; **j-n kommt ein ~ an** (*od.* **j-d hat ein ~**), **et. zu tun** s. o. is overcome by the desire (*od.* is itching) to do s. th., s. o. feels like doing s. th. **geˈlü·sten** *v/impers* ⟨*pp* **gelüstet, h**⟩ **es gelüstet mich** (*od.* **mich gelüstet**) **nach** I am craving (*od.* longing) for, I feel like; *lit.* **es gelüstete ihn nach Macht** he was lusting for (*od.* after) power; *Bibl.* **sich ~ lassen nach** covet.

geˈmach [-ˈmaːx] *interj obs.* (**nur**) **~!** steady (on)!, easy (does it)!

Geˈmach *n* ⟨-(e)s; ⸚er *u. poet.* -e⟩ *lit. u. obs.* room, chamber, (*kleines ~*) cabinet, closet.

geˈmäch·lich [-ˈmɛːçlɪç] **I** *adj* **1.** leisurely, easy, (*ohne Hast*) *a.* unhurried; **~en Schrittes, in ~em Tempo** at a leisurely pace, leisurely. **2.** *Person*: easy-going. **II** *adv* **3.** leisurely, unhurried, without haste, comfortably; **~ dahinschlendern** stroll (*od.* amble) along (leisurely). **≈keit** *f* ⟨-; *no pl*⟩ **1.** leisureliness, unhurriedness, easiness, ease. **2.** *e-r Person*: easy-goingness.

geˈmacht I *pp u. adj* **1. ~ (aus)** made (of); *fig.* **ein ~er Mann** a made man; **~e Leute** well-to-do people; → **Bett** 1. **2.** (*gekünstelt*) artificial, false, faked; **~e Gleichgültigkeit** faked (*od.* feigned) indifference; **das ist (ja) nur ~** that's just put on. **II** *interj* **3. ~!** (*einverstanden*) agreed!, it's a deal!, I'm on!, o.k.!, okay!, will do!

Geˈmächt [-ˈmɛçt] *n* ⟨-(e)s; -e⟩, **Geˈmäch·te** [-ˈmɛçtə] *n* ⟨-s; -⟩ *obs.* (male) genitals *pl*, (man's) sex.

Geˈmahl[1] *m* ⟨-(e)s; *rare* -e⟩ *lit.* husband, spouse; **wie geht es Ihrem Herrn ~?** how is Mr. X? **Geˈmahl**[2] *n* ⟨-(e)s; *rare* -e⟩ *obs. poet. for* **Geˈmah·lin** *f* ⟨-; -nen⟩ *lit.* wife, spouse; **wie geht es Ihrer Frau ~?** how is Mrs. X?

geˈmah·nen *v/t u. v/i* ⟨*pp* **gemahnt, h**⟩ *lit.* (**j-n**) **an** (*acc*) **et. ~** remind s. o. of s. th., make s. o. think of s. th., put s. o. in mind of s. th., *fig.* (*nur v/i*) suggest s. th., be suggestive (*od.* evocative) of s. th., recall s. th.

Geˈmä·kel *n* ⟨-s; *no pl*⟩ *colloq. for* **mäkeln** II.

Geˈmäl·de [-ˈmɛːldə] *n* ⟨-s; -⟩ **1.** painting, picture; **~ auf Leinwand** (painting on) canvas(s); **~ in Öl** oil-painting. **2.** portrait. **3.** *fig.* portrait, portrayal, picture, depiction. **~ˌausˌstel·lung** *f* exhibition of paintings (*od.* pictures). **~ga·leˌrie** *f* (art *od.* picture) gallery. **~ˌsamm·lung** *f* **1.** collection of paintings (*od.* pictures). **2.** (art *od.* picture) gallery.

Geˈmar·kung *f* ⟨-; -en⟩ **1.** (*Grenze*) boundary. **2.** (*Bezirk*) boundaries *pl*, area.

geˈma·sert *adj Holz*: grained, veined.

geˈmäß [-ˈmɛːs] **I** *adj* **1.** (*angemessen*) (*dat*) suited (to *od.* for), suitable (to), appropriate (to), in keeping (with); **er erhielt e-e s-n Fähigkeiten ~e Stellung** he got a position that was appropriate to his abilities. **II** *prep* ⟨*dat*⟩ **2.** (*entsprechend*) according to, in accordance (*od.* conformity) with; **s-r Gewohnheit ~** according to his habit, as was his habit (*od.* wont); **d-n Wünschen ~** according to (*od.* in accordance, in compliance with) your wishes; **~ Ihren Anweisungen** in accordance (*od.* compliance) with your instructions. **3.** *jur.* in accordance with, according (*od.* pursuant) (to), in pursuance (of), under; **~ § 30 des Strafgesetzbuches** under section 30 of the Penal Code; **~ den bestehenden Bestimmungen** under the existing regulations; **~ den nachfolgenden Bestimmungen** as hereinafter provided. **≈heit** *f* ⟨-; *no pl*⟩ conformity.

geˈmä·ßigt *adj* **1.** *Tempo, Ansichten etc*: moderate; **er war in s-n Äußerungen sehr ~** he was very moderate (*od.* restrained) in his statements, he used very moderate (*od.* temperate) language. **2.** *geogr. Zone, Klima etc*: temperate. **3.** *pol.* **~e Politik** policy of moderation; **die ~e Rechte** the right-cent/re (*Am.* -er). **Geˈmä·ßig·ten, die** *pl bes. pol.* the moderates.

Geˈmäu·er [-ˈmɔyər] *n* ⟨-s; -⟩ walls *pl*; **ein altes** (*od.* **verfallenes**) **~** decayed walls, (old) ruins *pl*.

Geˈmecker (*getr.* **-k·k-**), **Geˈmecke·re** (*getr.* **-k·k-**), **Geˈmeck·re** *n* ⟨-s; *no pl*⟩ *colloq. for* **Meckerei.**

geˈmein [-ˈmaɪn] **I** *adj* ⟨-er; -st⟩ **1.** *contp.* a) (*niedrig* [*gesinnt*]) base, low, dastardly, b) (*niederträchtig, tückisch*) mean, nasty, shabby, *colloq.* rotten, *vulg.* bloody, *bes. von Frauen*: *colloq.* catty, bitchy, *Bemerkung*: *a.* snide, c) (*unflätig, roh*) vulgar, rude, coarse, d) (*scheußlich, ekelhaft*) dirty, filthy, vile, beastly, awful, e) *colloq. Arbeit etc*: hellish, devilish, gruesome, awful (*job, etc*), f) (*unanständig*) obscene, dirty, filthy (*joke, etc*); **~e Tat, ~e Handlung** → **Gemeinheit** 3; **~es Verbrechen** foul (*od.* dastardly) crime; *colloq.* **~er Kerl** scoundrel, dog, nasty piece of work, *vulg.* (filthy) bastard, *Am. sl.* heel; **~e Lüge** dirty (*od.* filthy) lie; **j-m e-n ~en Streich spielen** play a low (*od.* dirty) trick on s. o.; **das war ~ von dir** that was nasty (*od.* beastly) of you; *colloq.* **das war ~!** (*e-e Enttäuschung etc*) how awful!, what rotten luck! **2.** ⟨*pred*⟩ **et. mit j-m** (**e-r Sache**) **~ haben** have s. th. in common with s. o. (s. th.); **sie wollen nichts miteinander ~ haben** they don't want to have anything to do with each other. **3. sich mit j-m ~ machen** (stoop to) have dealings with s. o. **4.** (*all~*) common, general, public; **für das ~e Wohl** for the common good, for the general (*od.* public) welfare (*od. lit.* weal), for the benefit of all. **5.** (*einfach*) common, ordinary; **der ~e Mann** the ordinary man, the man in the street; **das ~e Volk** the common people, the lower classes *pl*, *colloq.* the plebs; **~er Soldat** → **Gemeine.** **6.** *econ.* common, joint, mutual; *jur.* **das ~e Recht** the common law. **7.** *bot. zo.* common (*housefly, etc*). **8.** *math.* a) *Bruch*: vulgar, common, b) *Logarithmus*: common. **9.** *print.* (*nicht kursiv*) lowercase. **II** *adv* **10.** meanly, shabbily; **~ an j-m handeln** behave shabbily toward(s) s. o. **11.** *colloq.* (*sehr*) awfully, beastly (*cold, etc*). **III ∽e, das** ⟨-n⟩ **12. das ∽e daran war, daß** the nasty part about it was that. **13.** → **Gemeinheit** 1, 2. **14.** vulgarity.

Geˈmein|beˌsitz *m* **1.** *econ.* common property, joint ownership. **2.** communal (*od.* public) property. **~beˌtrieb** *m* **1.** public utility (undertaking). **2.** *agr.* communal farm (*od.* farming). **~ˌbürg·schaft** *f jur.* joint guarantee.

Geˈmein·de [-ˈmaɪndə] *f* ⟨-; -n⟩ **1.** (*Verwaltungsbezirk*) municipality. **2.** (*Verwaltung*) local government (unit), municipal (*od.* local) authorities *pl*, municipality. **3.** → **Gemeindeamt** 1. **4.** (*Land∽*) (rural) commune, *Br.* parish, *Am.* township. **5.** (*die Bewohner*) residents *pl* (of a municipality). **6.** (*Kirchen∽*) a) (*Bezirk*) parish, b) (*Mitglieder*) parishioners *pl*, parish, c) *beim Gottesdienst*: congregation. **7.** (*Gemeinschaft*) community. **8.** (*Zuhörerschaft*) audience. **~ˌabˌga·ben** *pl* (local) rates, *Am.* local taxes. **~ˌam·mann** *m Swiss pol. for* a) **Bürgermeister**, b) **Vollstreckungsbeamte.** **~ˌamt** *n* **1.** municipal office. **2.** → **Gemeinde** 2. **~ˌanˌlei·he** *f* municipal loan. **~ˌausˌschuß** *m* → **Gemeinderat** 1. **~beˌhör·de** *f* municipal authority. **~beˌtrieb** *m econ.* municipal (*od.* communal) enterprise. **~beˌzirk** *m jur.* municipality, municipal district, *Br.* borough (district). **~ˌdie·ner** *m obs.* beadle. **∽ˌei·gen** *adj* communal(-owned), municipal. **~ˌhaus** *n* **1.** *relig.* parish hall. **2.** civic cent/re (*Am.*-er). **~ˌhausˌhalt** *m econ.* municipal budget. **~ˌhel·fer** *m*, **~ˌhel·fe·rin** *f relig.* parish (*od.* lay) worker. **~ˌkas·se** *f* **1.** municipal treasury. **2.** (*Gelder*) municipal funds *pl*. **~ˌmitˌglied** *n relig.* member of the congregation, parishioner. **~ˌord·nung** *f jur.* municipal regulations *pl* (*od.* code). **~ˌpfle·ge** *f* **1.** a) *adm. u. relig.* parish welfare (work), b) *e-s Pfarrers*: parish care. **~ˌpfle·ger** *m relig.* parish visitor (*od.* worker). **~ˌrat** *m* ⟨-(e)s; ⸗e⟩ **1.** (*Institution*) municipal (*od.* town, local) council. **2.** (*Person*) municipal council(l)or, *Br. a.* parish council(l)or. **3.** → Kirchenrat 1. **~ˌratsˌwahl** *f* → **Gemeindewahl.** **~ˌsäckel** (*getr.* -k·k-) *m colloq. for* **Gemeindekasse.** **~ˌschu·le** *f* parish school. **~ˌschwe·ster** *f* parish nurse. **~ˌsteu·ern** *pl econ.* (local) rates, *Am.* local taxes.

geˈmeinˌdeutsch *adj*, ∽ ⟨*generally undeclined*⟩, **das ∽e** ⟨-n⟩ High (*od.* standard) German.

Geˈmein·de|verˌband *m jur.* association of municipalities. **~verˌsamm·lung** *f* parish meeting, *bes. Am.* town(ship) meeting. **~verˌtre·ter** *m* → **Gemeinderat** 2. **~verˌtre·tung** *f* → **Gemeinderat** 1. **~verˌwal·tung** *f* → **Gemeinde** 2. **~ˌvorˌstand** *m relig.* **1.** parish council. **2.** chairman of a parish council. **~ˌvorˌste·her** *m* **1.** → **Gemeindevorstand** 2. **2.** → **Bürgermeister.** **~ˌwahl** *f* local (*od.* municipal) election. **~ˌwald** *m* communal forest. **~ˌwirt·schaft** *f* municipal economy.

Geˈmei·ne *m* ⟨-n; -n⟩ *mil.* private (soldier), *Am.* (basic) private, *Am. colloq.* GI; **die ~n** the ranks.

Geˈmein|ˌei·gen·tum *n* **1.** communal property. **2.** public ownership. **∽ˌfaß·lich** *adj* → **gemeinverständlich.** **∽geˌfähr·lich** *adj* **1.** dangerous to public safety, ⟨*pred*⟩ a public danger; **ein ~er Verbrecher** a dangerous criminal, *Am.* a public enemy; **er ist ~** he is a public danger, he is desperate. **2.** *Vergehen, Delikt*: constituting a public danger, criminal. **~geˌfähr·lich·keit** *f* ⟨-; *no pl*⟩ dangerousness. **~ˌgeist** *m* ⟨-es; *no pl*⟩ public spirit. **~ˌgläu·bi·ger** *m jur.* non-preferential creditor. **∽ˌgül·tig** *adj* (generally) accepted, recognized. **~ˌgut** *n* ⟨-(e)s; *no pl*⟩ **1.** *a. fig.* common property. **2.** communal property.

Geˈmein·heit *f* ⟨-; -en⟩ **1.** ⟨*only sg*⟩ meanness, lowness, baseness, shabbiness; **aus purer ~** out of sheer spite. **2.** ⟨*only sg*⟩ (*das Vulgäre*) vulgarity, coarseness. **3.** (*gemeine Handlung*) mean (*od.* low) act, *colloq.* dirty trick, beastly (*od.* shabby, rotten) thing to do; *colloq.* **so e-e ~!** a) what a dirty trick, b) *weitS. enttäuscht*: what rotten luck!, what a drag!, damn! **4.** (*Bemerkung etc*) nasty (*od.* dirty, rude, beastly) remark (*od.* thing to say).

geˈmeinˌhin *adv* generally, commonly, widely.

Geˈmein|ˌjahr *n* (*Jahr von 365 Tagen*) ordinary (*od.* common) year. **~ˌko·sten** *pl econ.* overhead (costs). **~ˌnutz** *m* ⟨-es; *no pl*⟩ common (*od.* public) interest, common good; **~ geht vor Eigennutz** (*Sprichwort*) public need before private greed. **∽ˌnüt·zig** [-ˌnʏtsɪç] *adj* **1.** in the public interest, for the public welfare (*od.* benefit); **~e Belange** community interest *sg*; **~e Einrichtung** public welfare institution (*od.* service); **für ~e Zwecke** for the welfare of the public. **2.** *Unternehmen etc*: non-profit(making); **in ~er Weise** on a non-profit basis. **3.** (*genossenschaftlich*) co(-)operative. **4.** (*wohltätig*) charitable, welfare; **~e Fonds** charity funds. **5.** *Motive etc*: public-spirited. **~ˌnüt·zig·keit** *f* ⟨-; *no pl*⟩ **1.** public usefulness (*od.* benefit, utility). **2.** non-profit(making) character. **~ˌplatz** *m* **1.** commonplace, platitude, cliché, hackneyed (*od.* trite) expression (*od.* phrase), *Am. colloq. a.* bromide. **2.** (*Binsenwahrheit*) truism.

geˈmein·sam I *adj* **1.** common (*dat* to); **~e Interessen haben** have common interests, have interests in common; **(mit j-m) ~e Sache machen** make common cause (with s. o.); **Erinnerungen an unsere ~e Reise** remembrances of our trip (*od.* of the trip we took together); **allen ~** common to all; **sie haben vieles ~** they have a lot of things in common. **2.** *Erfindung, Erklärung, Testament etc*: joint. **3.** *Anstrengung, Planung etc*: joint, combined, united; **~e Schritte unternehmen** take joint action. **4.** (*gegenseitig*) mutual (*friend, etc*). **5.** *Mahlzeit etc*: communal. **6.** *econ. jur.* joint; **auf ~e Rechnung** on joint account; **~er Eigentümer** joint owner; **∽er Markt** *hist.* Common Market; **~e Haftung** joint liability. **7.** *math. Nenner, Teiler etc*: common; **et. auf e-n ~en Nenner bringen** *a. fig.* reduce s. th. to a common denominator. **II** *adv* **8.** jointly, together, (*geschlossen*) in a body; **~ handeln (mit)** act together (*od.* jointly) (with); **~ vorgehen** take joint action; **das Haus gehört uns ~** the house belongs to both (*od.* all) of us, we own the house jointly (*od.* together); *jur.* **~ haften** be jointly liable. **∽keit** *f* ⟨-; -en⟩ **1.** ⟨*only sg*⟩ *der Interessen etc*: mutuality, community; (*Verbundenheit*) solidarity. **2.** (*Gemeinschaftliches*) common thing (*od.* interest); **~en entdecken** discover things in common. **3.** *bes. pol.* a) (*identische Ansichten*) common ground, b) (*gemeinsame Interessen*) common interests *pl*, c) (*Zs.-arbeit*) co(-)operation. **4.** → **Gemeinschaftsgefühl, Gemeinschaftsgeist.**

Geˈmein·schaft *f* ⟨-; -en⟩ **1.** *a. pol.* community; **häusliche ~** common household; **Atlantische ~** Atlantic Community; *econ.* **e-e ~ bilden** form a community; **(mit j-m) in enger ~ leben** live close together (*od.* in close association) (with s. o.); **in ~ mit** in community (*od.* co[-]operation *od.* jointly, together) with; → **ehelich** 1, **europäisch.** **2.** (*Gruppe, Mannschaft*) team. **3.** → **Arbeitsgemeinschaft** 1. **4.** (*Verband, Gesellschaft*) association, union, society. **5.** *relig.* a) community, b) (*Glaubens∽*) communion, c) (*Bruderschaft*) (con)fraternity; **~ der Gläubigen** fellowship of believers, church invisible; **~ der Heiligen** community of saints. **6.** *sociol.* society.

geˈmein·schaft·lich I *adj* **1.** → **gemeinsam** 1, 3–6. **2.** *jur. Testament, Erbteil etc*: joint. **3.** *econ. Konto etc*: joint. **II** *adv* **4.** → **gemeinsam** II. **∽keit** *f* ⟨-; *no pl*⟩ → **Gemeinsamkeit** 1.

Geˈmein·schafts|ˌanˌschluß *m teleph.* party line. **~anˌten·ne** *f TV* communal (*od.* shared) aerial (*Am.* antenna). **~ˌar·beit** *f* teamwork, co(-)operative effort. **~ˌaufˌga·be** *f pol.* community task. **~beˌwe·gung** *f relig.* (German) Evangelical Revival Movement. **~ˌehe** *f anthrop.* group (*od.* communal) marriage. **~erˌzie·hung** *f* ⟨-; *no pl*⟩ *ped.* **1.** co(-)education. **2.** social education. **~fi·nanˌzie·rung** *f* group financing. **~geˌfühl** *n* ⟨-s; *no pl*⟩ (sense of) solidarity (*od.* fellowship), fellow feeling. **~ˌgeist** *m* ⟨-es; *no pl*⟩ **1.** esprit de corps, team spirit. **2.** (sense of) solidarity. **~ˌhaft** *f jur.* group confinement. **~ˌkas·se** *f colloq.* common kitty. **~ˌkü·che** *f* **1.** canteen. **2.** communal kitchen. **~ˌkun·de** *f* ⟨-; *no pl*⟩ *ped.* social studies *pl*. **~ˌle·ben** *n* ⟨-s; *no pl*⟩ communal living (*od.* life). **∽los** *adj* without religious affiliations. **~pro·duk·tiˌon** *f e-s Films etc*: co(-)production. **~ˌraum** *m* recreation (*Br. a.* common) room, lounge. **~ˌrei·se** *f aer.* (common interest) group travel. **~ˌschu·le** *f* non-denominational school. **~ˌsen·dung** *f* simultaneous broadcast, hook-up. **~ˌsinn** *m* ⟨-(e)s; *no pl*⟩ (sense of) solidarity. **~verˌpfle·gung** *f* **1.** communal feeding. **2.** (*Nahrung*) communal provisions *pl*. **~ˌwer·bung** *f* co(-)operative advertising.

Geˈmein|ˌschuld·ner *m jur.* (declared) bankrupt. **~ˌsinn** *m* ⟨-(e)s; *no pl*⟩ **1.** public (*od.* civic) spirit. **2.** (sense of) solidarity. **~ˌspra·che** *f* standard language.

geˈmein·verˌständ·lich I *adj* intelligible to all, popular, for the layman; **~ machen** (*od.* **darstellen**) popularize. **II** *adv* in a style intelligible to all, popularly, written for the layman. **∽keit** *f* ⟨-; *no pl*⟩ general intelligibility, popular style.

Geˈmein|ˌwe·sen *n* community, commonwealth, polity. **~ˌwirt·schaft** *f* ⟨-; *no pl*⟩ **1.** *econ.* social economy. **2.** *agr.* communal (*od.* collective) farming. **∽ˌwirt·schaft·lich** *adj* public(-economy); **~er Nutzungsbetrieb** public utility. **~ˌwohl** *n* public weal, commonweal, public welfare (*od.* interest); **das**

dient dem ~ that serves the public welfare, that is in the public interest.

Geˈmen·ge *n* ⟨-s; -⟩ **1.** mixture (*a. chem.*). **2.** *agr.* mixed crops *pl.* **3.** → **Handgemenge.**

Geˈmeng·sel *n* ⟨-s; -⟩ *a. fig.* **1.** mixture. **2.** mishmash, hotchpotch, jumble.

geˈmes·sen I *adj* **1.** measured; **~en Schrittes** with measured steps; **in ~en Worten** in measured words. **2.** (*förmlich*) formal. **3.** (*feierlich*) solemn, grave (*a. mus.*); (*würdevoll*) dignified. **II** *adv* **4.** ~ **schreiten** walk with measured steps; ~ **sprechen** speak in measured words. **5.** *mus.* grave. **≈heit** *f* ⟨-; *no pl*⟩ **1.** measuredness. **2.** graveness, solemnity. **3.** dignity. **4.** reserve, formality.

Geˈmet·zel *n* ⟨-s; -⟩ slaughter, massacre, carnage.

geˈmie·den [-ˈmiːdən] *pp of* **meiden.**

Ge·mi·na·ti·on [geminaˈtsi̯oːn] *f* ⟨-; -en⟩ *ling.* gemination.

Geˈmisch *n* ⟨-es; -e⟩ **1.** mixture. **2.** *fig.* mixture, medley, jumble; **ein (buntes)** ~ **von Farben** a medley (*od. lit.* motley) of colo(u)rs. **3.** *mot.* (petrol-benzole [*Am.* gasoline-benzole]) mixture; **armes (reiches)** ~ lean (rich) mixture. **4.** *tech.* (*Legierung*) alloy. **5.** *phys.* conglomerate. **~ˌschmie·rung** *f* oil-in-petrol (*Am.* oil-in-gasoline) lubrication.

geˈmischt *pp u. adj* **1.** *Kost, Chor etc*: mixed; **~e Gesellschaft** mixed company, *fig. colloq. a.* mixed lot; *math.* **~e Zahl (Gleichung)** mixed number (equation); **mit ~en Gefühlen** with mixed (*od.* mingled) feelings; *fig. colloq.* **es ging recht** ~ **zu** there were all kinds of goings-on; **jetzt wird's** ~ things are getting a bit wild; → **Doppel**[1] 2. **2.** *Bonbons etc*: assorted. **3.** *econ.* a) *Bank etc*: mixed-type, b) *Kommission etc*: joint, mixed. **4.** *mil. Verband*: combined. **5.** *print. Satz*: mixed. **≈ˌbauˌwei·se** *f civ. eng.* composite construction. **~ge·ˌschlecht·lich** *adj med.* bisexual. **≈ˌwa·ren** *pl* groceries, general goods (*Am. a.* merchandise *sg*). **≈ˌwa·renˌhand·lung** *f* grocery (shop *od.* store), *Am. a.* general (merchandise) store. **~ˌwirt·schaft·lich** *adj econ.* mixed-economy.

Gem·me [ˈgɛmə] *f* ⟨-; -n⟩ **1.** (engraved) gem; **vertieft geschnittene** ~ intaglio; **erhaben geschnittene** ~ cameo. **2.** *bot. am Rebstock etc*: gemma.

geˈmocht [-ˈmɔxt] *pp of* **mögen**[1] II, III.

geˈmop·pelt [-ˈmɔpəlt] *adj colloq.* **das ist doppelt** ~ that's (just) the same thing twice over.

ˈGems|ˌbart *m* → **Gamsbart. ~ˌbock** *m* chamois buck.

Gem·se [ˈgɛmzə] *f* ⟨-; -n⟩ *zo.* chamois; *fig.* **klettern wie e-e** ~ climb like a mountain goat. **ˈGem·senˌei** *n humor.* **~er suchen** go on a wild-goose chase.

ˈGems|ˌgeiß *f zo.* chamois doe, rock-doe. **~ˌkitz** *n* chamois kid. **~ˌle·der** *n* chamois (*od.* shammy) leather.

Geˈmun·kel *n* ⟨-s; *no pl*⟩ *colloq.* whispering(s *pl*), whisper(s *pl*); (*Gerücht*) *a.* rumo(u)r(s *pl*), gossip, talk.

Geˈmur·mel *n* ⟨-s; *no pl*⟩ *colloq. for* **murmeln** III.

Geˈmurr *n* ⟨-(e)s; *no pl*⟩, **Geˈmur·re** *n* ⟨-s; *no pl*⟩ *colloq.* grumbling.

Geˈmü·se [-ˈmyːzə] *n* ⟨-s; -⟩ **1.** vegetable, *collect.* vegetables *pl*, *a.* greens *pl*; *fig. colloq. humor.* **junges** ~ youngsters *pl*, small fry. **2.** (*Gericht*) vegetables *pl.* **~ˌanˌbau** *m* ⟨-(e)s; *no pl*⟩, **~ˌbau** *m* ⟨-(e)s; *no pl*⟩ **1.** vegetable gardening. **2.** *econ.* market gardening, *Am.* truck farming. **~ˌbeet** *n* vegetable bed. **~ˌerb·se** *f bot.* pea, vetch. **~ˌgar·ten** *n* kitchen garden. **~ˌgärt·ner** *m* market gardener, *Am.* truck farmer. **~gärt·neˌrei** *f* market garden, *Am.* truck farm. **~ˌhänd·ler** *m*, **~ˌhänd·le·rin** *f* greengrocer. **~ˌhand·lung** *f* greengrocer's (shop). **~konˌser·ve** *f meist pl* **1.** preserved vegetables *pl.* **2.** *in Dosen*: tinned (*bes. Am.* canned) vegetables *pl.* **~ˌkost** *f* vegetable diet. **~ˌla·den** *m* → **Gemüsehandlung. ~ˌlauch** *m* cabbage garlic. **~ˌpflan·ze** *f* vegetable, oleraceous plant. **~ˌplat·te** *f* **1.** vegetable platter. **2.** (*Gericht*) vegetables *pl.* **~saˌlat** *m* vegetable salad. **~ˌsup·pe** *f* vegetable soup.

geˈmü·ßigt *adj* → **bemüßigt** II.

geˈmu·stert *adj* **1.** patterned, figured; **in sich ~er Stoff** patterned fabric. **2.** (*bedruckt*) printed. **3.** *mil.* mustered.

Geˈmüt [-ˈmyːt] *n* ⟨-(e)s; -er⟩ **1.** ⟨*only sg*⟩ mind, soul; **er hat ein kindliches** ~ he is such a boy (*od.* like a child); **das legte** (*od.* **schlug**) **sich ihr aufs** ~ that depressed her, that made her melancholy; *humor.* **sich** (*dat*) **e-e Flasche Wein zu ~e führen** discuss (*od. sl.* get outside of) a bottle of wine. **2.** ⟨*only sg*⟩ (*Herz, Gefühl*) heart, feeling; **er hat kein** ~ he has no feeling(s *pl*) (*od.* heart); **ein gutes (weiches)** ~ a kind (soft) heart; *bes. iro.* **das ist et. fürs** ~ that's s. th. for the heart. **3.** ⟨*only sg*⟩ (**~sart**) nature, disposition, turn (*od.* cast) of mind, temper(ament), mentality; **ein sonniges** ~ a sunny disposition (*od.* nature); **von sanftem** ~ mild(-tempered), gentle; **das deutsche** ~ the German mentality (*od.* soul). **4.** *colloq.* (*Person*) soul, thing, creature, character; **ein schlichtes** ~ a simple soul. **5.** *pl colloq.* (*Personen*) feelings, minds, people; **der Artikel bewegte die ~er heftig** the article caused quite a stir; **die (erregten) ~er beschwichtigen** pour oil on the (*od.* on troubled) waters; → **erhitzen** 4, 7.

geˈmüt·lich I *adj* **1.** *Raum, Sessel etc*: cosy, snug, comfortable, hom(e)y, comfy; **~e Ecke** cosy corner (*od.* nook); **mach es dir doch** ~ a) make yourself comfortable (*od.* at home), b) (*entspanne dich*) take it easy, relax; **jetzt wird's erst richtig** ~ now everyone is just beginning to relax (*od.* unbend), things are really getting cosy now; *colloq.* **immer** ~! take it easy! **2.** (*angenehm*) pleasant, cosy, *Reise etc*: restful, *Atmosphäre etc*: *a.* relaxed, easy, (*gesellig*) convivial; **~es Beisammensein** cosy get-together. **3.** (*ruhig, ungestört*) quiet, peaceful; **e-e ~e Tasse Kaffee** a quiet cup of coffee; **ein ~es kleines Dorf** a peaceful little village. **4.** (*gemächlich*) leisurely (*pace, etc*). **5.** a) (*umgänglich*) sociable, genial, jovial, jolly, b) (*gutmütig*) good-natured, c) (*bequem*) easygoing, leisurely, d) (*seelenruhig*) placid, cheerful, e) (*entspannt*) relaxed; ~ **werden** relax, unbend, unwind. **II** *adv* **6.** cosily (*etc*); **e-n Nachmittag** ~ **verplaudern** spend a pleasant afternoon chatting; **wir saßen ganz** ~ **da, als** we were sitting there quite peacefully when; **er lachte** ~ he laughed good-naturedly. **7.** *iro.* **ganz** ~ (*in aller Gemütsruhe, gelassen*) placidly, cheerfully, coolly. **≈keit** *f* ⟨-; *no pl*⟩ **1.** *von Räumen etc*: cosiness, snugness, comfort(ableness), cosy atmosphere. **2.** (*gemütliche Stimmung*) conviviality, cosy (*od.* convivial) atmosphere, relaxed mood; **er liebt die** ~ he likes a cosy atmosphere; **deutsche** ~ German conviviality, *meist iro.* (German) "gemütlichkeit"; *fig. colloq.* **da hört doch die** ~ **auf!** that's the limit! **3.** (*Beschaulichkeit, Gemächlichkeit*) leisure(liness); **in aller** ~ a) leisurely, at one's leisure, b) (*ungestört*) in peace and quiet, c) with time to spare, d) *iro.* → **gemütlich** 7. **4.** *e-r Person*: a) sociability, geniality, joviality, b) good-naturedness, good nature, c) easygoingness.

geˈmüt|los *adj* unfeeling, heartless. **≈lo·sig·keit** *f* ⟨-; *no pl*⟩ lack of feeling, heartlessness.

geˈmüts|ˌarm *adj* lacking warmth, unemotional, cold. **≈ˌart** *f* ⟨-; *no pl*⟩ → **Gemüt** 3. **≈athˌlet** *m iro.* → **Gemütsmensch** 2. **≈beˌwe·gung** *f* emotion. **≈erˌre·gung** *f* **1.** excitement, agitation. **2.** *psych.* affect. **~ˌkrank** *adj* **1.** emotionally (*od.* mentally) disturbed, mentally disordered. **2.** (*schwermütig*) melancholic, depressed. **≈ˌkran·ke** *m, f* ⟨-n; -n⟩ **1.** emotionally disturbed person. **2.** mentally ill person; **Heim für** ~ mental home. **≈ˌkrank·heit** *f* **1.** mental disorder (*od.* disease, disturbance). **2.** (*Schwermut*) depression, melancholia. **≈ˌla·ge** *f* → **Gemütsverfassung. ≈ˌle·ben** *n* inner (*od.* emotional) life. **≈ˌlei·den** *n* → **Gemütskrankheit. ≈ˌmensch** *m* **1.** warm-hearted (*od.* emotional) person, sentimentalist. **2.** *colloq. iro.* hard-boiled person, callous beast; **du bist ein** ~! *a.* you're a real dear! **≈ˌre·gung** *f* → **Gemütsbewegung. ≈ˌru·he** *f* peace of mind, tranquil(l)ity; (*Gelassenheit*) calmness, composure, placidity; **in** (*od.* **mit**) **aller** ~ a) (*gemütlich*) leisurely, b) (*kaltblütig*) calmly, coolly, placidly, *colloq.* (as) cool as a cucumber. **≈verˌfas·sung** *f*, **≈ˌzuˌstand** *m* state (*od.* frame) of mind, (mental) state, humo(u)r.

geˈmütˌvoll *adj* **1.** full of feeling (*od.* sentiment), emotional. **2.** warm-hearted. **3.** sentimental, soulful.

gen [gɛn] *prep* ⟨*acc*⟩ *lit.* to, toward(s); ~ **Himmel** heavenward(s); ~ **Osten** toward(s) the east, eastward(s).

Gen [geːn] *n* ⟨-s; -e⟩ *biol.* gene.

ˈGenˌän·de·rung *f biol.* mutation.

geˈnannt [-ˈnant] **I** *pp of* **nennen. II** *adj* **1.** named, called; **Otto I.,** ~ **der Große** Otto I, named the Great. **2.** (*oben erwähnt*) said, aforesaid, above-mentioned. **Geˈnann·te** *m, f* ⟨-n; -n⟩ *jur.* **1.** named person. **2.** (*Erwähnte*) said person.

ge·nant [ʒeˈnant] *adj* ⟨-er; -est⟩ *obs.* **1.** (*peinlich*) embarrassing, awkward. **2.** (*lästig*) troublesome, awkward. **3.** (*schüchtern*) shy, bashful.

geˈnarbt *adj* **1.** *tech. Leder*: grained. **2.** *biol.* foveate(d). **3.** *bot.* pitted, foveate(d).

geˈnas [-ˈnaːs] *1 u. 3 sg pret of* **genesen.**

Geˈnä·sel *n* ⟨-s; *no pl*⟩ *colloq. for* **näseln** II.

geˈnau [-ˈnau] **I** *adj* ⟨-er; -(e)st⟩ **1.** accurate, exact, precise (*information, etc*); **~e Übersetzung** accurate (*od.* faithful) translation. **2.** (*exakt*) exact, precise (*meaning, wording, etc*); **die ~e Zeit** the exact (*od.* right, correct) time; **~e Angaben** exact particulars, precise details; *colloq.* **er ist das ~e Gegenteil von s-m Vater** he is the exact (*od.* direct, very) opposite of his father. **3.** (*sorgfältig, gründlich*) careful, thorough, close (*inspection, etc*); **bei ~erer Betrachtung** at a close look. **4.** (**peinlich**) ~ (painstakingly) exact, meticulous, scrupulous, painstaking; **in Geldsachen ist er sehr** ~ he is very scrupulous in money matters. **5.** (*ins einzelne gehend*) exact, detailed, minute; **~er Bericht** detailed (*od.* full) report. **6.** (*streng*) strict; **~es Befolgen der Anweisungen** strict adherence to the instructions. **7.** *econ.* **~ester Preis** lowest (*od.* keenest) price.

II *adv* **8.** exactly, accurately, precisely; **die Uhr geht (auf die Minute) ~** the watch (*od.* clock) keeps perfect time; **der Zug kam auf die Minute ~ an** the train arrived right on time (*od. colloq.* on the dot); **~ in der Mitte** exactly (*od.* right, dead, bang) in the middle; **~ im Ziel** dead on target; **~ um zehn (Uhr)** at ten (o'clock) sharp (*od.* exactly); **~ in diesem Augenblick** at that very moment; **~ eine Meile** exactly a mile; **~ gleich** identical; **das stimmt ~** that's absolutely correct; *colloq.* **(stimmt) ~!** exactly!; **ich kann es noch nicht ~ sagen** I can't say for sure yet; *tech.* **nicht ~ stimmen** (*od.* **passen**) be out of true; **~ laufen** run true; **ich weiß ~, daß** I am sure (*od.* positive) that; **~ nach Westen fahren** go due west. **9.** (*sorgfältig*) carefully, thoroughly, closely; **sich** (*dat*) **et. ~ merken** take careful note of s. th.; **~ aufpassen** pay close attention, watch (*od.* listen) closely; **sich ~ an die Regeln halten** follow the rules closely (*od.* strictly); **~ kennen** know thoroughly (*od.* intimately, inside out); **man darf nicht alles** (*od.* **man darf es nicht mit allem**) **so ~ nehmen** a) one must not be too particular (*od.* strict) about everything, one must stretch a point now and then, b) (*wörtlich*) one must not take everything too literally; **er nimmt es mit der Wahrheit nicht so ~** he's not a stickler for the truth, he's not so particular about telling the truth; **wir nehmen es nicht so ~** (*mit der Etikette etc*) we are not so particular. **10.** (*im einzelnen*) exactly, in detail, minutely; **sie beschrieb ihn ~(e)stens** she gave an exact description of him. **11.** just, exactly (*the same thing, etc*); **das ist ~ der Job, den er sucht** that's just the job (*od.* the very job) he is looking for; **~ das meinte er auch** that's just (*od.* precisely) what he meant (too). **12.** *als bejahende Antwort*: exactly!, quite (so)! **13. aufs ~(e)ste** to a nicety (*od.* T). **III ≗e, das** ⟨-n⟩ **14. wir wissen noch nichts ≗es** we don't know anything for certain (*od.* sure) yet; **morgen hören Sie ≗eres** tomorrow you will hear further details (*od.* information, full particulars); *colloq.* **das ist** (*od.* **scheint mir**) **nichts ≗es** that's not so hot. **~geˌnom·men** *adv* **1.** strictly speaking, to be exact. **2.** (*eigentlich*) actually, really.

Geˈnau·ig·keit *f* ⟨-; *no pl*⟩ **1.** accuracy, exactness, precision; **mit ~** accurately, exactly; **mit größter ~** with utmost (*od.* the greatest) accuracy; **mit einiger ~** with some (approach to) accuracy; **~ in Geldangelegenheiten** exactness (*od.* scrupulousness) in money matters. **2.** (*Sorgfältigkeit*) carefulness, thoroughness. **3.** (*Akribie*) meticulousness. **4.** (*Korrektheit*) correctness.

Geˈnau·ig·keits|ˌdre·hen *n tech.* high precision turning. **~ˌgrad** *m* degree of accuracy.

geˈnauˌso, ~ˌgern, ~ˌgut *etc* → ebenso, ebensogern, ebensogut *etc.*

Gen·darm [ʒanˈdarm] *m* ⟨-en; -en⟩ *obs. od. Austrian* country constable, rural policeman, gendarme. **Gen·dar·meˈrie** [-məˈriː] *f* ⟨-; -n [-ən]⟩ rural police.

Ge·nea·lo·ge [geneaˈloːgə] *m* ⟨-n; -n⟩ genealogist. **Ge·nea·loˈgie** [-loˈgiː] *f* ⟨-; -n [-ən]⟩ genealogy. **ge·neaˈlo·gisch** *adj* genealogic(al).

geˈnehm [-ˈneːm] *adj* ⟨-er; -st⟩ *lit.* **1.** ⟨*pred*⟩ (*dat*) agreeable (to), convenient (for, to), acceptable (to); **wann ist es Ihnen ~?** when will it suit you?; **ist es dir so ~?** *a. iro.* does that suit you now? **2.** (*an~*) agreeable.

geˈneh·mi·gen [-ˈneːmɪgən] *v/t* ⟨*pp* **genehmigt**, h⟩ **1.** approve, *bes. Am. colloq.* OK, okay; **e-n Vorschlag ~** accept a proposal; **die Tagesordnung ~** adopt the agenda. **2.** (*einwilligen*) consent to, assent to, agree to. **3.** (*bewilligen*) grant, allow, permit; **er genehmigte uns e-n freien Tag** he allowed (*od.* gave) us a day off. **4.** (*sanktionieren*) sanction. **5.** *bes. pol.* a) (*Vertrag etc*) ratify, b) (*Gesetz etc*) approve, pass. **6.** *bes. jur.* (*Projekt etc*) authorize, license. **7.** *humor.* **sich** (*dat*) **et. ~** treat o. s. to (*od.* stand o. s.) s. th.; **sich** (*dat*) **einen ~** have a drink, hoist one. **geˈneh·migt** *pp u. adj* **1.** approved; **amtlich ~** (officially) approved. **2.** *unter e-m Schriftstück*: approved, OK. **3.** *als Antwort*: all right, OK, fine. **4.** *econ. Kapital*: authorized. **Geˈneh·mi·gung** *f* ⟨-; -en⟩ **1.** *e-s Auftrages, Plans etc*: approval, approbation; **mit behördlicher ~** with the approval (*od.* sanction) of the authorities; *jur.* **mit gerichtlicher ~, mit ~ des Gerichts** by leave of court. **2.** (*Einwilligung*) (*gen* to) consent, assent, agreement. **3.** (*Bewilligung, Erlaubnis*) permission; **j-m e-e ~ erteilen** give (*od.* grant) s. o. permission (*od.* leave); **mit (freundlicher) ~ des Autors** by (kind) permission (*od.* by courtesy) of the author. **4.** (*behördliche Zulassung*) permit, licen/ce (*Am.* -se). **5.** *bes. pol. e-s Vertrages*: ratification. **6.** *bes. jur.* a) authorization, b) *für Ärzte, Apotheker etc*: professional licen/ce (*Am.* -se).

Geˈneh·mi·gungs|beˌscheid *m* notice of approval. **≗ˌpflich·tig** *adj* **1.** subject to (*od.* requiring) approval (*od.* permission, authorization). **2.** requiring a licen/ce (*Am.* -se) (*od.* permit). **~verˌfah·ren** *n* authorizing (*etc*) procedure. **~verˌmerk** *m* **1.** "approved" endorsement. **2.** *als Aufschrift*: "approved".

geˈneigt *pp u. adj* **1.** *Ebene, Dach etc*: inclined. **2.** (*abschüssig*) sloping (*ground, etc*). **3.** *Säule, Turm etc*: leaning. **4.** *fig.* inclined, willing, prepared (*to do s. th.*); *lit.* **der ~e Leser** the gentle (*od.* dear) reader; *lit.* **j-m ein ~es Ohr schenken** (*od.* **leihen**) lend s. o. a willing ear. **5.** *fig.* **j-m ~ sein** be well (*od.* kindly) disposed toward(s) s. o.; **j-n für et. ~ machen** dispose s. o. toward(s) s. th. **≗heit** *f* ⟨-; *no pl*⟩ **1.** *fig.* inclination. **2.** *fig.* (*Gunst*) favo(u)rable disposition, favo(u)r.

Ge·ne·ral [geneˈraːl] *m* ⟨-s; -e *u.* ≃e⟩ **1.** *mil.* general (officer). **2.** *R.C.* a) → **Generalobere**, b) *des Jesuitenordens*: (superior) general. **~ˌabˌrech·nung** *f econ.* **1.** general settlement of accounts. **2.** general account. **~ab·so·lu·tiˌon** *f R.C.* general absolution. **~ad·juˌtant** *m mil.* adjutant general. **~agent** [-ˀaˌgɛnt] *m econ.* a) general agent, b) *in Titeln*: Agent General. **~agenˌtur** *f* general agency. **~am·neˌstie** *f jur.* general amnesty (*od.* pardon). **~ˌanˌgriff** *m* all-out attack. **~ˌanˌwalt** *m* advocate general. **~ˌarzt** *m mil.* surgeon general; (*Dienstgrad*) brigadier (*Am.* brigadier general) of Medical Corps. **~ˌbaß** *m mus.* thorough (*od.* figured) bass, basso continuo. **~beˌaufˌtrag·te** *m pol.* delegate general. **~ˌbeich·te** *f R.C.* general confession. **~beˌvollˌmäch·tig·te** *m* **1.** *pol.* chief (diplomatic) representative, plenipotentiary. **2.** *econ.* a) universal agent, b) *im Betrieb*: general manager. **3.** *jur.* general agent (with full power of attorney). **~di·rek·tiˌon** *f* (central) executive board. **~diˌrek·tor** *m* general manager, managing director, chairman (of the Board). **~ˈfeldˌmar·schall** [geneˌraːl-] *m mil. hist.* field marshal. **~ˌfra·ge** *f meist pl jur.* personal particulars *pl.* **~gou·ver·neˌment** *n* **1.** governor-generalship. **2.** office of governor-general. **3.** *hist.* **Das ~** *Polish territory under German rule (1939–44).* **~gou·verˌneur** *m* governor-general.

Ge·neˈra·lin *f* ⟨-; -nen⟩ *obs.* general's wife.

Ge·neˈral|in·spekˌteur *m mil.* Chief of Staff. **~in·tenˌdant** *m* **1.** *thea., Radio, TV* director. **2.** *mil.* commissary-general.

ge·ne·ra·liˈsie·ren *v/t u. v/i* ⟨*pp* **generalisiert**, h⟩ generalize.

Ge·ne·ra·lis·si·mus [generaˈlɪsimʊs] *m* ⟨-; -se *u.* -simi [-mi]⟩ *mil.* generalissimo.

Ge·ne·ra·li·tät [generaliˈtɛːt] *f* ⟨-; *no pl*⟩ (the) generals *pl.*

Ge·neˈral|kaˌpi·tel *n e-s Klosters*: general chapter. **~ˌklau·sel** *f jur.* general (*od.* blanket) clause. **~komˌman·do** *n mil.* general command. **~ˌkon·sul** *m* consul general. **~kon·suˌlat** *n* consulate general. **~ˌleut·nant** *m mil.* a) *des Heeres*: lieutenant general, b) *der Luftwaffe*: *Br.* air marshal, *Am.* lieutenant general. **~maˌjor** *m mil.* a) *des Heeres*: major general, b) *der Luftwaffe*: *Br.* air vice-marshal, *Am.* major general. **~muˌsik·diˌrek·tor** *m* musical director. **~ˌnen·ner** *m math.* common denominator; **et. auf den ~ bringen** *a. fig.* reduce s. th. to a common denominator. **~ˌobe·re** *m* ⟨-n; -n⟩ *R.C. e-s Ordens*: (superior) general. **~ˌobe·rin** *f* mother superior. **~ˌoberst** *m mil. hist.* colonel general. **~parˌdon** *m bes. pol.* general pardon. **~ˌpau·se** *f mus.* general pause. **~poˌli·ce** *f Seeversicherung*: floating (*od.* open) policy. **~prä·ven·tiˌon** *f jur.* (general) prevention of crime. **~ˌpro·be** *f thea. u. fig.* dress rehearsal, *a. mus.* final rehearsal. **~pro·kuˌra·tor** *m R.C.* procurator. **~quarˌtierˌmei·ster** *m mil.* quartermaster general. **~ˌrat** *m* ⟨-(e)s; *no pl*⟩ *pol.* general council. **~se·kreˌtär** *m der UNO etc*: secretary-general.

Ge·neˈralsˌrang *m mil.* rank of a general, generalship.

Ge·neˌralˈstaatsˌanˌwalt *m jur.* Chief State Prosecutor.

Ge·neˈral|ˌstab *m mil.* **1.** general staff; **Major im ~** major (G.S.). **2.** *der Luftwaffe*: air staff. **~ˌstäb·ler** [-ˌʃtɛːplər] *m* ⟨-s; -⟩ → **Generalstabsoffizier.**

Ge·neˈral·stabs|ˌarzt *m mil.* major general of Medical Corps. **~ˌchef** *m* chief of staff. **~ˌkar·te** *f Maßstab 1:100 000*: ordnance survey map, *Am.* strategic map. **~of·fiˌzier** *m* general staff officer.

Ge·neˈral|ˌstreik *m* general strike. **~synˌode** *f* general (*od.* [o]ecumenical) synod. **≗ˌüberˌho·len** *v/t* ⟨*only inf u. pp* **generalüberholt**, h⟩ *tech.* overhaul *s. th.* completely (*od.* thoroughly). **~ˌüberˌho·lung** *f* complete (*od.* general) overhaul. **~ˌun·terˌsu·chung** *f med.* general examination (*od.* checkup). **~verˌsamm·lung** *f* **1.** *econ.* general meeting (of shareholders, *Am.* of stockholders); **außerordentliche ~** extraordinary general meeting, *Am.* special meeting of stockholders. **2.** *pol. der UNO*: General Assembly. **3.** *relig.* chapter. **~verˌtre·ter** *m econ.* general agent. **~verˌtre·tung** *f* general agency. **~viˌkar** *m R.C.* vicar-general. **~ˌvollˌmacht** *f jur.* full (*od.* general) power of attorney, plenary power.

Ge·ne·ra·tiˌon [generaˈtsĭoːn] *f* ⟨-; -en⟩ generation (*a. econ. tech.*); **die heran-**

wachsende (*od.* kommende) ~ the rising generation; seit ~en, durch ~en hindurch for generations.

Ge·ne·ra·ti'ons|kon,flikt *m* generational conflict. **~pro,blem** *n* generational problem, generation gap. **~,wech·sel** *m* succession of generations.

Ge·ne·ra·tor [gene'ra:tɔr] *m* ⟨-s; -en [-ra'to:rən]⟩ **1.** *electr.* a) generator, (*Wechselstrom*♀) *a.* alternator, b) (*Lichtstrom*♀, *Gleichstrom*♀) dynamo, c) *Computer*: generator (program). **2.** *chem. für Gas*: (gas) producer. **~,gas** *n tech.* producer gas.

ge·ne·rell [gene'rɛl] **I** *adj* general, universal. **II** *adv* generally, in general, universally.

ge·ne·risch [ge'ne:rɪʃ] *adj biol.* generic.

ge·ne·rös [gene'rø:s] *adj* **1.** (*freigebig*) generous, liberal. **2.** (*großmütig*) generous, noble, magnanimous. **Ge·ne·ro·si'tät** [-rozi'tɛ:t] *f* ⟨-; *no pl*⟩ generosity.

ge'nervt [-'nɛrft] *adj bot.* nerved.

Ge·ne·se [ge'ne:zə] *f* ⟨-; -n⟩ *biol.* genesis.

ge'ne·sen [-'ne:zən] *v/i* ⟨**genest, genas, genesen, sein**⟩ *lit.* **1.** recover, get well; **er ist von e-r schweren Krankheit ~** he has recovered (*od.* recuperated) from a serious illness. **2.** (*wieder zu Kräften kommen*) convalesce. **3.** *obs.* **e-s Kindes ~** give birth to (*od.* be delivered of) a child. **Ge'ne·sen·de** *m, f* ⟨-n; -n⟩ *lit.* convalescent.

Ge·ne·sis ['ge:nezɪs] *f* ⟨-; *no pl*⟩ **1.** genesis. **2.** *Bibl.* **Die ~** (*1. Buch Mose*) Genesis.

Ge'ne·sung *f* ⟨-; *no pl*⟩ (**von** from) **1.** recovery, recuperation; **auf dem Wege der ~** on the road (*od.* way) to recovery, *colloq.* on the mend. **2.** convalescence.

Ge'ne·sungs|,heim *n med.* convalescent home. **~pro,zeß** *m* (process of) recovery. **~,ur,laub** *m* convalescent leave.

Ge·ne·tik [ge'ne:tɪk] *f* ⟨-; *no pl*⟩ *biol.* genetics *pl* (*als sg konstruiert*). **Ge'ne·ti·ker** [-tikər] *m* ⟨-s; -⟩ geneticist. **ge'ne·tisch** *adj* genetic(al).

Ge·ne·ver [ʒe'ne:vər; ge-] *m* ⟨-s; -⟩ *gastr.* geneva, Dutch gin.

'Gen,fak·tor *m biol.* unit factor.

'Gen·fer I *m* ⟨-s; -⟩ Genevan. **II** *adj* (of) Geneva; **der ~ See** Lake Geneva, Lake Leman; *pol.* **~ Konvention** (*od.* **Abkommen**) Geneva Convention.

ge·ni·al [ge'nĭa:l] **I** *adj* **1.** *Künstler etc*: of genius, inspired (*artist, etc*); **ein ~er Mensch** (*od.* **Kopf**) a (man of) genius; **e-e ~e Leistung** a stroke of genius. **2.** (*großartig*) brilliant, ingenious, inspired; **das war ~** (*od.* **e-e ~e Idee**) *a. iro.* that was a brilliant idea. **II** ♀**e, das** ⟨-n⟩ **3.** the genius; **er hat et.** ♀**es** he has a touch of genius. **ge·nia·lisch** [-'nĭa:lɪʃ] *adj* brilliant, with a touch of genius. **Ge·nia·li'tät** [-nĭali'tɛ:t] *f* ⟨-; *no pl*⟩ **1.** (quality of a) genius. **2.** brilliancy, ingenuity.

Ge'nick *n* ⟨-(e)s; -e⟩ (nape of the) neck, back of the neck, *anat.* nucha; **steifes ~** stiff neck; **sich** (*dat*) **das ~ brechen** break one's neck; **j-n am ~ packen** seize s. o. by (the scruff of) the neck; **er schob s-n Hut ins ~** he pushed his hat back; **j-m das ~ umdrehen** wring s. o.'s neck; *fig. colloq.* **das brach ihm das ~** that broke his neck, that did it for him; **das wird ihm das ~ brechen** that'll be his undoing (*od.* ruin). **~,fang** *m hunt.* stab in the neck. **~,schlag** *m Boxen*: rabbit punch. **~,schuß** *m* shot through the base of the skull. **~,star·re** *f med.* **1.** cerebrospinal meningitis. **2.** *weitS.* stiff neck.

Ge·nie[1] [ʒe'ni:] *n* ⟨-s; -s⟩ **1.** ⟨*only sg*⟩ genius; **er hat ~** he has (*od.* is a) genius. **2.** (*Person*) (man of) genius; **ein verkanntes ~** an unrecognized genius; *colloq.* **ein verkommenes ~** a genius gone to seed; *iro.* **du ~!** (you) genius (*od.* Einstein)!

Ge'nie[2] *f* ⟨-; *no pl*⟩ *Swiss mil.* a) engineer corps, b) military engineering.

ge·nie·ren [ʒe'ni:rən] **I** *v/reflex* ⟨*pp* **geniert, h**⟩ **1. sich ~** feel (*od.* be) embarrassed, feel awkward, be self-conscious (*od.* timid, shy); **sich ~, et. zu tun** be too timid to do s. th., be shy about doing s. th.; **~ Sie sich nicht!** don't be shy!, make yourself at home!, go ahead!; **er genierte sich nicht, uns zu belügen** he had the audacity (*od. colloq.* nerve, cheek) to lie to us. **II** *v/t* **2.** (*stören*) bother; **das geniert mich nicht** that doesn't bother me, I don't mind (that); **geniert es Sie, wenn ich rauche?** do you mind my smoking? **3.** (*verlegen machen*) embarrass; **hoffentlich geniert Sie s-e Gegenwart nicht** I hope you don't feel embarrassed by his presence. **ge'nier·lich** *adj* → **genant** 1, 2. **ge'niert** *pp u. adj* embarrassed, self-conscious.

ge'nieß·bar *adj* **1.** *Speisen*: eatable, edible; **der Fisch ist nicht ~** a) (*schmeckt nicht*) the fish is uneatable (*od.* is not fit to eat), b) (*ist verdorben*) the fish has gone bad. **2.** *Getränke*: drinkable, good. **3.** (*schmackhaft*) tasty, savo(u)ry, palatable. **4.** *fig. colloq. Mensch*: bearable; **er ist heute kaum ~** *a.* he is in a filthy mood today. **5.** *fig. colloq.* enjoyable, palatable, *Buch*: *a.* readable. ♀**keit** *f* ⟨-; *no pl*⟩ **1.** edibility, eatableness. **2.** drinkability. **3.** tastiness, savo(u)riness, palatableness (*a. fig.*).

ge'nie·ßen I *v/t* ⟨**genießt, genoß, genossen, h**⟩ **1.** (*zu sich nehmen*) have, eat, drink; **et. ~** have some food (*od.* refreshments); **e-e Kleinigkeit ~** have a snack (*od.* bite); (**nicht**) **zu ~** → **genießbar** 1, 4. **2.** (*Genuß haben an*) enjoy, (take) delight in, *stärker*: relish, savo(u)r, revel in; **wir genossen das Mahl sehr** we enjoyed the meal very much; **das Leben in vollen Zügen ~** enjoy (*od.* savo[u]r) (one's) life to the full; **er genoß es, allein zu sein** he enjoyed being (*od.* to be) alone. **3.** *fig.* (*sich e-r Sache erfreuen*) enjoy (*advantage, credit, reputation, etc*); **Achtung ~** be respected, be held in esteem; **j-s Vertrauen ~** enjoy (*od.* be in) s. o.'s confidence. **4.** receive, have the benefit of (*a good education, etc*). **II** ♀ *n* ⟨-s⟩ **5.** a) eating (*etc*), b) enjoying (*etc*), enjoyment. **6.** → **Genuß** 4. **Ge'nie·ßer** *m* ⟨-s; -⟩ **1.** *im Essen u. Trinken*: gourmet, epicure, connoisseur; **er ist ein stiller ~** he quietly enjoys life. **2.** *der Kunst etc*: connoisseur. **3.** *des Lebens etc*: bon vivant. **ge'nie·ße·risch I** *adj* **1.** (highly) appreciative. **2.** *Leben, Person etc*: epicurean; **ein ~er Mensch** an epicure. **3.** (*wohlig*) luxurious. **4.** *iro.* → **genüßlich** 2. **II** *adv* **5.** (most) appreciatively, with (great) relish. **6.** luxuriously (*basking in the sun, etc*).

Ge'nie|,streich *m lit.* **1.** stroke of genius. **2.** *iro.* bright idea. **~,trup·pen** *pl Swiss mil.* engineer troops. **~,we·sen** *n Swiss mil.* (military) engineering. **~,zeit** *f Literatur*: Storm and Stress (period).

ge·ni·tal [geni'ta:l] *adj anat.* genital; *psych.* **~e Phase** genital phase; ♀**apparat** *m* → **Ge·ni'ta·li·en** [-lĭən] *pl* genital (*od.* sexual) organs, genitals, genitalia. **Ge·ni'tal·or,ga·ne** *pl* → **Genitalien**.

Ge·ni·tiv ['ge:niti:f] *m* ⟨-s; -e⟩ *ling.* genitive (*od.* possessive) (case); **objektiver (subjektiver, sächsischer) ~** objective (subjective, Saxon) genitive; **im ~ stehen** be in the genitive; **~attribut** *n* attributive genitive. **ge·ni·ti·visch** [geni'ti:vɪʃ] *adj ling.* genitive, genitival. **'Ge·ni·tiv·ob,jekt** *n* genitive object.

Ge·ni·ti·vus [geni'ti:vus] *m* ⟨-; -vi [-vi]⟩ → **Genitiv**.

Ge·ni·us ['ge:nĭus] *m* ⟨-; **Genien**⟩ *lit.* **1.** ⟨*only sg*⟩ (*schöpferische Geisteskraft*) genius; **der ~ e-s Volkes** the genius of a people; **der ~ Bachs** the genius of Bach. **2.** → **Genie**[1] 2. **3.** ⟨*only sg*⟩ (*Geist*) genius, spirit (*of an epoch, etc*); **~ loci** genius of a place, genius loci. **4.** (*Schutzgeist*) guardian angel; **sie war sein guter ~** she was his good genius. **5.** *pl antiq.* genii, tutelary deities.

Ge·nom [ge'no:m] *n* ⟨-s; -e⟩ *biol.* genom(e).

ge'nom·men [-'nɔmən] *pp of* **nehmen**.

ge'noppt *adj Textil.* knopped, knotted.

Ge'nör·gel *n* ⟨-s; *no pl*⟩ *colloq. for* **Nörgelei**.

ge'noß [-'nɔs] *1 u. 3 sg pret of* **genießen**.

Ge'nos·se [-'nɔsə] *m* ⟨-n; -n⟩ **1.** *pol.* comrade. **2.** *econ.* → **Genossenschaft(l)er**. **3.** *colloq.* (*Kamerad*) companion, fellow, comrade, partner, mate, pal, *Am.* buddy. **4.** *bes. jur.* a) associate, partner, b) (*Komplize*) accomplice; **X und ~n** X and associates (*od.* others).

ge'nos·sen [-'nɔsən] *pp of* **genießen**.

Ge'nos·sen·schaft *f* ⟨-; -en⟩ **1.** *econ.* co(-)operative (society), *Am. a.* mutual benefit association; **gewerbliche ~** industrial co(-)operative. **2.** association. **3.** *hist.* a) fellowship, brotherhood, b) → **Zunft** 1. **4.** *relig.* sodality. **Ge'nos·sen·schaf·ter** *m* ⟨-s; -⟩, **Ge'nos·sen·schaft·ler** *m* ⟨-s; -⟩ **1.** member of a co(-)operative (society), co(-)operator. **2.** promoter of the co(-)operative idea, co(-)operator. **ge'nos·sen·schaft·lich** *adj* co(-)operative.

Ge'nos·sen·schafts|,bank *f* co(-)operative bank(ing association). **~be,we·gung** *f* co(-)operative movement. **~,mit,glied** *n* → **Genossenschaft(l)er** 1. **~ver,band** *m* co(-)operative union. **~,we·sen** *n* co(-)operative system (*od.* movement).

Ge'nos·sin *f* ⟨-; -nen⟩ **1.** → **Genosse** 1. **2.** *colloq.* (*Kameradin*) companion, mate.

Ge'noß·sa·me [-'nɔsza:mə] *f* ⟨-; -n⟩ *Swiss for* **Genossenschaft** 1.

Ge·no·typ [geno'ty:p] *m biol.* genotype. **ge·no'ty·pisch** *adj* genotypic. **Ge·no'ty·pus** [-pus] *m* genotype.

Ge·no·zid [geno'tsi:t] *m, a. n* ⟨-(e)s; -e *u.* -ien [-dĭən]⟩ *jur.* genocide.

Gen·re ['ʒã:r] *n* ⟨-s; -s⟩ *allg.* genre; **~bild** *n*, **~stück** *n* genre painting (*od.* picture), conversation piece; **~film** *m* genre film. ♀**haft** *adj* genre, in genre style.

Gen·tia·na,blau [gɛn'tsĭa:na-] *n* (*Farbe*) gentian blue.

Ge·nue·ser [ge'nŭe:zər] **I** *m* ⟨-s; -⟩ Geno(v)ese; **mehrere ~** several Geno(v)ese. **II** *adj* → **ge·nue·sisch** [ge'nŭe:zɪʃ] *adj* Geno(v)ese, (of) Genoa.

ge'nug [-'nu:k] **I** *adj* ⟨*invariable*⟩ **1.** enough, sufficient, a sufficient amount (*od.* number) of (→ *a.* **genügend** 1); **mehr als ~** more than enough, enough and to spare; **das ist lange nicht ~** that's not nearly (*od.* half) enough; **das ist ~ für mich** that is enough (*od.* will do) for me; **sag, wenn du ~ hast!** a) tell me when you've had enough, b) *colloq. beim Einschenken etc*: say when!; **nicht ~, daß er nicht erschien, er entschuldigte sich nicht einmal** not only did he not turn up, he didn't even apologize;

jetzt ist's aber ~!, ~ (davon)! (that's) enough (of that)!, that'll do!, stop it!; **~ für heute** enough (*od.* so much) for today; **laß es für heute ~ sein!** a) leave it (*od.* let it go) at that for today!, b) (*hören wir auf*) *colloq.* let's call it a day!; **wir sind ~** there are enough of us; **ich habe nicht ~ Zeit, das zu tun** I don't have time enough (*od.* enough time, the time) to do it; **~, ich will einfach nicht!** in short, I simply won't!, *bes. Am.* I simply won't, period!; **er ist sich** (*dat*) **selbst ~** a) he can do without friends (*od.* company), b) he doesn't need the help of others; *lit.* **~ der Worte** we have argued (long) enough. **2.** (*übermäßig*) enough; **er hat ~** a) *von Essen etc*: he has had enough (*od.* his fill), *fig. a.* he has had his share (*od.* all he can take), b) *colloq.* (*er ist erledigt*) he's had enough, he has had it, c) *colloq.* (*Geld etc*) he's got enough; *contp.* **ich habe ~ davon** I've had enough of it, *colloq.* I'm fed up with it; **hast du noch immer nicht ~?** *allg.* have you still not had enough?, will you never learn (your lesson)?; **man kann für die Armen nie ~ tun** one can never do enough (*od.* too much) for the poor. **II** *adv* **3.** enough, sufficiently; **man kann es nicht ~ betonen** one cannot emphasize it (strongly) enough; → **Beste** 5.

Ge'nü·ge [-'nyːgə] *f* ⟨-; *no pl*⟩ **1. zur ~** (well) enough, sufficiently; **ich kenne ihn zur ~** I know him well enough; **das habe ich zur ~ genossen** I have had my fill (*od.* full share, enough) of this. **2.** *lit.* (*Befriedigung*) satisfaction; **e-r Sache ~ leisten** (*od.* **tun**) → **genügen** 2; **j-m ~ leisten** (*od.* **tun**) satisfy s. o., give s. o. satisfaction; → **Gerechtigkeit** 1.

ge'nü·gen [-'nyːgən] *v/i* ⟨*pp* **genügt**, **h**⟩ **1.** (*ausreichen*) be sufficient, be enough, suffice; **das genügt (mir)** that's enough, that will do (for me); **die Butter genügt für e-e Woche** the butter will be sufficient (*od.* enough, will last, will do) for a week; **das genügt vollauf** a) that's perfectly satisfactory, b) that's (quite) enough; **ein Anruf genügt und ich komme** just call me and I will be there; **es genügt nicht zu** it is not enough to, it won't do (simply) to. **2. e-r Sache ~** (*entsprechen*) meet (*od.* satisfy, comply with) s. th., fulfil(l) (*od.* come up to) s. th.; **allen Anforderungen ~** meet (*od.* satisfy, fulfil[l]) all requirements, come up to the standard(s), *colloq.* fill the bill. **3. j-m ~** (*j-n befriedigen*) satisfy s. o.

ge'nü·gend I *pres p u. adj* **1.** (*ausreichend*) enough, sufficient (→ *a.* **genug** 1); **~ Geld, e-e ~e Menge Geld** enough (*od.* sufficient) money, money enough, a sufficient amount of money; **~ Zeit haben** have plenty of (*od.* sufficient) time; **nicht ~ Arbeitskräfte haben** not to have enough workers, be short of workers, be undermanned (*od.* understaffed). **2.** (*befriedigend*) satisfactory (*answer, etc*). **II** *adv* **3.** enough, sufficiently, satisfactorily, adequately.

ge'nüg·sam [-'nyːkzaːm] *adj* **1.** (*anspruchslos*) easily satisfied (*od.* contented, pleased), content with little. **2.** (*maßvoll*) moderate, *im Essen, in der Lebensweise*: frugal; **er ist ~ (im Essen)** he is a moderate eater, he is a frugal man. **3.** (*bescheiden*) modest. **2keit** *f* ⟨-; *no pl*⟩ modesty, moderation, frugality.

ge'nug,tun *v/i* ⟨*irr, sep,* **-ge-**, **h**⟩ *lit.* **1. j-m ~** satisfy s. o., give s. o. satisfaction. **2. er konnte sich nicht ~, ihre Schönheit zu rühmen** he could not praise her beauty enough, he went out of his way to praise her beauty. **Ge'nug,tu·ung** *f* ⟨-; *no pl*⟩ **1.** (*Befriedigung*) satisfaction, gratification; **zu unserer ~** (*od.* **mit [großer] ~**) **haben wir gehört, daß** we are (highly) gratified to hear that; **er empfand große ~ über s-n Erfolg** he was highly gratified at his success. **2.** (*Wiedergutmachung*) satisfaction; **j-m ~ geben** *für e-e Beleidigung*: give s. o. satisfaction; **~ leisten für et.** make amends for s. th.; **er verschaffte sich ~** a) he obtained satisfaction, b) *jur.* he obtained redress; **ich fordere ~** I demand satisfaction.

ge·nu·in [genu'iːn] *adj* **1.** genuine. **2.** *med.* idiopathic.

Ge·nus ['geːnʊs] *n* ⟨-; **Genera** ['geːnera]⟩ **1.** *bes. biol.* genus. **2.** *ling.* a) *des Substantivs*: gender, b) *des Verbs*: voice.

Ge'nuß [-'nʊs] *m* ⟨**-nusses; -nüsse**⟩ **1.** → **genießen** 5. **2.** (*Freude, Lust*) pleasure; **sinnliche Genüsse** sensual pleasures, pleasures of the flesh; **die Genüsse des Lebens auskosten** enjoy the pleasures (*od.* sweets, good things) of life, enjoy life; **er las das Buch mit ~** he read the book with (great) pleasure (*od.* relish), he enjoyed (reading) the book; **es ist ein ~, ihm zuzuhören** it is a pleasure (*od.* delight, *colloq.* it is great) to listen to him; **et. mit ~ erzählen** tell s. th. with relish (*od.* gusto); **~ finden an e-r Sache** take pleasure in (*od.* derive pleasure from) s. th., find enjoyment in s. th. **3.** (*Hoch2*) treat; **das Mahl war wirklich ein ~** the meal was a real treat, the meal was really delicious. **4.** *von Nahrung etc*: consumption, eating, drinking, taking; **für den menschlichen ~ ungeeignet** unfit for human consumption; **übermäßiger ~ von Alkohol** excessive consumption of (*od.* over-indulgence in) alcohol, excessive drinking; **der ~ von Rauschgiften** the taking of drugs. **5.** (*Nutznießung*) benefit, *jur.* use, usufruct; **j-n in den ~ e-r Sache setzen** give s. o. the benefit of s. th.; **in den ~ e-r Sache kommen** acquire s. th., get (the benefit of) s. th., *weitS. e-s Konzerts etc*: be treated to s. th. **6.** *jur.* enjoyment (*of rights, possession, etc*). **2,freu·dig** *adj* pleasure-loving. **~,gift** *n* injurious article of consumption. **~,le·ben** *n* life of pleasure.

ge'nüß·lich [-'nʏslɪç] **I** *adj* **1.** → **genießerisch** 1, 3. **2.** *iro.* gloating, gleeful, lip-smacking. **II** *adv* **3.** *iro.* with relish (*od.* gusto); gloatingly.

Ge'nüß·ling [-'nʏslɪŋ] *m* ⟨**-s; -e**⟩ → **Genußmensch**.

Ge'nuß|,mensch *m* pleasure-lover, man of pleasure, epicure(an), sensualist, hedonist. **~,mit·tel** *n meist pl* **1.** (*Alkohol, Tabak etc*) (semi-)luxury; **anregende ~** stimulants. **2.** *eßbare*: luxury food. **~,mit·tel·in·du,strie** *f* luxury food industry. **~,recht** *n econ.* dividend (*od.* benefit) right. **2,reich** *adj* (very) enjoyable, delightful, pleasurable, delectable; **ein ~es Leben** *a.* a life of pleasure. **~,schein** *m econ.* dividend certificate. **~,sucht** *f* pleasure-seeking, self-indulgence, *lit.* hedonism. **2,süch·tig** *adj* pleasure-seeking, sensual, *lit.* hedonistic, sybaritic. **2,voll** *adj* → **genußreich**.

Geo|bo·ta·nik [geobo'taːnɪk] *f* geobotany. **~che'mie** *f* geochemistry. **~dä'sie** [-dɛ'ziː] *f* ⟨-; *no pl*⟩ *math.* geodesy. **~'dät** [-'dɛːt] *m* ⟨**-en; -en**⟩ geodesist, *a.* geodecist. **2'dä·tisch** *adj* geodetic(al).

Geo·de [ge'oːdə] *f* ⟨-; **-n**⟩ *min.* vug(g), geode.

Geo|go'nie [geogo'niː] *f* ⟨-; *no pl*⟩ geogony. **~'graph** [-'graːf] *m* ⟨**-en; -en**⟩ geographer. **~gra'phie** [-gra'fiː] *f* ⟨-; *no pl*⟩ geography; **politische ~** geopolitics *pl* (*als sg konstruiert*), political geography; **physikalische ~** physical geography, physiography. **2'gra·phisch** *adj* geographic(al); **~er Nordpol** geographical north pole; **~e Beschaffenheit** geography.

geo|kra·tisch [geo'kraːtɪʃ] *adj geol.* geocratic. **2'lo·ge** [-'loːgə] *m* ⟨**-n; -n**⟩ geologist. **2lo'gie** [-lo'giː] *f* ⟨-; *no pl*⟩ geology; **landwirtschaftliche ~** agrogeology. **~'lo·gisch** *adj* geologic(al), geognostic(al); **~ untersuchen, ~e Studien machen** geologize (*Br. a.* -s-); **~e Beschaffenheit** geology. **2ma'gne·tik** [-ma'gneːtɪk] *f phys.* geomagnetism. **2me·di'zin** [-medi'tsiːn] *f* geomedicine.

Geo·me·ter [geo'meːtər] *m* ⟨**-s; -**⟩ surveyor.

Geo·me·trie [geome'triː] *f* ⟨-; **-n** [-ən]⟩ *math.* geometry; **analytische (projektive, darstellende, sphärische) ~** analytical (projective, descriptive, spherical) geometry; **~ der Ebene** plane geometry, planimetry; **(analytische) ~ der Lage** topology; **~ des Raumes** solid geometry, stereometry. **geo'me·trisch** [-'meːtrɪʃ] *adj* geometric(al); **~e Multiplikation** outer multiplication; **~er Ort** (geometric) locus; **~e Reihe** geometric progression (*od.* series); **~es Gebilde** (**~er Körper**) geometric configuration (solid).

Geo|mor·pho·lo·gie [geomɔrfolo'giː] *f* ⟨-; **-n** [-ən]⟩ geomorphology. **2'phag** [-'faːk] *adj* geophagous. **~'pha·ge** [-'faːgə] *m, f* ⟨**-n; -n**⟩ clay eater, geophagist. **~pha'gie** [-fa'giː] *f* ⟨-; *no pl*⟩ geophagy. **2'phil** [-'fiːl] *adj* geophilous. **~phy'sik** [-fy'ziːk] *f* ⟨-; *no pl*⟩ geophysics *pl* (*als sg konstruiert*). **2phy·si'ka·lisch** [-zi'kaːlɪʃ] *adj* geophysical. **~'phy·si·ker** [-'fyːzikər] *m* ⟨**-s; -**⟩ geophysicist. **~'phyt** [-'fyːt] *m* ⟨**-en; -en**⟩ *bot.* geophyte. **~'pla·stik** [-'plastɪk] *f* **1.** relief model (of the earth's surface). **2.** ⟨*only sg*⟩ theory of relief models of the earth's surface. **~po·li'tik** [-poli'tiːk] *f* ⟨-; *no pl*⟩ geopolitics *pl* (*als sg konstruiert*), geopolitik. **~po'li·ti·ker** [-'liːtikər] *m* ⟨**-s; -**⟩ geopolitician, geopolitiker.

ge'ord·net *pp u. adj* **1.** orderly, tidy, neat; *mil.* **~er Rückzug** orderly retreat. **2.** *fig.* ordered, orderly; **~es Denken** systematic thinking; **in ~en Verhältnissen leben** live in well-ordered circumstances, be financially sound; **~e Lebensweise** a) regular (*od.* orderly) life, b) regular habits *pl.* **3.** *math.* ordered.

Ge·or·gi·er [ge'ɔrgĭər] *m* ⟨**-s; -**⟩ Georgian.

Ge·or·gi·ne [geɔr'giːnə] *f* ⟨-; **-n**⟩ *bot.* (common) dahlia.

ge·or·gisch [ge'ɔrgɪʃ] **I** *adj* Georgian. **II** *ling.* **2** ⟨*generally undeclined*⟩, **das 2e** ⟨**-n**⟩ Georgian, the Georgian language.

Geo|sta·tik [geo'staːtɪk] *f* ⟨-; *no pl*⟩ *phys.* geostatics *pl* (*als sg konstruiert*). **2sta·tio'när** [-statsĭo'nɛːr] *adj Umlaufbahn etc*: geostationary. **~syn·kli'na·le** [-zynkli'naːlə] *f* ⟨-; **-n**⟩ geosyncline. **2'tak·tisch** [-'taktɪʃ] *adj biol.* geotactic. **~'ta·xis** [-'taksɪs] *f* ⟨-; *no pl*⟩ geotaxis, geotaxy. **~tek'to·nik** [-tɛk'toːnɪk] *f* ⟨-; *no pl*⟩ *geol.* geo(tectonics *pl* (*als sg konstruiert*). **2'therm** [-'tɛrm], **2'ther·misch** *adj* geothermal, geothermic. **2'trop** [-'troːp], **2'tro·pisch** *adj biol.* geotropic. **~tro'pis·mus** [-tro'pɪsmʊs] *m* ⟨-; *no pl*⟩ geotropism.

geˈpaart *pp u. adj* **1.** coupled, paired; *fig.* **Bosheit ~ mit Dummheit** maliciousness coupled with stupidity; *zo.* **lebend ~** monogamous. **2.** *bot.* in pairs, genuate, binate. **3.** *chem. Verbindung*: conjugated.

Ge·päck [-ˈpɛk] *n* ⟨-(e)s; *no pl*⟩ **1.** luggage, *bes. Am.* baggage; **großes (kleines) ~** (piece of) large (small) luggage; **drei Stück ~** three pieces (*od.* items) of luggage; **mit leichtem ~ reisen** travel light. **2.** *mil.* (soldier's) pack; **~ ablegen (aufnehmen)** take off (sling on) packs. **~ˌabˌfer·ti·gung** *f* **1.** *bes. aer.* checking (*am Zoll*: clearing) of luggage (*bes. Am.* baggage). **2.** → **Gepäckannahme** 2, 3. **~ˌabˌla·ge** *f* luggage (*bes. Am.* baggage) rack. **~ˌabˌteil** *n* → **Gepäckraum** 1. **~ˌanˌhän·ger** *m* luggage label, *Am.* baggage tag. **~ˌanˌnah·me** *f* **1.** → **Gepäckaufbewahrung** 1. **2.** *zur Aufbewahrung*: receiving of luggage (to be deposited). **3.** (*Schalter*) left-luggage (registration) office (*od.* counter), cloakroom, *Am.* baggage room. **4.** *als Aufschrift*: "deposit", "in", *Am.* "check baggage here". **~ˌauf·beˌwah·rung** *f* **1.** depositing of luggage, *Am.* checking of baggage. **2.** → **Gepäckannahme** 2, 3. **~ˌaufˌga·be** *f* **1.** sending of luggage in advance (*od.* ahead), *Am. a.* checking of baggage, *Br. a.* registration of luggage. **2.** → **Gepäckannahme** 2, 3. **~ˌausˌga·be** *f* **1.** handing out of luggage. **2.** *als Aufschrift*: "withdrawal", "delivery", "out", *Am.* "claim baggage here". **3.** → **Gepäckannahme** 3. **~ˌhal·ter** *m* → **Gepäckträger** 2, 3. **~ˌkar·ren** *m* luggage (*bes. Am.* baggage) truck, trolley. **~konˌtrol·le** *f* luggage inspection, *Am.* baggage check. **~ˌmarsch** *m mil.* pack march. **~ˌnetz** *n* (net-type) luggage (*bes. Am.* baggage) rack. **~ˌraum** *m* **1.** *rail. etc* luggage (*bes. Am.* baggage) compartment. **2.** *aer. mar.* luggage (*bes. Am.* baggage) hold. **3.** *mot.* (luggage) boot, *Am.* trunk (compartment). **~ˌschal·ter** *m* → **Gepäckannahme** 3. **~ˌschein** *m* **1.** *bei Beförderung*: luggage ticket (*od.* receipt), *Am.* baggage stub. **2.** *bei Aufbewahrung*: left-luggage (*od.* cloakroom) ticket, *Am.* baggage check. **~ˌschließˌfach** *n* luggage (*Am.* baggage) locker. **~ˌstück** *n* piece (*od.* item) of luggage. **~ˌträ·ger** *m* **1.** (*Person*) porter. **2.** *am Fahrrad*: carrier. **3.** *mot.* a) luggage rack (*od.* grid), *Am.* baggage rack (*od.* carrier), b) (*Dachständer*) roof rack. **~verˌsi·che·rung** *f* luggage (*bes. Am.* baggage) insurance. **~ˌwa·gen** *m rail.* luggage van, *Am.* baggage car.

geˈpan·zert *adj* **1.** *mil. tech. Fahrzeug etc*: armo(u)red, ironclad. **2.** *hist. Ritter etc*: mailed, mailclad; **mit ~er Faust** with the mailed fist. **3.** *zo.* a) mailed, b) (*mit Hornhaut*) sclerodermic, c) *Krokodil*: loricate(d).

Ge·pard [ˈgeːpart] *m* ⟨-s; -e⟩ *zo.* cheeta(h), hunting leopard.

Geˈpfän·de·te *m, f* ⟨-n; -n⟩ *jur.* distrainee.

geˈpfef·fert *adj* **1.** peppered, peppery. **2.** *fig. colloq.* a) *Witz etc*: spicy, juicy, fruity, b) *Brief, Antwort etc*: sharp, stinging, c) *Preis, Rechnung*: salted, steep.

Geˈpfei·fe *n* ⟨-s; *no pl*⟩ *colloq.* (awful) whistling.

geˈpfif·fen [-ˈpfɪfən] *pp of* **pfeifen.**

geˈpflegt *adj* **1.** well-groomed, soigné, neat (*person, appearance, etc*), *Sache*: *a.* well cared-for; **ein ~er Rasen** a well-groomed (*od.* -kept) lawn. **2.** *fig. Manieren, Sprache etc*: cultivated, elegant, refined, polished. **3.** *fig. Heim etc*: refined, elegant. **4.** *fig. Wein etc*: elegant, select. **2heit** *f* ⟨-; *no pl*⟩ **1.** well-groomed (*etc*) appearance, neatness; **die ~ s-s Äußeren** his well-groomed appearance. **2.** *fig.* elegance. **3.** *fig.* refinement.

geˈpflo·gen [-ˈpfloːgən] *pp of* **pflegen** III. **2heit** *f* ⟨-; -en⟩ **1.** *lit.* habit, custom, wont; **die ~ haben, et. zu tun** → **pflegen** 3; **es war s-e ~** it was his habit (*od.* custom, wont) (*to do s. th.*); **nach hiesiger ~** according to the local custom; **(stillschweigende) gesellschaftliche ~en** social conventions. **2.** *bes. econ.* practice, usage.

Geˈpie·pe, Geˈpiep·se *n* ⟨-s; *no pl*⟩ *colloq. for* **piepen** II.

Geˈplän·kel *n* ⟨-s; -⟩ *mil u. fig. colloq.* skirmish.

Geˈplap·per *n* ⟨-s; *no pl*⟩ *colloq.* chatter(ing), babble.

Geˈplärr, Geˈplär·re *n* ⟨-s; *no pl*⟩ *colloq.* blubbering (*etc, cf.* **plärren**).

Geˈplät·scher *n* ⟨-s; *no pl*⟩ **1.** rippling (*etc, cf.* **plätschern**). **2.** *fig.* trivial talk, banalities *pl.*

Geˈplau·der *n* ⟨-s; *no pl*⟩ chatting, chat, small talk, chit-chat.

Geˈpo·che *n* ⟨-s; *no pl*⟩ *colloq. for* **pochen** 6.

geˈpol·stert *pp u. adj* **1.** *Möbel etc*: upholstered, padded; *humor.* **sie ist gut ~** she is well padded. **2.** *Armaturenbrett, Jackenschultern etc*: padded. **3.** *bot.* pulvinate(d).

Geˈpol·ter *n* ⟨-s; *no pl*⟩ rumbling (*etc, cf.* **poltern**).

Geˈprä·ge *n* ⟨-s; *no pl*⟩ **1.** impression, stamp (*on coin, medal*). **2.** *fig. lit.* (special) character, characteristic features *pl*, stamp; **er gab s-r Zeit das ~** he left his mark (*od.* stamp, impression, imprint) on his times; **die Landschaft hat ihr besonderes ~** the scenery has a character of its own.

Geˈprah·le *n* ⟨-s; *no pl*⟩ *colloq.* boasting (*etc, cf.* **prahlen**).

Geˈprän·ge [-ˈprɛŋə] *n* ⟨-s; *no pl*⟩ *lit.* pomp, magnificent display, splendo(u)r, pageantry.

Geˈpras·sel *n* ⟨-s; *no pl*⟩ *colloq.* crackling (*etc, cf.* **prasseln**).

geˈprie·sen [-ˈpriːzən] *pp of* **preisen.**

geˈpunk·tet *pp u. adj* → **getupft.**

Geˈqua·ke *n* ⟨-s; *no pl*⟩ *colloq.* croaking (*etc, cf.* **quaken**).

Geˈquas·sel *n* ⟨-s; *no pl*⟩, **Geˈquat·sche** *n* ⟨-s; *no pl*⟩ *colloq. contp.* **1.** blathering (*etc, cf.* **quasseln, quatschen**). **2.** (*leeres Gerede*) twaddle, blather, drivel, balderdash.

Geˈquen·gel *n* ⟨-s; *no pl*⟩ *colloq.* whining (*etc, cf.* **quengeln**).

Geˈquie·ke *n* ⟨-s; *no pl*⟩ *colloq.* squeaking, squeaks *pl.*

Geˈquiet·sche *n* ⟨-s; *no pl*⟩ *colloq.* **1.** squeaking (*etc, cf.* **quietschen**). **2.** squeals *pl*, screeches *pl.*

geˈquol·len [-ˈkvɔlən] *pp of* **quellen.**

Ger [geːr] *m* ⟨-(e)s; -e⟩ *hist.* spear.

geˈra·de [-ˈraːdə] **I** *adj* ⟨-r; -st⟩ **1.** (*nicht krumm*) straight (*line, etc*); **~ Strecke** *e-r Autobahn etc*: straight stretch; **e-n ~n Kurs nehmen** follow a direct course; *tech.* **~r Meißel** straight cutting tool. **2.** (*eben, flach*) even, flat. **3.** (*aufrecht*) upright, erect; **er hat e-e ~ Haltung** he holds (*od.* carries) himself upright (*od.* up straight). **4.** *fig.* (*aufrichtig*) upright, straightforward, sincere. **5.** *fig.* direct; **in ~r Linie von j-m abstammen** descend from s. o. in a direct line, be a direct descendant of s. o.; **das ~ Gegenteil** the exact (*od.* very) opposite, just (*od.* exactly) the opposite. **6.** *Kleid, Rock*: straight. **7.** *math.* a) straight, rectilinear, b) *Zahl*: even, c) *Körper etc*: right; **~r Schnitt** right section; **in ~m Verhältnis** in direct proportion; → **fünf** 2. **II** *adv* **8.** straight; **er ging ~ auf das Haus zu** he made straight for (*od.* made a bee-line for) the house. **9.** (*genau*) just, exactly; **das ist ja ~ m-e Absicht** that is just my intention (*od.* what I intended); **~ gegenüber** directly (*od.* just, right) opposite; **~ entgegengesetzt** diametrically opposed; **sie ist nicht ~ e-e Schönheit** she is not exactly (*od.* what you would call) a beauty; **~ in der Mitte** exactly (*od.* right, dead) in the middle; **~ in diesem Augenblick** (at) that very moment, just then; **er ist ~ (erst) gekommen** he has just arrived; **~ (noch) rechtzeitig** (*od.* **zur rechten Zeit**) just in time, *Hilfe etc*: *a.* in the nick of time; **ich habe ~ noch gesehen, wie** I just had time to see how; **ich war ~ dabei zu gehen** I was just about (*od.* going) to leave, I was just (*od.* on the point of) leaving; **~ dort** a) just there, right there, b) (*ausgerechnet*) there of all places; **warum ~ ich ?** why me of all people?; *colloq.* **der kommt mir ~ recht** a) he's just the man I need (*od.* want), b) *iro.* he's the last person I want (to see); *iro.* **das hat mir ~ noch gefehlt!** that's all I needed (*od.* wanted)!; *colloq.* **das ging ~ noch gut** that was a close shave (*od.* call); **das könnte dir ~ so passen** you would like that, eh?; **damals war ich ~ in Berlin** I happened to be in Berlin at that time; **da wir ~ von Autos sprechen** speaking of cars; **das ist es ja ~!** that's just it!; **jetzt ~!** now more than ever!, now with a vengeance!; **nun ~ nicht!** now less than ever!; **~ als wenn** (*od.* **ob**) just as if (*od.* though). **Geˈra·de** *f* ⟨-n; -n⟩ **1.** *math.* (straight) line. **2.** *Sport*: a) *e-r Rennstrecke*: straight, *bes. Am.* stretch, b) (*Gegen2*) back straight, *bes. Am.* backstretch, c) (*Ziel2*) home straight, *bes. Am.* homestretch, d) *Boxen*: straight (punch), jab; **linke ~** straight left. **geˌra·deˈaus I** *adv* straight ahead (*od.* on); **gehen Sie immer ~** go (*od.* keep) straight ahead. **II** *adj* ⟨*pred*⟩ *fig.* straightforward, frank, outspoken.

geˈra·de‖ˌbie·gen *v/t* ⟨*irr, sep,* -ge-, h⟩ **1.** bend *s. th.* straight, straighten. **2.** *fig. colloq.* a) **et. ~** straighten (*od.* iron) s. th. out, fix s. th., b) **j-n ~** straighten s. o. out. **~ˌhal·ten I** *v/reflex* ⟨*irr, sep,* -ge-, h⟩ **sich ~** hold o. s. erect (*od.* upright). **II** *v/t* hold *s. th.* straight.

geˌra·de·herˈaus I *adv* straight out, frankly, *stärker*: bluntly, outright, point-blank, to *s. o.'s* face. **II** *adj* ⟨*pred*⟩ → **geradeaus** II.

geˈra·denˌwegs *adv* → **geradewegs.**

geˈra·deˌrich·ten *v/t* ⟨*sep,* -ge-, h⟩ **1.** put *s. th.* straight, straighten. **2.** *tech.* straighten, adjust.

geˈrä·dert *pp u. adj colloq.* **sich wie ~ fühlen, wie ~ sein** be dead beat (*od.* whacked, *Am.* bushed).

geˈra·deˌset·zen I *v/reflex* ⟨*sep,* -ge-, h⟩ **sich ~** sit up straight. **II** *v/t* put *s. th.* straight, straighten.

geˈra·deˌso *adv* → **ebenso.**

geˈra·de‖ˌste·hen *v/i* ⟨*irr, sep,* -ge-, h *u.* sein⟩ **1.** stand straight, hold o. s. erect (*od.* upright). **2.** *fig.* **für et. (j-n) ~** a) answer (*od.* accept the responsibility) for s. th. (s. o.), b) (*eintreten*) stand up for s. th. (s. o.). **~ˌstel·len** *v/t* ⟨*sep,* -ge-, h⟩ put *s. th.* straight, straighten *s. th.* (up).

geˈra·desˌwegs *adv obs.*, **geˈra·deˌwegs** *adv* **1.** straight, directly; → **gerade** 8. **2.** *fig.* (*sofort*) straight away, *Am.* straightaway, immediately.

geˈra·deˈzu *adv* **1.** → **geradeheraus** I.

2. (*fast*) almost, nearly, next to; **es ist ~ ein Wunder** it is almost (*od.* really) a miracle, it borders on the miraculous. 3. (*nichts anderes als*) simply, plain, downright; **das ist ja ~ verrückt** that's simply (*od.* sheer, downright) madness; **das ist ~ verbrecherisch** that's simply (*od.* outright) criminal.

Ge'rad|,flüg·ler [-,fly:glər] *m* ⟨-s; -⟩ *zo.* orthopter(on). **~,füh·rung** *f tech.* 1. straight-line guide. 2. (*Bewegung*) straight-line motion.

Ge'rad·heit *f* ⟨-; *no pl*⟩ 1. *e-r Linie etc*: straightness (*a. fig.*). 2. *der Haltung etc*: uprightness, erectness. 3. *fig.* uprightness, honesty.

ge'rad|,läu·fig *adj* straight. **~,li·nig** [-,li:nıç] I *adj* 1. straight(-lined). 2. *Abstammung*: lineal. 3. *math. phys. tech.* a) straight(-line), b) *Körper*: straight-sided, c) *Bewegung*: (recti)linear. 4. *fig. lit. for* **gerade** 4. II *adv* 5. **~ verlaufen** run in a straight line; **ein ~ denkender Mensch** a straightforward person. **≈,li·nig·keit** *f* ⟨-; *no pl*⟩ 1. straightness. 2. *math. phys. tech.* straightness, (recti)linearity. 3. *fig.* → **Geradheit** 3. **~,zah·lig** [-,tsa:lıç] *adj* even-numbered.

ge'ram·melt *adv colloq.* **~ voll** *mit Menschen, Dingen etc*: crammed, packed (to capacity), chockful.

ge'rän·delt *pp u. adj Münze, Schraubenkopf etc*: knurled.

Ge'ran·gel *n* ⟨-s; *no pl*⟩ *colloq.* wrangling, *pol. etc a.* infighting, *um die Ämter*: *a.* jockeying (for position).

Ge·ra·nie [ge'ra:nĭə] *f* ⟨-; -n⟩ *bot.* 1. geranium; **Wilde ~** chocolate flower. 2. pelargonium.

ge'rannt [-'rant] *pp of* **rennen.**

Ge'ra·schel *n* ⟨-s; *no pl*⟩ *colloq.* rustling.

Ge'ras·sel *n* ⟨-s; *no pl*⟩ *colloq.* rattling (*etc, cf.* **rasseln**); rattle, clatter.

Ge'rät *n* ⟨-(e)s; -e⟩ 1. *tech.* a) (*Vorrichtung*) device, *colloq.* gadget, b) (*Hilfseinrichtung*) appliance, c) apparatus, d) (*feinmechanisches ~*) instrument, e) (*Maschineneinheit, Aggregat*) unit, f) (*große Ausrüstung*) equipment, g) (*kleinere Ausrüstung*) outfit; **optisches ~** optical instrument(s *pl*). 2. (*Werkzeug, a. Garten≈ etc*) implement, tool, utensil, *collect.* implements *pl* (*etc*). 3. (*Radio≈, Fernseh≈*) set. 4. a) (*Haushalts≈*) appliance, *collect.* appliances *pl*, b) (*Küchen≈*) (kitchen) utensil(s *pl collect.*). 5. a) (*Sport≈*) athletic implement, b) (*Turn≈*) apparatus, *collect.* apparatus(es *pl*). 6. (*Ausstattung*) equipment, outfit; **~e zum Fischen** fishing equipment (*od.* gear, tackle) *sg.* 7. (*Zubehör*) accessory, *collect.* accessories *pl.* 8. (*Motorrad etc*) machine. 9. *relig.* implement. 10. *mar.* gear, tackle.

Ge'rä·te|,bau *m* ⟨-(e)s; *no pl*⟩ *tech.* equipment (*od.* instrument) making. **~,ein,schub** *m* slide-in (*od.* plug-in) unit. **~,fahr,zeug** *n* equipment carrier. **~,ka·sten** *m* toolbox.

ge'ra·ten[1] *v/i* ⟨*irr, pp* **geraten, sein**⟩ 1. (*gelingen, ausfallen*) turn out (*well, etc*); **gut ~** *a.* be (*od.* prove) a success, be fine (*attr* → **wohlgeraten**), (*gedeihen*) thrive, prosper; **ihm gerät alles (gut)** everything succeeds with him; **die Äpfel sind gut ~** the apples turned out well, the apples were good; **die Kinder sind gut ~** the children turned out well (*od.* are well bred); **j-m zum Vorteil ~** be (*od.* prove) to s. o.'s advantage; **der Rock ist et. zu kurz ~** the skirt turned out (*od.* is a bit) short; *humor.* **er ist ein bißchen zu kurz ~** he's a bit on the short side. 2. **nach j-m ~** *Kind*: take after s. o. 3. *mit Präpositionen*: get, come; **an et. ~** a) (*erlangen*) get (*od.* come by) s. th., b) (*stoßen auf*) come across, happen upon; **an j-n ~** meet s. o., come across s. o., *feindlich*: fall foul of s. o.; **in j-s Hände ~** fall (*od.* get) into s. o.'s hands; **sie geriet an e-n Scharlatan** she has fallen into the hands of a quack doctor; **in Gefahr (Schwierigkeiten, Schulden) ~** get (*od.* run) into danger (difficulties, debts); **in e-n Sturm** (*etc*) **~** get (*od.* be) caught in a storm (*etc*); **in der Kurve ist er aus der Bahn ~** he came off the track in the curve; **in schlechte Gesellschaft ~** get into bad company; **unter j-s Einfluß ~** come under s. o.'s influence; → **Abweg, Adresse** (*etc*).

ge'ra·ten[2] I *pp of* **raten, geraten[1].** II *adj* 1. advisable, commendable; **ich halte es für ~, nicht hinzugehen** I think it advisable (*od.* a good policy) not to go (there); **wir machen es so, wie du es für ~ hältst** we shall do it as you think advisable (*od.* fit); **das ≈ste wäre zu** the best (thing *od.* policy) would be to. 2. (*vorteilhaft*) advantageous.

Ge'rä·te|,raum *m* 1. *tech.* toolroom. 2. *Sport*: storeroom. **~,schal·ter** *m electr.* plug switch. **~,schnur** *f* connecting (*od.* flexible) cord, *Br. a.* flex. **~,schup·pen** *m* toolshed, toolhouse. **~,steck,do·se** *f electr.* coupler socket. **~,ta·fel** *f tech.* control panel. **~,tur·nen** *n* apparatus gymnastics *pl* (*als sg konstruiert*), apparatus work. **~,tur·ner** *m* (apparatus) gymnast. **~,übung** *f* (apparatus) exercise. **~,wart** *m* (gymnasium) attendant.

Ge'ra·te,wohl *n* **aufs ~** at random, at haphazard, on the off chance, at a venture, hit or miss, for luck; **et. aufs ~ versuchen** take a chance (with s. th.), try s. th. on the off chance; **aufs ~ e-e Auswahl treffen** make a random selection.

Ge'rät·schaf·ten *pl* tools, utensils, implements, outfit *sg*, equipment *sg.*

Ge'rat·ter *n* ⟨-s; *no pl*⟩ rattling, rattle, clatter(ing).

ge'räu·chert *adj gastr.* smoked. **Ge'räu·cher·te** *n* ⟨-n; *no pl*⟩ smoked meat.

Ge'rau·fe *n* ⟨-s; *no pl*⟩ *colloq.* → **Rauferei.**

ge'raum *adj* (**e-e**) **~e Zeit** a fairly long time; **seit ~er Zeit** for (quite) a long time.

ge'räu·mig *adj* spacious, roomy, commodious. **≈keit** *f* ⟨-; *no pl*⟩ spaciousness, roominess.

Ge'rau·ne *n* ⟨-s; *no pl*⟩ → **raunen** II.

Ge'räusch[1] [-'rɔyʃ] *n* ⟨-(e)s; -e⟩ 1. sound, noise; **beim leisesten ~** at the slightest sound. 2. *med. in Organen*: souffle, (*Neben≈*) murmur, (*Atem≈*) rattling. 3. *Radio*: noise. 4. *pl thea. Film*: sound effects. **Ge'räusch[2]** *n* ⟨-(e)s; *no pl*⟩ *hunt.* heart, lungs and liver (of game).

ge'räusch|,arm *adj tech.* noiseless, quiet, silent. **~,dämp·fend** *adj* noise-deadening, silencing. **≈,dämp·fer** *m* silencer. **≈,dämp·fung** *f* noise deadening (*od.* dampening). **≈ef,fekt** *m* sound effect. **~emp,find·lich** *adj* sensitive to noise. **≈ku,lis·se** *f* 1. background noise. 2. *thea. etc* sound effects *pl.* **~los** I *adj a. tech.* noiseless, quiet, silent. II *adv* noiselessly (*etc*), without a sound. **≈lo·sig·keit** *f* ⟨-; *no pl*⟩ noiselessness, quietness, silence. **≈,ma·cher** *m* ⟨-s; -⟩ *Film etc*: sound(-effects) man. **≈,mes·ser** *m* noise meter, psophometer. **≈,pe·gel** *m* noise level. **~,voll** *adj* 1. noisy, loud, (*lärmend, schreiend*) *a.* boisterous, clamorous, uproarious. 2. *med. Atmung*: stertorous.

ge'rau·tet [-'rautət] *adj* diamond-shaped, lozenge(d).

ger·ben ['gɛrbən] I *v/t* ⟨h⟩ tan; **weiß ~** taw; **sämisch ~** chamois; **Wind und Wetter hatten s-e Haut gegerbt** his skin was weather-beaten. II **≈** *n* ⟨-s⟩ → **Gerbung.** **'Ger·ber** *m* ⟨-s; -⟩ a) tanner, b) (*Weiß≈*) tawer, c) (*Sämisch≈*) chamois leather dresser.

Ger·be'rei *f* ⟨-; -en⟩ 1. (*Handwerk*) tanning, tanner's trade. 2. (*Werkstatt*) tannery.

'Ger·ber|,fett *n* suet, stuff, tallow. **~,lo·he** *f* (tan)bark. **~,strauch, ~,su·mach** *m* tannic sumac(h). **~,wol·le** *f* slipe (wool).

'gerb|,sau·er *adj chem.* tannic. **≈,säu·re** *f* tannic acid, tannin. **~,säu·re,hal·tig** *adj* tanniferous. **≈,stahl** *m* → **Gärbstahl.** **≈,stoff** *m chem.* tanning agent, tan.

'Ger·bung *f* ⟨-; *no pl*⟩ *Leder* 1. tanning. 2. a) (*Loh≈*) bark tanning, b) (*Weiß≈*) alum tanning, c) (*Sämisch≈*) chamois dressing, d) (*mineralische ~*) mineral tannage, e) (*pflanzliche ~*) vegetable tannage.

Ge're·bel·te *m* ⟨-n; -n⟩ *Austrian colloq. for* **Beerenauslese.**

ge'recht *adj* 1. (**gegen** to) just, fair; **das ist nur ~** that is only fair; **~e Verteilung** fair (*od.* equitable) distribution; *colloq.* **~er Himmel!** good heavens!; → **Sattel** 1. 2. (*verdient*) just, (well-)deserved (*punishment, etc*); *iro.* **~er Lohn** (one's) just deserts. 3. (*unparteiisch*) impartial. 4. (*berechtigt, begründet*) just, justified, legitimate; **~er Anspruch** legitimate claim (*od.* title); **~er Zorn** righteous anger. 5. *Bibl.* righteous, good, just; **für e-e ~e Sache kämpfen** fight for a good (*od.* just) cause. 6. **j-m ~ werden** do justice to s. o.; **allen Leuten ~ werden** please everybody. 7. **e-r Sache ~ werden** a) do justice to s. th., b) (*Anforderungen, Bedingungen, Wünschen etc*) meet (*od.* fulfil[l]) s. th., c) (*Erwartungen etc*) meet (*od.* come up to) s. th., d) (*s-m Ruf, Namen etc*) live up to s. th.; **e-r Aufgabe ~ werden** master (*od.* cope with) a task; **allen Seiten e-s Problems ~ werden** deal with all aspects of a problem.

Ge'rech·te *m, f* ⟨-n; -n⟩ *bes. Bibl.* righteous (*od.* just) man; **die ~n** the righteous; **den Schlaf des ~n schlafen** sleep the sleep of the just. **ge'rech·ter'wei·se** *adv* justly, *einräumend*: in fairness.

ge'recht,fer·tigt *adj* 1. justified, justifiable. 2. (*legitim*) legitimate.

Ge'rech·tig·keit *f* ⟨-; *no pl*⟩ 1. justice; **ausgleichende ~** a) *jur.* retributive justice, b) *fig.* poetic justice; **höhere** (*od.* **göttliche**) **~** divine justice; **die Göttin (Waage) der ~** the goddess (scales *pl*) of justice; **der ~ war Genüge getan** the law was vindicated, justice had been done; **der ~ ihren Lauf lassen** let justice take its course; **~ üben, ~ walten lassen** a) dispense justice, b) *fig.* be just (*od.* fair); **j-m (e-r Sache) ~ widerfahren lassen** do justice to s. o. (s. th.), do s. o. (s. th.) justice. 2. (*Angemessenheit, Billigkeit*) justness, fairness, equity. 3. (*Unparteilichkeit*) impartiality. 4. (*Berechtigung*) justification, legitimacy. 5. *a. Bibl.* (*Rechtschaffenheit*) righteousness. 6. *jur.* a) (*Servitut*) servitude, right, b) → **Gerechtsame** 1.

Ge'rech·tig·keits|ge,fühl *n* sense of justice. **~,lie·be** *f* love of justice. **≈,lie·bend** *adj* just, fair(-minded), equitable. **~,sinn** *m* sense of justice.

Ge'recht·sa·me [-,za:mə] *f* ⟨-; -n⟩ 1. *jur. hist.* (*Nutzungsrecht, Vorrecht*) privilege (*od.* right) (of exploitation), franchise, prerogative. **2.** *jur. relig.* immunity.

Geˈre·de *n* ⟨-s; *no pl*⟩ **1.** talk(ing); **dummes** (**leeres**) ~ silly (idle) talk; **großspuriges** ~ big talk, bragging; **sinnloses** ~ drivel(ling). **2.** (*Klatsch*) gossip, (tittle-)tattle; **j-n ins ~ bringen** make s. o. the talk of the town, spread rumo(u)rs about s. o.; **ins ~ kommen** get talked about, set the tongues wagging. **3.** (*Gerücht*) rumo(u)r.

geˈre·gelt *pp u. adj* **1.** regular (*life, etc*). **2.** (*ordentlich*) orderly, well-conducted, well-regulated.

geˈrei·chen *v/i* ⟨*pp* **gereicht**, **h**⟩ *lit.* **dies gereicht ihm zur Ehre** that does him credit, it is to his credit; **et. gereicht j-m zum Schaden** (*od.* **Nachteil**) (**Nutzen** *od.* **Vorteil**) s. th. is to s. o.'s disadvantage (advantage); **es gereicht ihr zur Freude** it gives (*od.* affords) her much pleasure.

Geˈrei·me *n* ⟨-s; *no pl*⟩ *colloq. contp.* **1.** (silly) rhyming. **2.** bad (*od.* poor) verse(s *pl*).

geˈreizt *adj* **1.** irritable, testy, touchy, edgy, (*aufgebracht*) irritated, nettled, piqued; **in ~er Stimmung sein** be irritable (*etc*); **s-e Nerven waren ~** his nerves were on edge. **2.** *med.* a) *Haut etc*: irritated, b) *Nerv*: stimulated. **≈heit** *f* ⟨-; *no pl*⟩ irritability (*a. med.*), testiness, touchiness.

Geˈren·ne *n* ⟨-s; *no pl*⟩ *colloq.* (constant) running (*od.* hurrying).

geˈreu·en *v/t* ⟨*pp* **gereut**, **h**⟩ *lit.* **das gereut mich** I regret (*od.* rue) it, I repent (of) it; **es gereut mich, daß** I regret that; **sich die Zeit nicht ~ lassen** not to grudge the time; **sich k-e Mühe ~ lassen** spare no trouble; **laß es dich nicht ~!** you shouldn't regret it!; **das wird dich e-s Tages noch ~** you will rue it some day.

ˈGerˌfal·ke *m orn.* gyrfalcon, gerfalcon.

Ger·ia·trie [geriaˈtriː] *f* ⟨-; *no pl*⟩ *med.* geriatrics *pl* (*als sg konstruiert*). **ger·ia·trisch** [-riˈaːtrɪʃ] *adj* geriatric.

Geˈricht[1] *n* ⟨-(e)s; -e⟩ **1.** (*Speise*) dish; **erlesene ~e** choice dishes; **ein ~ Bohnen** a mess of (string) beans. **2.** (*Gang*) course.

Geˈricht[2] *n* ⟨-(e)s; -e⟩ **1.** *jur.* court (of law *od.* justice), law court, *bes. fig.* tribunal; **~ erster Instanz** court of first instance; **~ zweiter Instanz** court of appeal, appellate court; **ordentliches ~** ordinary court (of law), *a.* court of record; **das Oberste ~** the Supreme Court (of Justice), Court of Appeal(s); **von ~s wegen, auf Anordnung des ~s** by order (*od.* warrant) of court; **~ (ab)halten** hold court, sit; **ein ~ anrufen** go to court (*od.* law), apply to a court, seek legal redress (*od.* redress in court); **vor ~ erscheinen** appear in (*od.* before) court; **vor ~ aussagen** give evidence (in court); **e-e Sache vor (das) ~ bringen, mit e-r Sache vor (das) ~ gehen** take a matter to court; **j-n vor ~ bringen** bring an action against s. o., go to law with s. o.; **j-n vor ~ stellen** bring s. o. to trial; **j-n vor ~ laden** (*od.* **zitieren**) summon (*od.* cite) s. o. before (*od.* to appear in) court; **sich vor ~ verantworten** stand trial; **das ~ tagt** the court is sitting; **e-n Fall vor ~ vertreten** plead a cause (*od.* defend a case) in court. **2.** *collect.* (*die Richter*) the judges *pl*, the Bench; **Hohes ~!** *Br.* My Lord!, *Am.* Your Honor, Members of the Jury! **3.** (*die Geschworenen*) jury. **4.** → **Gerichtsgebäude. 5.** (*Richten*) judg(e)ment; **über j-n ~ halten, über j-n zu ~ sitzen** *a. fig.* sit in judg(e)ment upon s. o.; *fig.* **mit j-m streng** (*od.* **scharf, hart**) **ins ~ gehen** a) take s. o. (severely) to task, b) deal severely with s. o.; **mit sich (selbst) ins ~ gehen** criticize (*stärker*: castigate) o. s. **6.** *relig.* (**göttliches ~** divine) judg(e)ment; **Jüngstes ~** Last Judg(e)ment; **Tag des (Jüngsten) ~s** Day of Judg(e)ment, Judg(e)ment Day, Doomsday. **geˈricht·lich I** *adj* **1.** judicial, legal, (of the) court; **ein ~es Nachspiel** a judicial (*od.* court) sequel, a sequel in court; **~e Untersuchung** judicial inquiry; **~e Verfolgung** prosecution; **~e Verfügung** order (of the court), court order, injunction; **~e Schritte unternehmen, ~e Maßnahmen ergreifen** take legal steps (*od.* measures), institute (legal) proceedings; **~es Verfahren** legal proceedings *pl.* **2.** *Medizin etc*: forensic. **II** *adv* **3.** judicially, legally, by order of the court, before the (*od.* in) court; **~ vereidigter Übersetzer** sworn translator; **~ verfolgbar** cognizable; **j-n ~ belangen** (*od.* **verfolgen**), **~ gegen j-n vorgehen** take legal steps against s. o., institute (legal) proceedings against s. o., sue s. o. (at law), proceed against s. o., *strafrechtlich*: *a.* prosecute s. o.

Geˈrichts|ˌak·te *f jur.* (court) records *pl* (*od.* files *pl*). **~ˌarzt** *m* → **Gerichtsmediziner. ~asˌses·sor** *m* junior barrister, fully qualified candidate for judicial appointment.

Geˈrichts·bar·keit *f* ⟨-; *no pl*⟩ jurisdiction; **ausschließliche (erstinstanzliche) ~** exclusive (original) jurisdiction; **freiwillige** (*od.* **außerstreitige**) **~** voluntary jurisdiction, non(-)contentious litigation; **weltliche ~** secular arm; **e-r ~ unterliegen** be subject to (*od.* come under) a jurisdiction.

Geˈrichts|beˌfehl *m* court order, legal warrant, writ. **≈beˌkannt** *adj* → **gerichtskundig. ~beˌschluß** *m* court order, decree of the court; **durch ~** by order (*od.* warrant) of the court. **~beˌzirk** *m* **1.** judicial district. **2.** (*Zuständigkeit*) jurisdiction. **~cheˌmie** *f* forensic chemistry. **~ˌdie·ner** *m* (court) usher, *Am. a.* marshal. **~ˌdol·metscher** *m* authorized court interpreter, sworn interpreter. **~entˌscheid** *m*, **~entˌschei·dung** *f* court decision, judicial ruling. **~ˌfe·ri·en** *pl* vacation *sg* (of the courts), *Am.* recess *sg.* **~geˌbäu·de** *n* law court, court-building, courthouse. **~geˌbüh·ren** *pl* court fees. **~geˌwalt** *f* jurisdiction. **~ˌhof** *m jur.* **1.** court of justice, (law) court; **der Oberste ~** the Supreme Court (of Justice). **2.** *fig.* tribunal. **~ˌho·heit** *f* jurisdiction. **~inˌstanz** *f* **1.** (*Gerichtsbehörde*) judicial authority. **2.** court instance; **sich an e-e höhere ~ wenden** go (*od.* appeal) to a higher court. **~kanzˌlei** *f* law court (*od.* record) office. **~ˌko·sten** *pl* costs (of an action); → *a.* **Kosten** 2. **≈ˌkun·dig** *adj* known to the court, (of) judicial notice. **~me·diˌzin** *f* ⟨-; *no pl*⟩ forensic medicine. **~me·diˌzi·ner** *m* official medicolegal expert, medical expert (*Am.* examiner). **≈me·diˌzi·nisch** *adj* forensic, medicolegal. **~ˌord·nung** *f* rules *pl* (of the court). **~perˌson** *f* court officer (*od.* official), member of the court. **~prä·siˌdent** *m* president of the court, chief presiding judge. **~re·fe·renˌdar** *m* junior lawyer (who has passed his first State Examination). **~ˌsaal** *m* courtroom. **~ˌsachˌverˌstän·di·ge** *m* court-appointed expert. **~ˌschrei·ber** *m* (court) clerk. **~ˌsit·zung** *f* court session, hearing; **in öffentlicher ~** in open court. **~ˌspra·che** *f* **1.** official language used in court. **2.** legal language. **~ˌstand** *m* (legal) venue, (legal) domicile, place of jurisdiction; **~ Berlin** *in Verträgen etc*: *a.* any disputes arising hereunder will be settled before a competent Berlin court of law. **~terˌmin** *m* **1.** court hearing. **2.** date fixed for a trial (*od.* hearing). **~ˌur·teil** *n* a) sentence, b) judg(e)ment. **~verˌfah·ren** *n* **1.** (*Prozeß*) judicial (*od.* legal) proceedings *pl*, lawsuit; **gegen j-n ein ~ einleiten** institute legal proceedings against s. o. **2.** (*Strafprozeß*) trial. **3.** (*Verfahrensweise*) legal procedure. **~verˌfas·sung** *f* **1.** (*Zs.-setzung u. Kompetenz von Gerichten*) constitution of the law courts. **2.** (*Aufbau der Gerichtsbarkeit e-s Staates*) (structure of the) judiciary. **~verˌhand·lung** *f* **1.** a) (judicial) hearing, b) legal (*od.* judicial) proceedings *pl.* **2.** (*Strafverhandlung*) trial. **~ˌvollˌzie·her** *m* bailiff, *Am.* marshal, committing officer. **~ˌvorˌsit·zen·de** *m* presiding judge. **~ˌweg** *m* **auf dem ~** by (means of) legal proceedings; **den ~ einschlagen** take legal action. **~ˌwe·sen** *n* judiciary, judicial system.

geˈrie·ben [-ˈriːbən] **I** *pp of* **reiben. II** *adj* → **gerissen** II.

geˈrie·felt, geˈrieft *pp u. adj tech.* → **geriffelt.**

Geˈrie·sel *n* ⟨-s; *no pl*⟩ → **rieseln** III.

geˈrif·felt *adj tech.* (*gerillt*) grooved, fluted; (*gerändelt*) knurled; (*gezahnt*) serrated; (*gerippt*) finned, ribbed.

geˈring ⟨-er; -st⟩ **I** *adj* **1.** (*klein, wenig, schwach*) small, little; **~er Profit** small (*od.* slight) profit; **~er Vorrat** small (*od.* limited, scant) supply; **nur ~e Kenntnisse von et. haben** have only a small (*od.* slight, scant, poor) knowledge of s. th.; **~e Aussichten** little prospect *sg*, poor prospects, a small (*od.* slim, slender) chance *sg*; **~e Fortschritte machen** make little progress; **er befand sich in nicht ~er Verlegenheit** he was extremely embarrassed; → **geringer, geringst. 2.** (*unbedeutend*) slight, insignificant, negligible, trifling, minor, small, petty, unimportant (*sum, difference, etc*); **ein ~es Vergehen** a trifling (*od.* petty, trivial offen/ce (*Am.* -se). **3.** (*niedrig*) low (*price, temperature, etc*). **4.** (*minderwertig*) inferior, low, poor (*quality*). **5.** (*bescheiden*) modest (*income, etc*). **6.** *an Zahl*: few; **mit ~en Ausnahmen** with (but) few exceptions. **7.** (*kurz*) short (*distance, etc*). **8.** *Herkunft etc*: low(ly), humble (*birth, etc*). **9.** (*schlecht*) low; **e-e ~e Meinung von j-m haben** have a low opinion of s. o., not to think much of s. o.; **in ~em Ansehen stehen** be (held) in low esteem. **10.** *hunt. Hirsch etc*: a) young, b) weak, small. **II** *adv* **11.** (*~fügig*) slightly, a little, not much. **12. ~ geschätzt, ~ gerechnet** at least, at a conservative estimate. **13. ~ von j-m denken** have a low opinion of s. o., not to think much of s. o. **III ≈e, das** ⟨-n⟩ **14.** a small (*od.* little) thing; *lit.* **es ging um nichts ≈es** it was no small matter, a lot was at stake. **15.** *mit Kleinschreibung*: **um ein ~es** a) cheaply, for very little (money), b) (*ein wenig*) a little, not much, c) (*fast*) very nearly.

geˈring|ˌach·ten *v/t* ⟨*sep*, **-ge-**, **h**⟩ **1.** → **geringschätzen. 2.** (*Leben etc*) value *s. th.* little, hold *s. th.* of little account. **≈ˌach·tung** *f* ⟨-; *no pl*⟩ → **Geringschätzung.**

Geˈrin·ge *m, f* ⟨-n; -n⟩ **Vornehme und ~** high and low; **kein ~rer als** no less a man than.

geˈrin·gelt *adj* **1.** ringed, annular. **2.** *bot.*

zo. ringed, ringy. **3.** (*gelockt*) curled, curly.

ge'rin·ger I *comp of* gering. **II** *adj* **1.** smaller (*sum, etc*). **2.** (*weniger, schwächer*) less(er); **in ~em Maße** to a less degree; **das ~e von zwei Übeln wählen** choose the less of two evils; **~ werden** a) lessen, decrease, b) (*dahinschwinden*) wane, dwindle; **der Schaden war ~ als erwartet** the damage was less serious than expected. **3.** (*unbedeutender*) minor. **4.** (*niedriger*) lower. **5.** (*minderwertig*) inferior.

ge'ring,fü·gig [-ˌfy:gɪç] **I** *adj* **1.** → **gering** 2. **2.** *Betrag, Summe etc*: petty, small, unimportant. **3.** *Vergehen*: petty, trifling. **II** *adv* **4.** slightly. **≈keit** *f* ⟨-; *no pl*⟩ **1.** insignificance, slightness, negligibility, trivial nature; *jur.* **ein Verfahren wegen ~ einstellen** dismiss a case (on its merits). **2.** (*Kleinigkeit*) trifle, trifling matter, triviality.

ge'ring|,hal·tig *adj min. Erz*: poor, low-grade, lean. **~,schät·zen** *v/t* ⟨*sep*, -ge-, h⟩ **1.** have a low opinion of, think little of, (*Sache*) *a.* set little store by. **2.** (*verachten*) look down (up)on, despise. **3.** (*unbeachtet lassen*) disregard, ignore. **~,schät·zig** [-ˌʃɛtsɪç] **I** *adj* contemptuous, disdainful; disparaging, derogatory, deprecatory, slighting; (*herablassend*) condescending. **II** *adv* contemptuously (*etc*); **j-n ~ behandeln** treat s. o. with contempt; **et. ~ abtun** pooh-pooh s. th. **≈,schät·zig·keit** *f* ⟨-; *no pl*⟩ contemptuousness, disdainfulness. **≈,schät·zung** *f* ⟨-; *no pl*⟩ (*gen* for) **1.** (*Verachtung*) contempt, disdain. **2.** (*Geringachtung*) scant regard, disregard.

ge'ringst I *sup of* **gering. II** *adj* **1.** slightest, smallest, least; **nicht die ~en Aussichten** (*od.* **Chancen**) not the slightest chance *sg*; **die ~e Kleinigkeit** the smallest thing, the merest trifle; **bei der ~en Kleinigkeit wird er wütend** he gets angry at the merest trifle (*od. colloq.* at the drop of a hat); **nicht den ~en Zweifel haben** not to have the slightest doubt; **das soll m-e ~e Sorge sein** that's the least of my worries. **2.** (*niedrigst*) lowest; **~es Gebot** *bei Versteigerungen*: lowest bid. **III ≈e, das** ⟨-n⟩ **3.** the minimum, the least (thing); **das ist wohl das ≈e, was er tun kann** I think that is the least he can do. **4.** (*die unbedeutendste Kleinigkeit*) the smallest thing (*od.* detail); **es entgeht ihm nicht das ≈e** he does not miss a thing. **5.** *mit Kleinschreibung*: **nicht das ~e** (*gar nichts*) nothing what(so)ever, not a thing (*od.* word); **das macht nicht das ~e aus** that doesn't make any (*od.* the least, slightest) difference; **nicht im ~en** not in the least, in no way, by no means, not at all, not a bit; **das stört mich nicht im ~en** I don't mind that at all; **das kümmert mich nicht im ~en** I couldn't care less. **ge'ring·sten'falls** *adv* at the very least, at the minimum.

ge'ringst'mög·lich *adj* least possible.

ge'ring|ver,zins·lich *adj econ.* at low interest rates. **~,wer·tig** *adj* **1.** of low value, inferior. **2.** poor, of inferior (*od.* low) quality.

ge'rinn·bar *adj bes. Blut*: coagulable.

Ge'rin·ne *n* ⟨-s; -⟩ **1.** (*Rinnsal*) streamlet, watercourse, run. **2.** (*künstlicher Wasserlauf*) channel, drain. **3.** *Erzbau*: launder. **4.** *civ. eng.* canal; *e-r Schleuse*: sluice-box.

ge'rin·nen I *v/i* ⟨**gerinnt, gerann, geronnen, sein**⟩ **1.** *Milch etc*: set, curdle, coagulate; **et. ~ lassen** (*od.* **machen**) coagulate (*od.* curdle) s. th. **2.** *Blut etc*: coagulate, clot. **3.** *durch Kälte*: congeal. **4.** *chem.* clot, coagulate, pectize. **5.** *fig.* **s-e Geschichte ließ mir das Blut in den Adern ~** his story made my blood run cold. **II ≈** *n* ⟨-s⟩ **6.** coagulating (*etc*). **7.** → **Gerinnung. Ge'rinn·sel** *n* ⟨-s; -⟩ **1.** *colloq.* → **Rinnsal. 2.** *med.* (blood-)clot, coagulum. **Ge'rin·nung** *f* ⟨-; *no pl*⟩ **1.** → **gerinnen** 6. **2.** *von Milch, Blut etc*: curdling, coagulation. **3.** *durch Kälte*: congelation. **4.** *chem.* a) congelation, b) coagulation.

Ge'rip·pe *n* ⟨-s; -⟩ **1.** skeleton. **2.** *e-s Schiffes*: framework, ribbing. **3.** *e-s Flugzeugs*: frame. **4.** *bot. e-s Blattes*: ribbing. **5.** *fig. e-r schriftlichen Arbeit etc*: outlines *pl*, frame, skeleton. **6.** *fig. colloq.* (*dürrer Mensch*) skeleton, bag of bones.

ge'rippt *adj* **1.** ribbed. **2.** *Stoff*: ribbed, corded, corrugated. **3.** *bot. zo.* ribbed, costate(d). **4.** *tech.* ribbed, finned, *bes. Heizkörper*: grilled. **5.** *arch.* ribbed, *bes. Säule*: fluted. **6.** *Papier*: laid.

ge'ris·sen [-ˈrɪsən] **I** *pp of* **reißen. II** *adj colloq.* **1.** (*schlau*) smart, sly, shrewd, cunning, crafty, clever. **2.** (*verschlagen*) wily, foxy, tricky. **≈heit** *f* ⟨-; *no pl*⟩ **1.** shrewdness, cunning, craftiness. **2.** wiliness (*etc*).

ge'ritzt [-ˈrɪtst] **I** *pp of* **ritzen. II** *adj* ⟨*pred*⟩ *colloq.* in the bag, done; **~!** okay!, can do!

Ger·ma·ne [gɛrˈmaːnə] *m* ⟨-n; -n⟩ Teuton; **die ~n** the Germanic peoples; **die alten ~n** the Teutons, the ancient Germans. **Ger'ma·nen·tum** *n* ⟨-s; *no pl*⟩ (Old) Germanic (*od.* Teutonic) world (*od.* civilization, culture, spirit). **Ger·ma·nia** [gɛrˈmaːnĭa] *npr f* ⟨-; *no pl*⟩ **1.** *hist.* Germania, ancient Germany. **2.** *poet.* Germany. **Ger'ma·nin** *f* ⟨-; -nen⟩ *hist.* Germanic (*od.* Teutonic) woman. **ger'ma·nisch I** *adj* **1.** *hist.* Germanic, Teutonic; **~es Wesen** Teutonism. **2.** *ling.* a) *Sprachen*: Germanic, b) *Sprachelement in der engl. Sprache*: Saxon; **~e Steigerung (Wörter)** Saxon comparison (words). **II** *ling.* **≈** ⟨*generally undeclined*⟩, **das ≈e** ⟨-n⟩ **3.** Germanic, Teutonic, the Germanic (*od.* Teutonic) language.

ger·ma·ni·sie·ren [gɛrmaniˈziːrən] *v/t* ⟨*no* ge-, h⟩ Germanize, Teutonize. **Ger·ma·ni'sie·rung** *f* ⟨-; *no pl*⟩ Germanization, Teutonization.

Ger·ma·nis·mus [gɛrmaˈnɪsmus] *m* ⟨-; -men⟩ *ling.* Germanism.

Ger·ma·nist [gɛrmaˈnɪst] *m* ⟨-en; -en⟩, **Ger·ma'ni·stin** *f* ⟨-; -nen⟩ *ling.* student of German (*od.* Germanic) languages (and German literature), student of German, German student (*od.* scholar), *bes. fachsprachlich*: Germanist. **Ger·ma'ni·stik** [-tɪk] *f* ⟨-; *no pl*⟩ **1.** (*Sprach- u. Literaturwissenschaft*) (study of) German, study of German(ic) language(s) and literature(s), German(ic) studies *pl*, *bes. Am.* Germanics *pl* (*als sg konstruiert*). **2.** (*bes. Sprachwissenschaft*) German(ic) philology. **ger·ma'ni·stisch** *adj ling.* Germanistic, German(ic).

ger·mi·nal [gɛrmiˈnaːl] *adj biol.* germinal. **Ger·mi·na·ti·on** [gɛrminaˈtsĭoːn] *f* ⟨-; -en⟩ *biol.* germination.

gern [gɛrn], **'ger·ne** *adv* ⟨**lieber**; **am liebsten**⟩ **1.** (*mit Vergnügen*) with pleasure, gladly; **von Herzen** (*od.* **herzlich, liebend**) **~** with great pleasure, by all means, gladly; (**das ist**) **~ geschehen!** (*Antwort auf Dank*) not at all!, don't mention it!, (you are) welcome!; (**ob**) **~ oder ungern** willy-nilly, (whether you) like it or not; **ja, ~!** *als Antwort*: a) yes, certainly, b) *stärker*: yes, with pleasure (*od.* gladly), c) *bei Aufforderung*: I'd love to; **du kannst das Buch ~ haben** you are welcome to the book; *econ.* **wir nehmen ~ zur Kenntnis** we are pleased to note. **2.** (*bereitwillig*) willingly, readily, gladly; **das will ich ~ glauben** I can believe that; **ich bin ~ dazu bereit** I am quite prepared (*od.* I should be glad *od.* happy) to do it. **3. j-n** (**et.**) **~ haben** (*od.* **mögen**) like (*od.* love, be fond of) s. o. (s. th.), care for s. o. (s. th.), *colloq.* be keen on s. o. (s. th.); **ich mag** (*od.* **habe**) **es nicht ~, wenn** I don't like it if; **ich bin ~ hier** I like being here, I like it here; *colloq.* **der kann mich** (**mal**) **~ haben!** he can go to hell (*od.* blazes)!; *iro.* **das habe ich ~!** I like that! **4. et. ~ tun** like (*od.* love) to do s. th., be fond of doing s. th., *colloq.* be keen on (doing) s. th.; **~ lesen (tanzen)** like reading (dancing); *iro.* **ich hätte liebend ~ gewußt, wo** I would have dearly loved to know where; **essen Sie ~ Fisch?** do you like fish; *colloq.* **er ißt das für sein Leben ~** there's nothing he likes better than that; **ich arbeite ganz ~ mit e-m Partner** I don't mind working with a partner; **ich mache das ganz ~** I rather like doing that; **ich möchte ~ wissen, ob** I would like to know whether, (*a.* **ich frage mich**) I wonder if (*od.* whether); **er sieht das nicht ~** he doesn't like that, he doesn't take kindly to that; **überall ~ gesehen sein** be liked (*od.* welcome) everywhere; *iro.* **das möchte ich ~ sehen!** that I'd like to see!; *colloq.* **das hört man ~!** a) that's good news, b) *iro.* that's what I like!; **dieses Buch wird ~ gekauft** this book sells well. **5.** (*gewöhnlich*) usually, mostly; **Weiden wachsen ~ am Wasser** willows usually grow (*od.* are often found) near the water; **er kommt ~ um diese Zeit** he often (*od* usually) comes at this hour. **6.** *colloq.* (*leicht*) easily; **Gußeisen bricht ~** cast iron breaks easily (*od.* is apt to break). **7.** *colloq.* **das ist gut und ~ möglich** that is easily possible; **gut und ~ drei Tage** easily (*od.* at least) three days. **'Ger·ne,groß** *m* ⟨-; -e⟩ *colloq.* **1.** young jackanapes. **2.** (*Angeber*) show-off. **'gern·ge,se·hen** *adj Gast etc*: welcome.

Ge'rö·chel *n* ⟨-s; *no pl*⟩ *colloq.* → **röcheln** III.

ge'ro·chen [-ˈrɔxən] *pp of* **riechen.**

Ge'röll *n* ⟨-(e)s; -e⟩ **1.** *e-s Berges*: scree material, debris. **2.** a) (*Steinchen*) pebbles *pl*, b) (*großes ~*) boulders *pl*.

Ge'röll|,feld *n*, **~,hal·de** *f* scree, talus.

ge'rön·ne [-ˈrœnə] *1 u. 3 sg pret subj of* **gerinnen.**

ge'ron·nen [-ˈrɔnən] *pp of* **rinnen, gerinnen.**

Ge·ron·to·lo·gie [gerɔntoloˈgiː] *f* ⟨-; *no pl*⟩ *med.* gerontology. **ge·ron·to'lo·gisch** [-ˈloːgɪʃ] *adj* gerontological.

ge'rö·stet *adj gastr.* **1.** roasted, grilled, broiled. **2.** *bes. Fleisch, Kartoffeln*: roast, sauté(ed). **3.** *Brot*: toasted; **~es Brot** a) toast, b) *in der Suppe*: croutons *pl*.

ge'rö·tet *adj* red(dened); **~e Augen** a) (*entzündet*) inflamed (*od.* bloodshot) eyes, b) (*rotgeweint*) red eyes; **e-e ~e Stelle auf der Haut** a red spot on the skin; **ein (durch hohen Blutdruck) ~es Gesicht** a flushed face.

Ger·ste [ˈgɛrstə] *f* ⟨-; *agr.* -n⟩ *bot.* barley.

'Ger·sten|,bier *n* barley beer. **~,grau·pen** *pl* pearl barley *sg*. **~,korn** *n* **1.** barley corn. **2.** *med. am Augenlid*: sty(e). **~,malz** *n* barley malt. **~,pflau·me** *f bot.* wild plum. **~,saft** *m humor.* beer. **~,schleim** *m* (*Diät*) barley gruel. **~ˌschrot** *m, n* ground barley. **~ˌtrank** *m* (*Diät*) barley water. **~ˌzucker** (*getr.* -k·k-) *m* barley sugar.

Ger·te [ˈgɛrtə] *f* ⟨-; -n⟩ **1.** switch, rod, twig; schlank wie e-e ~ → gertenschlank. **2.** (*Reitpeitsche*) (riding) crop.

ˈger·tenˌschlank *adj* willowy, (very) slender.

Geˈruch [-ˈrʊx] *m* ⟨-(e)s; ⸚e⟩ **1.** smell, odo(u)r; scharfer ~ pungent odo(u)r, tang; übler ~ bad (*od.* foul, offensive, unpleasant) smell, stench; e-n ~ verbreiten give off a smell. **2.** (*Duft, angenehmer* ~) scent, fragrance, pleasant smell, perfume; ein feiner ~ a delicate scent. **3.** (*Aroma*) aroma. **4.** ⟨*only sg*⟩ *colloq. for* Geruchssinn. **5.** ⟨*only sg*⟩ *fig.* (*Ruf*) reputation, odo(u)r; (bei j-m) in schlechtem ~ stehen be in bad odo(u)r (with s. o.), be in s. o.'s bad books; im ~ der Heiligkeit stehen be in the odo(u)r of sanctity. **2los** *adj* **1.** *Gas etc*: odo(u)rless, inodorous; et. ~ machen deodorize s. th. **2.** *Blumen etc*: scentless. **3.** *Seife etc*: unscented. **4.** (*ohne Geruchssinn*) scentless, anosmic. **~lo·sig·keit** *f* ⟨-; *no pl*⟩ **1.** odo(u)rlessness. **2.** scentlessness. **3.** (*ohne Geruchssinn*) scentlessness, anosmia.

Geˈruchs|beˌkämp·fung *f* deodorization. **2beˌsei·ti·gend, 2ˌbin·dend** *adj* deodorant. **2ˌfrei** *adj* odo(u)rless. **~ˌnerv** *m* olfactory nerve. **~orˌgan** *n* → Riechorgan. **~ˌpro·be** *f* smelling test. **~ˌsinn** *m* (sense of) smell, olfactory sense; e-n feinen ~ haben have a keen scent, *colloq.* have a good nose. **~ˌstoff** *m* odorous substance. **~ˌzen·trum** *n* olfactory cent/re (*Am.* -er).

Geˈrücht [-ˈrʏçt] *n* ⟨-(e)s; -e⟩ **1.** rumo(u)r, report; es geht das ~, (daß) *cf.* gerüchtweise; ein ~ verbreiten (*od.* in Umlauf setzen) spread (*od.* circulate) a rumo(u)r; ein ~ zum Schweigen bringen kill a rumo(u)r. **2.** (*Hörensagen*) hearsay. **Geˈrüch·teˌma·cher** *m* ⟨-s; -⟩ *contp.* rumo(u)r-monger. **Geˌrüch·te·ma·cheˈrei** *f* ⟨-; *no pl*⟩ rumo(u)r-mongering.

geˈruchˌtil·gend *adj* deodorant, deodorizing; ~es Mittel deodorant, deodorizer.

geˈrüchtˌwei·se *adv* **1.** as a rumo(u)r; ~ verlautet, daß it is rumo(u)red that, rumo(u)r has it that, the story goes that. **2.** ich habe es nur ~ gehört (*vom Hörensagen*) I know it by hearsay only.

Geˈruch·verˌschluß *m tech.* trap.

geˈru·fen I *pp of* rufen. **II** *adj* wie ~ kommen come at the right time (*od.* in the nick of time); du kommst wie ~! a) you really come in the nick of time!, b) you are the very person we need!; das kommt mir wie ~ that comes in handy.

geˈru·hen *v/t* ⟨*pp* geruht, h⟩ *lit. u. iro.* ~, et. zu tun deign (*od.* condescend) to do s. th.

geˈrührt *adj fig.* touched, moved (zu Tränen to tears).

geˈruh·sam *adj* **1.** (*ruhig*) quiet, peaceful, tranquil. **2.** (*gemütlich*) leisurely, relaxing, restful. **3.** (*gemächlich*) leisurely. **2keit** *f* ⟨-; *no pl*⟩ **1.** quietness, peacefulness, tranquil(l)ity. **2.** leisureliness.

Geˈrum·pel *n* ⟨-s; *no pl*⟩ *colloq.* → rumpeln II.

Geˈrüm·pel [-ˈrʏmpəl] *n* ⟨-s; *no pl*⟩ lumber, junk.

geˈrun·det *adj* **1.** round(ed). **2.** *Vokal*: rounded, labial.

ge·run·di·al [gerʊnˈdi̯aːl] *adj ling.* gerundial. **Geˈrun·di·um** [-dĭʊm] *n* ⟨-s; -dien⟩ gerund.

Ge·run·div [gerʊnˈdiːf] *n* ⟨-s; -e⟩ *ling.* gerundive. **ge·runˈdi·visch** [-vɪʃ] *adj* gerundival. **Ge·runˈdi·vum** [-vʊm] *n* ⟨-s; -va [-va]⟩ → Gerundiv.

geˈrun·gen [-ˈrʊŋən] *pp of* ringen.

Geˈrüst *n* ⟨-(e)s; -e⟩ **1.** *tech.* a) supporting framework (*od.* structure), b) (*Arbeitsbühne*) working platform, stage, c) (*Bock, Gestell*) trestle. **2.** *civ. eng.* a) (*Bau2*) scaffold(ing), b) (*Stahl2*) steel frame (*od.* structure), c) (*Ramm2*) piling frame; fliegendes ~ flying scaffold; ein ~ aufschlagen (abschlagen) erect (take down) a scaffold. **3.** *metall.* (*Walz2*) stand (of rolls). **4.** *Bergbau*: a) (*Bohr2*) derrick, b) (*Förder2*) head frame. **5.** *min.* structure. **6.** *biol.* stroma, reticulum. **7.** *fig.* frame(work), skeleton, outlines *pl.*

geˈrü·stet *pp u. adj* **1.** *mil.* a) armed, in arms, b) (*einsatzbereit*) ready for action. **2.** *fig.* (zu for) prepared, ready.

Geˈrüst|ˌpfo·sten *m*, **~ˌstan·ge** *f* scaffolding pole.

Geˈrüt·tel *n* ⟨-s; *no pl*⟩ *colloq.* shaking (*etc, cf.* rütteln).

geˈrüt·telt I *adj fig.* ein ~(es) Maß a full (*od.* good) measure; er hatte ein ~(es) Maß (an) Leid zu ertragen he had his good measure of suffering. **II** *adv* das Maß ist jetzt ~ voll that's the limit!

ges, Ges [gɛs] *n* ⟨-; -⟩ *mus.* G flat; ges, ges-Moll G flat minor; Ges, Ges-Dur G flat major.

geˈsagt I *pp.* **II 2e, das** ⟨-n⟩ what has been said, the above-mentioned; das 2e zurücknehmen take back what one has said.

Geˈsalb·te *m* ⟨-n; -n⟩ *Bibl.* der ~ (des Herrn) the Lord's Anointed.

geˈsal·zen *adj* **1.** *Butter etc*: salted. **2.** (*salzig*) salty. **3.** *fig. colloq.* a) salted, *Rechnung etc*: steep, stiff, b) *Witz etc*: → gepfeffert 2. **4.** *fig. colloq. Brief, Antwort etc*: sharp. **Geˈsal·ze·ne** *n* ⟨-n; *no pl*⟩ salted meat.

geˈsam·melt *adj* **1.** *print.* collected; ~e Werke collected work(s) (*od.* edition *sg*). **2.** *fig.* a) (*ruhig, gefaßt*) collected, b) concentrated, c) (*vereint*) full, joint.

geˈsamt I *adj* **1.** whole, entire, all (*the inhabitants, the family*); → *a.* ganz 1, 2, 3. **2.** *Vermögen, Eigentum etc*: all, entire; → Hand 5. **3.** (*vollständig*) complete. **4.** *Kosten etc*: total, overall, aggregate. **II 2e, das** ⟨-n⟩ **5.** the whole (*od.* total). **6.** *mit Kleinschreibung*: im ~en → insgesamt.

Geˈsamt|ˌabˌsatz *m econ.* total (*od.* overall) sales *pl.* **~ˌanˌsicht** *f* general (*od.* total) view. **~ˌaufˌkom·men** *n* total revenue. **~ˌaufˌla·ge** *f print.* total circulation. **~ˌaufˌstel·lung** *f* complete list. **~ˌausˌga·be** *f* **1.** *print.* complete edition. **2.** *pl econ.* total expenditure *sg.* **~beˌdarf** *m* total requirement. **~beˌgriff** *m* comprehensive (*od.* generic) term. **~beˌla·stung** *f mot.* total load, payload. **~beˌtrag** *m* total (amount), sum (*od.* grand) total, aggregate (amount); im ~ von 12 Mark total(l)ing 12 marks. **~beˌvöl·ke·rung** *f* total population. **~biˌlanz** *f econ.* overall (*od.* composite) balance sheet. **~ˌbild** *n* general (*od.* overall) view (*od.* picture). **~ˌbrei·te** *f* total (*od.* overall) width. **~ˌbürg·schaft** *f jur.* joint surety. **2ˌdeutsch** *adj pol.* all-German; Minister für ~e Fragen Minister for All-German Affairs. **~ˌdeutschˌland** *n* Eastern and Western Germany. **~ˌei·gen·tum** *n* joint property. **~ˌeinˌdruck** *m* **1.** general impression. **2.** *Kunst*: tout ensemble. **~ˌeinˌfuhr** *f econ.* total imports *pl.* **~ˌeinˌnah·me** *f meist pl econ.* total (*od.* gross) receipts *pl.* **~erˌgeb·nis** *n* total result. **~erˌlös** *m econ.* total (*od.* gross) proceeds *pl.* **~erˌtrag** *m* **1.** *econ.* total proceeds *pl.* **2.** *agr.* total produce. **~ˌflä·che** *f* total area. **~geˌbiet** *n* entire territory (*od.* area). **~geˌwicht** *n* **1.** total weight. **2.** *tech.* total load. **~ˌgläu·bi·ger** *m econ.* joint (*od.* general) creditor. **~ˌgut** *n jur. der Eheleute*: joint property. **~ˌhaf·tung** *f* joint liability. **~ˌhands·geˌmein·schaft** *f econ.* (community of) joint owners *pl.*

Geˈsamt·heit *f* ⟨-; *no pl*⟩ **1.** (the) whole, entirety, totality; et. in s-r ~ kennen know s. th. in its entirety (*od.* as a whole). **2.** *philos.* a) collection, b) (*Ganzes*) (the) whole, c) (*Umfang e-s Begriffs*) class.

Geˈsamt|ˌhö·he *f* total (*od.* overall) height. **~hy·poˌthek** *f econ.* blanket mortgage. **~in·terˌes·se** *n* general interest. **~ka·piˌtal** *n econ.* joint capital. **~ka·taˌlog** *m* union catalog(ue *Br.*). **~klas·seˌment** *n* → Gesamtwertung. **~ˌko·sten** *pl* total expenses (*od.* cost *sg*). **~ˌkunstˌwerk** *n thea.* Gesamtkunstwerk, synthesis of the arts. **~ˌla·ge** *f* general situation. **~ˌlän·ge** *f* total (*od.* overall) length. **~ˌlei·stung** *f* **1.** *e-r Maschine*: total performance, overall efficiency. **2.** *e-s Motors*: total power. **3.** *e-s Betriebs*: total output. **4.** *e-r Person*: total performance. **~ˌma·ße** *pl tech.* overall dimensions. **~ˌno·te** *f ped.* aggregate mark. **~ˌplan** *m* master plan. **~ˌpla·nung** *f* overall planning. **~ˌpreis** *m econ.* all-(a)round (*od.* lump-sum) price. **~proˌdukt** *n* gross national product. **~proˌku·ra** *f* joint signatory power, joint power of attorney. **~ˌre·ge·lung** *f* overall settlement. **~ˌscha·den** *m* total damage (*od.* loss). **~ˌschau** *f* total (*od.* overall) view, general survey, synopsis. **~ˌschuld** *f jur.* joint liability (*od.* debt). **~ˌschuld·ner** *m* **1.** co-debtor. **2.** *bei Bürgschaft*: joint guarantor. **2ˌschuld·ne·risch** *adj* joint; ~e Bürgschaft joint and several guarantee; ~e Haftung joint liability. **~ˌschu·le** *f ped.* (integrierte ~ integrated) comprehensive (school). **~ˌsie·ger** *m* final winner. **~ˌstär·ke** *f mil.* total (*od.* full) strength. **~ˌstra·fe** *f jur.* global punishment. **~ˌsum·me** *f* → Gesamtbetrag. **~ˌüberˌblick** *m*, **~ˌüberˌsicht** *f* → Gesamtschau. **~ˌumˌsatz** *m econ.* total turnover, *im Handel*: *a.* total sales *pl.* **~ˌun·terˌricht** *m ped.* integrated-curriculum teaching. **~verˌhal·ten** *n* **1.** general conduct. **2.** *sociol.* collective behavio(u)r. **~verˌlust** *m* total loss. **~verˌsi·che·rung** *f econ.* comprehensive (*Br. a.* all-in) insurance. **~ˌvollˌmacht** *f jur.* joint power of attorney. **~ˌwerk** *n e-s Künstlers*: complete works *pl.* **~ˌwert** *m* total value. **~ˌwer·tung** *f Sport*: overall classification (*od.* score); in der ~ führen hold the overall lead. **~ˌwir·kung** *f* **1.** general (*od.* cumulative) effect. **2.** *Kunst*: tout ensemble. **~ˌwirt·schaft** *f* whole national economy, national trade and industry. **~ˌwohl** *n* common weal, public welfare. **~ˌzahl** *f* total number. **~ˌzeit** *f Sport*: total time.

geˈsandt [-ˈzant] *pp of* senden[1].

Geˈsand·te *m* ⟨-n; -n⟩ *pol.* **1.** envoy; außerordentlicher ~r envoy extraordinary. **2.** *rangmäßig*: minister; ~r mit unbeschränkter Vollmacht minister plenipotentiary. **Geˈsandt·schaft** *f* ⟨-; -en⟩ *pol.* **1.** legation, mission. **2.** (*Gebäude*) legation.

Geˈsandt·schafts|at·taˌché *m pol.* attaché. **~geˌbäu·de** *n* legation. **~ˌrat** *m* legation counsel(l)or.

Geˈsang *m* ⟨-(e)s; ⸗e⟩ **1.** ⟨*only sg*⟩ (*das Singen*) singing, song; **mehrstimmiger ~** part singing; **zweistimmiger ~** part singing for two voices; **der ~ der Vögel** the singing (*od.* song) of the birds. **2.** (*Lied*) song. **3.** (*Kirchenlied*) hymn; **gregorianischer ~** Gregorian chant. **4.** ⟨*only sg*⟩ *als Fach*: voice; **~ studieren** study voice. **5.** *obs. Literatur*: book, canto. **~ˌbuch** *n* **1.** *relig.* hymnbook, hymnal; *fig. colloq.* **er hat das falsche ~** he belongs to the wrong church (*od.* party). **2.** → **Liederbuch** 1. **~ˌleh·rer** *m*, **~ˌleh·re·rin** *f* singing teacher.

geˈsang·lich *adj mus.* vocal.

Geˈsang|ˌpro·be *f* audition. **~ˌschu·le** *f* singing school.

Geˈsangs|ˌeinˌla·ge *f* vocal number. **~ˌkunst** *f mus.* art of singing, vocal art.

Geˈsang|ˌstück *n* **1.** (*Lied*) song. **2.** *e-r Vorstellung*: vocal number. **~ˌstun·de** *f* singing lesson. **~ˌtech·nik** *f* singing (*od.* vocal) technique. **~ˌun·terˌricht** *m* singing lessons *pl*. **~verˌein** *m* choral society, *Am. a.* glee club.

Geˈsäß [-ˈzɛːs] *n* ⟨-es; -e⟩ **1.** *anat.* buttocks *pl*, posterior, rump, *colloq.* bottom, behind. **2.** *e-r Hose*: seat. **~ˌbacke** (*getr.* **-k·k-**) *f meist pl* buttock. **~ˌbein** *n* ischium. **~ˌfal·te** *f* gluteal fold. **~ˌkno·chen** *m* ischium. **~ˌmus·kel** *m* gluteal muscle. **~ˌspal·te** *f* cleft between the buttocks. **~ˌta·sche** *f der Hose*: back pocket.

geˈsät·tigt *adj* **1.** satiated, *colloq.* full. **2.** *chem. u. fig.* saturated (*solution, market, etc*).

Geˈsau·fe *n* ⟨-s; *no pl*⟩ *colloq.* → **Sauferei.**

Geˈsäu·ge *n* ⟨-s; -⟩ *hunt.* **1.** teats *pl*. **2.** (*Euter*) udder.

Geˈschä·dig·te *m, f* ⟨-n; -n⟩ **1.** sufferer, (*Opfer*) victim. **2.** *jur.* injured party.

Geˈschäft [-ˈʃɛft] *n* ⟨-(e)s; -e⟩ **1.** business; **wie gehen die ~e?** how is business?; **die ~e gehen gut (schlecht)** business is good (slack); **mit j-m ins ~ kommen** do business with s. o., deal with s. o.; **er will mit diesem Artikel groß ins ~ kommen** he wants to get into big business with (*od.* to make a lot of money out of) this article; **~ ist ~** business is business; **in ~en** on business. **2.** (*Transaktion*) business (deal), deal, (business) transaction, operation, *Börse*: *a.* trading; **dunkle ~e** shady (*od.* dubious) deal(ing)s; **ein vorteilhaftes ~** a good deal, a bargain; **~e machen** do (*od.* transact) business; **kein ~ zu machen!** nothing doing! **3.** (*Handel*) trade, commerce, business; **~e mit dem Ausland (Inland)** foreign (domestic) trade *sg*; **~ in Wolle** dealings *pl* (*od.* trading) in wool; **~e machen mit** (*od.* **in**) **et.** deal (*od.* trade) in s. th., make money out of s. th. **4.** (*Unternehmen*) business, firm, enterprise, company; **ein gutgehendes ~** a flourishing business, a going concern. **5.** (*Laden*) shop, *bes. Am.* store; **ein ~ eröffnen** (*od.* **anfangen**) set up (*od.* open a) shop; **ein ~ haben** own a shop (*bes. Am.* store), keep shop. **6.** (*Büro*) office; **ich gehe heute nicht ins ~** I am not going to the office today. **7.** (*Beruf*) business, trade, line, job, *sl.* racket, *lit.* métier. **8.** (*Angelegenheit, Aufgabe*) business, affair; **s-n ~en nachgehen** go about one's business; *jur.* **die ~e des Gerichts** the business of the court. **9.** (*Arbeit*) work; **mit ~en überlastet** overburdened with work. **10.** (*Pflicht*) duty, function; **die häuslichen ~e** the domestic (*od.* household) duties. **11.** *fig. colloq.* (*Notdurft*) **sein ~ verrichten** do one's business, *euphem.* wash one's hands; **ein kleines (großes) ~** number one (number two). **geˈschäf·teˌhal·ber** *adv* on business. **Geˈschäf·teˌma·cher** *m* ⟨-s; -⟩ (clever) businessman, profiteer, *Am. colloq.* wheeler-dealer. **Geˌschäf·te·ma·cheˈrei** *f* ⟨-; *no pl*⟩ profiteering.

geˈschäf·tig I *adj* busy, active, bustling; **~es Treiben** bustling activity, hustle and bustle. **II** *adv* busily. **≈keit** *f* ⟨-; *no pl*⟩ (bustling) activity.

geˈschäft·lich *econ.* **I** *adj Angelegenheit, Beziehungen etc*: business (*matter, connections, etc*), commercial; **in e-r ~en Angelegenheit** on business; **zum ~en Teil (e-r Sache) kommen** get down to the business part of things; **in ~em Ton** in a businesslike tone (of voice); **~es Unternehmen** → **Geschäft** 4. **II** *adv* **sich ~ niederlassen** set up a business; **~ geht es ihm gut** he is doing well (in business); **~ mit j-m zu tun haben** have dealings (*od.* do business) with s. o.; **~ verreist** away on business; **~ verhindert** prevented by business.

Geˈschäfts|ˌabˌschluß *m econ.* **1.** (business) transaction (*od.* deal). **2.** (business) contract. **3.** *pl* orders (*od.* contracts) secured. **4.** → **Jahresabschluß** 1, 2. **~adres·se** [-ˀaˌdrɛsə] *f* business address. **~ˌanˌdrang** *m* pressure of business, rush. **~ˌanˌteil** *m* share (in a business), interest (in a company, *etc*); **maßgeblicher ~** control(l)ing interest. **~ˌanˌzei·ge** *f* (business) advertisement, *colloq.* ad(vert). **~ˌaufˌga·be** *f* **1.** closing of a business. **2.** retirement from business. **~ˌaufˌsicht** *f jur.* receivership; **unter ~ stellen** put (*a firm*) into receivership. **~ˌausˌsich·ten** *pl* business prospects (*od.* outlook *sg*). **~beˌdin·gun·gen** *pl* terms (of trade), conditions. **~beˌreich** *m* **1.** *econ.* (*Aufgabenbereich*) scope (*od.* sphere) of business. **2.** *pol.* portfolio; **Minister ohne ~** minister without portfolio. **3.** *jur.* jurisdiction. **~beˌricht** *m econ.* business report, *über die Marktlage*: market report; **jährlicher ~** annual report. **~beˌtrieb** *m econ.* **1.** business (activity *od.* operations *pl*). **2.** (*Firma*) business (firm), commercial enterprise. **~beˌzie·hun·gen** *pl* business connections (*od.* relations); **in ~ mit j-m stehen** have business relations with s. o., do business with s. o. **~ˌbrief** *m* business letter. **~ˌbü·cher** *pl* account (*od.* commercial) books. **~ˌei·fer** *m* zeal. **~ˌeinˌla·ge** *f* **1.** (member's *od.* partner's) contribution. **2.** *in e-r GmbH*: shareholding (in a private limited company). **≈erˌfah·ren** *adj* experienced in business. **~erˌfah·rung** *f* business experience. **~erˌöff·nung** *f* **1.** opening of a shop (*bes. Am.* store) (*od.* business). **2.** starting of a business. **≈ˌfä·hig** *adj jur.* competent, having legal capacity, able to make contracts; **voll (beschränkt) ~** having full (restricted) (legal) capacity, be fully capable. **~ˌfä·hig·keit** *f* legal capacity, **(beschränkte ~** restricted) capacity to contract. **~ˌflau·te** *f* → **Flaute** 2. **~ˌfrau** *f* businesswoman. **~ˌfreund** *m* business friend. **≈ˌfüh·rend** *adj* **1.** *econ.* managing, executive (*committee, director, partner, etc*); **~es Vorstandsmitglied** member of the executive board. **2.** (*stellvertretend*) acting. **3. ~e Regierung** caretaker government. **~ˌfüh·rer** *m econ.* **1.** a) manager, b) *e-r Personalgesellschaft*: managing partner, c) *e-r Kapitalgesellschaft*: managing director. **2.** a) *e-s Vereins etc*: secretary, b) *pol.* party director (*od.* secretary). **3.** *jur.* (**~ ohne Auftrag** unauthorized) agent. **~ˌfüh·rung** *f* **1.** (*die leitenden Angestellten*) management. **2.** (*Leitung*) management, conduct of business. **3.** *jur.* agency; **~ ohne Auftrag** agency without authority. **~ˌgang** *m* ⟨-(e)s; *no pl*⟩ (*Ablauf*) (run of) business; **täglicher ~** daily (*od.* office) routine. **~geˌba·ren** *n* business practices (*od.* methods) *pl*; **reelles ~** plain dealing. **~ˌgeˌgend** *f* → **Geschäftsviertel** 1. **~geˌheim·nis** *n* business (*od.* trade) secret. **~ˌgeist** *m* → **Geschäftssinn.** **≈geˌwandt** *adj* → **geschäftstüchtig.** **~ˌhaus** *n* **1.** business (house), company, firm. **2.** (*Bürohaus*) office building. **3.** shop building. **~ˌinˌha·ber** *m*, **~ˌinˌha·be·rin** *f* holder (*od.* owner) (of a business), proprietor, principal, *e-s Ladens*: *a.* shopkeeper, *bes. Am.* storekeeper. **~in·terˌes·se** *n* **1.** interest in business. **2.** (business) interest; **in j-s ~ liegen** be in the interest of s. o.'s business. **~ˌjahr** *n* **1.** business year. **2.** *der Regierung*: financial (*od.* fiscal) year. **~ka·piˌtal** *n* capital. **~ˌkar·te** *f* (business) card. **~ˌko·sten** *pl* costs, business expenses; **auf ~** on expense account. **~ˌkreis** *m* **in ~en** in business (*od.* commercial) circles. **~ˌla·ge** *f* **1.** business situation (*od.* outlook). **2.** *örtliche*: (store) location. **~ˌle·ben** *n* business (life); **ins ~ eintreten** go into business; **sich aus dem ~ zurückziehen** retire from business. **~ˌlei·tung** *f* → **Geschäftsführung** 1, 2. **~loˌkal** *n* **1.** (business) premises *pl*. **2.** (*Laden*) shop, *bes. Am.* store. **3.** (*Büro*) office. **~ˌmann** *m* ⟨-(e)s; -leute *od.* -männer⟩ businessman. **≈ˌmä·ßig** *adj* businesslike; (*unpersönlich*) impersonal; (*routinehaft*) routine. **~meˌtho·de** *f* method of doing business, business policy (*od.* practices *pl*). **~moˌral** *f* business ethics *pl*. **~ˌneid** *m* professional envy. **~ˌord·nung** *f* **1.** *parl.* standing orders *pl*; **in Übereinstimmung mit der ~** in order; **im Widerspruch zur ~** out of order; **zur ~ sprechen** rise to order. **2.** rules *pl* (of procedure). **3.** (*Tagesordnung*) agenda. **~ˌpart·ner** *m* **1.** business partner. **2.** party to the transaction. **~ˌraum** *m meist pl* → **Geschäftslokal.** **~ˌrei·se** *f* business trip. **~ˌrei·sen·de** *m* travel(l)ing salesman, commercial travel(l)er. **~ˌri·si·ko** *n* business risk. **~ˌrückˌgang** *m* decline, falling off of business, recession. **~ˌschä·di·gung** *f jur.* injurious (commercial) malpractice, *durch Anschwärzung etc*: trade libel (*gen* on). **~ˌschluß** *m* closing time; **nach ~** after business (*od.* office) hours. **~ˌsinn** *m* ⟨-(e)s; *no pl*⟩ business acumen (*od.* sense). **~ˌsitz** *m* place (*od.* location) of business. **~ˌspra·che** *f* **1.** business (*od.* commercial) language, *colloq.* commercialese. **2.** *pol.* official language. **~ˌstel·le** *f* **1.** office. **2.** *e-r Bank, Versicherung etc*: branch (office). **3.** *e-r Partei etc*: (local) headquarters *pl* (*meist als sg konstruiert*). **4.** *jur.* registry, register office. **~ˌstil** *m* **1.** commercial (*od.* business) style. **2.** → **Geschäftssprache.** **~ˌstra·ße** *f* shopping street. **~ˌstun·den** *pl* business (*od.* office) hours. **~ˌteilˌha·ber** *m* partner. **~ˌton** *m* ⟨-(e)s; *no pl*⟩ businesslike tone. **~ˌträ·ger** *m* **1.** *pol.* chargé d'affaires. **2.** *econ.* (authorized) representative. **≈ˌtüch·tig** *adj* **1.** efficient (*od.* capable (in business). **2.** (*gewieft*) smart, sharp, clever. **~ˌtüch·tig·keit** *f* **1.** business efficiency (*od.* acumen). **2.** (*Gewieftheit*) smartness, sharpness. **~ˌüberˌga·be** *f* handing over (of) a business. **~ˌüberˌnah·me** *f* (business) takeover. **~ˌumˌfang** *m* extent of business. **≈ˌunˌfä·hig** *adj jur.* legally incapacitated, ⟨*pred*⟩ *a.* under legal incapacity. ~ˌ**unˌfä·hig·keit** *f* legal incapacity. ~ˌ**unˌko·sten** *pl econ.* operating expenses (*od.* costs), (*Gemeinkosten*) overhead (expenses). ~ˌ**un·terˌla·gen** *pl* business data (*od.* papers). ~ˌ**un·terˌneh·men** *n* commercial undertaking (*od.* enterprise), business. ~**verˌbin·dung** *f* business connection (*od.* contact, relations *pl*); **in ~ mit j-m treten** enter into (*od.* establish) business relations with s. o.; **in ~ stehen mit** do (*od.* transact) business with, have business connections with. ~**verˌkehr** *m* business dealings (*od.* transactions) *pl.* ~**verˌle·gung** *f* relocation (*od.* removal) of a business. ~ˌ**vier·tel** *n* **1.** business (*od.* commercial) district. **2.** (*Einkaufsviertel*) shopping cent/re (*Am.* -er), *Am. a.* downtown. ~ˌ**vollˌmacht** *f econ.* power of attorney. ~ˌ**wa·gen** *m* commercial vehicle; (*Lieferwagen*) delivery van (*Am.* truck); (*Firmenauto*) company car. ~ˌ**weg** *m* **auf dem üblichen ~** through the usual (business) channels. ~ˌ**welt** *f* ⟨-; *no pl*⟩ business (world *od.* circles *pl*), (the) trade. ~ˌ**wert** *m e-r Firma etc*: goodwill. ~ˌ**zei·chen** *n* reference (number), file number. ~ˌ**zeit** *f* → **Geschäftsstunden.** ~ˌ**zim·mer** *n* office. ~ˌ**zweig** *m* branch (*od.* line) (of business).

geˈschah [-ˈʃaː] *3 sg pret*, **geˈschä·he** [-ˈʃɛːə] *3 sg pret subj of* **geschehen**[1].

Geˈschä·ker *n* ⟨-s; *no pl*⟩ *colloq.* flirting.

geˈschätzt *adj* **1.** estimated (*distance, etc*). **2.** *fig.* esteemed, (*beliebt*) popular, liked, (*willkommen*) welcome.

Geˈschau·kel *n* ⟨-s; *no pl*⟩ *colloq.* rocking, *e-s Schiffs etc*: *a.* rolling.

geˈscheckt [-ˈʃɛkt] *adj* **1.** pied, piebald, dappled; **ein ~es Pferd** a piebald horse. **2.** *Kuh*: brindled. **3.** *Katze*: tabby.

geˈsche·hen[1] [-ˈʃeːən] *v/impers u. v/i* ⟨**geschieht, geschah, geschehen, sein**⟩ **1.** happen, occur, come about, take place, pass; **was ist ~?** what has happened?, what's the matter?; **es ist ein Unglück ~** there has been an accident; **so et. geschieht nicht alle Tage** that doesn't happen every day; **es geschah folgendermaßen** it happened like this; **was geschieht, wenn?** what happens if?, what if?; **was auch ~ mag** no matter what happens; **geschehe, was da wolle** come what may; **er wartet immer noch, daß et. geschieht** he is still waiting for s. th. to happen; → **geschehen**[2], **Zeichen** 4 *etc.* **2.** (*getan werden*) be done; **es muß et. ~** s. th. has to be done (about it); **schon** (*od.* **bereits**) **~** already done (*od.* taken care of); **das geschieht nur in d-m Interesse** that's only for your own good; **dafür sorgen, daß et. geschieht** see that s. th. is done; **was soll damit ~?** what is to be done about it?; **von m-r Seite ist alles ~** I have done everything (possible); *Bibl.* **Dein Wille geschehe** Thy will be done; → **gern** 1. **3. j-m ~** (*widerfahren*) happen to s. o., *et. Schlimmes*: *a.* befall s. o.; **j-m geschieht Unrecht** s. o. suffers an injustice, s. o. is wronged; **das geschieht ihm ganz recht** that serves him right; **es kann dir (dabei) nichts ~** no harm will come to you, it is perfectly safe; **er wußte nicht, wie ihm geschah** he was dumbfounded, *humor.* he never knew what hit him. **4. et. ~ lassen** let s. th. happen (*od.* be done), allow (*od.* permit) s. th., *stärker*: suffer (*od.* tolerate) s. th., shut one's eyes to s. th.; **er ließ alles mit sich ~** he put up with everything. **geˈsche·hen**[2] *pp of* **geschehen**[1] *u. adj* **~ ist ~** what is done is done, *colloq.* it's no use crying over spilt milk; **als er das Mädchen sah, war es um ihn ~** when he saw the girl he fell hopelessly in love with her; **das ihm ~e Unrecht** the injustice done to him; **so ~ zu Wien am 1. Mai 1970** a) this was (*od.* happened) in Vienna on May 1st 1970, b) *jur. pol.* done at Vienna on May 1st 1970; **es war um ihn ~** he was done for. **Geˈsche·hen** *n* ⟨-s; -⟩ (*political, etc*) events (*od.* happenings) *pl*, what is (*od.* was, *etc*) happening. **Geˈsche·he·ne** *n* ⟨-n; *no pl*⟩ **1.** what (has) happened (*od.* occurred). **2.** (*vollendete Tatsache*) accomplished facts *pl.* **3.** (*Vergangenes*) bygones *pl*; **~s geschehen sein lassen** let bygones be bygones. **Geˈscheh·nis** *n* ⟨-ses; -se⟩ *lit.* event, occurrence, *meist pl* happening.

geˈscheit I *adj* ⟨-er; -est⟩ **1.** clever, intelligent, bright; **ein ~er Einfall** a bright idea; **ich werde daraus nicht ~** I can't make head or tail of it, it makes no sense to me, I don't get it; **hinterher waren wir so ~ wie zuvor** afterwards we were none the wiser (for it). **2.** (*weise*) wise, prudent. **3.** (*vernünftig*) sensible; **sei doch ~!** (do) be reasonable!, don't be a fool!, *colloq.* be your age!; **du bist wohl nicht ganz** (*od.* **recht**) **~!** you must be out of your mind (*od. sl.* off your rocker)!; **es wäre ~er, wenn** it would be more sensible if. **4.** *Southern G. Abreibung, Ohrfeige etc*: good, proper. **II Geˈschei·te, das** ⟨-n⟩ **5.** et. **≗es sagen** say s. th. intelligent (*od.* bright). **6.** *Southern G. colloq.* s. th. good; **nichts ≗es** nothing good; **dabei wird wohl nichts ≗es herauskommen** nothing good will come of that. **Geˈscheit·heit** *f* ⟨-; *rare* -en⟩ **1.** ⟨*only sg*⟩ cleverness, intelligence, brightness, brains *pl.* **2.** intelligent remark.

Geˈschenk *n* ⟨-(e)s; -e⟩ **1.** present, gift; **ein ~ des Himmels** a godsend; **j-m ein ~ machen** make s. o. a present; **j-m et. zum ~ machen** make s. o. a present of s. th., present s. o. with s. th., give s. o. s. th. as a present; **kleine ~e erhalten die Freundschaft** (*Sprichwort*) small gifts will best maintain a friendship. **2.** (*Schenkung*) donation. ~**abon·neˌment** *n* gift subscription. ~**arˌti·kel** *m meist pl* gift (article), *pl a.* fancy goods; ~**geschäft** *n* gift shop. ~ˌ**band** *m* ⟨-(e)s; ⸚e⟩ gift book. ~**etui** *n* presentation case. ~ˌ**korb** *m* gift hamper. **≗ˌmä·ßig** *adv* **et. ~ verpacken** gift-wrap s. th. ~ˌ**packung** (*getr.* **-k·k-**) *f* gift package (*od.* wrapping), gift box. ~**paˌket** *n* gift parcel. ~ˌ**sen·dung** *f* gift parcel; „**~, k-e Handelsware**" "gift parcel without commercial value".

geˈschenkt *pp u. adj colloq.* **~!** save it!

Geˈschep·per *n* ⟨-s; *no pl*⟩ *colloq.* clatter.

Geˈschich·te *f* ⟨-; -n⟩ **1.** story, tale, (*Erzählung*) *a.* narrative; **~n erzählen** (**vorlesen**) tell (read) stories; **damit ist e-e ~e verknüpft** thereby hangs a tale. **2.** (*a. als Wissenschaft*) history; **griechische** (**römische**) **~** Greek (Roman) history; **alte** (**mittelalterliche, neue[re]**) **~** ancient (medi[a]eval, modern) history; **das Rad der ~ zurückdrehen** turn back the wheel of history, put the clock back; **in die ~ eingehen** go down in history, become (*German, etc*) history; **das gehört bereits der ~ an** that has now become part of history; **~ machen** make history. **3.** *weitS. e-r Person od. Sache*: story, history; **die ~ Chaplins** the Chaplin story; **die ~ des Automobils** the (hi)story of the motorcar. **4.** (*Geschichtsbuch*) history (book); **~ der Kunst** (**Technik**) history of art (technology). **5.** *colloq.* (*Angelegenheit, Sache*) story, affair, business, thing; **das sind alte ~n** that's an old story; **es ist immer dieselbe ~** it's always the same old story; **e-e dumme ~** a stupid business; **das sind ja schöne ~n** (**, die ich da gehört habe**)! those are fine stories I must say; *iro.* **e-e schöne ~!** a nice mess!, a pretty kettle of fish!; **~n machen** do s. th. silly; **mach k-e ~n!** a) don't be a fool!, don't be silly!, b) (*ziere dich nicht*) don't (make a) fuss!, c) (*was du nicht sagst*) you don't say!; **da haben wir die ~!** there you are!, what a mess!; **was machst du nur für ~n?** what's got into you?; **er machte k-e langen ~n** (**damit**) he made short work of it; **er macht k-e große ~ daraus** he doesn't make a big issue out of it; **er hat e-e böse ~ mit dem Magen** he has bad stomach trouble. **6.** *colloq.* **die ganze ~** (*alles*) the whole business (*od.* thing).

Geˈschich·ten|ˌbuch *n* storybook. ~**erˌzäh·ler** *m* storyteller.

geˈschicht·lich I *adj* **1.** *Entwicklung, Thema, Rückblick etc*: historical; **in ~er Zeit** (*nicht prähistorisch*) in historical time. **2.** (**~** *bedeutungsvoll*) historic; **~es Ereignis** historic event; **von ~er Bedeutung** historically important. **II** *adv* **3.** historically, in the light of history; **es ist ~ erwiesen, daß** history has proved that. **≗keit** *f* ⟨-; *no pl*⟩ historicity, historicalness.

Geˈschichts|ˌaufˌfas·sung *f.* ~ˌ**bild** *n* conception of history. ~ˌ**buch** *n* history book. ~ˌ**fäl·schung** *f* falsification of history. ~ˌ**for·scher** *m* (research) historian. ~ˌ**for·schung** *f* historical research. ~ˌ**klit·te·rung** *f* **1.** perversion of history, bias(s)ed (*od.* slanted) historical account. **2.** → **Geschichtsfälschung.** ~ˌ**leh·rer** *m* history teacher. **≗los** *adj Land etc*: without (a) history. ~**ma·leˌrei** *f* historical painting. ~**phi·lo·soˌphie** *f* **1.** philosophy of history. **2.** (*Historismus*) historicism. ~ˌ**schrei·ber** *m* **1.** historian, historiographer. **2.** (*Chronist*) chronicler. ~ˌ**schrei·bung** *f* historiography. ~ˌ**stu·di·um** *n* study of history. ~ˌ**stun·de** *f* history class (*Br. a.* lesson). ~ˌ**werk** *n* historical work. ~ˌ**wis·sen·schaft** *f* historical science, history. ~ˌ**wis·sen·schaft·ler** *m* historian. ~ˌ**zahl** *f* history date.

Geˈschick[1] *n* ⟨-(e)s; -e⟩ **1.** ⟨*only sg*⟩ fate, lot; **ein gütiges** (**trauriges, widriges**) **~** a kind (sad, an adverse) fate; **schweres** (*od.* **schlimmes**) **~** cruel fate (*od.* blow). **2.** *meist pl* (*Belange*) fortune, destiny (*of a nation, etc*).

Geˈschick[2] *n* ⟨-(e)s; *no pl*⟩ **1.** *allg.* skill (→ *a.* **Geschicklichkeit**); **mit ~** → **geschickt** II. **2.** (*Eignung*) ability. **3.** (*Begabung*) knack; **er hat ein ~, mit Kindern umzugehen** he has a knack for (*od.* of) dealing with children, he has a way with children; *iro.* **er hat ein besonderes ~, immer das Falsche zu sagen** he has a special knack of always saying the wrong thing.

Geˈschick·lich·keit *f* ⟨-; *no pl*⟩ **1.** skill, (*Raffinesse*) adroitness, *bes. körperliche*: dexterity; **sich** (*dat*) **große ~ in et. erwerben** acquire great skill in s. th. **2.** (*Fingerfertigkeit*) deftness, dexterity. **3.** (*Gewandtheit*) cleverness, skil(l)fulness; **mit ~** → **geschickt** II. **4.** → **Geschick**[2] 2, 3.

Geˈschick·lich·keits|ˌfah·ren *n mot.* driving skill test, *bes. Am.* gymkhana. ~ˌ**prü·fung** *f* dexterity test. ~ˌ**spiel** *n* game of skill (*od.* dexterity).

ge'schickt I *pp u. adj* **1.** (*geübt*) (**in** *dat*, **bei**, **mit** at, in) *allg.* skil(l)ful, skilled, (*gewandt*) *a.* dext(e)rous, adroit, *colloq.* slick, (*fingerfertig*) *a.* deft, *geistig*: *a.* clever, adroit; **er ist besonders ~ im Umgang mit Kunden** he has a way with customers; *fig.* **ein ~er Schachzug** a clever move. **2.** (*geeignet*) suited (**zu** for, to); **das kommt (mir) ~** that comes in handy. **II** *adv* **3.** skil(l)fully (*etc*), with (great) skill; **et. ~ anstellen** set about s. th. skil(l)fully (*od.* with skill); **~ vorgehen** proceed cleverly. **≈heit** *f* ‹-; *no pl*› → **Geschicklichkeit**.

Ge'schie·be *n* ‹-s; -› **1.** ‹*only sg*› *colloq. von Menschen etc*: pushing, shoving. **2.** *geol.* ellipsoidal (*od.* disk-shaped) stone, rubble, (glacial) drift. **~ˌmer·gel** *m* (marly) till.

ge'schie·den [-'ʃiːdən] **I** *pp of* **scheiden**. **II** *adj* **1.** *Eheleute*: divorced; **~e Frau** → **Geschiedene**[2]; **~er Mann** → **Geschiedene**[1]; **mein ~er Mann** my former (*od.* ex-)husband; *fig.* **wir sind ~e Leute** I am through with you (him, *etc*). **2.** *Ehe*: dissolved. **Ge'schie·de·ne**[1] *m* ‹-n; -n› divorced man, divorcé. **Ge'schie·de·ne**[2] *f* ‹-n; -n› divorced woman, divorcée, divorcee.

ge'schieht [-'ʃiːt] *3 sg pres of* **geschehen**[1].

ge'schie·nen [-'ʃiːnən] *pp of* **scheinen**[1] *u.* [2].

Ge'schimp·fe *n* ‹-s; *no pl*› *colloq.* scolding.

Ge'schirr *n* ‹-(e)s; -e› **1.** ‹*only sg*› (*Tafel≈*) tableware, dishes *pl*; **das ~ abräumen** clear the table; **~ spülen** wash (*od.* do) the dishes. **2.** (*Porzellan*) china. **3.** (*Küchen≈*) kitchen utensils (*od.* things) *pl*, pots and pans *pl*. **4.** (*irdenes ~*) earthenware, crockery, pottery. **5.** *archaic* (*Gefäß*) vessel. **6.** *für Zugtiere*: harness; **e-m Pferd das ~ anlegen** harness a horse; **die Pferde legten sich (tüchtig) ins ~** the horses pulled hard; *fig. colloq.* **sich tüchtig** (*od.* **mächtig**) **ins ~ legen** put one's shoulder to the wheel, put one's back into it. **7.** (*Pferd und Wagen*) (horse and) carriage. **8.** (*Gerät, Ausrüstung*) equipment, gear, tackle. **~ˌma·cher** *m* harness maker. **~ˌschrank** *m* (china) cupboard. **~ˌspü·ler** *m* **1.** dish-washer. **2.** → **~ˌspül·maˌschi·ne** *f* dishwashing machine, dish-washer. **~ˌtuch** *n* tea-cloth, *Am.* dish towel.

ge'schis·sen [-'ʃɪsən] *pp of* **scheißen**.

Ge'schlab·ber *n* ‹-s; *no pl*› *colloq.* lapping, slurping.

ge'schla·gen *pp u. adj* **1.** defeated, beaten; **sich ~ geben** *a. fig.* admit defeat, give up; *fig.* **ein ~er Mann** a broken man. **2.** *colloq.* (*ganz*) full; **e-e ~e Stunde** (**lang**) for a solid hour; **zwei ~e Stunden** *etc a.* two mortal hours (*etc*). **3.** ‹*pred*› *colloq.* (**völlig**) **~** a) (*erschöpft*) all in, (all) washed up, b) (*entmutigt*) absolutely down, c) (*überrascht*) dum(b)founded, floored; **ich war völlig ~** *a.* you could have knocked me down with a feather.

ge'schlän·gelt *adj* **1.** *Linie*: wavy. **2.** *Flußlauf*: serpentine, winding, meandering.

Ge'schlecht *n* ‹-(e)s; -er› **1.** ‹*only sg*› sex; **das weibliche** (*od. colloq. humor.* **schöne, schwache**) **~** the female (*od.* gentle, fair, weaker, softer) sex; **das männliche** (*od. colloq. humor.* **starke**) **~** the male (*od.* stronger, sterner) sex; **das andere ~** the other (*od.* opposite) sex; **beiderlei** (**verschiedenen**) **~s** of both (different) sexes. **2.** *lit.* ‹*only sg*› (*~steil*) sex, sex(ual) organ(s *pl*). **3.** (*Gattung*) kind, genus, species, race; **das menschliche ~** the human race, mankind. **4.** family, stock, line(age); **er stammt von e-m alten ~ ab** he is of ancient lineage, he comes of an old family; **er stammt aus adligem ~** he comes of noble stock. **5.** dynasty: **das ~ der Hohenstaufen** the Hohenstaufen dynasty. **6.** generation; **kommende ~er** future generations. **7.** *ling.* gender; **männliches** (**weibliches, sächliches**) **~** masculine (feminine, neuter) gender. **8.** *bot. math. zo.* genus.

Ge'schlech·terˌfol·ge *f* line of succession, generations *pl*.

ge'schlecht·lich I *adj* **1.** sexual, sex; **~e Aufklärung** sex education; **~e Fortpflanzung** sexual reproduction. **2.** *bot. zo.* sexual, generic. **II** *adv* **3.** sexually; **mit j-m ~ verkehren** have sexual intercourse with s. o., *colloq.* have sex with s.o.; *bot. zo.* **~ kreuzen** intercross; **sich ~ vermehrend** amphigonic. **≈keit** *f* ‹-; *no pl*› sexuality.

Ge'schlechts|ˌakt *m* sexual act, coitus, coition. **~beˌfrie·di·gung** *f* sexual gratification. **≈beˌstim·mend** *adj Gene etc*: sex-determining. **~beˌstim·mung** *f* sex determination. **≈beˌtont** *adj* sex-conscious, sexy. **~chro·moˌsom** *n* **1.** *biol.* sex chromosome. **2.** *bot.* accessory chromosome. **~ˌdrang** *m* → **Geschlechtstrieb**. **~ˌdrü·se** *f* **1.** *anat. biol.* sexual gland, gonad. **2.** *zo.* germ gland. **≈geˌbun·den** *adj biol.* sex-linked. **~geˌbun·den·heit** *f* sex linkage. **~geˌnos·se** *m*, **~geˌnos·sin** *f* person of one's (own) sex. **~geˌnuß** *m* sexual pleasure. **~horˌmon** *n meist pl biol.* sex hormone. **~hy·gie·ne** [-hyˌgi̯eːnə] *f* sex hygiene. **≈ˌkrank** *adj med.* suffering from a venereal disease. **~ˌkran·ke** *m, f* person suffering from a venereal disease, venereal patient. **~ˌkrank·heit** *f* venereal disease (*abbr.* V. D.). **~ˌle·ben** *n* sex life. **≈los** *adj* **1.** *biol.* sexless, asexual, neuter, agamous; **~e Vermehrung** asexual reproduction, agamogenesis. **2.** *bot.* agamic, agamous, anandrous. **3.** *ling.* *Wort*: neuter. **~lo·sig·keit** *f* ‹-; *no pl*› *biol.* sexlessness, asexuality. **~ˌmerkˌmal** *n biol.* sex character(istics *pl*); **primäre** (**sekundäre**) **~e** primary (secondary) sex characteristics. **~ˌna·me** *m* family name, surname, *Am.* last name. **~orˌgan** *n* sex (*od.* genital, reproductive) organ; **~e** *a.* genitals, genitalia. **≈ˌreif** *adj* sexually mature, pubescent. **~ˌrei·fe** *f* sexual maturity, puberty, pubescence. **~ˌteil** *n meist pl* sex (*od.* genital) organ; **~e** genitals, genitalia, private parts. **~ˌtrieb** *m* sexual instinct (*od.* drive, desire, urge), libido. **~ˌumˌwand·lung** *f* sex change (*od.* reversal). **≈ˌunˌreif** *adj* impuberal. **~ˌunˌrei·fe** *f* sexual immaturity, impuberism. **~ˌun·terˌschied** *m* sex difference, sexual distinction. **~verˌir·rung** *f* sexual perversion. **~verˌkehr** *m* (sexual) intercourse, sexual relations *pl*, coitus, coition. **~ˌwort** *n* ‹-(e)s; ⸚er› *ling.* article; (**un**)**bestimmtes ~** (in)definite article. **~ˌzel·le** *f biol.* sex cell.

ge'schli·chen [-'ʃlɪçən] *pp of* **schleichen**.

ge'schlif·fen [-'ʃlɪfən] **I** *pp of* **schleifen**[1]. **II** *adj* **1.** *Glas, Edelstein*: cut. **2.** *Messer*: sharpened. **3.** *Linsen*: ground. **4.** *fig. Manieren, Sprache, Stil*: polished, refined, smooth. **5.** *fig. Zunge*: sharp. **≈heit** *f* ‹-; *no pl*› *fig. des Stils etc*: refinement, polish, smoothness.

Ge'schlin·ge *n* ‹-s; -› **1.** *des Schlachtviehs u. hunt.* pluck, edible viscera *pl*, *bes. e-s Schweins*: has(s)let. **2.** (*Rankenwerk*) tangle(d mass), twining mass.

ge'schlitzt *adj* **1.** *Augen, Rock etc*: slit. **2.** *bot. zo.* laciniate(d).

ge'schlos·sen [-'ʃlɔsən] **I** *pp of* **schließen**. **II** *adj* **1.** *allg. Geschäft, Tür, Blüte, Stromkreis, Vokal etc*: closed. **2.** *Tagung, Veranstaltung etc*: closed, private; **in ~er Sitzung** a) in a closed session, b) *jur.* in a closed court, in camera; *thea. etc* **~e Vorstellung** private performance; **~e Gesellschaft** private party; **in ~er Gesellschaft** privately. **3.** *tech. u. fig.* compact; (**in sich**) **~** self-contained; **ein ~es Ganzes** a) *Projekt etc*: a self-contained unit, a unified whole, b) *fig.* a compact whole; *tech.* **~e Baueinheit** self-contained construction unit, module; *electr.* **~er Motor** (fully-) enclosed motor; *Literatur*: **~e Handlung** compact (*od.* closely knit) plot. **4.** *Leistung etc*: round, well-rounded, consistent, finished *performance, etc*). **5.** (*vereint*) united. **6.** (*einheitlich*) uniform. **7.** *Front, Reihe*: compact, serried (*ranks, etc*); *mil.* **~e Formation** (**Ordnung**) close formation (order). **8.** **~e Ortschaft** *im Straßenverkehr*: built-up area. **9.** **~er Verband** a) *von Fahrzeugen*: convoy, column, b) *von Flugzeugen*: close formation. **10.** *mot.* **~er Wagen** a) saloon (car), *Am.* sedan, b) (*Lastwagen*) (mobile) van; **~er Zweisitzer** coupé. **11.** *rail.* **~er Güterwagen** goods (*od.* box) van, *Am.* box-car. **12.** *relig.* **~e Zeit** a) Lent, b) Advent (season). **13.** *hunt.* **~e Zeit** → **Schonzeit**. **III** *adv* **14.** (*einstimmig*) unanimously; **~ stimmen für** vote unanimously for, be solid for. **15.** (*wie ein Mann*) solidly, to a man; **sie stehen ~ hinter ihm** they are solidly behind him; **~ für et. sein** go (*od.* be) solid for s. th. **16.** (*alle zusammen*) all together, in a body. **17.** (*vollkommen*) completely. **18.** *econ.* en bloc. **≈heit** *f* ‹-; *no pl*› **1.** compactness (*a. fig.*), *e-r Darstellung etc*: *a.* unity, *thea. etc e-r Handlung*: *a.* tight construction. **2.** *e-r Leistung etc*: roundness, *a. des Charakters etc*: consistency. **3.** a) unity, solidarity, b) unanimity.

Ge'schluch·ze *n* ‹-s; *no pl*› *colloq.* sobbing, sobs *pl*.

ge'schlun·gen [-'ʃlʊŋən] *pp of* **schlingen**[1] *u.* [2].

Ge'schmack *m* ‹-(e)s; ⸚e, *humor.* ⸚er› **1.** taste, (*Aroma*) *a.* flavo(u)r, savo(u)r; **ohne ~** → **geschmacklos** 1; **das Essen hat k-n ~** the food has no taste (*od.* is tasteless); *fig.* **die Sache hinterließ e-n üblen ~** the affair left a bad taste in one's mouth. **2.** (*~sempfindung*) taste, palate; **e-e Speise nicht nach s-m ~ finden** find a dish not to one's taste; *fig.* **den ~ an e-r Sache verlieren** lose one's taste for s. th. **3.** (*~ssinn*) (sense of) taste. **4.** *fig.* taste; **er hat ~** he is a man of taste, he has good taste; **nach m-m ~** (according) to my taste; **das ist** (**nicht**) **nach m-m ~** that is (not) to my taste, I (do not) like that, *colloq.* that's just (not) my cup of tea; **jeder nach s-m ~** each to his own taste; *colloq.* **über** (**den**) **~ läßt sich** (**nicht**) **streiten**, (**die**) **Geschmäcker sind verschieden** tastes differ, there is no accounting for tastes; **das ist nicht jedermanns ~** that's not to the taste of everyone. **das ist ganz mein** (*od.* **nach m-m**) **~** I really like that; **an e-r Sache ~ finden** (*od.* **gewinnen**) develop (*od.* acquire) a taste for s. th.; **e-r Sache k-n ~ abgewinnen** dislike (*od.* not to take to) s. th.; *colloq.* **auf** (*od.* **hinter**) **den ~ kommen** taste blood; **ein Mädchen nach m-m ~** a girl after my (own) heart. **5.** *fig. e-r Epoche*: taste; **im ~ des 18. Jahrhunderts** in the taste of the 18th century; **der herrschende** ~ the prevailing taste. **geˈschmack·lich** *adj u. adv* as regards taste, in taste; ~**e Feinheiten** nuances (in taste).

geˈschmack|los I *adj* **1.** *Speise etc*: tasteless, having no taste, (*fad*) insipid, flat. **2.** flavo(u)rless, savo(u)rless. **3.** *fig.* (*unfein*) tasteless, ⟨*pred*⟩ in bad taste; ~**er Witz** (*etc*) *a.* crude joke (*etc*). **4.** *fig.* (*taktlos*) tactless. **II** *adv* **5.** tastelessly (*etc*), without taste. **2lo·sig·keit** *f* ⟨-; *no pl*⟩ **1.** tastelessness, *fig. a.* crudeness; **das war e-e** ~ that was in bad taste. **2.** *fig.* tactlessness. **3.** (*Geschmackssünde*) offen/ce (*Am.* -se) against good taste, barbarism. **2ˌsa·che** *f* → **Geschmackssache.**

Geˈschmacks|ˌbe·cher *m anat.* taste bud. ~**empˌfin·dung** *f* sensation of taste.

Geˈschmackˌsinn *m* → **Geschmackssinn.**

Geˈschmacks|ˌknos·pe *f* taste bud. ~**ˌkör·per·chen** *n anat.* taste corpuscle. ~**ˌmu·ster** *n econ.* (ornamental) design. ~**ˌnerv** *m* gustatory nerve. ~**orˌgan** *n* taste (*od.* gustatory) organ. ~**ˌrich·tung** *f* (trend of) taste. ~**ˌsa·che** *f* (**das ist** ~ that's a) matter of taste. ~**ˌsinn** *m* (sense of) taste. **2verˌbes·sernd** *adj* flavo(u)r-enhancing. ~**verˌir·rung** *f* lapse of taste, crime against good taste, outrage, barbarism; *colloq.* **er leidet an** ~ he hasn't (got) any taste, *weitS.* he must be dotty. **2ˌwidrig** *adj* contrary to good taste, in bad taste. ~**ˌzel·le** *f anat.* taste (*od.* gustatory) cell. ~**ˌzuˌsatz** *m* flavo(u)r; **mit** ~ flavo(u)red.

geˈschmackˌvoll I *adj fig.* tasteful, in good taste, elegant, stylish; **äußerst** ~ in excellent (*od.* admirable, the best) taste; **das war nicht sehr** ~ **von ihm** that was not very tactful of him, his remark (*etc*) was in rather bad taste. **II** *adv* tastefully (*etc*), in good taste.

Geˈschmat·ze *n* ⟨-s; *no pl*⟩ *colloq.* smacking (noises *pl*), smacks *pl*.

Geˈschmei·chel *n* ⟨-s; *no pl*⟩ *colloq.* flattering, cajoling.

Geˈschmei·de [-ˈʃmaɪdə] *n* ⟨-s; -⟩ *lit.* jewellery, *bes. Am.* jewelry, jewels *pl*; (*Hals2*) (jewelled) necklace(s *pl*); (*Arm2*) (precious) bracelet(s *pl*).

geˈschmei·dig I *adj* **1.** *Körper, Bewegung etc*: supple, lithe, limber, lissom(e); ~ **wie e-e Katze** (as) lithe as a cat. **2.** *Gerte, Leder etc*: supple, pliable, pliant, flexible. **3.** *Wachs etc*: mo(u)ldable, workable. **4.** (*glatt*) smooth; *gastr.* ~**er Teig** smooth dough. **5.** *Haut, Haar*: supple, soft, sleek. **6.** *metall.* a) (*dehnbar*) ductile, b) (*hämmerbar*) malleable, c) (*biegsam*) pliable. **7.** *fig.* a) *Geist*: supple, flexible, elastic (*mind*), b) (*wendig*) versatile, adroit, c) (*aalglatt*) smooth, slippery, *colloq.* slick, d) *Zunge*: glib, voluble. **II** *adv* **8.** supply, lithely (*etc*); *fig.* **sich jeder Lage** ~ **anpassen** adapt (o. s.) smoothly to any situation. **2keit** *f* ⟨-; *no pl*⟩ **1.** suppleness (*etc*); pliability, pliancy, flexibility; smoothness. **2.** workability; *metall.* malleability. **3.** *fig.* a) suppleness, flexibility, b) smoothness, *der Zunge*: *a.* glibness.

Geˈschmei·dig·keitsˌübung *f meist pl* limbering up (exercise).

Geˈschmeiß *n* ⟨-es; *no pl*⟩ **1.** (*Ungeziefer*) vermin. **2.** *fig. contp.* vermin, scum, riff-raff, rabble.

Geˈschmet·ter *n* ⟨-s; *no pl*⟩ *colloq.* blare.

Geˈschmier *n* ⟨-(e)s; *no pl*⟩, **Geˈschmie·re** *n* ⟨-s; *no pl*⟩ *colloq. contp.* **1.** smearing. **2.** smears *pl*. **3.** (*schlechte Schrift*) scribble, scrawl. **4.** (*Bild*) daub. **5.** (*Schmiere*) mess, goo. **6.** *fig.* a) (*Machwerk*) (miserable) concoction, b) (*Zeitungs2 etc*) (nasty) scribble, smears *pl*.

geˈschmis·sen [-ˈʃmɪsən] *pp of* **schmeißen.**

geˈschmol·zen [-ˈʃmɔltsən] *pp of* **schmelzen.**

Geˈschmor·te *n* ⟨-n; *no pl*⟩ *gastr.* braised meat, pot-roast.

Geˈschmun·zel *n* ⟨-s; *no pl*⟩ *colloq.* (amused *od.* good-natured) smile(s *pl*).

Geˈschmu·se *n* ⟨-s; *no pl*⟩ *colloq. contp.* → **Schmuserei.**

Geˈschnä·bel *n* ⟨-s; *no pl*⟩ billing and cooing.

Geˈschnar·che *n* ⟨-s; *no pl*⟩ *colloq.* snoring.

Geˈschnat·ter *n* ⟨-s; *no pl*⟩ *colloq. for* **schnattern II.**

Geˈschnau·fe *n* ⟨-s; *no pl*⟩ *colloq.* hard breathing, puffing.

geˈschnie·gelt *pp u. adj colloq.* smartened-up, spruce, dapper; ~ **und gebügelt** spick-and-span, spruced-up, ⟨*pred*⟩ dressed up to kill.

geˈschnit·ten [-ˈʃnɪtən] *pp of* **schneiden.**

Geˈschnör·kel *n* ⟨-s; *no pl*⟩ *colloq.* **1.** scrolls *pl*, scroll ornaments *pl*. **2.** (*Tätigkeit*) scrolling.

Geˈschnüf·fel *n* ⟨-s; *no pl*⟩ *colloq.* **1.** sniffing. **2.** *fig.* snooping.

Geˈschnur·re *n* ⟨-s; *no pl*⟩ *colloq.* purr(ing).

geˈscho·ben [-ˈʃoːbən] *pp of* **schieben.**

geˈschol·ten [-ˈʃɔltən] *pp of* **schelten.**

Geˈschöpf *n* ⟨-(e)s; -e⟩ **1.** creature; **ein** ~ **Gottes** one of God's creatures; *colloq.* **süßes (armes)** ~ lovely (poor) creature (*od.* thing); **so ein liebes** ~! such a dear! **2.** *fig.* creation, product, *der Phantasie*: *a.* figment.

geˈschopft [-ˈʃɔpft] *adj bot. zo.* crested.

geˈscho·ren [-ˈʃoːrən] *pp of* **scheren**[1].

Geˈschoß [-ˈʃɔs] *n* ⟨-sses; -sse⟩ **1.** *mil.* a) projectile, missile; **ferngelenktes** ~ guided missile, b) (*Kugel*) bullet, c) (*Granate*) shell. **2.** (*Wurf2*) missile. **3.** (*Pfeil*) arrow, dart. **4.** (*Wurfspeer*) spear. **5.** *arch.* (*Stockwerk*) floor, storey, *bes. Am.* story; **im obersten** ~ on the top floor. **6.** *bot.* shoot. ~**ˌbahn** *f* trajectory.

geˈschos·sen [-ˈʃɔsən] *pp of* **schießen.**

Geˈschoß|ˌgar·be *f mil.* sheaf (*od.* cone) of fire. ~**ˌha·gel** *m* hail of bullets (*od.* missiles, shells). ~**ˌhö·he** *f arch.* height between floors. ~**ˌkern** *m* (projectile, *etc*) core. ~**ˌman·tel** *m mil.* **1.** *e-r Kugel*: jacket. **2.** *e-r Granate*: (shell) case. ~**ˌteil·chen** *n nucl.* bombarding particle.

geˈschränkt *adj tech.* **1.** crossed (*belt, etc*). **2.** *Zähne e-r Säge*: set.

geˈschraubt *adj fig. contp.* stilted, affected, pompous (*style, etc*). **2heit** *f* ⟨-; *no pl*⟩ stiltedness (*etc*), artificiality.

Geˈschrei *n* ⟨-(e)s; *no pl*⟩ **1.** (*das Schreien*) shouting, yelling. **2.** shouts *pl*, cries *pl*, yells *pl*, screams *pl*; **ein großes** ~ **erheben** set up a great shout (*od.* loud cry), shout (*od.* yell) wildly (*cf. a.* 9); *Sport*: **anfeuerndes** ~ cheering, *Am. a.* yelling, *sl.* rooting. **3.** (*wirres* ~) hullabaloo, hubbub. **4.** *der Menge*: clamo(u)r(ing), uproar. **5.** (*Freuden2*) acclamations *pl*, cheers *pl*. **6.** (*Baby2*) crying, bawling. **7.** (*durchdringendes* ~) scream(s *pl*), shriek(s *pl*). **8.** *e-s Esels*: bray(ing). **9.** *fig.* (**gegen** against) clamo(u)r, outcry, howls *pl* of protest, hue and cry; **ein großes** ~ **erheben** clamo(u)r (wildly), raise a hue and cry, *colloq.* cry blue murder. **10.** *fig. colloq.* (*Aufhebens*) (great) noise, fuss, brouhaha; **viel** ~ **um jede Kleinigkeit machen** make a big fuss over every trifle; **viel** ~ **und wenig Wolle** (*Sprichwort*) much ado about nothing.

Geˈschreib·sel [-ˈʃraɪpsəl] *n* ⟨-s; *no pl*⟩ *colloq. contp.* (*Gekritzel*) scribble, *fig. a.* scribblings *pl*, *sl.* bilge.

geˈschrie·ben [-ˈʃriːbən] **I** *pp of* **schreiben. II** *adj* written; ~**es Gesetz** (*od.* **Recht**) a) written law, b) (*gesatztes Recht*) statute law.

geˈschrie·en [-ˈʃriːən], **geˈschrien** [-ˈʃriːn] *pp of* **schreien.**

geˈschult *adj* trained (*nurse, voice, etc*).

geˈschun·den [-ˈʃʊndən] *pp of* **schinden.**

geˈschuppt *adj* **1.** scaled, scaly, *zo. a.* squamate(d), *bes. bot.* imbricate(d). **2.** *med.* squamous. **3.** *her.* escal(l)oped. **4.** *Ziegel*: scalloped.

Geˈschüt·tel *n* ⟨-s; *no pl*⟩ *colloq.* (constant) shaking.

Geˈschütz *n* ⟨-es; -e⟩ *mil.* gun, cannon, piece (of ordnance); **schweres** ~ heavy gun, *collect.* heavy artillery (*od.* guns *pl*), ordnance; **ein** ~ **auffahren (lassen)** bring a gun into action; **das** ~ **richten (auf** *acc*) train the gun (on); *fig. colloq.* **(ein) grobes** (*od.* **schweres**) ~ **auffahren** bring up one's heavy artillery, **gegen j-n**: *a.* turn one's heavy guns on s. o. ~**beˌdie·nung** *f* **1.** gun crew, gunners *pl*. **2.** serving of a gun. ~**ˌbron·ze** *f* gun-metal. ~**ˌdon·ner** *m* roar (*od.* boom[ing]) of guns. ~**ex·erˌzie·ren** *n* gun drill. ~**ˌfeu·er** *n* gunfire, shelling. ~**ˌfüh·rer** *m mil.* (No. 1) gunner. ~**harˌpu·ne** *f mar.* gun harpoon. ~**laˌfet·te** *f mil.* gun carriage, gun mount. ~**ˌpark** *m* ordnance park. ~**ˌrohr** *n mil.* gun barrel. ~**ˌstand** *m*, ~**ˌstel·lung** *f* (gun) emplacement, gun position. ~**ˌturm** *m mar. mil.* turret.

Geˈschwa·der *n* ⟨-s; -⟩ *mil.* **1.** *mar.* squadron. **2.** *aer.* group, *Am.* wing. **3.** *fig. colloq. meist in Zssgn* brigade. ~**ˌflug** *m aer. mil.* wing formation flying. ~**kom·moˌdo·re** *m aer. mil.* Air Officer Commanding (*abbr.* A. O. C.), *Am.* wing commander.

Geˈschwa·fel *n* ⟨-s; *no pl*⟩ *colloq.* → **Geschwätz** 2.

geˈschwänzt *adj* **1.** tailed; *mus.* ~**e Note** note with a tail. **2.** *zo.* caudate(d).

Geˈschwätz *n* ⟨-es; *no pl*⟩ *contp.* **1.** (*Schwatzen*) (aimless) talk, chatter, babble, gabble. **2.** (*dummes Gerede*) (foolish) talk, twaddle, drivel, babble, blather; **leeres** ~ *colloq.* hot air, blah-blah. **3.** (*Klatsch*) gossip.

Geˈschwat·ze *n* ⟨-s; *no pl*⟩ → **Geschwätz** 1.

geˈschwät·zig *adj* **1.** (*redselig*) talkative, garrulous, *colloq.* gabby, babbling. **2.** (*klatschend*) gossipy. **2keit** *f* ⟨-; *no pl*⟩ **1.** talkativeness, garrulousness. **2.** gossipiness.

geˈschwe·felt *adj chem. Wein, Öl etc*: sulphuret(t)ed (*bes. Am.* -f-), sulphurated (*bes. Am.* -f-).

geˈschweift *adj* **1.** *tech. etc* curved. **2.** *Stuhl*: bentwood. **3.** *Stern*: tailed. **4.** *math.* ~**e Klammer** brace. **5.** *anat.* curved, caudate(d).

geˈschwei·ge *conj* ~ **(denn)** (**, daß**) not to mention (the fact that), to say nothing of, let alone, much less.

geˈschwellt *adj* **1.** puffed-out, inflated; **vor Stolz** ~ inflated with pride. **2.** *Swiss gastr. Kartoffeln*: boiled.

geˈschwie·gen [-ˈʃviːgən] *pp of* **schweigen.**

geˈschwind I *adj* **1.** *Southern G.* quick, swift; ~ **wie ein Pfeil** swift as an arrow; **mach** ~! be quick!, look sharp! **II** *adv* **2.**

quickly, swiftly, *colloq.* quick, like a flash; **das geht ganz ~** that goes very quickly; **sieh ~ nach, ob** have a (quick) look and see if. **3.** (*im Nu*) *colloq.* in a jiffy.

Ge'schwin·dig·keit *f* ⟨-; -en⟩ **1.** (*Tempo*) speed, pace, rate; **mit e-r ~ von 100 km** at (a speed *od.* pace, rate of) 100 km per hour; **mit großer** (*od.* **hoher**) **~** at (a) high speed; **mit überhöhter ~ fahren** be speeding; **der Wagen hat** (**entwickelt** *od.* **erreicht**) **e-e ~ von** the car has (develops) a speed of, *colloq.* the car makes *100 miles per hour*; **die ~ erhöhen** accelerate, increase one's speed; **die ~ vermindern** (*od.* **herabsetzen**) decelerate, slow (*od.* throttle) down; **an ~ zunehmen** (**verlieren**) gather (*od.* pick up) (lose) speed; **mit voller** (**höchster**) **~** at full (top) speed. **2.** (*Schnelligkeit*) speed, quickness, fastness, swiftness, rapidity, *lit.* celerity, *des Handelns*: *a.* promptness; **~ ist k-e Hexerei** (*Sprichwort*) there is nothing so marvel(l)ous about it. **3.** (*Eile*) haste. **4.** *phys. tech.* a) velocity, speed, rate, b) (*Umdrehungs2*) speed, c) *e-s fallenden Körpers etc*: momentum; **~ des Lichts** (**e-r Strömung**) velocity of light (flow); **relative ~** relative velocity; **mit e-r ~ von** at a velocity (*etc*) of; **an ~ zunehmen** *fallender Körper, Lawine etc*: gather momentum.

Ge'schwin·dig·keits|ˌab̩fall *m* loss in (*od.* of) speed. **~ˌabˌnah·me** *f* speed reduction, deceleration. **~ˌanˌzei·ger** *m* → **Geschwindigkeitsmesser.** **~be·ˌgren·zung** *f mot.* speed limit (*od.* restriction). **~beˌreich** *m* speed range. **~beˌschrän·kung** *f mot.* speed limit. **~ˌgren·ze** *f mot.* speed limit; **die ~ mißachten** (**überschreiten**) disregard (exceed) the speed limit, be speeding. **~kon·ˌtrol·le** *f* speed check. **~ˌmes·ser** *m* **1.** speed indicator (*od.* ga[u]ge). **2.** *mot.* speedometer, tachometer, *colloq.* speedo. **3.** *mar.* log. **~ˌrausch** *m* thrill (*od.* intoxication) of speed; **in e-m ~** drunk with speed. **~ˌreg·ler** *m tech.* speed governor. **~reˌkord** *m* speed record. **~ˌüberˌschrei·tung** *f mot.* speeding (offen/ce, *Am.* -se). **~verˌlust** *m* loss in (*od.* of) speed.

Ge'schwindˌschritt *m mil.* double-quick (step); **im ~** at the double.

Ge'schwirr *n* ⟨-s; *no pl*⟩ → **schwirren** II.

Ge'schwi·ster [-'ʃvɪstər] *n* ⟨-s; -⟩ **1.** *pl* brother and sister, *bes. jur.* sibling *sg*; **hast du ~ zu Hause?** have you got brothers and sisters at home? **2.** *pl* a) brothers, b) sisters. **Ge'schwi·ster·chen** *n* ⟨-s; -⟩ little (*od.* baby) brother (*od.* sister). **Ge'schwi·sterˌkind** *n obs.* **1.** (*Neffe*) nephew. **2.** (*Nichte*) niece. **3.** (*Cousin, Cousine*) first cousin, cousin-german. **ge'schwi·ster·lich** *adj* **1.** (*brüderlich*) brotherly, fraternal. **2.** (*schwesterlich*) sisterly. **3.** *biol.* fraternal, dizygotic.

Ge'schwi·ster|ˌlie·be *f* brotherly (*od.* sisterly) love. **~ˌmord** *m* (*Brudermord*) fratricide; (*Schwestermord*) sororicide. **~ˌmör·der** *m* **1.** fratricide. **2.** sororicide. **~ˌpaar** *n* brother and sister; (*zwei Schwestern*) two sisters *pl*; (*zwei Brüder*) two brothers *pl.* **~ˌteil** *n* sibling.

ge'schwol·len [-'ʃvɔlən] **I** *pp of* **schwellen** I. **II** *adj* **1.** *allg.* swollen (*eyes, etc*). **2.** *med.* a) *Backe, Füße, Mandeln etc*: swollen, tumid, b) (*entzündlich*) inflamed, c) (*aufgeblasen*) inflated. **3.** *bot. zo.* incrassate(d). **4.** *biol.* ventricose. **5.** *fig. contp.* bombastic, pretentious, pompous, *Stil*: *a.* inflated. **2heit** *f* ⟨-; *no pl*⟩ **1.** *med.* swollen state, tumefaction, tumescence. **2.** *fig.* inflatedness, pompousness.

ge'schwom·men [-'ʃvɔmən] *pp of* **schwimmen.**

ge'schwo·ren [-'ʃvoːrən] **I** *pp of* **schwören.** **II** *adj* sworn; **ein ~er Gegner** (**von** *dat*) a sworn enemy (of).

Ge'schwo·re·ne *m, f* ⟨-n; -n⟩ *jur.* **1.** member of a jury, jury member, juror; **~r sein** serve (*od.* sit) on a jury. **2.** *pl* (the) jury *sg*, jurors.

Ge'schwo·re·nen|ˌbank *f* ⟨-; ⸚e⟩ *jur.* jury box. **~geˌricht** *n* → **Schwurgericht.** **~ˌli·ste** *f* (jury) panel.

Ge'schwulst *f* ⟨-; ⸚e⟩ *med.* **1.** (*Anschwellung*) swelling, tumefaction, tumescence. **2.** (*Gewächs*) growth, tumo(u)r; **bösartige** (**gutartige**) **~** malignant (benign) growth. **2ˌar·tig** *adj* tumorous.

ge'schwun·den [-'ʃvʊndən] *pp of* **schwinden.**

ge'schwun·gen [-'ʃvʊŋən] **I** *pp of* **schwingen.** **II** *adj* curved; (**weit**) **~** sweeping.

Ge'schwür [-'ʃvyːr] *n* ⟨-(e)s; -e⟩ **1.** *med.* a) ulcer, b) (*Furunkel*) boil, furuncle, c) abscess, d) (*Dekubitus*) sore; **eiterndes** (*od.* **offenes**) **~** running ulcer; **krebsartiges ~** cancerous ulcer; **~bildung** *f* ulceration; **mit ~en bedeckt** ulcerous. **2.** *fig.* sore, canker. **ge'schwü·rig** *adj* ulcerous.

ge'seg·net *adj* blessed, *lit.* blest; → **Leib** 2, **Mahlzeit.**

Ge'sei·re [-'zaɪrə] *n* ⟨-s; *no pl*⟩ *Yiddish for* **Geschwätz** 2.

Ge'selch·te *n* ⟨-n; *no pl*⟩ *Bavarian for* **Rauchfleisch.**

Ge'sell [-'zɛl] *m* ⟨-en; -en⟩ *archaic for* **Geselle** 1, 2.

Ge'sel·le *m* ⟨-n; -n⟩ **1.** (*Handwerks2*) journeyman. **2.** *colloq.* (*Bursche*) fellow, *bes. Br.* lad, chap, *Am.* guy; **ein lustiger ~** a jolly fellow. **3.** *archaic* (*Gefährte*) companion, mate. **ge'sel·len** [-'zɛlən] *v/reflex* ⟨*pp* **gesellt, h**⟩ *lit.* **sich zu j-m ~** join s. o.; **er gesellt sich gern zu fröhlichen Menschen** he likes to associate with merry people; **zu uns gesellte sich e-e Dame** we were joined by a lady; *fig.* **zu diesem Punkt gesellt sich noch ein zweiter** this point brings up still another; → **gleich** 23.

Ge'sel·len|ˌbrief *m* certificate of apprenticeship. **~ˌjah·re** *pl* journeymanship *sg*, years (spent) as a journeyman. **~ˌprü·fung** *f* (apprentices') final examination. **~ˌstück** *n* prentice work (done to qualify as a journeyman). **~ˌzeit** *f* journeyman's years *pl* of service.

ge'sel·lig *adj* **1.** *a. zo.* social, gregarious; **e-e ~e Natur** a gregarious nature; *humor.* **der Mensch ist ein ~es Tier** man is a gregarious animal. **2.** (*umgänglich*) sociable, companionable, convivial; **~e Freuden** (**Lieder**) convivial joys (songs); → **Beisammensein** 2. **2keit** *f* ⟨-; *no pl*⟩ **1.** (*Umgang*) social life, company. **2.** (*Umgänglichkeit, Gemütlichkeit*) sociableness, companionableness, conviviality.

Ge'sel·lin *f* ⟨-; -nen⟩ **1.** trained woman hairdresser (*etc*), journeywoman. **2.** *archaic* woman companion (*od.* friend).

Ge'sell·schaft *f* ⟨-; -en⟩ **1.** ⟨*only sg*⟩ *sociol.* society; **die menschliche** (**bürgerliche**) **~** human (bourgeois) society. **2.** ⟨*only sg*⟩ (*die führende Schicht*) (upper class) society, *colloq.* (the) upper crust; **die gute** (**beste, vornehme**) **~** *a.* good (*od.* high, the fashionable) society, rank and fashion, high life; **die Spitzen** (**Stützen**) **der ~** the leaders (pillars) of society; **e-e Dame der ~** a society lady, *Am.* a socialite. **3.** ⟨*only sg*⟩ (*Umgang*) company; **in ~ s-r Freunde** in the company of his friends; **sie sucht** (**meidet**) **s-e ~** she seeks (avoids) his company; **das ist k-e** (**passende**) **~ für ihn** he should not mix with such company (*od.* people); **er ist in schlechte ~ geraten** he got into bad company; **j-m ~ leisten** keep s. o. company; **j-m bei e-r Sache ~ leisten** join s. o. in s. th.; **trinken Sie mir zur ~ ein Glas?** will you join me in a drink? **4.** (*geselliges Beisammensein*) party, social gathering, (*Abend2*) *a.* evening (party), soiree; **e-e ~ haben** (*od.* **geben**) give (*od. colloq.* throw) a party, entertain; **auf e-e ~ gehen** go to a party; **ich lernte sie auf e-r ~ kennen** I met her socially (*od.* at a party). **5.** ⟨*only sg*⟩ *contp.* (*Clique*) set, lot, *colloq.* bunch, crowd. **6.** (*Vereinigung*) society; **wissenschaftliche** (**literarische**) **~** scientific (literary) society; *R.C.* **die ~ Jesu** the society of Jesus (*abbr.* SJ). **7.** *jur.* a) (*Körperschaft*) corporation, corporate body, b) (*Verband*) association, union; **rechtsfähige ~** legal corporation. **8.** *econ.* a) company, *bes. Br.* corporation, b) (*Teilhaberschaft*) partnership; **eingetragene ~** registered (*Am.* incorporated) company; **Handlungen** (**Angelegenheiten**) **der ~** corporate acts (affairs). **9.** *zo.* a) *der gleichen Art*: population, b) *verschiedener Arten*: community, c) *verschiedener Tier- u. Pflanzenarten*: biome. **Ge'sell·schaf·ter** *m* ⟨-s; -⟩ **1.** companion; **er ist ein guter ~** he is good (*od.* pleasant) company. **2.** *econ.* partner, associate; **persönlich haftender ~** general (*od.* ordinary) partner; **geschäftsführender ~** managing partner; **stiller ~** dormant (*od.* sleeping, *bes. Am.* silent) partner; **tätiger ~** active partner; **~anteil** *m* (partnership) share. **3.** *econ.* (*Aktionär*) shareholder, *bes. Am.* stockholder. **Ge'sell·schaf·te·rin** *f* ⟨-; -nen⟩ **1.** → **Gesellschafter.** **2.** (*als Angestellte*) (lady) companion. **Ge'sell·schaf·ter·verˌsamm·lung** *f* company meeting. **ge'sell·schaft·lich** **I** *adj* **1.** social (*structure, life, etc*); **j-s ~e Stellung** s. o.'s social position (*od.* rank, status); **~er Umgang** (*od.* **Verkehr**) social intercourse (*od.* life), society; **~e Veranstaltung** social gathering (*od.* event), (social) get-together, social. **2.** *econ.* corporative, *bes. Am.* corporate. **II** *adv* **3.** socially; **die ~ Höher- und Tieferstehenden** the socially superior and inferior; **~ unmöglich werden** be socially disgraced.

Ge'sell·schafts|ˌabend *m* evening (party), soirée, soiree. **~ˌanˌteil** *m econ.* share. **~ˌanˌzug** *m* formal suit (*od.* dress), dress suit. **~ˌda·me** *f* (lady) companion. **2ˌfä·hig** *adj* acceptable in good society, presentable, respectable. **~ˌfahrt** *f* → **Gesellschaftsreise.** **2ˌfeind·lich** *adj* antisocial. **~ˌform** *f* **1.** *pol.* social system, (form of) society. **2.** *econ.* type of company. **~geˌwinn** *m* company (*od.* corporate) profit. **~ˌgrün·der** *m* company founder, (*Gründungsmitglied*) corporator. **~ka·piˌtal** *n econ.* a) capital, b) (*Aktienkapital*) joint stock, share capital, *Am.* capital stock. **~ˌklas·se** *f* (social) class. **~ˌkleid** *n* evening dress (*od.* gown), party dress. **~ˌklei·dung** *f* formal dress, dress clothes *pl.* **~ˌkreis** *m* circle, set. **~kri·ˌtik** *f* social criticism. **2ˌkri·tisch** *adj* sociocritical. **~ˌkun·de** *f ped.* social studies *pl.* **~ˌleh·re** *f* sociology. **~ˌord·nung** *f* social order. **~po·liˌtik** *f* sociopolitics *pl* (*a. als sg konstruiert*); *spezielle*: social policy. **~ˌraum** *m e-s*

Klubs etc: lounge. **~ˌrecht** *n econ.* company law. **~ˌrei·se** *f* party (*od.* package, conducted) tour. **~roˌman** *m* social novel. **~ˌschicht** *f* **1.** (social) class, social stratum. **2.** (*Kreis*) circle, set. **~ˌschul·den** *pl econ.* company (*od.* corporate) debts. **~ˌspiel** *n* parlo(u)r (*od.* sociable) game. **~staˌtut** *n econ. jur.* **1.** *e-r Personalgesellschaft*: deed of partnership. **2.** *e-r Kapitalgesellschaft*: articles *pl* of association (*Am.* corporation). **~ˌsteu·er** *f econ.* corporation tax. **~strukˌtur** *f* social structure. **~ˌstück** *n* **1.** *Literatur*: drawing-room play, social comedy. **2.** *Kunst*: conversation piece. **~ˌstu·fe** *f* social bracket. **~syˌstem** *n pol.* social system. **~ˌtanz** *m* social (*od.* ballroom) dance. **~verˌmö·gen** *n econ.* company assets *pl*, corporate estate (*od.* property). **~verˌtrag** *m* **1.** *hist.* social contract (*od.* compact). **2.** *econ. jur.* → Gesellschaftsstatut 1. **≈ˌwid·rig** *adj* antisocial. **~ˌwis·sen·schaft** *f* **1.** sociology. **2.** *pl* social sciences. **≈ˌwis·sen·schaft·lich** *adj* **1.** sociological. **2.** *DDR ped.* **~es Grundstudium** study of Marxism and Leninism. **~ˌzim·mer** *n* **1.** drawing-room, reception room, parlo(u)r. **2.** *e-s Gasthauses*: parlo(u)r. **~ˌzweck** *m econ.* corporate purpose.

Geˈsenk *n* ⟨-(e)s; -e⟩ **1.** *tech.* a) (*Amboß≈*) swage, b) (*Schmiede≈*) die-forging die, c) (*~block*) die block; **im ~ schmieden** die-forge, drop-forge. **2.** *Bergbau*: (*Blindschacht*) a) *Steinkohle*: staple pit, blind shaft, b) *Erz*: winze, c) (*~bau*) dip workings *pl*. **3.** *Fischerei*: weight, sinker. **~ˌam·boß** *m*, **~ˌblock** *m* ⟨-(e)s; ⸚e⟩ die (*od.* swage) block. **~ˌfrä·ser** *m* die-sinking cutter. **~ˌfräs·maˌschi·ne** *f* die-sinker. **~ˌham·mer** *m* top swage, drop hammer. **~ˌklotz** *m*, **~ˌplat·te** *f* swage block. **~ˌpres·se** *f* drop-forging press. **~ˌschlos·ser** *m* die-maker. **~ˌschmie·de** *f* drop-forge, drop-forging shop. **~ˌschmie·deˌpres·se** *f* drop-forging press. **~ˌstahl** *m* die steel.

geˈsenkt *pp u. adj* **1.** bowed; **mit ~em Kopf, ~en Hauptes** with bowed head. **2.** *econ. Preis*: reduced.

ˈgesˈes, ˈGesˈes *n* ⟨-; -⟩ *mus.* G double flat.

geˈses·sen [-ˈzɛsən] *pp of* **sitzen.**

Geˈsetz *n* ⟨-es; -e⟩ **1.** *jur.* a) (*Rechtsnormen*) law, b) (*Einzel≈*) act, statute, law (**über** *acc* relating to, on, concerning), *pl a.* legislation *sg*; **gegen das ~** against the law, illegal; **gegen das ~ verstoßen** break (*od.* violate, infringe, infract) the law; **im Namen des ~es** in the name of the law; **im Sinne des ~es** within the meaning of the law; **gemäß** (*od.* **nach dem**) **~, laut ~** under the law, by (*od.* in) law, according to law; **kraft ~es** by act of law; **kraft** (*od.* **auf Grund**) **e-s ~es** under (*od.* on the strength of) a law, by (*od.* in) virtue of a law; **das ~ befolgen, sich an das ~ halten** observe (*od.* abide by, obey) the law; **die ~e achtend** law-abiding; **unter ein ~ fallen** come under (*od.* be governed by) a law; **auf dem Boden des ~es** within the law; → **Auge, Hüter** 1 (*etc*). **2.** *parl. pol.* a) (*Gesetzesvorlage*) bill, b) (*Erlaß*) act, enactment; **~e geben** legislate. **3.** (*Prinzip, Natur≈ etc*) law, principle; **die ~e der Natur** the laws of nature; *phys.* **das ~ der Schwerkraft** the law of gravity; **das ~ von Angebot und Nachfrage** the law of supply and demand; *fig.* **das innere** (**ungeschriebene**) **~** the internal (unwritten) law; **die ~e der Dichtkunst** the laws of poetry; **das oberste ~ der Hygiene** the first law (*od.* rule) of hygiene. **4.** *fig.* (*Prinzip des Handelns etc*) rule, principle; **sich** (*dat*) **et. zum obersten ~ machen** make s. th. a cardinal rule; **er bestimmte das ~ des Handelns** he had the initiative, he was in command (of the situation). **5.** *relig.* a) **das ~** the Law, b) (**göttliches ~** divine) law, statute; **kanonisches ~** canon law; **das ~ und die Propheten** the Law and the Prophets; **mosaisches ~** Mosaic law; **das ~ Mose** the Laws *pl* (of Moses).

Geˈsetz|ˌblatt *n* law gazette. **~ˌbuch** *n* code (of law), statute book; **bürgerliches ~** civil code. **~entˌwurf** *m parl.* bill.

Geˈset·zes|ˌanˌtrag *m* → Gesetzesvorlage. **~ˌbre·cher** *m*, **~ˌbre·che·rin** *f* lawbreaker. **~ˌbruch** *m* lawbreaking. **~kon·kurˌrenz** *f jur.* conflict of penal provisions. **~ˌkraft** *f* legal force; **e-r Sache ~ verleihen** enact s. th.; **Verordnung mit ~** statutory order with full force of the law; **~ erlangen** pass into law, become effective; **~ haben** be law, be effective. **~ˌlücke** (*getr.* **-k·k-**) *f* loophole (*od.* gap) in the law. **~ˌsamm·lung** *f* collection of statutes, statute book(s *pl*). **~ˌspra·che** *f jur.* legal language (*od.* terminology), *colloq.* legalese. **~ˌta·fel** *f* **1.** *archeol. antiq.* tabula, law tablet. **2.** *Bibl.* **die ~n** the Tables of the Law. **≈ˌtreu** *adj* law-abiding. **~ˌüber-ˌtre·tung, ~verˌlet·zung** *f* violation (*od.* infraction) of the law, offen/ce (*Am.* -se). **~ˌvorˌla·ge** *f pol.* bill; **e-e ~ einbringen** bring in (*od.* introduce) a bill; **e-e ~ verabschieden** pass a bill. **~ˌvorˌschrift** *f jur.* **1.** legal provision, rule. **2.** (*Gesetz*) statute, act, law.

geˈsetz|ˌge·bend *adj* legislative, lawgiving, lawmaking; **~e Körperschaft** legislative (body), legislature; **~e Gewalt** a) legislative power, b) *als Instanz*: legislation; **~e Versammlung** legislative assembly, legislature. **≈ˌge·ber** *m* **1.** legislator, lawgiver. **2.** (*Staatsorgan*) legislative, legislature; **Absicht des ~s** legislative intent. **~ˌge·be·risch** *adj* legislatorial, legislative. **≈ˌge·bung** *f* ⟨-; *no pl*⟩ **1.** *pol.* a) (*Vorgang*) legislation, (process of) lawgiving, b) (*Körperschaft*) legislature, legislation. **2.** *jur.* (existing) laws *pl*. **≈ˌge·bungsˌnotˌstand** *m* necessity of emergency legislation.

geˈsetz·lich I *adj* **1.** *jur. allg.* legal, (*~ vorgeschrieben*) *a.* statutory, (*dem Gesetz entsprechend*) *a.* lawful, (*mit berechtigtem Anspruch auf et.*) legitimate; **nicht ~** → **ungesetzlich**; **~er Feiertag** (**Vertreter**) legal holiday (representative); **~e Zinsen** statutory interest *sg*; **~es Zahlungsmittel** legal tender, lawful money; **~es Mindestalter** legal age; **~e Forderung** legitimate (*od.* legal) claim; **~e Erbfolge** intestate succession. **2.** *pol.* legislative. **II** *adv* **3.** legally, lawfully, by law, according to law; **~ strafbar** punishable by law; **~ vorgeschrieben** provided (*od.* required) by law, legal (*reserves, etc*). **4.** *econ. jur.* **~ geschützt** *allg.* protected (by law), *Erfindung etc*: *a.* patented, *Warenzeichen etc*: *a.* registered, *bes. literarisches Werk*: *a.* copyright; **~ schützen lassen** have *s. th.* protected (*od.* patented, *etc*), copyright (*a book, etc*). **≈keit** *f* ⟨-; *no pl*⟩ *jur.* a) legality, b) lawfulness, c) legitimacy.

geˈsetz|los *adj* **1.** lawless. **2.** anarchic(al). **≈lo·sig·keit** *f* ⟨-; *no pl*⟩ **1.** lawlessness. **2.** anarchy. **~ˌmä·ßig I** *adj* **1.** *jur.* lawful, legal, legitimate; **~er Erbe** legal heir. **2.** *pol.* constitutional. **3.** *fig.* regular, following a set pattern, based on a principle (*od.* law). **II** *adv* **4.** *jur.* legally (*etc*), according to law, by (*od.* in) law. **5.** *fig.* regularly (*etc*; *cf.* 3). **≈ˌmä·ßig·keit** *f* ⟨-; -en⟩ **1.** *jur.* lawfulness, legality, legitimacy, legitimateness. **2.** *fig.* a) regularity, b) law. **≈ˌsamm·lung** *f* → Gesetzessammlung.

geˈsetzt I *pp u. adj* **1.** (*ruhig, stetig*) steady, solid, settled; **er ist ~er geworden** he has settled down somewhat. **2.** (*ruhig, ernsthaft*) sedate, staid. **3.** (*nüchtern*) sober. **4.** (*würdig, ernst*) grave, dignified. **5.** (*älter, reif*) mature; **~es Alter** mature age, age of sobriety; **Herren in ~em Alter** elderly gentlemen. **6.** (*matronenhaft*) matronly. **7.** *Sport*: seeded; **~er Spieler** *a.* seed. **II** *conj* **8. ~ den Fall** (, **daß**) assuming (*od.* supposing) (that); **~ den Fall, es sei wahr** suppose (*od.* supposing) it were (*od.* it to be) true; **~ den Fall, es regnet** suppose (*od.* in case) it rains.

Geˈsetzˌta·fel *f* → Gesetzestafel.

geˈsetz·tenˈfalls *conj* → gesetzt 8.

Geˈsetzt·heit *f* ⟨-; *no pl*⟩ **1.** steadiness, solidness. **2.** sedateness, staidness. **3.** sobriety. **4.** gravity. **5.** maturity.

Geˈsetz|ˌüberˌtre·tung *f* → Gesetzesübertretung. **≈ˌwid·rig** *adj jur.* illegal, unlawful, wrongful, illicit. **~ˌwid·rig·keit** *f* ⟨-; -en⟩ **1.** ⟨*only sg*⟩ unlawfulness, illegality. **2.** illegality, illegal (*od.* unlawful) act, offen/ce (*Am.* -se).

Geˈseuf·ze *n* ⟨-s; *no pl*⟩ *colloq.* (constant) sighing.

geˈsi·chert *pp u. adj* **1.** (**vor** *dat*, **gegen**) secured (against), protected (from), safe (from); **~es Einkommen** (**~e Existenz**) secured income (existence); *econ.* **~e Anleihe** secured loan. **2.** *tech.* secured, *Schußwaffe*: at safe.

Geˈsicht[1] *n* ⟨-(e)s; -er⟩ **1.** face (*a. zo.*), *lit.* countenance; *fig. colloq.* **fremde ~er** strange faces, strangers; **er ist dem Vater wie aus dem ~ geschnitten** he is the very (*od. colloq.* spitting) image of his father, he's a chip of the old block; **j-m ins ~** (**hinein**) **lügen** lie to s. o.'s face; **j-m ins ~ schlagen** strike s. o. in the face, slap s. o.'s face; *fig.* **e-r Sache ins ~ schlagen** conflict (*od.* clash) with s. th., flatly contradict s. th.; **e-r Tatsache**: belie a fact; **ein Schlag ins ~** *a. fig.* a blow in the face; **j-m ins ~ spucken** (**lachen**) spit (laugh) s. o. in the face; *fig.* **j-m et. ins ~ schleudern** fling s. th. in s. o.'s teeth; **j-m et. ins ~ sagen** say s. th. to s. o.'s face; **j-m ins ~ sehen** look s. o. in the face; **den Tatsachen** (**der Gefahr**) **ins ~ sehen** look the facts (danger) in the face, face (up to) the facts (danger); **mit dem ~ nach oben** (**unten**) **liegend** supine (prone); *colloq.* **übers ganze ~ grinsen** grin from ear to ear; **der Hut steht Ihnen zu ~** the hat suits you; *fig.* **es steht e-m Staatsmann schlecht zu ~** it ill becomes (*od.* befits) a statesman; **et.** (**j-n**) **zu ~ bekommen** catch sight (*od. kurz*: a glimpse) of s. th. (s. o.), see s. th. (s. o.); **ich habe ihn seither nicht zu ~ bekommen** I haven't laid eyes on him since; **et.** (**j-n**) **aus dem ~ verlieren** lose sight of s. th. (s. o.); **das steht ihm ins ~ geschrieben** it's written all over his face; **sein wahres ~ zeigen** show one's true face; *fig.* **das ~ wahren** save one's face; **das ~ verlieren** lose face; **ein Versuch, das ~ zu wahren** a face-saving attempt. **2.** (*Miene*) face, look, mien; **er machte ein langes ~, als** he made a long face (*od.* his face fell) when; *colloq.* **er machte ein ~ wie drei** (*od.* **sieben**) **Tage Regenwetter** (*od.* **als wäre ihm die Petersilie verhagelt**) he looked woebegone, he had a real hangdog look; **was machst du für ein ~?** what's that look on your face?; **ein böses ~ machen** look angry, scowl, glower; **ein schiefes ~ ziehen** make a (wry) face; **ein anderes (strenges) ~ aufsetzen** take on a different (severe) look. **3.** (*Gesichtsbildung, -züge*) physiognomy, features *pl.* **4.** (*Grimasse*) face; **~er machen** (*od.* **schneiden**) make (*od.* pull) faces, grimace, *colloq.* mug; **j-m ~er schneiden** make faces at s. o. **5.** *fig.* aspect, complexion; **das gibt der Sache ein anderes ~** that puts a different complexion (*od.* face) on the matter; **dadurch hat die Sache ein anderes ~ bekommen** this has changed things entirely. **6.** ⟨*only sg*⟩ *fig.* (*Sehvermögen*) (eye)sight; **das zweite ~ haben** have second sight.

Ge'sicht^2 *n* ⟨-(e)s; -e⟩ vision; **~e haben** have visions.

Ge'sichts|ˌabˌguß *m* mask (of s. o.'s face). **~ˌausˌdruck** *m* (facial) expression, look. **~beˌhand·lung** *f Kosmetik*: (facial) treatment, *colloq.* facial. **~ˌbil·dung** *f* features *pl*, physiognomy. **~ˌbin·de** *f med.* (surgeon's) mask. **~ˌbrand** *m med.* noma. **~ˌcreme** *f* face-cream. **~ˌfar·be** *f* complexion, colo(u)r (of the face); **von heller (dunkler) ~** light- (*od.* fair-) (dark-)complexioned. **~ˌfeld** *n* field (*od.* range) of vision, visual field. **~ˌhälf·te** *f* side (of the face). **~ˌhaut** *f* facial skin. **~ˌhe·bung** *f med.* face-lift(ing). **~ˌin·dex** *m* facial index. **~ˌkrampf** *m* facial spasm (*od.* tic). **~ˌkreis** *m* **1.** → **Gesichtsfeld. 2.** sight; **aus dem ~ verschwinden** disappear from sight; **er ist ganz aus m-m ~ entschwunden** I have lost track of him completely; **in den ~ treten** come into view; *fig.* **in j-s ~ treten** come into s. o.'s life. **3.** *astr.* horizon. **4.** *obs.* (one's) horizon; **s-n ~ erweitern** broaden one's mind (*od.* outlook). **~ˌläh·mung** *f* facial paralysis. **~ˌli·nie** *f* **1.** facial line. **2.** *opt.* line of vision, visual line. **3.** *astr.* line of sight. **2los** *adj fig.* **1.** *Menschenmasse etc*: faceless. **2.** (*nichtssagend*) characterless. **~ˌmas·ke** *f* **1.** mask. **2.** *des Chirurgen etc*: (face) mask. **3.** (*Schutzmaske*) face guard (*od.* shield), protective mask. **4.** *fenc.* (fencing) mask. **5.** *Kosmetik*: face pack. **~masˌsa·ge** *f* facial massage, *colloq.* facial. **~ˌmilch** *f* facial milk. **~ˌmus·kel** *m* facial muscle. **~ˌnerv** *m* facial nerve. **~ope·ra·tiˌon** *f* **1.** operation on the face. **2.** (*Schönheitsoperation*) cosmetic plastic surgery, (*Straffung*) face-lift(ing). **~ˌpackung** (*getr.* **-k·k-**) *f* face pack. **~ˌpfle·ge** *f* care of the face. **~ˌpla·stik** *f med.* (facial) plastic surgery, facioplasty. **~ˌpu·der** *m* face powder. **~ˌpunkt** *m* **1.** point of view, viewpoint, angle, aspect, approach, (*Beweggrund*) motive, (*Faktor*) factor; **er geht von e-m anderen ~ aus** he has a different approach; **das ist ein ~** a) that's one point of view, b) there is s. th. in that, you have got a point there; **von diesem ~ aus (gesehen), unter diesem ~ (gesehen)** (seen) from this point of view; **nach praktischen ~en** from a practical point of view. **2.** *opt.* visual point. **~ˌro·se** *f med.* facial erysipelas. **~ˌschä·del** *m zo.* viscerocranium. **~ˌschmerz** *m* facial neuralgia. **~ˌschnitt** *m* ⟨-(e)s; *no pl*⟩ cast of features. **~ˌsei·fe** *f* face (*od.* facial) soap. **~ˌsinn** *m* vision, eyesight. **~ˌstraf·fung** *f* face-lift(ing). **~ˌur·ne** *f archeol.* face urn, canopic jar. **~verˌlet·zung** *f* facial injury. **~ˌwas·ser** *n* face lotion. **~ˌwei·te** *f* range of vision. **~ˌwin·kel** *m* **1.** *physiol.* facial angle. **2.** *opt.* visual angle. **3.** *fig.* → **Gesichtspunkt** 1. **~ˌzug** *m meist pl* feature, lineament.

Ge'sims *n* ⟨-es; -e⟩ **1.** *arch.* a) (*Zierleiste*) mo(u)lding, b) (*Dach2*) eaves *pl*, cornice, c) (*Kamin2*) mantelpiece, d) (*Fenster2*) sill. **2.** *geol.* ledge, shelf.

Ge'sin·de [-'zɪndə] *n* ⟨-s; *no pl*⟩ *archaic* **1.** (domestic) servants *pl*, domestics *pl*. **2.** *agr.* farmhands *pl*.

Ge'sin·del [-'zɪndəl] *n* ⟨-s; *no pl*⟩ *contp.* rabble, riff-raff, trash, scum, (*Schurken*) scoundrels *pl*.

Ge'sin·ge *n* ⟨-s; *no pl*⟩ *colloq.* constant (*od.* awful) singing.

ge'sinnt [-'zɪnt] *adj* **1.** *liberal etc*: minded, oriented; **anders ~ sein als j-d** be of a different mind (*od.* opinion) from s. o., have (*od.* hold) different views from s. o.; **sozial ~** social-minded; **kommunistisch ~** communist. **2.** *freundschaftlich etc*: disposed; **j-m feindlich ~** ill-disposed (*od.* hostile) to(wards) s. o.; **er ist mir gut ~** he is well disposed toward(s) me.

Ge'sin·nung [-'zɪnʊŋ] *f* ⟨-; -en⟩ **1.** (*Mentalität*) mentality, mind; **e-e niedere (*od.* gemeine) ~ haben** be base-minded, be mean; **edle ~** noble-mindedness. **2.** (*Charakter*) character, nature; **von anständiger (*od.* redlicher) ~ sein** have an honest character, be an honest (*od.* upright) man. **3.** (*Denkart*) *liberal, etc* way of thinking, turn of mind. **4.** (*Haltung*) *friendly, etc* attitude. **5.** (*Überzeugung*) conviction(s *pl*), persuasion, sentiments *pl*, views *pl*; **treue ~** loyalty; **patriotische ~** patriotism; **er zeigte s-e wahre ~** he revealed his true sentiments, he showed his true colo(u)rs; **s-e ~ wechseln** a) change one's opinion, b) *pol.* change sides.

Ge'sin·nungs|geˌnos·se *m*, **~geˌnos·sin** *f* **1.** like-minded person, person of the same convictions. **2.** (*Anhänger*) partisan, adherent, supporter. **3.** (*Parteifreund etc*) fellow(-member), friend. **2los** *adj* **1.** unprincipled, of bad character. **2.** (*treulos*) disloyal. **~lo·sig·keit** *f* ⟨-; *no pl*⟩ **1.** lack of character (*od.* principles). **2.** disloyalty. **~ˌlump** *m colloq. contp.* time-server, *sl.* rat. **~lum·pe'rei** [-ˌzɪnʊŋs-] *f* time-serving. **~schnüf·feˌlei** *f pol. contp.* ideological spying, Mc Carthyism. **~ˌtä·ter** *m* → **Überzeugungstäter. 2treu** *adj* loyal. **~ˌtreue** *f* loyalty. **~ˌwan·del, ~ˌwech·sel** *m* change of heart (*od.* front), *bes. pol.* volte-face, about-face, *bes. Am.* turnabout.

ge'sit·tet [-'zɪtət] **I** *adj* **1.** civilized. **2.** (*wohlerzogen*) well-bred, well-mannered. **3.** (*fein, höflich*) polite, gentlemanlike. **II** *adv* **4. sich ~ betragen (*od.* benehmen)** behave in a civilized manner, be well-mannered. **Ge'sit·tung** [-'zɪtʊŋ] *f* ⟨-; *no pl*⟩ **1.** good manners *pl*. **2.** *e-s Volkes*: civilization.

Ge'socks [-'zɔks] *n* ⟨-; *no pl*⟩ *contp. sl. for* **Gesindel.**

Ge'söff [-'zœf] *n* ⟨-(e)s; -e⟩ *sl. contp.* awful stuff, dishwater, (*Fusel*) rotgut, *Am. a.* hooch.

ge'sof·fen [-'zɔfən] *pp of* **saufen.**

ge'so·gen [-'zo:gən] *pp of* **saugen.**

ge'son·dert I *pp of* **sondern**^{2}. **II** *adj* (*getrennt*) separate(d). **III** *adv* **et. ~ behandeln** deal with s. th. separately.

ge'son·nen [-'zɔnən] **I** *pp of* **sinnen. II** *adj* **~ sein, et. zu tun** a) be willing (*od.* prepared) to do s. th., b) have in mind (*od.* intend, propose) to do s. th., *stärker*: be resolved (*od.* determined) to do s. th.

ge'sot·ten [-'zɔtən] *pp of* **sieden. Ge'sot·te·ne** *n* ⟨-n; *no pl*⟩ *gastr.* boiled meat(s *pl*).

ge'spal·ten I *pp of* **spalten. II** *adj* **1.** *Holz etc*: split. **2.** (*rissig*) fissured. **3.** *psych.* split, schizoid (*personality, etc*). **4.** *zo. Huf etc*: clefted, cloven, fissured. **5.** *ling. Infinitiv*: split. **6.** *med. Gaumen*: cleft. **7.** *fig.* split, divided (*party, land, etc*).

Ge'spann *n* ⟨-(e)s; -e⟩ **1.** (*Pferde2 etc*) team, *Am. a.* span. **2.** (*Fuhrwerk*) (horse-drawn) carriage, horse(s) and carriage, turn-out, *Am. colloq.* rig. **3.** (*Motorrad mit Beiwagen*) (sidecar) combination; **Rennen für ~e** sidecar race. **4.** *fig. colloq.* (*Paar*) pair, couple, duo; **ungleiches ~** incongruous pair; **die beiden geben ein gutes ~ ab** they make a good team. **~ˌfüh·rer** *m* teamster. **~ˌguß** *m tech.* group teeming. **~ˌklas·se** *f mot.* sidecar class.

ge'spannt I *pp u. adj* **1.** *Seil, Muskel etc*: taut, tight, tense. **2.** *fig. Atmosphäre, Beziehungen, Lage etc*: strained, tense; **sie lebt (*od.* steht) mit ihm auf ~em Fuße** she is on bad terms with him. **3.** *fig. Aufmerksamkeit etc*: close, intent. **4.** *fig.* a) (*an~*) tense, b) (*begierig*) eager, anxious, keen, c) (*erwartungsvoll*) expectant, d) (*neugierig*) curious; **sehr ~ sein** be terribly excited, be in suspense, be on tenterhooks, be all agog; **~ auf et. (j-n) sein** be looking forward eagerly (*od.* anxiously, keenly) to s. th. (to seeing s. o.), be anxious to see s. th. (s. o.), be curious about s. th. (s. o.); **ich bin ~, ob** I wonder (*od.* I'd like to know, I'm anxious to know) whether; **auf ihn bin ich ja ~** I wonder what he is like, *stärker*: I am anxious (*od.* dying) to see him; → **Regenschirm. 5.** *ling.* a) *Vokal*: tense, close, b) *Konsonant*: tense, strong. **II** *adv* **6.** *zuhören, zusehen etc*: closely, intently; **j-m ~ lauschen** *a.* hang on s. o.'s lips. **7.** eagerly, anxiously, keenly; (*erwartungsvoll*) expectantly; **~ auf das Ergebnis der Wahl warten** wait eagerly for the result of the election. **2heit** *f* ⟨-; *no pl*⟩ **1.** tightness, tension, tautness. **2.** *fig. der Beziehungen etc*: tension (*a. nervliche ~*), tenseness. **3.** *fig. der Aufmerksamkeit*: intentness, intensity. **4.** *fig.* strained relations *pl* (**zu** with).

Ge'spenst [-'ʃpɛnst] *n* ⟨-es; -er⟩ **1.** (*Geist*) ghost, spirit, spect/re (*Am.* -er), *colloq.* spook; **in dem Schloß geht ein ~ um** the castle is haunted; *fig.* **er sieht aus wie ein ~** he looks like a ghost. **2.** (*Trugbild*) phantom, apparition; *colloq.* **du siehst ja ~er** a) you are seeing things, b) *fig.* you are just imagining it. **3.** *fig.* (*Gefahr*) spect/re (*Am.* -er) (**des Krieges** *etc* of war, *etc*), nightmare.

Ge'spen·ster|geˌschich·te *f* ghost story. **2haft** *adj* **1.** ghostlike, ghostly, spectral, *colloq.* spooky. **2.** *Anblick, Licht etc*: ghastly, lurid, eerie.

ge'spen·stern [-'ʃpɛnstərn] *v/i* ⟨*pp* **gespenstert**, h⟩ → **geistern.**

Ge'spen·ster|ˌschiff *n* phantom ship. **~ˌstun·de** *f* witching hour.

Ge'spenstˌheuˌschrecke (*getr.* **-k·k-**) *f zo.* **1.** stick insect. **2.** leaf insect.

ge'spen·stig, ge'spen·stisch *adj* → **gespensterhaft.**

ge'sperrt I *pp u. adj* **1.** barred, closed (**für** to); **für den Verkehr ~** closed to all vehicles. **2.** *econ. Guthaben*: blocked. **3.** *tech.* a) *Schloß*: locked, b) *gegenseitig*: interlocked. **4.** *print. Druck*: spaced. **5.** *Sport*: a) *Spieler*: suspended, b) (*behindert*) obstructed. **II** *adv* **6.** *print.* **~ gedruckt** set in spaced type, spaced out.

ge'spickt I *pp of* **spicken**^{1} *u.* ^{2}. **II** *adj* **1.** *gastr.* larded. **2.** *fig. Rede etc*: **(mit)** interlarded (with), full (of). **3.** *fig.* **mit Pfeilen (Fehlern** *etc***) ~** bristling with arrows (mistakes, *etc*). **III** *adv* **4.** ~ **voll mit** stuffed (*od.* bursting) with.

geˈspie·en [-ˈʃpiːən] *pp of* **speien.**

Geˈspie·le[1] *m* ⟨-n; -n⟩ *lit.* playmate.

Geˈspie·le[2] *n* ⟨-s; *no pl*⟩ *colloq.* (constant) playing.

Geˈspie·lin *f* ⟨-; -nen⟩ *lit.* playmate.

Geˈspinst [-ˈʃpɪnst] *n* ⟨-es; -e⟩ **1.** spun yarn (*od.* thread). **2.** (*Gewebe*) web, tissue; **seidenes** ~ silken tissue; *fig.* **ein ~ von Lügen** a tissue of lies. **3.** *zo.* a) *der Raupe*: cocoon, b) *der Spinne*: web. **~ˌfa·ser** *f* textile fib/re (*Am.* -er). **~ˌpflan·ze** *f bot.* textile plant.

geˈspon·nen [-ˈʃpɔnən] *pp of* **spinnen.**

Geˈspons[1] [-ˈʃpɔns] *m* ⟨-es; -e⟩ *humor. for* a) **Ehegespons** 1, b) **Bräutigam.**

Geˈspons[2] *n* ⟨-es; -e⟩ *humor. for* a) **Ehegespons** 2, b) **Braut.**

geˈspornt *adj* spurred (*a. bot.*); → **gestiefelt.**

Geˈspött [-ˈʃpœt] *n* ⟨-(e)s; *no pl*⟩ **1.** (*Spott*) ridicule, mockery, scoffing, jeers *pl*; **sein ~ treiben mit** deride, ridicule, mock (*od.* scoff) at, make a mockery of. **2.** (*Gegenstand des Spottes*) object of derision (*od.* ridicule), laughingstock; **j-n zum ~ machen** make a laughingstock of s. o., hold s. o. up to ridicule; **sich zum ~ machen** make a fool of o. s., lay o. s. open to ridicule; **zum ~ der Leute** (*od.* **Welt**) **werden** become the laughingstock of everybody. **Geˈspöt·tel** *n* ⟨-s; *no pl*⟩ *colloq.* (constant) scoffing (*od.* mocking).

Geˈspräch [-ˈʃprɛːç] *n* ⟨-(e)s; -e⟩ **1.** conversation, talk, (*Zwie*♀) *a.* dialog(ue *Br.*), (*intensives* ~) discussion, discourse, (*gelehrtes* ~) colloquy; **mit j-m ein ~ anfangen** (**anknüpfen**) open (strike up) a conversation with s. o.; (**mit j-m**) **ein ~ führen** carry on (*od.* have, hold) a conversation (with s. o.), have a talk (with s. o.), talk (to s. o.); **mit j-m ins ~ kommen** a) enter into (*od.* start, engage in) a conversation with s. o., get talking to s. o., b) *fig.* establish (*od.* make) contact with s. o.; **mit j-m im ~ bleiben** stay (*od.* keep) in contact (*od.* touch) with s. o.; **et. bleibt** (**weiterhin**) **im ~** s. th. remains under discussion; **sein Erfolg ist überall im ~** his success is being talked about everywhere; **j-n ins ~ ziehen** draw s. o. into conversation; **das ~ auf e-e Sache bringen** lead (*od.* steer) the conversation (a)round to s. th., bring up (*od.* introduce, broach) a subject; **in ein ~ vertieft sein** be deep in conversation. **2.** *pol.* talk; **~e am runden Tisch** round-table talks; **~e auf höchster Ebene** talks at the highest level, summit talks. **3.** (*öffentlich Besprochenes*) talk; *er, es ist* **das ~ der ganzen Stadt** the talk of the town. **4.** (*Telephon*♀) a) (*Anruf*) (telephone) call, b) telephone conversation.

geˈsprä·chig *adj* **1.** talkative, loquacious, voluble, *colloq.* chatty; **der Alkohol hatte ihn ~ gemacht** the alcohol had loosened his tongue. **2.** (*mitteilsam*) communicative. **♀keit** *f* ⟨-; *no pl*⟩ **1.** talkativeness, loquacity, *colloq.* chattiness. **2.** communicativeness.

Geˈsprächs|ˌanˌmel·dung *f teleph.* booking (*Am.* placing) of a call. **~ˌdau·er** *f* duration of a call. **~ˌeinˌheit** *f* call unit. **~ˌfet·zen** *pl* snatches of conversation. **~ˌform** *f e-s Romans etc*: interlocutory form; **in ~** in the form of a dialog(ue *Br.*) (*od.* conversation). **~ˌge·genˌstand** *m* topic (*od.* subject) (of conversation). **~ˌlei·ter** *m TV etc* discussion leader. **~ˌpart·ner** *m*, **~ˌpart·ne·rin** *f* interlocutor; **ich hatte e-n sehr interessanten ~** I had a very interesting person to talk to. **~ˌpau·se** *f* lull in (the) conversation. **~ˌrun·de** *f pol.* round of talks. **~ˌstoff** *m* topic(s *pl*) of conversation; **et. gibt e-n ~ ab, et. liefert** (*od.* **bildet**) **e-n ~** s. th. furnishes (*od.* provides) a topic for conversation; **wir hatten genügend ~** we had enough to talk about. **~ˌthe·ma** *n* → **Gesprächsgegenstand.** **♀ˌwei·se** *adv* **1.** conversationally. **2.** in the course of (the) conversation, in talk. **3.** (*vom Hörensagen*) by hearsay.

geˈspreizt *adj* **1.** *Arme, Flügel etc*: outstretched, outspread, extended. **2.** *Beine*: spread(-out), (spread) wide apart; **mit ~en Beinen, die Beine** (*über et.*) **~** legs astraddle, (with legs) astride. **3.** *Finger, Zehen etc*: splay(ed). **4.** *bes. bot. zo.* spreading, divaricate. **5.** *fig. Benehmen etc*: pompous, affected, *Stil*: *a.* stilted. **♀heit** *f* ⟨-; *no pl*⟩ *fig.* pompousness, affectation, stiltedness.

geˈspren·kelt *adj* **1.** speckled, spotted. **2.** (*gescheckt*) mottled, dappled. **3.** *Stein etc*: marbled.

Geˈsprit·ze *n* ⟨-s; *no pl*⟩ *colloq.* splashing.

geˈspritzt *pp u. adj colloq. Wein, Apfelsaft*: (mixed) with soda water, with a splash. **Geˈspritz·te** *m* ⟨-n; -n⟩ *Bavarian and Austrian* wine mixed with soda water.

geˈspro·chen [-ˈʃprɔxən] **I** *pp of* **sprechen.** **II** *adj Sprache etc*: spoken.

geˈspros·sen *pp of* **sprießen.**

geˈsprun·gen [-ˈʃprʊŋən] *pp of* **springen**[1] *u.* [2].

Geˈspür *n* ⟨-s; *no pl*⟩ **1.** flair, *colloq.* nose; **ein feines ~** (**für et.**) *a.* an antenna (for s. th.). **2.** (*Spürsinn*) flair. **3.** (*Verständnis*) understanding, comprehension.

Gest [gɛst] *m* ⟨-(e)s; *no pl*⟩, *f* ⟨-; *no pl*⟩ *Low G.* yeast.

Geˈsta·de [-ˈʃtaːdə] *n* ⟨-s; -⟩ *lit. e-s Sees, Meeres*: shore; (*Küste*) coast; *e-s Flusses*: bank.

geˈstaf·felt *pp u. adj* **1.** *Anordnung etc, a. tech.* staggered. **2.** *mil.* echelon(ed). **3.** *econ. Preise, Steuern, Zinsen etc*: graduated.

Geˈstalt [-ˈʃtalt] *f* ⟨-; -en⟩ **1.** (*äußere Form*) shape, form, appearance; **es hat die ~ e-s Kegels** it has the shape of a cone, it is conical (in shape); *fig.* **der Plan nahm allmählich** (**feste**) **~ an** the plan was gradually taking shape; **e-r Sache ~ geben** give s. th. shape. **2.** ⟨*only sg*⟩ (*Körperbau*) figure, build, frame, stature; **er ist von hagerer ~** he has a gaunt figure, he is gaunt. **3.** (*bes. undeutliche Erscheinung*) form, shape, (*Person*) *a.* figure. **4.** (*Verkörperung*) form, shape, *lit.* guise; **in** (**der**) **~ von** (*od.* **der**) in the form (*od.* shape) of, (*verkleidet als, a. fig.*) in the guise of (*the devil, etc*); **Hilfe in ~ von Geld** aid in the form of money, financial aid; **Zeus nahm die ~ e-s Schwanes an** Zeus assumed (*od.* took on) the form of a swan; *fig.* **sich in s-r wahren ~ zeigen** show (o. s. in) one's true colo(u)rs, reveal one's true character. **5.** (*Roman*♀ *etc*) figure, character, person. **6.** (*Persönlichkeit*) figure, person(ality); **er war e-e der bedeutendsten ~en der Reformation** he was one of the most important figures of the Reformation. **7.** *colloq. contp.* (*Person*) figure, type, character; **e-e komische ~** a funny figure; **dunkle ~en** shady characters. **8.** ⟨*only sg*⟩ *relig.* **das Abendmahl in beiderlei ~** communion in both kinds. **9.** *psych.* gestalt.

geˈstal·ten [-ˈʃtaltən] **I** *v/t* ⟨*pp* **gestaltet, h**⟩ **1.** (*Fest etc*) arrange, organize. **2.** make, render; **et. abwechslungsreich ~** give variety to s. th., diversify (*od.* vary) s. th., liven s. th. up; **et. dramatisch ~** make s. th. dramatic, dramatize s. th.; **et. zu e-m Erfolg** (*etc*) **~** make a success (*etc*) out of s. th., turn s. th. into a success (*etc*). **3.** (*Ideen, Sätze etc*) form, frame. **4.** (*entwerfen*) design, plan; **et. künstlerisch ~** design s. th. artistically. **5.** (*Raum etc*) decorate. **6.** (*Kunstwerk*) create, produce. **7.** (*formen*) form, shape, fashion. **II** *v/reflex* **sich ~** **8.** (*sich entwickeln*) develop, (turn out to) be, turn out, work out, prove; **sich gut** (*etc*) **~** go well (*etc*), work (*od.* turn out) well (*etc*); **sich zu e-m Erfolg ~** be(come) a success, turn out (*od.* prove) (to be) a success; **sich schwierig ~** (turn out to) be difficult; **die Sache gestaltete sich anders, als wir erwartet hatten** the affair turned out differently from what we had expected; **die Fragen ~ sich anders für uns als für unsere Eltern** these problems present themselves differently to us than to our parents. **9.** (*Gestalt annehmen*) take shape. **III ♀** *n* ⟨-s⟩ **10.** arranging (*etc*). **11.** → **Gestaltung.** **Geˈstal·ter** *m* ⟨-s; -⟩, **Geˈstal·te·rin** *f* ⟨-; -nen⟩ **1.** shaper, mo(u)lder. **2.** *e-r Veranstaltung etc*: organizer. **3.** *e-s Kunstwerks etc*: creator. **4.** *tech.* designer, stylist. **geˈstal·te·risch** *adj* **1.** *Kräfte etc*: formative. **2.** *Tätigkeit etc*: creative. **3.** (*formgeberisch*) (of) design, designing, stylistic. **4.** (*künstlerisch*) artistic.

Geˈstalt|geˌset·ze *pl psych.* gestalt laws. **~ˌleh·re** *f* morphology. **♀los** *adj* shapeless, amorphous. **~lo·sig·keit** *f* ⟨-; *no pl*⟩ shapelessness, amorphousness. **~psy·cho·loˌgie, ~theoˌrie** *f psych.* gestalt psychology (*od.* theory), gestaltism.

Geˈstal·tung *f* ⟨-; -en⟩ **1.** → **gestalten** 10. **2.** *e-s Festes, der Freizeit etc*: arrangement, organization, programming. **3.** (*Entwurf*) design; **künstlerische ~** a) artistic design, b) *e-s Programms etc*: artistic direction, (*Darbietung*) presentation. **4.** *e-s Raums etc*: decoration. **5.** *e-s Kunstwerks*: creation, production. **6.** (*Formung*) formation. **7.** (*Form*) form; **die dramatische ~** *e-s Stoffes* the dramatic form (*od.* treatment). **8.** *thea. e-r Rolle*: creating. **9.** *print.* presentation.

geˈstal·tungs|ˌfä·hig *adj Material*: shap(e)able, plastic. **♀ˌkraft** *f* creative power (*od.* genius), creativity. **♀ˌtrieb** *m* (creative) drive (*od.* urge).

geˈstalt|verˌän·dernd *adj biol.* metamorphic. **♀verˌän·de·rung** *f*, **♀ˌwan·del** *m* transformation, metamorphosis.

Geˈstam·mel *n* ⟨-s; *no pl*⟩ stammering, stuttering.

Geˈstamp·fe *n* ⟨-s; *no pl*⟩ → **Getrampel.**

geˈstan·den[1] [-ˈʃtandən] **I** *pp of* **stehen.** **II** *adj Southern G.* **ein ~er Mann** a man who has made his mark (in life), *Bavarian* a stalwart (fellow); **ein ~es Mannsbild** a fine figure of a man.

geˈstan·den[2] *pp of* **gestehen.**

geˈstän·dig *adj* ⟨*meist pred*⟩ confessing (*od.* admitting) one's guilt, pleading guilty; **der Mörder ist ~** the murderer has confessed; **e-r Sache ~ sein** confess s. th.

Geˈständ·nis [-ˈʃtɛntnɪs] *n* ⟨-ses; -se⟩ **1.** confession (*a. jur.*), (*Ein*♀) admission; **ein** (**volles**) **~ ablegen** confess, make a (full) confession, *sl.* come clean, *colloq.* make a clean breast of it; **j-m ein ~ machen** confess s. th. to s. o.; *colloq.* **ich muß dir ein ~ machen** I have s. th. to confess to you. **2.** (*Bekenntnis*) avowal.

Ge'stän·ge [-ˈʃtɛŋə] *n* ⟨-s; -⟩ **1.** *e-s Betts etc*: bars *pl*. **2.** *tech*. a) rod(s *pl*), bar(s *pl*), pole(s *pl*), b) (*Mechanismus*) (rod) linkage, lever system, gear, c) (*Bohr*≗) drill pipe. **3.** *hunt*. antlers *pl*. **~ˌbrem·se** *f mot*. (rod-)linkage brake.

Ge'stank *m* ⟨-(e)s; *no pl*⟩ stench, stink.

Ge·sta·po [geˈstaːpo] *f* ⟨-; *no pl*⟩ *pol. in NS-Zeit*: gestapo.

ge'stat·ten [-ˈʃtatən] *v/t* ⟨*pp* **gestattet, h**⟩ **1.** allow, permit, (*dulden*) *a*. suffer, tolerate; **j-m et. ~, j-m ~, et. zu tun** allow (*od*. permit) s. o. (to do) s. th., give s. o. permission to do s. th., (*gewähren*) grant s. o. s. th., (*dulden*) *a*. suffer s. o. to do s. th.; **sich ~, et. zu tun** venture to do s. th., take the liberty of doing s. th.; **~ Sie mir, zu ...?** permit me to ..., may I ...?; **~ Sie (bitte)?, Sie ~?** may I?, do you mind?; **ich gestatte mir die Bemerkung, daß** allow me to point out that; **unsere Verhältnisse ~ es nicht** we cannot afford it; **wenn es die Umstände ~** circumstances permitting. **2. sich** (*dat*) **et. ~** allow o. s. s. th.; **ich gestatte mir, e-e halbe Stunde früher zu kommen** I am taking the liberty of coming half an hour earlier. **ge'stat·tet** *pp u. adj* allowed, permitted; **Eintritt nicht ~!** no admittance; **Rauchen nicht ~!** no smoking.

Ge·ste [ˈgɛstə; ˈgeːstə] *f* ⟨-; -n⟩ gesture; **lebhafte ~n** gesticulation *sg*; **mit e-r ungeduldigen ~** with a gesture of impatience; *fig*. **e-e ~ der Versöhnung** a conciliatory gesture; **als höfliche ~** as an act of courtesy.

ge'steckt *pp u. adv colloq*. **~ voll** chock-full.

ge'ste·hen I *v/t* ⟨*irr, pp* **gestanden, h**⟩ **1.** *bes. jur*. (*Verbrechen etc*) confess, admit; **s-e Schuld ~** confess one's guilt; **er gestand, daß er sie ermordet hatte** he confessed to having murdered her, he confessed that he had murdered her. **2.** (*zugeben*) admit, own, *colloq*. own up to; **ich muß ~, daß** I must confess (*od*. admit) that; **um die Wahrheit zu ~, offen gestanden** to tell the truth, frankly. **3.** (*bekennen*) confess, avow (*one's love, etc*). **II** *v/i* **4.** *bes. jur*. confess; **er hat gestanden** he has confessed, he has made a confession.

Ge'ste·hungsˌko·sten *pl econ*. **1.** production costs. **2.** (*Arbeit u. Rohmaterialkosten*) prime cost *sg*.

Ge'stein *n* ⟨-(e)s; -e⟩ rock, stone; **vulkanisches (loses, taubes) ~** volcanic (loose, dead) rock.

Ge'steins|ˌart *f* (type of) rock, rock type. **~ˌblock** *m* ⟨-(e)s; ⸚e⟩ boulder, block. **~ˌboh·rer** *m*, **~ˌbohr·maˌschi·ne** *f* rock-drilling machine, rock drill. **~ˌkru·ste** *f der Erde*: lithosphere. **~ˌkun·de** *f* petrology, lithology. **~ˌmas·se** *f* rock mass. **~ˌmehl** *n* **1.** *geol*. rock flow. **2.** *tech*. mineral powder. **~ˌpro·be** *f* **1.** rock sample. **2.** mineral test. **~ˌschicht** *f* (rock) stratum. **~ˌschutt** *m* rubble, *geol*. *a*. (rock) debris, detritus.

Ge'stell *n* ⟨-(e)s; -e⟩ **1.** (*Ablage*) rack. **2.** (*Regal*) shelf, shelves *pl*. **3.** (*Rahmen, Fassung, a. Brillen*≗, *Fahrrad*≗) frame. **4.** (*Ständer, Sockel*) stand, pedestal, support. **5.** (*Bock*) trestle, horse. **6.** (*Gerüst*) scaffold(ing). **7.** (*Bett*≗) bedstead, frame. **8.** *mot*. (*Fahr*≗) chassis, frame. **9.** *fig. colloq. humor*. a) (*Beine*) chassis, pins *pl*, b) (*Körper, Person*) figure; **langes ~** lamppost; **sie ist ein dürres ~** she is as thin as a rake.

ge'stellt *pp u. adj* **1.** *phot. Aufnahme*: posed, *unnatürlich*: artificial, unnatural. **2.** *fig*. **auf** (*acc*) **sich selbst ~ sein** have to fend for o. s., be left to one's own devices.

Ge'stel·lung *f* ⟨-; -en⟩ **1.** *mil. Br*. reporting for (military) service. **2.** *von Transportmitteln etc*: making available, furnishing, supply. **3.** *econ. e-s Akkreditivs*: opening. **4.** *beim Zoll*: appearance before the customs for clearance.

Ge'stel·lungs|beˌfehl *m mil. Br*. call-up order, *Am*. induction order. **≗ˌpflich·tig** *adj* bound to report for military service.

ge·stern [ˈgɛstərn] **I** *adv* yesterday; **~ früh** yesterday morning; **~ abend** yesterday (*od*. last) evening, last night; **~ vor acht Tagen** a week ago yesterday, *Br. a*. yesterday week; **das Brot ist von ~** that's yesterday's bread; *fig*. **die Mode von ~** yesterday's fashions *pl*; *colloq*. **er ist nicht von ~** he wasn't born yesterday. **II ≗, das** ⟨-⟩ *lit*. yesterday, the past; **das ≗ und das Heute** yesterday and today, the past and the present.

Ge'sti·chel *n* ⟨-s; *no pl*⟩ *colloq*. → **Stichelei.**

ge'stie·felt *pp u. adj* wearing boots, booted; **„Der ≗e Kater"** "Puss in Boots"; *fig. colloq*. **~ und gespornt** a) booted and spurred, b) *fig*. raring to go.

ge'stie·gen [-ˈʃtiːgən] *pp of* **steigen.**

ge'stielt [-ˈʃtiːlt] *adj* **1.** *Hammer etc*: shanked. **2.** *Glas, Vase*: stemmed. **3.** *bot. zo*. stalked, pedunculate(d).

Ge·stik [ˈgɛstɪk; ˈgeːs-] *f* ⟨-; *no pl*⟩ gestures *pl*.

Ge·sti·ku·la·ti·on [gɛstikulaˈtsĭoːn] *f* ⟨-; -en⟩ gesticulation. **ge·sti·ku'lie·ren** [-ˈliːrən] *v/i* ⟨*pp* **gestikuliert, h**⟩ gesticulate.

Ge·sti·on [gɛsˈtĭoːn] *f* ⟨-; -en⟩ *obs. for* **Geschäftsführung** 2, **Verwaltung** 1.

Ge·sti'ons·beˌricht *m Austrian for* **Geschäftsbericht.**

Ge'stirn *n* ⟨-(e)s; -e⟩ *astr. lit*. **1.** (*einzelner Stern*) star, celestial (*od*. heavenly) body; **zwischen den ~en** interstellar; **sein Schicksal aus den ~en lesen** read one's fate in the stars. **2.** *collect*. stars *pl*. **3.** (*Sternbild*) constellation. **ge'stirnt** [-ˈʃtɪrnt] *adj lit*. starry, starred, (star-)spangled.

ge'sto·ben [-ˈʃtoːbən] *pp of* **stieben.**

Ge'stö·ber *n* ⟨-s; -⟩ **1.** (*Schnee*≗) drift, *kurzes*: flurry (of snow). **2.** ⟨*only sg*⟩ (*Suchen, Aufräumen etc*) rummaging.

ge'sto·chen [-ˈʃtɔxən] **I** *pp of* **stechen. II** *adv* **er schreibt wie ~** his writing is like copperplate.

ge'stoh·len [-ˈʃtoːlən] *pp of* **stehlen.**

Ge'stöhn *n* ⟨-(e)s; *no pl*⟩, **Ge'stöh·ne** *n* ⟨-s; *no pl*⟩ *colloq. for* **stöhnen** II.

Ge'stol·per *n* ⟨-s; *no pl*⟩ *colloq*. stumbling.

ge'stopft *pp u. adj* **1.** stuffed. **2.** *mus. Blechinstrument*: stopped.

ge'stor·ben [-ˈʃtɔrbən] *pp of* **sterben.**

ge'stört *pp u. adj* **1.** disturbed (*etc*; *cf*. **stören** I); *tech*. **~e Leitung** faulty line; **~er Schlaf** broken sleep; **~es Sexualleben** disordered sex life; → **Verhältnis** 1. **2.** (*geistig ~*) (mentally) deranged; (**leicht**) **~** unbalanced, *colloq*. mixed-up; *colloq*. **der ist ja ~!** he's not all there!

Ge'stot·ter *n* ⟨-s; *no pl*⟩ *colloq. for* **stottern** 4.

Ge'stram·pel *n* ⟨-s; *no pl*⟩ *colloq*. kicking.

Ge'sträuch *n* ⟨-(e)s; -e⟩ **1.** bushes *pl*, shrubs *pl*, shrubbery. **2.** (*Dickicht*) underbrush, thicket, copse.

ge'streckt *adj* **1.** stretched. **2.** in **~em Lauf** (*od*. **Galopp**) at full tilt (*od*. gallop). **3.** *aer. mil*. a) *Ladung*: elongated, b) *Flugbahn*: flat. **4.** *math*. prolate.

ge'streift I *pp of* **streifen**[1] *u*. [2]. **II** *adj* **1.** *Stoff, Kleid etc*: striped; **e-e rot-weiß ~e Bluse** a red-and-white striped blouse. **2.** *bot. med. zo*. striate(d).

Ge'strei·te *n* ⟨-s; *no pl*⟩ *colloq*. → **Streiterei.**

ge'streng *adj archaic for* **streng** 1—3; **~e Herren regieren nicht lange** harsh rulers do not last long; **die (drei) ≗en Herren** → **Eisheiligen.**

ge'streßt *adj* ⟨*pred*⟩ *med. psych*. under stress.

ge'stri·chelt *adj* **1.** *Linie etc*: dashed, broken. **2.** *bot*. penicillate(d). **3.** *zo*. striate(d).

ge'stri·chen [-ˈʃtrɪçən] **I** *pp of* **streichen. II** *adj* **1.** painted; → **frisch** 15. **2.** (*aus~*) deleted, struck(-out), *bes. Am*. stricken; **im Protokoll ~** deleted (*od*. stricken) from (*od*. struck out of) the record(s) (*od*. minutes). **3.** level; **~es Maß** level measure; **drei ~e Eßlöffel** three level tablespoons. **4.** *Schießsport*: **~es Korn** medium sight. **5.** *Papier*: a) *zweiseitig*: coated, b) *einseitig*: enamel(l)ed. **6.** *mus*. bowed. **III** *adv* **7.** *colloq*. **~ voll** brimful.

ge·strig [ˈgɛstrɪç] **I** *adj* **1.** yesterday's, of yesterday; **am ~en Tag** yesterday; **am ~en Abend** last night, yesterday evening; **unser ~es Schreiben** our letter of yesterday. **2.** *fig. lit*. (*früher*) former. **II ≗e, das** ⟨-n⟩ **3.** *fig. lit*. → **gestern** II.

ˈGe·stri·ge *m* ⟨-n; -n⟩ *fig. lit*. man of yesterday, *contp*. has-been, *Am. a*. unperson; → **Ewiggestrige.**

ge'strit·ten [-ˈʃtrɪtən] *pp of* **streiten.**

Ge'strüpp [-ˈʃtrʏp] *n* ⟨-(e)s; -e⟩ **1.** (*Gesträuch*) scrub, brush(wood); **mit ~ bedeckt** scrubby, brush-covered. **2.** (*Unterholz*) underbrush, undergrowth, tangled growth. **3.** (*Dickicht*) thicket. **4.** *fig*. maze, jungle; **das ~ der Paragraphen** the jungle of rules and regulations.

Ge'stühl [-ˈʃtyːl] *n* ⟨-(e)s; -e⟩, **Ge'stüh·le** *n* ⟨-s; -⟩ **1.** chairs *pl*, seats *pl*. **2.** *e-r Kirche*: a) pews *pl*, b) (*Chor*≗) stalls *pl*.

Ge'stüm·per *n* ⟨-s; *no pl*⟩ *colloq. contp*. **1.** bungling, botching. **2.** botched (piece of) work, botch.

ge'stun·ken [-ˈʃtʊŋkən] *pp of* **stinken.**

Ge'stüt [-ˈʃtyːt] *n* ⟨-(e)s; -e⟩ *agr*. **1.** stud farm; **ein Pferd aus französischem ~** a French-bred horse. **2.** *collect*. (*Zuchttiere*) stud. **~ˌbuch** *n* studbook. **~ˌhengst** *m*, **~ˌpferd** *n* stallion, studhorse. **~ˌstu·te** *f* studmare, broodmare.

ge'stutzt I *pp of* **stutzen**[1] *u*. [2]. **II** *adj* **1.** cut (short); **mit ~en Ohren** crop-eared; **~e Pferdemähne** roached mane; **~er Schwanz** bang-tail; **Pferd mit ~em Schweif** cocktail. **2.** *Baum etc*: topped. **3.** *biol*. truncate(d).

ge'stützt *pp u. adj* **1.** supported. **2.** *fig*. (**auf** *acc*) based (on), supported (by); **ein auf Tatsachen ~er Bericht** a report based (*od*. founded) on facts.

Ge'such *n* ⟨-(e)s; -e⟩ (**um** for) **1.** (*Antrag*) (formal) request, application; **auf das ~ von** at (*od*. [up]on) the application of. **2.** (*Bittschrift*) petition. **3.** (*Ersuchen*) request. **~ˌstel·ler** *m* ⟨-s; -⟩ applicant, petitioner.

ge'sucht *pp u. adj* **1.** (*begehrt*) sought after; **sehr ~** much sought after, (*beliebt*) *a*. very popular; **Sekretärinnen sind sehr ~** there is a great demand for secretaries, secretaries are hard to get (nowadays). **2.** *in Inseraten*: wanted. **3.** (**polizeilich**) **~** wanted (by the police). **4.** *econ*. in demand; **dieser Artikel ist sehr ~** this article is in great demand, there is a great demand for this article. **5.** *fig*. a) *Höflichkeit etc*: studied, b) *Redeweise etc*: affected, stilted, c) *Ausdruck* *etc*: strained, labo(u)red, d) *Vergleich etc*: far-fetched. **6.** *math.* **~er Wert** *e-r Gleichung*: root. **2heit** *f* ⟨-; *no pl*⟩ *fig.* **1.** *des Benehmens etc*: studiedness. **2.** *der Redeweise etc*: affectation.

Ge'su·del *n* ⟨-s; *no pl*⟩ daub(ing).

Ge'summ *n* ⟨-(e)s; *no pl*⟩, **Ge'sum·me** *n* ⟨-s; *no pl*⟩ → **summen** III.

Ge'sums *n* ⟨-es; *no pl*⟩ *colloq.* fuss.

ge'sund I *adj* ⟨≃er, *a.* -er; ≃est, *a.* -est⟩ **1.** *allg.* healthy (*person, appetite, climate, etc*), *Person*: *a.* sound, ⟨*pred*⟩ in good health, (*arbeitsfähig*) fit (to work), able-bodied; **~e (Gesichts)Farbe** healthy (*od.* ruddy) complexion; **(wieder) ~ machen** restore *s. o.* to health, cure *s. o.*, *a. fig.* put *s. o.* (*a company, etc*) back on his (its) feet again; **j-n ~ pflegen** nurse s. o. back to health; **~ werden** → **gesunden**; **j-n ~ schreiben** *Arzt*: certify s. o. as recovered (*od.* fit for work); **~ und munter, ~ wie ein Fisch im Wasser** hale and hearty, as fit as a fiddle, *colloq.* alive and kicking; *iro. colloq.* **aber sonst bist du ~?** are you still all right? **2.** *Organ, Schlaf*: sound, healthy, good. **3.** *geistig*: sane, ⟨*pred*⟩ of sound mind; **körperlich und geistig ~** sound in body and mind; *colloq.* **er ist nicht ganz ~** he is not quite right in the head. **4.** *Lebensweise, Kost etc*: healthy, healthful, wholesome, *lit.* salubrious; **Milch ist ~** milk is wholesome (*od.* good for you). **5.** *fig.* (*heilsam*) salutary; *colloq.* **das** (*die Strafe etc*) **ist ganz ~ für ihn** that does him a world of good, that is good for him (*od.* serves him right). **6.** *fig. Firma, Politik, Urteil etc*: sound; **~er Ehrgeiz** healthy ambition; **~e Ansichten** healthy (*od.* sound) views; → **Menschenverstand. 7.** *metall. Guß*: sound. **II** *adv* **8. ~ leben** lead a healthy life.

ge'sund|,be·ten I *v/t* ⟨*sep*, -ge-, h⟩ **j-n ~** cure s. o. by faith-healing methods. **II 2** *n* ⟨-s⟩ faith-healing. **2,be·ter** *m* faith-healer. **2,brun·nen** *m* **1.** mineral spring. **2.** *fig.* fount of health.

Ge'sun·de *m, f* ⟨-n; -n⟩ healthy person; **die ~n** the healthy.

ge'sun·den [-'zundən] **I** *v/i* ⟨*pp* **gesundet, sein**⟩ *lit.* **1.** recover, get well (again), be restored to health, recuperate. **2.** *fig. Wirtschaft, Firma etc*: recover. **II 2** *n* ⟨-s⟩ **3.** recovering (*etc*). **4.** → **Gesundung.**

Ge'sund·er,hal·tung *f* ⟨-; *no pl*⟩ *des Körpers*: preservation of (bodily) health.

Ge'sund·heit *f* ⟨-; *no pl*⟩ **1.** health; **schwache ~** weak health; **schlechte ~** ill-health; **die öffentliche ~** (*Volks2*) public health; **j-s ~ angreifen** affect s. o.'s health; **bei guter ~ sein** be in good health; **bei bester ~ sein, vor ~ strotzen** be in rude health, be bursting with health, be in the best (*od.* pink) of health; **er ist die ~ selbst** he is the picture of health; **von zarter ~ sein** be of delicate health; **j-s ~ untergraben** undermine s. o.'s health; **auf j-s ~ trinken** drink to s. o.'s health; **(auf) Ihre ~!** your health!, here's to you!; **(zur) ~!** *beim Niesen*: (God) bless you!; **~ und langes Leben!** many happy returns (of the day)!; **~ ist das höchste Gut** health is the most precious thing in life. **2.** *des Geistes*: saneness, sanity. **3.** (*Zuträglichkeit*) healthfulness, healthiness, wholesomeness, *lit.* salubrity. **4.** *fig., a. econ. pol. etc* soundness, healthiness. **ge'sund·heit·lich I** *adj* **1.** (regarding [s. o.'s]) health, physical; **~er Zustand** (state of) health, physical condition; **aus ~en Gründen** → **gesundheitshalber**; **~er Schaden** → **Gesundheitsschaden. 2.** *Einrichtungen etc*: sanitary, hygienic. **3.** → **gesundheitsförderlich. II** *adv* **4.** as regards (*my, etc*) health, physically, hygienically; **ich fühle mich ~ nicht auf der Höhe** I don't feel so well (*od. colloq.* up to par); **wie geht's ~?** how's your health?

Ge'sund·heits|,amt *n* Public Health Office. **~apo·stel** [-ʔa,pɔstəl] *m humor.* health fanatic. **~ap,pell** *m mil.* physical inspection. **~at,test** *n* health certificate. **~be,hör·de** *f* public health authority. **~be,richt** *m* health report. **~,dienst** *m* public health service. **~fa,na·ti·ker** *m* health fanatic. **2,för·der·lich, 2,för·dernd** *adj* wholesome, healthful, healthy, *lit.* salubrious, good for one's (*od.* s. o.'s) health. **~,für,sor·ge** *f* public health service(s *pl*), medical welfare (work). **2ge,fähr·dend** *adj* injurious to health, noxious; **~ sein** *a.* be a health hazard. **~,grün·de** *pl* **aus ~n** → **2,hal·ber** *adv* for health reasons. **~,leh·re** *f* hygiene, hygienics *pl* (*als sg konstruiert*). **~mi,ni·ster** *m* Minister of Health. **~mi·ni,ste·ri·um** *n* Ministry of Health. **~,paß** *m* bill of health. **~,pfle·ge** *f* ⟨-; *no pl*⟩ health care, (personal) hygiene; **öffentliche ~** public health care (*od.* hygiene); **vorbeugende ~** preventive medicine. **~,re·gel** *f* rule for healthy living. **~,ri·si·ko** *n* health hazard. **~,rück,sich·ten** *pl* considerations of health; **aus ~** for health reasons, for the sake of one's health. **~,scha·den** *m meist pl* injury (*od.* damage) to *s. o.'s* health. **2,schä·di·gend, 2,schäd·lich** *adj* **1.** injurious (*od.* detrimental) to health, bad for one's (*od.* s. o.'s) health, harmful. **2.** *Klima, Nahrung etc*: unwholesome, unhealthy. **3.** *Gas etc*: noxious. **4.** *Verhältnisse*: insanitary. **~,schutz** *m* protection of (public) health. **~,we·sen** *n* ⟨-s; *no pl*⟩ **1.** Public Health (Service). **2.** matters *pl* concerning public health (*od.* hygiene). **2,wid·rig** *adj* unhealthy, harmful. **~,zeug·nis** *n* health certificate. **~,zu,stand** *m* **1.** (state of) health, physical condition; **schlechter ~** *a.* poor health, ill-health; **sein ~ hat sich gebessert (verschlechtert)** his health has improved (deteriorated). **2.** *e-s Volkes etc*: health standard.

ge'sund|,ma·chen *v/reflex* ⟨*sep*, -ge-, h⟩ *fig. colloq.* **sich ~** → **gesundstoßen. ~,schrump·fen** *v/t u. v/reflex* ⟨*sep*, -ge-, h⟩ *econ. etc* **sich ~** *Betrieb*: shrink to a profitable size, concentrate and consolidate, *colloq.* slim down. **~,sto·ßen** *v/reflex* ⟨*irr, sep*, -ge-, h⟩ *colloq.* **sich ~** make a packet, (*sich bereichern*) feather one's nest.

Ge'sun·dung *f* ⟨-; *no pl*⟩ **1.** recovery, recuperation; **allmähliche ~** convalescence. **2.** *fig. econ.* recovery.

ge'sun·gen [-'zuŋən] **I** *pp of* **singen. II** *adj* sung.

ge'sun·ken [-'zuŋkən] **I** *pp of* **sinken. II** *adj* sunken.

Ge'sur·re *n* ⟨-s; *no pl*⟩ *colloq. for* buzz(ing), whir(ring).

Ge'tä·fel *n* ⟨-s; -⟩ → **Täfelung. ge'tä·felt** *adj* panel(l)ed, wainscoted.

ge'tan [-'ta:n] **I** *pp of* **tun**; **gesagt, ~** no sooner said than done. **II** *adj* **nach ~er Arbeit** a) when the work is (*od.* was) finished, b) after work, when the day's work is (*od.* was) over.

Ge'tän·del *n* ⟨-s; *no pl*⟩ *colloq.* **1.** dallying, flirting. **2.** dalliance.

Ge'tan·ze *n* ⟨-s; *no pl*⟩ *colloq. contp.* dancing (around).

Ge'tät·schel *n* ⟨-s; *no pl*⟩ *colloq. for* tätscheln.

ge'tauft *pp u. adj relig.* **1.** baptized, christened. **2.** *Heide etc*: converted.

Ge'tau·mel *n* ⟨-s; *no pl*⟩ reeling, staggering.

ge'teilt *pp u. adj* **1.** divided (in *acc* in); **das ~e Deutschland** divided Germany; → **Ansicht** 1, **Meinung** 1. **2.** shared; → **Freude** 1, **Leid** 2. **3.** *bot. Blatt*: parted; **handförmig ~** palmate(d). **4.** *tech.* split; **~e Felge** split rim; **~es Rad** pitch wheel; **~e Lenkspindel** divided steering.

Geth·se·ma·ne [ge'tse:mane], **Geth'se·ma,ni** [-ni] *npr n* ⟨-s; *no pl*⟩ *Bibl.* (**der Garten ~** the garden of) Gethsemane.

Ge'tier *n* ⟨-(e)s; *no pl*⟩ *lit. collect.* animals *pl.*

ge'ti·gert *adj* **1.** *Fell, Pelz etc*: striped, streaked; **~e Katze** tabby (cat), tiger cat. **2.** *zo.* tigrine.

Ge'to·be *n* ⟨-s; *no pl*⟩ *colloq. for* **toben** II.

ge'tönt I *pp of* **tönen**¹ *u.* ². **II** *adj Haar etc*: tinted.

Ge'tös [-'tø:s] *n* ⟨-es; *no pl*⟩, **Ge'tö·se** [-'tø:zə] *n* ⟨-s; *no pl*⟩ **1.** (*Lärm*) din, (deafening) noise, uproar, racket; (*Höllenlärm*) pandemonium; *des Sturmes etc*: raging, roar(ing); *der Brandung etc*: roar(ing), thunder; *e-s Einsturzes etc*: crash; *e-r Menge etc*: uproar, tumult; *des Donners*: peal(ing), crash; (*Kampf2*) din, fracas. **2.** *fig.* fuss, ado, noise; **ein ~ um et. machen** make a fuss about s. th.

ge'tra·gen I *pp of* **tragen. II** *adj* **1.** *Kleider*: worn, used, old, secondhand, *Am. colloq.* hand-me-down. **2.** *Stimme, Sprechweise*: solemn, measured, slow. **3.** *Gesang etc*: sustained. **III** *adv* **4.** *mus.* portato, sostenuto.

Ge'tram·pel *n* ⟨-s; *no pl*⟩ *colloq.* trampling, *a. als Beifallsäußerung*: stamping (of feet).

Ge'tränk *n* ⟨-(e)s; -e⟩ **1.** drink, beverage; **Speisen und ~e** food and drink *sg*; **~e nicht inbegriffen** not including drinks, drinks extra; → **geistig**². **2.** *med.* a) potion, b) (*Abkochung*) decoction.

Ge'trän·ke|,aus,schank *m* **1.** sale of drinks. **2.** a) bar, b) refreshment stand (*od.* kiosk, stall). **~au·to,mat** *m* drink dispenser. **~in·du,strie** *f* beverage industry. **~,kar·te** *f* list of beverages. **~,kell·ner** *m* wine (*od.* cocktail) waiter. **~,steu·er** *f econ.* beverage tax.

Ge'trap·pel *n* ⟨-s; *no pl*⟩ **1.** *von Pferden, Hufen etc*: clatter(ing). **2.** *von Füßen*: patter(ing), *stärker*: tramping.

Ge'tratsch *n* ⟨-es; *no pl*⟩, **Ge'trat·sche** *n* ⟨-s; *no pl*⟩ *colloq.* → **Gerede** 2.

ge'trau·en *v/reflex* ⟨*pp* **getraut**, h⟩ **sich** (*acc, rarely dat*) **~, et. zu tun, sich** (*dat, a. acc*) **et. ~** a) dare (to) do s. th., venture to do s. th., have the courage to do s. th., b) (*zutrauen*) feel able to do s. th.; **ich getraue mich nicht ins Haus** I don't dare (to) enter the house; **ich getraue mir das durchaus** I'm sure I can do it.

Ge'träu·fel *n* ⟨-s; *no pl*⟩ → **träufeln** III.

ge'traut I *pp of* **trauen**¹ *u.* ², **getrauen. II** *adj* married, wed.

Ge'trei·de [-'traɪdə] *n* ⟨-s; -⟩ **1.** *collect.* grain, cereals *pl*, *Br. a.* corn. **2.** → **Getreideart. ~,an,bau** *m agr.* growing (*od.* cultivation) of grain (*od.* cereals). **~,art** *f* (type of) grain; **~en** cereals. **~,bau** *m* → **Getreideanbau. ~,bör·se** *f econ.* grain (*od.* corn) exchange. **~,brand** *m bot.* **1.** uredo. **2.** (*Flug-, Staubbrand*) smut(-brand). **~,dar·re** *f agr.* grain (drying) kiln. **~,ein,heit** *f* grain-equivalent unit. **~,ern·te** *f agr.* **1.** grain harvest(ing). **2.** grain crop. **~er,zeug·nis** *n* grain (*od.* cereal) product. **~,feld** *n* grainfield, *Br.* cornfield. **~,flocken** (*getr.* -k·k-) *pl gastr.* cereals. **~,gar·be** *f agr.* sheaf of grain. **~,ha·fer**

m oat. **~ˌhan·del** *m econ.* **1.** grain trade. **2.** grain merchant's firm. **~ˌhänd·ler** *m* grain dealer (*od.* merchant, broker). **~ˌhau·fen** *m agr.* stack of grain. **~ˌhocke** (*getr.* -k·k-) *f* shock of grain. **~ˌkeimˌöl** *n chem.* cereal seed oil. **~ˌkorn** *n bot.* grain, seed. **~ˌkrank·heit** *f agr.* cereal (*od.* grain) disease. **~ˌland** *n agr.* **1.** grain-growing country. **2.** (*Ackerland*) grain-growing land, *Br.* cornland. **~ˌmä·her** *m*, **~ˌmäh·ma·ˌschi·ne** *f* reaping machine, reaper. **~ˌmehl** *n* **1.** *grobes*: meal. **2.** *feines*: flour. **~ˌmie·te** *f agr.* stack (*od.* rick) of grain. **~ˌmüh·le** *f agr.* grist mill, *bes. Br.* corn mill. **~ˌpflan·ze** *f bot.* cereal plant (*od.* crop), grain crop; **~n** cereals. **~proˌdukt** *n* cereal (*od.* grain) product. **~ˌpup·pe** *f agr.* shock of grain. **~ˌrei·ni·ger** *m*, **~ˌrei·ni·gungs·ma·ˌschi·ne** *f* grain cleaning machine. **~ˌrohrˌsän·ger** *m* → Getreidesänger. **~ˌrost** *m bot.* black rust. **~ˌsän·ger** *m orn.* marsh warbler. **~ˌschäd·ling** *m* cereal pest. **~ˌscho·ber** *m Southern G.* **1.** stack (*od.* rick) of grain. **2.** (grain) shed. **~ˌschrot** *m, n agr.* whole meal. **~ˌschwin·ge** *f* winnowing basket (*od.* fan), winnow. **~ˌsi·lo** *n, a. m* (grain) silo, *Am. a.* (grain) elevator. **~ˌsor·te** *f* → Getreideart. **~sorˌtier·maˌschi·ne** *f* grain sorter (*od.* grader). **~ˌspei·cher** *m* **1.** granary, *Br.* corn loft. **2.** → Getreidesilo. **~ˌstop·peln** *pl* stubble *sg.* **~wä·scheˌrei** *f* grain washing plant.

geˈtrennt I *pp u. adj* **1.** separate (*rooms, bills, etc*); mit ~er Post under separate cover; ~e Veranlagung separate (tax) assessment; → Kasse 9. **2.** (*verschieden*) separate, different, distinct. **II** *adv* **3.** separately; ~ leben (von from) *Eheleute*: be separated, live apart; ~ schreiben write *s. th.* in (*od.* as) two words; ~ zahlen pay separately. **2beˌsteue·rung** *f econ.* separate taxation. **~ˌblu·mig** *adj bot.* di(o)ecian. **~geˌschlech·tig** [-ˌʃlɛçtɪç] *adj biol. bot.* di(o)ecious. **2geˌschlech·tig·keit** *f* ⟨-; *no pl*⟩ di(o)ecism. **2ˌle·ben** *n* ⟨-s; *no pl*⟩ *jur.* separation. **2ˌschrei·bung** *f* writing of (two) words separately; ~ mit Bindestrich hyphenation.

geˈtreu *adj* **1.** (*genau*) true, faithful, exact; ~e Abschrift true copy; ein ~er Bericht a faithful (*od.* accurate) report; ~e Übersetzung faithful translation; e-e maßstäblich ~e Wiedergabe a true-to-scale reproduction. **2.** *lit.* (*dat* to) true, faithful, loyal; s-m Versprechen ~, ~ s-m Versprechen true to his promise; ~ bis in den Tod faithful unto death; er blieb sich immer selbst ~ he always remained true to himself. **Ge·ˈtreue** *m, f* ⟨-n; -n⟩ (loyal) follower, supporter. **geˈtreu·lich I** *adj* **1.** *obs. u. lit. for* getreu 2. **II** *adv lit.* **2.** faithfully, loyally. **3.** (*genau*) truly, faithfully, exactly.

Geˈtrie·be [-ˈtriːbə] *n* ⟨-s; -⟩ **1.** *tech.* a) (*Räder2*) gear transmission, *bes. Br.* gearing, gear unit (*od.* train), b) (*Reib-, Kurbel-, Kurven- od. Schub2, Schaltwerk*) mechanism, c) (*Triebwerk*) drive (unit *od.* mechanism), d) *hydraulisches*: hydraulic transmission, e) (*Block2*) cluster, f) (*Räderkasten e-r Maschine*) gearbox; *fig.* das ~ des Verwaltungsapparates the machinery (*od.* wheels *pl*) of the administration. **2.** (*Uhr2*) clockwork. **3.** *mus. e-s Klaviers*: action. **4.** *Bergbau*: props *pl*, shores *pl*. **5.** *fig.* (*Trubel, Betrieb*) (hustle and) bustle, whirl, rush, (bustling) crowd. **~ˌblock** *m* ⟨-(e)s; ⸚e⟩ **1.** *tech.* (gear) cluster. **2.** *mot.* transmission block. **~ˌbrem·se** *f mot.* gear brake. **~ˌfett** *n* transmission grease. **~ˌgang** *m mot.* gear. **~geˌhäu·se** *n* transmission case (*od.* housing), gearbox (case). **~ˌka·sten** *m* gearbox, gear case. **~ˌkupp·lung** *f* gear(ed) clutch. **~ˌleh·re** *f* theory of mechanisms, kinematics *pl* (*als sg konstruiert*). **~ˌmo·tor** *m* gear(ed) motor.

geˈtrie·ben [-ˈtriːbən] **I** *pp of* treiben[1]. **II** *adj tech.* raised, embossed, chased.

Geˈtrie·beˌöl *n tech.* transmission (*bes. Br.* gear) oil. **~ˌplan** *m tech.* gearing layout (*od.* diagram). **~ˌrad** *n* gear(-wheel), transmission gear. **~ˌrit·zel** *n* drive pinion. **~ˌscha·den** *m mot.* transmission trouble (*od. totaler*: failure). **~ˌschaltˌhe·bel** *m Br.* gear (change) lever, *Am.* gear(shift) lever. **~ˌstu·fe** *f tech.* **1.** (*Drehzahlstufe*) gear transmission speed. **2.** *e-s Stufengetriebes*: gear cone. **~ˌüberˌset·zung** *f* gear ratio. **~ˌwel·le** *f* drive (*od.* transmission, gear) shaft. **~ˌzahnˌrad** *n* transmission gear.

Geˈtrip·pel *n* ⟨-s; *no pl*⟩ **1.** *von kleinen Füßen*: tripping, pit-a-pat, patter(ing). **2.** *in kleinen Schritten*: mincing.

Geˈtrö·del *n* ⟨-s; *no pl*⟩ *colloq.* for trödeln 3.

geˈtrof·fen [-ˈtrɔfən] **1.** *pp of* treffen. **2.** *rare pp of* triefen.

geˈtro·gen [-ˈtroːgən] *pp of* trügen.

Geˈtrom·mel *n* ⟨-s; *no pl*⟩ *colloq. contp.* drumming.

Geˈtröp·fel *n* ⟨-s; *no pl*⟩ *colloq.* dribble, dripping.

geˈtrost I *adj* ⟨*meist pred*⟩ **1.** *lit.* confident, hopeful; sei ~! be of good hope (*od.* cheer, *Bibl.* comfort)! **II** *adv* **2.** confidently, with confidence. **3.** (*ohne Bedenken*) safely, without hesitation; das kannst du ~ tun you are perfectly safe in doing that, you can easily do so.

geˈtrübt *pp u. adj* **1.** *med.* a) *Bewußtsein*: clouded, b) *Auge*: cloudy, turbid; e-e ~e Linse a clouded lens. **2.** *fig. Blick, Auge*: dim, clouded. **3.** *fig. Verstand, Beziehungen etc*: clouded, *Urteil*: *a.* warped.

geˈtrüf·felt [-ˈtrʏfəlt] *pp u. adj gastr.* truffled.

geˈtrun·ken [-ˈtrʊŋkən] *pp of* trinken.

Get·ter [ˈgɛtər] *n* ⟨-s; -⟩, **ˈget·tern** *v/t u. v/i* ⟨h⟩ *chem.* getter.

Get·to [ˈgɛto] *n* ⟨-s; -s⟩ *a. fig.* ghetto.

Geˈtue [-ˈtuːə] *n* ⟨-s; *no pl*⟩ *colloq. contp.* **1.** fuss, to-do, ado, brouhaha; großes ~ um et. machen make a big fuss over (*od.* of) s. th.; was soll das ganze ~? what's the good of all this? **2.** (*dummes* ~) silly behavio(u)r. **3.** (*affektiertes Benehmen*) affectation, mannerism(s *pl*); der macht aber ein großes ~ he is really putting on airs.

Geˈtüm·mel [-ˈtʏməl] *n* ⟨-s; *no pl*⟩ **1.** (*lärmendes Durcheinander*) turmoil, tumult, hurly-burly, (*Betrieb*) *a.* (hustle and) bustle; das ~ der Schlacht the tumult of battle, the fray, the fracas; sich ins ~ stürzen enter the fray, hurl o. s. into the fracas. **2.** (*Menge*) (agitated) crowd.

geˈtunt [-ˈtjuːnt] *adj mot.* tuned-up, *sl.* souped-up.

geˈtüp·felt, geˈtupft *pp u. adj* spotted, speckled, dotted; e-e ~e Bluse a dotted (*od.* polka-dot) blouse.

Geˈtu·schel *n* ⟨-s; *no pl*⟩ *colloq.* whisper(ing), whispers *pl*.

Geˈtu·te *n* ⟨-s; *no pl*⟩ *colloq. contp.* (constant) tooting.

geˈübt *pp u. adj* (in *dat* in) practised, *bes. Am.* practiced, skilled, experienced, trained, versed; mit ~em Auge with a practised (*od.* trained) eye. **2heit** *f* ⟨-; *no pl*⟩ **1.** practice. **2.** skill, proficiency. **3.** experience.

Geu·se [ˈgɔʏzə] *m* ⟨-n; -n⟩ *hist.* Gueux.

Geˈvat·ter [-ˈfatər] *m* ⟨-s, *a.* -n; -n⟩ *obs.* **1.** (*Pate*) godfather; → *a.* Pate[1] 1. **2.** (*Verwandter*) male relative; → *a.* Vetter *etc.* **3.** (*Freund, Nachbar*) (good) friend, neighbo(u)r; ~ Tod Goodman Death. **4.** *in Anreden*: goodman, brother; ~ Schuster! goodman cobbler! **Geˈvat·te·rin** *f* ⟨-; -nen⟩ *obs.* **1.** godmother. **2.** female relative. **3.** friend, neighbo(u)r. **4.** *in Anreden*: (good) mistress. **Geˈvat·ter·schaft** *f* ⟨-; *no pl*⟩ **1.** *obs. for* a) Patenschaft, b) Verwandtschaft 1, 2. **2.** *contp.* → Clique.

geˈviert *pp u. adj* **1.** *her.* quartered. **2.** *obs.* squared. **3.** *astrol.* quartile. **4.** *astr.* ~er Schein quadrature.

Geˈviert *n* ⟨-(e)s; -e⟩ **1.** *lit. for* Viereck. **2.** *tech.* square; drei Meter im ~ three met/res (*Am.* -ers) square; *math.* e-e Zahl ins ~ bringen square a number. **3.** *Bergbau*: cribwork. **4.** *print.* (em) quad(rat), em. **5.** *arch. her.* quarter. **6.** *astr.* quadrature. **7.** *astrol.* quartile (aspect), tetragon. **~ˌme·ter** *n, m* square met/re (*Am.* -er). **~ˌschein** *m astrol.* quartile (aspect).

Geˈwächs [-ˈvɛks] *n* ⟨-es; -e⟩ **1.** (*Pflanze*) plant, vegetable; (*Kraut*) herb; (*Strauch*) shrub. **2.** *econ.* (*Erzeugnis*) produce, growth; eigenes ~ one's own produce, homegrown (→ 3). **3.** a) *lit.* (*Wein*) wine, b) (*Produkt, Jahrgang*) vintage; ein edles ~ a good wine; nur eigenes ~ our own vintage. **4.** *med.* a) growth, b) (*Auswuchs*) excrescence; ein bösartiges ~ a malignant tumo(u)r (*od.* growth).

geˈwach·sen I *pp of* wachsen[1]. **II** *adj* **1.** grown; nach innen ~ ingrown; ~er Boden natural, undisturbed soil. **2.** *fig. Beziehungen etc*: developed (*od.* grown) over the years, deeply rooted. **3.** *fig.* j-m ~ sein be a match for s. o.; ich bin ihm nicht ~ I am no match for him, he is too much for me; e-r Sache ~ sein be up (*od.* equal) to s. th., measure up to s. th.; sich der Lage ~ zeigen show o. s. equal to (*od.* able to cope with) the situation, rise to the occasion; er ist dieser Stellung nicht ~ he is not equal to (*od.* doesn't fill) this position; ich fühle mich dem nicht ~ I don't feel up to it.

Geˈwächsˌhaus *n* hothouse, greenhouse. **~ˌpflan·ze** *f* hothouse plant.

Geˈwackel, Geˈwacke·le (*getr.* -k·k-), **Geˈwack·le** *n* ⟨-s; *no pl*⟩ *colloq.* for wackeln II.

Geˈwaf·fen *n* ⟨-s; *no pl*⟩ *poet.* weapons *pl*, arms *pl*.

geˈwagt *pp u. adj* **1.** (*kühn*) daring, bold (*beide a fig.*); ein ~es Unternehmen a daring undertaking; ein ~er Ausschnitt (Film *etc*) a daring neckline (film, *etc*). **2.** (*gefährlich*) risky, hazardous. **3.** (*leicht anstößig*) risqué, *colloq.* blue, *Am. a.* off-color (*joke, etc*). **2heit** *f* ⟨-; *no pl*⟩ **1.** daringness, boldness; → *a.* Waghalsigkeit. **2.** riskiness, hazardousness. **3.** risqué character.

geˈwählt I *pp u. adj* **1.** *Sprache etc*: choice, elegant, refined; ~er Stil elegant (*od.* literary, formal) style. **2.** *Gesellschaft etc*: select. **II** *adv* **3.** sich (sehr) ~ ausdrücken express o. s. in choice language, *colloq.* talk like a book. **Ge·ˈwähl·te** *m, f* ⟨-n; -n⟩ **1.** chosen (*od.* selected) person. **2.** *pol.* elected (*od.* successful) candidate. **Geˈwählt·heit** *f* ⟨-; *no pl*⟩ choiceness, elegance, refinement.

geˈwahr *adj* ~ werden (*gen*) → gewahren.

Geˈwähr *f* ⟨-; *no pl*⟩ (für for) **1.** guarantee; **für et. ~ leisten** (*od.* **bieten**) guarantee (*od.* ensure) s. th. (*cf. a.* 2); **ohne ~** a) without engagement, b) *auf Fahrplänen etc*: subject to change, E. & O. E. (*errors and omissions excepted*); **für die Richtigkeit dieser Angabe wird k-e ~ übernommen** no responsibility is taken for the correctness of this information. **2.** (*Bürgschaft*) security, surety; **~ für et. (j-n) übernehmen** (*od.* **leisten**) give security for s. th. (s. o.), stand surety for s. th. (s. o.). **3.** *bes. jur.* guarantee, guaranty, warranty.

geˈwah·ren *v/t* ⟨*pp* **gewahrt, h**⟩ *lit.* **1.** (*erblicken*) catch sight of, see. **2.** (*bemerken*) become aware of, notice, observe, perceive, (*erkennen*) *a.* realize. **3.** (*entdecken*) discover.

geˈwäh·ren I *v/t* ⟨*pp* **gewährt, h**⟩ **1.** *lit.* (*bewilligen*) grant, allow, accord; **j-m e-e Bitte ~** grant s. o. a request; **j-m ein Interview ~** give (*od.* grant) s. o. an interview. **2.** *lit.* (*geben, bieten*) give, offer; **Obdach ~** (give) shelter; **e-n Vorteil ~** offer an advantage; **j-m Einlaß ~** admit s. o.; **Einblick in e-e Sache ~** afford (*od.* give, grant) an insight into s. th. **3.** (*zugestehen*) concede, allow. **4.** *econ.* allow, grant; **Rabatt ~** allow a discount; **e-e Zahlungsfrist ~** grant a term of payment. **II** *v/i* **5. j-n ~ lassen** a) let s. o. have his way (*od.* head), give s. o. full scope, b) (*in Ruhe lassen*) let (*od.* leave) s. o. alone. **III 2** *n* ⟨-s⟩ **6.** granting (*etc*). **7.** → **Gewährung.**

geˈwähr|ˌlei·sten I *v/t* ⟨*pp* **gewährleistet, h**⟩ guarantee, warrant (*punctual delivery, etc*), ensure; **die Ausführung e-s Planes ~** *a. fig. Umstand etc*: ensure (*od.* guarantee) the realization of a plan. **2ˌlei·stung** *f* ⟨-; *no pl*⟩ **1.** ensuring (*etc*). **2.** *jur.* guarantee, guaranty, warranty.

Geˈwährˌlei·stungs|ga·ranˌtie *f econ.* performance guarantee. **~verˌtrag** *m* surety (*od.* guaranty) agreement.

Geˈwahr·sam[1] *m* ⟨-s; *no pl*⟩ a) (*Obhut*) safekeeping, custody, control, b) (*Haft*) custody, detention; **in sicherem ~** *Sache*: in safekeeping, in safe custody, *Person*: in custody; **in ~ nehmen** a) **et.**: take charge of s. th., take s. th. in safekeeping, b) **j-n**: take s. o. into custody, detain s. o.; **j-n in (polizeilichem) ~ halten** hold s. o. in custody (*od.* under detention).

Geˈwahr·sam[2] *n* ⟨-s; -e⟩ *obs. for* **Gefängnis** 1.

Geˈwährs|ˌman·gel *m jur.* redhibitory defect. **~ˌmann** *m* ⟨-(e)s; ⸚er *od.* -leute⟩ **1.** informant, source, authority. **2.** *jur.* guarantor. **~ˌpflicht** *f econ.* warranty.

Geˈwäh·rung *f* ⟨-; *no pl*⟩ **1.** → **gewähren** 6. **2.** grant(ing), accordance. **3.** (*Einräumung*) concession. **4.** *econ.* grant(ing), allowing; **~ von Zahlungsaufschub** (granting of) prolongation of payment, extension of credit; **~ e-s Vorschusses** the allowance of an advance pay(ment). **5.** *jur.* grant.

Geˈwalt *f* ⟨-; -en⟩ **1.** ⟨*only sg*⟩ force, violence (*of s. o., of a storm, etc*); **brutale** (*od.* **rohe**) **~** brutal (*od.* brute) force; **j-m ~ antun** do violence to s. o., harm s. o., *e-r Frau*: ravish (*od.* rape, violate) s. o.; *lit.* **sich** (*dat*) **~ antun** a) (*Schaden tun*) harm o. s., b) (*Selbstmord begehen*) lay hands (up)on o. s., commit suicide, c) (*sich beherrschen*) restrain (*od.* check) o. s.; **der Wahrheit ~ antun** do violence to (the) truth, distort (*od.* twist) the truth; **~ anwenden** use force; **den Eintritt mit ~ erzwingen** force one's entry, enter forcibly; **zu ~ greifen** resort to force; **der ~ weichen** give way (*od.* submit) to force; **mit ~** by force, forcibly; (**et.**) **mit ~ öffnen** force (s. th.) open, open (s. th.) forcibly (*od.* by force); *fig. colloq.* **mit nackter** (*od.* **bloßer**) **~** by sheer force; **mit aller ~** with might and main, at all costs, *colloq.* by hook or by crook; **mit sanfter ~** gently but firmly, by gentle force. **2.** *collect.* ⟨*only sg*⟩ (*~tätigkeit[en], ~anwendung*) violence (*in a city, etc*). **3.** ⟨*only sg*⟩ (*Macht*) power (**über** *acc* over, of); **geistliche** (**weltliche**) **~** spiritual (temporal) power; *jur.* **höhere ~** Act of God, force majeure, influence beyond one's control; **~ geht vor Recht** (*Sprichwort*) might before right; **et. in s-e ~ bringen** obtain a hold on (*od.* over) s. th., achieve control of s. th., (*Flugzeug etc*) commandeer s. th.; **in j-s ~ geraten** fall into s. o.'s hands; **j-n völlig in s-r ~ haben** have s. o. completely in one's power (*od.* under one's thumb), *colloq.* have s. o. over a barrel; **~ über j-n haben** have power (*od.* authority) over s. o.; **die ~ an sich reißen** seize power; **in** (*od.* **unter**) **j-s ~ sein** (*od.* **stehen**) be in (*od.* under) s. o.'s power (*od.* control, *colloq.* heel), be at the mercy of s. o.; **die ~ verlieren über** (*acc*) lose control over (*od.* of), lose one's hold (*od.* grip) on. **4.** *personifiziert*: power, force; **die ~en des Bösen** the powers of evil, the evil forces. **5.** ⟨*only sg*⟩ *durch Amt, Stellung etc*: authority, power; **väterliche** (**elterliche**) **~** paternal (parental) authority; **höchste ~** a) supreme authority, b) *pol.* supremacy, sovereignty; **gesetzgebende** (**ausführende**) **~** legislative (executive) authority; **richterliche ~** a) judicial power, b) (*Gerichtswesen*) judicature, judiciary. **6.** ⟨*only sg*⟩ (*Herrschaft*) (**über** *acc* over) sway, dominion. **7.** ⟨*only sg*⟩ (*Beherrschung*) control; **sich in der ~ haben** have o. s. under control, control o. s.; **er hatte s-n Wagen nicht mehr in der ~** he had lost control over his car, his car had got out of control. **8.** ⟨*only sg*⟩ (*Stärke, Kraft*) strength; **mit aller ~ hielt er sich an mir fest** with all his strength (*od.* might) he held on to me. **9.** ⟨*only sg*⟩ (*Zwang*) restraint. **10.** ⟨*only sg*⟩ (*Wucht*) vehemence, impact.

Geˈwalt|ˌakt *m* **1.** act of violence, outrage. **2.** *pol. e-r Regierung*: violent measure. **~anˌdro·hung** *f* threat of violence. **~ˌanˌwen·dung** *f* **1.** (use of) force; **ohne ~** without resorting to force. **2.** (*Gewalttätigkeit*) (use of) violence; *jur.* **Raub mit ~** robbery with violence.

Geˈwal·ten|ˌtei·lung, ~ˌtren·nung *f pol.* separation of powers.

Geˈwalt|ˌfrie·de *m pol.* dictated peace. **~ˌha·ber** *m* ⟨-s; -⟩ ruler, *contp.* oppressor. **~ˌherr·schaft** *f* tyranny, despotism, despotic rule. **~ˌherr·scher** *m* despot, tyrant.

geˈwal·tig I *adj* **1.** (*riesig*) huge, mighty, enormous, colossal, gigantic (*mountain, tree, etc*), vast (*number, difference, etc*). **2.** (*ungeheuer*) enormous, immense, stupendous, *colloq.* tremendous, terrific (*effort, noise, etc*); **~e Stimme** powerful voice; **ein ~er Schlag** a powerful stroke (*od.* punch), a stunning (*od.* staggering) blow. **3.** *Hitze, Kälte etc*: intense, enormous, tremendous; **~e Schmerzen** intense (*od.* violent) pain(s). **4.** *colloq. Eindruck, Erfolg, Übertreibung, Durst etc*: enormous, tremendous, terrific; **ein ~er Irrtum** a colossal mistake; **e-e ~e Lüge** a thumping lie; **e-e ~e Wut haben** be in a towering rage; **ganz ~er Unsinn** utter nonsense. **5.** *obs. König, Nation etc*: powerful, mighty. **II** *adv* **6.** hugely (*etc*). **7.** *colloq.* enormously, tremendously, terribly; **er hat sich ~ angestrengt** he made tremendous efforts; **wir haben uns ~ gefreut** we were terribly (*od.* awfully) pleased; **das hat ihm ~ imponiert** that made an enormous impression on him; **da irrst** (*od.* **täuschst**) **du dich aber** (**ganz**) **~** you are very much mistaken there. **Geˈwal·ti·ge** *m, f* ⟨-n; -n⟩ mighty (*od.* powerful) person, ruler; **die ~n** the mighty, the rulers, the powers that be, *weitS. a.* the leaders. **Geˈwal·tig·keit** *f* ⟨-; *no pl*⟩ *lit.* **1.** (*Riesigkeit*) vastness, hugeness, immensity, greatness. **2.** (*Großartigkeit*) greatness, grandness. **3.** *relig.* (*Allmacht*) almightiness.

Geˈwalt|kri·mi·na·liˌtät *f* violent crime(s *pl*). **~ˌkur** *f* **1.** *fig.* drastic measures *pl.* **2.** *zum Abnehmen*: crash diet. **2los** *bes. pol.* **I** *adj* non(-)violent. **II** *adv* without violence. **~lo·sig·keit** *f* ⟨-; *no pl*⟩ non(-)violence. **~ˌlö·sung** *f* drastic (*contp.* brutal) solution; *mit Druckmitteln*: forcible solution. **~ˌmarsch** *m* **1.** *mil.* forced march. **2.** *colloq.* route march. **~ˌmaßˌnah·me** *f* drastic (*od.* violent) measure; **zu ~n greifen** take drastic measures, resort to force. **~ˌmensch** *m* brutal (*od.* violent) person, brute. **~ˌmit·tel** *n* **1.** → **Gewaltmaßnahme. 2.** drastic remedy. **~po·liˌtik** *f* policy of violence.

geˈwalt·sam I *adj* **1.** violent; **e-s ~en Todes sterben** die a violent death. **2.** (*erzwungen*) forcible, by force; *jur.* **~e Besitzergreifung** forcible entry and detainer. **3.** (*hart*) drastic (*measures, solution, etc*). **II** *adv* **4.** forcibly, by force; **e-e Tür ~ öffnen** *a.* force a door open; **~ in ein Haus eindringen** *a.* force one's entry into a house; *iro.* **du möchtest wohl ~ dein Auto ruinieren?** you seem to be doing your best to ruin your car. **2keit** *f* ⟨-; -en⟩ **1.** ⟨*only sg*⟩ violence, force. **2.** (*Handlung*) act of violence.

Geˈwalt|ˌstreich *m* tour de force, bold stroke, coup de main. **~ˌtat** *f* act of violence, (act of) outrage. **~ˌtä·ter** *m* violent criminal. **2ˌtä·tig** *adj* violent, brutal. **~ˌtä·tig·keit** *f* ⟨-; -en⟩ **1.** ⟨*only sg*⟩ *e-s Menschen*: violence, brutality, violent (*od.* brutal) nature. **2.** act of violence, outrage. **~verˌbre·chen** *n jur.* crime of violence, violent crime. **~verˌbre·cher** *m* violent criminal. **~verˌzicht** *m pol.* non(-)aggression; **~svertrag** *m* non(-)aggression treaty.

Geˈwand *n* ⟨-(e)s; ⸚er *u. poet.* -e⟩ **1.** *lit.* garment, garb, raiment, costume; *wallendes*: robe, gown. **2.** *e-s Geistlichen*: vestment. **3.** *fig. poet.* garment, garb. **4.** *fig.* appearance, (*new, etc*) look. **5.** *fig.* (*Verkleidung*) guise; **im ~ e-s Menschenfreundes** in the guise of a philanthropist. **geˈwan·det** [-ˈvandət] *adj lit.* dressed, robed.

Geˈwandˌmei·ster *m thea.* wardrobe master.

geˈwandt [-ˈvant] **I** *pp of* **wenden. II** *adj* **1.** (*flink*) agile, nimble, quick. **2.** (*geschickt*) skil(l)ful, dexterous, deft, adroit, *fig. a.* clever, ingenious, smart, (*wendig*) versatile, resourceful, (*tüchtig*) efficient, competent; **in e-r Sache ~ sein** *a.* be good at (*od.* well versed in) s. th.; **er ist sehr ~ im Umgang mit Kunden** *etc* he has a way with customers, *etc.* **3.** *fig. Umgangsformen etc*: elegant, easy, *a. contp.* smooth; **~es Auftreten** elegant manners *pl*, easy (*od.* smooth) ways *pl.* **4.** *Sprache, Stil etc*: fluent, elegant, smooth. **2heit** *f* ⟨-; *no pl*⟩ **1.** agility, nimbleness. **2.** skill, dexterity, deftness (*etc*). **3.** *fig.* efficiency, competence, versatility. **4.** *fig.* elegance, ease, smoothness. **5.** *fig.* fluency.

geˈwann [-ˈvan] *1 u. 3 sg pret of* **gewinnen.**

geˈwän·ne [-ˈvɛnə] *1 u. 3 sg pret subj of* **gewinnen.**

geˈwär·tig [-ˈvɛrtɪç] *adj* **e-r Sache ~ sein** → **gewärtigen.**

geˈwär·ti·gen [-ˈvɛrtɪgən] *v/t* ‹*pp* **gewärtigt,** h› **1.** (*sich klar sein über, erkennen*) be aware of, realize. **2.** a) (*erwarten*) expect, await, b) (*rechnen mit*) reckon with, c) (*gefaßt sein auf*) be prepared for; **er muß e-e Strafe ~, er hat e-e Strafe zu ~** he has to reckon with (*od. colloq.* is in for) a penalty.

Geˈwäsch [-ˈvɛʃ] *n* ‹**-es;** *no pl*› *colloq.* → **Geschwätz** 2.

Geˈwäs·ser *n* ‹**-s; -**› **1.** *geol.* water(s *pl*), body of water; **die ~ e-s Landes** the lakes and rivers (*od.* water bodies) of a country. **2.** stretch of water, *kleines*: water, pond, pool. **~ˌkun·de** *f* hydrology. **~ˌrei·ni·gung** *f* depollution (of rivers and lakes). **~ˌschutz** *m* prevention of water pollution.

geˈwäs·sert *pp u. adj* **1.** *Milch, Wein etc*: watered. **2.** *Textil.* watered, moiré.

Geˈwäs·ser|verˌschmut·zung, ~verˌunˌrei·ni·gung *f* water pollution.

Geˈwe·be *n* ‹**-s; -**› **1.** *Textil.* a) (woven) fabric (*od.* cloth), textile, tissue, b) (*Webart*) texture, weave. **2.** *fig. von Lügen etc*: tissue, web. **3.** *biol.* tissue. **≈ˌbil·dend** *adj biol.* tissue-producing, histogenic. **~ex·zi·siˌon** *f med. am Lebenden*: biopsy. **~ˌkan·te** *f,* **~ˌlei·ste** *f Textil.* selvage, selvedge. **~ˌspan·nung** *f med. e-s Muskels*: tone, tonus. **~ˌstoffˌwech·sel** *m* tissue metabolism. **~ˌüberˌtra·gung** *f* → **Gewebsverpflanzung. ~verˌlet·zung** *f* tissue injury, lesion. **~verˌpflan·zung** *f* → **Gewebsverpflanzung. ~verˌträg·lich·keit** *f* tissue tolerance, histocompatibility.

Geˈwebs|ˌbil·dung *f* tissue formation, histogenesis. **~ˌleh·re** *f* histology. **~ˌtod** *m* death of tissue, necrosis. **~verˌhär·tung** *f* hardening (*od.* thickening) of tissue, sclerosis. **~verˌpflan·zung** *f* tissue grafting (*od.* transplant[ation]), explantation. **~verˌträg·lich·keit** *f* histocompatibility. **~ˌwu·che·rung** *f* proliferation of tissue.

Geˈweckt·heit *f* ‹**-;** *no pl*› → **Aufgewecktheit.**

Geˈwehr *n* ‹**-(e)s; -e**› **1.** rifle, gun, *pl collect.* (*Feuerwaffen*) (fire-)arms, small arms; **das ~ anlegen** bring the rifle to the shoulder (*od.* to firing position); **er legte sein ~ auf ihn an** he aimed (*od.* level[l]ed) his gun at him. **2.** *mil.* a) rifle, b) (*Karabiner*) carbine; **(das) ~ ab!** order arms!; **~ abnehmen!** unsling arms!; **an die ~e!** unpile arms!; **präsentiert das ~!** present arms!; **das ~ über!** shoulder (*od.* slope) arms!, *Am.* right (*od.* left) shoulder arms!; **ins** (*od.* **unters**) **~ treten** fall in with rifle; **(mit) ~ bei Fuß stehen** a) be at the order, b) *fig.* stand ready for action, *weitS.* wait for the word "go". **3.** *hunt.* a) *des Keilers*: tusks *pl,* b) *orn.* talons *pl.* **~ˌabˌzug** *m* trigger. **~apˌpell** *m mil.* rifle inspection. **~ˌfeu·er** *n* rifle (*od.* small arms) fire. **~graˌna·te** *f* rifle grenade. **~ˌgriff** *m* rifle drill movement; **~e üben** (*od. colloq.* **kloppen**) do rifle drill. **~ˌkol·ben** *m* rifle butt. **~ˌku·gel** *f* (rifle) bullet. **~ˌlauf** *m* (rifle) barrel. **~mu·ni·tiˌon** *f* rifle (*od.* small arms) ammunition. **~py·raˌmi·de** *f mil.* pile (*od.* stack) of arms. **~ˌrie·men** *m* rifle sling. **~ˌsal·ve** *f* volley (of rifle fire). **~ˌschaft** *m* rifle stock. **~ˌschloß** *n* gun lock, bolt mechanism. **~ˌschrank** *m* gun cabinet. **~ˌschuß** *m* rifle-shot, gunshot. **~ˌschüt·ze** *m* rifleman.

Geˈweih *n* ‹**-(e)s; -e**› **1.** *hunt.* antlers *pl,* horns *pl,* head, attire. **2.** *her.* attire. **~ˌen·de** *n* tine (*od.* point) (of an antler). **~ˌfarn** *m bot.* **1.** pod fern. **2.** staghorn fern. **~ˌschau·fel** *f hunt. beim Elchwild*: palm. **~ˌspros·se** *f* tine, point (of an antler). **~ˌstan·ge** *f* beam (of an antler).

geˈweiht[1] *pp u. adj* **1.** (*gewidmet*) (*dat* to) dedicated, devoted; **ein Gott** (**der Wissenschaft**) **~es Leben** a life dedicated to God (science). **2.** *Ort, Erde etc*: sacred, consecrated, holy. **3.** *Priester*: ordained. **4. dem Tode ~** doomed (to death); **dem Untergang ~** doomed (to destruction).

geˈweiht[2] *adj hunt.* antlered.

Geˈwei·ne *n* ‹**-s;** *no pl*› *colloq. for* **weinen** IV.

geˈwellt *pp u. adj* **1.** *Haar, Linie etc*: wavy. **2.** *Landschaft etc*: rolling, undulating. **3.** *tech. Eisen etc*: corrugated. **4.** *bot. zo.* undate(d).

geˈwen·delt [-ˈvɛndəlt] *adj* **~e Treppe** → **Wendeltreppe.**

Geˈwer·be *n* ‹**-s; -**› *econ.* **1.** (*Erwerbszweig*) trade, business, occupation; **Handel und ~** trade (*od.* commerce) and industry; **ein ~ ausüben** carry on (*od.* pursue) a trade; **ein ~ (er)lernen** learn a trade; **er ist s-s ~s ein Bäcker** he is a baker by trade. **2.** (*Handwerk*) trade, craft. **3.** (*Industriezweig*) (branch of) industry, trade; **das graphische ~** the printing trade (*od.* industry). **4.** (*Erwerbstätigkeit*) profession, *a. fig.* business, trade, métier, line; **ehrliches** (**schmutziges, dunkles**) **~** honest (sordid, shady) business; *humor.* **das älteste ~** (**der Welt**) the oldest profession (in the world). **~ˌaufˌsicht** *f* **1.** trade (*od.* industrial) supervision. **2.** factory inspection. **~ˌaufˌsichtsˌamt** *n,* **~ˌaufˌsichts·beˌhör·de** *f* industrial inspection board. **~ˌausˌstel·lung** *f* industrial exhibition. **~ˌbank** *f* ‹**-; -en**› trade finance bank. **~beˌfug·nis, ~beˌrech·ti·gung** *f* trade licen/ce (*Am.* -se), *Am. a.* concession. **~beˌtrieb** *m* **1.** commercial (*od.* business, industrial) enterprise, business, trade. **2.** (*Tätigkeit*) carrying on a trade. **~erˌlaub·nis** *f* → **Gewerbebefugnis. ~erˌtrag** *m* trading profit(s *pl*); **~steuer** *f* trade earnings tax. **~ˌfrei·heit** *f* freedom of trade. **~geˌneh·mi·gung** *f* → **Gewerbebefugnis. ~geˌsetz** *n* trade law, *pl a.* industrial legislation *sg.* **~ˌkam·mer** *f* Trade Board. **~ka·piˌtal** *n econ.* capital; **~steuer** *f* trading capital tax. **~ˌleh·rer** *m,* **~ˌleh·re·rin** *f ped.* teacher at a vocational school. **~muˌse·um** *n* industrial museum. **~ˌord·nung** *f* industrial code, trade regulations *pl.* **~ˌrecht** *n* → **Gewerbeordnung. ~ˌschein** *m* trade licen/ce (*Am.* -se), licence to carry on a trade. **~ˌschu·le** *f* vocational school. **~ˌsteu·er** *f* trade tax. **~ˌtä·tig·keit** *f* industrial (*od.* gainful) activity, trade. **≈ˌtrei·bend** *adj* **1.** carrying on a trade, trading. **2.** (*herstellend*) manufacturing, industrial. **~ˌtrei·ben·de** *m* ‹**-n; -n**› trader, industrial, person carrying on a trade (*od.* business); *pl a.* tradespeople; **selbständig ~r** self-employed person. **~ˌzweig** *m* branch (of industry), line (of trade), trade, business, industry.

geˈwerb·lich *econ.* **I** *adj* **1.** commercial, trade; **~e Bauten** commercial and industrial buildings; **~es Fahrzeug** commercial vehicle; **~er Güterverkehr** road haulage; **~e** (**und industrielle**) **Wirtschaft** trade and industry. **2.** industrial (*exports, goods, etc*); **~e Berufsfachschule** vocational full-time school; **~e Berufsschule** vocational part-time school; **~er Betrieb** → **Gewerbebetrieb**; **~e Genossenschaft** industrial co(-)operative; **~e Schutzrechte** industrial rights; **~er Rechtsschutz** protection of industrial rights; **~e Märkte** markets for industrial goods; **~e Räume** industrial (*od.* business) premises. **II** *adv* **3. ~ tätig sein** carry on a trade (*od.* business).

geˈwerbs|ˌmä·ßig I *adj* professional (*a. jur.*), gainful, for gain; **~er Diebstahl** theft committed regularly for gain; **~e Unzucht** prostitution. **II** *adv* professionally, on a commercial basis, gainfully, for gain. **~ˌtä·tig** *adj* → **gewerbetreibend. ≈ˌzweig** *m* → **Gewerbezweig.**

Geˈwer·ke *m* ‹**-s; -n**› *Bergbau*: shareholder of a mining company.

Geˈwer·kel *n* ‹**-s;** *no pl*› *colloq. contp.* pottering.

Geˈwer·kenˌtag *m Bergbau*: *meeting of the shareholders and/or owners of a mining company.*

Geˈwerk·schaft *f* ‹**-; -en**› **1.** *econ.* (trade) union, *bes. Am.* labor union; **die ~en** *a.* organized labo(u)r *sg*; **~ öffentliche Dienste, Transport und Verkehr** Union for Public Service and Transport. **2. bergrechtliche ~** mining company (*the legal status of a joint company of mineowners, now usually shareholders*).

Geˈwerk·schaf·ter, Geˈwerk·schaft·ler *m* ‹**-s; -**› (trade) unionist, member of a (trade, *bes. Am.* labor) union. **geˈwerk·schaft·lich I** *adj* (trade) union. **II** *adv* **sich ~ organisieren** unionize, organize (o. s.) into a union, form a (trade, *bes. Am.* labor) union; **nicht ~ organisiert** unorganized, not unionized.

Geˈwerk·schafts|... *in Zssgn* (trade) union, *bes. Am.* (labor) union (*leader, movement, official, etc*). **~ˌbon·ze** *m colloq. contp.* (trade) union bigwig. **~ˌboß** *m colloq.* union boss. **~ˌbund** *m* federation of trade unions. **≈ˌfeind·lich** *adj* anti-union. **~konˌgreß** *m* Trades Union Congress. **~ˌmitˌglied** *n* → **Gewerkschaft(l)er. ~verˌband** *m* Federation of Trade (*bes. Am.* Labor) Unions. **~ˌwe·sen** *n* (trade-)unionism. **~ˌzu·geˌhö·rig·keit** *f* union membership.

geˈwe·sen I *pp of* **sein[1]. II** *adj* (*ehemalig*) former, onetime, ex...; **e-e ~e Schönheit** a former beauty. **III ≈e, das** ‹**-n**› the past; **laß uns das ≈e vergessen** let bygones be bygones.

geˈwi·chen [-ˈvɪçən] *pp of* **weichen[1].**

Geˈwicht *n* ‹**-(e)s; -e**› **1.** ‹*only sg*› weight; **nach ~** (**verkaufen**) (sell) by weight; **von geringem** (**großem**) **~** of light (heavy) weight; **fehlendes ~** short weight, underweight; **totes ~** (*Leer- od. Eigen*≈) dead weight; **nicht das volle ~ haben** be underweight, weigh too little; **großes ~ haben** be heavy, weigh a lot; **die Kiste hat ihr ~** a) the box is of the stated weight, b) *colloq.* the box is pretty heavy; **an ~ zunehmen** put on (*od.* gain) weight; **sein ~ verlagern** *beim Skifahren etc*: shift one's weight. **2.** ‹*only sg*› (*Last*) weight, load. **3.** *e-r Waage etc*: weight; **ein Satz ~e** a set of weights; **Maße und ~e** weights and measures; *fig.* **die ~e waren ungleich verteilt** the scales were unevenly weighted. **4.** *e-r Uhr*: a) weight, b) *am Pendel*: bob. **5.** *phys.* weight; **spezifisches ~** specific weight (*od.* gravity). **6.** *tech.* a) weight, b) (*Belastung*) load; **äußerstes ~** ultimate load. **7.** *Sport, beim Gewichtheben*:

weight. **8.** ⟨*only sg*⟩ *fig.* (*Bedeutung*) weight, importance, significance; **e-r Sache (großes) ~ beimessen** attach (great) importance to s. th.; **~ haben (bei j-m)** carry (*od.* have) weight (with s. o.); **~ legen auf** (*acc*) lay stress upon, set great store by, make it a point to (*od.* that); **das ~ legen auf** (*acc*) put the emphasis on, emphasize, stress; **ins ~ fallen** be of (great) weight, weigh heavily, count, matter (a lot); **das fällt nicht ins ~** that is of no importance, that does not count (*od.* matter); **e-r Sache ~ geben** (*od.* **verleihen**) lend weight to s. th.; **an ~ verlieren** lose in importance; **sein Wort gewann immer mehr an ~** what he had to say gained in significance; **der Vorfall erhält dadurch ~, daß** the incident gains in significance through the fact that. **9.** *fig.* → **Schwerpunkt** 3.

Geˈwicht|ˌhe·ben *n Sport*: weight lifting. **~ˌhe·ber** *m* weight lifter.

geˈwich·tig I *adj* **1.** *Münze*: of full (*od.* standard) weight. **2.** (*schwer*) weighty, heavy. **3.** *fig.* (*wichtig*) important; **e-e ~e Persönlichkeit** a) an important (*od.* influential) person, a person of importance (*od.* influence, weight), b) *im Auftreten*: an imposing person, c) *humor.* a heavy (*od.* bulky) person. **4.** *fig. Frage, Entscheidung etc*: weighty, important, momentous; *Gründe*: weighty, significant. **5.** *fig. Benehmen etc*: portentous, imposing. **6.** *fig.* (*wichtigtuerisch*) important. **II** *adv* **7.** *fig. contp.* **er sagte (nickte** *etc*) **~** he said (nodded, *etc*) importantly. **≈keit** *f* ⟨-; *no pl*⟩ **1.** importance. **2.** *e-r Frage etc*: weight(iness), importance.

Geˈwichts|ˌab|nah·me *f* loss of weight, decrease in weight. **~ana|ly·se** *f chem.* gravimetric analysis. **~ˌan|ga·be** *f* **1.** *auf Verpackung etc*: declaration of weight. **2.** *e-r Waage*: indication of weight. **~ˌein·heit** *f* unit of weight, weight unit. **~ˌgren·ze** *f* weight limit. **~ˌklas·se** *f Sport*: weight (class), category. **~kon|trol·le** *f* weight control. **≈los** *adj phys.* weightless. **~lo·sig·keit** *f* ⟨-; *no pl*⟩ weightlessness. **~ˌman·gel** *m*, **~ˌman·ko** *n* deficiency in weight, short weight, underweight. **~pro|zent** *n chem.* percent(age) by weight. **~ˌsinn** *m med.* barognosis. **~ˌstein** *m*, **~ˌstück** *n* weight. **~ta|bel·le** *f* table of weights. **~ver|hält·nis** *n* weight ratio. **~ver|la·ge·rung** *f* **1.** shifting of weight, weight shift, *beim Skifahren etc*: *a.* weighting. **2.** *fig. in der Politik etc*: shift, change of emphasis. **~ver|lust** *m* loss of weight. **~ˌzoll** *m econ.* specific duty (based on weight). **~ˌzu|nah·me** *f* increase (*od.* gain) in weight. **~ˌzu|schlag** *m* additional charge for (excess) weight (*of bulky goods*).

geˈwieft [-ˈviːft] *adj* ⟨-er; -est⟩ *colloq.* **1.** (*schlau*) smart, clever. **2.** (*durchtrieben*) sly, crafty. **3.** (*erfahren*) experienced, seasoned; **~er Bursche** *a.* old hand. **≈heit** *f* ⟨-; *no pl*⟩ *colloq.* **1.** smartness, cleverness. **2.** slyness, craftiness. **3.** experience.

geˈwiegt I *pp of* **wiegen**². **II** *adj colloq.* → **gewieft.**

Geˈwie·her *n* ⟨-s; *no pl*⟩ → **wiehern** II.

geˈwie·sen [-ˈviːzən] *pp of* **weisen.**

geˈwillt [-ˈvɪlt] *adj* ⟨*pred*⟩ **1.** (*willens, bereit*) willing, prepared, ready; **er war nicht ~, darüber zu sprechen** he was not willing (*od.* prepared, he refused) to speak about it. **2.** (*entschlossen*) determined (*to do s. th.*).

Geˈwim·mel *n* ⟨-s; *no pl*⟩ **1.** swarming, bustle. **2.** (*Menschen≈*) swarm, (milling) crowd, (teeming) throng, (seething) mass. **3.** *von Insekten etc*: swarming (*od.* teeming) mass.

Geˈwim·mer *n* ⟨-s; *no pl*⟩ → **wimmern** II.

Geˈwin·de *n* ⟨-s; -⟩ **1.** *tech.* thread; **flachgängiges (kegeliges, mehrgängiges) ~** square (taper, multiple) thread; **ein ~ überdrehen** strip a thread; **das ~ faßt nicht mehr** the thread does not grip any more. **2.** *zo. e-s Schneckenhauses*: spire; *e-r Muschel*: whirl, whorl. **3.** *lit.* (*Girlande*) garland, festoon; (*Kranz*) wreath. **~au·to|mat** *m tech.* automatic tapping machine. **~ˌboh·ren** *n* tapping. **~ˌboh·rer** *m* (screw) tap. **~ˌbohr·ma|schi·ne** *f* tapping machine. **~ˌboh·rung** *f* tapped (*od.* threaded) hole. **~ˌbol·zen** *m* threaded bolt. **~ˌdreh·ˌbank** *f* ⟨-; ¨-e⟩ thread-cutting lathe. **~ˌdrücken** (*getr.* **-k·k-**) *n* thread rolling. **~ˌfräs·ma|schi·ne** *f* thread miller (*od.* milling machine). **~ˌgang** *m* (turn of a) thread. **~ˌleh·re** *f* (screw) thread ga(u)ge. **~ˌmei·ßel** *m* threading tool. **~ˌnip·pel** *m* threaded nipple. **~ˌroll·ma|schi·ne** *f* thread roller (*od.* rolling machine). **~ˌschlei·fen** *n* (screw-)thread grinding. **~ˌschneid|werk|zeug** *n* thread-cutting tool, threading tool. **~ˌspin·del** *f* screw spindle. **~ˌstei·gung** *f* a) *axial, bei e-r vollen Umdrehung*: lead, b) (*achsparalleler Abstand, Teilung*) pitch. **~ˌstreh·ler** *m* (thread) chasing tool. **~ˌwälz|frä·ser** *m* thread milling hob.

Geˈwinn [-ˈvɪn] *m* ⟨-(e)s; -e⟩ **1.** *bes. econ.* a) profit, b) (*Ertrag*) gain(*s pl*), return(*s pl*), yield, c) (*Erlös*) proceeds *pl*, d) (*~spanne*) (profit) margin, e) (*Überschuß*) surplus; **entgangener ~** profit lost; **erzielter ~** realized profit, profit gained (*od.* made); **reiner ~** net profit (*od.* gain); **nicht entnommener ~** undistributed profit; **~ abwerfen** (*od.* **bringen**) yield a profit; **~ ausschütten** distribute profits (*od.* surplus); **am ~ beteiligt sein** have a share in the profits; **ein Geschäft mit ~ betreiben** carry on a business at a profit; **e-n ~ von 100% erzielen** make a profit of 100 per cent; **mit ~ verkaufen (arbeiten)** sell (work) at a profit; **~ und Verlust** profit and loss. **2.** (*Spiel≈*) a) winnings *pl*, b) *bei e-r Lotterie etc*: prize, c) (*~los*) winner; **jedes dritte Los ist ein ~** every third ticket wins (*od.* is a winner); **das brachte ihm e-n großen ~** he made a lot of money (*od. colloq.* a packet) by that. **3.** *pl pol.* gains (**bei e-r Wahl** in an election). **4.** ⟨*only sg*⟩ *fig.* a) profit, gain, b) (*Vorteil*) advantage, c) (*Bereicherung*) addition, acquisition; **aus e-r Sache ~ ziehen** profit from s. th.; **geistiger ~** intellectual gain (*od.* benefit); **der Aufenthalt in England war ein ~ für sie** she profited (*od.* benefited) from her stay in England; **er ist ein großer ~ für unseren Klub** he is quite an acquisition (*od.* asset) to our club.

Geˈwinn|ˌab|füh·rung *f econ.* transfer of profits. **~ˌab|schöp·fung** *f* skimming (*od.* siphoning off) of profits. **~ˌan|teil** *m* share in (the) profits. **≈ˌan|teils·be|rech·tigt** *adj* entitled to a share in the profits. **~ˌan|teil|schein** *m* dividend warrant. **~ˌaus|schüt·tung** *f* distribution of profits. **~ˌaus|sich·ten** *pl* **1.** *econ.* prospects for profits, chances of making a profit. **2.** *Sport etc*: chances (of winning). **≈be|rech·tigt** *adj econ.* participating, profit-sharing (*securities*). **~be|rech·ti·gung** *f* participating right, title to a share in profits. **~be|tei·li·gung** *f* share in profits, profit sharing. **≈ˌbrin·gend** *adj* **1.** profitable, lucrative, paying. **2.** *fig.* profitable, rewarding. **~ˌchan·ce** *f* **1.** *Sport etc*: chance (of winning *od.* to win). **2.** *econ.* chance of making a profit.

geˈwin·nen [-ˈvɪnən] **I** *v/t* ⟨**gewinnt, gewann, gewonnen, h**⟩ **1.** (*siegen*) win (*a game, lawsuit, race, war, etc*); **e-e Wahl ~** win (*od.* carry) an election. **2.** (*Geld etc*) win, get, gain; **e-n Preis ~** *a. Sache*: win (*od.* fetch, carry off) a prize; **wie gewonnen, so zerronnen** (*Sprichwort*) easy come, easy go. **3.** (*erwerben*) make, obtain, get; **er gewann 1000 Mark am Verkauf des Grundstücks** he made (a profit of) 1,000 marks on the sale of the property. **4.** *lit.* (*erreichen*) reach, gain, *colloq.* make (*the shore, etc*); **sie gewannen das Freie** a) they got out into the open, b) they escaped, they got free (*od.* out). **5.** (*Unterstützung, Teilnahme etc*) win, secure; **j-n (für sich) ~** win s. o. over, *a.* win (*od.* gain) s. o.'s support; **ich gewann ihn für m-e Pläne** I won his support for my plans, I succeeded in interesting him in my plans. **6.** (*Liebe, Hilfe etc*) win, gain; **j-n als** (*od.* **zum**) **Freund ~** gain s. o.'s friendship; **j-s Herz (Hand) ~** win s. o.'s heart (hand); **j-s Zutrauen ~** win s. o.'s confidence. **7.** (*erhalten, bekommen*) gain, get, attain, acquire; **e-n Eindruck von et. ~** gain (*od.* get) an impression of s. th.; **Interesse an e-r Sache ~** be(come) interested in s. th.; **Macht ~** gain (*od.* attain) power; **e-n Vorteil über j-n ~** gain an advantage over s. o.; **damit ist schon viel gewonnen** that helps a great deal; **was ist damit schon gewonnen?** what has been gained by that?; **Zeit ~** a) gain (*od. colloq.* buy) time, b) save time; → **Abstand** 5, **Bedeutung** 2 (*etc*). **8.** (*annehmen*) assume, take on; **dieser Gedanke gewann allmählich Gestalt** this idea gradually took shape; **hierdurch gewann die Angelegenheit ein ganz anderes Aussehen** that put a different complexion on the matter. **9.** *lit.* **es über sich ~, et. zu tun** bring o. s. to do s. th. **10.** (*Kohle etc*) mine, extract, win, get. **11.** (*Metall aus Erz etc*) (**aus** from) extract, win, obtain. **12.** (*Erdöl etc*) drill for, extract, win, produce. **13.** *aus Altmaterial*: (**aus** from) recover, salvage, reclaim. **14.** *med. pharm.* (**aus** from) derive, prepare, extract, win, obtain. **15.** (*Neuland etc*) reclaim, recover, win. **II** *v/i* **16.** win, be (the) winner(s), be victorious, gain the victory, win the battle; **spielend ~** win hands down; **um e-e Länge (nach Punkten) ~** win by one length (on points). **17.** *in Glücksspielen etc*: win, be the winner, *bes. Los, Zahl etc*: come up a winner; **er hat in der Lotterie gewonnen** he won in the lottery; **jedes dritte Los gewinnt** every third ticket wins (*od.* is a winner). **18. an** (*dat*) **et. ~** (*zunehmen an*) gain s. th.; **an Kraft** (*od.* **Wucht**) **~** gather force; **der Wagen gewann an Geschwindigkeit** the car gained (*od.* gathered, picked up) speed; **an Klarheit ~** gain (in) clarity, become clearer; → **Bedeutung** 2, **Boden** 2. **19.** *fig.* improve; **er hat sehr gewonnen** he has greatly improved; **sie gewinnt bei näherer Bekanntschaft** she improves on acquaintance; **das Bild gewinnt durch richtige Beleuchtung** proper lighting enhances the picture. **III ≈** *n* ⟨-s⟩ **20.** winning (*etc*). **21.** → **Gewinnung.** **geˈwin·nend I** *adj fig.* winning, engaging, charming. **II** *adv* **sie lächelte ~** she smiled engagingly, she gave a charming smile.

Geˈwinn·entˌnah·me *f econ.* withdrawal of profits.
Geˈwin·ner *m* ⟨-s; -⟩ winner.
Geˈwinn|geˌmein·schaft *f* profit pool. **~ˌklas·se** *f Lotterie etc*: winning class. **~ˌkon·to** *n econ.* surplus account. **~ˌla·ge** *f* profit and loss position.
Geˈwinn·ler *m* ⟨-s; -⟩ *contp.* profiteer.
Geˈwinn|ˌli·ste *f* **1.** list of prizes, prize list. **2.** list of winners. **~ˌlos** *n* winning ticket (*od.* number), winner. **~ˌmas·se** *f econ.* total profits *pl.* **~ˌmitˌnah·me** *f* profit taking. **~ˌquo·te** *f* **1.** *econ.* profit margin. **2.** *Lotterie etc*: prize; *im Toto*: dividend. **~rea·liˌsie·rung** *f econ.* profit taking. **~ˌrech·nung** *f* profit account. **≈ˌreich** *adj* → gewinnbringend. **~ˌsal·do** *m* profit balance. **~ˌspan·ne** *f* profit margin, *bei Händlern*: *a.* trade margin. **~ˌsteu·er** *f* profit tax. **~ˌstre·ben** *n* pursuit of profit. **~ˌsucht** *f* ⟨-; *no pl*⟩ greed (for gain), avarice, acquisitiveness. **≈ˌsüch·tig** *adj* greedy, profit-seeking, grasping; *jur.* **in ~er Absicht** for (*od.* with the object of) gain.
Geˈwinn- ˌund Verˈlust-ˌRech·nung *f econ.* profit and loss account (*bes. Am.* statement).
Geˈwin·nung *f* ⟨-; *no pl*⟩ **1.** winning, gaining. **2.** (*Erwerben*) acquisition. **3.** *von Bodenschätzen*: production, extraction, winning. **4.** *von Metall aus Erz etc*: (**aus** from) extraction, winning. **5.** *med. pharm.* (**aus** from) preparation, extraction. **6.** *von Neuland*: reclamation. **7.** (*Fördermenge*) output.
Geˈwinn|verˌtei·lung *f econ.* distribution of profits. **~ˌvorˌtrag** *m* profit balance carried forward. **~ˌzahl** *f meist pl Lotto etc*: winning number. **~ˌzie·hung** *f Lotto etc*: draw.
Geˈwin·sel *n* ⟨-s; *no pl*⟩ → winseln II.
Geˈwinst [-ˈvɪnst] *m* ⟨-es; -e⟩ *obs. for* Gewinn 1.
Geˈwir·ke *n* ⟨-s; -⟩ *Textil.* knit(ted) fabric.
geˈwirkt *pp u. adj* knit(ted).
Geˈwirr *n* ⟨-(e)s; -e⟩ **1.** *a. fig.* tangle, snarl. **2.** (*Straßen≈ etc*) maze. **3.** (*Durcheinander*) jumble, confusion. **4.** → Stimmengewirr.
Geˈwis·per *n* ⟨-s; *no pl*⟩ → Geflüster.
geˈwiß [-ˈvɪs] **I** *adj* ⟨-sser; -ssest⟩ **1.** ⟨*meist pred*⟩ certain, sure; **et. für ~ halten** be (*od.* feel) certain about s. th., be positive about s. th.; **der Sieg ist uns ~** our victory is certain, we are sure to win; **s-e Stimme ist mir ~** I am sure of his vote; **eins** (*od.* **soviel**) **ist ~, ich komme nicht** one thing is certain, I am not coming; **sich** (*dat*) **s-r Sache ~ sein** a) be (absolutely) sure of s. th., b) be sure of one's ground (*od.* facts); **sich** (*dat*) **j-s ~ sein** be sure of s. o. **2.** (*nicht genau bestimmbar*) certain; **ein gewisser Herr N.** a (certain) Mr. N., one Mr. N.; **Frauen im gewissen Alter** women of a certain age; **in gewissem Sinne** in a sense (*od.* way); **in gewisser Hinsicht** in a sense, in some respect(s); → Etwas 6. **II** *adv* **3.** certainly, surely; **es ist (ganz) ~ wahr** it is certainly (*od.* definitely) true; **ich weiß es ~** I know it for sure, I am positive about it; **Sie wollen es ~ selber sehen?** (I am sure) you want to see it yourself, don't you?; **er ist ~ wieder der letzte** he is sure to be the last one again; **er hat ~ recht, aber** no doubt (*od.* I am sure) he is right, but. **4.** (*bestimmt*) positively; **~ werde ich kommen!** I shall definitely come. **5. ~!** *in Antworten*: certainly!, of course!, surely!; **aber ~!, ~ doch!** but of course!, by all means!; **~ nicht!** certainly not!, of course not! **III Geˈwis·se, das** ⟨-n⟩ **6.** what is certain; **et. Gewisses** s. th. certain; *colloq.* **so et. Gewisses** a certain something; **man weiß nichts Gewisses** nothing definite is known.
Geˈwis·sen *n* ⟨-s; *no pl*⟩ conscience; **ein gutes** (*od.* **ruhiges, reines**) **~** a good (*od.* clear) conscience; **ein böses** (*od.* **schlechtes**) **~** a bad (*od.* guilty) conscience; **ein schlechtes ~ haben** *a.* be conscience-stricken, feel guilty; **ein weites ~** an easy (*od.* a lax) conscience; **mit gutem ~** with a good (*od.* safe, clear, an easy) conscience; *colloq.* **er sieht aus wie das leibhaftige schlechte ~** guilt is written all over his face; **sein künstlerisches ~** his conscience as an artist; **sein ~ beruhigen (zum Schweigen bringen)** soothe (silence) one's conscience; **mit s-m ~ kämpfen** wrestle with one's conscience; **er folgte s-m ~** (*od.* **der Stimme s-s ~s**) he followed the promptings of his conscience; **et. (j-n) auf dem ~ haben** have s. th. (s. o.) on one's conscience; **das hast du auf dem ~** that's your doing (*od.* fault); **ich könnte es nicht mit m-m ~ vereinbaren** it would go against my conscience; **er macht sich** (*dat*) **kein ~ daraus (zu)** he has no qualms (*od.* scruples) about (doing) it; **j-m ins ~ reden** appeal to s. o.'s conscience, talk very seriously to s. o., reason with s. o.; **das ~ schlug ihm** he was conscience-stricken, he was stung with remorse; **sein ~ regte sich** his conscience was roused; **ein gut(es) ~ ist ein sanftes Ruhekissen** (*Sprichwort*) a quiet conscience sleeps in thunder.
geˈwis·sen|haft *adj* (**in** *dat* in) *allg.* conscientious, (*zuverlässig*) *a.* reliable, (*gründlich*) thorough, (*sorgfältig*) careful. **≈haf·tig·keit** *f* ⟨-; *no pl*⟩ conscientiousness, reliability, thoroughness, carefulness. **~los** *adj* **1.** unscrupulous, without a conscience, without scruples. **2.** irresponsible, reckless. **≈lo·sig·keit** *f* ⟨-; *no pl*⟩ **1.** unscrupulousness. **2.** irresponsibility, recklessness.
Geˈwis·sens|ˌangst *f* qualms *pl* of conscience, anguish. **~ˌbis·se** *pl* pricks (*od.* pangs) of conscience, remorse *sg*, compunction *sg*; **mach dir doch deswegen k-e ~** *colloq.* don't lose any sleep over it; **von ~n gepeinigt** conscience-stricken. **~erˌfor·schung** *f* heart-searching, self-examination. **~ˌfra·ge** *f* question (*od.* matter) of conscience, moral issue. **~ˌfrei·heit** *f* freedom of conscience. **~ˌgrün·de** *pl* **aus ~n** for reasons of conscience; **Wehrdienstverweigerer aus ~n** conscientious objector. **~konˌflikt** *m* inner conflict; **j-n in e-n ~ stürzen** throw s. o. into an inner conflict. **~ˌnot** *f* pressure of conscience, (moral) dilemma. **~ˌpflicht** *f* moral duty. **~ˌprü·fung** *f* examination of one's conscience, self-examination. **~ˌqual** *f* agonies *pl* of conscience. **~ˌsa·che** *f* matter of conscience. **~ˌwurm** *m colloq.* guilty conscience, guilt. **~ˌzwang** *m* **1.** moral constraint. **2.** (*äußerer Zwang*) pressure on one's conscience. **3.** *religiöser*: religious despotism (*od.* intolerance). **~ˌzwei·fel** *pl* moral (*od.* inner) doubts.
geˈwis·serˈma·ßen *adv* **1.** (*in gewissem Maße*) to a certain (*od.* to some) degree (*od.* extent), in a way. **2.** so to speak, in a manner of speaking, as it were.
Geˈwiß·heit *f* ⟨-; *no pl*⟩ certainty; (*innere*) **~** *a.* certitude, assurance, (*Überzeugung*) conviction; **mit ~** with certainty, for certain; **mit voller ~** most assuredly, positively; **über** (*acc*) **et. ~ erhalten** (*od.* **erlangen**) become certain about s. th.; **sich** (*dat*) **über e-e Sache ~ verschaffen** make sure of s. th., find out for certain about s. th.; **über** (*acc*) **et. ~ haben** be sure (*od.* certain) about s. th.; **zur ~ werden** become certain (*od.* a certainty).
geˈwiß·lich *adv obs. od. lit. for* gewiß 3.
Geˈwit·ter *n* ⟨-s; -⟩ **1.** thunderstorm, (electric) storm; **ein ~ braut sich zusammen** (*od.* **zieht auf, ist im Anzug**) a storm is brewing (*od.* gathering, coming up); **ein ~ steht am Himmel** there are thunderclouds in the sky. **2.** *fig.* storm, tempest; **ein häusliches ~** a domestic storm; **das wirkte wie ein reinigendes ~** that really cleared the air. **~ˌbö** *f* thunder squall. **~ˌflug** *m aer.* **1.** flight through a thunderstorm. **2.** *beim Segelflug*: front soaring. **~ˌfront** *f* thundery front. **~ˌhim·mel** *m* thundery sky.
geˈwit·tern *v/impers* ⟨*pp* **gewittert, h**⟩ **es gewittert** there is a (thunder)storm.
Geˈwit·ter|ˌnei·gung *f meteor.* tendency to thunderstorms. **~ˌre·gen, ~ˌschau·er** *m* thundershower. **≈ˌschwül** *adj* sultry, thundery. **~ˌschwü·le** *f* sultriness, thundery air. **~ˌstim·mung** *f* thundery (*fig.* explosive) atmosphere. **~ˌstö·run·gen** *pl Funk*: atmospherics, static *sg*. **~ˌsturm** *m* thunderstorm, electric storm. **~ˌwol·ke** *f* thundercloud, storm cloud; (*oberer Teil*) thunderhead.
geˈwitt·rig *adj* **1.** thundery (*shower, etc*); **es sieht ~ aus** it looks stormy (*od.* thundery). **2.** *fig.* stormy, explosive.
Geˈwit·zel *n* ⟨-s; *no pl*⟩ *colloq.* silly joking (*od.* jokes *pl*).
geˈwit·zigt [-ˈvɪtsɪçt] *adj* **1. ich bin jetzt ~** I've learned (*od.* had) my lesson, now I know better. **2.** → **geˈwitzt** [-ˈvɪtst] *adj* smart, clever.
geˈwo·ben [-ˈvoːbən] *pp of* **weben**.
Geˈwo·ge *n* ⟨-s; *no pl*⟩ **1.** surging (*a. fig.*). **2.** → wogen II.
geˈwo·gen I *pp of* wägen, wiegen¹. **II** *adj* ⟨-er; -st⟩ *lit.* **1. ein mir ~er Mann** a man kindly disposed toward(s) me. **2. j-m ~ sein** show a liking for s. o., be kindly disposed toward(s) s. o., be friendly (*od.* kind) to s. o., be fond of s. o., like s. o.; **er ist mir nicht ~** he doesn't like me much, he is not very fond of me; **wir versuchten, ihn uns ~ zu machen** (*od.* **stimmen**) we tried to win his favo(u)r; **sie ist ihm sehr ~** he is in her good graces. **≈heit** *f* ⟨-; *no pl*⟩ *lit.* **1.** favo(u)r. **2.** (*Zuneigung*) affection.
geˈwöh·nen [-ˈvøːnən] **I** *v/t* ⟨*pp* **gewöhnt, h**⟩ **j-n ~ an** (*acc*) accustom s. o. to (*s. o., s. th.*), get s. o. used (*od.* accustomed) to; **j-n an et. ~** *a.* a) *an Strapazen etc*: inure s. o. to s. th., b) *an ein Klima, a. weitS.*: acclimatize (*Am.* acclimate) s. o. to s. th., c) (*vertraut machen mit*) familiarize s. o. with s. th., d) *bes. med.* habituate s. o. to s. th.; → **gewöhnt**. **II** *v/reflex* **sich an** (*acc*) **et. ~** a) accustom o. s. to s. th., get used (*od.* accustomed) to s. th., b) acclimatize o. s. to s. th., get (*od.* become) acclimatized to s. th.; **man gewöhnt sich an alles** you get used to anything. **III ≈** *n* ⟨-s⟩ → **Gewöhnung**.
Geˈwohn·heit [-ˈvoːnhaɪt] *f* ⟨-; -en⟩ **1.** habit; **die Macht der ~** (the) force of habit; **e-e (schlechte) ~ ablegen** give up a (bad) habit; **e-e ~ annehmen** get into (*od.* acquire) a habit; **die ~ haben** zu be in the habit of (*doing*), *lit.* be wont to (*do*); **sich** (*dat*) **et. zur ~ machen** make s. th. a (*od.* one's) habit; **das macht die ~** that's a habit; **das ist so s-e ~** (*od.* **e-e ~ von ihm**) that is just a habit with him (*od.* of his); **et. aus**

(alter) ~ tun do s. th. out of (*od.* from) habit; **j-m zur ~ werden** become a habit with s. o.; **das ist ganz gegen m-e ~** I am not used to (doing) that at all; *er ging früher zu Bett,* **als es s-e ~ war** than was his habit (*od. lit.* wont). **2.** (*Brauch*) custom.

Geˈwohn·heits|ˌbil·dung *f* ⟨-; *no pl*⟩ *med.* drug habituation. **≈ˌmä·ßig I** *adj* **1.** *Trinker, Verbrecher etc*: habitual. **2.** (*üblich, gewohnt*) customary, usual, normal. **3.** (*routinemäßig*) routine. **II** *adv* **4.** habitually, out of (*od.* from) habit. **~ˌmensch** *m* creature of habit. **~ˌrecht** *n jur.* **1.** customary law, *Am.* consuetudinary law. **2.** *englisches, ungeschriebenes*: common law. **3.** (*Usance*) custom. **4.** (*ersessenes Recht*) prescriptive right. **5.** *weitS.* established right. **~ˌsa·che** *f* matter of habit. **~ˌsün·de** *f* besetting sin. **~ˌtier** *n colloq.* creature of habit. **~ˌtrin·ker** *m* habitual drunkard, alcoholic. **~verˌbre·cher** *m jur.* habitual offender.

geˈwöhn·lich I *adj* **1.** (*allgemein*) common, general. **2.** (*üblich*) usual, customary; *iro.* **mein ~es Pech** my usual luck, just my luck. **3.** normal; **unter ~en Umständen** under normal circumstances, normally. **4.** (*nicht hervorstechend*) ordinary; *humor.* **nicht für ~e Sterbliche** not for ordinary mortals. **5.** (*alltäglich*) everyday, *weitS. a.* commonplace; **im ~en Leben** in everyday life. **6.** (*herkömmlich*) customary. **7.** *contp. Person, Benehmen etc*: common, vulgar; **sie sieht ~ aus** she looks common; **das ~e Volk** the common people. **8.** *philat. Briefmarke*: ordinary. **II** *adv* **9.** commonly (*etc*); **(für) ~** a) usually, normally, b) (*in der Regel*) as a rule, c) (*im allgemeinen*) generally; **sie stand (für) ~ an der Tür,** *wenn ich ankam a.* she used to stand (*od.* would be standing) at the door; **er log wie ~** he lied as usual. **10.** *contp.* commonly, *stärker*: vulgarly. **III ≈e, das** ⟨-n⟩ **11.** the usual (*od.* ordinary) thing, the ordinary; **vom ≈en abstechen** stand out from the ordinary. **12.** *contp.* commonness; **sie hat et. ≈es an sich** there is s. th. common about her. **≈keit** *f* ⟨-; *no pl*⟩ *contp.* commonness, *stärker*: vulgarity.

geˈwohnt *adj* **1. et. ~ sein** be used (*od.* accustomed) to s. th., (*Kälte, Strapazen etc*) *a.* be inured to s. th.; **(es) ~ sein, et. zu tun** a) be used (*od.* accustomed) to doing s. th., b) (*die Gewohnheit haben*) be in the habit of doing s. th., *lit.* be wont to do s. th.; **sie ist e-e solche Behandlung nicht ~** she is not used to being treated like this; → **jung** 6. **2.** ⟨*attrib*⟩ (*üblich*) usual, accustomed, customary, habitual; **in ~er** (*od.* **auf ~e**) **Weise** in the usual way (*od.* manner); **zur ~en Stunde** at the usual time. **3.** (*vertraut*) familiar (*sight, etc*).

geˈwöhnt *adj* **an** (*acc*) **et. ~ sein** be used (*od.* accustomed) to s. th.; **daran ~** (*od.* **[es] ~**) **sein, et. zu tun** → **gewohnt** 1; *iro.* **ich bin ja viel ~, aber** I've seen a lot of things, but.

geˈwohn·terˌma·ßen *adv* as usual.

Geˈwöh·nung *f* ⟨-; *no pl*⟩ (**an** *acc* to) **1.** habituation, *med. a.* habit-formation; **~ an Rauschgift** habituation to narcotics, (drug) addiction; **Kokain führt zur ~** cocaine is a habit-forming drug. **2.** acclimatization. **3.** (*Anpassung*) adaptation.

Geˈwöl·be *n* ⟨-s; -⟩ **1.** *arch.* (*Decken≈ u. Raum*) vault. **2.** *biol.* vault. **3.** *geol.* upfold, anticline. **4.** *tech.* a) arch, b) *e-s Ofens*: arched roof. **5.** *poet. des Himmels*: vault, canopy, dome. **~ˌbo·gen** *m* arch (of a vault). **~ˌstein** *m* vaulting stone, voussoir. **~ˌzwi·ckel** (*getr.* **-k·k-**) *m* spandrel (of a vault).

geˈwölbt *pp u. adj* **1.** *Decke etc*: arched, vaulted. **2.** *Stirn, Oberfläche etc*: domed. **3.** *tech.* convex, curved, cambered; *Bleche*: dished; *Glasscheiben*: domed; *Straße*: cambered.

Geˈwölk *n* ⟨-(e)s; *no pl*⟩ clouds *pl.*

geˈwollt I *pp of* **wollen**[2]. **II** *adj* (*absichtlich*) deliberate, (*gesucht*) studied; **~ malerisch** consciously picturesque.

geˈwön·ne [-ˈvœnə] *archaic 1 u. 3 pret subj of* **gewinnen.**

geˈwon·nen [-ˈvɔnən] **I** *pp of* **gewinnen. II** *adj* won; → **Spiel** 2.

geˈwor·ben [-ˈvɔrbən] *pp of* **werben.**

geˈwor·den [-ˈvɔrdən] *pp of* **werden.**

geˈwor·fen [-ˈvɔrfən] **I** *pp of* **werfen. II** *adj philos.* derelict. **≈heit** *f* ⟨-; *no pl*⟩ *philos.* dereliction.

geˈwrun·gen [-ˈvrʊŋən] *pp of* **wringen.**

Geˈwühl *n* ⟨-(e)s; *no pl*⟩ **1.** (*Menschenmenge*) (milling) crowd, throng; **im ~ der Menge** in the milling crowd; **stürzen wir uns ins ~!** let's join the crowd! **2.** (*Durcheinander*) bustle, tumult, turmoil; **im ~ der Schlacht** in the turmoil (*od.* thick) of the battle.

geˈwun·den [-ˈvʊndən] **I** *pp of* **winden**[1]. **II** *adj* **1.** *Pfad, Flußlauf etc*: winding, twisting, serpentine, meandering, sinuous. **2.** *fig. Ausdrucksweise etc*: roundabout, tortuous. **3.** *bot.* flexuous, torsive. **4.** *zo.* **schneckenförmig ~** turbinate(d). **5.** *anat.* a) convolute(d), b) *Blutgefäße etc*: tortuous, meandrous. **III** *adv* **6.** *fig.* **sich ~ ausdrücken** express o. s. in a roundabout way.

geˈwünscht *pp u. adj* **1.** desired; **wie ~** as desired; **ich bringe Ihnen die ~en Bücher** I'll bring you the books you wanted. **2.** *Wirkung etc*: desired, intended.

geˈwür·felt *pp u. adj* **1.** *Stoff*: checked. **2.** *gastr. Speck etc*: diced.

Geˈwür·ge *n* ⟨-s; *no pl*⟩ *colloq. for* **würgen** III.

Geˈwürm [-ˈvyrm] *n* ⟨-(e)s; *no pl*⟩ **1.** *zo.* a) worms *pl*, b) reptiles *pl*, c) (*Ungeziefer*) vermin. **2.** *fig.* → **Gezücht** 3.

Geˈwürz *n* ⟨-es; -e⟩ **1.** spice; **verschiedene ~e** various spices and herbs. **2.** (*Zutat*) seasoning, condiment. **~ˌap·fel** *m bot.* brown redstreak. **~ˌblatt** *n* clove. **~ˌes·sig** *m* aromatic vinegar. **~ˌgur·ke** *f* (pickled) gherkin, *Am.* dill pickle. **~ˌhan·del** *m* spice trade. **~ˌkör·ner** *pl* allspice *sg*, *Br. a.* pimento *sg*. **~ˌkräu·ter** *pl* (pot-)herbs. **~ˌku·chen** *m* spice(d) cake. **~ˌnel·ke** *f* clove. **~ˌpflan·ze** *f* aromatic plant, pot-herb. **~ˌsa·fran** *m* saffron (crocus). **~ˌstän·der** *m* spice rack. **~ˌstau·de** *f* spicy (*od.* aromatic) plant.

geˈwürzt *pp u. adj gastr. u. fig.* (**mit** with) spiced, seasoned; **stark ~e Speisen** highly seasoned (*od.* hot) dishes; *fig.* **mit Humor ~** spiced with humo(u)r.

Geˈwürzˌwa·ren *pl* spices, spice goods.

geˈwußt [-ˈvʊst] *pp of* **wissen**; *colloq.* **~, wo (wie)** you've just to know where to look (how to do it).

Gey·sir [ˈgaɪzɪr] *m* ⟨-s; -e⟩ *geol.* geyser, geysir.

geˈzackt *pp u. adj* **1.** *Felsen etc*: jagged, ragged, serrated. **2.** (*eingekerbt*) indented (*a. her. tech.*). **3.** *bot.* toothed, serrate(d), dentate(d). **4.** *zo.* squarrose. **5.** *med.* a) serrate, b) *Bruchstück*: jagged.

geˈzähmt *pp u. adj Tier*: tame.

geˈzäh·nelt [-ˈtsɛːnəlt] *adj bot.* denticulate(d).

geˈzahnt, geˈzähnt *pp u. adj* **1.** *Briefmarke*: perforated. **2.** *bot. zo.* toothed. **3.** *tech.* toothed, serrate(d).

Geˈzänk [-ˈtsɛŋk] *n* ⟨-(e)s; *no pl*⟩, **Geˈzan·ke** *n* ⟨-s; *no pl*⟩ *colloq. contp.* **1.** squabbling, squabble, bickering. **2.** (*Keifen*) nagging.

Geˈzap·pel *n* ⟨-s; *no pl*⟩ *colloq. for* **zappeln** II.

geˈzeich·net *pp u. adj* **1.** *Skizze etc*: drawn. **2.** (*unterschrieben*) signed; **gez. X** signed (*abbr.* sgd) X. **3.** *fig.* (**von** by) marked, stamped; **ein von Kummer ~es Gesicht** a face marked by sorrow; **vom Tode ~** bearing the mark of death; **e-e ~e Frau** a marked woman. **4.** *Boxer*: marked. **5.** *zo.* inscribed.

Geˈzei·ten [-ˈtsaɪtən] *pl* tides, tide *sg*; **den ~ unterworfen** tidal. **~ˌkraftˌwerk** *n* tidal power plant (*od.* station). **~ˌleh·re** *f* tidology. **~ˌpe·gel** *m mar. tech.* tide ga(u)ge. **~ˌrech·ner** *m mar.* tide predictor. **~ˌstrom** *m*, **~ˌströ·mung** *f* tidal current. **~ˌta·fel** *f* tide table. **~ˌwech·sel** *m* turn of the tide, tidal change. **~ˌwel·le** *f* tidal wave.

Geˈzelt *n* ⟨-(e)s; -e⟩ *obs. od. poet.* tent; *fig.* **das ~ des Himmels** the canopy of heaven.

Geˈze·ter *n* ⟨-s; *no pl*⟩ *colloq.* **1.** (shrill) clamo(u)r. **2.** (*Keifen*) nagging. **3.** *fig.* → **Geschrei** 9.

Geˈzie·fer *n* ⟨-s; *no pl*⟩ *obs. for* **Ungeziefer.**

geˈzie·hen *pp of* **zeihen.**

geˈzielt *pp u. adj* **1.** *fig. Maßnahme etc*: purposive, carefully directed, well-aimed, (well-)calculated, specific, selective; **~e Werbung** specific (*od.* selective) advertising; **~e Steuersenkungen** selective tax reductions. **2.** (*beabsichtigt*) deliberate, calculated.

geˈzie·men *lit.* **I** *v/i* ⟨*pp* **geziemt, h**⟩ **j-m geziemt et.** a) (*er hat es verdient*) s. o. deserves (*od.* is deserving, worthy of) s. th., b) *cf.* II; **du scheinst nicht zu wissen, was dir geziemt** you don't seem to know what's right and proper for you (*od.* how to behave). **II** *v/impers* **es geziemt sich (für j-n)** it is right and proper (*od.* fitting) (for s. o.); **es geziemt sich nicht** it is not proper (*od.* right to do so), it is bad form; **wie es sich geziemt** as is fitting (*od.* proper). **~d** *lit. adj* **1.** becoming, fit(ting), seemly, suitable; **in ~er Weise** in a fitting manner. **2.** (*anständig*) decent, decorous. **3.** *Respekt etc*: due, proper; **in ~em Abstand** at a respectful distance.

geˈziert *pp u. adj Benehmen, Stil etc*: affected. **≈heit** *f* ⟨-; *no pl*⟩ affectation, affectedness.

geˈzinkt I *pp of* **zinken**[2]. **II** *adj* **1.** *Spielkarten*: (secretly) marked; → **Karte** 11. **2.** *tech. Holz*: dovetailed.

Geˈzirp *n* ⟨-(e)s; *no pl*⟩, **Geˈzir·pe** *n* ⟨-s; *no pl*⟩ *colloq.* chirping.

Geˈzisch *n* ⟨-es; *no pl*⟩, **Geˈzi·sche** *n* ⟨-s; *no pl*⟩ *colloq.* hiss(ing). **Geˈzi·schel** *n* ⟨-s; *no pl*⟩ *colloq.* whispering, whispers *pl.*

geˈzo·gen [-ˈtsoːgən] **I** *pp of* **ziehen. II** *adj* **1.** *Waffen*: drawn, bare. **2.** *Gewehrlauf*: rifled. **3.** *tech. Draht etc*: drawn. **4.** *econ. Wechsel*: drawn.

Geˈzücht *n* ⟨-(e)s; -e⟩ *lit. contp.* **1.** *a. fig.* brood, spawn. **2.** (*Ungeziefer etc*) vermin. **3.** (*Gesindel*) riff-raff, rabble, vermin.

Geˈzün·gel *n* ⟨-s; *no pl*⟩ *colloq. for* **züngeln** II.

geˈzupft I *pp u. adj Augenbrauen etc*: plucked. **II** *adv mus.* pizzicato.

Geˈzweig *n* ⟨-(e)s; *no pl*⟩ *poet.* branches *pl*, boughs *pl.*

geˈzwirnt *adj Textil.* a) twined, b) *Seide*: thrown; **~es Garn** twine.

Geˈzwit·scher *n* ⟨-s; *no pl*⟩ *der Vögel*: chirp(ing), twitter(ing), chirrup(ing).

geˈzwun·gen [-ˈtsvʊŋən] **I** *pp of* **zwingen**; **sich zu et. ~ sehen** (*od.* **fühlen**), **zu et. ~ sein** be (*od.* find o. s., feel) compelled to do s. th. **II** *adj Lächeln, Heiterkeit etc*: forced, (con)strained; *Benehmen etc*: stiff, unnatural; (*befangen*) self-conscious. **III** *adv* **~ lachen** force a laugh. **geˈzwun·ge·nerˈma·ßen** *adv* of (*od.* by) necessity, under compulsion, willy-nilly; **et. ~ tun** be (*od.* find o. s.) forced (*od.* compelled) to do s. th. **Geˈzwun·gen·heit** *f* ⟨-; *no pl*⟩ **1.** constraint. **2.** stiffness, unnaturalness.
gha·na·isch [ˈgaːnaˀɪʃ] *adj* Ghanaian. **Gha·ne·se** [gaˈneːzə] *m* ⟨-n; -n⟩, **ghaˈne·sisch** *adj* Ghanaian.
Ghet·to [ˈgɛto] *n* ⟨-s; -s⟩ → **Getto**.
gib [giːp] *imp sg of* **geben**.
Gib·bon [ˈgɪbɔn] *m* ⟨-s; -s⟩ *zo.* gibbon.
gibst [giːpst] *2 sg*, **gibt** [giːpt] *3 sg pres of* **geben**.
Gicht[1] [gɪçt] *f* ⟨-; *no pl*⟩ **1.** *med.* gout, podagra; **an ~ leidend** a) gouty, suffering from gout, b) suffering from gouty arthritis; **er hat die ~** a) he has (the) gout, b) he has gouty arthritis. **2.** *agr.* (*Weizenkrankheit*) gout.
Gicht[2] *f* ⟨-; -en⟩ *metall.* **1.** (*Öffnung*) furnace mouth (*od.* top). **2.** (*Schmelzgut*) burden, furnace charge.
ˈGicht|anˌfall *m med.* attack of (the) gout (*od.* of gouty arthritis). **≈ˌar·tig** *adj* gouty. **≈ˌbrü·chig** *adj Bibl.* palsied. **~ˌbüh·ne** *f metall.* charging platform. **~ˌflam·me** *f* top flame. **~ˌgas** *n* (blast) furnace gas. **~ˌglocke** (*getr.* **-k·k-**) *f* furnace-top bell.
ˈgich·tig, ˈgich·tisch *adj med.* gouty.
ˈGicht|ˌkno·ten *m med.* gouty concretion (*od.* node), tophus. **~ˌkran·ke** *m, f* ⟨-n; -n⟩ gouty person (*od.* patient), gout case. **~ˌro·se** *f bot.* **1.** (common) peony. **2.** yellow-flowered rhododendron. **~ˌschmerz** *m med.* gouty pain.
gicks [gɪks] *adj colloq.* **er sagte nicht ~ und nicht gacks** he didn't say a word; **das weiß ~ und gacks** everybody knows that.
Gie·bel[1] [ˈgiːbəl] *m* ⟨-s; -⟩ **1.** *civ. eng.* gable (end); **kleiner ~** gablet; **Gebäude mit ~n** gabled building. **2.** *arch.* (*Zier≈ an Kirchen etc*) pediment, fronton. **3.** *colloq.* (*Nase*) beak.
ˈGie·bel[2] *m* ⟨-s; -⟩ *ichth.* crucian (carp).
ˈGie·bel|ˌbal·ken *m* top beam. **~ˌdach** *n* gable(d) roof. **~ˌdreiˌeck** *n* pediment. **~ˌfeld** *n* tympanum. **~ˌfen·ster** *n* gable window. **≈ˌför·mig** *adj* gable-shaped. **~ˌhaus** *n* gabled house.
ˈgie·be·lig *adj arch.* **1.** gabled. **2.** gable-like.
ˈGie·bel|ˌsei·te *f e-s Hauses*: gabled end. **~ˌstu·be** *f* garret, attic. **~ˌturm** *m* gable tower.
Gien [giːn] *n* ⟨-s; -e⟩ *mar.* gin tackle. **~ˌblock** *m* gin block.
Gier [giːr] *f* ⟨-; *no pl*⟩ (**nach** for) **1.** *nach Essen etc*: greed(iness), craving; **mit** (*od.* **voll**) **~** → **gierig** II. **2.** (*Gefräßigkeit*) gluttony, voracity. **3.** *nach Macht, Geld etc*: greed, thirst, hunger, lust, avidity.
gie·ren[1] [ˈgiːrən] **I** *v/i* ⟨h⟩ **1.** *lit.* **nach et. ~** crave for (*od.* after) s. th., *nach Macht, Geld etc*: *a.* thirst for (*od.* after) s. th. **II ≈** *n* ⟨-s⟩ **2.** craving (*etc*). **3.** → **Gier**.
ˈgie·ren[2] **I** *v/i* ⟨h⟩ *aer. mar.* yaw. **II ≈** *n* ⟨-s⟩ yaw(ing).
ˈGierˌfal·ke *m* → **Gerfalke**.
ˈgie·rig I *adj* **1.** greedy, covetous, avaricious, grasping; **mit ~en Händen** with greedy (*od.* grasping, covetous) hands; **~es Verlangen** greedy (*od.* avid, eager) desire; **~ nach** (*od.* **auf** *acc*) **et. sein** a) *nach Essen etc*: be greedy (*od.* ravenous, hungry) for (*od.* after) s. th., b) *nach Macht, Geld etc*: be greedy (*od.* thirsting) for (*od.* after) s. th., be avid for (*od.* of) s. th., covet s. th.; **~ nach Neuigkeiten sein** be avid for (*od.* eager for) news, thirst for news. **2.** (*gefräßig*) gluttonous, voracious, ravenous. **II** *adv* **3. ~ essen** eat greedily, gulp *s. th.* down, bolt one's food (*od. s. th.*); *fig.* **ein Buch ~ verschlingen** read a book avidly (*od.* voraciously); **~ lauschen** listen avidly (*od.* eagerly); **es** (*die Nachricht etc*) **~ in sich aufnehmen** lap it up; **j-n ~ ansehen** look at s. o. hungrily. **≈keit** *f* ⟨-; *no pl*⟩ → **Gier**.
ˈGie·rung *f* ⟨-; *no pl*⟩ *aer. mar.* yaw(ing).
ˈGießˌbach *m* torrent. **≈ˌar·tig** *adj* torrential.
ˈgieß·bar *adj metall.* castable, pourable.
gie·ßen [ˈgiːsən] **I** *v/t* ⟨gießt, goß, gegossen, h⟩ **1.** pour (*wine from a bottle, etc*); **Farbe über die Tischplatte ~** pour (*verschüttend*: spill) paint over the tabletop. **2.** *fig. Lichtstrahlen etc*: shed (**über** *acc* over, upon). **3.** (**be~**) water (*flowers, garden*). **4.** *Kunst*: cast (*a statue in bronze, etc*). **5.** *metall.* a) (*Gußstücke*) cast, b) (*Gußblöcke*) teem, c) *allg.* pour; **fallend ~** pour from the top, top-pour; **stehend ~** pour (*od.* cast) on end; **steigend ~** bottom-pour (*od.* -cast); → **Blei**[1] 1. **6.** *tech.* a) (*Glas*) mo(u)ld, found, cast, b) (*Zement etc*) pour, c) (*Wachs*) mo(u)ld. **II** *v/i* **7.** pour. **8.** water the flowers (*od.* plants, garden). **III** *v/impers* **9. es gießt (in Strömen)** it is pouring (with rain). **IV ≈** *n* ⟨-s⟩ **10.** pouring (*etc*). **11.** → **Guß** 5a, 6a.
ˈGie·ßer *m* ⟨-s; -⟩ *tech.* **1.** founder, foundryman, caster, pourer. **2.** *in Glashütte*: ladler.
Gie·ßeˈrei *f* ⟨-; -en⟩ *metall.* **1.** ⟨*only sg*⟩ (*Tätigkeit*) casting, mo(u)lding. **2.** → **~beˌtrieb** *m* foundry. **~ˌofen** *m* foundry furnace. **~ˌsand** *m* foundry sand.
ˈGieß|ˌform *f* **1.** mo(u)ld. **2.** *Spritzguß*: die. **~ˌgru·be** *f* **1.** casting (*od.* foundry) pit. **2.** *für Gußblöcke*: teeming box. **~ˌhaus** *n*, **~ˌhüt·te** *f* foundry. **~ˌkan·ne** *f für Blumen etc*: watering (*Am. a.* sprinkling) can.
ˈGießˌkan·nen|ˌbrau·se *f*, **~ˌkopf** *m* sprinkling nozzle, sprinkler, rose. **~prinˌzip, ~syˌstem** *n colloq.* indiscriminate distribution (*of grants, etc*), *Am. sl.* pork barrel principle.
ˈGieß|ˌkel·le *f*, **~ˌlöf·fel** *m metall.* (casting) ladle. **~maˌschi·ne** *f a. print.* casting machine. **~ˌpfan·ne** *f metall.* foundry ladle. **~ˌschwei·ßen** *n* molten metal welding. **~ˌtech·nik** *f* casting (*od.* pouring) practice. **~ˌtrich·ter** *m* (pouring) gate, downgate. **~verˌfah·ren** *n* casting process (*od.* method).
Gift [gɪft] *n* ⟨-(e)s; -e⟩ **1.** poison, *zo. a.* venom, *biol. chem.* toxin; **betäubendes ~** narcotic; **schleichendes ~** slow(-acting) poison; **~ nehmen** take poison; **j-m ~ (ein)geben** poison s. o. **2.** ⟨*only sg*⟩ *fig.* poison, (*Bosheit, Wut*) venom, spite; *colloq.* **das ist (das reinste) ~ für ihn** that's (sheer) poison for him, that's (very) bad for him; **~ verspritzen** vituperate, be full of (spite and) venom; **er spie ~ und Galle** he fumed and foamed; *humor.* **blondes ~** blond menace; **darauf kannst du ~ nehmen** you can bet your life on it. **3.** *colloq. Sport*: aggressiveness, bite. **~ˌbe·cher** *m* cup of poison. **~ˌbee·re** *f bot.* poisonberry. **~ˌbeiˌbrin·gung** *f jur.* poisoning. **~ˌbläs·chen** *n*, **~ˌbla·se** *f zo.* **1.** *der Schlangen*: poison gland, venom sac. **2.** *der Bienen*: poison gland, ioterium. **~ˌbuch** *n* poison book. **~ˌdrü·se** *f zo.* venom (*od.* poison) gland.
gif·ten [ˈgɪftən] *Southern G. colloq.* *v/reflex u. v/impers* ⟨h⟩ **sich über** (*acc*) **et. ~** get sore (*od.* mad) about s. th.; **es giftet mich, daß** it makes me mad that.
ˈGift|ˌesche *f bot.* poison sumach. **≈ˌfest** *adj* immune to poison (*od.* toxin). **~ˌfla·sche** *f* bottle marked "poison". **~ˌgas** *n* **1.** poisonous (*od.* toxic) gas. **2.** *mil.* war (*od.* poison) gas. **≈ˌgrün** *adj* garish green. **~ˌhauch** *m lit.* poisonous breath, blight.
ˈgif·tig I *adj* **1.** poisonous; *Schlange etc*: *a.* venomous; **~er Pilz** → **Giftpilz**. **2.** (*vergiftet*) poisoned (*arrow, food, etc*). **3.** *fig. Person, Zunge, Blick etc*: venomous, poisonous, spiteful, vicious, (*wütend*) furious, rabid, (*gereizt*) waspish, (*eklig*) nasty; **~e Atmosphäre** venomous (*od.* virulent) atmosphere. **4.** *chem. med. Chemikalien, Gase etc*: poisonous, toxic(ant); **~e Wirkung** toxic effect. **5.** *med. Krankheitserreger*: virulent. **6.** *colloq. Sport*: aggressive. **II** *adv* **7.** *fig.* venomously (*etc*). **≈keit** *f* ⟨-; *no pl*⟩ **1.** poisonousness, *e-r Schlange etc*: *a.* venomousness. **2.** *fig.* a) (*Bosheit*) venomousness, spite(fulness), viciousness, b) (*Wut*) (cold) fury, rabidness, c) *der Atmosphäre etc*: virulence. **3.** *chem. med.* poisonousness, toxicity. **4.** *med. der Bakterien*: virulence.
ˈGift|ˌkoch *m* → **Giftmischer**. **~ˌkör·per** *m med.* toxic agent, toxicant. **~ˌkun·de, ~ˌleh·re** *f pharm.* toxicology. **~ˌmi·scher** *m contp.* poisoner (*a. humor. Apotheker*). **~ˌmord** *m* (murder by) poisoning. **~ˌmör·der** *m* poisoner. **~ˌmüll** *m* toxic waste. **~ˌnu·del** *f colloq.* **1.** → **Giftstengel**. **2.** (*Frau*) cat, bitch. **~ˌpfeil** *m* poison(ed) arrow (*od. im Blasrohr*: dart). **~ˌpflan·ze** *f bot.* poisonous plant (*od.* herb). **~ˌpilz** *m* poisonous mushroom, toadstool. **~ˌreiz·ker** *m* wool(l)y (*od.* coral) milk cap. **~ˌschlan·ge** *f* **1.** *zo.* poisonous (*od.* venomous) snake. **2.** *fig. colloq.* snake, spiteful creature. **~ˌschrank** *m* **1.** poison cupboard (*od.* cabinet). **2.** *humor. in Bibliotheken*: "Banned Literature" section, *engS.* "pornographic department". **~ˌspin·ne** *f zo.* poisonous spider. **~ˌsta·chel** *m* **1.** *zo.* poison sting. **2.** *ichth.* venomous spine. **~ˌsten·gel** *m fig. colloq.* (*Zigarette etc*) weed. **~ˌstoff** *m* a) *med. pharm.* poisonous substance, b) *agr. mil. etc* toxic agent, c) *organischer*: toxin, d) (*Abgas, Giftmüll etc*) pollutant. **~ˌsu·mach** *m* poison ivy (*od.* oak, vine). **~ˌtier** *n meist pl zo.* poisonous (*od.* venomous) animal. **~ˌtod** *m* death by poisoning. **~ˌtrank** *m* poisonous (*od.* poisoned) draught. **~ˌzahn** *m* **1.** poison (*od.* venom) fang. **2.** *fig.* → **Giftnudel** 2. **~ˌzwerg** *m colloq.* venomous toad.
Gi·gant [giˈgant] *m* ⟨-en; -en⟩ **1.** giant. **2.** *myth.* Titan. **giˈgan·tisch** *adj* gigantic, colossal, giant (*alle a. fig.*). **Gi·ganˈtis·mus** [-ˈtɪsmʊs] *m* ⟨-; *no pl*⟩ gigantism.
Gi·gan·to·ma·chie [gigantomaˈxiː] *f* ⟨-; *no pl*⟩ *myth.* gigantomachy.
ˈGi·gas|ˌform [ˈgiːgas-] *f*, **~ˌwuchs** *m biol. bot.* gigantism.
ˈGigˌboot *n mar. Sport*: gig.
Gi·gerl [ˈgiːgərl] *m, a. n* ⟨-s; -⟩ *Austrian* → **Geck** 1.
Gi·go·lo [ˈʒiːgolo] *m* ⟨-s; -s⟩ gigolo.
Gigue [ʒiːk] *f* ⟨-; -n [-gən]⟩ *mus.* **1.** (*Tanz*) jig. **2.** (*Teil e-r Suite*) gigue.
ˈGilb|hard [-ˌhart], **~ˌhart** *m* ⟨-s; -e⟩ *obs.* October. **~ˌkraut** *n bot.* yellow mignonette.
Gil·de [ˈgɪldə] *f* ⟨-; -n⟩ **1.** *hist.* guild, corporation. **2.** *relig. hist.* guild, brother-

hood. **3.** (*Schützen≈ etc*) club, association. **4.** *fig. humor.* set, gang. **~ˌbrief** *m econ. hist.* charter of a guild. **~ˌhaus** *n* guildhall.
Gi·let [ʒiˈleː] *n* ‹-s; -s› *Austrian and Swiss* (*Weste*) waistcoat.
Gil·ling [ˈgɪlɪŋ] *f* ‹-; -s›, **Gil·lung** [ˈgɪlʊŋ] *f* ‹-; -en› *mar.* counter.
gilt [gɪlt] *3 sg pres of* **gelten.**
Gim·pe [ˈgɪmpə] *f* ‹-; -n› *Textil.* gimp.
Gim·pel [ˈgɪmpəl] *m* ‹-s; -› **1.** *orn.* bullfinch. **2.** *fig. colloq.* simpleton, dupe, gull, *bes. Am.* sucker. **~ˌfang** *m* → **Bauernfang.**
Gin [dʒɪn] (*Engl.*) *m* ‹-s; -s› gin. **~-ˈFizz** [-ˈfɪz] (*Engl.*) *m* ‹-; -› gin and soda, *Am.* gin fizz.
ging [gɪŋ] *1 u. 3 sg pret of* **gehen.**
Gink·go [ˈgɪŋko], **Gink·jo** [ˈgɪŋkjo] *m* ‹-s; -s› *bot.* ginkgo.
Gin·seng [ˈgɪnzɛŋ] *m* ‹-s; -s› *bot.* ginseng. **~ˌwur·zel** *f pharm.* root of ginseng.
Gin·ster [ˈgɪnstər] *m* ‹-s; -› *bot.* broom. **~ˌkat·ze** *f zo.* (European) genet. **~ˌstrauch** *m bot.* broom bush.
Gip·fel [ˈgɪpfəl] *m* ‹-s; -› **1.** (*Berg≈*) top, peak, summit. **2.** *lit.* (*Baum≈*) top. **3.** *fig. der Macht, des Glücks, der Karriere etc*: height, peak, summit, apex, zenith; **der ~ der Vollkommenheit** the peak of perfection; **auf dem ~ der Macht** (*etc*) at the height (*od.* peak, *etc*) of power (*etc*); **die Begeisterung erreichte ihren ~** enthusiasm reached its peak (*od.* climax). **4.** *fig. colloq. der Frechheit, Geschmacklosigkeit etc*: height; **das ist (doch) der ~!** that's the limit! **5.** *meteor.* top; **bis über ~** top not reached (*abbr.* t. n. r.). **6.** *e-r Kurve*: peak. **7.** *Swiss for* **Kipfe(r)l. 8.** *short for* **Gipfelkonferenz. ~ˌbuch** *n* (visitors') book. **≈ˌfrüch·tig** [-ˌfrʏçtɪç] *adj* terminal-fruited, acrocarpous. **~geˌspräch** *n pol.* summit talk. **~ˌhö·he** *f* **1.** height of a peak, summit altitude. **2.** *aer.* ceiling. **3.** *Ballistik*: maximum ordinate. **~kon·feˌrenz** *f pol.* summit conference, *colloq.* summit. **~ˌkreuz** *n* cross on the summit (of a mountain). **~ˌlei·stung** *f* **1.** highest achievement, great(est) feat. **2.** → **Höchstleistung.**
gip·feln [ˈgɪpfəln] *v/i* ‹h› **in** (*dat*) **et. ~** a) *Gebirge*: rise to (*od.* culminate in) s. th., b) *fig.* culminate in s. th.
ˈGip·fel|ˌpunkt *m* **1.** → **Gipfel** 1. **2.** *math.* highest point, peak (*of curve, etc*). **3.** *Ballistik*: top. **4.** *fig.* culmination (point), climax. **≈ˌstän·dig** *adj bot.* terminal, apical. **~sta·tiˌon** *f e-r Bergbahn*: summit terminal. **~ˌstür·mer** *m* **1.** enthusiastic mountain climber. **2.** *fig.* high-flier. **~ˌtref·fen** *n* → **Gipfelkonferenz.**
Gips [gɪps] *m* ‹-es; -e› **1.** *min.* gypsum, plaster stone. **2.** *tech.* (**gebrannter**) **~** plaster (of Paris), gypsum plaster; **e-e Statue in ~ abgießen** make a plaster cast of a statue; *med.* **in ~ legen** *cf.* **gipsen** 2. **~ˌabˌdruck** *m* ‹-(e)s; ⸚e›, **~ˌabˌguß** *m* plaster cast. **~ˌbein** *n colloq.* leg in plaster. **~ˌbett** *n med.* plaster bed. **~ˌbin·de** *f* plaster bandage. **~ˌbrei** *m* plaster (of Paris) paste. **~ˌbruch** *m* gypsum quarry. **~ˌbü·ste** *f* plaster (of Paris) bust. **~ˌdecke** (*getr.* **-k·k-**) *civ. eng.* plaster(ed) (*od.* stucco) ceiling.
gip·sen [ˈgɪpsən] *v/t* ‹h› **1.** plaster. **2.** *med. colloq.* (*Arm etc*) plaster, put (*arm, leg*) in plaster (*od.* in a plaster cast, *bes. Am.* in a cast). **3.** (*Wein*) plaster. **4.** *agr.* (*Boden*) gypsum, plaster. **ˈGip·ser** *m* ‹-s; -› plasterer. **ˈgip·sern** *adj* (made of) plaster.
ˈGips|fiˌgur *f* plaster (of Paris) figure. **~ˌgru·be** *f* gypsum pit. **≈ˌhal·tig** *adj min.* containing gypsum, gypseous. **~ˌkalk** *m* plaster lime. **~ˌkalkˌmör·tel** *m* gypsum-lime mortar. **~ˌkel·le** *f* plasterer's trowel. **~ˌkopf** *m* **1.** plaster (of Paris) head. **2.** *fig. colloq. contp.* blockhead, numskull. **~korˌsett** *n med.* plaster jacket. **~ma·leˌrei** *f* painting on gesso. **~ˌmar·mor** *m* (*Stuck*) imitation marble. **~moˌdell** *n* **1.** (*negatives Stück*) plaster cast. **2.** (*positives Stück*) plaster model. **~ˌmör·tel** *m* gypsum mortar. **~ˌputz** *m* (gypsum) plaster. **~ˌputzˌmör·tel** *m* gypsum stuff. **~ˌsandˌmör·tel** *m* gypsum-sand mortar. **~ˌspat** *m min.* sparry gypsum, selenite. **~ˌstuck** *m* stucco. **~verˌband** *m med.* plaster (of Paris) cast, *bes. Am.* cast; **j-m e-n ~ anlegen** put a plaster cast on s. o.; **in e-n ~ legen** → **gipsen** 2.
Gi·raf·fe [giˈrafə] *f* ‹-; -n› **1.** *zo.* giraffe. **2.** *astr.* Giraffe, Camelopardus.
gi·ral [ʒiˈraːl] *adv econ.* **~ überweisen** transfer from a current account. **≈ˌgeld** *n* deposit money.
Gi·rant [ʒiˈrant] *m* ‹-en; -en› *econ.* endorser. **Gi·rat** [ʒiˈraːt] *m* ‹-en; -en› endorsee. **giˈrier·bar** *adj* endorsable. **gi·rie·ren** [ʒiˈriːrən] *v/t* ‹*no* ge-, h› (**auf** *acc*, **an** *acc* upon) endorse, indorse; **blanko ~** endorse in blank. **giˈriert** *adj* **~er Scheck** (endorsed *od.* indorsed) cheque (*Am.* check). **Giˈrie·rung** *f* ‹-; -en› **1.** endorsing, indorsing. **2.** transfer by endorsement.
Gir·lan·de [gɪrˈlandə] *f* ‹-; -n› garland, festoon; **mit ~n schmücken** festoon.
Gir·litz [ˈgɪrlɪts] *m* ‹-es; -e› *orn.* serin (finch).
Gi·ro [ˈʒiːro] *n* ‹-s; -s, *Austrian a.* Giri [-ri]› *econ.* **1.** *e-s Wechsels etc*: endorsement, indorsement; **mit ~ versehen** → **girieren. 2.** (*Überweisung*) bank (*od.* giro) transfer. **~ˌabˌtei·lung** *f* current (*od.* checking) account department. **~ˌaufˌtrag** *m* giro transfer order. **~ˌbank** *f* ‹-; -en› (giro) transfer bank, clearing bank. **~ˌeinˌla·ge** *f* deposit in a checking account. **~geˌschäft** *n* current account transaction. **~ˌgutˌha·ben** *n* current account assets *pl.* **~ˌkas·se** *f* giro institute, transfer and clearing agency. **~ˌkon·to** *n* current (*od.* giro, *bes. Am.* checking) account. **~ˌkun·de** *m* current (*od.* checking) account holder. **~verˌkehr** *m* **1.** giro transfer business. **2.** clearing system. **~zenˌtra·le** *f* central clearing house.
gir·ren [ˈgɪrən] **I** *v/i* ‹h› **1.** *Taube, a. fig. Frau*: coo; **~des Lachen** giggly laughter. **2.** *Verliebte*: bill and coo. **II** **≈** *n* ‹-s› **3.** cooing (*etc*), giggly laughter.
gis, Gis [gɪs] ‹-; -› *mus.* G sharp; **gis, gis-Moll** G sharp minor; **Gis, Gis-Dur** G sharp major.
gi·schen [ˈgɪʃən] *v/i* ‹h› *dial. u. poet.* **1.** (*schäumen*) foam, froth. **2.** (*sprühen*) spray. **Gischt** [gɪʃt] *m* ‹-es; *rare* -e›, *a. f* ‹-; *rare* -en› **1.** foam, froth. **2.** *vom Wind getriebener*: (sea) spray, spoondrift.
gis·is, Gis·is [ˈgɪsˈʔɪs] *n* ‹-; -› *mus.* G double sharp.
Giß [gɪs] *m* ‹-sses; -sse› *Low G. mar.* dead reckoning. **gis·sen** [ˈgɪsən] *v/t* ‹h› estimate by dead reckoning. **ˈGis·sung** *f* ‹-; -en› (estimation by) dead reckoning.
Gi·tar·re [giˈtarə] *f* ‹-; -n› *mus.* guitar. **Giˈtar·renˌspie·ler** *m* → **Gi·tar·rist** [gitaˈrɪst] *m* ‹-en; -en›, **Gi·tarˈri·stin** *f* ‹-; -nen› guitarist.
Git·ter [ˈgɪtər] *n* ‹-s; -› **1.** *aus Holz, Draht etc*: lattice, grating, trellis, (*Draht≈*) *a.* wire-screen. **2.** *vor Fenstern, an Türen*: grating, grille. **3.** *vor Kaminen etc*: fender, guard. **4.** *e-s Käfigs etc*: (iron) bars *pl*; *colloq.* **hinter ~n (sitzen)** (be) behind bars. **5.** (*Zaun*) fence, railing(s *pl*). **6.** (*Rost*) grate. **7.** (*Spalier*) trellis, espalier. **8.** *Radio, Funk, e-r Elektronenröhre etc, auf Landkarten*: grid. **9.** *e-s Kristalls*: (crystal) lattice. **10.** *opt. phys.* grating. **11.** *math.* lattice. **≈ˌar·tig** *adj* latticed, gridlike, retiform. **~ˌbal·ken** *m* → **Gitterträger. ~bat·teˌrie** *f electr.* C (*od.* grid [bias]) battery. **~ˌbett(·chen)** *n für Kinder*: cot, *Am.* crib. **~ˌbrücke** (*getr.* **-k·k-**) *f civ. eng.* lattice bridge. **~ˌdraht** *m* **1.** wire netting. **2.** *electr.* grid wire. **~elekˌtro·de** *f electr.* grid electrode. **~ˌfen·ster** *n* lattice (window); *mit Eisenstangen*: barred window; *in Tür etc*: grille. **≈ˌför·mig** *adj* **1.** lattice-shaped, latticed. **2.** *biol.* reticulate(d). **~ˌgleichˌrich·ter** *m electr.* grid (leak) detector. **~ka·pa·ziˌtät** *f electr.* input capacitance. **~kon·denˌsa·tor** *m* grid capacitor. **~ˌkreis** *m electr.* grid circuit. **~ˌlei·nen** *n für Stickereien*: canvas. **~ˌlei·ter** *f gym.* window ladder. **~ˌmast** *m* **1.** *electr.* lattice(-type) tower, pylon. **2.** *mar.* lattice mast. **~ˌnetz** *n auf Landkarten etc*: grid. **~ˌpflan·ze** *f bot.* aponogeton. **~ˌrost** *m* ‹-es; -e› **1.** *im Backofen*: grate, grill. **2.** *über Luftschächten etc*: grating. **3.** ‹*only sg*› *bot.* cluster cup rust. **~ˌschlan·ge** *f zo.* reticulated python. **~ˌspan·nung** *f electr.* grid voltage. **~spek·troˌgraph** *m phys.* grating spectrograph. **~ˌspek·trum** *n opt.* diffraction spectrum. **~ˌstab** *m* bar. **~ˌstein** *m metall.* checker brick. **~ˌsteue·rung** *f electr.* grid control. **~ˌstoff** *m* grenadine, canvas. **~ˌstrom** *m electr.* grid current. **~ˌtor** *n* **1.** wrought-iron gate. **2.** (*Fallgatter*) barrier gate, portcullis. **~ˌträ·ger** *m civ. eng.* lattice girder (*od.* frame, truss). **~ˌtüll** *m Textil.* latticework tulle. **~ˌtür** *f* iron-barred door (*od.* gate). **~ˌvorˌspan·nung** *f electr.* grid bias. **~ˌwerk** *n* ‹-s; *no pl*› **1.** → **Gitter** 1—5. **2.** lattice(work), trelliswork. **3.** *fig. von Zweigen etc*: latticework. **4.** *civ. eng.* latticed girder construction. **~ˌwi·derˌstand** *m electr.* (*Gerät*) grid leak resistor. **~ˌzaun** *m* trelliswork fence.
Glace [glaːs] *f* ‹-; -s [glaːs]› **1.** → **Glasur** 4. **2.** (*gelierter Fleischsaft*) meat jelly. **3.** *Swiss for* **Speiseeis.**
Gla·cé [glaˈseː] *m* ‹-(s); -s› → **Glacéleder. ~ˌhandˌschuh** *m* glacé kid glove; *fig. colloq.* **j-n mit ~en anfassen** handle s. o. with kid gloves. **~ˌle·der** *n* glacé leather, kid (leather).
Gla·cis [glaˈsiː] *n* ‹- [-ˈsiː(s)]; - [-ˈsiːs]› *mil. hist.* glacis.
Gla·dia·tor [glaˈdi̯aːtɔr] *m* ‹-s; -en [-di̯aˈtoːrən]› *antiq.* gladiator.
Gla·dio·le [glaˈdi̯oːlə] *f* ‹-; -n› *bot.* gladiolus.
Glan·del [ˈglandəl] *f* ‹-; -n› *anat.* gland. **glan·duˈlär** [-duˈlɛːr] *adj* glandular. **glan·duˈlös** [-duˈløːs] *adj* glandulous.
Glanz [glants] *m* ‹-es; *no pl*› **1.** *von Haar, Stoff, Leder, Metall, Perlen etc*: shine, gloss(iness), lust/re (*Am.* -er), *schwächer, bes. auf Stoffen*: sheen, (*Glitzern*) glitter; **blendender ~** glare, dazzle; **metallischer ~** metallic lustre. **2.** *von Augen, Sternen etc*: shine, lust/re (*Am.* -er), brilliance, sparkle, glow, gleam; **der ~ der Kerzen** the shine (*od.* glow) of the candles; **der strahlende ~ der Sonne** the radiance of the sun. **3.** (*Leuchtkraft*) brilliance. **4.** *von Papier*: gloss(iness), glaze. **5.** *e-s Fußbodens, von Schuhen etc*: polish, shine. **6.** *fig.* radiance, brilliance, lust/re (*Am.* -er), magic

(*of s.o.'s personality, etc*); **der Titel verlieh s-m Namen ~** the title added lustre to his name. **7.** *fig.* (*Pracht*) splendo(u)r, glamo(u)r; **trügerischer ~** deceptive splendo(u)r, (false) glitter; **sich im ~ s-s Ruhms sonnen** bask in one's fame; **s-s ~es beraubt** shorn of all its glamo(u)r; *colloq. iro.* **sich in vollem ~e zeigen** show o.s. in all one's splendo(u)r (*od. a. iro.* in all one's glory). **8.** *fig.* (*Gepränge*) pomp. **9.** *fig. colloq.* **e-e Prüfung mit ~ bestehen** pass an examination with distinction (*od.* brilliantly); *iro.* **er ist mit ~ und Gloria durchgefallen** he failed miserably, he flunked his exams (gloriously); **welcher ~ in unserer (armen) Hütte!** what an hono(u)r (to our humble abode)! **10.** *tech.* gloss, lust/re (*Am.* -er), brilliancy, brightness, polish. **~ˌabˌzug** *m phot.* glossy print. **~ap·preˌtur** *f* lust/re (*Am.* -er), finish. **~ˌbür·ste** *f* polishing brush.

glän·zen [ˈglɛntsən] **I** *v/i* ⟨h⟩ **1.** shine, gleam, (*funkeln*) *a.* glitter, glisten, glint, flash, sparkle, scintillate, *Sterne*: *a.* twinkle; **alles glänzte vor Sauberkeit** everything shone with cleanliness; → **Gold** 4. **2.** *Hose, Nase etc*: be shiny. **3.** *Haar, Stoff, Papier, Leder etc*: shine, be shiny, be glossy. **4.** *fig. Person, Gesicht*: (**vor** *dat*) be radiant, beam, shine (with *joy, etc*). **5.** *fig.* shine, excel, be brilliant (*in mathematics, etc*); **er glänzte durch sein Wissen** he was outstanding for his knowledge; **bei jeder Gelegenheit versucht sie zu ~** she tries to shine (*od.* exhibit her talents) on every occasion; → **Abwesenheit. II** *v/t* **6.** (*Schuhe etc*) polish, shine. **7.** (*Metall*) polish, burnish. **8.** (*Leder*) glaze, burnish. **III &** *n* ⟨-s⟩ **9.** shining (*etc*). **10.** → **Glanz** 1–5, 10. **ˈglän·zend I** *adj* **1.** *Haar, Fell etc*: shiny, shining, glossy, sleek. **2.** *Stoff etc*: shiny, lustrous; *Metall, Leder etc*: shiny, bright; *Papier*: glossy; **~ machen** (*Stoff, Papier*) glaze, (*Metall*) polish, burnish; **~e Schuhe** shiny (*od.* polished) shoes. **3.** *Perlen etc*: shiny, glossy, lustrous, bright. **4.** *Nase, Hosen etc*: shiny. **5.** *Augen, Sterne etc*: shining, bright, sparkling, brilliant. **6.** *fig. Lösung, Zeugnis, Schüler etc*: brilliant, excellent, marvel(l)ous, magnificent, *colloq.* great; **e-e ~e Idee** a brilliant (*od.* splendid, *iro.* bright) idea; **~e Leistung** → **Glanzleistung**; **~e Zukunft** brilliant (*od.* bright) future; **~es Beispiel** excellent (*od.* shining) example; **das ist (ja) ~!** that's splendid (*od. colloq.* grand, great)! **7.** *fig. colloq. Wetter, Gesundheit, Laune etc*: excellent, splendid; **in ~er Verfassung** in excellent condition, in the pink (of condition), in top form; **sie sieht ~ aus** a) (*gesund*) she looks exceedingly well (*od.* like the picture of health), b) (*schön*) she looks marvel(l)ous (*od. colloq.* gorgeous); **es geht mir ~** a) I'm very well, I'm fine, I'm feeling grand, b) *geschäftlich*: I'm doing very well (*od.* fine). **8.** *phot. Abzüge*: glossy. **II** *adv* **9.** brilliantly (*etc*), extremely well, *colloq.* (just) great; **e-e Prüfung ~ bestehen** pass an exam with distinction (*od.* gloriously); **wir verstehen uns ~** we get on splendidly (*od. colloq.* like houses); **das hat ~ geklappt** that worked (out) beautifully.

ˈGlanz|ˌfa·ser *f Textil.* glazed fib/re (*Am.* -er). **~ˌgarn** *n* glacé (*od.* polished) yarn. **~ˌgold** *n* bright gold. **~ˌkä·fer** *m* blossom beetle. **&kaˌschiert** *adj print.* celloglazed. **~ˌko·balt** *n min.* cobaltite, cobalt glance. **~ˌkoh·le** *f* brightcoal, glance coal. **~ˌlack** *m* brilliant varnish. **~ˌle·der** *n* patent leather. **~ˌlei·nen** *n* glazed linen. **~ˌlei·stung** *f* brilliant performance (*od.* feat), tour de force. **~ˌlicht** *n* **1.** *paint.* highlight; *fig.* **e-r Sache ~er aufsetzen** highlight s.th.; **e-m Aufsatz noch ein paar ~er aufsetzen** add a few highlights to an essay. **2.** *phot.* catchlight. **&los** *adj* **1.** *Haare, Augen, Stoff etc*: dull, lust/reless (*Am.* -er-); **~ machen** dull. **2.** (*matt*) mat(t), matte. **3.** a) *Diamant*: cloudy, b) *Perle*: blind. **4.** *bot.* opaque. **5.** *fig. Programm, Vorstellung etc*: dull, lacklust/re (*Am.* -er), (*schwunglos*) uninspired, lame, (*ruhmlos*) inglorious, unremarkable. **~lo·sig·keit** *f* ⟨-; *no pl*⟩ *a. fig.* dullness. **~ˌnum·mer** *f thea.* star attraction, star turn, highlight, pièce de résistance, hit. **~paˌpier** *n* **1.** glazed (*od.* glossy) paper. **2.** *print.* enamel (*od.* art) paper. **~ˌpap·pe** *f* glazed board. **~paˌra·de** *f Sport*: brilliant save. **~parˌtie** *f* **1.** brilliant performance. **2.** → **Glanzrolle. ~pe·riˌode** *f* → **Glanzzeit. ~ˌpunkt** *m fig.* **1.** highlight. **2.** (*Höhepunkt*) climax, *colloq.* high spot. **~ˌrol·le** *f* star part, most brilliant rôle. **&ˌschlei·fen** *v/t* ⟨*only inf u. pp* **glanzgeschliffen**, h⟩ *tech.* polish, burnish, buff. **~ˌsei·de** *f* glossy (*od.* glacé) silk. **~ˌstär·ke** *f für Wäsche*: gloss starch. **~ˌstoff** *m* **1.** glazed fabric. **2.** artificial silk, rayon. **~ˌstück** *n* **1.** *e-r Sammlung etc*: showpiece, gem, pièce de résistance. **2.** → **Glanzleistung. 3.** → **Glanznummer. ~ˌtaft** *m* glazed taffeta. **&ˌvoll** *adj fig.* **1.** → **glänzend** 6. **2.** *Abend, Zeit, Vorstellung etc*: magnificent, splendid, grand. **3.** *Karriere, Aussichten etc*: brilliant. **~ˌwol·le** *f* lust/re (*Am.* -er) wool. **~ˌzeit** *f* heyday, palmy (*od.* glorious) days *pl*, big time, golden age; **er hat s-e ~ überschritten** his heyday is over, he is past his prime (*od.* best); **Berlin hatte in den zwanziger Jahren s-e ~** the heyday (*od.* golden age) of Berlin was in the twenties.

Glas[1] [glaːs] *n* ⟨-es; ⸚er⟩ **1.** ⟨*only sg*⟩ glass, *collect.* glass(ware); **„(Vorsicht) ~!"** "Glass! Handle with care!"; **geschliffenes (feuerfestes) ~** cut (fireproof) glass; **hinter** (*od.* **unter**) **~** a) *Bild etc*: behind glass, b) (*in e-m ~kasten*) in a glass case; **aus ~** (made of) glass; → **Glück** 1. **2.** (*Trink& etc*) glass, *ohne Fuß*: *a.* tumbler; **zwei ~ Wein** two glasses of wine; **et. bei e-m ~ Wein besprechen** discuss s.th. over a glass of wine; **ans ~ klopfen** (*um e-e Rede zu halten*) knock one's glass; **mit den Gläsern anstoßen** touch (*od.* clink) glasses; *colloq.* **gern ins ~ gucken** be fond of a drop; **er hat zu tief ins ~ geguckt, er hat ein ~ über den Durst getrunken** he's had one too many. **3.** (*Einmach&*) jar (*of peaches, marmalade, etc*). **4.** *opt.* a) (*Brillen& etc*) lens, glass, b) (*Brille*) (pair of) glasses *pl* (*od.* spectacles *pl*), c) (*Fern&*) glasses *pl*, binoculars *pl* (*a. als sg konstruiert*), d) (*Opern&*) (opera) glass(es *pl*); **mit dicken Gläsern** thick-lensed. **5.** *lit.* (*Spiegel*) mirror. **Glas**[2] *n* ⟨-es; -en⟩ *mar.* (*halbe Stunde*) bell; **acht ~en** eight bells.

ˈGlas|ˌaal *m ichth.* elver. **&ˌar·tig** *adj* **1.** glasslike, glassy, vitreous. **2.** *med.* glassy, hyaloid. **~ˌau·ge** *n* **1.** glass eye. **2.** *vet.* walleye. **3.** *ichth.* lesser Atlantic argentine. **~balˌlon** *m* **1.** (*Korbflasche*) demijohn, carboy. **2.** *chem.* balloon (flask). **~ˌbau** *m* ⟨-(e)s; -ten⟩ *civ. eng.* glass structure. **~ˌbauˌstein** *m* glass brick. **~ˌblä·ser** *m* glass blower. **~blä·seˌrei** *f* **1.** glass blowing. **2.** (*Betrieb*) glass-blowing workshop.

Gläs·chen [ˈglɛːsçən] *n* ⟨-s; -⟩ *dim. of* **Glas**[1] 2; *colloq.* **sich (dann und wann) ein ~ genehmigen** take a drop (now and then); **er trinkt gern ein ~** he likes a glass (*od.* a drink) now and then; **ein ~ zuviel** a drop too much, one too many.

ˈGlas·elek·tri·ziˌtät *f phys.* vitreous electricity.

gla·sen[1] [ˈglaːzən] *v/t* ⟨h⟩ (*Fenster etc*) glaze.

ˈgla·sen[2] *v/impers* ⟨h⟩ *mar.* **es hat 4 geglast** the bell has struck (*od.* sounded) four times.

ˈGla·ser *m* ⟨-s; -⟩ glazier; *colloq. humor.* **dein Vater ist wohl ~?** you're not transparent! **Gla·seˈrei** *f* ⟨-; -en⟩ glazier's (work)shop. **ˈGla·serˌkitt** *m tech.* (glazier's) putty.

ˈGlä·serˌklang *m* clink(ing) of glasses.

ˈGla·serˌmei·ster *m* master glazier.

glä·sern [ˈglɛːzərn] *adj* **1.** (of) glass, vitreous. **2.** *Klang*: tinkling. **3.** *Stimme*: brittle. **4.** *Blick*: glassy. **5.** *Luft etc*: crystal(-clear).

ˈGlä·serˌtuch *n* glass cloth.

ˈGlas|faˌbrik *f* glassworks *pl* (*als sg od. pl konstruiert*). **~ˌfa·ser, ~ˌfi·ber** *f* glass fib/re (*Am.* -er). **~ˌfläsch·chen** *n* **1.** flask. **2.** *bes. pharm.* vial. **~ˌfla·sche** *f* glass bottle. **~ˌflüg·ler** [-ˌflyːglər] *m* ⟨-s; -⟩ *zo.* clearwing moth. **~ˌfluß** *m tech.* **1.** glass flux. **2.** *für Edelsteinimitationen*: paste. **~ˌgal·le** *f* glass gall. **~geˌschirr** *n* glassware, glasses *pl.* **~geˌspinst** *n* spun glass. **~ˌglocke** (*getr.* -k·k-) *f* **1.** *für Butter etc*: glass cover. **2.** *für Lampen*: (glass) globe. **3.** *für Pflanzen etc*: glass bell. **4.** *chem.* bell (*od.* glass) jar. **~harˌmo·ni·ka** *f mus.* glass harmonica, musical glasses *pl.* **&hart** *adj* **1.** [-ˈhart] *Eis etc*: (as) hard as (a) rock. **2.** [-ˌhart] *colloq. Sport*: cracking (*shot, punch*). **~ˌhaus** *n* greenhouse, glasshouse; **wer im ~ sitzt, soll nicht mit Steinen werfen** (*Sprichwort*) people who live in glasshouses should not throw stones. **~ˌhaut** *f* **1.** *tech.* cellophane. **2.** *anat. des Auges*: hyaloid membrane. **&ˌhell** *adj* **1.** crystal-clear. **2.** transparent. **~ˌhüt·te** *f* → **Glasfabrik.**

gla·sie·ren [glaˈziːrən] *v/t* ⟨*no* **ge-**, h⟩ **1.** (*Kacheln etc*) glaze. **2.** (*Ziegel*) vitrify. **3.** (*Metallwaren*) enamel. **4.** *gastr.* a) (*Kuchen*) ice, *Am.* frost, b) (*Früchte*) candy, crystallize, c) (*Fleisch, Reis*) glaze.

gla·sig [ˈglaːzɪç] *adj* **1.** *Blick, Auge etc*: glassy, glazed. **2.** *anat.* glassy, hyaline, *geol. a.* vitreous. **3.** *gastr.* a) *Speck, Zwiebel etc, beim Ausbraten*: transparent, b) *Kartoffel*: waxy.

ˈGlas|ˌka·sten *m* **1.** glass case. **2.** *colloq. contp.* (*Haus*) glass box. **~ˌkinn** *n Boxen*: glass jaw. **~ˌkitt** *m* glass cement. **&ˌklar** *adj* **1.** *Wasser, Luft etc*: crystal-clear (*a. fig.*). **2.** (*durchsichtig*) transparent. **3.** *fig. colloq. Chance*: hundred-percent. **~ˌkol·ben** *m* **1.** *chem.* balloon (flask), flask. **2.** *electr.* (glass) bulb. **~ˌkör·per** *m anat. des Auges*: vitreous body. **~ˌku·gel** *f* **1.** glass ball (*od.* globe, bulb). **2.** (*Murmel*) marble. **~ˌma·ler** *m* glass painter. **~ma·leˌrei** *f* glass painting. **~ˌmas·se** *f tech.* molten glass, glass metal. **~ˌmehl** *n* glass powder. **~ˌofen** *m tech.* glass (melting) furnace. **~opal** [-ʔoˌpaːl] *m min.* hyalite. **~paˌlast** *m* glass palace. **~paˌpier** *n tech.* glasspaper. **~ˌpa·ste** *f* (glass) paste, strass. **~ˌper·le** *f* glass bead. **~ˌpul·ver** *n* → **Glasmehl. ~ˌröhr·chen** *n* small glass tube, *pharm. a.* vial. **~ˌscha·le** *f* glass bowl (*od.* dish). **~ˌschei·be** *f* (glass) pane, sheet of glass. **~ˌscher·be** *f* piece of broken glass, glass fragment. **~ˌsche·re** *f tech.* glass-cutting shears *pl.* **~ˌschlei·fer** *m* glass grinder (*od.* cutter). **~schlei·feˌrei** *f* **1.** glass grinding (*od.* cutting). **2.** glass-grinding works *pl* (*als sg od. pl konstruiert*).

~ˌschliff *m* glass cutting (*od.* grinding). **~ˌschmel·ze** *f tech.* **1.** melting of glass. **2.** glass melt (*od.* metal), molten glass. **~ˌschnei·der** *m tech.* **1.** (*Werkzeug od. Person*) glass cutter. **2.** glazier's diamond. **~ˌschrank** *m* glass cabinet. **~ˌschüs·sel** *f* glass bowl. **~ˌschwamm** *m zo.* glass (*od.* flint) sponge. **~ˌsei·de** *f* glass silk. **~ˌsei·fe** *f* glass(maker's) soap. **~spin·neˌrei** *f tech.* **1.** glass spinning. **2.** (*Betrieb*) glass spinning plant. **~ˌsplit·ter** *m* glass splinter. **~ˌstahl·beˌton** *m civ. eng.* reinforced glass concrete. **~ˌstein** *m* **1.** *civ. eng.* glass brick. **2.** imitation gem-stone. **3.** *min.* axinite. **~ˌta·fel** *f* glass plate. **~ˌtin·te** *f* ink used on glass. **~ˌträ·ne** *f*, **~ˌtrop·fen** *m tech.* glass tear, Prince Rupert's drop. **~ˌtür** *f* glass door.

Gla·sur [glaˈzuːr] *f* ⟨-; -en⟩ **1.** *Keramik etc*: glaze, glazing; **ohne ~** unglazed. **2.** (*Glanzüberzug*) gloss, lust/re (*Am.* -er). **3.** *auf Metallwaren etc*: enamel. **4.** *gastr.* a) *auf Kuchen etc*: icing, *Am.* frosting, b) *an Früchten etc*: sugar coating, c) *über Fleisch etc*: glaze; **Kuchen mit ~ überziehen** ice a cake. **~ˌblau** *n* zaffre. **~ˌofen** *m tech.* glazing kiln.

ˈ**Glas|veˌran·da** *f arch.* glass veranda(h), *Am.* glassed-in porch, sun parlor. **~ˌwa·ren** *pl* glassware *sg.* **~ˌwat·te** *f* → Glaswolle. **2ˌwei·se** *adv* by the glass(ful). **~ˌwei·zen** *m bot.* hard (*od.* flint, durum) wheat. **~ˌwol·le** *f tech.* glass (mineral) wool. **~ˌzie·gel** *m* **1.** glass tile. **2.** (*Baustein*) glass brick. **~zyˌlin·der** *m* **1.** glass cylinder. **2.** *e-r Lampe*: chimney.

glatt [glat] **I** *adj* ⟨-er, *a.* ⸚er; -est, *a.* ⸚est⟩ **1.** *Haut, Fell, Teig etc*: smooth; **~es Haar** smooth (*od.* sleek) hair, (*ungelockt*) straight hair; **~es Gesicht** (*faltenlos*) smooth (*od.* unwrinkled) face, (*glattrasiert*) smooth (*od.* clean-shaven) face, (*bartlos*) smooth (*od.* beardless) face, *fig.* smooth face; **~er Stoff** (*nicht rauh*) smooth fabric, (*ungemustert*) plain fabric, (*faltenlos*) uncreased fabric; **~er Gewehrlauf** smooth (*od.* unrifled) barrel; **Gewehr mit ~em Lauf** smoothbore (gun). **2.** *Fläche, Boden etc*: smooth, even. **3.** (*poliert*) polished. **4.** *vereiste Straße, Parkett, Fisch etc*: slippery. **5.** *Meer etc*: smooth, unruffled. **6.** *Strickart*: plain; **~e Masche** knit stitch. **7.** *Schnitt, Bruch etc*: clean. **8.** *fig.* (*reibungslos*) smooth (*landing, etc*). **9.** *fig. Verse, Stil etc*: smooth, smooth(ly) flowing. **10.** *fig. Person, Art, Benehmen etc*: a) smooth, sleek, suave, b) *contp.* (*aal~*) slippery. **11.** *fig. Worte, Zunge etc*: glib, smooth. **12.** *fig. colloq.* (*klar*) clear, plain, absolute; **~e Absage** flat refusal; **~e Lüge** downright (*od.* outright) lie; **~er Mord** plain murder; *colloq.* **das ist ~er Mord!** that's murder!; **~e Niederlage** clear defeat; **~er Sieg** clear victory, straight win; **~er Unsinn (Wahnsinn)** sheer (*od.* utter) nonsense (madness); **er war ein ~er Versager** he was a complete failure (*od.* a dead loss); **das kostet mich ~e 1000 Mark** that will cost me a cool 1,000 marks. **13.** *agr. Vieh*: sleek(-haired). **14.** *aer. Strömung*: inviscid. **15.** *phot. Rand*: straight. **16.** *print. Satz*: straight, run-on. **17.** *Papier*: a) smooth, b) shiny, glossy. **18.** *math. Zahl*: even, round. **19.** *econ.* a) *Rechnung*: even, b) *Geschäft*: square; **e-e ~e Rechnung machen** round off a bill. **20.** *bot. zo. Blatt, Haut*: smooth, glabrous; **~er Stengel** glabrous stalk. **II** *adv* **21.** smoothly (*etc*), (*ganz*) clean, thoroughly; **~ landen** land smoothly; **~ anliegen** a) *Kleid etc*: fit closely, b) *tech. an der Wand etc*: be flush (with the wall); **~ aufliegen** lie flat on; **~ durchschneiden** cut clean through; **~ gestrickt** plainly knit; **~ aufgehen** *Rechnung etc*: work out exactly. **22.** *fig. colloq.* **~ ablehnen (ableugnen)** refuse (deny) *s. th.* flatly; **~ abgehen** (*od.* **verlaufen, vonstatten gehen**) go off smoothly (*od.* without a hitch); **es geht nicht immer alles ~ ab** it isn't all plain (*od.* smooth) sailing; **~ erwiesen** clearly established; **~ geschlagen werden** be roundly (*od.* clearly) defeated; **~ gewinnen** win clearly, win hands down; **mit ~ 10 Sekunden Vorsprung** by clear ten seconds; **ich könnte ihm ~ e-e schmieren** I feel like pasting him one; **et. ~ heraussagen** tell s. th. bluntly (*od.* straight to s. o.'s face); → *a.* glattweg.

ˈ**glatt|ˌblät·te·rig, ~ˌblätt·rig** *adj bot.* smooth-leaved. **~ˌbü·geln** *v/t* ⟨*sep*, -ge-, h⟩ iron (out), smooth out. **~ˌbür·sten** *v/t* ⟨*sep*, -ge-, h⟩ brush up. **2ˌdeck** *n mar.* flush deck. **2ˌdecker** (*getr.* **-k·k-**) *m* ⟨-s; -⟩ flush-decker.

Glät·te [ˈglɛtə] *f* ⟨-; *no pl*⟩ **1.** *der Haare, Haut, des Meeres etc*: smoothness; *e-r Fläche, des Bodens etc*: *a.* evenness. **2.** (*Eis2 etc*) slipperiness (→ *a.* **Glatteis**); **die ~ auf den Straßen** the slippery (*od.* icy) condition of the roads. **3.** (*Politur*) polish. **4.** *e-s Schnitts, Bruchs*: cleanness. **5.** *e-s Gewebes*: plainness. **6.** *fig. des Stils etc*: smoothness, polish, fluency. **7.** *fig. e-r Person, des Benehmens etc*: a) smoothness, suavity, b) *contp.* slipperiness. **8.** *Papier*: a) smoothness, b) gloss(iness).

ˈ**Glattˌeis** *n* a) (slippery) ice, glazed frost, *Am.* glare ice, b) icy surface, (stretch of) icy ground; **heute ist ~** the roads are icy today; *fig. colloq.* **j-n aufs ~ führen** a) (*irreführen*) lead s. o. up the garden (path), b) *durch Fragen etc*: trip s. o. up; *fig.* **aufs ~ geraten** get on to slippery ground.

ˈ**Glättˌei·sen** *n* **1.** *Wäscherei*: flatiron, rubber. **2.** *Swiss for* **Bügeleisen.**

ˈ**Glattˌeis·geˌfahr** *f* danger of ice; **Vorsicht, ~!** Danger, icy road!

glät·ten [ˈglɛtən] **I** *v/t* ⟨h⟩ **1.** (*Haare, Fell etc*) smooth (down), sleek. **2.** (*Zerknittertes*) smooth (out). **3.** (*Falten*) smooth (*od.* take) out. **4.** (*Spiegel*) brighten. **5.** (*polieren*) polish. **6.** (*Metall*) a) smooth, b) (*glattdrücken*) burnish, c) (*läppen*) lap, d) (*schwabbeln*) buff, e) → **glatthämmern**, f) (*Rohre*) reel. **7.** *Papier*: (*satinieren*) glaze, burnish. **8.** (*zurichten*) (*Holz*) smooth, finish. **9.** (*Leder*) scud, slate, jack. **10.** *civ. eng.* (*Zementputz, Steine*) smooth. **11.** *electr.* smooth, filter. **12.** *fig.* (*stilistisch ausfeilen*) polish, file. **13.** *fig.* (*Erregung*) smooth down. **14.** *Swiss for* **bügeln** 1, 2. **II** *v/reflex* **sich ~ 15.** (become) smooth, flatten. **16.** *Gesichtszüge*: relax. **17.** *Meereswogen*: become smooth, calm down. **III 2** *n* ⟨-s⟩ **18.** smoothing (*etc*), polish.

ˈ**glat·terˈdings** *adv* → schlechterdings.

ˈ**glatt|ˌfei·len** *v/t* ⟨*sep*, -ge-, h⟩ file *s. th.* smooth. **~geˌscho·ren** *adj Kopf*: shaven. **~ˌhaa·rig** *adj* **1.** straight-haired. **2.** *Hund*: smooth-haired. **3.** *anthrop.* leiotrichous. **2ˌha·fer** *m bot.* tall (*od.* false) oat grass. **2ˌhai** *m* smooth dog(fish). **~ˌhäm·mern** *v/t* ⟨*sep*, -ge-, h⟩ *tech.* hammer out, planish *s. th.* (by hammer). **~ˌhäu·tig** *adj* smooth-skinned.

ˈ**Glatt·heit** *f* ⟨-; *no pl*⟩ → Glätte.

ˈ**glatt|ˌho·beln** *v/t* ⟨*sep*, -ge-, h⟩ plane *s. th.* smooth, surface. **2ˌho·bel** *m* smoothing plane. **~ˌkäm·men** *v/t* ⟨*sep*, -ge-, h⟩ **1.** comb *s. th.* straight. **2.** *bes. mit Fett etc*: sleek (*od.* slick) back. **~ˌma·chen** *v/t* ⟨*sep*, -ge-, h⟩ **1.** → glätten 1—3. **2.** *econ.* pay (off), *a. fig. colloq.* settle, even *s. th.* up.

ˈ**Glätt|maˌschi·ne** *f tech. Papier, Textil.* calender. **~ˌpres·se** *f Papier*: glazing press.

ˈ**Glatt|ˌputz** *m civ. eng.* smoothed (*od.* fair-faced) plaster. **2ˌran·dig** [-ˌrandɪç] *adj Foto etc*: straight-edged. **2raˌsiert** *adj* clean-shaven. **2ˌschlei·fen** *v/t* ⟨*irr, sep*, -ge-, h⟩ *tech.* polish, finish, smooth. **2ˌstel·len** *econ. v/t* ⟨*sep*, -ge-, h⟩ **1.** (*Konto*) balance, settle. **2.** (*Rechnung*) settle, pay (off). **3.** (*Börsenengagement*) liquidate. **~ˌstel·lung** *f* **1.** balancing (*etc*). **2.** settlement. **3.** liquidation. **2ˌstrei·chen** *v/t* ⟨*irr, sep*, -ge-, h⟩ smooth (down *od.* out). **~ˌstrich** *m civ. eng.* setting coat.

ˈ**Glät·tung** *f* ⟨-; *no pl*⟩ → glätten III.

ˈ**Glattˌwal** *m zo.* right whale, balaenid.

ˈ**glattˌweg** [-ˌvɛk] *adv* **1.** (*rundheraus*) flatly, point-blank, plainly, bluntly, straight (out); **~ ablehnen** refuse flatly; → *a.* glatt 22. **2.** (*ohne weiteres*) easily; **das bringt er ~ fertig** he's quite capable of that, I wouldn't put it past him. **3.** (*völlig*) completely, absolutely, quite; **~ unmöglich** absolutely (*od. colloq.* plain) impossible; **das hab' ich ~ vergessen** I've completely (*od. colloq.* clean) forgotten (all about) it.

ˈ**Glättˌwerk** *n tech. Papier*: calender.

ˈ**glatt|ˌzie·hen** *v/t* ⟨*irr, sep*, -ge-, h⟩ pull *s. th.* straight, straighten. **~ˌzün·gig** [-ˌtsʏŋɪç] *adj* smooth-tongued; (*zungenfertig*) glib.

Glat·ze [ˈglatsə] *f* ⟨-; -n⟩ **1.** bald head (*od.* pate); **er hat e-e ~** he is bald. **2.** (*kahle Stelle*) bald patch.

ˈ**Glatz|ˌkopf** *m* **1.** → Glatze 1. **2.** (*Person*) bald-head, bald-headed person, *colloq.* baldy. **2ˌköp·fig** [-ˌkœpfɪç] *adj* bald(-headed).

Glau·be [ˈglaubə] *m* ⟨-ns; *no pl*⟩ **1.** belief (**an** *acc* in); **j-m** (*od.* **j-s Worten**) **~n schenken** believe s. o., give credit (*od.* credence) to s. o.'s words; **es ist mein fester ~, daß** it is my firm belief (*od.* conviction) that; **er fand k-n ~n** he was not believed. **2.** (*feste Annahme*) belief; **er lebte in dem ~n** (*od. lit.* **war des ~ns**), **daß** he lived in the belief (*od.* he believed) that; **laß ihn doch bei s-m ~n** let him keep his illusions. **3.** (*festes Vertrauen*) (**an** *acc* in) faith, trust, confidence; **blinder ~** implicit faith; **~ an sich selbst** belief in o. s., self-belief; **sein unerschütterlicher ~ an die Zukunft** his unshak(e)able faith in the future, his unshak(e)able optimism; **den ~n an j-n (et.) verlieren** lose (one's) faith (*od.* trust) in s. o. (s. th.); **der ~ versetzt Berge** faith moves mountains; **in gutem ~n, guten ~ns** *a. jur.* in good faith, bona fide. **4.** *relig.* a) (religious) faith (*od.* belief), b) (*Religion*) faith, religion, c) (*Bekenntnis*) creed; **den christlichen ~n annehmen** embrace (*od.* be converted to) the Christian faith; **von s-m ~n abfallen** renounce (*od.* abjure) one's faith, apostatize; **der ~ macht selig** *a. iro.* faith is bliss; **s-n ~n verlieren** lose one's faith.

ˈ**Glau·ben** [ˈglaubən] *m* ⟨-s; *no pl*⟩ *rare for* **Glaube**; → Treu 2.

ˈ**glau·ben I** *v/t* ⟨h⟩ **1.** believe; **ich glaube (es) dir** I believe you (*od.* it), I believe what you say; **ich glaube dir kein Wort** I don't believe a word of it (*od.* of what you say); **es ist nicht** (*od.* **kaum**) **zu ~!** it's incredible (*od.* unbelievable, fantastic)!; **das glaubst du doch** wohl selbst nicht!, *colloq.* **wer's glaubt, wird selig!** tell that to the (horse-)marines!, my eye!; **j-n et. ~ machen** a) make (*od.* have) s. o. believe s. th., b) talk s. o. into believing s. th.; **er will mich ~ machen, daß** he wants to make me (*od.* wants me to) believe that; **ob du es glaubst oder nicht** believe it or not. **2.** (*annehmen, meinen*) believe, think, *bes. Am.* guess; **das hätte ich nie geglaubt** I would never have believed (*od.* thought) that; **er glaubte sich unbeobachtet** he believed himself unobserved; *er hat dabei viel Geld verloren* – **das glaube ich** I can well believe (*od.* imagine) that; *wird er morgen kommen?* — **ich glaube (es) nicht** I don't think so; **wir glaubten dich in Berlin** we believed you to be in Berlin, we thought you (were) in Berlin. **II** *v/i* **3.** believe (**an** *acc* in); **an Gott ~** believe in God; *fig.* **an e-e Arznei ~** believe in (*stärker*: swear to) a medicament; **ich habe nicht an Wunder geglaubt** I wasn't expecting (*od.* looking for) miracles (*od.* a miracle); **an j-s Worte ~, j-s Worten ~** believe (in) what s. o. says, give credit (*od.* credence) to s. o.'s words, believe s. o.; **ich glaube Ihnen aufs Wort** I take your word for it. **4. an j-n ~** (*Vertrauen haben*) have (*od.* put) faith (*od.* confidence) in s. o., trust s. o. **5.** (*meinen*) believe, think; *wird er kommen?* — **ich glaube ja, ich glaube schon** I think so, I suppose so. **6.** *relig.* believe, have religious beliefs; **wer glaubt heute noch?** who still holds (any) religious beliefs nowadays? **7.** *colloq.* **einer wird daran ~ müssen** a) s. o. has to do it, b) s. o. has to stick his neck out, c) s. o. is bound to die; **er hat dran ~ müssen** he has had it.

ˈGlau·bens|ˌab·fall *m* apostasy. **~ˌän·de·rung** *f* change of faith (*od.* religion), conversion. **~ar·ˌti·kel** *m* article of faith. **~beˌkennt·nis** *n* **1.** *relig.* a) profession of faith, b) *als Formel*: creed, confession (of faith), c) (*Konfession*) creed, confession; **das Apostolische ~** the Apostles' creed, the Belief; **ein ~ ablegen** make a profession of faith; **das ~ sprechen** recite the creed. **2.** *fig. politisches etc*: creed, credo; **ein politisches ~ ablegen** profess one's political creed, state one's political principles. **~beˌwe·gung** *f* religious movement. **~ˌbru·der** *m* a) fellow-believer, brother in faith, b) fellow-Christian. **~ˌeid** *m* profession of faith. **~ˌei·fer** *m* religious zeal. **~ˌfeind** *m* enemy of (the) faith. **~ˌfor·mel** *f* creed (of faith). **~ˌfra·ge** *f* **1.** religious question. **2.** question of faith. **~ˌfrei·heit** *f* religious freedom. **~geˌmein·schaft** *f relig.* **1.** religious community. **2.** religious body, church, denomination. **~geˌnos·se** *m* → Glaubensbruder. **~ˌkrieg** *m* war of religion, religious war. **~ˌleh·re** *f relig.* **1.** doctrine (of faith), dogma. **2.** (*Dogmatik*) theological teaching, dogmatics *pl* (*als sg od. pl konstruiert*). **≈los** *adj* unbelieving, without religion, agnostic. **~ˌneue·rer** *m* religious innovator. **~ˌre·gel** *f* dogma, rule of faith. **~ˌrich·tung** *f* **1.** (religious) persuasion. **2.** trend in religious thinking. **~ˌsa·che** *f* matter of faith (*od.* belief, opinion). **~ˌsatz** *m* doctrine, dogma. **~ˌspal·tung** *f* schism, religious division. **≈ˌstark** *adj* of strong faith, deeply religious. **~ˌstreit** *m* religious controversy. **~ˌstren·ge** *f* rigorism, rigorous orthodoxy. **~ˌwech·sel** *m* change of faith (*od.* religion). **≈ˌwert** *adj* credible. **~ˌzwang** *m* religious coercion (*od.* oppression). **~ˌzwei·fel** *m meist pl* religious doubt(s *pl*).

Glau·be·rit [glaubəˈriːt; -ˈrɪt] *m* ⟨-(e)s; -e⟩ *min.* glauberite.

ˈGlau·ber|ˌsalz *n chem.* Glauber('s) salt.

ˈglaub·haft I *adj* credible, plausible, (*überzeugend*) convincing; **et. ~ machen** a) make s. th. (appear) credible, b) *jur.* (*Aussage etc*) substantiate s. th.; **dem Gericht ~ machen, daß** satisfy the court that. **II** *adv* convincingly; *jur.* **er wies ~ nach, daß** he satisfactorily showed that. **ˈGlaub·haf·tig·keit** *f* ⟨-; *no pl*⟩ credibility, plausibility. **ˈGlaub·haftˌma·chung** *f* ⟨-; *no pl*⟩ *jur.* satisfactory proof, substantiation; **nach erfolgter ~** upon proper showing.

gläu·big [ˈglɔʏbɪç] *adj* **1.** a) believing, faithful, b) (*fromm*) devout, pious, religious; **ein ~er Christ** a devout Christian; **~ sein** be religious, be a believer. **2.** (*vertrauensvoll*) trusting, trustful. **3.** (*arglos*) credulous, unsuspecting. **ˈGläu·bi·ge** *m, f* ⟨-n; -n⟩ *relig.* believer; **die ~n** the faithful.

ˈGläu·bi·ger *m* ⟨-s; -⟩ **1.** *econ.* creditor; **bevorrechtigte ~** privileged (*od.* preferred) creditors; **nicht bevorrechtigter ~** general (*od.* non[-]privileged) creditor; **nicht gesicherter ~** unsecured creditor; **s-e ~ zufriedenstellen** (*od.* **abfinden, befriedigen**) satisfy one's creditors. **2.** (*Hypotheken≈*) mortgagee. **3.** (*Bürge*) guarantor. **~ˌauf·geˌbot** *n* calling of a creditors' meeting. **~ˌausˌschuß** *m beim Konkurs*: committee of inspection. **~beˌgün·sti·gung** *f* fraudulent preference (of a creditor). **~beˌnachˌtei·li·gung** *f* prejudicial treatment of creditors. **~ˌfor·de·rung** *f meist pl* creditor's claim. **~ˌland** *n*, **~na·tiˌon** *f*, **~ˌstaat** *m* creditor nation (*od.* state). **~verˌsamm·lung** *f* meeting of creditors.

ˈGläu·big·keit *f* ⟨-; *no pl*⟩ **1.** (unquestioning) belief, (religious) faith. **2.** (*Frömmigkeit*) piety, faith, devoutness, religiousness. **3.** (*Vertrauen*) trustfulness. **4.** (*Arglosigkeit*) credulity.

glaub·lich [ˈglauplɪç] *adj* credible; **kaum ~** hard to believe, unlikely.

ˈglaubˌwür·dig *adj* **1.** credible, plausible. **2.** (*verbürgt*) authentic, reliable; **aus ~er Quelle** from a reliable source, on good authority. **3.** *Person*: reliable, trustworthy; **~er Zeuge** credible witness. **4.** *Politiker, Politik etc*: credible. **≈keit** *f* ⟨-; *no pl*⟩ **1.** credibility (*a. e-r Politik, Partei etc; jur. e-s Zeugen*). **2.** authenticity, reliability. **3.** *e-r Person*: reliability, trustworthiness.

Glau·kom [glauˈkoːm] *n* ⟨-s; -e⟩ *med.* glaucoma.

Glau·ko·nit [glaukoˈniːt; -ˈnɪt] *m* ⟨-s; -e⟩ *min.* glauconite.

gla·zi·al [glaˈtsi̯aːl] *adj geol.* glacial. **≈ˌfau·na** *f* **1.** glacial fauna. **2.** *der Eiszeit*: fauna of the ice age. **≈pe·riˌode** *f* → Glazialzeit. **≈ˌschutt** *m* glacial detritus. **≈ˌzeit** *f* ice age, Pleistocene.

Gla·zio·lo·gie [glatsi̯oloˈgiː] *f* ⟨-; *no pl*⟩ glaciology.

Gle·ba [ˈgleːba] *f* ⟨-; -s⟩ *bot.* gleba.

gleich [glaɪç] **I** *adj* **1.** equal, like; **von ~er Größe** of equal size, equal in size; **zu ~en Teilen** in equal parts (*od.* shares), equally, *jur. a.* share and share alike; **~es Recht für alle** equal rights for all; **~er Lohn für ~e Arbeit** equal pay for equal work; **~e Rechte, ~e Pflichten** (*Sprichwort*) equal rights, equal duties; → **Münze** 1. **2.** (*sehr ähnlich*) same, like; **in ~er Weise, auf die ~e Weise** in like manner, in the same way (*od.* manner), likewise; **auf ~er Stufe stehen (mit)** have the same status (as), be on the same level (as), rank equally (with); **j-m ~ sein** a) be like s. o., resemble s. o., b) → **gleichkommen** 1. **3.** (*ein und dasselbe*) same, identical; **zur ~en Zeit** at the same time, simultaneously; **~e Ziele verfolgen** pursue identical (*od.* common, the same) goals; *econ.* **mit ~em Schreiben** under same cover; **mit ~er Post** by the same post (*od.* mail). **4.** (*~bleibend*) constant. **5.** (*einheitlich*) uniform. **6.** ⟨*pred*⟩ (*egal*) all the same; **das ist mir ganz** (*od.* **völlig**) **~** it's all the same to me, it makes no difference to me; **das sollte** (*od.* **dürfte**) **dir (aber) nicht ~ sein** (but) you should care about it; **ganz ~, wann du kommst** no matter (*od.* it doesn't make any difference) when you come. **7.** (*eben, auf gleicher Höhe*) even, level. **8.** *math.* a) *Winkel etc*: equal, b) *Vorzeichen, Potenzen, Größe*: like, same; **drei mal drei (ist) ~ neun** three times three equals (*od.* is, makes) nine; **~ Null setzen** equate to zero. **9.** *electr. Ladungen, Pole*: like. **II** *adv* **10.** alike, equally; **~ groß (alt)** (of) the same size (age), equally large (*od. von Personen*: tall) (old), just as large (old); **er spricht beide Sprachen ~ gewandt** he speaks both languages with equal skill; **~ weit entfernt** at an equal distance, equidistant. **11.** alike, in the same way; **~ gekleidet** dressed alike; **j-n ~ behandeln wie** treat s. o. the same way as. **12.** ⟨*dat*⟩ (*wie*) like; **~ e-m Wirbelwind** like a whirlwind. **13.** *colloq.* (*sofort*) at once, immediately, straight (*od.* right) away, directly, presently; **~ darauf** (*od.* **danach**) immediately afterwards; **~ als** as soon as, the moment (*he entered, etc*); **(ich komme) ~!** a) (I'm) coming!, b) *hinhaltend*: just a minute (, please)!; **~ zu Beginn** (*od.* **Anfang**) at the very beginning, right at the start; **~ von Anfang an** at the very (*od.* right from the) start; **~ nach(dem)** immediately (*od.* right) after; **ich ging ~ zu Bett** I went straight to bed; **ich bin ~ wieder da** I'll be right back; **wie du ~ merken wirst** as you are about to discover; **es muß nicht ~ sein** it doesn't have to be at once; **willst du ~ still sein!** be quiet at once!; **ich habe es Ihnen ja ~ gesagt!** I told you so!; **ich bin ~ fertig** I'll be ready in a moment (*od.* minute); **das habe ich mir doch ~ gedacht** I thought as much; **das ist ~ geschehen** it only takes a minute, that's easily done; **es ist ~ 5 (Uhr)** it is nearly (*od.* almost) 5 o'clock; **~ morgen früh** first thing tomorrow morning; **das ist ~ ganz anders** that makes all the difference, *colloq.* that's more like it!; **das hört sich ~ ganz anders an!** that sounds better now!; **~ bei der Hand** handy, close at hand; **mit e-r Antwort (Ausrede) ~ bei der Hand sein** be never at a loss for an answer (an excuse); **bis ~!** see you soon (*od.* later)!, until then! **14.** (*unmittelbar*) directly, immediately; **~ daneben** right (*od.* just) beside it, next to it; **~ gegenüber** directly (*od.* just) opposite. **15.** (*ähnlich*) alike; **es geht uns allen ~** we are all in the same boat. **16.** *colloq.* just, again; **wie war doch ~ sein Name?** what was his name again?; **was wollte ich doch ~ sagen?** what was I (just) going to say? **17.** at a time, at once; **sie kauft sich immer ~ mehrere Kleider** she always buys herself several dresses at a time. **III** *conj* **18.** *lit.* **wenn** (*od.* **ob**) **er es ~ nicht merken läßt** even if he may not show it. **IV ≈e, das** ⟨-n; *no pl*⟩ **19.** the same thing; **≈es mit ≈em vergelten** give tit for tat (*od.* measure for measure); **es kann uns ≈es begegnen** the same thing may happen to us; **ein ≈es tun** do the same (thing), follow suit. **20.** *math.* equal. **21.** *mit Kleinschreibung*:

das kommt auf das ~e hinaus that comes (*od.* amounts) to the same thing; **das ~e gilt auch für ihn** the same applies to (*od. colloq.* goes for) him, too; *jur.* **~es gilt auch für Staatenlose** the same (rule) applies to stateless persons; **et. wieder ins ~e bringen** put s. th. right. **V ∾e, der** ‹-n; -n› **22.** (*∾gestellter*) peer; **ein ∾er unter ∾en** a peer among his peers. **23.** *mit Kleinschreibung*: the same (man); **er ist nicht mehr der ~e** he is no longer the same (man); **~ und ~ gesellt sich gern** birds of a feather flock together.

ˈgleich|ˌal·te·rig [-ˌʔaltərɪç], **~ˌal·trig** [-ˌʔaltrɪç] **I** *adj* (of) the same age. **II ∾e** *m, f* ‹-n; -n› person of the same (*od.* of one's own) age. **~ˌar·tig** *adj* **1.** of the same kind, *lit.* homogeneous. **2.** (*ähnlich*) similar, analogous. **3.** (*einheitlich*) uniform. **4.** *biol.* a) homogen(e)ous, b) analogous. **∾ˌar·tig·keit** *f* ‹-; *no pl*› **1.** homogen(e)ousness, homogenity. **2.** similarity. **3.** uniformity. **4.** *biol.* a) homogeny, homology, b) analogy. **~beˌdeu·tend** *adj* **1.** (**mit** with) synonymous, identical (in meaning); **~e Wörter** synonyms. **2.** ‹*pred*› (*dasselbe*) (**mit**) equivalent (to), tantamount (to), synonymous (with); **das ist ~ mit e-r Absage** *a.* that amounts to a refusal. **∾beˌhand·lung** *f jur.* equal treatment. **~beˌrech·tigt** *adj* **1.** equal, having equal rights, *in e-m Anspruch*: equally entitled. **2.** *jur.* concurrent (*claims, etc*). **∾beˌrech·ti·gung** *f* **1.** equality (*of* rights *od.* status), equal rights *pl*; **~ der Frau** equal rights *pl* for women. **2.** *jur.* concurrence. **~ˌblei·ben** *v/i* ‹*irr, sep,* **-ge-, sein**› stay (*od.* remain) the same (*od.* unchanged); **er ist sich** (*dat*) **immer gleichgeblieben** *a.* he has never changed; **das bleibt sich** (*dat*) **gleich** that makes no difference, that amounts (*od.* comes) to the same thing, that's all the same. **~ˌblei·bend I** *adj* **1.** constant, invariable, unchanging. **2.** *Qualität, Nachfrage etc*: steady; **Luftdruck ~** barometric pressure: steady. **3.** *Lohn etc*: unchanged; **kürzere Arbeitszeit bei ~em Lohn** shorter working hours *pl* with unchanged wages. **4.** *Geschwindigkeit*: constant. **5.** *Freundlichkeit, Interesse etc*: unwavering, unfailing, unflagging. **II** *adv* **6. ~ freundlich sein** be ever the same friendly person. **~ˌden·kend** *adj* **1.** like-minded, of the same opinion. **2.** (*geistesverwandt*) congenial.

ˈGlei·che *f lit.* **et. in die ~ bringen** put s. th. right.

glei·chen [ˈglaɪçən] *v/i* ‹**gleicht, glich, geglichen, h**› (*dat*) **1.** (*ähneln*) be like, be similar to, resemble; **er gleicht s-m Vater** he is like (*od.* looks like, takes after) his father; → **Ei** 2. **2.** (*gleichkommen*) equal, be equal to; **nichts gleicht diesem Erlebnis** nothing can equal (*od.* there is nothing like) this experience; **das gleicht e-m Wunder** that is like (*od.* next to) a miracle.

ˈGlei·chen ˌfei·er *f Austrian for* **Richtfest.**

ˈglei·cher|ˈma·ßen *adv* **1.** equally. **2.** → **~ˈwei·se** *adv* likewise, in like manner.

ˈgleich|ˌfalls *adv* likewise, also, as well, too, (in) the same way; **danke, ~!** (thanks,) the same to you! **~ˌfar·big** *adj* **1.** of the same colo(u)r. **2.** *phys.* isochromatic. **∾ˌflüg·ler** [ˌfly:glər] *m* ‹-s; -› homopteron. **~ˌför·mig** *adj* **1.** *Bewegung etc*: regular, even. **2.** *Entwicklung etc*: steady. **3.** *Beschleunigung etc*: uniform, constant. **4.** *Gegenstände*: uniform. **5.** *Arbeit, Leben, Landschaft etc*: monotonous. **∾ˌför·mig·keit** *f* ‹-; *no pl*› **1.** regularity, evenness. **2.** steadiness. **3.** uniformity. **4.** monotony. **~geˌar·tet** *adj* → **gleichartig** 1, 2. **~geˌfie·dert** *adj bot.* paripinnate. **~geˌrich·tet** *pp u. adj* **1.** *Ziele etc*: parallel. **2.** *tech.* a) acting in the same direction, b) synchronous. **3.** *electr.* unidirectional. **4.** *med. zo.* syntropic. **~geˌschlecht·lich** *adj* **1.** *Zwillinge etc*: of the same sex. **2.** *Liebe etc*: homosexual. **~geˌsinnt** *adj* like-minded, congenial, kindred. **∾geˌsinn·te** *m, f* ‹-n; -n› like-minded (*od.* congenial) person, person of the same convictions. **~geˌstellt** *pp u. adj* (**j-m, mit j-m**) **1.** *rechtlich*: on an equal footing (with s. o.), of the same status (as s. o.). **2.** *gesellschaftlich*: of equal rank (as s. o.), on the same level (with s. o.), equal in status (*od.* rank) (with s. o.). **~geˌstimmt** *adj* **1.** *mus.* tuned to the same pitch; **~e Saite** unison string. **2.** → **gleichgesinnt.**

ˈGleich·geˌwicht *n* ‹-(e)s; *no pl*› balance, equilibrium; **politisches ~** political equilibrium; **~ der Kräfte** a) *phys.* balance of forces, b) *pol.* balance of power; *fig.* **gestörtes ~** imbalance; **sein ~ halten** (*od.* **wahren**) keep one's balance; **aus dem ~ kommen, das ~ verlieren** a) lose one's balance, b) *fig.* be thrown off balance, be upset; **das ~ wiederherstellen** restore the balance; **im ~** balanced; **aus dem ~** off balance; **seelisches ~** mental (*od.* emotional, psychic) balance, balance of mind, mental equilibrium; *fig.* **j-n aus dem ~ bringen** (*od.* **werfen**) throw s. o. off balance, upset (*od. colloq.* throw) s. o.; **Mängel und Vorzüge halten sich das ~** the good and bad points balance (each other) out; **et. im ~ halten** a) balance s. th., *lit.* equilibrate s. th., b) *aer. mar. tech.* stabilize s. th.

ˈGleich·geˌwichts|geˌfühl *n* sense of balance (*od.* equilibrium). **∾geˌstört** *adj med.* unbalanced. **~ˌla·ge** *f* **1.** position of equilibrium, balanced position. **2.** *aer.* trimmed (*od.* equilibrium) attitude. **~orˌgan** *n* organ of equilibrium. **~ˌpunkt** *m phys.* cent/re (*Am.* -er) of gravity. **~ˌsinn** *m* sense of balance (*od.* equilibrium), static sense. **~ˌstö·rung** *f* **1.** disturbance of equilibrium, disequilibrium. **2.** *med.* (metabolic) imbalance; **hormonale ~** hormonal imbalance. **~ˌübung** *f Sport*: balance exercise. **~zuˌstand** *m* state of equilibrium.

ˈgleichˌgül·tig I *adj* **1.** (**gegen**) indifferent (to), (*uninteressiert*) *a.* unconcerned (*od.* uncaring, incurious) (about); **in ~em Ton** indifferently; **er ist mir ~** a) he means nothing to me, I don't care for him, b) I don't care what he says (*od.* does). **2.** (*leichtfertig*) careless, (*lässig*) *a.* casual, nonchalant, insouciant. **3.** (*teilnahmslos*) listless, apathetic. **4.** (*gefühllos*) indifferent, unfeeling, *stärker*: callous. **5.** (*belanglos, unwichtig*) (**für to**) indifferent, unimportant, trivial; **das ist mir ~** I don't care; **diese Nachricht ist mir ~** this news is of no concern to me; **Sport ist mir ~** I am not interested in sports; **es ist völlig ~, ob** it is of no consequence what(so)ever whether, it doesn't matter at all whether; **~, was du tust** whatever (*od.* no matter what) you do. **II** *adv* **6.** indifferently (*etc*), with indifference. **∾keit** *f* ‹-; *no pl*› **1.** (**gegen**) indifference (to), *a.* unconcern (about); **mit ~** → **gleichgültig** 6. **2.** carelessness (*etc*), nonchalance, insouciance. **3.** listlessness, apathy; **in ~ versinken** sink into apathy. **4.** *e-r Sache*: indifference, insignificance.

ˈGleich·heit *f* ‹-; *no pl*› **1.** equality (**vor dem Gesetz** before the law). **2.** (*Ähnlichkeit*) likeness, similarity. **3.** identity, sameness. **4.** (*Gleichartigkeit*) homogenousness. **5.** (*Übereinstimmung*) conformity. **6.** (*Einheitlichkeit*) uniformity. **7.** *von Flächen etc*: evenness, symmetry. **8.** *math.* equality. **ˈGleich·heitsˌzei·chen** *n math. print.* sign of equality, "equals" sign.

ˈGleich|ˌklang *m* **1.** *mus.* unison. **2.** *ling. von Wortendungen*: consonance, *verschiedener Wörter*: homonymy, *bei ungleicher Schreibung*: homophony. **3.** *fig.* unison, harmony, consonance. **∾ˌkom·men** *v/i* ‹*irr, sep,* **-ge-, sein**› **1. j-m** (**e-r Sache**) **~** equal (*od.* compare with) s. o. (s. th.), come up to s. o. (s. th.), **j-m**: *a.* be s. o.'s equal, be a match for s. o. **2. e-r Sache ~** (*gleichbedeutend sein mit*) amount to s. th., be tantamount to s. th., be nothing short of s. th. **~ˌlauf** *m* ‹-(e)s; *no pl*› **1.** *tech.* synchronism. **2.** *math. phys. von Linien*: parallelism. **∾ˌlau·fen** *v/i* ‹*irr, sep,* **-ge-, sein**› **1.** *tech.* be synchronous, run synchronously. **2.** *math. phys.* be (*od.* run) parallel (**mit** to, with). **~ˌlauf·geˌtrie·be** *n* synchromesh gear. **~ˌlaut** *m* → **Gleichklang** 2. **∾ˌlau·tend I** *adj* **1.** *Brief etc*: identical, *inhaltlich*: *a.* to the same effect, of the same tenor; **~e Abschrift** duplicate, true copy. **2.** *ling.* a) *im Falle gleicher Wörter*: homonymous, b) *bei verschiedener Schreibung*: homophonic; **~es Wort** a) homonym, b) homophone. **II** *adv* **3.** *econ.* **~ buchen** book in conformity. **∾ˌma·chen** *v/t* ‹*sep,* **-ge-, h**› (*dat*) **1.** make *s. th.* equal (to); **der Tod macht alles gleich** Death is the great level(l)er. **2.** (*einebnen*) make *s. th.* level (with), level *s. th.* (to, with); → **Erdboden. ~ˌma·cher** *m* ‹-s; -› *pol. contp.* level(l)er, egalitarian. **~ma·cheˈrei** [ˌglaɪç-] *f* ‹-; *no pl*› level(l)ing (mania), egalitarianism. **∾ˌma·che·risch** *adj* egalitarian. **∾ˌmän·nig** [-ˌmɛnɪç] *adj bot.* isandrous. **~ˌmaß** *n* **1.** (*Ebenmaß*) symmetry, proportion, harmony. **2.** → **Gleichmäßigkeit** 2–5.

ˈgleichˌmä·ßig I *adj* **1.** (*ebenmäßig*) proportionate, well-proportioned, symmetric(al), harmonious. **2.** (*regelmäßig*) regular (*breathing, features, etc*), even. **3.** (*gleichbleibend*) constant (*temperature, etc*). **4.** (*gleichförmig*) steady, uniform, rhythmical. **5.** *Verteilung*: even. **II** *adv* **6.** evenly; **et. ~ verteilen** distribute s. th. evenly. **7. ~ gut** consistently good. **∾keit** *f* ‹-; *no pl*› **1.** symmetry, proportion, harmony. **2.** regularity. **3.** constancy. **4.** steadiness, uniformity. **5.** evenness.

ˈGleich|ˌmut *m* ‹-(e)s; *no pl*›, *rare f* ‹-; *no pl*› **1.** equanimity; (*Gelassenheit*) calmness; (*Unerschütterlichkeit*) imperturbability; **heiterer ~** serenity; (**stoischer**) **~** stoicism; **et. mit ~ ertragen** bear s. th. with equanimity. **2.** (*Gleichgültigkeit*) indifference, insouciance. **∾ˌmü·tig** *adj* **1.** even-tempered. **2.** (*gelassen*) calm; (*unerschütterlich*) imperturbable, stolid, *colloq.* unflappable. **3.** (*gleichgültig*) indifferent. **~ˌmü·tig·keit** *f* ‹-; *no pl*› → **Gleichmut. ∾ˌna·mig** [-ˌna:mɪç] *adj* **1.** of (*od.* having) the same name; **ein Film nach dem ~en Buch von X** a film based on the book of the same title by X. **2.** *electr. phys. Pole, Ladungen*: like. **3.** *math. Brüche*: with a common denominator; **~ machen** reduce to the same denominator.

ˈGleich·nis *n* ‹-ses; -se› **1.** parable (*a. Bibl.*), allegory; **in ~sen reden** speak in parables. **2.** (*Bild*) image. **3.** (*Vergleich*) comparison. **4.** *Rhetorik*: simile. **∾haft**

adj 1. allegoric(al), parabolic(al). 2. symbolic(al).

ˈgleich|ˌord·nen *v/t* ⟨*sep*, -ge-, h⟩ co(-)ordinate. **~ˌpha·sig** [-ˌfa:zɪç] *adj electr.* co(-)phasal, in phase. **~ˌpo·lig** [-ˌpo:lɪç] *adj* homopolar. **~ˌran·gig** [-ˌraŋɪç] *adj* 1. *mil. etc* having (*od.* of) the same rank, of equal rank, equal-ranking, *Künstler etc*: *a.* of equal standing. 2. *fig.* of equal importance (*od.* rank), equal. 3. *an Dringlichkeit*: of equal priority. **2ˌran·gig·keit** *f* ⟨-; *no pl*⟩ 1. equality of rank. 2. equal standing. 3. equal priority (*od.* importance). **~ˌrich·ten** *v/t* ⟨*sep*, -ge-, h⟩ *electr.* rectify. **2ˌrich·ter** *m* rectifier. **2ˌrich·terˌröh·re** *f* rectifier valve (*Am.* tube).

ˈgleich·sam *adv* 1. as it were, so to speak. 2. practically, virtually, more or less. 3. ~ **als ob**, ~ **als** (*subj*) (just) as if (*od.* though).

ˈgleich|ˌschal·ten *v/t* ⟨*sep*, -ge-, h⟩ 1. *tech.* synchronize. 2. *fig.* co(-)ordinate. 3. *pol.* bring *s.o.*, *s.th.* into line, *bes. contp.* streamline *s.th.* **2ˌschal·tung** *f* 1. *tech.* synchronization. 2. *fig.* co(-)ordination. 3. *pol.* bringing into line, streamlining. **2ˌschritt** *m mil.* marching in step, *Am.* cadence; **im ~, marsch!** forward, march! **~ˌse·hen** *v/i* ⟨*irr, sep*, -ge-, h⟩ **j-m ~** resemble s.o., look (*od.* be) like s.o.; **sie sehen sich gar nicht gleich** they don't look alike at all; *colloq.* **das sieht ihm gleich** that's just like him. **~ˌsei·tig** *adj math.* equilateral. **2ˌsei·tig·keit** *f* ⟨-; *no pl*⟩ equality of sides. **~ˌset·zen** *v/t* ⟨*sep*, -ge-, h⟩ (*dat od.* **mit** with) equate, *fig. a.* compare, identify, *im Rang*: put on a level. **~ˌsil·big** [-ˌzɪlbɪç] *adj ling.* parisyllabic. **~ˌsin·nig** *adj tech.* equidirectional. **2ˌspan·nung** *f electr.* direct-current (*od.* D.C., d.c.) voltage. **2ˌstand** *m Sport*: tie. **~ˌste·hen** *v/i* ⟨*irr, sep*, -ge-, h *u.* sein⟩ (*dat*) 1. be equal (to), be the equal (of), *j-m rangmäßig*: *a.* be on a par (*od.* level) (with), be on the same footing (with), be *s.o.'s* peer. 2. *Sport*: be tied; **sie stehen gleich** the score is even, *in der Tabelle*: they are level in the table. **~ˌstel·len I** *v/t* ⟨*sep*, -ge-, h⟩ (*dat*) 1. (*gleichsetzen*) equate (with). 2. put *s.o.*, *s.th.* in the same category (with), **j-n** *a.* put s.o. on an equal footing (*od.* on a par) (with), *staatsbürgerlich*: assimilate s.o. in status (to), *sozial etc*: accord s.o. equal status (to). 3. (*vergleichen*) compare (with). **II** *v/reflex* 4. **sich j-m ~** put o.s. on the same level with s.o. **2ˌstel·lung** *f* 1. equating (*etc*). 2. equation. 3. *jur. pol.* a) *staatsbürgerliche*: assimilation in status, b) *rechtliche u. soziale*: according (of) equal status. **2ˌstrom** *m* ⟨-(e)s; *no pl*⟩ *electr.* direct (*od.* continuous) current, D.C., d.c.; **~betrieb** *m* direct-current (*od.* D.C., d.c.) operation. **~ˌtun** *v/t* ⟨*irr, sep*, -ge-, h⟩ **es j-m** (**an** *od.* **in** *dat* **et.**) ~ emulate (*od.* equal, match) s.o. (in s.th.); **es j-m ~ wollen** try to do the same (*od.* as much) as s.o., vie with s.o.; **es den Nachbarn ~ wollen** *colloq.* try to keep up with the Joneses.

ˈGlei·chung *f* ⟨-; -en⟩ *astr. chem. math.* equation; **~ ersten Grades** equation of the first degree; **e-e ~ mit zwei Unbekannten** an equation with two unknowns; **~sformel** *f* equation formula; **e-e ~ auflösen** (**ansetzen**) solve (form *od.* set up) an equation; **die ~ ging nicht auf** a) the equation did not come out (*od.* balance), b) *fig.* things didn't work out (as planned).

ˌgleichˈviel *adv* no matter, all the same; **~!** *a.* it doesn't matter!, it makes no difference!; **~, ob** no matter if; **~, wo** no matter where, wherever.

ˈgleichˌwer·tig *adj* 1. *Ersatz etc*: of the same value, of equal value, equally good. 2. *Leistungen etc*: of the same standard, equally good, on a par. 3. *Gegner etc*: equally (*od.* evenly) matched; **j-m ~ sein** be a match for s.o. 4. *chem. econ.* equivalent. **2keit** *f* ⟨-; *no pl*⟩ 1. equal value. 2. equal standard. 3. equal ability. 4. *chem. econ.* equivalence.

ˈgleich|ˌwie *adv u. conj lit.* (just) as, like. **~ˌwink·lig** *adj math.* equiangular, isogonic. **~ˈwohl** [ˌglaɪç-] *conj u. adv* yet, nevertheless, all the same.

ˈgleichˌzei·tig I *adj* 1. simultaneous. 2. (*zs.-fallend*) concurrent, coincident. 3. (*zeitgenössisch*) contemporary. **II** *adv* 4. simultaneously (*etc*), at the same time. 5. (*zugleich*) both, at the same time, in one. **2keit** *f* ⟨-; *no pl*⟩ 1. simultaneousness. 2. concurrence, coincidence. 3. contemporaneity.

ˈgleichˌzie·hen *v/i* ⟨*irr, sep*, -ge-, h⟩ (**mit**) 1. *Sport*: a) (*einholen*) draw level (with), catch up (with), pull up (to), b) (*ausgleichen*) equalize, level the score. 2. *fig. mit Konkurrenz etc*: draw level (with), catch up (with).

Gleis [ˈglaɪs] *n* ⟨-es; -e⟩ 1. (*Bahn2*) rail(s *pl*), line(s *pl*), track(s *pl*); **totes ~** blind (*od.* dead) track, *fig.* side-track; *fig.* **auf ein totes ~ geraten** *Person*: get bogged down, *Verhandlungen etc*: *a.* reach a deadlock (*od.* an impasse); **et. auf ein totes ~ schieben** shelve (*od.* sidetrack) s.th., *colloq.* put s.th. on ice; *fig.* **auf ein falsches ~ geraten** *Verhandlungen etc*: get on a wrong track; **der Zug sprang aus dem ~** the train ran off the rails (*od.* was derailed). 2. *bes. fig.* (*ausgefahrene Spur*) track, rut; *fig.* **das ausgefahrene ~** the beaten track, (*a.* **das alte ~**) the familiar routine, the same old rut; **sich in ausgefahrenen ~en bewegen** stay in the (same) old rut (*od.* groove), follow the beaten track; **j-n aus dem ~ werfen** (*od.* **bringen**) put s.o. out, *stärker*: upset s.o.; **et. wieder ins** (**rechte**) **~ bringen** put s.th. right (*od.* to rights) again, straighten s.th. out. **~ˌabˌschnitt** *m rail.* track section. **~ˌanˌla·ge** *f* track system. **~ˌanˌschluß** *m* a) siding (track), b) (*Stich2*) spur track. **~ˌar·bei·ter** *m* tracklayer. **~ˌbet·tung** *f* track bed (*od.* bedding) course. **~ˌbild** *n* track diagram; **~stellwerk** *n* track diagram signal-box. **~ˌket·te** *f* crawler track.

ˈGleisˌket·ten|ˌanˌtrieb *m* crawler drive. **~ˌfahrˌzeug** *n* tracklaying (*od.* crawler-type) vehicle.

ˈGleisˌkör·per *m* track, permanent way.

Gleis·ner [ˈglaɪsnər] *m* ⟨-s; -⟩ *obs. lit.* dissembler, hypocrite. **Gleis·neˈrei** *f* ⟨-; *no pl*⟩ dissembling, hypocrisy. **ˈgleis·ne·risch** *adj* dissembling, hypocritical.

ˈGleisˌplan *m* track diagram.

glei·ßen [ˈglaɪsən] *v/i* ⟨h⟩ *poet.* glitter, glisten.

ˈGleis|ˌüberˌgang *m* level (*bes. Am.* railroad) crossing. **~verˌle·gung** *f* tracklaying. **~ˌwaa·ge** *f* rail weighbridge.

ˈGleit|ˌbacke (*getr.* -k·k-) *f tech.* slip jaw. **~ˌbahn** *f* 1. (*Rutschbahn*) slide. 2. (*Gleitrinne*) chute. 3. *tech.* slide ways *pl*, (*Führungsbahn*) guide(way), *e-s Maschinenbetts*: bedway. 4. *mar. beim Stapellauf*: slipway, launchways *pl* (*als sg od. pl konstruiert*). 5. *aer.* glide path. **~ˌbom·be** *f mil.* glide(r) bomb. **~ˌboot** *n mar.* glider, hydroplane. **~ˌbrett** *n Sport*: a) *für Brandungsreiten*: surfboard, b) *für Wellenreiten*: aquaplane.

glei·ten [ˈglaɪtən] **I** *v/i* ⟨gleitet, glitt (*rare* gleitete), geglitten (*rare* gegleitet), sein⟩ 1. *Schlitten, Ski, Tänzer etc*: glide (**über** *acc* over), *über das Wasser*: *a.* skim (over). 2. (*rutschen, schlüpfen*) slide, slip, *a. mot.* skid; **ins Wasser ~** slip into the water; **die Seife glitt mir aus der Hand** the soap slipped out of my hand. 3. *aer.* glide. 4. *fig. Blick*: go, travel, wander; **die Augen über** (*acc*) **et. ~ lassen** run one's eyes over s.th., glance over s.th. 5. *fig. Lächeln*: pass (*over s.o.'s face*). 6. *Hände etc*: glide, pass; **die Hand** (**s-e Finger**) **über** (*acc*) **et. ~ lassen** pass one's hand (run one's fingers) over s.th.; **er ließ den Brief in die Tasche ~** he slipped the letter into his pocket. 7. *econ. colloq.* make use of flexible working hours. **II 2** *n* ⟨-s⟩ 8. gliding (*etc*); **ins 2 kommen** slip. **ˈglei·tend** *adj* 1. gliding (*etc*). 2. *Maschinenteile, fig. Lohnskala, Preise etc*: sliding; **~e Arbeitszeit** flexible working hours *pl*. 3. *Computer*: **~es Komma** → Gleitkomma. **ˈGlei·ter** *m* ⟨-s; -⟩ *aer.* glider.

ˈgleitˌfä·hig *adj* slid(e)able. **2keit** *f* ⟨-; *no pl*⟩ ability to slide; **die ~ von et. verbessern** (*od.* **erhöhen**) make s.th. slide better.

ˈGleit|ˌflä·che *f* sliding surface. **~ˌflos·se** *f aer.* planing fin. **~ˌflug** *m* a) glide, b) *e-s Motorflugzeugs*: power-off glide; **zum ~ übergehen** go into a glide. **~ˌflugˌzeug** *n* glider. **~geˌlenk** *n mot.* slip joint. **~ˌhang** *m geol.* slip-off slope. **~ˌklau·sel** *f econ.* escalator clause. **~ˌkom·ma** *n Computer*: floating point; **~zahl** *f* floating-point number. **~konˌtakt** *m electr.* sliding contact. **~ˌku·fe** *f aer.* landing skid (*od.* ski). **~ˌla·ger** *n tech.* sliding bearing. **~ˌlaut** *m ling.* glide. **~ˌmit·tel** *n* lubricant. **~ˌmo·dul** *m phys.* shear modulus. **~ˌpunkt** *m* → Gleitkomma. **~ˌschie·ne** *f tech.* a) slide bar, guide, b) *e-r Schreibmaschine*: carriage rail. **~ˌschritt** *m* 1. *beim Tanz*: glissade. 2. *beim Skilauf*: gliding step.

ˈGleitˌschutz *m tech.* 1. antiskid protection. 2. (*Bauteil*) antiskid device. **~beˌlag** *m* 1. *civ. eng.* skidproof cover. 2. *mot.* antislip plate. **~ˌket·te** *f* antiskid chain. **~ˌrei·fen** *m* nonskid tyre (*Am.* tire).

ˈgleit|ˌsi·cher *adj* skidproof, nonskid. **2ˌsitz** *m* 1. *tech.* sliding fit. 2. *Rudern*: sliding seat, slide. **2ˌstoß** *m fenc.* coulé, *Am.* glide. **2ˌwachs** *n für Ski*: gliding (*od.* downhill) wax. **2ˌzahl** *f aer.* glide ratio. **2ˌzeit** *f econ.* flexible working hours *pl*.

Glet·scher [ˈglɛtʃər] *m* ⟨-s; -⟩ *geol.* glacier; **unter dem ~** (**liegend**) subglacial. **2ˌar·tig** *adj* glacial. **2beˌdeckt** *adj* glaciered. **~ˌbil·dung** *f* glacial formation. **~ˌbo·den** *m* glacial soil. **~ˌbrand** *m med.* glacial sunburn. **~ˌeis** *n* glacial ice. **~ˌfloh** *m zo.* snow flea. **~ˌkun·de** *f* glaciology. **~ˌmüh·le** *f* moulin. **~ˌspal·te** *f* crevasse. **~ˌstauˌsee** *m* ice barrier lake. **~ˌtisch** *m* glacier table. **~ˌtor** *n* glacier cave (at the end of a glacier).

glich [glɪç] *1 u. 3 sg pret of* **gleichen**.

Glied [gli:t] *n* ⟨-(e)s; -er⟩ 1. *anat.* a) (*Arm, Bein*) limb, b) (*Teil, Organ*) member, part, organ, c) *zwischen zwei Gelenken, e-s Fingers etc*: joint; **Rumpf und ~er** body and limbs; **künstliches ~** artificial limb; **s-e ~er strecken** stretch (one's limbs *od.* o.s.); **an allen ~ern zittern** tremble in every limb (*od.* all over); **kein ~ rühren können** not to be able to move a muscle (*od.* limb); **der Schreck fuhr ihm in** (*od.* **durch**) **alle ~er** he had a bad shock; **die Nachricht fuhr ihm in die ~er** the news gave him a bad shock (*od.* numbed him); **ihm steckt e-e Krankheit in den ~ern** he is sickening for s. th. **2.** (**männliches**) ~ (male) member, penis. **3.** *e-r Kette*: link; *bes. anthrop.* **das fehlende ~** the missing link. **4.** *fig.* link, member; **ein ~ in der Beweiskette** a link in the chain of evidence; **~ e-r Familie** member of a family; **er kennt s-e Vorfahren bis ins siebte ~** he can trace back his ancestors for seven generations. **5.** *mil.* rank; **hinteres (vorderes) ~** rear (front) rank; **in Reih und ~** in rank and file, *fig.* in (a) line; **aus dem ~ treten** fall out, break rank(s); **ins ~ treten** fall in. **6.** *math.* a) *e-r Gleichung*: term, b) *e-r Reihe, Menge*: member. **7.** *tech.* (*Bauteil*) member, component, element. **8.** *electr.* link. **9.** *bot.* joint. **10.** *ling.* a) (*Satz≈*) member, b) *e-s Satzgefüges*: part, limb.

ˈ**Glie·der|ˌbau** *m* ⟨-(e)s; *no pl*⟩ *anat.* frame, build, physique. **~ˌbus** *m mot.* articulated bus. **~ˌfrucht** *f bot.* loment. **~ˌfü·ßer, ~ˌfüß·ler** [-ˌfy:slər] *m* ⟨-s; -⟩ *zo.* arthropod. **~ˌket·te** *f tech.* link chain; *e-s Tanks, Traktors etc*: track. **≈ˌlahm** *adj med.* paralytic. **~ˌläh·mung** *f* paralysis (of the limbs). **~ˌmaß,ˌstab** *m tech.* folding rule.

glie·dern [ˈgli:dərn] **I** *v/t* ⟨h⟩ **1.** (*ordnen*) arrange, organize, order, structure; **e-n Aufsatz ~** arrange (*od.* construct, plan) an essay. **2.** (**in** *acc* into) divide, classify, (*unterteilen*) subdivide, break *s. th.* down; **nach Sachgebieten gegliedert** classified by subjects. **3.** *mil.* a) (*Einheiten*) organize, b) *taktisch*: distribute; **e-e Einheit neu ~** reorganize a unit. **4.** → **gegliedert.** **II** *v/reflex* **sich ~** **5.** be (sub)divided; **sich ~ in** (*acc*) be divided into, be composed (*od.* made up) of, consist of; **der Aufsatz gliedert sich wie folgt** the essay is constructed as follows. **III ≈** *n* ⟨-s⟩ **6.** arranging (*etc*). **7.** → **Gliederung.**

ˈ**Glie·der|ˌpup·pe** *f* **1.** jointed doll. **2.** *des Schneiders*: mannequin, *a. des Malers etc*: lay figure; *für Schaufenster*: articulated display figure; → **Marionette** 1. **~ˌrei·ßen** *n*, **~ˌschmerz** *m med.* rheumatism. **~ˌschwund** *m* atrophy of the limbs. **~ˌtie·re** *pl zo.* articulates, arthropods.

ˈ**Glie·de·rung** *f* ⟨-; -en⟩ **1.** → **gliedern** 6. **2.** (*Anordnung*) organization, arrangement, structure, order. **3.** (*Einteilung*) division, classification, breakdown. **4.** (*Unterteilung*) subdivision, subsection, breakdown. **5.** (*Verteilung*) distribution. **6.** *e-s Aufsatzes etc*: construction; **dramaturgische ~** dramatic construction. **7.** *mil.* a) organization, b) *taktische*: formation. **8.** *zo. e-s Wurms etc*: segmentation.

ˈ**Glie·der|ˌzel·le** *f biol.* articulate cell. **~ˌzug** *m* articulated train.

ˈ**Glied|ˌkir·che** *f relig.* member church. **~ˌma·ßen** *pl* limbs, extremities. **~ˌsatz** *m ling.* subordinate clause. **~ˌstaat** *m pol.* member (*od.* constituent, federal) state.

glim·men [ˈglımən] **I** *v/i* ⟨**glimmt, glomm** *u.* **glimmte, geglommen** *u.* **geglimmt,** h⟩ **1.** *Zigarette, Glut etc*: glow; **~de Asche** embers *pl.* **2.** (*schwelen*) smo(u)lder. **3.** *lit. od. poet.* (*schimmern*) glimmer, gleam. **4.** *fig. Hoffnung, Ehrgefühl etc*: remain; **die Hoffnung glomm noch in ihr** she still had some hope, she still had a flicker of hope. **II ≈** *n* ⟨-s⟩ **5.** glowing (*etc*), glow, gleam, glimmer.

ˈ**Glimm·entˌla·dung** *f electr.* glow (*od.* brush) discharge, corona.

ˈ**Glim·mer** *m* ⟨-s; -⟩ **1.** *min.* a) mica, b) *in dünnen, durchsichtigen Scheiben*: isinglass; **heller ~** muscovite; **schwarzer ~** black mica. **2.** *archaic* faint glow, glimmer. **≈ˌar·tig, ≈ˌhal·tig** *adj min.* micaceous. **~ˌschie·fer** *m* mica schist.

ˈ**Glimm|ˌlam·pe** *f* **1.** *tech.* glow lamp. **2.** *phot.* ready light. **~ˌleuchtˌröh·re** *f electr.* **1.** fluorescent lamp. **2.** cathode-ray tube. **~ˌlicht** *n electr.* glow light, blue glow. **~ˌsten·gel** *m colloq.* a) (*Zigarre*) weed, b) (*Zigarette*) fag.

glimpf·lich [ˈglımpflıç] **I** *adv* better than expected, lightly, mildly, leniently; **das ging noch einmal ~ ab** you (we, *etc*) were lucky there; **~ davonkommen** get off lightly; **j-n ~ behandeln** deal gently with s. o. **II** *adj Strafe etc*: mild, lenient.

Gli·om [gliˈo:m] *n* ⟨-s; -e⟩ *med.* glioma.

Glis·sa·de [glıˈsa:də] *f* ⟨-; -n⟩ **1.** *Tanz*: glide. **2.** *choreogr.* glissade. **3.** → **Gleitstoß.**

ˈ**Glitschˌbahn** *f, dial. a.* **Glit·sche** [ˈglıtʃə] *f* ⟨-; -n⟩ slide (on ice).

ˈ**glit·schen** *v/i* ⟨sein⟩ *colloq.* **1.** slide. **2.** (*ausgleiten*) slip, slither, skid.

ˈ**glit·schig** *adj* slippery.

glitt [glıt] *1 u. 3 sg pret of* **gleiten.**

ˈ**glit·ze·rig,** ˈ**glitz·rig** *adj colloq.* glittering.

glit·zern [ˈglıtsərn] **I** *v/i* ⟨h⟩ **1.** glitter, sparkle, glint, *Sterne*: *a.* twinkle; **~d** glittering (*etc*). **2.** *bes. Wasser*: glisten. **II ≈** *n* ⟨-s⟩ **3.** glittering (*etc*), glitter, glint.

ˈ**Glit·zerˌschmuck** *m* **1.** spangle, tinsel. **2.** *beim Angeln*: tag.

glo·bal [gloˈba:l] **I** *adj* **1.** global, worldwide; **~e Kriegsführung** global warfare. **2.** *fig., a. econ.* global, overall, total, aggregate. **II** *adv* **3.** globally, as a whole, generally, in general terms, in a wider context. **≈beˌtrag** *m* global (*od.* overall, aggregate) amount. **≈raˌke·te** *f* global-range missile. **≈ˌsi·cher·heit** *f econ.* global security. **≈ˌsteue·rung** *f* global regulation, overall control.

ˈ**Glo·beˌtrot·ter** [ˈglo:p-; ˈglo:bə-] *m* ⟨-s; -⟩ globetrotter.

Glo·bin [gloˈbi:n] *n* ⟨-s; *no pl*⟩ *biol. chem.* globin.

Glo·bu·lin [globuˈli:n] *n* ⟨-s; -e⟩ *biol. chem.* globulin.

Glo·bus [ˈglo:bus] *m* ⟨-(ses); -ben *u.* -se⟩ globe.

Glöck·chen [ˈglœkçən] *n* ⟨-s; -⟩ little bell.

Glocke (*getr.* **-k·k-**) [ˈglɔkə] *f* ⟨-; -n⟩ **1.** bell; **e-e ~ läuten** ring a bell; **die ~ des Vorsitzenden** the chairman's bell; *fig. colloq.* **et. an die große ~ hängen** shout s. th. from the housetops, broadcast s. th., blazon s. th. abroad, make a fuss about s. th.; **das brauchst du nicht an die große ~ (zu) hängen** you needn't tell the whole world about it; *fig. colloq.* **er weiß, was die ~ geschlagen hat** he knows what he is in for (*od.* which way the wind is blowing); **ich werde ihm sagen, was die ~ geschlagen hat** I'll tell him where he gets off, I'll tell him what's what. **2.** *e-r Lampe*: globe. **3.** (*Käse≈ etc*) cover. **4.** *tech.* a) *zum Auffangen von Gasen*: bell jar, b) *der Klingel*: gong, c) *der Luftpumpe*: receiver. **5.** *metall. im Hochofen*: bell, bell-type distributing gear. **6.** *bot.* **Taube ~** a) peach-leaved bellflower, b) pyramidal bellflower. **7.** *fenc.* (bell-shaped) guard. **8.** *Mode*: flared shape.

ˈ**Glocken|ˌblu·me** *f* bellflower, bluebell, campanula; **~n** *pl* campaniform plants; **zu den ~n gehörig** campanulaceous. **≈ˌblu·mig, ≈ˌblü·tig** [-ˌbly:tıç] *adj* with campanulate flowers. **~ˌbo·je** *f mar.* bell buoy. **~ˌform** *f* **1.** bell shape. **2.** *tech.* mo(u)ld (of a bell). **≈ˌför·mig** *adj* bell-shaped. **~geˌläut, ~geˌläu·te** *n* **1.** ringing (*od.* peal) of bells. **2.** *abgestimmtes*: chime. **~ˌgie·ßer** *m* bell founder. **~gie·ßeˌrei** *f* **1.** → **Glockenguß.** **2.** (*Betrieb*) bell foundry. **~ˌguß** *m* bell founding. **~ˌgut** *n* ⟨-(e)s; *no pl*⟩ bell metal. **~ˌham·mer** *m* striker, hammer. **~ˌhei·de** *f* ⟨-; *no pl*⟩ *bot.* heath, erica; **Graue ~** bell heather. **≈ˌhell** *adj Ton etc*: bell-like, as clear as a bell. **~ˌhut** *m Mode*: cloche. **~isoˌla·tor** *m electr.* bell-shaped insulator. **~ˌklang** *m* sound (*od.* peal) of bells. **~ˌklöp·pel** *m* bell clapper. **~ˌkur·ve** *f math.* normal curve. **~ˌläu·ten** *n* → **Glockengeläut.** **~meˌtall** *n* bell metal. **≈ˌrein** *adj* → **glockenhell.** **~ˌrock** *m Mode*: flared skirt. **~ˌschlag** *m* stroke of the clock; **auf den ~ (pünktlich)** (right) on the dot. **~ˌseil** *n* bell rope. **~ˌspei·se** *f* bell metal. **~ˌspiel** *n* **1.** chime(s *pl*). **2.** *mus.* carillon, chime, glockenspiel. **~ˌstu·be** *f* bell loft, belfry. **~ˌstuhl** *m* bell frame, belfry. **~ˌton** *m* sound of the bell. **~ˌturm** *m* bell tower, belfry; *alleinstehender*: campanile. **~ˌwei·he** *f relig.* bell baptism. **~ˌzei·chen** *n* bell signal. **~ˌzug** *m* **1.** bell-pull. **2.** bell rope.

ˈ**glockig** (*getr.* **-k·k-**) *adj* **1.** bell-shaped. **2.** *bot.* campanulate(d).

Glöck·ner [ˈglœknər] *m* ⟨-s; -⟩ **1.** bell-ringer. **2.** (*Kirchendiener*) sexton.

glomm [glɔm] *1 u. 3 sg pret,* **glöm·me** [ˈglœmə] *1 u. 3 sg pret subj of* **glimmen.**

Glo·ria[1] [ˈglo:rĭa] *f* ⟨-; *no pl*⟩ *iro.* glory, splendo(u)r; → **Glanz** 9. ˈ**Glo·ria**[2] *n* ⟨-s; -s⟩ *R. C.* Gloria; **das kleine** (**große**) **~** the lesser (greater) doxology.

Glo·rie [ˈglo:rĭə] *f* ⟨-; *rare* -n⟩ **1.** → **Gloria**[1]. **2.** → ˈ**Glo·ri·enˌschein** *m* **1.** halo, aureola. **2.** *meteor.* glory.

glo·ri·fi·zie·ren [glorifiˈtsi:rən] *v/t* ⟨*no* ge-, h⟩ glorify.

Glo·rio·le [gloˈrĭo:lə] *f* ⟨-; -n⟩ halo, aureola.

glo·ri·os [gloˈrĭo:s] *adj* glorious (*a. iro.*).

ˈ**glorˌreich** [ˈglo:r-] *adj* glorious.

glo·sen [ˈglo:zən] *v/i* ⟨h⟩ *dial. for* **glühen** 1, **glimmen** 1, 2.

Glos·sar [glɔˈsa:r] *n* ⟨-s; -e⟩ glossary.

Glos·sa·tor [glɔˈsa:tɔr] *m* ⟨-s; -en [-saˈto:rən]⟩ glossator, glossarist.

Glos·se [ˈglɔsə] *f* ⟨-; -n⟩ **1.** *ling.* gloss. **2.** (*Kommentar*) comment(ary). **3.** *pl colloq.* snide remarks, jeers, scoffs; **s-e ~n machen über** (*acc*) remark on, *stärker*: scoff (*od.* jeer) at, make sarcastic remarks about.

Glos·sem [glɔˈse:m] *n* ⟨-s; -e⟩ *ling.* glosseme.

Glos·se·ma·tik [glɔseˈma:tık] *f* ⟨-; *no pl*⟩ *ling.* glossematics *pl* (*als sg konstruiert*).

ˈ**Glos·senˌma·cher** *m* faultfinder.

glos·sie·ren [glɔˈsi:rən] *v/t* ⟨*no* ge-, h⟩ **1.** (*Texte*) gloss. **2.** make unfavo(u)rable comments about.

Glot·tal [glɔˈta:l] *ling.* **I** *m* ⟨-s; -e⟩ glottal (sound). **II ≈** *adj* glottal. **Glot·tis** [ˈglɔtıs] *f* ⟨-; **Glottides** [-ˈtidɛs]⟩ *anat.* glottis.

ˈ**Glotz|ˌau·ge** *n* **1.** *colloq. contp.* goggle-eye, popeye; **~n machen** → **glotzen.** **2.** *med.* exophthalmos. **≈ˌäu·gig** *adj* **1.** goggle-eyed, popeyed. **2.** *med.* exophthalmic.

Glot·ze [ˈglɔtsə] *f* ⟨-; -n⟩ *TV colloq.* → **Glotzkasten.**

glot·zen [ˈglɔtsən] *v/i* ⟨h⟩ *colloq.* goggle, gape, stare, gawk.

ˈ**Glotzˌka·sten** *m TV colloq.* (goggle-)box, *Am. a.* (boob) tube.

Glo·xi·nie [glɔˈksiːnĭə] *f* ⟨-; -n⟩ *bot.* gloxinia.

gluck [glʊk] *interj* glug; ~, ~! glug, glug!; *humor.* ~, ~, **weg war er** bubble, bubble, he was gone.

Glück [glʏk] *n* ⟨-(e)s; *no pl*⟩ **1.** (*günstiges Geschick, Erfolg*) fortune, luck; **er hat ~** he is lucky, he is in luck; **er hat kein ~** he is unlucky, he has no luck; **er hatte kein ~ (dabei)** he had no luck, *bei Nachforschung etc*: *a.* he drew a blank; **er hat kein ~ mehr** his luck has run out, he is down on his luck; **manche Leute haben eben immer ~** some people have all the luck; *colloq.* **er hat ein unverschämtes ~** he's damn lucky; **sein ~ versuchen** a) try one's luck (**bei** *od.* **mit j-m** with s. o.), b) seek one's fortune; **sein ~ mit et. versuchen** a) try one's luck at s. th., try s. th., *colloq.* have a shot at s. th., b) *mit e-m Werkzeug etc*: try one's luck with s. th.; **er tritt sein ~ mit Füßen** he is blind to his own good fortune; **er hat sein ~ gemacht** he has made his fortune, *colloq.* he has got it made; **das ~ war auf s-r Seite, das ~ war ihm hold** (*od.* **günstig**) luck was with him, fortune favo(u)red (*od.* smiled upon) him; **wie es das ~ wollte** as luck would have it; **er hat ~ im Spiel** he is lucky at cards; **wenn Sie ~ haben, finden Sie es** with luck you will find it; **du hast ~, er ist zu Hause** you are lucky (*od.* in luck), he is at home; **damit wirst du kein ~ haben** you won't have any luck with that, that won't do you much good; **da hast du noch einmal ~ gehabt** you were lucky (there); *colloq.* **nochmal ~ gehabt!** that was close (*od.* a close shave)!; **er hat mehr ~ als Verstand** he has more luck than sense; **das war ein ~ im Unglück** that was a blessing in disguise; **(das) ~ macht blind** Fortune blinds those whom she favo(u)rs; **~ und Glas, wie leicht bricht das** glass and luck, brittle muck; **~ in der Liebe, Unglück im Spiel** lucky in love, unlucky at cards; **jeder ist s-s ~es Schmied** everyone is the architect of his own fortune; **man kann niemanden zu s-m ~ zwingen** you can lead a horse to the water, but you can't make it drink; **j-m ~ wünschen** wish s. o. luck, (*gratulieren*) congratulate (*od.* felicitate) s. o. (**zu** on); **viel ~!** good luck (to you)!, best of luck!; **viel ~ im neuen Jahr!** A Happy New Year; **viel ~ im neuen Lebensjahr** many happy returns of the day; **~ auf!** (*Bergmannsgruß*) good luck. **2.** (*Glücksfall, Fügung des Zufalls*) good fortune, (good) luck, a bit (*od.* piece) of (good) luck, (lucky) chance (*od. sl.* break); **er hatte das ~, e-n ausgezeichneten Lehrer zu haben** he had the good fortune of having an excellent teacher, he was lucky in having an excellent teacher; **diese Erbschaft war ein unverhofftes ~** this inheritance was an unhoped-for (*od.* unexpected) bit of luck (*od.* was a windfall); **(es ist) ein ~, daß ich nichts mehr sagte** (it's a) good thing I didn't say anything more; **ein ~, daß du kamst** (a) good thing (*od.* lucky) you came; *iro.* **(es ist) ein wahres ~, daß er nicht kommen kann** it's quite a mercy (that) he can't come; **es ist sein ~, daß** it's fortunate for him (*od.* he's lucky) that; **Sie können (noch) von ~ reden** (*od.* **sagen**), **daß** you may thank your lucky stars, you may consider (*od.* count) yourself lucky (*nobody saw you, etc*); **auf gut ~** for luck, on the off-chance; **et. auf gut ~ tun** do s. th. on the off-chance (*od.* for luck), take a chance on doing s. th.; **zum ~** fortunately, luckily, as luck would have it; *iro.* **das fehlt mir noch zu m-m ~** that's all I wanted. **3.** (*Glücksgefühl*) happiness, *lit.* bliss, felicity; **häusliches (eheliches) ~** domestic (marital) bliss; **junges ~** young bliss. ˌ**Glückˈauf** ⟨-s; *no pl*⟩ (*Bergmannsgruß*) (shout of) "good luck". ˈ**glückˌbrin·gend** *adj* lucky.

Glucke (*getr.* **-k·k-**) [ˈglʊkə] *f* ⟨-; -n⟩ **1.** sitting hen, brood-hen; **künstliche ~** (artificial) mother, brooder. **2.** (*Schmetterling*) egger, tent (*od.* lappet) caterpillar. **3.** *humor.* (mother-)hen. ˈ**glucken** (*getr.* **-k·k-**) *v/i* ⟨h⟩ a) cluck, b) (*brüten*) sit, brood.

glücken (*getr.* **-k·k-**) [ˈglʏkən] *v/i u. v/impers* ⟨sein⟩ succeed, be successful, be a success, turn (*od.* work) out well; **nicht ~** → **mißlingen** 1; **das ist gut (schlecht) geglückt** it turned out well (badly); **ihm glückt alles** everything succeeds with him; **das wird ihm nicht ~** he won't succeed (with that), *bes. iro.* he won't get away with that; **es glückte ihm, ihn zu überzeugen** he succeeded in convincing him; **es wollte mir nicht ~** I could not succeed with it, I didn't make it, I had no luck; **nichts wollte ~** everything went wrong.

gluckern (*getr.* **-k·k-**) [ˈglʊkərn] *v/i* ⟨h⟩ gurgle.

ˈ**GluckˌHen·ne** *f* → **Glucke** 1.

ˈ**glück·lich I** *adj* **1.** (*vom Glück begünstigt*) lucky, fortunate; **ein ~er Zufall** a lucky chance, a piece of good luck, a happy accident; **er hat e-e ~e Hand in der Wahl s-r Mitarbeiter** he is good at choosing his assistants; **(ein) ~es neues Jahr!** A Happy New Year; **~e Reise!** have a good trip!, bon voyage! **2.** (*beglückt, zufrieden*) happy, *stärker*: blissful; **~ sein** be (*od.* feel) happy; **j-n ~ machen** make s. o. happy; **sich ~ schätzen** (*od.* **preisen**) count (*od.* consider) o. s. happy; **du kannst dich ~ schätzen** (*od.* **preisen**) (*von Glück sagen*) you may consider yourself lucky, you can bless your stars; **er war nicht ~ darüber** he was not happy about it. **3.** (*gutgetroffen*) happy, felicitous (*example, expression*); **das war ein ~er Einfall** it was a happy thought (*od.* a splendid idea). **4.** → **glückverheißend. II** *adv* **5.** happily; **die Zeit (der Ort) war ~ gewählt** the time (the place) was happily chosen. **6.** safely; **sie sind ~ angekommen** they arrived safely (*od.* safe and sound); **unsere Fahrt ging ~ vonstatten** we had a smooth journey. **7.** *humor.* (*endlich*) finally; **et. ~ hinter sich haben** be well out of s. th.; **nun ist es ~ zu spät** it's too late now; **jetzt ist er ~ fort** thank god he is gone; **jetzt hat er ~ auch noch s-n Posten verloren** on top of it he has lost his job. ˈ**Glück·li·che** *m, f* ⟨-n; -n⟩ **1.** happy person; **dem ~n schlägt k-e Stunde** *etwa*: those who are happy do not notice the passage of time. **2.** lucky one (*od.* person); **Sie ~r!** you lucky dog! ˈ**glück·li·cherˈwei·se** *adv* fortunately, luckily, as (good) luck would have it.

ˈ**glück|los** *adj* luckless, unfortunate. **≈sa·che** *f* → **Glückssache.**

ˈ**GlücksˌBrin·ger** *m* mascot, (*Gegenstand*) *a.* talisman, (good-luck) charm.

ˌ**glückˈse·lig** *adj* blissful, radiant, (very) happy, ⟨*pred*⟩ overjoyed, delirious (with joy). **≈keit** *f* ⟨-; *rare* -en⟩ bliss(fulness), (blissful) happiness; **himmlische (ewige) ~** celestial (eternal) bliss.

gluck·sen [ˈglʊksən] *v/i* ⟨h⟩ **1.** *Flüssigkeit*: gurgle. **2.** (*lachen*) chuckle.

ˈ**Glücks|ˌfall** *m* **1.** lucky chance (*od. sl.* break), stroke of luck. **2.** (*unerwarteter Gewinn*) windfall. **~geˌfühl** *n* (sense of) happiness. **~ˌgöt·tin** *f* Fortune. **~ˌgü·ter** *pl* earthly possessions (*od.* goods), good things of this world, riches. **~ˌhau·be** *f med. des Neugeborenen*: caul. **~ˌkä·fer** *m* → Marienkäfer. **~ˌkind** *n* child (*od.* darling) of fortune; → *a.* Glückspilz. **~ˌklee** *m bot.* four-leaf(ed) clover. **~ˌli·nie** *f in der Hand*: line of fortune. **~ˌpfen·nig** *m* lucky penny. **~ˌpil·le** *f colloq.* pep pill, *zur Beruhigung*: tranquil(l)izer. **~ˌpilz** *m colloq.* lucky fellow (*od.* devil, dog). **~ˌrad** *n* wheel of fortune. **~ˌrit·ter** *m* soldier of fortune, adventurer. **~ˌsa·che** *f* matter of luck; **reine ~ (, daß)** sheer luck (that). **~ˌschwein** *n pig as a symbol of good luck* (*od. as a good-luck charm*). **~ˌspiel** *n* **1.** a) game of chance, b) *collect.* gambling; **sein Geld beim ~ verlieren** lose one's money gambling. **2.** *fig.* gamble. **~ˌspiel·au·toˌmat** *m* gaming (*od.* slot) machine, *colloq.* one-arm(ed) bandit, fruit machine. **~ˌspie·ler** *m* gambler. **~ˌstern** *m* lucky star; **unter e-m ~ geboren** born under a lucky star. **~ˌsträh·ne** *f* streak (*od.* run) of luck. **~ˌtag** *m* **1.** lucky day. **2.** happy (*od.* red-letter) day. **~ˌtopf** *m* lucky (*Am. a.* grab) bag.

ˈ**glückˌstrah·lend I** *adj* radiant, blissful. **II** *adv* radiantly (*etc*), radiant with happiness.

ˈ**Glücks|ˌtref·fer** *m* **1.** lucky (*od. colloq.* fluke) hit. **2.** *fig.* lucky strike, stroke of luck. **~ˌumˌstand** *m meist pl* fortunate circumstance. **~ˌwurf** *m* lucky throw (*od.* toss). **~ˌzahl** *f* lucky number. **~ˌzuˌfall** *m* **1.** lucky chance, stroke of luck. **2.** (fortunate) coincidence.

ˈ**glück·verˌhei·ßend** *adj* auspicious, propitious.

ˈ**GlückˌWunsch** *m* **1.** *zu e-m Erfolg etc*: (**zu** on) congratulations *pl*, felicitations *pl*; **m-n** (*od.* **herzlichen**) **~!** congratulations!; **ich sprach ihm m-n ~ aus** I congratulated him (**zu** on). **2.** *für die Zukunft*: good wishes *pl* (**zu** on, for); **ich sende Ihnen die besten Glückwünsche zum neuen Jahr** I send you my best wishes for the new year; **herzlichen ~ zum Geburtstag!** many happy returns (of the day)!, happy birthday (to you)! **~adres·se** [-ʔaˌdrɛsə] *f* congratulatory address, address of congratulations. **~ˌkar·te** *f* **1.** congratulatory card. **2.** *bes. zu Festen*: greeting(s) card. **~ˌschrei·ben** *n* letter of congratulation. **~te·leˌgramm** *n* congratulatory telegram.

Glu·cos·amin [glukozaˈmiːn] *n* ⟨-s; *no pl*⟩ *biol. chem.* glucosamine. **Glu·co·se** [gluˈkoːzə] *f* ⟨-; *no pl*⟩ glucose, dextrose.

ˈ**Glüh|ˌasche** *f* embers *pl*, glowing ashes *pl*. **~beˌhand·lung** *f metall.* annealing treatment. **~ˌbir·ne** *f* (light *od.* electric, incandescent) bulb. **~ˌdraht** *m* → Glühfaden. **~elekˌtro·de** *f* hot cathode.

glü·hen [ˈglyːən] **I** *v/i* ⟨h⟩ **1.** *Ofen, Asche etc*: glow, *rot*: be red-hot. **2.** *electr. Glühfaden*: be incandescent. **3.** *fig.* a) *Augen, Gesicht, Berge, Himmel etc*: glow, be aglow, b) burn (**vor** with); **vor Zorn ~** burn (*od.* boil) with anger; **vor Begeisterung ~** be glowing (*od.* burning) with enthusiasm, be (all) aglow; *lit.* **er glühte für sie** he was burning with love for her. **II** *v/t* **4.** make *s. th.* red-hot. **5.** *tech.* a) (*Stahl*) anneal, b) (*Rohstahldraht vor dem Ziehen*) patent. **III ≈** *n* ⟨-s⟩ **6.** glowing (*etc*). **7.** (*Glanz*) glow.

ˈ**glü·hend I** *adj* **1.** *Kohle, Asche etc*: glowing, live; *fig.* **(wie) auf ~en Kohlen sitzen** be on pins and needles, be on tenterhooks. **2.** (*rot*~) red-hot. **3.** *fig. Hitze, Sonne etc*: burning, scorching, blazing. **4.** *fig. Wangen etc*: glowing (**vor** *dat* with); **er schilderte es in ~en Farben** he described it in glowing terms. **5.** *fig. Liebe, Wunsch etc*: burning, ardent, fervent, fervid, passionate. **6.** *fig. Blick, Begeisterung etc*: burning, glowing, passionate, fiery. **II** *adv* **7.** glowingly (*etc*); **j-n ~ lieben** love s. o. passionately. **~ˌheiß** *adj* blazing (*od.* piping) hot, sizzling, scorching.

ˈGlüh|ˌfa·den *m* (incandescent) filament. **ℒˌfri·schen** *v/t* ‹*insep*, **-ge-**, **h**› *metall.* malleabl(e)ize. **~ˌhit·ze** *f* **1.** red heat. **2.** *weitS.* intense (*od.* scorching) heat. **~kaˌtho·de** *f* hot cathode. **~kaˌtho·denˌröh·re** *f* thermionic valve (*Am.* tube). **~ˌker·ze** *f tech.* heater (*od.* glow) plug. **~ˌkopf** *m* hot bulb; **~motor** *m* hot-bulb (*od.* semi-diesel) engine. **~ˌlam·pe** *f electr.* **1.** incandescent (*od.* filament) lamp. **2.** → **Glühbirne.** **~ˌlicht** *n phys.* incandescent light. **~ˌofen** *m tech.* **1.** annealing furnace. **2.** *Glasherstellung*: lehr. **3.** *Keramik etc*: hardening-on kiln.

ˈGlü·hung *f* ‹-; **-en**› *metall.* **1.** (*Ausℒ*) anneal(ing). **2.** (*Zwischenℒ*) process annealing. **3.** malleablizing.

ˈGlüh|ˌwein *m* mulled claret, negus. **~ˌwurm** *m*, **~ˌwürm·chen** *n zo.* **1.** glow-worm. **2.** wingless firefly. **~ˌzün·dung** *f mot.* self-ignition, pre-ignition.

ˈGlupschˌau·gen [ˈglʊpʃ-] *pl colloq.* goggle-eyes; **~ machen** goggle.

Glut [gluːt] *f* ‹-; **-en**› **1.** (glowing) fire. **2.** (*glühende Asche*) embers *pl*; **die ~ anfachen** fan the embers. **3.** (*glühende Kohlen*) live coals *pl.* **4.** *fig.* blazing (*od.* scorching) heat (*of the sun, etc*). **5.** *fig. des Himmels, der Berge etc*: glow, blaze. **6.** *fig.* a) *von Gefühlen*: ardo(u)r, fervo(u)r, fire, flames *pl*, glow, b) *der Augen*: fire, glow.

Glut·amin [glutaˈmiːn] *n* ‹-s; -e› *chem.* glutamine. **~ˌsäu·re** *f* glutamic acid.

ˈGlut|ˌasche *f* embers *pl*, glowing ashes *pl.* **ℒˌäu·gig** *adj* fiery-eyed.

Glu·ten [gluˈteːn] *n* ‹-s; *no pl*› *chem.* gluten. **ℒˌar·tig** *adj* glutenous. **~ˌmehl** *n* gluten flour (*od.* meal).

ˈGlutˌhit·ze *f* scorching (*od.* sizzling) heat; **es herrschte e-e ~** it was boiling hot.

Glu·tin [gluˈtiːn] *n* ‹-s; *no pl*› *chem.* glutin. **glu·tiˈnös** [-tiˈnøːs] *adj* glutinous.

ˈGlut|ˌofen *m* furnace. **ℒˌrot** *adj* glowing (*od.* fiery) red.

Gly·ce·rin [glytseˈriːn] *n* ‹-s; *no pl*› → Glyzerin.

Glyk·ämie [glykɛˈmiː] *f* ‹-; *no pl*› *med.* glyc(a)emia.

Gly·ko·gen [glykoˈgeːn] *n* ‹-s; *no pl*› *biol. chem.* glycogen.

Gly·kol [glyˈkoːl] *n* ‹-s; -e› *chem.* **1.** (*zweiwertiger Alkohol*) glycol. **2.** (ethylene) glycol. **~ˌsäu·re** *f* glycolic acid.

Gly·ko·pro·te·id [glykoproteˈiːt] *n biol. chem.* glycoprotein.

Gly·phe [ˈglyːfə] *f* ‹-; -n› **1.** engraved gem(stone). **2.** intaglio, cameo. **glyp·tisch** [ˈglyptɪʃ] *adj* glyptic.

Glyp·to·thek [glyptoˈteːk] *f* ‹-; -en› **1.** collection of gems (*od.* sculptures). **2.** (*Museum*) sculpture gallery (*od.* museum).

Gly·ze·rid [glytseˈriːt] *n* ‹-s; -e› *chem.* glyceride.

Gly·ze·rin [glytseˈriːn] *n* ‹-s; *no pl*› *chem.* glycerin(e), glycerol; **mit ~ versetzen** (*od.* **behandeln**) glycerinate. **~al·deˌhyd** *n* glyceraldehyde. **~ˌsei·fe** *f* glycerin(e) soap.

Gly·zin [glyˈtsiːn] *n* ‹-s; *no pl*› *chem. phot.* glycine.

Gly·zi·ne [glyˈtsiːnə], **Gly·zi·nie** [glyˈtsiːnĭə] *f* ‹-; -n› *bot.* wisteria.

ˈg-ˌMoll [ˈgeː-] *n* ‹-; *no pl*› *mus.* G minor.

Gna·de [ˈgnaːdə] *f* ‹-; *rare* **-n**› **1.** (*Barmherzigkeit*) mercy, (*Milde*) clemency; **ohne ~** without mercy, merciless(ly); **~!** mercy!; **j-m auf ~ und Ungnade ausgeliefert sein** be at the mercy of s. o., be at s. o.'s mercy; **sich auf ~ und Ungnade ergeben** surrender unconditionally; **k-e ~ finden (bei j-m)** *mil.* find no quarter (from s. o.), *fig. a.* get no mercy (from s. o.); **~ vor** (*od.* **für**) **Recht ergehen lassen** show mercy, be lenient, temper justice with mercy; **um ~ bitten** (*od.* **flehen**) ask (*od.* beg) for mercy; **er ließ ihn aus reiner ~ und Barmherzigkeit laufen** he let him escape out of the kindness of his heart (*od.* Christian charity); **k-e ~ walten lassen** show no mercy. **2.** (*Gunst, Wohlwollen*) favo(u)r, grace; **j-n in ~n aufnehmen (entlassen)** receive (dismiss) s. o. graciously; **~ in j-s Augen finden** find favo(u)r in s. o.'s eyes, find s. o.'s approval; **j-m e-e ~ erweisen** (*od.* **bezeigen**) grant s. o. a favo(u)r; **in ~ bei j-m stehen** be in s. o.'s favo(u)r (*od.* good graces); *fig. colloq.* **das ist (ja) e-e ~ des Himmels!** that's a real blessing (*od. bes. iro.* quite a mercy)!; **die ~ haben, et. zu tun** a) be so gracious as to do s. th., b) *iro.* condescend (*od.* deign) to do s. th.; *iro. Arzt etc* **von eigenen ~n** self-styled doctor, etc; *obs. u. iro.* **halten zu ~n!** I beg your pardon! **3.** *relig.* grace, mercy; **die ~ Gottes** the grace of God; **göttliche ~** (divine) grace, loving-kindness; **heiligmachende** (*od.* **seligmachende**) **~** saving grace; **im Stande der ~** in the state of grace; **der ~ teilhaftig** sharing divine grace. **4.** *Anrede, Titel*: **Euer** (*od. obs.* **Ihro**) **~n** Your Grace; *iro.* **Ihro ~n** your lordship, your high and mightiness; → **Gott** 1.

gna·den [ˈgnaːdən] *v/i* **nun gnade uns Gott** God help us; **dann gnade dir (Gott)** (*Drohung*) (then) heaven help you.

ˈGna·den|ˌakt *m jur.* act of grace. **~beˌzei·gung** *f* favo(u)r, grace. **~ˌbild** *n R. C.* miracle-working image. **~ˌbrief** *m* letter (*od.* charter) bestowing a privilege. **ℒˌbrin·gend** *adj lit. Weihnachtszeit etc*: blessed. **~ˌbrot** *n* (bread of) charity; **bei j-m das ~ essen** live on s. o.'s charity; **e-m Pferd das ~ geben** (*od.* **gewähren**) put a horse out to grass. **~erˌlaß** *m* amnesty, general pardon. **~ˌfrist** *f* **1.** reprieve. **2.** *econ.* (days *pl* of) grace; **er bekam e-e ~ von zwei Wochen** he was given two weeks' grace; *fig. colloq.* **ich gebe dir noch e-e ~ bis morgen** I give you till tomorrow (*to do s. th.*). **~geˌhalt** *n* allowance (on retirement). **~geˌsuch** *n jur.* petition for mercy (*od.* pardon). **ℒlos** *adj Person, Kampf etc*: merciless, pitiless. **~ˌmit·tel** *pl relig.* means of grace. **~ˌmut·ter** *f R. C.* Queen of grace. **~ˌort** *m* place of pilgrimage. **~ˌrecht** *n jur.* **1.** law relating to pardons. **2.** (*subjektives* ~) right of pardon. **ℒˌreich** *adj* **1.** *lit. Zeit*: blessed, of rejoicing. **2.** *relig. Jungfrau Maria*: full of grace. **3.** *obs. König etc*: gracious. **~ˌrei·che** *f* (*Maria*) Our Lady full of grace. **~ˌsa·che** *f* **1.** matter of grace. **2.** *jur.* clemency case. **~ˌschatz** *m R. C.* works *pl* of supererogation, treasury of merit. **~ˌschuß** *m* → **Fangschuß.** **~ˌstand** *m* state of grace. **~ˌstoß** *m* coup de grace (*od.* grâce), *fig. a.* deathblow; **j-m den ~ geben** a) give s. o. the coup de grace, b) (*erlösen*) put s. o. out of his misery. **~ˌstuhl, ~ˌthron** *m Bibl.* mercy seat, throne of grace. **~ˌtisch** *m* Lord's (*od.* communion) table. **~ˌtod** *m med.* mercy killing, euthanasia. **~ˌwahl** *f relig.* election (to grace), predestination; **Lehre von der ~** doctrine of election. **~ˌweg** *m jur.* **auf dem** (*od.* **im**) **~** a) by an act of grace, b) by a petition for pardon.

gnä·dig [ˈgnɛːdɪç] **I** *adj* **1.** (*barmherzig*) *a. Schicksal etc*: merciful; *Bibl.* **Gott sei mir Sünder ~** God be merciful to me a sinner; **Gott sei ihm ~** a) God have mercy upon him, b) *fig. colloq.* heaven help him. **2.** *Herrscher etc*: gracious (*dat od.* **gegen** to); *obs.* **mit Ihrer ~en Erlaubnis** with your kind permission; *cf.* **gütig** 1. **3.** *Urteil, Strafe etc*: lenient, mild. **4.** *iro.* (*herablassend*) condescending. **5.** *iro. Laune etc*: gracious, generous. **6.** *in der Anrede*: **~e Frau** Madam; **~es Fräulein** Madam, Miss X; **~er Herr** a) *obs.* Sir, b) *iro.* your lordship. **7.** *obs. Dienstherrschaft*: **die ~e Frau schläft noch** Mrs. X is still asleep; **das ~e Fräulein** Miss X; **der ~e Herr** Mr. X. **II** *adv* **8.** graciously, mercifully (*etc*); *colloq.* **machen Sie es ~** draw it mild; **er ist noch ~ davongekommen** he got off lightly; **~ mit j-m verfahren** treat s. o. leniently; *iro.* **er lächelte ~** he smiled condescendingly. **~lich** *adv* → **gnädig** 8.

ˈGnä·dig·ste *f* ‹-n; -n› *bes. iro. in der Anrede*: Ma'am.

Gneis [gnaɪs] *m* ‹-es; -e› *min.* gneiss. **ˈgnei·sig** *adj* gneissic.

Gnom [gnoːm] *m* ‹-en; -en› **1.** gnome. **2.** (*Kobold*) goblin.

Gno·me [ˈgnoːmə] *f* ‹-; -n› *Literatur*: gnome, (didactic) maxim. **ˈGno·menˌdich·ter** *m* writer of gnomic poetry. **ˈgno·men·haft** *adj* gnomish.

Gno·mi·ker [ˈgnoːmikər] *m* ‹-s; -› → **Gnomendichter.**

Gno·mon [ˈgnoːmɔn] *m* ‹-s; -e [gnoˈmoːnə]› *astr. math.* gnomon.

Gno·sis [ˈgnoːzɪs] *f* ‹-; *no pl*› *relig.* gnosis. **Gno·sti·ker** [ˈgnɔstikər] *m* ‹-s; -› Gnostic. **gno·stisch** [ˈgnɔstɪʃ] *adj* Gnostic. **Gno·sti·zis·mus** [gnɔstiˈtsɪsmʊs] *m* ‹-; *no pl*› Gnosticism.

Gnu [gnuː] *n* ‹-s; -s› *zo.* gnu.

Go·be·lin [gobəˈlɛ̃ː] *m* ‹-s; -s› Gobelin (tapestry).

Gockel (*getr.* **-k·k-**) [ˈgɔkəl] *m* ‹-s; -›, **~ˌhahn** *m colloq.* cock, rooster.

Go·de[1] [ˈgoːdə] *m* ‹-n; -n› *dial. for* **Pate**[1] 1. **ˈGo·de**[2] *f* ‹-; -n› *dial. for* **Pate**[2] 1.

Go·del [ˈgoːdəl], **Godl** [ˈgoːdəl] *f* ‹-; -n› *Austrian dial. for* **Pate**[2] 1.

ˈGoe·the|-Geˌsell·schaft *f* Goethe Society. **~-In·stiˌtut, das** the Goethe Institute.

ˈGoe·thesch *adj* (*von Goethe stammend*) of (*od.* by) Goethe, Goethean. **ˈgoe·thesch** *adj* (*nach Goethe benannt*) Goethean (*style, etc*). **ˈGoe·thisch** *adj* → **Goethesch.** **ˈgoe·thisch** *adj* → **goethesch.**

Goi [gɔʏ] *m* ‹-(s); **Gojim** [goˈjiːm]› *contp.* (*Nichtjude*) goy, Gentile.

goi·de·lisch [gɔʏˈdeːlɪʃ] *ling.* **I** *adj* Goidelic. **II** ℒ ‹*generally undeclined*›, **das ℒe** ‹-n› Goidelic.

Go-Kart [ˈgoːˌkart] *m* ‹-s; -s› *mot.* go-kart, *Am.* go-cart.

Gold [gɔlt] *n* ‹-(e)s; *no pl*› **1.** (*Edelmetall*) gold; **gediegenes ~** sterling (*od.* native) gold; **22karätiges ~** 22-carat gold; **gemünztes ~** coined gold, gold specie; **pures** (*od.* **reines**) **~** pure gold; **das schwarze ~** (*Kohle*) black gold; **ungemünztes ~** gold in bars, bullion; ~

waschen pan (*od.* wash) for gold; **aus (reinem)** ~ made of (pure) gold; **mit ~ überziehen** gold-plate, (*vergolden*) gild. **2.** (*~münze, Geld*) gold; *fig.* **das ist nicht mit ~ zu bezahlen** (*od.* **aufzuwiegen**) that is priceless (*od.* invaluable), it's worth its weight in gold. **3.** *fig.* (*Reichtum*) gold, money. **4.** *fig.* **sie hat ~ in der Kehle** she has a voice of gold; **er hat ein Herz** (*od.* **ist treu**) **wie ~** he has a heart of gold, he is as true as gold; **es ist nicht alles ~, was glänzt** all that glitters is not gold; → **Herd** 2, **Morgenstunde. 5.** *fig.* (*Farbe*) gold (colo[u]r). **6.** *her. poet.* or. **7.** *Sport*: gold (medal). **8.** *chem.* gold, aurum. **9.** → **Vergoldung. ~ˌabˌfluß** *m econ.* efflux (*od.* outflow) of gold. **~ˌader** *f* vein of gold, *bes. ergiebige*: *Am. a.* bonanza. **~ˌad·ler** *m orn.* golden eagle. **~ˌagio** *n econ.* gold premium. **~ˌam·mer** *f orn.* yellow-hammer. **~ˌam·sel** *f* golden oriole. **≈ˌanˌlei·he** *f econ.* gold loan. **~ˌar·beit** *f* goldsmith's work. **~ˌaufˌla·ge** *f tech.* gold-plating. **~ˌbar·ren** *m* gold bar (*od.* ingot). **~ˌbarsch** *m ichth.* **1.** ruff. **2.** *econ.* Norway haddock. **~ˌba·sis** *f* → **Goldstandard. ~ˌbergˌwerk** *n* gold mine. **~beˌstand** *m econ.* gold reserve (*od.* stock), bullion reserve. **≈beˌtreßt** *adj* gold-braided. **~ˌblatt, ~ˌblätt·chen** *n*, **~ˌblech** *n* gold foil. **~ˌblock** *m econ.* gold bloc (countries *pl*). **≈ˌblond** *adj* **1.** *Haar*: golden. **2.** *Kind etc*: golden-haired. **~ˌbras·se** *f*, **~ˌbras·sen** *m ichth.* gilthead. **≈ˌbraun** *adj* golden brown. **~broˌkat** *m* gold brocade. **~ˌbuchˌsta·be** *m* gilt letter. **~ˌbutt** *m ichth.* plaice. **~chloˌrid** *n chem.* gold (*od.* auric) chloride. **~ˌdeckung** (*getr.* **-k·k-**) *f econ.* gold cover (*od.* backing). **~deˌvi·sen** *pl* gold exchange funds (*od.* exchanges); **~währung** *f* gold exchange standard. **~ˌdi·stel** *f bot.* golden thistle. **~ˌdol·lar** *m* gold dollar. **~ˌdros·sel** *f orn.* golden oriole. **~duˌblee** *n* gold-plated metal.

gol·den [ˈgɔldən] *adj* **1.** *Ring etc*: gold, of gold. **2.** *Brille*: gold-rimmed. **3.** *fig. Wein, Haar etc*: golden. **4.** *fig.* golden; **die ≈e Stadt** the Golden City, Prague; **die ~e Mitte, der ~e Mittelweg** the happy (*od.* golden) mean; **der ≈e Sonntag** a) *relig.* Trinity Sunday, b) *econ. the last Sunday before Christmas on which shops are open*; **~e Schallplatte** gold record; **~e Sittenregel,** *math. u. fig.* **~e Regel** golden rule; → **Berg** 2, **Brücke** 1, **Buch** 1 (*etc*). **5.** *fig. Tage, Zeit*: golden, happy; **das ≈e Zeitalter** the Golden Age. **6.** (*vergoldet*) gilt, gilded. **7.** *chem.* auric, aurous.

ˈGold|ˌer·de *f* wash dirt, tailings *pl.* **~ˌerz** *n* gold ore. **~ˌfa·den** *m* gold thread. **≈ˌfar·ben, ≈ˌfar·big** *adj* golden, gold-colo(u)red. **~ˌfarn** *m* gold fern. **~faˌsan** *m orn.* golden pheasant. **~ˌfe·der** *f e-s Füllhalters*: gold nib. **~ˌfie·ber** *n* gold fever. **~ˌfisch** *m* goldfish. **~ˌfuchs** *m* **1.** (*Pferd*) bay horse. **2.** *obs. for* **Goldstück** 1. **≈ˌfüh·rend** *adj Erz etc*: gold-bearing, auriferous. **~geˌhalt** *m e-r Münze*: gold content, titre. **≈ˌgelb** *adj* golden-yellow. **≈geˌrän·dert** *adj* **1.** gold-edged. **2.** *Brille*: gold-rimmed. **~geˌwicht** *n* troy (weight). **~geˌwin·nung** *f* gold production, gold winning. **~ˌgier** *f* greed for gold. **≈ˌgie·rig** *adj* gold-greedy. **~ˌglanz** *m* golden lust/re (*Am.* -er). **≈ˌglän·zend** *adj* golden, shining like gold. **~ˌgrä·ber** *m* <-s; -> gold-digger. **~ˌgru·be** *f a. fig.* gold mine, bonanza. **~ˌgrund** *m Kunst*: gold (back)ground. **~ˌhaar** *n* **1.** *poet.* golden hair. **2.** *bot.* a) goldilocks *pl* (*als sg od. pl konstruiert*), b) → **~ˌhaarˌfarn** *m* golden maidenhair. **~ˌha·fer** *m* yellow oat grass. **≈ˌhal·tig** *adj* gold-bearing, auriferous; **~e Erde** *Am.* pay gravel, *sl.* pay dirt. **~ˌham·ster** *m zo.* golden hamster.

gol·dig [ˈgɔldɪç] *adj fig.* **1.** *poet.* golden. **2.** *colloq.* (*reizend, niedlich*) lovely, sweet, darling, *bes. Am.* cute.

ˈGold|ˌjun·ge *m humor.* **1.** darling (boy). **2.** marvellous chap. **~ˌkä·fer** *m* rose chafer. **~ˌkernˌwäh·rung** *f econ.* gold bullion standard. **~ˌkind** *n fig.* darling, love, sweetie. **~ˌklum·pen** *m* nugget, lump of gold. **~ˌkö·nig** *m metall.* regulus of gold. **~ˌkorn** *n* gold particle. **~ˌkro·ne** *f med.* gold cap (*od.* crown). **~ˌkup·fer** *n metall.* copper with an admixture of gold. **~ˌkurs** *m econ.* gold rate. **~ˌlachs** *m* Atlantic argentine. **~ˌlack** *m* **1.** gold varnish. **2.** *bot.* wallflower. **~ˌlauch** *m* moly. **~ˌlaufˌkä·fer** *m* brass beetle. **~leˌgie·rung** *f* gold alloy. **~ˌlit·ze** *f an Uniformen etc*: (gold) lace. **~ˌma·cher** *m* <-s; -> *hist.* alchemist. **~ˌma·cherˌkunst** *f* <-; *no pl*> alchemy. **~maˌkre·le** *f ichth.* dolphin. **~ˌmark** *f econ. hist.* (German) gold mark. **~meˌdail·le** *f* gold medal; **~ngewinner** *m*, **~ninhaber** *m* gold medal(l)ist, gold medal winner. **~ˌmei·se** *f orn.* (Arizona) verdin. **~ˌmi·ne** *f* gold mine. **~ˌmundˌstück** *n e-r Zigarette*: gold tip. **~ˌmün·ze** *f* gold coin (*od.* medal). **~paˌpier** *n* gold (*od.* gilt) paper. **~pa·riˌtät** *f econ.* gold parity. **~parˌmä·ne** *f* (*Apfelsorte*) Golden Pearmain. **≈platˌtiert** *adj tech.* gold-plated. **~ˌplom·be** *f med.* gold filling. **~ˌpro·be** *f metall.* (*Verfahren*) gold assay. **~ˌpunkt** *m econ.* gold (specie) point; **oberer ~** gold export point, upper gold point; **unterer ~** import specie point. **~ˌpur·pur** *m chem.* purple of Cassius. **~ˌquarz** *m min.* gold-bearing quartz. **~ˌrah·men** *m* gilt frame. **~ˌrausch** *m* **1.** gold fever. **2.** *hist.* gold rush. **~ˌre·gen** *m* **1.** *bot.* golden rain, laburnum. **2.** (*Feuerwerkskörper*) golden rain. **3.** *fig. colloq.* wealth, riches *pl.* **≈ˌreich** *adj* rich in gold, auriferous. **≈ˈrich·tig** *adj u. adv colloq.* just (*od.* dead) right; **d-e Wahl ist ~** your choice is absolutely (*od.* perfectly, dead) right; **er ist ~** he's okay (*od.* all right, thoroughly sound); **~ handeln** do exactly the right thing. **~ˌschatz** *m* **1.** treasure of gold. **2.** *fig. colloq.* darling, sweetie. **~ˌschaum** *m metall.* Dutch gold. **~ˌschei·deˌanˌstalt** *f* gold refinery. **~ˌschlä·ger** *m* goldbeater. **~ˌschmied** *m* **1.** goldsmith. **2.** → **Goldlaufkäfer. ~ˌschmie·deˌar·beit** *f* goldsmith's work. **~ˌschmie·deˌkunst** *f* goldsmith's art, goldsmith(e)ry. **~ˌschnitt** *m print.* **1.** gilt edge; **mit ~** gilt-edged. **2.** <*only sg*> (*Verfahren*) gilt edging. **~ˌsei·fe** *f geol.* placer gold deposit. **~ˌsil·ber** *n*, **~ˌsil·ber·leˌgie·rung** *f* electrum. **~ˌspecht** *m orn.* red-shafted flicker (*od.* woodpecker). **~ˌstan·dard** *m econ.* gold standard; **Parität des ~s** gold-exchange standard. **~ˌstaub** *m* gold dust. **~ˌstoff** *m Textil.* gold brocade. **~ˌstück** *n* **1.** gold coin (*od.* piece). **2.** *fig. colloq.* (*Person*) gem, treasure. **~ˌsu·cher** *m* gold prospector. **~ˌton** *m paint.* gold tone (*od.* shade). **~ˌtres·se** *f* gold braid. **~ˌumˌlaufˌwäh·rung** *f econ.* gold specie standard. **≈ˌumˌran·det** *adj* gold-edged. **~ˌvorˌkom·men** *n* occurrence of gold, gold deposit. **~ˌvorˌrat** *m econ.* gold stock (*od.* reserves *pl*). **~ˌwaa·ge** *f* **1.** gold balance (*od.* scales *pl*). **2.** *fig. colloq.* **du mußt nicht jedes s-r Worte auf die ~ legen** take him with a grain of salt, don't take what he says too seriously (*od.* literally); **bei ihm muß man jedes Wort auf die ~ legen** you have to be very careful what you say to him. **~ˌwäh·rung** *f econ.* **reine ~** full gold standard, gold specie standard. **~ˌwäh·rungsˌblock** *m* gold(-currency) bloc. **~ˌwa·ren** *pl* jewel(le)ry *sg*, gold ware *sg.* **~ˌwä·sche** *f* gold washing. **~ˌwä·scher** *m* gold washer. **~ˌwert** *m econ.* **1.** value (*od.* price) of gold. **2.** gold value, equivalent in gold. **~ˌzahn** *m* gold(-capped) tooth. **~ˌzuˌfluß** *m econ.* influx (*od.* inflow) of gold. **~zyaˌnid** *n chem.* aurocyanide.

Go·lem [ˈgoːlɛm] *m* <-s; *no pl*> Golem.

Golf[1] [gɔlf] *m* <-(e)s; -e> *geogr.* gulf.

Golf[2] *n* <-s; *no pl*> *Sport*: golf; **~ball** *m* golf ball; **~ spielen** (play) golf. **ˈGol·fer** *m* <-s; -> golfer, golf player.

ˈGolf|ˌhin·der·nis *n Sport*: (sand) trap, bunker. **~ˌho·se** *f* plus-fours *pl.* **~ˌjun·ge** *m* caddie. **~ˌklub** *m* golf club. **~ˌplatz** *m* golf course (*od.* links *pl als sg od. pl konstruiert*). **~ˌschlag** *m* (golf) stroke. **~ˌschlä·ger** *m* golf club. **~ˌspiel** *n* **1.** golf. **2.** game (*od.* round) of golf, golf match, *zwischen zwei Paaren*: foursome. **~ˌspie·ler** *m*, **~ˌspie·le·rin** *f* golfer, golf player. **~ˌstrom** *m geogr.* Gulf Stream.

Gol·ga·tha [ˈgɔlgata] *npr n* <-s; *no pl*> *Bibl. hist.* Calvary, Golgotha.

Go·li·ath [ˈgoːlĭat] **I** *npr m* <-s; *no pl*> *Bibl.* Goliath. **II** *m* <-s; -s> *fig. colloq.* giant, goliath.

Go·mor·r(h)a [goˈmɔra] *n* <-s; *no pl*> *Bibl. u. fig.* Gomorrah, Gomorrha; → **Sodom.**

Go·na·de [goˈnaːdə] *f* <-; -n> *meist pl med.* gonad.

Gon·del [ˈgɔndəl] *f* <-; -n> **1.** *venezianische*: gondola. **2.** a) *e-s Ballons*: gondola, basket, b) *e-s Luftschiffs*: gondola, car, cabin, c) (*Triebwerk≈*) nacelle. **3.** *e-r Seilbahn*: (cable) car; **~bahn** *f* cable railway. **4.** *zo.* (*Muschel*) snout cymbium. **gon·deln** [ˈgɔndəln] *v/i* <sein> *humor.* **1.** (*fahren*) cruise, bowl (*od.* tool) along. **2.** (*schlendern*) traipse.

Gon·do·lie·re [gɔndoˈlĭeːrə] *m* <-; -ri [-ri]> gondolier.

Gong [gɔŋ] *m, a. n* <-s; -s> **1.** gong; **den ~ schlagen** → **gongen I. 2.** *mus.* (Chinese) gong, tam-tam. **ˈgon·gen I** *v/i* <h> sound (*od.* strike) the gong. **II** *v/impers* **es hat (zum Essen) gegongt** the gong has sounded (for dinner). **ˈGongˌschlag** *m* sound (*od.* stroke) of the gong; *Radio*: **beim ~** at the sound of the gong.

Go·nio·me·ter [gonĭoˈmeːtər] *n* <-s; -> *math.* goniometer. **~ˌpeilˌanˌla·ge** *f mar.* radio goniometer.

Go·nio|me·trie [gonĭomeˈtriː] *f* <-; *no pl*> *math.* goniometry. **≈ˈme·trisch** [-ˈmeːtrɪʃ] *adj* goniometric(al). **~ˈskop** [-ˈskoːp] *n* <-s; -e> *opt.* gonioscope.

gön·nen [ˈgœnən] *v/t* <h> **1. j-m et. ~** a) (*nicht neiden*) not to (be)grudge s. o. s. th., be glad for s. o. to have s. th., b) (*zukommen lassen*) allow (*od.* grant) s. o. s. th.; **j-m et. nicht ~** a) (*neiden*) (be)grudge s. o. s. th., b) (*nicht zukommen lassen*) not to allow (*od.* grant) s. o. s. th.; **sie gönnt ihm den Erfolg nicht** she begrudges him his success; **gönne mir doch das kleine Vergnügen** why not let me have this small pleasure; **das ~ wir ihm von Herzen, das ist ihm zu ~** a) we are so glad for him (to have *od.* get this), he really deserves it, b) *iro.* (we think that) serves him right; **sie gönnte ihm k-n Blick** she did not as much as look at him. **2. sich** (*dat*) et. (**nicht**) ~ (not to) allow (*od.* permit) o. s. s. th., (not to) indulge in s. th.; **sich** (*dat*) **einige Tage Ruhe** ~ allow (*od.* give) o. s. a few days' rest.

'Gön·ner *m* ⟨-s; -⟩ (*Mäzen*) patron; (*Beschützer*) protector; (*Wohltäter*) benefactor; *pol. e-r Partei etc*: backer(-up), *Am. a.* sponsor. **2haft** *adj u. adv* patronizing. **~haf·tig·keit** *f* ⟨-; *no pl*⟩ patronizing air.

'Gön·ne·rin *f* ⟨-; -nen⟩ **1.** patroness. **2.** protectress. **3.** benefactress. **'gön·ne·risch** *adj u. adv* → **gönnerhaft.**

'Gön·ner|,mie·ne *f* (**mit** ~ with a) patronizing air. **~schaft** *f* ⟨-; *no pl*⟩ **1.** patronage, protection. **2.** *collect.* patrons *pl.*

Go·no·kok·kus [gono'kɔkʊs] *m med.* gonococcus.

Go·nor·rhö [gono'rø:] *f* ⟨-; -en⟩, **Go·nor'rhöe** [-'rø:] *f* ⟨-; -n [-ən]⟩ *med.* gonorrh(o)ea.

Go·no·zy·te [gono'tsy:tə] *f* ⟨-; -n⟩ *biol.* gonocyte.

Good·will [,gʊd'wɪl] (*Engl.*) *m* ⟨-s; *no pl*⟩ *econ.* (*Firmenwert*) goodwill. **~,rei·se** *f pol.* goodwill tour.

gor [go:r] *1 u. 3 sg pret of* **gären**[1].

Gör [gø:r] *n* ⟨-(e)s; -en⟩ *colloq.* **1.** (*Kind*) kid. **2.** (*freches Kind*) brat, (*Mädchen*) *a.* cheeky (*od.* saucy) girl, minx.

Gor·ding ['gɔrdɪŋ] *f* ⟨-; -s⟩ *mar.* buntline.

gor·disch ['gɔrdɪʃ] *adj* Gordian; *hist.* **der 2e Knoten** the Gordian knot; *fig.* **den ~en Knoten durchhauen** cut the Gordian knot.

Gö·re ['gø:rə] *f* ⟨-; -n⟩ → **Gör.**

Gor·go ['gɔrgo] *f* ⟨-; -nen [-'go:nən]⟩ *myth.* Gorgon. **Gor'go·nen,haupt** *n* Gorgon's head.

Go·ril·la [go'rɪla] *m* ⟨-s; -s⟩ *zo.* gorilla (*a. sl. Leibwächter*).

Gösch [gœʃ] *f* ⟨-; -en⟩ *mar.* **1.** (*Flagge*) jack (flag). **2.** (*Feld*) canton (*of flag*).

Go·sche ['gɔʃə] *f* ⟨-; -n⟩, **'Go·schen** *f* ⟨-; -⟩ *Southern G. vulg. for* **Maul** 2, 3.

'Gösch,stock *m mar.* jack staff.

goß [gɔs] *1 u. 3 sg pret of* **gießen.**

Gos·se ['gɔsə] *f* ⟨-; -n⟩ **1.** gutter, *tech. a.* sewer. **2.** *fig. colloq.* gutter; **die Sprache der** ~ the language of the gutter; **in der** ~ **landen** (*od.* **enden**) end in the gutter; **j-n aus der** ~ **auflesen** (*od.* **ziehen**) take s. o. out of the gutter; **sich in der** ~ **wälzen** revel in filth. **3.** *Brauerei*: hopper.

gös·se ['gœsə] *1 u. 3 sg pret subj of* **gießen.**

Go·te[1] ['go:tə] *m* ⟨-n; -n⟩ *dial.* (*Pate*) godfather.

'Go·te[2] *f* ⟨-; -n⟩ *dial.* (*Patin*) godmother.

'Go·te[3] *m* ⟨-n; -n⟩ *hist.* Goth.

Go·tha ['go:ta] *m* ⟨-; *no pl*⟩ *almanac of the German nobility.*

Go·tik ['go:tɪk] *f* ⟨-; *no pl*⟩ a) *arch.* Gothic (style), b) Gothic period. **'go·tisch I** *adj* **1.** *arch.* Gothic; **~er Stil** Gothic (style). **2.** *hist.* of (*od.* relating to) the Goths. **3.** *print.* Gothic; **~e Schrift** Gothic (writing). **4.** *ling.* Gothic. **II** *ling.* 2 ⟨*generally undeclined*⟩, **das 2e** ⟨-n⟩ **5.** Gothic.

Gott [gɔt] *m* ⟨-es, *rare* -s; ⸗er⟩ **1.** ⟨*only sg*⟩ God, Lord; ~ **der Herr** the Lord God; **der liebe** ~ the good Lord; ~ **Vater, Sohn und Heiliger Geist** God the Father, Son and Holy Ghost; ~ **der Allmächtige** God (the) Almighty, Almighty God; **das Wort ~es** the word of God, the Word, the Gospel; **das Reich ~es** the kingdom of God (*od.* Heaven); **auf** ~ **vertrauen** (put one's) trust in the Lord; **bei** ~ **sein** be in Heaven; **hier ruht in** ~ *auf Grabmälern*: here lies; **das liegt** (*od.* **steht**) **in ~es Hand** that is in God's hand; **mit ~es Hilfe** with God's help; **Kaiser von ~es Gnaden** Emperor by the grace of God; **ich hoffe zu** ~, **daß** I hope to God that; **die Liebe zu** ~ the love of God; **~es Liebe zu den Menschen** the love of God for men; ~ **lästern** (**verleugnen, versuchen**) blaspheme (against) (deny, tempt) God. **2.** (*Gottheit*) god, deity, godhead; **die Götter der Griechen** the gods of the Greeks, the immortals; *colloq.* **wann er kommt, das wissen die Götter** heaven knows when he will come; **du bist wohl von allen guten Göttern verlassen** you must be out of your mind; → **Bild** 10. **3.** *in Grußformeln etc*: *Southern G. and Austrian* **grüß** ~! good morning (*od.* afternoon, evening, day); *lit.* ~ **mit euch!**, **mit** ~! God be with you!; *obs.* ~ **befohlen!** God be with you!, God bless you!; ~ **behüte** (*od.* **beschütze**) **euch!** God be with you!; **vergelt's** ~! thank you very much! **4.** *in Ausrufen, in Wunsch-, Beteuerungsformeln etc*: **ach** ~!, **o** ~! (oh) God!, oh Lord!, oh dear!; (**ach du**) **lieber** ~!, **großer** ~! good Lord!, good heavens!; (**du lieber**) ~, *wenn ich daran denke etc!* goodness, ...!, dear me, ...!; **ich habe k-e Zeit – leider ~es!** I have no time – unfortunately!; *colloq.* ~ **sei Dank,** ~ **sei's gepfiffen und getrommelt!** thank God!, thank heavens!; ~ **sei Dank** (*adverbial* = *glücklicherweise*) thank God, fortunately; **leider ~es** unfortunately, alas; **um ~es Willen!** for heaven's (*od.* goodness) sake!, *stärker*: for God's sake!; ~ **bewahre!**, ~ **behüte!**, **da sei** ~ **vor!** heaven (*od.* God) forbid!; **so** (*od.* **wenn**) ~ **will!** please God!, God willing!; **wollte ~, es wäre wahr!** wish to God it were true!; ~ **gebe es!** God grant it!; ~ **steh mir bei!** God help me!; *colloq.* **nimm es dir in ~es Namen!** take it, for heaven's sake!; **es war weiß** ~ **nicht einfach** heaven (*od.* God) knows it wasn't easy; **weiß ~, wo** (**wann, wie**)! heaven (*od.* goodness, God) knows where (when, how)!; **so wahr mir** ~ **helfe!** (*Eidesformel*) so help me God!; ~ **ist** (*od.* **sei**) **mein Zeuge!** God is (*od.* be) my witness!; **mein Onkel,** ~ **hab ihn selig!** my uncle, God rest his soul; **er sah aus, daß** (**sich**) ~ **erbarm** a) (*jämmerlich*) he looked miserable, b) (*schrecklich*) he looked terrible (*od.* dreadful); *sl.* ~ **verdamm mich!** I'll be damned!, damn it!; **dein Wort in ~es Ohr** let's hope so, by goodness! **5.** *fig. colloq.* **den lieben** ~ **e-n guten Mann sein lassen** let things go hang, take it easy; **den lieben** ~ **spielen** play God (*od.* providence); **du bist wohl ganz** (**und gar**) **von** ~ **verlassen** you must be out of your mind; **et. um ~es Lohn tun** do s. th. for nothing; **sie stand da, wie sie** ~ **geschaffen hat** she stood there in her birthday suit (*od.* in the nude); **leben wie** ~ **in Frankreich** live in the lap of luxury (*od.* in clover, like a king); **dem lieben** ~ **den Tag stehlen** be bone-lazy, loaf about; **über** ~ **und die Welt reden** talk about everything under the sun; **der kennt** (**ja**) ~ **und die Welt** he knows all the world and his wife; **das hieße** ~ **versuchen!** that would be madness! **6.** *fig. in Sprichwörtern*: **dem Mutigen hilft** ~ God helps him who helps himself; **~es Mühlen mahlen langsam** the mills of God grind slowly but they grind exceeding small; → **Mensch** 2.

'gott|,ähn·lich *adj* godlike. **2,ähn·lich·keit** *f* ⟨-; *no pl*⟩ godlikeness. **~be,gna·det** *adj* god-gifted, inspired. **~be,wah·re** *interj* heaven (*od.* God) forbid!

Got·te ['gɔtə] *f* ⟨-; -n⟩ *Swiss* godmother.

'Gott|,eben,bild·lich·keit *f relig.* likeness to God, imago Dei. **~er,bar·men** *n* **zum** ~ a) (*jämmerlich*) miserably, b) (*schrecklich*) terribly, dreadfully.

'Göt·ter|,baum *m bot.* tree of heaven, ailanthus. **~,bild** *n* image of a deity, idol. **~,bo·te** *m myth.* messenger of the gods, Mercury, Hermes. **~,däm·me·rung** *f* **1.** *myth.* twilight of the gods. **2.** *mus.* „Die ~" "The Twilight of the Gods" (*opera by Wagner*). **~,fun·ken** *m lit.* divine spark. **~,gat·te** *m humor.* lord and master, hubby.

'gott·er,ge·ben I *adj* resigned (to God's will). **II** *adv* resignedly, (*geduldig*) *a.* patiently.

'Göt·ter|ge,schlecht *n myth.* **1.** race of gods. **2.** *engS.* divine dynasty. **~ge,stalt** *f* **1.** deity, god. **2.** divine image (*od.* figure). **~,glau·be** *m* belief in (the) gods. **2,gleich** *adj* godlike. **~,le·ben** *n colloq.* **ein** ~ **führen** live like a god (*od.* in clover, like a king). **~,mahl** *n fig.* feast for the gods, sumptuous meal. **~,pflau·me** *f bot.* date plum. **~,sa·ge** *f* myth (about [the] gods). **~,sitz** *m myth.* seat of the gods. **~,spei·se** *f* **1.** *myth.* food of the gods, ambrosia. **2.** *gastr.* a) applesnow, b) jelly. **~,spruch** *m myth.* oracle. **~,trank** *m* nectar. **~,welt** *f* **1.** realm of the gods. **2.** *collect.* gods *pl.*

'Got·tes|,acker (*getr.* -k·k-) *m lit.* God's acre, graveyard. **~,an,be·te·rin** *f zo.* praying mantis. **~be,weis** *m* proof of (*od.* argument for) the existence of God. **~,die·ner** *m lit.* servant of God. **~,dienst** *m relig.* a) divine service (*od.* worship), (church) service, b) *R. C.* mass, Mass. **~,frie·de** *m hist.* **1.** Peace of God. **2.** *relig.* Truce of God. **~,furcht** *f* **1.** fear of God. **2.** (*Frömmigkeit*) piety, devoutness. **2,fürch·tig** [-,fʏrçtɪç] *adj* God-fearing, pious, devout. **~,ga·be** *f lit.* gift of God, *unverhoffte*: godsend. **~,gei·ßel** *f* scourge of God. **~ge,lehr·te** *m obs.* theologian. **~ge,lehrt·heit** *f obs.* theology, divinity. **~ge,richt** *n hist.* (trial by) ordeal. **~ge,schenk** *n* → **Gottesgabe.** **~,glau·be** *m* **1.** belief in God. **2.** *weitS.* theism. **~,gna·de** *f* **es ist e-e** ~, **daß** it is a blessing (*iro. a.* quite a mercy) that. **~,gna·den·tum** *n* ⟨-s; *no pl*⟩ *hist.* divine right (of kings). **~,haus** *n* house of God, church. **~,herr·schaft** *f* rule of God, thearchy. **~,kind** *n* child (*od.* son) of God. **~,kind·schaft** *f* (divine) sonship. **~,lamm** *n* (*Christus*) lamb of God. **~,lä·ste·rer** *m* blasphemer. **2,lä·ster·lich** *adj* **1.** blasphemous, sacrilegious. **2.** *fig. colloq.* unholy, awful, terrible. **~,lä·ste·rung** *f* blasphemy. **~,leh·re** *f* doctrine of God, *weitS.* theology. **~,leug·ner** *m* atheist. **~,leug·nung** *f* atheism. **~,lohn** *m* heavenly reward; **um** (*od.* **für**) ~ for the love of God. **~,mann** *m* ⟨-(e)s; ⸗er⟩ man of God. **~,mord** *m* **1.** deicide. **2.** killing of Christ. **~,mör·der** *m* **1.** deicide. **2.** killer of Christ. **~,mut·ter** *f* Mother of God. **~,reich** *n* kingdom of God (*od.* Heaven). **~,sohn** *m* Son of God. **~,staat** *m* kingdom of God on earth, *weitS.* theocracy.

'Got·tes·tum *n* ⟨-s; *no pl*⟩ godhead, divinity.

'Got·tes|,ur·teil *n hist.* ordeal. **~ver,eh·rung** *f relig.* worship of God, divine worship. **~,wort** *n* ⟨-(e)s; *no pl*⟩ word of God, (the) Bible.

'gott|ge,fäl·lig *adj* pleasing to God,

pious. **~geˌsandt** *adj* sent by God, heaven-sent. **~geˌweiht** *adj* consecrated to God. **~geˌwollt** *adj* ordained by God, God-given. **~ˌgläu·big** *adj* **1.** believing in God. **2.** *hist.* unaffiliated. **~ˌgleich** *adj* godlike.

ˈGott·heit *f* ‹-; -en› **1.** deity, divinity. **2.** ‹*only sg*› → **Gottestum.**

Göt·ti [ˈgœti] *m* ‹-s; -› *Swiss for* **Pate**[1] 1.

Göt·tin [ˈgœtɪn] *f* ‹-; -nen› goddess.

gött·lich [ˈgœtlɪç] **I** *adj* **1.** *Gnade, Liebe, Vorsehung etc*: divine, of God; **„Die Ձe Komödie"** "The Divine Comedy" (*by Dante*). **2.** (*Gott ähnlich*) godlike, heavenly, divine; **~er Funke** divine spark; **e-e Frau von ~er Schönheit** a woman of divine beauty. **3.** *fig. colloq.* a) (*herrlich, großartig*) divine, heavenly, marvellous, b) (*lustig*) capital, too funny for words; **ein ~er Anblick** a heavenly sight, *humor.* a sight for the gods. **II Ձe, das** ‹-n› **4.** the divine; **das Ձe im Menschen** the divine (spark) in man. **Ձkeit** *f* ‹-; *no pl*› divinity, divineness.

ˌgottˈlob *interj* thank God (*od.* heavens, goodness)!

ˈgott|los *adj* **1.** godless, ungodly. **2.** (*unfromm*) impious. **3.** (*sündhaft, ruchlos*) wicked, sinful. **4.** (*heidnisch*) pagan. **Ձlo·se** *m, f* ‹-n; -n› godless (*od.* wicked) person; **die ~n** the godless, the wicked. **Ձlo·sig·keit** *f* ‹-; *no pl*› **1.** godlessness, ungodliness. **2.** (*Atheismus*) atheism. **3.** wickedness. **4.** paganism. **Ձˌmensch** *m* (*Christus*) God-man. **Ձˌmen·schen·tum** *n* Godmanhood.

ˌGottˌseiˈbeiˌuns *m* ‹-; *no pl*› *euphem.* devil, *colloq.* Old Nick.

ˈgottˌse·lig *adj* godly, pious. **Ձkeit** *f* ‹-; *no pl*› godliness, piety.

ˈgotts|erˈbärm·lich, ~ˈjäm·mer·lich I *adj colloq.* **1.** *Anblick, Zustand etc*: pitiful. **2.** (*übel, schlimm*) awful, dreadful. **II** *adv* **3.** pitiably (*etc*). **4.** *colloq.* awfully, dreadfully.

ˈGott|ˌsu·cher *m* God-seeker. **~ˌva·ter** *m* God the Father. **Ձverˌdammt, Ձverˌflucht** *adj sl.* damned, goddam(ned). **Ձverˌges·sen** *adj u. adv* → **gottlos** 1–3. **Ձverˌlas·sen** *adj colloq.* godforsaken (*place, etc*). **~verˌtrau·en** *n* trust in God, faith. **Ձˌvoll** *adj colloq.* **1.** divine, marvellous. **2.** (*spaßig*) capital, funny, too funny for words; **ein ~er Anblick** *a. iro.* a sight for the gods.

Göt·ze [ˈgœtsə] *m* ‹-n; -n› **1.** idol, false god. **2.** *fig.* idol, god; **e-n ~n machen aus** make an idol of, idolize.

ˈGöt·zen|ˌbild *n* idol. **~ˌdie·ner** *m* idolater. **~die·neˈrei** [ˌgœtsən-] *f*, **~ˌdienst** *m* idolatry; **~ treiben mit** idolize, make an idol of. **~ˌprie·ster** *m* heathen priest. **~ˌtem·pel** *m* temple of an idol, heathen temple.

ˈGöt·zen·tum *n* ‹-s; *no pl*› idolatry.

Gou·ache [gŭa(ː)ʃ] *f* ‹-; -n [-ən]› → **Guasch.**

Gour·mand [gʊrˈmãː] *m* ‹-s; -s› **1.** (*Schlemmer*) gourmand, *a.* gourmandizer, glutton. **2.** → **Gour·met** [gʊrˈmɛ; -ˈmeː] *m* ‹-s; -s› (*Feinschmecker*) gourmet.

Gout [guː] *m* ‹-s; -s› (*Geschmack*) goût, taste. **gou·tie·ren** [guˈtiːrən] *v/t* ‹*no* ge-, h› *obs. od. lit.* **1.** taste. **2.** (*leiden mögen*) like. **3.** (*schätzen*) appreciate.

Gou·ver·nan·te [guvɛrˈnantə] *f* ‹-; -n› governess. **gou·verˈnan·ten·haft** *adj* governessy, schoolmarmish.

Gou·ver·ne·ment [guvɛrnəˈmãː] *n* ‹-s; -s› *hist.* government. **Gou·ver·neur** [guvɛrˈnøːr] *m* ‹-s; -e› **1.** *pol.* governor. **2.** *mil. hist. e-r Festung*: commandant.

Grab [graːp] *n* ‹-(e)s; ⸚er› **1.** grave; **am ~e** at the graveside; **frisches ~** fresh grave; **j-n ins ~ legen** lay s. o. in the grave, bury s. o.; **j-n zu ~e tragen** carry s. o. to the grave, bury s. o. (*cf. a.* 4); **j-m ins ~ folgen** follow s. o. to the grave, die after s. o. **2.** → **Grabmal** 1. **3.** (*Gruft*) sepulch/re (*Am.* -er); **das Heilige ~ Christi** the Holy Sepulchre. **4.** *fig.* grave, death; **bis ins ~** to the grave, till (*od.* unto) death; **über das ~ hinaus** beyond the grave; **ein frühes ~ finden** die at an early age (*od.* before one's time); **ein feuchtes** (*od.* **nasses**) **~ finden, sein ~ in den Wellen finden** go to a watery grave, drown; **mit einem Bein** (*od.* **Fuß**) **im ~e stehen** have one foot in the grave; **am Rande des ~es stehen** be (tottering) on the brink of the grave, be at death's door; **ins ~ sinken** sink into the grave; **er** (**das**) **bringt mich noch ins ~** he (that) will be the death of me yet; **sein eigenes ~ graben** (*od.* **schaufeln**) be digging one's own grave; **ein Geheimnis mit ins ~ nehmen** carry a secret to the grave; **er nahm sein Geheimnis mit ins~** *a.* his secret died with him; **e-e Hoffnung zu ~e tragen** bury a hope; **verschwiegen wie das ~** (as) silent (*od.* secret) as the grave; *colloq.* **sich im ~e umdrehen** turn in one's grave.

ˈGrab|ˌbeiˌga·be *f archeol.* **1.** *object deposited with a corpse in a grave.* **2.** *pl* grave furnishings. **~ˌbein** *n zo.* fossorial leg.

Grab·beˈlei *f* ‹-; *no pl*› *dial.* groping (about). **grab·beln** [ˈgrabəln] *v/i* ‹h› grope (*od.* fumble) (about).

ˈGrabˌdenkˌmal *n* → **Grabstein.**

gra·ben [ˈgraːbən] **I** *v/t* ‹gräbt, grub, gegraben, h› **1.** (*Loch, Grab etc*) dig; **e-n Schacht** (**Brunnen**) **~** sink a shaft (well); *fig.* **der Kummer hat tiefe Falten in s-e Stirn gegraben** sorrow has deeply furrowed his brow; *lit.* **das hat mir s-n Namen für immer ins Gedächtnis gegraben** that engraved his name for ever (up)on my memory; **sich** (*dat*) **ein neues Bett ~** *Fluß*: hollow out a new bed; → **Grube** 5. **2.** (*Gräben, Stollen etc*) dig (out), excavate; **e-n Tunnel ~** dig (*od.* drive) a tunnel, tunnel. **3.** (*Kartoffeln etc*) dig (up). **4.** (*Erz, Kohle etc*) dig, mine. **5.** (*Inschrift etc*) cut, engrave, carve. **6.** *Tier*: burrow (*a hole, etc*). **7.** *fig. colloq.* **er grub die Hände in die Hosentaschen** he dug his hands into his pockets; **dem Pferd die Sporen in die Flanke ~** dig one's spurs into one's horse's flanks. **II** *v/i* **8.** dig (**nach** for). **9.** (*Graben ziehen*) dig (*od.* cut) ditches. **10.** *Tier*: burrow. **III** *v/reflex* **sich ~** (**in** *acc* into) **11.** dig; **die Räder gruben sich tief in den Sand** the wheels dug deep into the sand. **12.** *Tier*: burrow itself. **13.** *Kugel etc*: bury itself. **14.** *fig. lit. ins Gedächtnis*: imprint (*od.* impress, engrave) itself (on). **IV Ձ** *n* ‹-s› **15.** digging (*etc*).

ˈGra·ben *m* ‹-s; ⸚› **1.** ditch, trench; **e-n ~ ziehen** (*od.* **ausheben**) run (*od.* dig) a ditch. **2.** (*StraßenՁ*) ditch; **er fuhr s-n Wagen in den ~** he drove his car into the ditch, he ditched his car; *colloq.* **im ~ landen** land in the ditch. **3.** *mil.* a) (*SchützenՁ*) trench, b) (*BurgՁ, FestungsՁ*) moat; **vorderster ~** forward (*od.* frontline) trench; *fig.* **Gräben aufreißen** open up gulfs, sow enmity. **4.** *archeol.* trench. **5.** *Sport*: ditch; **e-n ~ nehmen** clear (*od.* take) a ditch. **6.** *geol.* graben, rift valley, fault trough. **~ˌbag·ger** *m civ. eng.* trench excavator, ditcher. **~ˌbruch** *m* → **Graben** 6. **~ˌkrieg** *m* trench war(fare). **~ˌpflug** *m agr.* trench plough (*Am.* plow). **~ˌsen·ke** *f* → **Graben** 6. **~ˌwehr** *f* parapet.

ˈGrä·ber *m* ‹-s; -› **1.** digger. **2.** *tech.* ditch-digger, ditcher. **~ˌdienst** *m* War Graves Commission. **~ˌfeld** *n archeol.* burying place, barrows *pl*, necropolis. **~ˌfund** *m* grave find.

ˈGra·bes|ˌdun·kel *n lit.* darkness (*od.* gloom) of the grave, sepulchral gloom. **~ˌkir·che, die** *relig. in Jerusalem*: the Church of the Holy Sepulchre. **~ˌnacht** *f* → **Grabesdunkel.** **~ˌrand** *m lit.* (am ~ on the) brink of the grave. **~ˌru·he** *f lit.* peace of the grave. **~ˌstil·le** *f fig.* deathlike (*od.* deathly) silence. **~ˌstim·me** *f* sepulchral voice.

ˈGra·beˌtier *n* → **Grabtier.**

ˈGrab|ˌfund *m* grave find. **~ˌfuß** *m zo.* fossorial foot. **~ˌfü·ßer** *pl* scaphopoda. **~geˌläu·te** *n a. fig.* (death) knell, toll. **~geˌsang** *m* funeral song, dirge. **~geˌwöl·be** *n* burial vault, tomb. **~ˌhü·gel** *m* grave mound, tumulus. **~ˌinˌschrift** *f* inscription on a tombstone, epitaph. **~ˌkam·mer** *f archeol.* tomb (*od.* sepulchral) chamber. **~ˌkraut** *n* → **Wermut** 1. **~ˌle·gung** *f* entombment, burial. **~ˌlied** *n* → **Grabgesang.** **~ˌmal** *n* ‹-(e)s; ⸚er, *lit.* -e› **1.** a) tomb, sepulch/re (*Am.* -er), b) (*Ehrenmal*) monument; **~ des Unbekannten Soldaten** tomb of the Unknown Soldier (*bes. Br.* Warrior). **2.** → **Grabstein.** **~ˌmei·ßel** *m* → **Grabstichel** 1. **~ˌplat·te** *f* ledger, (marble, *etc*) slab. **~ˌre·de** *f* **1.** funeral oration (*od.* address). **2.** (*Predigt*) funeral sermon. **~ˌschän·der** *m* **1.** desecrator of a grave (*od.* of graves). **2.** grave robber. **~ˌschän·dung** *f* desecration of a grave (*od.* of graves). **~ˌschau·fel** *f* digging shovel. **~ˌschrift** *f* epitaph. **~ˌstät·te** *f* burial place, (*Grab*) *a.* tomb. **~ˌstein** *m* tombstone, gravestone. **~ˌste·le** *f antiq.* funeral stele. **~ˌstel·le** *f* → **Grabstätte.** **~ˌsti·chel** *m* **1.** *tech.* graving tool, graver, chisel. **2.** *für Holz*: carving chisel. **~ˌtier** *n zo.* fossorial animal, (*Insekt*) burrower. **~ˌtuch** *n* shroud.

ˈGra·bung *f* ‹-; -en› (*AusՁ*) excavation.

ˈGrab|ˌur·ne *f* **1.** (funeral) urn. **2.** cinerary urn. **3.** *prähistorische*: bone pot. **~ˌwes·pe** *f zo.* sand (*od.* sphecoid) wasp.

Grac·che [ˈgraxə] *npr m* ‹-n; -n› *antiq.* **1.** one of the Gracchi. **2.** *pl* Gracchi.

Gracht [graxt] *f* ‹-; -en› canal (*in Dutch towns*).

Grad [graːt] *m* ‹-(e)s; -e› **1.** (*Temperatur*) degree; **10 ~ Kälte** (**Wärme**) 10 (degrees) below (above) freezing-point (*od. Celsius*: zero); **bei Null ~** at freezing-point, *Celsius*: at zero; **es sind minus 20 ~ Celsius** the temperature is minus 20 degrees centigrade. **2.** (*Ausmaß*) degree, extent; **in hohem ~e** a) to a high degree, highly, greatly, extremely, b) (*weitgehend*) largely, to a large extent; **in geringem ~e** to a small degree (*od.* extent), slightly; **bis zu e-m gewissen ~** to a (certain) degree, to some (*od.* a certain) extent, up to a point; **im höchsten ~e** in the highest (*od.* to the last) degree, extremely; **im höchsten ~e glücklich** extremely (*od.* supremely) happy; **in dem ~e, daß** to such a degree that; **ein hoher ~ der Erregung** a high pitch of excitement; **höchster ~ der Dummheit** height of stupidity (*od.* folly). **3.** (*Stufe*) stage, grade, level. **4.** (*VerwandtschaftsՁ*) degree (of relationship); **Vetter ersten ~es** first (*od.* full) cousin, cousin german; **Vetter zweiten** (**dritten**) **~es** a) (*Kind* [*Enkel*] *e-s Vetters od. e-r Base*) second (third) cousin, b) (*Vetter od. Base e-s* [*Groß*]*Elternteils*) first cousin once (twice) removed. **5.** (academic *od.* university) degree; **e-n akademischen ~ erlangen** obtain a (*od.* one's) degree; **er besitzt den ~ e-s Doktors der Philosophie** he holds the degree of a Doctor of Philosophy. **6.** *math.* degree, order; **n-ter ~** n-th degree; **zweiten (vierten, sechsten) ~es** biordinal (quartic, sextic); **Winkel von 90 ~** angle of 90 degrees; **in ~e einteilen** graduate; → **Gleichung. 7.** *phys.* a) *u. tech.* (*Maßeinheit*) degree, b) *e-r Skala*: point; **der ~ der Konzentration** the degree of concentration. **8.** *chem. e-s Gefäßes*: measure. **9.** *med.* degree; **Verbrennung dritten ~es** third-degree burn; **er hat 40 ~ Fieber** he is running (*od.* has) a temperature of 40 degrees (C) (*od.* 104 degrees F). **10.** *mil. etc* rank, grade. **11. dritter ~** *beim Verhör*: third degree. **12.** *astr. geogr.* degree; **30 ~ nördlicher Breite** 30 degrees north (in latitude). **13.** *tech.* a) *von Passungen*: class, b) (*Güte*) quality, c) *von Spannungen*: intensity.

ˈGradˌbo·gen *m math.* graduated arc; quadrant scale.

gra·de [ˈgraːdə] *adj u. adv colloq. for* **gerade.**

ˈGradˌeinˌtei·lung *f* **1.** *a. tech.* graduation. **2.** *geogr.* graticule.

Gra·di·ent [graˈdĭɛnt] *m* ⟨-en; -en⟩ *math. phys.* gradient. **Gra·di·en·te** [graˈdĭɛntə] *f* ⟨-; -n⟩ *tech.* gradient, degree of slope, *Am.* grade.

gra·die·ren [graˈdiːrən] *v/t* ⟨*no* **ge-**, *h*⟩ *chem. tech.* graduate. **Graˈdie·rung** *f* ⟨-; -en⟩ graduation.

Graˈdier|ˌwaa·ge *f tech.* salinometer, brine ga(u)ge. **~ˌwas·ser** *n chem.* brightening fluid. **~ˌwerk** *n* **1.** *Salzgewinnung*: graduation house. **2.** *tech.* cooling tower.

Grä·dig·keit [ˈgrɛːdɪçkaɪt] *f* ⟨-; *no pl*⟩ *chem.* density, concentration.

ˈGrad|ˌkreis *m math.* graduated circle, limb. **≈ˌli·nig** [-ˌliːnɪç] *adj* → **geradlinig. ~ˌmes·ser** *m fig.* yardstick, ga(u)ge, indicator, barometer, criterion. **~ˌnetz** *n geogr.* (map) grid. **~ˌska·la** *f* scale of degrees, graduation. **~ˌstrich** *m* graduation (mark).

Gra·dua·le [graˈdŭaːlə] *n* ⟨-s; -lien [-lĭən]⟩ *R. C.* gradual.

gra·du·ell [graˈdŭɛl] **I** *adj* **1.** *Übergang etc*: gradual. **2.** *Unterschied etc*: in degree. **II** *adv* **3.** gradually, by degrees. **4.** in degree; **~ verschieden** different in degree.

gra·du·ie·ren [graduˈiːrən] **I** *v/t* ⟨*no* **ge-**, *h*⟩ **1.** *tech.* graduate. **2.** *univ.* **j-n ~** confer a degree on s. o., *Am. a.* graduate s. o. **II** *v/i* **3.** *univ.* graduate. **gra·duˈiert** *pp u. adj Ingenieur etc*: graduate(d); **noch nicht ~** undergraduate. **Gra·duˈier·te** *m, f* ⟨-n; -n⟩ graduate, holder of a(n academic) degree. **Gra·duˈie·rung** *f* ⟨-; -en⟩ graduation.

ˈGradˌun·terˌschied *m* difference of (*od.* in) degree.

ˈgradˌwei·se *adj u. adv* → **graduell.**

Grae·cum [ˈgrɛːkum] *n* ⟨-s; *no pl*⟩ *examination in Greek required by certain university faculties.*

Graf [graːf] *m* ⟨-en; -en⟩ count, *in Großbritannien*: earl; **Herrn Viktor ~ F., Herrn Grafen v. F.** (*Briefanschrift*) (The Right Hono[u]rable) The Earl of F.; **Sehr geehrter Herr ~** (*Anrede im Brief*) My Lord.

ˈGra·fen|ˌkro·ne *f* count's (*in Großbritannien*: earl's) coronet. **~ˌstand** *m* **1.** status of a count, count's rank, *in Großbritannien*: earldom, earl's rank; **j-n in den ~ erheben** create (*od.* make) s. o. a count (*od.* an earl). **2.** *collect.* counts *pl*, *in Großbritannien*: earls *pl*. **~ˌti·tel** *m* title of count (*od.* earl), earldom. **~ˌwür·de** *f* countship, counthood, *in Großbritannien*: earlship, earldom.

Graf·fi·to [graˈfiːto] *m, a. n* ⟨-(s); -ti [-ti]⟩ *Kunst*: graffito.

Gra·fik [ˈgraːfɪk] *f* ⟨-; -en⟩ → **Graphik.**

ˈGra·fi·ker [-fikər] *m* ⟨-s; -⟩ → **Graphiker.**

Grä·fin [ˈgrɛːfɪn] *f* ⟨-; -nen⟩ countess; **geborene ~** countess in her own right; **die Frau ~** a) the Countess, b) *von Untergebenen*: her ladyship; **Frau ~ v. F.** (*Briefanschrift*) (The Right Hono[u]rable) The Countess of F.

ˈgra·fisch *adj u. adv* → **graphisch.**

gräf·lich [ˈgrɛːflɪç] *adj* of a count (*od.* countess), *in Großbritannien*: of an earl, earl's.

ˈGraf·schaft *f* ⟨-; -en⟩ **1.** (*Verwaltungsbezirk*) county. **2.** *hist.* earldom.

ˈGra·hamˌbrot [ˈgraːham-] *n gastr.* graham bread.

grä·ko|... [ˈgrɛːko-] *in Zssgn* Gr(a)eco-... **~-laˈtei·nisch** *adj* Gr(a)eco-Latin.

Grä·kum [ˈgrɛːkum] *n* ⟨-s; *no pl*⟩ → **Graecum.**

Gral [graːl] *m* ⟨-s; *no pl*⟩ *myth.* **der Heilige ~** the (Holy) Grail, the Sangraal, the Sangrail.

ˈGrals|ˌburg *f myth.* Castle of the (Holy) Grail. **~ˌhü·ter** *m* **1.** *myth.* keeper of the (Holy) Grail. **2.** *fig.* guardian. **~ˌrit·ter** *m myth.* Knight of the (Holy) Grail.

Gram [graːm] *m* ⟨-(e)s; *no pl*⟩ *lit.* grief, sorrow, sadness, heartache; **von ~ erfüllt** → **gramerfüllt; vom ~ gebeugt** → **gramgebeugt; vor ~ vergehen, sich vor ~ verzehren** pine away, be grief-stricken; **sie starb vor** (*od.* **aus**) **~** she died of grief (*od.* of a broken heart). **gram** *adj* ⟨*pred*⟩ *only in* **j-m ~ sein (wegen e-r Sache)** a) bear (*od.* harbo[u]r) a grudge against s. o., bear s. o. a grudge, have a grievance against s. o. (*alle*: because of s. th.), b) be angry (*od.* cross) with s. o. (about s. th.); **man kann ihm nicht ~ sein** how can anyone be angry with him?; *iro.* **ich bin ihm deshalb nicht ~** I can't blame him (for that). **grä·men** [ˈgrɛːmən] **I** *v/reflex* ⟨*h*⟩ **sich ~ (über** *acc od.* **wegen, um) 1.** grieve (at *od.* about, for); **sich zu Tode ~** die of grief (*od.* a broken heart). **2.** (*sich Sorgen machen*) worry (about). **3.** (*sich ärgern*) fret (at, about, over). **II** *v/t* **4.** *lit.* worry, grieve; **das grämt mich wenig** that doesn't worry me much. **ˈgram·erˌfüllt** *adj u. adv* grief-stricken, sorrowful, grieved, woebegone, sad.

ˈGram|-ˌFär·bung [ˈgram-] *f biol.* gram's method (*od.* stain). **≈ˌfest** *adj* → **grampositiv. ≈ˌfrei** *adj* → **gramnegativ.**

ˈgram|geˌbeugt *adj u. adv* **1.** bowed down with grief; **~es Herz** stricken heart. **2.** → **gramerfüllt. ~geˌfurcht** *adj Stirn*: careworn.

gräm·lich [ˈgrɛːmlɪç] *adj* morose, sullen, surly, peevish, sour. **≈keit** *f* ⟨-; *no pl*⟩ moroseness (*etc*).

Gramm [gram] *n* ⟨-s; -e, *bei Mengenangaben* -⟩ gramme, *Am.* gram.

Gram·ma·tik [graˈmatɪk] *f* ⟨-; -en⟩ *ling.* **1.** ⟨*only sg*⟩ grammar; **das verstößt gegen die ~** that is bad grammar. **2.** (*Buch*) grammar (book). **3.** *colloq. e-s Verbs etc*: grammar. **gram·ma·tiˈka·lisch** [-tiˈkaːlɪʃ] *adj u. adv* → **grammatisch. Gramˈma·ti·ker** *m* ⟨-s; -⟩ grammarian. **Gramˈma·tikˌre·gel** *f* grammatical (*od.* grammar) rule.

gramˈma·tisch [-ˈmatɪʃ] *ling.* **I** *adj Subjekt, Geschlecht etc*: grammatical; **~er Wechsel** grammatical change, Verner's law. **II** *adv* **~ richtig** grammatically right (*od.* correct); **~ nicht richtig** not grammatical, ungrammatical; **e-n Satz ~ zerlegen** (*od.* **analysieren**) parse (*od.* analyze) a sentence.

ˈGramm·atom [-ʔaˌtoːm] *n phys.* gramme (*Am.* gram) atom. **~geˌwicht** *n* gramme (*Am.* gram) atomic weight.

ˈGramm·ka·loˌrie *f phys. obs.* gramme (*Am.* gram) calorie.

ˈGrammo·le·kuˌlar·geˌwicht (*getr.* -mm·m-) *n phys.* gramme (*Am.* gram) molecular weight. **ˈGrammo·leˌkül** (*getr.* -mm·m-) *n chem. phys.* gramme (*Am.* gram) molecule.

Gram·mo·phon [gramoˈfoːn] (*TM*) *n* ⟨-s; -e⟩ **1.** gramophone, *bes. Am.* phonograph. **2.** → **Plattenspieler. ~ˌna·del** *f* gramophone (*etc*) needle, stylus.

ˈgram|ne·gaˌtiv [ˈgram-] *adj biol.* Gram-negative. **~po·siˌtiv** *adj* Gram-positive.

ˈgram|verˌsun·ken *adj u. adv* sunk in grief, woebegone. **~ˌvoll** *adj u. adv* → **gramerfüllt.**

Gran [graːn], *a.* **Grän** [grɛːn] *n* ⟨-(e)s; -e⟩ *archaic* grain (*old weight*); *fig.* **ein ~ Wahrheit** a grain of truth.

gra·na·disch [graˈnaːdɪʃ] *adj* Granadian.

Gra·nat[1] [graˈnaːt] *m* ⟨-(e)s; -e⟩, *Austrian* ⟨-en; -en⟩ *min.* garnet; **grüner ~** demantoid; **(tief)roter ~** almandine, almandite; **rubinroter ~** rock ruby; **schwarzer ~** melanite; **mugelig rund geschliffener ~** carbuncle.

Graˈnat[2] *m* ⟨-(e)s; -e⟩ *zo.* shrimp, prawn.

Graˈnatˌap·fel *m bot.* pomegranate. **~ˌbaum** *m* pomegranate (tree).

Gra·na·te [graˈnaːtə] *f* ⟨-; -n⟩ **1.** *mil.* a) shell, b) (*Hand≈*) (hand-)grenade, c) (*Gewehr≈*) (rifle) grenade; **mit ~n beschießen** shell, bombard. **2.** *colloq. Sport*: cannonball, crashing shot.

Graˈnat|ˌfeu·er *n mil.* shell-fire; **unter ~ stehen** be under shell-fire. **≈ˌhal·tig** *adj min.* garnetiferous. **~ˌhül·le, ~ˌhül·se** *f mil.* shell case. **~ˌkopf** *m* nose (*od.* point) of a shell. **~ˌloch** *n* → **Granattrichter. ~ˌring** *m* **1.** *mil.* rotating band. **2.** *Schmuck*: garnet ring. **≈ˌrot** *adj Farbe*: garnet (red). **~ˌsplit·ter** *m mil.* shell splinter (*od.* fragment). **~ˌtrich·ter** *m* shell crater (*od.* hole). **~ˌwer·fer** *m* mortar

Grand [grãː] *m* ⟨-s; -s⟩ *Skat*: grand; **~ Hand** grand solo; **~ ouvert** open grand.

Gran·de [ˈgrandə] *m* ⟨-n; -n⟩ *hist. in Spanien*: grandee.

Gran·dez·za [granˈdɛtsa] *f* ⟨-; *no pl*⟩ grandeur; **mit spanischer ~** like a Spanish grandee.

ˈGrand·hoˌtel [ˈgrãː-] *n* grand (*od.* luxury) hotel.

gran·di·os [granˈdĭoːs] *adj* ⟨-er; -est⟩ **1.** grand, grandiose, overwhelming (*spectacle, etc*). **2.** *fig. colloq.* grand, terrific (*idea, etc*).

Grand Prix [grãˈpriː] (*Fr.*) *m* ⟨--; *no pl*⟩ *Sport*: Grand Prix.

Grand·sei·gneur [grãsɛnˈjøːr] *m* ⟨-s; -s *u.* -e⟩ grand seigneur.

Grand-Touˈrisme-ˌRen·nen [grãtuˈrism-] (*Fr.*) *n* Grand Touring race.

gra·nie·ren [graˈniːrən] *v/t* ⟨*no* **ge-**, *h*⟩ **1.** (*Papier*) grain. **2.** (*Kupferstichplatte*) roughen.

Gra·nit [graˈniːt; -ˈnɪt] *m* ⟨-s; -e⟩ **1.** *min.* granite; **hart wie ~** (as) hard as granite; *fig. colloq.* **auf ~ beißen** bite on granite, run one's head against a brick wall; **bei**

ihm wirst du mit d-n Forderungen auf ~ **beißen** you will get nowhere with him with your demands. **2.** *gastr.* (*Speiseeis*) water-ice. **≈ₗar·tig** *adj min.* granitic, like granite.

gra'ni·ten *adj min.* granite, granitic.

Gra'nit|ₗfels, ~ₗfel·sen *m geol.* **1.** granite rock. **2.** → **~geₗstein** *n* granitic rock. **≈ₗhal·tig** *adj* granitic.

gra'ni·tisch *adj geol. min.* granitic.

Gran·ne ['granə] *f* ⟨-; -n⟩ **1.** *bot.* (*Achel*) awn, *collect.* gluma, arista; **~n** *pl* awn *sg*, beard *sg*; **mit ~n (versehen)** → **grannig**; **ohne ~n** awnless, bald. **2.** → **Grannenhaar**.

'Gran·nen|ₗhaar *n zo.* kemp, straight hair. **~ₗha·fer** *m bot.* trisetum. **≈los** *adj* awnless, bald. **≈ₗtra·gend** *adj* → **grannig**. **~ₗwei·zen** *m* bearded wheat.

'gran·nig *adj bot.* bearded, awny, aristate.

'gran·tig *adj bes. Southern G. colloq.* grumpy, cross. **'Grant·ler** *m* ⟨-s; -⟩, **'Grantlₗhu·ber** ['grantəl-] *m* ⟨-s; -⟩ *Bavarian dial.* (old) grumbler.

gra·nu·lär [granu'lɛːr] *adj* granular. **Gra·nu·lat** [granu'laːt] *n* ⟨-(e)s; -e⟩ granulated (*od.* granular) material. **Gra·nu·la·ti·on** [granula'tsĭoːn] *f* ⟨-; -en⟩ granulation.

Gra·nu·la·ti'ons|ₗanₗla·ge *f tech.* granulating plant. **~geₗschwulst** *f med.* granuloma. **~geₗwe·be** *n* granulation tissue.

gra·nu·lie·ren [granu'liːrən] **I** *v/t* ⟨*no* ge-, h⟩ **1.** *tech.* granulate, grain. **2.** (*Schmuck*) granulate. **3.** (*Getreide*) pearl. **II** *v/i* **4.** *med. Wunde*: granulate. **III ≈** *n* ⟨-s⟩ **5.** granulation. **gra·nu'liert** *adj* **1.** *tech.* granulated, granular. **2.** *med.* granulated. **Gra·nu·lom** [granu'loːm] *n* ⟨-s; -e⟩ *med. vet.* granuloma. **Gra·nu·lo·se** [granu'loːzə] *f* ⟨-; -n⟩ *med. der Bindehaut*: trachoma. **Gra·nu·lum** ['graːnulum] *n* ⟨-s; -la [-la]⟩ *med.* granule.

Grape·fruit ['greːpₗfruːt; 'greɪp-] (*Engl.*) *f* ⟨-; -s⟩ *bot.* grapefruit.

Graph[1] [graːf] *m* ⟨-en; -en⟩ *math. phys.* graph. **Graph**[2] *n* ⟨-s; -e⟩ *ling.* graph.

Gra·phem [gra'feːm] *n* ⟨-s; -e⟩ *ling.* grapheme. **Gra·phe·mik** [gra'feːmɪk] *f* ⟨-; *no pl*⟩ graphemics *pl* (*meist als sg konstruiert*). **gra'phe·misch** *adj* graphemic.

Gra·phik ['graːfɪk] *f* ⟨-; -en⟩ **1.** ⟨*only sg*⟩ (*Gestaltung*) art(work), layout. **2.** (*graphische Darstellung*) a) graph, diagram, chart, b) illustration(s *pl*), drawing(s *pl*), c) *Kunst*: print. **3.** ⟨*only sg*⟩ (*graphische Künste*) graphic arts *pl*, *econ.* commercial art. **'Gra·phi·ker** [-fikər] *m* ⟨-s; -⟩ **1.** (graphic) artist. **2.** commercial artist.

'gra·phisch *adj* **1.** graphic (*arts, etc*), art; **~e Abteilung e-r Firma** art department of a firm; **~e Kunstanstalt** (fine) art printers *pl*. **2.** graphic, diagrammatic; **~e Darstellung** → **Graphik** 2; **~e Gestaltung** → **Graphik** 1. **3.** *ling.* scribal.

Gra·phit [gra'fiːt; -'fɪt] *m* ⟨-s; -e⟩ *min.* **1.** graphite. **2.** *mineralischer*: plumbago. **3.** (*Reißblei*) black lead. **≈ₗar·tig, ≈ₗhal·tig** *adj* graphitic.

gra·phi·tie·ren [grafi'tiːrən] *v/t* ⟨*no* ge-, h⟩ *tech.* coat *s. th.* with graphite, graphitize. **gra'phi·tisch** [-'fiːtɪʃ] *adj min.* graphitic.

Gra'phit|ₗmi·ne *f* **1.** *Bergbau*: graphite mine. **2.** *e-s Drehbleistifts etc*: (pencil) lead, graphite stick. **~reₗak·tor** *m* graphite(-moderated) reactor. **~ₗstift** *m* graphite (*od.* lead) pencil. **~ₗzeich·nung** *f* pencil drawing.

Gra·pho|lo·ge [grafo'loːgə] *m* ⟨-n; -n⟩ graphologist. **~lo'gie** [-lo'giː] *f* ⟨-; *no pl*⟩ graphology. **~'lo·gin** *f* ⟨-; -nen⟩ (woman) graphologist. **≈'lo·gisch** *adj* graphologic(al).

grap·schen ['grapʃən] *colloq.* **I** *v/i* ⟨h⟩ **1.** grab (**nach** at, for). **2.** (*fummeln*) paw. **II** *v/t* **3.** grab, snatch. **4.** (*stehlen*) pinch, swipe.

Gras [graːs] *n* ⟨-es; ⸚er⟩ **1.** *bot.* a) grass, b) → **Grasart**; **zu den Gräsern gehörig** graminaceous. **2.** *fig. colloq.* **ins ~ beißen** bite the dust, go west, peg out; **das ~ wachsen hören** hear the grass grow, see through a millstone; **er glaubt, das ~ wachsen zu hören** *a.* he thinks he knows all the answers; **über et. ~ wachsen lassen** let the grass grow over s. th.; **darüber ist schon lange ~ gewachsen** it's a thing of the past, that's ancient history; **über diese Sache wäre längst ~ gewachsen** this affair would have been long forgotten; **lassen wir erst einmal ~ über die Sache wachsen** let's let the matter rest for the time being, let's wait for the dust to settle; **wo er hinhaut, wächst kein ~ mehr** he packs a terrible punch. **~ₗaf·fe** *m contp.* (young) pipsqueak, *bes.* silly girl. **~ₗäh·re** *f* spike. **~ₗart** *f* species (*od.* kind) of grass; **~en** *pl* grasses, gramin(ac)eous plants, gramin(ac)eae. **≈ₗar·tig** *adj* gramin(ac)eous, grassy. **~ₗbahnₗren·nen** *n* grass-track race. **~ₗbaum** *m bot.* grass-tree, xanthorrhoea. **≈beₗdeckt** *adj* grassy, grass-covered. **≈beₗwach·sen** *adj* grass-grown, grassy. **≈ₗblät·te·rig** *adj* grass-leaved, graminifolious. **~ₗblu·me** *f* daisy. **~ₗbo·den** *m* lawn, turf. **~ₗbü·schel** *n* tuft of grass, tussock.

Gräs·chen ['grɛːsçən] *n* ⟨-s; -⟩ small blade of grass.

'Gras|ₗdecke (*getr.* **-k·k-**) *f* layer (*od.* cover) of grass. **~ₗebe·ne** *f* grassy plain.

gra·sen ['graːzən] *v/i* ⟨h⟩ **1.** *Tier*: graze; *fig. colloq.* **in e-s anderen Garten ~** poach on s. o.'s preserves. **2.** *bes. Swiss* mow (*od.* cut) grass.

Grä·ser ['grɛːzər] *pl of* Gras 1 a.

'Gras|ₗflä·che *f* grassland, (*Wiese*) meadow, (*Rasen*) lawn. **~ₗfleck** *m* **1.** grassy plot, patch of grass. **2.** *in Kleidern etc*: grass stain. **≈ₗför·mig** *adj bot.* graminiform. **≈ₗfres·send** *adj zo.* grass-eating, graminivorous. **~ₗfrosch** *m* grass frog. **~ₗfrucht** *f* caryopsis. **~ₗfut·ter** *n agr.* grass fodder, green food. **≈ₗgrün** *adj* grass-green. **~ₗhalm** *m* blade (*od.* leaf) of grass; *bot.* grass stalk, spear; **Spitze e-s ~s** spire. **~ₗhüp·fer** *m* ⟨-s; -⟩ *colloq.* **1.** *zo.* grasshopper. **2.** *fig.* pipsqueak, (young) whippersnapper.

gra·sig ['graːzɪç] *adj* **1.** → **grasartig**. **2.** grass-grown, grassy.

'Gras|ₗland *n* ⟨-(e)s; *no pl*⟩ **1.** grassland. **2.** prairie. **~ₗlauch** *m* Spanish garlic. **~ₗläu·fer** *m orn.* buff-breasted sandpiper. **~ₗlei·nen** *n Textil.* grass cloth. **~ₗli·lie** *f bot.* lily spiderwort. **~ₗlin·de** *f* broad-leaved lime tree. **~ₗmä·her** *m*, **~ₗmäh·maₗschi·ne** *f agr.* (grass) mower, mowing machine. **~ₗmü·cke** (*getr.* **-k·k-**) *f orn.* warbler. **~ₗnar·be** *f* turf, sod, sward. **~ₗnel·ke** *f bot.* maiden pink. **~ₗpap·pel** *f* round-leaved mallow. **~ₗpferd(·chen)** *n colloq.* grasshopper. **~ₗpflan·ze** *f bot.* gramin(ac)eous plant. **~ₗplatz** *m* grassy plot, lawn, green. **~ₗschnecke** (*getr.* **-k·k-**) *f zo.* slug. **~ₗschnep·fe** *f orn.* snipe.

gras·sie·ren [gra'siːrən] *v/i* ⟨*no* ge-, h⟩ **1.** *Krankheit, Seuche*: rage, *a. Mißstand etc*: be rife, be rampant, be widespread; **es ~ Gerüchte, daß** there are rumo(u)rs that. **2.** *iro. Mode etc*: *colloq.* be (all) the rage. **~d** *adj* **1.** *Krankheit*: raging, widespread, epidemic. **2.** *Übelstand etc*: widespread.

'Grasₗsit·tich *m orn.* grass parrot.

gräß·lich ['grɛslɪç] **I** *adj* horrible, terrible, dreadful, awful, (*grausig*) *a.* ghastly, gruesome (*alle a. fig. colloq.*), (*scheußlich*) *a.* hideous, vile, *Verbrechen*: *a.* monstrous, atrocious, (*blutrünstig*) gory; **~er Anblick** horrible (*od.* ghastly) sight; *colloq.* **~er Mensch** horrible (*etc*) man; **~es Wetter** awful (*od.* filthy) weather; **diese ~en Deutschen** those horrid Germans. **II** *adv* horribly (*etc*); *colloq.* **mir war ~ zumute** I felt terrible. **≈keit** *f* ⟨-; -en⟩ **1.** ⟨*only sg*⟩ horribleness (*etc*), ghastliness. **2.** (*Untat*) atrocity, abominable (*od.* monstrous) deed (*od.* crime).

'Gras|ₗsten·gel *m* grass stalk. **~ₗstep·pe** *f* (grassy) steppe, prairie, savanna(h) (land). **~ₗtep·pich** *m* (well-groomed) lawn. **≈ₗüberₗwach·sen** *adj* overgrown with grass, grass-grown. **~ₗwei·de** *f agr.* pasture.

Grat [graːt] *m* ⟨-(e)s; -e⟩ **1.** a) (*Bergrücken*) ridge, b) (*Kammlinie*) crest. **2.** sharp edge. **3.** *arch.* (*Dach≈*) arris; (*Gewölbe≈*) groin. **4.** *tech.* (*Bohr≈, Schneid≈*) bur(r); (*Gewinde≈*) feather-edge; (*Schmiede≈*) flash; (*Gußnaht*) fin; **e-m Werkstück den ~ nehmen** deburr a workpiece. **~ₗbal·ken** *m arch.* hip rafter.

Grä·te ['grɛːtə] *f* ⟨-; -n⟩ (fish)bone; **ohne ~n** boneless; **die ~n aus e-m Fisch herausnehmen** bone a fish; *humor.* **j-m die ~n ziehen** cut s. o. down to size.

'grä·ten|los *adj Fisch*: boneless. **≈ₗmu·ster** *n* herringbone pattern. **≈ₗschritt** *m Skilauf*: herringbone (step); **im ~ steigen** herringbone. **≈ₗstich** *m Nähen*: herringbone (stitch).

'Grat·geₗwöl·be *n arch.* groined vault.

Gra·ti·fi·ka·ti·on [gratifika'tsĭoːn] *f* ⟨-; -en⟩ **1.** gratuity. **2.** *econ.* (Christmas, *etc*) bonus.

'grä·tig *adj* **1.** *Fisch*: bony. **2.** *fig. colloq.* querulous, testy, peevish, cross.

gra·ti·nie·ren [grati'niːrən] *v/t* ⟨*no* ge-, h⟩ *gastr.* gratinate.

gra·tis ['graːtɪs] **I** *adj* ⟨*pred*⟩ **1.** free, gratis, gratuitous; **Eintritt ~** free admission; **~ und franko** a) gratis and postage paid, b) *fig. colloq.* free, for nothing. **II** *adv* **2.** free of charge, gratis, gratuitously, for nothing. **3.** *als Dreingabe*: into the bargain. **≈ₗak·tie** *f econ.* **1.** bonus share. **2.** *pl* bonus stock *sg*. **≈ₗan·geₗbot** *n* free (*od.* gratuitous) offer. **≈ₗanₗteil** *m econ.* bonus unit. **≈ₗbeiₗla·ge** *f e-r Zeitung*: free supplement. **≈ex·emₗplar** *n* (*Buch etc*) free copy. **≈ₗmu·ster** *n*, **≈ₗpro·be** *f* free sample.

Grät·sche ['grɛːtʃə] *f* ⟨-; -n⟩ *gym.* straddle; (*Sprung*) straddle vault. **'grät·schen I** *v/i* ⟨h⟩ straddle; *im Spagat*: do the splits. **II** *v/t* **die Beine ~** straddle one's legs.

'Grätsch|ₗschlag *m Schwimmen*: frog kick. **~ₗsitz** *m gym.* straddle sit. **~ₗsprung** *m* straddle vault. **~ₗstel·lung** *f* ⟨-; *no pl*⟩ straddle (position). **~ₗstoß** *m* → **Grätschschlag**.

Gra·tu·lant [gratu'lant] *m* ⟨-en; -en⟩, **Gra·tu'lan·tin** *f* ⟨-; -nen⟩ congratulator; **er war der erste ~** he was the first to congratulate.

Gra·tu·la·ti·on [gratula'tsĭoːn] *f* ⟨-; -en⟩ (**zu** on) congratulations *pl*, felicitations *pl*.

Gra·tu·la·ti'ons|ₗcour *f* (birthday, *etc*) reception. **~ₗschrei·ben** *n* → **Glückwunschschreiben**.

gra·tu·lie·ren [gratuˈliːrən] **I** *v/i* ⟨*no* **ge-**, **h**⟩ **1. j-m ~ (zu)** congratulate (*od.* felicitate) s. o. (on); **ich gratuliere dir herzlich** I congratulate you sincerely; **ich gratuliere!** (my) congratulations!; **darf man (schon) ~?** may I offer my congratulations?; **ich gratuliere dir zum Geburtstag!** (I wish you) many happy returns (of the day)!; *fig. colloq.* **da kannst du dir ~** a) (*stolz sein*) you can be proud of that, b) (*froh sein*) you may thank your lucky stars, c) *iro.* (*bereuen*) you'll be sorry for that. **II ≗** *n* ⟨**-s**⟩ **2.** congratulating (*etc*). **3.** → **Gratulation.**

ˈGrat|ˌwan·de·rung *f* **1.** tour of (*od.* along) mountain ridges. **2.** *fig. pol. etc* tightrope walk, (piece of) brinkmanship. **~ˌwand·ler** *m fig. bes. pol.* adept at brinkmanship, gambler.

grau [grau] **I** *adj* ⟨**-er**; **-(e)st**⟩ **1.** grey, *Am.* gray; **~ werden** (turn *od.* grow) grey; **alt und ~ werden** become (*od.* grow) old and grey; **in Ehren ~ werden** be esteemed in one's old age; **sein Haar wird an den Schläfen ~** his hair is greying at the temples; **der Himmel ist ~ in ~** the sky is grey and overcast; *econ.* **der ~e Markt** the grey market; *anat.* **~e Gehirnsubstanz** grey matter; → **Star³. 2.** *fig.* a) *Zeit*: grey, remote, ancient (*times*), b) (*düster*) grey, bleak, dismal, gloomy; **der ~e Alltag** (drab) workaday life, the dull monotony of daily life; **das ~e Altertum** remote (*od.* hoary) antiquity; **~, teurer Freund, ist alle Theorie** (*Goethe*) all theory, dear friend, is grey; → **Elend** 1, **Eminenz** (*etc*). **II** *adv* **3. et. ~ in ~ malen** a) *Kunst*: paint s. th. in grisaille, b) *fig.* paint a gloomy picture of s. th. **III ≗** *n* ⟨**-s**; **-**, *colloq.* **-s**⟩ (the colo[u]r) grey (*Am.* gray); **das ≗ des Himmels** the grey of the sky.

ˈGrau|ˌbär *m* grizzly bear. **~ˌbart** *m fig. colloq.* (*alter Mann*) greybeard, *Am.* graybeard. **≗ˌblau** *adj* grey(ish) (*Am.* gray[ish]) blue. **~ˌbrot** *n gastr.* rye bread.

ˌGrauˈbünd·ner [-ˈbyndnər] *m* ⟨**-s**; **-**⟩, **ˌGrauˈbünd·ne·rin** *f* ⟨**-**; **-nen**⟩ native (*od.* inhabitant) of the Grisons. **ˌgrauˈbünd·ne·risch I** *adj* of Grisons. **II** *ling.* **≗** ⟨*generally undeclined*⟩, **das ≗e** ⟨**-n**⟩ → **Rätoromanisch. III** *geogr.* **im ≗en** in the Grisons.

grau·en¹ [ˈgrauən] *v/i u. meist v/impers* ⟨**h**⟩ **1.** dawn; **der Tag graut** day is dawning (*od.* breaking). **2.** *poet.* (*grau werden*) grey, *Am.* gray.

ˈgrau·en² I *v/i u. meist v/impers* ⟨**h**⟩ **1. es graut mir** (*od.* **mir graut**, *rare* **mich graut**) **vor** I dread (the thought of), I have a horror of, I am terrified of; **mir graut (es) bei dem Gedanken an** I dread to think of, I shudder at the thought of. **II** *v/reflex obs.* **sich ~ 2.** dread; **sie graut sich vor Schlangen** she is terrified of snakes. **III ≗** *n* ⟨**-s**⟩ *lit.* **3. (vor** *dat* of) horror, dread; **j-m ≗ einflößen** fill (*od.* strike) s. o. with horror, make s. o. shudder, *colloq.* give s. o. the creeps; **≗ vor et. empfinden** be horror-stricken (*od.* -struck) by s. th., *schwächer*: dread s. th. (*cf. a.* 1); **von ≗ gepackt** horror-stricken (*od.* -struck); **die Unfallstelle bot ein Bild des ≗s** the scene of the accident was a horrible sight. **4.** *e-s Krieges etc*: horror.

ˈgrau·en|er|ˌre·gend *adj* → **grauenhaft** a. **~ˌhaft, ~ˌvoll** *adj* a) horrible, horrid, dreadful, ghastly, gruesome, grisly, b) *fig. colloq. a.* awful, terrible.

ˈGrau|ˌer·de *f geol.* podzol (soil). **~ˌfuchs** *m* grey (*Am.* gray) fox. **~ˌgans** *f* greylag (goose). **~gie·ßeˌrei** *f tech.* grey (*Am.* gray) iron foundry. **≗ˌgrün** *adj* grey(ish) (*Am.* gray[ish]) green. **~ˌguß** *m tech.* grey (*Am.* gray) (cast) iron. **≗ˌhaa·rig** *adj* grey-(*Am.* gray-)haired. **~ˌha·fer** *m bot.* striped oats *pl* (*als sg od. pl konstruiert*). **~ˌhörn·chen** *n zo.* grey (*Am.* gray) squirrel. **~ˌkeil** *m phot.* optical wedge. **~ˌkopf** *m fig. colloq.* greyhead, *Am.* grayhead.

grau·len [ˈgraulən] *colloq.* **I** *v/reflex* ⟨**h**⟩ **sich ~ 1. (vor** *dat*) be afraid (of), dread *s. th.* **II** *v/i u. v/impers* **2. (vor** *dat*) be afraid (of); **es grault mir** (*od.* **mir grault, mich grault**) **vor Mäusen** I am afraid (*od.* terrified) of mice. **3.** → **grauen²** 1. **III** *v/t* **4. j-n aus dem Hause ~** freeze s. o. out.

gräu·lich [ˈgrɔylɪç] *adj* greyish, *Am.* grayish, *Haare*: *a.* grizzly.

ˈGrau|ˌmei·se *f* marsh tit(mouse). **≗meˌliert** *adj* greying, *Am.* graying. **~meˌtall** *n* pewter.

Grau·pe [ˈgraupə] *f* ⟨**-**; **-n**⟩ *meist pl* **1.** pot (*od.* peeled, pearl) barley; *fig. colloq.* **er hat (große) ~n im Kopf** he has big ideas. **2.** *min.* grain. **3.** *tech.* shot.

Grau·pel [ˈgraupəl] *f* ⟨**-**; **-n**⟩ *meteor.* sleet, small (*od.* soft) hail (*beide a. pl*). **ˈgrau·peln** *v/impers* ⟨**h**⟩ **es graupelt** soft hail is falling, *Am.* it is sleeting. **ˈGrau·pelˌschau·er** *m* shower of small (*od.* soft) hail, *Am.* shower of sleet.

ˈGrau·penˌsup·pe *f* barley soup.

graus [graus] *adj obs. for* **grauenhaft** a.

Graus¹ *m* ⟨**-es**; *no pl*⟩ **1.** horror, dread. **2.** *colloq.* **das (er) ist mir ein ~** I loathe it (him); **es ist ein ~ mit ihm** he is just awful (*od.* terrible); **es war ein ~!** it was awful (*od.* horrible, terrible)!; **o ~!** oh horror! **Graus²** *m* ⟨**-es**; *no pl*⟩ *obs.* (*Steinschutt*) rubble.

ˈgrau·sam *adj* **1.** cruel (**gegen** to); **~e Rache** cruel revenge; **e-e ~e Enttäuschung** a cruel (*od.* bitter) disappointment. **2.** (*hart*) hard (**gegen** on). **3.** (*unmenschlich*) inhuman, brutish, ruthless. **4.** *colloq.* a) (*schlimm*) awful, terrible, gruel(l)ing (*heat, etc*), b) (*schlecht*) awful, atrocious, vile (*singing, etc*). **≗keit** *f* ⟨**-**; **-en**⟩ **1.** ⟨*only sg*⟩ (*Verhalten*) cruelty; *jur.* **seelische ~** mental cruelty. **2.** (*Tat*) cruelty. **3.** (*Greueltat*) atrocity.

ˈGrauˌschim·mel¹ *m bot.* botrytis. **ˈGrauˌschim·mel²** *m* grey (*Am.* gray) (horse).

grau·sen [ˈgrauzən] **I** *v/i u. v/impers* ⟨**h**⟩ **1.** → **grauen²** I. **2.** *Southern G. colloq.* **mir graust's davor** it makes me sick, it gives me the creeps. **II ≗** *n* ⟨**-s**⟩ **3.** horror; **ihn packte das kalte ≗** his blood ran cold; *colloq.* **da kann man das große ≗ kriegen** it's enough to give you the creeps.

ˈgrau·sig [ˈgrauzɪç] *adj* → **grauenhaft** a.

ˈGrau|ˌspecht *m orn.* grey-(*Am.* gray-)headed woodpecker. **~ˌstrah·ler** *m phys.* grey (*Am.* gray) body. **~ˌtier** *n colloq.* donkey. **~ˌwal** *m* Californian grey (*Am.* gray) whale. **≗ˌweiß** *adj bot.* gypseous. **~ˌwerk** *n* ⟨**-(e)s**; *no pl*⟩ (*Pelz vom Feh*) calabar. **~ˌzo·ne** *f Statistik etc*: grey (*Am.* gray) area.

gra·ve [ˈgraːve] *adj u. adv mus.* grave.

Gra·veur [graˈvøːr] *m* ⟨**-s**; **-e**⟩ engraver.

gra·vid [graˈviːt] *adj med.* (*schwanger*) pregnant, gravid. **Gra·vi·diˈtät** [-vidiˈtɛːt] *f* ⟨**-**; **-en**⟩ pregnancy.

Graˈvier|ˌanˌstalt *f* engraving establishment. **~ˌar·beit** *f* engraving.

gra·vie·ren [graˈviːrən] *v/t u. v/i* ⟨*no* **ge-**, **h**⟩ engrave. **~d** *adj fig. bes. jur.* (*erschwerend*) aggravating, *weitS. a.* serious (*mistake, etc*).

Graˈvier|ˌfräs·maˌschi·ne *f* engraving miller. **~ˌna·del** *f* engraving needle. **~ˌsti·chel** *m* graver, burin.

Graˈvie·rung *f* ⟨**-**; **-en**⟩ engraving; → *a.* **Gravur.**

Gra·vi·me·ter [graviˈmeːtər] *n* ⟨**-s**; **-**⟩ *phys.* gravimeter. **Gra·vi·meˈtrie** [-meˈtriː] *f* ⟨**-**; *no pl*⟩ gravimetry.

Gra·vis [ˈgraːvɪs] *m* ⟨**-**; **-**⟩ *ling.* grave (accent).

Gra·vi·ta·ti·on [gravitaˈtsĭoːn] *f* ⟨**-**; *no pl*⟩ *phys.* gravitation, gravity.

Gra·vi·ta·tiˈons|ˌanˌzie·hung *f phys.* gravitational attraction (*od.* pull). **~ˌfeld** *n* gravitational field. **~geˌsetz** *n* law of gravitation.

gra·vi·tä·tisch [graviˈtɛːtɪʃ] *adj a. iro.* (*gemessen, würdevoll*) dignified, stately; (*feierlich*) solemn, grave; **~ einherschreiten** strut (solemnly) (along).

gra·vi·tie·ren [graviˈtiːrən] *v/i* ⟨*no* **ge-**, **h**⟩ *phys.* **(zu, auf** *acc* toward[s]) gravitate, tend (*beide a. fig.*).

Gra·vur [graˈvuːr] *f* ⟨**-**; **-en**⟩ engraved design, engraving. **Gra·vü·re** [graˈvyːrə] *f* ⟨**-**; **-n**⟩ gravure.

Gra·zie [ˈgraːtsĭə] **I** *f* ⟨**-**; *no pl*⟩ grace(fulness); **mit ~** *a. fig. iro.* gracefully, with grace; **ohne ~** graceless. **II** *npr myth.* **die (drei) ~n** the (Three) Graces; *humor.* **da sind ja unsere zwei ~n** there are our two lovelies.

gra·zil [graˈtsiːl] *adj* **1.** (*zierlich*) graceful. **2.** (*schlank*) slender. **3.** (*zart*) delicate, dainty. **4.** (*biegsam*) willowy.

gra·zi·ös [graˈtsĭøːs] *adj* graceful.

grä·zi·sie·ren [grɛtsiˈziːrən] *v/t* ⟨*no* **ge-**, **h**⟩ gr(a)ecize, Gr(a)ecize. **Gräˈzis·mus** [-ˈtsɪsmus] *m* ⟨**-**; **-men**⟩ Gr(a)ecism. **Gräˈzist** [-ˈtsɪst] *m* ⟨**-en**; **-en**⟩ Greek scholar, student of Greek language and literature.

ˈGreen·wi·cher ˈZeit [ˈgrɪnɪtʃər] *f* Greenwich Mean Time, G. M. T.

Grège [grɛːʒ] (*Fr.*) *f* ⟨**-**; *no pl*⟩ (*Naturseidenfaden*) grege, greige. **~ˌsei·de** *f* **1.** → **Grège. 2.** reeled silk.

Greif [graif] *m* ⟨**-(e)s** *u.* **-en**; **-e(n)**⟩ *antiq. her.* (*Fabeltier*) griffin, griffon.

ˈGreif|ˌarm *m* **1.** *tech.* grip arm. **2.** *zo.* tentacle. **~ˌbacke** (*getr.* **-k·k-**) *f tech.* (clamping) jaw. **~ˌbag·ger** *m civ. eng.* grab excavator; (*Naß≗*) grab dredger.

ˈgreif·bar I *adj* **1.** (*leicht erreichbar*) ready-to-hand, handy; **das Werkzeug lag in ~er Nähe** the tool was ready to hand; **ein Buch ~ haben** have a book at hand (*od.* handy); *fig.* **in ~e Nähe rücken** come within s. o.'s reach; **in ~e Nähe gerückt** *cf.* 6. **2.** (*er~*) tactile, seizable. **3.** *fig.* (*konkret*) tangible, palpable; **~e Ergebnisse (Vorteile)** tangible results (advantages); **~e Formen annehmen** assume a tangible (*od.* definite) form, materialize; **nicht ~** intangible, impalpable. **4.** *fig.* (*offenkundig*) obvious. **5.** *econ.* available, on hand, *Geldmittel*: *a.* quick (*assets*). **II** *adv* **6. ~ nahe** *a. fig.* within reach (*od.* grasp), near at hand.

grei·fen [ˈgraifən] **I** *v/t* ⟨**greift, griff, gegriffen, h**⟩ **1.** (*anfassen, packen*) grasp, grip, seize, grab, take (*od.* lay, catch) hold of; *fig.* **das ist mit Händen zu ~** that's obvious, that meets the eye; **diese Lüge ist mit Händen zu ~** that's a patent (*od.* blatant) lie; → **Luft** 1. **2.** (*berühren*) touch. **3.** (*gefangennehmen*) catch, seize, *colloq.* nab, grab. **4.** *colloq.* **sich j-n ~** (*bestrafen, zurechtweisen*) give s. o. hell, land on s. o. **5.** *mus.* (*Ton*) play, (*Akkord*) strike, (*Tasten*) touch, (*Saiten, Griffloch*) stop, (*Oktave etc*) reach. **6.** *bes. econ.* **e-n Preis (e-e Summe) zu hoch (niedrig) ~** put a price (an amount) too high (low). **II** *v/i* **7.** grasp, grip; *mus.* **falsch ~** play a wrong note, *colloq.* fluff it; **in et.** ~ reach (*od.* dip) into s. th., put one's hand into s. th.; **nach e-r Sache** ~ (*langen*) reach for s. th., *fest*: grasp at s. th., *schnell*: snatch at s. th., *krampfhaft*: clutch at s. th.; **an den Hut** ~ touch one's hat; **nach dem Hut** ~ reach for one's hat; *fig.* **j-m ans Herz** ~ touch (*od.* affect) s. o. deeply; **hinter sich** ~ reach behind one; *fig.* **mit beiden Händen danach** ~ jump at the offer (*od.* chance); **nach den Sternen** ~ reach for the stars; **nach der Macht** ~ reach for (*od.* make one's bid for) power; **um sich** ~ reach about one, *tastend*: grope around, *fig. Epidemie, Feuer etc*: spread; **zu e-r Sache** ~ a) reach for s. th., b) *fig.* resort to s. th.; **zu e-m Buch** ~ reach for a book, *weitS.* read a book; **zur Flasche** ~ reach for the bottle, *weitS.* take to drink(ing), *colloq.* hit the bottle (*od.* booze); **zu e-r List** ~ resort to a ruse; **zum Äußersten** ~ go to extremes; → **Arm, Feder** 8 (*etc*). **8.** *fig.* (*wirken*) be effective; **das greift nicht mehr** that has lost its impact (*od.* teeth). **9.** *tech.* a) *Räder, Feile etc*: grip, bite, b) *Bremse, Zange*: grip, c) *Zahnräder*: engage, mesh. **10.** *fig. Maßnahme*: take effect. **III** ♀ *n* ⟨-s⟩ **11.** grasping (*etc*); **zum** ♀ **nahe** *cf.* **greifbar** 6. **12.** → **Griff.**

'Grei·fer *m* ⟨-s; -⟩ **1.** *civ. eng.* a) *e-s Krans, Baggers*: grab (bucket), b) *pl* (*Greifhaken*) engaging dogs. **2.** *tech.* a) → **Greiferkran**, b) (*Greifvorrichtung*) gripping device, c) (*Klaue*) claw (*a. phot.*), d) *am Traktor*: lug. **3.** *sl.* (*Detektiv, Häscher*) bloodhound, sleuth. **~ˌkorb** *m civ. eng.* (grab) bucket. **~ˌkran** *m tech.* grab crane.

'Greif|ˌfuß *m zo.* prehensile foot. **~ˌha·ken** *m* grabhook. **~ˌhand** *f zo.* grip (*od.* prehensile) hand. **~in·struˌment** *n nucl.* manipulator, remote handling device. **~ˌlei·ne** *f mar.* grab rope (*od.* line). **~orˌgan** *n zo.* prehensile organ. **~ˌschwanzˌaf·fe** *m* prehensile-tailed monkey. **~ˌwerkˌzeug** *n* **1.** gripping device. **2.** *zo.* prehensile organ. **~ˌzan·ge** *f tech.* gripping tongs *pl* (*als sg od. pl konstruiert*). **~ˌze·he** *f zo.* prehensile toe. **~ˌzir·kel** *m tech.* outside cal(l)ipers *pl*; **mit e-m ~ messen** cal(l)iper.

grei·nen ['graɪnən] *v/i* ⟨h⟩ *dial. for* **weinen** 1.

greis [graɪs] *adj lit.* **1.** (*alt*) aged, (very) old. **2.** (*altersgrau*) hoary; *iro.* **sein ~es Haupt schütteln** shake one's wise old head. **Greis** *m* ⟨-es; -e⟩ (very) old man; **ein ehrwürdiger ~** a venerable old man.

Grei·sen ['graɪzən] *m* ⟨-s; *no pl*⟩ *min.* greisen.

'Grei·sen|ˌal·ter *n* old age. **♀haft** *adj* senile. **~haf·tig·keit** *f* ⟨-; *no pl*⟩ **1.** senility. **2.** *krankhafte*: senilism.

Grei·sin ['graɪzɪn] *f* ⟨-; -nen⟩ (very) old woman.

Greiß·ler ['graɪslər] *m* ⟨-s; -⟩ *Austrian for* **Lebensmittelhändler.**

grell [grɛl] **I** *adj* **1.** *Farben*: loud, glaring, garish, flashy, gaudy; **Kleidung in ~en Farben** flashy (*od.* loud-colo[u]red) dress. **2.** *Töne*: shrill, piercing, strident; **~es Lachen** shrill laugh(ter); **ein ~er Schrei** a piercing cry, a scream, a shriek. **3.** *Licht*: harsh, *stärker*: dazzling, glaring. **4.** *fig. lit. Effekt, Kontrast*: harsh, violent, glaring, sharp; **ein ~es Licht auf e-e Sache werfen** cast a glaring (*od.* searching) light on s. th. **II** *adv* **5.** *fig.* **~ gegen et. abstechen** form a sharp contrast to s. th., stand out sharply from (*od.* against) s. th. **'Grel·le, 'Grell·heit** *f* ⟨-; *no pl*⟩ **1.** *von Farben*: loudness, flashiness, garishness, glare. **2.** *von Tönen*: shrillness, stridency. **3.** *von Licht*: glare, dazzle, harshness. **'grellˌrot** *adj* garish (*od.* glaring) red.

Gre·mi·um ['greːmɪʊm] *n* ⟨-s; -mien⟩ **1.** body (*of experts, etc*), group. **2.** committee.

Gre·na·dier [grena'diːr] *m* ⟨-s; -e⟩ *mil.* **1.** a) rifleman, infantryman, b) (*Rang*) private. **2.** *hist.* grenadier.

Gre·na·din [grena'dɛ̃ː] *n, m* ⟨-s; -s⟩ *gastr.* grenadine.

Gre·na·di·ne[1] [grena'diːnə] *f* ⟨-; *no pl*⟩ **1.** (*Sirup*) grenadine. **2.** (*Farbton*) crimson shade. **Gre·na'di·ne**[2] *f* ⟨-; *no pl*⟩ *Textil.* grenadine.

'Grenz|ˌabˌfer·ti·gung *f* customs clearance (at a border). **~ˌabˌschnitt** *m mil.* sector of a frontier (*od.* border). **~ˌbahnˌhof** *m* border station. **~ˌbaum** *m* **1.** (*Schlagbaum*) barrier. **2.** tree marking a boundary. **~beˌam·te** *m* border official. **~beˌdin·gung** *f math.* boundary condition. **~beˌfe·sti·gun·gen** *pl* frontier (*od.* border) fortifications. **~beˌfeue·rung** *f aer.* boundary lighting. **~beˌla·stung** *f tech.* critical load. **~beˌreich** *m* → **Grenzgebiet** 1, 2. **~beˌrei·ni·gung** *f* frontier (*od.* border) adjustment. **~beˌrich·ti·gung** *f* rectification of a frontier (*od.* border). **~beˌtrieb** *m econ.* marginal enterprise. **~beˌvöl·ke·rung** *f* frontier (*od.* border) population. **~beˌwoh·ner** *m* frontier (*od.* border) dweller. **~beˌzirk** *m* **1.** frontier (*od.* border) district. **2.** → **Grenzgebiet** 2.

Gren·ze ['grɛntsə] *f* ⟨-; -n⟩ **1.** (*Grenzlinie*) boundary, border(line); **e-e natürliche ~** a natural boundary; **an der ~** (*gen*) **liegen** → **grenzen. 2.** (*Staats*♀) frontier, border; **an der ~** at (*od.* on, near) the border; → **grün** 1. **3.** *fig.* a) border(line), (dividing) line, b) (*Beschränkung, Schranke*) limit(s *pl*), bound(s *pl*), c) (*Leistungs*♀ *etc*) limit, d) (*Schwelle*) threshold; **obere (untere) ~** upper (lower) limit; **äußerste ~** utmost (*od.* extreme) limit; **in ~n** within limits, up to a point; **ohne ~n** → **grenzenlos**; **die ~n der Bescheidenheit (Möglichkeiten)** the bounds of modesty (possibility); **die ~n s-r Erfahrung** the limits to his experience; **die ~ zwischen Recht und Unrecht** the (border)line between right and wrong; **k-e ~n kennen, alle ~n übersteigen** know no bounds, exceed all limits, be boundless; **s-e ~n kennen** know one's limitations; **j-n (et.) in ~n halten** keep s. o. (s. th.) in bounds; **die ~n des Erlaubten überschreiten** overstep the line (*od.* mark), go too far; **über die ~n des guten Geschmacks hinausgehen** overstep the line of good taste; **an der ~ des Lächerlichen (liegend)** bordering (*od.* verging) on the ridiculous; **in ~n bleiben, sich in (vernünftigen) ~n halten** keep within (reasonable) bounds (*od.* limits); **der Erfolg des Buches hielt sich in ~n** the book was not so successful; **e-r Sache ~n setzen** (*od.* **stecken**) set limits (*od.* bounds) to s. th.; **unserer Freiheit sind ~n gesetzt** our liberty is limited; **dem sind nach oben k-e ~n gesetzt** there is no upper limit to that, *colloq.* the sky is the limit; **e-e (scharfe) ~ ziehen (zwischen)** draw a (sharp) line (between); **die ~ ziehen bei e-r Sache** draw the line at s. th.; **j-m gegenüber die ~n wahren** observe the proprieties towards s. o.; **bis an die ~n s-r Leistungsfähigkeit gehen** go to the limit of one's capacity, extend o. s. fully; **alles hat s-e ~n** there is a limit to everything, we must draw the line somewhere. **4.** *econ. math.* bound; **unter der ~ (gelegen)** submarginal. **'Grenzˌebe·ne** *f* **1.** *math. phys.* interface. **2.** *tech.* contact surface. **3.** *metall.* cleavage plane.

gren·zen ['grɛntsən] *v/i* ⟨h⟩ **1. (an** *acc***)** border (on), adjoin (*acc*), be next (to); **Deutschland grenzt an Österreich** Germany borders on Austria. **2.** *Grundstücke*: **(an** *acc***)** abut (on), be adjacent (to), be bounded (by). **3.** *fig.* **(an** *acc***)** border (on), verge (on), touch (on), come near being (*acc*), *colloq.* be next door (to); **das grenzt an Wahnsinn** that borders (*od.* verges) on (*od.* is little short of) madness. **~los I** *adj fig. allg.* boundless, unbounded, (*unendlich*) infinite, (*ungeheuer*) immense; **~es Elend (Leid)** infinite misery (sorrow); **~e Macht** unlimited power; **~e Geduld** infinite patience; **~e Dummheit** incredible stupidity. **II** *adv* boundlessly (*etc*), without bounds, beyond measure, *colloq.* terribly; **~ dumm** infernally (*od.* utterly) stupid; **~ unglücklich** infinitely unhappy; **j-n ~ verachten** despise s. o. utterly. **III ♀e, das** ⟨-n⟩ **sich ins ♀e steigern** go beyond all bounds; **das geht ins ♀e** there is no end to it. **♀lo·sig·keit** *f* ⟨-; *no pl*⟩ boundlessness (*etc*), infinity, immensity.

'Gren·zer *m* ⟨-s; -⟩ *colloq. for* **Grenzbeamte, Grenzjäger.**

'Grenz|erˌtrag *m econ.* marginal returns *pl* (*od.* yield). **~ˌfall** *m* borderline case. **~ˌfäl·schung** *f jur.* illegal alteration of a boundary. **~ˌfe·stig·keit** *f phys.* critical (*od.* ultimate) strength. **~ˌflä·che** *f* → **Grenzebene. ~ˌfluß** *m* river forming a frontier (*od.* border, *etc*). **~ˌfor·meln** *pl chem.* resonating structures. **~freˌquenz** *f* limit(ing) frequency. **~ˌgän·ger** *m jur.* **1.** (*Arbeiter, Schüler etc*) frontier commuter. **2.** (*a.* illegal) border crosser. **~geˌbiet** *n* **1.** frontier (*od.* border) area. **2.** *fig.* borderland, twilight zone. **3.** allied (*od.* related) field (of study). **~geˌbir·ge** *n* mountain forming a frontier (*od.* border). **~ˌjä·ger** *m pol.* border patrolman. **~ˌkämp·fe** *pl* border fighting *sg.* **~ˌkar·te** *f* border pass (*od.* permit). **~konˌflikt** *m* **1.** *pol.* border dispute. **2.** boundary dispute. **~konˌtrol·le** *f* border control. **~ˌko·sten** *pl econ.* marginal cost *sg.* **~ˌkrieg** *m* border war(fare). **~ˌland** *n* **1.** frontier (*od.* border) area, borderland. **2.** → **Grenzgebiet** 2. **~ˌleh·re** *f tech.* limit ga(u)ge. **~ˌli·nie** *f* **1.** borderline, boundary (line). **2.** *pol.* line of demarcation. **3.** (*Trennungslinie*) dividing line. **4.** *math.* boundary line. **5.** *Sport*: line. **~ˌmal** *n* boundary mark. **~ˌmark** *f* **1.** *hist.* borderland, frontier (*od.* border) area. **2.** → **Grenzmal. ~ˌmaß** *n tech.* limiting size. **~ˌmau·er** *f* boundary wall. **~ˌnach·bar** *m* (adjoining) neighbo(u)r, *jur.* abutter. **~ˌnut·zen** *m econ.* marginal utility. **~ˌort** *m* frontier town (*od.* village). **~ˌpfahl** *m* stake, boundary post. **~po·liˌzei** *f pol.* frontier (*od.* border) police. **~ˌpo·sten** *m pol.* **1.** border patrolman. **2.** (*Wachstation*) frontier post. **~ˌpunkt** *m* **1.** *math.* limit(ing) point. **2.** *fig.* limit. **~ˌra·chenˌleh·re** *f tech.* limit snap ga(u)ge. **~ˌschutz** *m* ⟨-es; *no pl*⟩ **1.** frontier (*od.* border) protection. **2.** *collect.* frontier guard; → **Bundesgrenzschutz. ~si·tua·tiˌon** *f* borderline (*od.* extreme) situation. **~ˌspan·nung** *f* **1.** *metall.* limiting stress. **2.** *electr.* critical voltage. **~ˌsper·re** *f* **1.** *pol.* closing of the frontier(s *pl*). **2.** *econ.* blockade. **3.** *für*

Grenzbewohner: ban on border traffic. **4.** (*Hindernis*) frontier barrier. **~ˌstadt** *f* frontier (*od.* border) town. **~sta·tiˌon** *f* → **Grenzbahnhof.** **~ˌstein** *m* boundary stone. **~ˌstrah·len** *pl phys.* border(line) (*od.* grenz) rays. **~ˌstrang** *m zo.* gangliate(d) cord. **~ˌstrei·fe** *f* border patrol. **~ˌstrei·tig·kei·ten** *pl* → **Grenzkonflikt.** **~ˌüberˌgang** *m* **1.** (*Ort*) frontier crossing point, checkpoint. **2.** → **Grenzübertritt.** **~ˌüber-ˌschrei·tung** *f,* **~ˌüberˌtritt** *m* frontier (*od.* border) crossing. **~verˌkehr** *m* border traffic; **kleiner ~** local border traffic. **~verˌlauf** *m* **1.** course of a frontier (*od.* border). **2.** → **Grenzlinie** 1. **~verˌlet·zung** *f* violation of the frontier. **~ˌwa·che** *f* **1.** (*Station*) border post. **2.** (*Soldat*) border patrolman. **~ˌwall** *m hist.* frontier wall, *der Römer*: limes. **~ˌwert** *m* **1.** *math.* limit, limes, lim. **2.** (*Schwellenwert*) limiting (*od.* liminal) value, threshold (value). **3.** *tech.* limit(ing value). **4.** *econ.* marginal value. **~ˌzei·chen** *n* boundary mark, landmark. **~ˌzoll** *m* customs duty (levied at the border). **~ˌzollˌamt** *n* (frontier) customhouse. **~ˌzwi·schenˌfall** *m* border incident.

Gret·chen [ˈgreːtçən] *npr n* ⟨-s; -⟩ Gretchen. **~ˌfra·ge** *f fig. colloq.* crucial question. **~friˌsur** *f* chaplet hairstyle.

Greu·el [ˈgrɔyəl] *m* ⟨-s; -⟩ **1.** (*Abscheu*) horror (**vor** *dat* of); **(e-n) ~ vor et. haben** (*od.* **empfinden**) have a horror of s. th., detest (*od.* abhor) s. th. **2.** (*Schrecken*) horror; **die ~ des Krieges** the horrors of war. **3.** (*~tat*) atrocity, outrage. **4.** ⟨*only sg*⟩ *colloq.* horror; **er (es) ist mir ein ~** I detest (*od.* loathe, abhor) him (it), I find him (it) disgusting, he (it) sickens me. **~ˌmär·chen** *n* horror (*od.* atrocity) story. **~pro·pa-ˌgan·da** *f* atrocity propaganda. **~ˌtat** *f* atrocity, outrage.

greu·lich [ˈgrɔylıç] *adj* → **gräßlich.**

Grie·be [ˈgriːbə] *f* ⟨-; -n⟩ **1.** *meist pl gastr.* greaves *pl*, cracklings *pl.* **2.** *med. colloq. dial.* fever blister. **ˈGrie-benˌschmalz** *n gastr.* lard containing greaves.

Grie·che [ˈgriːçə] *m* ⟨-n; -n⟩ Greek; **er ist (ein) ~** he is Greek. **ˈGrie·chen-tum** *n* ⟨-s; *no pl*⟩ Hellenism. **ˈGrie·chin** *f* ⟨-; -nen⟩ Greek (woman *od.* girl); **sie ist (e-e) ~** she is Greek.

ˈgrie·chisch I *adj* **1.** Greek. **2.** Grecian (*architecture, profile, etc*). **3.** (*klassisch*) Greek, Hellenic. **II** *ling.* **2** *n* ⟨*generally undeclined*⟩, **das 2e** ⟨-n⟩ **4.** Greek. **~-kaˈtho·lisch** *adj relig.* Greek Catholic; **~e Kirche** Greek church. **~-or-thoˈdox** *adj* Greek (Orthodox); **~e Kirche** Greek church; **~er Ritus** Greek rite, Byzantine rite. **~-ˈrö·misch** *adj* Gr(a)eco-Roman; **~er Ringkampf** Gr(a)eco-Roman wrestling. **~-uniert** [-ˀuˈniːrt] *adj relig.* Greek Catholic (*od.* Uniat[e]).

grie·nen [ˈgriːnən] *v/i* ⟨h⟩ *Northern G. dial.* smirk.

Grie·seln [ˈgriːzəln] *pl meteor.* fine hail *sg.*

ˈGries|ˌgram *m* ⟨-(e)s; -e⟩ (old) grumbler, *colloq.* grouch, grouser, sourpuss. **2ˌgrä·mig** [-ˌgrɛːmıç] *adj* **1.** sullen, morose, glum, sour. **2.** grumpy, grumbling.

Grieß [griːs] *m* ⟨-es; -e⟩ **1.** *gastr.* semolina; **~brei** *m* semolina pudding. **2.** *bes. tech.* a) (*Granalien*) shot, b) ([*Holz-*] *Kohle*) breeze. **3.** *civ. eng.* coarse sand, grit. **4.** *med.* gravel. **5.** *TV* granulation effect, *colloq.* sand. **6.** → **Grießkohle.**

grie·ßeln [ˈgriːsəln] *v/i* ⟨h *u.* sein⟩ **1.** (*körnig werden*) become granular (*a. TV*). **2.** (*rieseln*) drizzle. **ˈgrie·ßig** *adj* **1.** (*kleingekörnt*) gritty. **2.** *med. Harn etc*: sabulous.

ˈGrieß|ˌkloß *m gastr.* semolina dumpling. **~ˌkoh·le** *f* **1.** small coal. **2.** (*kleiner Anthrazit*) pea coal. **~ˌmehl** *n* semolina. **~ˌnockerl** (*getr.* **-k·k-**) *n meist pl gastr. Bavarian and Austrian* small semolina dumpling.

griff [grıf] *1 u. 3 sg pret of* **greifen.**

Griff *m* ⟨-(e)s; -e⟩ **1.** a) (*Zu2*) (**nach** at) grasp, grip, *rascher*: snatch, quick grasp, *klammernder*: clutch, *würgender*: stranglehold, b) (*Hand2*) *a. tech.* movement (*od.* motion) (of the hand); **mit einem ~** with one grasp; **mit wenigen ~en** with a few (deft) movements, quickly, *leicht*: easily, *geschickt*: deftly; **mit sicherem ~** skil(l)fully, right away, *fig.* with a sure touch; *fig.* **kühner ~** bold stroke; **der ~ nach der Macht** the reach (*od.* bid) for power; **der ~ nach der Flasche** (taking to) drink, *colloq.* hitting the bottle; **e-n ~ tun nach** *cf.* **greifen** 7; **e-n ~ tun in et.** reach (*od.* dip) into s. th., put one's hand into s. th.; *fig.* **e-n guten ~ tun (mit** with) make a good choice (*od.* catch), strike it lucky; **e-n schlechten ~ tun** make a bad choice, make a mistake, pick the wrong man (*etc*); **e-n ~ in die Kasse tun** lift money from the till; **e-n tiefen ~ in die Tasche tun** pay heavily; **et. im ~ haben** have the feel (*od. fig.* knack) of s. th., *fig. a.* have s. th. under control; **et. in den ~ bekommen** get the knack of s. th., *a. weitS.* (*Situation etc*) gets s. th. under control, get a grip on s. th. **2.** *Sport*: a) *Ringen, Judo etc*: hold, b) *gym.* grip, grasp; **e-n ~ ansetzen** secure a hold. **3.** *mus.* a) *bei Streichinstrumenten*: stop, b) *bei Holzblasinstrumenten*: finger position. **4.** *mil. colloq.* **~e klop-pen** do rifle drill. **5.** *Textil.* feel (*of cloth*); **weich im ~** soft to the touch. **6.** *pl orn.* (*Klauen*) talons. **7.** a) (*Koffer2, Messer2 etc*) handle, grip, b) (*Werkzeug2*) handle, c) (*Degen2, Dolch2*) handle, hilt, d) (*Tür2*) (door) handle, knob, e) *zum Ziehen*: pull, f) *zum Festhalten*: grab handle, grip, (*Schlaufe*) (grap) strap, g) (*Hebel*) lever. **2beˌreit** *adj* ready to hand, at hand, handy. **~ˌbrett** *n mus.* fingerboard.

ˈGrif·feˌklop·pen *n mil. colloq.* rifle drill.

Grif·fel [ˈgrıfəl] *m* ⟨-s; -⟩ **1.** (*Schieferstift*) slate pencil. **2.** *Kunst, a. tech.* stylus. **3.** *antiq.* style, stylus. **4.** *bot.* style, pistil, stylus. **5.** *bot.* (*Stachelpilz*) mush spawn. **6.** *poet.* **mit ehernem ~** indelibly. **2ˌför-mig** *adj anat. bot.* styliform. **~ˌfort-ˌsatz** *m anat.* styloid process. **~ˌnar·be** *f* stigma. **~ˌschie·fer** *m min.* pencil slate. **2ˌtra·gend** *adj bot.* styliferous.

ˈgriffest (*getr.* **-ffˌf-**) *adj* anti-slip, non(-)slipping.

ˈgrif·fig *adj* **1.** *Werkzeug etc*: handy, wieldy, affording a firm grip. **2.** *Stoff*: of good feel. **3.** *Straßendecke, Reifen*: non(-)skid(ding), non(-)slipping. **4.** *Mehl*: granular. **2keit** *f* ⟨-; *no pl*⟩ **1.** wieldiness, handiness, firm grip. **2.** *von Stoff*: good feel. **3.** *civ. eng.* non(-)skid quality. **4.** *mot.* grip(ping power), traction. **5.** *von Mehl*: granularity.

ˈGriff|ˌkreuz *n tech.* star handle. **~ˌloch** *n mus.* finger hole.

Grif·fon [grıˈfõː] *m* ⟨-s; -s⟩ *zo.* griffon (terrier).

ˈGriff|ˌstück *n e-r Pistole*: stock, grip. **~ˌtech·nik** *f mus.* finger technique, fingering. **~ˌübun·gen** *pl* fingering exercises. **~ˌwech·sel** *m gym.* change of grip.

Grill [grıl] *m* ⟨-s; -s⟩ **1.** (*Bratrost*) grill; **Hähnchen vom ~** grilled chicken; **et. auf dem ~ braten** (*od.* **rösten**) grill s. th. **2.** → **Grillroom.**

Gril·la·de [griˈjaːdə] *f* ⟨-; -n⟩ *gastr.* grilled meat.

Gril·le [ˈgrılə] *f* ⟨-; -n⟩ **1.** *zo.* cricket. **2.** *pl colloq.* (*trübe Gedanken*) the blues; **~n fangen** mope, have the blues. **3.** (*schrulliger Einfall*) whim, fancy, (silly) idea; **~n im Kopf haben** be full of whims and fancies, have silly ideas; **j-m ~n in den Kopf setzen** put ideas into s. o.'s head.

gril·len [ˈgrılən] *v/t* ⟨h⟩ *gastr.* grill, *im Freien*: *a.* barbecue.

ˈGril·len|ˌfän·ger *m colloq.* mope(r). **~fän·geˈrei** [ˌgrılən-] *f* ⟨-; -en⟩ moping. **2haft** *adj* **1.** (*schrullig*) whimsical, crotchety, cranky. **2.** → **griesgrämig.**

ˈGrill|ˌfleisch *n gastr.* **1.** grilled meat. **2.** meat for grilling. **~ˌpfan·ne** *f* griddle.

Grill·room [ˈgrılˌrum] (*Engl.*) *m* ⟨-s; -s⟩ grillroom.

Gri·mas·se [griˈmasə] *f* ⟨-; -n⟩ grimace, (wry) face; **~n machen** (*od.* **schneiden, ziehen**) make (*od.* pull) faces, grimace, *Am. sl.* mug; **j-m ~n schneiden** make faces at s. o.

ˈGrimˌbart [ˈgrım-] *npr m* ⟨-; *no pl*⟩ (**Meister**) **~, ~, der Dachs** *in der Tierfabel*: Brock the Badger.

Grimm [grım] *m* ⟨-(e)s; *no pl*⟩ *lit.* wrath, fury, rage, ire.

grimm *adj* ⟨-er; -st⟩ *obs. for* **grimmig** 1–3.

ˈGrimmˌdarm *m anat.* transverse colon.

grim·men [ˈgrımən] *v/t* ⟨h⟩ *obs. for* **ärgern** II.

ˈGrim·men *n* ⟨-s; *no pl*⟩ (*Bauchweh*) gripes *pl.*

ˈgrim·mig I *adj* **1.** *Gesicht, Blick, Humor etc*: grim. **2.** (*wütend*) grim, furious, wrathful, enraged. **3.** *Angriff, Gegner etc*: grim, fierce, ferocious. **4.** *Kälte, Schmerzen, Hunger etc*: fierce, grim. **II** *adv* **5.** grimly (*etc*); **~ kalt** bitterly (*od.* fiercely) cold; **~ drein-schauen** look grim. **2keit** *f* ⟨-; *no pl*⟩ grimness (*etc*).

Grimmsch [grımʃ] *adj* of (*od.* by) Grimm; **~e Märchen** Grimm's fairy tales; **das ~e Wörterbuch** Grimm's dictionary.

Grind [grınt] *m* ⟨-(e)s; -e⟩ **1.** *med.* a) (*Wundschorf*) scurf, scab, crust, b) (*Flechte*) impetigo, c) (*Favus*) crusted ringworm, favus, d) (*Milchschorf*) milk crust. **2.** *bot.* scurf. **3.** *vet.* (*Räude*) scab, mange. **4.** *hunt.* head. **5.** *dial. colloq.* (*Kopf*) loaf, pate. **~ˌflech·te** *f med.* impetigo.

grin·dig [ˈgrındıç] *adj med.* scabby, scurfy.

ˈGrindˌwal *m zo.* pilot whale.

grin·sen [ˈgrınzən] **I** *v/i* ⟨h⟩ **1.** grin (broadly) (**über** *acc* at); (**höhnisch**) **~** grin derisively, sneer; **spöttisch ~** smirk; **dümmlich** (*od.* **albern**) **~** smirk, simper, wear a silly grin; **übers ganze Gesicht ~** grin from ear to ear. **II 2** *n* ⟨-s⟩ **2.** grinning (*etc*). **3.** (broad) grin; (**höhnisches**) **2** derisive grin, sneer, smirk; (**albernes**) **~** simper, silly grin; **ein 2 aufsetzen** grin.

grip·pal [grıˈpaːl] *adj med.* grippal, influenzal; **~er Infekt** influenza infection.

Grip·pe [ˈgrıpə] *f* ⟨-; -n⟩ *med.* influenza, grippe, *colloq.* flue. **~ˌanˌfall** *m* attack of influenza (*etc*). **~epi·deˌmie** *f* influenza epidemic. **2ˌkrank** *adj* sick (*od.* down) with influenza, *colloq.* having the flue. **~ˌvi·rus** *m* influenza virus. **~ˌwel·le** *f* wave of influenza.

grip·pös [grɪˈpø:s] *adj* → grippal.

Grips [grɪps] *m* ⟨-es; -e⟩ *colloq.* brains *pl*; **er hat nicht viel ∼ im Kopf** he hasn't got much brains; **s-n ∼ zs.-nehmen** use one's brains.

Gris·ly [ˈgrɪslɪ] *m* ⟨-s; -s⟩, **∼ˌbär** *m zo.* grizzly bear.

Grit [grɪt] *m* ⟨-s; -e⟩ *geol.* grit(stone).

Grizz·ly [ˈgrɪslɪ] *m* ⟨-s; -s⟩, **∼ˌbär** *m* → Grislybär.

grob [gro:p] **I** *adj* ⟨∸er; ∸st⟩ **1.** *Kies, Sand, Sieb, Feile, Gewebe etc*: coarse; *tech.* **∼es Gewinde** coarse thread. **2.** *Draht, Faser etc*: coarse, thick. **3.** *Tuch, Hände etc*: rough, coarse; **∼e Gesichtszüge** coarse features. **4.** *Oberfläche etc*: rough, uneven. **5.** (*unverarbeitet*) raw, crude, unfinished. **6.** *Kost etc*: coarse (*food*). **7.** (*∼körnig*) coarse(-grained). **8.** *Arbeit etc*: rough, heavy; **∼e Arbeit verrichten** do rough work. **9.** *fig. Fehler etc*: gross, bad, crass; **e-e ∼e Lüge** a gross (*od.* barefaced) lie; *bes. jur.* **∼e Fahrlässigkeit** gross negligence; **∼er Verstoß** grievous offen/ce (*Am.* -se), gross violation; → **Unfug** 4. **10.** *fig.* a) (*ungehobelt*) coarse, rough, uncouth, churlish (*manners, person, etc*), b) (*unkultiviert, unfein*) crude, (*unverschämt*) rude; **∼er Kerl** coarse (*od.* rude, *etc*) fellow, ruffian; **∼e Behandlung** rough treatment; **∼er Spaß** coarse (*od.* crude) joke; **∼ werden (gegen j-n)** be rude to (*od.* rough with) s. o., cut up rough. **11.** *fig.* (*ungefähr*) rough, approximate; **∼e Schätzung** rough estimate; **∼e Skizze** rough sketch; **et. in ∼en Umrissen schildern** give a rough outline of s. th., outline s. th. roughly. **12.** *hunt.* a) *Keiler, Sau etc*: old, b) *Schweineherde*: without young. **II** *adv* **13.** coarsely; *Gerät* **∼ abstimmen** coarse-tune; **∼ eingestellt** coarsely adjusted. **14.** roughly, crudely; **ein ∼ gezimmerter Tisch** a roughly made table; **∼ behauener Stein** roughly hewn (*od.* rough-hewn) stone. **15.** *fig.* rudely, roughly; **er kam mir ∼** he was rude to me, he cut up rough. **16.** *fig.* roughly, approximately; **∼ geschätzt** roughly (estimated), at a rough estimate (*od.* guess); **et. ∼ umreißen** outline s. th. roughly, make a rough outline of s. th.; **et. ∼ überschlagen** make a rough estimate of s. th. **17.** *bes. jur.* **∼ fahrlässig** grossly negligent. **III** *substantiviert mit Kleinschreibung* **18. aus dem ∼en arbeiten** work from the rough. **19.** → Gröbste.

ˈGrob|ˌabˌstim·mung *f Radio*: coarse tuning. **∼beˌar·bei·tung** *f tech.* **1.** a) *spanlos*: rough-working, b) *zerspanend*: rough-machining. **2.** *von Steinen*: rough-hewing. **∼beˌton** *m civ.eng.* **1.** coarse concrete. **2.** rubble concrete.

ˈGrobˌblech *n tech.* (thick) plate. **∼ˌleh·re** *f* plate ga(u)ge. **∼ˌsche·re** *f* plate shears *pl.* **∼ˌwal·ze** *f* plate roll.

ˈGrob|ˌeinˌstel·lung *f tech.* coarse adjustment. **Ձˌfa·se·rig** *adj* coarse-fib/red (*Am.* -ered). **∼ˌfei·le** *f tech.* rough file. **∼ˌfil·ter** *n, m* coarse filter. **Ձˌgän·gig** *adj Gewinde*: coarse(-pitch). **Ձgeˌmah·len** *adj Kaffee etc*: coarse-ground. **∼geˌwin·de** *n tech.* coarse thread.

ˈGrob·heit *f* ⟨-; -en⟩ **1.** ⟨*only sg*⟩ *von Material etc*: coarseness, roughness. **2.** ⟨*only sg*⟩ *fig.* a) *e-r Person etc*: rudeness, roughness, boorishness, b) (*Roheit*) brutality, c) *e-s Briefes etc*: rudeness, abusiveness, d) *e-s Witzes etc*: coarseness, crudeness. **3.** rude remark; **j-m ∼en sagen** (*od. colloq.* **an den Kopf werfen**) be (extremely) rude to s. o., insult s. o. **4.** (act *od.* piece of) rudeness.

ˈGrobˌhieb *m tech. e-r Feile*: coarse cut.

Gro·bi·an [ˈgro:bĭa:n] *m* ⟨-s; -e⟩ rude (*od.* coarse) fellow, boor, ruffian, *Am. colloq.* roughneck.

Gro·bia·nis·mus [grobĭaˈnɪsmʊs] *m* ⟨-; *no pl*⟩ *Literatur*: Grobianism, Rabelaisian style.

ˈGrob|keˌra·mik *f* earthenware. **Ձkeˌra·misch** *adj* of baked clay. **∼ˌkies** *m* coarse gravel. **Ձˌkno·chig** *adj* large-boned. **∼ˌkoks** *m* coarse coke. **∼ˌkorn** *n* ⟨-(e)s; *no pl*⟩ **1.** *metall. phot.* coarse grain. **2.** *beim Schießen*: coarse sight. **Ձˌkör·nig** *adj* coarse-grained, *phot. a.* grainy. **∼ˌkör·nig·keit** *f* ⟨-; *no pl*⟩ **1.** coarseness of grain. **2.** *phot.* graininess.

gröb·lich [ˈgrø:plɪç] *fig.* **I** *adj Beleidigung etc*: gross. **II** *adv* **sich ∼ irren** be grossly mistaken; **j-n ∼ beleidigen** offend s. o. grossly (*od.* seriously).

ˈGrob|ˌmah·len *n* coarse grinding, crushing. **Ձˌma·schig** *adj* **1.** *Netz etc*: coarse-(*od.* wide-)meshed. **2.** *Pullover etc*: coarsely knitted. **∼ˌmör·tel** *m civ. eng.* coarse-grained mortar. **∼ˌpas·sung** *f tech.* **1.** *bei Maschinen*: loose fit. **2.** *e-s Gewindes*: coarse fit. **∼ˌra·ster** *m print.* coarse screen. **∼ˌre·ge·lung** *f* coarse control. **∼ˌsand** *m* coarse sand. **Ձˌschläch·tig** [-ˌʃlɛçtɪç] *adj Mensch*: gross, uncouth, boorish. **∼ˌschlei·fen** *n tech.* **1.** rough grinding. **2.** off-hand grinding. **∼ˌschlich·ten** *n* rough finishing. **∼ˌschliff** *m* **1.** *tech.* a) rough grinding, b) *von Gußstücken*: snagging. **2.** *von Schmuck*: rough polishing. **∼ˌschmied** *m* blacksmith; (*Fabrik*Ձ) forger. **∼ˌschnitt** *m* (*Tabak*) coarse cut. **∼ˌsieb** *n* coarse(-meshed) sieve. **∼ˌsitz** *m* → Grobpassung.

Gröb·ste [ˈgrø:pstə] *n* ⟨-n; *no pl*⟩ **aus dem ∼n heraus sein** be over the worst, be out of the woods; **nur das ∼ tun** do only the bare minimum.

ˈGrob|verˌstel·lung *f tech.* coarse adjustment. **∼ˌwalzˌwerk** *n metall.* **1.** *zum Streckwalzen*: roughing mill. **2.** *zum Vorblocken*: blooming mill. **∼zerˌklei·ne·rung** *f* (coarse) crushing. **∼ˌzug** *m tech.* roughing block. **∼ˌzuˌschlag** *m civ.eng.* (*Beton*) coarse aggregate.

Grog [grɔk] *m* ⟨-s; -s⟩ grog; **e-n steifen ∼ trinken** have a stiff (glass of) grog.

grog·gy [ˈgrɔgɪ] (*Engl.*) *adj* ⟨*pred*⟩ *Boxen u. fig. colloq.* groggy.

grö·len [ˈgrø:lən] *colloq.* **I** *v/i* ⟨h⟩ **1.** bawl. **2.** *Radio etc*: blare. **II** *v/t* **3.** (*Lied etc*) bawl (out). **4.** (*Beifall etc*) howl, roar. **III** Ձ *n* ⟨-s⟩ **5.** bawling (*etc*); blare.

Gro·liˈer ... [groˈlĭe:-] *print.* Grolier.

Groll [grɔl] *m* ⟨-(e)s; *no pl*⟩ **1.** ranco(u)r, grudge, resentment, ill will, ill feeling; **e-n ∼ hegen (gegen)** → **grollen** 1, 2. **2.** (*Zorn*) anger, rage. **3.** (*eingewurzelter Haß*) inveterate hatred, animosity.

grol·len [ˈgrɔlən] **I** *v/i* ⟨h⟩ **1.** be angry, be resentful. **2. (mit) j-m ∼ (wegen et.** because of s. th.) bear s. o. ill will (*od.* a grudge), have a grudge (*od.* spite) against s. o., be resentful towards s. o. **3.** *Donner etc*: rumble, roll. **II** Ձ *n* ⟨-s⟩ **4.** anger, resentment. **5.** grudge. **6.** *des Donners etc*: rumble, roll. **∼d** *adj* resentful, angry, cross, sulky.

ˈGrönˌlän·der [ˈgrø:n-] *m* ⟨-s; -⟩, **ˈGrönˌlän·de·rin** *f* ⟨-; -nen⟩ Greenlander.

ˈGrönˌland|ˌfah·rer *m* **1.** member of a Greenland expedition. **2.** *mar.* a) (*Fischer*) Greenland whaler, b) (*Schiff*) Greenlandman. **∼ˌfal·ke** *m* gyrfalcon. **∼ˌhai** *m* Greenland shark.

ˈgrönˌlän·disch I *adj* Greenland(ic). **II** *ling.* Ձ ⟨*generally undeclined*⟩, **das** Ձ**e** ⟨-n⟩ Greenlandic.

ˈGrönˌlandˌwal *m zo.* Greenland whale.

Gros[1] [gro:] *n* ⟨- [gro:(s)]; - [gro:s]⟩ **1.** (*Großteil*) bulk, main body, chief part; **das ∼ e-s Heeres** the bulk (*od.* main body) of an army. **2.** (*Mehrheit*) majority.

Gros[2] [grɔs] *n* ⟨-sses; -sse, *bei Mengenangaben*: -⟩ *econ.* gross, twelve dozen; **5 ∼ Eier** 5 gross of eggs; **zwölf ∼** a great gross.

Gro·schen [ˈgrɔʃən] *m* ⟨-s; -⟩ **1.** (*österreichische Münze*) groschen. **2.** *colloq.* a) ten-pfennig piece, ten pfennigs *pl*, b) *fig.* penny, *Am.* cent; **drei ∼** thirty pfennigs; **das war k-n ∼ wert** it was not worth a (brass) farthing (*Am.* a plugged nickel). **3.** *fig. colloq.* **der ∼ ist gefallen** now I see (*od.* get it), the penny has dropped; **ist der ∼ gefallen?** got it?; **bei dem fällt der ∼ pfennigweise** he is slow in the uptake. **4.** *Bibl.* **das Gleichnis vom verlorenen ∼** the parable of the piece of silver. **∼au·toˌmat** *m* (penny-in-the-)-slot machine. **∼ˌblatt** *n contp.* tabloid (*od.* yellow) paper. **∼ˌheft** *n*, **∼roˌman** *m* penny dreadful, *Am.* dime novel. **∼ˌschrei·ber** *m contp.* penny-a-liner.

ˈgrosˌwei·se [ˈgrɔs-] *adv* by the gross.

groß [gro:s] **I** *adj* ⟨∸er; größt⟩ **1.** *an Ausdehnung, Umfang etc*: large, *bes. an Masse, Volumen*: big; **e-e ∼e Stadt** a large (*od.* big) city; **so ∼ wie ein Haus** as big as (*od.* the size of) a house; **das Grundstück ist 600 Quadratmeter ∼** the estate is 600 square metres (in area); **m-e Schuhe sind mir zu ∼** my shoes are too large; **ein ∼es Vermögen (Einkommen)** a large fortune (income); **ein ∼es Wörterbuch** a large (*od.* big, bulky, voluminous) dictionary; **zum ∼en Teil** → **großenteils**; **in ∼em Ausmaß** (*od.* **Stil**) on a large scale; **Aktion ∼en Stils** large-scale (*od.* major) campaign; **ein wenig zu ∼ geraten sein** be (somewhat) on the large side; → **Auge** 1, **Bär** 2, **Einmaleins** 1, **Rede** 1 (*etc*). **2.** *Person*: tall; **ich bin 1,70 m ∼** I am 5 feet 6 inches (tall), I measure (*od.* stand) 5 feet 6 inches; **wie ∼ ist er?** what is his height?; **die beiden sind gleich ∼** the two are of equal height. **3.** (*hoch*) high, tall (*tree, house, mountain, etc*). **4.** *Leiter etc*: long, tall. **5.** *Fläche, Wüste etc*: large, vast. **6.** *Zimmer etc*: large, spacious. **7.** *Zeitspanne, Reise etc*: long; **∼e Entfernung** great (*od.* long) distance; **∼e Schritte machen** take long strides. **8.** *an Zahl, Wert, Grad, Bedeutung etc*: great; **e-e ∼e Anzahl von Leuten** a great (*od.* large) number of people, a great many people *pl*; **∼e Auswahl** a great (*od.* large) variety; **in ∼er Eile** in a great hurry; **zu m-r ∼en Freude** to my great pleasure, much to my pleasure; **mit ∼er Mühe** with great difficulty; **∼es Glück haben** be very lucky; **∼en Durst (Hunger) haben** be very thirsty (hungry); → **Liebe**[1] 6, **Mode** 3 (*etc*). **9.** *Hitze etc*: great, intense. **10.** *Kälte etc*: severe, intense (*cold, etc*). **11.** *Schmerz etc*: great, violent, sharp. **12.** *Schaden, Verlust etc*: great, severe, heavy (*loss, etc*). **13.** *Fehler etc*: big, bad, grave, gross (*mistake, etc*). **14.** *Unterschied etc*: great, big, *stärker*: vast (*difference, etc*). **15.** *fig. Entdeckung, Augenblick etc*: great; **∼e Tat** great deed, (great) feat, great exploit; **ein ∼er Tag in s-m Leben** a great day in his life; **ein ∼er Erfolg** a great success. **16.** *fig. Künstler, Politiker, Nation, Name, Werk etc*: great; **ein ∼er Geist (Staatsmann)** a great mind (statesman); **e-e ∼e Rede** a great speech; → **Dame** 1, **Herr** 4 (*etc*). **17.** *fig. colloq. a.* **ganz ∼** (*prima*) great, super, terrific; **er war**

ganz ~ *sl. a.* he was a wow; ich bin kein ~er Redner I'm not much of a speaker; ich bin kein ~er Freund von Suppe I'm not so keen on soup; er ist ein ~er Dummkopf he is a terrible fool. **18.** ~ in (*dat*) et. sein be (very) good at (*od.* in) s. th.; in Mathematik ist er ganz ~ *a.* he is a wizard at mathematics; *iro.* sie ist ~ im Geldausgeben she is a great one for spending money. **19.** (*erwachsen*) grown-up; die ~en Leute the grown-ups; wenn ich mal (*od.* erst) ~ bin when I'm grown up; er ist noch ein ~es Kind he is still a child (*od.* boy); ~ und klein a) old and young, b) *standesmäßig*: high and low. **20.** (*älter*) elder, older; m-e ~e Schwester my elder (*od. colloq.* big) sister. **21.** *fig. Schauspiel, Stil etc*: great, grand, magnificent (*spectacle, etc*); → Bahnhof, Staat[2] 1. **22.** *fig.* (~*zügig*) generous. **23.** *fig. Pläne etc*: great, ambitious, high(-flown) (*plans, etc*); er hat ~e Ziele he is aiming high. **24.** *fig. Wissen etc*: great, profound, wide (*knowledge*). **25.** *fig. Gesellschaft, Politik etc*: high. **26.** *Masse, Publikum etc*: general (*public, etc*). **27.** *Abendanzug etc*: full; in ~er Toilette in full evening dress, in gala. **28.** *fig.* (*allgemein, wesentlich*) broad, general; et. in ~en Zügen schildern describe s. th. along general lines. **29.** *Buchstabe*: capital, large, *bes. in Handschriften*: majuscular, majuscule; ein Wort ~ schreiben capitalize a word. **30.** *colloq.* ~es Geld a) (*Scheine*) (bank) notes *pl*, *Am.* bills *pl*, b) (*großer Profit*) big money. **31.** *mus.* a) *Intervall*: major, b) *Besetzung etc*: grand; ~e Terz major third. **II** *adv* **32.** large, big (*etc*); *colloq.* ~ und breit a) *dastehen etc*: as large as life, b) *sich auslassen über*: at great length, lengthily. **33.** (*in großem Stil*) in a big way, in great style; *colloq.* ~ angeben boast (*od.* show off) awfully; ~ (und edel) denken be high-minded; ~ von j-m (et.) denken think highly of s. o. (s. th.); das war ~ gehandelt that was nobly done; → ausgehen, herausbringen, herauskommen 9. **34.** *a.* ganz ~ (*großartig*) splendidly, marvellously, *colloq.* great; ~ in Form in great form, in excellent shape; sich ganz ~ schlagen a) put up a great fight, b) *fig. colloq.* put up a damn good show; ~ beim Publikum ankommen be a big success with the public. **35.** *colloq.* nicht ~ not (very) much; sich nicht ~ um j-n (et.) kümmern not to bother much about s. o. (s. th.). **36.** *colloq. verstärkend*: was soll man da ~ sagen? what can one say in the circumstances?; was gibt es da noch ~ zu fragen? isn't that answer enough?; warum soll man da ~ streiten? why quarrel over such a trifle?; was ist schon ~ dabei? there's no harm in it, is there?, (*es ist leicht*) there's nothing to it, is there?; was kann das ~ kosten? it can't be that expensive. **III** 2e, das ⟨-n⟩ **37.** et. 2es a) s. th. big (*etc*), b) *fig.* s. th. great, a great thing; 2es vollbringen do (*od.* achieve) great things; nach Größerem streben aim at bigger things; im 2en wie im Kleinen s-e Pflicht tun do one's duty in great as in little things. **38.** *mit Kleinschreibung*: im ~en und ganzen on the whole, by and large, generally (speaking); im ~en a) on a large scale, b) *econ.* wholesale, *einkaufen*: *a.* in bulk; Versuch im ~en large-scale trial.

ˈGroß|ˌabˌneh·mer *m econ.* bulk purchaser. **~ad·miˌral** *m* Admiral of the Fleet. **~ak·tioˌnär** *m econ.* principal (*od.* major) shareholder (*Am.* stockholder). **2ˌan·geˌlegt** *adj* large-scale. **~ˌanˌgriff** *m* **1.** *mil.* large-scale (*od.* major) attack, *aer. a.* (air) blitz. **2.** *fig. colloq.* drive, big campaign.

ˈgroßˌar·tig I *adj* **1.** great, grand. **2.** a) (*wunderbar*) wonderful, splendid, marvellous, magnificent, *colloq.* terrific, great, b) (*ausgezeichnet*) excellent, brilliant, first-rate, *colloq.* fantastic; e-e ~e Idee a splendid (*od. a. iro.* bright, big) idea; sie war ~ *colloq.* she was great. **3.** (*erhaben, beeindruckend*) sublime, grandiose, grand. **4.** (*groß, gewaltig*) enormous, tremendous. **5.** *contp.* (*großspurig*) pompous. **II** *adv* **6.** wonderfully (*etc*), *colloq.* great; es hat ~ geklappt it worked beautifully. **7.** pompously; *colloq.* ~ tun put on airs. **2keit** *f* ⟨-; *no pl*⟩ **1.** greatness, grandness. **2.** (*Vortrefflichkeit*) excellence. **3.** (*Erhabenheit*) sublimity, grandness, grandeur. **4.** (*Pracht*) splendo(u)r, magnificence. **5.** *e-s Künstlers etc*: brilliancy. **6.** (*Größe, Gewalt*) enormity. **7.** (*übertriebene Wirkung*) grandiosity. **8.** *contp.* (*Großspurigkeit*) pompousness, showiness.

ˈGroß|ˌaufˌnah·me *f Film*: close-up. **~ˌaufˌtrag** *m econ.* large (*od.* big) order. **2ˌäu·gig I** *adj* big-(*od.* large-)eyed. **II** *adv* with big eyes. **~ˌbank** *f* ⟨-; -en⟩ large (*od.* major) bank. **~ˌbau·er** *m* large farmer. **~ˌbaum** *m mar.* main boom. **~beˌtrieb** *m econ.* large-scale enterprise, large concern (*od. agr.* farm). **2ˌblät·te·rig** *adj bot.* large-leaved, macrophyllous. **2ˌblu·mig** *adj* large-flowered. **~ˌboot** *n mar.* **1.** (*Beiboot für Kriegsschiffe*) pinnace. **2.** *e-s Segelschiffs*: longboat, launch. **~ˌbramˌse·gel** *n* main-topgallant sail. **~ˌbrand** *m* → Großfeuer. **~ˌbras·se** *f mar.* main brace. **2briˈtan·nisch** *adj* British, of (*od.* relating to) Great Britain. **~ˌbuchˌsta·be** *m* **1.** capital (letter); in ~n schreiben write in capitals. **2.** *print.* uppercase letter. **~ˌbür·ger** *m hist.* member of the upper middle class. **2ˌbür·ger·lich** *adj* upper middle-class, of the haute bourgeoisie. **~ˌbür·ger·tum** *n* upper middle class, haute bourgeoisie. **2ˌden·kend** *adj* high-minded. **2ˌdeutsch** *adj pol. hist.* Pan-German(ic); die ~e Idee, der ~e Gedanke Pan-Germanism.

ˈGro·ße *m, f* ⟨-n; -n⟩ **1.** *meist pl* great; die ~n dieser Welt the great (*od.* mighty) (of this world). **2.** *pl* (*Erwachsene*) grown-ups; Märchen für ~ und Kleine fairy tales for young and old. **3.** (*Kind*) eldest (child); unser ~r our eldest (son); die ~n müssen den Kleinen helfen the older children have to help the younger ones. **4.** *hist.* Great; Friedrich der ~ Frederick the Great.

Grö·ße [ˈgrøːsə] *f* ⟨-; -n⟩ **1.** ⟨*only sg*⟩ (*Umfang*) size, largeness, bigness; von mittlerer ~ medium-sized (*cf. a.* 2); *ein Mann* von mittlerer ~ of medium height; in natürlicher ~ in natural (*od.* actual) size. **2.** (*Körper*2) height, tallness; sie hat für ihr Alter e-e beachtliche ~ she is remarkably tall for her age; er hat ungefähr m-e ~ he is about my height; da stand er, in voller ~ there he stood, as large as life; er richtete sich zu voller ~ auf he drew himself up to his full height. **3.** (*Gestalt, Statur*) stature. **4.** (*Ausmaß, Ausdehnung*) dimension(s *pl*). **5.** (*Fläche*) area; die ~ e-s Landes the area (*od.* size) of a country. **6.** ⟨*only sg*⟩ (*Weite*) spaciousness, *größer*: vastness. **7.** (*Rauminhalt*) volume, *e-s Gefäßes*: cubic content, capacity. **8.** (*Nummer bei Kleidungsstücken etc*) size; welche ~ haben Sie? which size do you take?, what is your size? **9.** *math.* quantity; (un)bekannte ~ *a. fig.* (un)known quantity. **10.** *astr.* ein Stern erster ~ a star of the first magnitude. **11.** ⟨*only sg*⟩ (*Größenordnung*) order; ein Projekt dieser ~ a project of this order. **12.** ⟨*only sg*⟩ *fig.* (seelische *od.* innere) ~ (inner) greatness, high-mindedness; ~ besitzen (beweisen, zeigen) possess (demonstrate, show) greatness. **13.** ⟨*only sg*⟩ *fig.* (*Bedeutung*) greatness, importance; sich (*dat*) der ~ der Stunde bewußt sein be aware of the greatness of the hour. **14.** *fig. colloq.* (*Persönlichkeit*) great man (*od.* figure, name, mind), celebrity; e-e ~ auf dem Gebiet der Atomforschung an authority on (*od.* in the field of) atomics. **15.** *fig. colloq.* (*Künstler, Sportler etc*) star.

ˈGroß|ˌeinˌkauf *m* bulk (*od.* quantity) purchase. **~ˌeinˌsatz** *m* large-scale operation. **2ˌel·ter·lich** *adj* grandparental, of the grandparents. **~ˌel·tern** *pl* grandparents.

ˈGrö·ßenˌanˌga·be *f* statement of size.

ˈGroß|ˌen·kel *m* great-grandson. **~ˌen·ke·lin** *f* great-granddaughter.

ˈGrö·ßen|ˌfak·tor *m* size factor. **~ˌklas·se** *f* size (group *od.* category). **~ˌord·nung** *f* **1.** *von Sternen, Energie etc*: order (of magnitude). **2.** *fig. Aufträge etc* dieser ~ of this order.

ˈgro·ßenˈteils *adv* to a great (*od.* large) extent (*od.* degree), largely.

ˈGrö·ßen|verˌhält·nis *n* **1.** (*Maßstab*) scale. **2.** (*Verhältnis*) ratio (of size). **3.** *meist pl* (relative) proportion(s *pl*), dimensions *pl*. **~ˌwahn(ˌsinn)** *m* megalomania, delusions *pl* of grandeur. **2ˌwahnˌsin·nig** *adj a. fig. colloq.* megalomaniac, suffering from megalomania (*od.* delusions of grandeur). **~ˌwahnˌsin·ni·ge** *m, f* megalomaniac.

grö·ßer [ˈgrøːsər] *comp of* groß *u. adj* **1.** der ~e Teil the greater (*od.* larger) part, the bulk (of it); ich bin um e-n Kopf ~ als du I am a head taller than you; mit um so ~em Recht als with all the more reason since; ~ werden grow (larger). **2.** (*ziemlich groß*) considerable, major (*sum, catastrophe, etc*); ohne ~e Mühe without much effort.

ˈgrö·ße·renˈteils, ˈgrö·ßernˈteils *adv* to a larger (*od.* greater) extent, in a larger measure.

ˈGroß|erˌzeu·ger *m econ.* large-scale (*od.* mass) producer. **~ˌfahn·dung** *f* dragnet operation, manhunt. **~faˌmi·lie** *f sociol.* extended family. **~ˌfeu·er** *n* large (*od.* four-alarm) fire, (big) blaze. **~fiˌnanz** *f* high finance. **2ˌflä·chig** *adj* **1.** wide, extensive. **2.** *Gesicht*: broad. **~ˌflugˌha·fen** *m* major (*od.* intercontinental) airport. **~ˌflugˌzeug** *n* giant aircraft. **~ˌfo·lio** *n* ⟨-s; *no pl*⟩ *print.* large folio. **~forˌmat** *n* **1.** *print.* large format (*od.* size). **2.** *fig. colloq.* king-size. **2forˌma·tig** *adj* **1.** *print.* of large format (*od.* size). **2.** *fig. colloq.* king-size(d). **~ˌfürst** *m hist.* Grand Duke. **~ˌfür·sten·tum** *n* Grand Principality (*od.* Duchy). **~ˌfür·stin** *f* Grand Duchess. **2ˌfüt·tern** *v/t* ⟨*sep*, -ge-, h⟩ *colloq.* (*Kinder*) raise, bring *s. o.* up. **~gaˌra·ge** *f* **1.** large garage. **2.** large service station. **3.** *öffentliche*: (large) car park. **2geˌschrie·ben** *adj* capital(ized). **~ˌgrund·beˌsitz** *m* **1.** large estates *pl*. **2.** large real estate holdings *pl*. **~ˌgrund·beˌsit·zer** *m* big landowner, (big) landed proprietor. **~ˌhan·del** *m* ⟨-s; *no pl*⟩ *econ.* wholesale trade (*od.* business); et. im ~ einkaufen (verkaufen) buy (sell) s. th. wholesale.

ˈGroßˌhan·dels|ˌfir·ma *f econ.* wholesale business (*od.* firm). **~geˌschäft** *n* **1.** → Großhandelsfirma. **2.** → Großhandel. **3.** wholesale transaction. **~ˌin·dex** *m* wholesale price index. **~ˌpreis** *m* wholesale price. **~ˌspan·ne** *f* wholesale margin.

ˈGroß|ˌhänd·ler *m econ.* wholesale dealer, wholesaler. **~ˌhand·lung** *f* wholesale firm (*od.* business).

ˈgroßˌher·zig *adj* **1.** magnanimous, noble(-minded). **2.** (*großzügig*) generous, big-hearted. **≈keit** *f* ⟨-; *no pl*⟩ **1.** magnanimity. **2.** generosity.

ˈGroß|ˌher·zog *m* **1.** Grand Duke. **2.** *orn.* eagle owl. **~ˌher·zo·gin** *f* Grand Duchess. **≈ˌher·zog·lich** *adj* Grand-Ducal. **~ˌher·zog·tum** *n* Grand Duchy. **~ˌhirn** *n* **1.** *anat.* cerebrum. **2.** *zo.* anterior brain. **~ˌhirnˌrin·de** *f* cerebral cortex, pallium. **~in·duˌstrie** *f* big (*od.* large-scale) industry. **~in·du·striˌel·le** *m* big industrialist, industrial magnate, captain of industry, *bes. Am. colloq.* tycoon. **~in·quiˌsi·tor** *m R. C. hist.* Grand Inquisitor.

Gros·sist [grɔˈsɪst] *m* ⟨-en; -en⟩ → Großhändler.

ˈgroßˌjäh·rig *adj* → volljährig.

ˈgroß|kaˌli·brig [-kaˌliːbrɪç] *adj Gewehr etc*: large-cali/bre (*Am.* -er). **≈ˌkampfˌschiff** *n mar.* capital ship. **≈ˌkampfˌtag** *m* **1.** *mil.* great battle day. **2.** *fig. colloq.* "D-Day"; tough day. **≈ka·piˌtal** *n econ.* **1.** high finance, big business. **2. das** ~ *collect.* the big capitalists *pl.* **≈ka·pi·taˌlis·mus** *m* **1.** big capitalism. **2.** plutocracy. **≈ka·pi·taˌlist** *m* **1.** (big) capitalist. **2.** plutocrat. **~kaˌriert** *adj* (bold-)plaid (*od.* -checked). **≈ˌkat·ze** *f* big cat. **≈ˌkaufˌmann** *m econ.* **1.** great merchant. **2.** → Großhändler. **≈ˌkli·ma** *n* macroclimate. **≈ˌknecht** *m* foreman. **≈komˌtur** *m hist.* grand commander. **≈konˌzern** *m econ.* big concern, combine, group. **≈ˌkop·fer·te** [-ˌkɔpfərtə] *m* ⟨-n; -n⟩ *Bavarian colloq.* bigwig. **~ˌköp·fig** [-ˌkœpfɪç] *adj anat. zo.* large-headed, macrocephalic, megacephalic. **≈ˌkotz** *m* ⟨-es; -e⟩ *colloq. contp.* **1.** (*großspuriger Kerl*) bumptious (*od.* highfalutin) fellow. **2.** (*Angeber*) show-off. **~ˌkot·zig** *adj colloq. contp.* **1.** (*großspurig*) bumptious, highfalutin, high and mighty. **2.** (*angeberisch*) show-off(ish). **3.** (*protzig*) flash, posh. **≈ˌkot·zig·keit** *f* ⟨-; *no pl*⟩ **1.** bumptiousness, arrogance. **2.** pomposity, showing-off. **3.** ostentatiousness, showiness. **≈ˌkraftˌwerk** *n tech.* high-capacity power station. **≈ˌkreuz** *n e-s Ordens*: Grand Cross. **≈ˌkü·che** *f* large-scale catering establishment; (*Kantine*) canteen. **≈ˌkundˌge·bung** *f* mass rally (*od.* meeting). **≈ˌlautˌspre·cher** *m* **1.** high-power loudspeaker. **2.** (*Anlage*) public-address system, P. A. S. **≈ˌlo·ge** *f der Freimaurer*: grand lodge. **~ˌma·chen** *v/reflex* ⟨*sep*, -ge-, h⟩ **sich** ~ *colloq.* boast. **≈ˌmacht** *f pol.* Great Power, major power; **die Großmächte** the Great Powers. **~ˌmäch·tig I** *adj* mighty, powerful. **II** *adv colloq.* tremendously.

ˈGroßˌmacht|po·liˌtik *f* **1.** (great-)power politics *pl* (*als sg od. pl konstruiert*). **2.** *e-s bestimmten Landes etc*: great-power policy. **~ˌstel·lung** *f* position as (*od.* of) a Great Power.

ˈGroß|ˌmagd *f* head maid. **~maˌma** *f* grandma, granny. **~ˌmannsˌsucht** *f* megalomania. **≈ˌmannsˌsüch·tig** *adj* megalomaniac. **~ˌmarkt** *m* hypermarket, central market. **~ˌmars** *m mar.* maintop. **~ˌmarsˌse·gel** *n* main topsail. **≈ˌma·schig** *adj* wide-(*od.* large-)meshed. **~ˌmast** *m mar.* mainmast. **~ˌmaul** *n* **1.** *colloq.* → Großsprecher. **2.** *ichth.* warmouth. **≈ˌmäu·lig** [-ˌmɔʏlɪç] *adj colloq.* → großsprecherisch. **~ˌmei·ster** *m hist.* Grand Master. **~ˌmo·gul** *m* Great (*od.* Grand) Mogul. **~ˌmuf·ti** *m* Grand Mufti. **~ˌmut** *f* ⟨-; *no pl*⟩ magnanimity, generosity; ~ **üben** be magnanimous. **≈ˌmü·tig** *adj* magnanimous, (*großzügig*) *a.* generous. **~ˌmut·ter** *f* grandmother; *colloq.* **das kannst du d-r ~ erzählen** tell that to the marines. **≈ˌmüt·ter·lich** *adj* grandmotherly, of one's grandmother. **~ˌnef·fe** *m* grand-nephew. **~ˌnich·te** *f* grand-niece. **~of·fenˌsi·ve** *f mil.* major offensive. **~okˌtav** *n* ⟨-s; *no pl*⟩ *print.* large octavo. **~ˌon·kel** *m* great-uncle, grand-uncle. **~paˌpa** *m colloq.* grandpa. **~ˌpho·to** *n*, **~pho·to·graˌphie** *f* photomural, (*Vergrößerung*) blowup. **~pro·duk·tiˌon** *f econ.* large-scale production. **~ˌra·he** *f mar.* main yard. **~ˌrat** *m Swiss* member of a cantonal parliament.

ˈGroßˌraum *m* **1.** large room. **2.** → Großraumbüro. **3.** *politischer, wirtschaftlicher*: extended area; **der ~ München** Greater Munich, the Greater Munich area. **~be·wirt·schaf·tung** *f econ.* supra-regional management. **~bü·ro** *n* open-plan office. **~ˌflugˌzeug** *n* giant aircraft.

ˈgroßˌräu·mig *adj* **1.** (*geräumig*) spacious. **2.** (*weit ausgedehnt*) extensive. **3.** covering a large area.

ˈGroß|ˌraumˌwirt·schaft *f econ.* large-area (*od.* supra-regional) economy. **~ˌre·chenˌanˌla·ge** *f*, **~ˌrech·ner** *m* **1.** high-capacity computer (system). **2.** computer cent/re (*Am.* -er). **~re·gal(·paˌpier)** *n print.* imperial. **~ˌrei·neˌma·chen** *n* thorough (*od. colloq.* wholesale) housecleaning. **~royˌal·paˌpier** *n print.* super royal. **~ˌsatz** *m ling.* period. **~ˌschiffahrtsˌweg** (*getr.* -ffˌf-) *m* major waterway (*od.* shipping lane). **~schläch·teˌrei** *f* wholesale butchery. **~ˌschnau·ze** *f colloq. for* Großsprecher. **≈ˌschnäu·zig** [-ˌʃnɔʏtsɪç] *adj* → großsprecherisch. **~ˌschot**, **~ˌscho·te** *f mar.* mainsheet. **≈ˌschrei·ben** *v/t* ⟨*irr, sep*, -ge-, h⟩ *fig.* **großgeschrieben werden** be considered essential (*od.* important), loom large. **~ˌschrei·bung** *f* capitalization. **~ˌse·gel** *n mar.* mainsail. **~ˌsen·der** *m tech.* **1.** high-power transmitter. **2.** (*Radiostation*) broadcasting station. **~ˌsie·gel·beˌwah·rer** *m* keeper of the great seal; *in Großbritannien*: Lord Privy Seal. **~ˌspre·cher** *m* braggart, boaster, swaggerer, big-mouthed person. **~spre·cheˈrei** [ˌgroːs-] *f* ⟨-; *no pl*⟩ big talk, grandiloquence, bluster. **≈ˌspre·che·risch** *adj* boastful, swaggering, grandiloquent, big-mouthed.

ˈgroßˌspu·rig [-ˌʃpuːrɪç] *adj* **1.** overbearing, haughty, arrogant, high and mighty. **2.** (*hochtrabend, wichtigtuerisch*) pompous, pretentious, *colloq.* highfalutin. **≈keit** *f* ⟨-; *no pl*⟩ **1.** overbearingness, haughtiness, arrogance. **2.** pompousness, pretentiousness.

ˈGroß|ˌstadt *f* **1.** large (*od.* big) city (*od.* town). **2.** (*Weltstadt*) metropolis. **~ˌstäd·ter** *m* **1.** inhabitant of a large city, city dweller. **2.** (*Weltstädter*) metropolitan. **≈ˌstäd·tisch** *adj* **1.** (big-)city, of a large town (*od.* city), urban. **2.** (*weltstädtisch*) metropolitan. **~ˌstadtˌluft** *f* city air. **~ˌstadt·verˌkehr** *m* (big-)city traffic. **~ˌstag** *n mar.* mainstay. **~ˌsteinˌgrab** *n* megalithic burial place. **~ˌsten·ge** *f mar.* main-topmast. **≈ˌstückig** (*getr.* -k·k-) [-ˌʃtʏkɪç] *adj tech.* lumpy, large-sized.

größt [grøːst] *sup of* **groß**; **der ~e Teil** the greatest part.

ˈGroß|ˌtankˌstel·le *f* large (*od.* major) service station. **~ˌtan·te** *f* great-aunt, grand-aunt. **~ˌtat** *f* great feat (*od.* exploit, achievement).

Größ·te [ˈgrøːstə] *m, f* ⟨-n; -n⟩ **1.** tallest person. **2.** *fig.* greatest (person); *humor.* **du bist der ~!** you are the greatest.

ˈGroßˌteil *m* major part, majority.

ˈgröß·tenˈteils *adv* **1.** for the most part, mostly; **die Anwesenden waren mir ~ unbekannt** most of the persons present I didn't know. **2.** (*hauptsächlich*) mainly, chiefly.

ˈGrößt|ˌmaß *n* **1.** → Höchstmaß. **2.** *tech.* a) maximum (size), b) *e-r Passung*: upper limit. **≈ˈmög·lich** *adj* **1.** biggest (*od.* largest) possible. **2.** highest possible; **der ~e Gewinn** the highest possible profit, the highest profit possible. **3.** *Eile, Sorgfalt etc*: greatest possible, utmost.

ˈGroß|ˌtu·er *m* ⟨-s; -⟩ *colloq. contp.* boaster, braggart, show-off. **~tueˈrei** [ˌgroːs-] *f* ⟨-; *no pl*⟩ boasting, bragging, showing off. **≈ˌtue·risch** *adj* bragging, boastful, show-offish. **≈ˌtun** *v/i u.* **sich ~** *v/reflex* ⟨*irr, sep*, -ge-, h⟩ (**mit** *et.*) boast, brag (of, about), show off (*s. th.*). **~ˌtür·ke** *m hist.* Grand Turk. **~ˌun·terˌneh·men** *n econ.* large-scale (*od.* big) enterprise. **~ˌun·terˌneh·mer** *m* large-scale entrepreneur, big industrialist (*od.* manufacturer, businessman). **~ˌva·ter** *m* grandfather; **~ mütterlicherseits (väterlicherseits)** maternal (paternal) grandfather; **wie in (*od.* zu) ~s Zeiten** as (it was) in grandfather's day(s). **≈ˌvä·ter·lich** *adj* grandfatherly, of one's grandfather. **~ˌva·terˌstuhl** *m* easy chair. **~ˌva·terˌuhr** *f* grandfather('s) clock. **~veranˌstal·tung** *f* big event, *bes. pol.* mass rally. **~verˌbrau·cher** *m* large consumer (*od.* user). **~verˌdie·ner** *m* big-income earner. **~verˌsand·geˌschäft** *n* (large-scale) mail-order house. **~verˌtrieb** *m* large-scale distribution. **~ˌvieh** *n* heavy livestock, cattle and horses *pl.* **~viˌsi·te** *f med.* grand (*od.* chief's) rounds *pl.* **~weˌsir** *m hist.* Grand Vizier. **~ˌwet·terˌla·ge** *f* general weather situation; **die ~ betreffend** synoptic. **~ˌwild** *n* big game. **~ˌwildˌjagd** *f* big-game hunt(ing). **~ˌwildˌjä·ger** *m* big-game hunter. **~ˌwür·denˌträ·ger** *m* high dignitary. **≈ˌzie·hen** *v/t* ⟨*irr, sep*, -ge-, h⟩ raise, rear, (*Kinder*) *a.* bring up.

ˈgroßˌzü·gig I *adj* **1.** (*freigebig*) generous, liberal, open-handed. **2.** *Ansichten, Charakter etc*: liberal, broadminded, (*alles erlaubend*) permissive. **3.** *Planung, Maßnahme, Anlage etc*: on a large (*od.* grand) scale, large-scale, generous. **4.** (*weiträumig*) spacious. **II** *adv* **5.** generously (*etc*); **sich ~ verhalten** be generous (*etc*). **≈keit** *f* ⟨-; *no pl*⟩ **1.** generosity, liberality, *lit.* munificence. **2.** liberality, broadmindedness. **3.** large scale, generous (*od.* bold) conception (*od.* design, planning). **4.** spaciousness.

gro·tesk [groˈtɛsk] **I** *adj* grotesque. **II ≈e, das** ⟨-n⟩ the grotesque. **Groˈtesk** *f* ⟨-; *no pl*⟩ → Groteskschrift. **Groˈtes·ke** *f* ⟨-; -n⟩ **1.** (*Ornament*) grotesque(rie). **2.** *Literatur*: grotesque tale. **3.** → Grotesktanz.

Groˈtesk|ˌschrift *f print.* grotesque, sanserif, gothic. **~ˌtanz** *m* grotesque dance.

Grot·te [ˈgrɔtə] *f* ⟨-; -n⟩ grotto.
grub [gruːp] *1 u. 3 sg pret of* **graben**.
Grüb·chen [ˈgryːpçən] *n* ⟨-s; -⟩ **1.** *dim. of* **Grube** 1, 2. **2.** *in Kinn u. Wange*: dimple; **~ haben** have dimples, be dimpled. **3.** *anat.* fossula. **4.** *bot. zo.* fossule; **kleines ~** foveola. **5.** *tech.* (*Oberflächenfehler*) pit. **~ˌbil·dung** *f tech.* pitting.
Gru·be [ˈgruːbə] *f* ⟨-; -n⟩ **1.** pit. **2.** (*Loch*) hole. **3.** (*Höhlung*) hollow, cavity. **4.** *Bergbau*: a) pit, b) (*Kohlen*2) colliery, c) (*Bergwerk*) mine. **5.** *hunt.* (*Fall*2) trap, pitfall; *fig.* **j-m e-e ~ graben** set a trap for s. o.; **wer anderen e-e ~ gräbt, fällt selbst hinein** (*Sprichwort*) the biter will be bitten. **6.** *anat.* pit, fossa. **7.** *zo.* crypt, *a. bot.* fovea. **8.** *obs.* (*Grab*) grave.
Grü·beˈlei *f* ⟨-; -en⟩ **1.** pondering, musing, rumination. **2.** (*Brüten*) brooding. **grü·beln** [ˈgryːbəln] **I** *v/i* ⟨h⟩ (**über** *acc*) muse (*od.* ponder, ruminate) (on, over), pore (over); (*brüten*) brood (on, over). **II** 2 *n* ⟨-s⟩ → **Grübelei**.
ˈGru·ben|ˌar·bei·ter *m* miner; *im Steinkohlenbergwerk*: coal miner, collier, pitman. **~ˌbahn** *f* pit (*od.* mine) railway. **~ˌbau** *m* ⟨-(e)s; -e⟩ **1.** underground working (of a mine), mining. **2.** *pl* underground workings (*od.* plant *sg*). **~ˌbrand** *m* pit fire. **~ex·plo·siˌon** *f* mine (*od.* colliery) explosion. **~ˌfeld** *n* coalfield. **~ˌgas** *n* pit gas, damp. **~ˌholz** *n* mine timber. **~ˌlam·pe** *f* miner's (*od.* pit) lamp. **~ˌstem·pel** *m* pitprop. **~ˌunˌglück** *n* mine accident, *großes*: pit disaster. **~ˌwa·gen** *m* mine car; **kleiner ~** tub. **~ˌwehr** *f* mine rescue party. **~ˌwet·ter** *n* → **Wetter**[2] 3.
ˈGrüb·ler *m* ⟨-s; -⟩, **ˈGrüb·le·rin** *f* ⟨-; -nen⟩ **1.** ponderer, meditative (*od.* introspective) person. **2.** brooder, brooding person. **ˈgrüb·le·risch** *adj* **1.** *Person*: a) musing, pondering, pensive, meditative, introspective, b) (*brütend*) brooding. **2.** *Miene, Stimmung etc*: pensive, meditative.
Gru·de [ˈgruːdə] *f* ⟨-; -n⟩ *tech.* **1.** ⟨*only sg*⟩ coke breeze (made from lignite). **2.** → **Grudeofen**. **~ˌkoks** *m* lignite coke. **~ˌofen** *m* coke-breeze stove.
Grüe·zi [ˈgryːətsi] *Swiss* hello.
Gruft [grʊft] *f* ⟨-; ¨-e⟩ **1.** (*Grabgewölbe*) vault, tomb. **2.** *poet.* (*Grab*) grave. **3.** *in Kirchen*: crypt.
Grum·met [ˈgrʊmət] *n* ⟨-s; *no pl*⟩, **Grumt** [grʊmt] *n* ⟨-(e)s; *no pl*⟩ *agr.* **1.** (*zweites Heu*) aftermath, *Am. a.* rowen(s *pl*). **2.** (*nachgewachsenes Gras*) aftergrass.
grün [gryːn] **I** *adj* ⟨-er; -st⟩ **1.** green; *poet.* **~e Auen** green (*od. lit.* verdant) meadows; **~er Salat** lettuce; **die** 2**e Insel** (*Irland*) the Emerald Isle; **die ~e Hochzeit** the wedding day; **~e Weihnachten** a green Christmas; **über die ~e Grenze gehen** cross the border (illegally); **die ~e Versicherungskarte** the green (insurance) card; *mot.* **~es Licht** green (light); *fig. colloq.* **j-m ~es Licht für et. geben** give s. o. the green light (*od.* the go-ahead) for s. th.; **~e Welle** traffic pacer, linked (*Am.* synchronized) traffic lights *pl*; **~e Welle 50** linked signals (*Am.* signals set) at 50 km p. h.; **~e Seife** liquid soap; *fig. colloq.* **er wurde ~ (und gelb) vor Neid** he turned green with envy; **sich ~ und gelb ärgern** be wild (with rage), be fuming; **ich könnte mich ~ und blau ärgern(, daß)** I could kick myself (for); **j-n ~ und blau schlagen** beat s. o. black and blue; **er wird nie auf e-n ~en Zweig kommen** he will never get ahead (*od.* anywhere), he will never get on in life; → **Bohne** 1, **Erbse** (*etc*). **2.** (*unreif*) green, unripe. **3.** (*frisch, unbearbeitet*) green; **~e Heringe** green (*od.* fresh, unsalted) herrings; **~e Häute** green (*od.* undressed, raw) hides; **~er Kaffee** green coffee (beans *pl*). **4.** agricultural; **die** 2**e Woche** the Berlin Agricultural Show. **5.** *fig. colloq.* (*zu jung, unerfahren*) green, raw, inexperienced; **~er Junge** greenhorn, (young) whippersnapper. **6.** *humor.* **j-m nicht ~ sein** have it in for s. o., not to like s. o.; **sie waren einander nicht ~** there was no love lost between them. **II** 2 *n* ⟨-s; -, *colloq.* -s⟩ **7.** (*Farbe*) green; **die Dame in** 2 the lady in green; **ins** 2 **spielend** greenish, with a greenish tinge; *fig. colloq.* **das ist dasselbe in** 2 it comes to the same thing, that's six of one and half a dozen of the other. **8.** *der Bäume, Pflanzen etc*: green, greenery, *lit.* verdure; **das erste** 2 **des Frühlings** the first green of spring; → **Grüne**[1]. **9.** *humor.* **Mutter** 2 Mother Nature, the open air; **bei Mutter** 2 **schlafen** sleep out in the open. **10.** *der Verkehrsampel*: green; **bei** 2 when the traffic lights are at green; **die Ampel zeigt** (*od.* **steht auf**) 2 the light is at green. **11.** *der deutschen Spielkarten*: spades *pl*; 2 **ausspielen** lead spades. **12.** *Golf*: (putting) green.
ˈGrün|ˌanˌla·ge *f* (public) park (*od.* gardens *pl*). 2**ˌäu·gig** *adj* green-eyed. 2**ˌblau** *adj* greenish-blue. **~ˌbleiˌerz** *n min.* green lead ore, pyromorphite. 2**ˌblind** *adj med.* green-blind, deuteranopic. 2**ˌblü·hend** *adj bot.* chloranthous.
Grund [grʊnt] *m* ⟨-(e)s; ¨-e⟩ **1.** ⟨*only sg*⟩ ground; **fester (steiniger) ~** firm (stony) ground; *aer.* **Geschwindigkeit über ~** groundspeed. **2.** ⟨*only sg*⟩ *bes. agr.* soil. **3. ~ (und Boden)** (*Besitz*) land, property, real estate; **auf eigenem ~ (und Boden)** on one's own property. **4.** ⟨*only sg*⟩ (*Bau*2) (building) plot. **5.** ⟨*only sg*⟩ (*Boden von Gewässern*) bottom, bed; **auf dem ~ des Meeres** at the bottom of the sea; **auf ~ laufen** run aground; **ein Schiff in den ~ bohren** (*od.* **auf den ~ schicken**) sink a ship, send a ship to the bottom; **auf ~ stoßen** touch (*od.* hit) the bottom; **ich habe k-n ~ mehr (unter den Füßen)** I am out of my depth. **6.** ⟨*only sg*⟩ *von Gefäßen etc*: bottom; **sein Glas bis auf den ~ leeren** drain one's glass. **7.** *lit.* (*Tal*2) valley, *poet.* dale. **8.** ⟨*only sg*⟩ *fig.* (*das Innerste*) bottom, core, root; **e-r Sache auf den ~ gehen (kommen)** go (get) to the bottom of s. th.; **im ~e** a) at (the) bottom, fundamentally, b) *a.* **im ~e genommen** actually, basically, strictly speaking, when all is said and done; **im (tiefsten) ~e ihres Herzens** in her heart of hearts, in the (innermost) recesses of her heart; **j-n aus dem ~e s-r Seele hassen** hate s. o. with all one's heart. **9.** ⟨*only sg*⟩ (*~lage*) basis, foundation(s *pl*); **auf ~ von** (*od. gen*) on the basis (*od.* strength) of, by reason (*od.* virtue) of; **auf ~ dieser Nachricht** as a result (*od.* because) of this news; **von ~ auf** (*od.* **aus**) entirely, completely, thoroughly, from top to bottom, radically; **von ~ auf verdorben** rotten to the core; **et. von ~ auf verändern** change s. th. radically; **et. von ~ aus** (*od.* **auf**) **kennen** know s. th. inside out; **er legte den ~ zu e-r neuen Wissenschaft** he laid the foundation(s) for a new science. **10.** ⟨*only sg*⟩ (*Hinter*2) background. **11.** *fig. colloq.* **in ~ und Boden** out and out, thoroughly, completely, totally; **et. in ~ und Boden stampfen** stamp s. th. to bits; **et. in ~ und Boden verdammen** condemn s. th. outright (*od.* left, right and centre); **j-n in ~ und Boden spielen** play s. o. into the ground; **sich in ~ und Boden schämen** be thoroughly ashamed. **12.** a) (*Kaffeesatz*) ground, b) (*Hefe*) dregs *pl*. **13.** (*Vernunft*2) reason; **aus diesem ~(e)** for this reason, therefore; **aus irgendeinem ~** for some reason or other; **aus persönlichen (naheliegenden) Gründen** for personal (obvious) reasons; **aus Gründen der Sicherheit** for safety (*pol.* security) reasons, for reasons of safety (security); **aus welchem ~?** why?, for what reason?; **aus demselben ~** a) for the same reason, b) (*umgekehrt, genauso*) by the same token; **schon aus diesem ~ ist das unmöglich** for this reason alone it is impossible; **mit (gutem) ~** justly, with reason; **ohne Angabe von Gründen** without giving any reasons; **ohne jeden ~** for no reason at all; **er behauptet nicht ohne ~, daß** he maintains not without reason that; **es besteht kein ~ zu der Annahme, daß** there is no reason to suppose that; **kein ~ zur Besorgnis** no reason (*od.* need) to worry, no cause for alarm; **das ist ein ~ zum Feiern** that calls for a celebration; **er hat allen ~, dir dankbar zu sein** he has every reason to be grateful to you; **alles hat s-n ~** there is a reason for everything; **der ~, weshalb** (*od.* **warum**) **ich das getan habe** the reason why I did that. **14.** (*Veranlassung*) cause, reason; **k-n ~ zur Klage haben** have no cause for complaint (*od.* to complain, for complaining); **ich werde ihm k-n ~ geben, mich zu kritisieren** I won't give him any cause to criticize me. **15.** *bes. zur Beweisführung, Rechtfertigung, Verteidigung etc*: ground(s *pl*); **aus religiösen (medizinischen) Gründen** on religious (medical) grounds. **16.** (*Argument*) argument; **Gründe für und wider, Gründe und Gegengründe** arguments for and against, (the) pros and cons; *bes. jur.* **s-e Gründe anführen** show cause, state one's case. **17.** (*Beweg*2) motive. **18.** (*Ausrede, Entschuldigung*) excuse. **19.** ⟨*only sg*⟩ *arch.* foundation, basis; **den ~ zu e-m Bau legen** lay the foundation for a structure. **20.** ⟨*only sg*⟩ *paint.* (*Grundierung*) priming (coat).
ˈGrund|ˌabˌga·be *f econ.* land tax. **~akˌkord** *m mus.* basic triad (*od.* chord). **~ˌak·ten** *pl jur.* title deeds. **~ˌan·gel** *f* drail, ledger tackle. **~ˌan·geln** *n* ground fishing. **~ˌanˌschau·ung** *f* fundamental (*od.* basic) idea (*od.* conception, outlook), philosophy. 2**ˈanˌstän·dig** *adj* very decent, upright. **~ˌanˌstrich** *m tech.* first (*od.* priming) coat. **~ˌausˌbil·dung** *f mil. ped.* basic training. **~ˌbaß** *m mus.* fundamental bass. **~ˌbau** *m* ⟨-(e)s; *no pl*⟩ *arch.* **1.** foundation. **2.** foundation wall. **~beˌdarf** *m econ.* basic requirements (*od.* demands) *pl*. **~beˌdeu·tung** *f ling.* primary (*od.* basic) meaning. **~beˌdin·gung** *f* basic condition, prerequisite. **~beˌgriff** *m* **1.** *e-r Wissenschaft etc*: basic (*od.* fundamental) concept, principle. **2.** *pl* (*Anfangsgründe*) rudiments, fundamentals. **3.** *philos. in der Logik*: primitive concept. **~beˌsitz** *m* (landed) property, real estate, lands *pl*; **freier ~** freehold (property). **~beˌsit·zer** *m* **1.** landowner, landed proprietor. **2.** estate owner. **~beˌstandˌteil** *m* basic (*od.* primary) component (*od.* ingredient), element, *a. chem.* basic constituent. **~beˌtrag** *m econ.* basic amount.
ˈGrundˌbuch *n jur.* land (title) register. **~ˌamt** *n* land registry (office). **~ˌausˌzug** *m* extract from the land register.

ˈ**Grund|che·miˌka·li·en** *pl* heavy chemicals. **~ˌdienst·bar·keit** *f jur.* easement, (real) servitude. **~ˌdrei-ˌklang** *m mus.* basic triad, tonic chord. **~ˌdü·nung** *f mar.* ground swell. **~ˌebe·ne** *f* **1.** *e-r technischen Zeichnung*: datum level. **2.** *min. der Kristalle*: basal plane. **≈ˈehr·lich** *adj* thoroughly honest. **~ˌei·gen·schaft** *f* fundamental characteristic, *e-r Sache*: *a.* basic property. **~ˌei·gen·tum** *n* → Grundbesitz. **~ˌei·gen·tü·mer** *m* → Grundbesitzer. **~ˌeinˌkom·men** *n* basic income. **~ˌeinˌstel·lung** *f* basic attitude (*od.* outlook). **~ˌeis** *n geol.* ground (*od.* anchor) ice.

Grun·del [ˈgrʊndəl], **Grün·del** [ˈgrʏndəl] *f* ⟨-; -n⟩, *a. m* ⟨-s; -⟩ *ichth.* **1.** gudgeon. **2.** goby.

grün·deln [ˈgrʏndəln] *v/i* ⟨h⟩ *Enten etc*: dabble.

grün·den [ˈgrʏndən] **I** *v/t* ⟨h⟩ **1.** *allg.* (*Stadt, Club, Partei etc*) found, (*einrichten*) *a.* set up, establish, organize, institute, (*schaffen*) create; **e-n Ausschuß ~** set up a committee; **e-n (eigenen) Hausstand ~** set up house; → **Familie. 2.** (*einleiten, ins Leben rufen*) launch, start, set on foot. **3.** *econ.* a) (*Geschäft etc*) start, open, set up, establish, b) (*Unternehmen*) found, form, organize, c) *mit Kapital*: promote, float; **gegründet 1870** established (in) 1870. **4.** *fig.* **et. auf e-e Sache ~** found (*od.* base) s. th. on s. th. **5.** *civ. eng.* (*Fundament legen*) found (**auf** *acc* on). **II** *v/reflex* **6.** *fig.* **sich auf e-e Sache ~** *Annahme, Verdacht, Hoffnung etc*: be based (*od.* founded) on s. th.; **worauf gründet sich dein Verdacht?** what is the basis of your suspicion?; **worauf gründet sich d-e Hoffnung?** what makes you hope that? **III** *v/i* **7. auf** (*od.* **in**) (*dat*) **et. ~** rest (*od.* be founded, be based) on, lie in, (*herrühren von*) be due to. **IV ≈** *n* ⟨-s⟩ **8.** founding (*etc*). **9.** → **Gründung** 2, 3, 5, 6.

ˈ**Grün·der** *m* ⟨-s; -⟩ **1.** *e-r Stadt, e-s Vereins etc*: founder. **2.** (*Schöpfer*) creator, originator. **3.** *econ. e-r Gesellschaft etc*: a) founder, b) promoter. **~ˌak·ti·en, ~ˌanˌtei·le** *pl econ.* founders' shares (*Am.* stock *sg*).

ˈ**Grund·erˌfor·der·nis** *n* prerequisite, basic requirement.

ˈ**Grün·der|geˌsell·schaft** *f* association of founders. **~ˌhaf·tung** *f jur.* founder's liability.

ˈ**Grün·de·rin** *f* ⟨-; -nen⟩ foundress, founder.

ˈ**Grün·der|ˌjah·re** *pl hist.* period of promoterism (*period of rapid industrial expansion in Germany, 1871–73*). **~ˌrech·te** *pl* founders' preference rights.

ˈ**Grund|erˌwerb** *m jur.* purchase (*od.* acquisition) of land. **~erˌwerb(s)ˌsteu·er** *f* land transfer duty, purchase tax on real estate.

ˈ**Grün·derˌzeit** *f hist.* → **Gründerjahre.**

ˈ**Grund|erˌzie·hung** *f* fundamental (*od.* basic) education. **≈ˈfalsch** *adj* absolutely (*od.* utterly, quite) wrong. **~ˌfar·be** *f* **1.** *phys.* primary colo(u)r. **2.** *tech.* priming colo(u)r, primer. **3.** *paint.* ground (colo[u]r). **~ˌfeh·ler** *m* fundamental mistake (*od.* error), basic error. **~ˌfe·ste** *f* ⟨-; -n⟩ **1.** *pl a. fig.* foundations; *fig.* **ein System in den ~n erschüttern** shake a system to its (very) foundations; **an den ~n e-s Staates rütteln** rock the foundations of a state. **2.** *bot.* hawk's-beard, crepis. **~ˌfisch** *m* groundfish. **~ˌflä·che** *f* **1.** (surface) area, basal surface. **2.** *math.* base, basis. **3.** *her.* field. **4.** *tech.* floor space. **~ˌform** *f* **1.** *allg.* basic form. **2.** *ling.* a) (*Infinitiv*) infinitive, b) (*Stammform*) stem, theme. **~ˌfor·mel** *f math.* basic formula. **~ˌfrei·hei·ten** *pl pol.* fundamental freedoms. **~freˌquenz** *f electr.* fundamental frequency. **~geˌbühr** *f* **1.** basic rate (*od.* fee), flat rate. **2.** *teleph.* rental (charge), basic rate. **~geˌdan·ke** *m* **1.** basic (*od.* fundamental, general) idea. **2.** (*Hauptthema*) keynote. **~geˌhalt**[1] *n econ.* basic salary. **~geˌhalt**[2] *m fig.* basic content. **≈geˈlehrt** *adj* profoundly learned, erudite. **≈geˈscheit** *adj* highly intelligent, very bright (*od.* clever). **~geˌschütz** *n mil.* base piece. **~geˌschwin·dig·keit** *f aer.* groundspeed. **~geˌsetz** *n jur. pol.* Basic (Constitutional) Law (*for the Federal Republic of Germany*). **~geˌstein** *n geol.* bedrock. **~ˌglei·chung** *f math.* basic equation. **≈ˈgü·tig** *adj* extremely kind(hearted). **~ˌhai** *m* sand shark. **~ˌhal·tung** *f* basic attitude. **≈ˈhäß·lich** *adj* very ugly, revolting. **~ˌherr** *m hist.* lord of the manor.

Grunˈdier|ˌanˌstrich *m* priming coat, primer. **~ˌbad** *n Färberei*: bottoming bath.

grun·die·ren [grʊnˈdiːrən] **I** *v/t* ⟨*no* ge-, h⟩ **1.** *paint.* a) ground, b) (*Wände, Holz etc*) prime. **2.** *tech.* prime. **3.** *Färberei*: bottom. **4.** *print.* size. **II ≈** *n* ⟨-s⟩ **5.** → **Grundierung** 1. **Grunˈdie·rer** *m* ⟨-s; -⟩ primer.

Grunˈdier|ˌfar·be *f* priming paint, primer. **~ˌfir·nis** *m* filler. **~ˌlack** *m* primer. **~ˌleim** *m* size. **~ˌmit·tel** *n* primer.

Grunˈdie·rung *f* ⟨-; -en⟩ **1.** grounding (*etc*; → **grundieren**). **2.** *paint. tech.* a) priming (*od.* primer) (coat), b) → **Grundierfarbe.**

ˈ**Grund|in·duˌstrie** *f* basic industry. **~ˌirr·tum** *m* fundamental error. **~kaˌdenz** *f mus.* full cadence. **~ka·piˌtal** *n econ.* original capital, (original *od.* capital) stock. **~ˌkennt·nis·se** *pl* basic knowledge *sg*. **~konˌstan·te** *f phys.* fundamental constant. **~ˌkör·per** *m* **1.** *tech.* base (plate). **2.** *math.* fundamental substance. **3.** *chem.* parent substance. **~ˌkreis** *m math. tech.* base circle. **~ˌkurs** *m ped.* elementary course.

ˈ**Grundˌla·ge** *f* **1.** base, foundation. **2.** *fig.* basis, foundation, groundwork; **auf der ~ von** (*od. gen*) on the basis of; **auf breiter ~** on a broad basis; **auf gesetzlicher ~** on legal authority; **die ~n legen für** lay the foundation for; **dieser Verdacht entbehrt jeder ~** this suspicion is without any foundation (*od.* completely unfounded); **et. auf e-e neue ~ stellen** put s. th. on a new basis. **3.** *meist pl fig.* (*Grundbegriffe*) (basic) elements *pl*, fundamentals *pl*, rudiments *pl* (*of a science, etc*). **4.** *mus. e-s Akkords*: fundamental (*od.* root) position.

ˈ**Grundˌla·gen|beˌscheid** *m econ.* notice of company profit tax assessment. **~ˌfor·schung** *f* basic research.

ˈ**Grund|ˌlast** *f electr.* base load. **~laˌwi·ne** *f* ground avalanche. **≈ˌle·gend I** *adj* **1.** fundamental, basic; **e-e ~e Arbeit über** (*acc*) **et. schreiben** write a paper of fundamental importance on s. th., write a definitive treatise on s. th.; **~e Änderungen vornehmen** make fundamental (*od.* radical) changes. **2.** (*elementar*) elementary, rudimentary, fundamental (*knowledge, etc*). **II** *adv* **3.** fundamentally, basically, *a.* drastically, radically. **~ˌle·gung** *f* ⟨-; *no pl*⟩ **1.** laying the foundation. **2.** *fig.* foundation. **~ˌleh·re** *f* **1.** fundamental doctrine. **2.** *pl jur. pol.* (*Grundgesetze*) institutes. **~ˌlei·ne** *f beim Fischen*: foot line.

gründ·lich [ˈgrʏntlɪç] **I** *adj* **1.** *allg.* thorough, *a.* thorough-going (*person, job, examination, etc*), (*sorgfältig*) *a.* careful, painstaking, (*erschöpfend*) *a.* exhaustive, (*vollständig*) *a.* complete, (*zuverlässig*) *a.* solid, (*durchgreifend*) *a.* radical; **~e Kenntnisse** thorough (*od.* solid, profound) knowledge *sg*; **~e Kenntnisse haben in** (*dat*) *a.* be well-grounded (*od.* thoroughly versed) in. **2.** *colloq.* (*mächtig*) thorough, proper, awful; **ein ~er Reinfall** a real letdown. **II** *adv* **3.** thoroughly (*etc*); **er macht s-e Sache ~** a) he does his job thoroughly, b) he makes a thorough job of it. **4.** *colloq.* (*sehr*) thoroughly, properly, very much; **da hast du dich ~ getäuscht** you are jolly much mistaken (there). **≈keit** *f* ⟨-; *no pl*⟩ thoroughness, care(fulness).

Gründ·ling [ˈgrʏntlɪŋ] *m* ⟨-s; -e⟩ *ichth.* gudgeon.

ˈ**Grund|ˌli·nie** *f* **1.** *math., a. Sport*: base line. **2.** *meist pl fig.* (main) outline(s *pl*). **~ˌli·ni·enˌspiel** *n Tennis*: base-line game. **~ˌlohn** *m econ.* basic wage(s *pl*). **≈los I** *adj* **1.** bottomless, unfathomable (*sea, depth, etc*). **2.** *Weg etc*: muddy, miry. **3.** *fig.* (*unbegründet*) groundless, baseless, unfounded, without (any) foundation. **II** *adv* **4.** for no reason (at all), without any reason; **j-n ~ entlassen** dismiss s. o. without cause. **~lo·sig·keit** *f* ⟨-; *no pl*⟩ groundlessness. **~ˌmaß** *n* basic (*od.* standard) measurement. **~ˌmau·er** *f* foundation wall; **~werk** *n* foundation masonry. **~meˌtall** *n* base (*od.* parent) metal. **~moˌrä·ne** *f geol.* ground moraine. **~ˌnah·rungsˌmit·tel** *n* basic food(stuff), staple food. **~ˌnorm** *f* basic standard.

ˌ**Grünˈdon·nersˌtag** *m relig.* Maundy (*od. R.C.* Holy) Thursday.

ˈ**Grund|ˌord·nung** *f e-s Staates etc*: fundamental order. **~ˌpacht** *f* ground-rent. **~parˌzel·le** *f* plot of land, parcel. **~ˌpfand** *n jur.* mortgage on real estate; **~recht** *n* charge on real estate. **~ˌpfei·ler** *m* **1.** *civ.eng.* foundation pillar, main support. **2.** *fig.* foundation, keystone, mainstay. **~ˌpflicht** *f* fundamental duty. **~ˌplat·te** *f* **1.** *tech.* bed-plate. **2.** *civ. eng.* base (*od.* foundation) slab. **3.** *electr.* chassis. **~ˌpreis** *m econ.* basic price. **~prinˌzip** *n* basic (*od.* fundamental) principle. **~ˌre·be** *f bot.* ground ivy. **~ˌrech·nungsˌart** *f math.* **die 4 ~en** the four fundamental operations of arithmetic. **~ˌrecht** *n meist pl jur. pol.* **1.** basic (*od.* constitutional) right (of a citizen). **2.** *der Staaten etc*: basic (*od.* fundamental) right. **3.** *hist. des Grundherrn*: feudal right (of the landlord). **~ˌre·gel** *f* basic (*od.* ground) rule. **~ˌrich·tung** *f* **1.** *mil.* zero line; **~slinie** *f* base line; **~spunkt** *m* zero point. **2.** *fig.* general tendency. **~ˌriß** *m* **1.** *arch.* a) ground plan, b) floor plan, c) (*Anlageplan*) layout. **2.** *fig.* outline, summary. **~ˌrißˌebe·ne** *f math.* horizontal projection plane. **~ˌrißˌflä·che** *f civ. eng.* plan area.

ˈ**Grundˌsatz** *m* **1.** principle; **er hat feste (k-e) Grundsätze** he has firm (no) principles; **ein Mann mit hohen Grundsätzen** a man of high principles; **wir haben es uns zum ~ gemacht** we made it a rule (*never to quarrel, etc*); **nach dem ~, daß** on the principle that; **nach neuen (denselben) Grundsätzen** on new (the same) lines. **2.** (*Lebensregel*) maxim, principle, axiom. **3.** (*Lehrsatz*) tenet, theorem. **4.** *philos.* a) principle, b) axiom, c) *in der Ethik*: rule. **5.**

math. a) principle, b) (*Lehrsatz*) theorem. **~deˌbat·te** *f pol.* debate of principle. **~entˌschei·dung** *f jur.* (basic) ruling. **~erˌklä·rung** *f* declaration of principle. **~ˌfra·ge** *f* **1.** fundamental question. **2.** matter of principle.

ˈgrundˌsätz·lich [-ˌzɛtslɪç] **I** *adj* **1.** fundamental, basic (*decision, question, etc*). **2.** (*prinzipiell*) on principle. **II** *adv* **3.** fundamentally, basically, in (*od.* on) principle; **sich ~ zu e-r Sache äußern** make a fundamental statement on s. th.; **~ haben wir uns geeinigt** we have agreed in principle; **ich bin ~ dagegen** a) in principle I am against it, b) *weitS.* I am absolutely (*od.* definitely) against it.

ˈGrundˌsatz|proˌgramm *n pol.* basic programme (*Am.* program), policy statement. **~re·feˌrat** *m* policy statement. **~ˌur·teil** *n jur.* (basic) ruling.

ˈGrund|ˌschal·tung *f electr.* basic circuit. **≈ˈschlecht** *adj* **1.** extremely bad, wretched. **2.** *Person*: evil, rotten to the core. **~ˌschleppˌnetz** *n mar.* trawl. **~ˌschrift** *f print.* base type. **~ˌschulˌbil·dung** *f* primary (*od.* elementary, *Am. a.* grade) education. **~ˌschuld** *f jur.* land charge, real-estate liability; (*Belastung*) encumbrance. **~ˌschu·le** *f ped.* primary (*od.* elementary, *Am. a.* grade) school. **~ˌschwel·le** *f civ. eng.* **1.** ground plate. **2.** sill. **~ˌsee** *f mar.* breaker. **≈ˌstän·dig** *adj bot.* basal. **~ˌstein** *m* **1.** *arch.* foundation stone; **den ~ legen für** (*od.* **zu**) **et.** a) lay the foundation stone of s. th., b) *fig.* lay the foundation(s) of (*od.* for) s. th. **2.** *tech.* bedstone. **3.** *min.* pyrite. **~ˌsteinˌle·gung** *f* **1.** laying of the foundation stone. **2.** (*Feier*) cornerstone ceremony. **~ˌstel·lung** *f* **1.** *beim Tanzen*: starting (*od.* basic) position. **2.** *Sport*: a) *gym.* normal position, b) *fenc.* basic position, c) *Boxen*: on-guard position, stance. **3.** *mil.* position of attention; **in ~** at attention; **(die) ~ einnehmen** come to attention. **4.** *mus.* → **Grundlage** 4. **~ˌsteu·er** *f econ.* land (*od.* real-estate) tax. **~ˌstim·me** *f mus.* **1.** (fundamental) bass. **2.** *der Orgel*: foundation stop. **~ˌstim·mung** *f* **1.** general tone, basic mood, keynote. **2.** *econ.* prevailing tone. **~ˌstock** *m* **1.** (*Anfangsbestand*) basis, foundation, (basic) stock. **2.** *tech.* base. **~ˌstoff** *m* **1.** *econ.* (*Rohstoff*) basic (raw) material. **2.** *chem.* a) element, b) (*Ausgangsstoff*) starting material, base. **~ˌstoff·in·duˌstrie** *f econ.* basic industry. **~ˌstoffˌwech·sel** *m physiol.* basal metabolism. **~ˌstrich** *m* **1.** *Kalligraphie*: downstroke, minim. **2.** *print.* stem. **~ˌstück** *n* **1.** a) piece of land, plot (of land), b) *econ. jur.* property, real estate, realty; **bebautes ~** developed (*od.* built-up) property; **auf dem ~** on the premises. **2.** (*Bauplatz*) (building) site.

ˈGrundˌstücks|ˌmak·ler *m econ.* (real-)estate agent, *Am. a.* realtor. **~ˌmarkt** *m* property market. **~spe·ku·la·tiˌon** *f* land speculation.

ˈGrund|ˌstu·di·um *n ped.* basic study. **~ˌstu·fe** *f* **1.** *a. ped.* elementary (*od.* first) stage(s *pl*). **2.** *ling.* positive (degree). **~subˌstanz** *f* **1.** basic substance. **2.** *biol.* primary substance, matrix. **~taˌrif** *m* basic rate. **~tenˌdenz** *f* general tendency. **~ˌton** *m* **1.** *mus.* a) *e-r Tonleiter*: tonic, keynote, b) *e-s Dreiklangs*: root, ground note, c) *e-r Obertonreihe*: fundamental tone. **2.** *paint.* ground (*od.* bottom) shade. **3.** → **Grundstimmung.** **~ˌtonˌart** *f mus.* main (*od.* principal) key. **~ˌtrieb** *m psych.* basic drive (*od.* instinct). **~ˌtu·gend** *f* cardinal virtue. **~ˌübel** *n* basic evil. **~ˌüberˌzeu·gung** *f* fundamental conviction. **~ˌumˌsatz** *m* **1.** *physiol.* basal metabolic rate. **2.** *econ.* basic turnover.

ˈGrün·dung *f* ⟨-; -en⟩ **1.** → **gründen** 8. **2.** *e-r Stadt, Partei etc*: foundation. **3.** *e-r Familie, e-s Hausstandes etc*: setting up, establishment. **4.** (*Einrichtung*) institution, organizing, organization, setting up. **5.** *e-s Geschäfts*: starting, opening, setting up, establishment. **6.** *econ. e-s Unternehmens*: a) foundation, founding, b) *durch Finanzierung*: promotion, floating, flotation, c) *formell, durch Eintragung*: incorporation.

ˈGrünˌdün·ger *m agr.* green manure.

ˈGrün·dungs|ˌfei·er *f*, **~ˌfest** *n* foundation ceremony. **~ˌjahr** *n* year of (the) foundation. **~ka·piˌtal** *n* → **Grundkapital.** **~ˌko·sten** *pl* foundation costs, promotion charges. **~ˌmitˌglied** *n* founder member. **~ˌurˌkun·de** *f*, **~verˌtrag** *m econ. jur.* memorandum (*od.* articles *pl*) of association (*Am.* incorporation).

ˈGrund|ˌun·terˌschied *m* basic (*od.* fundamental) difference. **~ˌurˌsa·che** *f* **1.** primary (*od.* principal) cause. **2.** → **Hauptgrund.** **≈verˈkehrt** *adj* fundamentally (*od.* totally, quite) wrong. **~verˌmö·gen** *n econ.* **1.** → **Grundbesitz.** **2.** basic assets *pl*. **≈verˈschie·den** *adj* totally different. **~vorˌaus·set·zung** *f* prerequisite, basic requirement (*od.* condition). **~ˌwahr·heit** *f* fundamental (*od.* basic) truth.

ˈGrundˌwas·ser *n* (under)ground-water. **~ˌspie·gel** *m* ground-water level, water table. **~ˌstand** *m* ground-water level. **~ˌträ·ger** *m* aquifer.

ˈGrund|ˌwehrˌdienst *m mil.* basic military service. **~ˌwel·le** *f electr.* fundamental (wave). **~ˌwerkˌstoff** *m* **1.** basic material. **2.** base (*od.* parent) metal. **~ˌwert** *m* **1.** *math.* basic value (*a. fig.*). **2.** *econ. Zinsrechnung*: original number. **~ˌwis·sen·schaft** *f* **1.** basic science. **2.** *philos.* ontology. **~ˌwort** *n* ⟨-(e)s; ⸚er⟩ *ling.* primary word, etymon. **~ˌwortˌschatz** *m* basic vocabulary. **~ˌzahl** *f* *math.* cardinal number; *e-s Logarithmensystems*: base, radix; *e-r Potenz*: base (of power). **~ˌzel·le** *f biol.* basal cell. **~ˌzins** *m econ.* ground rent. **~ˌzug** *m* **1.** *meist pl* a) main (*od.* principal, characteristic) feature, characteristic, b) (*Umrisse*) outline(s *pl*); **in s-n Grundzügen** in outline; **et. in s-n Grundzügen schildern** *a.* outline (the essential aspects of) s. th. **2.** *pl in Buchtiteln*: outline *sg*, fundamentals (*of physics, etc*).

ˈGrü·ne[1] *n* ⟨-n; *no pl*⟩ (*offenes Land*) country; **e-e Fahrt ins ~** a trip into the country (*od.* to Mother Nature).

ˈGrü·ne[2] *m* ⟨-n; -n⟩ *colloq.* **1.** *obs.* (*Polizist*) cop, copper. **2.** *pol.* environmentalist.

grü·nen [ˈgryːnən] **I** *v/i* ⟨h⟩ **1.** be green, *lit.* be verdant. **2.** (*grün werden*) (grow *od.* become, turn) green. **3.** *lit., a. fig.* flourish, blossom (out). **II** *v/impers* **4. es grünt und blüht** everything is turning green and bursting into flower.

ˈGrün|ˌfink *m orn.* greenfinch. **~ˌflä·che** *f* **1.** green (plot), lawn. **2.** *e-r Stadt*: park area, grass-covered open space, *pl a.* (the) lungs (*of a city*). **~ˌfut·ter** *n agr.* green fodder. **≈ˌgelb** *adj* greenish yellow, citreous. **~ˌgür·tel** *m um e-e Stadt*: green belt. **~ˌholzˌbruch** *m med.* greenstick fracture. **~ˌkern** *m agr.* unripe spelt grain. **~ˌkohl** *m bot.* kale, borecole. **~ˌland** *n agr.* grassland. **~ˌlandˌwirt·schaft** *f* grassland farming.

ˈgrün·lich *adj* greenish.

ˈGrünˌlicht *n* green light.

ˈGrün·ling *m* ⟨-s; -e⟩ **1.** *orn.* greenfinch, green linnet. **2.** *ichth.* greenling. **3.** *bot.* green agaric.

ˈGrün|ˌreiz·ker *m* → **Grünling** 3. **~ˌschna·bel** *m colloq.* greenhorn, young shaver. **~ˌspan** *m* ⟨-(e)s; *no pl*⟩ *chem.* verdigris. **~ˌspanˌgrün** *n* verdigris (green), Spanish green. **~ˌspatz** *m orn.* vireo. **~ˌspecht** *m* green woodpecker. **~ˌstein** *m min.* greenstone. **~ˌstrei·fen** *m* **1.** grass strip (*od.* verge). **2.** *der Autobahn etc*: centre (*Am.* median) strip. **3.** areas *pl* of green (*od.* undeveloped) land.

grun·zen [ˈgrʊntsən] **I** *v/i* ⟨h⟩ **1.** grunt. **2.** *fig. colloq.* (give a) grunt. **II** *v/t* **3.** *fig. colloq.* grunt. **III ≈** *n* ⟨-s⟩ **4.** grunting. **5.** grunt(s *pl*). **ˈGrun·zer** *m* ⟨-s; -⟩ **1.** *colloq.* (*Laut*) grunt. **2.** (*Fisch*) grunt(er).

ˈGrünˌzeug *n* ⟨-s; *no pl*⟩ *gastr. colloq.* **1.** pot herbs *pl*. **2.** (*Gemüse, Salat etc*) greens *pl*, greenstuff.

ˈGrunzˌoch·se *m zo.* yak.

Grup·pe[1] [ˈgrʊpə] *f* ⟨-; -n⟩ **1.** *allg.* group, *von Leuten, Inseln, Häusern etc*: *a.* cluster, *von Bäumen*: *a.* clump; **in ~n einteilen** divide into groups, group; **in dieselbe ~ einordnen wie** group *s. o. od. s. th.* with; **~n bilden** form groups; **e-e ~ Bergsteiger** a group (*od.* party) of mountaineers. **2.** *mit gleichem Interesse, Ziel etc*: group; **die ~ um den Maler N.** the group around the painter N. **3.** *von Künstlern, Sachverständigen etc*: team, group. **4.** *von Arbeitern etc*: gang, team, group. **5.** *econ.* (*Konzern*) group, concern. **6.** *pol.* (*kleine Partei, Parteien≈*) group; **ständige ~** *der NATO*: standing group. **7.** *mil.* a) *des Heeres*: section, *Am.* squad, b) *der Luftwaffe*: wing, *Am.* group, c) (*Kampf≈*) group, d) *Artillerie, Flak*: (*Geschoß≈*) volley. **8.** *chem.* group, (*Radikal*) *a.* radical. **9.** *math. min. Kunst*: group. **10.** *tech. von Baueinheiten*: assembly. **11.** *phys. von Schwingungen*: bay.

ˈGrup·pe[2], **Grüp·pe** [ˈgrʏpə] *f* ⟨-; -n⟩ *Low G.* (*Wassergraben*) (drainage) ditch, gutter.

ˈGrup·pen|ˌanˌtrieb *m tech.* group drive. **~ˌar·beit** *f* teamwork, group work. **~ˌaufˌnah·me** *f phot.* group photo(graph) (*od.* picture). **~be·ˌwe·gung** *f relig.* group movement, *bes.* Oxford Movement. **~ˌbild** *n* → **Gruppenaufnahme.** **~ˌbil·dung** *f* grouping, formation of groups. **~dyˌna·mik** *f psych.* group dynamics *pl* (*als sg od. pl konstruiert*). **~egoˌis·mus** *m* sectional self-interest. **~ˌehe** *f anthrop.* group marriage. **~ˌeinˌtei·lung** *f bot. zo.* classification. **~ˌfahrˌkar·te** *f* party ticket. **~ˌfeu·er** *n mil.* volley fire. **~ˌfüh·rer** *m* **1.** group leader. **2.** *mil.* section (*Am.* squad) leader. **~ˌin·dex** *m* group index. **~ˌmei·ster** *m econ.* foreman. **~ˌmord** *m sociol.* genocide. **~ˌrei·se** *f* group travel. **~ˌschal·ter** *m electr.* gang switch. **~ˌschmie·rung** *f tech.* one-shot lubrication. **~ˌsex** *m colloq.* group sex. **~the·raˌpie** *f med. psych.* group therapy. **~verˌsi·che·rung** *f econ. jur.* group (*od.* collective) insurance. **~ˌwäh·ler** *m tech.* group selector. **≈ˌwei·se** *adv* in (*od.* by) groups (*etc*).

grup·pie·ren [grʊˈpiːrən] **I** *v/t* ⟨*no* ge-, h⟩ **1.** group, arrange *s. th.* in groups (*od.* in a group), range; **neu ~** regroup. **2.** *astr. math.* arrange. **II** *v/reflex* **sich ~** **3.** (um [a]round) form groups (*od.* a group), group (o. s.), cluster; **sich zu et. ~** group itself (*od.* be grouped) into s. th.

Grupˈpie·rung *f* ⟨-; -en⟩ **1.** grouping,

arrangement (in groups *od.* in a group). **2.** (*Gruppe*) group(s *pl*).

Grus [gruːs] *m* ⟨-es; (*Arten*) -e⟩ **1.** *tech.* breeze, slack, fines *pl*, *des Anthrazits*: culm. **2.** *geol.* debris.

'Gru·sel ... *in Zssgn* horror (*film, story, etc.*). **'gru·se·lig** *adj* weird, eerie, *colloq.* creepy, spooky, *Geschichte etc*: *a.* spine-chilling, blood-curdling. **gru·seln** ['gruːzəln] **I** *v/t, v/i u. v/impers* ⟨h⟩ **mich gruselt, es gruselt mich** (*od.* **mir**) my flesh creeps (**bei dem Gedanken** at the thought), *colloq.* I am getting the creeps; **mich gruselt vor der Dunkelheit, die Dunkelheit macht mich ~** the darkness makes my flesh creep (*od. colloq.* gives me the creeps). **II** *v/reflex* **sich ~** *rare* shiver (*od.* shudder) with fear, *colloq.* have the creeps; **ich gruselte mich et., als ich die Gestalt sah** I shuddered a bit at the sight of the figure, the sight of the figure gave me the creeps. **III** **2** *n* ⟨-s⟩ creepy feeling, *colloq.* (the) creeps *pl*; **et. zum 2** s. th. to make one's flesh creep; **da kann man das 2 lernen** it makes your flesh creep. **Gru·si·cal** ['gruːzɪkəl] *n* ⟨-s; -s⟩ *humor.* horror musical.

'Grus,koh·le *f* (coal) slack.

grus·lig ['gruːzlɪç] *adj* → **gruselig**.

Gruß [gruːs] *m* ⟨-es; ⸚e⟩ **1.** *als Geste*: greeting, salutation; **er erwiderte m-n ~** he returned my greeting, he greeted me back; *fig. poet.* **die ersten Grüße des Frühlings** the first harbingers of spring; → **englisch**². **2.** *meist pl als Briefschluß, Botschaft etc*: greetings *pl*, regards *pl*, *förmlicher*: respects *pl*, *herzlicher*: love; **bestell** (*od.* **sag**) **ihm e-n schönen ~ von mir** give him my kind regards, remember me (kindly) to him; **herzliche Grüße an d-e Eltern** give my kindest regards (*od. herzlicher*: my love) to your parents; **mit freundlichen** (*od.* **besten**) **Grüßen** (*od.* **mit freundlichem ~**) **Ihr X** *als Briefschluß*: Yours sincerely, X, *bes. Am.* Yours truly, X; **viele herzliche** (*od.* **liebe**) **Grüße, Deine X** *als Briefschluß*: Yours affectionately, (*herzlicher*: lots of *od.* all my love) X, Love X. **3. ein ~ aus der Schweiz** *als Aufschrift auf Souvenirs etc*: greetings *pl* from (*od.* a souvenir of) Switzerland. **4.** *mil., a. fenc.* salute. **~be,kannt·schaft** *f* nodding acquaintance. **~,bot·schaft** *f* message of greeting.

grü·ßen ['gryːsən] **I** *v/t* ⟨h⟩ **1.** greet, *förmlicher*: salute, *colloq.* say hello (*bes. Br.* hullo); **j-n mit e-r Verbeugung ~** greet s. o. with a bow, bow to s. o.; **sich** (**gegenseitig**) **~** exchange greetings; *colloq.* **grüß dich!** hello!, *bes. Br.* hullo!, *Am.* hi!; *Southern G.* **Grüß Gott!** good morning (*od.* day, evening)! **2.** (*Grüße senden*) send (*od.* give) one's regards (*od. herzlicher*: love) to, *förmlicher*: send (*od.* give) one's respects to; **grüße d-e Frau recht herzlich von mir** remember me kindly (*od. herzlicher*: give my love) to your wife; **er läßt dich schön ~** he sends you his kindest regards (*od.* his love). **3.** *lit.* (*willkommen heißen*) hail (*s.o. as king, etc*); **sei mir gegrüßt!** a) hail (unto thee)!, b) *humor.* welcome!, hello!; *relig.* **gegrüßet seist du, Maria** Hail Mary. **4.** *mil.* salute. **II** *v/i* **5.** say good morning (*od.* day, evening), say hello. **6.** *fig.* greet; **Burgen ~ von den Höhen** castles greet us from the heights. **7.** *mil.* salute. **III** **2** *n* ⟨-s⟩ **8.** greeting (*etc*). **9.** *mil.* saluting.

'Gruß|,form, ~,for·mel *f* (form of) salutation; *am Briefende*: complimentary close. **2los** *adv* **1.** without a word of greeting. **2.** without saying good-by(e). **~,pflicht** *f mil.* obligation to salute. **~,wort** *n* ⟨-(e)s; -e⟩ (word of) greeting.

'Grütz,beu·tel *m med.* wen, atheroma.

Grüt·ze ['grʏtsə] *f* ⟨-; *Arten* -n⟩ **1.** (*bes. Hafer2*) grits *pl*, groats *pl* (*beide als sg od. pl konstruiert*). **2.** (**~brei**) porridge; **rote ~** *jelly made of red currant (or raspberry) juice thickened with cornstarch.* **3.** ⟨*only sg*⟩ *colloq.* (*Verstand*) brains *pl*; **der hat ~ im Kopf** he has got brains.

'G-,Sai·te ['geː-] *f mus.* G-string.

Gschaftl·hu·ber ['kʃaftəl,huːbər] *m* ⟨-s; -⟩ *Bavarian colloq.* busybody.

'G-,Schlüs·sel ['geː-] *m mus.* G- (*od.* treble) clef.

Gspu·si ['kʃpuːzi] *n* ⟨-s; -s⟩ *Bavarian colloq.* **1.** girl(friend). **2.** boy(friend). **3.** love affair.

Gua'jak|,baum [gŭa'jak-] *m* pockwood-tree, guaiacum. **~,harz** *n* guaiacum. **~,holz** *n* pockwood, guaiacum.

Gu'an,huhn ['gŭaːn-] *n* guan.

Gua·no ['gŭaːno] *m* ⟨-s; *no pl*⟩ guano.

Gu·asch [gŭ'a(ː)ʃ] *f* ⟨-; -en⟩ *paint.* **1.** ⟨*only sg*⟩ → **Guaschmalerei**. **2.** (*Bild*) gouache (painting). **~ma·le,rei** *f* gouache (painting).

Gua·te·mal·te·ke [gŭatemal'teːkə] *m* ⟨-n; -n⟩ Guatemal(tek)an. **gua·te·mal'te·kisch** *adj* Guatemalan.

Gua'yu·le-,Kau·tschuk [gŭa'juːle-] *m* guayule (*od.* huayule) rubber.

gucken (*getr.* **-k·k-**) ['gukən] *v/i* ⟨h⟩ *colloq.* **1.** look, peep, peek, peer, (*starren*) stare, gaze, *weitS.* gawk, make big eyes; **laß mich mal ~** let me have a look (*od.* peep); **guck mal!** look!; **nicht ~!** don't look!; **erstaunt ~** look surprised; *humor.* **er hat zu tief ins Glas geguckt** he's had one too many (*od.* a drop too much); → **Mond** 1, **Röhre** 2, 5 (*etc*). **2.** (*sichtbar sein*) *Sache*: peep, peek (*beide*: **aus dat** out of), be showing. **'Gucker** (*getr.* **-k·k-**) *m* ⟨-s; -⟩ **1.** (*Person*) peeper. **2.** *pl* (*Augen*) eyes. **3.** *colloq. for* **Fernglas, Opernglas**.

'Guck|,fen·ster *n* peep-hole, judas (window), spyhole. **2-,guck** *interj* (*child's language*) peek-a-boo, peep-bo.

Gucki (*getr.* **-k·k-**) ['guki] *m* ⟨-s; -s⟩ **1.** *phot.* (colo[u]r-slide) viewer. **2.** *Skat*: gucki.

'Guck|in·die,luft *m* ⟨-; *no pl*⟩ *colloq.* **Hans ~** Johnny-Head-in-Air. **~,kasten** *m* peep-show (box); **~bühne** *f thea.* picture (frame) stage. **~,loch** *n* → **Guckfenster**.

Gue·ril·la¹ [ge'rɪlja; -'rɪla] *f* ⟨-; -s⟩ *mil.* → **Guerillakrieg**. **Gue'ril·la**² *m* ⟨-(s); -s⟩ *meist pl* (*Partisan*) guerrilla. **~,kämp·fer** *m* guerrilla (fighter). **~,krieg** *m* guerrilla war(fare).

'Gu·gel,hupf ['guːgəl-] *m* ⟨-(e)s; -e⟩ *Southern G.* gugelhupf (*cake baked in a fluted tube mo[u]ld*).

Guil·loche [gɪl'jɔʃ; gi'jɔʃ] *f* ⟨-; -n [-ən]⟩ **1.** (*Zierlinie*) guilloche. **2.** *bes. auf Banknoten etc*: wave. **3.** → **Guillochiermaschine**. **Guil·lo'cheur** [-'ʃøːr] *m* ⟨-s; -e⟩ **1.** *print.* guilloche maker. **2.** *tech.* engraver. **guil·lo'chie·ren** [-'ʃiːrən] *v/t* ⟨*no* **ge-**, h⟩ **1.** wave. **2.** (*Stahl, Kupferplatten*) engrave *s. th.* with a rose engine. **3.** (*Stein*) incise. **Guil·lo'chier·ma,schi·ne** *f* rose engine.

Guil·lo·ti·ne [gɪlio'tiːnə; gijo-] *f* ⟨-; -n⟩ **1.** *hist.* guillotine; **er kam auf die ~** he was guillotined. **2.** *med. print.* guillotine. **guil·lo·ti'nie·ren** [-ti'niːrən] *v/t* ⟨*no* **ge-**, h⟩ *hist.* **j-n ~** guillotine s. o.

Gui'nea|,korn *n* guinea corn, durra. **~,pfef·fer** *m* Guinea pepper. **~,pfir·sich** *m* country fig.

Gu·lasch ['guːlaʃ; 'gu-] *n, rare m* ⟨-(e)s; *no pl*⟩ *gastr.* goulash. **~ka,no·ne** *f mil. colloq.* field kitchen. **~kom·mu,nis·mus** *m pol. iro.* goulash communism.

Gul·den ['guldən] *m* ⟨-s; -⟩ **1.** (*Währungseinheit in den Niederlanden*) florin, guilder. **2.** *hist.* gulden.

gül·den ['gʏldən] *adj poet.* golden.

Gül·le ['gʏlə] *f* ⟨-; *no pl*⟩ *dial. agr.* liquid manure.

Gul·ly ['guli] *m, a. n* ⟨-s; -s⟩ gully.

gül·tig ['gʏltɪç] *adj* **1.** (*geltend, nicht entwertet*) valid, good, *Münze*: *a.* current (*coin*); **für ~ erklären, ~ machen** declare valid, validate; **die Fahrkarte ist drei Tage ~** the ticket is good (*od.* valid) for three days; → *a.* **gelten** 3–7. **2.** *bes. jur.* valid, (*in Kraft*) *a.* effective, in force, (*gesetzlich, zulässig*) legal; **~ vom** (*od.* **ab**) effective (as from). **3.** *fig.* valid (*argument, etc*); **das ist auch heute noch ~** *a.* that still holds (good) today. **2keit** *f* ⟨-; *no pl*⟩ **1.** validity (*a. fig.*), *von Geld*: *a.* currency; **ein Vertrag verliert s-e ~** a contract (*od.* treaty) expires; **~ haben** be valid (→ *a.* **gelten** 3–7); *fig.* **diese Aussage hat ihre ~ nicht verloren** this statement is still valid (*od.* still holds good). **2.** *jur.* validity, (legal) force, effectiveness; **rechtliche ~ haben** be legally valid, be valid in law; **~ erlangen** become valid (*od.* effective), come into force.

'Gül·tig·keits|be,reich *m* range of validity, scope. **~,dau·er** *f* **1.** (period of) validity, *jur. e-s Vertrages*: *meist* term. **2.** *econ.* life. **~er,klä·rung** *f* validation.

'Gum,holz ['gam-; 'gum-; gʌm] (*Engl.*) *n* **1.** blue (*od.* cotton) gum. **2.** *vom Satinnußbaum*: red gum.

Gum·mi¹ ['gumi] *n, a. m* ⟨-s; -(s)⟩ **1.** *tech.* a) *natürliches*: india rubber, b) synthetic rubber; **aus ~** (of) rubber; **et. mit ~ imprägnieren** rubberize s. th.; **et. mit ~ steifen** gum s. th. **2.** *bot.* gum. **3.** (*Klebestoff*) gum. **4.** *sl.* (*Kondom*) French letter, *Am.* rubber. **'Gum·mi**² *m* ⟨-s; -s⟩ **1.** (*Radier2*) eraser, (India) rubber. **2.** → **Gummiband**.

Gum·mi|ara·bi·kum [,gumiʔa'raːbikum] *n* ⟨-s; *no pl*⟩ gum arabic. **2,ar·tig** ['gumi-] *adj* **1.** rubberlike, rubbery. **2.** *tech.* gummy, gummous. **~ar,ti·kel** *m* rubber article. **~,ball** *m* **1.** rubber ball. **2.** *tech.* rubber bulb. **~,band** *n* ⟨-(e)s; -bänder⟩ rubber band, elastic (band). **~,baum** *m bot.* a) gum (tree), b) (*Federharzbaum*) caoutchouc (*od.* India-)rubber tree. **~be,lag** *m* rubber covering. **~be,rei·fung** *f* rubber tyres (*Am.* tires) *pl.* **~,bin·de** *f* rubber bandage. **~,bla·se** *f* rubber bladder. **~bon,bon** *m, n* gumdrop. **~,boot** *n* rubber dinghy, inflatable (rubber) boat. **~,dich·tung** *f tech.* rubber seal. **~,druck** *m* ⟨-(e)s; -e⟩ **1.** *print.* flexographic printing. **2.** *phot.* gum bichromate print (and process). **~ela·sti·kum** [,gumiʔe'lastikum] *n* ⟨-s; *no pl*⟩ gum elastic.

gum·mie·ren [gu'miːrən] *v/t* ⟨*no* **ge-**, h⟩ **1.** *mit Klebstoff*: gum. **2.** *tech.* (*imprägnieren*) rubberize.

Gum'mier·ka,lan·der *m* sizing calender.

Gum'mie·rung *f* ⟨-; -en⟩ **1.** gumming. **2.** (*Imprägnierung*) rubberizing, rubber-coating, proofing. **3.** (*klebende Fläche*) gummed surface. **4.** *auf Briefmarken*: gum.

'Gum·mi|,erz *n min.* gummite. **~,fin·ger** *m* rubber stall. **~,floß** *n* rubber raft. **~,fluß** *m bot.* gum(ming). **2,ge·bend** *adj* gum-yielding, gummiferous. **2ge,la·gert** *adj tech.* rubber-cushioned. **~ge,we·be** *n* rubberized (*od.* elastic) fabric. **~,gutt** [-,gut] *n* ⟨-s; *no* *pl*⟩ *paint. pharm.* gamboge. **~ˌham·mer** *m* rubber mallet. **~ˌhandˌschuh** *m* rubber glove. **~ˌharz** *n bot.* gum (resin). **~ˌhaut** *f* **1.** (*Stoff*) rubberized fabric, rubber skin. **2.** *colloq. for* **Gummimantel.** **~ˌhös·chen** *n für Babys*: rubber pants *pl.* **~ˌka·bel** *n* rubber-insulated cable. **~ˌkle·ber** *m* rubber adhesive. **~ˌknüp·pel** *m der Polizisten*: (rubber) truncheon, nightstick, baton, club, *colloq.* billy. **~ˌlack** *m* **1.** (gum) lac. **2.** *tech.* rubber varnish. **~ˌlin·se** *f Film*: zoom lens. **~ˌlö·sung** *f* rubber solution, *mot. für Reifen*: *a.* tube gum. **~ˌman·tel** *m* rubber coat, mackintosh, *colloq.* mac(k), *Am.* slicker. **~pa·raˌgraph** *m jur. colloq.* elastic clause. **~ˌpflan·ze** *f bot.* gum plant. **~ˌpup·pe** *f* rubber doll. **~ˌrei·fen** *m* rubber tyre (*Am.* tire). **~ˌring** *m* rubber band. **~ˌschlauch** *m* **1.** a) rubber tube (*od.* tubing), b) *e-s Reifens*: inner tube. **2.** (*Spritzschlauch*) rubber hose. **~ˌschnur** *f* **1.** elastic (cord). **2.** rubber-insulated cord. **~ˌschuh** *m* → Gummiüberschuh. **~ˌschür·ze** *f* rubber apron. **~ˌschwamm** *m* rubber sponge. **~ˌstem·pel** *m* rubber stamp. **~ˌstie·fel** *m* rubber boot, *Br. a.* gum boot, Wellington (boot). **~ˌstöp·sel** *m* rubber stopper. **~ˌstrumpf** *m* elastic stocking. **~ˌtier** *n* (toy) rubber animal. **~ˌüberˌschuh** *m* rubber overshoe, galosh, *Am. a.* rubber. **~ˌun·terˌla·ge** *f* rubber sheet. **~ˌwal·ze** *f print.* rubber roller. **~ˌwa·ren** *pl* rubber goods. **~ˌzel·le** *f im Irrenhaus*: padded cell. **~ˌzucker** (*getr.* **-k·k-**) *m chem.* arabinose. **~ˌzug** *m* elastic.

gum·mös [guˈmøːs] *adj med.* gummy, gummatous.

Gum·mo·se [guˈmoːzə] *f* ⟨-; -n⟩ *bot.* gummosis.

ˈGun·del|ˌkraut [ˈgundəl-] *n* ⟨-(e)s; *no pl*⟩ *bot.* lemon-scented thyme. **~ˌre·be** *f* ground ivy.

Gunst [gunst] *f* ⟨-; *no pl*⟩ **1.** (*Wohlwollen*) favo(u)r, goodwill; **sich um j-s ~ bemühen** court (*od.* try to win) s. o.'s favo(u)r; **j-m s-e ~ bezeigen** show s. o. one's favo(u)r; **um j-s ~ buhlen** curry favo(u)r with s. o., woo s. o.; **j-m s-e ~ entziehen** withdraw one's favo(u)r from s. o.; **j-s ~ erlangen** (*od.* **gewinnen**) win s. o.'s favo(u)r; **j-m s-e ~ schenken** a) bestow one's favo(u)r on s. o., b) *Frau e-m Manne*: grant one's favo(u)r to s. o.; **sich in j-s ~ setzen** ingratiate o. s. with s. o., worm o. s. into s. o.'s favo(u)r; **in j-s** (*od.* **bei j-m in**) **~ stehen** be in s. o.'s favo(u)r (*od.* good graces, *colloq.* good books); **in j-s besonderer ~ stehen** be high in s. o.'s favo(u)r; **er warb um die ~ der Wähler** he wooed (the favo[u]r of) the voters. **2.** *lit.* (*Gefallen*) favo(u)r, kindness; **j-n um e-e ~ bitten** ask s. o. (for) a favo(u)r, ask a favo(u)r of s. o.; **j-m e-e ~ erweisen** (*od.* **gewähren**) grant s. o. a favo(u)r. **3.** (*Vorteil*) favo(u)r, credit; **zu m-n ~en** to my credit; *econ.* **ein Saldo zu Ihren ~en** a balance in your favo(u)r; **zu j-s ~en entscheiden** decide in s. o.'s favo(u)r; **die Tatsachen sprachen zu s-n ~en** the facts spoke in his favo(u)r. **4.** *lit. des Schicksals, Wetters etc*: favo(u)r(ableness), auspiciousness. **~beˌweis** *m* sign (*od.* proof) of favo(u)r (*od.* goodwill). **~beˌzei·gung** *f* **1.** mark of favo(u)r. **2.** *e-r Frau*: favo(u)r.

gün·stig [ˈgʏnstɪç] **I** *adj* **1.** (*vorteilhaft*) (**für**) favo(u)rable (to), advantageous (for, to), good (for); *econ.* **zu ~en Bedingungen** on favo(u)rable (*od.* easy) terms; **~ sein für et.** be favo(u)rable to s. th., favo(u)r s. th., make for s. th.; **im ~sten Fall** at best; **~e Gelegenheit** (good) opportunity, chance; **ich halte es für ~er, wenn I** think it better if; **die Sache erwies sich als ~er als ich dachte** things were better than I thought; *fig.* **et. in (ein) ~es Licht rücken** put s. th. in a favo(u)rable light; **alles nahm e-n ~en Verlauf** everything took a favo(u)rable course, everything went off well; **bei ~em Wetter** weather (conditions) permitting. **2.** (*passend, meist zeitlich*) opportune, convenient; **wir hätten k-n ~eren Zeitpunkt wählen können** we couldn't have chosen a better moment. **3.** *fig.* (*wohlgesinnt*) favo(u)rable, kind; **ich mußte ihn ~ stimmen** I had to put him in a favo(u)rable mood; → **Glück** 1. **4.** (*verheißungsvoll*) promising, auspicious, propitious. **5.** (*befriedigend*) satisfactory, agreeable. **6.** (*ermutigend*) encouraging, reassuring. **7.** *lit. Klima, Sternkonstellation etc*: benign; *fig.* **unter e-m ~en Stern geboren** born under a lucky star. **II** *adv* **8.** favo(u)rably; **~ abschneiden** *bei e-r Prüfung etc*: come off well, show up to advantage; **sich ~ stellen zu e-r Sache** take a positive view of s. th., favo(u)r s. th.; **es traf sich ~, daß** it was favo(u)rable (*od.* lucky) that; **j-m ~ gesinnt sein** be well disposed toward(s) s. o.; **dort kauft man ~ ein** the shopping is good there. **9. der Wind steht ~** the wind sits fair. **ˈgün·sti·genˈfalls** *adv* at best. **Günst·ling** [ˈgʏnstlɪŋ] *m* ⟨-s; -e⟩ **1.** favo(u)rite, protégé; **~swirtschaft** *f* favo(u)ritism. **2.** *contp.* minion.

ˈGun·terˌska·la [ˈguntər-] *f math.* Gunter's scale.

Gur·gel [ˈgurgəl] *f* ⟨-; -n⟩ throat; **j-m die ~ abschneiden** cut s. o.'s throat; **j-m an die ~ fahren** (*od.* **springen**), **j-n an der ~ packen** fly at s. o.'s throat, take s. o. by the throat; **j-m die ~ abdrücken** (*od.* **abschnüren, zudrücken**) a) strangle (*od.* choke, throttle) s. o., b) *fig. colloq.* (*j-n ruinieren*) cut s. o.'s throat; *fig. colloq.* **die ~ spülen** wet one's whistle; **sein Geld durch die ~ jagen** spend all one's money on drink.

gur·geln [ˈgurgəln] **I** *v/i* ⟨h⟩ **1.** gargle. **2.** *Wasser etc*: gurgle, bubble. **II** ♀ *n* ⟨-s⟩ **3.** gargling (*etc*). **4.** (*Geräusch*) gurgle. **ˈGur·gelˌwas·ser** *n pharm.* gargle.

Gürk·chen [ˈgʏrkçən] *n* ⟨-s; -⟩ **1.** *dim. of* **Gurke. 2.** *bes. zum Einmachen*: gherkin.

Gur·ke [ˈgurkə] *f* ⟨-; -n⟩ **1.** (*Frucht*) cucumber; **saure (eingelegte) ~n** pickled (preserved) cucumbers (*od. kleine*: gherkins), pickles. **2.** *bot.* a) (**Gewöhnliche**) **~** cucumber, b) **Ägyptische** (*od.* **Arabische, Türkische**) **~** Egyptian cucumber. **3.** *fig. colloq.* a) (*Nase*) boko, b) (*Person*) nut, c) (*mieses Ding*) dud, lemon.

ˈGur·ken|ˌdill *m* dill. ♀**ˌför·mig** *adj* cucumber-shaped, cucumiform. **~ˌho·bel** *m* cucumber slicer. **~ˌkern** *m* cucumber seed. **~ˌkraut** *n bot.* a) dill, b) borage. **~ˌpflan·ze** *f* cucumber. **~saˌlat** *m* cucumber salad.

gur·ren [ˈgurən] *v/i* ⟨h⟩ coo.

Gurt [gurt] *m* ⟨-(e)s; -e⟩ **1.** (*Gürtel*) belt. **2.** (*Hosen*♀ *etc*) waistband. **3.** (*Halte*♀, *Trage*♀ *etc*) strap. **4.** *mot. etc* (safety *od.* seat) belt. **5.** (*Sattel*♀) girth(-strap). **6.** *mil.* (*Patronen*♀) (cartridge) belt. **7.** *tech.* flange. **8.** *tech.* (conveyor) belt. **~ˌband** *n* ⟨-(e)s; ⸗er⟩ *Schneiderei*: waistband, webbing. **~ˌbo·gen** *m civ.eng.* reinforcing arch.

Gür·tel [ˈgʏrtəl] *m* ⟨-s; -⟩ **1.** belt; *Judo*: **Schwarzer ~** Black Belt; *myth.* **der ~ der Venus** the Girdle of Venus; *poet.* **der ~ der Keuschheit** the girdle of chastity; **den ~ enger schnallen** *a. fig.* tighten one's belt; **den ~ weiter machen** loosen one's belt; **et. am ~ tragen** wear (*od.* carry) s. th. in one's belt. **2.** *fig.* belt, girdle; **ein ~ von Grünanlagen** a belt of parks; **ein ~ von Festungen** a belt (*od.* ring) of fortifications. **3.** (*Polizei*♀, *Absperrung*) cordon. **4.** *geogr.* zone. **5.** (*Hüftgegend*) girdle, waist(-line). **6.** *zo.* (*gürtelartige Zeichnung*) cingulum. **~ˌbahn** *f* belt line, circular railway. **~ˌech·se** *f meist pl zo.* girdle(-tailed) lizard, zonure. **~ˌflech·te** *f* → Gürtelrose. ♀**ˌför·mig** *adj* belt-like. **~ˌkno·chen** *m meist pl zo.* girdle bone. **~ˌkraut** *n* → Bärlapp. **~ˌli·nie** *f* **1.** (*Taille*) waist(-line). **2.** *Boxen*: belt(line); **unter der** (*od.* **die**) **~** *a. fig.* below the belt. **~ˌmoos** *n* → Bärlapp.

gür·teln [ˈgʏrtəln] *v/t* ⟨h⟩ **1.** → gürten I. **2.** (*Baum*) girdle.

ˈGür·tel|ˌrei·fen *m mot.* radial-ply tyre (*Am.* tire). **~ˌro·se** *f med.* shingles *pl* (*als sg konstruiert*), zona, (herpes) zoster. **~ˌschlau·fe** *f* (belt) loop. **~ˌschnal·le** *f* belt buckle (*od.* clasp). **~ˌstrei·fen** *m* **1.** *geogr.* zone. **2.** *zo.* cingulate band. **~ˌtier** *n zo.* armadillo.

gur·ten [ˈgurtən] *v/t* ⟨h⟩ **1.** *mil.* fill (*od.* charge) the belt with ammunition (*od.* cartridges). **2.** (*anschnallen*) strap. **3.** *civ. eng.* brace, string.

gür·ten [ˈgʏrtən] *lit.* **I** *v/t* ⟨h⟩ **1.** gird; *poet.* **sich** (*dat*) **die Lenden ~** gird (up) one's loins. **2.** (*Pferd*) saddle. **II** *v/reflex* **3. sich ~** gird o. s. (*fig.* **zum Kampf** for the fight), put on one's belt.

ˈGurt|ˌför·de·rer *m tech.* belt conveyor. **~geˌsims** *n arch.* string-course. **~geˌwöl·be** *n* ribbed vault. **~ˌha·ken** *m* girth hook. **~ˌholz** *n tech.* wale. **~ˌrie·men** *m* girth strap. **~ˌschei·be** *f* belt pulley.

Gu·ru [ˈguːru] *m* ⟨-s; -s⟩ (*Hindi*) *a. fig.* guru.

Guß [gus] *m* ⟨-sses; ⸗sse⟩ **1.** *aus e-m Eimer etc*: gush, jet, dash of water. **2.** *colloq.* (*Regen*♀) (heavy) shower, downpour. **3.** *med.* (*cold, etc*) affusion. **4.** *gastr.* (*Zucker*♀ *etc*) icing, frosting; **Torten mit ~ überziehen** ice (*od.* frost) cakes. **5.** *tech.* a) (*Gießen*) casting, pouring, *von Metall*: *a.* founding, b) (*Werkstoff*) cast iron (*od.* metal), c) (*Produkt*) casting, *collect.* castings *pl*; **schmiedbarer ~** malleable iron; (**wie**) **aus einem ~** a) (made) in (*od.* with) one casting, b) *fig.* of a piece, perfect, homogenous. **6.** *print.* a) (*Gießen*) casting, founding, b) (*Produkt*) fo(u)nt. **7.** → Gußloch. **~asˌphalt** *m civ. eng.* poured (*od.* mastic) asphalt. **~beˌton** *m* cast concrete. **~ˌbla·se** *f metall.* **1.** (*Lunker*) blowhole. **2.** (*Oberflächenfehler*) blister. **~ˌblock** *m* ingot.

ˈGußˌei·sen *n tech.* **1.** cast iron. **2.** (*Erzeugnis*) iron casting. **~ˌform** *f* chill mo(u)ld. **~ˌkaltˌschwei·ßung** *f* cast-iron welding without preheating.

ˈgußˌei·sern *adj* cast-iron.

ˈGuß|ˌfeh·ler *m tech.* (casting) flaw. **~ˌform** *f* **1.** foundry mo(u)ld. **2.** *für Druckguß*: die-casting die. **~ˌglas** *n* cast glass. **~ˌhaut** *f* skin (of a casting). **~ˌkern** *m* casting core, kernel. **~ˌloch** *n* pouring hole of a mo(u)ld. **~meˌtall** *n* cast metal. **~moˌdell** *n* (casting) pattern. **~ˌnaht** *f* casting burr, fin, feather. **~ˌput·zer** *m* fettler, dresser. **~ˌre·gen** *m* → Guß 2. **~ˌrohr** *n tech.* cast-iron pipe. **~ˌstahl** *m* **1.** cast steel. **2.** (*Erzeugnis*) steel casting. **~ˌstahlˌwerk** *n* cast-steel plant. **~ˌstück** *n tech.* casting.

~ₗ**wa·ren** *pl* castings, cast-iron ware *sg*, foundry goods.

Gü·ster ['gy:stər] *m* <-s; -> *ichth.* white bream.

gu·stie·ren [gus'ti:rən] *v/t* <*no* ge-, h> *colloq. and Austrian* find *s. th.* to one's taste, enjoy, like.

Gu·sto ['gusto] *m* <-s; -s> *obs. od. Austrian* gusto, taste; **das ist nach s-m ~** that is to his taste; **e-n ~ haben auf** (*od.* **für**) **e-e Sache** feel like (eating *od.* drinking) s. th.

gut [gu:t] **I** *adj* <besser; best> **1.** *allg.* good; **~e Erziehung (Führung)** good education (conduct); *relig.* **der** ♀**e Hirte** the Good Shepherd; **die Note ~** the mark good; **die ~e alte Zeit** the good old days *pl*; → **Gute²**. **2.** (*gesund, tauglich*) good (*eyes, nerves, etc*); **ihr war nicht ~** she did not feel well; (**wieder**) **~ werden** (*heilen*) get well (again), heal, mend. **3.** (*passend, geeignet*) good, suitable; **~e Ausrede** good excuse. **4.** (*schön, günstig*) good, fine, favo(u)rable; **~es Wetter** good (*od.* fair) weather. **5.** (*besonder*) good, best; **der ~e Anzug** one's best (*od. colloq.* Sunday) suit; **die ~e Stube** the drawing-room, the parlo(u)r. **6.** (*ertragreich*) good (*harvest, year, etc*); **~es Geschäft** good (*od.* lucrative, profitable) business. **7.** (*groß, reichlich*) good; **e-e ~e Stunde warten** wait a good (*od.* full) hour; **das hat noch ~e Weile** (*od.* **Zeit**) there is still (enough) time for that; **ein ~(er) Teil** a good part, a fair bit. **8.** (*tüchtig*) good, capable; **~er Arzt (Schüler)** good doctor (pupil); **~e Arbeit leisten** do good work, do a good job. **9.** (*brauchbar*) good, usable (*tool, etc*); **der Mantel ist noch ~** the coat is still good (*od.* wearable); **der Fisch ist noch ~** the fish is still good (*od.* all right, edible); **die Wurst ist nicht mehr ~** the sausage has gone bad (*od.* off). **10.** (*wert-, gehaltvoll*) good(-quality); **~er Wein (Stoff)** good wine (material); **~e Bücher** good books. **11.** (*wirksam*) good, effective; **ein ~es Mittel gegen** (*od.* **für**) **Kopfschmerzen** a good remedy for headaches; **wer weiß, wozu das ~ ist?** who knows what that is good for?; **wozu soll das ~ sein?** a) what is that (good) for?, b) what is the good (*od.* use) of doing that? **12.** (*richtig*) good, right, correct. **13.** (*angebracht*) fit, proper; **er hielt es für ~ abzulehnen** he thought it fit (*od.* proper, a good idea) to refuse. **14.** (*anständig, angesehen*) good, respected; **aus ~er Familie** from a good family. **15.** (*fein*) good, fine; **er dünkt sich zu ~ dafür** he considers himself too good for this; **dafür bin ich mir zu ~** a) that's beneath me, b) I wouldn't stoop to that. **16.** (*brav*) good, well-behaved; **~es Kind** good child; **wirst du wieder ~ sein?** will you be good now? **17.** (*sittlich ~*) good; **~e Werke tun** do good deeds; **~ zu den Armen** good to the poor. **18.** (*freundlich, lieb*) good, kind, friendly; **sie hat ein ~es Herz** she has a good heart, she is kindhearted; **bitte sei so ~ und hilf mir!** please be so good as (*od.* good enough) to help me!; **~ zu j-m sein** be good to s. o.; **mit j-m ~ sein** be on friendly terms with s. o.; **sei (mir) wieder ~!** let's be friends again!; **sie ist ihm (von Herzen) ~** a) she is very fond of (*od.* attached to) him, she likes him (a lot), b) she is in love with him. **19.** (*zuverlässig*) good, reliable (*firm, etc*); **aus ~er Quelle** from a reliable source; **er ist für jeden Betrag ~** (*kreditwürdig*) he is good for any amount; *fig.* **er ist immer ~ für e-n Witz (ein Tor** *etc*) he is always good for a joke (goal, *etc*). **20.** (*~mütig*) good(-natured); **sie ist e-e ~e Seele** she is a good soul; **er ist viel zu ~** he is much too good-natured. **21.** *in Grüßen, Wünschen etc*: good; **~en Tag!** good morning (*od.* afternoon, evening)!, *a.* good day!; **~e Nacht!** good night!; **~e Reise** (*od.* **Fahrt**)! have a good (*od.* pleasant, nice) journey (*od.* trip)!, bon voyage!; → **Appetit, Besserung** 2. **22.** **so ~ wie** as good as, practically; **der Prozeß ist so ~ wie gewonnen** the trial is as good as won; **das ist so ~ wie sicher** that's practically certain (*od. colloq.* a sure thing); **so ~ wie unmöglich** practically (*od.* next to) impossible. **23.** (*zufriedenstellend, genügend*) good, all right, fine, *colloq.* okay, OK; **sehr ~!** very good!, very well!; **~ so!** good!, well done!; **also ~!** all right (then)!; **schon ~!** a) (*es genügt*) that'll do!, that's enough!, b) (*laß nur*) never mind!, c) *auf e-e Entschuldigung etc hin*: that's all right!; **schon ~, aber** that's all right, but; **ganz ~** a) quite good, not bad, good enough, b) quite well, well enough; (**es ist nur**) **~, daß** it's lucky that, good thing that; **es ist ganz ~, daß** it's all to the good that; **das ist ganz ~ so!, auch ~!** that's just as well!; **alles wird schon wieder ~ werden** everything will come right again; **laß es ~ sein für dieses Mal!** let it be (*od.* leave it at that, *colloq.* skip it) for this time!; **das ist (alles) ganz ~ und schön, aber** that is all very well but; *iro.* **das kann ja ~ werden!** nice prospects!; *colloq. iro.* **du bist (vielleicht) ~!** a) you're a (fine) one!, b) (*du bist verrückt*) don't make me laugh! **II** *adv* **24.** well, good; **~ aussehen** a) look good, b) *Person*: be good-looking, c) *gesundheitlich*: look well; **~ sehen (hören)** see (hear) well; **~ riechen (schmecken)** smell (taste) good; **~ lernen** learn easily (*od.* quickly); **et. ~ können** be good at s. th.; **er spielt ~ Golf** he is good at golf; **er spielt recht ~ Klavier** he plays the piano quite well; **das macht sich ~** that looks good, *fig.* that makes a good impression; **kommt ~ nach Hause!** I hope you'll get home all right; *iro.* **das fängt ja ~ an** that's a nice start (I must say); **das trifft sich ~!** that's lucky!; **das tut nicht ~** no good will come of it; **du hast es ~, du darfst gehen** you are lucky, you can go; **sie hat es dort ~ gehabt** she was very happy there, she had a good time there; **er täte ~ daran nachzugeben** he would be well advised to (*od.* he had better) give in; **ich kann ihn doch nicht ~ darum bitten** I can't very well ask him for it; **das ging noch einmal ~ aus** (*od.* **ab**) that was close!; **das kann ~ sein** that may well be; **es ist ~ möglich, daß er kommt** it is quite possible that he will come; **er meint es ~ mit dir** he means well (by you); **es ist ~ gemeint, aber** it is well meant, but; **es gefällt mir ~!** I (do) like it; **~ gemacht!** well done!; *colloq.* **mach's ~!** a) good luck!, b) by(e)-by(e)!, so long!, take care of yourself!; **du hast ~ lachen (reden)** it's easy for you to laugh (talk); **es dauert ~ (und gern) drei Stunden** it easily takes (*od.* it takes at least) three hours; **es ist nun ~ (und gern) zehn Jahre her, seit** it has been a good ten years (now) since; → **ankommen** 5, **gutgehen, guttun**. **III** ♀**e, der, die, das** <-n> **25.** → **Gute¹, ²**. **26.** ♀ **und Böse** good and evil. **27.** *mit Kleinschreibung*: **im ~en** in a friendly (*od.* nice) way; **mit j-m im ~en auskommen** get on well with s. o.; **sie sind im ~en auseinandergegangen** they parted as good friends.

Gut [gu:t] *n* <-(e)s; ⸗er> **1.** good; **irdische** (*od.* **weltliche**) **Güter** earthly (*od.* worldly) goods; **zeitliche Güter** temporal goods (*od.* possessions), temporalities; *philos.* **das höchste ~** the greatest (*od.* highest, supreme) good, *lit.* summum bonum; **nicht um alle Güter der Welt** not for all the (money in the) world; **unrecht ~ gedeih(e)t nicht** (*Sprichwort*) ill-gotten goods never prosper; **~ und Blut** life and property; → **Hab. 2.** (*Besitz*) property, possessions *pl*; **gestohlenes ~** stolen property (*od.* goods *pl*). **3.** (*Grundbesitz*) (landed) property (*od.* estate), farm; **er lebt auf s-n Gütern** he lives on his estates. **4.** *meist pl econ. jur.* a) goods *pl*, commodity, article, b) (*Vermögensstücke*) property, assets *pl*, effects *pl*, c) *rail.* goods *pl*, *Am.* freight; **(un)bewegliche Güter** (im)movable property *sg*, (im)movables; **schwimmende Güter** floating goods. **5.** *mar.* gear, rigging; **laufendes (stehendes) ~** running (standing) gear. **6.** *bes. tech.* material, (*in Verarbeitung befindliches ~, Förder*♀) *a.* stock; **irdenes ~** earthenware.

'Gutₗach·ten *n* <-s; -> **1.** (**über** *acc* on) expert opinion, (*Rechts*♀) *a.* expert evidence, legal opinion; *jur.* **medizinisches ~** opinion of a medical expert, medical evidence (*cf. a.* 2); **ein ~ abgeben** give (*od.* deliver) an opinion; **ein ~ einholen** procure an (expert) opinion. **2.** (*Zeugnis*) certificate, testimonial; **ärztliches ~** medical certificate.

'Gutₗach·ter *m* <-s; -> **1.** expert, *e-r Versicherung*: *a.* surveyor, (*Schätzer*) appraiser, valuer. **2.** (*Berater*) consultant; **~kommission** *f* advisory (*od.* consultative) committee. **'gutₗacht·lich I** *adj Äußerung*: expert, authoritative. **II** *adv* by way of an (expert) opinion; **sich ~ äußern** give one's expert opinion.

'gutₗar·tig *adj* **1.** good-natured; *Tier*: *a.* friendly, *weitS.* harmless. **2.** *med. Tumor, Verlauf etc*: benign, non(-)malignant. ♀**keit** *f* <-; *no pl*> **1.** good nature. **2.** harmlessness. **3.** *med.* benign nature, benignity.

'gut|ₗausₗse·hend *adj* good-looking. **~beₗsetzt** *adj thea.* **1.** *Rolle*: well-cast. **2.** *Haus*: well-filled. **~beₗzahlt** *adj* well-paid. **~ₗbür·ger·lich I** *adj* **1.** *gastr.* plain, homely; **~e Küche** plain cooking. **2.** middle-class, bourgeois. **II** *adv* **3. ~ essen** eat plain food. ♀ₗ**dün·ken** *n* <-s; *no pl*> judg(e)ment, discretion; **nach ~** at pleasure, at (one's own) discretion, as one sees fit, according to one's own judg(e)ment; **nach eigenem ~ handeln** use (*od.* act on) one's own discretion, act as one sees fit; **ich überlasse es d-m ~** I leave it to your judg(e)ment.

'Gu·te¹ *m, f* <-n; -n> good man (woman); **die ~n** the good, the righteous, *colloq.* the goodies; **mein ~r** a) old fellow (*Br. a.* chap), b) my dear fellow (*od.* man); **m-e ~** a) (my) dear, b) my dear lady (*od.* woman).

'Gu·te² *n* <-n; *no pl*> good; **das ~ und das Böse** good and evil; **das ~ an der Sache ist** the good thing about it is; **et. ~s war doch daran** there was still a good side to it; **was bringst du ~s?** what's the good news?; **das führt zu nichts ~m** no(thing) good will come of that; **ich ahne** (*od.* **mir schwant**) **nichts ~s** I fear the worst; **nichts ~s im Schild führen** be up to no good; **es hat alles sein ~s** there is a good side to everything; **es hat sich zum ~n gewandt** it has (*od.* things have) taken a turn (for the better); **e-e Sache zum ~n lenken** give a matter a favo(u)rable turn; **er hat des ~n zuviel getan** he has overdone it; *iro.* **das ist zuviel des ~n** that's too much of a good thing; **j-m alles ~ wünschen** wish s. o. all the best; **alles ~!** all the best!, good luck (to you)!; **alles ~ zum Geburtstag!** many happy returns (of the day)!, best wishes for your birthday!; **heute gibt es et. ~s (zu essen)** we'll have s. th. good (to eat) today; **(j-m) ~s tun** do (s. o.) good; **sie glaubt an das ~ in ihm** she believes that there is good in him; **er hat mir nur ~s erwiesen** he has shown me nothing but kindness; **~s mit Bösem vergelten** return evil for good; **er hat ~s und Böses im Leben erfahren** he has seen good days and bad.

Gü·te [ˈgyːtə] *f* ⟨-; *no pl*⟩ **1.** kindness, kindheartedness, goodness (of heart); **in (aller) ~** in a friendly way, amicably; **ein Vorschlag zur ~** a conciliatory proposal; **die ~ Gottes** the grace of God, God's loving kindness; **er ist die ~ selbst** he is kindness itself, he is the soul of kindness; **haben Sie die ~ zu warten** would you be so kind as to wait; **(ach, du) m-e ~!** good(ness) gracious!, dear me!, good heavens! **2.** (*Qualität*) quality, (*~grad*) *a.* grade, class, (*Vortrefflichkeit*) superior quality, *der Tonwiedergabe*: fidelity; **Waren erster ~** top quality (*od.* first-class) goods; *fig. iro.* **e-e Krise** (*etc*) **erster ~** a crisis (*etc*) of the first water.

ˈGutˌedel *m* ⟨-s; -⟩ (*weiße Traubensorte*) chasselas.

ˈGü·te|ˌfak·tor *m tech.* quality factor. **~ˌgrad** *m* **1.** grade (of quality), quality. **2.** (*Wirkungsgrad*) efficiency. **~ˌklas·se** *f econ.* class (*od.* grade) (of quality), quality. **≈ˌmä·ßig** *adj u. adv* in quality.

ˌGu·teˈnachtˌkuß *m* good-night kiss; **j-m e-n ~ geben** kiss s. o. good night.

ˈGü·ter|ˌabˌfer·ti·gung *f* **1.** dispatch of goods. **2.** (*Stelle*) goods (*Am.* freight) office, shipping office. **~ˌanˌnah·me** *f econ.* (*Stelle*) goods (*Am.* freight) (receiving) office. **~ˌausˌga·be** *f* **1.** delivery of goods. **2.** (*Stelle*) goods (*Am.* freight) (delivery) office. **~ˌausˌtausch** *m* exchange of goods. **~ˌbahnˌhof** *m* goods station (*od.* depot, yard), *Am.* freight depot. **~beˌför·de·rung** *f* → **Gütertransport.** **~ˌfern·verˌkehr** *m* long-distance goods traffic (*od.* road haulage), *Am.* long-haul trucking. **~geˌmein·schaft** *f jur.* communion of goods, *eheliche*: *a.* community of property. **~ˌhal·le** *f* goods shed, warehouse.

ˈgut·erˌhal·ten *adj* well-preserved (*a. colloq. Person*), in good condition (*od.* repair).

ˈGü·ter|ˌklas·se *f* category of goods. **~ˌkraft·verˌkehr** *m* road haulage, *Am. a.* trucking. **~ˌmarkt** *m* commodity market. **~ˌnah·verˌkehr** *m* short-distance goods (*Am.* freight) traffic, short haul (traffic). **~ˌrecht** *n jur.* law of property; **eheliches ~** a) law relating to the property between husband and wife, b) → **Güterstand.** **~ˌschup·pen, ~ˌspei·cher** *m* goods shed, warehouse, *Am. a.* freight depot. **~ˌstand** *m jur.* legal status of property (in marriage), property arrangement; **getrennter ~** separate (ownership of) property. **~taˌrif** *m econ.* goods (*Am.* freight) tariff. **~transˌport** *m* transport (*od.* conveyance) of goods, goods traffic. **~ˌtren·nung** *f jur.* separation of property (in marriage). **~ˌumˌsatz** *m* turnover of goods. **~ˌumˌschlag** *m* transshipment of goods. **~verˌkehr** *m* goods (*Am.* freight) traffic. **~verˌsand** *m* shipment of goods. **~ˌwa·gen** *m* goods waggon (*od.* van), *Am.* freight car; **offener ~** open goods truck, *Am.* gondola (car).

ˈgut·erˌzo·gen *adj* well-bred.

ˈGü·terˌzug *m* goods train, *Am.* freight (train).

ˈGü·te|ˌstel·le *f jur.* voluntary board. **~ˌstem·pel** *m econ.* quality stamp. **~verˌfah·ren** *n jur.* conciliatory proceedings *pl.* **~ˌvorˌschrift** *f* quality specification. **~ˌzei·chen** *n* **1.** quality mark (*od.* seal). **2.** *fig.* hallmark.

ˈgut|ge,ar·tet *adj* good-natured. **~geˌbaut** *adj Person, Haus etc*: well-built, well-made. **~ˌge·hen I** *v/impers* ⟨*irr, sep,* **-ge-, sein**⟩ (*sich wohl befinden*) be well, fare well; have it good (*od.* a good life); **mir geht es gut** a) I am well, b) *finanziell etc*: I am doing well; **wir ließen es uns ~** we denied ourselves nothing, we had a good time; **laß es dir ~!** look after yourself!, have a good time!; *colloq. iro.* **aber sonst geht's dir gut?** are you still all right? **II** *v/i* (*ein gutes Ende nehmen*) go (off) well, turn out well (*od.* all right), work out (well), work; **das kann nicht ~** that's bound to go wrong, it won't do; **wenn alles gutgeht** if nothing goes wrong; **wenn das nur gutgeht!** let's hope for the best (*od.* it won't go wrong)! **~ˌge·hend** *adj* **1.** *Geschäft etc*: prospering, flourishing, thriving, going. **2.** *Ware*: that sells well, much in demand. **~geˌlaunt** *adj* good-humo(u)red, in good humo(u)r (*od.* spirits), in a good mood, *colloq.* chirpy, *Am.* chipper. **~geˌlun·gen** *adj* → **gelungen** 1. **~geˌmeint** *adj* well-meant. **~geˌpflegt** *adj* → **gepflegt** 1. **~geˌpol·stert** *adj* well-upholstered (*a. fig. colloq.*). **~geˌsinnt** *adj* well-meaning. **~geˌwach·sen** *adj* well-built. **≈geˌwicht** *n econ.* allowance, draft, tret; **Tara und ~** tare and tret. **~geˌzielt** *adj* well-aimed.

ˈgutˌgläu·big I *adj* **1.** credulous, gullible. **2.** *bes. jur.* a) *Tat, Kauf etc*: bona fide, done in good faith, b) *Person*: acting in good faith, bona fide; **~er Eigentümer** bona fide owner. **II** *adv* **3.** credulously, gullibly. **4.** *bes. jur.* in good faith, bona fide. **≈keit** *f* ⟨-; *no pl*⟩ **1.** credulity, gullibility. **2.** *bes. jur.* good faith.

ˈgutˌha·ben *v/t* ⟨*irr, sep,* **-ge-, h**⟩ *econ.* have *s. th.* to one's credit, have *s. th.* due to one; *colloq.* **du hast noch e-e Zigarette bei mir gut** I still owe you a cigarette.

ˈGutˌha·ben *n* ⟨-s; -⟩ *econ.* credit (balance), (bank) balance, (*Konto*) account, *weitS.* assets *pl*; **laufende ~** current assets; **mein gegenwärtiges ~** the balance standing to my favo(u)r; **sein ~ beträgt** his balance stands at, the balance in his favo(u)r is; **„kein ~"** "no funds". **~ˌsal·do** *m, n* net credit balance.

ˈgut|ˌhei·ßen *v/t* ⟨*irr, sep,* **-ge-, h**⟩ (*billigen*) approve (of), sanction, *bes. Am. colloq.* okay; **ich kann sein Verhalten nicht ~** I cannot approve of his conduct. **≈ˌhei·ßung** *f* ⟨-; *no pl*⟩ approval, approbation, sanction.

ˈgutˌher·zig *adj* kind(hearted), good(hearted). **≈keit** *f* ⟨-; *no pl*⟩ good(hearted)ness, kind(hearted)ness.

ˈgü·tig I *adj* kind(hearted), good, kindly; (*wohlmeinend*) benevolent; **zu j-m** (*od.* **gegen j-n, j-m gegenüber**) **~ sein** be kind to s. o.; **mit Ihrer ~en Erlaubnis** with your kind permission; **seien Sie bitte so ~, es ihm zu geben** please be so kind as to give it to him; *iro.* **zu ~** too kind of you!; *colloq.* **~er Himmel!** good heavens! **II** *adv* kindly; **würden Sie mir ~st gestatten** *a. iro.* would you kindly (*od.* be so kind as to) allow me. **≈keit** *f* ⟨-; *no pl*⟩ → **Güte** 1.

güt·lich [ˈgyːtlɪç] **I** *adj* **1.** amicable, friendly; **auf ~em Wege** → 2; **~e Einigung** amicable agreement; *jur.* **~er Vergleich** amicable settlement, *außergerichtlich*: settlement out of court. **II** *adv* **2.** amicably, in a friendly way; **sie haben sich ~ geeinigt** they came to an amicable agreement, they settled the matter amicably. **3. sich** (*dat*) **an e-r Sache ~ tun** a) treat o. s. to s. th., b) take (*od.* eat, drink) one's fill of s. th., c) help o. s. to *s. o.'s cigars, etc.*

ˈgutˌma·chen *v/t* ⟨*sep,* **-ge-, h**⟩ *colloq.* **1.** make good, make amends for, make up for. **2.** (*Vorteil erringen*) make; **dabei hat er zehn Mark gutgemacht** he made ten marks (profit) out of it. **3.** (*Abstand, Zeit etc*) make up.

ˈgutˌmü·tig *adj* **1.** good-natured, good-humo(u)red. **2.** → **gutherzig.** **≈keit** *f* ⟨-; *no pl*⟩ **1.** good nature (*od.* humo[u]r), good-naturedness. **2.** → **Gutherzigkeit.**

ˈgut|ˌnach·bar·lich I *adj* neighbo(u)rly. **II** *adv* in a neighbo(u)rly way (*od.* manner). **~ˌsa·gen** *v/i* ⟨*sep,* **-ge-, h**⟩ **für j-n ~** answer (*od.* vouch) for s. o.

ˈGuts·beˌsit·zer *m* **1.** estate owner, big landowner. **2.** gentleman farmer.

ˈGut|ˌschein *m econ.* **1.** *für Waren etc*: coupon, credit note, *bes. Br.* voucher. **2.** (*Geschenk≈*) gift token. **3.** → **Gutschrift.** **≈ˌschrei·ben** *v/t* ⟨*irr, sep,* **-ge-, h**⟩ **j-m et. ~** pass (*od.* enter) s. th. to s. o.'s credit, credit s. th. to s. o.; **e-n Betrag e-m Konto ~** credit an account with an amount. **~ˌschrift** *f econ.* **1.** credit (entry *od.* item); **zur ~ auf unser Konto** to the credit of our account. **2.** *als Gutschein*: credit voucher (*od.* slip). **~ˌschriftˌanˌzei·ge** *f* credit note.

Gut·sel [ˈguːtsəl] *n* ⟨-s; -⟩ *dial. for* **Bonbon.**

ˈGuts|ˌhaus *n* **1.** manor (house), mansion-house. **2.** (*großes Bauernhaus*) farmhouse. **~ˌherr** *m* **1.** *hist.* lord of the manor. **2.** → **Gutsbesitzer.** **~ˌher·rin** *f hist.* lady of the manor. **~ˌherr·schaft** *f* lord and lady of the manor. **~ˌhof** *m* **1.** estate, manor. **2.** farm.

ˈgut|si·tuˌiert *adj* well-to-do. **~ˌsit·zend** *adj* well-fitting (*dress, etc*).

ˈGuts|ˌpäch·ter *m* tenant farmer. **~verˌwal·ter** *m* landholder's manager (*od.* steward). **~verˌwal·tung** *f* management of an estate, estate management.

Gut·ta·per·cha [gutaˈpɛrça] *f* ⟨-; *no pl*⟩, *n* ⟨-(s); *no pl*⟩ *bot. econ.* gutta(-percha).

ˈGutˌtat *f lit.* **1.** good deed. **2.** kindness.

ˈGutˌtemp·ler *m* Good Templar.

Gut·ti·fe·re [gutiˈfeːrə] *f* ⟨-; -n⟩, **ˈGut·ti·geˌwächs** [ˈguti-] *n bot.* guttiferous plant, guttifer.

ˈgutˌtun *v/i* ⟨*irr, sep,* **-ge-, h**⟩ **1.** do good; **j-m (sehr) ~** do s. o. (a world of) good, *colloq.* buck s. o. up (no end); **Wärme wird ihm ~** warmth will do him good, warmth will be good for him; **das Mittel hat mir sehr gutgetan** the medicine has done me a lot of good; *iro.* **das tut ihm (ganz) gut** that does him a world of good, that's good for him. **2.** *colloq.* a) → **gutgehen** II, b) (*anhalten*) last; **wie lange das noch ~ wird?** I wonder how long that will last. **3.** *colloq.* **nicht ~** *Kinder*: a) not to be good, b) be up to no good; **der Junge tut nicht gut in der Schule** the boy is no good at school.

Gut·tu·ral [gutuˈraːl] *ling.* **I** *m* ⟨-s; -e⟩ *a.* **~laut** *m* guttural (sound). **II ≈** *adj* guttural; **~ und nasal** gutturonasal. **III ≈** *adv* **et. ~ aussprechen** gutturalize s. th.

'gut|un·ter|rich·tet *adj* well-informed.

|Gut'wet·ter|zei·chen *n meteor.* good weather sign.

'gut|wil·lig *adj* willing (to oblige), obliging, ⟨*pred*⟩ ready, (*freiwillig*) voluntary, (*gehorsam*) obedient, docile. **⁲keit** *f* ⟨-; *no pl*⟩ willingness, readiness, obligingness.

Gym·na·si'al|,bil·dung [gymna'zĭa:l-] *f ped.* secondary school (*etc*) education (→ **Gymnasium**). **~|leh·rer** *m* teacher (*Br. a.* master) at a "Gymnasium".

Gym·na·si·ast [gymna'zĭast] *m* ⟨-en; -en⟩ pupil at a "Gymnasium". **Gym·na·si·um** [gym'na:zĭum] *n* ⟨-s; -sien⟩ **1.** *ped.* secondary school; **humanistisches ~** classical secondary school, *Br. etwa* grammar school; **mathematisch-naturwissenschaftliches ~** secondary school emphasizing mathematics and science; **neusprachliches ~** secondary school emphasizing modern languages. **2.** *antiq.* gymnasium.

Gym·na·stik [gym'nastık] *f* ⟨-; *no pl*⟩ gymnastics *pl* (*als sg konstruiert*), gymnastic (*od.* physical) exercises *pl*, (*Freiübungen*) *a.* callisthenics *pl.*, *colloq.* (physical) jerks *pl*; **~ treiben** do gymnastics; **ich mache jeden Morgen ~** I do my exercises (*od. colloq.* daily dozen) every morning.

Gym'na·sti·ker *m* ⟨-s; -⟩ gymnast.

Gym'na·stik||leh·rer *m*, **~|leh·re·rin** *f* gymnastics teacher. **~|schu·le** *f* school of gymnastics. **~|stun·de** *f* gymnastics class; **~n nehmen** go to gymnastics classes.

Gym'na·stin *f* ⟨-; -nen⟩ → **Heilgymnast.**

gym'na·stisch *adj* gymnastic.

Gy·nä·ko·lo·ge [gynɛko'lo:gə] *m* ⟨-n; -n⟩ *med.* gyn(a)ecologist. **Gy·nä·ko·lo'gie** [-lo'gi:] *f* ⟨-; *no pl*⟩ **1.** gyn(a)ecology. **2.** (*Abteilung*) gyn(a)ecology ward. **gy·nä·ko'lo·gisch** *adj* gyn(a)ecologic(al).

Gyn·an·drie [gynan'dri:] *f* ⟨-; *no pl*⟩ *biol.* gynandry, gynandrism. **gyn'an·drisch** [-'nandrıʃ] *adj* gynandrous, androgynous.

'Gy·ro|bus ['gy:ro-] *m bes. Swiss mot.* gyrobus.

Gy·ro·me·ter [gyro'me:tər] *n* ⟨-s; -⟩ *phys.* gyrometer.

Gy·ro·skop [gyro'sko:p] *n* ⟨-s; -e⟩ *phys.* gyroscope. **gy·ro'sko·pisch** *adj* gyroscopic.

H

H, h [haː] *n* ⟨-; -⟩ **1.** H, h; **ein großes H** a capital (*od.* large) H; **ein kleines H** a small (*od.* little) h; **aspiriertes H** aspirated (*od.* sounded) h; **stummes H** h mute; **mit H aussprechen** aspirate. **2.** *mus.* a) (the note) B, *a.* b, b) **h** (= *h-Moll*) B minor, c) **H** (= *H-Dur*) B major; **das Werk steht in H(-Dur)** the work is in (the key of) B (major).

ha [ha(ː)] *interj* **1.** ha!, ah! **2.** *triumphierend*: aha! **3.** *erstaunt*: hu!, oh!

Haa·ger [ˈhaːgər] *adj* ⟨*invariable*⟩ (of The) Hague; **die ~ Abkommen** (*od.* **Konventionen**) the Hague Conventions; **~ Schiedshof** International Court of Arbitration at The Hague.

Haar [haːr] *n* ⟨-(e)s; -e⟩ **1.** a) *einzelnes*: hair, b) *collect.* (*Kopf*Ձ) hair (of the head); **das ~, die ~e** the hair; **sich** (*dat*) **die ~e wachsen lassen** let one's hair grow; **sich** (*dat*) **die ~e kämmen** (*od. colloq.* **machen**) comb (*od.* do) one's hair; **sich** (*dat*) **die ~e schneiden lassen** have (*od.* get) one's hair cut (*od.* a haircut); **j-n an den ~en ziehen** pull s. o.'s hair. **2.** *fig.* **aufs ~** to a hair, to a T (*od.* tee), to a nicety, exactly, precisely; **sie gleichen sich aufs ~** a) *Personen*: they are as like as two peas, b) *Sachen*: they are exactly identical; **um ein ~** by a hair(s)breadth (*Br. a.* hair's breadth), very nearly; **er hätte ihn um ein ~ getroffen** a) he missed him by a hair(s)breadth, b) he came within an inch of meeting him; **um ein ~ wäre er überfahren worden** he came within an ace of being run over, he had a narrow escape; **er ist um kein ~ besser** he is not a bit better; *colloq.* **ein ~ in der Suppe finden** find a fly in the ointment; **sich** (*od.* **einander**) **in die ~e geraten** fly at each other, clash, quarrel; **sich in den ~en liegen** be at loggerheads, be quarrelling, be fighting; **sie hat ~e auf den Zähnen** a) she has a sharp tongue, b) she is a tough customer; **es hing an e-m ~** it hung by a thread, it was touch and go; **mein Leben hing an e-m ~** my life hung by a thread; **et. bei den ~en herbeiziehen** drag s. th. in (by the head and shoulders); **das Beispiel ist an den ~en herbeigezogen** the example is far-fetched (*stärker*: wholly invented); **ihr wurde kein ~ gekrümmt** they did not touch (*od.* harm) a hair of her head; **~e lassen müssen** a) (*nicht ungeschoren bleiben*) not to escape unscathed, b) (*Verluste erleiden*) suffer (heavy) losses, c) (*betrogen werden*) get fleeced, d) (*e-e Schlappe erleiden*) *colloq.* take a drubbing; **kein gutes ~ an j-m lassen** pick (*od.* pull) s. o. to pieces, not to find a good word to say for s. o.; **sich** (*dat*) **(vor Verzweiflung) die ~e raufen** tear one's hair; **ich könnte mir die ~e (aus)raufen** (*od.* **einzeln ausreißen**) I could kick myself; **~e spalten** split hairs; **ihm standen die ~e zu Berge, ihm sträubten sich die ~e** his hair stood on end; **da standen e-m die ~e zu Berge** it was a hair-raising affair, it was incredible; **laß dir deshalb k-e grauen ~e wachsen** don't lose any sleep over it, don't let it worry you; → **Haut** 2. **3.** *e-s Pinsels, Geigenbogens etc*: hair. **4.** *pl e-r Pflanze*: hair *sg*, pili. **5.** *zo.* a) hair, b) wool; **die ~e aufstellen** *Hund, Katze, a. fig.* bristle. **6.** *Textil.* hair, nap, pile. **~ˌanˌsatz** *m* hairline. **~ˌaufˌhel·ler** *m* lightener. **~ˌausˌfall** *m* loss of hair, *med.* alopecia. **~ˌbalg** *m anat.* hair follicle. **~ˌbalgˌdrü·se** *f* hair (*od.* sebaceous) gland. **~ˌband** *n* ⟨-(e)s; ¨-er⟩ **1.** hair ribbon. **2.** headband, fillet. **~ˌbeu·tel** *m hist.* bag (of a bagwig). Ձˌ**bil·dend** *adj* hair-forming. **~ˌbir·ke** *f* common (white) birch. Ձˌ**blät·te·rig** *adj* capillifolious. **~ˌbo·den** *m* hair-bed, *med.* scalp. **~ˌbreit** *n* ⟨-; *no pl*⟩ **1. nicht ein ~** not one inch; **nicht ein ~ gab er nach** he didn't budge an inch, *colloq.* he stuck to his guns. **2. um ein ~** → Haaresbreite 1. **~ˌbür·ste** *f* hairbrush. **~ˌbü·schel** *n* **1.** tuft of hair. **2.** *bot.* floccus; *am Samen*: coma. **3.** *zo.* a) floccus, b) *bei Raupen*: fascicle of hair, c) *auf dem Kopf*: tuft; **mit e-m ~** tufted. **~ˌclip** *m* hair clip. **~ˌdecke** (*getr.* **-k·k-**) *f Textil.* nap.

haa·ren [ˈhaːrən] *v/i* ⟨h⟩ **1.** *a.* **sich ~** *Tier*: lose its hair (*od.* fur), shed (*od.* cast) its coat. **2.** *Pelz*: shed (hairs).

ˈHaar|entˌfer·ner *m*, **~entˌfer·nungsˌmit·tel** *n* hair remover, depilatory. **~erˌsatz** *m* false hair.

ˈHaa·resˌbrei·te *f* **1. um ~** (*entkommen, verfehlen etc*) by a hair(s)breadth (*Br. a.* hair's breadth); → *a.* **haarscharf** 3. **2. nicht um ~** → **Haarbreit** 1.

ˈHaar|ˌfar·be *f* **1.** colo(u)r of hair, hair colo(u)r. **2.** → **~ˌfär·beˌmit·tel** *n* hair dye, (hair) tint. **~ˌfarn** *m bot.* **1.** maidenhair (fern), hair fern, adiantum. **2.** bristle fern. **~ˌfa·ser** *f biol.* capillary filament. **~ˌfe·der** *f* **1.** *tech.* hairspring. **2.** *zo.* filoplume. Ձˈ**fein** *adj* **1.** hairlike, (as) fine as a hair, capillary. **2.** *fig.* very subtle (*difference, etc*). **~ˌfe·sti·ger** *m* ⟨-s; -⟩ setting lotion. **~ˌfilz** *m* **1.** hair felt. **2.** *für Hüte*: fur felt. **~ˌflech·te** *f* **1.** plait (*od.* tress, braid) (of hair). **2.** *bot.* → **Bartflechte** 1. Ձˌ**för·mig** *adj* **1.** hairlike, capillary. **2.** *bot.* capilliform. **~friˌsur** *f* → **Frisur. ~ˌgarn** *n* hair yarn. **~ˌgarnˌtep·pich** *m* hair carpet. **~geˌfäß** *n anat.* capillary vessel. **~geˌflecht** *n bot.* capillitium. Ձ**geˈnau** *colloq.* **I** *adj* (very) precise (*od.* exact). **II** *adv* precisely, to a hair (*od.* nicety), to a T; **(stimmt) ~!** exactly!, dead right! **~ˌhut** *m* fur hat.

ˈhaa·rig *adj* **1.** hairy, hirsute. **2.** *colloq.* a) (*heikel*) hairy, ticklish, b) (*schlimm*) bad, stiff, tough, c) (*enorm*) mighty, whacking. **3.** *bot. zo.* pilose, pilous. **4.** *Tuch*: napped.

ˈHaar|ˌkamm *m* (hair) comb. **~ˌklam·mer** *f* hair grip (*od.* clip). **~ˌkleid** *n* **1.** coat of hair. **2.** *bot.* hair covering. Ձˈ**klein** *adv colloq.* minutely, in detail, (down) to the last detail. **~ˌklem·me** *f* → **Haarklammer. ~ˌklips** *m* hair clip. **~ˌkno·ten** *m* bun, chignon. **~ˌkrank·heit** *f* disease of the hair, trichosis. **~ˌkranz** *m* **1.** chaplet of plaited hair. **2.** *um e-e Glatze*: fringe of hair. **3.** *e-s Mönchs*: corona. **4.** *bot.* frill. **5.** *zo. am Huf etc*: coronet. **~ˌkrau·se** *f* **1.** permanent wave, *colloq.* perm. **2.** *beim Hund*: frill. **~ˌkrem** *f* hair cream. **~ˌkünst·ler** *m* hair stylist, *Am. a.* hairtician, *humor.* tonsorial artist. **~li·neˌal** *n tech.* bevel(l)ed (steel) straight-edge. **~ˌlocke** (*getr.* **-k·k-**) *f* → **Locke**[1] 1. Ձ**los** *adj* **1.** hairless. **2.** (*kahlköpfig*) bald. **3.** *bot.* glabrous. **~lo·sig·keit** *f* ⟨-; *no pl*⟩ hairlessness (*etc*). **~ˌmit·tel** *n* hair treatment. **~ˌmo·de** *f* hairstyle. **~ˌna·del** *f* hairpin. **~ˌna·delˌkur·ve** *f* hairpin bend (*od.* curve). **~ˌnes·sel** *f* → **Brennessel. ~ˌnetz** *n* **1.** hair net. **2. flüssiges ~** hair lacquer. **~ˌöl** *n* hair oil. **~ˌpfle·ge** *f* care of the hair, hair care; **~mittel** *n* hair tonic (*od.* lotion, conditioner). **~ˌpin·sel** *m* (artist's) hairbrush. **~ˌpracht** *f* **1.** splendid coiffure, beautiful hairdo. **2.** beautiful head of hair. **~ˌpu·der** *m* hair powder. **~ˌraubˌwild** *n hunt.* beast(s *pl*) of prey, predator(s *pl*). **~ˌring** *m zo.* ruff. **~ˌriß** *m* **1.** *in Glasur etc*: craze. **2.** *tech.* hairline crack. Ձˌ**ris·sig** *adj* **1.** crazed. **2.** with hairline cracks. **~ˌrob·be** *f zo.* sea lion. **~ˌröhr·chen** *n anat. phys.* capillary tube. Ձˈ**scharf I** *adj* **1.** → **haargenau** I. **2.** *Wiedergabe, Konturen etc*: very clear. **II** *adv colloq.* **3.** (*dicht, knapp*) by a hair(s)breadth; **das war ~** that was close. **4.** → **haargenau** II. **~ˌschlei·fe** *f* hair bow (*od.* ribbon). **~ˌschmuck** *m* hair ornament(s *pl*). **~ˌschnei·deˌmaˌschi·ne** *f* (hair) clippers *pl*. **~ˌschnei·den** *n* haircutting; **~, bitte!** (a) haircut, please! **~ˌschnei·der** *m colloq. for* **Herrenfriseur. ~ˌschnitt** *m* haircut. **~ˌschnur** *f der Angel*: tippet. **~ˌschopf** *m* **1.** (*Haare*) hair. **2.** (*volles Haar*) shock (*od.* mop) of hair. **3.** *bot.* a) *e-s Samens*: coma, b) (*Dünnfaden*) leptomitus. **~ˌschup·pen** *pl med.* dandruff *sg*. **~ˌschwund** *m* → **Haarausfall. ~ˌseeˌhund** *m zo.* hair seal. **~ˌsei·te** *f des Leders*: grain (*od.* hair) side. **~ˌsieb** *n* hair sieve. **~ˌspal·ter** *m* ⟨-s; -⟩ *fig. contp.* hair-splitter. **~spal·teˈrei**

[ˌhaːr-] *f* ⟨-; -en⟩ hair-splitting; ~ **treiben** split hairs; **aber das ist doch** ~! but that's just splitting hairs! **≈ˌspal·te·risch** *adj* hair-splitting. **~ˌspan·ge** *f* hair slide (*od.* clasp), *Am.* barrette. **~ˌspit·ze** *f* tip (*od.* end) of a hair. **~ˌsträh·ne** *f* strand of hair. **≈ˌsträu·bend** *adj colloq.* hair-raising, shocking, outrageous. **~ˌstrich** *m* **1.** (*feiner Federstrich*) hairstroke. **2.** *bei Tieren*: hair line. **~ˌteil** *n* hair-piece. **~ˌtol·le** *f colloq.* lock (of hair). **~ˌtracht** *f* hairstyle, hairdress, coiffure. **≈ˌtra·gend** *adj bot. zo.* piliferous. **~ˌtrock·ner** *m electr.* hair dryer. **~ˌwä·sche** *f*, **~ˌwa·schen** *n* hairwash, shampoo(ing). **~ˌwasch·ˌmit·tel** *n* shampoo. **~ˌwas·ser** *n* hair tonic (*od.* lotion). **~ˌwickel** (*getr.* **-k·k-**), **~ˌwick·ler** *m* (hair) curler. **~ˌwild** *n hunt.* furred game. **~ˌwir·bel** *m* cowlick. **~ˌwuchs** *m* **1.** growth of (the) hair. **2.** (*Haare*) hair; **starken** (*od.* **üppigen**) ~ **haben** have a lot of hair; **lästiger** ~ superfluous hair. **~ˌwuchs·ˌmit·tel** *n* hair restorer. **~ˌwur·zel** *f* **1.** root of a hair; *fig.* **bis in die ~n erröten** blush to the roots of one's hair. **2.** *bot.* fibrous root. **~ˌzir·kel** *m tech.* hair compasses *pl.* **~ˌzopf** *m* → Zopf 1.

Hab [haːp] *f* ⟨-; *no pl*⟩ *lit. only in* ([all]) **sein**) ~ **und Gut** all one's possessions (*od.* belongings) *pl*, everything one has (*od.* had).

Ha·ba·kuk [ˈhaːbakʊk] *npr m* ⟨-; *no pl*⟩ *Bibl.* (*Prophet*) Habakkuk.

Ha·be [ˈhaːbə] *f* ⟨-; *no pl*⟩ *lit.* **1.** property, (personal) belongings *pl*, possessions *pl*, effects *pl*, goods (and chattels) *pl.* **2.** *jur.* effects *pl*, chattels *pl*; **persönliche** ~ personality, personal chattels; **bewegliche** (*od.* **fahrende**) ~ movables *pl*, goods and chattels *pl*; **unbewegliche** (*od.* **liegende**) ~ immovables *pl*, real estate.

ha·ben [ˈhaːbən] **I** *v/t* ⟨**hat, hatte, gehabt, h**⟩ **1.** (*besitzen*) have, possess, own, *colloq.* have got (*a car, house, etc*); **et.** ~ **wollen** a) (*wünschen*) wish, want, desire, b) (*fordern*) demand, ask for; *colloq.* **er hat's ja** he can afford it; **wer hat, der hat** what I have, I hold, possession is nine points of the law; **was man hat, das hat man** anything is better than nothing. **2.** (*Charakter, Kraft, schöne Augen, etc*) have, *colloq.* have got. **3.** (*Freunde etc*) have (*friends, a family, etc*); **j-n als** (*od.* **zum**) **Freund** ~ have s. o. as a friend; (**mit** *od.* **von e-r Frau**) **ein Kind** ~ have a child (by a woman). **4.** (*umfassen*) have, contain, consist of; **e-e Stunde hat 60 Minuten** an hour consists of 60 minutes, there are 60 minutes in an hour; **ein Dutzend hat 12 Stück** twelve (units) make a dozen. **5.** (*bekommen, erhalten*) have, get; **kann ich dieses Buch** ~? may I have this book?; **woher hast du das?** a) where did you get it?, how did you come by that?, b) (*Nachricht etc*) where did you learn that?, who told you?; **das kannst du** ~ you may have (*od.* take) that, *gern*: you are welcome to it; **dieser Artikel ist jetzt überall zu** ~ this article is now available (*od.* obtainable, can be had) everywhere; *colloq.* **sie ist noch zu** ~ she is still unmarried (*od.* to be had); **hier** (*od.* **da**) **hast du 5 Mark** here (*od.* there) are 5 marks; **was habe ich davon, wenn** what good does it to me if, what's the good if; **und was habe ich davon?** and what do I get out of it?, and where do I come in? **6.** (*Krankheit etc*) have, suffer from; **die Grippe** ~ have (the) flu; *colloq.* **was hast du?** what is wrong (*od.* the matter) with you?, what's eating you? **7.** *colloq.* (*Dieb, Verbrecher etc*) have caught (*od.* got); ~ **sie den Mörder schon?** have they caught the murderer yet?; **hab ich dich** (**endlich**)! got you (at last)! **8.** (*wiegen*) weigh (*ten pounds, etc*). **9. wir** ~ **es nicht mehr weit** we don't have far to go; *colloq.* **es im Hals** ~ have a bad throat; **er hat es mit dem Herzen** he has heart trouble, *colloq.* he has a dicky heart; **sie hat es im Kreuz** a) she has s. th. wrong with her back, b) her back is hurting her; *colloq.* **sie** ~ **es miteinander** they are having an affair. **10.** *mit zu u. Infinitiv*: **et. zu tun** ~ have s. th. to do; **ich habe noch Geld von ihm zu bekommen** he still owes me (some) money; **er hat noch zu arbeiten** he still has some work to do; **sie hatte viel zu erzählen** she had a lot to tell; **du hast dafür zu sorgen, daß** you are to see to it that. **11.** *mit to be übersetzt*: **den wievielten** (*od.* **welches Datum**) ~ **wir heute?** what is the date (today)?; **wieviel Uhr** ~ **wir?** what time is it?; **wir** ~ **heute schönes Wetter** the weather is nice today; **wir** ~ **jetzt Sommer** it is summer now; **welche Farbe hat das Kleid?** what colo(u)r is the dress?; **Durst** (**Hunger**) ~ be thirsty (hungry). **12.** *mit bestimmten Substantiven*: **den Wunsch** (**die Hoffnung**) ~ wish (hope); **e-e gute Idee** ~ have a good idea; **habe Dank!** (I) thank you!; ~ **Sie die Güte** (*od.* **Freundlichkeit**), **mich zu benachrichtigen** will you please (be so kind as to) inform me. **13.** *in Verbindung mit Akkusativobjekt, adverbialer Bestimmung und Infinitiv*: **e-n Schirm im Auto liegen** ~ have (*od.* keep) an umbrella in the car; **Geld auf der Bank** (**stehen**) ~ have money in the bank. **14.** *colloq.* **das hast du nun davon!** a) see what you've done!, there you are!, b) serves you right!; **das hast du nun von d-m Gerede!** that's what your talk has got you! **ich hab's!** (I've) got it!; **et. fertig** ~ have finished s. th.; **das werden wir gleich** ~ we'll have that (fixed) in a jiffy, that's quickly done (*od.* no trouble); **er will es so** ~ he wants it that way; **das kann ich nicht** ~ (*leiden*) I won't have that!; **da hast du's** (**da** ~ **wir's**) there you (we) are!, there!, a nice mess, indeed!; **wie gehabt** as usual, as had; **das** ~ **wir alles schon gehabt** we've been through all this before; **du hast sie wohl nicht alle!** are you still all right? **15. e-e Frau** ~ *sexuell*: have (*od.* sleep with) a woman. **II** *v/reflex* **sich** ~ *colloq.* **16.** *contp.* (make a) fuss, be fussy; **hab dich nicht so!** don't (make such a) fuss!, don't take on so! **17. und damit hat es sich** and that's that; **hat sich was!** nothing doing!, no soap!, no hope! **III** *v/impers* **18.** *dial.* **es hat** there is (*od.* are); **es hat viel Schnee** there is a lot of snow. **IV** *v/aux* **19.** have; **hast du sie gesehen?** have you seen her?; **ich habe bis eben gelesen** I have been reading up to now; **er hat uns gestern besucht** he came to see us yesterday; **du hättest schreiben können** you could (*od.* might) have written. *Verbindungen mit Präpositionen*: **sie hat et. Überspanntes an sich** there is s. th. eccentric about her; **wissen, was man an j-m hat** appreciate what one has got (with s. o.); **das hat er so an sich** that's just his way; **was hat es damit auf sich?** what's it all about?; **das hat nichts auf sich** it's nothing; **ich habe kein Geld bei mir** I have no money on me; **dieser Plan hat viel für sich** there is much (*od.* a lot) to be said for this plan; **er hat alle für sich** they are all on his side; **für et. zu** ~ **sein** be (*od.* go) for s. th.; **was hast du gegen mich?** what have you got against me?; **et. hinter sich** ~ have s. th. behind one, have gone through (*od.* undergone) s. th.; **das habe ich jetzt hinter mir** that's over and done with now; **die fünfzig hinter sich** ~ have passed fifty, *colloq.* be on the wrong side of fifty; **e-n anstrengenden Tag hinter sich** ~ have had a hard day; **der Schnaps hat es in sich** the brandy has plenty of punch; **die Prüfung hatte es in sich** the exam was pretty tough; **er hat es in sich** don't underestimate him; **sie hat es mit der Religion** she has a thing about religion; **er hat et.** (*od.* **es**) **mit ihr** he is having an affair with her; **er hat** (**et**)**was mit dem Sex** *neurotisch*: he has a hangup (*od.* he's hung up) about sex; **er hat viel von s-m Vater** he takes after his father, he is like his father in many ways, *colloq.* he's a chip of the old block; **sie hat et. von e-r Gouvernante** she has s. th. of a governess about her; **er hat nicht viel von der Reise gehabt** he didn't get much out of the journey; **et. vor sich** ~ await s. th., *b. s.* face (*od.* be in for) s. th.; **wen glaubst du, vor dir zu** ~? who do you think you're talking to?; **das habe ich noch vor mir** that's still ahead of (*od.* waiting for) me.

¹Ha·ben *n* ⟨-s; -⟩ *econ.* a) credit (side), b) credit (item); **et. im** ~ **buchen** credit s. th. to s. o.'s account, put s. th. to the credit of s. o.'s account; → **Soll** 1. **~beˌstän·de** *pl* assets.

ˈHa·beˌnichts *m* ⟨-(es); -e⟩ have-not, beggar; **~e** *pl* have-nots.

ˈHa·ben|ˌsal·do *m econ.* credit balance. **~ˌsei·te** *f* credit side. **~ˌzins**(**ˌfuß**) *m* creditor interest rate, deposit rate.

ˈHabˌgier [ˈhaːp-] *f* greed(iness), cupidity, avarice; **vor lauter** ~ out of sheer greed. **ˈhabˌgie·rig** *adj* greedy, grasping, avaricious.

ˈhab·haft [ˈhaːp-] *adj* **1. j-s** ~ **werden** catch (*od.* get hold of) s. o., *e-s Verbrechers*: *a.* seize (*od.* apprehend) s. o. **2. e-r Sache** ~ **werden** get hold of s. th., get (*od.* lay) one's hand on s. th.

Ha·bicht [ˈhaːbɪçt] *m* ⟨-(e)s; -e⟩ *orn.* goshawk; *fig.* **Augen wie ein** ~ eyes like a hawk.

ˈHa·bichts|ˌeu·le *f orn.* hawk owl. **~ˌfal·ke** *m* berigora, quail hawk. **~ˌna·se** *f* hawk nose, aquiline nose.

Ha·bi·li·tand [habiliˈtant] *m* ⟨-en; -en⟩ *univ.* graduate admitted for habilitation. **Ha·bi·li·ta·tiˈon** [-taˈtsĭoːn] *f* ⟨-; -en⟩ habilitation. **Ha·bi·li·ta·tiˈons·ˌschrift** *f* habilitation thesis. **ha·bi·liˈtie·ren** [-ˈtiːrən] *v/reflex* ⟨*no* **ge-, h**⟩ **sich** ~ habilitate; **er hat sich als Dozent für Psychologie habilitiert** he has been qualified for lecturing in psychology.

Ha·bit [haˈbiːt] *n, a. m* ⟨-s; -e⟩ **1.** (*Ordenskleidung*) habit. **2.** (*Tracht*) habit, attire, costume.

ha·bi·tu·ell [habiˈtŭɛl] *adj* habitual.

Ha·bi·tus [ˈhaːbitus] *m* ⟨-; *no pl*⟩ **1.** (*Erscheinung*) appearance, *a. bot., zo.* habit. **2.** a) (*Benehmen*) bearing, deportment, demeano(u)r, b) (**geistiger**) ~ habit of mind, disposition. **3.** *fig.* character. **4.** *med.* habitus, constitution.

Habs·bur·ger [ˈhaːpsˌbʊrgər] *m* ⟨-s; -⟩ *hist.* (member of the House of) Hapsburg (*od.* Habsburg); **die** ~ the Hapsburgs, the Habsburgs. **ˈhabsˌbur·gisch** *adj* (of the House of) Hapsburg (*od.* Habsburg).

ˈHab·schaft *f* ⟨-; -en⟩ → Habe 1.

ˈHabˌse·lig·keit *f* ⟨-; -en⟩ *meist pl* (personal) belongings *pl*, effects *pl*.

ˈHabˌsucht *f* ⟨-; *no pl*⟩ → Habgier. **ˈhabˌsüch·tig** *adj* → habgierig.
hach [hax] *interj* oh!, golly!, gee!
Ha·ché [(h)aˈʃeː] *n* ⟨-s; -s⟩ *gastr.* hash.
Ha·chel [ˈhaxəl] *n* ⟨-s; -⟩, *dial. f* ⟨-; -n⟩ *Austrian for* Hobel 2. **ˈha·cheln** *v/t* ⟨h⟩ *Austrian (Gemüse)* slice, chop.
Hach·se [ˈhaksə] *f* ⟨-; -n⟩ **1.** *zo.* a) *von allen Vierfüßern*: ham, b) *von Schlachttieren*: hock, shank. **2.** *gastr.* (roast) knuckle. **3.** *dial. colloq.* (*Bein*) leg, pin; **sich** (*dat*) **die ~n brechen** break one's legs.
ˈHack|ˌbank *f* ⟨-; ⸚e⟩ chopping block. **~ˌbau** *m* ⟨-(e)s; *no pl*⟩ *agr.* hoe culture. **~ˌbeil** *n* chopper, cleaver. **~ˌblock** *m* chopping block. **~ˌbra·ten** *m* meat (*od.* mince) loaf. **~ˌbrett** *n* **1.** *des Metzgers*: chopping board. **2.** *in der Küche*: trencher. **3.** *mus.* dulcimer.
Hacke[1] (*getr.* **-k·k-**) [ˈhakə] *f* ⟨-; -n⟩ *agr.* **1.** hoe, mattock. **2.** (*Picke*) pick(ax[e]). **3.** hoeing.
ˈHacke[2] (*getr.* **-k·k-**) *f* ⟨-; -n⟩ (*Ferse, Absatz*) heel; **Schuhe mit hohen ~n** high-heeled shoes; **j-m auf die ~n treten** tread on s. o.'s heels; *fig. colloq.* **j-m dicht auf den ~n sein** (*od.* **sitzen**) be hard (*od.* hot) (up)on s. o.'s heels; **die ~n zs.-schlagen** click one's heels; **sich** (*dat*) **die ~n nach et. ablaufen** run o. s. off one's legs for s. th.
hacken (*getr.* **-k·k-**) [ˈhakən] **I** *v/t* ⟨h⟩ **1.** (*zerkleinern*) chop; **Holz ~** chop (*od.* cut) wood; **Fleisch ~** chop (*od.* mince) meat. **2.** (*Loch ins Eis etc*) hack; **et. in Stücke ~** hack s. th. to pieces. **3.** *agr.* hoe. **II** *v/i* **4.** *mit dem Schnabel*: (**nach** at) peck, pick.
ˈHacken (*getr.* **-k·k-**) *m* ⟨-s; -⟩ → Hacke[2].
ˈHackeˌpe·ter (*getr.* **-k·k-**) *m* ⟨-s; *no pl*⟩ *gastr.* seasoned minced (*Am.* ground) meat.
ˈHack|ˌfleisch *n* minced (*Am.* ground) meat; *fig. colloq.* **aus j-m ~ machen** make mincemeat of s. o. **~ˌfrä·se** *f agr.* rotary hoe. **~ˌfrucht** *f* root crop. **~ˌfruchtˌbau** *m* ⟨-(e)s; *no pl*⟩ root crop cultivation. **~ˌklotz** *m* chopping block. **~maˌschi·ne** *f* **1.** (*Fleisch2*) (meat-)mincing machine, mincer, *Am.* (food) chopper. **2.** *tech.* chopping machine. **3.** *agr.* hoeing machine, *Am.* cultivator. **~ˌmes·ser** *n* **1.** chopper, cleaver, *im Haushalt*: *a.* chopping knife. **2.** *tech. e-r Maschine*: knife, blade. **3.** *agr.* hoe blade. **4.** (*Buschmesser*) cutlass. **~ˌord·nung** *f psych. zo.* pecking order.
Häck·sel [ˈhɛksəl] *n*, *rare m* ⟨-s; *no pl*⟩ *agr.* chaff, chopped straw. **~ˌbank** *f* ⟨-; ⸚e⟩, **~(ˌschnei·de)maˌschi·ne** *f* chaff-cutter.
Haddsch [haːtʃ] *m* ⟨-; *no pl*⟩ *relig.* haj(j), hadj.
Ha·der[1] [ˈhaːdər] *m* ⟨-s; *no pl*⟩ *lit.* (**mit** with; **zwischen** between) **1.** (*Streit*) quarrel, feud, strife. **2.** (*Zwietracht*) discord. **ˈHa·der**[2] *m* ⟨-s; -n⟩ *Southern G.* rag.
ˈHa·der|ˌlump *m Southern G.* scoundrel, *iro. a.* rascal. **~ˌlum·pen** *m* → Hader[2].
ha·dern [ˈhaːdərn] *v/i* ⟨h⟩ *lit.* (**über** *acc* over; **mit** with) quarrel; **mit s-m Schicksal ~** quarrel with one's fate.
ˈHa·dern *m* ⟨-s; -⟩ **1.** *bes. Southern G.* rag. **2.** *meist pl für Papierherstellung*: rags *pl.* **~paˌpier** *n* rag (*od.* linen) paper.
Ha·des [ˈhaːdɛs] *myth.* **I** *npr m* ⟨-; *no pl*⟩ (*Gott der Unterwelt*) Hades. **II** *m* ⟨-; *no pl*⟩ (*Reich der Toten*) Hades.
Ha·dschi [ˈhaːdʒi] *m* ⟨-s; -s⟩ haj(j)i, hadji.

Ha·fen[1] [ˈhaːfən] *m* ⟨-s; ⸚⟩ **1.** harbo(u)r; **in e-n ~ einlaufen** enter a harbo(u)r; **aus e-m ~ auslaufen** leave a harbo(u)r. **2.** (*Handels2*) port, *am Meer*: *a.* seaport; **e-n ~ anlaufen** call at a port. **3.** (*~anlagen*) dock(s *pl*). **4.** *fig.* haven, port, harbo(u)r, shelter; **in den ~ der Ehe einlaufen** get married, *colloq.* be spliced.
ˈHa·fen[2] *m* ⟨-s; -⟩ **1.** *dial.* (*Topf*) pot. **2.** *tech.* glass pot.
ˈHa·fen|ˌabˌga·ben *pl mar.* port charges (*od.* dues), dockage *sg.* **~ˌamt** *n* port authority. **~ˌanˌla·gen** *pl* docks, port installations. **~ˌar·bei·ter** *m* docker, dockworker, *Am.* longshoreman; **~streik** *m* dock (*od.* waterfront) strike. **~beˌam·te** *m* port official. **~ˌbecken** (*getr.* **-k·k-**) *n* **1.** harbo(u)r basin. **2.** (wet) dock. **~beˌhör·de** *f* port authority. **~ˌdamm** *m* **1.** pier, jetty. **2.** → Hafenmole. **~ˌeinˌfahrt** *f* entrance (to a harbo[u]r). **~ˌfeu·er** *n* harbo(u)r light. **~geˌbiet** *n* → Hafenviertel. **~geˌbühr** *f meist pl*, **~ˌgeld** *n* → Hafenabgaben. **~inˌspek·tor** *m* harbo(u)r master's assistant. **~ka·piˌtän** *m* port captain. **~ˌknei·pe** *f* sailors' pub (*Am.* joint). **~konˌzert** *n* harbo(u)r concert. **~ˌmei·ster** *m* harbo(u)r master, port warden. **~ˌmo·le** *f* mole. **~ˌord·nung** *f* port regulations *pl.* **~po·liˌzei** *f* harbo(u)r (*od.* dock) police. **~ˌrundˌfahrt** *f* conducted boat tour of a harbo(u)r. **~ˌschleu·se** *f* dock gate(s *pl*). **~ˌsper·re** *f* **1.** embargo, *bes. im Krieg*: blockade. **2.** (*Sperrvorrichtung*) boom. **~ˌstadt** *f* port, *am Meer*: *a.* seaport. **~ˌumˌschlag** *m econ.* port traffic. **~ˌvier·tel** *n* dock area, waterfront, *bes. Br. a.* dockland. **~ˌwa·che** *f* → Hafenpolizei. **~ˌzoll** *m* harbo(u)r (*od.* port) dues *pl*; **~beamte** *m* a) boarding (*Am. a.* naval) officer, b) (harbo[u]r) customs officer.
Ha·fer [ˈhaːfər] *m* ⟨-s; *agr.* -⟩ **1.** *bot.* a) oat, b) (*~arten*) oats *pl.* **2.** (*Körper, Futter*) oats *pl* (*als sg od. pl konstruiert*), *Br. a.* corn; *fig. colloq.* **ihn sticht der ~** a) he is feeling his oats, b) (*er wird frech*) he's getting too big for his breeches. **~ˌbrei** *m* (oatmeal) porridge, *Am.* oatmeal. **~ˌdi·stel** *f bot.* cursed thistle. **~ˌflocken** (*getr.* **-k·k-**) *pl* oat flakes, rolled oats. **~ˌgrüt·ze** *f* **1.** (*geschroteter Hafer*) grits *pl*, groats *pl* (*beide als sg od. pl konstruiert*). **2.** → Haferbrei. **~ˌkorn** *n* grain of oats.
ˈHa·ferlˌschuh [ˈhaːfərl-] *m* brogue.
ˈHa·fer|ˌmehl *n* oatmeal. **~ˌsack** *m* **1.** (*Futtersack*) nosebag. **2.** (*Sack voll Hafer*) bag of oats. **~ˌschleim** *m*, **~ˌschleimˌsup·pe** *f* gruel. **~ˌschrot** *m, n* → Hafergrütze 1.
Haff [haf] *n* ⟨-(e)s; -s *od.* -e⟩ *geogr.* **1.** *an der Ostsee*: haff; **das Frische ~** the Frische Haff. **2.** lagoon. **ˈHaffi·scher** (*getr.* **-ff|f-**) *m fisher operating in the haffs of the Baltic Sea.*
Ha·fis [ˈhaːfɪs] *m* ⟨-; -⟩ *relig.* hafiz.
Haf·ner [ˈhaːfnər], **Häf·ner** [ˈhɛːfnər] *m* ⟨-s; -⟩ *dial.* **1.** potter. **2.** stove fitter.
Haft [haft] *f* ⟨-; *no pl*⟩ **1.** (*Gewahrsam*) custody; **in ~** in custody, under detention (*od.* arrest); **j-n in ~ nehmen** a) (*verhaften*) take s. o. into custody, place s. o. under arrest, b) (*einsperren*) place s. o. in confinement; **die Polizei hielt ihn in ~** he was detained (*od.* held in custody) by the police; **j-n aus der ~ entlassen** release s. o. (from custody). **2.** (*~strafe*) (term of) confinement (*od.* detention, imprisonment); **strenge ~** close confinement; **er wurde zu 10 Tagen ~ verurteilt, er hat 10 Tage ~ bekommen** he was sentenced to 10 days imprisonment, *colloq.* he got 10 days (in prison). **~ˌanˌstalt** *f* **1.** prison. **2.** (*Heim*) detention cent/re (*Am.* -er).
ˈhaft·bar *adj* (**für** for) responsible, answerable, *bes. jur.* liable; **j-n für et. ~ machen** a) make s. o. liable for s. th., b) (*verantwortlich*) hold s. o. responsible (*od.* answerable) for s. th. **2keit** *f* ⟨-; *no pl*⟩ → Haftung 3 a, b. **2ˌma·chung** *f* ⟨-; *no pl*⟩ making (*od.* holding) liable (*od.* responsible).
ˈHaft|beˌfehl *m jur.* warrant of arrest; **e-n ~ gegen j-n erlassen** issue a warrant for s. o.'s arrest. **~beˌschwer·de** *f* **1.** appeal against a warrant of arrest. **2.** *des Untersuchungsgefangenen*: appeal against a remand in custody. **~ˌbor·ste** *f zo.* tenent hair (*od.* bristle). **~ˌdau·er** *f jur.* term of confinement (*od.* detention).
haf·ten [ˈhaftən] *v/i* ⟨h⟩ **1.** (*kleben*) (**an** *dat* to) adhere, stick, cling. **2.** *mil. Kampfstoff*: persist. **3.** *fig. Gedanken etc*: (**an** *dat* on) be fixed, cent/re (*Am.* -er); (**im Gedächtnis**) **~** stick (in one's mind), be imprinted (*od.* engraved) on one's mind, *Böses*: haunt s. o. ('s mind), rankle; **all sein Denken haftet am Geld** all his thoughts cent/re (*Am.* -er) on money, he only thinks in terms of money. **4.** *jur.* **~ für** a) be liable for, be (held) responsible for, answer for, b) (*garantieren*) warrant (for) *s. th.*; **für j-s Schulden ~** be liable for s. o.'s debts; **j-m für et. ~** be responsible (*od.* liable) to s. o. for s. th.; **für Mängel ~** warrant (*od.* be liable) for defects; **(un)beschränkt ~** have (un)limited liability; **mit s-m (ganzen) Vermögen ~** be liable to the extent of one's property; **persönlich ~** be personally liable; **einzeln** (*od.* **gesondert**) **~** be severally liable; **solidarisch** (*od.* **gesamtschuldnerisch**) **~** be jointly liable. **~ˌblei·ben** *v/i* ⟨*irr, sep,* **-ge-**, **sein**⟩ *fig.* stick, rest; **das blieb mir im Gedächtnis haften** that stuck in my memory (*od.* mind); **sein Blick blieb auf ihr haften** his eyes rested (*od.* were fixed) on her.
ˈhaf·tend *adj* **1.** *phys. tech.* adhesive. **2.** *jur.* liable; **persönlich ~er Gesellschafter** a) personally liable (*od.* full) partner, b) *e-r Kommanditgesellschaft*: general partner; **~es Vermögen** liable property, assets *pl.*
ˈHaft|entˌlas·sung *f jur.* release (from custody); **bedingte ~** conditional release. **~entˌschä·di·gung** *f* compensation for false imprisonment. **~erˌleich·te·rung** *f meist pl* special privilege (granted to prisoners). **2ˌfä·hig** *adj* **1.** adhesive. **2.** *jur.* (physically and mentally) fit to undergo detention. **~ˌfä·hig·keit** *f* **1.** adhesion, adhesiveness. **2.** *jur.* (physical and mental) fitness to undergo detention. **~ˌfe·stig·keit** *f* → Haftfähigkeit 1. **~ˌglä·ser** *pl opt.* contact lenses. **~ˌglied** *n zo.* adhesive apparatus, holder. **~ˌhohlˌla·dung** *f mil.* limpet bomb.
Häft·ling [ˈhɛftlɪŋ] *m* ⟨-s; -e⟩ *jur.* prisoner, detainee.
ˈHaft|ˌlin·se *f meist pl opt.* contact lens. **~ˌmi·ne** *f mar.* limpet mine. **~orˌgan** *n bot. zo.* holdfast. **~ˌpflicht** *f jur.* (**für** for) responsibility, liability; → *a.* Haftung 3. **2ˌpflich·tig** *adj jur.* liable (**für** for). **~ˌpflicht·verˌsi·che·rung** *f jur.* **1.** (public) liability insurance. **2.** *für Kraftfahrzeug*: third-party insurance. **~ˌprü·fung** *f jur.* (periodic) review of a remand in custody. **~psyˌcho·se** *f* prison psychosis. **~ˌpul·ver** *n pharm.* denture fixative. **~ˌrei·bung** *f phys.* adhesive (*od.* static) friction. **~ˌscha·le** *f* **1.**

opt. contact lens. **2.** *pl* (*Büstenhalter*) (self-)cling bra *sg*, uplift *sg*. **~ˌsitz** *m tech.* tight fit. **~ˌspan·nung** *f phys.* bond stress, adhesive tension. **2ˌun-ˌfä·hig** *adj jur.* (physically or mentally) unfit to undergo detention.

ˈHaf·tung *f* ⟨-; *no pl*⟩ **1.** *phys. tech.* adhesion, adhesive power. **2.** *chem.* adsorption. **3.** *jur.* (**für** for) a) liability, b) (*Verantwortung*) responsibility, c) (*Bürgschaft*) warranty, guarantee; **beschränkte (persönliche, gesamtschuldnerische, unmittelbare)** ~ limited (private, joint and several, primary) liability; **Gesellschaft mit beschränkter** ~ private limited (liability) company; **j-n aus e-r** ~ **entlassen** discharge s. o. from a liability; **e-e** ~ **übernehmen** assume (*od.* undertake) a liability.

ˈHaf·tungs|ˌausˌschluß *m jur.* exclusion of liability, nonwarranty. **~be-ˌschrän·kung** *f* limitation of liability. **~ˌgren·ze** *f* limit of liability. **~ˌkla·ge** *f* action for liability.

ˈHaft|verˌlän·ge·rungs·beˌfehl *m jur.* detainer. **~verˌmö·gen** *n* → Haftung 1. **~ˌwur·zel** *f bot.* holdfast. **~ˌzeit** *f jur.* period of detention.

Hag [haːk] *m* ⟨-(e)s; -e⟩ *lit.* **1.** (*Hecke*) hedge. **2.** *archaic* (*Hain*) grove.

ˈHa·ge|ˌbu·che [ˈhaːgə-] *f bot.* hornbeam. **~ˌbut·te** *f* ⟨-; -n⟩ *bot.* **1.** (rose) hip (*od.* haw). **2.** → **Heckenrose.**

ˈHa·geˌbut·ten|ˌro·se *f*, **~ˌstrauch** *m* → **Heckenrose.** **~ˌtee** *m* rose-hip tea.

ˈHa·geˌdorn *m bot.* hawthorn.

Ha·gel [ˈhaːgəl] *m* ⟨-s; *no pl*⟩ **1.** *meteor.* hail. **2.** *fig. von Steinen, Schlägen etc*: hail, shower. **3.** *fig. von Schimpfwörtern etc*: torrent, stream, volley. **4.** *hunt.* → **Schrot** 2. **~ˌbö** *f* hailstorm, hail squall. **2ˈdicht** *adj* (as) thick as hail; **die Schläge kamen** ~ the blows came thick and fast. **~ˌkorn** *n* **1.** hailstone. **2.** *med.* sty(e).

ha·geln [ˈhaːgəln] **I** *v/impers* ⟨h⟩ **1.** hail; **es hagelt** it is hailing, it hails; **es hagelte große Schloßen** there were showers of large hailstones. **2.** *fig.* hail; **es hagelte Schläge** blows hailed, there was a hail of blows; **es hagelte Vorwürfe (auf ihn)** he was showered with reproaches. **II** *v/i* ⟨sein⟩ **3.** *fig.* hail (*od.* rain) down (**auf** *acc* on).

ˈHa·gel|ˌscha·den *m* → **Hagelschlag** 2. **~ˌschau·er** *m* hail shower. **~ˌschlag** *m* **1.** → **Hagel** 1, **Hagelschauer.** **2.** damage by hail. **~ˌschlo·ße** *f* hailstone. **~ˌschnur** *f zo. im Ei*: chalaza. **~ˌsturm** *m* hailstorm. **~verˌsi·che·rung** *f* hail insurance. **~ˌwet·ter** *n* hailstorm(s *pl*). **~ˌwol·ke** *f* hailcloud. **~ˌzucker** (*getr.* -k·k-) *m* nib sugar.

ha·ger [ˈhaːgər] *adj* ⟨-er; -st⟩ **1.** *Gestalt, Gesicht*: lean, thin, *stärker*: gaunt, haggard. **2.** (*dürr*) scraggy, raw-boned. **2keit** *f* ⟨-; *no pl*⟩ **1.** leanness, thinness, gauntness. **2.** scragginess.

ˈHa·geˌstolz *m* ⟨-es; -e⟩ *obs.* confirmed bachelor.

Ha·gio|graph [hagioˈgraːf] *m* ⟨-en; -en⟩ *relig.* hagiographer. **~ˈgra·phen, die** *pl Bibl.* the Hagiographa. **~gra·ˈphie** [-graˈfiː] *f* ⟨-; -n [-ən]⟩ *relig.* hagiography. **~ˈlo·ge** [-ˈloːgə] *m* ⟨-n; -n⟩ *relig.* hagiologist. **~loˈgie** [-loˈgiː] *f* ⟨-; *no pl*⟩ hagiology.

ha·ha [haˈhaː; -ˈha] *interj* ha-ha!, *stärker*: haw-haw!

Hä·her [ˈhɛːər] *m* ⟨-s; -⟩ *orn.* **1.** *colloq. for* **Eichelhäher.** **2.** *bird of the genus Garrulus.*

Hahn¹ [haːn] *m* ⟨-(e)s; ⸗e⟩ **1.** cock, rooster; **junger** ~ young cock, cockerel; **die Hähne krähen** the cocks crow; *fig.* **danach kräht kein** ~ nobody cares (two hoots) about it; **der gallische** ~ the Gallic cock; *fig. colloq.* ~ **im Korb sein** be the cock of the walk; **wie zwei Hähne aufeinander losgehen** go for each other like a pair of fighting cocks. **2.** (*Wetter2*) weathercock; *fig.* **j-m den roten** ~ **aufs Dach setzen** set fire to s. o.'s house. **3.** *in Fabeln*: cock, chanticleer. **4.** *orn.* (*Männchen*) cock(bird), male bird.

Hahn² *m* ⟨-(e)s; ⸗e, *a.* -en⟩ *tech.* **1.** (*Wasser2*) (water) tap, *bes. Am.* faucet; **den** ~ **aufdrehen (zudrehen)** turn on (off) the tap; *fig.* **(j-m) den** ~ **zudrehen** turn off the taps (for s. o.). **2.** (*Gas2*) gas tap (*od.* cock). **3.** (*Zapf2*) spigot. **4.** → a) **Ablaßhahn,** b) **Absperrhahn.** **5.** (*Ventil*) valve. **6.** *am Gewehrschloß*: hammer; **den** ~ **spannen** cock one's gun.

Hähn·chen [ˈhɛːnçən] *n* ⟨-s; -⟩ **1.** *dim. of* **Hahn¹** 1, 4. **2.** *gastr.* spring chicken, broiler, *Am.* fryer; **gebratenes** ~ fried (*od.* roast) chicken.

ˈHah·nen|ˌfe·der *f* cock's feather (*od.* plume). **~ˌfuß** *m* ⟨-es; *no pl*⟩ *bot.* crowfoot. **~ˌkamm** *m* **1.** *zo.* (cocks-) comb. **2.** *bot.* a) cockscomb, celosia, b) **Roter** ~ marsh lousewort, c) yellow rattle, d) (*Pilz*) → **Ziegenbart** 2. **~ˌkampf** *m* cockfight. **~ˌkampf-ˌplatz** *m* cockpit. **~ˌschrei** *m* (**mit dem ersten** ~ at) cock-crow. **~ˌsporn** *m* **1.** *zo.* cockspur. **2.** *bot.* plectranthus. **~ˌtritt** *m* **1.** *biol.* (*Keimfleck im Ei*) (cock)tread, cicatricle. **2.** *vet. beim Pferd*: stringhalt. **3.** (*~muster*) *Textil.* hound's-tooth check.

ˈHahn|ˌfas·sung *f electr.* bulb holder with a switch. **~ˌke·gel** *m*, **~ˌkü·ken** *n tech.* plug of a cock.

Hahn·rei [ˈhaːnraɪ] *m* ⟨-(e)s; -e⟩ cuckold; **sie machte ihren Mann zum** ~ she cuckolded her husband.

Hai [haɪ] *m* ⟨-(e)s; -e⟩ shark.

ˈHaiˌfisch *m* shark. **~ˌhaut** *f* sharkskin. **~ˌle·berˌtran** *m* shark(-liver) oil.

Hain [haɪn] *m* ⟨-(e)s; -e⟩ *poet.* grove. **~ˌbu·che** *f* hornbeam. **~ˌbu·chen-ˌrü·ster** *f* cork-barked elm. **~ˌbund** *m* **der Göttinger** ~ the poetic circle of Goettingen (*1772–74*). **~ˌbut·te** *f* → **Hagebutte.** **~ˌrü·ster** *f* → **Ulme.** **~ˌsim·se** *f bot.* wood rush.

Hai·tia·ner [haiˈtĭaːnər] *m* ⟨-s; -⟩, **hai·tia·nisch** [-ˈtĭaːnɪʃ] *adj*, **Hai·ti·er** [haˈiːtĭər] *m* ⟨-s; -⟩, **hai·tisch** [haˈiːtɪʃ] *adj* Haitian.

Häk·chen [ˈhɛːkçən] *n* ⟨-s; -⟩ **1.** *dim. of* **Haken** 1–4, 6. **2.** hooklet; **was ein** ~ **werden will, krümmt sich beizeiten** (*Sprichwort*) just as the twig is bent, the tree is inclined. **3.** *ling.* a) apostrophe, b) cedilla, c) *pl* (*Anführungszeichen*) inverted commas, quotation marks.

ˈHä·kelˌar·beit *f* crochet work, crocheting.

Ha·keˈlei *f* ⟨-; -en⟩ *Sport*: scuffle, *fig. a.* wrangling.

Hä·keˈlei *f* ⟨-; -en⟩ **1.** → **Häkelarbeit.** **2.** *colloq.* teasing.

ˈHä·kel|ˌgarn *n* crochet thread. **~ˌmu·ster** *n* crochet pattern.

ha·keln [ˈhaːkəln] *v/i* ⟨h⟩ *Southern G.* play fingertug.

hä·keln [ˈhɛːkəln] **I** *v/t u. v/i* ⟨h⟩ crochet. **II** *v/reflex colloq.* **sich mit j-m** ~ tease (*od.* chaff) each other.

ˈHä·kel|ˌna·del *f* crochet hook (*od.* needle). **~ˌstich** *m* crochet stitch.

Ha·ken [ˈhaːkən] *m* ⟨-s; -⟩ **1.** hook; **an e-m** ~ **hängenbleiben** get caught on a hook. **2.** (*Kleider2*) hook, *bes. aus Holz*: peg. **3.** (*Spange*) clasp, hasp, (lacing) hook; ~ **und Öse** hook and eye; *humor. bes. Sport*: **mit** ~ **und Ösen** by fair means and foul. **4.** *tech.* a) hook, b) (*Klammer*) clamp, c) (*Klaue*) claw. **5.** *Boxen*: hook; **ein kurzer** ~ a short blow; **j-m e-n** ~ **versetzen** land s. o. a hook, hook s. o. **6.** *auf e-r Liste*: tick, mark, *bes. Am.* check(mark). **7.** *fig. colloq.* snag, catch, hitch; **die Sache hat e-n** ~, **es ist ein** ~ **dabei** (*od.* **bei der Sache**) there is a snag (*od.* catch) to it; **da sitzt der** ~! there's the snag (*od.* rub)!; **der** ~ **ist** (, **daß**) the snag (*od.* trouble) is. **8.** **e-n** ~ **schlagen** a) *Hase etc*: double (back), b) *Person*: make a quick turn, dart aside, double. **9.** *anat.* hook, uncus. **10.** → **Angelhaken.**

ˈha·ken I *v/t* ⟨h⟩ hook; **et. in** (*acc*) **et.** ~ hook s. th. on(to) s. th. **II** *v/i* get stuck (*od.* caught) (**an** *dat* on). **III** *v/reflex colloq.* **ich hakte mich in s-n Arm** I put my arm through his.

ˈHa·ken|ˌbein *n anat.* unciform bone. **~ˌbol·zen** *m* hook pin. **~ˌbüch·se** *f mil. hist.* arquebus. **2ˌför·mig** *adj* **1.** hooked, hooklike; ~ **gebogen** hooked. **2.** *biol.* uncinate(d). **~ˌket·te** *f* ladder chain. **~ˌkreuz** *n* **1.** swastika. **2.** *her.* cross cramponee. **~ˌkreuzˌfah·ne** *f in NS-Zeit*: swastika flag. **~ˌlachs** *m ichth.* kipper (salmon). **~ˌlei·ter** *f* hook ladder, pompier. **~ˌli·lie** *f bot.* crinum. **~ˌna·gel** *m tech.* hook(-head) nail. **~ˌna·se** *f* hooked nose. **~ˌpflug** *m* hook plough (*bes. Am.* plow). **~ˌschla·gen** *n e-s Hasen etc*: doubling. **~ˌschlüs·sel** *m tech.* hook(ed) wrench (*bes. Br.* spanner). **~ˌstein** *m arch.* toed voussoir. **~verˌschluß** *m* clasper. **~ˌwurm** *m* hookworm; **~krankheit** *f* hookworm disease.

ˈha·kig *adj* **1.** hooked. **2.** *bot.* hamate(d).

ˈHäk·le·rin *f* ⟨-; -nen⟩ crocheter.

Ha·la·li [halaˈliː] *n* ⟨-s; -(s)⟩ *hunt.* (**das** ~ **blasen** sound the) death halloo (*od.* mort).

halb [halp] **I** *adj* **1.** half; **ein ~es Brot** half a loaf; **ein Kleid mit ~em Arm** a dress with medium-length sleeves; ~ **Frankreich** half of France; **die ~e Summe** half (of) the sum; **Kinder zahlen den ~en Preis** children pay half-price; **zum ~en Preis** at half the price; **auf ~er Höhe** halfway up; **auf ~em Wege** *sich treffen, umkehren etc* halfway (*cf. a.* 4); **mit ~er Fahrt** (*od.* **Geschwindigkeit**) at half speed. **2.** *bei Zahlen und Maßen*: half; **ein ~es Pfund (Dutzend)** half a pound (dozen), a half pound (dozen); **drei und ein ~es Prozent** three and one half percent. **3.** *bei Zeitbestimmungen*: half; ~ **eins** twelve thirty, half past twelve; **es hat** ~ **geschlagen** it has just struck half past (*od.* the half hour); **e-e ~e Stunde** half an hour, a half-hour; **ein ~er Tag** half a day, a half-day; **fünf Minuten vor** ~ twenty-five (minutes) past. **4.** *fig.* half; **e-e ~e Ewigkeit warten** wait half an eternity; **~e Maßnahmen** half measures; **mit ~em Herzen** half-heartedly; **nur mit ~em Ohr zuhören** listen with one ear only, be only half listening; **nur ~e Arbeit leisten** do s. th. by halves only; **auf ~em Wege** halfway (through); **j-m auf ~em Wege entgegenkommen** meet s. o. halfway; **sich auf ~em Wege einigen** meet halfway, split the difference; **er macht k-e ~en Sachen** he does not do anything by halves; **das ist nur die ~e Wahrheit** that is only half the truth; **er ist nur noch ein ~er Mensch** he is only a shadow of what he once was; **sie ist noch ein ~es Kind** she is still half a child; **er ist ein ~er Künstler** he is quite an artist. **5.** *mus.* **e-e ~e Note** a minim, a half note; **ein ~er Ton** a semitone; **~e Geige** half-size violin. **II** *adv* **6.** half; **die Zeit ist ~ vorbei** the time is half over; **die Tür steht ~ offen** the door is half open (*od.* is ajar); **er war ~ tot vor Angst** he was scared stiff (*od.* to death); **sie lachte sich ~ tot** she nearly died of laughter; **ich habe nur ~ zugehört** I was only half listening. **7.** (*beinahe*) half, almost, nearly; **das geht bei mir ~ automatisch** (*od.* **im Schlaf**) I do it almost automatically; **es ist schon ~ dunkel** it is almost dark; **der Mantel ist ~ geschenkt** the coat is practically a gift (at that price). **8.** (*teilweise*) half, partly; **er wünschte (argwöhnte) ~, daß** he half-wished (half-suspected) that. **9. ~ so** half as; **~ so viel** half as much, half the amount; **nicht ~ so groß** not half as large; *colloq.* **das ist ~ so schlimm** that's not as bad as all that. **10. ~ ..., ~ ...** half ..., half ..., partly ..., partly ...; **~ weinend, ~ lachend** half crying, half laughing; **~ Mensch, ~ Tier** half human, half animal; **~ mit Gewalt, ~ mit List** partly through force and partly through cunning. **11. ~ und ~** half(-)and(-)half, (*zu gleichen Teilen*) *a.* fifty-fifty, (*nicht ganz*) half, partly; **~ und ~** (*od. colloq.* **~e, ~e machen**) (**mit j-m**) go halves (*od. colloq.* halfies, fifty-fifty) (with s. o.).

'Halb|,ach·se *f* **1.** *mot.* half-axle, split axle. **2.** *math.* semi-axis. **~,af·fe** *m zo.* lemur. **≈,amt·lich** *adj* semi-official. **~,är·mel** *m* half sleeve. **~,at·las** *m Textil.* satinet. **~au·to,mat** *m tech.* semi-automatic machine (*od.* lathe). **~,bad** *n* sitz-bath, hip-bath. **~,band** *m* ⟨-(e)s; ¨e⟩ *print.* half volume. **≈be,deckt** *adj Himmel, Schultern etc*: half-covered. **≈be,wußt** *adj* half-conscious. **~,bil·dung** *f* superficial education, smattering (of knowledge), semi-literacy, sciolism. **≈,bit·ter** *adj Schokolade etc*: half-bitter. **≈,blind** *adj med.* partially blind, half-blind. **~,blut** *n* **1.** half-blood; (*Eurasier*) half-caste; (*Mestize*) half-breed, mestizo. **2.** → **~,blü·ter** [-ˌbly:tər] *m* ⟨-s; -⟩ half-breed (horse), half-bred. **≈,blü·tig** [-ˌbly:tɪç] *adj* half-blood(ed), half-breed, half-bred. **~,blü·ti·ge** *m, f* ⟨-n; -n⟩ → **Halbblut** 1. **~bril,lant** *m Schmuck*: semiprecious brilliant. **~,bru·der** *m* half-brother. **≈,bür·tig** [-ˌbʏrtɪç] *adj* related by half-blood; **mütterlicherseits ~** half-blood on (*od.* by) the mother's side. **~,chor** *m mus.* semi-chorus. **~chro·mo,som** *n biol.* chromatid. **~,deck** *n mar.* half-deck. **~,dre·hung** *f* half-turn.

'halb,dun·kel I *adj* semi-dark, dusky, dim, penumbral. **II ≈** *n* ⟨-s⟩ semi-darkness, (*Zwielicht*) (dim) twilight.

'halb|,durch·ge,bra·ten *adj Fleisch*: medium-done, *schwächer*: lightly done, *bes. Am.* rare. **~,durch,sich·tig** *adj* semitransparent, translucent.

Hal·be[1] ['halbə] *m* ⟨-n; -n⟩ *colloq. for* **Halbe**[3] 1.

'Hal·be[2] *f* ⟨-n; -n⟩ **1.** *bes. Bavarian* → **Halbe**[3] 1. **2.** *mus.* (*Note*) minim, half note.

'Hal·be[3] *n* ⟨-n; -n⟩ **1.** half a lit/re (*Am.* -er) (of beer), *Br. etwa* pint (of beer), *Am. etwa* stein (of beer). **2.** *fig.* **das ist nichts ~s und nichts Ganzes** that is neither fish, flesh nor fowl, that's neither here nor there.

'Halb|,ebe·ne *f math.* half plane. **~,edel,stein** *m* semiprecious stone. **~el,lip·se** *f* semi-ellipse.

hal·ber ['halbər] *prep* ⟨*gen*⟩ **1.** (*wegen*) on account of, for reasons of, for *health, etc* reasons, owing to; **dringender Geschäfte ~** on account of urgent business. **2.** (*um ... willen*) for the sake of (*form, order, etc*). **3.** (*zwecks*) for, with a view to.

'halb|er,ha·ben *adj Kunst*: (in) mezzo-relievo, half-relief. **~er,stickt** *adj* **1.** half-suffocated. **2.** *fig. Stimme etc*: choked, scarcely audible. **~er,wach·sen** *adj* half-grown. **≈er,zeug·nis, ≈fa·bri,kat** *n econ.* semi-finished product. **~,fein** *adj* semifine. **~,fer·tig** *adj* **1.** *Arbeit etc*: half-done, half-finished, *a. econ. tech.* semi-finished. **2.** *fig. junger Mensch*: immature, half-baked. **≈,fer·tig·er,zeug·nis** *n* → **Halbfabrikat.** **≈,fer·tig,wa·ren** *pl* semi-finished goods. **~,fest** *adj* semi(-)solid; **~e Substanz** semi(-)solid. **~,fett** *adj* **1.** *Schwein etc*: half-fat. **2.** *Käse*: medium-fat. **3.** *print.* medium-faced, semi(-)bold. **4.** *Kohle*: semi(-)bituminous. **≈fi,na·le** *n Sport*: semifinal; **Teilnehmer(in) am ~** semifinalist. **≈,flie·gen·ge,wicht** *n*, **≈,flie·gen·ge,wicht·ler** *m Boxen*: light(-)flyweight. **≈,flug,ball** *m Tennis*: half volley. **≈,flüg·ler** [-ˌfly:glər] *m* ⟨-s; -⟩ hemipteron, heteropteron. **~,flüs·sig** *adj* semi(-)liquid, semi(-)fluid. **≈for,mat** *n phot.* half frame. **≈,franz** *n* ⟨-; *no pl*⟩, **≈,franz,band** *m* half(-leather) binding. **≈,frucht** *f bot.* hemicarp. **~,gar** *adj gastr.* half-done, underdone. **~ge,bil·det** *adj* pseudo-learned, half-educated, semi(-)cultured. **≈ge,bil·de·te** *m, f* half-educated (*etc*) person, sciolist. **≈ge,fro·re·ne** *n gastr.* parfait, soft ice(-cream), *Am. a.* sherbet. **~ge,leimt** *adj Papier*: soft-sized. **≈ge,schoß** *n arch.* entresol, mezzanine. **≈ge,schwi·ster** *pl* half-brothers, half-sisters; **Hans und Beate sind ~** Hans is Beatrice's half-brother. **≈ge,viert** *n print.* **1.** (*Buchstabenbreite*) en. **2.** *zur Bezeichnung der genauen Größe*: en quad(rat). **3.** (*~gedankenstrich*) en rule. **≈,gott** *m myth. a. fig.* demigod. **≈,göt·tin** *f myth.* demigoddess. **≈,grä·ser** *pl bot.* jun(ca)ceae. **≈,hand,schuh** *m* mitten.

'Halb·heit *f* ⟨-; -en⟩ *meist pl* half measure; **ich mag k-e ~en** I don't like doing things by halves.

'halb|,her·zig *adj* half-hearted. **~,hoch** *adj* **1.** medium(-high). **2.** *Sport etc*: shoulder-high. **≈idi,ot** *m contp.* half-wit.

hal·bie·ren [hal'bi:rən] **I** *v/t* ⟨*no* ge-, h⟩ **1.** halve, divide *s. th.* in two (*od.* into two equal parts). **2.** cut *s. th.* into (*od.* in) halves. **3.** *math.* bisect. **II ≈** *n* ⟨-s⟩ **4.** halving (*etc*). **Hal'bie·ren·de** *f* ⟨-n; -n⟩ → **Halbierungslinie. Hal'bie·rung** *f* ⟨-; -en⟩ **1.** → **halbieren** II. **2.** division in half. **3.** *math.* bisection.

Hal'bie·rungs|,ebe·ne *f math.* bisecting plane. **~,li·nie** *f* bisecting line.

'Halb|,in·sel *f geogr.* peninsula; **zu e-r ~ gehörig** peninsular. **~in·va,li·de** *m* semi(-)invalid. **~,jahr** *n* half-year, (period of) six months *pl*; **das letzte ~** the past six months; **im ~ 72/73** during the semi(-)annual period 1972-73.

'Halb,jah·res|be,richt *m* (**~bi,lanz** *f*) semi(-)annual (*od.* half-yearly) report (balance). **~,kurs** *m* six-month course. **~,schrift** *f* (*Zeitschrift*) semi(-)yearly, semi(-)annual. **~,zeug·nis** *n ped.* half-yearly report.

'halb|,jäh·rig *adj* **1.** *Kind etc*: six-month-old, ⟨*pred*⟩ six months old. **2.** *Ausbildung etc*: six-month, lasting six months, half-year. **~,jähr·lich I** *adj* half-yearly, semi(-)annual. **II** *adv* half-yearly, every six months; **~ erscheinend** semi(-)annually. **≈,ju·de** *m* half-Jewish person. **≈,kamm,garn** *n* half-worsted, semi(-)worsted. **≈kar,ton** *m print.* thin board. **≈,ket·ten,fahr,zeug** *n mot.* half-track (vehicle). **≈ko·lo,nie** *f* country with semi(-)colonial status, *a.* protectorate. **≈kon·so,nant** *m ling.* semi(-)consonant. **≈,kreis** *m* semicircle; **~bogen** *m* semicircular arc; **≈förmig** *adj* semicircular. **≈,ku·gel** *f a. geogr.* hemisphere; **die nördliche ~** the Northern Hemisphere. **~,ku·gel,för·mig** *adj* hemispheric(al), semispheric(al). **≈,kup·pel** *f arch.* semi(-)dome. **~,lang** *adj* **1.** medium-length, *Rock etc*: *meist* knee-length. **2.** *Haar*: shoulder-length. **3.** *Ton*: half-long. **4.** *fig. colloq.* (**jetzt**) **mach mal ~!** draw it mild! **~,laut I** *adj Gespräch etc*: low, subdued. **II** *adv* in an undertone, sotto voce. **≈,le·der** *n print.* half leather. **≈,le·der,band** *m* ⟨-(e)s; ¨e⟩ **1.** half-leather binding. **2.** (*Buch*) half-bound volume. **~,lei·nen I** *adj* **1.** half-linen. **II ≈** *n* **2.** half-linen (cloth). **3.** *print.* half cloth; **in ≈ (gebunden)** half-cloth. **≈,lei·nen,band** *m* ⟨-(e)s; ¨e⟩ *print.* **1.** half-cloth binding. **2.** (*Buch*) half-cloth volume. **≈,lein,wand** *f* → **Halbleinen** 2. **≈,lei·ter** *m electr.* semiconductor. **≈'lin·ke** [ˌhalp-] *m* ⟨-n; -n⟩ *Fußball etc*: inside left. **~'links** [ˌhalp-] *adv* **1.** *Fußball etc*: (**auf**) **~** inside left. **2.** *mil.* quarter (*od.* half) left. **~log·arith·misch** [-logaˌrɪtmɪʃ] *adj* **1.** *math.* semilogarithmic. **2.** *Computer*: floating-point. **≈,luft,rei·fen** *m* cushion tyre (*Am.* tire). **≈,man·tel·ge,schoß** *n mil.* dumdum (bullet). **≈,mas·ke** *f* half mask, domino. **~,mast** *adv* (at) half-mast; **die Flagge ~ hissen** hoist the flag (to) half-mast; **auf ~ stehen** fly at half-mast, be half-masted; **auf ~ setzen** half-mast. **≈,mensch** *m* demi-man. **≈,mes·ser** *m math.* radius. **≈me,tall** *n* semi(-)metal. **~mi·li,tä·risch** *adj* paramilitary. **≈,mit·tel·ge,wicht** *n*, **≈,mit·tel·ge,wicht·ler** *m Boxen*: light(-)middleweight. **~,mo·nat·lich** *adj u. adv* half-monthly, semi(-)monthly, *Br. a.* fortnightly, *adv a.* twice a month. **≈,mo·nats,schrift** *f* semi(-)monthly (publication). **≈,mond** *m* **1.** *astr.* half moon, crescent (moon). **2.** *des Fingernagels*: half moon. **3.** *hist.* (*Symbol des Islams*) crescent; **der Rote ~** the Red Crescent. **4.** → **Schellenbaum. ~,mond,för·mig** *adj allg.* crescent-shaped, *a. med.* semi(-)lunar. **~,nackt** *adj* half-naked, semi(-)nude. **≈,nel·son** *m Ringen*: half nelson. **~,of·fen** *adj* half-open, *ling. Vokal*: *a.* semi(-)open. **~of·fi·zi,ell** *adj* semi(-)official. **≈,pacht** *f agr.* half-share farming, *Am.* share-crop system. **~,part** *adv* **mit j-m ~ machen** go halves with s. o. **≈pen·si,on** *f* half-board, room with breakfast and one principal meal. **≈pro,fil** *n* semi(-)profile, three-quarter face. **≈'rech·te** [ˌhalp-] *m* ⟨-n; -n⟩ *Fußball etc*: inside right. **~'rechts** [ˌhalp-] *adv* **1.** *Fußball etc*: (**auf**) **~** inside right. **2.** *mil.* half (*od.* quarter) right. **~,reif** *adj* half-ripe. **≈re·li,ef** *n* half relief, mezzo-relievo. **~,roh** *adj gastr. Fleisch*: half-raw, underdone, rare. **~,rund** *adj* half-round, semi(-)circular.

'Halb,rund *n* ⟨-(e)s; *no pl*⟩ **1.** semicircle. **2.** *thea.* hemicycle. **~,fei·le** *f tech.* semi(-)round file. **~,kopf** *m an Schrauben etc*: buttonhead. **~,schrau·be** *f* buttonhead screw.

'Halb|,samt *m* terry velvet. **~,schat·ten** *m* half-shade, penumbra. **~-**

ˌschlaf *m* doze; im ~ half asleep. **~ˌschlei·er** *m* half veil. **~schma·ˌrot·zer** *m biol.* semi(-)parasite. **~ˌschuh** *m* low shoe, oxford (shoe). **≈ˌschü·rig** [-ˌʃyːrɪç] *adj Wolle*: of the second shearing. **~ˌschwer·geˌwicht** *n*, **~ˌschwer·geˌwicht·ler** *m Boxen*: light(-)heavyweight. **~ˌschwe·ster** *f* half-sister. **~ˌsei·de** *f* half silk. **≈ˌsei·den** *adj* **1.** half-silk. **2.** *colloq.* (somewhat) dubious. **~ˌsei·te** *f print.* half sheet. **~ˌsei·tenˌläh·mung** *f med.* hemiplegia. **≈ˌsei·tig** *adj* **1.** *med.* unilateral; ~e Lähmung hemiplegia. **2.** *print. Anzeige etc*: half-page. **~ˌsich·tig·keit** *f* ⟨-; *no pl*⟩ *med.* hemianopia. **~ˌsocke** (*getr.* -k·k-) *f* half sock, anklet. **~ˌsold** *m mil.* half pay; j-n auf ~ setzen put s. o. on half pay. **≈ˌstaat·lich** *adj* semi(-)governmental. **~ˌstahl** *m* semi(-)steel. **≈ˌstäm·mig** *adj* half-grown. **~ˌstar·ke** *m colloq. contp.* teenage lout, hooligan, hood. **≈ˌstarr** *adj aer.* semi(-)rigid. **≈ˌsteif** *adj Kragen*: semi(-)stiff. **~ˌstie·fel** *m* ankle boot. **≈ˌstock(s)** *adv mar.* at half-mast. **~ˌstoff** *m Papier*: half stuff, rag pulp. **~ˌstrumpf** *m* knee-length stocking, sock. **≈ˌstün·dig** [-ˌʃtʏndɪç] *adj* half-hour, lasting (*od.* of) half an hour. **≈ˌstünd·lich** *adj u. adv* half-hourly, (once) every half hour. **~ˌstür·mer** *m Fußball etc*: inside forward. **≈ˌsüß** *adj* semi(-)sweet. **~ˌtag** *m* half-day. **≈ˌtä·gig** **I** *adj* lasting half a day, half a day's, half-day, semi(-)diurnal. **II** *adv* ~ arbeiten work half a day. **≈ˌtäg·lich** *adj* half-daily, semi(-)diurnal. **≈ˌtags** *adv* → halbtägig II.

ˈHalbˌtags... *in Zssgn* part-time, half-day (*school, helper, etc*); ~arbeit *f*, ~beschäftigung *f* part-time work (*od.* job, employment); ~arbeiter *m*, ~arbeitskraft *f*, ~beschäftigte *m*, *f* part-time worker, part-timer; ≈beschäftigt part-time, employed half the day.

ˈHalb|tanˌgen·te *f math.* semi(-)tangent. **≈ˌtaub** *adj* half-deaf, partially deaf. **~ˌteil** *n*, *m* half. **~ˌti·deˌbecken** (*getr.* -k·k-) *n mar.* half-tide basin. **~ˌtin·te** *f Kunst*: demitint, *a.* half tint. **~ˌton** *m* **1.** *mus.* half(-)tone, semi(-)tone. **2.** *phot. print. Kunst*: half(-)tone; **~ät·zung** *f* half(-)tone (etching). **≈ˌtot** *adj u. adv* half-dead. **~toˌta·le** *f Film*: medium close-up. **~ˌtrau·er** *f* (~ haben *od.* tragen be in) half mourning. **~ˌtuch** *n Textil.* half cloth. **~un·zia·le** [-ˀʊnˌtsĭaːlə] *f print.* semi(-)uncial. **≈verˌdaut** *adj a. fig.* half-digested. **~verˌdeck** *n* half roof. **≈verˌfal·len** *Adj* (half-)dilapidated, tumbledown. **≈verˌfault** *adj* half-rotten, half-decayed. **~ˌvers** *m metr.* hemistich. **~ˌvet·ter** *m* second (*od.* distant) cousin. **~voˌkal** *m ling.* **1.** semivowel. **2.** (*Gleitlaut*) glide. **3.** *als Teil e-r Silbe*: subtonic. **≈voˌka·lisch** *adj* semivocalic. **≈ˌvoll** *adj* half-full. **≈ˌwach** *adj* half-awake. **~ˌwahr·heit** *f* half-truth. **~ˌwai·se** *f* half-orphan. **~ˌwa·re** *f econ.* semifinished article(s *pl*) (*od.* goods *pl*). **≈ˈwegs** [-ˈveːks] *adv* **1.** halfway; er kam mir ~ entgegen he came to meet me halfway. **2.** *fig.* a) halfway, more or less, just a bit, b) (*leidlich*) tolerably, (fair to) middling, so-so; wenn's nur ~ geht if it's halfway (*od.* at all) possible; *colloq.* mach's (nur) ~! don't overdo it! **~ˌwel·le** *f Radio*: half-wave (*od.* -period, -cycle). **~ˌwelt** *f* ⟨-; *no pl*⟩ demi-monde. **~ˌweltˌda·me** *f* demi-mondaine, demi-rep. **~ˌwel·ter·geˌwicht** *n*, **~ˌwel·ter·geˌwicht·ler** *m Boxen*: light(-)welterweight. **~ˌwerts·ˌzeit** *f nucl.* half life, half-life period. **≈ˌwild** *adj* half-wild, *Person*: *a.* semi(-)barbarian. **~ˌwis·sen** *n* smattering, superficial knowledge. **~ˌwis·ser** [-ˌvɪsər] *m* ⟨-s; -⟩ smatterer. **≈ˌwö·chent·lich** *adj u. adv* half-weekly, semi(-)weekly. **~ˌwol·le** *f* **1.** half wool. **2.** linsey-woolsey. **≈ˌwol·len** *adj* **1.** half-wool(l)en. **2.** linsey-woolsey. **~ˌwoll·ˌstoff** *m* linsey-woolsey. **≈ˌwüch·sig** [-ˌvyːksɪç] *adj* half-grown, *Person*: adolescent, teenage(d). **~ˌwüch·si·ge** *m*, *f* ⟨-n; -n⟩ juvenile, adolescent, teenager. **~ˌwü·ste** *f* semi(-)desert. **~ˌzei·le** *f metr.* half line of a verse, short line.

ˈHalbˌzeit *f* **1.** *Sport*: a) half(-time); erste ~ first half, b) → Halbzeitpause. **2.** → Halbwertszeit. **~erˌgeb·nis** *n* score at half-time. **~ˌpau·se** *f* half-time (interval). **~ˌpfiff** *m* half-time whistle.

ˈHalb|zel·luˌlo·se *f chem.* hemicellulose. **~ˌzeug** *n tech.* **1.** semifinished product. **2.** *Papier*: half stuff. **~ˌzeug·ˌhol·län·der** *m* breaker, washer. **~ˌzinn** *n* base tin. **≈zi·vi·liˌsiert** *adj* semi(-)civilized. **~ˌzug** *m mil. Br.* half platoon, *Am.* section. **~zyˌlin·der** *m math.* semicylinder.

Hal·de [ˈhaldə] *f* ⟨-; -n⟩ **1.** (*Abhang*) slope, hillside. **2.** *Bergbau*: a) (waste *od.* stone) dump, b) (*Kohlen*≈) coal stock(s *pl*), (*Berg*≈) tip. **3.** *geol.* scree. **4.** *fig. econ.* mountain, (surplus) stock(s *pl*), mass(es *pl*) (*of unsold cars, unemployed sociologists, etc*); auf ~ stehen (*od.* liegen) be excessively stockpiled, crowd the storage yards (*od.* storerooms).

ˈHal·den|beˌstän·de *pl* coal stocks. **~ˌkoks** *m* stock coke.

half [half] *1 u. 3 sg pret of* helfen.

Hälf·te [ˈhɛlftə] *f* ⟨-; -n⟩ **1.** half; die ~ der Leute half the people (*od.* men); die ~ der (d-r) Zeit half the (your) time; mehr als die ~ more than half; über die ~ over half; um die ~ by half; jedem e-e ~ geben give each (one) half (*od.* a half share); die ~ davon (one) half of it; um die ~ teurer half as much (dear) again; zur ~ half (of it *od.* them); zur ~ an e-r Sache beteiligt sein participate fifty percent in s. th.; auf der ~ des Weges umkehren turn back halfway; j-m bis zur ~ des Weges entgegengehen go to meet s. o. halfway; die Kosten (je) zur ~ tragen bear (*od.* pay) half the costs, share the costs; zur ~ fertig half-finished; die Bevölkerung besteht zur ~ aus half (of) the population consists of (*od.* is); Kinder zahlen die ~ children pay half-price; *fig.* du kennst ihn nur zur ~ you only half know him; um die ~ weniger less by half, only half (of it); um die ~ zuviel too much (*od.* many) by half; et. in zwei ~n teilen divide s. th. in(to) halves; *colloq.* die größere ~ the larger (*od.* better) part, *a.* the lion's share; *humor.* m-e bessere ~ (*Ehefrau*) my better half. **2.** (*Teil*) part; zwei gleiche ~n two equal parts. **3.** *bes. jur.* moiety. **4.** *Sport*: (*Spielfeld*≈ *od. Halbzeit*) half.

hälf·ten [ˈhɛlftən] *v/t* ⟨h⟩ *rare for* halbieren.

Half·ter[1] [ˈhalftər] *m*, *n* ⟨-s; -⟩ (*Zaum ohne Kandare*) halter. **ˈHalf·ter**[2] *f* ⟨-; -n⟩ *obs.* **1.** → Halfter[1]. **2.** (saddle) pistol holster. **half·tern** [ˈhalftərn] *v/t* ⟨h⟩ (*Pferd*) halter. **ˈHalf·terˌrie·men** *m* halter strap.

Ha·lit [haˈliːt; -ˈlɪt] *m* ⟨-s; -e⟩ *min.* halite.

hal·kyo·nisch [halkyˈoːnɪʃ] *adj* halcyon.

Hall [hal] *m* ⟨-(e)s; -e⟩ **1.** (ringing *od.* echoing) sound, clang, peal. **2.** (*Wider*≈) echo, resonance.

Hal·le [ˈhalə] *f* ⟨-; -n⟩ **1.** *allg.* (*a. market, station, etc*) hall. **2.** (*Vor*≈) hall, vestibule, (*Hotel*≈) *a.* lounge. **3.** (*Werks*≈) (manufacturing) shop. **4.** *Sport*: a) sports hall, b) (*Tennis*≈) covered court, c) (*Turn*≈) gymnasium, gym hall; in der ~ spielen play indoors. **5.** *aer.* hangar, shed.

hal·le·lu·ja(h) [haleˈluːja] *interj*, **Hal·leˈlu·ja(h)** *n* ⟨-s; -s⟩ *relig.* hallelujah, *a.* Hallelujah.

hal·len [ˈhalən] *v/i* ⟨h⟩ (von with) resound, (*wider*~) *a.* echo, reverberate.

ˈHal·len... *bes. Sport in Zssgn* indoor (*swimming pool, handball, season, tennis, etc*). **~ˌbahn** *f Sport*: indoor (*od.* covered) track. **~ˌmei·ster** *m* indoor champion. **~ˌsport** *m* indoor sport(s *pl*).

Hal·lig [ˈhalɪç] *f* ⟨-; -en⟩ *geogr.* holm.

hal·lo [haˈloː; ˈhalo] **I** *interj* **1.** *Ausruf*: hello, *bes. Br.* hullo, *bes. Am. a.* hey, hi. **2.** *begeistert, erstaunt etc*: halloo, hey. **3.** *am Telephon*: hello. **4.** *hunt.* a) *beim Hetzen*: halloo, b) *beim Erblicken des Fuchses*: tallyho. **II** ≈ *n* ⟨-s; -s⟩ **5.** (*lauter Ruf*) halloo, hello, *bes. Br.* hullo, *bes. Am. a.* hey, hi. **6.** *fig.* hullobaloo. **7.** *hunt.* tallyho, view halloo.

Hal·lo·dri [haˈloːdri] *m* ⟨-s; -(s)⟩ *colloq.* rascal.

Hal·lu·zi|na·ti·on [halutsinaˈtsĭoːn] *f* ⟨-; -en⟩ hallucination; ~en haben have hallucinations, *colloq.* see things. **≈na'to·risch** [-ˈtoːrɪʃ] *adj* hallucinatory. **≈ˈnie·ren** [-ˈniːrən] *v/i* ⟨*no* ge-, h⟩ hallucinate, have hallucinations. **≈ˈniert** *pp u. adj psych.* **1.** *Phänomen*: hallucinatory. **2.** *Person*: hallucinated. **≈noˈgen** [-noˈgeːn] *adj* hallucinogenic. **~noˈgen** *n* hallucinogenic (drug). **~ˈno·se** [-ˈnoːzə] *f* ⟨-; -n⟩ *med.* hallucinosis.

Halm [halm] *m* ⟨-(e)s; -e⟩ *bot.* **1.** (*Gras*≈) blade. **2.** (*Getreide*≈) halm, haulm, stalk, culm, spire; das Getreide auf dem ~ verkaufen sell the standing crop. **3.** (*Stroh*≈) straw.

Hal·ma [ˈhalma] *n* ⟨-s; *no pl*⟩ (*Brettspiel*) halma.

Hälm·chen [ˈhɛlmçən] *n* ⟨-s; -⟩ **1.** *dim. of* Halm. **2.** ~ ziehen (*losen*) draw straws (*od.* lots).

ˈHalm|ˌfrüch·te *pl* cereals. **~ˌpflan·ze** *f* culmiferous plant. **≈ˌtra·gend** *adj* culmiferous.

Ha·lo [ˈha(ː)lo] *m* ⟨-(s); -s *u.* -nen [haˈloːnən]⟩ *astr.* halo (*a. med.*), ring; ~erscheinung *f meteor.* halo phenomenon.

ha·lo·gen [haloˈgeːn] **I** *adj chem.* halogenous. **II** ≈ *n* ⟨-s; -e⟩ halogen; mit ≈ verbinden halogenate. **Ha·lo·ge·nid** [halogeˈniːt] *n* ⟨-(e)s; -e⟩ *chem.* **1.** *a.* ~salz *n* halide. **2.** alkyl halide. **ha·lo·ge·nie·ren** [halogeˈniːrən] *v/t* ⟨*no* ge-, h⟩ *chem.* halogenate. **Ha·lo·geˈnie·rung** *f* ⟨-; -en⟩ halogenation.

Ha·loˈgen|ˌlam·pe *f* **1.** halogen bulb. **2.** → ~ˌleuch·te *f mot. etc* halogen (spot)light. **~oxid** [-ˀɔˌksiːt] *n chem.* oxyhalide. **~ˌsalz** *n* halide. **~ˌschein·ˌwer·fer** *m mot.* halogen headlight.

Ha·lo·phyt [haloˈfyːt] *m* ⟨-en; -en⟩ *bot.* halophyte.

Hals[1] [hals] *m* ⟨-es; ⸚e⟩ **1.** *äußerer*: neck; e-n langen ~ machen, den ~ recken crane (*od.* stretch) one's neck; e-n steifen ~ haben have a stiff neck; (sich *dat*) den ~ brechen break one's neck; mit bloßem ~ bare-necked; j-m um den ~ fallen fall on (*od.* fling one's arms [a]round) s. o.'s neck; (sich *dat*) den ~ verrenken a) crick one's neck, b) *fig.*

crane one's neck (**nach** for); **am ~ tragen** wear (a)round one's neck; **bis an den** (*od.* **bis zum**) **~** up to one's neck, *fig. a.* up to one's ears (*od.* one's eyes). **2.** *fig. colloq.* **~ über Kopf** a) head over heels, b) (*überstürzt*) headlong, helter-skelter, precipitately; **er hat sich ~ über Kopf in sie verliebt** he fell head over heels in love with her; **sich j-m an den ~ werfen** *bes. Mädchen*: throw o. s. at s. o.('s head); **et. (j-n) auf dem ~ haben** have s. th. (s. o.) on one's back, be saddled (*od.* stuck) with s. th. (s. o.); **sich** (*dat*) **et. auf den ~ laden** saddle o. s. with s. th.; **j-m die Polizei** *etc* **auf den ~ hetzen** bring the police *etc* down on s. o.; **das Herz schlug ihm bis zum ~** his heart was in his mouth; **j-m et. vom ~e schaffen** take s. th. off s. o.'s hands, rid s. o. of s. th.; **sich j-n (et.) vom ~e schaffen** get rid of s. o. (s. th.), get s. o. (s. th.) off one's back; **bleib mir vom ~!** leave me alone (*od.* in peace)!; **bleib mir damit vom ~!** don't bother me with that!; **halt mir diesen Kerl vom ~!** keep this fellow out of my hair!; **es hat ihm den ~ gebrochen** it ruined (*od.* finished, *colloq.* did for) him, that was his undoing; **es kann ihn den ~ kosten** it may cost him his head; → **Wasser** 1. **3.** (*Kehle, Gurgel*) throat; **j-m den ~ abschneiden** *a. fig.* cut s. o.'s throat; **e-m Huhn den ~ umdrehen** wring a chicken's neck; *fig. colloq.* **dir dreh ich den ~ um!** I'll wring your neck!; **j-n beim ~ packen** seize s. o. by the throat. **4.** (*Rachen*) throat; **rauher** (*od.* **wunder**) **~** raw (*od.* sore) throat; **e-n entzündeten** (*od.* **schlimmen**) **~ haben** have a sore (*od.* bad) throat; *fig. colloq.* **aus vollem ~ lachen** roar with laughter; **aus vollem ~ schreien** shout at the top of one's voice; **wir schrien uns die Lunge aus dem ~** we screamed our lungs out; **die Worte blieben mir im ~ stecken** the words stuck in my throat; **er hat es in den falschen ~ bekommen** it went down (*fig.* he took it) the wrong way, *fig. a.* it got his goat; **es hängt** (*od.* **wächst**) **mir zum ~e heraus** I am fed up (to the teeth) with it, I'm sick (and tired) of it; **er kann den ~ nicht vollkriegen** he can't get enough. **5.** *e-r Flasche etc*: neck; **e-r Flasche den ~ brechen** crack a bottle. **6.** *anat.* a) neck, b) *der Gebärmutter etc*: cervix, c) *des Schulterblattes etc*: collum. **7.** *bot.* collum. **8.** *tech. der Welle*: neck. **9.** *mus.* a) (*Violin*♀ *etc*) neck, b) (*Noten*♀) stem, tail. **10.** (*Gewehr*♀ *etc*) neck. **11.** *von Sohlleder*: shoulder. **12.** *von Schlachtvieh*: neck. **13.** *hunt.* (*Gebell*) bay(ing), bark(ing); **~ geben** give tongue. **Hals**[2] *m* ‹-es; -e› *mar. e-s Segels*: tack.

'Hals|ab₁schnei·der *m* ‹-s; -›, **♀ab₁schnei·de·risch** *adj fig. colloq.* cutthroat. **~₁ader** *f anat.* **1.** (*Vene*) jugular (vein). **2.** → **~ar₁te·rie** *f* carotid (artery). **~₁aus₁schnitt** *m* (**tiefer ~** low) neckline.

'Hals₁band *n* ‹-(e)s; ⸚er› **1.** (*Hunde*♀ *etc*) collar; **e-m Hund ein ~ anlegen** put a collar on a dog. **2.** a) necklet, b) (*Kette*) necklace. **3.** *zo.* collar, ring (round neck), torques; **mit e-m ~ (versehen)** torquate(d). **4.** *tech.* collar. **~₁am·sel, ~₁dros·sel** *f orn.* ring ouzel (*od.* thrush).

'Hals|₁ber·ge [-₁bɛrgə] *f* ‹-; -n› *mil. hist.* gorget. **~₁bin·de** *f archaic for* **Halstuch** 3. **♀₁bre·che·risch** [-₁brɛçərɪʃ] **I** *adj* **1.** breakneck (*speed, etc*). **2.** *Klettertour etc*: daredevil, perilous, risky. **II** *adv* **3. ~ fahren** drive at breakneck speed. **~₁bund** *m* ‹-(e)s; -e›, **~₁bünd·chen** *n* neckband. **~₁drü·se** *f anat.* cervical gland.

hal·sen[1] ['halzən] *v/i* ‹h› *mar.* wear.

'hal·sen[2] *v/t* ‹h› *rare for* **umarmen** 1, 2.

'Hals|ent₁zün·dung *f med.* **1.** inflammation of the throat, sore throat, pharyngitis. **2.** angina (follicularis). **3.** *der Mandeln*: tonsillitis. **4.** (*Luftröhrenkatarrh*) tracheitis. **~₁fe·der** *f orn.* neck feather. **~₁flos·se** *f ichth.* pectoral (fin). **~ge₁fie·der** *n* neck (*od.* cervical) feathers *pl*, frill, *bes. des Huhns*: hackle. **~₁ket·te** *f* **1.** (*Schmuck*) necklace. **2.** *für Hunde*: collar. **~₁kra·gen** *m* **1.** collar. **2.** *zo.* collar, tippet. **~₁krank·heit** *f med.* throat disease. **~₁krau·se** *f* **1.** *bes. an Damenkleidern*: frill. **2.** *e-s Clowns u. an alten Kostümen*: ruff. **3.** *zo.* ruff, collar. **~₁län·ge** *f Pferdesport*: neck (length); **um e-e ~ gewinnen** win by a neck. **~₁lei·den** *n* throat disease. **~₁mus·kel** *m* cervical muscle.

'Hals-'Na·sen-'Oh·ren|-₁Arzt *m*, **~-₁Ärz·tin** *f* ear, nose and throat specialist, otolaryngologist. **~-₁Krank·hei·ten** *pl* diseases of the ear, nose and throat. **~-Spe·zia₁list** *m* → **Hals-Nasen-Ohren-Arzt**.

'Hals|par₁tie *f* neck (region). **~₁ring** *m* **1.** *tech.* stop collar. **2.** *zo.* collar. **3.** *arch. e-r Säule*: necking, neck mo(u)ld. **~₁sche·re** *f Ringen, Judo*: neck scissors *pl* (*auch als sg konstruiert*). **~₁schlag₁ader** *f anat.* carotid (artery). **~₁schmerz** *m meist pl* sore throat. **~₁schwung** *m Ringen, Judo*: neck lever. **♀₁star·rig** [-₁ʃtarɪç] *adj* stubborn, obstinate, headstrong, pigheaded. **~₁star·rig·keit** *f* ‹-; *no pl*› stubbornness, obstinacy. **~₁stück** *n* **1.** *gastr.* a) neck, b) *bes. des Hammels*: scrag, end of neck. **2.** *tech.* neckpiece. **~₁tuch** *n* **1.** (neck) scarf, neckerchief (*a. Uniform*♀ *etc*). **2.** *aus Wolle*: muffler. **3.** *archaic* (neck)tie, cravat. **~- ₁und 'Bein₁bruch** *interj* (*Wunsch*) **~!** a) good luck!, b) *aer.* happy landings!; **j-m ~ wünschen** wish s. o. good luck. **~₁weh** *n* → **Halsschmerz**. **~₁wei·te** *f* collar (*od.* neck) size. **~₁wickel** (*getr.* **-k·k-**) *m med.* throat compress. **~₁wir·bel** *m anat.* cervical vertebra. **~₁zäpf·chen** *n* uvula.

Halt [halt] *m* ‹-(e)s; *rare* -e› **1.** (*Griff, Stand*) hold, *für die Füße*: *a.* foothold, *für die Hände*: *a.* handhold; **sein Fuß fand k-n ~** he found no (foot)hold (*od.* footing); **den ~ verlieren** lose one's hold. **2.** (*Stütze*) support; **~ suchend nach et. greifen** grope for s. th. to hold on to; **in den Schuhen habe ich k-n ~** these shoes don't give me any support. **3.** *fig.* (*Rück*♀) support, stay, s. th. that keeps you going, s. th. to hold on (*od.* cling) to, (*Sicherheit*) (moral) security; **~ an j-m finden** find a prop and support in s. o., take courage from s. o. **4.** *fig.* (*Hauptstütze*) mainstay (*of one's family, etc*). **5.** *fig.* (**moralischer**) **~** (moral) stability, backbone. **6.** (*Ein*♀) stop, halt; **j-m (e-r Sache) ~ gebieten** stop (*od.* halt) s. o. (s. th.), call a halt to s. o. (s. th.). **7.** (*Aufent*♀) halt, stop; **ohne ~ bis Berlin** nonstop to Berlin. **8.** *Reitsport*: a) stop, b) (*Verweigerung*) dwell.

halt[1] *interj* **1.** stop!, *bes. mil.* halt!, (*warte*) wait!; *mil.* **~, wer da?** halt, who goes there?; **~, du hast et. vergessen!** wait, you forgot s. th. **2.** (*Moment mal*) wait a minute! **3.** (*genug*) that will do!, stop!, enough!

halt[2] *adv colloq.* (*nun einmal*) → **eben**[2] 5.

hält [hɛlt] *3 sg pres of* **halten**.

'halt·bar *adj* **1.** *Material, Kleidung etc*: durable, lasting, strong, hard-wearing; **dieser Stoff ist sehr ~** *a.* this material wears very well. **2.** (*stabil, fest*) strong, solid, sturdy, *tech. a.* wear-resistant, *Farbe*: fast. **3.** *Lebensmittel*: not perishable; **et. ~ machen** preserve s. th.; **et. ~ verpacken** pack s. th. for long shelf-life; **~ bis 6.2.** to be used before Feb. 6; **nur begrenzt ~** perishable. **4.** *mil. Stellung*: tenable. **5.** *Sport, Schuß*: stoppable, *Tor*: avoidable. **6.** *fig. Argument etc*: tenable. **7.** *fig. Zustand etc*: a) (*dauerhaft*) durable, lasting, b) (*erträglich*) tolerable, bearable. **♀keit** *f* ‹-; *no pl*› **1.** (*Lebensdauer*) durability. **2.** (*Stabilität*) sturdiness. **3.** *von Lebensmitteln*: imperishability, keeping quality; **Lebensmittel von geringer ~** perishable goods, perishables. **4.** (*Farbechtheit*) fastness. **5.** *mil.* tenability, defensibility. **6.** *tech.* resistance to wear, service life, rugged (*od.* sturdy) design. **7.** *fig. e-r Theorie etc*: tenability. **8.** *fig. e-s Zustandes etc*: tolerability. **♀₁ma·chen** *n*, **♀₁ma·chung** *f* ‹-; *no pl*› *von Lebensmitteln*: preservation.

'Hal·te|₁bo·gen *m mus.* tie, bind. **~ge₁sell·schaft** *f econ.* holding company. **~₁griff** *m* **1.** *an e-m Gerät*: handle. **2.** *im Bus etc*: (grab) handle, strap. **3.** *Judo*: hold. **~₁gurt** *m* **1.** safety harness. **2.** *mot.* safety belt. **~₁lei·ne** *f* **1.** *mar.* lifeline. **2.** *aer.* mooring line. **~₁li·nie** *f mot.* stop line.

hal·ten ['haltən] **I** *v/t* ‹**hält, hielt, gehalten,** h› **1.** (*fest*~) hold (*a stick, glass, s. th. in one's hand*); **j-n an** (*od.* **bei**) **der Hand ~** hold s. o. by the hand; **ein Dia gegen das Licht ~** hold a slide against the light; **j-m den Mantel ~** a) hold s. o.'s coat for him, b) help s. o. into his coat; → **Auge** 1, **Daumen** 1 (*etc*). **2.** (*stützen*) hold (up), support; → **Bank**[2] 2, **Stange** 1, **Waage** 2. **3.** *mil.* (*Festung, Stellung etc*) hold. **4.** (*Niveau, Preise, Geschwindigkeit etc*) maintain, keep up, hold. **5.** (*Rekord etc*) hold. **6.** (*weiterhin innehaben*) keep, retain; **er konnte den Titel ~** he was able to retain (*od.* defend) the title. **7.** *in e-m bestimmten Zustand*: keep (*s. th. clean, dry, warm*); **Ordnung ~** keep (*od.* maintain) order; **et. in Gang (Ordnung) ~** keep s. th. going (in order); **das Zimmer war ganz in Weiß gehalten** everything in the room was done in white. **8.** (*ein*~, *erfüllen*) keep; **ein Versprechen ([sein] Wort) ~** keep a promise (one's word); **die zehn Gebote ~** keep (*od.* observe) the Ten Commandments; **dieser Film hält, was er verspricht** this film lives up to its promise (*od.* reputation). **9.** (*Rede, Ansprache etc*) make, deliver (*a speech*). **10.** (*Vortrag, Referat etc*) give; **Vorlesungen ~** give lectures, lecture; → **Predigt**. **11.** (*Gottesdienst, Messe, Sitzung etc*) hold; → **Hochzeit**[1] 1. **12.** (*Mahlzeit, Schläfchen etc*) take, have (*a meal, nap, etc*). **13. sich** (*dat*) **e-n Hund (Diener, ein Auto) ~** keep (*od.* have) a dog (servant, car); **e-e Zeitung ~** take (*od.* have subscribed to, *bes. Br. a.* take in) a newspaper; *colloq.* **sich** (*dat*) **j-n** (*als Gönner etc*) **~** hold in with s. o. **14. j-n gut ~** treat s. o. well; **j-n knapp ~** keep s. o. short; **er hält s-e Kinder sehr streng** he is very strict with his children; → **kurzhalten**. **15.** (*zurück*~) keep, hold; **mich hält hier nichts mehr** there is nothing holding me here any more. **16.** (*auf*~, *an*~, *zurück*~) hold (up *od.* back), stop, keep, detain; **er war nicht zu ~, er ließ sich nicht ~** there was no holding him; **haltet den Dieb!** stop thief! **17.** *Sport*: a)

(*Schuß*) stop, block, *Torwart*: *a.* save, b) (*den Ball in den eigenen Reihen*) hold, keep possession of, c) (*e-n Gegner auf~*) stop, d) *regelwidrig, am Arm etc*: hold (*a. Boxen*), e) (*e-n Rekord*) hold, f) (*e-n Titel*) retain, defend. **18. j-n (et.) ~ für** think (*od.* believe, suppose) s. o. (s. th.) to be, consider s. o. (s. th.) as, regard (*od.* look upon) s. o. (s. th.) as, *irrtümlich*: (mis)take s. o. (s. th.) for; **ich halte es für verkehrt (das beste, ratsam)** I consider (*etc*) it wrong (best, advisable); **man sollte es nicht für möglich ~, aber** you wouldn't believe it, but; **für wie alt hältst du ihn?** how old do you think (*od.* how old would you say) he is?; **ich werde oft für m-e Schwester gehalten** I am often (mis)taken for my sister; **tun Sie, was Sie für richtig ~** do as you think fit (*od.* right); **wofür ~ Sie mich?** what do you take me for? **19. ich halte wenig (viel, große Stücke) von ihm** I think little (a lot, highly) of him; **von diesem Plan halte ich nicht viel** I don't think much of this plan; **was hältst du davon?** what do you think (*od.* make) of it?; **sie hält nicht viel vom Sparen** she does not believe in saving; **ich weiß nicht, was ich davon ~ soll** I don't know what to think (*od.* make) of it. **20.** (*verfahren, handhaben*) do, handle; **wie ~ Sie es mit ausstehenden Rechnungen?** what do you generally do about outstanding bills?; **das kannst du ~, wie du willst** (you can) do as you like, please yourself. **21. et. auf sich ~** a) be particular about one's appearance, b) have self-respect; **jeder Handwerker, der et. auf sich hält** every self-respecting craftsman. **22.** (*fassen*) hold; **das Faß hält 20 Liter** the barrel holds twenty lit/res (*Am.* -ers). **23. es mit j-m ~** a) side (*od.* hold) with s. o., be on s. o.'s side, b) have an affair with s. o. **24. sich ~ lassen** *Theorie, Argument etc*: be tenable. **25.** *med.* **das Wasser nicht ~ können** not to be able to retain one's urine, be incontinent of urine. **II** *v/i* **26.** (*fest sein*) hold; **hoffentlich hält die Schnur** I hope the string will hold (*od.* will not break). **27.** *Eis*: bear, be frozen hard enough. **28.** (*dauerhaft sein*) last; **diese Schuhe werden lange ~** these shoes will last a long time (*od.* will wear well). **29.** (*frisch bleiben*) keep; **Krabben ~ nicht lange** shrimps don't keep long. **30.** *Wetter*: hold, keep, continue. **31.** (*an~, stehenbleiben*) stop, halt, *Auto*: *a.* pull up; **der Feldwebel ließ ~** the sergeant called a halt. **32.** *fig.* **an sich ~** restrain (*od.* control, check) o. s.; **wir mußten an uns ~, um nicht zu lachen** it was hard to keep a straight face. **33.** *fig.* **auf** (*acc*) **et. ~** a) (*achten*) pay heed (*od.* attention) to s. th., b) (*Wert legen*) set store by (*od.* attach value to) s. th., c) (*bestehen auf*) insist (up)on s. th.; **sie hält sehr auf Ordnung** she sets great store by (good) order, she is very strict. **34. auf sich ~** a) be particular about one's appearance, b) have self-respect. **35. zu j-m ~** a) be loyal to s. o., stand by s. o., *colloq.* stick to s. o., b) *parteinehmend*: side with s. o. **36.** *Sport*: a) *Torwart*: save (*od.* stop) the ball, b) *regelwidrig*: hold; **gut ~** make brilliant saves. **37.** *mar.* **~ nach** (*od.* **auf** *acc*) head (for); **das Schiff hält nach Norden** the ship is heading north. **III** *v/reflex* **sich ~ 38. sich (gut) ~** *Nahrungsmittel, Blumen etc*: keep (well). **39.** *Kleidung, Schuhe etc*: wear well, last long. **40.** (*in e-m Zustand bleiben*) keep; **sich ruhig (wach, warm) ~** keep quiet (awake, warm); **sich für sich ~** keep to o. s.; **sich jung ~** keep (*od.* stay, remain) young; *colloq.* **sie hat sich gut gehalten** she is well preserved, she is wearing well; **sich versteckt ~** remain (*od.* stay) in hiding, lie low, be holed up; **sich in der Nähe ~** stay (*od.* keep) near (by), *colloq.* stick around; **sich rechts (links) ~** keep to the right (left). **41.** (*sich behaupten*) last, stay; **er wird sich dort** (*in der Firma etc*) **nicht lange ~** he won't last long there; **sich an der Spitze ~** stay at the top; **das Stück wird sich nicht lange ~** the play will not last (*od.* run) long. **42. sich gut** (*od.* **wacker**) **~** *in e-m Kampf etc*: stand one's ground, hold one's own (**gegen** against), keep one's end up, *in e-r Prüfung etc*: *a.* do well, give a good account of o. s., show up fine. **43.** *Wetter*: hold, keep, continue. **44.** *Preise, Kurse etc*: remain stable. **45. sich an e-e Sache ~** keep (*od.* adhere, *colloq.* stick) to s. th.; **sich an die Vorschriften ~** adhere to (*od.* observe, comply with) the regulations; **sich an das Gesetz ~** keep (*od.* abide by) the law; **woran kann ich mich ~?** what can I go by?; **halte dich an die Tatsachen** keep (*od. colloq.* stick) to the facts; **der Film hält sich streng** (*od.* **eng**) **an den Roman** the film follows the novel closely. **46. sich an j-n ~** a) (*sich an j-n wenden*) turn to s. o., b) (*sich auf j-n verlassen*) rely on s. o., *colloq.* stick to s. o., c) *wegen Schadenersatz etc*: hold s. o. liable, have recourse to s. o. **47. sich für et. ~** think (*od.* consider) o. s. (to be) s. th.; **sie hält sich für sehr klug** she thinks she's (*od.* she thinks herself) very clever; **sie hält sich für et. Besonderes** she thinks she's s. th. special. **48.** *körperlich*: carry o. s., hold o. s. (*upright, etc*). **49.** keep one's balance; **ich konnte mich nicht mehr ~ und fiel** I lost my balance and fell; **ich kann mich kaum noch auf den Beinen ~** I am ready to drop. **50. sich nicht mehr ~ können vor Lachen** split one's sides with laughter; **sie konnte sich vor Neugierde nicht mehr ~** she (nearly) burst with curiosity. **IV 2** *n* ⟨-s⟩ **51.** holding (*etc*). **52.** *mot. etc* stopping, halting; **et. zum 2 bringen** stop s. th., bring s. th. to a stop (*od.* standstill); **da gab es kein 2 mehr** there was no holding me (them, *etc*) any more. **53.** *von Personal, Pferden etc*: keeping. **54.** *e-r Zeitung etc*: subscription (to). **55.** *von Vorschriften etc*: observance. **56.** *Sport*: a) *vom Torwart*: save(s *pl*), b) *Boxen*: **2 und Schlagen** holding and hitting.

ˈHal·te|pe,dal *n* → Fortepedal. **~,pflicht** *f mot.* obligation to stop. **~,platz** *m* stopping place, stop. **~,punkt** *m* **1.** (*Haltestelle*) stop. **2.** *beim Schießen*: point of aim. **3.** *phys.* critical point.

ˈHal·ter *m* ⟨-s; -⟩ **1.** *tech.* a) holder, b) (*Griff*) handle, c) (*Klemme*) clamp, clip, d) (*Ständer*) stand, e) (*Stütze*) support, f) (*Haltearm*) bracket. **2.** *für Handtücher, Zeitschriften etc*: rack. **3.** *colloq. für* **Federhalter, Füllhalter. 4.** *jur.* a) (*Inhaber*) holder, b) (*Eigentümer*) legal owner, c) (*Benutzer*) user; **der ~ des Wagens** the car owner.

ˈHal·te,rie·men *m im Bus etc*: (hanger-)strap.

hal·tern [ˈhaltərn] *v/t* ⟨h⟩ fasten, mount, fix, secure, clamp fast. **ˈHal·te·rung** *f* ⟨-; -en⟩ *tech.* **1.** → **Haltevorrichtung** 1. **2.** (*Fassung*) mount.

ˈHal·te|,schild *n mot.* stop sign. **~,schlau·fe** *f mot.* strap, grab handle. **~,schrau·be** *f* check-screw. **~,seil** *n* **1.** safety rope. **2.** *tech.* retaining cable. **~si,gnal** *n rail.* stop signal. **~,stel·le** *f* **1.** stop. **2.** *rail.* a) station, stop, b) (*Bedarfs2*) halt, *Am.* whistle-stop, flag stop. **~,stift** *m tech.* locking pin. **~ver,bot** *n* → Haltverbot. **~ver,bot(s),schild** *n* → Haltverbot(s)schild. **~,vor,rich·tung** *f tech.* **1.** holding device (*od.* fixture), clamping fixture. **2.** mounting, support.

ˈhalt|los *adj* **1.** *Mensch, Charakter*: unstable, unsteady, weak. **2.** *Behauptung, Theorie etc*: untenable. **3.** (*unbegründet*) baseless, unfounded, without foundation. **2lo·sig·keit** *f* ⟨-; *no pl*⟩ **1.** instability, unsteadiness. **2.** untenableness. **3.** baselessness, unfoundedness. **~,ma·chen** *v/i* ⟨*sep*, **-ge-**, h⟩ **1.** (make a) halt, stop; *bes. mil.* **~ lassen** (call a) halt. **2.** *fig.* (**vor** *dat* at) stop, balk, baulk; **vor nichts ~** stop (*od. colloq.* stick) at nothing.

hältst [hɛltst] *2 sg pres of* **halten.**

ˈHal·tung *f* ⟨-; **-en**⟩ **1.** a) (*Körper2*) bearing, carriage, posture, b) (*Körperstellung*) posture, attitude, stance, c) (*Lage*) position, d) (*Pose*) pose, posture; **e-e gute (schlechte) ~ haben** have good (bad) posture, carry o. s. well (badly); **in majestätischer ~** majestically; **e-e ~ einnehmen** assume an attitude (*od.* pose) (→ *a.* 4); **e-e andere ~ einnehmen** change one's position (*od.* attitude); **e-e drohende ~ einnehmen** become threatening; **e-e theatralische ~ einnehmen** strike an attitude, attitudinize; *mil.* **~ annehmen** stand at (*od. colloq.* snap to) attention; **in strammer ~** (standing) at attention. **2.** *Sport*: stance, posture, style. **3.** *fig.* a) (*Benehmen*) deportment, (*Führung*) *a.* conduct, demeano(u)r, behavio(u)r, b) (*Handlungsweise*) way of acting, line (one takes), c) (*Rolle*) rôle (*in a matter*). **4.** *fig.* (*innere Einstellung*) attitude (**zu** toward[s]); **politische ~** political attitude (*od.* standpoint, opinion, views *pl*, outlook); **feste ~** firm (*od.* unwavering) attitude; **e-e bestimmte ~ einnehmen** assume a certain attitude, take a certain line (*od.* stance); **s-e ~ ändern** shift one's ground. **5.** a) (*inneres Gleichgewicht*) composure, poise, b) (*Selbstbeherrschung*) self-possession, self-control, c) (*Kampfgeist etc*) morale; **~ bewahren** a) (*a.* **~ zeigen**) show (one's) moral fib/re (*Am.* -er), bear up well, keep a stiff upper lip, b) *bei Lachhaftem*: keep a straight face, c) *im Zorn etc*: remain calm and collected, keep one's (*od.* a cool) head. **6.** *econ. Börse*: tone, tendency. **7.** *von Tieren*: keeping.

ˈHal·tungs|,feh·ler *m med.* faulty posture, postural anomaly. **~,no·te** *f Sport*: points *pl* (awarded) for performance.

ˈHalt·ver,bot *n im Straßenverkehr*: **1.** a) **absolutes** (*od.* **uneingeschränktes**) **~** prohibition of stopping, b) **eingeschränktes ~** prohibition of waiting; **das ~ geht** (*od.* **gilt**) **bis zur Kreuzung** no stopping from here to the intersection. **2.** (*räumliche Fläche*) a) "no stopping" area, clearway zone, b) "no waiting" area.

ˈHalt·ver,bot(s)|,schild, ~,zei·chen *n* a) "no stopping" (*od.* "clearway") sign, b) *eingeschränktes*: "no waiting" sign.

ˈHalt,zei·chen *n* stop sign.

Ha·lun·ke [haˈlʊŋkə] *m* ⟨-n; -n⟩ rascal, rogue, scoundrel, blackguard (*alle a. humor.*).

Häm [hɛːm] *n* ⟨-s; *no pl*⟩ *chem.* heme.

Ha·ma·me·lis [hamaˈmeːlɪs] *f* ⟨-; *no pl*⟩ *bot.* hamamelis.

Hä·ma·ti·kum [hɛˈmaːtikum] *n* ⟨-s; -ka [-ka]⟩ *med. pharm.* h(a)ematic. **Hä·ma·tin** [hɛmaˈtiːn] *n* ⟨-s; *no pl*⟩ *chem.* h(a)ematin. **Hä·ma·tit** [hɛmaˈtiːt; -ˈtɪt] *m* ‹-s; -e› *min.* **1.** h(a)ematite. **2.** (*Eisenglanz*) iron glance. **hä·ma·to·gen** [hɛmatoˈgeːn] *adj med.* h(a)ematogenous.

Hä·ma·to|lo·ge [hɛmatoˈloːgə] *m* ‹-n; -n› *med.* h(a)ematologist. **~loˈgie** [-loˈgiː] *f* ‹-; *no pl*› h(a)ematology.

Hä·ma·tom [hɛmaˈtoːm] *n* ‹-s; -e› *med.* **1.** (*Bluterguß*) h(a)ematoma. **2.** (*Blutunterlaufung*) suffusion.

Hä·ma·to·zo·on [hɛmatoˈtsoːɔn] *n* ‹-s; -zoen› *med.* h(a)ematozoon.

Hä·mat·urie [hɛmatuˈriː] *f* ‹-; -n [-ən]› *med.* (*Blutharnen*) h(a)ematuria.

Ham·bur·ger [ˈhamˌburgər] **I** *m* ‹-s; -› **1.** inhabitant of Hamburg. **2.** (*Hühnerrasse*) Hamburg fowl (*od.* hen). **3.** *gastr.* hamburger. **II** *adj* **4.** → **ˈhamˌbur·gisch** *adj* (of) Hamburg.

Hä·me [ˈhɛːmə] *f* ‹-; *no pl*› *colloq.* jeers *pl*, snide remarks *pl*.

Hä·min [hɛˈmiːn] *n* ‹-s; -e› *chem.* h(a)emin.

hä·misch [ˈhɛːmɪʃ] **I** *adj* malicious, sneering, gloating; **~e Bemerkungen** snide (*od.* sneering) remarks, sneers; **~es Lächeln** malicious smile, sneer; **er machte ein ~es Gesicht** he put on a sneer, he sneered; **er hat e-e ~e Freude am Unglück anderer** he takes a malicious pleasure in (*od.* he gloats over) other people's misfortune. **II** *adv* **~ grinsen** grin maliciously, sneer; **sich ~ über e-e Sache freuen** gloat over s. th.

Ha·mit [haˈmiːt] *m* ‹-en; -en› Hamite. **haˈmi·tisch** *adj* Hamitic.

Ham·mel [ˈhaməl] *m* ‹-s; - *u.* ¨-› **1.** *zo.* castrated ram, wether. **2.** ‹*only sg*› *gastr.* mutton. **3.** *colloq.* muttonhead, oaf, ass. **~ˌbei·ne** *pl humor.* **j-m die ~ langziehen** give s. o. hell (*od.* chickens). **~ˌbra·ten** *m gastr.* roast mutton. **~ˌfleisch** *n* mutton. **~ˌkeu·le** *f* leg of mutton. **~ko·teˌlett** *n* mutton chop. **~raˌgout** *n* mutton stew, haricot. **~ˌrücken** (*getr.* **-k·k-**) *m* saddle of mutton. **~ˌsprung** *m pol.* division.

Ham·mer [ˈhamər] *m* ‹-s; ¨-› **1.** *tech.* a) hammer, b) (*Holz*≈) mallet, c) → **Hammerwerk** 1; **~ und Amboß** hammer and anvil; *fig.* **zwischen ~ und Amboß geraten** get between the devil and the deep blue sea; **~ und Sichel** (*Symbol der UdSSR*) hammer and sickle; **~ und Zirkel** (*Symbol der DDR*) hammer and divider. **2.** *des Auktionators*: hammer; **et. unter den ~ bringen** bring s. th. to the hammer, auction s. th. (off); **der Hof kam unter den ~** the farm came under the hammer (*od.* was put on the block). **3.** *Sport*: hammer. **4.** *anat.* hammer, malleus. **5.** *mus. beim Klavier etc*: hammer. **6.** *fig. colloq.* a) *Fußball*: terrific shot, b) *Boxen*: whammy, c) (*Knüller*) (terrific) hit, d) (*böse Überraschung*) nasty shock; **das ist ein ~!** that beats everything! **~ˌbahn** *f tech.* face of a hammer. **~ˌbär** *m* tup, monkey.

ˈhäm·mer·bar *adj metall.* a) *kalt*: malleable, b) *warm*: forgeable.

ˈHam·mer|ˌboh·ren *n tech.* hammer drilling. **~ˌfin·ne** *f* peen of a hammer. **~ˌhai** *m* hammerhead (shark). **~kla·ˌvier** *n* piano(forte). **~ˌkopf** *m* **1.** *tech.* a) hammerhead (*a. Sport*), b) *e-r Schraube*: T-head, c) *e-s Lötkolbens*: hatchet tip. **2.** *orn.* hammerhead.

häm·mern [ˈhɛmərn] **I** *v/i* ‹h› **1.** hammer, *stärker*: pound; *fig.* **gegen** (*od.* **an**) **die Tür ~** hammer (*od.* pound) at the door; **auf dem Klavier ~** hammer away at the piano; **auf der Schreibmaschine ~** hammer on (*od.* pound) the typewriter. **2.** *fig. Herz etc*: throb, pound, hammer. **II** *v/t* **3.** *metall.* a) hammer, b) (*schmieden*) (hammer) forge, *von Hand*: smith, c) (*kalt*~) peen, hammerdress. **4.** *fig.* **j-m et. ins Gewissen** (**in den Kopf**) **~** hammer (*od.* pound) s. th. into s. o.

ˈHam·mer|ˌschlag *m* **1.** hammer-blow. **2.** *chem. tech.* hammer (*od.* iron, mill) scale, *bes.* iron oxide. **~ˌschmied** *m* hammersmith. **~ˌschmie·de** *f tech.* hammer mill. **~ˌschrau·be** *f* T-head bolt, tee bolt. **~ˌschwei·ßung** *f* forge welding. **~ˌwer·fen** *n Sport*: hammer throwing. **~ˌwer·fer** *m* hammer thrower. **~ˌwerk** *n tech.* **1.** (*Schmiede*) hammer mill. **2.** (*Blechbearbeitung*) press works *pl* (*als sg od. pl konstruiert*). **3.** *e-s Klaviers etc*: hammer mechanism (*od.* action). **~ˌwurf** *m* ‹-(e)s; *no pl*› *Sport*: hammer throw. **~ˌze·he** *f med.* hammertoe.

ˈHam·mondˌor·gel [ˈhæmənd-] (*Engl.*) *f mus.* hammond organ (*TM*).

Hä·mo|glo·bin [hɛmogloˈbiːn] *n* ‹-s; *no pl*› h(a)emoglobin. **≈ˈphil** [-ˈfiːl] *adj med.* h(a)emophilic. **~ˈphi·le** *m, f* ‹-n; -n› bleeder, h(a)emophiliac. **~philˈie** [-fiˈliː] *f* ‹-; -n [-ən]› h(a)emophilia.

Hä·mor·rha·gie [hɛmoraˈgiː] *f* ‹-; -n [-ən]› *med.* bleeding, h(a)emorrhage.

hä·mor·rhoi·dal [hɛmoroiˈdaːl] *adj med.* h(a)emorrhoidal. **≈ˌblu·tung** *f* bleeding piles (*od.* h[a]emorrhoids) *pl*.

Hä·mor·rhoi·den [hɛmoroˈiːdən] *pl med.* piles, h(a)emorrhoids. **~entˌfer·nung, ~ope·ra·tiˌon** *f* h(a)emorrhoidectomy.

ˈHam·pelˌmann *m* ‹-(e)s; ¨-er› **1.** (*Spielzeug*) jumping jack (*a. gym.*) **2.** *fig. colloq.* a) (*unruhige Person*) fidget, b) *contp.* clown, c) *iro.* (*willensschwache Person*) jellyfish, d) (*Marionette*) *sl.* patsy. **ham·peln** [ˈhampəln] *v/i* ‹h› *colloq.* **1.** jump about. **2.** (*zappeln*) fidget.

Ham·ster [ˈhamstər] *m* ‹-s; -› *zo.* hamster; **~backen** *pl colloq.* fat jowls; **~bau** *m* hamster's burrow. **Ham·steˈrei** *f* ‹-; *no pl*› *bes. in Notzeiten*: hoarding. **ˈHam·ste·rer** *m* ‹-s; -› hoarder. **ham·stern** [ˈhamstərn] *v/t u. v/i* ‹h› (*Vorräte etc*) hoard.

Hand[1] [hant] *f* ‹-; ¨-e› **1.** *des Menschen, Affen*: hand; → **führen** 1, **Herz** *Bes. Redew.* **2.** (*~schrift*) hand(writing); **er schreibt e-e leserliche ~** he writes a legible hand. **3.** *Kartenspiel*: hand. **4.** *pol.* **die öffentliche ~** the public authorities *pl*, the State, the Government, (*Staatskasse*) the Treasury; **im Besitz der öffentlichen ~** public-owned, state-owned, government(-owned); **von der öffentlichen ~ unterstützt** supported by the state (*od.* by public funds); **von hoher ~** of authorities, of state agencies. **5.** *jur.* **die tote ~** mortmain; **Eigentum zur gesamten ~** joint (*od.* collective) ownership, co-ownership. **6.** a) *Reitsport*: **linke ~** bridle hand, b) *Fußball*: **~!** hands! **7. Klavierstück für vier Hände** (*od.* **zu vier Händen**) piece (for piano) for four hands (*od.* for duo-pianists).

Verbindungen mit Präpositionen:

an ~ von (*dat*) by (means of), with the help (*od.* aid) of, on the basis of, guided by (*examples, etc*); **j-n an Händen und Füßen fesseln** tie s. o.'s hands and feet, tie s. o. hand and foot; *fig.* **an Händen und Füßen gebunden sein** have one's hands tied, be tied hand and foot; **an der ~ der Mutter** holding (on to) one's mother's hand; *fig.* **j-m et. an die ~ geben** a) (*zur Verfügung stellen*) make s. th. available to s. o., furnish s. o. with s. th., supply s. th. to s. o., b) *econ.* (*unverbindlich überlassen*) give s. o. an option on s. th.; *fig.* **j-m an die** (*od.* **zur**) **~ gehen** lend s. o. a (helping) hand, help (*od.* assist) s. o.; **j-n an der ~ haben** have s. o. on hand (*od. colloq.* tap); **j-n an die ~ nehmen** take s. o.'s (*od.* s. o. by the) hand; **auf Händen und Füßen kriechen** crawl on one's hands and knees; **er bekommt 500 Mark auf die ~** he receives 500 marks clear; **das liegt klar auf der ~** that's obvious, that's as plain as can be; *fig.* **j-n auf Händen tragen** fulfil(l) s. o.'s every wish; **aus erster ~** at first hand, firsthand; **aus zweiter ~** at second hand, secondhand; **et. aus erster ~ kaufen** buy s. th. firsthand (*od.* new); **et. aus zweiter ~ kaufen** buy s. th. secondhand (*od.* used); *fig.* **et. aus zweiter ~ erleben** experience s. th. vicariously (*od.* secondhand); **Erlebnis aus zweiter ~** vicarious experience; **er hat es aus erster ~** (*Nachricht etc*) he has it firsthand (*od. colloq.* straight from the horse's mouth); **j-m aus der ~ fressen** *a. fig.* eat out of s. o.'s hand; *fig.* **et. aus der ~ geben** relinquish s. th., give s. th. up, (*sich trennen von*) part with s. th.; **et. aus der ~ lassen** let s. th. slip from one's hand; **die Führung glitt ihm aus der ~** the (reins of) leadership slipped from his hands; **die Arbeit aus der ~ legen** lay one's work aside; **j-m aus der ~ lesen** read s. o.'s palm; **Verkauf aus freier ~** sale by private contract; **bei der ~, zur ~** (ready) at hand, on hand, handy; **mit Kritisieren ist er schnell bei der ~** he is (always) quick to criticize; **er hat immer e-e Antwort bei der ~** he is never at a loss for a reply; **j-n bei der ~ nehmen** take s. o.'s (*od.* s. o. by the) hand; **durch viele Hände gehen** pass through many hands; *parl. etc* **durch** (**Heben der**) **~ abstimmen** vote by show of hands; **~ in ~ gehen** (**mit**) a) walk hand in hand (with), b) *fig.* go hand in hand (with), go together (with); *fig.* **j-m in die Hände arbeiten** play into s. o.'s hands; **et.** (**j-n**) **in die Hände bekommen** get hold of s. th. (s. o.), lay one's hands on s. th. (s. o.); **j-m in die Hände fallen** (*od.* **geraten**) fall into s. o.'s hands; *fig.* **j-n in der ~ haben** have s. o. in the hollow of one's hand (*od.* at one's mercy, *colloq.* over a barrel); **die Lage in der ~ haben** have the situation well under control (*od.* in hand); *fig.* **er hat sich in der ~** he has himself firmly in hand, he is very (self-)controlled; **er hat es in der ~, es liegt in s-r ~** it's in his hands, it (*od.* the decision) rests with him, it is for him to decide, it's up to him; **et. in die ~ nehmen** a) take s. th. (in one's hand), b) *fig.* take s. th. in hand, take charge of s. th.; *fig.* **die Sache in die ~ nehmen** take charge (*od.* over); *fig.* **et. selbst in die ~ nehmen** take s. th. into one's own hands, attend to s. th. personally; **j-d** (**et.**) **ist in guten Händen** s. o. (s. th.) is in good hands; **in festen Händen sein** a) *Besitz*: not to be had, b) *Mädchen*: have a steady boy-friend, be spoken for; **der Besitz ging in andere Hände über** the property passed into other hands, the property changed hands; **j-m et. in die Hände spielen** play s. th. into s. o.'s hands; **in die Hände spucken** spit into one's hands, *fig. a.* roll up one's sleeves; **das steht in Gottes ~** that's in God's hand; **j-m et. in die ~ versprechen** promise s. o. s. th. solemnly; **mit bewaffneter ~** by force of arms; **mit starker ~ regieren** rule with a strong (*od.* iron) hand; **die Maschine wird mit der ~ bedient** the machine is hand-operated; **der Brief ist mit der ~ geschrieben** the letter is handwritten;

das Geld mit vollen Händen ausgeben spend money lavishly (*od.* like water); **mit leeren Händen abziehen (kommen)** go away (come) empty-handed; **mit den Händen** (*od.* **mit Händen und Füßen**) **reden** talk with one's hands, gesticulate; **sich mit Händen und Füßen wehren** (**gegen**) put up a fierce resistance (to), struggle fiercely (against), **gegen et.**: *a.* fight s. th. tooth and nail; *fig.* **mit beiden Händen zugreifen** seize the opportunity with both hands, jump at the chance (*od.* offer); **das ist (doch) mit Händen zu greifen** that's quite obvious; **um j-s ~ anhalten** ask for s. o.'s hand; **unter der ~** a) (*heimlich*) in secret, on the quiet, b) (*unmerklich*) unnoticeably; **et. unter der ~ verkaufen** sell s. th. privately; **das Geld zerrinnt mir unter den Händen** my money just melts away; **von ~ zu ~** from hand to hand; **von ~ gefertigt** (*od.* **gearbeitet**) made by hand, handmade; **die Arbeit geht ihm leicht von der ~** he finds the work easy (to do); **von der ~ in den Mund leben** live from hand to mouth; **das war von langer ~ vorbereitet** that was carefully planned (long before); **der Wein wurde von zarter ~ serviert** the wine was served by fair hands; **et. von der ~ weisen** reject (*od.* rule out) s. th.; **es läßt sich nicht von der ~ weisen, daß** it cannot be denied that, there is no getting away from the fact that; **dieser Verdacht ist nicht von der ~ zu weisen** this suspicion cannot be ruled out; **zu Händen von Herrn X** *auf Briefen*: care of (*od.* c/o) Mr X; Attention Mr X!; **er ist immer zur ~, wenn man ihn braucht** he is always at hand (*od.* there) when he is needed; **j-m et. zu treuen Händen übergeben** give s. th. to s. o. in trust.

Verbindungen mit Adjektiven:
die flache (hohle) ~ the flat (*od.* palm) (hollow) of the hand; *fig.* **e-e hohle ~ machen** ask for charity (*od.* money); **er braucht e-e feste ~** he needs a firm hand; **freie ~ haben** have a free hand; **j-m freie ~ lassen** give s. o. a free hand; **e-e geschickte** (*od.* **glückliche**) **~ haben** have a skil(l)ful (*od.* clever, deft) hand, have a sure (*od.* happy) touch; **sie hat e-e geschickte ~ im Umgang mit anderen** she has a way with people; **(die) letzte ~ an ein Werk legen** put the finishing touch(es) to a work; *econ.* **Anleger letzter ~** ultimate investors; **Ausgabe letzter ~** last edition supervised by the author; **linker** (*od.* **zur linken**) **~** on (*od.* to) the left; *colloq.* **er hat zwei linke Hände** he's all thumbs; *colloq.* **das mache ich mit (dem kleinen Finger) der linken ~** I can do that on my head (*od.* blindfold); **Ehe zur linken ~** left-handed (*od.* morganatic) marriage; *fig.* **e-e offene ~ haben** be openhanded, be generous; **rechter** (*od.* **zur rechten**) **~** on (*od.* to) the right; **er ist die rechte ~ des Chefs** he is the right hand of the boss, he is the boss's right-hand man; **er hat e-e sichere ~** he has a steady hand; *fig.* **mit sicherer ~** with a sure hand, surefootedly; **ich habe alle** (*od.* **beide**) **Hände voll zu tun** I have my hands full, I am very busy, I have my work cut out for me.

Verbindungen mit Verben:
fig. **sich für j-n die ~ abschlagen lassen** give one's right arm for s. o.; **(mit) ~ anlegen** a) lend a (helping) hand, b) **an et.**: take s. th. in hand; **j-m die ~ auflegen** lay one's hand on s. o.; *fig.* **ihm sind Hände und Füße** (*od.* **die Hände**) **gebunden** his hands are tied; **j-m die ~ drücken** *zum Dank, als Gruß etc*: press s. o.'s hand; **j-m die ~ geben** (*od.* **reichen**) give s. o. one's hand, hold out (*od.* proffer) one's hand to s. o., shake s. o.'s hand; **sich die ~ geben, sich die Hände reichen** shake hands; **j-m die ~ (fürs Leben) reichen** (agree to) marry s. o., accept s. o. (as a husband); **sich die ~ fürs Leben reichen** join hands for life, marry; *fig. contp.* **die ~ reichen zu e-r Sache** stoop to (doing) s. th.; *fig. colloq.* **wir können uns die ~ reichen** a) (*wir sind gleich veranlagt*) we are two of a kind, we are birds of a feather, b) (*wir haben das gleiche Pech*) we are in the same boat; **gib mir die ~ darauf!** let's shake hands on it!; **die** (*od.* **s-e**) **~ im Spiel haben** have a hand in it (*od.* in s. th.), have a finger in the pie; *fig.* **~ und Fuß haben** hold water, be (very much) to the point, make sense; **sein Vorschlag hat ~ und Fuß** what he says makes sense, his suggestion is good; **die ~ auf den Beutel** (*od.* **die Tasche**) **halten** tighten the purse strings; *fig.* **die ~ über j-n halten** protect (*od.* watch over) s. o.; *fig.* **davon möchte ich lieber die Hände lassen** I'd rather not touch that; **von s-r Hände Arbeit leben** live by the work of one's hands; *fig.* **~ an** (*acc*) **sich legen** lay hands on o. s.; **die ~ für j-n (et.) ins Feuer legen** put one's hand into the fire for s. o. (s. th.); **die Hände in den Schoß legen** a) put one's hands in one's lap, b) *fig.* twiddle one's thumbs, do nothing; **~ an die Arbeit** (*od.* **ans Werk**) **legen** set to work, buckle down to it, tackle the job; **sich** (*dat*) **die Hände reiben** *a. fig.* rub one's hands; **j-m die ~ schütteln** shake s. o.'s hand; **man kann nicht die ~ vor Augen sehen** one can't see one's hand before one's face; **ich wasche m-e Hände in Unschuld** I am quite innocent; **die Hände über dem Kopf zs.-schlagen** throw up one's hands; **e-e ~ wäscht die andere** (*Sprichwort*) you scratch my back and I'll scratch yours; **Hände hoch!** hands up!; **Hände weg!** hands off!; → **erheben** 1.

Hand[2] *f* ⟨-; -⟩ *Maßangabe*: hand; **der Stoff ist zwei ~ breit** the material is two hand(s)-breadths wide.

ˈHand|ˌab|zug *m print.* hand impression. **~ˌak•te** *f meist pl* (reference) file. **~ˌam•boß** *m tech.* small anvil, stake. **~ˌamt** *n teleph.* manual (*Am.* central) exchange. **~ˌan|las•ser** *m mot.* hand starter. **~ˌan|trieb** *m tech.* hand drive. **~ap•pa|rat** *m* **1.** *in e-r Bibliothek etc*: reference books *pl.* **2.** *teleph.* handset. **~ˌar•beit** *f* **1.** manual labo(u)r (*od.* work), work done by hand. **2.** (*Ggs. Maschinenarbeit, a. als Erzeugnis*) a) work done (*od.* made) by hand, hand(i)work, b) *kunstvolle*: handicraft; **diese Vase ist ~** this vase is handmade. **3.** (*Nadelarbeit*) needlework. **4.** *ped.* needlework (classes *pl*). **Ձˌar•bei•ten I** *v/i* ⟨*insep, pp* **gehandarbeitet**, h⟩ (*stricken, nähen etc*) a) do needlework, b) sew. **II** *v/t* ⟨*pp* **handgearbeitet**⟩ (*Tischdecke, Spitzen etc*) make *s. th.* (by hand). **~ˌar•bei•ter** *m* manual worker.

ˈHandˌar•beits|ˌkorb *m* work-basket. **~ˌleh•re•rin** *f* needlework teacher. **~ˌun•ter|richt** *m ped.* needlework (classes *pl*).

ˈHand|ˌat•las *m* hand atlas. **~ˌauf|he•ben** *n parl.* **durch ~ abstimmen** vote by show of hands. **~ˌauf|le•gen** *n*, **~ˌauf|le•gung** *f bes. relig.* laying on of hands. **~ˌaus|ga•be** *f* concise edition. **~ˌball** *m Sport*: **1.** (*Ball*) handball (*used in European handball*). **2.** → **Handballspiel.** **~ˌbal•len** *m anat.* ball of the thumb, thenar. **~ˌbal•ler** *m* ⟨-s; -⟩ *colloq.* handball player. **~ˌball|spiel** *n Sport*: **1.** (European) handball. **2.** handball match. **~ˌball|spie•ler** *m* handball player. **~ˌbecken** (*getr.* **-k•k-**) *n* (small) wash-basin. **Ձbe|dient** *adj* hand-operated. **~be|die•nung** *f* → **Handbetrieb.** **~ˌbeil** *n* hatchet. **~ˌbe•sen** *m* (hand-)brush. **~be|trieb** *m* manual operation, hand control; **mit ~** → **Ձbeˌtrie•ben** *adj* hand-operated, hand-control(l)ed, manual (*set, etc*). **~beˌwe•gung** *f* movement of the hand, gesture; **mit e-r schwungvollen ~** with a sweep of the hand; **mit e-r ~ forderte er uns auf einzutreten** he motioned us to come in. **~bi•blio|thek** *f* reference library. **~ˌboh•rer** *m tech.* gimlet. **~ˌbohr•ma|schi•ne** *f* hand drill(ing machine). **~ˌbrau•se** *f* hand shower (attachment), hand-spray.

ˈhand|breit I *adj Saum etc*: of a hand(s)-breadth. **II Ձ** *f* ⟨-; -⟩ hand(s)breadth; **zwei Ձ Stoff** two hand(s)breadths of material.

ˈHand||brei•te *f* hand(s)breadth. **~ˌbrem•se** *f* hand brake. **~ˌbrems|he•bel** *m* hand-brake lever. **~ˌbuch** *n* **1.** manual, handbook, textbook, *weitS.* reference book. **2.** (*Grundriß*) compendium. **3.** (*Führer*) guide. **~bü•che|rei** *f* reference library.

Händ•chen [ˈhɛntçən] *n* ⟨-s; -⟩ *dim. of* **Hand**[1]; **~ halten** hold hands.

ˈHand||deu•tung *f* chiromancy, palmistry. **~ˌdruck** *m* ⟨-(e)s; -e⟩ *print.* block print. **~drucke|rei** (*getr.* **-k•k-**) *f* block printing. **~ˌdu•sche** *f* → **Handbrause.**

ˈHän•de||druck *m* ⟨-(e)s; ⸚e⟩ handshake, clasp of the hand. **~ˌklat•schen** *n* clapping (of hands), applause.

Han•del[1] [ˈhandəl] *m* ⟨-s; *no pl*⟩ **1.** *econ.* a) commerce, business, b) (*~sverkehr*) trade, *a. contp.* traffic, c) (*Markt*) market; **~ und Gewerbe** trade and industry; **~ und Verkehr, ~ und Wandel** trade and commerce, commercial activities *pl*, business (life); **~ treiben** a) (carry on) trade, *a. contp.* traffic, b) **mit e-r Sache**: deal (*od.* trade) in s. th., c) **mit j-m**: do business with s. o., trade (*od.* deal) with s. o.; **et. ist im ~ zu haben** (*od.* **erhältlich**) s. th. is available on the market, (*od.* can be bought); **et. in den ~ bringen** put s. th. on the market, market s. th.; **in den ~ kommen** be put on the market, be marketed; **et. ist nicht mehr im ~** s. th. is off the market; **e-n ~ betreiben** carry on a business (*od.* trade). **2.** *econ.* (*Geschäft, Transaktion*) (business) transaction, business, bargain, *colloq.* deal; **e-n ~ abschließen** transact a business, close a deal, make (*od.* strike) a bargain. **3.** *fig. lit.* affair.

ˈHan•del[2] *m meist pl* ⟨-s; ⸚⟩ quarrel, *handgreifliche*: brawl, *kleinliche*: squabble; **Händel suchen** seek (*od.* try to pick) a quarrel; **sie haben Händel miteinander** they are quarrel(l)ing (with each other).

ˈhan•del•bar *adj econ.* negotiable.

ˈHandˌelf|me•ter *m Fußball*: penalty for hands.

han•deln [ˈhandəln] **I** *v/i* ⟨h⟩ **1.** *allg.* act, (*Maßnahmen ergreifen*) *a.* take action (*od.* steps), do s. th., (*verfahren*) proceed, (*sich verhalten*) act, behave; **er redet nicht, er handelt** instead of talking he gets things done; **s-n Grundsätzen gemäß** ~ act according to one's principles; **gegen das Gesetz** ~ act against (*od.* infringe) the law; **er muß sofort** ~ he must act (*od.* do s. th.) at once, he must take immediate action; **gut (schlecht) an j-m** ~ treat s. o. well (badly), *colloq.* give s. o. a good (bad) deal. **2. von et.** ~ *Buch, Film etc*: deal with (*od.* be about) s. th., treat (of) s. th.; **wovon** (*od.* **worüber**) **handelt das Buch?** what is the book about? **3.** *econ.* (*Handel treiben*) trade, do business (**mit j-m** with s. o.); **mit e-r Sache** ~ trade (*od.* deal) in s. th., *a. contp.* traffic in s. th. **4.** (*feilschen*) bargain, haggle; **um et.** ~ bargain for s. th., haggle over s. th.; **er läßt mit sich** ~ you can bargain with him, *a. weitS.* he is accommodating, he is open to an offer (*od.* a suggestion). **II** *v/t* **5.** *econ.* **gehandelt werden** a) be traded (*a. fig. Name etc*), be sold, b) *an der Börse*: be quoted (*od.* traded, listed); **Pilze wurden zu** (*od.* **für**) **3 Mark gehandelt** mushrooms were sold at (*od.* went for) 3 marks. **III** *v/impers* **6. es handelt sich um et.** it is about s. th., it concerns (*od.* refers to) s. th., it is a question (*od.* matter) of s. th.; **es handelt sich um e-e wichtige Sache** it is a matter of importance; **es handelt sich um folgendes** the thing is (*od.* it's) this; **darum handelt es sich ja!** that's just the point!; **darum handelt es sich nicht** that's not the point; **worum handelt es sich?** what is it (all) about?, what is the (point in) question?; **das Haus, um das es sich handelt** the house in question; **es handelt sich darum, ob** the question is whether; **wo es sich um sein Geld handelt** where his money is concerned; **wenn es sich darum handelt, j-m zu helfen, ist er da** if it is a matter of helping s. o. he is always there. **IV** ≈ *n* ⟨-s⟩ **7.** acting (*etc*). **8.** action; **gemeinsames** ≈ joint action, co(-)operation. **9.** behavio(u)r, way of acting. **ˈhan·delnd** *adj thea.* **die** ~**en Personen** the characters (in a play), *lit.* the dramatis personae.

ˈHan·dels|ˌabˌkom·men *n econ.* trade agreement. ~**ˌabˌord·nung** *f* trade delegation. ~**adreß·ˌbuch** [-ʔaˌdrɛs-] *n* trade (*od.* commercial) directory. ~**agent** [-ʔaˌgɛnt] *m* → **Handelsvertreter.** ~**agenˌtur** *f* commercial (*od.* mercantile) agency. ~**aka·deˌmie** *f Austrian* commercial college. ~**arˌti·kel** *m* (commercial) article, commodity. ~**at·taˌché** *m pol.* commercial attaché. ~**ˌbank** *f* ⟨-; -en⟩ commercial bank. ~**beˌdin·gun·gen** *pl* **1.** (*Austauschrelation*) terms of trade. **2.** *e-s Unternehmens*: (trade) terms. ~**beˌricht** *m* trade (*od.* market) report. ~**beˌspre·chun·gen** *pl* trade talks. ~**beˌtrieb** *m* commercial enterprise, trading concern, business. ~**beˌvollˌmäch·tig·te** *m* ⟨-n; -n⟩ → **Handlungsbevollmächtigte.** ~**beˌzeich·nung** *f* trade name (*od.* designation), brand (name). ~**beˌzie·hun·gen** *pl* trade relations. ~**biˌlanz** *f* **1.** *Außenhandel*: balance of trade, trade balance; **aktive** ~ favo(u)rable (*od.* surplus, active) balance of trade; **passive** ~ unfavo(u)rable (*od.* adverse) balance of trade. **2.** *firmenintern*: commercial balance sheet. ~**ˌblatt** *n* trade journal. ~**ˌbrauch** *m* custom of (*od.* in) trade, commercial usage (*od.* practice). ~**ˌbü·cher** *pl* **1.** commercial books. **2.** account books. ~**ˌde·fi·zit** *n econ.* trade deficit. ~**ˌein·heit** *f Börse*: unit of trade. ≈**ˌei·nig,** ≈**ˌeins** *adj* (mit j-m) ~ **werden** come to terms (with s. o.), reach an agreement (with s. o.). ~**erˌlaub·nis** *f* trading licen/ce (*Am.* -se). ~**ˌfach** *n* branch (of trade), line of business. ≈**ˌfä·hig** *adj Wertpapiere etc*: negotiable. ~**ˌfir·ma** *f* (commercial) firm. ~**ˌflag·ge** *f mar.* merchant flag. ~**ˌflot·te** *f* merchant fleet. ~**ˌfrau** *f* → **Geschäftsfrau.** ~**ˌfrei·heit** *f* freedom of trade. ≈**ˌgän·gig** *adj* marketable, commercial. ~**ˌgärt·ner** *m* market (*Am.* truck) gardener. ~**gärt·neˌrei** *f* market garden, *Am.* truck farm. ~**ˌgeist** *m* commercialism, commercial spirit. ~**geˌnos·sen·schaft** *f* trading co(-)operative (society). ~**geˌricht** *n jur.* commercial court. ≈**geˌricht·lich I** *adj* before (*od.* by, according to) a commercial court. **II** *adv* ~ **eintragen** (enter into a trade) register, *Am.* incorporate. ~**geˌschäft** *n* commercial transaction. ~**geˌsell·schaft** *f econ.* (trading) company, *Am.* (business) corporation; **offene** ~ general partnership. ~**geˌsetz** *n* commercial law. ~**geˌsetzˌbuch** *n* commercial code. ~**geˌwer·be** *n* trade, business; **ein** ~ **betreiben** carry on a business, pursue a trade. ~**geˌwicht** *n* commercial weight, avoirdupois. ~**geˌwinn** *m* trading profit. ~**ˌgut** *n meist pl* → **Handelsware.** ~**ˌha·fen** *m* commercial (*od.* trading) port. ~**ˌhaus** *n* business house (*od.* firm). ~**ˌherr** *m obs.* merchant. ~**ˌhoch·ˌschu·le** *f* commercial college, *Am.* business school. ~**ˌin·dex** *m* trade (*od.* business) index. ~**ˌkam·mer** *f* Chamber of Commerce. ~**ka·piˌtal** *n* trading capital. ~**ˌket·te** *f* chain (of stores). ~**ˌklas·se** *f* → **Güteklasse.** ~**kor·re·sponˌdent** *m* commercial correspondent. ~**kor·re·sponˌdenz** *f* commercial correspondence. ~**kreˌdit** *m* business loan, (commercial) credit. ~**ˌkrieg** *m* economic war(fare). ~**ˌkri·se,** ~**ˌkri·sis** *f* commercial crisis. ~**ˌkun·de** *f* Business (*as a subject*). ~**ˌluftˌfahrt** *f* commercial aviation. ~**ˌmacht** *f* (great) trading nation. ~**ˌmak·ler** *m* merchant broker. ~**ma·riˌne** *f* merchant navy, mercantile marine. ~**ˌmar·ke** *f* (trade)mark, brand. ~**ˌmes·se** *f* trade fair. ~**mi·niˌster** *m* minister of commerce. ~**mi·niˌste·ri·um** *n* ministry of commerce, *Br.* Board of Trade, *Am.* Department of Commerce. ~**mis·siˌon** *f* trade mission. ~**mo·no·ˌpol** *n* trade monopoly. ~**ˌna·me** *m* trade name. ~**na·tiˌon** *f* trading nation. ~**ˌnie·derˌlas·sung** *f* **1.** business establishment. **2.** *jur.* registered seat (of a business firm). **3.** (*Zweigstelle*) branch. **4.** *im Ausland*: trading post. ~**or·ga·ni·sa·tiˌon** *f DDR* State Retail Store. ~**ˌpart·ner** *m* trade (*od.* trading) partner. ~**ˌplatz** *m* → **Handelszentrum.** ~**po·liˌtik** *f* trade policy. ≈**po·liˌti·sch** *adj* relating to trade policy, commercial, trade; ~**e Beziehungen** trade relations. ~**qua·liˌtät** *f* commercial quality. ~**ˌrecht** *n* commercial law; **Gesellschaften des** ~**s** companies (*od.* firms) under mercantile law. ≈**ˌrecht·lich** *adj* under (*od.* in accordance with) commercial law. ~**reˌgi·ster** *n* commercial (*od.* trade) register; **e-e Firma ins** ~ **eintragen** register (*Am.* incorporate) a company. ~**ˌrei·sen·de** *m* → **Handlungsreisende.** ~**ˌrich·ter** *m jur.* commercial judge. ~**ˌri·si·ko** *n* trade risk. ~**ˌsa·che** *f meist pl jur.* commercial matter (*od.* cause); **in** ~**n** *a.* in matters involving commercial law. ~**ˌschiff** *n* merchant ship (*od.* vessel). ~**ˌschiffahrt** (*getr.* -ffˌf-) *f* merchant shipping. ~**ˌschran·ken** *pl* trade barriers. ~**ˌschu·le** *f* commercial school; **höhere** ~ commercial high school. ~**ˌsitz** *m* (registered) seat (of a firm). ~**ˌspan·ne** *f* trade margin. ~**ˌsper·re** *f* (trade) embargo. ~**ˌspra·che** *f* commercial language. ~**ˌstadt** *f* commercial (*od.* trading) town. ~**ˌstand** *m* ⟨-(e)s; *no pl*⟩ trading class, *collect.* (the) trade. ~**ˌstra·ße** *f* trade route. ~**ˌstu·fe** *f* marketing stage. ~**ˌstützˌpunkt** *m* trading base. ~**ˌteil** *m e-r Zeitung*: business (*od.* financial, trade) section. ≈**ˌüb·lich** *adj* usual (*od.* customary) in (the) trade, commercial; ~**e Bezeichnung** customary trade designation, trade name, brand (name); ~**e Verpackung** standard packaging.

ˈHän·del|ˌsucht *f* ⟨-; *no pl*⟩ quarrelsomeness. ≈**ˌsüch·tig** *adj* quarrelsome, contentious.

ˈHan·dels|- ˌund ˈZah·lungsˌab·ˌkom·men *n* trade and credit agreement. ~**ˌun·terˌneh·men** *n* commercial enterprise. ~**verˌbin·dung** *f meist pl* trade relations *pl.* ~**verˌbot** *n* **1.** prohibition of trade. **2.** embargo. ~**verˌkehr** *m* **1.** trade, trading, traffic. **2.** commerce. ~**verˌtrag** *m* commercial treaty, trade agreement. ~**verˌtre·ter** *m* **1.** mercantile (*od.* commercial) agent, commercial representative. **2.** → **Handlungsreisende.** ~**verˌtre·tung** *f* (commercial) agency; **die** ~ **für die Firma X haben** be the agent(s) for company X. ~**ˌvolk** *n* trading nation, mercantile people. ~**voˌlu·men** *n* volume of trade. ~**ˌvorˌrecht** *n* trade privilege. ~**ˌwa·re** *f* commercial articles (*od.* goods) *pl*, merchandise. ~**ˌwech·sel** *m* trade bill. ~**ˌweg** *m* trade route. ~**ˌwert** *m* market value. ~**ˌwis·sen·schaft** *f* commercial science. ~**ˌzei·chen** *n* → **Handelsmarke.** ~**ˌzen·trum** *n* commercial cent/re (*Am.* -er), (*Stapelplatz*) emporium, mart. ~**zerˌstö·rer** *m mar. mil.* commerce raider. ~**ˌzweig** *m* branch (*od.* sector) of trade.

ˈhan·del|ˌtrei·bend *adj* trading, commercial, mercantile. ≈**ˌtrei·ben·de** *m* ⟨-n; -n⟩ trader.

ˈhän·de|ˌrin·gend *adv* **1.** wringing one's hands. **2.** *fig.* imploringly, beseechingly, (*verzweifelt*) despairingly. ≈**ˌschüt·teln** *n* shaking of hands, handshake, *colloq.* shake-hands. ≈**ˌwa·schen** *n* washing of one's hands.

ˈHand|ex·emˌplar *n print.* **1.** copy for one's personal use. **2.** author's copy. ~**ˌfer·tig·keit** *f* manual skill, dexterity. ~**ˌfes·seln** *pl* → **Handschellen.** ≈**ˌfest** *adj* **1.** *Kerl*: sturdy, hefty, brawny, robust. **2.** *fig. colloq. Beweis etc*: solid, *Preiserhöhung etc*: hefty, *Lüge etc*: whopping, *Skandal etc*: full-fledged, mighty. ~**ˌfeu·erˌlö·scher** *m* (hand) fire extinguisher. ~**ˌfeu·erˌwaf·fe** *f* portable fire-arm, *pl meist* small arms. ~**ˌflä·che** *f* flat of the hand, palm. ≈**ˌför·mig** *adj* hand-shaped, *a. bot.* palmate(d). ~**gaˌlopp** *m Reiten*: hand gallop, canter. ~**ˌgarn** *n* hand-spun yarn. ~**ˌgasˌhe·bel** *m mot.* throttle hand lever. ≈**geˌar·bei·tet** *adj* handmade; *Spitze, Schmiedeeisen*: handworked. ~**geˌbrauch** *m* **zum** ~ for ordinary (*od.* daily) use. ≈**geˌbun·den** *adj Buch etc*: hand-bound. ≈**geˌfer·tigt** *adj* hand-made. ≈**geˌknüpft** *adj Teppich etc*: hand-knotted. ~**ˌgeld** *n* **1.** *econ.* earnest (money). **2.** *mil.* bounty. **3.** *Sport*: down payment. ~**geˌlenk** *n anat.* wrist (joint), carpus; ~**schützer** *m Sport*: wrist guard; *mus.* **Anschlag aus dem** ~ wrist touch; **aus dem** ~ a) with a flick of the wrist, b) *fig.* (*ohne weiteres, aus dem Kopf*) offhand, off the cuff, (*mühelos*) with the greatest ease; **et. aus dem** ~ **schütteln** do s. th. just like that (*od.* off the bat), say s. th. off the cuff. ≈**geˌmacht** *adj* handmade, made by hand. ≈**geˌmalt** *adj* hand-painted. ≈**geˌmein** *adj* (mit j-m) ~ **werden** come to blows (*od.* grips) (with s. o.).

~geˌmen·ge *n* ‹-s; -› **1.** (*Schlägerei*) brawl, scuffle, mêlée, *sl.* punch-up. **2.** *mil.* hand-to-hand fight(ing), mêlée. **≈geˌnäht** *adj* hand-sewn. **~geˌpäck** *n* hand luggage (*bes. Am.* baggage). **~geˌpäckˌaufˑbeˌwahˑrung** *f* left-luggage office, *Am.* baggage room. **≈geˌrecht** *adj* handy. **≈geˌschmieˑdet** *adj* hand-forged. **≈geˌschöpft** *adj Büttenpapier etc*: handmade. **≈geˌschrieben** *adj* written by hand, handwritten. **≈geˌsetzt** *adj print.* hand-set. **≈geˌstrickt** *adj* **1.** hand-knit(ted). **2.** *fig. colloq.* home-made, small-time. **~graˌnaˑte** *f mil.* hand grenade. **≈ˌgreif·lich** [-ˌgraɪflɪç] *adj* **1.** violent; ~ **werden** a) turn violent, *bes. Am. a.* get tough, b) *humor. erotisch*: start pawing. **2.** ‹-er; -st› *fig.* (*offensichtlich*) obvious, evident, manifest, plain; **~e Lüge** patent (*od.* blatant) lie; **~er Scherz** practical joke; **j-m et. ~ machen, j-m et. ~ vor Augen führen** make s. th. (absolutely) plain to s. o. **~ˌgreif·lich·keit** *f* ‹-; -en› **1.** ‹*only sg*› → Deutlichkeit 2. **2.** *pl* violence *sg*, fight(s); **es kam zu ~en** it ended in a fight, they came to blows. **~ˌgriff** *m* **1.** → Griff 7. **2.** *fig.* (*Verrichtung*) *a. tech.* movement (*od.* motion) (of the hand), *meist pl* (*Bedienung*) manipulation; **mit wenigen ~en** with a few (deft) movements, quickly, (*leicht*) easily, effortlessly, (*geschickt*) deftly; **die paar ~e im Haushalt sind schnell getan** the few household chores are quickly done; **er hat den ganzen Tag k-n ~ getan** he hasn't lifted a finger all day (long). **≈ˌgroß** *adj* as big as a hand. **~ˌha·be** *f* ‹-; -n› *bes. fig.* handle, (*Beweis*) *a.* proof, evidence, (*Gründe, Grundlage*) grounds *pl*, basis, (*Druckmittel*) lever, (*Gelegenheit*) opportunity; **gesetzliche ~** legal grounds *pl*; **e-e (juristische) ~ (gegen j-n) haben** have a case (against s. o.); **j-m e-e ~ gegen j-n bieten** (*od.* **geben**) give s. o. a handle against s. o.; **er hat keinerlei ~ gegen mich** he has no leg to stand on, *colloq.* he has nothing on me. **≈ˌha·ben** *v/t* ‹handhabt, handhabte, gehandhabt, h› **1.** (*Werkzeug etc*) handle, wield, manage; **leicht zu ~** easy to handle, (very) handy. **2.** (*Maschine etc*) operate, work, manipulate. **3.** (*Recht, Gesetz etc*) carry out, administer, (*anwenden*) apply. **4.** (*Methode etc*) apply, use. **5.** *fig.* handle, manage, deal with; **das haben wir immer so gehandhabt** we have always handled it (*od.* done it) like that, that has always been our practice. **~ˌha·bung** *f* ‹-; *no pl*› **1.** handling, wielding; **leichte ~** easy handling. **2.** operation, manipulation. **3.** administration (*of justice*). **4.** application, use. **5.** *fig.* handling, management. **~harˌmo·ni·ka** *f mus.* accordion.

Han·di·kap [ˈhɛndikɛp; ˈhændɪkæp] (*Engl.*) *n* ‹-s; -s› **1.** *Sport*: a) handicap, b) → Handikaprennen. **2.** *fig.* handicap (für to). **ˈhan·diˌka·pen** *v/t* ‹h› handicap. **ˈHan·diˌkap·per** *m* ‹-s; -› handicapper. **ˈHan·diˌkapˌren·nen** *n* handicap (race).

ˈHand|-in-ˈHand-ˌAr·bei·ten *n* close co(-)operation. **~ˌkan·te** *f* side of the hand. **~ˌkan·tenˌschlag** *m* (backhand) chop. **~ˌka·me·ra** *f* hand camera. **~ˌkar·ren** *m* **1.** handcart. **2.** *der Straßenhändler*: pushcart. **~ˌkas·se** *f* petty cash. **~ka·taˌlog** *m e-r Bibliothek etc*: (ready-reference) catalog(ue *Br.*). **~ˌklap·per** *f mus.* knacker(s *pl*). **~ˌkof·fer** *m* (small) suitcase. **~ˌkorb** *m* hand-basket. **~ˌkur·bel** *f* **1.** hand crank, crank handle. **2.** *mot.* starting crank. **~ˌkuß** *m* kiss on the hand; **e-r Dame e-n ~ geben** kiss a lady's hand; *fig. colloq.* **mit ~** gladly, with (the greatest) pleasure.

ˈHandˌlan·ger *m* ‹-s; -› **1.** helper, unskilled workman, *Am.* handy man, *auf dem Bau*: *a.* hod carrier; *fig. colloq.* **er machte immer nur den ~** he always did the donkey work. **2.** *fig. contp.* a) underling, *colloq.* dogsbody, b) *e-s Anführers, e-r Partei etc*: henchman, minion, *colloq.* stooge, c) accomplice. **~ˌdien·ste** *pl* inferior work *sg*; **j-m ~ leisten** a) lend s. o. a hand, help s. o., b) *contp.* fetch and carry for s. o., do s. o.'s dirty work for him, c) *fig.* be s. o.'s stooge, *bei Verbrechen etc*: act as s. o.'s accomplice.

ˈHandˌlauf *m* handrail.

Händ·lein [ˈhɛntlaɪn] *n* ‹-s; -› *dim. of* Hand[1] 1.

Händ·ler [ˈhɛndlər] *m* ‹-s; -›, **ˈHänd·le·rin** *f* ‹-; -nen› *econ.* **1.** a) (*Kaufmann*) trader, dealer, merchant, b) (*Einzel≈*) (retail) dealer; **wenden Sie sich an Ihren ~** see your dealer. **2.** (*Ladenbesitzer*) shopkeeper, storekeeper. **3.** (*Straßen≈ etc*) seller, vendor; **ambulanter** (*od.* **fliegender**) **~** hawker, ped(d)ler, *bes. Br.* pedlar. **~or·ga·ni·sa·tiˌon** *f* dealer organization. **~ˌpreis** *m* trade price. **~raˌbatt** *m* dealer discount. **~ˌsee·le** *f contp.* huckster.

ˈHand||ˌle·seˌkunst *f* ‹-; *no pl*› palmistry, chiromancy. **~ˌle·ser** *m*, **~ˌle·se·rin** *f* palmist, chiromancer. **~ˌleuch·te** *f* hand (*od.* portable) lamp. **~ˌleuch·ter** *m* (portable) candlestick. **~ˌle·xi·kon** *n* concise dictionary.

hand·lich [ˈhantlɪç] *adj* **1.** handy, wieldy, manageable, easy(-)to(-)use, convenient; **ein ~es Gerät** a handy implement; **in ~er Nähe** (with)in easy reach. **2.** compact. **3.** *Swiss for* **behend(e)**. **≈keit** *f* ‹-; *no pl*› **1.** handiness; manageableness. **2.** *Swiss for* **Behendigkeit**.

ˈHand|ˌli·nie *f* line in the palm. **~ˌli·ni·enˌdeu·tung** *f* → Handlesekunst.

ˈHand·lung *f* ‹-; -en› **1.** (*Tat*) act, action, deed; **e-e feindselige ~** a hostile act; **e-e kriegerische ~** an act of war. **2.** *jur.* act; **strafbare ~** punishable act, (criminal) offen/ce (*Am.* -se); **unerlaubte ~** tort(ious act), civil wrong; **e-e rechtswidrige** (*od.* **unerlaubte**) **~ begehen** commit a wrongful (*od.* an unlawful) act; **unzüchtige ~** act of indecency. **3.** *e-s Romans, Films etc*: story, action, (*~sschema*) plot; **Ort der ~** scene (of action); **Ort der ~ ist London** the scene is laid in London; **Personen der ~** characters, *lit.* dramatis personae; **voll(er) ~** full of action. **4.** *relig.* act, rite; **heilige ~** sacramental act, sacred rite; *humor.* **das Essen ist bei ihm** (*od.* **für ihn**) **immer e-e feierliche ~** he makes a real ceremony out of eating. **5.** *econ.* (*Laden*) shop, store, business.

ˈHand·lungs|ˌabˌlauf *m* (course of) action, plot. **~agent** [-ˀaˌgɛnt] *m econ.* mercantile agent. **≈ˌarm** *adj Roman etc*: lacking action, slow-moving. **~ˌart** *f ling.* → Aktionsart. **~beˌvollˌmäch·tig·te** *m* (authorized) agent, attorney(-in-fact), proxy. **≈ˌfä·hig** *adj* **1.** *jur.* having disposing capacity. **2.** *Regierung etc*: functioning, working. **~ˌfä·hig·keit** *f* ‹-; *no pl*› **1.** *jur.* capacity to act and enter into liabilities, disposing capacity. **2.** *weitS.* capacity to act, *e-r Regierung etc*: *a.* functioning. **~ˌfrei·heit** *f* ‹-; *no pl*› freedom of action, full discretion; **j-m volle ~ geben** (*od.* **gewähren**) give s. o. full freedom of action (*od.* a free hand). **~geˌhil·fe** *m econ.* **1.** (commercial) clerk. **2.** (*Verkäufer*) shop assistant, *Am.* (sales) clerk. **≈ˌreich** *adj* full of action, action-packed, eventful. **~ˌrei·sen·de** *m* travel(l)ing salesman, commercial travel(l)er. **~ˌsche·ma** *n* plot; *Film, TV*: treatment. **~ˌspielˌraum** *m* ‹-s; *no pl*› scope, room for manœuvre (*Am.* maneuver). **≈ˌunˌfä·hig** *adj* **1.** *jur.* incapable of acting and entering into liabilities. **2.** *Regierung etc*: hamstrung, not functioning. **~ˌunˌfä·hig·keit** *f* ‹-; *no pl*› **1.** *jur.* incapacity to act and enter into liabilities. **2.** *e-r Regierung etc*: non-functioning, incapacitation. **~verˌlauf** *m* → Handlungsablauf. **~ˌvoll·ˌmacht** *f* (commercial) power of attorney, limited authority to act and sign (for the principal). **~ˌwei·se** *f* way of acting; (*Verhalten*) behavio(u)r, conduct, attitude; (*Vorgehen*) procedure; (*Methoden*) method(s *pl*), practice(s *pl*), line (of action).

ˈHand|ma·leˌrei *f* hand-painting. **~ˌmehr** *n* ‹-s; *no pl*› *Swiss* majority vote by show of hands. **~ˌmüh·le** *f* hand mill. **~ˌpferd** *n* led horse; *im Zweigespann*: off-horse; (*Ersatzpferd*) spare horse. **~ˌpfle·ge** *f* **1.** care of the hands. **2.** manicure. **~ˌpres·se** *f print. tech.* hand press. **~ˌpup·pe** *f* hand (*od.* glove) puppet. **~ˌpup·penˌspiel** *n* **1.** (hand-)puppet show. **2.** Punch-and-Judy show. **~ˌrad** *n* **1.** *tech.* handwheel. **2.** *Textil.* spinning wheel. **~ˌram·me** *f civ. eng.* (paving) rammer. **~ˌrei·chung** *f lit.* help, assistance; **j-m e-e ~ leisten** lend s. o. a (helping) hand. **~ˌrü·cken** (*getr.* **-k·k-**) *m* back of the hand; **Schlag mit dem ~** backhand(ed) stroke. **~ˌsä·ge** *f tech.* handsaw. **~ˌsatz** *m* ‹-es; *no pl*› *print.* hand composition, casework. **~ˌschal·ter** *m* hand switch. **~ˌschalt·geˌtrie·be** *n tech.* hand-controlled gear transmission. **~ˌschalt·ˌhe·bel** *m* **1.** *tech.* manually operated lever. **2.** *mot.* gearshift lever. **~ˌschal·tung** *f mot.* hand (gear) change, *Am.* manual shifting. **~ˌschel·len** *pl* handcuffs; **j-m ~ anlegen** handcuff s. o. **~ˌschlag** *m* ‹-(e)s; *no pl*› handshake; **et. durch ~ bekräftigen** (**besiegeln**) shake hands on s. th. **~ˌschmierˌpres·se** *f tech.* grease gun. **~ˌschrap·per** *m* hand scraper. **~ˌschrei·ben** *n* handwritten letter, autograph (letter). **~ˌschrift** *f* ‹-; -en› **1.** hand(writing); **e-e gute** (*od.* **schöne**) **~ haben** (*od.* **schreiben**) write a good hand. **2.** *fig. lit.* hand; **das Buch verrät die ~ e-s Meisters** the book shows a master's hand; **das Gesetz trägt e-e liberale ~** the law bespeaks a liberal outlook. **3.** *hist.* manuscript. **4.** *fig. colloq.* **er schreibt** (*od.* **hat**) **e-e gute ~** he packs a hard punch, he's a hard hitter.

ˈHandˌschrif·ten|ˌabˌtei·lung *f in e-r Bibliothek*: manuscript department. **~ˌdeu·ter** *m* graphologist. **~ˌdeu·tung** *f* graphology. **~ˌkun·de** *f* **1.** (*Kenntnis alter Schriften*) pal(a)eography. **2.** graphology. **~ˌsach·ver·ˌstän·di·ge** *m jur.* handwriting expert.

ˈhandˌschrift·lich I *adj* **1.** handwritten, written (by hand), in writing, (in) manuscript. **2.** *hist.* **~e Quellen** manuscript sources. **II** *adv* **3.** in writing.

ˈHandˌschuh *m* **1.** glove; *fig. colloq.* **j-n mit seidenen ~en anfassen** treat s. o. with kid gloves. **2.** (*Faust≈*) mitten. **3.** a) (*Fecht≈, Hockey≈, Schi≈*) gauntlet, glove, b) (*Box≈*) (boxing) glove. **4.** *hist.* (*Panzer≈*) gauntlet; *fig.* **j-m den ~ hinwerfen** throw (*od.* fling) down the gauntlet to s. o.; *fig.* **den ~ aufheben**

take up the gauntlet, accept the challenge. **~ˌfach** *n mot.* glove compartment. **~ˌgrö·ße** *f* glove size; ~ 7 size 7 in gloves. **~ˌma·cher** *m* glover, glove maker. **~ˌnum·mer** *f* glove size.

ˈHand|ˌschutz *m* handguard. **~ˌschwin·gen** *pl orn.* primaries. **~ˌset·zer** *m print.* (hand) compositor. **~ˌsie·gel** *n* private seal, signet. **2ˌsi·ˌgniert** *adj* autographed. **~ˌspa·ke** *f mar.* handspike. **~ˌspie·gel** *m* hand mirror. **~ˌspiel** *n* ⟨-(e)s; *no pl*⟩ **1.** *Fußball*: handling of the ball, hands *pl* (*als sg konstruiert*). **2.** *Skat*: game in which the "widow" is not touched. **~ˌstand** *m* (e-n ~ machen do a) handstand; **~überschlag** *m vorwärts*: handspring, *rückwärts*: backflip. **~ˌstap·ler** *m tech.* hand-operated stacker. **~ˌsteue·rung** *f* manual control. **~sticke·ˌrei** (*getr.* **-k·k-**) *f* hand embroidery. **~ˌstreich** *m mil.* surprise attack (*od.* raid), coup de main; **et. im ~ nehmen** take s. th. by surprise. **~ˌtäsch·chen** *n* (small) handbag, pochette, *Am. a.* purse, *mit Puder, Spiegel etc*: vanity bag. **~ˌta·sche** *f* (ladies') (hand)bag, *Am. a.* purse. **~ˌtel·ler** *m* palm (of the hand). **~ˌtrom·mel** *f mus.* tambourine.

ˈHandˌtuch *n* ⟨-(e)s; ⸗er⟩ (hand) towel; *fig. colloq.* **sie ist ein schmales ~** she is as thin as a rake; *Boxen u. fig.* **das ~ werfen** throw in the towel. **~ˌhal·ter** *m* **1.** towel rack (*od.* holder, rail); (*Haken*) hook for a towel. **2.** → **~ˌstän·der** *m* towel-horse. **~ˌstoff** *m* towel(l)ing.

ˈHand|ˌum|ˌdre·hen *n colloq.* **im ~** in a trice, in a jiffy, in no time. **~verˌkauf** *m* over-the-counter sale. **~verˌmitt·lung** *f teleph.* manual exchange, *Am.* telephone central. **~ˌvoll** *f* ⟨-; -⟩ handful (*a. fig. of soldiers, etc*); *colloq.* **sie ist nur e-e ~** she is just a slip of a girl. **~ˌwaf·fe** *f mil.* hand (*od.* small) weapon. **~ˌwa·gen** *m* handcart, barrow. **2ˌwarm** *adj* lukewarm. **~ˌwaschˌbecken** *n* (*getr.* **-k·k-**) hand basin. **~ˌwa·schung** *f relig.* ritual washing of the hands, lavabo. **~ˌweb·ˌstuhl** *m tech.* handloom. **~ˌwerk** *n* ⟨-(e)s; -e⟩ **1.** (handi)craft, (skilled) trade; **ein ehrliches ~** an honest trade; **ein ~ betreiben** (*od.* **ausüben**) follow (*od.* ply) a trade; *a. fig.* **sein ~ verstehen** know one's business (*od. colloq.* onions); **~ hat goldenen Boden** (*Sprichwort*) a trade in hand finds gold in every land; *fig.* **j-m das ~ legen** put a stop to s. o.'s game, stop (*od.* put paid to) s. o., *e-m Verbrecher*: *a.* lay s. o. by the heels; *colloq.* **j-m ins ~ (hinein)pfuschen** meddle in s. o.'s business, botch at s. o.'s trade. **2. das ~** (*Berufsstand*) craft, the (craftsmen's) trade. **3.** *fig. des Politikers etc*: trade, métier. **~ˌwer·ker** *m* ⟨-s; -⟩ craftsman, artisan, (*Mechaniker*) mechanic, *weitS.* workman; **wir haben die ~ im Haus** we have (the) workmen in the house. **~ˌwer·kerˌstand** *m* ⟨-(e)s; *no pl*⟩ craftsmen *pl* (*etc*). **2ˌwerk·lich** *adj* (handi)craft, craftsman's; **~er Beruf** skilled trade; **~er Betrieb** → **Handwerksbetrieb**; **~es Können** handicraft skill(s *pl*).

ˈHandˌwerks|ˌar·beit *f* craftsman's work, skilled handiwork. **~beˌtrieb** *m* craftsman's establishment (*od.* workshop, business). **~ˌbur·sche, ~geˌsel·le** *m* journeyman. **~ˌkam·mer** *f* chamber of handicrafts. **~ˌmann** *m* ⟨-(e)s; -leute⟩ *obs. for* **Handwerker**. **~ˌmei·ster** *m* master artisan (*od.* craftsman). **~ˌzeug** *n* **1.** (kit of) tools *pl.* **2.** *fig.* equipment, tools *pl.*

ˈHandˌwör·terˌbuch *n* concise dictionary.

ˈHandˌwur·zel *f* wrist, carpus. **~geˌlenk** *n* wrist (joint). **~ˌkno·chen** *m* wrist bone, carpal bone, carpus.

ˈHand|ˌzei·chen *n* **1.** (*Signal*) sign, hand signal, gesture; **ein ~ geben** give a sign (with the hand); **der Polizist stoppte das Auto durch ~** the policeman motioned the car to stop. **2.** *parl.* (**Abstimmung durch**) **~** (vote by) show of hands; **ich bitte um das ~** please raise your hands. **3.** *e-s Analphabeten*: mark, "X". **4.** *e-s Künstlers*: signature, sign. **~ˌzeich·nung** *f* **1.** freehand drawing. **2.** (*Handentwurf*) hand design. **~ˌzet·tel** *m* handbill, leaflet, throwaway.

ha·ne·bü·chen [ˈhaːnəˌbyːçən] *adj* ⟨*rare* -er; -st⟩ *colloq.* incredible, scandalous, awful.

Hanf [hanf] *m* ⟨-(e)s; *no pl*⟩ **1.** *bot.* hemp; **Indischer ~** Indian hemp; **Gelber ~** bastard hemp; **~ rösten** steep (*od.* water) hemp. **2.** → **Hanffaser**. **3.** *fig. colloq.* (**wie der Vogel**) **im ~ sitzen** be in clover. **~ˌbre·che** *f* (hemp-)brake (*od.* break). **~ˌdar·re** *f* hemp kiln. **~ˌdich·tung** *f tech.* gasket.

ˈhan·fen, hän·fen [ˈhɛnfən] *adj* (*aus Hanf*) hempen.

ˈHanf|ˌfa·ser *f* hemp fib/re (*Am.* -er). **~ˌgarn** *n* hemp thread. **~geˌwäch·se** *pl bot.* hempworts. **~ˌhe·chel** *f tech.* hemp comb, hackle. **~ˌkorn** *n* hempseed. **~ˌlei·nen** *n* hemp cloth.

Hänf·ling [ˈhɛnflɪŋ] *m* ⟨-s; -e⟩ *orn.* linnet.

ˈHanf|ˌöl *n* hempseed oil. **~ˌpflan·ze** *f* hemp. **~ˌro·se** *f* ambary. **~ˌsa·men** *m* hempseed. **~ˌschwin·ge** *f tech.* swingle. **~ˌseil** *n,* **~ˌstrick** *m* hemp rope. **~ˌwerg** *n* hemp waste.

Hang [haŋ] *m* ⟨-(e)s; ⸗e⟩ **1.** (*Ab2*) slope, incline, declivity; *Schisport*: **~ für Anfänger** nursery slope; **das Haus liegt am ~** the house is situated on the hillside. **2.** ⟨*only sg*⟩ *fig.* (*Neigung*) (**zu**) inclination (*od.* bent, penchant) (for), tendency (*od.* propensity, proclivity) (toward[s]), (*Vorliebe*) partiality (for), (*Anfälligkeit*) proneness (to); **~ zu Mädchen** inclination for (*od.* fondness of) girls; **sie hat e-n ~ zur Faulheit** she is inclined (*od.* tends) to be lazy. **3.** ⟨*only sg*⟩ *Sport*: hanging position.

Han·gar [haŋˈgaːr; ˈhaŋgar] *m* ⟨-s; -s⟩ *aer.* hangar, shed.

ˈHangˌaufˌwind *m aer.* anabatic wind.

ˈHän·ge|an·ten·ne *f electr.* trailing aerial (*Am.* antenna). **~ˌbacken** (*getr.* **-k·k-**) *pl* flabby cheeks. **~ˌbahn** *f* **1.** suspension railway, telpher (line), cable car lift. **2.** *tech.* overhead trolley. **~ˌbal·ken** *m civ. eng.* suspension beam (*od.* girder). **~ˌbauch** *m* paunch, *med.* pendulous abdomen. **~ˌbir·ke** *f* drooping (*od.* weeping) birch. **~ˌbo·den** *m* **1.** loft (*od.* attic) (for drying washing). **2.** (built-in) storage shelf. **3.** *thea.* hanging loft. **~ˌbo·gen** *m arch.* pendentive. **~ˌbrücke** (*getr.* **-k·k-**) *f* suspension bridge. **~ˌbrust** *f med.* pendulous breast(s *pl*). **~ˌbu·sen** *n colloq.* sagging breasts *pl.* **~ˌdach** *n arch.* suspended (*od.* hung) roof. **~ˌdecke** (*getr.* **-k·k-**) *f* false (*od.* drop, hung) ceiling. **~geˌrüst** *n civ. eng.* hanging stage. **~ˌglei·ter** *m aer. Sport*: hang-glider. **~ˌkleid** *n* loose dress, smock. **~kom·mis·siˌon** *f Kunst*: hanging committee. **~ˌkran** *m* cable derrick. **~ˌla·ger** *n tech.* hanger bearing. **~ˌlam·pe** *f* hanging (*od.* pendant) lamp. **~ˌlip·pe** *f* drooping lip.

han·geln [ˈhaŋəln] *v/i* ⟨*sein u.* h⟩ *gym.* climb (*od.* travel) hand over hand, overhand o. s. (*upwards, etc*).

ˈHän·geˌmat·te *f* hammock.

han·gen [ˈhaŋən] **I** *v/i* ⟨**hangt, hing, gehangen, h**⟩ *obs. and dial. for* **hängen** I. **II 2** *n* **mit 2 und Bangen** with great anxiety, in anxious suspense, (*knapp*) barely, (*mühsam*) with the greatest difficulty; **ein Examen mit 2 und Bangen bestehen** (barely) scrape through an examination.

hän·gen [ˈhɛŋən] **I** *v/i* ⟨**hängt, hing,** *colloq. u. dial.* **hängte, gehangen,** *colloq. u. dial.* **gehängt, h,** *colloq. u. dial.* **sein**⟩ **1.** *Kleider, Bilder etc*: hang; **an** (*dat*) **et. ~** a) *an der Decke etc*: hang (*od.* be suspended) from s. th., b) *am Nagel, an der Wand etc*: hang on s. th., c) *fig.* → **hängen** 5; *colloq.* **er hängt dauernd am Telephon** (*od.* **an der Strippe**) he's for ever (tele)phoning; *colloq.* **die Kleider hingen mir nur so am Leibe** my clothes hung on me; **über j-m** (**et.**) **~** *a. fig. Schicksal, Schwert etc*: hang over s. o. (s. th.); **die Wand hängt voller Bilder** the wall is hung (*od.* covered) with pictures; **der Baum hängt voller Äpfel** the tree is laden with (*od.* full of) apples. **2.** *Schmutz, Klebstoff etc*: (**an** *dat* to) stick, cling, adhere. **3.** (*festsitzen*) be caught, be stuck. **4.** *Mauer, Wand etc*: (**nach** to, toward[s]) be inclined, lean (*od.* hang) over. **5. an e-r Sache ~** a) *an j-s Arm etc*: hang on (*od.* cling to) s. th., b) *fig. am Geld, Leben etc*: love s. th., c) *fig. an e-m Brauch, am Leben etc*: *a.* cling to; *fig.* **sie hängt sehr an ihrem Haus** she is very fond of her house; → **Faden**[1] 2, **Haar** 2 (*etc*). **6.** *fig.* **an j-m ~** be fond of (*od.* attached, devoted to) s. o.; → **Klette** 2. **7.** *fig.* a) *Prozeß etc*: hang fire, b) *Schachpartie*: be adjourned. **8.** *fig. colloq.* **die ganze Arbeit** (**Verantwortung**) **hängt an mir** I am saddled with all the work (responsibility); **er hängt in Latein** he's doing failing work in (*od.* he's bad at) Latin; **alles, was drum und dran hängt** everything connected with it; **woran hängt's?** where's the hitch?, what's the trouble? **II** *v/t* ⟨**hängt, hängte,** *colloq. u. dial.* **hing, gehängt,** *colloq. u. dial.* **gehangen, h**⟩ **9.** hang; **j-n ~** hang s. o. (by the neck); *colloq.* **ich will mich ~ lassen, wenn** I'll be hanged if; **et. an** (*acc*) **et. ~** a) *an die Decke etc*: suspend (*od.* hang) s. th. from s. th., b) *an Wand, Haken etc*: hang s. th. on s. th.; *fig.* **sein Herz an et. ~** set one's heart on s. th.; → **Brotkorb, Glocke** 1 (*etc*). **III** *v/reflex* ⟨**hängt, hängte, gehängt, h**⟩ **10. sich an** (*acc*) **et. ~** hang on to s. th. **11. sich an j-n ~** a) cling (*od.* attach o. s.) to s. o., b) *Lauf-, Rennsport*: drop (*od.* tuck) in behind s. o. **IV 2** *n* ⟨-s⟩ **12.** hanging (*etc*). **13.** suspension. **14. mit 2 und Würgen** barely, (only) with the greatest difficulty; **mit 2 und Würgen durchkommen** *in e-r Prüfung etc*: (barely) scrape through.

ˈhän·genˌblei·ben *v/i* ⟨*irr, sep,* **-ge-, sein**⟩ **1.** (*haften*) (**an** *dat* to) stick, adhere, cling; *fig.* **et. bleibt immer hängen** *von e-r Verleumdung*: s. th. will always stick; **die Sache blieb an ihm hängen** *als Sündenbock*: he had to carry the can; *colloq.* **von s-m Latein ist wenig hängengeblieben** he has forgotten most of his Latin. **2.** (**an** *dat*) get caught (on, by), catch (on, in); **ich** (**mein Rock**) **blieb an e-m Nagel hängen** I (my skirt) (got) caught on a nail. **3.** a) (*kleben*) stick, b) (*klemmen*) jam, c) (*sich festfressen*) seize. **4.** *fig. colloq.* get (*od.* be) stuck; **er blieb bei Müllers hängen** he got stuck at Müller's (place); **schließlich blieb er in e-r Bar hängen** he wound up (*od.* got bogged down) in a bar. **5.** *ped. colloq.* → **sitzenbleiben** 1. **6.** *Sport*: be stopped (an *dat* by).

ˈhän·gend *adj* **1.** hanging, pendent, pendulous; **ein lose ~es Kleid** a loose-hanging dress; *antiq.* **die Ջen Gärten** the hanging gardens; → **Zunge. 2.** *Schultern, Brust etc*: sagging, drooping. **3.** *tech.* a) *Motor, Zylinder*: inverted, b) *Ventil*: overhead.

ˈHan·gen·de *n* ⟨-n; *no pl*⟩ *Bergbau*: a) (*Kohle*) roof, b) (*Erz u. Metall*) hanging wall. **ˈHan·gendˌschicht** *f* roof stratum.

ˈhän·genˌlas·sen *v/t* ⟨*irr, sep,* (*no*) **-ge-**, **h**⟩ **1.** (let *s. th.*) hang. **2.** (*baumeln lassen*) (let *s. th.*) dangle; **die Beine ins Wasser ~** dangle one's feet in the water. **3.** (*vergessen*) leave; **den Mantel in der Garderobe ~** leave one's coat in the cloakroom. **4.** *fig. colloq.* (*im Stich lassen*) leave *s. o.* in the lurch.

ˈHän·ge|ˌoh·ren *pl* drooping (*od.* flap-, lop-)ears. **~parˌtie** *f Schach*: adjourned game. **~ˌpflan·ze** *f* hanging plant.

ˈHan·ger *m* ⟨-s; -⟩ *mar.* topping lift.

ˈHän·ger *m* ⟨-s; -⟩ **1.** loose dress, smock. **2.** (*Mantel*) loose coat. **3.** *colloq.* (*An*Ջ) trailer.

ˈHän·ge|ˌreck *n gym.* trapeze. **~ˌschloß** *n* padlock; **et. mit e-m ~ versehen** (*od.* **verschließen**) padlock s. th. **~ˌschrank** *m* wall cabinet. **~ˌstel·lung** *f Schach*: adjourned position. **~ˌwei·de** *f bot.* weeping willow. **~ˌwerk** *n civ. eng.* truss.

hän·gig [ˈhɛŋɪç] *adj Swiss for* **anhängig, unerledigt.**

ˈHang|ˌla·ge *f e-s Hauses*: hillside position. **~ˌse·geln** *n aer.* ridge soaring. **~ˌwaa·ge** *f gym.* hanging scale. **~ˌwind** *m aer.* anabatic wind.

Han·ke [ˈhaŋkə] *f* ⟨-; -n⟩ *e-s Pferdes*: haunch.

Han·no·ve·ra·ner [hanovəˈraːnər] *m* ⟨-s; -⟩ **1.** Hanoverian. **2.** (*Pferderasse*) Hanoverian (horse). **hanˈno·ve·risch** [-ˈnoːfərɪʃ], **hanˈno·versch** [-ˈnoːfərʃ], **hanˈnö·versch** [-ˈnøːfərʃ] *adj* Hanoverian.

Hans [hans] *npr m* ⟨-(ens); *no pl*⟩ Jack, John; **~ und Grete** Jack and Jill; **~ im Glück** a) (*Märchen*) "Unlucky Jack", b) *fig.* lucky devil; **~ Guckindieluft** Johnny Head-in-the-air; **~ Liederlich** Sloppy Joe; **der blanke ~** *the North Sea when stormy*; *cf.* **Hänschen.**

Han·sa [ˈhanza] *f* ⟨-; *no pl*⟩ *hist.* → **Hanse.**

Häns·chen [ˈhɛnsçən] *n* ⟨-s; *no pl*⟩ *dim. of* **Hans; was ~ nicht lernt, lernt Hans nimmermehr** (*Sprichwort*) you can't teach an old dog new tricks.

Hans·dampf [ˌhansˈdampf; ˈhansˌdampf] *m* ⟨-(e)s; -e⟩ *colloq.* **~ in allen Gassen** jack-of-all-trades, *weitS.* person who has a finger in every pie.

Han·se [ˈhanzə] *f* ⟨-; *no pl*⟩ *hist.* Hanseatic League, Hansa, Hanse. **Han·se·at** [hanzeˈaːt] *m* ⟨-en; -en⟩ **1.** inhabitant of a Hanseatic town. **2.** *hist.* member of the Hanseatic League. **han·sea·tisch** [hanzeˈaːtɪʃ] *adj* Hanseatic. **ˈHan·seˌbund** *m* ⟨-(e)s; *no pl*⟩ → **Hanse.**

Han·sel [ˈhanzəl], **Hän·sel** [ˈhɛnzəl] *npr m* ⟨-s; *no pl*⟩ Jackie, Johnny; **„Hänsel und Gretel"** "Hansel and Gretel".

Hän·seˈlei *f* ⟨-; -en⟩ *colloq.* (constant) teasing, chaff, kidding. **hän·seln** [ˈhɛnzəln] *v/t* ⟨**h**⟩ tease, chaff, pull *s. o.'s* leg, *colloq.* kid.

ˈHan·seˌstadt *f* Hanseatic (*od.* Hansa) town. **ˈhan·sisch** *adj hist.* Hanseatic.

Hans·narr [ˌhansˈnar; ˈhansˌnar] *m* tomfool. **Hans·wurst** [ˌhansˈvʊrst; ˈhansˌvʊrst] *m* ⟨-es; -e⟩ **1.** a) *im Zirkus*: clown, b) *auf Jahrmärkten*: merry andrew, Punch, c) *thea.* harlequin, pantaloon, buffoon; **für andere den ~ machen** do the donkey work for others; **spiel nicht den ~!** don't play the fool! **2.** *fig. colloq.* clown, buffoon. **ˌHans·wur·stia·de** [-ˈstĭaːdə] *f* ⟨-; -n⟩ **1.** *colloq.* buffoonery, clowning. **2.** *thea.* slapstick (comedy).

Han·tel [ˈhantəl] *f* ⟨-; -n⟩ *gym.* dumbbell, barbell. **ˈhan·teln** *v/i* ⟨**h**⟩ dumbbell.

han·tie·ren [hanˈtiːrən] *v/i* ⟨*no* **ge-**, **h**⟩ **1.** be busy, busy o. s., bustle (about), *gemütlich*: potter about (*in the garden, kitchen, etc*). **2. ~ mit** a) handle, wield, manipulate, operate, b) use, work with. **3. ~ an** (*dat*) a) work on, manipulate, b) fiddle about (*od.* around) with, tinker at (*od.* with).

ha·pern [ˈhaːpərn] *v/impers* ⟨**h**⟩ *colloq.* **es hapert an** (*dat*) (*od.* **mit**) a) what is lacking is ..., b) there is s. th. wrong with, there is a hitch in; **bei mir hapert es mit** (*od.* **an**) **Vokabeln** I am weak in vocabulary; **im Englischen hapert es** (**bei ihm**) English is his weak point; **mit dem Geld** (*od.* **am Geld**) **hat es bei ihm immer gehapert** he has always been short of money; **wo hapert's?** what's wrong (*od.* amiss)?; **damit hapert's** that's the hitch (*od.* trouble).

ha·plo·id [haploˈiːt] *adj biol.* haploid.

Ha·plo·lo·gie [haploloˈgiː] *f* ⟨-; -n [-ən]⟩ *ling.* haplology.

Häpp·chen [ˈhɛpçən] *n* ⟨-s; -⟩ morsel, tidbit, (tit)bit.

Hap·pen [ˈhapən] *m* ⟨-s; -⟩ *colloq.* mouthful, morsel, bite; **ein großer ~** a large morsel; **e-n ~ essen** have a bite (*od.* snack); *fig.* **ein fetter ~** a fine catch; **ich werde mir doch diesen fetten ~ nicht entgehen lassen** I won't let an opportunity like this slip away (from me).

Hap·pe·ning [ˈhæpənɪŋ] (*Engl.*) *n* ⟨-s; -s⟩ happening.

hap·pig [ˈhapɪç] *adj colloq.* **1.** *Preis etc*: steep. **2.** *Person*: greedy.

Hap·py-End [ˈhæpɪ end] (*Engl.*) *n* ⟨-(s); -s⟩ happy ending.

hap·tisch [ˈhaptɪʃ] *adj* haptic.

Ha·ra·ki·ri [haraˈkiːri] *n* ⟨-(s); -s⟩ (**~machen** commit) hara-kiri.

Här·chen [ˈhɛːrçən] *n* ⟨-s; -⟩ **1.** *dim. of* **Haar**; *fig. colloq.* **ihm wurde kein ~ gekrümmt** they didn't touch a hair of his head. **2.** *biol.* cilium. **3.** *pl bot.* villi.

Hard|top [ˈhaːdˌtɒp] (*Engl.*) *n, m* ⟨-s; -s⟩ *mot.* hardtop. **~ware** [-weə] (*Engl.*) *f* ⟨-; *no pl*⟩ *Computer*: hardware.

Ha·rem [ˈhaːrɛm] *m* ⟨-s; -s⟩ harem.

ˈHa·rems|ˌda·me *f* lady of the harem. **~ˌwäch·ter** *m* keeper of the harem, eunuch.

hä·ren[1] [ˈhɛːrən] *rare v/i u.* **sich ~** *v/reflex* ⟨**h**⟩ → **haaren. ˈhä·ren**[2] *adj* (made) of hair; *relig.* **~es Gewand** shirt of hair, hair-shirt.

Hä·re·sie [hɛreˈziː] *f* ⟨-; -n [-ən]⟩ *relig.* heresy. **Häˈre·ti·ker** [-ˈreːtɪkər] *m* ⟨-s; -⟩ heretic. **häˈre·tisch** [-ˈreːtɪʃ] *adj* heretical.

Har·fe [ˈharfə] *f* ⟨-; -n⟩ *mus.* harp; **die ~ spielen** play the harp. **Har·fe·nist** [harfəˈnɪst] *m* ⟨-en; -en⟩, **Har·feˈni·stin** *f* ⟨-; -nen⟩ *mus.* harpist.

ˈHar·fen|ˌschnecke (*getr.* **-k·k-**) *f* harp shell. **~ˌspiel** *n* ⟨-s; *no pl*⟩ *mus.* **1.** harp-playing. **2.** harp music. **~ˌspie·ler** *m* → **Harfenist.**

Harf·ner [ˈharfnər] *m* ⟨-s; -⟩ *obs.* harper.

Har·ke [ˈharkə] *f* ⟨-; -n⟩ rake; *fig. colloq.* **j-m zeigen, was e-e ~ ist** a) show (*od.* tell) s. o. what's what, b) show s. o. (*how to do it better*). **ˈhar·ken** *v/i u. v/t* ⟨**h**⟩ rake.

Här·lein [ˈhɛːrlaɪn] *n* ⟨-s; -⟩ → **Härchen** 1.

Har·le·kin [ˈharlekiːn] *m* ⟨-s; -s⟩ **1.** *thea.* Harlequin. **2.** *zo.* a) magpie moth, abraxas, b) → **Harlekinente. 3.** *bot.* meadow orchis. **Har·le·kiˈna·de** [-kiˈnaːdə] *f* ⟨-; -n⟩ harlequinade. **ˈHar·le·kinˌen·te** *f* harlequin (duck).

Harm [harm] *m* ⟨-(e)s; *no pl*⟩ *poet.* **1.** (*Kummer*) grief, sorrow. **2.** (*Kränkung*) injury, wrong, harm.

Har·ma·ged·don [ˈharmaˌgɛdɔn] *n* ⟨-s; *no pl*⟩ *Bibl.* Armageddon.

här·men [ˈhɛrmən] *v/reflex* ⟨**h**⟩ **sich ~** → **grämen** I.

ˈharm|los I *adj* **1.** *allg.* harmless, (*unschädlich*) *a.* innocuous (*medicament, etc*), (*unschuldig*) *a.* innocent, innocuous (*pleasure, look, etc*), (*ohne Falsch*) *a.* guileless; **er ist ein ~er Mensch** he is (quite) harmless; **ein ~er Unfall** a harmless (*od.* minor) accident; **mit ~er Miene** with an air of innocence; **e-e Sache als ~ darstellen** make light of s. th., *colloq.* play s. th. down. **2.** *colloq.* a) (*unbedeutend*) insignificant, small, b) ⟨*pred*⟩ (*nicht toll*) nothing special, not so hot. **II** *adv* **3.** harmlessly (*etc*); **~ fragen** ask innocently; **die Krankheit verlief ~** the illness took a normal course. **Ջlo·sig·keit** *f* ⟨-; *no pl*⟩ harmlessness, innocence, innocuousness.

Har·mo·ni·chord [harmoniˈkɔrt] *n* ⟨-(e)s; -e⟩ *mus.* harmonichord, piano-violin.

Har·mo·nie [harmoˈniː] *f* ⟨-; -n [-ən]⟩ *mus.* harmony (*a. fig.*). **Ջˌfremd** *adj* non(-)harmonic. **~geˌsetz** *n* rules *pl* of harmony. **~ˌleh·re** *f* harmony. **~muˌsik** *f* music for wind instruments.

har·mo·nie·ren [harmoˈniːrən] *v/i* ⟨*no* **ge-**, **h**⟩ *mus. u. fig.* (**mit** with) harmonize, *fig. a.* be in harmony.

Har·mo·nik [harˈmoːnɪk] *f* ⟨-; *no pl*⟩ *mus.* harmony, harmonics *pl* (*meist als sg konstruiert*). **Har·mo·ni·ka** [harˈmoːnika] *f* ⟨-; -s⟩ *mus.* **1.** (*Mund*Ջ) mouth-organ, *Am. a.* harmonica. **2.** (*Zieh*Ջ) accordion, concertina; **~-Schiebetür** *f* accordion door. **Har·mo·ni·ker** [harˈmoːnɪkər] *m* ⟨-s; -⟩ *mus.* harmonist. **Har·mo·ni·sa·ti·on** [harmonizaˈtsĭoːn] *f* ⟨-; -en⟩ **1.** *mus.* harmonization. **2.** *pol.* assimilation. **har·mo·nisch** [harˈmoːnɪʃ] *adj* **1.** *mus.* harmonic(al), harmonious. **2.** *math. phys.* harmonic; **~e Schwingungen** harmonic vibrations, harmonics. **3.** *fig.* harmonious, *adv a.* in harmony.

har·mo·ni|sie·ren [harmoniˈziːrən] *v/t* ⟨*no* **ge-**, **h**⟩ *mus. u. fig.* harmonize. **Ջˈsie·rung** *f* ⟨-; -en⟩ harmonization.

Har·mo·ni·um [harˈmoːnĭʊm] *n* ⟨-s; -nien⟩ *mus.* **1.** harmonium. **2.** (*Saugwind*Ջ) American organ. **~ˌspie·ler** *m* harmonium player.

Harn [harn] *m* ⟨-(e)s; -e⟩ **1.** *physiol.* urine, water; **~ lassen** pass water, urinate. **2.** *von Vieh, Pferd*: stale. **~ˌabˌfluß** *m med.* urination; **unwillkürlicher ~** urinary incontinence. **~ˌabˌson·de·rung** *f* urination, micturition. **~anaˌly·se** *f* urine analysis, urinalysis. **~beˌschwer·den** *pl* urinary trouble (*od.* complaint) *sg.* **~ˌbla·se** *f anat.* (urinary) bladder, urocyst. **~ˌbla·sen·entˌzün·dung** *f med.* cystitis. **~ˌdrang** *m* urge to pass water.

har·nen [ˈharnən] **I** *v/i* ⟨**h**⟩ **1.** urinate, pass water. **2.** *Vieh*: stale. **II** Ջ *n* ⟨-s⟩ **3.** urinating (*etc*), urination.

ˈHarn|ˌfluß *m med.* urinary incontinence. **~ˌgang** *m anat.* ureter, urinary duct. **~ˌglas** *n* urinal. **~ˌgrieß** *m* ⟨-es; *no pl*⟩ *med.* gravel.

Har·nisch [ˈharnɪʃ] *m* ⟨-es; -e⟩ **1.** *mil. hist.* a) (*Rüstung*) (suit of) armo(u)r, harness, coat of mail, b) (*Brust*≈) cuirass. **2.** *fig. colloq.* (**über** *acc* **et.** *od.* **wegen et.**) **in ~ geraten** fly into a rage (about s. th.), bridle up (at s. th.); **j-n in ~ bringen** enrage (*od.* infuriate) s. o., get s. o.'s back up; **in ~ sein** be furious, be up in arms, be in high dudgeon. **3.** *Textil. des Zugstuhls*: harness. **4.** *geol.* (*Rutschfläche*) slickenside.

ˈHarn|kaˌnäl·chen *n anat.* uriniferous tubule. **~ˌlas·sen** *n* → **harnen** 3. **~ˌlei·ter** *m* → **Harngang.** **~ˌlei·ter·entˌzün·dung** *f med.* ureteritis. **~ˌpro·be** *f* **1.** → **Harnanalyse. 2.** urine specimen. **~ˌröh·re** *f anat.* urethra.

ˈHarnˌröh·ren|ˌausˌfluß *m med.* urethral discharge; **chronischer ~** gleet. **~ˌbruch** *m* urethrocele. **~entˌzün·dung** *f* urethritis. **~kaˌtarrh** *m* catarrh of the urethra. **~ˌschnitt** *m* urethrotomy. **~ˌson·de** *f* urethral catheter. **~ˌspie·gel** *m* urethroscope.

ˈHarn|ˌruhr *f med.* diabetes (mellitus). **≈ˌsau·er** *adj chem.* uric, uratic; **harnsaures Salz** urate. **~ˌsäu·re** *f chem. physiol.* uric acid. **~ˌstein** *m med.* urinary calculus, urolith.

ˈHarnˌstoff *m chem.* urea. **~ˌharz** *n* aminoplast resin. **~ˌpreßˌmas·se** *f* aminoplast mo(u)lding compound.

ˈHarn|ˌstrang *m anat.* urachus. **~ˌträu·feln** *n med.* overflow incontinence. **≈ˌtrei·bend** *adj* (*a.* **~es Mittel**) diuretic, emictory. **~ˌun·terˌsu·chung** *f* → **Harnanalyse. ~verˌgif·tung** *f* ur(a)emia. **~verˌhal·tung** *f* urinary retention, ischuria, *vollkommene*: anuria. **~ˌweg** *m meist pl* urinary passage. **~ˌzucker** (*getr.* **-k·k-**) *m* urinary glucose. **~ˌzwang** *m* strangury.

Har·pu·ne [harˈpuːnə] *f* ⟨-; -n⟩ harpoon. **Harˈpu·nen·kaˌno·ne** *f* harpoon (*od.* whaling) gun.

Har·pu·nier [harpuˈniːr] *m* ⟨-s; -e⟩ harpooner. **har·puˈnie·ren** *v/t* ⟨*no* ge-, h⟩ harpoon.

Har·py·ie [harˈpyːjə] *f* ⟨-; -n⟩ **1.** *myth.* Harpy. **2.** *orn.* harpy (eagle).

har·ren [ˈharən] **I** *v/i* ⟨h⟩ wait for, await; **viele Probleme ~ noch e-r Lösung** many problems still await a solution; **er harrte der Dinge, die da kommen sollten** he awaited the things to come. **II ≈** *n* ⟨-s⟩ waiting.

harsch [harʃ] *adj fig.* harsh, rough.

Harsch *m* ⟨-es; *no pl*⟩ crusted snow. **ˈhar·schen** *v/i* ⟨h⟩ *Schnee*: become hard-packed. **ˈhar·schig** *adj* crusted, hard-packed. **ˈHarschˌschnee** *m* → **Harsch.**

hart [hart] **I** *adj* ⟨¨er; ¨est⟩ **1.** *allg.* hard (*stone, wood, a. landing, etc*); **~es Ei** hard(-boiled) egg; *phys.* **~es Wasser** hard water; **~er Schlag** a) heavy blow, hard punch, b) *fig.* heavy (*od.* cruel) blow (**für j-n** for s. o.); *mot.* **~er Lauf** hard running; *ling.* **~e Konsonanten** (**Aussprache**) hard consonants (pronunciation); **sich ~ anfühlen** be hard to the touch; **et. ~ machen** harden s. th.; **~ werden** harden, grow hard, *Zement etc*: set. **2.** (*abgehärtet*) hardened, tough (*body, person*); **~ werden** harden; *Sport u. fig.* **er ist ~ im Nehmen** he can take a lot of punishment, he can take it. **3.** *Sport*: rough; **~es Spiel** rough play. **4.** *fig.* (*seelisch ~*) hard (*man, character, etc*), (*gefühllos*) *a.* hard-hearted, unfeeling, (*streng*) severe, (*unerbittlich*) adamant, inflexible; **~ bleiben** be adamant, stand firm. **5.** *fig.* (*streng, scharf*) hard, harsh, severe (*face, punishment, voice, winter, etc*); **~er Kampf** stiff (*od.* hard) fight; **ein ~es Los** a hard lot, a cruel fate; **e-e ~e Politik** a tough (*od.* hard-line, get-tough, no-nonsense) policy; **e-n ~en Kurs verfolgen** take a hard line; **ein ~er Krimi** a hard-boiled (*od.* tough) crime story; **~e Tatsachen** hard facts; **~es Urteil** a) *jur.* heavy sentence, b) *weitS.* harsh judg(e)ment (*od.* verdict); **~e Zeiten** hard times; **~e Farben** (**Gegensätze**) harsh colo(u)rs (contrasts); **mit** (*od.* **zu**) **j-m ~ sein** be hard on s. o., be severe with s. o.; **das war ~!** that was tough!; **das war ~ für ihn** that was hard on him, that hit him hard. **6.** *Spirituosen etc*: hard, strong (*drink, liquor*); **~e Drogen** hard drugs. **7.** *econ.* **~es Geld** coin(s *pl*), hard cash; **~e Währung** hard currency. **8.** *med.* a) *Leib*: constipated, costive, b) *Haut*: hard, sclerotic, c) *Stuhl*: hard. **9.** *tech. Schaumstoff*: rigid. **10.** *phys. Strahlen etc*: hard (*X-rays, etc*). **11.** *phot. Negativ etc*: contrasty. **II** *adv* **12.** *allg.* hard, *a.* roughly, severely (*etc*); *fig.* **~ aneinandergeraten** have a bad quarrel, clash; **~ arbeiten** work hard; **j-n ~ bestrafen** punish s. o. severely; *fig.* **jetzt geht es ~ auf ~** now it is do or die; **wenn es ~ auf ~ geht** when it comes to the crunch, when the chips are down; **das kommt ihn ~ an** that's hard on him, he finds it hard; **das hat mich ~ getroffen** this has hit me hard; **j-n ~ bedrängen, j-m ~ zusetzen** press s. o. hard; **sich ~ tun** *Southern G.* have a hard time of it; **~ verhandeln** drive a hard bargain. **13. ~ an** (*dat*) hard by, close to (*od.* by) (*the road, etc*); **~ an e-r Sache vorbeistreifen** graze s. th.; *fig.* **~ an der Grenze des Erträglichen** verging (*od.* bordering) on the intolerable; **wir gingen ~ am Abgrund vorbei** we were on the brink of disaster; *mar.* **~ am Wind segeln** sail close-hauled; **~ Steuerbord** hard a-starboard.

ˈHartˌahorn *m bot.* hard maple.

ˈhärt·bar *adj synth.* **1.** *Kunststoff etc*: hardenable. **2.** *Formmasse etc*: thermosetting. **≈keit** *f* ⟨-; *no pl*⟩ hardenability, heat-treating property.

ˈHart|beˌlag *m* **1.** *civ. eng.* hard carpet. **2.** *synth.* rigid sheet. **~ˌbrand** *m von Getreide*: covered smut.

Här·te [ˈhɛrtə] *f* ⟨-; *no pl*⟩ **1.** *allg.* hardness, *metall. a.* temper (of steel), (*Festigkeit*) *a.* firmness. **2.** *fig.* (*Zähigkeit, Brutalität, Aggressivität*) toughness (*of person, policy, etc*). **3.** ⟨*pl* **-n**⟩ *Sport*: roughness, rough play; **~n schlichen sich ein** the play got rougher. **4.** *fig.* (*Strenge, Schärfe*) harshness, severity (*of punishment, discipline, person, etc*); **die ~ des Winters** the severity (*od.* rigo[u]rs *pl*) of the winter. **5.** ⟨*pl* **-n**⟩ *jur.* (**unbillige ~** undue) hardship; **~n verursachen** work hardship; **e-e ~ bedeuten für j-n** work hardship on s. o. **6.** *fig. der Gesichtszüge etc*: hardness, severity. **7.** *fig. e-s Verlustes etc*: heaviness, severity, cruelty. **8.** *der Farben, Gegensätze etc*: hardness, harshness. **9.** *des Wassers*: hardness. **10.** *ling. der Konsonanten, Aussprache etc*: hardness. **11.** *med.* a) *des Leibes*: costiveness, b) *der Haut*: roughness, c) *des Stuhls*: hardness. **12.** *phys. der Strahlen etc*: hardness, (degree of) penetration. **13.** *phot. e-s Negativs etc*: contrast. **14.** *econ. e-r Währung*: hardness, stability. **~ˌanˌla·ge** *f tech.* heat-treating equipment, hardening outfit. **~ˌausˌgleich** *m sociol.* hardship (*od.* equitable) compensation. **~ˌbad** *n metall.* tempering bath. **~beˌstän·dig·keit** *f metall.* retentivity of hardness. **~ˌbild·ner** *m* hardening constituent. **~ˌfachˌmann** *m* hardening expert, heat-treating engineer. **~ˌfall** *m sociol.* case of hardship. **~ˌfonds** *m* hardship fund. **~ˌgrad** *m* **1.** degree of hardness. **2.** *metall.* temper. **~ˌklau·sel** *f jur.* hardship clause. **~ˌmit·tel** *n* **1.** *metall.* hardening compound (*od.* agent), quenching medium. **2.** *civ. eng.* (*Beton*) surface hardener. **3.** *für Kunst- u. Plastikstoffe*: curing agent, hardener.

här·ten [ˈhɛrtən] **I** *v/t* ⟨h⟩ **1.** harden. **2.** *metall.* temper, harden, quench, *im Einsatz*: case-harden, *elektroerosiv*: (spark-)toughen. **3.** *synth.* cure. **II** *v/i u.* **sich ~** *v/reflex* **4.** harden, become (*od.* grow) hard.

ˈHär·te|ˌofen *m metall.* tempering (*od.* heat-treating) furnace, *für Einsatzhärtung*: case-hardening furnace. **~pa·raˌgraph** *m* section concerning tax relief in cases of hardship. **~ˌpro·be** *f tech.* hardness test. **~ˌprü·fung** *f* **1.** *mil.* hardening test. **2.** *metall. tech.* hardness test.

här·ter [ˈhɛrtər] *comp of* **hart.**

ˈHär·ter *m* ⟨-s; -⟩ **1.** *tech.* hardener, (*Stahl*≈) temperer. **2.** *synth.* setting agent. **Här·teˈrei** *f* ⟨-; -en⟩ *metall.* heat-treating department (*od.* shop).

ˈHär·te|ˌriß *m metall.* heat(-treatment) crack. **~ˌska·la** *f* scale of hardness. **~ˌspan·nung** *f* hardening stress.

här·test [ˈhɛrtəst] *sup of* **hart.**

ˈHart|ˌfa·ser *f synth.* hard fib/re (*Am.* -er). **~ˌfa·serˌplat·te** *f* hardboard, *Am. a.* (molded) fiberboard. **~ˌfut·ter** *n* ⟨-s; *no pl*⟩ *agr.* grain fodder. **≈geˌfro·ren** *adj* hard-frozen. **≈geˌkocht** *adj* hard-boiled. **~ˌgeld** *n econ.* coin, specie, hard cash. **≈geˌlö·tet** *adj tech.* hard-soldered. **≈geˌsot·ten** *adj* **1.** *dial. for* **hartgekocht. 2.** ⟨-er; -st⟩ *fig.* hard-boiled, callous, hardened; **~er Politiker** hard-boiled politician; **~er Sünder** hardened sinner. **~ge·we·be** *n synth.* laminated fabric. **~ˌglas** *n tech.* hardened glass. **~ˌgras** *n bot.* hard grass.

ˈHartˌgum·mi *m chem.* hard rubber, vulcanite, ebonite. **~ˌmehl** *n* ebonite powder. **~ˌplat·te** *f* ebonite sheeting.

ˈHart|ˌguß *m metall.* chilled (cast) iron. **~ˌharz** *n synth.* hardened resin. **≈ˌhäu·tig** *adj med.* sclerodermatous. **~ˌhei·de** *f bot.* marsh tea, Dutch myrtle. **≈ˌher·zig** *adj* hard(hearted), unfeeling. **~ˌher·zig·keit** *f* ⟨-; *no pl*⟩ hardheartedness, hardness. **~ˌholz** *n* hardwood. **≈ˌhö·rig** *adj med.* hard of hearing. **~ˌkä·se** *m* hard cheese. **~ˌkau·tschuk** *m* → **Hartgummi.** **≈ˌköp·fig** [-ˌkœpfɪç] *adj* → **dickköpfig.** **≈ˌlei·big** [-ˌlaɪbɪç] *adj med.* constipated, costive. **~ˌlei·big·keit** *f* ⟨-; *no pl*⟩ constipation, costiveness.

Härt·ling [ˈhɛrtlɪŋ] *m* ⟨-s; -e⟩ *geol.* monadnock.

ˈHart|ˌlot *n metall. tech.* hard (*od.* brazing) solder. **≈ˌlö·ten** *v/t* ⟨*sep*, -ge-, h⟩ *tech.* braze, hard-solder. **≈ˌmäu·lig** [-ˌmɔʏlɪç] *adj Pferd*: hard-mouthed. **~ˌmei·ßel** *m tech.* cold chisel. **~meˌtall** *n* carbide metal, cutting alloy. **~meˌtallˌwerkˌzeug** *n* carbide(-tipped) tool. **~ˌmond** *m* ⟨-(e)s; *no pl*⟩ *lit. obs.* January.

ˈhartˌnäckig (*getr.* **-k·k-**) [-ˌnɛkɪç] *adj* ⟨-er; -st⟩ **1.** (*eigensinnig*) obstinate, stubborn. **2.** (*beharrlich*) tenacious, persistent, dogged. **3.** (*entschlossen*) determined, stubborn, stiff-necked; **~en Widerstand leisten** offer (*od.* put up) stubborn resistance. **4.** *fig. Sache*: obstinate, stubborn, *med. Krankheit etc*: *a.*

refractory. **≈keit** *f* ‹-; *no pl*› **1.** obstinacy, stubbornness (*beide a. fig. e-r Sache*). **2.** tenacity, persistence, doggedness. **3.** determination.

ˈHart|paˌpier *n* laminated paper, *Am. a.* manila (*od.* kraft) paper. **~ˌpap·pe** *f dünne*: cardboard; *dicke*: boxboard. **~ˌplat·te** *f* → **Hartfaserplatte.** **~ˌplatz** *m* **1.** *Tennis*: hard court. **2.** *Fußball etc*: clay pitch. **~por·zelˌlan** *n* hard-fired porcelain. **~ˌpost** *f*, **~ˌpost·paˌpier** *n* bank paper. **~ˌrie·gel** *m bot.* cornus; **Gelber** (*od.* **Gelbblühender**) ~ cornel (tree). **~ˌro·se** *f bot.* French rose. **≈ˌsa·mig** [-ˌsa:mıç] *adj* hard-seeded. **≈ˌscha·lig** [-ˌʃa:lıç] *adj zo.* hard-shell(ed), testaceous. **~ˌspi·ri·tus** *m chem.* solid(ified) alcohol. **~ˌstahl** *m* hard steel. **~ˌsteinˌgut** *n* hard stoneware. **≈ˌumˌkämpft** *adj* grimly embattled.

Har·tung [ˈhartʊŋ] *m* ‹-s; -e› *obs.* January.

ˈHär·tung *f* ‹-; -en› hardening, *tech. a.* tempering, heat treatment, (*Einsatz≈*) case-hardening. **ˈHär·tungs·verˌfah·ren** *n* **1.** *tech.* hardening process. **2.** *metall.* tempering process, heat treatment.

ˈHart|verˌchro·mung *f* hard chrome plating. **~ˌwei·zen** *m* durum wheat. **~ˌwurst** *f* hard sausage. **~ˌzinn** *n* pewter.

Harz [ha:rts] *n* ‹-es; -e› **1.** *bot.* resin, *a.* rosin, gum; (**e-m Baum**) ~ **abzapfen** tap a tree for resin. **2.** *chem.* resin; → **Kunstharz. 3.** *mot.* (*Benzinrückstand*) gum. **4.** *mus.* rosin. **≈ˌar·tig** *adj* resinlike, resinoid. **~ˌbaum** *m bot.* resiniferous tree, *bes.* pitch-pine. **~ˌdrü·se** *f* resin gland.

har·zen [ˈha:rtsən] **I** *v/i* ‹h› **1.** *Holz etc*: give (*od.* exude) resin. **2.** *a. v/impers Swiss fig. Verhandlungen etc*: drag on. **II** *v/t* **3.** tap *trees* for resin. **4.** *tech.* (*mit Harz bestreichen*) resinate. **5.** *mus.* (*Bogen*) (rub with) rosin.

ˈHar·zer I *m* ‹-s; -› **1.** inhabitant of the Harz mountains. **2.** *gastr.* Harz cheese. **II** *adj* **3.** of the Harz; **~er Käse** *cf.* 2.

ˈHarz|ˌfluß *m* ‹-sses; *no pl*› *bot.* resinosis. **≈ˌför·mig** *adj chem.* resinous. **~ˌgal·le** *f im Holz*: resin gall.

ˈhar·zig *adj* resinous, rosinous.

ˈHarz|ˌkitt *m* resin cement. **~ˌkraut** *n bot.* resin plant. **~ˌlack** *m* resin varnish. **~ˌmas·se** *f chem.* resinous compound. **~ˌöl** *n* resin oil. **~ˌpflan·ze** *f* resin(ous) plant. **~ˌsäu·re** *f chem.* resin acid. **~ˌsei·fe** *f tech.* resin soap, resinate. **~ˌstoff** *m meist pl* resinoid.

Ha·sard [haˈzart] *n* ‹-s; *no pl*› **1.** → **Hasardspiel. 2.** *fig.* **mit dem (eigenen) Leben ~ spielen** gamble with one's (own) life. **Ha·sar·deur** [hazarˈdø:r] *m* ‹-s; -e› *a. fig.* gambler. **ha·sarˈdie·ren** [-ˈdi:rən] *v/i* ‹*no* **ge-**, h› *a. fig.* gamble, take a risk (*od.* risks). **Haˈsardˌspiel** *n* **1.** hazard. **2.** *fig.* gamble.

Hasch [haʃ] *n* ‹-s; *no pl*› *colloq.* (*Haschisch*) hash.

Ha·schee [haˈʃe:] *n* ‹-s; -s› *gastr.* hash.

ha·schen[1] [ˈhaʃən] **I** *v/t* ‹h› **1.** (*Ball etc*) catch, snatch. **2.** (*jagen*) chase; **die Kinder haschten sich** a) the children chased one another, b) the children played tag. **II** *v/i* **3.** (**nach** at) snatch, grab. **4.** *fig.* (**nach**) strive (for, after), seek (*applause, etc*); → **Effekt** 1, **Kompliment** 1. **III ≈** *n* ‹-s› **5.** catching (*etc*). **6. ≈ spielen** play tag.

ˈha·schen[2] *v/i* ‹h› *colloq.* smoke hash.

Häs·chen [ˈhɛ:sçən] *n* ‹-s; -› **1.** *dim. of* **Hase** 1. **2.** young hare, leveret, *colloq.* bunny; ~ **in der Grube** *children's game similar to ring-around-a-rosy.* **3.** *colloq.* a) (*Mädel*) dolly, *bes. Am.* (cute) chick, b) *als Kosename*: pet, poppet.

Hä·scher [ˈhɛʃər] *m* ‹-s; -› **1.** *obs.* catchpole, myrmidon (of the law). **2.** *contp.* bloodhound.

Ha·scherl [ˈhaʃərl] *n* ‹-s; -(n)› *Austrian colloq.* (**armes**) ~ poor little thing, poor creature.

ha·schie·ren [haˈʃi:rən] *v/t* ‹*no* **ge-**, h› *gastr.* **Fleisch** ~ hash meat. **Ha-ˈschier·te** *n* ‹-n; *no pl*› *Austrian for* **Haschee.**

Ha·schisch [ˈhaʃɪʃ] *n* ‹-; *no pl*› hashish, cannabis.

Ha·se [ˈha:zə] *m* ‹-n; -n› **1.** *zo.* hare; **junger** ~ *im 1. Jahr*: leveret; **männlicher** ~ male hare, buck (hare); **weiblicher** ~ → **Häsin. 2.** *fig. colloq.* **ein alter** ~ (*erfahrener Fachmann*) an old hand, a (seasoned) veteran, *Am. a.* an oldtimer; **ein furchtsamer** ~ → **Hasenfuß** 2; **sehen (wissen), wie der** ~ **läuft** see (know) which way the cat jumps (*od.* the wind blows); **da liegt der** ~ **im Pfeffer** there's the rub (*od.* snag); **er ist auch kein heuriger** ~ **mehr** he is no youngster any more; **mein Name ist** ~, **ich weiß von nichts!** I don't know anything about anything!, sorry, no idea! **3.** *gastr.* hare; **gespickter** ~ larded hare; *colloq.* **falscher** ~ (*Hackbraten*) meat loaf. **4.** *astr.* (the) Hare, Lepus.

Ha·sel[1] [ˈha:zəl] *f* ‹-; -n› → **Haselnußstrauch.**

ˈHa·sel[2] *m* ‹-s; -› *ichth.* dace.

ˈHa·sel|ˌblu·me *f* → **Buschanemone. ~ˌbusch** *m* → **Haselnußstrauch. ~ˌger·te** *f* hazel switch. **~ˌhuhn** *n a.* **Gemeines** ~ hazel hen (*od.* grouse). **~ˌkätz·chen** *n bot.* ament (*od.* catkin) of the hazel. **~ˌmaus** *f zo.* common dormouse.

ˈHa·selˌnuß *f bot.* **1.** hazel(nut), cobnut. **2.** → **Haselnußstrauch. ~ˌkern** *m* hazelnut kernel. **~ˌstrauch** *m* hazel (bush), hazelnut (tree).

ˈHa·sel|ˌru·te *f* hazel switch. **~ˌstau·de** *f*, **~ˌstrauch** *m* → **Haselnußstrauch. ~ˌwurz** *f* hazelwort, wild nard.

ˈHa·sen|ˌbalg *m* hare skin. **~ˌbra·ten** *m* roast hare. **~ˌfell** *n* hare skin. **~ˌfuß** *m* **1.** hare's foot. **2.** *humor.* coward, chicken(-hearted) fellow. **≈ˌfü·ßig** *adj humor.* cowardly, lily-livered, *colloq.* yellow, chicken. **~ˌfußˌklee** *m bot.* hare's-foot clover, pussy clover. **~ˌherz** *n* **1.** hare's heart. **2.** → **Hasenfuß** 2. **~ˌjagd** *f* hare hunt(ing); ~ **mit Windhunden** *Br.* hare coursing. **~ˌjun·ge** *n* ‹-n; *no pl*› *Austrian for* **Hasenklein. ~kaˌnin·chen** *n* hare rabbit. **~ˌkeu·le** *f gastr.* haunch of hare. **~ˌklee** *m* **1.** → **Hasenfußklee. 2. Roter** ~ purple trefoil. **~ˌklein** *n gastr.* jugged hare. **~ˌlip·pe** *f* → **Hasenscharte. ~ˌmaus** *f zo.* chinchilla. **~paˌnier** *n colloq.* **das** ~ **ergreifen** take to one's heels. **~paˌste·te** *f* hare pie, pâté de lièvre. **~ˌpfef·fer** *m gastr.* jugged hare. **~ˌpföt·chen** *n*, **~ˌpfo·tenˌklee** *m* → **Hasenfußklee. ≈ˌrein** *adj hunt. Jagdhund*: steady from hare; *fig. colloq.* **die Sache (er) ist nicht ganz** ~ there is s. th. fishy about it (him), it (he) is not quite kosher. **~ˌrücken** (*getr.* **-k·k-**) *m gastr.* saddle of hare. **~ˌschar·te** *f med.* harelip, lagostoma.

Hä·sin [ˈhɛ:zɪn] *f* ‹-; -nen› *zo.* female hare, (hare's) doe.

Häs·lein [ˈhɛ:slaın] *n* ‹-s; -› *dim. of* **Hase** 1.

Has·pe [ˈhaspə] *f* ‹-; -n› *tech.* hasp, clamp, staple.

Has·pel [ˈhaspəl] *f* ‹-; -n›, *rare m* ‹-s; -› **1.** *Textil.* a) (*Garnrolle*) reel, hank, skein, b) (*Spule*) spool, bobbin, c) (*~Kufe*) winch dying machine. **2.** *tech.* (*Winde*) windlass, winch. **3.** *metall.* coiler, reel. **4.** *Gerberei*: reel, paddle wheel. **~maˌschi·ne** *f* **1.** *Bergbau*: winding engine. **2.** *metall. Textil.* reeling machine.

has·peln [ˈhaspəln] *v/t* ‹h› **1.** *Textil.* a) (*Garn ab~*) reel off, b) (*aufwickeln*) reel up, wind up. **2.** *metall.* (*Draht*) reel, coil, wind up. **3.** *fig. colloq.* (*a. v/i*) (*hastig sprechen*) sp(l)utter.

Haß [has] *m* ‹-sses; *no pl*› **1.** (**gegen, auf** *acc* of, for) hatred, *lit.* hate; **blinder (tiefer, tödlicher)** ~ blind (deep, mortal) hatred; ~ **gegen j-n hegen** (*od.* **empfinden**), ~ **auf j-n haben** feel hatred for s. o., hate s. o.; **aus** ~ out of hatred; **sich j-s** ~ **zuziehen** incur s. o.'s hatred. **2.** (*Feindseligkeit*) animosity, enmity. **3.** (*Erbitterung*) ranco(u)r. **4.** *colloq.* **e-n** ~ **kriegen** get wild, see red.

ˈhas·sen *v/t* ‹h› hate; **j-n bis auf** (*od.* **in**) **den Tod** ~ hate s. o. like poison (*od. colloq.* s. o.'s guts); **ich hasse es wie die Pest** I hate it like the plague; **ich hasse es, wenn er raucht** I hate his smoking.

ˈhas·sensˌwert *adj* hateful, odious.

ˈHas·ser *m* ‹-s; -› hater.

ˈhaß|erˌfüllt I *adj* seething with hatred, *bes. Blick, Wort*: venomous. **II** *adv* full of hatred, venomously; **j-n** ~ **ansehen** *a.* look daggers at s. o. **≈geˌfühl** *n meist pl* feeling of hatred. **≈geˌsang** *m fig.* hymn of hate, hate tune; **Haßgesänge anstimmen** *a.* wave the bloody shirt.

häß·lich [ˈhɛslıç] **I** *adj* **1.** *allg.* ugly, (*scheußlich*) *a.* hideous, (*unschön*) unsightly, ill-looking, (*mißgestaltet*) misshapen, monstrous; ~ **wie die Nacht** (*od.* **Sünde**) (as) ugly as sin; → **Entchen. 2.** *fig. allg.* ugly, *Person, Tat etc*: *a.* nasty, shabby, *colloq.* beastly, (*unangenehm*) ugly, unpleasant (*affair, etc*), (*scheußlich*) vile, loathsome; ~ **zu j-m** (**von j-m**) ugly (*od.* nasty, *etc*) to s. o. (of s. o.); **~er Anblick** eyesore, ugly sight; **~es Wetter** nasty (*od. colloq.* filthy) weather; **~e Worte gebrauchen** a) use bad language, b) *weitS.* make nasty remarks. **II** *adv* **3.** in an ugly (*etc*) way, ugly; *colloq.* ~ **von j-m reden** speak nastily of s. o. **III ≈e, das** ‹-n› **4.** the ugly thing (**daran** about it), the ugliness. **≈keit** *f* ‹-; -en› **1.** ‹*only sg*› a) *allg.* ugliness, b) hideousness, c) *fig. a.* unpleasantness, nastiness. **2.** ugly (*od.* nasty) remark.

ˈHaß|ˌlie·be *f psych.* love-hate relationship. **~obˌjekt** *n* hate object; *humor.* **bevorzugtes** ~ (one's) pet hate. **~tiˌra·de** *f* tirade (of hate).

hast [hast] *2 sg pres of* **haben.**

Hast *f* ‹-; *no pl*› **1.** haste, hurry; **die** ~ **des Lebens** the rush, *colloq.* the rat race; **in großer** (*od.* **wilder**) ~ in hot haste, precipitately, helter-skelter; **ohne** ~ without haste, leisurely. **2.** (*Überstürzung*) precipitation. **ha·sten** [ˈhastən] **I** *v/i* ‹sein› **1.** hasten, hurry, (*rennen*) *a.* rush, scurry, race. **II ≈** *n* ‹-s› **2.** hurrying (*etc*). **3.** hurry, rush; **das ≈ und Treiben** the hustle and bustle, the (constant) rush.

ˈha·stig I *adj* **1.** hasty, hurried; **nur nicht so** ~! not so fast!, wait a minute! **2.** (*überstürzt*) hasty, precipitate, headlong. **3.** (*voreilig*) hasty, rash. **4.** (*schlampig*) slapdash. **5.** (*nervös*) nervous. **II** *adv* **6.** hastily, hurriedly (*etc*), in haste, in a hurry. **≈keit** *f* ‹-; *no pl*› **1.** hastiness. **2.** → **Hast.**

hat [hat] *3 sg pres of* **haben.**

Hät·scheˈlei *f* ‹-; *no pl*› *colloq. contp.* **1.** fondling, cuddling, petting. **2.** *fig.* pampering, (molly-)coddling. **hät·scheln** [ˈhɛːtʃəln] *v/t* ⟨h⟩ **1.** (*liebkosen*) fondle, cuddle, caress, pet. **2.** *fig. contp.* (*verzärteln, bevorzugen*) pamper, (molly-) coddle.

hat·schen [ˈhaːtʃən] *v/i* ⟨sein⟩ *Bavarian colloq.* trudge.

hat·schi [ˈhatʃi; hatˈʃiː] *interj* atishoo!, *Am.* kerchoo!

Hat-Trick [ˈhætˌtrɪk] (*Engl.*) *m* ⟨-s; -s⟩ *Sport*: (**e-n ~ erzielen** score a) hat trick.

Hatz [hats] *f* ⟨-; -en⟩ **1.** hunt, chase. **2.** *dial. for* **Hetzjagd** 1, 2. **~ˌhund** *m* hound, hunting dog.

hat·zi [ˈhatsi; haˈtsiː] *interj* → **hatschi.**

ˈHatzˌrü·de *m* (boar)hound.

Hau [hau] *m* ⟨-(e)s; -e⟩ *Forstwesen*: felling site. **ˈhau·bar** *adj Baum, Wald*: fellable, mature.

Häub·chen [ˈhɔʏpçən] *n* ⟨-s; -⟩ **1.** *dim. of* **Haube** 1, 2. **2.** → **Haube** 2.

Hau·be [ˈhaubə] *f* ⟨-; -n⟩ **1.** bonnet; *fig. colloq.* **die Tochter unter die ~ bringen** get one's daughter married, find a husband for one's daughter; **unter die ~ kommen** get married, marry. **2.** *e-r Krankenschwester, Serviererin etc*: cap. **3.** (*Nonnen♀ etc*) hood, coif, cornet. **4.** *mil. hist.* (*Sturm♀*) helmet. **5.** (*Kaffeewärmer*) cozy. **6.** (*Trocken♀*) (hair)drier. **7.** *arch.* cap, calotte, cupola. **8.** *mot.* bonnet, *Am.* hood. **9.** *aer.* cowling. **10.** *e-r Glocke*: crown. **11.** *zo.* (*Netzmagen der Wiederkäuer*) bonnet, second stomach. **12.** *orn.* crest, tuft, hood. **13.** *des Jagdfalken*: hood. **14.** *med.* (*Haut*) tegmentum. **15.** *tech.* cap, cover, dome.

häu·beln [ˈhɔʏbəln] *v/t* ⟨h⟩ *hunt.* (*Falken etc*) hood.

ˈHau·ben|ˌdach *n arch.* cap(ped) roof. **~ˌen·te** *f* tufted duck. **~ˌko·li·bri** *m* helmet-crest warrior. **~ˌler·che** *f* crested (*od.* tufted) lark. **~ˌmei·se** *f* crested tit(mouse). **~ˌsturmˌvo·gel** *m* black-capped petrel. **~ˌtau·be** *f* helmet pigeon, ruff. **~ˌtau·cher** *m* great crested grebe. **~ˌwür·ger** *m* shrike tit.

Hau·bit·ze [hauˈbɪtsə] *f* ⟨-; -n⟩ *mil.* howitzer; *fig. colloq.* **voll wie e-e ~** roaring drunk.

ˈHauˌblock *m* ⟨-(e)s; =e⟩ chopping block.

Hauch [haux] *m* ⟨-(e)s; *rare* -e⟩ **1.** breath; *colloq.* **den letzten ~ von sich geben** breathe one's last. **2.** (*Lüftchen*) breath (of air, of wind), breeze, waft. **3.** *von Parfüm etc*: whiff, waft. **4.** *ling.* aspiration; **stimmloser ~** breath. **5.** *fig.* (*hauchdünne Schicht*) film, (very) thin layer. **6.** *fig.* (*zarter Farbton*) touch, tinge; **ein rosiger ~ auf ihren Wangen** a touch of colo(u)r (*od.* a rosy tinge) on her cheeks. **7.** *fig.* a) (*Anflug, leise Spur*) trace, touch, tinge, b) (*Atmosphäre*) aura, air; **ein ~ von Humor** a trace of humo(u)r; **ein ~ von Ironie** a touch of irony; **der ~ e-s Lächelns** the trace (*od.* hint, ghost) of a smile. **♀ˈdünn I** *adj* **1.** very thin, wafer-thin. **2.** *Gewebe*: flimsy, filmy, *Strumpf*: sheer; *Faden, Spinnennetz*: tenuous; *Farbschicht etc*: filmy; *Porzellan*: eggshell. **3.** *fig. Mehrheit, Vorsprung*: very slim, bare (*majority, etc*); **~er Sieg** knife-edge victory. **II** *adv* **4.** very thinly.

hau·chen [ˈhauxən] **I** *v/i* ⟨h⟩ **1.** breathe, blow; **in die Hände ~** blow on one's hands. **II** *v/t* **2.** *lit.* (*Wort*) breathe, whisper. **3.** *lit.* **j-m e-n Kuß auf die Stirn ~** kiss s. o. lightly on the brow. **4.** *ling.* aspirate.

ˈhauch|ˈfein *adj* → **hauchdünn** I. **♀ˌlaut** *m ling.* aspirate. **♀paˌpier** *n* thin tissue paper. **♀ˌpro·be** *f* breath test. **~ˈzart** *adj* **1.** extremely delicate. **2.** → **hauchdünn** 2.

ˈHauˌde·gen *m* ⟨-s; -⟩ **1.** (*Waffe*) broadsword. **2.** *fig.* (**alter**) **~** a) old trooper, tough old soldier, b) (*Politiker etc*) old war-horse, old campaigner.

Haue [ˈhauə] *f* ⟨-; -n⟩ **1.** *Southern G.* → **Hacke**[1] 1, 2. **2.** *Bergbau*: pick. **3.** ⟨*only sg*⟩ *colloq.* (*Schläge*) thrashing, spanking, hiding; **~ kriegen** get a thrashing (*etc*).

hau·en [ˈhauən] **I** *v/t* ⟨**haut, haute,** *a.* **hieb, gehauen,** h⟩ **1.** *colloq.* (*Person etc*) strike, hit, bash, *mit der Faust*: *a.* punch, *sl.* sock, *mit der Peitsche*: whip, lash, *mit wiederholten Schlägen*: beat, (*prügeln*) thrash, give *s. o.* a thrashing (*od.* beating), (*Kinder*) *a.* spank; **sich** (*od.* **einander**) **~** (have a) fight; **haut ihn!** let him have it!, give it him!; → **Lukas**[2]. **2.** *colloq.* (*schmeißen*) slam, bang (*the book on the table, the door shut, etc*); **j-m ein Buch um die Ohren ~** hit s. o. over the head with a book. **3.** *tech.* (*Loch, Stufen etc*) cut, hew (*a hole, steps, etc*); **e-e Statue in** (*od.* **aus**) **Marmor ~** hew (*od.* carve) out a statue from marble; **sich** (*dat*) **e-n Weg durch den Dschungel ~** hew out a path through the jungle. **4.** (*Bäume, Wald etc*) fell, cut down. **5.** (*Holz etc*) chop, hew. **6.** *Bergbau*: a) (*Steine, Kohle*) break, b) (*Erz*) cut. **7.** *dial.* (*Korn, Gras*) scythe. **8.** *tech.* (*Feilen*) cut. **II** *v/i* ⟨**haut, hieb** *od. colloq.* **haute, gehauen,** h⟩ **9.** strike (out); → **schlagen** 17, **Pauke** 1 (*etc*). **III** *v/reflex* ⟨**haut, haute, gehauen,** h⟩ **10.** *colloq.* **sich aufs Sofa ~** lie down (*od.* curl up) on the sofa. **ˈHau·er** *m* ⟨-s; -⟩ **1.** *Bergbau*: getter, face worker. **2.** *zo. des Ebers*: tusk. **3.** *Austrian* vintner, wine grower. **Haueˈrei** *f* ⟨-; -en⟩ *colloq.* → **Prügelei.**

ˈhäuf·bar *adj Statistik*: cumulative.

Häuf·chen [ˈhɔʏfçən] *n* ⟨-s; -⟩ *dim. of* **Haufen** 1, 2; *fig.* **er saß da wie ein ~ Unglück** (*od.* **Elend**) he was sitting there looking the picture of misery.

Hau·fe [ˈhaufə] *m* ⟨-ns; -n⟩ *obs. od. poet. for* **Haufen** 6.

häu·feln [ˈhɔʏfəln] **I** *v/t* ⟨h⟩ **1.** (*Erde, Kartoffeln*) hill (up). **2.** (*in Häufchen setzen*) heap *s. th.* (up). **II** *v/i* **3.** *pol.* → **kumulieren** 3.

Hau·fen [ˈhaufən] *m* ⟨-s; -⟩ **1.** heap, pile (*of coal, papers, etc*), *geschichteter*: stack, pile (*of wood, etc*); **in ~** in heaps; **et. auf e-n ~ werfen** (**kehren**) throw (sweep) s. th. into a heap; (**alles**) **auf e-m ~** all in one heap, (*durcheinander*) in a jumble, higgledy-piggledy; **Heu in ~ setzen** cock (*od.* stack) hay; *colloq.* **j-n** (**et.**) **über den ~ rennen** (*mot.* **fahren**) run (*od.* bowl) s. o. (s. th.) over, knock s. o. (s. th.) down; **j-n über den ~ schießen** shoot s. o. down; **über den ~ werfen** a) (*Pläne etc*) upset, (*Theorie etc*) explode, blow *s. th.* sky-high. **2.** (*Ansammlung*) accumulation, mass, cluster. **3.** *colloq.* (*große Anzahl, Menge*) (a) great quantity (*od.* number), mass, a lot of, lots *pl* of, heaps *pl* of; **ein ~ Arbeit** a lot (*od.* loads) of work; **ein ~ Geld** heaps (*od.* lots, oodles) of money; **e-n ~ Geld verdienen** *a.* make a pile (of money); **e-n ~ Geld kosten** *a.* cost (quite) a packet. **4.** *fig. colloq. von Menschen, Tieren*: crowd, great number, swarm; **ein ~ Kinder** a lot of children; **in hellen** (*od.* **dichten**) **~** in vast multitudes, in flocks, in throngs; *contp.* **der große ~** the (common *od.* vulgar) herd, the masses; **dem großen ~ folgen** follow the crowd (*od.* common herd). **5.** *colloq.* (*Gruppe*) *a. contp.* bunch, gang. **6.** *mil.* a) *obs.* troop, band (of soldiers), b) *sl.* (*Einheit*) outfit, *Br. sl.* mob; **verlorener ~** forlorn hope. **7.** *astr.* cluster. **8.** *vulg.* (*Kot♀*) turd, heap.

häu·fen [ˈhɔʏfən] **I** *v/t* ⟨h⟩ **1.** (*Reichtümer etc*) heap (up), pile (up), amass; → **gehäuft. 2.** *fig.* accumulate, pile up (*proofs, etc*); **er häufte Schuld auf Schuld** he added iniquity to iniquity. **II** *v/reflex* **sich ~ 3.** *a. fig.* accumulate, pile up, *Schulden*: *a.* mount. **4.** *fig.* become more frequent, increase (in number), multiply, (*sich ausbreiten*) spread. **III ♀** *n* ⟨-s⟩ **5.** heaping up (*etc*). **6.** → **Häufung** 2.

ˈHau·fen|ˌdorf *n* nucleated village. **~ˌschichtˌwol·ke** *f* stratocumulus. **~ˌschluß** *m philos.* sorites. **~ˌstern** *m astr.* cluster star. **♀ˌwei·se** *adv colloq.* **1.** in heaps, in piles; **der Müll sammelt sich ~ an** the garbage is piling up. **2.** in great quantities (*od.* numbers), plenty of, a lot of, lots of, heaps (*od.* loads, oodles) of, *nachgestellt*: galore; **Leserbriefe kommen ~ herein** letters to the editor are pouring in; **das gibt es ~** there's a lot of that; **~ Geld haben** have lots of money. **3.** (*in Massen*) in crowds, *iro.* in droves (*od.* flocks, hordes). **~ˌwol·ke** *f* cumulus (cloud).

häu·fig [ˈhɔʏfɪç] **I** *adj* **1.** frequent; **~ sein** be frequent, abound; **~er werden** grow more frequent; **solche Fehler sind nicht ~** such mistakes don't happen often (*od.* are infrequent, are rare). **2.** (*zahlreich*) numerous; **~er werden** increase; **immer ~er werdend** increasing. **3.** (*verbreitet*) widespread. **II** *adv* **4.** frequently, often; **~ besuchen** *a.* frequent (*a place*). **5.** commonly. **♀keit** *f* ⟨-; *no pl*⟩ **1.** frequency. **2.** frequent occurrence. **3.** commonness.

ˈHäu·fig·keits|funk·tiˌon *f math.* frequency function. **~ˌkur·ve** *f* frequency curve.

Häuf·lein [ˈhɔʏflaɪn] *n* ⟨-s; -⟩ **1.** → **Häufchen. 2.** *von Personen*: small number (*od.* group), handful, cluster.

ˈHäu·fung *f* ⟨-; -en⟩ **1.** → **häufen** 5. **2.** *fig.* a) accumulation, b) increase, c) (*Wiederholung*) frequent occurrence, increasing frequency. **3.** *jur.* (*Klage♀*) joinder.

ˈHau|ˌklotz *m* chopping block. **~ˌmes·ser** *n* machete (knife).

Haupt [haupt] *n* ⟨-(e)s; =er⟩ **1.** *lit.* head (*a. zo.*); **gekrönte Häupter** crowned heads; **zu j-s Häupten** at s. o.'s head, above s. o.; **j-m das ~ abschlagen** → **enthaupten; Unheil schwebt** (*od.* **hängt**) **über s-m ~** ruin is hanging over his head; **den Gegner aufs ~ schlagen** defeat one's opponent decisively, vanquish one's foe; **et. an ~ und Gliedern reformieren** reform s. th. drastically (*od.* root and branch); **Reform an ~ und Gliedern** root-and-branch reform; → **Asche** 1 (*etc*). **2.** *fig.* (*Person*) man, head; **ein graues** (*od.* **greises**) **~** an old man; *colloq.* **ein bemoostes ~** an old student, a veteran. **3.** *fig.* (*Ober♀*) head; **das ~ e-r Verschwörung** the head (*od.* mastermind) of a conspiracy. **4.** *poet. e-s Berges etc*: top, peak. **5.** (*Salat♀*) head. **6.** *civ. eng. e-r Mauer etc*: face. **7.** ⟨*invariable*⟩ **drei ~ Rinder** three head of cattle.

Haupt... *in Zssgn meist* a) main, chief, principal, prime, primary, cardinal, leading, major, most important, b) *contp.* arch-..., arrant.

ˈHaupt|abˌsicht *f* main (*od.* chief) object, ultimate end. **~ˌabˌtei·lungsˌlei·ter** *m econ.* senior head of department. **~ˌach·se** *f* **1.** main axis (*a. bot.*). **2.** *math.* major axis. **~ˌader** *f Bergbau*: master lode. **~ak·tioˌnär** *m econ.* principal shareholder (*Am.* stockholder). **~akˌzent** *m ling.* primary stress. **~alˌtar** *m* high altar. **~ˌamt** *n* **1.** central (*od.* head) office. **2.** *teleph.* main exchange, central office. **≈ˌamt·lich** *adj Funktionär, Tätigkeit etc*: full-time; **~ tätig sein** work full-time (*od.* on a full-time basis). **~ˌan·geˌklag·te** *m, f jur.* principal defendant. **~ˌanˌkla·geˌpunkt** *m jur.* main charge. **~ˌanˌlie·gen** *n* main (*od.* major) concern. **~ˌanˌschluß** *m teleph.* main (*od.* subscriber's) station. **~ˌanˌteil** *m* **1.** *econ.* principal share. **2.** decisive (*fig.* lion's) share (**an** *dat* in). **~ˌar·beit** *f* **1.** main (*od.* chief) part of a work. **2.** → **Hauptaufgabe.** **~arˌti·kel** *m* **1.** *jur.* main article (*od.* clause). **2.** *econ.* a) main article, b) *e-r Firma*: major (selling) line, staple. **3.** → **Leitartikel.** **~ˌast** *m* main branch. **~at·trak·tiˌon** *f* chief attraction, highlight. **~ˌaufˌga·be** *f* main (*od.* chief) duty (*od.* task, work, function). **~ˌau·genˌmerk** *n* **sein ~ auf e-e Sache richten** give one's special attention to s. th.; **das ~ richtet sich jetzt auf** special attention is now focus(s)ed on. **~ˌausˌgang** *m* main exit. **~ˌausˌschuß** *m pol.* central committee. **~ˌbahnˌhof** *m* main (*od.* central) station. **~ˌbank** *f* ‹-; -en› *econ.* head (*od.* parent) bank. **~beˌdeu·tung** *f* **1.** *e-s Wortes etc*: primary meaning. **2.** *e-s Ereignisses etc*: major significance. **~beˌdin·gung** *f* **1.** principal (*od.* main) condition. **2.** → **Hauptererfordernis.** **~beˌla·stungsˌzeu·ge** *m jur.* principal witness for the prosecution, star prosecution witness. **~beˌruf** *m* main (*od.* regular) occupation, *a.* full-time job. **≈beˌruf·lich I** *adj* **1.** *Tätigkeit etc*: in (*od.* as a) regular occupation, regular, professional. **2.** full-time. **II** *adv* **3.** in (*od.* as) one's regular occupation, regularly, professionally. **4.** *work* full-time. **~beˌschäf·ti·gung** *f* chief occupation. **~beˌstandˌteil** *m* **1.** chief ingredient, primary component, main constituent; **den ~ bilden von** be the chief ingredient (*etc*) of, *fig. a.* be part and parcel of. **2.** *e-r Arznei etc*: base, main ingredient. **3.** *e-r Warensendung etc*: bulk. **4.** (*der Hauptteil von Maschinen etc*) body. **~beˌtei·lig·te** *m, f* ‹-n; -n› principal party (*od.* person) concerned, chief actor. **~beˌtrag** *m* main sum. **~beˌtrieb** *m econ.* **1.** main business (transactions *pl*). **2.** (*Produktionsbetrieb*) central workshop. **3.** (*Geschäft*) central establishment, main office(s *pl*). **~beˌtriebsˌzeit** *f* main (business) season. **~beˌwegˌgrund** *m* main reason, leading motive. **~beˌweis** *m jur.* **1.** main proof. **2.** (*Beweismittel*) primary evidence. **~biˌlanz** *f econ.* general balance sheet. **~ˌbuch** *n* ledger. **~ˌbuchˌhal·ter** *m*, **~ˌbuchˌhal·te·rin** *f* accountant general, head bookkeeper. **~büˌro** *n* main (*od.* head) office. **~ˌdarˌstel·ler** *m thea. etc* leading (*od.* principal) actor, lead(ing man); **mit X als ~** starring X. **~ˌdarˌstel·le·rin** *f* leading (*od.* principal) actress, lead(ing lady). **~ˌdeck** *n mar.* main deck. **~ˌei·gen·schaft** *f* chief quality (*od.* property), main feature. **~ˌeinˌfahrt** *f*, **~ˌeinˌgang** *m* main entrance. **~ˌeinˌwand** *m* main (*od.* chief) objection (**gegen** to).

Häup·tel [ˈhɔʏptəl] *n* ‹-s; -(n)› *Austrian von Salat*: head. **~saˌlat** *m* → **Kopfsalat.**

ˈHaupt|entˌla·stungsˌzeu·ge *m jur.* principal witness for the defen/ce (*Am.* -se). **~ˌer·be**[1] *m* ‹-n; -n› *jur.* chief (*od.* principal) heir, residuary legatee. **~ˌer·be**[2] *n* ‹-s; *no pl*› chief inheritance, principal estate. **~ˌer·bin** *f* chief (*od.* principal) heiress. **~erˌeig·nis** *n* main event. **~erˌfor·der·nis** *n* principal requirement, prime prerequisite. **~ˌern·te** *f* main crop (season). **~erˌzeug·nis** *n* main (*od.* chief) product, *e-s Landes etc*: *a.* staple product.

ˈHaup·tesˌlän·ge *f* **j-n um ~ überragen** *a. fig.* stand head and shoulders above s. o.

ˈHaupt|ˌfach *n ped. univ.* main subject, *Am.* major; **als ~ Chemie belegen** (*od.* **nehmen, studieren**) take chemistry as a main subject, *Am.* major in chemistry. **~ˌfeind** *m* chief enemy. **~ˌfeldˌwe·bel** *m mil.* **1.** (*Dienststellung*) sergeant major, *Am.* platoon sergeant. **2.** (*Dienstgrad*) *etwa*: staff sergeant, *Am.* sergeant first class. **~fiˌgur** *f* **1.** central (*od.* main) figure. **2.** *thea., Literatur etc*: principal (*od.* chief) character, protagonist, hero(ine *f*). **~ˌfilm** *m* feature (film), full-length film. **~ˌfra·ge** *f* **1.** main (*od.* chief, cardinal) question, main issue; **die ~ ist, ob** *a.* the point is whether. **2.** *jur. Austrian* principal question (*put by the presiding judge to the jury*). **~ˌgang** *m gastr.* main course. **~geˌbäu·de** *n* main building. **~geˌdan·ke** *m* main (*od.* leading) idea, keynote. **~ˌgen** *n biol.* dominant gene. **~geˌricht** *n gastr.* main course. **~geˌschäft** *n econ.* **1.** head (*od.* central) office, headquarters *pl* (*oft als sg konstruiert*). **2.** (*Laden*) main store. **3.** (*Umsatz*) main business (transactions *pl*).

ˈHaupt·geˌschäfts|ˌfüh·rer *m* general (*od.* head) manager. **~ˌsitz** *m econ.* principal place of business. **~ˌstel·le** *f* head (*od.* central) office. **~ˌstra·ße** *f* main shopping street. **~ˌstun·den** *pl*, **~ˌzeit** *f* main business hours *pl*.

ˈHaupt|geˌsichtsˌpunkt *m* major consideration. **~geˌwicht** *n* **1.** main weight. **2.** *fig.* main emphasis (*od.* stress); **er legte das ~ auf** (*acc*) he placed primary emphasis on, he particularly emphasized. **~geˌwinn** *m* **1.** *Lotterie*: first prize. **2.** *econ.* main profit. **~ˌgläu·bi·ger** *m econ. jur.* principal creditor. **~ˌgrund** *m* principal (*od.* main) reason. **~ˌhaar** *n* hair (of the head). **~ˌhahn** *m tech.* main tap. **~ˌhand·lung** *f thea. etc* main plot. **~herˌausˌge·ber** *m* editor-in-chief, chief editor. **~ˌhim·melsˌrich·tung** *f des Kompasses*: cardinal point. **~ˌinˌhalt** *m* **1.** *e-s Buches, Films etc*: main content, *e-r Rede*: *a.* (main) tenor. **2.** (*Kern*) essence, substance, gist. **3.** (*Abriß, Zs.-fassung*) summary. **4.** (*Inhaltsübersicht*) principal contents *pl*. **~ˌin·terˌes·se** *n* principal (*od.* chief) interest. **~in·ter·ven·tiˌon** *f jur.* main intervention. **~ˌkampf** *m Boxen*: main event (*od.* bout). **~ˌkampfˌli·nie** *f mil.* main line of resistance. **~karˌtei** *f* master file. **~ˌkas·se** *f* **1.** main (*od.* central) pay office. **2.** *thea. etc* box-office. **~kasˌsie·rer** *m* head teller (*od.* cashier). **~ˌkerl** *m colloq.* devil of a fellow, *sl.* crackerjack. **~ˌkla·ge** *f* **1.** *jur.* main (*od.* principal) action. **2.** chief complaint (*od.* grievance). **~ˌklä·ger** *m*, **~ˌklä·ge·rin** *f* principal plaintiff. **~ˌlast** *f* main burden; **die ~** *e-s Angriffs etc* **zu tragen haben** have to bear the brunt. **~ˌleidˌtra·gen·de** *m, f* ‹-n; -n› **1.** chief mourner. **2.** *fig.* chief sufferer. **~ˌlei·tung** *f* **1.** *electr. tech.* mains *pl*. **2.** *teleph.* trunk line. **~lie·feˌrant** *m* main supplier (*od.* contractor).

Häupt·ling [ˈhɔʏptlɪŋ] *m* ‹-s; -e› **1.** (*Stammes≈*) chieftain; **Würde e-s ~s** chieftaincy. **2.** *humor.* boss.

häupt·lings [ˈhɔʏptlɪŋs] *adv* headlong, head first.

ˈHaupt|ˌmacht *f* **1.** *mil.* main body. **2.** *pol.* chief power. **~ˌmahlˌzeit** *f* main meal (of the day). **~ˌmann** *m* ‹-(e)s; -leute› **1.** *mil.* captain; **~srang** *m* rank of (a) captain, captaincy. **2.** (*Räuber≈ etc*) chieftain. **~ˌmas·se** *f* bulk, main body. **~ˌmast** *m mar.* mainmast. **~ˌmerkˌmal** *n* **1.** chief characteristic. **2.** *med.* cardinal symptom. **~ˌmie·ter** *m* principal tenant. **~moˌtiv** *n* **1.** leading motive. **2.** *Kunst*: chief motif; *lit. mus.* central motif. **~ˌnah·rung** *f*, **~ˌnah·rungsˌmit·tel** *n* staple (*od.* main) food. **~ˌnen·ner** *m math.* common denominator. **~ˌnie·derˌlas·sung** *f econ.* head (*od.* central) office, headquarters *pl* (*oft als sg konstruiert*). **~ˌnum·mer** *f thea. etc* main attraction, *bes. Br.* star turn. **~parˌtei** *f jur.* principal party. **~perˌson** *f* **1.** most important person, central figure, principal; *contp.* **sie will immer die ~ sein** she always wants to be the cent/re (*Am.* -er) of attention. **2.** a) *in Dichtung etc*: hero, b) *Film, thea. etc* central character, protagonist. **~porˌtal** *n* main entrance. **~ˌpost** *f*, **~ˌpostˌamt** *n* General Post Office, G. P. O., *Am.* main post office. **~ˌpro·be** *f* **1.** *thea.* dress rehearsal. **2.** *mus.* general rehearsal. **~proˌzeß** *m jur.* **1.** principal action. **2.** → **Hauptverfahren.** **~ˌpunkt** *m* **1.** main point. **2.** *opt.* principal point. **~quarˌtier** *n mil. u. weitS.* headquarters *pl* (*oft als sg konstruiert*). **~ˌquel·le** *f* **1.** (*Fluß*) headspring. **2.** *fig.* principal source. **~ˌred·ner** *m* principal speaker. **~ˌre·gel** *f* principal rule; *allgemeingültige*: general rule; (*Grundregel*) fundamental rule. **~reˌgi·ster** *n* **1.** general table of contents, general index. **2.** *mus. der Orgel*: foundation stop, diapason. **~ˌrei·seˌzeit** *f* (peak) tourist season. **~re·li·giˌon** *f* main religion. **~ˌrich·tung** *f* **1.** main direction. **2.** *fig.* major trend. **~ˌrohr** *n tech.* (gas *od.* water) main. **~ˌrol·le** *f Film, thea. etc* title (*od.* leading) role (*od.* rôle), lead, chief part; **die ~ spielen** a) play the lead, take (*od.* act) the chief part, b) *fig. Person*: be the central figure, be the cent/re (*Am.* -er) of attention, (*dominieren*) play first fiddle, *colloq.* run the show, c) *fig. Geld etc*: be all-important; **j-n in der ~ zeigen** star (*od.* feature) s. o., present s. o. in the title role (*etc*); **ein Film mit X in der ~** a film with X in the leading role. **~ˌsa·che** *f* ‹-; *no pl*› **1.** main (*od.* essential) thing (*od.* point), most important thing, main issue, focal question; **in der ~** in the main, chiefly, mostly, on the whole; **der ~ nach** in substance; **die ~ ist, daß** the main (*od.* most important) thing is that; **das ist die ~** that's the main thing, that's all that matters; **zur ~ kommen** come to the main point. **2.** *jur.* main issue; **in der ~ entscheiden** give judg(e)ment on the merits of the case; **zur ~ verhandeln** deal with the case on its merits. **≈ˌsäch·lich I** *adj* ‹*colloq. sup* -st› principal, chief, main, essential, primary, most important. **II** *adv* mainly, chiefly, essentially, especially, above all; **worauf es ~ ankommt, ist** the main point (*od.* focal question) is, what matters most is. **~saiˌson** *f* peak season. **~ˌsatz** *m* **1.** *ling.* a) principal (*od.* independent) clause, b) *in e-m Satzgefüge*: main clause. **2.** *Rhetorik*: proposition. **3.** *math. phys.* fundamental law, first principle. **4.** *mus.* principal (movement). **~ˌschal·ter** *m* **1.** *electr.* main (*od.* master) switch. **2.** *im Postamt etc*: main ticket office. **~ˌschiff** *n arch.* nave. **~ˌschlagˌader** *f anat.* aorta. **~ˌschlüs·sel** *m tech.* passkey, master-

-key. **~ˌschlußˌmo·tor** *m electr.* series (-wound) motor. **~ˌschuld** *f* **1.** *econ.* principal debt. **2.** (*Verschulden*) principal (*od.* main) fault; **er trägt die ~ an dem Unfall** the accident was mostly (*od.* mainly) his fault (*od.* doing), he is chiefly to blame for the accident. **~ˌschul·di·ge** *m, f* ⟨-n; -n⟩ *jur.* principal (in the first degree). **~ˌschuld·ner** *m econ. jur.* principal (debtor). **~ˌschu·le** *f* extended elementary school (*classes five to nine*). **~ˌsen·deˌzeit** *f TV* prime time. **~ˌsi·che·rung** *f electr.* main fuse. **~ˌsitz** *m* **1.** head (*od.* central) office. **2.** → **Hauptgeschäftssitz.** **~ˌsor·ge** *f* main concern, chief worry. **~ˌspaß** *m colloq.* great joke (*od.* fun), *sl.* (a) scream. **~ˌspei·cher** *m Computer*: primary (*od.* main) storage. **~ˌstadt** *f* capital (city *od.* town). **~ˌstäd·ter** *m* inhabitant (*od.* resident) of a capital, metropolitan. **ˌstäd·tisch** *adj* metropolitan. **~ˌstra·ße** *f* **1.** *in der Stadt*: main street, *Br. a.* high street. **2.** → **Hauptverkehrsstraße** 2. **3.** *bei Ausstellungen, Rummelplätzen etc*: avenue, gangway, *Am.* midway. **~ˌstrecke** (*getr.* -k·k-) *f* **1.** main route. **2.** *rail.* main line. **3.** *Bergbau*: main gate (*od.* road). **~ˌstrom** *m* **1.** *geogr.* main river, headstream. **2.** *electr.* main current; **~kreis** *m* main circuit, mains *pl*; **~motor** *m* series(-wound D. C.) motor. **~ˌströ·mung** *f fig.* main current, trend. **~ˌstüt·ze** *f fig.* mainstay. **~ˌsün·de** *f R. C.* deadly sin. **~ˌtä·ter** *m jur.* principal offender. **~ˌteil** *m, n* **1.** main (*od.* principal) part. **2.** *fig.* major part. **~ˌthe·ma** *n* **1.** main subject. **2.** *mus.* principal theme. **~ˌti·telˌblatt** *n* title page. **~ˌton** *m* **1.** *bes. ling.* main stress; **vor dem ~ liegend** pretonic; **Verlegung des ~s** shift of stress. **2.** *mus.* keynote. **~ˌtonˌart** *f mus.* principal key. **~ˌtref·fer** *m Lotterie etc*: first prize; **den ~ ziehen** draw (the) first prize, *colloq.* hit the jackpot. **~triˌbü·ne** *f Sport*: grandstand. **~ˌtriebˌfe·der** *f fig.* mainspring. **~ˌtriebˌwerk** *n Raumfahrt*: main rocket engine. **~ˌtu·gend** *f* cardinal virtue. **~- ˌund 'Staats·ak·tiˌon** *f colloq.* **aus e-r Sache e-e ~ machen** make a tremendous issue out of s. th. **~ˌun·terˌschied** *m* main (*od.* principal) difference. **~ˌurˌsa·che** *f* chief cause. **~verˌbandˌplatz** *m mil.* **1.** *e-r Brigade*: casualty clearing post, *Am.* collecting station. **2.** *e-r Division*: advanced dressing station, *Am.* clearing station. **~verˌdäch·ti·ge** *m, f* ⟨-n; -n⟩ prime suspect. **~verˌdienst¹** *m* main income. **~verˌdienst²** *n fig.* (**an** *dat*) most of the credit (for), (the) principal merit (of). **~verˌfah·ren** *n*, **~verˌhand·lung** *f jur.* **1.** (*Strafverfahren*) trial. **2.** (*Zivilprozeß*) main proceedings *pl.* **~verˌkehr** *m* **1.** main traffic. **2.** rush-hour (*od.* peak-hour) traffic.

'Haupt·verˌkehrs|ˌader *f* arterial (road), traffic artery. **~ˌstra·ße** *f in der Stadt*: main thoroughfare (*od.* road); *im Überlandverkehr*: arterial (road), trunk road, (main) highway. **~ˌstun·den** *pl*, **~ˌzeit** *f* rush (*od.* peak) hours, peak traffic hours.

'Haupt|verˌsamm·lung *f* **1.** general meeting (*od.* assembly). **2.** *econ. e-r AG*: (shareholders', *Am.* stockholders') general meeting. **~verˌwal·tung** *f* head office, (central) headquarters *pl* (*oft als sg konstruiert*). **~ˌvorˌstand** *m econ.* governing board (of directors). **~ˌwachtˌmei·ster** *m* **1.** police sergeant. **2.** → **Hauptfeldwebel.** **~ˌwel·le** *f tech.* main shaft. **~ˌwohnˌsitz** *m jur.* principal domicile. **~ˌwort** *n* ⟨-(e)s; ⸚er⟩ *ling.* noun, substantive; **zs.-gesetztes ~** compound (noun). **ˌwört·lich** *adj* substantival. **~ˌzeu·ge** *m jur.* principal witness. **~ˌzollˌamt** *n Br.* Customs and Excise Office, *Am.* Customs Bureau. **~ˌzweck** *m* main purpose (*od.* object).

hau ruck ['hau 'rʊk] *interj* heave ho!

Haus [haus] *n* ⟨-es; ⸚er⟩ **1.** house, (*Gebäude*) building; **~ und Hof** house and home; **das ~ des Herrn, das ~ Gottes** (*Kirche*) the house of God; **öffentliches ~** (*Bordell*) brothel; **das erste ~ am Platze** a) the finest hotel in town, b) the best shop in town; **sie wohnt zwei Häuser weiter** she lives next door but one; **~ an ~ wohnen** be next-door neighbo(u)rs, **mit j-m:** live next door to s. o.; **im nächsten ~** next door; **von ~ zu ~ gehen** go from house to house (*od.* door to door). **2.** (*Wohnung, Heim*) home, house; **ein großes ~ führen** live in great style; **ein offenes ~ haben** keep open house; **sein ~ bestellen** (*od.* **beschicken**) set one's house in order; **j-m das ~ führen** keep house for s. o.; **das ~ hüten** a) stay at home, b) look after the house; **j-m das ~ verbieten** forbid s. o. (to enter) the house; *fig.* **(j-m) ins ~ stehen** be impending (on s. o.), be coming (to s. o.); **Herr X ist außer ~** Mr. X ist not (at) home; **außer ~ essen** eat (*od.* dine) out; **im ~** inside the house, indoors; **im ~ m-r Tante** at my aunt's (house); **im ~e Brown** at the Browns'; *Sport colloq.* **den Sieg nach ~ fahren** drive home to victory; **nach ~e gehen (kommen)** go (come *od.* get) home; **j-n nach ~e bringen** see (*od.* take) s. o. home; **zu ~e bleiben** stay in, stay at home; **zu ~e sein** be (at) home, be in; **nicht zu ~e sein** not to be at home, be out, be away, not to be in; **für ihn sind wir nicht zu ~e** we are not at home to him; **bei uns zu ~e** a) at home, b) in our family, c) where I come from, at home, in our country; **wieder zu ~e sein** be back home, be home again; **sie ist in Berlin zu ~e** her home town is Berlin; **dieser Brauch ist in Österreich zu ~e** this is an Austrian custom; **tut so, als wärt ihr zu ~e** make yourselves at home. **3.** (*Familie, Herkunft*) family, home, household; **aus gutem ~e sein** (*od.* **kommen**) come (*od.* be) of a good family; **von ~ aus reich sein** be of a wealthy family, be born rich (*cf.* 7); **beste Grüße von ~ zu ~** love from all of us to all of you. **4.** (*Herrscher*) house, dynasty; **das ~ Hannover** the House of Hanover; **aus königlichem ~e stammen** be of royal descent (*od.* blood). **5.** *thea.* house; **vor ausverkauftem ~ spielen** play before a full house; **vor leeren Häusern spielen** play to empty houses. **6.** *fig. colloq.* **altes ~** old man (*od.* boy, chap); **fideles ~** gay bird, *bes. Br.* jolly old fellow; **gelehrtes ~** pundit. **7.** *fig. colloq.* **j-m das ~ einrennen** besiege s. o.; **in Mathematik ist er zu ~** he is at home (*od.* well up) in mathematics; **von ~ aus ist er Arzt** originally he was a doctor; **von ~ aus ist er ein Philosoph** by nature he is a philosopher; **auf ihn kann man Häuser bauen** he is absolutely reliable. **8.** *astr.* a) *im Tierkreis*: house, angle, b) *des Monds*: mansion. **9.** *econ.* (*Firma*) firm, house; **im ~e** on the premises; → **frei** 43. **10.** *parl.* House; **Hohes ~!** Hono(u)rable members of the House; **die beiden Häuser (des Parlaments)** both houses (of Parliament); → **beschlußfähig.** **11.** *zo. der Schnecke etc*: shell; **ohne ~** naked.

'Haus|alˌtar *m* family altar. **~ˌanˌdacht** *f relig.* **1.** family devotions (*od.* prayers) *pl.* **2.** *im Internat etc*: chapel; **zur ~ gehen** go to chapel. **~ˌan·geˌstell·te** *m, f* domestic (servant), *Am.* domestic helper, houseworker. **~ˌanˌschluß** *m* **1.** *teleph.* a) private connection, b) (*Apparat*) residence telephone. **2.** *für Gas etc*: mains connection. **~ˌanˌzug** *m* casual clothes *pl*, lounging suit. **~apoˌthe·ke** *f* family medicine cabinet. **~ˌar·beit** *f* **1.** *der Hausfrau*: housework. **2.** *oft pl ped.* homework *sg.* **~arˌrest** *m* house arrest; **j-n unter ~ stellen** place s. o. under house arrest. **~ˌarzt** *m* **1.** family doctor. **2.** *e-s Hotels, Kurhauses etc*: resident doctor. **~ˌaufˌga·be** *f meist pl ped.* homework *sg*, *Am. a.* assignment; **s-e ~n machen** *a. fig.* do one's homework. **~ˌaufˌsatz** *m* essay to be written at home. **ˌbacken** (*getr.* -k·k-) *adj* ⟨-er; -st⟩ **1.** home-made. **2.** *fig. Mädchen etc*: homely. **3.** *fig. Sache*: plain, prosy. **~ˌball** *m* house party, private dance (*od.* ball). **~ˌbank** *f* ⟨-; -en⟩ **unsere** *etc* **~** our, *etc* bankers. **~ˌbar** *f* house bar, *engS.* liquor (*od.* cocktail) cabinet. **~ˌbau** *m* ⟨-(e)s; *no pl*⟩ building (*od.* construction) of a house, house building. **~beˌdarf** *m* **1.** domestic requirements *pl*; **für den ~** for the home. **2.** (*Waren*) household necessaries *pl.* **~ˌberg** *m* local mountain. **~beˌset·zer** *m* squatter. **~beˌset·zung** *f* squatting. **~beˌsit·zer** *m* **1.** house owner. **2.** (*bes. Vermieter*) landlord. **~beˌsit·ze·rin** *f* **1.** house owner. **2.** landlady. **~beˌsuch** *m e-s Arztes etc*: home visit. **~beˌwoh·ner** *m* **1.** occupant (*od.* inmate) (of a house). **2.** (*Mieter*) tenant. **~bi·blioˌthek** *f* **1.** private library. **2.** *e-s Fachmanns*: home reference library. **~ˌbie·ne** *f zo.* hive bee. **~ˌblatt** *n* (*Zeitung*) house organ. **~ˌboot** *n* houseboat. **~ˌbrand** *m* domestic fuel. **~ˌbrandˌkoh·le** *f* house (*od.* domestic) coal. **~ˌbur·sche** *m* errand-boy.

Häus·chen ['hɔʏsçən] *n* ⟨-s; - *u.* Häuserchen⟩ **1.** small house. **2.** cottage. **3.** → **Hütte** 1. **4.** (*Jagd, Pförtner*) lodge. **5.** *colloq.* (*Abort*) loo, *Am.* john, can. **6.** (*Feld auf kariertem Papier*) square. **7.** *fig. colloq.* **(ganz) aus dem ~ geraten** get all excited, *sl.* (nearly) flip; **ganz aus dem ~ sein** be beside o. s. (**vor** *dat* with), be in a flap (*od.* state) (**wegen** about).

'Haus|chirˌurg *m* resident (*od.* house) surgeon. **~ˌdach** *n* house-top, roof. **~ˌda·me** *f* **1.** housekeeper. **2.** (*Gesellschafterin*) lady's companion. **~de·tekˌtiv** *m* house detective. **~ˌdie·ner** *m* **1.** (man)servant, valet. **2.** *im Hotel*: porter, bellboy, boots *sg*, *Am. a.* bellhop. **3.** → **Hausbursche.** **~ˌdra·chen** *m colloq. contp.* battleax(e), shrew, termagant. **~ˌei·gen·tü·mer** *m*, **~ˌei·gen·tü·me·rin** *f* → **Hausbesitzer(in).** **~ˌeinˌfahrt** *f* gateway, drive. **~ˌeinˌgang** *m* front door. **~ˌeinˌwei·hung** *f* house-warming (party).

hau·sen ['hauzən] *v/i* ⟨h⟩ **1.** (*wohnen*) live, dwell, reside. **2.** (*Verwüstung anrichten*) ravage (**in e-r Stadt** a town); **übel** (*od.* **fürchterlich**) **~** play (*od.* work) havoc; **ein schreckliches Unwetter hat in der Gegend gehaust** a terrible storm has struck the area.

'Hau·sen *m* ⟨-s; -⟩ *ichth.* beluga. **~ˌbla·se** *f* fish glue, isinglas.

'Hausˌen·te *f* (domestic) duck.

'Häu·ser|ˌblock *m* ⟨-(e)s; ⸚e⟩ block (of buildings). **~ˌfront** *f* line (*od.* row) of houses, housefronts *pl.*

'Hau·se·rin, Häu·se·rin ['hɔʏzərɪn] *f* ⟨-; -nen⟩ *dial. for* **Haushälterin.**

'Häu·ser|ˌkampf *m mil.* house-

-to-house fighting. ~ˌ**mak·ler** *m econ.* house agent, (real) estate agent, *Am.* realtor. ~ˌ**meer** *n* sea of houses. ~ˌ**vier·tel** *n* quarter, *bes. Am.* block.

ˈ**Haus**|ˌ**flag·ge** *f mar.* house flag. ~ˌ**flur** *m* **1.** (*Gang*) corridor. **2.** (*Diele*) (entrance) hall, *Am. a.* hallway. **3.** (*Treppenhaus*) staircase, stairway. ~ˌ**frau** *f* **1.** housewife. **2.** → **Hausherrin.** ≈ˌ**frau·lich** *adj* housewifely. ~ˌ**freund** *m* **1.** friend of the family. **2.** *colloq.* (*Liebhaber e-r Ehefrau*) gallant, *lit.* cicisbeo. ~ˌ**frie·de(n)** *m jur.* domestic peace. ~ˌ**frie·dens**ˌ**bruch** *m* violation of *s. o.'s* privacy, (*unbefugtes Eindringen*) trespass. ~ˌ**gans** *f* (domestic) goose. ~ˌ**gar·ten** *m* back garden, *Am. a.* backyard. ~ˌ**gast** *m* **1.** (house)guest. **2.** *e-r Pension etc*: (paying) guest. ~**ge**ˌ**brauch** *m* domestic use; **für den** ~ a) for domestic use, for the household, b) *fig. colloq.* for the simpler needs; **für den** ~ **geht das Kleid schon noch** this dress is still good for around the house; **Englisch für den** ~ **können** know enough English to get by. ~**ge**ˌ**flü·gel** *n* domestic fowl. ~**ge**ˌ**hil·fin** *f* → **Hausangestellte.** ~ˌ**geist** *m* **1.** brownie. **2.** *humor.* servant. ≈**ge**ˌ**macht** *adj* **1.** *gastr.* home-made. **2.** *fig. Inflation etc*: home-made, of one's own making. ~**ge**ˌ**mein·schaft** *f* **1.** house community. **2.** *engS.* household. ~**ge**ˌ**nos·se** *m* housemate, fellow lodger. ~**ge**ˌ**rät** *n meist pl* **1.** household utensil(s *pl*). **2.** → **Hausrat.** ~ˌ**glocke** (*getr.* **-k·k-**) *f* (front-)doorbell. ~ˌ**göt·ter** *pl antiq.* household gods, lares. ~ˌ**gril·le** *f* house cricket. ~ˌ**hahn** *m* domestic cock.

ˈ**Haus**|ˌ**halt** *m* ‹-(e)s; -e› **1.** household; **gemeinsamen (getrennten)** ~ **führen** maintain a common household (separate households). **2.** (*Heim*) home. **3.** (*Haushaltung*) housekeeping; **den** ~ **führen** manage (*od.* run) the household, keep house; **j-m den** ~ **führen** keep house for s. o.; **im** ~ **helfen** help with the housekeeping. **4.** *econ. pol.* budget; **(außer)ordentlicher** ~ (extra)ordinary budget; **ausgeglichener** ~ balanced budget. **5.** *med.* a) balance, b) (*Stoffwechsel*) metabolism. ≈ˌ**hal·ten I** *v/i* ‹*irr, sep,* **-ge-**, **h**› **1.** be economical, be thrifty; **mit et.** ~ be economical with s. th., husband s. th., use s. th. economically (*od.* sparingly); **mit s-n Kräften** ~ husband one's energies. **2.** *obs.* keep house, run the house. **II** ≈ *n* ‹-s› **3.** husbanding (*etc*). **4.** → **Haushalt** 3. ~ˌ**häl·te·rin** *f* ‹-; -nen› housekeeper. ≈ˌ**häl·te·risch I** *adj* economical, thrifty. **II** *adv* ~ **mit et. umgehen** *cf.* **haushalten** 1.

ˈ**Haus**ˌ**halts**|**ar**ˌ**ti·kel** *m* household article, *pl a.* household supplies. ~ˌ**aus**ˌ**gleich** *m pol.* balancing of the budget. ~ˌ**aus**ˌ**schuß** *m* budget committee. ~ˌ**buch** *n* housekeeping book. ~**de**ˌ**bat·te** *f pol.* budget debate. ~ˌ**de·fi·zit** *n* budgetary deficit. ~ˌ**füh·rung** *f* **1.** housekeeping. **2.** maintenance of a household. ~ˌ**ge·gen**ˌ**stand** *m* → **Haushaltsartikel.** ~ˌ**geld** *n* housekeeping money. ~**ge**ˌ**rät** *n meist pl* household appliance. ~ˌ**jahr** *n* fiscal (*od.* financial) year. ≈ˌ**mä·ßig** *adj* → **etatmäßig** 1. ~ˌ**mit·tel** *pl pol.* budgetary means; **(gebilligte)** ~ appropriations. ~ˌ**plan** *m* budget; **den** ~ **aufstellen** draw up the budget; **den** ~ **vorlegen** present (*od.* bring in) the budget; **et. im** ~ **vorsehen** budget for s. th. ~ˌ**pla·nung** *f* budgeting. ~**po·li**ˌ**tik** *f* budgetary policy. ~ˌ**recht** *n* budgetary law. ~ˌ**strom** *m electr.* domestic current. ~ˌ**vor**ˌ**an**ˌ**schlag** *m pol.* budget estimate, (the) Estimates *pl.* ~ˌ**vor**ˌ**la·ge** *f* proposed budget. ~ˌ**waa·ge** *f* domestic scales *pl.* ~ˌ**wa·ren** *pl* household articles (*od.* supplies).

ˈ**Haus**ˌ**hal·tung** *f* ‹-; -en› → **Haushalt** 1, 3.

ˈ**Haus**ˌ**hal·tungs**|ˌ**ko·sten** *pl* household expenses. ~ˌ**schu·le** *f* domestic science school. ~ˌ**vor**ˌ**stand** *m jur.* householder, head of (the) household.

ˈ**Haus**|-ˈ**Haus-Ver**ˌ**kehr** *m rail.* door-to-door service. ~ˌ**herr** *m* **1.** master of the house. **2.** (*Hauswirt*) landlord, owner of the house. **3.** (*Gastgeber*) host. ~ˌ**her·rin** *f* **1.** lady of the house. **2.** (*Hauswirtin*) landlady, owner of the house. **3.** (*Gastgeberin*) hostess. ≈ˈ**hoch I** *adj* ‹*attrib* **haushoh**› **1.** very high, huge (*waves, etc*). **2.** *fig. colloq. Schulden etc*: vast, enormous (*debts, etc*); **haushoher Sieg** smashing victory; **haushohe Niederlage** devastating defeat. **II** *adv* **3.** ~ **gewinnen** win by a wide margin, score a tremendous victory; ~ **verlieren** get an awful drubbing; **j-n** ~ **schlagen** trounce s. o. (badly), *colloq.* clobber s. o.; **j-m** ~ **überlegen sein** be head and shoulders above s. o., be vastly superior to s. o. ~ˌ**hof**ˌ**mei·ster** *m* **1.** *in adeligem Haushalt*: chamberlain. **2.** majordomo. ≈ˈ**hoh** *adj* ‹*attrib*› → **haushoch** I. ~ˌ**huhn** *n* domestic fowl. ~ˌ**hund** *m* house dog, domestic dog.

hau·sie·ren [hauˈziːrən] **I** *v/i* ‹*no* **ge-**, **h**› peddle, hawk; **mit et.** ~ **gehen** *a. fig.* peddle s. th. **II** ≈ *n* ‹-s› peddling.

Hauˈ**sie·rer** *m* ‹-s; -› pedlar, hawker, *Am.* peddler.

Hauˈ**sier**ˌ**han·del** *m* pedlary, itinerant (*od.* ambulant) trade, *Am.* peddlery.

ˈ**Haus**|**in·du**ˌ**strie** *f* cottage industry. ~ˌ**jacke** (*getr.* **-k·k-**), ~ˌ**jop·pe** *f* house (*od.* smoking) jacket. ~**ka**ˌ**nin·chen** *n* domestic rabbit. ~**ka**ˌ**pel·le** *f* **1.** private (*od.* house) chapel. **2.** *mus.* house band, resident orchestra. ~**ka**ˌ**plan** *m relig.* (private) chaplain. ~ˌ**kat·ze** *f* (domestic) cat. ~ˌ**kleid** *n* house frock. ~ˌ**klin·gel** *f* doorbell. ~ˌ**knecht** *m* boots *sg.* ~**kon**ˌ**zert** *n* private concert. ~**kor**ˌ**rek·tor** *m* indoor reader, proofreader. ~**kor·rek**ˌ**tur** *f* **1.** reading of the first proof. **2.** printer's correction(s *pl*). **3.** printer's copy (of proof). ~ˌ**kreuz** *n colloq.* → **Hausdrachen.** ~ˌ**leh·rer** *m* private tutor. ~ˌ**leh·re·rin** *f* private tutoress, governess.

ˈ**Haus**ˌ**leu·te** *pl* **1.** (*Wirtsleute*) landlord and landlady. **2.** (*Hausmeisterehepaar*) caretaker (*bes. Am.* janitor) and his wife.

häus·lich [ˈhɔʏslɪç] **I** *adj* **1.** domestic, household; ~**e Arbeiten** housework *sg*; *jur.* ~**e Gemeinschaft** joint household; ~**es Glück** domestic happiness; **am** ~**en Herd** at home. **2.** *Leben, Milieu etc*: family, home; **im** ~**en Kreis** in the family circle. **3.** (*gern zu Hause bleibend*) home-loving. **4.** (*sparsam*) thrifty, economical. **II** *adv* **5. sich** ~ **einrichten** (*od.* **niederlassen**) a) settle down, b) make o. s. at home; *iro.* **sich bei j-m** ~ **niederlassen** make o. s. at home (at s. o.'s house), come to stay with s. o. ≈**keit** *f* ‹-; *no pl*› **1.** family life. **2.** (*Liebe zu Haus und Familie*) domesticity. **3.** ‹*pl* **-en**› home.

ˈ**Haus**|ˌ**ma·cher**ˌ**art** *f gastr.* **Wurst nach** ~ → ~ˌ**ma·cher**ˌ**wurst** *f* sausage of home-made quality. ~ˌ**macht** *f* **1.** *hist.* dynastic power. **2.** *fig. e-s Politikers*: pressure-group of one's own. ~ˌ**mäd·chen** *n* (house)maid. ~ˌ**mann** *m* house husband. ~ˌ**manns**ˌ**kost** *f gastr.* plain fare (*od.* cooking). ~ˌ**man·tel** *m* housecoat. ~ˌ**mär·chen** *n* (familiar) fairy tale. ~ˌ**mar·der** *m zo.* beech (*od.* stone) marten. ~ˌ**mar·ke** *f* **1.** (special) brand (*a. fig.*). **2.** (*bevorzugte Marke*) favo(u)rite make. **3.** (*eigenes Fabrikat*) one's own make. ~ˌ**maus** *f* house mouse. ~ˌ**mei·er** *m hist.* majordomo. ~ˌ**mei·ster** *m* **1.** → **Hausverwalter** 1. **2.** *Swiss for* **Hausbesitzer.** ~ˌ**mei·ste·rin** *f* **1.** → **Hausverwalter** 1. **2.** *Swiss for* **Hausbesitzerin.** ~ˌ**mit·tel** *n med.* household remedy. ~**mu**ˌ**sik** *f* music-making in the home. ~ˌ**mut·ter** *f* **1.** *ped. im Jugendheim etc*: housemother, matron. **2.** *obs. for* **Hausfrau** 1. **3.** *zo.* → **Hausmütterchen** 3. ~ˌ**müt·ter·chen** *n* **1.** *colloq.* homely girl, *bes. Am.* homey girl. **2.** *iro. od. als Kosewort*: wifey. **3.** *zo.* large yellow underwing. ≈ˌ**müt·ter·lich** *adj colloq.* homely, housewifely, *bes. Am.* homey. ~ˌ**or·den** *m hist.* family order. ~ˌ**ord·nung** *f* house rules *pl.* ~**per·so**ˌ**nal** *n collect.* domestic servants *pl.* ~ˌ**pfle·ge** *f* **1.** *med.* home nursing. **2.** home care (by a social worker). ~ˌ**pilz** *m* → **Hausschwamm.** ~ˌ**putz** *m* house cleaning. ~ˌ**rat** *m* ‹-(e)s; *no pl*› household equipment (*od.* effects *pl*, goods *pl*). ~ˌ**rat·te** *f* house (*od.* black) rat. ~ˌ**recht** *n jur.* domestic authority, domiciliary right(s *pl*); **von s-m** ~ **Gebrauch machen** make use of one's domiciliary right, *colloq.* (*j-n hinauswerfen*) throw s. o. out; **Verletzung des** ~**s** trespass, violation of (s. o.'s) privacy. ~ˌ**rind** *n* domestic cattle (*collect.*). ~ˌ**rock** *m* **1.** *archaic e-s Mannes*: smoking jacket. **2.** *e-r Frau*: morning gown. ~ˌ**rot**ˌ**schwanz** *m orn.* redstart. ~ˌ**samm·lung** *f* house-to-house collection. ~ˌ**schaf** *n* domestic sheep. ~ˌ**schlach·tung** *f* domestic (*od.* home) slaughtering. ~ˌ**schlüs·sel** *m* front-door key. ~ˌ**schnecke** (*getr.* **-k·k-**) *f* house snail. ~ˌ**schnei·de·rin** *f seamstress who comes to the house.* ~ˌ**schuh** *m* slipper. ~ˌ**schwal·be** *f orn.* (house) martin. ~ˌ**schwamm** *m bot.* house fungus; **Echter** ~ dry rot. ~ˌ**schwein** *n* (domestic) pig.

Hausse [ˈhoːs(ə)] *f* ‹-; -n› *econ.* **1.** *Börse*: bull movement (*od.* market), rise (in prices), boom; **auf** ~ **spekulieren** buy for a rise, bull the market. **2.** *in der Wirtschaft*: boom. ~**be**ˌ**we·gung** *f* bullish trend, bull movement.

ˈ**Haus**ˌ**se·gen** *m humor.* **der** ~ **hängt schief (bei ihnen)** they are having (*od.* have had) a row.

ˈ**Hausse**|ˌ**kauf** *m econ.* bull purchase. ~ˌ**markt** *m* bull (*od.* boom) market. ~**spe·ku**ˌ**lant** *m* operator for a rise, bull, *Am. a.* long. ~**spe·ku·la·ti**ˌ**on** *f* bull(ish) speculation. ~ˌ**stim·mung** *f* bullish tone. ~**ten**ˌ**denz** *f* bullish trend.

Haus·sier [hoˈsi̯eː] *m* ‹-s; -s› → **Haussespekulant.**

ˈ**Haus**|ˌ**spin·ne** *f* house spider. ~ˌ**sprech**ˌ**an**ˌ**la·ge** *f* → **Haustelephon.** ~ˌ**stand** *m* household; **e-n** ~ **gründen** set up house, settle down. ~ˌ**statt** *f* ‹-; *no pl*› homestead. ~ˌ**su·chung** *f jur.* house search (*Am. a.* check), domiciliary visit; **e-e** ~ **vornehmen** search a house. ~ˌ**su·chungs·be**ˌ**fehl** *m* search warrant. ~ˌ**tau·be** *f* house dove. ~ˌ**tau·fe** *f relig.* private baptism.

ˈ**Hau**ˌ**stein** *m civ. eng.* ashlar, cut stone.

ˈ**Haus**|**te·le**ˌ**phon** *n* intercommunication system, intercom, interphone, house telephone, housephone. ~ˌ**tier** *n* domestic animal; **zum** ~ **machen** domesticate. ~ˌ**toch·ter** *f* **1.** lady help. **2.** *obs.* daughter (living with her family), *lit.*

filia hospitalis. ~ˌ**tor** *n* main door, gate. ~ˌ**trau·ung** *f* private wedding. ~ˌ**trep·pe** *f* stairs *pl* in a house. ~ˌ**tür** *f* front door. ~ˌ**türˌschlüs·sel** *m* front-door key. ~**tyˌrann** *m colloq.* house tyrant. ~ˌ**va·ter** *m* **1.** *im Jugendheim etc*: housefather, warden. **2.** father of the family, paterfamilias. ≈ˌ**vä·ter·lich** *adj* housefatherly. ~**verˌbot** *n* order to stay away (from a house, *etc*); **j-m ~ erteilen** order s. o. to stay away (from a house). ~**verˌwal·ter** *m* **1.** (*Hausmeister*) caretaker, janitor, *Am. a.* (house) superintendent, *colloq.* super. **2.** property manager. ~**verˌwal·tung** *f* **1.** a) property management, b) manager's office. **2.** caretaker's (*etc*) office. ~ˌ**wap·pen** *n* family coat of arms. ~ˌ**wart** *m* → Hausverwalter 1. ~ˌ**wirt** *m* landlord. ~ˌ**wir·tin** *f* landlady. ~ˌ**wirt·schaft** *f* ⟨-; *no pl*⟩ **1.** housekeeping, domestic economy. **2.** *ped.* domestic science. **3.** *econ.* **geschlossene ~** closed household economy. ≈ˌ**wirt·schaft·lich** *adj* domestic, household; **~e Schule, ~es Seminar** → **Hauswirtschaftsschule**; **~e Geräte** *pl* household equipment *sg.*

ˈ**Hausˌwirt·schafts|ˌleh·re** *f ped.* domestic science, *Am. a.* home economics *pl* (*meist als sg konstruiert*). ~ˌ**leh·re·rin** *f* domestic science teacher. ~ˌ**schu·le** *f* domestic science (*Am. a.* home economics) school.

ˈ**Haus|ˌzeitˌschrift,** ~ˌ**zei·tung** *f* house organ. ~ˌ**zelt** *n* frame (*od.* wall) tent. ~**zenˌtra·le** *f teleph.* switchboard. ~ˌ**zie·ge** *f* common (*od.* domestic) goat. ~ˌ**zins** *m* house rent. ~**-zu-ˈHaus-Transˌport** [-tsu-] *m rail.* door-to-door transport.

Haut [haʊt] *f* ⟨-; ⸚e⟩ **1.** ⟨*only sg*⟩ skin; **naß bis auf die ~ sein** be soaked to the skin; **er ist nur noch ~ und Knochen** he is nothing but skin and bone(s); **et. auf der bloßen ~ tragen** wear s. th. next to one's (*od.* the) skin. **2.** ⟨*only sg*⟩ *fig. colloq.* skin, hide; **e-e dicke ~ haben** be thick-skinned; **auf der faulen ~ liegen** loaf, laze, take it easy; **s-e ~ zu Markte tragen** risk one's hide; **s-e ~ wagen** (*od.* **dransetzen**) risk one's skin (*od.* life); **sich s-r ~ wehren** defend o. s. (to the last), (put up a) fight; **mit ~ und Haar(en)** hair and hide, completely; **sich e-r Sache mit ~ und Haar(en) verschreiben** devote o. s. body and soul to s. th.; **das ist um aus der ~ zu fahren** (*od.* **zum Aus-der-Haut-Fahren**) that's enough to drive you mad; **er fühlt sich nicht recht wohl in s-r ~** he is feeling rather uneasy; **der Krimi geht e-m unter die ~** the thriller gets under your skin; **er kam mit heiler ~ davon** he escaped unscathed; **k-r kann aus s-r ~ heraus** a leopard cannot change his spots; **die ~ ist mir näher als das Hemd** my skin is closer to me than my shirt; **er versuchte, s-e (eigene) ~ zu retten** he tried to save his skin (*od. colloq.* bacon); **ich möchte nicht in s-r ~ stecken** I wouldn't like to be in his shoes. **3.** ⟨*only sg*⟩ *med.* a) skin, dermis, derm(a), b) (*Nagel*≈) cuticle, c) (*Ober*≈) epiderm(is), d) (*Organhülle*) tunic, e) (*Membran*) membrane, f) (*Teint*) complexion; **die ~ betreffend** cutaneous; **durch die ~ wirkend** percutaneous; **unter der ~ (liegend [angewandt])** subcutaneous, hypodermic. **4.** *zo.* a) *größerer Tiere*: hide, b) *e-r Schlange etc*: skin; **abgestreifte ~** slough; **die ~ abwerfen** → **häuten** 2; **e-m Tier die ~ abziehen** *cf.* **häuten** 1. **5.** *bot.* a) skin, *e-r Frucht*: *a.* peel, b) *um einzelne Organe*: tunic, membrane. **6.** *auf Milch etc*: skin, film. **7.** *e-r Wurst*: skin. **8.** ⟨*only sg*⟩ *tech. e-s Flugzeugs etc*: skin, *e-s Schiffes*: *a.* sheathing. **9.** *fig. colloq.* **e-e ehrliche (gute) ~** (*Person*) an honest (a good) soul.

ˈ**Haut|ˌabˌschür·fung** *f med.* skin lesion, excoriation; *leichte*: abrasion, graze. ~ˌ**arzt** *m* dermatologist. ~ˌ**at·mung** *f* cutaneous respiration. ≈ˌ**ät·zend** *adj* vesicant. ~ˌ**ausˌdün·stung** *f* perspiration. ~ˌ**ausˌschlag** *m* rash, (skin) eruption. ~ˌ**bil·dung** *f* **1.** *med.* a) cutification, b) *auf Wunden*: skin regeneration. **2.** *auf Milch etc*: skin (*od.* film) formation. ~ˌ**bläs·chen** *n med.* bleb, blister, skin vesicle. ~ˌ**bla·se** *f* blister. ~ˌ**bräu·ne** *f* (sun) tan. ~ˌ**bür·ste** *f* skin (*od.* complexion) brush.

Häut·chen [ˈhɔʏtçən] *n* ⟨-s; -⟩ **1.** *dim. of* Haut. **2.** *anat. bot.* pellicle, cuticle, membrane; **die ~ (an den Nägeln) zurückschieben** push back one's cuticles. **3.** (*feiner Überzug*) thin coat, *a. auf Milch etc*: skin, film.

ˈ**Haut|chir·urˌgie** *f* skin surgery. ~ˌ**creme** *f* skin cream. ~ˌ**decke** (*getr.* **-k·k-**) *f anat.* integument.

ˈ**Haut den** ˈ**Lu·kas** *m* ⟨---; ---⟩ → Lukas².

ˈ**Hautˌdrü·se** *f anat.* cutaneous gland.

Haute·fi·nance [otfiˈnãːs] (*Fr.*) *f* ⟨-; *no pl*⟩ *econ.* high finance.

häu·ten [ˈhɔʏtən] **I** *v/t* ⟨h⟩ **1.** (*Tier*) skin, flay. **II** *v/reflex* **sich ~ 2.** a) *Schlangen, Eidechsen etc*: cast (*od.* shed) its skin (*od.* slough), slough, b) *Krebstiere, Insekten, a. Reptilien*: mo(u)lt. **3.** *med.* peel, desquamate. **III** ≈ *n* ⟨-s⟩ **4.** skinning (*etc*). **5.** → **Häutung.**

ˈ**haut|ˌeng** *adj Hosen etc*: skintight. ≈**entˌzün·dung** *f* inflammation of the skin, dermatitis.

Haute·vo·lee [ˌ(h)oːtvoˈleː; otvɔˈle] (*Fr.*) *f* ⟨-; *no pl*⟩ *lit. oft iro.* high society, *colloq.* (the) upper crust.

ˈ**Haut|ˌfachˌarzt** *m* dermatologist. ~ˌ**fal·te** *f* a) *große*: crease, fold, plica, b) *kleine*: wrinkle. ~ˌ**far·be** *f* **1.** colo(u)r of the skin. **2.** *des Gesichts*: complexion. ≈ˌ**far·ben** *adj* flesh-colo(u)red. ~ˌ**farbˌstoff** *m* (skin) pigment. ~ˌ**fet·zen** *m med.* **1.** skin tag. **2.** patch of skin. ~ˌ**fin·ne** *f* acne. ~ˌ**flüg·ler** [-ˌflyːglər] *m* ⟨-s; -⟩ *zo.* hymenopteron. ≈ˌ**freund·lich** *adj* kind to the skin. ~ˌ**frucht** *f bot.* utricle; **zweiklappige ~** camara. ~**geˌschwulst** *f* cutaneous tumo(u)r, dermatoma. ~**geˌwe·be** *n* **1.** dermal (*od.* skin, cutaneous) tissue. **2.** *bot.* dermatogen. ~ˌ**gift** *n* skin poison, vesicant (agent).

Haut·gout [oˈgu] (*Fr.*) *m* ⟨-s; *no pl*⟩ *gastr.* haut gout, high flavo(u)r; **~ haben** be high.

ˈ**Hautˌgrieß** *m med.* milium.

häu·tig [ˈhɔʏtɪç] *adj* **1.** skinny, skinned. **2.** *anat. bot. zo.* membranous.

ˈ**Haut|ˌjucken** (*getr.* **-k·k-**) *n med.* itching (of the skin), *krankhaftes*: pruritus. ~**kar·ziˌnom** *n* → Hautkrebs. ~ˌ**kli·nik** *f* dermatological clinic. ~ˌ**knöt·chen** *n* tubercle, skin nodule. ~ˌ**krank·heit** *f* skin disease, dermatosis. ~ˌ**krebs** *m* cancer of the skin, skin carcinoma. ~ˌ**krem** *f* skin cream. ~ˌ**lap·pen** *m* **1.** *med.* skin flap, cutaneous flap. **2.** *orn.* wattle. ~ˌ**leh·re** *f* dermatology. ~ˌ**leim** *m tech.* skin glue. ≈**los** *adj* skinless. ~ˌ**mit·tel** *n pharm.* skin preparation. ~ˌ**mus·kel** *m* cutaneous muscle. ≈ˌ**nah** *adj fig.* vivid, (very) realistic, flesh-and-blood. ~ˌ**nährˌcreme** *f* skin nutrient, skin-food. ~ˌ**nerv** *m* cutaneous nerve. ~**ödem** [-ˀøˌdeːm] *n* angioneurotic (o)edema. ~ˌ**öl** *n* skin oil. ~ˌ**pan·zer** *m zo.* mail. ~**paˌpil·le** *f* dermal papilla. ~**pa·raˌsit** *m* dermatozoon, skin parasite, *pflanzlicher*: dermatophyte. ~ˌ**pfle·ge** *f* skin care. ~ˌ**pfle·geˌmit·tel** *n* skin care product. ~ˌ**pilz** *m* **1.** *med.* dermatophyte. **2.** *bot.* hymenomycete. ~ˌ**pilz·erˌkran·kung** *f med.* dermatomycosis. ~ˌ**pla·stik** *f* dermatoplasty, skin-grafting. ≈ˌ**pla·stisch** *adj* dermatoplastic. ~ˌ**po·re** *f* skin pore. ~ˌ**rei·ni·gungsˌcreme** *f* cleansing cream. ~ˌ**rei·zung** *f med.* skin irritation.

Haut·re·li·ef [(h)oreˈlɪ̯ɛf; orəˈlɪ̯ɛf] (*Fr.*) *n Kunst*: high relief.

ˈ**Haut|ˌrö·te,** ~ˌ**rö·tung** *f med.* rubefaction, erythema. ~ˌ**sal·be** *f* skin ointment. ~ˌ**sche·re** *f* cuticle scissors *pl.* ~ˌ**schicht** *f* dermal layer. ~ˌ**schmerz** *m* dermatalgia. ~ˌ**schup·pe** *f* cutaneous scale. ~ˌ**schwie·le** *f* callosity. ~ˌ**sinn** *m* cutaneous sense. ~ˌ**sin·nes·orˌgan** *n* tactile organ. ~**skeˌlett** *n* **1.** *anat.* exoskeleton. **2.** *zo.* dermal skeleton, osteoderms *pl.* ~ˌ**talg** *m* sebum. ~ˌ**test** *m* skin test. ~ˌ**trans·planˌtat** *n* skin graft. ~**trans·plan·ta·tiˌon** *f,* ~ˌ**überˌtra·gung** *f* skin-grafting. ~ˌ**und Geˈschlechtsˌkrank·hei·ten** *pl* skin and venereal diseases.

ˈ**Häu·tung** *f* ⟨-; -en⟩ **1.** → häuten 4. **2.** a) *von Schlangen, Eidechsen etc*: slough, exuviation, b) *von Insekten, Krustentieren, a. von Reptilien*: mo(u)lt, ecdysis. **3.** *med.* desquamation, peeling (of skin).

ˈ**Häu·tungs|ˌsta·di·um** *n zo.* mo(u)lting stage. ~ˌ**zeit** *f* mo(u)lting season.

ˈ**Haut|ˌunˌrein·heit** *f* skin blemish. ~ˌ**ve·ne** *f* cutaneous vein. ~**verˌhär·tung** *f* induration of the skin, sclerema. ~**verˌlet·zung** *f* skin wound, (skin) lesion. ~**verˌpflan·zung** *f* skin-grafting. ~ˌ**was·serˌsucht** *f* anasarca. ~ˌ**wir·kung** *f electr.* skin effect. ~ˌ**wolf** *m* ⟨-(e)s; *no pl*⟩ *med.* chafe, intertrigo.

Ha·van·na [haˈvana] *f* ⟨-; -s⟩, ~**ziˌgar·re** *f* Havana (cigar).

Ha·va·rie [havaˈriː] *f* ⟨-; -n [-ən]⟩ **1.** *jur. mar.* average; **große (kleine) ~** general (petty) average; **e-e ~ aufmachen** adjust an average; **~ erhalten** recover average; **~ erleiden** suffer sea damage. **2.** *geringfügige*: (ship) collision. **3.** (aircraft) crash. **4.** *bes. Austrian* (car) collision, crash. ~ˌ**klau·sel** *f* average clause. ~**kom·misˌsar** *m* average adjuster.

ha·va·riert [havaˈriːrt] *adj* damaged.

Ha·vaˈrie·verˌpflich·tung *f jur. mar.* average bond. **Ha·va·rist** [havaˈrɪst] *m* ⟨-en; -en⟩ **1.** owner of a damaged vessel. **2.** damaged vessel.

Ha·ve·lock [ˈhaːvəlɔk; ˈhævlɒk] (*Engl.*) *m* ⟨-s; -s⟩ *Mode*: inverness.

Ha·wai·ia·ner [havaɪˈjaːnər] *m* ⟨-s; -⟩, **Ha·waiˈia·ne·rin** [-ˈjaːnərɪn] *f* ⟨-; -nen⟩ Hawaiian. **Haˈwaii·gi·tar·re** *f* ukulele, Hawaiian guitar. **ha·wai·isch** [haˈvaiɪʃ] **I** *adj* Hawaiian. **II** *ling.* ≈ ⟨*generally undeclined*⟩, **das ≈e** ⟨-n⟩ Hawaiian, the Hawaiian language.

Ha·xe [ˈhaksə] *f* ⟨-; -n⟩ *Southern G.* **1.** → Hachse. **2.** *pl humor.* pins, legs.

Ha·zi·en·da [haˈtsɪ̯ɛnda] *f* ⟨-; -s, *a.* -den⟩ hacienda.

ˈ**H-ˌBom·be** [ˈhaː-] *f mil.* H-bomb.

ˈ**H-ˌDur** [ˈhaː-] *n* ⟨-; *no pl*⟩ *mus.* B major.

he [heː] *interj colloq.* hey!

Hea·ring [ˈhɪərɪŋ] (*Engl.*) *n* ⟨-s; -s⟩ *pol.* hearing.

ˈ**Hea·viˌsideˌschicht** [ˈhɛvɪˌsaɪd-; ˈhevɪsaɪd-] (*Engl.*) *f* ⟨-; *no pl*⟩ *phys.* Heaviside layer.

Heb·am·me [ˈheːpˌˀamə; ˈheːˌbamə] *f* ⟨-; -n⟩ midwife.

He·be [ˈheːbe] *npr f* ⟨-; *no pl*⟩ *myth.* Hebe.

ˈHe·be|ˌarm, ~ˌbal·ken, ~ˌbaum *m tech.* **1.** heaver. **2.** (*Hebel*) lever. **~ˌbock** *m* (lifting) jack. **~ˌbüh·ne** *f mot.* car hoist, lifting platform. **~ˌfahrˌzeug** *n mar.* salvage vessel. **~fiˌgur** *f Eislauf etc*: lift. **~ˌgriff** *m Ringen etc*: lift, heave. **~ˌkraft** *f* lifting power. **~ˌkran** *m* hoist(ing crane).

He·bel [ˈheːbəl] *m* ⟨-s; -⟩ **1.** lever; **einarmiger (zweiarmiger) ~** one-armed (two-armed) lever; **(un)gleicharmiger ~** lever with (un)equal-length arms; **e-n ~ ansetzen (betätigen)** apply (operate) a lever; **et. mit e-m ~ hochdrücken** lever s. th. up; *fig.* **am längeren ~ sitzen** be in the stronger position, have more leverage; **an den ~n der Macht sitzen** be at the controls; **alle ~ in Bewegung setzen** do everything in one's power, move heaven and earth; **er weiß, wo er den ~ ansetzen muß** he knows how to tackle it. **2.** (*Handgriff*) handle. **3.** (*Kurbel*) crank. **4.** *Ringen, Judo*: lever.

ˈHe·bel|ˌarm *m* lever arm. **~geˌsetz** *phys.* lever law. **~ˌgriff** *m Ringen, Judo*: lever hold.

ˈHe·beˌli·ste *f econ.* register of taxes.

ˈHe·bel|ˌkraft *f phys.* leverage. **~ˌschal·ter** *m electr.* lever (*od.* knife) switch. **~ˌsche·re** *f tech.* lever (*od.* alligator) shears *pl.* **~ˌstützˌpunkt** *m phys.* fulcrum. **~syˌstem** *n tech.* system of levers. **~ˌüberˌset·zung** *f*, **~ˌwerk** *n* lever gear. **~ˌwir·kung** *f phys.* leverage.

ˈHe·be|maˌgnet *m* lifting magnet. **~maˌschi·ne** *f* hoisting device, jack, lift. **~ˌmus·kel** *m* elevator muscle.

he·ben [ˈheːbən] **I** *v/t* ⟨**hebt, hob, gehoben,** h⟩ **1.** (*Last etc*) lift, (*wuchten*) heave; **ein Auto ~** lift (*od.* jack up) a car. **2.** raise (*one's eyes, hand, voice, etc*); **er hob das Glas auf das Wohl des Gastgebers** he raised his glass to the health of the host. **3.** (*Schiff etc*) lift, (*Wrack*) *a.* raise; **e-n Schatz ~** raise a treasure. **4.** *fig.* (*Lebensstandard, Niveau, Ansehen etc*) improve, raise, (*Wohlstand etc*) *a.* increase; **die Stimmung ~** raise the spirits; **die Moral ~** raise (*od. colloq.* boost) the morale. **5.** *fig.* (*Aussehen, Wirkung etc*) enhance (*the effect of*), accentuate (*the effect of, one's figure, etc*). **6.** *fig. colloq.* **e-n ~** have a drink, hoist (*od.* down) one; **er hebt gern e-n** he likes his drink, he's quite a boozer. **7.** *Schneiderei*: lift (*a dress at the shoulders, etc*). **8.** *tech.* (*hochwinden*) a) hoist, b) *mit Kran*: crane up. **9.** *Sport*: a) (*Gewicht*) lift, b) (*Ball*) lob, lift. **10.** *Southern G. for* **halten** 1. **II** *v/i* **11.** *Southern G. for* **halten** 26–30. **III** *v/impers* **12.** *colloq.* **es hebt mich, wenn** *ich Blut sehe etc* it makes me sick when. **IV** *v/reflex* **sich ~ 13.** *Vorhang etc*: rise, go up; **der Nebel hob sich** the fog lifted; **sich ~ und senken** rise and fall, heave; **ihm hob sich der Magen** his stomach heaved. **14.** *fig. Stimmung, Moral etc*: rise, improve. **15.** *fig. Wohlstand etc*: increase, rise, improve. **V** ≈ *n* ⟨-s⟩ **16.** lifting (*etc*). **17.** *Sport*: weight-lifting. **18.** → **Hebung.**

He·be·phre·nie [hebefreˈniː] *f* ⟨-; -n [-ən]⟩ *psych.* hebephrenia.

ˈHe·ber *m* ⟨-s; -⟩ **1.** *phys.* a) (*Saug*≈) siphon, b) (*Stech*≈) pipette. **2.** a) *tech.* lifter, b) *mot.* (car) jack. **3.** → **Hebemuskel. 4.** *Sport*: a) (*Gewicht*≈) weight-lifter, b) (*Schlenzball*) lob. **he·bern** [ˈheːbərn] *v/t u. v/i* ⟨h⟩ siphon, pipette.

ˈHe·berˌpum·pe *f* siphon pump.

ˈHe·be|ˌsatz *m* rate of assessment. **~ˌschiff** *n* salvage ship. **~ˌschleu·se** *f* lift lock. **~ˌschmaus** *m* → **Richtfest.** **~ˌvorˌrich·tung** *f* **1.** *tech.* lifting device (*od.* mechanism, gear, tackle), hoisting apparatus, *bes. an Werkzeugmaschinen*: elevating mechanism; **hydraulische ~** hydraulic jack. **2.** *med.* bed lift. **~ˌwerk** *n* **1.** hoisting (*od.* lifting) mechanism. **2.** (car) lift, jack. **~ˌwin·de** *f* (lifting) jack. **~ˌzeug** *n* ⟨-(e)s; -e⟩ lifting gear, hoist.

He·brä·er [heˈbrɛːər] *m* ⟨-s; -⟩ Hebrew, *weitS. a.* Israelite, Jew; *Bibl.* **(der Brief an die) ~** → **~ˌbrief, der** *Bibl.* the Epistle to the Hebrews, Hebrews *pl* (*als sg konstruiert*).

He·brai·kum [heˈbraːikum] *n* ⟨-s; -ka [-ka]⟩ **1.** *ped.* a) qualifying examination in Hebrew for theological students, b) qualification in Hebrew. **2.** *pl Literatur*: Hebraica.

he·brä·isch [heˈbrɛːɪʃ] **I** *adj* Hebrew, Hebraic, (*jüdisch*) Jewish; **~e Spracheigenheit** Hebraism. **II** *ling.* ≈ ⟨*generally undeclined*⟩, **das ≈e** ⟨-n⟩ Hebrew, *heute*: (Israeli *od.* Modern) Hebrew.

he·brai·sie·ren [hebraiˈziːrən] *v/t* ⟨no ge-, h⟩ hebraize.

He·bra·is·mus [hebraˈɪsmus] *m* ⟨-; -men⟩ Hebraism. **He·braˈist** [-ˈɪst] *m* ⟨-en; -en⟩ Hebraist, Hebrew scholar. **He·brai·stik** [-ˈɪstɪk] *f* ⟨-; *no pl*⟩ study of Hebraic language and literature. **he·brai·stisch** [-ˈɪstɪʃ] *adj* Hebraistic.

he·bri·disch [heˈbriːdɪʃ] *adj geogr.* Hebridean.

ˈHe·bung *f* ⟨-; -en⟩ **1.** → **heben** 16. **2.** ⟨*only sg*⟩ *fig.* a) *des Lebensstandards etc*: improvement, rise, b) (*Erhöhung*) increase, rise, c) (*Förderung*) promotion, encouragement. **3.** ⟨*only sg*⟩ *e-r Wirkung etc*: enhancement. **4.** *geol. des Bodens, der Küste etc*: elevation, rise. **5.** *metr.* a) stress, arsis, b) (*Ton*) beat, c) *der Stimme*: accent, d) (*Silbe*) stressed syllable; **~ und Senkung** arsis and thesis.

He·chel [ˈhɛçəl] *f* ⟨-; -n⟩ hackle, hatchel, (flax) comb. **He·cheˈlei** *f* ⟨-; -en⟩ **1.** → **hecheln** III. **2.** *fig. colloq.* knocking, disparaging.

ˈHe·chel|ˌflachs *m* hackled flax. **~ˌkamm** *m* → **Hechel.**

he·cheln [ˈhɛçəln] **I** *v/t* ⟨h⟩ **1.** hackle, hatchel, heckle. **II** *v/i* **2.** *Hund etc*: pant. **3.** → **durchhecheln. III** ≈ *n* ⟨-s⟩ **4.** hackling (*etc*).

Hecht [hɛçt] *m* ⟨-(e)s; -e⟩ **1.** *ichth.* pike; **junger ~** young pike, jack, *bes. Br.* pickerel; **ausgewachsener ~** luce; *gastr.* **~ blau** blue pike; *fig. colloq.* **(wie) der ~ im Karpfenteich** (like) a pike in the fishpond. **2.** *fig. colloq.* **ein toller ~** a devil of a fellow, a real swinger. **3.** ⟨*only sg*⟩ *fig. colloq.* thick tobacco smoke. **4.** *colloq. for* **Hechtsprung.** **~ˌan·gel** *f* pike hook. **~ˌbarsch** *m* pike perch. **~ˌdorsch** *m* hake, sea pike, sea luce.

hech·ten [ˈhɛçtən] *v/i* ⟨sein⟩ **1.** *Wasserspringen*: do a pike-dive. **2.** *gym.* do a long-fly. **3.** *Fußball etc*: dive (at full length) (**nach** for, after).

ˈhecht|ˌgrau *adj* bluish-grey (*Am.* -gray). **≈maˌkre·le** *f* snoek. **≈ˌrol·le** *f gym.* flying dive roll. **≈ˌsprung** *m* **1.** *Wasserspringen*: pike-dive, jackknife (dive), *colloq.* header. **2.** *gym.* long-fly. **3.** *e-s Tormanns*: (flying) dive; **den Ball durch (e-n) ~ abfangen** make a full-length save.

Heck[1] [hɛk] *n* ⟨-(e)s; -e *od.* -s⟩ **1.** *mar.* stern, poop; **mit dem ~ nach vorn** stern on; **über das ~** (by the) stern. **2.** *aer.* tail (section), expennage. **3.** *mot.* rear, tail; **mit dem ~ ausbrechen** tail-wag.

Heck[2] *n* ⟨-(e)s; -e⟩ *Low G.* **1.** fence. **2.** (*Tor*) gate.

ˈHeck|ˌan·ker *m* stream (*od.* stern) anchor. **~ˌanˌtrieb** *m mot.* rear-wheel drive.

Hecke[1] (*getr.* **-k·k-**) [ˈhɛkə] *f* ⟨-; -n⟩ **1.** hedge, (*Busch*≈) hedgerow; **lebende ~** quickset hedge, *bes. Br.* quick(set); **mit ~n einzäunen (***od.* **umgeben)** hedge in. **2.** (*dorniges Gebüsch*) thorny shrub. **3.** *Reitsport*: hedge.

ˈHecke[2] (*getr.* **-k·k-**) *f* ⟨-; -n⟩ *orn.* **1.** (*Hecken*) hatching, breeding. **2.** (*Brut*) hatch, brood. **3.** → **Heckzeit. 4.** breeding place.

hecken [ˈhɛkən] (*getr.* **-k·k-**) *v/i* ⟨h⟩ *Vögel, Kaninchen etc*: hatch, *bes. Säugetiere*: breed; *fig. colloq.* **Geld heckt** money makes (*od.* begets) money.

ˈHecken|ˌbild·ner (*getr.* **-k·k-**) *pl bot.* quickset *sg*, *bes. Br. a.* quick *sg*. **~brauˌnel·le** *f orn.* hedge-sparrow. **~ˌdorn** *m* → Schlehe 1. **~ˌro·se** *f* dog-rose. **~ˌsche·re** *f* hedge clippers (*od.* shears) *pl*, (*Maschine*) hedge clipper. **~ˌschüt·ze** *m mil.* sniper. **~ˌsprin·gen** *n aer. sl.* hedge-hopping. **~ˌzaun** *m* hedge.

ˈHeck|ˌfen·ster *n mot.* rear window. **~ˌflos·se** *f aer. mot.* tail fin. **~geˌschütz** *n mar. mil.* stern gun.

ˈHeckicht (*getr.* **-k·k-**) *n* ⟨-(e)s; -e⟩ thicket.

ˈHeck|kaˌno·ne *f* tail gun. **≈ˌla·stig** [-ˌlastɪç] *adj* **1.** *aer. mot.* tail-heavy. **2.** *mar.* heavy by the stern. **~ˌleuch·te** *f mot.* tail lamp, tail-light, rear light. **~ˌlicht** *n* **1.** *aer.* tail-light. **2.** *mar.* stern light. **3.** → **Heckleuchte.**

Heck·meck [ˈhɛkˈmɛk] *m* ⟨-s; *no pl*⟩ *colloq. contp.* a) (*Geschwätz*) twaddle, b) (*Getue*) (silly) fuss.

ˈHeck|ˌmo·tor *m* rear(-mounted) engine; **~fahrzeug** *n* rear-engined vehicle. **~ˌpfen·nig** *m* lucky penny. **~ˌradˌdampf·er** *m* stern-wheeler. **~ˌro·tor** *m aer.* anti-torque (*od.* tail) rotor. **~ˌschei·benˌwi·scher** *m* rear wiper. **~ˌschüt·ze** *m aer. mil.* rear gunner. **~ˌsee** *f mar.* stern sea; **auf der ~ des Vordermannes fahren** sail in the wake of the ship ahead. **~-ˌSenkˌrechtˌstar·ter** *m aer.* tail sitter. **~ˌsteu·er** *n aer.* tail control. **~ˌtür** *f* tail gate. **~ˌwel·le** *f mar.* stern wave. **~ˌzeit** *f* breeding time.

he·da [ˈheːda] *interj colloq.* hey (there)!

He·de [ˈheːdə] *f* ⟨-; -n⟩ *Low G.* (*Werg*) oakum.

He·de·rich [ˈheːdərɪç] *m* ⟨-s; -e⟩ *bot.* **1.** wild radish. **2.** (*Unkraut*) charlock, wild mustard.

He·do·nik [heˈdoːnɪk] *f* ⟨-; *no pl*⟩ *philos.* hedonics *pl* (*meist als sg konstruiert*). **Heˈdo·ni·ker** [-nikər] *m* ⟨-s; -⟩ hedonist. **heˈdo·nisch** *adj* hedonic(al). **He·doˈnis·mus** [-doˈnɪsmus] *m* ⟨-; *no pl*⟩ hedonism. **He·doˈnist** [-doˈnɪst] *m* ⟨-en; -en⟩ hedonist. **he·doˈni·stisch** *adj* hedonic, *a.* hedonistic.

Heer [heːr] *n* ⟨-(e)s; -e⟩ **1.** *mil.* army; **stehendes ~** standing army, (*aktive Truppe*) regular army. **2.** *fig.* host, multitude, army (*of journalists, etc*); **ein ~ von Fliegen** a swarm of flies. **3.** *myth.* **das Wilde ~** the Wild Hunt. **~ˌbann** *m hist.* arrière-ban.

ˈHee·res... *in Zssgn meist* army (*archives, hospital, order, etc*), military (*academy, service, etc*). **~beˌdarf** *m* army requirements (*od.* supplies) *pl.* **~beˌricht** *m mil. hist.* official (army) communiqué, daily war bulletin. **~beˌstän·de** *pl* army stores. **~ˌdienstˌvorˌschrift** *f* army manual (*od.* regulations *pl*). **~ˌfachˌschu·le** *f* army vocational school. **~ˌflie·ger** *m* army pilot. **~ˌfüh·rung** *f* → **Heeresleitung.**

~ˌ**grup·pe** *f* army group. ~ˌ**gut** *n* military property. ~ˌ**lei·tung** *f* army command (staff); *hist.* **Oberste** ~ Supreme (Army) Command. ~**lie·fe**ˌ**rant** *m* army contractor (*od.* supplier). ~ˌ**macht** *f* (military) forces *pl*, army, troops *pl*. ~ˌ**pfar·rer** *m* army chaplain. ~ˌ**zug** *m* **1.** march of an army. **2.** army on the march. **3.** *hist.* (military) expedition, campaign.

ˈ**Heer**|ˌ**fahrt** *f* → Heereszug 3. ~ˌ**füh·rer** *m* **1.** general, commander(-in-chief). **2.** military leader. ~ˌ**la·ger** *n* (army) camp. ~ˌ**säu·le** *f* (army moving in) column. ~ˌ**schar** *f poet. Bibl.* host; **die himmlischen** ~**en** the heavenly hosts. ~ˌ**schau** *f* (military) review. ~ˌ**stra·ße** *f hist.* military road. ~ˌ**zug** *m* → Heereszug 2.

He·fe [ˈheːfə] *f* ⟨-; -n⟩ **1.** *gastr.* a) yeast, b) (bakers') yeast, *für Sauerteig*: leaven. **2.** brewers' yeast, barm; **die** ~ **ansetzen** activate yeast. **3.** → **Weinhefe. 4.** (*Bodensatz*) dregs *pl*, lees *pl*; *fig.* **die** ~ **des Volkes** (*Abschaum*) the dregs (*od.* scum) of society; → Kelch 1.

ˈ**He·fe...** *in Zssgn* yeast (*bread, cake, dough, extract*). ~**ge**ˌ**bäck** *n* yeast pastry. ~ˌ**pflan·ze** *f*, ~ˌ**pilz** *m bot.* yeast plant (*od.* fungus). ~ˌ**stück·chen** *n* Danish pastry, sweet roll.

ˈ**he·fig** *adj* **1.** *Geschmack*: yeasty. **2.** *Wein etc*: full of dregs.

Heft[1] [hɛft] *n* ⟨-(e)s; -e⟩ **1.** (*Schreib*ᘔ) copy-book, notebook. **2.** (*Übungs*ᘔ) exercise book. **3.** (*Broschüre*) booklet, pamphlet, brochure. **4.** (*Einzel*ᘔ *e-r Zeitschrift*) number, issue. **5.** (*Exemplar*) copy. **6.** (*Teil e-r Fortsetzungsreihe*) fascicle. **7.** (*Bändchen mit Gedichten etc*) booklet. **8.** (*Fahrschein*ᘔ) book (of tickets).

Heft[2] *n* ⟨-(e)s; -e⟩ **1.** (*Griff*) handle, haft. **2.** *e-s Schwerts, Dolches etc*: hilt. **3.** ⟨*only sg*⟩ *fig.* **das** ~ **in der Hand haben** hold the reins (in one's hands), have things well under control, *a. Sport etc*: be (very much) in command; **j-m das** ~ **aus der Hand nehmen** take the reins out of s. o.'s hands; **er gibt das** ~ **nicht aus der Hand** he won't surrender control.

ˈ**Heft·chen** *n* ⟨-s; -⟩ **1.** *dim. of* Heft[1] 1–3, 7, 8. **2.** *für Streichhölzer etc*: book.

ˈ**Heft**ˌ**draht** *m* staple; *für Bücher etc*: stitching wire.

Hef·tel [ˈhɛftəl] *n* ⟨-s; -⟩ hook (and eye). ~ˌ**ma·cher** *m* ⟨-s; -⟩ *dial.* **aufpassen wie ein** ~ watch like a hawk.

hef·ten [ˈhɛftən] **I** *v/t* ⟨h⟩ **1.** (*Naht, Saum etc*) baste, tack. **2.** *print.* (*Buch*) (whip)stitch, *mit Draht*: wire-stitch, (*Buchteile*) tape. **3. et. an** (*acc*) **et.** ~ (af)fix (*od.* attach, fasten) s. th. to s. th., *mit Nadel, Reißzwecken*: pin s. th. to s. th., *mit Klammern*: staple s. th. to s. th., (*nähen*) baste (*od.* tack) s. th. (on) to s. th.; **j-m e-n Orden an die Brust** ~ pin a medal on s. o. **4.** *fig.* **die Augen (den Blick)** ~ **auf** (*acc*) fix (*od.* rivet, fasten) one's eyes on. **II** *v/reflex* **5.** *fig.* **sich auf et. (j-n)** ~ *Augen, Blick etc*: be fixed (*od.* riveted) on s. th. (s. o.), *stärker*: be glued to s. th. (on s. o.); → **Ferse** 1.

ˈ**Hef·ter** *m* ⟨-s; -⟩ **1.** a) (*Person*) stitcher, sewer, b) → **Heftmaschine. 2.** (*Ordner*) file.

ˈ**Heft**|ˌ**fa·den** *m*, ~ˌ**garn** *n* tacking thread.

ˈ**hef·tig I** *adj* **1.** *Streit, Zorn, Sturm, Kampf etc*: vehement, violent, fierce; ~**e Abneigung** strong dislike; ~**e Leidenschaft** violent (*od.* burning) passion; ~**er Regen** heavy rain; ~**er Schlag** violent (*od.* heavy) blow; ~**es Verlangen** ardent (*od.* intense) desire; ~**e Worte** a) violent (*od.* fierce) words, b) angry (*od.* high) words; **mit** ~**en Worten verteidigte er s-n Standpunkt** he defended his point of view vehemently (*od.* with vehemence). **2.** *Mensch*: a) vehement, irascible, b) (*ungestüm*) impetuous; **er wird schnell** ~ he is rather short-tempered, he flares up quickly. **3.** *Schmerzen etc*: severe, violent; *Kopfschmerzen*: splitting (*headache*); ~**e Erkältung** bad cold. **II** *adv* **4.** violently (*etc*); **es regnet** ~ it is raining heavily, it is pouring with rain; **sie antwortete** ~ she replied vehemently (*od.* with vehemence). ᘔ**keit** *f* ⟨-; *no pl*⟩ **1.** *e-s Streites, Zorns, Sturms etc*: violence, vehemence, fierceness; **die** ~ **des Windes hatte nachgelassen** the force of the wind had slackened. **2.** *e-s Menschen*: violent temper. **3.** *des Regens*: heaviness. **4.** *der Liebe*: passion, ardency. **5.** *der Schmerzen etc*: severity, violence. **6.** (*Stärke*) vehemence, intensity. **7.** (*Ungestüm*) impetuosity.

ˈ**Heft**|ˌ**klam·mer** *f* **1.** *der Heftmaschine*: staple. **2.** (*Büroklammer*) (paper) clip. ~ˌ**la·de** *f print.* sewing (*od.* binder's) press. ~**ma**ˌ**schi·ne** *f* **1.** *print.* a) stitching machine, stitcher, sewing press, b) *mit Draht*: stapler, stapling machine. **2.** *im Büro*: stapler. ~ˌ**naht** *f* **1.** *Näherei*: tacked seam. **2.** *tech.* tack weld. ~ˌ**pfla·ster** *n med.* sticking (*od.* adhesive) plaster, *Am. a.* band-aid; ~**streifen** *m* adhesive strip, (*Verband*) strap dressing; ~**verband** *m* adhesive bandage, strap dressing. ~ˌ**schwei·ßung** *f* **1.** tack welding. **2.** (*Ergebnis*) tack weld. ᘔˌ**wei·se** *adv* **das Buch erscheint** ~ the book appears in fascicles. ~ˌ**zwecke** (*getr.* **-k·k-**) *f* drawing-pin, *Am.* thumbtack.

He·ge [ˈheːgə] *f* ⟨-; *no pl*⟩ *des Wildes etc*: preservation.

He·ge·lia·ner [heːgəˈlĭaːnər] *m* ⟨-s; -⟩ *philos.* Hegelian. **he·ge·lia·nisch** [-ˈlĭaːnɪʃ] *adj Schule*: Hegelian. **He·gelsch** [ˈheːgəlʃ] *adj philos.* Hegelian.

ˈ**He·ge**ˌ**mei·ster** *m* gamekeeper.

He·ge|**mo·nie** [hegemoˈniː] *f* ⟨-; -n [-ən]⟩ hegemony. ᘔˈ**mo·nisch** [-ˈmoːnɪʃ] *adj* hegemonic.

he·gen [ˈheːgən] *v/t* ⟨h⟩ **1.** (*Wild, Forst etc*) preserve, maintain. **2.** (*Pflanzen, Garten etc*) tend, nurse. **3.** (*schützen*) protect, guard. **4.** ~ **und pflegen** a) lavish care (up)on, take loving care of, **j-n:** *a.* look after s. o. with loving care, b) *fig.* (*Künste, Beziehungen etc*) cultivate. **5.** *fig.* (*Meinung, Zweifel, Verdacht etc*) have, entertain; **die Absicht** ~ have the intention, intend; **den Wunsch** ~ (have the) wish, desire; → **Haß** 1, **Hoffnung** 1.

ˈ**He·ger** *m* ⟨-s; -⟩ → **Hegemeister.**

ˈ**He·ge**|ˌ**ring** *m hunt.* ~ˌ**zeit** *f* close (*Am.* closed) season.

Hehl [heːl] *n, a. m* ⟨-(e)s; *no pl*⟩ *fig.* **aus et. kein** (*a.* **k-n**) ~ **machen** make no secret of s. th., make no bones about s. th., not to disguise s. th.; **er machte kein** ~ **daraus, daß** he made no secret of (*od.* no attempt to conceal) the fact that; **ohne** ~ quite openly (*od.* frankly). **heh·len** [ˈheːlən] *v/i* ⟨h⟩ *jur.* **1.** receive stolen goods. **2.** (*Verbrechen begünstigen*) connive (at a crime), be an accessory (after the fact). ˈ**Heh·ler** *m* ⟨-s; -⟩ *jur.* **1.** receiver of stolen goods, *sl.* fence. **2.** → **Begünstiger. Heh·le**ˈ**rei** *f* ⟨-; -en⟩ *jur.* **1.** receiving stolen goods. **2.** → **Begünstigung** 5 a.

hehr [heːr] *adj poet.* **1.** (*erhaben*) sublime, lofty, noble. **2.** *Person*: noble, exalted, august.

hei [haɪ] *interj* heigh-ho!, hurrah!

heia [ˈhaɪa] **I** *adj* ~ **machen** (*child's language*) go to by(e)-by(e). **II** ᘔ *f* ⟨-; *no pl*⟩ bed; **in die** ᘔ **gehen** go to by(e)-by(e). **heia·po·peia** [ˌhaɪapoˈpaɪa] *interj* hushaby, baby.

Hei·de[1] [ˈhaɪdə] *f* ⟨-; -n⟩ **1.** heath(land), (*Moor*) *a.* moor(land); **die Lüneburger** ~ the Lüneburg Heath. **2.** *bot.* (**Gemeine**) ~ → **Heidekraut; Graue** ~ Scotch heath.

ˈ**Hei·de**[2] *m* ⟨-n; -n⟩ **1.** heathen. **2.** *bei den Römern etc*: pagan. **3.** *Bibl.* (*Nichtjude, bes. Christ*) gentile, Gentile. **4.** (*Ungläubiger*) heathen, pagan.

ˈ**Hei·de**|ˌ**blu·me** *f* heath flower. ~ˌ**blü·te** *f* **1.** heath-blossom. **2.** heath-bell, heath flower. ~**ge**ˌ**wächs** *n* heath(wort), heather. ~ˌ**gras** *n* heath sedge. ~ˌ**kraut** *n bot.* heather, heath; ~**gewächse** *pl* heath family *sg*, ericaceae. ~ˌ**land** *n* heath(land).

ˈ**Hei·del**|**bee·re** [ˈhaɪdəl-] *f bot.* **1.** bilberry, whortleberry, *Am.* blueberry. **2.** → ~ˌ**beer**ˌ**strauch** *m* bilberry (*Am.* blueberry) bush.

ˈ**Hei·del**ˌ**berg**ˌ**mensch** *m anthrop.* Heidelberg man.

ˈ**Hei·de**|ˌ**ler·che** *f orn.* wood lark. ~ˌ**moor** *n* moor(land).

ˈ**Hei·den**|ˈ**angst** *f colloq.* mortal fear, blue funk; **ich hatte e-e** ~ I was scared stiff, I was in a blue funk. ~**apo·stel** [-ˀaˌpɔstəl] *m relig.* apostle to the Gentiles. ~ˈ**ar·beit** *f colloq.* **e-e** ~ a hell of a job, a devilish job. ~ˌ**christ** *m relig. hist.* heathen proselyte to Christianity, Gentile (Christian). ~ˈ**geld** *n colloq.* **ein** ~ a fortune, a lot of money, a king's ransom, quite a packet. ~ˌ**gott** *m relig.* **1.** heathen god. **2.** *bei den Römern etc*: pagan god. ~ˌ**kir·che** *f hist.* Church of the Gentiles. ~ˈ**krach,** ~ˈ**lärm** *m colloq.* **ein** ~ a hell of a noise, a terrible racket (*od.* din, row). ᘔˌ**mä·ßig** *adv colloq.* awfully; ~ **viel** lots of, an awful lot of. ~**mis·si**ˌ**on** *f* foreign mission. ~**re**ˈ**spekt** *m colloq.* **e-n** ~ **vor j-m haben** stand in awe of s. o. ~ˌ**ro·se** *f* → **Heiderose.** ~ˌ**rös·lein** *n* → **Heideröschen.** ~ˈ**schreck** *m colloq.* terrible fright (*od.* shock). ~ˈ**spaß** *m colloq.* huge (*od.* great) fun; **wir hatten e-n** ~ it was great fun, we had a great time, we had quite a ball. ~**spek**ˈ**ta·kel** *m* → **Heidenkrach.**

ˈ**Hei·den·tum** *n* ⟨-s; *no pl*⟩ **1.** (*Glaube*) a) heathenism, b) *bei den Römern etc*: paganism. **2. das** ~ (*die Heiden*) a) heathendom, the heathen(s) *pl*, b) pagandom, the pagans *pl*.

ˈ**Hei·de**|**rös·chen** *n bot.* **1.** heath rose, rock-rose. **2.** → **Heckenrose.** ~ˌ**ro·se** *f* Scotch rose. ~ˌ**schaf** *n* → **Heidschnucke.** ~ˌ**seg·ge** *f bot.* heath sedge. ~ˌ**strauch** *m* heather, heath.

hei·di [haɪˈdiː; ˈhaɪdi] **I** *interj* hurrah! **II** *adj* ⟨*pred*⟩ *colloq.* (*dahin*) gone; (*verloren*) *a.* lost.

ˈ**Hei·din** *f* ⟨-; -nen⟩ heathen (woman) (*etc*; *cf.* Heide[2]). **heid·nisch** [ˈhaɪdnɪʃ] *adj* **1.** *relig.* heathen, *bes. bei Römern etc*: pagan. **2.** *Sitten, Leben etc*: heathenish, pagan.

ˈ**Heid**ˌ**schnucke** (*getr.* **-k·k-**) *f* ⟨-; -n⟩ moorland sheep.

hei·kel [ˈhaɪkəl] *adj* ⟨**heikler, heikelst**⟩ **1.** *Angelegenheit, Situation, Thema etc*: difficult, delicate, awkward, ticklish, tricky, *Problem*: *a.* thorny, knotty; **heikler Punkt** tender (*od.* sore, sensitive) point. **2.** *Person*: a) (*wählerisch, anspruchsvoll*) fussy, particular, fastidious, hard to please, b) (*sehr genau*) particular, fussy, c) (*leicht Ekel empfindend*) squeamish. **3.** *Stoff etc*: a) (*empfindlich*) sensitive, delicate, b) (*leicht schmutzend*) that soils easily.

Heil [haɪl] *n* ⟨-(e)s; *no pl*⟩ **1.** (*Wohl*) welfare, well-being; **sein ~ in der Flucht suchen** seek safety in flight, take to flight; **zu j-s ~ (gereichen)** (be) for s. o.'s good; **zu unserem ~** luckily (for us); *colloq.* **sein ~ mit j-m (et.) versuchen** try one's luck with s. o. (s. th.); **laß mich mal mein ~ versuchen!** let me try (my luck)!; **j-m ~ und Segen wünschen** wish s. o. the best of luck. **2.** *relig.* a) (*Erlösung*) salvation, b) (*Gnade*) grace; **das ~ der Welt** the salvation of the world; **von j-m sein ~ erwarten** look to s. o. for one's salvation; **(im) Jahr des ~s** (in the) year of grace. **3.** (*Gruß*) hail; **~ dir!** hail to thee!; **~ dem König!** hail to the King!, God save the King!; **Petri ~!** good fishing!; **Ski ~!** good skiing! **heil** *adj* ⟨-er; -st⟩ **1.** (*unverletzt*) unhurt, uninjured, unharmed, unscathed, safe, safe and sound; → **Haut** 2. **2.** (*ganz, nicht kaputt*) undamaged, whole, intact; *fig.* **~e Welt** intact world; **mit ~en Gliedern** safe and sound, without any broken bones; **das Geschirr ist ~ geblieben** the dishes are still whole; **ich habe kein ~es Paar Strümpfe** I haven't got a good pair of stockings; **et. wieder ~ machen** mend s. th. **3.** (*geheilt*) cured, healed.

Hei·land [ˈhaɪlant] *m* ⟨-(e)s; *no pl*⟩ *relig.* Savio(u)r, Redeemer.

ˈHeil|ˌanˌstalt *f* **1.** sanatorium, *Am. a.* sanitarium. **2.** (*Nerven*Ƨ *etc*) (mental) home (*od.* institution). **~ˌanˌzei·ge** *f med.* (therapeutic) indication. **~ˌbad** *n* **1.** *meist pl* medicinal bath. **2.** (*Kurort*) spa, health resort.

ˈheil·bar *adj* **1.** *Krankheit*: curable (*a. fig. jur.*). **2.** *Wunden etc*: healable. **Ƨkeit** *f* ⟨-; *no pl*⟩ curability.

ˈHeil|beˌhand·lung *f* (therapeutic *od.* curative) treatment. **Ƨˌbrin·gend** *adj* beneficial, salutary. **~ˌbutt** *m ichth.* halibut. **~ˌdro·ge** *f* healing drug.

hei·len [ˈhaɪlən] **I** *v/t* ⟨h⟩ **1.** (*Krankheit etc*) cure. **2.** (*Wunde*) heal. **3.** (*Kranken*) cure, heal; **j-n von e-m Leiden ~** cure s. o. of a disease. **4.** *fig.* cure (**von** of); **ein Übel ~** cure (*od.* remedy) an evil; *jur.* **e-n Formfehler ~** cure a formal defect; **die Zeit heilt alle Wunden** (*Sprichwort*) time heals all wounds, *a.* Time the Great Healer! **II** *v/i* ⟨sein⟩ **5.** *Wunde etc*: heal (up), close. **III** Ƨ *n* ⟨-s⟩ **6.** curing (*etc*). **7.** → **Heilung.** **~d** *adj Wunde, Salbe etc*: healing, *Wirkung*: *a.* curative.

ˈHeil|ˌer·de *f* healing earth. **~erˌfolg** *m* (therapeutic *od.* remedial) success (*od.* result); **mit diesem Mittel hat man gute ~e erzielt** this has proved to be a very effective (*od.* successful) remedy (*od.* cure). **~ˌfak·tor** *m* curative factor. **~ˌfa·sten** *n* → **Fastenkur.** **~ˌfie·ber** *n* therapeutic fever. **~ˈfroh** *adj* ⟨*pred*⟩ very glad, *Br. colloq.* jolly glad. **~ˌfürˌsor·ge** *f* medical care. **~gymˌnast** *m* physiotherapist. **~gymˌnastik** *f* physiotherapy, remedial gymnastics *pl* (*als sg konstruiert*). **~gymˌna·stin** *f* → **Heilgymnast.**

ˈhei·lig I *adj* **1.** *relig.* a) holy, b) (*Gott geweiht, Ggs. profan*) sacred, c) (*geheiligt*) hallowed, d) *bei Eigennamen*: Saint; **der Ƨe Abend** Christmas Eve; **die Ƨe Familie (Stadt)** the Holy Family (City); **der Ƨe Geist (Gral, Vater)** the Holy Ghost (Grail, Father); **die Ƨen Kriege** the Holy Wars; **das Ƨe Grab (Jahr, Land)** the Holy Sepulchre (Year, Land); **die Ƨe Jungfrau** the Blessed Virgin; **die Ƨen Drei Könige** the Three Magi, the Three Wise Men; **Ƨe Woche** Holy (*od.* Passion) Week; **Ƨe Maria** Holy Mary; **der ~e (od. hl.) Paulus** Saint (*od.* St., St) Paul; *fig.* **~e Kuh** sacred cow; **dieser Tag ist dem Herrn ~** this day is sacred to the Lord. **2.** (*fromm*) saintly, godly, pious. **3.** *pol. hist.* holy; **die Ƨe Allianz** the Holy Alliance (*1815*); **das Ƨe Römische Reich Deutscher Nation** the Holy Roman Empire. **4.** (*unantastbar*) sacred, sacrosanct, inviolate (*right, etc*); **sein Wort ist mir ~** his word is sacred to me; **d-e ~e Pflicht** your sacred duty; **nichts ist ihm ~** nothing is sacred to him; **er schwor bei allem, was ihm ~ ist** he swore by all that is holy; **es ist mein ~er Ernst** I am dead serious, I mean it; → **Bimbam** (*etc*). **II Ƨe, das** ⟨-n⟩ **5.** the holy. **6.** the sacred; **das ist unser Ƨstes** that is our most sacred treasure, that is most sacred to us.

ˌHei·ligˈabend *m* (**am ~** on) Christmas Eve. **ˈHei·li·ge** *m, f* ⟨-n; -n⟩ *relig.* saint (*a. weitS.*); *humor.* **ein richtiger ~r** a saint on wheels; **ein wunderlicher ~r** a queer fish; **wie ein ~r leben** lead the life of a saint, saint it; **den ~n spielen** saint it. **ˌHei·li·geˌdreiˈkö·nigsˌtag** *m relig.* Epiphany. **hei·li·gen** [ˈhaɪlɪgən] *v/t* ⟨h⟩ *relig.* a) sanctify, b) hallow, c) → **heilighalten; Gott heiligte den siebten Tag** God sanctified the seventh day; **den Sabbat ~** keep the Sabbath; **geheiligt werde Dein Name** hallowed be Thy name; → **Zweck** 1.

ˈHei·li·gen|ˌbild *n* picture of a saint. **~geˌschich·te** *f* **1.** hagiography. **2.** (*Erzählung*) story of a saint. **~leˌgen·de** *f* legend of saints. **~ˌschein** *m* **1.** *relig. Kunst*: a) *um den Kopf*: halo, nimbus, b) aureole. **2.** *fig.* halo, aura; **sich mit e-m ~ umgeben** surround o. s. with an aura of saintliness. **~ˌschrein** *m relig.* shrine (containing relics). **~verˌeh·rung** *f* veneration (*od.* worship) of saints, hagiolatry. **~verˌzeich·nis** *n* **1.** hagiology. **2.** *kirchlich anerkannter Heiliger*: canon of saints.

ˈhei·lig|ˌhal·ten *v/t* ⟨*irr, sep,* -ge-, h⟩ **1.** *allg.* hold *s. th.* sacred. **2.** (*Sonntag etc*) observe, keep *s. th.* (holy). **Ƨˌhal·tung** *f* ⟨-; *no pl*⟩ **1.** holding *s. th.* sacred. **2.** *des Sonntags*: observance.

ˈHei·lig·keit *f* ⟨-; *no pl*⟩ **1.** *relig. e-r Person*: holiness, saintliness; **S-e ~** (*Papst*) His Holiness; → **Geruch** 5. **2.** *e-s Gelübdes, e-r Stätte etc*: sanctity, holiness, sacredness. **3.** *fig. des Lebens, e-s Vertrages etc*: sanctity.

ˈhei·lig|ˌma·chend *adj* hallowing, sanctifying. **~ˌmä·ßig** *adj archaic* saintly. **~ˌspre·chen** *v/t* ⟨*irr, sep,* -ge-, h⟩ canonize. **Ƨˌspre·chung** *f* ⟨-; -en⟩ canonization.

ˈHei·lig·tum *n* ⟨-s; ⸚er⟩ **1.** (*Stätte*) sanctuary, (holy) shrine, temple; **ein nationales ~** a national shrine. **2.** (*Reliquie*) (sacred) relic. **3.** *antiq.* sacrarium. **4.** *colloq.* sacred object, s. th. sacred; **et. wie ein ~ hüten** guard s. th. as if it were sacred. **5.** *fig. colloq.* (*Zimmer etc*) sanctum.

ˈHei·li·gung *f* ⟨-; *no pl*⟩ *relig.* sanctification, hallowing.

ˈHeil|ˌimp·fung *f med.* injection of an antiserum, passive immunization. **~ˌkli·ma** *n* salubrious climate. **~ˌkraft** *f* healing (*od.* curative) power. **Ƨˌkräf·tig** *adj* **1.** curative, effective. **2.** *Kräuter etc*: medicinal. **~ˌkraut** *n* medicinal (*od.* officinal) herb. **~ˌkun·de** *f* **1.** medical science, medicine. **2.** art of healing, therapeutics *pl* (*als sg od. pl konstruiert*). **Ƨˌkun·dig** *adj* skilled in medicine, medically trained. **~ˌkunst** *f* medical art, art of healing. **Ƨlos** *adj* **1.** terrible, awful, utter; **~es Durcheinander** *a.* hopeless muddle; **~e Verwirrung** utter confusion. **2.** *obs.* (*ruchlos*) wicked, foul. **Ƨmaˌgne·tisch** *med.* **I** *adj* mesmeric. **II** *adv* **~ behandeln** mesmerize. **~ma·gne·tiˌseur** *m* mesmerist. **~magneˌtis·mus** *m* mesmerism. **~masˌsa·ge** *f* curative massage. **~meˌtho·de** *f* method of treatment, cure.

ˈHeilˌmit·tel *n* (**für, gegen** for) *med.* remedy, cure (*beide a. fig.*); medicine, medicament, (pharmaceutic) drug. **~allerˌgie** *f* drug allergy. **~beˌhand·lung** *f* medication. **~in·duˌstrie** *f* pharmaceutical (*od.* drug) industry. **~ˌkun·de, ~ˌleh·re** *f* pharmacology.

ˈHeil|päd·ago·gik [-pɛdaˌgoːgɪk] *f* orthopedagogy, therapeutic (*od.* medical) pedagogy. **~ˌpflan·ze** *f* → **Heilkraut.** **~ˌpfla·ster** *n* healing plaster. **~ˌprak·ti·ker** *m* nonmedical practitioner, healer. **~proˌzeß** *m* → **Heilungsprozeß.** **~ˌquel·le** *f* medicinal spring. **~ˌruf** *m* acclamation, cheer. **~ˌsal·be** *f* healing ointment.

ˈheil·sam *adj* **1.** wholesome, salutary, healthful, healthy, beneficial, ⟨*pred*⟩ good, *bes. Klima*: salubrious, *Medizin etc, a. fig.* curative, effective; **~ für die Lunge** beneficial to (*od.* good for) the lungs. **2.** *fig.* (**für**) wholesome, salutary, healthy, good (*alle*: for); *iro.* **das wäre sehr ~ für ihn** that would do him no end of good. **Ƨkeit** *f* ⟨-; *no pl*⟩ **1.** wholesomeness, salutariness (*beide a. fig.*), healthfulness, healthiness, salubrity. **2.** *med.* curative effect.

ˈHeils|arˌmee *f* ⟨-; *no pl*⟩ Salvation Army. **~ˌbot·schaft** *f* message of salvation.

ˈHeil|ˌschlaf *m med.* **1.** healing sleep. **2.** (*Verfahren*) hypnotherapy. **~ˌschlamm** *m* therapeutic mud. **~ˌse·rum** *n* antiserum, curative serum.

ˈHeils|geˌschich·te *f* ⟨-; *no pl*⟩ *relig.* **1.** history of salvation. **2.** *als Interpretation*: heilsgeschichte. **~ˌleh·re** *f* doctrine of salvation.

ˈHeil|ˌstät·te *f* sanatorium, *Am. a.* sanitarium, hospital. **~ˌstoff** *m* healing substance. **~ˌtrank** *m* medicinal potion (*od.* draught). **~- ˌund ˈPfle·geˌanˌstalt** *f* mental home.

ˈHei·lung *f* ⟨-; -en⟩ **1.** *med.* (**von** of) a) *von Wunden*: healing, b) *e-r Krankheit*: cure, successful treatment; **e-e ~ bewirken** effect a cure, **bei j-m**: cure s. o. **2.** *med.* → a) **Heilverfahren**, b) **Heilungsprozeß.** **3.** *fig.* cure.

ˈHei·lungs|ˌausˌsicht *f meist pl med.* chance of recovery. **~proˌzeß** *m* **1.** healing process. **2.** recovery.

ˈHeil|ver·fah·ren *n* (medical) treatment, therapy. **~ˌvorˌgang** *m* → **Heilungsprozeß.** **~ˌwert** *m*, **~ˌwir·kung** *f* curative (*od.* therapeutic) effect. **~ˌwurz, ~ˌwur·zel** *f bot.* mountain parsley.

heim *adv* home.

Heim [haɪm] *n* ⟨-(e)s; -e⟩ **1.** ⟨*only sg*⟩ (*das Zuhause*) home; **ein ~ gründen** marry and settle down; **trautes ~ Glück allein** (*Sprichwort*) *etwa* my home is my happiness. **2.** (*Anstalt*) home; → *a.* **Altersheim** (*etc*). **3.** (*Ferien*Ƨ, *Erholungs*Ƨ) (recreation) home, *a.* camp. **4.** (*Jugend*Ƨ, *Studenten*Ƨ) hostel. **5.** (*Klubhaus*) club(house). **~ˌabend** *m* (social) meeting. **~ˌar·beit** *f* **1.** ⟨*only sg*⟩ outwork, homework. **2.** ⟨*only sg*⟩ → **Heimindustrie.** **3.** (*Erzeugnis*) home-made article. **~ˌar·bei·ter** *m*, **~ˌar·bei·te·rin** *f* homeworker.

Hei·mat [ˈhaɪmaːt] *f* ⟨-; *no pl*⟩ **1.** a) home, native country (*od.* land), homeland, b) (~*stadt*) native (*od.* home) town, (~*ort*) native place; **in der** ~ at home; **in m-r** ~ in my (native) country, where I come from, at home; **die alte** ~ a) one's homeland, b) the place where one was born (*od.* grew up); **in die** ~ **zurückkehren** return home; **k-e** ~ **mehr haben** be homeless; **zweite** ~ second home, adopted country; **Köln ist mir zur zweiten** ~ **geworden** I have found a second home in Cologne; **willkommen in der** ~! welcome home!; **Italien ist s-e geistige** ~ Italy is his spiritual home; **Italien ist die** ~ **der Renaissance** the Renaissance originated in Italy; **das antike Griechenland ist die** ~ **der Demokratie** ancient Greece is the cradle of democracy. **2.** *bot. zo.* habitat. **~ˌabend** *m* folklore evening (*for tourists*). **~adres·se** [-ˀaˌdrɛsə] *f* home address. **≈beˌrech·tigt** *adj* having right of residence. **~beˌrech·ti·gung** *f* right of residence (*od.* settlement). **~beˌwußtˌsein** *n* strong emotional ties with one's homeland (*etc*). **~ˌbo·den** *m* native soil. **~ˌdich·ter** *m* **1.** regional poet. **2.** writer of peasant (*od.* village) stories. **~ˌdich·tung** *f* **1.** regional literature. **2.** peasant (*od.* village) tales *pl.* **~ˌdorf** *n* native village. **~ˌer·de** *f* ⟨-; *no pl*⟩ native soil. **~ˌfilm** *m* (sentimental) film with regional background. **~ˌfront** *f mil.* home front. **~geˌfühl** *n* feeling of attachment to one's native land (*od.* home town). **~geˌwäs·ser** *pl* home waters. **~ˌha·fen** *m* **1.** *mar.* port of registry, home port. **2.** *aer.* base. **~ˌkrie·ger** *m contp.* stay-at-home patriot. **~ˌkun·de** *f* ⟨-; *no pl*⟩ *ped.* local history and geography. **≈ˌkund·lich** [-ˌkʊntlɪç] *adj* relating to local history and geography. **~ˌkunst** *f* regional arts *pl* and crafts *pl.* **~ˌland** *n* → Heimat 1a.

ˈ**hei·mat·lich I** *adj* **1.** native; **~er Boden** one's native soil; **~e Gefilde** home grounds; **~e Klänge** the local accent of one's homeland (*etc*); **~e Sitten** customs of one's home. **2.** (~ *anmutend*) homelike, ⟨*pred*⟩ like home, *bes. Am.* hom(e)y. **II** *adv* **3. das mutet mich ~ an** that reminds me of home.

ˈ**Hei·mat|ˌlie·be** *f* love of one's native land (*od.* home town). **~ˌlied** *n* song praising one's homeland (*etc*). **≈los** *adj* **1.** homeless, without a home; **~e und verwahrloste Kinder** waifs and strays. **2.** *jur.* stateless. **~lo·se** *m, f* ⟨-n; -n⟩ **1.** homeless person; **die ~n** the homeless. **2.** *meist Kinder*: waif. **~lo·sig·keit** *f* ⟨-; *no pl*⟩ **1.** homelessness. **2.** *jur.* statelessness. **~muˌse·um** *n* museum of local history and culture. **~ˌort** *m* **1.** native place. **2.** (*Geburtsort*) birthplace. **3.** → Heimatstadt. **~ˌpfle·ge** *f* preservation of regional traditions. **~ˌrecht** *n jur.* right of residence (*od.* settlement). **~roˌman** *m* (sentimental) novel set in regional background. **~ˌschein** *m* certificate of citizenship. **~ˌschriftˌstel·ler** *m* → Heimatdichter. **~ˌschuß** *m mil. colloq.* blighty (one), homer, cushy one. **~ˌschutz** *m* **1.** *mil.* home defen/ce (*Am.* -se). **2.** → Heimatpflege. **~ˌstaat** *m* **1.** native country (*od.* state). **2.** country of origin. **~ˌstadt** *f* **1.** native (*od.* home) town. **2.** birthplace. **~ˌtref·fen** *n* (landsmannschaftliches) ~ meeting of refugees and expellees. **~ˌurˌlaub** *m mil.* home leave. **≈verˌbun·den** *adj* (deeply) rooted in one's native soil. **≈verˌtrie·ben** *adj* expelled (from one's native land). **~verˌtrie·be·ne** *m, f* ⟨-n; -n⟩ expellee.

ˈ**heim|be|ge·ben** *v/reflex* ⟨*irr, sep, no* -ge-, h⟩ **sich** ~ go (*od.* return) home. **~beˌglei·ten** *v/t* ⟨*sep, no* -ge-, h⟩ **j-n** ~ see (*od.* accompany) s. o. home. **~ˌbrin·gen** *v/t* ⟨*irr, sep,* -ge-, h⟩ **1. j-n** ~ see (*od.* take) s. o. home. **2. et.** ~ bring s. th. home. **≈ˌbüg·ler** *m* home pressing machine, *Am.* electric ironer.

Heim·chen *n* ⟨-s; -⟩ **1.** *zo.* house cricket. **2.** *fig.* ~ **am Herd** little woman at home.

hei·me·lig [ˈhaɪməlɪç] *adj* cozy, cosy, homelike, hom(e)y.

ˈ**Heim|er|zie·her** *m ped.* warden. **~erˌzie·hung** *f* upbringing in a home.

≈ˌfah·ren I *v/i* ⟨*irr, sep,* -ge-, sein⟩ **1.** *Fahrer*: drive (*od.* return) home. **2.** *Passagier*: ride (*od.* return) home. **II** *v/t* ⟨h⟩ **3. j-n** ~ drive s. o. home, take s. o. home by car. **~ˌfahrt** *f* journey (*od.* trip) home, return (*od.* home[ward]) journey (*od.* trip); **er ist auf der** ~ he is on his way home. **~ˌfall** *m* ⟨-(e)s; *no pl*⟩ *jur.* reversion, escheat. **≈ˌfal·len** *v/i* ⟨*irr, sep,* -ge-, sein⟩ revert (**an** *acc* to). **~ˌfallsˌrecht** *n* reversionary right. **≈ˌfin·den** *v/i* ⟨*irr, sep,* -ge-, h⟩ find one's way home. **≈ˌfüh·ren** *v/t* ⟨*sep,* -ge-, h⟩ **1. j-n** ~ a) lead (*od.* take) s. o. home, b) (*Kriegsgefangene*) repatriate s. o. **2.** *lit.* **ein Mädchen (als Frau)** ~ make a girl one's wife. **~ˌgang** *m* ⟨-(e)s; *no pl*⟩ **1.** way home (*od.* back). **2.** *fig.* death, decease; **beim** ~ **m-s Mannes** (up)on the death of my husband. **~geˌgan·ge·ne** *m, f* ⟨-n; -n⟩ *euphem.* (the) departed, (the) deceased. **≈ˌge·hen** *v/i* ⟨*irr, sep,* -ge-, sein⟩ **1.** go home, return (home). **2.** *fig. euphem.* pass away (*od.* on), depart this life, die. **~geˌstal·tung** *f* interior decorating. **≈geˌsucht** *pp u. adj* (**von** *dat* by) struck, stricken, afflicted; **vom Erdbeben** ~ *town* struck by the earthquake; **vom Hochwasser** ~ flood-stricken *area*; **vom Krieg** ~ war-torn, war-ravaged *country, etc*; *museum, etc* badly damaged during the war; **vom Streik** ~ strike-racked (*od.* -ridden). **≈ˌho·len** *v/t* ⟨*sep,* -ge-, h⟩ **j-n** ~ take (*od.* fetch) s. o. home. **~in·duˌstrie** *f* home (*od.* cottage) industry. **~ˌinˌsas·se** *m,* **~ˌinˌsas·sin** *f* inmate.

ˈ**hei·misch I** *adj* **1.** *Industrie, Produkt etc*: domestic, home. **2.** *Personen, Pflanzen, Tiere*: native, indigenous; **e-e Pflanze (ein Tier)** ~ **machen** naturalize a plant (an animal). **3.** (*wie zu Hause*) homelike, *bes. Am.* hom(e)y (*atmosphere, etc*). **4.** *Gewässer*: inland (*waters*). **5.** ~ **sein in** (*dat*) a) (*ein*~) be indigenous to, b) (*wohnen, leben*) live in, be at home in, c) *Gewerbe etc*: be established in, d) *fig.* be at home in, be well versed in. **6.** ~ **werden** acclimatize (*bes. Am.* acclimate) (o. s.). **II** *adv* **7. sich** ~ **fühlen** feel at home.

ˈ**Heim|ˌkehr** *f* ⟨-; *no pl*⟩ return (home), home-coming. **≈ˌkeh·ren** *v/i* ⟨*sep,* -ge-, sein⟩ return (*od.* go, come) home, come back. **~ˌkeh·rer** *m* ⟨-s; -⟩ **1.** person who returns to his native country. **2.** *pol.* repatriate(d prisoner of war); **~lager** *n* transit camp for repatriated prisoners of war. **~ˌkehr·verˌmö·gen** *n* ⟨-s; *no pl*⟩ *orn.* homing instinct. **~ˌki·no** *n phot.* home cine-projector. **≈ˌkom·men** *v/i* ⟨*irr, sep,* -ge-, sein⟩ return (home), come home (*od.* back). **~ˌkunft** *f* ⟨-; *no pl*⟩ → Heimkehr. **~ˌlam·pe** *f phot.* photoflood (lamp). **≈ˌlas·sen** *v/t* ⟨*irr, sep,* -ge-, h⟩ **j-n** ~ let s. o. go home. **~ˌlei·ter** *m* **1.** director (of a home). **2.** *e-s Internats*: warden. **~ˌlei·te·rin** *f* **1.** directress (of a home). **2.** *e-s Internats*: matron. **≈ˌleuch·ten** *v/i* ⟨*sep,* -ge-, h⟩ *colloq.* **j-m** ~ give s. o. a piece of one's mind.

ˈ**heim·lich I** *adj* **1.** (*geheim*) secret (*love, plans, suspicion, etc*). **2.** (*unerlaubt*) clandestine, surreptitious, secret (*meeting, etc*). **3.** (*verstohlen*) furtive, surreptitious, stealthy, hush-hush; **~es Lächeln** furtive (*od.* inward) smile; **~e Machenschaften** underhand dealings. **4.** (*getarnt*) disguised, undercover, secret, *nachgestellt*: in disguise. **5.** (*verborgen*) concealed, hidden, private, secret; **~es Plätzchen** a) hidden place, b) *stilles*: silent place; → *a.* **heimelig. II** *adv* **6.** secretly (*etc*), in secret, in private; *a. colloq.* **~, still und leise** on the sly, on the quiet; **j-n ~ anblicken** steal a glance at s. o.; **~ lauschen** eavesdrop; **~ lächeln** smile inwardly; **~ lachen** laugh inwardly (*od.* up one's sleeve); **sich ~ entfernen** slip (*od.* steal) away, take French leave. **≈keit** *f* ⟨-; -en⟩ **1.** ⟨*only sg*⟩ a) secrecy, b) (*Verstohlenheit*) furtiveness, stealth(iness), surreptitiousness, secretiveness, c) (*Intriganz*) underhandedness, d) (*Stille*) silence; **in aller** ~ with great secrecy. **2.** *meist pl* (*Geheimnis*) secret. **≈ˌtu·er** *m* ⟨-s; -⟩ *colloq.* secretive fellow, mystery-monger. **≈tu·eˈrei** [ˌhaɪmlɪç-] *f* ⟨-; -en⟩ mysteriousness, secretive manner, hush-hush routine. **~ˌtun** *v/i* ⟨*irr, sep,* -ge-, h⟩ affect an air of secrecy; (**mit et.**) ~ be secretive (about s. th.), make a mystery (of s. th.).

ˈ**Heim|ˌmann·schaft** *f Sport*: home team. **≈ˌmüs·sen** *v/i* ⟨*irr, sep,* -ge-, h⟩ have to go home. **~ˌmut·ter** *f ped.* matron. **≈ˌneh·men** *v/t* ⟨*irr, sep,* -ge-, h⟩ (**mit**) ~ take *s. o., s. th.* home (with one). **~ˌnie·derˌla·ge** *f Sport*: home defeat. **~proˌjek·tor** *m* **1.** *phot.* home projector. **2.** → Heimkino. **~ˌrei·se** *f* journey home, homeward (*od.* return) journey (*mar. a.* voyage); **das Schiff war auf der** ~ the ship was homeward bound; **die** ~ **antreten** set off for home. **≈ˌrei·sen** *v/i* ⟨*sep,* -ge-, sein⟩ travel (*od.* journey, go) home. **~ˌsau·na** *f* home sauna. **≈ˌschaf·fen** *v/t* ⟨*sep,* -ge-, h⟩ take *s. o., s. th.* home. **≈ˌschicken** (*getr.* -k·k-) *v/t* ⟨*sep,* -ge-, h⟩ send *s. o., s. th.* home. **~ˌschu·le** *f* boarding school. **≈ˌseh·nen** *v/reflex* ⟨*sep,* -ge-, h⟩ **sich** ~ long for home. **≈ˌsen·den** *v/t* ⟨*irr, sep,* -ge-, h⟩ **j-n (et.)** ~ send s. o. (s. th.) home. **~ˌsieg** *m Sport*: home victory (*od.* win). **~ˌspiel** *n Sport*: home match. **~ˌstatt** *f* ⟨-; *no pl*⟩, **~ˌstät·te** *f* **1.** home (*a. fig.*). **2.** *agr.* (*Hof*) homestead. **3.** *pol.* homeland. **≈ˌsu·chen I** *v/t* ⟨*sep,* -ge-, h⟩ **1.** a) *mit Katastrophen etc*: strike, hit, *a. Bibl.* visit, (*zerstören*) ravage, *a. von Leiden etc*: afflict, plague, (*das Gemüt*) *a.* haunt, b) *von Ungeziefer*: infest; **die Stadt wurde von e-m Erdbeben heimgesucht** the town was struck by an earthquake; **die Gegend wurde von Heuschrecken heimgesucht** the region was infested with locusts; *Bibl.* **Ägypten wurde von den zehn Plagen heimgesucht** Egypt was visited with the ten plagues; **Gott hat die Sünden unserer Väter an uns heimgesucht** God has visited our fathers' sins on us; → **heimgesucht. 2.** *von Geistern etc*: haunt; **das Schloß soll von Gespenstern heimgesucht werden** the castle is said to be haunted. **3.** *humor.* a) (*besuchen*) descend on *s. o.*, b) (*plagen*) plague, pester. **~ˌsu·chung** *f* ⟨-; -en⟩ **1.** visitation (*a. Bibl.*), affliction. **2.** (*Plage, Prüfung*) trial, ordeal. **3.** (*Katastrophe*) disaster, tragedy. **4.** *durch Ungeziefer*: infestation. **5.** *R. C.* **Mariä** ~ (the)

Visitation (of Mary). ⁀**ˌtra·gen** *v/t* ⟨*irr, sep*, **-ge-**, h⟩ carry *s. th., s. o.* home. ~**ˌtücke** (*getr.* **-k·k-**) *f* **1.** (*Hinterlist*) insidiousness, perfidy. **2.** (*Bosheit*) malice, spite. **3.** (*Verräterei*) treachery, foul play. ⁀**ˌtückisch** (*getr.* **-k·k-**) *adj* **1.** insidious, perfidious (*person, deed, etc*); *fig.* **e-e** ~**e Krankheit** an insidious illness. **2.** treacherous (*crime, etc*); ~**er Mord** treacherous murder, foul play; *fig.* **diese Straße ist äußerst** ~ this street is extremely treacherous. **3.** (*boshaft*) malicious, spiteful. **4.** (*gemein*) mean, dirty. ~**ˌva·ter** *m ped.* housefather, warden. ⁀**ˌwärts** *adv* homeward(s); ~ **ziehen** head for home; **s-e Schritte** ~ **lenken** turn one's steps homeward(s). ~**ˌweg** *m* way home; **auf dem** ~ on the (*od.* my, *etc*) way home; **sich auf den** ~ **machen** set out for home. ~**ˌweh** *n* ⟨-(e)s; *no pl*⟩ (**nach et.** for s. th.) **1.** homesickness; ~ **haben** be homesick. **2.** (*Sehnsucht*) yearning, *bes. nach Vergangenem*: nostalgia; ~ **haben nach** yearn (*od.* long) for. ~**ˌwehr** *f* ⟨-; *no pl*⟩ *hist. Austrian* militia (*1919–38*). ~**ˌwer·ker** *m* hobbyist, home mechanic, do-it-yourselfer. ~**ˌwe·sen** *n Swiss* (small) farm. ⁀**ˌzah·len** *v/t* ⟨*sep*, **-ge-**, h⟩ *fig.* pay back; **j-m et.** ~ pay s. o. back for s. th.; **es j-m** ~ get even with s. o. ⁀**ˌzu** *adv colloq.* on the way home.

Hein [haɪn] *npr m* **Freund** ~ the Grim Reaper, (Goodman) Death.

ˈHei·nesch *adj* → **Heinisch.**

Hei·ni [ˈhaɪni] *m* ⟨**-s**; **-s**⟩ *colloq. contp.* (**blöder**) ~ drip, jerk, crumb; **komischer** ~ funny bird.

ˈHei·nisch *adj Gedicht etc*: Heine's, of (*od.* by) Heine.

Hein·ze [ˈhaɪntsə] *f* ⟨-; **-n**⟩, *m* ⟨**-n**; **-n**⟩ *agr. Southern G.* (drying) rack (for hay).

ˈHein·zel|ˌbank [ˈhaɪntsəl-] *f* ⟨-; ⸚**e**⟩ *Austrian* workbench. ~**ˌmänn·chen** *n* brownie, *pl a.* little people, fairies.

Hei·rat [ˈhaɪraːt] *f* ⟨-; **-en**⟩ marriage; ~ **aus Liebe** love(-)match; **e-e gute** ~ (*Partie*) a good match. **ˈhei·ra·ten I** *v/t* ⟨h⟩ marry, be (*od.* get) married to, wed; **j-n aus Liebe** ~ marry s. o. for love; **Geld** ~ marry money. **II** *v/i* marry, get married; **jung** ~ marry young; **untereinander** ~ intermarry; **des Geldes wegen** ~ marry for money.

ˈHei·rats|ˌabˌsich·ten *pl* **er hat** ~ he has intentions of marriage, *colloq.* he has serious intentions; **sich mit** ~ **tragen** be thinking of marrying. ~**ˌal·ter** *n* **im** ~ **stehen** be of marriageable age. ~**anˌnon·ce** *f* insertion in a Lonely Hearts' column. ~**ˌanˌtrag** *m* proposal (of marriage); **e-r Frau e-n** ~ **machen** propose to a woman, *colloq.* pop the question (to a woman). ~**ˌanˌzei·ge** *f* **1.** marriage announcement. **2.** → **Heiratsannonce.** ~**büˌro** *n* marriage bureau, matrimonial agency. ~**erˌlaub·nis** *f* consent to marriage, permission to marry. ⁀**ˌfä·hig** *adj* **1.** *Mädchen*: marriageable; **im** ~**en Alter** of marriageable age. **2.** *Männer*: eligible. ~**ˌfä·hig·keit** *f* ⟨-; *no pl*⟩ **1.** marriageability, marriageable age, nubility. **2.** eligibility. ~**ˌgut** *n* ⟨-(e)s; *no pl*⟩ marriage portion, dowry. ~**kan·diˌdat** *m* **1.** suitor, wooer. **2.** eligible bachelor. **3.** *humor.* husband to be. ~**ˌlu·sti·ge** *m, f* ⟨**-n**; **-n**⟩ person eager to get married. ~**ˌmarkt** *m* marriage market. ~**ˌplä·ne** *pl* ~ **haben** plan to get married. ~**ˌschwin·del** *m* (fraud by) false imputation of matrimonial intentions. ~**ˌschwind·ler** *m* marriage impostor. ~**ˌurˌkun·de** *f* marriage certificate. ~**verˌmitt·ler** *m* marriage broker. ~**verˌmitt·lung** *f* **1.** matchmaking. **2.** a) *geschäftliche*: marriage brokerage, b) → **Heiratsbüro.** ~**verˌspre·chen** *n* promise to marry; **Bruch des** ~**s** breach of promise (to marry). ~**verˌtrag** *m jur.* **1.** marriage contract (*od.* settlement). **2.** (*Urkunde*) marriage deed.

hei·sa [ˈhaɪza] *interj* hurrah!, hey!

hei·schen [ˈhaɪʃən] *v/t* ⟨h⟩ *lit.* **1.** (*fordern*) demand, exact; **Rache** ~ call for revenge. **2.** (*erbitten*) ask for.

hei·ser [ˈhaɪzər] *adj* ⟨**-er**; **-st**⟩ hoarse, (*belegt*) husky, (*dunkel, rauh*) raucous; **sich** ~ **reden** talk o. s. hoarse; **mit** ~**er Stimme** a) hoarsely, b) huskily, c) raucously. ⁀**keit** *f* ⟨-; *no pl*⟩ hoarseness, huskiness, raucousness.

heiß [haɪs] ⟨**-er**; **-est**⟩ **I** *adj* **1.** hot (*air, soup, etc*); ~**e Quellen** hot (*od.* thermal) springs; **in den** ~**en Ländern** in the hot countries (*od.* climates); ~**e Zone** torrid zone; *nucl.* ~**e Zelle** hot cell; **glühend** ~ **sein** a) *Eisen etc*: be red hot, b) *fig. Sand, Sonne etc*: be burning hot, be scorching; **et.** ~ **machen** heat s. th. up; **mir ist (wird)** ~ I am (getting) hot; **mir wurde** ~ **und kalt (vor Angst)** I went hot and cold (with fear); → **Draht** 2. **2.** *fig. allg.* hot, (*leidenschaftlich*) *a.* fiery, ardent, passionate, burning, (*heftig*) *a.* fierce, vehement, (*inbrünstig*) fervent, fervid; ~**es Blut** hot blood (*od.* temper); ~**es Blut haben** be hot-blooded; ~**er Kampf** hot (*od.* fierce) fight; ~**e Liebe** ardent love; ~**er Wunsch** ardent wish, fervent desire; ~**e Tränen** hot (*od.* scalding) tears; *colloq.* ~**en Dank** thanks a million; **sich die Köpfe** ~ **reden** argue hotly (about s. th.); **es wird nichts so** ~ **gegessen, wie es gekocht wird** (*Sprichwort*) things are never as bad as they look; ~! (*nahe am gesuchten Gegenstand*) hot!; → **Eisen** 7 (*etc*). **3.** *fig. colloq.* (*gefährlich, verboten, toll etc*) hot; ~**e Musik** hot music; ~**e Ware** (*Diebesgut, Schmuggelware*) hot goods; **e-e** ~**e Sache** a) a hot thing, b) (*toll*) hot stuff, a wingding; ~**er Tip** hot tip; **er ist** ~ (*wird polizeilich verfolgt*) *sl.* he's hot. **4.** (*geil*) hot, in heat; *Mode*: ~**e Höschen** hot pants. **II** *adv* **5.** *fig.* hotly, ardently (*etc*); **et.** ~ **ersehnen** long for s. th. ardently (*od.* fervently); **sie lieben sich** ~ **und innig** they are madly in love with each other; **es überlief mich** ~ **und kalt** I went hot and cold; *colloq.* **es ging** ~ **her** it was a hot set-to (*od.* a stormy affair).

Heiß *n* ⟨**-es**; **-e**⟩ *mar.* hoist.

hei·ßa [ˈhaɪsa] *interj* → **heisa.**

ˈheiß|ˌblü·tig [-ˌblyːtɪç] *adj* hot-blooded. ⁀**ˌblü·tig·keit** *f* ⟨-; *no pl*⟩ hot-bloodedness, hot blood. ⁀**ˌdampf** *m* superheated steam.

hei·ßen[1] [ˈhaɪsən] **I** *v/i* ⟨**heißt, hieß, geheißen,** *Middle G.* **gehießen,** h⟩ **1.** be called, go by the name of; **er heißt Johannes mit Vornamen** he is called (*od.* named) John, his Christian name is John; **ich heiße nach m-m Vater** I am named (*od.* called) after my father; **wie heißt die Straße?** what is the street called?, what is the name of the street?; **wie heißt das?** what is this called?, what do you call this?; **was heißt „Haus" auf englisch?** what is "Haus" in English?, what is the English word for "Haus"? **2.** (*bedeuten*) mean, signify; **das will et.** (*od.* **viel**) ~ that is saying s. th.; **das will nichts** ~ that means nothing; **das will nicht viel** ~ that doesn't (really) mean much; **was soll das** ~**?** a) *bei unleserlichem Wort etc*: what does that mean?, what's that (supposed to be)?, b) *bei unverständlichem Verhalten*: what's the meaning of (all) that?, *colloq.* what's the (big) idea?, c) *bei unverständlichem Ausspruch*: what do you mean by that?; **das soll nicht** ~**, daß** that doesn't mean that; **soll das** ~**, daß?** does that mean that?, do you mean to say that?; **das hieße, das würde** ~ that would mean; **das hieße soviel wie kapitulieren** that would be as good as (*od.* tantamount to) surrender; **was heißt schon e-e Million, wenn** what's in a million, if; **er weiß, was das** (*od.* **es**) **heißt, so hart zu arbeiten** he knows what it is like to work so hard. **3. das heißt** *einschränkend od. erläuternd*: that is (to say) (*abbr.* i. e.); **ich komme morgen, das heißt, wenn ich darf** I shall come tomorrow, that is, if I may. **4.** (*lauten*) go, read; **wie hieß der Satz noch?** how did the sentence go?, what was the sentence again?; **der Satz heißt also richtig** the sentence should read as follows. **II** *v/impers* **5. es heißt** (**, daß**) they (*od.* people) say, it is said (*od.* reported, rumo[u]red) that; **es hieß ausdrücklich, daß** it was positively stated that; **so hieß es wenigstens** at least this is what they said; **es soll nicht** ~**, daß** it shall not be said that; **damit es nachher nicht heißt, ich hätte gelogen** so that nobody can say afterwards that I lied; **wie es in der Bibel heißt** as it says in the Bible; **wie es bei Goethe heißt** as Goethe has it; **in diesem Artikel heißt es** it says in this article; **lesen Sie, wo es heißt** read where it says. **6. da** (*od.* **hier, nun**) **heißt es aufpassen** (*od.* **aufgepaßt**)! careful now!; **jetzt heißt es** (**für uns**) **schnell handeln** the situation now calls for (*od.* requires) quick action, it is now for us to act quickly. **III** *v/t* **7. j-n** (**et.**) **et.** ~ call s. o. (s. th.) s. th.; **j-n e-n Lügner** ~ call s. o. a liar; **das heiße ich großzügig sein** that's what I call generosity. **8. j-n willkommen** ~ welcome s. o. **9.** *lit.* **j-n et. tun** ~ tell s. o. to do s. th., bid s. o. do s. th.

ˈhei·ßen[2] *v/t* ⟨h⟩ *mar.* (*hissen*) hoist.

ˈheiß|erˌsehnt *adj* ardently desired, fervently longed for. ~**geˌliebt** *adj* (dearly) beloved. ⁀**ˌhun·ger** *m* **1.** ravenous hunger. **2.** *med. krankhafter*: bulimia. **3.** *fig.* (**nach** for) craving, thirst. ~**ˌhung·rig** *adj* ravenous(ly hungry), *a. fig.* voracious. ~**ˌlau·fen I** *v/i* ⟨*irr, sep*, **-ge-**, sein⟩ **1.** *tech.* run hot, overheat. **2.** *Pferd*: sweat hard. **II** *v/reflex* ⟨h⟩ **3.** *tech.* → **heißlaufen** 1. **III** ⁀ *n* ⟨**-s**⟩ **4.** *tech.* running hot, overheating. ⁀**ˌlei·ter** *m electr.* **1.** high temperature conductor. **2.** nonlinear resistor, thermistor. ~**ˌlö·ten** *v/t* ⟨*sep*, **-ge-**, h⟩ hot-solder.

ˈHeiß|ˌluft *f* **1.** hot air. **2.** *in Zssgn meist* hot-air (*bath, balloon, drier, engine, heating, etc*). ~**beˌhand·lung** *f med.* hot-air treatment, thermotherapy. ~**ˌdu·sche** *f* **1.** *tech.* hot-air blower. **2.** (*Haartrockner*) (electric) hair drier (*od.* dryer). ~**ˌraum** *m in Bädern*: hot-air room.

ˈHeiß|ˌman·gel *f* (steam-heated) mangle. ~**ˌprä·geˌdruck** *m* ⟨-(e)s; **-e**⟩ thermography. ~**ˌsporn** *m* ⟨-(e)s; **-e**⟩ *fig.* hotspur, hothead. ⁀**ˌspor·nig** [-ˌʃpɔrnɪç] *adj fig. Person*: hotheaded. ~**ˌstrahlˌtriebˌwerk** *n tech.* thermal jet engine, thermojet. ⁀**ˌumˌkämpft** *adj* fiercely embattled. ⁀**ˌumˌstrit·ten** *adj Frage etc*: highly controversial, hotly debated.

ˈHeißˌwas·ser *n* hot water. ~**beˌrei·ter** *m* water heater, *Br. a.* geyser. ~**ˌspei·cher** *m* storage (water) heater, *bes. Am. a.* boiler. ~**ˌspen·der** *m* → **Heißwasserbereiter.**

ˈHeißˌwer·den *n* **1.** growing hot. **2.** *tech.* → **heißlaufen** 4.

ˈHeißˌwind *m metall.* hot air (*od.* blast).
Hei·ster [ˈhaɪstər] *m* <-s; -> *bot.* sapling.
hei·ter [ˈhaɪtər] **I** *adj* <-er; -st> **1.** (*hell, sonnig*) bright, clear, fair (*weather, etc*); **~er Himmel** clear (*od.* serene) sky; *fig.* **aus ~em Himmel** out of the blue; **~ werden** *Wetter*: brighten, clear up. **2.** *fig.* (*vergnügt, lustig*) cheerful, gay, *bes. Am.* chipper, <*pred*> in high spirits; **~es Wesen** cheerful disposition, sunny nature; **~ werden** *Person*: become cheerful, cheer up, *a. Gesicht*: brighten; *iro.* **das kann ja ~ werden!** nice prospects, indeed!; **das ist ja ~!** a nice mess, indeed!; **das Leben von s-r ~en Seite sehen** look on the sunny (*od.* bright) side of things. **3.** *fig.* (*erheiternd*) amusing, humorous, funny (*story, etc*). **4.** *fig.* (*gelassen, abgeklärt*) serene; **~e Ruhe** serenity. **5.** *fig. colloq.* (*beschwipst*) merry, tipsy. **6.** *mus.* scherzando. **II** *adv* **7.** *fig.* cheerfully, gaily (*etc*); **j-n ~ stimmen** cheer s. o. up. **≈keit** *f* <-; *no pl*> **1.** brightness, clearness. **2.** *fig. seelische*: cheerfulness; **stille** (*od.* **gelassene**) **~** serenity. **3.** *fig.* (*Lustigkeit*) gaiety, hilarity, merriment, mirth, high spirits *pl.* **4.** *fig.* (*Belustigung*) amusement; **~ erregen** cause (*od.* give rise to) amusement; **zur allgemeinen ~** to the general amusement (*od.* merriment).
ˈHei·ter·keits·erˌfolg *m* laughter, laugh; **damit hatte er e-n ~** this raised a laugh.
ˈHeiz|ˌanˌla·ge *f tech.* heating system (*od.* installation). **~ap·paˌrat** *m* → Heizgerät. **≈bar** *adj* heatable, with heating (facilities). **~bat·teˌrie** *f* filament (*od.* heater) battery, *Am.* A-battery. **~ˌdecke** (*getr.* **-k·k-**) *f* electric blanket. **~ˌdraht** *m* heating wire. **~eleˌment** *n* heating element.
hei·zen [ˈhaɪtsən] **I** *v/t* <h> **1.** (*Raum*) heat. **2.** (*Ofen*) fire. **3.** *nucl.* irradiate. **II** *v/i* **4.** heat; **mit Kohlen ~** fire with (*od.* burn) coal; **der Ofen heizt gut** the stove heats well (*od.* gives off a good heat). **5.** make (*od.* light) a fire. **III** *v/reflex* **6. das Zimmer heizt sich gut** the room is easily heated (*od.* soon gets warm). **IV ≈** *n* <-s> **7.** heating (*etc*). **ˈHei·zer** *m* <-s; -> **1.** *tech.* fireman, furnaceman, boilerman. **2.** *mar. rail.* stoker.
ˈHeiz|ˌfa·den *m* **1.** *electr.* filament. **2.** *Elektronik*: heater. **~ˌflä·che** *f tech.* heating surface. **~ˌgas** *n* fuel gas. **~geˌblä·se** *n mot.* heater blower. **~geˌrät** *n tech.* heating appliance, heater. **~ˌkel·ler** *m* → Heizraum 1. **~ˌkes·sel** *m* boiler. **~ˌkis·sen** *n* electric cushion, heating pad. **~ˌkör·per** *m* **1.** *electr.* heating element, heater. **2.** *e-s Raumes*: radiator. **~ˌkraft** *f* **1.** heating power. **2.** *phys.* calorific intensity. **~ˌkraftˌwerk** *n* thermal power-station. **~ˌlüf·ter** *m* warm-air fan heater. **~ma·te·riˌal** *n* fuel. **~ˌnetz** *n* heating grid system. **~ˌofen** *m* **1.** stove. **2.** (electric, oil, *etc*) heater. **~ˌöl** *n* fuel oil. **~ˌplat·te** *f* hot plate. **~ˌraum** *m* **1.** boiler-room. **2.** *mar.* stokehold. **3.** *metall.* combustion chamber, firebox. **~ˌrohr** *n tech.* **1.** fire tube. **2.** (*Heizungsrohr*) heating pipe (*od.* tube). **~ˌrohrˌkes·sel** *m* fire-tube boiler. **~ˌschlan·ge** *f* heating coil. **~ˌson·ne** *f* bowl fire, parabolic heater. **~ˌstoff** *m* fuel. **~ˌstrom** *m electr.* filament (*od.* heater) current. **~ˌtür** *f* fire door.
ˈHei·zung *f* <-; -en> **1.** → **heizen** 7. **2.** (*Anlage*) (central) heating. **3.** (*Heizkörper*) radiator.
ˈHei·zungs|ˌanˌla·ge *f tech.* heating plant (*od.* system). **~ˌkel·ler** *m* boiler-room. **~ˌtech·nik** *f* heating engineering.
ˈHeiz|ˌwert *m phys.* thermal (*od.* calorific) value. **~ˌwi·derˌstand** *m electr.* heating resistor.
He·ka·tom·be [hekaˈtɔmbə] *f* <-; -n> *antiq. u. fig.* hecatomb.
Hekt·ar [hɛkˈtaːr; ˈhɛktar] *n, a. m* <-s; -e [-ˈtaːrəl]> hectare. **Hekt·are** [ˈhɛktaːrə] *f* <-; -n> *Swiss for* **Hektar.**
Hek·tik [ˈhɛktɪk] *f* <-; *no pl*> *med.* hectic state, *fig. a.* fever(ishness). **ˈhek·tisch** *adj* hectic.
Hekt·ode [hɛkˈtoːdə] *f* <-; -n> *electr.* pentagrid mixer.
Hek·to|gramm [hɛktoˈgram] *n* hecto/gramme (*Am.* -gram). **~ˈgraph** [-ˈgraːf] *m* <-en; -en> hectograph, manifolder. **~graˈphie** [-graˈfiː] *f* <-; -n [-ən]> hectography. **≈graˈphie·ren** [-graˈfiːrən] *v/t* <*no* **ge-**, **h**> hectograph, manifold. **~ˈli·ter** [-ˈliːtər] *m, n, Swiss only m* hectolit/re (*Am.* -er). **~ˈme·ter** [-ˈmeːtər] *m, n, Swiss only m* hectomet/re (*Am.* -er). **~ˈwatt** [-ˈvat] *n* hectowatt.
He·ku·ba [ˈheːkuba] *npr f* <-; *no pl*> *myth.* Hecuba.
Hel [heːl] *f* <-; *no pl*> *myth.* Hel.
he·lau [heˈlaʊ] *interj a carnival greeting.*
Held [hɛlt] *m* <-en; -en> hero (*a. thea. etc*); **der ~ des Tages** the hero (*od.* lion) of the day; *DDR* **~ der Arbeit** Hero of Labo(u)r; *thea. u. fig. iro.* **den ~en spielen** play the hero; *thea.* **den jungen ~en spielen** play the young hero; *humor.* **die ~en sind müde** our heroes have had enough; *iro.* **du bist mir ein schöner ~!** a fine hero you are!; *colloq.* **er ist kein ~ in Englisch** he's no great shakes at English.
ˈHel·den|ˌbrust *f iro.* manly chest. **~ˌbuch** *n late medieval collection of German heroic epics.* **~ˌdarˌstel·ler** *m thea.* heroic actor, leading man, hero. **~ˌdich·tung** *f* epic (*od.* heroic) poetry. **~ˌepos** *n* heroic epic. **~ˌfriedˌhof** *m* military cemetery. **~geˌdicht** *n* epic (poem), epos. **~ˌgeist** *m* heroism. **≈haft** *adj* heroic, valiant. **~ˌlied** *n* **1.** epic (*od.* heroic) song, epic. **2.** *kurzes*: heroic lay. **~ˌmut** *m* heroism, valo(u)r. **≈ˌmü·tig** [-ˌmyːtɪç] *adj* → **heldenhaft.** **~ˌrol·le** *f thea.* part (*od.* role, rôle) of a hero. **~ˌsa·ge** *f* heroic legend, epic tale, saga. **~ˌtat** *f* heroic deed (*od.* exploit, feat), act of heroism; *fig. iro.* **das war k-e ~!** that's nothing to write home about! **~teˌnor** *m* heroic tenor. **~ˌtod** *m* **1.** heroic death. **2.** *mil.* death in action; **den ~ sterben** die in battle, be killed in action. **~tum** *n* <-s; *no pl*> heroism; *iro.* **nur kein (falsches) ~!** no heroics, please! **~verˌeh·rung** *f* hero worship. **~ˌzeitˌal·ter** *n* heroic age.
Hel·der [ˈhɛldər] *m, n* <-s; -> *Northern G.* marshland without dikes.
Hel·din [ˈhɛldɪn] *f* <-; -nen> *a. thea.* heroine. **ˈhel·disch** *adj* **1.** heroic. **2.** *Literatur*: epic.
He·le·na [ˈheːlena] *npr f* <-; *no pl*> *myth.* (**die schöne**) **~** Helen of Troy.
hel·fen [ˈhɛlfən] *v/i* <**hilft, half, geholfen, h**> (*dat*) **1.** *Person*: (**bei** in) help, assist, lend (*od.* give) a hand; **j-m ~** help (*od.* aid) s. o., give (*od.* lend) s. o. a (helping) hand; **j-m aus dem (in den) Mantel ~** help s. o. out of (into) his coat; **j-m bei der Arbeit ~** help s. o. with (*od.* in) his work; **j-m et. suchen ~** help s. o. (to) look for s. th.; **j-m aus der Not (e-r Verlegenheit) ~** help s. o. out of trouble (a difficulty); **j-m in der Not ~** help s. o. in need; **j-m über die Straße ~** help (*od.* see) s. o. across the street; **ich habe ihr tragen ~** (*od.* **geholfen**) I helped her (to) carry her things; **j-m zu et. ~** help s. o. to (get) s. th.; **ihm ist nicht (mehr) zu ~** a) he is beyond help, b) *iro.* he is hopeless; *colloq.* **dir werd' ich ~!** I'll give you what for!; **so wahr mir Gott helfe!** so help me God!; **sich** (*dat*) **selbst ~** help o. s., shift (*od.* manage) for o. s.; **sich zu ~ wissen** be able to take care of o. s., be resourceful, find a way (out); **sich nicht mehr zu ~ wissen** be at one's wit's end, be at a loss what to do; **er will sich nicht ~ lassen** he refuses any help; **ich kann mir nicht ~** I can't help it; **ich konnte mir nicht ~, ich mußte (darüber) lachen** I couldn't help laughing (about it); **hilf dir selbst, dann hilft dir Gott** (*Sprichwort*) God helps those who help themselves; → **Bein** 1 (*etc*). **2.** *Sache*: help, be helpful, (*nützen*) *a.* be of use, be useful, avail; **die Arznei hat geholfen** the medicine helped; **das hilft gegen Schnupfen** that's good for colds; **da hilft kein Sträuben** resistance is useless, it's no use resisting; **da ist nicht (mehr) zu ~** it's hopeless; **es hilft (alles) nichts, wir müssen gehen** like it or not, we must go; **was hilft mir das?** what use (*od.* good) is that to me?; **das hilft mir wenig** that's not much help, *colloq.* a fat lot it helps. **ˈhel·fend** *adj* helping, helpful. **ˈHel·fer** *m* <-s; -> **1.** helper, (*Gehilfe*) *a.* assistant, aid; **er war ein ~ in der Not** he was a friend in need. **2.** (*Ratgeber*) advisor; **~ in Steuersachen** tax advisor. **3.** *fig.* (*Hilfe*) help; **der Mixer ist ein nützlicher ~ der Hausfrau** the mixer is a useful help to the housewife. **ˈHel·fe·rin** *f* <-; -nen> → Helfer 1, 2. **ˈHel·fersˌhel·fer** *m* accomplice; → *a.* **Handlanger.**
Hel·ge [ˈhɛlgə] *f* <-; -n>, **ˈHel·gen** *m* <-s; -> *mar.* → **Helling** 1.
he·lia·kisch [heˈli̯aːkɪʃ] *adj astr.* heliacal.
He·li·kon[1] [ˈheːlikɔn] *n* <-s; -s> *mus.* helicon. **ˈHe·li·kon**[2] *npr m* <-(s); *no pl*> *geogr.* Helicon.
He·li·kop·ter [heliˈkɔptər] *m* <-s; -> *aer.* helicopter.
He·lio|chro·mie [heli̯okroˈmiː] *f* <-; *no pl*> *phot.* heliochromy. **~ˈdor** [-ˈdoːr] *m* <-s; -e> *min.* heliodor. **~ˈgramm** [-ˈgram] *n* <-s; -e> heliogram. **~ˈgraph** [-ˈgraːf] *m* <-en; -en> *phot. tech.* heliograph. **~graˈphie** [-graˈfiː] *f* <-; -n [-ən]> heliography. **~graˈvü·re** [-graˈvyːrə] *f* <-; -n> *phot. print.* heliogravure, intaglio photogravure (*od.* engraving). **~laˈtrie** [-laˈtriː] *f* <-; *no pl*> *relig.* heliolatry. **~ˈme·ter** [-ˈmeːtər] *n* <-s; -> *astr.* heliometer. **~meˈtrie** [-meˈtriː] *f* <-; *no pl*> heliometry. **~ˈskop** [-ˈskoːp] *n* <-s; -e> *astr.* helioscope. **~ˈstat** [-ˈstaːt] *m* <-en; -en> heliostat. **~ˈta·xis** [-ˈtaksɪs] *f* <-; *no pl*> *biol.* heliotaxis. **~ˈtrop**[1] [-ˈtroːp] *n* <-s; -e> **1.** *bot.* a) heliotrope, sunflower, b) cherry-pie. **2.** *tech.* heliotrope (reflector). **3.** <*only sg*> (*Farbe, Parfüm*) heliotrope. **~ˈtrop**[2] *m* <-s; -e> *min.* heliotrope, bloodstone. **≈ˈtro·pisch** [-ˈtroːpɪʃ] *adj biol.* heliotropic. **~tyˈpie** [-tyˈpiː] *f* <-; -n [-ən]> *phot. print.* **1.** (*Bild*) heliotype. **2.** <*only sg*> (*Verfahren*) heliotyping. **≈tyˈpie·ren** [-ˈpiːrən] *v/t u. v/i* <*no* **ge-**, **h**> heliotype. **~ˈzo·on** [-ˈtsoːɔn] *n* <-s; -zoen> *meist pl zo.* heliozoan.
He·li·um [ˈheːli̯ʊm] *n* <-s; *no pl*> *chem.* helium.
He·lix [ˈheːlɪks] *f* <-; **-lices** [-litsɛs]> *anat.* helix.
hell [hɛl] **I** *adj* <-er; -st> **1.** bright, (*leuchtend*) *a.* shining, luminous, brilliant; **im ~en Mondenschein** in the bright moonlight; *phot.* **~es Licht** intense light; **das Gebäude stand in ~en Flammen** the building was in flames

(*od.* ablaze); *fig.* **e-e ∼ere Zukunft** a brighter future. **2.** (*licht*) light, bright (*room, etc*); **es wird schon ∼** it's getting light already, it's beginning to dawn; **es wird ∼er** it's brightening (*od.* clearing) up; → *a.* **hellicht. 3.** (*klar*) bright, clear; **∼e Mondnacht** clear moonlit night. **4.** *Farbe*: light, pale; **∼e Haare** light (*od.* fair) hair; **∼es Kleid** light-colo(u)red dress; **∼es Blau** light blue; **∼es Bier** pale (*od.* light) beer, *bes. Br.* export, lager (beer); *gastr.* **∼e Soße** white sauce. **5.** *fig. Klang*: clear (*tone, voice, etc*); **∼es Gelächter** loud (*od.* ringing) laughter. **6.** *fig.* (*intelligent*) bright, intelligent, smart, wide-awake, brainy; *colloq.* **er ist ein ∼er Kopf** he's got brains. **7.** *fig.* (*sehr groß*) utter, sheer; **∼er Neid** sheer (*od.* pure) envy; **∼e Begeisterung** (boundless) enthusiasm; **∼e Entrüstung** utter indignation; **in ∼er Verzweiflung** in utter despair; **das ist (ja) ∼er Wahnsinn (Unsinn)** that's sheer (*od.* downright) madness (nonsense); **∼e Freude** sheer delight; **s-e ∼e Freude an e-r Sache haben** be delighted at (*od.* with) s. th.; **∼er Jubel** ringing cheers, jubilation; **in ∼er Wut** in a (blazing) rage; **in ∼en Haufen** (*od.* **Heerscharen**) in swarms; **die ∼en Tränen standen ihr in den Augen** her eyes were brimming with tears. **8.** *ling. Konsonant*: light. **II** *adv* **9.** bright(ly), clear(ly); **der Mond scheint ∼** the moon shines bright; **die Kerze brennt ∼** the candle burns brightly; **∼ auflachen** give a loud laugh; **∼ begeistert von** (extremely) enthusiastic about. **III ♀e, das** ⟨-n⟩ **10.** the light; **wir wollen noch im ♀en nach Hause kommen** we want to get home before it gets dark; **sie trat ins ♀e** she stepped in the light; → **Helle**[1].

ˈHell|ˌanˌpas·sung *f opt.* light (*od.* brightness) adaptation. **♀ˈauf** *adv* **∼ lachen** give a loud laugh; **∼ begeistert** (extremely) enthusiastic. **♀ˌäu·gig** *adj* bright- (*od.* clear-)eyed. **♀ˌblau** *adj* light-blue. **♀ˌblond** *adj* light-blond, very fair. **♀ˌbraun** *adj* light-brown. **♀ˌdun·kel** *paint.* **I** *adj* chiaroscuro. **II ♀** *n* ⟨-s⟩ chiaroscuro, clair-obscure.

Hel·le[1] [ˈhɛlə] *f* ⟨-; *no pl*⟩ **1.** brightness. **2.** (bright) light; → *a.* **hell** III. **ˈHel·le**[2] *n* ⟨-n; -n⟩ *colloq.* beer, *bes. Am.* pale (*od.* light) beer, *bes. Br.* export, lager (beer); **ein kleines ∼s** a small glass of beer.

ˈhel·le *adj* ⟨*pred*⟩ *colloq.* → **hell** 6; **er ist ganz ∼** he is very bright (*od.* smart); **Mensch, sei ∼!** be smart!

Hel·le·bar·de [hɛləˈbardə] *f* ⟨-; -n⟩ *mil. hist.* halberd. **Hel·le·barˈdier** [-ˈdiːr] *m* ⟨-s; -e⟩ halberdier.

ˈHel·leˌgat(t) *n mar.* storeroom.

Hel·le·ne [hɛˈleːnə] *m* ⟨-n; -n⟩ **1.** *antiq.* Hellene. **2.** Hellene, Greek. **Helˈle·nen·tum** *n* ⟨-s; *no pl*⟩ **1.** Hellenism. **2.** *collect.* (the) Hellenes *pl.* **helˈle·nisch** *adj* Hellenic. **hel·le·niˈsie·ren** [-leniˈziːrən] *v/t* ⟨*no* ge-, h⟩ Hellenize. **Hel·leˈnis·mus** [-leˈnɪsmʊs] *m* ⟨-; *no pl*⟩ Hellenism. **Hel·leˈnist** [-leˈnɪst] *m* ⟨-en; -en⟩ Hellenist. **hel·leˈni·stisch** *adj hist.* Hellenistic.

ˈHel·ler *m* ⟨-s; -⟩ **1.** (*alte Münze*) heller. **2.** *fig.* penny, farthing, *Am.* cent; **er hat k-n roten ∼** he hasn't got a penny to his name, *Am.* he doesn't have a red cent; **et. auf ∼ und Pfennig** (*od.* **bis auf den letzten ∼**) **bezahlen** pay s. th. to the last penny; *colloq.* **das ist k-n (roten) ∼ wert** this is not worth a (brass) farthing (*Am.* a [red] cent).

ˈhelleuch·tend (*getr.* -ll|l-) *adj* bright, brilliant, luminous.

ˈhellˌfar·big *adj* light-colo(u)red.

ˈHellˌgat(t) *n* → **Hellegat(t).**

ˈhell|ˌgelb *adj* light-yellow. **∼ˌgrün** *adj* light-green. **∼ˌhaa·rig** *adj* light- (*od.* fair-)haired. **∼ˌhö·rig** *adj* **1.** *Person*: having a keen ear; **∼ sein** *a.* be quick of hearing; *fig.* **∼ werden** become alert, prick up one's ears; **das machte ihn ∼** that made him prick up his ears, that aroused his suspicion; **für et. ∼ sein** have a keen ear for s. th. **2.** *Wohnung, Wände, etc*: poorly soundproofed; **die Wände sind ∼** the walls are thin. **♀ˌhö·rig·keit** *f* ⟨-; *no pl*⟩ **1.** keen sense of hearing, quick (*od.* good) ear. **2.** *fig.* quickness of perception, sharpness. **3.** *der Wände etc*: poor soundproofing.

ˈhellicht (*getr.* -ll|l-) *adj* **am ∼en Tag, bei ∼em Tage** in broad daylight; **es ist ∼er Tag** it is broad daylight.

Hel·li·gen [ˈhɛlɪgən] *pl of* **Helling.**

ˈHel·lig·keit *f* ⟨-; *no pl*⟩ **1.** brightness (*a. astr., opt., TV*). **2.** (*Beleuchtung*) light(ness); **∼ verbreiten** diffuse light. **3.** (*Klarheit*) clearness. **4.** *phys.* light intensity, luminosity.

ˈHel·lig·keits|ˌgrad *m* degree of lightness. **∼ˌre·ge·lung** *f TV* brightness control. **∼ˌwert** *m astr.* brightness, luminosity.

Hel·ling [ˈhɛlɪŋ] *f* ⟨-; -en *u.* **Helligen**⟩, *a. m* ⟨-s; -e⟩ **1.** *mar.* slip(way), stocks *pl.* **2.** *aer.* building cradle.

ˈhellˌklin·gend *adj* clear-sounding.

ˈhello·dernd (*getr.* -ll|l-) *adj* blazing.

ˈhell|ˌrot *adj* light-red. **∼ˌse·hen I** *v/i* ⟨*only inf*⟩ have second sight, be clairvoyant; *colloq.* **ich kann doch nicht ∼** a) I haven't got second sight, b) I'm no mind-reader. **II ♀** *n* ⟨-s⟩ clairvoyance, second sight. **♀ˌse·her** *m* clairvoyant. **♀se·heˈrei** [ˌhɛl-] *f* ⟨-; *no pl*⟩ *contp. for* hellsehen II. **♀ˌse·he·rin** *f* clairvoyante. **∼ˌse·he·risch** *adj* clairvoyant. **∼ˌsich·tig** *adj fig.* clear-sighted, shrewd. **∼ˌstrah·lend** *adj* bright, brilliant. **∼ˌwach** *adj a. fig.* wide-awake.

Helm [hɛlm] *m* ⟨-(e)s; -e⟩ **1.** (*Schutz♀*) helmet. **2.** *arch.* (*Turmdach*) cupola, spire, helm (*od.* conical) roof. **3.** *tech. e-s Hammers etc*: handle, helve. **4.** *mar.* helm. **5.** *bot.* galea, hood. **∼ˌbusch** *m* plume, crest, panache. **∼ˌdach** *n* → Helm 2. **♀ˌför·mig** *adj* **1.** helmet-shaped. **2.** *bot.* galeate(d).

Hel·min·the [hɛlˈmɪntə] *f* ⟨-; -n⟩ *meist pl zo.* helminth.

ˈHelm|ˌkraut *n bot.* a) skullcap, b) hoodwort. **∼ˌschmuck** *m* crest. **∼ˌsturz** *m mil. hist.* beaver. **∼ˌtau·be** *f orn.* crested pigeon. **∼viˌsier** *n* visor. **∼ˌvo·gel** *m* helmet bird, touraco. **∼ˌzier** *f her.* crest, timbre.

He·lot [heˈloːt] *m* ⟨-en; -en⟩ *antiq.* Helot. **Heˈlo·ten·tum** *n* ⟨-s; *no pl*⟩ helotism.

Hel·ve·ti·er [hɛlˈveːtsɪər] *m* ⟨-s; -⟩ *hist.* Helvetian. **helˈve·tisch** [-tɪʃ] *adj* Helvetian, Swiss; *hist.* **die ♀e Republik** the Helvetian Republic; *relig.* **♀e Konfession** Helvetic Confession; *geol.* **∼e Periode** Helvetian.

Hemd [hɛmt] *n* ⟨-(e)s; -en⟩ **1.** a) (*Ober♀*) shirt, b) (*Unter♀*) vest, *Am.* undershirt; *fig.* **j-n bis aufs ∼ ausziehen** fleece s. o., have the shirt off s. o.'s back; **er würde dir sein letztes ∼ geben** he would give you the shirt off his back; **sein letztes ∼ verlieren** lose one's shirt; **kein (ganzes) ∼ mehr auf dem** (*od.* **am**) **Leib haben** not to have a shirt to one's back; **das ∼ ist mir näher als der Rock** (*Sprichwort*) near is my shirt, but nearer is my skin, *a.* charity begins at home; *colloq.* **er wechselt s-e Gesinnung wie das** (*od.* **sein**) **∼** he is like a weathercock in the wind. **2.** (*Damenunter♀*) (woman's) vest. **∼ˌblu·se** *f* shirt(-blouse), *Am. a.* shirtwaist. **∼ˌblu·senˌkleid** *n* shirt-dress. **∼ˌbrust** *f*, **∼ˌeinˌsatz** *m* shirt-front.

ˈHem·den|ˌknopf *m* shirt button. **∼ˌmatz** *m colloq.* little bare-bottom. **∼ˌstoff** *m* shirting.

ˈHemd|ˌho·se *f* (pair of) combinations *pl*, *für Damen*: *a.* cami-knickers *pl*, *Am.* union-suit. **∼ˌkra·gen** *m* shirt collar.

ˈHemds|ˌär·mel *m* shirt-sleeve; **in ∼n** in one's shirt-sleeves, shirt-sleeved. **♀ˌär·me·lig** *adj* shirt-sleeved (*a. fig.*).

ˈHemdˌzip·fel *m* shirt-tail.

He·mi|eder [hemiˈʔeːdər] *n* ⟨-s; -⟩ *math.* hemihedron. **∼edrie** [-ʔeˈdriː] *f* ⟨-; *no pl*⟩ hemihedrism. **∼pleˈgie** [-pleˈgiː] *f* ⟨-; -n [-ən]⟩ *med.* hemiplegia. **∼ˈpte·ren** [-ˈpteːrən] *pl zo.* true bugs, hemiptera. **∼ˈsphä·re** [-ˈsfɛːrə] *f* ⟨-; -n⟩ **1.** *geogr.* hemisphere. **2.** *anat.* a) *des Großhirns*: cerebral hemisphere, b) *des Kleinhirns*: cerebellar hemisphere. **♀ˈsphä·risch** *adj* hemispheric(al).

hem·men [ˈhɛmən] **I** *v/t* ⟨h⟩ **1.** *alle a. fig.* a) (*an-, aufhalten*) check, stop, hold up, obstruct, (*bes. Flut, Wasser*) stem, b) (*behindern*) *a.* hamper, hinder, impede, *weitS. a.* handicap, be a hindrance (*od.* handicap) to, c) (*verzögern*) retard, delay, slow *s. th.* down (*od.* up), brake (*development, progress, etc*). **2.** *med.* a) (*Blut*) sta(u)nch, stop, b) (*Funktion*) inhibit, c) (*Durchfluß*) obstruct, d) (*Entwicklung, Wachstum*) stunt, retard, arrest. **3.** *psych.* inhibit, *weitS. a.* make *s. o.* feel awkward (*od.* shy, uneasy), cramp s. o.'s style; **gehemmt sein** be inhibited, *weitS. a.* feel shy (*etc*); → **gehemmt. 4.** *jur.* (*vorübergehend außer Kraft setzen*) suspend. **II ♀** *n* ⟨-s⟩ **5.** obstructing, restraining (*etc*). **6.** → **Hemmung.**

ˈhem·mend I *adj* **1.** impeding, hampering (*etc*), obstructive. **2.** *med. psych.* inhibitory. **II** *adv* **3.** impeding (*etc*), as an impediment; **et. als sehr ∼ empfinden** feel badly hampered (*od.* severely handicapped) by s. th.; **∼ auf et. wirken** a) have a restraining (*med. psych.* inhibitory) effect on s. th., b) → **hemmen** 1.

ˈHem·mer *m* ⟨-s; -⟩ **1.** *anat.* inhibitory nerve. **2.** → **Hemmstoff.**

ˈHemm|ˌkeil *m* wedge, chock. **∼ˌklotz** *m* brake shoe.

ˈHemm·nis *n* ⟨-ses; -se⟩ hindrance, obstacle, impediment, handicap.

ˈHemm|ˌrad *n der Uhr*: escape wheel. **∼ˌschrau·be** *f tech.* setscrew. **∼ˌschuh** *m* **1.** *tech.* drag, skid, brake shoe. **2.** *fig.* (**für**) obstacle (to), drag (on). **∼ˌstoff** *m biol.* inhibitor.

ˈHem·mung *f* ⟨-; -en⟩ **1.** → **hemmen** 5. **2.** obstruction, check, hindrance, impediment, restraint, (*Behinderung, Nachteil*) *a.* handicap. **3.** *psych.* inhibition, *weitS. a.* scruple; **∼en haben** have inhibitions, be inhibited; **k-e ∼en haben** have no inhibitions (*od. weitS.* scruples); **ich habe ∼en, ihn darum zu bitten** I feel awkward about asking him for it; **ich habe da k-e ∼en** I have no scruples there, *weitS. a.* I don't care (a bit). **4.** *med.* a) (*Funktions♀*) inhibition, b) (*Durchfluß♀*) obstruction, c) (*Unterdrückung*) suppression, d) (*Wachstums♀ etc*) retardation, arrest. **5.** *tech.* (*Störung, a. mil. Lade♀*) jam(ming), stoppage. **6.** *tech.* (*Vorrichtung*) detent, stop. **7.** *der Uhr*: escapement. **8.** *jur.* suspension (**der Verjährung** of the Statute of Limitations).

ˈhem·mungs|los I *adj* **1.** *Person, a. Tun, Handeln etc*: a) unrestrained, uncontrol(l)ed, b) unscrupulous, c) reckless, wild. **2.** *Gefühlsausbruch etc*: uncontrol(l)able (*weeping, laughter, etc*), unrestrained, utter (*grief, etc*). **II** *adv* **3.** unrestrainedly (*etc*), without restraint; ~ **weinen** cry uncontrol(l)ably; **sich ~ s-m Schmerz hingeben** abandon o. s. to one's grief. **2lo·sig·keit** *f* ⟨-; *no pl*⟩ **1.** lack of restraint. **2.** unscrupulousness. **3.** recklessness, wildness.

ˈHemm|vor|rich·tung *f tech.* brake, braking (*od.* arresting) device, stop, catch.

Hen·de·ka·gon [hɛndekaˈgoːn] *n* ⟨-s; -e⟩ *math.* hendecagon.

Hen·dia·dy·oin [hɛndiadyˈɔʏn] *n* ⟨-s; -⟩ *ling.* hendiadys.

Hendl [ˈhɛndəl] *n* ⟨-s; -n⟩ *dial.* chicken.

Hengst [hɛŋst] *m* ⟨-(e)s; -e⟩ *zo.* **1.** stallion, *Am.* (*bes. Zucht2*) stud. **2.** (*Kamel2 etc*) male, (*Esel*) *a.* jackass. **~|foh·len, ~|fül·len** *n* colt.

Hen·kel [ˈhɛŋkəl] *m* ⟨-s; -⟩ handle. **~|korb** *m* basket with a handle. **~|krug** *m* jug (with a handle). **2los** *adj* without a handle. **~|oh·ren** *pl humor.* jughandle ears.

hen·ken [ˈhɛŋkən] *v/t* ⟨h⟩ *lit.* **j-n ~** hang s. o. **ˈHen·ker** *m* ⟨-s; -⟩ **1.** hangman, *a. weitS.* executioner. **2.** *fig. colloq.* **zum ~!, hol's der ~!** hang it (all)!, to hell with it!; **scher dich zum ~!** go to blazes (*od.* hell)!; **wer (was, wo) zum ~?** who (what, where) the devil (*od.* hell)?; **ich schere mich den ~ drum, ich frage den ~ danach** I don't care a hang about it; **weiß der ~, was das heißen soll!** heaven knows what that is supposed to mean.

ˈHen·kers|beil *n* executioner's ax(e). **~|frist** *f* → **Galgenfrist. ~|hand** *f* **durch ~ sterben** die on the scaffold, be executed. **~|knecht** *m* **1.** hangman's (*od.* executioner's) assistant. **2.** *fig.* henchman. **~|mahl** *n*, **~|mahl|zeit** *f* last meal (before execution, *fig.* before departure, *etc*).

Hen·na [ˈhɛna] *f* ⟨-; *no pl*⟩ (*Strauch u. Färbemittel*) henna.

Hen·ne [ˈhɛnə] *f* ⟨-; -n⟩ **1.** hen; **junge ~** young hen, pullet. **2.** *der Rebhühner etc*: hen.

ˈHen·ne|gat(t) *n* ⟨-(e)s; -s⟩ *mar.* helm port.

Hen·ry [ˈhɛnri] *n* ⟨-; -⟩ *phys.* henry.

He·pa·ti·kum [heˈpaːtikum] *n* ⟨-s; -tika [-ka]⟩ *pharm.* hepatic. **he·pa·tisch** [heˈpaːtɪʃ] *adj med.* hepatic. **he·pa·ti·sie·ren** [hepatiˈziːrən] *v/t* ⟨*no* ge-, h⟩ *med.* hepatize. **He·pa·ti·tis** [hepaˈtiːtɪs] *f* ⟨-; -titiden [-tiˈtiːdən]⟩ *med.* hepatitis.

Heˈphäst [heˈfɛːst] *m* ⟨-s; *no pl*⟩, **Heˈphä·stus** [-ˈfɛːstus] *npr m* ⟨-; *no pl*⟩ *myth.* Hephaestus.

Hep·ta|chord [hɛptaˈkɔrt] *m, n* ⟨-(e)s; -e⟩ *mus.* heptachord. **~ˈeder** [-ˈʔeːdər] *n* ⟨-s; -⟩ *math.* heptahedron. **~ˈgon** [-ˈgoːn] *n* ⟨-s; -e⟩ heptagon. **2goˈnal** [-goˈnaːl] *adj* heptagonal.

Hep·ta·me·ter [hɛpˈtaːmetər] *m* ⟨-s; -⟩ *metr.* heptameter.

Hep·tan [hɛpˈtaːn] *n* ⟨-s; *no pl*⟩ *chem.* heptane.

Hep·ta·teuch [hɛptaˈtɔʏç] *m* ⟨-s; *no pl*⟩ *Bibl.* Heptateuch.

Hept·ode [hɛpˈtoːdə] *f* ⟨-; -n⟩ *electr.* heptode.

Hep·to·se [hɛpˈtoːzə] *f* ⟨-; *no pl*⟩ *chem.* heptose.

her [heːr] *adv* **1.** *zeitlich*: ago; **das ist lange ~** that is a long time ago; **es ist zwei Jahre ~, daß** it is two years since (*od.* that); **wie lange ist es ~?** how long (ago) is it?; **es ist e-e Ewigkeit ~, daß** (*od.* **seit**) **ich dich gesehen habe** it's (been) ages since I last saw you. **2. von ... her** from (*the east, west, etc*); **von außen (hinten, oben, unten) ~** from outside (behind, above, below); **vom Himmel ~** from heaven, from above; **von weit ~** from afar, from a distance; **(von) wo bist du ~?** where do you come from?; **(von) wo hast du das ~?** a) where did you get that?, b) *fig.* who told you that? **3.** *fig.* **von ... her** from the point of view of, in terms of, as regards; **vom Technischen ~** from the technical point of view, technically (speaking). **4. um ... her** (a)round, about; **die Kinder spielten um mich ~** the children played (a)round me. **5.** → **hin** 11, **hinter** 4, **weit** 8. **6.** *colloq. als Befehl od. Aufforderung*: here, to me; **~ zu mir!** come here!; **~ damit!** give (it to me)!, hand it over!; **Bier ~!** beer!

her·ab [hɛˈrap] *adv* down(ward[s]); **den Hügel ~** down the hill, downhill; **die Treppe ~** down the stairs, downstairs; **vom Himmel ~** (down) from the sky, from heaven (*od.* above, on high); **vom General ~ bis zum letzten Mann** from the general down to the last man; → **oben.**

her·ab... *in Zssgn* (*take, fly, flow, etc*) down; → *a.* **herunter...**

herˈab|be|mü·hen I *v/t* ⟨*sep, no* -ge-, h⟩ **j-n ~** ask s. o. to come down. **II** *v/reflex* **sich ~** come down. **~|beu·gen** *v/reflex* ⟨*sep*, -ge-, h⟩ **sich ~** bend down (**zu** to). **~|blicken** (*getr.* -k·k-) *v/i* ⟨*sep*, -ge-, h⟩ → **herabsehen. ~|fal·len** *v/i* ⟨*irr, sep*, -ge-, sein⟩ **1.** fall (down); **Licht fällt auf die Straße herab** light is falling on the road; **das Haar fiel ihr bis auf die Schultern herab** her hair fell (*od.* hung) down to her shoulders; **ihr Kleid fällt lose herab** her dress hangs loosely. **2.** → **herunterfallen. ~|füh·ren I** *v/t* ⟨*sep*, -ge-, h⟩ **j-n ~** lead s. o. down. **II** *v/i Weg etc*: descend, lead (*od.* run) down(hill). **~|ge·hen** *v/i* ⟨*irr, sep*, -ge-, sein⟩ → **heruntergehen. ~ge|setzt** *adj Ausgaben, Geschwindigkeit etc*: reduced; **zu ~en Preisen** at reduced prices, cut-rate. **~|hän·gen I** *v/i* ⟨*irr, sep*, -ge-, h⟩ → **herunterhängen. II** *v/t* ⟨*sep*, -ge-, h⟩ **et. ~** hang s. th. down. **~|hän·gend** *adj* **1.** *Zweige etc*: hanging. **2.** *Haar etc*: flowing, falling. **3.** *Ohren etc*: drooping, pendulous, pendant. **~|kom·men** *v/i* ⟨*irr, sep*, -ge-, sein⟩ → **herunterkommen. ~|las·sen I** *v/t* ⟨*irr, sep*, -ge-, h⟩ **1.** let *s. th.* down, lower. **II** *v/reflex* **sich ~ 2.** let o. s. down (**an e-m Seil** by *od.* on a rope). **3.** *fig. a. iro.* **sich zu et. ~, sich ~, et. zu tun** a) deign (*od.* condescend) to do s. th., b) *contp.* stoop to (do) s. th.; **sich zu e-r Antwort ~** deign to answer. **~|las·send** *adj* (**zu, gegen** towards) condescending, patronizing, *stärker*: haughty. **2|las·sung** *f* ⟨-; *no pl*⟩ *fig.* condescension, *stärker*: haughtiness, hauteur; **j-n mit ~ behandeln** treat s. o. with condescension, be patronizing towards s. o. **~|min·dern** *v/t* ⟨*sep*, -ge-, h⟩ (*Geschwindigkeit etc*) lower, diminish, decrease, reduce, (*Wert, Verdienst etc*) *a.* impair, detract from. **2|min·de·rung** *f* ⟨-; *no pl*⟩ lowering (*etc*), decrease, reduction, impairment, detraction. **~|reg·nen** *v/i* ⟨*sep*, -ge-, h⟩ *fig.* rain (down) (**von** from). **~|rei·chen I** *v/t* ⟨*sep*, -ge-, h⟩ (**j-m**) **et. ~** reach (*od.* hand) s. th. down (to s. o.). **II** *v/i* extend (*od.* reach, go) down (**bis zu** to). **~|ren·nen** *v/i u. v/t* ⟨*irr, sep*, -ge-, sein⟩ run (*od.* dash) down. **~|rol·len I** *v/i* ⟨*sep*, -ge-, sein⟩ *Tränen etc*: roll down. **II** *v/t* ⟨h⟩ **et. ~** roll s. th. down. **~|ru·fen I** *v/t* ⟨*irr, sep*, -ge-, h⟩ **j-n ~** call s. o. down. **II** *v/i* call down (from above). **~|schaf·fen** *v/t* ⟨*sep*, -ge-, h⟩ → a) **herunterbringen,** b) **heruntertragen. ~|schau·en** *v/i* ⟨*sep*, -ge-, h⟩ → **herabsehen. ~|schwe·ben** *v/i* ⟨*sep*, -ge-, sein⟩ glide down. **~|schwin·gen** *v/reflex* ⟨*irr, sep*, -ge-, h⟩ **sich ~ (von)** swing down (from). **~|se·hen** *v/i* ⟨*irr, sep*, -ge-, h⟩ **1.** look down; **auf j-n (et.) ~** a) look down at (*od.* onto) s. o. (s. th.), b) *fig.* **verächtlich**: look down (up)on s. o. (s. th.), look down one's nose at s. o. (s. th.), despise s. o. (s. th.). **2. an j-m ~** look s. o. up and down. **~|sen·ken I** *v/t* ⟨*sep*, -ge-, h⟩ **1.** lower. **II** *v/reflex* **sich ~ 2.** *Vorhang etc*: be lowered, come down, fall. **3.** *fig. lit.* fall; **die Nacht senkt sich herab** night is falling. **~|set·zen** *v/t* ⟨*sep*, -ge-, h⟩ **1.** → **heruntersetzen** 1. **2.** *fig.* a) (*verringern*) reduce, lower, diminish, decrease, b) (*kürzen*) reduce, cut (back), curtail, *bes. Am.* slash, c) *econ.* (**im Preis**) **~** reduce (in price), mark down; **die Geschwindigkeit ~** reduce (*od.* lower) one's speed, slow down; **die Löhne ~** reduce (*od.* cut, curtail) the wages; → **herabgesetzt. 3.** *fig.* (*schlechtmachen*) disparage, *colloq.* run *s. o.* down, knock; **j-n bei j-m ~, j-n in j-s Augen** (*od.* **Achtung**) **~** lower s. o. in s. o.'s esteem. **4.** *fig.* (*j-s Leistung etc*) belittle, disparage. **~|set·zend** *adj* disparaging, derogatory, contemptuous. **2|set·zung** *f* ⟨-; *no pl*⟩ **1.** *fig. von Preis, Zeit, Geschwindigkeit etc*: reduction, lowering; **e-e ~ des Wertes** a reduction (*od.* diminution) of value. **2.** *fig. von Gehältern etc*: reduction, curtailment; **e-e ~ der Löhne** a cut in wages. **3.** *fig.* a) disparagement, b) disparaging treatment, slight, *sl.* put-down. **~|sin·ken** *v/i* ⟨*irr, sep*, -ge-, sein⟩ **1.** sink (down). **2.** *fig. lit.* fall; **die Nacht sank herab** night was falling. **~|stei·gen** *v/i* ⟨*irr, sep*, -ge-, sein⟩ (**von** from) **1.** → **heruntersteigen** II. **2.** *vom Himmel*: come down, descend. **3.** *vom Pferd*: dismount, get off (*one's horse*). **~|stim·men** *v/t* ⟨*sep*, -ge-, h⟩ *mus.* tune down, lower (the pitch of). **~|sto·ßen I** *v/t* ⟨*irr, sep*, -ge-, h⟩ → **herunterstoßen** I. **II** *v/i* ⟨sein⟩ *Vogel etc*: swoop down (**auf** *acc* on). **~|strö·men** *v/i* ⟨*sep*, -ge-, sein⟩ *Regen etc*: pour down. **~|stu·fen** *v/t* ⟨*sep*, -ge-, h⟩ *fig.* downgrade. **~|stür·zen I** *v/t* ⟨*sep*, -ge-, h⟩ **1. j-n ~** throw (*od.* push) s. o. down. **II** *v/reflex* **sich ~ 2.** throw o. s. down, *zu Tode*: *a.* jump (to one's death). **3.** → **herabstoßen** II. **III** *v/i* ⟨sein⟩ **4.** fall (*od.* crash) down; **er ist von der Mauer herabgestürzt** he fell off (*od.* down from) the wall. **5.** (*eilig laufen*) rush down, come rushing down. **6.** *Regen etc*: pour down. **7.** *Wasserfall etc*: plunge down. **8.** *Steine etc*: fall (*od.* tumble, crash) down, come falling (*od.* tumbling) down. **~|wür·di·gen I** *v/t* ⟨*sep*, -ge-, h⟩ **1.** → **herabsetzen** 3, 4. **2.** (*j-s Ansehen*) lower; **j-n zu et. ~** lower s. o. to the level of s. th. **3.** (*erniedrigen*) degrade, abase. **II** *v/reflex* **4. sich zu et. ~** lower (*od.* degrade, abase, demean) o. s. to the level of s. th.; **sich dazu ~, et. zu tun** lower o. s. (*etc, a.* stoop) to do s. th. **2|wür·di·gung** *f* ⟨-; *no pl*⟩ **1.** → **Herabsetzung** 3. **2.** degradation, abasement. **~|zie·hen** *v/t* ⟨*irr, sep*, -ge-, h⟩ → **herunterziehen.**

he·ra·kle·isch [heraˈkleːɪʃ] *adj* Heracle(i)an. **He·ra·kles** [ˈheːraklɛs] *npr m* ⟨-; *no pl*⟩ *myth.* Heracles, Hercules.

He·ral·dik [heˈraldɪk] *f* ⟨-; *no pl*⟩ heraldry. **Heˈral·di·ker** [-dikər] *m* ⟨-s; -⟩ heraldist. **heˈral·disch** *adj* heraldic.

her·an [hɛˈran] *adv* near, close, up, to the spot; ~ an e-e Sache up (*od.* near) to s. th.; *in Zssgn* → *a.* her..., herbei... **~ˌar·bei·ten** *v/reflex* <sep, -ge-, h> sich an j-n (et.) ~ work one's way up to (*od.* towards) s. o. (s. th.), (*schleichen*) creep up to s. o. (s. th.). **~ˌbil·den I** *v/t* <sep, -ge-, h> **1.** educate, (*ausbilden*) train; j-n zu et. ~ train s. o. to be s. th. (*od.* for s. th.). **II** *v/reflex* sich ~ **2.** educate (*od.* train) o. s. **3.** *fig.* (*sich entwickeln*) develop (zu into). **2ˌbil·dung** *f* **1.** (*Erziehung*) education. **2.** (*Ausbildung*) training (zum Facharbeiter to be a skilled worker). **3.** (*Entwicklung*) development. **~ˌbre·chen** *v/i* <irr, sep, -ge-, sein> *lit.* begin, *Tag*: dawn. **~ˌbrin·gen** *v/t* <irr, sep, -ge-, h> (an *acc* to) **1.** bring up. **2.** → heranführen 2. **~ˌdrän·gen** *v/i u. v/reflex* sich ~ <sep, -ge-, h> (an *acc*) press forward (to, against), jostle (against); die Menschen drängten sich an das Tor heran the people pressed (*od.* pushed) towards the gate. **~ˌei·len** *v/i* <sep, -ge-, sein> → herbeieilen. **~ˌfah·ren** *v/i* <irr, sep, -ge-, sein> **1.** drive (*od.* move) up (*od.* near) (an *acc* to). **2.** (*um zu halten*) pull up; an den Straßenrand ~ pull over to the side of the road; an die Kreuzung ~ drive up to the crossing. **~ˌfüh·ren I** *v/t* <sep, -ge-, h> **1.** lead (*od.* bring) up (zu, an *acc* to). **2.** *fig.* j-n an et. ~ introduce s. o. to s. th., initiate s. o. into s. th. **II** *v/i* **3.** an e-e Sache ~ lead up to s. th. **~ˌge·hen** *v/i* <irr, sep, -ge-, sein> go close (*od.* near), approach; an e-e Sache ~ a) walk (*od.* step, go) up to s. th., b) (*sich nähern*) approach s. th., c) *fig.* (*an e-e Aufgabe*) set about s. th., approach s. th., tackle s. th. **~ˌja·gen** *v/i* <sep, -ge-, sein> race (*od.* dash) up (an *acc* to). **~ˌkom·men** *v/i* <irr, sep, -ge-, sein> **1.** (an *acc*) come (*od.* draw) near (to), come close (*od.* up) (to), approach (*s. o., s. th.*); *fig.* laß doch die Sache an dich ~ wait and see what happens, cross that bridge when you come to it. **2.** *fig. Zeit etc*: draw near, approach. **3.** an e-e Sache ~ a) (*erreichen*) reach (*od.* get to) s. th., b) (*bekommen*) get at (*od.* get hold of, come by) s. th., c) (*an e-e Zahl, Leistung etc*) come near (*od.* up) to s. th., approach s. th., measure up to s. th.; dieses Buch kommt nicht an die früheren Werke heran this book can't touch the earlier works. **4.** an j-n ~ a) come up to s. o., b) (*Boden gewinnen*) gain (*od.* close in) on s. o., c) (*einholen*) overtake (*od.* draw level with) s. o., d) *weitS.* (*zu fassen bekommen*) get to (*od.* at) s. o., get hold of s. o., e) *menschlich*: get through to (*od.* reach) s. o., f) *im Vergleich, an Leistung etc*: come near (*od.* up) to s. o., measure up to s. o.; er kommt nicht an ihn heran *an Wissen etc*: he cannot touch him. **~ˌkom·mend** *adj Fahrzeug*: oncoming, approaching. **~ˌlas·sen** *v/t* <irr, sep, -ge-, h> j-n an (*acc*) sich ~ let s. o. get near one. **~ˌma·chen** *v/reflex* <sep, -ge-, h> *colloq.* **1.** sich an e-e Sache ~ a) (*an Arbeit etc*) get down to s. th., set to work on s. th., b) (*an Problem etc*) tackle s. th. **2.** sich an j-n ~ a) approach s. o., *heimlich*: sidle up to s. o., b) (*um et. zu erreichen*) approach s. o., *schmeichelnd*: make up to s. o., *beeinflussend*: (start to) work on s. o. **~ˌna·hen** *v/i* <sep, -ge-, sein> *a. Zeit etc*: approach, draw near. **~ˌpir·schen** *v/reflex* <sep, -ge-, h> sich ~ (an *acc*) sneak (*od.* creep) up (to). **~ˌrei·chen** *v/i* <sep, -ge-, h> an e-e Sache ~ a) reach (up to) s. th., b) *fig.* → herankommen 3c, 4f. **~ˌrei·fen** *v/i* <sep, -ge-, sein> **1.** *bot.* ripen. **2.** *fig. Person*: (zu) ripen (*od.* mature) (into), grow up (into *od.* to be *a man, etc*). **3.** *fig. Plan etc*: ripen, mature. **~ˌrol·len** *v/i* <sep, -ge-, sein> roll up (an *acc* to). **~ˌrücken** (*getr.* -k·k-) **I** *v/i* <sep, -ge-, sein> **1.** (an *acc*) draw (*od.* come) near(er) (to), come close(r) (to), approach (*s. o., s. th.*), (*anmarschieren*) *a.* advance (towards); sie rückte nah an ihn heran she moved up close to him. **2.** *fig. Zeit etc*: approach, draw near. **II** *v/t* <h> **3.** move (*od.* push) *s. th.* near(er) (*od.* closer), pull *s. th.* up. **~ˌschaf·fen** *v/t* <sep, -ge-, h> bring up, carry (*od.* transport, move) *s. th.* to the spot, supply. **~ˌschlän·geln** *v/reflex* <sep, -ge-, h> sich ~ edge (*od.* sidle) up (an *acc* to). **~ˌschlei·chen** *v/i* <irr, sep, -ge-, sein> *u.* sich ~ *v/reflex* <h> sneak (*od.* creep) up (an *acc* to). **~ˌstür·men** *v/i* <sep, -ge-, sein> rush up. **~ˌta·sten** *v/reflex* <sep, -ge-, h> sich an e-e Sache ~ *a. fig.* approach s. th. gropingly, grope for s. th. **~ˌtra·gen** *v/t* <irr, sep, -ge-, h> **1.** bring *s. th.* (over). **2.** *fig.* et. an j-n ~ (*Wunsch etc*) approach s. o. with s. th. **~ˌtre·ten** *v/i* <irr, sep, -ge-, sein> **1.** (an *acc*) come (*od.* step) closer (*od.* nearer) (to), step up (to), approach (*s. o., s. th.*). **2.** *fig.* an j-n (mit et.) ~ approach s. o. (with s. th.). **3.** *fig.* an j-n ~ *Aufgabe etc*: confront (*od.* face) s. o. **~ˌwach·sen** *v/i* <irr, sep, -ge-, sein> grow (up) (zu into). **~ˌwach·send** *adj Generation*: coming, rising; die ~e Jugend the young people *pl.* **2ˌwach·sen·de** *m, f* <-n; -n> adolescent, *jur.* young person. **~ˌwa·gen** *v/reflex* <sep, -ge-, h> sich ~ (an *acc*) **1.** venture near (*s. th., s. o.*), go nearer (*od.* closer) (to), dare (to) approach (*s. th., s. o.*). **2.** *fig.* sich an e-e Sache ~ (*an Aufgabe etc*) dare (to) do (*od.* tackle) s. th., venture to approach s. th.; k-r wagte sich an die Sache heran no one wanted to try his hand (*od.* have a go) at the matter. **~ˌwin·ken** *v/t* <sep, -ge-, h> → herbeiwinken. **~ˌzie·hen I** *v/t* <irr, sep, -ge-, h> **1.** draw (*od.* pull) nearer (*od.* closer, up) (an *acc* to; zu toward[s]). **2.** *fig.* a) (*aufziehen*) raise, rear (*children, etc*), b) (*Nachfolger, Nachwuchs etc*) train, groom (*successor, etc*). **3.** *fig.* j-n ~ (zu *Diensten, zur Unterstützung etc*) call in s. o. (to help, *etc*), call upon s. o. (to do s. th.), enlist s. o. (*od.* s. o.'s services) (for s. th.); e-n Arzt (Fachmann) ~ call in (*od.* consult) a doctor (an expert); *mil. etc* Arbeitskräfte ~ (zu) mobilize (*od.* recruit) labo(u)r (for); *econ.* j-n zu Zahlungen ~ subject s. o. to payments, make s. o. pay. **4.** *fig.* et. ~ (*verwenden*) use (*od.* employ, apply) s. th.; Gelder ~ a) (*in Anspruch nehmen*) draw upon (*od.* use, apply) funds, b) (*beschaffen*) find (*od.* procure) funds (*od.* capital). **5.** *fig.* (*sich berufen auf, zitieren*) cite, quote, refer to, rely on (*a law, text, etc*); et. zum Vergleich ~ use (*od.* take, cite) s. th. by way of comparison. **II** *v/i* <sein> **6.** draw near, approach.

her·auf [hɛˈrauf] *adv* **1.** up; ~! come up (here)!; hier ~! up here!; ~ und herunter (*od.* herab) up and down; (von unten) ~ from below; bis ~ zu up to; den Hügel ~ up the hill, uphill; den Fluß ~ up the river, upstream; die Straße ~ up the street, *Am. a.* upstreet; et. weiter ~ a little further up; nach Norddeutschland ~ up to Northern Germany. **2.** die Treppe ~ up the stairs, upstairs. **3.** *colloq. for* hinauf. **~ˌar·bei·ten** *v/reflex* <sep, -ge-, h> sich ~ *a. fig.* work one's way up. **~beˌge·ben** *v/reflex* <irr, sep, no -ge-, h> sich ~ come up (*od.* upstairs). **~beˌmü·hen I** *v/t* <sep, no -ge-, h> j-n ~ trouble s. o. to come up. **II** *v/reflex* sich ~ (take the) trouble to come up. **~beˌschwö·ren** *v/t* <irr, sep, no -ge-, h> **1.** *a. fig.* (*Gefühl, Erinnerungen etc*) conjure up, call up, evoke. **2.** *fig.* (*Unheil etc*) bring on, give rise to, provoke. **~ˌbit·ten** *v/t* <irr, sep, -ge-, h> j-n ~ ask s. o. (to come) up(stairs). **~ˌdrin·gen** *v/i* <irr, sep, -ge-, sein> *Lärm etc*: rise (up) from below. **~ˌfah·ren I** *v/i* <irr, sep, -ge-, sein> **1.** come (*od.* travel, drive) up. **II** *v/t* **2.** <sein> travel up (*the street, etc*). **3.** <h> drive *s. o., s. th.* up. **~ˌho·len** *v/t* <sep, -ge-, h> bring *s. o., s. th.* up (here). **~ˌkom·men I** *v/i* <irr, sep, -ge-, sein> **1.** come up (zu to). **2.** get up. **II** *v/t* **3.** come up (*the hill, street, stairs*). **~ˌlas·sen** *v/t* <irr, sep, -ge-, h> let *s. o.* come (*od.* get) up. **~ˌschal·ten** *v/i* <sep, -ge-, h> *mot.* shift into higher gear, change up, *Am.* shift up. **~ˌset·zen** *v/t* <sep, -ge-, h> → hinaufsetzen I. **~ˌstei·gen I** *v/i* <irr, sep, -ge-, sein> **1.** climb (*od.* go, come) up (zu to); come upstairs. **2.** *fig. lit. Tag etc*: dawn. **II** *v/t* **3.** ascend, mount, climb; die Treppe ~ *a.* come upstairs. **~ˌstim·men** *v/t* <sep, -ge-, h> *mus.* tune up, raise (the pitch of). **~ˌzie·hen I** *v/t* <irr, sep, -ge-, h> pull (*od.* draw) *s. th.* up; s-e Hosen ~ pull (*od.* hitch) up one's trousers; j-n zu sich ~ a) pull s. o. up to one, b) *fig.* lift (*od.* raise) s. o. to one's own level. **II** *v/i* <sein> move (*od.* draw) up (*od.* near), approach, *Unwetter*: *a.* come up, be brewing.

her·aus [hɛˈraus] *adv* **1.** out; ~ mit dir! out with you!; hier ~! out here!, this way (out)!; wir waren aus dem Wald ~ we were out of the wood; warte, bis wir aus der Stadt ~ sind wait until we've got out of (*od.* we are outside, we have left) the town; ich muß hier ~ a) (*aussteigen*) I have to get out (*od.* off) here, b) *aus Stadt, e-m Raum etc*: I have got to get out of here; von innen ~ from within, from inside; aus dem starken Verkehr ~ sein be clear of the heavy traffic. **2.** *fig.* out; er ist aus dem Ärgsten ~ he is over the worst, he is out of the wood (*Am.* woods); damit ist er aus der Sache ~ that lets him out, now he is in the clear. **3.** *fig. colloq.* out; ~ damit! a) out with it, b) *a.* ~ mit der Sprache! speak out (*od.* up)!, spit it out!; ~ mit dem Geld! out with your money! **4.** *fig. colloq.* ~ sein a) (*bekannt*) be out, be known, b) *Buch etc*: be out, be published; nun ist es ~ now the secret is out, now we know; das (*od.* es) ist noch nicht ~ (, ob) (*steht noch nicht fest*) it is still undecided (*od.* open) (whether). **5.** *fig.* aus ... ~ out of; aus e-r Notlage ~ out of necessity; aus e-m Gefühl ~ out of a sense (*of isolation, etc*), from a feeling of; et. aus sich ~ tun do s. th. on one's own (initiative). **6.** *colloq. for* hinaus.

her·aus... *in Zssgn* (*break, climb, etc*) out; → *a.* hinaus..., aus..., *colloq.* raus...

herˈausˌar·bei·ten I *v/t* <sep, -ge-, h> **1.** *bes. Kunst*: work out, *aus Stein, Holz etc*: carve (*od.* chisel, hew) out; ein Relief aus Marmor ~ carve (*od.* cut) a relief from marble. **2.** *fig.* (*Gedanken etc*) work out, *kunstvoll od. umständlich*: elaborate. **II** *v/reflex* sich ~ **3.** *a. fig.* (aus) work one's way out (of), extricate o. s. (from), struggle out (of). **~ˌbei·ßen I** *v/t* <irr, sep, -ge-, h> **1.** bite (*a piece, etc*) out (aus of). **2.** *fig. colloq.* j-n (aus e-r mißlichen Lage) ~ get s. o. out (of a predicament *od.* jam). **II** *v/reflex* **3.** *fig. colloq.* sich aus et. ~ get (*od.* extricate) o. s. out of s. th. **~be|kom·men** *v/t* ⟨*irr, sep, no* -ge-, h⟩ **1.** (*Nagel, Flecken etc*) get out (aus of). **2.** (*Wechselgeld*) get change; Sie bekommen noch zwei Mark heraus you get two marks change (*od.* back). **3.** *fig.* (*herausfinden*) find out. **4.** *fig.* a) (*Aufgabe, Rätsel etc*) puzzle (*od.* work) out, solve, *colloq.* crack (*a problem, riddle*), b) (*Ergebnis etc*) get; was hast du ~? what answer did you get?, c) (*Sinn etc*) figure (*od.* make, find) out (the meaning of), d) (*Geständnis etc*) get *s. th.* out, elicit, (*Geheimnis*) *a.* worm (*od.* ferret) out; ich kann aus ihm nichts ~ I can't get anything out of him, I can't make him (*od.* he won't) talk. **5.** → herausbringen 3. **~|bil·den** *v/reflex* ⟨*sep*, -ge-, h⟩ sich ~ **1.** *Plan, Vorstellung etc*: form, take shape. **2.** (*sich entwickeln*) develop. **~|bit·ten** *v/t* ⟨*irr, sep*, -ge-, h⟩ j-n ~ ask s. o. to come out(side). **~|brin·gen** *v/t* ⟨*irr, sep*, -ge-, h⟩ **1.** bring out (aus of). **2.** → herausbekommen 1, 3, 4. **3.** *fig.* (*sagen*) say, utter, get *s. th.* out; sie konnte (vor Schreck) kein Wort ~ (she was so frightened) she couldn't say (*od.* utter) a single word. **4.** *econ.* (*Fabrikat*) bring out, come out with, (put on the) market; et. groß ~ launch s. th. in a big way (*cf. a.* 7). **5.** *fig.* (*Buch etc*) bring out, publish, (*a. Briefmarke*) issue. **6.** *thea.* (put on the) stage, (*a. Film*) produce, present. **7.** *fig.* groß ~ a) et.: highlight s. th., give prominence to s. th., *colloq.* splash s. th., b) j-n: give s. o. a big buildup, launch s. o. in a big way. **8.** *fig.* j-s beste Leistung (*etc*) ~ bring out s. o.'s best performance (*etc*). **~de·stil|lie·ren** *v/t* ⟨*sep, no* -ge-, h⟩ *chem.* distil(l) *s. th.* out (*a. fig.*), top. **~|dre·hen** *v/t* ⟨*sep*, -ge-, h⟩ → herausschrauben. **~|drücken** (*getr.* -k·k-) *v/t* ⟨*sep*, -ge-, h⟩ **1.** squeeze out (aus of). **2.** (*Brustkorb*) stick out. **~|fah·ren I** *v/i* ⟨*irr, sep*, -ge-, sein⟩ **1.** come (*od.* travel) out, *mot.* drive out; *Zug*: pull out (of the station). **2.** *Wort, Bemerkung*: escape, slip out; das ist ihm (mir *etc*) nur so herausgefahren it just slipped out. **II** *v/t* ⟨h⟩ **3.** drive out (aus of). **4.** *Rennsport*: e-n Sieg ~ gain (*od.* achieve) a victory; den 2. Platz ~ make the second place, be (*od.* run) second. **~|fal·len** *v/i* ⟨*irr, sep*, -ge-, sein⟩ fall (*od.* drop) out (aus of). **~|fin·den I** *v/t* ⟨*irr, sep*, -ge-, h⟩ **1.** discover, find (*mistakes, etc*); ich würde ihn unter 1000 anderen ~ I could pick him out from (*od.* spot him) among a thousand others. **2.** *fig.* → herausbekommen 3, 4. **II** *v/i* **3.** find one's way out (aus of). **III** *v/reflex* sich ~ **4.** (aus) *a. fig.* find a way out (of). **~|flie·gen I** *v/i* ⟨*irr, sep*, -ge-, sein⟩ **1.** fly (*od.* come flying) out (aus of). **2.** *fig. colloq.* → hinausfliegen 2. **II** *v/t* ⟨h⟩ **3.** *aer.* fly *s. o., s. th.* out.

Her'aus|for·de·rer *m* ⟨-s; -⟩ challenger. **⁀|for·dern I** *v/t* ⟨*sep*, -ge-, h⟩ **1.** (*Sache*) ask for the return (*od.* surrender) of *s. th.*, demand the restitution of *s. th.* **2.** j-n (zum Kampf) ~ challenge s. o., throw down the gaunlet to s. o.; j-n zum Duell ~ challenge s. o. to a duel. **3.** *fig.* challenge, (*provozieren*) provoke, *trotzig*: defy; das Schicksal (*od.* Unglück) ~ challenge fate, court disaster, *colloq.* be asking for it; j-s Kritik ~ provoke (*od.* invite) criticism from s. o.; sie forderte ihn ja förmlich (dazu) heraus she literally provoked him into doing that. **II** *v/i* **4.** zur Kritik ~ invite (*od.* provoke) criticism; das fordert geradezu zum Diebstahl heraus that's a direct invitation to theft. **⁀|for·dernd** *adj* challenging, (*aufreizend*) provoking, provocative, (*trotzig*) defiant, (*anmaßend*) arrogant, (*erotisch, lockend*) inviting. **~|for·de·rung** *f* **1.** *zum Kampf etc*: challenge (*a. fig. große Aufgabe etc*); die ~ annehmen accept the challenge, take up the gauntlet. **2.** a) provocation, b) (open) defiance.

her'aus|fühlen *v/t* ⟨*sep*, -ge-, h⟩ (aus from) sense, feel. **~|füt·tern** *v/t* ⟨*sep*, -ge-, h⟩ *colloq.* j-n ~ feed s. o. well. **⁀|ga·be** *f* ⟨-; *no pl*⟩ **1.** handing over. **2.** (*Rückgabe*) giving back, return. **3.** *von Gefangenen etc*: giving up, surrender. **4.** *econ. von Frachtgut etc*: handing out, delivery. **5.** *print.* a) editing, b) (*Veröffentlichung*) publishing, publication. **6.** *e-r Briefmarke etc*: issue. **7.** *jur.* restitution, surrender, delivery; Klage auf ~ action for restitution. **~|ge·ben I** *v/t* ⟨*irr, sep*, -ge-, h⟩ **1.** (*dat* to) a) (*aushändigen*) hand *s. th.* over, b) (*zurückgeben*) give *s. th.* back, return, c) (*ausliefern*) give *s. th., s. o.* up, surrender. **2.** hand (*od.* pass) *s. th.* out. **3.** j-m Wechselgeld ~ give s. o. change; können Sie mir 5 Mark ~? can you give me 5 marks change? **4.** (*Buch etc*) a) publish, bring out, b) *als Bearbeiter*: edit; Bücher neu ~ re(-)edit books. **5.** (*Briefmarke, Vorschrift etc*) issue (*stamps, regulations, etc*). **II** *v/i* **6.** (*Wechselgeld zurückgeben*) give change; ich kann (Ihnen) nicht ~ I can't give (you) any change; kannst du auf 10 Mark ~? can you give change for 10 marks? **7.** *colloq.* j-m (tüchtig) ~ give s. o. tit for tat, tick s. o. off properly. **⁀|ge·ber** *m* **1.** (*Redakteur, Verfasser*) editor. **2.** (*Verleger*) publisher. **~|ge·hen** *v/i* ⟨*irr, sep*, -ge-, sein⟩ **1.** *Flecken etc*: come out. **2.** *fig.* aus sich ~ come out of one's shell, (*lebhaft werden*) loosen up. **3.** → hinausgehen 1. **~|grei·fen** *v/t* ⟨*irr, sep*, -ge-, h⟩ pick out, single out, choose, select; um nur ein Beispiel herauszugreifen to take (*od.* cite) just one example. **~|gucken** (*getr.* -k·k-) *v/i* ⟨*sep*, -ge-, h⟩ peek (*od.* peep) out. **~|ha·ben** *v/t* ⟨*irr, sep*, -ge-, h⟩ *colloq.* **1.** hast du den Nagel heraus? have you got the nail out? **2.** *fig.* have found *s. th.* out; er hatte den Handgriff bald heraus he soon had found out how to do it, he soon had the knack (*od.* hang) of it; jetzt hab ich's heraus! (now I've) got it!; → Bogen 2. **3.** *fig.* (*Rechenaufgabe etc*) have solved, have got. **~|hal·ten I** *v/t* ⟨*irr, sep*, -ge-, h⟩ **1.** hold out (aus of). **2.** *fig.* j-n aus e-r Sache ~ keep s. o. out of s. th. **II** *v/reflex* **3.** sich aus e-r Sache ~ keep out of s. th. **~|hän·gen I** *v/i* ⟨*irr, sep*, -ge-, h⟩ **1.** (aus of) *allg.* hang out, be hanging out, *Zunge*: *a.* be lolling out; → Hals[1] 4. **II** *v/t* ⟨*sep*, -ge-, h⟩ **2.** hang out (*flags, etc*). **3.** → herauskehren 1. **~|hau·en I** *v/t* ⟨*irr, sep*, -ge-, h⟩ **1.** hew (*od.* hack) out (aus of). **2.** (*ausmeißeln*) hew (*od.* carve) out (aus Marmor from marble). **3.** *colloq.* j-n ~ a) hew a way out for s. o., free s. o., b) *fig.* aus et.: get s. o. out of *a difficulty, etc.* **II** *v/reflex* **4.** sich (aus et.) ~ a) fight one's way out (of s. th.), b) *fig.* get o. s. out (of s. th.). **~|he·ben I** *v/t* ⟨*irr, sep*, -ge-, h⟩ **1.** lift (*od.* take) *s. o., s. th.* out. **2.** *fig.* → hervorheben 2. **II** *v/reflex* sich ~ **3.** → hervorheben 3. **~|hel·fen** *v/i* ⟨*irr, sep*, -ge-, h⟩ *a. fig.* help out; j-m aus dem Wagen ~ help s. o. out of the car; j-m aus e-r schwierigen Lage ~ help s. o. out of a difficult situation. **~|ho·len** *v/t* ⟨*sep*, -ge-, h⟩ **1.** et. (aus et.) ~ take s. th. out (of s. th.). **2.** j-n (aus et.) ~ a) *aus Schule, Heim etc*: take s. o. away (from s. th.), remove s. o. (from s. th.), b) *aus Gefängnis etc*: get s. o. out (of s. th.). **3.** *fig.* et. aus j-m (e-r Sache) ~ a) (*Geld etc*) get s. th. out of s. o. (s. th.), b) (*Antwort, Geheimnis etc*) get (*od.* draw) s. th. out of s. o. (s. th.), worm s. th. out of s. o.; viel aus e-r Firma ~ get a lot (*od.* high profits) out of a firm; Vorteile (für sich) ~ get (*od.* obtain, *colloq.* wangle) advantages for o. s.; das Beste (Letzte) aus j-m (e-r Sache) ~ get the best (utmost) out of s. o. (s. th.); das Letzte aus sich ~ extend o. s. to the last, do one's utmost, make an all-out effort; die beste Leistung aus j-m ~ bring out s. o.'s best performance. **~|hö·ren** *v/t* ⟨*sep*, -ge-, h⟩ **1.** hear (*a false note, etc*). **2.** *fig.* detect *s. th.* (aus in *s. o.'s words, etc*). **~|keh·ren** *v/t* ⟨*sep*, -ge-, h⟩ **1.** act, assume the air of, (like to) play (*the boss, etc*). **2.** (*zeigen*) show (*one's best side, one's power, etc*). **~|ken·nen** *v/t* ⟨*irr, sep*, -ge-, h⟩ j-n (an e-r Sache) ~ recognize (*od.* spot, tell) s. o. (by s. th.). **~|klau·ben** *v/t* ⟨*sep*, -ge-, h⟩ *colloq.* → heraussuchen 2. **~|klin·geln** *v/t* ⟨*sep*, -ge-, h⟩ j-n ~ get s. o. up (*od.* out) by ringing the bell (*od.* by telephoning). **~|kom·men** *v/i* ⟨*irr, sep*, -ge-, sein⟩ **1.** come out, (*erscheinen*) *a.* emerge, appear; aus dem Haus ~ come out of (*od.* leave) the house. **2.** (*wegkommen, a. entfliehen*) get out; sie kommt kaum (aus dem Haus) heraus she hardly ever gets out (of the house); er ist noch nie aus s-r Stadt herausgekommen he has never been out of his town. **3.** *fig. Farben etc*: come out (*well, etc*); der Unterschied kommt nicht gut heraus the difference is not very clear. **4.** *fig.* (*überwinden*) get out; aus e-r schwierigen Lage ~ get out of (*od.* extricate o. s. from) a predicament; er kam aus dem Staunen (Lachen) nicht heraus he couldn't get over his surprise (stop laughing). **5.** *fig. Buch etc*: come out, be published, appear; das Werk kam im X Verlag heraus the work was published by X. **6.** *fig. Fabrikat*: come out, appear (*od.* be put) on the market; Ford kommt mit e-m neuen Modell heraus Ford are (*Am.* is) coming out with a new model. **7.** *fig. Briefmarke, Vorschrift etc*: be issued, come out. **8.** *fig. Gesetz etc*: come out, be passed, be enacted. **9.** *fig. colloq.* groß ~ *Schauspieler etc*: be a great success, be a big hit, create a furore. **10.** *fig. bei Rechenaufgaben*: be the answer, be the result; bei mir kommt jedesmal et. anderes heraus each time I get a different answer. **11.** *fig.* bei e-r Sache ~ (*resultieren*) come of s. th., result from s. th.; dabei wird nichts Gutes ~ nothing good will come of it; was kommt schon dabei heraus? what's the use (of doing it)?, what good will it do?; es kommt nichts dabei heraus it is (of) no use, it doesn't pay, there is nothing (to be) gained by it; bei dieser Diskussion kommt nichts heraus this discussion isn't leading (us) anywhere; *colloq.* das kommt auf eins (*od.* dasselbe) heraus it comes (*od.* amounts) to the same thing, it is all the same. **12.** → herausspringen 5. **13.** *fig.* (*bekannt werden*) come out, become known, *Am. a.* develop, (*durchsickern*) leak out. **14.** *fig.* (*sich anhören, klingen*) sound (*funny, etc*). **15.** *fig. colloq.* mit et. ~ a) come out with s. th., say s. th., b) (*gestehen*) admit (*od.* reveal) s. th.; → *a.* herausrücken 5. **16.** mit e-m Gewinn ~ *Losnummer etc*: draw a prize.

~ˌkön·nen *v/i* ⟨*irr, sep,* -ge-, h⟩ *colloq.* be able to get (*od.* come) out; **k-r konnte aus dem Zimmer heraus** no one could get out of the room; → Haut 2. **~ˌkrie·chen** *v/i* ⟨*irr, sep,* -ge-, sein⟩ crawl out; **aus dem Ei ~** come out (of the egg). **~ˌkrie·gen** *v/t* ⟨*sep,* -ge-, h⟩ *colloq. for* herausbekommen. **~kri·stal·liˌsie·ren** *v/t* ⟨*sep, no* -ge-, h⟩ **1.** *chem.* crystal(l)ize *s. th.* out (**aus** of). **2.** *fig.* (**aus** from) crystal(l)ize, extract; **sich ~** crystal(l)ize, take shape. **~ˌlas·sen** *v/t* ⟨*irr, sep,* -ge-, h⟩ **1.** *allg.* let out (**aus** of). **2.** (*Kleid etc*) let out. **3.** *fig.* **j-n aus e-r Sache ~** leave s. o. out of s. th. **4.** *colloq.* (*verraten*) let *s. th.* out. **~ˌlau·fen I** *v/i* ⟨*irr, sep,* -ge-, sein⟩ **1.** run out. **2.** *Flüssigkeit etc*: run (*od.* leak) out. **II** *v/t* ⟨h⟩ **3.** *Sport*: **e-n Sieg ~** gain a victory; **den 2. Platz ~** come in second. **~ˌle·gen** *v/t* ⟨*sep,* -ge-, h⟩ put out. **~ˌle·sen** *v/t* ⟨*irr, sep,* -ge-, h⟩ **1.** pick out (**aus** from). **2.** *fig. aus Brief, Gesichtsausdruck etc*: a) (*entnehmen*) gather *s. th.* from, b) (*hineinlegen*) read *s. th.* into. **~ˌlocken** (*getr.* -k·k-) *v/t* ⟨*sep,* -ge-, h⟩ **1. j-n ~** lure (*od.* entice, draw) s. o. out. **2.** *fig.* **et. aus j-m ~** a) (*Geld etc*) coax (*od.* draw) s. th. out of s. o., b) (*Geheimnis etc*) draw (*od.* worm) out s. th. from s. o. **3.** → Reserve 2. **~ˌlü·gen** *v/reflex* ⟨*irr, sep,* -ge-, h⟩ **sich (aus e-r Sache) ~** lie one's way (*od.* o. s.) out of s. th. **~ˌma·chen** *colloq.* **I** *v/t* ⟨*sep,* -ge-, h⟩ **1.** (*Flecken etc*) (**aus**) get out (of), remove (from). **II** *v/reflex* **sich ~** *fig.* **2.** *Kinder etc*: turn out (*od.* develop, shape) well. **3.** (*Fortschritte zeigen*) make (good) progress, do well, develop well, improve. **4.** *nach Krankheit etc*: pick up, come round (nicely). **~ˌmüs·sen** *v/i* ⟨*irr, sep,* -ge-, h⟩ *colloq.* **1.** *Nagel, Zahn etc*: have to come out; *fig.* **das mußte heraus** (*was mir auf dem Herzen lag*) I had to get it off my mind. **2.** (*aufstehen müssen*) have to get up (*early, etc*). **~ˌnehm·bar** *adj bes. tech.* removable. **~ˌneh·men** *v/t* ⟨*irr, sep,* -ge-, h⟩ **1. et. (j-n) aus et. ~** take s. th. (s. o.) out of (*od.* from) s. th., remove s. th. (s. o.) from s. th.; **e-n Spieler aus der Mannschaft ~** take a player off (*od.* drop a player from) the team; **sich** (*dat*) **die Mandeln (den Blinddarm) ~ lassen** have one's tonsils (appendix) (taken) out. **2.** *fig.* **sich** (*dat*) **et. ~** go too far, take liberties; **sich j-m gegenüber zuviel ~** make too free (*od.* be too forward) with s. o.; **sich das Recht ~, et. zu tun** take it upon o. s. to do s. th., take the liberty of doing s. th.; → Freiheit 3. **~ˌpicken** (*getr.* -k·k-) *v/t* ⟨*sep,* -ge-, h⟩ pick *s. th.* out; → Rosine. **~ˌplat·zen** *v/i* ⟨*sep,* -ge-, sein⟩ *colloq.* **1.** burst out laughing. **2. (mit e-m Geheimnis, e-r Neuigkeit** *etc*) **~** blurt out (a secret, a news). **~ˌpres·sen** *v/t* ⟨*sep,* -ge-, h⟩ press (*od.* squeeze) out (**aus** of); **ein paar Tränen ~** squeeze (out) a few tears; *fig.* **Geld (ein Geständnis) aus j-m ~** squeeze money (a confession) out of s. o.; **et.** (*e-e Information etc*) **aus j-m ~** prise s. th. out of s. o. **~ˌput·zen** *v/t* ⟨*sep,* -ge-, h⟩ **1. j-n (sich) ~** dress (*od.* smarten, *colloq.* spruce) s. o. (o. s.) up; **sich sonntäglich ~** put on one's (Sunday) best. **2.** (*Zimmer, Haus etc*) decorate, adorn, *colloq.* spruce *s. th.* up. **~ˌquet·schen** *v/t* ⟨*sep,* -ge-, h⟩ *colloq. for* herauspressen. **~ˌra·gen** *v/i* ⟨*sep,* -ge-, h⟩ **1.** (**aus** from) jut (*od.* stand, stick) out, project, protrude. **2.** *Haus etc*: (**aus** above) tower, rise. **3.** *fig.* (*hervorstechen*) (**aus**) stand out (from), stand supreme (among). **~ˌra·gend** *adj* → hervorragend 1. **~ˌre·den** *v/reflex* ⟨*sep,* -ge-, h⟩ **sich ~** make excuses, (*schwindeln*) prevaricate, quibble, *erfolgreich*: wriggle out; **sich aus et. ~** talk one's way out of s. th., wriggle out of s. th. **~ˌrei·ßen I** *v/t* ⟨*irr, sep,* -ge-, h⟩ **1.** tear (*od.* pull, rip, wrench, yank) *s. th.* out; **e-e Seite aus e-m Buch ~** tear (*od.* rip) a page out of a book. **2.** *fig.* **j-n (aus et.) ~** a) *aus alter Umgebung etc*: tear s. o. away (from s. th.), b) *aus Traum, Schlaf etc*: rouse s. o. (from s. th.), startle s. o. (out of s. th.), c) *aus Arbeit etc*: interrupt s. o. (in s. th.), tear s. o. out (of s. th.), d) *aus Schwierigkeiten etc*: save s. o. (from s. th.); **diese gute Note hat mich herausgerissen** this good mark has saved me (from the worst); **j-n (aus s-n Schwierigkeiten) ~** save (*od.* extricate) s. o. from his difficulties. **3.** *fig. colloq.* make up for; **diese gute Note reißt alles wieder heraus** this good mark makes up for (*od.* saves) everything. **II** *v/reflex* **sich ~ 4.** save one's skin. **~ˌrücken** (*getr.* -k·k-) **I** *v/t* ⟨*sep,* -ge-, h⟩ **1.** (*Möbel etc*) move (*od.* push) *s. th.* out. **2.** *fig. colloq.* (*hergeben*) *cf.* 4. **3.** *print.* (*Zeile etc*) flush *s. th.* to the margin. **II** *v/i* ⟨sein⟩ **4.** *fig. colloq.* **mit et. ~** a) come out (*od.* part) with s. th., produce s. th., (*ausliefern*) hand s. th. over, b) *mit Geld*: fork out (*od.* cough up, shell out) s. th. **5.** *fig. colloq.* **mit e-m Anliegen** *etc* **~** come out with a request, *etc*; **mit der Sprache ~** a) speak out (*od.* up) (freely), talk, b) *a.* **mit der Wahrheit ~** come out with the truth, own up; **er wollte nicht mit der Sprache ~** *a.* he kept beating about the bush (*od.* hedging). **~ˌru·fen** *v/t* ⟨*irr, sep,* -ge-, h⟩ **j-n ~** a) call s. o. out, b) (*Schauspieler*) call for s. o. **~ˌrut·schen** *v/i* ⟨*sep,* -ge-, sein⟩ slip out; *fig. colloq.* **diese Bemerkung ist mir nur so herausgerutscht** this remark just slipped out. **~ˌsa·gen** *v/t* ⟨*sep,* -ge-, h⟩ **et. frei ~** say s. th. straight out (*od.* frankly). **~ˌschä·len** *v/t* ⟨*sep,* -ge-, h⟩ **1.** scrape out. **2.** *fig.* (*e-e Idee etc*) unfold, evolve, develop, extract, crystal(l)ize; **sich ~** be revealed, emerge, develop, crystal(l)ize. **~ˌschau·en** *v/i* ⟨*sep,* -ge-, h⟩ *bes. Southern G.* **1. aus der** (*od.* **zur**) **Tür ~** look out of the door. **2.** *Hemd etc*: be hanging out; *Unterrock etc*: be showing, peep out. **3.** *fig. colloq.* → herausspringen 5. **~ˌschie·ßen I** *v/i* ⟨*irr, sep,* -ge-, sein⟩ *fig.* **1.** *Wasser, Blut etc*: spout (*od.* gush) out. **2.** *Fahrzeug, Person etc*: dash (*od.* shoot) out. **II** *v/t* ⟨h⟩ **3.** (*e-n Preis etc*) win, make. **~ˌschin·den** *v/t* ⟨*irr, sep,* -ge-, h⟩ *colloq.* → herausschlagen 3. **~ˌschla·gen I** *v/t* ⟨*irr, sep,* -ge-, h⟩ **1.** (*Bolzen etc*) knock (*od.* drive) *s. th.* out (**aus** of). **2.** (*Zähne etc*) knock out. **3.** *fig. colloq.* **et. aus j-m ~** get (*od.* wangle) s. th. out of s. o.; **et. aus e-r Sache ~** get s. th. out of s. th., **Geld:** *a.* profit (*od.* make money) by s. th.; **e-n Vorteil (für sich) ~** get (*od.* obtain, wangle) an advantage; **möglichst viel (aus e-r Sache) ~** make the most of it (of s. th.). **II** *v/i* ⟨sein⟩ **4.** *Flamme*: leap out. **~ˌschleu·dern** *v/t* ⟨*sep,* -ge-, h⟩ throw (*od.* fling, catapult) *s. th.* out. **~ˌschlüp·fen** *v/i* ⟨*sep,* -ge-, sein⟩ slip out. **~ˌschmecken** (*getr.* -k·k-) *v/t* ⟨*sep,* -ge-, h⟩ taste (**aus** in *the soup, etc*). **~ˌschnei·den** *v/t* ⟨*irr, sep,* -ge-, h⟩ **1.** cut (*od.* clip) *s. th.* out. **2.** *med.* a) (*Gewebe*) excise, b) (*Organ*) resect. **~ˌschöp·fen** *v/t* ⟨*sep,* -ge-, h⟩ **1.** (*Wasser aus e-m Boot etc*) bail (*Am. a.* bale) out. **2.** *mit Kelle, Löffel*: ladle out. **~ˌschrau·ben** *v/t* ⟨*sep,* -ge-, h⟩ (**aus**) screw out (of), unscrew (from). **~ˌschrei·ben** *v/t* ⟨*irr, sep,* -ge-, h⟩ copy; (**sich** *dat*) **e-n Satz aus e-m Buch ~** copy a sentence out of a book. **~ˌschrei·en** *v/t u. v/i* ⟨*irr, sep,* -ge-, h⟩ shout (out). **~ˌschwin·deln** *v/reflex* ⟨*sep,* -ge-, h⟩ **sich (aus e-r Sache) ~** talk o. s. (*od.* wriggle) out (of s. th.) (by fibbing). **~ˌschwit·zen** *v/t* ⟨*sep,* -ge-, h⟩ sweat *s. th.* out. **~ˌse·hen** *v/i* ⟨*irr, sep,* -ge-, h⟩ → herausschauen 1. **~ˌsprin·gen** *v/i* ⟨*irr, sep,* -ge-, sein⟩ **1.** jump (*od.* leap) out (**aus** of). **2.** *Korken, Stift etc*: jump (*od.* pop) out. **3.** come out; **aus dem Teller ist ein Stück herausgesprungen** the plate is chipped. **4.** → hervorragen 1. **5.** *fig. colloq.* be gained (**bei** by); **bei dem Geschäft ist e-e schöne Summe für ihn herausgesprungen** he made a tidy sum on that deal; **dabei springt nicht viel heraus** it doesn't (really) pay; **was springt für mich dabei heraus?** what's in it for me? **~ˌsprit·zen I** *v/i* ⟨*sep,* -ge-, sein⟩ spout (*od.* spurt, squirt, gush) out (**aus** from, out of). **II** *v/t* ⟨h⟩ squirt *s. th.* out. **~ˌspru·deln I** *v/i* ⟨*sep,* -ge-, sein⟩ **1.** bubble (*stärker*: gush) out. **2.** *fig. Worte etc*: splutter (out). **II** *v/t* ⟨h⟩ **3.** (*Worte etc*) splutter out. **~stafˌfie·ren** *v/t* ⟨*sep, no* -ge-, h⟩ → herausputzen. **~ˌste·chen I** *v/t* ⟨*irr, sep,* -ge-, h⟩ (*faule Stelle etc*) cut *s. th.* out. **II** *v/i* → hervorstechen. **~ˌste·hen** *v/i* ⟨*irr, sep,* -ge-, h *u.* sein⟩ → hervorstehen. **~ˌstel·len I** *v/t* ⟨*sep,* -ge-, h⟩ **1.** (*Möbel etc*) put *s. th.* out. **2.** → bereitstellen 1. **3.** *Sport*: → hinausstellen 2. **4.** *fig.* **et. ~** (*verdeutlichen*) point s. th. out, set s. th. forth, make s. th. clear, (*betonen*) emphasize (*od.* underline) s. th., *iro.* dramatize s. th., play s. th. up; **et. klar** (*od.* **deutlich**) **~** present s. th. (*od.* point s. th. out) clearly. **5. j-n (et.) (groß) ~** → herausbringen 7. **II** *v/reflex* **sich ~ 6.** a) (*sich erweisen*) turn out, b) (*sich zeigen*) appear, become apparent, emerge, c) (*entdeckt werden*) be revealed (*od.* discovered, found out), come to light; **es hat sich herausgestellt, daß** it turned out that; **es stellte sich heraus, daß er recht hatte** he turned out (*od.* proved, was found) to be right; **das hat sich erst später herausgestellt** that did not come to light (*od.* was not discovered) until later. **~ˌsto·ßen** *v/t* ⟨*irr, sep,* -ge-, h⟩ **1.** knock *s. o., s. th.* out. **2.** → hervorstoßen 2. **~ˌstrecken** (*getr.* -k·k-) *v/t* ⟨*sep,* -ge-, h⟩ stick (*od.* put) out; **den Kopf aus dem** (*od.* **zum**) **Fenster ~** stick (*od. colloq.* poke) one's head out of the window; → Zunge. **~ˌstrei·chen** *v/t* ⟨*irr, sep,* -ge-, h⟩ **1.** strike (*od.* cross) out, delete. **2.** *fig.* (*loben*) praise *s. o., s. th.* (to the skies), *colloq.* crack *s. o., s. th.* up; **sich ~** praise o. s., blow one's own trumpet. **~ˌströ·men** *v/i* ⟨*sep,* -ge-, sein⟩ **1.** *Wasser etc*: stream (*od.* pour, flow, gush) out. **2.** *Gas etc*: (**aus**) escape (from), stream out (of). **3.** *fig. Menschen*: stream (*od.* pour) out. **~ˌsu·chen** *v/t* ⟨*sep,* -ge-, h⟩ **1.** (*auswählen*) choose, select, pick out. **2.** look *s. th.* out, find (j-m et. s. o. s. th.). **~ˌtren·nen** *v/t* ⟨*sep,* -ge-, h⟩ **1.** (*Futter*) rip out. **2.** (*Seite*) tear out carefully. **~ˌtun** *v/t* ⟨*irr, sep,* -ge-, h⟩ *colloq.* **1.** (*herausnehmen*) take *s. th.* out. **2.** (*aussortieren*) sort *s. th.* out. **~ˌwach·sen** *v/i* ⟨*irr, sep,* -ge-, sein⟩ grow out (**aus** of); *colloq.* **aus den Kleidern ~** *Kinder*: grow out of (*od.* outgrow) one's clothes; → Hals[1] 4. **~ˌwa·gen** *v/reflex* ⟨*sep,* -ge-, h⟩ **sich (aus et.) ~** venture out (of s. th.). **~ˌwin·den** *v/reflex* ⟨*irr, sep,* -ge-, h⟩ *fig.* **sich (aus e-r Sache) ~**

extricate o. s. (from s. th.), wriggle out (of s. th.). **~ˌwirt·schaf·ten** *v/t* ⟨*sep*, -ge-, h⟩ (aus) (manage to) get *s. th.* (out of), make a profit (of), obtain *s. th.* (from). **~ˌwol·len** *v/i* ⟨*sep*, -ge-, h⟩ **1.** want to get (*od.* come) out. **2.** → **herausrücken** 5. **~ˌzie·hen I** *v/t* ⟨*irr, sep*, -ge-, h⟩ **1.** pull (*od.* draw) out (aus of); e-e Pflanze ~ pull up a plant. **2.** *med.* a) (*Zahn*) pull out, extract, b) (*Splitter*) take out, remove. **3.** (*herausschreiben*) (aus from) extract, take, (*Notizen, aus Zeitschriften etc*) cull. **4.** *mil.* Truppen ~ (aus) withdraw (*od.* pull out) troops (from). **5.** *chem. phys.* extract (aus from). **II** *v/i* ⟨sein⟩ **6.** move out (aus der Stadt of the town).

herb [hɛrp] *adj* ⟨-er; -st⟩ **1.** *Geschmack, Frucht etc*: tart, acrid, sour, harsh. **2.** *Wein*: dry. **3.** *Luft, Klima etc*: a) harsh, b) (*kräftigend*) bracing. **4.** *fig. Landschaft etc*: rugged. **5.** *fig. Schönheit, Wesen, Stil etc*: austere, severe. **6.** *fig. Enttäuschung, Schmerz etc*: bitter. **7.** *fig. Worte, Kritik etc*: harsh, severe, bitter.

Her·ba·ri·um [hɛrˈbaːrĭʊm] *n* ⟨-s; -rien [-rɪən]⟩ *bot.* herbarium.

Her·be [ˈhɛrbə] *f* ⟨-; *no pl*⟩ *lit. for* Herbheit.

ˈher·beˌge·ben *v/reflex* ⟨*irr, sep, no* -ge-, h⟩ sich ~ come here.

her·bei [hɛrˈbaɪ] *interj* come here!, *lit.* come hither!

her·bei... → *a.* her..., heran...

herˈbei|ˌdrän·gen *v/i* ⟨*sep*, -ge-, sein⟩ *u.* sich ~ *v/reflex* ⟨h⟩ → **herandrängen.** **~ˌei·len** *v/i* ⟨*sep*, -ge-, sein⟩ come running (*od.* hurrying) up, rush up (*od.* to the scene). **~ˌfüh·ren** *v/t* ⟨*sep*, -ge-, h⟩ **1.** → **heranführen** 1. **2.** *fig.* bring *s. th.* about (*od.* on), cause, produce, (*nach sich ziehen*) *a.* lead (*od.* give rise) to, entail, occasion, (*erzwingen*) force; *Sport*: die Entscheidung ~ decide the match. **3.** (*Begegnung etc*) arrange. **4.** *med.* induce. **~ˌho·len** *v/t* ⟨*sep*, -ge-, h⟩ → **holen** 1, 2. **~ˌkom·men** *v/i* ⟨*irr, sep*, -ge-, sein⟩ come (up *od.* along). **~ˌlas·sen** *v/reflex* ⟨*irr, sep*, -ge-, h⟩ sich zu et. ~, sich ~, et. zu tun condescend (*od.* deign) to do s. th., *b. s.* stoop to (do) s. th. **~ˌlocken** (*getr.* -k·k-) *v/t* ⟨*sep*, -ge-, h⟩ attract, allure, lure to the spot. **~ˌru·fen** *v/t* ⟨*irr, sep*, -ge-, h⟩ **1.** j-n ~ call s. o. (over), call for s. o. to come. **2.** (*Polizei, Hilfe etc*) call (for), (*a. Arzt etc*) call, summon, send for. **3.** (*Taxi*) call, hail. **~ˌschaf·fen** *v/t* ⟨*sep*, -ge-, h⟩ **1.** → **heranschaffen.** **2.** (*besorgen*) get, procure. **3.** (*Geld*) raise. **4.** (*Zeugen, Beweise*) produce. **~ˌschlep·pen** *v/t* ⟨*sep*, -ge-, h⟩ drag (*od.* lug) *s. th.* along (*od.* here, to the spot). **~ˌseh·nen** *v/t* ⟨*sep*, -ge-, h⟩ long for. **~ˌströ·men** *v/i* ⟨*sep*, -ge-, sein⟩ flock (*od.* throng, stream) here (*od.* zu to). **~ˌstür·zen** *v/i* ⟨*sep*, -ge-, sein⟩ rush up (*od.* to the scene *od.* spot); herbeigestürzt kommen come rushing up. **~ˌwin·ken** *v/t* ⟨*sep*, -ge-, h⟩ **1.** beckon (*od.* signal, motion) *s. o.* to come. **2.** (*Taxi*) hail, flag (down). **~ˌwün·schen** *v/t* ⟨*sep*, -ge-, h⟩ long for. **~ˌzie·hen** *v/t* ⟨*irr, sep*, -ge-, h⟩ (*Stuhl etc*) draw (*od.* pull) *s. th.* near (*od.* close, up); → **Haar** 2.

ˈher|beˌkom·men *v/t* ⟨*irr, sep, no* -ge-, h⟩ *colloq.* get, obtain. **~beˌmü·hen** *v/t* ⟨*sep, no* -ge-, h⟩ j-n ~ trouble s. o. to come (here), give s. o. the trouble of coming (here); sich ~ take the trouble of coming (here). **~beˌor·dern** *v/t* ⟨*sep, no* -ge-, h⟩ j-n ~ summon s. o.

Her·ber·ge [ˈhɛrbɛrgə] *f* ⟨-; -n⟩ **1.** (*Gasthaus*) inn. **2.** ⟨*only sg*⟩ (*Unterkunft*) shelter, lodging. **3.** (*Jugend≈*) (youth) hostel.

ˈHer·bergs|ˌmut·ter *f* housemother, (hostel) warden. **~ˌva·ter** *m* (hostel) warden.

ˈher|beˌstel·len *v/t* ⟨*sep, no* -ge-, h⟩ **1.** j-n ~ ask (*od.* tell, arrange for) s. o. to come, *bes. Arzt etc*: make an appointment with s. o. **2.** send for, (*Taxi etc*) order, call. **~ˌbe·ten** *v/t* ⟨*sep*, -ge-, h⟩ *colloq.* reel off.

ˈHerb·heit *f* ⟨-; *no pl*⟩ **1.** *des Geschmacks, e-r Frucht etc*: tartness, acerbity; *des Weins etc*: dryness. **2.** *der Luft, des Klimas etc*: a) harshness, b) bracingness. **3.** *fig. e-r Landschaft etc*: ruggedness. **4.** *fig. von Schönheit, des Gesichts, Stils etc*: austerity, severity. **5.** *fig. e-r Enttäuschung etc*: bitterness; *von Kritik, des Schicksals etc*: harshness.

ˈherˌbit·ten *v/t* ⟨*irr, sep*, -ge-, h⟩ j-n ~ ask s. o. to come (along), (*einladen*) *a.* invite s. o. along (*od.* round).

Her·bi·vo·re [hɛrbiˈvoːrə] *m* ⟨-n; -n⟩ *zo.* herbivore.

Her·bi·zid [hɛrbiˈtsiːt] *n* ⟨-s; -e⟩ herbicide.

ˈher|ˌblicken (*getr.* -k·k-) *v/i* ⟨*sep*, -ge-, h⟩ **1.** look (here). **2.** hinter j-m (et.) ~ follow s. o. (s. th.) with one's eyes. **~ˌbrin·gen** *v/t* ⟨*irr, sep*, -ge-, h⟩ **1.** j-n (et.) ~ bring s. o. (s. th.) (here *od.* along). **2.** et. hinter j-m ~ bring (*od.* carry) s. th. after s. o.

Herbst [hɛrpst] *m* ⟨-es; -e⟩ **1.** autumn, *Am.* fall; *fig.* der ~ des Lebens the autumn of life. **2.** *agr.* harvest-time. **~ˌabend** *m* autumn(al) evening. **~ˌanˌfang** *m* beginning of autumn (*bes. Am.* fall). **~äquiˌnok·ti·um** *n astr.* autumnal equinox. **~ˌaster** *f bot.* Michaelmas daisy. **~ˌblu·me** *f* a) autumn (*bes. Am.* fall) flower, b) → **Herbstzeitlose.**

herb·steln [ˈhɛrpstəln] **I** *v/impers* ⟨h⟩ *lit.* es herbstelt autumn (*bes. Am.* fall) is coming. **II** *v/t* (*Weintrauben*) gather in, harvest.

ˈHerbst|ˌfa·den *m* gossamer. **~ˌfär·bung** *f* autumnal tints *pl.* **~ˌfe·ri·en** *pl* autumn holidays, *Am.* fall vacation *sg.*

ˈherbst·lich I *adj* autumn(al), *Am.* fall; es wird schon ~ autumn (*bes. Am.* fall) is coming (*od.* on the way). **II** *adv* ein ~ kühler Morgen a cool autumnal morning; ~ bunte Wälder forests in their autumnal tints.

ˈHerbst|ˌmo·de *f* autumn (*bes. Am.* fall) fashion. **~ˌmo·nat** *m* **1.** autumn (*bes. Am.* fall) month. **2.** → **~ˌmond** *m poet.* September. **~ˌro·se** *f* hollyhock. **~-ˌTagˌundˌnachtˌglei·che** *f astr.* autumnal equinox. **~ˌwald** *m* autumn (*bes. Am.* fall) woods *pl*, woods *pl* in their autumnal tints. **~ˌwet·ter** *n* autumn (*bes. Am.* fall) weather. **~ˌzeit·lo·se** *f bot.* meadow saffron, naked lady.

Herd [heːrt] *m* ⟨-(e)s; -e⟩ **1.** (*Küchen≈*) (kitchen) stove, *Am. a.* cookstove; (kombinierter) ~ (kitchen) range; elektrischer ~ → **Elektroherd.** **2.** *fig.* (*Heim*) hearth, home; Heim und ~ hearth and home; am häuslichen (*od.* heimischen) ~ by the fireside, at home; e-n eigenen ~ gründen set up a home of one's own; eigener ~ ist Goldes wert (*Sprichwort*) there's no place like home. **3.** *fig.* (*Ausgangspunkt, Zentrum*) cent/re (*Am.* -er), (*a. Erdbeben≈*) focus. **4.** *med.* (*Krankheits≈*) focus, seat. **5.** *metall.* hearth.

ˈHerdˌbuch *n agr.* a) *für Rinder etc*: herd-book, b) *für Pferde*: stud-book.

Her·de [ˈheːrdə] *f* ⟨-; -n⟩ **1.** (*Großvieh≈*) herd (*of cattle, etc*). **2.** (*Kleinvieh≈*) flock; in ~n lebend gregarious; der Hirt und s-e ~ *a. relig.* the shepherd and his flock; *colloq.* wie e-e ~ Schafe durcheinanderlaufen run about like a flock of sheep; e-e ~ junger Mädchen a flock (*od.* bevy) of young girls. **3.** *fig. contp.* die (große) ~ the (common) herd, the mass(es *pl*); der ~ folgen, mit der ~ laufen follow the crowd (*od.* common herd).

ˈHer·den|ˌgeist *m* herd mentality. **~ˌmensch** *m contp.* person who follows the common herd. **~ˌtier** *n* **1.** *zo.* gregarious animal. **2.** *contp.* → **Herdenmensch.** **~ˌtrieb** *m* herd instinct. **~ˌvieh** *n fig. contp.* herd (of cattle), cattle. **≈ˌwei·se** *adv a. fig.* in herds.

ˈHerd|erˌkran·kung *f med.* focal infection. **~ˌfeu·er** *n* fire in the hearth (*od.* stove); am ~ at the fireside. **~ˌfri·schen** *n metall.* open-hearth refining. **~ˌfrischˌstahl** *m* open-hearth steel. **~in·fek·tiˌon** *f med.* focal infection. **~ˌplat·te** *f* **1.** (*Kochstelle*) hot plate. **2.** *e-s Kohleherds*: stove plate.

he·re·di·tär [herediˈtɛːr] *adj bes. biol.* hereditary. **He·re·diˈtät** [-ˈtɛːt] *f* ⟨-; *no pl*⟩ **1.** *biol. psych.* heredity. **2.** *obs. for* Erbschaft, Erbfolge.

her·ein [hɛˈraɪn] *adv* in (here); hier ~, bitte in here (*od.* this way), please; von draußen ~ from outside; ~! come in!; nur ~, m-e Herrschaften! roll up, roll up, ladies and gentlemen!

her·ein... → *a.* ein..., hinein..., *colloq.* rein...

herˈein|beˌglei·ten *v/t* ⟨*sep, no* -ge-, h⟩ j-n ~ show s. o. in. **~beˌkom·men** *v/t* ⟨*irr, sep, no* -ge-, h⟩ **1.** et. ~ get s. th. in. **2.** *econ. colloq.* a) (*Waren etc*) get in, b) (*Außenstände etc*) recover. **~beˌmü·hen** *v/t* ⟨*sep, no* -ge-, h⟩ j-n ~ make s. o. come in, trouble s. o. to come in; sich ~ take the trouble to come in. **~ˌbit·ten** *v/t* ⟨*irr, sep*, -ge-, h⟩ j-n ~ ask (*od.* invite) s. o. (to come) in. **~ˌbre·chen** *v/i* ⟨*irr, sep*, -ge-, sein⟩ **1.** *fig. Menschenscharen etc*: descend (über *acc* upon). **2.** *Nacht etc*: fall, close in. **3.** *Dunkelheit etc*: set in. **4.** *Sturm etc*: break (über *acc* over). **5.** ~ über (*acc*) *Katastrophe etc*: befall, hit (*s. o., a country, etc*). **~ˌbrin·gen** *v/t* ⟨*irr, sep*, -ge-, h⟩ **1.** bring in. **2.** *mit Mühe*: get in. **3.** (*Ernte*) gather in. **~ˌdrän·gen** *v/i* ⟨*sep*, -ge-, sein⟩ *u. v/reflex* ⟨h⟩ sich ~ push one's way in, press in. **~ˌdrin·gen** *v/i* ⟨*irr, sep*, -ge-, sein⟩ → **eindringen.** **≈ˌfall** *m* → Reinfall. **~ˌfal·len** *v/i* ⟨*irr, sep*, -ge-, sein⟩ **1.** fall in. **2.** *fig. colloq.* (auf *acc*) be taken in (by), be tricked (*od.* duped, had) (by), fall into the trap; auf j-n (et.) ~ *a.* fall for s. o. (s. th.); sie fiel prompt auf ihn (auf s-e Schmeicheleien *etc*) herein she fell for him (his flatteries, *etc*) (like a ton of bricks). **3.** *fig. colloq.* mit et. (j-m) ~ make a mistake (*od.* be unlucky) with s. th. (s. o.); mit diesem Kauf bin ich schwer hereingefallen I made a bad mistake when I bought this; mit dem neuen Mitarbeiter (Auto *etc*) sind wir hereingefallen *a.* the new employee (car, *etc*) was a frost; mit dem Wetter sind wir hereingefallen we had bad luck with the weather. **~ˌfüh·ren I** *v/t* ⟨*sep*, -ge-, h⟩ j-n ~ show (*od.* usher, lead) s. o. in. **II** *v/i Weg etc*: lead in(side). **~ˌge·hen** *v/i* ⟨*irr, sep*, -ge-, sein⟩ → **hineingehen.** **~ˌhän·gen** *v/t u. v/reflex* ⟨*sep*, -ge-, h⟩ *colloq.* → **reinhängen.** **~ˌho·len** *v/t* ⟨*sep*, -ge-, h⟩ **1.** fetch, bring *s. o., s. th.* in. **2.** *econ.* (*Aufträge*) get (in), *engS.* canvass. **3.** *fig.* (*aufholen*) make up for (*lost time, etc*). **~ˌkom·men** *v/i* ⟨*irr, sep*, -ge-, sein⟩ **1.** come in(side), enter, step (*od.* walk) in; kurz ~ drop in. **2.** *in ein verschlossenes Haus etc*: get in. **3.**

aer. mot. rail. etc come in. **4.** *Sport*: (**als Ersatzmann**) ~ come on (as a substitute). **5.** *econ. Waren, Aufträge*: come in. **~ˌkrie·gen** *v/t* ⟨*sep*, -ge-, h⟩ *colloq.* → **hereinbekommen.** **~ˌlas·sen** *v/t* ⟨*irr, sep*, -ge-, h⟩ let *s. o., s. th.* in, admit. **~ˌle·gen** *v/t* ⟨*sep*, -ge-, h⟩ **1.** put *s. th.* in. **2.** *fig. colloq.* **j-n** ~ take s. o. in (*od.* for a ride), hoodwink s. o., have (*od.* con, do) s. o., (*narren*) *a.* fool (*od.* hoax) s. o.; **man hat mich hereingelegt** I have been had. **~ˌlocken** (*getr.* **-k·k-**) *v/t* ⟨*sep*, -ge-, h⟩ **j-n (ein Tier)** ~ lure (*od.* coax) s. o. (an animal) in. **≈ˌnah·me** *f* ⟨-; *no pl*⟩ **1.** *a. econ.* taking in *of s. th.* **2.** *fig.* (*Einbeziehung*) inclusion. **~ˌneh·men** *v/t* ⟨*irr, sep*, -ge-, h⟩ **1.** take *s. th.* in. **2.** *econ.* a) (*Waren*) take in (*goods*), b) (*Wertpapiere*) take (*securities*) on deposit, *beim Reportgeschäft*: accept *s. th.* in continuation; **zum Diskont** ~ accept *s. th.* for discount. **≈ˌneh·mer** *m econ.* taker(-in). **~ˌplat·zen** *v/i* ⟨*sep*, -ge-, sein⟩ *colloq.* burst (*od.* barge) in. **~ˌras·seln** *v/i* ⟨*sep*, -ge-, sein⟩ *colloq.* **1.** → **hereinfallen** 3. **2.** *in e-r Prüfung*: run into deep water. **~ˌreg·nen** *v/impers* ⟨*sep*, -ge-, h⟩ **es regnet herein** it is raining in. **~ˌrei·chen I** *v/t* ⟨*sep*, -ge-, h⟩ (**j-m**) **et.** ~ pass (*od.* hand, reach) s. th. in (to s. o.). **II** *v/i* **in e-e Sache** ~ reach (*od.* extend) into s. th.; *fig.* **diese Vorstellungen reichen noch in unser Zeitalter herein** these ideas have survived into our era. **~ˌrei·ßen** *v/t* ⟨*irr, sep*, -ge-, h⟩ *colloq.* **j-n (schön)** ~ get s. o. into (bad) trouble, land s. o. in a mess; **j-n in e-e Sache** ~ get (*od.* drag) s. o. into s. th. **~ˌrei·ten I** *v/i* ⟨*irr, sep*, -ge-, sein⟩ ride in, come riding in. **II** *v/t* ⟨h⟩ → **hereinreißen.** **~ˌschau·en** *v/i* ⟨*sep*, -ge-, h⟩ **1.** look in. **2.** *colloq.* (*besuchen*) drop (*od.* look) in (**bei j-m** on s. o.). **~ˌschnei·en I** *v/impers* ⟨*sep*, -ge-, h⟩ **es schneit (zum Fenster) herein** it is snowing in (at the window). **II** *v/i* ⟨sein⟩ *fig. colloq.* blow (*od.* drop) in. **~spaˌzie·ren** *v/i* ⟨*sep, no* -ge-, sein⟩ walk in; (**nur**) **hereinspaziert, m-e Herrschaften!** walk up, ladies and gentlemen, walk up! **~ˌströ·men** *v/i* ⟨*sep*, -ge-, sein⟩ *a. fig.* pour (*od.* flow, flood) in. **~ˌstür·men, ~ˌstür·zen** *v/i* ⟨*sep*, -ge-, sein⟩ rush in, come rushing in. **~ˌtre·ten** *v/i* ⟨*irr, sep*, -ge-, sein⟩ enter, come in, step in. **~ˌwa·gen** *v/reflex* ⟨*sep*, -ge-, h⟩ **sich** ~ dare (to) come in, venture in. **~ˌzie·hen I** *v/t* ⟨*irr, sep*, -ge-, h⟩ **1. j-n (et.)** ~ pull (*od.* drag, draw) s. o. (s. th.) in. **2.** *fig.* → **hineinziehen** 2. **II** *v/i* ⟨sein⟩ **3.** *Geruch etc*: come in. **4.** (*einmarschieren*) march in, make one's way in. **III** *v/impers* ⟨h⟩ **5. es zieht herein** there is a draught (coming in).

ˈher|ˌfah·ren I *v/t* ⟨*irr, sep*, -ge-, h⟩ **1.** bring (*od. mot.* drive) *s. o., s. th.* here. **II** *v/i* ⟨sein⟩ **2.** *Fahrer, Fahrzeug etc*: come (*od.* travel, *mot.* drive) here; **ich bin im Auto hergefahren** I came here by car; **hinter j-m (et.)** ~ a) drive behind s. o. (s. th.), b) follow s. o. (s. th.). **3.** *mit Fahrrad*: ride (*od.* cycle) here. **≈ˌfahrt** *f* ⟨-; *no pl*⟩ **1.** trip (*od.* journey) here; **auf der** ~ on the way here. **2.** (*Rückfahrt*) trip (*od.* journey) back, return journey (*od.* trip). **~ˌfal·len** *v/i* ⟨*irr, sep*, -ge-, sein⟩ **1. über j-n** ~ attack (*od.* assail) s. o., fall (*od.* pounce, set) upon s. o., go for s. o., *a.* lash at s. o., (*kritisieren*) pull s. o. to pieces, knock (*od.* bash) s. o. **2. über et.** (*Eßbares*) ~ fall upon (*od.* attack) s. th. **~ˌfin·den** *v/i* ⟨*irr, sep*, -ge-, h⟩ *colloq.* find one's way (here). **≈ˌflug** *m* ⟨-(e)s; *no pl*⟩ **1.** flight here, outward flight. **2.** (*Rückflug*) flight back, return flight. **≈ˌfracht** *f econ.* home freight. **~ˌfüh·ren I** *v/t* ⟨*sep*, -ge-, h⟩ bring (*od.* lead, conduct) *s. o.* here; **was führt Sie her?** what brings you here? **II** *v/i Weg etc*: lead here; **neben e-m Bach** *etc* ~ run along(side) a brook, *etc.* **≈ˌga·be** *f* ⟨-; *no pl*⟩ **1.** handing over *of s. th.*, giving *s. th.* up, delivery, surrender. **2.** *e-s Namens*: lending. **≈ˌgang** *m* ⟨-(e)s; *no pl*⟩ course of events, proceedings *pl*, (all) what happened, (*Umstände*) circumstances *pl*, details *pl*; **erzählen Sie mir den ganzen ~!** tell me all what (*od.* how it) happened!, tell me the whole story! **~ˌge·ben I** *v/t* ⟨*irr, sep*, -ge-, h⟩ **1.** (*reichen*) give, hand, pass; **gib (es) her!** give it to me!, *colloq.* give! **2.** a) (*sich trennen von*) give *s. th.* away (*od.* up), part with, relinquish, b) (*herausgeben*) hand *s. th.* over, give *s. th.* up, surrender, c) (*aufgeben*) give *s. th.* up, d) (*zurückgeben*) give *s. th.* back, return; **er gibt nichts her** he won't give a thing (*od.* penny). **3. s-n Namen für** (*od.* **zu**) **et.** ~ lend one's name to s. th., *contp. a.* stoop to (doing) s. th. **4.** *fig. colloq.* **der Wagen gibt e-e Menge her** the car can make good speed; **das Thema gibt für e-e Diskussion nichts her** the subject does not offer enough for a discussion. **II** *v/reflex* **5. sich zu et.** ~ *cf.* 3.

ˈher·geˌbracht I *pp of* **herbringen. II** *adj* **1.** usual, customary, conventional. **2.** → **althergebracht. III ≈e, das** ⟨-n⟩ **3.** (the) tradition; **am ≈en festhalten** cling to tradition.

ˈher|ˌge·hen I *v/i* ⟨*irr, sep*, -ge-, sein⟩ **1.** *bes. Southern G.* come (here). **2. vor (neben) j-m** ~ walk in front of (beside) s. o.; **hinter j-m** ~ a) walk behind s. o., follow s. o.'s steps, b) (*verfolgen*) follow (*od.* shadow, *sl.* tail) s. o. **II** *v/impers colloq.* **3.** (*zugehen*) **es ging lustig her** we (*etc*) had great fun; **es ging hoch her** there were wild goings-on; **es ging heiß her** things were pretty lively, feathers (*od.* sparks) flew, *beim Kampf*: it was a fierce battle. **4.** (*sich zutragen*) happen; **wie es so hergeht** as things go. **5. dann ging es über ihn her** a) then they pounced on him, b) *fig.* then they pulled him to pieces. **~geˌlau·fen** *adj contp.* **~er Kerl** a) beggar, *Am. sl.* bum, b) *weitS.* perfect stranger. **~ˌha·ben** *v/t* ⟨*irr, sep*, -ge-, h⟩ *colloq.* have got *s. th.* (from); **wo hast du das her?** a) where did you get that (from)?, how did you come by that?, b) where did you hear that? **~ˌhal·ten** ⟨*irr, sep*, -ge-, h⟩ **I** *v/t* hold out. **II** *v/i colloq.* ~ **müssen (für)** a) have to pay (*od.* to stand the racket) (for), b) (*leiden müssen*) have (*od.* be the one) to suffer (for), c) *als Zielscheibe des Spottes etc*: be (made) the butt (of), d) (*büßen müssen*) be the scapegoat. **~ˌho·len** *v/t* ⟨*sep*, -ge-, h⟩ fetch *s. o., s. th.* (here), (go and) get, bring.

He·ring [ˈheːrɪŋ] *m* ⟨-s; -e⟩ **1.** a) herring, b) → **Heringsfisch**; *colloq.* **zs.-gepfercht wie die ~e** packed like sardines; *gastr.* **eingelegter** (*od.* **saurer, marinierter**) ~ pickled herring; **geräucherter** ~ smoked herring, kipper, (*Bückling*) bloater, red herring; **grüner** ~ fresh (*od.* green) herring. **2.** (*Zeltpflock*) tent peg. **3.** *colloq.* skinny person, starveling.

ˈHe·rings|ˌfang *m* herring fishing. **~ˌfaß** *n* herring keg. **~ˌfisch** *m* clupeid. **~ˌfi·scher** *m* herring fisher, herringer. **~fi·scheˌrei** *f* herring fishery. **~ˌhai** *m* mackerel shark, porbeagle. **~ˌkö·nig** *m* John Dory, Peter's fish. **~ˌlog·ger** *m* ⟨-s; -⟩ *mar.* herring drifter (*Am. a.* logger). **~ˌmilch** *f* herring milt, soft roe of a herring. **~ˌmö·we** *f orn.* grey (*Am.* gray) gull. **~ˌton·ne** *f* herring barrel.

ˈher|ˌja·gen I *v/i* ⟨*sep*, -ge-, sein⟩ **1. hinter j-m (et.)** ~ chase (*od.* race) (along) after s. o. (s. th.). **II** *v/t* ⟨h⟩ **2.** drive (*an animal, s. o.*) here. **3. j-n vor sich** ~ chase s. o. along before one. **~ˌkom·men I** *v/i* ⟨*irr, sep*, -ge-, sein⟩ **1.** come (here); **wieder** ~ come back (here). **2.** (*sich nähern*) come near (*od.* up), approach; **er kam zu mir her** he came up to me. **3.** (*herstammen*) come (*od.* hail) from; **wo kommst du her?** where do you come from?; **und wo soll das Geld ~?** and where shall the money come from? **4.** *fig.* (*s-e Ursache haben*) come from, be due to, be caused by. **5.** *fig. Wort etc*: come (*od.* derive) from. **II ≈** *n* ⟨-s⟩ **6.** coming (here) (*etc*). **7.** *lit.* (*Brauch*) tradition, custom, usage, convention; **nach altem ≈** according to old custom. **~ˌkömm·lich** [-ˌkœmlɪç] *adj* **1.** *Art, Form etc*: usual, customary, conventional. **2.** *Brauch etc*: traditional, established. **3.** *Waffe, Konstruktion etc*: conventional.

Her·ku·les [ˈhɛrkulɛs] **I** *npr m* ⟨-; *no pl*⟩ *myth.* Hercules; ~ **am Scheideweg** Hercules' choice; **die 12 Arbeiten** (*od.* **Taten**) **des** ~ the 12 labo(u)rs of Hercules. **II** *m* ⟨-; -se⟩ *fig.* Hercules, giant. **~ˌar·beit** *f* Herculean labo(u)r. **~ˌsäu·len, die** *geogr. hist.* the Pillars of Hercules.

her·ku·lisch [hɛrˈkuːlɪʃ] *adj* Herculean.

ˈHerˌkunft *f* ⟨-; *no pl*⟩ **1.** *e-r Person*: origin, birth, descent; **er ist deutscher** ~ a) he is of German origin (*od.* extraction), b) he is German by birth; **von niedriger (edler)** ~ of low (noble) birth; *weitS.* **der** ~ **nach ein Architekt** an architect in origin. **2.** *e-r Sache*: origin, provenance. **3.** *ling. e-s Wortes*: origin, derivation.

ˈHerˌkunfts|beˌzeich·nung *f* mark of origin. **~ˌland** *n* country of origin.

ˈher|ˌlau·fen *v/i* ⟨*irr, sep*, -ge-, sein⟩ run (*od.* walk) here; **hinter j-m** ~ a) run (*od.* walk) behind s. o., b) *weitS.* run after s. o.; → **hergelaufen.** **~ˌlei·ern** *v/t* ⟨*sep*, -ge-, h⟩ → **herunterleiern.** **~ˌlei·ten I** *v/t* ⟨*sep*, -ge-, h⟩ **1.** lead (*od.* bring) (*water, etc*) here. **2.** *fig.* (*ableiten*) (**von, aus** from) derive, deduce, infer; **sich** ~ **lassen von** be derivable from. **II** *v/reflex* **sich** ~ **3.** (**von**) derive (from), be derived (from), be traceable (to), go back (to); **dieses Wort leitet sich vom Lateinischen her** this word is derived from Latin; **sein Geschlecht leitet sich von König X her** his family is descended from King X. **≈ˌlei·tung** *f* ⟨-; -en⟩ **1.** derivation (*a. ling.*), inference. **2.** *math.* deduction. **~ˌlocken** (*getr.* **-k·k-**) *v/t* ⟨*sep*, -ge-, h⟩ lure here. **~ˌma·chen I** *v/reflex* ⟨*sep*, -ge-, h⟩ *colloq.* **1. sich über e-e Sache** ~ a) (*Arbeit etc*) set about s. th., tackle s. th., b) (*Essen etc*) attack s. th. **2. sich über j-n** ~ → **herfallen** 1. **II** *v/t* **3. et.** ~ (*wirkungsvoll sein*) be (*od.* look) impressive, make an effect, look good; **das macht nicht viel her** that doesn't look (like) very much. **4. viel von e-r Sache** ~ make a great fuss over s. th.

ˈHer·manns|ˌdenkˌmal *n* Monument dedicated to Arminius. **~ˌschlacht** *f hist.* Battle of the Teutoburg Forest.

Herm·aphro·dit [hɛrmafroˈdiːt] *m* ⟨-en; -en⟩ *biol.* hermaphrodite. **herm·aphroˈdi·tisch** *adj* hermaphroditic. **Herm·aphro·diˈtis·mus** [-diˈtɪsmʊs] *m* ⟨-; *no pl*⟩ hermaphroditism, hermaphrodism.

Her·me [ˈhɛrmə] *f* ⟨-; -n⟩ *Kunst*: herm.

Her·me·lin[1] [hɛrməˈliːn] *n* ⟨-s; -e⟩ *zo.* ermine, stoat. **Her·meˈlin**[2] *m* ⟨-s; -e⟩ (*Pelz*) ermine (fur).

Her·meˈlin|ˌfal·ter *m zo.* ermine moth. **~ˌman·tel** *m* ermine coat. **~ˌpelz** *m* → Hermelin[2].

her·me·tisch [hɛrˈmeːtɪʃ] **I** *adj* hermetic. **II** *adv* **~ verschlossen** hermetically sealed; **e-e Gegend ~ abriegeln** *durch Polizei*: seal off an area.

ˈherˌmüs·sen *v/i* ⟨*irr, sep,* **-ge-**, **h**⟩ *colloq.* **1.** have (*od.* be obliged) to come (here). **2. das muß her!** I (*od.* we) must have that!

her·nach [hɛrˈnaːx] *adv* after (that), afterward(s), later (on), subsequently.

ˈherˌneh·men *v/t* ⟨*irr, sep,* **-ge-**, **h**⟩ **1.** (**von** from) take, get; *colloq.* **wo soll ich's denn ~ und nicht stehlen?** where am I supposed to get it from without stealing?; **wo nimmt er das Recht dazu her, sie zu kritisieren?** what gives him the right to criticize her? **2.** (**sich** *dat*) **j-n ~** a) take s. o. to task, *colloq.* give s. o. hell, b) (*schlauchen*) make s. o. sweat, *mil. sl.* give s. o. chicken.

Her·nie [ˈhɛrnĭə] *f* ⟨-; -n⟩ **1.** *med.* hernia, rupture. **2.** *bot.* (*Pflanzenkrankheit*) club-root.

her·nie·der [hɛrˈniːdər] *adv poet. for* **herab, herunter.**

her·nie·der... → **herab ..., herunter ...**

ˈherˌnö·ti·gen *v/t* ⟨*sep,* **-ge-**, **h**⟩ **j-n ~** make s. o. come, summon s. o.

He·ro·des [heˈroːdɛs] *npr m* ⟨-; *no pl*⟩ *hist.* Herod. **heˈro·disch** [-dɪʃ] *adj* Herodian.

He·roe [heˈroːə] *m* ⟨-n; -n⟩ → **Heros.**

heˈro·en|haft *adj* heroic. **2ˌkult** *m* hero worship. **2tum** *n* ⟨-s; *no pl*⟩ heroism. **2ˌzeitˌal·ter** *n* heroic age.

He·roi·de [heroˈiːdə] *f* ⟨-; -n⟩ *meist pl Literatur*: heroid.

He·ro·in[1] [heroˈiːn] *n* ⟨-s; *no pl*⟩ *pharm.* heroin; **2süchtig** heroin-addicted; **~süchtige** *m, f* heroin-addict.

He·ro·in[2] [heˈroːɪn] *f* ⟨-; -nen⟩ *a. thea.* heroine.

He·roi·ne [heroˈiːnə] *f* ⟨-; -n⟩ **1.** *thea.* heroine. **2.** *myth.* demigoddess, heroine.

he·ro·isch [heˈroːɪʃ] **I** *adj* **1.** heroic (*age, deed, etc*). **2.** *metr. Vers etc, a. Kunst*: heroic. **II** *adv* **3.** heroically. **he·roi·sie·ren** [heroiˈziːrən] *v/t* ⟨*no* **ge-**, **h**⟩ **j-n ~** heroize s. o., make a hero of s. o. **He·ro·is·mus** [heroˈɪsmʊs] *m* ⟨-; *no pl*⟩ heroism.

He·rold [ˈheːrɔlt] *m* ⟨-(e)s; -e⟩ **1.** *hist.* herald. **2.** *fig.* (*Vorbote*) herald, harbinger.

He·ros [ˈheːrɔs] *m* ⟨-; -roen [heˈroːən]⟩ **1.** (*Held*) hero. **2.** *myth.* hero, demigod.

He·ro·strat [heroˈstraːt] *m* ⟨-en; -en⟩ ruthless seeker after fame. **He·roˈstra·ten·tum** *n* ⟨-s; *no pl*⟩ wanton thirst for fame (*od.* glory). **he·roˈstra·tisch** *adj* ruthless.

Her·pes [ˈhɛrpɛs] *m* ⟨-; *no pl*⟩ *med.* herpes.

Her·pe·to·lo·ge [hɛrpetoˈloːgə] *m* ⟨-n; -n⟩ *zo.* herpetologist. **Her·pe·to·loˈgie** [-loˈgiː] *f* ⟨-; *no pl*⟩ herpetology.

ˈherˌplap·pern *v/t* ⟨*sep,* **-ge-**, **h**⟩ *colloq.* rattle off.

Herr [hɛr] *m* ⟨-n; -en⟩ **1.** (*Mann*) gentleman; *humor.* **die ~en der Schöpfung** the lords of creation; **„~en"** *Aufschrift an Toiletten*: "Gentlemen", "Men". **2.** *in Verbindung mit Namen od. Titel*: Mr., *bes. Br. a.* Mr; **~ Brown** Mr. Brown; **~n W. Brown** *als Briefanschrift*: Mr. W. Brown, *Br. a.* W. Brown, Esq.; **die ~en Brown und Miller** Mr. Brown and Mr. Miller, Messrs. Brown and Miller. **3.** *als Anrede*: a) **mein ~!** Sir!; **m-e ~en!** gentlemen; **aber m-e ~en!** gentlemen, please; *iro.* **mein lieber ~!** my dear Sir; **~ Professor (Doktor, General) (X)** Professor (Doctor, General) (X), *als Anrede von Untergebenen*: Sir; **~ Präsident!** a) Mr. Chairman, *bes. zum Präsidenten der USA*: Mr. President!, b) *im Parlament*: Mr. Speaker; **der ~ Doktor sagte** the doctor said; **wie geht es Ihrem ~n Vater?** how is your father?; *in Briefen*: **Sehr geehrter ~ Müller!** Dear Sir; **Lieber ~ Müller!** Dear Mr. Müller; *econ.* **Sehr geehrte ~en!** Dear Sirs, Gentlemen. **4.** (*Gebieter, Besitzer*) master, *bes. adliger*: lord; **der ~ des Hauses** the master of the house; **mein ~ und Gebieter** my lord and master; **~ im (eigenen) Hause sein** be master in one's (own) house; **sein eigener ~ sein** be one's own master (*od. colloq.* boss); **(in j-m) s-n ~n und Meister finden** meet one's match (in s. o.); **aus aller ~en Länder** from all over the world; *humor.* **der hohe ~** His Lordship; **~ sein über** (*acc*) be master of, rule, control; **wie der ~, so der Knecht** (*od. colloq.* **so's Gescherr**) like master, like man; **~ über Leben und Tod sein** have power over life and death; **~ über sich (selbst) sein** have o. s. under control; **er war nicht mehr ~ s-r Sinne** he no longer had control of himself; **sich zum ~n über e-e Sache machen** get the mastery of s. th., attain power over s. th.; **~ der Lage** (*od.* **Situation**) **sein** be master of the situation, have the situation well in hand (*od.* under control); **e-r Sache ~ werden** a) master s. th., get s. th. under control, b) (*s-r Gefühle etc*) master (*od.* conquer, control, overcome) s. th.; **die Polizei konnte ihrer nicht mehr ~ werden** the police were not able to control them; **sie wurden des Feuers nicht ~** they could not get the fire under control; **den großen ~n spielen** *colloq.* do the grand, lord it, act big; **niemand kann zwei ~en dienen** no man can serve two masters. **5.** *relig.* **der ~** God the Lord; **~ Jesus** (Our) Lord Jesus; **der Tag des ~n** the Lord's Day, Sunday; **im Jahre des ~n** in the year of our Lord, anno domini, A. D.; **im ~n entschlafen** die in the Lord; **~!** *Anrufung*: O Lord!; *colloq.* **~ des Himmels!** Good Lord (*od.* Heavens)!; **ein großer Tänzer vor dem ~n** a great dancer (before the Lord); **den Seinen gibt's der ~ im Schlaf** (*Sprichwort*) those whom the Lord loves he blesses unawares. **6.** *colloq.* **mein alter ~** (*Vater*) my old man; *univ.* **Alter ~** old boy (*bes. former member of a German students' association*). **7.** *e-s Hundes etc*: master.

ˈHerr·chen *n* ⟨-s; -⟩ **1.** *oft iro.* little gentleman (*od.* master). **2.** *contp.* dandy, fop. **3.** *e-s Hundes*: master.

ˈher|ˌrei·chen *v/t* ⟨*sep,* **-ge-**, **h**⟩ **j-m et. ~** pass (*od.* hand, reach) s. o. s. th. **2ˌrei·se** *f* → **Herfahrt. ~ˌrei·sen** *v/i* ⟨*sep,* **-ge-**, **sein**⟩ travel (*od.* come) here.

ˈHer·ren|ˌabend *m* gentlemen's evening (party), *colloq.* stag party. **~ˌanˌzug** *m* (gentle)man's suit. **~arˌti·kel** *pl* (gentle)men's wear (*od.* outfitting) *sg.* **~ˌausˌstat·ter** *m* (gentle)men's outfitter, *Am.* haberdasher. **~beˌglei·tung** *f* **in ~** accompanied by a (gentle)man. **~beˌkannt·schaft** *f* **1.** gentleman friend. **2. sie hat e-e ~ gemacht** she has made a (gentle)man's acquaintance. **~beˌklei·dung** *f* (gentle)men's wear (*od.* clothing). **~beˌklei·dungs·geˌschäft** *n* (gentle)men's outfitters *pl, Am.* men's (*od.* gents') clothing store. **~beˌsuch** *m* **1.** visit from a (gentle)man. **2.** man visitor; **~ ist nicht gestattet** men visitors not allowed. **~ˌdop·pel** *n Tennis etc*: men's doubles *pl.* **~ˌein·zel** *n* men's singles *pl.* **~ˌes·sen** *n* **1.** dinner for men only, *colloq.* stag dinner. **2.** *colloq.* sumptuous (*sl.* slap-up) meal. **~ˌfah·rer** *m* **1.** gentleman driver, motorist. **2.** *Sport*: owner-driver. **~ˌfahrˌrad** *n* man's bicycle (*od. colloq.* bike). **~friˌseur** *m* barber, *Br. a.* men's hairdresser. **~geˌsell·schaft** *f* → a) **Herrenabend,** b) **Herrenbegleitung. ~ˌgut** *n* manor. **~ˌhaus** *n* **1.** manor-house, mansion. **2.** *parl. hist.* Upper Chamber. **~ˌhemd** *n* man's shirt. **~ˌhof** *m* manor. **~ˌho·se** *f* men's trousers (*od.* pants, slacks) *pl.* **~ˌhut** *m* (gentle)man's hat. **~ˌklei·dung** *f* (gentle)men's clothing (*od.* wear). **~kon·fek·tiˌon** *f* (gentle)men's ready-made clothing. **~ˌle·ben** *n* ⟨-s; *no pl*⟩ life of luxury; **ein ~ führen** live like a lord. **2los** *adj* **1.** *Sache*: a) ownerless, b) abandoned, *jur. a.* derelict; **~er Wagen** *a.* driverless car; **~e Güter** unclaimed goods (*od.* property *sg*), derelicts. **2. ~er Hund** a) dog without a master, b) *streunender*: stray dog. **~ˌmei·ster·schaft** *f Sport*: men's championship. **~ˌmensch** *m* **1.** *pol. hist.* member of the master race, herrenmensch. **2.** *weitS.* masterful (*od.* "superior") man. **~ˌmo·de** *f* (gentle)men's fashions *pl.* **~ˌober·be,klei·dung** *f* (gentle)men's outerwear. **~parˌtie** *f* (gentle)men's outing. **~ˌrad** *n* → **Herrenfahrrad. ~ˌras·se** *f pol. hist.* master race. **~ˌrei·ter** *m* gentleman rider. **~ˌschnei·der** *m* (gentle)men's tailor. **~ˌschnitt** *m* bobbed hair, shingle, *bes. Br.* Eton crop. **~ˌschuh** *m* (gentle)man's shoe. **~ˌsitz** *m* **1.** manor. **2.** *Sport*: riding astride; **im ~ reiten** ride astride. **~ˌtie·re** *pl zo.* primates. **~toiˌlet·te** *f* (gentle)men's lavatory, *als Aufschrift*: Gentlemen, Men. **~ˌun·terˌho·se** *f* men's underpants (*od.* drawers, shorts) *pl.* **~ˌvolk** *n pol. hist.* master race, herrenvolk. **~ˌzim·mer** *n* **1.** study, *colloq.* den. **2.** (*Bibliothek*) library.

ˈHerrˌgott *m* ⟨-(e)s; *no pl*⟩ **1.** Lord (God), God; *colloq.* **dem lieben ~ den Tag stehlen** laze away the day, loaf; **~ noch (ein)mal!** (*Fluch*) for God's sake!; → *a.* **Gott. 2.** *fig.* (*s. o.'s*) idol, god.

ˈHerrˌgotts|ˌfrü·he *f* **in aller ~** at an unearthly hour. **~ˌkä·fer** *m zo.* ladybird, *Am.* ladybug. **~ˌschnit·zer** *m* carver of crucifixes (and religious figures).

ˈherˌrich·ten I *v/t* ⟨*sep,* **-ge-**, **h**⟩ **1.** a) (*bereiten*) prepare, make, b) (*fertigmachen*) get *s. th.* ready, c) (*arrangieren*) arrange; **ein belegtes Brot ~** make a sandwich; **ein Bett für die Nacht ~** make up a bed for the night. **2.** a) (*ordnen*) set *s. th.* in order, (*Zimmer etc*) tidy, b) (*schmücken*) decorate, *colloq.* do up, c) (**neu ~**) redecorate, d) (*renovieren*) renovate, *colloq.* do up. **II** *v/reflex* **sich ~ 3.** *colloq.* a) smarten (*od.* spruce) o. s. up, b) *mit Schminke etc*: make o. s. up.

ˈHer·rin *f* ⟨-; -nen⟩ **1.** mistress, lady (*of the house, etc*). **2.** (*Herrscherin*) ruler. **3.** *e-s Tieres*: mistress.

ˈher·risch *adj* **1.** (*gebieterisch*) domineering, imperious, masterful; **in e-m ~en Ton** imperiously. **2.** (*hochmütig*) haughty, arrogant, lordly, overbearing. **3.** (*brüsk*) authoritative, peremptory.

ˈHerˌritt *m* (**auf dem ~** on the) ride here.

ˌherrˈje(·mi·ne) [-ˈjeː(mine)] *interj* good gracious!, dear me!

ˈherr·lich I *adj allg.* marvel(l)ous, wonderful, (*prächtig, großartig*) *a.* magnificent, splendid, grand, gorgeous, glorious, (*fabelhaft*) *a.* capital, splendid, *colloq.* gorgeous, grand, great, fantastic, (*entzückend*) *a.* delightful, lovely, (*köstlich*) *a.* delicious; *iro.* **(das) ist ja ~!** that's just fine (*od.* great, dandy)! **II** *adv* marvel(l)ously (*etc*); **~ und in Freuden leben** live in the lap of luxury, *colloq.* live like a king; *colloq.* **sich ~ amüsieren** have great fun (*od.* a great time); **das hat (mir) ~ geschmeckt!** that was marvel(l)ous (*od.* delicious); *iro.* **du siehst ja ~ aus!** you do look a sight! **≈keit** *f* ⟨-; -en⟩ **1.** ⟨*only sg*⟩ a) magnificence, splendo(u)r, gorgeousness, (glorious) beauty, glory; *colloq. iro.* **die ~ wird nicht lange dauern** it won't last long, b) *relig.* (the) glory (*of God*); **in all s-r ~** in all his glory. **2.** splendo(u)r, wonderful thing, (thing of) beauty; **die ~en der Welt** the splendo(u)rs (*od.* glories) of this world; **die ~en e-s Spielzeugladens** the treasures of a toy-shop. **3. Seine (Ihre) ~** *Anrede*: His (Your) Lordship.

Herrn·hu·ter [ˈhɛrnˌhuːtər] **I** *m* ⟨-s; -⟩ *relig.* Moravian, Herrnhuter. **II** *adj* Moravian; **~ Brüdergemeine** Moravian Church; **Mitglieder der ~ Brüdergemeine** Moravian Brethren.

ˈHerr·schaft I *f* ⟨-; -en⟩ **1.** ⟨*only sg*⟩ (**über** *acc* over) rule, dominion, control, power, *lit.* sway; **et. unter s-e ~ bringen** bring s. th. under one's control (*od.* sway); **unter j-s ~ fallen (***od.* **kommen)** fall (*od.* come) under s. o.'s rule (*etc*); **die ~ an (***acc***) sich reißen** seize power (*od.* control), take over; **unter j-s ~ stehen** be under s. o.'s rule, be ruled by s. o. **2.** ⟨*only sg*⟩ *e-s Monarchen*: reign. **3.** ⟨*only sg*⟩ (*Vor≈*) supremacy; **~ zur See** naval supremacy. **4.** ⟨*only sg*⟩ *fig.* (**über** *acc*) a) mastery (of), command (of), b) (*Kontrolle*) control (of, over); **er verlor die ~ über sein Auto** he lost control of (*od.* over) his car, his car got out of hand; **die ~ über sich verlieren** lose control of o. s. **5.** *pl* (*Leute*) ladies and gentlemen; **hohe ~en** high-ranking people; **m-e ~en!** *Anrede*: a) (ladies and) gentlemen, b) folks, dear people, c) *humor. für Kinder, Jugendliche*: boys and girls, all of you; *colloq.* **m-e alten ~en** (*Eltern*) my parents, my folks. **6.** *bes. collect. obs.* (*Ggs. Dienstboten*) master and mistress (of the house). **7.** *jur. hist.* (*Landbesitz*) domain, demesne, territory. **8.** *pl relig.* (*Engelsordnung*) dominions. **II** *interj* **9. ~ (noch mal)!** hang it (all)! **≈lich** *adj* **1.** *adliger Besitz etc*: a) lordly, nobleman's, b) *hist.* (*grundherrlich, feudal~*) manorial, seignorial; **~e Rechte** territorial rights. **2.** (*vornehm*) seigneurial, grand, elegant, stately, gentleman's (*house, etc*); **~er Diener** gentleman's servant. **3.** (*dienst~*) of (*od.* belonging to) the master (*od.* mistress) (of the house).

ˈHerr·schafts|ˌan·spruch *m pol.* claim to power. **~beˌreich** *m*, **~geˌbiet** *n* → **Hoheitsgebiet.** **~ˌrecht** *n* sovereignty, sovereign rights *pl*; **unbeschränktes ~** dominium.

herr·schen [ˈhɛrʃən] *v/i* ⟨h⟩ **1.** rule, (*regieren*) govern, *Monarch*: reign; **über e-e Sache ~** rule over s. th., hold dominium (*od. lit.* sway) over s. th.; **über j-n ~** rule (*od.* dominate) s. o.; **über e-n Staat ~** rule a state. **2.** *fig.* (*in Mode sein*) be in vogue. **3.** *fig.* (*vor~, bestehen*) be, prevail, reign, predominate; **es herrschte Frieden** peace prevailed (*od.* reigned), there was peace; **es herrschte allgemeine Trauer** there was general mourning; **im Zimmer herrschte Ordnung** the room was tidy; **in unserem Betrieb herrscht Ordnung** in our company everything is well under control (*od.* everything runs smoothly); **es herrschte Stille (***od.* **Schweigen)** silence reigned; **es herrscht große Kälte (Hitze)** it is very cold (hot); **es herrschte schlechtes Wetter** the weather was bad; **es herrschte die Malaria** malaria was raging. **ˈherr·schend** *adj* **1.** ruling; **die ~e Gesellschaftsschicht** the ruling class, the Establishment; **nach der ~en Lehre** according to the ruling doctrine. **2.** *König etc*: reigning. **3.** *fig.* (*vor~*) prevailing, prevalent; **die ~e Meinung** the prevalent (*od.* general, current) opinion; **die ~e Mode** the current fashion. **4.** *fig.* (*gegenwärtig*) present; **unter den ~en Verhältnissen** under the present circumstances, conditions being as they are.

ˈHerr·scher *m* ⟨-s; -⟩ **1.** ruler; **unumschränkter ~** absolute ruler, autocrat. **2.** sovereign. **3.** monarch. **~faˌmi·lie** *f* **1.** (reigning) dynasty. **2.** (ruling) royal family. **~geˌschlecht** *n* dynasty. **~geˌwalt** *f* sovereign power. **~ˌhaus** *n* → **Herrscherfamilie.**

ˈHerr·sche·rin *f* ⟨-; -nen⟩ → **Herrscher.**

ˈHerr·scher|ˌmie·ne *f* commanding air; **mit ~** *a.* imperiously. **~naˌtur** *f* **1.** born ruler. **2.** domineering person, autocrat. **~ˌpaar** *n* ruler (*od.* sovereign, monarch) and his (her) consort. **~ˌwür·de** *f* **1.** dignity of ruler. **2.** crown, sovereign dignity.

ˈHerrsch|ˌsucht *f* ⟨-; *no pl*⟩ **1.** lust (*od.* thirst) for power. **2.** (*herrisches Wesen*) despotic nature, domineeringness, *colloq.* bossiness. **≈ˌsüch·tig** *adj* **1.** thirsting for power, power-mad (*od.* -hungry). **2.** *fig.* domineering, despotic, tyrannical, *colloq.* bossy.

ˈher|ˌru·fen *v/t* ⟨*irr, sep,* **-ge-,** h⟩ **1. j-n ~** call s. o. (here *od.* over). **2. et. hinter j-m ~** shout s. th. after s. o. **~ˌrüh·ren** *v/i* ⟨*sep,* **-ge-,** h⟩ **~ von** a) come (*od.* arise, spring, stem) from, b) (*zuzuschreiben sein*) be due (*od.* owing, ascribable) to, come from, c) *zeitlich*: date from. **~ˌrüh·rend** *adj* **~ von** a) due (*od.* attributable, owing) to, b) resulting (*od.* coming, springing) from. **~ˌsa·gen** *v/t* ⟨*sep,* **-ge-,** h⟩ (*Gedicht etc*) recite, say, *ped.* (*Aufgabe*) *a.* repeat; **et. wie am Schnürchen ~** reel (*od.* rattle) s. th. off. **~ˌschaf·fen** *v/t* ⟨*sep,* **-ge-,** h⟩ **1.** bring (*od.* get) *s. o., s. th.* (here). **2.** → **heranschaffen.** **~ˌschau·en** *v/i* ⟨*sep,* **-ge-,** h⟩ → **hersehen.** **~ˌschen·ken** *v/t* ⟨*sep,* **-ge-,** h⟩ *Southern G.* give *s. th.* away. **~ˌsche·ren** *v/reflex* ⟨*sep,* **-ge-,** h⟩ *colloq.* **sich ~** come at the double. **~ˌschicken** (*getr.* **-k·k-**) *v/t* ⟨*sep,* **-ge-,** h⟩ send *s. o., s. th.* here (*od.* over). **~ˌschie·ben** *v/t* ⟨*irr, sep,* **-ge-,** h⟩ **et. ~** move (*od.* push) s. th. over; **et. vor sich ~** a) (*Karren etc*) push s. th. in front of (*od.* before) one, b) *fig. colloq.* keep putting s. th. off. **~ˌschlei·chen** *v/i* ⟨*irr, sep,* **-ge-,** sein⟩ *u.* **sich ~** *v/reflex* ⟨h⟩ sneak (*od.* creep, steal) near (*od.* here, up); **hinter j-m ~** creep (*od.* slink) after s. o. **~ˌschlep·pen** *v/t* ⟨*sep,* **-ge-,** h⟩ drag (*od. colloq.* lug) *s. th., s. o.* over (here); **sich ~** drag o. s. here (*od.* over); **sich hinter j-m ~** drag o. s. along behind s. o. **~ˌschrei·ben** *v/reflex* ⟨*irr, sep,* **-ge-,** h⟩ **sich ~ von** → **herleiten** 3, **herrühren.** **~ˌse·hen** *v/i* ⟨*irr, sep,* **-ge-,** h⟩ look (here); **er sah nicht her** he was not looking (this way); **sieh mal her!** *a. fig.* look (here)! **~ˌseh·nen I** *v/reflex* ⟨*sep,* **-ge-,** h⟩ **sich ~** long (*od.* yearn) to be here. **II** *v/t colloq. for* **herbeisehnen.** **~ˌsen·den** *v/t* ⟨*irr, sep,* **-ge-,** h⟩ → **herschicken.** **~ˌset·zen I** *v/t* ⟨*sep,* **-ge-,** h⟩ **1. et. ~** put (*od.* place) s. th. here. **2. j-n ~** place s. o. here. **II** *v/reflex* **sich ~ 3.** sit down; **setz dich her zu mir!** sit down beside me! **≈ˌspiel** *n Sport*: return match, *colloq.* second leg. **~ˌstam·men** *v/i* ⟨*sep,* **-ge-,** h⟩ **1.** → **herrühren.** **2.** → **stammen.** **~ˌstell·bar** *adj* capable of being produced, that can be made (*od.* produced, manufactured), manufacturable. **~ˌstel·len I** *v/t* ⟨*sep,* **-ge-,** h⟩ **1.** *econ.* (*erzeugen*) manufacture, produce, make, (*bauen*) build, *in Serie etc*: turn out; **in Deutschland hergestellt** made in Germany; **et. in Massenproduktion ~** mass-produce s. th. **2.** (*Film*) produce. **3.** *electr.* (*Stromkreis*) close, make. **4.** *chem.* prepare. **5.** *fig.* (*Ordnung, Gleichgewicht, Kontakte etc*) establish, (*herbeiführen*) *a.* bring about, make (*peace, etc*), (*Verbindung*) make. **6.** *colloq.* (*hier~*) put (*od.* place) *s. th.* here. **II** *v/reflex* **sich ~ 7.** *colloq.* come (and stand over) here; **sie stellte sich zu mir her** she came over to me. **III ≈** *n* ⟨-s⟩ **8.** manufacturing (*etc*). **9.** → **Herstellung.** **ˈHerˌstel·ler** *m* ⟨-s; -⟩ **1.** *econ.* manufacturer, maker, producer; **~firma** *f*, **~werk** *n* manufacturing firm, manufacturers *pl*, makers *pl*. **2.** *Film*: producer. **3.** *print.* production manager.

ˈHerˌstel·lung *f* ⟨-; *no pl*⟩ **1.** → **herstellen** 8. **2.** *econ.* a) manufacture, production, making, b) (*Ausstoß*) output, c) (*Abteilung*) Production (Department). **3.** *e-s Buches, Films*: production. **4.** *fig.* establishment, bringing about, making (*of order, peace, contacts, etc*).

ˈHerˌstel·lungs|beˌtrieb *m* manufacturing plant (*od.* firm). **~ˌfeh·ler** *m* production(al) defect. **~ˌgang** *m* process (*od.* course) of manufacture. **~ˌko·sten** *pl* production (*od.* manufacturing) costs, cost *sg* of production. **~ˌland** *n* **1.** producer country. **2.** (*Ursprungsland*) country of origin. **~ˌpreis** *m* cost price, price of production. **~verˌfah·ren** *n* manufacturing process (*od.* method).

ˈHerˌstrich *m mus.* down-bow.

ˈher|ˌstür·zen I *v/i* ⟨*sep,* **-ge-,** sein⟩ rush (*od.* dash) here. **II** *v/reflex* ⟨h⟩ **sich über e-e Sache (j-n) ~** throw (*od.* fling) o. s. (up)on s. th. (s. o.); → *a.* **herfallen.** **~ˌtra·gen** *v/t* ⟨*irr, sep,* **-ge-,** h⟩ carry (*od.* bring) *s. th.* (here *od.* over [here]); **et. vor (***dat***) sich ~** carry s. th. before one. **~ˌtrei·ben** *v/t* ⟨*irr, sep,* **-ge-,** h⟩ drive *s. o., s. th.* here; **et. vor (***dat***) sich ~** drive s. th. before one; **den Ball vor sich ~** *a.* dribble (the ball).

Hertz [hɛrts] *n* ⟨-; -⟩ *phys.* hertz, cycles *pl* (per second). **ˈHertz·sche ˈWel·len** Hertzian waves.

her·über [hɛˈryːbər] *adv* **1.** over (here), across, this side; **hier ~!** over here!, this way!, to this side!; **~ und hinüber** to and fro, hither and thither. **2.** *colloq. for* **hinüber.** **~beˌmü·hen I** *v/t* ⟨*sep, no* **-ge-,** h⟩ **j-n ~** trouble s. o. to come over (*od.* across). **II** *v/reflex* **sich ~** take the trouble to come over, be so kind as to come over (*od.* across). **~ˌbit·ten** *v/t* ⟨*irr, sep,* **-ge-,** h⟩ **j-n ~** a) ask s. o. to come over (*od.* across), b) *aus s-m Haus*: ask s. o. round, ask (*od.* invite) s. o. over. **~ˌblicken** (*getr.* **-k·k-**) *v/i* ⟨*sep,* **-ge-,** h⟩ look (*od.* glance) over (*od.* across) (**zu** at). **~ˌbrin·gen** *v/t* ⟨*irr, sep,* **-ge-,** h⟩ **j-n (et.) ~** a) bring s. o. (s. th.) over (*od.* across), b) *vom Haus nebenan*: bring s. o. (s. th.) round (*od.* over), c) *über e-n Fluß, e-e Grenze etc*: bring s. o. (s. th.) across. **~geˌlan·gen** *v/i* ⟨*sep, pp* **herüberge-**

langt, sein⟩ get over (*od.* across). **~ˌhel·fen** *v/i* ⟨*irr, sep,* -ge-, h⟩ j-m ~ help s. o. (to get) over (*od.* across). **~ˌho·len** *v/t* ⟨*sep,* -ge-, h⟩ fetch (*od.* bring) *s. o., s. th.* over (*od.* across). **~ˌkom·men** *v/i* ⟨*irr, sep,* -ge-, **sein**⟩ **1.** (*auf Besuch kommen*) come round (*od.* over). **2.** (*herkommen*) come over (*od.* across) (**von** from). **~ˌlas·sen** *v/t* ⟨*irr, sep,* -ge-, h⟩ allow *s. o.* to come over (*od.* across). **~ˌrei·chen I** *v/t* ⟨*sep,* -ge-, h⟩ **1.** j-m et. ~ pass (*od.* hand) s. th. over (*od.* across) to s. o. **II** *v/i* **2.** reach (*od.* extend) over (*od.* across) (**bis** to). **3.** *fig.* reach (**bis** into). **~ˌru·fen I** *v/t* ⟨*irr, sep,* -ge-, h⟩ **1.** j-n (**zu sich**) ~ a) call s. o. over (to o. s.), b) call s. o. round. **2.** et. ~ call (*od.* shout) s. th. over (*od.* across). **II** *v/i* **3.** zu j-m ~ call (*od.* shout) over (*od.* across) to s. o. **~ˌschaf·fen** *v/t* ⟨*sep,* -ge-, h⟩ bring (*od.* get, carry) *s. o., s. th.* over (*od.* across). **~ˌschau·en** *v/i* ⟨*sep,* -ge-, h⟩ → **herüberblicken. ~ˌschicken** (*getr.* -k·k-) *v/t* ⟨*sep,* -ge-, h⟩ send *s. o., s. th.* over (*od.* across). **~ˌse·hen** *v/i* ⟨*irr, sep,* -ge-, h⟩ → **herüberblicken.**

herˈüberˌset·zen[1] **I** *v/t* ⟨*sep,* -ge-, h⟩ **1.** move *s. th.* over (*od.* across). **2.** → **übersetzen**[2] 1. **II** *v/reflex* **sich** ~ **3.** sit over here. **III** *v/i* ⟨**sein**⟩ **4.** (*springen*) jump (*od.* leap) over (*od.* across). **5.** → **übersetzen**[2] 3.

ˈherˌüberˌset·zen[2] [-ˌʔyːbər-] *v/i* ⟨*sep, no* -ge-, h⟩ translate from the foreign language.

herˈüber|ˌtra·gen *v/t* ⟨*irr, sep,* -ge-, h⟩ carry *s. o., s. th.* over (*od.* across). **~ˌwer·fen** *v/t* ⟨*irr, sep,* -ge-, h⟩ throw *s. th.* over (*od.* across). **~ˌwol·len** *v/i* ⟨*sep,* -ge-, h⟩ *colloq.* want to come over (*od.* across). **~ˌzie·hen I** *v/t* ⟨*irr, sep,* -ge-, h⟩ pull (*od.* draw) *s. o., s. th.* over (*od.* across); et. **zu sich** ~ pull s. th. over to one's side; *fig.* j-n **zu sich** (*od.* **auf s-e Seite**) ~ win s. o. over, get s. o. on one's side. **II** *v/i* ⟨**sein**⟩ come (*od.* move) over (*od.* across).

her·um [hɛˈrum] *adv* **1.** (*rings~*) (a)round; (**immer**) **um den Tisch** ~ (round and) round the table; **im Kreis** ~ a) (a)round in a circle, b) round and round. **2.** (*ziellos, a. verstreut*) about, (a)round (*in the town, the room, etc*). **3.** (*im Umkreis, in der Nähe*) round (about), *bes. Am.* around; **das Haus muß irgendwo dort ~ sein** the house must be somewhere (a)round (*od.* near) there; (**dauernd**) **um j-n ~ sein** be constantly near s. o., be always (hanging) (a)round s. o. **4.** (*in e-e bestimmte Richtung*) (a)round; *colloq.* **er wohnt eben um die Ecke ~** he lives just (a)round the corner; **er ging falsch ~** he went the wrong way round; **so ~!** this way round; **rechts** (**links**) ~ (to the) right (left). **5.** *colloq.* (*ungefähr*) (round) about, somewhere round (*od.* about), around (*2000 dollars, etc*); **kannst du um zwei ~ kommen?** can you come about (*od.* [a]round) two o'clock?; **um Mittag** (**Weihnachten**) ~ round about (*od.* [a]round) noon (Christmas); **sie ist um die Dreißig ~** she is about thirty. **6.** *colloq.* (*vorbei*) over, up; **die Ferien sind noch nicht ~** the holidays are not over yet; **die Zeit ist ~** time is up. **7.** *colloq.* (*verbreitet*) spread; **das Gerücht ist überall ~** the rumo(u)r has got around (*od.* is all over the town).

herˈum... *in Zssgn* (*climb, crawl, move, stroll, travel, etc*) about (*od.* round, around). **~ˌal·bern** *v/i* ⟨*sep,* -ge-, h⟩ *colloq.* fool (*od.* clown, *sl.* goof) about (*od.* around). **~ˌär·gern** *v/reflex* ⟨*sep,* -ge-, h⟩ **sich mit** *e-r Sache od. j-m* ~ be plagued with, have constant trouble with. **~ˌbal·gen** *v/reflex* ⟨*sep,* -ge-, h⟩ *colloq.* **sich** ~ scuffle (*od.* tussle) about. **~ˌba·steln** *v/i* ⟨*sep,* -ge-, h⟩ (**an** *dat*) fiddle (*od.* fumble) (around) (with), tinker (away) (at). **~beˌkom·men** *v/t* ⟨*irr, sep, no* -ge-, h⟩ **1.** et. **um e-e Sache** ~ (manage to) get s. th. (a)round s. th. **2.** *fig. colloq.* → **herumkriegen** 2, 3. **~ˌblö·deln** *v/i* ⟨*sep,* -ge-, h⟩ *colloq.* → **herumalbern. ~ˌbrin·gen** *v/t* ⟨*irr, sep,* -ge-, h⟩ **1.** bring *s. th.* round. **2.** *fig. colloq.* → **herumkriegen** 2, 3. **~ˌbrül·len** *v/i* ⟨*sep,* -ge-, h⟩ roar (*od.* yell) (around). **~ˌdok·tern** *v/i* ⟨*sep,* -ge-, h⟩ *colloq.* **1. an j-m** ~ doctor s. o. (up). **2.** *fig.* **an e-r Sache** ~ doctor s. th., try to patch up s. th., tinker at s. th. **~ˌdre·hen I** *v/t* ⟨*sep,* -ge-, h⟩ **1.** → **umdrehen. II** *v/i* **2.** *colloq.* **an e-r Sache** ~ twiddle (*od.* fiddle) with s. th. **III** *v/reflex* **sich** ~ **3.** turn round; **sich im Bett** ~ turn over in bed; → **Grab** 4, **Magen** 1. **4. sich im Kreis** ~ a) turn on its own axis, rotate, b) *um sich selbst*: spin (a)round. **~ˌdrücken** (*getr.* -k·k-) *v/reflex* ⟨*sep,* -ge-, h⟩ *colloq.* **1. sich** ~ hang (*od.* loiter) about (*od.* around). **2.** *fig.* **sich um e-e Sache** ~ shirk (*od.* dodge) s. th. **~ˌdruck·sen** *v/i* ⟨*sep,* -ge-, h⟩ *colloq.* hem and haw, shuffle. **~erˌzäh·len** *v/t* ⟨*sep, no* -ge-, h⟩ et. ~ spread s. th. (abroad), tell everyone about s. th. **~ex·pe·ri·menˌtie·ren** *v/i* ⟨*sep, no* -ge-, h⟩ (**mit** with) experiment, try all sorts of experiments. **~ˌfah·ren I** *v/i* ⟨*irr, sep,* -ge-, **sein**⟩ **1.** *Fahrzeug, Fahrer*: drive (*od.* go) around (*od.* about). **2.** *Fahrgast*: ride (*od.* go, travel) around (*od.* about); **in der Stadt** ~ drive around town; *colloq.* **um die Stadt** ~ (*sie umgehen*) bypass the town. **3.** *Schiff*: sail around. **4.** *colloq.* (*reisen*) travel (*od.* roam) about; **in der ganzen Welt** ~ travel (about) all over the world, roam (about) the whole world. **5.** (*sich schnell umdrehen*) wheel (*od.* spin) round. **6.** *colloq.* **mit den Händen** (*od.* **Armen**) **in der Luft** ~ gesticulate, saw the air. **7.** *colloq. Southern G.* (*herumliegen*) lie about (untidily). **II** *v/t* ⟨h⟩ **8.** j-n (et.) ~ drive (*od.* take) s. o. (s. th.) (a)round (*od.* about). **~ˌfin·gern** *v/i* ⟨*sep,* -ge-, h⟩ *colloq. cf.* **fingern** I. **~ˌflie·gen** *v/i* ⟨*irr, sep,* -ge-, **sein**⟩ fly around (*od.* about); **um et.** ~ fly (a)round s. th. **~ˌfra·gen** *v/i* ⟨*sep,* -ge-, h⟩ make inquiries, ask around. **~ˌfuch·teln** *v/i* ⟨*sep,* -ge-, h⟩ *colloq. cf.* **fuchteln. ~ˌfüh·ren I** *v/t* ⟨*sep,* -ge-, h⟩ **1.** j-n ~ a) lead s. o. (a)round, b) show s. o. (a)round; **j-n um den See** ~ lead s. o. (a)round the lake; **j-n in der Stadt** ~ show (*od.* conduct) s. o. (a)round the town; **j-n im Haus** ~ show s. o. (a)round (*od.* over) the house; → **Nase. 2. e-n Graben** (**Zaun**) **um ein Haus** ~ run a ditch (fence) (a)round a house. **II** *v/i* **3. um et.** ~ lead (*od.* go) (a)round s. th. **~ˌfuhrˌwer·ken** *v/i* ⟨*sep,* -ge-, h⟩ *colloq.* bustle around (*od.* about) (*in the kitchen, etc*); **mit et.** ~ a) be busy with s. th., b) wield s. th. energetically. **~ˌfum·meln** *v/i* ⟨*sep,* -ge-, h⟩ *colloq.* → a) **fingern** I, b) **herumbasteln. ~ˌge·ben** *v/t* ⟨*irr, sep,* -ge-, h⟩ et. ~ hand (*od.* pass) s. th. round. **~ˌge·hen** *v/i* ⟨*irr, sep,* -ge-, **sein**⟩ **1.** walk (*od.* go) around (*od.* about); **im Kreis** ~ go round in a circle; *fig.* **das** (**die Melodie** *etc*) **ging mir ständig im Kopf herum** that (the tune, *etc*) went round and round in my head all day long (*od.* haunted my mind). **2. um e-e Sache** ~ a) walk (*od.* go) round (*od.* about) s. th., b) *colloq. Straße etc*: go round s. th., c) *colloq.* (*um et. herumreichen*) go (*od.* reach) round s. th., d) *fig.* (*ausweichen*) avoid (*od.* dodge, evade) s. th. **3.** *Gegenstände*: be passed (*od.* handed) round; **et. ~ lassen** pass s. th. round. **4.** *Gerücht etc*: go (a)round, circulate, make the round. **5.** *Zeit*: go by, pass (*quickly, etc*). **~ˌgei·stern** *v/i* ⟨*sep,* -ge-, **sein**⟩ → **geistern. ~ˌgon·deln** *v/i* ⟨*sep,* -ge-, **sein**⟩ *colloq.* drive (*od. vergnügt*: gallivant) around (*od.* about). **~ˌhacken** (*getr.* -k·k-) *v/i* ⟨*sep,* -ge-, h⟩ *fig. colloq.* **auf j-m** ~ pick on (*od.* at) s. o., keep on at s. o. **~ˌhän·gen** *v/i* ⟨*irr, sep,* -ge-, h⟩ *colloq. a. fig.* hang around. **~ˌhet·zen** *colloq.* **I** *v/t* ⟨*sep,* -ge-, h⟩ j-n ~ keep s. o. on the run. **II** *v/i* ⟨**sein**⟩ rush around (*od.* about). **~ˌhor·chen** *v/i* ⟨*sep,* -ge-, h⟩ *colloq.* **1.** (*neugierig horchen*) eavesdrop. **2.** (*sich umhören*) keep one's ears open; **~, ob** try to find out whether. **~ˌhu·ren** *v/i* ⟨*sep,* -ge-, h⟩ *vulg.* whore around. **~ˌir·ren** *v/i* ⟨*sep,* -ge-, **sein**⟩ wander about. **~ˌja·gen** *v/t u. v/i* ⟨*sep,* -ge-, h *u.* **sein**⟩ *colloq.* → **herumhetzen. ~ˌklim·pern** *v/i* ⟨*sep,* -ge-, h⟩ *colloq. auf e-m Klavier*: strum away (**auf** *dat* at). **~ˌkno·beln** *v/i* ⟨*sep,* -ge-, h⟩ *colloq.* **an e-r Sache** ~ puzzle over s. th. **~komˌman·die·ren** *v/t u. v/i* ⟨*sep, no* -ge-, h⟩ order around (*od.* about), *colloq.* boss *s. o.* around; **ich lasse mich nicht ~** I won't be ordered around. **~ˌkom·men** *v/i* ⟨*irr, sep,* -ge-, **sein**⟩ **1. um et.** ~ a) come round s. th., b) *fig. um Prüfung, Bestrafung etc*: get (a)round s. th., avoid s. th.; **er kam um die Ecke herum** he came round (*od.* turned) the corner; **um diese Ausgaben werden wir nicht ~** these expenses can't be avoided; **man kommt nicht darum herum** you can't get round that (*od.* the fact that); **um diese Tatsache kommen wir nicht herum** we can't get away from that (fact). **2.** (*herumreisen*) get around (*od.* about); **er ist weit** (**in der Welt**) **herumgekommen** he has seen a great deal (*od.* the world), he has done a lot of travel(l)ing. **3.** *colloq. auf Besuch*: come round. **4.** *fig. colloq. Gerücht etc*: get around (*od.* about). **5.** *fig. colloq.* (**mit s-r Arbeit**) ~ get one's work done. **~ˌkra·men** *v/i* ⟨*sep,* -ge-, h⟩ *colloq.* rummage around (*od.* about). **~ˌkrie·gen** *v/t* ⟨*sep,* -ge-, h⟩ *colloq.* **1.** et. **um e-e Sache** ~ get s. th. (a)round s. th. **2.** *fig.* j-n ~ win s. o. over, get (*od.* bring) s. o. round; **j-n dazu ~, et. zu tun** get s. o. round to doing s. th., talk s. o. into doing s. th. **3.** *fig.* (*Zeit*) get through, kill. **~ˌlau·fen** *v/i* ⟨*irr, sep,* -ge-, **sein**⟩ run (*od.* go) around (*od.* about); **er läuft in Lumpen herum** he goes around in rags; **frei** ~ a) *Verbrecher etc*: be at large, b) *Hund etc*: run free; **um et.** ~ run (a)round s. th. (*a. fig. Zaun etc*). **~ˌlie·gen** *v/i* ⟨*irr, sep,* -ge-, h *u.* **sein**⟩ **1. um et.** ~ lie round s. th. **2.** lie around (*od.* about); **verstreut** ~ lie (scattered) around; **faul** (*od.* **müßig**) ~ lie about, loaf, laze around; **et. ~ lassen** leave s. th. lying around. **~ˌlun·gern** *v/i* ⟨*sep,* -ge-, h⟩ *colloq.* loiter (*od.* loaf, hang) around (*od.* about). **~ˌma·chen** *v/i* ⟨*sep,* -ge-, h⟩ *colloq.* **an e-r Sache** ~ a) monkey (*od.* fiddle) with s. th., b) *seelisch*: fret over s. th. **~ˌmä·keln** *v/i* ⟨*sep,* -ge-, h⟩ *cf.* **mäkeln. ~ˌmurk·sen** *v/i* ⟨*sep,* -ge-, h⟩ *colloq.* → **herumdoktern** 2. **~ˌnör·geln** *v/i* ⟨*sep,* -ge-, h⟩ *cf.* **nörgeln. ~ˌpfu·schen** *v/i* ⟨*sep,* -ge-, h⟩ ~ **an** (*dat*) monkey (*od.* fumble, tamper) with. **~ˌpla·gen** *v/reflex* ⟨*sep,* -ge-, h⟩

colloq. **sich** ~ **mit** have a lot of trouble with, be plagued with. **~ˌra·ten** *v/i* <*irr, sep,* -ge-, h> guess, make all sorts of guesses; **an e-r Sache** ~ guess at s. th. **~ˌrät·seln** *v/i* <*sep,* -ge-, h> **an e-r Sache** ~ try to puzzle (*od.* figure) s. th. out. **~ˌre·den** *v/i* <*sep,* -ge-, h> **um et.** ~ talk round s. th. **~ˌrei·chen I** *v/t* <*sep,* -ge-, h> **1.** hand (*od.* pass) *s. th.* round. **2.** *colloq.* **j-n** ~ introduce s. o. to (all) one's friends. **II** *v/i* **3.** (**um et.**) ~ reach (*od.* go) round (s. th.). **~ˌrei·ßen** *v/t* <*irr, sep,* -ge-, h> (*Lenkrad, Hebel, Fahrzeug etc*) swing (*od.* pull) *s. th.* round. **~ˌrei·ten** *v/i* <*irr, sep,* -ge-, sein> **1.** *colloq.* ride around (*od.* about). **2. um et.** ~ ride round s. th. **3.** *fig. colloq.* **auf e-r Sache** ~ a) harp on s. th., keep bringing up s. th., belabo(u)r s. th. (*od.* a point), b) *schadenfroh*: rub s. th. in. **~ˌschla·gen I** *v/t* <*irr, sep,* -ge-, h> (*Decke etc*) ~ **um et.** (**j-n**) wrap *s. th.* (a)round s. th. (s. o.). **II** *v/reflex* **sich** ~ knock each other about, (have a) fight (*od.* scuffle); **sich mit j-m** ~ a) (have a) fight with s. o., b) *fig.* battle (*od.* fight) with s. o.; **sich mit e-m Problem** *etc* ~ struggle (*od.* grapple) with a problem, *etc.* **~ˌschlep·pen I** *v/t* <*sep,* -ge-, h> *colloq.* **1. et.** (**mit sich**) ~ carry (*od.* lug) s. th. around (*od.* about). **2.** *fig.* **j-n** ~ drag s. o. around (*od.* about) (**in der Stadt** the town). **3.** *fig.* **et. mit sich** ~ (*Krankheit etc*) be going around with s. th., (*Probleme etc*) *a.* be saddled (*od.* struggling) with s. th. **II** *v/reflex* **4. sich mit et.** ~ a) *cf.* 1, b) *cf.* 3. **~ˌschnüf·feln** *v/i* <*sep,* -ge-, h> **1.** sniff around (*od.* about). **2.** *fig. colloq.* snoop around. **~ˌschub·sen** *v/t* <*sep,* -ge-, h> *colloq. bes. fig.* **j-n** ~ push s. o. around. **~ˌschwen·ken I** *v/t* <*sep,* -ge-, h> **1.** (*Tasche, Tänzerin etc*) swing *s. th., s. o.* about (*od.* [a]round). **2.** (*Hut, Fahne etc*) wave (about), flourish. **3.** (*Kamera*) pan. **4.** *mil.* (*Geschütz*) traverse. **II** *v/i* <sein> **5.** *Kamera*: pan. **6.** *mil.* wheel round. **~ˌschwir·ren** *v/i* <*sep,* -ge-, sein> **1.** *Vögel etc*: whizz around (*od.* about). **2.** *Insekten, a. fig. Gerücht etc*: buzz around (*od.* about). **~ˌsit·zen** *v/i* <*irr, sep,* -ge-, h *u.* sein> **1.** sit about; **um et.** (**j-n**) ~ sit round s. th. (s. o.). **2.** *untätig*: loaf (*od.* hang) about. **~ˌspie·len** *v/i* <*sep,* -ge-, h> play around (*od.* about); *colloq.* **an e-r Sache** ~ play (*od.* fumble, fiddle) with s. th.; **mit et.** ~ play around with s. th. **~spioˌnie·ren** *v/i* <*sep, no* -ge-, h> *colloq.* snoop around. **~ˌspre·chen** *v/reflex* <*irr, sep,* -ge-, h> **sich** ~ get around (*od.* about); *iro.* **falls es sich noch nicht herumgesprochen haben sollte** in case you shouldn't know. **~ˌspu·ken** *v/i* <*sep,* -ge-, h> *cf.* spuken. **~ˌste·hen** *v/i* <*irr, sep,* -ge-, h *u.* sein> **1.** stand around (*od.* about), *müßig*: *a.* hang (*od.* loiter) about. **2. um j-n** (**et.**) ~ stand round (*od.* surround) s. o. (s. th.). **~ˌstö·bern** *v/i* <*sep,* -ge-, h> *cf.* stöbern I. **~ˌsto·chern** *v/i* <*sep,* -ge-, h> poke around (*od.* about); **in s-m Essen** ~ pick at one's food. **~stolˌzie·ren** *v/i* <*sep, no* -ge-, sein> *cf.* stolzieren. **~ˌsto·ßen** *v/t* <*irr, sep,* -ge-, h> *bes. fig.* **j-n** ~ push s. o. around. **~ˌstrei·chen** *v/i* <*irr, sep,* -ge-, sein>, **~ˌstrei·fen** *v/i* <*sep,* -ge-, sein> **1.** roam (*od.* rove, ramble) around (*od.* about). **2.** *Tier, Verbrecher etc*: prowl (a)round (*od.* about); **ums Haus** ~ prowl (a)round the house; **in den Straßen** ~ prowl the streets. **~ˌstrei·ten** *v/reflex* <*irr, sep,* -ge-, h> *cf.* streiten 1. **~ˌsu·chen** *v/i* <*sep,* -ge-, h> look (*od.* hunt) around (*od.* about) (**nach** for); **in alten Büchern** ~ hunt (*od.* rummage) around in (*od.* among) old books; **in der Küche nach et. Eßbarem** ~ hunt around (*od.* forage about) in the kitchen for s. th. to eat. **~ˌtan·zen** *v/i* <*sep,* -ge-, sein> **1.** dance around (*od.* about). **2. um et.** (**j-n**, *a. fig.*) ~ dance (a)round s. th. (s. o.); → **Nase** 1. **~ˌtap·pen** *v/i* <*sep,* -ge-, sein>, **~ˌta·sten** *v/i* <*sep,* -ge-, h> *cf.* tasten. **~ˌto·ben** *v/i* <*sep,* -ge-, h *u.* sein> **1.** *in Wut*: rage about. **2.** → **~ˌtol·len** *v/i* <*sep,* -ge-, h *u.* sein> romp (*od.* frolic) around (*od.* about). **~ˌtra·gen** *v/t* <*irr, sep,* -ge-, h> **1.** carry *s. th.* around (*od.* about); **et. mit sich** ~ a) carry s. th. around with one, b) *fig.* (*Problem etc*) carry s. th. around with one, nurse s. th. (*one's grief, etc*). **2.** *fig.* (*Neuigkeit etc*) spread *s. th.* around (*od.* about), circulate. **~ˌtram·peln** *v/i* <*sep,* -ge-, h> trample; *fig.* **auf j-s Gefühlen** (**Nerven**) ~ trample on s. o.'s feelings (nerves); **auf j-m** ~ bully s. o., use s. o. as a doormat. **~ˌtrat·schen** *colloq.* **I** *v/i* <*sep,* -ge-, h> gossip. **II** *v/t* gossip, repeat. **~ˌtrei·ben** *v/reflex* <*irr, sep,* -ge-, h> **sich** ~ **1.** *colloq.* knock around (*od.* about), gad about. **2.** → **herumlungern.** **2ˌtrei·ber** *m* **1.** vagabond, tramp. **2.** loiterer, loafer. **2trei·beˈrei** [hɛˌrum-] *f* <-; *no pl*> **1.** gadding about. **2.** vagrancy. **3.** loafing (about). **~ˌtrö·deln** *v/i* <*sep,* -ge-, h> *colloq.* dawdle. **~ˌwäl·zen I** *v/t* <*sep,* -ge-, h> turn (*od.* roll) *s. th.* (a)round (*od.* over); *fig.* **et. im Kopf** ~ turn s. th. over and over in one's mind. **II** *v/reflex* **sich** ~ toss about, roll (*od.* turn) over; **sich schlaflos** (**im Bett**) ~ toss and turn (in one's bed). **~ˌwer·fen I** *v/t* <*irr, sep,* -ge-, h> **1.** throw (*od.* fling, toss) *s. th.* around (*od.* about). **2.** a) (*Hebel*) throw (*a lever*) (over), b) (*Lenkrad, Steuer*) pull *s. th.* round. **II** *v/reflex* **sich** ~ **3.** *cf.* **herumwälzen** II. **~ˌwickeln** (*getr.* -k·k-) *v/t* <*sep,* -ge-, h> *cf.* wickeln. **~ˌwir·beln I** *v/i* <*sep,* -ge-, sein> whirl (*od.* spin) around (*od.* about). **II** *v/t* <h> **j-n** (**et.**) ~ whirl (*od.* spin) s. o. (s. th.) around. **~ˌwirt·schaf·ten** *v/i* <*sep,* -ge-, h> *colloq.* potter around (*od.* about). **~ˌwüh·len** *v/i* <*sep,* -ge-, h> *cf.* wühlen. **~ˌwur·steln** *v/i* <*sep,* -ge-, h> *colloq.* muddle (*od.* mess) around. **~ˌzap·peln** *v/i* <*sep,* -ge-, h> *cf.* zappeln. **~ˌzei·gen** *v/t* <*sep,* -ge-, h> **1.** (*Photo etc*) show *s. th.* round. **2.** *zur Prüfung etc*: hand (*od.* pass) *s. th.* round. **~ˌzer·ren** *v/t* <*sep,* -ge-, h> *cf.* zerren. **~ˌzie·hen I** *v/t* <*irr, sep,* -ge-, h> **1.** (*hin u. her ziehen*) pull (*od.* drag, haul, tug) *s. th.* around (*od.* about). **II** *v/i* **2. an e-r Sache** ~ pull (*od.* tear) at s. th. **3.** <sein> move (*od.* wander, travel, rove) around (*od.* about). **~ˌzie·hend** *adj* **1.** *Volk etc*: wandering, nomadic. **2.** *Schauspieler etc*: strolling. **3.** *Händler*: itinerant.

her·un·ter [hɛˈruntər] *adv* **1.** down; **da** (**hier**) ~! down there (here)!; ~! down you go!, *vom Stuhl*: get off that chair!; ~ **damit!** down with it!; ~ **mit den Hüten!** hats off!, off with your hats!; ~ **mit den Preisen!** down with (the) prices!; **die Treppe** ~ down the stairs, downstairs; **den Berg** ~ down the hill, downhill; **den Fluß** ~ down the stream, downstream. **2.** *colloq. for* **hinunter.** **3.** → *a.* **heruntersein.**

her·un·ter... → *a.* **herab ...**, *colloq.* **hinab ...**, **hinunter ...**, **runter ...**

herˈun·terˌbau·meln *v/i* <*sep,* -ge-, h> dangle; **die Beine** ~ **lassen** dangle one's legs. **~beˌkom·men** *v/t* <*irr, sep, no* -ge-, h> get *s. th.* down (*od. weg*: off); *colloq.* **ich kann k-n Bissen mehr** ~ I can't manage anything else. **~beˌmü·hen** *v/t* <*sep, no* -ge-, h> *u.* **sich** ~ *v/reflex* → **herabbemühen** II. **~ˌbe·ten** *v/t* <*sep,* -ge-, h> *colloq.* rattle (*od.* reel) off. **~ˌbit·ten** *v/t* <*irr, sep,* -ge-, h> **j-n** (**zu sich**) ~ ask s. o. (to come) down. **~ˌblicken** (*getr.* -k·k-) *v/i* <*sep,* -ge-, h> → **herabsehen** 1. **~ˌbrin·gen** *v/t* <*irr, sep,* -ge-, h> **1.** bring *s. th.* down; → *a.* **herunterbekommen.** **2.** *fig.* (*Preise, Temperatur etc*) bring *s. th.* down. **3.** (*j-n, Wirtschaft etc*) ruin, bring *s. th.* low. **~ˌdrücken** (*getr.* -k·k-) *v/t* <*sep,* -ge-, h> **1.** press *s. th.* down; **e-e Taste** ~ (de)press a key. **2.** *fig.* a) (*Preise*) force (*prices*) down, b) (*Löhne*) scale (*od.* screw) (*wages*) down. **3.** *fig.* (*Fieber etc*) bring down. **~ˌfal·len** *v/i* <*irr, sep,* -ge-, sein> **1.** fall down (*od.* off); **vom Pferd** ~ fall off the horse; **die Treppe** ~ fall down the stairs; **die Äpfel fallen vom Baum herunter** the apples are falling (*od.* dropping) off the tree; **die Tasse ist mir heruntergefallen** I dropped the cup; **e-n Teller** ~ **lassen** drop a plate. **2.** *colloq. for* **hinunterfallen.** **~ˌflie·gen** *v/i* <*irr, sep,* -ge-, sein> **1.** fly down, come flying down. **2.** *colloq.* fall down (*od.* off); **er ist vom Dach heruntergeflogen** he fell off the roof. **3.** *colloq. for* **hinunterfliegen.** **~ˌge·hen** *v/i* <*irr, sep,* -ge-, sein> **1.** *a. aer.* go down, descend. **2.** *mot.* a) → **herunterschalten,** b) **mit der Geschwindigkeit** ~ reduce (*od.* lower) the speed, slow down. **3.** *fig. Preise etc*: go down, fall, drop; **mit den Preisen** ~ reduce (*od.* lower, mark down) prices. **~geˌkom·men** *adj* **1.** *Person*: a) seedy, shabby, down-at--(the-)heel(s), out-at-elbows, b) *sittlich*: degenerate, *stärker*: depraved, corrupt, c) *gesundheitlich*: run-down, <*pred*> in bad shape. **2.** *Hotel, Fabrik etc*: a) run-down, deteriorated, b) (*schäbig*) seedy, sleazy, tatty, c) (*verfallen*) decayed, dilapidated. **~ˌhan·deln** *v/t* <*sep,* -ge-, h> (*Preis etc*) beat *s. th.* down (**um 3 Mark** by 3 marks); **et. vom Preis** ~ get s. th. knocked off the price. **~ˌhän·gen** *v/i* <*irr, sep,* -ge-, h> **1.** hang down, *baumelnd*: dangle (**von** from); **die Beine** ~ **lassen** dangle one's legs. **2.** (**schlaff**) ~ droop, sag. **~ˌhän·gend** *adj* → **herabhängend.** **~ˌhas·peln** *v/t* <*sep,* -ge-, h> reel (*fig. a.* rattle) *s. th.* off. **~ˌhau·en** *v/t* <*irr, sep,* -ge-, h> **1.** chop (*od.* cut) *s. th.* off. **2.** *colloq.* **j-m e-e** (**Ohrfeige**) ~ fetch (*od.* paste) s. o. one, slap s. o.('s face). **3.** *fig. colloq.* **e-n Brief** *etc* ~ knock off a letter, *etc.* **~ˌhel·fen** *v/i* <*irr, sep,* -ge-, h> **j-m** ~ help s. o. down. **~ˌho·len** *v/t* <*sep,* -ge-, h> **1. j-n** ~ bring (*od.* get, fetch) s. o. down (*od.* downstairs). **2. et.** ~ get (*od.* bring) s. th. down; **ein Flugzeug** (**e-n Vogel**) ~ shoot (*od.* bring) a plane (bird) down. **~ˌklapp·bar** *adj Sitz etc*: folding. **~ˌklap·pen** *v/t* <*sep,* -ge-, h> (*Kragen, Sitz etc*) turn (*od.* fold) down. **~ˌkom·men** *v/i* <*irr, sep,* -ge-, sein> **1.** come (*od. kletternd etc*: get) down; (**die Treppe**) ~ come down(stairs); **die Straße** ~ come down the street; **von der Leiter** ~ get down from the ladder. **2.** *fig.* a) *gesundheitlich*: get run down, get into bad shape, b) *wirtschaftlich, finanziell*: deteriorate, go to rack and ruin, run to seed, c) *moralisch*: go downhill, go to the dogs, sink low, degenerate, d) *durch Vernachlässigung*: become dilapidated, get into a bad state, decay; **er wird dabei** (**gesundheitlich**) ~ this will ruin (*od.* undermine) his health; → **heruntergekommen.** **3.** *colloq.* **von** *e-r Ge-*

wohnheit, Idee etc ∼ come off (*a habit, an idea, etc*). ∼ˌ**krie·gen** *v/t* ⟨*sep*, -ge-, h⟩ *colloq. for* **herunterbekommen.** ∼ˌ**lan·gen** *v/t u. v/i* ⟨*sep*, -ge-, h⟩ → **herabreichen.** ∼ˌ**las·sen** *v/t* ⟨*irr, sep*, -ge-, h⟩ let *s. th.* down, lower. ∼ˌ**lei·ern** *v/t* ⟨*sep*, -ge-, h⟩ (*Gedicht etc*) reel (*od.* rattle) *s. th.* off, recite *s. th.* monotonously. ∼ˌ**le·sen** *v/t* ⟨*irr, sep*, -ge-, h⟩ **1.** read (down). **2.** *colloq.* rattle off. ∼ˌ**ma·chen** *v/t* ⟨*sep*, -ge-, h⟩ *colloq.* **1.** → a) **herunterklappen**, b) **herunterlassen. 2.** *fig.* a) (*kritisieren*) run *s. o.*, *s. th.* down, pull *s. th.*, *s. o.* to pieces, knock, b) → **herunterputzen.** ∼ˌ**pras·seln** *v/i* ⟨*sep*, -ge-, sein⟩ *Regen etc*: pelt down. ∼ˌ**put·zen** *v/t* ⟨*sep*, -ge-, h⟩ *colloq.* **j-n** ∼ upbraid s. o., blow s. o. up. ∼ˌ**ras·seln,** ∼ˌ**rat·tern** *v/t* ⟨*sep*, -ge-, h⟩ *colloq.* (*Rede, Gedicht etc*) rattle (*od.* reel) *s. th.* off. ∼ˌ**rei·chen** *v/t u. v/i* ⟨*sep*, -ge-, h⟩ → **herabreichen.** ∼ˌ**rei·ßen** *v/t* ⟨*irr, sep*, -ge-, h⟩ **1.** pull *s. th.* down. **2.** *colloq.* → **heruntermachen** 2. ∼ˌ**ru·fen** *v/t* ⟨*irr, sep*, -ge-, h⟩ → **herabrufen** I. ∼ˌ**rut·schen** *v/i u. v/t* ⟨*sep*, -ge-, sein⟩ slide (*od.* slip) down; → **Buckel** 3. ∼ˌ**schal·ten** *v/i* ⟨*sep*, -ge-, h⟩ *mot.* change (*Am.* shift) down (**in den ersten Gang** into first [gear]). ∼ˌ**schau·en** *v/i* ⟨*sep*, -ge-, h⟩ → **herabsehen.** ∼ˌ**schicken** (*getr.* -k·k-) *v/t* ⟨*sep*, -ge-, h⟩ send *s. o.*, *s. th.* down. ∼ˌ**schie·ßen I** *v/t* ⟨*irr, sep*, -ge-, h⟩ **et.** ∼ shoot (*od.* bring) s. th. down. **II** *v/i* ⟨sein⟩ → **herabstoßen** II. ∼ˌ**schla·gen** *v/t* ⟨*irr, sep*, -ge-, h⟩ **1.** knock *s. th.* down; **Nüsse vom Baum** ∼ knock nuts down from (*od.* off) a tree. **2.** (*Kragen etc*) turn (*od.* fold) down. ∼ˌ**schlucken** (*getr.* -k·k-) *v/t* ⟨*sep*, -ge-, h⟩ *colloq. for* **hinunterschlucken.** ∼ˌ**schrau·ben** *v/t* ⟨*sep*, -ge-, h⟩ **1.** screw *s. th.* down. **2.** (*Docht etc*) turn *s. th.* down. **3.** (*Sitz etc*) lower. **4.** → **abschrauben. 5.** *fig.* (*Forderungen etc*) moderate. **6.** *fig.* (*Löhne etc*) scale (*od.* screw) *s. th.* down. ∼ˌ**schüt·teln** *v/t* ⟨*sep*, -ge-, h⟩ → **herabschütteln.** ∼ˌ**se·hen** *v/i* ⟨*irr, sep*, -ge-, h⟩ → **herabsehen.** ∼ˌ**sein** *v/i* ⟨*irr, sep*, -ge-, sein⟩ *fig. colloq.* be run down, be in bad shape; **er ist mit den Nerven (ganz) herunter** his nerves are all shot, he is a nervous wreck. ∼ˌ**set·zen** *v/t* ⟨*sep*, -ge-, h⟩ **1.** take (*od.* put) *s. th.* down. **2.** *fig.* → **herabsetzen** 2, 3, 4. ∼ˌ**spie·len** *v/t* ⟨*sep*, -ge-, h⟩ **1.** *mus. thea.* play *s. th.* off mechanically, run through (*a piece of music, a part, etc*). **2.** *fig. colloq.* (*verharmlosen*) play *s. th.* down. ∼ˌ**sprin·gen** *v/i* ⟨*irr, sep*, -ge-, sein⟩ jump down (**von** from). ∼ˌ**spü·len** *v/t* ⟨*sep*, -ge-, h⟩ **1.** (*Schmutz etc*) wash *s. th.* away. **2.** *colloq. for* **hinunterspülen.** ∼ˌ**stei·gen I** *v/t* ⟨*irr, sep*, -ge-, sein⟩ climb (*od.* come) down (*the mountain, etc*). **II** *v/i* (**von** from) climb (*od.* come) down, descend. ∼ˌ**sto·ßen I** *v/t* ⟨*irr, sep*, -ge-, h⟩ push *s. th.*, *s. o.* down. **II** *v/i* ⟨sein⟩ → **herabstoßen** II. ∼ˌ**stür·zen** *v/i* ⟨*sep*, -ge-, sein⟩ *u.* **sich** ∼ *v/reflex* ⟨h⟩ → **herabstürzen.** ∼ˌ**tra·gen** *v/t* ⟨*irr, sep*, -ge-, h⟩ carry *s. th.*, *s. o.* down. ∼**trans·forˌmie·ren** *v/t* ⟨*sep, no* -ge-, h⟩ *electr.* step down. ∼ˌ**trop·fen** *v/i* ⟨*sep*, -ge-, sein⟩ drip (down) (**von** from). ∼ˌ**wer·fen** *v/t* ⟨*irr, sep*, -ge-, h⟩ throw *s. th.*, *s. o.* down. ∼ˌ**wirt·schaf·ten** *v/t* ⟨*sep*, -ge-, h⟩ ruin *s. th.* (by mismanagement), run *s. th.* down, mismanage. ∼ˌ**wür·gen** *v/t* ⟨*sep*, -ge-, h⟩ → **hinunterwürgen.** ∼ˌ**zie·hen I** *v/t* ⟨*irr, sep*, -ge-, h⟩ **1.** pull (*od.* draw) *s. th.* down. **2.** *fig. contp.* **j-n zu sich** (*od.* **auf ein niedriges Niveau**) ∼ drag s. o. down to one's own level. **II** *v/i* ⟨sein⟩ **3.** come (*od.* march) down. **4.** *in tiefere Etage*: move down.

her·vor [hɛrˈfoːr] *adv* out of, out from, forth, forward; **hinter dem Baum** ∼ from behind the tree; **unter dem Schrank** ∼ from under the cupboard. ∼ˌ**blicken** (*getr.* -k·k-) *v/i* ⟨*sep*, -ge-, h⟩ **1.** → **hervorsehen. 2.** *Dinge*: peep out; → *a.* **herausschauen** 2. ∼ˌ**bre·chen** *v/i* ⟨*irr, sep*, -ge-, sein⟩ **1.** break (*od.* burst) out (*od.* forth, through); **aus dem Busch** ∼ *Wild etc*: break (*od.* dart) out of the bush; (**aus dem Hinterhalt**) ∼ break (*od.* sally) forth (from the ambush); **die Sonne bricht aus den Wolken hervor** the sun breaks through the clouds. **2.** *Rauch, Wasser etc*: burst (*od.* gush) out (*od.* forth). ∼ˌ**brin·gen I** *v/t* ⟨*irr, sep*, -ge-, h⟩ **1.** (*zum Vorschein bringen, a. fig.*) bring *s. th.* out, produce. **2.** (*Früchte etc*) produce, yield, bear, *lit.* bring *s. th.* forth. **3.** (*Künstler, Staatsmann etc*) produce. **4.** (*Kunstwerk etc*) produce, create. **5.** *lit.* (*Kinder, Nachkommenschaft*) give birth to, produce, *lit.* bring *s. o.* forth. **6.** (*Töne auf e-m Instrument etc*) produce. **7.** (*Worte*) utter. **8.** (*bewirken*) produce, cause, create, give rise to. **9.** (*Eindruck*) produce, give. **II** ≈ *n* ⟨-s⟩ **10.** producing (*etc*); production. ≈ˌ**brin·gung** *f* **1.** → **hervorbringen** II. **2.** product. ∼ˌ**drin·gen** *v/i* ⟨*irr, sep*, -ge-, sein⟩ **1.** break forth, come out; → *a.* **hervorbrechen. 2.** *Geräusche*: (**aus, von** from) issue, come, burst. ∼ˌ**ge·hen** *v/i* ⟨*irr, sep*, -ge-, sein⟩ **1.** come out, emerge; **als Sieger** ∼ emerge as the winner, come out (*od.* off) victorious (*od.* a winner). **2.** *als logische Folge*: (**aus** from) follow, emerge; **daraus geht hervor, daß** from this follows that, this proves (*od.* shows, goes to show) that; **aus dem Schreiben geht nicht hervor, ob** the letter does not indicate whether. **3.** (*stammen*) come (**aus** from); **aus der Ehe gingen drei Kinder hervor** there were three children of this marriage, *jur.* three children issued from the marriage; **viele berühmte Politiker sind aus dieser Schule hervorgegangen** this school has produced many famous politicians; **auch er ist aus dieser Schule hervorgegangen** he too is a product of that school. **4.** (*sich entwickeln*) (**aus** from) develop, arise, spring. **5.** *als Folge*: (**aus** from) result, follow, come. ∼ˌ**gucken** (*getr.* -k·k-) *v/i* ⟨*sep*, -ge-, h⟩ **1.** look (*od.* peep) out; **hinter (unter) dem Zaun** ∼ peep out from behind (under) the fence. **2.** *Dinge*: peep out; → *a.* **herausschauen** 2. ∼ˌ**he·ben I** *v/t* ⟨*irr, sep*, -ge-, h⟩ **1.** *paint. print. etc* (**gegen** against) make *s. th.* stand out, set *s. th.* off, *Kunst*: *a.* throw *s. th.* into (sharp) relief. **2.** *fig.* a) (*herausstellen*) render *s. th.* prominent, give prominence to, make *s. th.* stand out, b) (*hinweisen auf*) point out, draw (special) attention to, c) (*betonen*) emphasize, stress, lay (special) emphasis (up)on, accentuate; **rühmend** ∼ laud, commend, praise. **II** *v/reflex* ⟨h⟩ **3. sich** ∼ stand out (from the rest), be conspicuous, be prominent; **sich** ∼ **aus** stand out from. ≈ˌ**he·bung** *f* **1.** setting off (*etc*). **2.** ⟨*gen*⟩ accentuation (of), emphasis (on); **unter (besonderer)** ∼ **der Tatsache, daß** laying special emphasis on the fact that. ∼ˌ**ho·len** *v/t* ⟨*sep*, -ge-, h⟩ (**aus**) get out (of), produce (*od.* take) *s. th.* (from). ∼ˌ**kom·men** *v/i* ⟨*irr, sep*, -ge-, sein⟩ **1.** come out (*od.* forth) (**aus** from); **hinter e-r Sache** ∼ come out from behind s. th. **2.** (*sichtbar werden*) (**aus** from) appear, emerge. ∼ˌ**kra·men** *v/t* ⟨*sep*, -ge-, h⟩ **1.** fish *s. th.* out, rummage *s. th.* out (*od.* up). **2.** *fig.* rummage out (*old stories, etc*). ∼ˌ**leuch·ten** *v/i* ⟨*sep*, -ge-, h⟩ shine out (*od.* forth). ∼ˌ**locken** (*getr.* -k·k-) *v/t* ⟨*sep*, -ge-, h⟩ **1.** lure *s. o.* out; → **Hund** 2. **2.** (*Tränen*) fetch. ∼ˌ**lu·gen** *v/i* ⟨*sep*, -ge-, h⟩ **1.** → **hervorsehen. 2.** *Dinge*: peep out; → *a.* **herausschauen** 2. ∼ˌ**quel·len** *v/i* ⟨*irr, sep*, -ge-, sein⟩ **1.** *Wasser etc*: (**aus**) well up (from), well (*od.* gush) out (of). **2.** *Rauch etc*: pour out (**aus** of, from). **3.** *Augen, Bauch etc*: bulge (out), protrude. **4.** *Haare*: billow forth. ∼ˌ**ra·gen** *v/i* ⟨*sep*, -ge-, h⟩ **1.** *Ast, Brett etc*: jut (*od.* stand, stick) out, project, protrude. **2. aus et.** ∼ (*sich erheben über*) rise (*od.* tower) above s. th. **3.** *fig.* (*hervorstechen*) stand out (**unter anderen** among others) (**durch** by). ∼ˌ**ra·gend I** *adj* **1.** a) *Balken etc*: projecting, protruding, b) (*hoch*) towering. **2.** *fig.* outstanding, excellent, exceptional, superior (*performance, quality, etc*), *Persönlichkeit etc*: *a.* prominent, eminent, distinguished, (*führend*) leading (*figure, personage, etc*). **3.** *fig. Bedeutung, Rolle etc*: prominent, eminent, leading (*position, etc*); **er war in** ∼**em Maße an dem Erfolg beteiligt** the success was largely due to his efforts. **II** *adv* **4.** *fig.* outstandingly (well), excellently, exceptionally (well). ≈ˌ**ruf** *m thea.* curtain call. ∼ˌ**ru·fen** *v/t* ⟨*irr, sep*, -ge-, h⟩ **1.** call *s. o.* out. **2.** *thea.* call for, call (*an actor*) back. **3.** *fig. allg.* call forth, evoke, (*bewirken, auslösen*) *a.* cause, bring about, give rise to, produce, (*Angst, Eindruck, Schwierigkeiten etc*) *a.* create, (*Begeisterung, Neugierde, Verdacht etc*) *a.* arouse, (*Heiterkeit, Widerspruch etc*) *a.* provoke, (*Gelächter*) *a.* raise, draw, provoke; **bei j-m ein Lächeln** ∼ make s. o. smile. ∼ˌ**schau·en** *v/i* ⟨*sep*, -ge-, h⟩ **1.** → **hervorsehen. 2.** → **herausschauen** 2. ∼ˌ**se·hen** *v/i* ⟨*irr, sep*, -ge-, h⟩ look out; **hinter (unter) e-r Sache** ∼ look (*od.* peep, peer) out from behind (beneath) s. th. ∼ˌ**sprin·gen** *v/i* ⟨*irr, sep*, -ge-, sein⟩ **1.** (**hinter dem Auto** *etc*) ∼ leap (*od.* bound out [*od.* forth]) (from behind the car). **2.** → **hervorragen** 1. **3.** *fig.* → **hervorstechen** 1, 2. ∼ˌ**spru·deln** *v/i* ⟨*sep*, -ge-, sein⟩ *u. v/t* ⟨h⟩ → **heraussprudeln.** ∼ˌ**ste·chen** *v/i* ⟨*irr, sep*, -ge-, h⟩ *fig.* **1.** (*hervorragen*) stand out (**aus** from). **2.** (*auffallen*) be striking (*od.* conspicuous, salient, prominent). ∼ˌ**ste·chend** *adj fig.* **1.** (*hervorragend*) outstanding. **2.** (*auffallend*) striking, conspicuous, salient, prominent. **3.** (*vorherrschend*) (pre)dominant. ∼ˌ**ste·hen** *v/i* ⟨*irr, sep*, -ge-, h *u.* sein⟩ **1.** stand (*od.* jut, stick) out, protrude, project. **2.** *Augen etc*: protrude, bulge out, *Ohren*: stick out, *Zähne*: protrude; ∼**de Backenknochen** high cheekbones. ∼ˌ**sto·ßen** *v/t* ⟨*irr, sep*, -ge-, h⟩ **1.** → **herausstoßen** 1. **2.** *fig.* (*Schrei etc*) give, utter (*a yell, etc*); (*Worte*) gasp (out). ∼ˌ**su·chen** *v/t* ⟨*sep*, -ge-, h⟩ look for, look (*od. Am.* search) *s. th.* out, (*kramen*) rummage *s. th.* out (*od.* up), fish *s. th.* out. ∼ˌ**tre·ten** *v/i* ⟨*irr, sep*, -ge-, sein⟩ **1.** a) step forth (*od.* forward), b) step (*od.* come) out, c) (**aus**) (*auftauchen*) come out (of), emerge (from) (*a. fig. Umrisse etc*). **2.** *fig.* (*sich abheben*) stand out (**plastisch** in relief), be set off (*od.* contrasted), *Farben*: *a.* come out; **et.** ∼ **lassen** a) make s. th. stand out, set s. th. off, b) bring out (*od.* show up) s. th. **3.** *Augen*: protrude, bulge, *vor Erstaunen* etc: *a.* pop out. **4.** *Adern*: stand out, protrude. **5.** *Tatsache etc*: emerge, become apparent (*od.* evident). **6.** *fig.* a) (*in Erscheinung treten*) come to the fore, b) (*sich hervortun*) (**durch** by, **als** as) distinguish o. s., make o. s. a name, c) (*an die Öffentlichkeit treten*) come out (**mit e-m neuen Roman** *etc* with a new novel, *etc*). **~ˌtre·tend** *adj* **1.** *fig. Eigenschaften etc*: prominent, salient, predominant. **2.** *Augen*: protruding, bulging. **~ˌtun** *v/reflex* ⟨*irr, sep,* **-ge-, h**⟩ **sich ~ 1.** (*sich auszeichnen*) (**als** as, **in** *dat* in, **durch** by) distinguish o. s., be outstanding; **sich als Sportler ~** distinguish o. s. (*od.* make o. s. a name) as a sportsman; *iro.* **sich durch Frechheit ~** be outstanding for one's impudence. **2.** (*sich wichtig tun*) show off (**mit s-m Wissen** *etc* one's knowledge, *etc*). **~ˌwa·gen** *v/reflex* ⟨*sep,* **-ge-, h**⟩ venture (to come) out, dare to come out. **~ˌzau·bern** *v/t* ⟨*sep,* **-ge-, h**⟩ conjure up, produce *s. th.* (as if) by magic; **Töne auf e-r Geige ~** draw tones from a violin. **~ˌzie·hen** *v/t* ⟨*irr, sep,* **-ge-, h**⟩ (**aus**) pull *s. th.* out (of), produce *s. th.* (from).

ˈher|ˌwa·gen *v/reflex* ⟨*sep,* **-ge-, h**⟩ **sich ~** venture (to come) here, dare (to) come here. **~ˌwärts** *adv* **1.** on the way here. **2.** this way. **≈ˌweg** *m* way here; **auf dem ~** on the way here. **~ˌwei·sen I** *v/t* ⟨*irr, sep,* **-ge-, h**⟩ **j-n ~** direct s. o. here, show s. o. the way here. **II** *v/i Wegweiser etc*: point here (*od.* this way, in this direction). **~ˌwin·ken I** *v/t* ⟨*sep,* **-ge-, h**⟩ → **herbeiwinken. II** *v/i* wave in this (our, *etc*) direction. **~ˌwün·schen** *v/t* ⟨*sep,* **-ge-, h**⟩ → **herbeiwünschen.**

Herz [hɛrts] *n* ⟨**-ens; -en**⟩ **1.** *anat.* a) heart (*a. fig.,* → *Bes. Redew.*), b) (*~hälfte*) (**rechtes, linkes**) **~** (right, left) heart; *colloq.* **er hat es mit dem** (*od.* **am**) **~en** he has (got) heart trouble (*od.* a heart condition). **2.** *lit.* (*Busen*) bosom, breast. **3.** *fig. Anrede*: **mein (liebes) ~** my love, darling, dear (*od.* my) heart. **4.** *fig.* (*das Innerste e-r Sache*) heart, core, cent/re (*Am.* -er); **das ~ e-r Fabrikanlage (Maschine)** the heart of a factory (machine); **das ~ e-s Salatkopfes** the heart (*od.* core) of a head of lettuce; **im ~en Deutschlands** in the heart (*od.* centre) of Germany. **5.** *Kartenspiel*: hearts *pl*; **~ ist Trumpf** hearts are trumps. **6.** (*herzförmige Sache*) heart (*of chocolate, etc*). **7.** *R. C.* **~ Jesu** Sacred Heart (of Jesus). **8.** *bot.* **Flammendes** (*od.* **Tränendes**) **~** → **Herzblume** 1. **9.** *tech.* lathe dog.

Besondere Redewendungen:

ein hartes (kaltes) ~ haben be hardhearted (coldhearted); **(ein warmes) ~ haben** be warmhearted, be kindhearted; **ein weiches ~ haben** have a soft heart, be softhearted; **ein weites ~ haben** (*großzügig sein, a. iro. in der Liebe*) have a big heart, be bighearted; **er hat kein ~ (im Leib)** he has no heart; *colloq.* **et. fürs ~** s. th. to warm the heart; **e-e Frau fürs ~** a woman to love; **Hand aufs ~! hast du ihn wirklich gefragt?** honestly (*od.* tell the truth), did you ask him?; **Hand aufs ~! ich war es nicht** honestly (*od.* I swear) I did not do it; **schweren ~ens** with a heavy heart, very reluctantly; **j-m sein ~ öffnen (ausschütten)** open (pour out) one's heart to s. o.; **die ~en bewegen** move the hearts; **sag mir, was dein ~ bewegt** tell me what's on your mind; **das ~ blutet mir, wenn …, es zerreißt mir das ~, wenn …, das ~ dreht sich mir im Leibe um, wenn …** my heart bleeds when, it breaks my heart, when; **j-m das ~ brechen** break s. o.'s heart; **an gebrochenem ~en sterben** die of a broken heart; **j-s ~ gewinnen** conquer (win) s. o.'s heart; → **erobern** 1; **er hat sein ~ für sie entdeckt** he has fallen in love with her; **sich** (*dat*) **ein ~ fassen, das ~ in die Hand nehmen** take heart, pluck up courage; *colloq.* **das ~ fiel** (*od.* **rutschte**) **ihm in die Hose** his heart sank into his boots; **s-m ~en folgen** follow (the dictates of) one's heart; **s-m ~en e-n Stoß geben** overcome one's scruples, *colloq.* have a heart; **gib d-m ~en e-n Stoß!** have a heart!; **das ~ haben, et. zu tun** have the heart to do s. th.; **ein ~ haben für j-n** have a heart for s. o.; **das ~ auf der Zunge tragen** wear one's heart (up)on one's sleeve; **sein ~ an j-n (et.) hängen** set one's heart on s. o. (s. th.); **das ~ klopfte ihm bis zum Halse** he had his heart in his mouth; **da lacht e-m das ~ im Leibe!** that's just marvel(l)ous!, *colloq.* that warms the cockles of my (*od.* your) heart!; **j-m das ~ schwermachen** a) sadden (*od.* grieve) s. o., b) worry s. o.; **s-m ~en Luft machen** give vent to one's feelings; **die ~en höher schlagen lassen** thrill the hearts; **j-m sein ~ schenken** give s. o. one's heart; **ihm stockte das ~, das ~ stand ihm still** his heart stood still (*od.* missed a beat); **j-s ~en nahestehen** be close to s. o.'s heart; **alle ~en schlagen ihm entgegen** all hearts go out to him; **sein ~ an j-n verlieren** lose one's heart to s. o., fall in love with s. o.; **im ~en, im Grunde s-s ~ens, im tiefsten ~en** at (the bottom of one's) heart, in one's heart of hearts; **ein ~ und e-e Seele sein** be very close, be soul-mates, *colloq.* be as thick as thieves; **er ist mir ans ~ gewachsen, ich habe ihn ins ~ geschlossen** I have become attached to him, I've come to love him dearly; **ans ~ greifen** be moving, be touching; **j-m ans ~ greifen, (an) j-s ~ rühren** move s. o.('s heart), touch s. o. deeply, pull at s. o.'s heartstrings; **j-m zu ~en gehen** go to s. o.'s heart, stir (*od.* move) s. o.; **j-m am ~en liegen** be near to s. o.'s heart; **das liegt mir sehr am ~en** I have it at heart, it is very important to me; **j-m et. ans ~ legen** recommend s. th. warmly to s. o., *stärker*: enjoin s. th. on s. o.; **et. auf dem ~en haben** have s. th. on one's mind; *humor.* **(na,) was haben Sie auf dem ~en?** what can I do for you?; **j-n (et.) auf ~ und Nieren prüfen** put s. o. (s. th.) to the acid test, *colloq.* vet s. o. (s. th.); **j-m aus tiefstem ~en danken** thank s. o. with all (*od.* from the bottom of) one's heart; **j-n aus tiefstem ~en bedauern (verabscheuen)** pity (loathe) s. o. with all one's heart; **das ist mir aus dem ~en gesprochen** that expresses my sentiments exactly, *colloq.* you said it; **aus vollem ~en** from the bottom of one's heart; **j-n ins ~ schließen** take s. o. to one's heart; **j-n ins ~ treffen** hurt s. o. deeply; **das gab ihm e-n Stich ins ~** that cut him to the quick; **mit ~ und Hand** (with) heart and soul, wholeheartedly; **mit ganzem ~en bei der Arbeit sein** be heart and soul in one's work, be very dedicated; **et. mit halbem ~en tun** do s. th. halfheartedly; **ein Mann nach m-m ~en** a man after my own heart; **ich bringe das nicht übers ~** I haven't the heart (to do that), I can't find it in my heart (*od.* bring myself) to do it; **nun ist mir leichter ums ~, mir fällt ein Stein vom ~en** that's a weight (*od.* load) off my mind, now I feel easier in my mind; **ein Kind unter dem ~en tragen** be with child; **von ~en froh** very glad (*od.* happy), overjoyed; **von ~en gern** gladly, with (the greatest) pleasure; **das tut mir von ~en leid** I am deeply (*od.* truly) sorry; **das kommt von ~en** that comes from the heart; **von ~en kommend** heart-felt, deep-felt, hearty, sincere; **sich** (*dat*) **et. vom ~en reden** get s. th. off one's chest; **sich** (*dat*) **et. zu ~en nehmen, sich** (*dat*) **et. zu ~en gehen lassen** take s. th. to heart; **nimm es dir zu ~en!** take it to heart!; **ihm wurde warm ums ~** his heart warmed (within him); *Bibl.* **wes das ~ voll ist, des gehet der Mund über** what the heart thinketh, the mouth speaketh; → **begehren** 1 (*etc*).

ˈHerzˌader *f anat.* aorta.

ˈherˌzäh·len *v/t* ⟨*sep,* **-ge-, h**⟩ count off.

ˈherz|ˌal·lerˈliebst *adj* → **allerliebst. ≈ˌal·lerˈlieb·ste** *m, f* ⟨**-n; -n**⟩ sweetheart, darling, (my, *etc*) dearly beloved. **≈ˌanˌfall** *m med.* heart attack. **≈ˌangst** *f* ⟨**-;** *no pl*⟩ cardiac neuralgia. **≈ˈas** [ˌhɛrts-] *n* ace of hearts. **≈ˌasth·ma** *n med.* cardiac asthma.

ˈherˌzau·bern *v/t* ⟨*sep,* **-ge-, h**⟩ conjure up, produce *s. th.* (as if) by magic, (*Essen etc*) whistle up; **ich kann es dir nicht ~** I can't produce it out of a hat.

ˈHerz|ˌbad *n* spa for cardiac patients. **~ˌbank** *f med.* heart bank. **~beˌklem·mung** *f* oppressed feeling, nervous heart trouble. **~beˌschwer·den** *pl* heart trouble *sg.* **~ˌbeu·tel** *m anat.* pericardium, heart sac; **~entzündung** *f* pericarditis. **≈beˌwe·gend** *adj* moving, stirring, touching. **~ˌblatt** *n* **1.** *von Salat etc*: (leaf of the) heart, (*Keimblättchen*) cotyledon; **Herzblätter e-s Kohlkopfes** heart *sg* of a cabbage. **2.** *bot.* grass-of-Parnassus. **3.** *fig.* (*Kosewort*) (my, *etc*) darling, *colloq.* sweetie, pet, *Am. a.* honey. **≈ˌblätt·rig** *adj bot.* with cordate(d) leaves. **~ˌblock** *m med.* heart block. **~ˌblu·me** *f bot.* **1.** bleeding heart. **2.** goatweed. **~ˌblut** *n lit.* **sein ~** one's heart's blood, all one's soul; **sein ~ dahingeben** give one's life away; **er schrieb das Buch mit s-m ~** he put all his heart into the writing of the book. **~ˌbräu·ne** *f med.* angina pectoris. **~ˈbu·be** [ˌhɛrts-] *m* (*Spielkarte*) jack (*od.* knave) of hearts.

ˈHerz·chen *n* ⟨**-s; -**⟩ **1.** *dim. of* **Herz** 1, 6. **2.** *fig.* → **Herz** 3, **Herzblatt** 3.

ˈHerz|chirˌurg *m* heart surgeon. **~chir·urˌgie** *f* heart (*od.* cardiac) surgery. **~ˈda·me** [ˌhɛrts-] *f* (*Spielkarte*) queen of hearts.

Her·ze [ˈhɛrtsə] *n* ⟨**-ns; -n**⟩ *poet. for* **Herz.**

ˈherˌzei·gen I *v/t* ⟨*sep,* **-ge-, h**⟩ show; **zeig mal her!** show me!, let me see! **II** *v/i* point this way (*od.* in this [*od.* our] direction).

ˈHer·zeˌleid *n lit.* heartbreak, heartache, deep sorrow, woe.

her·zen [ˈhɛrtsən] *v/t* ⟨**h**⟩ **1.** (*kosen*) cuddle, fondle, caress. **2.** hug, embrace; **sich ~ und küssen** hug and kiss.

ˈHer·zens|ˌan·geˌle·gen·heit *f* matter that is near to one's heart. **~ˌangst** *f* anguish (of soul), great anxiety. **~ˌbre·cher** *m colloq.* lady-killer. **~ˌbru·der** *m* **1.** dear brother. **2.** → **Herzensfreund. ~ˌeinˌfalt** *f* simplicity (of heart). **~ˌfreu·de** *f* great joy. **~ˌfreund** *m,* **~ˌfreun·din** *f* bosom-friend. **~ˌgrund** *m* **aus tiefstem ~e** from the bottom of one's heart. **≈ˌgut** *adj* kind-hearted, very kind. **~ˌgü·te** *f* great kindness. **~ˌkind** *n* darling, (little) angel. **~ˌkö·ni·gin** *f* queen of one's heart, (my, *etc*) love. **~ˌkum·mer** *m* deep sorrow. **~ˌlust** *f* **nach ~** to one's heart's content. **~ˌnot** *f* anguish (of heart). **~ˌwunsch** *m* heart's desire, dearest wish.

ˈHerz|entˌzün·dung *f med.* carditis. **2erˌfreu·end** *adj* heartwarming. **2erˌfri·schend** *adj* very refreshing. **2erˌgrei·fend** *adj* deeply moving, soul-stirring. **2erˌquickend** (*getr.* -k·k-) *adj* → herzerfrischend. **2erˌschüt·ternd** *adj* heart-rending. **~erˌwei·te·rung** *f med.* dilatation of the heart, cardiectasis. **~ˌfeh·ler** *m med.* **1.** cardiac defect. **2.** → Herzklappenfehler. **~ˌfell** *n anat.* pericardium. **~ˌflat·tern** *n med.* heart flutter. **~ˌflim·mern** *n* auricular fibrillation. **~ˌform** *f* heart shape. **2ˌför·mig** *adj* **1.** heart-shaped, cordiform. **2.** *bot. zo.* cordate(d). **~ˌge·gend** *f med.* cardiac region. **~geˌräusch** *n* cardiac murmur. **~ˌgift** *n pharm.* cardiac poison, cardiotoxin. **2haft I** *adj* **1.** hearty (*meal, kiss, laugh, etc*). **2.** → beherzt. **II** *adv* **3.** heartily. **~haf·tig·keit** *f* ⟨-; *no pl*⟩ **1.** heartiness. **2.** → Beherztheit. **~ˌhälf·te** *f* (half of the) heart, hemicardia.

ˈherˌzie·hen I *v/t* ⟨*irr, sep,* -ge-, h⟩ **1.** et. (zu sich) ~ pull (*od.* draw) s. th. near (to one). **2.** et. hinter (*dat*) sich ~ drag s. th. along (behind one). **3.** *fig.* j-n ~ attract s. o., make s. o. come here. **II** *v/i* ⟨sein⟩ **4.** move here, come to live here. **5.** hinter (neben, vor) j-m (et.) ~ march (*od.* troop) behind (beside, in front of) s. o. (s. th.). **6.** *fig. colloq.* über j-n (et.) ~ rail against s. o. (s. th.), run s. o. (s. th.) down, *Am. sl.* badmouth s. o. (s. th.).

ˈher·zig *adj* sweet, lovely, *Am. a.* cute.

ˈHerz|inˌfarkt *m* cardiac infarct(ion). **~in·suf·fi·zi·enz** *f med.* cardiac insufficiency. **~ˌja·gen** *n* tachycardia. **~ˈJe·su-ˌFest** [ˌhɛrtsˈjeːzu-] *n R. C.* feast of the Sacred Heart. **~ˌkam·mer** *f anat.* (heart) ventricle, chamber of the heart. **~ˌkar·te** *f* (*Spielkarte*) heart. **~ka·the·te·riˌsie·rung** *f*, **~ka·the·teˌris·mus** *m med.* cardiac catheterization. **~ˌkir·sche** *f bot.* heart-cherry, gean. **~ˌklap·pe** *f anat.* cardiac valve; ~nentzündung *f med.* valvulitis; ~nfehler *m* valvular defect (of the heart), V. D. H. **~ˌklaps** *m colloq. for* a) Herzfehler, b) Herzkollaps. **~ˌklop·fen** *n* **1.** beating (*od.* throbbing) of the heart; mit ~ (*aufgeregt*) with a throbbing heart. **2.** *med.* palpitation (of the heart). **~ˌknacks** *m colloq. for* Herzfehler. **~ˌkohl** *m* → Wirsing. **~kolˌlaps** *m med.* **1.** heart failure. **2.** *weitS.* heart attack. **~ˈkö·nig** [ˌhɛrts-] *m* (*Spielkarte*) king of hearts. **~ˌkrampf** *m* spasm of the heart, stenocardia. **2ˌkrank** *adj* suffering from (a) heart disease, cardiac. **~ˌkran·ke** *m, f* ⟨-n; -n⟩ person suffering from a heart disease, cardiac (case *od.* patient), cardiopath. **~ˌkrank·heit** *f* → Herzleiden. **~ˌkranz·geˌfäß** *n* coronary vessel; Erkrankung der ~e coronary artery disease. **~ˌlei·den** *n* heart disease (*od.* complaint, trouble, condition). **2ˌlei·dend** *adj* → herzkrank.

ˈherz·lich I *adj* **1.** cordial, hearty; ~es Einvernehmen cordial understanding; ~er Empfang hearty (*od.* warm) welcome. **2.** *Anteilnahme, Bitte etc*: heartfelt, sincere. **3.** *Lächeln, Atmosphäre etc*: friendly. **4.** ~en Glückwunsch! congratulations!; → Beileid, Dank, Glückwunsch 2, Gruß 2. **II** *adv* **5.** cordially, heartily; j-n ~ (*od.* auf das ~ste) begrüßen welcome s. o. cordially (*od.* warmly); (seid) ~ willkommen! welcome!, nice to see you!; ihr seid uns jederzeit ~ willkommen you are always welcome; j-m ~ danken thank s. o. with all one's heart; ~ lachen laugh heartily; grüße ihn ~ von mir give him my kindest regards (*od.* my best), *vertraulicher*: give him my love; j-n ~ lieb haben love s. o. dearly, be very fond of s. o.; ich lade euch ~ ein I should (*od.* would) like you very much to come; ~st (Dein) X *Briefschluß*: cordially (*od.* sincerely) yours, X; *colloq.* Love, X. **6.** (*sehr*) ~ gern! gladly!, with pleasure!; ich komme ~ gern I'd love to come; es tut mir ~ leid I am very (*od. colloq.* awfully) sorry (indeed); ~ wenig Geld (Zeit *etc*) precious little money (time, *etc*); ich kann ~ wenig damit anfangen it doesn't help (me) much, *colloq.* a fat lot it helps. **2keit** *f* ⟨-; *no pl*⟩ **1.** heartiness, cordiality. **2.** warmth. **3.** sincerity.

ˈHerz||lieb·chen *n* ⟨-s; -⟩ *poet.*, **~ˌlieb·ste** *m, f* ⟨-n; -n⟩ sweetheart, love. **~ˌli·nie** *f* **1.** *anat. math. med.* cardioid. **2.** *Chiromantie*: line of Heart, Heart line. **2los** *adj* **1.** heartless, unfeeling. **2.** *zo.* acardiac(eous). **~lo·sig·keit** *f* ⟨-; *no pl*⟩ **1.** heartlessness. **2.** *zo.* acardia. **~-ˈLun·gen-MaˌschI·ne** *f med.* heart-lung machine. **~masˌsa·ge** *f* cardiac massage. **~ˌmes·sung** *f* cardiometry. **~ˌmit·tel** *n* cardiac remedy (*od.* stimulant), cardiotonic. **~ˌmu·schel** *f zo.* a) cockle, b) heart shell (*od.* cockle); Eßbare ~ common (*od.* edible) cockle.

ˈHerzˌmus·kel *m anat.* cardiac (*od.* heart) muscle, myocardium. **~entˌar·tung** *f* myocardial degeneration. **~entˌzün·dung** *f* myocarditis. **~ˌschwä·che** *f* myocardial insufficiency.

ˈHerz|neuˌro·se *f* cardiac neurosis; *nervöse*: nervous heart. **~ˈober** [ˌhɛrts-] *m* (*Spielkarte*) queen of hearts.

Her·zog [ˈhɛrtsoːk] *m* ⟨-(e)s; ⸚e *u.* -e⟩ duke. **ˈHer·zo·gin** [-gɪn] *f* ⟨-; -nen⟩ duchess; (die) Frau ~ a) the duchess, b) *von Untergebenen*: her ladyship; Frau ~ *Anrede*: Your Grace, Madam; ~mutter *f* dowager duchess. **ˈher·zog·lich** *adj* of a duke, duke's, ducal; die ~e Familie the ducal family.

ˈHer·zogs||kro·ne *f* duke's (*od.* ducal) coronet. **~ˌsitz** *m* duchy. **~ˌwür·de** *f* rank (*od.* dignity) of a duke, dukery.

ˈHer·zog·tum *n* ⟨-(e)s; ⸚er⟩ duchy, dukedom.

ˈHerz||ohr *n anat.* auricle (of the heart). **~ope·ra·ti·on** *f* heart operation. **~ˌpau·se** *f* cardiac pause. **~ˌriß** *m*, **~rupˌtur** *f* rupture of the heart, cardiorrhexis. **~ˌsack** *m* pericardium. **~ˌscha·den** *m* damaged heart, cardiac defect. **~ˌschlag** *m med.* **1.** heartbeat. **2.** ⟨*only sg*⟩ pulse, beating of the heart. **3.** (*Herztod*) apoplexy of the heart, heart failure. **~ˌschmerz** *m meist pl* pain in the heart, cardialgia. **~ˌschnitt** *m* cardiotomy. **~ˌschrittˌma·cher** *m* cardiac pacemaker. **~ˌschwä·che** *f* cardiac insufficiency. **~ˌspen·der** *m* heart donor. **~spe·ziaˌlist** *m* heart specialist, cardiologist. **~ˌspit·ze** *f anat.* apex of the heart. **2ˌstär·kend** *adj* cardiotonic (*a.* ~es Mittel). **~ˌsti·che** *pl med.* shooting pains in the heart (region). **~ˌstillˌstand** *m* cardiac arrest (*od.* standstill). **~ˌstück** *n* **1.** *rail.* *e-r Weiche*: (cross) frog. **2.** *fig.* heart, core. **~ˌtä·tig·keit** *f* heart action; Aussetzen der ~ cardiac arrest. **~ˌtod** *m* cardiac death. **~ˌtö·ne** *pl* cardiac sounds. **~trans·plan·ta·ti·on** *f* heart transplant. **~ˌtrieb** *m bot.* growing tip.

her·zu [hɛrˈtsuː] *adv u. in Zssgn* → herbei(...), hinzu(...).

ˌHerzˈun·ter *m* (*Spielkarte*) jack (*od.* knave) of hearts.

ˈHerz||ve·ne *f anat.* cardiac vein. **~verˌfet·tung** *f* fatty degeneration of the heart (muscle), cardiomyoliposis. **~verˌgrö·ße·rung** *f* cardiac enlargement, auxocardia. **~verˌpflan·zung** *f* heart transplant. **~verˌsa·gen** *n* heart failure. **~ˌvorˌhof** *m* auricle (of the heart), atrium. **~ˌwand** *f* cardiac wall. **~ˌwas·serˌsucht** *f* dropsy of the heart. **~ˌweh** *n* **1.** → Herzschmerz. **2.** *fig.* heartache. **2zerˌbre·chend** *adj lit.* heartbreaking. **2zerˌrei·ßend** *adj* heartrending.

He·se·ki·el [heˈzeːkɪ̆ɛl] *npr m* ⟨-; *no pl*⟩ *Bibl.* Ezekiel.

hes·es [ˈhɛsˈʔɛs], **ˈHesˈes** *n* ⟨-; -⟩ *mus.* B double flat.

Hes·pe·ri·den [hɛspeˈriːdən] *npr pl myth.* Hesperides. **~ˌäp·fel** *pl* Hesperidean apples. **~ˌgar·ten, der** the gardens *pl* of the Hesperides.

Hes·se[1] [ˈhɛsə] *m* ⟨-n; -n⟩ Hessian.

ˈHes·se[2] *f* ⟨-; -n⟩ → Hachse 1.

ˈhes·sisch *adj* Hessian.

Hes·sit [hɛˈsiːt; -ˈsɪt] *m* ⟨-s; -e⟩ *min.* hessite.

Hes·so·nit [hɛsoˈniːt; -ˈnɪt] *m* ⟨-s; *no pl*⟩ *min.* essonite.

He·tä·re [heˈtɛːrə] *f* ⟨-; -n⟩ **1.** *antiq.* hetaera. **2.** courtesan.

He·te·ro|chro·maˈtin [heterokromaˈtiːn] *n* ⟨-s; *no pl*⟩ *biol.* heterochromatin. **~chro·moˈsom** [-kromoˈzoːm] *n* heterochromosome, sex chromosome. **2ˈdox** [-ˈdɔks] *adj bes. relig.* heterodox. **~doˈxie** [-dɔˈksiː] *f* ⟨-; -n [-ən]⟩ heterodoxy. **~gaˈmet** [-gaˈmeːt] *m* ⟨-en; -en⟩ *biol.* heterogamete. **~gaˈmie** [-gaˈmiː] *f* ⟨-; *no pl*⟩ heterogamy. **2ˈgen** [-ˈgeːn] *adj* heterogeneous; *biol.* ~e Zeugung → **~geˈne·se** [-geˈneːzə], **~ˈge·ne·sis** [-ˈgeːnezɪs] *f* ⟨-; *no pl*⟩ *biol.* heterogenesis. **~ge·niˈtät** [-geniˈtɛːt] *f* ⟨-; *no pl*⟩ heterogeneity. **2ˈgraph** [-ˈgraːf] *ling.* **I** *adj* heterographic. **II** 2 *n* ⟨-s; -e⟩ heterograph. **2ˈkli·tisch** [-ˈkliːtɪʃ] *adj ling.* heteroclite. **~loˈgie** [-loˈgiː] *f* ⟨-; -n [-ən]⟩ heterology. **~ˈly·se** [-ˈlyːzə] *f* ⟨-; *no pl*⟩ *chem.* heterolysis. **2ˈmer** [-ˈmeːr] *adj bot.* heteromerous. **2ˈmorph** [-ˈmɔrf] *adj biol. chem.* heteromorphic. **~morˈphie** [-mɔrˈfiː] *f* ⟨-; -n [-ən]⟩, **~morˈphis·mus** [-mɔrˈfɪsmʊs] *m* ⟨-; -men⟩ heteromorphism. **2ˈnom** [-ˈnoːm] *adj bes. biol.* heteronomous. **~noˈmie** [-noˈmiː] *f* ⟨-; -n [-ən]⟩ heteronomy.

He·te·ro·nym [heteroˈnyːm] *ling.* **I** *n* ⟨-s; -e⟩ heteronym. **II** 2 *adj* heteronymous.

he·te·ro|phon [heteroˈfoːn] *ling. mus.* **I** *adj* heterophonic. **II** 2 *n* ⟨-s; -e⟩ heterophone. **2se·xua·liˈtät** [-zɛksŭaliˈtɛːt] *f* ⟨-; *no pl*⟩ heterosexuality. **2ta·xie** [-taˈksiː] *f* ⟨-; -n [-ən]⟩ *med.* heterotaxis. **~ˈtroph** [-ˈtroːf] *adj biol.* heterotrophic.

He·thi·ter [heˈtiːtər] *m* ⟨-s; -⟩ *hist.* Hittite. **heˈthi·tisch I** *adj* Hittite. **II** *ling.* 2 ⟨*generally undeclined*⟩, das 2e ⟨-n⟩ Hittite, the Hittite language.

Het·man [ˈhɛtman] *m* ⟨-s; -e, *a.* -s⟩ *mil. hist.* hetman, ataman.

Het·ti·ter [hɛˈtiːtər] *m* ⟨-s; -⟩ → Hethiter.

Hetz [hɛts] *f* ⟨-; *no pl*⟩ *Bavarian dial. for* Gaudium, Jux.

ˈHetz|arˌti·kel *m* virulent article. **~ˌblatt** *n* yellow paper, smearsheet.

Het·ze [ˈhɛtsə] *f* ⟨-; *no pl*⟩ **1.** a) (*Hetzfeldzug*) (gegen) virulent (*od.* smear) campaign (against), vituperative (*od.* slanderous) attacks *pl* ([up]on), hate tunes *pl* (against), *in der Presse*: *a.* yellow-press campaign (against), b) (*Aufhetzung*) agitating, agitation, fomenting. **2.** (*Rassen*2 *etc*) baiting (gegen of); die ~ gegen die

Juden Jew-baiting. **3.** *colloq.* (*Eile*) hurry, rush, *des Lebens, Berufs etc*: *a.* rat-race. **4.** *hunt.* a) → Hetzjagd 1, b) (*Hunde*) pack of hounds.
het·zen [ˈhɛtsən] **I** *v/t* ⟨h⟩ **1. den Hund auf j-n** ~ set the dog on s. o.; **j-m die Polizei auf den Hals** ~ bring the police down on s. o. **2.** *colloq.* (*treiben, jagen*) hurry, rush, drive; *fig.* **e-e Redensart zu Tode** ~ work an expression to death; **hetz mich nicht so!** don't rush me!; **ich lasse mich nicht** ~ I won't be rushed. **3.** *fig.* (*verfolgen, jagen*) hunt, chase, hound; **j-n zu Tode** ~ hunt s. o. to death; **er wurde von (s-n) Gläubigern gehetzt** he was hounded by (his) creditors. **4.** *hunt.* hunt (with hounds), (*bes. Hasen*) course, (*bes. Füchse, Kaninchen*) chase, (*bes. Bären*) bait; **mit der Meute** ~ hunt with (the) hounds; → Hund 2. **II** *v/reflex* **sich** ~ **5.** *colloq.* rush (o. s.), *bes. bei der Arbeit*: drive o. s. (hard). **III** *v/i* **6.** ⟨sein⟩ *colloq.* (*eilen*) rush, race, hurry. **7.** ⟨h⟩ (*aufhetzen*) agitate (**gegen** against); **er hetzt immer** he is always stirring up trouble, he is a troublemaker; ~ **gegen** conduct a virulent (*od.* smear) campaign against, attack *s. o.* venomously, (*schmähen*) vituperate against, (*verleumden*) calumniate, slander, smear; **er hetzt zum Krieg** he is a warmonger. **IV** ≈ *n* ⟨-s⟩ **8.** hurrying (*etc*). **9.** → Hetze 1–3. **ˈHet·zer** *m* ⟨-s; -⟩ **1.** *hunt.* whipper-in. **2.** *fig.* (political) agitator, demagogue, incendiary, fomenter, rabble-rouser. **Het·zeˈrei** *f* ⟨-; -en⟩ *colloq.* **1.** ⟨*only sg*⟩ → Hetze 3. **2.** *fig.* → Hetze 1. **ˈhet·ze·risch** *adj Reden etc*: inflammatory, incendiary, virulent, slanderous.
ˈHetz|ˌfeldˌzug *m* → Hetze 1a. **~ˌhund** *m* hound. **~ˌjagd** *f* **1.** hunt(ing) (with hounds), *bes. auf Hasen*: coursing, *auf Füchse*: chase, *auf Bären*: bait(ing); **e-e ~ veranstalten** hunt with (the) hounds. **2.** *fig.* (*Verfolgung*) hunt, chase. **3.** *fig.* → Hetze 3. **~kamˌpa·gne** *f* → Hetze 1a. **~ˌpres·se** *f* yellow press. **~pro·paˌgan·da** *f* virulent propaganda, demagogy. **~ˌre·de** *f* inflammatory (*od.* virulent) speech. **~ˌschrift** *f bes. pol.* slanderous (*od.* inflammatory) pamphlet.
Heu [hɔʏ] *n* ⟨-s; *no pl*⟩ hay; ~ **machen** (make) hay; ~ **wenden** toss (*od.* ted, turn) hay; **wir fahren heute ins** ~ we are haymaking today; → Geld 1. **~ˌasth·ma** *n med.* allergic (*od.* pollen) asthma. **~ˌaufˌzug** *m* hay hoist. **~ˌbaum** *m* boom. **~ˌblu·men** *pl pharm.* hayseed *sg.* **~ˌbo·den** *m* hayloft.
Heu·cheˈlei *f* ⟨-; -en⟩ **1.** hypocrisy. **2.** (*Frömmelei, scheinheiliges Gerede*) cant. **3.** (*Verstellung*) dissembling, dissimulation. **4.** (*Unaufrichtigkeit*) insincerity, duplicity, falseness. **heu·cheln** [ˈhɔʏçəln] **I** *v/i* ⟨h⟩ **1.** play the hypocrite. **2.** (*scheinheilig reden*) cant. **3.** (*sich verstellen*) dissemble, simulate. **4.** (*unaufrichtig sein*) be insincere. **II** *v/t* **5.** (*vortäuschen*) (*Gefühle etc*) affect, feign, sham, simulate, *colloq.* fake. **III** ≈ *n* ⟨-s⟩ **6.** canting (*etc*). **7.** → Heuchelei. **ˈHeuch·ler** *m* ⟨-s; -⟩ **1.** hypocrite. **2.** dissembler, *colloq.* fake, *bes. Am.* phon(e)y. **ˈheuch·le·risch I** *adj* hypocritical; (*frömmlerisch*) canting; (*falsch*) dissembling, deceitful, insincere, false. **II** *adv* like a hypocrite, hypocritically, insincerely; ~ **reden** cant. **ˈHeuch·lerˌmie·ne** *f* hypocritical air.
heu·en [ˈhɔʏən] **I** *v/i* ⟨h⟩ make hay. **II** ≈ *n* ⟨-s⟩ haymaking.
heu·er [ˈhɔʏər] *adv Southern G.* this year.
ˈHeu·er[1] *m* ⟨-s; -⟩ haymaker.
ˈHeu·er[2] *f* ⟨-; -n⟩ *mar.* **1.** pay (for sailors). **2.** hire; **hast du schon d-e ~ bekommen?** have you signed on yet?
ˈHeu·er|ˌbaas *m mar.* shipping master. **~büˌro** *n* **1.** (*Seemannsamt*) marine office. **2.** seamen's employment agency.
heu·ern [ˈhɔʏərn] *v/t* ⟨h⟩ **1.** *mar.* engage, hire, (*Matrosen*) *a.* sign *s. o.* on. **2.** *colloq.* hire (*a car, person, etc*).
ˈHeuˌern·te *f* **1.** hay-harvest; **zweite ~** aftermath, second crop (of hay). **2.** (*Erntezeit*) haymaking season.
ˈHeu·er|ˌschein *m mar.* certificate of hire, *sl.* chit. **~ˌstel·le** *f* → Heuerbüro. **~verˌtrag** *m* ship's articles *pl.*
Heu·et[1] [ˈhɔʏət] *m* ⟨-s; -e⟩ *obs.* July.
ˈHeu·et[2] *m* ⟨-s; -e⟩, *f* ⟨-; -e⟩ *Southern G. for* Heuernte.
ˈHeu|ˌfeim *m*, **~ˌfei·me** *f* → Heuschober. **~ˌfie·ber** *n med.* hay fever. **~ˌga·bel** *f* hay-fork, pitchfork. **~ˌhaufen** *m* haycock, *großer*: haystack. **~ˌhüp·fer** *m colloq. for* Heuschrecke. **~ˌla·der** *m* hay-loader.
ˈHeul|ˌbo·je — **ˈHeul|ˌaf·fe** *m zo.* howler. **~ˌbo·je** *f* **1.** *mar.* whistling buoy. **2.** *fig. colloq. contp.* a) (*Sänger*) howler, b) bawling child.
heu·len [ˈhɔʏlən] **I** *v/i* ⟨h⟩ **1.** *Hund, Wolf*: howl; → Wolf 1. **2.** *colloq.* a) (*weinen*) cry, bawl, blubber, b) (*jammern*) howl, wail, squall; **er heulte vor Wut** he howled with rage; → Schloßhund. **3.** *fig. Wind etc*: howl, roar. **4.** *fig. Sirene*: whine, wail. **5.** *fig. Granate etc*: whine, scream, screech. **6.** *Motor*: roar. **II** ≈ *n* ⟨-s⟩ **7.** howling (*etc*); **mir ist zum ≈ zumute** I could cry; *colloq.* **es ist zum ≈** it's a (damn) shame; *Bibl.* **≈ und Zähneklappern** weeping and gnashing of teeth. **ˈheu·lend** *adj* **1.** howling; → Elend 1. **2.** *Wind*: *a.* piping. **ˈHeu·ler** *m* ⟨-s; -⟩ **1.** *electr.* (radio) howler, diaphone. **2.** *fig. colloq.* a) (*Schnitzer*) howler, b) (*tolle Sache*) wingding, lulu, c) (*verrückte Sache etc*) crazy thing; **das ist ja der letzte ~** that's the end. **Heu·leˈrei** *f* ⟨-; *no pl*⟩ (constant) blubbering (*od.* crying, bawling).
ˈHeul|ˌlie·se *f* ⟨-; -n⟩, **~ˌpe·ter** *m*, **~ˌsu·se** *f* ⟨-; -n⟩ *colloq. contp.* cry-baby. **~ˌton** *m* **1.** howling sound. **2.** *Radio*: (high-frequency) warble tone. **~ˌton·ne** *f* → Heulboje 1.
ˈHeu|ˌma·chen *n* haymaking. **~ˌmahd** *f* → Heuernte. **~ˌmie·te** *f* → Heuschober. **~ˌmo·nat**, **~ˌmond** *m obs.* July. **~ˌpferd** *n* → Heuschrecke. **~ˌpres·se** *f agr.* (hay) baler. **~ˌraf·fer** *m* sweep rake. **~ˌre·chen** *m* hay rake. **~ˌrei·ter** *m* hay prop.
heu·re·ka [ˈhɔʏreka] *interj* eureka!, *colloq.* bingo!
heu·rig [ˈhɔʏrɪç] *adj Southern G. and Austrian* of this year, this year's; **~er Wein** → Heurige 1. **ˈHeu·ri·ge** *m* ⟨-n; -n⟩ *Austrian* **1.** wine of this year's vintage, new wine. **2.** winegrower's garden (*od.* tavern) selling new wine; **zum ~n gehen** go to a wine garden to drink some new wine. **ˈHeu·ri·gen·loˌkal** *n* → Heurige 2.
Heu·ri·stik [hɔʏˈrɪstɪk] *f* ⟨-; *no pl*⟩ *philos.* heuristic.
ˈHeu|ˌschnup·fen *m* hay fever. **~ˌscho·ber** *m* haystack. **~ˌschrecke** (*getr.* -k·k-) [-ˌʃrɛkə] *f* ⟨-; -n⟩ *zo.* grasshopper, locust.
ˈHeuˌschrecken|ˌgril·le (*getr.* -k·k-) *f* harvest fly, cicada. **~ˌpla·ge** *f* plague of locusts. **~ˌschwarm** *m* swarm of locusts.
ˈHeu|ˌschwa·de *f agr.* a) *gemähte*: hay swath(e), b) *zs.-geharkte*: wind-row. **~ˌsta·del** *m dial. for* a) Heuboden, b) Heuschober.
heu·te [ˈhɔʏtə] **I** *adv* today, this day; ~ **früh**, ~ **morgen** this morning; ~ **mittag** (today) at noon; ~ **abend** this evening, tonight; ~ **nacht** a) tonight, b) last night; ~ **noch** a) this very day, today, b) (*immer noch*) still today; ~ **in e-r Woche** today week, this day week, a week from today; ~ **in e-m Jahr** a year from today, this time next year, a year hence; ~ **vor e-r Woche** a week ago (today); **bis** ~ till today, (up) to this day, to date; **von ~ ab** (*od.* **an**) from today (onwards), from this day, beginning today, *bes. adm.* as of today; **welchen** (*od.* **den wievielten**) **haben wir ~?** what date is it today?, what's today's date?; *fig.* **von ~ auf morgen** a) (*rasch*) in a rush, quickly, b) (*plötzlich*) overnight, abruptly; **e-e Änderung ist nicht von ~ auf morgen zu erwarten** a sudden change is not likely (to happen); **soviel für ~** so much for today; **Schluß** (*od.* **genug**) **für ~** a) that's all for today, b) (*hören wir auf*) let's call it a day; ~ **rot, morgen tot** (*Sprichwort*) *etwa* here today, gone tomorrow; **die Zeitung von ~** today's newspaper; **die Frau von ~** the modern woman, the woman of today; **das Deutschland von ~** present-day Germany, Germany (as it is) today. **II ≈, das** ⟨-⟩ the present, today; **das ≈ und das Morgen** the present and the future.
ˈheu·tig *adj* **1.** today's; **die ~e (Nummer der) „Welt"** today's (edition of the) "Welt"; **der ~e Tag** this day, today; **bis auf den ~en Tag** up to this day, till today; **am ~en Nachmittag (Sonntag)** this afternoon (Sunday); **an s-m ~en Geburtstag** on his birthday today; **mit der ~en Post** by today's post (*bes. Am.* mail); **mein ~es Schreiben** my letter of today. **2.** (*gegenwärtig*) of today, today's, present; **das ~e England** the England of today, present-day (*od.* contemporary) England; **auf dem ~en Stand der Forschung** in line with the latest research; **in der ~en Zeit** → **ˈheutzuˌta·ge** [-tsu-] *adv* nowadays, (in) these days, today, in our (*od.* these) times.
ˈHeu|ˌwa·gen *m agr.* haywag(g)on. **~ˌwen·der** *m* tedder.
He·xa|chord [hɛksaˈkɔrt] *m, n* ⟨-(e)s; -e⟩ *mus.* hexachord. **~ˈeder** [-ˈʔeːdər] *n* ⟨-s; -⟩ *math.* hexahedron. **≈ˈedrisch** [-ˈʔeːdrɪʃ] *adj* hexahedral. **~ˈeme·ron** [-ˈʔeːmerɔn] *n* ⟨-s; *no pl*⟩ *relig.* hexa(h)emeron. **~ˈgon** [-ˈgoːn] *n* ⟨-s; -e⟩ *math.* hexagon. **≈goˈnal** [-goˈnaːl] *adj* hexagonal. **~ˈgramm** [-ˈgram] *n* ⟨-s; -e⟩ *math.* hexagram.
He·xa·me·ter [hɛˈksaːmetər] *m* ⟨-s; -⟩ *metr.* hexameter.
He·xan [hɛˈksaːn] *n* ⟨-s; *no pl*⟩ *chem.* hexane. **~ˌsäu·re** *f* caproic acid.
He·xa·teuch [hɛksaˈtɔʏç] *m* ⟨-s; *no pl*⟩ *Bibl.* Hexateuch.
He·xe [ˈhɛksə] *f* ⟨-; -n⟩ **1.** witch, sorceress. **2.** *fig. contp.* a) (*altes Weib*) (old) hag (*od.* witch), b) (*böses Weib*) witch, hell-cat, vixen; **du kleine ~!** you little minx! **3.** *tech.* hoist (for building materials). **ˈhe·xen** *v/i* ⟨h⟩ practice witchcraft (*od.* sorcery), *Am. a.* hex; *fig. colloq.* **ich kann doch nicht ~** I can't work miracles.
ˈHe·xen|ˌglau·be *m* belief in witches (*od.* witchcraft). **≈haft** *adj* witchlike. **~ˌjagd** *f fig.* witch-hunt(ing). **~ˌkes·sel** *m* **1.** witch's (*od.* witches') cauldron. **2.** *fig. colloq.* inferno, swelter; **das Stadion wurde zum ~** the stadium was in an uproar. **~ˌkraut** *n bot.* wild mandrake. **~ˌkü·che** *f* witch's (*od.* witches') kitchen. **~ˌkunst** *f* → Hexerei 1a. **~ˌmänn·chen** *n bot.* mandrake.

~ˌmei·ster *m* **1.** sorcerer, wizard. **2.** (*Zauberer*) magician. **~proˌzeß** *m* witch trial. **~ˌring** *m bot.* fairy ring. **~ˌsab·bat** *m* **1.** Witches' Sabbath. **2.** *fig.* inferno, pandemonium. **~ˌschuß** *m med.* lumbago. **~ˌschwamm** *m* → Röhrling. **~verˌbren·nung** *f hist.* burning of a witch. **~verˌfol·gung** *f* witch-hunt(ing). **~ˌwahn** *m* obsessive belief in witches. **~ˌwerk** *n* ⟨-(e)s; *no pl*⟩ → Hexerei 1.

ˈHe·xer *m* ⟨-s; -⟩ → Hexenmeister. **He·xeˈrei** *f* ⟨-; -en⟩ **1.** a) witchcraft, sorcery, b) piece of witchcraft. **2.** (*Zauberei*) magic; *fig. colloq.* **das ist k-e ~** there's nothing to it, that's easy enough; → **Geschwindigkeit** 2.

Hex·ode [hɛkˈsoːdə] *f* ⟨-; -n⟩ *electr.* hexode.

He·xo·gen [hɛksoˈgeːn] *n* ⟨-s; *no pl*⟩ (*Sprengstoff*) cyclonite.

He·xyl [hɛˈksyːl] *n* ⟨-s; *no pl*⟩ *chem.* hexyl.

HF|-ˌGleichˌrich·ter [haːˈʔɛf-] *m electr.* **1.** detector. **2.** demodulator. **~-In·diˌka·tor** *m* high-frequency indicator. **~-ˌStö·rung** *f Radar*: jamming.

Hia·tus [ˈhĭaːtʊs] *m* ⟨-; -⟩ *geol., ling., med.* hiatus.

Hi·ber·na·ti·on [hibɛrnaˈtsĭoːn] *f* ⟨-; -en⟩ *med.* a) hibernation, b) *mit Unterkühlung*: frozen sleep, c) → **Heilschlaf.**

Hi·bis·kus [hiˈbɪskʊs] *m* ⟨-; -ken⟩ → Eibisch.

Hick·hack [ˈhɪkˌhak] *n* ⟨-s; *no pl*⟩ *colloq.* infighting, wrangling.

Hicko·ry (*getr.* -k·k-) [ˈhɪkori] *m* ⟨-s; -s⟩ *bot.* hickory. **~ˌbaum** *m* hickory.

hie [hiː] *adv* **1. ~ und da** now and then, once in a while, sometimes. **2.** *obs. for* hier.

hieb [hiːp] *1 u. 3 sg pret of* **hauen** I, II.

Hieb [hiːp] *m* ⟨-(e)s; -e⟩ **1.** blow, stroke, *mit der Faust*: *a.* punch, *mit der Peitsche*: *a.* lash, cut; *fig.* **auf den ersten ~** at the first attempt (*od.* go, shot). **2.** *fenc.* cut, slash; **~ und Stich** cut and thrust. **3.** *pl* (*Prügel*) beating *sg*, thrashing *sg*; **~e bekommen** *a. fig.* get a thrashing. **4.** *fig.* (**auf** *acc*) cutting remark (about), dig (at); **der ~ galt mir** that (dig) was meant for (*od.* aimed at) me; **der ~ hat gesessen** that dig went home. **5.** *fig. colloq.* **du hast wohl e-n ~?** are you nuts? **6.** (*Baum*♀) a) felling, cut(ting), b) cutting area. **7.** *tech. der Feile*: cut.

ˈhieˈbei *adv archaic for* **hierbei.**

ˈHieb|ˌfech·ten *n* sab/re (*Am.* -er) fencing. **♀ˌfest** *adj obs.* invulnerable. **♀-ˌund ˈstichˌfest** *adj fig. Argument, Beweis etc*: unassailable, watertight, cast-iron, *bes. Am. a.* airtight; **sein Argument war nicht ~** his argument did not hold water. **~- ˌund ˈStoßˌwaf·fe** *f* cut-and-thrust weapon. **~ˌwaf·fe** *f* cutting weapon. **~ˌwun·de** *f* slash(-wound), cut, gash.

ˈhie|ˈdurch *adj archaic for* **hierdurch. ~ˈher** *adv* → **hierher.**

hielt [hiːlt] *1 u. 3 sg pret of* **halten.**

ˈhie|ˈmit *adj archaic for* **hiermit. ~ˈnie·den** *adv lit.* here below.

hier [hiːr] *adv* **1.** *örtlich*: here, in this place; **~ draußen (drinnen)** out (in) here; **~ durch** through here; **~ hinten (vorne)** here at (*od.* in) the back (the front); **~ oben (unten)** a) up (down) here, b) here upstairs (downstairs); **~ und dort** here and there; **~!** *Antwort des Aufgerufenen*: here!, present! **2.** *zeitlich*: now, here; **von ~ an** from here (*od.* this time). **3. ~ und da** a) *räumlich*: here and there, b) *zeitlich*: now and then, once in a while, occasionally. **4.** *fig. allg.* here, (*in diesem Fall*) *a.* in this case, (*bei diesen Worten*) *a.* at these words, (*bei dieser Gelegenheit*) *a.* on this occasion, (*in diesem Zs.-hang*) *a.* in this connection; **~ täuschen Sie sich** here (*od.* in this case) you are wrong; **~ ist Geld zu verdienen** there is money in that; **~ gibt es nichts zu lachen** that's no laughing matter (*od.* no joke); *colloq.* **du bist wohl nicht ganz ~?** are you still all right?; **es steht mir bis ~** I'm fed up to here.

ˈhierˈamts *adv Austrian adm.* in this office.

hier·an [ˈhiːˈran] *adv* **1.** from (*od.* in, of) this; **~ kann ich es erkennen** by that I can recognize it; **~ kannst du erkennen** you can see from this; **~ darfst du nicht zweifeln** you must not doubt this; **~ ist kein Wort wahr** there is not a word of truth in this; **wenn ich ~ denke** when I think of this. **2.** (*anschließend*) following this (*od.* that); **~ schließt sich e-e Diskussion** this is followed by a discussion. **3.** (*Ggs.* **daran**) to this; **halt dich ~ fest, nicht daran!** hold on to this not to that.

Hier·ar·chie [hĭerarˈçiː] *f* ⟨-; -n [-ən]⟩ hierarchy. **hier·ar·chisch** [hĭeˈrarçɪʃ] *adj* hierarchic(al).

hie·ra·tisch [hĭeˈraːtɪʃ] *adj* hieratic.

hier|auf [ˈhiːˈrauf] *adv* **1.** *zeitlich*: upon this (*od.* that), after this (*od.* that), hereupon, then, now. **2.** *auf e-m Zettel etc*: on it (*od.* this, that). **3.** *fig.* in (*od.* to, on) this; **~ muß ich bestehen** I must insist on that; **~ kannst du dich verlassen** you can rely on that; **~ erwiderte er** to this he replied. **~aus** [ˈhiːˈraus] *adv* from (*od.* out of) it (*od.* this), hence; **~ folgt** (*od.* **geht hervor**), **daß** from this (*od.* hence) it follows that; *jur.* **alle ~ entstehenden Verbindlichkeiten** *im Vertrag*: any liabilities arising hereunder. **~beˌhal·ten** *v/t* ⟨*irr, sep, no* -ge-, h⟩ **j-n (et.) ~** keep s. o. (s. th.) here, keep s. o. (s. th.) (back). **~ˈbei** *adv* **1.** at (*od.* in, with) this. **2.** *bei dieser Gelegenheit*: on this occasion, here. **3.** *in diesem Zs.-hang*: here, in this case, in this connection; **~ ist zu berücksichtigen, daß** here one has to consider that. **~ˌblei·ben** *v/i* ⟨*irr, sep,* -ge-, sein⟩ stay (*od.* remain) here; **hiergeblieben!** (you) stay here! **~ˈdurch** *adv* **1.** (*dadurch*) by this, hereby, thereby. **2.** (*hiermit*) herewith, hereby, by this means; **~ teilen wir Ihnen mit** we inform you herewith. **3.** *jur. durch Dokumente etc*: by these presents. **~ein** [ˈhiːˈraɪn] *adv* in here. **~ˈfür** *adv* for this, for it. **~ˈge·gen** *adv* against this (*od.* it). **~ˈher** *adv* here, this way, over here, hither; **bitte ~** this way, please; **(komm) ~!** come here!; **bis ~** a) up to here, so far, b) *zeitlich*: hitherto, until now, so far; **bis ~ und nicht weiter** this far and no further; **was führt Sie ~?** what brings you here?; *colloq.* **mir steht es bis ~** I am fed up to here. **~herˈauf** [-hɛˈrauf] *adv* up here.

ˈhierˈher|beˌmü·hen *v/t* ⟨*sep, no* -ge-, h⟩ *u. v/reflex* **sich ~** → **herbemühen. ~ˌbrin·gen** *v/t* ⟨*irr, sep,* -ge-, h⟩ → **herbringen. ~geˌhö·ren** *v/i* ⟨*sep, pp* **hierhergehört,** h⟩ belong here; **das gehört nicht hierher** this does not belong here, *fig.* (*ist abwegig*) *a.* that's not the point, this is not relevant. **~geˌhö·rend** *adj* belonging here; *Bemerkung etc*: relevant, pertinent. **~ˌkom·men** *v/i* ⟨*irr, sep,* -ge-, sein⟩ come here, come this way. **~ˌpas·sen** *v/i* ⟨*sep,* -ge-, h⟩ be in place here, be appropriate.

ˈhier·herˈum [-hɛˈrʊm] *adv* **1.** *örtlich*: this way (a)round. **2.** *colloq.* hereabout(s), somewhere (about) here.

ˈhier|ˈhin *adv* here, this way. **~hinˈauf** [-hɪˈnauf] *adv* up here. **~hinˈaus** [-hɪˈnaus] *adv* out here. **~hinˈein** [-hɪˈnaɪn] *adv* in here. **~hinˈun·ter** [-hɪˈnʊntər] *adv* down here. **~in** [ˈhiːˈrɪn] *adv* **1.** *räumlich*: in it, in here. **2.** *fig.* here, in this, in it, herein; **~ hat er recht** he is right on this point. **~ˈmit** *adv* **1.** with this (*od.* it); **~ hat es noch Zeit** this can wait. **2.** *fig.* herewith, with this (*od.* it); **~ bin ich einverstanden** (to this) I agree; **~ ist der Fall erledigt** this settles it (*od.* the matter). **3.** *adm.* herewith, hereby; **~ senden wir Ihnen** we are sending you herewith, inclosed please find; **~ wird bescheinigt** (*od.* **bestätigt**), **daß** this is to certify that; **wir bringen Ihnen ~ zur Kenntnis, daß** we herewith (*od.* this is to) inform you that. **4.** (*mit diesen Worten*) herewith. **~ˈnach** *adv* **1.** *zeitlich*: after this (*od.* it), afterward(s). **2.** (*demzufolge*) according to this, by (*od.* from) this.

Hie·ro|gly·phe [hĭeroˈglyːfə] *f* ⟨-; -n⟩ **1.** (hiero)glyph. **2.** *pl humor.* (*Gekritzel*) hieroglyphics. **~ˈgly·phenˌkun·di·ge** *m, f* ⟨-n; -n⟩ hieroglyphist. **~ˈgly·phenˌschrift** *f* hieroglyphs *pl*, hieroglyphics *pl*. **♀ˈgly·phisch** *adj* hieroglyphic(al). **~kraˈtie** [-kraˈtiː] *f* ⟨-; -n [-ən]⟩ hierocracy. **~manˈtie** [-manˈtiː] *f* ⟨-; *no pl*⟩ hieromancy.

ˈhier|ˈorts *adv adm.* in this place, here. **~ˌsein I** *v/i* ⟨*irr, sep,* -ge-, sein⟩ **1.** be present, be here. **II ♀** *n* ⟨-s⟩ **2.** presence. **3.** (*Besuch*) stay, visit; **während d-s ♀s** during your stay (here). **~über** [ˈhiːˈryːbər] *adv* **1.** *örtlich*: over to this place, over here. **2.** *fig.* (*über diesen Punkt etc*) about this (*od.* it), on this (subject *od.* score), in this connection, on this account; **~ ärgerte ich mich** this made me angry. **~um** [ˈhiːˈrʊm] *adv* **1.** round it (*od.* this), around it. **2.** *colloq.* (*hier in der Nähe*) hereabout(s). **3.** *fig.* about it (*od.* this), concerning this; **~ handelt es sich jetzt nicht** this is not the point at the moment. **~un·ter** [ˈhiːˈrʊntər] *adv* **1.** *räumlich*: under (*od.* beneath) it (*od.* this). **2.** (*unter e-r Menge*) among these. **3.** *fig.* by this, by that; **~ verstehe ich et. anderes** by this I understand s. th. different; **~ kann ich mir nichts vorstellen** this doesn't mean anything to me; **~ fallen auch folgende Beispiele** this also includes the following examples. **4.** *jur.* hereunder. **~ˈvon** *adv* **1.** *räumlich*: from this (*od.* here). **2.** (*dadurch*) by this. **3.** (*davon*) of it, of this, from this (*od.* it); **~ hängt alles ab** everything depends on this. **4.** (*darüber*) about it (*od.* this). **~ˈvor** *adv* → **davor. ~ˈzu** *adv* **1.** (*dafür*) for it, for this. **2.** (*dazu*) to it, to this; **~ rate ich dir** I advise you to do so; **~ ist er entschlossen** he is determined to do this; **~ gehört Mut** it takes courage (to do this); **im Gegensatz ~** in contrast (*od.* opposition) to this. **3.** a) (*zu diesem Punkt*) concerning this, on this score, b) *ergänzend*: (in addition) to this; **~ möchte ich noch sagen** to this I should like to add. **4.** with this. **~zuˈlan·de** [-tsu-] *adv* in this country, (over) here. **~ˈzwi·schen** *adv* between these.

hie·sig [ˈhiːzɪç] *adj* local, *nachgestellt*: of this place (*od.* town, country), here; **m-e ~en Freunde** my friends here. **ˈHie·si·ge** *m, f* ⟨-n; -n⟩ **1.** local (person). **2.** native.

hieß [hiːs] *1 u. 3 sg pret of* **heißen**[1].

hie·ven [ˈhiːfən; ˈhiːvən] *v/t* ⟨h⟩ **1.** *mar.* heave. **2.** *fig. colloq.* **j-n in ein Amt** *etc* **~** hoist s. o. into an office, *etc.*

ˈhieˈvon *archaic for* **hiervon.**

ˈ**Hi-ˌFi-ˌSchallˌplat·te** [ˈhaɪˌfɪ-] *f* hi-fi record.
ˈ**Hiftˌhorn** [ˈhɪft-] *n* hunting horn.
High-Fi·de·li·ty [ˈhaɪfɪˈdelətɪ] (*Engl.*) *f* <-; *no pl*> high fidelity, hi-fi.
hi·hi [hiˈhiː] *interj* he, he!, tehee!
ˈ**Hil·de·brandsˌlied, das** <-(e)s; *no pl*> *Literatur*: the Lay of Hildebrand.
hilf [hɪlf] *imp sg of* **helfen.**
Hil·fe [ˈhɪlfə] *f* <-; -n> **1.** <*only sg*> *allg.* help, (*Beistand*) *a.* aid, assistance, (*Unterstützung*) *a.* support, (*Rettung*) *a.* succo(u)r, rescue (operation), (*Mitwirkung*) *a.* co(-)operation; **mit ~ von** (*od.* **gen**) a) with *s. o.'s* help, aided by, b) by (means of), with the aid of, by dint of; **ohne ~** unaided, unassisted, single-handed; **er tat es ohne ~** *a.* he did it all by himself; **ärztliche ~** medical assistance; **schnelle** (*od.* **rasche**) **~** prompt help; **(j-n) um ~ bitten** ask for (s. o.'s) help; **~ suchen** seek help; **bei j-m ~ suchen** ask s. o. for help (*od.* assistance), turn to s. o. for help; **~ (herbei)holen** (*od.* **bringen**) bring help; **(j-m) ~ leisten** help (s. o.), aid (s. o.); **j-m Erste ~ leisten** render first aid to s. o.; **das war mir** (*od.* **für mich**) **e-e große ~** that was a great help to me; **um ~ flehen** implore s. o.'s help; **um ~ rufen** (*od.* **schreien**) shout (*od.* cry) for help; **j-m zu ~ kommen (eilen)** come (rush) to s. o.'s help (*od.* aid, rescue); **et. zu ~ nehmen** make use of s. th., resort to s. th.; *iro.* **du bist mir e-e schöne ~!** a fine help you are!; **(zu) ~!** help! **2.** <*only sg*> *bes. finanzielle*: aid, assistance; **ausländische ~** foreign aid. **3.** <*only sg*> (*Sozial*2) (public) assistance, relief. **4.** <*only sg*> *mil.* (*Entlastung, Entsatz*) relief. **5.** *pl* aids; **kleine ~n für das Gedächtnis** memory aids. **6.** *Reitsport*: aids *pl*; **~ geben** render aids. **7.** (*Hilfskraft*) help; **~ im Haushalt gesucht** household help wanted.
ˈ**hil·fe|ˌfle·hend** *adj* imploring, pleading, suppliant. 2ˌ**lei·stung** *f* help, assistance, *bes. finanzielle*: aid; *jur.* **unterlassene ~** exposure. 2ˌ**ruf** *m* cry (*od.* call) for help, *fig. a.* plea for help. 2ˌ**stel·lung** *f gym.* support, *fig. colloq. a.* assist; **j-m ~ geben** (*od.* **leisten**) a) give s. o. support, b) *fig.* back s. o. up. **~ˌsu·chend** *adj* **1.** seeking help. **2.** → **hilfeflehend.**
ˈ**hilf|los I** *adj* **1.** *allg.* helpless, (*ohnmächtig*) *a.* powerless. **2.** (*mittellos*) destitute. **3.** (*ungeschickt, ratlos*) helpless. **II** *adv* **4.** helplessly; **j-m (e-r Sache) ~ ausgeliefert sein** be at the mercy of s. o. (s. th.). 2**lo·se** *m, f* <-n; -n> helpless (*od.* destitute) person. 2**lo·sig·keit** *f* <-; *no pl*> **1.** helplessness. **2.** destitution. **~ˌreich I** *adj* **1.** *a. fig.* helpful (*person, criticism, etc*). **2.** (*mildtätig*) charitable. **II** *adv* **3. j-m ~ zur Seite stehen → helfen** 1.
ˈ**Hilfs|ak·tiˌon** *f* relief action, campaign (*for the relief of old people, etc*). **~anˌten·ne** *f electr.* dummy aerial (*Am.* antenna). **~ˌar·bei·ter** *m*, **~ˌar·bei·te·rin** *f* **1.** unskilled (*od.* temporary) worker, labo(u)rer; *collect.* **die ~** *pl* unskilled labo(u)r *sg.* **2.** (*Aushilfe*) help, assistant. **~ˌausˌrü·stung** *f tech.* auxiliary equipment. 2**beˌdürf·tig** *adj* **1.** in need of help. **2.** (*notleidend*) needy, indigent. **~beˌdürf·ti·ge** *m, f* <-n; -n> person in need (*od.* distress); *collect.* **die ~n** *pl* the needy. **~beˌdürf·tig·keit** *f* <-; *no pl*> **1.** need (of help), distress. **2.** indigence. 2**beˌreit** *adj* **1.** helpful, (*entgegenkommend*) *a.* obliging, co(-)operative, <*pred*> ready to help. **2.** → hilfreich 2. **~beˌreit·schaft** *f* <-; *no pl*> **1.** readiness to help, helpfulness. **2.** (*Entgegenkommen*) obligingness. **~beˌweis** *m jur.* auxiliary evidence. **~ˌbuch** *n* handbook. **~ˌbuchˌsta·be** *m ling.* servile (letter). **~ˌdienst** *m* **1.** auxiliary (*od.* subsidiary) service, services *pl.* **2.** (*Notdienst*) emergency service. **~ˌfallˌschirm** *m* pilot parachute. **~ˌfonds** *m* relief fund. **~freˌquenz** *f Radio*: auxiliary (*od.* back-up) frequency. **~ˌgeist·li·che** *m* curate. **~ˌgel·der** *pl* subsidies, aid *sg.* **~ˌgrö·ße** *f* auxiliary (quantity). **~ˌkas·se** *f econ.* relief fund. **~ˌkorps** *n mil.* auxiliary corps. **~ˌkraft** *f* **1.** additional (*od.* temporary) worker. **2.** help(er), assistant; **fachliche ~** technical help; *univ.* **wissenschaftliche ~** research assistant. **3.** *mot.* servo-power. **~ˌkreu·zer** *m mar.* auxiliary cruiser. **~ˌleh·rer** *m* supply (teacher), untrained teacher. **~ˌli·nie** *f* **1.** guide line. **2.** *math.* subsidiary line. **3.** *mus.* le(d)ger line. **~ˌmann·schaft** *f* rescue party. **~maˌschi·ne** *f* auxiliary engine. **~ˌmaßˌnah·me** *f* **1.** remedial measure. **2.** → **Hilfsaktion.** **~ˌmit·tel** *n* **1.** aid; **e-e Übersetzung ohne ~ machen** do a translation without the aid of dictionaries; **~ für den Unterricht** teaching aid(s); **wissenschaftliche ~** scientific facilities. **2.** *tech.* a) device, aid, b) auxiliary (material). **3.** *pl* (*Mittel*) resources. **4.** *meist pl* (*Maßnahme etc*) measure, means. **5.** a) (*Abhilfe*) remedy, b) (*Notbehelf*) expedient. **6.** *pl* (*finanzielle Zuschüsse etc*) (financial) aid (*od.* assistance) *sg.* **~ˌmo·tor** *m* auxiliary engine (*electr.* motor); **Fahrrad mit ~** motor-assisted bicycle. **~orˌga·ne** *pl pol. der UNO*: subsidiary organs. **~or·ga·ni·sa·tiˌon** *f* relief organization. **~per·soˌnal** *n* auxiliary personnel, assistant staff. **~ˌpha·se** *f electr.* split phase. **~po·liˌzist** *m* auxiliary policeman, *Br. a.* special constable. **~proˌgramm** *n* aid program(me). **~ˌquel·le** *f* **1.** source of help. **2.** *pl* resources; **ungenützte ~n** untapped resources. **~re·dakˌteur** *m* (temporary) subeditor. **~ˌrich·ter** *m jur.* assistant (judge). **~ˌsatz** *m math.* auxiliary proposition, theorem, lemma. **~ˌschü·ler** *m*, **~ˌschü·le·rin** *f* → **Sonderschüler(in)** 1. **~ˌschwe·ster** *f med.* assistant nurse. **~ˌspra·che** *f ling.* a) *künstliche*: auxiliary (international) language, b) (*Verkehrssprache*) lingua franca. **~ˌstoff** *m tech.* auxiliary material. **~ˌtrup·pen** *pl mil.* auxiliary troops, auxiliaries, *zur Verstärkung*: *a.* reinforcements. **~ˌverb** *n ling.* auxiliary verb. **~ˌvorˌrich·tung** *f tech.* auxiliary device, servo-mechanism. 2ˌ**wei·se** *adv jur.* alternatively. **~ˌwerk** *n* welfare (*od.* relief) organization. **~ˌwis·sen·schaft** *f* complementary science (*od.* subject). **~ˌzeitˌwort** *n* → **Hilfsverb.** **~ˌziel** *n mil.* auxiliary target, reference point. **~ˌzug** *m rail.* breakdown (*bes. Am.* wrecking) train.
hilft [hɪlft] *3 sg pres of* **helfen.**
Hi·lum [ˈhiːlʊm] *n* <-; **-la** [-la]> *bot.* hilum.
Hi·lus [ˈhiːlʊs] *m* <-; **-li** [-li]> *anat.* hilum. **~ˌdrü·se** *f* hilar gland.
hi·ma·la·jisch [himaˈlaːjɪʃ] *adj* Himalayan.
ˈ**Himˌbee·re** [ˈhɪm-] *f bot.* **1.** raspberry. **2.** → **Himbeerstrauch.**
ˈ**Himˌbeer|ˌeis** *n* raspberry ice (cream), *Am. a.* raspberry sherbet. **~ˌgeist** *m* white raspberry brandy (*od.* schnapps). **~mar·me·ˌla·de** *f* raspberry jam. **~ˌpocken** (*getr.* **-k·k-**) *pl med.* framb(o)esia, yaws *pl* (*als sg od. pl konstruiert*). 2ˌ**rot** *adj* raspberry-red. **~ˌsaft** *m gastr.* raspberry juice. **~ˌseu·che** *f* → **Himbeerpocken.** **~ˌstrauch** *m bot.* raspberry (bush). **~ˌzun·ge** *f med. bei Scharlach*: strawberry (*od.* raspberry) tongue.
Him·mel [ˈhɪməl] *m* <-s; *rare* -> **1.** sky, *poet.* firmament, heaven(s *pl*); **die Sterne am ~** the stars in the sky (*od.* on high); *fig.* **ein aufgehender Stern am literarischen ~** a rising star on the literary scene (*od.* in the literary world); **dunkle Wolken zogen am politischen ~ auf** dark clouds gathered on the political horizon; **zum ~ (empor),** *lit.* **gen ~** heavenward(s), skyward(s); **unter freiem ~** in the open air, under the open sky; *lit.* **zwischen ~ und Erde** between heaven and earth; **ich schwebte zwischen ~ und Erde** *in e-r Gondel etc*: I was suspended in midair; **unter südlichem ~** under southern skies. **2.** *Sitz der Gottheit*: heaven; **~ und Hölle** a) heaven and hell, b) (*Hüpfspiel*) hopscotch; **gen ~ fahren** ascend to heaven; **im ~** in heaven, on high; **in den ~ kommen** (*od. lit.* **eingehen**) go to heaven; **im ~ sein** (*gestorben sein*) be in heaven. **3.** (*Paradies*) paradise. **4.** *fig.* (*Schicksal, Gott*) Heaven, God; **um ~s willen!, gütiger** (*od.* **du lieber**) **~!** (good) Heavens!, good (*od.* my) God!; **um (des) ~s willen** a) for Heaven's sake, for goodness' sake, b) *erschreckt*: good heavens!, dear me!; **dem ~ sei Dank!** thank Heaven!, thank God!; **der ~ sei mein Zeuge!** God be my witness!; **das weiß der ~!** Heaven (*od.* God) knows!; **weiß der ~, wo!** Heaven (*od.* God) knows where; **der ~ bewahre** (*od.* **behüte**) **uns davor!** may Heaven (*od.* God) preserve us from that!; *colloq.* **~ noch einmal!, ~, Arsch und Zwirn** (*od.* **Wolkenbruch**)! damn it (all)!, (bloody) hell! **5.** *fig.* **aus heiterem ~** out of a clear sky; **aus allen ~n fallen** be stunned, be dumbfounded, be cruelly disillusioned; **der ~ hängt ihm voller Geigen** he is on top of the world, for him life is one long sweet song; **wie vom ~ fallen** drop from the sky, appear from nowhere; *colloq.* **es stinkt zum ~** that stinks to high heaven; **dieses Unrecht schreit zum ~** this injustice cries out to heaven (*od.* is a crying shame); **et. bis in den ~ heben** praise s. th. to the skies; **der ~ lacht** the sky is bright; **der ~ auf Erden** heaven on earth; **den ~ auf Erden haben, wie im ~ leben** live as if in paradise; *colloq.* **ich fühle mich wie im siebenten ~** I am in the seventh heaven (of delight), it is heaven; **~ und Hölle in Bewegung setzen** move heaven and earth; **der ~ würde einstürzen, wenn** the sky would fall if. **6.** (*Bett*2, *Trag*2) canopy, tester. **7.** (*Thron*2) canopy, baldachin.
ˌ**him·melˈan** *adv poet.* heavenward(s), skyward(s).
ˈ**him·mel|ˈangst** *adj* <*pred*> *colloq.* **ihm war** (*od.* **wurde**) **~** he was scared to death (*od.* terrified). 2ˌ**bett** *n* four-poster, tester bed (with canopy). **~ˌblau** *adj* sky-blue, azure. 2ˈ**don·nerˈwet·ter** *interj* (*Fluch*) for Heaven's (*od.* God's) sake!, bloody hell! 2ˌ**fahrt** *f* <-; *no pl*> *relig.* **Christi ~** a) the Ascension of Christ, b) Ascension Day; **Mariä ~** a) the Assumption of the Virgin (Mary), b) Assumption Day.
ˈ**Him·melˌfahrts|ˌfest** *n relig.* Ascension Day. **~komˌman·do** *n mil. colloq.* suicide mission. **~ˌna·se** *f colloq.* tip-tilted (*od.* snub) nose. **~ˌtag** *m relig.* **1.** Ascension Day. **2.** *in der anglikanischen Kirche*: Holy Thursday. **~ˌwo·che** *f* Rogation week.

ˈhim·melˈhoch I *adj* sky-high, soaring. **II** *adv* **die Berge türmten sich ~ auf** the mountains reached (up) to the sky; *fig.* **j-m ~ überlegen sein** be head and shoulders above s. o.; **~ jauchzend, zu(m) Tode betrübt** up one minute and down the next.

him·meln [ˈhɪməln] *v/i* ⟨h⟩ **1.** *humor.* turn one's eyes upward(s). **2.** *hunt.* tower.

ˈHim·mel|reich *n* ⟨-(e)s; *no pl*⟩ kingdom of heaven; → **Wille** 1.

ˈHim·mels|äqua·tor [-ʔɛˌkvaːtɔr] *m* *astr.* celestial equator, equinoctial circle. **~|at·las** *m* celestial atlas. **~|bahn** *f* celestial orbit. **~be|schrei·bung** *f astr.* uranography. **~|bo·gen** *m lit.* **1.** rainbow. **2.** (*Himmelsgewölbe*) vault of heaven. **~|bo·te** *m* (*Engel*) heavenly messenger, angel. **~|braut** *f poet.* nun.

ˈHim·mel||schlüs·sel *m bot.* → Himmelsschlüssel 1. **ᴥ|schrei·end** *adj* **1.** (*empörend*) outrageous (*injustice, etc*). **2.** (*offensichtlich*) blatant (*nonsense, etc*).

ˈHim·mels|er|schei·nung *f astr.* celestial phenomenon. **~|ge·gend** *f* **1.** region of the sky. **2.** → **Himmelsrichtung** 1. **~ge|wöl·be** *n* **1.** *poet.* vault of heaven. **2.** *meteor.* firmament. **~|glo·bus** *m* celestial globe. **~|kar·te** *f* celestial (*od.* star) map. **~|ker·ze** *f bot.* cow's-lungwort. **~|kö·ni·gin** *f R. C.* Queen of Heaven. **~|kör·per** *m* celestial (*od.* heavenly) body. **~|ku·gel** *f* (celestial) sphere. **~|kun·de** *f* astronomy. **~|lei·ter** *f Bibl. u. bot.* Jacob's ladder. **~me|cha·nik** *f astr. Raumfahrt*: celestial mechanics *pl* (*als sg od. pl konstruiert*). **~me·ri·di|an** *m* celestial meridian. **~|pfor·te** *f poet.* (the) gate(s *pl*) of heaven. **~|pol** *m astr.* celestial pole. **~re|kla·me** *f* aerial advertising, sky-writing. **~|rich·tung** *f* **1.** direction; **aus allen ~en** from all directions (*od.* quarters); **in allen ~en** a) in all directions, b) (**zerstreut** scattered) to the four winds. **2.** *Kompaß*: a) cardinal point, b) (*Nebenrichtung*) directional point. **~|rös·chen** *n bot.* rose of heaven. **~|schlüs·sel** *m* **1.** *bot.* a) primrose, b) cowslip. **2.** *poet.* key(s *pl*) of Heaven. **~|schrei·ber** *m* sky-writer. **~|schrift** *f* sky-writing; **in ~ schreiben** sky-write. **~spi|on** *m* spy-in-the-sky (*od.* reconnaissance) satellite. **~|strich** *m poet.* zone, region, clime. **ᴥ|stür·mend** *adj fig.* highflying, boundless. **~|stür·mer** *m* person with highflying plans; great idealist. **~|tau** *m poet.* dew from heaven. **~|tor** *n*, **~|tür** *f poet.* portal (*od.* gate) of Heaven. **~|wa·gen** *m astr.* Great Bear, *Am.* Big Dipper. **~|zei·chen** *n* → **Tierkreiszeichen.** **~|zelt** *n poet.* vault of heaven, firmament.

ˈhim·mel||wärts *adv* skyward(s), *bes. fig.* heavenward(s). **~ˈweit I** *adj* vast, enormous, immense (*difference, etc*). **II** *adv* **~ verschieden sein** differ enormously (*od.* immensely, widely), be as different as day and night, *Meinungen etc*: (*a.* **~ voneinander entfernt sein**) *a.* be worlds (*od.* miles) apart; **ich bin ~ davon entfernt, das zu tun** I am far from (*od.* I wouldn't dream of) doing this.

ˈhimm·lisch *adj* **1.** a) heavenly, celestial, b) (*göttlich*) divine; **~e Freuden** (*od.* **Wonnen**) heavenly delights; **~e Geduld** the patience of Job; **die ~en Mächte** (**Regionen**) the heavenly (*od.* celestial) powers (regions); **unser ~er Vater** our Heavenly Father. **2.** *fig. colloq.* (*herrlich*) heavenly, divine, marvel(l)ous, lovely. **ˈHimm·li·schen, die** *pl* the Gods.

hin [hɪn] **I** *adv* **1.** (*dort~*) there (→ *a.* **hingehen** *etc*); *colloq.* **wo ist er ~?** where has he gone? (*cf. a.* **hingeraten**); **da muß ich ~** I must go there; **dann nichts wie ~!** let's go!; **wo ist der Schuh ~?** where is the shoe?, where has the shoe gone? **2. zu j-m (e-r Sache) ~** toward(s) (*od.* to) s. o. (s. th.). **3. (bis) zu e-r Sache ~** a) *räumlich*: as far as s. th., b) *zeitlich*: till s. th.; **das ist noch lange** (*od.* **weit**) **~** that's yet far off, *fig. a.* that's a far cry still. **4. gegen et. ~** toward(s) s. th. **5. über e-e Sache ~** over s. th.; **über die ganze Welt ~** all over the world. **6. an et. ~** a) (*dat*) (*entlang*) along s. th., b) (*acc*) up to s. th. **7.** *fig.* **auf e-e Sache ~** a) (*als Folge*) as a result of, in consequence of, following upon, b) (*auf Grund von*) on the strength (*od.* basis) of, c) (*in Beantwortung*) in reply to, (up)on, d) (*hinsichtlich*) for, concerning; **auf s-e Bitte ~** at his request; **auf s-n Rat ~** at (*od.* on) his advice; **auf bloßen Verdacht ~** on mere suspicion; **j-n auf Krebs ~ untersuchen** examine s. o. for cancer. **8. vor sich ~ weinen** (**murmeln** *etc*) weep (mutter, *etc*) to o. s. **9. ~ und her** a) to and fro, back and forth, b) (*hin und zurück*) there and back; **10 Kilometer ~ und 10 Kilometer her** 10 kilometres there and 10 kilometres back; **auf s-m Stuhl ~ und her rutschen** fidget on one's chair; *fig.* **~ und her gerissen sein** a) (**zwischen** *dat* between) be torn, b) *colloq.* (**von** by) be gone, be in raptures; **von den Wellen ~ und her geworfen werden** be tossed about by the waves; **et. ~ und her überlegen** turn s. th. over in one's mind, consider the pros and cons of s. th.; **sie berieten e-e Weile ~ und her, was zu tun sei** they discussed for a while what to do. **10.** *rail. etc* **~ und zurück** there and back, return; **zweimal Köln ~ und zurück** two returns (*bes. Am.* round trips) to Cologne; **Fahrkarte ~ und zurück** return ticket, *bes. Am.* round-trip ticket. **11. ~ oder her** a) more or less, b) *a.* **… ~, … her** I don't care; **10 Pfund ~ oder her** give or take 10 pounds; **ein paar Stunden ~ oder her machen nichts aus** a few hours more or less don't matter; **Anstand ~, Anstand her** fairness or no. **12.** *colloq.* **das ist ~ wie her** that's all the same, it makes no difference. **13. ~ und wieder** now and then. **II** *adj* ⟨*pred*⟩ **14.** *colloq.* (*kaputt etc*) → **hinsein. III ᴥ** *n* → **Hin und Her.**

hin·ab [hɪˈnap] *adv* → **hinunter.**

hinˈab … → **hinunter …**, *colloq.* **herab …** *u.* **herunter …**

hin·an [hɪˈnan] *adv poet. for* **hinauf.**

hinˈan … → **hinauf …**

ˈhin|ar·bei·ten I *v/i* ⟨*sep*, **-ge-**, **h**⟩ **auf e-e Sache ~** work toward(s) (*od.* for) s. th., strive for s. th., aim at s. th. **II** *v/reflex* **sich zu e-r Sache (j-m) ~** work one's way toward(s) s. th. (s. o.).

hin·auf [hɪˈnauf] *adv* **1.** up, upward(s), up there; **~!** go up (there)!; **da (hier) ~** up there (here), *a.* that (this) way up; **~ und hinunter** up and down; **bis ~ zu** up to; **den Berg ~** up the hill, uphill; **den Fluß ~** up the river, upstream; **die Straße ~** up the street, *Am. a.* upstreet; **et. weiter ~** a little further up. **2.** (*die Treppe ~*) upstairs, up; **die Treppe ~** up the stairs, upstairs.

hinˈauf … → *a.* **empor …**, **hoch …**, *colloq.* **rauf …**

hinˈauf||ar·bei·ten *v/reflex* ⟨*sep*, **-ge-**, **h**⟩ **sich ~ (zu)** *a. fig.* work one's way up (to). **~be|för·dern** *v/t* ⟨*sep*, *no* **-ge-**, **h**⟩ **1. et. ~** a) transport (*od.* convey) s. th. up, b) carry (*od.* hoist) s. th. up (there). **2. j-n (et.) ~** *im Fahrstuhl*: take s. o. (s. th.) up. **~be|ge·ben** *v/reflex* ⟨*irr*, *sep*, *no* **-ge-**, **h**⟩ **sich ~ 1.** go up (there). **2.** (*die Treppe*) go upstairs. **~be|mü·hen** *v/t* ⟨*sep*, *no* **-ge-**, **h**⟩ **j-n ~** trouble s. o. to go up (there) (*od.* upstairs); **sich** (*acc*) **~** (take the) trouble to go up (there). **~|bit·ten** *v/t* ⟨*irr*, *sep*, **-ge-**, **h**⟩ **j-n ~** ask s. o. to go up(stairs); **darf ich Sie ~?** would you please go up(stairs)? **~|blicken** (*getr.* **-k·k-**) *v/i* ⟨*sep*, **-ge-**, **h**⟩ → **hinaufschauen.** **~|brin·gen** *v/t* ⟨*irr*, *sep*, **-ge-**, **h**⟩ (**j-m**) **et. ~** carry (*od.* take, get) s. th. up (to s. o.). **~|fah·ren** *v/i u. v/t* ⟨*irr*, *sep*, **-ge-**, **sein**⟩ drive (*etc*) up (there) (*cf.* **fahren**). **~|fal·len** *v/t* ⟨*irr*, *sep*, **-ge-**, **sein**⟩ **die Treppe ~** a) fall up the stairs, b) *fig. humor.* be kicked upstairs. **~|fin·den** *v/i u.* **sich ~** *v/reflex* ⟨*irr*, *sep*, **-ge-**, **h**⟩ find the way up (there). **~|füh·ren I** *v/i* ⟨*sep*, **-ge-**, **h**⟩ lead up; **die Straße führt hinauf** the road leads up(ward[s]). **II** *v/t* **j-n ~** lead s. o. up (there); **j-n (die Treppe) ~** lead s. o. upstairs; **der Weg führt den Berg hinauf** the path leads up the mountain. **~|ge·hen I** *v/i* ⟨*irr*, *sep*, **-ge-**, **sein**⟩ **1.** walk (*od.* go) up (there). **2.** *Ballon etc*: rise, ascend. **3.** *fig. Preise etc*: go up, rise, climb; **mit dem Preis ~** raise (*od.* mark up) the price. **4.** *mus.* raise the pitch (**mit der Stimme** of one's voice). **5.** *mot.* **in den dritten Gang ~** change up (*Am.* shift) into third (gear). **II** *v/t* **6.** (*Treppe etc*) walk (*od.* go) up; **die Treppe ~** go upstairs. **7.** (*Berg etc*) ascend, mount, climb up. **~ge|lan·gen** *v/i* ⟨*sep*, *pp* **hinaufgelangt**, **sein**⟩ get up (there). **~|hel·fen I** *v/i* ⟨*irr*, *sep*, **-ge-**, **h**⟩ **j-m ~** (**auf** *acc*) help s. o. up (to); **j-m (auf ein Pferd) ~** give s. o. a leg up (onto a horse). **II** *v/t* **j-m die Treppe ~** help s. o. upstairs. **~|klet·tern I** *v/i* ⟨*sep*, **-ge-**, **sein**⟩ climb (up) (there); **auf e-n Baum ~** climb up a tree; **auf das Dach ~** climb up on(to) the roof. **II** *v/t* climb up (*the tree, etc*). **~|kom·men** *v/i* ⟨*irr*, *sep*, **-ge-**, **sein**⟩ **1.** come up (there). **2.** (*es schaffen*) get up (there), *a. fig. colloq.* make it. **~|lau·fen I** *v/i* ⟨*irr*, *sep*, **-ge-**, **sein**⟩ (**auf** *acc*, **zu** to) **1.** run up (there), (*die Treppe*) run upstairs. **2.** walk (*od.* go) up (there); **zur Burg ~** walk up to the castle. **II** *v/t* **3. die Treppe ~** a) run upstairs, b) walk upstairs. **~|rei·chen I** *v/i* ⟨*sep*, **-ge-**, **h**⟩ (**an** *acc* to) reach up (there); **Berge, die bis in die Wolken ~** mountains that reach up to the clouds. **II** *v/t* (**j-m**) **et. ~** hand s. th. up (to s. o.). **~|schaf·fen** *v/t* ⟨*sep*, **-ge-**, **h**⟩ **et. ~** take (*od.* get) s. th. up (there). **~|schal·ten** *v/i* ⟨*sep*, **-ge-**, **h**⟩ *mot.* change (*Am.* shift) up (**in den 3. Gang** into third [gear]). **~|schau·en** *v/i* ⟨*sep*, **-ge-**, **h**⟩ look up (there). **~|schlep·pen** *v/t* ⟨*sep*, **-ge-**, **h**⟩ drag *s. o., s. th.* up; **sich** (*acc*) **~** drag o. s. up. **~|schnel·len** *v/i* ⟨*sep*, **-ge-**, **sein**⟩ *fig. colloq. Preise etc*: soar, rise abruptly, shoot up, rocket up. **~|schrau·ben** *v/t u. v/reflex* ⟨*sep*, **-ge-**, **h**⟩ → **hochschrauben.** **~|schwin·gen** *v/reflex* ⟨*irr*, *sep*, **-ge-**, **h**⟩ **sich ~ 1.** swing o. s. up (**auf** *acc* to *od.* on[to]). **2.** fly (*od.* soar) up. **~|set·zen I** *v/t* ⟨*sep*, **-ge-**, **h**⟩ (*Preise etc*) raise, mark up, increase, *Am. a.* up; **et. im Preis ~** raise (*etc*) the price of s. th. **II** *v/reflex* **sich ~** sit higher up. **~|stei·gen I** *v/i* ⟨*irr*, *sep*, **-ge-**, **sein**⟩ **1.** climb (*od.* go) up (there) (*od.* **zu** to), go to the top. **2.** (**auf** *acc*) mount (*acc*); **auf ein Pferd ~** mount (*od.* get on) a horse. **II** *v/t* **3.** go up, ascend, mount. **~|tra·gen** *v/t* ⟨*irr*, *sep*, **-ge-**, **h**⟩ **et. ~** a) carry (*od.* take) s. th. up (there), b) carry (*od.* take) s. th. upstairs. **~trans·forˌmie·ren** *v/t* ⟨*sep, no* -ge-, h⟩ *electr.* step up. **~ˌtrei·ben** *v/t* ⟨*irr, sep,* -ge-, h⟩ **1.** (*Vieh etc*) drive (*animals*) up (**auf** *acc*, **zu** to). **2.** *econ.* (*Preise*) drive (*od.* force) (*prices*) up. **~ˌtun** *v/t* ⟨*irr, sep,* -ge-, h⟩ *colloq.* **et. ~** put s. th. up (there). **~ˌzie·hen I** *v/t* ⟨*irr, sep,* -ge-, h⟩ **1. et. ~ (zu** to) pull (*od.* draw) s. th. up (there); **e-n Wagen den Berg ~** pull a cart up the hill. **II** *v/i* ⟨**sein**⟩ **2.** *in die dritte Etage etc*: move up (*to the third floor, etc*). **3.** march (*od.* troop) up. **III** *v/reflex* ⟨h⟩ **sich ~ 4.** → **hochziehen.**

hin·aus [hɪˈnaus] *adv* **1.** out(side); **~ aus** (*dat*) out of; **hier ~** out here, this way (out); **in den Garten ~** out into the garden; **zum Fenster ~** out of the window; **das Schiff war schon aus dem Hafen ~** the ship had already left (*od.* was already clear of) the harbo(u)r; **nach vorn (hinten) ~ wohnen** live at the front (back); **aufs Meer ~** out to sea; **~ (mit dir)!** (get) out!, out with you!; **~ mit ihm!** out with him!, turn him out!; **~ damit!** out with it!; *fig.* **wo soll das noch ~?** what (*od.* where) is this leading to?; **er weiß nicht wo ~** he doesn't know which way to turn; → *a.* **hinauslaufen, hinauswollen** *etc.* **2. über** (*acc*) **et. ~** a) *räumlich, zeitlich u. fig.* beyond (*od.* past) s. th., b) (*höher als, mehr*) above (*od.* exceeding, in excess of) s. th.; **auf Jahre ~** for years (to come); **über die Vierzig ~ sein** be over forty, be on the wrong side of forty; **er ist über das Alter ~** he is past that age; **über das Grab ~** beyond the grave; **über das Normalmaß ~** more than usual, excessive; → **darüber** 2.

hinˈaus|beˌför·dern *v/t* ⟨*sep, no* -ge-, h⟩ → **hinauswerfen** 2. **~beˌge·ben** *v/reflex* ⟨*irr, sep, no* -ge-, h⟩ **sich ~** go out, leave. **~beˌglei·ten** *v/t* ⟨*sep, no* -ge-, h⟩ **j-n ~** see s. o. out (*od.* to the door), accompany s. o. to the door (*od.* outside). **~ˌbeu·gen** *v/reflex* ⟨*sep,* -ge-, h⟩ **sich (zum Fenster) ~** lean out (of the window). **~ˌbit·ten** *v/t* ⟨*irr, sep,* -ge-, h⟩ **j-n ~** ask s. o. (to go) out(side). **~ˌblicken** (*getr.* -k·k-) *v/i* ⟨*sep,* -ge-, h⟩ → **hinausschauen. ~ˌbrin·gen** *v/t* ⟨*irr, sep,* -ge-, h⟩ **1. et. ~** take s. th. out. **2.** → **hinausbegleiten. ~ˌdrän·gen** *v/t* ⟨*sep,* -ge-, h⟩ **1. j-n ~** push (*od.* shove) s. o. out (**aus dem Zimmer** out of the room). **2.** *fig.* **j-n ~** oust s. o. (**aus s-r Stellung** from his post). **~ˌekeln** *v/t* ⟨*sep,* -ge-, h⟩ *colloq.* **j-n ~** freeze s. o. out. **~ˌfah·ren I** *v/i* ⟨*irr, sep,* -ge-, sein⟩ **1. (aus** of) go (*od.* travel) out, *im eigenen Wagen*: drive out. **2.** (*wegfahren*) drive out, leave. **3.** *Schiff*: sail out, put to sea, leave port. **4.** *Zug*: **(aus)** pull out (of), leave (*the station*). **5. über** *Markierung etc*: go beyond (*a signal, etc*). **II** *v/t* ⟨h⟩ **6. j-n (et.) ~** drive (*od.* take) s. o. (s. th.) out (there). **~ˌfal·len** *v/i* ⟨*irr, sep,* -ge-, sein⟩ fall out (**aus dem Fenster** of the window). **~ˌfeu·ern** *v/t* ⟨*sep,* -ge-, h⟩ *colloq. for* **hinauswerfen. ~ˌfin·den** *v/i u. v/t* ⟨*irr, sep,* -ge-, h⟩ **(den Weg) ~** find the way out; **sich** (*acc*) **~** find one's way out. **~ˌflie·gen I** *v/i* ⟨*irr, sep,* -ge-, sein⟩ **1.** fly out. **2.** *fig. colloq. aus e-m Lokal, e-r Schule etc*: get thrown (*od.* chucked, kicked) out, *aus e-r Stellung etc*: *a.* get the sack (*od.* boot), be sacked (*od.* fired). **II** *v/t* ⟨h⟩ **3.** fly (*s. o., s. th.*) out. **~ˌfüh·ren I** *v/t* ⟨*sep,* -ge-, h⟩ **j-n ~** a) show (*od.* lead, take) s. o. out, b) → **hinausbegleiten. II** *v/i Tür, Weg etc*: lead out; **die Tür führt auf den Hof hinaus** the door opens on (*od.* leads to) the yard. **~ˌge·hen** *v/i* ⟨*irr, sep,* -ge-, sein⟩ **1.** go (*od.* walk) out (**in den Garten** into the garden); **aus dem Zimmer ~** go out of (*od.* leave) the room. **2.** *fig.* **das Zimmer geht auf den Garten hinaus** the room looks out on (*od.* opens on, faces) the garden. **3.** *fig.* **über e-e Sache ~** go beyond s. th., *Sache*: *a.* surpass s. th., exceed s. th. **4. ~ auf** (*acc*) *Absicht etc*: be aimed at, aim at. **~geˌlei·ten** *v/t* ⟨*sep, pp* **hinausgeleitet**, h⟩ → **hinausbegleiten. ~ˌgrei·fen** *v/i* ⟨*irr, sep,* -ge-, h⟩ *fig.* **über e-e Sache ~** reach (*od.* go) beyond s. th. **~ˌgucken** (*getr.* -k·k-) *v/i* ⟨*sep,* -ge-, h⟩ → **hinausschauen. ~ˌja·gen I** *v/t* ⟨*sep,* -ge-, h⟩ drive (*od.* chase) *s. o., animal* out; **j-n (aus dem Haus** *od. colloq.* **zum Tempel) ~** *a. fig.* drive (*od.* throw) s. o. out of the house. **II** *v/i* ⟨**sein**⟩ rush (*od.* dash) out(side). **~ˌkom·men** *v/i* ⟨*irr, sep,* -ge-, sein⟩ **1.** come (*od.* get) out (**zu** to); **ich bin heute den ganzen Tag nicht hinausgekommen** I haven't been out (of the house) all day. **2.** *fig.* **über e-e Sache ~** get beyond, get further than (*the first page of the book, etc*); **er ist über den Rang e-s Feldwebels nie hinausgekommen** he never rose (*od. colloq.* made it) above the rank of sergeant. **3.** → **hinauslaufen** 3. **~kom·pli·menˌtie·ren** *v/t* ⟨*sep, no* -ge-, h⟩ *colloq.* **j-n ~** bow s. o. out, *iro. a.* ease s. o. out. **~ˌlas·sen** *v/t* ⟨*irr, sep,* -ge-, h⟩ **j-n ~** let s. o. out (there), allow s. o. to leave. **~ˌlau·fen** *v/i* ⟨*irr, sep,* -ge-, sein⟩ **1.** run out (**auf die Straße** into the street). **2.** (*hinausfließen*) flow out. **3.** *fig.* **auf e-e Sache ~** a) come (*od.* amount, boil down) to s. th., b) (*führen zu*) lead to s. th., end up in s. th.; **das alles läuft auf dasselbe** (*od.* **auf eins**) **hinaus** that all comes (*od.* amounts) to the same thing; **ein Brief, der darauf hinauslief, daß** a letter to the effect that. **~ˌleh·nen** *v/reflex* ⟨*sep,* -ge-, h⟩ **sich ~** lean out; „**nicht ~**" "do not lean out (of the window)". **~ˌmüs·sen** *v/i* ⟨*irr, sep,* -ge-, h⟩ *colloq.* have to go out; **ich muß mal hinaus** *auf die Toilette*: I would like to wash my hands, *colloq.* I must (go to the) loo. **~poˌsau·nen** *v/t* ⟨*sep, no* -ge-, h⟩ *colloq.* **et. (in alle Welt) ~** broadcast s. th. **~ˌra·gen** *v/i* ⟨*sep,* -ge-, h⟩ **1.** project (*od.* jut) out (**über** *acc* beyond). **2.** *fig.* (**über** *acc*) tower (*od.* rise) (above), stand out (from). **~ˌrei·chen I** *v/t* ⟨*sep,* -ge-, h⟩ **et. ~** reach (*od.* hand) s. th. out. **II** *v/i* (**über** *acc* beyond) reach, stretch, extend. **~ˌschaf·fen** *v/t* ⟨*sep,* -ge-, h⟩ **et. ~** a) (*hinaustragen*) take (*od.* carry) s. th. out, b) (*entfernen*) (**aus**) take s. th. out (of), remove s. th. (from); **~ˌschau·en** *v/i* ⟨*sep,* -ge-, h⟩ look out (**zum Fenster** of *od.* at the window). **~ˌschicken** (*getr.* -k·k-) *v/t* ⟨*sep,* -ge-, h⟩ **j-n ~** a) *um et. zu tun*: send s. o. out, b) *um ihn loszuwerden*: send s. o. away, c) *Sport*: → **hinausstellen** 2. **~ˌschie·ben** *v/t* ⟨*irr, sep,* -ge-, h⟩ **1.** push *s. th.* out. **2.** *fig.* (*aufschieben*) postpone, defer, put off, (*verzögern*) delay. **~ˌschlep·pen I** *v/t* ⟨*sep,* -ge-, h⟩ **et. ~ (aus)** drag s. th. out (of). **II** *v/reflex* **sich ~ (aus)** drag o. s. out (of). **~ˌschlüp·fen** *v/i* ⟨*sep,* -ge-, sein⟩ slip out (**aus dem Haus** of the house). **~ˌschmei·ßen** *v/t* ⟨*irr, sep,* -ge-, h⟩ *colloq. for* **hinauswerfen. ~ˌse·hen** *v/i* ⟨*irr, sep,* -ge-, h⟩ → **hinausschauen. ~ˌsein** *v/i* ⟨*irr, sep,* -ge-, sein⟩ **über e-e Sache ~** be beyond (*od.* past, above) s. th.; → **hinaus** 2. **~ˌset·zen I** *v/t* ⟨*sep,* -ge-, h⟩ **1. et. ~** a) put s. th. out, b) (*Pflanzen etc*) plant s. th. outside (*od.* in the open). **2.** *fig. colloq.* → **hinauswerfen** 2. **II** *v/reflex* **sich ~ 3.** (go and) sit out (*in the garden, etc*). **~ˌste·hen** *v/i* ⟨*irr, sep,* -ge-, h *u.* sein⟩ → **hervorstehen. ~ˌsteh·len** *v/reflex* ⟨*irr, sep,* -ge-, h⟩ steal (*od.* sneak) out (**aus** of). **~ˌstel·len** *v/t* ⟨*sep,* -ge-, h⟩ **1.** put *s. th.* out(side). **2.** *Sport*: **j-n ~** send (*od.* order) s. o. off the field, send s. o. off. **~ˌsto·ßen** *v/t* ⟨*irr, sep,* -ge-, h⟩ **1. j-n ~** push (*od.* thrust) s. o. out. **2.** *tech.* **et. ~** eject s. th. **~ˌstür·zen I** *v/i* ⟨*sep,* -ge-, sein⟩ **1.** rush (*od.* dash) out. **2.** → **hinausfallen. II** *v/t* ⟨h⟩ **3. j-n (zum Fenster) ~** throw s. o. out (of the window). **III** *v/reflex* ⟨h⟩ **4. sich (zum Fenster) ~** jump (*od.* throw o. s.) out (of the window). **~ˌtra·gen** *v/t* ⟨*irr, sep,* -ge-, h⟩ **1. j-n (et.) ~** carry s. o. (s. th.) out. **2.** *fig.* (*verbreiten*) spread (**in alle Welt** all over the world). **~ˌtrei·ben I** *v/t* ⟨*irr, sep,* -ge-, h⟩ **1. j-n (aus et.) ~** drive s. o. out (of s. th.). **2.** (*Vieh etc*) drive (*cattle*) out. **II** *v/impers* **3. es treibt ihn einfach hinaus** he simply cannot stay at home, s. th. is driving him out. **III** *v/i* ⟨**sein**⟩ **4.** *Boot etc*: drift out. **~tromˌpe·ten** *v/t* ⟨*sep, no* -ge-, h⟩ *colloq.* **et. ~** broadcast s. th. **~ˌtun** *v/t* ⟨*irr, sep,* -ge-, h⟩ *colloq. for* **hinauslegen I, hinausstellen** 1. **~ˌwach·sen** *v/i* ⟨*irr, sep,* -ge-, sein⟩ **1. über e-e Sache ~** a) grow taller than s. th., b) *fig.* (*über e-e Gewohnheit etc*) outgrow s. th. **2.** *fig.* a) **über j-n ~** surpass s. o., b) **über sich selbst ~** surpass (*od.* rise above) o. s. **~ˌwa·gen** *v/reflex* ⟨*sep,* -ge-, h⟩ **sich ~** venture (to go) out, dare (to) go out. **~ˌwer·fen** *v/t* ⟨*irr, sep,* -ge-, h⟩ **1. et. (zum Fenster) ~** throw (*od.* cast, toss) s. th. out (of the window). **2.** *colloq.* **j-n ~** throw (*od.* turn, kick, chuck) s. o. out, *aus e-r Firma etc*: *a.* sack (*od.* fire) s. o. **~ˌwol·len** *v/i* ⟨*irr, sep,* -ge-, h⟩ **1.** *colloq. Person*: want to go out(side), *Tier*: want to get out(side). **2.** *fig.* **auf e-e Sache ~** a) (*abzielen auf*) aim at s. th., b) *bes. mit Worten*: drive at s. th.; **hoch ~** aim high, be ambitious; **höher ~** have greater ambitions, fly at higher game; **zu hoch ~** set one's sights too high, aim (*od.* aspire) too high; **ich sehe** (*od.* **merke**) **schon, worauf Sie ~** I see what you are getting at; **worauf wollte er hinaus?** what was he driving at?; **wo will das hinaus?** a) what's the meaning of that?, b) what will that lead to? **♀ˌwurf** *m colloq.* **das war ein glatter ~** I was flatly turned down; **j-m mit dem ~ drohen** threaten to throw (*od.* kick) s. o. out, *aus der Firma*: *a.* threaten to fire s. o. **~ˌzie·hen I** *v/t* ⟨*irr, sep,* -ge-, h⟩ **1.** pull (*od.* draw) *s. th., s. o.* out(side). **2.** *fig.* (*verzögern*) protract, draw (*od.* drag) *s. th.* out. **II** *v/i* ⟨**sein**⟩ **3.** (*hinausgehen*) go (*od.* march) out; **in die Welt ~** go out into the world. **4.** (*umziehen*) move out (**aufs Land** into the country). **III** *v/reflex* ⟨h⟩ **sich ~ 5.** *Verhandlungen etc*: drag on. **6.** *Arbeit, Prozeß etc*: take longer than expected. **IV** *v/impers* ⟨h⟩ **7. es zog ihn hinaus (in die Welt)** he felt the urge to go out into the world. **~ˌzö·gern** *v/t* ⟨*sep,* -ge-, h⟩ put off, delay; **sich ~** be delayed.

ˈhin|beˌför·dern *v/t* ⟨*sep, no* -ge-, h⟩ transport (*od.* carry, take, forward) *s. th.* there. **~beˌge·ben** *v/reflex* ⟨*irr, sep, no* -ge-, h⟩ **sich ~** go (*od.* proceed) there; **sich zu j-m ~** go to see s. o. **~beˌkom·men** *v/t* ⟨*irr, sep, no* -ge-, h⟩ *colloq.* → **hinkriegen. ~beˌmü·hen** *v/t* ⟨*sep, no* -ge-, h⟩ **j-n ~** trouble s. o. to go there; **sich ~** (take the) trouble to go there. **~beˌstel·len** *v/t* ⟨*sep, no* -ge-, h⟩ **1.** *colloq.* **j-n ~** ask (*od.* tell, order) s. o. to be there; **er hat mich für morgen wieder hinbestellt** he asked me to come again tomorrow. **2. et.** ~ order s. th. to be sent there. **~ˌbie·gen** *v/t* ⟨*irr, sep*, **-ge-**, **h**⟩ **1.** bend *s. th.* that way. **2.** *fig. colloq.* → **hinkriegen** 1. **~ˌblät·tern** *v/t* ⟨*sep*, **-ge-**, **h**⟩ *colloq.* plonk down (*money*). **≈ˌblick** *m* **im** (*od.* **in**) ~ **auf** (*acc*) with (*od.* in) regard to (*od.* of), in view of, with respect to, in the light of; **im ~ auf die kommende Veranstaltung** in view of the approaching event. **~ˌblicken** (*getr.* **-k·k-**) *v/i* ⟨*sep*, **-ge-**, **h**⟩ look (over) there, look that way. **~ˌbrin·gen** *v/t* ⟨*irr, sep*, **-ge-**, **h**⟩ **1. j-n** ~ take s. o. there; **wo soll ich Sie ~?** where do you want me to take you? **2. et.** ~ take s. th. there; **et.** (**zu**) **j-m** ~ take s. th. to s. o. **3.** *fig.* (*Zeit*) spend, pass, *müßig*: idle away, kill (*time*); **die Zeit mit Lesen** ~ spend the time reading; **sein Leben kümmerlich** ~ lead a wretched life. **4.** *colloq.* → **hinkriegen**. **~ˌbrü·ten** *v/i* ⟨*sep*, **-ge-**, **h**⟩ **vor sich** ~ be brooding.

Hin·de [ˈhɪndə] *f* ⟨**-**; **-n**⟩ *archaic od. poet.* → Hindin.

ˈhinˌden·ken *v/i* ⟨*irr, sep*, **-ge-**, **h**⟩ **wo denken Sie hin!** what do you think?, of course not!

ˈhin·der·lich *adj* ⟨*meist pred*⟩ **1.** ⟨*dat*⟩ hindering, hampering, impeding; **dies war s-m Fortkommen** ~ this was a handicap to (*od.* an obstacle for) him in his career. **2.** (*lästig*) (*dat* to) cumbersome, troublesome. **3.** (*unbequem*) inconvenient. **4.** in the way; **zu viele Bücher auf dem Schreibtisch sind** ~ too many books on the desk get in the way; **j-m** ~ **sein** be in s. o.'s way.

hin·dern [ˈhɪndərn] *v/t* ⟨**h**⟩ **1.** a) (*be*~) (**bei** in) hinder, hamper, impede, b) (*stören*) interfere (**bei** with); **das Kleid hinderte sie beim Laufen** her dress hampered her when she was running; *cf.* **hinderlich. 2.** (*abhalten*) (**an** *dat* from) prevent, keep, stop; **j-n am Arbeiten** ~ prevent (*od.* keep) s. o. from working; **wer sollte** (*od.* **wollte**) **mich daran ~, daß ich gehe?** who could stop (*od.* prevent) me from going; **das hinderte ihn nicht, sie zu verlassen** that didn't stop him from leaving her.

ˈHin·der·nis *n* ⟨**-ses**; **-se**⟩ **1.** *im Wege*: obstacle; **~se aufstellen** (*od.* **errichten**) set up obstacles. **2.** *fig.* (**für**) *allg.* obstacle (to), (*Nachteil*) *a.* handicap (to), (*Hemmnis*) impediment (to), stumbling-block (to), (*Schranke*) bar (to), barrier (to), (*Belastung*) encumbrance (for), (*Schwierigkeit*) difficulty (for *s. o.*, in *s. th.*), snag (to); *jur.* **gesetzliches** ~ (**für**) (statutory) bar (to), (legal) impediment (to); **auf ~se stoßen** run into (*od.* come across) obstacles; **~se beseitigen** remove (*od.* clear away) obstacles; **das ~ überwinden** overcome the obstacle, take the hurdle; **j-m ~se in den Weg legen** put obstacles in s. o.'s way; **Reise mit ~sen** journey full of mishaps. **3.** a) *Laufsport*: obstacle, *engS.* hurdle, b) *Reitsport*: obstacle, fence, jump, c) *Golf*: obstacle, hazard; **ein ~ nehmen** take (*od.* clear) an obstacle. **~ˌbahn** *f* **1.** *Laufsport*: obstacle course. **2.** *Reitsport*: steeplechase course. **~ˌlauf** *m* **1.** steeplechase. **2.** *gym.* obstacle race. **~ˌläu·fer** *m* steeplechaser. **~ˌren·nen** *n* *Reitsport*: **1.** steeplechase, hurdle race. **2.** ⟨*only sg*⟩ *als Sportart*: steeplechasing.

ˈHin·de·rung *f* ⟨**-**; **-en**⟩ hindrance, obstruction, interference; **ohne** ~ without let or hindrance. **ˈHin·de·rungsˌgrund** *m* (**für**) obstacle (to), objection (to), reason (for *one's absence, etc*).

ˈhinˌdeu·ten *v/i* ⟨*sep*, **-ge-**, **h**⟩ **1. auf et.** (**j-n**) ~ point to (*od.* at) s. th. (s. o.). **2.** *fig.* **auf e-e Sache** ~ indicate (*od.* suggest, be suggestive of) s. th.; **alles deutet darauf hin, daß er ermordet worden ist** all the indications are that he was murdered.

Hin·di [ˈhɪndi] *n* ⟨**-**; *no pl*⟩ *ling.* Hindi.

Hin·din [ˈhɪndɪn] *f* ⟨**-**; **-nen**⟩ *archaic od. poet.* hind, doe.

ˈhinˌdrän·gen *v/i u.* **sich** ~ *v/reflex* ⟨*sep*, **-ge-**, **h**⟩ thrust (*od.* push) o. s. there.

Hin·du [ˈhɪndu] *m* ⟨**-(s)**; **-(s)**⟩ Hindu, *a.* Hindoo. **Hin·duˈis·mus** [-ˈɪsmus] *m* ⟨**-**; *no pl*⟩ *relig.* Hinduism. **hin·duˈis·tisch** [-ˈɪstɪʃ] *adj* Hindu, *a.* Hindoo.

hinˈdurch *adv* **1.** *räumlich*: through; **dort** (**hier**) ~ through there (here); **ganz** (*od.* **mitten**) ~ right (*od.* straight) through. **2.** *zeitlich*: through(out); **die ganze Nacht** ~ all through the night, all night (long); **den ganzen Tag** ~ all day (long), (a)round the clock; **das ganze Jahr** ~ throughout the year, all the year round.

hinˈdurch... → **durch ...**

ˈhinˌdür·fen *v/i* ⟨*irr, sep*, **-ge-**, **h**⟩ *colloq.* be allowed to go there; **darf ich hin?** may I go (there)?

Hin·du·sta·ni [hɪndusˈtaːni] *n* ⟨**-(s)**; *no pl*⟩ *ling.* Hindustani. **hin·duˈsta·nisch** [-nɪʃ] *adj* Hindustani.

ˈhinˌei·len *v/i* ⟨*sep*, **-ge-**, **sein**⟩ hurry (*od.* hasten, rush) there; **zu j-m** ~ hurry toward(s) s. o.

hin·ein [hɪˈnaɪn] *adv* in, into; **da** (**hier**) ~ in there (here); **nur ~!** walk right in; *colloq.* ~ **mit dir!** in you go!; **bis tief in die Nacht** ~ till far into the night; **bis in den Mai** ~ well (*od.* right) into May; *colloq.* **~!** *als Anfeuerung etc*: let's go! **~ˌar·bei·ten** *v/reflex* ⟨*sep*, **-ge-**, **h**⟩ **sich** ~ **1.** *Person, a. Bohrer etc*: work one's way in. **2.** → **einarbeiten** 4. **~ˌbau·en** *v/t* ⟨*sep*, **-ge-**, **h**⟩ **1. et.** ~ build s. th. in (*od.* **in et.** into s. th.). **2.** *tech.* → **einbauen** 1. **~beˌge·ben** *v/reflex* ⟨*irr, sep, no* **-ge-**, **h**⟩ **sich** ~ go in; **sich ins Haus** ~ go in(to the house). **~ˌbei·ßen** *v/i* ⟨*irr, sep*, **-ge-**, **h**⟩ **in e-e Sache** ~ bite into s. th. **~beˌkom·men** *v/t* ⟨*irr, sep, no* **-ge-**, **h**⟩ **et.** ~ get s. th. in (*od.* **in et.** into s. th.). **~beˌmü·hen I** *v/t* ⟨*sep, no* **-ge-**, **h**⟩ **j-n** ~ trouble s. o. to go in (*od.* to enter). **II** *v/reflex* **sich** ~ (take the) trouble to go in. **~ˌboh·ren** *v/t* ⟨*sep*, **-ge-**, **h**⟩ **et.** ~ bore s. th. in (*od.* **in et.** into s. th.); **sich** (*acc*) **in e-e Sache** ~ bore into s. th. **~ˌbrin·gen** *v/t* ⟨*irr, sep*, **-ge-**, **h**⟩ **1.** take (*od.* bring, carry, *mühsam*: get) s. th. in (*od.* **in et.** into s. th.), **j-n**: take s. o. in. **2.** *fig.* **et. in e-e Sache** ~ bring (*od.* introduce) s. th. into s. th. **3.** *colloq.* *for* **hineinbekommen**. **~ˌden·ken** *v/reflex* ⟨*irr, sep*, **-ge-**, **h**⟩ **sich in e-e Sache** ~ go (*od.* delve) into s. th.; **sich in j-n** (*od.* **j-s Lage**) ~ imagine (*od.* put) o. s. into s. o.'s position, try to understand s. o.('s position); **ich kann mich gut in ihn** ~ I can well understand how he feels; **ich muß mich erst wieder in das Problem** ~ I must find back into the problem first; → *a.* **einfühlen**. **~ˌdrän·gen I** *v/t* ⟨*sep*, **-ge-**, **h**⟩ **j-n in e-e Sache** ~ force (*od.* push) s. o. into s. th. **II** *v/i u. v/reflex* **sich** ~ press (*od.* squeeze) o. s. in, push (*od.* shoulder) one's way in (*od.* **in et.** into s. th.), *colloq.* muscle in. **~ˌdrin·gen** *v/i* ⟨*irr, sep*, **-ge-**, **sein**⟩ → **eindringen**. **~ˌdür·fen** *v/i* ⟨*irr, sep*, **-ge-**, **h**⟩ be allowed (to go) in; **niemand darf zum Kranken hinein** no one is allowed in to see the patient; **niemand darf in die Stadt hinein** no one is allowed into the town. **~ˌfah·ren I** *v/t* ⟨*irr, sep*, **-ge-**, **h**⟩ **1.** drive *s. th.* in(to *the garage, etc*). **2.** (*Teewagen etc*) push *s. th.* in. **II** *v/i* ⟨**sein**⟩ **3.** go in; **mit dem Bus** (**in die Stadt**) ~ go in(to town) by bus. **4. j-m** (*od.* **in j-s Auto**) ~ drive into (*od.* ram) s. o.'s car. **5.** *colloq. for* **hineinschlüpfen. 6. mit den Fingern** (**Händen**) **in e-e Sache** ~ reach (*od.* grasp) into s. th. **~ˌfal·len** *v/i* ⟨*irr, sep*, **-ge-**, **sein**⟩ **1.** fall in(to *the water, etc*). **2.** *fig.* → **hereinfallen** 2, 3. **~ˌfin·den** *v/reflex* ⟨*irr, sep*, **-ge-**, **h**⟩ **sich** ~ *fig.* **1.** *a.* **sich in die Sache** ~ (*et. verstehen*) get the knack (*od.* *colloq.* hang, feel) of it, familiarize o. s. with it, find one's feet. **2.** (*sich daran gewöhnen*) get used (*od.* accustomed) to. **3.** → **abfinden** II. **~ˌflie·gen** *v/i* ⟨*irr, sep*, **-ge-**, **sein**⟩ **1.** *Vogel etc*: fly in. **2.** *fig. colloq.* → **hereinfallen** 2, 3. **~ˌfres·sen I** *v/reflex* ⟨*irr, sep*, **-ge-**, **h**⟩ **sich in e-e Sache** ~ a) *Mäuse etc*: eat one's way into s. th., b) *Rost, Säure etc*: eat into s. th. **II** *v/t colloq.* **et. in** (*acc*) **sich** ~ a) (*Süßigkeiten*) stuff o. s. with s. th., gobble (down) s. th., b) *fig.* (*Ärger etc*) swallow s. th., (*in sich aufstauen*) bottle up (*one's anger, etc*). **~geˌbo·ren** *adj* born into (*a world of misery, etc*). **~geˌheim·nis·sen** [-gəˌhaɪmnɪsən] *v/t* ⟨*sep*, *pp* **hineingeheimnißt**, **h**⟩ **et. in e-e Sache** ~ read mysteries into s. th., (try to) find a hidden meaning in s. th. **~ˌge·hen** *v/i* ⟨*irr, sep*, **-ge-**, **sein**⟩ **1.** go (*od.* walk) in, enter; **gehen wir hinein!** let's go in(side); **zu j-m** ~ go in to s. o. **2.** *fig.* hold (*two litres, etc*), *Saal etc*: *a.* seat, accommodate (*500 persons*). **3.** *colloq. for* **hineinpassen** 2. **~geˌlan·gen** *v/i* ⟨*sep*, *pp* **hineingelangt**, **sein**⟩ get in (*od.* **in et.** into s. th.). **~geˌra·ten** *v/i* ⟨*irr, sep*, *pp* **hineingeraten**, **sein**⟩ **in e-e Sache** ~ *allg.* get into s. th. **~ˌgrät·schen** *v/i* ⟨*sep*, **-ge-**, **sein**⟩ *Fußball*: **in den Ball** ~ make a sliding tackle. **~ˌhän·gen I** *v/t* ⟨*irr, sep*, **-ge-**, **h**⟩ **1. in e-e Sache** ~ hang into s. th. **II** *v/t* ⟨*sep*, **-ge-**, **h**⟩ **2. et. in e-e Sache** ~ hang s. th. in s. th. **3.** → **reinhängen** 2. **III** *v/reflex* ⟨*sep*, **-ge-**, **h**⟩ → **reinhängen** II. **~ˌhei·ra·ten** *v/i* ⟨*sep*, **-ge-**, **h**⟩ **in e-e Familie** ~ marry into a family. **~ˌhel·fen** *v/i* ⟨*irr, sep*, **-ge-**, **h**⟩ help *s. o.* in; **j-m in den Mantel** ~ help s. o. into his coat. **~in·terˌpreˌtie·ren** *v/t* ⟨*sep, no* **-ge-**, **h**⟩ **et. in e-e Sache** ~ read s. th. into s. th. **~ˌki·chern** *v/i* ⟨*sep*, **-ge-**, **h**⟩ **in** (*acc*) **sich** ~ giggle to o. s. **~ˌknien** *v/reflex* ⟨*sep*, **-ge-**, **h**⟩ *colloq.* **sich in e-e Sache** ~ buckle down to s. th., get right down to s. th., tackle s. th. (properly). **~ˌkom·men** *v/i* ⟨*irr, sep*, **-ge-**, **sein**⟩ **1.** come in (*od.* **in et.** into s. th.). **2.** (*hineingelangen*) get in(to **in** *acc*). **3.** *fig.* **ins Reden** (**Klagen** *etc*) ~ start talking (complaining, *etc*). **4.** *fig.* (*hineingehören*) go in; **die Schuhe kommen hier hinein** the shoes go in here. **5.** → **hineinfinden. 6.** → **hineingeraten**. **~ˌkrie·chen** *v/i* ⟨*irr, sep*, **-ge-**, **sein**⟩ creep (*od.* crawl) in; *fig. vulg.* **j-m hinten** ~ brownnose s. o., suck up to s. o. **~ˌla·chen** *v/i* ⟨*sep*, **-ge-**, **h**⟩ **in** (*acc*) **sich** ~ laugh (*od.* chuckle) to o. s. **~ˌlas·sen** *v/t* ⟨*irr, sep*, **-ge-**, **h**⟩ **j-n** (**et.**) ~ let s. o. (s. th.) in; **j-n ins Haus** ~ let s. o. in(to the house). **~ˌlau·fen** *v/i* ⟨*irr, sep*, **-ge-**, **sein**⟩ **1.** a) run in, b) (*gehen*) walk in; **in ein Auto** ~ run into a car. **2.** (*hineinfließen*) flow in(to **in** *acc*). **~ˌle·ben** *v/i* ⟨*sep*, **-ge-**, **h**⟩ **in den Tag** ~ live for the day (*od.* moment), lead a happy-go-lucky life, take it easy. **~ˌle·gen** *v/t* ⟨*sep*, **-ge-**, **h**⟩ **1.** put *s. th.* in (*od.* **in et.** into s. th.). **2.** *fig.* → **hereinlegen** 2.

3. *fig.* → **~ˌle·sen** *v/t* ⟨*irr, sep*, -ge-, h⟩ et. in e-e Sache ~ read s. th. into s. th. **~ˌleuch·ten** *v/i* ⟨*sep*, -ge-, h⟩ **1.** shine in; mit der Taschenlampe (*etc*) ~ direct the light of one's torch (*Am.* flashlight) (*etc*) into. **2.** *fig.* (in *acc*) probe (into), throw light (on) (*a shady affair, etc*). **~ˌmen·gen, ~ˌmi·schen** *v/t u. v/reflex* sich ~ → einmischen I, II. **~ˌpas·sen I** *v/i* ⟨*sep*, -ge-, h⟩ **1.** fit (in); in e-e Sache ~ fit (*od.* go) into s. th. **2.** go in; es passen nur zwei Flaschen in den Korb hinein only two bottles go into the basket, there is only room in the basket for two bottles. **II** *v/t* **3.** et. in e-e Sache ~ fit s. th. into s. th. **~ˌpfer·chen** *v/t* ⟨*sep*, -ge-, h⟩ j-n (et.) ~ cram s. o. (s. th.) in (*od.* in et. into s. th.). **~ˌpfu·schen** *v/i* ⟨*sep*, -ge-, h⟩ *colloq.* (in *acc*) meddle (in), interfere (with), mess up (*acc*); → Handwerk 1. **~ˌplat·zen** *v/i* ⟨*sep*, -ge-, sein⟩ *colloq.* burst in; in ein Zimmer ~ burst into a room. **~ˌra·gen** *v/i* ⟨*sep*, -ge-, h⟩ in e-e Sache ~ project (*od.* jut out) into s. th. **~ˌre·den I** *v/i* ⟨*sep*, -ge-, h⟩ **1.** (*dazwischenreden*) interrupt. **2.** *fig.* in e-e Sache ~ interfere (*od.* meddle) in s. th. **3.** → Blaue[1]. **II** *v/reflex* **4.** sich in e-e Wut (*etc*) ~ talk o. s. into a rage (*etc*). **~ˌrei·chen** *v/t u. v/i* ⟨*sep*, -ge-, h⟩ → hereinreichen. **~ˌrei·ßen** *v/t* ⟨*irr, sep*, -ge-, h⟩ *colloq.* → hereinreißen. **~ˌrei·ten I** *v/i* ⟨*irr, sep*, -ge-, sein⟩ ride in (*od.* in et. into s. th.). **II** *v/t* ⟨h⟩ *fig. colloq.* → hereinreißen. **~ˌrie·chen** *v/i* ⟨*irr, sep*, -ge-, h⟩ *colloq.* in e-e Sache ~ a) *in Firma etc*: take a look at s. th., b) *in Arbeit etc*: have a go at s. th. **~ˌrut·schen** *v/i* ⟨*sep*, -ge-, sein⟩ **1.** slip (*od.* slide) in. **2.** *fig. colloq.* in e-e Sache ~ → hineinschlittern. **~ˌschau·en** *v/i* ⟨*sep*, -ge-, h⟩ **1.** look in; bei (*od.* zu) j-m ins Fenster ~ look in at s. o.'s window; → hereinschauen 2. **2.** have a look (*into the newspaper, etc*). **3.** sich (*dat*) nicht in e-e Sache ~ lassen keep s. th. to o. s. **~ˌschlit·tern** *v/i* ⟨*sep*, -ge-, sein⟩ *fig. colloq.* in e-e Sache (e-n Krieg *etc*) ~ stumble into s. th. (a war, *etc*), get mixed up in s. th. **~ˌschlüp·fen** *v/i* ⟨*sep*, -ge-, sein⟩ slip in; in ein Kleid (Zimmer *etc*) ~ slip into a dress (room, *etc*); schlüpf mal hinein just slip it on. **~ˌschmei·ßen** *v/t u.* sich ~ *v/reflex* ⟨*irr, sep*, -ge-, h⟩ *colloq. for* hineinwerfen. **~ˌschmug·geln** *v/t u.* sich ~ *v/reflex* ⟨*sep*, -ge-, h⟩ → einschmuggeln. **~ˌse·hen** *v/i* ⟨*irr, sep*, -ge-, h⟩ → hineinschauen. **~ˌspie·len** *v/i* ⟨*sep*, -ge-, h⟩ *fig.* in e-e Sache ~ enter (*od.* figure) in s. th., be a factor in s. th. **~ˌste·chen I** *v/t* ⟨*irr, sep*, -ge-, h⟩ et. ~ stick (*od.* thrust) s. th. in (*od.* in et. into s. th.). **II** *v/i* in e-e Sache ~ stick it in, pierce it; mit der Nadel ~ stick (*od.* thrust) the needle into *s. th.* **~ˌstecken** (*getr.* -k·k-) *v/t* ⟨*sep*, -ge-, h⟩ **1.** et. ~ stick (*od.* put) s. th. in; den Kopf zur Tür ~ put (*od.* stick) one's head in at the door. **2.** *fig. colloq.* viel Geld in e-e Sache ~ put (*od.* sink, invest) a lot of money in s. th.; → Nase. **~ˌsteh·len** *v/reflex* ⟨*irr, sep*, -ge-, h⟩ sich ~ steal (*od.* sneak) in. **~ˌstei·gern** *v/reflex* ⟨*sep*, -ge-, h⟩ sich in e-e Sache ~ get worked up (about s. th.); sich in s-n Zorn (*etc*) ~ work o. s. up into a rage (*etc*). **~ˌstop·fen** *v/t* ⟨*sep*, -ge-, h⟩ et. in e-e Sache ~ stuff (*od.* cram) s. th. into s. th.; *colloq.* Essen in sich ~ stuff o. s. (on food); Wissen in sich ~ stuff one's mind with knowledge. **~ˌstür·zen I** *v/i* ⟨*sep*, -ge-, sein⟩ rush in (*od.* ins Zimmer *etc* into the room, *etc*). **II** *v/t* ⟨h⟩ j-n in e-e Sache ~ throw (*od.* hurl) s. o. into s. th. **III** *v/reflex* ⟨h⟩ sich ~ → stürzen 6. **~ˌtra·gen** *v/t* ⟨*irr, sep*, -ge-, h⟩ **1.** et. (j-n) ~ carry s. th. (s. o.) in. **2.** *fig. lit.* e-e Botschaft in ein Land ~ take a message to a land. **~ˌtrei·ben** *v/t* ⟨*irr, sep*, -ge-, h⟩ **1.** (*Vieh etc*) drive (*cattle*) in(to in *acc*). **2.** *fig.* j-n in e-e Sache ~ drive s. o. into s. th. **3.** (*einschlagen*) drive (*a nail, etc*) in. **4.** e-n Stollen in den Berg ~ drive a tunnel into the mountain. **~ˌtrin·ken** *v/t* ⟨*irr, sep*, -ge-, h⟩ *colloq.* et. (in *acc* sich) ~ down s. th. **~ˌtun** *v/t* ⟨*irr, sep*, -ge-, h⟩ **1.** *colloq.* et. ~ put s. th. in; et. in die Tasche ~ put s. th. into one's pocket. **2.** (*Blick etc*) → hineinwerfen 2. **~verˌset·zen** *v/reflex* ⟨*sep, no* -ge-, h⟩ → versetzen II. **~ˌwach·sen** *v/i* ⟨*irr, sep*, -ge-, sein⟩ in e-e Sache ~ *allg.* grow into s. th.; *fig.* in s-e Rolle (Aufgabe) ~ find one's feet, get a grip on it. **~ˌwa·gen** *v/reflex* ⟨*sep*, -ge-, h⟩ sich ~ venture (to go) in(side), dare (to) go in(side). **~ˌwer·fen I** *v/t* ⟨*irr, sep*, -ge-, h⟩ **1.** et. ~ throw (*od.* fling, chuck) s. th. in (*od.* in et. into s. th.). **2.** *fig.* e-n Blick in ein Buch ~ glance through (*od.* take a quick look in, dip in) a book. **II** *v/reflex* **3.** sich in e-e Sache ~ → stürzen. **~ˌwol·len** *v/i* ⟨*irr, sep*, -ge-, h⟩ *colloq.* want to go in; *fig.* das will mir nicht in den Kopf hinein that's beyond me, I don't get it. **~ˌzie·hen I** *v/t* ⟨*irr, sep*, -ge-, h⟩ **1.** j-n (et.) ~ pull (*od.* draw, drag) s. o. (s. th.) in. **2.** *fig.* j-n in e-e Sache ~ involve s. o. in (*od.* drag s. o. into) s. th. **II** *v/i* ⟨sein⟩ **3.** march in; in den Krieg ~ go to war; in die Schlacht ~ take the field. **4.** move in; in das neue Haus ~ move into the new house. **~ˌzwän·gen** *v/t* ⟨*sep*, -ge-, h⟩ j-n (et.) in e-e Sache ~ squeeze (*od.* force, press) s. o. (s. th.) into s. th.

'hin|ˌfah·ren I *v/i* ⟨*irr, sep*, -ge-, sein⟩ **1.** drive (*od.* go) there; ich bin sofort zu ihm hingefahren I went to see him straightaway. **2.** *fig.* mit der Hand (*etc*) über e-e Sache ~ run (*od.* pass) one's hand (*etc*) over s. th. **3.** *poet.* (*sterben*) pass away, go; fahre hin! *zu Verstorbenen*: farewell! **II** *v/t* ⟨h⟩ **4.** j-n (et.) ~ drive (*od.* take) s. o. (s. th.) there. **≗fahrt** *f* journey (*od.* trip) there, outward journey, *mar.* voyage (*od.* passage) there; auf der ~ on the way there. **~ˌfal·len** *v/i* ⟨*irr, sep*, -ge-, sein⟩ **1.** *Person*: fall (down), have a fall. **2.** *colloq. Sache*: drop to the ground. **~ˌfäl·lig** *adj* **1.** (*gebrechlich*) frail, decrepit; (*schwach*) weak, infirm. **2.** *fig.* (*ungültig, überholt*) invalid, (null and) void; et. ~ machen render s. th. invalid, invalidate (*od.* void) s. th.; das macht die Angelegenheit ~ that voids the whole affair; ~ werden be invalidated, be no longer applicable. **≗fäl·lig·keit** *f* ⟨-; *no pl*⟩ **1.** frailty; infirmity, weakness. **2.** *fig.* invalidity. **~ˌfin·den** *v/i u.* sich ~ *v/reflex* ⟨*irr, sep*, -ge-, h⟩ find one's way there (*od.* to a place). **~ˌflä·zen, ~ˌfle·geln** *v/reflex* ⟨*sep*, -ge-, h⟩ *colloq.* sich ~ sprawl, loll. **~ˌflie·gen I** *v/i* ⟨*irr, sep*, -ge-, sein⟩ **1.** fly there; ich bin mit der nächsten Maschine hingeflogen I took the next plane there. **2.** über e-e Sache ~ fly over s. th. **3.** *colloq.* (*fallen*) come a cropper. **II** *v/t* ⟨h⟩ **4.** j-n (et.) ~ fly s. o. (s. th.) there. **≗ˌflug** *m* flight there, outward flight; auf dem ~ during the flight (*od.* on the way) there.

hin'fort *adv lit.* from now on, henceforth, in future.

'Hin|ˌfracht *f econ.* outward freight. **≗ˌfri·sten** *v/t* ⟨*sep*, -ge-, h⟩ sein Leben ~ live on miserably. **≗ˌfüh·ren I** *v/t* ⟨*sep*, -ge-, h⟩ **1.** j-n (ein Tier) ~ lead (*od.* take) s. o. (an animal) there; *fig.* j-n zu et. ~ awaken s. o.'s interest in s. th. **II** *v/i* **2.** *Weg etc*: lead (*od.* go) there; der Weg führte bis zum See hin the path ran (*od.* led) down to the lake. **3.** wo soll das noch ~? a) where will it all end?, b) what will this lead to?, c) what are we coming to?

hing [hɪŋ] *1 u. 3 sg pret of* hängen I, II.

'Hinˌga·be *f* ⟨-; *no pl*⟩ **1.** (an *acc* to) devotion, (*Sich-Widmen, Begeisterung etc*) *a.* dedication; liebevolle (religiöse) ~ loving (religious) devotion; mit ~ devotedly, with devotion (→ *a.* hingebungsvoll II); sie liebte ihn mit leidenschaftlicher ~ she loved him passionately; sich e-r Arbeit mit ~ widmen dedicate (*od.* devote) o. s. fully to a task. **2.** (*Aufopferung*) sacrifice; durch ~ s-s Lebens by sacrificing himself. **3.** *erotisch*: surrender, yielding.

'Hinˌgang *m* ⟨-(e)s; *no pl*⟩ **1.** *lit.* demise, decease. **2.** → Hinweg.

'hin|ˌge·ben I *v/t* ⟨*irr, sep*, -ge-, h⟩ **1.** j-m et. ~ (*reichen*) hand (*od.* pass) s. th. to s. o. **2.** (*dat* to) (*weggeben*) give away, (*überlassen*) relinquish, surrender, (*aufgeben*) abandon; ich würde alles ~ I would give all I have. **3.** (*opfern*) give up, sacrifice, (*sein Leben*) *a.* lay down (für for). **II** *v/reflex* sich ~ **4.** devote (*od.* dedicate) o. s. (s-r Arbeit *etc* to one's work, *etc*). **5.** *leidenschaftlich*: abandon o. s.; sich e-m Genuß (e-m Laster *etc*) ~ abandon o. s. (*od.* give o. s. over) to a pleasure (vice, *etc*), indulge a pleasure (vice, *etc*); sich der Verzweiflung ~ abandon o. s. to despair; sich Hoffnungen ~ cherish hopes; gib dich nur k-n Illusionen (*od.* falschen Hoffnungen) hin! don't have any illusions!, no false hopes! **6.** (*sich unterwerfen*) surrender, yield; sich ganz den Träumen ~ surrender to one's dreams; *lit.* sie gab sich ihm hin she gave herself (*od.* she yielded) to him. **~ˌge·bend** *adj u. adv* → hingebungsvoll. **≗ˌge·bung** *f* ⟨-; *no pl*⟩ → Hingabe. **~ˌge·bungsˌvoll I** *adj Arbeit etc*: devoted, dedicated. **II** *adv allg.* devotedly, with devotion, (*begeistert, leidenschaftlich*) *a.* passionately, (*liebevoll*) *a.* lovingly, (*andächtig*) *a.* religiously, (*konzentriert*) *a.* absorbedly.

hin'ge·gen *adv* **1.** however, but; er ~ wußte, was zu tun war he, however, knew what to do; but (*od.* whereas) he knew what to do. **2.** (*andererseits*) on the other hand.

'hin|geˌgos·sen I *pp of* hingießen. **II** *adj colloq.* sie lag da wie ~ she lay there (gracefully) draped out. **~geˌhaucht** *pp u. adj Kuß etc*: delicate; die Farben sind wie ~ the colo(u)rs are most delicately applied. **~ˌge·hen** *v/i* ⟨*irr, sep*, -ge-, sein⟩ **1.** (zu, nach to) go there, *zu Fuß*: *a.* walk there; man kann sonst nirgends ~ there is no other place to go; zu j-m ~ a) walk up to s. o., b) go to (see) s. o.; wo geht ihr hin? where are you going (to)?; *colloq.* wo geht der Weg hin? where does the path go (*od.* lead) (to)?; gehet hin in Frieden depart in peace. **2.** *fig.* (*vergehen*) pass, slip by; darüber werden noch ein paar Jahre ~ that will take a few more years. **3.** *fig.* (*durchgehen*) pass; das mag noch ~, aber that will pass but; der Aufsatz mag so ~ the essay will pass as it stands; et. ~ lassen a) (*dulden*) let s. th. pass, b) (*übersehen*) shut (*od.* close) one's eyes to s. th., overlook s. th. **~geˌhö·ren** *v/i* ⟨*sep*, *pp* hingehört, h⟩ belong (*a. fig. Person*); wo gehört das hin? where does this belong (*od.* go)? **~geˌlan·gen**

v/i ⟨*sep, pp* **hingelangt, sein**⟩ (**zu, nach**) get (there). **~geˌra·ten** *v/i* ⟨*irr, sep, pp* **hingeraten, sein**⟩ get there; **wo ist er (es) ~?** where has he (it) got to?, what has become of him (it)? **⸛geˌrich·te·te** *m, f* ⟨**-n; -n**⟩ executed person. **~geˌris·sen I** *pp of* **hinreißen** *u. adj* (**von**) a) (*verzückt*) entranced (by), enraptured (by), ecstatic (over), ⟨*pred*⟩ *a.* carried away (by), in raptures (over), *colloq.* gone (over), b) (*gebannt*) spellbound (by), fascinated (by), breathless (at), c) (*elektrisiert*) electrified (by). **II** *adv* entranced (*etc*), ecstatically, in ecstasies, in raptures. **~geˌstreckt** *pp u. adv* **lang ~ liegen** lie stretched out (*od.* prostrate). **~geˌzo·gen I** *pp of* **hinziehen. II** *adj* **1.** (**lang**) ~ long-drawn-out. **2.** *fig.* **sich zu j-m ~ fühlen** feel o. s. drawn to s. o., feel attracted to s. o. **~ˌglei·ten** *v/i* ⟨*irr, sep,* **-ge-, sein**⟩ **1.** (**über** *acc* over) slide, pass; **mit der Hand über et. ~** pass (*od.* slide, run) one's hand over s. th. **2. über** *das Wasser etc, a. fig. ein Thema* (**leicht**) ~ skim (*od.* glide, *fig. a.* skate) over *s. th.* **~ˌhal·ten I** *v/t* ⟨*irr, sep,* **-ge-, h**⟩ **1.** hold out (**j-m et.** s. th. to s. o.); → **Kopf** 1. **2. j-n ~** a) (*vertrösten*) put s. o. off, *colloq.* stall (*od.* jolly) s. o. along, b) (*warten lassen*) keep s. o. waiting (*od.* in the air, on a string), c) (*aufhalten*) detain s. o., keep s. o. (here *od.* there), d) (*sich j-s erwehren*) stave s. o. off; **j-n mit leeren Versprechungen ~** put s. o. off with empty promises. **3. et. ~** delay (*od.* put off) s. th. **II ⸛** *n* ⟨**-s**⟩ **4.** putting off (*etc*). **~ˌhal·tend** *pres p u. adj* delaying; *mil.* **~er Widerstand** (*od.* **Kampf**) delaying action.

ˈHinˌhal·te|po·liˌtik *f* stalling policy. **~ˌtak·tik** *f* delaying (*od.* stalling) tactics *pl* (*meist als sg konstruiert*).

ˈHinˌhal·tung *f* ⟨**-**; *no pl*⟩ → **hinhalten** 4.

ˈhin|ˌhau·en *colloq.* **I** *v/i* ⟨*irr, sep,* **-ge-, h**⟩ **1.** hit, strike (**auf et.** s. th.). **2.** *fig.* a) (*klappen*) work (out), pass out well, b) (*gut sein*) be okay, be OK, c) (*stimmen*) be right; **das haut hin!** it works!, that does the trick!, (*ist gut*) that's the stuff!, (*stimmt*) that's (about) it!, (*reicht*) that'll do! **3.** ⟨**sein**⟩ *colloq. for* **hinfallen** 1. **II** *v/t* **4.** (*Arbeit, Zeichnung etc*) knock off. **5.** → **hinwerfen** 7. **6. mich hat's hingehauen!** I came a cropper!; *fig.* **da haut's einen (lang) hin!** that bowls you over! **III** *v/reflex* **sich ~ 7.** (*sich hinlegen*) a) lie down, b) (*schlafen gehen*) turn in, hit the sack, c) (*sich hinwerfen*) hit the ground. **~ˌhocken** (*getr.* **-k·k-**) *v/reflex* ⟨*sep,* **-ge-, h**⟩ **sich ~ 1.** → **hinkauern. 2.** *Southern G.* sit down. **~ˌhor·chen** *v/i* ⟨*sep,* **-ge-, h**⟩ *colloq.* listen (closely *od.* carefully), prick up one's ears. **~ˌhö·ren** *v/i* ⟨*sep,* **-ge-, h**⟩ listen; **nur mit einem Ohr ~** be only half listening. **~ˌkau·ern** *v/reflex* ⟨*sep,* **-ge-, h**⟩ **sich ~** squat (down).

hin·ken [ˈhɪŋkən] **I** *v/i* ⟨*pp* **gehinkt, h** *u.* **sein**⟩ **1.** ⟨**h**⟩ (walk with a) limp, (go) lame, (*humpeln*) hobble; **er hinkt auf** (*od.* **mit**) **dem linken Fuß** he limps with his left leg, he is lame in his left leg. **2.** ⟨**sein**⟩ limp (along), hobble. **3.** ⟨**h**⟩ *fig.* a) *Vergleich*: be lame, b) *Vers etc*: limp; **der Vergleich hinkt** that's a lame comparison. **II ⸛** *n* ⟨**-s**⟩ **4.** limping (*etc*), limp. **~d** *pres p u. adj* **1.** limping, hobbling. **2.** *fig.* a) *Vergleich*: lame, b) *Vers*: limping.

ˈhin|ˌknal·len *colloq.* **I** *v/t* ⟨*sep,* **-ge-, h**⟩ slam *s. th.* (down) (**auf den Tisch** on the table). **II** *v/i* ⟨**sein**⟩ (*hinfallen*) fall (down) with a bang, thud (*od.* crash) down. **~ˌknien** *v/i* ⟨*sep,* **-ge-, sein**⟩ *u.* **sich ~** *v/reflex* ⟨**h**⟩ kneel (down). **~ˌkom·men** *v/i* ⟨*irr, sep,* **-ge-, sein**⟩ **1.** come there. **2.** (*hingelangen*) get there. **3.** a) → **hingeraten,** b) *fig.* **wo kommen wir da hin?** what should we come to?; **wo kämen wir denn hin, wenn ...?** what should we come to (*od.* where would we be) if ...? **4.** *fig. colloq. mit Geld etc*: manage (on *one's money*), get along. **5.** (**zeitlich**) ~ a) *Person*: make it (in time), b) *Sache*: be right (regarding time *od.* date); **1000 Mark werden eher ~** 1,000 marks will be nearer the mark. **6.** → **hinhauen** 2. **~ˌkrie·gen** *v/t* ⟨*sep,* **-ge-, h**⟩ *colloq.* **1.** manage; **es (gut) ~** make a good job of it, do it well. **2.** (*fertigbekommen*) get *s. th.* done, swing it. **~ˌkrit·zeln** *v/t* ⟨*sep,* **-ge-, h**⟩ scribble. **~ˌlan·gen I** *v/t* ⟨*sep,* **-ge-, h**⟩ **1. j-m et. ~** hand (*od.* reach) s. o. s. th. **II** *v/i* **2.** (*berühren*) touch; **an e-e Sache ~** touch s. th. **3.** (*greifen*) reach (**nach** for). **4.** *colloq.* (*genügen*) be enough, be sufficient. **5.** *colloq.* (**kräftig**) ~ a) (*zuschlagen*) let go with a wallop, b) *fig.* go (*od.* come) it strong. **~ˌläng·lich I** *adj* sufficient, (*angemessen*) *a.* adequate. **II** *adv* **~ bekannt** sufficiently known. **⸛ˌläng·lich·keit** *f* ⟨**-**; *no pl*⟩ sufficiency, adequacy. **~ˌlau·fen** *v/i* ⟨*irr, sep,* **-ge-, sein**⟩ (**zu** to) **1.** go (*od.* walk) (there). **2.** run (there). **~ˌle·gen I** *v/t* ⟨*sep,* **-ge-, h**⟩ (**auf** *acc* on) **1.** put (*od.* lay) down; **ich habe den Brief irgendwo hingelegt** I put the letter (down) somewhere; **sie hatte mir e-n Zettel hingelegt** she had left a note for me; *mil.* **~!** down!; *colloq.* **er legte 1000 Mark hin, ohne mit der Wimper zu zucken** he planked down 1,000 marks without batting an eye(lid). **2.** put *s. o.* to bed. **3.** *fig. colloq.* do *s. th.* (brilliantly), show *a* (terrific) *performance, etc*; **ein (tolles) Spiel ~** play a fantastic game; **er legte e-n flotten Tango hin** he did (*od.* danced) a terrific tango; **et. nur so ~** do s. th. with effortless brilliance. **II** *v/reflex* **sich ~ 4.** lie down, *zum Schlafen*: *a.* go to bed, (*ein Nickerchen machen*) take a nap; **sich lang ~** lie down flat. **~ˌlei·ten** *v/t* ⟨*sep,* **-ge-, h**⟩ → a) **hinführen** 1, b) **hinlenken** 1. **~ˌlen·ken** *v/t* ⟨*sep,* **-ge-, h**⟩ **1.** *fig.* direct (**auf** *acc* to); **j-s Aufmerksamkeit** (*od.* **Blick**) **auf et. ~** direct (*od.* draw, call) s. o.'s attention to s. th.; **ein Gespräch auf et. ~** steer a conversation (around) to s. th. **2.** → **hinsteuern** 1. **~ˌlüm·meln** *v/reflex* ⟨*sep,* **-ge-, h**⟩ *colloq.* **sich ~** loll, sprawl. **~ˌma·chen I** *v/t* ⟨*sep,* **-ge-, h**⟩ *colloq.* **1.** (*befestigen*) fix. **2.** *fig.* a) (*töten*) kill, b) → **kaputtmachen. II** *v/i* **3.** (*sich beeilen*) hurry up. **4.** (*hingehen*) go there. **III** *v/reflex* **sich ~ 5.** *Southern G.* ruin (*od.* kill) o. s. **⸛ˌmarsch** *m* march there. **~marˌschie·ren** *v/i* ⟨*sep, no* **-ge-, sein**⟩ (**nach** to) march (there). **~ˌmet·zeln, ~ˌmor·den** *v/t* ⟨*sep,* **-ge-, h**⟩ → **hinschlachten. ~ˌmur·meln** *v/t* ⟨*sep,* **-ge-, h**⟩ **et. vor** (*acc*) **sich ~** mutter s. th. to o. s. **~ˌmüs·sen** *v/i* ⟨*irr, sep,* **-ge-, h**⟩ *colloq.* have to go there. **⸛ˌnah·me** *f* ⟨**-**; *no pl*⟩ **1.** (*Hinnehmen*) taking, accepting. **2.** → **Duldung. ~ˌneh·men** *v/t* ⟨*irr, sep,* **-ge-, h**⟩ **1.** (*annehmen*) take, accept (*a gift, etc*). **2.** *fig.* (*sich abfinden mit*) take, accept; **et. widerspruchslos ~** take s. th. without a murmur; **et. als selbstverständlich ~** take s. th. for granted. **3.** *fig.* (*sich gefallen lassen*) put up with, (*dulden*) tolerate, suffer; **e-e Beleidigung ~** swallow (*od.* sit under) an insult. **4.** *colloq.* **mit ~** take *s. o., s. th.* along (there). **~ˌnei·gen I** *v/reflex* ⟨*sep,* **-ge-, h**⟩ **sich zu j-m (e-r Sache) ~** lean (over) to s. o. (s. th.). **II** *v/i fig.* **zu e-r Sache ~** incline (*od.* be inclined, gravitate, lean) to (*od.* toward[s]) s. th.; **ich neige eher zu der Auffassung hin, daß** I am more inclined to believe that. **III** *v/t* **den Kopf zu j-m (et.) ~** incline one's head toward(s) s. o. (s. th.). **⸛ˌnei·gung** *f* **1.** leaning (*etc*). **2.** (**zu** to, toward[s]) inclination, leanings *pl.*

hin·nen [ˈhɪnən] *adv* **von ~** from hence; **von ~ gehen** (*od.* **scheiden**) a) go from hence, b) (*sterben*) depart this life, pass away.

ˈhin|ˌop·fern *v/t* ⟨*sep,* **-ge-, h**⟩ sacrifice (**für** for). **~ˌpflan·zen** *v/t* ⟨*sep,* **-ge-, h**⟩ **1.** plant there. **2.** *fig. colloq.* (*hinstellen*) plant, place (*s. th. in front of s.o., s. th.*); **sich ~** plant o. s. (*in front of s. o., s. th.*). **~ˌpfu·schen** *v/t* ⟨*sep,* **-ge-, h**⟩ → **hinschlampen. ~ˌplap·pern** *v/t* ⟨*sep,* **-ge-, h**⟩ *colloq. for* **hinsagen. ~ˌraf·fen** *v/t* ⟨*sep,* **-ge-, h**⟩ *poet.* **j-n ~** carry s. o. off (*od.* away), snatch s. o. (away); **er wurde aus unserer Mitte hingerafft** he was snatched from our midst. **~ˌre·den** *v/t* ⟨*sep,* **-ge-, h**⟩ → **hinsagen. ~ˌrei·ben** *v/t* ⟨*irr, sep,* **-ge-, h**⟩ *colloq.* **j-m et. ~** rub s. th. into s. o. **~ˌrei·chen I** *v/t* ⟨*sep,* **-ge-, h**⟩ **1. (j-m) et. ~** a) (*hinhalten*) hold out s. th. (to s. o.), b) (*geben*) give (*od.* reach) (s. o.) s. th., hand s. th. over (to s. o.). **II** *v/i* **2.** (*ausreichen*) be sufficient, be enough, suffice, do. **3. ~ (bis) zu** reach (*od.* go, extend) to (*od.* as far as). **~ˌrei·chend I** *adj* **1.** (*ausreichend*) sufficient. **2.** (*befriedigend*) satisfactory. **3.** (*angemessen*) adequate. **4.** (*reichlich*) ample. **5.** *jur.* **~er Verdacht** reasonable suspicion; **~e Gründe** sufficient reasons. **II** *adv* **6.** sufficiently (*etc*), enough. **⸛ˌrei·se** *f* journey (*od.* trip) there, outward journey, (*Seereise*) voyage out, outward voyage; **auf der ~** on the way there. **~ˌrei·sen** *v/i* ⟨*sep,* **-ge-, sein**⟩ travel (*od.* go) there. **~ˌrei·ßen** *v/t* ⟨*irr, sep,* **-ge-, h**⟩ **1.** *fig.* a) (*begeistern, entzücken*) carry *s. o.* away, enrapture, send *s. o.* into raptures (*od.* ecstasies), *sl.* wow, send, b) (*bannen*) fascinate, entrance, spellbind, c) (*elektrisieren*) electrify, thrill; **j-n zur Bewunderung ~** send s. o. into raptures (of admiration); **das Publikum zu Beifallsstürmen ~** rouse the audience to thundering applause; → **hingerissen. 2. j-n zu e-r Sache ~, j-n dazu ~, et. zu tun** drive s. o. to do (*od.* into doing) s. th., make s. o. do s. th.; **sich von e-r Sache ~ lassen** (let o. s.) be carried away by s. th., **vom Zorn** *etc*: *a.* give way to anger, *etc*; **ich ließ mich dazu ~, ihn zu ohrfeigen** I lost my head and slapped him, carried away by anger I slapped his face. **~ˌrei·ßend I** *adj* a) (*begeisternd, entzückend*) entrancing, enchanting, delightful, b) breathtaking, c) (*atemberaubend*) breathtaking, d) (*packend*) thrilling, e) (*großartig*) fantastic, fabulous; **~e Rede (Redekunst)** rousing speech (oratory). **II** *adv* entrancing(ly) (*etc*); **~ (schön) aussehen** look entrancing, be of breathtaking beauty. **~ˌrich·ten** *v/t* ⟨*sep,* **-ge-, h**⟩ **1.** execute, put *s. o.* to death; **j-n auf dem elektrischen Stuhl ~** electrocute s. o.; **j-n ~ lassen** have s. o. executed; **j-n durch den Strang ~** execute s. o. by hanging. **2.** → **enthaupten. 3.** *Southern G. for* **herrichten. ⸛ˌrich·tung** *f* execution; **~ durch den Strang** execution by hanging; **~ auf dem elektrischen Stuhl** electrocution; → **Enthauptung. ⸛ˌrich·tungs·beˌfehl** *m jur.* death warrant. **~ˌsa·gen** *v/t* ⟨*sep,* **-ge-, h**⟩ say *s. th.* thoughtlessly.

~ˌschaf·fen *v/t* ⟨*sep*, -ge-, h⟩ take (*od.* carry, transport, convey, move, get) there (**nach, zu** to). **~ˌschau·en** *v/i* ⟨*sep*, -ge-, h⟩ → **hinsehen.** **~ˌschei·den** *lit.* **I** *v/i* ⟨*irr, sep*, -ge-, sein⟩ pass away, depart this life, decease, die. **II** ≈ *n* ⟨-s⟩ decease, demise, death. **~ˌschicken** (*getr.* -k·k-) *v/t* ⟨*sep*, -ge-, h⟩ send (there) (**nach, zu** to). **~ˌschie·len** *v/i* ⟨*sep*, -ge-, h⟩ steal a glance (**nach, zu** at). **~ˌschlach·ten** *v/t* ⟨*sep*, -ge-, h⟩ slaughter, butcher, massacre. **~ˌschla·gen** *v/i* ⟨*irr, sep*, -ge-, h *u.* sein⟩ **1.** ⟨h⟩ strike, hit. **2.** ⟨sein⟩ *colloq.* fall (down) heavily; **er schlug der Länge nach hin** he fell full length, he went sprawling; *fig.* **da schlag einer lang hin!** well, I never! **~ˌschlam·pen** *v/t* ⟨*sep*, -ge-, h⟩ do *s. th.* slap-dash (*od.* sloppily), scamp. **~ˌschlep·pen I** *v/t* ⟨*sep*, -ge-, h⟩ **1.** *colloq.* drag (*od.* lug) *s. th., s. o.* there; *fig.* **sie schleppte ihn überall mit hin** she dragged him along (with her) everywhere. **II** *v/reflex* **sich ~** **2.** drag o. s. along. **3.** *fig. Sache, Zeit*: drag on (*od.* out). **~ˌschleu·dern** *v/t* ⟨*sep*, -ge-, h⟩ hurl *s. th., s. o.* (down). **~ˌschlu·dern** *v/t* ⟨*sep*, -ge-, h⟩ → **hinschlampen.** **~ˌschmach·ten** *v/i* ⟨*sep*, -ge-, h⟩ pine (*od.* languish) away. **~ˌschmei·ßen** *v/t* ⟨*irr, sep*, -ge-, h⟩ *colloq. for* **hinwerfen** 1–5. **~ˌschmie·ren** *v/t* ⟨*sep*, -ge-, h⟩ *colloq.* **1.** smear; (*kritzeln*) scribble, scrawl. **2.** (*malen*) daub. **~ˌschrei·ben I** *v/t* ⟨*irr, sep*, -ge-, h⟩ write down; **s-n Namen ~** write (*od.* put) down one's name; **et. rasch** (*od.* **flüchtig**) **~** a) jot down s. th., b) (*Brief, Artikel etc*) dash (*od.* knock) s. th. off. **II** *v/i* write (to s. o.). **~ˌschwin·den** *v/i* ⟨*irr, sep*, -ge-, sein⟩ *lit. for* **dahinschwinden.** **~ˌse·hen I** *v/i* ⟨*irr, sep*, -ge-, h⟩ (**nach** toward[s], **zu** at) look (*od.* glance) there (*od.* in that direction); **er sah zu ihr hin** he looked (over) at her; **ohne hinzusehen** without looking; **sieh nicht hin!** don't look! **II** ≈ *n* ⟨-s⟩ **vom bloßen** ≈ **wird mir schlecht** it makes me sick just to look at it; **beim näheren** ≈ at a closer look, on closer examination. **~ˌseh·nen** *v/reflex* ⟨*sep*, -ge-, h⟩ **sich ~** long (*od.* yearn) to be there; **sich zu j-m ~** long to be with s. o. **~ˌsein** *v/i* ⟨*irr, sep*, -ge-, sein⟩ *colloq.* **1.** a) (*kaputt*) be broken (*od.* smashed, wrecked, *sl.* bust), b) *Kleid etc, a. guter Ruf etc*: be ruined, be done for, c) (*verloren*) be gone, *bes. Geld*: *a.* have gone down the drain, d) (*erschöpft*) be all in, be dead(-beat), be pooped, *Am.* be bushed, e) (*tot*) be gone, be done for, be dead; **es (er) ist hin** *allg. a.* it (he) has had it; **hin ist hin** gone is gone; **alles ist hin!** (everything's) finished! **2.** (*hingerissen*) (**ganz**) **~** (**von** *dat*) be gone (in raptures) (over). **~ˌset·zen I** *v/t* ⟨*sep*, -ge-, h⟩ **1. et. ~** set (*od.* put) s. th. down. **2. j-n ~** a) *bei Tisch etc*: seat s. o., b) (*Kind etc*) sit s. o. down. **3.** (*hinschreiben*) put; **wo soll ich m-n Namen ~?** where shall I put my name? **4.** *colloq.* (*Haus etc*) build, raise. **II** *v/reflex* **5. sich ~** sit down, take a seat, be seated. **6. sich gerade** (*od.* **aufrecht**) **~** sit up straight. ≈**ˌsicht** *f* ⟨-; *no pl*⟩ **in dieser ~** in this respect (*od.* regard), on that score; **in vieler** (**mancher**) **~** in many (some) respects (*od.* ways); **in gewisser ~** in a way (*od.* sense); **in jeder ~** in every respect, throughout, to all intents and purposes; **in k-r ~** in no respect (*od.* way); **in politischer ~** politically, from a political point of view; **in ~ auf** (*acc*) → **hinsichtlich.** **~ˌsicht·lich** *prep* ⟨*gen*⟩ with respect (*od.* regard, reference) to, in connection with, concerning, regarding, relating to, referring to, as to, as for; **~ d-s Briefes** with regard to your letter, as for your letter. **~ˌsie·chen** *v/i* ⟨*sep*, -ge-, sein⟩ *lit. for* **dahinsiechen.** ≈**ˌspiel** *n Sport*: first leg. **~ˌspre·chen** *v/t* ⟨*irr, sep*, -ge-, h⟩ **1.** (**nur so**) **~** say *s. th.* lightly. **2. vor sich ~** talk to o. s. **3.** → **hinsagen.** **~ˌstel·len I** *v/t* ⟨*sep*, -ge-, h⟩ **1.** put (*od.* place) *s. th.* there; **sie stellte ihm das Essen hin** she served him his dinner; *fig.* **er tut s-e Pflicht, wo immer man ihn hinstellt** he does his duty wherever he is placed. **2.** (*abstellen*) put (*od.* set) down. **3.** *colloq.* (*Haus etc*) raise, build. **4.** *fig.* **et. (j-n) als et. ~** a) make s. th. (s. o.) out (*od.* appear) to be s. th., describe (*od.* represent) s. th. (s. o.) as s. th., b) *als Vorbild etc*: hold s. th. (s. o.) up as s. th.; **j-n als falsch ~** *a.* say of s. o. that he is false; **sie stellen die Sache so hin, als ob** they make it appear as though (*od.* if); **j-n als Beispiel ~** hold s. o. up as an example. **II** *v/reflex* **sich ~** **5.** place (*od.* plant) o. s. there, stand there; **sich vor j-n ~** a) place (*od.* plant) o. s. in front of (*od.* before) s. o., b) *fig.* shield s. o.; **sich gerade ~** stand up straight. **6.** *fig.* **sich als et. ~** make o. s. out (*od.* claim) to be s. th., *fälschlich*: *a.* pose as s. th. **~ˌster·ben** *v/i* ⟨*irr, sep*, -ge-, sein⟩ die (away). **~ˌsteu·ern I** *v/t* ⟨*sep*, -ge-, h⟩ **1.** (*Schiff etc*) steer *s. th.* there (*od.* **auf** *acc*, **nach** to). **II** *v/i* **2.** ⟨sein⟩ **auf e-e Sache ~** *a. fig.* steer toward(s) s. th., make (*od.* head) for s. th. **3.** ⟨h⟩ *fig.* **auf e-e Sache ~** be driving (*od.* aiming) at s. th. **~ˌstre·ben** *v/i* ⟨*sep*, -ge-, sein *u.* h⟩ **1.** ⟨sein⟩ **nach** (*od.* **zu**) **e-m Ort ~** make (*od.* head) for a place. **2.** ⟨h⟩ *fig.* **auf** (*acc*) (*od.* **nach**) **et. ~** a) strive for (*od.* after) s. th., b) (*tendieren, a. phys.*) tend (*od.* gravitate) toward(s) s. th. **~ˌstrecken** (*getr.* -k·k-) **I** *v/t* ⟨*sep*, -ge-, h⟩ **1.** stretch out, hold out, extend (**j-m die Hand** *etc* one's hand, *etc* to s. o.). **2.** *fig. lit.* strike *s. o.* down, fell, (*töten*) *a.* kill. **II** *v/reflex* **sich ~** **3.** stretch (o. s.) out, lie down (full length). **4.** → **erstrecken** 1, 2. **~ˌstrei·chen** *v/i* ⟨*irr, sep*, -ge-, h *u.* sein⟩ **1.** ⟨h⟩ (**mit der Hand**) **über e-e Sache ~** run (*od.* slide, pass) (one's hand) over s. th. **2.** ⟨sein⟩ **über e-e Sache ~** *Vogel etc*: sweep over s. th. **~ˌströ·men** *v/i* ⟨*sep*, -ge-, sein⟩ *Menschen*: stream (*od.* flock, throng) there. **~ˌstür·zen** *v/i* ⟨*sep*, -ge-, sein⟩ **1.** → **hinfallen** 1. **2.** (*hineilen*) rush (*od.* dash) (there) (*od.* **nach, zu** toward[s]).

hint'an|ˌset·zen [hɪnt'ˀan-] *v/t* ⟨*sep*, -ge-, h⟩ *lit.* **1.** put *one's personal wishes, etc* last, set *s. th.* aside. **2.** (*vernachlässigen*) neglect. **3.** (*ignorieren*) ignore, disregard. **4.** (*benachteiligen*) discriminate against. ≈**ˌset·zung** *f* ⟨-; *no pl*⟩ **1.** putting *s. th.* last; **unter ~ s-r persönlichen Wünsche** putting his personal wishes last, disregarding his own personal wishes. **2.** neglect. **3.** disregard. **4.** discrimination (*gen* against, of). **~ˌste·hen** *v/i* ⟨*irr, sep*, -ge-, h *u.* sein⟩ *fig. lit.* take last (*od.* second) place, come last (*od.* second). **~ˌstel·len** *v/t* ⟨*sep*, -ge-, h⟩ *lit.* → **hintansetzen.** ≈**ˌstel·lung** *f* ⟨-; *no pl*⟩ → **Hintansetzung.**

hin·ten ['hɪntən] *adv* **1.** at the back (*od.* rear), (*im Hintergrund*) in the background, (*am Ende*) at the rear, rearmost; **~ im Garten** at the back of the garden; **~ im Buch** at the back (*od.* end) of the book; **~ im Auto sitzen** sit in the back (*od.* rear) of the car; **stellen Sie sich bitte ~ an!** join the (end of the) queue (*od.* line), please!; **sein Büro liegt ganz ~** his office is right (*od.* way) at the back. **2. nach ~** a) to the back (*od.* rear), b) backward(s), c) (*zurück*) back; **er lief nach ~** he ran to the back; **die Zimmer gehen nach ~ hinaus** the rooms are at the back (*od.* rear) (of the house), the rooms face the back; **mit e-m Blick nach ~** looking back (*od.* behind); **der Stuhl kippte nach ~ um** the chair fell over backward(s). **3. von ~** a) (*attack, recognize, shoot, etc*) from the back (*od.* rear), from behind, b) (*do, spell, etc*) backward(s); **das zweite Haus von ~** the second house from the back; → *a.* **vorn**[1] 1. **4.** (*im Hintergrund*) in the background, at the back. **5.** *mar.* aft. **6.** *fig. colloq.* **ich sehe ihn am liebsten von ~** I'm always glad to see the back of him; **was ~ draufkriegen** get a spanking; **~ und vorn** left and right, all around; **er läßt sich von ihr von ~ und vorn bedienen** he lets her wait on him hand and foot; **sie betrügt ihn ~ und vorn** she cheats him right and left (*od.* left, right, and centre); **mein Geld reicht weder ~ noch vorn** I can't make ends meet; **das stimmt ~ und vorn nicht** that's wrong from A to Z; **daß ich nicht mehr wußte, wo ~ und vorn ist** that I didn't know which end was up; **Herr Professor ~, Herr Professor vorn** yes Professor, no Professor; anything you say, Professor; → **hineinkriechen.**

'hin·ten'an *adv* behind, at the back (*od.* rear). **~ˌset·zen, ~ˌstel·len** *v/t* ⟨*sep*, -ge-, h⟩ → **hintansetzen.**

'hin·ten'drein *adv* afterward(s).

'hin·ten|her|ˌum [-hɛˌrʊm] *adv colloq.* **1.** from the back (*od.* rear); **Sie müssen ~ gehen** you must go (a)round to the back. **2.** *fig.* **ich erfuhr es ~** I heard it in a roundabout way; **sich et. ~ verschaffen, et. ~ bekommen** (*Waren*) a) *illegal*: get s. th. under the counter, b) *durch List*: wangle s. th.; **j-m et. ~ sagen** tell s. o. s. th. on the quiet. **~ˌhin** *adv* to the back (*od.* rear).

'hin·ten'nach *adv* → **hinterher.**

'hin·ten'über *adv* backward(s). **~ˌfal·len** *v/i* ⟨*irr, sep*, -ge-, sein⟩ fall over backward(s).

hin·ter ['hɪntər] *prep* **I** ⟨*dat*⟩ **1.** *örtlich*: behind; **~ dem Haus** behind (*od.* at the back of) the house, *Am. a.* in back of (*od. colloq.* back of) the house; **~ dem Baum hervor** from behind the tree; **j-n ~ sich lassen** a) leave s. o. behind, b) *bei Wettrennen etc*: leave s. o. behind, outdistance s. o.; **~ j-m herrufen** call after s. o.; → **zurückbleiben.** **2.** *zeitlich*: behind; **s-e Schulzeit liegt weit ~ ihm** his schooldays are far behind him; *der Zug ist* **zehn Minuten ~ der Zeit** ten minutes behind time. **3.** *örtlich od. zeitlich*: (*nach*) behind, after; **einer ~ dem anderen** one after the other; **er kam gleich ~ dir** he came close behind (*od.* right after) you; **schließ die Tür ~ dir** close the door behind (*od.* after) you. **4.** *fig. mit Verben*: **et. ~ sich haben** have s. th. behind one, be through with s. th.; **er hat schon viel ~ sich** he has been through a lot; **ich möchte es ~ mir haben** I want to get it over with, I'd like to have it over (and done) with; **er hat e-e schwere Krankheit ~ sich** he has just got over a serious illness; **das Schlimmste haben wir ~ uns** we've got the worst part behind us, we're out of the woods now; **j-n ~ sich haben** have s. o. behind one, be backed by s. o.; **~ j-m stehen** be behind s. o., back (*od.* support) s. o.; **sich ~ j-n stellen** back s. o.

(up); *colloq.* **sich ~ j-n stecken** get behind s. o., work on s. o.; **j-n (et.) ~ sich lassen** leave s. o. (s. th.) behind (one); **~ der Sache steckt et. anderes** there is s. th. else behind (*od.* at the back of, at the bottom of) the matter; **~ der Sache steckt mehr als man annimmt** there is more to it than meets the eye; **~ j-m (et.) her sein** be after s. o. (s. th.); **wie wild ~ et. her sein** be dead set on s. th., *Am. sl.* be hell-bent for s. th.; → **zurückbleiben** 2, **zurückstehen** 2. **5.** *med.* **~ der Brust** postpectoral; **~ dem Gaumen** postpalatal. **6.** *mar.* (*achter*) abaft. **II** ‹*acc*› **7.** *örtlich*: behind; **~ das Haus gehen** go behind (*od.* to the back of) the house; **sieh ~ dich!** look behind you. **8.** (*nach*) behind, after. **9.** *fig.* **et. ~ sich bringen** get s. th. over, get through with s. th.; *Distanz, Strecke*: cover; **sich ~ die Arbeit machen** get (*od.* buckle down) to work; **sich ~ et. machen** get down to s. th., tackle s. th.; **~ et. kommen** find s. th. out, (*verstehen*) *a.* get the hang of s. th., (*Rätsel etc lösen*) solve s. th., puzzle s. th. out. **10.** *mar.* abaft. **III** *adv* **11.** *bes. Southern G.* back; **er ging ~ in den Garten** he went to the back of the garden. **12.** *colloq.* (*in den Magen*) down (the hatch). **IV** *adj* **13.** → **hintere, hinterst.**

ˈHin·ter|ˌachsˌanˌtrieb *m mot.* rear-axle drive. **~ˌach·se** *f* **1.** *mot.* rear axle. **2.** *rail.* trailing axle. **~ˌanˌsicht** *f* back (*od.* rear) view. **~ˌar·bei·ten** *n tech.* relieving, backing off. **~ˌaus·ˌgang** *m* rear exit. **~ˌbacke** (*getr.* **-k·k-**) *f* **1.** buttock. **2.** *zo.* hindquarter. **~ˌbänk·ler** [-ˌbɛŋklər] *m* ‹-s; -› *parl.* backbencher. **~ˌbein** *n* hind leg; **sich auf die ~e stellen** a) *Tier*: rise on the hind legs, *bes. Pferd*: rear, b) *fig. colloq.* stand on one's hind legs, put up a fight.

ˌhin·ter|ˈblei·ben *v/i* ‹*irr, insep, no* **-ge-, sein**› be left behind, remain; **vier Söhne sind hinterblieben** he (*od.* she, they) left four sons (behind). **~ˈblie·ben** *pp u. adj Kinder*: remaining, surviving. **≗ˈblie·be·ne** *m, f* ‹-n; -n› a) person (who is) left behind, b) *jur.* surviving dependant (*od.* dependent), survivor; **die (trauernden) ~n** *pl* the bereaved (family).

ˌHin·terˈblie·be·nen|ˌren·te *f* survivors' (*od.* surviving dependants') pension (*od.* annuity). **~verˌsor·gung** *f* provision for surviving dependants.

ˈhin·terˌbrin·gen¹ *v/t* ‹*irr, sep,* **-ge-, h**› take (*od.* carry) *s. th.* to the back.

ˌhin·ter|ˈbrin·gen² *v/t* ‹*irr, insep, no* **-ge-, h**› **j-m et. ~** inform s. o. of s. th. (secretely), pass s. th. on to s. o., *bes. der Polizei etc*: *colloq.* tip s. o. off about s. th. **≗ˈbrin·ger** *m* ‹-s; -› informer, telltale. **≗ˈbrin·gung** *f* ‹-; *no pl*› **1.** informing. **2.** information.

ˈHin·ter|ˌbüh·ne *f thea.* backstage; **auf der ~** upstage. **~ˌdeck** *n mar.* afterdeck. **~ˌdrehˌbank** *f* ‹-; ¨-e› backing-off lathe.

ˌhin·ter|ˈdre·hen *v/t* ‹*insep, no* **-ge-, h**› *tech.* back off, relieve. **~ˈdrein** *adv* → hinterher. **~ˈdrein ...** → **hinterher ...**

ˈhin·te·re *adj* ‹*no comp*; **hinterst**› **1.** back, rear; **die ~n Bänke** the back benches, the benches at the back (*od.* rear); *mar.* **e-e ~e Luke** an after hatchway; **im ~n Zimmer** in the back room; **die ~n Räder des Wagens** the rear wheels of the car. **2.** *von Paaren*: hind; **die ~n Beine** the hind legs. **3.** *anat.* posterior; **der ~ Teil des Schädels** the posterior part of the skull; **die ~n Zähne** the back teeth.

ˈHin·te·re¹ *m, f* ‹-n; -n› person at the back (*od.* rear); **die ~n konnten nichts sehen** those at the back (*od.* end) could not see anything. **ˈHin·te·re²** *m* ‹-n; -n› *colloq.* → **Hintern.**

ˌhin·terˌeinˈan·der *adv* **1.** *räumlich*: one behind (*od.* after) the other; → *a.* **hintereinandergehen** (*etc*). **2.** *zeitlich*: a) in succession, consecutively; **drei Tage ~** three days running (*od.* in a row), three successive days; **er gewann dreimal ~** he won three times running (*od.* in succession), b) (*ohne Unterbrechung*) on end, at a stretch, in a row; **er arbeitete mehrere Stunden ~ daran** he worked on it for several hours at a stretch, c) (*abwechselnd*) in (*od.* by) turns; **et. ~ tun** do s. th. in turns, take turns in doing s. th. **3.** → **nacheinander.** **~ˌbrin·gen** *v/t* ‹*irr, sep,* **-ge-, h**› *fig. colloq.* **zwei Freunde ~** set two friends by the ears. **~ˌge·hen** *v/i* ‹*irr, sep,* **-ge-, sein**› walk one behind the other, walk in single (*od.* Indian) file, *a.* file (in, out, *etc*). **~ˌkom·men** *v/i* ‹*irr, sep,* **-ge-, sein**› **1.** come one behind (*od.* after) the other. **2.** *fig. colloq.* (have a) quarrel. **~ˌschal·ten** *v/t* ‹*sep,* **-ge-, h**› *electr.* connect (*things*) in series. **≗ˌschal·tung** *f* **1.** *electr.* series connection. **2.** *tech.* tandem connection (*od.* arrangement). **~ˌweg** [-ˌvɛk] *adv colloq.* without stopping (*od.* a break), at one go.

ˈHin·ter|ˌeinˌgang *m* rear entrance. **~ˌfeld** *n Tennis*: back court. **~ˌfin·ne** *f ichth.* anal fin. **~ˌflü·gel** *m* a) hind (*od.* posterior) wing, b) *bei Käfern*: underwing, c) *bei Schmetterlingen*: secondary. **≗ˌfot·zig** *adj colloq.* sneaky (*cf.* **hinterlistig**). **≗ˈfra·gen** [ˌhɪntər-] *v/t* ‹*insep, no* **-ge-, h**› scrutinize (closely), query. **~ˌfuß** *m* hind foot. **~ˌgau·men** *m anat.* soft palate. **~ˌgau·menˌlaut** *m ling.* velar. **~geˌbäu·de** *n* back building (*od.* premises *pl*). **~geˌdan·ke** *m* ulterior motive, arrière-pensée; **schmutzige ~n** dirty thoughts; **ohne ~n** quite innocently; **das war wohl sein ~** that may have been at the back of his mind.

ˈhin·terˌge·hen¹ *v/i* ‹*irr, sep,* **-ge-, sein**› *colloq.* go to the back, go behind.

ˌhin·ter|ˈge·hen² *v/t* ‹*irr, insep, no* **-ge-, h**› **j-n ~** cheat (*od.* deceive, *colloq.* double-cross) s. o.; **man hat dich hintergangen** you've been tricked (*od. sl.* had); **den Zoll ~** cheat the customs; *cf.* **betrügen.** **≗ˈge·hung** *f* ‹-; **-en**› deception, cheating.

ˈhin·terˌgie·ßen *v/t* ‹*irr, sep,* **-ge-, h**› *colloq.* → **hinterkippen.**

ˌHin·terˈglas·ma·leˌrei *f* verre églomisé.

ˈHin·ter|ˌgrund *m* **1.** *allg., a. paint. u. fig.* background; **den ~ zu e-r Sache bilden** form the background of s. th., serve as a background (*fig. a.* foil) to s. th.; *fig.* **die (wahren) Hintergründe** *e-r Tat etc*: the background of, the (true) facts about, what is behind (*a deed, etc*); **die Handlung des Romans spielt vor** (*od.* **auf**) **dem ~ des Krimkrieges** the Crimean War forms the background of the novel('s action); **der Mord hat e-n politischen ~** (*od.* **politische Hintergründe**) the murder has a political background. **2.** *thea.* a) back(ground), b) (*gemalter Vorhang*) backdrop, backcloth; **szenischer ~** background setting; *fig.* **j-n (et.) in den ~ drängen** thrust (*od.* push) s. o. (s. th.) into the background, **j-n** *bei e-m Gespräch etc*: *a.* upstage s. o.; **in den ~ treten** recede into the background, *Probleme etc*: *a.* pale into insignificance; **sich im ~ halten** keep (*od.* stay) in the background, *bescheiden*: *a.* be self-effacing; **im ~ stehen** (*od.* **bleiben**) stay in the background, take a back seat. **≗ˌgrün·dig** [-ˌɡrʏndɪç] *adj* **1.** (*rätselhaft*) enigmatic(al), cryptic, inscrutable; **~es Lächeln** cryptic smile. **2.** (*verborgen*) hidden, secret (*intentions, etc*). **3.** (*tief*) profound. **4.** (*fein*) subtle (*humo[u]r, etc*). **5.** (*schlau*) sly. **~ˌgrund·muˌsik** *f* background music. **~ˌhach·se** *f* **1.** *zo.* hind hock. **2.** *gastr.* hind knuckle. **~ˌhalt** *m* ‹-(e)s; **-e**› *a. fig.* ambush, (*Falle*) trap; **im ~ liegen** lie in ambush (*od.* wait); **sich in den ~ legen** lie down in ambush; **in e-n ~ geraten** fall into an ambush; **aus dem ~ angegriffen werden** be ambushed; **j-n aus dem ~ überfallen** ambush s. o. **≗ˌhäl·tig** [-ˌhɛltɪç] *adj* **1.** insidious, perfidious, underhand(ed); → *a.* **hinterlistig. 2.** malicious. **~ˌhäl·tig·keit** *f* ‹-; *no pl*› **1.** insidiousness, perfidy, treachery. **2.** maliciousness. **~ˌhand** *f* ‹-; *no pl*› **1.** *des Pferdes etc*: hindquarter. **2.** *Kartenspiel*: youngest hand; **in der ~ sein** (*od.* **sitzen**) be the youngest hand; *fig.* **er hat (noch) et. in** (*od.* **auf**) **der ~** he has s. th. up his sleeve. **~ˌhaupt** *n anat.* back of the head, occiput. **~ˌhaus** *n* **1.** rear building, house at the back. **2.** back (part) of the house.

ˌhin·terˈher *adv* **1.** *örtlich*: behind, after. **2.** *zeitlich*: afterward(s), after (that), subsequently, later; **es auf ~ verschieben** postpone it till afterward(s). **3.** *fig.* (*wenn es passiert ist*) a) afterwards, after the fact (*od.* event), b) when it is (*od.* was) too late; **~ ist man immer klüger als vorher** hindsight is easier than foresight, *a.* that's hindsight! **4.** → **hinterhersein.** **~ˌge·hen** *v/i* ‹*irr, sep,* **-ge-, sein**› **1.** (**j-m**) **~** go (*od.* walk) behind (s. o.), *als Letzter*: *a.* bring up the rear. **2.** (*folgen*) follow, **j-m**: *a.* go after s. o., (*beschatten*) tail s. o. **~ˌhin·ken** *v/i* ‹*sep,* **-ge-, sein**› **1.** limp behind; **er hinkte hinterher** he limped behind (*od.* after them). **2.** *fig. colloq.* lag behind, be behind(hand); **hinter der allgemeinen Entwicklung ~** lag behind the general development. **~ˌkom·men** *v/i* ‹*irr, sep,* **-ge-, sein**› **1.** come behind. **2.** (*folgen*) follow (*a. fig.*). **~ˌlau·fen** *v/i* ‹*irr, sep,* **-ge-, sein**› **1.** → **hinterherrennen. 2.** → **hinterhergehen. 3.** *fig. colloq.* **j-m ~** run after s. o. **~ˌren·nen** *v/i* ‹*irr, sep,* **-ge-, sein**› run behind; **j-m ~** a) run behind s. o., b) (*verfolgen*) run after s. o. **~ˌschrei·en** *v/t* ‹*irr, sep,* **-ge-, h**› **j-m (et.) ~** shout (*od.* yell) (s. th.) after s. o. **~ˌsein** *v/i* ‹*irr, sep,* **-ge-, sein**› *colloq.* **~, daß** see to it that.

ˈHin·ter|ˌhirn *n anat.* afterbrain, metencephalon. **~ˌhof** *m* backyard. **~ˌkan·te** *f* **1.** rear edge. **2.** *aer.* trailing edge. **~ˌkeu·le** *f gastr.* hind leg; **~n** rump *sg.* **≗ˌkip·pen** *v/t* ‹*sep,* **-ge-, h**› *colloq.* **e-n ~** hoist (*od.* down) one, have a drink. **~ˌkip·per** *m tech.* end tipper, end-dump truck. **~ˌkopf** *m* back of the head, occiput. **~ˌla·der** *m hist.* breechloader. **~ˌla·ger** *n tech.* rear bearing. **~ˌland** *n* ‹-(e)s; *no pl*› hinterland, up-country.

ˈhin·terˌlas·sen¹ *v/t* ‹*irr, sep,* **-ge-, h**› *colloq.* **j-n ~** let s. o. go (*od.* pass) behind.

ˌhin·ter|ˈlas·sen² **I** *v/t* ‹*irr, insep, no* **-ge-, h**› **1.** *nach dem Tode*: leave, *testamentarisch*: *a.* bequeath (**j-m et.** s. th. to s. o.); **er hinterläßt (e-e) Frau und vier Kinder** he leaves a wife and four children (behind [him]); **ein (kein) Testament ~** leave a (no) will, *jur.* die testate (intestate). **2.** *fig.* (*überliefern*) leave, *lit.* bequeath. **3.** (*zurücklassen*) leave (behind); **k-e Spuren ~** leave no traces (behind); *fig.* **e-n guten Eindruck ~** leave a good impression; **e-e**

Nachricht ~ leave a message, leave word. **II** *pp of* **hinterlassen**². **III** *adj* **4.** *Werke etc*: posthumous. **≈ˈlas·se·ne** *m, f* ⟨-n; -n⟩ → **Hinterbliebene.** **≈ˈlas·sen·schaft** *f* ⟨-; -en⟩ **1.** a) *jur.* property left (behind), estate, assets *pl*, b) *humor.* (*s. o.'s*) leftovers *pl*, what *s. o.* has left behind; **j-s ~ antreten** a) succeed to s. o.'s estate, b) *fig. humor.* take over s. o.'s job. **2.** *fig.* heritage, bequest. **≈ˈlas·sung** *f* ⟨-; *no pl*⟩ **1.** leaving (behind); **unter ~ e-r Familie (von Schulden)** leaving a family (unsettled debts) behind (him); **er starb ohne ~ e-s Testaments** he died without leaving a will, *jur.* he died intestate. **2.** *jur.* bequest.

ˈhin·ter|ˌla·stig [-ˌlastɪç] *adj* **1.** *aer.* tail-heavy. **2.** *mar.* stern-heavy. **≈ˌlauf** *m hunt.* hind leg.

ˌhin·ter|ˈle·gen I *v/t* ⟨*insep, no* **-ge-**, **h**⟩ **1.** *econ. jur.* **et.** (*Geld, Urkunde etc*) **(bei j-m) ~** deposit s. th. (with s. o.), (*Güter*) *a.* bail (*goods*) (to s. o.); **et. als Pfand** (*od.* **Sicherheit**) **~** deposit s. th. as a security; **hinterlegte Gelder** deposits. **2.** *zur Verwahrung etc*: leave *s. th.* (in safe custody *od.* in trust). **3.** *bes. tech.* back. **II ≈** *n* ⟨-s⟩ **4.** depositing. **5.** → **Hinterlegung** 2. **≈ˈle·ger** *m* ⟨-s; -⟩ *econ. jur.* depositor. **≈ˈle·gung** *f* ⟨-; *no pl*⟩ **1.** → **hinterlegen** 4. **2.** *econ. jur.* a) *e-r Sicherheit, von Geld etc*: deposit (→ *a.* **Hinterlegungssumme**), b) *von Gütern etc*: bailment; **j-n gegen ~ e-r Kaution freilassen** release s. o. on bail; **gegen ~ e-s Pfandes** on depositing a security.

ˌhin·terˈle·gungs|ˌfä·hig *adj econ.* depositable. **≈ˌgel·der** *pl econ.* **1.** deposited funds, deposits. **2.** *bei Treuhänderschaft*: trust moneys (*od.* monies, funds). **≈ˌschein** *m* certificate of deposit. **≈ˌstel·le** *f* **1.** depository. **2.** (*Amt*) public trust office. **≈ˌsum·me** *f econ.* **1.** sum deposited, *jur. a.* sum paid into court (as a security). **2.** *im Effektenhandel*: margin.

ˈHin·terˌleib *m zo.* a) hind quarters *pl*, b) *bes. von Insekten*: abdomen.

ˈHin·terˌleibs|ˌring *m zo.* abdominal segment. **~ˌschild** *m* abdominal tergite.

ˈHin·ter|ˌlist *f* ⟨-; *no pl*⟩ **1.** (*Verschlagenheit*) craftiness, deceit(fulness), artfulness. **2.** (*Tücke*) insidiousness, underhandedness, treachery. **3.** (*Trick, List*) (underhanded) trick, dodge. **4.** (*Falle*) trap. **≈ˌli·stig** *adj* **1.** (*verschlagen*) artful, cunning, crafty, wily. **2.** (*tückisch*) insidious, perfidious, underhand(ed), treacherous; *humor.* **et. zu ~en Zwecken verwenden** use s. th. as toilet paper. **~ˌli·stig·keit** *f* ⟨-; *no pl*⟩ → **Hinterlist** 1, 2.

hin·term [ˈhɪntərm] *colloq. for* **hinter dem.**

ˈHin·ter|ˌmann *m* ⟨-(e)s; ≃er⟩ **1.** man behind (me, him, *etc*). **2.** *mil.* rear-rank man. **3.** *mar.* ship next astern. **4.** *econ.* a) backer, b) *e-s Wechsels*: subsequent endorser. **5.** *meist pl fig.* brain, (*the*) real brain behind it, instigator, mastermind, (*Drahtzieher*) wirepuller. **~ˌmann·schaft** *f Sport*: defen/ce (*Am.* -se).

hin·tern [ˈhɪntərn] *colloq. for* **hinter den.**

ˈHin·tern *m* ⟨-s; -⟩ *colloq.* bottom, backside, behind, bum, fanny, *Am. a.* ass, can; **er versohlte s-m Sohn den ~** he smacked his son's bottom, he spanked his son; → *a.* **Arsch.**

ˈHin·ter|ˌpfor·te *f* back gate. **~ˌpfo·te** *f* hind paw. **~quarˌtier** *n colloq.* → **Hintern.**

ˈHin·terˌrad *n* **1.** *tech.* rear (*od.* back) wheel. **2.** *rail.* trailing wheel. **~ˌan·ˌtrieb** *m* rear (wheel) drive. **~ˌauf·ˌhän·gung** *f* rear (wheel) suspension. **~ˌbrem·se** *f* rear (wheel) brake. **~ˌga·bel** *f am Fahrrad*: bottom fork, chain stay.

ˈHin·terˌrei·fen *m tech.* rear tyre (*Am.* tire).

ˈhin·terˌrücks [-ˌrʏks] *adv* **1.** from behind; **j-n ~ angreifen** attack s. o. from behind (*od.* the back). **2.** *fig.* from the (*od.* behind s. o.'s) back, insidiously; **sie hat ihn ~ verleumdet** she slandered him behind his back.

hin·ters [ˈhɪntərs] *colloq. for* **hinter das.**

ˈHin·ter|ˌsaß [-ˌzas] *m* ⟨-ssen; -ssen⟩, **~ˌsas·se** [-ˌzasə] *m* ⟨-n; -n⟩ *hist.* vavasour, rear vassal. **~ˌschiff** *n mar.* afterbody, stern. **≈ˈschlei·fen** [ˌhɪntər-] *v/t* ⟨*irr, insep, no* **-ge-**, **h**⟩ relief-grind. **≈ˌschlin·gen** *v/t* ⟨*irr, sep,* **-ge-**, **h**⟩ *colloq.* → **hinunterschlingen.** **≈ˌschlucken** (*getr.* **-k·k-**) *v/t* ⟨*sep,* **-ge-**, **h**⟩ *colloq.* swallow *s. th.* (down), gulp *s. th.* down. **~ˌse·gel** *n mar.* after sail. **~ˌsei·te** *f* **1.** *e-s Hauses, Schrankes etc*: back (side), rear side. **2.** (*Rückseite*) reverse. **≈ˌsin·nig** *adj* brooding, melancholy. **~ˌsitz** *m* back (*od.* rear) seat.

ˈhin·terst *sup of* **hintere** *u. adj* hindmost, backmost, rearmost, (*letzte*) last, back; **das ~e Ende** the very (*od.* tail) end; **wir saßen in der ~en Reihe** we sat in the back row. **ˈHin·ter·ste** *m, f* ⟨-n; -n⟩ hindmost, backmost; **die ~n** the people right at the back.

ˈHin·ter|ˌste·ven *m mar.* sternpost. **~ˌstu·be** *f* back room. **~ˌteil** *n* **1.** back (part), rear. **2.** *colloq.* → **Hintern. 3.** *zo.* a) rump, b) *e-s Vierfüßers*: hindquarter. **4.** *mar.* stern. **~ˌtref·fen** *n fig.* **ins ~ geraten** (*od.* **kommen**) a) fall (*od.* lag, get) behind, b) *weitS.* be put at a disadvantage, go to the wall; **er ist** (*od.* **befindet sich**) **mit s-n Studien im ~** he has fallen behind with his studies.

ˌhin·ter|ˈtrei·ben I *v/t* ⟨*irr, insep, no* **-ge-**, **h**⟩ (*vereiteln*) prevent, (*Pläne etc*) thwart, foil, frustrate, (*Gesetzgebung etc*) obstruct, *colloq.* torpedo. **II ≈** *n* ⟨-s⟩ preventing (*etc*). **≈ˈtrei·bung** *f* ⟨-; *no pl*⟩ **1.** → **hintertreiben** II. **2.** prevention, frustration, thwarting.

ˈHin·terˌtrep·pe *f* back stairs *pl.*

ˈHin·terˌtrep·pen|geˌflü·ster *n* backstair(s) gossip. **~li·te·raˌtur** *f* trashy literature. **~po·liˌtik** *f* backstairs politics *pl* (*als sg od. pl konstruiert*). **~roˌman** *m* penny dreadful, *Am.* dime novel.

ˌHin·terˈtup·fin·gen [-ˈtʊpfɪŋən] *n* ⟨-s; *no pl*⟩ *contp.* Podunk.

ˈHin·ter|ˌtür *f* back door, *fig. a.* loophole; **sich** (*dat*) **e-e ~ offenhalten** (*od.* **-lassen**) keep a back door open, leave o. s. a loophole (*od.* a way out); *fig. colloq.* **durch die ~** on the sly; **durch die ~ wiederkommen** *a. fig.* come in again by (*od.* at) the back door. **~ˌtür·chen** *n bes. fig. dim. of* **Hintertür.** **~ˌvier·tel** *n e-s Schlachttieres*: hindquarter. **~ˌwäld·ler** [-ˌvɛltlər] *m* ⟨-s; -⟩ *contp.* backwoodsman, country bumpkin, *colloq.* yokel, *Am. a.* hick. **≈ˌwäld·le·risch** *adj* backwoods ... **~ˌwand** *f* back (*od.* rear) wall. **≈ˌwärts** *adv archaic* backward(s), rearward(s).

ˌhin·ter|ˈzie·hen *v/t* ⟨*irr, insep, no* **-ge-**, **h**⟩ evade; **Steuern ~** evade taxes. **≈ˈzie·her** *m* ⟨-s; -⟩ *jur.* (tax) evader. **≈ˈzie·hung** *f* ⟨-; -en⟩ *von Steuern*: (tax) evasion.

ˈHin·ter|ˌzim·mer *n* back room. **~ˌzun·gen·voˌkal** *m ling.* back vowel.

ˈhin|ˌtra·gen *v/t* ⟨*irr, sep,* **-ge-**, **h**⟩ **et.** (**j-n**) **~** carry (*od.* take) s. th. (s. o.) there; **et. zu j-m ~** take s. th. to s. o. **~ˌträu·men** *v/i* ⟨*sep,* **-ge-**, **h**⟩ **vor** (*acc*) **sich ~** be daydreaming, be lost in reverie. **~ˌtre·ten** *v/i* ⟨*irr, sep,* **-ge-**, **sein**⟩ **1.** step, tread; **treten Sie dort hin!** stand over there! **2. vor j-n ~** step up to s. o., stand before s. o. **~ˌtun** *v/t* ⟨*irr, sep,* **-ge-**, **h**⟩ *colloq.* put *s. th.* (there); **wo soll ich es ~?** where shall I put it?; *fig.* **ich weiß nicht, wo ich ihn ~ soll** I can't place him.

hin·über [hɪˈnyːbər] *adv* over (there), across (there), to the other side; **über et. ~** over (*od. quer*: across) s. th.; **quer ~** (right) across; **nach England ~** over to England.

hinˈüber|ˌblicken (*getr.* **-k·k-**) *v/i* ⟨*sep,* **-ge-**, **h**⟩ (**zu** at) look (*od.* glance) over (*od.* across). **~ˌfah·ren I** *v/i* ⟨*irr, sep,* **-ge-**, **sein**⟩ **1.** go (*od.* travel) over (*od.* across); **nach Österreich ~** a) go over (*od.* take a trip) to Austria, b) *im eigenen Wagen*: drive over to Austria; **über die Grenze ~** go (*od.* travel) across (*od.* cross) the frontier. **II** *v/t* ⟨**h**⟩ **2. j-n ~** (**nach** to) drive (*od.* take, run) s. o. over (*od.* across). **3. et. ~** (**nach** to) take (*od.* carry, convey) s. th. over (*od.* across). **~ˌfüh·ren I** *v/t* ⟨*sep,* **-ge-**, **h**⟩ **1. j-n über e-e Sache ~** lead (*od.* take, see, guide) s. o. over (*od.* across) s. th. **2.** *math. auf die andere Seite e-r Gleichung*: transpose. **II** *v/i* **3.** *Brücke, Straße etc*: lead over (*od.* across). **4.** *fig.* **~ zu** *Gedanke etc*: border on, verge on (*od.* toward[s]). **~ˌge·hen** *v/i* ⟨*irr, sep,* **-ge-**, **sein**⟩ **1.** go (*od.* walk) over (*od.* across); **auf die andere Straßenseite ~** go (*od.* cross) over to the other side of the road, cross the road. **2.** → **hinüberführen** 3. **3.** *lit.* (*sterben*) pass away (*od.* on), die. **~ˌgrei·fen** *v/i* ⟨*irr, sep,* **-ge-**, **h**⟩ **1.** reach over (*od.* across). **2.** *fig.* extend over to. **~ˌhel·fen** *v/i* ⟨*irr, sep,* **-ge-**, **h**⟩ **j-m ~** help s. o. (to get) over (*od.* across). **~ˌkom·men** *v/i* ⟨*irr, sep,* **-ge-**, **sein**⟩ **1.** get over, get across; **über e-e Mauer ~** get over a wall. **2. zu j-m ~** *auf Besuch*: come over (to see s. o.). **~ˌlas·sen** *v/t* ⟨*irr, sep,* **-ge-**, **h**⟩ **j-n ~** allow s. o. to (*od.* let s. o.) go over (*od.* across). **~ˌrei·chen I** *v/t* ⟨*sep,* **-ge-**, **h**⟩ **j-m et. ~** pass (*od.* hand) s. th. over (*od.* across) to s. o. **II** *v/i* (**bis** to) *a. fig.* reach (*od.* extend) over (*od.* across). **~ˌschaf·fen** *v/t* ⟨*sep,* **-ge-**, **h**⟩ carry (*od.* move, get) *s. th.* over (*od.* across). **~ˌschie·ben** *v/t* ⟨*irr, sep,* **-ge-**, **h**⟩ **1.** push *s. th.* over (*od.* across). **2. j-m et. ~** (*Zettel etc*) slide (*od.* pass) s. th. over (*od.* across) to s. o. **~ˌschlum·mern** *v/i* ⟨*sep,* **-ge-**, **sein**⟩ *lit.* (*sterben*) pass away peacefully. **~ˌschwim·men** *v/i* ⟨*irr, sep,* **-ge-**, **sein**⟩ swim over (*od.* across) (**zu** to). **~ˌse·hen** *v/i* ⟨*irr, sep,* **-ge-**, **h**⟩ → **hinüberblicken.** **~ˌsein** *v/i* ⟨*irr, sep,* **-ge-**, **sein**⟩ *colloq.* a) (*tot*) be dead, be gone; **er ist hinüber** *a.* it's all over with him, b) (*betrunken*) be dead to the world, have passed out, c) (*eingeschlafen*) be fast asleep, d) (*kaputt*) be ruined, be bust, have had it, be no longer of use, e) *Lebensmittel*: have gone bad, be spoilt.

hinˈüberˌset·zen¹ **I** *v/t* ⟨*sep,* **-ge-**, **h**⟩ **1.** move *s. th.* over (*od.* across). **2.** → **übersetzen**² 1. **II** *v/reflex* **sich ~ 3.** sit over there; **ich würde mich lieber zu euch ~** I would rather sit over there with you. **III** *v/i* ⟨**sein**⟩ **4.** (*springen*) jump (*od.* leap) over (*od.* across). **5.** → **übersetzen**² 3. **ˈhinˌüberˌset·zen**² [-ˌʔyːbər-] *v/i* ⟨*sep, no* **-ge-**, **h**⟩ translate into the foreign language.

hinˈüber|ˌspie·len I *v/t* ⟨*sep,* **-ge-**, **h**⟩ **1.** *Sport*: **den Ball ~** (**zu** to) play (*od.* pass) the ball over (*od.* across). **II** *v/i* **2.**

ins Rote ~ have a tinge of red, verge on red. **3.** ins Komische (Tragische) ~ verge on the comic (tragic). **~ˌsprin·gen** *v/i* <*irr, sep,* -ge-, sein> **1.** jump (*od.* leap) over (*od.* across). **2.** *colloq.* run over, run across. **~ˌtra·gen** *v/t* <*irr, sep,* -ge-, h> j-n (et.) ~ (zu to) carry s. o. (s. th.) over (*od.* across). **~ˌwech·seln** *v/i* <*sep,* -ge-, sein> **1.** *auf andere Straßenseite etc*: move (*od.* change, go) over (*od.* across). **2.** *hunt.* (in ein anderes Revier) ~ *Wild*: move over (*od.* across) to another district. **3.** *fig.* change (*od.* switch, go) over (zu to); zu e-r anderen Partei (auf ein anderes Thema, in e-n anderen Beruf) ~ *a.* change parties (the topic, one's profession). **~ˌzie·hen I** *v/t* <*irr, sep,* -ge-, h> **1.** pull (*od.* draw, drag) *s. th.* over (*od.* across). **2.** *fig.* j-n zu sich ~ win s. o. over to one's side. **II** *v/i* <sein> **3.** über e-e Sache ~ go (*od.* pass, move) over (*od.* across) s. th., cross s. th. **4.** *in andere Wohnung*: move over (*od.* across).

ˈHin ˌund ˈHer, das <---> **1.** (*Bewegung*) the to-and-fro, the coming and going; das ~ e-r Menschenmenge the comings and goings *pl* of a crowd; dieses ständige ~ this continual coming and going. **2.** (*Diskussion*) argument, discussion; nach langem ~ after long (*od.* tedious) discussion(s).

ˌhin- ˌund ˈher·beˌwe·gen I *v/t* <*sep, no* -ge-, h> **1.** move *s. th.* to and fro (*od.* back and forth). **II** *v/reflex* sich ~ **2.** move to and fro (*od.* back and forth). **3.** *tech.* reciprocate, move up and down (*od.* backward[s] and forward[s]), alternate.

ˌHin- ˌund ˈHer·beˌwe·gung *f* **1.** to-and-fro (movement), back-and-forth movement (*od.* motion). **2.** *tech.* reciprocating (*od.* alternating) movement.

ˌhin- ˌund ˈherˌfah·ren *v/i* <*irr, sep,* -ge-, sein> **1.** go (*od.* travel, *im eigenen Wagen*: drive) to and fro (*od.* backward[s] and forward[s], back and forth). **2.** (*pendeln*) *Bus, Zug etc*: (zwischen between) shuttle, *a. Person*: commute. **ˌHin- ˌund ˈHerˌfahrt** *f* → Hin- und Rückfahrt.

ˌhin ˌund ˈher|ˌge·hen *v/i* <*irr, sep,* -ge-, sein> **1.** go (*od.* walk) to and fro (*od.* back and forth). **2.** *tech.* → hin- und herbewegen 3. **~ˌlau·fen** *v/i* <*irr, sep,* -ge-, sein> run to and fro (*od.* backward[s] and forward[s], back and forth).

ˌHin- ˌund ˈHer|ˌrei·se *f* → Hin- und Rückreise. **~ˌweg** *m* → Hin- und Rückweg.

ˌhin- ˌund ˈher|ˌwer·fen *v/t* <*irr, sep,* -ge-, h> (*Ball etc*) throw (*od.* toss) *s. th.* to and fro (*od.* back and forth); der Sturm warf das Schiff hin und her the ship was tossed about in the storm; sich (im Schlaf) ~ toss and turn.

ˌHin- ˌund ˈRück|ˌfahrˌkar·te *f Br.* return ticket, *Am.* round-trip ticket. **~ˌfahrt** *f* journey there and back, *Am.* round trip; was kostet die ~? how much is the return fare (*Am.* the round-trip fare)? **~ˌflug** *m* flight there and back, *Am.* round-trip flight. **~ˌrei·se** *f* journey there and back, *Am.* round trip. **~ˌweg** *m* way there and back.

ˌhin- ˌund zuˈrück... → hin- und her...

hin·un·ter [hɪˈnʊntər] *adv* down; die Treppe ~ down the stairs, downstairs; den Berg ~ down the mountain (*od.* hill), downhill; den Fluß ~ down the river, downstream; die Straße ~ down the street; da (*od.* dort) (hier) ~ down there (here), this (that) way; weiter ~ farther down; *colloq.* ~ damit! eat (*od.* drink) it up!, down with it!; *fig.* vom Direktor bis ~ zum Arbeiter from the director down to the labo(u)rer. **~beˌge·ben** *v/reflex* <*irr, sep, no* -ge-, h> sich ~ go down; sich die Treppe ~ go downstairs. **~beˌglei·ten** *v/t* <*sep, no* -ge-, h> j-n ~ accompany (*od.* see, show) s. o. down(stairs). **~beˌmü·hen** *v/t* <*sep, no* -ge-, h> *u.* sich ~ *v/reflex* → herabbemühen. **~ˌbeu·gen I** *v/t* <*sep,* -ge-, h> den Kopf ~ bend down one's head. **II** *v/reflex* sich ~ bend down (zu to). **~ˌblicken** (*getr.* -k·k-) *v/i* <*sep,* -ge-, h> **1.** look down. **2.** *fig.* → herabsehen 1. **~ˌbrin·gen** *v/t* <*irr, sep,* -ge-, h> **1.** et. ~ take (*od.* get) s. th. down; et. die Treppe ~ take s. th. downstairs. **2.** j-n ~ see (*od.* show, accompany) s. o. down(stairs). **3.** → Bissen 1. **~ˌfah·ren I** *v/i* <*irr, sep,* -ge-, sein> **1.** go (*od.* travel, *im eigenen Wagen*: drive) down. **II** *v/t* <h *u.* sein> **2.** <h> j-n (et.) ~ take (*od.* drive) s. o. (s. th.) down. **3.** <sein> den Berg ~ go down the mountain. **~ˌfal·len I** *v/i* <*irr, sep,* -ge-, sein> fall (*od.* tumble) down, *mit Gepolter*: crash down. **II** *v/t* (*Treppe etc*) fall down; die Treppe ~ fall down the stairs (*od.* downstairs). **~ˌflie·gen** *v/i u. v/t* <*irr, sep,* -ge-, sein *u.* h> **1.** fly down. **2.** *colloq. for* hinunterfallen. **~ˌfüh·ren I** *v/t* <*sep,* -ge-, h> j-n ~ lead (*od.* show, guide, conduct) s. o. down. **II** *v/i Straße etc*: (zu to) lead (*od.* run, go) down, descend. **~ˌge·hen I** *v/i* <*irr, sep,* -ge-, sein> **1.** go (*od.* walk) down. **2.** → hinunterführen II. **II** *v/t* **3.** (*Treppe etc*) go down; die Treppe ~ go down the stairs (*od.* downstairs). **~ˌgie·ßen** *v/t* <*irr, sep,* -ge-, h> **1.** pour *s. th.* down. **2.** *colloq.* → hinunterkippen. **~ˌhel·fen** *v/i* <*irr, sep,* -ge-, h> j-m ~ help s. o. down. **~ˌkip·pen** *v/t* <*sep,* -ge-, h> *colloq.* (*Schnaps etc*) down, toss off (*od.* down), knock back. **~ˌklet·tern I** *v/i* <*sep,* -ge-, sein> climb down; an e-m Baum ~ climb down a tree. **II** *v/t* e-n Baum ~ climb down a tree. **~ˌkol·lern** *v/i* <*sep,* -ge-, sein> *colloq.* roll down. **~ˌkom·men I** *v/i* <*irr, sep,* -ge-, sein> get down, descend. **II** *v/t* get down (*a mountain, etc*). **~ˌlas·sen I** *v/t* <*irr, sep,* -ge-, h> **1.** et. (an e-m Seil) ~ let s. th. down (*od.* lower s. th.) (on a rope). **2.** *colloq.* j-n ~ let s. o. go down. **II** *v/reflex* **3.** sich (an e-m Seil) ~ let o. s. down (*od.* lower o. s.) (on a rope). **~ˌlau·fen I** *v/t* <*irr, sep,* -ge-, sein> run down; die Straße ~ run down the street; Tränen liefen ihr die Wangen hinunter tears ran down her cheeks. **II** *v/i* run down. **III** *v/impers fig. colloq.* es lief ihm eiskalt den Rücken hinunter cold shivers ran down his spine. **~ˌrei·chen I** *v/t* <*sep,* -ge-, h> j-m et. ~ pass (*od.* hand) s. th. down to s. o. **II** *v/i* (bis zu to) reach (*od.* go) down. **~ˌren·nen** *v/i* <*irr, sep,* -ge-, sein> run down. **~ˌrol·len I** *v/i* <*sep,* -ge-, sein> **1.** roll down. **II** *v/t* <h *u.* sein> **2.** <h> roll *s. th.* down. **3.** <sein> den Hügel ~ roll down the hill. **~ˌru·fen I** *v/t* <*irr, sep,* -ge-, h> call (*od.* shout) *s. th.* down. **II** *v/i* zu j-m ~ call (*od.* shout) down to s. o. **~ˌrut·schen I** *v/i* <*sep,* -ge-, sein> **1.** slide down; auf dem Treppengeländer ~ slide down the banisters. **2.** *Strümpfe etc*: slip down. **II** *v/t* **3.** slide down; das Geländer ~ slide down the banisters. **~ˌschau·en** *v/i* <*sep,* -ge-, h> → herabsehen. **~ˌschlei·chen** *v/i* <*irr, sep,* -ge-, sein> *u.* sich ~ *v/reflex* <h> steal (*od.* creep, sneak) down (*od.* downstairs). **~ˌschlin·gen** *v/t* <*irr, sep,* -ge-, h> *colloq.* gulp down, bolt. **~ˌschlucken** (*getr.* -k·k-) *v/t* <*sep,* -ge-, h> **1.** swallow (*od.* gulp) *s. th.* (down). **2.** *fig. colloq.* (*hinnehmen, unterdrücken*) swallow. **~ˌse·hen** *v/i* <*irr, sep,* -ge-, h> → herabsehen. **~ˌsprin·gen** *v/i* <*irr, sep,* -ge-, sein> jump down; von et. ~ jump down from (*od.* off) s. th. **~ˌspü·len** *v/t* <*sep,* -ge-, h> *a. fig.* wash (*od.* swill) *s. th.* down; *colloq.* das Essen mit Bier ~ wash down one's food with beer. **~ˌstei·gen I** *v/t* <*irr, sep,* -ge-, sein> **1.** (*Berg, Baum etc*) climb down (*a tree, etc*). **2.** (*Treppe*) descend, go down(stairs). **II** *v/i* **3.** (von from) climb (*od.* go) down, descend. **~ˌstür·zen I** *v/t* <*sep,* -ge-, h *u.* sein> **1.** <sein> fall down (*the stairs, etc*). **2.** <sein> (*rennen*) race (*od.* rush, dash) down. **3.** <h> (*hastig trinken od. essen*) gulp down, (*Essen*) *a.* bolt (*one's food*), (*Getränk*) *a.* toss off. **II** *v/i* <sein> **4.** fall (*od.* tumble, crash) down. **III** *v/reflex* <h> sich ~ **5.** throw (*od.* fling, hurl) o. s. down. **~ˌwa·gen** *v/reflex* <*sep,* -ge-, h> sich ~ venture (to go) down, dare (to) go down. **~ˌwer·fen** *v/t* <*irr, sep,* -ge-, h> **1.** j-n (et.) ~ throw s. o. (s. th.) down; j-m den Schlüssel ~ throw the key down to s. o. **2.** *colloq.* (*fallen lassen*) drop. **~ˌwür·gen** *v/t* <*sep,* -ge-, h> *a. fig.* choke *s. th.* down. **~ˌzie·hen I** *v/t* <*irr, sep,* -ge-, h *u.* sein> **1.** <h> j-n (et.) ~ draw (*od.* pull, drag) s. o. (s. th.) down. **2.** <sein> move (*od.* march, troop) down; die Straße ~ march down the street. **II** *v/i* <sein> **3.** move (*od.* march, troop) down. **4.** *in tiefere Etage*: move down. **III** *v/reflex* <h> **5.** sich bis zu (*od.* an *acc*) et. ~ extend (*od.* stretch) down to s. th.

ˈhin|ˌwa·gen *v/reflex* <*sep,* -ge-, h> sich ~ venture (to go) there, dare (to) go there. **~ˌwärts** *adv* **1.** on the way there (*od.* out). **2.** that way. **⌒ˌweg** *m* way there (*od.* out); auf dem ~ on the way there.

hinˈweg [-ˈvɛk] *adv* **1.** *lit.* (*fort*) away, off; ~ (mit dir *od.* euch)! off with you!, begone! **2.** über e-e Sache ~ over (*od.* across) s. th.; über die Zeitung ~ konnte er alles beobachten he could watch everything over (*od.* from behind) his newspaper; *fig.* über j-s Kopf ~ Entscheidungen fällen make decisions over s. o.'s head. **3.** *fig.* über e-e Sache ~ sein a) be past s. th., b) *über e-e Enttäuschung etc*: have got over s. th.

hinˈweg|... → *a.* weg ..., fort ... **~ˌbrin·gen** *v/t* <*irr, sep,* -ge-, h> → hinweghelfen. **~ˌfe·gen** *fig.* **I** *v/i* <*sep,* -ge-, sein> **1.** über e-e Sache ~ *Sturm etc*: sweep over (*od.* across) s. th. **II** *v/t* <h> **2.** *lit.* (*rasch entfernen*) do away with, sweep away. **3.** → wegfegen. **~ˌge·hen** *v/i* <*irr, sep,* -ge-, sein> **1.** *fig.* a) über e-e Sache ~ pass over (*od.* ignore, disregard) s. th., lachend (gleichgültig): laugh (shrug) s. th. off, b) (*auslassen*) skip (over) s. th., elegant *od.* vorsichtig: skate over s. th. **2.** *fig.* über j-n ~ → übergehen[2] 2. **3.** *archaic for* weggehen 1. **~ˌglei·ten** *v/i* <*irr, sep,* -ge-, sein> → hingleiten. **~ˌhe·ben** *v/reflex* <*irr, sep,* -ge-, h> *obs.* hebe dich hinweg! begone! **~ˌhel·fen** *v/i* <*irr, sep,* -ge-, h> j-m über e-e Sache ~ *a. fig.* help s. o. (to get) over s. th.; *fig.* j-m über e-n Kummer ~ help s. o. to get over his (her) grief; dies wird uns über die kritische Zeit ~ this will tide us over (*od.* see us through) the critical time. **~ˌkom·men** *v/i* <*irr, sep,* -ge-, sein> über e-e Sache ~ *a. fig.* (*e-n Verlust etc*) get over s. th. **~ˌle·sen** *v/i* <*irr, sep,* -ge-, h> über e-e Sache ~ a) (*übersehen*) skip (over) s. th., miss (out) s. th., b) (*flüchtig lesen*) skim over s. th. **~ˌraf·fen** *v/t* <*sep,* -ge-, h> *lit.* j-n ~

Seuche, Tod etc: snatch s. o. away. **~ˌse·hen** *v/i* ‹*irr, sep*, -ge-, h› über e-e Sache (j-n) ~ a) see (*od.* look) over s. th. (s. o.), b) *fig.* overlook (*od.* disregard, ignore) s. th. (s. o.). **~ˌset·zen I** *v/i* ‹*sep*, -ge-, h *u.* sein› über e-e Sache ~ (*springen*) jump (*od.* leap) over s. th.; über ein Hindernis ~ jump (over) (*od.* clear) an obstacle. **II** *v/reflex* ‹h› *fig.* sich über e-e Sache ~ → hinweggehen 1. **~ˌtäu·schen I** *v/t* ‹*sep*, -ge-, h› j-n über e-e Sache ~ blind s. o. to s. th., delude s. o. as to s. th. **II** *v/i* (nicht) darüber (*od.* über die Tatsache) ~, daß (not to) obscure the fact that. **III** *v/reflex* täuschen wir uns nicht darüber hinweg, daß let us not be blind to the fact that. **~ˌtrö·sten** *v/t* ‹*sep*, -ge-, h› j-n über e-e Sache ~ console (*od.* comfort) s. o. in s. th.; sich (*acc*) über e-e Sache ~ console o. s. in s. th.

ˈHin|ˌweis *m* ‹-es; -e› (auf *acc*) **1.** (*Verweisung*) reference (to); unter ~ auf with reference to, referring to. **2.** a) (*Rat, Richtlinie*) advice (*od.* hint) (as to), b) (*Fingerzeig, Wink*) hint (*od.* tip, *colloq.* pointer) (as to, regarding), c) (*Anleitung*) instruction (*od.* direction) (for, concerning); (nützliche) ~e für Touristen (useful) hints (*od.* tips) for the tourist; ~e zur Benutzung directions for use. **3.** (*Information*) information (on, about), *pl* (*Einzelheiten*) *a.* details (of); sachdienliche ~e relevant information. **4.** (*Anhaltspunkt*) indication (of), clue (as to), line (on), *jur. a.* lead (to). **5.** (*Ankündigung*) notice (of), announcement (of). **6.** a) (*Anmerkung*) note (concerning), b) (*Bemerkung*) remark (on), comment (on). **7.** (*Anspielung*) allusion (to), hint (as to). **2ˌwei·sen I** *v/t* ‹*irr, sep*, -ge-, h› j-n auf e-e Sache ~ point out s. th. to s. o., draw (*od.* call) s. o.'s attention to s. th.; ich weise Sie darauf hin, daß I draw your attention to the fact that. **II** *v/i* auf e-e Sache ~ a) (*zeigen*) point to (*od.* at) s. th., *fig. Umstand*: *a.* indicate s. th., b) *fig.* (*zu verstehen geben*) point s. th. out, indicate (*od.* suggest) s. th., c) *fig.* (*verweisen*) refer to s. th., d) (*anspielen*) allude to s. th., hint at s. th.; darauf ~, daß point out that, nachdrücklich: stress (*od.* emphasize) s. th. **2ˌwei·send** *adj ling.* ~es Fürwort demonstrative pronoun.

ˈHinˌweis|ˌschild *n*, **~ˌta·fel** *f* signboard, (*Verkehrsschild*) informatory sign. **~ˌzei·chen** *n* directional sign.

ˈhin|ˌwel·ken *v/i* ‹*sep*, -ge-, sein› *a. fig.* fade (away), wither (away). **~ˌwen·den I** *v/reflex* ‹*bes. irr, sep*, -ge-, h› sich zu j-m ~ *a. fig.* turn to(wards) s. o.; ich wußte nicht, wo ich mich ~ sollte I didn't know which way to turn. **II** *v/t* den Kopf (die Augen) zu j-m (et.) ~ turn one's head (direct one's eyes) toward(s) s. o. (s. th.). **~ˌwer·fen I** *v/t* ‹*irr, sep*, -ge-, h› **1.** throw s. th. (over); j-m et. ~ throw (*stärker*: hurl, toss, fling) s. th. (over) to s. o., throw s. o. s. th.; dem Hund e-n Knochen ~ throw a bone to the dog. **2.** et. (auf den Boden) ~ throw (*od.* fling, hurl) s. th. down; j-n ~ throw s. o. (down). **3.** *colloq.* (*fallen lassen*) drop. **4.** (*von sich werfen*) throw down (*one's pencil, etc*). **5.** *fig. colloq.* es (et.) ~ (*aufgeben*) chuck it (s. th.) (up). **6.** (*beiläufig äußern*) say *s. th.* casually, drop (*a word, remark*); hingeworfene Bemerkung casual remark. **7.** (*flüchtig zu Papier bringen*) dash (*od.* toss) off (*drawing, text, etc*). **II** *v/reflex* sich ~ **8.** throw o. s. down.

hinˈwie·der(·um) *adv* on the other hand, by the same token.

ˈhin|ˌwir·ken *v/i* ‹*sep*, -ge-, h› auf e-e Sache ~ work toward(s) s. th., use one's influence to bring s. th. about; könntest du nicht darauf ~, daß er mit uns kommt? couldn't you (use your influence to) make him come with us? **~ˌwol·len** *v/i* ‹*irr, sep*, -ge-, h› *colloq.* want to go there; wo willst du hin? where are you going?

Hinz [hɪnts] *npr m* ‹-; *no pl*› *colloq.* ~ und Kunz Tom, Dick and Harry, everybody.

ˈhin|ˌzäh·len *v/t* ‹*sep*, -ge-, h› count out (*money, etc*). **~ˌzau·bern** *v/t* ‹*sep*, -ge-, h› *colloq.* **1.** produce *s. th.* as if by magic, whip up; rasch ein herrliches Essen ~ whip up a marvel(l)ous meal (in a jiffy). **2.** → hinlegen 3. **~ˌzei·gen** *v/i* ‹*sep*, -ge-, h› point there; auf j-n (et.) ~ point at (*od.* to) s. o. (s. th.); → *a.* hinweisen. **~ˌzie·hen I** *v/t* ‹*irr, sep*, -ge-, h› **1.** pull (*od.* draw, drag) *s. th.* (over) there; j-n (et.) zu sich ~ draw s. o. (s. th.) toward(s) one. **2.** *fig.* (*verzögern*) draw (*od.* drag) out (*lawsuit, negotiations, etc*), protract, delay, string *s. th.* out. **II** *v/impers* **3.** es zieht ihn (unwiderstehlich) zu ihr hin he feels (irresistibly) attracted (*od.* drawn) to her. **III** *v/reflex* sich ~ **4.** *zeitlich*: drag on (über Wochen for weeks). **5.** *räumlich*: ([bis] zu to, as far as) extend, stretch. **6.** der Weg zieht sich am Flußufer hin the path runs along the riverbank. **IV** *v/i* ‹sein› **7.** *in e-e Stadt etc*: move there. **8.** *Vögel, Wolken etc*: move (*od.* drift) across (am Himmel the sky). **~ˌzie·len** *v/i* ‹*sep*, -ge-, h› **1.** auf e-e Sache ~ aim at s. th. **2.** *fig.* → abzielen. **~ˌzö·gern** *v/t* ‹*sep*, -ge-, h› → hinauszögern.

hinˈzu *adv* (*außerdem*) in addition, moreover, besides, (*obendrein*) *a.* into the bargain.

hinˈzu|... → *a.* dazu ... **~beˌkom·men** *v/t* ‹*irr, sep, no* -ge-, h› et. ~ a) get s. th. in addition, b) get some more of it, c) *beim Einkauf*: get s. th. free. **~ˌden·ken** *v/t* ‹*irr, sep*, -ge-, h› das muß man sich (*dat*) ~ you have to pretend that that is there, you have to imagine that. **~ˌdich·ten** *v/t* ‹*sep*, -ge-, h› et. (zu e-r Sache) ~ make s. th. up (and add s. th.) (to s. th.). **~ˌdrän·gen** *v/i* ‹*sep*, -ge-, sein› *u.* sich ~ *v/reflex* ‹h› press near, crowd (*od.* throng) (a)round. **~ˌei·len** *v/i* ‹*sep*, -ge-, sein› hurry there (*od.* to the scene). **~ˌfü·gen** *v/t* ‹*sep*, -ge-, h› **1.** *allg.* add (*dat* to); ich möchte noch ~, daß I'd like to add that; dem brauche ich wohl nichts hinzuzufügen no further comment is necessary. **2.** (*beilegen*) enclose, inclose, attach, add; *als Anhang*: append, annex. **2ˌfü·gung** *f* **1.** (*Vorgang*) adding, addition; unter ~ von a) by adding, with the addition of, b) *gastr.* while adding. **2.** (*Ergebnis*) addition. **~ˌge·ben** *v/t* ‹*irr, sep*, -ge-, h› add (*dat* to). **~geˌsel·len** *v/reflex* ‹*sep, pp* hinzugesellt, h› sich ~ join them (*od.* the others, *etc*); sich zu j-m ~ join s. o. **~ˌkau·fen** *v/t* ‹*sep*, -ge-, h› Aktien (*etc*) ~ buy (some) more (*od.* additional) shares (*etc*). **~ˌkom·men** *v/i* ‹*irr, sep*, -ge-, sein› **1.** come (along), appear (on the scene). **2.** es kamen noch 10 Personen hinzu they (*od.* we) were joined by ten more persons. **3.** *Gegenstände, Probleme etc*: be added; zu dem Geschenk wird noch ein weiteres ~ another present is still to come (*od.* will follow); dieser Umstand kommt noch erschwerend hinzu this circumstance comes as an additional difficulty; es kommen noch andere Gründe hinzu in addition (*od.* besides) there are other reasons, there are other reasons, too; hinzu kommt, daß add to this, in addition, what is more. **4.** *med. Komplikation etc*: supervene (zu on). **~ˌkom·mend** *adj* **1.** (*zusätzlich*) additional, further; noch ~e Ausgaben additional expenses. **2.** *med.* supervening. **~ˌle·gen** *v/t* ‹*sep*, -ge-, h› (et.) Geld ~ spend (*od.* pay, lay out, give, add) (some) more money. **~ˌneh·men, ~ˌrech·nen** *v/t* ‹*sep*, -ge-, h› (zu) add (to), include (in, among). **~ˌset·zen I** *v/t* ‹*sep*, -ge-, h› (*Bemerkung etc*) add. **II** *v/reflex* sich zu j-m ~ sit down with s. o., join s. o. **~ˌtre·ten** *v/i* ‹*irr, sep*, -ge-, sein› → hinzukommen. **~ˌtun I** *v/t* ‹*irr, sep*, -ge-, h› *colloq.* add. **II** 2 *n* ‹-s› ohne j-s 2 a) without anyone's help, all by o. s., b) (*von allein*) all by itself. **~ˌwäh·len** *v/t* ‹*sep*, -ge-, h› *pol. in e-n Ausschuß etc*: co(-)opt (in *acc* to). **~ˌzäh·len** *v/t* ‹*sep*, -ge-, h› **1.** (*Zahlen*) add. **2.** (*einschließen*) include, add, count *s. o., s. th.* in. **~ˌzie·hen** *v/t* ‹*irr, sep*, -ge-, h› call in (*a doctor, an expert, etc*), consult. **2ˌzie·hung** *f* ‹-; *no pl*› calling in ([of] *a doctor, etc*), consulting (*a specialist*), consultation; unter ~ von in consultation with.

Hi·ob [ˈhiːɔp] *npr m* ‹-s; *no pl*› *Bibl.* Job; das Buch ~ the book of Job.

ˈHi·obs|ˌbo·te *m* bearer of bad news (*od. lit.* ill tidings), Job's post. **~ˌbot·schaft, ~ˌpost** *f* bad (*od.* Job's) news *pl* (*als sg od. pl konstruiert*), *lit.* ill tidings *pl*.

Hip·pe[1] [ˈhɪpə] *f* ‹-; -n› **1.** bill(hook). **2.** *lit.* (*Sense des Todes*) scythe. **ˈHip·pe**[2] *f* ‹-; -n› *Middle G. for* Ziege 1.

hipp, hipp, hur·ra [ˌhɪpˌhɪphʊˈraː] *interj Sport*: hip, hip, hurrah.

Hip·pie [ˈhɪpi; ˈhɪpɪ] (*Engl.*) *m* ‹-s; -s› hippie, hippy.

Hip·po|drom [hɪpoˈdroːm] *m, n* ‹-s; -e› hippodrome. **~ˈgryph** [-ˈgryːf] *m* ‹-s *u.* -en; -e(n)› *lit.* hippogriff. **2ˈkra·tisch** [-ˈkraːtɪʃ] *adj* Hippocratic (*face, oath, etc*). **~loˈgie** [-loˈgiː] *f* ‹-; *no pl*› *zo.* hippology.

Hirn [hɪrn] *n* ‹-(e)s; -e› **1.** *anat.* brain, encephalon; zum ~ gehörig cerebral. **2.** *gastr.* brains *pl*. **3.** *fig.* (*Verstand*) brain(s *pl*), mind; sich (*dat*) das ~ zermartern rack one's brains; *colloq.* strenge dein ~ mal (ein bißchen) an! use your head (for a change)!

Hirn ... → *a.* Gehirn ...

ˈHirn|ˌanˌhang *m*, **~ˌanˌhangˌdrü·se** *f anat.* pituitary gland, hypophysis. **~ˌbruch** *m med.* encephalocele. **~ˌdurchˌblu·tung** *f* cerebral blood supply. **~geˌspinst** *n* **1.** figment of the mind, fantasy, chimera; das ist ein reines ~ that is mere fantasy. **2.** (*verstiegene Idee*) fancy, wild notion, pipe dream. **~ˌhaut** *f* → Gehirnhaut. **~ˌholz** *n* crosscut wood. **~ˌkam·mer** *f anat.* ventricle (of the brain). **~ˌka·sten** *m humor.* skull, head; der hat nichts im ~ he hasn't got any brains, he's a numbskull. **2los** *adj* **1.** *anat.* brainless, anencephalic. **2.** *fig. colloq.* brainless. **~lo·sig·keit** *f* ‹-; *no pl*› *a. fig. colloq.* brainlessness. **~ˌrin·de** *f* → Gehirnrinde. **2ˌris·sig** *adj fig. colloq.* → hirnverbrannt. **~ˌschä·del** *m*, **~ˌscha·le** *f anat.* brain pan, cranium. **~ˌschmalz** *n fig. humor.* brains *pl*. **~ˌstamm** *m* brain stem. **~ˌstiel** *m* (cerebral) peduncle. **~ˌstrom** *m* brain wave. **~ˌstromˌbild** *n* electroencephalogram. **~subˌstanz** *f* → Gehirnsubstanz. **~ˌsup·pe** *f gastr.* brain soup. **2verˌbrannt** *adj fig. colloq.* crazy, mad, crackbrained. **2verˌletzt** *adj* brain-injured. **~ˌwel·le** *f* brain wave. **~ˌzel·le** *f* brain cell.

Hirsch [hɪrʃ] *m* ⟨-es; -e⟩ **1.** *zo.* a) *allg.* stag (*engS. Männchen, meist über fünf Jahre alt*), *lit.* hart, b) (*Rot*♀) (red) deer. **2.** *hunt.* a) (*Gabler*) brocket, b) *im vierten Jahr*: staggard, staggart, c) *mit drei Enden*: stag; **ein kapitaler ~** a royal stag; **~ tot** (*Jagdsignal*) mort. **3.** *gastr.* venison. **4.** *fig. colloq.* **ein alter ~** an old hand; **ein toller ~** a devil of a fellow. **~ˌbrunft, ~ˌbrunst** *f* **1.** *hunt.* rutting season, rut of deer. **2.** *bot.* puffball. **~ˌfän·ger** *m* hunting knife, bowie knife. **~ˌflech·te** *f bot.* Iceland moss, cetraria. **~ˌgar·ten** *m* deer park. **♀geˌrecht** *adj Jäger*: skilled in deer hunting. **~geˌweih** *n* **1.** antlers *pl.* **2.** *her.* attire. **~geˌweih·koˌral·le** *f zo.* staghorn coral.

ˈHirschˌhorn *n* staghorn, buckhorn. **~ˌfarn** *m bot.* staghorn fern. **~ˌsalz** *n chem.* salt of hartshorn.

ˈHirsch|ˌhund *m* **1.** *hist.* staghound. **2.** *zo. a.* **Schottischer ~** (*Windhund*) deer-hound. **~ˌjagd** *f* deer (*od.* stag) hunt(ing). **~ˌkä·fer** *m* stag-beetle. **~ˌkalb** *n* calf (of red deer), fawn. **~ˌkeu·le** *f gastr.* haunch of venison. **~ˌkuh** *f zo.* hind. **~ˌle·der** *n*, **♀ˌle·dern** *adj* deerskin, buckskin. **~ˌpark** *m* deer park. **~raˌgout** *n* venison ragout. **~ˌtalg** *m* suet (of deer). **~ˌtier** *n zo.* **1.** hind. **2.** *pl* cervids, cervines. **~ˈtot·siˌgnal** [ˌhɪrʃ-] *n hunt.* mort. **~ˌtrüf·fel** *f, colloq. m bot.* hart's truffle. **~ˌzie·mer** *m* ⟨-s; -⟩ *gastr.* saddle of venison.

Hir·se [ˈhɪrzə] *f* ⟨-; *no pl*⟩ *bot.* a) panic (grass), b) (**Echte** *od.* **Gemeine, Große**) **~** millet. **~ˌbrei** *m* millet gruel. **~ˌgras** *n bot.* a) millet grass, b) panic (grass). **~ˌkorn** *n* **1.** *bot.* millet (seed). **2.** *med.* stye.

Hirt [hɪrt] *m* ⟨-en; -en⟩ **1.** herdsman; **wie der ~, so die Herde** like master, like man. **2.** (*Schäfer*) shepherd.

Hir·te [ˈhɪrtə] *m* ⟨-n; -n⟩ **1.** *obs. od. poet. for* Hirt. **2.** *relig.* a) (*Geistlicher*) shepherd, clergyman, b) **der Gute ~** (*Christus*) the Good Shepherd; **der Herr ist mein ~** the Lord is my Shepherd.

ˈHir·ten|ˌamt *n relig.* pastorate. **~ˌbrief** *m R.C.* pastoral (letter). **~ˌdich·tung** *f* pastoral (*od.* bucolic) poetry. **~geˌdicht** *n* pastoral (poem), bucolic (poem), eclogue. **~ˌgott** *m myth.* Pan. **~ˌhund** *m* shepherd('s) dog. **~ˌjun·ge, ~ˌkna·be** *m* **1.** herdboy. **2.** shepherd boy. **~ˌkö·ni·ge** *pl hist.* Shepherd kings. **~ˌle·ben** *n* pastoral life. **~ˌlied** *n* pastoral song. **♀los** *adj* shepherdless. **~ˌmäd·chen** *n* **1.** herdgirl. **2.** shepherd girl. **~muˌsik** *f* pastoral music. **~roˌman** *m* pastoral novel. **~ˌspiel** *n* pastoral (play). **~ˌstab** *m* **1.** shepherd's crook. **2.** *relig.* crosier. **~ˌvolk** *n* pastoral tribe (*od.* people).

ˈHir·tin *f* ⟨-; -nen⟩ **1.** herdswoman. **2.** (*Schäferin*) shepherdess.

his, His [hɪs] *n* ⟨-; -⟩ *mus.* B sharp; **his, his-Moll** B sharp minor; **His, His-Dur** B sharp major. **his·is, His·is** [ˈhɪsˈʔɪs] *n* ⟨-; *no pl*⟩ B double sharp.

his·pa·nisch [hɪsˈpaːnɪʃ] *adj* Hispanic. **his·pa·niˈsie·ren** [-paniˈziːrən] *v/t* ⟨*no* **ge-**, h⟩ hispanicize. **His·paˈnis·mus** [-paˈnɪsmʊs] *m* ⟨-; -men⟩ Hispanicism.

his·sen [ˈhɪsən] *v/t* ⟨h⟩ **1.** (*Flagge*) hoist, run up, raise. **2.** *mar.* (*Segel*) hoist, set.

hist [hɪst] *interj Fuhrmannssprache*: left!

Hi·sto|che·mie [hɪstoçeˈmiː] *f* ⟨-; *no pl*⟩ histochemistry. **♀ˈgen** [-ˈgeːn] *adj biol.* histogenic. **~ˈgen** *n* ⟨-s; *no pl*⟩ *bot.* histogen. **~geˈne·se** [-geˈneːzə], **~geˈnie** [-geˈniː] *f* ⟨-; *no pl*⟩ *biol.* histogenesis, histogeny. **~ˈlo·ge** [-ˈloːgə] *m* ⟨-n; -n⟩ *biol. med.* histologist. **~loˈgie** [-loˈgiː] *f* ⟨-; *no pl*⟩ histology.

Hi·stör·chen [hɪsˈtøːrçən] *n* ⟨-s; -⟩ anecdote, (little) story.

Hi·sto·rie [hɪsˈtoːrĭə] *f* ⟨-; -n⟩ **1.** ⟨*only sg*⟩ *lit.* history. **2.** *obs.* story, tale.

Hiˈsto·ri·en|ˌbild *n* history painting (*od.* piece). **~ˌma·ler** *m* historical painter. **~ma·leˌrei** *f* history painting.

Hi·sto·ri·ker [hɪsˈtoːrikər] *m* ⟨-s; -⟩ historian.

Hi·sto·rio|graph [hɪstorĭoˈgraːf] *m* ⟨-en; -en⟩ historiographer. **~graˈphie** [-graˈfiː] *f* ⟨-; *no pl*⟩ historiography.

hi·sto·risch [hɪsˈtoːrɪʃ] **I** *adj* **1.** historical; **~er Hintergrund** (**Roman**) historical background (novel); **~e Geologie** historical geology. **2.** (*geschichtlich bedeutsam*) historic; **~e Gestalt** historic figure; **~es Ereignis** historic event; **~e Stätte** historic site. **3.** *ling.* historical (*present, grammar, etc*). **II** *adv* **4.** (*a.* **~ gesehen**) historically, in the light of history. **~ˈkri·tisch** *adj* historiocritical.

hi·sto|ri·sie·ren [hɪstoriˈziːrən] *v/t* ⟨*no* **ge-**, h⟩ historicize. **♀ˈris·mus** [-ˈrɪsmʊs] *m* ⟨-; -men⟩ *philos.* histor(ic)ism. **~ˈri·stisch** [-ˈrɪstɪʃ] *adj* historicist.

hi·strio·nisch [hɪstriˈoːnɪʃ] *adj* histrionic(al).

Hit [hɪt] *m* ⟨-(s); -s⟩ *mus. u. fig. colloq.* hit.

ˈHit·ler|ˌju·gend *f hist.* Hitler Youth. **~ˌjun·ge** *m* member of the Hitler Youth.

ˈHit·paˌra·de *f mus.* hit parade.

ˈHitz|ˌausˌschlag *m med.* heat rash, miliaria. **~ˌbläs·chen** *n* **1.** heat blister. **2.** *pl* → Hitzausschlag. **~ˌblat·tern** *pl* → Hitzausschlag. **~ˌdraht** *m* hot wire.

Hit·ze [ˈhɪtsə] *f* ⟨-; *no pl*⟩ **1.** *a. phys.* heat, *meteor. a.* hot weather (→ *a.* Hitzewelle); **große** (*od.* **starke**) **~** intense heat; **drückende** (**glühende, sengende**) **~** stifling (blazing, scorching) heat; **es herrschte e-e schreckliche ~** it was terribly hot; **bei e-r ~ von 30 Grad** at a temperature of 30 degrees (centigrade); *gastr.* **et. bei geringer** (**mittlerer, starker**) **~ kochen** cook s. th. at low (medium, high) flame. **2.** *fig.* heat; **in der ~ des Gefechts** (**der Debatte**) in the heat of the moment (debate); **in ~ geraten** get heated, flare (*od.* fire) up. **3.** *med.* (*Fieber*) height of fever, febrile heat; **fliegende ~** hot flushes *pl.* **4.** *zo.* heat; **die Hündin kommt in die ~** the bitch is coming into (*bes. Br.* on) heat. **♀beˌstän·dig** *adj* **1.** heatproof, heat-resistant, *metall. a.* high-temperature; **~es Geschirr** ovenproof dishes. **2.** *civ. eng. Baustoff*: refractory. **3.** *biol. chem.* thermostable. **~beˌstän·dig·keit** *f* ⟨-; *no pl*⟩ **1.** heatproof quality, heat resistance. **2.** *civ. eng.* refractoriness. **3.** *biol. chem.* thermostability. **~ˌeinˌwir·kung** *f* effect of heat. **♀empˌfind·lich** *adj* sensitive to heat. **~empˌfind·lich·keit** *f* ⟨-; *no pl*⟩ sensitivity to heat. **~ˌfe·ri·en** *pl ped. time off on account of excessively hot weather.* **♀ˌfest** *adj* → hitzebeständig. **♀ˌfrei** *adj* **~ haben** have time off from school because of hot weather. **~ˌgrad** *m* degree of heat. **~pe·riˌode** *f* → Hitzewelle. **~ˌschild** *m Raumfahrt*: heat shield. **~ˌwal·lung** *f med.* hot flushes (*Am.* flashes) *pl.* **~ˌwel·le** *f* heat wave, hot spell.

ˈhit·zig *adj* **1.** a) (*hitzköpfig*) hotheaded, hot-tempered, b) (*heftig*) violent, vehement, *bes. Debatte*: heated, c) (*jähzornig*) irascible, choleric, d) (*feurig*) hot-blooded, fiery, e) (*vorschnell*) hasty, rash; **~ werden** *Person*: flare (*od.* fire) up, *Debatte etc*: become (*od.* get, grow) heated; **nicht so ~!** hold your horses!, take it easy! **2.** *med.* acute (*illness, etc*); **~es Fieber** high fever. **3.** *zo.* **~ sein** be in (*bes. Br.* on) heat.

ˈHitz|ˌkopf *m* hothead, hotspur. **♀ˌköp·fig** [-ˌkœpfɪç] *adj* hotheaded. **~ˌpocke** (*getr.* **-k·k-**) *f med.* → **1.** Hitzbläschen 1. **2.** → Hitzausschlag. **~ˌschlag** *m* **1.** heatstroke. **2.** → Sonnenstich.

hm [hm] *interj* **1.** hum, hm. **2.** *zweifelnd od. tadelnd*: humph. **3.** *sich räuspernd*: ahem.

ˈh-ˌMoll [ˈhaː-] *n* ⟨-; *no pl*⟩ *mus.* B minor.

hob [hoːp] *1 u. 3 sg pret of* **heben**.

Hob·by [ˈhɔbi; ˈhɒbɪ] (*Engl.*) *n* ⟨-s; -s⟩ hobby; **er macht es als ~** it's his hobby.

hö·be [ˈhøːbə] *1 u. 3 sg pret subj of* **heben**.

Ho·bel [ˈhoːbəl] *m* ⟨-s; -⟩ **1.** *tech.* plane. **2.** *gastr.* (*Gurken*♀ *etc*) cutter, slicer. **3.** *print.* planer. **4.** *Bergbau*: plough, *bes. Am.* plow. **~ˌbank** *f* ⟨-; ⸚e⟩ *tech.* carpenter's bench. **~ˌei·sen** *n* plane iron. **~maˌschi·ne** *f tech.* a) (*Lang*♀) planer, planing machine, b) (*Waagerechtstoßmaschine*) shaper, shaping machine. **~ˌmes·ser** *n* **1.** *metall. tech.* planing tool. **2.** *Holzbearbeitung*: a) planing machine knife, b) *e-s Handhobels*: plane iron, cutter. **3.** *gastr.* slicer blade.

ho·beln [ˈhoːbəln] **I** *v/t* ⟨h⟩ **1.** *tech.* a) (*Metall, Holz*) plane, b) *auf e-r Waagerechtstoßmaschine*: shape, c) *beim Keilnuten*: keyseat. **2.** *gastr.* (*Gemüse etc*) slice. **3.** *fig.* → **abschleifen** 2. **II** *v/i* **4.** plane (*etc*); **wo gehobelt wird, fallen Späne** (*Sprichwort*) one cannot make an omelet without breaking eggs.

ˈHo·belˌspan *m meist pl* (wood) shaving, paring, cutting.

ˈHob·ler *m* ⟨-s; -⟩ *tech.* **1.** (*Person*) planer. **2.** → **Hobelmaschine**.

hoch [hoːx] **I** *adj* ⟨*attrib* **hoh-**; **höher**; **höchst**⟩ **1.** *allg.* high, *Baum, Haus, Gestalt, Wuchs etc*: *a.* tall; **50 Meter ~** 50 met/res (*Am.* -ers) high (*od.* in height); **ein zwei Meter hoher Zaun** a fence two metres high; **e-e hohe Leiter** a long ladder. **2.** (**~gelegen**) high, elevated. **3.** *Schnee, Wasser etc*: deep; **der Schnee liegt e-n Meter ~** the snow is one metre deep. **4.** *Stirn, Taille, Backenknochen etc*: high. **5.** *Stiefel, Absätze etc*: high; **Schuhe mit hohen Absätzen** high-heeled shoes. **6.** *Geschwindigkeit etc*: high, great; **in hoher Fahrt** at full speed. **7.** *fig. Ansehen, Niveau etc*: high; **ein Mann von hohem Ansehen** a man of high standing, a highly esteemed man; **in hohem Maß(e), in hohem Grad(e)** in (*od.* to) a high degree, highly, greatly, eminently; → **Meinung** 2. **8.** *Einkommen, Gehalt, Gewinn, Kosten, Verlust etc*: high, big; **hohe Steuern** high (*od.* heavy) taxes; **wie ~ ist die Rechnung?** what does the bill amount (*od.* run) to?, how high is the bill? **9.** *Preis*: high, *colloq.* steep; **zu ~** exorbitant, excessive. **10.** *Strafe*: heavy, severe (*penalty*). **11.** *fig. Anforderung, Ehre, Verdienst, Wert etc*: high, great; **j-m hohes Lob spenden** praise s. o. highly. **12.** *Rang etc*: high, superior; **von hohem Rang** high-ranking; **hohes Spiel** playing for high stakes, *fig. a.* gamble. **13.** *Offizier, Beamter etc*: high(-ranking); **hoher Adel** → **Hochadel**; **von hoher Geburt** of high (*od.* noble) birth. **14.** *Amt, Posten*: high(-grade), important; **ein hohes Amt bekleiden** hold a high office. **15.** *Persönlichkeit*: distinguished, prominent; **der hohe Gast** the distinguished guest (*od.* visitor); *iro.* **der hohe Herr** *colloq.* his nibs. **16.** *fig. Aufgabe, Ziel etc*: noble, lofty, high. **17.** *Alter*: great, old, advanced; **von hohem Alter** advanced in age (*od.* years); **ein hohes Alter erreichen** reach a great (*od.* ripe old) age; **er ist schon ein hoher Achtziger** he is well in his eighties. **18.** *fig.* **in hoher Blüte stehen** be flourishing; **~e Erwartungen** high expectations (*od.* hopes); *colloq.* **das ist mir zu ~** that's above (*od.* beyond) me; **s-e Rede war zu ~ für sie** he was talking over their heads; **im hohen Norden** in the far north; **hohe Politik** high politics *pl* (*als sg konstruiert*); **~ und niedrig** rich and poor; → **Kante** 1, **Roß** (*etc*). **19.** *med.* high (*fever, blood pressure, etc*). **20.** *bes. chem. tech. Prozentsatz, Gehalt etc*: high. **21.** *jur. Gericht*: high; **hohes Gericht!** Your Lordship (*Am.* Honor)!, Members of the Jury! **22.** *pol.* **Hohe Behörde** High Authority; **das Hohe Haus** the House; **Hoher Kommissar** High Commissioner. **23.** *mus.* a) *Note etc*: high, b) *Stimme etc*: high-pitched; **zu ~** a) too high, b) above pitch; **hohes C** high C; **hohe Stimmlage** upper register. **24.** *relig. Festtag etc*: high; **~e Messe** High Mass. **25.** *ling. Laut*: high. **26.** *hist.* high; **das hohe Mittelalter** the high middle ages *pl*. **27.** *mar.* **hoher Seegang** rough sea, high waves *pl*; **es herrschte hoher Seegang** the sea was rough (*od.* high). **28. hohe Jagd** deer hunt. **29.** *Sport*: a) *Ball etc*: high, b) *Sieg, Favorit etc*: high; **hohe Niederlage** severe (*od.* bad, *stärker*: crushing) defeat. **30.** *tech. Drehzahl etc*: high. **II** *adv* ‹**höher; höchst**› **31.** high; **~ emporragend** towering (up); **~ oben** a) high up, b) *am Himmel*: on high; **~ oben im Norden** far up in the north; **~ über der Stadt** high above (*od.* over) the town; **~ liegen** a) *Ort etc*: lie at a high level, lie high, b) *Schnee*: be deep; **2 Treppen ~ wohnen** live on the second (*Am.* third) floor; **~ fliegen** fly high, fly at a high altitude; **3000 Meter ~ fliegen** fly at a height of 3,000 metres; **die Sonne steht ~** the sun is high; *fig.* **(j-m) et. ~ und heilig versprechen** promise (s. o.) s. th. solemnly; **~ und teuer schwören** swear by all that's holy; **wer ~ steigt, fällt tief** (*Sprichwort*) the higher you climb, the farther you fall; → **hergehen** 3, **hinauswollen** 2, **Roß** (*etc*). **32.** *fig.* highly, *stärker*: extremely; **j-n ~ verehren** esteem s. o. highly, revere s. o.; **~ begabt sein** be highly gifted (*od.* talented); **~ beglückt** (*od.* **erfreut**) **sein** be extremely happy. **33.** *zahlenmäßig*: high; **et. zu ~ (ein)schätzen** overestimate (*od.* overrate) s. th.; **wie ~ schätzen Sie den Verlust?** how high would you put the loss?; **wie ~ kommt das?** how much is it?; **das dürfte nicht zu ~ gegriffen sein** I think this is not overstated; *colloq.* **sie kamen 3 Mann ~** they were three, there were three of them; **wenn es ~ kommt** at (the) most, at best, at the highest. **34.** *math.* to the power of; **fünf ~ zwei** five (raised) to the second (power), five squared; **sechs ~ drei** six (raised) to the third (power), six cubed. **35.** *mus.* high; **~ singen** sing high; **zu ~ singen** sing sharp (*od.* too high); **zu ~ gestimmt** tuned (*od.* pitched) too high. **36.** *Sport*: **~ gewinnen** win high, win by a wide margin; **~ verlieren** suffer a crushing defeat, get trounced. **37.** *Kartenspiel etc*: **~ spielen** play for high stakes, play high. **III** *interj* **38.** up; **Arme ~!** *bei Gymnastik*: arms up!; **Hände ~!** hands up!, *sl.* stick 'em up!; *mar.* **Riemen ~!** toss oars!; → **Kopf** 1. **39. ~ lebe der König!** long live the king!; **~ soll er leben!, er lebe ~ (~, ~)!** three cheers for him! **Hoch** *n* ‹-s; -s› **1.** *meteor.* high(-pressure) area, high, anticyclone. **2.** *fig.* high, peak. **3.** (*~ruf*) hurrah, cheers *pl*; **ein (dreifaches) ~ auf j-n ausbringen** give three cheers for s. o., cheer s. o.

¹**Hoch|ˌach·se** *f aer.* vertical (*od.* normal) axis. **≈ˌacht·bar** *adj lit.* most respectable (*od.* hono[u]rable). **≈ˌach·ten** *v/t* ‹*sep*, **-ge-**, **h**› **j-n ~** respect (*od.* esteem) s. o. highly, hold s. o. in high esteem, have a high regard for s. o. **~ˌach·tung** *f* (**vor** *dat*, **für**) (deep) respect, (high) esteem (*od.* regard), reverence (*alle*: for), deference (to); **bei aller ~ vor ihm** with all due deference to him; **für j-n ~ empfinden** have (*od.* feel) deep respect for s. o. (→ *a.* **hochachten**); **j-m ~ zollen** (*od.* **erweisen**) pay respect (*od.* tribute, homage) to s. o.; *colloq.* **alle ~, das hast du gut gemacht** my compliments, you did that very well; **mit vorzüglicher ~** *Briefschluß*: Yours faithfully, *bes. Am.* Yours very truly. **≈ˌach·tungsˌvoll I** *adj* **1.** highly (*od.* most) respectful. **II** *adv* **2.** most respectfully, with the greatest respect. **3.** *Briefschluß*: Yours faithfully, *bes. Am.* Sincerely yours, Yours truly. **~ˌadel** *m* higher nobility. **≈ˌade·lig, ≈ˌad·lig** *adj* of the higher nobility. **≈ak·tuˌell** *adj* highly topical; front-page (*news*). **≈alˌpin** *adj* (high-)alpine; **~es Klettern** alpine mountaineering. **~alˌtar** *m* high altar. **~ˌamt** *n* High Mass; **das ~ halten (zelebrieren)** say (celebrate) High Mass. **≈ˌan·geˌse·hen, ≈ˌanˌsehn·lich** *adj* → **hochgeachtet.** **≈ˌanˌstän·dig** *adj* very decent. **~anˌten·ne** *f* overhead (*od.* outdoor) aerial (*Am.* antenna). **≈ˌar·bei·ten** *v/reflex* ‹*sep*, **-ge-**, **h**› **sich (aus eigener Kraft) ~** work one's way up. **~ˌät·zung** *f print.* ectypography. **≈ˌaufgeˌschos·sen** *adj* tall, lanky. **≈ˌaufˌra·gend** *adj* towering. **~ˌausˌläu·fer** *m* → **Hochdruckausläufer.** **~ˌbahn** *f* elevated railway (*Am.* railroad).

¹**Hochˌbau** *m* ‹-(e)s; -ten› *civ. eng.* **1.** ‹*only sg*› building construction, surface (*od.* structural) engineering. **2.** building above ground. **~ˌamt** *n* Building Surveyor's Office. **~in·geˌnieur, ~ˌtech·ni·ker** *m* structural engineer.

¹**hoch|beˌdeut·sam** *adj* highly important. **~beˌgabt** *adj* highly gifted (*od.* talented). **~beˌglückt** *adj* extremely happy. **≈beˌhäl·ter** *m tech.* **1.** *für Wasser*: elevated (*od.* high-level, gravity) tank. **2.** *für Kohle, Sand etc*: overhead bunker (*od.* bin). **~ˌbei·nig** [-ˌbaɪnɪç] *adj* long-legged. **~beˌjahrt** *adj* → **hochbetagt.** **~beˌla·den** *adj* with a high load. **~beˌrühmt** *adj* very (*od.* most) famous, of high renown; (*gefeiert*) celebrated. **~beˌsteu·ert** *adj econ.* heavily taxed. **~beˌtagt** *adj* aged, advanced in years; **er starb ~** he died at a ripe old age. **≈beˌtrieb** *m* ‹-(e)s; *no pl*› **1.** great (*od.* feverish, intense) activity, (hustle and) bustle, (great) rush; **auf den Werften herrschte ~** the shipyards were extremely busy (*od.* humming with activity); **der ~ vor Weihnachten** the Christmas rush. **2.** (*Stoßzeit*) peak (time), rush (hour); **der abendliche ~** the evening rush. **3.** (*Hochsaison*) high season. **~beˌzahlt** *adj* highly paid; *Angestellter*: *a.* high-salaried. **≈ˌbild** *n* relief. **≈ˌblatt** *n bot.* bract, hypsophyll. **~ˌblicken** (*getr.* **-k·k-**) *v/i* ‹*sep*, **-ge-**, **h**› look up (**zu** to). **≈ˌblü·te** *f* ‹-; *no pl*› **1.** (**in ~** in) full bloom. **2.** *fig.* heyday, height, zenith. **~ˌbrin·gen** *v/t* ‹*irr, sep*, **-ge-**, **h**› **1.** (*nach oben bringen*) bring (*od.* take) *s. th.* up. **2.** (*hochheben*) get *s. th.* up. **3.** *fig. wirtschaftlich*: bring *s. o., s. th.* to prosperity, develop, make (*a firm*) a going concern; **j-n (e-n Betrieb) wieder ~** put s. o. (a business) back on his (its) feet. **4.** *med.* **(wieder) ~** (*erbrechen*) bring *s. th.* up. **5.** *fig. colloq.* **j-n ~** (*ärgern*) put (*od.* get) s. o.'s back up, get a rise out of s. o. **~briˌsant** *adj* high-explosive; *fig.* explosive. **≈ˌbrücke** (*getr.* **-k·k-**) *f* high-level bridge. **≈ˌbun·ker** *m mil.* tower shelter. **≈ˌburg** *f fig.* stronghold. **~ˌbu·sig** [-ˌbuːzɪç] *adj* high-breasted. **≈ˌdecker** (*getr.* **-k·k-**) *m* ‹-s; -› *aer.* high-wing monoplane. **~ˌdeutsch** *ling.* **I** *adj* **1.** standard German; **auf ~** in standard German. **2.** *sprachgeschichtlich*: High German. **II** *adv* **3. ~ sprechen** speak standard German. **III ≈** ‹*generally undeclined*›, **das ≈e** ‹-n› **4.** standard German. **5.** *sprachgeschichtlich*: High German. **~ˌdie·nen** *v/reflex* ‹*sep*, **-ge-**, **h**› **sich ~** work one's way up. **~doˌtiert** *adj* **1.** *Person, Amt etc*: highly remunerated (*od.* paid). **2.** *Rennen etc*: carrying a high prize. **~ˌdre·hen** *v/t* ‹*sep*, **-ge-**, **h**› **1. et. ~** turn s. th. up(wards). **2.** (*Autofenster etc*) wind up. **≈ˌdruck**¹ *m* ‹-(e)s; ⸚e› **1.** *meteor. tech.* high pressure. **2.** ‹*only sg*› *fig. colloq.* high pressure, full speed; **mit ~ arbeiten** work at high pressure, work (at) full blast. **3.** *med.* high blood pressure, (arterial) hypertension. **≈ˌdruck**² *m* ‹-(e)s; -e› *print.* surface (*od.* relief) printing. **≈ˌdruckˌausˌläu·fer** *m meteor.* ridge of high pressure. **~ˌdrücken** (*getr.* **-k·k-**) *v/t* ‹*sep*, **-ge-**, **h**› press *s. th.* up(wards).

¹**Hochˌdruck|geˌbiet** *n meteor.* high (-pressure area), anticyclone. **~ˌgür·tel** *m meteor.* belt of high pressure. **~ˌkeil** *m meteor.* wedge of high pressure. **~maˌschi·ne** *f print.* relief printing press. **~ˌrei·fen** *m tech.* high-pressure tyre (*Am.* tire). **~ˌrücken** (*getr.* **-k·k-**) *m meteor.* ridge (of high pressure). **~ˌzo·ne** *f* → **Hochdruckgebiet.**

¹**Hoch|ˌebe·ne** *f geogr.* elevated plain, plateau, tableland. **≈eleˌgant** *adj* very elegant, most stylish. **≈empˌfind·lich** *adj* **1.** *electr. tech. Gerät etc*: highly sensitive. **2.** *phot.* high-speed. **3.** *Gewebe etc*: very delicate. **4.** *colloq. Person*: very touchy. **≈enerˌge·tisch** *adj Raumfahrt*: high-energy. **≈entˌwickelt** (*getr.* **-k·k-**) *adj* highly developed. **≈entˌzückt, ≈erˌfreut** *adj* (**über** *acc* at) overjoyed, (most) delighted. **≈erˌho·ben** *adj* (*head, hands, etc*) raised (*od.* held) high; **~en Hauptes** with head held high. **≈erˌstaunt** *adj* very (*od.* greatly) astonished. **≈ex·ploˌsiv** *adj* highly explosive, high-explosive. **≈ˌfah·ren** *v/i* ‹*irr, sep*, **-ge-**, **sein**› **1.** → **hinauffahren** I. **2.** *erschreckt*: start up; **aus dem Schlaf ~** wake up with a start. **3.** *fig.* (*aufbrausen*) flare up. **≈ˌfah·rend** *adj fig.* overbearing, haughty, arrogant. **≈ˌfein** *adj* **1.** *Qualität etc*: (very) exquisite, choice, superfine. **2.** (*erstklassig*) first-class, tip-top, *Hotel etc*: *a.* de luxe, *colloq.* plush, posh. **3.** *Familie etc*: very refined (*od.* genteel). **≈ˌfieb·rig** *adj med.* highly feverish, hyperpyretic. **~fiˌnanz** *f econ.* high finance. **~ˌflä·che** *f* → **Hochebene.** **≈ˌflie·gen** *v/i* ‹*irr, sep*, **-ge-**, **sein**› **1.** *Vogel etc*: fly up, soar; *aer.* **steil ~** zoom (up). **2.** *Ballon etc*: go up, ascend. **3.** *colloq.* explode, blow up. **4.** *Trümmer etc*: fly through the air. **≈ˌflie·gend** *adj fig.* **1.** *Ideen etc*:

high-flying, lofty. **2.** *Pläne etc*: ambitious. **3.** (*übertrieben*) high-flown. **~ˌflor** *m Textil.* long-pile velvet. **~ˌflug** *m fig. lit.* high flight; ~ des Geistes soaring flights *pl* of intellect. **~ˌflut** *f* **1.** high tide. **2.** *fig.* flood-tide, deluge. **3.** *bes. econ.* excessive supply, glut. **~ˌform** *f Sport*: top form; in ~ sein be in top form, be at one's best. **~forˌmat** *n* high-size, upright format. **≈freˌquent** *adj* high-frequency.

ˈHoch·freˌquenz *f electr.* **1.** high frequency, HF. **2.** *Radio, TV*: radio frequency, RF. **~beˌreich** *m* high-frequency range. **~ˌhär·tung** *f tech.* induction hardening. **~ˌka·me·ra** *f* high-speed camera. **~maˌschi·ne** *f electr.* high-frequency (*od.* HF) alternator (*od.* generator), radio-frequency (*od.* RF) alternator. **~ˌtech·nik** *f* **1.** high-frequency engineering. **2.** radio engineering. **~te·le·phoˌnie** *f* carrier current telephony.

ˈHoch|friˌsur *f* upsweep, upswept hairstyle. **~gaˌra·ge** *f* multistor(e)y car park. **≈geˌach·tet** *adj* highly esteemed (*od.* respected), of high standing. **≈geˌbil·det** *adj* highly educated. **~geˌbir·ge** *n* high mountain region, alpine mountain chain.

ˈHoch·geˌbirgs|ˌausˌrü·stung *f* alpine mountaineering equipment. **~ˌflo·ra** *f bot.* alpine flora. **~ˌtour** *f* mountain tour, mountaineering expedition. **~ˌtrup·pe** *f mil.* alpine troops *pl*. **~ˌwelt** *f* alpine world.

ˈhoch|geˌbo·ren *adj* **1.** high-born. **2.** *archaic* Euer ≈ Right Hono(u)rable. **~geˌehrt** *adj* **1.** highly hono(u)red. **2.** *archaic in Briefen*: ~er Herr! dear Sir. **≈geˌfühl** *n* elation, exaltation; im ~ s-s Sieges elated by his victory. **~ˌge·hen I** *v/i* ⟨*irr, sep,* -ge-, sein⟩ **1.** → hinaufgehen I. **2.** *thea. Vorhang*: rise, go up. **3.** *colloq.* (*explodieren*) blow up, explode; ~ lassen explode (*s. th.*). **4.** *fig. colloq.* (*wütend werden*) flare up, explode, hit the ceiling; → Hut[1] 1. **5.** *colloq.* e-e Verbrecherbande (*etc*) ~ lassen round up (*od.* flush out, bust) a gang of criminals; j-n ~ lassen expose s. o., blow s. o. sky-high. **6.** *mar. See*: be running high. **II** *v/t* **7.** → hinaufgehen II. **~ˌge·hend** *adj mar. See*: heavy, rough. **~ˌgei·stig** *adj* **1.** highly intellectual. **2.** *iro.* highbrow. **~geˌkämmt** *adj Haare*: combed-up, upswept. **~geˌle·gen** *adj* high-lying, elevated, situated at a high altitude. **~geˌlehrt** *adj* very learned, erudite. **~geˌlobt** *adj* highly praised, *bes. iro.* much(-)vaunted. **~geˌmut** [-gəmuːt] *adj lit.* high-spirited; ~ sein be in high spirits. **≈geˌnuß** *m* ein (wahrer) ~ a great delight (*od.* pleasure), a (real) treat. **≈geˌricht** *n jur. hist.* **1.** criminal court. **2.** (*Richtstätte*) place of execution. **3.** (*Galgen*) gallows *pl* (*meist als sg konstruiert*). **≈geˌsang** *m relig.* hymn. **~geˌschätzt** *adj* **1.** highly appreciated (*od.* valued). **2.** *Person*: highly esteemed. **~geˌschlos·sen I** *adj Kleid*: high-necked. **II** *adv colloq.* in a high-necked dress. **~geˌschraubt** *adj fig. Erwartungen etc*: high, great. **~geˌsinnt** *adj* high-minded. **~geˌspannt** *adj* **1.** *tech. Dampf, Gas etc*: high-pressure. **2.** *electr.* high-voltage. **3.** *fig.* a) *Erwartungen etc*: high, great, b) *Pläne etc*: ambitious, high-flying. **~geˌsteckt** *adj* **1.** *Haar*: pinned-up, put-up. **2.** *fig.* a) *Ziel*: high, b) → hochgespannt 3 b. **~geˌstellt** *adj* **1.** *print.* superior; ~e Zahl superior. **2.** *fig.* high-ranking; ~e Persönlichkeiten *colloq.* high-ups. **~geˌstimmt** *adj* elated, exalted. **~geˌsto·chen** *adj colloq.* **1.** (*eingebildet*) stuck-up. **2.** (*geistig ~, blasiert*) jumped-up, (over)sophisticated, (very) highbrow. **~geˌta·kelt** *adj mar.* Bermuda-rigged. **~geˌwach·sen** *adj* tall, lanky. **~geˌzüch·tet** *adj* **1.** *hort.* specially selected. **2.** *zo.* highbred. **3.** *tech.* highbred, sophisticated (*machinery, etc*), *Motor*: high-compression, tuned-up. **≈ˌglanz** *m* **1.** bright (*od.* high) lust/re (*Am.* -er), brilliance; Schuhe auf ~ polieren give one's shoes a fine shine; *colloq.* ein Zimmer auf ~ bringen give a room a good going-over. **2.** *tech.* high polish, mirror finish, high gloss.

ˈHochˌglanz|ˌfo·lie *f* glazing sheet, *Am.* ferrotype tin. **~paˌpier** *n* enamel(l)ed (*od.* art) paper, bright enamel (paper). **≈poˌlie·ren** *v/t* ⟨*only inf u. pp* hochglanzpoliert⟩ give *s. th.* a high (mirror) polish. **~po·liˌtur** *f* high mirror polish.

ˈHoch|ˌgo·tik *f hist.* High Gothic period; Englische ~ Decorated Style. **≈ˌgra·dig** [-ˌgraːdɪç] **I** *adj* **1.** extreme, intense; ~e Nervosität extreme nervousness. **2.** *tech.* highgrade. **3.** *chem.* highly concentrated. **4.** *colloq.* utter, downright (*nonsense, etc*). **II** *adv* **5.** extremely, to (*od.* in) a high degree. **≈ˌhackig** (*getr.* -k·k-) *adj* high-heeled. **~ˌhal·te** *f* ⟨-; *no pl*⟩ *gym.* upward position; Arme in ~ arms at vertical. **≈ˌhal·ten** *v/t* ⟨*irr, sep,* -ge-, h⟩ **1.** hold *s. th.* up; den Kopf ~ hold one's head high. **2.** *fig.* (*j-s Andenken etc*) hono(u)r, cherish, treasure. **3.** *fig.* (*Glauben, Ehre etc*) hold up, uphold. **4.** *econ.* (*Preise*) a) keep up, b) (*stützen*) peg. **~ˌhaus** *n* multistor(e)y building, tower block, high-rise (building). **~ˌhaus·gaˌra·ge** *f* → Hochgarage. **≈ˌhe·ben I** *v/t* ⟨*irr, sep,* -ge-, h⟩ **1.** (*Last*) lift (up), raise, *stärker*: heave (up). **2.** (*Hand, Arm*) lift, raise, hold up. **3.** (*Kleid etc*) hold up. **4.** (*Gegenstand vom Boden*) take up. **II** ≈ *n* ⟨-s⟩ **5.** lifting (*etc*); *parl.* Abstimmung durch ≈ der Hände vote by show of hands. **≈ˌhei·lig** *adj* very holy. **≈ˌherr·schaft·lich** *adj Haus etc*: lordly, seignorial; dort geht es ~ zu they are living like kings.

ˈhochˌher·zig *adj lit.* **1.** high-minded, noble. **2.** (*großzügig*) generous, great-hearted, magnanimous. **≈keit** *f* ⟨-; *no pl*⟩ *lit.* **1.** high-mindedness, nobleness. **2.** (*Großzügigkeit*) generosity, magnanimity.

ˈhoch|ˌhie·ven *v/t* ⟨*sep,* -ge-, h⟩ heave (up). **~ˌho·len** *v/t* ⟨*sep,* -ge-, h⟩ *colloq. for* heraufholen. **~ˌhüp·fen** *v/i* ⟨*sep,* -ge-, sein⟩ → hochspringen. **~in·du·stria·liˌsiert** *adj* highly industrialized. **~in·ter·esˌsant** *adj* highly (*od.* most) interesting. **~in·tel·lek·tuˌell** *adj* highly intellectual, highbrow. **~ˌja·gen** *v/t* ⟨*sep,* -ge-, h⟩ **1.** (*Schlafende etc*) rout (up *od.* out), rouse. **2.** *hunt.* a) (*Wild*) rouse, rout, b) (*Federwild*) flush. **3.** (*Motoren*) rev (*od.* whip) up, race. **~ˌju·beln** *v/t* ⟨*sep,* -ge-, h⟩ *colloq.* (*Person u. Sache*) cracks *s. o., s. th.* up (to the skies), oversell, glorify. **~ˌkäm·men** *v/t* ⟨*sep,* -ge-, h⟩ (sich *dat*) die Haare ~ comb one's hair up; das Haar hochgekämmt tragen wear one's hair up (*od.* in an upsweep). **~ˌkant** [-ˌkant] *adv* **1.** *tech.* on end, on edge, edgewise; et. ~ stellen put s. th. on end, up-end s. th. **2.** *colloq.* ~ hinausfliegen be kicked out, get the boot, be fired (on the spot). **~ˌkan·tig** *adv* → hochkant 2. **≈ka·pi·taˌlis·mus** *m* heyday of capitalism. **~ˌkip·pen** *v/t* ⟨*sep,* -ge-, h⟩ tip (*od.* tilt) *s. th.* (up). **≈ˌkir·che** *f in England*: High Church. **~ˌkirch·lich** *adj* High-Church. **~ˌklapp·bar** *adj* tip-up, folding; ~er Sitz tip-up seat. **~ˌklap·pen** *v/t* ⟨*sep,* -ge-, h⟩ **1.** turn (*od.* put up) (*one's collar, etc*). **2.** (*Deckel, Kühlerhaube etc*) raise, lift up. **3.** (*Sitz, Klappbett etc*) fold up. **~ˌklet·tern I** *v/i* ⟨*sep,* -ge-, sein⟩ climb up (an e-r Wand a wall). **II** *v/t* (*Treppe etc*) climb up. **~kom·forˌta·bel** *adj Wagen etc*: (very) luxurious. **~ˌkom·men I** *v/i* ⟨*irr, sep,* -ge-, sein⟩ **1.** come up. **2.** (wieder) ~ *vom Boden*: get up (again), get to one's feet (again); *fig.* die Firma kam wieder hoch the company got back on its feet. **3.** *colloq.* mir kam alles wieder hoch I brought it all up again; → Galle 1. **4.** *fig.* get on, get ahead, *colloq.* make it; j-n nicht ~ lassen keep s. o. down. **II** *v/t* **5.** (*Treppe etc*) come up (*the stairs, etc*). **III** *v/impers* **6.** *colloq.* es kommt mir hoch it makes me sick. **7.** wenn es hochkommt at the most, at best. **≈kom·misˌsar** *m pol.* High Commissioner. **≈kon·junkˌtur** *f econ.* boom, peak prosperity. **~kon·zenˌtriert I** *adj a. chem.* highly concentrated. **II** *adv* with utmost concentration. **~ˌkrem·peln** *v/t* ⟨*sep,* -ge-, h⟩ roll (*od.* turn) up (*sleeves, etc*). **~kul·tiˌviert** *adj* very cultured (*od.* refined). **≈kulˌtur** *f* very advanced civilization. **≈ˌla·ge** *f* **1.** *e-s Ortes etc*: high altitude. **2.** *meteor.* high-pressure situation. **≈ˌland** *n* ⟨-(e)s; ⸚er, *a.* -e⟩ *geogr.* **1.** highland(s *pl*); das schottische ~ the Highlands of Scotland. **2.** (*Ggs. Tiefland*) high land, upland(s *pl*). **≈ˌlau·tung** *f ling.* standard (German) pronunciation. **~ˌle·ben** *v/i* ⟨*sep,* -ge-, h⟩ j-n ~ lassen a) give s. o. three cheers, b) *durch Erheben des Glases*: toast s. o., drink s. o.'s health; er lebe hoch! three cheers for him! **≈ˌlei·stung** *f* high (*od.* top) performance, *tech. a.* high output.

ˈHochˌlei·stungs ... *in Zssgn* high performance ..., *tech. a.* high-capacity ... (*od.* -output ..., -efficiency ...), heavy-duty ..., high-power(ed) ....

ˈHochˌlei·stungs|ˌmo·tor *m* **1.** *electr.* high-power motor. **2.** *mot.* high-performance (*od.* -output) engine. **~ˌöl** *n* heavy-duty (*od.* H. D.) oil. **~reˌak·tor** *m nucl.* high-power(ed) reactor. **~ˌsport** *m* high-performance sport(s *pl*). **~ˌsport·ler** *m* top-performance athlete.

ˈHochˌlei·tung *f electr.* overhead wire.

höch·lich [ˈhøːçlɪç] *adv lit.* highly, greatly, most.

ˈHoch|ˌmei·ster *m hist.* Grand Master. **~ˌmes·se** *f R.C.* High Mass. **~ˌmit·telˌal·ter** *n* High Middle Ages *pl.* **≈moˌdern** *adj* very modern, *stärker*: ultra-modern; ein ~es Kleid a dress in the latest fashion; ~ gekleidet dressed in the latest fashion. **≈ˌmö·gend** *adj bes. iro.* ~e Leute powerful (*od.* influential) people, the powers that be. **≈mo·le·kuˌlar** *adj chem.* polymolecular. **~ˌmoor** *n geol.* high(-lying) moor. **~ˌmut** *m* haughtiness, arrogance, pride; ~ kommt vor dem Fall (*Sprichwort*) pride goes before a fall. **≈ˌmü·tig** *adj* haughty, arrogant, proud. **≈ˌnä·sig** [-ˌnɛːzɪç] *adj colloq.* stuck-up, snooty; j-n ~ behandeln snub s. o., *Am. colloq. a.* high-hat s. o. **~ˌnä·sig·keit** *f* ⟨-; *no pl*⟩ *colloq.* arrogance, snootiness. **~ˌne·bel** *m meteor.* low stratus. **≈ˌneh·men** *v/t* ⟨*irr, sep,* -ge-, h⟩ **1.** pick up, take up, lift (up). **2.** *fig. colloq.* j-n ~ a) (*hänseln*) tease s. o., pull s. o.'s leg, put (*od.* have) s. o. on, b) (*übervorteilen*) take s. o. for a ride, fleece (*od.* soak, do) s. o., c) (*j-m zusetzen*) give s. o. hell, let s. o. have it; man hat uns (bei diesem Kauf) hochgenommen we have been had. ≈ˌ**notˈpein·lich** *adj* **1.** *humor. Frage etc*: highly embarrassing, *weitS.* (*scharf*) severe. **2.** *jur. obs.* penal; *hist.* ~**es Gericht** criminal court.

ˈ**Hochˌofen** *m tech.* (blast) furnace; **e-n ~ beschicken (abstechen)** charge (tap) a blast furnace. ~**beˌgich·tung** *f* blast-furnace charging. ~ˌ**sau** *f* blast-furnace salamander (*od.* sow).

ˈ**Hoch|ˌöf·ner** [-ˌʔøːfnər] *m* ⟨-s; -⟩ *metall.* blast-furnace man. ≈ˌ**oh·mig** [-ˌʔoːmɪç] *adj electr.* high-ohmic, high-impedance. ≈ˌ**päp·peln** *v/t* ⟨*sep*, **-ge-**, h⟩ → **aufpäppeln.** ~**parˌterre** *n Br.* raised ground floor, *Am.* first floor. ~ˌ**paß** *m* **1.** high mountain pass. **2.** *electr.* high-pass filter. ~**plaˌteau** *n* → **Hochebene.** ≈**poe·tisch** [-poˌeːtɪʃ] *adj meist iro.* most poetic(al). ≈**poˌli·tisch** *adj* highly political. ≈**po·lyˌmer** *chem.* **I** *adj* high-polymeric, high-molecular. **II** ≈ *n* high polymer. ≈ˌ**prei·sen** *v/t* ⟨*irr*, *sep*, **-ge-**, h⟩ **1.** praise *s. o. s. th.* highly (*od.* to the skies). **2.** *relig.* magnify. ≈**proˌzen·tig** [-proˌtsɛntɪç] *adj* **1.** *alkoholische Getränke*: high-proof. **2.** *chem.* a) high-grade, b) *Lösung*: highly concentrated. ≈**qua·li·fiˌziert** *adj* highly qualified. ~ˌ**rad** *n hist.* (*Fahrrad*) ordinary (bicycle). ≈ˌ**ra·gen** *v/i* ⟨*sep*, **-ge-**, h⟩ (**über** *acc* above) tower (up), rise (up), loom, soar. ≈ˌ**ra·gend** *adj* towering, soaring, looming. ≈ˌ**ran·ken** *v/i* ⟨*sep*, **-ge-**, **sein**⟩ *u.* **sich ~** *v/reflex* ⟨h⟩ *Pflanze etc*: creep (up), climb (up). ≈ˌ**rap·peln** *v/reflex* ⟨*sep*, **-ge-**, h⟩ **sich ~** *colloq.* a) struggle to one's feet, b) *fig. Kranker*: get back on one's feet, pick up again. ≈ˌ**rech·nen** *v/t u. v/i* ⟨*sep*, **-ge-**, h⟩ project. ~ˌ**rech·nung** *f* a) *allg.* projection, b) (computer) forecast (*od.* projection). ~ˌ**reck** *n gym.* high bar. ≈ˌ**recken** (*getr.* **-k·k-**) **I** *v/t* ⟨*sep*, **-ge-**, h⟩ (*Hände etc*) stretch up; **den Hals ~** stretch (*od.* crane) one's neck. **II** *v/reflex* **sich ~** draw o.s. up to full height. ≈ˌ**rei·ßen** *v/t* ⟨*irr*, *sep*, **-ge-**, h⟩ **1.** pull *s. th.* up. **2.** snatch (*child, gun, etc*). **3.** (*Flugzeug*) zoom, hoick. ~**re·liˌef** *n* high relief. ~**re·naisˌsance** *f hist.* High Renaissance. ≈ˌ**rich·ten** *v/reflex* ⟨*sep*, **-ge-**, h⟩ **sich ~** → **aufrichten.** ~ˌ**rip·pe** *f gastr.* rib roast (of beef). ≈ˈ**rot** *adj* crimson, flaming red (*face, etc*). ~ˌ**ruf** *m* cheer; **mit ~en empfangen** cheer. ≈ˌ**rut·schen** *v/i* ⟨*sep*, **-ge-**, **sein**⟩ *Kleid, Kragen etc*: ride (*od.* hike) up. ~**saiˌson** *f* peak (*od.* height of the) season; **in der ~** in high season. ≈ˌ**schät·zen** *v/t* ⟨*sep*, **-ge-**, h⟩ **j-n ~** → **hochachten.** ~ˌ**schät·zung** *f* → **Hochachtung.** ≈ˌ**schau·keln** *v/t* ⟨*sep*, **-ge-**, h⟩ *fig. colloq.* escalate. ≈ˌ**schie·ßen I** *v/t* ⟨*irr*, *sep*, **-ge-**, h⟩ **1.** *allg.* shoot *s. th.* up, (*Rakete, Satelliten etc*) *a.* send up, launch. **II** *v/i* ⟨**sein**⟩ **2.** *colloq. Pflanze etc*: shoot up. **3.** *Flammen etc*: shoot (*od.* leap) up. ~ˌ**schlag** *m Golf*: loft. ≈ˌ**schla·gen I** *v/t* ⟨*irr*, *sep*, **-ge-**, h⟩ **1.** (*Ärmel, Kragen*) turn up. **2.** *Sport*: (*Ball etc*) hit *s. th.* up in the air, (*heben*) lob, *bes. Golf*: loft. **II** *v/i* ⟨**sein**⟩ **3.** *Wellen, a. fig. Gefühle*: run high; **die Wellen schlugen an der Mauer hoch** the waves lashed up against the wall; *fig.* **die Wellen der Begeisterung schlugen hoch** enthusiasm ran high. ≈ˌ**schmel·zend** *adj metall.* high-melting. ≈ˌ**schnel·len I** *v/i* ⟨*sep*, **-ge-**, **sein**⟩ **1.** bound up, *a. Fisch*: leap up, *a. Ball*: bounce up. **2.** *Springteufel etc*: pop up, shoot up. **3.** *Zweig etc*: spring up (*od.* back). **4.** *fig. bes. Preis*: jump, rocket. **II** *v/reflex* ⟨h⟩ **5.** bound (*od.* leap) up. ~ˌ**schrank** *m* **1.** tall wardrobe. **2.** *eingebauter*: floor-to-ceiling wardrobe. ≈ˌ**schrau·ben I** *v/t* ⟨*sep*, **-ge-**, h⟩ **1.** (*Stuhl etc*) raise. **2.** *econ.* (*Preis etc*) force up; (*Forderungen etc*) step up, escalate. **II** *v/reflex* **sich ~ 3.** *aer. u. fig.* spiral up.

ˈ**Hochˌschul|ˌausˌbil·dung** *f* university training (*od.* education). ~ˌ**bil·dung** *f* university education. ~**di·ˌplom** *n* university degree.

ˈ**Hoch|ˌschu·le** *f* a) university, (university) college, b) academy, institute of higher learning; **landwirtschaftliche ~** agricultural college; **Pädagogische ~** teachers' (training) college; **Staatliche ~ für Musik** academy of music; **Technische ~** College of Advanced Technology, *Am.* Institute of Technology; **~ der bildenden Künste** academy of fine arts. ~ˌ**schü·ler** *m*, ~ˌ**schü·le·rin** *f* university (*od.* college) student, undergraduate.

ˈ**Hochˌschul|ˌleh·rer** *m*, ~ˌ**leh·re·rin** *f* university (*od.* college) teacher, professor, lecturer, reader. ~ˌ**rei·fe** *f* matriculation standard, entrance level required. ~ˌ**sport** *m* university sport(s *pl*). ~ˌ**stu·di·um** *n* university (*od.* college) education. ~ˌ**we·sen** *n* university system (*od.* education).

ˈ**hoch|ˌschür·zen** *v/t* ⟨*sep*, **-ge-**, h⟩ (*Rock etc*) hitch up. ~ˌ**schwan·ger** *adj* well (*od.* far) advanced in pregnancy; **sie ist ~** *a.* she is near her time.

ˈ**Hochˌsee** *f* high sea(s *pl*), open sea. ~**fi·scheˌrei** *f* deep-sea fishing. ~ˌ**flot·te** *f* high-seas fleet. ~ˌ**schiff** *n* deep-sea vessel, sea-going ship. ~ˌ**schlep·per** *m* sea-going (*od.* ocean-going) tug(boat). ≈ˌ**tüch·tig** *adj* sea-going, ocean-going. ~ˌ**yacht** *f* sea-going yacht.

ˈ**Hoch|ˌseil** *n Zirkus*: high wire. ~ˌ**seilˌakt** *m* high-wire act. ~ˌ**seil·arˌtist** *m* high-wire acrobat. ≈ˌ**sin·nig** *adj lit.* high-minded. ~ˌ**sitz** *m hunt.* raised hide (*Am.* blind). ~ˌ**som·mer** *m* midsummer; **im ~** *a.* in the middle of summer. ≈ˌ**som·mer·lich I** *adj* midsummer(y). **II** *adv* midsummerlike; **es ist ~ warm** it is as warm as in midsummer. ~ˌ**span·nung** *f* **1.** *electr.* high tension (*od.* voltage). **2.** *fig.* a) high tension, b) **(erwartungsvolle ~)** great suspense; **politische ~** high political tension.

ˈ**Hochˌspan·nungs|ˌka·bel** *n* high-voltage cable. ~ˌ**lei·tung** *f* high-tension transmission line, power line. ~ˌ**mast** *m* high-tension pole (*od.* pylon). ~ˌ**netz** *n* high-tension transmission system. ~ˌ**strom** *m* high-voltage current. ~ˌ**tech·nik** *f* high-voltage engineering.

ˈ**hoch|ˌspie·len** *v/t* ⟨*sep*, **-ge-**, h⟩ *fig.* **et. (künstlich) ~** play s. th. up. ≈ˌ**spra·che** *f ling.* (educated) standard language. ~ˌ**sprach·lich** *adj* standard; **nicht ~** substandard. ~ˌ**sprin·gen I** *v/i* ⟨*irr*, *sep*, **-ge-**, **sein**⟩ **1.** jump up, leap up; *a. Ball etc*: bounce up. **II** ≈ *n* ⟨-s⟩ **2.** jumping (up) (*etc*). **3.** *Sport*: high jump(ing). ≈ˌ**sprin·ger** *m*, ≈ˌ**sprin·ge·rin** *f* high jumper. ≈ˌ**sprung** *m* high jump.

höchst [høːçst] **I** *sup of* **hoch** I, II. **II** *adj* **1.** highest, top(most), uppermost; **~er Punkt → Höhepunkt** 1, 2. **2.** *fig.* a) highest, greatest, supreme, b) (*äußerst, größt*) utmost, greatest, utter, c) *im Rang*: highest(-ranking), top(-ranking); **im ~en Falle → höchstens**; **das ~e der Gefühle** a) the greatest delight, b) *iro. colloq.* the best I (*od.* we, you) can do (*od.* get, have); **das ~e Glück** the greatest happiness; **das ~e Gericht** the highest (*od.* supreme) court; **~e Konzentration** extreme concentration; **mit ~er Geschwindigkeit** at top speed; **im ~en Maße** to the highest degree; **das ~e Gut** the most precious possession; **an ~er Stelle** in first place; **~e Verwirrung** utter confusion; **in ~er Verzweiflung** in deepest despair, desperately; **mit ~er Verachtung** with utmost contempt; *relig.* **das ~e Wesen** the Supreme Being; → **Ebene** 4 (*etc*). **3.** *econ. phys. tech.* maximum, top, highest (*performance, etc*). **III** *adv* **4.** highly, most, (*äußerst*) *a.* extremely, utterly; **~ amüsant** most (*od.* highly) amusing; **~ unnötig** most (*od.* totally) unnecessary; **aufs ~e erstaunt** most surprised.

Höchst... *in Zssgn* maximum, top, peak, ceiling, record, highest, greatest. ~ˌ**al·ter** *n* maximum age.

ˈ**Hoch|ˌstamm** *m bot.* standard. ~ˌ**stand** *m* → **Hochsitz.**

ˈ**Höchstˌan·geˌbot** *n econ.* highest offer, *bei Ausschreibungen etc*: highest bid.

ˌ**Hoch·sta·peˈlei** *f* ⟨-; -en⟩ **1.** (high-class) swindling, confidence trick, imposture, con game. **2.** *fig.* imposture; **(geistige) ~** (intellectual) fraudulence. **3.** *fig. colloq.* (*Übertreibung*) overstatement, exaggeration.

ˈ**hoch|ˌsta·peln**[1] *v/i* ⟨*sep*, **-ge-**, h⟩ **1.** be an impostor, swindle. **2.** *fig.* a) **(geistig) ~** be an intellectual fraud, b) *colloq.* (*übertreiben*) exaggerate. ~ˌ**sta·peln**[2] *v/t* ⟨*sep*, **-ge-**, h⟩ (*Bücher etc*) stack up, pile up. ≈ˌ**stap·ler** *m* ⟨-s; -⟩ **1.** impostor, swindler, *colloq.* con-man. **2.** *fig.* fraud, fake. ≈ˌ**stap·le·rin** *f* ⟨-; -nen⟩ (woman) impostor (*etc*; → **Hochstapler**).

ˈ**Höchst|beˌanˌspru·chung** *f* **1.** *phys. tech.* maximum (*od.* peak) stress (*od.* load). **2.** *electr.* peak load. ~**be·ˌla·stung** *f* **1.** *tech.* maximum load; **bei ~** when loaded to capacity. **2.** → **Höchstbeanspruchung.** ~**beˌtrag** *m* **1.** maximum (amount). **2.** *Börse*: (upper) limit. ~ˌ**bie·ten·de** *m, f* ⟨-n; -n⟩ highest bidder. ~ˌ**dau·er** *f* maximum duration.

ˈ**Höch·ste** *n* ⟨-n; *no pl*⟩ **1.** (the) highest. **2.** (*Äußerste*) (the) utmost; **das ~, was ich tun kann** the best I can do.

ˈ**hoch|ˌstecken** (*getr.* **-k·k-**) *v/t* ⟨*sep*, **-ge-**, h⟩ **1.** (*Haar, Kleid etc*) pin up, put up. **2.** *fig.* set high; **s-e Ziele ~** aim high, set one's sights high; → **hochgesteckt.** ~ˌ**ste·hend** *adj* **1.** standing up. **2.** *print. Buchstabe*: superior. **3.** *fig.* high(-ranking), distinguished, notable, of high standing; **gesellschaftlich ~** of high social standing; **geistig ~** a) *Person*: of great intellect, (*hochgebildet*) highly educated (*od.* cultured), b) *Sache*: on a high intellectual level, (very) demanding; **kulturell ~** of a high cultural level; **~e Persönlichkeiten** high-ranking persons. ~ˌ**stei·gen I** *v/i* ⟨*irr*, *sep*, **-ge-**, **sein**⟩ **1.** climb up, ascend, *Sonne, Ballon, Rauch etc*: *a.* rise. **2.** *fig.* rise (up); **Haß stieg in ihm hoch** hatred rose in him, he became filled with hatred. **3.** *Pferd*: rise on its hind legs, rear. **II** *v/t* **4.** mount, climb up, ascend (*stairs, etc*).

ˈ**höchstˈei·gen** *adj colloq.* **in ~er Person → höchstpersönlich** II.

ˈ**hoch|ˌstel·len** *v/t* ⟨*sep*, **-ge-**, h⟩ **1.** put (*od.* place) *s. th.* up (**auf** *acc* on). **2.** (*aufrichten*) put *s. th.* upright (*od. hochkant*: on end). **3.** (*Schalter, Ofen etc*) turn *s. th.* up. ~ˌ**stem·men** *v/t* ⟨*sep*, **-ge-**, h⟩ **j-n (et.) ~** lift (*od.* raise, heave) s. o. (s. th.) up.

ˈ**höch·stenˈfalls** *adv* → **höchstens.**

ˈ**höch·stens** *adv* **1.** at (the) most, at best, at the outside; **es ist ~ zwei Uhr** it can't be later than two o'clock; **es kann sich ~**

um 100 Mark handeln it can't be more than a matter of 100 marks (at the most); das findet man ~ noch in England the only place you are still likely to find that is England; er verreist nicht, ~ daß er einmal zu s-r Mutter fährt he never goes away but for an occasional visit to his mother; ich kann nicht kommen, ~ wenn I can't come unless. **2.** *adm. jur.* ein Betrag (e-e Zeitdauer) von ~ … an amount (a period) not exceeding …

ˈHöchst|ˌfall *m* im ~ → höchstens. **~ˌform** *f Sport*: top form; in ~ at the top of one's form. **~freˌquenz** *f electr.* very high frequency, hyperfrequency. **~freˌquenzˌtech·nik** *f* microwave engineering. **~geˌbot** *n econ.* highest bid. **~geˌhalt¹** *n econ.* maximum salary. **~geˌhalt²** *m* maximum content. **~geˌschwin·dig·keit** *f* top (*od.* maximum) speed; mit ~ at top speed; *mot.* zulässige ~ maximum (permissible) speed, speed limit; Überschreiten der ~ exceeding the speed limit, speeding. **~geˌwicht** *n* maximum weight. **~ˌgrenze** *f* upper (*od.* maximum) limit, ceiling.

ˈhoch|sti·liˌsie·ren *v/t* ⟨*sep, no* -ge-, h⟩ *contp.* exalt *s.th.* (zu to [the status of] *a work of art, etc*), glorify; ~ zu *a.* (try to) make *s.th.* appear to be (*a work of art, etc*). **ℒˌstim·mung** *f* (very) high spirits *pl*; in ~ sein be in very high spirits.

ˈHöchst|ˌkurs *m econ.* top price, peak rate. **~ˌla·de·geˌwicht** *n* maximum weight of load. **~ˌlast** *f* maximum load (*a. biol.*), peak load. **~ˌlaufˌzeit** *f econ.* *e-s Wechsels*: maximum currency. **~ˌlei·stung** *f* **1.** *e-r Person, Fabrik, e-s Motors etc*: maximum (*od.* top, record) performance (*od.* output); die Maschine läuft auf ~ the machine is running at maximum capacity (*od. colloq.* flat out). **2.** *electr.* maximum power. **3.** *Sport*: record (performance). **4.** *in der Wissenschaft, Forschung etc*: supreme (*od.* highest) achievement, great feat. **5.** *econ.* *e-r Versicherung etc*: maximum benefit. **~ˌlei·stungsˌsport** *m* → Hochleistungssport. **~ˌlohn** *m* maximum wage(s *pl*). **~ˌmaß** *n* maximum (amount) (an *dat* of); ein ~ an Sicherheit a maximum of safety. **ℒˌmög·lich** *adj* **1.** highest possible. **2.** *phys. tech.* maximum possible. **ℒperˈsön·lich I** *adj* **1.** *Brief etc*: strictly personal. **2.** *jur.* ~es Recht personal (*od.* individual) right. **II** *adv* **3.** in person, personally, in the flesh (*alle a. humor.*), himself, herself (*etc*). **~ˌpreis** *m* maximum (*od.* top, highest) price, ceiling (price); zum ~ verkaufen sell at the highest price.

ˈHoch|ˌstra·ße *f* **1.** (high) mountain road. **2.** *civ. eng.* elevated (*od.* overhead) roadway (*Am.* highway, *a.* skyway). **ℒˌstre·ben** *v/i* ⟨*sep,* -ge-, h *u.* sein⟩ → emporstreben. **ℒˌstre·bend** *adj* **1.** *Person, Plan etc*: ambitious, *Person*: *a.* aspiring, up-and-coming. **2.** → aufstrebend. **~ˌstrecke** (*getr.* -k·k-) *f* ⟨-; *no pl*⟩ *Gewichtheben*: zur ~ bringen clear (*a weight*).

ˈhöchst|ˈrich·ter·lich *adj jur.* (of the) supreme court. **ℒˌsatz** *m econ.* maximum rate, ceiling. **ℒˌspan·nung** *f* **1.** *electr.* a) extra-high tension, supertension, b) maximum voltage. **2.** *tech.* a) maximum stress, b) *Prüfwesen*: ultimate stress. **ℒˌstand** *m* **1.** *von Hochwasser, Sonne etc*: highest level. **2.** *von Produktion, Leistung etc*: peak (level), all-time high. **ℒˌstra·fe** *f jur.* maximum penalty (*od.* sentence). **ℒˌstu·fe** *f ling.* superlative.

ˈhochˌstül·pen *v/t* ⟨*sep,* -ge-, h⟩ **1.** (*Hose, Hutrand*) turn up. **2.** (*Hemdärmel*) roll up.

ˈHöchst|verˌkaufsˌpreis *m econ.* maximum selling price. **ℒˌwahrˈschein·lich I** *adj* most probable (*od.* likely); es ist ~, daß it is most likely that. **II** *adv* most likely (*od.* probably), in all probability; sie wird ~ kommen I'm quite sure she'll come. **~ˌwert** *m phys.* a) peak (*od.* maximum) value, b) *e-r Funktion*: maximum. **~ˌzahl** *f* maximum (figure). **ℒzuˌläs·sig** *adj* maximum (permissible) (*speed, weight, etc*); ~e Personenzahl maximum number of persons allowed.

ˈHoch|ˌtal *n geol.* high(-lying) valley. **~ˌton** *m* **1.** high tone. **2.** *ling.* tonic (*od.* acute) accent. **ℒˌtö·nend** *adj fig. colloq.* *Worte etc*: high-sounding, pompous, highfalutin(g). **ℒˌto·nig** *adj ling.* bearing the tonic (*od.* acute) accent. **~ˌtonˌlautˌspre·cher** *m* tweeter, treble loudspeaker. **~ˌtour** *f* **1.** high-altitude mountain tour. **2.** *tech.* auf ~en laufen run at full speed, *a. fig.* go at full blast; auf ~en arbeiten *a. fig.* work at full pressure (*od.* blast). **ℒˌtou·rig** [-ˌtuːrɪç] *adj mot.* high-speed, high-revving. **~touˌrist** *m* a) mountaineer, b) high-altitude climber (*od.* hiker). **ℒˌtra·bend** *adj fig.* bombastic, pompous, high-flown, highfalutin(g). **ℒˌtra·gen** *v/t* ⟨*irr, sep,* -ge-, h⟩ *colloq. for* hinauftragen. **ℒtransforˌmie·ren** *v/t* ⟨*sep, no* -ge-, h⟩ *electr.* step up. **ℒˌtrei·ben** *v/t* ⟨*irr, sep,* -ge-, h⟩ *fig.* force up.

ˈHoch- ˌund ˈTiefˌbau *m* ⟨-(e)s; *no pl*⟩ structural and civil engineering.

ˈHochˌva·ku·umˌröh·re *f electr.* high-vacuum valve (*Am.* tube).

ˈhoch|verˌdient *adj* **1.** *Person*: highly deserving, of great merit. **2.** *Sieg etc*: well-deserved, clear. **~verˌehrt** *adj* **1.** highly respected (*od.* esteemed). **2.** *in Anrede*: ℒer Herr Präsident! Dear Mr. President. **ℒverˌrat** *m jur.* high treason. **ℒverˌrä·ter** *m* person guilty of high treason, traitor; ein ~ sein be guilty of high treason, be a traitor. **~verˌrä·te·risch** *adj* treasonable. **~verˌzins·lich** *adj econ.* high-interest-bearing. **ℒˌwald** *m* high (*od.* timber) forest.

ˈHochˌwas·ser *n* ⟨-s; -⟩ **1.** (*höchster Wasserstand*) high water. **2.** *beim Gezeitenwechsel*: high tide; bei ~ at high tide. **3.** (*Überschwemmung*) flood; der Fluß führt ~ the river is flooding (*od.* swollen, in flood). **~ˌdamm** *m* dike, dyke. **~geˌfahr** *f* danger of flooding. **~ka·taˌstro·phe** *f* flood disaster. **~ˌli·nie, ~ˌmar·ke** *f* high-water mark. **~ˌscha·den** *m* flood damage. **~ˌstand** *m* high-water level.

ˈhoch|ˌwer·fen *v/t* ⟨*irr, sep,* -ge-, h⟩ throw (*od.* toss) up; e-e Münze ~ toss (up) (*od.* flip) a coin. **~ˌwer·tig** *adj* **1.** high-grade, high-class, superior, of high quality; ~es Gas rich gas; ~e Nahrungsmittel highly nutritive (*od.* prime) foodstuffs. **2.** *chem.* of high valence. **~ˌwich·tig** *adj* very (*od.* highly) important, essential. **ℒˌwild** *n nobler beasts of venery and higher game birds, engS.* a) big game, b) (red) deer. **~ˌwillˌkom·men** *adj* most welcome. **~ˌwin·den I** *v/t* ⟨*irr, sep,* -ge-, h⟩ hoist up, wind up. **II** *v/reflex* sich ~ *Pfad*: wind its way up. **ℒˌwin·ter** *m* midwinter. **~ˌwir·beln I** *v/t* ⟨*sep,* -ge-, h⟩ et. ~ whirl s. th. up. **II** *v/i* ⟨sein⟩ whirl up (into the air). **~ˌwirk·sam** *adj* highly (*od.* very) effective. **~ˌwohl·geˌbo·ren** *adj archaic* hono(u)rable; Eure (*od.* Euer) ℒ Your Hono(u)r. **~ˌwuch·ten** *v/t* ⟨*sep,* -ge-, h⟩ heave *s. th.* (up), *mit Hebel*: lever up. **ℒˌwür·den** ⟨*no art*⟩ *R.C.* Reverend; Eure (*od.* Euer) ~ Reverend Sir (*od.* Father). **ℒˌzahl** *f math.* exponent.

ˈHochˌzeit¹ [ˈhɔx-] *f* ⟨-; -en⟩ **1.** wedding, marriage, *lit.* nuptials *pl*; grüne ~ wedding (day); silberne (goldene, diamantene, eiserne) ~ silver (golden, diamond, iron) wedding anniversary; ~ feiern (*od.* halten, haben) celebrate one's wedding, be (*od.* get) married; man kann nicht auf zwei ~en tanzen you can't do two things at once. **2.** *print.* double. **ˈHochˌzeit²** [ˈhoːx-] *f fig.* → a) Hochblüte 2, b) Höhepunkt 2.

ˈHoch|ˌzei·ter *m* ⟨-s; -⟩ *archaic* bridegroom; ~ *pl* bride and groom, bridal pair *sg.* **~ˌzei·te·rin** *f* ⟨-; -nen⟩ *archaic* bride. **ℒˌzeit·lich** *adj* bridal, *lit.* nuptial; ~ gekleidet dressed for the wedding.

ˈHochˌzeits|ˌbett *n* bridal bed. **~ˌes·sen** *n* wedding feast (*od.* banquet). **~ˌfei·er·lich·kei·ten** *pl,* **~ˌfest** *n* wedding (celebration). **~ˌflug** *m zo.* nuptial flight. **~ˌgast** *m* wedding guest. **~geˌdicht** *n* nuptial poem. **~geˌfie·der** *n orn.* nuptial plumage. **~geˌschenk** *n* wedding present (*od.* gift). **~geˌsell·schaft** *f* wedding party. **~ˌkam·mer** *f von Termiten*: royal chamber. **~ˌkleid** *n* **1.** wedding dress (*od.* gown). **2.** → Hochzeitsgefieder. **~ˌku·chen** *m* wedding cake. **~ˌmahl** *n* → Hochzeitsessen. **~ˌmarsch** *m mus.* wedding march. **~ˌnacht** *f* wedding night. **~ˌrei·se** *f* honeymoon (trip); auf ~ honeymooning; auf unserer ~ on our honeymoon; unsere ~ ging nach Rom we spent our honeymoon in Rome, we honeymooned in Rome. **~ˌschmaus** *m* → Hochzeitsessen. **~ˌtag** *m* **1.** wedding day. **2.** (*Jahrestag*) wedding anniversary. **~ze·re·mo·niˌell** *n* marriage rites *pl*, wedding ceremony. **~ˌzug** *m* bridal procession.

ˈhoch|ˌzie·hen I *v/t* ⟨*irr, sep,* -ge-, h⟩ **1.** pull (*od.* draw) *s. th.* up. **2.** (*Beine, Zugbrücke etc*) draw up. **3.** (*Augenbrauen*) raise. **4.** (*Schultern*) draw up, hunch. **5.** (*Hosen*) pull (*od.* hitch) up. **6.** (*Fahne, Segel*) hoist, run up. **7.** *hort.* (*Rosen*) train. **8.** *tech.* hoist *s. th.* up. **9.** *civ. eng.* (*Gebäude, Mauer*) build, erect. **10.** (*Flugzeug*) pull up, hoick. **11.** *fig. colloq.* die Nase ~ sniff(le), snuffle. **II** *v/i* ⟨sein⟩ **12.** *in oberes Stockwerk etc*: move up. **13.** *Nebel, Gewitter etc*: come up. **III** *v/reflex* ⟨h⟩ sich ~ **14.** pull o. s. up (an *dat* by). **15.** *fig. colloq.* sich an e-r Sache ~ get an ego-boost out of s. th. **ℒˌzucht** *f* ⟨-; *no pl*⟩ *biol.* **1.** selective breeding. **2.** (*Tiere*) high-grade (*od.* pedigree) stock. **~ˌzüch·ten** *v/t* ⟨*sep,* -ge-, h⟩ **1.** *biol.* breed *s. th.* selectively. **2.** *fig.* et. ~ a) (*entwickeln*) develop (*od.* cultivate) s. th. intensely, b) (*e-e Maschine etc*) perfect s. th., (*Motor*) *a.* tune (*od. colloq.* soup, hot) s. th. up, c) (*Gefühle etc*) build up (*hatred, etc*). **3.** *fig.* j-n ~ (*Nachwuchs etc*) groom (*od.* train) s. o. carefully.

Hocke¹ (*getr.* -k·k-) [ˈhɔkə] *f* ⟨-; -n⟩ **1.** squat, crouch; in die ~ gehen squat (down), crouch. **2.** *Sport*: a) *Turnen, Ringen, Schisport*: crouch, squat position, b) *Kunstspringen*: tuck (position), c) → Hocksprung. **ˈHocke²** (*getr.* -k·k-) *f* ⟨-; -n⟩ *agr.* shock, stook.

hocken¹ (*getr.* -k·k-) [ˈhɔkən] **I** *v/i* ⟨h *u.* sein⟩ **1.** (*auf den Fersen sitzen*) squat, crouch; ängstlich (zs.-gekauert) in der Ecke ~ cower in the corner. **2.** *Vogel*: perch, sit. **3.** *colloq. u. dial.* sit; er hockt über s-n Büchern he sits (*od.* is poring) over his books; am Ofen ~ sit by the stove; immer zu Hause ~ be a stay-at-home (*od.* homebody). **II** *v/reflex* ⟨h⟩ **sich** ~ **4.** squat (down), sit down (*in the grass, etc*). **5.** *colloq.* sit down. **'hocken**[2] (*getr.* **-k·k-**) *v/t* ⟨h⟩ *agr.* (*Getreide*) shock, stook.

'hockenˌblei·ben (*getr.* **-k·k-**) *v/i* ⟨*irr, sep,* **-ge-, sein**⟩ *colloq.* → **sitzenbleiben** 1–3.

'Hocker (*getr.* **-k·k-**) *m* ⟨**-s; -**⟩ stool.

Höcker (*getr.* **-k·k-**) ['hœkər] *m* ⟨**-s; -**⟩ **1.** hump; **Kamel mit einem** ~ (**zwei** ~**n**) single-humped camel, dromedary (two-humped *od.* Bactrian camel). **2.** (*kleiner Hügel*) hummock. **3.** (*Buckel*) hump, hunch; **e-n** ~ **haben** be hunchbacked. **4.** *auf der Nase etc*: bump, lump. **5.** *bot. an Wurzeln etc*: burl, gnarl. **6.** *med.* bump, protuberance. ~ˌ**en·te** *f* knob-billed goose. ~ˌ**gans** *f* swan goose.

'Hockerˌgrab (*getr.* **-k·k-**) *n archeol.* crouched burial.

'Höckerˌhin·der·nis (*getr.* **-k·k-**) *n* → **Höckersperre.**

'höcke·rig (*getr.* **-k·k-**) *adj* **1.** bumpy, lumpy, knobby. **2.** (*buckelig*) humpbacked, hunchbacked; ~**er Rücken** humpy back. **3.** (*uneben*) bumpy, rough, ragged. **4.** (*knollig*) tuberous. **5.** *bes. bot. zo.* torose. **6.** *med.* tubercular, tuberous, knobby. **7.** *Landschaft*: hummocky.

'Höcker|ˌna·se (*getr.* **-k·k-**) *f* nose with a bump. ~**schwan** *m* mute (*od.* common) swan. ~**sper·re** *f mil.* dragon's teeth *pl.*

Hockey (*getr.* **-k·k-**) ['hɔke; 'hɒkɪ] (*Engl.*) *n* ⟨**-s;** *no pl*⟩ hockey; *in Zssgn* hockey (*ball, field, player*); ~**schläger** *m,* ~**stock** *m* hockey stick.

'Hock|ˌlie·geˌstütz *m gym.* knee-bend (leaning) rest. ~ˌ**sprung** *m* **1.** *gym.* a) squat jump, b) *übers Pferd*: squat vault. **2.** *Kunstspringen*: tuck(ed jump). ~ˌ**stand** *m* squat stand. ~ˌ**stel·lung** *f* → **Hocke**[1] 2 a. ~ˌ**stütz** *m* crouch stand with hand support. ~ˌ**wen·de** *f* **1.** front vault (in tuck position). **2.** *als Abgang*: front vault dismount.

Ho·de ['ho:də] *m* ⟨**-n; -n**⟩, *f* ⟨**-; -n**⟩ → **Hoden.**

Ho·den ['ho:dən] *m* ⟨**-s; -**⟩ *anat.* testicle; ~ *pl* testicles, testes, orchides. ~ˌ**bruch** *m med.* scrotal hernia. ~**entˌzün·dung** *f* inflammation of a testicle, orchitis, testitis. ~**geˌschwulst** *f* **1.** swelling of a testicle. **2.** scrotal tumo(u)r. ~**reˌflex** *m* cremasteric reflex. ~ˌ**sack** *m* **1.** *anat.* scrotum. **2.** *zo.* purse. ~ˌ**sackˌbruch** *m* → **Hodenbruch.**

Ho·do|graph [hodo'gra:f] *m* ⟨**-en; -en**⟩ *math.* hodograph. ~'**me·ter** [-'me:tər] *n* ⟨**-s; -**⟩ **1.** (h)odometer. **2.** (*Schrittzähler*) pedometer.

Hödr ['hø:dər], **Hö·dur** ['hø:dur] *npr m* ⟨**-s;** *no pl*⟩ *myth.* Hoder, Hodur.

Hof [ho:f] *m* ⟨**-(e)s;** ~̈**e**⟩ **1.** yard; **auf dem** ~ in the yard; **auf den** ~ **gehen** go into the yard. **2.** (*Innen*≈) court(yard), *rechtwinkliger*: *a.* quadrangle, *colloq.* quad. **3.** (*Hinter*≈) backyard. **4.** (*Schul*≈) playground, schoolyard. **5.** *mil.* (*Kasernen*≈) square. **6.** (*Gefängnis*≈) (prison) yard. **7.** (*Bauern*≈) farm(stead). **8.** (*Fürsten*≈) court; **j-m den** ~ **machen** → **hofieren. 9.** *astr.* a) *um Sonne od. Mond*: aureole, b) *durch Dunst*: corona, c) *durch Eispartikel*: halo. **10.** *med. opt.* halo. **11.** *anat.* areola. ~ˌ**adel** *m* court nobility. ~ˌ**al·ma·nach** *m* court calendar. ~ˌ**arzt** *m* court physician. ~ˌ**ball** *m* court ball. ~**beˌsit·zer** *m agr.* proprietor of a farm, farmer. ~ˌ**cli·que** *f* court clique, camarilla. ~ˌ**da·me** *f* court lady, *unverheiratet*: maid of hono(u)r, lady-in-waiting; **königliche** ~ Lady of the (Queen's) Bedchamber. ~ˌ**dich·ter** *m* court poet, *in Großbritannien*: Poet Laureate.

'Hö·feˌrecht *n jur.* law of entail.

'Hof·etiˌket·te *f* ⟨**-;** *no pl*⟩ court etiquette.

'hofˌfä·hig *adj* **1.** presentable at court. **2.** *fig.* presentable. ≈**keit** *f* ⟨**-;** *no pl*⟩ **1.** presentability at court. **2.** *fig.* social acceptability.

Hof·fart ['hɔfart] *f* ⟨**-;** *no pl*⟩ *lit.* pride, haughtiness, arrogance, vaingloriousness. **'hof·fär·tig** [-fɛrtɪç] *adj* proud, haughty, vainglorious, arrogant.

hof·fen ['hɔfən] **I** *v/i* ⟨h⟩ **1.** (**auf** *acc*) hope (for), *zuversichtlich*: *a.* trust (in), (*erwarten*) expect (*acc*); **bist du krank? ich will nicht** ~! are you ill? I hope not; **verzweifelt** (*od.* **wider alle Vernunft**) ~ hope against hope; **ich hoffe** I hope so; **ich hoffe nicht** I hope not; **sie** ~ **noch immer** they are still hoping, they haven't given up hope; **wir** ~ **auf** (*od.* **zu**) **Gott** we (put our) trust in God, in God we trust; **es steht** (*od.* **ist**) **zu** ~ it is to be hoped; **der Mensch hofft, solange er lebt** (*Sprichwort*) while there is life there is hope. **II** *v/t* **2.** hope, trust; **ich hoffe es** I hope so; **ich will nicht** ~, **daß er es gehört hat** I (do) hope he has not heard it; **das will ich nicht** ~, **ich will es nicht** ~ I hope not; **das hoffe ich sehr** that's what I hope; **er hat nichts (mehr) (kaum et.) zu** ~ his prospects are nought (dim); ~ **wir das Beste** let's hope for the best; **er hoffte sehr (darauf), daß er gewählt würde** he had great hopes of being elected. **III** ≈ *n* ⟨**-s**⟩ **3.** hoping (*etc*). **4.** hope; **zwischen** ≈ **und Bangen** between hope and fear.

'hof·fent·lich *adv* a) it is to be hoped, *colloq.* hopefully, b) *in Antworten etc*: I (*od.* we) hope so, let us (*od.* let's) hope so; ~ **ist er gesund** it is to be hoped that he is well, I hope he is well; **kommt er morgen?** ~ (~ **nicht**)! is he coming tomorrow? I hope so (I hope not)!

'Hoffˌmannsˌtrop·fen ['hɔfˌmans-] (*TM*) *pl pharm.* Hoffmann's drops, spirit *sg* of ether.

Hoff·nung ['hɔfnʊŋ] *f* ⟨**-; -en**⟩ **1.** (**auf** *acc*) hope (of), (*Erwartung*) expectation (of), (*Zuversicht*) trust (in); **begründete (einzige, geringe, letzte, übertriebene)** ~ justified (only, faint, last, exaggerated) hope; **getäuschte** ~ disappointment; **die** ~ **aufgeben (begraben** *od.* **zu Grabe tragen, verlieren)** abandon (bury, lose) hope; **j-s** ~**en vernichten** dash s. o.'s hopes; **sich an die letzte** ~ **klammern** catch (*od.* grasp) at a straw; **j-m (auf e-e Sache)** ~**en machen** raise hopes in (*od.* hold out hopes to) s. o. (of s. th.); **sich** ~**en machen** (*od.* **hingeben**) have (*od.* entertain) hopes, be hopeful (*that*); **sich falsche (k-e)** ~**en machen** have false (no) hopes; **mach dir k-e (falschen)** ~**en!** no false hopes!, don't be too hopeful!; **neue** ~ **schöpfen** have new hopes, gather fresh hope; ~**en haben (hegen, nähren)** have (cherish, nourish) hope(s); **s-e** ~ **auf j-n (et.) setzen** place one's hopes in s. o. (s. th.); **guter** ~ **sein** a) *lit.* be full of hope, b) *euphem.* be expecting (a baby), be in the family way; **zu schönen** ~**en berechtigen** justify the fondest hopes, show good promise (for the future), *Sache*: *a.* bid fair; **in s-n** ~**en enttäuscht werden** be disappointed (in one's hopes); **in der** ~, **Sie bald wiederzusehen** in the hope of seeing you soon, hoping to see you soon; **es ist** (*od.* **besteht**) **noch** ~ there is still hope; **ist noch** ~? is there any hope left?; **es gibt k-e** ~ **mehr für ihn** *fig.* he is past all hope, *med. a.* he is past recovery; → **Kap** 1. **2.** (*Person, Sache*) hope; **er ist m-e einzige** ~ he is my sole (*od.* only) hope; *Sport u. weitS.* **die große** ~ *colloq.* the Great Hope.

'Hoff·nungs|ˌkauf *m econ.* speculative purchase. ~ˌ**lauf** *m Sport*: repechage. ≈**los I** *adj a. fig. colloq.* hopeless, (*verzweifelt*) desperate, ⟨*pred*⟩ *a.* without hope, *Kranker, Lage etc*: past all hope; **ein** ~**es Durcheinander** a (state of) hopeless confusion; **ein** ~**er Idealist** a hopeless (*od.* an incurable) idealist; **e-e** ~**e Krankheit** an incurable disease; **er ist ein** ~**er Fall** he is hopeless, he is past all hope; **die Lage ist ernst, aber nicht** ~ the situation is grave but not desperate. **II** *adv* hopelessly, past all hope; **er ist** ~ **krank** he is hopelessly ill, he is past recovery. ~**lo·sig·keit** *f* ⟨**-;** *no pl*⟩ hopelessness, despair. ~ˌ**schim·mer** *m* glimmer of hope. ~ˌ**strahl** *m* ray of hope. ≈ˌ**voll** *adj* **1.** full of hope, hopeful. **2.** optimistic. **3.** (*vielversprechend*) promising; **ein** ~**er junger Mann** a young man of great promise, *iro.* a young hopeful; *iro.* **sein** ~**er Sprößling** his hopeful son; ~ **in die Zukunft blicken** be (*od.* feel) hopeful about the future.

'Hof|ˌfräu·lein *n* maid of hono(u)r. ~ˌ**geist·li·che** *m* court chaplain. ~**geˌricht** *n jur. hist.* manorial court, court baron. ~**geˌsin·de** *n* **1.** *fürstliches*: servants *pl* at court. **2.** *agr.* farmhands and maids *pl.* ~ˌ**gut** *n* (crown) domain. ≈ˌ**hal·ten** *v/i* ⟨*irr, sep,* **-ge-, h**⟩ hold court. ~ˌ**hal·tung** *f* ⟨**-; -en**⟩ (*Royal, etc*) Household. ~ˌ**hund** *m* watchdog.

ho·fie·ren [ho'fi:rən] *v/t* ⟨*no* **ge-, h**⟩ *lit.* **j-n** ~ a) court s. o., pay court (*od.* one's addresses) to s. o., b) (*schmeicheln*) flatter s. o., *contp.* fawn upon s. o.

'Hof·inˌtri·ge *f* court intrigue.

hö·fisch ['hø:fɪʃ] *adj* **1.** *hist. Sitten, Zucht etc*: courtly; ~**e Erziehung** education at court. **2. die** ~**e Dichtung** (the) court(ly) poetry.

'Hof|kanzˌlei *f Austrian hist.* **1.** chancellery. **2.** *in gerichtlicher Funktion*: chancery. ~**kaˌpel·le** *f* **1.** *relig.* a) court chapel, b) (*königliche* ~) chapel royal. **2.** *mus.* court orchestra (*od.* musicians *pl*). ~**kaˌpellˌmei·ster** *m* (musical) director of a court orchestra. ~**kaˌplan** *m* court chaplain. ~ˌ**kir·che** *f* **1.** court church. **2.** → **Hofkapelle** 1. ~ˌ**klei·dung** *f* court dress. ~ˌ**klün·gel** *m* → **Hofclique.** ~ˌ**knicks** *m* court curtsey; **e-n** ~ **machen** (make a deep) curtsey. ~ˌ**krei·se** *pl* court circles. ~ˌ**le·ben** *n* life at court, court life.

höf·lich ['hø:flɪç] **I** *adj Antwort, Mensch etc*: polite, civil, courteous; **in** ~**em Ton** in a polite tone, politely; ~ **zu j-m sein** be polite to(ward[s]) s. o. **II** *adv* politely (*etc*); **wir teilen Ihnen** ~(**st**) **mit** we beg to inform you; **wir bitten Sie** ~(**st**) **zu kommen** we respectfully request you to come; **es wird** ~ **gebeten** please (*keep off the grass, etc*). ≈**keit** *f* ⟨**-; -en**⟩ **1.** ⟨*only sg*⟩ politeness, civility, courtesy; (**nur**) **aus** ~ (merely) out of politeness; **et. in aller** ~, **aber bestimmt sagen** say s. th. politely but firmly; **das verlangt einfach die** ~ that's common politeness; *humor.* **darüber schweigt des Sängers** ~ a) the less said about it the better, b) he doesn't say a word about that. **2.** (*Wort, Kompliment*) courtesy, *pl a.* amenities; **j-m** ~**en sagen** pay s. o. compliments.

'Höf·lich·keits|beˌsuch *m* courtesy (*od.* formal) call. ~**beˌzei·gung,** ~**erˌwei·sung** *f meist pl* mark of respect (*od.*

courtesy), compliment. **~ˌflos·kel** *f* polite phrase. **~ˌfor·mel** *f* polite phrase (*od.* formula); *im Brief*: complimentary close. **~ˌge·ste** *f* polite gesture. **~ˌphra·se** *f* polite phrase. **~ˌsil·be** *f ling.* honorific (syllable).

ˈHof·lie·feˌrant *m* **1.** purveyor to the Court. **2.** *in Großbritannien*: Purveyor to His (*od.* Her) Majesty.

Höf·ling [ˈhøːflɪŋ] *m* ⟨-s; -e⟩ courtier.

ˈHof|ˌma·ler *m* court painter. **~ˌmann** *m* ⟨-(e)s; -leute⟩ **1.** → Höfling. **2.** *hist.* villein farmer. **2ˌmän·nisch** [-ˌmɛnɪʃ] *adj* courtierlike, courtly. **~ˌmar·schall** *m hist.* seneschal. **~ˌmei·ster** *m* **1.** (*Gutsverwalter*) manager, steward. **2.** *am Königshof*: Controller, *in Großbritannien*: Comptroller of the Royal Household. **3.** *hist.* (*Hauslehrer*) private tutor. **~ˌnarr** *m* court jester. **~ˌpre·di·ger** *m obs.* (court) chaplain. **~ˌrat** *m* ⟨-(e)s; ⸚e⟩ **1.** *hist.* a) ⟨*only sg*⟩ Aulic Council, b) (*Mitglied*) Aulic Councillor. **2.** *in Großbritannien*: a) ⟨*only sg*⟩ Privy Council, b) (*Mitglied*) Privy Councillor. **3.** (*österr. Titel*) Hofrat. **~ˌsän·ger** *m hist.* minstrel at a court. **~ˌschauˌspie·ler** *m* actor at the Court (*od.* Royal) theat/re (*Am.* -er). **~ˌschran·ze** *f conpt.* (slimy) courtier, (court) toady. **~ˌstaat** *m* **1.** royal (*od.* princely) household. **2.** (*Gefolge*) royal retinue. **3.** (*Kleid*) court-dress. **~ˌstatt** *f Swiss* farm(stead).

Höft [høft] *n* ⟨-(e)s; -e⟩ *Northern G. dial.* **1.** *geogr.* (*Landspitze, -zunge*) spit. **2.** *civ. eng.* (*Buhne*) groyne.

ˈHof|thea·ter [-teˌaːtər] *n* court (*od.* royal) theat/re (*Am.* -er). **~ˌtor** *n* yard gate. **~ˌtracht** *f* court-dress. **~ˌtrau·er** *f* court mourning. **~ze·re·mo·niˌell** *n* court etiquette.

ho·he [ˈhoːə] *adj* → hoch I.

Hö·he [ˈhøːə] *f* ⟨-; -n⟩ **1.** height; **die ~ des Turmes beträgt 100 Meter** the tower is a hundred metres high; **auf halber ~ machten wir Rast** we had a rest halfway up; **sich in s-r ganzen ~ aufrichten** draw o. s. up to one's full height; *tech.* **lichte ~** headroom, headway, clearance. **2.** *über dem Boden, Meeresspiegel etc*: height, altitude, *e-s Berges*: *a.* elevation; **in 1000 Meter ~** at a height of 1,000 metres; **aus der ~** from above; **absolute ~, ~ über Normalnull** (*od.* **dem Meeresspiegel**) height (*od.* elevation) above sea level, altitude; **relative ~ e-s Berges** height of a mountain above ground level. **3.** (*Bodenerhebung*) elevation. **4.** (*An2, Hügel*) hill, height; **Täler und ~n** hills and valleys; *mil.* **~ 304** hill 304. **5.** (*Gipfel*) top (of a hill), summit. **6. in die ~** a) up (into the air), b) *fig.* up; **in die ~ sehen** look up; **die Augenbrauen in die ~ ziehen** raise one's eyebrows; **die Preise sind in die ~ gegangen** prices have gone up; **mit den Preisen in die ~ gehen** increase prices; → *a. Zssgn mit* **hoch ...** (**hocharbeiten, -bringen** (*etc*). **7.** *fig.* (*~punkt*) height, peak; **auf der ~ des Ruhms** at the height of fame; **er ist auf der ~ s-r Leistungsfähigkeit angelangt** he has reached the peak (of his potential); **Spanien auf der ~ s-r Macht** Spain at the height (*od.* in the heyday) of her power; **die ~n und Tiefen des Lebens** the ups and downs of life; *colloq.* **auf der ~ sein** a) be in good form (*od.* shape), be up to the mark, b) (*auf Draht*) be equal to the occasion, be on one's toes, c) (*leistungsfähig*) be very efficient (*od.* capable), d) *der Zeit, Entwicklung etc*: be up to date; **ich bin** (*od.* **fühle mich**) **heute nicht ganz auf der ~** I am not feeling up to the mark (*od.* up to par) today; **sie ist geistig nicht ganz auf der ~** she is (mentally) not quite normal; **das ist doch die ~!** that's the limit!; → *a.* Höhepunkt 2. **8.** *fig.* (*Niveau*) (*intellectual, etc*) level; **auf gleicher ~ mit j-m stehen** be s. o.'s peer, be on a level with s. o. **9.** *fig.* **auf gleicher ~** *Fahrzeuge etc*: abreast, level; **auf gleicher ~ mit** on a level with. **10.** *fig. e-r Summe etc*: size, amount; **e-e Summe in ~ von** a sum (to the amount, *colloq.* tune) of; **e-e Strafe bis zu e-r ~ von 100 Mark** a penalty (ranging) up to (*od.* of a maximum of, *jur. meist* not exceeding) 100 marks; **e-e Strafe in ~ von 100 Mark erhalten** be fined 100 marks; **Schaden in ~ von 1000 Mark** damage amounting to (*od.* to the extent of) 1,000 marks; **ein Geschenk in ~ von 10 Mark** a present to the value of 10 marks. **11.** *jur. e-r Strafe*: a) degree, amount (*of punishment*), b) (*Schärfe*) severity. **12.** *fig. von Preisen etc*: level, range. **13.** *fig. des Zinses, der Geschwindigkeit etc*: rate; **~ des Zinsfußes** rate of interest; **Bevölkerungszuwachs in ~ von** increase in population (at the rate) of. **14. auf der ~ von** a) *geogr.* in the latitude of (*London, etc*), b) *mar.* off (*Dover, etc*). **15.** *astr.* altitude, elevation; **~ messen** (*od.* **nehmen**) measure altitude, take sight. **16.** *phys.* (*Stärke*) intensity. **17.** *mus. e-s Tons etc*: pitch. **18.** *math. e-s Dreiecks etc*: altitude. **19.** *print. e-s Satzes etc*: depth.

Ho·heit [ˈhoːhaɪt] *f* ⟨-; -en⟩ **1.** ⟨*only sg*⟩ *pol.* (*Ober2, Staats2*) sovereignty, (*innerstaatliche ~*) *a.* supreme power, (national) jurisdiction; **staatliche ~** national sovereignty. **2.** (*Titel*) Highness; **S-e** (**Ihre**) **Königliche ~** His (Her) Royal Highness; **Kaiserliche ~** Imperial Highness; (**Königliche**) **~** *Anrede*: Your (Royal) Highness. **3.** ⟨*only sg*⟩ (*Vornehmheit*) majestic dignity, grandeur, majesty. **4.** ⟨*only sg*⟩ *von Bergen etc*: grandeur, majesty, (*Erhabenheit*) sublimity. **2lich** *adj* sovereign.

ˈHo·heits|ˌabˌzei·chen *n* national emblem. **~ˌakt** *m* act of sovereignty, sovereign act. **~beˌreich** *m* → a) Hoheitsgebiet, b) Hoheit 1. **~geˌbiet** *n* (national) territory; **deutsches ~** German territory. **~geˌwalt** *f* → Hoheit 1. **~geˌwäs·ser** *n u. pl* territorial waters *pl*. **~ˌgren·ze** *f* limit of a national territory and territorial waters. **~ˌrecht** *n meist pl* a) *völkerrechtlich*: (rights and attributes *pl* of) sovereignty, b) *innerstaatlich*: jurisdiction, supreme power; **in dieser Angelegenheit übt der Bund ~e aus** in this matter the Federal Government has jurisdiction; **königliches ~** royal prerogative, regality. **2ˌvoll** *adj lit.* majestic, dignified; (*gebieterisch*) imperious. **~ˌzei·chen** *n* national emblem.

ˌHo·heˈlied *n* ⟨Hohenlied(e)s; *no pl*⟩ **1.** *Bibl.* (*Salomos*) Song of Solomon, Song of Songs. **2.** *fig.* (*Loblied*) hymn (*gen* in praise of).

hö·hen [ˈhøːən] *v/t* ⟨h⟩ *Kunst*: heighten (*a detail*).

ˈHö·hen|ˌabˌstand *m* **1.** *aer.* a) *beim Verbandsflug*: vertical spacing, b) *über Bodenhindernissen*: (vertical) clearance, c) *zur Flugsicherung*: vertical separation. **2.** *Kartographie*: vertical (*od.* contour) interval. **~ˌanˌga·be** *f aer.* altitude reading. **~ˌangst** *f med.* aerophobia. **~ˌanˌzug** *m aer.* pressure suit. **~ˌat·mer** [-ˌʔaːtmər] *m* ⟨-s; -⟩ (high-altitude) oxygen equipment. **~ba·roˌme·ter** *n* altimeter. **~ˌbom·ber** *m aer. mil.* high-altitude bomber, stratofortress. **~ˌeinˌstel·lung** *f* vertical adjustment (*od.* setting). **~em·boˌlie** *f med.* aeroembolism. **2ˌfest** *adj* free from fear of heights. **~ˌfil·ter** *n, m electr.* treble filter. **~ˌflos·se** *f aer.* (horizontal) stabilizer, *Am.* tail plane. **~ˌflug** *m* **1.** *aer.* high-altitude flight; **~rekord** *m* altitude record. **2.** *fig.* **~ der Gedanken, geistiger ~** flight of fancy, lofty thought(s *pl*). **~ˌfor·schung** *f Raumfahrt*: high-altitude research; **~srakete** *f* sounding rocket. **~ˌfront** *f meteor.* upper front. **2ˌgleich** *adj civ. eng.* level; **~e Kreuzung** level (*od. Am.* grade) crossing; **ohne ~e Kreuzung** *Straße*: with fly-over intersections, *Am.* with overhead crossings. **~ˌgren·ze** *f meist pl geogr.* natural limit (of vegetation) on a mountain. **~kaˌbi·ne** *f aer.* pressurized cabin. **~ˌkaltˌfront** *f meteor.* upper cold front. **~ˌkar·te** *f* **1.** *geogr.* relief (*od.* contour) map. **2.** *meteor.* upper air chart. **~ˌkli·ma** *n* mountain (*od.* high-level) climate. **~ˌko·te** *f Kartographie*: spot height. **~ˌkrank·heit** *f med.* **1.** altitude sickness. **2.** *beim Fliegen*: a) high-altitude nausea, air sickness, b) aeroembolism. **~ˌkurˌort** *m* high-altitude health resort. **~ˌla·ge** *f* altitude, elevation; **in größeren ~n** at higher altitudes, higher up. **~ˌleitˌwerk** *n* elevator unit. **~ˌli·nie** *f Kartographie*: contour line; **~nkarte** *f* contour map. **~ˌluft** *f* mountain air. **~ˌluftˌkurˌort** *m* → Höhenkurort. **~ˌmar·ke** *f surv.* bench mark. **~ˌmaß** *n* measure of altitude (*od.* elevation). **~ˌmes·ser** *m* **1.** *aer. meteor. phys.* altimeter. **2.** *mil. Radar, Flak etc*: height finder. **~ˌmes·sung** *f* **1.** *im Gelände*: level(l)ing. **2.** *mil.* height finding. **3.** → Höhenangabe. **~raˌke·te** *f* sounding rocket. **~reˌkord** *m* altitude record. **~ˌrich·tung** *f mil.* elevation. **~ˌrücken** (*getr.* -k·k-) *m* (mountain) ridge. **~ˌru·der** *n* **1.** *aer.* elevator (control). **2.** *des U-Boots*: hydroplane. **~ˌschnittˌpunkt** *m math.* orthocent/re (*Am.* -er). **~ˌschrei·ber** *m aer.* altitude recorder, altigraph. **~ˌson·de** *f* aerometeorograph. **~ˌson·ne** *f* **1.** ⟨*only sg*⟩ mountain sun. **2.** (*TM*) *med.* a) artificial sun(light), b) (*Lampe*) ultra-violet (*od.* sun-ray, quartz) lamp; **Bestrahlung** (*od.* **Behandlung**) **mit ~** ultra-violet light therapy (*od.* ray treatment).

ˈHö·hen|ˌsteu·er *n aer.* elevator (control). **~ˌstrah·len** *pl* cosmic rays. **~ˌstrah·lung** *f* cosmic radiation. **~ˌun·terˌschied** *m* difference in elevation (*od.* altitude, height). **~verˌlust** *m aer.* loss of altitude. **~verˌstel·lung** *f tech.* vertical adjustment. **~ˌvieh** *n agr.* highland cattle. **~ˌwarmˌfront** *f meteor.* upper warm front. **~ˌweg** *m* ridgeway. **~ˌwelt·reˌkord** *m* world record for altitude. **~ˌwet·terˌkar·te** *f* upper air chart. **~ˌwind** *m* upper wind. **~ˌwin·kel** *m mil. phys.* elevation angle; *der Flak etc*: angular height. **~ˌzahl** *f* height (above sea level).

ˌHo·henˈzol·ler [-ˈtsɔlər] *m* ⟨-n; -n⟩ *hist.* (member of the House of) Hohenzollern; **Haus ~n** House of Hohenzollern, Hohenzollern dynasty.

ˈHö·henˌzug *m geogr.* range of hills, mountain chain.

ˌHo·heˈprie·ster *m* ⟨Hohenpriesters; Hohenpriester⟩ *relig.* high priest. **ˌho·heˈprie·ster·lich** *adj* high-priestly, pontifical.

ˈHö·heˌpunkt *m* **1.** highest point, culminating point, culmination. **2.** *fig. allg.* climax, height, peak, culmination, *des Ruhms, der Macht etc*: *a.* zenith, pinnacle, summit, *a. e-r Epoche, Kultur etc*: heyday; **auf dem ~** at its height (*etc*), in its heyday; **auf dem ~ s-r Macht** at the zenith (*od.* height, peak) of his power;

s-n (*od.* e-n, den) ~ erreichen (reach a) climax, culminate (in *dat* in), s-r Karriere: reach the culmination (*od.* top) of one's career. **3.** (*Glanzpunkt e-s Festes etc*) highlight, climax, *colloq.* high spot. **4.** (*entscheidende Phase*) critical point (*od.* phase); den ~ erreichen reach the crisis (*od.* critical stage); den ~ überschritten haben have passed the climax (*od.* peak), be on the decline. **5.** *thea.* climax. **6.** (*sexueller* ~) climax, orgasm.

hö·her [ˈhøːər] **I** *comp of* hoch I, II *u. adj* **1.** *allg.* higher (*a. fig. mathematics, etc*); fünf Meter ~ five met/res (*Am.* -ers) higher; ~er Beruf (learned) profession; ~e Bildung secondary (*od.* university) education; ~e Geschwindigkeit higher (*od.* greater) speed; ~e Instanz a) *jur.* higher court, b) *adm.* higher authority; ~en Ort(e)s by (higher) authority; *relig.* ~e Weihen holy vows; ~es Wesen supernatural being; auf ~en Befehl handeln act on orders from above; in e-m ~en Sinne in a higher sense; → Blödsinn 2, Gewalt 3, Region. **2.** senior; ~er Beamter higher-grade civil servant, *weitS.* senior official; ~er Offizier higher (-ranking) (*weitS.* senior) officer; ~er Dienst senior service (*od.* grade). **II** *adv* **3.** higher, *fig. a.* more highly; immer ~ higher and higher, up and up; ~ am Berg liegen lie farther up the mountain; ~ oben higher (*od.* farther) up; → hinauswollen 2. **~beˌwer·tet** *adj econ. Aktien etc*: of higher value, higher-priced.

Hö·he·re [ˈhøːərə], das ⟨-n; *no pl*⟩ *fig.* the Higher Thought, higher things *pl*; nach ~m streben strive for higher things; k-n Sinn fürs ~ haben have no mind for higher things.

ˈhö·her|entˌwickelt (*getr.* -k·k-) *adj* more highly developed, farther advanced. **ℒentˌwick·lung** *f* **1.** higher (*od.* further) development. **2.** *biol.* evolutionary progress. **~ˌlie·gend** *adj Gebäude*: situated at a higher level, higher-lying. **~ˌschrau·ben** *v/t* ⟨*sep*, -ge-, h⟩ (*Preise etc*) force up. **~ˌste·hend** *adj* **1.** higher(-ranking). **2.** *biol. Lebewesen*: more highly developed. **~ˌwer·tig** *adj chem.* of higher valence.

hohl [hoːl] *adj* **1.** hollow, (*ausgehöhlt*) hollowed; ~ machen hollow out; → Zahn 1. **2.** (*leer*) empty (*nut, etc*). **3.** *Hand*: cupped; aus der ~en Hand trinken drink from one's cupped hand(s); in der ~en Hand in the hollow of one's hand; → *a.* Hand (*Verbindungen mit adj*). **4.** *Augen, Wangen etc*: hollow, sunken (*eyes, etc*); *med.* ~es Kreuz → Hohlrücken 1. **5.** *fig.* (*seicht, leer*) empty, hollow, shallow; *colloq.* er ist ein ~er Kopf he is empty-headed. **6.** *fig. Ton, Klang, Lachen, Stimme etc*: hollow; *ling.* ~es L dark L. **7.** *Oktave etc*: open, naked. **8.** *mar.* hollow (*sea, wave*). **9.** *tech.* hollow, (*röhrenförmig*) tubular. **10.** *Linse, Spiegel etc*: concave. **ℒˌader** *f anat.* vena cava. **~ˌäu·gig** *adj* hollow-eyed. **ℒˌblock** *m* ⟨-(e)s; ⸚e⟩ *civ. eng.* hollow block pot. **ℒˌblockˌstein** *m* hollow block. **ℒˌboh·rer** *m tech.* shell auger. **ℒˌbrust** *f med.* funnel chest. **~ˌbrü·stig** [-ˌbrʏstɪç] *adj* hollow- (*od.* funnel-)chested.

Höh·le [ˈhøːlə] *f* ⟨-; -n⟩ **1.** cave, cavern; voller ~n cavernous. **2.** (*Grotte*) grotto. **3.** (*Höhlung*) hollow, hole, pit, cavity. **4.** *fig. colloq.* hole, den, hovel. **5.** *zo.* a) *bes. unter der Erde*: hole, burrow, b) (*Lager*) den, lair; *fig.* sich in die ~ des Löwen begeben (*od.* wagen) venture into the lion's den. **6.** *anat. med.* a) cavity, pit, b) *der Lunge etc*: cavern, c) (*Augen*ℒ, *Gelenk*ℒ) socket.

ˈHohlˌei·sen *n tech.* **1.** *Linolschnitt*: gouge. **2.** *Holzschnitt*: scorper. **3.** *Bildhauerei*: spoon chisel.

höh·len [ˈhøːlən] *v/t* ⟨h⟩ hollow; → Tropfen 3.

ˈHöh·len|ˌaf·fe *m* → Schimpanse. **ℒˌar·tig** *adj* cavelike, cavernous. **~ˌbär** *m* cave bear. **ℒbeˌwoh·nend** *adj* cave-dwelling, spel(a)ean. **~beˌwoh·ner** *m* caveman, cave-dweller, troglodyte. **~ˌbild** *n archeol.* cave-painting. **~ˌbil·dung** *f med.* cavitation. **~ˌfor·scher** *m* cave-explorer, spel(a)eologist, *colloq.* pot-holer, *bes. Am.* spelunker. **~ˌfor·schung** *f* spel(a)eology. **~ˌfund** *m archeol.* cave find. **~ˌgrab** *n* rock-tomb. **~ˌkun·de** *f* spel(a)eology. **~ˌlö·we** *m* cave lion. **~ma·leˌrei** *f* cave-painting. **~ˌmensch** *m* → Höhlenbewohner. **~ˌtem·pel** *m* cave temple. **~ˌtier** *n* cave animal. **~ˌwoh·nung** *f* cave-dwelling. **~ˌzeich·nung** *f meist pl* cave drawing. **~ˌzeit** *f* cave-dwelling period.

ˈhohl|erˌha·ben *adj phys.* concavo-convex. **ℒˌflä·che** *f* concave surface, concavity. **ℒˌfrä·ser** *m tech.* hollow milling cutter. **ℒgeˌfäß** *n* hollow vessel. **~ˌge·hend** *adj mar. See, Wellen*: running high, hollow. **~geˌschlif·fen** *adj* **1.** *tech.* hollow-ground. **2.** *opt.* concave. **ℒgeˌschoß** *n mil.* shell. **ℒgeˌwe·be** *n Textil.* circular goods *pl*, tubular fabrics *pl*. **ℒˌglas** *n* hollow glass(ware). **ℒheit** *f* ⟨-; *no pl*⟩ hollowness; (*Leere*) emptiness; *fig. a.* shallowness; *fig. e-s Tons*: hollowness, dullness.

ˈhöh·lig *adj* cavernous.

ˈHohl|ˌke·gel *m* **1.** *tech.* taper hole (*od.* bore). **2.** *math.* hollow cone. **~ˌkeh·le** *f* **1.** *tech.* a) groove, channel, b) *beim Schweißen, bei Zahnradbearbeitung*: (concave) fillet, c) *beim Schleifen*: concave profile, d) *e-s Schneidmeißels*: ridge, e) (*Nut*) flute. **2.** *arch.* cavetto. **~ˌklin·ge** *f* hollow-ground blade. **ℒˌklin·gend** *adj* hollow-sounding. **~ˌkopf** *m fig. colloq.* num(b)skull. **ℒˌköp·fig** [-ˌkœpfɪç] *adj fig. colloq.* empty-headed, brainless. **~ˌkör·per** *m tech.* hollow body. **~ˌkreuz** *n* → Hohlrücken 1. **~ˌku·gel** *f* hollow sphere (*od.* ball). **~ˌla·dung** *f mil.* hollow charge. **~ˌlei·ter** *m electr.* wave-guide. **~ˌmaß** *n* **1.** *phys.* measure of capacity. **2.** *meist pl für Getreide, Holz etc*: dry measure. **~ˌmei·ßel** *m* gouge, hollow chisel. **~ˌna·del** *f med.* cannula. **~ˌnaht** *f* (*Ziernaht*) line of hemstitching. **~ˌraum** *m* **1.** hollow (space), cavity. **2.** *metall.* cavity. **3.** *anat. med.* a) cavity, b) *in Blutgefäßen u. Drüsen*: lumen, c) *mit offenem Zugang*: sinus, d) (*Lakune*) lacuna. **~ˌrü·cken** (*getr.* -k·k-) *m* **1.** *med.* hollow back. **2.** *vet. bei Pferden*: swayback. **ℒˌrü·ckig** (*getr.* -k·k-) [-ˌrʏkɪç] *adj vet. Pferd etc*: saddle-backed. **~ˌrun·dung** *f* concavity. **~ˌsaum** *m a.* ~stich *m* hemstitch; mit ~ nähen hemstitch. **ℒˌschlei·fen** *v/t* ⟨*irr, sep*, -ge-, h⟩ **1.** *tech.* grind *s. th.* hollow. **2.** *opt.* grind *s. th.* concave. **~ˌschliff** *m* **1.** hollow grinding. **2.** concaving. **~ˌschlüs·sel** *m* hollow key. **~ˌspat** *m min.* hollow spar, chiastolith. **~ˌspie·gel** *m* concave mirror. **~ˌtau·be** *f* stock-dove. **~ˌtier** *n* **1.** plant animal, zoophyte. **2.** *pl* coelenterata.

ˈHöh·lung *f* ⟨-; -en⟩ **1.** hollow, hole, pit, cavity. **2.** (*Aus*ℒ) excavation. **3.** *geol.* erosion. **4.** → Höhle 6.

ˈHohl|ˌve·ne *f anat.* vena cava. **ℒˌwan·gig** [-ˌvaŋɪç] *adj* hollow-cheeked. **~ˌweg** *m* hollow (way); (*Schlucht*) ravine, gorge; (*Engpaß*) narrow pass, sunken road, *bes. mil.* defile. **~ˌwel·le** *f tech.* hollow shaft. **~ˌzie·gel** *m arch.* **1.** (*Dachziegel*) hollow tile, pantile. **2.** → ~ˌzie·gelˌstein *m* hollow brick. **~ˌzir·kel** *m* inside cal(l)ipers *pl*. **~zyˌlin·der** *m math.* hollow cylinder.

Hohn [hoːn] *m* ⟨-s; *no pl*⟩ **1.** (*Verspottung*) mockery, derision, scorn, scoffing, sneer(s *pl*), jeer(s *pl*), gibe(s *pl*), (*herausfordernder* ~) taunting, taunt(s *pl*); es ist ja der reinste ~ that's sheer mockery; nur ~ und Spott ernten earn but scorn and derision. **2.** (*Verachtung*) contempt, disdain, scorn. **3.** (*Beleidigung*) *a. fig.* insult; ein ~ auf die Sittlichkeit an insult to morality; ein ~ auf die Menschheit a mockery of humanity. **4.** (*Trotz*) defiance; j-m et. zum ~e tun do s. th. in defiance of (*od.* to spite) s. o.; den Gesetzen zum ~ in defiance of the laws. **höh·nen** [ˈhøːnən] **I** *v/i* ⟨h⟩ (über *acc* at) sneer, mock, jeer, scoff, gibe. **II** *v/t* → verhöhnen. **ˈHohn·geˌläch·ter** *n* → hohnlachen II. **ˈhöh·nisch** *adj* **1.** (*spöttisch*) mocking, derisive, scornful, sneering; ~e Bemerkung *a.* gibe, sneer; ~es Lächeln *a.* sneer. **2.** (*verächtlich*) contemptuous, disdainful, scornful. **3.** (*hämisch*) gloating. **4.** (*herausfordernd*) taunting.

ˈhohn|ˌlä·cheln I *v/i* ⟨*sep u. insep*, -ge-, h⟩ (über *acc* at) smile derisively, sneer. **II** ℒ *n* ⟨-s⟩ scornful (*od.* derisive) smile(s *pl*), sneer(ing), sneers *pl*. **~ˌlä·chelnd** *adj u. adv* with a scornful (*od.* derisive) smile, sneering(ly). **~ˌla·chen I** *v/i* ⟨*sep u. insep*, -ge-, h⟩ laugh scornfully (*od.* derisively); *lit.* j-m ~ treat s. o. with scorn. **II** ℒ *n* ⟨-s⟩ scornful (*od.* derisive) laughter. **~ˌspre·chen** *v/i* ⟨*irr, sep*, -ge-, h⟩ **1.** (*dat*) deride (*acc*), scorn (*acc*), sneer (at), scoff (at). **2.** (*trotzen*) defy, challenge; das spricht der Vernunft hohn that's against (*od.* that flies in the face of) all reason.

hoi [hɔʏ] *interj* hey.

Hö·ker [ˈhøːkər] *m* ⟨-s; -⟩ street trader, huckster, hawker. **Hö·keˈrei** *f* ⟨-; *no pl*⟩ huckstering, street trading. **ˈHö·ke·rin** *f* ⟨-; -nen⟩ (woman) street trader. **ˈhö·kern** *v/i* ⟨h⟩ huckster, hawk.

Ho·kus·po·kus [ˌhoːkʊsˈpoːkʊs] *m* ⟨-; *no pl*⟩ **1.** (*Zauberformel*) hocus-pocus; ~ (fidibus)! hocus-pocus!, abracadabra!, hey presto! **2.** (*Taschenspielerei*) hocus-pocus, sleight of hand. **3.** *fig. contp.* (*fauler Zauber*) hocus-pocus, mumbo-jumbo. **4.** *colloq.* (*Spaß*) antics *pl*, capers *pl*.

hold [hɔlt] **I** *adj* ⟨-er; -est⟩ *lit. od. poet.* **1.** ⟨*pred*⟩ j-m ~ sein like (*od.* love) s. o., be well (*od.* kindly) disposed toward(s) s. o.; das Glück war ihm ~ fortune smiled upon him, *meist* he was in luck; das Glück war mir nicht ~ I had no luck. **2.** lovely, sweet (*girl, face, smile, etc*); ~er Knabe (*Christuskind*) blessed infant; *humor.* die ~e Weiblichkeit the fair sex. **II** *adv* **3.** ~ lächeln smile sweetly. **Hol·de** [ˈhɔldə] *m, f* ⟨-n; -n⟩ **1.** *colloq.* sweetheart. **2.** *myth.* die ~n *pl* the nocturnal spect/res (*Am.* -ers).

ˈHol·ding·geˌsell·schaft [ˈhoːldɪŋ-] *f econ.* holding company.

hol·drio [ˈhɔldrio] **I** *interj* halloo! **II** ℒ *n* ⟨-s; *no pl*⟩ (shout of) halloo.

ˈholdˌse·lig *adj poet.* sweet, lovely.

Hole [hoːl; həʊl] (*Engl.*) *n* ⟨-s; -s⟩ *Golf*: hole.

ho·len [ˈhoːlən] *v/t* ⟨h⟩ **1.** (*j-n od. et. herbringen*) (go and) get, fetch, go for; Kohlen aus dem Keller ~ fetch coal from the cellar; ich werde ihn selbst ~ I shall go and get him myself; et. aus der Tasche ~ take (*od.* draw, pull) s. th. out of one's pocket; *colloq.* e-n Sender ~ get a station; j-m et. ~ get s. th. for s. o.; **Bücher vom Regal** ~ take books from the shelf; *med.* **ein Kind mit der Zange** ~ make a forceps delivery (of a child); **Atem** (*od.* **Luft**) ~ draw breath; **er holte tief Luft** he took a deep breath; **hol's!** *zum Hund*: go get it!; *colloq.* **j-n nachts aus dem Bett** ~ get s. o. out of bed at night; **bei ihm ist nichts zu** ~ you can't get anything out of him; **hier ist nichts zu** ~ there is nothing to be got here. **2.** (*herbeirufen*) call, send for (*the doctor, etc*); **j-n ans Telephon** ~ call s. o. to the telephone; **die Polizei** ~ call the police; **j-n ~ lassen** send for s. o. **3.** (*ab~*) come (*od.* call) for, fetch, pick up, collect; **sie haben ihn nachts geholt** they picked him up (*od.* arrested) him at night. **4. sich** (*dat*) **et.** ~ a) get (*od.* fetch) s. th., b) *fig. colloq.* (*Krankheit, Tadel, Schläge etc*) catch (*od.* get) s. th., c) *fig.* (*Rat, Trost etc*) seek s. th., d) *fig.* (*Preis etc*) win (*od.* fetch, get) s. th.; → **Korb** 13, **Tod** 1. **5.** *Bergbau*: (*gewinnen*) extract. **6.** *mar.* (*Tau, Segel etc*) haul, pull.

Ho·lis·mus [hoˈlɪsmʊs] *m* ⟨-; *no pl*⟩ *philos.* holism. **hoˈli·stisch** [-tɪʃ] *adj* holistic.

Holk [hɔlk] *f* ⟨-; -e(n)⟩, *m* ⟨-(e)s; -e(n)⟩ *mar.* → **Hulk**.

hol·la [ˈhɔla] *interj* **1.** hallo(a)! **2.** *erstaunt, erbost*: hey!

Hol·land [ˈhɔlant] *n* ⟨-s; *no pl*⟩ *geogr.* Holland, the Netherlands *pl*; **in ~ gemacht, aus ~ kommend** Dutch. **Hol·län·der** [ˈhɔlɛndər] **I** *m* ⟨-s; -⟩ **1.** Dutchman, Hollander, Netherlander, mynheer; **die ~** the Dutch (people *sg*). **2.** *mus.* „**Der Fliegende ~**" "The Flying Dutchman" (*opera by Wagner*). **3.** *Kunst*: Dutch painter. **4.** *agr.* (*Milchwirt*) dairyman. **5.** (*Kinderfahrzeug*) push-pull car. **6.** *Papierherstellung*: hollander, beater. **II** *adj* ⟨*invariable*⟩ **7.** Dutch; **~ Käse** Dutch cheese. **ˈHol·län·de·rin** *f* ⟨-; -nen⟩ Dutch girl (*od.* woman). **ˈhol·län·dern** *v/t* ⟨h⟩ **1.** *print.* (*Buch*) sew, stitch. **2.** *Papierherstellung*: beat (*rags*). **ˈhol·län·disch** [-dɪʃ] **I** *adj* Dutch; **das ~e Volk** the Dutch *pl.* **II** *ling.* **2** ⟨*generally undeclined*⟩, **das 2e** ⟨-n⟩ Dutch.

Hol·le[1] [ˈhɔlə] *f* ⟨-; -n⟩ *orn.* tuft, crest.

ˈHol·le[2] *npr f myth.* **Frau ~** Mother Hulda (*od.* Holda); **Frau ~ schüttelt ihre Betten aus** Mother Carey is plucking her goose.

Höl·le [ˈhœlə] *f* ⟨-; *rare* -n⟩ **1.** *a. fig.* hell, inferno; **in die ~ kommen, zur ~ fahren** go to hell; *fig.* **das ist die ~** that's hell; *colloq.* **j-m die ~ heiß machen** give s. o. hell, make it hot for s. o.; **j-m das Leben zur ~ machen** make life a perfect hell to s. o.; **die ~ auf Erden haben** suffer hell on earth; *colloq.* **die ~ war los** all hell broke loose; **in dem Saal war die ~ los** *a.* the hall was in an uproar; **fahr zur ~!** go to hell!; **der Fürst der ~** the Prince of Darkness, the Devil; *geogr.* **die grüne ~** the Green Hell; **der Weg zur ~ ist mit guten Vorsätzen gepflastert** (*Sprichwort*) the way to hell is paved with good intentions; **niedergefahren** (*od. R. C.* **abgestiegen**) **zur ~** descended into hell; *Bibl.* **~, wo ist dein Sieg** O grave, where is thy victory. **2.** *beim Fangspiel*: hell.

ˈHöl·len|ˈangst *f colloq.* **e-e ~ haben** (**vor** *dat*) be terribly afraid (of), be scared stiff (of), be in a blue funk (of). **~ˌbrand** *m* **1.** hell-fire. **2.** *colloq.* (*Durst*) terrible thirst. **~ˌbrut** *f contp.* spawn of hell. **~ˌfahrt** *f* ⟨-; *no pl*⟩ **1.** *relig.* **Christi ~** Christ's descent into Hell. **2.** *fig. colloq.* hellish trip (*od.* ride). **~ˌfeu·er** *n* hell-fire. **~ˌfürst** *m lit.* Prince of Darkness, Devil. **~geˈstank** *m colloq.* terrible stench (*od.* stink). **~ˌhund** *m myth.* hell-hound, Cerberus. **~ˈlärm** *m colloq.* **1.** hellish noise (*od.* racket); **e-n ~ machen** kick up a tremendous row, make a hell of a noise. **2.** (*wildes Geschrei, Getöse*) pandemonium. **~ma·ˌschi·ne** *f* **1.** (*Sprenggerät*) infernal machine. **2.** (*Zeitbombe*) time bomb. **~ˌqual** *f colloq.* torment of hell, *fig. a.* excruciating pain, agony; **~en ausstehen** suffer (the torments of) hell. **~ˌra·chen** *m poet.* jaws *pl* of hell. **~ˌschlund** *m poet.* bottomless pit, abyss. **~spekˈta·kel** *m* → Höllenlärm. **~ˌstein** *m* **1.** *pharm.* lunar caustic. **2.** *chem.* silver nitrate. **~ˈtem·po** *n colloq.* (**in** *od.* **mit e-m ~** at) breakneck speed.

Hol·le·rith·maˌschi·ne [ˈhɔlərɪt-; hɔləˈrɪt-] *f* Hollerith (machine).

ˈhöl·lisch I *adj* **1.** infernal, hellish, of hell; **~es Feuer** hell-fire; **~e Mächte** infernal powers. **2.** (*teuflisch*) *a. fig. colloq.* infernal, devilish, fiendish, (*schrecklich*) *a.* terrible, awful, gruesome; *colloq.* **~e Arbeit** hellish (*od.* fiendish) job, (a) hell of a job; **~e Angst** → **Höllenangst**; **~er Lärm** → **Höllenlärm**; **~en Durst haben** be terribly thirsty, have a hell of a thirst; **j-m e-n ~en Schrecken einjagen** scare s. o. to death (*od.* stiff). **II** *adv* **3.** *colloq.* hellishly (*etc*); **es tut ~ weh** it hurts awfully (*od.* like hell); **~ aufpassen** watch out like a hawk; **~ schwer** hellish, fiendish, awfully difficult.

ˈHol·lyˌwoodˌschau·kel *f* swing seat.

Holm [hɔlm] *m* ⟨-(e)s; -e⟩ **1.** *civ. eng.* (cross-)beam, transom. **2.** *aer.* a) spar, b) (*Längs2, Rumpf2*) longeron. **3.** *gym.* (*Barren2*) bar. **4.** *mil.* *e-r Lafette*: outrigger, trail. **5.** *e-s Ruders*: (oar) shaft. **6.** *e-r Axt*: helve, handle. **7.** *e-r Leiter*: upright, side piece. **8.** *Low G.* (*Insel*) holm, islet. **~ˌgurt** *m aer.* spar flange, *Am.* cap strip.

ho·lo|bla·stisch [holoˈblastɪʃ] *adj biol.* holoblastic. **2edrie** [-ˀeˈdriː] *f* ⟨-; -n [-ən]⟩ *Kristallkunde*: holohedry. **~ˈedrisch** [-ˈˀeːdrɪʃ] *adj* holohedral. **2ˈgramm** [-ˈgram] *n* ⟨-s; -e⟩ hologram. **2graˈphie** [-graˈfiː] *f* ⟨-; -n [-ən]⟩ holography. **~graˈphie·ren** [-graˈfiːrən] *v/t* ⟨*no* ge-, h⟩ write *s. th.* in holograph. **~ˈgra·phisch** [-ˈgraːfɪʃ] *adj* holograph(ic). **~ˈkrin** [-ˈkriːn] *adj physiol.* holocrine. **2me·ta·boˈlie** [-metaboˈliː] *f* ⟨-; *no pl*⟩ holometabolism. **2ˈzän** [-ˈtsɛːn] *n* ⟨-s; *no pl*⟩ *geol.* Recent (*od.* Holocene) epoch.

ˈhol·pe·rig I *adj* **1.** *Weg etc*: rough, uneven, rugged, *Straße*: *a.* bumpy, jolty (*a. Fahrt*). **2.** *fig. Verse, Stil etc*: clumsy, bumpy, stumbling; (**ein**) **~es Deutsch** clumsy German. **II** *adv* **3. et. ~ vorlesen** (*od.* **vortragen**) stumble through s. th. **2keit** *f* ⟨-; *no pl*⟩ **1.** roughness (*etc*). **2.** bumpiness. **3.** *fig.* clumsiness.

hol·pern [ˈhɔlpərn] **I** *v/i* ⟨h *u.* sein⟩ **1.** ⟨sein⟩ *Wagen*: jolt (*od.* bump, rumble) (along). **2.** ⟨h⟩ *fig.* a) *Vers etc*: be bumpy, be clumsy, b) *Vortrag*: be stumbling, c) *Person*: stumble (along). **II** *v/impers* **3. es hat entsetzlich geholpert** it was a terribly bumpy ride.

ˈholp·rig *adj u. adv* → **holperig**.

ˈHolˌschuld *f econ.* debt to be discharged at the domicile of the debtor.

Hol·stei·ner [ˈhɔlˌʃtaɪnər] **I** *m* ⟨-s; -⟩ **1.** inhabitant of Holstein. **2.** *agr.* (*Rind*) Holstein(-Frisian). **II** *adj* ⟨*invariable*⟩ **3.** (of) Holstein. **ˈholˌstei·nisch** *adj* (of) Holstein. **ˈHolˌsteinˌschnit·zel** *n gastr.* escalope (of veal) Holstein.

hol·ter·die·pol·ter [ˌhɔltərdiˈpɔltər] *adv colloq.* **1.** thumpety-thump. **2.** (*Hals über Kopf*) helter-skelter.

ˌholˈüber *interj an den Fährmann*: oars!, boatman!

Ho·lun·der [hoˈlʊndər] *m* ⟨-s; -⟩ *bot.* **1.** elder; **Gemeiner** (*od.* **Schwarzer**) **~** common elder, *bes. Br.* bourtree. **2.** → Holunderstrauch. **~ˌbaum** *m* elderberry tree. **~ˌbee·re** *f* elderberry. **~ˌblü·te** *f* elder blossom (*od.* flower). **~ˌbusch** *m* → **Holunderstrauch**. **~ˌmark** *n* elder pith. **~ˌstrauch** *m* elderberry bush. **~ˌtee** *m pharm.* elder-flower tea. **~ˌwein** *m* elderberry wine.

Holz[1] [hɔlts] *n* ⟨-es; ⸚er⟩ **1.** ⟨*only sg*⟩ wood; **aus ~** (made) of wood, wooden; **aus hartem** (**weichem**) **~** (of) hardwood (softwood); **ganz aus ~** (**bestehend**) all-wood; **~ fällen** fell trees, cut timber; **~ hacken** (*od.* **kleinmachen**) chop wood. **2.** (*Bau2, Schnitt2 etc*) timber, *Am. a.* lumber; **bearbeitetes ~** sided (*od.* squared) timber; **unbehauenes ~** unhewn (*od.* rough) timber; **vergütetes ~** improved wood; **~ auf dem Stamme kaufen** buy timber in (*od.* on) the stem. **3.** ⟨*only sg*⟩ a) (*Wald*) wood(s *pl*), forest, b) (*Gehölz*) grove, thicket, copse. **4.** ⟨*only sg*⟩ (*Brenn2*) (fire)wood. **5.** *fig.* **ich bin schließlich nicht aus** (*od.* **von**) **~** I am not made of stone; **er ist aus dem gleichen ~ geschnitzt** a) he is the same stamp (*od.* kidney), b) (*wie der Vater*) he is a chip of(f) the old block; **aus e-m anderen** (**härteren**) **~ geschnitzt** of a different stamp (made of sterner stuff); **er ist aus grobem ~ geschnitzt** he is a rough fellow; *humor.* **sie hat ~ vor der Hütte** she carries all before her, she's got big boobs. **6.** → **Schlagholz** 2 a, b. **7.** ⟨*only sg*⟩ *mus.* woodwind; **das ~** the woodwind section. **Holz**[2] *n* ⟨-es; -⟩ (*Kegel*) (nine)pin; **gut ~!** good bowling!

ˈHolz|ˌabˌfäl·le *pl* waste wood. **~achat** [-ˀaˌxaːt] *m min.* wood agate. **~ˌal·ko·hol** *m* wood alcohol. **~ˌamei·se** *f zo.* **1.** jet ant. **2.** carpenter ant. **~ˌap·fel** *m* crab apple; **~baum** *m* crab apple (tree). **~ˌar·beit** *f* **1.** a) woodwork, b) (*Bearbeitung*) woodworking, c) *im Wald*: felling, *Am.* lumbering. **2.** (piece of) woodwork. **3.** *civ. eng.* timber-work, wood construction. **4.** *Kunst*: wood carving. **~ˌar·bei·ter** *m* **1.** (*Schreiner etc*) woodworker, worker in wood. **2.** → Holzfäller. **2ˌarm** *adj* poor in wood (*od.* timber). **~ˌart** *f meist pl* kind (*od.* species) of wood (*od.* timber). **2ˌar·tig** *adj* woody, ligneous. **~asˌbest** *m min.* mountain wood, ligniform asbestos. **~ˌau·ge** *n colloq.* **~, sei wachsam!** watch out!, keep your eyes skinned! **~ˌaxt** *f* **1.** felling ax(e). **2.** wood ax(e), chopper. **~ˌbal·ken** *m* wooden beam; **~decke** *f* wooden-beamed ceiling. **~ˌbau** *m* ⟨-(e)s; -ten⟩ **1.** (*Gebäude*) wooden (*od.* timber) building (*od.* structure). **2.** ⟨*only sg*⟩ → **~ˌbauˌwei·se** *f* timber (*od.* frame) construction. **2be·ˌar·bei·tend** *adj* wood-working. **~be·ˌar·bei·tung** *f* woodworking; **~maschine** *f* woodworking machine. **~ˌbein** *n* wooden leg. **~ˌbei·ze** *f* (wood) stain. **~beˌstand** *m* stand (*od.* stock) of timber. **~ˌbie·ne** *f* carpenter-bee. **~ˌbildˌhau·er** *m* wood-carver. **~ˌbild·haueˌrei** *f* wood-carving. **~ˌbil·dung** *f bot.* wood formation, lignification. **~ˌbirnˌbaum** *m* wild pear tree. **~ˌbir·ne** *f* **1.** wild pear. **2.** → Holzbirnbaum. **~ˌblä·ser** *m mus.* **1.** woodwind player. **2. die ~** *pl* the woodwind *sg.* **~ˌblas·in·struˌment** *n* woodwind (instrument). **~ˌbock** *m* **1.** wooden stand. **2.** (*Sägebock*) sawhorse, *bes. Am. a.* sawbuck. **3.** *zo.* (wood) tick. **4.** *Billard*: jigger. **~ˌboh·rer** *m* **1.** *tech.* a) wood-boring tool, wood auger, b) (*Nagelbohrer*) gimlet. **2.** *zo.* a) wood borer, b) carpenter moth. **~ˌbrand·ma·leˌrei, ~ˌbrandˌtech·nik** *f* poker-work, pyrography. **~ˌbrei** *m tech.* wood pulp.

Hölz·chen [ˈhœltsçən] *n* ⟨-s; -⟩ **1.** *dim. of* Holz[1]. **2.** a) small piece (*od.* stick) of wood, b) splinter (of wood). **3.** (*Streich*≈) (match)stick.

ˈHolz|ˌdie·le *f* **1.** wooden plank (*od.* board). **2.** → Holzfußboden. **~ˌdrehˌbank** *f* wood-turning lathe. **~ˌdruck** *m* ⟨-(e)s; -e⟩ **1.** *print.* a) (*Verfahren*) (wood-)block printing, xylography, b) (*Abdruck*) (wood-)block print. **2.** *Kunst*: wood engraving. **~ˌdü·bel** *m tech.* (wooden) dowel, wooden plug. **~ˌeinˌle·geˌar·beit** *f* wood inlay, (piece of) marquetry. **~ˌeinˌschlag** *m* **1.** felling of trees. **2.** number of trees felled, fell, cut.

hol·zen [ˈhɔltsən] **I** *v/i* ⟨h⟩ **1.** fell (*od.* cut [down]) trees. **2.** *Fußball*: *colloq.* play rough. **II** *v/t* **3.** *Fußball*: *colloq.* j-n ~ foul s. o. **ˈHol·zer** *m* ⟨-s; -⟩ *Fußball*: *colloq.* rough player. **Hol·zeˈrei** *f* ⟨-; *no pl*⟩ *Fußball*: *colloq.* rough play.

höl·zern [ˈhœltsərn] *adj* **1.** wooden, (of) wood, *Dach, Gerüst etc*: *a.* timber. **2.** *fig.* wooden, clumsy, stiff, awkward.

ˈHolz|erˌtrag *m* timber yield. **≈erˌzeu·gend** *adj econ.* wood-producing. **~ˌes·sig** *m chem.* wood vinegar. **~ˌfachˌwerk** *n tech.* half-timber(ing), timber framework. **~ˌfäl·len** *n* woodcutting, felling of trees, *Am. a.* lumbering. **~ˌfäl·ler** *m* ⟨-s; -⟩ woodcutter, *bes. Am.* lumberjack.

ˈHolzˌfa·ser *f* **1.** *bot.* wood fib/re (*Am.* -er). **2.** *tech.* a) → Holzfaserstoff, b) (*Struktur*) grain (of wood). **~ˌplat·te** *f* wood fibreboard (*Am.* fiberboard). **~ˌstoff** *m* **1.** wood fib/re (*Am.* -er), wood cellulose. **2.** *Papierherstellung*: wood pulp.

ˈHolz|ˌfäu·le *f bot.* dry rot. **~ˌfeue·rung** *f* firing (*od.* heating) with wood; Ofen mit ~ wood-burning stove. **~fiˌgur** *f* wooden figure (*od.* statue). **~ˌfloß** *n* timber (*od.* log) raft. **~flö·ßeˌrei** *f* rafting of timber, log-running. **~ˌfrä·ser** *m* **1.** wood-milling cutter, wood shaper. **2.** carving machine cutter. **≈ˌfrei** *adj Papier*: wood-free. **~ˌfres·ser** *m* xylophagan. **~ˌfre·vel** *m* → Waldfrevel. **~ˌfußˌbo·den** *m* wooden floor. **~ˌgas** *n chem.* wood-gas. **~ˌgas·ge·neˌra·tor** *m tech.* wood-gas producer. **~ˌgeist** *m* ⟨-(e)s; *no pl*⟩ wood alcohol. **~geˌrüst** *n civ. eng.* wooden (*od.* timber) scaffolding. **≈geˌtä·felt** *adj* wainscot(t)ed, wood-panel(l)ed. **~geˌwächs** *n* woody plant. **~geˌwe·be** *n bot.* xylem. **~geˌwin·de** *n* wood-screw thread. **~ˌglei·te** *f* ⟨-; -n⟩ → Holzriese. **~ˌgum·mi** *n, a. m chem.* wood gum, xylan. **~ˌhacken** (*getr.* -k·k-) *n* wood chopping. **~ˌhacker** (*getr.* -k·k-) *m* **1.** woodchopper. **2.** *bes. Southern G. for* Holzfäller. **3.** *Sport colloq.* → Holzer. **≈ˌhal·tig** *adj* **1.** *tech.* containing wood, ligneous. **2.** *Papier*: woody, *Am.* soft.

ˈHolzˌham·mer *m* mallet, *schwerer*: (wooden) maul (*od.* beetle); *fig. colloq.* mit dem ~ with a sledge-hammer. **~di·plo·maˌtie** *f* sledge-hammer diplomacy. **~meˌtho·de** *f colloq.* sledge-hammer method (*od.* tactics *pl*).

ˈHolz|ˌhan·del *m econ.* wood (*od.* timber, *Am.* lumber) trade. **~ˌhänd·ler** *m* timber (*od.* wood, *bes. Am.* lumber) merchant. **~ˌhau·er** *m* → Holzfäller. **~ˌhaus** *n* **1.** wooden (*od.* timber) house. **2.** → **~ˌhüt·te** *f* **1.** wooden hut (*od.* shack). **2.** log cabin.

ˈhol·zig *adj* **1.** *bot.* woody, ligneous. **2.** *Rettich etc*: stringy.

ˈHolz|im·präˌgnie·rung *f tech.* impregnation of wood (*od.* timber). **~inˈduˌstrie** *f* wood (*od.* timber, *bes. Am.* lumber) industry. **~inˌtar·si·en** *pl* → Holzeinlegearbeit. **~ˌkitt** *m* plastic wood. **~ˌklas·se** *f* grade (*od.* classification) of wood (*od.* timber). **~ˌklotz** *m* block of wood; *fig. colloq.* er saß da wie ein ~ he sat there like a block of wood. **~ˌklötz·chen** *n* **1.** (small) block of wood. **2.** (*Spielzeug*) wooden block (*od.* brick). **~ˌkoh·le** *f* charcoal; auf ~ grillen charbroil. **~kon·struk·tiˌon** *f* **1.** wood (*od.* timber) construction. **2.** wooden structure. **~ˌkopf** *m* **1.** wooden head. **2.** *fig. contp.* blockhead. **~ˌkör·per** *m bot.* xylem. **~ˌla·ger** *n*, **~ˌla·gerˌplatz** *m* timber-yard, *Am.* lumberyard. **~ˌleim** *m* wood glue (*od.* cement). **~ˌlei·ste** *f* strip of wood. **~ˌlöf·fel** *m* wooden spoon. **~ma·leˌrei** *f* painting on wood. **~ˌmark** *n* ⟨-(e)s; *no pl*⟩ *bot.* pith (*od.* medulla) of wood. **~ˌmarkt** *m* timber (*Am.* lumber) market. **~ˌma·se·rung** *f* grain of (*od.* in) wood. **~ˌmehl** *n* **1.** wood flour (*od.* meal). **2.** sawdust. **~ˌmeßˌkun·de** *f* (science of) forest mensuration. **~mo·saˌik** *n* → Holzeinlegearbeit. **~ˌna·gel** *m* wooden nail (*od.* peg), treenail. **~ˌofen** *m* wood(-burning) stove; **~brot** *n* bread baked in the oven of a wood-burning stove. **~ˌöl** *n tech.* wood oil. **~panˌti·ne** *f*, **~panˌtof·fel** *m* wooden slipper, clog. **~paˌpier** *n tech.* wood(-pulp) paper. **~ˌpap·pe** *f* mechanical pulp board. **~ˌpech** *n chem.* wood(-tar) pitch. **~ˌpflan·ze** *f* wood(y) (*od.* timber) plant. **~ˌpfla·ster** *n* wood(-block) paving. **~ˌpflock** *m tech.* wooden peg. **~ˌpla·stik** *f Kunst*: wooden figure (*od.* statue). **~ˌplat·te** *f* **1.** wooden board (*od.* slab). **2.** *print.* wood-block. **~ˌplatz** *m* → Holzlager. **≈ˌreich** *adj Gebiet etc*: well-timbered, rich in wood (*od.* timber). **~ˌrie·se** *f* timber slide (*od.* chute). **~ˌrost** *m* **1.** wooden grate. **2.** *mil. etc* duckboard, board-walk. **~ˌrut·sche** *f* → Holzriese. **~ˌsä·ge** *f tech.* wood saw. **~sanˌda·le** *f meist pl* wooden sandal. **~ˌschäd·ling** *m zo.* wood pest. **~ˌscheit** *n* billet, piece of wood, log. **~ˌschlag** *m* **1.** → Holzeinschlag. **2.** felling area. **~ˌschle·gel** *m* → Holzhammer. **~ˌschlei·fen** *n* **1.** *tech.* (wood) sanding. **2.** *Papierherstellung*: pulpwood grinding. **~ˌschlei·fer** *m* (pulp)wood grinder. **~ˌschleif·maˌschi·ne** *f* **1.** *tech.* (wood) sander. **2.** *Papierherstellung*: wood grinder. **~ˌschliff** *m* mechanical (wood)pulp. **≈ˌschliffˌfrei** *adj* free from pulp. **~ˌschnei·deˌkunst** *f* wood engraving, xylography. **~ˌschnei·der** *m* wood engraver, xylographer. **~ˌschnitt** *m* woodcut, wood engraving, xylograph. **~ˌschnit·zel** *n, m meist pl* wood chip. **~ˌschnit·zer** *m* wood-carver. **~schnit·zeˌrei** *f* wood carving. **~ˌschrau·be** *f* wood screw. **~ˌschuh** *m meist pl* a) wooden shoe, sabot, clog, b) *hoher*: platten. **~ˌschuhˌtanz** *m* **1.** clog dance. **2.** clog dancing. **~ˌschup·pen** *m* woodshed. **~ˌschwamm** *m bot.* dry rot. **~ˌschwar·te** *f tech.* (wood *od.* timber) slab. **~ˌsor·te** *f* kind (*od.* species) of wood. **~ˌspan** *m* chip (of wood), *pl a.* (wood) shavings. **~ˌspanˌplat·te** *f* (wood) chipboard. **~ˌspi·ri·tus** *m* → Holzgeist. **~-ˈStahl-Ka·ros·seˌrie** *f mot.* metal-wood (*od.* composite) body(work). **~ˌsta·pel** *m* → Holzstoß. **~ˌstein** *m min.* woodstone. **~ˌstich** *m* wood engraving. **~ˌstift** *m* (wooden) peg. **~ˌstock** *m* **1.** (wooden) stick. **2.** *print.* woodcut. **~ˌstoff** *m* **1.** *bot. chem.* lignin. **2.** *Papierherstellung*: wood pulp. **~ˌstoß** *m* **1.** stack of wood. **2.** (*Scheiterhaufen*) a) stake, b) *für Leichenverbrennung*: funeral pyre (*od.* pile). **~ˌtä·fe·lung** *f* wood(en) panel(l)ing, wainscot(t)ing. **~ˌtau·be** *f* wood pigeon. **~ˌteer** *m chem.* wood tar. **~ˌtel·ler** *m* a) wooden plate (*od.* platter), b) *großer*: trencher. **~ˌtorf** *m* wood peat. **~ˌtrockenˌanˌla·ge** (*getr.* -k·k-) *f* wood drier. **~ˌty·pe** *f print.* block letter.

ˈHol·zung *f* ⟨-; -en⟩ **1.** (small) wood, forest. **2.** → Holzeinschlag.

ˈHolz|verˌar·bei·tung *f* **1.** (*Bearbeitung*) woodworking. **2.** → **~verˌede·lung** *f* wood processing. **~verˌklei·dung** *f* **1.** *tech.* wooden covering (*od.* sheeting), timbering. **2.** → Holztäfelung. **~verˌkoh·lung** *f chem.* carbonization (of wood). **~verˌscha·lung** *f civ. eng.* timber facing, boarding. **~verˌschlag** *m* **1.** wooden partition (*od.* shed). **2.** (*Verpackung*) (wooden) crate. **~verˌtä·fe·lung** *f* → Holztäfelung. **~verˌzucke·rung** (*getr.* -k·k-) *f* saccharification of wood, wood hydrolysis. **~ˌwa·ren** *pl* wooden wares (*od.* articles). **~ˌweg** *m* wood path; *fig. colloq.* auf dem ~ sein a) be on the wrong track, be barking up the wrong tree, b) be very much mistaken. **~ˌwerk** *n* **1.** (*Erzeugnis*) woodwork, timberwork. **2.** woodworking factory. **~ˌwes·pe** *f* wood-wasp. **~ˌwirt·schaft** *f* → Holzindustrie. **~ˌwol·le** *f* wood-wool, *Am.* excelsior. **~ˌwurm** *m* woodworm. **~ˌzaun** *m* **1.** wooden fence (*od.* paling). **2.** hoarding. **~ˌzellˌstoff** *m chem.* wood pulp, wood cellulose. **~zeˌment** *m* plastic wood, wood filler. **~ˌzinn** *m min.* wood tin. **~ˌzucker** (*getr.* -k·k-) *m* **1.** wood sugar. **2.** xylose.

ˈHom·burg [ˈhɔm-] *m* ⟨-s; -s⟩ Homburg (hat).

ho·me·risch [hoˈmeːrɪʃ] *adj fig.* ~es Gelächter Homeric (*od.* epic) laughter.

Home|spun [ˈhəumspʌn] (*Engl.*) *n* ⟨-s; -s⟩ *Textil.* homespun. **~ˌtrai·ner** *m Sport*: home trainer.

Ho·mi·let [homiˈleːt] *m* ⟨-en; -en⟩ *relig.* homilist.

Ho·mi·lie [homiˈliː] *f* ⟨-; -n [-ən]⟩ *relig.* homily.

Ho·mi·ni·de [homiˈniːdə] *m* ⟨-n; -n⟩ *meist pl biol.* hominid.

Ho·mo [ˈhoːmo] *m* ⟨-s; -s⟩ *colloq.* homo, *sl.* queer, fruit, fag(got), pansy, *Br. a.* poov(e)y.

Ho·mo|ga·mie [homogaˈmiː] *f* ⟨-; *no pl*⟩ *biol. bot.* homogamy. **≈ˈga·misch** [-ˈgaːmɪʃ] *adj* homogamous. **≈ˈgen** [-ˈgeːn] *adj a. math.* homogeneous. **~geˈne·se** [-geˈneːzə] *f biol.* homogenesis. **≈ge·niˈsie·ren** [-geniˈziːrən] *v/t* ⟨*no* ge-, h⟩ (*Milch etc*) homogenize (*Br. a.* -s-). **~ge·niˈtät** [-geniˈtɛːt] *f* ⟨-; *no pl*⟩ homogeneity, homogeneousness. **~ˈgramm** [-ˈgram] *n* ⟨-s; -e⟩ *ling.* homograph. **~ˈgraph** [-ˈgraːf] *n* ⟨-s; -e⟩ homograph, *a.* homonym. **~graˈphie** [-graˈfiː] *f* ⟨-; -n [-ən]⟩ homography.

ho·mo|log [homoˈloːk] *adj* homologous. **≈loˈgie** [-loˈgiː] *f* ⟨-; -n [-ən]⟩ homology. **~loˈgra·phisch** [-loˈgraːfɪʃ] *adj geogr.* homolographic. **≈morˈphie** [-mɔrˈfiː] *f* ⟨-; -n [-ən]⟩ homomorphism. **~ˈmor·phisch** *adj* homomorphic. **~ˈnom** [-ˈnoːm] *adj biol.* homonomous.

Hom·onym [homoˈnyːm] **I** *n* ⟨-s; -e⟩ **1.** *ling.* a) homonym, b) → **Homogramm,** c) (*verschiedene Bedeutung u. meist a. Schreibung*) homonym, homophone. **2.** *biol.* homonym. **II** ≈ *adj* **3.** *ling.* a) homonymous (*a. fig.*), b) homographic, c) homophonous. **Hom·onyˈmie** [-ny-ˈmiː] *f* ⟨-; -n [-ən]⟩ *ling.* homonymy. **hom·ony·misch** [-ˈnyːmɪʃ] *adj* homonymous.

ho·möo|morph [homøoˈmɔrf] *adj min.* hom(o)eomorphic. ≈ˈ**path** [-ˈpaːt] *m* ⟨-en; -en⟩ *med.* hom(o)eopath. ≈**paˈthie** [-paˈtiː] *f* ⟨-; *no pl*⟩ hom(o)eopathy. ~ˈ**pa·thisch** [-ˈpaːtɪʃ] *adj* hom(o)eopathic. ~**poˈlar** [-poˈlaːr] *adj chem.* homopolar.

ho·mo|phil [homoˈfiːl] *adj,* ≈ˈ**phi·le** *m, f* ⟨-n; -n⟩ homophile. ≈**phiˈlie** [-fiˈliː] *f* ⟨-; *no pl*⟩ homophilism. ~ˈ**phon** [-ˈfoːn] **I** *adj ling. mus.* homophonic. **II** ≈ *n* ⟨-s; -e⟩ *ling.* homophone. ≈**phoˈnie** [-foˈniː] *f* ⟨-; *no pl*⟩ homophony. ≈**se·xua·liˈtät** [-zɛksŭaliˈtɛːt] *f* ⟨-; *no pl*⟩ homosexuality, *weibliche: a.* Lesbianism. ~**se·xuˈell** [-zɛˈksŭɛl] *adj* homosexual, *Frau: meist* Lesbian; → *a.* **schwul.** ≈**se·xuˈel·le** *m, f* ⟨-n; -n⟩ homosexual, *Frau: meist* Lesbian; → *a.* **Schwule.** ≈ˈ**typ** [-ˈtyːp] *m* ⟨-s; -en⟩ *biol.* homotype. ~**zyˈgot** [-tsyˈgoːt] *adj biol.* homozygous. ≈**zyˈgo·te** [-tsy-ˈgoːtə] *f* ⟨-; -n⟩ *meist pl* homozygote.

Ho·mun·ku·lus [hoˈmʊŋkulʊs] *m* ⟨-; -se *od.* -li [-li]⟩ homunculus.

Hon·du·ra·ner [hɔnduˈraːnər] *m* ⟨-s; -⟩, **hon·duˈra·nisch** *adj* Honduran.

ho·nen [ˈhoːnən] *v/t* ⟨h⟩ *metall.* hone.

ho·nett [hoˈnɛt] *adj* **1.** (*ehrenhaft*) hono(u)rable; ~**e Behandlung** fair treatment. **2.** (*anständig*) decent.

Ho·nig [ˈhoːnɪç] *m* ⟨-s; *Honigsorten* -e⟩ **1.** honey; **wilder** ~ wild (*od.* wood) honey; **türkischer** ~ Turkish delight. **2.** *fig.* honey; **sein Lob schmeckte mir wie** ~ his praise was (like) music to my ears; *colloq.* **j-m** ~ **ums Maul schmieren** butter s. o. up, soft-soap s. o. ~ˌ**bau** *m* ⟨-(e)s; *no pl*⟩ honey culture. ~**be-ˌrei·tung** *f* production of honey. ~ˌ**bie·ne** *f* honey-bee. ~ˌ**bir·ne** *f* honey pear. ~ˌ**bla·se** *f zo.* honey stomach. ~ˌ**blatt** *n bot.* nectary, nectarium. ~ˌ**blu·me** *f* honeyflower. ~ˌ**brot** *n* **1.** slice of bread and honey. **2.** → **Honigkuchen** 1. ~ˌ**bus·sard** *m orn.* honey-buzzard. ~ˌ**dachs** *m zo.* ratel, honey badger. ~ˌ**drü·se** *f bot.* nectary, honey gland. ≈**erˌzeu·gend** *adj* **1.** *zo.* honey-producing, melliferous. **2.** *bot.* nectar-producing, nectariferous. ≈ˌ**far·ben** *adj* honey-colo(u)red. ≈ˌ**fres·send** *adj* honey-eating, mellivorous. ~ˌ**fres·ser** *m orn.* honeyeater, honeysucker. ≈ˌ**gelb** *adj* honey(-yellow). ~ˌ**kelch** *m bot.* honey cup, nectary. ~ˌ**klee** *m* sweet clover. ~-ˌ**ku·chen** *m* **1.** *gastr.* honey cake, gingerbread. **2.** → **Honigwabe.** ~ˌ**lecken** (*getr.* **-k·k-**) *n fig. colloq.* **das ist kein** ~ that's no bed of roses, it isn't all beer and skittles. ~ˌ**ma·gen** *m* honey stomach. ~ˌ**mal** *n bot.* nectary. ~ˌ**mo·nat,** ~ˌ**mond** *m lit.* honeymoon. ~ˌ**pflan·ze** *f* honey plant. ~ˌ**saft** *m bot.* nectar. ~ˌ**schei·be** *f* honeycomb. ~ˌ**schleu·der** *f* (honey) extractor. ~ˌ**seim** *m poet.* honey. ~ˌ**stein** *m min.* mellite. ≈ˌ**süß I** *adj a. fig.* honey-sweet, honeyed. **II** *adv* (as) sweet as honey, mellifluously, in honeyed tones. ~ˌ**trank** *m poet.* mead. ~ˌ**vo·gel** *m* → **Honigfresser.** ~ˌ**wa·be** *f* (honey)comb. ~ˌ**wa·benˌmu·ster** *n* honeycomb pattern. ~ˌ**was·ser** *n med.* hydromel. ~ˌ**wein** *m* mead. ~ˌ**zel·le** *f zo.* honey(comb) cell.

ˈ**Hon·maˌschi·ne** *f metall.* honing machine.

Hon·neurs [(h)ɔˈnøːrs] *pl* **1.** *lit.* **die** ~ **machen** do the hono(u)rs. **2.** *Kartenspiel:* hono(u)rs.

Ho·no·rar [honoˈraːr] *n* ⟨-s; -e⟩ **1.** honorarium, payment. **2.** *e-s Arztes etc:* fee, remuneration. **3.** *e-s Autors:* (author's) royalties *pl.* **4.** *e-s Künstlers:* fee. ~ˌ**anˌspruch** *m,* ~ˌ**for·de·rung** *f* fee payable. ≈ˌ**frei** *adj* free of charge. ~ˌ**kon·sul** *m pol.* honorary consul. ~**proˌfes·sor** *m* honorary professor, associate lecturer. ~**verˌtrag** *m* fee contract. ~ˌ**vorˌschuß** *m an e-n Anwalt:* retainer.

Ho·no·ra·tio·ren [honoraˈtsĭoːrən] *pl* notables, notabilities; **die** ~ **e-r Stadt** the notabilities (*od.* prominent citizens) of a town.

ho·no·rie·ren [honoˈriːrən] *v/t* ⟨*no* **ge-**, h⟩ **1. j-n** ~ (*Arzt, Rechtsanwalt etc*) pay (a fee to) s. o., pay s. o.'s fee, remunerate s. o. **2.** (*Buch, Einsendung etc*) make a payment for; **das wurde hoch honoriert** a large sum of money was paid for this. **3.** *econ.* (*Wechsel, Scheck etc*) hono(u)r, meet. **4.** *fig.* a) hono(u)r, appreciate, b) (*belohnen*) reward. **Ho·noˈrie·rung** *f* ⟨-; *no pl*⟩ **1.** payment (of a fee), remuneration. **2.** *econ. e-s Wechsels etc:* acceptance, payment. **3.** *fig.* hono(u)ring, appreciation.

ho·no·rig [hoˈnoːrɪç] *adj archaic oft iro.* hono(u)rable, respectable, decent.

ho·no·ris cau·sa [hoˈnoːrɪs ˈkauza] honoris causa, honorary.

ˈ**Honˌwerkˌzeug** *n* honing tool.

Hop·fen [ˈhɔpfən] **I** *m* ⟨-s; *no pl*⟩ **1.** *bot.* hop; *fig. colloq.* **bei ihm ist** ~ **und Malz verloren** he's hopeless. **2.** *agr. collect.* hops *pl;* ~ **zupfen** (*od.* **pflücken**) pick the hops. **II** ≈ *v/t* ⟨h⟩ **3.** (*Bier*) hop.

ˈ**Hop·fen|ˌanˌbau** *m* hop cultivation, hop growing. ~ˌ**anˌbau·geˌbiet** *n* hop-growing district. ~ˌ**baum** *m* hop (*od.* quinine) tree. ~ˌ**bier** *n* hopped beer. ~ˌ**bit·ter** *m bot.* lupulin. ~ˌ**bit·terˌstoff** *m meist pl chem.* hop bitter (acid). ~ˌ**blü·te** *f* hop (flower). ~ˌ**dar·re** *f* hop kiln. ~ˌ**dol·de** *f bot.* catkin. ~ˌ**ern·te** *f* **1.** hop harvest. **2.** (*Hopfenpflücken*) hop picking. ~ˌ**klee** *m,* ~**luˌzer·ne** *f bot.* hop clover, trefoil. ~ˌ**pflan·ze** *f* hop plant, hopvine. ~ˌ**pflücker** (*getr.* **-k·k-**) *m* hop-picker. ~ˌ**ran·ke,** ~ˌ**re·be** *f bot.* (hop)bine, hopvine. ~ˌ**stan·ge** *f* **1.** hop-pole. **2.** *fig. colloq.* beanpole.

Ho·plit [hoˈpliːt] *m* ⟨-en; -en⟩ *antiq. mil.* hoplite.

hopp [hɔp] **I** *interj* **1.** jump!, hop! **2.** *fig. colloq.* quick!, come on!, let's go!; **aber nun mal ein bißchen** ~! hop to it!, get a move on! **II** *adv* **3.** *fig. colloq.* **j-n** ~ **nehmen** (*festnehmen*) nab s. o.

hop·peln [ˈhɔpəln] *v/i* ⟨sein⟩ **1.** *Hasen etc:* hop. **2.** *fig. Wagen etc:* rumble, jolt.

ˈ**Hop·pelˈpop·pel** [-ˈpɔpəl] *n* ⟨-s; -⟩ **1.** (*Getränk*) egg flip with rum and liqueur. **2.** scrambled eggs with bacon (*od.* veal) and fried potatoes.

ˌ**hoppˈhopp I** *interj* → **hopp** 2. **II** *adv colloq.* in a hurry, at the double-quick.

hopp·la [ˈhɔpla] **I** *interj beim Stolpern etc:* whoops!, oops! **II** *adv colloq.* (**mach**) **ein bißchen** ~! get a move on!; **et.** ~ **hopp machen** do s. th. slapdash.

hops[1] [hɔps] *colloq.* **I** *adv* **1.** ~ **gehen** a) (*kaputtgehen*) go to pot, go west, b) (*sterben*) peg out, go west, c) (*verhaftet werden*) be (*od.* get) nabbed. **2. j-n** ~ **nehmen** (*festnehmen*) nab s. o. **II** *adj* **3.** ~ **sein** → **hinsein** 1. **hops**[2] *interj* jump! **Hops** *m* ⟨-es; -e⟩ → **Hopser** 1. **hop·sa** [ˈhɔpsa], ˈ**hop·sa·sa** [-sa] *interj* **1.** jump!, hop! **2.** → **hoppla** I. **hop·sen** [ˈhɔpsən] *v/i* ⟨sein⟩ *colloq.* **1.** hop, skip, jump. **2.** *fig.* (*tanzen*) hop. ˈ**Hop·ser** *m* ⟨-s; -⟩ *colloq.* **1.** hop. **2.** (*Tanz*) ecossaise.

Ho·ra [ˈhoːra] *f* ⟨-; -ren⟩ *meist pl relig.* hour; **die Horen beten** pray (*od.* chant) the hours.

ˈ**Hör·ap·paˌrat** *m* hearing aid.

ho·ra·zisch [hoˈraːtsɪʃ] *adj* Horatian.

ˈ**hör·bar** *adj* audible; **sich** ~ **machen** make o. s. heard. ≈**keit** *f* ⟨-; *no pl*⟩ audibility.

ˈ**Hör|beˌhin·der·te** *m, f* partially deaf (*od.* hearing-impaired) person. ~**beˌreich** *m* **1.** → **Hörweite. 2.** *Radio:* broadcasting range. ~**beˌricht** *m* radio report, (running) commentary. ~ˌ**bild** *n* (radio) feature. ~ˌ**bril·le** *f opt.* hearing spectacles *pl,* earglasses *pl.*

hor·chen [ˈhɔrçən] *v/i* ⟨h⟩ **1.** *heimlich:* listen, eavesdrop; **an der Tür** ~ listen at the door. **2.** (**auf** *acc* to) listen; **angespannt** ~ strain one's ears; **horch! er kommt** listen! he is coming; *colloq.* **horch nicht auf ihn! er lügt** don't listen to him, he's lying. ˈ**Hor·cher** *m* ⟨-s; -⟩ eavesdropper; **der** ~ **an der Wand hört s-e eigne Schand'** (*Sprichwort*) eavesdroppers never hear any good of themselves.

ˈ**Horch|geˌrät** *n* **1.** *mil.* a) sound locator, b) *Funk:* intercept receiver. **2.** *mar.* hydrophone. ~ˌ**po·sten** *m mil.* **1.** listening post; *fig. colloq.* **sie steht auf** ~ she's got her ear to the keyhole. **2.** (*Soldat*) listening sentry.

Hor·de[1] [ˈhɔrdə] *f* ⟨-; -n⟩ **1.** *contp.* horde, mob, gang; **wilde** ~ wild horde. **2.** *von Wölfen etc:* pack, horde. **3.** *anthrop.* horde, (nomadic *od.* wandering) tribe; **in** ~**n zs.-leben** live together in hordes, horde together.

ˈ**Hor·de**[2] *f* ⟨-; -n⟩ **1.** hurdle (*for storing or drying potatoes, fruit, etc*). **2.** *obs. for* **Pferch.**

ˈ**hor·denˌwei·se** *adv* in hordes.

Ho·ren [ˈhoːrən] **I** *pl of* Hora. **II** *npr pl myth.* Horae.

hö·ren [ˈhøːrən] **I** *v/i* ⟨h⟩ **1.** hear; **gut** (**schlecht**) ~ hear well (badly), have good (bad) hearing; **er hört schwer** he is hard of hearing, his hearing is bad; **er hört sehr gut** his hearing is very good, he has a keen (*od.* sharp, quick) ear; **nur auf einem Ohr** ~ be deaf in one ear; *fig.* **er hört nur mit einem Ohr** (**zu**) he only listens with half an ear; *humor.* **auf dem Ohr höre ich schlecht** I'm deaf in that ear; *Bibl.* **wer Ohren hat zu** ~, **der höre!** he that has ears to hear let him hear; **das bekomme ich jeden Tag zu** ~ I have to listen to that every day; *colloq.* **du wirst noch et. von ihm zu** ~ **kriegen!** he'll give it to you yet! **2.** (*zu*~) hear, listen; **hört! hört!** (*Zwischenruf*) hear, hear!; **hör(t) mal** (**her**)! look here!, (now) listen!; **aber** ~ **Sie mal!** (*Einwand*) now listen (*od.* look) here!; **na, hör mal!** (*Mißfallen*) well, really!, well, I must say!; **man höre und staune!** a) just listen to that, b) *im Satz: he has,* you won't believe it, *twelve children!;* ~ **Sie noch?** *am Telephon:* are you still there? **3.** (*gehorchen*) obey, listen; **der Junge kann** (*od.* **will**) **einfach nicht** ~ this boy simply won't listen (*od.* do as he is told); **der Hund hört aber gut** the dog really does obey; **wer nicht** ~ **will, muß fühlen** he who won't hear must be made to feel. **4. auf et.** ~ a) listen to s. th., b) (*auf e-n Namen etc*) answer to s. th.; **auf j-n** (*od.* **j-s Rat**) ~ listen to s. o.('s advice); **nicht auf j-s Bitten** ~ be deaf (*od.* turn a deaf ear) to s. o.'s entreaties;

der Hund hört auf den Namen Bello the dog answers to the name of Bello. **5.** *univ.* bei j-m ~ attend (*od.* take, go to) the lectures of s. o. **6.** von j-m ~ hear from s. o.; ich lasse von mir ~ you'll be hearing from me, (*ich gebe Bescheid*) *a.* I'll let you know; laß (bald) von dir ~! I hope to hear from you (soon). **7.** von j-m (et.) ~ (*reden* ~) hear of (*od.* about) s. o. (s. th.); man hörte nie wieder von ihm he was never heard of again. **8.** das (*od.* der Vorschlag) läßt sich ~! that (proposal) sounds good!; das läßt sich eher ~ that sounds better, that's more like it, now you are talking. **II** *v/t* **9.** (*vernehmen*) hear, (*zufällig mitan*~) overhear (*a conversation, etc*); mir ist, als hörte ich Stimmen I seem to hear voices; j-n kommen ~ hear s. o. come; ich hörte ihn lachen I heard him laugh (*od.* laughing); sich gern reden ~ like to hear o. s. talk. **10.** (*an*~) hear, listen to (*a concert, speech, etc*); e-n Sender ~ listen in to a station; mit diesem Apparat höre ich ganz Europa I can get all the European stations with this set; laß ~, was du zu sagen hast! let me hear what you have to say; man muß beide Parteien ~ one must hear both sides; wir müssen noch e-n Sachverständigen dazu ~ we still have to take expert opinion (*od.* consult an expert) in the matter; das werde ich noch lange ~ müssen I shall never hear the last of that, I'll never live that down; → Radio. **11.** (*erfahren*) hear, learn, understand; ich habe es gehört so I have heard; das habe ich von Herrn X gehört I have it from Mr. X; wie ich höre, ist er verreist I hear (*od.* understand) he is away; soviel man hört, nach allem, was man hört from all accounts, from what one hears; das ist das erste, was ich höre that's new to me; soviel ich gehört habe, ist er krank I understand (*od.* as far as I know) he is ill. **12.** (*feststellen*) hear, tell; ich höre am Schritt, daß es mein Vater ist I hear (*od.* can tell) by his step that it is my father. **13.** *univ.* a) (*Vorlesung*) attend, take, go to (*a lecture*), b) (*Fach*) take, *Br. a.* read; er hört (die Vorlesung von) Professor N. he attends Professor N.'s lectures; er hört Deutsch und Geschichte he is taking German and History. **14.** et. von j-m ~ hear s. th. from s. o.; ich habe nichts mehr von ihm gehört I never heard from him again, I haven't heard a (*od.* had) word from him again. **15.** et. von j-m (et.) ~ hear s. th. of (*od.* about) s. o. (s. th.), learn s. th. of s. o. (s. th.); er wollte nichts davon ~ he would not hear of it; ich habe nur Gutes von ihm gehört I only heard good things about him. **16.** *relig.* a) (*Beichte*) hear, b) (*Messe*) hear, attend. **III** ♀ *n* ⟨-s⟩ **17.** hearing, (*Zu*~) listening; beim ♀ des Konzerts (while) listening to the concert; *fig.* da(bei) vergeht e-m ♀ und Sehen that takes your breath away, that slays you; *colloq.* ich werd' dir e-e 'runterhauen, daß dir ♀ und Sehen vergeht I'll make you see stars; *als er die Rechnung sah,* verging ihm ♀ und Sehen he was stunned (*od.* flabbergasted). **'Hö·ren|sa·gen** *n* ⟨-s; *no pl*⟩ hearsay; (nur) vom ~ (only) by (*od.* from) hearsay; das beruht nur auf ~ that is mere hearsay.

'Hö·rer *m* ⟨-s; -⟩ **1.** (*Zu*♀, *Radio*♀ *etc*) listener; *collect.* die ~ *pl* the listeners, the audience *sg*; Liebe (*od.* Verehrte) Hörerinnen und ~! ladies and gentlemen! **2.** *univ.* student. **3.** *tech.* a) (*Telephon*♀) receiver, handset, b) (*Kopf*♀) earphone(s *pl*), headphone(s *pl*), headset; *teleph.* den ~ abnehmen pick up (*od.* lift) the receiver; den ~ auflegen hang up (*od.* replace) the receiver, ring off. **~be|fra·gung** *f* audience (*od.* listeners) poll (*od.* research). **~|brief** *m* letter from a listener.

'Hö·re·rin *f* ⟨-; -nen⟩ → Hörer 1, 2.

'Hö·rer||kreis *m*, **~schaft** *f* ⟨-; *no pl*⟩ audience, listeners *pl*. **~|wunsch** *m* (listener's) request.

'Hör||fä·hig·keit *f* ⟨-; *no pl*⟩ hearing ability. **~|feh·ler** *m* **1.** (*Verhören*) hearing mistake, error in hearing. **2.** *med.* hearing defect. **~|fol·ge** *f* radio serial (*od.* series). **~fre|quenz** *f electr. phys.* audio-frequency. **~|funk** *m* ⟨-s; *no pl*⟩ radio, sound broadcasting. **~ge|rät** *n*, **~|hil·fe** *f* hearing aid.

'hö·rig *adj* **1.** (*verfallen, a. sexuell*) j-m ~ sein be s. o.'s slave, be in bondage (*od.* enslaved) to s. o.; *weitS.* die Zeitung ist der Partei ~ the paper is the stooge of the party. **2.** *hist.* j-m ~ in bondage (*od.* servitude) to s. o. **'Hö·ri·ge**[1] *m* ⟨-n; -n⟩ **1.** *hist.* bondsman, thrall, serf. **2.** *psych.* man in bondage (to s. o.), (s. o.'s [*a.* sexual]) slave. **'Hö·ri·ge**[2] *f* ⟨-n; -n⟩ **1.** *hist.* bondswoman, (woman) serf. **2.** woman in bondage (*etc*; *cf.* Hörige[1]). **'Hö·rig·keit** *f* ⟨-; *no pl*⟩ **1.** *psych.* bondage, subjection. **2.** *hist.* bondage, serfdom, thral(l)dom.

Ho·ri·zont [hori'tsɔnt] *m* ⟨-(e)s; -e⟩ **1.** *geogr. geol.* horizon; geozentrischer (*od.* wahrer) ~ celestial (*od.* astronomical, geometrical, true) horizon; natürlicher (scheinbarer) ~ natural (*od.* apparent *od.* visible) horizon; am ~ on the horizon; et. hebt sich vom ~ ab s. th. stands out against the horizon (*od.* skyline); *fig.* am politischen ~ on the political horizon. **2.** *fig.* (*geistiger* ~) horizon; ein beschränkter (enger, weiter) ~ a limited (narrow, broad) horizon (*od.* mind); s-n ~ erweitern broaden one's mind; *colloq.* das geht über m-n ~ that's beyond me. **3.** *aer.* gyro horizon (indicator). **4.** *thea.* stage horizon, cyclorama.

ho·ri·zon·tal [horitsɔn'ta:l] *adj* **1.** *a. math.* horizontal, level; ~e Lage horizontal position; aus der ~en Lage out of the horizontal; *humor.* das ~e Gewerbe prostitution. **2.** *econ.* horizontal (*combine, structure, etc*). **Ho·ri·zon'ta·le** *f* ⟨-; -n⟩ horizontal (line); *colloq.* sich in die ~ begeben lie down.

Ho·ri·zon'tal||ebe·ne *f* **1.** *math. tech.* horizontal plane. **2.** *Aerodynamik*: azimuth plane. **~|flug** *m aer.* horizontal flight. **~|fräs·ma|schi·ne** *f tech.* plain milling machine. **~pro·jek·ti|on** *f math.* horizontal projection. **~|ru·der** *n mar.* horizontal rudder. **~|schnitt** *m math., a. med.* horizontal section. **~|schub** *m civ. eng. Baustatik*: (horizontal) thrust. **~ver|flech·tung** *f econ.* horizontal combination.

Ho·ri'zont|li·nie *f* **1.** horizon, skyline. **2.** *Kunst*: horizon.

'Hör||kur·ve *f med.* audiogram. **~|lücke** (*getr.* -k·k-) *f* hearing gap. **~|meß·ap·pa|rat** *m* audiometer.

Hor·mon [hɔr'mo:n] *n* ⟨-s; -e⟩ *physiol.* hormone; ~absonderung *f* hormone secretion. **hor·mo·nal** [hɔrmo'na:l] *adj* hormonal.

Hor'mon|be|hand·lung *f med.* hormonal treatment. **~|drü·se** *f anat.* hormonal gland.

'Hör|mu·schel *f teleph.* earpiece.

Horn [hɔrn] *n* ⟨-(e)s; ⸚er, *Hornarten* -e⟩ **1.** *zo.* horn, (*Schnecken*♀) *a.* feeler; Hörner tragen have horns; *a. fig.* die Hörner einziehen draw (*od.* pull) in one's horns; j-n mit den Hörnern durchbohren gore s. o.; j-n auf die Hörner nehmen a) *Stier*: take s. o. on its horns, b) *fig.* pounce upon s. o.; *fig. colloq.* sich (*dat*) die Hörner abstoßen (*od.* ablaufen) sow one's wild oats; *fig.* j-m die Hörner zeigen show s. o. one's teeth; *fig. colloq.* j-m Hörner aufsetzen cuckold s. o., put horns on s. o.; er trägt Hörner he is a cuckold. **2.** ⟨-(e)s; -e⟩ (*Material*) horn, keratin; aus ~ of horn. **3.** *mus.* a) horn, b) (*Wald*♀) French horn, c) (*Englisch*♀) English horn, d) (*Jagd*♀, *a. mil.*) bugle; das ~ blasen blow the horn (*etc*); in das ~ stoßen sound the horn (*od.* bugle); *fig. colloq.* (mit j-m) ins gleiche ~ stoßen chime in (with s. o.), sing the same tune (as s. o.); ins eigene ~ stoßen (*od.* blasen) blow one's own horn. **4.** (*Trink*♀, *a. Bergspitze, a. der Mondsichel etc*) horn. **5.** *colloq.* (*Beule*) bump, lump. **6.** *mot.* a) (*Hupe*) horn, b) *an Stoßstange*: (bumper) overrider, guard, c) *an Reifen*: flange, horn. **♀|ähn·lich, ♀|ar·tig** *adj* hornlike, *biol. a.* corneous, keratoid.

'Horn|ber·ger 'Schie·ßen ['hɔrn|bɛrgər] *n* ausgehen wie das ~ come to nothing, *colloq.* fizzle out.

'Horn||blä·ser *m mus.* horn player, hornist. **~|blen·de** *f min.* hornblende. **~|blend·ge|stein** *n* amphibolite. **~|bril·le** *f* horn(-rimmed) spectacles *pl*.

Hörn·chen ['hœrnçən] *n* ⟨-s; -⟩ **1.** *dim of* Horn. **2.** *zo.* squirrel. **3.** (*Gebäck*) crescent, croissant.

hör·nen ['hœrnən] **I** *v/t* ⟨h⟩ *obs. lit.* (*den Ehemann*) cuckold, horn. **II** *v/i zo.* (*das Geweih abwerfen*) shed one's horns (*od.* antlers).

'hör·nern *adj* of horn, horny.

'Hör·ner||schall *m* sound of horns (*od.* bugles). **~|schal·ter** *m electr.* horn-type switch. **~|schlit·ten** *m* sled(ge) with long horn-shaped runners.

'Hör|nerv *m anat.* auditory nerve.

'Horn||erz *n min.* horn silver, cerargyrite. **~|flie·ge** *f* horn fly. **♀|för·mig** *adj* horn-shaped, corniform.

'Horn|haut *f med.* **1.** horny skin, callosity. **2.** *des Auges*: cornea. **~ent|zün·dung** *f* inflammation of the cornea, keratitis. **~|fleck** *m* wall-eye, leucoma. **~ge|schwür** *n* corneal ulcer, helcoma. **~|ke·gel** *m* conical cornea. **~|krüm·mung** *f* curvature of the cornea. **~|pla·stik** *f* corneal grafting, keratoplasty. **~|trü·bung** *f* a) nebula, b) *feine*: nebecula, c) → Hornhautfleck. **~|über|tra·gung** *f* corneal transplantation.

'hor·nig *adj* **1.** horny, corneous. **2.** *biol.* keratinous.

Hor·nis·se [hɔr'nɪsə; 'hɔrnɪsə] *f* ⟨-; -n⟩ *zo.* hornet; ~nnest *n* hornets' nest.

Hor·nist [hɔr'nɪst] *m* ⟨-en; -en⟩ **1.** *mus.* hornist, horn player. **2.** *mil.* bugler.

'Horn||kir·sche *f* cornelian cherry. **~|klee** *m* bird's-foot trefoil. **~|knopf** *m* horn button. **~ko|ral·le** *f* sea-whip. **♀los** *adj Kuh etc*: hornless. **~|mehl** *n* (*Dünger*) horn meal. **~|ochs, ~|och·se** *m fig. colloq. contp.* blockhead, idiot, oaf. **~|plätt·chen** *n zo.* scute. **~|queck|sil·ber** *n min.* horn quicksilver. **~|schna·bel** *m orn.* horny bill. **~|schwamm** *m meist pl* horny sponge. **~si|gnal** *n* **1.** bugle call. **2.** *mot.* horn signal, honk. **~|sil·ber** *n chem. min.* horn silver. **~|spal·te** *f am Pferdehuf*: cleft. **~|spä·ne** *pl agr.* (*Dünger*) horn shavings. **~|stein** *m min.* chert, hornstone. **~|stoff** *m chem.* horn, keratin. **~|strah·ler** *m electr.* horn radiator (*od.*

aerial, *Am.* antenna). **~ˌtie·re, ~ˌträ·ger** *pl zo.* horned animals, cavicornia.

Hor·nung [ˈhɔrnʊŋ] *m* ⟨-s; -e⟩ *obs.* February.

ˈHornˌvieh *n* ⟨-s; *no pl*⟩ *agr.* horned cattle.

Hor·op·ter [hoˈrɔptər] *m* ⟨-s; *no pl*⟩ *opt.* horopter.

ˈHör·orˌgan *n* organ of hearing.

Ho·ro|skop [horoˈskoːp] *n* ⟨-s; -e⟩ *astrol.* horoscope; **j-m das ~ stellen** cast s.o.'s horoscope. **~skoˈpie** [-skoˈpiː] *f* ⟨-; -n⟩ [-ən]⟩ horoscopy.

ˈHör|ˌpro·be *f* **1.** *mus., thea.* audition; *e-r Aufnahme*: trial recording. **2.** → **~ˌprü·fung** *f med.* hearing test.

hor·rend [hɔˈrɛnt] *adj colloq.* **1.** horrendous, stupendous, colossal, fantastic, *Preis*: *a.* exorbitant, immense. **2.** *Schmerzen etc*: dreadful.

hor·ri·do [hɔriˈdoː] *hunt.* **I** *interj* halloo! **II** Ձ *n* ⟨-s; -s⟩ halloo(ing).

ˈHörˌrohr *n* **1.** *med.* stethoscope. **2.** *obs. für Schwerhörige*: ear-trumpet.

Hor·ror [ˈhɔrɔr] *m* ⟨-s; *no pl*⟩ horror; **e-n ~ vor et. (j-m) haben** have a horror of s. th. (s. o.), (*Angst*) *a.* be horrified by s. th. (s. o.), (*Abscheu*) *a.* loathe s. th. (s. o.). **~ˌfilm** *m* horror film. **~ˌtrip** *m sl.* bad trip. **~ˌwe·sen** *n* monster.

ˈHörˌsaal *m* lecture hall, auditorium.

ˈHör·sam·keit *f* ⟨-; *no pl*⟩ (*Raumakustik*) acoustics *pl* (*of a concert hall, etc*).

ˈHör|ˌschär·fe *f med.* auditory (*od.* hearing) acuity. **~ˌschwel·le** *f* auditory threshold.

Hors·d'œuvre [oːrˈdøːvər] *n* ⟨-s [-vər]; -s [-vər]⟩ *gastr.* hors d'œuvres *pl.*

ˈHör|ˌspiel *n* radio play. **~-ˈSprech-Meˌtho·de** *f ped.* aural-oral method.

Horst [hɔrst] *m* ⟨-es; -e⟩ **1.** nest, *bes. e-s Adlers, a. fig.* aerie, eyrie. **2.** → **Fliegerhorst. 3.** *geol.* horst. **4.** *ling.* relic area. **5.** *Forstwesen*: (small) stand, thicket. **ˈhor·sten** *v/i* ⟨h⟩ *orn.* nest.

ˈHörˌstö·rung *f med.* hearing defect.

Hort [hɔrt] *m* ⟨-(e)s; -e⟩ **1.** *poet.* (*Schatz*) hoard, treasure; **der ~ der Nibelungen** the hoard of the Nibelungs. **2.** *obs.* (**sicherer**) **~** (*Zufluchtsort*) (safe) refuge, safe retreat. **3.** *fig.* (*Bollwerk*) stronghold, bulwark; **ein ~ des Friedens** a stronghold of peace. **4.** *lit.* (*Beschützer*) protector, refuge, rock. **5.** (*Kinder*Ձ) day nursery. **ˈhor·ten I** *v/t* ⟨h⟩ **1.** (*Vorräte, Geld etc*) hoard up. **2.** (*Rohstoffe*) stockpile. **II** Ձ *n* ⟨-s⟩ **3.** hoarding. **4.** stockpiling.

Hor·ten·sie [hɔrˈtɛnzĭə] *f* ⟨-; -n⟩ *bot.* hydrangea.

ˈHörˌtrich·ter *m obs.* ear-trumpet.

ˈHor·tung *f* ⟨-; *no pl*⟩ → **horten** II. **ˈHor·tungsˌkauf** *m* hoarding purchase.

ˈHörˌübung *f* ear training.

ˌhoˈruck *interj* heave-ho!

Ho·rus [ˈhoːrʊs] *npr m* ⟨-; *no pl*⟩ *myth.* Horus.

ˈHör|verˌmö·gen *n* (power of) hearing. **~ˌwei·te** *f* ⟨-; *no pl*⟩ hearing (distance); **in (außer) ~** within (out of) hearing (*od.* earshot). **~ˌwerkˌzeu·ge** *pl med.* auditory organs. **~ˌzen·trum** *n* auditory cent/re (*Am.* -er).

ho·san·na [hoˈzana] *R.C.* **I** *interj* hosanna! **II** Ձ *n* ⟨-s; -s⟩ hosanna.

Hös·chen [ˈhøːsçən] *n* ⟨-s; -⟩ **1.** short trousers *pl, colloq. od. Am.* pants *pl.* **2.** (*Damenschlüpfer, a. Kinder*Ձ) panties *pl*, knickers *pl*; **heiße ~** hot pants. **3.** *bot.* hose. **4.** *zo. e-r Biene*: *colloq.* breeches *pl.*

Ho·se [ˈhoːzə] *f* ⟨-; -n⟩ **1.** (*a.* **ein Paar ~n**) (a pair of) trousers *pl, colloq. od. Am.* pants *pl*, (*kurze Sommer*Ձ) shorts *pl*, (*lange Freizeit*Ձ) slacks *pl*, (*blaue Arbeits*Ձ *etc*) dungarees *pl*, overalls *pl*, jeans *pl*, (*Bund*Ձ, *Reit*Ձ) breeches *pl*; *colloq.* (**sich** *dat*) (**vor Angst**) **in die ~(n) machen** dirty (*od.* wet) one's pants (with fright), *weitS. a.* get into a blue funk, be scared stiff; *fig. colloq.* **er hat die ~(n) (gestrichen) voll** he is in a blue funk; **sich** (*acc*) (**gehörig**) **auf die ~n setzen** buckle down to work, work hard; *colloq.* **j-m die ~n strammziehen** give s. o. a spanking, warm s. o.'s pants; *fig. colloq.* **sie hat (zu Hause) die ~n an** she wears the trousers (*od.* breeches, *bes. Am.* pants); **das ging in die ~** that went wrong, that backfired. **2.** → a) **Badehose, Golfhose, Unterhose** *etc*, b) **Höschen** 2. **3.** *zo.* a) *e-s Vogels*: leg feathers *pl*, b) *beim Pferd*: lower (*od.* second) thigh, c) *e-r Biene*: → **Höschen** 4.

Ho·sea [hoˈzeːa] *npr m* ⟨-; *no pl*⟩ *Bibl.* (*Prophet*) Hosea.

ˈHo·sen|ˌanˌzug *m* trouser-suit, *bes. Am.* pantsuit. **~ˌaufˌschlag** *m* (trouser) turn-up (*Am.* cuff). **~ˌband** *n* ⟨-(e)s; ⸚er⟩ garter. **~ˌbandˌor·den** *m* Order of the Garter; **Ritter des ~s** Knight of the Garter. **~ˌbein** *n* trouser-leg. **~ˌbie·ne** *f meist pl zo.* hairy-legged bee. **~ˌbo·den** *m* seat (of the trousers, *bes. Am.* pants); **sich auf den ~ setzen** a) sit down, b) *fig. colloq.* buckle down to work, work hard; **j-m den ~ versohlen** spank s. o. **~ˌbo·je** *f mar.* breeches buoy. **~ˌbü·gel** *m* trouser hanger. **~ˌbund** *m* waistband. **~ˌgurt** *m* **1.** belt. **2.** waistband. **~ˌklam·mer** *f für Radfahrer*: trouser clip. **~ˌklap·pe** *f* **1.** *von Kinderhosen*: rear (*od.* back) flap. **2.** *e-r Lederhose*: front flap. **~ˌknopf** *m* trouser button. **~ˌlatz** *m* fly. **~ˌmatz** *m* ⟨-es; -e *u.* ⸚e⟩ *colloq.* (**kleiner**) **~** tiny tot, toddler. **~ˌnaht** *f* trouser seam. **~ˌrock** *m* divided (*od.* trouser, *bes. Am.* pant) skirt. **~ˌrohr** *n tech.* siphon pipe, y-pipe. **~ˌrol·le** *f thea.* breeches part. **~ˌschei·ßer** *m vulg.* yellow bastard, coward. **~ˌschlitz** *m* fly. **~ˌspan·ner** *m* trouser stretcher. **~ˌstall** *m colloq.* fly. **~ˌsteg** *m* trouser strap. **~ˌstoff** *m* trousering. **~ˌta·sche** *f* trouser pocket; *fig. colloq.* **et. wie s-e ~ kennen** know s. th. like the back of one's hand (*od.* inside out). **~ˌträ·ger** *pl* (pair of) braces, *Am.* suspenders. **~ˌtür·chen** *n colloq.* fly.

ho·si·an·na [hoˈzĭana] *relig.* **I** *interj* hosanna! **II** Ձ *n* ⟨-s; -s⟩ hosanna.

Hos·pi·tal [hɔspiˈtaːl] *n* ⟨-s; -e *u.* ⸚er⟩ **1.** *med.* hospital; → *a.* **Krankenhaus. 2.** *für Alte, Kranke etc*: home. **Hos·pi·ta·lis·mus** [hɔspitaˈlɪsmʊs] *m* ⟨-; *no pl*⟩ (*Heimpsychose*) hospitalism. **Hos·pi·ta·li·ter** [hɔspitaˈliːtər] *m* ⟨-s; -⟩ *relig.* Hospital(l)er.

Hos·piˈtal|ˌor·den *m hist.* Order of Knights Hospital(l)ers. **~ˌschiff** *n* hospital ship.

Hos·pi·tant [hɔspiˈtant] *m* ⟨-en; -en⟩, **Hos·piˈtan·tin** *f* ⟨-; -nen⟩ **1.** *ped.* auditor, student teacher (*sitting in at classes*). **2.** *univ.* guest student, *Am.* auditor. **hos·piˈtie·ren** [-ˈtiːrən] *v/i* ⟨*no* ge-, h⟩ **1.** *ped.* attend classes as an auditor. **2.** *univ.* attend lectures as a guest student, *Am.* audit.

Hos·piz [hɔsˈpiːts] *n* ⟨-es; -e⟩ **1.** hospice (*kept by a religious order*). **2.** (**Christliches**) **~** (Christian) private hotel (*maintained by a religious organization*).

Ho·stess [ˈhɔstɛs; hɔsˈtɛs] *f* ⟨-; -en⟩ *allg.* hostess.

Ho·stie [ˈhɔstĭə] *f* ⟨-; -n⟩ *relig.* (eucharistic) host, (the) Host; (*Oblate*) consecrated wafer; **~ngefäß** *n* pyx; **~nteller** *m* paten.

Hot [hɔt] (*Engl.*) *m* ⟨-s; -s⟩ *mus.* **1.** (*Improvisation*) (hot) lick. **2.** (*Tanzmusik*) hot jazz.

Ho·tel [hoˈtɛl] *n* ⟨-s; -s⟩ hotel. **~ˌanˌmel·dung** *f* **1.** registration at a hotel. **2.** reception (desk). **~beˌsit·zer** *m* hotel proprietor, hotelier. **~beˌtrieb** *m* **1.** hotel business (*od.* management). **2.** hotel. **~ˌboy** *m* page (boy), *Am. a.* bellboy, *sl.* bellhop. **~de·tekˌtiv** *m* house detective. **~diˌrek·tor** *m* hotel manager. **~ˌfach** *n* hotel business. **~-ˌfachˌschu·le** *f* school of hotel management (*Am.* administration).

Hoˈtel garˈni [garˈniː] *n* ⟨-; -s -s⟩ [-ˈtɛl -ˈniː]⟩ residential hotel (providing bed and breakfast only).

Hoˈtel|ˌgast *m* hotel guest. **~geˌwer·be** *n* hotel trade (*od.* industry). **~ˌhal·le** *f* (entrance-)hall, (hotel) lounge.

Ho·te·lier [hotəˈlĭeː] *m* ⟨-s; -s⟩ hotelier, hotel-keeper.

Hoˈtelˌket·te *f* hotel chain.

Ho·tel·le·rie [hɔtɛləˈriː] *f* ⟨-; *no pl*⟩ → **Hotelgewerbe.**

Hoˈtel|ˌnachˌweis *m* **1.** hotel information (service). **2.** list of hotels. **~ˌpa·ge** *m* → **Hotelboy. ~pen·siˌon** *f* residential hotel, boarding-house. **~porˌtier** *m* **1.** a) hotel doorkeeper (*od.* commissionaire), *Am.* doorman, b) hall porter. **2.** (*Empfangschef*) reception clerk, *Am.* desk clerk. **~- ˌund ˈGastˌstät·ten·geˌwer·be** *n* catering trade. **~ˌun·terˌkunft** *f* hotel accommodation. **~verˌzeich·nis** *n* list of hotels.

hott [hɔt] *interj an Zugtiere*: a) (*marsch*) gee ho!, hoy!, b) (*nach rechts*) gee!; → **hü** 2.

hot·te·hü [ˌhɔtəˈhyː] (*child's language*) **I** *interj* gee!, gee-up! **II** Ձ *n* ⟨-s; -s⟩ gee(-gee).

Hot·ten|tot·te [ˌhɔtənˈtɔtə] *m* ⟨-n; -n⟩ Hottentot; *fig. colloq.* **wie (die) ~n** like savages. **Ձˈtot·tisch** *adj* **1.** Hottentotic. **2.** *bes. ling.* Hottentot.

ˈHot·teˌpferd(·chen) *n* → **hottehü** II.

Hra·dschin, der [(h)ratʃiːn; ˈ(h)ratʃiːn] ⟨-s⟩ Hradčany castle (*in Prague*).

hu [huː] *interj* **1.** *schaudernd*: whew!, ugh! **2.** *um j-n zu erschrecken*: boo!

hü [hyː] *interj* **1.** *an Zugtiere*: a) (*vorwärts*) *a.* **~ hott!** geeho!, hoy!, b) (*links*) wo hi!, *bes. Am.* haw! **2.** *colloq.* **der eine sagt ~, der andere (sagt) hott** a) one says stop, the other go, b) one says one thing, the other says another.

Hub [huːp] *m* ⟨-(e)s; ⸚e⟩ **1.** heave, lift(ing). **2.** *tech.* a) *e-s Maschinentisches*: travel, traverse, b) *e-s Kolbens, Stößels*: stroke, travel, c) *e-r Pumpe, e-s Ventils, Krans*: lift, d) (*Exzenter*Ձ, *Kurbel*Ձ, *Pendel*Ձ) throw. **3.** → **Hubraum.**

hub *1 u. 3 sg pret obs. of* **heben.**

ˈHub|beˌwe·gung *f* **1.** lifting movement (*od.* motion). **2.** *tech.* movement of stroke. **~ˌbrücke** (*getr.* **-k·k-**) *f* lift bridge.

hü·ben [ˈhyːbən] *adv* on this side, over here; **~ und** (*od.* **wie**) **drüben** on both sides, on either side.

Huˈber·tus|ˌjagd [huˈbɛrtʊs-] *f* St. Hubert's Day hunt. **~ˌman·tel** *m* → **Lodenmantel. ~ˌtag** *m relig.* St. Hubert's Day.

ˈHub|geˌschwin·dig·keit *f tech.* speed of lift. **~ˌhö·he** *f* a) *e-s Ventils*: vertical lift, b) *e-s Nockens*: end float, c) *e-s Krans*: hoisting height, d) *e-r Kurbelwelle*: throw. **~ˌkar·re** *f*, **~ˌkar·ren** *m* lift truck. **~ˌkol·benˌmo·tor** *m* reciprocating piston engine. **~ˌkraft** *f* **1.** lifting force. **2.** *tech.* a) *e-s Krans etc*: hoisting capacity, b) → **Hubleistung** 2. **∼ˌlän·ge** *f e-s Kolbens*: length of stroke. **∼ˌlei·stung** *f* **1.** → Hubkraft 2 a. **2.** *mot.* output per unit of displacement. **∼maˌgnet** *m* lifting magnet. **∼ˌmo·tor** elevating motor. **∼ˌpum·pe** *f* lifting pump. **∼ˌraum** *m mot.* piston displacement, cubic capacity, swept volume.

hübsch [hʏpʃ] **I** *adj* ⟨-er; -est⟩ **1.** *Mädchen, Gesicht, Figur etc*: pretty, *Person*: *a.* good-looking; *colloq.* **sich ∼ machen** make o. s. look pretty, dress up, *kosmetisch*: make up. **2.** *weitS.* pretty, nice, (*lieblich*) *a.* lovely, (*reizend*) *a.* charming, (*malerisch*) *a.* picturesque; **∼e Stimme** (**∼es Wetter**) pretty (*od.* nice, pleasant) voice (weather). **3.** *colloq.* (*gut, nett*) nice (*idea, etc*); **das war nicht ∼ von dir** that was not nice of you. **4.** *colloq.* (*beträchtlich*) pretty, nice, considerable; **ein ∼es Sümmchen** a pretty (*od.* tidy) sum, quite a packet; **ein ∼es Vermögen** a handsome fortune; **e-e ∼e Entfernung** quite a distance, a pretty long way. **5.** *colloq. iro.* fine, nice, pretty; **das sind ja ∼e Aussichten** (those are) fine prospects!; **ein ∼es Durcheinander, e-e ∼e Geschichte** a fine mess, a pretty kettle of fish. **II** *adv* **6.** prettily, nicely; **das hast du ∼ gemacht** well done!, good job! **7.** *colloq.* (*ziemlich*) pretty, rather; **ganz ∼ teuer** pretty expensive; **∼ warm** nice and warm; **ganz ∼ warm** pretty warm; **(ganz) ∼ spät** pretty late. **8.** *colloq.* **sei ∼ artig!** be good!, be a good boy (*od.* girl)!; **geh ∼ nach Hause!** be a good boy (*od.* girl) and go home!; **laß das ∼ bleiben!** don't you do that!, leave well alone!; **das werde ich ∼ bleibenlassen** I'm not going to do anything of the sort; **∼ der Reihe nach!** come on one after the other! **9.** *colloq. iro.* **das hast du dir ja ∼ ausgedacht** (that's) pretty clever of you. **ˈHüb·sche** *m, f* ⟨-n; -n⟩ *colloq.* hallo, ∼(r)! hey, good-looking! **ˈHübsch·heit** *f* ⟨-; *no pl*⟩ prettiness.

ˈHubˌschrau·ber [-ˌʃraubər] *m* ⟨-s; -⟩ *aer.* helicopter; **mit (dem) ∼ befördern** *a.* helilift; **von ∼n befördert** heliborne. **∼ˌlan·de·ˌplatz** *m* heliport.

ˈHub|ˌstap·ler *m tech.* fork-lift (truck). **∼vo·ˌlu·men** *n mot.* swept volume. **∼ˌwa·gen** *m* lift(ing) truck, jacklift. **∼ˌweg** *m* **1.** → Hubhöhe. **2.** *e-s Kolbens*: piston travel.

huch [hux] *interj* eek!, ooh!

Hucke (*getr.* **-k·k-**) *f* [ˈhukə] ⟨-; -n⟩ *bes. Eastern G.* **1.** *fig. colloq.* **j-m die ∼ voll hauen** give s. o. a sound thrashing; **j-m die ∼ voll lügen** tell s. o. a pack of lies; **er hat sich die ∼ voll gelacht** he laughed his head off. **2.** (*Last*) load; **e-e ∼ Heu** a load of hay. **3.** *obs. for* **Kiepe. 4.** *fig. contp.* crowd, gang; **e-e ganze ∼ Leute** quite a crowd.

ˈhuckeˌpack (*getr.* **-k·k-**) *adv colloq.* pick-a-back, pickaback, piggyback; **j-n ∼ tragen (nehmen)** carry (take) s. o. pick(-)a(-)back (*od.* piggyback). **2ˌan·ˌhän·ger** *m* pick(-)a(-)back trailer. **2ˌflugˌzeug** *n* pick(-)a(-)back plane, composite aircraft. **2verˌkehr** *m rail.* pick(-)a(-)back traffic.

Hu·deˈlei *f* ⟨-; -en⟩ *colloq.* **1.** (*schlampige Arbeit*) sloppy (*od.* slipshod) work, slapdash (work). **2.** (*schlampige Art*) sloppiness, slapdash. **ˈhu·de·lig** *adj* → hudlig. **hu·deln** [ˈhuːdəln] *v/i* ⟨h⟩ *colloq.* scamp one's work, work sloppily, botch; **nur nicht ∼!** take your time!

hu·dern [ˈhuːdərn] *orn.* **I** *v/t* ⟨h⟩ take (*chicks*) under its wing. **II** *v/i u.* **sich ∼** *v/reflex* bathe in the sand.

ˈHud·ler *m* ⟨-s; -⟩, **ˈHud·le·rin** *f* ⟨-; -nen⟩ *colloq.* scamper, botcher. **ˈhud·lig** *adj* sloppy, slapdash.

huf [huːf] *interj an Zugtiere*: back!

Huf [huːf] *m* ⟨-(e)s; -e⟩ *zo.* hoof, ungula; **gespaltener ∼** cloven hoof.

ˈHuf|ˌabˌdruck *m* hoofprint. **∼ˌbal·len** *m zo.* **1.** quarter of the hoof. **2.** horny frog. **∼ˌbein** *n vet.* coffin-bone. **∼beˌschlag** *m* (horse-)shoeing; **ohne ∼** shoeless.

Hu·fe [ˈhuːfə] *f* ⟨-; -n⟩ *agr. hist.* hide (of land).

ˈHufˌei·sen *n* (horse)shoe; **ein ∼ verlieren** lose (*od.* cast, throw) a shoe; **e-m Pferd die ∼ auflegen (abreißen)** shoe (unshoe) a horse. **∼ˌbo·gen** *m arch.* horseshoe (*od.* Moorish) arch. **∼ˌform** *f* (shape of a) horseshoe; **in ∼** horseshoe-shaped; **in ∼ (aufgestellt)** *Tische*: arranged in a horseshoe. **2ˌför·mig** *adj* horseshoe-shaped. **∼maˌgnet** *m* horseshoe magnet. **∼ˌnie·re** *f med.* horseshoe kidney.

ˈHuf|ˌfett *n* hoof ointment (*od.* grease). **2ˌför·mig** *adj zo.* **1.** hoof-shaped. **2.** (*mit Hufen*) hoofed. **3.** (*behuft*) ungulate. **∼geˌlenk** *n des Pferdes*: coffin joint. **∼ˌhaar** *n* hair of the coronet. **∼ˌkrebs** *m vet.* (thrush) canker. **∼ˌkro·ne** *f des Pferdes*: (hoof) coronet. **∼ˌlat·tich** *m bot.* coltsfoot. **∼ˌmes·ser** *n* paring knife. **∼ˌna·gel** *m* horseshoe nail, hobnail. **∼ˌre·he** *f vet.* thrush. **∼ˌschlag** *m* **1.** hoofbeat. **2.** kick (from a horse, *etc*). **3.** *Dressur*: track. **∼ˌschmied** *m* blacksmith, *bes. Br.* farrier. **∼ˌschmie·de** *f* blacksmith's (*bes. Br.* farrier's) workshop, smithy; **∼hammer** *m tech.* double-face engineer's hammer. **∼ˌschuh** *m für Pferde*: hoof boot. **∼ˌspur** *f* hoof mark.

ˈHüft|ˌbein *n* **1.** *anat.* hip-bone, ilium. **2.** *zo.* huckle bone. **∼ˌbeinˌgru·be** *f* iliac fossa. **∼ˌbeu·ge** *f* groin.

Hüf·te [ˈhʏftə] *f* ⟨-; -n⟩ *anat.* hip, coxa; **bis an die ∼ (reichend)** → hüfthoch; **aus der ∼ schießen** shoot from the hip; **sich in den ∼n wiegen** sway (*od.* roll, wriggle) one's hips; **die Arme in die ∼n stemmen** place one's hands on one's hips; **die Arme in die ∼n gestemmt** with arms akimbo. **ˈHüf·tenˌstück** *n gastr.* rump roast.

ˈHüft|ˌge·gend *f anat.* iliac region. **∼geˌlenk** *n anat.* hip joint, coxa; **∼pfanne** *f* acetabulum. **∼ˌgür·tel, ∼ˌhal·ter** *m* **1.** (*Strumpfhaltergürtel*) suspender (*Am.* garter) belt. **2.** (*langer Hüfthalter*) (*elastischer*: roll-on) girdle, *mit Schlüpfer*: panty-girdle. **2ˌhoch** *adj u. adv* **1.** waist-high. **2.** *Wasser*: waist-deep. **∼ˌhorn** *n* → Hifthorn. **∼ˌho·se** *f* hipsters *pl.*

ˈHufˌtier *n* hoofed animal, ungulate.

ˈHüft|ˌkno·chen *m* → Hüftbein 1. **2ˌlahm** *adj* lame in the hip, *vet. a.* hip-shot. **∼ˌlei·den** *n* hip complaint. **∼ˌnerv** *m* sciatic nerve. **∼ˌpfan·ne** *f* acetabulum. **2ˌschmal** *adj* narrow-hipped. **∼ˌschwung** *m* **1.** *gym.* hip-swing. **2.** *Ringen*: hip-roll, cross-buttock. **∼ˌta·sche** *f* hip pocket. **∼ˌumˌfang** *m* hip measurement, hip size. **∼ˌweh** *n* pain in the hip. **∼ˌwei·te** *f* → Hüftumfang.

Hü·gel [ˈhyːgəl] *m* ⟨-s; -⟩ **1.** hill; **kleiner ∼** small hill, hillock; **runder ∼** knoll; **an e-m ∼ gelegen** (situated) on the slope of a hill (*od.* on a hillside). **2.** (*Anhöhe*) height. **3.** (*Erdhaufen*) mound. **4.** *anat.* cumulus, hillock, mons. **2ˈab** [ˌhyːgəl-] *adv* downhill. **2ˈauf** [ˌhyːgəl-] *adv* uphill. **2ˌför·mig** *adj* hill-shaped. **∼ˌgrab** *n aus Erde oder Schutt*: barrow, tumulus; *aus Steinen*: cairn.

ˈhü·ge·lig *adj* hilly.

ˈHü·gelˌland *n* hill(y) country.

Hu·ge·not·te [hugəˈnɔtə] *m* ⟨-n; -n⟩ *hist.* Huguenot. **Hu·geˈnot·tenˌkrieg** *m* Huguenot war. **hu·geˈnot·tisch** *adj* Huguenot.

huh [huː] *interj* → hu.

Huhn [huːn] *n* ⟨-(e)s; ∸er⟩ **1.** chicken, (domestic) fowl, (*Henne*) hen; **Hühner** *pl* chickens, hens, (*Geflügel*) poultry *sg*, fowls; **junges ∼** → **Hühnchen** 2. **2.** *gastr.* chicken; **∼ mit Reis** chicken and rice. **3.** *fig. colloq.* **ein dummes ∼** a silly goose; **ein verrücktes ∼** a crazy thing, *Am. sl.* a screwball; **ein lahmes** (*od.* **krankes**) **∼** a lame duck; **wie die Hühner auf der Stange sitzen** sit like chickens on the roost; **mit den Hühnern aufstehen** rise with the lark; **mit den Hühnern schlafen** (*od.* **zu Bett**) **gehen** go to bed early; **ein blindes ∼ findet auch ein Korn** (*Sprichwort*) even a fool can be right sometimes; **da lachen ja die Hühner!** that's a laugh! **4.** a) (*hühnerartiger Vogel*) fowl, b) (*Weibchen bestimmter Vögel*) hen (bird), c) *meist pl* → **Hühnervogel. 5.** *hunt.* (*Reb2*) partridge.

Hühn·chen [ˈhyːnçən] *n* ⟨-s; -⟩ **1.** *dim. of* Huhn. **2.** chicken, (*junge Henne*) young hen, chick, pullet; **ein ∼ braten** roast a chicken; *fig. colloq.* **mit j-m ein ∼ zu rupfen haben** have a bone to pick (*od.* a score to settle) with s. o.

ˈhüh·ner|ˌar·tig *adj orn.* gallinaceous. **2ˌau·ge** *n med.* corn, clavus; *a. fig. colloq.* **j-m auf die ∼n treten** tread on s. o.'s corns (*od.* toes).

ˈHüh·nerˌau·gen|entˌfer·ner *m pharm.* corn remover. **∼ˌmit·tel** *n* corn remedy. **∼ope·raˌteur** *m* chiropodist. **∼ˌpfla·ster** *n* corn plaster. **∼tinkˌtur** *f* corn tincture.

ˈHüh·ner|bouilˌlon, ∼ˌbrü·he *f gastr.* chicken broth. **∼ˌbrust** *f* **1.** *gastr.* chicken breast. **2.** *med.* pigeon breast. **2ˌbrü·stig** [-ˌbrʏstɪç] *adj med.* pigeon-breasted. **∼ˌdieb** *m* chicken thief. **∼ˌdraht** *m* chicken wire. **∼ˌei** *n* **1.** hen's egg. **2.** (*Muschel*) china shell. **∼ˌeiˌweiß** *n biol.* ovalbumin, egg albumin. **∼ˌfarm** *f* poultry (*od.* chicken) farm. **∼ˌfe·der** *f* hen's feather. **∼ˌfleisch** *n* chicken (meat). **∼ˌfloh** *m zo.* European chicken flea. **∼fri·kasˌsee** *n* chicken fricassee. **∼ˌfut·ter** *n* chicken-feed. **∼ˌha·bicht** *m orn.* goshawk. **∼ˌhaus** *n* henhouse. **∼ˌhof** *m* poultry (*od.* chicken) yard. **∼ˌhund** *m hunt.* gun dog, *Am.* bird dog, *meist* pointer, setter. **∼ˌjagd** *f* partridge shoot(ing). **∼ˌklein** *n* ⟨-s; *no pl*⟩ *gastr.* giblet(s *pl*). **∼ˌkrank·heit** *f meist pl* fowl (*od.* poultry) disease. **∼ˌlei·ter** *f* chicken ladder. **∼ˌmil·be** *f zo.* chicken mite. **∼ˌmist** *m* chicken dung (*od.* droppings *pl*). **∼paˌste·te** *f gastr.* chicken pie. **∼ˌpest** *f* fowl pest. **∼ˌras·se** *f* breed of fowl (*od.* poultry). **∼ˌschrot** *m, n hunt.* partridge shot. **∼ˌstall** *m* henhouse, chicken coop, roost. **∼ˌstan·ge** *f* (hen-)roost, perch. **∼ˌstei·ge, ∼ˌstie·ge** *f* → Hühnerleiter. **∼ˌsup·pe** *f* chicken broth. **∼ˌvo·gel** *m* gallinaceous bird. **∼ˌvolk** *n* ⟨-(e)s; *no pl*⟩ **1.** chickens *pl.* **2.** *hunt.* covey (of partridges). **∼ˌzucht** *f* chicken breeding (*od.* farming).

hu·hu *interj* **1.** [ˈhuːˌhuː] *Zuruf*: yoo-hoo! **2.** [huˈhuː] a) → **hu**, b) *jammernd*: boo-hoo!

hui [hui] **I** *interj* **1.** (*schnell*) whoosh! **2.** *erstaunt*: ooh!, *sl.* wow!, gee! **II** *adj* ⟨*invariable*⟩ **3. außen ∼, innen pfui** (*Sprichwort*) smart on the surface, slovenly underneath. **III 2** *n* ⟨-(s); *no pl*⟩ **4.**

colloq. **im 2, in einem 2** in a trice, in a jiffy (*cf.* **husch** III).

Hu·ka ['huːka] *f* ⟨-; -s⟩ (*Wasserpfeife*) hooka(h).

Hu·ker ['huːkər] *m* ⟨-s; -⟩ *mar.* hooker.

Huld [hʊlt] *f* ⟨-; *no pl*⟩ *lit. archaic* **1.** (*Gunst*) favo(u)r, grace, graciousness, (*Zuneigung*) *a.* affection, love, (*Güte*) benevolence; **Gottes ~** the grace of God; **in j-s ~ stehen** be in s. o.'s favo(u)r (*od.* good graces); **j-m s-e ~ erweisen** (*od.* **zeigen**) be gracious to s. o.; **j-m s-e ~ schenken** bestow one's favo(u)r on s. o., (*Liebesgunst*) grant one's favo(u)r to s. o. **2.** (*Anmut, Liebreiz*) grace (and charm).

hul·di·gen ['hʊldɪgən] *v/i* ⟨h⟩ **1.** (*dat*) a) *relig.* (*Göttern*) worship (*acc*), b) *hist.* (*Herrschern etc*) render (*od.* pay, do) homage (to), do (*od.* make) obeisance (to), c) *jur. hist. im Feudalrecht*: attorn (to), d) *jur. hist. im Staatsrecht*: swear (an oath of) allegiance (to); **sich** (*dat*) **von j-m ~ lassen** receive s. o.'s homage. **2.** *fig.* **j-m ~** a) (*j-s Gedächtnis, e-m großen Manne etc*) render (*od.* pay, do) homage to s. o., pay tribute to s. o., *durch Beifall*: give s. o. an ovation, b) (*e-r Dame etc*) pay court (*od.* homage, one's addresses) to s. o., woo s. o. **3.** *fig.* **e-r Sache ~** a) (*der Schönheit, e-m Ideal, dem Fortschritt etc*) pay homage (*od.* tribute) to s. th., b) (*e-r Ansicht etc*) profess (*od.* embrace) s. th., hold (*the view*), c) (*der Mode etc*) follow s. th., d) (*dem Sport, e-m Hobby etc*) devote o. s. to s. th., go in for s. th., e) (*e-m Laster, dem Alkohol etc*) indulge in s. th., be addicted to s. th.; **er huldigt dem Grundsatz, daß** he embraces (*od.* adopts, subscribes to) the doctrine that.

'Hul·di·gung *f* ⟨-; -en⟩ (**an** *acc*, **für**) **1.** *relig.* worship (of). **2.** *hist.* a) homage (to), b) → **Huldigungseid. 3.** *fig.* (to) a) homage, tribute, b) *für e-e Dame*: homage, attentions *pl*, addresses *pl*, c) (*Beifall*) ovation, cheers *pl*; **er empfing ~en aus aller Welt** he received messages of tribute from all over the world; **j-m s-e ~ darbringen** (*od.* **bezeigen**) → **huldigen** 2. **'Hul·di·gungs,eid** *m jur. hist.* oath of allegiance.

'huld|,reich, ~,voll *adj a. iro.* gracious.

hül·fe ['hʏlfə] *1 u. 3 sg pret subj of* **helfen.**

Hulk [hʊlk] *f* ⟨-; -e(n)⟩, *m* ⟨-(e)s; -e(n)⟩ *mar.* hulk.

'Hüll|,blatt *n bot.* involucre. **~,blätt·chen** *n* phyllary.

Hül·le ['hʏlə] *f* ⟨-; -n⟩ **1.** a) (*Umhüllung*) cover(ing), wrap(ping), wrapper, b) (*Futteral, Etui*) case. **2.** a) (*Kleidungsstück*) garment, *pl* clothes, b) (*Schleier*) veil, c) (*Augen2*) bandage; **die ~n abstreifen** take off one's clothes, strip, undress. **3.** (*Buch2, Schallplatten2 etc*) jacket. **4.** (*Briefumschlag*) envelope. **5.** (*Schutz2 für Ausweis etc*) case, jacket, folder. **6.** (*Regenschirm2*) sheath. **7.** *nucl.* a) (*Elektronen2*) shell, b) (*Reaktor2*) jacket. **8.** *aer.* a) *e-s Starrluftschiffes*: hull, b) (*Ballon2*) envelope. **9.** *anat.* a) (*Scheide*) sheath, b) (*Überzug*) coat, tunic, c) (*Deckhaut*) integument, d) *des Eiweißes*: membrane. **10.** *bot.* a) (*Samen2, Hülse, Schale*) hull, husk, b) (*Hochblätter*) involucre; **ohne ~** naked. **11.** *fig. lit.* cloak, veil, mantle, mask; **die ~ der Nacht** the cloak of night; **e-e ~ des Schweigens** a veil of silence (*od.* secrecy). **12.** *lit.* **die irdische** (*od.* **sterbliche**) **~** the mortal frame (*od.* *Leiche*: remains *pl*); **die irdische ~ ablegen** cast off the mortal frame. **13.** *fig. colloq.* **in ~ und Fülle** in abundance, an abundance (*od.* plenty) of, galore; **et. in ~ und Fülle haben** have plenty (*od.* an abundance) of s. th.

hül·len ['hʏlən] **I** *v/t* ⟨h⟩ **j-n** (**et.**) **in e-e Sache ~** wrap s. o. (s. th.) (up) in s. th., envelop s. o. (s. th.) in s. th., cover s. o. (s. th.) with s. th.; **e-n Blumenstrauß in Papier ~** wrap (up) a bouquet in paper; *fig.* **in Flammen gehüllt** enveloped in flames; **in Dunkel** (**Nebel**) **gehüllt** shrouded in darkness (mist); **in Wolken gehüllt** clouded, enveloped in clouds; **in Schweigen gehüllt** wrapped in silence. **II** *v/reflex* **sich in e-e Sache ~** wrap o. s. (up) (*etc*) in s. th.; **sie hüllte sich fester in ihren Mantel** she wrapped her coat more tightly around her; *fig.* **sich in Schweigen ~** wrap o. s. in silence, **über et.**: be silent about s. th., not to say a word about s. th.

'Hül·len|,ein,band *m print.* circuit binding. **~,elek·tron** *n nucl.* orbital electron. **2los** *adj* naked (*a. bot.*).

'Hüll|,frucht *f bot.* cystocarp. **~,kelch** *m* involucre.

Hül·se ['hʏlzə] *f* ⟨-; -n⟩ **1.** *bot.* a) (*Schale*) hull, husk, shell, b) (*Schote*) pod. **2.** *bot.* a) **Gemeine ~** (common) holly, b) **Kahle ~** inkberry. **3.** *tech.* sleeve, bush(ing), case; (*Einsatz2*) adaptor; (*Röhre*) tube; (*Kapsel*) capsule; (*Steck2*) socket. **4.** (*Etui*) case. **5.** *e-s Füllfederhalters etc*: (slip-on) cap. **6.** a) (*Geschoß2*) (shell) case, b) (*Patronen2*) (cartridge) case. **7.** *beim Buchbinden*: paper sleeve. **'hül·sen** *v/t* ⟨h⟩ **1.** → **enthülsen. 2.** (*Buch*) glue a paper sleeve to the back of.

'hül·sen|,ar·tig *adj bot.* leguminous. **2,aus,zie·her** *m mil.* (cartridge-case) extractor. **2,baum** *m* → **Hülse** 2 a. **2,frucht** *f* **1.** *bot.* cod, pod, legume(n). **2.** *pl bes. gastr.* pulse *sg.* **2,frücht·ler** [-,frʏçtlər] *m* ⟨-s; -⟩ leguminous plant, legume(n). **2,kopf** *m am Gewehr*: front end of the receiver. **2,strauch** *m* → **Hülse** 2 a. **~,tra·gend** *adj* leguminous.

'hül·sig *adj bot.* husky, podded.

hu·man [hu'maːn] **I** *adj* **1.** humane, *colloq.* (*anständig*) *a.* decent (*methods, person, etc*). **2.** *med.* human. **II** *adv* **3.** humanely, with humanity, decently; **j-n ~ behandeln** treat s.o. decently. **2ge,ne·tik** *f* human genetics *pl* (*als sg konstruiert*).

hu·ma·ni·sie·ren [humani'ziːrən] *v/t* ⟨*no* **ge-**, h⟩ humanize. **Hu·ma·ni'sie·rung** *f* ⟨-; *no pl*⟩ humanization.

Hu·ma·nis·mus [huma'nɪsmʊs] *m* ⟨-; *no pl*⟩ **1.** humanism. **2.** *hist. philos.* **der ~** Humanism. **Hu·ma'nist** [-'nɪst] *m* ⟨-en; -en⟩ **1.** *hist. philos.* Humanist, humanist. **2.** *ped.* humanist, classical scholar, classicist. **hu·ma'ni·stisch** *adj* humanist(ic), classical; **~e Bildung** classical education; **~e Wissensgebiete** humanities; → **Gymnasium** 1.

hu·ma·ni·tär [humani'tɛːr] *adj* humanitarian.

Hu·ma·ni·ta·ri·er [humani'taːrĭər] *m* ⟨-s; -⟩ *philos. relig.* humanitarian; **Lehre der ~** humanitarianism.

Hu·ma·ni·tät [humani'tɛːt] *f* ⟨-; *no pl*⟩ humanity, humaneness.

Hu·ma·ni'täts|du·se,lei *f* ⟨-; *no pl*⟩ *contp.* sentimental humanitarianism. **~ver,bre·chen** *n jur. pol.* crime against humanity.

Hu'man·me·di,zin *f* human medicine.

Hum·bug ['hʊmbʊk] *m* ⟨-s; *no pl*⟩ *contp.* **1.** (*Unsinn*) humbug, nonsense. **2.** (*Schwindel*) humbug, hoax.

hu·mid [hu'miːt], **hu'mi·de** [-də] *adj* humid. **Hu·mi·di'tät** [-midi'tɛːt] *f* ⟨-; *no pl*⟩ humidity.

Hu·mi·fi|ka·ti·on [humifika'tsĭoːn] *f* ⟨-; *no pl*⟩ *biol.* humification. **2'zie·ren** [-'tsiːrən] *v/t* ⟨*no* **ge-**, h⟩ decay, rot.

Hu·mit [hu'miːt; -'mɪt] *m* ⟨-s; -e⟩ *min.* humite.

Hum·mel ['hʊməl] *f* ⟨-; -n⟩ **1.** *zo.* bumble-bee; *fig. colloq.* **~n im Hintern haben** have ants in one's pants. **2.** *colloq.* **wilde ~** tomboy, hoyden, wild thing.

Hum·mer ['hʊmər] *m* ⟨-s; -⟩ *zo.* lobster; (**Gemeiner**) **~** European lobster; **männlicher** (**weiblicher**) **~** cock (hen) lobster. **2,ar·tig** *adj* homarine. **~,cock,tail** *m* lobster cocktail. **~,fal·le** *f* lobster pot. **~,fang** *m* lobstering. **~,le·ber** *f gastr.* tomalley. **~sa,lat** *m* lobster salad. **~,sche·re** *f* claw of a lobster.

Hu·mor[1] [hu'moːr] *m* ⟨-s; *selten* -e⟩ (sense of) humo(u)r; **feiner** (**trockener, unverwüstlicher**) **~** subtle (dry, irrepressible) humo(u)r; (**Sinn für**) **~ haben** have a sense of humo(u)r; **er hat k-n ~** he has no sense of humo(u)r, he can't see a joke; **s-n ~ behalten** (**verlieren**) keep (lose) one's sense of humo(u)r; **et. mit ~ aufnehmen** (*od.* **ertragen**) take s. th. good-humo(u)redly; *iro.* **Sie haben** (**vielleicht**) **~!** you've got a nerve!

Hu·mor[2] ['huːmɔr] *m* ⟨-s; -es [hu'moːrɛs]⟩ *physiol.* (*Körpersaft*) humo(u)r.

hu·mo·ral [humo'raːl] *adj physiol.* humoral.

Hu·mo·res·ke [humo'rɛskə] *f* ⟨-; -n⟩ **1.** humorous sketch (*od.* story). **2.** *mus.* humoresque.

hu'mo·rig *adj* humorous, whimsical.

Hu·mo·rist [humo'rɪst] *m* ⟨-en; -en⟩ **1.** humorist, humorous writer. **2.** (*humorvoller Mensch*) humorist, humorous person. **hu·mo'ri·stisch** *adj* humorous.

hu'mor|los *adj* humo(u)rless, having no sense of humo(u)r. **2lo·sig·keit** *f* ⟨-; *no pl*⟩ lack of humo(u)r, humo(u)rlessness. **~,voll** *adj* humorous; **sehr ~ sein** *a.* have a strong sense of humo(u)r, be full of humo(u)r.

hu·mos [hu'moːs] *adj agr.* humous.

hum·peln ['hʊmpəln] *v/i* **1.** ⟨sein⟩ limp, hobble. **2.** ⟨h⟩ (walk with *od.* have a) limp; **er humpelt leicht** he walks with a slight limp.

Hum·pen ['hʊmpən] *m* ⟨-s; -⟩ tankard; *colloq.* **den ~ schwingen** booze (away).

Hu·mus ['huːmʊs] *m* ⟨-; *no pl*⟩ humus, vegetable mo(u)ld. **~,bil·dung** *f* humification. **~,bo·den** *m*, **~,er·de** *f* humous soil. **~,pflan·ze** *f* humus plant, saprophyte. **2,reich** *adj* humous. **~,säu·re** *f* humic acid. **~,schicht** *f* humus layer, top soil.

Hund [hʊnt] *m* ⟨-(e)s; -e⟩ **1.** dog, (*Jagd2*) hound; **junge ~e** young dogs, puppies; **ein scharfer** (**bissiger**) **~** a savage dog; **ein bissiger ~** *a.* a dog that bites; **ist der ~ bissig?** does the dog bite?; **Vorsicht, bissiger ~!** beware of the dog!; **e-n ~ halten** keep a dog. **2.** *fig. colloq.* **sie sind** (*od.* **leben**) **wie ~ und Katze** they lead a cat-and-dog life, they live like cat and dog; **er lebt wie ein ~** he lives like a dog, he leads a dog's life; **er behandelt ihn wie e-n ~** he treats him like a dog (*od.* like dirt); **frieren wie ein** (**junger**) **~** be terribly cold, be shivering with cold; **das ist ein dicker ~!** a) that's a humdinger (*od.* wow), b) (*unerhört*) that takes the cake!, c) (*ein Fehler*) that's a real howler!; **bei diesem Wetter möchte man nicht einmal e-n ~ vor die Tür** (*od.* **auf die Straße**) **jagen** you wouldn't turn a dog out in such weather; **damit kann man k-n ~ hinter dem Ofen hervorlocken** a) that won't tempt anybody, b) that won't get you anywhere, that's (just) no good; **er ist**

bekannt wie ein bunter ~ he is known all over the place; **von dem nimmt kein ~ ein Stück Brot mehr** no one wants to have any truck (*od.* anything more to do) with him; **j-n (et.) auf den ~ bringen** ruin (*od.* wreck) s. o. (s. th.); **auf den ~ kommen** go to seed, be ruined, *Person*: *a.* come down in the world, *gesundheitlich*: crack up (completely), go (all) to pieces; **(ganz) auf dem ~ sein** be in a sorry state, be down and out, be on the rocks, *gesundheitlich*: *a.* be a wreck; **er ist mit den Nerven ganz auf dem ~** he's a nervous wreck, his nerves are all shot; **vor die ~e gehen** go to the dogs, *Sache*: *a.* go to pot, go to wreck and ruin; **et. vor die ~e werfen** throw s. th. to the dogs; **er ist mit allen ~en gehetzt** he is up to all the tricks (*od.* dodges); **da liegt der ~ begraben** that's why (*od.* it)!, there's the rub!; **das ist ja, um junge ~e zu kriegen!** that's enough to drive you mad!; **der neue Film ist unter allem ~** the new film is just awful (*od.* lousy); **den letzten beißen die ~e** (*Sprichwort*) the devil take the hindmost; **viele ~e sind des Hasen Tod** (*Sprichwort*) sheer numbers will get you down; **~e, die viel bellen, beißen nicht** (*Sprichwort*) barking dogs seldom bite; **getroffener ~ bellt!** touché!; **man kann den ~ nicht zum Jagen tragen** (*Sprichwort*) you can lead a horse to the water, but you can't make it drink. **3.** *contp.* **(gemeiner) ~** (dirty) dog, swine, skunk, bastard; **fauler ~** lazy dog; **blöder** (*od.* **krummer**) **~** idiot, silly ass (*od.* goon); **feiger ~** yellow dog, coward; **(schlauer) ~** sly dog. **4.** *colloq.* (*Bursche*) fellow; **der arme ~** the poor sod. **5.** *zo.* **Fliegender ~** kalong, flying fox. **6.** *astr.* **Großer (Kleiner) ~** Greater (*od.* Big) (Lesser *od.* Little) Dog, Canis Major (Minor). **7.** *arch.* **der laufende ~** Vitruvian scroll. **8.** *Bergbau*: (mine) car, truck, tub. **9.** *mar.* **weiße ~e** (*Schaumkronen*) white caps (*od.* horses).

Hünd·chen ['hʏntçən], *colloq.* **'Hund·chen** *n* ⟨-s; -⟩ **1.** little dog. **2.** (*junger Hund*) doggy, doggie, puppy.

'Hun·de|ˌar·beit *f colloq.* fiendish (*od.* hellish) job, grind, drudgery. **~ˌart** *f* **1.** breed (*od.* species) of dog(s). **2.** dog's nature; **nach ~** like a dog. **≈ˌar·tig** *adj* doglike, canine; **~e Raubtiere** canines. **~ˌau·gen** *pl* dog's eyes; *fig.* **er sah sie mit traurigen ~ an** he looked at her like a mournful dog. **~ˌausˌstel·lung** *f* dog show. **~ˌbandˌwurm** *m zo.* dog tapeworm. **~beˌsit·zer** *m* dog owner. **~ˌbiß** *m* dog-bite. **~ˌblu·me** *f* → Löwenzahn. **~ˌdreck** *m* dog's dirt. **~dresˌseur** *m* dog trainer. **~dresˌsur** *f* dog training (method). **≈'elend** *colloq.* **I** *adj* **1.** miserable, wretched. **2. mir ist ~** (*übel*) I feel as sick as a dog. **II** *adv* **3. ich fühle mich ~** I feel rotten (*od.* lousy). **~ˌfän·ger** *m* dog-catcher. **~ˌfloh** *m* dog flea. **~ˌfraß** *m contp.* awful grub. **~ˌfreund** *m* dog lover. **~ˌfüh·rer** *m der Polizei*: (dog) handler. **~ˌfut·ter** *n* dog food. **~geˌbell** *n* barking of a dog (*od.* of dogs). **~geˌspann** *n* team of dogs. **~ˌhalsˌband** *n* dog collar. **~ˌhal·ter** *m* dog owner. **~ˌhüt·te** *f* **1.** (dog) kennel, doghouse. **2.** *fig. contp.* miserable hovel, (awful) shack. **≈'kalt** *adj colloq.* beastly cold. **~'käl·te** *f colloq.* freezing cold; **draußen herrscht e-e ~** it's beastly cold outside. **~ˌkop·pel** *f* **1.** (*Leine*) (dog-)leash. **2.** *hunt.* brace of dogs. **~ˌkorb** *m* dog basket. **~ˌkrank·heit** *f vet.* **1.** *meist pl* dog's disease. **2.** (*Staupe*) canine distemper. **~ˌku·chen** *m* dog biscuit. **~ˌle·ben** *n colloq.* dog's life; **ein ~ führen** lead a dog's life. **~ˌlei·ne** *f* (dog-)lead, (dog-)leash. **~ˌliebˌha·ber** *m* dog lover (*od.* fancier). **~ˌmar·ke** *f* **1.** dog tag, dog's licence disc. **2.** *mil. colloq.* identity disc, *Am.* dog tag. **≈'mü·de** *adj* ⟨*meist pred*⟩ *colloq.* dog-tired, dead-tired, ⟨*pred*⟩ ready to drop. **~ˌnapf** *m* feeding bowl. **~ˌnarr** *m* dog lover, doggy person. **~ˌna·se** *f* dog's nose. **~ˌpeit·sche** *f* dog-whip. **~ˌpfle·ge** *f* dog care. **~ˌpfle·ger** *m* specialist in dog care. **~ˌpfo·te** *f* (dog's) paw. **~ˌpro·be** *f hunt.* field trial. **~ˌras·se** *f zo.* breed of dog(s), dog breed.

hun·dert ['hʊndərt] *adj* ⟨*cardinal number*⟩ **1.** hundred; **~ Personen** a (*od.* one) hundred persons; **ein paar ~ Menschen** a few hundred people; **das kommt alle ~ Jahre einmal vor** that happens once in a hundred years. **2.** *substantiviert mit Kleinschreibung*: (a *od.* one) hundred; **~ von ihnen** a hundred of them; *fig.* **das weiß unter ~ nicht einer** hardly anyone knows that; **~ gegen eins wetten** lay a hundred to one. **'Hun·dert¹** *n* ⟨-s; -e⟩ *als Maßeinheit*: hundred; **fünf von ~** five in (*od.* out of) a hundred, five per cent (*Am.* percent); **das ~ vollmachen** make a full hundred; **~e von Menschen** hundreds of people; **zu ~en** by the hundreds, in hundreds; **~e und aber ~e** hundreds and (*od.* upon) hundreds; **die Kosten gehen in die ~e** the costs run into the hundreds (*od.* into three figures); **ein halbes ~** fifty. **'Hun·dert²** *f* ⟨-; -en⟩ (figure one) hundred; **die ~ in Ziffern schreiben** write the hundred in figures. **'hun·dert'eins** *adj* ⟨*cardinal number*⟩ a (*od.* one) hundred and one. **'Hun·der·ter** *m* ⟨-s; -⟩ **1.** *colloq.* (*Geldschein*) hundred-mark (*etc*) note (*Am.* bill). **2.** *math.* a) (*Hunderterstelle*) (the) hundred, b) (*dreistellige Zahl*) three-figure number. **'hun·der·ter'lei** *adj* ⟨*invariable*⟩ of a hundred (different) kinds (*od.* sorts, types), of all possible sorts (*od.* things); **an ~ denken müssen** have to think of a hundred different things; **~ Arten von Spielsachen** a hundred different kinds (*od.* sorts) of toys. **'hun·dert'er·ste** *adj* (one) hundred and first. **'Hun·der·terˌstel·le** *f math.* hundred's place, (the) hundreds *pl.*

'hun·dert|ˌfach I *adj* hundredfold, centuple; **die ~e Menge** the hundredfold quantity; **das wird dir ~en Gewinn bringen** you will profit a hundred times over by this; **in ~er Ausführung** in centuplicate. **II** *adv* (a) hundredfold, a hundred times; **~ vergrößert** enlarged (*im Mikroskop etc*: magnified) a hundred times; **et. ~ vermehren** increase s. th. a hundredfold (*od.* a hundred times), centuple s. th. **III ≈e, das** ⟨-n⟩ the hundredfold (amount); **das ≈e dieses Betrages** one (*od.* a) hundred times this amount; **das ≈e von zehn ist tausend** a hundred times ten is one thousand. **~ˌfäl·tig** [-ˌfɛltɪç] *adj* → **hundertfach** I. **≈'fünfˌund'sieb·zi·ger** *m* ⟨-s; -⟩ *colloq.* → **Homo. ~'fünf·zig·proˌzen·tig** [-proˌtsɛntɪç] *adj* fanatic(al), ultra-(*nationalist, etc*). **≈ˌfü·ßer** *m* ⟨-s; -⟩ *zo.* centipede. **~ˌgra·dig** [-ˌgra:dɪç] *adj Skala*: centigrade. **≈'jahrˌfei·er** [ˌhʊndərt-] *f* centenary, *bes. Am.* centennial. **~ˌjäh·rig** *adj* **1.** one-hundred-year-old, a (*od.* one) hundred years old, centennial. **2.** centenary, centennial, of (*od.* lasting) a hundred years; **nach ~em Kampf** after a hundred years of fighting; **~es Jubiläum** (*od.* **Bestehen**) **e-r Firma** centenary (*od.* centennial) of a firm; *hist.* **der ≈e Krieg** the Hundred Years' War; → **Kalender** 1. **≈ˌjäh·ri·ge** *m, f* ⟨-n; -n⟩ centenarian. **~ˌköp·fig** [-ˌkœpfɪç] *adj* **1.** *Drache etc*: having a hundred heads. **2. e-e ~e Menge** a crowd of a hundred. **~ˌmal** *adv* a hundred times; **~ mehr, ~ soviel** a hundred times more (*od.* as much); **das habe ich dir schon ~ gesagt** I have told you so a hundred times. **~ˌma·lig** *adj* (done *od.* repeated) a (*od.* one) hundred times; **nach ~er Erdumkreisung** after one hundred orbits of the earth. **≈'markˌschein** [ˌhʊndərt-] *m* hundred-mark note (*Am.* bill). **≈'me·terˌlauf** [ˌhʊndərt-] *m Sport*: 100-met/re (*Am.* -er) dash. **~proˌzen·tig** [-proˌtsɛntɪç] **I** *adj* **1.** a hundred percent; **~e Beteiligung** hundred percent participation. **2.** *Wolle, Alkohol etc*: pure. **3.** *fig.* a hundred percent, total, downright, out-and-out; **~er Unsinn** utter (*od.* sheer) nonsense; **ein ~er Konservativer** a hundred percent (*od.* dyed-in-the-wool) conservative. **II** *adv* **4.** a hundred percent, totally, absolutely; **das weiß ich ~** I am dead sure. **≈ˌsatz** *m* percentage.

'Hun·dert·schaft *f* ⟨-; -en⟩ group (*od.* body) of one hundred; **e-e ~ der Polizei** a police squadron.

'hun·dertst *adj* ⟨*ordinal number*⟩ hundredth, centesimal; **zum ~en Male** for the hundredth time. **'Hun·dert·ste** *m, f* ⟨-n; -n⟩, *n* ⟨-n; *no pl*⟩ hundredth; **jeder ~** every hundredth person; *colloq.* **vom ~n ins Tausendste kommen** ramble from one subject to another.

'Hun·dert·stel I *n* ⟨-s; -⟩ hundredth (part). **II ≈** *adj* hundredth, *a.* (one, *etc*) per cent; **drei ~ Millimeter** three hundredth of a millimet/re (*Am.* -er). **~seˌkun·de** *f* hundredth of a second.

'hun·dert|'tau·send *adj* ⟨*cardinal number*⟩ **1.** a (*od.* one) hundred thousand. **2.** *substantiviert mit Kleinschreibung*: (a *od.* one) hundred thousand; **~ von ihnen** a hundred thousand of them. **≈'tau·send¹** *n* ⟨-s; -e⟩ *als Maßeinheit*: hundred thousand; **~e von Käfern** hundreds of thousands of beetles; **zu ~en** in hundreds of thousands. **≈'tau·send²** *f* ⟨-; -en⟩ figure one hundred thousand. **~ˌtei·lig** *adj* consisting of a (*od.* one) hundred parts, *Skala etc*: centigrade. **~ˌund'eins** *adj* → **hunderteins**. **~ˌwei·se** *adv* by hundreds, by the hundred.

'Hun·de|saˌlon *m* beauty parlo(u)r for dogs. **~ˌschau** *f* dog show. **~ˌschlit·ten** *m* dog sled(ge). **~ˌschnau·ze** *f* dog's nose (*od.* muzzle); *fig. colloq.* **sie ist kalt wie e-e ~** she is as cold as a fish. **~ˌschu·le** *f* dog training school. **~ˌsohn** *m contp.* son of a bitch. **~ˌsport** *m* dog sport. **~ˌstau·pe** *f* → Staupe¹. **~ˌsteu·er** *f* dog tax. **~ˌwa·che** *f mar.* dogwatch. **~ˌwet·ter** *n colloq.* filthy weather. **~ˌzucht** *f* **1.** dog breeding. **2.** a) (breeding) kennel(s *pl*), b) *collect.* kennel (of dogs). **~ˌzüch·ter** *m* dog breeder. **~ˌzwin·ger** *m* (dog) kennel.

Hün·din ['hʏndɪn] *f* ⟨-; -nen⟩ bitch, female dog.

hün·disch ['hʏndɪʃ] **I** *adj fig. contp.* doglike, slavish, cringing; **~er Gehorsam** slavish obedience; **~e Angst** cringing fear. **II** *adv* **j-m ~ ergeben sein** be abjectly (*od.* slavishly) devoted to s. o.

'Hunds|ˌblu·me *f* → **Löwenzahn. ~ˌfisch** *m* mud fish. **~ˌfott** [-ˌfɔt] *m* ⟨-(e)s; -e *od.* ⸚er⟩ *contp.* scoundrel, skunk. **≈ˌföt·tisch** [-ˌfœtɪʃ] *adj contp.* mean, dirty, *colloq.* low-down.

≈geˈmein *adj colloq.* **1.** → hundsföttisch. **2.** *Wetter, Kälte etc*: beastly, awful. **∼geˈmein·heit** *f colloq.* dirty (*od.* low-down) trick. **∼ˌgift** *n bot.* dogbane. **∼ˌhai** *m*, **∼ˌkopf** *m ichth.* **1.** tope (shark), *a.* soupfin (shark). **2.** Glatter ∼ smooth hound. **∼ˌkopfˌaf·fen** *pl zo.* dogheads, cynopithecinae. **∼ˌköp·fe** *pl zo.* baboons *pl.* **≈mi·seˈra·bel** *adj colloq.* lousy, awful. **≈ˈmü·de** *adj* → hundemüde. **∼ˌnel·ke** *f bot.* soapwort. **∼pe·terˌsi·lie** *f* fool's parsley. **∼ˌro·se** *f* dogrose, bramble rose. **∼ˌrü·be** *f* white bryony. **∼ˌstern** *m astr.* Dog-star, Sirius. **∼ˌta·ge** *pl* dog days, *lit.* canicular days. **∼ˌtagsˌflie·ge** *f zo.* dog fly. **∼ˌtagsˌhit·ze** *f* canicular heat. **∼ˌwut** *f* → Tollwut. **∼ˌzahn** *m bot.* dogtooth violet. **∼ˌzahn·or·naˌment** *n arch.* dogtooth. **∼ˌzecke** (*getr.* **-k·k-**) *f zo.* dog tick.

Hü·ne [ˈhyːnə] *m* ⟨-n; -n⟩ giant.

ˈHü·nen|geˌstalt *f* **1.** gigantic figure. **2.** giant. **∼ˌgrab** *n* dolmen, megalithic grave. **≈haft** *adj* gigantic, Herculean. **∼ˌring** *m* prehistoric fortification.

Hun·ger [ˈhʊŋər] *m* ⟨-s; *no pl*⟩ **1.** hunger; **großer (nagender, schrecklicher)** ∼ great (gnawing, ravenous) hunger; ∼ **bekommen** get hungry; ∼ **haben** be (*od.* feel) hungry; ∼ **leiden** suffer (from) hunger, be starved, be starving; **s-n** ∼ **stillen** appease one's hunger; *colloq.* **ich komme** (*od.* **falle fast**) **um vor** ∼ I am simply starving, I am famished; **vor** ∼ (*od. lit.* ∼**s**) **sterben** die of hunger (*od.* starvation), starve to death; **ich habe** ∼ **wie ein Bär (Wolf)** I am as hungry as a wolf, I'm so hungry I could eat a horse; *colloq.* **guten** ∼! tuck it in!; ∼ **ist der beste Koch** (*Sprichwort*) hunger is the best sauce. **2.** (*Eßlust*) appetite (**auf** *acc* for). **3.** *fig.* (**nach** for, after) hunger, thirst, craving; ∼ **nach guter Literatur (nach Liebe)** hunger for good literature (love). **4.** → Hungersnot. **∼ˌblocka·de** (*getr.* **-k·k-**) *f* hunger blockade. **∼ˌbrun·nen** *m* → Hungerquelle. **∼ˌdaˌsein** *n* starvation existence. **∼geˌbiet** *n* famine-stricken area. **∼geˌfühl** *n* hollow feeling, sensation of hunger, *pl a.* hunger-pangs. **∼ˌjahr** *n* year of famine; **die** ∼**e** a) the lean (*od.* hungry) years, b) *hist.* the Hungry Forties. **∼ˌkorn** *n bot.* ergot. **∼ˌkünst·ler** *m* **1.** professional starver. **2.** *colloq.* expert faster. **∼ˌkur** *f* starvation diet (*od.* cure); **e-e** ∼ **machen** go on a starvation (*od. colloq.* crash) diet. **∼ˌle·ben** *n lit.* life of want, slow starvation. **≈ˌlei·dend** *adj* suffering from hunger (*od.* starvation), starving. **∼ˌlei·der** *m* ⟨-s; -⟩ *colloq.* starveling, (poor) beggar. **∼lei·deˈrei** [ˌhʊŋər-] *f* ⟨-; *no pl*⟩ *colloq.* pinching and starving. **∼ˌlohn** *m* starvation wages *pl*, (mere) pittance. **∼ˌmarsch** *m* hunger march.

hun·gern [ˈhʊŋərn] **I** *v/i* ⟨h⟩ **1.** (*Hunger leiden*) go hungry, (suffer) hunger, be starving, go without food; **j-n** ∼ **lassen** starve s. o. **2.** *freiwillig*: starve o. s., fast, diet; ∼, **um schlank zu werden** go on a starvation cure (*od.* diet); *colloq.* **sich zu Tode** ∼ starve o. s. to death; **sich schlank** ∼ starve o. s. in order to lose weight. **3.** *fig.* (**nach** for, after) hunger, thirst, yearn, crave; **nach Liebe** ∼ hunger for love. **II** *v/impers* **4.** *lit.* **es hungert mich, mich hungert** I am (*od.* feel) hungry; *fig.* **es hungerte ihn nach Wissen** he hungered for knowledge. **III** ≈ *n* ⟨-s⟩ **5.** hungering (*etc*). **6.** starvation. **ˈhun·gernd** *adj* starving, hungry.

ˈHun·gern·de *m, f* ⟨-n; -n⟩ hungry (*od.* starving) person; **die** ∼**n** the starving, the hungry.

ˈHun·ger|ödem [-ˀøˌdeːm] *n* **1.** *med.* famine (*od.* hunger) (o)edema. **2.** *vet.* hunger swelling. **∼ˌquel·le** *f geol.* intermittent spring. **∼ra·tiˌon** *f* starvation ration. **∼reˌvol·te** *f* bread riot.

ˈHun·gersˌnot *f* famine.

ˈHun·ger|ˌstreik *m* (**in den** ∼ **treten** go on) hunger strike. **∼ˌtod** *m* (death from) starvation; **den** ∼ **erleiden** die of hunger (*od.* starvation), starve to death. **∼ˌtuch** *n fig. colloq.* **am** ∼ **nagen** be starving, go hungry. **∼ˌty·phus** *m med.* typhus, famine-fever.

ˈhung·rig *adj a. fig.* (**nach** for) hungry, (*ausgehungert*) *a.* starved, famished; ∼ **sein** be (*od.* feel) hungry; ∼ **wie ein Wolf** (as) hungry as a wolf, ravenous, famished; **e-m** ∼**en Magen ist schlecht predigen** (*Sprichwort*) hungry bellies have no ears; ∼**er Blick** hungry look; **sich** ∼ **fühlen** feel hungry. **ˈHung·ri·ge** *m, f* ⟨-n; -n⟩ → Hungernde.

Hun·ne [ˈhʊnə] *m* ⟨-n; -n⟩ *hist.* Hun. **ˈhun·nisch** *adj* of the Huns, Hunnish.

Hunt [hʊnt] *m* ⟨-(e)s; -e⟩ → **Hund** 8.

hun·zen [ˈhʊntsən] *v/t* ⟨h⟩ *colloq.* **j-n** ∼ a) drive s. o. hard, b) give s. o. a bad time.

Hu·pe [ˈhuːpə] *f* ⟨-; -n⟩ *mot.* horn. **ˈhu·pen** *v/i* ⟨h⟩ sound one's horn, honk, hoot.

hup·fen [ˈhʊpfən] *v/i* ⟨sein⟩ *dial. for* hüpfen; *colloq.* **das ist gehupft wie gesprungen** that's six of one and half a dozen of the other, that's much of a muchness.

hüp·fen [ˈhʏpfən] *v/i* ⟨sein⟩ **1.** (*hopsen*) hop, skip, jump; *fig.* **das Herz hüpfte ihm im Leibe** his heart leapt for joy. **2.** (*springen*) jump, leap (**vor Freude** with joy). **3.** (*herumtollen*) gambol, frisk (about). **4.** (*abprallen, hochschnellen*) bounce, bound; **e-n Ball** ∼ **lassen** bounce a ball. **ˈHüp·fer** *m* ⟨-s; -⟩ hop, little jump.

ˈHüpf|ˌmaus *f zo.* jumping mouse. **∼ˌspiel** *n* hopscotch.

ˈHup|konˌzert *n* chorus of horns, general honking. **∼siˌgnal** *n* horn signal, honk; **ein** ∼ **geben** → **hupen**. **∼verˌbot** *n* prohibition of horn sounding. **∼ˌzei·chen** *n* → Hupsignal.

Hur·de [ˈhʊrdə] *f* ⟨-; -n⟩ **1.** *Swiss for* **Horde**[2]. **2.** *civ. eng.* hurdle.

Hür·de [ˈhʏrdə] *f* ⟨-; -n⟩ **1.** *Sport*: hurdle; ∼**n laufen** hurdle; **e-e** ∼ **nehmen** take (*od.* clear) a hurdle; **die 110 Meter** ∼**n** the 110-met/re (*Am.* -er) hurdles. **2.** *fig.* hurdle, obstacle; **e-e** ∼ **nehmen** overcome an obstacle, take a hurdle. **3.** *agr.* a) (*Pferch*) fold, pen, b) (*Gestell zum Einzäunen*) hurdle, wattle. **4.** → **Horde**[2] 1. **ˈhür·den** *v/t* ⟨h⟩ *agr.* fold, pen, put (*sheep*) in a fold (*od.* pen).

ˈHür·den|ˌlauf *m Sport*: hurdle race. **∼ˌläu·fer** *m* hurdler. **∼ˌren·nen** *n Reitsport*: hurdle race, steeplechase.

Hu·re [ˈhuːrə] *f* ⟨-; -n⟩ *contp.* whore, prostitute, *sl.* tart, *lit.* harlot, strumpet; *Bibl.* **die große** ∼ (the whore of) Babylon. **ˈhu·ren** *v/i* ⟨h⟩ *contp. vulg.* whore (around).

ˈHu·ren|ˌbock *m vulg.* lecher, whoremonger. **∼ˌhaus** *n* whorehouse, brothel. **∼ˌkind** *n* **1.** child of a whore. **2.** *print.* widow. **∼ˌsohn** *m vulg.* bastard, *bes. Am.* son of a bitch. **∼ˌvier·tel** *n* red-light district. **∼ˌwei·bel** *m hist.* overseer of the camp followers.

ˈHu·rer *m* ⟨-s; -⟩ → Hurenbock.

Hu·reˈrei *f* ⟨-; *no pl*⟩ whoring, *lit.* harlotry; ∼ **treiben** whore. **ˈhu·re·risch** *adj* whorish.

Hu·ri [ˈhuːri] *npr f* ⟨-; -s⟩ *relig. Islam*: houri.

hür·nen [ˈhʏrnən] *adj obs. for* **hörnern**.

hur·ra [hʊˈraː; ˈhʊra] *interj* hurrah!, hooray!; ∼ **rufen** (shout) hurrah, hooray, cheer.

Hur·ra [hʊˈraː; ˈhʊra] *n* ⟨-s; -s⟩ cheer(s *pl*), hurrah, hooray; **j-n mit lautem** ∼ **empfangen** receive s. o. with (loud) cheers; **ein dreifaches** ∼ **ausbringen auf** (*acc*) give three cheers for. **∼geˌschrei** *n* (shouts *pl* of) hurrah, loud cheers *pl.* **∼pa·triˌot** *m contp.* jingo, chauvinist, patrioteer. **≈pa·trio·tisch** [-patriˌoːtɪʃ] *adj* jingo(istic), chauvinistic, flag-waving. **∼pa·trioˌtis·mus** *m* jingoism, chauvinism, flag-waving patriotism. **∼ˌruf** *m* → **Hurra**.

Hur·ri·kan [ˈhʊrikaːn; ˈhʌrɪkən] (*Engl.*) *m* ⟨-s; -e [ˈhʊrikanə] *u.* -s [ˈhʌrɪkənz]⟩ hurricane.

hur·tig [ˈhʊrtɪç] **I** *adj* **1.** (*schnell*) quick, swift, brisk; **in** ∼**en Sprüngen lief er über die Wiese** he bounded across the meadow. **2.** (*flink u. gewandt*) agile, nimble. **II** *adv* **3.** swiftly (*etc*); **et.** ∼! hurry up!, look sharp! **≈keit** *f* ⟨-; *no pl*⟩ quickness (*etc*).

Hu·sar [huˈzaːr] *m* ⟨-en; -en⟩ *mil. hist.* hussar.

Huˈsa·ren|ˌjacke *f* (*getr.* **-k·k-**) *f* dolman. **∼ˌritt** *m fig.* daring venture, piece of daring. **∼ˌstreich** *m*, **∼ˌstück (-chen)** *n fig. colloq.* coup de main.

husch [hʊʃ] **I** *interj* **1.** (*Scheuchruf*) shoo! **2.** (*schnell*) in (*od.* like) a flash, quick; **und** ∼, **weg war sie** and off she was like a flash; ∼, ∼, **ins Körbchen!** off to bed with you, but quick! **II** *adv* **3.** *a.* ∼, ∼ (very) quickly; **bei ihm muß alles** ∼, ∼ **gehen** he wants everything to be done in a hurry; **er macht s-e Arbeit immer** ∼, ∼ he is a slapdash worker. **III** ≈ *m* ⟨-es; -e⟩ **4.** **im** ≈ like a flash; **j-n auf e-n** ≈ **besuchen** pay s. o. a flying visit. **ˈhu·sche·lig** *adj colloq.* → **hudlig**.

hu·scheln [ˈhʊʃəln] **I** *v/i* ⟨h⟩ *colloq.* → **hudeln**. **II** *v/reflex dial. for* **kuscheln** I.

hu·schen [ˈhʊʃən] *v/i* ⟨sein⟩ scurry, flit, whisk, dart; *fig.* **ein Lächeln huschte über sein Gesicht** a smile flitted across his face; **Gedanken huschten durch s-n Kopf** thoughts flashed through his mind.

hus·sa [ˈhʊsa] *interj* (*Hetzruf an Hunde*) hoick(s)!

Hus·sit [hʊˈsiːt] *m* ⟨-en; -en⟩ *relig. hist.* Hussite.

Husˈsi·ten|ˌkrie·ge *pl hist.* Hussite wars. **∼ˌschan·ze** *f* prehistoric fortification.

husˈsi·tisch *adj* Hussite.

hüst [hʏst] *interj* (*Zuruf an Pferde*) wo hi!, *Am.* haw!

hü·steln [ˈhyːstəln] **I** *v/i* ⟨h⟩ cough slightly, hem. **II** ≈ *n* ⟨-s⟩ slight cough.

hu·sten [ˈhuːstən] **I** *v/i* ⟨h⟩ **1.** cough (*a. fig. Motor etc*); **stark** ∼ have a bad cough; *fig. colloq.* **auf e-e Sache** ∼ not to care a rap (*od.* straw, fig) about s. th. **II** *v/t* **2.** (*aus*∼) cough up (*blood, etc*). **3.** *fig. colloq.* **dir werde ich was** (*od.* **eins**) ∼ I'll see you further first, *Am.* you have another guess coming; **dem werde ich eins** ∼ a) he can wait till he is blue in the face, b) (*die Meinung sagen*) I'll give him what for. **III** ≈ *n* ⟨-s⟩ **4.** coughing, coughs *pl.*

Hu·sten *m* ⟨-s; -⟩ *med.* cough; ∼ **haben** have a cough; **trockener** ∼ dry (*od.* hacking, unproductive) cough. **∼ˌanˌfall** *m* fit of coughing. **∼bonˌbon** *m, n* cough drop (*od.* lozenge). **∼ˌkrampf** *m* spasmodic cough. **∼ˌmit·tel** *n* cough remedy. **∼reˌflex** *m* cough reflex. **∼ˌreiz** *m* tickle in the throat, tussive irritation. **∼ˌsaft**, **∼ˌsi·rup** *m* cough balsam (*od.* syrup). **≈ˌstil·lend** *adj* cough-relieving, antitussive. **~ˌtee** *m* pectoral tea. **~ˌtrop·fen** *pl* cough drops.

Hut[1] [huːt] *m* ⟨-(e)s; ⁼e⟩ **1.** hat; **steifer** ~ a) (*Melone*) bowler (hat), *Am.* derby (hat), b) (*Zylinder*) top hat; **den ~ abnehmen (aufsetzen)** take off (put on) one's hat, doff (don) one's hat; **vor j-m den ~ abnehmen** *a. fig.* take off one's hat to s. o.; **~ ab (vor solchem Manne)!** hats off (to such a man)!; *fig.* **~ ab vor dieser Leistung!** hats off to that (achievement)!; *fig.* **alles unter einen ~ bringen** get everything under one umbrella, reconcile everything; **alle unter einen ~ bringen** get everyone to agree; *fig. colloq.* **s-n ~ nehmen** (*abdanken*) **müssen** have to go (*od.* resign); **s-n ~ in den Ring werfen** throw one's hat in the ring; **j-m eins auf den ~ geben** blow s. o. up; **eins auf den ~ kriegen** catch hell, get a rap over the knuckles; **da geht e-m (ja) der ~ hoch!** a) *vor Zorn*: that makes your blood boil!, b) *vor Spaß*: that beats cockfighting!; **ihm ging der ~ hoch** he blew his top, he saw red; **das kannst du dir an den ~ stecken!** you may have (*od. sl.* shove) it!; **(das ist) ein alter ~** (that's) old hat; **mit dem ~e in der Hand kommt man durch das ganze Land** (*Sprichwort*) politeness will take you a long way. **2.** *bot. von Pilzen*: cap, pileus. **3.** *tech.* head. **4.** *arch.* cap, roof. **5.** *geol.* a) cap, b) (*Oxydationsbildung über Erz*) gossan, c) (*eiserner ~*) iron hat.

Hut[2] *f* ⟨-; *no pl*⟩ *lit.* **1.** a) (*Ob≈, Aufsicht*) care, keeping, b) (*Schutz*) protection; **in** (*od.* **unter**) **j-s ~ sein** be in s. o.'s care (*od.* keeping), be under s. o.'s protection; **in guter** (*od.* **sicherer**) **~ sein** be in safe keeping, be safe; **in Gottes ~ sein** be in God's care (*od.* hands); **j-n in s-e ~ nehmen** take s. o. in one's care (*od.* under one's wings). **2. auf der ~ sein** be on one's guard, be on the alert, *colloq.* be on one's toes; **nicht auf der ~ sein** be off one's guard, *colloq.* be napping; **vor j-m** (*od.* **e-r Sache**) **auf der ~ sein** *cf.* **hüten 6; sei auf der ~!** be careful!, look (*od.* watch) out! **3.** *agr.* a) pasture (land), b) (*Weiderecht*) right of pasturage, c) (*Vieh*) herd (of cattle).

'Hut|ˌab|la·ge *f* hat rack. **~ˌaf·fe** *m zo.* toque macaque. **~ˌband** *n* ⟨-(e)s; ⁼er⟩ hatband.

Hüt·chen ['hyːtçən] *n* ⟨-s; -⟩ **1.** *dim. of* **Hut**[1]. **2.** (small) cap.

hü·ten ['hyːtən] **I** *v/t* ⟨h⟩ **1. j-n (et.) ~** guard (*od.* protect, watch over) s. o. (s. th.); **et. eifersüchtig ~** guard s. th. jealously; → **Augapfel** 2, **Tor**[1] 3, **Zunge. 2.** (*Kind*) mind, tend, look after; **Babies ~** baby-sit. **3.** (*Schafe etc*) herd, mind. **4.** (*Wohnung etc*) look after, keep an eye on; → **Bett** 1, **Haus** 2. **5.** *fig.* (*Geheimnis etc*) keep, guard. **II** *v/reflex* **6. sich ~** be on one's guard, be careful, look (*od.* watch) out; **sich vor j-m (et.) ~** (be on one's) guard against s. o. (s. th.), beware of (*od.* watch out for) s. o. (s. th.); **vor ihm solltest du dich ~** (you should) beware of him; **sich vor Erkältungen ~** guard against colds. **7. sich ~, et. zu tun** take (good) care not to do s. th., be careful not to do s. th.; **er soll sich ~ (, das nochmal zu sagen)** he had better be careful (not to say it again); **ich werde mich (schön** *od.* **schwer) ~, das zu tun!** catch me doing that!, the hell I will!; *kommst du mit?* **ich werde mich ~!** not on your life!, nothing doing! **'Hü·ter** *m* ⟨-s; -⟩ *lit.* guardian, custodian, protector, keeper; *humor.* **der ~ des Gesetzes** (the arm of) the Law; *Bibl.* **soll ich m-s Bruders ~ sein?** am I my brother's keeper?; *iro.* **bin ich sein ~?** I am not his keeper!

'Hut|ˌfe·der *f* feather (*od.* plume) on a hat. **~ˌfilz** *m* hat felt. **~ˌform** *f* **1.** shape of a hat. **2.** *tech.* hat block. **≈ˌför·mig** *adj* hat-shaped. **~ˌfut·ter** *n* hat lining. **~geˌschäft** *n* **1.** hat shop. **2.** hat trade. **~ˌgrö·ße** *f* hat size. **~ˌhänd·ler** *m* hatter. **~ˌkof·fer** *m* hat case. **~ˌkopf** *m* crown (of a hat). **~ˌkrem·pe** *f* (hat) brim. **~ˌla·den** *m* → **Hutgeschäft** 1. **~ˌma·cher** *m* hat maker, hatter. **~ˌma·che·rin** *f* ⟨-; -nen⟩ milliner, hat maker. **~ˌna·del** *f* hatpin. **~ˌpilz** *m bot.* pileate(d) fungus. **~ˌrand** *m* (hat) brim. **~ˌschach·tel** *f* hatbox.

Hut·sche ['hʊtʃə] *f* ⟨-; -n⟩ *Austrian colloq. for* **Schaukel** 1.

'Hut|ˌschlan·ge *f zo.* Egyptian cobra. **~ˌschlei·fe** *f* hat bow. **~ˌschnur** *f* hat string; *fig. colloq.* **das geht mir (denn doch) über die ~!** that's going too far!

'Hutschˌpferd *n Austrian colloq.* rocking-horse.

'Hut|ˌstän·der *m* hatstand, *Am. a.* hat tree. **~ˌstum·pen** *m* hat stump (*od.* body).

Hüt·te ['hytə] *f* ⟨-; -n⟩ **1.** (*Häuschen*) hut, cabin, cottage; **ärmliche ~** hovel, shanty, *Am. colloq.* shack; *colloq. humor.* **welch ein Glanz in m-r (armen) ~!** what an hono(u)r!; *fig. colloq.* **hier laßt uns ~n bauen** here let us stay (*od.* settle down). **2.** (*Berg≈*) alpine hut, mountain lodge; (*Schutz≈*) refuge; (*Jagd≈*) hunting lodge. **3.** → **Hundehütte** 1. **4.** (*Bau≈ etc*) (building) shed. **5.** *metall.* a) metallurgical plant, b) (*Metall≈*) smelting works *pl* (*als sg od. pl konstruiert*), c) (*Gießerei*) foundry, d) (*Hochofenwerk*) blast-furnace plant. **6.** *mar.* (*Decks≈*) poop. **7.** *meteor.* screen. **8.** *Bibl.* tabernacle.

'Hüt·ten|ˌabend *m* social evening in a mountain lodge. **~aluˌmi·ni·um** *n* primary aluminium (*Am.* aluminum). **~ˌar·beit** *f* metallurgical (*od.* smelting) work. **~ˌar·bei·ter** *m* **1.** *Hochofen*: blast-furnace man. **2.** *Stahlwerk*: steelworker. **3.** *Eisengießerei*: foundryman. **~beˌsit·zer** *m* **1.** owner of a metallurgical plant. **2.** owner of iron and steel works. **~beˌtrieb** *m* **1.** metallurgical plant. **2.** (*Hüttenwesen*) metallurgical practice. **~beˌwoh·ner** *m* hut dweller. **~ˌbims** *m metall. tech.* slag pumice. **~ˌche·mi·ker** *m* metallurgical chemist. **~ˌdeck** *n mar.* poop deck. **~in·duˌstrie** *f* iron and steel industry. **~in·geˌnieur** *m* metallurgical engineer. **~ˌkä·se** *m gastr.* cottage cheese. **~ˌkoks** *m* metallurgical coke. **~ˌkun·de** *f* metallurgy. **~ˌmann** *m* ⟨-(e)s; -leute⟩ metallurgist. **~reˌvier** *n* metallurgical district. **~ˌschu·le** *f* school of metallurgy. **~ˌtech·nik** *f* metallurgical engineering. **~ˌwerk** *n* → **Hütte** 5. **~ˌwe·sen** *n* ⟨-s; *no pl*⟩ metallurgy, metallurgical engineering. **~ˌwirt** *m* mountain-lodge keeper. **~zeˌment** *m* (blast-furnace) slag cement. **~ˌzink** *m* smelter zinc.

Hu·tung ['huːtʊŋ] *f* ⟨-; -en⟩, **'Hutˌwei·de** *f agr.* pasture (land).

Hut·ze ['hʊtsə] *f* ⟨-; -n⟩ *mot.* scoop.

Hut·zel ['hʊtsəl] *f* ⟨-; -n⟩ *Southern G. for* **Dörrobst. ~ˌbrot** *n gastr.* spiced currant bread.

'hut·ze·lig *adj Obst etc*: shrivel(l)ed, withered, *colloq. Person*: *a.* wizened.

'Hut·zel|ˌmänn·chen *n* brownie. **~ˌweib·chen** *n colloq.* wizened (little) old woman.

'hutz·lig *adj* → **hutzelig.**

'Hutˌzucker (*getr.* **-k·k-**) *m gastr.* loaf (*od.* cone) sugar.

Hya·den [hy'aːdən] *npr pl astr. myth.* Hyades, Hyads.

hya·lin [hya'liːn] **I** *adj geol. med.* hyaline. **II ≈** *n* ⟨-s; -e⟩ *med.* hyaline.

Hya·lit [hya'liːt; -'lɪt] *m* ⟨-s; -e⟩ *min.* hyalite.

hya·lo·id [hyalo'iːt] *adj anat.* hyaloid, glassy.

Hyä·ne [hy'ɛːnə] *f* ⟨-; -n⟩ **1.** *zo.* hy(a)ena. **2.** *fig. contp.* a) vulture; **die ~n des Schlachtfeldes** the scavengers of the battlefield, b) (*böse Frau*) shrew, wildcat. **Hyä·nenˌhund** [hy'ɛːnən-] *m zo.* Cape (*od.* African) hunting dog.

Hya·zinth [hya'tsɪnt] *m* ⟨-(e)s; -e⟩ *min.* hyacinth.

Hya·zin·the [hya'tsɪntə] *f* ⟨-; -n⟩ *bot.* hyacinth. **Hya'zin·thenˌzwie·bel** *f* hyacinth bulb.

hy·brid [hy'briːt] *adj biol., a. ling. u. Computer*: hybrid. **Hy·bri·da·ti·on** [hybrida'tsǐoːn] *f* ⟨-; -en⟩ *biol.* hybridization. **Hy'bri·de** *f* ⟨-; -n⟩, *a. m* ⟨-n; -n⟩ hybrid. **Hy·bri·di·sa·ti·on** [hybridiza'tsǐoːn] *f* ⟨-; -en⟩ hybridization. **hy·bri·di·sie·ren** [hybridi'ziːrən] *v/t* ⟨*no* **ge-**, h⟩ hybridize. **Hy·bri·di·tät** [hybridi'tɛːt] *f* ⟨-; *no pl*⟩ hybridity, hybridism. **Hy'bridˌrech·ner** *m* hybrid computer.

Hy·bris ['hyːbrɪs] *f* ⟨-; *no pl*⟩ hubris.

Hy·dra ['hyːdra] **I** *npr f* ⟨-; *no pl*⟩ **1.** *astr. myth.* Hydra. **II** *f* ⟨-; -dren⟩ **2.** ⟨*only sg*⟩ *fig.* hydra. **3.** *zo.* (*Polyp*) hydra.

Hy·drä·mie [hydrɛ'miː] *f* ⟨-; -n [-ən]⟩ *med.* hydr(a)emia. **hy'drä·misch** [-'drɛːmɪʃ] *adj* hydr(a)emic.

Hy·drant [hy'drant] *m* ⟨-en; -en⟩ *tech.* hydrant.

Hy·drat [hy'draːt] *n* ⟨-(e)s; -e⟩ *chem.* hydrate. **Hy·dra·ta·ti·on** [hydrata'tsǐoːn] *f* ⟨-; *no pl*⟩ hydration. **hy'dratˌhal·tig** *adj chem. min.* hydrated. **Hy·dra·ti·on** [hydra'tsǐoːn] *f* ⟨-; *no pl*⟩ → **Hydratation. hy·dra·ti·sie·ren** [hydrati'ziːrən] *v/t u. v/i* ⟨*no* **ge-**, h⟩ hydrate.

Hy·drau·lik [hy'draulɪk] *f* ⟨-; -en⟩ **1.** ⟨*only sg*⟩ *phys.* (*Lehre*) hydraulics *pl* (*meist als sg konstruiert*). **2.** *tech.* a) hydraulics *pl* (*meist als sg konstruiert*), b) (*Anlage*) hydraulic system (*od.* unit). **~geˌtrie·be** *n* hydraulic (power) transmission, hydrodynamic drive.

hy·drau·lisch [hy'draulɪʃ] *adj* hydraulic (*brake, control, power, etc*); **~e Lenkung** hydraulic power steering; **~es Getriebe** → **Hydraulikgetriebe; ~ betätigt** hydraulic(ally operated).

Hy·dra·zin [hydra'tsiːn] *n* ⟨-s; -e⟩ *chem.* hydrazine.

Hy·drid [hy'driːt] *n* ⟨-(e)s; -e⟩ *chem.* hydride.

Hy'drier·benˌzin *n meist pl chem.* hydrogenated benzine. **hy·drie·ren** [hy'driːrən] *v/t* ⟨*no* **ge-**, h⟩ *chem. tech.* hydrogenate. **Hy'drie·rung** *f* ⟨-; *no pl*⟩ hydrogenation.

Hy'drier|verˌfah·ren *n chem. tech.* hydrogenation (process). **~ˌwerk** *n* hydrogenation plant.

Hy·dro|bio·lo·gie [hydrobiolo'giː] *f* hydrobiology. **~chi'non** [-çi'noːn] *n* ⟨-s; *no pl*⟩ *chem. phot.* hydroquinone. **~chlo'rid** [-klo'riːt] *n chem.* hydrochloride. **~dy'na·mik** [-dy'naːmɪk] *f phys.* hydrodynamics *pl* (*meist als sg konstruiert*). **≈elek·trisch** [-ʔe'lɛktrɪʃ] *adj* hydroelectric. **~'gel** [-'geːl] *n chem.* hydrogel. **~'gen** [-'geːn] *n* ⟨-s; *no pl*⟩ *chem.* hydrogen. **≈'gen** [-'geːn] *adj geol.* hydrogenic. **≈ge'nie·ren** [-ge'niːrən] *v/t* ⟨*no* **ge-**, h⟩ → **hydrieren.**

Hy·dro'gen|ˌsalz *n chem.* acid salt. **~sulˌfat** *n* hydrosulphate (*Am.* -f-).

Hy·dro|graph [hydroˈgraːf] *m* ⟨-en; -en⟩ hydrographer. **~graˈphie** [-graˈfiː] *f* ⟨-; *no pl*⟩ hydrography.

Hy·dro·id [hydroˈiːt] *m* ⟨-en; -en⟩ *zo.* hydroid. **~poˌlyp** *m* hydroid (polyp).

ˈHy·dro|ˌkau·tschuk [ˈhyːdro-] *m* hydrorubber. **~kulˌtur** *f hort.* hydroponics *pl* (*meist als sg konstruiert*).

Hy·dro|la·se [hydroˈlaːzə] *f* ⟨-; -n⟩ *meist pl biol.* hydrolase. **≗ˈla·stisch** [-ˈlastɪʃ] *adj tech.* hydrolastic. **~ˈlo·ge** [-ˈloːgə] *m* ⟨-n; -n⟩ hydrologist. **~loˈgie** [-loˈgiː] *f* ⟨-; *no pl*⟩ hydrology. **~ˈly·se** [-ˈlyːzə] *f* ⟨-; -n⟩ *chem.* hydrolysis. **≗lyˈsie·ren** [-lyˈziːrən] *v/t u. v/i* ⟨*no* ge-, h⟩ hydrolyze. **≗ˈly·tisch** [-ˈlyːtɪʃ] *adj* hydrolytic. **~meˈcha·nik** [-meˈçaːnɪk] *f phys.* hydromechanics *pl* (*meist als sg konstruiert*). **~me·tall·urˈgie** [-metalʊrˈgiː] *f tech.* hydrometallurgy. **~ˈme·ter** [-ˈmeːtər] *n* ⟨-s; -⟩ *phys. tech.* hydrometer. **~meˈtrie** [-meˈtriː] *f* ⟨-; *no pl*⟩ *phys.* hydrometry. **≗ˈme·trisch** [-ˈmetrɪʃ] *adj* hydrometric(al). **~ˈpath** [-ˈpaːt] *m* ⟨-en; -en⟩ hydropathist, hydrotherapist. **~paˈthie** [-paˈtiː] *f* ⟨-; *no pl*⟩ hydropathy, hydrotherapy. **≗ˈpa·thisch** [-ˈpaːtɪʃ] *adj* hydropathic. **≗ˈphil** [-ˈfiːl] *adj* **1.** *chem.* hydrophilic. **2.** *biol.* hydrophytic. **≗ˈphob** [-ˈfoːp] *adj* **1.** *biol. med.* hydrophobic. **2.** *chem.* hydrophobe. **~phoˈbie** [-foˈbiː] *f* ⟨-; *no pl*⟩ hydrophobia. **~ˈphon** [-ˈfoːn] *n* ⟨-s; -e⟩ *mar.* hydrophone. **ˈphyt** [-ˈfyːt] *m* ⟨-en; -en⟩ *bot.* hydrophyte. **≗pneu·ˈma·tisch** [-pnɔʏˈmaːtɪʃ] *adj tech.* hydropneumatic. **~ˈpo·nik** [-ˈpoːnɪk] *f* ⟨-; *no pl*⟩ *bot. hort.* hydroponics *pl* (*meist als sg konstruiert*).

Hy·drops [ˈhyːdrɔps] *m* ⟨-; *no pl*⟩, **Hy·drop·sie** [hydrɔˈpsiː] *f* ⟨-; *no pl*⟩ *med.* hydrops, (hy)dropsy.

Hy·dro|sphä·re [hydroˈsfɛːrə] *f geogr.* hydrosphere. **≗ˈsta·tisch** [-ˈstaːtɪʃ] *adj* hydrostatic(al). **~ˈtech·nik** [-ˈtɛçnɪk] *f* hydraulic engineering. **≗the·raˈpeu·tisch** [-teraˈpɔʏtɪʃ] *adj med.* hydrotherapeutic(al). **~the·raˈpie** [-teraˈpiː] *f* hydrotherapy, hydropathy. **~tiˈme·ter** [-tiˈmeːtər] *n* ⟨-s; -⟩ *tech.* hydrotimeter.

Hy·dro·xyd [hydrɔˈksyːt] *n* ⟨-(e)s; -e⟩ *chem.* hydroxide, oxyhydrate.

Hy·dro·xyl|amin [hydrɔˈksyːlˀaˌmiːn] *n* ⟨-s; *no pl*⟩ *chem.* hydroxylamine. **~ˌgrup·pe** *f* hydroxyl group.

Hy·dro|ze·le [hydroˈtseːlə] *f* ⟨-; -n⟩ *med.* hydrocele. **~ˈze·pha·lus** [-ˈtseːfalʊs] *m* ⟨-; -phalen [-tseˈfaːlən]⟩ *med.* hydrocephalus. **~ˈzo·en** [-ˈtsoːən] *pl zo.* hydrozoa.

Hye·to|graph [hyetoˈgraːf] *m* ⟨-en; -en⟩ *meteor.* hyetograph. **~ˈme·ter** [-ˈmeːtər] *n* ⟨-s; -⟩ *phys.* rain ga(u)ge.

Hy·gie·ne [hyˈgi̯eːnə] *f* ⟨-; *no pl*⟩ **1.** hygiene; ~ der Frau feminine hygiene. **2.** *med.* (*Gesundheitslehre*) hygiene, hygienics *pl* (*als sg konstruiert*). **Hyˈgie·ni·ker** [-ˈgi̯eːnikər] *m* ⟨-s; -⟩ public health specialist, hygienist. **hyˈgie·nisch** [-ˈgi̯eːnɪʃ] *adj* hygienic(al).

Hy·gro·graph [hygroˈgraːf] *m* ⟨-en; -en⟩ *meteor.* hygrograph.

Hy·grom [hyˈgroːm] *n* ⟨-s; -e⟩ *med.* hygroma.

Hy·gro|me·ter [hygroˈmeːtər] *n* ⟨-s; -⟩ *meteor.* hygrometer. **~meˈtrie** [-meˈtriː] *f* ⟨-; *no pl*⟩ hygrometry. **≗ˈme·trisch** [-ˈmeːtrɪʃ] *adj* hygrometric(al). **~ˈphyt** [-ˈfyːt] *m* ⟨-en; -en⟩ *bot.* hygrophyte. **~ˈskop** [-ˈskoːp] *n* ⟨-s; -e⟩ *meteor.* hygroscope. **≗ˈsko·pisch** [-ˈskoːpɪʃ] *adj* hygroscopic.

Hy·men [ˈhyːmən] *n* ⟨-s; -⟩ *anat.* hymen.

Hym·ne [ˈhymnə] *f* ⟨-; -n⟩ **1.** *mus., a. Literatur:* hymn (an *acc* to). **2.** (*National*≗) national anthem.

ˈHym·nen|ˌdich·ter *m* hymnist, hymnographer. **~ˌdich·tung** *f* hymnody.

Hym·nik [ˈhymnɪk] *f* ⟨-; *no pl*⟩ hymnody. **ˈhym·nisch** *adj* hymnic.

Hym·no|lo·ge [hymnoˈloːgə] *m* ⟨-n; -n⟩ hymnologist. **~loˈgie** [-loˈgiː] *f* ⟨-; *no pl*⟩ hymnology.

Hym·nus [ˈhymnʊs] *m* ⟨-; -nen⟩ → Hymne 1.

Hy·per|al·ge·sie [hypərˀalgeˈziː] *f* ⟨-; *no pl*⟩ *med.* hyperalgesia. **~ämie** [-ˀɛˈmiː] *f* ⟨-; *no pl*⟩ *med.* hyper(a)emia. **~äs·theˈsie** [-ˀɛsteˈziː] *f* ⟨-; *no pl*⟩ *med.* hyper(a)esthesia.

Hy·per·bel [hyˈpɛrbəl] *f* ⟨-; -n⟩ **1.** *math.* hyperbola. **2.** *ling.* hyperbole. **~ˌbahn** *f math.* hyperbolic path. **~funk·tiˌon** *f* hyperbolic function.

hy·per|bo·lisch [hypərˈboːlɪʃ] *adj ling. math.* hyperbolic(al). **≗bo·loˈid** [-boloˈiːt] *n* ⟨-(e)s; -e⟩ *math.* hyperboloid. **≗boˈre·er** [-boˈreːər] *m* ⟨-s; -⟩ *meist pl geogr. myth.* Hyperborean. **~boˈre·isch** [-boˈreːɪʃ] *adj* hyperborean. **~ˈkri·tisch** [-ˈkriːtɪʃ] *adj* hypercritical. **≗me·troˈpie** [-metroˈpiː] *f* ⟨-; *no pl*⟩ *med.* farsightedness, hyperopia. **~meˈtro·pisch** [-meˈtroːpɪʃ] *adj* farsighted, hypermetropic(al). **~moˈdern** [-moˈdɛrn] *adj* hypermodern, ultramodern.

Hy·pe·ro·nen [hypeˈroːnən] *pl phys.* hyperons.

hy·per|so·nisch [hypərˈzoːnɪʃ] *adj Geschwindigkeit etc:* hypersonic. **≗teˈlie** [-teˈliː] *f* ⟨-; *no pl*⟩ *biol.* hypertely. **≗ten·siˈon** [-tɛnˈzi̯oːn] *f* ⟨-; -en⟩ → Hypertonie 1. **≗toˈnie** [-toˈniː] *f* ⟨-; -n [-ən]⟩ **1.** *med.* a) (*gesteigerter Blutdruck*) hypertension, b) (*gesteigerte Spannung der Muskeln etc*) hypertonia. **2.** *chem.* hyperosmosis. **≗ˈto·ni·ker** [-ˈtoːnikər] *m* ⟨-s; -⟩ *med.* hypertensive patient, hypertonic. **~ˈto·nisch** [-ˈtoːnɪʃ] *adj* hypertonic. **≗troˈphie** [-troˈfiː] *f* ⟨-; -n [-ən]⟩ *biol. med.* hypertrophy.

hyp·no·id [hypnoˈiːt] *adj psych.* hypnoid(al).

Hyp·no·se [hypˈnoːzə] *f* ⟨-; -n⟩ *med. psych.* hypnosis; j-n in ~ versetzen hypnotize s.o. **≗ˌähn·lich** *adj* hypnoid(al). **~beˌhand·lung** *f* hypnotherapy.

Hyp·no·tik [hypˈnoːtɪk] *f* ⟨-; *no pl*⟩ *med. psych.* (*Lehre*) hypnotism. **Hypˈno·ti·kum** [-tikʊm] *n* ⟨-s; -ka [-ka]⟩ *pharm.* hypnotic. **hypˈno·tisch** [-tɪʃ] *adj* hypnotic; ~es Mittel hypnotic.

Hyp·no·ti·seur [hypnotiˈzøːr] *m* ⟨-s; -e⟩ hypnotist. **hyp·no·tiˈsie·ren** [-ˈziːrən] **I** *v/t* ⟨*no* ge-, h⟩ **1.** *a. fig.* hypnotize. **II** ≗ *n* ⟨-s⟩ **2.** hypnotizing. **3.** hypnotism. **Hyp·noˈtis·mus** [-ˈtɪsmʊs] *m* ⟨-; *no pl*⟩ *med. psych.* hypnotism, hypnosis.

Hy·po|chon·der [hypoˈxɔndər] *m* ⟨-s; -⟩ *med. psych.* hypochondriac. **~chonˈdrie** [-xɔnˈdriː] *f* ⟨-; *no pl*⟩ hypochondria, hypochondriasis. **≗ˈchon·drisch** [-ˈxɔndrɪʃ] *adj* hypochondriac(al). **~ˈderm** [-ˈdɛrm] *n* ⟨-(e)s; *no pl*⟩ **1.** *bot.* hypoderma. **2.** *zo.* hypodermis. **~ˈga·stri·um** [-ˈgastriʊm] *n* ⟨-s; -strien⟩ *med.* hypogastrium. **≗ˈgyn** [-ˈgyːn], **≗ˈgy·nisch** [-ˈgyːnɪʃ] *adj bot.* hypogynous. **~kriˈsie** [-kriˈziː] *f* ⟨-; *no pl*⟩ hypocrisy. **~ˈkrit** [-ˈkriːt] *m* ⟨-en; -en⟩ hypocrite. **≗ˈkri·tisch** [-ˈkriːtɪʃ] *adj* hypocritic(al). **~ˈphy·se** [-ˈfyːzə] *f* ⟨-; -n⟩ **1.** *anat.* pituitary gland, hypophysis. **2.** *bot.* hypophysis. **~plaˈsie** [-plaˈziː] *f* ⟨-; -n [-ən]⟩ *med.* hypoplasia. **~ˈsta·se** [-ˈstaːzə] *f* ⟨-; -n⟩ *ling. med. philos. relig.* hypostasis. **≗staˈsie·ren** [-staˈziːrən] *v/t* ⟨*no* ge-, h⟩ hypostatize. **≗ˈsta·tisch** [-ˈstaːtɪʃ] *adj* hypostatic. **≗ˈstyl** [-ˈstyːl] *adj arch.* hypostyle.

hy·po·tak·tisch [hypoˈtaktɪʃ] *adj ling.* hypotactic. **Hy·poˈta·xe** [-ˈtaksə] *f* ⟨-; -n⟩, **Hyˈpo·ta·xis** [-ˈpoːtaksɪs] *f* ⟨-; -taxen [-poˈtaksən]⟩ hypotaxis.

Hy·po·ten·si·on [hypotɛnˈzi̯oːn] *f* ⟨-; -en⟩ → Hypotonie.

Hy·po·te·nu·se [hypoteˈnuːzə] *f* ⟨-; -n⟩ *math.* hypotenuse.

Hy·po·thek [hypoˈteːk] *f* ⟨-; -en⟩ **1.** *econ. jur.* mortgage (loan), mortgage of (*od.* on) real estate; erste ~ first mortgage; nachfolgende ~ subsequent (*Am.* junior) mortgage; e-e ~ auf e-e Sache aufnehmen raise a mortgage on s. th.; mit e-r ~ belasten (encumber with a) mortgage; e-e ~ kündigen a) *Gläubiger:* foreclose (*od.* call in) a mortgage, b) *Schuldner:* give notice of redemption. **2.** *fig.* (*Belastung, Schuld*) burden. **Hy·po·the·kar** [hypoteˈkaːr] *m* ⟨-s; -e⟩ *jur.* mortgagee. **hy·po·theˈka·risch** *jur.* **I** *adj* (by *od.* on a) mortgage, hypothecary; ~e Belastung encumbrance with a mortgage, hypothecation; ~er Kredit credit on mortgage. **II** *adv* by way of (a) mortgage, by (*od.* on) mortgage; ein Haus ~ belasten mortgage a house; ~ belastbar mortgageable; ~ belastet mortgaged, burdened with a mortgage; ~ gesichert secured by a mortgage.

Hy·poˈthe·ken|ˌbank *f* ⟨-; -en⟩ *econ.* mortgage bank. **~ˌbrief** *m* mortgage deed. **~ˌdarˌle·hen** *n* mortgage loan. **~ˌeinˌtra·gung** *f* registration (*Am.* recording) of a mortgage. **~ˌfor·de·rung** *f* mortgage claim. **≗ˌfrei** *adj* unencumbered, unmortgaged; ~ machen disencumber. **~ˌgläu·bi·ger** *m* mortgagee. **~ˌlö·schung** *f* discharge of a mortgage. **~ˌpfandˌbrief** *m* mortgage bond. **~ˌschein** *m* mortgage deed. **~ˌschuld** *f* mortgage debt. **~ˌschuld·ner** *m* mortgagor. **~ˌschuld·verˌschrei·bung** *f* mortgage debenture.

Hy·po|ther·mie [hypotɛrˈmiː] *f* ⟨-; *no pl*⟩ *med.* hypothermia. **~ˈthe·se** [-ˈteːzə] *f* ⟨-; -n⟩ hypothesis; e-e reine ~ a mere hypothesis (*od.* supposition); e-e ~ aufstellen propose (*od.* make) a hypothesis. **≗ˈthe·tisch** [-ˈteːtɪʃ] *adj* hypothetical. **~toˈnie** [-toˈniː] *f* ⟨-; -n [-ən]⟩ **1.** *med.* a) (*Blutdrucksenkung*) hypotension, b) (*herabgesetzte Spannung der Muskeln, des Augapfels*) hypotonia. **2.** *chem.* hypotonicity. **~troˈphie** [-troˈfiː] *f* ⟨-; -n [-ən]⟩ *biol. med.* hypotrophy. **~ˈzen·trum** [-ˈtsɛntrʊm] *n geol. e-s Erdbebens:* hypocent/re (*Am.* -er).

Hy·ster|al·gie [hysteralˈgiː] *f* ⟨-; -n [-ən]⟩ *med.* hysteralgia. **~ek·toˈmie** [-ɛktoˈmiː] *f* ⟨-; *no pl*⟩ *med.* hysterectomy.

Hy·ste·re·se [hysteˈreːzə], **Hy·ste·re·sis** [hysˈteːrezɪs] *f* ⟨-; *no pl*⟩ *phys.* hysteresis.

Hy·ste·rie [hysteˈriː] *f* ⟨-; *no pl*⟩ *bes. psych.* hysteria, hysterics *pl* (*meist als sg konstruiert*). **Hyˈste·ri·ker** [-ˈteːrikər] *m* ⟨-s; -⟩, **Hyˈste·ri·ke·rin** *f* ⟨-; -nen⟩ *med.* hysteric. **hyˈste·risch** [-ˈteːrɪʃ] **I** *adj* hysteric(al); *med.* ~e Anfälle hysterical fits, (fit of) hysterics *pl*; ~es Lachen hysterical laugh; e-n ~en Anfall bekommen go into hysterics; *colloq.* werd nicht ~! don't get hysterical! **II** *adv* hysterically.

Hy·ste·ro|sko·pie [hysteroskoˈpiː] *f* ⟨-; -n [-ən]⟩ *med.* hysteroscopy. **~toˈmie** [-toˈmiː] *f* ⟨-; *no pl*⟩ *med.* hysterotomy.

I

I, i[1] [iː] *n* ⟨-; -⟩ I, i (*Buchstabe*); **der Punkt** (*od.* **das Tüpfelchen**) **auf** (*od.* **über**) **dem i** *a. fig.* the dot on the i; **den Punkt auf das i setzen** dot one's i's; *fig.* **es fehlte das Tüpfelchen auf dem i** the last finishing touch was missing.

i[2] *interj* **1.** (*Ausruf des Ekels*) eek!, ugh! **2.** *colloq.* ~ **bewahre!**, ~ **wo!** heaven forbid!, good heavens, no!

iah [ˈiːˈaː] **I** *interj* hee-haw. **II** ≈ *n* ⟨-s; -s⟩ hee-haw. **ia·hen** [ˈiːˈaːən] *v/i* ⟨*no* **ge-, h**⟩ hee-haw, bray.

Ibe·rer [iˈbeːrər] *m* ⟨-s; -⟩ Iberian. **ibe·risch** [iˈbeːrɪʃ] **I** *adj geogr.* Iberian. **II** ≈ ⟨*generally undeclined*⟩, **das** ≈**e** ⟨-n⟩ *ling.* Iberian. **ibe·ro·ame·ri·ka·nisch** [iˈbeːroˀameriˌkaːnɪʃ] *adj* Ibero-American, Latin-American.

Ibis [ˈiːbɪs] *m* ⟨-ses; -se⟩ *orn.* ibis; **Roter** ~ scarlet ibis.

ich [ɪç] *pers pron* I; ~ **selbst** (I) myself; **hier bin** ~ here I am; **ich bin es** it is I, *colloq.* it's me; *iro.* ~ **Arme(r)!** poor me!; *colloq.* ~ **Narr!, oh,** ~ **Esel!** fool that I am!

Ich *n* ⟨-(s); -(s)⟩ **1.** self; **mein zweites** (*od.* **anderes**) ~ my other self, my alter ego; **das liebe** ~ one's own sweet self, *colloq.* number one; **mein ganzes** ~ my whole being (*od.* self); **mein besseres** ~ my better self. **2.** *philos. psych.* ego; ~ **und Nicht-**~ ego and non(-)ego. ≈**be·ˌtont** *adj* → ichbezogen 1. ≈**beˌwußt** *adj* **1.** *psych.* self-aware. **2.** *philos.* reflective. ~**beˌwußtˌsein** *n* **1.** *psych.* self-awareness. **2.** *philos.* reflection. ≈**be·ˌzo·gen** *adj* **1.** egocentric, self-cent/red (*Am.* -ered). **2.** *philos.* a) *Ethik*: egoistic, b) *Epistemologie*: ego-dependent, subjective. ~**beˌzo·gen·heit** *f* ⟨-; *no pl*⟩ **1.** egocentricity. **2.** *philos.* egoism, individualism. ~**ˌform** *f* first person (singular); **in der** ~ **abgefaßt** in the first person (singular). ~**ˌsucht** *f* ⟨-; *no pl*⟩ → Selbstsucht.

Ich·thyo|lo·ge [ɪçtyoˈloːgə] *m* ⟨-n; -n⟩ ichthyologist. ~**loˈgie** [-loˈgiː] *f* ⟨-; *no pl*⟩ ichthyology. ~**ˈsau·ri·er** [-ˈzaurĭər] *m* ⟨-s; -⟩, ~**ˈsau·rus** [-ˈzaurus] *m* ⟨-; -rier [-rĭər]⟩ *zo.* ichthyosaur(us).

Id[1] [iːt] *n* ⟨-(s); -e⟩ *biol.* (*Erbeinheit*) id. **Id**[2] [ɪt] *n* ⟨-(s); *no pl*⟩ (*Unbewußtes*) id.

ide·al [ideˈaːl] *adj* **1.** *colloq.* ideal (**zu, für** for); **der** ~**e Ehemann** the ideal (*od.* perfect, model) husband. **2.** → ideell. **3.** *philos.* a) ideal, b) (*begrifflich*) notional, c) (*geistig*) intellectual, d) (*nur gedacht*) imaginary, e) (*beispielhaft*) paradigmatic, f) utopian. **4.** *math. phys.* ideal.

Ideˈal *n* ⟨-s; -e⟩ **1.** ideal; **mein** ~ **von Schönheit** my ideal (*od.* ideal concept) of beauty. **2.** (*Vorbild*) ideal, model; **das** ~ **e-s Ehemannes** *cf.* ideal 1. **3.** *colloq.* ideal, dream; **ein solches Auto wäre mein** ~ that's my dream car. ~**ˌfall** *m* ideal case; **im** ~ ideally.

idea|li·sie·ren [idealiˈziːrən] *v/t* ⟨*no* **ge-, h**⟩ idealize. ≈**ˈlis·mus** [-ˈlɪsmus] *m* ⟨-; *no pl*⟩ **1.** (**aus** ~ out of) idealism. **2.** *philos.* a) idealism (*a. Kunst*), b) immaterialism, c) realism, platonism. **3.** *Kunst etc*: idealism, utopianism. ≈**ˈlist** [-ˈlɪst] *m* ⟨-en; -en⟩ **1.** idealist (*a. Künstler*). **2.** *philos.* a) idealist, b) immaterialist, c) realist, platonist. ~**ˈli·stisch** *adj* **1.** idealistic. **2.** *philos.* a) idealistic, b) immaterial, c) realistic. ≈**liˈtät** [-liˈtɛːt] *f* ⟨-; *no pl*⟩ *philos.* ideality.

Ideˈal|kon·kurˌrenz *f jur.* concurrence of two or more offen/ces (*Am.* -ses) in one and the same criminal act. ~**ˌtyp**, ~**ˌty·pus** *m* ideal type. ~**ˌzuˌstand** *m* ideal (condition).

Idee [iˈdeː] *f* ⟨-; -n [-ən]⟩ **1.** *philos.* a) idea, b) (*Begriff*) concept. **2.** *allg.* idea, (*Gedanke*) *a.* thought, notion, (*Begriff*) concept; *colloq.* **e-e glänzende** (*od.* **geniale**) ~ a brilliant idea, a brain wave; **k-e schlechte** (*od.* **üble**) ~ not a bad idea; **ich habe nicht die geringste** ~ I haven't the slightest (*od.* faintest) idea; **ich habe so e-e** ~**, daß noch et. passiert** I have an idea (*od.* a feeling, *colloq.* a hunch) that s. th. is going to happen; **wie kommst du nur auf diese** ~? what gave you that idea?, what put that idea into your head?; **wie kamst du auf die** ~**, zu ...?** what gave you the idea to ...?, what made you do that (*etc*)?; **mir kam die** ~**, daß** it occurred to me that; **ich kam auf die** ~**, zu ...** I had (*od.* got) the idea to ..., it occurred to me to ...; **fixe** ~ idée fixe, obsession; **ein Drehbuch nach e-r** ~ **von X** a script based on X's idea; → *a.* **Gedanke** 1–3. **3.** ⟨*only sg*⟩ *colloq.* **e-e** ~ (*ein bißchen*) a little (bit), a bit, a trifle (*too small, etc*); **e-e** ~ **heller** (**besser**) a shade lighter (better).

ide·ell [ideˈɛl] *adj* **1.** *Motive, Denken etc*: idealistic. **2.** *Hilfe etc*: spiritual; ~**er Wert** *e-s Rings etc*: sentimental value. **3.** *math. phys.* ideal.

ide·enˌarm [iˈdeːən-] *adj* → ideenlos.

Ide·en|as·so·zia·tiˌon [iˈdeːən-] *f psych.* association of ideas. ~**ˌdra·ma** *n* drama of ideas. ~**geˌhalt** *m* idea content. ~**ˌkreis** *m psych.* sphere of ideas, range of thought(s). ~**ˌleh·re** *f philos.* **1.** ideology. **2.** ~ **Platos** Plato's theory of ideas. ≈**los** *adj* **1.** lacking in (*od.* devoid of) ideas, without imagination. **2.** (*nicht findig*) resourceless. ~**lo·sig·keit** *f* **1.** lack (*od.* absence) of ideas (*od.* imagination). **2.** resourcelessness. ≈**ˌreich** *adj* **1.** rich in ideas, full of ideas (*od.* imagination), imaginative. **2.** (*findig*) resourceful. **3.** (*erfinderisch*) inventive. ~**ˌreich·tum** *m* **1.** wealth of ideas (*od.* imagination, invention). **2.** resourcefulness. **3.** inventiveness. ~**ˌwelt** *f* **1.** world of ideas. **2.** *psych.* a) (*Denkungsart*) mentality, b) (*Begriffsinhalt*) fund (*od.* store) of ideas, c) (*theoretische Einstellung*) ideology.

Iden [ˈiːdən] *pl antiq.* ides *pl* (*als sg od. pl konstruiert*); **die** ~ **des März** the Ides of March.

Iden·ti|fi·ka·ti·on [idɛntifikaˈtsĭoːn] *f* ⟨-; -en⟩ identification. ≈**fiˈzier·bar** [-fiˈtsiːrbar] *adj* identifiable. ≈**fiˈzie·ren** [-fiˈtsiːrən] *v/t* ⟨*no* **ge-, h**⟩ **1.** (**als**) identify *s. o.* (*s. th.*) (as), establish the identity of *s. o.* (*s. th.*) (as). **2.** *fig.* ~ **mit** identify *s. o.* (*s. th.*) with; **sich** ~ **mit j-m** (**et.**) identify (o. s.) with. s. o. (s. th.). ~**fiˈzie·rung** *f* ⟨-; -en⟩ identification.

iden·tisch [iˈdɛntɪʃ] *adj a. math. philos.* identical (**mit** with). **Iden·ti·tät** [idɛntiˈtɛːt] *f* ⟨-; *no pl*⟩ identity; **j-s** ~ **feststellen** → **identifizieren** 1.

Iden·tiˈtäts|ˌkri·se *f psych.* identity crisis. ~**ˌleh·re** *f philos.* a) identity philosophy, identism, b) *bei Schelling*: monism, c) *Logik*: theory of identity. ~**ˌnach·ˌweis** *m* proof of identity.

Ideo|gramm [ideoˈgram] *n* ⟨-(e)s; -e⟩ *ling.* ideogram. ~**ˈlo·ge** [-ˈloːgə] *m* ⟨-n; -n⟩ ideologist, ideologue. ~**loˈgie** [-loˈgiː] *f* ⟨-; -n [-ən]⟩ ideology. ≈**ˈlo·gisch** [-ˈloːgɪʃ] *adj* ideologic(al). ≈**lo·giˈsie·ren** [-logiˈziːrən] *v/t* ⟨*no* **ge-, h**⟩ ideologize.

Idio|blast [idĭoˈblast] *m* ⟨-en; -en⟩ *biol.* idioblast. ~**laˈtrie** [-laˈtriː] *f* ⟨-; *no pl*⟩ idiolatry.

Idi·om [iˈdĭoːm] *n* ⟨-s; -e⟩ *ling.* **1.** (*Spracheigentümlichkeit*) idiom. **2.** (*Mundart*) dialect; (*heimische Sprache*) vernacular; (*Sprache*) language, idiom. **Idio·ma·tik** [idĭoˈmaːtɪk] *f* ⟨-; *no pl*⟩ **1.** (*Lehre*) idiomology. **2.** idiom; **in der englischen** ~ in English idiom. **idio·ma·tisch** [idĭoˈmaːtɪʃ] *adj* **1.** idiomatic; ~**e Redewendung** idiom. **2.** dialectal. **3.** vernacular.

idio|morph [idĭoˈmɔrf] *adj min.* idiomorphic. ≈**ˈplas·ma** [-ˈplasma] *n biol.* idioplasm. ≈**syn·kraˈsie** [-zynkraˈziː] *f* ⟨-; -n [-ən]⟩ idiosyncrasy.

Idi·ot [iˈdĭoːt] *m* ⟨-en; -en⟩ *med. u. colloq.* idiot.

Idio·ten|ˌhang, ~**ˌhü·gel** [iˈdĭoːtən-] *m humor. Skisport*: nursery slope. ≈**ˌsi·cher** *adj colloq.* foolproof.

Idio·tie [idĭoˈtiː] *f* ⟨-; -n [-ən]⟩ *med. u. fig. contp.* idiocy. **Idio·tin** [iˈdĭoːtɪn] *f* ⟨-; -nen⟩ idiot. **idio·tisch** [iˈdĭoːtɪʃ] *adj med. u. fig. contp.* idiotic. **Idio·tis·mus**[1] [idĭoˈtɪsmus] *m* ⟨-; -tismen⟩ → Idiom 1. **Idioˈtis·mus**[2] *m* ⟨-; -tismen⟩ *med.* idiocy.

Ido·la·trie [idolaˈtriː] *f* ⟨-; -n [-ən]⟩ idolatry.

Idyll [iˈdʏl] *n* ⟨-s; -e⟩ *a. mus.* idyl(l).

Idyl·le [iˈdʏlə] *f* ⟨-; -n⟩ **1.** *Literatur*: a) idyl(l), b) (*Hirtengedicht*) pastoral (poem), bucolic (poem). **2.** *Kunst*: pastoral (scene). **idyl·lisch** [iˈdʏlɪʃ] *adj* **1.** idyllic; **e-e ∼e Szene** an idyl(l). **2.** *Literatur*: a) idyllic(al), b) *Schäferdichtung*: pastoral, bucolic.

Igel [ˈiːgəl] *m* ⟨-s; -⟩ **1.** *zo.* hedgehog; **sich wie ein ∼ zs.-rollen** curl up into a ball. **2.** *agr.* (*Egge*) drill harrow. **3.** *mil.* → a) Igelstellung, b) Igelsperre. **4.** *Textil.* (*Nadelwalze*) porcupine. **5.** *gastr. a layer cake decorated with almonds.* **6.** *colloq.* a) → Kratzbürste 2, b) *contp.* pig.

ˈIgel|ˌkak·tus *m bot.* hedgehog cactus. **∼ˌschnitt** *m* (*Haarschnitt*) crew cut. **∼ˌsper·re** *f mil.* hedgehog (obstacle). **∼ˌstel·lung** *f* hedgehog (position).

Iglu [ˈiːglu] *m, n* ⟨-s; -s⟩ igloo.

igno·rant [ɪgnoˈrant] **I** *adj* ignorant. **II 2** *m* ⟨-en; -en⟩ ignorant. **Igno·ˈran·ten·tum** *n* ⟨-s; *no pl*⟩ ignorance. **Igno·ranz** [ɪgnoˈrants] *f* ⟨-; *no pl*⟩ ignorance. **igno·rie·ren** [ɪgnoˈriːrən] *v/t* ⟨*no* **ge-**, h⟩ **j-n (et.) ∼** ignore (*od.* disregard) s. o. (s. th.); **j-n völlig ∼** cut s. o. dead.

Ih·le [ˈiːlə] *m* ⟨-n; -n⟩ *ichth.* shotten herring.

ihm [iːm] *pers pron* ⟨*dat of* **er** *u.* **es**⟩ **1.** (*Person*) (to) him; **ich gebe ∼ das Buch** I give him the book, I give the book to him; **ich glaube (es) ∼** I believe him; **ich rettete ∼ das Leben** I saved his life; **ich drückte ∼ die Hand** I shook his hand; *colloq.* **ein Bruder von ∼** a brother of his, one of his brothers. **2.** (*Sache*) (to) it.

ihn [iːn] *pers pron* ⟨*acc of* **er**⟩ **1.** (*Person*) him; **ich mag ∼ gern** I like him. **2.** (*Sache*) it.

ih·nen [ˈiːnən] **I** *pers pron* ⟨*dat pl of* **er, sie, es**⟩ **1.** (to) them; **gib es ∼!** give it to them!; **ich habe es ∼ gesagt** I told them; **er rettete ∼ das Leben** he saved their lives; **∼ ist der Schlüssel verlorengegangen** they lost the key; *colloq.* **ein Freund von ∼** a friend of theirs. **2.** (*zugunsten*) for them; **was sollen wir ∼ kaufen?** what shall we buy for them? **II 2** *pers pron* ⟨*dat of* **Sie**⟩ **3.** (to) you; **ich bin 2 sehr dankbar** I am very grateful to you; *colloq.* **ein Freund von 2** a friend of yours; **die Schuld lag bei 2** the fault was yours. **4.** (*zugunsten*) for you; **ich werde 2 e-n Platz reservieren** I shall reserve a seat for you.

ihr [iːr] **I** *pers pron* **1.** you; **was wollt ∼?** what do you want?; **∼ drei!** you three (*od.* the three of you)!; **∼ alle** all of you; **∼ Frauen** you women; *in Briefen mit Großschreibung*: **hoffentlich habt 2 e-e gute Reise gehabt** I hope you had a good journey. **II** *pers pron* ⟨*dat of* **sie**⟩ **2.** (*Person*) (to) her; **ich habe es ∼ versprochen** I have promised it to her, I promised her; **sie hat es ∼ gesagt** she told her; **er rettete ∼ das Leben** he saved her life; **er sah ∼ ins Gesicht** he looked her in the face; **mit der ∼ eigenen Ruhe** with that special composure of hers; *colloq.* **e-e Tante von ∼** an aunt of hers. **3.** (*Sache*) (to) it. **4.** (*zugunsten*) a) (*Person*) for her, b) (*Sache*) for it; **er hat ∼ ein neues Kleid gekauft** he bought a new dress for her, he bought her a new dress. **III** *possess pron 3 sg* ⟨*used as adj*⟩ **5.** (*Person*) her; **∼ Vater** her father; **e-e ∼er Freundinnen** one of her friends; **∼ bißchen Verstand** what little brains she has. **6.** (*Sache*) its (*beauty, etc*). **7. 2e Majestät (Exzellenz)** Her Majesty (Excellency). **IV** *possess pron 3 pl* ⟨*used as adj*⟩ **8.** their; **e-r ∼er Freunde** one of their friends. **9.** *in der Anrede mit Großschreibung*: your; **grüßen Sie 2e Familie** give my regards to your family. **V ∼er, ∼e, ∼(e)s, der, die, das ∼e** *possess pron* **10.** *3 sg* ⟨*used as pred*⟩ hers; **sein Haus ist größer als ∼(e)s** (*od.* **das ihr[ig]e**) his house is bigger than hers. **11.** *3 pl* ⟨*used as pred*⟩ theirs; **unser Garten ist schöner als ∼er** (*od.* **der ihr[ig]e**) our garden is more beautiful than theirs. **12.** *3 pl* ⟨*used as pred*⟩ *in der Anrede mit Großschreibung*: Yours. **VI 2e, der, die, das** *possess pron* **13.** *3 sg* ⟨*used as a noun*⟩ her (own), hers; *humor.* **der Ihr(ig)e** her husband; **die Ihr(ig)en** her family, her people, *colloq.* her folks; **das Ihr(ig)e** a) her property, b) her due (share); **sie hat das Ihr(ig)e dazu beigetragen** she has done her share (*od.* part). **14.** *3 pl* ⟨*used as a noun*⟩ their (own), theirs; **wir baten sie, die Ihr(ig)en zu grüßen** we asked them to give our regards to their families; **wenn sie das Ihr(ig)e dazu beitragen** if they do their share. **15.** *3 pl* ⟨*used as a noun*⟩ *in der Anrede*: your own, yours; **Sie und die Ihr(ig)en** you and yours (*od.* your family, your people, *colloq.* your folks); **tun Sie das Ihr(ig)e** do your best; **ganz der (die) Ihr(ig)e** ever yours.

ˈih·rer *pers pron* **I** ⟨*3 sg f, gen of* **sie**⟩ **1.** (*Person*) (of) her; **er erinnerte sich ∼ nicht** he didn't remember her; **niemand erbarmte sich ∼** no one took pity on her. **2.** (*Sache*) (of) it. **II** ⟨*3 pl, gen of* **sie**⟩ **3.** (of) them; **wir gedenken ∼ noch immer** we are still thinking of them; **es waren ∼ sechs** there were six of them, they were six. **III** ⟨*gen of* **Sie**⟩ **4.** *in der Anrede mit Großschreibung*: (of) you. **ˈih·rerˈseits** *adv* **1.** (*von ihr aus*) on her part (*od.* side), for her part, as far as she is concerned. **2.** (*von ihnen aus*) on their part (*etc, cf.* 1). **3.** (*von Ihnen aus*) *in der Anrede mit Großschreibung*: on your part (*etc, cf.* 1).

ˈih·resˈglei·chen *indef pron* **1.** her equals, people like herself, her own kind; **sie verkehrt nur mit ∼** she only mixes with her equals (*od.* peers); **sie hat nicht ∼** there is no one like her, she has no equal. **2.** people of her sort, people like her. **3.** their equals (*etc, cf.* 1), people like themselves, their own kind. **4.** people of their sort, people like them. **5.** *in der Anrede mit Großschreibung*: a) your equals, people like yourself, your own kind, b) people like you.

ˈih·ret|ˈwe·gen *adv* **1.** a) (*wegen ihr*) on her account, because of her, b) (*ihr zuliebe*) for her sake, c) (*in ihrer Sache*) on (*od.* in) her behalf; **wir haben ∼ mit dem Direktor gesprochen** we talked to the director on her behalf. **2.** on their account (*etc, cf.* 1). **3.** *in der Anrede mit Großschreibung*: on your account (*etc. cf.* 1). **∼ˈwil·len** *adv* **(um) ∼** → ihretwegen 1.

ˈih·rig *possess pron* **I der, die, das ∼e** → **ihr** V. **II der, die, das 2e** → **ihr** VI.

Iko·ne [iˈkoːnə] *f* ⟨-; -n⟩ *relig.* icon. **iko·nisch** [iˈkoːnɪʃ] *adj* iconic(al).

Iko·no|graph [ikonoˈgraːf] *m* ⟨-en; -en⟩ iconographer. **2ˈgra·phisch** [-ˈgraːfɪʃ] *adj* iconographic(al). **∼ˈklas·mus** [-ˈklasmʊs] *m* ⟨-; -men⟩ *relig.* iconoclasm. **∼ˈklast** [-ˈklast] *m* ⟨-en; -en⟩ iconoclast. **2ˈkla·stisch** [-ˈklastɪʃ] *adj* iconoclastic. **∼laˈtrie** [-laˈtriː] *f* ⟨-; *no pl*⟩ *relig.* iconolatry. **∼ˈlo·ge** [-ˈloːgə] *m* ⟨-n; -n⟩ iconologist. **∼loˈgie** [-loˈgiː] *f* ⟨-; *no pl*⟩ iconology. **∼ˈme·ter** [-ˈmeːtər] *n* ⟨-s; -⟩ *phot. tech.* iconometer. **∼ˈskop** [-ˈskoːp] *n* ⟨-s; -e⟩ *TV* iconoscope.

Iko·sa|eder [ikozaˈʔeːdər] *n* ⟨-s; -⟩ *math.* icosahedron. **2ˈedrisch** [-ˈeːdrɪʃ] *adj* icosahedral.

Ik·te·rus [ˈɪkterʊs] *m* ⟨-; *no pl*⟩ *med.* jaundice, icterus.

Ik·tus [ˈɪktʊs] *m* ⟨-; - *u.* **-ten**⟩ *metr.* ictus.

Ile·um [ˈiːleʊm] *n* ⟨-s; *no pl*⟩ *anat.* ileum.

Ile·us [ˈiːleʊs] *m* ⟨-; **-leen**⟩ *med.* ileus.

Ili·as [ˈiːlĭas] *f, a.* **Ilia·de** [iˈlĭaːdə] *f* ⟨-; *no pl*⟩ Iliad.

il·le·gal [ˈɪlegaːl; -ˈgaːl] *adj* illegal, unlawful. **Il·le·ga·li·tät** [ɪlegaliˈtɛːt; ˈɪlegalitɛːt] *f* ⟨-; *no pl*⟩ illegality.

il·le·gi·tim [ˈɪlegitiːm; -ˈtiːm] *adj jur.* **1.** (*ungesetzlich*) illegitimate, illegal, unlawful. **2.** (*unehelich*) illegitimate (*child*). **Il·le·gi·ti·mi·tät** [ɪlegitimiˈtɛːt; ˈɪlegitimitɛːt] *f* ⟨-; *no pl*⟩ *jur.* illegitimacy.

il·li·quid [ˈɪlikviːt; -ˈkviːt] *adj econ.* **1.** frozen, illiquid (*assets, etc*). **2.** *Person, Bank*: short of liquid assets, insolvent. **Il·li·qui·di·tät** [ɪlikvidiˈtɛːt; ˈɪlikviditɛːt] *f* ⟨-; *no pl*⟩ **1.** illiquidity. **2.** insolvency.

il·loy·al [ˈɪlŏajaːl; -ˈjaːl] *adj* **1.** disloyal. **2.** illegal, unlawful. **Il·loya·li·tät** [ɪlŏajaliˈtɛːt; ˈɪlŏajalitɛːt] *f* ⟨-; *no pl*⟩ **1.** disloyalty. **2.** illegality.

Il·lu·mi|na·ti·on [ɪluminaˈtsĭoːn] *f* ⟨-; -en⟩ *allg.* illumination. **∼ˈna·tor** [-ˈnaːtɔr] *m* ⟨-s; -en [-naˈtoːrən]⟩ *von Büchern etc, a. opt.* illuminator. **2ˈnie·ren** [-ˈniːrən] *v/t* ⟨*no* **ge-**, h⟩ **1.** (*beleuchten*) illuminate *s. th.* (festively). **2.** (*Buch etc*) illuminate, miniate. **∼ˈnie·rung** *f* ⟨-; -en⟩ *allg.* illumination.

Il·lu·si·on [ɪluˈzĭoːn] *f* ⟨-; -en⟩ illusion, (*Wahn*) *a.* delusion; **sich ∼en hingeben, sich** (*dat*) **∼en machen** have illusions, delude o. s.; **er gibt sich k-n ∼en hin** he is under no illusions; **j-m die ∼en rauben** (*od.* **nehmen**) disillusion s. o., rob s. o. of his illusions.

il·lu·sio|när [ɪluzĭoˈnɛːr] *adj* illusionary, illusional. **2ˈnis·mus** [-ˈnɪsmʊs] *m* ⟨-; *no pl*⟩ *Kunst, philos.* illusionism. **2ˈnist** [-ˈnɪst] *m* ⟨-en; -en⟩ illusionist.

il·lu·siˈons·los *adj u. adv* without (any) illusions, (*enttäuscht*) disillusioned.

il·lu·so·risch [ɪluˈzoːrɪʃ] *adj* illusory, illusive.

il·lu·ster [ɪˈlʊstər] *adj* illustrious.

Il·lu·stra·ti·on [ɪlʊstraˈtsĭoːn] *f* ⟨-; -en⟩ **1.** *print.* illustration, picture, (*Zeichnung*) *a.* drawing, *pl a.* art(work) *sg.* **2.** *bes. tech.* figure, diagram. **3.** *fig.* illustration, explanation; **zur ∼** to illustrate it, *a.* to illustrate (*od.* show you) what I mean. **Il·lu·stra·tiˈonsˌbeiˌspiel** *n* illustrating example, illustration.

il·lu|stra·tiv [ɪlʊstraˈtiːf] *adj* illustrative. **2ˈstra·tor** [-ˈstraːtɔr] *m* ⟨-s; -en [-straˈtoːrən]⟩ illustrator, artist. **∼ˈstrie·ren** [-ˈstriːrən] *v/t* ⟨*no* **ge-**, h⟩ illustrate; *fig. a.* demonstrate, exemplify. **∼ˈstriert** *adj u. adv* illustrated; *iro.* **stell dir das einmal ∼ vor** just imagine that; **reichhaltig ∼** richly (*od.* well-) illustrated; **∼e Zeitung** → **2ˈstrier·te** *f* ⟨-n; -n⟩ (illustrated) magazine (*od. colloq.* mag), illustrated paper.

Il·tis [ˈɪltɪs] *m* ⟨-ses; -se⟩ **1.** *zo.* polecat, fitchet. **2.** → Iltisfell. **∼ˌfell** *n*, **∼ˌpelz** *m* polecat skin.

im [ɪm] *prep* in the (*house, east, etc*); **∼ Traum** in one's dream; **∼ Bett** in bed; **∼ Januar** in January; **∼ Deutschen (Englischen)** in German (English); **∼ Fallen (Steigen)** falling (rising).

Image [ˈɪmɪtʃ; ˈɪmɪdʒ] (*Engl.*) *n* ⟨-(s); -s [ˈɪmɪtʃs; ˈɪmɪdʒɪz]⟩ (*Erscheinungsbild*) image; *iro.* **sein ∼ pflegen** cultivate one's image; **∼pflege** *f* image-building.

ima·gi|ˈnär [imagiˈnɛːr] *adj* imaginary. **≈na·ti'on** [-naˈtsǐoːn] *f* ‹-; -en› imagination.

Ima·go [iˈmaːgo] *f* ‹-; -gines [-ginɛs]› *psych. zo.* imago.

Im·biß [ˈɪmbɪs] *m* ‹-sses; -sse› snack; e-n ~ einnehmen (*od.* zu sich nehmen) have a snack (*od. colloq.* bite). **~ˌhal·le, ~ˌstu·be** *f* snack bar, refreshment room.

Imid [iˈmiːt] *n* ‹-(e)s; -e› *chem.* imide. **Imi·doˌgrup·pe** [iˈmiːdo-] *f chem.* imido group.

Imi·ta·ti·on [imitaˈtsǐoːn] *f* ‹-; -en› **1.** (*Nachahmung, -bildung*) imitation (*a. mus.*), copy. **2.** (*Fälschung*) fake, counterfeit. **3.** *e-s Menschen*: imitation, impersonation.

Imi|ta·tor [imiˈtaːtɔr] *m* ‹-s; -en [-taˈtoːrən]› imitator, *von Menschen*: *a.* impersonator. **≈ta'to·risch** [-taˈtoːrɪʃ] *adj psych.* imitative. **≈'tie·ren** [-ˈtiːrən] **I** *v/t* ‹*no* ge-, h› **1.** (*nachahmen, -bilden*) imitate (*a. mus.*), copy. **2.** (*fälschen*) fake, counterfeit. **II** ≈ *n* ‹-s› **3.** imitating (*etc*). **4.** → Imitation. **≈'tiert** *adj* **1.** imitated, imitation (*jewellery, etc*). **2.** (*gefälscht*) fake(d), counterfeit.

Im·ker [ˈɪmkər] *m* ‹-s; -› bee-keeper, bee-master, apiarist. **Im·ke'rei** *f* ‹-; *no pl*› bee-keeping, apiculture. **'im·kern** *v/i* ‹h› keep bees, be a bee-keeper.

im·ma·nent [ɪmaˈnɛnt] *adj a. philos.* immanent. **Im·ma'nenz** [-ˈnɛnts] *f* ‹-; *no pl*› immanence.

Im·ma·te·ria·lis·mus [ɪmaterǐaˈlɪsmʊs] *m* ‹-; *no pl*› *philos.* immaterialism.

im·ma·te·ri·ell [ɪmateˈrǐɛl; ˈɪmaterǐɛl] *adj* **1.** immaterial. **2.** *jur. Werte*: intangible.

Im·ma·tri·ku·la·ti·on [ɪmatrikulaˈtsǐoːn] *f* ‹-; -en› *univ.* enrol(l)ment, matriculation; **~sbewerber** *m* matriculant. **im·ma·tri·ku·lie·ren** [ɪmatrikuˈliːrən] *v/t* ‹*no* ge-, h› matriculate; **sich** (**an e-r Hochschule**) ~ **lassen** enrol(l) (*od.* matriculate) (at a university).

Im·me [ˈɪmə] *f* ‹-; -n› *dial.* bee.

im·mens [ɪˈmɛns] *adj* immense.

im·men·su·ra·bel [ɪmɛnzuˈraːbəl] *adj* immensurable.

im·mer [ˈɪmər] *adv* **1.** (*stets, ständig*) always, constantly, all the time, for ever, *bes. Am.* forever; **ich wollte schon ~ nach New York** I (have) always wanted to go to New York; **für** (*od.* **auf**) ~ for ever, *bes. Am.* forever, *colloq.* for good; ~ **Dein** ever yours; **wie** ~ as always, as ever. **2.** (*jedesmal*) every (*od.* each) time; ~ **wenn ich sie sehe** every time (*od.* whenever) I see her. **3.** ~ **noch** still; **er ist ~ noch nicht da** he is still not there, he hasn't arrived yet; *emphatisch*: **er ist ~ noch ein anständiger Kerl** he is a decent sort for all that. **4.** ~ **wieder** again and again, over and over again, time and again; ~ **wieder versuchen, et. zu tun** *a.* keep trying to do s. th. **5.** ~ **mal wieder** from time to time, now and then. **6.** (*ständig ansteigend*) more and more, increasingly (*difficult, etc*); ~ **größer** bigger and bigger; ~ **größer werdend** ever increasing; *iro.* **das wird ja ~ schöner** this is getting better and better. **7.** (*four, etc*) at a time. **8.** (*nur, ~hin*) just; ~ **her damit** just give it to me; **nur ~ zu!** go on!, keep it up! **9.** *verallgemeinernd*: **wann** (**auch**) ~ whenever; **was** (**auch**) ~ what(so)ever; **wo es auch ~ sein mag** wherever it is (*od.* may be); **was er auch ~ für Gründe haben mag** whatever his reasons are (*od.* may be). **10.** *colloq.* (*in jedem Falle*) in any case, at any rate. **~ˌblü·hend** *adj* everblooming. **~'dar** *adv lit.* for ever (and ever), *bes. Am.* forever, for ever more. **~'fort** *adv* constantly, continually, incessantly, all the time, on and on, *colloq.* without let-up; **es regnete** ~ *a.* it kept (on) raining. **~ˌgrün** *bot.* **I** *adj* evergreen, *Bäume*: *a.* indeciduous; **~e Pflanze** evergreen (plant). **II** ≈ *n* ‹-s; -e› evergreen, periwinkle. **~'hin** *adv* **1.** *einräumend*: for all that, after all, nevertheless, anyhow, still, *am Satzende*: though; ~ **hätte es schlimmer sein können** it could have been worse though (*od.* after all); *wenn es auch nicht weh tut,* **so ist es ~ unangenehm** it is still unpleasant; **er gewann ~ den zweiten Platz** anyhow he won (the) second place. **2.** (*wenigstens*) at least (*he has come, etc*). **≈ˌschön** *n* ‹-s; -e› everlasting flower.

Im·mer·si·on [ɪmɛrˈzǐoːn] *f* ‹-; -en› *astr. opt.* immersion.

Im·mer·si'ons|konˌden·sor *m opt.* immersion condenser. **~ˌtau·fe** *f relig.* baptism by immersion.

'im·mer|'wäh·rend *adj* **1.** everlasting, perpetual; **~er Kalender** perpetual calendar. **2.** (*endlos*) endless. **3.** (*ewig*) eternal. **~'zu** *adv colloq. for* **immerfort.**

Im·mi|grant [ɪmiˈgrant] *m* ‹-en; -en›, **~'gran·tin** *f* ‹-; -nen› immigrant. **~gra·ti'on** [-graˈtsǐoːn] *f* ‹-; -en› immigration. **≈'grie·ren** [-ˈgriːrən] *v/i* ‹*no* ge-, sein› immigrate.

Im·mis·si·on [ɪmɪˈsǐoːn] *f* ‹-; -en› **1.** (*Einführung in ein Amt*) (**in** *acc* to) introduction, appointment. **2.** *pl jur.* intromission (*of gases, etc*).

im·mo·bil [ˈɪmobiːl; -ˈbiːl] *adj* immobile, immovable.

Im·mo·bi·li'ar|kreˌdit [ɪmobiˈlǐaːr-] *m* credit (*od.* loan) on real estate, mortgage credit. **~verˌmö·gen** *n* → Immobilien 2.

Im·mo·bi·li·en [ɪmoˈbiːlǐən] *pl econ. jur.* **1.** immovables. **2.** (real *od.* landed) property *sg*, real estate *sg*, *bes. Am.* realty *sg*. **~geˌsell·schaft** *f* property (*bes. Am.* real-estate) company. **~ˌhan·del** *m* property (*Am.* real-estate) business. **~ˌhänd·ler, ~ˌmak·ler** *m* estate agent, *Am. a.* realtor.

Im·mo·bi·li|sa·ti·on [ɪmobilizaˈtsǐoːn] *f* ‹-; *no pl*› *med.* immobilization. **≈'sie·ren** [-ˈziːrən] *v/t* ‹*no* ge-, h› **1.** *med.* immobilize. **2.** *jur.* convert *s. th.* into real estate.

im·mo·ra·lisch [ˈɪmoraːlɪʃ; -ˈraːlɪʃ] *adj* immoral.

Im·mor·tel·le [ɪmɔrˈtɛlə] *f* ‹-; -n› *bot.* immortelle, everlasting (flower).

im·mun [ɪˈmuːn] *adj* **1.** *med. u. fig.* immune (**gegen** *od.* **vor** *dat* to, against); ~ **machen** → **immunisieren. 2.** *pol. Abgeordneter etc*: enjoying immunity. **im·mu·ni·sie·ren** [ɪmuniˈziːrən] *v/t* ‹*no* ge-, h› (**gegen**) immunize (to), make (*od.* render) immune (against, to); **~d** immunizing. **Im·mu·ni'sie·rung** *f* ‹-; -en› immunization (**gegen** against). **Im·mu·ni·tät** [ɪmuniˈtɛːt] *f* ‹-; *no pl*› **1.** *bes. med.* immunity (**gegen** to, against, from). **2.** *pol.* (*diplomatic, parliamentary*) immunity, privilege; **j-s ~ aufheben** deprive s. o. of immunity. **Im'munˌkör·per** *m med.* antibody.

Im·mu·no|lo·ge [ɪmunoˈloːgə] *m med.* immunologist. **~lo'gie** [-loˈgiː] *f* ‹-; *no pl*› immunology. **≈'lo·gisch** [-ˈloːgɪʃ] *adj* immunologic(al).

Im'munˌse·rum *n med.* antiserum.

im·pak·tiert [ɪmpakˈtiːrt] *adj med.* impacted.

Im·paß [ɪmˈpas] *m* ‹-sses; -sse› *Kartenspiel*: finesse. **im·pas'sie·ren** [-ˈsiːrən] *v/i* ‹*no* ge-, h› finesse.

im·pa·stie·ren [ɪmpasˈtiːrən] *v/t* ‹*no* ge-, h› *Kunst*: impaste. **Im'pa·sto** [-to] *n* ‹-s; -s *u.* -sti [-ti]› impasto.

Im·pe·danz [ɪmpeˈdants] *f* ‹-; -en› *electr.* impedance.

Im·pe·ra|tiv [ˈɪmperatiːf; -ˈtiːf] **I** *m* ‹-s; -e› **1.** *ling.* imperative (mood). **2.** *philos.* (**kategorischer** ~ categorical) imperative. **II** ≈ *adj* **3.** imperative. **≈'ti·visch** [-ˈtiːvɪʃ] *ling.* **I** *adj* imperative. **II** *adv* ~ **gebrauchtes Verb** verb (used) in the imperative.

Im·pe·ra|tor [ɪmpeˈraːtɔr] *m* ‹-s; -en [-raˈtoːrən]› *hist.* imperator. **≈'to·risch** [-raˈtoːrɪʃ] *adj* imperatorial.

Im·per|fekt [ˈɪmpɛrfɛkt; -ˈfɛkt] *n* ‹-s; -e› *ling.* imperfect (tense). **≈fek'ti·visch** [-ˈtiːvɪʃ] *adj* imperfective.

im·pe·ri·al [ɪmpeˈrǐaːl] *adj hist.* imperial. **Im·pe·ri'al** *n* ‹-; *no pl*› **1.** (*Papierformat*) imperial. **2.** *print.* (*Schriftgrad*) nine-line pica.

Im·pe·ria|lis·mus [ɪmperǐaˈlɪsmʊs] *m* ‹-; *no pl*› *pol.* imperialism. **~'list** [-ˈlɪst] *m* ‹-en; -en› imperialist. **≈'li·stisch** *adj* imperialist(ic).

Im·pe·ri'al·paˌpier *n* (*Format*) imperial.

Im·pe·ri·um [ɪmˈpeːrǐʊm] *n* ‹-s; -rien› empire (*a. fig. econ.*); **das Britische** (**Römische**) ~ the British (Roman) Empire.

im·per·ti|nent [ɪmpɛrtiˈnɛnt] *adj* impertinent, impudent. **≈'nenz** [-ˈnɛnts] *f* ‹-; *no pl*› impertinence.

Im·pe·ti·go [ɪmpeˈtiːgo] *f* ‹-; *no pl*› *med.* impetigo.

Im·pe·tus [ˈɪmpetʊs] *m* ‹-; *no pl*› **1.** energy, vigo(u)r, verve. **2.** (*Anstoß*) impetus.

'Impf|ˌarzt *m* inoculator, vaccinator, vaccinating physician. **~ˌausˌweis** *m* → Impfschein. **≈bar** *adj* inoculable, *gegen Pocken*: vaccinable.

imp·fen [ˈɪmpfən] **I** *v/t* ‹h› **1.** *med.* (**gegen** against) a) *gegen Polio, Typhus, Tetanus etc*: inoculate, b) *gegen Pocken*: vaccinate; **wieder ~** revaccinate; **sich gegen Diphtherie ~ lassen** be inoculated against diphtheria; **mit Schutzstoffen ~** immunize; *fig. lit.* **j-m Haß ins Herz ~** implant hatred in s. o.'s heart. **2.** *agr.* (*Boden*) inoculate. **II** ≈ *n* ‹-s› **3.** inoculating (*etc*). **4.** → Impfung 2.

'ImpfˌgegÂ·ner *m* antivaccinationist.

'Impf·ling *m* ‹-s; -e› *med.* **1.** child (*od.* person) liable to vaccination. **2.** vaccinated child (*od.* person).

'Impf|ˌlym·phe *f* vaccine (lymph). **~ˌmes·ser** *n* vaccinator. **~ˌna·del** *f* vaccinator needle. **~ˌnar·be** *f* vaccination scar (*od.* mark). **~ˌpaß** *m* inoculation and vaccination record. **~ˌpflicht** *f* → Impfzwang. **≈ˌpflich·tig** *adj* liable to vaccination. **~piˌsto·le** *f* inoculation gun, needleless injector. **~ˌscha·den** *m* adverse effect of vaccination. **~ˌschein** *m* vaccination (*od.* inoculation) certificate. **~ˌse·rum** *n* vaccine. **~ˌstel·le** *f* site of inoculation (*etc*). **~ˌstoff** *m* vaccine.

'Imp·fung *f* ‹-; -en› **1.** → impfen 3. **2.** *med.* a) inoculation (*a. agr.*), b) *gegen Pocken*: vaccination; **durch ~ übertragbar** inoculable; ~ **gegen Kinderlähmung** polio inoculation.

'Impf|ˌzeug·nis *n* → Impfschein. **~ˌzwang** *m* compulsory vaccination.

Im·plan|tat [ɪmplanˈtaːt] *n* ‹-(e)s; -e› *med.* implant. **~ta·ti'on** [-taˈtsǐoːn] *f* ‹-; -en› implantation. **≈'tie·ren** [-ˈtiːrən] *v/t* ‹*no* ge-, h› implant.

Im·pli|ka·ti·on [ɪmplikaˈtsǐoːn] *f* ‹-; -en› *philos.* **1.** implication. **2.** (*logische Folgerung*) strict (*od.* logical) implication. **≈'zie·ren** [-ˈtsiːrən] *v/t* ‹*no* ge-, h› imply. ²'**zit** [-'tsiːt] *adj* implicit (*a. math.*), implied. ²**zi·te** [ɪm'pliːtsite] *adv* implicitly, by implication.

Im·plo·si·on [ɪmplo'zĭoːn] *f* ⟨-; -en⟩ *ling. phys.* implosion; ~**slaut** *m ling.* implosive (consonant). **im·plo·siv** [ɪmplo'ziːf] *adj ling.* implosive.

Im·pon·de·ra·bi·li·en [ɪmpɔndera'biːlĭən] *pl* imponderables.

im·po·nie·ren [ɪmpo'niːrən] *v/i* ⟨*no* **ge-, h**⟩ be impressive, be awe-inspiring; **j-m** ~ a) impress s.o., b) (*Achtung einflößen*) command s.o.'s respect; **das imponiert mir nicht im geringsten** I am not impressed (at all); ~**d** → **imposant. Im·po'nier·ge,ba·ren** *n biol. psych.* display behavio(u)r.

Im·port [ɪm'pɔrt] *m* ⟨-(e)s; -e⟩ *econ.* **1.** ⟨*only sg*⟩ import(ing), importation. **2.** *pl* (~*waren*) imports, imported goods. **3.** (*Gütermenge*) import(s *pl*); **der** ~ **übersteigt den Export** import exceeds export.

Im·port... *in Zssgn* import (*agent, company, etc*); → *a.* **Einfuhr...**

Im·port|,an,reiz *m* import incentive. ~**ar,ti·kel** *m* imported article.

Im·por·teur [ɪmpɔr'tøːr] *m* ⟨-s; -e⟩ *econ.* importer.

Im'port|ge,schäft *n econ.* **1.** (*Handel*) import trade (*od.* business). **2.** (*Firma*) import business, importers *pl.* ~**ge,sell·schaft** *f* import company.

im·por·tie·ren [ɪmpɔr'tiːrən] *v/t* ⟨*no* **ge-, h**⟩ *econ.* import.

Im'port|,kauf,mann *m econ.* **1.** importer. **2.** (*Angestellter*) import clerk. ~**,wa·re** *f econ.* **1.** import(ed) article. **2.** *collect.* imports *pl.*

im·po·sant [ɪmpo'zant] *adj* impressive, imposing, awe-inspiring; **ein** ~**es Bauwerk** an imposing building; **er ist e-e** ~**e Erscheinung** he is an impressive figure.

im·po·tent ['ɪmpotɛnt; -'tɛnt] *adj med.* impotent. **Im·po·tenz** [-tɛnts; -'tɛnts] *f* ⟨-; *no pl*⟩ impotence, impotency.

im·prä·gnie·ren [ɪmprɛ'gniːrən] **I** *v/t* ⟨*no* **ge-, h**⟩ **1.** (*Holz etc*) impregnate; **mit Kreosot** ~ (impregnate with) creosote. **2.** (water)proof. **II** ² *n* ⟨-s⟩ **3.** → **Imprägnierung** 1–3.

Im·prä'gnier|,flot·te *f Textil.* impregnating (*od.* proofing) bath. ~**,lack** *m aer.* dope. ~**,mit·tel** *n* impregnating (*od.* waterproofing) agent.

im·prä|'gniert *adj* **1.** impregnated. **2.** *Stoff etc*: waterproof. ²'**gnie·rung** *f* ⟨-; -en⟩ **1.** impregnating (*etc*). **2.** *von Holz etc*: impregnation. **3.** *von Stoff etc*: (water-)proofing. **4.** → **Imprägniermittel.**

im·prak·ti·ka·bel [ɪmprakti'kaːbəl; 'ɪm-] *adj* impracticable.

Im·pre·sa·rio [ɪmpre'zaːrĭo] *m* ⟨-s; -rios *u.* -ri [-ri]⟩ impresario, agent, manager.

Im·pres·si·on [ɪmprɛ'sĭoːn] *f* ⟨-; -en⟩ impression.

Im·pres·sio|nis·mus [ɪmprɛsĭo'nɪsmʊs] *m* ⟨-; *no pl*⟩ *Kunst*: impressionism. ~'**nist** [-'nɪst] *m* ⟨-en; -en⟩ impressionist. ²'**ni·stisch** *adj* impressionist(ic).

Im·pres·sum [ɪm'prɛsʊm] *n* ⟨-s; -sen⟩ *print.* imprint; *e-r Zeitung*: *a.* masthead.

Im·pri·ma·tur [ɪmpri'maːtʊr] *n* ⟨-s; *no pl*⟩ *print.* imprimatur; **das** ~ **erteilen für** → **imprimieren.**

Im·pri·mé [ɛ̃pri'meː] *m* ⟨-(s); -s⟩ *Textil.* patterned printed material. **im·pri·mie·ren** [ɪmpri'miːrən] *v/t* ⟨*no* **ge-, h**⟩ *print.* pass *s. th.* for press.

Im·promp·tu [ɛ̃prõ'tyː] *n* ⟨-s; -s⟩ *mus.* impromptu.

Im·pro·vi|sa·ti·on [ɪmproviza'tsĭoːn] *f* ⟨-; -en⟩ **1.** ⟨*only sg*⟩ (*Vorgang*) improvising, improvisation, *e-r Rede etc*: extemporizing, extemporization. **2.** (*Ergebnis*) improvisation, (*aus dem Stegreif Gedichtetes etc*) *a.* extemporization, *colloq.* ad-lib. ~'**sa·tor** [-'zaːtɔr] *m* ⟨-s; -en [-za'toːrən]⟩ improviser, *beim Reden etc*: *a.* extemporizer. ²**sa'to·risch** [-za'toːrɪʃ] *adj* improvisatorial. ²'**sie·ren** [-'ziːrən] **I** *v/t* ⟨*no* **ge-, h**⟩ **1.** *mus. etc* improvise, *colloq.* ad-lib. **2.** (*Rede, Gedicht etc*) improvise, extemporize. **3.** *fig.* improvise (*a party, meal, etc*). **II** *v/i* **4.** *mus. u. fig.* improvise, *thea. etc a.* extemporize, *colloq.* ad-lib. **III** ² *n* ⟨-s⟩ **5.** → **Improvisation** 1. ²'**siert** *adj Mahl, Ausflug etc*: improvised, *Rede etc*: *a.* extemporaneous, extempore, impromptu.

Im·puls [ɪm'pʊls] *m* ⟨-es; -e⟩ **1.** (*Drang, Eingebung*) impulse; **e-m plötzlichen** ~ **folgend** following a sudden impulse. **2.** (*Anstoß, Anregung*) impulse, stimulus; **e-r Sache neue** ~**e geben** give a fresh impetus to s. th., stimulate s. th. **3.** *phys.* a) (*Energie*²) impulse, b) (*Dreh*²) momentum. **4.** *electr.* (im)pulse. **5.** *med.* impulse. ~**-,Code·mo·du·la·ti,on** *f* pulse code modulation. ~**(,fol·ge)fre,quenz** *f* pulse repetition frequency. ~**,ge·ber** *m* **1.** pulse generator. **2.** *Computer*: digit emitter.

im·pul|siv [ɪmpʊl'ziːf] **I** *adj* impulsive. **II** *adv* ~ **handeln** act impulsively (*od.* on impulse, spontaneously). ²**si·vi'tät** [-zivi'tɛːt] *f* ⟨-; *no pl*⟩ impulsiveness.

Im'puls|,kauf *m econ.* impulse buying. ~**,mes·ser** *m electr.* pulse meter. ~**mo,ment** *n* moment of momentum. ~**,satz** *m phys.* theorem of momentum. ~**theo,rie** *f* momentum theory. ~**,zäh·ler** *m* **1.** *Computer*: pulse counter. **2.** *phys.* impulse summator.

im'stan·de *adj* ⟨*pred*⟩ **zu et.** ~ **sein** be capable of s. th.; ~ **sein, et. zu tun** be capable of doing s. th., be able (*od.* in a position) to do s. th.; **nicht** ~ **sein, et. zu tun** be unable to do s. th., be incapable of doing s. th.; **ich fühle mich nicht dazu** ~ I don't feel up to it; **er ist jetzt zu allem** ~ he will stop at nothing now, he is desperate now; **er ist** ~ **und erzählt es weiter** he is quite capable of repeating it; *iro.* **dazu ist er glatt** ~ I wouldn't put it past him.

in[1] [ɪn] *prep* **I** ⟨*dat*⟩ **1.** *örtlich*: a) in, b) *a. jur.* at, of, c) (*innerhalb*) within; **er ist** ~ **der Stadt** he is in town; ~ **der Stadt gibt es e-e berühmte Kirche** there is a famous church in the town; **wohnhaft** ~ **Berlin** residing (*od.* domiciled) at Berlin; ~ **der ganzen Stadt** all over the town; ~ **der Stadt umher** about town; **er ist** ~ **der Kirche (Schule)** he is at church (school); **waren Sie schon mal** ~ **England?** have you ever been to England?; ~ **Reichweite** within reach. **2.** (*zu et. gehörig, bei*) a) in, b) with; **Kassierer** ~ **e-r Bank** cashier in (*od.* at) a bank; ~ **der Mannschaft von X spielen** play in (*Am.* on) the team of X. **3.** *zeitlich*: in; ~ **der Frühe** (early) in the morning; ~ **(der) Zukunft** in (the) future; ~ **m-r Jugend** in my youth, when I was young. **4.** *e-n Zeitpunkt betreffend*: at; ~ **diesem Alter (Augenblick)** at this age (moment). **5.** (*während*) in, during, (*innerhalb, binnen*) within; ~ **den letzten beiden Kriegen** during the last two wars; ~ **der nächsten Woche** (during the) next week; ~ **der Nacht aufstehen müssen** have to get up at night; ~ **e-m bestimmten Zeitraum** within a certain period; **dreimal** ~ **der Nacht** three times a night; ~ **e-m Monat ist er wieder zurück** he will be back in a month('s time); ~ **drei Jahren** in three years, three years from now; **Samstag** ~ **acht Tagen** Saturday week; **morgen** ~ **vierzehn Tagen** a fortnight tomorrow, *Am.* two weeks from tomorrow; **heute** ~ **e-m Jahr** this time next year. **6.** *Zustand, Beschaffenheit betreffend*: a) in, b) under; ~ **Trauer** in mourning; ~ **Schwierigkeiten** in difficulties; **ein Mann** ~ **s-r Stellung (s-n Jahren)** a man in his position (of his years); ~ **Behandlung (Reparatur)** under treatment (repair). **7.** (*auf bestimmte Art u. Weise*) in; ~ **ärgerlichem Ton** angrily; ~ **Schwarz gekleidet** dressed in black; ~ **großer Ausführlichkeit** in great detail, at great length. **8.** *Schulfächer etc betreffend*: a) at, b) in; ~ **Chemie ist er gut** he is good at chemistry; ~ **Chemie hat er e-e gute Note** he has a good mark in chemistry. **9.** *econ.* **er handelt** ~ **Lederwaren** he deals in leather goods; ~ **Geschäften unterwegs** away on business. **10.** ~ **dem** → **im. II** ⟨*acc*⟩ **11.** *örtlich*: a) into, b) in, c) to; ~**s Haus gehen** go into the house, go indoors, go inside; **geh** ~ **dein Zimmer!** go to your room!; ~**s Bett gehen** go to bed; **er geht noch** ~ **die Schule** he still goes to school, he is still at (*Am.* in) school; **die Kinder gehen** ~ **die Schule (hinein)** the children go into the school; ~ **den Himmel kommen** go to Heaven! ~ **die Schweiz fahren** go to Switzerland. **12.** *zeitlich*: → **bis** 6. **13.** *math.* into; **vier geht** ~ **zwanzig fünfmal** four goes into twenty five times.

in[2] (*Engl.*) *adj* ⟨*pred*⟩ *colloq.* ~ **sein** be in.

in·ad·äquat ['ɪnʔadɛkvaːt; -'kvaːt] *adj* inadequate.

in·ak·ku·rat ['ɪnʔakuraːt; -'raːt] *adj* inaccurate, inexact.

in·ak|tiv ['ɪnʔaktiːf; -'tiːf] *adj* **1.** (*untätig*) inactive. **2.** (*im Ruhestand*) retired. **3.** *Mitglied e-s Clubs, e-r Studentenverbindung etc*: non(-)active. **4.** *mil. Offizier*: on reserve status, inactive. ~**ti'vie·ren** [-ti'viːrən] *v/t* ⟨*no* **ge-, h**⟩ **1.** put *s. th.* out of action, de-activate. **2.** (*in den Ruhestand versetzen*) retire, superannuate. **3.** *mil.* (*e-e Einheit*) inactivate. **4.** *med.* inactivate. **5.** *chem.* a) (*Bakterien etc*) inactivate, b) (*Katalysator*) block, de-activate. ²**ti'vie·rung** *f* ⟨-; *no pl*⟩ **1.** inactivating (*etc*). **2.** *med. mil.* inactivation. **3.** retirement, superannuation. ²**ti·vi'tät** [-tivi'tɛːt; 'ɪn-] *f* ⟨-; *no pl*⟩ **1.** (*Untätigkeit*) inactivity (*a. chem. med.*). **2.** (*Ruhestand*) retirement.

in·ak·tu·ell ['ɪnʔaktŭɛl; -'tŭɛl] *adj Problem etc*: not immediate, not of immediate interest, not relevant.

In'an,griff,nah·me *f* ⟨-; *no pl*⟩ **1.** *e-s Problems, e-r Aufgabe etc*: tackling (of), starting (of, on); **bei** ~ **des Bauprojekts** on starting the building project. **2.** *e-s Plans*: putting *s. th.* into action.

In'an,spruch,nah·me *f* ⟨-; *no pl*⟩ **1.** (*gen* of) (*Benutzung*) use, employment, utilization; *econ.* ~ **von Krediten** availment of credits. **2.** (*gen*) (*Zuhilfenahme*) resort (to); **ohne** ~ **von Fremdmitteln** without resort to outside funds. **3.** (*gen*) *jur.* a) (*Forderung*) (laying) claim (to), b) *e-s Gesetzes etc*: reliance (on *a statute, etc*). **4.** (*gen*) a) (*Anforderungen, Beanspruchung*) demands *pl* (on), b) (*Strapazierung*) strain (on), tax (on), *des Geldmarktes, Geldbeutels etc*: *a.* drain (on); **starke (übermäßige)** ~ *von Kräften, Zeit etc* heavy (excessive) demands (*od.* strain, tax) (on), overtaxing (of); **zeitliche** ~ *a.* (heavy) claim(s *pl*) (*od.* tax) on *s.o.'s* time; *bes. econ.* **infolge starker (zeitlicher)** ~ due to pressure of business; **(geistige)** ~ preoccupation, **starke**: (mental) stress. **5.** (*gen* on) *tech.* stress, strain.

In·ap·pe·tenz [ɪnʔape'tɛnts] *f* ⟨-; *no pl*⟩ *med.* loss of appetite, inappetence.

in·ar·ti·ku·liert [ˈɪnˀartikuliːrt; -ˈliːrt] *adj* inarticulate.

Inˈau·gen,schein,nah·me *f* <-; *no pl*> *adm.* inspection.

In·au·gu|ra·ti·on [ɪnˀaugurаˈtsi̯oːn] *f* <-; -en> *e-s Professors etc*: inauguration. **~ˈrie·ren** [-ˈriːrən] *v/t* <*no* ge-, h> inaugurate.

ˈIn·be,griff *m* <-(e)s; *no pl*> **1.** (*Wesen*) (quint)essence, (the) be-all and end-all; **der ~ der Schönheit** the quintessence of beauty. **2.** (*Verkörperung*) embodiment, incarnation; **er ist der ~ des Bösen** he is the embodiment of evil, he is evil incarnate; **der ~ der Großzügigkeit** the personification (*od.* soul) of generosity. **3.** (*Musterbeispiel*) paragon; **sie ist der ~ der Tugend** she is a paragon of virtue, she is virtue itself (*od.* personified). **ˈin·be,grif·fen** *adj* <*pred*> included; **Frühstück ist im Preis ~** breakfast is included in the price, the price includes (*od.* is inclusive of) breakfast.

In·beˈsitz,nah·me *f* <-; -n> (*gen* of) *a. jur.* taking possession, occupation.

In·beˈtracht,zie·hung *f* <-; *no pl*> *adm.* (taking into) consideration; **unter ~ aller Möglichkeiten** considering all (the) possibilities.

In·beˈtrieb|,nah·me *f* <-; -n> **1.** *e-r Fabrik etc*: opening (of), commencement of operations, beginning of work. **2.** *e-r Maschine etc*: putting *s. th.* into operation (*od.* service), start(ing)-up (of); **bei ~ der Anlage** when the plant is put into operation. **3.** *e-r Straße etc*: opening (of); **bei ~ der Straße** when the road was opened (to the traffic). **~,set·zung** *f* <-; -en> → **Inbetriebnahme** 2.

ˈIn,brunst *f* <-; *no pl*> ardo(u)r, fervo(u)r; **mit ~** ardently, fervently. **ˈin,brün·stig** *adj* fervent, ardent (*love, etc*); **~es Gebet** fervent prayer.

ˈIn·bus,schrau·be [ˈɪnbus-] *f tech.* allen screw.

in·cho·a·tiv [ɪnkoaˈtiːf; ˈɪn-] *adj ling.* inchoative, inceptive. **In·cho·a·tiv** [ˈɪnkoatiːf; -ˈtiːf] *n* <-s; -e>, **In·cho·aˈti·vum** [-vum] *n* <-s; -va [-va]> inchoative (verb).

In·co·terms [ˈɪŋkəʊ,tɜːmz] (*Engl.*) *pl econ.* international commercial terms.

Ind·an·thren [ɪndanˈtreːn] (*TM*) *n* <-s; -e> indanthrene dye.

In·de·fi·nit·pro,no·men [ɪndefiˈniːt-; ˈɪn-], **In·de·fiˈni·tum** [-tum] *n* <-s; -ta [-ta]> *ling.* indefinite pronoun.

in·de·kli·na·bel [ɪndekliˈnaːbəl] *adj ling.* indeclinable.

in·de·li·kat [ˈɪndelikaːt; -ˈkaːt] *adj* indelicate.

inˈdem I *conj* **1.** (*dadurch, daß*) by; *er machte sich bemerkbar,* **~ er an die Tür klopfte** by knocking on the door. **2.** (*während*) while, as; **~ er dies sagte, zog er sich zurück** saying so, he withdrew. **3.** *dial.* **~, daß** *kausal*: (*da, weil*) since, because, as. **II** *adv* **4.** → **indes(sen)** 3.

In·dem·ni·tät [ɪndɛmniˈtɛːt] *f* <-; *no pl*> *bes. jur. pol.* indemnity.

In·den [ɪnˈdeːn] *n* <-s; -e> *chem.* indene.

In·den-ˈTag-hin,ein-,Le·ben *n* <-s; *no pl*> happy-go-lucky attitude.

Inˈdent·ge,schäft [ɪnˈdɛnt-] *n econ.* indent business.

In·der [ˈɪndər] *m* <-s; -> , **ˈIn·de·rin** *f* <-; -nen> Indian.

inˈdes(·sen) I *conj* **1.** (*wohingegen*) whereas. **2.** *rare for* **indem** 2. **II** *adv* **3.** (*währenddessen*) meanwhile, in the meantime. **4.** (*jedoch*) however, but, nevertheless, (and) yet.

In·dex [ˈɪndɛks] *m* <-es; -e *u.* -dizes [-ditsɛs]> **1.** *e-s Buches*: register, index. **2.** *R.C. hist.* Index; **ein Buch auf den ~ setzen** put a book on the Index. **3.** (*Zeigefinger*) index finger. **4.** *math.* a) index, b) *hochgestellter*: superscript, c) *tiefgestellter*: subscript. **5.** *Statistik*: index; **~ der Lebenshaltungskosten** cost-of-living index. **6.** *anthrop.* index. **~be,zo·gen** *adj* index-linked. **~,bol·zen** *m tech.* index pin. **~fa,mi·lie** *f Statistik*: representative index family. **~ge,bun·den** *adj econ.* index-linked, index-tied.

in·de·xie·ren [ɪndɛˈksiːrən] *v/t* <*no* ge-, h> *tech.* index.

ˈIn·dex|,lohn *m econ.* index-tied wages *pl.* **~,preis** *m* index-linked price. **~re,gi·ster** *n Computer*: index register. **~,stift** *m tech.* index(ing) pin, indexing pawl. **~,strich** *m* index (line). **~,wäh·rung** *f econ.* index-based currency. **~,zahl, ~,zif·fer** *f Statistik*: index number.

in·de·zent [ˈɪndetsɛnt; -ˈtsɛnt] *adj* indecent.

In·di·an [ˈɪndi̯aːn] *m* <-s; -e> *bes. Austrian* turkey.

In·dia·ner [ɪnˈdi̯aːnər] *m* <-s; -> **1.** (American *od.* Red) Indian. **2.** → **Indio.** **~,frau** *f* Indian woman, squaw. **~ge,schich·te** *f* story about (Red) Indians. **~,häupt·ling** *m* (Red) Indian chief.

In·dia·ne·rin [ɪnˈdi̯aːnərɪn] *f* <-; -nen> **1.** Indian woman, squaw. **2.** Indian girl.

In·dia·ner|re·ser·va·ti,on [ɪnˈdi̯aːnər-] *f* Indian reservation. **~,spra·chen** *pl* American Indian (*od.* Amerindian) languages. **~,stamm** *m* (Red) Indian tribe.

in·dia·nisch [ɪnˈdi̯aːnɪʃ] *adj* (American) Indian, Amerindian.

ˈIn·dia·pa,pier [ˈɪndi̯a-] *n* India paper.

In·di·enne [ɛ̃ˈdjɛn] (*Fr.*) *f* <-; *no pl*> *Textil.* indienne.

Inˈdienst,stel·lung *f* <-; *no pl*> **1.** *e-s Schiffes*: commissioning, putting into commission; **nach der ~** after it had been put into commission. **2.** *mil.* putting into service; **bei der ~** when (it was) put into service.

in·dif·fe|rent [ˈɪndɪfərɛnt; -ˈrɛnt] *adj* **1.** indifferent (**gegenüber** to, toward[s]); **moralisch ~** morally indifferent, amoral. **2.** *phys. Gleichgewicht*: indifferent, neutral. **3.** *chem.* a) *Stoffe etc*: indifferent, neutral, b) *Gase*: inert. **~ren·ˈtis·mus** [-rɛnˈtɪsmus] *m* <-; *no pl*> *bes. relig.* indifferentism. **~renz** [-rɛnts; -ˈrɛnts] *f* <-; -en> **1.** indifference. **2.** *chem. von Stoffen*: indifference, neutrality, *von Gasen*: inertness.

In·di·ge·sti·on [ɪndigɛsˈti̯oːn] *f* <-; -en> *med.* indigestion.

In·di|gna·ti·on [ɪndɪgnaˈtsi̯oːn] *f* <-; *no pl*> *obs.* indignation. **~ˈgnie·ren** [-ˈgniːrən] *v/t* <*no* ge-, h> *obs.* **j-n ~** make s. o. indignant. **~ˈgniert** *adj lit.* indignant (**über** *acc* at).

In·di·go [ˈɪndigo] *m, n* <-s; -s> **1.** <*only sg*> (*Farbstoff*) indigo. **2.** *bot.* indigo (plant). **~,blau I** *n* <-s; *no pl*> **1.** (*Farbe*) indigo (blue). **2.** → **Indigotin. II ~** *adj* **3.** indigo(-blue). **~,far·ben** *adj* indigo. **~,farb,stoff** *m* indigotin, indigo blue.

ˈIn·di·go|,pflan·ze *f* → **Indigo** 2. **~,rot** *n chem.* indirubin.

In·di·go·tin [ɪndigoˈtiːn] *n* <-s; *no pl*> *chem.* indigotin, indigo blue.

ˈIn·di·go,weiß *n chem.* indigo white, leucoindigo.

In·di·ka·ti·on [ɪndikaˈtsi̯oːn] *f* <-; -en> *med.* indication; *jur.* **soziale ~** abortion on social grounds.

In·di·ka|tiv [ˈɪndikatiːf; -ˈtiːf] *m* <-s; -e> *ling.* indicative (mood). **~ti·visch** [-tiːvɪʃ; -ˈtiːvɪʃ] *adj* indicative.

In·di·ka|tor [ɪndiˈkaːtɔr] *m* <-s; -en [-kaˈtoːrən]> **1.** *chem., tech.* indicator. **2.** *phys.* tracer. **~trix** [-trɪks] *f* <-; *no pl*> *math.* indicatrix.

In·dio [ˈɪndi̯o] *m* <-s; -s> (Latin-American) Indian.

in·di·rekt [ˈɪndirɛkt; -ˈrɛkt] *adj* **1.** indirect; **~er Beweis** indirect proof; **~e Gründe** indirect (*od.* remote) causes; **~e Steuern (Wahl, Beleuchtung)** indirect taxes (election, lighting); **auf ~em Wege** indirectly. **2.** *ling. Fragesatz, Objekt etc*: indirect; **~e Rede** indirect (*od.* reported, oblique) speech.

In·di·ru·bin [ɪndiruˈbiːn] *n* <-s; *no pl*> → **Indigorot.**

in·disch [ˈɪndɪʃ] *adj* **1.** Indian; **der ~e Ozean** the Indian Ocean; **~-arisch** Indo-Aryan. **2.** *ling. Sprachen*: Indic. **~,gelb** *n* <-s; *no pl*> Indian yellow. **~,rot** *n* <-s; *no pl*> Indian red.

in·dis|kret [ˈɪndɪskreːt; -ˈkreːt] *adj* indiscreet. **~kre·ti·on** [-kreˈtsi̯oːn; ˈɪn-] *f* <-; -en> **1.** indiscretion; **e-e ~ begehen** commit an indiscretion, be indiscreet. **2.** indiscreet (*od.* tactless) remark. **~ku·ta·bel** [-kutaːbəl; -ˈtaːbəl] *adj* **1.** impossible (*plan, etc*), *nachgestellt*: not worth talking about, <*pred*> out of the question. **2.** *Benehmen etc*: impossible. **~po·ni·bel** [-poniːbəl; -ˈniːbəl] *adj* not available. **~po·niert** [-poniːrt; -ˈniːrt] *adj* indisposed, out of sorts.

In·di·vi·duˈal|,aus,le·se [ɪndiviˈdu̯aːl-] *f bot.* individual plant selection. **~ent,wick·lung** *f biol.* ontogeny. **~,ethik** [-,ˀeːtɪk] *f philos.* individual ethics *pl* (*meist als sg konstruiert*).

in·di·vi·dua|li·sie·ren [ɪndividu̯aliˈziːrən] *v/t* <*no* ge-, h> individualize. **~liˈsie·rung** *f* <-; -en> individualization. **~ˈlis·mus** [-ˈlɪsmus] *m* <-; *no pl*> individualism. **~ˈlist** [-ˈlɪst] *m* <-en; -en> individualist. **~ˈli·stisch** [-ˈlɪstɪʃ] *adj* individualist(ic). **~liˈtät** [-liˈtɛːt] *f* <-; -en> **1.** <*only sg*> individuality, individualism. **2.** (*Person*) individuality, individual character. **3.** <*only sg*> *philos.* thisness, substantiality.

In·di·vi·duˈal|,laut *m ling.* phone. **~psy·cho·lo,gie** *f* individual psychology. **~,recht** *n jur.* individual right. **~ver,kehr** *m mot.* passenger-car (*od.* individual) traffic.

in·di·vi·du·ell [ɪndiviˈdu̯ɛl] **I** *adj* individual (*treatment, etc*); **~er Geschmack** personal taste. **II** *adv* **~ behandeln** treat individually; **et. ~ gestalten** individualize (*od.* personalize) s. th.; **das ist ~ verschieden** that varies from person to person (*od.* from case to case). **In·di·vi·du·um** [ɪndiˈviːduum] *n* <-s; -duen [-du̯ən]> **1.** (*Einzelmensch*) individual. **2.** *contp.* (*suspicious, etc*) character. **3.** *Logik*: individual.

In·diz [ɪnˈdiːts] *n* <-es; -ien [-tsi̯ən]> **1.** indication, sign. **2.** *meist pl jur.* circumstantial evidence; **j-n auf Grund von ~ien schuldig sprechen** convict s. o. on circumstantial evidence. **Inˈdi·zi·en·be,weis** *m* → **Indiz** 2.

in·di|zie·ren [ɪndiˈtsiːrən] *v/t* <*no* ge-, h> **1.** *med.* indicate. **2.** (*Buch etc*) index, (*verbieten*) ban, *R.C. hist.* put (*book*) on the Index. **~ˈziert** *adj* **1.** *bes. med.* indicated. **2.** *tech. Leistung etc*: indicated. **3.** *Buch etc*: indexed, *R.C. a.* (put) on the Index.

In·do|chi·ne·se [ˈɪndoçiˈneːzə] *m* Indo-Chinese. **~chiˈne·sisch** *adj* Indo-Chinese. **~eu·roˈpä·er** *m* → **Indogermane.** **~eu·roˈpä·isch** *adj* → **indogermanisch.** **~gerˈma·ne** *m* Indo-European.

ˈin·do|gerˈma·nisch *ling.* **I** *adj* Indo-European, Indo-Germanic; **~er Inder**

Indo-Aryan. **II** ≗ <*generally undeclined*>, **das** ≗**e** <-n> Indo-European, Indo-Germanic.

In·do|ger·ma'nist *m ling.* Indo-Europeanist. **~ger·ma'ni·stik** *f ling.* (study of) Indo-European linguistics *pl* (*meist als sg konstruiert*), Indo-European studies *pl.*

In·dok·tri·na·ti·on [ɪndɔktrina'tsĭoːn] *f* <-; -en> indoctrination.

in·do|lent ['ɪndolɛnt; -'lɛnt] *adj a. med.* indolent. ≗**lenz** [-lɛnts; -'lɛnts] *f* <-; -en> indolence.

In·do|lo·ge [ɪndo'loːgə] *m* <-n; -n> Indologist. **~lo'gie** [-lo'giː] *f* <-; *no pl*> Indology. **~'ne·si·er** [-'neːzĭər] *m* <-s; -> Indonesian. ≗**'ne·sisch** [-'neːzɪʃ] **I** *adj* Indonesian. **II** ≗ <*generally undeclined*>, **das** ≗**e** <-n> *ling.* Indonesian.

in·dos|sa·bel [ɪndɔ'saːbəl] *adj econ.* endorsable, indorsable, negotiable. ≗**sa·'ment** [-sa'mɛnt] *n* <-s; -e> endorsement, indorsement; **durch ~ übertragen** endorse. ≗**'sant** [-'sant] *m* <-en; -en> endorser, indorser. ≗**'sat** [-'saːt] *m* <-en; -en>, ≗**sa'tar** [-sa'taːr] *m* <-s; -e> endorsee, indorsee. **~'sier·bar** *adj* → **indossabel.** **~'sie·ren** [-'siːrən] *v/t* <*no* **ge-**, **h**> indorse, endorse. ≗**'sie·rung** *f* <-; -en> → **Indossament.**

In·dos·so [ɪn'dɔso] *n* <-s; -si [-si]> → **Indossament.**

In·duk·tanz [ɪnduk'tants] *f* <-; *no pl*> *electr.* inductance.

In·duk·ti·on [ɪnduk'tsĭoːn] *f* <-; -en> **1.** *Logik*: induction. **2.** *biol. electr. math. phys.* induction.

In·duk·ti'ons|ap·pa,rat *m* **1.** *electr.* induction coil. **2.** *med.* faradizer. **~be,weis** *m Logik*: inductive proof. **~,fluß** *m phys.* induction flux. ≗**,frei** *adj* non(-)inductive. **~,här·tung** *f* induction hardening. **~kon,stan·te** *f* magnetic space constant. **~,mo·tor** *m* induction motor. **~,schluß** *m* **1.** *Logik*: inductive inference. **2.** *math.* proof by induction. **~,spu·le** *f electr.* induction coil. **~,strom** *m* induction (*od.* induced) current. **~ver,fah·ren** *n math. philos.* inductive method. **~,waa·ge** *f phys.* electrodynamic-type balance.

in·duk·tiv [ɪnduk'tiːf] *adj* **1.** *Logik*: inductive, empirical; **~e Methode** inductive method. **2.** *electr. phys.* inductive. **In·duk·ti·vi'tät** [-tivi'tɛːt] *f* <-; *no pl*> inductance, inductivity. **In·duk·tor** [ɪn'duktɔr] *m* <-s; -en [-'toːrən]> *biol. electr., a. psych.* inductor.

In·du·ra·ti·on [ɪndura'tsĭoːn] *f* <-; -en> *med.* induration.

in·du·stria|li·sie·ren [ɪndustrĭali'ziːrən] *v/t* <*no* **ge-**, **h**> industrialize. ≗**li'sie·rung** *f* <-; *no pl*> industrialization. ≗**'lis·mus** [-'lɪsmus] *m* <-; *no pl*> industrialism.

In·du·strie [ɪndus'triː] *f* <-; -n [-ən]> a) industry, b) (*~zweig*) (branch of) industry; **einheimische (erzeugende) ~** home (*od.* domestic) (manufacturing) industry; **in der ~ tätig sein** be (employed) in industry.

In·du'strie... *in Zssgn meist* industrial (*bank, designer, diamond, district, landscape, product, psychology, spy, worker, etc*). **~,ab,fäl·le** *pl* industrial waste *sg.* **~,ab,ga·se** *pl* industrial waste gas *sg.* **~,ak·ti·en** *pl* industrial shares (*bes. Am.* stock *sg*), industrials. **~,an,la·ge** *f* industrial plant, works *pl* (*oft als sg konstruiert*). **~be,ra·ter** *m* industrial (*od.* management) consultant. **~be,trieb** *m* **1.** industrial enterprise. **2.** → **Industrieanlage.** ≗**,ei·gen** *adj* industry-owned. **~er,zeu·gung** *f* industrial production (*od.* output). **~,füh·rer** *m* leader of industry. **~ge,biet** *n* industrial area. **~ge,län·de** *n* industrial estate (*od.* area, *Am.* park). **~ge,sell·schaft** *f* **1.** *econ.* industrial company. **2.** *sociol.* industrial society. **~ge,werk·schaft** *f econ.* industrial trade (*bes. Am.* labor) union; **~ Bergbau** Miners' Union; **~ Metall** Metal Workers' Union. **~ka·pi,tän** *m colloq.* captain of industry, tycoon. **~,kauf,mann** *m* officer (*od.* clerk) in an industrial firm. **~,land** *n* industrial(ized) country.

in·du·stri·ell [ɪndustri'ɛl] *adj* industrial. **In·du·stri'el·le** *m* <-n; -n> *econ.* industrialist, manufacturer.

In·du'strie|ma,gnat *m econ.* industrial magnate, tycoon. **~,mei·ster** *m* (factory) foreman. **~,mes·se** *f* industrial fair. **~,norm** *f* industrial standard, standard specification; **Deutsche ~** German Standard Specification. **~pa·,pie·re** *pl* → **Industrieaktien.** **~po·ten·ti,al** *n* industrial potential (*od.* capacity). **~,rit·ter** *m contp.* high-class swindler. **~spio,na·ge** *f* industrial espionage. **~,staat** *m* industrial nation. **~,stadt** *f* industrial town. **~- ,und 'Han·dels,kam·mer** *f* Chamber of Industry and Commerce. **~,un·ter,neh·men** *n* industrial undertaking (*od.* enterprise, firm). **~ver,band** *m* federation of industries. **~,vier·tel** *n in e-r Stadt*: industrial quarter. **~,werk** *n* industrial (*od.* manufacturing) plant, (industrial) works *pl* (*oft als sg konstruiert*). **~,wer·te** *pl* industrials. **~,wirt·schaft** *f* industrial sector, industry. **~,zeit,al·ter** *n* industrial era, age of industry. **~,zweig** *m* (branch of) industry.

in·du|zie·ren [ɪndu'tsiːrən] *v/t* <*no* **ge-**, **h**> *allg.* induce. ≗**'zie·rung** *f* <-; -en> induction.

in ef·fi·gie [ɪn ɛ'fiːgĭe] *adv obs.* in effigy.

in·egal ['ɪnˀegaːl; -'gaːl] *adj* unequal.

in,ein'an·der *adv* **1.** in one another; **~ aufgehen** be wrapped up in one another; **~ verliebt** in love (with each other). **2.** into one another (*od.* each other); **die Farben gehen ~ über** the colo(u)rs merge (into one another); **Materie und Energie sind ~ umwandelbar** matter and energy are interconvertible. **~,flech·ten** *v/t* <*irr, sep,* **-ge-**, **h**> interlace, intertwine. **~,flie·ßen** *v/i* <*irr, sep,* **-ge-**, **sein**> **1.** *Flüsse etc*: join, merge, flow into one another. **2.** *Farben*: run into one another. **~,fü·gen** *v/t* <*sep,* **-ge-**, **h**> fit (*things*) into one another, join, dovetail. **~ge,schach·telt** *adj* a) fitted into one another, nested, b) *fig. Satz*: incapsulated. **~,grei·fen I** *v/i* <*irr, sep,* **-ge-**, **h**> **1.** *Zahnräder etc*: mesh, engage, gear together (*od.* into one another), *a. Finger etc*: interlock. **2.** *fig.* a) work together, key in with one another, interlock, b) *Arbeitsvorgänge etc*: be co(-)ordinated (*od.* synchronized, dovetailed), c) *Tatsachen etc*: interlink, be interconnected. **II** ≗ *n* <-s> **3.** meshing (*etc*), *von Zahnrädern etc*: *a.* engagement. **4.** *fig.* a) interplay, concatenation, b) co(-)ordination, synchronization, c) interconnection. **~,pas·sen I** *v/i* <*sep,* **-ge-**, **h**> fit into one another, fit together, nest; **die Schachteln passen ineinander** the boxes nest. **II** *v/t* <**h**> → **ineinanderfügen.** **~,schach·teln** *v/t* <*sep,* **-ge-**, **h**> fit (*things*) into one another. **~,schieb·bar** *adj Instrument etc*: telescopic. **~,schie·ben I** *v/t* <*irr, sep,* **-ge-**, **h**> telescope. **II** *v/reflex* **sich ~** (lassen) telescope.

In·emp'fang,nah·me *f* <-; *no pl*> receipt.

In·ert,gas [i'nɛrt-] *n chem.* inert gas.

in·ex·akt ['ɪnˀɛksakt; -'ksakt] *adj* inexact, inaccurate.

In·fal·li·bi·li·tät [ɪnfalibili'tɛːt] *f* <-; *no pl*> infallibility.

in·fam [ɪn'faːm] *adj* **1.** infamous, disgraceful, shameful. **2.** *colloq. Kälte etc*: awful, dreadful. **In·fa'mie** [-fa'miː] *f* <-; -n [-ən]> **1.** infamy. **2.** infamous act (*od.* deed).

In·fant [ɪn'fant] *m* <-en; -en> *hist.* infante.

In·fan·te·rie [ɪnfantə'riː] *f* <-; -n [-ən]> *mil.* infantry. **~ge,schoß** *n* small arms (*od.* infantry) projectile. **~ge,schütz** *n* infantry gun. **~,spit·ze** *f* infantry point.

In·fan·te|rist [ɪnfantə'rɪst] *m* <-en; -en> *mil.* infantryman, (*Schütze*) rifleman. ≗**'ri·stisch** *adj* infantry (*training, etc*).

in·fan|til [ɪnfan'tiːl] *adj* infantile. ≗**ti'lis·mus** [-ti'lɪsmus] *m* <-; *no pl*> *med. psych.* infantilism. ≗**ti·li'tät** [-tili'tɛːt] *f* <-; *no pl*> infantility.

In'fan·tin *f* <-; -nen> *hist.* infanta.

In·farkt [ɪn'farkt] *m* <-(e)s; -e> *med.* infarct(ion).

In·fekt [ɪn'fɛkt] *m* <-(e)s; -e> *med.* infection. **In·fek·ti·on** [ɪnfɛk'tsĭoːn] *f* <-; -en> *med.* infection.

In·fek·ti'ons|,ab,tei·lung *f* isolation ward. ≗**,frei** *adj* free from infection. **~,herd** *m* focus of infection. **~,kran·ken,haus** *n* isolation hospital. **~,krank·heit** *f* infectious disease, infection. **~,quel·le** *f* source of infection, contact. **~,stoff** *m* infectious (*od.* infective) agent. **~,trä·ger** *m* **1.** carrier. **2.** (*Gegenstand*) fomes, fomites *pl.*

in·fek·ti·ös [ɪnfɛk'tsĭøːs] *adj med.* **1.** infectious, *durch Kontakt*: *a.* contagious. **2.** *Erreger*: infective.

In·fe·rio·ri·tät [ɪnferĭori'tɛːt] *f* <-; *no pl*> inferiority.

in·fer|nal [ɪnfɛr'naːl], **~'na·lisch** *adj a. fig. colloq.* infernal.

In·fer·no [ɪn'fɛrno] *n* <-s; *no pl*> *a. fig.* inferno.

In·fil|trat [ɪnfɪl'traːt] *n* <-(e)s; -e> *med.* infiltrate. **~tra·ti'on** [-tra'tsĭoːn] *f* <-; -en> infiltration. ≗**'trie·ren** [-'triːrən] **I** *v/t* <*no* **ge-**, **h**> infiltrate. **II** *v/i* <**sein**> infiltrate.

in·fi·nit ['ɪnfiniːt; -'niːt] *adj ling.* infinite.

in·fi·ni·te·si·mal [ɪnfinitezi'maːl] *adj math.* infinitesimal; **~e Größe** infinitesimal (quantity). ≗**,rech·nung** *f* infinitesimal calculus.

In·fi·ni·tiv ['ɪnfinitiːf; -'tiːf] *m* <-s; -e> *ling.* infinitive (mood); **substantivierter ~** verbal (*od.* infinitive) noun, substantivized infinitive. **in·fi·ni·ti·visch** [-tiːvɪʃ; -'tiːvɪʃ] **I** *adj* infinitive. **II** *adv* **~ gebraucht** used as an infinitive. **'In·fi·ni·tiv,satz** *m* infinitive clause.

In·fi·ni·tum, das [ɪnfi'niːtum] <-s> infinity.

in·fi'ni·tum *adj ling.* **Verbum ~** infinite verb.

In·fix [ɪn'fɪks; 'ɪn-] *n* <-es; -e> *ling.* infix.

in·fi|'zier·bar *adj med.* infectible. **~zie·ren** [ɪnfi'tsiːrən] **I** *v/t* <*no* **ge-**, **h**> **1.** *med. u. fig.* (*Person*) infect. **2.** *med. nucl.* (*Stoffe etc*) contaminate. **II** *v/reflex* **sich ~ 3.** be (*od.* get) infected, catch an infection. **III** ≗ *n* <-s> **4.** infecting (*etc*), infection. **~'zie·rend** *adj* infectious, infective, *bes. durch Ansteckung*: contagious. ≗**'zie·rung** *f* <-; -en> *med.* infection.

in fla·gran·ti [ɪn fla'granti] *adv* **j-n ~ ertappen** catch s. o. red-handed (*od.* in the very act).

In·fla·ti·on [ɪnfla'tsĭoːn] *f* <-; -en> *econ.* inflation; **schleichende** (*od.* **latente**) **~** creeping (*od.* latent) inflation; → **galoppierend.**

in·fla·tio|när [ɪnflatsĭoˈnɛːr], **~ˈni·stisch** [-ˈnɪstɪʃ] *adj econ.* inflationary. **≈ˈnis·mus** *m* inflationism.

In·fla·tiˈons|er|schei·nung *f econ.* inflationary symptom (*od.* phenomenon). **~ge|fahr** *f* danger of inflation. **~po·li|tik** *f* inflationary policy, inflationism. **~|zeit** *f* inflationary period.

in·fla·to·risch [ɪnflaˈtoːrɪʃ] *adj econ.* inflationary.

in·fle|xi·bel [ˈɪnflɛksiːbəl; -ˈksiːbəl] *adj* **1.** inflexible. **2.** *ling. Wort*: uninflected, invariable. **≈ˈxi·bi·le** [-bilə] *n* ⟨-; -lia [-ksiˈbiːlĭa]⟩ *ling.* uninflected (*od.* uninflectible) word.

In·flu·enz [ɪnfluˈɛnts] *f* ⟨-; -en⟩ *electr.* influence, electrostatic induction.

In·flu·en·za [ɪnfluˈɛntsa] *f* ⟨-; *no pl*⟩ *med.* influenza, *colloq.* flu.

inˈfol·ge *prep* ⟨*gen*⟩ owing (*od.* due) to, as a result of, because of, in consequence of. **in|fol·geˈdes·sen** *conj* as a result, consequently, owing to this (*od.* which), accordingly; *ich hatte e-n Unfall*, ~ **kam ich zu spät** and so I arrived late.

In·for|mant [ɪnfɔrˈmant] *m* ⟨-en; -en⟩ informant. **~ˈma·tik** [-ˈmaːtɪk] *f* ⟨-; *no pl*⟩ *Computer*: computer science, informatics *pl* (*a. als sg konstruiert*). **~ˈma·ti·ker** *m* information (*od.* computer) scientist. **~ma·tiˈon** [-maˈtsĭoːn] *f* ⟨-; -en⟩ **1.** information; **zu Ihrer ~** for your information; **nach den neuesten ~en** according to the latest information; **~en einholen** (*od.* **einziehen**) gather information, make inquiries. **2.** *Computer*: information.

In·for·ma·tiˈons|bü|ro *n* information bureau, inquiry office. **~|fluß** *m* ⟨-sses; *no pl*⟩ flow of information; **~ pro Zeiteinheit** information flow-rate. **~|quel·le** *f* source (of information). **~|recht** *n* right to information. **~|rei·se** *f* fact-finding trip. **~|stel·le** *f* → Informationsbüro. **~theo|rie** *f* information theory. **~|trä·ger** *m* storage medium. **~ver|ar·bei·tung** *f* information (*od.* data) processing. **~|wert** *m* informational value.

in·for|ma·tiv [ɪnfɔrmaˈtiːf] *adj* informative. **≈ˈma·tor** [-ˈmaːtɔr] *m* ⟨-s; -en [-maˈtoːrən]⟩ informant. **~maˈto·risch** [-maˈtoːrɪʃ] *adj* informatory. **~mell** [ˈɪnfɔrmɛl; -ˈmɛl] *adj* **1.** informal. **2.** → informativ. **3. ~e Kunst** non(-)objectivism. **~ˈmie·ren** [-ˈmiːrən] **I** *v/t* ⟨*no* **ge-**, **h**⟩ (**über** *acc*) *allg.* inform (of, about, on), (*in Kenntnis setzen, benachrichtigen*) *a.* advise (of), notify (of), (*anweisen*) *a.* instruct (as to), brief (on); **j-n falsch ~** misinform s. o. **II** *v/reflex* **sich über e-e Sache ~** inform o. s. (*od.* make inquiries) on (*od.* about) s. th. **~ˈmiert** *adj* informed (**über** *acc* about); **~e Kreise** well-informed circles; **ich bin bereits ~** I have been informed of this, I already know this.

in·fra·aku·stisch [ˈɪnfraˀa|kustɪʃ; |ɪnfraˀaˈkustɪʃ] *adj phys.* sub-audio.

Inˈfra·ge|stel·lung *f* ⟨-; *no pl*⟩ **1.** (*Bezweiflung*) calling into question. **2.** (*Gefährdung*) endangering, jeopardizing.

ˈIn·fra|grill (*TM*) *m* infra(-)red grill.

ˈin·fra|rot *phys.* **I** *adj* infra(-)red. **II ≈, das** ⟨-s⟩ infra(-)red. **ˈIn·fra|rot…** *in Zssgn* infra(-)red (*heating, rays, etc*). **~|strah·ler** *m* infra(-)red heater.

ˈIn·fra||schall *m phys.* infrasound.

~struk|tur *f econ. mil.* infrastructure.

In·fu·si·on [ɪnfuˈzĭoːn] *f* ⟨-; -en⟩ *a. med.* infusion. **In·fu·siˈons|tier·chen** *n meist pl zo.* infusorian, infusoria *pl*.

In·fuˈso·ri·en|er·de *f* **1.** *min.* infusorial earth. **2.** *geol.* fossil meal, diatomaceous earth.

In·fu·so·ri·um [ɪnfuˈzoːrĭum] *n* ⟨-s; -rien⟩ *meist pl* → **Infusionstierchen.**

Inˈgang||hal·tung *f* ⟨-; *no pl*⟩ keeping *s. th.* going. **~|set·zung** *f* ⟨-; *no pl*⟩ **1.** *tech.* a) setting *s. th.* in motion, starting(-up), actuating, b) → Inbetriebnahme 2. **2.** *fig.* setting in train, starting, launching.

In·geˈbrauch|nah·me *f* ⟨-; *no pl*⟩ putting into use (*od.* operation); **vor ~** *a.* before (*od.* prior) to using (*the appliance, etc*); **vor ~ des Kleidungsstückes** before wearing the garment.

In·ge·nieur [ɪnʒeˈnĭøːr] *m* ⟨-s; -e⟩ engineer; **beratender (leitender) ~** consulting (chief) engineer. **~|bau** *m* ⟨-(e)s; -ten⟩ **1.** ⟨*only sg*⟩ civil engineering. **2.** *pl* engineering construction *sg*. **~be|ruf** *m* engineering profession. **~bü|ro** *n* **1.** engineering office. **2.** (firm of) consulting engineers. **~|schu·le** *f* school of engineering. **~|wis·sen·schaft** *f* (science of) engineering.

in·ge·ni·ös [ɪngeˈnĭøːs] *adj* ingenious. **In·ge·nio·siˈtät** [-nĭoziˈtɛːt] *f* ⟨-; *no pl*⟩ ingenuity. **In·ge·ni·um** [ɪnˈgeːnĭum] *n* ⟨-s; -en⟩ genius.

In·ge·sti·on [ɪngɛsˈtĭoːn; ˈɪn-] *f* ⟨-; *no pl*⟩ *med.* ingestion.

ˈin·ge|züch·tet *adj biol.* inbred.

In·got [ˈɪŋgət] (*Engl.*) *n* ⟨-s; -s⟩ *tech.* ingot.

In·gre·di·ens [ɪnˈgreːdĭɛns] *n* ⟨-; -enzien [-greˈdĭɛntsĭən]⟩, *a.* **In·gre·diˈenz** [-greˈdĭɛnts] *f* ⟨-; -en⟩ *meist pl* ingredient, component.

ˈIn|grimm *m* ⟨-(e)s; *no pl*⟩ wrath, fury. **ˈin|grim·mig** *adj* wrathful, fierce, furious.

Ing·wer [ˈɪŋvər] *m* ⟨-s; *no pl*⟩ *bot.* ginger; **mit ~ würzen** ginger; **mit ~ gewürzt** gingery. **~|bier** *n* ginger ale (*od.* beer). **≈|far·ben** *adj* ginger(y). **~ge|wächs** *n* gingerwort. **~ge|würz** *n* ginger. **~|ku·chen** *m* gingerbread. **~li|kör** *m* ginger brandy. **~|wur·zel** *f* ginger-race.

ˈIn|ha·ber *m* ⟨-s; -⟩ **1.** (*Eigentümer*) proprietor, owner; **der ~ e-s Hotels** the proprietor of a hotel. **2.** (*Besitzer*) possessor, occupant; (*Mieter*) tenant. **3.** *meist in Zssgn*: keeper; **~ e-s Gasthauses (Geschäfts)** innkeeper (shopkeeper). **4.** *fig.* holder; **~ e-s Amtes (e-s Titels, e-r Urkunde)** bearer (*od.* holder) of an office (a title, a certificate); **~ e-s akademischen Grades** graduate; **~ e-s Patentes** holder of a patent, patentee; *Sport*: **~ e-s Rekordes** holder of a record, record-holder. **5.** *econ.* bearer, holder; **~ e-s Wechsels (Wertpapiers)** bearer (*od.* holder) of a bill (security); **zahlbar an ~** payable to bearer. **~|ak·tie** *f econ.* bearer share. **~|an|lei·he** *f* bearer loan (*od.* bond). **~pa|pier** *n meist pl* bearer instrument. **~schaft** *f* ⟨-; *no pl*⟩ ownership. **~|scheck** *m econ.* bearer cheque (*Am.* check). **~|schuld·ver|schrei·bung** *f* bearer bond. **~zer·ti·fi|kat** *n* certificate made out to bearer.

in·haf·tie·ren [ɪnhafˈtiːrən] *v/t* ⟨*no* **ge-**, **h**⟩ arrest, take *s. o.* in custody, place *s. o.* under detention. **In·hafˈtie·rung** *f* ⟨-; -en⟩ **1.** arresting (*etc*), arrest, (placing under) detention. **2.** → Haft 1. **Inˈhaft|nah·me** *f* ⟨-; *no pl*⟩ → Inhaftierung 1.

In·ha·la·ti·on [ɪnhalaˈtsĭoːn] *f* ⟨-; -en⟩ *med.* inhalation.

In·ha·la·tiˈons|ap·pa|rat *m med.* inhaler, inhalator. **~prä·pa|rat** *n* inhalant.

in·ha·lie·ren [ɪnhaˈliːrən] **I** *v/t* ⟨*no* **ge-**, **h**⟩ inhale. **II ≈** *n* ⟨-s⟩ inhaling. **In·haˈlie·rung** *f* ⟨-; -en⟩ inhalation.

ˈIn|halt *m* ⟨-(e)s; -e⟩ **1.** contents *pl* (*of a bottle, box, etc*). **2.** *math.* a) (*Flächen≈*) area, b) (*Körper≈, Raum≈*) volume, capacity. **3.** *fig.* (*Gehalt*) content(s *pl*), substance, subject matter, tenor; **der ~ e-s Briefes** the contents of a letter; **den ~ e-s Gespräches wiedergeben** tell (*od.* recount) the substance of a conversation; **~ und Form e-s Gedichtes** content and form of a poem; **der Brief hat folgenden ~** (*od.* **folgendes zum ~**) the letter says, the letter reads (*od.* runs) as follows; **folgenden ~s** running as follows, to the following effect; **des ~s, daß** to the effect that, saying that; **gleichen ~s** to the same effect. **4.** *fig.* (*Sinn, Zweck*) meaning; **ein Leben ohne ~** a meaningless (*od.* an empty) life. **ˈin|halt·lich** *adv* in substance, in its content(s), as (*od.* with regard) to the content(s); **die Texte weichen ~ voneinander ab** the texts are different in content(s), the texts read differently.

ˈIn|halts||an|ga·be *f* **1.** statement of contents, (*Zs.-fassung, kurze ~*) summary, outline, synopsis, epitome, résumé; **e-e ~ über ein Buch machen** summarize (*od.* epitomize) (the contents of) a book. **2.** → Inhaltsverzeichnis. **~be|rech·nung, ~be|stim·mung** *f math.* **1.** *e-r Fläche*: calculation of area. **2.** *e-s Körpers*: cubature, calculation of volume. **≈be|zo·gen** *adj ling.* content-orientated. **~er|klä·rung** *f econ.* declaration (*od.* statement, list) of contents. **≈|leer, ≈los** *adj fig.* **1.** empty, meaningless (*talk, life, etc*). **2.** *Buch etc*: devoid of substance, shallow, trivial. **≈|reich** *adj* **1.** *Worte, Rede etc*: a) rich in content (*od.* substance), b) (*bedeutungsschwer*) fraught with meaning, pregnant, meaty, c) (*bedeutsam*) momentous, significant, weighty. **2.** *Leben*: full, rich. **≈|schwer** *adj* → **inhaltsreich** 1b. **~|über|sicht** *f* a) → **Inhaltsangabe** 1, b) → **~ver|zeich·nis** *n* **1.** *e-s Buches*: table of contents. **2.** → **Inhaltserklärung.** **≈|voll** *adj* → **inhaltsreich.**

in·hä|rent [ɪnhɛˈrɛnt] *adj a. philos.* inherent. **≈ˈrenz** [-ˈrɛnts] *f* ⟨-; *no pl*⟩ inherence, *philos. a.* in-being.

in·ho·mo·gen [ˈɪnhomogeːn; -ˈgeːn] *adj* inhomogeneous.

in·hu|man [ˈɪnhumaːn; -ˈmaːn] *adj* inhuman(e). **≈ma·ni·tät** [-maniˈtɛːt; ˈɪn-] *f* ⟨-; *no pl*⟩ inhumanity.

In·iti·al [iniˈtsĭaːl] *n* ⟨-s; -e⟩, **~|buch|sta·be** *m* → **In·itia·le** [-lə] *f* ⟨-; -n⟩ **1.** initial (letter); **s-e ~n unter e-e Sache setzen** initial s. th. **2.** *print.* cock-up.

In·itiˈal||la·dung *f tech.* priming charge, primer. **~|spreng|stoff** *m* priming (*od.* initiator) explosive. **~|wort** *n* ⟨-(e)s; ≃er⟩ *ling.* initial word, acronym. **~|zün·der** *m* primer. **~|zün·dung** *f* **1.** (*Vorgang*) primer detonation. **2.** (*Zündsatz*) primer, booster (charge).

In·itia·ti·ve [initsĭaˈtiːvə] *f* ⟨-; -n⟩ **1.** ⟨*only sg*⟩ initiative; **die ~ ergreifen** take the initiative; **auf** (*od.* **durch die**) **~ des Direktors** on the director's initiative, at the director's instigation; **aus eigener ~ handeln** act on one's own initiative, act of one's own accord. **2.** ⟨*only sg*⟩ (*Unternehmungsgeist*) initiative, enterprise, drive. **3.** *Swiss pol.* (*Volksbegehren*) initiative.

In·itia·tor [iniˈtsĭaːtɔr] *m* ⟨-s; -en [-tsĭaˈtoːrən]⟩ initiator. **in·itia·to·risch** [initsĭaˈtoːrɪʃ] *adj* initiatory.

In·jek·ti·on [ɪnjɛkˈtsĭoːn] *f* ⟨-; -en⟩ *geol. med. tech.* injection, *colloq.* shot; *med.* **e-e ~ machen** make (*od.* give) an injection.

In·jek·ti'ons|ˌna·del *f med.* hypodermic needle. **~ˌsprit·ze** *f* (injection) syringe.

in·ji·zie·ren [ɪnji'tsiːrən] *v/t* ⟨*no* **ge-, h**⟩ *med. tech.* inject.

In·ka ['ɪŋka] *m* ⟨**-(s); -(s)**⟩ *hist.* Inca.

in·kar·nat [ɪnkar'naːt] *Kunst* **I** *adj* incarnadine, flesh-colo(u)red. **II** ♀ *n* ⟨**-(e)s;** *no pl*⟩ carnation, flesh tint.

In·kar|na·ti·on [ɪnkarna'tsĭoːn] *f* ⟨**-; -en**⟩ **1.** ⟨*only sg*⟩ *relig.* incarnation. **2.** *fig.* incarnation, embodiment; **die ~ des Bösen** the embodiment of (all) evil, evil incarnate; **er ist die ~ des Teufels** he is the devil incarnate. ♀'**niert** [-'niːrt] *adj relig.* incarnate.

In·kas·sant [ɪnka'sant] *m* ⟨**-en; -en**⟩ *Austrian for* **Kassierer.**

In·kas·so [ɪn'kaso] *n* ⟨**-s; -s,** *bes. Austrian* **Inkassi** [-si]⟩ *econ.* collection; **~ besorgen** collect; **zum ~ vorlegen** present for collection. **~ˌaufˌtrag** *m* collection order. **~bü|ro** *n* collection agency. **~ˌspe·sen** *pl* collecting charges. **~ˌvollˌmacht** *f* collecting power. **~ˌwech·sel** *m* bill for collection.

In'kauf|nah·me *f* ⟨**-;** *no pl*⟩ (*gen*) **1.** acceptance (of); **unter ~ kleiner Beschädigungen** putting up with petty damages. **2.** *jur.* (**unter ~** with) reckless disregard of the consequences (*gen* of *one's act, etc*).

In·kli·na·ti·on [ɪnklina'tsĭoːn] *f* ⟨**-; -en**⟩ *astr. phys.* inclination; **magnetische ~** magnetic dip; **ohne ~** aclinic.

In·kli·na·ti'ons|ˌkom·paß *m* **1.** *phys.* dipping compass. **2.** *tech.* inclinometer. **~ˌna·del** *f* **1.** *mar.* dipping needle. **2.** *tech.* inclinometer. **~ˌwin·kel** *m phys.* magnetic dip.

In·klu·se [ɪn'kluːzə] *f* ⟨**-; -n**⟩ *min.* inclusion.

In·klu·si·on [ɪnklu'zĭoːn] *f* ⟨**-; -en**⟩ *math. philos.* inclusion.

in·klu·si·ve [ɪnklu'ziːvə] **I** *prep* **1.** ⟨*gen*⟩ including, inclusive of. **2.** ⟨*nom*⟩ including, inclusive of; **das Zimmer kostet 20 Mark ~ Frühstück** the room costs 20 marks including breakfast; **~ Porto** postage included. **3.** ⟨*dat*⟩ including, inclusive of; **~ Getränken** drinks included. **II** *adv* **4.** inclusive; **Montag bis Freitag ~** Monday to Friday inclusive, *bes. Am.* Monday through Friday.

in·ko·gni·to [ɪn'kɔgnito] **I** *adv* incognito; **~ reisen** travel incognito. **II** ♀ *n* ⟨**-s; -s**⟩ incognito; **das ♀ wahren** (**lüften**) preserve (reveal) one's incognito.

in·ko·hä·rent [ɪnkohe'rɛnt] *adj a. phys.* incoherent.

in·kom·men·su·ra·bel [ɪnkɔmɛnzu'raːbəl] *adj math.* incommensurable; **inkommensurable Größen** incommensurables.

in·kom·mo·die·ren [ɪnkɔmo'diːrən] *obs.* **I** *v/reflex* ⟨*no* **ge-, h**⟩ **sich ~** put o. s. out; **~ Sie sich nicht!** please don't trouble! **II** *v/t* **j-n ~** trouble (*od.* inconvenience) s. o.

in·kom|pa·ra·bel [ɪnkɔmpa'raːbəl] *adj* **1.** *obs.* incomparable. **2.** *ling.* not allowing comparison. **~pa'ti·bel** [-pa'tiːbəl] *adj* imcompatible.

in·kom·pe|tent ['ɪnkɔmpetɛnt; -'tɛnt] *adj* incompetent. ♀**tenz** [-tɛnts; -'tɛnts] *f* ⟨**-; -en**⟩ incompetence.

in·kon·gru|ent ['ɪnkɔngruɛnt; -'ɛnt] *adj ling. math.* incongruent, incongruous. ♀**enz** [-ɛnts; -'ɛnts] *f* ⟨**-; -en**⟩ incongruity, incongruence.

in·kon·se|quent ['ɪnkɔnzekvɛnt; -'kvɛnt] *adj* inconsequent(ial), inconsistent. ♀**quenz** [-kvɛnts; -'kvɛnts] *f* ⟨**-; -en**⟩ inconsequence, inconsistency.

in·kon·stant ['ɪnkɔnstant; -'tant] *adj a. phys.* inconstant.

in·kon·ver·ti·bel ['ɪnkɔnvɛrtiːbəl; -'tiːbəl] *adj econ.* inconvertible.

In·kor·po|ra·ti·on [ɪnkɔrpora'tsĭoːn] *f* ⟨**-; -en**⟩ **1.** *a. jur. pol.* (*Angliederung*) incorporation (**in** *acc* into). **2.** *univ.* admission into a student society (*Am.* fraternity). **3.** *nucl. Strahlenschutz*: uptake (by the body). ♀'**rie·ren** [-'riːrən] *v/t* ⟨*no* **ge-, h**⟩ **1.** (**in** *acc* in, into, with) *a. jur. pol.* incorporate. **2.** admit *s. o.* into a student society (*Am.* fraternity). ♀'**rie·rend** *adj ling. Sprache*: incorporating, polysynthetic.

in·kor·rekt ['ɪnkɔrɛkt; -'rɛkt] *adj* **1.** (*ungenau*) incorrect, inaccurate. **2.** (*unschicklich*) incorrect, improper.

In'kraft|ˌset·zung *f* ⟨**-;** *no pl*⟩ *adm. jur.* putting *s. th.* into effect (*od.* force, operation), enactment. **~ˌtre·ten** *n* ⟨**-s;** *no pl*⟩ coming (*od.* entry) into force, taking effect; **Tag des ~s** effective date; **bei ~ (des Gesetzes)** when the law comes into force (*od.* becomes effective), upon taking effect.

'**Inˌkreis** *m math.* inscribed circle, in-circle. **~ˌmit·telˌpunkt** *m* in-cent/re (*Am.* -er).

In·kre·ment [ɪnkre'mɛnt] *n* ⟨**-(e)s; -e**⟩ *math.* increment.

In·kret [ɪn'kreːt] *n* ⟨**-(e)s; -e**⟩ *physiol.* incretion.

in·kri·mi·nie·ren [ɪnkrimi'niːrən] *v/t* ⟨*no* **ge-, h**⟩ **j-n ~** incriminate s. o.

In·ku·ba·ti·on [ɪnkuba'tsĭoːn] *f* ⟨**-; -en**⟩ **1.** *med.* incubation (period), latent period. **2.** *zo., a. relig. hist.* incubation. **In·ku·ba·ti'onsˌzeit** *f med.* incubation time. **In·ku'ba·tor** [-'baːtɔr] *m* ⟨**-s; -en** [-ba'toːrən]⟩ incubator.

In·ku·bus ['ɪnkubʊs] *m* ⟨**-; -kuben** [-'kuːbən]⟩ *myth.* incubus.

In·ku·na·bel [ɪnku'naːbəl] *f* ⟨**-; -n**⟩ *print. hist.* incunabulum.

In'kursˌset·zung *f* ⟨**-;** *no pl*⟩ (putting into) circulation.

'**Inˌland** *n* ⟨**-(e)s;** *no pl*⟩ a) (*Ggs. Ausland*) home (country), homeland, b) (*Landesinnere*) inland, interior (of the country); **im In- und Ausland** at home and abroad; **für das ~ bestimmt** for home consumption; **im ~ hergestellt** domestic, homemade; **Postgebühren im ~** inland postage rate. '**Inˌlän·der** *m* ⟨**-s; -**⟩ native, national. '**inˌlän·disch** *adj* **1.** domestic, home, native. **2.** *Erzeugnis*: homemade, domestic, indigenous. **3.** *Handel, Bedarf*: home, domestic, inland. **4.** *Verkehr*: internal.

'**Inˌlands|ˌabˌsatz** *m econ.* domestic (*od.* home) sales *pl.* **~ˌanˌlei·he** *f* domestic (*od.* internal) loan. **~ˌaufˌtrag** *m* inland order. **~beˌdarf** *m* home (*od.* domestic) requirements *pl* (*od.* demand). **~erˌzeug·nis** *n* home-produced article. **~ˌflug** *m aer.* domestic flight. **~geˌbühr** *f meist pl* inland (postage) rate. **~ˌhan·del** *m* domestic (*od.* home, internal) trade. **~ˌmarkt** *m* home (*od.* domestic) market. **~paˌket** *n* inland parcel. **~ˌpor·to** *n* inland postage rate. **~ˌpost** *f* inland (*Am.* domestic) mail. **~ˌschuld** *f* internal debt. **~taˌrif** *m* inland rate. **~te·leˌgramm** *n* inland (*Am.* domestic) telegram. **~verˌbrauch** *m* domestic (*od.* home) consumption. **~ˌwech·sel** *m* inland (*Am.* domestic) bill (of exchange).

'**Inˌlaut** *m* ⟨**-(e)s; -e**⟩ *ling.* medial (sound). '**inˌlau·tend** *adj* medial.

In·lay ['ɪnˌleː; 'ɪnleɪ] (*Engl.*) *n* ⟨**-s; -s**⟩ (*Zahnfüllung*) inlay.

In·lett ['ɪnˌlɛt] *n* ⟨**-(e)s; -e**⟩ (bed) ticking, tick.

'**inˌlie·gend** *adj u. adv* → **beiliegend.**

in me·mo·ri·am [ɪn me'moːrĭam] **~ (J.F. Kennedy)** in memoriam (*od.* in memory of) (J.F. Kennedy).

in'mit·ten *prep* ⟨*gen*⟩ in the midst (*od.* middle) of, amid(st).

in na·tu·ra [ɪn na'tuːra] *colloq.* **j-n ~ vor sich sehen** see s. o. in the flesh; **et. ~ bezahlen** pay s. th. in kind.

'**in·ne|ˌha·ben** ['ɪnə-] *v/t* ⟨*irr, sep,* **-ge-, h**⟩ **1.** (*Stellung, Amt*) hold, occupy, fill; **den Vorsitz ~** be in the chair. **2.** (*Haus etc*) occupy, possess. **3.** (*Rekord, Patent etc*) hold. **~ˌhal·ten I** *v/i* ⟨*irr, sep,* **-ge-, h**⟩ stop, pause; **bei der Arbeit ~** stop working. **II** *v/t* → **einhalten** 2.

in·nen ['ɪnən] *adv* **1.** (on the) inside, within; **~ und außen** within and without, inside and out(side); **der Becher ist ~ vergoldet** the beaker is gilded (on the) inside; **nach ~ (zu)** inward(s); **nach ~ schielen** be cross-eyed; **von ~** from within, from (the) inside. **2.** (*im Hause*) within doors, indoors.

'**In·nen|ˌab|mes·sun·gen** *pl* inside dimensions. **~ˌanˌsicht** *f* interior (view). **~an|ten·ne** *f electr.* indoor aerial, *Am.* inside antenna. **~ar·chiˌtekt** *m* interior designer. ♀**ar·chi·tekˌto·nisch** *adj* **~e Gestaltung** → **~ar·chi·tekˌtur** *f* interior design (*od.* decoration, decorating). **~ˌaufˌnah·me** *f* **1.** *phot.* a) indoor photograph (*od.* exposure, shot), b) (*Raum*) interior. **2.** *Film*: interior (*od.* studio) shot. **~ˌausˌstat·tung** *f e-r Wohnung*: interior decoration, (interior) furnishings *pl, a. mot.* (interior) appointments *pl*; *e-s Schiffes*: inboard accommodation. **~ˌbahn** *f Sport*: inside lane, *Radfahren, Eisschnellauf*: inner track. **~beˌleuch·tung** *f* interior light(ing). ♀**ˌbord** *adj* ⟨*pred*⟩ *u. adv mar.* inboard. **~de·ko·raˌteur** *m* interior decorator. **~ˌdienst** *m* **1.** indoor (*od.* office) work; **im ~ tätig sein** be an office-worker. **2.** *mil.* barracks duty. **~ˌdruck** *m* ⟨**-(e)s; ∸e**⟩ *tech.* internal pressure. **~ˌdurchˌmes·ser** *m* inside diameter. **~ˌeinˌrich·tung** *f* **1.** *e-r Wohnung*: (interior) furnishings *pl.* **2.** *e-r Küche, e-s Badezimmers*: (interior) equipment (*od.* fittings *pl*). **3.** → **Innenausstattung.** **~ˌflä·che** *f* **1.** inside, inner surface. **2.** *der Hand*: palm. **3.** *math.* interior surface. ♀**geˌle·gen** *adj* interior. **~geˌwin·de** *n* internal (*od.* female) thread. **~ˌha·fen** *m mar.* inner harbo(u)r. **~ˌhand** *f* palm. **~ˌhof** *m* inner court. **~ˌkan·te** *f* inner edge. **~ˌla·ger** *n tech.* inside bearing. **~ˌle·ben** *n* **1.** inner life, mind, what goes on inside s. o.; **er besitzt ein reiches ~** he has great inner reserves. **2.** *humor.* (*Innenleib*) innards *pl.* **~ˌlen·ker** *m mot.* saloon (car), *Am.* sedan. **~ˌleuch·te** *f mot.* interior (*od.* courtesy) light. **~ˌmaß** *n* internal size, inside dimension (*od.* diameter, width). **~miˌnis·ter** *m pol.* Minister of the Interior, *Br.* Secretary of State for the Home Department, *colloq.* Home Secretary, *Am.* Secretary of the Interior. **~mi·niˌste·ri·um** *n* Ministry of the Interior, *Br.* Home Office, *Am.* Department of the Interior. **~ˌohr** *n anat.* inner ear. **~pa·raˌsit** *m* **1.** *biol.* internal parasite. **2.** *zo.* endoparasite. **~ˌpfo·sten** *m Sport*: inner side of a goal post. **~po·liˌtik** *f* home (*od.* domestic, internal) politics *pl* (*od. e-r Regierung*: policy). ♀**po|li·tisch I** *adj* domestic (political), internal. **II** *adv* **~ (gesehen)** as regards domestic (*od.* home) policy (*od.* politics). **~ˌrand** *m* inner edge (*od.* rim, margin). **~ˌraum** *m* interior. **~schmaˌrot·zer** *m* → **Innenparasit**

2. **~ˌsei·te** *f* inner side (*od.* surface), interior, inside; **auf der ~** (on the) inside. **~ske|lett** *n zo.* endoskeleton. **~ˌstadt** *f* (inner) city, (town) cent/re (*Am.* -er), *Am. a.* downtown. **~ˌstür·mer** *m Sport*: inside forward; **rechter ~** inside right. **~ˌta·sche** *f* inside pocket. **~ˌta·ster** *m tech.* inside cal(l)iper. **~ˌteil** *m, n* inside. **~tem·pe·raˌtur** *f* internal (*im Hause*: indoor) temperature. **~ˌti·tel** *m print.* (inner) title page, inner title. **~ˌtür** *f* inner door. **~verˌklei·dung** *f mot.* interior trim, inside panel(l)ing. **~ˌwand** *f* interior wall. **~ˌwelt** *f* (the) world within us, inner life. **~ˌwin·kel** *m math.* internal (*od.* interior) angle.

ˈIn·ner|ˌasien [ˈɪnər-] *n* interior of Asia, central Asia. **Ձatoˌmar** *adj phys.* intra-atomic. **Ձbeˌtrieb·lich** *adj econ.* internal, intramural, *bes. Am.* in-plant. **Ձˌdeutsch** *adj* inter-German, German domestic (*trade, etc*). **Ձˌdienst·lich** *adj* internal.

in·ne·re [ˈɪnərə] *adj* ⟨*sup* **innerst**⟩ **1.** inner; **die ~n Bezirke der Stadt** the inner (*od.* central) parts of the town; **der ~ Hof** the inner court(yard); **die ~n Schichten** the inner (*od.* inside) layers. **2.** (*nicht außen*) inside; **der ~ Durchmesser** the inside diameter. **3.** *fig. Aufbau, Gefüge, Gesetz etc*: internal; **~ Abhängigkeit** interdependence; **e-e ~ Beziehung** an interrelation; **ein ~r Widerspruch** an inconsistency. **4.** *fig. Befriedigung, Frieden, Glück, Kampf etc*: inner, inward, mental; **das ~ Auge** one's mind's eye; **~ Freiheit** inner freedom; **~e Reife** maturity; **s-r ~n Stimme folgen** follow one's inner voice. **5.** *fig.* (*innewohnend*) inherent, intrinsic; *jur.* **~r Mangel** inherent vice; **~r Wert** intrinsic value. **6.** *pol.* internal, domestic, home; **~ Angelegenheiten** internal affairs; **~ Unruhen** internal troubles (*od.* unrest *sg*). **7.** *med. Blutung, Krankheit, Organ, Medizin etc*: internal; **~ Abteilung (Station)** department (ward) for internal medicine (*od.* diseases); **Facharzt für ~ Krankheiten** → **Internist. 8.** *relig.* **Ձ Mission** Home Mission. **9.** *math.* interior, internal, inner; **~r Punkt** interior point; **~s Verhältnis** inner ratio. **10.** *ling.* **~s Objekt** cognate object.

ˈIn·ne·re *n* ⟨Inner(e)n; *no pl*⟩ **1.** *e-s Gebäudes etc*: inside, interior; **im Inner(e)n des Hauses** inside (*od.* within) the house; **er ging ins ~ des Hauses** he went inside the house; **das ~ nach außen kehren** turn everything inside out (*od.* upside down). **2.** *e-s Kontinents, Waldes etc*: interior, *e-s Landes*: *a. the* up-country; **tief im Inner(e)n der Erde** deep in the interior (*od. lit.* bowels) of the earth. **3.** (*Mitte*) middle, midst, cent/re (*Am.* -er), heart. **4.** *pol.* domestic affairs *pl*; **Minister des ~n** → **Innenminister. 5.** *fig.* (*Geist*) mind, heart, soul, innermost thoughts (*od.* feelings) *pl*, *weitS.* character, inner qualities *pl*; **j-m sein ~s offenbaren** (*od.* **öffnen**) (lay) bare one's soul (*od.* reveal one's heart) to s. o.; **im Inner(e)n** at heart, inwardly, deep down; **was in s-m Inner(e)n vorging** what was going on inside him; → **Innerste** 2. **In·neˈrei·en** *pl* **1.** entrails, innards. **2.** *von Fischen etc*: guts. **3.** *gastr.* offal *sg*, pluck *sg*.

ˈin·nerˌhalb I *prep* ⟨*gen, a. dat*⟩ **1.** *räumlich*: within, inside; **~ des Hauses** *a.* within (doors). **2.** *zeitlich*: a) within, in, *bes. Am.* inside of, b) (*während*) during, within; **~ weniger Tage** within a few days; **~ der Arbeitszeit** during working hours. **3.** *fig.* within (*s. o.'s powers, etc*); **das liegt nicht mehr ~ m-r Befugnisse** that's beyond (*od.* outside) my powers. **II** *adv* **4. ~ von** within, inside of (*two hours, etc*). **5.** (*innen*) inside, within.

ˈin·ner·lich I *adj* **1.** internal (*a. med.*). **2.** (*geistig*) mental, psychological, spiritual. **3.** (*gefühlsbetont, -mäßig*) emotional. **4.** (*~ veranlagt*) inward-looking, introspective (*nature, person*), (*vergeistigt*) spiritual, (*seelenvoll*) soulful, (*nachdenklich*) contemplative. **II** *adv* **5.** internally; *pharm.* **~ (anzuwenden)!** for internal use! **6.** mentally (*etc*). **7.** inwardly, privately, deep down, (*insgeheim*) *a.* secretly; **~ lachen** laugh inwardly. **Ձkeit** *f* ⟨-; *no pl*⟩ **1.** (*Nachinnengerichtetsein*) introspection, inwardness, inward-looking (*od.* contemplative) nature. **2.** (*Feingefühl*) sensitivity, soul(fulness). **3.** (*Vergeistigung*) spirituality. **4.** (*Herzlichkeit, Wärme*) warmth, deep feeling.

ˈin·ner|parˌtei·lich *adj* intraparty, internal. **~poˌli·tisch** *adj u. adv* → **innenpolitisch.**

ˈin·nerst *sup of* **innere** *u. adj* **1.** *Kreis, Ring etc*: innermost. **2.** *Gefühle, Überzeugung etc*: innermost, inmost; **mein ~es Ich** my inmost self; **im ~en Herzen** in one's heart of hearts, deep down; **j-m s-e ~en Gefühle offenbaren** reveal one's inmost (*od.* most secret, most private) feelings to s. o., bare one's soul to s. o.

ˈin·nerˌstaat·lich *adj* internal, national, intrastate.

ˈIn·ner·ste *n* ⟨-n; *no pl*⟩ **1.** (the) innermost (*od.* most central) part, (*Mittelpunkt*) *a.* heart, midst; **im ~n des Waldes (Landes)** in the (very) heart of the forest (land). **2.** *fig.* core, heart, (*~ der Seele*) innermost heart, one's very soul; **bis ins ~ getroffen (erschüttert)** cut to the quick (shaken to the core); **es widerstrebt mir im ~n** it goes against my grain.

In·ner|va·ti·on [ɪnɛrvaˈtsĭo:n] *f* ⟨-; *no pl*⟩ *med. zo.* innervation. **Ձˈvie·ren** [-ˈvi:rən] *v/t* ⟨*no* **ge-**, **h**⟩ innervate.

ˈin·nerˌwirt·schaft·lich *adj econ.* domestic (economy), internal.

ˈin·ne|ˌsein *v/i* ⟨*irr, sep,* **-ge-**, **sein**⟩ **e-r Sache ~** be (fully) aware (*od.* conscious) of s. th. **~ˌwer·den** *v/i* ⟨*irr, sep,* **-ge-**, **sein**⟩ *lit.* **e-r Sache ~** become aware (*od.* conscious) of s. th., notice (*od.* perceive, realize, see) s. th. **~ˌwoh·nen** *v/i* ⟨*sep,* **-ge-**, **h**⟩ *lit.* **e-r Sache ~** be inherent in s. th.; **jedem System wohnen gewisse Mängel inne** *a.* every system has its shortcomings. **~ˌwoh·nend** *adj* inherent; **dem Menschen ~e Fähigkeiten** abilities inherent in man.

in·nig [ˈɪnɪç] **I** *adj* **1.** (*zärtlich*) tender, affectionate, loving, fond; **~e Liebe** tender (*od.* deep) love; **~e Grüße** *Briefschluß*: Affectionately yours, *a.* Much love. **2.** (*glühend*) ardent, fervent, *Gebet, Wunsch etc*: *a.* devout; **~ster Wunsch** fondest (*od.* dearest) wish; **aufs ~ste zu wünschen** devoutly to be wished. **3.** (*tiefempfunden*) heartfelt, sincere (*thanks, etc*). **4.** (*gefühlvoll*) soulful, full of feeling. **5.** *Freundschaft etc*: close, intimate, deep. **6.** *chem.* intimate (*mixture*). **II** *adv* **7.** tenderly (*etc*); **j-n ~ lieben** love s. o. dearly (*od.* with all one's heart), adore s. o., be devoted to s. o.; **(j-m) ~st danken** thank (s. o.) from the bottom of one's heart. **8.** *chem.* **~ gemischt** intimately mixed. **9.** *mus.* con anima. **Ձkeit** *f* ⟨-; *no pl*⟩ **1.** tenderness, affection, lovingness. **2.** ardo(u)r, fervo(u)r. **3.** sincerity. **4.** (deep) feeling, soul(fulness). **5.** intimacy, closeness. **6.** *mus.* feeling, „innigkeit". **~lich** *adj u. adv poet. for* **innig** 1–5, 7.

In·no·va·ti·on [ɪnovaˈtsĭo:n] *f* ⟨-; **-en**⟩ innovation.

in nu·ce [ɪn ˈnu:tse] *lit.* in a nutshell.

In·nung [ˈɪnʊŋ] *f* ⟨-; **-en**⟩ *econ.* (trade) guild, corporation; *colloq.* **er blamiert die ganze ~** he lets the whole side down. **ˈIn·nungs|ˌfachˌschu·le** *f* guild-sponsored technical school. **~oberˌmei·ster** *m* chief master of a (trade) guild. **~verˌband** *m* association of (trade) guilds.

in·of·fi·zi·ell [ˈɪnˀɔfitsĭɛl; -ˈtsĭɛl] *adj* **1.** *Nachricht, Besuch, Meinung etc*: unofficial, *Erklärung*: *a.* off-the-record. **2.** (*zwanglos*) unofficial, informal (*part of a meeting, etc*).

In·oku|la·ti·on [ɪnˀokulaˈtsĭo:n] *f* ⟨-; **-en**⟩ **1.** *med.* inoculation. **2.** *hort.* inlay, inoculation. **Ձˈlie·ren** [-ˈli:rən] *v/t u. v/i* ⟨*no* **ge-**, **h**⟩ **1.** *med.* inoculate. **2.** *hort.* graft, *Br. a.* inoculate.

in·ope·ra·bel [ˈɪnˀopera:bəl; -ˈra:bəl] *adj med.* inoperable.

in·op·por·tun [ˈɪnˀɔpɔrtu:n; -ˈtu:n] *adj* **1.** (*ungünstig*) inopportune, untimely. **2.** (*ungelegen*) inconvenient. **3.** (*unangebracht*) inappropriate, ⟨*pred*⟩ out of place.

in per·so·na [ɪn pɛrˈzo:na] *adv* in person.

in pet·to [ɪn ˈpɛto] *adv colloq.* **et. ~ haben** have s. th. up one's sleeve. **in punc·to** [ɪn ˈpʊŋkto] *adv* as regards.

In·qui·si·ti·on [ɪnkviziˈtsĭo:n] *f* ⟨-; **-en**⟩ **1.** *R.C.* Inquisition. **2.** → **Inquisitionsprozeß.**

In·qui·si·tiˈons|geˌricht *n R.C. hist.* Court of Inquisition, Holy Office. **~proˌzeß** *m* trial by inquisition.

In·qui|si·tor [ɪnkviˈzi:tɔr] *m* ⟨-s; **-en** [-ˈto:rən]⟩ *R.C. hist.* inquisitor. **Ձsiˈto·risch** [-ziˈto:rɪʃ] *adj a. fig.* inquisitorial.

ins [ɪns] *prep* → **in** 11.

ˈInˌsas·se *m* ⟨-n; **-n**⟩ **1.** *e-s Abteils, Autos*: occupant, (*Fahrgast*) *a.* passenger. **2.** *e-r Anstalt etc*: inmate. **3.** (*Bewohner*) inmate, occupant. **ˈInˌsas·sen·verˌsi·che·rung** *f mot.* passenger insurance (cover). **ˈInˌsas·sin** *f* ⟨-; **-nen**⟩ → **Insasse.**

ins·beˈson·de·re, ins·beˈson·dre *adv* in particular, particularly, especially, above all.

ˈInˌschrift *f allg.* inscription, legend, *auf Denkmälern etc*: *a.* epigraph, *auf Grabsteinen*: *a.* epitaph. **ˈinˌschrift·lich** *adj* inscriptive, epigraphic(al).

ˈinˌsei·tig *adj* internal, inside.

In·sekt [ɪnˈzɛkt] *n* ⟨-(e)s; **-en**⟩ *zo.* insect, *bes. Am. colloq.* bug. **In·sek·ta·ri·um** [ɪnzɛkˈta:rĭʊm] *n* ⟨-s; **-rien**⟩ insectarium, insectary.

Inˈsek·ten|beˌkämp·fung *f* insect control; **~smittel** *n* insecticide. **~ˌfor·scher** *m* entomologist. **~ˌfraß** *m* insect damage. **Ձˌfres·send** *adj bot. zo.* insectivorous. **~ˌfres·ser** *m* insect eater, insectivore. **~ˌgift** *n* **1.** insect poison. **2.** *agr.* insecticide. **~ˌkun·de, ~ˌleh·re** *f zo.* entomology; **praktische** (*od.* **angewandte**) **~** insectology. **~ˌpla·ge** *f* insect pest. **~ˌpul·ver** *n* insect powder, insecticide. **~ˌstich** *m* **1.** *von Mücken, Flöhen etc*: insect bite. **2.** *von Bienen, Wespen etc*: insect sting. **Ձˌtö·tend** *adj* insecticidal. **~verˌtil·gungsˌmit·tel** *n* insecticide. **~verˌtrei·bungsˌmit·tel** *n* insectifuge.

In·sek·ti|vo·ren [ɪnzɛktiˈvo:rən] *pl bot. zo.* insectivores. **~ˈzid** [-ˈtsi:t] *n* ⟨-s; **-e**⟩ insecticide.

In·sel [ˈɪnzəl] *f* ⟨-; **-n**⟩ **1.** island, *bei Eigennamen u. kleinen Inseln*: *a.* isle; **die Britischen ~n** the British Isles; **die ~**

Borneo the island of Borneo; die ~ Wight the Isle of Wight; *myth.* die ~n der Seligen the Isles of the Blest. **2.** *fig. lit.* (*Oase*) island, oasis, haven. **3.** *anat.* Langerhanssche ~n islets (*od.* islands) of Langerhans. **4.** → Sprachinsel, Verkehrsinsel. ~ˌ**berg** *m geol.* inselberg. ~**beˌwoh·ner** islander. ~ˌ**bo·gen** *m geogr.* island arc.

ˈ**In·sel·chen** *n* <-s; -> small island, islet.

ˈ**In·sel|ˌgrup·pe** *f* group of islands, archipelago. ~ˌ**kel·tisch** <*generally undeclined*>, das ~e <-n> *ling.* Insular Celtic. ~ˌ**ket·te** *f* string of islands. ~ˌ**meer** *n* archipelago. ~ˌ**reich I** *n* **1.** insular (*od.* island) country. **2.** archipelago. **II** ≈ *adj* **3.** *Meer etc*: studded with islands. ~ˌ**staat** *m* insular state. ~ˌ**volk** *n* insular race (*od.* people), islanders *pl.* ~ˌ**welt** *f* archipelago.

In·se·pa·rables [ɛ̃sepaˈrabl] (*Fr.*) *pl orn.* love-birds.

In·se·rat [ɪnzeˈraːt] *n* <-(e)s; -e> **1.** advertisement, *colloq.* ad(vert); ein ~ aufgeben put (*od.* insert) an advertisement in a paper. **2.** (*Bekanntmachung*) announcement, notice.

In·seˈra·ten|ˌanˌnah·me *f* advertisement office. ~**büˌro** *n* advertising agency. ~ˌ**teil** *m* advertisement section.

In·se|rent [ɪnzeˈrɛnt] *m* <-en; -en> advertiser. ≈ˈ**rie·ren** [-ˈriːrən] **I** *v/t* <*no* ge-, h> advertise. **II** *v/i* (in e-r Zeitung) ~ put (*od.* insert) an advertisement in a paper, advertise in a paper.

In·ser·tio [ɪnˈzɛrtsĭo] *f* <-; *no pl*> *print.* (*Schriftgrad*) emerald, *Am.* minionette.

In·ser·tiˈons·geˌbühr [ɪnzɛrˈtsĭoːns-] *f* advertising charge.

ins·ge|ˈheim *adv* **1.** in secret, secretly. **2.** (*im Innern*) secretly, inwardly, privately. ~ˈ**mein** *adv* in general, generally. ~ˈ**samt** *adv* **1.** altogether, in all, in toto, all told; ~ 500 Leute a total of 500 people; ~ war es ein schöner Tag altogether (*od.* all in all) it was a fine day; s-e Schulden betragen ~ tausend Mark his debts total a thousand marks. **2.** (*als Ganzes*) as a whole, as a body; ~ hat die Mannschaft gut gespielt as a whole the team played well.

In·si·gni·en [ɪnˈzɪgnĭən] *pl* insignia.

in·si·nu·ie·ren [ɪnzinuˈiːrən] *v/t* <*no* ge-, h> **1.** insinuate. **2.** *jur.* hand in.

in·si·stie·ren [ɪnzɪsˈtiːrən] *v/i* <*no* ge-, h> (auf *acc*) insist (on), persist (in).

In·skrip·ti·on [ɪnskrɪpˈtsĭoːn] *f* <-; -en> **1.** entry (of s. o., of s. o.'s name) (on a register). **2.** *Austrian* enrol(l)ment (at a university). **3.** (*Aufschrift*) inscription.

in·so·fern I *adv* **1.** [ˈɪnzoˈfɛrn; ɪnˈzoːˌfɛrn] (*in dieser Hinsicht*) (in) so far; ~ hast du recht in this respect (*od.* in so far) you are right; ~ ist die Sache in Ordnung as far as that goes things are all right. **II** *conj* **2.** [ˈɪnzoˈfɛrn] ~ ... als ... in so far as, inasmuch as; das ist ~ unrichtig, als that's incorrect inasmuch as (*od.* in that). **3.** [ˈɪnzoˈfɛrn] (*falls*) if; ~ er dazu in der Lage ist if he is able to (do so).

In·so·la·ti·on [ɪnzolaˈtsĭoːn] *f* <-; -en> **1.** *meteor.* insolation. **2.** *med.* (*Sonnenstich*) sunstroke.

in·so|lent [ˈɪnzolɛnt; -ˈlɛnt] *adj* insolent. ≈**lenz** [-lɛnts; -ˈlɛnts] *f* <-; -en> insolence.

in·sol|vent [ˈɪnzɔlvɛnt; -ˈvɛnt] *adj econ.* insolvent. ≈**venz** [-vɛnts; -ˈvɛnts] *f* <-; -en> insolvency.

In·som·nie [ɪnzɔmˈniː] *f* <-; *no pl*> *med.* insomnia.

inˈson·der·heit *adv* → insbesondere.

in·so·weit *adv* [ˈɪnzoˈvaɪt; ɪnˈzoːˌvaɪt] *u. conj* [ˈɪnzoˈvaɪt] → insofern.

in spe [ɪn ˈspeː] *adj* ihr Schwiegersohn ~ her future son-in-law, her son-in-law to be.

In·spek|teur [ɪnspɛkˈtøːr] *m* <-s; -e> **1.** inspector. **2.** *mil.* a) inspecting officer, inspector, b) ~ des Heeres (*etc*) Chief of Staff of the Army (*etc*). ~**tiˈon** [-ˈtsĭoːn] *f* <-; -en> **1.** inspection. **2.** (*Aufsicht*) supervision. **3.** (*Amt*) inspectorate. **4.** *mot.* servicing, inspection; das Auto zur ~ bringen take the car in for servicing.

In·spek·tiˈons|beˌhör·de *f* inspectorate. ~ˌ**gang** *m* round of inspection. ~ˌ**rei·se** *f* tour of inspection.

In·spek|tor [ɪnˈspɛktɔr] *m* <-s; -en [-ˈtoːrən]> **1.** (*Beamtentitel*) (graded civil service) officer. **2.** (*Polizei*≈) inspector. **3.** supervisor, superintendent. **4.** *e-r Farm etc*: overseer, (*Guts*≈) steward. ~**toˈrat** [-toˈraːt] *n* <-(e)s; -e> *obs.* inspectorate. ~ˈ**to·rin** [-ˈtoːrɪn] *f* <-; -nen> → Inspektor.

In·spi|ra·ti·on [ɪnspiraˈtsĭoːn] *f* <-; -en> inspiration. ~ˈ**ra·tor** [-ˈraːtɔr] *m* <-s; -en [-raˈtoːrən]> initiator, inspirer. ≈ˈ**rie·ren** [-ˈriːrən] *v/t* <*no* ge-, h> j-n zu et. ~ inspire s. o. to (do) s. th.; sich ~ lassen von be inspired by, draw inspiration from.

In·spi|zi·ent [ɪnspiˈtsĭɛnt] *m* <-en; -en> **1.** *thea.* stage manager. **2.** *adm.* inspector, superintendent. **3.** *mil.* ~ der Kampftruppen Director of the Combat Troops. ≈ˈ**zie·ren** [-ˈtsiːrən] *v/t* <*no* ge-, h> inspect.

in·sta|bil [ˈɪnstabiːl; -ˈbiːl] *adj* unstable, instable. ≈**bi·li·tät** [-bilitɛːt; -ˈtɛːt] *f* <-; *no pl*> instability.

In·stal·la|teur [ɪnstalaˈtøːr] *m* <-s; -e> **1.** *für sanitäre Anlagen etc*: plumber, fitter. **2.** *für Dampfanlagen*: steam fitter. **3.** (*Gas*≈) gas fitter. **4.** (*Elektro*≈) electrical fitter, electrician. ~**tiˈon** [-ˈtsĭoːn] *f* <-; -en> **1.** *tech.* a) <*only sg*> → installieren 4, b) (*Anlage*) installation, (*bes. Wasserleitungen*) plumbing. **2.** *relig. e-s Geistlichen*: installation.

in·stal|lie·ren [ɪnstaˈliːrən] **I** *v/t* <*no* ge-, h> **1.** *tech.* instal(l), fit, (*anmontieren*) *a.* mount. **2.** *relig.* (*Geistlichen*) instal(l). **II** *v/reflex* sich ~ **3.** *colloq.* instal(l) o. s. (*in a room, etc*). **III** ≈ *n* <-s> **4.** installing, installation. ≈ˈ**lie·rung** *f* <-; *no pl*> → installieren 4.

in·stand [ɪnˈʃtant] *adv* **1.** et. ~ halten keep s. th. in good condition (*od.* order, repair), *tech.* maintain (*od.* service) s. th. **2.** et. ~ setzen a) (*ausbessern*) repair (*od.* fix, mend) s. th., b) (*renovieren*) renovate s. th., restore s. th., c) (*überholen*) overhaul s. th., recondition s. th. ≈ˌ**hal·ten** *n* <-s; *no pl*>, ≈ˌ**hal·tung** *f* <-; *no pl*> **1.** (*Wartung*) maintenance, servicing. **2.** (*Pflege*) care. ≈ˌ**hal·tungsˌko·sten** *pl* maintenance costs.

ˈ**inˌstän·dig I** *adj* urgent, instant, (*flehend*) imploring; auf ihr ~es Bitten hin at her urgent request. **II** *adv* j-n ~ um et. bitten (*od.* anflehen) implore (*od.* beseech) s. o. for s. th. ≈**keit** *f* <-; *no pl*> urgency.

Inˈstandˌset·zung *f* <-; *no pl*> **1.** repair(ing). **2.** restoration. **3.** overhaul, reconditioning.

Inˈstandˌset·zungs|ˌar·beit *f meist pl* (an *dat* to) repair work, repairs *pl.* ~ˌ**einˌheit** *f mil.* maintenance and repair unit. ~ˌ**ko·sten** *pl* repair costs. ~ˌ**werkˌstatt** *f tech.* repair shop.

In·stanz [ɪnˈstants] *f* <-; -en> *allg.* instance, *jur. a.* court (of justice), *adm. a.* authority, agency; Gericht erster ~ court of first instance, *Strafrecht*: *a.* trial court; in erster ~ in the (court of) first instance; in erster ~ zuständig sein have original jurisdiction; letzte ~ (court of) last instance, *adm.* highest authority, *fig.* last resort; in letzter ~ in the last instance (*a. fig.*); in letzter ~ zuständig sein (*od.* entscheiden) a) have final appellate jurisdiction, b) *fig.* have the final say; in der letzten ~ sein be in the last stage of appeal; höhere ~en a) higher courts, b) *adm.* higher echelons; sich an die nächsthöhere ~ wenden appeal to the next higher court.

Inˈstan·zen|ˌweg, ~ˌzug *m* **1.** *jur.* (successive) stages *pl* of appeal. **2.** → Dienstweg.

in·stil·lie·ren [ɪnstɪˈliːrən] *v/t* <*no* ge-, h> instil(l) (in *acc* into).

In·stinkt [ɪnˈstɪŋkt] *m* <-(e)s; -e> **1.** instinct; aus ~ from (*od.* by) instinct, instinctively; ~**handlung** *f* instinctive act(ion); niedere ~e wachrufen awaken baser (*od.* lower) instincts. **2.** *fig.* (feiner) ~ (für for) (fine) instinct, flair.

in·stink·tiv [ɪnstɪŋkˈtiːf] **I** *adj* instinctive. **II** *adv* instinctively, by instinct.

In·sti|tut [ɪnstiˈtuːt] *n* <-s; -e> **1.** institute; das Psychologische ~ the Institute of Psychology. **2.** *ped.* (boarding-)school. ~**tu·tiˈon** [-tuˈtsĭoːn] *f* <-; -en> *allg.*, *a. fig.* institution.

in·sti·tu·tio|na·li·sie·ren [ɪnstitutsĭonaliˈziːrən] *v/t* <*no* ge-, h> institutionalize. ≈**na·liˈsie·rung** *f* <-; -en> institutionalization. ~ˈ**nell** [-ˈnɛl] *adj jur.* institutional.

in·stru·ie·ren [ɪnstruˈiːrən] *v/t* <*no* ge-, h> **1.** j-n ~ a) give s. o. instructions (*od.* directions), b) (*unterrichten*) instruct (*od.* inform) s. o.; sich ~ über (*acc*) inform o. s. on. **2.** *mil. u. allg.* (*einweisen*) brief.

In·struk|teur [ɪnstrʊkˈtøːr] *m* <-s; -e> instructor. ~**tiˈon** [-ˈtsĭoːn] *f* <-; -en> **1.** *meist pl* (*Anweisung*) instruction, direction, directive; j-m ~en erteilen give s. o. instructions, instruct s. o. **2.** <*only sg*> (*Unterweisung*) instruction. **3.** *mil. u. allg.* (*Einweisung*) briefing.

in·struk·tiˈons|geˌmäß *adv* according to instructions. ≈ˌ**stun·de** *f bes. mil.* instruction period.

in·struk·tiv [ɪnstrʊkˈtiːf] *adj Vortrag etc*: instructive, informative.

In·stru|ment [ɪnstruˈmɛnt] *n* <-(e)s; -e> **1.** *allg.* instrument; *aer.* nach ~en fliegen fly by instruments; *fig.* ~ zur Konjunkturdämpfung counter-cyclical instrument. **2.** (*Werkzeug*) tool, implement. **3.** (musical) instrument. **4.** *jur.* (*Urkunde*) (legal) instrument, deed. ≈**menˈtal** [-mɛnˈtaːl] *adj mus.* instrumental. ~**men·tal** [ˈɪnstrumɛntaːl; -ˈtaːl] *m* <-s; -e>, ~**menˈta·lis** [-ˈtaːlɪs] *m* <-; -les [-lɛs]> *ling.* instrumental (case).

In·stru·menˈtal|muˌsik *f* instrumental music. ~ˌ**satz** *m* **1.** *ling.* instrumental clause. **2.** *mus.* instrumental movement.

In·stru·men|tar [ɪnstrumɛnˈtaːr] *n* <-(e)s; -e> → ~ˈ**ta·ri·um** [-ˈtaːrĭʊm] *n* <-s; -rien> *mus.* instruments *pl* (*a. fig. of credit policy, etc*). ~**ta·tiˈon** [-taˈtsĭoːn] *f* <-; -en> *mus.* instrumentation, orchestration.

In·struˈmen·ten|ˌbau *m* <-(e)s; *no pl*> *mus.* instrument making. ~**beˌleuch·tung** *f mot.* panel light. ~ˌ**brett** *n* **1.** *allg.* instrument panel, *mot.* instrument board, *a.* fascia panel, dashboard, *colloq.* dash. **2.** *aer.* instrument (*od.* control) panel. ~ˌ**flug** *m* instrument flying (*od.* flight). ~ˌ**ka·sten** *m med.* instrument case. ~ˌ**ko·cher** *m* (instrument) sterilizer. ~ˌ**ta·fel** *f* **1.** → Instrumentenbrett. **2.** *electr.* meter panel.

in·stru·men|tie·ren [instrumɛnˈtiːrən] *v/t* ⟨*no* **ge-**, **h**⟩ **1.** *mus.* instrument, orchestrate, arrange, score. **2.** *tech.* instrument. **⁓ˈtie·rung** *f* ⟨-; -en⟩ **1.** → Instrumentation. **2.** *tech.* instrumentation.

In·sub·or·di·na·ti·on [ɪnzʊpˀɔrdinaˈtsǐoːn; ˈɪn-] *f* ⟨-; -en⟩ insubordination.

in·suf·fi·zi|ent [ˈɪnzufitsǐɛnt; -ˈtsǐɛnt] *adj* **1.** *med.* insufficient; *Herzklappe*: incompetent. **2.** *econ. jur.* insufficient. **⁓enz** [-tsǐɛnts; -ˈtsǐɛnts] *f* ⟨-; -en⟩ **1.** *med.* insufficiency; *der Herzklappe*: incompetence. **2.** ⟨*only sg*⟩ *econ. jur.* insufficiency.

In·su|la·ner [ɪnzuˈlaːnər] *m* ⟨-s; -⟩ islander. **⁓ˈlar** [-ˈlaːr] *adj* insular.

In·su·lin [ɪnzuˈliːn] *n* ⟨-s; *no pl*⟩ *pharm.* insulin.

In·sult [ɪnˈzʊlt] *m* ⟨-(e)s; -e⟩ **1.** *jur.* insult. **2.** *med.* (*Anfall*) seizure, attack.

in·sze·nie|ren [ɪnstseˈniːrən] *v/t* ⟨*no* **ge-**, **h**⟩ **1.** *thea.* (put *s. th.* on the) stage, produce, enact; **ein Stück neu ⁓** put on a new production of a play. **2.** *Film*: a) produce, b) *als Regisseur*: direct. **3.** *fig.* stage, enact. **⁓rung** *f* ⟨-; -en⟩ *thea.* production (*Vorgang u. Ergebnis*), staging (*a. fig.*), mise an scène; **„Medea" in der ⁓ von X** "Medea" produced by X.

In·ta·glio [ɪnˈtaljo] *n* ⟨-s; -glien⟩ intaglio. **⁓ˌdruck·verˌfah·ren** *n* intaglio (printing).

in·takt [ɪnˈtakt] *adj* intact.

In·tar·sia [ɪnˈtarzǐa] *f* ⟨-; -sien⟩ *meist pl* → Einlegearbeit.

in·te·ger [ɪnˈteːgər] *adj* of integrity, upright.

in·te·gral [inteˈgraːl] *adj* integral; **ein ⁓er Bestandteil** an integral part.

In·teˈgral *n* ⟨-s; -e⟩ *math.* integral; **unbestimmtes (uneigentliches, unendliches) ⁓** indefinite (improper, infinite) integral; **⁓ nach x von a bis b** integral with respect to x from a to b.

In·teˈgral... *in Zssgn* integral (*construction, equation, sign, etc*). **⁓ˌrech·nung** *f* integral calculus. **⁓ˌsatz** *m* integral theorem.

In·te|grand [ɪnteˈgrant] *m* ⟨-en; -en⟩ *math.* integrand. **⁓gra·tiˈon** [-graˈtsǐoːn] *f* ⟨-; -en⟩ integration (**in** *acc* into, within). **⁓ˈgra·tor** [-ˈgraːtɔr] *m* ⟨-s; -en [-graˈtoːrən]⟩ *phys. tech.* integrator. **⁓ˈgrier·bar** *adj math.* integrable. **⁓ˈgrie·ren** [-ˈgriːrən] *v/t* ⟨*no* **ge-**, **h**⟩ *allg.* integrate (**in** *acc* into, within). **⁓ˈgrie·rend** *adj a. math. tech.* integrating; **⁓er Bestandteil** integral part. **⁓ˈgrier·geˌrät** *n phys. tech.* integrator. **⁓ˈgriert** *adj allg.* integrated; *electr.* **⁓e Schaltung** integrated circuit.

In·te·gri·tät [ɪntegriˈtɛːt] *f* ⟨-; *no pl*⟩ integrity.

In·te·gu·ment [ɪnteguˈmɛnt] *n* ⟨-s; -e⟩ *anat. bot.* integument.

In·tel·lekt [ɪntɛˈlɛkt] *m* ⟨-(e)s; *no pl*⟩ intellect.

in·tel·lek·tua|li·sie·ren [ɪntɛlɛktŭaliˈziːrən] *v/t* ⟨*no* **ge-**, **h**⟩ intellectualize. **⁓ˈlis·mus** [-ˈlɪsmʊs] *m* ⟨-; *no pl*⟩ intellectualism. **⁓ˈlist** [-ˈlɪst] *m* ⟨-en; -en⟩ intellectualist. **⁓ˈlis·tisch** [-ˈlɪstɪʃ] *adj* intellectualistic.

in·tel·lek·tu|ell [ɪntɛlɛkˈtŭɛl] *adj* intellectual, *colloq.* highbrow. **⁓ˈel·le** *m, f* ⟨-n; -n⟩ intellectual, *colloq.* highbrow, egghead.

in·tel·li·gent [ɪntɛliˈgɛnt] *adj* intelligent.

In·tel·li·genz [ɪntɛliˈgɛnts] *f* ⟨-; -en⟩ **1.** ⟨*only sg*⟩ intelligence. **2.** *collect.* **die ⁓** the intelligentsia. **3.** *pl* minds; **geschulte ⁓en** trained minds. **⁓ˌbe·stie** *f*, **⁓ˌbol·zen** *m colloq.* egghead. **⁓ˌgrad** *m* grade of intelligence.

In·tel·liˈgenz·ler *m* ⟨-s; -⟩ *contp.* (bloody) intellectual, *colloq.* egghead.

In·tel·liˈgenz|quo·tiˌent *m* intelligence quotient, I.Q. **⁓ˌtest** *m* intelligence test.

In·ten|dant [ɪntɛnˈdant] *m* ⟨-en; -en⟩ **1.** *thea. etc* director. **2.** *mil. hist.* commissariat-officer, intendant. **⁓danˈtur** [-danˈtuːr] *f* ⟨-; -en⟩ **1.** *obs. for* Intendanz. **2.** *mil. hist.* intendancy. **⁓ˈdanz** [-ˈdants] *f* ⟨-; -en⟩ **1.** *thea. etc* office of director, directorship. **2.** (*Amtsräume*) office(s *pl*) of the director.

In·ten·si·tät [ɪntɛnziˈtɛːt] *f* ⟨-; *no pl*⟩ intensity (*a. psych. etc*). **In·ten·siˈtätsˌgren·ze** *f econ.* intensive margin.

in·ten|siv [ɪntɛnˈziːf] *adj* **1.** *Studien etc*: intensive; **⁓e Bemühungen** intensive (*od.* concentrated) efforts; **⁓e Anbaumethoden** intensive (methods of) cultivation. **2.** *Geruch, Farbe, Interesse, Wirkung etc*: intense, strong. **3.** *ling. Verb*: intensive. **⁓siˈvie·ren** [-ziˈviːrən] *v/t* ⟨*no* **ge-**, **h**⟩ intensify. **⁓siˈvie·rung** *f* ⟨-; *no pl*⟩ intensifying.

In·tenˈsiv|ˌkurs *m ped.* crash course. **⁓ˌpfle·ge** *f med.* intensive care. **⁓sta·tiˌon** *f* intensive care unit.

In·ten·si·vum [ɪntɛnˈziːvʊm] *n* ⟨-s; -siva [-va]⟩ *ling.* intensive (verb).

In·ten·ti·on [ɪntɛnˈtsǐoːn] *f* ⟨-; -en⟩ intention.

In·ter|ak·ti·on [ɪntərˀakˈtsǐoːn] *f psych.* interaction. **⁓al·li·iert** [ˈɪntərˀaliiːrt; -ˈiːrt] *adj mil. pol.* interallied, interally. **⁓ame·riˈka·nisch** [-ˀameriˈkaːnɪʃ] *adj* inter-American. **⁓ato·mar** [-ˀatoˈmaːr; ˈɪn-] *adj* interatomic. **⁓ˈdikt** [-ˈdɪkt] *n* ⟨-(e)s; -e⟩ *R.C.* **j-n (et.) mit dem ⁓ belegen** lay s. o. (s. th.) under the interdict.

in·ter·es·sant [ɪntərɛˈsant] *adj* (**für** to) *allg., a. Angebot, Person etc*: interesting, *stärker*: fascinating, ⟨*pred*⟩ of interest; *contp.* **sich ⁓ machen** make o.s. look interesting, *colloq.* show off; **nur um sich ⁓ zu machen** only for effect; **sie will sich nur ⁓ machen** she only wants to get attention; **das ⁓e daran** the interesting thing about it.

In·ter·es·se [ɪntəˈrɛsə] *n* ⟨-s; -n⟩ **1.** ⟨*only sg*⟩ interest (**an** *dat*, **für** in); **mit geringem (wachsendem) ⁓** with little (growing) interest; **das ⁓ verlieren** lose interest; **mit ⁓** interestedly; **sein besonderes ⁓ gilt der Musik** he takes a particular interest in music; **ich habe großes ⁓ an diesem Haus** I am rather interested in this house; **großes (kein) ⁓ finden** meet with great (no) interest. **2.** ⟨*only sg*⟩ (*Nachfrage, Wunsch*) demand, interest; **für diesen Artikel besteht** (*od.* **herrscht**) **geringes ⁓** there is little demand for this article. **3.** *pl* (*Belange, Bestrebungen etc*) interests; **geistige ⁓n** intellectual interests; **s-e sportlichen ⁓n** his interest in sport(s). **4.** (*Vorteil, Nutzen*) interest; **im ⁓ e-r Person** (**Sache**) in the interest (*od.* to the advantage) of s. o. (s. th.); **das liegt in Ihrem (eigenen) ⁓** that is in (*od.* to) your (own) interest; **j-s ⁓n vertreten (wahrnehmen** *od.* **wahren)** represent (safeguard, look after) s. o.'s interests. **⁓los** *adj* uninterested, indifferent. **⁓lo·sig·keit** *f* ⟨-; *no pl*⟩ indifference.

In·terˈes·sen|geˌbiet *n* field of interest. **⁓geˌmein·schaft** *f* **1.** community of interests, solidarity. **2.** *econ.* a) combine, pool, b) (*Vereinbarung*) pooling agreement. **3.** *jur.* privity. **⁓ˌgrup·pe** *f* **1.** group having common interests, *mächtige*: *a.* vested interests *pl*. **2.** *pol.* pressure group, lobby. **⁓ˌkäu·fe** *pl econ.* support buying *sg*, buying *sg* by special interests. **⁓kol·li·siˌon** *f*, **⁓konˌflikt** *m* clash of interests. **⁓los** *adj* without any interests. **⁓po·liˌtik** *f* pressure-group policy. **⁓ˌsphä·re** *f pol.* sphere of influence.

In·ter·es·sent [ɪntərɛˈsɛnt] *m* ⟨-en; -en⟩ **1.** person interested, interested party; **⁓en werden gebeten** those interested are requested. **2.** *bes. econ.* prospective buyer, *bes. Am.* prospect. **3.** (*Antragsteller*) applicant. **In·ter·esˈsen·tenˌkreis** *m* **1.** group of interested people. **2.** *bes. econ.* prospective buyers *pl*.

In·terˈes·sen|verˌband *m* → Interessengruppe 2. **⁓verˌtre·tung** *f* **1.** representation of (the) interests. **2.** (*Verband etc*) body representing interests.

in·ter·es|sie·ren [ɪntərɛˈsiːrən] **I** *v/t* ⟨*no* **ge-**, **h**⟩ interest; **j-n für ein Buch (an e-m Geschäft) ⁓** interest s. o. in a book (in a business proposition); **es wird dich ⁓ zu hören, daß** it will interest you to hear (*od.* know) that; **es interessierte mich zu wissen** I was interested to know; **wen interessiert das schon?** who cares?; **das interessiert mich (überhaupt) nicht!** I couldn't care less! **II** *v/i* be of interest; **das interessiert hier nicht** that's not of interest (*od.* to the point, relevant). **III** *v/reflex* **sich für j-n (e-e Sache) ⁓** take an interest in s. o. (s. th.), be interested in s. o. (s. th.), interest o. s. in s. o. (s. th.); **ich interessiere mich für ein neues Auto** *a.* I am in the market for a new car. **⁓ˈsiert I** *adj* interested (**an** *dat* in); **politisch ⁓** interested in politics, politically-minded. **II** *adv* interestedly, with interest.

In·ter|fe·renz [ɪntərfeˈrɛnts] *f* ⟨-; -en⟩ *phys.* interference. **⁓frak·tio·nell** [-fraktsǐoˈnɛl; ˈɪn-] *adj parl.* inter-party.

in·ter·gla·zi·al [ɪntərglaˈtsǐaːl] *geol.* **I** *adj* interglacial. **II ⁓** *n* ⟨-s; -e⟩ interglacial period.

In·te·rim [ˈɪnterɪm] *n* ⟨-s; -s⟩ interim. **in·te·riˈmi·stisch** [-riˈmɪstɪʃ] *adj* interim; (*provisorisch*) provisional; (*vorläufig*) temporary.

ˈIn·te·rims|reˌgie·rung *f pol.* provisional (*od.* interim, caretaker) government. **⁓ˌschein** *m econ.* a) scrip (certificate), b) *Spedition*: interim certificate (receipt).

In·ter|jek·ti·on [ɪntərjɛkˈtsǐoːn] *f* ⟨-; -en⟩ *ling.* interjection. **⁓kaˈlar** [-kaˈlaːr] *adj* intercalated. **⁓kon·fes·sio·nell** [-kɔnfɛsǐoˈnɛl; ˈɪn-] *adj* **1.** *relig.* interdenominational. **2.** *ped.* undenominational. **⁓kon·ti·nen·tal** [-kɔntinɛnˈtaːl; ˈɪn-] *adj* intercontinental; **⁓rakete** *f Raumfahrt*: intercontinental (ballistic) missile. **⁓li·ne·ar** [ɪntərlineˈaːr] *adj ling.* interlinear. **⁓li·niˈie·ren** [-liniˈiːrən] *v/t* ⟨*no* **ge-**, **h**⟩ interline. **⁓ˈlu·di·um** [-ˈluːdǐʊm] *n* ⟨-s; -dien⟩ *mus.* interlude. **⁓ˈmez·zo** [-ˈmɛtso] *n* ⟨-s; -s *od.* -mezzi [-tsi]⟩ *mus.* intermezzo, *a. fig.* interlude. **⁓mitˈtie·rend** [-mɪˈtiːrənt] *adj* **1.** *Fieber etc*: intermittent; *electr. Strom etc*: *a.* pulsating. **2.** *geol. Flüsse etc*: interrupted.

in·tern [ɪnˈtɛrn] **I** *adj allg.* internal (*affairs, quarrels, etc*); *med.* **⁓e Abteilung** department for internal medicine; *ped.* **⁓er Schüler** boarder, resident pupil. **II** *adv* internally; **das regeln wir ⁓** we shall settle that among ourselves.

In·ter·nat [ɪntɛrˈnaːt] *n* ⟨-(e)s; -e⟩ *ped.* boarding-school.

in·ter|na·tio·nal [ɪntərnatsǐoˈnaːl; ˈɪn-] *adj* international. **⁓na·tioˈna·le¹** *f* ⟨-; -n⟩ **1.** *pol.* (*Organisation*) Internationale(e). **2. die ⁓** (*Lied*) the International(e). **⁓na·tioˈna·le²** *m, f* ⟨-n; -n⟩ *Sport*: international (player *od.* competitor), internationalist.

in·ter·na·tio·na|li·sie·ren [ɪntərnatsĭonaliˈziːrən] *v/t* ‹*no* **ge-, h**› internationalize. **≈ˈlis·mus** [-ˈlɪsmʊs] *m* ‹-; -men› **1.** ‹*only sg*› internationalism. **2.** *ling.* universally understood term. **≈li·ˈtät** [-liˈtɛːt] *f* ‹-; *no pl*› internationality.

In·terˈnats|ˌschü·ler *m*, **~ˌschü·le·rin** *f* boarding-school pupil, boarder.

Inˈter·ne *m, f* ‹-n; -n› *ped.* boarder, resident pupil.

in·ter|nie·ren [ɪntɛrˈniːrən] *v/t* ‹*no* **ge-, h**› **1.** *pol.* intern. **2.** (*Kranke*) isolate. **≈ˈnier·te** *m, f* ‹-n; -n› internee. **≈ˈnie·rung** *f* ‹-; *no pl*› internment. **≈ˈnie·rungsˌla·ger** *n* internment camp. **≈ˈnist** [-ˈnɪst] *m* ‹-en; -en› *med.* specialist in internal medicine, *Am.* internist. **~ˈni·stisch** [-ˈnɪstɪʃ] *adj* relating to internal medicine, internal.

In·ter·pel|lant [ɪntərpɛˈlant] *m* ‹-en; -en› *parl.* interpellator. **~la·tiˈon** [-laˈtsĭoːn] *f* ‹-; -en› interpellation. **~la·tiˈonsˌrecht** *n* right of interpellation. **≈ˈlie·ren** [-ˈliːrən] *v/i* ‹*no* **ge-, h**› interpellate; **bei j-m ~** call formally upon s. o. to account for an action taken.

in·ter·pla·ne|tar [ɪntərplaneˈtaːr], **~ˈta·risch** *adj* interplanetary.

In·ter·pol [ˈɪntɛrˌpoːl] *f* ‹-; *no pl*› Interpol.

In·ter·po|la·ti·on [ɪntərpolaˈtsĭoːn] *f* ‹-; -en› *bes. ling. math.* interpolation. **≈ˈlie·ren** [-ˈliːrən] *v/t u. v/i* ‹*no* **ge-, h**› interpolate.

In·ter|pret [ɪntərˈpreːt] *m* ‹-en; -en› **1.** *bes. e-r Theorie etc*: interpreter, expounder. **2.** *mus. thea. etc* interpreter. **~pre·ta·tiˈon** [-pretaˈtsĭoːn] *f* ‹-; -en› **1.** *e-s Textes etc*: interpretation; **falsche ~** misinterpretation. **2.** *mus. thea. etc* interpretation, rendering. **3.** *jur.* construction, interpretation. **≈preˈtie·ren** [-preˈtiːrən] *v/t* ‹*no* **ge-, h**› **1.** (*Text etc*) interpret, expound; **falsch ~** misinterpret. **2.** *mus. etc* interpret. **3.** *jur.* construe, interpret; **et. richtig ~** put the right construction on s. th.; **et. falsch ~** misconstrue s. th., put a wrong construction on s. th.

in·ter·punk|tie·ren [ɪntərpʊŋkˈtiːrən] *v/t* ‹*no* **ge-, h**› *ling.* punctuate. **≈tiˈon** [-ˈtsĭoːn] *f* ‹-; -en› **1.** ‹*only sg*› punctuation; **ohne ~** unpunctuated. **2.** → **≈tiˈonsˌzei·chen** *n* punctuation mark, *bes. Br.* stop.

In·ter·reg·num [ɪntərˈrɛgnʊm] *n* ‹-s; -regnen *u.* -regna [-gna]› interregnum; *hist.* **das ~** the Great Interregnum.

in·ter·ro·ga·tiv [ɪntərogaˈtiːf] *ling.* **I** *adj* interrogative. **II ≈** *n* ‹-s; -e› → **Interrogativpronomen. ≈adˌverb** *n* interrogative adverb. **≈proˌno·men** *n* interrogative pronoun. **≈ˌsatz** *m* interrogative sentence (*od.* clause).

In·ter·ro·ga·ti·vum [ɪntərogaˈtiːvʊm] *n* ‹-s; -tiva [-va]› → **Interrogativpronomen.**

In·ter|sex [ˈɪntərˌzɛks; -ˈzɛks] *n* ‹-es; -e› *biol.* intersex. **≈se·xuˈell** [-ˈksŭɛl] *adj* intersexual. **≈stelˈlar** [-stɛˈlaːr] *adj astr.* interstellar. **~ˈsti·ti·um** [-ˈstiːtsĭʊm] *n* ‹-s; -stitien› *biol.* interstice.

In·ter·vall [ɪntərˈval] *n* ‹-s; -e› **1.** interval; **in gleichmäßigen ~en** at regular intervals. **2.** *mus.* a) (*Tonabstand*) interval, b) (**~***schritt*) step; **komplementäres** (*od.* **umgekehrtes**) **~** complement(ary interval). **3.** *math. med.* interval. **~ˌtrai·ning** *n Sport*: interval training.

in·ter|va·lu·ta·risch [ɪntərvaluˈtaːrɪʃ] *adj econ.* between different currencies. **≈ve·niˈent** [-veˈnĭɛnt] *m* ‹-en; -en› *jur.* intervener. **~veˈnie·ren** [-veˈniːrən] *v/i* ‹*no* **ge-, h**› **1.** *a. econ. jur. pol.* intervene. **2.** (*sich einmischen*) interfere. **3.** (*vermitteln*) mediate, step in. **≈ven·tiˈon** [-vɛnˈtsĭoːn] *f* ‹-; -en› **1.** *econ. jur. pol.* intervention. **2.** (*Vermittlung*) mediation. **≈ven·tioˈnist** [-vɛntsĭoˈnɪst] *m* ‹-en; -en› *pol.* interventionist.

In·ter·ven·tiˈons|akˌzept *n econ. jur.* (acceptance) supraprotest. **~ˌkrieg** *m pol.* war of intervention. **~po·liˌtik** *f* policy of intervention. **~ˌrecht** *n* right of intervention.

In·ter|view [ˈɪntərvjuː; -ˈvjuː; ˈɪntəvjuː] (*Engl.*) *n* ‹-s; -s› interview. **≈ˈview·en** [-ˈvjuːən] *v/t* ‹*no* **ge-, h**› **j-n ~** interview s. o. **~ˈview·er** [-ˈvjuːər] *m* ‹-s; -› interviewer. **~ˈview·te** [-ˈvjuːtə] *m, f* ‹-n; -n› interviewee.

In·terˈzo·nen... *in Zssgn* interzonal (*trade, train etc*).

In·teˈstat|ˌer·be [ɪntɛsˈtaːt-] *m jur.* intestate successor, heir-at-law. **~ˌerbˌfol·ge** *f* intestate succession.

In·thro·ni|sa·ti·on [ɪntronizaˈtsĭoːn] *f* ‹-; -en› enthronement. **≈ˈsie·ren** [-ˈziːrən] *v/t* ‹*no* **ge-, h**› enthrone.

in·tim [ɪnˈtiːm] **I** *adj* ‹-er; -st› **1.** a) (*vertraut*) intimate, close, b) *contp.* over-familiar, *colloq.* chummy, c) *sexuell*: intimate; **ein ~er Freund** an intimate (*od.* close) friend, an intimate; **mit j-m ~ sein** a) be intimate (*od.* close friends) with s. o., b) *sexuell*: be intimate (*od.* on intimate terms) with s. o.; **~e Beziehungen** *a. sexuell*: intimate relations; **s-e ~sten Gedanken** his innermost thoughts; **e-n Abend im ~en Kreis verbringen** spend an evening with close friends; *contp.* **~ werden** get over-familiar (*od. colloq.* chummy), take liberties. **2.** (*vertraulich*) confidential (*message, etc*). **3.** (*gemütlich*) intimate, cosy (*room, bar, etc*); **~e Beleuchtung** intimate (*od.* soft) lighting. **II** *adv* **4.** intimately; **mit j-m ~ befreundet sein** be close friends with s. o.

In·ti·ma[1] [ˈɪntima] *f* ‹-; *no pl*› *anat.* intima. **ˈIn·ti·ma**[2] *f* ‹-; -mae [-mɛ]› best girl-friend, bosom-friend.

Inˈtimˌfeind *m iro.* arch-enemy, special enemy.

In·ti·mi·tät [ɪntimiˈtɛːt] *f* ‹-; -en› **1.** ‹*only sg*› intimacy. **2.** ‹*only sg*› *e-s Gespräches etc*: intimate nature, confidentiality. **3.** ‹*only sg*› *e-s Raumes etc*: intimacy, intimate atmosphere, cosiness. **4.** *meist pl* (*Vertraulichkeit*) a) intimacy, b) *contp.* familiarity, liberty; **sich ~en j-m gegenüber erlauben** take liberties with s. o. **5.** *meist pl* (*Enthüllung*) intimate disclosure, *pl* intimacies.

Inˈtim|ˌsphä·re *f* ‹-; *no pl*› privacy, private life; **in j-s ~ eindringen** violate s. o.'s privacy. **~ˌspray** *m, n* vaginal spray.

In·ti·mus [ˈɪntimʊs] *m* ‹-; -timi [-mi]› best friend, *colloq.* crony, *Am.* buddy.

in·to·le|rant [ˈɪntolerant; -ˈrant] *adj* intolerant (**gegen** of). **≈ranz** [-rants; -ˈrants] *f* ‹-; -en› intolerance (**gegen** of).

In·to|na·ti·on [ɪntonaˈtsĭoːn] *f* ‹-; -en› *ling. mus.* intonation. **≈ˈnie·ren** [-ˈniːrən] *v/t u. v/i* ‹*no* **ge-, h**› *mus.* intone, intonate.

In·tra·de [ɪnˈtraːdə] *f* ‹-; -n› *mus.* intrada, entrée.

in·tran·si·gent [ɪntranziˈgɛnt] *pol.* **I** *adj* intransigent. **II ≈** *m* ‹-en; -en› intransigent.

in·tran·si|tiv [ˈɪntranzitiːf; -ˈtiːf] *adj* **1.** *ling. Verb*: intransitive, neuter. **2.** *math.* intransitive. **≈tiv** [-tiːf; -ˈtiːf] *n* ‹-s; -e›, **≈ˈti·vum** [-ˈtiːvʊm] *n* ‹-s; -va [-va]› *ling.* intransitive (*od.* neuter) verb, intransitive.

in·tra·veˈnös [intraveˈnøːs] *adj* intravenous.

in·tri|gant [ɪntriˈgant] *adj* scheming. **≈ˈgant** *m* ‹-en; -en›, **≈ˈgan·tin** *f* ‹-; -nen› **1.** intriguer, scheming person, plotter. **2.** *thea.* villain.

In·tri·ge [ɪnˈtriːgə] *f* ‹-; -n› **1.** *a.* **~nspiel** *n* intrigue, scheme, plot; **~n spinnen** → **intrigieren. 2.** *thea.* plot; **~nstück** *n* (play of) intrigue. **in·tri·gie·ren** [ɪntriˈgiːrən] *v/i* ‹*no* **ge-, h**› intrigue, (plot and) scheme, hatch plots.

In·tro·duk·ti·on [ɪntrodʊkˈtsĭoːn] *f* ‹-; -en› *mus.* introduction.

In·tro·itus [ɪnˈtroːitʊs] *m* ‹-; -› **1.** *relig.* introit. **2.** *med.* entrance, introitus.

In·tro|spek·ti·on [ɪntrospɛkˈtsĭoːn] *f* ‹-; -en› *psych.* introspection. **≈spekˈtiv** [-ˈtiːf] *adj* introspective. **~ver·siˈon** [-vɛrˈzĭoːn] *f* ‹-; -en› *psych.* introversion. **≈verˈtiert** [-vɛrˈtiːrt] *adj* introvert(ed); **~er Mensch** introvert.

In·tui|ti·on [ɪntuiˈtsĭoːn] *f* ‹-; -en› intuition. **≈ˈtiv** [-ˈtiːf] **I** *adj* intuitive; *philos.* **~es Wesen** intuitivism. **II** *adv* intuitively, by intuition; **et. ~ erfassen** (**wissen**) *a.* intuit s. th.

In·tu·mes·zenz [ɪntumɛsˈtsɛnts], **In·tur·ges·zenz** [ɪnturgɛsˈtsɛnts] *f* ‹-; -en› *med.* intumescence, swelling.

in·tus [ˈɪntʊs] *adv colloq.* **et. ~ haben** a) (*begriffen*) have got s. th. (into one's head), b) (*getrunken od. verzehrt*) have s. th. inside one (*od.* under one's belt); **er hat e-n ~** he is a bit tipsy.

Inˈumˌlaufˌset·zen *n* ‹-s› *econ. von Geld etc*: (putting into) circulation, issue, emission.

in·va|lid [ɪnvaˈliːt], **~ˈli·de** [-də] *adj* disabled, invalid; **~ werden** become disabled. **≈ˈli·de** *m* ‹-n; -n› **1.** disabled person (*od.* workman, *etc*), invalid; **j-n zum ~n machen** disable s. o. **2.** *mil.* disabled ex-serviceman (*Am.* veteran.)

In·vaˈli·den|ˌheim *n* home for the disabled. **~ˌren·te** *f* disability pension. **~verˌsi·che·rung** *f* disability insurance.

in·va·li·di·sie·ren [ɪnvalidiˈziːrən] *v/t* ‹*no* **ge-, h**› invalid *s. o.* out.

In·va·li·di·tät [ɪnvalidiˈtɛːt] *f* ‹-; *no pl*› disablement, disability, incapacity for work; *med.* invalidism.

in·va·ri|ant [ɪnvaˈrĭant; ˈɪn-] *adj math.* invariant. **≈ˈan·te** *f* ‹-; -n› invariant. **≈ˈan·ten·theoˌrie** *f* invariant theory.

In·va·si·on [ɪnvaˈzĭoːn] *f* ‹-; -en› *mil. u. fig.* invasion.

In·va·siˈons|ˌheer *n* invasion army. **~ˌkrieg** *m* war of invasion.

In·ven·tar [ɪnvɛnˈtaːr] *n* ‹-s; -e› **1.** *econ.* a) (*Bestand*) inventory, stock, b) (*Verzeichnis*) inventory; **ein ~ aufnehmen** (*od.* **aufstellen**) (**von**) → **inventarisieren; festes ~** fixture; **lebendes ~** livestock; **totes ~** dead stock; *humor.* **zum ~ gehören** *Personen*: be a fixture. **2.** (*Büroeinrichtung*) (office) furniture and equipment. **3.** *jur.* inventory (of the inheritance). **~ˌaufˌnah·me** *f* → **Inventur. ~ˌbuch** *n* stock book, inventory (book). **~ˌfrist** *f* inventory period.

in·ven·ta·ri·sie·ren [ɪnvɛntariˈziːrən] **I** *v/t* ‹*no* **ge-, h**› *econ.* take (*od.* make, draw up) an inventory of, inventory. **II** *v/i* take an inventory, take stock.

In·venˈtar|ˌli·ste *f* inventory. **~ˌstück** *n econ.* inventory item, fixture. **~verˌzeich·nis** *n* inventory.

In·ven·tur [ɪnvɛnˈtuːr] *f* ‹-; -en› *econ.* (taking of an) inventory, stock-taking; **~ machen** take stock, take (*od.* make) an inventory. **~ˌaufˌnah·me** *f* → **Inventur. ~(ˌaus)verˌkauf** *m* stock-taking sale.

in·vers [ɪnˈvɛrs] *adj math.* inverse.

Inˈver·se *f* ‹-; -n› inverse.

In·ver·si·on [ɪnvɛrˈzĭoːn] *f* ⟨-; -en⟩ *allg.* inversion.

In·ver·ta·se [ɪnvɛrˈtaːzə] *f* ⟨-; *no pl*⟩ *biol. chem.* invertase.

In·ver·te·bra·ten [ɪnvɛrteˈbraːtən] *pl zo.* invertebrates.

in·ver|tie·ren [ɪnvɛrˈtiːrən] *v/t* ⟨*no* **ge-**, **h**⟩ invert. **~ˈtiert** *adj* invert(ed), inverse. **≗ˈtie·rung** *f* ⟨-; -en⟩ inversion.

Inˈvert,sei·fe [ɪnˈvɛrt-] *f* cationic detergent, invert soap.

in·ve|stie·ren [ɪnvɛsˈtiːrən] *v/t* ⟨*no* **ge-**, **h**⟩ *econ.* (**in** *acc u. dat*) invest (in), put (*capital, etc*) (into); **Geld vorteilhaft ~** make a good investment; *fig.* **Kraft (Zeit) in e-e Sache ~** invest energy (time) in s. th., devote energy (time) to s. th. **≗ˈstie·rung** *f* ⟨-; -en⟩ **1.** investing. **2.** investment. **≗ˈstie·rungs·ge,sell·schaft** *f econ.* investment company. **≗sti·tiˈon** [-tiˈtsĭoːn] *f* ⟨-; -en⟩ *econ.* **1.** (*Anlage*) (capital) investment; **laufende ~en** running investments. **2.** (*Aufwand*) capital expenditure. **≗sti·tiˈons…** *in Zssgn* investment (*bank, company, credit, expenditure, fund, etc*); **~güter** *pl* capital goods; **~lenkung** *f* government-directed investment activities *pl*; **~mittel** *pl* investment capital *sg*; **~spritze** *f* investment boost.

In·ve·sti·tur [ɪnvɛstiˈtuːr] *f* ⟨-; -en⟩ *relig. u. hist.* investiture.

In·vest·ment [ˈɪnˈvestmənt] [*Engl.*] *n* ⟨-s; *no pl*⟩ *econ.* investment. **~bank** *f* ⟨-; -en⟩ investment bank. **~fonds** *m* investment fund. **~ge,sell·schaft** *f* investment trust (*od.* company). **~,spa·ren** *n* saving through investment trusts.

In·ve·stor [ɪnˈvɛstɔr] *m* ⟨-s; -en [-ˈtoːrən]⟩ *econ.* investor.

In·vo·ka·ti·on [ɪnvokaˈtsĭoːn] *f* ⟨-; -en⟩ *relig.* invocation.

In·vo·lu·ti·on [ɪnvoluˈtsĭoːn] *f* ⟨-; -en⟩ *biol. math.* involution.

ˈin,wärts *adv* inward(s).

ˈin,wen·dig I *adj* inner, inside, inward; *Bibl.* **der ~e Mensch** the inner man. **II** *adv* inside, *fig. a.* inwardly; *colloq.* **et. in- und auswendig kennen** know s. th. inside out (*od.* backwards).

in·wie|ˈfern [ɪnvi-] *adv u. conj* a) in what respect (*od.* way), b) (*weshalb*) why. **~ˈweit** *adv u. conj* to what extent (*od.* degree), how far.

Inˈzah·lung,nah·me *f* ⟨-; *no pl*⟩ *econ.* part exchange, trade-in; **wir bieten Ihnen die ~ Ihres alten Wagens** we offer to take your old car in part exchange, *bes. Am.* we will accept your old car as a trade-in.

In·zest [ɪnˈtsɛst] *m* ⟨-es; -e⟩ incest.

In·zi·siv [ɪntsiˈziːf] *m* ⟨-s; -en⟩, **~,zahn** *m* incisor.

ˈIn,zucht *f* ⟨-; *no pl*⟩ **1.** (*Verwandtenehe*) in(ter)marriage, endogamy; **~ treiben** intermarry. **2.** *biol.* inbreeding, in-and-in breeding, endogamy; **durch ~ züchten** inbreed; **sich durch ~ vermehren** breed in-and-in; *fig.* **geistige ~** intellectual inbreeding.

inˈzwi·schen *adv* meanwhile, in the meantime, since, (*jetzt*) by now; **~ sollte er hier sein** he should be here by now.

Ion [iˈoːn; ˈiːɔn] *n* ⟨-s; -en [iˈoːnən]⟩ *phys.* ion; **negatives ~** anion; **in ~en zerfallen** ionize.

Io·nen|,an,trieb [iˈoːnən-] *m Raumfahrt*: ion(ic) propulsion. **~,aus,tau·scher** *m* ion(ic) exchanger. **~be,schleu·ni·ger** *m* ion accelerator. **~,bün·del** *n* ionic beam. **~,dich·te** *f* ion(ic) density. **~,fal·le** *f TV* ion trap. **~,strahl** *m* ionic beam. **~,trieb,werk** *n* ion-source propulsion unit. **~,wan·de·rung** *f* ionic migration. **~,zäh·ler** *m* ion counter.

Io·ni·er [iˈoːnĭər] *m* ⟨-s; -⟩ *antiq.* Ionian.

Io·ni·sa·ti·on [ionizaˈtsĭoːn] *f* ⟨-; -en⟩ *phys.* ionization.

Io·ni·sa·tiˈons|ener,gie *f phys.* ionization energy. **~,span·nung** *f* ionization potential. **~,strom** *m* ionic current.

Io·ni·sa·tor [ioniˈzaːtɔr] *m* ⟨-s; -en [-zaˈtoːrən]⟩ *phys.* ionizer.

io·nisch [iˈoːnɪʃ] *adj* **1.** Ionic; **~e Säulenordnung** Ionic order; **~e Philosophenschule** Ionic school; **die ~e Sprache, das ≗e** Ionic; **~er Versfuß** Ionic. **2.** *antiq. geogr.* Ionian. **3.** *phys.* ionic.

io·ni·sie·ren [ioniˈziːrən] *v/t* ⟨*no* **ge-**, **h**⟩ *phys.* ionize.

Io·ni·um [iˈoːnĭum] *n* ⟨-s; *no pl*⟩ *chem.* ionium.

Io·no|me·ter [ionoˈmeːtər] *n* ⟨-s; -⟩ *phys.* ionometer. **~ˈsphä·re** [-ˈsfɛːrə] *f* ⟨-; -n⟩ *meteor. phys.* ionosphere.

Io·ta [iˈoːta] *n* ⟨-s; -s⟩ → **Jota.**

ˈI-Pro,fil *n tech.* I-beam section.

ˈI-,Punkt *m* ⟨-(e)s; -e⟩ dot over the i; **den ~ setzen** dot one's i's; **bis auf den ~ genau** to the last detail, to a T.

Ira·ker [iˈraːkər] *m* ⟨-s; -⟩ Iraqi, Iraki. **ira·kisch** [iˈraːkɪʃ] **I** *adj* Iraqi, Iraki. **II** *ling.* **≗** ⟨*generally undeclined*⟩, **das ≗e** ⟨-n⟩ Iraqi, Iraki.

Ira·ner [iˈraːnər], **Ira·ni·er** [iˈraːnĭər] *m* ⟨-s; -⟩ Iranian. **ira·nisch** [iˈraːnɪʃ] **I** *adj* Iranian. **II** *ling.* **≗** ⟨*generally undeclined*⟩, **das ≗e** ⟨-n⟩ Iranian.

Ira|nist [iraˈnɪst] *m* ⟨-en; -en⟩ Iranian scholar. **~ˈni·stik** [-ˈnɪstɪk] *f* ⟨-; *no pl*⟩ Iranian studies *pl*.

Ir·bis [ˈɪrbɪs] *m* ⟨-ses; -se⟩ *zo.* ounce, snow leopard.

ir·den [ˈɪrdən] *adj* earthen, stone; **~es Geschirr** earthenware, crockery; **~er Krug** crock, stone jar (*od.* mug).

ir·disch [ˈɪrdɪʃ] **I** *adj* **1.** earthly, worldly, terrestrial, mundane; **~e Güter** worldly goods; **das ~e Dasein** (*od.* **Leben**) the earthly existence (*od.* life), life on earth; **~es Wesen** earthly (*od.* mortal) being; **~e Dinge** a) earthly things, b) (*Angelegenheiten*) mundane affairs; **~e Freuden (Liebe)** earthly joys (love). **2.** (*sterblich*) mortal; *lit.* **die ~e Hülle** a) the mortal frame, b) *e-s Toten*: the mortal remains *pl*. **II** *adv* **3.** worldly; **~ gesinnt** worldly(-minded). **ˈIr·di·sche**¹ *m, f* ⟨-n; -n⟩ *lit.* earthly being, mortal (being); **die ~n** the mortals. **ˈIr·di·sche**² *n* ⟨-n; *no pl*⟩ earthly (*od.* worldly) things *pl*; **alles ~ ist vergänglich** all earthly things are but transitory; **den Weg alles ~n gehen** go the way of the flesh (*Sachen*: of all things).

Ire [ˈiːrə] *m* ⟨-n; -n⟩ Irishman; **die ~n** the Irish.

ir·gend [ˈɪrgənt] *adv* **1.** *verallgemeinernd*: possibly, at all; **wenn es ~ geht** if at all possible; **wann (wo) es ~ geht** whenever (wherever) (it is) possible; **wenn du ~ kannst** if you possibly can; **so schnell wie ~ möglich** as quickly as possible; *colloq.* **das ist ~ so ein Vertreter (ein neues Material)** that is some sort of salesman (new material). **2. ~ et.** a) something, b) *fragend*: anything; **wir müssen ~ et. tun** we have to do s. th.; **habt ihr ~ et. gesehen?** did you see anything?; **kann es dir ~ et. nützen?** will it be of any use to you?; **noch ~ etwas?** anything else?; **stimmt ~ et. nicht?** is anything wrong? **3. ~ jemand** a) someone, somebody, b) *fragend*: anyone, anybody; **da ist ~ jemand, der** there is somebody who; **~ jemand muß es gewußt haben** s. o. must have known (it); **kennst du ~ jemand(en)?** do you know anyone?; *wer soll kommen?* **~ jemand** (just) anyone. **~ˈein** *indef pron* **1.** some; **~ Mensch** somebody (or other); **~ anderer** somebody else; **auf ~e Art und Weise** some way or other, somehow, one way or another; **zu ~em Zeitpunkt** sometime or other; **sag mir ~en Namen** (*e-n beliebigen*) just tell me any name. **2.** *verneint u. fragend*: any; **besteht noch ~e Hoffnung?** is there any hope at all? **ich will nicht ~en Job** I don't want just any (old) job. **~ˈei·ner** *indef pron* → **irgend** 3. **~,einˈmal** *adv* sometime (or other), one of these days. **~ˈwann** *adv* **1.** sometime (or other). **2.** (*zu jeder beliebigen Zeit*) (at) any time, anytime (you like, *etc*). **~ˈwas** *indef pron colloq.* → **irgend** 2. **~ˈwel·che** *indef pron* any. **~ˈwer** *indef pron colloq. cf.* **irgend** 3. **~ˈwie** *adv* somehow (or other); **er wird es schon ~ schaffen** he will make it somehow (or other); *colloq.* **~ stimmt hier et. nicht** (somehow) s. th. is wrong here; **wer ~ kann, sollte helfen** anyone who possibly can should help. **~ˈwo** *adv* **1.** somewhere; **es muß ~ in der Nähe sein** it must be somewhere near here; **du kannst mich ~ absetzen** (*an beliebigem Ort*) you can drop me anywhere. **2.** *verneint u. fragend*: anywhere. **~woˈher** *adv* **1.** from somewhere (or other). **2.** *verneint u. fragend*: from anywhere. **~woˈhin** *adv* **1.** somewhere (or other), to some place. **2.** *verneint u. fragend*: anywhere, to any place (or other). **~worˈan** *adv* **~ wird sie schon Freude haben** she'll find s. th. to be happy about; **s-e Pläne müssen ~ gescheitert sein** s. th. must have gone wrong with his plans.

Iri·do·lo·ge [iridoˈloːgə] *m* ⟨-n; -n⟩ *med.* iridologist.

Irid·os·mi·um [iriˈdɔsmĭum] *n* ⟨-s; *no pl*⟩ *min.* iridosmine.

ˈIrin *f* ⟨-; -nen⟩ Irishwoman; **sie ist ~** she is Irish.

Iris [ˈiːrɪs] **I** *f* ⟨-; -⟩ *anat. bot.* iris. **II** *npr f* ⟨-; *no pl*⟩ *myth.* Iris. **~,blen·de** *f phot.* iris diaphragm.

ˈirisch I *adj* Irish; *hist.* **≗er Freistaat** Irish Free State; **das ≗e Meer** the Irish Sea; **~e Republik** Irish Republic, Republic of Ireland, Eire. **II** *ling.* **≗** ⟨*generally undeclined*⟩, **das ≗e** ⟨-n⟩ Irish. **~-ˈrö·misch** *adj* **~es Bad** hot-air (*od.* Turkish) bath.

iri·sie·ren [iriˈziːrən] *v/i* ⟨*no* **ge-**, **h**⟩ be iridescent, iridesce.

ˈIr,län·der [ˈɪr-] *m* ⟨-s; -⟩ → **Ire.** **ˈIr,län·de·rin** *f* ⟨-; -nen⟩ → **Irin.** **ˈir,län·disch** *adj* Irish.

Iro·ke·se [iroˈkeːzə] *m* ⟨-n; -n⟩ Iroquois (*a. pl*).

Iro·nie [iroˈniː] *f* ⟨-; -n [-ən]⟩ irony; **beißende ~** biting irony; **die ~ des Schicksals** the irony of fate; **sokratische ~** Socratic irony; *thea.* **tragische ~** tragic(al) irony. **Iro·ni·ker** [iˈroːnikər] *m* ⟨-s; -⟩ ironist, ironical person. **iro·nisch** [iˈroːnɪʃ] *adj* ironic(al). **iro·ni·sie·ren** [ironiˈziːrən] *v/t* ⟨*no* **ge-**, **h**⟩ **et. ~** treat s. th. with irony.

irr [ɪr] *adj u. adv* ⟨-er; -st⟩ → **irre.**

Ir·ra·dia·ti·on [ɪradĭaˈtsĭoːn] *f* ⟨-; -en⟩ irradiation.

ir·ra·tio|nal [ˈɪratsĭonaːl; -ˈnaːl] *adj* irrational, *math. a.* surd. **≗na'lis·mus** [-naˈlɪsmʊs] *m* ⟨-; *no pl*⟩ *philos.* irrationalism. **≗na·li·tät** [-naliˈtɛːt; ˈɪr-] *f* ⟨-; *no pl*⟩ irrationality. **~nell** [-nɛl; -ˈnɛl] *adj* irrational.

ˈir·re I *adj* ⟨-r; -st⟩ **1.** *psych. u. fig.* mad, insane, crazy, lunatic; *fig.* **(ganz) ~ vor Angst** crazy (*od.* frantic) with fear; **ganz ~ vor Freude** quite mad with joy, delirious (with joy); → *a.* **verrückt. 2.**

(*verwirrt*) confused, muddled, mixed up; ~ **Reden führen** → irrereden I; ~ **werden an** (*dat*) begin to doubt, have one's doubts about, lose one's faith in, not to know what to make of *s.o., s.th.*; → *a.* **irremachen. 3.** *fig. colloq.* (*toll*) mad, crazy, wild, (*sagenhaft, umwerfend*) *a.* terrific, fantastic, far-out, super, mind-blowing; **~s Tempo** mad (*od.* terrific, breakneck) speed; **e-e ~ Sache** (*od.* **Kiste**), **ein ~s Ding** a crazy thing, a hell of a thing, *bewundernd*: *a.* a wow, a humdinger, a wingding, *zum Totlachen*: *a.* a riot, a gas, a perfect scream; **wie ~** *arbeiten, schreien etc* like mad. **II** *adv* **4.** madly (*etc*); *colloq.* ~ **viel** an awful lot (of). **'Ir·re¹** *m* ⟨-n; -n⟩ madman, lunatic, insane person, *fig. colloq.* crackpot, nut (case); *colloq.* **er benimmt sich wie ein ~r** he behaves like a madman; **er fuhr (arbeitete** *etc*) **wie ein ~r** he drove (worked) like mad; **du armer ~r!** you poor nut! **'Ir·re²** *f* ⟨-n; -n⟩ madwoman (*etc*; → Irre¹). **'Ir·re³** *f* ⟨-; *no pl*⟩ **j-n in die ~ führen** → irreführen; **in die ~ gehen** → irregehen.

ir·re·al ['ɪrea:l; -'a:l] *adj* unreal; **~e Vorstellungen** a) unreal ideas, b) unrealistic ideas. **Ir·rea·lis** ['ɪrea:lɪs; -'a:lɪs] *m* ⟨-; -les [-lɛs]⟩ *ling.* "unreality" form. **Ir·rea·li·tät** [ɪreali'tɛ:t; 'ɪr-] *f* ⟨-; -en⟩ unreality, irreality.

Ir·re·den|ta [ɪre'dɛnta] *f* ⟨-; -ten⟩ *pol.* irredenta, irridenta. **~'tist** [-'tɪst] *m* ⟨-en; -en⟩, **≗'ti·stisch** *adj* irredentist.

'ir·re|,fah·ren *v/i* ⟨*irr, sep,* **-ge-, sein**⟩ lose one's way. **~,füh·ren** *v/t* ⟨*sep,* **-ge-, h**⟩ *bes. fig.* mislead, lead *s.o.* astray, put *s.o.* on the wrong track, (*täuschen*) *a.* deceive. **~,füh·rend** *adj* misleading. **≗,füh·rung** *f* ⟨-; *no pl*⟩ misleading, deception. **~,ge·hen** *v/i* ⟨*irr, sep,* **-ge-, sein**⟩ **1.** lose one's way, get lost, go astray. **2.** *fig.* be wrong, be mistaken, get on the wrong track, go astray; **gehe ich irre in der Annahme, daß** am I wrong in assuming that. **~ge,lei·tet** *adj fig.* misguided.

ir·re·gu|lär ['ɪregulɛ:r; -'lɛ:r] *adj* irregular; **~e Truppen** irregulars. **≗lä·re** *m* ⟨-n; -n⟩ *mil.* irregular, partisan.

'ir·re,lei·ten *v/t* ⟨*sep,* **-ge-, h**⟩ **1.** → irreführen. **2.** (*Jugend, Volk etc*) misguide, lead *s.o.* astray.

ir·re·le|vant ['ɪrelevant; -'vant] *adj* irrelevant. **≗vanz** [-vants; -'vants] *f* ⟨-; -en⟩ irrelevance.

ir·re·li·gi·ös ['ɪreligĭø:s; -'gĭø:s] *adj* irreligious.

'ir·re,ma·chen *v/t* ⟨*sep,* **-ge-, h**⟩ **1.** (*verwirren*) confuse; (*aus der Fassung bringen*) *a.* disconcert, bewilder. **2.** (an *dat*) a) make *s.o.* doubtful (about), make *s.o.* doubt (*od.* lose his faith) (in), b) (*entmutigen*) discourage *s.o.* (in), c) (*von s-m Vorhaben, Standpunkt etc abbringen*) dissuade (from), make *s.o.* change his mind (about).

ir·ren ['ɪrən] **I** *v/reflex* ⟨**h**⟩ **1. sich ~** a) be (*od.* have got it) wrong, be mistaken, be in error, b) (*e-n Irrtum begehen*) make a mistake, *stärker*: commit an error, err; **ich kann mich (auch) ~** I may be wrong!, I speak under correction!; **da hast du dich aber gründlich** (*colloq.* **gewaltig**) **geirrt** you are very much mistaken there; **wenn ich mich nicht irre** if I am not mistaken; **sich in j-s Person ~** mistake s.o.'s identity; **der Kellner hat sich um e-e Mark geirrt** the waiter made a mistake of one mark. **2. sich in j-m ~** be wrong (*od.* mistaken) about s.o., misjudge s.o. **3. sich in e-r Sache ~** a) be wrong (*od.* mistaken) in s.th., b) *in der Tür, im Datum etc*: mistake s.th., make a mistake in s.th., get (*od.* have) s.th. wrong; **sich in der Hausnummer ~** go to the wrong door; **er hat sich in der Zeit geirrt** he got the time wrong; **wir haben uns wohl in der Richtung geirrt** we seem to have taken the wrong direction. **II** *v/i* ⟨**sein** *u.* **h**⟩ **4.** ⟨**sein**⟩ (**durch** through) wander, stray, err (*alle a. fig. Blicke, Augen, Gedanken*). **5.** ⟨**h**⟩ (*im Irrtum sein*) be wrong, be mistaken; **hier ~ Sie** you are wrong there; **es irrt der Mensch, solang er strebt** man must err whilst still he strives. **III ≗** *n* ⟨-s⟩ **6.** erring, being wrong (*etc*); **≗ ist menschlich** to err is human.

'Ir·ren|,an,stalt *f* mental home (*od.* institution), lunatic asylum. **~,arzt** *m* mental specialist, alienist. **~,haus** *n* **1.** → Irrenanstalt. **2.** *fig. colloq.* madhouse, nut farm. **~,häus·ler** *m colloq.* lunatic, madman, *sl.* loony. **~,wär·ter** *m* keeper, (male) mental hospital nurse.

ir·re·pa·ra·bel ['ɪrepara:bəl; -'ra:bəl] *adj* irreparable.

'ir·re|,re·den I *v/i* ⟨*sep,* **-ge-, h**⟩ rave, talk wildly. **II ≗** *n* ⟨-s⟩ raving(s *pl*). **≗,sein** *n* ⟨-s⟩ *med.* insanity, lunacy, dementia; **manisch-depressives** (*od.* **zyklisches, periodisches**) ~ manic-depressive psychosis, circular (*od.* periodic) insanity; **jugendliches ~** dementia praecox, hebephrenia; **religiöses ~** religious mania.

ir·re·ver·si·bel ['ɪrevɛrzi:bəl; -'zi:bəl] *adj chem. math. phys.* irreversible.

'Irr|,fahrt *f* wandering, odyssey. **~,gang** *m meist pl* **1.** *a. fig.* labyrinth, maze, tangled paths *pl.* **2.** *fig.* (*geistiger* ~) aberration. **~,gar·ten** *m* maze, labyrinth. **~,glau·be(n)** *m* **1.** *relig.* a) misbelief, heterodoxy, b) (*Ketzerei*) heresy. **2.** *fig.* erroneous belief, wrong idea. **≗,gläu·big** *adj relig.* **1.** misbelieving, heterodox. **2.** heretic. **~,gläu·bi·ge** *m, f* ⟨-n; -n⟩ *relig.* **1.** misbeliever, heterodox person. **2.** (*Ketzer*) heretic.

'ir·rig *adj* false, wrong, mistaken, erroneous, fallacious; **es ist ~ anzunehmen, daß** it is wrong (*od.* a mistake) to believe that.

Ir·ri|ga·ti·on [ɪriga'tsĭo:n] *f* ⟨-; -en⟩ *med.* lavage, irrigation. **~'ga·tor** [-'ga:tɔr] *m* ⟨-s; -en [-ga'to:rən]⟩ **1.** irrigator, fountain syringe. **2.** *Hygiene*: douche.

'ir·ri·ger'wei·se *adv* wrongly, mistakenly, erroneously.

Ir·ri|ta·ti'on [ɪrita'tsĭo:n] *f* ⟨-; -en⟩ irritation. **≗'tie·ren** [-'ti:rən] *v/t* ⟨*no* **ge-, h**⟩ **1.** (*ärgern*) irritate, annoy, vex. **2.** (*verwirren, unsicher machen*) irritate, confuse. **≗'tie·rend** *adj* irritating.

'Irr|,läu·fer *m Post*: misrouted mail (*od.* letter, parcel). **~,leh·re** *f bes. relig.* false doctrine, heresy. **~,licht** *n* ⟨-(e)s; -er⟩ will-o'-the-wisp (*a. fig.*), jack-o'-lantern, ignis fatuus. **≗,lich·tern** *v/i* ⟨*insep,* **ge-, sein**⟩ flit about like a will-o'-the-wisp. **~sal** *n* ⟨-(e)s; -e⟩ *poet. des Lebens*: vagary, erring, labyrinth, maze. **~,sinn** *m* ⟨-(e)s; *no pl*⟩ *a. fig.* insanity, madness, lunacy; *cf. a.* Wahnsinn. **≗,sin·nig I** *adj* insane, mad, lunatic, *fig. colloq. a.* terrible, terrific; **~ sein (werden)** be (become) insane (*od.* mentally deranged), be (go) crazy (*od.* mad); *fig. colloq.* **mit ~em Tempo** at a terrific (*od.* crazy, mad, an insane) speed; → *a.* **wahnsinnig. II** *adv fig. colloq.* awfully, terribly (*hot, etc*). **~,sin·ni·ge** *m* ⟨-n; -n⟩ → Irre¹. **~tum** *m* ⟨-s; ⸗er⟩ **1.** mistake, error; **ein großer** (**verhängnisvoller**) **~** a bad (fatal) mistake; **e-n ~ begehen** make a mistake, commit an error; **mir ist ein ~ unterlaufen** I (have) made a mistake; **das war ein ~ von mir** (*od.* **meinerseits**) that was my mistake; **da ist jeder ~ ausgeschlossen** there can be no (question of a) mistake; **im ~ sein, sich im ~ befinden** be mistaken, be wrong, be in error; **in e-m ~ befangen sein** be labo(u)ring under a mistake; *colloq.* **da sind Sie schwer** (*od.* **gewaltig**) **im ~!** that's where you're very much mistaken!; **hier liegt ein ~ vor** there is some mistake (*od.* misunderstanding) here; **Irrtümer (und Auslassungen) vorbehalten** errors (and omissions) excepted. **2.** *jur.* error; → **Rechtsirrtum. ≗tüm·lich** [-ty:mlɪç] **I** *adj* erroneous, mistaken, wrong, false. **II** *adv* by mistake, erroneously, mistakenly; **ich war ~ der Meinung, daß** I wrongly thought (that). **≗tüm·li·cher'wei·se** *adv* → irrtümlich II.

'Ir·rung *f* ⟨-; -en⟩ **1.** *obs. for* Irrtum 1, Irrsal. **2.** *lit.* aberration.

'Irr|,wahn *m* ⟨-s; *no pl*⟩ delusion. **~,weg** *m a. fig.* wrong way (*od.* track); **auf ~e geraten** lose one's way, *fig.* get on the wrong track, go astray; **auf e-n ~ führen** → irreführen. **~,wisch** *m* ⟨-(e)s; -e⟩ **1.** → Irrlicht. **2.** *fig. colloq.* flibbertigibbet.

Isa·ak ['i:zak; 'i:za:k; 'i:zaak] *npr m* ⟨-s; *no pl*⟩ *Bibl.* Isaac.

Is·ago|ge [iza'go:gə] *f* ⟨-; -n⟩ isagoge. **~gik** [-gɪk] *f* ⟨-; *no pl*⟩ isagogics *pl* (*meist als sg konstruiert*).

Is·chi·as ['ɪʃĭas; 'ɪsçĭas] *f* ⟨-; *no pl*⟩, *colloq. a. n, m med.* sciatica. **~,nerv** *m* sciatic nerve.

Isch·tar ['ɪʃtar] *npr f* ⟨-; *no pl*⟩ *myth.* Ishtar.

Ise·grim ['i:zə,grɪm] **I** *npr m* ⟨-s; *no pl*⟩ *in der Tierfabel*: Isengrim. **II** *m* ⟨-s; -e⟩ *fig.* (*Person*) bear, grumbler.

is·en|trop [izən'tro:p], **~'tro·pisch** *adj meteor.* isentropic.

Is·lam ['ɪslam; ɪs'la:m] *m* ⟨-s; *no pl*⟩ *relig.* Islam; *collect.* **der ~** Islam, the Islamic world. **is'la·misch** [-'la:mɪʃ] *adj* Islamic. **is·la·mi'sie·ren** [-lami'zi:rən] *v/t* ⟨*no* **ge-, h**⟩ islamize. **is·la'mi·tisch** [-la'mi:tɪʃ] *adj* Islamic.

'Is,län·der ['i:s-] *m* ⟨-s; -⟩ *geogr.* Icelander. **'is,län·disch I** *adj* Icelandic. **II** *ling.* **≗** ⟨*generally undeclined*⟩, **das ≗e** ⟨-n⟩ Icelandic.

Is·ma·el ['ɪsmaɛl] *npr m* ⟨-s; *no pl*⟩ *Bibl.* Ishmael. **Is·mae·lit** [ɪsmae'li:t] *m* ⟨-en; -en⟩ *relig.* Ishmaelite.

Is·mus ['ɪsmʊs] *m* ⟨-; -men⟩ *philos. contp.* ism.

Iso|bar [izo'ba:r] **I** *n* ⟨-s; -e⟩ isobar(e). **II ≗** *adj* isobaric. **~'ba·re** *f* ⟨-; -n⟩ *meteor.* isobar. **≗'ba·risch** *adj* isobaric. **~'ba·se** [-'ba:zə] *f* ⟨-; -n⟩ *geol.* isobase. **~'ba·the** [-'ba:tə] *f* ⟨-; -n⟩ *geogr.* isobath. **≗'chrom** [-'kro:m] *adj* isochromatic. **~chro·ma'sie** [-kroma'zi:] *f* ⟨-; *no pl*⟩ *phot.* isochromat. **≗chro'ma·tisch** [-kro'ma:tɪʃ] *adj* isochromatic. **≗'chron** [-'kro:n] *adj* isochronic. **~'chro·ne** *f* ⟨-; -n⟩ isochrone. **~dy'na·me** [-dy'na:mə] *f* ⟨-; -n⟩ *phys.* isodynamic line, *a.* isogam. **~'dy·ne** [-'dy:nə] *f* ⟨-; -n⟩ *phys.* isodynamic line. **≗'gam** [-'ga:m] *adj biol.* isogamous. **~ga'met** [-ga'me:t] *m* ⟨-en; -en⟩ isogamete. **~ga'mie** [-ga'mi:] *f* ⟨-; *no pl*⟩ isogamy. **≗'gen** [-'ge:n] *adj* isogenous. **~'glos·se** [-'glɔsə] *f* ⟨-; -n⟩ *ling.* isogloss. **~'gon** [-'go:n] *n* ⟨-s; -e⟩ *math.* isogon. **≗go'nal** *adj* isogonic. **~'go·ne** [-'go:nə] *f* ⟨-; -n⟩ *math. phys.* isogonic line. **~hy·e·te** [-hy'e:tə] *f* ⟨-; -n⟩ *meteor.* isohyet. **~'hyp·se** [-'hʏpsə] *f* ⟨-; -n⟩ **1.** *meteor.* (pressure) contour line. **2.** →

Höhenlinie. **~ˈkli·ne** [-ˈkliːnə] *f* ‹-; -n› *geol. phys.* isoclinal (line).

Iso·la·ti·on [izolaˈtsĭoːn] *f* ‹-; -en› → Isolierung.

Iso·la·tio|nis·mus [izolatsĭoˈnɪsmʊs] *m* ‹-; *no pl*› *pol.* isolationism. **~ˈnist** [-ˈnɪst] *m* ‹-en; -en›, **2ˈni·stisch** *adj* isolationist.

Iso·la·tiˈons|haft *f jur.* solitary confinement (with restricted outside contacts).

Iso·la·tor [izoˈlaːtɔr] *m* ‹-s; -en [-laˈtoːrən]› *electr.* insulator.

Isoˈlier|ˌab|tei·lung *f* → Isolierstation. **~ˌan|strich** *m tech.* insulating coat. **~ˌband** *n* ‹-(e)s; ⸗er› *electr.* insulating tape. **2bar** *adj electr. tech.* insulatable. **~ba|racke** (*getr.* -k·k-) *f med.* isolation ward.

iso·lie·ren [izoˈliːrən] **I** *v/t* ‹*no* ge-, h› **1.** (*Häftling, Land etc*) isolate (**von** from). **2.** *med.* (*Kranken etc*) a) isolate, b) (*unter Quarantäne stellen*) quarantine. **3.** *electr. tech.* insulate (**gegen** against). **4.** *chem.* isolate. **II** *v/reflex* **sich ~ 5.** isolate o. s. **6.** (*sich abkapseln*) seclude o. s. **III 2** *n* ‹-s› **7.** insulating (*etc*). **8.** → Isolierung. **~d** *adj* **1.** isolating; **~e Sprachen** isolating languages. **2.** *electr. tech.* insulating.

Isoˈlier|ˌfä·hig·keit *f electr. tech.* insulating property. **~ˌglocke** (*getr.* -k·k-) *f* petticoat (insulator). **~ˌhaft** *f jur.* solitary confinement. **~ˌlack** *m* insulating paint (*od.* varnish). **~ˌmas·se** *f* insulating compound. **~ma·te·ri|al** *n* insulating material, insulant. **~ˌschel·le** *f* cleat. **~ˌsche·mel** *m* insulating stool. **~ˌschutz** *m* insulation. **~sta·ti|on** *f med.* isolation ward. **~ˌstoff** *m* → Isoliermaterial. **~ˌstück** *n electr.* cleat.

isoˈliert *adj* **1.** *chem. med. u. fig.* isolated. **2.** *electr. tech.* insulated (**gegen** from). **2heit** *f* ‹-; *no pl*› *fig.* isolation.

Isoˈlie·rung *f* ‹-; -en› **1.** → isolieren 7. **2.** *chem. med. u. fig.* isolation. **3.** *electr. tech.* insulation.

Isoˈlier|ˌzan·ge *f* insulated pliers *pl* (*a. als sg konstruiert*). **~ˌzim·mer** *n med.* isolation room.

Iso|mer [izoˈmeːr] **I** *n* ‹-s; -e› **1.** *chem. nucl.* isomer. **II 2** *adj* **2.** *chem. nucl.* isomeric. **3.** *bot.* isomerous. **~meˈrie** [-meˈriː] *f* ‹-; *no pl*› *chem. nucl.* isomerism. **2me·riˈsie·ren** [-meriˈziːrən] *v/t* ‹*no* ge-, h› isomerize. **~meˈtrie** [-meˈtriː] *f* ‹-; *no pl*› *math.* isometry. **2ˈme·trisch** [-ˈmeːtrɪʃ] *adj* isometric(al). **2ˈmorph** [-ˈmɔrf] *adj* **1.** *biol. min.* isomorphic. **2.** *math.* hom(o)eomorphous. **~morˈphie** [-mɔrˈfiː] *f* ‹-; *no pl*› **1.** *min.* isomorphism. **2.** *biol. psych.* isomorphy.

Isop [ˈiːzɔp] *m* ‹-s; -e› *bot.* hyssop.

Iso|ple·the [izoˈpleːtə] *f* ‹-; -n› *math. meteor. phys.* isopleth. **~ˈpo·de** [-ˈpoːdə] *m* ‹-n; -n› *zo.* isopod. **~ˈpren** [-ˈpreːn] *n* ‹-s; *no pl*› *chem.* isoprene. **~proˈpyl** [-proˈpyːl] *n chem.* isopropyl. **~ˈther·me** *f* ‹-; -n› **1.** *meteor.* isotherm(al line). **2.** *chem. phys.* isotherm(al curve). **~ˈton** [-ˈtoːn] *n* ‹-s; -e› *meist pl nucl.* isotone. **~ˈtop** [-ˈtoːp] *chem. phys.* **I** *n* ‹-s; -e› *meist pl* isotope. **II 2** *adj* isotopic.

Isoˈto·pen|in·di|ka·tor *m nucl.* isotope tracer. **~ˌschleu·se** *f* isotope sluice. **~ˌtren·nung** *f* isotope separation.

Iso|to·pie [izotoˈpiː] *f* ‹-; *no pl*› *chem. phys.* isotopy, isotopism. **2ˈto·pisch** [-ˈtoːpɪʃ] *adj* isotopic.

Iso·tron [ˈiːzotroːn] *n* ‹-s; -e, *a.* -s› *nucl.* isotron.

iso|trop [izoˈtroːp] *adj phys.* isotropic. **2troˈpie** [-troˈpiː] *f* ‹-; *no pl*› isotropy, isotropism.

Is·ra·el [ˈɪsraɛl] *npr n* ‹-s; *no pl*› Israel; *Bibl.* **die Kinder ~(s)** the children of Israel.

Is·rae|li [ɪsraˈeːli] *m* ‹-s; -s›, **2lisch** *adj* Israeli.

Is·rae|lit [ɪsraeˈliːt] *m* ‹-en; -en› *Bibl.* Israelite, *weitS.* Jew, Hebrew. **2ˈli·tisch** *adj* Israelite, *weitS.* Jewish, Hebrew.

iß [ɪs] *imp*, **ißt** [ɪst] *2 u. 3 sg pres of* **essen**[1].

ist [ɪst] *3 sg pres of* **sein**[1].

Is·tar [ˈɪstar] *npr f* ‹-; *no pl*› → Ischtar.

ˈIst|-ˌAuf|kom·men *n econ. jur.* real tax receipts *pl*, actual revenue from taxation. **~-ˌAus|ga·be** *f meist pl* actual expenditure. **~-Be|stand** *m* **1.** actual amount, balance actually on hand. **2.** actual inventory (*od.* stock). **~-ˌEin|nah·me** *f meist pl* actual (*od.* net) receipts *pl*.

Isth|mus [ˈɪstmʊs] *m* ‹-; -men› **1.** *geol.* isthmus. **2.** *med.* isthmus. **2misch** *adj* isthmian, isthmic (*a. med.*); *antiq.* **~e Spiele** Isthmian games.

ˈIst|-ˌKo·sten *pl econ.* actual costs. **~-ˌMaß** *n tech.* actual size. **~-ˌStär·ke** *f mil.* effective (*od.* actual) strength.

Ita·ker [ˈiːtakər] *m* ‹-s; -› *colloq. contp.* (*Italiener*) Ey(e)tie.

Ita·ler [ˈiːtalər] *m* ‹-s; -› *hist.* **die ~** the Italic peoples.

ita·lia|ni·sie·ren [italĭaniˈziːrən] *v/t* ‹*no* ge-, h› Italianize. **2ˈnis·mus** [-ˈnɪsmʊs] *m* ‹-; -men› *ling.* Italianism.

Ita·lie|ner [itaˈlĭeːnər] *m* ‹-s; -›, **~ne·rin** [-nərɪn] *f* ‹-; -nen› Italian. **2nisch I** *adj* Italian. **II** *ling.* **2** ‹*generally undeclined*›, **das 2e** ‹-n› Italian.

Ita·li·enne [itaˈljɛn] (*Fr.*) *f* ‹-; *no pl*› *print.* English-Italian.

Ita·li·ker [iˈtaːlikər] *m* ‹-s; -› → Italer.

Ita·lique [itaˈlik] (*Fr.*) *f* ‹-; *no pl*› *print.* Italic (type).

ita·lisch [iˈtaːlɪʃ] *adj antiq. ling.* Italic.

Ita·zis·mus [itaˈtsɪsmʊs] *m* ‹-; *no pl*› *ling.* itacism.

item [ˈiːtɛm] *obs.* **I** *adv* item, also, likewise. **II 2** *n* ‹-s; -s› item.

Ite·ra·ti·on [iteraˈtsĭoːn] *f* ‹-; -en› *math.* iteration.

ite·ra|tiv [iteraˈtiːf] **I** *adj* iterative. **II 2** *n* ‹-s; -e› *ling.* iterative (verb). **2ˈti·vum** [-vʊm] *n* ‹-s; -va [-va]› *ling.* iterative (verb).

Itha·ker [ˈiːtakər] *m* ‹-s; -› *hist.* inhabitant of Ithaca.

ˈI-ˌTrä·ger *m tech.* I-beam, I-girder.

ˈI-ˌTüp·fel·chen *n* ‹-s; *no pl*› → I-Punkt.

It·zig [ˈɪtsɪç] *m* ‹-s; *no pl*› *contp.* Jew.

it·zo [ˈɪtso], **itzt** [ɪtst], **itz·und** [ɪˈtsʊnt] *adv obs. for* **jetzt**.

Iwan [ˈiːvan] **I** *npr m* ‹-s; *no pl*› *hist.* Ivan; **~ der Schreckliche** Ivan the Terrible. **II** *m* ‹-s; -s› *colloq.* (*Russe*) Ivan.

Iwrit(h) [iˈvriːt] *n* ‹-(s); *no pl*› *ling.* Modern Hebrew.

J

J, j [jɔt] *n* ⟨-; -⟩ (*Buchstabe*) J, j.

ja [ja] *adv* **1.** *zustimmend*: yes, *colloq.*, *oft iro.* yeah, *mar. u. parl.* aye, *Am. parl. u. Bibl.* yea; ~ **oder nein?** yes or no?; **gefällt dir das?** ~ do you like that? yes (, I do); **ist das wahr?** ~ is that true? yes(, it is); **hast du es gesehen?** ~ have you seen it? yes(, I have); **hast du alles? ich glaube** ~ have you got everything? (yes,) I think so (*od.* I think I have); ~ **freilich** (*od.* **gewiß, natürlich**)! yes, of course (*od.* certainly); ~ **sagen** say yes, agree, consent; *fig.* ~ **sagen zu e-r Sache** say yes to s. th.; **zu allem** ~ (**und amen**) **sagen** say yes (*od.* agree, consent) to everything, *colloq.* be a yes-man; ~ **zum Leben sagen** have a positive attitude to life; **kommt ihr? wenn** ~, **wann?** are you coming? if so (*od.* if you are) at what time? **2.** *feststellend*: **das ist** ~ **herrlich** (**furchtbar**)! isn't that (*od.* that's really) marvel(l)ous (terrible)!; **es ist** ~ **alles nicht so schlimm** it isn't that bad, really (*od.* after all); **da bist du** ~ (**endlich**)! there you are (at last); **ich habe es** ~ **gleich gesagt** I told you so; **du weißt** ~, **wie das ist** you know how it is (*od.* goes); **du weißt** ~, **daß es nicht geht** you know (very well) that it is impossible; **er ist** ~ **mein Freund** after all (*od.* why), he is my friend; **er ist** ~ **ein alter Mann** he is an old man, after all; **das ist es** ~ (**eben**)! that's just the point (*od.* just it)!; **du siehst** ~ **ganz blaß aus** (what's the matter,) you look so pale; **es schneit** ~! *überrascht*: oh, it is snowing!; *iro.* **du bist mir** ~ **ein schöner Freund!** a nice friend you are! **3.** *einleitend*: ~, **ich weiß nicht** well, I don't know; ~, **weißt du denn nicht, daß** why, don't you know that; ~, **wer kommt denn da!** look, who's coming!; ~, **kennst du mich denn nicht mehr?** hey (*od.* come on), don't you know me any more?; ~ **so, das ist et. anderes** oh I see, that is s. th. different. **4.** *verstärkend*: **es ist schwer,** ~ (**sogar**) **unmöglich** it is difficult or even impossible; **er hat es mir versprochen,** ~ **geschworen** he promised it to me, even swore to it. **5.** *colloq. einschärfend*: **komm** ~ **nicht zu spät!** mind you don't come late!; **und erzähle mir** ~ **nicht, daß** and don't you tell me that; **tu das** ~ **nicht!** don't do that, I warn you!; don't!; **kaufe es** ~ **nicht!** don't buy it on any account!; **sei** ~ **vorsichtig!** do be careful; **nimm** ~ **e-n Regenschirm mit!** be sure to take your umbrella along! **6.** *einschränkend*: **ich kann es** ~ **versuchen, aber** (of course) I can try but; **das ist** ~ **sehr schön, aber was habe ich davon?** that's all very fine (of course), but what do I get out of it? **Ja** *n* ⟨-(s); *rare* -s⟩ **1.** yes; **mit (e-m)** ~ **antworten** answer with a yes (*od.* in the affirmative); **nur mit** ~ **oder Nein antworten** answer yes or no; **sie bleibt bei ihrem** ~ she said yes and stands by it. **2.** *parl. etc* ay(e); **mit** ~ **oder Nein stimmen** vote with yes or no, vote for (*od.* in favo[u]r) or against; **die Mehrheit stimmte mit** ~ the ayes have it. **3.** a) → **Jawort**, b) *bei der Trauung*: I do!

Jacht [jaxt] *f* ⟨-; -en⟩ yacht. ~ˌ**klub** *m* yacht(ing) club. ~ˌ**sport** *m* yachting.

Jäck·chen [ˈjɛkçən] *n* ⟨-s; -⟩ **1.** short (*od.* small) jacket. **2.** baby's jacket.

Jacke (*getr.* **-k·k-**) *f* [ˈjakə] ⟨-; -n⟩ **1.** jacket; *fig. colloq.* **j-m die** ~ **voll hauen** give s. o. a sound thrashing; **j-m die** ~ **voll lügen** tell s. o. a pack of lies; **das ist** ~ **wie Hose** that's six of one and half a dozen of the other, that's much of a muchness. **2.** (*Strick*♀) cardigan. **3.** (*Anzug*♀, *Kostüm*♀) coat. ˈ**Jackenˌkleid** (*getr.* **-k·k-**) *n* two-piece costume (*od.* suit).

ˈ**Jacketˌkro·ne** (*getr.* **-k·k-**) [ˈdʒɛkɪt-] *f med.* jacket crown.

Jackett (*getr.* **-k·k-**) [ʒaˈkɛt] *n* ⟨-s; -e *u.* -s⟩ jacket.

Jacˈquard|ge·we·be [ʒaˈkaːr-] (*Fr.*) *n* Jacquard weave. ~**maˌschi·ne** *f* Jacquard loom.

Ja·de [ˈjaːdə] *m* ⟨-; *no pl*⟩ *min.* jade. ♀ˌ**grün** *adj* jade-green.

Jagd [jaːkt] *f* ⟨-; -en⟩ **1.** hunt(ing), *mit dem Gewehr*: *a.* shoot(ing); **auf die** ~ **gehen** go hunting; **von der** ~ **kommen** return from the hunt (*od.* chase); **die** ~ **geht auf** hunting (*od.* the hunting-season) has begun; → **Hasenjagd** *etc.* **2.** (*Wild*) game; **hohe (niedrige)** ~ big (small) game. **3.** → a) **Jagdbeute**, b) **Jagdgebiet**, c) **Jagdrecht** 1, d) **Jagdgesetz**, e) **Jagdpacht**. **4.** (*Verfolgung*) (**nach**) chase (after), pursuit (of); **auf j-n** ~ **machen** chase (after) s. o., pursue s. o.; **die** ~ **aufnehmen** give chase; **e-e wilde** ~ **auf den Verbrecher begann** a wild chase began after the criminal; *myth.* **die Wilde** ~ the Wild Chase. **5.** (*Suche*) hunt; **die** ~ **nach dem Kidnapper begann** the hunt for the kidnapper was on; *fig.* **die** ~ **nach (dem) Glück** the hunt (*od.* quest) for happiness, the pursuit of happiness; **e-e wilde** ~ **nach** a mad rush (*od.* scramble) for. **6.** *fig. colloq.* (*Hetze*) (**wilde**) ~ (mad) rush (*od.* scramble), rat-race; **das war e-e** ~! that was a mad rush! ~ˌ**abˌwehr** *f mil.* fighter defen/ce (*Am.* -se). ~ˌ**anˌzug** *m* hunting suit (*od.* outfit). ~ˌ**aufˌse·her** *m* gamekeeper. ~ˌ**ausˌdruck** *m* hunting term. ~ˌ**ausˌrü·stung** *f* hunting equipment.

ˈ**jagd·bar** *adj* **1.** huntable, in season; ~**es Wild** huntable (*od.* fair) game. **2.** *Hirsch*: warrantable.

ˈ**jagd·beˌrech·tigt** *adj* licensed to shoot (*od.* hunt).

ˈ**Jagd|beˌrech·ti·gung** *f* permission to hunt; → **Jagdschein**. ~ˌ**beu·te** *f* **1.** (*erlegtes Wild*) bag, kill. **2.** (*verfolgtes Wild*) quarry, game. ~**beˌzirk** *m* → **Jagdgebiet**. ~ˌ**bom·ber** *m aer. mil.* fighter-bomber. ~ˌ**büch·se** *f* sporting (*bes. Am.* hunting) rifle. ~ˌ**el·ster** *f orn.* green magpie. ~**erˌlaub·nis** *f* **1.** permission to hunt. **2.** → **Jagdschein**. ~ˌ**fal·ke** *m orn.* **1.** white gyrfalcon. **2.** *hunt.* a) (*Wanderfalke*) peregrine falcon, *Am.* duck hawk, b) → **Gerfalke, Hühnerhabicht, Turmfalke**. ~**faˌsan** *m* common pheasant. ~ˌ**fie·ber** *n colloq.* hunting fever. ~ˌ**flie·ger** *m aer. mil.* fighter pilot. ~ˌ**flin·te** *f* shotgun, sporting gun, *für Vögel*: *a.* fowling-piece. ~ˌ**flugˌzeug** *n* a) fighter (plane *od.* aircraft), b) (*Abfangjäger*) interceptor. ~ˌ**fre·vel** *m* **1.** *offen/ce (Am. -se) against the laws (od. customs) of hunting.* **2.** (*Wilderei*) poaching. ~**geˌbiet** *n* hunting district (*od.* ground). ~**geˌhe·ge** *n* enclosed (p)reserve, *Br.* game reserve. ♀**geˌrecht** *adj* → **weidmännisch**. ~**geˌrech·tig·keit** *f* → **Jagdberechtigung**. ~**geˌschich·te** *f* hunting story. ~**geˌschwa·der** *n aer. mil.* fighter group (*Am.* wing). ~**geˌsell·schaft** *f* hunting (*od.* shooting) party, shoot, field. ~**geˌsetz** *n* game law (*od.* act). ~**geˌwehr** *n* sporting gun (*od.* rifle), shotgun. ~ˌ**grund** *m* **1.** hunting ground. **2.** *myth.* **die ewigen Jagdgründe** the Happy Hunting Grounds; *humor.* **in die ewigen Jagdgründe eingehen** go to the happy hunting grounds; **j-n in die ewigen Jagdgründe schicken** send s. o. to glory (*od.* kingdom come). ~ˌ**haus** *n* (hunting) lodge. ~ˌ**horn** *n* bugle. ~ˌ**hund** *m* **1.** hunting dog, hound. **2.** (*Rasse*) short-haired pointer. **3.** *pl astr.* Hunting Dogs. ~ˌ**hü·ter** *m* gamekeeper. ~ˌ**hüt·te** *f* (hunting) lodge. ~**leoˌpard** *m* → **Gepard**. ~ˌ**mes·ser** *n* hunting knife. ~ˌ**pacht** *f* **1.** (tenancy of a) shoot. **2.** rent of a shoot. ~ˌ**päch·ter** *m* game tenant (*od.* lessee). ~ˌ**pan·zer** *m mil.* tank destroyer. ~**parˌtie** *f* **1.** hunting expedition (*od.* trip), hunt, shoot. **2.** → **Jagdgesellschaft**. ~**paˌtro·ne** *f* shotgun cartridge. ~ˌ**pferd** *n* hunter. ~ˌ**recht** *n* **1.** hunting (*od.* shooting) right(s *pl*), *Br.* chase. **2.** (*Gesetz*) Game Law. ~ˌ**ren·nen** *n Sport*: steeplechase. ~**reˌvier** *n* → **Jagdgebiet**. ~ˌ**ruf** *m* hunting call. ~ˌ**schein** *m* hunting (*od.* shooting, game) licen/ce (*Am.* -se). ~ˌ**schloß**, ~ˌ**schlöß·chen** *n* hunting seat. ~ˌ**schutz** *m* **1.** *hunt.* closed season (for game). **2.** *mil.* fighter escort. ~**siˌgnal** *n* hunting signal. ~ˌ**sprin·gen** *n* ⟨-s⟩ *Sport*: show jumping. ~ˌstaf·fel f aer. mil. fighter (od. interceptor) squadron. ~ˌstock m → Jagdstuhl. ~ˌstück n Kunst: (picture depicting a) hunting scene. ~ˌstuhl m shooting stick. ~ˌsze·ne f → Jagdstück. ~ˌta·sche f game bag. ~troˌphäe f hunting trophy. ~verˌband m 1. aer. mil. fighter formation. 2. hunt. association of hunting clubs. ~verˌge·hen n → Jagdfrevel. ~ˌwild n game, game animal(s pl). ~ˌwurst f gastr. a kind of slightly smoked sausage. ~ˌzeit f hunting (od. shooting, open) season.

ja·gen [ˈjaːgən] I v/t ⟨h⟩ 1. hunt, mit dem Gewehr: a. shoot, mit Hunden: a. hound, (pirschen) stalk; Hasen ~ a) hunt hares, b) mit Hunden: course (hares); fig. j-n zu Tode ~ hound s. o. to death. 2. fig. (verfolgen) chase, give chase to, pursue; j-n ~ chase (od. run after) s. o.; ein Ereignis jagte das andere, die Ereignisse jagten sich one event followed hot on the heels of the other, things were happening fast; der Wind jagte die Wolken über den Himmel the wind chased (od. drove) the clouds across the sky. 3. fig. (suchen) hunt (a criminal, etc). 4. (vertreiben) (aus) drive (from), chase (out of), aus dem Haus: a. turn out of; j-n aus dem Amt ~ oust s. o.; j-n aus dem Dienst ~ sack (od. fire) s. o.; fig. die Kinder ins Bett ~ hustle (od. shoo) the children off to bed; fig. colloq. j-n zum Teufel (zum Kuckuck) ~ send s. o. packing; damit kannst du mich ~ I want none of that, I can't stomach that. 5. fig. j-m ein Messer in den Leib ~ drive (od. thrust, plunge) a knife into s. o.'s body, stab s. o.; sich (dat) e-e Kugel in (od. durch) den Kopf ~ blow one's brains out; Sport: er jagte den Ball ins Netz he drove (od. slammed) the ball home; → Bockshorn, Kugel 2 (etc). II v/i ⟨h u. sein⟩ 6. ⟨h⟩ go (out) hunting, hunt, mit dem Gewehr: a. go (out) shooting; nach e-m Wild ~ hunt for game; auf ein Tier ~ hunt an animal. 7. ⟨h⟩ fig. ~ nach hunt for, chase after, pursue; nach dem Geld (Glück) ~ chase after money (happiness). 8. ⟨sein⟩ fig. (rasen) race (a. Puls, Herz), dash, tear, rush, sweep; med. ~der Puls racing pulse. III ♀ n ⟨-s⟩ 9. hunting (etc). 10. → Jagd 4, 5. ˈJa·gen n ⟨-s; -⟩ Forstwesen: distinctly marked section of forest.

Ja·ger [ˈjaːgər] m ⟨-s; -⟩ mar. flying jib.

Jä·ger [ˈjɛːgər] m ⟨-s; -⟩ 1. hunter, huntsman, sportsman; ein großer ~ (vor dem Herrn) a Nimrod; myth. der Wilde ~ the Wild Huntsman. 2. mil. rifleman, infantryman. 3. → Jagdflugzeug. Jä·geˈrei f ⟨-; -en⟩ hunt. 1. ⟨only sg⟩ hunting, huntsmanship. 2. ⟨only sg⟩ (Jagdwesen) hunting, venery. 3. → Jagdhütte. ˈJä·ge·rin f ⟨-; -nen⟩ huntswoman, huntress.

ˈJä·ger|laˌtein n 1. sportsman's slang. 2. colloq. (hunter's) yarn, fishing story. ~ˌmei·ster m professional hunter. ~schaft f ⟨-; no pl⟩ collect. hunters pl. ~ˌspra·che f hunter's jargon, hunting terms pl.

Ja·gu·ar [ˈjaːguaːr] m ⟨-s; -e⟩ zo. jaguar.

jäh [jɛː] I adj ⟨-er; -(e)st⟩ lit. 1. (steil) steep, precipitous, abrupt; ein ~er Abgrund an (abrupt) abyss, a (steep) precipice. 2. Ende, Entschluß, Gefühl, Unterbrechung etc: sudden, abrupt; ein ~er Tod sudden death; ein ~er Schmerz a sudden (od. an acute, a sharp) pain; ein ~es Erwachen a sudden (fig. a rude) awakening. II adv 3. precipitously, abruptly; ~ abfallend precipitous (cliff, etc); ~ abfallen Straße etc: drop sharply. 4. (plötzlich) abruptly, all of a sudden. ˈJä·he, ˈJä·heit f ⟨-; no pl⟩ lit. 1. (Steilheit) steepness, precipitousness. 2. a) (Plötzlichkeit) suddenness, abruptness, b) (Heftigkeit) violence, vehemence. ˈjäh·lings adv lit. → jäh II.

Jahr [jaːr] n ⟨-(e)s; -e⟩ 1. year (a. astr.); ein dreiviertel ~ nine months pl; im ~e des Heils (Herrn) in the year of grace (of our Lord); im ~e 1920 in (the year) 1920; ohne ~ (o. J.) no date (n. d.); zu Anfang der dreißiger ~e in the early thirties; dies(es) ~ this year; nächstes ~, das nächste ~ next year; in den kommenden ~en in the years to come; letztes (od. voriges, vergangenes) ~ last (od. the past) year; in den letzten ~en ist viel geschehen much has happened in recent (od. in the last few) years; das ganze ~ über (od. hindurch) all the year round, throughout (od. during the whole) year; jedes ~ every year; jedes ~ einmal once a year; ~ für ~, ~ um ~ every year, year after year, year in (and) year out; von ~ zu ~ from year to year; auf ~e hinaus for years to come; heute in einem (od. colloq. übers) ~ a year from today, a year hence; heute vor einem ~ a year ago today; in einem ~, colloq. übers ~ in a year's time; letzte Woche war es ein ~ (her), daß it was a year (ago) last week that; alle 3 ~e every 3 years; seit ~en for years; seit ~ und Tag for years (od. ages); vor ~en years ago; es sind jetzt 5 ~e (her), seitdem er fortging it is 5 years now since he went away; er weiß das noch auf ~ und Tag he remembers that to the day; vor ~ und Tag years (od. a long time) ago; das ist schon ~e her that was years ago; j-m um ~e voraus sein be years ahead of s. o.; um ~e zurückgeworfen werden be set back for a number of years; das Buch des ~es the book of the year; (der) Sportler des ~es (the) Sportsman of the Year; ein ~ Garantie a year's guarantee; bürgerliches ~ civil year; Bibl. u. fig. die sieben fetten und die sieben mageren ~e the seven fat and the seven lean years. 2. (Lebens♀) year; sie ist 5 ~e alt she is 5 (years old od. years of age); ein Kind von elf ~en cf. elfjährig 1; in den besten ~en in the prime of life; mit den ~en wurde er vernünftig he became more sensible with the years (od. as he grew older); sie ist schon bei ~en she is getting on (in years). 3. (Alter) age; mit (od. im Alter von) 20 ~en at the age of twenty; für s-e ~e ist er noch recht rüstig he is still quite spry for his age; bei s-n hohen ~en at his age; ein Mann in s-n ~en a man of his age; langsam kommt er in die ~e, in denen he is gradually reaching the age when; ich spüre m-e ~e I feel my age; er ist zu hohen ~en gekommen he reached a ripe old age, he grew very old. 4. bes. econ. pro ~ per year, per annum.

ˌjahrˈaus adv ~, jahrein year in, year out; year after year.

ˈJahrˌbuch n 1. yearbook, annual. 2. almanac.

Jähr·chen [ˈjɛːrçən] n ⟨-s; -⟩ colloq. year; ein paar ~ a year or two; die paar ~ those few years.

ˌjahrˈein adv → jahraus.

ˈjah·reˌlang I adj lasting for years, long-standing, year-long (friendship, etc); ~e Erfahrung (many) years of experience; s-e ~e Arbeit his years of work. II adv for (many) years.

jäh·ren [ˈjɛːrən] v/reflex ⟨h⟩ heute jährt sich it is a year today since (od. that); heute jährt sich unser Hochzeitstag zum 7. Male today is our seventh wedding anniversary.

ˈJah·res|abon·neˌment n 1. annual subscription. 2. thea. etc (yearly) season ticket. ~ˌabˌrech·nung f → Jahresabschluß 1, 2. ~ˌabˌschluß m econ. 1. annual closing of accounts. 2. (Bilanz) annual statement of accounts. 3. (Vertrag auf ein Jahr) contract for one year. ~ˌanˌfang m beginning of the year; zum ~ wünsche ich Ihnen viel Glück I wish you a happy New Year. ~ˌausˌgleich m econ. annual tax adjustment. ~ˌausˌklang m lit. for Jahresende. ~ˌausˌweis m econ. annual (bank) return (Am. statement). ~beˌginn m → Jahresanfang. ~beˌricht m a. econ. annual (od. yearly) report. ~ˌbe·ste m, f Sport: best of the year. ~ˌbestˌleistung f Sport: best performance of the year; e-e ~ aufstellen set (od. establish) a year's best. ~ˌbestˌzeit f Sport: best time (od. record) of the year. ~biˌlanz f econ. 1. annual balance. 2. annual balance sheet. ~ˌeinˌkom·men n annual (od. yearly) income. ~ˌen·de n end (od. close) of the year. ~ˌer·ste m first of the year, first of January; zum ~n by January 1st. ~etat [-ˀeˌtaː] m annual budget. ~ˌfei·er f anniversary. ~ˌfrist f binnen ~ within a year('s time); nach ~ after one year, after a year's time. ~geˌhalt n econ. annual salary. ~ˌhälf·te f six months pl, half (of a) year. ~ˌhaupt·verˌsamm·lung f econ. annual general meeting. ~inˌvenˌtur f annual stocktaking (od. inventory); → a. Inventur. ~ˌlauf m course of the year. ~ˌmit·te f middle of the year, midyear. ~ˌpen·sum n 1. ped. (Lehrplan) annual syllabus. 2. annual workload. ~ˌplan m econ. plan for one year. ~ˌra·te f 1. annual rate (od. quota). 2. bei Abzahlungen: yearly (od. annual) instal(l)ment. ~ˌren·te f annuity; e-e ~ von 1000 Mark für j-n aussetzen settle an annuity of 1,000 marks on s. o. ~ˌring m bot. annual ring. ~ˌschluß m → Jahresende. ~ˌtag m anniversary. ~ˌtrieb m bot. year's growth. ~ˌumˌsatz m econ. annual (od. yearly) turnover. ~verˌsamm·lung f annual meeting. ~ˌwech·sel m turn of the year; Glückwünsche zum ~ (a) Happy New Year, a. Season's Greetings. ~ˌwen·de f → Jahreswechsel. ~ˌzahl f date, year. ~ˌzeit f 1. season; die ruhige (tote) ~ the off-season (dead season); der Wechsel der ~en the rotation of the seasons; das Wetter ist der ~ entsprechend the weather is seasonable. 2. (zu dieser ~ at this) time of (the) year. ♀ˌzeit·lich I adj seasonal; ~e Schwankungen seasonal fluctuations. II adv seasonally; ~ bedingt sein depend on the season; das ist ~ verschieden that varies according to the season. ~ˌzins m econ. annual (od. yearly) interest.

ˈJahr|ˌgang m ⟨-(e)s; ⸚e⟩ 1. (Altersklasse, Geburtsjahr) age-group; er ist ~ 1943 he was born in 1943; die Jahrgänge 1950–55 the 1950–1955 age-group, all persons born between 1950 and 1955; er ist mein ~ we were both born in the same year, we are of the same age, colloq. he is my vintage. 2. ped. age-class, year. 3. gastr. wine (od. vintage) of one year; der 1969er ist ein ausgezeichneter ~ 1969 is an excellent wine (od. year). 4. e-r Zeitschrift etc: (annual) volume, year; ~ 1960 volume 1960. ~geˌdächt·nis n R. C. anniversary.

ˌ**Jahrˈhun·dert** *n* **1.** century; **das ausgehende 19.** ~ the close of the (*od.* the late) 19th century; **durch die** ~**e** throughout the centuries, down the ages. **2.** (*Zeitalter*) age; **das** ~ **der Aufklärung** the age of enlightenment.
ˌ**jahrˈhun·der·te|ˌalt** *adj* centuries-old. ~ˌ**lang I** *adj* lasting for centuries. **II** *adv* for centuries.
ˌ**Jahrˈhun·dert|ˌfei·er** *f* centenary. ~ˌ**wein** *m* vintage wine of the century. ~ˌ**wen·de** *f* turn of the century.
Jähr·lein [ˈjɛːrlaɪn] *n* ‹-s; -› → Jährchen.
jähr·lich [ˈjɛːrlɪç] **I** *adj* annual, yearly, *nachgestellt*: per year (*od.* annum); ~**e Rente** annual pension, annuity. **II** *adv* yearly, annually, every year, per annum; **einmal** ~ once every year, once a year; ~ **24 000 Mark umsetzen** have an annual turnover of 24,000 marks.
Jähr·ling [ˈjɛːrlɪŋ] *m* ‹-s; -e› *zo.* yearling.
ˈ**Jahrˌmarkt** *m* (fun) fair; *fig.* ~ **der Eitelkeiten** vanity fair.
ˈ**Jahrˌmarkts|ˌbu·de** *f* (fairground) booth. ~ˌ**platz** *m* fairground. ~ˌ**trei·ben** *n* ‹-s› bustle of a fair.
ˈ**Jahrˌtag** *m* → Jahrestag.
ˌ**Jahrˈtau·send** *n* millennium; **zwei** ~**e später** two millennia (*od.* millenniums, two thousand years) later. ~ˌ**fei·er** *f* millenary. ~ˌ**wen·de** *f* turn of the millennium.
ˌ**Jahrˈzehnt** *n* ‹-(e)s; -e› decade, (period of) ten years *pl*, decennium; **drei** ~**e lang** for three decades, for thirty years.
ˌ**jahrˈzehn·te|ˌlang I** *adj* lasting for decades; ~**e Forschungsarbeiten** decades (*od.* many years) of research (work). **II** *adv* for decades, *weitS.* for years, for ages.
Jah·we [ˈjaːvə] *npr m* ‹-s; *no pl*› *Bibl.* Yahweh.
ˈ**Jähˌzorn** *m* **1.** violent fit of temper, sudden rage. **2.** (*Eigenschaft*) violent temper, irascibility. ˈ**jähˌzor·nig** *adj* hot-tempered, irate; **er ist sehr** ~ *a.* he has a violent temper; **er wird leicht** ~ he easily flies into a rage.
Jak [jak] *m* ‹-s; -s› *zo.* yak.
Ja·ka·mar [ˈjaːkamar] *m* ‹-s; -e› *zo.* jacamar.
Ja·kob [ˈjaːkɔp] *m* ‹-s; *no pl*› *colloq.* **billiger** ~ (*auf Jahrmärkten*) cheapjack; **das ist der wahre** ~ that's the real McCoy; **das ist auch nicht der wahre** ~ that's not the way to do it, that's not going to solve the problem.
Ja·ko·bi [jaˈkoːbi] *n* ‹-; *no pl*› *relig.* St. James' Day.
Ja·ko·bi·ner [jakoˈbiːnər] *m* ‹-s; -› **1.** *pol. hist.* Jacobin. **2.** *R.C.* (*Mönch*) Jacobin, Dominican. ~ˌ**klub** *m hist.* Jacobin club. ~ˌ**müt·ze** *f hist.* liberty (*od.* Phrygian) cap. ~ˌ**tau·be** *f* jacobin.
Ja·koˈbi·ner·tum *n* ‹-s; *no pl*› Jacobinism. **ja·koˈbi·nisch** *adj hist.* Jacobinic(al).
Jaˈko·biˌtag *m* → Jakobi.
ˈ**Ja·kobs|ˌlei·ter** *f* ‹-; -n› *Bibl., a. bot. mar.* Jacob's ladder. ~ˌ**li·lie** *f* jacobaean lily. ~ˌ**mu·schel** *f* (*Symbol der Pilger etc*) pilgrim scallop. ~ˌ**stab** *m* **1.** *mar.* Jacob's staff. **2.** *bot.* (yellow) asphodel. ~ˌ**tag** *m* → Jakobi.
Ja·ko·bus [jaˈkoːbus] *npr m* ‹-; *no pl*› *Bibl.* James; (**der Brief des**) ~ → ~ˌ**brief, der** the Epistle of St. James.
Ja·lon [ʒaˈlõː] *m* ‹-s; -s› *civ. eng.* field rod (*od.* pole).
Ja·lou·sie [ʒaluˈziː] *f* ‹-; -n [-ən]› **1.** (*Gitter*≈) venetian blind, jalousie. **2.** (*Roll*≈) blind. **3.** (*aufrollbares Dach*) awning. **4.** *e-s Ventilators etc*: louv/re (*Am.* -er). **5.** *e-s Autokühlers*: radiator blind. **6.** *der Orgel*: shutter. ~ˌ**schrank** *m* roll-top cabinet.
Ja·mai·ka·ner [jamaɪˈkaːnər] *m* ‹-s; -›, **ja·maiˈka·nisch** *adj* Jamaican.
Jaˈmai·ka|-ˌPfef·fer *m bot.* allspice, Jamaica pepper, pimento. ~-ˌ**Rum** *m* Jamaika rum.
Jam·be [ˈjambə] *f* ‹-; -n› → Jambus.
ˈ**Jam·benˌdich·tung** *f* **1.** iambic poetry. **2.** iambic (poem), iambics *pl.*
ˈ**jam·bisch** *adj* iambic; ~**er Vers** iambic (verse).
Jam·bo·ree [ˌdʒæmbəˈriː] (*Engl.*) *n* ‹-(s); -s› (*bes. Pfadfindertreffen*) jamboree.
Jam·bus [ˈjambus] *m* ‹-; -ben› *metr.* iamb(us), iambic.
Jam·mer [ˈjamər] *m* ‹-s; *no pl*› **1.** (*Elend*) misery, distress, woe, (*Verzweiflung*) despair; **er bot ein Bild des** ~**s** he was a picture of misery; **es ist ein** ~ → **jammerschade; es ist immer der alte** (*od.* **gleiche**) ~ (**mit ihm**) it is always the same old story (with him). **2.** (*Wehklagen*) lamentation, wailing. ~ˌ**bild** *n* **1.** picture of misery, piteous sight. **2.** → Jammergestalt. ~**geˌschich·te** *f colloq.* tale of woe, hard-luck story. ~**geˌschrei** *n* lamentation, wailing. ~**geˌstalt** *f* **1.** woebegone (*od.* piteous, wretched) figure. **2.** *contp.* miserable (*od.* sorry) figure. ~ˌ**lap·pen** *m colloq. contp.* weakling, sissy, wet. ~ˌ**le·ben** *n* wretched life.
jäm·mer·lich [ˈjɛmərlɪç] **I** *adj* **1.** *allg.* miserable, wretched, pitiful, *Zustand etc*: *a.* deplorable, lamentable, sorry, sad, *Gestalt, Miene, Stimmung*: *a.* woebegone, woeful, (*face*) of woe (*cf. a.* 3); **ein** ~**er Anblick** a pitiful (*od.* sorry) sight, *Person*: *a.* a picture of misery. **2.** (*herzzerreißend*) piteous, pitiful, heart-rending (*cries, etc*). **3.** *contp.* miserable, wretched, *Arbeit, Leistung etc*: *a.* poor, deplorable, *sl.* lousy; **e-e** ~**e Gestalt** a sorry (*od.* miserable) figure. **II** *adv* **4.** miserably (*etc*); ~ **aussehen** look wretched, be a picture of misery; ~ **weinen** cry piteously; ~ (**schlecht**) (*singen etc*) terribly, awfully; ~ **versagen** fail miserably; ~ **zugrunde gehen** die miserably; **ihm war** ~ **zumute** he felt miserable; *colloq.* **j-n** ~ **verprügeln** give s. o. a terrible beating. ≈**keit** *f* ‹-; *no pl*› *a. contp.* miserableness, wretchedness; **die** ~ **s-r Argumente** his miserable (*od.* poor) arguments.
jam·mern [ˈjamərn] **I** *v/i* ‹h› **1.** moan, *laut*: lament, wail, *colloq.* (*sich beklagen*) belly-ache. **2. über e-e Sache (j-n)** ~ a) moan (*od.* lament, wail) (over *od.* about) s. th. (s. o.), bemoan s. th. (s. o.), b) (*sich beklagen*) complain of (*od.* about) s. th. (s. o.). **3. um e-e Sache (j-n)** ~ (*den Verlust beklagen*) (be)moan (*od.* lament, bewail) s. th. (s. o.). **4. nach e-r Sache (j-m)** ~ moan for s. th. (s. o.). **II** *v/t* **5. j-n** ~ make s. o. feel sorry, move s. o. to pity; **ihr Zustand jammerte ihn** her condition made him feel sorry for her; **er jammert mich** I feel sorry for him, I pity him, my heart bleeds for him. **III** *v/impers* **6. es jammert mich zu sehen, wie traurig sie ist** it makes me feel sorry to see how sad she is. **IV** ≈ *n* ‹-s› **7.** moaning (*etc*).
ˈ**jam·mer|ˈscha·de** *adj* **es ist** ~ it is a (great) pity (*od.* shame), it's just too bad; **es ist** ~, **daß er nicht kommt** it's a great pity (*od.* too bad) he isn't coming; **es ist** ~ **um ihn** it's such a shame about him. ≈ˌ**tal** *n lit.* vale of tears. ~ˌ**voll** *adj* → jämmerlich I.
Jam Ses·si·on [dʒæm ˈseʃn] (*Engl.*) *f* ‹-; -s› *mus.* jam session.
Ja·ni·tschar [janiˈtʃaːr] *m* ‹-en; -en› *mil. hist.* Janissary, Janizary; ~**enmusik** *f* Turkish (*od.* Janissary) music.
Jan Maat [ˈjan ˈmaːt], ˈ**Janˌmaat** *m* ‹-(e)s; -e(n)› *mar. humor.* Jack tar.
Jän·ner [ˈjɛnər] *m* ‹-(s); -› *Austrian for* Januar.
Jan·se·nis·mus [janzeˈnɪsmus] *m* ‹-; *no pl*› *R. C. hist.* Jansenism.
Ja·nu·ar [ˈjanŭaːr] *m* ‹-(s); *rare* -e› January; **im** (**Monat**) ~ in (the month of) January.
Ja·nus [ˈjaːnus] *npr m* ‹-; *no pl*› *myth.* Janus. ~ˌ**kopf** *m* **1.** Head of Janus, Janus-face. **2.** *med.* janiceps. ≈ˌ**köp·fig** [-ˌkœpfɪç] *adj fig.* Janus-faced.
Ja·pa·ner [jaˈpaːnər] *m* ‹-s; -›, **Jaˈpa·ne·rin** *f* ‹-; -nen› Japanese. **jaˈpa·nisch I** *adj* Japanese. **II** *ling.* ≈ ‹*generally undeclined*›, **das** ≈**e** ‹-n› Japanese.
ˈ**Ja·pan|ˌknol·le** *f bot.* Chinese (*od.* Japanese) artichoke. ~ˌ**lack** *m* japan (varnish).
Ja·pa·no·lo·ge [japanoˈloːgə] *m* ‹-n; -n› Japanologist.
ˈ**Ja·pan|paˌpier** *n* Japanese vellum. ~ˌ**schwarz** *n* black japan. ~ˌ**wachs** *n* vegetable wax, Japan wax.
Japs [japs] *m* ‹-en *od.* -es; -e(n)› *colloq. contp.* (*Japaner*) Jap.
jap·sen [ˈjapsən] *v/i* ‹h› *colloq.* (**nach Luft**) ~ gasp (for breath), pant.
Jar·di·nie·re [ʒardiˈnĭɛːrə] *f* ‹-; -n› *a. gastr.* jardiniere.
Jar·gon [ʒarˈgõː] *m* ‹-s; -s› **1.** (professional) jargon, lingo. **2.** (*Schülersprache etc*) slang.
ˈ**Jaˌsa·ger** *m* ‹-s; -› *contp.* yes-man.
Jas·min [jasˈmiːn] *m* ‹-s; -e› *bot.* jasmine, jessamine; **Falscher** ~ mock orange, syringa. ~ˌ**blü·ten·parˌfüm** *n* frangipani. ~ˌ**öl** *n* jasmine oil.
Jas·pis [ˈjaspɪs] *m* ‹-(ses); -se› *min.* jasper.
Jaß [jas] *m* ‹-sses; *no pl*› *Swiss* (game of) jass. ˈ**jas·sen** *v/i* ‹h› play jass.
ˈ**Ja-ˌStim·me** *f* **1.** *parl.* aye, *Am.* yea. **2.** *bei Wahlen*: vote for s. o. (*od.* s. th.).
ˈ**Jätˌei·sen** *n agr.* weeding chisel.
jä·ten [ˈjɛːtən] **I** *v/t* ‹h› weed (out); **Unkraut** ~ → II. **II** *v/i* weed, pull out weeds. ˈ**Jä·ter** *m* ‹-s; -› weeder.
ˈ**Jätˌhacke** (*getr.* -**k**·**k**-) *f* (weeding) hoe.
Jau·che [ˈjauxə] *f* ‹-; -n› **1.** *agr.* liquid manure. **2.** *med.* ichor, sanies. **3.** *fig. colloq. contp.* swill. ~ˌ**faß** *n agr.* (liquid) manure tank. ~ˌ**gru·be** *f* **1.** *für Abwässer*: cesspit, cesspool. **2.** *agr.* (liquid) manure pit.
jau·chen [ˈjauxən] *v/t* ‹h› *agr.* dung, manure.
ˈ**Jau·cheˌwa·gen** *m* (liquid) manure cart.
ˈ**jau·chig** *adj med.* sanious; ~**e Absonderung** sanies.
jauch·zen [ˈjauxtsən] **I** *v/i* ‹h› **1.** (**vor Freude**) ~ shout for (*od.* with) joy, jubilate; **sein Herz jauchzte vor Freude** his heart jumped for (*od.* with) joy; **das Baby jauchzte** the baby squealed with delight. **2.** (*sich freuen*) exult, rejoice, jubilate; *Bibl.* **jauchzet dem Herrn alle Welt!** O be joyful in the Lord all ye lands! **II** *v/t* **3.** shout *s. th.* joyfully. **III** ≈ *n* ‹-s› **4.** jubilating (*etc*). **5.** exultation, jubilation, cheers *pl.* ˈ**jauch·zend** *adj* exultant, rejoicing, jubilant, cheering; → himmelhoch II. ˈ**Jauch·zer** *m* ‹-s; -› cry (*od.* shout) of joy, joyful cry.
jau·len [ˈjaulən] *v/i* ‹h› *a. fig.* howl, yowl.
Jau·se [ˈjauzə] *f* ‹-; -n› *Austrian* (*Zwischenmahlzeit*) (afternoon *od.* midmorning) snack. ˈ**jau·sen** *v/i* ‹h› have a snack.

ˈJa·vaˌmensch [ˈjaːva-] *m anthrop.* pithecanthropus.

Ja·va·ner [jaˈvaːnər] *m* ⟨-s; -⟩ Javanese. **jaˈva·nisch** *adj* Javanese.

jaˈwohl [ja-] *adv* **1.** yes; ~, **Herr Leutnant (Direktor** *etc*) yes, Sir! **2.** (*ganz recht*) quite so, exactly, that's right, *colloq.* yes, Sir!

ˈJaˌwort *n* ⟨-(e)s; -e⟩ **1.** yes, (word of) consent. **2.** *von Mädchen*: consent to marriage; **(j-m) sein ~ geben** say yes (to s. o.'s proposal of marriage).

Jazz [dʒɛz; dʒæz] (*Engl.*) *m* ⟨-; *no pl*⟩ *mus.* jazz; ~ **spielen** play jazz, jazz. **~ˌband** [-ˌbænd] *f* ⟨-; -s⟩, **~kaˌpel·le** *f* jazz band. **~ˌkel·ler** *m* jazz cellar (*od.* club). **~muˌsik** *f* jazz (music). **~ˌmu·si·ker** *m* jazz musician, jazzer. **~tromˌpe·te** *f* jazz trumpet.

je¹ [jeː] **I** *adv* **1.** (*jemals*) ever; **hättest du dir ~ träumen lassen, daß** would you ever have dreamt that; **ohne ihn ~ gesehen zu haben** without ever having seen him; **schlimmer denn ~** worse than ever. **2.** (*schon immer*) always, ever, at all times; **wie eh und ~** as always; *lit.* **~ und ~** a) always, b) from time to time, occasionally. **3.** *mit Zahlwörtern*: **~ zwei** two each; **sie bekamen ~ e-n Apfel und e-e Birne** they got an apple and a pear each; **drei Busse mit ~ fünfzig Leuten** three buses, each with fifty people (*od.* with fifty people each); **in Schachteln zu ~ zehn Stück** in boxes of ten; **~ zwei und zwei wurden hereingelassen** they were admitted in twos (*od.* two at a time); **sie haben die Flaschen ~ zur Hälfte geleert** they emptied half of each bottle; **für ~ zehn Wörter** for every ten words. **4.** (*pro*) per; **~ Kopf der Bevölkerung** per head of population; **drei Mark ~ Kilo** three marks per (*od.* a) kilo. **5.** ~ **nach** according to, depending on; **das ist ~ nach Größe verschieden** that differs according to size; ~ **nach Geschmack (Laune)** according to taste (one's mood). **6.** ~ **nachdem** as the case may be, it (all) depends (*cf.* 8). **II** *conj* **7.** **~ …, desto** (*od.* **um so**) **…**; **~ länger, ~ lieber** the longer the better; **~ mehr, desto besser** the more the better. **8.** **~ nachdem** according as (*od.* to), depending on; **~ nachdem, wie du es machst** depending on (*od.* it depends on) how you do it.

je² *interj* **1. o ~!, ach ~!** dear me!, good heavens! **2. ~ nun** (oh) well.

je·de [ˈjeːdə] *indef pron* → **jeder.**

ˈje·denˈfalls *adv* **1.** in any case, at any rate, at all events, anyhow, anyway; **ich ~ gehe ins Bett** I, for one, go to bed. **2.** (*wie dem auch sei*) however that may be. **3.** (*wenigstens*) at least (*he says so, etc*).

jeˈden·noch [je-] *conj obs. for* **jedoch.**

ˈje·der, ˈje·de, ˈje·des *indef pron* **I** *adjektivisch* **1.** *individualisierend, aus e-r Menge*: each; **jeder einzelne** each (individual) person, everyone; **er betonte jedes Wort des Satzes** he stressed each word of the sentence. **2.** *verallgemeinernd, ohne Ausnahme*: every; **in jeder Hinsicht** in every respect, in all respects; **mit jedem Tag** every (*od.* each) day, from day to day; **jeder zweite Tag** every other day; **fern jeder Zivilisation** far from all civilization; **der Bus fährt jede zehn Minuten** the bus goes every ten minutes. **3.** (*jeder beliebige*) any; **jeder andere** anyone else; **zu jeder Zeit** any time, at all times, always; **er kann jeden Moment kommen** he can come any moment now; **ohne jeden Grund** without any reason (whatsoever); **auf jeden Fall** in any case. **4.** *von zweien*: either. **II** *substantivisch*: **(ein) je·der, (e-e) je·de, (ein) je·des 5.** *individualisierend, aus e-r Menge*: each (one); **jedes der Kinder bekam ein Geschenk** each of the children got a present, the children got a present each; **jeder von beiden** either; **Jedem das Seine!** (*Sprichwort*) to each his own! **6.** *verallgemeinernd, ohne Ausnahme*: everybody, everyone; **das weiß doch (ein) jeder** everyone knows that; **jeder hat s-e Fehler** we all have our faults; **jeder, wie er will** everyone as he pleases; **jeder nach s-m Geschmack** everybody to his taste. **7.** (*jeder beliebige*) anyone, anybody; **das kann jeder sagen** anyone can say that.

ˈje·der|ˈlei *adj* ⟨*invariable*⟩ of every sort (*od.* kind), all sorts (*od.* kinds) of. **~ˌmann** *indef pron* everyone, everybody; **freundlich gegen ~** friendly to everyone; **Reisen für ~** trips for everyone.

„ˈJe·derˌmann" "Everyman" (*morality play by Hofmannsthal*).

ˈje·derˌzeit *adv* **1.** at any time, at all times, always. **2.** (*jeden Augenblick*) any minute, any moment; **sie können jetzt ~ kommen** they can come any minute now.

ˈje·desˈmal *adv* every (*od.* each) time; ~, **wenn er kommt** *a.* whenever he comes; **das ist ~ dasselbe** it's always the same.

jeˈdoch [je-] *conj* however, still, yet, nevertheless, but; **es kam ~ ganz anders** however, it turned out to be quite different.

ˈjedˈwe·der [ˈjeːt-], **ˈjedˈwe·de, ˈjedˈwe·des** *indef pron rare for* **jeder, jede, jedes.**

Jeep [dʒiːp] (*TM*) (*Engl.*) *m* ⟨-s; -s⟩ jeep.

jeg·li·cher [ˈjeklɪçər], **ˈjeg·li·che, ˈjeg·li·ches** *indef pron rare for* **jeder, jede, jedes.**

ˈjeˌher *adv* **von ~** a) (*schon immer*) always, at all times, all along, b) (*seit Urzeiten*) from time immemorial.

Je·ho·va [jeˈhoːva] *npr m* ⟨-s; *no pl*⟩ *relig.* Jehovah; **die Zeugen ~s** Jehovah's Witnesses, the Witnesses.

Jein [jaɪn] *n* ⟨-s; -s⟩ *humor.* yes-and-no answer. **jein** *adv als Antwort*: yes and no.

ˈjeˌmals [-ˌmaːls] *adv* → **je¹** 1.

je·mand [ˈjeːmant] **I** *indef pron* ⟨*gen* -(e)s; *dat* -(em); *acc* -(en)⟩ **1.** someone, somebody; **es kommt ~** s. o. is coming; **es ist ~ bei ihm** there is s. o. with him, he has company; **~ anders** s. o. else, some other person; **~ Fremdes** a stranger. **2.** *in negativen, fragenden u. bedingten Sätzen*: anyone, anybody; **ist ~ dort?** is anyone there?; **hast du ~(en) getroffen?** did you meet anybody?; **er hat nie ~(e)s Hilfe gewollt** he has never wanted anyone's help; **hast du es ~(em) erzählt?** did you tell anybody?; **sonst noch ~?** anyone else? **II** ≈ *m* ⟨-s⟩ **3. ein gewisser** ≈ a (certain) person, somebody.

Je·me·nit [jemeˈniːt] *m* ⟨-en; -en⟩, **Je·meˈni·te** *m* ⟨-n; -n⟩, **je·meˈni·tisch** *adj* Yemenite.

je·mi·ne [ˈjeːmine] *interj colloq.* dear me!, good heavens!

Jen [jɛn] *m* ⟨-(s); -(s)⟩ → **Yen.**

je·ne [ˈjeːnə] *demonstrative pron* → **jener.**

ˈje·ner *demonstrative pron m,* **ˈje·ne** *f,* **ˈje·nes** *n,* **ˈje·ne** *pl* **I** *adjektivisch*: that, *pl* those; **jenes Haus dort drüben** that house over there; **seit jenem Tage** from that day on; **jene Welt** (*Jenseits*) the other world. **II** *substantivisch*: that (one), *pl* those; **dieser Laden gefällt ihr nicht, sie will unbedingt zu jenem dort** she doesn't like this shop, she insists on going to that one over there; *einige Leute schauten interessiert herüber*, **dieser oder jener blieb auch stehen** a few (*od.* the odd few) even stopped; **bald dieser, bald jener** now (this) one, now the other; **wir sprachen über dies und jenes** we talked about this and that; **ich habe noch dies und jenes zu tun** I still have a few things to do.

ˈje·nes *demonstrative pron* → **jener.**

ˈjenˌsei·tig [ˈjeːn-; ˈjɛn-] *adj* **1.** (situated) on the other side, (lying) beyond, opposite; **das ~e Ufer** the opposite bank. **2.** *fig. lit.* of the other world, otherworldly; **das ~e Leben** life after death, the afterlife. ≈**keit** *f* ⟨-; *no pl*⟩ otherworldliness.

ˈjenˌseits I *prep* ⟨*gen*⟩ **1.** on the other side of, beyond, across, over; **~ der Alpen beginnt Italien** Italy begins on the other side of the Alps; **das erste Haus ~ der Grenze** the first house beyond (*od.* across) the border. **2.** *fig.* beyond (*the grave, etc*); **er ist schon ~ der Fünfzig** he is already past fifty, *colloq.* he is on the wrong side of fifty. **II** *adv* **3.** on the other side. **4. ~ von** beyond.

ˈJenˌseits, das ⟨-; *no pl*⟩ the other (*od.* next) world, the beyond, the hereafter; **~glaube** *m* belief in a life after death; **ein Leben im ~** an afterlife, a life after death; *lit.* **er ist ins ~ abberufen worden** he was called to be with the Lord; *colloq.* **j-n ins ~ befördern** send s. o. to glory (*od.* to kingdom come), kill s. o.

Jer·boa [jɛrˈboːa] *m* ⟨-s; -s⟩ *zo.* jerboa.

Je·re·mi·a [jereˈmiːa] *npr m* ⟨-; *no pl*⟩ *Bibl.* Jeremiah; **die Klagelieder ~s** the Lamentations of Jeremiah. **Je·re·mia·de** [jereˈmĭaːdə] *f* ⟨-; -n⟩ *fig.* jeremiad, lamentation, tale of woe.

ˈJe·ri·choˌro·se [ˈjeːrɪço-] *f bot.* rose of Jericho, Jericho rose.

Jer·sey¹ [ˈdʒɜːzɪ] (*Engl.*) *m* ⟨-(s); -s⟩ *Textil.* jersey. **ˈJer·sey²** (*Engl.*) *n* ⟨-s; -s⟩ (*Trikothemd*) jersey.

je·rum [ˈjeːrʊm] *interj* → **je²** 1.

Je·ru·sa·lem [jeˈruːzalɛm] *n* ⟨-s; *no pl*⟩ *geogr.* Jerusalem; **die Reise nach ~** (*Spiel*) musical chairs *pl* (*als sg konstruiert*).

Je·sa·ja [jeˈzaːja] *npr m* ⟨-s; *no pl*⟩ *Bibl.* Isaiah.

Jes·se [ˈjɛsə] *npr m* ⟨-s; *no pl*⟩ *Bibl. hist.* Jesse; **die Wurzel ~** the tree of Jesse.

Je·su·it [jezuˈiːt] *m* ⟨-en; -en⟩ *R.C.* jesuit.

Je·sui·ten|ge·neˌral [jezuˈiːtən-] *m* General of the Jesuits. **~ˌor·den** *m* Society of Jesus, Jesuit Order. **~ˌschu·le** *f* Jesuit college. **~ˌstaat** *m hist.* Jesuit State. **~ˌstil** *m arch.* Jesuit baroque (style). **~tum** *n* ⟨-s; *no pl*⟩ *R.C.* **1.** Jesuitism; *contp.* jesuitry. **2.** *collect.* (the) Jesuits *pl.*

je·sui·tisch [jezuˈiːtɪʃ] *adj* **1.** *R.C.* Jesuitic(al). **2.** *contp.* jesuitical.

Je·sus [ˈjeːzʊs] *npr m* ⟨**Jesu**; *no pl*⟩ *Bibl.* Jesus; **~ Christus** Jesus Christ; **der Herr ~** the Lord Jesus; **im Namen Jesu** in Jesus' name; *R.C.* **die Gesellschaft Jesu** the Society of Jesus. **~ˌkind(lein)** *n* (the) child (*od.* infant) Jesus.

Jet¹ [dʒɛt] (*Engl.*) *m* ⟨-(s); -s⟩ *colloq.* (*Düsenflugzeug*) jet. **Jet²** (*Engl.*) *m, n* ⟨-(e)s; *no pl*⟩ → **Jett.**

Je·ton [ʒəˈtõː] *m* ⟨-s; -s⟩ (*Spielmarke*) jet(t)on.

Jet-set [ˈdʒɛtˌsɛt] (*Engl.*) *m* ⟨-s; -s⟩ jet set.

Jett [dʒɛt] *m, n* ⟨-(e)s; *no pl*⟩ *min.* jet.

jet·ten [ˈdʒɛtən] *v/i* ⟨**sein**⟩ *colloq.* jet.

jet·zig [ˈjɛtsɪç] *adj* **1.** present, (*derzeitig*) *a.* present-day, of the present (time); **die ~e Frau X** the present Mrs. X; **in der ~en Zeit** at (*od.* in) the present time, nowadays, these days; **bei den ~en Zeiten** *überrascht mich das nicht* as things are these days; **die ~e Krise** the current crisis. **2.** (*bestehend*) existing; (*obwaltend*) prevailing (*conditions, etc*).
jet·zo [ˈjɛtso] *adv obs. for* **jetzt** 1.
jetzt [jɛtst] **I** *adv* **1.** now, at present, at the present time; **bis ~** till (*od.* until) now, up to now, so far, *bei Verneinung*: as yet; **erst ~, ~ erst** only (*od.* just) now; **eben ~** just now, this very moment; **gleich ~** right now, at once; **noch ~** still, even now, to this day; **~, da** (*od.* **wo**) **ich es weiß** now that I know (it); **von ~ an** (*od.* **ab**) from now on, henceforth; **~ oder nie** now or never; **~ schon?** already?; **was ist ~ schon wieder los?** what is it now?; **muß das gerade ~ sein?** does it have to be (right) now?; **was ~?** what now?; → **gerade** 9. **2.** *bei lebhafter Erzählung*: now; **~ schien alles verloren** now everything seemed to be lost; **~ erhob er sich** now (*od.* then, with that) he rose. **3.** (*heutzutage*) now, nowadays. **4.** *colloq.* (*wohl*) now; **wo hab ich ~ bloß m-e Brille gelassen?** now, where did I leave my glasses? **II** ², **das** ⟨-; *no pl*⟩ **5.** the present (time). ²**ˌzeit** *f* **1.** (the) present time. **2.** modern times *pl.*
jetz·und [jɛˈtsʊnt] *adv obs. for* **jetzt** 1.
Jeu·nesse do·rée [ʒœnɛsdɔˈre] (*Fr.*) *f* ⟨--; *no pl*⟩ jeunesse dorée, gilded youth.
ˈjeˈwei·lig I *adj* **1.** (*betreffend*) respective; **sie reisten in ihre ~en Länder zurück** they returned to their respective (*od.* various) countries. **2.** (*gegeben, spezifisch*) specific, particular, given. **3.** (*vorherrschend*) prevailing, obtaining, current; **zum ~en Tagespreis** at the price obtaining on a given day; **der ~e Präsident** the president of the day (*od.* then in office); **den ~en Umständen entsprechend** as circumstances may require. **II** *adv* **4.** → **jeweils** 1.
ˈjeˈweils [-ˈvaɪls] *adv* **1.** respectively, in each case, (*valid, etc*) at the time. **2.** (*gleichzeitig*) (*two persons, etc*) at a time. **3.** (*jedesmal*) each time. **4.** (*je*) each; **zwei Pausen von ~ zehn Minuten** two intermissions of ten minutes each. **5.** *bes. adm. jur.* (*von Fall zu Fall*) from time to time; **die ~ geltenden Bestimmungen** provisions as may from time to time be established.
jid·disch [ˈjɪdɪʃ] *ling.* **I** *adj* Yiddish. **II** ² ⟨*generally undeclined*⟩, **das** ²**e** ⟨-n⟩ Yiddish.
Jig·ger [ˈdʒɪgər; ˈdʒɪgə] (*Engl.*) *m* ⟨-s; -(s)⟩ **1.** (*TM*) *tech.* jig(ger). **2.** *mar.* jigger.
Jin·go [ˈdʒɪŋgo; ˈdʒɪŋgəʊ] (*Engl.*) *m* ⟨-s; -s⟩ *pol. hist.* jingo. **~ˈis·mus** [-goˈɪsmʊs] *m* ⟨-; *no pl*⟩ jingoism.
Jit·ter·bug [ˈdʒɪtəbʌg] (*Engl.*) *m* ⟨-; *no pl*⟩ jitterbug.
Jiu-Jit·su [ˈdʒiːuˈdʒɪtsu] *n* ⟨-(s); *no pl*⟩ ju-jutsu, jiu-jitsu. **~ˌgriff** *m* ju-jutsu hold.
Jo·as [ˈjoːas] *npr m* ⟨-; *no pl*⟩ *Bibl.* Joash.
Job [dʒɔp; jɔp; dʒɒb] (*Engl.*) *m* ⟨-s; -s⟩ *colloq.* job.
Job·ber [ˈdʒɔbər; ˈjɔbər; ˈdʒɒbə] (*Engl.*) *m* ⟨-s; -⟩ *colloq. contp.* (*Börsenhändler*) jobber.
Joch [jɔx] *n* ⟨-(e)s; -e⟩ **1.** yoke; **Ochsen ins ~ spannen** put oxen to the yoke, yoke oxen; **Ochsen das ~ abnehmen** unyoke oxen. **2.** ⟨-(e)s; -⟩ *obs.* (*Gespann*) yoke (*of oxen*). **3.** (*Traggestell für Eimer etc*) yoke. **4.** *geol.* (*Berg*²) pass, saddle(back), col. **5.** *civ. eng.* (pile) trestle. **6.** *electr., a. mar.* yoke. **7.** *mar.* yoke. **8.** *zo.* jugum. **9.** ⟨-(e)s; -⟩ (*altes Feldmaß*) yoke; **ein ~ Land** a yoke of land. **10.** ⟨*only sg*⟩ *fig.* yoke; **ein schweres** (**sanftes**) **~** a heavy (an easy, a light) yoke; **sein ~ abschütteln** (*od.* **abwerfen**) shake (*od.* cast, throw) off one's yoke; *humor.* **das ~ der Ehe** the yoke of marriage; **j-m ein ~ auferlegen** (*od.* **aufbürden**), **j-n ins ~ spannen** put a yoke on s. o., bring s. o. under one's yoke (*od.* sway); **sich unter j-s ~ beugen** submit to (*od.* bend under) s. o.'s yoke; **unter e-m harten ~ seufzen** groan under a heavy yoke. **~ˌbal·ken** *m civ. eng.* **1.** capsill. **2.** *e-r Holzbrücke etc*: crossbeam. **~ˌbein** *n anat.* cheek-bone, jugal (bone). **~ˌblatt** *n bot.* bean caper. ²**ˌblät·te·rig,** ²**ˌblätt·rig** *adj* with leaves yoked together. **~ˌbo·gen** *m anat.* zygoma(tic arch). **~ˌbrücke** (*getr.* **-k·k-**) *f civ. eng.* pile (*od.* trestle) bridge. **~ˌfa·den** *m bot.* zygnema. ²**ˌför·mig** *adj* **1.** yoke-shaped. **2.** *anat. zo.* zygal. **~ˌwei·te** *f civ. eng.* span (of bay *od.* bridge).
Jockei, Jockey (*getr.* **-k·k-**) [ˈdʒɔke; ˈdʒɒkɪ] (*Engl.*) *m* ⟨-s; -s⟩ jockey; **~mütze** *f* jockey cap.
Jod [joːt] *n* ⟨-(e)s; *no pl*⟩ *chem.* iodine; **mit ~ behandeln** → **jodieren** 3.
Jo·dat [joˈdaːt] *n* ⟨-(e)s; -e⟩ iodate.
ˈJod|ˌbad *n med.* iodine bath. **~ˌdampf** *m meist pl* vapo(u)r of iodine. **~ˌei·sen** *n* iron iodide.
jo·deln [ˈjoːdəln] *v/i u. v/t* ⟨h⟩ yodel.
ˈjodˌhal·tig *adj* containing iodine, iodic.
Jo·did [joˈdiːt] *n* ⟨-(e)s; -e⟩ *chem.* iodide. **jo·die·ren** [joˈdiːrən] *v/t* ⟨*no* ge-, h⟩ **1.** *chem.* iodinate. **2.** *pharm. phot.* iodize. **3.** *med.* treat (*a wound*) with iodine, iodize. **ˈjo·dig** *adj chem.* iodous.
Jo·dis·mus [joˈdɪsmʊs] *m* ⟨-; *no pl*⟩ *med.* iodism.
ˈJod·ler *m* ⟨-s; -⟩ **1.** (*Person*) yodel(l)er. **2.** (*Ruf, Gesang*) yodel. **ˈJod·le·rin** *f* ⟨-; -nen⟩ → **Jodler** 1.
ˈJod|ˌman·gel *m med.* iodine deficiency. **~ˌmit·tel** *n pharm.* iodine remedy. **~ˌna·tri·um** *n chem.* sodium iodide.
Jo·do·me·trie [jodomeˈtriː] *f* ⟨-; *no pl*⟩ *chem.* iodometry.
ˈJod|prä·paˌrat *n pharm.* iodine preparation. **~ˌquel·le** *f med.* iodine spring. **~ˌsal·be** *f pharm.* iodine ointment. **~ˌsalz** *n* **1.** *chem.* iodate. **2.** iodized common salt. ²**ˌsau·er** *adj chem.* iodic. **~ˌsäu·re** *f* iodic acid. **~ˌsil·ber** *n* silver iodide. **~ˌstär·ke** *f* starch iodide. **~ˌstickˌstoff** *m* iodide of nitrogen. **~tinkˌtur** *f* tincture of iodine. **~verˌbin·dung** *f* iodine compound. **~verˌgif·tung** *f med.* iodine poisoning, iodism. **~ˈwas·serˌstoff** *m chem.* hydrogen iodide; **~säure** *f* hydriodic acid. **~ˌzahl** *f* iodine number.
Jo·el [ˈjoːɛl] *npr m* ⟨-s; *no pl*⟩ *Bibl.* Joel.
Jo·ga [ˈjoːga] *m, n* ⟨-(s); *no pl*⟩ *philos.* Yoga.
Jo·ghurt [ˈjoːgurt] *m, n* ⟨-s; *no pl*⟩ yog(h)urt, yoghourt.
Jo·gi [ˈjoːgi] *m* ⟨-s; -s⟩ *philos.* yogi.
Jo·han·nes [joˈhanəs] *npr m* ⟨-; *no pl*⟩ *Bibl.* John; **~ der Täufer** John the Baptist; (**Brief des**) **~** → **~ˌbrief** *m Bibl.* Epistle of St. John. **~evanˌge·li·um** *n* St. John's Gospel.
Jo·han·ni [joˈhani] *n* ⟨-s; *no pl*⟩, **Joˈhan·nis** [-nɪs] *n* ⟨-; *no pl*⟩ (**an** *od.* **zu ~**) on) Midsummer Day.
Joˈhan·nis|ˌap·fel *m hort.* sweeting. **~ˌbee·re** *f bot.* (*red, black, od. white*) currant.
Joˈhan·nisˌbeer|ˌsaft *m* red (*od.* black) currant juice. **~ˌstrauch** *m bot.* currant bush (*od.* tree). **~ˌwein** *m* red currant wine.
Joˈhan·nis|ˌbrot *n bot.* carob (bean), locust, Saint-John's-bread. **~ˌbrotˌbaum** *m* carob (tree), locust. **~ˌfest** *n* → Johanni(s). **~ˌfeu·er** *n* Midsummer Eve bonfire. **~ˌkä·fer** *m zo.* glow-worm. **~ˌkraut** *n bot.* a) Saint-John's-wort, b) Klamath weed, amber. **~ˌnacht** *f* Midsummer Eve (*od.* Night), St. John's eve. **~ˌtag** *m* → Johanni(s). **~ˌtrieb** *m* **1.** *bot.* lammas shoot. **2.** *humor.* "third spring", old man's infatuation. **~ˌwürm·chen** *n zo.* firefly.
Jo·han·ni·ter [johaˈniːtər] *m* ⟨-s; -⟩ *relig.* Knight of St. John of Jerusalem, Knight of Malta, Hospital(l)er; **preußischer** (**englischer**) **~** knight of the Prussian (English) Order of St. John, hospital(l)er. **~ˌkreuz** *n* St. John's cross, Maltese cross. **~ˌor·den** *m* Order of (the Knights of) St. John of Jerusalem, Order of the Knights of Malta; **der Preußische** (**Englische**) **~** the Prussian (English) Order of St. John of Jerusalem. **~ˌrit·ter** *m* → **Johanniter.**
joh·len [ˈjoːlən] *v/i* ⟨h⟩ howl, yell.
Jo-Jo [joˈjoː; ˈjoːˈjoː] *n* ⟨-s; -s⟩ Yo-Yo.
Jo·ker [ˈjoːkər; ˈdʒoːkər] *m* ⟨-s; -⟩ (*Spielkarte*) joker.
Jol·le [ˈjɔlə] *f* ⟨-; -n⟩ *mar.* jolly (boat), dinghy; **zweischeibige ~** double whip.
ˈJollˌtau *n mar.* whip, hauling line.
Jo·na [ˈjoːna] *npr m* ⟨-; *no pl*⟩ *Bibl.* Jonah.
Jon·gleur [ʒõˈgløːr] *m* ⟨-s; -e⟩ juggler.
jonˈglie·ren [-ˈgliːrən] **I** *v/t u. v/i* ⟨*no* ge-, h⟩ **1.** juggle; **mit Bällen** (*fig.* **Zahlen**) **~** juggle (with) balls (figures); *fig. colloq.* **et. ~** wangle s. th. **II** ² *n* ⟨-s⟩ **2.** juggling. **3.** jugglery.
Jop·pe [ˈjɔpə] *f* ⟨-; -n⟩ jacket.
Jor·da·ni·er [jɔrˈdaːnĭər] *m* ⟨-s; -⟩, **jorˈda·nisch** [-nɪʃ] *adj* Jordanian.
Jo·sa·phat [ˈjoːzafat] *npr m* ⟨-s; *no pl*⟩ *Bibl.* Jehosphaphat; **das Tal ~** the valley of Jehosphaphat.
Jo·sef [ˈjoːzɛf] *m* ⟨-s; *no pl*⟩, **Jo·seph** [ˈjoːzɛf] **I** *npr m* ⟨-s; *no pl*⟩ Josef, Joseph. **II** *m* ⟨-s; *no pl*⟩ **ein keuscher ~** a) a prude, b) a) (sexually) naive young man. **ˈJo·sephsˌehe** *f* unconsummated marriage; **in e-r ~ leben** live together like brother and sister.
Jo·sia [joˈziːa] *npr m* ⟨-s; *no pl*⟩ *Bibl.* Josiah.
Jo·sua [ˈjoːzŭa] *npr m* ⟨-s; *no pl*⟩ *Bibl.* Joshua; **das Buch ~** the book of Josuah.
Jot [jɔt] *n* ⟨-; -⟩ (the letter) jay.
Jo·ta [ˈjoːta] *n* ⟨-(s); -s⟩ iota, jot; *fig.* **kein ~** not one jot (*od.* tittle); (**um**) **kein ~ nachgeben** not to budge an inch.
Jo·ta·zie·rung [jotaˈtsiːrʊŋ] *f* ⟨-; *no pl*⟩ *ling.* palatalization.
Joule [dʒaul] (*Engl.*) *n* ⟨-(s); -⟩ *phys.* joule (unit). **Joulsch** [dʒaulʃ] *adj* **das ~e Gesetz** Joule's law.
Jour [ʒuːr] (*Fr.*) *m* ⟨-s; -s⟩ **1.** *obs.* at-home day. **2. ~ fixe** meeting day.
Jour·nail·le [ʒʊrˈnaljə] *f* ⟨-; *no pl*⟩ *colloq. contp.* (*Hetzpresse*) yellow (*od.* gutter) press.
Jour·nal [ʒʊrˈnaːl] *n* ⟨-s; -e⟩ **1.** a) (*Zeitschrift*) magazine, b) (*Zeitung*) newspaper, journal, c) (*Fachschrift*) (trade) journal. **2.** *econ.* day-book, journal. **3.** (*Tagebuch*) diary.
Jour·na|lis·mus [ʒʊrnaˈlɪsmʊs] *m* ⟨-; *no pl*⟩ journalism. **~ˈlist** [-ˈlɪst] *m* ⟨-en; -en⟩ journalist.
Jour·naˈlis·ten|ˌdeutsch *n,* **~ˌstil** *m* journalese.
Jour·na|li·stik [ʒʊrnaˈlɪstɪk] *f* ⟨-; *no pl*⟩ journalism. **~ˈli·stin** *f* ⟨-; -nen⟩ (wom-

an) journalist. **ˈli·stisch** *adj* journalistic.

jo·vi·al [joˈvĭa:l] *adj* jovial, affable. **Jo·via·liˈtät** [-vĭaliˈtɛ:t] *f* ⟨-; *no pl*⟩ joviality, affability, bonhom(m)ie.

Ju·bel [ˈju:bəl] *m* ⟨-s; *no pl*⟩ jubilation, rejoicing, exultation; → *a.* **Jubelgeschrei**; ~ **auslösen** cause rejoicing; **das ist** (*od.* **war**) **ein** ~! what joy!; **es herrschte allgemeiner** ~ **über den Sieg** there was great rejoicing everywhere over the victory; *colloq.* **es herrschte** ~ **und Trubel** (*od.* ~, **Trubel, Heiterkeit**) there was great fun and merrymaking. ~**ˌbraut** *f*, ~**ˌbräu·ti·gam** *m wife* (*husband*) *celebrating a* Jubelhochzeit. ~**ˌfei·er** *f*, ~**ˌfest** *n* **1.** (*Jubiläum*) jubilee. **2.** (*Jahrestag*) anniversary. ~**geˌschrei** *n* jubilant cries *pl*, triumphant shouts *pl*, (loud) cheering, vociferous cheers *pl*. ~**ˌgreis** *m humor.* **1.** → **Jubilar. 2.** gay old spark. ~**ˌhochˌzeit** *f* silver (*od.* golden, diamond) wedding anniversary. ~**ˌjahr** *n* **1.** *R.C.* jubilee; *fig. colloq.* **das geschieht alle** ~**e (einmal)** this happens once in a blue moon. **2.** *im jüdischen Glauben*: Jubile(e).

ju·beln [ˈju:bəln] **I** *v/i* ⟨h⟩ **(vor Freude)** ~ (**über** *acc* at) be jubilant, jubilate, rejoice, exult; „**er kommt**", **jubelte sie** "he is coming", she cried jubilantly. **II** *v/t fig. colloq.* **j-m et. unter die Weste** ~ a) (*andrehen*) foist s. th. off on s. o., b) (*anlasten*) pin s. th. on s. o. **III** ꭍ *n* ⟨-s⟩ jubilating (*etc*); → **Jubel.** ~**d I** *adj* jubilant, exultant, rejoicing. **II** *adv* jubilantly (*etc*), with shouts of joy (*od.* jubilant cries, loud cheers).

ˈ**Ju·bel|ˌpaar** *n couple celebrating a* Jubelhochzeit. ~**ˌruf** *m* shout of joy, exultant cry.

Ju·bi·lar [jubiˈla:r] *m* ⟨-s; -e⟩, **Ju·biˈla·rin** *f* ⟨-; -nen⟩ *person celebrating a jubilee (od. an important anniversary).*

Ju·bi·la·te [jubiˈla:tə] *m* ⟨*undeclined*⟩ *relig.* **(der Sonntag)** ~ Jubilate (Sunday), the third Sunday after Easter.

Ju·bi·lä·um [jubiˈlɛ:ʊm] *n* ⟨-s; -läen⟩ jubilee, anniversary; **fünfundzwanzigjähriges** ~ silver jubilee, twenty-fifth anniversary; **fünfzigjähriges** ~ (golden) jubilee, fiftieth anniversary; **fünfundsiebzigjähriges** ~ diamond jubilee, seventy-fifth anniversary; **hundertjähriges** ~ hundredth jubilee (*od.* anniversary), centennial, centenary.

Ju·biˈlä·ums|ˌausˌga·be *f print.* jubilee edition. ~**ˌfei·er** *f* celebration of a jubilee.

ju·bi·lie·ren [jubiˈli:rən] *v/i* ⟨*no* **ge-**, h⟩ **1.** *Lerche etc*: carol, sing joyfully. **2.** *fig. poet. for* **jubeln** I.

Juch·he [jʊxˈhe:] *n* ⟨-s; -s⟩ **1.** hurrah, yippee. **2.** *thea. colloq.* (the) gods *pl*, upper balcony. **3.** *colloq.* (*Mansardenwohnung*) attic, garret.

juch|ˈhe, ~ˈhei [-ˈhaı] *interj* yippee, hurrah. **~ˈhei·ras·sa** [-rasa], **~ˈhei·sa** [-za], **~ˈhei·ßa** [-sa] *interj* → **juchhe.**

Juch·ten [ˈjʊxtən] **I** *m, n* ⟨-s; *no pl*⟩ **1.** Russia (leather). **2.** (*Duftnote e-s Parfüms*) Russia leather. **II** ꭍ *adj* **3.** (made of) Russia leather. ~**ˌle·der** *n* → **Juchten** 1.

juch·zen [ˈjʊxtsən] *v/i* ⟨h⟩ *colloq.* → **jauchzen** 1. ˈ**Juch·zer** *m* ⟨-s; -⟩ shout of joy, squeal of delight.

ˈ**JuckˌausˌschIag** *m med.* itching eruption, prurigo.

jucken (*getr.* **-k·k-**) [ˈjʊkən] **I** *v/t, v/i u. v/impers* ⟨h⟩ **1.** itch; **es juckt mich am ganzen Leib, mein ganzer Leib juckt mir** (*od.* **mich**) I am itching all over; **mein Arm juckt mich, es juckt mich am Arm** my arm itches; *fig. colloq.* **es juckt mir in den Fingern** (*od.* **es juckt mich**), **et. zu tun** I'm itching to do s. th.; **ihn juckt das Fell** a) he's looking for trouble, b) he is itching for a fight; **wen juckt's?** who is going to bother?; **das juckt mich nicht** I don't give a damn; **wen's juckt, der kratze sich** (*Sprichwort*) if the cap fits, wear it. **II** *v/reflex* **2.** *colloq.* **sich** ~ (*kratzen*) scratch o. s. **III** ꭍ *n* ⟨-s⟩ **3.** itching. **4.** itchiness, pruritus. ~**d** *adj* itching, pruritic.

ˈ**Juck|ˌpul·ver** *n* itching powder. ~**ˌreiz** *m med.* itch(ing).

Ju·da [ˈju:da] *npr m* ⟨-s; *no pl*⟩ *Bibl.* Judah.

ju·dai·sie·ren [judaiˈzi:rən] *v/t u. v/i* ⟨h⟩ *relig.* Judaize. **Ju·daˈis·mus** [-ˈɪsmʊs] *m* ⟨-; *no pl*⟩ Judaism. **Ju·daˈist** [-ˈɪst] *m* ⟨-en; -en⟩ Judaist.

Ju·das [ˈju:das] **I** *npr m* ⟨-; *no pl*⟩ *Bibl.* Judas; **(der Brief des)** ~ → **Judasbrief. II** *m* ⟨-; -se⟩ *fig.* (*Verräter*) Judas, traitor. ~**ˌbaum** *m bot.* Judas tree. ~**ˌbrief, der** *Bibl.* the Epistle of Jude. ~**ˌkuß** *m* Judas kiss. ~**ˌlohn** *m* (the) thirty pieces of silver.

Ju·de [ˈju:də] *m* ⟨-n; -n⟩ Jew; *fig.* **der Ewige** ~ the Wandering Jew.

ˈ**Ju·den|ˌchrist** *m meist pl relig.* Jud(a)eo-Christian. ~**ˌchri·sten·tum** *n* Jud(a)eo-Christianity. ~**ˌdeutsch** *n ling.* Yiddish. ~**ˌdorn** *m bot.* jujube; **Eßbarer** ~ lotus (tree). ~**ˌfeind** *m* anti-Semite. ꭍ**ˌfeind·lich** *adj* anti-Semitic. ~**ˌfeind·lich·keit** *f* anti-Semitism. ~**ˌfra·ge** *f pol.* Jewish question. ~**ˌhaß** *m* (rabid) anti-Semitism. ~**ˌhet·ze** *f* Jew-baiting. ~**ˌhet·zer** *m* Jew-baiter. ~**ˌkir·sche** *f bot.* **1.** ground- (*od.* winter-)cherry, alkekengi; **Haarige** ~ cape gooseberry. **2.** → **Tollkirsche.** ~**ˌpech** *n min.* bitumen. ~**ˌschu·le** *f fig. colloq.* **hier geht es zu wie in e-r** ~ what an awful racket! ~**ˌstein** *m* (*Fossil*) Jew's-stone, Judaic stone. ~**ˌstern** *m* Star of David, Magen David. ~**ˌtem·pel** *m* synagog(ue). ~**tum** *n* ⟨-s; *no pl*⟩ **1.** *relig.* Judaism. **2. das** ~ *collect.* the Jews *pl*, Jewry. **3.** (*Art u. Wesen der Juden*) Jewishness. ~**verˌfol·gung** *f* persecution of Jews, *engS.* pogrom. ~**ˌvier·tel** *n* **1.** Jewish quarter. **2.** ghetto.

Ju·di·ka [ˈju:dika] *m* ⟨*undeclined*⟩ *relig.* **(der Sonntag)** ~ Passion (*od.* Judica) Sunday.

Ju·di·ka·tur [judikaˈtu:r] *f* ⟨-; -en⟩ judicature.

Jü·din [ˈjy:dın] *f* ⟨-; -nen⟩ Jewess. ˈ**jü·disch** *adj* Jewish; **er ist** ~ he is Jewish, he is a Jew; *colloq.* **nur k-e** ~**e Hast!** what's the rush!, take it easy!

Ju·dith [ˈju:dıt] *npr f* ⟨-; *no pl*⟩ *Bibl.* Judith; **das Buch** ~ (the book of) Judith.

Ju·do [ˈju:do] *n* ⟨-(s); *no pl*⟩ *Sport*: judo. **Ju·do·ka** [juˈdo:ka] *m* ⟨-s; -s⟩ judoka, judo wrestler.

Ju·gend [ˈju:gənt] *f* ⟨-; *no pl*⟩ **1.** youth, early years *pl*, (*Kindheit*) childhood, boyhood, (*Jünglingsalter*) adolescence, teens *pl*; **in frühester** ~ in one's childhood, when a child; **in m-r** ~ **gab es k-e Autos** when I was young there were no cars; **von** ~ **an** (*od.* **auf**) since one's youth, from one's early years; **er erlebte s-e zweite** ~ he felt young again; *lit.* **in der Blüte der** ~ **stehen** be in the prime (*od.* bloom) of youth. **2.** (*junge Leute*) youth, young people *pl*; **die** ~ *collect.* the youth, the young (people *pl*), the rising generation; **die männliche** ~ boys *pl*, young men *pl*; **die moderne** ~ modern youth; **die heutige** ~, **die** ~ **von heute** today's youth, the young people *pl* of today; *humor.* **die reifere** ~ middle-aged people *pl*; *lit.* **laßt der** ~ **ihren Lauf** let youth have its fling; ~ **kennt** (*od.* **hat**) **k-e Tugend** boys will be boys. **3.** (~*lichkeit*) youth(fulness); **ewige** ~ eternal youth; **sich** (*dat*) **s-e** ~ **bewahren** keep (*od.* stay) young. **4.** (~*gruppe*) youth (group); **die katholische** ~ the Catholic Youth. **5.** → **Jugendmannschaft.** ~**ˌal·ter** *n* youth, young age; → *a.* **Jugend** 1. ~**ˌamt** *n* youth welfare office. ~**ˌar·beit** *f* **1.** work done by minors. **2.** *e-s Künstlers*: early work, juvenilia *pl*. **3.** → **Jugendpflege.** ~**arˌrest** *m jur.* short-term detention (of juveniles) in a remand home. ~**ˌausˌtausch** *m* exchange of young people. ~**beˌwe·gung** *f* Youth Movement. ~**ˌbild** *n* portrait (*od.* photograph) of a person in his youth. ~**ˌblü·te** *f lit.* prime (*od.* bloom) of youth. ~**ˌbuch** *n* book for young people, youth book. ~**bü·cheˌrei** *f* junior (*od.* children's) library. ~**ˌbund** *m* youth organization. ~**erˌin·ne·run·gen** *pl* recollections (*od.* memories) of one's youth. ~**erˌleb·nis** *n* experience of (*od.* one had in) one's youth. ~**erˌzie·hung** *f* education of young people. ~**ˌfilm** *m* film for young people. ꭍ**ˌfrei** *adj Film etc*: licensed for universal exhibition, carrying a U certificate, *Am.* suitable for family showing; **nicht** ~**er Film** X film. ~**ˌfreund** *m* **1.** friend of one's youth, school-day friend. **2.** (*Freund der Jugend*) friend of the young. **3.** *DDR* member of the Free German Youth. ꭍ**ˌfrisch** *adj* youthful. ~**ˌfri·sche** *f* youthfulness, youthful freshness. ~**ˌfunk** *m* radio program(me) for young people. ~**ˌfürˌsor·ge** *f* youth welfare (work). ~**ˌfürˌsor·ger** *m*, ~**ˌfürˌsor·ge·rin** *f* youth welfare officer (*od.* worker). ꭍ**geˌeig·net** *adj* suitable for young people. ꭍ**geˌfähr·dend** *adj Film, Buch etc*: harmful (to young persons); ~**e Schriften** harmful publications. ~**geˌfähr·te** *m* companion of one's youth. ~**geˌfäng·nis** *n* → **Jugendstrafanstalt.** ~**geˌlieb·te** *m, f* love (*od.* sweetheart) of one's youth. ~**geˌnos·se** *m* → **Jugendgefährte.** ~**geˌricht** *n* juvenile court. ~**geˌspie·le** *m* playmate (of one's youth); → *a.* **Jugendgefährte.** ~**ˌhaft** *f jur.* detention (of juveniles) in a **Jugendstrafanstalt.** ~**ˌheim** *n* youth cent/re (*Am.* -er). ~**ˌher·ber·ge** *f* youth hostel. ~**ˌher·bergsˌwerk** *n* Youth Hostel Association. ~**ˌhil·fe** *f* youth welfare (services *pl*). ~**ˌjah·re** *pl* early years, (one's) youth *sg*. ~**ˌklas·se** *f Sport*: youth class. ~**ˌkraft** *f* youthful vigo(u)r. ~**kri·mi·na·liˌtät** *f* juvenile delinquency. ~**ˌla·ger** *n* youth camp.

ju·gend|lich [ˈju:gəntlıç] **I** *adj allg.* youthful (*a. Aussehen, Kleidung etc*), (*jung*) young; **e-e** ~**e Erscheinung** a youthful appearance; ~**er Leichtsinn** youthful recklessness; **das Kleid macht sie sehr** ~ the dress makes her look very young; ~**er Verbrecher** juvenile delinquent, youthful offender. **II** *adv* youthfully; ~ **aussehen** look young. ꭍ**li·che** *m, f* ⟨-n; -n⟩ **1.** youth, juvenile, young person, (*Halbwüchsiger*) adolescent, teen-ager. **2.** *jur.* a) *allg.* juvenile, b) (*14–17*) young person, c) (*17–21*) juvenile adult, d) (*unter 14*) child. ꭍ**lich·keit** *f* ⟨-; *no pl*⟩ **1.** youthfulness; **sich** (*dat*) **s-e** ~ **bewahren** keep (*od.* stay) young. **2.** (*Jugendliche Unreife*) juvenility.

ˈ**Ju·gend|ˌlie·be** *f* **1.** early (*od.* first) love, *humor.* calf-love. **2.** (*Person*) love (*od.* sweetheart) of one's youth, early love; **e-e alte** ~ **von mir** an old flame of mine. **~li·te·ra,tur** *f* → Jugendschriften. **~,mann·schaft** *f Sport*: youth team. **~,mei·ster** *m Sport*: youth champion (*in the age-group 14–18*). **~,pfar·rer** *m* young people's minister. **~,pfle·ge** *f* youth welfare (services *pl*). **~,pfle·ger** *m*, **~,pfle·ge·rin** *f* youth worker. **~psy·cho·lo,gie** *f* adolescent psychology. **~,rich·ter** *m* judge of the Juvenile Court. **~,ring** *m* association of youth organizations. **~,schrif·ten** *pl* juvenile books and other literature. **~,schrift,stel·ler** *m* author of books for young people. **~,schutz** *m jur.* protection of children and young persons. **~,schutz·ge,setz** *n* Children and Young Persons Act. **~,stil** *m Kunst*: Jugendstil, Art Nouveau. **~,straf·an,stalt** *f* juvenile prison, detention cent/re (*Am.* -er) (for juveniles), *Br. a.* remand home, *Am. a.* reformatory. **~,stra·fe** *f* **1.** penalty for juvenile delinquents. **2.** detention in a **Jugendstrafanstalt**. **~,straf,recht** *n* criminal law relating to youthful offenders. **~,streich** *m* youthful prank (*od.* escapade). **~,sün·de** *f*, **~,tor·heit** *f* youthful folly (*od.* escapade). **~,traum** *m* dream of one's youth. **~ver,bot** *n für Filme etc*: **~** *auf Plakat etc*: for adults only; **dieser Film hat** (*od.* **fällt unter das**) **~** this film is for adults only, this is an X film. **~ver,feh·lung** *f jur.* juvenile offen/ce (*Am.* -se). **~,wei·he** *f DDR pol.* youth initiation ceremony. **~,werk** *n* **1.** *e-s Dichters etc*: early work, juvenilia *pl*. **2.** (*Jugendhilfswerk*) youth welfare work (*od.* services *pl*). **~,wohl,fahrt** *f* → **Jugendfürsorge**. **~,wohn,heim** *n* hostel for apprentices and young workers. **~,zeit** *f* youth, early days *pl*; **in m-r ~** in my youth (*od.* young days), when I was young (*od.* a boy, girl). **~,zeit,schrift** *f* magazine for young people. **~,zen·trum** *n* youth cent/re (*Am.* -er).

Ju·go|sla·we [jugo'sla:və] *m* <-n; -n>, **~'sla·win** *f* <-; -nen>, **2'sla·wisch** *adj* Yugoslav(ian).

ju·gu·lar [jugu'la:r] *adj anat.* jugular.

ju·he [ju'he:] *interj* → **juchhe**.

'Jul,fest ['ju:l-] *n* Yule, yule(-tide) festival.

Ju·li ['ju:li; *deutlich*: ju'laɪ] *m* <-(s); *rare* -s> (**im~** in) July.

ju·lia·nisch [ju'lĭa:nɪʃ] *adj antiq.* Julian; **der ~e Kalender** the Julian calendar.

Ju·li·enne [ʒy'lĭɛn] (*Fr.*) *f* <-; *no pl*> *gastr.* **1.** shredded vegetables *pl* (for soup). **2.** → **~,sup·pe** *f* julienne (soup).

Ju·li·er ['ju:lĭər] *m* <-s; -> *antiq.* Julian.

'Ju·li|,kä·fer *m zo.* vine chafer. **~,kö·nig·tum** *n hist.* July Dynasty. **~re·vo·lu·ti,on** *f* July Revolution.

ju·lisch ['ju:lɪʃ] *adj antiq.* Julian; **das ~e Kaiserhaus** the Julian imperial family; *geogr.* **die 2en Alpen** the Julian Alps.

'Jul|,klapp *m* <-s; *no pl*> anonymous Yule gift. **~,mo·nat, ~,mond** *m obs.* December. **~,nacht** *f* Yule night.

Jum·bo ['jumbo] *m* <-s; -s> *aer. colloq. for* **~-Jet** ['dʒʌmbəʊ'dʒet] (*Engl.*) *m* <-s; -s> jumbo-jet.

Jum·per ['dʒampər; 'dʒʌmpə] (*Engl.*) *m* <-s; -> pullover.

jung [jʊŋ] **I** *adj* <=er; =st> **1.** *allg.* young; *colloq.* **die ~en Leute, das ~e Volk** the young people (*od.* folk *sg*); **~e Liebe** young love; **~es Glück** young bliss; **das ~e Ehepaar** the newly-wed couple, the newly-weds *pl*; **~ und alt** young and old (alike); **von ~ an** (*od.* **auf**) from an early age; **in (s-n) ~en Jahren** when he was young, in his youth, at an early age; **die Nacht ist noch ~** the night is yet young; **der ~e Goethe** young Goethe, Goethe in his youth; *Literatur*: **das 2e Deutschland** Young Germany; *colloq.* **der ~e Meier** young Meier, Meier's son; **2 Siegfried** young Siegfried; **er ist noch ~ an Jahren** he is still young (in years); **~ bleiben (heiraten, sterben)** stay (marry, die) young; *lit.* **der ~e Morgen** the early morning; → **jünger, jüngst** II, **Dachs** 2 (*etc*). **2.** (*jugendlich*) young, youthful; **er hat sich sein ~es Herz bewahrt** he is still young at heart; *colloq.* **er hat noch ~e Beine** he still has young legs. **3.** (*neu*) new (*company, etc*); *econ.* **~e Aktien** new shares (*Am.* stocks). **4.** *gastr.* a) *Bohnen, Erbsen etc*: young, b) *Kartoffeln, Wein etc*: new; → **Gemüse** 1. **5.** (*frisch*) fresh, new; **das ~e Laub** the fresh foliage. **II** *adv* **6.** young; **~ verheiratet sein** be newly married (*od.* wedded); **sich ~ fühlen** feel young; **~ aussehen** look young; **~ gewohnt, alt getan** once a use and ever a custom.

'Jung|aka,de·mi·ker *m* young university graduate. **~,ar·bei·ter** *m* young worker. **~,bier** *n* freshly brewed beer. **~,brun·nen** *m* fountain of youth.

'Jun·ge[1] *m* <-n; -n, *colloq. a.* -ns *od.* Jungs> **1.** boy, lad, youth, youngster; **du bist doch kein kleiner ~ mehr!** you aren't a little boy (*od.* baby) any more; **als ~, als ich noch ein ~ war** as a boy, when I was a boy (*od.* small); *colloq.* **alter ~** old man!, old chap!; **dummer ~** silly ass; **grüner ~** (young) whippersnapper; **~, ~!** boy (, oh boy)!, golly! **2.** (*junger Mann*) young man (*od.* fellow); *colloq.* **schwerer ~** thug, hard case, (professional) criminal; *mar.* **blaue Jungs** *pl* blue jackets. **3.** *colloq.* (*Spielkarte*) knave. **4.** **die ~n** *collect.* the young (people); **die ~n und die Alten** the young and the old. **'Jun·ge**[2] *n* <-n; -n> *zo.* young (one), *e-r Katze*: *a.* kitten, *e-s Hundes*: *a.* puppy, *e-s Raubtiers*: *a.* cub, (*Kalb, Elefant, Robbe*) calf, *humor. a.* baby (*elephant, etc*); **~ bekommen** (*od.* **werfen**) → **jun·gen** ['jʊŋən] *v/i* <h> have (*od.* produce, bring forth) young (ones), litter, *Hündin*: *a.* pup, whelp, *Katze*: *a.* have kittens, kitten, *Raubtier*: *a.* cub, *Kuh etc*: *a.* calve, *Wild*: *a.* fawn.

'Jun·gen|ge,sicht *n* boyish face. **2haft I** *adj* boyish; **ein ~es Mädchen** a tomboy. **II** *adv* boyishly, like a boy. **~haf·tig·keit** *f* <-; *no pl*> boyishness, *e-s Mädchens*: *a.* tomboyishness. **~,klas·se** *f* class of boys. **~,schu·le** *f* school for boys, boys' school. **~,streich** *m* boyish prank (*od.* trick).

jün·ger ['jʏŋər] *comp of* **jung** *u. adj* **1.** younger; **mein ~er Bruder** my younger brother; **sie ist (um) zwei Jahre ~ als ich** she is two years younger than I (am) (*od. colloq.* than me), she is my junior by two years; **sie sieht ~ aus als sie ist** she doesn't look her age; **du hast ~e Beine** your legs are younger than mine. **2.** (*ziemlich jung*) youngish (*man, etc*). **3.** (*zeitlich näher*) later; **diese Ausgabe ist ~en Datums** this edition is of a later (*od.* more recent) date; **ein Foto ~en Datums** a more recent photo(graph); → **Steinzeit**. **4.** **der 2e (d. J.)** *bei Eigennamen*: junior (jun.), *bei Künstlern, Staatsmännern etc*: the Younger.

'Jün·ger *m* <-s; -> *relig. u. fig.* disciple, follower, adherent; **die ~ Christi** the (Twelve) Disciples of Christ; **ein ~ der Wissenschaft** a votary (*od.* man) of science. **~schaft** *f* <-; *no pl*> **1.** discipleship. **2.** *collect.* (body of) disciples *pl*, followers *pl*, adherents *pl*.

Jung·fer ['jʊŋfər] *f* <-; -n> **1.** a) maid, b) (*Ledige*) spinster; **e-e alte ~** an old maid; **e-e alte ~ bleiben** remain an old maid, *colloq.* remain on the shelf. **2.** *obs.* a) (*Fräulein*) miss, b) (*Zofe*) lady's maid, c) (*Zimmermädchen*) chambermaid. **3.** *bot.* a) **~ im Grünen, ~ im Busch, ~ in Haaren, ~ im Netz** love-in-a-mist, ragged lady, b) **Nackte ~** → **Herbstzeitlose**. **4.** *civ. eng.* (*Handramme*) rammer. **5.** *mar.* deadeye. **6.** *print.* column (*od.* page) set without error. **jüng·fer·lich** ['jʏŋfərlɪç] *adj* **1.** maidenly. **2.** (*alt~*) old-maidish, spinsterish. **3.** (*spröde*) coy, demure, prim.

'Jung·fern|,block *m mar.* deadeye. **~,fahrt** *f bes. mar.* maiden voyage (*od.* trip). **~,flug** *m* maiden flight. **~,früch·tig,keit** *f* <-; *no pl*> parthenogenesis. **~,glas** *n min.* mica. **~,gold** *n chem.* native (*od.* virgin) gold. **~,häut·chen** *n anat.* hymen, maidenhead. **~,he·ring** *m ichth.* herring on the point of spawning. **~,herz** *n bot.* bleeding heart. **~,ho·nig** *m* virgin honey. **~,kranz** *m* **1.** chaplet (of flowers). **2.** → **immergrün** II. **~me,tall** *n* native metal. **~,öl** *n* virgin oil. **~,re·be** *f bot.* Virginia creeper. **~,re·de** *f parl.* maiden speech. **~,rei·se** *f* maiden trip. **~,ro·se** *f bot.* cabbage rose. **~schaft** *f* <-; *no pl*> virginity, maidenhood. **~,schrift** *f print.* brevier. **~,stand** *m* maidenhood, spinsterhood. **~,wachs** *n* virgin wax. **~,wein** *m* → **Jungfernrebe**. **~,zeu·gung** *f biol.* parthenogenesis.

'Jung,frau *f* <-; -en> **1.** a) *lit.* maid(en), b) (*unberührtes Mädchen, humor. a. Mann*) virgin, c) *iro.* damsel; **die ~ Maria** the Virgin Mary, the Holy Virgin; *hist.* **die ~ von Orleans** the Maid (of Orleans), Joan of Arc; *Bibl.* **die klugen (törichten) ~en** the wise (foolish) virgins; *antiq.* **vestalische ~** vestal (virgin); *med.* **unberührte ~** virgo intacta. **2.** *astr.* Virgo. **'Jung,frau·en·ge,burt** *f relig.* Virgin Birth.

'jung,fräu·lich [-,frɔʏlɪç] *adj lit.* **1.** maidenly; **ihr ~es Wesen** her maidenliness. **2.** (*keusch*) chaste (*soul, etc*). **3.** (*unberührt*) virginal (*girl, body, etc*), *fig. meist* virgin (*forest, snow*); **~ bleiben** remain a virgin. **2keit** *f* <-; *no pl*> **1.** virginity; **sich** (*dat*) **s-e ~ bewahren** keep one's virginity; **s-e ~ verlieren** lose one's virginity. **2.** (*Keuschheit*) chasteness, demureness.

'Jung·ge,sel·le *m* **1.** bachelor, single (*od.* unmarried) man, celibate; **eingefleischter (alter) ~** confirmed (old) bachelor. **2.** (*Handwerker*) junior journeyman.

'Jung·ge,sel·len|,bu·de *f colloq.* bachelor's digs *pl* (*Am.* den). **~,da,sein, ~,le·ben** *n* bachelor's life; **ein ~ führen** live as a bachelor. **~,stand** *m* bachelorhood, celibacy, single state. **~tum** *n* <-s; *no pl*> bachelordom, bachelorhood. **~,wirt·schaft** *f humor.* bachelor's ménage (*od.* household). **~,zeit** *f* bachelor years *pl*.

'Jung·ge,sel·lin *f* <-; -nen> bachelor girl, single (*od.* unmarried) woman.

'Jung|he·ge·lia·ner [-hege,lĭa:nər] *m philos.* Young Hegelian. **~,leh·rer** *m*, **~,leh·re·rin** *f* student (*od.* junior) teacher.

Jüng·ling ['jʏŋlɪŋ] *m* <-s; -e> *lit.* youth, young man, lad.

'Jüng·lings|,al·ter *n* youth, early manhood, adolescence. **2haft** *adj* youthful, like a young man. **~,jah·re** *pl* (years of one's) youth *sg*.

'jung,mäd·chen·haft *adj* **1.** girlish. **2.** *Schüchternheit etc*: maidenly.

'**Jung|ˌmä·del** *n hist. NS-Zeit*: girl member of the Hitler Youth (*of the age-group 10–14*). **~ˌmann** *m* ⟨-(e)s; ⸗er⟩ *Austrian mil.* recruit (in his first year of service). **~ˌpflan·ze** *f* young plant, set, seedling. **~pioˌnier** *m meist pl DDR pol.* Young Pioneer (*6–10 years old*). **~ˌsein** *n* ⟨-s; *no pl*⟩ youth, being young. **~so·ziaˌlist** *m pol.* Young Socialist.

jüngst [jʏŋst] **I** *sup of* jung. **II** *adj* **1.** youngest (*child, etc*). **2.** *zeitlich*: latest, (most) recent; **die ~en Ereignisse** the latest events; **die ~e Vergangenheit** the recent past; **ihr ~er Roman** her latest novel; **in ~er Zeit** lately, quite recently; **in Ihrem ~en Schreiben** in your latest (*od.* last) letter. **3.** *relig.* **das** ⁓**e Gericht** the Last Judg(e)ment; **der** ⁓**e Tag** the Day of Judg(e)ment, doomsday. **4.** *mil. etc* youngest, junior (*officer, etc*). **III** *adv archaic* **5.** (quite) recently, lately, the other day, of late; **in e-m ~ erschienenen Buch** in a recently (*od.* newly) published book. **IV** ⁓**e, der, die, das** ⟨-n; -n⟩ **6.** the youngest; **mein** ⁓**er** my youngest (son); **das ist unser** ⁓**es** this is our youngest (child), this is our baby; **sie ist (auch) nicht mehr die** ⁓**e** she is no chicken (any more).

'**Jungˌsteinˌzeit** *f* New Stone Age, Neolithic period. ⁓**lich** *adj* Neolithic, of the New Stone Age.

'**jüngst·geˌbo·ren** *adj* youngest (born), last born.

'**Jungˌstier** *m agr.* young bull.

'**jüngst·verˌgan·gen** *adj Zeit etc*: (most) recent, latest.

'**Jung|ter·tiˌär** *n geol.* Neocene, Neogene. **~ˌtier** *n* **1.** young animal. **2.** *hunt.* young deer (*od.* doe). **3.** *collect* → **Jungvieh.** **~ˌtür·ke** *m pol. u. colloq.* Young Turk. **~verˌhei·ra·te·te** *m, f* ⟨-n; -n⟩ newly-wed person; **die ~n** *pl* the newly-weds, the newly-wed couple *sg.* ⁓**verˌmählt** *adj* newly-wed. **~verˌmähl·te** *m, f* ⟨-n; -n⟩ → **Jungverheiratete.** **~ˌvieh** *n agr.* young stock (*od.* cattle *pl*). **~ˌvo·gel** *m* young bird, squab. **~ˌvolk** *n NS-Zeit*: junior section of the Hitler Youth (*age-group 10–14*). **~ˌwäh·ler** *m pol.* young voter. **~ˌwald** *m* young wood (*od.* plantation). **~ˌwild** *n* young game. ⁓**ˌzeit·lich** *adj* recent.

Ju·ni ['ju:ni; *deutlich*: 'ju:no] *m* ⟨-(s); *rare* -s⟩ (im ~ in) June. **~ˌkä·fer** *m* summer chafer, June bug.

ju·ni·or ['ju:nĭɔr] **I** *adj* ⟨*invariable*⟩ **1.** **Georg Schmidt ~** (*od.* **jun., jr.**) Georg Schmidt, Junior (*od.* jun.). **II** ⁓ *m* ⟨-s; -en [ju'nĭo:rən]⟩ **2.** *econ.* a) son of the owner, b) junior partner (*od.* director). **3.** *colloq. e-r Familie etc*: junior, youngest member. **4.** *Sport*: junior. **Ju·nio·rat** [junĭo'ra:t] *n* ⟨-(e)s; -e⟩ *jur.* ultimogeniture. '**Ju·ni·orˌchef** *m econ.* junior manager.

Ju·nio·ren|ˌklas·se [ju'nĭo:rən-] *f Sport*: junior class. **~ˌmei·ster·schaft** *f* junior championship.

Jun·ker ['jʊŋkər] *m* ⟨-s; -⟩ **1.** *obs.* a) (young) nobleman, b) (*Land*⁓) (country) squire. **2.** *hist. bes. preußischer*: junker. **~ˌherr·schaft** *f* squir(e)archy, *in Preußen*: junkerdom. **~tum** *n* ⟨-s; *no pl*⟩ **1.** junkerism. **2.** (*die Junker*) squir(e)archy, *in Preußen*: junkerdom.

Junk·tim ['jʊŋktɪm] *n* ⟨-s; -s⟩ *pol.* link-up, package (deal). '**Junk·timsˌvorˌla·ge** *f parl.* composite bill.

Ju·no ['ju:no] *npr f* ⟨-; *no pl*⟩ *myth.* Juno. **ju·no·nisch** [ju'no:nɪʃ] *adj* junoesque.

Jun·ta ['xʊnta; 'jʊnta] *f* ⟨-; -ten⟩ *pol.* junta.

Ju·pi·ter ['ju:pitər] **I** *npr m* ⟨-; *no pl*⟩ *myth.* Jupiter. **II** *m* ⟨-s; *no pl*⟩ *astr.* Jupiter. **~ˌblu·me** *f* flower of Jove. ⁓**ˌgleich** *adj* Jovian. **~ˌlam·pe** *f Film etc*: Jupiter lamp, klieg light. **~ˌmon·de** *pl astr.* Jovian moons.

Ju·ra[1] ['ju:ra] *m* ⟨-s; *no pl*⟩ *geol.* **1.** Jura, Jurassic (period *od.* system); **Brauner ~** Brown Jura, Dogger; **Schwarzer ~** Black Jura, Lias; **Weißer ~** Upper Jurassic, White Jura. **2.** → **Juragebirge.**

'**Ju·ra**[2] *pl of* **Jus**; **~ studieren** study (*bes. Br.* read) law, study for the bar.

'**Ju·ra|for·ma·tiˌon** *f geol.* Jurassic (system *od.* formation). **~geˌbir·ge** *n* Jura Mountains *pl.* **~ˌkalk** *m* Jura limestone.

ju·ras·sisch [ju'rasɪʃ] *adj geol.* Jurassic.

'**Ju·ra|stuˌdent** *m* law student, student of law. **~ˌstu·di·um** *n* law (*od.* legal) studies *pl.* **~ˌzeit** *f geol.* Jurassic period.

ju·ri·disch [ju'ri:dɪʃ] *adj bes. Austrian for* juristisch.

Ju·ris|dik·ti·on [jurɪsdɪk'tsĭo:n] *f* ⟨-; *no pl*⟩ jurisdiction. **~pru'denz** [-pru'dɛnts] *f* ⟨-; *no pl*⟩ jurisprudence.

Ju·rist [ju'rɪst] *m* ⟨-en; -en⟩ **1.** lawyer, *bedeutender*: jurist. **2.** → **Jurastudent.**

Ju'ri·sten|beˌruf *m* (the) legal profession. **~ˌdeutsch** *n* ⟨-(s)⟩, **~ˌspra·che** *f* **1.** legal language, *contp.* legalese. **2.** legal terminology. **~ˌstand** *m* → **Juristenberuf.**

Ju·ri·ste'rei *f* ⟨-; *no pl*⟩ *colloq.* jurisprudence.

ju'ri·stisch *adj* legal, juridical, juristic; **~er Ausdruck (Kommentar)** legal term (commentary); **~e Fakultät** Faculty of Law, Legal Faculty, *Am. a.* Law School; **~e Person** legal entity, juristic person, body corporate; **~es Studium** → **Jurastudium.**

Ju·ror ['ju:rɔr] *m* ⟨-s; -en [ju'ro:rən]⟩ → **Preisrichter.**

Ju·ry [ʒy'ri:; 'ʒy:ri; 'dʒʊəri] (*Engl.*) *f* ⟨-; -s⟩ **1.** *im engl. Recht*: jury. **2.** *Kunst, Sport etc*: (panel of) judges *pl*, jury, *für e-e Ausstellung*: selection committee. ⁓**ˌfrei** *adj* without (expert) selection committee.

Jus [ju:s] *n* ⟨-; **Jura** ['ju:ra]⟩ law; *cf.* **Jura**[2].

Ju·so ['ju:zo] *m* ⟨-s; -s⟩ *pol. colloq. for* **Jungsozialist.**

'**Jus·stuˌdent** *m* → **Jurastudent.**

just [jʊst] *adv rare od. poet.* **1.** (*genau*) just, exactly (*the right thing, etc*). **2.** (*eben*) exactly, precisely; **das will ich ~ nicht** that is exactly what I don't want. **3.** *zeitlich*: just (now); **~ zur rechten Zeit** just in time.

ju·sta·ment [jʊsta'mɛnt] *adv colloq. od. dial.* **1.** just, exactly. **2.** just, expressly, on purpose; **~ tut er das Gegenteil** he does just the opposite.

ju'stier·bar *adj tech.* adjustable.

ju·stie·ren [jʊs'ti:rən] **I** *v/t* ⟨*no* ge-, h⟩ **1.** *tech.* a) (*einstellen*) adjust, set, b) (*einpassen*) fit, c) (*eichen*) calibrate, d) (*e-e Lage*) position. **2.** *print.* a) (*Seiten*) adjust, make up, b) (*Klischee etc*) justify, set. **3.** (*Gewehr etc*) true up. **4.** (*Münzen, Münzgewicht etc*) adjust, size, standard. **II** ⁓ *n* ⟨-s⟩ **5.** adjusting (*etc*). **6.** → **Justierung** 2–4. **Ju'stie·rer** *m* ⟨-s; -⟩ **1.** *tech.* adjuster. **2.** *print.* justifier.

Ju'stierˌschrau·be *f tech.* adjusting screw.

Ju'stie·rung *f* ⟨-; -en⟩ **1.** → **justieren** 5. **2.** *tech.* a) adjustment, b) calibration, c) correction. **3.** *print.* a) adjustment, b) justification. **4.** *von Münzen*: adjustment.

Ju'stier|ˌwaa·ge *f tech.* adjusting balance (*od.* scales *pl*). **~ˌzan·ge** *f* flat-nose pliers *pl* (*als sg konstruiert*).

Ju·sti·nia·nisch [jusˈti'nĭa:nɪʃ] *adj hist.* Justinianian; **~er Gesetzeskodex** Justinianian (*bes. Am.* Justinian) Code; **~e Gesetzessammlung** Corpus Juris Civilis.

Ju·sti·tia [jʊs'ti:tsĭa] *npr f* ⟨-; *no pl*⟩ *myth.* Justice, Justitia.

Ju·sti·ti·ar [jʊsti'tsĭa:r] *m* ⟨-s; -e⟩ *jur.* legal adviser, justiciary.

Ju·stiz [jʊs'ti:ts] *f* ⟨-; *no pl*⟩ **1.** (administration of) justice, (the) law. **2.** (*Rechtsorgane*) (the) judicature, (the) judiciary. **~beˌam·te** *m* **1.** judicial officer, legal official. **2.** → **Polizist.** **~beˌhör·de** *f* **1.** judicial (*od.* legal) authority. **2.** → **Justiz** 2. **~geˌbäu·de** *n* → **Gerichtsgebäude.** **~geˌwalt** *f* judiciary (power). **~ˌhoheit** *f* (supreme) judicial sovereignty, jurisdiction. **~ˌirr·tum** *m* error (*od.* miscarriage) of justice. **~miˌni·ster** *m* Minister of Justice, *Br.* Lord Chancellor, *Am.* Attorney General. **~miˌni·ste·ri·um** *n* Ministry (*Am.* Department) of Justice. **~ˌmord** *m* judicial murder. **~paˌlast** *m* (Central) Law Courts *pl.* **~ˌpfle·ge** *f* administration of justice. **~ˌrat** *m hist.* Counsel(l)or of Justice. **~reˌform** *f* reform of the law, judicial reform. **~verˌfas·sung** *f* judicial (*od.* court) system. **~verˌwal·tung** *f* **1.** administration of justice. **2.** legal administrative body. **~ˌwe·sen** *n* justice, (the) law, judiciary, (the) judicial system.

Ju·te ['ju:tə] *f* ⟨-; *no pl*⟩ *econ.* jute.

Jü·te ['jy:tə] *m* ⟨-n; -n⟩ Jute, inhabitant of Jutland.

'**Ju·te|ˌfa·ser** *f bot. econ.* jute fib/re (*Am.* -er). **~ˌgarn** *n* jute yarn. **~ˌleinˌwand** *f* burlap. **~ˌpflan·ze** *f* jute (plant).

'**jü·tisch** *adj* Jutlandic. '**Jütˌlän·der** ['jy:t-] *m* ⟨-s; -⟩ → **Jüte.**

Jütt [jʏt] *f* ⟨-; -en⟩, **Jüt·te** ['jʏtə] *f* ⟨-; -n⟩ *mar.* mast-heel outrigger.

ju·ve·nil [juve'ni:l] *adj a. geol.* juvenile.

Ju·wel[1] [ju've:l] *n, a. m* ⟨-s; -en⟩ jewel, gem; **~en** a) jewellery *sg, bes. Am.* jewelry *sg*, b) (*Edelsteine*) precious stones. **Ju'wel**[2] *n* ⟨-s; -e⟩ *fig.* jewel, gem; **das ~ der Sammlung** the gem of the collection; *colloq.* **unser Dienstmädchen ist ein (wahres) ~** our maid is a real jewel (*od.* gem).

Ju'we·len|ˌhänd·ler *m* → **Juwelier.** **~ˌkäst·chen** *n* jewel box (*od.* case), casket. **~ˌschmuck** *m* jewellery, (set of) jewels *pl*, *Am.* jewelry.

Ju·we·lier [juve'li:r] *m* ⟨-s; -e⟩ jewel(l)er. **~geˌschäft** *n*, **~ˌla·den** *m* jewel(l)er's shop. **~ˌwa·ren** *pl* jewellery *sg*, *Am.* jewelry *sg.*

Jux [jʊks] *m* ⟨-es; -e⟩ *colloq.* a) (*Scherz*) (practical) joke, lark, prank, b) (*lustige Täuschung*) hoax, c) (*Spaß*) (great) fun; → *a.* **Spaß.** '**ju·xen** *v/i* ⟨h⟩ *humor.* play a joke (*od.* prank), lark.

Jux·ta ['jʊksta] *f* ⟨-; -ten⟩ *an Lotterielosen etc*: counterfoil, coupon.

Jux·ta·po·si·ti·on [jʊkstapozi'tsĭo:n] *f* juxtaposition.

K

K, k [kaː] *n* ⟨-; -⟩ K, k (*Buchstabe*).
Ka·ba·le [kaˈbaːlə] *f* ⟨-; -n⟩ *obs.* cabal, intrigue.
Ka·ba·rett [kabaˈrɛt; -ˈreː] *n* ⟨-s; -e *u.* -s⟩ **1.** *thea.* cabaret (show), (satirical) revue. **2.** (revolvable) partitioned dish. **Ka·ba·ret·tist** [kabarɛˈtɪst] *m* ⟨-en; -en⟩, **Ka·ba·retˈti·stin** *f* ⟨-; -nen⟩ cabaret (*od.* revue) artiste. **ka·ba·retˈti·stisch** *adj Programm etc*: cabaret(-type), revue, topical(-satirical). **Ka·baˈrettˌnum·mer** *f* cabaret number.
Ka·bäus·chen [kaˈbɔʏsçən] *n* ⟨-s; -⟩ *colloq.* **1.** → Kabuff. **2.** cabin, small house.
Kab·ba·la [ˈkabala] *f* ⟨-; *no pl*⟩ *relig. hist.* Cab(b)ala. **Kab·baˈlist** [-ˈlɪst] *m* ⟨-en; -en⟩ cabalist. **Kab·baˈli·stik** [-tɪk] *f* ⟨-; *no pl*⟩ cabalism. **kab·baˈli·stisch** *adj* cabbalistic.
Kab·beˈlei *f* ⟨-; -en⟩ *colloq.* squabble.
ˈkab·be·lig *adj mar. See*: choppy.
kab·beln [ˈkabəln] **I** *v/reflex* ⟨h⟩ **sich** ∼ **1.** *colloq.* (mit j-m with s. o.) squabble, quarrel. **II** *v/i* **2.** → 1. **3.** *mar. See*: be choppy. **ˈKab·belˌsee** *f mar.* choppy sea. **ˈKab·be·lung** *f* ⟨-; -en⟩ *mar. der See*: (tide) rip.
Ka·bel [ˈkaːbəl] *n* ⟨-s; -⟩ **1.** *electr.* cable; ∼ **verlegen** lay cables. **2.** *bei Seilbahnen etc*: cable (rope). **3.** → Kabeltelegramm. **4.** *mar.* a) cable, b) *colloq.* → Kabellänge. ∼ˌ**ader** *f* cable core, conductor of a cable. ∼ˌ**fernˌse·hen** *n* cable television. ∼ˌ**füh·rung** *f* cable run. ∼ˌ**gat(t)** *n mar.* cable room.
Ka·bel·jau [ˈkaːbəljau] *m* ⟨-s; -e *u.* -s⟩ *ichth.* cod(fish).
ˈKa·bel|ˌklem·me *f* cable clamp (*od.* socket). ∼ˌ**län·ge** *f mar.* cable('s length). ∼ˌ**le·ger** *m* **1.** *mar.* cable ship (*od.* layer). **2.** *tech.* cable layer.
ka·beln [ˈkaːbəln] *v/t u. v/i* ⟨h⟩ cable; **j-m (e-e Nachricht)** ∼ cable s. o., send s. o. a cable.
ˈKa·bel|ˌschacht *m* manhole. ∼ˌ**tau** *n mar.* cable, hawser. ∼**te·leˌgramm** *n* cablegram, *colloq.* cable. ∼ˌ**trom·mel** *f* cable drum. ∼ˌ**zug** *m e-r Skibindung*: cable.
Ka·bi·ne [kaˈbiːnə] *f* ⟨-; -n⟩ **1.** *aer. mar.* cabin. **2.** (telephone) booth. **3.** *Sport etc*: locker room, *Badeanstalt, Friseursalon etc*: cubicle. **4.** *e-r Seilbahn etc*: cable car, (*Fahrstuhl*Ձ) cage. **5.** *Film*: projecting room.
Kaˈbi·nen|ˌbahn *f* cabtrack. ∼ˌ**kof·fer** *m* (cabin) trunk. ∼ˌ**pre·digt** *f colloq. Sport*: pep talk (in the locker room). ∼ˌ**rol·ler** *m* cabin scooter, *colloq.* bubble-car.
Ka·bi·nett [kabiˈnɛt] *n* ⟨-s; -e⟩ **1.** *pol.* cabinet; **ein** ∼ **bilden (umbilden)** form (reshuffle) a cabinet. **2.** *im Museum*: a) cabinet, small exhibition room, b) (*Ausstellungsschrank*) cabinet. **3.** *archaic* a) (*Zimmer*) cabinet, closet, b) toilet, (water) closet. **4.** → ∼ˌ**ausˌle·se** *f* cabinet wine. ∼**forˌmat** *n phot.* cabinet size.
Ka·biˈnetts|beˌschluß *m pol.* decision of the cabinet. ∼ˌ**bil·dung** *f* formation of a (*od.* the) cabinet. ∼ˌ**fra·ge** *f* cabinet question. ∼**juˌstiz** *f* "star-chamber" justice. ∼ˌ**kri·se** *f* cabinet crisis. ∼ˌ**li·ste** *f* cabinet list. ∼**miˌni·ster** *m* cabinet minister. ∼ˌ**sit·zung** *f* cabinet meeting.
Ka·biˈnett|ˌstück *n* **1.** *Kunst*: show-piece, prize exhibit. **2.** *fig.* clever move, masterstroke; **ein** ∼ **der Diplomatie** a brilliant piece of diplomacy. **3.** *a.* ∼ˌ**stück·chen** *n colloq. Sport*: party-piece. ∼ˌ**wein** *m* cabinet wine.
ka·blie·ren [kaˈbliːrən] *v/t* ⟨*no* **ge-**, h⟩ *tech.* cable.
Ka·brio [ˈkaːbrio] *n* ⟨-(s); -s⟩, **Ka·brioˈlett** [-ˈlɛt] *n* ⟨-s; -e⟩ **1.** *mot.* cabriolet, convertible. **2.** (*zweirädriger Einspänner*) hansom (cab).
Ka·buff [kaˈbʊf] *n* ⟨-s; -e⟩ *colloq.* (cubby)hole, cubicle.
Ka·bu·se [kaˈbuːzə], **Kaˈbü·se** [-ˈbyːzə] *f* ⟨-; -n⟩ **1.** → Kombüse. **2.** → Kabuff. **3.** (*Hütte*) hovel, shack.
Ka·chel [ˈkaxəl] *f* ⟨-; -n⟩ (glazed *od.* Dutch) tile. **ˈka·cheln** *v/t u. v/i* ⟨h⟩ tile. **ˈKa·chelˌofen** *m* tiled stove.
Kacke (*getr.* -k·k-) [ˈkakə] *f* ⟨-; *no pl*⟩ *vulg., a. fig.* shit, crap. **ˈkacken** (*getr.* -k·k-) *v/i* ⟨h⟩ shit, crap.
Ka·da·ver [kaˈdaːvər] *m* ⟨-s; -⟩ **1.** (*Tier*Ձ) carcass. **2.** (*Menschenleiche*) corpse, cadaver. ∼**geˌhor·sam** *m* blind (*od.* slavish) obedience.
Ka·denz [kaˈdɛnts] *f* ⟨-; -en⟩ **1.** *mus.* cadence, *im Solokonzert*: cadenza. **2.** *metr.* cadence, rhythm. **ka·denˈzie·ren** [-ˈtsiːrən] *v/t* ⟨*no* **ge-**, h⟩ *mus.* cadence.
Ka·der [ˈkaːdər] *m, Swiss n* ⟨-s; -⟩ **1.** *mil. pol.* cadre. **2.** *Sport*: cadre, pool (*of players, etc*). ∼ˌ**ein·hei·ten** *pl* cadre units. ∼**parˌtie** *f Billard*: balk-line game. ∼ˌ**trup·pen** *pl* **1.** *mil.* cadre troops. **2.** *fig. pol.* cadre *sg*, stalwarts.
Ka·dett [kaˈdɛt] *m* ⟨-en; -en⟩ **1.** *mar. mil.* cadet. **2.** *fig. humor.* fellow, chap; **du bist mir ein netter** ∼! a fine one you are!
Kaˈdet·ten|anˌstalt *f* cadet school. ∼ˌ**korps** *n* cadet corps. ∼ˌ**schiff** *n* → Schulschiff. ∼ˌ**schu·le** *f* cadet school.
Ka·di [ˈkaːdi] *m* ⟨-s; -s⟩ **1.** (*mohammedan. Richter*) cadi. **2.** *humor.* judge; **j-n vor den** ∼ **schleppen** drag s. o. before the judge, *colloq.* have s. o. up (wegen for).
kad·mie·ren [katˈmiːrən] *v/t* ⟨*no* **ge-**, h⟩ *metall.* cadmium-plate.
Kad·mi·um [ˈkatmium] *n* ⟨-s; *no pl*⟩ *chem.* cadmium. ∼ˌ**gelb** *n* → Kadmiumsulfid. ∼**oxyd** [-ˀɔˌksyːt] *n* cadmium oxide. ∼**sulˌfat** *n* cadmium sulphate (*Am.* -f-). ∼**sulˌfid** *n* cadmium sulphide (*Am.* -f-), orange cadmium.
ka·du·zie·ren [kaduˈtsiːrən] *v/t* ⟨*no* **ge-**, h⟩ **1.** *jur.* declare *s. th.* forfeited. **2.** *econ.* cancel.
Kä·fer [ˈkɛːfər] *m* ⟨-s; -⟩ **1.** *zo.* beetle, chafer, *Am. a.* bug. **2.** *mot. colloq.* (*VW*) beetle. **3.** *fig. colloq.* **netter** ∼ nice (*od.* cool) chick. Ձˌ**ar·tig** *adj* beetlelike, coleopterous. ∼ˌ**kun·de** *f* coleopterology. ∼ˌ**lar·ve** *f* beetle larva.
Kaff [kaf] *n* ⟨-s; -s *u.* -e⟩ *colloq. contp.* (**elendes, mieses** *od.* **schreckliches**) ∼ awful hole, godforsaken place.
Kaf·fee [ˈkafe; -ˈfeː] *m* ⟨-s; *no pl*⟩ **1.** (*Bohnen*) coffee (beans *pl*); **gemahlener (gerösteter)** ∼ ground (roasted) coffee; **die** ∼**s** (*Sorten*) the coffee sorts (*od.* blends). **2.** (*Getränk*) coffee; ∼ **verkehrt** milk with a dash (of coffee); ∼ **kochen** (*od.* **machen**) make coffee; ∼ **trinken** a) drink (*od.* have) coffee, b) (*frühstücken*) (have) breakfast; *fig. colloq.* **das ist ja kalter** ∼ a) that's old hat (*od.* stuff), b) (*Unsinn*) that's a lot of hooey. **3.** *bot.* coffee (plant); ∼ **anbauen** grow coffee. ∼ˌ**anˌbau,** ∼ˌ**bau** *m* cultivation of coffee, coffee growing. ∼ˌ**baum** *m* coffee (tree). ∼ˌ**bee·re** *f* coffee cherry, coffeeberry. ∼ˌ**bit·ter** *n* → Koffein. ∼ˌ**boh·ne** *f* coffee bean. ∼ˌ**braun I** *n* coffee colo(u)r. **II** Ձ *adj* coffee-colo(u)red. ∼ˌ**bren·nen** *n* roasting (of coffee). ∼**bren·neˌrei** *f* → Kaffeerösterei. ∼**-Erˌsatz** *m* coffee substitute, ersatz coffee. ∼**-Exˌtrakt** *m* coffee extract. ∼**geˌbäck** *n* (*Kekse*) biscuits *pl*, *Am.* cookies *pl*, (*Hefegebäck*) pastries *pl*, (*Kuchen*) (fancy) cake (to serve with coffee). ∼**geˌschirr** *n* **1.** coffee things *pl*. **2.** coffee set. ∼**geˌsell·schaft** *f* coffee party. ∼ˌ**haus** *n bes. Austrian for* Café. ∼ˌ**kan·ne** *f* coffeepot. ∼ˌ**kir·sche** *f* → Kaffeebeere. ∼ˌ**klatsch** *m colloq.* coffee party, *Am.* coffee klatsch. ∼ˌ**kränz·chen** *n* (ladies') afternoon coffee party. ∼ˌ**löf·fel** *m* teaspoon. ∼**maˌschi·ne** *f* a) coffee machine, percolator, b) espresso. ∼ˌ**müh·le** *f* coffee mill (*od.* grinder). ∼ˌ**pau·se** *f* coffee break. ∼**rö·steˌrei** *f* (firm of) coffee roasters *pl*. ∼ˌ**satz** *m* coffee grounds *pl*. ∼ˌ**sieb** *n* coffee strainer. ∼ˌ**sor·te** *f* **1.** (*Marke*) brand of coffee. **2.** (*Mischung*) coffee blend. ∼ˌ**strauch** *m* coffee shrub. ∼ˌ**tan·te** *f humor.* coffee addict. ∼ˌ**tas·se** *f* coffee cup. ∼ˌ**trom·mel** *f* (coffee) roaster. ∼ˌ**wär·mer** *m* (coffeepot) cosy. ∼ˌ**was·ser** *n* (**das**) ∼ **aufsetzen** put on (some) water for coffee.
Kaf·fe·in [kafeˈiːn] *n* ⟨-s; *no pl*⟩ → Koffein.
Kaf·fer[1] [ˈkafər] *m* ⟨-n; -n⟩ *anthrop.* Kaf(f)ir. **ˈKaf·fer**[2] *m* ⟨-s; -⟩ *colloq.* oaf,

idiot. **'Kaf·fernˌspra·che** *f ling.* Kaf(f)ir.

Kä·fig ['kɛːfɪç] *m* ‹-s; -e› **1.** (*Tier*♀) cage; **ein Tier in e-n ~ sperren** put an animal in a cage, *für immer*: cage an animal; *fig.* **in e-m goldenen ~ sitzen** be a bird in a gilded cage. **2.** *electr. tech.* cage; → **Faradaysch. ~anˌten·ne** *f* cage aerial (*Am.* antenna). **~ˌläu·fer** *m electr.* (squirrel) cage rotor. **~ˌläu·ferˌmo·tor** *m* squirrel-cage motor. **~ˌvo·gel** *m* cage(d) bird, cageling.

Kaf·tan ['kaftan] *m* ‹-s; -e› caftan.

kahl [kaːl] *adj* ‹-er; -st› **1.** *Kopf etc*: a) bald, b) → **kahlgeschoren; er ist ganz ~** he is completely bald, *colloq.* he is as bald as a coot; **~ werden** go (*od.* grow) bald. **2.** *Baum etc*: bare, leafless. **3.** *Berge, Landschaft etc*: bleak, barren, bare. **4.** *Felsen, Wand, Raum etc*: bare, naked, (*trostlos*) bleak, (*schmucklos*) plain, (*leer*) empty. **5.** *zo.* a) bald, bare, glabrous, b) featherless. **~ˌästig** *adj* bare-branched. **♀ˌflä·che** *f* → **Kahlschlag** 2. **♀ˌfraß** *m agr.* complete defoliation. **~ˌfres·sen** *v/t* ‹*irr, sep,* **-ge-**, h› strip; **die Bäume sind alle kahlgefressen** the trees are all stripped of their leaves. **~geˌscho·ren** *adj Kopf*: shaven, shorn.

'Kahl·heit *f* ‹-; *no pl*› **1.** baldness, baldheadedness. **2.** *von Bäumen etc*: bareness, leaflessness; *von Bergen, e-r Landschaft etc*: bareness, barrenness, bleakness; *von Felsen, Wänden, e-s Raumes etc*: bareness, nakedness; (*Trostlosigkeit*) bleakness, (*Schmucklosigkeit*) plainness, (*Leere*) emptiness. **3.** *zo.* a) baldness, glabrousness, b) featherlessness.

'Kahl|ˌhieb *m* → **Kahlschlag** 1. **~ˌkopf** *m* **1.** (*Glatze*) bald head. **2.** bald(headed) person, baldhead. **♀ˌköp·fig** [-ˌkœpfɪç] *adj* bald(headed), bald-pated. **~ˌköp·fig·keit** *f* ‹-; *no pl*› → **Kahlheit** 1. **♀ˌsche·ren** *v/t* ‹*irr, sep,* **-ge-**, h› (*Kopf*) shave; **j-n ~** shave s. o.'s head. **~ˌschlag** *m Forstwesen*: **1.** clear-cutting, clear-felling, cutover. **2.** (*abgeholzte Waldfläche*) cutover (area). **3.** *fig. colloq.* clean sweep, (complete) havoc; **~sanierung** *f* wholesale redevelopment. **~ˌwild** *n* a) hinds *pl*, does *pl*, b) *bes. beim Hirsch u. Elch*: cows *pl*.

Kahm [kaːm] *m* ‹-(e)s; -e› mo(u)ld; *auf Flüssigkeiten*: scum, film. **'kah·men** *v/i* ‹**sein** *u.* h› mo(u)ld.

'Kahm|ˌhaut *f* **1.** → **Kahm. 2.** *auf gärendem Wein etc*: flowers *pl* (of wine). **~ˌhe·fe** *f Brauerei*: film-forming yeast.

'kah·mig *adj* mo(u)ldy; *Flüssigkeit*: scummy.

Kahn [kaːn] *m* ‹-(e)s; ⸚e› **1.** (rowing) boat, *bes. Am.* rowboat, (*Fischer*♀) fishing boat, (*Last*♀) barge, lighter; **kleiner ~** skiff; **~ fahren** go boating. **2.** *colloq.* (*Schiff*) tub. **3.** *pl fig. colloq.* (*große Schuhe*) clodhoppers. **4.** *fig. colloq.* (*Bett*) bed; **in den ~ gehen** (*od.* **steigen**) hit the sack (*od.* hay), turn in. **~ˌbein** *n anat.* scaphoid (*od.* navicular) (bone). **~ˌfah·ren** *n* boating. **~ˌfah·rer** *m* boatman. **~ˌfahrt** *f* boat trip. **♀ˌför·mig** *adj bes. biol.* navicular, scaphoid. **~ˌfracht** *f* lighterage. **~ˌfüh·rer** *m* bargee, *bes. Am.* bargeman.

Kai [kaɪ] *m* ‹-s; -e *u.* -s› *mar.* quay, wharf; **am ~ liegen** lie at the quayside. **~ˌanˌla·ge** *f* **1.** → **Kai. 2.** *pl* wharves, wharfage *sg.* **~ˌar·bei·ter** *m* longshoreman, dockman. **~geˌbühr** *f*, **~ˌgeld** *n* wharfage, dockage.

Kai·man ['kaɪman] *m* ‹-s; -e› *zo.* cayman.

'Kai|ˌmau·er *f mar.* jetty wall. **~ˌmei·ster** *m* wharfinger.

Kain [kaɪn; 'kaːɪn] *npr m* ‹-s› *Bibl.* Cain.

'Kains|ˌmal, ~ˌzei·chen *n Bibl. u. fig.* mark of Cain.

'Kai|ˌplatz *m* berth. **~ˌschup·pen** *m* quay shed.

Kai·ser ['kaɪzər] *m* ‹-s; -› emperor; *hist.* **der Deutsche ~** a) the German Emperor, b) *1871–1918*: *a.* the Kaiser; *fig.* **sich um des ~s Bart streiten** quarrel about nothing; *Bibl.* **gebt dem ~, was des ~s ist** render unto Caesar the things that are Caesar's; *fig. colloq.* **ich gehe dorthin, wo (selbst) der ~ zu Fuß hingeht** I have to go to see a man about a dog. **~ˌad·ler** *m orn.* imperial eagle. **~ˌblau** *n chem.* smalt. **~ˌfisch** *m* emperor fish. **~ˌfleisch** *n gastr.* (boiled) streaky bacon. **~ˌhaus** *n* imperial family (*od.* house).

'Kai·se·rin *f* ‹-; -nen› empress.

'Kai·serˌkro·ne *f* **1.** imperial crown. **2.** *bot.* crown imperial.

'kai·ser·lich I *adj* imperial; **S-e ♀e** Majestät His Imperial Majesty. **II** *adv* **~ gesinnt sein** be a monarchist.

'Kai·ser·li·chen, die *pl hist.* the Imperials, the Imperial troops (*od.* army *sg*).

'kai·ser·lich-'kö·nig·lich *adj Austrian hist.* Imperial and Royal.

'Kai·ser·ling *m* ‹-s; -e› *bot.* golden agaric.

'kai·ser·los *adj* **die ~e Zeit** the interregnum (*1254–73*).

'Kai·ser|ˌpfalz *f hist.* imperial palace. **~ˌpin·gu·in** *m zo.* emperor penguin. **~ˌreich** *n* empire. **~ˌschmarrn** *m Bavarian and Austrian gastr. cut-up and sugared pancake with raisins.* **~ˌschnitt** *m med.* C(a)esarean (section *od.* operation). **~ˌstadt** *f* imperial town (*od.* city). **♀ˌtreu** *adj* loyal to the emperor. **~tum** *n* ‹-s; *no pl*› **1.** empire. **2.** (*Würde*) imperial status (*od.* dignity). **3.** (*Amt*) emperorship. **4.** → **Kaiserreich.**

Ka·jak ['kaːjak] *m, a. n* ‹-s; -s› *a. Sport*: kayak. **~ˌei·ner** *m* (*Boot*) single kayak; (*Disziplin*) kayak single. **~ˌvie·rer** *m* (*Boot*) four-man kayak; (*Disziplin*) kayak four. **~ˌzwei·er** *m* (*Boot*) double kayak; (*Disziplin*) kayak pair.

Ka'jütˌdeck *n mar.* cabin deck.

Ka·jü·te [ka'jyːtə] *f* ‹-; -n› *mar.* cabin.

Ka'jü·ten|pas·saˌgier *m* cabin (*od.* saloon) passenger. **~ˌtrep·pe** *f* companionway.

Ka'jüts|ˌjun·ge *m* cabin boy. **~ˌklas·se** *f* cabin class.

Ka·ka·du ['kakadu] *m* ‹-s; -s› *orn.* cockatoo.

Ka·kao [ka'kaʊ; -'kaːo] *m* ‹-s; -s› **1.** ‹*only sg*› (*Getränk*) cocoa, (hot) chocolate, *kalter*: *a.* chocolate milk; *fig. colloq.* **j-n durch den ~ ziehen** a) (*hänseln*) pull s. o.'s leg, kid s. o., b) (*schlechtmachen*) pull s. o. to pieces, *sl.* roast s. o. **2.** ‹*only sg*› (*Pulver*) cocoa (powder). **3.** (*Sorte*) kind (*od.* brand) of cocoa. **4.** ‹*only sg*› → **~ˌbaum** *m* cacao (tree). **~beˌstandˌtei·le** *pl* cocoa content *sg*; 40% ~ 40 percent cocoa. **~ˌboh·ne** *f* **1.** *bot.* cacao (bean). **2.** *econ.* cocoa (bean). **~ˌbut·ter** *f*, **~ˌfett** *n* cocoa butter. **~liˌkör** *m* crème de cacao. **~ˌpul·ver** *n* cocoa powder.

Ka·ker·lak ['kaːkərlak] *m* ‹-s *u.* -en; -en› **1.** *zo.* (*Schabe*) cockroach. **2.** *zo.* albino rabbit. **3.** *anthrop.* albino.

Ka·ki ['kaːki] *n, m* ‹-; *no pl*› → **Khaki**[1] *u.* [2]. **~ˌpflau·me** *f* (Japanese) persimmon, kaki.

Ka·ko·pho·nie [kakofo'niː] *f* ‹-; -n [-ən]› cacophony.

Kak·tee [kak'teː(ə)] *f* ‹-; -n [-'teːən]› → **Kaktus** 1.

Kak·tus ['kaktʊs] *m* ‹-, *Austrian a.* -ses; Kakteen [-'teː(ə)n], *colloq. u. Austrian a.* -se› **1.** *bot.* cactus, *pl* cacti, cactuses. **2.** *vulg.* (*Kothaufen*) turd; **e-n ~ pflanzen** (have a) shit. **~geˌwäch·se** *pl* cactaceae.

Ka·ku·mi·nal [kakumi'naːl] *m* ‹-s; -e›, **~ˌlaut** *m ling.* retroflex.

Ka·la·bre·ser [kala'breːzər] *m* ‹-s; -› (kind of) broad-brimmed hat.

Ka·la·mi·tät [kalami'tɛːt] *f* ‹-; -en› **1.** trouble, difficulty; **in ~en geraten** get into trouble. **2.** (*Unglück*) calamity, disaster.

Ka·lan·der [ka'landər] *m* ‹-s; -› *tech.* calender, glazing machine. **ka'lan·dern** *v/t* ‹*no* **ge-**, h› calender, glaze.

Ka·lau·er ['kaːlaʊər] *m* ‹-s; -› **1.** (*Wortspiel*) (*contp.* dreadful) pun; **~ machen** → **kalauern** 1. **2.** (*dummer Witz*) stale (*od.* silly) joke, Joe Miller. **'ka·lau·ern** *v/i* ‹h› **1.** pun, make puns. **2.** crack silly jokes.

Kalb [kalp] *n* ‹-(e)s; ⸚er› **1.** *zo. allg.* calf; **ein ~ werfen** calve. **2.** (*~fleisch*) veal. **3.** *Bibl. u. fig.* **der Tanz ums Goldene ~** the worship of the golden calf. **4.** *colloq. contp.* silly goose.

Kälb·chen ['kɛlpçən] *n* ‹-s; -› little (*od.* young) calf.

Kal·be ['kalbə] *f* ‹-; -n› (*junge Kuh*) heifer.

kal·ben ['kalbən] *v/i* ‹h› *zo. u. geol.* calve.

kal·bern ['kalbərn] *v/i* ‹h› **1.** *colloq.* fool about. **2.** *Swiss for* **kalben. käl·bern** ['kɛlbərn] *v/i* ‹h› **1.** → **kalbern** 1. **2.** *Austrian for* **kalben.**

'Kalb|ˌfell *n* calfskin. **~ˌfleisch** *n gastr.* veal.

'Kal·bin *f* ‹-; -nen› *agr.* heifer.

'Kalb|ˌle·der *n* calfskin, calf; **in ~ gebunden** calfbound. **♀ˌle·dern** *adj* (made) of calf(skin), calfskin.

Kälb·lein ['kɛlplaɪn] *n* ‹-s; -› → **Kälbchen.**

'Kalbs|ˌbra·ten *m* roast veal. **~ˌbries(·chen), ~ˌbrös·chen** *n* (calf's) sweetbread. **~ˌbrust** *f* (**gefüllte ~** stuffed) breast of veal. **~ˌfell** *n* → **Kalbfell. ~fiˌlet** *n* fillet of veal. **~ˌhach·se, ~ˌha·xe** *f* knuckle of veal. **~ˌkeu·le** *f* leg (*od.* round) of veal. **~ˌkopf** *m* calf's head. **~ko·teˌlett** *n* veal cutlet (*od.* chop). **~ˌle·ber** *f* calf's liver. **~ˌle·der** *n* → **Kalbleder. ~ˌlen·de** *f* fillet of veal. **~ˌmilch** *f* → **Kalbsbries(chen). ~ˌnie·ren** *pl* calf's kidneys. **~ˌnie·renˌbra·ten** *m* (rolled) roast loin of veal. **~ˌnuß** *f* (roast) veal nut. **~rouˌla·de** *f* rolled slice of veal. **~ˌschle·gel** *m Southern G. for* **Kalbskeule. ~ˌschnit·zel** *n* (e)scallop of veal.

Kal·dau·ne [kal'daʊnə] *f* ‹-; -n› *meist pl Low and Middle G.* **1.** *gastr.* tripe. **2.** *colloq.* (*Eingeweide*) bowels *pl*.

Ka·le·bas·se [kale'basə] *f* ‹-; -n› **1.** (*Gefäß*) calabash (bottle). **2.** → **Flaschenkürbis.**

Ka·lei·do|skop [kalaɪdo'skoːp] *n* ‹-s; -e› *a. fig.* kaleidoscope. **♀'sko·pisch** *adj a. fig.* kaleidoscopic(al).

Ka·len·da·ri·um [kalɛn'daːrɪʊm] *n* ‹-s; -rien› *a. relig.* calendar.

Ka·len·den [ka'lɛndən] *pl antiq.* calends.

Ka·len·der [ka'lɛndər] *m* ‹-s; -› **1.** calendar (*a. weitS.*), (*Abreiß*♀) tear-off calendar; **der Hundertjährige ~** the Hundred Years' Calendar; **den ~ abreißen** tear off the calendar leaf; **den Tag muß man im ~ rot anstreichen** we must mark that up as a red-letter day. **2.** (*Almanach*) almanac. **~ˌblatt** *n* calendar leaf. ~**ˌblock** *m* ⟨-(e)s; -s⟩ calendar block, *Br. a.* date-block. ~**ˌjahr** *n* calendar year. ~**ˌtag** *m* calendar day. ~**ˌuhr** *f* calendar watch (*große*: clock).

Ka·le·sche [kaˈlɛʃə] *f* ⟨-; -n⟩ barouche, calash.

Kal·fak|ter [kalˈfaktər] *m* ⟨-s; -⟩, ~**tor** [-tɔr] *m* ⟨-s; -en [-ˈtoːrən]⟩ **1.** *im Gefängnis*: trusty. **2.** (*Heizer*) boilerman. **3.** school porter.

kal·fa·tern [kalˈfaːtərn] *v/t* ⟨*no* **ge-**, **h**⟩ ca(u)lk.

Ka·li [ˈkaːli] *n* ⟨-s; -s⟩ *chem.* **1.** *a. agr.* potash; (**kohlensaures**) ~ potassium carbonate; **doppeltkohlensaures** ~ potassium bicarbonate. **2.** (**ätzendes**) ~ caustic potash, potassium hydroxide.

Ka·li·ber [kaˈliːbər] *n* ⟨-s; -⟩ **1.** *von Feuerwaffen*: calib/re (*Am.* -er), (diameter of) bore; **ein Geschoß schweren** ~**s** a heavy-calibre projectile; *fig. colloq.* **mit schwerstem** ~ **auffahren** bring up one's heavy artillery (*od.* guns). **2.** *tech.* a) *von Rohren*: internal diameter, ga(u)ge, b) (*Meßwerkzeug*) (plug) ga(u)ge. **3.** *metall.* groove, pass. **4.** *fig. colloq.* a) *e-r Person*: calib/re (*Am.* -er), b) (*Schlag*) sort, type, kidney.

ˈ**Ka·liˌbergˌwerk** *n* potassium mine.

ka·li·brie|ren [kaliˈbriːrən] **I** *v/t* ⟨*no* **ge-**, **h**⟩ **1.** *tech.* a) (*Bohrungen*) calibrate, size, b) (*messen*) ga(u)ge. **2.** *metall.* (*Walzen*) groove. **II** ♀ *n* ⟨-s⟩ **3.** calibrating (*etc*). ♀**rung** *f* ⟨-; -en⟩ **1.** → **kalibrieren** II. **2.** a) *e-r Bohrung*: calibration, sizing, b) ga(u)ge. **3.** *e-r Walze*: roll pass design.

ˈ**Ka·liˌdün·ger** *m agr.* potash fertilizer.

Ka·lif [kaˈliːf] *m* ⟨-en; -en⟩ caliph. **Ka·li·fat** [kaliˈfaːt] *n* ⟨-(e)s; -e⟩ caliphate.

ˈ**Ka·liˌfeldˌspat** *m* potassium feldspar.

Ka·li·for·ni·er [kaliˈfɔrnĭər] *m* ⟨-s; -⟩, **ka·liˈfor·nisch** [-nɪʃ] *adj* Californian.

ˈ**Ka·li|ˌglim·mer** *m min.* muscovite. ♀**ˌhal·tig** *adj chem.* potassic, containing potash.

Ka·li·ko [ˈkaliko] *m* ⟨-s; -s⟩ **1.** *Textil.* calico. **2.** *Buchbinderei*: cloth (binding).

ˈ**Ka·li|ˌlau·ge** *f chem.* potash lye. ~**salˌpe·ter** *m* **1.** *chem.* saltpet/re (*Am.* -er), potassium nitrate. **2.** *min.* nitre, *Am.* niter. ~**ˌsalz** *n chem. min.* potash salt.

Ka·li·um [ˈkaːlĭum] *n* ⟨-s; *no pl*⟩ *chem.* potassium. ~**chloˌrat** *n* potassium chlorate. ~**cyaˌnid** *n* potassium cyanide. ~**hy·droˌxyd** *n* potassium hydroxide, caustic potash. ~**kar·boˌnat** *n* potassium carbonate, potash. ~**per·man·gaˌnat** *n* potassium permanganate.

ˈ**Ka·liˌwerk** *n* potash works *pl* (*a. als sg konstruiert*).

Kalk [kalk] *m* ⟨-(e)s; -e⟩ **1.** *chem.* lime; **ungelöschter** ~ unslaked lime, quicklime; ~ **brennen** (**löschen**) burn (slake) lime. **2.** *civ. eng.* a) (~*milch*) limewash, whitewash, b) (~*mörtel*) lime mortar; **mit** ~ **weißen** (*od.* **tünchen**) limewash, whitewash; *humor.* **bei ihm rieselt schon der** ~ he is getting senile. **3.** *min.* limestone, chalk. **4.** *med.* calcium. **5.** → **Kalkdünger**. ~**ˌabˌla·ge·rung** *f* **1.** *med.* a) (*Vorgang*) calcification, b) (*Ergebnis*) calcium deposit. **2.** *geol.* calcification, lime deposition. ~**ˌanˌstrich** *m* whitewash, limewash. ♀**ˌarm** *adj* **1.** *med.* deficient in calcium, calcipenic. **2.** *agr. Boden*: deficient in lime, lacking calcium. **3.** *Wasser*: soft. ~**ˌar·mut** *f* **1.** *med.* calcium deficiency, calcipenia. **2.** *agr.* lack of lime. ~**beˌwurf** *m civ. eng.* coat of plaster, plastering. ~**ˌbil·dung** *f chem.* calcification. ~**ˌblau** *n paint.* lime blue. ~**ˌbo·den** *m* limy (*od.* lime) soil. ~**ˌbren·ner** *m* lime-burner. ~**bren·neˌrei** *f* **1.** lime burning. **2.** (*Anlage*) lime kiln. ~**ˌbruch** *m* limestone quarry. ~**ˌdün·ger** *m agr.* lime fertilizer.

kal·ken [ˈkalkən] *v/t* ⟨**h**⟩ **1.** (*Wand etc*) whitewash, limewash. **2.** *agr.* (fertilize *the soil* with) lime.

ˈ**Kalk|ˌer·de** *f* **1.** → Kalk 3. **2.** calcareous earth. ~**ˌfar·be** *f* lime paint. ~**ˌfeldˌspat** *m min.* lime feldspar. ♀**ˌfrei** *adj* free from lime. ~**geˌbir·ge** *n* limestone mountains *pl.* ~**geˌstein** *n* limestone (rock). ~**ˌgru·be** *f tech.* lime pit. ♀**ˌhal·tig** *adj* calcareous, calciferous, *Boden etc*: limy, chalky, *Wasser*: limy, hard. ~**ˌhausˌhalt** *m physiol.* calcium balance. ~**ˌhüt·te** *f* → Kalkbrennerei.

ˈ**kal·kig** *adj* **1.** calcareous. **2.** *Boden, Wasser etc*: limy, chalky. **3.** *Gesichtsfarbe*: chalky.

ˈ**Kalk|ˌlicht** *n phys.* limelight. ♀**ˌlie·bend** *adj bot.* lime-loving, calciphilous. ~**ˌman·gel** *m med.* calcium deficiency. ~**ˌmilch** *f* lime milk, whitewash. ~**ˌmör·tel** *m* lime mortar. ~**ˌna·del** *f zo. e-s Seeigels etc*: spiculum, *e-s Schwamms etc*: spicule. ~**ˌofen** *m* limekiln. ~**prä·paˌrat** *n pharm.* calcium preparation. ♀**ˌreich** *adj* **1.** *physiol.* rich in calcium. **2.** *Boden etc*: rich in lime. ~**ˌsandˌstein** *m* chalky sandstone. ~**ˌspat** *m* calcite, calc-spar. ~**ˌstein** *m* limestone. ~**ˌstickˌstoff** *m* **1.** *chem.* lime nitrogen. **2.** *agr.* calcium cyanamid(e). ~**ˌtuff** *m geol.* calc-tufa. ~**ˌtün·che** *f* limewash, whitewash.

Kal·kül [kalˈkyːl] *m, n* ⟨-s; -e⟩ **1.** *fig.* calculation; **et. ins** ~ **ziehen** include s. th. in one's calculation(s), consider s. th. **2.** *math. philos.* calculus.

Kal·ku·la·ti·on [kalkulaˈtsĭoːn] *f* ⟨-; -en⟩ *econ. u. fig.* calculation; ~**en anstellen** make calculations, calculate; **falsche** ~ miscalculation.

Kal·ku·la·tiˈons|ˌfeh·ler *m* error in calculation; (*Fehlkalkulation*) miscalculation. ~**ˌpreis** *m* calculated price.

Kal·ku|la·tor [kalkuˈlaːtɔr] *m* ⟨-s; -en [-laˈtoːrən]⟩ calculator, cost accountant. ♀**laˈto·risch** [-laˈtoːrɪʃ] *adj* calculatory, (of) calculation. ♀ˈ**lie·ren** [-ˈliːrən] **I** *v/t* ⟨*no* **ge-**, **h**⟩ **1.** *a. econ.* calculate; **et. falsch** ~ miscalculate s. th.; *fig.* **kalkuliertes Risiko** calculated risk. **II** *v/i* **2.** *econ.* calculate; **knapp** ~ calculate closely. **3.** *fig.* calculate, reckon, figure; **da hast du falsch kalkuliert!** that's what you thought!; **ich habe richtig kalkuliert** I was right; *colloq.* (**ich**) **kalkuliere** ... I reckon ... **III** ♀ *n* ⟨-s⟩ **4.** calculating (*etc*). ~ˈ**lie·rung** *f* ⟨-; -en⟩ calculation.

ˈ**Kalk|ˌwas·ser** *n chem.* limewater. ~**ˌwerk** *n* lime works *pl* (*a. als sg konstruiert*).

Kal·le [ˈkalə] *f* ⟨-; -n⟩ *sl.* **1.** (*Braut, Geliebte*) sweetheart. **2.** (*Dirne*) tart.

Kal·li|graph [kaliˈgraːf] *m* ⟨-en; -en⟩ calligrapher. ~**graˈphie** [-graˈfiː] *f* ⟨-; *no pl*⟩ calligraphy. ♀ˈ**gra·phisch** *adj* calligraphic.

Kal·lus [ˈkalus] *m* ⟨-; -se⟩ *bot. med.* call(o)us.

Kal·mar [ˈkalmar] *m* ⟨-s; -e⟩ *zo.* squid.

Kal·me [ˈkalmə] *f* ⟨-; -n⟩ *meteor.* calm.

ˈ**Kal·men|ˌgür·tel** *m* calm belt; **äquatorialer** ~ doldrums *pl*; **tropischer** ~ tropical calms *pl.* ~**ˌzo·ne** *f* → **Kalmengürtel**.

Kal·mie [ˈkalmĭə] *f* ⟨-; -n⟩ *bot.* laurel.

Kal·mück [kalˈmʏk] *m* ⟨-en; -en⟩, **Kalˈmü·cke** (*getr.* **-k·k-**) *m* ⟨-n; -n⟩ Kalmu(c)k.

Kal·mus [ˈkalmus] *m* ⟨-; -se⟩ *bot.* myrtle flag (*od.* grass). ~**ˌöl** *n* ⟨-(e)s; *no pl*⟩ calamus oil.

Ka·lo·rie [kaloˈriː] *f* ⟨-; -n [-ən]⟩ *phys. u. physiol.* calorie, calory; **viele** ~**n enthalten** be rich in calories.

ka·loˈri·en|ˌarm *adj Essen etc*: low in calories, low-calorie. ♀**beˌdarf** *m* calorie requirement. ♀**geˌhalt** *m* calorie content. ~**ˌreich** *adj* rich in calories, high-calorie. ♀**ˌwert** *m* calorific value.

Ka·lo·rik [kaˈloːrɪk] *f* ⟨-; *no pl*⟩ *phys.* calorifics *pl* (*als sg konstruiert*).

Ka·lo·ri|me·ter [kaloriˈmeːtər] *n* ⟨-s; -⟩ *phys.* calorimeter. ~**meˈtrie** [-meˈtriː] *f* ⟨-; *no pl*⟩ calorimetry. ♀ˈ**me·trisch** [-ˈmeːtrɪʃ] *adj* calorimetric(al).

ka·lo·risch [kaˈloːrɪʃ] *adj phys.* caloric.

ka·lo·ri·sie·ren [kaloriˈziːrən] *v/t* ⟨*no* **ge-**, **h**⟩ *metall.* calorize.

Ka·lot·te [kaˈlɔtə] *f* ⟨-; -n⟩ **1.** (*Käppchen*) a) skullcap, b) *R.C.* calotte. **2.** *anat.* calotte, calva(ria). **3.** *math.* cap of a sphere, curved surface of a segment of a sphere. **4.** *arch.* flattened cupola. **5.** *metall.* cup.

kalt [kalt] **I** *adj* ⟨=er; =est⟩ **1.** cold, *Klima, Zone*: *a.* frigid, *Luft etc*: *a.* chilly, frosty, (*eisig*) icy, glacial; **etwas** (*od.* **ziemlich**) ~ coldish; **die** ~**e Jahreszeit** the cold season, winter; ~ **werden** get (*od.* grow) cold, (*sich abkühlen*) cool down; **es** (**mir**) **wird** ~ it is (I am) getting cold; **mir ist** ~ I feel (*od.* I am) cold; *colloq.* ~**e Hände, warmes Herz** cold hands, warm heart; → **Blut** 1, **Dusche** 1 (*etc*). **2.** *gastr.* cold (*meal, etc*); **die Suppe** ~ **werden lassen** let the soup get cold (*od.* cool [down]); → **Büfett** 4, **Ente** 2 (*etc*). **3.** *fig.* cold (*colo[u]r, light, room, etc*), *Blick, Antwort, Person etc*: *a.* cool, chilly, frigid; ~**e Pracht** cold splendo(u)r; **ein** ~**er Empfang** a cold reception. **4.** *fig.* (*gefühllos*) cold; (*seelenruhig, gleichgültig, frech*) cold, cool; *psych.* (*gefühls*~) cold, frigid (*woman*); ~**e Berechnung** cold calculation (→ *a.* **kaltblütig**); → **Hundeschnauze**. **5.** *fig.* (*furchtbar*) terrible, awful; ~**e Wut** cold fury; → **Grausen** 3. **6.** *meteor. Blitz*: cold (*lightning*). **7.** *med. Abszeß, Brand etc*: cold. **8.** *pol.* ~**er Krieg** cold war; *colloq.* ~**er Krieger** Cold Warrior. **9.** *mot. Sport*: cold (*motor, player*). **10.** *hunt. u. fig.* ~**e Fährte** cold scent. **11.** *colloq.* (*tot*) cold; → **kaltmachen**. **12.** *im Suchspiel u. fig.* ~! cold! **II** *adv* **13.** *a. fig.* coldly; **et.** ~ **stellen** put s. th. in a cool place (*od.* in cold storage, on ice, in the refrigerator) (→ *a.* **kaltstellen**); **j-n** ~ **anblicken** look at s. o. coldly; ~ **baden** have a cold bath; *Sport*: **j-n** ~ **erwischen** catch s. o. cold. **14.** *fig.* (*ruhig, frech*) coldly, coolly (→ *a.* **kaltlächelnd**); → **kaltbleiben, kaltlassen**. **III** ♀ *n* ⟨*undeclined*⟩ **15. die Heizung auf** ♀ **stellen** turn the heating off (*od.* out).

ˈ**Kalt|beˌar·bei·tung** *f metall.* cold working. ♀**ˌbie·gen** *v/t* ⟨*irr, sep,* **-ge-**, **h**⟩ cold-bend. ♀**ˌblei·ben** *v/i* ⟨*irr, sep,* **-ge-**, **sein**⟩ *fig.* keep cool, keep one's head. ~**ˌblut** *n* ⟨-(e)s; *no pl*⟩ (*Pferd*) heavy horse. ~**ˌblü·ter** [-ˌblyːtər] *m* ⟨-s; -⟩ cold-blooded animal.

ˈ**kaltˌblü·tig** [-ˌblyːtɪç] **I** *adj* **1.** *zo.* cold-blooded, poikilothermic. **2.** *fig.* cool(-headed), calm, cold(-blooded); ~ **bleiben** → **kaltbleiben**; **ein** ~**er Mörder** a cold-blooded murderer. **II** *adv* **3.** coolly, coldly; **j-n** ~ **ermorden** kill s. o. cold-bloodedly (*od.* in cold blood). ♀**keit** *f* ⟨-; *no pl*⟩ coolness, calmness, cool-headedness, sangfroid, cold-bloodedness.

ˈ**kaltˌbrü·chig** *adj metall.* cold short.

Käl·te [ˈkɛltə] *f* ⟨-; *no pl*⟩ **1.** coldness, *der Luft*: *a.* cold; **die** ~ **der Nacht** the cold (*od.* chill) of the night; künstliche ~ artificially produced cold, refrigeration; es herrscht bittere (*od.* grimmige) ~ it is bitterly cold; wir haben drei Grad ~ the temperature is three degrees below freezing; vor ~ zittern shiver with cold; während der großen ~ im Januar during the cold spell in January; (draußen) in der ~ (out) in the cold; *colloq.* Mensch, ist das e-e ~! boy, it's cold (outside)! **2.** *fig. von Farben, Licht etc*: coldness, bleakness. **3.** *fig. des Benehmens, der Stimme etc*: coldness, chilliness. **4.** *psych.* (*Gefühls*2) frigidity, coldness. **~ˌanˌla·ge** *f* refrigeration plant. **~beˌhand·lung** *f* → Kältetherapie. **2beˌstän·dig** *adj* cold-resistant, (*nicht gefrierend*) nonfreezing. **~cheˌmie** *f* cryochemistry. **~chir·urˌgie** *f* cryosurgery. **~ˌeinˌbruch** *m* sudden onset of cold weather, cold snap. **2empˌfind·lich** *adj* sensitive to cold (*tech.* freezing). **2erˌzeu·gend** *adj* refrigerant, cryogenic. **~erˌzeu·gung** *f* refrigeration. **~ˌfe·stig·keit** *f* resistance to cold. **~geˌfühl** *n* chill, sensation of coldness. **~ˌgrad** *m* **1.** degree of coldness. **2.** *meteor.* degree of frost (*nach Celsius*: below zero). **~in·duˌstrie** *f* refrigeration industry. **~maˌschi·ne** *f* refrigerating machine, refrigerator. **~ˌmit·tel** *n* cryogen, refrigerant. **~pe·riˌode** *f* cold snap (*od.* spell). **~ˌpol** *m* *geogr.* cold pole. **~ˌrückˌfall** *m* *meteor.* cold spell (in spring). **~ˌschlaf** *m* → Winterschlaf. **~ˌschutzˌmit·tel** *n* *tech.* antifreeze. **~ˌstar·re** *f* *zo.* torpor. **~ˌstep·pe** *f* → Tundra. **~ˌsturz** *m* (sudden) drop in temperature. **~ˌtech·nik** *f* refrigeration (engineering). **~the·raˌpie** *f* cryotherapy. **~ˌwel·le** *f* *meteor.* cold wave.

ˈKalt|ˌfor·mung *f* *tech.* cold forming. **~ˌfront** *f* *meteor.* cold front. **2ˌhäm·mern** *v/t* ‹*sep*, -ge-, h› cold-hammer. **2ˌhär·ten** *v/t* ‹*sep*, -ge-, h› strain-harden. **~ˌhaus** *n* *hort.* cold house.

ˈkaltˌher·zig *adj* coldhearted, cold, unfeeling. **2keit** *f* ‹-; *no pl*› coldheartedness, coldness.

ˈkalt|ˌlä·chelnd *adv* *colloq.* coolly, as cool as you please, without turning a hair. **2ˌla·ge·rung** *f* *econ.* cold storage. **~ˌlas·sen** *v/t* ‹*irr, sep*, -ge-, h› *colloq.* das läßt mich (völlig) kalt that leaves me cold, I couldn't care less. **2ˌleim** *m* cold glue. **2ˌlei·ter** *m* *electr.* thermally controlled resistor.

ˈKaltˌluft *f* cold air; polare ~ polar air. **~ˌmas·se** *f* cold air mass.

ˈkaltˌma·chen *v/t* ‹*sep*, -ge-, h› *colloq.* j-n ~ bump s. o. off, rub s. o. out, *Am. sl.* waste s. o.

ˈKalt|ˌmie·te *f* rent exclusive of heating charges. **~ˌna·del·raˌdie·rung** *f* *Kunst*: dry-point (engraving). **2ˌnie·ten** *v/t* ‹*sep*, -ge-, h› cold-rivet. **~ˌpres·se** *f* cold press, cold mo(u)ld. **2ˌpres·sen** *v/t* ‹*sep*, -ge-, h› cold-press, cold-mo(u)ld. **2ˌpreßˌschwei·ßen** *v/t* ‹*sep*, -ge-, h› cold-weld. **2ˌrecken** (*getr.* -k·k-) *v/t* ‹*sep*, -ge-, h› cold-strain. **~ˌscha·le** *f* *gastr.* fruit purée mixed with wine, *etc.* **2ˌschmie·den** *v/t* ‹*sep*, -ge-, h› cold-hammer.

ˈkaltˌschnäu·zig [-ˌʃnɔytsɪç] *colloq.* **I** *adj* cool, brazen. **II** *adv* coolly (*etc*), as cool as you please. **2keit** *f* ‹-; *no pl*› coolness, brazenness.

ˈKalt|ˌschwei·ßen *n* *tech.* cold welding. **~ˌstart** *m* *mot.* cold start(ing); beim ~ when starting from cold. **2ˌstel·len** *v/t* ‹*sep*, -ge-, h› *fig. colloq.* j-n ~ put s. o. out of action, neutralize s. o. **2verˌfor·men** *v/t* ‹*sep*, *no* -ge-, h› cold-form, cold-work. **2ˌwal·zen** *v/t* ‹*sep*, -ge-, h› cold-roll. **~ˌwalz·ˌwerk** *n* cold-rolling mill. **~ˌwas·ser·beˌhand·lung**, **~ˌwas·serˌkur** *f* → Kneippkur. **~ˌwel·le** *f* *Frisur*: cold wave. **2ˌzie·hen** *metall.* *v/t* ‹*irr, sep*, -ge-, h› cold-draw.

Ka·lu·met [kaluˈmɛt; -lyˈmɛ] *n* ‹-s; -s› calumet.

Kalˈva·ri·enˌberg [kalˈva:rĭən-] *m* **1.** *Bibl. hist.* Calvary. **2.** *R.C.* Calvary, stations *pl* of the Cross.

kal·vi·nisch [kalˈvi:nɪʃ] *adj* *relig.* of Calvin, Calvinist(ic). **Kal·viˈnis·mus** [-viˈnɪsmʊs] *m* ‹-; *no pl*› Calvinism. **Kal·viˈnist** [-viˈnɪst] *m* ‹-en; -en›, **Kal·viˈni·stin** *f* ‹-; -nen› Calvinist. **kal·viˈni·stisch** *adj* Calvinist(ic).

kal·zi·nie|ren [kaltsiˈni:rən] *v/t* ‹*no* ge-, h› calcine. **2rung** *f* ‹-; *no pl*› calcination.

Kal·zi·um [ˈkaltsĭʊm] *n* ‹-s; *no pl*› *chem.* calcium. **~chloˌrid** *n* calcium chloride. **2ˌhal·tig** *adj* containing calcium. **~kar·boˌnat** *n* calcium carbonate, aragonite. **~phosˌphat** *n* *meist pl* calcium phosphate. **~sulˌfat** *n* calcium sulphate (*Am.* -f-).

kam [ka:m] *1 u. 3 sg pret of* kommen.

Ka·ma·ril·la [kamaˈrɪl(j)a] *f* ‹-; -len› *pol.* camarilla.

Kam·bi·um [ˈkambĭʊm] *n* ‹-s; -bien› *bot.* cambium.

Kam·bo·dscha|ner [kamboˈdʒa:nər] *m* ‹-s; -›, **2nisch** [-nɪʃ] *adj* Cambodian.

Kam·brik [ˈkambrɪk; ˈkeɪmbrɪk] (*Engl.*) *m* ‹-s; *no pl*› *Textil.* (cotton) cambric.

kam·brisch [ˈkambrɪʃ] *adj* *geol.* Cambrian, Cambric. **ˈKam·bri·um** [-brĭʊm] *n* ‹-s; *no pl*› Cambria, Cambrian period.

kä·me [ˈkɛ:mə] *1 u. 3 sg pret subj of* kommen.

Ka·mee [kaˈme:(ə)] *f* ‹-; -n [-ˈme:ən]› cameo.

Ka·mel [kaˈme:l] *n* ‹-(e)s; -e› **1.** *zo.* camel; einhöckeriges ~ one-humped (*od.* Arabian) camel, dromedary; zweihöckeriges ~ two-humped (*od.* Bactrian) camel. **2.** *mar. tech.* camel. **3.** *fig. colloq.* blockhead, clot, dumb clod. **~ˌfül·len** *n* young camel.

ˈKä·melˌgarn [ˈkɛ:məl-] *n* mohair (yarn).

Kaˈmel|ˌhaar *n* camel's hair. **~ˌhaarˌman·tel** *m* camel-hair coat. **~ˌhengst** *m* male camel.

Ka·me·lie [kaˈme:lĭə] *f* ‹-; -n› *bot.* camellia.

Kaˈmel|ˌkalb *n* *zo.* young camel. **~ˌkuh** *f* she-camel.

Ka·mel·len [kaˈmɛlən] *pl* *colloq.* das sind olle ~ that's old hat (*od.* stuff).

Kaˈmel|ˌmilch *f* camel milk. **~ˌstu·te** *f* she-camel. **~ˌtrei·ber** *m* camel driver, cameleer.

Ka·me·ra [ˈkamera] *f* ‹-; -s› *phot. Film*: camera. **~as·siˌstent** *m* *Film*: camera assistant.

Ka·me·rad [kaməˈra:t] *m* ‹-en; -en› **1.** comrade, fellow, companion, mate, *mil. a.* fellow-soldier, brother-officer, *colloq.* pal, chum, *Am. a.* buddy; ein guter ~ a good fellow; sie waren alte ~en they were old pals (*od.* friends). **2.** (*Spiel*2) friend, playmate. **Ka·meˈra·din** *f* ‹-; -nen› **1.** comrade, fellow, companion, mate. **2.** (*Spiel*2) friend, playmate.

Ka·meˈrad·schaft *f* ‹-; -en› **1.** ‹*only sg*› comradeship, (good) fellowship; er hielt gute ~ he was always a good comrade. **2.** (*Gruppe*) group of comrades. **3.** *Bergbau*: pair. **4.** *Austrian mil.* squad.

ka·meˈrad·schaft·lich **I** *adj* like a comrade (*od.* good fellow), comradely, companionable. **II** *adv* in a comradely manner. **2keit** *f* ‹-; *no pl*› → Kameradschaft 1.

Ka·meˈrad·schafts|ˌabend *m* social evening. **~ˌehe** *f* companionate marriage. **~ˌgeist** *m* esprit de corps, camaraderie.

ˈKa·me·ra|ˌfüh·rung *f* *Film*: camera work, photography. **~ˌkran** *m* camera crane. **~ˌmann** *m* ‹-(e)s; ⸚er *od.* -leute› cameraman. **~ˌwa·gen** *m* dolly.

ˈKamˌholz [ˈka:m-] *n* *bot.* camwood.

Ka·miˈka·zeˌflie·ger [kamiˈka:ze-] *m* *mil. hist.* kamikaze.

Ka·mil·le [kaˈmɪlə] *f* ‹-; -n› *bot.* (Echte ~ wild) camomile.

Kaˈmil·len|ˌblü·ten *pl* camomile flowers. **~ˌtee** *m* camomile tea.

Ka·min [kaˈmi:n] *m* ‹-s; -e› **1.** fireplace; am ~ by the fire(side); Plaudereien am ~ fireside chat; *fig. colloq.* et. in den ~ schreiben write s. th. off. **2.** (*Schornstein*) chimney, (*Abzugsrohr*) flue. **3.** *geol. mount.* chimney. **~ˌaufˌsatz** *m* chimneypot. **~ˌecke** (*getr.* -k·k-) *f* chimney corner, inglenook. **~ˌfe·ger** *m* chimneysweep. **~ˌfeu·er** *n* open fire; beim ~ by the fire(side). **~ˌgit·ter** *n* fireguard, fender.

ka·mi·nie·ren [kamiˈni:rən] *v/i* ‹*no* ge-, h› *mount.* climb (through) chimneys.

Kaˈmin|ˌkeh·rer *m* ‹-s; -› chimneysweep. **~ˌrost** *m* fire grate. **~ˌsims** *m, n* mantelpiece. **~ˌvorˌset·zer** *m* fender.

Kamm [kam] *m* ‹-(e)s; ⸚e› **1.** (*Frisier*2, *Zier*2) comb; feiner (grober) ~ small-(large-)tooth(ed) comb. **2.** *Textil.* comb, reed; *fig. colloq.* alles (alle) über einen ~ scheren treat all alike, make no distinction at all. **3.** a) *orn.* comb, crest, b) *bei Pferden, Eidechsen etc*: crest; *fig.* ihm schwoll der ~ *vor Stolz*: he got a swollen head, *vor Wut*: he bristled (up), *vor Übermut*: he got cocky; j-m den ~ stutzen cut s. o. down to size. **4.** *anat.* crest, ridge. **5.** (*Wellen*2) crest, (*Gebirgs*2) *a.* ridge. **6.** *tech.* cog. **7.** → Kammstück.

käm·men [ˈkɛmən] **I** *v/t* ‹h› **1.** comb; j-m die Haare ~, j-n ~ comb s. o.'s hair, (*frisieren*) do (*od.* dress) s. o.'s hair; sich (*dat*) die Haare ~ *cf.* III. **2.** *Textil.* comb, card. **II** *v/i* **3.** *Zahnräder*: mate. **III** *v/reflex* sich ~ **4.** comb (*od.* do) one's hair.

Kam·mer [ˈkamər] *f* ‹-; -n› **1.** chamber, (small) room, cabinet, closet (→ *a.* Schlafkammer). **2.** (*Abstellraum*) closet, storeroom. **3.** *mil.* unit clothing stores *pl.* **4.** *pol.* chamber, house; Erste (Zweite) ~ upper (lower) house. **5.** *jur.* division, court; Große (Kleine) ~ court in full (partial) session. **6.** (*Behörde, berufsständische* ~) chamber, (supervisory) board. **7.** *hist.* (*Schatzamt*) chamber. **8.** *e-s Gewehrs, im Brennofen etc*: chamber, (*Schleusen*2) *a.* coffer. **9.** *anat.* (*Herz*2 *etc*) chamber, ventricle. **10.** *bot.* valve.

ˈKäm·mer *m* ‹-s; -› *Textil.* comber, comb.

ˈKam·mer|ˌbau *m* ‹-(e)s; -e› *Bergbau*: room work; Kammer- und Pfeilerbau room-and-pillar system (of mining). **~ˌbüch·se** *f* bolt-action rifle.

Käm·mer·chen [ˈkɛmərçən] *n* ‹-s; -› *dim. of* Kammer 1 *u.* 2; ~ vermieten play (at) puss in the corner.

ˈKam·merˌdie·ner *m* valet; königlicher ~ groom of the chamber.

Käm·meˈrei[1] *f* ‹-; -en› *pol.* finance department, *bes. Am.* city treasury.

Käm·meˈrei[2] *f* ‹-; -en› *Textil.* combing works *pl* (*als sg od. pl konstruiert*).

Käm·me·rer [ˈkɛmərər] *m* ⟨-s; -⟩ **1.** (*Stadt*Ձ) treasurer. **2.** *hist.* a) → **Kammerherr**, b) (*Schatzmeister*) treasurer. **3.** *R. C.* camerlingo.

ˈKam·mer|ˌfrau *f*, **~ˌfräu·lein** *n* **1.** lady-in-waiting. **2.** (*Zofe*) lady's maid. **~geˌricht** *n jur.* a) Superior Court of Justice (of Berlin), b) *hist.* Supreme Court. **~ˌgrab** *n archeol.* chamber tomb. **~ˌgut** *n hist.* domain, demesne. **~ˌherr** *m* chamberlain; **königlicher ~** *e-s Königs*: lord of the bedchamber, *e-r Königin*: lord-in-waiting. **~ˌjä·ger** *m archaic* (vermin) exterminator. **~ˌjung·fer** *f* lady's maid. **~ˌjun·ker** *m* chamberlain; **königlicher ~** gentleman of the bedchamber, *e-r Königin*: gentleman-in-waiting. **~ˌkätz·chen** *n humor. for* Kammerzofe. **~konˌzert** *n mus.* chamber concert, (*Komposition*) chamber concerto, concerto da camera.

Käm·mer·lein [ˈkɛmərlaın] *n* ⟨-s; -⟩ *dim. of* Kammer 1; **im stillen ~** in the privacy of one's room.

ˈKam·mer|ˌmäd·chen *n* chambermaid. **~muˌsik** *f* chamber music. **~orˌche·ster** *n* chamber orchestra. **~ˌsän·ger** *m*, **~ˌsän·ge·rin** *f title conferred on singers of outstanding merit.* **~ˌschauˌspie·ler** *m Austrian title conferred on outstanding actors.* **~ˌspiel** *n thea.* **1.** intimate play. **2.** *pl* intimate theat/re (*Am.* -er) *sg.* **~ˌton** *m* ⟨-(e)s; *no pl*⟩, **~ˌtonˌhö·he** *f* ⟨-; *no pl*⟩ *mus.* concert pitch. **~ˌtuch** *n* ⟨-(e)s; -e⟩ *Textil.* cambric. **~ˌun·ter·of·fiˌzier** *m Br.* NCO storekeeper, *Am.* supply sergeant. **~ˌzo·fe** *f* **1.** lady's maid. **2.** chambermaid. **3.** *thea.* soubrette.

ˈKammˌgarn *n* worsted (yarn); **ein Anzug aus ~** a worsted suit. **~geˌwe·be** *n*, **~ˌstoff** *m* worsted (fabric).

ˈKamm|ˌgras *n* dogstail (grass). **~ˌgriff** *m gym.* undergrasp. **~ˌhaar** *n zo.* mane. **~ˌhaut** *f orn.* pecten. **~ˌkie·me** *f zo.* ctenidium. **~ˌkie·mer** *m* ⟨-s; -⟩, **Ձˌkie·mig** *adj* pectinibranchian. **~ˌla·ger** *n tech.* thrust bearing.

Kämm·ling [ˈkɛmlıŋ] *m* ⟨-s; -e⟩ *meist pl*, **ˈKämm·lingsˌwol·le** *f Textil.* noil, combings *pl.*

ˈKammˌli·nie *f e-s Gebirges*: crest.

ˈKamm|ˌqual·le *f zo.* ctenophore. **~ˌrad** *n tech.* cogwheel. **~ˌschup·pe** *f ichth.* ctenoid scale. **~ˌstück** *n gastr.* neck(piece), scrag (end).

ˈKammuschel (*getr.* -mmˌm-) *f* **1.** *zo.* scallop, pectinid. **2.** *pl gastr.* scallops.

ˈKamm|ˌwal·ze *f tech.* pinion. **~ˌwan·de·rung** *f* ridge tour. **~ˌwol·le** *f* worsted wool. **~ˌzahn** *m* **1.** tooth of a comb. **2.** *tech.* involute (gear) tooth.

Kam·pa·gne [kamˈpanjə] *f* ⟨-; -n⟩ **1.** *mil. u. fig.* campaign; **e-e ~ starten (gegen)** start (*od.* launch) a campaign (against); **e-e ~ aufziehen für** launch a (promotion) campaign (*od.* a drive) for; **e-e ~ zur Mitgliederwerbung** a membership drive. **2.** *econ.* working season (*od.* period), campaign. **3.** *archeol.* (*Ausgrabungsperiode*) campaign.

Kam·pa·ni·le [kampaˈniːlə] *m* ⟨-; -⟩ *arch.* campanile.

Käm·pe [ˈkɛmpə] *m* ⟨-n; -n⟩ *obs. od. poet.* warrior, champion; **ein alter ~** a seasoned (*od.* tough old) veteran, *fig. a.* an old hand (*od.* campaigner).

kam·peln [ˈkampəln] *v/reflex* ⟨h⟩ *dial.* **sich ~** squabble.

Kamˈpe·scheˌholz [kamˈpɛʃə-] *n* campeachy wood, logwood.

Kampf [kampf] *m* ⟨-(e)s; ⸚e⟩ **1.** *allg., a. fig.* fight, battle, (*schwerer ~, Ringen*) struggle (*alle*: **gegen** against, **um** for); (**innerer** *od.* **seelischer**) **~** struggle, battle (with o. s.), inner conflict; **~ um die Macht** struggle for power; **der ~ gegen die Seuche** combating (*od.* fighting, the battle against) the epidemy; **~ dem Hunger!** war on hunger!; **j-m den ~ ansagen** challenge s. o. (to a fight), throw down the gauntlet to s. o.; **sich zum ~ stellen** give battle; **e-n (guten) ~ liefern** put up a (good) fight; **es hat mich manchen ~ gekostet** (, **dies zu erreichen**) it was a hard struggle (to achieve this); *colloq.* **war das ein ~!** that was tough!; → **Dasein** 1, **Messer**[1] 1, **Leben** 1. **2.** (*Konkurrenz*Ձ) rivalry. **3.** (*Konflikt*) conflict, strife; **innenpolitische Kämpfe** internal conflicts. **4.** *fig.* (*Kreuzzug*) crusade. **5.** *mil.* fight, combat, (*Schlacht*) battle, (*Gefecht*) action, engagement, (*Feldzug, a. fig.*) campaign; **den ~ eröffnen** commence battle, open fire (*od.* hostilities); **den ~ einstellen** cease fighting (*od.* hostilities, fire); **der ~ um Da Nang** the battles for Da Nang; **auf in den ~!** a) into battle!, b) *humor.* (*an die Arbeit*) let's go! **6.** a) (*Wett*Ձ) contest, b) (*Box*Ձ) fight; bout, match, c) (*Ring*Ձ) bout, match, d) *Fußball etc*: match.

ˈKampf|ˌabˌbruch *m* **1.** *mil.* end of hostilities. **2.** *Sport*: break-off, "referee stops contest". **~ˌabˌschnitt** *m mil.* front, combat sector. **~ˌabˌstim·mung** *f pol.* crucial vote, *der Gewerkschaftler etc*: strike ballot. **~ak·tiˌon** *f bes. von Arbeitern etc*: militant action. **~ˌanˌsa·ge** *f* challenge (**an** *acc* to). **~ˌanˌzug** *m mil.* battle dress. **~ˌart** *f* type of combat. **~ˌaufˌstel·lung** *f* disposition for combat, battle array. **~ˌaufˌtrag** *m* (combat) mission (*od.* task). **~ˌbahn** *f Sport*: stadium, arena. **~beˌgier(·de)** *f* pugnacity, lust for battle. **Ձbeˌgie·rig** *adj* → **kampflustig.** **Ձbeˌreit** *adj* **1.** *mil.* combat-ready, ready for combat, operational, *mar. a.* cleared for action. **2.** *Sport*: ready for the fight. **3.** *fig.* ready for battle (*od.* to fight, for the fray). **~beˌreit·schaft** *f mil.* combat readiness; **in ~ sein** (*od.* **liegen**) be ready for action, be combat-ready. **Ձbeˌtont** *adj Sport*: aggressive, tough, hard (*play, match*). **~ˌein·heit** *f mil.* combat unit. **~ˌeinˌsatz** *m* → **Einsatz** 17.

kämp·fen [ˈkɛmpfən] **I** *v/i* ⟨h⟩ **1.** (**für, um** for) *a. fig.* fight, struggle, battle, *fig. a.* campaign; **gegen** *j-n od. et.* **~** fight (against), battle against, combat *s. o., s. th., pol. etc a.* campaign against, **mit e-r Sache**: *a.* contend (*od.* grapple) with s. th.; **gut ~** put up a good fight; **mit e-m Problem ~** struggle (*od.* wrestle) with a problem, have a problem; **mit Schwierigkeiten zu ~ haben** have (to struggle against) difficulties, be up against some difficulties; **schwer zu ~ haben** have to struggle hard; **mit dem Tode ~** struggle with death; **mit den Tränen ~** be fighting back one's tears; *colloq.* **mit s-r Krawatte** *etc* **~** struggle with one's tie, *etc*; **er mußte um sein Leben ~** he had to fight for his life; **ich mußte lange mit mir ~** (, **ehe** *od.* **ob**) I had a long struggle with myself (before *od.* as to whether). **2.** (**miteinander**) **~** (*sich balgen od. prügeln*) fight (*od.* wrestle, tussle) (with each other). **3.** *Sport*: (**mit**) fight (*s. o.*), fight (with *od.* against), contend (with); **er kämpfte bis zum Umfallen** *a. Läufer etc*: he extended himself to the last. **II** *v/t* **4.** fight; **e-n aussichtslosen (schweren) Kampf ~** fight a hopeless (hard) fight (*od.* battle). **III** *v/reflex* **5. sich durch et. ~** struggle (*od.* fight one's way) through s. th. **IV** Ձ *n* ⟨-s⟩ **6.** fighting (*etc*). **7.** fight, struggle (→ *a.* Kampf).

ˈkämp·fend I *adj* fighting, combat; **~e Truppen** combat (*od.* frontline) troops. **II Ձe** *m* ⟨-n; -n⟩ fighter (→ **Kämpfer** 1–3).

Kamp·fer [ˈkampfər] *m* ⟨-s; *no pl*⟩ *chem.* camphor.

ˈKämp·fer *m* ⟨-s; -⟩ **1.** combatant, warrior, fighter. **2.** *fig.* (**für**) champion (of), fighter (for); *colloq.* **alter ~** *e-r Partei etc*: old campaigner, veteran. **3.** a) (*Box*Ձ) boxer, fighter, b) (*Ring*Ձ) wrestler. **4.** *arch.* abutment, (*Gewölbe*Ձ) springer. **5.** → **Kampfhahn.**

ˈkampf|erˌfah·ren *adj* **1.** *mil.* battle-tested, seasoned, veteran. **2.** *Sport*: experienced, veteran. **Ձerˌfah·rung** *f* **1.** *mil.* combat experience. **2.** *Sport*: experience, routine.

ˈKämp·fer·geˌsims *n arch.* impost.

ˈkamp·fer|ˌhal·tig *adj chem.* camphoric. **Ձˌholz** *n* camphorwood.

ˈkämp·fe·risch I *adj* **1.** *mil. u. Sport*: fighting, combative. **2.** *fig. Person, Charakter etc*: pugnacious, belligerent, aggressive, fighting. **3.** *pol. etc* militant. **II** *adv* **4.** as to fighting morale (*od.* strength); **~ stark** *Sport*: strong, aggressive.

kamp·fern [ˈkampfərn] *v/t* ⟨h⟩ *chem.* camphorate.

ˈKämp·fer·naˌtur *f* (born) fighter.

ˈKamp·ferˌöl *n chem.* camphor(ated) oil.

ˈkampf·erˌprobt *adj* → **kampferfahren.**

ˈKamp·fer|ˌsäu·re *f chem.* camphoric acid. **~ˌspi·ri·tus** *m* spirit of camphor.

ˈkamp·fes|ˌlu·stig *adj* → **kampflustig.** **Ձˌmut** *m* fighting spirit, courage.

ˈkampfˌfä·hig *adj* **1.** *mil.* fit for action. **2.** *Sport*: able to fight, fighting fit; **wieder ~** able to continue the fight. **Ձkeit** *f* ⟨-; *no pl*⟩ **1.** *mil.* fitness for action. **2.** *Sport*: ability (*od.* fitness) to fight.

ˈKampf|ˌfisch *m* fighting fish, betta. **~ˌflie·ger** *m* combat (*od.* fighter, *hist.* bomber) pilot. **~ˌflugˌzeug** *n* combat (*od.* tactical) aircraft, *hist.* bomber. **~ˌfront** *f* front line. **~ˌfüh·rung** *f* conduct of operations. **~ˌgas** *n* war gas. **~geˌbiet** *n* battle area. **~geˌfähr·te** *m* brother- (*od.* comrade-)in-arms. **~ˌgeist** *m* fighting spirit, (fighting) morale; **~ zeigen** show fight. **~geˌricht** *n Sport*: (the) judges *pl.* **~geˌschwa·der** *n aer.* tactical group (*Am.* wing). **~geˌtüm·mel** *n* turmoil of the fight (*od.* battle), mêlée, fray; (**mitten**) **im ~** in the thick of the battle. **Ձgeˌwohnt** *adj* seasoned, battle-tested. **~geˌwühl** *n* → Kampfgetümmel. **~ˌgrup·pe** *f* **1.** *mil.* brigade group, *Am.* (combat) group, *mit Sonderauftrag*: task force. **2.** *DDR pol.* armed industrial militia group. **~ˌhahn** *m a. fig.* fighting cock, game-cock. **~ˌhand·lung** *f mil.* fighting, action (*beide a.* **~en** *pl*), engagement. **~ˌkraft** *f* **1.** *mil.* combat (*od.* fighting) strength. **2.** *Sport*: (fighting) strength. **~ˌlärm** *m* noise (*od.* din) of battle. **~ˌlied** *n* **1.** battle song. **2.** revolutionary song. **~ˌli·nie** *f* fighting (*od.* firing, battle) line, front. **Ձlos I** *adj Sieg, Übergabe etc*: without a fight; *Sport*: **~er Sieg** victory by default, "no contest" win, *weitS.* walkover. **II** *adv* **die Stadt ergab sich ~** the town surrendered without a fight (*od.* a shot being fired); *Sport*: **ein Spiel ~ gewinnen** win a game by default. **~ˌlust** *f* eagerness to fight, pugnacity, bellicosity. **Ձˌlu·stig** *adj* eager to fight (*od.* for the fray), *a. fig.* pugnacious, belligerent. **~ˌmaßˌnah·me** *f meist pl* military (*pol.* militant) action; **die Gewerkschaft griff zu ~n** the union took militant action. **~ˌmit·tel** *n a. fig.* weapon. **~moˌral** *f* (combat *od.* fighting) morale. **2ˌmü·de** *adj* battle-weary. **~ˌpau·se** *f* **1.** *mil.* lull (in the fighting). **2.** *Sport*: break. **~ˌplatz** *m* **1.** *mil.* battleground. **2.** *hist.* a) duel(l)ing ground, b) (*Turnierplatz*) lists *pl*; **den ~ betreten** *a. fig.* enter the lists. **3.** *Sport u. fig.* arena. **~ˌpreis** *m* **1.** *Sport*: prize. **2.** *econ.* competitive price. **~ˌre·de** *f* aggressive speech. **~ˌrich·ter** *m Sport*: a) judge, b) → **Schiedsrichter** 2. **~ˌrich·terˌturm** *m Skispringen*: judges' stand, *Springreiten*: judges' box. **~ˌring** *m* (boxing) ring. **~ˌruf** *m a. fig.* war cry, battle cry. **~ˌschwim·mer** *m mil.* frogman. **~si·tua·tiˌon** *f fenc.* fighting position. **~ˌspiel** *n* **1.** *hist.* tournament, tilting, jousting. **2.** *Sport*: competitive (*engS.* physical contact) game. **~ˌsport** *m* combatant (*od.* competitive) sport, *engS.* physical contact sport. **~ˌstaf·fel** *f aer. mil.* fighter (*od.* tactical) squadron. **2ˌstark** *adj mil. u. Sport*: strong, powerful, tough. **~ˌstär·ke** *f* **1.** *mil.* combat (*od.* fighting, effective) strength. **2.** *Sport*: strength. **~ˌstier** *m* bull, toro. **~ˌstil** *m* **1.** *mil.* style of fighting. **2.** *Sport*: (*boxing, etc*) style. **~ˌstoff** *m mil.* (chemical *od.* biological warfare) agent, chemical (*od.* biological) weapon. **~ˌtä·tig·keit** *f mil.* fighting, action. **~ˌtrup·pe** *f* line (*od.* combat) troops *pl.* **2ˌtüch·tig** *adj* → **kampffähig.** **~ˌübung** *f* (tactical) exercise. **2ˌunˌfä·hig** *adj* **1.** *mil. Person u. Sache*: disabled, <*pred*> out of action. **2.** *Sport*: unable to fight (*od.* to continue boxing), <*pred*> down and out; **j-n ~ machen** disable s. o., put s. o. out of action. **~ˌunˌfä·hig·keit** *f* **1.** *mil.* disablement, disability. **2.** *Sport*: inability to (continue the) fight. **~verˌband** *m mil.* **1.** combat unit, combined arms unit, *für Sonderunternehmen*: task force. **2.** *aer.* fighter (*od.* bomber) formation. **~ˌwa·gen** *m* **1.** *mil.* armo(u)red (*od.* combat) vehicle. **2.** *antiq.* (war) chariot. **~ˌwert** *m mil.* combat efficiency. **~ˌwil·le** *m* will to fight, fighting spirit, morale. **~ˌziel** *n* objective, target. **~ˌzoll** *m econ.* retaliatory duty (*od.* tariff). **~ˌzo·ne** *f mil.* combat zone.

kam·pie·ren [kamˈpiːrən] *v/i* <*no* **ge-**, **h**> *colloq.* (set up) camp; **im Freien ~** camp out (in the open); *fig.* **auf dem Sofa ~** bed (*od. sl.* kip) down on the sofa.

Ka·na [ˈkaːna] *n* <-s; *no pl*> *Bibl.* **die Hochzeit zu ~** the wedding feast at Cana.

Ka·naa|ni·ter [kanaaˈniːtər] *m* <-s; ->, **2ˈni·tisch** *adj* Canaanite.

Ka·na·di·er [kaˈnaːdĭər] *m* <-s; -> **1.** Canadian. **2.** *Sport*: Canadian (canoe). **~ˌei·ner** *m Sport*: (*Boot*) single Canadian, (*Disziplin*) Canadian single. **~ˌzwei·er** *m* (*Boot*) double Canadian, (*Disziplin*) Canadian pair.

ka·na·disch [kaˈnaːdɪʃ] *adj* Canadian. **~-franˈzö·sisch** *adj* French-Canadian.

Ka·nail·le [kaˈnaljə] *f* <-; -n> *contp.* **1.** scoundrel, villain, rascal. **2.** *obs. for* **Gesindel.**

Ka·na·ke [kaˈnaːkə] *m* <-n; -n> Kanaka.

Ka·nal [kaˈnaːl] *m* <-s; **Kanäle**> **1.** *geogr. natürlicher*: channel, *künstlicher*: canal; **der (Englische) ~** the (English) Channel; **den ~ durchschwimmen** swim the Channel; **offener (geschlossener) ~** lockless (locked) canal. **2.** (*Graben*) ditch, *zur Be- u. Entwässerung*: canal, duct, (*Abwasser*2) drain, sewer, conduit, *zur Be- u. Entlüftung*: flue, duct. **3.** *Computer, Radio, TV* channel. **4.** *anat.* duct. **5.** *fig. meist pl* channel; **das Geld fließt ihm durch dunkle Kanäle zu** the money reaches him via secret channels (*od.* from secret sources). **6.** *fig. sl.* **den ~ voll haben** a) (*es satt haben*) be fed up to here, b) (*betrunken sein*) be sloshed. **~ˌar·bei·ter** *m* **1.** canal-digger, ditcher, *Br.* navvy. **2.** sewerman. **~ˌbau** *m* <-(e)s; -ten> **1.** <*only sg*> canal construction. **2.** <*only sg*> → **Kanalisationsbau** 1. **3.** *meist pl* canal. **~ˌbrei·te** *f Radio, TV* channel width.

Ka·näl·chen [kaˈnɛːlçən] *n* <-s; -> **1.** *dim. of* **Kanal.** **2.** *anat.* canaliculus, tubule.

Kaˈnal|ˌdamp·fer *m im Ärmelkanal*: cross-Channel steamer, *colloq.* (the) boat. **~ˌdeckel** (*getr.* **-k·k-**) *m* manhole cover.

Ka·na·li·sa·ti·on [kanalizaˈtsĭoːn] *f* <-; -en> **1.** *e-r Stadt*: sewerage, drainage system, *im Hause*: drains *pl.* **2.** *von Flüssen*: canalization.

Ka·na·li·sa·tiˈons|anˌschluß *m* sewerage connection. **~ˌbau** *m* <-(e)s; -ten> **1.** <*only sg*> sewer construction. **2.** *meist pl* sewer. **~ˌnetz** *n* sewerage system. **~ˌrohr** *n* sewer (*od.* drain) pipe, drain. **~syˌstem** *n* sewerage system.

ka·na·li·sie|ren [kanaliˈziːrən] *v/t* <*no* **ge-**, **h**> **1.** (*Stadt, Straße etc*) sewer, provide *s. th.* with sewers. **2.** (*Fluß*) canalize. **2rung** *f* <-; -en> **1.** canalization. **2.** installation of sewers.

Kaˈnal|ˌkü·ste *f geogr.* (the) Channel coast. **~ˌschacht** *m* manhole (shaft). **~ˌschleu·se** *f* canal lock. **~ˌschwim·mer** *m* (cross-)Channel swimmer. **~ˌstrah·len** *pl phys.* canal rays. **~syˌstem** *n* **1.** canal system. **2.** *städtisches*: sewerage system. **3.** *zur Bewässerung*: irrigation system, *zur Entwässerung*: drainage. **~ˌwäh·ler** *m Radio, TV* channel selector.

Ka·na·pee [ˈkanape] *n* <-s; -s> **1.** *archaic* settee, sofa. **2.** *pl gastr.* canapés.

kaˈna·ri·en|ˌgelb [kaˈnaːrĭən-] *adj* canary (yellow). **2ˌsekt** *m gastr.* canary. **2ˌvo·gel** *m* canary (bird); **Wilder ~** serin. **2ˌwein** *m gastr.* canary (wine).

ka·na·risch [kaˈnaːrɪʃ] *adj* Canarian; **die 2en Inseln** the Canary Islands, the Canaries.

Kan·da·re [kanˈdaːrə] *f* <-; -n> curb(-bit); **die ~ anziehen** tighten the curb; **auf ~ reiten** ride (*a horse*) on the curb; **an die ~ nehmen** curb, *fig.* **j-n**: put a tight rein on s. o., take s. o. in hand; **sich an die ~ nehmen** (*beherrschen*) take o. s. in hand, restrain o. s.

Kan·de·la·ber [kandeˈlaːbər] *m* <-s; -> candelabrum, (*Deckenleuchter*) chandelier.

Kan·di·dat [kandiˈdaːt] *m* <-en; -en> **1.** (*Antragsteller*) (**für** for) applicant, candidate, *vorgeschlagener*: nominee. **2.** *pol.* a) candidate, b) *innerhalb e-r Partei*: nominee, c) *DDR* applicant for membership in the SED; **e-n ~en aufstellen** nominate (*od.* put up) a candidate. **3.** *ped. univ.* a) candidate, examinee, b) student preparing for his (her) final examination. **4.** *fig.* candidate. **5.** → **Heiratskandidat** 3. **Kan·diˈda·tenˌli·ste** *f* list of candidates, *Am. a.* slate, *pol. a.* (party) ticket. **Kan·di·da·tur** [kandidaˈtuːr] *f* <-; -en> *pol.* candidacy, candidature; **die ~ annehmen (ablehnen)** accept (refuse) the candidacy; **s-e ~ zurückziehen** withdraw one's candidacy, stand down. **kan·di·die·ren** [kandiˈdiːrən] *v/i* <*no* **ge-**, **h**> (**für** for) **1.** *pol.* be a candidate, stand (*Am.* run) (*for election, an office, etc*); **er kandidiert für die CDU** he is standing (as a candidate) for the Christian Democrats, *Am.* he is running as a Christian Democrat; **für e-n Sitz im Bundestag ~** stand (as a candidate) for (*od.* contest a seat in) the Bundestag, *Am.* run for the Bundestag. **2.** (*sich bewerben*) apply, stand, *Am.* run.

kan·die·ren [kanˈdiːrən] *v/t* <*no* **ge-**, **h**> crystallize, candy. **kanˈdiert** *adj* crystallized, candied, glacé.

Kan·dis [ˈkandɪs] *m* <-; *no pl*>, **~ˌzucker** (*getr.* **-k·k-**) *m* (sugar *od.* rock) candy.

Ka·neel [kaˈneːl] *m* <-s; -e>, **~ˌzimt** *m bot.* cinnamon.

Ka·ne·vas [ˈkanevas] *m* <- *u.* -ses; -se> **1.** *Textil.* (embroidery) canvas. **2.** *thea.* scenario.

Kän·gu·ruh [ˈkɛŋguru] *n* <-s; -s> *zo.* kangaroo.

Ka·nin [kaˈniːn] *n* <-s; -e> rabbit (fur).

Kaˈnin·chen *n* <-s; -> **1.** *zo.* rabbit; **sich vermehren wie die ~** breed (*od.* multiply) like rabbits. **2.** *her.* con(e)y. **3.** (*Pelz*) rabbit (fur). **~ˌbau** *m* <-(e)s; -e> rabbit burrow. **~ˌfell** *n* **1.** rabbit skin. **2.** → **Kanin.** **~geˌhe·ge** *n* (rabbit) warren. **~ˌpelz** *m* → **Kanin.** **~ˌpfef·fer** *m gastr.* jugged rabbit. **~ˌstall** *m* rabbit hutch. **~ˌzüch·ter** *m* rabbit breeder.

Ka·ni·ster [kaˈnɪstər] *m* <-s; -> can, (metal) container.

kann [kan] *1 u. 3 sg pres of* **können.**

Kan·nä [ˈkanɛ] *npr n* <-; *no pl*> Cannae; *fig.* **das war sein ~** he met his Waterloo.

ˈKann-Beˌstim·mung *f* → **Kann-Vorschrift.**

Känn·chen [ˈkɛnçən] *n* <-s; -> **1.** *dim. of* **Kanne.** **2.** (small) pot, jug; **ein ~ Kaffee** a pot of coffee.

Kan·ne [ˈkanə] *f* <-; -n> **1.** (*Kaffee*2, *Tee*2 *etc*) pot. **2.** (*Krug*) pitcher, ewer, *bes. Br.* jug, (*Bierkrug mit Deckel*) tankard; *univ. sl.* **in die ~ steigen müssen** have to down a tankard of beer in one go; **in die ~!** down (with) it! **3.** (*Milch*2, *Öl*2, *Gieß*2) can; *fig. colloq.* **es gießt wie mit** (*od.* **aus**) **~n** it's raining (*od.* coming down) in buckets.

ˈKan·neˌgie·ßer *m* <-s; -> *contp.* political wiseacre, pub (*Am.* pothouse) politician. **2n** *v/i* <*insep*, **ge-**, **h**> blather about politics.

kan·ne·lie|ren [kanəˈliːrən] *v/t* <*no* **ge-**, **h**> *arch. tech.* channel, flute, chamfer. **2rung** *f* <-; -en> **1.** channel(l)ing (*etc*). **2.** a) flute, channel, groove, b) *collect.* flutes *pl* (*etc*).

Kan·ne·lur [kanəˈluːr] *f* <-; -en>, **Kan·neˈlü·re** [-ˈlyːrə] *f* <-; -n> *arch.* flute, fluting.

ˈKan·nen|ˌgie·ßer *m* pewterer. **2ˌwei·se** *adv* by the can, in cans.

Kan·ni|ba·le [kaniˈbaːlə] *m* <-n; -n> **1.** cannibal. **2.** *fig. colloq.* brute, savage; **wie die ~n** like savages. **2ˈba·lisch I** *adj* **1.** cannibal, cannibal(ist)ic, anthropophagous; *fig. colloq.* **ich habe ~en Hunger** I could eat a horse. **2.** *fig. colloq.* a) (*roh, brutal*) savage, ferocious, bestial, b) (*schrecklich*) beastly, hellish, awful (*heat, etc*). **II** *adv* **3.** *fig. colloq.* terribly, beastly; *humor.* **sich ~ wohl fühlen** feel like a million dollars. **~baˈlis·mus** [-baˈlɪsmʊs] *m* <-; *no pl*> **1.** cannibalism (*a. zo.*), anthropophagy. **2.** *fig. colloq.* bestiality.

kannst [kanst] *2 sg pres of* **können.**

kann·te [ˈkantə] *1 u. 3 sg pret of* **kennen.**

ˈKann-ˌVorˌschrift *f jur.* discretionary provision.

Ka·non[1] [ˈkaːnɔn] *m* <-s; -s> **1.** (*Maßstab, Regel*) canon, standard, code. **2.**

⟨*only sg*⟩ (*Verzeichnis anerkannter Schriften*) *bes. relig.* canon; **der (biblische)** ~ the Canon (of Scripture), the sacred Canon. **3.** ⟨*only sg*⟩ *R.C.* a) (*Gebet*) canon, b) (*Heiligenverzeichnis*) canon, roll of saints. **4.** *mus.* round, canon. **5.** *Kunst*: canon. **6.** *math.* canon, general law. **ˈKa·non²** *m* ⟨-s; -es [-nonɛs]⟩ (*kirchliche Rechtsvorschrift*) canon. **ˈKa·non³** *f* ⟨-; -s⟩ (*Schriftgrad*) canon, three-line pica.

Ka·no·na·de [kanoˈnaːdə] *f* ⟨-; -n⟩ **1.** *mil. u. fig.* cannonade, bombardment. **2.** *fig. von Schimpfwörtern etc*: volley, flood.

Ka·no·ne [kaˈnoːnə] *f* ⟨-; -n⟩ **1.** *mil.* cannon, gun; *fig. colloq.* **mit** ~**n auf** (*od.* **nach**) **Spatzen schießen** break a butterfly on the wheel, use a steam hammer to crack a nut; **er ist voll wie e-e** ~ he is dead drunk, *sl.* he's bombed. **2.** *fig. colloq.* (*Könner*) wizard, *bes. Am.* whiz, *bes. Sport*: ace, crack; **unter aller** ~ a) abominable, vile, *sl.* lousy, b) *adv* abominably, awfully (bad); **sie spielte unter aller** ~ she played lousily.

Kaˈno·nen|ˌbein *n zo.* cannon bone. ~**ˌboot** *n mar.* gunboat. ~**ˌdon·ner** *m* roar (*od.* thunder) of guns (*od.* cannons). ~**ˌfut·ter** *n fig. colloq.* cannon fodder. ~**ˌku·gel** *f* cannonball, round shot. ~**meˌtall** *n* gun metal. ~**ˌofen** *m* round iron stove. ~**ˌrohr** *n* gun barrel; *fig. colloq.* **heiliges** ~! good Lord! ~**ˌschlag** *m* mar(r)oon. ~**ˌschuß** *m* cannon shot. ~**ˌstie·fel** *m mil. hist.* jackboot.

Ka·no·nier [kanoˈniːr] *m* ⟨-s; -e⟩ *mil.* gunner, *Am.* cannoneer.

Ka·no·ni·kat [kanoniˈkaːt] *n* ⟨-(e)s; -e⟩ *R.C.* canonicate, canonry. **Ka·no·ni·ker** [kaˈnoːnikər] *m* ⟨-s; -⟩, **Kaˈno·ni·kus** [-kʊs] *m* ⟨-; -ker⟩ canon. **Ka·no·ni·sa·ti·on** [kanonizaˈtsĭoːn] *f* ⟨-; -en⟩ canonization. **ka·no·nisch** [kaˈnoːnɪʃ] *adj* **1.** canonic(al), standard. **2.** *relig. Stunden, Alter etc*: canonical; **die** ~**en Bücher** the canonical books, the Canon *sg*; ~**es Recht** canon.

ka·no·ni·sie|ren [kanoniˈziːrən] *v/t* ⟨*no* ge-, h⟩ *R.C.* canonize, saint. ≈**rung** *f* ⟨-; -en⟩ canonization.

Ka·no·nis·se [kanoˈnɪsə] *f* ⟨-; -n⟩, **Ka·noˈnis·sin** *f* ⟨-; -nen⟩ *R.C.* canoness.

Ka·no·nist [kanoˈnɪst] *m* ⟨-en; -en⟩ *R.C. jur.* canonist, canon lawyer.

Ka·nos·sa [kaˈnɔsa] *npr n* ⟨-s; *no pl*⟩ *hist.* Canossa; *fig.* **den Gang nach** ~ **antreten, nach** ~ **gehen** eat humble pie, knuckle under, go to Canossa. ~**ˌgang** *m* great humiliation; **den** ~ **tun** (*od.* **antreten**) → **Kanossa.**

Kan·ta·lu·pe [kantaˈluːpə] *f* ⟨-; -n⟩ *bot.* cantaloup(e).

Kan·ta·te¹ [kanˈtaːtə] *f* ⟨-; -n⟩ *mus.* Cantata. **Kanˈta·te²** *m* ⟨*undeclined*⟩ (**der Sonntag**) ~ Cantate Sunday, the fourth Sunday after Easter.

Kan·te [ˈkantə] *f* ⟨-; -n⟩ **1.** *a. tech.* edge; **abgerundete** ~**n** rounded edges; *fig. colloq.* **et. auf die hohe** ~ **legen** put s. th. by (for a rainy day), save s. th.; → **Ecke** 3. **2.** (*Rand*) edge (*of table, etc*). **3.** (*Stoff*≈ *etc*) border, *schmale*: edge, edging, (*Web*≈) selvage. **4.** (*Ski*≈, *Schlittschuh*≈ *etc*) edge. **5.** *bot.* (*Blatt*≈) margin.

kan·teln [ˈkantəln] *v/t* ⟨h⟩ (*Stoffrand etc*) bind *s. th.* with blanket stitch.

kan·ten [ˈkantən] **I** *v/t* ⟨h⟩ **1.** (*auf die Kante stellen*) stand *s. th.* (up) on edge, (*kippen*) tilt, cant, (*Skier*) edge; „**nicht** ~!" (*Aufschrift*) "don't tilt", "this side up!". **2.** (*ab*~) (*Stein, Holz etc*) square, bevel, (*Bleche etc*) edge, border. **II** ≈ *m* ⟨-s; -⟩ **3.** *dial.* (*Brot*≈) crust. ~**ˌschlei·fen** *v/t* ⟨*irr, insep,* -ge-, h⟩ (*Stein etc*) square. ≈**ˌwin·kel** *m* interfacial angle.

Kan·ter [ˈkantər] *m* ⟨-s; -⟩, **ˈkan·tern** *v/i* ⟨sein⟩ *Reitsport*: canter. **ˈKan·terˌsieg** *m Sport*: walkover.

ˈKantˌha·ken *m* cant hook; *fig. colloq.* **j-n beim** (*od.* **am**) ~ **fassen** collar s. o., take s. o. by the scruff of the neck.

Kan·tha·ri·de [kantaˈriːdə] *f* ⟨-; -n⟩ **1.** *zo.* soldier beetle. **2.** *pl pharm.* cantharides *pl* (*a. als sg konstruiert*), Spanish fly *sg*.

ˈKantˌholz *n tech.* squared timber.

Kan·tia·ner [kanˈtĭaːnər] *m* ⟨-s; -⟩ *philos.* Kantian. **Kan·tiaˈnis·mus** [-tĭaˈnɪsmʊs] *m* ⟨-; *no pl*⟩ Kantianism, Kantism.

ˈkan·tig *adj* **1.** *Steine etc*: angular, squared; ~ **behauen** square. **2.** *fig. Gesicht*: angular, *Kinn*: square.

Kan·ti·le·ne [kantiˈleːnə] *f* ⟨-; -n⟩ *mus.* cantilena.

Kan·ti·ne [kanˈtiːnə] *f* ⟨-; -n⟩ (*Speiseraum*) canteen (*a. mil.*), *bes. Am.* lunchroom, commissary; *für Erfrischungen*: cafeteria, snack bar.

Kanˈti·nen|ˌes·sen *n* canteen food. ~**ˌwirt** *m* canteen manager.

kan·tisch [ˈkantɪʃ] *adj philos.* Kantian; **die** ≈**e Philosophie** the philosophy of Kant. **Kan·tis·mus** [kanˈtɪsmʊs] *m* ⟨-; *no pl*⟩ Kantism.

Kan·ton [kanˈtoːn] *m* ⟨-s; -e⟩ *Swiss* canton.

kan·to·nal [kantoˈnaːl] *adj Swiss* cantonal. ≈**ˌbank** *f* ⟨-; -en⟩ *econ.* canton bank. ≈**syˌstem** *n* canton system, cantonalism.

kan·to·ne·sisch [kantoˈneːzɪʃ] *adj geogr.* Cantonese.

Kan·to·nist [kantoˈnɪst] *m* ⟨-en; -en⟩ *colloq.* **ein unsicherer** ~ an unreliable fellow.

Kanˈtön·liˌgeist [kanˈtøːnli-] *m* ⟨-(e)s; *no pl*⟩ *Swiss* parochialism.

Kanˈtons|geˌricht *n Swiss* cantonal court. ~**reˌgie·rung** *f* cantonal government.

Kan·tor [ˈkantɔr] *m* ⟨-s; -en [-ˈtoːrən]⟩ *mus.* **1.** cantor, precentor. **2.** choirmaster-organist. **Kan·toˈrei** [-toˈraɪ] *f* ⟨-; -en⟩ cantor's house.

Ka·nu [ˈkaːnu; kaˈnuː] *n* ⟨-s; -s⟩ canoe. ~**ˌfah·rer** *m* canoeist.

Ka·nü·le [kaˈnyːlə] *f* ⟨-; -n⟩ *med.* cannula, (drain) tube.

ˈKa·nuˌsport *m* canoeing.

Ka·nu·te [kaˈnuːtə] *m* ⟨-n; -n⟩ *Sport*: canoeist.

Kan·zel [ˈkantsəl] *f* ⟨-; -n⟩ **1.** *relig.* pulpit; **auf die** ~ **steigen** mount the pulpit; **auf der** ~ in the pulpit; **von der** ~ **herab** from the pulpit. **2.** (*Lehrstuhl*) (university) chair. **3.** *aer.* a) (*Pilotenkabine*) cockpit, b) (*Bug*) nose (compartment), c) *mil.* (*Kampfstand*) (gun) turret. **4.** *hunt.* (*Hochsitz*) (raised) hide.

Kan·zel·le [kanˈtsɛlə] *f* ⟨-; -n⟩ *mus. der Orgel, des Harmoniums*: channel, *der Mundharmonika*: air slot.

ˈKan·zel|ˌmißˌbrauch *m jur.* unlawful bias in sermons. ~**ˌre·de** *f relig.* sermon (from the pulpit). ~**ˌred·ner** *m* pulpit orator.

kan·ze·ro·gen [kantseroˈgeːn] *adj med.* carcinogenic.

kan·ze·rös [kantseˈrøːs] *adj med.* cancerous.

Kanz·lei [kantsˈlaɪ] *f* ⟨-; -en⟩ **1.** (*Büro, Amt*) office. **2.** *hist. am Hof*: chancellery. ~**beˌam·te** *m* official, (office) clerk. ~**ˌdie·ner** *m* office messenger. ~**geˌricht** *n* (court of) chancery. ~**paˌpier** *n* (official) foolscap. ~**ˌschrift** *f* engrossing hand; **gotische** ~ court hand. ~**ˌspra·che** *f* **1.** official language, *colloq.* officialese, gobbledygook. **2.** *jur.* legal language, *colloq.* legalese. ~**ˌstil** *m* **1.** official style. **2.** *jur.* legal style. ~**ˌvorˌste·her** *m jur.* **1.** head clerk (of a chancery). **2.** *Austrian* head clerk of an office.

Kanz·ler [ˈkantslər] *m* ⟨-s; -⟩ *pol. univ.* chancellor. ~**ˌamt** *n pol.* **1.** chancellorship. **2.** (*Einrichtung*) (Government) Chancellery. ~**kan·diˌdat** *m* candidate for chancellorship. ~**schaft** *f* ⟨-; *no pl*⟩ chancellorship.

Kan·zo·ne [kanˈtsoːnə] *f* ⟨-; -n⟩ *mus. u. Literatur*: canzone.

Kao·lin [kaoˈliːn] *n, a. m* ⟨-s; -e⟩ *min.* kaolin. **Kao·liˈnit** [-liˈniːt; -ˈnɪt] *m* ⟨-s; *no pl*⟩ kaolinite.

Ka·on [ˈkaːɔn; kaˈoːn] *n* ⟨-s; -en [kaˈoːnən]⟩ *nucl.* K-meson.

Kap [kap] *n* ⟨-s; -s⟩ *geogr.* **1.** cape; ~ **der Guten Hoffnung** Cape of Good Hope. **2.** (*Vorgebirge*) headland, promontory.

Ka·paun [kaˈpaʊn] *m* ⟨-s; -e⟩ *agr.* capon. **kaˈpau·nen, ka·pau·niˈsie·ren** [-niˈziːrən] *v/t* ⟨*no* ge-, h⟩ capon(ize), castrate.

Ka·pa·zi·tät [kapatsiˈtɛːt] *f* ⟨-; -en⟩ **1.** ⟨*only sg*⟩ *econ. electr. phys. tech.* capacity; *electr. e-s Kondensators*: capacitance. **2.** ⟨*only sg*⟩ *fig.* (*Aufnahmefähigkeit*) (mental) capacity. **3.** (*Fachgröße*) (leading) authority (**auf e-m Gebiet** in a field, on a subject).

Ka·pa·ziˈtäts|ˌausˌnut·zung *f econ.* (full) utilization of capacity. ~**verˌlust** *m tech.* loss of capacity.

ka·pa·zi·tiv [kapatsiˈtiːf] *adj electr.* capacitive.

ˈKapˌbranntˌwein *m* dop.

Ka·pel·le [kaˈpɛlə] *f* ⟨-; -n⟩ **1.** *relig.* chapel. **2.** (music) band, orchestra. **3.** *chem. metall.* cupel.

Kaˈpel·len|ˌofen *m metall.* assay furnace. ~**ˌpro·be** *f* cupel test.

KaˈpellˌmeiЬster *m e-r Tanzkapelle etc*: bandleader, conductor, *mil.* bandmaster, *e-s Orchesters*: conductor.

Ka·per¹ [ˈkaːpər] *f* ⟨-; -n⟩ *meist pl bot. gastr.* caper.

ˈKa·per² *m* ⟨-s; -⟩ **1.** *obs. for* **Freibeuter, Seeräuber. 2.** → **Kaperschiff.**

ˈKa·perˌbrief *m mar. hist.* letter(s *pl*) of marque (and reprisal). **Ka·peˈrei** *f* ⟨-; *no pl*⟩ *obs.* privateering; **auf** ~ **ausgehen,** ~ **treiben** privateer, go privateering. **ˈKa·perˌkrieg** *m* privateering warfare. **ka·pern** [ˈkaːpərn] *v/t* ⟨h⟩ **1.** (*Schiff*) capture, seize. **2.** *colloq.* grab, nab, bag, secure; **sich** (*dat*) **e-n Mann** ~ hook (o. s.) a husband.

ˈKa·pern|ˌso·ße *f gastr.* caper sauce. ~**ˌstrauch** *m bot.* a) caper(bush), b) mustard tree.

ˈKa·perˌschiff *n* corsair, privateer.

ˈkapˌhol·län·disch I *adj* Cape Dutch. **II** *ling.* ≈ ⟨*generally undeclined*⟩, **das** ≈**e** ⟨-n⟩ *obs.* Afrikaans.

ka·pie·ren [kaˈpiːrən] *colloq.* **I** *v/t* ⟨*no* ge-, h⟩ get, grasp, understand; **ich kapiere das nicht!** I don't get it!; **kapierst du denn nicht, wie wichtig das ist?** can't you see how important this is? **II** *v/i* get it, catch on, *Am. sl.* savy, (*bes. e-e Drohung etc*) get the message; (**hast du**) **kapiert?** (have you) got me?, got it?; (**ah, ich**) **kapiere** got it!, (oh) I see!; **du gehst nicht hin – kapiert?** you are not going there – got it?

ka·pil·lar [kapɪˈlaːr] *adj* capillary. ≈**ˌanˌzie·hung,** ≈**at·trak·tiˌon** *f* → **Kapillarität.** ≈**ˌdruck** *m* ⟨-(e)s; ⸚e⟩ capillary pressure.

Ka·pilˈla·re *f* ⟨-; -n⟩ **1.** *anat. biol.* capillary (vessel). **2.** *phys.* capillary (tube).

Ka·pilˈlar|er|wei·te·rung *f med.* capillarectasia. **∼geˌfäß** *n anat.* capillary (vessel).

Ka·pil·la·ri·tät [kapılariˈtɛːt] *f* ⟨-; *no pl*⟩ *phys.* capillary attraction, capillarity.

Ka·pilˈlar|ˌnetz *n* capillary network. **∼ˌröhr·chen** *n phys.* capillary (tube).

Ka·pi·tal [kapiˈtaːl] **I** *n* ⟨-s; -e *u.* -ien, *Austrian only* -ien⟩ **1.** *econ.* capital, (*Geldmittel*) *a.* funds *pl*, (*Grund*Ձ) capital (of the company), *Am.* capital stock; **eingefrorenes (eingetragenes, eingezahltes)** ∼ frozen (registered, paid--up) capital; **festgelegtes** ∼ locked- (*od.* tied-)up capital; **flüssiges** ∼ liquid capital (*od.* funds *pl*); **schwebendes** ∼ floating capital; **totes** ∼ dead (*od.* unproductive) capital; **stehendes** ∼ fixed capital, permanent assets *pl*; **umlaufendes** ∼ circulating capital; ∼ **und Zinsen** principal and interest; ∼ **in ein Unternehmen stecken** put money into (*od.* invest money in) an enterprise; ∼ **flüssigmachen** realize capital; **vom** ∼ **leben** live on one's capital; ∼ **aus e-r Sache schlagen** profit by s. th., *fig. colloq. a.* make capital out of s. th., capitalize (on) s. th., cash in on s. th. **2.** ⟨*only sg*⟩ (*Unternehmer etc*) capital; ∼ **und Arbeit** capital and labo(u)r. **3.** *fig.* capital, asset; **Gesundheit ist das beste** ∼ health is the biggest asset; **geistiges** ∼ intellectual capital, fund of knowledge. **II** Ձ *adj* **4.** (*hauptsächlich*) principal, chief, *Fehler, Verbrechen etc*: capital (*mistake, crime*). **5.** *hunt.* royal (*stag*). **6.** *fig. Idee, Scherz, Person*: capital.

Ka·piˈtal|ˌab|ˌfin·dung *f econ.* monetary compensation. **∼ˌabˌfluß** *m* capital outflow. **∼ˌabˌschöp·fung** *f* skimming of capital. **∼ˌabˌwan·de·rung** *f* capital outflow, exodus of capital. **∼ˌanˌla·ge** *f* (capital) investment, *pl a.* capital assets. **∼ˌanˌla·ge·geˌsell·schaft** *f* investment trust. **∼ˌanˌteil** *m* share in the capital, capital share. Ձ**ˌarm** *adj* short of (*od.* lacking) capital. **∼ˌaufˌnah·me** *f* raising of capital. **∼ˌaufˌstockung** (*getr.* -k·k-) *f* increase of capital (stock), capital re-equipment. **∼ˌaufˌwand** *m* capital expenditure. **∼ˌausˌfuhr** *f* capital exports *pl*. **∼ˌausˌstat·tung** *f* capital resources *pl*. **∼ˌband** *n* ⟨-(e)s; ⁼er⟩ *print.* headband. **∼beˌdarf** *m econ.* capital requirements *pl*. **∼beˌschaf·fung** *f* raising of capital. **∼beˌtei·li·gung** *f* participation. **∼biˌlanz** *f* balance of capital transactions. **∼ˌbil·dung** *f* formation of capital, capital formation. **∼ˌbuchˌsta·be** *m print.* capital (letter).

Ka·piˈtäl·chen *n* ⟨-s; -⟩ *print.* small capital (*od.* cap).

Ka·piˈtal|ˌdecke (*getr.* -k·k-) *f econ.* capital cover(age) (*od.* basis). **∼ˌdienst** *m* interest payments *pl*. **∼ˌeinˌla·ge** *f* invested capital, capital contribution, paid-in share. **∼erˌhö·hung** *f* increase of capital. **∼erˌtrag** *m* capital yield. **∼erˌtragsˌsteu·er** *f* capital yields tax. **∼ˌfeh·ler** *m* capital (*od.* first-class) blunder. **∼ˌflucht** *f econ.* flight of capital. **∼ˌge·ber** *m* financer, investor. **∼geˌsell·schaft** *f* joint-stock company, *Am.* (stock) corporation. **∼geˌwinn** *m* capital gain(s *pl*). **∼geˌwinnˌsteu·er** *f* capital gains tax. **∼ˌgü·ter** *pl* capital goods.

Ka·piˈtalˌhirsch *m hunt.* royal (stag).

ka·piˈtal|in·tenˌsiv *adj econ.* capital--intensive. Ձ**in·ve·sti·tiˌon** *f* → Kapitalanlage.

ka·pi·ta·li|ˈsier·bar *adj econ.* capitalizable. **∼sie·ren** [kapitaliˈziːrən] *v/t* ⟨*no* ge-, h⟩ capitalize, convert into capital. Ձ**ˈsie·rung** *f* ⟨-; -en⟩ capitalization.

Ka·pi·ta|lis·mus [kapitaˈlısmus] *m* ⟨-; *no pl*⟩ capitalism. **∼ˈlist** [-ˈlıst] *m* ⟨-en; -en⟩ capitalist. Ձ**ˈli·stisch** *adj* capitalist(ic).

Ka·piˈtal|ˌka·sten *m print.* upper case. **∼ˌknapp·heit** *f econ.* shortage of capital. **∼ˌkon·to** *n* capital account. Ձ**ˌkräf·tig** *adj* financially powerful, well--funded. **∼ˌlen·kung** *f* direction of capital. **∼ˌmarkt** *m* capital market. **∼ˌschrift** *f print.* capitals *pl*, capital writing; **in** ∼ in capitals. Ձ**ˌschwach** *adj* financially weak. Ձ**ˌstark** *adj* → kapitalkräftig. **∼ˌsteu·er** *f in der Schweiz*: capital levy, tax on capital. **∼ˌumˌschlag** *m* capital turnover. **∼verˌbre·chen** *n jur.* capital crime. **∼verˌbre·cher** *m* criminal (guilty of a capital offen/ce [*Am.* -se]), felon. **∼verˌflech·tung** *f econ.* interlocking of capital. **∼verˌkehr** *m* capital transactions (*od.* movements) *pl*. **∼verˌmö·gen** *n* capital (sum), capital assets *pl*. **∼ˌwert** *m* capital value. **∼ˌzins** *m* (rate of) interest on capital. **∼ˌzuˌfluß** *m* inflow (*od.* influx) of capital.

Ka·pi·tän [kapiˈtɛːn] *m* ⟨-s; -e⟩ **1.** *mar.* captain, *bes. auf kleinerem Handelsschiff*: skipper; *mil.* ∼ **zur See** captain (in the navy). **2.** *mil. hist.* captain. **3.** *aer.* captain. **4.** *Sport*: captain, team leader, *colloq.* skipper. **5.** *humor.* ∼ **der Landstraße** long-distance lorry driver, *Am.* long haul truck driver, teamster. **∼ˌleutˌnant** *m mar. mil.* lieutenant.

Ka·piˈtäns·paˌtent *n* master's certificate.

Ka·pi·tel [kaˈpıtəl] *n* ⟨-s; -⟩ **1.** *e-s Buches etc*: chapter; *fig.* **ein trübes** ∼ **unserer Geschichte** one of the dark chapters of our history. **2.** *fig. colloq.* (*Angelegenheit*) story, matter; **ein trauriges** ∼ a sad story; **das ist ein** ∼ **für sich** that's another (*od.* a different) story; **dieses** ∼ **wäre erledigt** that's settled then, that's that; **um auf ein anderes** ∼ **zu kommen** to speak of s. th. else, to change the subject. **3.** *R.C.* chapter. Ձ**ˌfest** *adj colloq.* **1.** → **bibelfest. 2.** *fig.* sure of one's ground, well-versed.

Ka·pi·tell [kapiˈtɛl] *n* ⟨-s; -e⟩ *arch.* capital. **∼ˌplat·te** *f* abacus.

Ka·pi·tol [kapiˈtoːl] *n* ⟨-s; *no pl*⟩ *antiq. u. pol. Am.* Capitol. **ka·pi·toˈli·nisch** [-toˈliːnıʃ] *adj antiq.* Capitoline.

Ka·pi·tu·lar [kapituˈlaːr] *R. C.* **I** *m* ⟨-s; -e⟩, **II** Ձ *adj* capitular(y).

Ka·pi·tu|la·ti·on [kapitulaˈtsĭoːn] *f* ⟨-; -en⟩ *mil. u. fig.* capitulation, surrender; **bedingungslose** ∼ unconditional surrender. Ձ**ˈlie·ren** [-ˈliːrən] *v/i* ⟨*no* ge-, h⟩ (**vor** *dat* to) **1.** *mil.* capitulate, surrender; **bedingungslos** ∼ surrender unconditionally. **2.** *fig.* surrender, give up (*od.* in), yield; **gut, ich kapituliere** all right, I give up.

Ka·plan [kaˈplaːn] *m* ⟨-s; -pläne⟩ *R. C.* curate.

Ka·po [ˈkapo] *m* ⟨-s; -s⟩ **1.** *mil. sl.* sergeant. **2.** *colloq.* (*Vorarbeiter*) gang boss, foreman. **3.** *hist. prisoner of a concentration camp in charge of a working party.*

Ka·pok [ˈkapɔk] *m* ⟨-s; *no pl*⟩ *Textil.* kapok, silk cotton.

Kap·pa [ˈkapa] *n* ⟨-(s); -s⟩ kappa (*griech. Buchstabe*).

Käpp·chen [ˈkɛpçən] *n* ⟨-s; -⟩ **1.** *dim. of* Kappe. **2.** skullcap. **3.** *beim Stricken*: turn (of heel). **4.** → **Kalotte** 1.

Kap·pe [ˈkapə] *f* ⟨-; -n⟩ **1.** (*Kopfbedeckung*) cap, (*Bade*Ձ) (bathing) cap; *fig. colloq.* **ich nehme es** (*od.* **alles**) **auf m-e** ∼ I'll take the responsibility (*od.* blame) for it, on my head be it; **das geht auf s-e** ∼ a) he is to blame for it, it's his fault, b) he'll have to pay for it; **j-m eins auf die** ∼ **geben** a) clout s. o., b) (*demütigen*) cut s. o. down to size; **gleiche Brüder, gleiche** ∼**n** (*Sprichwort*) birds of a feather (flock together); → Narr 1. **2.** (*Verschluß*Ձ) cap, top. **3.** (*Schornstein*Ձ) cowl. **4.** *am Schuh*: (toe-)cap, tip. **5.** *civ. eng.* a) *e-s Dammes etc*: summit, top, b) *e-s Gewölbes*: severy, c) *e-r Mauer*: coping. **6.** *Bergbau*: (roof) bar, capper. **7.** *tech.* cap, hood, dome, top. **8.** *hunt.* (*Falkenhaube*) (falcon's) hood. **9.** *zo.* hood, cucullus. **10.** *math.* (*Kugel*Ձ) calotte. **11.** *geol.* (*Deckschicht*) cap.

kap·pen [ˈkapən] *v/t* ⟨h⟩ **1.** cut (off) the top of. **2.** *mar.* (*Tau*) cut. **3.** (*Bäume*) top, lop. **4.** (*Hahn*) capon(ize). **5.** (*Henne*) tread. **6.** *fig. colloq.* j-n ∼ nab s. o. **∼ˌför·mig** *adj bot. zo.* cowled, hooded, cucullate(d).

Kap·pes [ˈkapəs] *m* ⟨-; *no pl*⟩ **1.** *Western G. for* **Weißkohl. 2.** → **Quatsch** 1.

Käp·pi [ˈkɛpi] *n* ⟨-s; -s⟩ **1.** *mil.* kepi, (*Schiffchen*) forage (*Am.* garrison) cap. **2.** (*a. Damen*Ձ) (small) cap, beret.

ˈKappˌmes·ser *n* bush (*od.* brush) hook.

Kap·pus [ˈkapus] *m* ⟨-; *no pl*⟩ → **Weißkohl.**

ˈKappˌzaum *m Reitsport*: caves(s)on.

Ka·pri·ce [kaˈpriːsə] *f* ⟨-; -n⟩ caprice.

Ka·prio·le [kapriˈoːlə] *f* ⟨-; -n⟩ **1.** *Reitsport*: capriole. **2.** (*Luftsprung*) caper; ∼**n machen** cut capers, gambol about (*cf.* 3). **3.** (*toller Streich*) caper, prank, escapade; ∼**n machen** play pranks, fool (*od.* lark) around.

ka·pri·zie·ren [kapriˈtsiːrən] *v/reflex* ⟨*no* ge-, h⟩ **sich auf e-e Sache** ∼ be dead set on s. th., set one's heart on s. th., take it into one's head to do (*od.* get) s. th.

ka·pri·zi·ös [kapriˈtsĭøːs] *adj* capricious.

Kaˈpronˌsäu·re [kaˈproːn-] *f chem.* caproic acid.

Kaˈprylˌsäu·re [kaˈpryːl-] *f chem.* caprylic acid.

Kap·sel [ˈkapsəl] *f* ⟨-; -n⟩ **1.** (*Behälter, Etui, Hülse*) box, case. **2.** (*Kappe, Deckel*) cap, (*Flaschen*Ձ) capsule. **3.** *tech.* a) (*Brenn*Ձ) *für Keramik*: sagger, *für Porzellan*: coffin, b) (*Guß*Ձ) chill. **4.** (*Spreng*Ձ) detonator. **5.** *anat. bot. pharm., Raumfahrt*: capsule, module. **6.** *orn.* cap. Ձ**ˌar·tig** *adj* capsular. **∼bakˌte·ri·en** *pl med.* (en)capsulated bacteria. **∼ˌblitz** *m phot.* flash (capsule). **∼entˌzün·dung** *f* capsulitis. Ձ**ˌför·mig** *adj* capsular. **∼ˌfrucht** *f bot.* capsular fruit. **∼mi·kroˌphon** *n* inset transmitter. **∼ˌmut·ter** *f tech.* cap(ped) nut.

kap·seln [ˈkapsəln] *v/t* ⟨h⟩ **1.** *tech.* (*Getriebe etc*) encase, enclose. **2.** *nucl.* jacket.

ˈKap·sel|ˌpla·stik *f med.* capsuloplasty. **∼ˌriß** *m* laceration of the capsule. **∼ˌtier·chen** *n* capsule rhizopod. Ձ**ˌtragend** *adj bot. zo.* capsuliferous. **∼ˌuhr** *f* hunter.

Kap·si·kum [ˈkapsikum] *n* ⟨-s; *no pl*⟩ *bot. pharm.* capsicum.

Käp·ten [ˈkɛptən] *m* ⟨-s; -s⟩ *dial. for* **Kapitän.**

Ka·put [kaˈput] *m* ⟨-s; -e⟩ *Swiss* (soldier's) overcoat.

ka·putt [kaˈput] *adj colloq.* a) *Sache*: broken, *stärker*: smashed, wrecked, *sl.* bust, kaput, *Maschine etc*: *a.* conked out, (*außer Betrieb*) out of order, *Herz, Leber etc*: ruined, b) (*ruiniert*) *Person u. Sache*: ruined, finished, done for, *sl.* bust, *Ehe* *etc*: wrecked, on the rocks, c) (*erschöpft*) dead(-beat), done in, whacked, *Am. sl.* bushed, d) (*tot*) dead, gone; *allg.* **er (es) ist** ~ *a.* he (it) has had it; **er ist (seelisch** *od.* **körperlich)** ~ he is a wreck; **was ist jetzt** ~? what's wrong now? **~ˌar·bei·ten** *v/reflex* ‹*sep*, **-ge-, h**› *colloq.* **sich** ~ work o. s. to death, kill o. s. (with work). **~ˌfah·ren** *v/t* ‹*irr, sep*, **-ge-, h**› *mot.* smash up, wreck (*a car*). **~ˌge·hen** *v/i* ‹*irr, sep*, **-ge-, sein**› *colloq.* **1.** *Sache*: get broken, break (to pieces), be wrecked, *mot. etc* break down, conk out, *a. fig.* go phut, go west. **2.** (*ruiniert werden*) be ruined, be wrecked, (go) bust, *Ehe, Freundschaft*: *a.* break up, go on the rocks, (*bankrott gehen*) go bust, go over the cliff. **3.** *Person*: crack (up), *nervlich*: *a.* go to pieces, (*sterben*) die, be killed, *sl.* peg out; **in dieser Hitze geht man ja kaputt!** this heat kills you (*od.* is murder)! **~ˌkrie·gen** *v/t* ‹*sep*, **-ge-, h**› → **kleinkriegen** 1, 3. **~ˌla·chen** *v/reflex* ‹*sep*, **-ge-, h**› *colloq.* **sich** ~ laugh one's head off; *iro.* **ich lach' mich kaputt!** I'm tickled to death. **~ˌma·chen I** *v/t* ‹*sep*, **-ge-, h**› **1.** break, smash, *a. fig.* wreck, ruin, *sl.* bust, (*Projekt etc*) *a.* kill; *fig.* **falsche Erziehung kann viel** ~ misconceived education can do a lot of harm. **2.** *fig.* **j-n** ~ a) (*erschöpfen*) kill (*od.* finish) s. o., b) *gesundheitlich, nervlich*: get s. o. down, wreck (*od.* ruin) s. o.'s health (*od.* nerves), make s. o. go to pieces, c) *beruflich, politisch etc*: break (*od.* ruin) s. o. **II** *v/reflex* **3. sich** ~ kill o. s. (with over *s. th.*, doing *s. th.*). **~ˌschla·gen** *v/t* ‹*irr, sep*, **-ge-, h**› *colloq.* smash *s. th.* (to bits), bust *s. th.* up, **j-n**: *a.* beat s. o. to a pulp.

Ka·pu·ze [ka'puːtsə] *f* ‹-; **-n**› hood, *e-s Mönchs*: cowl.

ka'pu·zen|ˌför·mig *adj bot. zo.* cowled, hooded, cuculliform. **2ˌman·tel** *m Mode*: coat with a hood.

Ka·pu·zi·ner [kapu'tsiːnər] *m* ‹-s; -› **1.** *R. C.* Capuchin (friar *od.* monk). **2.** *Austrian* coffee with very little milk, capuccino coffee. **3.** → **~ˌaf·fe** *m* capuchin (monkey).

Ka·pu'zi·ne·rin *f* ‹-; **-nen**› *R. C.* Capuchin (nun).

Ka·pu'zi·ner|ˌkres·se *f* nasturtium. **~ˌmönch** *m* → **Kapuziner** 1. **~ˌor·den** *m R. C.* Capuchin Order. **~ˌpre·digt** *f fig.* haranguing sermon (with comic touches). **~ˌro·se** *f* yellow rose.

'Kap|ˌwein *m* Cape wine. **~ˌwol·le** *f* Cape wool.

Kar [kaːr] *n* ‹-(e)s; -e› *geol.* cirque.

Ka·ra·bi·ner [kara'biːnər] *m* ‹-s; -› **1.** *mil.* carbine. **2.** → **~ˌha·ken** *m* **1.** *tech.* snap (*od.* spring) hook. **2.** *mount.* snap link.

Ka·ra·cho [ka'raxo] *n* ‹-; *no pl*› *colloq.* **mit** ~ at top speed, woosh, *weitS.* hell for leather.

Ka·raf·fe [ka'rafə] *f* ‹-; **-n**› (*Wein2*) decanter, (*Wasser2 etc*) carafe.

Ka·ra·kul [kara'kʊl] *n* ‹-s; -›, **~ˌfell** *n*, **~ˌpelz** *m*, **~ˌschaf** *n* karakul.

Ka·ram·bo·la·ge [karambo'laːʒə] *f* ‹-; **-n**› **1.** *Billard*: cannon, *Am.* carom; **e-e** ~ **erzielen** cannon, *Am.* carom. **2.** *colloq. mit dem Auto*: crash, (*a. fig. Streit*) collision; **e-e** ~ **mit j-m haben** collide with s. o.

Ka·ram|bo·le [karam'boːlə] *f* ‹-; **-n**› *Billard*: red ball, (the) red. **2bo'lie·ren** [-bo'liːrən] *v/i* ‹*no* **ge-, h**› **1.** *Billard*: cannon, *Am.* carom. **2.** *colloq.* collide (with another car).

Ka·ra·mel [kara'mɛl] *m* ‹-s; *no pl*› *gastr.* caramel. **ka·ra·me·li'sie·ren** [-meli'ziːrən] *v/t* ‹*no* **ge-, h**› caramel(ize).

Ka·ra·mel·le [kara'mɛlə] *f* ‹-; **-n**› caramel.

Ka·rat [ka'raːt] *n* ‹-(e)s; -e› **1.** (*Juwelengewicht*) carat (weight). **2.** (*Goldfeingehalt*) karat, carat; **Gold von 24** ~ 24-carat gold.

Ka·ra·te [ka'raːtə; kara'tɛ] *n* ‹-(s); *no pl*› *Sport*: karate.

ka·ra·tie|ren [kara'tiːrən] *v/t* ‹*no* **ge-, h**› alloy. **2rung** *f* ‹-; **-en**› alloying (of gold); **rote (weiße)** ~ alloy of gold with copper (with silver).

...ka·rä·tig [-kaˌrɛtɪç] *in Zssgn* -carat; **24-karätiges Gold** 24-carat gold.

Ka'ratˌstem·pel *m* carat mark, hallmark.

Ka·ra·vel·le [kara'vɛlə] *f* ‹-; **-n**› *mar. hist.* caravel.

Ka·ra·wa·ne [kara'vaːnə] *f* ‹-; **-n**› caravan. **Ka·ra'wa·nenˌstra·ße** *f* caravan track (*od.* route). **Ka·ra·wan·se·rei** [karavanzə'raɪ] *f* ‹-; **-en**› caravanserai.

Karb·amid [karba'miːt] *n* ‹-(e)s; *no pl*› *chem.* carbamide, urea. **~ˌharz** *n synth.* urea resin.

Kar·bid [kar'biːt] *n* ‹-(e)s; -e› *chem.* carbide.

Kar·bi·nol [karbi'noːl] *n* ‹-s; -e› *chem.* methanol.

Kar·bol [kar'boːl] *n* ‹-s; *no pl*› *colloq. for* **Phenol**. **2ˌsau·er** *adj chem.* carbolic. **~ˌsäu·re** *f* → **Phenol**. **~ˌsei·fe** *f* carbolic soap. **~verˌgif·tung** *f* carbolism. **~ˌwas·ser** *n pharm.* phenolated water.

Kar·bon [kar'boːn] *n* ‹-s; *no pl*› *geol. hist.* Carboniferous (period).

Kar·bo·na·de [karbo'naːdə] *f* ‹-; **-n**› *gastr.* cutlet.

Kar·bo·nat[1] [karbo'naːt] *m* ‹-(e)s; -e› *min.* carbonado. **Kar·bo'nat**[2] *n* ‹-(e)s; -e› *chem.* carbonate.

Kar'bon|ˌdruck *m* ‹-(e)s; -e› carbon print. **~for·ma·tiˌon** *f geol.* Carboniferous (formation).

Kar·bo·ni·sa·ti·on [karboniza'tsĭoːn] *f* ‹-; *no pl*› *chem. tech.* carbonization. **kar'bo·nisch** *adj* **1.** *chem.* carbonic. **2.** *geol.* Carboniferous. **kar·bo·ni·sie·ren** [karboni'ziːrən] *v/t* ‹*no* **ge-, h**› *tech.* carbonate, carbonize. **Kar·bo·nit** [karbo'niːt; -'nɪt] *m* ‹-(e)s; -e› carbonite.

Kar'bon|paˌpier *n Austrian for* **Kohlepapier**. **~ˌsäu·re** *f chem.* carboxylic acid.

Kar·bo·nyl [karbo'nyːl] *n* ‹-s; -e› *chem.* carbonyl.

Kar·bo·rund [karbo'rʊnt] *n* ‹-(e)s; *no pl*› *chem. tech.* carborundum.

Karb·oxyl [karbɔ'ksyːl] *n* ‹-s; -e› *chem.* carboxyl.

Kar·bun·kel [kar'bʊŋkəl] *m* ‹-s; -› *med.* carbuncle.

Kar·bu|ra·tor [karbu'raːtɔr] *m* ‹-s; **-en** [-ra'toːrən]› *chem.* carburet(t)or. **2'rie·ren** [-'riːrən] *v/t* ‹*no* **ge-, h**› carburet.

Kar'dan|ˌanˌtrieb [kar'daːn-] *m tech.* Cardan drive. **~ˌaufˌhän·gung** *f* Cardan(ic) suspension. **~geˌlenk** *n* Cardan (*od.* universal) joint.

kar'da·nisch *adj* **1.** *tech.* Cardan(ic). **2.** *math.* ~**e Formel** Cardan's rule.

Kar'dan|ˌring *m e-s Kompasses*: gimbal ring. **~ˌwel·le** *f tech.* Cardan shaft, flexible drive shaft.

Kar·dät·sche [kar'dɛːtʃə] *f* ‹-; **-n**› **1.** *Weberei*: card. **2.** (*Striegel*) currycomb. **kar'dät·schen** *v/t* ‹*no* **ge-, h**› **1.** (*Wolle etc*) card. **2.** (*Pferde*) curry(comb), brush.

Kar·de ['kardə] *f bot. u. Weberei*: teasel.

kar·den ['kardən] *v/t* ‹**h**› (*Wolle*) card, tease.

Kar·dia [kar'diːa] *f* ‹-; *no pl*› *anat.* cardia. **Kar·dia·kum** [kar'diːakʊm] *n* ‹-s; **-ka** [-ka]› *pharm.* cardiac (stimulant *od.* remedy). **kar·di·al** [kar'dĭaːl] *adj anat.* cardiac.

kar·die·ren [kar'diːrən] *v/t* ‹*no* **ge-, h**› → **karden**.

Kar·di·nal [kardi'naːl] *m* ‹-s; ⸗e› **1.** *R. C.* cardinal. **2.** cardinal (bird). **3.** *punch of white wine with bitter orange peels.*

Kar·di'nal... *in Zssgn* cardinal. **~ˌfeh·ler** *m fig.* cardinal mistake (*od.* fault). **~ˌfra·ge** *f fig.* cardinal question.

Kar·di·na·lia [kardi'naːlĭa] *pl ling. math.* cardinals.

Kar·di'nal|ˌpunkt *m biol. opt., a. fig.* cardinal point. **~ˌpur·pur** *m* cardinal (red).

Kar·di'nals|ˌhut *m R. C.* cardinal's (*od.* red) hat. **~kolˌle·gi·um** *n* college of cardinals. **~kon·gre·ga·tiˌon** *f* congregation of cardinals, Roman congregation.

Kar·di'nalˌstaats·se·kreˌtär *m R. C.* Papal Secretary of State.

Kar·di'nalsˌwür·de *f R. C.* cardinalate.

Kar·di'nal|ˌtu·gend *f meist pl philos.* cardinal virtue. **~ˌzahl** *f ling. math.* cardinal (number *od.* numeral).

Kar·dio|gramm [kardĭo'gram] *n* ‹-s; -e› *med.* cardiogram. **~'graph** [-'graːf] *m* ‹-en; **-en**› cardiograph. **~gra'phie** [-gra'fiː] *f* ‹-; *no pl*› cardiography. **2'gra·phisch** *adj* cardiographic.

Kar·dio·ide [kardĭo'iːdə] *f* ‹-; **-n**› *math.* cardioid.

Kar·dio|lo·ge [kardĭo'loːgə] *m* ‹**-n**; **-n**› *med.* cardiologist. **~lo'gie** [-lo'giː] *f* ‹-; *no pl*› cardiology.

Kar·di·tis [kar'diːtɪs] *f* ‹-; **-tiden** [-di'tiːdən]› *med.* carditis.

Ka·renz [ka'rɛnts] *f* ‹-; **-en**›, **~ˌfrist** *f Versicherung*: qualifying period, waiting time. **~ˌjahr** *n R. C. year in which the holder of a benefice has to forego part or all of the revenue attached to it.* **~ˌzeit** *f* **1.** *econ.* a) (*emissionsfreie Zeit*) close season, b) period of (competitive) restriction. **2.** *med.* period of rest (*od.* diet). **3.** → **Karenz(frist)**. **4.** *fig.* (*Schonfrist*) (period of) grace.

Kar·fi·ol [kar'fĭoːl] *m* ‹-s; *no pl*› *Austrian for* **Blumenkohl**.

ˌKar'freiˌtag [ˌkaːr-] *m relig.* Good Friday.

Kar·fun·kel [kar'fʊŋkəl] *m* ‹-s; -› **1.** *min.* almandite, almandine. **2.** *med. colloq. for* **Karbunkel**. **3.** → **~ˌstein** *m* **1.** *hist. any red precious stone.* **2.** carbuncle (stone).

karg [kark] **I** *adj* ‹**-er**, *a.* ⸗**er**; **-st**, *a.* ⸗**st**› **1.** *allg.* meag/re (*Am.* -er), scanty, *stärker*: paltry, *Essen, Leben*: *a.* frugal, *Dank etc*: sparing, *Beifall, Lob etc*: scant, faint, very little. **2.** *Person*: (*sparsam*) sparing, frugal, (*geizig*) stingy; **mit e-r Sache** ~ **sein** → **kargen**. **3.** *Boden*: poor, barren, sterile. **II** *adv* **4.** meagrely, scantily, frugally, poorly. **5.** ~ **bemessen sein** *Freizeit etc*: be strictly limited, be (very) restricted, *Lohn etc*: be (very) scanty (*od.* meagre).

'Kar·geˌbir·ge *n geol.* fretted upland.

kar·gen ['kargən] *v/i* ‹**h**› **mit e-r Sache** ~ a) *mit Lob, Worten etc*: be sparing (*od.* chary) of s. th., b) *mit Trinkgeldern etc*: be tight(fisted) (*od.* stingy) with s. th., c) *mit Butter etc*: be stinting with s. th.; **nicht mit e-r Sache** ~ be unsparing of s. th., be lavish with s. th.

'Karg·heit *f* ‹-; *no pl*› **1.** *allg.* scantiness, meagreness, *Am.* meagerness, frugality, poorness. **2.** *e-r Person*: sparingness,

frugality, (*Geiz*) stinginess. **3.** *des Bodens etc*: poorness, barrenness.
'Kar,glet·scher *m geol.* cirque glacier.
kärg·lich ['kɛrklɪç] *adj* → **karg** 1. **2keit** *f* ⟨-; *no pl*⟩ **1.** → **Kargheit** 1. **2.** *der Einrichtung etc*: poorness.
Ka·ri·be [ka'ri:bə] *m* ⟨-n; -n⟩ Carib(bean). **ka'ri·bisch** *adj* Caribbean; **das 2e Meer** the Caribbean Sea.
Ka·ri·bu ['ka:ribu] *m* ⟨-s; -s⟩ *orn.* caribou.
ka·rie·ren [ka'ri:rən] *v/t* ⟨*no* **ge-**, **h**⟩ check, chequer, *Am.* checker, (*bes. Papier*) square. **ka'riert I** *adj* **1.** check(ed), chequered, *Am.* checkered, *Papier*: squared, cross-section. **2.** *fig. colloq.* silly, quirky; **~es Zeug reden** blather, talk rubbish (*od.* rot). **II** *adv* **3.** *fig. colloq.* foolishly; **~ gucken** look daft.
Ka·ri·es ['ka:rĭɛs] *f* ⟨-; *no pl*⟩ *med.* caries, tooth decay.
Ka·ri·ka·tur [karika'tu:r] *f* ⟨-; -en⟩ caricature (*a. fig.*), (*Witzzeichnung*) *meist* cartoon; **e-e ~ von j-m zeichnen** caricature s. o., draw a cartoon of s. o.; *fig.* **j-n zur ~ machen** ridicule s. o., make s. o. a laughingstock. **Ka·ri·ka'tu·ren,zeich·ner** *m* cartoonist.
Ka·ri·ka·tu'rist [-tu'rɪst] *m* ⟨-en; -en⟩ caricaturist, (*Witzzeichner*) *meist* cartoonist. **ka·ri·ka·tu'ri·stisch** *adj* caricatural, (in the form of a) cartoon.
ka·ri'kie·ren [-'ki:rən] *v/t* ⟨*no* **ge-**, **h**⟩ caricature (*a. fig.*), cartoon, make a cartoon of, *fig.* travesty, persiflage.
ka·ri·ös [ka'rĭø:s] *adj med.* carious, *Zahn*: *a.* decayed, rotten.
ka·ri·ta·tiv [karita'ti:f] *adj* charitable.
Kar·kas·se [kar'kasə] *f* ⟨-; -n⟩ *allg.* carcass (*a. gastr.*, *mil. hist.*), *mot. e-s Reifens*: *a.* casing.
'Karls,preis, der *der Stadt Aachen*: the Charlemagne Peace Prize.
Kar·ma(n) ['karma(n)] *n* ⟨-s; *no pl*⟩ *relig.* karma.
Kar·me·lit [karme'li:t] *m* ⟨-en; -en⟩, **Kar·me'li·ter** *m* ⟨-s; -⟩ *R. C.* Carmelite (friar *od.* monk), White Friar. **Kar·me'li·ter,geist** *m* ⟨-es; *no pl*⟩ *pharm.* Carmelite water. **Kar·me'li·te·rin** *f* ⟨-; -nen⟩ Carmelite (nun). **Kar·me'li·ter,or·den** *m* Carmelite Order.
kar·me·sin [karme'zi:n] **I** *adj*, **II 2** *n* ⟨-s; *no pl*⟩ carmine, crimson. **Kar·min** [kar'mi:n] *n* ⟨-s; *no pl*⟩ carmine.
Kar·mi·na·ti·vum [karmina'ti:vum] *n* ⟨-s; -va [-va]⟩ *pharm.* carminative.
kar'min,rot I *adj*, **II 2** *n* carmine.
Kar·ne·ol [karne'o:l] *m* ⟨-s; -e⟩ *min.* carnelian.
Kar·ne·val ['karnəval] *m* ⟨-s; -e *u.* -s⟩ carnival, Shrovetide; **Prinz ~** King Carnival. **Kar·ne·va'list** [-'lɪst] *m* ⟨-en; -en⟩ carnival revel(l)er (*od.* performer). **kar·ne·va'li·stisch** *adj* carnival.
'Kar·ne·vals ... *in Zssgn* → **Faschings ...**
Kar·nickel (*getr.* **-k·k-**) [kar'nɪkəl] *n* ⟨-s; -⟩ **1.** *zo. colloq.* rabbit; *cf.* **Kaninchen.** **2.** *fig. colloq.* a) (*Sündenbock*) patsy, b) *contp.* (*Dummkopf*) silly ass.
Kar·nies [kar'ni:s] *n* ⟨-es; -e⟩ *arch.* cornice, ogee.
kar·ni·vor [karni'vo:r] *adj bot. zo.* carnivorous.
Kärnt·ner ['kɛrntnər] *m* ⟨-s; -⟩, **'kärnt·ne·risch** *adj* Carinthian.
Ka·ro ['ka:ro] *n* ⟨-s; -s⟩ **1.** *Textil.* check, square. **2.** *Kartenspiel*: diamonds *pl* (*als sg od. pl konstruiert*). **3.** *mil. sl.* **~ einfach** dry bread. **~-,As** *n* ace of diamonds. **~,bu·be** *m* jack (*od.* knave) of diamonds. **~,da·me** *f* queen of diamonds. **~,kar·te** *f* diamond. **~,kö·nig** *m* king of diamonds.

Ka·ro|lin·ger ['ka:rolɪŋər] *m* ⟨-s; -⟩, **2lin·gisch, 2'li·nisch** [-'li:nɪʃ] *adj hist.* Carolingian.
'Ka·ro,mu·ster *n* check(ed) pattern; **et. mit e-m ~ versehen** check s. th.
Ka·ros·se [ka'rɔsə] *f* ⟨-; -n⟩ state coach.
Ka·ros·se·rie [karɔsə'ri:] *f* ⟨-; -n [-ən]⟩ *mot.* (car) body, coachwork. **~,bau** *m* bodymaking, (car-)body construction. **~,bau·er** *m* bodymaker. **~,blech** *n* body sheet. **~ge,stal·ter, ~kon·struk,teur** *m* car-body designer (*od.* stylist).
ka·ros·sie·ren [karɔ'si:rən] *v/t* ⟨*no* **ge-**, **h**⟩ *mot.* design, style.
Ka·ro·tin [karo'ti:n] *n* ⟨-s; *no pl*⟩ *chem.* carotene.
Ka·ro·tis [ka'ro:tɪs] *f* ⟨-; -tiden [-ro'ti:dən]⟩ *anat.* carotid.
Ka·rot·te [ka'rɔtə] *f* ⟨-; -n⟩ *bot.* carrot.
kar·pa·tisch [kar'pa:tɪʃ] *adj geogr.* Carpathian.
Kar·pell [kar'pɛl] *n* ⟨-s; -e⟩ *bot.* carpel(lum).
Karp·fen ['karpfən] *m* ⟨-s; -⟩ *ichth.* carp. **2,ar·tig** *adj* cyprinid. **~,rücken** (*getr.* **-k·k-**) *m vet.* roach back. **~,teich** *m* carp pond; → **Hecht** 1. **~,zucht** *f* **1.** carp breeding. **2.** carp nursery.
Kar·po|lo·gie [karpolo'gi:] *f* ⟨-; *no pl*⟩ *bot.* carpology. **~'phor** [-'fo:r] *m* ⟨-s; -e⟩ carpophore.
Kar·re ['karə] *f* ⟨-; -n⟩ **1.** (*Hand2*) (hand)cart, (push)cart, barrow, (*Schub2*) wheelbarrow, (*Fuhrwerk*) cart; **e-e ~ voll** a cartload of; *fig. colloq.* **die ~ in den Dreck fahren** make a mess of things; **die ~ aus dem Dreck ziehen** clear up the mess, straighten things out; **die ~ war vollständig verfahren** things were in a complete mess; **die ~ (einfach) laufenlassen** let things take their course, let things slide; **j-m an die ~ fahren** step on s. o.'s toes. **2.** *colloq.* a) (**alte**) **~** (old) rattletrap, (*Auto*) *a.* (old) jalopy, bus, b) (*Auto*) car, *sl.* pile, bus.
Kar·ree [ka're:] *n* ⟨-s; -s⟩ **1.** *mil.*, *a. beim Tanz*: square; **sich im ~ aufstellen** form a square. **2.** *colloq.* (*Wohnviertel*) block (of houses); **ums ~ gehen** go (a)round the block. **3.** *bes. Austrian gastr.* (veal *od.* pork) loin. **~,spiel** *n Billard*: balk-line game.
kar·ren ['karən] *v/t* ⟨**h**⟩ wheel, cart.
'Kar·ren[1] *m* ⟨-s; -⟩ **1.** → **Karre**; *fig. colloq.* **j-n vor s-n ~ spannen** a) rope s. o. in (to do the donkeywork), b) *pol. etc* use s. o. as a figurehead. **2.** (electric) truck, trolley. **3.** (*Förder2*) (mining) tram (*od.* truck). **4.** *print.* coffin. **'Kar·ren**[2] *pl geol.* karren, lapies.
'Kar·ren|,gaul *m* **1.** carthorse, dray horse. **2.** *contp.* (*altes Pferd*) jade. **~,la·dung** *f* cartload. **~,spur** *f* cart rut.
Kar·ret·te [ka'rɛtə] *f* ⟨-; -n⟩ *Swiss* **1.** (*Schubkarren*) wheelbarrow. **2.** *mil.* (troop) carrier. **3.** shopping cart.
Kar·rie·re [ka'rĭɛ:rə] *f* ⟨-; -n⟩ **1.** career; **~ machen** work one's way up, get on (*od.* ahead, to the top); **er hat e-e glänzende ~ gemacht** he has made a brilliant career for himself; **er hat rasch ~ gemacht** he has climbed the ladder fast. **2.** (*schneller Galopp*) full gallop; **in voller ~** at full gallop, *weitS.* at full speed; **~ reiten** gallop. **~,frau** *f* career woman. **~,ma·cher** *m* ⟨-s; -⟩ *contp.* careerist.
Kar·rie·ris·mus [karĭe'rɪsmus] *m* ⟨-; *no pl*⟩ *contp.* careerism. **Kar·rie'rist** [-'rɪst] *m* ⟨-en; -en⟩ careerist.
Kär·ner ['kɛrnər] *m* ⟨-s; -⟩ *obs.* carter, carman. **~,ar·beit** *f colloq.* donkeywork, drudgery.
Kar·ru [ka'ru:] *f* ⟨-; *no pl*⟩ *geogr.* kar(r)oo.

,Kar'sams,tag *m relig.* Holy Saturday.
'Kar,see *m geol.* cirque (lake).
Karst[1] [karst] *m* ⟨-es; *no pl*⟩ *geol.* karst.
Karst[2] *m* ⟨-es; -e⟩ *agr.* mattock, (*zweizinkige Hacke*) prong hoe. **'Karst,trich·ter** *m geol.* dolina, sink(hole).
Kar·tät·sche [kar'tɛ:tʃə] *f* ⟨-; -n⟩ *mil. hist.* case (*od.* canister) shot. **kar'tät·schen** *v/i* ⟨*no* **ge-**, **h**⟩ shoot (*od.* fire) with case shot.
Kar·tau·se [kar'tauzə] *f* ⟨-; -n⟩ *R. C.* Carthusian monastery (*od.* convent), charterhouse.
Kar·täu·ser [kar'tɔyzər] *m* ⟨-s; -⟩ **1.** *R. C.* Carthusian (friar *od.* monk). **2.** Chartreuse (liqueur). **~,klo·ster** *n* → **Kartause.** **~,nel·ke** *f bot.* Carthusian's pink.
Kar·te ['kartə] *f* ⟨-; -n⟩ **1.** (*Post2*) (post)card, *Am. a.* postal card; → **Ansichtskarte.** **2.** (*Glückwunsch2*) (greeting) card; **j-m e-e ~ zum Geburtstag schicken** send s. o. a birthday card. **3.** (*Anzeige*) announcement; **zur Verlobung ~n verschicken** send out engagement announcements; **statt ~n** *in e-r Annonce*: *etwa*: instead of sending out individual announcements. **4.** (*Visiten2*) (calling *od.* visiting) card. **5.** (*Lebensmittel2*) ration card (*od.* book), coupon; **et. auf ~n kaufen** buy s. th. on coupons. **6.** (*Land2*) map, (*See2*, *Flug2*) chart; **~n lesen können** be able to read (*od.* interpret) maps; **den Kurs auf der ~ eintragen** chart the course. **7.** (*Speise2*) menue, bill of fare, (*Wein2*) (wine) list; **nach der ~ essen** dine à la carte. **8.** (*Fahr2*) ticket, (*Eintritts2*) (admission) ticket. **9.** (*Stempel2*) time card. **10.** *Statistik*: graph, chart. **11.** (*Spiel2*) (playing) card, *collect.* (*Blatt*) hand, cards *pl*; **ein Spiel ~n** a pack (*bes. Am.* deck) of cards; **~n spielen** (*od. colloq.* **dreschen**) play cards; **e-e gute ~ haben, gute ~n haben** have a good hand; **j-m die ~n legen** tell s. o.'s fortune from cards; **e-e ~ ausspielen (stechen)** play (trump) a card; *fig.* **diese ~ sticht nicht** that won't work (*od.* do); **s-e ~n aufdecken** (*od.* **auf den Tisch legen, offen hinlegen**) *a. fig.* show one's cards (*od.* hand), lay (*od.* put) one's cards on the table; *fig.* **s-e letzte ~ ausspielen** make one's last bid, play one's last card; **auf die falsche ~ setzen** back the wrong horse; **alles auf eine ~ setzen** put all one's eggs in one basket, stake everything on one card (*od.* chance); **er läßt sich nicht in die ~n sehen** he doesn't show his hand; **er hat alle ~n in der Hand** he holds all the trumps; **mit gezinkten ~n spielen** play false (*od.* with a stacked deck); **mit offenen (verdeckten) ~n spielen** show (conceal) one's hand.
Kar·tei [kar'taɪ] *f* ⟨-; -en⟩ card index, index file, *in Bibliotheken*: *a.* card catalog(ue *Br.*); **~ führen über** (*acc*) keep a card index on. **~,kar·te** *f* index (*od.* file) card; **~n einordnen** file index cards. **~,ka·sten** *m* filing case (*od.* box), card-index box. **~,rei·ter** *m* tab (signal). **~,schrank** *m* filing cabinet. **~,zet·tel** *m* index (*od.* filing) slip.
Kar·tell [kar'tɛl] *n* ⟨-s; -e⟩ **1.** *econ. pol.* cartel, *Am. econ. a.* trust. **2.** *univ.* confederation of student organizations. **3.** *hist. beim Duell*: cartel, written challenge. **~,ab,kom·men** *n*, **~,ab,re·de, ~,ab,spra·che** *f* cartel agreement. **~,amt** *n* Office for the Control and Supervision of Cartels. **~,bil·dung** *f* formation of cartels. **~ent,flech·tung** *f* decartel(l)ization. **~ge,setz** *n* cartel act, *Am. a.* antitrust law.

kar·tel·lie|ren [kartɛ'liːrən] *v/t* ⟨*no* ge-, h⟩ *econ.* cartel(l)ize. **Ձrung** *f* ⟨-; -en⟩ cartel(l)ization.

Kar'tell|ˌträ·ger *m hist.* **1.** bearer of a cartel. **2.** second (to a dueller). **~verˌband** *m* → Kartell 2. **~verˌbot** *n* ban on cartels. **~verˌtrag** *m* cartel contract. **~ˌwe·sen** *n* ⟨-s; *no pl*⟩ cartel system, cartelism.

'Kar·ten|ˌausˌga·be *f* **1.** → Kartenverkauf. **2.** → **~ˌausˌga·be·ˌstel·le** *f* **1.** ticket (*od.* booking) office. **2.** *in Krisenzeiten*: coupon (*od.* ration card) issue office. **~au·toˌmat** *m rail. etc* coin-operated ticket vendor (*od.* machine), *bes. Br.* ticket slot-machine. **~ˌbild** *n* **1.** cartographic representation. **2.** *bes. econ.* illustrative data map. **~ˌblatt** *n* **1.** *e-r Landkarte*: map (sheet). **2.** (*Spielkarte*) card. **~ˌbrief** *m* letter card. **~entˌfer·nung** *f* distance on the map, map distance. **~ˌgit·ter** *n* (map) grid. **~ˌgruß** *m* (post)card. **~ˌhal·ter** *m* map holder. **~ˌhaus** *n* **1.** house of cards. **2.** *mar.* chartroom. **~ˌkun·de** *f* **1.** cartography. **2.** → Kartenlesen. **~ˌkünst·ler** *m* person who performs (*od.* is good at) card tricks. **~ˌkunstˌstück** *n* card trick. **~ˌle·geˌkunst** *f* cartomancy. **~ˌle·gen** *n* ⟨-s⟩ fortune-telling from the cards, cartomancy. **~ˌle·ge·rin** *f* ⟨-; -nen⟩ fortune-teller (from the cards). **~ˌle·sen** *n* ⟨-s⟩ map reading. **~ˌlo·cher** *m* card punch. **~ˌmaßˌstab** *m* map scale. **~ma·te·riˌal** *n* maps and charts *pl.* **~ˌmi·scher** *m* **1.** shuffler. **2.** *Computer*: (numerical) collator. **~ˌnetz** *n* map grid. **~ˌra·ster** *m* radar raster. **~ˌschal·ter** *m* ticket counter (*od.* window). **~ˌskiz·ze** *f* sketch map. **~ˌspiel** *n* **1.** card game, game of cards. **2.** card-playing. **3.** pack (*Am. a.* deck) of cards. **~ˌspie·ler** *m* card-player. **~ˌstän·der** *m* map stand. **~ˌta·sche** *f* map case, *in Autotür etc*: map pocket. **~ˌtisch** *m* **1.** card table. **2.** map table. **~verˌkauf** *m* sale of tickets; *thea.* (*Kasse*) box-office; **~ ab 10 Uhr** the box-office opens at ten o'clock. **~ˌvor·verˌkauf** *m* advance booking (*od.* ticket sale), *Am.* reservation(s *pl*). **~ˌwerk** *n* atlas. **~ˌzei·chen** *n* conventional sign. **~ˌzeich·nen** *n* mapping, cartography. **~ˌzeich·ner** *m* cartographer, mapper, *meteor.* plotter.

Kar·te·sia·ner [karte'zĭaːnər] *m* ⟨-s; -⟩, **kar'te·sisch** [-'teːzɪʃ] *adj philos.* Cartesian.

Kar·tha·ger [kar'taːgər] *m* ⟨-s; -⟩, **kar'tha·gisch** *adj hist.* Carthaginian.

Kar·tof·fel [kar'tɔfəl] *f* ⟨-; -n *u. colloq.* -⟩ **1.** *bot.* potato; **Süße ~** sweet potato, batata. **2.** *gastr.* potato, *colloq.* spud; **die dümmsten Bauern haben die größten ~n** fortune favo(u)rs fools; *fig. colloq.* **rin in die ~n, raus aus den ~n** first one thing, then the other. **3.** *colloq. humor.* a) (large) hole in a sock (*etc*), b) (*große Taschenuhr*) turnip, c) (*dicke Nase*) *sl.* conk, schnozzle. **~ˌanˌbau** *m* ⟨-(e)s; *no pl*⟩ cultivation (*od.* growing) of potatoes. **~ˌbauch** *m colloq.* potbelly. **~ˌbranntˌwein** *m* potato spirit. **~ˌbrei** *m* ⟨-(e)s; *no pl*⟩ mashed (*od.* creamed) potatoes *pl.* **~ˌchips** *pl* crisps, *Am.* (potato) chips. **~ˌern·te** *f* potato harvest, (*Ertrag*) potato crop. **~ˌfäu·le** *f* potato rot. **~ˌkä·fer** *m zo.* (Colorado) potato beetle, *Am. a.* potato bug. **~ˌkloß,** *Southern G.* **~ˌknö·del** *m* potato dumpling. **~ˌknol·le** *f* potato tuber. **~ˌkraut** *n* potato vine (*od.* foliage), *nach der Ernte*: potato tops *pl.* **~kroˌket·te** *f* potato croquette. **~ˌmehl** *n* potato flour. **~ˌmie·te** *f* potato pit. **~ˌmus** *n* → Kartoffelbrei. **~ˌna·se** *f* → Kartoffel 3c. **~ˌpuf·fer** *m* potato fritter (*od.* pancake). **~püˌree** *n* ⟨-s; *no pl*⟩ → Kartoffelbrei. **~ˌro·der** *m tech.* potato digger (*od.* lifter). **~saˌlat** *m* potato salad. **~ˌscha·le** *f* potato peel, *von gekochten Kartoffeln*: skin, jacket. **~ˌschä·ler** *m* potato peeler. **~ˌschnaps** *m* potato spirit. **~ˌstamp·fer** *m* potato masher. **~ˌstär·ke** *f* potato starch, (potato) farina. **~ˌsup·pe** *f* potato soup.

Kar·to|gramm [karto'gram] *n* ⟨-s; -e⟩ cartogram. **~'graph** [-'graːf] *m* ⟨-en; -en⟩ cartographer. **~gra'phie** [-gra'fiː] *f* ⟨-; *no pl*⟩ cartography. **Ձ'gra·phisch I** *adj* cartographic(al). **II** *adv* **~ erfaßt** mapped. **~'me·ter** [-'meːtər] *n* ⟨-s; -⟩ *geogr.* opisometer.

Kar·ton [kar'tõː; -'toːn; -'tɔŋ] *m* ⟨-s; -s *u. rare* -e⟩ **1.** cardboard, *stärker*: paste-board. **2.** (*Schachtel*) carton, cardboard box. **3.** *Kunst*: cartoon. **4.** *print.* (*Ersatzblatt*) insert, inset. **Kar·to·na·ge** [karto'naːʒə] *f* ⟨-; -n⟩ **1.** cardboard container (*od.* box). **2.** *pl econ.* cardboard products. **3.** *print.* board binding, paperboards *pl.* **Kar·to'na·genˌpap·pe** *f* box board.

Kar'tonˌhül·le *f e-s Buches*: slipcase, outer cover.

kar·to·nie·ren [karto'niːrən] *v/t* ⟨*no* ge-, h⟩ **1.** *print.* bind (*book*) in boards. **2.** pack *s. th.* in carton(s). **kar·to'niert** *adj Buch*: (bound) in boards, paperback(ed).

Kar'ton·paˌpier *n* fine cardboard.

Kar·to·thek [karto'teːk] *f* ⟨-; -en⟩ → Kartei.

Kar·tu·sche [kar'tʊʃə] *f* ⟨-; -n⟩ **1.** *mil.* cartridge. **2.** *arch.* cartouche. **3.** *print.* scroll.

Ka·run·kel [ka'rʊŋkəl] *f* ⟨-; -n⟩ *med.* caruncle.

Ka·rus·sell [karʊ'sɛl] *n* ⟨-s; -s *u.* -e⟩ **1.** roundabout, whirligig, merry-go-round (*beide a. fig. of time, etc*); **~ fahren** have a go (*od.* ride) on the merry-go-round. **2.** *colloq.* → Kreisverkehr. **3.** → **~ˌdrehˌbank** *f tech.* vertical turret lathe. **~ˌpferd** *n* hobbyhorse.

kar'weel·geˌbaut [kar'veːl-] *adj mar.* carvel-built.

'Karˌwo·che *f relig.* Holy (*od.* Passion) Week.

Ka·rya·ti·de [karya'tiːdə] *f* ⟨-; -n⟩ *arch.* caryatid.

Ka·ryo|ga·mie [karyoga'miː] *f* ⟨-; *no pl*⟩ *biol.* karyogamy. **~ki'ne·se** [-ki'neːzə] *f* ⟨-; -n⟩ mitosis, karyokinesis. **~'ly·se** [-'lyːzə] *f* ⟨-; -n⟩ karyolysis. **~'som** [-'zoːm] *n* ⟨-s; -en⟩ karyosome.

Kar·zer ['kartsər] *m* ⟨-s; *no pl*⟩ *ped.* detention (room).

Kar·zi|no·gen [kartsino'geːn] *med.* **I** *n* ⟨-s; -e⟩ carcinogen. **II Ձ** *adj* carcinogenic. **Ձno'id** [-no'iːt] *adj* carcinoid. **~'nom** [-'noːm] *n* ⟨-s; -e⟩ carcinoma, cancer. **Ձno·ma'tös** [-noma'tøːs] *adj* carcinomatous, cancerous. **~no·ma'to·se** [-noma'toːzə] *f* ⟨-; *no pl*⟩, **~'no·se** [-'noːzə] *f* ⟨-; -n⟩ carcinomatosis, carcinosis.

Ka·sack ['kaːzak] *m* ⟨-s; -s⟩, *Austrian f* ⟨-; -s⟩ tunic, (jumper) blouse.

Käsch [kɛʃ] *n* ⟨-; -e⟩ (*chines. Münze*) cash.

Ka·scha ['kaʃa] *f* ⟨-; *no pl*⟩ *gastr.* kasha.

Ka·schem·me [ka'ʃɛmə] *f* ⟨-; -n⟩ *contp. colloq.* (low) dive, beer joint.

ka·schie·ren [ka'ʃiːrən] *v/t* ⟨*no* ge-, h⟩ **1.** *Buchbinderei*: line, (*Papier*) laminate. **2.** (*Theaterwerk etc*) mo(u)ld. **3.** *Textil.* bond *s. th.* (together). **4.** *tech. u. fig.* conceal. **Ka'schier·paˌpier** *n* lining paper.

Kasch·mir ['kaʃmɪr] *m* ⟨-s; -e⟩ *Textil.* cashmere.

Kasch·mi·ri [kaʃ'miːri] *n* ⟨-; *no pl*⟩ *ling.* Kashmiri. **kasch'mi·risch** [-rɪʃ] *adj* Kashmirian.

'Kasch·mir|ˌschal *m* cashmere shawl. **~ˌwol·le** *f* cashmere (wool). **~ˌzie·ge** *f zo.* Kashmir goat.

Kä·se ['kɛːzə] *m* ⟨-s; -⟩ **1.** cheese; **unreifer ~** green cheese; **weißer ~** whey (*od.* cottage) cheese; **der ~ ist durch** the cheese is ripe. **2.** *fig. colloq.* (*Unsinn*) rubbish, rot, *Am.* boloney (→ *a.* Quatsch), (*dumme Sache*) stupid business, *vulg.* shit, crap; **rede doch k-n** (*od.* **nicht solchen**) **~!** don't talk rot!; **so'n ~!** what a drag!; **der ganze ~** the whole business (*od.* bag of tricks). **Ձˌar·tig** *adj* cheesy, caseous. **~ˌaufˌlauf** *m* cheese soufflé. **~ˌbil·dung** *f chem.* caseation. **~ˌblatt, ~ˌblätt·chen** *n humor.* (local) rag. **Ձ'bleich** *adj* pasty(-faced). **~ˌbrot** *n* cheese sandwich. **~fonˌdue** *f, n* cheese fondue. **~geˌbäck** *n* cheese biscuits (*od.* crackers) *pl.* **~ˌglocke** (*getr.* -k·k-) *f* cheese(-dish) cover. **~ˌhänd·ler** *m* cheese dealer, *bes. Br.* cheesemonger.

Ka·se·in [kaze'iːn] *n* ⟨-s; *no pl*⟩ *biol. chem.* casein.

'Kä·seˌku·chen *m* cheesecake.

Ka·sel ['kaːzəl] *f* ⟨-; -n⟩ *R. C.* chasuble.

'Kä·se|ˌlab *n* rennet. **~ˌlaib** *m* (whole) cheese. **~ˌma·de** *f* cheese maggot.

Ka·se·mat|te [kazə'matə] *f* ⟨-; -n⟩, **Ձ'tie·ren** [-'tiːrən] *v/t* ⟨*no* ge-, h⟩ casemate.

kä·sen ['kɛːzən] *v/i* ⟨h⟩ **1.** make cheese. **2.** *Milch*: curdle.

'Kä·se|ˌplat·te *f* (plate of) assorted cheeses *pl*, cheese board. **~ˌquark** *m* cheese curds *pl.*

'Kä·ser *m* ⟨-s; -⟩ cheesemaker. **Kä·se'rei** *f* ⟨-; -en⟩ **1.** ⟨*only sg*⟩ cheesemaking. **2.** cheese dairy.

'Kä·seˌrin·de *f* cheese rind.

Ka·ser·ne [ka'zɛrnə] *f* ⟨-; -n⟩ **1.** *mil.* barracks *pl* (*a. als sg konstruiert*); **in ~n unterbringen** → **kasernieren. 2.** → Mietskaserne.

Ka'ser·nen|arˌrest *m* confinement to barracks; **~ haben** be confined to barracks. **Ձˌar·tig** *adj* barrack-like. **~ˌdienst** *m* fatigue (duty). **~ˌhof** *m* barrack(s) square. **~ˌhofˌton** *m* **im ~** like a sergeant-major.

ka·ser·nie·ren [kazɛr'niːrən] *v/t* ⟨*no* ge-, h⟩ *mil.* quarter (*troops*) in barracks, barrack.

'Kä·se|ˌspach·tel *m, f* cheese knife. **~ˌstäb·chen** *n,* **~ˌstan·ge** *f gastr.* cheese straw (*od.* stick). **~ˌste·cher** *m* cheese scoop. **~ˌstoff** *m chem.* casein. **Ձ'weiß** *adj* deathly pale, (as) white as a sheet, pasty(-faced).

'kä·sig I *adj* **1.** cheesy, caseous; *med.* **~ werden** caseate. **2.** *Milch*: curdled, curdy. **3.** *fig.* (*blaß*) pasty (→ *a.* käseweiß). **II** *adv* **4. ~ aussehen** look pasty, be pasty-faced.

Ka·si·no [ka'ziːno] *n* ⟨-s; -s⟩ **1.** *mil.* (officers') mess (*od.* club). **2.** (*Spiel*Ձ *etc*) casino, gambling-house, *weitS.* clubhouse. **~ˌraum** *m* mess hall.

Kas·ka·de [kas'kaːdə] *f* ⟨-; -n⟩ **1.** cascade, waterfall. **2.** *phys. tech.* cascade; *electr.* **in ~ geschaltet** connected in cascade (*od.* tandem). **3.** (*Feuerwerkskörper*) cascade. **4.** *Artistik*: tumble, acrobatic fall. **5.** *fig. von Worten etc*: torrent.

Kas'ka·den... *in Zssgn* cascade (*control, motor, etc*).

Kas·ka·deur [kaska'døːr] *m* ⟨-s; -e⟩ **1.** (*Artist*) tumbler, acrobat. **2.** *Film*: stunt man.

Kas·ko [kasko] *m* ⟨-s; -s⟩ **1.** *mar.* hull. **2.** → **~verˌsi·che·rung** *f* **1.** *mar.* insurance on hull. **2.** *econ.* comprehensive insurance; → *a.* Vollkaskoversicherung.

Kas·per [ˈkaspər] *m* ⟨-s; -⟩ **1.** → Kasperle 2. **2.** *fig. colloq.* clown. **3.** *humor.* (*Kind*) (little) monkey. **ˈKas·perl** *m* ⟨-s; -(n)⟩ *dial.*, **ˈKas·per·le** *n*, *m* ⟨-s; -⟩ **1.** *dim. of* Kasper. **2.** *thea.* Punch.

ˈKas·per·le|thea·ter [-teˌa:tər] *n* Punch and Judy show. **~ˌpup·pe** *f* hand puppet.

kas·pern [ˈkaspərn], **käs·pern** [ˈkɛspərn] *v/i* ⟨h⟩ *colloq.* clown (*od.* goof) around.

kas·pisch [ˈkaspɪʃ] *adj* Caspian; **das** ⁼**e Meer** the Caspian Sea.

Kas·sa [ˈkasa] *f* ⟨-; -sen⟩ *obs. od. Austrian* **1.** *econ.* cash; **per ~** in cash. **2.** → Kasse 3. **~geˌschäft** *n* cash business, cash sale, spot transaction. **~ˌkurs** *m* *Börse*: spot (*od.* cash) price. **~ˌlie·fe·rung** *f* spot delivery. **~ˌmarkt** *m* cash market.

Kas·san·dra [kaˈsandra] *npr f* ⟨-; *no pl*⟩ *myth. u. fig.* Cassandra. **~ˌruf** *m* prophecy of doom, *fig. a.* gloomy prediction, warning words *pl.*

Kas·sa·ti·on [kasaˈtsĭo:n] *f* ⟨-; -en⟩ **1.** *jur.* *e-r Urkunde etc*: annulment, *e-s Urteils*: *a.* quashing. **2.** *obs.* (*Entlassung*) dismissal, *mil.* cashiering. **3.** *mus.* cassation. **Kas·sa·tiˈonsˌhof** *m jur.* court of cassation (*od.* appeal).

ˈKas·saˌzah·lung *f econ.* cash payment.

Kas·se [ˈkasə] *f* ⟨-; -n⟩ **1.** cashbox, strongbox. **2.** (*Laden*⁼) till, (*Registrier*⁼) cash register; **e-n Griff in die ~ tun** rob (*od.* dip into) the till. **3.** (*Zahlstelle, Büro*) cashier's (*od.* pay) office. **4.** (*Schalter*) *im Warenhaus*: (cashier's *od.* cash, pay) desk, *e-r Bank*: teller's counter (*od.* window), *thea. etc* ticket (*od.* booking) office, box-office, *Film, Sport*: ticket window, paybox; **an der ~** at the ticket office (*etc*), *in Läden*: at the desk, *in Banken*: at the counter; **zahlen Sie bitte an der ~, zur ~ bitte** pay at the desk, please; *fig. iro.* (**j-n**) **zur ~ bitten** a) present the bill to s. o., b) make s. o. pay up, collect heavily from s. o. **5.** → Sparkasse. **6.** (*Kranken*⁼) health insurance, sick fund; *colloq.* **das geht auf ~** that will be paid by the health insurance. **7.** (*Unterstützungs*⁼) fund. **8.** *Kartenspiel*: pool. **9.** (*Bargeld*) cash, ready money; *colloq.* (**gut**) **bei ~ sein** be in cash, be flush (with money), be in the chips; **nicht** (*od.* **knapp**) **bei ~ sein** be out of cash (*od.* pocket), be hard up; **wie bist du bei ~?** how are you off for money?; **die ~ führen** keep the cash (*od.* the accounts); **getrennte ~ führen** have separate accounts; **getrennte ~ machen** go Dutch; **gemeinschaftliche ~** common purse; **gemeinschaftliche ~ machen** pool (*od.* split) the expenses. **10.** (*Barzahlung*) cash (payment); **gegen ~** for cash; **sofortige ~** prompt (*od.* spot) cash; **netto ~** (**im voraus**) net cash (in advance); **~ bei Lieferung** cash on delivery, COD; **~ gegen Dokumente** cash against documents. **11.** (*Einnahmen*) takings *pl*, receipts *pl*; **~ machen** a) balance the cash, b) *fig. colloq.* count one's cash; *thea.* **das Stück hat volle ~n gebracht** the play was a sell-out.

Kas·sel [ˈkasəl] *npr n geogr. colloq.* **ab nach ~!** let's go!, off with you!, buzz off!

ˈKas·se·ler|ˈRip·pe(n)ˌspeer *m*, *n* ⟨-(e)s; *no pl*⟩, **~ ˈRipp·chen** *n gastr.* cured sparerib of pork.

ˈKas·sen|ˌabˌschluß *m econ.* closing (*od.* balancing) the (cash) accounts; **~ machen** balance (*od.* make up) the cash. **~ˌanˌwei·sung** *f* **1.** cash order, C/O. **2.** → Schatzanweisung. **~ˌarzt** *m* doctor participating in a health-insurance plan. **~beˌam·te** *m* cashier, *in der Bank*: teller. **~beˌleg** *m* sales slip (*Am.* check). **~beˌricht** *m* cash (*od.* treasurer's) report. **~beˌstand** *m* cash balance, cash in hand, cash position. **~biˌlanz** *f* cash balance; **die ~ ziehen** make up the cash account. **~ˌbo·te** *m* bank messenger. **~ˌbuch** *n* daybook, cashbook. **~ˌde·fi·zit** *n* cash deficit, *Am.* adverse cash balance, *bei Irrtum*: cash short. **~-ˌdiebˌstahl** *m* theft from the till. **~ˌeinˌgän·ge** *pl*, **~ˌeinˌnah·me** *f* receipts *pl*, takings *pl*, *thea. etc* box-office receipts *pl.* **~erˌfolg** *m thea.* box-office success (*od.* hit, draw), *colloq.* moneymaker. **~ˌfüh·rer** *m* → a) Kassierer, b) Kassenwart. **~ˌfüh·rung** *f* cash keeping, (*Buchhaltung*) cash accounting, *in e-m Verein*: treasurership; **die ~ haben** be in charge of (the) accounts. **~geˌschäft** *n* cash transaction. **~ˌkon·to** *n* cash account. **~ˌla·ge** *f* cash position. **~maˌgnet** *m colloq.* box-office draw. **~ob·li·ga·tiˌon** *f* **1.** *BRD*: medium-term (Federal) bond. **2.** *Österreich*: transferable interest-bearing note. **3.** *Schweiz*: medium-term transferable coupon-bearing bond. **~pa·tiˌent** *m* health-plan patient. **~ˌpra·xis** *f* medical practice covering members of a health-insurance plan. **~ˌprü·fer** *m* (cash) auditor. **~ˌprü·fung** *f* cash audit; **e-e ~ durchführen** (*od.* **vornehmen**) audit the cash. **~ˌraum** *m* counter hall, *e-r Bank*: *a.* main hall. **~reˌkord** *m* **1.** *thea. etc* box-office record. **2.** *Sport etc*: record takings *pl* (*od.* gate). **~ˌschal·ter** *m* **1.** *der Bank*: teller's counter (*od.* window). **2.** *thea. etc* box-office. **3.** *im Geschäft*: cashier's (*od.* cash, pay) desk. **4.** *am Bahnhof*: ticket office. **~ˌschein** *m* **1.** *econ.* (*Beleg*) (cash) voucher. **2.** *in Österreich*: (short-term) note, cash certificate, bond. **3.** → Kassenobligation. **4.** → Krankenschein. **~ˌschla·ger** *m* → Kassenerfolg. **~ˌschrank** *m* safe. **~ˌstun·den** *pl* business hours. **~ˌsturz** *m colloq.* counting the cash; **~ machen** check (*od.* count) the cash, *colloq. weitS.* count one's cash. **~ˌüberˌschuß** *m* cash surplus, *bes. bei Irrtum*: cash overs *pl.* **~ˌumˌsatz** *m* cash turnover. **~verˌein** *m* clearinghouse (*for transactions in securities*). **~verˌkehr** *m* *e-r Bank*: cash movements *pl.* **~ˌwart** *m* *e-s Vereins etc*: treasurer. **~ˌzet·tel** *m* sales slip (*Am.* check). **~ˌzwang** *m* compulsory sickness insurance.

Kas·se·rol·le [kasəˈrɔlə] *f* ⟨-; -n⟩ casserole, saucepan, *Am.* skillet.

Kas·set·te [kaˈsɛtə] *f* ⟨-; -n⟩ **1.** (*Schmuck*⁼) casket, jewel box (*od.* case), (*Geld*⁼) cashbox, strongbox, *für Dokumente*: deed-box. **2.** (*Geschenk*⁼) gift carton; **Briefpapier in e-r ~** fancy-boxed stationery. **3.** (*Bücher*⁼, *Schallplatten*⁼) cassette, box, slip case. **4.** *phot.* cassette, plateholder. **5.** (*Film*⁼, *Tonband*⁼) cassette, (*Patrone*) cartridge, (*Fernseh*⁼) (video-)cassette. **6.** *arch.* coffer.

Kasˈset·ten|ˌdecke (*getr.* **-k·k-**) *f arch.* coffered ceiling. **~ˌfernˌse·hen** *n* cassette television. **~reˌcor·der** *m*, **~ˌton·ˌband·geˌrät** *n* cassette tape recorder.

kas·set·tie·ren [kasɛˈti:rən] *v/t* ⟨*no* **ge-**, h⟩ *arch.* coffer.

Kas·si·ber [kaˈsi:bər] *m* ⟨-s; -⟩ *sl.* secret message, *bes. Am.* stiff.

Kas·sier [kaˈsi:r] *m* ⟨-s; -e⟩ *dial.* → Kassierer.

kas·sie·ren [kaˈsi:rən] **I** *v/t* ⟨*no* **ge-**, h⟩ **1.** (*Beiträge, Miete etc*) collect, (*Betrag etc*) charge, take. **2.** *colloq.* a) (*sich nehmen*) grab, pocket, bag, b) (*verdienen*) collect, make, c) (*e-n Schlag*) catch, take (*a punch on the chin, etc*), d) (*verhaften*) nab, catch; *fig.* **sich** (*dat*) **j-n ~** let s. o. have it, give s. o. hell. **3.** *jur.* (*Urteil etc*) quash, set aside, (*Urkunde etc*) cancel, invalidate. **4.** *econ.* (*einziehen*) withdraw, take (*coins, etc*) out of circulation. **5.** *obs.* (*Beamten*) dismiss, (*Offizier*) cashier. **II** *v/i* **6.** take (the) money, collect; **darf ich jetzt ~?** *Kellner*: would you mind paying now, please? **III** ⁼ *n* ⟨-s⟩ **7.** collecting (*etc*), collection. **Kasˈsie·rer** *m* ⟨-s; -⟩, **Kasˈsie·re·rin** *f* ⟨-; -nen⟩ **1.** *econ.* cashier, *in der Bank*: teller; **erster ~** head cashier. **2.** → Kassenwart. **3.** *von Beiträgen etc*: collector. **Kasˈsie·rung** *f* ⟨-; -en⟩ **1.** → kassieren 7. **2.** (*Einziehung*) withdrawal. **3.** *jur.* → Kassation 1.

Ka·sta·gnet·te [kastanˈjɛtə] *f* ⟨-; -n⟩ *mus.* castanet.

Ka·sta·nie [kasˈta:nĭə] *f* ⟨-; -n⟩ **1.** *bot.* chestnut (tree), (*Frucht*) chestnut; **eßbare ~** edible (*od.* sweet) chestnut, marron; *fig.* **für j-n die ~n aus dem Feuer holen** pull the chestnuts out of the fire for s. o., be s. o.'s cat's-paw. **2.** *vet.* chestnut, ergot.

Kaˈsta·ni·en|ˌbaum *m* chestnut (tree). **~ˌbraun I** *n*, **II** ⁼ *adj* chestnut(-brown), auburn; ⁼**es Pferd** chestnut (horse), bay (horse). **~ˌholz** *n* chestnut (wood).

Käst·chen [ˈkɛstçən] *n* ⟨-s; -⟩ **1.** *dim. of* Kasten, (*Schmuck*⁼) casket, (small) box. **2.** *auf Rechenpapier etc*: square, *in Zeitungen, auf Formularen etc*: box.

Ka·ste [ˈkastə] *f* ⟨-; -n⟩ caste, *fig. a.* class.

ka·stei·en [kasˈtaɪən] *v/reflex* ⟨*no* **ge-**, h⟩ *bes. relig.* **sich ~** *durch Bußübung*: mortify the flesh, chasten o. s., *durch Diät etc*: castigate (*od.* torture, deny) o. s. **Kaˈstei·ung** *f* ⟨-; -en⟩ mortification of the flesh, exercise of penance, *körperliche*: mortification, (self-)castigation.

Ka·stell [kasˈtɛl] *n* ⟨-s; -e⟩ *mil. hist.* castellum, fort, (Roman) camp.

Ka·stel·lan [kastɛˈla:n] *m* ⟨-s; -e⟩ **1.** *bes. hist.* (*Burgvogt etc*) castellan. **2.** (*Pförtner*) porter. **3.** *archaic* (*Hausmeister*) caretaker.

kä·steln [ˈkɛstəln] *v/t* ⟨h⟩ (*Papier etc*) square.

Ka·sten [ˈkastən] *m* ⟨-s; ¨-, *a.* -⟩ **1.** *allg.* (*a. Brief*⁼, *Kohlen*⁼ *etc*) box; *fig. colloq.* **er hat et. im** (*od.* **auf dem**) **~** he's a brainy fellow, he's on the ball; **er hat nicht viel auf dem ~** he is no great shakes; **er hat nicht alle im ~** he's not all there. **2.** (*Behälter, Kiste*) case, chest, box, (*Truhe*) trunk, (*Bier*⁼ *etc*) crate, case (*of beer, etc*). **3.** *mus.* (*Instrumenten*⁼), *a. print.* (*Setz*⁼) case. **4.** *dial. for* **Schrank** 1. **5.** (*verschließbarer ~, Spind*) locker. **6.** (*Schublade*) drawer. **7.** *fig. colloq.* (*Auto, Flugzeug*) bus, crate, (*Schiff*) tub, crate, (*Gebäude, a. Radio, Fernsehapparat, Fußballtor, Kamera*) box, (*Klavier*) piano, (*Körper*) body, *großer*: hulk. **8.** *bes. mil.* (*Gefängnis*) *sl.* clink, jug; **im ~** in clink. **9.** (*Ring*⁼ *für Edelsteine etc*) bezel. **10.** *tech.* box, case, (*Karosserie*) (car) body. **11.** *metall.* (*Form*⁼) mo(u)lding box, flask. **~ˌbrot** *n* square (*od.* tin) loaf. **~ˌbrücke** (*getr.* **-k·k-**) *f civ. eng.* box-girder bridge. **~ˌdra·chen** *m* box kite. **~ˌdün·kel** *m* caste spirit. **~ˌform** *f* **1.** shape of a box, box shape. **2.** *metall.* flask, box mo(u)ld. **3.** square (cake *od.* bread) tin. ⁼**ˌför·mig** *adj* boxlike, box-shaped, *mot.* box-type. **~ˌgeist** *m* ⟨-es; *no pl*⟩ caste spirit. **~ˌguß** *m metall.* sand (*od.* box) casting.

~ˌherr·schaft *f* ‹-; *no pl*› *fig.* caste rule. **~ˌkip·per, ~ˌkippˌwa·gen** *m* box-type tipper (*Am.* tipping car). **~ˌku·chen** *m* cake baked in an oblong tin. **~ˌmö·bel** *pl* free-standing cabinets, case furniture *sg.* **~ˌord·nung** *f*, **~syˌstem** *n* caste system. **~ˌwa·gen** *m* box-type handcart, *mot.* box-type van (*Am.* truck), *Am.* open truck, *rail.* box waggon, *Am.* boxcar. **~ˌwe·sen** *n* ‹-s; *no pl*› caste system.

Ka·sti·li·er [kasˈtiːli̯ər] *m* ‹-s; -›, **kaˈsti·lisch** [-lɪʃ] *adj* Castilian.

Ka·stor [ˈkastɔr] *m* ‹-s; *no pl*› *npr myth.* Castor; → *a.* **Castor** II. **~ˌöl** *n* ‹-(e)s; *no pl*› *pharm.* castor (*od.* ricinus) oil.

Ka·strat [kasˈtraːt] *m* ‹-en; -en› **1.** *med.* eunuch; *bes. mus.* castrate. **2.** *vet.* castrate, (*Pferd*) gelding. **Kaˈstra·tenˌstim·me** *f* **1.** *med.* high-pitched voice (of the castrates). **2.** *mus.* castrato voice.

Ka·stra·ti·on [kastraˈtsi̯oːn] *f* ‹-; -en› *med. vet.* castration, *e-s Pferdes*: *a.* gelding. **Ka·stra·tiˈons·komˌplex** *m psych.* castration complex.

ka·strie|ren [kasˈtriːrən] *v/t* ‹*no* **ge-**, **h**› **1.** *med.* castrate. **2.** *vet.* castrate, cut, (*Hahn*) caponize, (*bes. Pferd*) geld, (*weibliches Tier*) spay.

Ka·su·ist [kazuˈɪst] *m* ‹-en; -en› **1.** *philos.* casuist. **2.** *fig. contp.* quibbler, hairsplitter. **Ka·sui·stik** [-ˈɪstɪk] *f* ‹-; *no pl*› **1.** *philos.* casuistry. **2.** *jur.* casuistry, case law. **3.** *fig. contp.* casuistry, hairsplitting. **ka·sui·stisch** [-ˈɪstɪʃ] *adj* **1.** *philos.* casuistic(al). **2.** *fig. contp.* casuistic, quibbling, hairsplitting.

Ka·sus [ˈkaːzus] *m* ‹-; -› *ling.* case. **~ˌbil·dung** *f* case formation. **~ˌen·dung** *f* case ending. **~ˌform** *f* case form.

ka·ta|ba·tisch [kataˈbaːtɪʃ] *adj meteor.* katabatic. **2bo'lis·mus** [-boˈlɪsmus] *m* ‹-; *no pl*› *biol. med.* catabolism. **2ˈchre·se** [-ˈçreːzə] *f* ‹-; -n› *ling.* catachresis.

Ka·ta·falk [kataˈfalk] *m* ‹-s; -e› catafalque.

Ka·ta·kom·be [kataˈkɔmbə] *f* ‹-; -n› *meist pl* catacomb.

Ka·ta|la·ne [kataˈlaːnə] *m* ‹-n; -n›, **2ˈla·nisch** *adj* Catalan.

ka·ta|lek·tisch [kataˈlɛktɪʃ] *adj metr.* catalectic. **2lepˈsie** [-lɛˈpsiː] *f* ‹-; -n [-ən]› *med.* catalepsis.

Ka·ta·log [kataˈloːk] *m* ‹-(e)s; -e› **1.** catalog(ue *Br.*); **e-n ~ anfertigen** (*od.* **anlegen**) make a catalog(ue); **in e-n ~ aufnehmen** → **katalogisieren. 2.** *fig. von Maßnahmen etc*: range, set (*of measures, etc*).

ka·ta·lo·gi·sie|ren [katalogiˈziːrən] *v/t* ‹*no* **ge-**, **h**› catalog(ue *Br.*), catalog(u)ize, list. **2rung** *f* ‹-; *no pl*› catalog(u)ing.

Ka·taˈlog|ˌpreis *m* list(ed) price. **~ˌzet·tel** *m* catalog(ue) (*od.* index) card.

Ka·ta|lo·ni·er [kataˈloːni̯ər] *m* ‹-s; -› *obs.* Catalonian. **2ˈlo·nisch** [-nɪʃ] *adj* Catalan.

Ka·ta|ly·sa·tor [katalyˈzaːtɔr] *m* ‹-s; -en [-zaˈtoːrən]› *chem.* catalyst (*a. fig.*); **positiver ~** accelerant. **~ˈly·se** [-ˈlyːzə] *f* ‹-; -n› catalysis. **2lyˈsie·ren** [-lyˈziːrən] *v/t* ‹*no* **ge-**, **h**› catalyze. **2ˈly·tisch** [-ˈlyːtɪʃ] *adj* catalytic. **~ˈplas·ma** [-ˈplasma] *n* ‹-s; -men› *med.* poultice, cataplasm.

Ka·ta·pult [kataˈpʊlt] *m, n* ‹-(e)s; -e› catapult; **~flugzeug** *n* catapult (-launched) aircraft. **ka·ta·pul·tie·ren** [katapʊlˈtiːrən] *v/t* ‹*no* **ge-**, **h**› *a. aer.* catapult.

Ka·taˈpult|ˌsitz *m aer.* ejector seat. **~ˌstart** *m* catapult take-off.

Ka·ta·rakt[1] [kataˈrakt] *m* ‹-(e)s; -e› cataract.

Ka·taˈrakt[2] *f* ‹-; -e›, **Ka·taˈrak·ta** [-ta] *f* ‹-; -ten› *med.* (eye) cataract. **ka·taˈrak·tisch** *adj* cataractous.

Ka·tarrh [kaˈtar] *m* ‹-s; -e› *med.* catarrh, (*Nasen2*) cold (in the head), rhinitis. **ka·tarˈrha·lisch** [-taˈraːlɪʃ] *adj* catarrhal.

Ka·ta·ster [kaˈtastər] *m, n* ‹-s; -› *jur.* land register. **~ˌamt** *n* land-registry (office). **~ˌausˌzug** *m* extract from the land register. **~ˌnum·mer** *f* cadastral number. **~ˌplan** *m* cadastral map (*od.* survey).

ka·ta·strie·ren [katasˈtriːrən] *v/t* ‹*no* **ge-**, **h**› *jur.* survey and register (in a cadastral survey).

ka·ta|stro·phal [katastroˈfaːl] **I** *adj* **1.** catastrophic, disastrous. **2.** *fig. colloq.* disastrous, appalling, awful; **~es Wetter** awful weather. **II** *adv* **3.** catastrophically. **2ˈstro·phe** [-ˈstroːfə] *f* ‹-; -n› **1.** catastrophe, disaster (*beide a. fig. colloq.*); (*Zs.-bruch*) disaster, debacle; *fig. colloq.* **die Aufführung war e-e ~** the performance was a disaster (*od.* just terrible); **es wäre e-e ~, wenn** it would be disastrous if; **es ist e-e ~ mit ihm** he is a hopeless case. **2.** *Literatur*: catastrophe, denouement.

Ka·taˈstro·phen|alarm [-ʔaˌlarm] *m* emergency alert. **~ˌeinˌsatz** *m* (**im ~**) on) duty in a disaster area. **~ˌfall** *m* (**im ~** in an) emergency; *cf.* **Katastrophe** 1. **~geˌbiet** *n* disaster area. **~ˌhil·fe** *f* disaster relief. **~ˌschutz** *m* protection against disaster(s), disaster control. **~theoˌrie** *f geol.* catastrophism.

Ka·te [ˈkaːtə] *f* ‹-; -n› *dial.* cottage, hut.

Ka·te|che·se [katɛˈçeːzə] *f* ‹-; -n› *relig.* catechesis. **~ˈchet** [-ˈçeːt] *m* ‹-en; -en› catechist. **2ˈche·tisch** [-ˈçeːtɪʃ] *adj* catechetic(al). **2chiˈsie·ren** [-çiˈziːrən] *v/t* ‹*no* **ge-**, **h**› catechize. **~ˈchis·mus** [-ˈçɪsmus] *m* ‹-; -men› catechism.

Ka·te·chu [ˈkatəçu] *n* ‹-s; -s› *chem.* catechu, cachou.

ka·te|go·ri·al [kategoˈri̯aːl] *adj philos.* categorial. **2goˈrie** [-goˈriː] *f* ‹-; -n [-ən]› **1.** *philos.* category, *bei Aristoteles*: predicament. **2.** *allg.* category, (*Art*) *a.* class, type; **in soziologischen ~n denken** think in terms of sociology; *colloq.* **die Berliner sind e-e besondere ~ von Mensch** the Berliners are a race by themselves. **~ˈgo·risch** [-ˈgoːrɪʃ] **I** *adj a. philos.* categorical; **der 2e Imperativ** *nach Kant*: the categorical imperative; **ein ~es Nein** *a.* an unequivocal (*od.* a flat) refusal. **II** *adv* categorically; **~ ablehnen** *a.* refuse flatly.

ka·te·go·ri·sie|ren [kategoriˈziːrən] *v/t* ‹*no* **ge-**, **h**› categorize. **2rung** *f* ‹-; -en› categorization.

Ka·ter [ˈkaːtər] *m* ‹-s; -› **1.** male cat, tom(cat); **der gestiefelte ~** Puss in Boots; *fig.* **verliebt wie ein ~** madly in love. **2.** *humor.* hangover, morning after (the night before); **e-n ~ haben** have a hangover, *Am. a.* be hung over; **s-n ~ ausschlafen** sleep it off. **~ˌfrühˌstück** *n colloq.* hangover breakfast. **~idee** [-ʔiˌdeː] *f colloq.* crazy idea. **~ˌstim·mung** *f colloq.* morning-after feeling (*od.* mood).

ˈKatˌfisch *m* catfish.

ˈKatˌgut [-ˌgʊt] *n* ‹-s; *no pl*› *med.* catgut.

Ka·thar·sis [ˈkaːtarzɪs] *f* ‹-; *no pl*› *a. psych.* catharsis. **ka·thar·tisch** [kaˈtartɪʃ] *adj* cathartic.

Ka·the·der [kaˈteːdər] *n, a. m* ‹-s; -› **1.** (teacher's *od.* lecturer's) desk. **2.** *obs. for* Lehrstuhl. **~ˌblü·te** *f* (academic) howler. **~so·ziaˌlis·mus** *m pol. hist.* purely academic socialism. **~ˌweis·heit** *f* ‹-; -en› **1.** donnish learning. **2.** armchair philosophy (*od.* wisdom).

Ka·the·dra·le [kateˈdraːlə] *f* ‹-; -n› cathedral (church).

Ka·theˈdral·entˌschei·dung *f R.C.* ex cathedra decree.

Ka·the·te [kaˈteːtə] *f* ‹-; -n› *math.* cathetus, leg.

Ka·the·ter [kaˈteːtər] *m* ‹-s; -› *med.* catheter. **ka·the·te·riˈsie·ren** [-teteriˈziːrən] *v/t* ‹*no* **ge-**, **h**› catheterize.

Ka·tho·de [kaˈtoːdə] *f* ‹-; -n› cathode.

Kaˈtho·den|... *in Zssgn* cathode (*current, amplifier, ray*). **~ˌfall** *m* cathode drop. **~ˌstrahlˌröh·re** *f* cathode-ray tube (*abbr.* CRT). **~zerˌstäu·bung** *f* cathode sputtering.

kaˈtho·disch *adj electr.* cathodic.

Ka·tho·lik [katoˈliːk] *m* ‹-en; -en› (Roman) Catholic. **Ka·thoˈli·kenˌtag** *m* (biennial) assembly of German Catholics. **Ka·thoˈli·kin** *f* ‹-; -nen› (Roman) Catholic (woman).

ka·tho·lisch [kaˈtoːlɪʃ] **I** *adj* (Roman) Catholic; **er ist ~(en Glaubens)** he is a Catholic; **~ werden** become Catholic, *a.* catholicize; **~e Liturgie** Roman rite (*od.* liturgy). **II** *adv* **sie wurde streng ~ erzogen** she was raised a strict Catholic. **~-apoˈsto·lisch** *adj* Catholic Apostolic.

ka·tho·li|sie·ren [katoliˈziːrən] *v/t* ‹*no* **ge-**, **h**› convert *s. o.* to Catholicism, catholicize. **2ˈzis·mus** [-ˈtsɪsmus] *m* ‹-; *no pl*› (Roman) Catholicism. **2ziˈtät** [-tsiˈtɛːt] *f* ‹-; *no pl*› Catholicity.

Kat·ion [ˈkati̯oːn] *n* ‹-s; -en [katiˈoːnən]› *chem.* cation.

Kat·ode [kaˈtoːdə] *f* ‹-; -n› → **Kathode.**

Kat·op·trik [kaˈtɔptrɪk] *f* ‹-; *no pl*› *opt.* catoptrics *pl* (*als sg konstruiert*).

ˈKattˌan·ker *m mar.* back anchor.

kat·ten [ˈkatən] *v/t* ‹**h**› (*Anker*) cat.

Kat·tun [kaˈtuːn] *m* ‹-s; -e› calico, cotton cloth (*od.* fabric); **~ für Möbel** chintz; **bedruckter ~** prints *pl*; *fig. colloq.* **~ kriegen** get it in the neck. **~ˌdruck** *m* ‹-(e)s; *no pl*› calico printing. **~ˌkleid** *n* print dress. **~ˌstoff** *m* calico (material).

Katz [kats] *f* ‹-; -en› *dial. for* **Katze**; *fig. colloq.* **das war alles für die ~** that was a waste of time (*od.* for the birds); **mit j-m ~ und Maus spielen** play (at) cat and mouse with s. o.

ˈkatzˌbal·gen *v/reflex* ‹*insep,* **ge-**, **h**› **sich ~** *colloq.* **1.** tussle (with one another), scuffle. **2.** *fig.* wrangle. **ˌKatz·bal·geˈrei** *f* ‹-; -en› **1.** tussling. **2.** wrangling.

ˌKatz·buckeˈlei (*getr.* **-k·k-**) *f* ‹-; *no pl*› *colloq.* bowing and scraping, cringing, servility, bootlicking. **ˈkatzˌbuckeln** (*getr.* **-k·k-**) *v/i* ‹*insep,* **ge-**, **h**› (**vor j-m**) **~** bow and scrape (before s. o.), cringe (to *od.* before s. o.), ko(w)tow (to s. o.).

Kätz·chen [ˈkɛtsçən] *n* ‹-s; -› **1.** *dim. of* Katze. **2.** kitten (*a. fig. Mädchen*). **3.** (*Kosename*) puss(y). **4.** *bot.* (*Weiden2 etc*) (willow) catkin, pussy, (*Hasel2 etc*) tail, ament. **2ˌtra·gend** *adj bot.* amental.

Kat·ze [ˈkatsə] *f* ‹-; -n› **1.** cat; **männliche ~** → **Kater** 1; **weibliche ~** female (*od.* she-)cat; **getigerte ~** tabby cat; **junge ~** kitten; *fig.* **er ist zäh wie e-e ~** he has a cat's nine lives; *fig. colloq.* **falsch wie e-e ~** (*od.* **e-e falsche ~**) **sein** be a (false) cat, be catty; **die ~ aus dem Sack lassen** let the cat out of the bag; **die ~ im Sack kaufen** buy a pig in a poke; **wie**

die ~ um den heißen Brei gehen beat about the bush, make roundabout remarks; **das hat die ~ gefressen** it sprouted wings; *Sprichwörter*: **wenn die ~ fort** (*od.* **aus dem Hause**) **ist, tanzen die Mäuse** (**auf dem Tisch**) when the cat's away, the mice will play; **die ~ läßt das Mausen nicht** the leopard cannot change his spots; **bei Nacht sind alle ~n grau** in the dark all cats are grey (*Am.* gray); → **Hund** 2, **Katz, neunschwänzig. 2.** *zo.* → **Großkatze, Hauskatze, Raubkatze, Wildkatze. 3.** *fig. colloq.* (*Mädchen*) puss. **4.** *obs.* (*Geld*≈) money belt. **5.** → **Laufkatze.**

ˈKat·zen|ˌart *f* **1.** species of cats, feline species. **2.** cat's nature; **nach ~** like a cat. **≈ˌar·tig** *adj* catlike, feline. **~ˌau·gen 1.** *zo.* cat's eye. **2.** eye like (that of) a cat; **~n haben** have a cat's eyes. **3.** *mot.* (rear) reflector, *am Straßenrand*: cat's-eye, *Am.* bull's-eye. **4.** *min.* chatoyant, cat's-eye. **≈ˌäu·gig** *adj* cat-eyed. **~ˌbär** *m zo.* (lesser) panda. **~ˌbuckel** (*getr.* **-k·k-**) *m* **1.** cat's arched back; **e-n ~ machen** arch (*od.* put up) one's back, *fig.* make a deep bow, bow and scrape. **2.** hillock. **~ˌdarm** *m* **1.** cat's gut. **2.** *med. mus.* catgut. **~ˌfell** *n* catskin. **≈ˌfreund·lich** *adj fig. colloq.* honeyed, sugary, oversweet. **~geˌschrei** *n* caterwaul(ing). **~ˌgold** *n min.* yellow mica. **≈haft** *adj* catlike, feline, like a cat; **~e Anmut** feline grace. **~ˌhai** *m* cat shark. **~ˌjam·mer** *m* **1.** → **Kater** 2. **2.** *fig.* (**moralischer**) **~** (moral) hangover. **≈ˌjäm·mer·lich** *colloq.* **I** *adj* hangoverish, morning-afterish, rotten, *Am.* ⟨*pred*⟩ *a.* hung over. **II** *adv* **mir ist heute ganz ~ zumute** I feel rotten today. **~ˌkopf** *m* **1.** cat's head. **2.** cobble(stone). **3.** *fig.* box on the ear, clip. **~muˌsik** *f* charivari, caterwaul(ing). **~ˌmut·ter** *f* mother cat. **~ˌpfo·te** *f* cat's paw; **auf ~n** noiselessly. **~ˌsil·ber** *n min.* argentine mica. **~ˌsprung** *m fig. colloq.* **es ist nur ein ~** (**von hier**) it's only a stone's throw (from here). **~ˌtisch** *m humor.* side table (for children). **~ˌwä·sche** *f humor.* **~ machen** have a cat('s) lick. **~ˌzun·ge** *f meist pl gastr.* langue de chat.

ˈKau|ap·paˌrat *m anat.* masticatory apparatus. **≈bar** *adj* masticable. **~beˌwe·gung** *f* masticatory movement.

ˈKau·der|ˌwelsch [ˈkaudər-] *contp.* **I** *n* ⟨-(s); *no pl*⟩ **1.** gibberish, double Dutch. **2.** (*Fachsprache*) (*doctor's, etc*) lingo, jargon. **II ≈** *adv* **3. ~ sprechen** → **≈ˌwel·schen** *v/i* ⟨h⟩ **1.** talk gibberish (*od.* double Dutch), gibber. **2.** *in e-r Fremdsprache*: parley (*stärker*: gibber in) a foreign language.

kau·en [ˈkauən] **I** *v/t* ⟨h⟩ chew, masticate, *colloq.* munch. **II** *v/i* chew, masticate; **geräuschvoll ~** munch, champ; **an e-r Sache ~** a) chew (*od.* munch) (at) s. th., *am Bleistift etc*: chew (on) s. th., b) *fig.* chew s. th. over, pore over s. th.; **an den Nägeln ~** bite one's nails; *colloq.* **hoch ~** pick at one's food; *fig.* **j-m et. zu ~ geben** give s. o. s. th. to think about; **an e-r Sache zu ~ haben** have s. th. to chew on with s. th. **III ≈** *n* ⟨-s⟩ chewing, mastication.

kau·ern [ˈkauərn] *v/i u. v/reflex* **sich ~** ⟨h⟩ crouch (down), squat (down). **~d** *adj* crouching, crouched, squat(ting).

Kauf [kauf] *m* ⟨-(e)s; ⸚e⟩ **1.** buying, purchasing, purchase; **beim ~** when buying; **et. zum ~ anbieten** offer s. th. for sale; **~ gegen bar** cash purchase; **e-n ~ abschließen** complete (*od.* conclude) a purchase, close a bargain; **zum ~ stehen** be for sale; *fig.* **et.** (**mit**) **in ~ nehmen** put up with (*od.* accept) s. th.; **leichten ~s davonkommen** get off cheaply; *jur.* **die Folgen in ~ nehmen** recklessly disregard the consequences (of one's action). **2.** (*das Gekaufte*) purchase, acquisition, *colloq.* buy; **ein guter ~** a good buy (*od.* bargain). **~ˌabˌschluß** *m* (completion of a) purchase. **~ˌanˌlaß** *m* buying motive. **~ˌaufˌtrag** *m* buying order. **~beˌdin·gung** *f meist pl* condition of purchase, *pl a.* terms (of purchase). **~ˌbrief** *m* **1.** bill of sale. **2.** *jur.* title deed.

kau·fen [ˈkaufən] **I** *v/t* ⟨h⟩ **1.** buy, purchase; **sich** (*dat*) **ein Auto ~** buy (o. s.) a car; **dieser Stoff wird viel** (*od.* **gern**) **gekauft** this cloth sells well (*od.* is very popular); **wir ~** (**immer**) **alles beim** (*od.* **im**) **Supermarkt** we always shop (*od.* do our shopping) at the supermarket; *colloq.* **was ich mir dafür kaufe!** a fat lot it helps!; **dafür kann ich mir nichts ~** that's no use (*od.* help) to me, that won't get me anywhere; → **Pump, Rate. 2.** *fig. colloq.* (*Zeugen, Stimmen etc*) buy (off); **e-n Beamten ~** buy (*od.* bribe) an official; **sich** (*dat*) **j-n ~** let s. o. have it, give s. o. hell, settle s. o.'s hash. **3.** *Kartenspiel*: buy, take in. **II** *v/i* **4.** buy, purchase, (*ein~*) (**bei** at) shop, do one's shopping. **III ≈** *n* ⟨-s⟩ **5.** buying (*etc*). **6.** purchase.

ˈkau·fensˌwert *adj* worth buying.

Käu·fer [ˈkɔʏfər] *m* ⟨-s; -⟩ buyer, purchaser, (*Abnehmer*) *a.* taker, *jur. a.* vendee, (*Kunde*) customer, *im Laden*: shopper. **~ˌanˌdrang** *m* rush of customers. **~ˌgrup·pe** *f* category (*od.* group) of buyers. **~ˌland** *n* ⟨-(e)s; ⸚er⟩ purchasing country. **~ˌmarkt** *m* buyers' market. **~ˌring** *m* sales ring. **~ˌschicht** *f* group of buyers. **~ˌstreik** *m* buyers' strike.

ˈKaufˌfah·rer *m*, **ˌKauf·fahrˈteiˌschiff** [-faːrˈtaɪ-] *n hist.* merchantman, merchant ship (*od.* vessel).

ˈKauf|ˌfrau *f* **1.** business woman, *Br. jur.* feme sole trader. **2.** (woman) shopkeeper. **~ˌgeld** *n* purchase money. **~geˌle·gen·heit** *f* opportunity to buy. **~geˌsuch** *n* offer to buy, bid. **~geˌwohn·heit** *f* buying habit. **~ˌhal·le** *f* small department store, bazaar. **~ˌhaus** *n* department store. **~ˌhaus·de·tekˌtiv** *m* house detective. **~ˌherr** *m* → **Handelsherr. ~in·ter·esˌsent** *m* prospective buyer. **~ˌkraft** *f* ⟨-; *no pl*⟩ **1.** *des Geldes*: purchasing power; **die ~ abschöpfen** skim off surplus purchasing power. **2.** *der Konsumenten*: spending power. **≈ˌkräf·tig** *adj* **1.** *Währung*: having purchasing power, hard (*currency*). **2.** *Person*: able to buy, moneyed, well-to-do.

ˈKaufˌkraft|pa·riˌtät *f* purchasing-power parity. **~ˌschwund** *m* dwindling purchasing power. **~ˌüberˌhang** *m* surplus purchasing power.

ˈKauˌflä·che *f e-s Zahns*: masticatory surface.

ˈKauf|ˌla·den *m* **1.** shop, store. **2.** (child's) toy shop. **~ˌleu·te** *pl of* **Kaufmann.**

käuf·lich [ˈkɔʏflɪç] **I** *adj* **1.** *Waren etc*: purchasable, *nachgestellt od.* ⟨*pred*⟩: for (*od.* on) sale; **nicht ~** not for sale; *euphem.* **~e Liebe** venal love, prostitution; **~es Mädchen** prostitute. **2.** *fig. Beamter etc*: venal, corrupt, bribable, open to bribery; **jeder ist ~** every man has his price (*od.* can be bought). **II** *adv* **3. et. ~ erwerben** acquire s. th. by purchase, purchase s. th. **≈keit** *f* ⟨-; *no pl*⟩ **1.** availability (for sale). **2.** *fig.* venality, corruptness.

ˈKauf|ˌlust *f* inclination to buy, interest; *Börse*: buoyancy; **rege ~** brisk demand. **≈ˌlu·stig** *adj* inclined (*od.* eager) to buy, interested. **~ˌlu·sti·ge** *m, f* ⟨-n; -n⟩ prospective buyer. **~ˌmann** *m* ⟨-(e)s; -leute⟩ **1.** *allg.* businessman, *als Berufsbezeichnung*: (*Voll*≈) (full) trader, (qualified) merchant, (*Angestellter*) commercial clerk; **~ werden** *a.* go into business. **2.** (*Händler*) trader, dealer, merchant; → **Einzelhändler, Großhändler. 3.** *colloq.* shopkeeper, *engS.* grocer; **zum ~ gehen** go to the grocer's. **4.** (*Verkäufer*) shop-assistant, salesman. **≈ˌmän·nisch** [-ˌmɛnɪʃ] **I** *adj* commercial, business; **~er Angestellter** commercial clerk. **II** *adv* commercially; **~ ausgebildet sein** have had a commercial (*od.* business) training; **~ tätig sein** be in business; **~** (**gesehen**) from the business point of view, commercially (speaking), economically.

ˈKaufˌmanns... *in Zssgn* commercial (*circles, language, etc*), merchant('s) ...

ˈKauf|ˌmie·te *f* hire-purchase (plan). **~moˌtiv** *n* buying motive. **~obˌjekt** *n* object of purchase. **~ˌpreis** *m* (purchase) price. **~ˌsum·me** *f* purchase price (*od.* money). **~ˌunˌlust** *f* disinclination to buy, sales (*od.* consumer's) resistance. **≈ˌunˌlu·stig** *adj* disinclined to buy. **~verˌtrag** *m* contract (of purchase *od.* sale). **~ˌwert** *m* purchase value. **~ˌwut** *f* buying craze. **~ˌzwang** *m* obligation (to buy); **kein ~** no obligation, free inspection invited.

ˈKauˌgum·mi *m* ⟨-s; -(s)⟩ chewing gum.

Kau·ka·si·er [kauˈkaːzĭər] *m* ⟨-s; -⟩, **kauˈka·sisch** [-zɪʃ] *adj* Caucasian.

ˈKaulˌquap·pe [ˈkaul-] *f zo.* tadpole.

kaum [kaum] **I** *adv* hardly, scarcely (*beide a.* = *schwerlich*), (*gerade noch*) barely; **~ je** hardly ever; **~ jemand** hardly anybody (*od.* anyone), next to no one; **~ hörbar** scarcely audible (*od.* to be heard); **~ zehn Jahre alt** scarcely (*od.* barely) ten years old; **das ist ~ zu glauben** (*od.* **glaublich**) that's hard to believe; (**wohl**) **~!** hardly!, I don't think so!, not likely!; **das ist ~ möglich** that's hardly possible (*od.* rather unlikely), I doubt it can be done (*etc*). **II** *conj* **~** (**daß**) scarcely, hardly; **~ daß er heimgekehrt war** no sooner had he got home.

ˈKau|ˌma·gen *m zo.* gizzard. **~ˌmus·kel** *m anat.* masticatory muscle. **~ˌmus·kelˌkrampf** *m* lockjaw, trismus. **~orˌgan** *n* masticatory organ.

kau·sal [kauˈzaːl] *adj* causal (*a. ling.*). **≈beˌgriff** *m* causal concept. **≈geˌsetz** *n* ⟨*only sg*⟩ law of causality, law of cause and effect.

Kau·sa·li·tät [kauzaliˈtɛːt] *f* ⟨-; *no pl*⟩ causality, causation.

Kauˈsal|ˌket·te *f* chain of cause and effect. **~prinˌzip** *n* principle of causality. **~ˌsatz** *m ling.* causal clause. **~zuˌsam·menˌhang** *m* causal connection (*od.* nexus).

kau·sa·tiv [ˈkauzatiːf; -ˈtiːf] *ling.* **I** *adj* causative, factitive. **II ≈** *n* ⟨-s; -e⟩, **Kau·saˈti·vum** [-ˈtiːvum] *n* ⟨-s; -va [-va]⟩ causative (verb).

kau·stisch [ˈkaustɪʃ] *adj opt. pharm. u. fig.* caustic.

ˈKauˌta·bak *m* chewing tobacco.

Kau·tel [kauˈteːl] *f* ⟨-; -en⟩ **1.** *jur.* proviso, reservation, saving clause. **2.** *fig.* precaution, safeguard.

Kau·ter [ˈkautər] *m* ⟨-s; -⟩ *med.* (actual) cautery. **kau·te·riˈsie·ren** [-teriˈziːrən] *v/t* ⟨*no* ge-, h⟩ cauterize.

Kau·ti·on [kauˈtsĭoːn] *f* ⟨-; -en⟩ **1.** *jur.*

(*Haft2*) bail, *Am. a.* bond; ~ **stellen** (*od.* **hinterlegen**) stand (*od.* give) bail, *Am. a.* post bond; **gegen** ~ **entlassen werden** be released on bail, be granted bail; **j-n durch** ~ **freibekommen** bail s. o. out; **j-n gegen** ~ **freilassen** release s. o. on bail; **s-e** ~ **verfallen lassen** forfeit one's bail; **s-e** ~ **verfallen lassen und flüchten** jump bail. **2.** *econ.* security, surety; **e-e** ~ **hinterlegen** (*od.* **stellen**) furnish (*od.* give, put up) security, stand surety, *für e-e Anleihe*: *a.* secure (a loan).

kau·tiˈons|ˌfä·hig *adj* **1.** *jur.* bailable, able to stand bail. **2.** *econ.* able to give security. **2ˌlei·stung** *f* → Sicherheitsleistung. **~ˌpflich·tig** *adj* **1.** *jur.* liable to stand bail. **2.** *econ.* liable to give security. **2ˌsum·me** *f* **1.** *jur.* (amount of) bail. **2.** *econ.* amount of security. **2verˌsi·che·rung** *f* fidelity insurance.

Kau·tschuk [ˈkautʃʊk] *m* ‹-s; -e› caoutchouc, (india) rubber; *in Zssgn meist* rubber (*plantation, solution, etc*). **~ˌbaum** *m* rubber tree. **~ˌmann** *m colloq. im Varieté*: india-rubber man, contortionist. **~ˌmas·se** *f* rubber coagulum. **~ˌmilch** *f* (rubber) latex. **~pa·raˌgraph** *m humor.* elastic clause. **~ˌwa·ren** *pl* (india-)rubber goods.

ˈKauˌwerkˌzeu·ge *pl* masticatory organs.

Kauz [kauts] *m* ‹-es; ⸚e› **1.** *orn.* owl, *bes.* (*Wald2*) tawny owl, (*Stein2*) little owl. **2.** *fig. colloq.* (**komischer** *od.* **sonderbarer**) ~ odd character, queer fish, rum customer. **Käuz·chen** [ˈkɔʏtsçən] *n* ‹-s; -› *dim. of* Kauz 1. **ˈkau·zig, käu·zig** [ˈkɔʏtsɪç] *adj colloq.* odd, queer, rum, cranky.

Ka·va·lier [kavaˈliːr] *m* ‹-s; -e› **1.** gentleman, gallant (*od.* chivalrous) man. **2.** *colloq.* (*Verehrer*) beau, admirer, squire, (*Begleiter*) escort. **3.** *obs.* cavalier, nobleman. **Ka·vaˈliers·deˌlikt** *n* peccadillo, petty offen/ce (*Am.* -se). **Ka·vaˈlierˌstart** *m* **1.** *mot.* dashing start. **2.** *aer.* (steep) climbing takeoff.

Ka·val·ka·de [kavalˈkaːdə] *f* ‹-; -n› cavalcade.

Ka·val·le|rie [kavaləˈriː] *f* ‹-; -n [-ən]› *mil.* cavalry. **~ˈrist** [-ˈrɪst] *m* ‹-en; -en› cavalryman, trooper.

Ka·ver·ne [kaˈvɛrnə] *f* ‹-; -n› *med.* cavity. **Kaˈver·nenˌbil·dung** *f* cavitation. **ka·ver·nös** [kavɛrˈnøːs] *adj geol. med.* cavernous.

Ka·vi·ar [ˈkaːvĭar] *m* ‹-s; -e [-vĭaːrə]› caviar(e); *fig.* ~ **fürs Volk** caviar(e) to the general. **~ˌbrot** *n* French bread. **~ˌbröt·chen** *n* caviar(e) roll.

Keb·se [ˈkeːpsə] *f* ‹-; -n›, **ˈKebsˌweib** *n* concubine.

keck [kɛk] **I** *adj* ‹-er; -st› **1.** (*vorlaut*) pert, saucy, brash; **mit ~er Stirn** brazenly. **2.** (*kühn*) bold, audacious, daring. **3.** *fig.* (*flott*) pert, jaunty; **ein ~es Hütchen** (**Näschen**) a pert little hat (nose). **II** *adv* **4.** pertly; **sag es nur** ~ **heraus!** out with it!; **sie hatte den Hut** ~ **aufs Ohr gesetzt** she wore her hat at a jaunty angle. **2heit** *f* ‹-; *no pl*› **1.** pertness, sauciness, brashness. **2.** boldness, daring, audacity.

Ke·gel [ˈkeːgəl] *m* ‹-s; -› **1.** ninepin, skittle; ~ **spielen** → **kegeln** 1; → **Kind** 1. **2.** *math.* (*a. Berg2*) cone. **3.** *print.* body (size). **4.** *tech.* cone, bevel, taper. **5.** → **Lichtkegel**. **~anˌten·ne** *f* cone aerial (*Am.* antenna). **~ˌbahn** *f* skittle-alley. **~ˌbrem·se** *f tech.* cone brake. **~ˌbru·der** *m colloq.* fellow skittler. **~ˌflä·che** *f math.* conical surface. **2ˌför·mig** *adj* conic(al), cone-shaped, coniform, bevel(l)ed, taper(ed). **~ˌfrä·ser** *m* bevel(l)ed cutter. **~geˌtrie·be** *n* bevel gear(ing).

ˈke·ge·lig *adj* → **kegelförmig**; *tech.* ~ **drehen** taper-turn.

ˈKe·gel|ˌjun·ge *m* skittle-boy. **~ˌklub** *m* skittles club. **~ˌku·gel** *f* skittle ball. **~ˌkupp·lung** *f* cone (friction) clutch. **~ˌla·ger** *n tech.* cone bearing. **~ˌleh·re** *f* taper(ed) ga(u)ge. **~ˌli·nie** *f math.* conic line.

ke·geln [ˈkeːgəln] **I** *v/i* ‹h *u.* **sein**› **1.** ‹h› play (at) skittles (*od.* ninepins). **2.** ‹sein› *colloq.* tumble (down). **3.** ‹h› *Hase*: sit up(right). **II** 2 *n* ‹-s› **4.** playing skittles (*etc*). **5.** → **Kegelspiel**.

ˈKe·gel|parˌtie *f* game of skittles (*od.* ninepins). **~ˌrad** *n tech.* bevel gear. **~ˌradˌanˌtrieb** *m* bevel-gear drive. **~ˌrad·geˌtrie·be** *n* mitre (*Am.* miter) gear. **~ˌrob·be** *f zo.* grey (*Am.* gray) seal. **~ˌrol·lenˌla·ger** *n* tapered roller bearing. **~ˌschnitt** *m math.* conic (section). **~ˌsitz** *m tech.* bevel seat. **~ˌspiel** *n* (game of) skittles (*od.* ninepins) *pl* (*als sg konstruiert*). **~ˌspie·ler** *m* → **Kegler**. **~ˌsport** *m* → **Kegelspiel**. **~ˌstift** *m tech.* taper pin. **~ˌstumpf** *m math.* truncated cone, frustum of a cone. **~venˌtil** *n* cone valve. **~ˌzahnˌrad** *n* bevel gear.

ˈKeg·ler *m* ‹-s; -› skittles-player.

ˈKehl|ˌader *f anat.* jugular vein. **~ˌbal·ken** *m arch.* collar beam. **~ˌdeckel** (*getr.* **-k·k-**) *m anat.* epiglottis.

Keh·le [ˈkeːlə] *f* ‹-; -n› **1.** throat; **aus voller** ~ **lachen** roar (*od.* shout) with laughter, laugh heartily; **aus voller** ~ **schreien** shout at the top of one's voice; **j-n an** (*od.* **bei**) **der** ~ **packen** seize s. o. by the throat; *fig.* **j-m an der** ~ **sitzen** have a stranglehold on s. o.; **die Angst schnürte ihm die** ~ **zu** he choked with fear; **e-e durstige** (*od.* **trockene**) ~ **haben** be thirsty; *colloq.* **sein Geld durch die** ~ **jagen** spend all one's money on drink; **er hat es in die falsche** ~ **gekriegt** it went down the wrong way, he took it the wrong way (*od.* amiss); **sich** (*dat*) **die** ~ **anfeuchten** wet one's whistle; **das Wort blieb mir in der** ~ **stecken** the word(s *pl*) stuck in my throat; **ihm geht es an die** ~ he is in for it now; → **durchschneiden**[1], **Gold** 4 (*etc*). **2.** (*Speiseröhre*) gullet, (o)esophagus, (*Luftröhre*) windpipe, trachea. **3.** *arch. tech.* chamfer, flute, channel. **4.** *geol.* notch. **ˈkeh·len I** *v/t* ‹h› **1.** (*Fisch etc*) gut. **2.** *tech.* mo(u)ld, groove, channel, flute. **II** 2 *n* ‹-s› **3.** grooving (*etc*).

ˈKehlˌflos·ser [-ˌflɔsər] *m* ‹-s; -› *meist pl* jugular (fish).

ˈkeh·lig *adj* **1.** *Stimme etc*: throaty, guttural. **2.** *tech.* grooved, channel(l)ed.

ˈKehlˌkopf *m anat.* larynx (*a. zo.*), voice box; *orn.* **unterer** ~ syrinx; *in Zssgn oft* laryngeal (*artery, ligament, cancer, etc*). **~entˌzün·dung** *f* laryngitis. **~ˌlaut** *m ling.* laryngeal (sound). **~mi·kroˌphon** *n* throat microphone. **~ˌschnitt** *m med.* laryngotomy. **~spe·ziaˌlist** *m* laryngologist. **~ˌspie·gel** *m* laryngoscope. **~ˌspie·ge·lung** *f* mirror laryngoscopy. **~verˌschluß·ˌlaut** *ling.* glottal stop.

ˈKehl|ˌlap·pen *m meist pl bes. orn.* wattle, *des Geflügels*: *a.* gill. **~ˌlaut** *m ling.* guttural (sound). **~ˌlei·ste** *f arch.* mo(u)lding. **~ˌrie·men** *m am Zaum*: throatband. **~ˌschwei·ßung** *f* fillet welding. **~ˌstein** *m civ. eng.* valley tile.

ˈKeh·lung *f* ‹-; -en› **1.** → kehlen 3. **2.** *tech.* mo(u)lding, groove, channel.

ˈKehr|ˌaus *m* ‹-; *no pl*› **1.** last dance, finale, *im Karneval*: Mardi Gras dance (*od.* ball). **2.** *fig.* clean-out; **den** ~ **machen** clean out, finish. **~ˌbe·sen** *m* broom. **~ˌbild** *n phys.* inverted image.

Keh·re [ˈkeːrə] *f* ‹-; -n› **1.** (*Kurve*) (sharp) bend; **e-e** ~ **nach rechts machen** bend to the right. **2.** (*Wendeplatz*) turning space, *für Busse etc*: loop. **3.** a) *gym.* rear vault, (*Abgang2*) back dismount, b) *Skifahren*: turn, c) *fenc.* volte-face. **4.** *aer.* turn.

keh·ren[1] [ˈkeːrən] **I** *v/t* ‹h› **1.** (**nach oben, unten** *etc*) turn (*s. th.* upwards, down, *etc*); **j-m den Rücken** ~ *a. fig.* turn one's back on s. o.; *fig.* **der Heimat den Rücken** ~ turn one's back on (*od.* leave) one's home country; **das Oberste zuunterst** ~ turn everything upside down; *fig.* **in sich gekehrt** a) wrapt in thought, b) (*zurückhaltend*) withdrawn, retiring, c) *psych.* introvert(ed). **II** *v/reflex* **sich** ~ **2.** turn (**gegen** against); **sich zum besten** ~ turn out for the best, come out right. **3. sich nicht an e-r Sache** ~ not to bother about s. th., pay no attention to s. th., ignore (*od.* disregard) s. th. **III** *v/i* **4.** (**ganze Abteilung**) **kehrt!** a) *mil.* about turn (*od.* face)!, b) *humor.* (let's) (turn around and) go back!

ˈkeh·ren[2] **I** *v/t* ‹h› (*Zimmer, Straße etc*) sweep. **II** *v/i* sweep (up); *fig.* **kehre vor d-r eigenen Tür!** look at yourself first; → **Besen** 1.

ˈKeh·richt *m, n* ‹-(e)s; *no pl*› **1.** sweepings *pl*, refuse, rubbish, dust, *Am.* trash, garbage; *colloq.* **das geht dich e-n feuchten** ~ **an** that's none of your business. **2.** *fig.* scum, dregs *pl* (*of society*). **~ˌei·mer** *m* dustbin, *Am.* trash (*od.* garbage) can. **~ˌhau·fen** *m* rubbish heap. **~ˌschau·fel** *f* dustpan.

ˈKehr|maˌschi·ne *f* **1.** road sweeper, rotary road brush. **2.** carpet sweeper. **~ˌpunkt** *m astr.* apse, apsis. **~ˌreim** *m metr. mus.* refrain, burden, *mus. a.* chorus. **~ˌschau·fel** *f* dustpan. **~ˌschlei·fe** *f* **1.** hairpin (bend). **2.** → Kehre 2. **~ˌsei·te** *f* **1.** *e-r Münze etc*: reverse, *von Stoff etc*: back (*od.* wrong, reverse) side; *humor.* **j-m s-e** ~ **zuwenden** turn one's back on s. o. **2.** *fig.* other (*od.* reverse) side; **die** ~ **des Lebens** the seamy side of life; **die** ~ **der Medaille** the reverse of the medal.

ˈkehrt|ˌma·chen [ˈkeːrt-] *v/i* ‹*sep*, -ge-, h› **1.** (*zurückgehen*) turn back (**auf dem Absatz** on one's heel). **2.** (*flüchten*) turn tail, beat a hasty retreat. **3.** (*sich umdrehen*) turn about, turn (a)round, *schnell*: wheel (round). **4.** *mil.* turn (*od.* face) about. **2ˌwen·dung** *f* **1.** *bes. mil., a. fig.* about-face, *fig. a.* volte-face; **e-e völlige** ~ **vollziehen** *Partei etc*: make a complete about-turn, undergo a complete reversal (*in policy, etc*). **2.** *Eis- u. Rollkunstlauf*: rocking turn.

ˈKehr- ˌund ˈSprengˌwa·gen *m* sweeper-flusher.

ˈKehrˌwert *m math.* reciprocal (value).

kei·fen [ˈkaifən] **I** *v/i* ‹h› scold, nag, (*zanken*) squabble, bicker. **II** 2 *n* ‹-s› scolding (*etc*). **ˈkei·fend** *adj Frau, Stimme etc*: nagging. **Kei·feˈrei** *f* ‹-; -en› → keifen II.

Keil [kail] *m* ‹-(e)s; -e› **1.** wedge (*a. meteor.*); *fig.* **e-n** ~ **treiben zwischen** drive a wedge between, estrange (*two friends*). **2.** (*Hemm2*) chock. **3.** (*Zwickel*) gusset, gore. **4.** *tech.* (*Längs2*) key, (*Stell2*) wedge, (*Quer2*) cotter. **5.** *mil. e-r Armee etc*: wedge, spearhead. **6.** *aer.* V- (*od.* arrowhead) formation. **~ˌabˌsatz** *m* wedge heel. **2ˌar·tig** *adj* wedge-like. **~ˌbein** *n anat. zo.* sphenoid (bone). **~ˌbol·zen** *m* cotter bolt.

Kei·le [ˈkaɪlə] *f* ⟨-; *no pl*⟩ *colloq. a. fig. Sport etc*: thrashing, hiding, beating. **kei·len** [ˈkaɪlən] **I** *v/t* ⟨h⟩ **1.** split *s. th.* with a wedge, cleave. **2.** *colloq.* j-n (für e-e Sache) ~ rope s. o. in (for s. th.). **II** *v/reflex* sich ~ **3.** *colloq.* fight (*od.* scuffle) (with one another), clobber one another. ˈ**Kei·ler** *m* ⟨-s; -⟩ *hunt.* wild boar. **Kei·leˈrei** *f* ⟨-; -en⟩ *colloq.* brawl, fight, scrap, *Br. a.* punch-up.

ˈ**Keil**|ˌ**flos·se** *f aer.* vertical tail fin. ~**for·ma·tiˌon** *f mil.* wedge (formation), *aer.* V-formation. 2ˌ**för·mig** *adj* **1.** wedge-shaped, *bes. Keilschriftzeichen, a. anat.* cuneiform. **2.** *bes. bot.* cuneal, cuneate(d). ~ˌ**haue** *f Bergbau*: wedge pick. ~ˌ**ho·se** *f* stretch (*od.* ski) trousers (*bes. Am.* pants) *pl.* ~ˌ**kis·sen** *n* wedge-shaped bolster. ~ˌ**nut**, ~ˌ**nu·te** *f tech.* keyseat. ~ˌ**rä·der·geˌtrie·be** *n* wedge (friction) gear, multiple V-gears *pl.* ~ˌ**rie·men** *m* V-belt. ~ˌ**rie·menˌanˌtrieb** *m* V-belt drive. ~ˌ**rie·menˌschei·be** *f* V-belt pulley. ~ˌ**schrift** *f* cuneiform writing (*od.* script). ~ˌ**stein** *m arch.* keystone, voussoir. ~ˌ**stück** *n* → Keil 3. ~**verˌbin·dung** *f mit Längskeil*: key joint, *mit Querkeil*: cotter joint. ~ˌ**wel·le** *f* spline(d) shaft.

Keim [kaɪm] *m* ⟨-(e)s; -e⟩ **1.** *biol.* germ, bud, embryo. **2.** *bot.* (*Sprößling*) bud, (*Trieb*) sprout, (*Schößling*) shoot; ~e treiben sprout, bud, germinate. **3.** *med.* germ, bacillus. **4.** (*Kristall*2) nucleus. **5.** *fig.* seed(s *pl*), germ, bud; der ~ der Liebe the seeds of love; den ~ des Todes in sich tragen be doomed to die; im ~ vorhanden sein be present in embryo (*od.* in the bud); im ~ ersticken nip in the bud. ~ˌ**bett** *n* germinating bed. ~ˌ**bil·dung** *f* germ formation. ~ˌ**bläs·chen** *n* **1.** *anat.* germinal vesicle. **2.** *biol.* a) blastula, b) blastocyst. ~ˌ**bla·se** *f anat. biol.* blastula. ~ˌ**blatt** *n* **1.** *biol.* germ layer; äußeres ~ ectoderm, ectoblast; inneres ~ entoderm, endoblast; mittleres ~ mesoderm, mesoblast; primäres ~ primary germ layer. **2.** *bot.* a) seed leaf, cotyledon, b) life plant. 2ˌ**blät·te·rig** *adj bot* cotyledonous. 2ˌ**blatt·los** *adj* acotyledonous. ~ˌ**bo·den** *m* **1.** *biol.* substratum. **2.** *Brauerei*: malt floor.

ˈ**Keim·chen** *n* ⟨-s; -⟩ *biol.* gemmule.

ˈ**Keim**|ˌ**drü·se** *f* **1.** *physiol.* gonad, reproductive (*od.* sexual) gland. **2.** *biol.* gonad, spermary. ~ˌ**drü·sen·hor·ˌmon** *n* sex (*od.* gonadal) hormone.

kei·men [ˈkaɪmən] **I** *v/i* ⟨h⟩ **1.** *biol. bot.* germinate, *Kartoffeln etc*: sprout, (*knospen*) bud; ~ lassen germinate, sprout. **2.** *fig.* germinate, develop, *Gefühl, Hoffnung, Verdacht etc*: *meist* arise, awaken, stir, *Liebe etc*: *a.* burgeon (*in one's heart*). **II** 2 *n* ⟨-s⟩ **3.** germinating (*etc*), germination. ~**d** *adj* germinating (*etc*), *fig. a.* nascent, *Leidenschaft*: growing, *Liebe*: *a.* budding; ~es Leben nascent life, *engS.* embryo; ~er Verdacht growing suspicion.

ˈ**Keim**|**entˌwick·lung** *f biol.* embryogeny. ~ˌ**fa·den** *m* germ tube. 2ˌ**fä·hig** *adj* germinable, viable. ~ˌ**fleck** *m* germinal area (*od.* spot). 2ˌ**frei** *adj bes. med.* germ-free, sterilized, sterile, aseptic; ~ machen sterilize. ~ˌ**frei·heit** *f* sterility. ~ˌ**haut** *f bot. zo.* blastoderm. ~ˌ**hül·le** *f biol.* embryonic sheath. ~**ling** *m* ⟨-s; -e⟩ **1.** *bot.* germ, embryo. **2.** *med.* embryo, f(o)etus. ~ˌ**sack** *m biol.* embryo sac, amnion. ~ˌ**schei·be** *f* germ(inal) disc, blastodisc. 2ˌ**tö·tend** *adj* germicidal; ~es Mittel germicide. ~ˌ**trä·ger** *m med.* (germ) carrier.

ˈ**Kei·mung** *f* ⟨-; *no pl*⟩ *biol.* germinating, germination.

ˈ**Keim**|ˌ**wur·zel** *f bot.* radicle. ~ˌ**zel·le** *f* **1.** *biol.* germ cell, gamete. **2.** *bot.* gamete. **3.** *fig.* basic unit.

kein [kaɪn] *indef pron* ⟨*adjektivisch*⟩ **1.** no, not any, not a; ich habe ~ Geld I have no money, I haven't (got) any money; sie ist ~ Kind mehr she is no longer a child, she is not a child any more; ~ Wort mehr! not another word!; es war ~ anderer als X it was none other than X; ~ anderer no one else; ~ einziger Stuhl war mehr frei there was not one (*od.* not a single) chair left; *humor.* in ~ster Weise not a bit (of it). **2.** *vor Zahlwörtern*: not (as much as), not even; es kostet ~e fünf Mark it costs less than five marks.

ˈ**kei·ner,** ˈ**kei·ne,** ˈ**kei·nes** *od.* **keins** *indef pron* ⟨*substantivisch*⟩ **1.** *von Personen*: no one, nobody, none, not one; keiner von uns none (*od.* not one) of us, *von zweien*: neither of us; keiner von beiden neither (of the two), neither the one nor the other; keiner ist dem anderen gleich not two people are alike; er kennt sich auf dem Gebiet aus wie (sonst) keiner he knows that subject better than anyone else; ich habe keine gesehen I didn't see any, I saw none; die oder keine she (*od.* her) or no one; *colloq.* uns kann keiner a) we have no one to fear, b) we are the greatest! **2.** *von Sachen*: none, not one, not any; kein(e)s von beiden neither (of the two).

ˈ**kei·ner**|ˈ**lei** *adj* ⟨*undeclined*⟩ no ... of any kind (*od.* sort), no ... what(so)ever (*od.* at all); er hat ~ Fortschritte gemacht he hasn't made any progress at all (*od.* whatsoever). ~ˈ**seits** *adv* **1.** on neither side. **2.** from no side (*od.* quarter).

ˈ**kei·nes**|ˈ**falls** *adv* **1.** in no case, on no account, under no circumstances; ~! a) (*niemals*) under no circumstances!, never!, b) (*durchaus nicht*) by no means! **2.** → keineswegs. **3.** in no way, nowise; ~ anders in no way different. ~ˈ**wegs** [-ˈveːks] *adv* by no means, not in the least, not at all, not a bit; er ist ~ ein Narr he is anything but a fool.

ˈ**keinˌmal** *adv* not once, never; → einmal 1.

Keks [keːks] *m, n* ⟨-(es); -e⟩ biscuit, *Am.* cookie, *ungesüßt*: cracker. ~ˌ**do·se** *f* biscuit tin, *Am.* cookie jar.

Kelch [kɛlç] *m* ⟨-(e)s; -e⟩ **1.** goblet, chalice, cup (*a. fig.*), glass (*of champagne, etc*), *relig.* chalice, (communion) cup; der geweihte ~ the consecrated cup; *fig.* den (bitteren) ~ bis zur Neige (*od.* Hefe) leeren taste the bitter draught of sorrow to the dregs; *colloq.* der ~ ist an mir noch einmal vorübergegangen I have been spared the bitter cup once more. **2.** (*Blumen*2) (flower) cup, calyx, (*innerer Blütenkorb*) chalice, (*Blumenhülle*) envelope, (*Außen*2) calycle; mit vielblätt(e)rigem ~ polysepalous; ohne ~ acalycinous. **3.** *anat.* calix. **4.** *zo.* calyx. **5.** *arch.* bell, vase drum, tambour. ~ˌ**blatt** *n bot.* sepal. ~ˌ**blü·te** *f* calycinal flower. ~ˌ**blü·ter** [-ˌblyːtər], ~ˌ**blüt·ler** [-ˌblyːtlər] *pl* calyciflorae. 2ˌ**för·mig** *adj* **1.** cup-shaped. **2.** *bot. zo.* calyciform; ~es Organ calyx. **3.** *arch.* bell-shaped. ~ˌ**glas** *n* (crystal) goblet. ~ˌ**hül·le** *f bot.* calycle. 2**los** *adj bot.* acalycinous. ~ˌ**nar·be** *f an Früchten*: eye, umbril. 2ˌ**stän·dig** *adj* calycifloral.

Kel·le [ˈkɛlə] *f* ⟨-; -n⟩ **1.** (*Schöpf*2) scoop, ladle. **2.** *metall.* ladle. **3.** (*Maurer*2) trowel. **4.** *rail.* (signal) disc. **5.** *arch.* flat (*od.* plain) tile.

Kel·ler [ˈkɛlər] *m* ⟨-s; -⟩ cellar, (~*lokal*) *a.* tavern, (*Schutzraum*) *a.* shelter, (~*wohnung*) basement, (*Kerker*) dungeon (*of a castle*); *fig.* er hat e-n vorzüglichen ~ he has an excellent cellar (*od.* selection of wines); *fig. colloq.* in den ~ rutschen hit rock bottom; im ~ sein *beim Skatspiel*: have minus points, *Sport*: be at the bottom of the table, hold the wooden spoon; → Bierkeller, Weinkeller. ~ˌ**abˌzug** *m gastr.* estate-bottled wine. ~ˌ**as·sel** *f zo.* sow bug, woodlouse. ~ˌ**bar** *f* cellar bar (*od.* nightclub).

Kel·leˈrei *f* ⟨-; -en⟩ wine cellars *pl.*

ˈ**Kel·ler**|ˌ**fal·te** *f Mode*: box pleat. ~ˌ**fen·ster** *n* cellar (*od.* basement) window. ~**geˌschoß** *n* basement. ~**geˌwöl·be** *n* (cellar *od.* basement) vault. ~ˌ**kind** *n* child living in a miserable basement (flat); *fig.* die ~er *pl* (der Nation) the underprivileged. ~ˌ**loch** *n* **1.** cellar air hole (*od.* vent). **2.** *colloq.* filthy basement, hovel, miserable hole. ~**loˌkal** *n* cellar restaurant (*od.* bar, nightclub). ~ˌ**luft** *f* musty cellar air. ~ˌ**mei·ster** *m* cellarman.

kel·lern [ˈkɛlərn] *v/t* ⟨h⟩ (*Wein etc*) cellar.

ˈ**Kel·ler**|ˌ**wech·sel** *m econ.* accommodation (*od.* bogus, fictitious) bill, *colloq.* kite. ~ˌ**woh·nung** *f* basement (flat *od.* lodgings *pl*).

Kell·ner [ˈkɛlnər] *m* ⟨-s; -⟩ waiter. ˈ**Kell·ne·rin** *f* ⟨-; -nen⟩ waitress. ˈ**Kell·nerˌlehr·ling** *m* apprentice waiter, *Am.* busboy. ˈ**kell·nern** *v/i* ⟨h⟩ *colloq.* work as a waiter.

Kel·te [ˈkɛltə] *m* ⟨-n; -n⟩ *hist.* Celt; schottischer ~ Gael.

Kel·ter [ˈkɛltər] *f* ⟨-; -n⟩ (wine)press. **Kel·teˈrei** *f* ⟨-; -en⟩ (wine)press house. ˈ**Kel·te·rer** *m* ⟨-s; -⟩ (wine)press operator, winepresser. ˈ**kel·tern** *v/t* ⟨h⟩ press.

ˈ**Kel·tin** *f* ⟨-; -nen⟩ Celt, Celtic woman. ˈ**kel·tisch I** *adj* Celtic; ~es Steingrab cist. **II** *ling.* 2 ⟨*generally undeclined*⟩, das 2e ⟨-n⟩ Celtic, Celtish.

kel·to·ro·ma·nisch [kɛltoroˈmaːnɪʃ] *adj ling.* Celto-Roman.

Kel·vin [ˈkɛlvɪn] *n* ⟨-s; *no pl*⟩, ~ˌ**grad** *m* (degree) Kelvin. ~ˌ**ska·la** *f mit Nullpunkt −273° C*: Kelvin scale. ~**Tem·pe·raˌtur** *f* Kelvin (*od.* absolute) temperature.

Ke·me·na·te [kemeˈnaːtə] *f* ⟨-; -n⟩ **1.** *hist.* bower. **2.** *humor.* lady's room.

ˈ**Kennˌbuchˌsta·be** *m* key (*od.* index, code) letter.

ken·nen [ˈkɛnən] **I** *v/t* ⟨kennt, kannte, gekannt, h⟩ **1.** *allg.* know, (*bekannt od. vertraut sein mit*) *a.* be acquainted with, *mit e-m Wissensgebiet etc*: *a.* be familiar with; ich kenne ihn (es) I know him (it), I am acquainted with him (it); er hat nie die wahre Liebe gekannt he has never known (*od.* experienced, felt) true love; *colloq.* das ~ wir (schon)! we know all about that; sie ~ k-e Rücksicht they have no consideration; sie kennt nichts als ihre Arbeit she lives (only) for her work; die Mittelmeerküste kennt k-n harten Winter hard winters are unknown on the Mediterranean coast; die Menschen ~ be a good judge of people. **2.** (*er*~) (an *dat* by) know, recognize; ich kannte ihn am Schritt I recognized his footsteps. **3.** sich (*od.* einander) ~ know one another; wir ~ uns schon *a.* we have already met; wir ~ uns von der Schule her *a.* we were at school together; wir ~ uns nicht mehr we are no longer friends. **II** *v/reflex* sich ~ **4.** know o. s.; er kannte sich nicht

mehr vor Wut he was beside himself with rage. **~ˌler·nen I** *v/t* ⟨*sep*, -ge-, h⟩ **1. j-n ~** meet s. o., become acquainted with s. o., *näher u. weitS.* get (*od.* come) to know s. o.; **ich habe sie neulich kennengelernt** I met her recently; **als ich ihn kennenlernte** when I first met him; **j-n näher ~** (get to) know s. o. better; *colloq.* **du sollst mich noch ~!** I'll give you what for!, I'll teach you! **2. et. ~** get (*od.* come) to know s. th., become acquainted with s. th.; **das Leben ~** see life. **3. sich** (*od.* **einander**) **~** meet, become acquainted, *näher u. weitS.* get (*od.* come) to know each other. **II ~** *n* ⟨-s⟩ **4.** meeting (*etc*), acquaintance; **bei näherem ~** upon closer acquaintance.

'Ken·ner *m* ⟨-s; -⟩ (*Kunst~, Wein~ etc*) connoisseur, (*Fachmann*) (*gen*) expert (at, in, of), *stärker*: authority (on); **ein ~ sein** (*gen*) *a.* be a good judge of, be very knowledgeable about, be well informed on. **~ˌau·ge** *n*, **~ˌblick** *m* expert('s) (*od.* connoisseur's discerning) eye (**für** for).

'ken·ne·risch *adj* expert, discerning, critical.

'Ken·ner|ˌmie·ne *f* (**mit ~** with the) air of an expert (*od.* a connoisseur); *iro.* **e-e ~ aufsetzen** assume the air of a connoisseur. **~schaft** *f* ⟨-; *no pl*⟩, **~tum** *n* ⟨-s; *no pl*⟩ connoisseurship, expert knowledge, expertise.

'Kenn|ˌfa·den *m* colo(u)red tracer thread. **~ˌfar·be** *f* identifying colo(u)r, *pl a.* colo(u)r coding. **~freˌquenz** *f Radio*: identification frequency. **~ˌkar·te** *f* identity card. **~ˌli·nie** *f math. phys.* characteristic (curve *od.* line). **~ˌmar·ke** *f* identification mark, tag. **~me·loˌdie** *f Radio, TV* signature tune. **~ˌsatz** *m Computer*: label.

kennt·lich ['kɛntlɪç] *adj* **1.** (**an** *dat* by) recognizable, identifiable, (*wahrnehmbar*) discernible, (*unterscheidbar*) distinguishable; **sich ~ machen** make o. s. known. **2.** (*bezeichnet*) marked; **et. ~ machen** mark s. th., (*etikettieren*) label s. th., *fig.* make s. th. clear. **~keit** *f* ⟨-; *no pl*⟩ recognizability, identifiability, discernibleness. **~ˌma·chung** *f* ⟨-; *no pl*⟩ identification, *durch Zettel*: marking, label(l)ing.

Kennt·nis ['kɛntnɪs] *f* ⟨-; -se⟩ **1.** ⟨*only sg*⟩ knowledge, information; **von e-r Sache ~ haben** have knowledge of s. th., know (of) s. th., be aware of s. th.; **das entzieht sich m-r ~** I don't know anything about that; **j-n (von e-r Sache) in ~ setzen** inform (*od.* notify, advise, apprise) s. o. (of s. th.); **j-m et. zur ~ bringen** bring s. th. to s. o.'s notice (*od.* attention); **es ist uns zur ~ gelangt, daß** it has come to our knowledge (*od.* attention) that, we understand that; **et. zur ~ nehmen** take note (*od.* notice) of s. th., note s. th. **2.** *pl* (*gen od.* **in** *dat*) (*Wissen*) knowledge *sg* (of), (*Erfahrung*) experience *sg* (in), (*Einsicht, Verständnis*) insight *sg* (into), understanding *sg* (of); **gute ~se haben in e-r Sache** have a good knowledge of s. th., be well grounded (*od.* versed, up) in s. th.; **gute ~se im Englischen haben** have a good knowledge (*od.* command) of English; **sich** (*dat*) **~se erwerben** acquire knowledge, **in e-r Sache:** acquire a good knowledge of s. th.; **s-e ~se erweitern** extend (*od.* increase) one's knowledge. **~los** *adj* ignorant. **~ˌnah·me** *f* ⟨-; *no pl*⟩ *bes. econ. jur.* (taking) notice; **zu Ihrer ~** for your information (*od.* attention); **zur ~!** Attention!, Notice!; **mit der Bitte um ~** please take note, kindly note. **~ˌreich** *adj* well-informed, knowledgeable, learned, well-versed.

'Kennum·mer (*getr.* -nnˌn-) *f* identification (*mot.* registration, *Am.* license) number, *econ.* index (*od.* reference) number, *in Inseraten*: box number.

'Ken·nung *f* ⟨-; -en⟩ **1.** identification. **2.** *Funk, Radar etc*: identification (signal *od.* code). **3.** *aer.* airway (*od.* route) marking. **4.** *mar.* a) *e-s Leuchtfeuers*: light characteristic, b) landmark.

'Kenn|ˌwert *m math.* characteristic value. **~ˌwort** *n* ⟨-(e)s; ⸚er⟩ **1.** *mil.* password, code word, (*Antwort auf Anruf*) countersign. **2.** *bei Inseraten*: box number. **~ˌzahl** *f* → **Kennziffer.**

'Kennˌzei·chen *n* **1.** *a. fig.* (distinguishing) mark, sign, *bes. fig.* characteristic, (distinguishing) feature; **ein sicheres ~, daß** a sure sign that; **besondere ~** *im Paß*: distinguishing marks. **2.** *beim Vieh*: brand, *beim Schwein*: earmark. **3.** (*Gütezeichen*) hallmark. **4.** (*Abzeichen*) badge, emblem. **5.** *mot.* (**polizeiliches**) **~** registration (*Am.* license) number; (**internationales**) **~** (international) letter symbol. **6.** aircraft marking. **7.** *Patentrecht*: distinguishing feature. **8.** *zo.* recognition mark. **9.** *med. u. fig.* (*Anzeichen*) symptom, indication, sign. **~ˌleuch·te** *f mot.* number-plate (*Am.* license-plate) light. **~ˌschild** *n* number (*Am.* license) plate.

'kenn|ˌzeich·nen I *v/t* ⟨*insep*, ge-, h⟩ **1.** mark; **et. mit e-m Etikett ~** mark s. th. with a label, label s. th.; **Vieh ~** brand cattle; **Schweine ~** earmark pigs. **2.** *fig.* characterize (*a. durch e-e Aussage*), be characteristic (*od.* typical) of, typify, (*anzeigen*) signalize, (go to) show, *beispielhaft*: *a.* exemplify. **II ~** *n* ⟨-s⟩ **3.** marking (*etc*); → **Kennzeichnung. ~ˌzeich·nend** *adj* **1.** (**für** of) characteristic, typical; **~ sein für** → **kennzeichnen** 2. **2.** distinguishing, distinctive; **~es Merkmal** distinguishing feature. **~ˌzeich·nen·der'wei·se** *adv* characteristically, typically. **~ˌzeich·nung** *f* ⟨-; -en⟩ **1.** marking (*of a package, etc*). **2.** *fig.* characterization. **3.** *econ.* marking, (*Etikett*) label. **4.** *e-s Buches*: signature. **5.** *Logik*: (definite) description. **~ˌzif·fer** *f* **1.** *math.* characteristic, index (*of logarithm*). **2.** *e-s Inserats*: box number. **3.** *Statistik*: index number, indicator. **4.** *econ.* reference (*od.* index) number.

ken·tern ['kɛntərn] **I** *v/i* ⟨**sein** *u.* **h**⟩ *mar.* **1.** ⟨*sein*⟩ capsize, overturn, turn (*od.* keel) over, *colloq.* turn turtle. **2.** ⟨**h**⟩ *Flut, Strömung etc*: turn, *Wind*: shift. **II ~** *n* ⟨-s⟩ **3.** capsizing (*etc*); **zum ~ bringen** capsize, overturn, upset. **4.** *der Flut etc*: turn, *des Windes*: shift.

'Kep·lersch ['kɛplərʃ] *adj phys.* **~es Gesetz** Kepler's law.

Ke·ra·mik [ke'ra:mɪk] *f* ⟨-; -en⟩ **1.** ⟨*only sg*⟩ a) *collect.* (*Ware*) ceramics *pl*, pottery, b) (*Kunst, Technik*) ceramics *pl* (*als sg konstruiert*), pottery. **2.** ceramic (article), piece of pottery. **~ˌar·beit** *f* ceramic (work).

Ke·ra·mi·ker [ke'ra:mikər] *m* ⟨-s; -⟩ ceramist, potter. **ke'ra·misch** [-mɪʃ] *adj* ceramic, pottery.

Ke·ra·tin [kera'ti:n] *n* ⟨-s; -e⟩ *chem.* keratin.

Ke·ra|ti·tis [kera'ti:tɪs] *f* ⟨-; -tiden [-ti'ti:dən]⟩ *med.* keratitis. **~'tom** [-'to:m] *n* ⟨-s; -e⟩ keratoma.

Ker·be ['kɛrbə] *f* ⟨-; -n⟩ **1.** notch, score, mark, nick; *fig. colloq.* **in dieselbe ~ hauen** do (*od.* say) the same thing, follow suit. **2.** *tech.* (*Nut*) groove, slot, (*Aussparung*) recess. **3.** *e-s Bogens, Pfeils*: nock. **4.** *bot.* crenation.

Ker·bel ['kɛrbəl] *m* ⟨-s; *no pl*⟩ *bot.* chervil.

ker·ben ['kɛrbən] *v/t* ⟨h⟩ **1.** notch, nick, cut a notch in, (*Bogen, Pfeil*) nock. **2.** (*rändeln*) knurl, mill. **3.** *Bergbau*: shear, cut *s. th.* vertically.

'Kerb|ˌholz *n fig. colloq.* **et. auf dem ~ haben** be guilty of a misdeed, have a black mark against one; **er hat (schon) einiges auf dem ~** he has a lot to answer for, he has quite a (police) record, *iro.* he has plenty to his credit. **~ˌmes·ser** *n* notching knife. **~ˌschlagˌfe·stig·keit** *f* notched bar impact strength. **~ˌschlagˌpro·be** *f* notched bar impact test. **~ˌschnitt·keˌra·mik** *f* chip-carved pottery. **~schnit·zeˌrei** *f* chip carving. **~ˌtier** *n meist pl* insect.

'Ker·bung *f* ⟨-; -en⟩ **1.** notching (*etc; cf.* **kerben**). **2.** → **Kerbe. 3.** indentation, crenation.

'Kerb|verˌzah·nung *f tech.* serration. **~ˌzahn** *m bot.* crenature. **~ˌzäh·nig** [-ˌtsɛ:nɪç] *adj* crenate(d).

Ker·ker ['kɛrkər] *m* ⟨-s; -⟩ **1.** (*Verlies*) dungeon. **2.** (*Gefängnis*) prison, jail, *Br. a.* gaol. **3.** *obs. od. Austrian jur.* imprisonment; **schwerer ~** penal servitude. **~ˌhaft** *f* → **Kerker** 3. **~ˌmei·ster** *m obs. u. fig.* jailer, *Br. a.* gaoler, jailkeeper, turnkey.

Kerl [kɛrl] *m* ⟨-s, *rare* -es; -e, *colloq. u. contp. a.* -s⟩ **1.** *colloq.* fellow, lad, chap, bloke, *Am.* guy; **armer (guter) ~** poor (good) fellow (*etc*); **kleiner ~** → **Kerlchen; ein (ganzer) ~** a real man; **wenn du ein ~ wärst** if you were a (real) man; **so ein blöder ~!** what a fool!, *sl.* what a nut!; **er ist ein feiner ~** he is a regular brick (*Am.* great guy); **sie ist ein lieber ~** she is a dear; **er (sie) ist ein netter ~** he is a nice chap (she is sweet); **ein übler ~** a bad character, *sl.* a bad egg, a nasty piece of work. **2.** *contp.* (*Liebhaber*) boyfriend, *bes. Am.* guy. **3.** *mil. hist.* **die langen ~s** the tall guards. **~chen** *n* ⟨-s; -⟩ **1.** little man (*od.* fellow, *etc*), manikin, chappie. **2.** little boy (*od.* fellow), laddie; **ein goldiges ~** a cute little boy.

'Ker·mes|ˌei·che ['kɛrməs-] *f* kermes (oak). **~ˌfarbˌstoff** *m zo.* kermes.

Ker·me·sit [kɛrme'zi:t; -'zɪt] *m* ⟨-(e)s; *no pl*⟩ *min.* kermes (mineral).

Kern [kɛrn] *m* ⟨-(e)s; -e⟩ **1.** *von Kernobst*: pip, seed, *von Steinobst*: stone, *von Nüssen*: kernel, *von Getreide etc*: grain; *fig.* **sie hat e-n guten ~, in ihr steckt ein guter ~** she is good at heart, basically she is good; → **Pudel** 1, **Schale**[1] 1. **2.** *e-s Baumes*: heart(wood), duramen, pith. **3.** *fig.* core, (*das Wichtigste*) *a.* essence, main issue; **im ~** in essence, basically; **der ~ e-r Sache** the heart (*od.* core, crux, gist) of the matter; **zum ~ e-r Sache kommen** (*od.* **vorstoßen**) get to the core (*od.* heart, bottom) of a matter. **4.** *fig. e-r Partei etc*: core, nucleus; **der harte ~** the hard core; **Mitglieder, die zum harten ~ zählen** hard-core members. **5.** *fig.* (*Stadt~ etc*) cent/re (*Am.* -er), heart (*of a town, etc*). **6.** *electr. tech., a. e-s Reaktors*: core. **7.** (*Atom~*) nucleus. **8.** → **Zellkern. ~ˌabˌstand** *m nucl.* internuclear distance. **~ˌaufˌbau** *m* nuclear structure, *e-s Reaktors*: core configuration. **~ˌbauˌstein** *m phys.* nucleon. **~ˌbei·ßer** *m orn.* hawfinch. **~be·ˌschuß** *m* nuclear bombardment. **~ˌbil·dung** *f phys.* nucleation. **~ˌbrennˌstoff** *m* nuclear fuel. **~che·ˌmie** *f* nuclear chemistry. **~'deutsch** *adj* German to the core. **~ˌei·sen** *n* core iron. **~ˌelek·tron** *n* nuclear electron. **~enerˌgie** *f* nuclear energy. **~ener·gieˌanˌla·ge** *f* nuclear power station (*od.* plant). **~ex·plo·siˌon** *f* nuclear explosion. **~ˌfach** *n ped.* basic subject. **2ˌfaul** *adj Holz*: rotten (at the core). **~ˌfäu·le** *f* heart rot. **~ˌfeld** *n* nuclear field. **2ˌfern** *adj Elektronen*: planetary. **~ˌfor·schung** *f* nuclear research. **~ˌfra·ge** *f* main (*od.* crucial) question, central issue. **~fu·siˌon** *f* **1.** nuclear fusion. **2.** *biol.* karyogamy. **~fu·siˌons·reˌak·tor** *m* (controlled) thermonuclear reactor. **~geˌbiet** *n* **1.** cent/re (*Am.* -er), central area, focus. **2.** *geol.* nucleus. **~geˌdan·ke** *m* central idea. **~geˌhäu·se** *n bot.* (apple, *etc*) core. **2geˈsund I** *adj* thoroughly healthy, *colloq.* (as) sound as a bell. **II** *adv* ~ **aussehen** look (*od.* be) the very picture of health. **~ˌhaus** *n* (apple, *etc*) core. **~ˌhaut** *f* tegumen. **~ˌholz** *n* → Kern 2.

ˈker·nig *adj* **1.** full of seeds (*od.* pips), acinous. **2.** *fig.* (*kraftvoll*) robust, vigorous, (*markig*) pithy, (*derb*) earthy, robust, *colloq.* (*toll*) terrific, super. **3.** *Leder*: full. **2keit** *f* ⟨-; *no pl*⟩ *fig.* pithiness, vigo(u)r.

ˈKern|ˌkör·per·chen *n biol.* nucleolus. **~ˌkraft** *f* nuclear force. **~ˌkraftˌwerk** *n* nuclear power station (*od.* plant). **~kriˌstall** *m min.* perimorph. **~ˌla·dung** *f* nuclear charge. **~ˌla·dungsˌzahl** *f* atomic number. **~ˌle·der** *n* bend (*od.* butt) leather. **2los** *adj* **1.** *Orangen etc*: seedless. **2.** *biol. nucl.* anucleate. **3.** *tech.* coreless. **~maˌte·rie** *f* nuclear matter. **~moˌdell** *n* nuclear model. **~ˌobst** *n* pomaceous fruit, pome. **~phyˌsik** *f* nuclear physics *pl* (*meist als sg konstruiert*), nucleonics *pl* (*als sg od. pl konstruiert*). **~ˌphy·si·ker** *m* nuclear physicist. **~ˌplas·ma** *n biol.* nucleoplasm. **~proˌblem** *n* central problem. **~ˌpunkt** *m fig.* central (*od.* crucial) point, crux. **~re·ak·tiˌon** *f* (nuclear) reaction. **~reˌak·tor** *m* (nuclear) reactor. **~ˌriß** *m im Holz*: starshake. **2ˌris·sig** *adj* shaky. **~ˌsatz** *m* **1.** *e-r Lehre etc*: sum and substance. **2.** *ling.* kernel (sentence). **~ˌschat·ten** *m* deepest shadow, *astr.* umbra. **~ˌschuß** *m* **1.** *mil.* point-blank (shot). **2.** *Fußball etc*: cannonball. **~ˌsei·fe** *f* curd soap. **~ˌspal·tung** *f* nuclear fission. **~ˌspei·cher** *m Computer*: core memory. **~ˌspruch** *m* pithy saying. **~ˌstück** *n* **1.** principal (*od.* basic) item, *e-r Sammlung etc*: pièce de résistance. **2.** *Leder*: butt. **~ˌtech·nik** *f* nuclear engineering (*od.* technology). **~ˌteil·chen** *n* nuclear particle. **~ˌtei·lung** *f biol.* nuclear division. **~theoˌrie** *f* nuclear theory. **~ˌtrup·pen** *pl mil.* crack (*od.* picked, élite) troops. **~verˌschmel·zung** *f* **1.** *phys.* nuclear fusion. **2.** *biol.* karyogamy. **~ˌwaf·fe** *f* nuclear (*od.* atomic) weapon.

ˈKernˌwaf·fen|po·ten·tiˌal *n* nuclear capability. **~verˌbot** *n* ban on nuclear weapons. **~verˌsuch** *m* nuclear weapons test.

ˈKern|ˌwol·le *f* first-grade wool. **~ˌzeit** *f econ.* core-time. **~zerˌfall** *m* **1.** *phys.* nuclear disintegration. **2.** *biol.* karyoclasis.

Ke·ro·sin [keroˈziːn] *n* ⟨-s; *no pl*⟩ kerosine, kerosene.

Ker·ze [ˈkɛrtsə] *f* ⟨-; -n⟩ **1.** candle; **~n gießen** cast (*od.* mo[u]ld) candles; **~n ziehen** dip (*od.* draw) candles; **von ~n beleuchtet** candle-lit. **2.** → **Zündkerze. 3.** *electr. phys.* candle(-power), international candle. **4.** *colloq.* a) *gym.* shoulder stand, b) *Fußball*: skyer, balloon, c) *Kunstflug*: chandelle.

ˈKer·zen|beˌleuch·tung *f* candlelight. **~ˌdocht** *m* (candle)wick. **2geˈra·de** *adj u. adv* (as) straight as a ramrod, bolt upright; ~ **in die Höhe steigen** rise (*od.* go) straight up. **~ˌgie·ßer** *m* candlemaker. **~ˌhal·ter** *m* candlestick, sconce. **~ˌlam·pe** *f electr.* candle lamp. **~ˌleuch·ter** *m* → **Kerzenhalter.** **~ˌlicht** *n*, **~ˌschein** *m* (**bei** ~ by) candlelight. **~ˌschlüs·sel** *m mot.* plug spanner. **~ˌstän·der** *m* candlestand. **~ˌstär·ke** *f electr. phys.* candlepower. **~ˌstecker** (*getr.* -k·k-) *m mot.* spark plug socket. **~ˌstum·mel, ~ˌstumpf** *m* candle end, butt.

Ke·scher [ˈkɛʃər] *m* ⟨-s; -⟩ landing net.

keß [kɛs] *adj* ⟨-sser; -ssest⟩ *allg., a. Hut etc*: pert, saucy, jaunty, (*naßforsch*) brash.

Kes·sel [ˈkɛsəl] *m* ⟨-s; -⟩ **1.** (*Wasser2*) kettle, (*Koch2*) *a.* pot, pan, (*großer* ~ *für offenes Feuer*) ca(u)ldron, (*Wasch2*) boiler; **der ~ singt** the kettle is humming (*od.* singing); **den ~ aufsetzen** put the kettle on. **2.** *tech.* (*Heiz2, Dampf2*) boiler, (*Behälter*) tank, *Brauerei*: copper, kettle. **3.** (*Tal2*) basin(-shaped valley), (*Vulkan2*) caldera. **4.** *mil.* pocket. **5.** *hunt.* a) *e-s Fuchsbaus etc*: chamber, burrow, b) *beim Kesseltreiben*: encircled field. **~ˌanˌla·ge** *f tech.* boiler plant. **~ˌbau** *m* ⟨-(e)s; *no pl*⟩ boilermaking. **~ˌblech** *n* boiler plate. **~ˌdruck** *m* ⟨-(e)s; ⁼e⟩ boiler pressure. **~ex·plo·siˌon** *f* boiler explosion. **~ˌflicker** (*getr.* -k·k-) *m* tinker. **~ˌha·ken** *m* pothook. **~ˌhaus** *n* boiler house. **~ˌpau·ke** *f* kettledrum, tympano. **~ˌraum** *m* boiler room, *mar. a.* stokehold. **~ˌschlacht** *f* battle of encirclement. **~ˌschmied** *m* boilermaker.

ˈKes·selˌstein *m* scale, fur; ~ **entfernen (aus)** descale. **~ˌbil·dung** *f* scaling, furring. **~entˌfer·ner** *m*, **~ˌlö·seˌmit·tel** *n* scale remover.

ˈKes·sel|ˌtrei·ben *n* **1.** *hunt.* battue (*a. fig.*). **2.** *fig.* hunt, chase, dragnet operation, *pol.* witch-hunt. **~ˌwa·gen** *m* **1.** *rail.* tank waggon (*Am.* car). **2.** *mot.* tanker (lorry), *Am.* tank truck, (*Anhänger*) tank trailer.

ˈKe·taˌlachs [ˈkeːta-] *m ichth.* dog salmon.

Ketch·up [ˈkɛtʃap; ˈketʃəp] (*Engl.*) *m, n* ⟨-(s); -s⟩ ketchup.

Ke·ten [keˈteːn] *n* ⟨-s; -e⟩ *chem.* ketene.

Ke·ton [keˈtoːn] *n* ⟨-s; -e⟩ *chem.* ketone. **ˈKe·toˌsäu·re** [ˈkeːto-] *f chem.* keto acid. **Ke·to·se** [keˈtoːzə] *f* ⟨-; -n⟩ **1.** *chem.* ketose. **2.** *med.* ketosis.

Ketsch [kɛtʃ] *f* ⟨-; -en⟩ (*Segelboot*) ketch.

ˈKett·chen *n* ⟨-s; -⟩ bracelet, anklet, necklace.

Ket·te [ˈkɛtə] *f* ⟨-; -n⟩ **1.** *allg., a. chem. econ.* (*Laden2 etc*) chain; **an die ~ legen** chain up (*a dog, etc*), *fig.* **j-n**: put a curb on s. o.; **von der ~ losmachen** unchain. **2.** *mot.* track. **3.** *pl* (*Fesseln*) chains, fetters, irons, shackles; **j-n in ~n legen, j-m ~n anlegen** put s. o. in chains (*od.* irons); *fig.* **in ~n leben** live in bondage. **4.** (*Amts2, Uhr2 etc*) chain, (*Hals2*) necklace, (*Arm2*) bracelet; **e-e ~ aus Perlen** a pearl necklace, a string (*od.* rope) of pearls. **5.** *fig.* (*Fahrzeug2*) line, string; **in ~ fahren** drive in line. **6.** (*Absperrung, Polizei2 etc*) cordon, *zum Weiterreichen*: (human) chain; **e-e ~ bilden** *a.* form a line. **7.** *fig.* (*Berg2 etc*) chain, (*Seen2*) *a.* string. **8.** *von Ereignissen etc*: chain, series (*of events, accidents, etc*). **9.** *der Beweisführung, Gedanken etc*: chain. **10.** *Weberei*: warp; **~ und Schuß** warp and woof. **11.** *von Rebhühnern*: covey, *von Wildenten, -gänsen etc*: skein, flight. **12.** (*3 Flugzeuge*) flight. **13.** (*Blumen2*) garland, festoon.

ˈKet·tel·maˌschi·ne *f Textil.* linking machine. **ket·teln** [ˈkɛtəln] *v/t* ⟨h⟩ chain-stitch.

ket·ten [ˈkɛtən] *v/t* ⟨h⟩ chain (**an** *acc* to) (*a. fig.*).

ˈKet·ten|ˌanˌtrieb *m* chain drive. **~ˌarmˌband** *n* (chain) bracelet. **~ˌbaum** *m Weberei*: warp beam. **~ˌbrief** *m* chain letter. **~ˌbruch** *m math.* continued fraction. **~ˌbrücke** (*getr.* -k·k-) *f* chain (*od.* suspension) bridge. **~ˌfahrˌzeug** *n* track(laying) vehicle, tracked (*od.* crawler-type) vehicle. **~ˌför·de·rer** *m tech.* chain conveyor. **~ˌfüh·rer** *m aer.* flight leader. **~geˌbir·ge** *n* mountain chain (*od.* range), *Am.* cordillera. **~geˌschäft** *n econ.* chain (*od.* multiple) store. **~ˌglied** *n* chain link; *der Kettenfahrzeuge*: track link. **~ˌhan·del** *m* chain trade. **~ˌhemd** *n hist.* coat of mail, chain mail. **~ˌhund** *m* (chained-up) watchdog. **~ˌla·den** *m* → **Kettengeschäft.** **~ˌli·nie** *f math.* catenary (curve). **2los** *adj* chainless. **~ˌpan·zer** *m hist.* chain armo(u)r, coat of mail. **~ˌrad** *n* sprocket (wheel). **~ˌrau·chen** *n* chain-smoking. **~ˌrau·cher** *m* chain-smoker. **~re·ak·tiˌon** *f a. fig.* chain reaction. **~ˌrech·nung, ~ˌre·gel** *f*, **~ˌsatz** *m math.* chain rule. **~ˌschlep·per** *m mot.* crawler-tractor. **~ˌschluß** *m philos.* chain syllogism, sorites. **~ˌschutz** *m am Fahrrad*: chain guard, *am Motorrad*: chain case. **~ˌsei·de** *f* organzine. **~ˌstich** *m* **1.** *Sticken etc*: chain stitch. **2.** *Buchbinderei*: kettle stitch. **~ˌsträf·ling** *m hist.* chained convict; **Gruppe von ~en** chain gang.

ˈKett|ˌfa·den *m Textil.* warp (thread). **~ˌgarn** *n* warp yarn, abb.

Ket·zer [ˈkɛtsər] *m* ⟨-s; -⟩ *relig. u. fig.* heretic. **Ket·zeˈrei** *f* ⟨-; -en⟩ heresy. **ˈKet·zer·geˌricht** *n hist.* (court of) inquisition. **ˈKet·ze·rin** *f* ⟨-; -nen⟩ heretic. **ˈket·ze·risch** *adj* heretical.

ˈKet·zer|verˌbren·nung *f hist.* burning of heretics, auto-da-fé. **~verˌfol·gung** *f* persecution of heretics.

keu·chen [ˈkɔʏçən] **I** *v/i* ⟨h *u.* sein⟩ **1.** ⟨h⟩ puff, gasp, pant, *pfeifend*: wheeze; **vor Anstrengung (Erstaunen** *etc*) ~ gasp with exertion (surprise, *etc*). **2.** ⟨sein⟩ pant, puff; **er keuchte die Treppen hinauf** he panted upstairs; **der Zug keuchte** the train puffed (*od.* chugged) (*through the valley, etc*). **3.** ⟨h⟩ *vet. Pferd*: roar. **II** *v/t* **4.** ⟨h⟩ gasp (out). **III 2** *n* ⟨-s⟩ **5.** puffing (*etc*), gasp(s *pl*).

ˈKeuchˌhus·ten *m med.* whooping cough, pertussis.

Keu·le [ˈkɔʏlə] *f* ⟨-; -n⟩ **1.** club, cudgel; **j-n mit e-r ~ totschlagen** club (*od.* cudgel) s. o. to death. **2.** *mil. hist.* mace; **chemische ~** (*Gas*) Mace (*TM*). **3.** *gym.* (Indian) club. **4.** *des Mörsers*: pestle. **5.** *zo.* haunch, hindquarter. **6.** *gastr.* leg, haunch, *von Geflügel*: leg, drumstick. **7.** *Radar*: lobe.

ˈKeu·len|är·mel *m* leg-of-mutton sleeve, gigot (sleeve). **2ˌför·mig** *adj* **1.** club-shaped, clubbed. **2.** *bot. zo.* claviform. **~ˌhieb, ~ˌschlag** *m* blow with a club; *fig.* **das traf ihn wie ein ~** that was a terrible blow to him. **~ˌschwin·gen** *n gym.* (Indian-)club swinging.

Keu·per [ˈkɔʏpər] *m* ⟨-s; *no pl*⟩ *geol.* Keuper.

keusch [kɔʏʃ] *adj* ⟨-er; -est⟩ chaste, pure, (*jungfräulich*) virgin(al), (*sittsam*) modest, chaste; **~er Blick (Kuß)** chaste (*od.* modest) glance (kiss). **ˈKeusch·heit** *f* ⟨-; *no pl*⟩ chastity, chasteness, purity, modesty.

'Keusch·heits|ˌehe *f* → Josephsehe. **~geˌlüb·de** *n* vow of chastity. **~ˌgür·tel** *m hist.* chastity belt.

Kha·ki[1] ['ka:ki] *n* ‹-; *no pl*› (*Farbe*) khaki. **'Kha·ki**[2] *m* ‹-; *no pl*› *Textil.* khaki.

'kha·ki|ˌfar·ben *adj* khaki(-colo[u]red). **≈ˌstoff** *m* khaki. **≈uniˌform** *f* khaki (uniform).

Khan [ka:n] *m* ‹-s; -e› khan. **Kha·nat** [ka'na:t] *n* ‹-(e)s; -e› khanate.

Kib·buz [kɪ'bu:ts] *m* ‹-; -im [-bu'tsi:m] *od.* -e› kibbutz.

'Ki·cherˌerb·se *f bot.* chickpea.

ki·chern ['kɪçərn] **I** *v/i* ‹h› **1.** (über *acc* at) giggle, titter, *Erwachsene: meist* snicker, snigger. **II** ≈ *n* ‹-s› **2.** giggling (*etc*). **3.** giggle(s *pl*), titter(s *pl*), snicker(s *pl*), snigger(s *pl*).

Kick [kɪk] *m* ‹-(s); -s› *colloq. bes. Fußball:* kick. **'kicken** (*getr.* -k·k-) **I** *v/t* ‹h› **1.** (*Ball etc*) kick, boot. **II** *v/i* **2.** kick (the ball around). **3.** play soccer (*od.* football). **'Kicker** (*getr.* -k·k-) *m* ‹-s; -(s)› *oft contp.* soccer player.

Kicks [kɪks] *m* ‹-es; -e›, **'kick·sen** *v/i* ‹h› **1.** *Billard:* miscue. **2.** *fig. colloq.* blunder.

'Kickˌstar·ter *m mot.* kick-start(er).

kid·nap·pen ['kɪtˌnɛpən] *v/t* ‹h› kidnap. **'Kidˌnap·per** *m* ‹-s; -› kidnapper. **'Kidˌnap·ping** [-pɪŋ] *n* ‹-s; -s› kidnap(ping).

Kie·bitz ['ki:bɪts] *m* ‹-es; -e› **1.** *orn.* lapwing, pe(e)wit. **2.** *colloq.* (*Zuschauer*) kibitzer. **'kie·bit·zen** *v/i* ‹h› *colloq.* kibitz.

Kie·fer[1] ['ki:fər] *m* ‹-s; -› *anat.* jaw(bone), (*Unter*≈) lower jaw, mandible, (*Ober*≈) upper jaw, maxilla, *bes. zo. a.* chap(s *pl*), chop(s *pl*).

'Kie·fer[2] *f* ‹-; -n› **1.** *bot.* pine(tree), fir; **Gemeine ~** Scotch fir (*od.* pine). **2.** pine(wood).

'Kie·fer|ˌbruch *m med.* fracture of the (lower) jaw, fractured jaw. **~chirˌurg** *m* oral surgeon. **~ˌfortˌsatz** *m anat.* maxillary process. **~ˌhöh·le** *f* maxillary sinus. **~ˌhöh·len·entˌzün·dung** *f* maxillary sinusitis. **~ˌklem·me** *f* lockjaw, trismus. **~ˌkno·chen** *m* jaw(bone). **~ˌmus·kel** *m* masseter (muscle).

'kie·fern *adj* (of) pine(wood).

'Kie·fern|ˌbaum *m* → Kiefer[2] 1. **~ˌharz** *n* pine resin. **~ˌholz** *n* pine(wood). **~ˌna·del** *f* pine needle. **~ˌna·delˌöl** *n* pine-needle oil. **~ˌöl** *n* pine oil. **~ˌscho·nung** *f* pinery. **~ˌwald** *m* pinewood(s *pl*), pinery, *großer:* pine forest. **~ˌzap·fen** *m* pinecone.

'Kie·fer|or·thoˌpä·de *m med.* orthodontist. **~or·tho·päˌdie** *f* orthodontics *pl* (*a. als sg konstruiert*).

kie·ken ['ki:kən] *v/i* ‹h› *dial. for* gucken. **'Kie·ker** *m* ‹-s; -› *fig. colloq.* **j-n auf dem ~ haben** have it in for s. o., have a down on s. o.

Kiel [ki:l] *m* ‹-(e)s; -e› **1.** *aer. mar.* keel; *mar.* **auf ~ legen, den ~ legen** (*od.* **strecken**) lay down the keel. **2.** *orn. des Brustbeins:* keel, carina, *der Federn:* barrel, scapus. **3.** *bot.* keel, carina. **4.** *mus.* plectrum, quill. **5.** *obs.* (*Feder*≈) quill. **≈'auf** [ˌki:l-] *adv mar.* bottom up. **~ˌbo·gen** *m arch.* ogee arch. **~ˌboot** *n* keelboat, keeler.

Kie·ler ['ki:lər] **I** *m* ‹-s; -› native (*od.* inhabitant) of Kiel. **II** *adj* (of) Kiel; **die ~ Woche** the Kiel Regatta Week.

'Kiel|ˌflos·se *f aer.* tail fin. **~ˌflü·gel** *m mus.* harpsichord. **≈ˌför·mig** *adj* **1.** keel-shaped. **2.** *biol.* keeled, ridged, carinate(d). **≈ˌho·len** *v/t* ‹*insep*, **ge-**, h› **1.** (*Schiff*) careen, heave down. **2.** *obs.* (*Matrosen*) keelhaul. **~ˌjacht** *f* keel yacht, keeler. **~ˌle·gung** *f* laying down of (the keel of) a ship, keel laying. **~ˌli·nie** *f* **1.** line ahead, *Am. a.* column; in **~ fahren** sail in line ahead. **2.** *e-s Schiffes:* keel line. **≈los** *adj mar.* keelless, *bot. zo. a.* ecarinate. **≈'oben** [ˌki:l-] *adv mar.* bottom up. **~ˌraum** *m* bilge. **~ˌschwein** *m* keelson. **~ˌschwert** *n* cent/reboard (*Am.* -er-), drop keel. **~ˌwas·ser** *n* ‹-s; *no pl*› wake; *fig.* **in j-s ~ schwimmen** (*od.* **segeln, folgen**) sail (*od.* follow) in the wake of s. o. (*od.* in s. o.'s wake).

Kie·me ['ki:mə] *f* ‹-; -n› *zo.* gill, branchia; **mit ~n versehen** gilled; **zu den ~n gehörig** branchial.

'Kie·men|ˌat·mung *f* gill breathing. **~ˌblätt·chen** *n* gill lamella. **~ˌdeckel** (*getr.* -k·k-) *m* gill cover, opercle. **~ˌfü·ßer, ~ˌfüß·ler** [-ˌfy:slər] *m* ‹-s; -› branchiopod. **≈los** *adj* lacking gills, abranchial. **~ˌsack** *m* gill sac. **~ˌspal·te** *f* gill (*od.* branchial) cleft, gill slit.

Kien [ki:n] *m* ‹-(e)s; *no pl*› *bot.* resinous (pine)wood; *fig. colloq.* **auf dem ~ sein** be on one's toes. **~ˌap·fel** *m* pinecone. **~ˌbaum** *m* → Kiefer[2] 1. **~ˌholz** *n* → Kien.

'kie·nig *adj bot.* resinous.

'Kien|ˌspan *m* **1.** chip of pinewood. **2.** (*Fackel*) pine-torch. **~ˌteer** *m* pine tar.

Kie·pe ['ki:pə] *f* ‹-; -n› *dial.* dosser, pannier. **'Kie·penˌhut** *m hist.* poke bonnet.

Kies [ki:s] *m* ‹-es; -e› **1.** gravel, (*Straßen*≈) *a.* grit; **grober ~** shingle; **mit ~ bestreuen** gravel. **2.** *min.* pyrite. **3.** ‹*only sg*› *sl.* (*Geld*) dough, bread, *Br. a.* lolly. **≈ˌähn·lich, ≈ˌar·tig** *adj* gravelly, *min.* pyritic. **~beˌton** *m* gravel concrete. **~ˌbo·den** *m* gravelly soil.

Kie·sel ['ki:zəl] *m* ‹-s; -› **1.** pebble(stone). **2.** *min.* flint. **~ˌal·ge** *f* diatom. **~ˌer·de** *f chem.* silica, siliceous earth. **~ˌflu·or(ˌwas·serˌstoff)ˌsäu·re** *f* (hydro)fluosilicic acid. **~ˌgel** *n* silica gel. **~ˌgur** *f* kieselgu(h)r, infusorial earth.

'kie·se·lig *adj* siliceous.

'Kie·sel|ˌlun·ge *f med.* silicosis. **~ˌna·del** *f zo.* siliceous spicule. **~ˌpan·zer** *m bot.* frustule. **~ˌsand** *m* pebbly (*od.* siliceous) sand. **≈ˌsau·er** *adj chem.* siliceous; **kieselsaures Salz** silicate; **kieselsaure Tonerde** silicate of alumin(i)um. **~ˌsäu·re** *f* silicic acid; **mit ~ verbunden** silicated. **~ˌstein** *m* pebble(stone).

kie·sen ['ki:zən] *v/t* ‹**kiest, kor, gekoren,** h› *obs. od. poet.* choose, elect, select.

'Kies|ˌgru·be *f* gravel pit. **≈ˌhal·tig** *adj* gravelly.

kie·sig ['ki:zɪç] *adj* gravelly.

'Kies|ˌsand *m* gravel(ly) sand. **~ˌstrand** *m* gravel (*od.* shingle) beach. **~ˌweg** *m* gravel([l]ed) walk (*od.* path).

ki·ke·ri·ki [kikəri'ki:] **I** *interj.* **II** ≈ *n* ‹-s; -s› cock-a-doodle-doo.

kil·le·kil·le ['kɪlə'kɪlə] *interj colloq.* tickle-tickle; **(bei j-m) ~ machen** tickle (s. o.).

kil·len ['kɪlən] **I** *v/t* ‹h› *colloq.* kill, *sl.* bump *s. o.* off. **II** *v/i mar. Segel:* shiver. **'Kil·ler** *m* ‹-s; -› *colloq.* killer.

Ki·lo ['ki:lo] *n* ‹-s; -(s)› *short for* **Kilogramm.**

Ki·lo|am'pere [kilo-] *n* kiloampere. **~'dyn** *n* kilodyne. **~'erg** *n* kiloerg. **~'gramm** *n* kilogram(me *Br.*); **2 ~** 2 kilogram(me)s. **~'grammeter** (*getr.* -mmˌm-) *m, n* kilogrammet/re (*Am.* -er). **~'hertz** [-'hɛrts] *n obs.* kilohertz, kilocycle (per second). **~'joule** [-'dʒaʊl] *n* kilojoule.

Ki·lo·me·ter [kilo'me:tər] *m* kilomet/re (*Am.* -er); **130 ~ (in der Stunde) fahren** drive at (*od. Auto:* make) 130 kilometres per hour; *colloq.* **~ fressen** eat up the miles. **~ˌfres·ser** *m colloq.* mile-eater, speed merchant. **~ˌgeld** *n* **1.** mileage (allowance). **2.** → **Kilometerpauschale** 1. **≈ˌlang I** *adj* miles long. **II** *adv* for miles (and miles). **~pauˌscha·le** *f* **1.** mileage rebate. **2.** → **Kilometergeld** 1. **3.** lump-sum mileage allowance. **~ˌstand** *m* mileage (reading), number of kilometres covered; **bei ~ 5000** at 5,000 kilometres. **~ˌstein** *m* milestone. **≈ˌweit** *adj u. adv* → **kilometerlang.** **~ˌzäh·ler** *m mot.* odometer, mileage indicator.

ki·lo·me·trisch [kilo'me:trɪʃ] *adj* kilometric(al).

Ki·lo|mol [kilo'mo:l] *n* kilogram(me *Br.*) molecule. **~'ohm** *n* kilohm. **~'pond** *n obs.* kilogram(me *Br.*) weight. **~'ton·ne** *f* kiloton. **~'volt** *n* kilovolt. **~'watt** *n* kilowatt. **~'wattˌstun·de** *f* kilowatt-hour. **~'wattˌzäh·ler** *m* kilowatt meter.

Kimm [kɪm] *f* ‹-; *no pl*› *mar.* **1.** visual horizon. **2.** *im Schiff:* bilge.

Kim·me ['kɪmə] *f* ‹-; -n› (*Kerbe*) notch, *e-s Fasses:* chime, chine, (*Gewehr*≈, *Visier*≈) notch (*od.* Vee) (of the rear sight); **über ~ und Korn visieren** (*od.* **zielen**) aim over notch and bead sights (*od.* over open sights).

'Kim·mung *f* ‹-; -en› → Kimm 1.

Ki·mo·no ['ki:mono; ki'mo:no] *m* ‹-s; -s› kimono.

Kin·äs·the·sie [kinɛste'zi:] *f* ‹-; *no pl*› *physiol.* kin(a)esthesia.

Kind [kɪnt] *n* ‹-(e)s; -er› **1.** child; **~ der Liebe** love-child; **schwieriges ~** problem child; **sie ist kein ~ mehr** a) she is no longer a child, b) *iro.* she's no (spring) chicken; **sie hat ein ~ von ihm** she has a child by (*od.* from) him; *lit.* **sie schenkte ihm fünf ~er** she bore him five children; **von ~ an** (*od.* **auf**) from (*od.* since) childhood, from a child; *colloq.* **mit ~ und Kegel** (with) bag and baggage; **wie sag ich's m-m ~e?** a) *euphem.* how can I tell my child the facts of life?, b) how can I best put this?, c) *schonend:* how am I going to put (*od.* break) it to him (*od.* her)?; *fig.* **sich freuen wie ein ~** be as pleased (*od.* thrilled) as a child, *colloq.* be tickled pink; **das weiß doch jedes ~** any child knows that; *colloq.* **das ist nichts für kleine ~er** you are too young for that; *fig.* **das ~ mit dem Bade ausschütten** throw out the baby with the bathwater; **das ~ im Manne!** (look at him,) he is in his second childhood!; → *a. Verbindungen mit anderen Stichwörtern.* **2.** (*Klein*≈) (small) child, baby, infant; **sie bekommt** (*od.* **erwartet**) **ein ~** she is expecting (*od.* going to have) a baby, she is pregnant, *colloq.* she is in the family way; *colloq.* **er hat ihr ein ~ gemacht** he got her pregnant, *vulg.* he knocked her up; **~er in die Welt setzen** bring children into the world; → **kriegen I, neugeboren II, totgeboren.** **3.** *jur.* infant, child. **4.** *in Sprichwörtern:* **(ein) gebranntes ~ scheut das Feuer** the burnt child dreads the fire; once bitten, twice shy; **~er und Narren sagen die Wahrheit** children and fools speak the truth; **wer sein ~ lieb hat, züchtigt es** spare the rod and spoil the child; → **Brunnen** 1. **5.** (*Nachkomme etc*) child; **die ~er Israels** the children of Israel; **ein Berliner ~** a (true) native of Berlin, a true Berliner; **ein ~ des Todes** a dead man, *colloq.* a goner; **er war ein ~ s-r Zeit** he was a child (*od.* product) of his time. **6.** *lit.* (*Produkt*) child, product. **7.** *in Ausrufen etc*: mein armes ~! my poor child!; aber ~, das geht doch nicht! now look, you can't do that; ~er, ~er! good heavens!, my, my!; los ~er! come on boys (*od.* girls, folks)!

ˈKindˌbett *n* childbed, confinement. **~ˌfie·ber** *n* childbed (*od.* puerperal) fever. **~psyˌcho·se** *f* puerperal psychosis.

ˈKind·chen *n* ⟨-s; - *u.* Kinderchen⟩ **1.** little child, baby, tot. **2.** (*Kosewort für junge Mädchen*) (*my*) dear (*od.* pet), baby.

ˈKin·der|ˌabˌtei·lung *f* **1.** *med.* children's ward. **2.** *econ.* children's department. **~ˌar·beit** *f* **1.** *jur.* child labo(u)r. **2.** *meist pl* children's art (*od.* handiwork) *sg.* **≈ˌarm** *adj* with few children; ein ~es Land a country with a low birthrate. **~ˌarzt** *m*, **~ˌärz·tin** *f* child specialist, p(a)ediatrician. **~ˌbeiˌhil·fe** *f* → Kindergeld. **~beˌklei·dung** *f* children's wear. **~ˌbett** *n* child's (*od.* children's) bed, *mit Gitter*: crib. **~ˌbild** *n* picture (*od.* photograph, portrait) of a child (*od.* of s. o. as a child). **~ˌbrei** *m* pap. **~ˌbuch** *n* children's book. **~ˌchor** *m* children's choir. **~ˌdorf** *n* children's village.

Kin·deˈrei *f* ⟨-; -en⟩ *contp.* **1.** childish trick(s *pl*), *pl a.* nonsense. **2.** (*Kleinigkeit*) trifle.

ˈKin·der|ˌei·senˌbahn *f* toy train. **~erˌmä·ßi·gung** *f* **1.** *rail. etc* reduction for children. **2.** → Kinderfreibetrag. **~erˌzie·hung** *f* child education. **~ˌfahrˌkar·te** *f* child's ticket. **~ˌfahrˌrad** *n* child's bicycle (*od. colloq.* bike). **~ˌfeind** *m* person who hates children, misop(a)edist. **≈ˌfeind·lich** *adj* hating (*od.* averse to) children, *Umwelt etc*: rejecting children, antichildren. **~ˌfernˌse·hen** *n* children's program(me *Br.*) (*od.* hour). **~ˌfest** *n* children's party (*od.* fête). **~ˌfrau** *f* (dry-)nurse, nanny. **~ˌfräu·lein** *n* governess, nanny. **~ˌfrei·beˌtrag** *m Steuer*: allowance (*bes. Am.* exemption) for children. **~ˌfreund** *m* friend of children; ein ~ sein be fond of children. **≈ˌfreund·lich** *adj* **1.** fond of children. **2.** suitable for children. **~ˌfunk** *m* children's program(me *Br.*) (*od.* hour). **~ˌfürˌsor·ge** *f* child welfare. **~ˌfürˌsor·ger** *m* child welfare worker. **~ˌgar·ten** *m* nursery school, kindergarten. **~ˌgärt·ne·rin** *f* nursery-school (*od.* kindergarten) teacher. **~ˌgeld** *n* children's allowance. **~geˌsicht** *n* child's face, *weitS.* baby face. **~geˌwehr** *n* toy gun, popgun. **~ˌglau·be** *m* childlike (*od.* simple) faith. **~ˌgot·tesˌdienst** *m* children's service, Sunday school. **~ˌheilˌkun·de** *f* p(a)ediatrics *pl* (*a. als sg konstruiert*), p(a)ediatry. **~ˌheim** *n* children's home (*od.* sanatorium). **~ˌhort** *m* day-nursery, day home for school children. **~ˌjah·re** *pl* (years of) childhood *sg*, (*frühe Kindheit*) infancy *sg.* **~ˌkleid** *n* child's dress (*od.* frock). **~ˌklei·dung** *f* children's wear. **~ˌkli·nik** *f* children's (*od.* p[a]ediatric) clinic. **~ˌkorb** *m* carrycot, bassinet. **~ˌkran·kenˌhaus** *n* children's hospital. **~ˌkrank·heit** *f* **1.** *med.* children's (*od.* childhood) disease. **2.** *pl fig.* teething troubles, growing pains. **~ˌkrie·gen** *n colloq.* having a baby; es ist zum ~ it's enough to drive you crazy. **~ˌkrip·pe** *f* day-nursery, crèche. **~ˌläh·mung** *f* (spinale) ~ infantile paralysis, polio(myelitis). **~ˌläh·mungsˌimp·fung** *f* antipolio inoculation. **≈ˈleicht** *adj colloq.* very easy; das ist (doch) ~ that's mere child's play, *a.* that's as easy as falling off a log. **≈ˌlieb** *adj* fond of children. **~ˌlie·be** *f* a) children's love, filial affection, b) love (*od.* fondness) of children, c) love among (*od.* between) children, childhood love. **~ˌlied** *n* children's song, *a.* nursery rhyme. **≈los** *adj* childless, *jur.* without issue. **~lo·sig·keit** *f* ⟨-; *no pl*⟩ childlessness. **~ˌmäd·chen** *n* nurse(maid), nanny. **~ˌmär·chen** *n* fairy-tale. **~ˌmehl** *n* baby cereal. **~ˌmord** *m* murder of a child; → bethlehemitisch. **~ˌmör·der** *m* child-murderer. **~ˌmund** *m* **1.** child's mouth. **2.** *fig.* things *pl* children say. **~ˌnah·rung** *f* infant food. **~ˌnarr** *m*, **~ˌnär·rin** *f* person who dotes on children. **~ˌöl** *n* baby oil. **~ˌpfle·ge** *f* child care. **~ˌpfle·ge·rin** *f* nurse. **~piˌsto·le** *f* toy pistol. **~poˌpo** *m colloq.* glatt wie ein ~ (as) smooth as a baby's bottom. **~psych·ia·ter** *m* child psychiatrist. **~psy·cho·loˌgie** *f* child psychology. **~ˌpu·der** *m* baby powder. **≈ˌreich** *adj* with many (*jur.* with three or more) children, blessed with a large offspring; ~e Familie large family. **~ˌreich·tum** *m* ⟨-s; *no pl*⟩ large number of children. **~ˌreim** *m* nursery rhyme. **~ˌsa·chen** *pl* children's wear *sg* (*od.* things). **~ˌschar** *f* swarm of children; e-e große ~ a lot of children. **~ˌschreck** *m* ⟨-s; *no pl*⟩ bugbear, bugaboo, bog(e)y(man). **~ˌschriftˌstel·ler** *m* author of children's books. **~ˌschu·he** *pl* children's shoes; *fig.* den ~n entwachsen grow up, become a man (*od.* woman); die ~ ausgetreten haben be no longer a child (*od.* boy); noch in den ~n stecken *Entwicklung etc*: be still in its infancy. **~ˌschu·le** *f* → Kindergarten. **~ˌschutz** *m* protection of children. **~ˌschwe·ster** *f* (children's) nurse. **~ˌse·gen** *m* (many) children *pl*, (large) family. **~ˌsei·fe** *f* baby soap. **≈si·cher** *adj* childproof. **~ˌsi·che·rung** *f mot.* childproof door catch. **~ˌsitz** *m mot.* child's seat, *am Fahrrad*: *a.* child carrier.

ˈKin·derˌspiel *n* **1.** child's (*od.* children's) game. **2.** ⟨*only sg*⟩ *fig. colloq.* child's play; ~! *sl.* no sweat!; das ist (für ihn) ein ~ that's mere child's play (to him). **~ˌplatz** *m* (children's) playground. **~ˌsa·chen** *pl*, **~ˌzeug** *n* (children's) toys *pl*, playthings *pl*.

ˈKin·der|ˌspra·che *f* child's (*od.* children's) language, *von Erwachsenen*: baby talk. **~sta·tiˌon** *f med.* children's ward. **~ˌsterb·lich·keit** *f* infant mortality. **~ˌstreich** *m* childish trick (*od.* prank). **~ˌstu·be** *f* **1.** nursery. **2.** *fig.* manners *pl*, upbringing; er hat e-e gute ~ gehabt *a.* he has been well brought up. **~ˌstuhl** *m* (baby's) high chair. **~ˌstun·de** *f Radio*: children's program(me *Br.*) (*od.* hour). **~ˌta·gesˌheim** *n*, **~ˌta·gesˌstät·te** *f* day home (for children), day-nursery, *Am.* day-care center. **~ˌtau·fe** *f* infant baptism **~ˌwa·gen** *m* perambulator, *colloq.* pram, *Am.* baby carriage (*od. colloq.* buggy), (*Sportwagen*) push-cart, *Am.* stroller. **~ˌwä·sche** *f* baby linen. **~ˌzeit** *f* childhood. **~ˌzim·mer** *n* child's (*od.* children's) room, nursery. **~ˌzuˌla·ge** *f*, **~ˌzuˌschlag** *m* (additional) children's allowance.

ˈKin·des|ˌabˌtrei·bung *f jur.* (procured) abortion. **~ˌal·ter** *n* childhood, *frühes*: infancy; noch im ~ sein be still a child. **~ˌanˌnah·me** *f* adoption (of a child). **~ˌausˌset·zung** *f* exposure (of an infant *od.* a child). **~ˌbei·ne** *pl* von ~n an from a child, from early childhood, from infancy. **~entˌfüh·rer** *m* kidnapper. **~entˌfüh·rung** *f* → Kindesraub. **~ˌkind** *n* grandchild. **~ˌlie·be** *f* children's love, filial love (*od.* affection). **~ˌmißˌhand·lung** *f* maltreatment (*od. durch Schläge*: battering) of a child. **~ˌmord** *m* → Kindestötung. **~ˌmör·der** *m*, **~ˌmör·de·rin** *f* child-murderer, infanticide. **~ˌmut·ter** *f* mother (of an illegitimate child), natural mother. **~ˌnö·te** *pl* labo(u)r *sg*; in ~n sein be in labo(u)r. **~ˌraub** *m* kidnapping (of a child), abduction of a child. **~ˌteil** *m, n* → Pflichtteil. **~ˌtö·tung** *f* killing of a child (*od.* children), *jur.* infanticide. **~ˌun·terˌschie·bung** *f* substitution of a child (for another). **~ˌva·ter** *m* father (of an illegitimate child). **~verˌwech·se·lung** *f* (case of) mistaken identity regarding newborn children.

ˈkind·haft *adj* childlike.

ˈKind·heit *f* ⟨-; *no pl*⟩ childhood, *frühe*: infancy, *e-s Jungen*: *a.* boyhood, *e-s Mädchens*: *a.* girlhood; von ~ an from a child, from childhood (*od.* infancy); *fig.* die zweite ~ the second childhood, dotage.

kin·disch [ˈkɪndɪʃ] **I** *adj contp.* childish, puerile; ~es Wesen childishness, puerility; ~er Greis (old) dotard; sei nicht (so) ~! don't be (so) childish (*od.* silly)!, be your age! **II** *adv* childishly; sich ~ freuen be as pleased as a child (*od.* as Punch), *colloq.* be tickled pink. **≈ˌwer·den** *n* ⟨-s⟩ second childhood, dotage.

Kindl [ˈkɪndəl] *n* ⟨-s; -(n)⟩ *dial. dim. of* Kind.

Kind·lein [ˈkɪntlaɪn] *n* ⟨-s; - *u.* Kinderlein⟩ *dim. of* Kind; little child, tot; *Bibl.* lasset die ~ zu mir kommen suffer the little children to come unto me.

kind·lich [ˈkɪntlɪç] **I** *adj* **1.** childlike, childish, ⟨*pred*⟩ like a child, (*naiv*) *a.* innocent, naïve; ~e Braut child bride; ein ~es Gemüt haben have the mind (*od.* naïvety) of a child. **2.** *im Verhältnis zu den Eltern*: filial (*duty, love, etc*). **3.** *med.* infantile (*mortality, etc*); der ~e Körper the child's body. **II** *adv* **4.** like a child, childishly; sich ~ freuen be as pleased as a child. **≈keit** *f* ⟨-; *no pl*⟩ childishness, childlikeness, childlike innocence, naïvety.

ˈKinds... *in Zssgn* → Kind(es)... **~beˌwe·gung** *f med.* f(o)etal movements *pl*; erste ~en *pl* quickening *sg.* **~ˌkopf** *m colloq.* silly ass. **~ˌla·ge** *f med.* f(o)etal presentation. **~ˌpech** *n* meconium.

ˈKind|ˌtau·fe *f* christening (*od.* baptism) (of a child). **~ˌweib** *n* childwife.

Ki·ne·ma·to|graph [kinematoˈgraːf] *m* ⟨-en; -en⟩ cinematograph. **~graˈphie** [-graˈfiː] *f* ⟨-; *no pl*⟩ cinematography. **≈ˈgra·phisch** *adj* cinematographic(al).

Ki·ne·tik [kiˈneːtɪk] *f* ⟨-; *no pl*⟩ *phys.* kinetics *pl* (*a. als sg konstruiert*). **kiˈne·tisch** *adj* kinetic.

Kin·ker·litz·chen [ˈkɪŋkərˌlɪtsçən] *pl colloq. contp.* **1.** knick-knacks, gewgaws. **2.** (*Zeug, technische etc* ~) gimcrackery, (*überflüssiges Drum u. Dran*) frills. **3.** *fig.* tricks, *Am. sl.* shenanigans; mach (bloß) k-e ~! none of your tricks!, no monkey business!

Kinn [kɪn] *n* ⟨-(e)s; -e⟩ chin, mentum. **~ˌbacke** *f*, **~ˌbacken** (*getr.* -k·k-) *m* jaw(bone). **~ˌbart** *m* chin-beard, goatee. **~ˌha·ken** *m Boxen*: hook to the chin, (*Aufwärtshaken*) uppercut. **~ˌla·de** *f anat.* jaw(bone), (*bes. Unterkiefer*) lower jaw(bone), mandible. **~ˌrie·men** *m am Helm*: chin strap. **~ˌspit·ze** *f* point of the chin.

Ki·no [ˈkiːno] *n* <-s; -s> **1.** (*Gebäude*) cinema, *Am.* motion-picture (*od. colloq.* movie) theater. **2.** (*Institution*) cinema, (the) pictures *pl*, *bes. Am.* motion pictures *pl*, *colloq.* (the) movies *pl*, *Br. a.* (the) flicks *pl*; **ins ~ gehen** go to the movies (*od.* pictures, flicks).

ˈ**Ki·no …** *in Zssgn* → Film … **~ˌgum·mi** *n, a. m*, **~ˌharz** *n bot. chem.* kino (gum).

Kin·topp [ˈkiːntɔp] *m, n* <-s; -s *u.* ⸗e> *colloq. for* Kino.

Ki·osk [kĭɔsk; ˈkiːɔsk] *m* <-(e)s; -e> **1.** kiosk, (*Zeitungs*⸗) *a.* bookstall, *bes. Am.* newsstand. **2.** (oriental) pavilion.

Kip·fe(r)l [ˈkɪpfə(r)l] *n* <-s; -> *dial. gastr.* crescent (roll).

ˈ**Kipp|am·pliˌtu·de** *f electr.* sweep (*od.* sawtooth) amplitude. **~ˌanˌhän·ger** *m mot.* dump trailer. **~ˌanˌla·ge** *f* tipping plant. ⸗**bar** *adj* tiltable, tilting, tipping. **~ˌbe·cher** *m* tipping bucket. **~be-ˌwe·gung** *f* tilting (*od.* tipping) motion. **~ˌbüh·ne** *f* tipping platform (*od.* stage).

Kip·pe[1] [ˈkɪpə] *f* <-; -n> **1.** <*only sg*> *colloq.* (*Rand*) edge, brink; **auf der ~** on the edge; *fig.* **auf der ~ stehen** be uncertain, *stärker*: be touch and go, hang in the balance, *Firma, Regierung etc*: be on the brink, be about to go over the cliff; **er steht auf der ~** it is touch and go with him. **2.** *gym.* upstart. **3.** tip, shoot, dump.

ˈ**Kip·pe**[2] *f* <-; -n> stub, *bes. Am.* butt, *bes. Br. colloq.* dog-end.

ˈ**kip·pe·lig** *adj colloq.* wobbly, shaky.

kip·peln [ˈkɪpəln] *v/i* <h> wobble; **mit dem Stuhl ~** tilt one's chair.

kip·pen [ˈkɪpən] **I** *v/i* <sein> **1.** tip (*od.* topple) (over), *Person*: *a.* lose one's balance; *colloq.* **vom Stuhl ~** fall off one's chair; *fig. colloq.* **aus den Latschen** (*od.* **Pantinen**) **~** a) collapse, throw a faint, b) be bowled over. **2.** → **kentern** 1. **II** *v/t* <h> **3.** tilt, tip (over *od.* up); „**nicht ~!**" (*Aufschrift*) "do not tilt!" **4.** **et. ~ aus** (*dat*) tip s. th. out of (*a container, etc*), dump (*od.* shoot, tip) s. th. from (*a truck, etc*). **5.** *fig. colloq.* **einen ~** (*trinken*) have a quick one, hoist (*od.* down) one.

ˈ**Kip·per**[1] *m* <-(s); -(s)> kipper(ed herring).

ˈ**Kip·per**[2] *m* <-s; -> **1.** *tech.* tip(per), *Am.* dumper. **2.** *rail.* tipping waggon (*Am.* car). **3.** *mot.* tip(ping) lorry, tipper, *Am.* dump truck. **4.** *Bergbau*: tippler.

ˈ**Kipp|ˌfen·ster** *n* bottom-hung window. **~freˌquenz** *f electr.* sweep (*od.* sawtooth) frequency. **~ˌhe·bel** *m* rocker, rocking lever. **~ˌkar·ren** *m* tip-cart, *Am.* dumpcart. **~ˌla·ger** *n tech.* rocker bearing. **~ˌlast(ˌkraft)ˌwa·gen** *m* → Kipper[2] 3. **~ˌlauf·geˌwehr** *n* break-action gun. **~ˌlo·re** *f* tip(ping) lorry, *Am.* dump truck. **~ˌschal·ter** *m* flip switch. **~ˌschal·tung** *f* trigger circuit. **~ˌschwin·gung** *f* sawtooth oscillation. ⸗ˌ**si·cher** *adj* stable, nontilting. **~ˌspan·nung** *f* sweep (*od.* sawtooth) voltage. **~ˌstän·der** *m am Fahrrad etc*: prop stand. **~ˌvorˌrich·tung** *f* tilting (*od.* tipping, dumping) device, tipper. **~ˌwa·gen** *m* → Kipper[2] 3, Kipplore.

Kir·che [ˈkɪrçə] *f* <-; -n> **1.** *arch.* church; *humor.* **wir wollen die ~ im Dorf lassen** let's not exaggerate (things). **2.** (*Gottesdienst*) church (service), (divine) service, *in Schulen etc*: chapel; **in die** (*od.* **zur**) **~ gehen** go to church (*od.* chapel), *regelmäßig*: *a.* attend church; **aus der ~ kommen** come from church; **nach der ~** after church; **in der ~ sein** be in (*od.* at) church; → **amen** II. **3.** (*Glaubensgemeinschaft*) church, Church; **die streitende ~** the church militant; **die ~ Christi** the Church of Christ.

ˈ**Kir·chen|ˌäl·te·ste** *m* churchwarden, elder. **~ˌamt** *n* church office, ecclesiastical function. **~ˌausˌtritt** *m* secession from (*od.* leaving) the church. **~ˌbank** *f* <-; ⸗e> pew. **~ˌbann** *m* excommunication, *gegen ein Land*: interdict; **j-n mit dem ~ belegen** excommunicate s. o. **~ˌbau** *m* <-(e)s; -ten> **1.** <*only sg*> building of churches (*od.* a church). **2.** church (building). **~beˌsuch** *m* attendance at church. **~beˌsu·cher** *m* churchgoer. **~ˌblatt** *n* church (*od.* parish) periodical. **~ˌbuch** *n* church (*od.* parish) register. **~ˌchor** *m* (church) choir. **~ˌdie·ner** *m* sexton, sacristan, verger. ⸗ˌ**feind·lich** *adj* anticlerical. **~ˌfen·ster** *n* church window. **~ˌfürst** *m R. C.* Prince of the (Holy Roman) Church, *weitS.* high dignitary of the church, prelate. **~geˌbet** *n* common prayer. **~ˌgeg·ner** *m* opponent of the church, anticlerical. **~geˌmein·de** *f* parish, (*Mitglieder*) parishioners *pl*, *beim Gottesdienst*: congregation. **~geˌsang** *m* **1.** plainsong, plainchant, (ecclesiastical) chant. **2.** a) hymn, church song, b) congregational (*od.* hymn) singing. **~geˌschich·te** *f* church (*od.* ecclesiastical) history. **~geˌsetz** *n* canon law. **~geˌstühl** *n* pews *pl*. **~ˌglocke** (*getr.* -k·k-) *f* church bell. **~ˌgut** *n* church property, patrimony. **~ˌjahr** *n* Church (*od.* ecclesiastical) year. **~kaˌlen·der** *m* ecclesiastical calendar. **~ˌkampf** *m* strife between church and state. **~konˌzert** *n* church concert. **~ˌleh·re** *f* church doctrine. **~ˌlicht** *n fig. colloq.* **er ist kein ~** he is no shining light, he isn't very bright. **~ˌlied** *n* hymn. **~ˌmaus** *f fig. colloq.* (**so**) **arm wie e-e ~** (as) poor as a church-mouse. **~muˌsik** *f* sacred (*od.* church) music. **~po·liˌtik** *f* church policy. ⸗**poˌli·tisch** *adj* church(-political). **~ˌrat** *m* <-(e)s; ⸗e> **1.** consistory, parish council. **2.** → **~ˌratsˌmitˌglied** *n* member of the consistory. **~ˌraub** *m* robbery from a church. **~ˌräu·ber** *m* church robber. **~ˌrecht** *n* canon (*od.* church) law. ⸗ˌ**recht·lich** *adj* canonical. **~ˌschän·dung** *f* profanation (of a church), sacrilege. **~ˌschatz** *m* **1.** *R. C.* treasury of merits (*od.* of the Church). **2.** church treasure. **~ˌschiff** *n* nave. **~ˌspal·tung** *f* schism. **~ˌstaat** *m* (the) Papal States *pl*, (*Vatikan*) (the) Pontifical State. **~ˌsteu·er** *f* church rate (*od.* tax). **~ˌstreit** *m* ecclesiastical controversy. **~ˌstuhl** *m* pew. **~ˌtag** *m* Church congress (*od.* convention). **~ˌton** *m*, **~ˌton-ˌart** *f* ecclesiastical (*od.* church) mode. **~ˌva·ter** *m hist.* Father of the Church; **die Kirchenväter** the Early Fathers. **~verˌfas·sung** *f* church polity. **~ver-ˌsamm·lung** *f* synod. **~verˌtrag** *m* concordat. **~ˌvorˌstand** *m* parish council. **~ˌvorˌste·her** *m* churchwarden, elder.

ˈ**Kirch|ˌgang** *m* church-going. **~-ˌgän·ger** *m* <-s; -> churchgoer. **~ˌhof** *m* churchyard, (*Friedhof*) graveyard.

ˈ**Kirch·lein** *n* <-s; -> **1.** *dim. of* Kirche 1. **2.** chapel.

ˈ**kirch·lich I** *adj* **1.** (of the) church, ecclesiastical; **~e Trauung** church wedding. **2.** (*geistlich*) spiritual, sacred, religious. **3.** (**~** *gesinnt*) religious, devout, *a.* churchgoing; **ohne ~e Bindung** unaffiliated. **II** *adv* **4.** at (*od.* in) church, by the church; **sich ~ trauen lassen** have a church wedding; **~ bestattet werden** be given a Christian burial.

ˈ**Kirch|ˌspiel** *n*, **~ˌspren·gel** *m* parish. **~ˌturm** *m* (church) steeple, spire, *ohne Spitze*: church tower. **~ˌturm·po·liˌtik** *f contp.* parish-pump politics *pl* (*a. als sg konstruiert*). **~ˌturmˌspit·ze** *f* spire. **~ˌweih** *f* <-; -en> **1.** church anniversary, (church) dedication (day). **2.** *dial.* kermis, parish (*od.* country) fair. **~ˌwei·he** *f* consecration of a church.

Kir·gi·se [kɪrˈgiːzə] *m* <-n; -n>, **kirˈgi·sisch** *adj* Kirghiz.

Kir·mes [ˈkɪrmɛs; -məs] *f* <-; -sen> *dial. for* Kirchweih 2.

kir·re [ˈkɪrə] *adj* <*pred*> *colloq.* **1.** *Tier*: tame. **2.** *fig.* tame(d down), compliant, docile; **j-n ~ machen** → **kirren**; **~ werden** come to heel. ˈ**kir·ren** *v/t* <h> bait, decoy; *fig. colloq.* **j-n ~** a) tame s. o., bring s. o. to heel, make s. o. toe the line, b) get s. o. round, rope s. o. in.

Kirsch [kɪrʃ] *m* <-es; -> *colloq. for* **Kirschwasser**. **~ˌbaum** *m* **1.** cherry (tree). **2.** → **~ˌbaumˌholz** *n* cherry wood. **~ˌblü·te** *f* **1.** cherry blossom; **das Land der ~** (*Japan*) the land of the cherry blossoms. **2.** (**zur Zeit der ~** at) cherry-blossom time.

Kir·sche [ˈkɪrʃə] *f* <-; -n> **1.** cherry; **saure ~** *a.* morello; *fig. colloq.* **mit ihm ist nicht gut ~n essen** he is not a pleasant customer to deal with, he is a tough one. **2.** cherry(-tree); **Wilde ~** wild cherry; **die ~n blühen** the cherry-trees are in blossom.

ˈ**Kirsch|ˌkern** *m* cherry-stone, *Am. a.* cherry pit. **~ˌku·chen** *m* cherry tart. **~liˌkör** *m* cherry brandy. **~ˌlor·beer** *m bot.* (cherry) laurel. **~ˌrot I** *n* cerise, cherry. **II** ⸗ *adj* cerise, cherry(-red); ⸗**er Mund** cherry lips *pl*. **~ˌsaft** *m* cherry juice. **~ˌstein** *m* → **Kirschkern**. **~ˌtor·te** *f* cherry gateau (*od.* tart). **~ˌwas·ser** *n* <-s; *no pl*> kirsch(wasser), kirsch (schnaps).

Kis·met [ˈkɪsmɛt] *n* <-s; *no pl*> kismet.

Kis·sen [ˈkɪsən] *n* <-s; -> **1.** (*Kopf*⸗) pillow, (*Sitz*⸗, *Sofa*⸗, *a. tech. Luft*⸗) cushion, (*Polster*) bolster, pad. **2.** *arch.* cushion, coussinet. **~beˌzug** *m* pillowcase, pillow slip, cushion cover. **~ˌschlacht** *f humor.* pillow fight.

ˈ**Kist·chen** *n* <-s; -> *dim. of* **Kiste**, small (wooden) box.

Ki·ste [ˈkɪstə] *f* <-; -n> **1.** *allg.* box, (*bes. große ~, Truhe*) chest, *econ.* (packing) case, (*Latten*⸗) crate; **e-e ~ Bier** a crate (*od.* case) of beer; **e-e ~ Zigarren** a box of cigars; **in ~n (ver)packen** *a.* crate; *fig. colloq.* **~n und Kasten füllen** fill one's coffers, amass wealth. **2.** *humor.* (*Auto, Flugzeug*) bus, crate, jalopy, (*Schiff*) tub, (*Fernseher*) (*the*) box; **klapprige (alte) ~** (*Auto*) rattletrap. **3.** *fig. colloq.* (*Angelegenheit*) business, job, *sl.* baby; **e-e faule ~** a fishy business; **e-e tolle** (*od.* **irre**) **~** a wow, a winding, a humdinger; **die ganze ~** the whole lot (*od.* caboodle); **fertig ist die ~!** that's that!, Bob's your uncle!

ˈ**Ki·sten|ˌöff·ner** *m* nail wrench. **~verˌschlag** *m* crating. ⸗ˌ**wei·se** *adv* by the case (*od.* crate, *etc*).

Ki·sua·he·li [kizŭaˈheːli] *n* <-(s); *no pl*> *ling.* Swahili.

Kitsch [kɪtʃ] *m* <-es; *no pl*> **1.** trash, kitsch, (*Waren*) *a.* junk. **2.** *thea. Film*: hokum, kitsch, *sentimentaler*: slush, sloppy (*od.* mawkish) stuff, *Am.* sobstuff, *süßlicher*: sirupy stuff. ˈ**kit·schig** *adj allg.* trashy, shoddy, tawdry, (*sentimental*) slushy, sloppy, mawkish, *Am. a.* corny, (*süßlich*) *a.* sirupy. ˈ**Kitsch-roˌman** *m* trashy (*od.* slushy, *etc*) novel.

Kitt [kɪt] *m* <-(e)s; -e> **1.** (*Fenster*⸗) putty, (*Kleb*⸗) cement, (*Dichtmasse*) sealing cement (*od.* agent), (*Füllmasse*) filling compound. **2.** *fig. colloq.* a) cement, b) rubbish; **der ganze ~** the whole lot (*od.* caboodle).

'Kitt·chen *n* <-s; -> *colloq.* jail, *sl.* clink, jug, stir, cooler; **im ~ sitzen** (*od.* **sein**) be in clink (*etc*), do time; **ins ~ kommen** (*od.* **wandern**) be put in clink.

Kit·tel ['kɪtəl] *m* <-s; -> smock, (loose) frock, (*Arbeits*≗) overall, (*Arzt*≗ *etc*) (white) coat, (*Chirurgen*≗) *a.* gown. **~ₗkleid** *n* house frock. **~ₗschür·ze** *f* apron dress.

kit·ten ['kɪtən] *v/t* <h> **1.** cement, (*Glas*) putty (up), *weitS.* glue (*od.* stick) *s. th.* together, (*dichten*) lute, (*füllen*) fill, stop. **2.** *fig. colloq.* (*Ehe etc*) patch up, mend. **'Kittₗmes·ser** *n* putty knife.

Kitz [kɪts] *n* <-es; -e>, **'Kit·ze** *f* <-; -n> *zo.* (*Reh*≗ *etc*) fawn, *e-r Ziege, Gemse etc*: kid.

Kit·zel ['kɪtsəl] *m* <-s; *no pl*> **1.** tickle, tickling, (*Jucken*) itch. **2.** *fig.* (*Nerven*≗) thrill, tickle, *sl.* kick; (**sinnlicher**) **~** titillation. **3.** *fig. colloq.* (*Verlangen*) (**nach** for) desire, itch.

'kit·ze·lig *adj* ticklish (*a. fig. colloq. heikel, riskant*). **≗keit** *f* <-; *no pl*> ticklishness (*a. fig.*).

kit·zeln ['kɪtsəln] **I** *v/t* <h> **1.** tickle; **j-n am Fuß ~, j-s Fuß ~** tickle s. o.'s foot. **2.** *fig. colloq.* tickle, titillate; **j-m das Zwerchfell ~** make s. o. laugh. **II** *v/i* **3.** tickle. **III** *v/impers* **4. es kitzelt mich im Hals** I have got a tickle in my throat; *fig. colloq.* **es kitzelt mich, et. zu tun** I am tempted (*od.* itching) to do s. th. **IV** ≗ *n* <-s> **5.** tickling (*etc*), tickle (*a. fig. colloq.*).

'Kitz·ler *m* <-s; -> *anat.* clitoris.

'kitz·lig *adj* → **kitzelig.**

Ki·wi ['ki:vi] *m* <-s; -s> *orn.* kiwi.

Kla'bau·terₗmann [kla'bautər-] *m* <-(e)s; ⸗er> ship's kobold.

klack [klak] *interj* click!, clack!, *von Dickflüssigem*: splosh! **'klacken** (*getr.* **-k·k-**) *v/i* **1.** <h> *Uhr etc*: click. **2.** <sein> plonk, *et. Dickflüssiges*: splosh. **klacks I** *interj* → **klack. II** ≗ *m* <-es; -e> *colloq.* **1.** splash(ing sound), splosh. **2.** (*~ Butter, Senf etc*) dab, blob, dollop. **3.** *fig.* (*Kleinigkeit*) small thing; **das ist** (**für ihn**) **ein ~** that's nothing (to him), that's precious little (to him). **'klack·sen I** *v/i* <sein> → **klacken** 2. **II** *v/t* <h> **et. ~ auf** (*acc*) put a dab (*od.* blob) of (*butter, etc*) on, dollop s. th. on.

Klad·de ['kladə] *f* <-; -n> *colloq.* **1.** (rough) notebook, jotter, (scribbling) pad. **2.** *econ.* waste-book, *Am.* blotter. **3.** draft, rough (copy).

klad·de·ra·datsch [kladəra'da(:)tʃ] **I** *interj* crash-bang! **II** ≗ *m* <-es; -e> *colloq.* **1.** (*Krach*) crash. **2.** *fig.* mess, shambles *pl* (*meist als sg konstruiert*); **da haben wir den ≗!** there we are!, what a mess! **3.** (*Streit*) blow-up, flaming row, (*Geschrei, Aufregung*) brouhaha, uproar, (*Skandal*) scandal.

klaf·fen ['klafən] *v/i* <h> gape (*a. Kleid, Wunde*), yawn; **an s-m Kopf klaffte e-e große Wunde** there was a gaping wound in his head; *fig.* **ein Abgrund klafft zwischen unseren Ansichten** our views are poles apart; **hier klafft ein Widerspruch** this is highly contradictory.

kläf·fen ['klɛfən] *v/i* <h> **1.** *Hund*: yap, yelp. **2.** *fig. colloq.* (*keifen*) yap, bicker.

'klaf·fend *adj* gaping (*a. Wunde*), yawning (*abyss, etc*); *fig.* **~e Gegensätze** sharp (*od.* blatant) contradictions.

'Kläf·fer *m* <-s; -> **1.** yapper, yelper. **2.** *fig. colloq.* grouser, yapping critic.

Klaf·ter ['klaftər] *m, a. n* <-s; -> *obs.* fathom, (*Holzmaß*) cord. **~ₗholz** *n* <-es; *no pl*> cord wood. **≗ₗlang** *adj* fathom-long.

klaf·tern ['klaftərn] **I** *v/t* **1.** fathom. **2.** (*Holz*) cord. **II** *v/i* **3. der Adler klaftert 2 Meter** the eagle has a wingspread of 2 metres.

'klaf·ter|ₗtief *adj* fathom-deep. **~ₗwei·se** *adv* by fathoms, by the fathom (*od.* cord).

'Klag|ₗanₗspruch *m jur.* (plaintiff's) claim. **~ₗanₗtrag** *m* application, prayer (for relief), (the) relief sought; **dem ~ stattgeben** find for the plaintiff as claimed. **≗bar** *adj* **1.** *Anspruch etc*: actionable, suable, enforceable; (**gegen j-n**) **~ werden** → **klagen** 4. **2.** (*strafbar*) actionable.

Kla·ge ['kla:gə] *f* <-; -n> **1.** (*Weh*≗) lament(ation) (**um, über** *acc* over, for); **in ~n ausbrechen** burst into lamentations (*od.* wails); **ohne** (**jede**) **~** without (ever) complaining. **2.** (*Beschwerde*) complaint (**über** *acc* about); **es sind ~n laut geworden** there have been complaints; **sich in ~n ergehen** complain (strongly); **~ führen über** (*acc*) make complaints (*od.* complain) about; *colloq.* **daß mir k-e ~n kommen!** don't let me hear any complaints about you! **3.** *jur.* a) *im Zivilrecht*: action, suit, lawsuit, b) (*Scheidungs*≗) petition (for divorce), c) (*~schrift*) statement of claim, plaint; **e-e ~ einbringen** (*od.* **anstrengen, einreichen**), **~ erheben** (**gegen** against, **wegen** for) bring (*od.* enter) an action, institute (legal) proceedings, bring (*od.* file) suit; **~ auf Herausgabe** (**Schadenersatz**) action for restitution (damages). **4.** *hunt.* cry, shriek. **~ₗab·ₗwei·sung** *f jur.* dismissal of an action, *wegen Versäumnis des Klägers*: nonsuit. **~ₗanₗtrag** *m,* **~beₗgeh·ren** *n* → **Klagantrag. ~beₗgrün·dung** *f* statement of claim. **≗beₗrech·tigt** *adj* entitled to bring an action. **~erₗhe·bung** *f* bringing (*od.* entering) of an action, filing of a suit. **~ₗfrist** *f* period for filing suit. **~geₗdicht** *n* elegy, threnody. **~ge·ₗschrei** *n* lamentation, wail(ing), wails *pl.* **~ₗgrund** *m jur.* cause of action. **~ₗlaut** *m* plaintive sound, (*Ächzen*) groan, moan, (*Wimmern*) whimper. **~ₗlied** *n* **1.** *Literatur, mus.* lament, dirge, *e-s einzelnen*: monody. **2.** *fig.* lamentation, tale of woe, jeremiad; **ein ~ anstimmen** lament, *stärker*: set up a wail; → **Jeremia. ~ₗmau·er, die** *in Jerusalem*: the Wailing Wall.

kla·gen ['kla:gən] **I** *v/i* <h> **1.** (*sich beschweren*) complain (**über** *acc* about, of, **bei** to); **ohne zu ~** without complaining; **wir haben k-n Grund zu ~** we have no cause for complaint; *colloq.* (**ich**) **kann nicht ~** I can't complain. **2. ~ über** (*acc*) (*leiden an*) complain of (*pains, etc*). **3.** (*weh~*) (**um** over, about) lament, moan, *laut*: wail. **4.** *jur.* sue, take legal action, go to court; **gegen j-n ~** sue s. o., bring (*od.* enter) an action against s. o., institute proceedings against s. o., file a suit against s. o. (*alle*: **wegen** for); **aus Vertrag ~** sue under contract. **5.** *hunt.* cry, shriek. **II** *v/t* **6. j-m sein Leid ~** pour out one's troubles to s. o.; **j-m s-e Not** (**Sorgen**) **~** tell s. o. about one's troubles (worries). **7.** *Austrian jur. for* **verklagen** 1. **III** ≗ *n* <-s> **8.** complaining (*etc*), complaints *pl.* **9.** lamentation. **'kla·gend** *adj* **1.** lamenting, moaning, moanful; (**laut**) **~** wailing. **2.** plaintive (*look, etc*). **3.** *mus.* dolente, lacrimoso. **4.** *jur.* **der ~e Teil, die ~e Partei** the plaintiff(s *pl*).

'Kla·genₗhäu·fung *f jur.* joinder (of actions).

'Kla·ge|parₗtei *f jur.* plaintiff. **~ₗpunk·te** *pl* particulars of a claim.

Klä·ger ['klɛ:gər] *m* <-s; -> *jur.* **1.** *Zivilrecht*: a) plaintiff, b) (*bes. Berufungs*≗) complainant, c) *bei Beleidigungsklage*: libel(l)ant, d) *in Scheidungssachen*: petitioner. **2.** *Strafrecht*: prosecutor.

'Kla·geₗrecht *n jur.* right of action, right to sue.

'Klä·ge·rin *f* <-; -nen> → **Kläger. 'klä·ge·risch** *adj jur.* of the plaintiff, plaintiff's; **der ~e Anwalt** the counsel for the plaintiff; **die ~e Partei** the plaintiff(s *pl*), the prosecuting party. **'klä·ge·ri·scher'seits** *adv* on the part of (*od.* by) the plaintiff.

'Kla·ge|ₗrückₗnah·me *f jur.* withdrawal of (an) action. **~ₗruf** *m* plaintive cry, *stärker*: wail. **~ₗsa·che** *f jur.* (legal) action, lawsuit, suit (at law). **~ₗschrift** *f* statement of claim, plaint. **~ₗton** *m* plaintive sound (*od.* tone). **~verₗzicht** *m* plaintiff's renunciation of an action (*od.* a suit). **~ₗweg** *m jur.* **auf dem** (*od.* **im**) **~** by entering legal action; **den ~ beschreiten** bring (*od.* enter) an action, take legal action, institute (legal) proceedings. **~ₗweib** *n meist pl* (professional) mourner, wailer.

kläg·lich ['klɛ:klɪç] *adj u. adv* → **jämmerlich.**

'klag·los I *adj jur.* **1.** *Forderung, Schuld etc*: non-actionable. **2. j-n ~ stellen** give s. o. satisfaction, satisfy s. o.'s claim. **II** *adv* **3.** uncomplainingly.

Kla·mauk [kla'mauk] *m* <-s; *no pl*> *colloq.* **1.** (*Lärm*) hullabaloo, hubbub, row, racket. **2.** (*Rummel, Reklame*) ballyhoo, (*Aufsehen*) fuss, to-do, brouhaha. **3.** noisy fun, skylarking. **4.** *thea. Film*: slapstick. **~ₗstück** *n* slapstick comedy.

klamm [klam] *adj* <-er; -st> **1.** clammy (*room, etc*). **2.** numb (with cold). **3.** <*pred*> *fig. colloq.* **~ sein** (*in Geldnot*) be hard up.

Klamm *f* <-; -en> *geol.* narrow gorge, glen.

Klam·mer ['klamər] *f* <-; -n> **1.** *tech.* cramp, clamp, bracket, (*Bau*≗) *a.* dog, (*Krampe*) staple; **mit ~n befestigen** *a.* cramp, clamp; *fig.* **s-e Hände schlossen sich wie ~n um ihren Hals** his hands closed like a vice (a)round her neck. **2.** (*Haar*≗) hair clip, *Am.* bobby pin, (*Wäsche*≗) (clothes-)peg, *bes. Am.* clothes-pin, (*Büro*≗) (paper) clip, (*Hosen*≗) (bicycle) clip. **3.** *med.* (*Wund*≗) clip, (*Zahn*≗) brace. **4.** *math. print.* (*runde ~*) parenthesis, (*eckige ~*) bracket, (*geschweifte ~*) brace; **in ~n setzen** put (*a word, etc*) in brackets (*od.* parentheses), bracket; **~ auf, ~ zu** open brackets, close brackets; **in ~n hinzufügen** *a. fig.* add *s. th.* in parentheses; *math.* **die ~(n) auflösen** remove the brackets. **5.** *mus.* brace, bind, accolade. **6.** *Ringen*: clinch. **~ₗaf·fe** *m zo.* red-faced spider monkey. **~ₗausₗdruck** *m math.* aggregation in parentheses. **~ₗgriff** *m Ringen*: clinch. **~ₗha·ken** *m* dog (hook). **~ₗhef·ter** *m* stapler.

klam·mern ['klamərn] **I** *v/t* <h> **1.** fasten (*od.* clip) *s. th.* together. **2.** (**an** *acc* to) (*Wäsche*) peg, *bes. Am.* pin, (*Papier etc*) clip, staple, *tech.* clamp, cramp. **3.** *med.* close (*a wound*) with (metal) clips, (*Zähne*) brace. **II** *v/reflex* **4. sich ~ an** (*acc*) cling (*od.* clutch) on to *s. o., s. th., fig.* cling to (*od.* clutch at) *s. o., s. th.*; *fig.* **sich an e-e Illusion ~** cling to an illusion; → **Strohhalm. III** *v/i* **5.** *Boxen u. Ringen*: clinch.

'Klam·mer|ₗnaht *f med.* clip suture. **~ₗsatz** *m* sentence in parentheses.

'klamm'heim·lich *adv colloq.* on the quiet, stealthily.

Kla·mot·te [kla'mɔtə] *f* ⟨-; -n⟩ *colloq.* **1.** *pl* (*Kleider*) things, rags, *sl.* duds; **in den ältesten ~n herumlaufen** run around in one's oldest rags. **2.** *pl* (*Sachen*) things, junk *sg.* **3.** (*Steinbrocken*) brickbat. **4.** *contp.* (**alte**) ~ (*Film etc*) oldie; *fig.* **das sind doch alte ~n!** that's old hat! **Kla'mot·ten|ki·ste** *f fig. colloq.* **aus der ~** out of the rag-bag.

Klam·pe ['klampə] *f* ⟨-; -n⟩ *mar.* cleat.

Klamp·fe ['klampfə] *f* ⟨-; -n⟩ *colloq.* guitar.

Klan [kla:n] *m* ⟨-s; -e⟩ clan.

klang [klaŋ] *1 u. 3 sg pret of* **klingen.**

Klang *m* ⟨-(e)s; ⸚e⟩ **1.** sound, ring; **der ~ s-r Schritte** (the sound of) his footsteps; **beim bloßen ~ s-s Namens** at the very mention of his name. **2.** *von Gläsern*: clink, *von Glocken*: ringing, pealing, *von kleineren Glocken*: tinkle, tinkling, *von Münzen etc*: chink, tinkle, ring, *von Metall*: clank(ing), *von Schwertern*: clash. **3.** (musical) sound, (*Zs.-klang*) chord, harmony, (*~fülle*) sonority, (*~charakter*) sound, tone, timbre. **4.** (*Tonqualität*) tone. **5.** *pl* sounds, strains; **unter den Klängen der Kapelle** to the sounds of the band; **unter den Klängen des Hochzeitsmarsches** to the strains of the wedding march; → **Sang. 6.** (*Färbung*) tone; **s-e Worte hatten e-n spöttischen ~** his words held a note (*od.* tone) of contempt. **7.** *fig.* ring; **der ~ der Wahrheit, der echte ~** the ring of truth. **8.** (*Ruf*) reputation; **sein Name hat (e-n guten) ~** he has a good name; **von (Rang und) ~** → **klangvoll** 2. **~|bild** *n phys.* sound pattern. **~|blen·de** *f* tone control. **~cha|rak·ter** *m mus.* tone (quality), timbre.

klän·ge ['klɛŋə] *1 u. 3 pret subj of* **klingen.**

'Klang|ef|fekt *m* sound effect. **~|far·be** *f* tone, tone colo(u)r, timbre. **~|far·be|reg·ler** *m* tone control. **~fi|gur** *f meist pl mus.* sonorous (*od.* acoustic, nodal) figure. **~|fül·le** *f* sonority. **~|gü·te** *f* tone quality. **~|hö·he** *f* pitch. **~|kör·per** *m* **1.** orchestra, band. **2.** *der Violine etc*: resonance box. **3.** *Radio etc*: loudspeaker. **~|leh·re** *f* acoustics *pl* (*als sg konstruiert*).

'klang·lich I *adj mus.* tonal. **II** *adv* in (*od.* as to) sound (*etc*), tonally; **das Radio ist ~ sehr gut** the radio has a very good tone.

'klang·los I *adj* toneless. **II** *adv* → **sang- und klanglos.**

|Klang·ma·le'rei *f* → **Lautmalerei.**

'Klang|reg·ler *m Radio etc*: tone control. **~|rein** *adj* having a pure tone (*od.* sound), *Gerät*: *a.* fine-tuned. **~|rein·heit** *f* purity of sound. **~|schön** *adj* having a beautiful tone (*od.* sound). **~|stab** *m meist pl mus.* clave. **~|treue** *f* fidelity. **~|voll** *adj* **1.** full-sounding, sonorous, (*wohlklingend*) fine-sounding, (*melodisch*) melodious, tuneful. **2.** *fig.* illustrious, great, fine-sounding (*name, etc*). **~|wel·le** *f* sound wave. **~|wir·kung** *f* sound effect. **~|wort** *n* ⟨-(e)s; ⸚er⟩ *ling.* sonorous word.

klapp [klap] *interj* **1.** clack! **2.** → **klipp I. ~bar** *adj* collapsible, folding (*chair, etc*), *nach oben od. unten*: hinged, tipping. **~|bett** *n* folding bed. **~|brücke** (*getr.* **-k·k-**) *f* bascule bridge. **~|deckel** (*getr.* **-k·k-**) *m* hinged lid, *mit Feder*: snap lid, spring cover.

Klap·pe ['klapə] *f* ⟨-; -n⟩ **1.** *e-s Briefkastens, Briefumschlages, e-r Tasche etc*: flap, (*Tisch~*) *a.* leaf. **2.** (*Augen~*) (eye) patch. **3.** (*Hosen~*) (trouser) flap. **4.** (*Schulter~*) (shoulder) strap. **5.** (*Falltür*) trapdoor. **6.** (*Ofen~*) (drop) door, (*Luft~*) air shutter, *am Abzugsrohr*: trap, *am Ventil*: flap, (*Sicherheits~*) safety valve, (*Ventil*) flap valve, clack (valve); → **Klappdeckel. 7.** *teleph.* (*Fall~*) annunciator drop. **8.** *am Lastwagen*: a) *hinten*: folding tailgate, tailboard, b) *seitlich*: folding sideboard, drop side. **9.** (*Visier~ am Gewehr etc*) leaf. **10.** *aer.* (*Flügel~*) flap. **11.** *anat. bot. zo.* valve. **12.** a) *beim Klavier*: fall, b) *bei Holzblasinstrumenten*: key. **13.** *Film*: clapperboard(s *pl*), clappers *pl, Am. a.* slate. **14.** *fig. colloq.* (*Mund*) trap; **halt die ~!** shut your trap!, shut up!; **e-e große ~ haben, (immer) die ~ aufreißen** have a big mouth. **15.** *fig. colloq.* (*Bett*) bunk; **in die ~ gehen** turn in, hit the hay (*od.* sack).

klap·pen ['klapən] **I** *v/t* ⟨h⟩ **1. nach oben (unten) ~** a) (*Deckel etc*) lift up, raise (close *od.* lower), b) (*Sitz etc*) put (*od.* fold, tip) up, drop, lower, c) (*Kragen etc*) turn up (down); **der Sitz läßt sich nach hinten ~** the seat folds back(ward). **II** *v/i* **2.** *Tür etc*: clap, clack, *laut*: bang, rattle. **3.** (*zu~*) shut (*od.* close) with a click. **4.** *Schuhe, Schritte etc*: clack. **5. mit e-r Sache ~** clap s. th.; **mit den Flügeln ~** clap its wings. **6. an** (*od.* **gegen**) **e-e Sache ~** knock (*od.* bang, flap) against s. th. **7.** *colloq.* (*gutgehen*) work, work out (well), go off well, (*gelingen*) *a.* be successful, succeed; **das klappt!** a) it works!, b) (*geht reibungslos*) it goes smoothly; **alles klappte wie am Schnürchen** everything went off smoothly (*od.* without a hitch, like clockwork); **es klappt nicht** it doesn't work, there is a hitch (somewhere); **es wird schon ~** it will work out all right; **bis jetzt klappt alles** all plain sailing so far; **hat es geklappt?** did you succeed?; **wenn alles klappt** if nothing goes wrong. **III** ~ *n* ⟨-s⟩ **8.** clapping (*etc*); *fig. colloq.* **zum ~ kommen** come to a head, (*gelingen*) come off, work out.

'Klap·pen|feh·ler *m med.* valvular defect. **~|för·mig** *adj* valve-shaped, valvular. **~|horn** *n mus.* key bugle. **~|schrank** *m teleph.* (manual *od.* drop-type) switchboard. **~|text** *m e-s Buches*: blurb. **~ven|til** *n* clack (*od.* flap) valve. **~ver|schluß** *m* hinged cover.

'Klap·per *f* ⟨-; -n⟩ (*bes. Kinder~, a. hunt., a. der Klapperschlange*) rattle, *mus. u. R. C.* clapper. **~'dürr** *adj* (as) lean as a rake, (as) thin as a lath, spindly; **~ sein** *a.* be nothing but skin and bones. **~ge|stell** *n humor.* **1.** (*dürre Person*) (walking) skeleton, rattlebones *pl* (*als sg konstruiert*), bag of bones. **2.** (*altes Fahrzeug*) rattletrap, rattler.

'klap·pe·rig *adj* → **klapprig.**

'Klap·per|ka·sten *m colloq.* **1.** (*altes Auto*) (old) rattletrap, (*altes Schiff*) old tub. **2.** rattly old piano. **~|ki·ste** *f* **1.** (*altes Flugzeug*) (old) crate. **2.** → **Klapperkasten** 1. **~|müh·le** *f* mill with a clap(per), (water- *od.* wind)mill.

klap·pern ['klapərn] **I** *v/i* ⟨h *u.* sein⟩ **1.** ⟨h⟩ *Geschirr, Hufe, Schreibmaschine etc*: clatter, *Fensterläden etc*: *a.* rattle, *Schuhe, Mühle*: clack, *hohe Absätze, Stricknadeln etc*: click; **mit dem Geschirr ~** clatter with (*od.* rattle) the dishes; **auf der Schreibmaschine ~** clatter away on (*od.* pound) the typewriter. **2.** ⟨h⟩ *Storch*: clatter. **3.** ⟨h⟩ *vor Kälte*: shiver; **er klapperte (vor Kälte [Angst]) mit den Zähnen** his teeth were chattering (with cold [fright]); *humor.* **mit den Augen ~** flutter one's eyelashes. **4.** ⟨sein⟩ *Fahrzeug*: rattle (*od.* clatter) along. **II** ~ *n* ⟨-s⟩ **5.** clatter(ing), rattling, rattle (*etc*); **~ gehört zum Handwerk** puff is part of the trade.

'Klap·per|schlan·ge *f* **1.** *zo.* rattlesnake, rattler. **2.** *humor.* typist. **~|storch** *m colloq.* stork; **der ~ hat sie ins Bein gebissen** she has had a visit from the stork.

'Klapp|etui [-ˀɛt|vi:] *n* snap-lid case. **~|fahr|rad** *n* fold-up bicycle, easy-rider. **~|fen·ster** *n* **1.** top-hung window. **2.** *mot.* ventipane, vent wing. **~|flü·gel** *m aer.* folding wing. **~|horn|vers** *m* (kind of) limerick (*od.* nonsense verse). **~|hut** *m* opera (*od.* crush) hat. **~|mes·ser** *n* clasp-knife, jack knife. **~|rad** *n* → **Klappfahrrad.**

'klapp·rig *adj colloq.* **1.** *Auto etc*: rattly, ramshackle, *Stuhl etc*: rickety. **2.** *Person*: (*schwach*) shaky, (*altersschwach*) decrepit; **noch et. ~ (auf den Beinen) sein** be still a bit shaky.

'Klapp|sitz *m a. mot.* folding (*od.* tip-up) seat, *mot. im Roadster*: rumble seat, *bes. Br.* dick(e)y seat. **~|stuhl** *m ohne Lehne*: campstool, *mit Lehne*: folding chair. **~|tisch** *m* folding table, *mit klappbaren Seitenteilen*: drop-leaf table, gate-leg(ged) table, *im Zug etc*: foldaway table. **~|tür** *f* snap-action door. **~ven|til** *n* → **Klappenventil. ~ver|deck** *n mot.* folding hood (*Am.* top). **~vi|sier** *n e-s Gewehrs*: leaf sight. **~zy|lin·der** *m* opera-hat.

klaps [klaps] **I** *interj* clap! **II** ~ *m* ⟨-es; -e⟩ **1.** (*freundschaftlicher etc* ~) clap, slap, pat, (*harter, strafender* ~) smack, whack. **2.** *fig. colloq.* **e-n ~ haben** be crackers (*od.* nuts, potty), have a screw loose; **e-n ~ kriegen** go off one's rocker, go nuts, go bananas. **'klap·sen** *v/t* ⟨h⟩ clap, slap, pat, *strafend*: smack, spank, whack.

'Klaps|müh·le *f humor.* loony bin, booby hatch, nut farm.

klar [kla:r] **I** *adj* ⟨-er; -st⟩ **1.** *Wasser, Luft, Himmel, Stimme, Augen, Farbe, Suppe etc*: clear, *Schnaps*: colo(u)rless, white. **2.** (*deutlich*) clear, distinct (*pronunciation, etc*). **3.** *fig.* (*vernünftig, nüchtern*) clear, lucid, *Person*: *a.* clear-headed. **4.** *fig. Vorstellung etc*: clear, distinct, *Entscheidung etc*: clear(-cut), *Ziel etc*: definite, (*unzweideutig*) clear, unambiguous; **ein ~es Bild** (*od.* **e-e ~e Vorstellung**) **von e-r Sache haben** have a clear idea of s. th.; **e-e ~e Antwort** a clear (*od.* plain) answer. **5.** *fig.* (*bei Bewußtsein*) conscious, lucid; **~e Momente** lucid intervals. **6.** *fig.* (*geordnet*) straight; **~e Verhältnisse schaffen** get things straight, make things clear, clear the air; **in ~en Verhältnissen leben** lead an ordered life; **zwischen den beiden ist alles wieder ~** they have straightened things out between them, everything is all right (*od.* back to normal) again between them. **7.** *fig.* **es ist ~, daß** it is clear (*od.* plain, obvious, evident) that; **es ist mir ~, daß** I realize (*od.* I'm aware) that; **ich bin mir selbst nicht ~ darüber** I'm not clear about it myself; **ich bin mir noch nicht ~ (darüber), was ich mache** I'm not quite sure (*od.* still undecided) what I'm going to do; **das ist mir (noch nicht ganz) ~** I (dont' quite) understand that; **ist das ~?** (is that) clear?, got it?; **das ist doch (wohl) ~!**, *colloq.* (**na**) **~!** of course!, naturally!, *colloq.* sure (thing)!; *humor.* **~ wie Kloßbrühe** (*od.* **dicke Tinte**) (as) clear as daylight; **alles ~?** a) got it?, b) everything okay? **8.** *Sport*: clear (*victory, defeat, etc*). **9.** *aer. mar.* clear, ready, operational; *aer.* ~ **zum Start** ready for take-off; ~ **zum Gefecht** ready for action; ~ **zum Wenden!** ready about!; ≈ **Schiff** clear the decks! **II** *adv* **10.** clearly (*etc*); ~ **und deutlich** clearly, distinctly, unmistakably, *iro.* loud and clear, in plain language; **er brachte es** ~ **zum Ausdruck** he made it clear (*od.* plain) that; ~ **zutage treten** be evident, be obvious, meet the eye; → **klipp** III. **III** **≈e, das** ‹-n› **11.** *von Flüssigkeiten*: clear part; **das ≈e vom Ei** the white of the egg. **12.** *mit Kleinschreibung*: **sich** (*dat*) **über e-e Sache im** ~**en sein** be aware of (*od.* realize) s. th.

Klar *n* ‹-s; -› *Austrian* egg white.

ˈKlärˌanˌla·ge *f* sewage (purification) plant, *für Industrieabwässer*: waste-water purification plant.

ˈKlarˌap·fel *m* early dessert apple.

ˈKlär|ˌbad *n phot.* washer bath. **~ˌbecken** (*getr.* **-k·k-**) *n* settling basin.

ˈklarˌblickend (*getr.* **-k·k-**) *adj* clear-sighted.

ˈKlärˌbot·tich *m* **1.** settling tub (*od.* tank), clarifier. **2.** → **Klärfaß.**

ˈklarˌden·kend *adj* clear-thinking.

ˈKla·re *m* ‹-n; -n› *colloq.* schnapps.

klä·ren [ˈklɛːrən] **I** *v/t* ‹h› **1.** (*bes. Flüssigkeit etc*) clear, clarify, purify, (*filtrieren*) filter, (*Bier, Wein etc*) fine (down), cleanse, (*Weizen*) clean. **2.** *fig.* (*Fall etc*) clarify, clear up, *endgültig*: settle. **II** *v/i* **3.** *Sport*: clear. **III** *v/reflex* **sich** ~ **4.** *Wasser, Himmel etc*: clear (up), become clear. **5.** *fig. Sachlage, Meinungen etc*: become clear(er), clarify, clear up. **IV** ≈ *n* ‹-s› **6.** clarifying (*etc*); → *a.* Klärung.

ˈKlär|ˌfaß *n Brauerei*: settler, settling vat (*od.* tub). **~ˌgas** *n* sewer gas.

ˈklarˌge·hen *v/i* ‹*irr, sep,* **-ge-**, sein› *colloq.* a) go (off) smoothly, b) (*in Ordnung sein*) be all right.

ˈKlärˌgru·be *f* cesspit, cesspool.

ˈKlar·heit *f* ‹-; *no pl*› **1.** *allg.* clearness (*of water, air, sky, etc*), *strahlende*: brightness, (*Durchsichtigkeit*) transparency. **2.** *von Stimmen etc*: clarity, purity. **3.** *fig.* clearness, clarity, *des Denkens*: *a.* lucidity; **darüber besteht jetzt** ~ this is now quite clear; **sich** (*dat*) **über e-e Sache** ~ **verschaffen** find out all about s. th., become clear about s. th.; ~ **schaffen** make things clear, settle the matter; ~ **gewinnen über** (*acc*) get a clear picture of; **et. in aller** ~ **zeigen** show s. th. (very) clearly; **et. in aller** ~ **sagen** say s. th. very clearly (*od. colloq.* loud and clear); **der Brief brachte** ~ **über ihr Schicksal** the letter told us what had become of her.

kla·rie|ren [klaˈriːrən] *v/t* ‹*no* **ge-**, h› *econ.* clear (*a ship*) (through customs). **≈rung** *f* ‹-; *no pl*› clearance.

Kla·ri·net|te [klariˈnɛtə] *f* ‹-; -n› *mus.* clarinet. **~ˈtist** [-ˈtɪst] *m* ‹-en; -en› clarinet(t)ist.

Kla·ris·sin [klaˈrɪsɪn] *f* ‹-; -nen› *R.C.* nun of the order of St. Clare, Poor Clare.

ˈklar|ˌkom·men *v/i* ‹*irr, sep,* **-ge-**, sein› *colloq.* get by, manage, make out; **ich werde schon** ~ I'll manage all right; **mit e-r Sache nicht** ~ not to get (*od.* understand) s. th., not to be able to manage (*od.* cope with) s. th.; **mit j-m** ~ get along (fine) with s. o. **~ˌkrie·gen** *v/t* ‹*sep,* **-ge-**, h› *colloq.* **et.** ~ wangle s. th., sort s. th. out. **≈ˌlack** *m* clear varnish. **~ˌle·gen** *v/t* ‹*sep,* **-ge-**, h› (**j-m**) **et.** ~ make s. th. clear (to s. o.), point out (*od.* explain) s. th. (to s. o.). **~ˌma·chen I** *v/t* ‹*sep,* **-ge-**, h› **1. j-m et.** ~ make s. th. clear (*od.* plain) to s. o., point out (*od.* explain) s. th. to s. o., *stärker*: bring s. th. home to s. o.; **er machte klar, daß** he made it clear that; **sich** (*dat*) **et.** ~ get s. th. clear (*od.* straight) in one's mind, realize s. th.; **sich** (*dat*) ~, **daß** realize that; *colloq.* **es** (*od.* **die Sache**) ~ (*entscheiden*) settle it, decide the matter. **2.** *aer. mar.* clear, make *s. th.* ready; *aer.* **e-e Maschine** ~ clear a plane for takeoff; **die Geschütze** ~ clear the guns for action. **II** *v/i* **3.** *mar.* make ready; **zum Gefecht** ~ clear the decks for action.

ˈKlärˌschlamm *m* sewage sludge.

ˈKlarˌschrift *f* → Klartext. **~ˌle·ser** *m* (optical) character reader.

ˈklarˌse·hen *v/i* ‹*irr, sep,* **-ge-**, h› *fig. colloq.* see (clearly), understand, see one's way clear; **damit du (ganz) klarsiehst: ich komme nicht mit!** get this straight: I'm not coming!

ˈKlarˌsicht... *in Zssgn* transparent, clear-view; **~folie** *f* transparent sheet, crystal-clear film. **ˈklarˌsich·tig** *adj* clear-sighted. **ˈKlarˌsichtˌschei·be** *f mot.* anticondensation (*od.* antimist) panel.

ˈklarˌstel·len *v/t* ‹*sep,* **-ge-**, h› **et.** ~ get s. th. straight, make s. th. clear, clear s. th. up, settle s. th.

ˈKlarˌtext *m Funk etc*: text in clear, clear (*od.* plain) text; **et. in** ~ **senden** transmit s. th. in (the) clear; *fig. colloq.* **im** ~ in plain English (*od.* language).

ˈKlä·rung *f* ‹-; *no pl*› **1.** clarification, purification, filtration. **2.** *fig.* clarification, clearing up; **dies bedarf noch der** ~ this remains to be clarified (*od.* settled).

ˈklarˌwer·den *v/i* ‹*irr, sep,* **-ge-**, sein› **1. j-m wird et. klar** s. th. becomes clear to s. o., s. o. realizes (*od.* grasps, understands) s. th., s. o. becomes aware of s. th., *langsam*: s. th. dawns on s. o. **2. sich** (*dat*) **über e-e Sache** ~ get s. th. clear (*od.* straight) in one's (own) mind, (*sich entscheiden*) make up one's mind about s. th.

Klas·se [ˈklasə] *f* ‹-; -n› **1.** *ped.* class, *Br. a.* form, *Am. a.* grade, (~**nraum**) classroom; **in die nächste** ~ **versetzt werden** be moved up (*od.* be promoted) to the next class. **2.** (*Gesellschafts*≈) class; **die arbeitende (besitzende)** ~ the working (propertied) class. **3.** *mar. rail., im Krankenhaus etc*: class; **erster** ~ **reisen** travel first-class. **4.** *bot. zo.* class; **nach** ~**n ordnen** classify, class, categorize. **5.** (*Lotterie*≈) (lottery) class. **6.** *ling.* (form) class. **7.** *econ.* (*Waren*≈) class, grade, quality. **8.** *Sport*: (*Alters*≈, *Gewichts*≈, *Leistungs*≈ *etc*) class, category, (*Spiel*≈) league, division. **9.** *mot.* class, range; **mittlere** ~ → **Mittelklasse. 10.** *mar.* class, rating. **11.** *math.* class, aggregate. **12.** (*Gehalts*≈, *Steuer*≈ *etc*) class, bracket. **13.** *bei Dienstbezeichnungen, Orden etc*: class. **14.** *colloq.* class, rate; **ein Pianist zweiter** ~ a second-class (*od.* -rate) pianist; *iro.* **er ist ein Lügner erster** ~ he is a first-class liar; **er ist ganz große** (*od.* **einsame**) ~, **er ist e-e** ~ **für sich** he is in a class by himself, he is super (*od.* terrific, tops); **sein neues Auto ist** ~ his new car is fantastic (*od.* super, a wow); ~! great!, fantastic!, super!; → *a.* **Klassespieler** *etc.*

Klas·se·ment [klas(ə)ˈmãː] *n* ‹-s; -s› *Sport*: **1.** order (of competitors). **2.** (list of) results *pl.*

klas·sen [ˈklasən] *v/t* ‹h› (*Schiff*) rate, class(ify).

ˈKlas·sen|ˌar·beit *f* (written) classroom test, classroom assignment. **~ˌaufˌsatz** *m* classroom essay (*od.* composition). **~ˌausˌflug** *m* class outing. **≈beˌwußt** *adj* class-conscious. **~beˌwußtˌsein** *n* class consciousness. **~ˌbuch** *n ped.* class register, *Am.* classbook. **~ˌdün·kel** *m* conceit of caste, class arrogance. **~ˌdurchˌschnitt** *m ped.* class average. **~ˌeinˌtei·lung** *f* classification. **~ˌer·ste** *m, f* ‹-n; -n› top of the class. **~ˌfeind** *m pol.* enemy of the working class. **~ˌge·genˌsatz** *m meist pl* class antagonism. **~ˌgeist** *m* **1.** class feeling. **2.** *ped.* class (*od.* team) spirit. **~ˌhaß** *m pol.* class hatred. **~ˌherrschaft** *f* class rule. **~ka·meˌrad** *m,* **~ka·meˌra·din** *f ped.* classmate. **~ˌkampf** *m pol.* class conflict (*od.* warfare). **~ˌleh·rer** *m,* **~ˌleh·re·rin** *f* class teacher, *Br. a.* form master *od.* mistress, *Am. a.* homeroom teacher. **≈los** *adj* **1.** *sociol.* **die** ~**e Gesellschaft** the classless society. **2.** *Krankenhaus*: classless, one-class. **~lot·teˌrie** *f* class lottery. **~ˌspre·cher** *m,* **~ˌspre·che·rin** *f ped.* class representative. **~ˌstaat** *m* state ruled by one class. **~ˌtref·fen** *n ped.* class reunion. **~ˌun·terˌschied** *m* **1.** *sociol.* class distinction. **2.** *meist pl* differences *pl* between classes (*od.* groups). **~ˌziel** *n ped.* required standard of a class; **das** ~ **errreichen** go up into a higher class, *fig. colloq.* make the grade. **~ˌzim·mer** *n* classroom.

ˈKlas·se|ˈspie·ler *m colloq.* first-class player, top-notcher. **~ˈweib** *n colloq.* knockout, (a) real dish.

klas·sie|ren [klaˈsiːrən] *v/t* ‹*no* **ge-**, h› **1.** → **klassifizieren. 2.** *Bergbau*: classify, sort, grade, *nach Korngröße*: screen, size. **≈rung** *f* ‹-; -en› classification.

Klas·si·fi|ka·ti·on [klasifikaˈtsɪoːn] *f* ‹-; -en› classification. **≈ˈzier·bar** *adj* classifiable, classable. **≈ˈzie·ren** [-ˈtsiːrən] *v/t* ‹*no* **ge-**, h› classify (**nach** by, according to), (*sortieren*) sort. **≈ˈzie·rend** *adj* **1.** *bot. zo.* systematic. **2.** *ling.* ~**es Wort** classifier. **~ˈzie·rung** *f* ‹-; -en› classification.

Klas·sik [ˈklasɪk] *f* ‹-; *no pl*› classical period (*od.* age), classicism; **die antike** ~ classical antiquity. **Klas·si·ker** [ˈklasikər] *m* ‹-s; -› **1.** classical writer (*od.* author); **die antiken** ~ the classical authors of antiquity, the ancients. **2.** (*Künstler ersten Ranges*) classic (artist, author, *etc*); **ein** ~ **des Jazz** a classic of jazz. **3.** (*Werk*) classic. **ˈklas·sisch** *adj* **1.** classical; **das** ~**e Altertum** classical antiquity; ~**e Philologie studieren** study the classics; ~**e Musik** classical music; ~**e Redewendung,** ~**e Bezeichnung** *a.* classicism. **2.** (*mustergültig, vollendet*) classic(al); **ein** ~**es Werk** a classic, a standard work; **ein** ~**er Ausspruch** a classical saying. **3.** (*herkömmlich*) classical (*physics, weapons, etc*). **4.** (*typisch*) classic, typical (*case, mistake, etc*). **5.** (*zeitlos*) classic (*costume, etc*). **6.** *colloq.* (*großartig*) great, terrific, super.

Klas·si|zis·mus [klasiˈtsɪsmʊs] *m* ‹-; *no pl*› classicism. **~ˈzist** [-ˈtsɪst] *m* ‹-en; -en› classicist. **≈ˈzi·stisch** *adj* classicist(ic).

kla·stisch [ˈklastɪʃ] *adj geol.* clastic.

klatsch [klatʃ] *interj* smack!, slap!, *Wasser etc*: splash!, splosh!, *Tür etc*: slam!, bang!

Klatsch *m* ‹-es; -e› **1.** *e-s Schlags*: smack, slap, *e-r zuschlagenden Tür etc*: bang, *beim Fallen ins Wasser etc, e-r weichen Masse*: splash, splosh. **2.** ‹*only sg*› (*Geschwätz*) gossip, tittle-tattle. **~ˌba·se** *f colloq.* **1.** gossip(monger), scandalmonger. **2.** → **Klatsche** 3 a. **~ˌblatt** *n colloq.* gossip rag, scandal-sheet.

ˈ**Klat·sche** *f* ⟨-; -n⟩ **1.** flyswat(ter). **2.** → Klatschbase 1. **3.** *ped. colloq.* a) telltale, sneak, b) crib, *Am.* pony.

klat·schen [ˈklatʃən] **I** *v/i* ⟨h *u.* **sein**⟩ **1.** ⟨h⟩ (*Beifall* ~) clap, applaud; **in die Hände ~, mit den Händen ~** clap one's hands; **im Takt ~** clap in time. **2.** ⟨sein⟩ *ins Wasser etc, Regen*: splash, *Wellen*: crash (**gegen** against). **3.** ⟨h⟩ *nasse Segel etc*: flap. **4.** ⟨h⟩ slap; **sich** (*dat*) **auf die Schenkel ~** slap one's thighs. **5.** ⟨h⟩ *colloq.* gossip (**über j-n** about s. o.), (*petzen*) sneak (**beim Lehrer** to the teacher). **II** *v/t* ⟨h⟩ **6.** (**j-m**) **Beifall ~** clap (*od.* applaud) (s. o.). **7. et. ~** slap (*od.* bang, slam) s. th. (**auf** *acc* on); **et. an die Wand ~** slap (*od.* bang) s. th. against the wall, (*werfen*) hurl (*od.* fling) s. th. at the wall. **8.** (*Fliegen*) swat. **9.** *colloq.* (*verpetzen*) sneak. **III** ≈ ⟨-s⟩ **10.** clapping (*etc*). **11.** (*Beifall*~) clapping, applause. **12.** gossip(ing), tittle-tattle.

Klat·sche'rei *f* ⟨-; -en⟩ *colloq.* **1.** gossiping, gossipmongering. **2.** → Klatsch 2.

ˈ**Klatsch|ge,schich·te** *f* (piece of) gossip; **die neuesten ~n** the latest gossip (*od.* scandal). **≈haft** *adj* gossipy. **~haf·tig·keit** *f* ⟨-; *no pl*⟩ gossipiness. **~ˌmaul** *n colloq.* (old) gossip, scandalmonger; **das wird den Klatschmäulern Stoff liefern** that will set tongues wagging. **~ˌmohn** *m bot.* corn (*od.* field) poppy. **≈ˈnaß** *adj colloq.* dripping (*od.* soaking) wet; **~ werden** get drenched, get soaked to the skin. **~ˌro·se** *f* → Klatschmohn. **~ˌspal·te** *f e-r Zeitung*: gossip column. **~ˌspal·ten,schrei·be·rin** *f* gossip writer. **~ˌsucht** *f* passion for gossiping. **≈ˌsüch·tig** *adj* gossipy. **~ˌtan·te** *f*, **~ˌweib** *n* → Klatschbase 1.

klau·ben [ˈklaubən] *v/t* ⟨h⟩ (*sammeln*) pick up, gather, collect, *Austrian* (*Beeren*) pick, (*sortieren*) sort out, (*auslesen*) pick out (**aus** *dat* of); *fig.* **Worte ~** quibble, split hairs.

Klaue [ˈklauə] *f* ⟨-; -n⟩ **1.** *zo.* claw, *der Raubtiere u. -vögel*: *a.* talon, fang, (*Pfote*) paw, (*Spalthuf*) (cloven) hoof. **2.** *tech.* claw, jaw, dog, pawl, *e-s Schlosses*: fang. **3.** *mar.* clew. **4.** *pl fig.* clutches; **in j-s ~n geraten** fall into s. o.'s clutches; **in s-e ~n bekommen** get *s. o.* into one's clutches, get one's clutches on *s. th.*; **die ~n des Todes** the jaws (*od.* grip *sg*) of death. **5.** *pl colloq.* (*Hände*) paws. **6.** *fig. colloq.* (*Handschrift*) scrawl, scribble; **e-e fürchterliche ~** an awful scrawl.

klau·en [ˈklauən] *v/t u. v/i* ⟨h⟩ *colloq.* pinch, swipe, lift, filch, *fig.* (*Ideen etc*) steal, borrow, crib.

ˈ**Klau·en|ˌfett** *n* neat's-foot oil. **~ˌfuß** *m* **1.** *med.* claw foot. **2.** *an Möbeln etc*: claw-and-ball foot. **~ˌkupp·lung** *f* dog clutch. **≈los** *adj zo.* without claws, adactylous. **~ˌseu·che** *f* → Maul- und Klauenseuche.

Klau·se [ˈklauzə] *f* ⟨-; -n⟩ **1.** (*Einsiedelei*) hermitage. **2.** (*Klosterzelle*) cell. **3.** *colloq.* (*Bude*) den. **4.** *geol.* (*Talenge*) defile. **5.** *bot.* c(o)enobium.

Klau·sel [ˈklauzəl] *f* ⟨-; -n⟩ **1.** *jur. allg.* clause, (*Vorbehalt*) *a.* proviso, (*Bedingung*) *a.* stipulation. **2.** *mus. hist.*, *a. Rhetorik*: clausula.

Klaus·ner [ˈklausnər] *m* ⟨-s; -⟩ hermit, recluse, anchorite. **~ˌzel·le** *f* hermit's cell.

Klau·stro|phi·lie [klaustrofiˈliː] *f* ⟨-; *no pl*⟩ *psych.* claustrophilia. **~pho'bie** [-foˈbiː] *f* ⟨-; *no pl*⟩ claustrophobia.

klau·su·lie·ren [klauzuˈliːrən] *v/t* ⟨*no* **ge-**, h⟩ *jur.* hedge *s. th.* in by clauses, put hedges into (*a contract*).

Klau·sur [klauˈzuːr] *f* ⟨-; -en⟩ **1.** *im Kloster*: enclosure. **2.** ⟨*only sg*⟩ seclusion. **3.** work (*od.* test paper) written under supervision, (written) examination, test; **e-e ~ schreiben** sit for (*od.* take, write) an examination, do a test. **~ˌar·beit** *f* → Klausur 3. **~ˌta·gung** *f* closed meeting.

Kla·via·tur [klaviaˈtuːr] *f* ⟨-; -en⟩ *mus.* keyboard, claviature.

Kla·vi·chord [klaviˈkɔrt] *n* ⟨-(e)s; -e⟩ *mus.* clavichord.

Kla·vier [klaˈviːr] *n* ⟨-s; -e⟩ piano(forte), (upright) piano, upright; **elektrisches (stummes, mechanisches) ~** player piano (dumb piano, pianola); **~ spielen (können)** play the piano; **am (auf dem) ~** at (on) the piano; *fig.* **er spielte auf zwei ~en** a) he was doing two things at once, b) he had a foot in both camps. **~ˌabend** *m* (evening) piano recital. **~ˌaus,zug** *m* piano score; **ein ~ des „Lohengrin"** "Lohengrin" arranged for piano. **~ˌbau·er** *m* piano(forte) maker. **~be,ar·bei·tung** *f* piano arrangement (*od.* score). **~be,glei·tung** *f* piano accompaniment. **~ˌhar·fe** *f* claviharp. **~in·stru,ment** *n* keyboard (stringed) instrument.

kla·vie·ri·stisch [klaviˈrɪstɪʃ] *adj* pianistic.

Kla'vier|kon,zert *n* **1.** (*Stück*) piano concerto. **2.** (*Vortrag*) piano recital (*od.* concert). **~ˌleh·rer** *m*, **~ˌleh·re·rin** *f* piano teacher. **~me,cha·nik** *f* piano action. **~pe,dal** *n* pedal; **linkes ~** piano (*od.* soft, shifting) pedal; **rechtes ~** forte (*od.* loud, damper) pedal. **~ˌschu·le** *f* (*Buch*) piano tutor. **~ˌspie·ler** *m*, **~ˌspie·le·rin** *f* pianist, piano player. **~ˌstim·mer** *m* piano tuner. **~ˌstück** *n* composition for (the) piano. **~ˌstuhl** *m* piano (*od.* music) stool, (*Bank*) piano bench. **~ˌstun·den** *pl*, **~ˌun·ter,richt** *m* piano lessons *pl*. **~vir·tuo·se** [-vɪrˌtŭoːzə] *m* virtuoso pianist. **~ˌvor,trag** *m* piano recital.

ˈ**Kle·be|ˌband** *n* adhesive tape, *Film*: splicing tape. **~ˌecke** (*getr.* **-k·k-**) *f phot.* corner (mount). **~ˌfalz** *m* (gummed) stamp hinge, mount. **~ˌfo·lie** *f* → Klebfolie. **~ˌkraft** *f* adhesive strength (*od.* power). **~ˌmit·tel** *n* adhesive, glue.

kle·ben [ˈkleːbən] **I** *v/t* ⟨h⟩ stick, glue, paste (**an** *acc* on, to); *Film*: splice; (*kitten*) cement; *colloq.* **er hat schon 20 Jahre Marken geklebt** he has been buying (old-age) insurance stamps for 20 years; *fig. colloq.* **j-m e-e ~** paste s. o. one, slap s. o.'s face. **II** *v/i* (**an** *dat* to) stick, adhere, cling; **die Kleider klebten ihm am Körper** his clothes clung to his body; **die Haare klebten ihm an der Stirn** his hair was plastered (*od.* matted) down on his forehead; *fig.* **ich klebe** I am all hot and sticky; *fig. colloq.* **an s-m Posten ~** cling (*od.* hang on) to one's job; **am Buchstaben ~** stick to the letter; **zu sehr am Text ~** stick too closely to the text; **an j-m ~** *a. Sport*: be glued to s. o., stick to s. o. like a burr (*od.* leech). **III** ≈ *n* ⟨-s⟩ sticking (*etc*). **~ˌblei·ben** *v/i* ⟨*irr*, *sep*, **-ge-**, **sein**⟩ **1.** (**an** *dat* to) stick, cling, adhere. **2.** *fig. colloq.* a) *in der Schule*: stay down, have to repeat a year, b) get stuck (*od.* bogged down) (*in a job, at a house, etc*).

ˈ**kle·bend** *adj* adhesive.

ˈ**Kle·be,pres·se** *f* (film) splicer.

ˈ**Kle·ber** *m* ⟨-s; -⟩ **1.** *im Mehl etc*: gluten. **2.** *colloq. for* Klebstoff. **~ˌbrot** *n* gluten bread. **~ˌmehl** *n* gluten flour.

ˈ**Kle·be|ˌstel·le** *f* glued join(t), *Film*: splice, join(t). **~ˌstrei·fen** *m* adhesive (*od.* gummed, sealing) strip (*od.* tape), *selbstklebender*: (self-)adhesive tape, Scotch tape (*TM*). **~ˌzet·tel** *m* gummed (*od.* sticky) label, *Am. a.* sticker. **~ˌzun·ge** *f zo.* sticky(-tipped) tongue.

ˈ**Kleb|ˌfe·stig·keit** *f* adhesive strength, stick. **~ˌfilm** *m* **1.** → Klebfolie. **2.** spread adhesive. **~ˌfo·lie** *f* (self-)adhesive foil (*od.* film). **~ˌgum·mi** *n*, *m* adhesive (*od.* sizing) rubber. **~ˌlö·ser** *m* ⟨-s; -⟩ solvent. **~ˌmit·tel** *n* **1.** binder. **2.** → Klebstoff.

kleb·rig [ˈkleːbrɪç] *adj* **1.** sticky, tacky (*liquid, mud, paint, snow, etc*); **~e Hände haben** have sticky hands, *fig. colloq.* be light-fingered. **2.** (*klebend*) adhesive, gluey, sticky. **3.** (*dickflüssig*) syrupy, viscid, *colloq.* gooey. **4.** *Reis, Brei etc*: gluey, *a. bot. Blätter etc*: glutinous. **5.** (*feucht*~) clammy (*hands, skin, etc*). **≈keit** *f* ⟨-; *no pl*⟩ stickiness, tackiness, adhesiveness, *bot.* glutinousness, viscidity.

ˈ**Kleb|ˌstel·le** *f* → Klebestelle. **~ˌstoff** *m* adhesive, (*Leim*) glue, gum, (*Kitt*) cement, (*Kleister*) paste (*a. print.*), *phot.* mountant. **~ˌstrei·fen** *m* → Klebestreifen.

Klecke'rei (*getr.* **-k·k-**) *f* ⟨-; -en⟩ → Kleckserei 1, 2.

kleckern (*getr.* **-k·k-**) [ˈklɛkərn] *colloq.* **I** *v/i* ⟨h *u.* **sein**⟩ **1.** ⟨h⟩ make spots (*od.* a mess), spill; **er hat gekleckert** he has made a mess. **2.** ⟨sein⟩ (*tropfen*) spill, drip (down). **3.** ⟨sein⟩ *fig. colloq. Geld etc*: come in dribs and drabs; **die Arbeit kleckert** work proceeds by fits and starts; **nicht ~, sondern klotzen!** (do it right,) think big! **II** *v/t* **4.** ⟨h⟩ (*Farbe, Suppe etc*) spill, drip.

ˈ**klecker,wei·se** (*getr.* **-k·k-**) *adv fig. colloq.* **1.** in dribs and drabs, in small amounts. **2.** by fits and starts.

Klecks [klɛks] *m* ⟨-es; -e⟩ **1.** (ink)blot, (ink)stain, splotch, blotch, blot, smudge; **e-n ~** (*od.* **~e**) **machen** → klecksen 1. **2.** *fig. colloq.* dab, blob, *a.* dollop (*of cream, etc*). ˈ**kleck·sen I** *v/i* ⟨h⟩ **1.** *mit Tinte*: blot, make (ink)blots, (*od.* stains), *mit Farbe, Essen etc*: blotch, make stains (*od.* spots, blots), make a mess, (*schmutzen*) smudge, (*spritzen*) splash; **die Feder kleckst** the pen blots (*od.* sputters). **2.** *colloq. contp.* (*schlecht malen*) daub. **II** *v/t* **3.** splash *s. th.* (**auf** *acc* on). **4.** *colloq. contp.* a) (*malen*) daub, b) (*schreiben*) scrawl, scribble. ˈ**Kleck·ser** *m* ⟨-s; -⟩ **1.** *colloq. for* Klecks. **2.** *colloq. contp.* a) scrawler, scribbler, b) (*schlechter Maler*) dauber. **Kleck·se'rei** *f* ⟨-; -en⟩ *colloq.* **1.** making blots (*od.* stains), blotting. **2.** mess, splotches *pl*, spots *pl*. **3.** *contp.* a) (*Malen*) daubing, b) (*schlechtes Bild*) daub, c) (*schlechte Schrift*) scrawl. ˈ**kleck·sig** *adj* covered in (*od.* with) (ink)blots, blotted, (*fleckig*) stained, spotted.

Kle·da·ge [kleˈdaːʒə], **Kle'da·sche** [-ʃə] *f* ⟨-; -n⟩ *dial.* clothes *pl*, *colloq.* togs *pl*, rags *pl*.

Klee [kleː] *m* ⟨-s; *no pl*⟩ *bot.* clover, trefoil; *fig. colloq.* **j-n** (**et.**) **über den grünen ~ loben** praise s. o. (s. th.) to the skies. **~ˌblatt** *n* **1.** *bot.* cloverleaf, trefoil (leaf); **vierblätt(e)riges ~** four-leaf clover, quatrefoil. **2.** *fig. von Personen*: trio, threesome. **3.** (*Autobahnkreuzung*) cloverleaf (intersection). **4.** *metall.* wobbler. **5.** *her.* trefoil. **6.** (*irisches Nationalzeichen*) shamrock. **≈blatt,för·mig** *adj* cloverleaf(-shaped), trefoiled. **~ˌfut·ter** *n* fodder clover. **~ˌgras** *n* (grass-clover) ley. **~ˌsalz** *n chem.* salt(s *pl*) of sorrel.

Klei [klaɪ] *m* ⟨-(e)s; *no pl*⟩ *agr.* clay, marl.

ˈ**Klei·ber** *m* ⟨-s; -⟩ *orn.* nuthatch.

ˈ**Klei,bo·den** *m agr.* clay(ey) soil.

Kleid [klaɪt] *n* ⟨-es; -er⟩ **1.** dress, garment, *leichtes*: *a.* frock, *elegantes*: *a.* gown, *langes*: robe, (*Kostüm*) costume, (*Tracht*) *a.* attire, garb, *poet.* raiment; *fig.* **die Stadt hatte ein festliches ~ angelegt** the town had put on a festive garb. **2.** *pl* (*Bekleidung*) clothes, clothing *sg*, garments; **er kam zwei Tage nicht aus den ~ern** he hasn't been to bed for two days; **~er machen Leute** fine feathers make fine birds, the tailor makes the man. **3.** a) *zo.* vestiture, (*Fell*) coat, fur, b) *orn.* plumage, c) *ichth. etc* colo(u)ring.

'klei·den I *v/t* ⟨h⟩ clothe, dress, *lit.* attire; **j-n (gut) ~** (*j-m stehen*) suit (*od.* become) s. o. (*beide a. fig.*), look well on s. o.; *fig.* **et. in (höfliche) Worte ~** clothe (*od.* couch) s. th. in (polite) words. **II** *v/reflex* **sich ~** dress (*od.* clothe) o. s., dress (up); **sich gut (schlecht, in Weiß) ~** dress well (badly, in white); **sich ~ in** (*acc*) put on, wear.

'Klei·der|ˌab|ˌla·ge *f* cloakroom, *Am.* checkroom, (*Ständer*) hallstand. **~ˌbad** *n* dry-cleaning (dip). **~beˌstand** *m* wardrobe. **~ˌbü·gel** *m* (coat) hanger. **~ˌbür·ste** *f* clothes brush. **~geˌschäft** *n* clothes shop (*od.* store), outfitter, *Am.* clothing store. **~ˌgrö·ße** *f* (clothes) size. **~ˌha·ken** *m* coat hook, (clothes) peg. **~ˌhül·le** *f* protective (*od.* plastic) clothesbag. **~ˌkar·te** *f in Kriegszeiten*: ration coupon for clothes. **~ˌlaus** *f* body louse. **~ˌmo·de** *f* fashion in clothes, dress style. **~ˌmot·te** *f zo.* clothes moth. **~ˌord·nung** *f* **1.** dress regulations *pl.* **2.** *hist.* sumptuary law. **~ˌpup·pe** *f* (tailor's) dummy. **~ˌpfle·ge** *f* clothes care. **~ˌsack** *m bes. mil.* duffle bag. **~ˌschrank** *m* **1.** wardrobe, clothes-press. **2.** *humor.* hulking fellow, big boy. **~ˌschür·ze** *f* house frock. **~ˌschwim·men** *n* swimming fully dressed. **~ˌstän·der** *m* hallstand, hat (and coat) stand, *Am. a.* hall (*od.* clothes) tree, *im Kaufhaus*: clothes rack, garment rail. **~ˌstan·ge** *f* clothes rail. **~ˌstoff** *m* (dress) material; **zugeschnittener ~** dress pattern.

'kleid·sam *adj* becoming. **2keit** *f* ⟨-; *no pl*⟩ becomingness.

'Klei·dung *f* ⟨-; *no pl*⟩ garments *pl*, clothes *pl*, clothing, (wearing) apparel, (*Kleid*) dress, garment, costume, garb, *lit.* attire, *poet.* raiment; → *a.* **Kleid.**

'Klei·dungsˌstück *n* article of clothing, garment; **~e** *pl* → *a.* **Kleidung.**

Kleie ['klaɪə] *f* ⟨-; -n⟩ bran. **2ˌhal·tig** *adj* branny.

'Klei·en|ˌbrot *n* bran bread. **~ˌmehl** *n* pollard.

'klei·ig[1] *adj* branny. **'klei·ig[2]** *adj geol.* clay(ey).

klein [klaɪn] **I** *adj* ⟨-er; -st⟩ **1.** *allg.* small, little (*house, book, etc*); **sehr ~, winzig ~** very small, tiny, minute, diminutive, *colloq.* teeny, wee; **ziemlich ~** rather small, smallish; **~ aber mein** *etwa* it's not much but it's all mine; **~ aber fein** *etwa* it's not much but it's nice; *fig. iro.* **s-e ~en Intrigen (Launen)** his little intrigues (moods). **2.** *Fläche, Format, Alphabet etc*: small; **auf ~stem Raum** in a very small (*od.* confined) space; **die Welt ist doch ~!** it's a small world; **~er werden** become smaller, decrease, (*einlaufen*) shrink (*cf. a.* 13); **die Heizung ~ einstellen** turn the heat(ing) on low (*od.* down). **3.** *Finger, Zehe*: little. **4.** *von Wuchs*: small, short; **~ und dick** small and fat; **~ und zierlich** *Frau*: petite. **5.** (*nicht erwachsen*) small, young, little, ⟨*pred*⟩ *a.* (still) a child; **mein ~er Bruder** my young (*od.* little, *Am. a.* kid) brother; **von ~ auf** (*od.* **an**) ever since I (*etc*) was a child, from a child. **6.** (*kurze Zeit dauernd*) short, little; **e-n ~en Moment, bitte** just a moment, please; **ein ~er Umweg** a short (*od.* slight, small) detour. **7.** (*zahlen- od. wertmäßig gering*) small (*family, quantity, gift, etc*). **8.** *fig. Geld*: small; **~es Geld** small change, loose cash; **haben Sie's nicht ~er?** don't you have anything smaller?, haven't you got any change? **9.** (*unbedeutend*) small, little, slight, *stärker*: insignificant, trifling, trivial; **ein ~er Anfang** a small beginning, a (first) start; *jur.* **~ere Vergehen** minor offen/ces (*Am.* -ses); **bei der ~sten Kleinigkeit (Schwierigkeit)** at the slightest little thing (trouble); **das ist m-e ~ste Sorge** that is the least of my worries; **das ~ere von zwei Übeln** the lesser of two evils. → **Fisch, Ursache** 1. **10.** *Beamter, Schauspieler etc*: minor, petty, *Geschäftsmann, Betrieb etc*: small(-scale), (*einfach*) ordinary, simple; → **Leute** 1, **Mann** 2. **11.** (*bescheiden*) humble, modest; **aus ~en Verhältnissen stammen** have a humble background, be of humble origin(s). **12.** (*~lich*) small(-minded), narrow-minded; **er ist ein ~er Geist** he is a small mind. **13.** *colloq.* (*gefügig*) subdued, tame; **~ (und häßlich) werden** be rather subdued, sing small, eat humble pie; **er ist schon ~er geworden** he's singing smaller now. **14.** *print.* lowercase. **15.** *mus. Intervall*: minor. **II** *adv* **16.** small; **ein Wort ~ schreiben** write a word with a small (initial) letter, not to capitalize a word. **17.** *colloq.* **ein ~ wenig, ein ~ bißchen** a little (*od.* tiny) bit, just a (wee) bit. **18.** small, modestly, humbly; *colloq.* **~ anfangen** start in a small way. **19.** *colloq.* **~ denken** think small, be small-minded; **~ von j-m denken** have a small opinion of s. o. **III 2e, das** ⟨-n⟩ **20.** the small thing(s *pl*). **21.** → **Kleine[3]** 3.

'Klein|ˌak·tie *f* low par-value share, baby share (*Am.* stock). **~ak·tioˌnär** *m* small shareholder (*Am.* stockholder). **~ˌan·zei·ge** *f* small ad(vertisement); **~n** *in der Zeitung*: classified advertisements (*od.* ads). **~ˌar·beit** *f* detailed work; **mühevolle** (*od.* **zähe**) **~** painstaking detailed work; **er muß sich nur um die ~ kümmern** he has only to take care of the details. **2asia·tisch** [ˌklaɪnʔaˈzi̯aːtɪʃ] *adj* of Asia Minor. **~ˌau·to** *n* → **Kleinwagen.** **~ˌbahn** *f* light (*od.* narrow-ga[u]ge) railway (*Am.* railroad), (*Lokalbahn*) local railway. **~ˌbau·er** *m* small farmer, *bes. Br.* smallholder. **~beˌtrieb** *m* small enterprise (*od.* business); **landwirtschaftlicher ~** small farm (*bes. Br.* holding).

'Kleinˌbild *n* 35-mm (*od.* miniature) photograph. **~ˌfilm** *m* 35-mm (*od.* miniature) film. **~ˌka·me·ra** *f* 35-mm (*od.* miniature) camera. **~proˌjek·tor** *m* miniature (*od.* slide) projector.

'Klein|ˌbuchˌsta·be *m* small letter; *print.* lower-case (letter), minuscule. **~ˌbüh·ne** *f* little theat/re (*Am.* -er); → *a.* **Kabarett.** **~ˌbür·ger** *m a. contp.* petit (*od.* petty) bourgeois. **2ˌbür·ger·lich** *adj a. contp.* petit- (*od.* petty-)bourgeois. **~ˌbür·ger·tum** *n* petty bourgeoisie, lower middle class.

'Klein·chen *n* ⟨-s; -⟩ *colloq.* (*Kind*) little thing, *als Kosewort*: little one, pet.

'Klein·comˌpu·ter *m* minicomputer.

'klein|ˌden·kend *adj* small-minded.

2ˌdruck *m* ⟨-(e)s; *no pl*⟩ small type (*od.* print), minuscules *pl.*

'Klei·ne[1] *m* ⟨-n; -n⟩ **1.** little boy (*od.* one); **die ~n** *pl* the little ones, the children; **na, (mein) ~r!** a) hello, little one (*od.* laddie, young man)!, b) *iro.* hello, sweetie!; **ein Vergnügen für Große und ~** a pleasure for young and old alike. **2.** *contp. colloq.* shorty; *hist.* **Pippin der ~** Pepin the Short. **3.** *vulg.* (*Penis*) dick, cock. **4.** *colloq.* **e-n ~n sitzen haben** be a bit lit up, be merry.

'Klei·ne[2] *f* ⟨-n; -n⟩ **1.** little girl, little one; **m-e ~** my little one, *als Kosewort*: (my) darling (*od.* poppet). **2.** (*Freundin*) girl(friend); **m-e ~** my girl, my dollie, *als Kosewort*: (my) pet (*od.* darling), sweetie.

'Klei·ne[3] *n* ⟨-n; -n⟩ **1.** *colloq.* **etwas ~s** a baby; **bei ihnen ist etwas ~s unterwegs** they are going to have a baby. **2.** → **Junge[2]**. **3.** *fig.* **im ~n wie im Großen genau sein** be accurate in little things as in big ones; **es wäre ihm ein ~s, dir zu helfen** it would be easy for him to help you. **4.** *mit Kleinschreibung*: **über ein 2s** soon, shortly, after a short while; **um ein 2s** very nearly, by a hair's breadth; **um ein 2s zu lang** a little too long; **im 2n** on a small scale, in a small way, *engS.* in miniature, in little; **Waren im 2n verkaufen** sell goods by retail, retail goods; **e-e Welt im 2n** a world in small (*od.* miniature), a microcosm.

'Klein|empˌfän·ger *m* small radio (set), transistor radio (set). **~ˌfahrˌzeug** *n* → **Kleinwagen.** **~faˌmi·lie** *f sociol.* nuclear family. **~ˌflugˌzeug** *n* small (*od.* light) aircraft. **~forˌmat** *n* small size (*od.* format), *e-r Maschine etc*: small(er) version; *humor. Reform etc* **im ~** small-scale, mini-... **~ˌgar·ten** *m* allotment (garden). **~ˌgärt·ner** *m* small (*bes. Br.* allotment) gardener. **~geˌbäck** *n* (fancy) biscuits *pl*, *Am.* cookies *pl.*

'klein·geˌdruckt I *adj u. adv* in small (*Am.* fine) print; **~er Text** (text in) small print. **II 2e, das** ⟨-n⟩ small (*Am.* fine) print; **bei Verträgen lies vor allem das 2e** take care to read the small print before signing a contract.

'Klein|ˌgeld *n* (small) change, small coin; *humor.* **das nötige ~** the necessary, the cash. **2geˌmus·tert** *adj Stoff etc*: small-patterned. **~geˌwer·be** *n* small trade, *collect.* small(-scale) industries *pl.* **2ˌgläu·big** *adj* of little faith, weak in faith. **~ˌgläu·big·keit** *f* weakness of faith. **~ˌgolf** *n* miniature golf, minigolf. **2ˌhacken** (*getr.* **-k·k-**) *v/t* ⟨*sep*, **-ge-**, h⟩ *Zwiebeln etc*: chop (up), mince, (*Holz*) split, chop (up). **~ˌhan·del** *m* retail trade (*od.* business); **im ~** by (*Am.* at) retail. **~ˌhan·delsˌpreis** *m* retail price. **~ˌhänd·ler** *m* retailer, retail dealer.

'Klein·heit *f* ⟨-; *no pl*⟩ smallness (*a. fig.*), littleness, small size, *fig.* insignificance.

'klein|ˌher·zig *adj* → **kleinmütig.** **2ˌhirn** *n anat.* cerebellum. **2ˌhirnˌrin·de** *f* cerebellar cortex. **2ˌholz** *n* ⟨-es; *no pl*⟩ kindling, matchwood, firewood; **~ machen** a) chop (up) firewood, split kindling, b) *colloq. aer. mot.* crash; *fig. colloq.* **aus j-m ~ machen** make mincemeat of s. o., take s. o. apart; **aus e-r Sache ~ machen, et. zu ~ machen** smash s. th. up, make matchwood of s. th.

'Klei·nig·keit *f* ⟨-; -en⟩ little (*od.* small) thing, trifle, bagatelle, small matter; (*Einzelheit*) minor detail; (*Geschenk*) little something (*od.* present); *colloq.* (*Imbiß*) bite; **(das ist e-e) ~!** (*leicht*) that's nothing (*od.* easy)!, *Am. sl.* no sweat!; **das ist e-e ~ für ihn** that's child's play (*od.* nothing at all) to him; **das war k-e ~** that was no small matter (*od.* no joke, not easy); **sich in ~en verlieren** get bogged down by minor matters (*od.* details); *colloq.* **e-e ~ zu lang** a little (*od.* a bit) too long; *iro.* **das kostet e-e ~** that costs a packet!; *iro.* **für die ~ von 2000 Mark**

for the trifling sum of 2,000 marks; **e-e ~ essen** (*od.* **zu sich nehmen**) have a little something to eat, (have a) snack.

ˈKlei·nig·keits|ˌkrä·mer *m colloq. contp.* pedant, fusspot, stickler for detail, nitpicker. **~krä·meˈrei** [ˌklaɪn-] *f* fussing over trifles, pettifogging, nitpicking.

ˈKlein|in·duˌstrie *f* small(-scale) industry. **~kaˌli·ber** *n* small bore, small calib/re (*Am.* -er); **~büchse** *f*, **~gewehr** *n* small-bore (*od.* sub-calibre) rifle; **~schießen** *n* small-bore target practice, sub-calibre shooting. **≈kaˌli·brig** [-kaˌliːbrɪç] *adj* small-bore, sub-calib/re (*Am.* -er). **≈kaˌriert** *adj* **1.** small-check(ed). **2.** *colloq. contp.* small (-minded), hidebound. **~ˌkind** *n* infant, baby, small child (*from 2 to 6 years of age*).

ˈKlein|klaˌvier *n* cottage piano, *Am.* spinet (piano). **~ˌkraftˌrad** *n* light motorcycle (*not exceeding 50 c. c. capacity*). **~ˌkraftˌwa·gen** *m* → Kleinwagen. **~ˌkram** *m* **1.** odds and ends *pl*, bits and pieces *pl*. **2.** trivial affairs (*od.* matters, details) *pl*; **der tägliche ~** the trivial everyday affairs. **~kreˌdit** *m* small (-scale) credit. **~ˌkrieg** *m* guer(r)illa war(fare); *fig.* **e-n ständigen ~ führen (gegen)** keep up a running fight (against). **≈ˌkrie·gen** *v/t* <*sep*, -ge-, h> *colloq.* **1.** break *s. th.* up in small pieces, (manage to) break, smash, wreck, ruin; **nicht kleinzukriegen** indestructible. **2.** (*aufbrauchen*) get through, make short work of. **3. j-n ~** a) *körperlich*: wear s. o. out, b) *nervlich*: get s. o. down, c) *moralisch*: make s. o. eat humble pie, take the starch out of s. o.; **er ist nicht kleinzukriegen** he is indestructible, nothing can get him down; **er läßt sich von ihr nicht ~** he doesn't let her bully him. **~ˌkü·che** *f* kitchenette. **~ˌkunst** *f* <-; *no pl*> **1.** handicrafts *pl*, (production of) small objets d'art *pl*. **2.** *thea.* cabaret, (satirical) revue. **~ˌkunstˌbüh·ne** *f* cabaret. **~ˌlandˌwirt** *m* small farmer, *bes. Br.* smallholder. **≈ˌlaut I** *adj* subdued, meek, apologetic; **~ werden** become subdued, sing small. **II** *adv* in a subdued manner, meekly. **~ˌle·bens·verˌsi·che·rung** *f* industrial life assurance (*Am.* insurance). **~ˌle·beˌwe·sen** *n* microorganism, microbe.

ˈklein·lich *adj* **1.** mean. **2.** narrow-(*od.* small-)minded, petty; **~e Bedenken (Eifersüchteleien)** petty scruples (jealousies). **3.** pedantic, fussy, narrow. **≈keit** *f* <-; *no pl*> **1.** meanness. **2.** narrow-(*od.* small-)mindedness, pettiness. **3.** pedantry, fussiness.

ˈKlein|ˌlie·ferˌwa·gen *m* small delivery van, light lorry, *bes. Am.* pickup (truck). **≈ˌma·chen** *colloq.* **I** *v/t* <*sep*, -ge-, h> **1.** make *s. th.* small(er). **2.** (*Holz etc*) chop. **3.** (*Geldschein*) change, *Am. a.* break. **4.** → **kleinkriegen** 3. **II** *v/reflex* **sich ~ 5.** *fig.* degrade o. s. **~ma·leˌrei** *f* **1.** miniature painting. **2.** *Literatur*: description in minute detail. **~ˌmö·bel** *pl* small pieces of furniture, occasional furniture. **~ˌmo·tor** *m* fractional H. P. motor. **~ˌmut** *m* <-(e)s; *no pl*> *lit.* faintheartedness, pusillanimity, (*Verzagtheit*) despondency. **≈ˌmü·tig** *adj* fainthearted, weakhearted, pusillanimous, (*verzagt*) despondent, dejected. **~ˌmü·tig·keit** *f* <-; *no pl*> → Kleinmut.

Klein·od[1] [ˈklaɪnoːt] *n* <-(e)s; -ien [ˈklaɪnoːdĭən; -ˈnoːdĭən]> jewel, gem. **ˈKlein·od**[2] *n* <-(e)s; -e> *fig.* (*Kostbarkeit*) treasure, jewel, gem.

ˈKlein|okˌtav *n print.* small octavo. **~ˌom·ni·bus** *m* minibus. **~ˌquart** *n print.* small quarto. **~ˌrent·ner** *m* **1.** person receiving a small pension. **2.** *Börse*: small investor. **~ˌrus·se** *m*, **~ˌrus·sin** *f*, **≈ˌrus·sisch** *adj* Little Russian. **~ˌschlag** *m civ. eng.* broken concrete, (*Ziegelschotter*) brick rubble. **~ˌschlep·per** *m* small tractor. **≈ˌschnei·den** *v/t* <*irr, sep*, -ge-, h> cut *s. th.* into small pieces, cut *s. th.* up (small), (*Zwiebeln etc*) chop, mince. **≈ˌschrei·ben** *v/t* <*irr, sep*, -ge-, h> **Sauberkeit wird bei ihr kleingeschrieben** she isn't a great one for cleanliness. **~ˌschrei·bung** *f* use of small (initial) letters. **~ˌspan·nung** *f* low voltage. **~ˌspa·rer** *m* small saver.

kleinst *adj sup of* **klein**.

ˈKlein|ˌstaat *m* small (*od.* minor) state. **~staa·teˈrei** [ˌklaɪn-] *f hist.* particularism. **~ˌstadt** *f* small (*od.* provincial) town. **~ˌstäd·ter** *m* resident of a small town, provincial, *Am.* small-towner. **≈ˌstäd·tisch** *adj* small-town, provincial.

ˈKleinst|beˌtrieb *m* (very) small enterprise (*od.* business). **~ˌbildˌka·me·ra** *f* subminiature camera.

ˈKlein·ste[1] *m* <-n; -n> smallest (*od.* youngest) boy, baby (of the family). **ˈKlein·ste**[2] *f* <-n; -n> smallest (*od.* youngest) girl, baby (of the family). **ˈKlein·ste**[3] *n* <-n; -n> **1.** smallest (*od.* youngest) child, baby (of the family). **2.** *mit Kleinschreibung*: **bis ins ≈** down to the last detail.

ˈklein|ˌstel·len *v/t* <*sep*, -ge-, h> (*Gas etc*) turn *s. th.* down (*od.* low). **≈ˌstel·ler** *m tech.* low-setting control.

ˈKleinst|ˌkind *n* baby. **≈ˌmög·lich** *adj* smallest possible. **~ˌmo·tor** *m* fractional-H.P. (*od.* pilot) motor. **~ˌwa·gen** *m* minicar, midget car. **~ˌwoh·nung** *f* flatlet, *bes. Am.* mini-apartment.

ˈKlein|ˌtier *n* small (domestic) animal. **~ˌtierˌhal·tung** *f* keeping of small (domestic) animals. **~trans·for·ˌma·tor** *m electr.* bell transformer. **~-ˌU-ˌBoot** *n Forschung*: minisub. **~verˌdie·ner** *m* small wage earner. **~ˌvieh** *n* small domestic animals *pl*, small livestock; *fig. colloq.* **~ macht auch Mist** many a little makes a mickle. **~ˌwa·gen** *m* small car, subcompact (car), runabout, minicar. **~ˌwild** *n* small game. **≈ˌwin·zig** *adj colloq.* tiny little, teeny-weeny. **~ˌwoh·nung** *f* small flat (*Am.* apartment). **≈ˌwüch·sig** [-ˌvyːksɪç] *adj* small, short. **~ˌzeug** *n* → Kleinkram.

Klei·ster [ˈklaɪstər] *m* <-s; -> **1.** paste, *print. a.* size. **2.** *fig. colloq.* goo(ey stuff). **ˈklei·ste·rig** *adj* **1.** sticky, gluey. **2.** *colloq.* gooey. **ˈklei·stern** *v/t* <h> **1.** paste (**auf** *acc*, **an** *acc* on). **2.** *colloq.* (*Butter etc*) plaster; **j-m e-e ~** paste s. o. one.

Klei·sto·ga·mie [klaɪstogaˈmiː] *f* <-; *no pl*> *bot.* cleistogamy.

Kle·ma·tis [ˈkleːmatɪs; kleˈmaːtɪs] *f* <-; -> *bot.* clematis.

Kle·men·ti·ne [klemɛnˈtiːnə] *f* <-; -n> *bot.* clementine, *Am.* seedless tangerine.

Klem·me [ˈklɛmə] *f* <-; -n> **1.** clamp (*a. med. tech.*), clip; *electr.* terminal; *med.* (*Gefäß≈*) h(a)emostat; → **Haarklammer**. **2.** *colloq.* (*Zwickmühle*) dilemma, quandary, (*Notlage*) plight, (tight) spot, jam, fix; **in der ~ sein** (*od.* **sitzen**) a) be in a dilemma (*od.* cleft stick), b) be in a (tight) spot; **j-m aus der ~ helfen** help s. o. out of a fix; **sich geschickt aus der ~ ziehen** get o. s. out of a fix, wriggle out. **ˈklem·men I** *v/t* <h> **1.** (*zwängen*) wedge, jam, (*stecken*) stick, put, tuck, (*quetschen*) pinch, nip; **sich** (*dat*) **den Regenschirm unter den Arm ~** stick one's umbrella under one's arm; **ich habe mir den Finger in der Tür geklemmt** I jammed my finger in the door (*cf.* 4). **2.** *colloq.* → **klauen**. **II** *v/i* **3.** *Tür, Schublade etc*: be stuck, be jammed, jam. **III** *v/reflex* **sich ~ 4.** jam one's finger (*od.* hand), get one's finger (*od.* hand) caught (*in the door, etc*). **5.** (*sich zwängen*) wedge (*od.* squeeze) o. s. (**in** *acc* into, **hinter** *acc* behind); *fig. colloq.* **sich hinter e-e Sache ~** get down to s. th.; **sich hinter j-n ~** work on (*od.* tackle) s. o., get on to s. o.

ˈKlem·men|ˌbrett *n electr.* terminal board. **~ˌka·sten** *m* terminal box.

ˈKlemm|ˌhef·ter *m* spring folder. **~ˌring** *m tech.* clamp(ing) collar (*od.* ring). **~ˌrücken** (*getr.* -k·k-) *m print.* springback. **~ˌschrau·be** *f* clamp(ing) screw. **~ˌvorˌrich·tung** *f* clamping device. **~ˌzan·ge** *f med.* blunt (*od.* clamp) forceps.

Klemp·ner [ˈklɛmpnər] *m* <-s; -> **1.** (*Blechschmied*) tinsmith, sheet-metal worker. **2.** (*Installateur*) plumber, *a.* (gas) fitter; **~arbeit** *f* plumbing. **Klemp·neˈrei** *f* <-; -en> **1.** plumber's (*od.* tinsmith's) workshop. **2.** <*only sg*> → Klempnerhandwerk.

ˈKlemp·ner|ˌhandˌwerk *n* plumbing. **~ˌla·den** *m* **1.** → Klempnerei 1. **2.** *fig. colloq.* (chestful of) gongs *pl*, *Am.* fruit salad. **~ˌmei·ster** *m* master plumber (*od.* tinsmith).

klemp·nern [ˈklɛmpnərn] *v/i* <h> work as a plumber, do plumbing.

ˈKlemp·ner|ˌwa·ren *pl* tinware *sg*. **~ˌwerkˌstatt** *f* → Klempnerei 1.

Klep·per [ˈklɛpər] *m* <-s; -> *contp.* jade, hack, nag.

klep·to|man [klɛptoˈmaːn] *adj*, **≈ˈma·ne** *m, f* <-n; -n> *psych.* kleptomaniac. **≈maˈnie** [-maˈniː] *f* <-; *no pl*> kleptomania. **≈ˈma·nin** *f* <-; -nen> kleptomaniac. **~ˈma·nisch** *adj* → kleptoman.

kle·ri|kal [kleriˈkaːl] *adj* clerical. **≈ˈka·le** *m* <-n; -n> clerical(ist). **≈kaˈlis·mus** [-kaˈlɪsmʊs] *m* <-; *no pl*> clericalism.

Kle·ri·ker [ˈkleːrikər] *m* <-s; -> *R. C.* clergyman, cleric, priest. **Kle·rus** [ˈkleːrʊs] *m* <-; *no pl*> *bes. R. C.* clergy.

Klet·te [ˈklɛtə] *f* <-; -n> **1.** *bot.* bur(r); **Große ~** burdock. **2.** *humor.* limpet, hanger-on; **sich wie e-e ~ an j-n hängen** stick to s. o. like a leech; **sie hängen** (*od.* **halten**) **zusammen wie die ~n** they are (quite) inseparable.

ˈKlet·ten|ˌwolf *m Textil.* bur(r) crusher. **~ˌwur·zel** *f* bur(r) (*od.* burdock) root. **~ˌwur·zelˌöl** *n* bur(r)-root oil.

Klet·teˈrei *f* <-; -en> *colloq.* climb(ing). **ˈKlet·terˌei·sen** *n* → **Steigeisen**. **ˈKlet·te·rer** *m* <-s; -> **1.** climber. **2.** → Kletterpflanze.

ˈKlet·ter|ˌfuß *m zo.* scansorial foot. **≈ˌfü·ßig** *adj orn.* pair-toed, zygodactylous. **~ˌgar·ten** *m mount.* practice course for climbers, practice crags *pl*. **~geˌrüst** *n für Kinder*: climbing frame, *bes. Am.* jungle gym. **~ˌha·ken** *m mount.* (rock) piton (*od.* peg). **~ˌmast** *m* climbing pole. **~ˌma·xe** [-ˌmaksə] *m* <-n; -n> *colloq.* (*Einsteigdieb*) cat burglar.

klet·tern [ˈklɛtərn] *v/i* <sein *u.* h> **1.** <sein> climb; **~ auf** (*acc*) climb (up) (*a tree, etc*), climb (*od.* scale) (*a wall, a mountainside, etc*), *mit Mühe*: clamber (*od.* scramble) up; **schnell (hoch) ~** swarm up. **2.** <h *u.* sein> (*bergsteigen*) climb, do rock-climbing. **3.** <sein> *bot.* climb, creep. **4.** <sein> *fig. Barometer, Preise etc*: (**auf** *acc* to) climb, go up.

'Klet·ter|parˌtie *f* **1.** → Klettertour. **2.** (*Gruppe*) climbing party. **~ˌpflan·ze** *f* climbing plant, climber, creeper. **~ˌro·se** *f* rambler (rose). **~ˌschuh** *m* *meist pl* (rock-)climbing shoe. **~ˌseil** *n* **1.** *mount.* climbing (*od.* mountaineering) rope. **2.** *gym.* (climbing) rope. **~ˌstan·ge** *f gym.* climbing pole. **~ˌtier** *n* climbing animal, climber. **~ˌtour** *f* climb(ing tour). **~ˌvo·gel** *m* scansorial bird, climber. **~ˌwur·zel** *f* anchoring root, holdfast.

klick [klɪk] **I** *interj*. **II** ≈ *m* ⟨-s; -s⟩ click. **'klicken** (*getr.* -k·k-) **I** *v/i* ⟨h⟩, **II** ≈ *n* ⟨-s⟩ click.

'Klicker (*getr.* -k·k-) *m* ⟨-s; -⟩ *dial.* (*Murmel*) marble. **'klickern** (*getr.* -k·k-) *v/i* ⟨h⟩ **1.** play marbles. **2.** *Geld etc*: clink, chink, *Murmel etc*: click.

Kli·ent [kli'ɛnt] *m* ⟨-en; -en⟩ *jur.* client. **Kli·en'tel** [-'te:l] *f* ⟨-; -en⟩ (the) clients *pl*, clientele. **Kli'en·tin** *f* ⟨-; -nen⟩ (lady) client.

Kliff [klɪf] *n* ⟨-(e)s; -e⟩ *geol.* cliff. **~ˌkü·ste** *f* cliffed coast(line).

Kli·ma ['kli:ma] *n* ⟨-s; -s *u.* -te [kli'ma:tə]⟩ climate, *fig. a.* atmosphere, conditions *pl*; **sich an das ~ gewöhnen** get used to the climate, acclimatize (*Am.* acclimate) o. s. **~ˌanˌla·ge** *f* air-conditioning plant (*od.* system, installation); **mit ~ ausstatten** air-condition. **~beˌhand·lung** *f* climatotherapy. **~ˌgür·tel** *m* climatic zone. **~ˌkam·mer** *f med.* climatic chamber. **~ˌkar·te** *f* climatic chart, climate map.

kli·mak|te·risch [klimak'te:rɪʃ] *adj med.* climacteric, menopausal. ≈**'te·ri·um** [-rĭʊm] *n* ⟨-s; *no pl*⟩ menopause, climacteric (period).

'Kli·ma|ˌkun·de, ~ˌleh·re *f* climatology. **~ˌschei·de** *f* climatic divide.

kli·ma·tisch [kli'ma:tɪʃ] **I** *adj* climatic. **II** *adv* climatically.

kli·ma·ti·sie|ren [klimati'zi:rən] *v/t* ⟨*no* ge-, h⟩ air-condition. ≈**rung** *f* ⟨-; *no pl*⟩ air-conditioning.

Kli·ma·to|lo·ge [klimato'lo:gə] *m* ⟨-n; -n⟩ climatologist. **~lo'gie** [-lo'gi:] *f* ⟨-; *no pl*⟩ climatology. ≈**'lo·gisch** *adj* climatological.

'Kli·ma|ˌwech·sel *m a. fig.* change of climate. **~ˌzo·ne** *f* climatic zone.

Klim·bim [klɪm'bɪm] *m* ⟨-s; *no pl*⟩ *colloq. contp.* **1.** (*Kram*) junk, rubbish; **der ganze ~** the whole bag of tricks, *Am. a.* the whole caboodle. **2.** (*Getue*) fuss, to-do, brouhaha. **3.** (*lustiger Betrieb*) shindig, caper. **4.** (*Unsinn*) rubbish.

klim·men ['klɪmən] *v/i* ⟨**klimmt, klomm,** *a.* **klimmte, geklommen,** *a.* **geklimmt, sein**⟩ → **klettern** 1, 4.

'Klimmˌzug *m* **1.** *gym.* pull-up, chin-up; **Klimmzüge machen** do chin-ups, chin (o. s.). **2.** *fig. colloq.* stunt, gymnastics *pl*; **(geistige) Klimmzüge** mental acrobatics.

Klim·pe'rei *f* ⟨-; -en⟩ *colloq. bes. auf dem Klavier*: (continual) tinkling (*od.* strumming [away]). **'Klim·perˌka·sten** *m colloq. contp.* (*Klavier*) (tinny) old piano. **klim·pern** ['klɪmpərn] **I** *v/i* ⟨h⟩ *Münzen etc*: jingle, chink, clink; **mit e-r Sache ~** jingle s. th.; **~ auf** (*dat*) strum (away), tinkle (away) (on *the piano, etc*). **II** *v/t* (*Melodie etc*) (**auf** *dat* on) strum, tinkle.

kling [klɪŋ] *interj* ding!, tinkle!; **~, klang** *bes. von Glocken*: ding-dong. **Kling** *m* **mit ~ und Klang, mit ~, Klang und Gloria** with fifes and drums.

Klin·ge ['klɪŋə] *f* ⟨-; -n⟩ **1.** (*Messer*≈ *etc*) blade. **2.** (*Schwert etc*) sword, blade; **j-n vor die ~ fordern** challenge s. o. to a duel; **mit j-m die ~n kreuzen** *a. fig.* cross swords with s. o.; *fig.* **e-e scharfe ~ führen** be a formidable debater; **j-n über die ~ springen lassen** a) kill s. o., put s. o. to the sword, b) *fig. colloq.* (*Beamten etc*) put the skids under s. o., sack (*od.* oust) s. o.; *fig. colloq.* **er schlägt e-e gute ~** he plays a good knife and fork.

Klin·gel ['klɪŋəl] *f* ⟨-; -n⟩ (*Tür*≈, *Fahrrad*≈ *etc*) bell, (*Glöckchen*) small bell, handbell. **~ˌanˌla·ge** *f* (electric) bell system. **~ˌbeu·tel** *m relig.* collection bag. **~ˌdraht** *m* bell-wire. **~ˌknopf** *m* bell-push, *für Zimmermädchen etc*: call button. **~ˌlei·tung** *f* bell wiring.

klin·geln ['klɪŋəln] **I** *v/i* ⟨h⟩ **1.** ring; **bei j-m ~** ring s. o.'s doorbell, ring at s. o.'s door; **(nach) j-m ~** ring for s. o. **2.** *Glöckchen etc*: tinkle, jingle. **3.** *Motor*: pink, knock, *Zündung*: tingle. **II** *v/impers* **4. es klingelt** a) *an der Tür*: the doorbell is ringing, s. o. is ringing (at the door), b) *in der Schule, im Theater etc*: there's the bell, c) the (tele)phone is ringing; *fig. colloq.* **jetzt hat es endlich bei ihr geklingelt** the penny has dropped at last, she has finally caught on. **III** *v/t* **5. j-n aus dem Bett** (*od.* **Schlaf**) **~** get s. o. up (out of bed). **IV** ≈ *n* ⟨-s⟩ **6.** ringing (*etc*). **7.** ring, *e-s Glöckchens etc*: jingle, tinkle.

'Klin·gel|ˌschnur *f* bell cord, bell-pull. **~ˌstrom** *m* ringing current. **~ˌzei·chen** *n* bell (signal); **auf das ~ warten** wait for the bell (to ring). **~ˌzug** *m* bell-pull.

klin·gen ['klɪŋən] **I** *v/i* ⟨**klingt, klang, geklungen, h**⟩ **1.** (*schallen*) ring, (re)sound, *Metall*: chink, *Gläser etc*: *a.* clink; **hell ~** ring out clearly; **mir ~ die Ohren** my ears are tingling; **es klingt mir noch in den Ohren** it still rings in my ears; *fig. colloq.* **mir haben die Ohren geklungen** my ears were burning; **die Gläser ~ lassen** clink (*od.* touch) glasses. **2.** (*sich anhören*) sound; **das klingt gut (wahr, sonderbar)** that sounds good (true, strange); **das klingt schon besser!** that sounds better!, *Am. a.* now you are talking! **II** ≈ *n* ⟨-s⟩ **3.** ringing (*etc*). **4.** sound, ring, *von Gläsern etc*: chink, clink. **'klin·gend** *adj* sounding, *Stimme etc*: ringing, sonorous, *ling. metr.* sonant; **mit ~em Spiel** with drums beating, with fifes and drums; *metr.* **~er Reim** feminine rhyme; → **Münze** 1.

'kling'klang I *interj*. **II** ≈ *m* ⟨-(e)s; *no pl*⟩ dingdong.

Kli·nik ['kli:nɪk] *f* ⟨-; -en⟩ **1.** clinic, nursing-home, hospital; **fahrbare ~** clinomobile. **2.** ⟨*only sg*⟩ (*Unterricht*) clinic(al instruction). **~beˌhand·lung** *f* clinical treatment.

Kli·ni·ker ['kli:nikər] *m* ⟨-s; -⟩ clinician.

'Kli·nik|pa·tiˌent *m*, **~pa·tiˌen·tin** *f* hospital(ized) patient, in-patient.

Kli·ni·kum ['kli:nikʊm] *n* ⟨-s; -ka [-ka] *u.* -ken⟩ **1.** clinical curriculum (*od.* course, lectures *pl*), clinic. **2.** (*Klinikanlage*) clinical cent/re (*Am.* -er).

kli·nisch ['kli:nɪʃ] **I** *adj Bild, Symptom, Tod etc*: clinical. **II** *adv* clinically; **~ tot** clinically dead.

Klin·ke ['klɪŋkə] *f* ⟨-; -n⟩ **1.** (door) handle; *fig. colloq.* **~n putzen** peddle one's wares from door to door. **2.** *teleph.* jack. **3.** *tech.* (*Sperr*≈) pawl, catch. **'klin·ken I** *v/i* ⟨h⟩ press (down) the (door) handle. **II** *v/t mar.* (*Spieker*) clinch.

'Klin·ker *m* ⟨-s; -⟩ clinker. **~ˌbau** *m* ⟨-(e)s; -ten⟩ **1.** ⟨*only sg*⟩ a) *arch.* clinker construction, b) *mar.* clinker work. **2.** clinker building. **~ˌboot** *n* clinker(-built) boat. ≈**geˌbaut** *adj mar.* clinker-built. **~ˌstein, ~ˌzie·gel** *m* clinker (brick).

Kli·no|me·ter [klino'me:tər] *n* ⟨-s; -⟩ clinometer. **~mo'bil** [-mo'bi:l] *n* ⟨-s; -e⟩ *med.* clinomobile. ≈**'rhom·bisch** [-'rɔmbɪʃ] *adj min.* clinorhombic.

klipp [klɪp] **I** *interj* **~, klapp!** click-clack!, *Hufe etc*: clip-clop! **II** *adj* **~ und klar** ⟨*pred*⟩ *Antwort etc*: clear-cut, unequivocal. **III** *adv* **~ und klar** a) (*deutlich*) clearly, in no uncertain terms, b) (*schonungslos*) plainly, bluntly, point-blank, c) (*offenkundig*) (quite) obviously, plainly; **ich habe ihr ~ und klar gesagt, daß** I told her straight out (*od.* straight to her face, point-blank) that; **es steht ~ und klar fest (,daß)** there can be not doubt about it (that).

Klipp *m* ⟨-s; -s⟩ clip.

Klip·pe ['klɪpə] *f* ⟨-; -n⟩ **1.** cliff, (*Fels*) rock, (*Felsspitze*) crag, (*Riff*) reef (of rocks). **2.** *fig.* difficulty, obstacle, hurdle, snag, stumbling-block; **e-e ~ überwinden** (*od.* **umschiffen**) clear an obstacle (*od.* a hurdle), overcome a difficulty.

'Klip·pen|ˌkü·ste *f* craggy coast, coastal cliffs *pl*. ≈**ˌreich** *adj* full of rocks (*od.* reefs), rocky, craggy.

Klip·per ['klɪpər] *m* ⟨-s; -⟩ *mar. hist.* clipper.

'Klipp|ˌfisch *m* dried (*od.* cured) cod, klipfish. **~ˌschu·le** *f dial.* elementary school (in the country); *contp.* second-rate school.

klirr [klɪr] *interj* rattle! (*etc, cf.* **klirren** 1).

klir·ren ['klɪrən] **I** *v/i* ⟨h⟩ **1.** *Fenster*: rattle, *Ketten etc*: *a.* clank, jangle, *Schlüssel, Münzen, Sporen etc*: jingle, *Schwerter etc*: clash, *Gläser, Tassen etc*: clink, chink, *Besteck, Geschirr etc*: clatter, *Scherben*: tinkle; **die Gefangenen klirrten mit ihren Ketten** the prisoners rattled their chains. **2.** *Radio*: produce harmonic distortion. **II** ≈ *n* ⟨-s⟩ **3.** rattling (*etc*). **4.** rattle, clank, jingle, clash, clink, chink, clatter, tinkle. **~d** *adj* rattling (*etc*); *fig.* **~e Kälte** biting frost.

'Klirrˌfak·tor *m Radio*: distortion factor.

Kli·schee [klɪ'ʃe:] *n* ⟨-s; -s⟩ **1.** (printing) block, stereo(type plate), cut. **2.** *fig.* cliché, stereotyped expression (*od.* idea); **in ~s sprechen** speak in clichés. **~ˌabˌzug** *m* block pull, *Am.* engraver's proof. **~ˌanˌstalt** *f* (plate and) blockmaking establishment. **~ˌanˌzei·ge** *f* advertisement with illustration. ≈**haft** *adj fig.* stereotyped. **~ˌherˌstel·lung** *f* blockmaking. **~ˌvorˌstel·lung** *f fig.* stereotyped idea, cliché.

kli·schie·ren [klɪ'ʃi:rən] *v/t* ⟨*no* ge-, h⟩ make a block (*od.* plate) of, plate, stereotype.

Kli·stier [klɪs'ti:r] *n* ⟨-s; -e⟩ *med.* (*Einlauf*) enema, clyster; **j-m ein ~ machen** (*od.* **geben**) → **kli'stie·ren** *v/t* ⟨*no* ge-, h⟩ **j-n ~** give s. o. an enema. **Kli'stierˌsprit·ze** *f* enema syringe.

Kli·to·ris ['kli:tɔrɪs] *f* ⟨-; - *u.* -rides [kli'to:ridɛs]⟩ *anat.* clitoris.

klitsch [klɪtʃ] *interj meist* **~, klatsch!** smack!, slap!

Klit·sche ['klɪtʃə] *f* ⟨-; -n⟩ *colloq. contp.* **1.** small (*od.* poor) farm. **2.** (*kleiner Betrieb*) (little) rat-shop. ≈**'naß** *adj* → **klatschnaß.**

'klit·schig *adj colloq.* **1.** *Kuchen etc*: soggy, doughy, *Br. a.* sad. **2.** *Weg etc*: muddy, soggy; (*rutschig*) slippery.

'klitsch'naß *adj* → **klatschnaß.**

klit·tern ['klɪtərn] *v/t* ⟨h⟩ **1.** (*schmieren*) scrawl, scribble. **2.** (*spalten*) split (*od.* divide) *s. th.* up. **3.** (*Tatsachen etc*) distort, pervert. **'Klit·te·rung** *f* ⟨-; -en⟩ *von Tatsachen etc*: distortion, perversion; → **Geschichtsklitterung.**

ˈklit·zeˈklein [ˈklɪtsə-] *adj colloq.* teeny-weeny.

Kli·vie [ˈkliːvĭə] *f* ⟨-; -n⟩ *bot.* clivia.

Klo [kloː] *n* ⟨-s; -s⟩ *colloq.* (*Klosett*) toilet, loo, *Am.* john; **aufs ~ gehen** go to the loo (*etc*); **aufs ~ müssen** have to (go to the) loo.

Kloa·ke [kloˈaːkə] *f* ⟨-; -n⟩ **1.** (*Abwasserkanal*) sewer, (*Senkgrube*) cesspool (*a. fig.*). **2.** *anat. zo.* cloaca. **Kloa·ken|tier** [kloˈaːkən-] *n* monotreme.

Klo·ben [ˈkloːbən] *m* ⟨-s; -⟩ **1.** (*Holzklotz*) log, billet. **2.** (*Haken*) hook. **3.** *tech.* block, pulley, (*Feil*♀) (hand) vice (*Am.* vise). **4.** *colloq.* (*Rüpel*) boor, lout.

ˈklo·big *adj* **1.** bulky, heavy, massive, clumsy(-looking), plump. **2.** (*ungeschickt*) clumsy, awkward, (*grob*) coarse, boorish, uncouth.

klomm [klɔm] *1 u. 3 sg pret,* **klöm·me** [ˈklœmə] *1 u. 3 sg pret subj of* **klimmen.**

Klon [kloːn] *m* ⟨-s; -e⟩, **ˈklo·nen** *v/t* ⟨h⟩ *biol.* clone.

klö·nen [ˈkløːnən] *v/i* ⟨h⟩ *dial. colloq.* (have a) chat, have a chinwag, *Br. a.* natter.

ˈklo·nisch *adj med.* clonic (*spasm, etc*).

Klo·nus [ˈkloːnʊs] *m* ⟨-; -ni [-ni]⟩ clonus.

ˈKlo·pa|pier *n colloq.* toilet-paper.

klop·fen [ˈklɔpfən] **I** *v/i* ⟨h⟩ **1.** (**auf** *acc*, **an** *acc*, **gegen** at, on) knock, rap, *sanft*: tap; **an das Barometer ~** tap the barometer; **j-m auf den Rücken ~** (*a. weil er sich verschluckt hat*) pat s. o. on the back; → **Busch** 7, **Finger** *Bes. Redew.*, **Schulter. 2.** *Herz, Puls etc*: beat, *heftig*: throb, pound, palpitate; **mein Herz klopfte** (*od.* **mir klopfte das Herz**) **vor Spannung** my heart was throbbing with suspense. **3.** *Motor*: pink, knock. **II** *v/impers* **4. es klopft** there is a knock at the door. **III** *v/t* **5.** (*Teppich etc, a. Fleisch, Baumwolle, Flachs*) beat, (*Steine*) break; **e-n Nagel** *etc* **in die Wand ~** knock (*od.* drive) a nail, *etc* into the wall; **e-m Pferd den Hals ~** pat a horse's neck; **mit dem Fuß den Takt ~** tap one's foot (*od.* beat time) to the music; **j-n aus dem Bett ~** knock s. o. up. **6.** *print.* (*Druckform*) plane (*od.* knock) down. **IV** ♀ *n* ⟨-s⟩ **7.** knocking (*etc*). **8.** *an der Tür etc*: knock(s *pl*), rap(s *pl*), *leises*: tap(s *pl*). **9.** (*Puls*~) beating, (*Herz*~) *a.* throbbing, palpitation. **10.** *mot.* knock(ing). **ˈklop·fend** *adj* **mit ~em Herzen, ~en Herzens** with (a) beating heart. **ˈKlop·fer** *m* ⟨-s; -⟩ **1.** (*Teppich*♀) carpet-beater. **2.** (*Tür*♀) (door) knocker. **3.** (*Fleisch*♀) meat mallet (*od.* tenderizer). **4.** *tel.* sounder.

ˈklopf||fest *adj mot.* antiknock, knockproof, high-octane, nonpinking. **♀|fe·stig·keit** *f* antiknock rating.

ˈKlopf||kä·fer *m* deathwatch (beetle). **~mas|sa·ge** *f* tapotement, percussion. **~|wert** *m mot.* antiknock rating, octane number. **~|zei·chen** *n* knock (signal).

Klöp·pel [ˈklœpəl] *m* ⟨-s; -⟩ **1.** *e-r Glocke, e-s Weckers etc*: clapper, *e-r Klingel etc*: hammer. **2.** *Textil.* (lace) bobbin. **3.** *mus.* beater, hammer. **~|ar·beit** *f* **1.** bobbin- (*od.* pillow-)lace making. **2.** bobbin work. **~|brief** *m* pattern for bobbin lace. **~|garn** *n* lace yarn. **~|kis·sen** *n* (bobbin-)lace pillow (*od.* cushion). **~ma|schi·ne** *f* bobbin-lace machine.

klöp·peln [ˈklœpəln] **I** *v/i* ⟨h⟩ make bobbin (*od.* pillow) lace. **II** *v/t* (*Spitzen etc*) make *s. th.* with (*od.* on) bobbins.

ˈKlöp·pel|spit·ze *f* bobbin (*od.* pillow, bone) lace.

klop·pen [ˈklɔpən] *v/t* ⟨h⟩ *dial. colloq.* **Skat (Karten) ~** play skat (cards); **sich ~** fight, brawl; → **Griff** 4.

Klöpp·le·rin [ˈklœplərɪn] *f* ⟨-; -nen⟩ bobbin- (*od.* pillow-)lace maker.

Klops [klɔps] *m* ⟨-es; -e⟩ *gastr.* meatball; **Königsberger ~e** boiled meatballs with caper sauce.

Klo·sett [kloˈzɛt] *n* ⟨-s; -e *u.* -s⟩ lavatory, toilet, (water-)closet, W. C., *colloq.* loo, *Am.* john. **~|becken** (*getr.* **-k·k-**) *n* lavatory (*od.* toilet) pan (*od.* bowl). **~|bril·le** *f* toilet seat. **~|bür·ste** *f* toilet brush. **~|deckel** (*getr.* **-k·k-**) *m* toilet lid. **~pa|pier** *n* toilet-paper; **e-e Rolle ~** a toilet roll.

Kloß [kloːs] *m* ⟨-es; ⸚e⟩ **1.** (*Lehm*♀ *etc*) lump, clod, clump. **2.** *gastr.* dumpling, (*Fleisch*♀) meatball; **rohe** (*od.* **grüne**) **Klöße** dumplings made with raw potatoes; *fig. colloq.* **e-n ~ im Hals** (*od.* **in der Kehle**) **haben** have a lump in one's throat; **er sprach, als ob er e-n ~ im Mund hätte** he talked as though he had a potato in his mouth. **3.** *colloq.* (*dicker Mensch*) dumpling, fattie. **~|brü·he** *f* dumbling broth; → **klar** 7.

Klo·ster [ˈkloːstər] *n* ⟨-s; -⟩ (*Mönchs*♀) monastery, friary, cloister, (*Nonnen*♀) convent, cloister, *obs.* nunnery; **ins ~ gehen** (*od.* **eintreten**) *Frau*: enter a convent, take the veil, become a nun, *Mann*: enter a monastery, become a monk; **j-n ins ~ stecken** shut s. o. up in a monastery (*od.* convent). **~|bru·der** *m* **1.** monk, friar. **2.** lay brother. **~|frau** *f* nun. **~|fräu·lein** *n* (young) nun. **~ge|lüb·de** *n* monastic vow, profession. **~|kir·che** *f* church of a monastery, minster, conventual church. **~|le·ben** *n* monastic life, life in a monastery (*od.* convent).

klö·ster·lich [ˈkløːstərlɪç] *adj* monastic, *fig. a.* cloistered; **~e Gemeinschaft** *von Nonnen*: sisterhood, *von Mönchen*: brotherhood.

ˈKlo·ster||mau·er *f* monastery (*od.* convent) wall. **~|re·gel** *f* monastic rule. **~|schu·le** *f* monastery school, *für Mädchen*: convent (school). **~|schwe·ster** *f* **1.** nun. **2.** lay sister. **~|zel·le** *f* monk's (*od.* nun's) cell. **~|zucht** *f* monastic discipline.

Klotz [klɔts] *m* ⟨-es; ⸚e⟩ **1.** block (*od.* lump) (of wood), log; *fig.* **m-e Beine sind schwer wie ein ~** my legs are like lead; **auf e-n groben ~ gehört ein grober Keil** rudeness can only be answered with rudeness; *fig. colloq.* (**j-m**) **ein ~ am Bein sein** be a handicap (to s. o.), be a drag (on s. o.), be a millstone round s. o.'s neck. **2.** → **Klötzchen. 3.** *colloq.* (*schwerfälliger Mensch*) oaf, clumsy fellow, *sl.* klutz. **~|brem·se** *f* block brake.

Klötz·chen [ˈklœtsçən] *n* ⟨-s; -⟩ *dim. of* Klotz, (toy) building block, *Br. a.* (building) brick.

klot·zen [ˈklɔtsən] **I** *v/t* ⟨h⟩ *Textil.* (*färben*) pad. **II** *v/i fig. colloq.* go it strong; → **kleckern** 3.

ˈklot·zig I *adj* **1.** a) → **klobig** 1, b) *Gebäude etc*: huge, *contp.* monstrous. **2.** *Person, Benehmen etc*: → **klobig** 2. **II** *adv* **3.** *colloq.* (*sehr*) enormously, awfully, terribly; **~ reich** filthy (*od.* stinking) rich; **er hat ~ viel Geld** he has got oodles of money.

Klub [klʊp] *m* ⟨-s; -s⟩ club. **~gar·ni|tur** *f* three-piece (leather) suite (*od.* group). **~|haus** *n* club(house). **~|jacke** (*getr.* **-k·k-**) *f* blazer. **~ka·me|rad** *m* clubmate. **~|kas·se** *f* club funds *pl.* **~lo|kal** *n* club(house). **~|ses·sel** *m* lounge (*od.* easy, club) chair.

Kluft[1] [klʊft] *f* ⟨-; ⸚e⟩ **1.** (*Spalt*) gap, fissure, crack, crevice, cleft; (*Abgrund, a. fig.*) abyss, chasm, gulf; *geol.* fault, joint; *Bergbau*: (end) cleat. **2.** *fig.* a) (*Trennendes*) gulf, gap, b) (*Feindschaft*) rift; **die ~ überbrücken** bridge the gap. **Kluft**[2] *f* ⟨-; -en⟩ *colloq.* get-up, rig-out, outfit, togs *pl*, *engS.* uniform.

klüf·tig [ˈklʏftɪç] *adj* **1.** → **zerklüftet. 2.** *geol.* jointed, faulted. **3.** *Holz*: shaky. **ˈKlüf·tung** *f* ⟨-; -en⟩ *geol.* jointing; **horizontale ~** sheet jointing.

klug [kluːk] **I** *adj* ⟨⸚er; ⸚st⟩ **1.** intelligent, clever (*man, answer, etc*), (*scharfsinnig*) *a.* shrewd. **2.** (*verständig, einsichtig*) wise, (*vernünftig*) *a.* sensible, (*umsichtig, besonnen*) *a.* prudent; **~e Zurückhaltung** wise restraint; **wäre es nicht klüger zu warten?** wouldn't it be wiser to wait?; **das klügste wäre, zu** it would be best to; **so ~ wie zuvor** none the wiser (for it); **der ~e Mann baut vor** the wise man thinks ahead; **du bist wohl nicht recht ~!** you must be out of your mind!; **er wird nie ~ (werden)!** he will never learn! **3.** *a. iro.* clever, smart, bright; **ein ~er Schachzug** a clever move (*od.* stroke); **er will immer klüger sein als die anderen** he's too clever by half; *colloq.* **du bist ein ~es Kind!** aren't you clever!; **wer war denn so ~, das Aquarium auf die Heizung zu stellen?** whose bright idea was it to put the aquarium on the radiator? **4.** (*wohlüberlegt, verständig*) judicious (*choice, etc*), *Urteil, Ratschlag etc*: sound. **5.** *colloq.* **daraus werde ich nicht ~** I can't make any sense (*od.* make head or tail) of it; **daraus mag der Teufel ~ werden!** goodness knows what that's supposed to mean; **wirst du daraus ~?** does it make any sense to you?; **aus ihr wird man einfach nicht ~** one simply doesn't know what to make of her, you simply can't make (*Am. a.* figure) her out. **II** *adv* **6.** intelligently (*etc*); **~ durchdacht** intelligently thought-out; **sich ~ verhalten** act wisely; **er hätte ~ daran getan, diese Bemerkung zu ignorieren** he would have been wise to ignore this remark.

ˈKlu·ge *m, f* ⟨-n; -n⟩ intelligent (*od.* bright, clever, wise) person; **der Klügere gibt nach** the wiser head gives in.

Klü·geˈlei *f* ⟨-; -en⟩ *oft contp.* sophistry, (over)subtlety, hairsplitting.

klü·geln [ˈklyːgəln] *v/i* ⟨h⟩ subtilize, split hairs, quibble; **über e-r Sache ~** turn s. th. over (and over) in one's mind.

ˈklu·gerˈwei·se *adv* wisely, prudently, sensibly; **er hat ~ geschwiegen** he (very) wisely kept quiet, he was wise (*od.* sensible) enough to keep quiet.

ˈKlug·heit *f* ⟨-; *no pl*⟩ **1.** intelligence, cleverness, shrewdness, *colloq.* brains *pl.* **2.** (*Gewitztheit*) cleverness, smartness. **3.** (*Vernunft*) good sense, wisdom, (*Besonnenheit*) prudence. **4.** (*Wohlüberlegtheit*) judiciousness, *e-s Urteils, Ratschlags etc*: soundness.

ˈKlüg·ler *m* ⟨-s; -⟩ *contp.* hairsplitter, quibbler.

klüg·lich [ˈklyːklɪç] *adv obs. for* **klugerweise.**

ˈklug||re·den *v/i* ⟨*sep*, -ge-, h⟩ *iro.* **1.** be a wiseacre, talk like a damned know(-it)-all. **2.** sound clever, make fine speeches, give good advice. **♀|red·ner** *m*, **♀|schei·ßer** *m colloq.*, **♀|tu·er** [-ˌtuːər] *m* ⟨-s; -⟩ wiseacre, smart alec(k), *Am. colloq.* smarty, wise guy.

Klump [klʊmp] *m* ⟨-(e)s; -e *u.* ⸚e⟩ *dial. colloq. for* **Klumpen**; **in** (*od.* **zu**) **~ fahren** smash (*a car*) up; **in ~ schlagen** a) smash *s. th.* to bits, b) beat *s. o.* to a pulp.

Klümp·chen [ˈklʏmpçən] *n* ⟨-s; -⟩ *dim. of* **Klumpen.**

Klum·pen ['klʊmpən] **I** *m* ⟨-s; -⟩ **1.** *(Erd2 etc)* clod, clump; *fig. colloq.* **j-n in ~ hauen** beat s. o. to a pulp. **2.** *(Butter2 etc, a. in Suppen, im Salz etc, a. Blei2)* lump. **3.** *(Gold, Uran etc)* nugget. **4.** *med.* a) *im Blut*: clot, b) *(Knoten)* knot, node, c) *(Bakterien)* clumping, aggregation, d) *(Zellen)* clump. **5.** *min. (Ballung)* conglobation. **6.** *colloq. (Gruppe, Traube)* huddle, cluster, *(Haufen)* heap; **alles lag auf einem ~** everything was lying in a (big) heap. **II 2** *v/i u.* **sich 2** *v/reflex* **7.** *Salz, Pudding etc*: form lumps, become lumpy, *Blut etc*: clot.

'Klump|,fuß *m med.* clubfoot. **2-,fü·ßig** *adj* club-footed, taliped(ic). **~-,hand** *f* club-hand, talipomanus.

'klum·pig *adj Salz, Sauce etc*: lumpy, *Blut etc*: clotted.

Klün·gel ['klʏŋəl] *m* ⟨-s; -⟩ *contp.* clique, coterie, *colloq., a. weitS.* bunch, crowd. **~,wirt·schaft** *f* cliquishness, *Am.* cronyism.

Klu·nia·zen·ser [kluniaˈtsɛnzər] *m* ⟨-s; -⟩ *R. C.* Cluniac (monk).

Klun·ker ['klʊŋkər] *f* ⟨-; -n⟩, *m* ⟨-s; -⟩ *dial.* **1.** tassel, bob. **2.** a) *(Schmuckanhänger)* pendant, b) *meist pl (protziger Schmuck) sl.* rock(s *pl*). **3.** *(Woll2)* tag.

Klup·pe ['klʊpə] *f* ⟨-; -n⟩ **1.** *tech. der Drehbank*: die-stock. **2.** *dial.* a) tongs *pl (meist als sg konstruiert)*, b) → **Klemme** 1.

Klü·se ['kly:zə] *f* ⟨-; -n⟩ *mar.* hawse(-hole).

Klü·ver ['kly:vər] *m* ⟨-s; -⟩ *mar.* jib. **~,baum** *m* jib-boom. **~,fall** *n* jib halyard.

knab·bern ['knabərn] **I** *v/i* ⟨h⟩ **(an** *dat* at) nibble, gnaw; *fig. colloq.* **daran wird er noch lange zu ~ haben** that will give him s. th. to chew on. **II** *v/t* nibble *(biscuits, etc)*; *fig. colloq.* **nichts zu ~ haben** have nothing to eat.

Knäb·chen ['knɛ:pçən] *n* ⟨-s; -⟩ *dim. of* Knabe 1.

Kna·be ['kna:bə] *m* ⟨-n; -n⟩ **1.** *bes. lit.* boy; **als ~, als er (noch) ein ~ war** when (he was still) a boy, in his boyhood. **2.** *humor.* fellow, chap, boy; **wie geht's, alter ~?** how are you, old boy (*od.* man)?

'Kna·ben|,al·ter *n* boyhood; **im ~** when a boy. **~be,klei·dung** *f* boys' (*od.* juniors') wear. **~,chor** *m* boys' choir; **Mitglied e-s ~s** choirboy. **2haft** *adj* boyish, *contp. a.* puerile. **~haf·tig·keit** *f* ⟨-; *no pl*⟩ boyishness, *contp. a.* puerility. **~,kraut** *n bot.* orchis. **~,lie·be** *f* p(a)ederasty. **~,schu·le** *f* boys' school. **~,stim·me** *f* boy's voice. **~,streich** *m* boyish prank.

Knäb·lein ['knɛ:plaɪn] *n* ⟨-s; -⟩ *dim. of* Knabe 1.

knack [knak] **I** *interj.* **II 2** *m* ⟨-(e)s; -e⟩ crack, snap.

'Knäcke,brot *(getr.* **-k·k-***)* ['knɛkə-] *n* crispbread, *Am.* knäckebröd.

knacken *(getr.* **-k·k-***)* ['knakən] **I** *v/t* ⟨h⟩ **1.** *(Nüsse, a. colloq. Geldschrank)* crack, *(Flöhe, Läuse etc) a.* crush; *fig. colloq.* **j-m e-e harte Nuß zu ~ geben** give s. o. a hard nut to crack. **2.** *mil. (Bunker, a. Geheimcode etc)* crack, *(Panzer)* bust, *(Auto)* break into. **II** *v/i* **3.** *Glas, Eis, Boden etc*: crack, *Zweig etc*: snap, *Feuer, a. Radio*: crackle, *Möbel, Treppe etc*: creak, crack, *Gewehrschloß etc*: click; **mit den Fingern ~** crack one's fingers; *fig. colloq.* **an e-r Sache zu ~ haben** have s. th. to chew on. **'Knacker** *(getr.* **-k·k-***) m* ⟨-s; -⟩ *contp.* **alter ~** old fog(e)y.

'Knack|ge,räusch *n* crackling sound (*od.* noise), crack(le), *metallisch, im Telephonhörer etc*: click. **~,laut** *m ling.* glottal stop. **~,man·del** *f* shell almond.

knacks [knaks] *interj* → **knack**.

Knacks *m* ⟨-es; -e⟩ **1.** *(Geräusch)* crack, snap, *metallisch*: click. **2.** *colloq. (Riß, Sprung)* crack; **die Tasse hat e-n ~** *a.* the cup is cracked; *fig.* **ihre Freundschaft hat damals e-n schweren ~ bekommen** their friendship suffered a severe blow at the time. **3.** *colloq. (gesundheitlicher Schaden)* defect; **e-n ~ bekommen** (*od.* **kriegen**), **sich** *(dat)* **e-n ~ holen** catch it, take a knock; **er hat e-n ~ (weg)** *gesundheitlich*: his health is (badly) shaken, *nervlich*: his nerves are all shot, *seelisch*: he is badly hit, *geistig*: he's slightly cracked; **sein Herz hat e-n ~** he has a dicky heart; **dabei bekam sein Selbstgefühl e-n ~** that cracked his ego; **s-e Gesundheit hat im Krieg e-n ~ bekommen** his health suffered in the war.

knack·sen ['knaksən] *v/i* ⟨h⟩ → **knacken** II.

Knag·ge ['knagə] *f* ⟨-; -n⟩ **1.** *tech.* cleat, dog, stop. **2.** *metall. mot.* tappet.

Knall [knal] *m* ⟨-(e)s; -e⟩ **1.** *allg. e-r Tür etc*: bang, *e-r Peitsche*: crack, snap, *e-s Korkens*: pop, *colloq. des Donners*: clap; **ein dumpfer ~** a muffled bang, a thud; **die Tür mit e-m ~ zuwerfen** bang (*od.* slam) the door. **2.** *e-s Schusses*: crack, bang; *e-s Gewehrs*: report, *e-r Pistole*: *a.* crack, *e-r Mine etc*: bang, explosion, detonation. **3.** *(Düsen2)* (sonic) boom. **4.** **der große ~** *(Weltentstehung od. -untergang)* the Big Bang. **5.** *fig. colloq.* a) *(Streit etc)* row, b) *(Pleite)* crash. **6.** *fig. colloq.* **~ und Fall** a) (all) of a sudden, abruptly, b) without warning, c) at once, on the spot, slap-bang; **sich ~ und Fall verlieben** fall in love at first sight; **du hast wohl e-n ~?** you must be crackers!, are you nuts? **~,blätt·chen** *n für Knallpistole*: cap. **~,blei** *n chem.* lead fulminate. **~bon,bon** *m, n* (party) cracker. **~,büch·se** *f* popgun. **2'bums** *adv colloq.* slap-bang. **~,dämp·fer** *m* silencer, muffler. **~ef,fekt** *m* sensation, clou, (big) hit, high spot; **der ~ kam einige Tage später** the big surprise came several days later; **der ~ kommt erst** just wait, that's not all.

knal·len ['knalən] **I** *v/i* ⟨h⟩ **1.** *Tür*: bang, slam; **ins Schloß ~** close with a bang, slam to. **2.** *Ballon, Feuerwerkskörper etc*: (make a) bang, *colloq.* go bang. **3.** *Gewehr*: bang, give a (loud) report, *Pistole*: *a.* crack, *Schuß*: bang, crack, *Mine etc*: bang, explode, detonate. **4.** *Peitsche*: crack; **mit der Peitsche ~, die Peitsche ~ lassen** crack the whip. **5.** *Korken*: pop; **e-n Korken ~ lassen** pop (*od.* let off) a cork. **6.** *colloq. (schießen)* shoot, fire, bang; **er knallte auf ihn** he (took a) shot at him. **7.** *colloq.* a) *(prallen)* crash **(gegen** into), b) *(fallen, plumpsen)* crash (*od.* thud, plonk) (down). **8.** *colloq. Farbe*: be loud, be glaring. **9.** *fig. colloq. Sonne*: beat down. **10.** *mot. Vergaser*: pop, blow back, detonate, *Zündung*: misfire, *Auspuff*: backfire. **II** *v/impers* **11. es knallte zweimal** there were two loud reports (*od.* bangs); *mot. colloq.* **da drüben hat's geknallt!** there was a crash over there!; *colloq.* **gleich knallt's!** you'll catch it, watch out!; **reiß dich zusammen, sonst knallt's!** pull yourself together, or else! **III** *v/t* **12.** *colloq. (schießen)* bang, fire; **er knallte den Ball ins Tor** he crashed (*od.* slammed, belted) the ball home; **et. in die Luft ~** blow s. th. up. **13.** *colloq. (werfen, schleudern)* bang, slam *(the door, a book on the table, etc)*; **e-n Teller gegen die Wand ~** dash a plate against the wall. **14. j-m e-e ~** paste s. o. one, slap s. o.('s face); → **Latz** 1. **'knal·lend I** *adj* banging, cracking, popping; **ein ~es Geräusch** a bang, a crack, a pop. **II** *adv* with a bang. **'Knal·ler** *m* ⟨-s; -⟩ **1.** → **Knallkörper** 1. **2.** → **Knüller**. **'Knall,erb·se** *f* (toy) torpedo. **Knal·le'rei** *f* ⟨-; *no pl*⟩ (constant) banging.

'Knall|,frosch *m* jumping cracker, *Am.* grasshopper. **~,gas** *n chem.* detonating gas, oxyhydrogen (gas). **2'gelb** *adj* violent bright yellow. **2'hart** *adj colloq.* **1.** *Schlag etc*: smashing; **~er Schlag (Schuß)** *a.* pile-driver (cannonball). **2.** *fig. Antwort, Film, Reportage etc*: tough, no-punches-pulled, *Politik etc*: *a.* no-nonsense, get-tough.

'knal·lig *colloq.* **I** *adj* **1.** *Farben*: loud, glaring. **2.** *Kleid etc*: loud, gaudy, flashy; **~e Reklame** ballyhoo. **3.** *(toll)* terrific, fantastic. **II** *adv* **4. ~ heiß** scorching hot.

'Knall|,kopf, ~,kopp [-ˌkɔp] *m* ⟨-(e)s; ⸚e [-ˌkœpə]⟩ *colloq.* silly ass, idiot, fathead. **~,kör·per** *m* **1.** banger, *Am.* firecracker. **2.** *mil.* detonator. **~,pul·ver** *n* detonating powder. **~,queck,sil·ber** *n* mercuric fulminate. **2'rot** *adj* **1.** glaring red. **2.** *Gesicht etc*: scarlet, crimson; **er wurde ~, er bekam e-n ~en Kopf** he turned scarlet (*od.* as red as a beetroot). **~,satz** *m* detonating composition. **2,sau·er** *adj chem.* fulminic; **knallsaures Salz** fulminate. **~,säu·re** *f* fulminic acid. **~,sil·ber** *n* silver fulminate. **~,tep·pich** *m aer.* wake (of a sonic boom). **~,wel·le** *f phys.* shock wave. **~,zün·der** *m* detonator.

knapp [knap] **I** *adj* ⟨-er; -st⟩ **1.** *(kärglich) Lohn etc*: scanty, meag/re (*Am.* -er), small, low, *Kost etc*: scanty, meagre, sparse, scarce, skimpy *(food, etc)*; **sein ~es Auskommen haben** make a bare living, make ends meet; **~e Zeiten** hard times, lean years. **2.** ⟨*meist pred*⟩ *Vorräte etc*: scarce, short, in short supply; **~e Waren** *a.* critical items; **die Kohlen wurden ~** coal was growing scarce (*od.* running low); *colloq.* **~ bei Kasse, ~ mit Geld** short of money, low in funds, hard up; **wir sind ~ mit der Zeit** our time is limited (*od.* short); **es ist (zeitlich) ziemlich ~** it's (rather) short notice. **3.** *Kleid etc*: tight, close-fitting. **4.** *Sieg etc*: narrow, bare, close; **e-e ~e Mehrheit** a bare majority; → **Not** 4. **5.** *Stil etc*: concise, terse, succinct, *Anweisung, Antwort etc*: brief, curt, short; **e-e ~e Schilderung** a terse sketch; **in** (*od.* **mit**) **~en Worten** briefly, in few words. **6.** *Bewegung etc*: precise, brisk, *Verbeugung*: curt. **7.** *vor Zahlen*: just under, little less than; **~ zwei Jahre** just under two years; **e-e ~e Meile (Stunde)** a bare mile (hour); **in e-m ~en Jahr** in less than a year. **8.** *mar. Wind*: scant, *See*: short. **9.** *econ. Geld, Kapital etc*: stringent, tight, close. **II** *adv* **10.** scantily *(etc)*; *colloq.* **bei ihnen geht es ~ zu** they are hard up (*od.* badly off); **~ sitzen** fit tightly; **unsere Zeit ist ~ bemessen** our time is limited (*od.* short); **et. ~ zs.-fassen** give a concise summary of s. th.; **das Auto fuhr ~ an mir vorbei** the car narrowly missed me; **er ist ~ davongekommen** he had a close call (*od.* shave), he had a narrow escape; **~ gewinnen (verlieren)** win (lose) by a narrow margin; **er hat die Prüfung nur ~ bestanden** he (barely) scraped through (the examination); **das ist (aber) et. ~ gerechnet** that's a bit on the low side; *ped.* **~ ausreichend** (*od.* **genügend**) *Note*: just satisfactory; **(aber) nicht zu ~!** a) *(natürlich)* you bet!, of course, b) *(viel)* a lot (*od.* plenty) of, c) *(genug)* (more than) enough, d) (*und wie*) and how! **11.** *vor Zahlen*: just under, little less than.

Knap·pe [ˈknapə] *m* ‹-n; -n› **1.** *hist.* (*Edelknabe*) page, varlet, (*Schild*2) shield bearer, squire, armiger, (*künftiger Ritter*) esquire; **die ~n** a) *e-s Ritters*: the followers, the henchmen, b) *collect.* the varletry *sg.* **2.** *Bergbau*: miner, pitman.

ˈknapp|hal·ten *v/t* ‹*irr, sep,* **-ge-, h**› **j-n ~** keep s. o. short.

ˈKnapp·heit *f* ‹-; *no pl*› **1.** (*Kärglichkeit*) scantiness, meag/reness (*Am.* -er-), *der Verpflegung etc*: *a.* sparseness, sparsity, skimpiness. **2.** *der Lebensmittel etc*: scarcity, scarceness, shortage. **3.** *e-s Kleides etc*: tightness. **4.** *des Stils, e-s Berichts etc*: conciseness, terseness, *e-r Anweisung, Antwort etc*: briefness, shortness, curtness. **5.** *e-r Geste etc*: preciseness, briskness. **6.** *e-s Sieges etc*: narrowness, bareness. **7.** *econ. des Geldes, Kapitals*: stringency, tightness.

ˈKnapp·schaft *f* ‹-; -en› **1.** miners' society. **2.** → **Knappschaftskasse.**

ˈKnapp·schafts|ˌkas·se *f* (German) miners' insurance fund (and pension scheme). **~ˌren·te** *f* miners' pension. **~verˌband** *m* miners' union.

knap·sen [ˈknapsən] *v/i* ‹h› **mit e-r Sache ~** → **knausern.**

Knar·re [ˈknarə] *f* ‹-; -n› **1.** rattle. **2.** *tech.* ratchet. **3.** *colloq.* (*Gewehr etc*) gun.

ˈknar·ren I *v/i* ‹h› **1.** *Tür, Schuhe etc*: creak. **2.** *Stimme*: grate, rasp. **II** 2 *n* ‹-s› **3.** creaking (*etc*). **4.** creak(ing noise).

ˈknar·rend, ˈknar·rig *adj* **1.** *Stufen, Schuhe etc*: creaking, creaky. **2.** *Stimme*: grating, rasping.

Knast [knast] *m* ‹-(e)s; -e› **1.** ‹*only sg*› *colloq.* jail, *sl.* clink, jug; **im ~ sitzen, ~ schieben** be in clink, do time; **er bekam 2 Jahre ~** he was put inside for 2 years, he got 2 years. **2.** *im Holz*: knot, knag. **3.** *dial. e-s Brotes*: crust. **4.** ‹*only sg*› *sl.* (*Geld*) dough, bread, *Br. a.* lolly. **5.** *colloq.* **alter ~** old fog(e)y. **~ˌbru·der** *m colloq.* jailbird.

Kna·ster¹ [ˈknastər] *m* ‹-s; -› **1.** (*grober Tabak*) canaster. **2.** *colloq.* (*contp.* bad *od.* ill-smelling) tobacco.

ˈKna·ster² *m* ‹-s; -›, **~ˌbart** *m colloq.* (old) grumbler.

ˈKnastˌschie·ber *m colloq.* jailbird.

Knatsch [kna:tʃ] *m* ‹-es; *no pl*› *colloq.* quarrel, row; **es hat ~ gegeben** there was a row. **ˈknat·schen** *v/i* ‹h› *colloq. bes. Kinder*: whine, *Br. a.* grizzle. **ˈknat·schig** *adj* **~ sein** → **knatschen.**

knat·tern [ˈknatərn] **I** *v/i* ‹h *u.* sein› **1.** ‹h› *allg.* crackle, *Gewehrfeuer*: *a.* rattle, *Segel, Fahne etc*: flap, *Auspuff*: sputter. **2.** ‹h *u.* sein› *Motorrad etc*: put(t)-put(t), roar. **II** 2 *n* ‹-s› **3.** crackling, rattling (*etc*). **4.** crackle, rattle, roar, put(t)-put(t).

Knäu·el [ˈknɔʏəl] *m, n* ‹-s; -› **1.** (*Garn*2 *etc*) ball, clue; **zu e-m ~ aufwickeln** wind (*wool, etc*) up into a ball. **2.** (*wirres* ~) tangle, snarl, (*wirrer Haufen*) (disorderly) heap (*od.* pile) (*of shirts, etc*); **ein ~ entwirren** unravel a tangle. **3.** (*Menschen*2) cluster, throng. **4.** *anat. der Niere*: glomerulus, *a. bot.* glomerule. **~ˌbil·dung** *f biol.* spirem(e), skein, (*Zs.-ballung*) conglomeration. **2ˌblü·tig** [-ˌbly:tɪç] *adj* with agglomerated flowers.

ˈknäue·lig *adj* **1.** tangled. **2.** *bot.* conglomerate. **3.** *med.* glomerate, convoluted.

Knauf [knauf] *m* ‹-(e)s; -e› **1.** *e-r Tür etc*: knob; **Stock mit ~** knobstick. **2.** (*Degen*2 *etc*) pommel. **3.** *arch.* boss (stone), (*Kapitell*) capital.

Knau·ser [ˈknauzər] *m* ‹-s; -› *colloq. contp.* miser, niggard, skinflint, meanie, *Am. sl.* tightwad. **Knau·seˈrei** *f* ‹-; *no pl*› *colloq.* miserliness, stinginess, penny-pinching, meanness, cheeseparing.

ˈknau·se·rig *adj colloq.* miserly, stingy, niggardly, mean, penny-pinching, cheeseparing, close(fisted). **2keit** *f* ‹-; *no pl*› *colloq.* miserliness, stinginess, meanness, penny-pinching, closefistedness.

ˈknau·sern *v/i* ‹h› (**mit e-r Sache**) **~** a) (*sparen*) be sparing (with *od.* of s. th.), b) (*geizen*) be miserly (*od.* stingy, tight, niggardly) (with s. th.), stint (on s. th.); **mit dem Geld ~** scrimp (*od.* skimp) with money, be closefisted (*etc*, → **knauserig**). **knaus·rig** [ˈknausrɪç] *adj* → **knauserig.**

knaut·schen [ˈknautʃən] *colloq.* **I** *v/t* ‹h› (*Stoff, Kleid*) crumple, crease. **II** *v/i* crease, wrinkle. **ˈknaut·schig** *adj Stoff etc*: crumpled, creased.

ˈKnautschˌlack *m,* **~ˌle·der** *n* crinkle leather. **~ˌman·tel** *m* wet-look coat.

ˈKnautschˌzo·ne *f mot.* crush section.

Kne·bel [ˈkne:bəl] *m* ‹-s; -› **1.** (*Mund*2) gag (*a. fig.*). **2.** *für Pferde*: cheek-bar. **3.** *an e-r Kette*: toggle, *an der Hundeleine*: clog. **4.** *tech.* T-handle, locking-handle, tommy-bar. **~ˌbart** *m* twisted (*colloq.* handlebar) moustache, *colloq.* handlebars *pl.*

kne·beln [ˈkne:bəln] *v/t* ‹h› (*Person*) gag, *fig.* (*die Presse etc*) *a.* muzzle.

ˈKne·bel|ˌschlüs·sel *m tech.* T-handle wrench. **~ˌschrau·be** *f* tommy screw. **~ˌtren·se** *f* snaffle, gagbit.

ˈKne·be·lung, ˈKneb·lung *f* ‹-; *no pl*› gagging, *fig. der Presse etc*: muzzling, suppression.

ˈKne·bel|verˌband *m med.* tourniquet (bandage). **~verˌtrag** *m* straightjacket contract.

Knecht [knɛçt] *m* ‹-(e)s; -e› **1.** farm labo(u)rer, farmhand; (*Stall*2) stable-lad (*od.* -boy), (*Pferde*2) groom. **2.** *fig. lit.* slave; **ein ~ der Sünde** a slave to sin. **3.** *obs.* (*Diener*) servant; → **Herr** 4, **Ruprecht. 4.** *hist.* (*Unfreier*) slave, thrall, (*Leibeigener*) serf, bondsman, *e-s Ritters*: man. **5.** *tech.* quick clamp.

ˈknech·ten *v/t* ‹h› enslave, make a slave of, (*unterjochen*) subjugate, (*tyrannisieren*) tyrannize, oppress.

ˈknech·tisch *adj lit.* servile, slavish, submissive; **~e Gesinnung** servility.

ˈKnecht·schaft *f* ‹-; *no pl*› slavery, servitude, bondage. **ˈKnech·tung** *f* ‹-; *no pl*› enslaving, enslavement, *e-s Volkes*: *a.* subjugation, oppression.

knei·fen [ˈknaɪfən] **I** *v/t* ‹**kneift, kniff, gekniffen, h**› **1.** pinch; **j-n in den Arm ~** pinch s. o.'s arm; **die Augen ~** squint; **die Lippen ~** press one's lips together; **ein Monokel ins Auge ~** screw a monocle into one's eye; **der Hund kniff den Schwanz zwischen die Beine** the dog put his tail between his legs; *mar.* **den Wind ~** hug the wind. **II** *v/i* **2.** pinch; **j-m in den Arm ~** pinch s. o.'s arm. **3.** *fig. colloq.* (*sich drücken*) (**vor** *dat*) dodge (*s. th.*), back (*od.* wriggle) out (of), *aus Angst*: *sl.* chicken out (of), *bei e-r Wette*: *sl.* welsh (on); **er kneift vor jeder Entscheidung** he dodges taking decisions. **III** *v/impers* **4.** *colloq.* **es kneift mich im Magen** I feel gripes (*od.* twitches) in my stomach. **ˈKnei·fer** *m* ‹-s; -› **1.** pince-nez, nippers *pl.* **2.** *colloq.* (*Drückeberger*) dodger, shirker.

ˈKneifˌzan·ge *f tech.* pincers *pl* (*a. als sg konstruiert*), nippers *pl.*

ˈKneip|ˌabend *m* **1.** *von Verbindungsstudenten*: drinking session. **2.** night out in (*od.* at) the pub, *bes. Am.* night out in the bar, *sl.* booze-up. **~ˌbru·der** *m colloq.* **1.** drinking companion. **2.** boozer, tippler.

Knei·pe [ˈknaɪpə] *f* ‹-; -n› *colloq.* **1.** pub(lic house), *bes. Am.* saloon, bar, dive, beer joint. **2.** → **Kneipabend** 1.

knei·pen¹ [ˈknaɪpən] *v/i* ‹h› **1.** *colloq.* drink (beer), carouse, tipple, booze. **2.** *Student*: take part in a drinking session.

ˈknei·pen² *v/t u. v/i* ‹**kneipt, kneipte, gekneipt, h**› *dial. for* **kneifen** 1, 4.

ˈKnei·pen|beˌsit·zer, ~ˌwirt *m colloq.* barkeeper, publican, landlord, *bes. Am.* saloonkeeper.

Knei·peˈrei *f* ‹-; -en› *colloq.* drinking, tippling, boozing, (*Zechgelage*) drinking-bout, *sl.* booze-up.

ˈKneipˌlied *n* drinking song.

kneip·pen [ˈknaɪpən] *v/i* ‹h› *med.* take a Kneipp cure (*od.* a course of cold-water treatment).

ˈKneipp|ˌheilˌkun·de *f* hydrotherapy, hydropathy, Kneipp's method, Kneippism. **~ˌkur** *f* Kneipp('s) cure, Kneippism, cold-water treatment; **e-e ~ machen** → **kneippen.**

ˈKneipˌtour *f colloq.* drinking spree, *sl.* booze-up, *bes. Br.* pub-crawl.

ˈknet·bar *adj Ton etc*: plastic, mo(u)ldable, *Teig etc*: kneadable, *tech.* ductile. **kne·ten** [ˈkne:tən] **I** *v/t* ‹h› **1.** knead, (*Ton etc*) *a.* malaxate, pug, (*modellieren*) mo(u)ld; **zu e-m Teig ~** knead into a dough; **e-e Figur aus Ton ~** mo(u)ld a figure out of clay. **2.** (*Körper, Muskeln etc*) knead, massage. **II** *v/i* **3.** mo(u)ld (figures out of plasticine, *etc*).

ˈKnet|ˌgum·mi *n, a. m* plasticine. **~maˌschi·ne** *f* kneader, kneading machine. **~masˌsa·ge** *f* kneading massage, petrissage. **~ˌmas·se** *f* **1.** plasticine, model(l)ing clay (*od.* material). **2.** (*Typenreiniger*) type cleaner, plastic paste.

Knick [knɪk] *m* ‹-(e)s; -e› **1.** (*Riß, Sprung*) crack. **2.** *e-r Straße etc*: (sharp) bend; **an dieser Stelle macht der Weg e-n ~** *a.* at this point the path bends sharply. **3.** *in Draht, an Rohren etc*: kink, *in Metall*: buckle, (*Rohrknie etc*) knee. **4.** *in Stoff, Papier*: fold, crease, (*Eselsohr*) dog('s) ear. **5.** *mar. im Tau*: nip, kink. **6.** *anat. des Darms*: kink. **7.** (*Winkel*) angle. **8.** *geol.* knickpoint. **9.** *fig. in der Leistung etc*: sharp drop, falling-off. **2ˌbei·nig** *adj* knock-kneed. **~ˌbruch** *m med.* infraction, greenstick fracture. **~ˌei** *n* cracked egg.

knicken (*getr.* **-k·k-**) [ˈknɪkən] **I** *v/t* ‹h› **1.** (*Äste etc*) snap, break; *humor.* **er hat ihr das Herz geknickt** he broke her heart; *fig.* **j-n ~** crush s. o. → **geknickt. 2.** (*Papier etc*) fold, crease; „**bitte nicht ~!**" (*Aufschrift*) "please do not bend!". **3.** (*Metalle etc*) buckle, bend, (*Rohr, Draht etc*) kink. **4.** *colloq.* (*Floh, Laus etc*) crack. **5.** *med.* (*Knochen*) crack. **II** *v/i* ‹sein› **6.** *Ast, Baum etc*: break, snap. **7.** (*platzen*) burst, split. **8.** *Knie, Metall etc*: buckle, give way. **9.** *anat. Darm*: kink. **III** 2 *n* ‹-s› **10.** snapping (*etc*); → *a.* **Knickung.**

ˈKnickerˌbocker (*getr.* **-k·k-**) [-ˌbɔkər] *pl* plusfours, knickerbockers.

Knickeˈrei (*getr.* **-k·k-**) *f* ‹-; *no pl*› → **Knauserei** *etc.*

ˈKnick|ˌfe·stig·keit *f* buckling (*von Papier*: folding) strength. **~ˌflü·gel** *m aer.* gull wing. **~ˌfuß** *m med.* (tali)pes valgus. **~ˌlast** *f tech.* buckling (*od.* maximum) load. **~ˌpunkt** *m geol.* knickpoint.

Knicks [knɪks] *m* ‹-es; -e› curtsy; **e-n ~ (vor j-m) machen** → **ˈknick·sen** *v/i* ‹h› (**vor j-m**) **~** (drop a) curtsy (to s. o.).

ˈKnick|ˌspan·nung *f* buckling strain. **~ˌspant** *m mar.* chine-type frame. **2ˌsteif** *adj* buckleproof. **~ˌstütz** *m gym.* bent-arm rest.

'Knickung (*getr.* -k·k-) *f* ⟨-; -en⟩ **1.** → knicken 10. **2.** *tech.* buckling, kink. **3.** *e-s Weges etc*: (sharp) bend. **4.** *med.* bend(ing), *e-s Knochens*: crack, *des Darms etc*: kink(ing), (*Ab*∼) angulation.

'Knick·ver,such *m* buckling test.

Knie [kniː] *n* ⟨-s; - [ˈkniːə; kniː]⟩ **1.** knee; **die ∼ anziehen (durchdrücken, beugen)** pull up (straighten, bend) one's knees; **vor dem Altar das ∼ beugen** kneel (*od.* genuflect) before the altar; **bis an die ∼, bis zu den ∼n** knee-deep, up to one's knees; **auf die ∼!** on your knees!; **j-n auf (den) ∼n (um et.) bitten** *cf.* **kniefällig**; *colloq.* **du kannst Gott auf den ∼n danken, daß** you should go down on your knees and thank the Lord that; **sich vor j-m auf die ∼ werfen** go on one's knees to s. o.; **j-n auf** (*od.* **in) die ∼ zwingen** *a. fig.* force (*od.* bring) s. o. to his (her) knees; *colloq.* **er bekam weiche ∼, er wurde weich in den ∼n** he went weak at the knees, *vor Angst*: *a.* he got cold feet; **in die ∼ sinken** sink on one's knees; **in die ∼ gehen** a) go on one's knees, kneel down, b) (*schwach werden*) sag at the knees, c) *fig.* go to the wall, d) *mot.* dive; **ihm schlotterten die ∼** his knees shook, *fig. a.* he was scared stiff; *colloq.* **j-n übers ∼ legen** give s. o. a (sound) spanking; *fig. colloq.* **et. übers ∼ brechen** rush s. th., do s. th. hurriedly, decide s. th. abruptly, (try to) force s. th. **2.** *fig.* (*Biegung*) bend, curve; **der Fluß bildet dort ein ∼** the river bends there. **3.** *tech.* bend, elbow. **4.** *mil.* salient. **5.** *mus.* valve slide. **∼,auf,schwung** *m gym.* knee upswing. **∼,band** *n* ⟨-(e)s; ⸚er⟩ **1.** *anat.* ligament of the knee. **2.** *tech.* knee band. **∼,beu·ge** *f* **1.** *gym.* knee bend. **2.** → Kniekehle. **∼,beu·gung** *f* → Kniefall 2. **∼,fall** *m* **1.** prostration; **vor j-m e-n ∼ machen** prostrate o. s. (*od.* go down on one's knees) before s. o. **2.** *relig.* genuflection; **e-n ∼ vor dem Altar machen** genuflect before the altar. **∼,fäl·lig** *adj u. adv* on one's (bended) knees; **j-n ∼ (um et.) bitten** beg (*od.* implore) s. o. (for s. th.) on one's bended knees, go on one's knees to s. o. (for s. th.). **∼,frei** *adj Mode*: above-the-knee, *adv* above the knee; **sie trägt nur ∼e Röcke** she always wears her skirts above the knee. **∼,frei·heit** *f mot. etc* knee room. **∼,gei·ge** *f mus. hist.* viola da gamba.

'Knie·ge,lenk *n* **1.** *anat. zo.* knee joint. **2.** *tech.* elbow (*od.* knee) joint. **∼ent,zün·dung** *f* gonitis, gonarthritis. **∼,fe·de·rung** *f mot.* action (suspension).

'Knie|,hang *m gym.* knee hang. **∼,he·bel** *m* **1.** *tech.* elbow (*od.* toggle) lever. **2.** *mus.* knee lever (*od.* swell). **∼,hoch I** *adj* **1.** knee-high, up to the knees; **kniehoher Strumpf** → **Kniestrumpf. 2.** *Wasser, Schnee*: knee-deep. **II** *adv* **3. der Schnee liegt ∼** the snow lies knee-deep. **∼,holz** *n* knee timber. **∼,ho·se** *f* (knee) breeches *pl.* **∼,keh·le** *f anat.* hollow of the knee, popliteal space. **∼,lang** *adj* knee-length.

kni·en [kniːn; ˈkniːən] **I** *v/i* ⟨*h u.* sein⟩ **1.** kneel, be on one's knees; **vor j-m (et.) ∼** kneel before s. o. (s. th.). **2.** (*nieder∼*) → 3. **II** *v/reflex* **sich ∼** ⟨h⟩ **3.** kneel down, go down (*od.* fall) on one's knees, *relig. a.* genuflect. **4.** *fig. colloq.* **sich in e-e Sache ∼** → **hineinknien. ∼d** [ˈkniːənt] *adj* kneeling, on one's knees; **∼er Anschlag** *beim Schießen*: kneeling position.

'Knie|,raum *m mot. etc* knee room, legroom. **∼re,flex** *m med.* knee jerk (reflex). **∼,rohr** *n tech.* elbow pipe, bent tube. **∼,schei·be** *f* **1.** *anat.* knee-cap, patella. **2.** *des Pferdes*: stifle bone, patella. **∼,schei·ben·re,flex** *m* knee jerk (reflex). **∼,scho·ner, ∼,schüt·zer** *m* knee-pad. **∼,seh·ne** *f* hamstring. **∼,seh·nen·re,flex** *m* knee jerk (reflex). **∼,strumpf** *m meist pl* knee(-length) sock (*für Damen*: stocking). **∼,stück** *n* **1.** *tech.* elbow(-piece), knee. **2.** *e-r Rüstung*: knee-piece. **3.** *paint.* three-quarter-length portrait. **∼,tief** *adj u. adv* knee-deep, up to the knees. **∼ver,bin·dung** *f tech.* elbow joint. **∼,weich I** *adj* wobbly on one's legs, *a. fig.* weak-kneed. **II** *adv* **er fühlte sich noch et. ∼** he still felt a bit wobbly. **∼,wel·le** *f gym.* knee circle.

kniff [knɪf] *1 u. 3 sg pret of* **kneifen.**

Kniff *m* ⟨-(e)s; -e⟩ **1.** *in Papier etc*: crease, fold; **e-n ∼ machen in** (*acc*) *a.* crease (*od.* fold) s. th. **2.** *im Hut*: dent. **3.** (*Zwicken*) pinch, tweak (*in the arm, etc*). **4.** *fig.* (*Kunstgriff*) trick, knack, (*Schlich*) trick, *colloq.* dodge, angle, (*List*) *a.* ruse; **er hat den ∼ heraus** he has got the hang (of it); **er kennt alle ∼e** he knows all the tricks, he is up to all the dodges; **(unerlaubte) ∼e (und Pfiffe)** *colloq.* angles and wangles.

Knif·fe'lei *f* ⟨-; -en⟩ *colloq.* **1.** fiddling. **2.** fiddling (*od.* finicky) job. **knif·fe·lig** [ˈknɪfəlɪç] *adj* fiddling, finicky, tricky; **∼e Frage** poser, tricky question.

knif·fen [ˈknɪfən] *v/t* ⟨h⟩ (*Papier etc*) fold, crease.

kniff·lig [ˈknɪflɪç] *adj* → **kniffelig.**

Knig·ge [ˈknɪgə] *m* ⟨-(s); *no pl*⟩ book on etiquette; **s-n ∼ kennen** be well posted on one's etiquette, have good manners, *Am. a.* know one's Emily Post.

Knilch [knɪlç] *m* ⟨-s; -e⟩ → **Knülch.**

knips [knɪps] **I** *interj* snip! **II ∼** *m* ⟨-es; -e⟩ *der Kamera*: click, *beim Lochen e-r Fahrkarte*: punch, *e-r Schere*: snip.

'knip·sen I *v/t* ⟨h⟩ **1.** *phot. colloq.* **j-n (et.) ∼** take a photo (*od.* snapshot) of s. o. (s. th.), snap s. o. (s. th.). **2.** (*Fahrkarte*) punch, clip. **3.** *colloq.* (*Papierkugeln etc*) flip. **II** *v/i colloq.* **4.** snap (**mit den Fingern** one's fingers). **5.** *am Schalter*: turn (*od.* flip) a switch (on and off). **6.** take a photo (*od.* photos), take a snapshot (*od.* snapshots), snap. **'Knip·ser** *m* ⟨-s; -⟩ *colloq.* **1.** *electr.* (flip) switch. **2.** *phot. contp.* shutterbug. **3.** ticket puncher. **4.** (*Druckknopf etc*) clip.

Knirps [knɪrps] *m* ⟨-es; -e⟩ little man (*od.* fellow, chap), *colloq.* whippersnapper, hop-o'-my-thumb, shortie, *contp.* (*Zwerg*) shrimp, midget, dwarf. **'knirp·sig** *adj* small, undersized, dwarfish.

knir·schen [ˈknɪrʃən] *v/i* ⟨h⟩ *Schnee, Kies etc*: crunch, *Räder*: grind, *med. Knochen*: grate, crepitate; **mit den Zähnen ∼** *a. fig.* gnash (*od.* grind) one's teeth (**vor** *dat* with).

kni·stern [ˈknɪstərn] **I** *v/i* ⟨h⟩ **1.** *Feuer, Holz, Haare etc*: crackle, *Seite, Papier*: rustle, *Balken*: creak. **2.** *chem. electr. med.* (de)crepitate. **II** *v/impers* **3. es knistert vor Spannung** the air is charged with suspense; → **Gebälk** 1. **III ∼** *n* ⟨-s⟩ **4.** crackling (*etc*), rustle. **5.** *chem. electr. med.* (de)crepitation.

Knit·tel [ˈknɪtəl] *m* ⟨-s; -⟩ → **Knüppel. ∼,vers** *m* doggerel.

Knit·ter [ˈknɪtər] *m* ⟨-s; -⟩ *meist pl* crease. **∼,arm** *adj* crease-resistant. **∼,fal·te** *f* crease. **∼,fest, ∼,frei** *adj* noncreasing, creaseproof.

'knit·te·rig *adj* creased, crumpled, wrinkled. **knit·tern** [ˈknɪtərn] *v/t u. v/i* ⟨h⟩ crumple, crease, wrinkle. **'knitt·rig** *adj* → **knitterig.**

'Kno·bel,be·cher *m* **1.** dice-box. **2.** *meist pl mil. colloq.* (German) jackboot.

kno·beln [ˈknoːbəln] *v/i* ⟨h⟩ (**um** for) (throw) dice, *mit e-r Münze*: toss; *fig. colloq.* **an e-r Sache ∼** puzzle over s. th.

'Knob,lauch [ˈknoːp-] *m* ⟨-(e)s; *no pl*⟩ *bot. gastr.* garlic. **∼,pil·le** *f* garlic pill. **∼,ze·he** *f* clove of garlic.

Knö·chel [ˈknœçəl] *m* ⟨-s; -⟩ *anat.* **1.** (*Fuß*∼) ankle, malleolus; **sich** (*dat*) **den ∼ verstauchen** sprain (*od.* turn) one's ankle. **2.** *meist pl* (*Hand*∼) knuckle. **∼,bruch** *m* ankle (*od.* malleolar) fracture. **∼ge,lenk** *n am Fuß*: ankle joint, *an der Hand*: knuckle joint. **∼,lang** *adj Mode*: ankle-length. **∼,tief I** *adj* ankle-deep. **II** *adv* up to one's ankles.

Kno·chen [ˈknɔxən] *m* ⟨-s; -⟩ **1.** *anat.* bone; *fig. colloq.* **mir taten alle ∼ weh** every bone in my body ached; **s-e müden ∼ ausstrecken** rest one's weary limbs; **naß bis auf die ∼, bis auf die ∼ durchnäßt** soaked to the skin; **sich bis auf die ∼ blamieren** make a terrible fool of o. s.; **der Schreck war ihm in die ∼ gefahren** he was shaken to the core; **das ist ihm in die ∼ gefahren** it was a bad shock for him; **ich spüre es in den ∼** I feel it in my bones; **das sitzt mir noch in den ∼** I have still got it in my system; **reaktionär bis in** (*od.* **auf) die ∼** reactionary to the core (*od.* through and through); **s-e ∼ riskieren** risk one's neck. **2.** *fig. colloq.* fellow, man, *contp.* bastard; **alter ∼** old boy; **ein müder ∼** a stick-in-the-mud; **fauler ∼** lazybones *pl* (*als sg konstruiert*). **∼,ar·beit** *f colloq.* gruel(l)ing work, tough job. **∼,bau** *m* ⟨-(e)s; *no pl*⟩ bone structure. **∼,bil·dend** *adj* bone-forming, osteogenous. **∼,bild·ner** *m* (*Zelle*) osteoblast. **∼,bil·dung** *f* bone formation, osteogenesis. **∼,bruch** *m med.* fracture; **offener ∼** compound fracture. **∼'dürr** *adj colloq.* skinny, spindly, all skin and bones. **∼er,wei·chung** *f* softening of the bones, osteomalacia. **∼,fett** *n* bone (*od.* marrow) fat. **∼,fraß** *m* caries, necrosis of the bone(s). **∼,fu·ge** *f* synost(e)osis. **∼ge,lenk** *n* joint. **∼ge,lenk·ent,zün·dung** *f* arthritis. **∼ge,rüst** *n* **1.** skeleton. **2.** *humor.* walking skeleton. **∼ge,schwulst** *f* osteoma. **∼ge,we·be** *n* bony tissue. **∼'hart** *adj fig.* (as) hard as stone. **∼,haut** *f* periosteum. **∼,haut·ent,zün·dung** *f* periostitis. **∼,koh·le** *f chem.* bone black (*od.* char). **∼,krebs** *m med.* bone cancer, osteocarcinoma. **∼,leh·re** *f* osteology. **∼,leim** *m* bone glue. **∼los** *adj* boneless. **∼,mann, der** *fig.* Death. **∼,mark** *n* (bone) marrow, medulla. **∼,mark·ent,zün·dung** *f* (osteo)myelitis. **∼,mehl** *n agr.* bone meal. **∼,müh·le** *f* **1.** *tech.* bone mill (*od.* crusher). **2.** *fig. colloq.* a) (*Auto*) bone-shaker, b) **dieser Betrieb ist die reinste ∼** it's a sweat-shop. **∼,naht** *f* interosseous suture. **∼,nar·be** *f* call(o)us. **∼,sä·ge** *f med.* bone saw. **∼,schwund** *m* bone atrophy. **∼,split·ter** *m* splinter of a bone, (bony) sliver. **∼,split·te·rung** *f* comminution. **∼,stumpf** *m* bony stump. **∼'trocken** (*getr.* -k·k-) *adj colloq.* **1.** bone-dry. **2.** → **knochenhart. ∼tu·ber·ku,lo·se** *f* tuberculosis of the bone. **∼ver,let·zung** *f* bone injury. **∼,zel·le** *f* bone cell, osteocyte.

knö·che·rig [ˈknœçərɪç] *adj* bony.

knö·chern [ˈknœçərn] *adj* **1.** bony, osseous. **2.** *fig.* angular. **3.** → **verknöchern. 'kno·chig** *adj* **1.** bony, skinny, scraggy, *Hände*: knuckly. **2.** *anat.* bony, osseous. **'knöch·rig** *adj* bony.

knock·out [nɔkˈʔaut] **I** *adj* ⟨*pred*⟩ *Boxen*: → k. o. **II** ♀ *m* ⟨-(s); -s⟩ → K. o.

Knö·del [ˈknødəl] *m* ⟨-s; -⟩ *dial.* dumpling; *fig. colloq.* **e-n ~ im Hals haben** have a lump in one's throat. ˈ**knö·deln** *v/t u. v/i* ⟨h⟩ *colloq.* **1.** *dial.* talk as if one had a potato in one's mouth. **2.** *mus.* sing in a strangled voice.

Knol·le [ˈknɔlə] *f* ⟨-; -n⟩ **1.** *bot.* nodule, (*Zwiebel*♀ *etc*) bulb, (*Kartoffel*♀ *etc*) tuber, *der Gladiole etc*: corm. **2.** → Knollennase 2.

Knol·len [ˈknɔlən] *m* ⟨-s; -⟩ **1.** lump, clod, knob. **2.** → Knolle. **~be͵go·nie** *f* tuberous(-rooted) begonia. **~͵blät·ter͵pilz, ~͵blät·ter͵schwamm** *m* death cup, amanita. ♀͵**för·mig** *adj bot.* bulbed, bulbous. **~͵frucht** *f* tuberous root (*od.* plant), tuber. **~͵na·se** *f* **1.** *med.* rhinophyma. **2.** *fig. colloq.* bulbous nose. **~͵win·de** *f bot.* sweet potato, batata. **~͵wur·zel** *f* tuberous (*od.* bulbous) root. **~͵zwie·bel** *f* corm, bulbotuber.

ˈ**knol·lig** *adj* **1.** *bot.* tuberous (*a. med.*), (*zwiebelig*) bulbous (*a. fig. colloq. Nase*). **2.** (*klumpig*) lumpy, cloddy, (*knotig*) knobby.

Knopf [knɔpf] *m* ⟨-(e)s; ⸚e⟩ **1.** *an Kleidung*: button; *fig. colloq.* **sich** (*dat*) **et. an den Knöpfen abzählen** count one's buttons to decide s. th.; **das hättest du dir an den Knöpfen abzählen können** you might have known that (all along); *colloq.* **es steht Spitz(e) auf ~** it's touch and go. **2.** *tech.* (push) button, push; **auf e-n ~ drücken** push a button. **3.** (*Tür*♀) knob. **4.** *e-r Turmspitze*: ball. **5.** (*Florett*♀, *Sattel*♀) pommel. **6.** (*Straßenmarkierung*) stud. **7.** *e-s Akkordeons*: button (key). **8.** *bot.* (*Knospe*) bud, button. **9.** *dial. for* **Knoten** 1. **10.** *fig. colloq.* fellow, chap, *Am.* guy; **ein komischer ~** a funny chap; **alter ~** old fog(e)y.

Knöpf·chen [ˈknœpfçən] *n* ⟨-s; -⟩ **1.** *dim. of* Knopf. **2.** *e-r Blüte*: capitulum.

knöp·fen [ˈknœpfən] **I** *v/t* ⟨h⟩ button. **II** ♀ *n* ⟨-s⟩ buttoning; **ein Kleid zum** ♀ a buttoned dress.

ˈ**knopf**|͵**för·mig** *adj* button-shaped, knobby. ♀͵**lei·ste** *f Mode*: button row; **verdeckte ~** button flap.

ˈ**Knopf**͵**loch** *n* buttonhole; *colloq.* **die Eitelkeit schaut ihm aus allen Knopflöchern** he's as vain as a peacock; *iro.* **mit e-r Träne im ~** moved to tears. **~mi·kro͵phon** *n* buttonhole (*od.* lapel, clip-on) microphone. **~͵stich** *m* buttonhole stitch; **mit ~en nähen** buttonhole. **~͵sträuß·chen** *n* boutonniere, *bes. Br. colloq.* buttonhole.

ˈ**Knopf**͵**schal·ter** *m tech.* push-button switch.

ˈ**Knöpf**|͵**schuh** *m meist pl* button shoe (*od.* boot). **~͵stie·fel** *m meist pl* button boot.

ˈ**Knopf·ver**͵**schluß** *m* button fastening, buttoning.

knor·ke [ˈknɔrkə] *adj* → **prima.**

Knor·pel [ˈknɔrpəl] *m* ⟨-s; -⟩ **1.** *anat.* cartilage. **2.** *gastr.* gristle; **voller ~** gristly. **~͵bil·dung** *f biol.* chondrification. **~͵fisch** *m* cartilaginous fish. **~͵fu·ge** *f anat.* cartilaginous joint. **~͵haut** *f* perichondrium.

ˈ**knor·pe·lig** *adj* **1.** *anat.* cartilaginous. **2.** *gastr.* gristly.

ˈ**Knor·pel**͵**zel·le** *f meist pl* cartilage cell.

Knor·ren [ˈknɔrən] *m* ⟨-s; -⟩ **1.** *im Holz*: gnarl, (k)nob, (*Aststumpf*) snag, (*Baumstumpf*) tree stump. **2.** *med.* protuberance. ˈ**knor·rig** *adj* **1.** *Holz*: gnarled, knotted. **2.** *lit. Körperbau*: scraggy. **3.** *fig.* (*rauhbeinig*) rough, bluff.

Knos·pe [ˈknɔspə] *f* ⟨-; -n⟩ **1.** *bot.* bud, (*Auge*) eye, button, gem(ma), (*Blatt*♀) leaf bud; **pralle ~n** tight buds; **zarte ~** a) tender bud (*a. fig. der Liebe*), b) *fig.* (*Mädchen*) (tender) rosebud; **voller ~n** in bud, buddy; **~n ansetzen** sprout; **~n treiben** bud, pullulate. **2.** *zo.* bud, gemma. ˈ**knos·pen I** *v/i* ⟨h⟩ bud, put forth buds, sprout, germinate, pullulate. **II** ♀ *n* ⟨-s⟩ budding (*etc*), germination, gemmation.

ˈ**knos·pen**|͵**ar·tig** *adj* gemmiform. ♀͵**bil·dung** *f* formation of buds, gemmation.

ˈ**knos·pend** *adj* **1.** *bot.* budding; *fig.* **~e Liebe** budding love. **2.** *biol.* proliferous.

ˈ**knos·pen**|͵**för·mig** *adj* gemmiform. ♀͵**grund** *m bot.* chalaza. ♀͵**haut,** ♀͵**hül·le** *f* cap, hymen, perule. ♀͵**ru·he** *f* dormancy. **~͵tra·gend** *adj* **1.** gemmiferous. **2.** → **knospig** 1.

ˈ**knos·pig** *adj* **1.** budded, budding, full of buds. **2.** bud-shaped, bud-like. ˈ**Knos·pung** *f* ⟨-; *no pl*⟩ → **knospen** II.

Knöt·chen [ˈknøːtçən] *n* ⟨-s; -⟩ **1.** *dim. of* Knoten. **2.** *med.* nodule, *biol. bot. zo. a.* tubercle. ♀͵**för·mig** *adj* **1.** nodular. **2.** *med.* tuberous, papular. **3.** *bot.* nodulous.

Kno·ten [ˈknoːtən] *m* ⟨-s; -⟩ **1.** (*a. Teppich*♀) knot, *mar. a.* hitch; **e-n ~ binden (lösen)** tie (untie *od.* undo) a knot; **die Krawatte zu e-m ~ binden** knot one's tie; *fig. colloq.* **bei ihm ist endlich der ~ geplatzt** a) (*er hat begriffen*) he has caught on at last, b) (*er wächst*) he is finally beginning to grow; → **gordisch. 2.** *fig. in Romanen etc*: (centre of the) plot; **die Schürzung des ~s** the weaving of the plot, epitasis; **den ~ schürzen (lösen)** weave (unravel) the plot; **der ~ der Handlung schürzt sich** the plot thickens. **3.** *mar.* knot; **das Schiff macht 20 ~** the ship does 20 knots. **4.** (*Haar*♀) knot, bun. **5.** *bot. med.* knot, node, nodule. **6.** *astr. phys.* node. **7.** *math.* point of intersection. **8.** *tech.* knot. **9.** *Textil. in Wolle, Tuch etc*: knot, *in Baumwollfasern*: nep, *bes. in Seide*: nib, (*Noppe*) nap. **10.** → **Knotenpunkt.** ˈ**kno·ten I** *v/t* ⟨h⟩ knot, make a knot in, (*zs.-binden*) tie (*od.* bind) *s. th.* (together). **II** *v/i u.* **sich ~** *v/reflex* knot, become knotted.

ˈ**Kno·ten**|͵**amt** *n teleph.* minor exchange. **~͵bahn͵hof** *m* junction station. ♀͵**för·mig** *adj* knotlike, knot-shaped, *med.* nodular, *zo.* nodiform. **~͵punkt** *m* **1.** *rail.* junction, *von Straßen*: *a.* point of intersection. **2.** *von Handel, Verkehr etc*: cent/re (*Am.* -er). **3.** *math. tech.* panel point. **4.** *math. phys.* nodal point. **5.** *astr.* node. **6.** *von Nerven*: ganglion. **~͵schnur** *f meist pl*, **~͵schrift** *f archeol.* quipu. **~͵stock** *m* gnarled stick.

Knö·te·rich [ˈknøːtərɪç] *m* ⟨-(e)s; -e⟩ *bot.* knotgrass.

ˈ**kno·tig** *adj* **1.** knotty (*a. fig. Problem*), knotted. **2.** *med.* nodular, papular, arthritic. **3.** *bot.* knotty, nodose. **4.** *fig. colloq.* rough(-necked), coarse. **5.** → knorrig 1.

Know-how [noʊˈhaʊ; ˈnəʊhaʊ] (*Engl.*) *n* ⟨-[s]; *no pl*⟩ *bes. tech.* know-how.

Knuff [knʊf] *m* ⟨-(e)s; ⸚e⟩ *colloq.* punch, poke, thump, *leichter, heimlicher*: cuff, nudge; **j-m e-n ~ geben** → ˈ**knuf·fen** *v/t* ⟨h⟩ *colloq.* **j-n ~** punch (*od.* poke) s. o., *heimlich*: nudge s. o.; **j-n in die Rippen ~** dig s. o. in the ribs.

Knülch [knʏlç] *m* ⟨-s; -e⟩ *colloq. contp.* bloke, fellow, bird, *Am.* guy.

knül·len [ˈknʏlən] **I** *v/t* ⟨h⟩ crumple. **II** *v/i* crease, crumple.

ˈ**Knül·ler** *m* ⟨-s; -⟩ *colloq.* (*Film etc*) (big *od.* great) hit, (*tolle Sache*) *a.* wow, humdinger, riot, (*Witz*) gag, *Journalismus*: scoop, (*Verkaufsschlager*) (big) hit, moneymaker.

ˈ**Knüpf**͵**ar·beit** *f* knotwork.

knüp·fen [ˈknʏpfən] **I** *v/t* ⟨h⟩ **1.** (*Knoten*) tie, make, (*Teppich*) knot, (*Netz*) *a.* mesh. **2.** (*befestigen*) (**an** *acc* to) attach, fasten. **3.** *fig.* **et. ~ an** (*acc*) connect (*od.* tie up, link) s. th. with, (*hinzufügen*) add s. th. to; **e-e Bedingung an et. ~** make s. th. subject to a condition; **Hoffnungen (Erwartungen) an et. ~** have great hopes (expectations) for s. th. **4.** *fig.* form; **zarte Bande ~** form a sentimental attachment; **Freundschaftsbande ~** become friends; **die Bande der Freundschaft enger ~** tighten the bond(s) of friendship. **II** *v/reflex* **5.** *fig.* **sich ~ an** (*acc*) be attached to, be linked (*od.* connected, tied up) with, (*folgen aus*) arise from; **daran ~ sich keinerlei Bedingungen** no conditions whatsoever are attached to it, *colloq.* there are no strings attached; **für mich ~ sich an dieses Lied ganz bestimmte Vorstellungen (Erinnerungen)** this song has very definite associations (memories) for me.

Knüp·pel [ˈknʏpəl] *m* ⟨-s; -⟩ **1.** heavy stick, cudgel, club, (*Polizei*♀) truncheon, *bes. Am.* club, nightstick, *colloq.* billy; *fig.* **Politik des großen ~s** big-stick policy; **j-m e-n ~ zwischen die Beine werfen** put a spoke in s. o.'s wheels. **2.** *aer.* control stick, *colloq.* (joy)stick. **3.** *metall.* billet. **4.** (*Holzscheit*) stick, log. **5.** *dial.* French roll. **~͵damm** *m* log (*Am. a.* corduroy) road. ♀ˈ**dick** *adj u. adv colloq.* **ich hab's ~** I am sick and tired of it; **es kommt immer gleich ~** it never rains but it pours. ♀ˈ**hart** *adj colloq.* (as) hard as a stone. **~͵herr·schaft** *f* club law (*od.* rule).

knüp·peln [ˈknʏpəln] *v/t* ⟨h⟩ beat (with a stick, *etc*), cudgel.

ˈ**Knüp·pel**|͵**schal·tung** *f mot.* floor-type gear change (*bes. Am.* gearshift), floor shift. **~͵steue·rung** *f aer.* stick control. ♀ˈ**voll** *adj colloq.* chockful, crammed.

knur·ren [ˈknʊrən] **I** *v/i* ⟨h⟩ **1.** *Tier, Mensch*: growl, *wütend*: snarl. **2.** *fig.* (**über** *acc* at) (*grunzen*) grunt, (*murren*) grumble. **3.** *Magen*: rumble; **ihm knurrte der Magen (vor Hunger)** his stomach was rumbling (with hunger); **mir knurrt der Magen** I'm famished. **II** *v/t* **4.** growl, snarl. **5.** *fig. colloq.* grumble. **III** ♀ *n* ⟨-s⟩ **6.** growl(ing), snarl(ing). **7.** *des Magens*: rumble, *im Magen*: rumbling noise. **8.** *fig. colloq.* grumble.

ˈ**Knurr**|͵**fisch** *m* grunt. **~͵hahn** *m ichth.* gurnard, sea robin.

ˈ**knur·rig** *adj Person*: grumbling, grumpy, grouchy, *Antwort, Ton etc*: gruff.

ˈ**Knus·per**͵**häus·chen** *n* gingerbread house. ˈ**knus·pe·rig** *adj* **1.** *Brötchen etc*: crisp, crackling, crunchy; **~ gebraten** roasted nice and crisp. **2.** *fig. colloq. Mädchen*: appetizing, young and sweet, *sl.* dishy. ˈ**Knus·per**͵**keks** *m, n* cracknel. **knus·pern** [ˈknʊspərn] *v/t u. v/i* ⟨h⟩ nibble. ˈ**knus·prig** *adj* → **knusperig.**

Knu·te [ˈknuːtə] *f* ⟨-; -n⟩ knout, whip; *fig.* **unter der ~ seufzen** sigh under the whip; **unter j-s ~ stehen** (*od.* **leben**) be under s. o.'s thumb (*od.* heel); **er hat ihn unter s-r ~** he has got him under his thumb. ˈ**knu·ten** *v/t* ⟨h⟩ **1. j-n ~** knout s. o., flog s. o. **2.** *fig. lit.* enslave, oppress, tyrannize.

knut·schen [ˈknuːtʃən] *v/t u. v/i* ⟨h⟩ *colloq.* hug and kiss, pet, neck, smooch. **Knut·sche'rei** *f* ⟨-; *no pl*⟩ (constant) hugging and kissing, petting, necking, smooching. ˈ**Knutsch**͵**fleck** *m* love bite, strawberry.

Knüt·tel [ˈknʏtəl] *m* ‹-s; -› → Knüppel 1, 4. **~ˌvers** *m* → Knittelvers.

k. o. [kaːˈˀoː] *adj* ‹*pred*› *Boxen*: knocked out, k. o.; ~ **sein** (*od.* **gehen**) be knocked out; **j-n ~ schlagen** knock s. o. out, K. O. (*od.* k. o.) s. o.; *fig. colloq.* **ich bin völlig ~** I am all beat (*od.* whacked).

K. o. [kaːˈˀoː] *m* ‹-(s); -s› *Boxen*: knockout, K. O., k. o.; **technischer ~** technical knockout, T.K.O.

Ko·agu|la·ti·on [koˀagulaˈtsǐoːn] *f* ‹-; -en› *chem. med.* coagulation, clotting. **≈ˈlie·ren** [-ˈliːrən] *v/i* ‹*no* **ge-, h**› coagulate, clot.

ko·alie·ren [koˀaˈliːrən] *v/i* ‹*no* **ge-, h**› *pol.* form a coalition. **Ko·ali·ti·on** [koˀaliˈtsǐoːn] *f* ‹-; -en› coalition; **Große (Kleine) ~** Great (Little) Coalition.

Ko·ali·tiˈons|ˌbil·dung *f* formation of a coalition. **~ˌebe·ne** *f* (**auf ~** on [a]) coalition level. **~ˌfrei·heit** *f* freedom of association. **~geˌsprä·che** *pl* coalition talks. **~parˌtei** *f* coalition party. **~ˌrecht** *n econ. jur.* right of combination (*od.* association). **~reˌgie·rung** *f* coalition government, *Am.* fusion administration.

ko·axi·al [koˀaˈksǐaːl] *adj math. tech.* coaxial, concentric.

Ko·balt [ˈkoːbalt] *n* ‹-(e)s; *no pl*› *chem.* cobalt. **~ˌblau I** *n*, **II** ≈ *adj* cobalt blue. **~ˌblü·te** *f min.* cobalt bloom, erythrite. **~ˌbom·be** *f* cobalt bomb. **~ˌfar·be** *f* cobalt blue. **~ˌglanz** *m min.* cobaltine. **~ˌglas** *n* smalt, cobalt glass. **~ˌgrün** *n* cobalt green, green smalt. **~kaˌno·ne** *f med.* cobalt bomb. **~ˌkies** *m min.* cobalt pyrites.

Ko·ben [ˈkoːbən] *m* ‹-s; -› **1.** (*Schweine≈*) pigsty. **2.** cage, coop. **3.** shed.

Ko·ber [ˈkoːbər] *m* ‹-s; -› *dial.* basket, hamper.

Ko·bold [ˈkoːbɔlt] *m* ‹-(e)s; -e› **1.** (hob)goblin, pixie, sprite, imp. **2.** *fig. colloq.* (little) imp (*od.* monkey). **≈ˌar·tig** *adj* like a (hob)goblin, impish.

Ko·bolz [koˈbɔlts] *m dial.* **~ schießen** turn a somersault, turn somersaults.

Ko·bra [ˈkoːbra] *f* ‹-; -s› *zo.* cobra.

Koch [kɔx] *m* ‹-(e)s; ¨-e› (male) cook, (*Küchenchef*) chef; **viele Köche verderben den Brei** too many cooks spoil the broth; → **Hunger** 1. **~ˌap·fel** *m* cooking apple. **~ˌbuch** *n* cookbook. **≈ˌecht** *adj Farben*: fast.

ˈKö·chel·verˌzeich·nis [ˈkœçəl-] *n mus.* (*der Werke Mozarts*) Köchel list(ing) (*od.* catalog[ue *Br.*]), K.

ko·chen [ˈkɔxən] **I** *v/i* ‹**h**› **1.** *Speise*: be cooking, *langsam*: simmer, *Flüssiges*: boil, be boiling; **die Milch kocht** *a.* the milk is on the boil; **zu lange gekocht haben** be overdone; **et. auf kleiner Flamme ~ lassen** let s. th. simmer (*od.* cook slowly); *fig.* **die See kochte** the sea was raging; *colloq.* **er kochte innerlich (vor Wut)** he was boiling with rage; **vor Hitze ~** *Stadt etc*: be sweltering. **2.** (*Speisen zubereiten*) cook, do the cooking. **II** *v/t* **3.** (*Fleisch, Gemüse etc*) cook, (*Eier, Wasser, a. Wäsche etc*) boil, (*zubereiten*) make, (*Kaffee, Tee etc*) *a.* brew. **4.** (*Leim, Farblösung etc*) boil, heat. **III** *v/reflex* **sich ~ 5.** cook; **diese Kartoffeln ~ sich gut** *a.* these potatoes are good cookers. **IV** *v/impers* **6.** *fig. colloq.* **es kochte in** (*od.* **bei**) **ihm** he was boiling with rage. **V** ≈ *n* ‹-s› **7.** boiling; **zum ≈ bringen** a) **et.**: bring s. th. to the boil, b) *fig.* **j-n**: make s. o.'s blood boil; **die Volksseele zum ≈ bringen** stir up the masses; **et. am ≈ haben** *a. fig. colloq.* have s. th. on the boil. **8.** cooking. **9.** *ped.* cookery. **10.** *Papierherstellung*: digesting.

ˈko·chend I *adj Wasser etc*: boiling, *fig. See etc*: *a.* raging; **~ vor Wut** boiling with rage. **II** *adv* **~ heiß** boiling (*od.* scalding) hot. **~ˈheiß** *adj Wasser etc*: boiling (*od.* scalding) hot, *Suppe etc*: *a.* piping hot.

ˌKo·chendˈwas·ser-Au·toˌmat *m* rapid-boiling water heater.

ˈKo·cher *m* ‹-s; -› **1.** cooker, burner, (*Kochplatte*) hot (*od.* cooking) plate, boiling ring; **~ mit zwei Platten** cooker with two hot plates, two-ring burner. **2.** (*Wasser≈*) electric kettle. **3.** *tech.* cooker, cooking (*od.* boiling) apparatus, *Papierherstellung*: digester.

Kö·cher [ˈkœçər] *m* ‹-s; -› **1.** (*Pfeil≈*) quiver. **2.** *für Golfschläger*: golf bag.

Ko·cheˈrei *f* ‹-; *no pl*› (damned) cooking.

ˈKö·cherˌflie·ge *f* caddis fly.

ˈkoch|ˌfer·tig *adj Suppen etc*: ready-to-cook, instant (*meal, etc*); *Geflügel etc*: oven-ready. **~ˌfest** *adj Wäsche etc*: boilproof, *Farben*: fast. **≈ˌfett** *n* cooking fat. **≈ˌfleisch** *n* boiling (*od.* stewing) meat. **≈geˌfäß** *n* boiling vessel, cooker. **≈geˌle·gen·heit** *f* cooking facilities *pl.* **≈geˌrät** *n* **1.** cooker, cooking appliance. **2.** → **Kochgeschirr** 1. **≈geˌschirr** *n* **1.** cooking (*od.* kitchen) utensils (*od.* things) *pl.* **2.** *mar. mil.* mess tin, canteen, *Am.* mess kit. **≈ˌgut** *n* **1.** food to be cooked. **2.** *Papierherstellung*: cook(ing charge). **≈ˌherd** *m* → **Küchenherd.**

Kö·chin [ˈkœçɪn] *f* ‹-; -nen› (female) cook.

ˈKoch|ˌkennt·nis·se *pl* knowledge *sg* of cooking (*od.* cookery); **ich habe k-e ~** I can't cook. **~ˌkes·sel** *m* kettle, *großer*: cauldron, *tech. a.* boiler. **~ˌki·ste** *f* haybox. **~ˌkunst** *f* (art of) cooking, cookery, culinary art. **~ˌkünst·ler** *m*, **~ˌkünst·le·rin** *f humor.* culinary artist, first-class cook. **~ˌkurs, ~ˌkur·sus** *m* cookery course. **~ˌlöf·fel** *m* cooking spoon; **den ~ schwingen** be busy cooking. **~ˌmüt·ze** *f* chef's hat. **~ˌni·sche** *f* kitchenette. **~ˌplat·te** *f* hot (*od.* cooking) plate. **~ˌpro·be** *f* boiling test. **~ˌpunkt** *m* boiling point. **~reˌzept** *n* (cooking) recipe.

ˈKochˌsalz *n* **1.** common (*od.* table) salt. **2.** *chem.* sodium chloride. **≈ˌarm** *adj* low-salt (*diet, etc*). **~geˌhalt** *m* salt (*od.* sodium chloride) content, salinity. **~in·fu·siˌon** *f med.* saline infusion. **~ˌlö·sung** *f* saline (*od.* salt) solution.

ˈKoch|ˌschin·ken *m* boiled ham. **~ˌschu·le** *f* cooking (*od.* cookery) school. **~ˌstel·le** *f* **1.** campfire site, fireplace, *in der Erde*: cooking pit. **2.** *e-s Kohlenherdes*: ring, *e-s Elektroherdes*: hot (*od.* cooking) plate, *e-s Gasherdes*: burner. **~ˌtopf** *m* cooking pot, (*Kasserolle*) saucepan. **~ˌwä·sche** *f* boilproof laundry. **~ˌzeit** *f* cooking time.

Ko·da [ˈkoːda] *f* ‹-; -s› *metr. mus. phys.* coda.

kod·de·rig [ˈkɔdərɪç], **ˈkodd·rig** *adj colloq.* **1.** sick; **ihm war ~ (zumute)** he felt queasy. **2.** (*frech*) impudent.

Kode [koːt] *m* ‹-s; -s› → **Code.**

Ko·de·in [kodeˈiːn] *n* ‹-s; *no pl*› *chem.* codeine.

Kö·der [ˈkøːdər] *m* ‹-s; -› *Angelsport, hunt.* bait (*a. fig.*), lure, (*Lockvogel*) decoy (*a. fig.*), (*Locktaube*) stool-pigeon; **e-n ~ auslegen** put out a lure; **auf den ~ anbeißen** a) *Fisch*: take (*od.* rise to, nibble at) the bait, b) *fig.* take (*od.* swallow) the bait. **~ˌfisch** *m* bait fish, minnow.

kö·dern [ˈkøːdərn] *v/t* ‹**h**› *allg.* bait, decoy (*beide a. fig.*), (*Tiere*) *a.* lure; *fig.* **er läßt sich nicht ~** he won't take the bait.

ˈKö·derˌwurm *m* lugworm.

Ko·dex [ˈkoːdɛks] *m* ‹-es *u.* -; -e *u.* -dizes [-ditsɛs]› **1.** old manuscript, codex. **2.** *jur.* code, codex, body of laws. **3.** *fig.* code (*of conduct, etc*).

Ko·di·fi|ka·ti·on [kodifikaˈtsǐoːn] *f* ‹-; -en› *bes. jur.* codification. **≈ˈzie·ren** [-ˈtsiːrən] *v/t* ‹*no* **ge-, h**› codify, code. **≈ˈziert** *adj* codified; **~es Recht** *a.* statute law. **~ˈzie·rung** *f* ‹-; -en› codification.

Ko·di·zill [kodiˈtsɪl] *n* ‹-s; -e› *jur.* codicil.

Ko·edu·ka·ti·on [koˀedukaˈtsǐoːn] *f* ‹-; *no pl*› coeducation. **Ko·edu·ka·tiˈonsˌschu·le** *f* coeducational (*bes. Br.* mixed) school.

Ko·ef·fi·zi·ent [koˀɛfiˈtsǐɛnt] *m* ‹-en; -en› *math. phys.* coefficient.

ko·er·zi·tiv [koˀɛrtsiˈtiːf] *adj phys.* coercive.

Ko·exi|stenz [ˈkoːˀɛksɪstɛnts; koˀɛksɪsˈtɛnts] *f* ‹-; -en› (**friedliche ~** peaceful) coexistence. **≈ˈstie·ren** [koˀɛksɪsˈtiːrən; ˈkoː-] *v/i* ‹*no* **ge-, h**› coexist.

Kof·fe·in [kɔfeˈiːn] *n* ‹-s; *no pl*› *chem.* caffeine. **≈ˌfrei** *adj* decaffeinated, caffeine-free.

Kof·fer [ˈkɔfər] *m* ‹-s; -› **1.** (*Hand≈*) suitcase, travel(l)ing bag (*od.* case), bag, valise, *Am. a.* grip, *kleiner*: *a.* overnight bag (*od.* case), (*großer ~, Übersee≈*) trunk, (*Schrank≈*) wardrobe trunk; **die ~ packen** a) pack one's things, b) (*abreisen*) depart, leave, c) *fig. colloq.* pack up; **die ~ zur Bahn bringen** take one's luggage to the station. **2.** *mil. sl.* (*schweres Geschoß*) heavy stuff. **3.** *civ. eng.* (*Straßen≈*) roadbed. **4.** → **Koffergerät.** **~ˌanˌhän·ger** *m* luggage tag. **~ap·paˌrat** *m* → **Koffergerät.**

Köf·fer·chen [ˈkœfərçən] *n* ‹-s; -› *dim. of* Koffer 1.

ˈKof·fer|ˌdamm *m civ. eng. mar.* cofferdam. **~empˌfän·ger** *m* → **Kofferradio.** **~ˌfernˌse·her** *m* portable (television set *od.* T. V.). **~geˌrät** *n Radio, TV*: portable (set). **~gram·moˌphon** *n* portable record-player. **~ˌra·dio** *n* portable radio (set), portable. **~ˌraum** *m mot.* (luggage-)boot, *Am.* trunk (compartment). **~ˌraumˌleuch·te** *f* boot (*Am.* trunk) light. **~ˌrie·men** *m* trunk strap. **~ˌschließˌfach** *n* (automatic) luggage locker, *Am.* (self-service) baggage locker. **~ˌschreib·maˌschi·ne** *f* portable (typewriter). **~ˌträ·ger** *m* porter.

Ko·gnak [ˈkɔnjak] *m* ‹-s; -s, *rare a.* -e› *echter*: Cognac, (*Weinbrand*) (French) brandy, cognac. **~ˌboh·ne** *f* brandy chocolate. **~ˌschwen·ker** *m* (brandy) balloon, *Am. a.* snifter.

ko·ha·bi·tie·ren [kohabiˈtiːrən] *v/i* ‹*no* **ge-, h**› cohabit, have (sexual) intercourse.

Ko·hä·renz [kohɛˈrɛnts] *f* ‹-; *no pl*› *bes. phys.* coherence.

Ko·hä·si·on [kohɛˈzǐoːn] *f* ‹-; *no pl*› *phys. psych.* cohesion. **Ko·hä·siˈonsˌkraft** *f bes. phys.* cohesiveness, cohesive force.

Kohl [koːl] *m* ‹-(e)s; -e› **1.** *bot.* cabbage; *fig. colloq.* **das ist aufgewärmter ~** that's old hat, that's an old (*od.* a raked-up) story; **das macht den ~ auch nicht fett** that won't help much, a fat lot it helps. **2.** ‹*only sg*› *fig. colloq.* (*Unsinn*) rubbish, rot; → *a.* **Quatsch.** **~ˌdampf** *m* ‹-(e)s; *no pl*› *colloq.* ravenous hunger, missmeal cramps *pl*; **~ haben** *a.* be famished; **~ schieben** go hungry, be starving, have nothing to bite.

Koh·le [ˈkoːlə] *f* ‹-; -n› **1.** coal(s *pl*); **glimmende ~(n)** embers; **ausgeglühte ~(n)** cinders; → **feurig** 1, **glühend** 1.

2. ‹only sg› (*Stein*2) coal; **fette** ~ fat (*od.* bituminous, soft) coal; **magere** ~ lean coal; *fig.* **weiße** ~ white coal, water-power; ~ **abbauen** (*od.* **fördern**) mine (*od.* extract) coal; **sich in** ~ **verwandeln** turn into coal, carbonize. 3. ‹*only sg*› (*Holz*2) charcoal; ~ **brennen** make charcoal; **tierische** (*od.* **medizinische**) ~ animal charcoal. 4. ‹*only sg*› *Kunst*: charcoal, *aus Rebenholz*: vine black; **mit** ~ **zeichnen** (draw with) charcoal. 5. *electr.* carbon. 6. *fig. colloq.* (*Geld*) dough, bread, *Br. a.* lolly; **Hauptsache, die** ~**n stimmen** it's all right as long as the cash comes in. ~**anˌode** *f electr.* carbon anode. 2ˌ**ar·tig** *adj* carbonaceous. ~ˌ**bür·ste** *f electr.* carbon brush. ~**elekˌtro·de** *f* carbon electrode. ~ˌ**fa·den** *m* carbon filament. ~ˌ**fil·ter** *n, m* charcoal filter. 2ˌ**füh·rend** *adj geol.* carboniferous. 2ˌ**hal·tig** *adj* carboniferous, *Bergbau*: containing coal.

ˈ**Koh·le·hyˌdrat** *n* carbohydrate. 2ˌ**reich** *adj Kost*: rich in carbohydrates, starchy.

ˈ**Koh·le|hyˌdrie·rung** *f chem. tech.* hydrogenation of coal. ~ˌ**kraftˌwerk** *n* coal power station. ~**mi·kroˌphon** *n* carbon microphone.

koh·len[1] [ˈkoːlən] **I** *v/i* ‹h› 1. *Holz*: char, *Docht etc*: not to burn properly, smoke. 2. *mar.* (*Kohle übernehmen*) coal. **II** *v/t* 3. (*Holz*) char, carbonize. ˈ**koh·len**[2] *v/i* ‹h› *colloq.* talk rubbish (*od.* rot), blather, (*schwindeln*) tell fibs; **er kohlt nur** he's only kidding.

ˈ**Koh·len|ˌasche** *f* ashes *pl* of coal, cinders *pl.* ~ˌ**becken** (*getr.* -k·k-) *n* 1. coal pan, brazier. 2. *geol.* coal basin. 3. → Kohlenrevier 2. 2**beˌheizt** *adj* coal-fired, *Wohnung etc*: heated by coal. ~ˌ**bergˌbau** *m* coal mining. ~ˌ**berg-ˌwerk** *n* coal mine (*od.* pit), colliery. ~ˌ**bren·ner** *m* charcoal burner. ~ˌ**bun·ker** *m* coal bunker. ~**di·oxyd** [-diʔɔˌksyːt] *n chem.* carbon dioxide. ~ˌ**ei·mer** *m* coalscuttle. ~ˌ**feue·rung** *f* coal firing (*od.* fire). ~ˌ**flöz** *n* coal bed (*od.* seam). ~ˌ**för·de·rung** *f* 1. (*Produktion*) coal output. 2. (*Vorgang*) winning (*od.* extraction) of coal, coal getting; ~ **pro Mann und Schicht** output per man shift, OMS. ~**for·ma·tiˌon** *f geol.* Carboniferous (period *od.* system). ~ˌ**gas** *n* coal gas. ~**geˌbir·ge** *n geol.* coal measures *pl.* ~ˌ**glut** *f* live (*od.* burning) coals *pl.* ~ˌ**gru·be** *f* → Kohlenbergwerk. ~-ˌ**grus** *m* (coal) slack. ~ˌ**hal·de** *f meist pl* coal stock(s *pl*), coal dump. ~ˌ**händ·ler** *m* coal dealer. ~ˌ**hand·lung** *f* coal merchant's business. ~ˌ**hau·er** *m* faceman. ~ˌ**hei·zung** *f* coal heating (system). ~ˌ**herd** *m* coal-burning (kitchen) range. ~ˌ**ka·sten** *m* coal box, coal bin. ~ˌ**kel·ler** *m* coal cellar. ~ˌ**knapp·heit** *f* coal shortage. ~ˌ**la·ger** *n* 1. → Kohlenflöz. 2. coal depot. ~ˌ**man·gel** *m* → Kohlenknappheit. ~ˌ**mei·ler** *m* charcoal pile. ~**mon·oxyd** [-monɔˌksyːt] *n* carbon monoxide. ~ˌ**ofen** *m* coal-burning stove, coalstove. ~**oxyd** [-ʔɔˌksyːt] *n* carbon monoxide. ~ˌ**pott, der** *colloq.* the Ruhr coal basin. ~**reˌvier** *n* 1. coalfield. 2. coal region, coal-mining district. 2ˌ**sau·er** *adj chem.* of (*od.* combined with) carbonic acid, carbonic; **kohlensaurer Kalk** carbonate of lime, calcium carbonate; **kohlensaures Natrium** sodium carbonate, soda; **kohlensaures Salz** carbonate; **kohlensaures Wasser** aerated (*od.* carbonated) water.

ˈ**Koh·lenˌsäu·re** *f chem.* carbonic acid, *in Getränken*: carbon dioxide; **Getränk mit** ~ *a.* fizzy drink; **Verbindung mit** ~ carbonation; **mit** ~ **sättigen** (*od.* **verbinden**) carbonate. 2ˌ**hal·tig** *adj* containing carbonic acid, carbonated; ~**es Wasser** carbonated (*od.* aerated) water. ~ˌ**salz** *n chem.* carbonate. ~ˌ**schnee** *m* carbon-dioxide snow, dry ice.

ˈ**Koh·len|ˌschacht** *m* coal pit. ~ˌ**schau·fel** *f* coal scoop (*od.* shovel). ~ˌ**schicht** *f* layer of coal. ~ˌ**schie·fer** *m* coal slate. ~ˌ**schlacke** (*getr.* -k·k-) *f* (coal) cinder, coal slag. ~ˌ**schlep·per** *m* 1. *mar.* coal lighter. 2. *Bergbau*: coal transfer car. ~ˌ**schüt·te** *f* coal shoot (*od.* chute). ~**sta·tiˌon** *f mar.* coaling station.

ˈ**Koh·lenˌstaub** *m* 1. coal dust. 2. *tech.* pulverized coal. ~**ex·plo·siˌon** *f* coal-dust explosion. ~ˌ**feue·rung** *f* pulverized-coal firing. ~ˌ**lun·ge** *f med.* (coal) miner's lung, anthracosis. ~ˌ**mo·tor** *m* pulverized-fuel engine.

ˈ**Koh·lenˌstoff** *m* ‹-(e)s; *no pl*› *chem.* carbon; **Verbindung mit** ~ carbonization. 2ˌ**arm** *adj* having a low carbon content, low-carbon (*steel, etc*). ~(**14**)-**Daˌtie·rung** [ˌkoːlənˌʃtɔf (ˈfɪrˌtseːn)-] *f archeol.* carbon-fourteen (*od.* [radio-]carbon) dating. 2ˌ**hal·tig** *adj* carbonic, carbonaceous. 2ˌ**reich** *adj* rich in carbon, high-carbon. ~ˌ**stahl** *m* carbon steel.

ˈ**Koh·len|ˌstoß** *m Bergbau*: coal face. ~ˌ**teer** *m* coal tar. ~ˌ**überˌnah·me** *f mar.* coaling. ~ˌ**vorˌkom·men** *n geol.* coal deposit(s *pl*). ~ˌ**wa·gen** *m* 1. *rail.* coal waggon, *Am.* coal car, *e-r Lokomotive*: tender. 2. coal lorry (*Am.* truck).

ˌ**Koh·lenˈwas·serˌstoff** *m chem.* hydrocarbon. ~ˌ**gas** *n* hydrocarbon (gas).

ˈ**Koh·lenˌze·che** *f* → Kohlenbergwerk.

ˈ**Koh·le·paˌpier** *n* carbon (paper).

Köh·ler [ˈkøːlər] *m* ‹-s; -› 1. charcoal burner. 2. → Köhlerfisch. **Köh·leˈrei** *f* ‹-; -en› charcoal plant.

ˈ**Köh·ler|ˌfisch** *m* coalfish, black cod. ~ˌ**glau·be** *m* simple faith.

ˈ**Koh·le|ˌstab** *m electr.* carbon (rod). ~ˌ**stift** *m* 1. *paint.* charcoal (pencil). 2. *electr.* carbon (rod). ~**taˌblet·te** *f* charcoal tablet. ~**verˌflüs·si·gung** *f* → Kohlehydrierung. ~ˌ**zeich·nung** *f* charcoal (drawing).

ˈ**Kohl|ˌkopf** *m* (head of) cabbage. ~ˌ**mei·se** *f orn.* great titmouse. 2(ˈ**pech**)ˈ**ra·benˌschwarz** *adj colloq. Augen, Haar etc*: jet(-black), *Hände, Gesicht*: coal-black, (as) black as soot.

Kohl·ra·bi [koːlˈraːbi] *m* ‹-(s); -(s)› *bot.* turnip cabbage, kohlrabi.

ˈ**Kohl|rouˌla·de** *f gastr.* stuffed cabbage (leaf). ~ˌ**rü·be** *f* rutabaga, Swedish turnip, swede. ~**saˌlat** *m* cabbage salad, *bes. Am.* coleslaw. 2ˈ**schwarz** *adj* → kohl(pech)rabenschwarz.

ˈ**Koh·lungsˌmit·tel** *n metall.* carburizer, carburizing agent.

ˈ**Kohlˌweiß·ling** *m* cabbage butterfly.

Ko·hor·te [koˈhɔrtə] *f* ‹-; -n› *antiq. mil.* cohort.

Ko·in·zi·denz [koʔɪntsiˈdɛnts] *f* ‹-; *no pl*› *bes. phys.* coincidence.

ko·itie·ren [koiˈtiːrən] *v/i* ‹*no* **ge-**, h› copulate, have (sexual) intercourse.

Ko·itus [ˈkoːitʊs] *m* ‹-; -› coitus, coition, (sexual) intercourse.

Ko·je [ˈkoːjə] *f* ‹-; -n› 1. *bes. mar.* bunk, berth. 2. *colloq.* bed, bunk.

Ko·jo·te [koˈjoːtə] *m* ‹-n; -n› *zo.* coyote.

Ko·ka [ˈkoːka] *f* ‹-; -› *bot. pharm.* coca (plant).

Ko·ka·in [kokaˈiːn] *n* ‹-s; *no pl*› cocaine, *sl.* snow. **ko·kai·niˈsie·ren** [-iniˈziːrən] *v/t* ‹*no* **ge-**, h› cocainize. **Ko·kaiˈnis·mus** [-iˈnɪsmʊs] *m* ‹-; *no pl*› cocainism.

Ko·kaˈin|ˌsucht *f* cocaine addiction, cocainism. 2ˌ**süch·tig** *adj* addicted to cocaine. ~ˌ**süch·ti·ge** *m, f* ‹-n; -n› cocaine addict, *sl.* snowbird.

Ko·kar·de [koˈkardə] *f* ‹-; -n› *mil.* cockade.

Ko·keˈrei *f* ‹-; -en› coking plant. ~ˌ**gas** *n* coke-oven gas.

ko·kett [koˈkɛt] *adj* ‹-er; -(e)st› coquettish. **Koˈket·te** *f* ‹-; -n› coquette, flirt. **Ko·ket·teˈrie** [-təˈriː] *f* ‹-; -n [-ənl]› coquetry, coquettishness. **ko·ketˈtie·ren** [-ˈtiːrən] *v/i* ‹*no* **ge-**, h› (play the) coquette, flirt; **mit j-m** ~ coquet with s. o.; ~ **mit** a) *hübschen Augen etc*: flirt with, b) *fig. e-m Plan etc*: play (*od.* dally, toy) with; **mit s-m Alter** ~ be fishing for compliments (regarding one's age).

Ko·kil·le [koˈkɪlə] *f* ‹-; -n› *metall.* ingot mo(u)ld, gravity die, iron chill. **Ko-ˈkil·lenˌguß** *m* gravity die-casting.

Kok·ke [ˈkɔkə] *f* ‹-; -n› *biol. med.* coccus.

Kok·kus [ˈkɔkʊs] *m* ‹-; Kokken› *biol. med.* coccus.

Ko·ko·lo·res [kokoˈloːrəs] *m* ‹-; *no pl*› *colloq.* 1. (*Unsinn*) rubbish, rot; → *a.* Quatsch 1. 2. (*Kram, Zeug*) junk, lot.

Ko·kon [koˈkõː] *m* ‹-s; -s› *zo.* cocoon.

Ko·kos [ˈkoːkɔs] *f* ‹-; -›, ~ˌ**baum** *m* → Kokospalme. ~ˌ**but·ter** *f* coconut butter. ~ˌ**fa·ser** *f* fibre (*Am.* fiber) of the coconut, coir. ~ˌ**läu·fer** *m* coco(nut)-matting runner. ~ˌ**milch** *f* coconut milk. ~ˌ**nuß** *f* coco(a)nut, coco(a), *Br. a.* cokernut. ~(ˌ**nuß**)ˌ**öl** *n* coconut oil. ~ˌ**pal·me** *f* coco(nut) tree (*od.* palm), *Am.* corozo.

Ko·kot·te [koˈkɔtə] *f* ‹-; -n› cocotte.

Koks [koːks] *m* ‹-es; -e› 1. (gas) coke. 2. ‹*only sg*› *sl.* a) (*Kokain*) snow, coke, b) (*Geld*) dough, bread, *Br. a.* lolly. 3. *colloq.* bowler (hat), derby. 4. ‹*only sg*› *colloq.* (*Unsinn*) rubbish, rot (→ *a.* Quatsch). ˈ**kok·sen** *v/i* ‹h› 1. *sl.* take cocaine (*od.* snow). 2. *humor.* (*schlafen*) sleep, snore. ˈ**Kok·ser** *m* ‹-s; -› *sl.* snowbird, cocaine addict.

ˈ**Koks|ˌfeue·rung** *f* coke firing. ~ˌ**grus** *m* coke breeze. ~ˌ**hei·zung** *f* coke-firing system. ~ˌ**lö·sche** *f* coke breeze. ~ˌ**ofen** *m* coke furnace, *metall.* coke oven. ~ˌ**ofenˌgas** *n* coke-oven gas.

Ko·kung [ˈkoːkʊŋ] *f* ‹-; *no pl*› *tech.* coking.

Ko·la [ˈkoːla] *f* ‹-; *no pl*› → Kolanuß. ~ˌ**baum** *m* cola (*od.* kola) tree. ~ˌ**nuß** *f* cola (*od.* kola) nut.

Kol·ben [ˈkɔlbən] *m* ‹-s; -› 1. (*Motor*2 *etc*) piston, (*Pumpen*2) plunger, *e-s Holzbohrers*: shank, *e-s Lötapparates*: soldering iron. 2. *chem.* flask, retort. 3. (*Gewehr*2) butt (end). 4. *bot.* spadix, spike, (*Mais*2) cob. 5. *electr.* bulb. 6. *pl hunt.* antlers of deer in velvet. 7. *med. e-r Spritze*: plunger. 8. *colloq.* (*Nase*) conk, (*Kopf*) bean, pate. 9. *hist.* (*Keule*) club, mace. ~ˌ**anˌtrieb** *m* piston drive. ~ˌ**blitz** *m phot.* flashgun, (*Birne*) flashbulb. ~ˌ**dampf·maˌschi·ne** *f* piston steam engine. 2ˌ**för·mig** *adj* club-shaped, *bot.* spadiciform; ~**er Blütenstand** spadix. ~ˌ**fres·sen** *n* piston seizure, seizing of the piston. ~ˌ**hals** *m* 1. *e-s Gewehrs*: small of the stock. 2. *e-s Destillierkolbens*: neck. ~ˌ**hieb** *m* butt stroke. ~ˌ**hub** *m* (piston) stroke, *e-r Pumpe*: plunger stroke. ~ˌ**hubˌraum** *m* piston displacement. ~ˌ**mo·tor** *m* piston engine. ~ˌ**pum·pe** *f* piston (*od.* plunger) pump. ~ˌ**ring** *m* piston ring. ~ˌ**schlag** *m* butt stroke. ~ˌ**spiel** *n tech.* piston play. ~ˌ**stan·ge** *f* piston rod. 2ˌ**tra·gend** *adj bot.* spadiceous. ~**venˌtil** *n* piston valve. ~**ver-ˌdrän·gung** *f* (piston) displacement.

~ˌweg *m* piston travel (*od.* stroke). **~ˌwei·zen** *m* club wheat.

Kol·chi·zin [kɔlçiˈtsiːn] *n* ⟨-s; *no pl*⟩ *chem. pharm.* colchicine.

Kol·chos [ˈkɔlçɔs] *m*, *a. n* ⟨-; -e [-ˈçoːzə]⟩, **Kol·cho·se** [kɔlˈçoːzə] *f* ⟨-; -n⟩ *agr. bes. in der Sowjetunion*: kolkhoz, collective farm.

ˈKo·li|bak·te·rie [ˈkoːli-] *f*, **~baˌzil·lus** *m biol. med.* coli (bacillus).

Ko·li·bri [ˈkoːlibri] *m* ⟨-s; -s⟩ *orn.* humming-bird, colibri.

Ko·lik [ˈkoːlɪk] *f* ⟨-; -en⟩ *med. vet.* colic. **2ˌar·tig** *adj* colic(ky).

Ko·li·tis [koˈliːtɪs] *f* ⟨-; -tiden [-liˈtiːdən]⟩ *med.* colitis.

Kolk [kɔlk] *m* ⟨-(e)s; -e⟩ **1.** *geol.* pothole. **2.** *dial.* deep pool (*od.* pond). **3.** *tech.* crater, pit. **~ˌra·be** *m orn.* (common) raven.

Kol·la [ˈkɔla] *f* ⟨-; *no pl*⟩ *biol. chem.* glue.

kol·la·bie·ren [kɔlaˈbiːrən] *v/i* ⟨*no* **ge-**, **sein**⟩ *med.* collapse, break down, *Lunge etc*: deflate.

Kol·la·bo|ra·teur [kɔlaboraˈtøːr] *m* ⟨-s; -e⟩ *pol.* collaborator, collaborationist. **~ra·tiˈon** [-raˈtsĭoːn] *f* ⟨-; *no pl*⟩ collaboration. **2ˈrie·ren** [-ˈriːrən] *v/i* ⟨*no* **ge-**, **h**⟩ collaborate (with the enemy).

Kol·laps [kɔˈlaps] *m* ⟨-es; -e⟩ *med.* (*a.* **e-n ~ erleiden**) collapse.

kol·la·te·ral [kɔlateˈraːl] *adj* collateral.

Kol·la|ti·on [kɔlaˈtsĭoːn] *f* ⟨-; -en⟩ *von Texten etc, a. R.C.* collation. **2-tioˈnie·ren** [-tsĭoˈniːrən] *v/t* ⟨*no* **ge-**, **h**⟩ collate. **~tioˈnie·rer** *m* ⟨-s; -⟩ collator.

Köl·le [ˈkœlə] *f* ⟨-; -n⟩ *bot.* savory.

Kol·leg [kɔˈleːk] *n* ⟨-s; -s *u.* -ien [-gĭən]⟩ **1.** *univ.* a) (single) lecture, b) course of lectures; **ein dreistündiges ~** a course of three lectures a week, *Am. a.* a 3-credit-course; **ein ~ belegen** register for a course (of lectures); **ein ~ über Geschichte (ab)halten** (*od.* **lesen**) (give a) lecture on history; **das ~ besuchen** (*od.* **hören**), **ins ~ gehen** attend (*od.* go to) the lecture(s). **2.** *R. C.* theological college. **3.** *ped. special secondary school to prepare adults for university admission.*

Kol·le·ge [kɔˈleːgə] *m* ⟨-n; -n⟩ **1.** (*Berufs2*) colleague, *lit.* confrere, *e-s Lehrers*: *a.* fellow teacher, *e-s Arztes*: *a.* fellow doctor; **guten Morgen, Herr ~** good morning, Mr. X; **~ kommt gleich!** s. o. will be right with you, you'll be attended to in a minute; **mein (Herr) ~** a) my dear colleague, b) *jur.* my learned friend. **2.** *humor.* (*Gegenüber*, *~ von der anderen Seite*) opposite number, counterpart. **3.** *colloq.* (*Freund*) chum, pal, mate. **Kolˈle·gen·schaft** *f* ⟨-; -en⟩ (the) colleagues *pl.*

Kolˈleg|ˌgeld *n meist pl* lecture fee. **~ˌheft** *n* lecture notebook.

kol·le·gi·al [kɔleˈgĭaːl] **I** *adj* **1.** *Verhalten etc*: (**j-m gegenüber** to[wards] s. o.) friendly, helpful, cooperative, loyal; **mit ~en Grüßen** *Briefschluß*: Yours sincerely. **2.** *jur. etc* collegial (*system, etc*). **II** *adv* **3.** in a friendly way, loyally (*etc*). **2geˌricht** *n* law court composed of several judges.

Kol·le·gia·li·tät [kɔlegĭaliˈtɛːt] *f* ⟨-; *no pl*⟩ **1.** friendliness, helpfulness, cooperativeness. **2.** loyalty towards one's colleagues.

Kol·le·giˈal|prin|zip *n* collegial principle. **~syˌstem** *n* **1.** *adm.* collegialism (*a. relig.*), collegial method. **2.** *im Management*: board system.

Kolˈle·gin *f* ⟨-; -nen⟩ → **Kollege** 1, 2.

Kol·le·gi·um [kɔˈleːgĭum] *n* ⟨-s; -ien⟩ **1.** *ped.* (teaching) staff, *Am. a.* faculty. **2.** (*Ausschuß*) board, committee, council. **3.** *R. C.* college.

Kolˈlegˌmap·pe *f* (underarm) briefcase.

Kol·lek·te [kɔˈlɛktə] *f* ⟨-; -n⟩ *relig.* **1.** (*Sammlung*) collection. **2.** (*Altargebet*) collect.

Kol·lek·ti·on [kɔlɛkˈtsĭoːn] *f* ⟨-; -en⟩ **1.** *econ.* (*Waren2*) collection, range, (*Muster2*) (set of) samples *pl*, (*Auswahl*) selection, assortment. **2.** *von Briefmarken etc*: collection.

kol·lek·tiv [kɔlɛkˈtiːf] *adj* collective.

Kol·lekˈtiv *n* ⟨-s; -e⟩ **1.** collective, community. **2.** *bes. in sozialistischen Ländern*: collective, cooperative (production) unit. **3.** *sociol.* collective (body). **4.** *print.* composite page. **5.** → **Kollektivlinse.** **~ˌar·beit** *f* teamwork. **~beˌgriff** *m ling.* collective (term). **~beˌtrieb** *m bes. in sozialistischen Ländern*: collective (farm *od.* industrial unit). **~beˌwußtˌsein** *n* collective consciousness. **~deˌlikt** *n jur.* collective crime. **~ˌei·gen·tum** *n* collective ownership (*od.* property). **~ˌgeist** *m* collective spirit. **~geˌsell·schaft** *f Swiss econ.* general partnership.

kol·lek·ti|vie·ren [kɔlɛktiˈviːrən] *v/t* ⟨*no* **ge-**, **h**⟩ *econ. pol.* collectivize. **2ˈvie·rung** *f* ⟨-; -en⟩ collectivization. **2ˈvis·mus** [-ˈvɪsmus] *m* ⟨-; *no pl*⟩ *sociol.* collectivism. **2ˈvist** [-ˈvɪst] *m* ⟨-en; -en⟩ collectivist. **~ˈvi·stisch** *adj* collectivist(ic).

Kol·lekˈtiv|ˌlin·se *f opt.* field (*od.* collective) lens. **~ˌpsy·che** *f* collective mind. **~ˌschuld** *f* collective guilt. **~ˌstra·fe** *f* collective punishment.

Kol·lek·ti·vum [kɔlɛkˈtiːvum] *n* ⟨-s; -va [-va] *u.* -ven⟩ **1.** *ling.* collective (noun). **2.** collective (body).

Kol·lekˈtiv|verˌsi·che·rung *f* group insurance. **~verˌtrag** *m* **1.** *econ.* collective agreement (*od.* contract). **2.** *pol.* collective treaty. **~ˌvollˌmacht** *f jur.* joint power of attorney. **~ˌwirt·schaft** *f bes. in sozialistischen Ländern*: **1.** collective economy. **2.** → **Kollektivbetrieb.**

Kol·lek·tor [kɔˈlɛktɔr] *m* ⟨-s; -en [-ˈtoːrən]⟩ *electr.* collector, commutator. **~ˌmo·tor** *m* commutator motor.

Kol·lek·tur [kɔlɛkˈtuːr] *f* ⟨-; -en⟩ *Austrian Lotto*: receiving agency.

Kol·ler[1] [ˈkɔlər] *m* ⟨-s; -⟩ **1.** *vet.* (blind *od.* mad) staggers *pl* (*meist als sg konstruiert*), megrims *pl.* **2.** *colloq.* (*Wutanfall*) rage, tantrum; **e-n ~ bekommen** (*od.* **kriegen**) fly into a rage (*od.* tantrum), blow one's top.

ˈKol·ler[2] *n* ⟨-s; -⟩ **1.** *obs. u. dial.* wide collar, cape. **2.** *hist.* jerkin, *mil.* buffcoat. **3.** *fenc.* collar.

ˈKol·lerˌgang *m tech.* edge mill.

kol·lern[1] [ˈkɔlərn] *v/i* ⟨**h**⟩ **1.** *Truthahn etc*: gobble, *Taube*: coo. **2.** *Magen, Darm*: rumble. **3.** *colloq.* be in a tantrum, rage, storm. **4.** *vet.* have the (blind *od.* mad) staggers.

ˈkol·lern[2] *v/i* ⟨**sein**⟩ *u.* *v/t* ⟨**h**⟩ (*rollen*) roll.

kol·li·die·ren [kɔliˈdiːrən] *v/i* ⟨*no* **ge-**, **h** *u.* **sein**⟩ (**mit** with) **1.** ⟨**sein**⟩ *Fahrzeuge*: collide. **2.** ⟨**h**⟩ *fig. Interessen, Abmachungen etc*: collide, clash. **~d** *adj bes. fig.* colliding, clashing.

Kol·li·er [kɔˈlĭeː] *n* ⟨-s; -s⟩ **1.** necklace. **2.** (*Pelzkragen*) necklet.

Kol·li|ma·ti·on [kɔlimaˈtsĭoːn] *f* ⟨-; -en⟩ *astr. phys.* collimation. **~ˈma·tor** [-ˈmaːtɔr] *m* ⟨-s; -en [-maˈtoːrən]⟩ collimator.

Kol·li·si·on [kɔliˈzĭoːn] *f* ⟨-; -en⟩ **1.** *von Fahrzeugen*: collision. **2.** *fig. von Interessen etc*: collision, clash, *a. jur.* conflict, *zeitliche*: clash, coincidence.

Kol·li·siˈons|ˌdich·te *f nucl.* collision density. **~ˌkurs** *m aer. mar. u. fig.* (**auf ~** on a) collision course. **~ˌschott** *n mar.* collision bulkhead. **~ˌzahl** *f nucl.* collision frequency per unit.

Kol·lo [ˈkɔlo] *n* ⟨-s; -s *u.* Kolli [-li]⟩ *econ.* parcel, package, bale of goods.

Kol·lo·di·um [kɔˈloːdĭum] *n* ⟨-s; *no pl*⟩ *chem.* collodion. **~ˌwol·le** *f* collodion cotton, pyroxilin(e).

Kol·lo·id [koloˈiːt] *n* ⟨-(e)s; -e⟩ *chem.* colloid. **kol·loˈid, kol·loiˈdal** [-loiˈdaːl] *adj* colloid(al). **Kol·loˈid·cheˌmie** *f* colloid chemistry.

Kol·lo·qui·um [kɔˈloːkvĭum] *n* ⟨-s; -en⟩ colloquium, colloquy.

Kol·lu·si·on [kɔluˈzĭoːn] *f* ⟨-; -en⟩ *jur.* collusion.

Köl·ner [ˈkœlnər] **I** *m* ⟨-s; -⟩ native (*od.* inhabitant) of Cologne. **II** *adj* ⟨*undeclined*⟩ (of) Cologne; **der ~ Dom** Cologne Cathedral.

köl·nisch [ˈkœlnɪʃ] **I** *adj* (of) Cologne; **2es** (*od.* **2**) **Wasser** → **Kölnischwasser.** **II** *ling.* **2** ⟨*generally undeclined*⟩, **das 2e** ⟨-n⟩ the Cologne dialect. **2ˌwas·ser** *n* ⟨-s; *no pl*⟩ eau-de-Cologne, Cologne (water).

Ko·lom·bi·ne [kolɔmˈbiːnə] *f* ⟨-; -n⟩ *thea.* Columbine.

Ko·lon [ˈkoːlɔn] *n* ⟨-s; -s *u.* Kola [-la]⟩ *anat. ling.* colon.

Ko·lo·nel [koloˈnɛl] *f* ⟨-; *no pl*⟩ *print.* (*Schriftgrad*) minion.

ko·lo·ni·al [koloˈnĭaːl] *adj* colonial.

Ko·lo·niˈal... *in Zssgn* colonial. **~geˌsell·schaft** *f* **1.** promotion company for colonies. **2.** colonization and administration company for colonies.

Ko·lo·nia·lis·mus [kolonĭaˈlɪsmus] *m* ⟨-; *no pl*⟩ *pol.* colonialism.

Ko·lo·niˈalˌwa·ren *pl* groceries, *aus den Kolonien*: colonial goods (*od.* produce *sg*). **~geˌschäft** *n* grocer's (shop), *bes. Am.* grocery; **im ~** at the grocer's. **~ˌhan·del** *m* grocer's (*od.* grocery) trade. **~ˌhänd·ler** *m* grocer; **beim ~** at the grocer's. **~ˌhand·lung** *f* grocer's (shop), *bes. Am.* grocery.

Ko·lo·niˈalˌzeit *f* colonial age.

Ko·lo·nie [koloˈniː] *f* ⟨-; -n [-ən]⟩ *allg., a. bot. zo.* colony, (*Neuansiedlung*) settlement. **ko·loˈni·enˌbilˌdend** *adj bot. zo.* colonial.

Ko·lo·ni|sa·ti·on [kolonizaˈtsĭoːn] *f* ⟨-; *no pl*⟩ colonization, *im eigenen Land*: settlement, developing of unsettled areas; **innere ~** settlement of the interior. **~ˈsa·tor** [-ˈzaːtɔr] *m* ⟨-s; -en [-zaˈtoːrən]⟩ colonizer. **2saˈto·risch** [-zaˈtoːrɪʃ] *adj* colonizing. **2ˈsie·ren** [-ˈziːrən] *v/t* ⟨*no* **ge-**, **h**⟩ (*Land etc*) colonize, (*besiedeln*) settle, (*erschließen*) develop. **~ˈsie·rung** *f* ⟨-; *no pl*⟩ colonization, settlement, settling, development.

Ko·lo·nist [koloˈnɪst] *m* ⟨-en; -en⟩ colonist, settler.

Ko·lon·na·de [kolɔˈnaːdə] *f* ⟨-; -n⟩ *arch.* colonnade; **mit ~(n) (versehen)** colonnaded.

Ko·lon·ne [koˈlɔnə] *f* ⟨-; -n⟩ **1.** *mil.* column, *von Fahrzeugen*: *a.* convoy; **schnelle ~** flying column; **in geschlossener ~** in close(d) column. **2.** (*Auto2*) column, queue, line; (**in e-r**) **~ fahren** drive in a column (*od.* queue, in line, *mil.* in convoy); **aus der ~ ausbrechen** jump the queue. **3.** (*Arbeiter2*) gang, crew. **4.** *fig. pol.* **die Fünfte ~** the Fifth Column. **5.** *print. math.* column. **6.** (*Destillierapparat*) column.

Koˈlon·nen|ˌfah·ren *n mot.* driving in a queue (*od.* in line, *mil.* in convoy). **~ˌfüh·rer** *m* **1.** *mil.* leader of a column. **2.** (gang) foreman. **~ˌsprin·ger** *m mot. colloq.* queue jumper. **~ˌstel·ler** *m e-r Schreibmaschine*: tabulator. **&ˌwei·se** *adv* in columns.

Ko·lo·phon [koloˈfoːn] *m* ‹-s; -e› *print.* colophon.

Ko·lo·pho·ni·um [koloˈfoːnĭʊm] *n* ‹-s; *no pl*› *chem.* colophony, rosin, (pine) resin.

Ko·lo·ra·tur [koloraˈtuːr] *f* ‹-; -en› *mus.* coloratura. **~ˌarie** *f* coloratura aria. **~ˌsän·ge·rin** *f* coloratura (singer). **~soˌpran** *m* coloratura soprano.

ko·lo·rie|ren [koloˈriːrən] *v/t* ‹*no* **ge-**, **h**› colo(u)r. **&rung** *f* ‹-; *no pl*› **1.** colo(u)ring. **2.** coloration.

Ko·lo·ri|me·ter [koloriˈmeːtər] *n* ‹-s; -› *phys. tech.* colorimeter. **~meˈtrie** [-meˈtriː] *f* ‹-; *no pl*› colorimetry.

Ko·lo|rist [koloˈrɪst] *m* ‹-en; -en› *paint.* colo(u)rist. **&ˈri·stisch** *adj* colo(u)ristic. **~ˈrit** [-ˈriːt; -ˈrɪt] *n* ‹-(e)s; -e› **1.** (*Farbgebung*) colo(u)ring, coloration. **2.** *mus.* (*Klangfarbe*) colo(u)r, timbre. **3.** *fig.* atmosphere, (local) colo(u)r.

Ko·loß [koˈlɔs] *m* ‹-sses; -sse› **1.** colossus, colossal statue; **der ~ von Rhodos** the Colossus of Rhodes; *fig.* **ein ~ auf tönernen Füßen** a colossus with feet of clay. **2.** *fig. colloq.* colossus, giant (of a man).

ko·los·sal [kolɔˈsaːl] **I** *adj* ‹-er; -st› colossal, gigantic, enormous, huge, *fig. colloq. a.* terrific, tremendous. **II** *adv colloq.* tremendously, enormously; **er hat ~ viel gelesen** he has read an awful lot; **das hat ihm ~ imponiert** that impressed him tremendously; **er hält sich für ~ gescheit** he thinks himself mighty clever. **&ˌfilm** *m* super-film, spectacular. **&ˌsta·tue** *f* → **Koloß** 1.

Ko·los·ser [koˈlɔsər] *m* ‹-s; -› Colossian; (**der Brief des Paulus an die**) **~** → **~ˌbrief, der** *Bibl.* the Epistle (of St. Paul) to the Colossians, Colossians *pl* (*als sg konstruiert*).

Ko·los·se·um [kolɔˈseːʊm] *n* ‹-s; *no pl*› *antiq.* the Coliseum.

Ko·lo·strum [koˈlɔstrʊm] *n* ‹-s; *no pl*› *biol.* colostrum.

Kol·por·ta·ge [kɔlpɔrˈtaːʒə] *f* ‹-; -n› **1.** hawking of books, *bes. von Bibeln etc*: colportage. **2.** trashy literature (*od.* books *pl*). **3.** *fig. von Gerüchten*: spreading (of rumo[u]rs), rumo(u)r-mongering. **~li·te·raˌtur** *f* trashy (*od.* cheap, sensational) literature. **~roˌman** *m* trashy (*Am.* dime) novel.

Kol·por|teur [kɔlpɔrˈtøːr] *m* ‹-s; -e› **1.** *fig. colloq.* rumo(u)r-monger. **2.** *archaic* book-hawker. **&ˈtie·ren** [-ˈtiːrən] *v/t* ‹*no* **ge-**, **h**› **1.** (*Gerüchte etc*) spread, circulate, peddle. **2.** *archaic* (*Bücher etc*) peddle, hawk.

Kölsch [kœlʃ] *n* ‹-; *no pl*› **~ sprechen** speak the dialect of the Cologne region.

Kol·ter[1] [ˈkɔltər] *n* ‹-s; -› *am Pflug*: co(u)lter. ˈ**Kol·ter**[2] *m* ‹-s; -›, *f* ‹-; -n› *dial.* quilt.

Ko·lum·bia|ner [kolʊmˈbĭaːnər] *m* ‹-s; -›, **&nisch** [-nɪʃ] *adj* Colombian.

Ko·lum·bi·er [koˈlʊmbĭər] *m* ‹-s; -›, **koˈlum·bisch** [-bɪʃ] *adj* Colombian.

Ko·lum·bit [kolʊmˈbiːt; -ˈbɪt] *m* ‹-s; -e› *min.* columbite.

Ko·lum·ne [koˈlʊmnə] *f* ‹-; -n› *print.* column.

Koˈlum·nen|ˌbrei·te *f print.* measure. **~ˌmaß** *n* **1.** page ga(u)ge. **2.** line ga(u)ge, rule. **~ˌti·tel** *m* (**lebender ~** running) head(line); **toter ~** → **Kolumnenziffer.** **~ˌun·terˌschlag** *m* foot line. **&ˌwei·se** *adv* by columns. **~ˌzif·fer** *f* folio, page number.

Ko·lum·nist [kolʊmˈnɪst] *m* ‹-en; -en› columnist.

Ko·ma[1] [ˈkoːma] *n* ‹-s; -s *u.* -ta [-ta]› *med.* coma. ˈ**Ko·ma**[2] *f* ‹-; -s› *astr. opt.* coma.

Ko·mant·sche [koˈmantʃə] *m* ‹-n; -n› (*Indianer*) Comanche.

ko·ma·tös [komaˈtøːs] *adj med.* comatose.

Kom·bat·tant [kɔmbaˈtant] *m* ‹-en; -en› combatant.

Kom·bi [ˈkɔmbi] *m* ‹-(s); -s› *colloq. for* **Kombiwagen.**

Kom·bi·nat [kɔmbiˈnaːt] *n* ‹-(e)s; -e› *in sozialistischen Ländern*: collective combine.

Kom·bi·na·ti·on[1] [kɔmbinaˈtsĭoːn] *f* ‹-; -en› **1.** *allg.* combination (*a. math., Schach, e-s Schlosses*). **2.** (*Folgerung*) deduction, (*Vermutung*) conjecture, speculation; **messerscharfe ~en** razor-sharp deductions. **3.** a) *Fußball*: (combined *od.* passing) move, b) *Skisport*: combined event; **Alpine** (**Nordische**) **~** Alpine (Nordic) Combination. **4.** *Mode*: sports jacket and trousers *pl.* **5.** *philat.* pair (of different stamps).

Kom·bi·na·ti·on[2] [kɔmbinaˈtsĭoːn; ˌkɒmbɪˈneɪʃn] (*Engl.*) *f* ‹-; -en, *Engl.* -s [-ʃnz]› **1.** a) (*Hemdhose*) combination, *bes. Am.* union suit, b) (*Unterwäsche*) set of underwear. **2.** (*Montur*) overalls *pl*, boiler suit, *Am.* coverall(s *pl*), (*Flieger&*) flying suit.

Kom·bi·na·tiˈons|ˌga·be *f* power(s *pl*) of deduction, reasoning power. **~ˌlauf** *m Skisport*: cross-country race (of Nordic combination). **~ˌschloß** *n* combination lock. **~ˌspiel** *n Sport*: combined moves *pl* (*od.* play). **~ˌsprungˌlauf** *m Skisport*: jumping event (of Nordic combination). **~ˌzan·ge** *f* combination pliers *pl* (*a. als sg konstruiert*).

Kom·bi·na·to|rik [kɔmbinaˈtoːrɪk] *f* ‹-; *no pl*› **1.** *math.* theory of combinations. **2.** *philos.* combinatorics *pl* (*als sg konstruiert*). **&risch** [-rɪʃ] *adj* **1.** combinatorial, combinative. **2.** *philos.* combinatory.

Kom·bi·ne [kɔmˈbiːnə; ˈkɒmbaɪn] (*Engl.*) *f* ‹-; -n, *Engl.* -s [-baɪnz]› *agr.* combine (harvester).

kom·bi·nie·ren [kɔmbiˈniːrən] **I** *v/t* ‹*no* **ge-**, **h**› **1.** combine (**mit** with); **diesen Rock kann ich mit allen m-n Pullovern ~** this skirt goes with all my sweaters; **die einzelnen Teile lassen sich beliebig ~** the individual parts (*od.* units) can be arranged in any desired combination. **II** *v/i* **2.** (*folgern*) deduct, infer, reason, (*vermuten*) conjecture, surmise, guess; **du hast ganz richtig kombiniert** your conclusion was quite right. **3.** *Sport*: combine; **gut ~** show fine combined moves, play well together.

kom·biˈniert *adj* combined; **~er Herd** combination stove; *mil.* **~e Operation** combined operation; **~er Verband** combined force.

ˈ**Kom·bi|ˌwa·gen** *m* (*Caravan*) estate car, *colloq.* estate, *bes. Am.* station wagon, (*Lieferwagen*) (small) delivery van, *bes. Am.* carryall. **~ˌzan·ge** *f* → **Kombinationszange.**

Kom·bü·se [kɔmˈbyːzə] *f* ‹-; -n› *mar.* (ship's) galley, caboose.

Ko·met [koˈmeːt] *m* ‹-en; -en› *astr.* comet; *fig.* **wie ein ~ am Filmhimmel emporsteigen** have a meteoric rise in films.

koˈme·ten|ˌar·tig *adj* **1.** *astr.* cometary. **2.** *fig.* comet-like, meteoric. **&ˌbahn** *f* comet(ary) orbit, orbit of a comet. **~haft** *adj fig.* meteoric, comet-like. **&ˌkern** *m* nucleus of a comet. **&ˌschweif** *m* tail of a comet, train.

Kom·fort [kɔmˈfoːr; -ˈfɔrt] *m* ‹-s [-ˈfoːrs] *od.* -(e)s [-ˈfɔrt(ə)s]; *no pl*› **1.** (*Behaglichkeit*) comfort. **2.** (*Luxus*) luxury. **3.** (*Ausstattung*) comforts *pl*, conveniences *pl*; **mit allem ~** (**ausgestattet**) equipped with all modern conveniences (*od.* amenities, comforts). **~wohnung** *f* luxury apartment (*bes. Br.* flat). **kom·for·ta·bel** [kɔmfɔrˈtaːbəl] *adj* comfortable, luxurious, *Wohnung etc*: *a.* with all (modern) conveniences, well-appointed.

Ko·mik [ˈkoːmɪk] *f* ‹-; *no pl*› **1.** (*das Komische*) the comic; **~ und Tragik** the comic and the tragic, comedy and tragedy; **Sinn für ~ haben** have a sense for the comic. **2.** comic effect (*od.* touch, element); **von unwiderstehlicher ~** irresistibly comical (*od.* funny); **die Situation entbehrte nicht e-r gewissen ~** the situation was not without a certain comic touch. **3.** humo(u)r. ˈ**Ko·mi·ker** *m* ‹-s; -› **1.** comedian, comic actor, *colloq.* comic. **2.** *fig. colloq. contp.* clown, (silly) ass. ˈ**Ko·mi·ke·rin** *f* ‹-; -nen› comedienne, comic actress. **ko·misch** [ˈkoːmɪʃ] **I** *adj* **1.** comic(al), funny; **~ sein** be funny; **die ~e Seite e-r Sache** the funny side of s. th.; **e-e ~e Figur abgeben** cut a funny figure; **was ist daran so ~?** what's so funny about it? **2.** *colloq.* (*seltsam, verdächtig*) funny, strange, queer, odd, *sl.* rum; **ich habe so ein ~es Gefühl** I have a funny feeling; **das kam ihr sehr ~ vor** she found that very strange; **ein ~er Heiliger** a queer bird (*od.* fellow, customer); **er ist in Gelddingen sehr ~** he is very peculiar in money matters; **~, eben war er noch da** (that's) funny, he was here just a minute ago. **3.** *mus. thea.* comic (*opera, part, etc*). **II** *adv* **4.** in a funny way; **mir ist so ~ zumute** I feel funny (*od.* queer); **guck mich nicht so ~ an!** don't stare at me like that! **III &e, das** ‹-n› **5.** the funny thing; **das &e daran** the strange thing about it; **mir ist heute et. &es passiert** s. th. funny happened to me today. ˈ**ko·mi·scherˈwei·se** *adv colloq.* funnily (*od.* oddly) enough.

Ko·mi·tee [komiˈteː] *n* ‹-s; -s› committee; → *a.* **Ausschuß** 1.

Kom·ma [ˈkɔma] *n* ‹-s; -s *u.* -ta [-ta]› **1.** *ling. mus. print.* comma; **ein ~ setzen** put (in) (*od.* insert) a comma. **2.** *in Dezimalbrüchen*: (decimal) point: **vier ~ fünf** (*4,5*) four point five (*4.5*); **null ~ fünf zwei** (*0,52*) point five two (*0.52*); **et. bis auf zwei Stellen nach** (*od.* **hinter**) **dem ~ ausrechnen** work (*od.* carry) s. th. out to the second decimal point. **~baˌzil·lus** *m* comma (bacillus).

Kom·man|dant [kɔmanˈdant] *m* ‹-en; -en› *mil.* a) → **Kommandeur** 1, b) (*bes. Festungs&*), *a. U.S. Marine*: commandant. **~danˈtur** [-danˈtuːr] *f* ‹-; -en› a) commander's office, b) *e-s Standorts*: garrison (*od.* post) headquarters *pl* (*oft als sg konstruiert*), military command. **~ˈdeur** [-ˈdøːr] *m* ‹-s; -e› commander (*a. e-s Ordens*), commanding officer, C.O.; **stellvertretender ~** second-in-command, deputy commander.

kom·man·die|ren [kɔmanˈdiːrən] **I** *v/t* ‹*no* **ge-**, **h**› **1.** *mil.* (*befehlen*) command, (*befehligen*) *a.* be in command of; (*ab~*) (**zu** to) transfer, detach, *Br. a.* second, (*einteilen*) detail. **2.** *colloq.* command, order; **j-n zu sich ~** summon s. o. (to one); → *a.* **herumkommandieren.** **II** *v/i* **3.** (be in) command. **4.** *colloq.* order, command, give the orders; **wenn hier**

einer kommandiert, dann bin ich es if anyone gives the orders (around) here, it's me. III ≗ n ⟨-s⟩ 5. commanding (*etc*). 6. → Kommandierung 2. ~rend *adj mil.* commanding (*general, etc*). ≗rung f ⟨-; *no pl*⟩ *mil.* 1. → kommandieren 5. 2. temporary duty, TDV, *Br. a.* secondment.

Kom·man'dit,an,teil [koman'di:t-] *m econ.* limited partner's share.

Kom·man|di·tär [komandi'tɛ:r] *m* ⟨-s; -e⟩ *Swiss for* Kommanditist. ~'di·te [-'di:tə] *f* ⟨-; -n⟩ *econ.* (*Filiale*) branch (establishment), (partly-owned) subsidiary.

Kom·man'dit·ge,sell·schaft *f* limited partnership; ~ auf Aktien partnership limited by shares. **Kom·man·di·stist** [kɔmandi'tɪst] *m* ⟨-en; -en⟩ *econ.* limited partner. **Kom·man'dit·ka·pi,tal** *n* limited liability capital.

Kom·man·do [kɔ'mando] *n* ⟨-s; -s, *Austrian a.* -manden⟩ *mil.* 1. (*Befehl*) command, order; ~ zurück! as you were!; alles hört auf mein ~! you will take your orders from me!; wie auf ~ as if by command. 2. ⟨*only sg*⟩ (*Befehlsgewalt*) command; das ~ führen (be in) command; das ~ übernehmen (abgeben) take over (*od.* assume) (relinquish) (the) command; unter j-s ~ stehen be under s. o.'s command. 3. (~*behörde*) command, headquarters *pl* (*meist als sg konstruiert*). 4. (*eingeteilte Gruppe*) detachment, detail, (*Truppeneinheit mit Sonderauftrag*) commando (unit). ~,brücke (*getr.* -k·k-) *f mar.* (navigating) bridge. ~,ein·heit *f* commando (unit). ~,flag·ge *f mil.* command post flag. ~ge,rät *n* 1. *mil.* a) fire director, predictor, b) *Funk*: command set. 2. *tech.* signal(l)ing device. 3. *electr.* control panel, controller. ~ge,walt *f mil.* command (über *acc* over). ~,kap·sel *f Raumfahrt*: command module. ~,pult *n tech.* control desk. ~,raum *m* control room. ~,ruf *m* command. ~,sa·che *f mil.* geheime ~ a) top secret (military) document, b) (*Aktion*) secret command (*od.* action). ~,stab *m mil.* command (staff). ~,stand *m mil.* 1. (*Gefechtsstand*) command post, control station. 2. *mar.* (conning) tower, central station. ~,stel·le *f* command post. ~,stim·me *f* stentorian voice. ~,trupp *m* commando party. ~,trup·pe *f* commando. ~,turm *m mar. mil.* (conning *od.* control) tower. ~,wa·gen *m* command car. ~,wort *n* (word of) command. ~zen,tra·le *f* control cent/re (*Am.* -er).

kom·men ['kɔmən] I *v/i* ⟨kommt, kam, gekommen, sein⟩ 1. *allg.* come, (*heran*~) *a.* approach; er kam und kam nicht he just wouldn't come; zu spät ~ be (*od.* come) (too) late; ~ Sie! come (with me *od.* along)!, follow me!; (ich) komme schon! (I'm) coming!; ~ noch mehr Leute? are there any more people to come (*od.* coming)?; angelaufen (angefahren *etc*) ~ come running (driving, *etc*) along; j-n besuchen (abholen) ~ come to see (call for, pick up) s. o.; na, komm schon! come on (now)!; ach, komm, fang nicht wieder damit an! oh, come on, don't start that all over again; komm, komm! *ungläubig, ermahnend, besänftigend etc*: come, come!, *colloq.* come off it!; laß ihn (*od.* soll er nur) ~! *drohend*: just let him come!; abends kam ein Gewitter there was a thunderstorm in the evening; ich halte die Zeit dafür noch nicht für gekommen I don't think the time is ripe for that yet; er kam, sah und siegte he came, saw and conquered. 2. (*an*~) arrive, come (in); wann kommt der nächste Zug? when does the next train arrive?, when is the next train due (to arrive)? 3. *mit persönlichem dat*: mir ist eben ein Gedanke (*od.* e-e Idee) gekommen I've just had an idea; ihr kamen die Tränen her eyes filled with tears; hinterher kamen mir Zweifel, ob afterward(s) I had doubts (as to) whether; du kommst mir gerade recht! you are just the person I want (*od.* I was waiting for)!, *iro.* you were all I wanted!; das kommt mir gerade recht that suits me perfectly, that comes in handy; *colloq.* mir soll einer ~ und sagen, daß let anyone come and tell me that; j-m grob ~ be(come) rude to s. o.; komm mir nicht so! don't (you) try that on me!; wenn Sie mir so ~ if you talk to me (*od.* behave) like that. 4. zuerst (zuletzt) ~ come first (last); abwechselnd ~ alternate; ich komme als nächster (an die Reihe) it's my turn next; was kommt jetzt? what's next?; wer zuerst kommt, mahlt zuerst first come, first served. 5. (*geschehen*) happen, come (about), arrive; wie ist das gekommen? how did that come about?; komme, was (da) wolle, was auch immer ~ mag come what may. 6. j-n ~ lassen send for (*od.* call) s. o.; soll ich den Arzt ~ lassen? shall I send for the doctor?; *fig.* den Gegner ~ lassen let the other side come (*od.* attack). 7. et. ~ lassen a) (*bestellen*) order s. th., b) *tech.* (*Seil, Motor, Kupplung etc*) let s. th. come; ein Taxi ~ lassen order a taxi; laß das Seil langsam ~ let the rope come (*od.* out) slowly. 8. *colloq.* (*kosten*) cost; wie teuer kommt das? how much is that?, what does this come to?; e-e große Dose kommt billiger als zwei kleine a large tin (*Am.* can) is cheaper than two small ones. 9. *Blumen etc*: come (out), appear; die Bohnen ~ gut the beans are coming on well; bei unserer Kleinen ~ schon die ersten Zähne our little one's first teeth are already coming (through); das Kind muß bald ~ the child is due soon. 10. *mit zu und inf*: auf et. zu sprechen ~ come to speak of s. th., *kurz*: touch on the subject of; er kam oben zu liegen *bei e-r Rauferei etc*: he got on top; ich kam neben ihn zu sitzen I happened to sit beside him. 11. weit ~ get far; wie weit bist du mit der Arbeit gekommen? how far did you get with your work?; mit dem bißchen Geld ~ wir nicht weit that little money won't get us far; so weit ~, daß get so far as to. 12. *Funk*: (bitte) ~ come in, please. 13. *tech. colloq. Motor*: start, come. 14. *colloq.* (*Orgasmus haben*) come. II *v/impers* 15. come; es kommt j-d s. o. is coming; es kommt ein Gewitter a thunderstorm is coming (*od.* drawing near). 16. (*geschehen*) happen, come (about), turn out; es kam, wie es ~ mußte the upshot was only logical; so kam es, daß so it came about that; ich habe es ~ sehen I saw it come; man weiß nie, wie es kommt you never know what will happen; es mußte ja so ~! it was bound to happen that way!; wie kommt es, daß why is it that, how is it (possible) that, how comes it that, *colloq.* how come that; daher kam es, daß wir uns verspäteten that's why we were late; es wird zum Krieg ~ there will be a war; daß es dazu (*od.* dahin, so weit) ~ mußte! that it should have come to that!; es wird noch dazu ~, daß the day will come when; *iro.* es ist weit gekommen things have come to a fine pass; dahin dürfen Sie es nicht ~ lassen you must not let things get (*od.* go) so far. 17. *colloq.* jetzt kommt es mir now I get (*od.* have) it! *Verbindungen mit Präpositionen*:

kom·men|an *v/i* ⟨*mit acc*⟩ 1. come to. 2. (*gelangen*) get to, come to, reach (*one's destination, etc*); → Licht 1, Macht 3, Reihe 5, Tag 3. 3. *mit der Hand etc*: reach, get to (*the ceiling, etc*), (*berühren*) touch. 4. (*stoßen auf*) come across (*a word, etc*). 5. (*habhaft werden*) come by, get (hold of). 6. (*zufallen*) go to, fall to, pass into *s. o.'s* hands. ~ **auf** *v/i* I ⟨*mit acc*⟩ 1. come on(to); *econ.* auf den Markt ~ come out on (*od.* into) the market. 2. (*gelangen*) get on(to) (*the road, etc*). 3. (*Schule etc*) go to. 4. (*sich erinnern*) think of, remember, (*herausfinden*) hit (up)on; ich wäre nie auf so et. gekommen I would never have thought of such a thing; wie kommst du darauf? what makes you think (*od.* say) that? 5. (*Thema etc*) get on to, come round to; um noch einmal auf dieses Thema zu ~ to get (*od.* come) back to this subject (again). 6. (*kosten*) cost, (*sich belaufen auf*) come to, amount to. 7. (*errechnen*) get (an answer of) (*one hundred, etc*). 8. auf jeden Gewinn ~ hundert Nieten there is one win for every hundred blanks; auf jeden von uns kamen zwei Stück each of us got two pieces. 9. (*hingehören*) die Vase kommt auf den Tisch the vase belongs on the table. 10. (*Rechnung etc*) go on, be put on. 11. auf ihn läßt sie nichts ~ she won't have anything said (*od.* she won't hear anything) against him; darauf läßt er nichts ~ he swears by it. 12. *lit.* auf die Nachwelt ~ come (*od.* be handed) down to posterity. II ⟨*mit dat*⟩ 13. (*stehen auf*) come on, be on (*page 12, etc*). ~ **aus** *v/i* ⟨*mit dat*⟩ 1. come out of (*prison, the house, etc*). 2. get out of, leave (*school, the house, etc*). 3. (*zurückkommen*) come back (*od.* home) from, return from (*the war, etc*). 4. (*s-n Ursprung haben*) come from; sie kommt aus Bayern she comes (*od.* hails, is) from Bavaria; er kommt aus guter Familie he comes from a good family. ~ **durch** *v/i* ⟨*mit acc*⟩ 1. come (*od.* pass) through (*Munich, etc*). 2. get through (*the customs, traffic, etc*), *a.* pass (*an examination, etc*). ~ **hin·ter** *v/i* I ⟨*mit dat*⟩ 1. come after *s. o.* 2. *rangmäßig*: come (*od.* rank) after (*the boss, etc*). II ⟨*mit acc*⟩ 3. discover, find out (*the truth, s. o.'s plans, etc*). ~ **in** *v/i* ⟨*mit acc*⟩ 1. come into, enter. 2. get into (*one's shoes, a locked room, a situation, etc*); er kommt jetzt in das Alter, wo he is now getting to the age when. 3. go to (*hospital, school, etc*); dieses Buch kommt in die Kiste this book goes into the box. 4. start, begin; ins Erzählen ~ start (*od.* get) talking; in Schweiß ~ begin to sweat. ~ **mit** *v/i* ⟨*mit dat*⟩ 1. come with (*one's family, etc*). 2. come by (*car, etc*). 3. ich komme mit e-r Bitte I have a request; komm (mir) nicht wieder damit! don't start that all over again!; komm mir nicht mit d-n dummen Witzen! spare me your stupid jokes; wenn er (mir) damit ~ sollte if he were to try that on me. ~ **nach** *v/i* ⟨*mit dat*⟩ 1. come to, (*erreichen*) get to (*London, etc*). 2. *in der Reihenfolge*: come after (*od.* next to), follow. 3. *im Rang*: come (*od.* rank) after. 4. *colloq.* (*ähneln*) take after (*one's father, etc*). ~ **über** *v/i* ⟨*mit acc*⟩ 1. come over, cross (*a bridge, street, etc*). 2. get over (*a fence, etc*). 3. come via (*Hamburg, etc*). 4. (*befallen*) befall, *Gefühl, Not etc*: *a.* come over *s. o.*; was ist denn über dich gekommen? what has come over (*od.*

got into) you? ~ **um** *v/i* ⟨*mit acc*⟩ **1.** a) come (a)round, b) get (a)round (*the corner, etc*). **2.** *zeitlich*: come at (*eight o'clock, etc*). **3.** (*verlieren*) lose (*one's life, property, etc*), be deprived (*od.* robbed) of, *colloq.* be done out of, be cheated of, miss (*one's lunch, sleep, etc*). ~ **un·ter** *v/i* **I** ⟨*mit acc*⟩ **1.** a) come under, b) get under (*the bed, etc*). **2.** *Sache*: go (*od.* belong) under (*the desk, etc*). **3.** *fig.* **unter Menschen** (*od.* **die Leute**) ~ mix with (*od.* meet) people. **II** ⟨*mit dat*⟩ **4.** *e-m Paragraphen etc*: come (*od.* appear) under. ~ **von** *v/i* ⟨*mit dat*⟩ **1.** come from (*the doctor, etc*). **2.** *Geschenk etc*: be from. **3.** *Wort*: come from, be derived from. **4.** (*herrühren von*) come of (*od.* from), be due to, be caused by. ~ **vor** *v/i* **I** ⟨*mit acc*⟩ **1.** *Person, Sache*: come before (*the judge, etc*), *Sache*: *a.* come up before (*the court, etc*). **2.** (*gelangen*) get in front of (*another car, etc*). **3.** go (*od.* belong) in front of (*the cupboard, etc*). **II** ⟨*mit dat*⟩ **4.** *in der Reihenfolge*: come before. **5.** *im Rang*: come before, rank above (*captain, etc*). ~ **zu** *v/i* ⟨*mit dat*⟩ **1.** come to, (*gelangen*) get to. **2.** (*erlangen*) come by, get; **zu Geld** ~ come into money; **zu nichts** ~ not to get anywhere; **er ist im Leben zu nichts gekommen** he hasn't achieved anything in life; → **dazu** 4, **dazukommen. 3.** (*Zeit finden für*) find time for, get round to ([*doing*] *s. th.*). **4.** (**wieder**) **zu sich** ~ *nach Ohnmacht etc*: regain consciousness, *colloq.* come to, *nach tiefem Schlaf etc*: awake, come to one's senses, *nach Schock etc*: recover.

'Kom·men *n* ⟨-s⟩ coming, arrival; **wir freuen uns auf dein** ~ we are looking forward to your coming; **ein ständiges** ~ **und Gehen** a continual coming and going; **im** ~ coming, under way, *fig. a.* on the march, on the way up, in the making, *Sache*: under way, *colloq.* in the pipeline; *colloq.* **dieser Schauspieler ist groß im** ~ this actor is rising fast (*od.* is on the up-and-up); **lange Röcke sind wieder im** ~ long skirts are coming (*od.* on the way in) again. **'kom·mend** *adj* coming, (*zukünftig*) *a.* future, (*bevorstehend*) *a.* forthcoming; **er ist der** ~**e Mann** he is the (up-and-)coming man; ~**e Woche** next week; ~**es Jahr, im** ~**en Jahr** next year, (in) the coming year; **in (den)** ~**en Jahren** in (the) years to come; **die** ~**en Ereignisse** the forthcoming events; **die** ~**e Generation** the (on)coming (*od.* rising) generation; ~**e Generationen** future generations.

'Kom·men·de[1] *m, f* ⟨-n; -n⟩ **die nach uns** ~**n** a) the people coming after us, b) (the) future generations.

Kom·men·de[2] [kɔ'mɛndə] *f* ⟨-; -n⟩ **1.** *relig.* commendam; **Verwalter e-r** ~ commendator. **2.** → **Komturei.**

Kom·men·sa·le [kɔmɛn'zaːlə] *m* ⟨-n; -n⟩ *biol.* commensal.

kom·men·su·ra·bel [kɔmɛnzu'raːbəl] *adj math.* commensurable (**mit** with).

Kom·ment [kɔ'mãː] *m* ⟨-s; -s⟩ code of behavio(u)r (*valid among students' clubs*).

Kom·men·tar [kɔmɛn'taːr] *m* ⟨-s; -e⟩ **1.** *Radio, Presse etc*: comment(ary); (**fort**)**laufender** ~ running commentary; **e-n** ~ **zu e-r Sache geben** a) (make a) comment (up)on s. th., b) give (*od.* add) a commentary on s. th.; **sich jedes** (*od.* **jeden**) ~**s enthalten** refrain from any comment; ~ **überflüssig!, kein** ~! no comment! **2.** *zu Texten, Filmen etc*: commentary (**zu** on). **3.** (*Anmerkung*) comment, annotation. 2**los** *adv* without comment.

Kom·men|ta·tor [kɔmɛn'taːtɔr] *m* ⟨-s; -en [-ta'toːrən]⟩ *allg.* commentator, (*Radio*2 *etc*) *Am. a.* news (*od.* economic, *etc*) analyst, (*Schreiber von Fußnoten*) annotator. 2'**tie·ren** [-'tiːrən] *v/t* ⟨*no* **ge-**, **h**⟩ comment (on), make comment(s) on, commentate, (*mit Fußnoten versehen*) *a.* annotate; **dies wird lebhaft kommentiert** there are lively comments on that.

Kom·mers [kɔ'mɛrs] *m* ⟨-es; -e⟩ students' ceremonial drinking session. ~**-ˌbuch** *n* students' songbook.

kom·mer·zia·li·sie|ren [kɔmɛrtsĭali'ziːrən] *v/t* ⟨*no* **ge-**, **h**⟩ **1.** (*Sport, Kunst etc*) commercialize. **2.** *econ.* convert (*a public debt*) into a private one. 2**rung** *f* ⟨-; *no pl*⟩ **1.** commercialization. **2.** *econ.* conversion (*of a public debt*) into a private one.

kom·mer·zi·ell [kɔmɛr'tsĭɛl] *adj* commercial.

Kom'mer·zi·en|ˌrat [kɔ'mɛrtsĭən-] *m* ⟨-(e)s; ⸚e⟩ *obs.* (*Titel*) council(l)or of commerce.

Kom·mi·li·to|ne [kɔmili'toːnə] *m* ⟨-n; -n⟩, ~**nin** *f* ⟨-; -nen⟩ fellow student.

Kom·mis [kɔ'miː] *m* ⟨- [-'miː(s)]; - [-'miːs]⟩ *obs. for* **Handlungsgehilfe** 1.

Kom·miß [kɔ'mɪs] *m* ⟨-sses; *no pl*⟩ *colloq. contp.* **1.** armed forces *pl*; **beim** ~ in the (armed) forces, in the army. **2.** army life, life in the army. **Kom'miß...** *in Zssgn* Army, *Am. a.* G. I.

Kom·mis|sar [kɔmɪ'saːr] *m* ⟨-s; -e⟩ **1.** (*staatlich Beauftragter*) commissioner. **2.** (police) superintendent, *Am.* captain (of police); → **Kriminalkommissar. 3.** *des Bischofs*: commissary. **4.** *pol. hist. in der Sowjetunion*: (people's) commissar. ~**sa·ri·at** [-sa'rĭaːt] *n* ⟨-(e)s; -e⟩ **1.** a) commissionership, b) (*Behörde*) commissioner's (*etc*) office (*cf.* **Kommissar**). **2.** *Austrian* police station. 2'**sa·risch** *adj* **1.** (*vorübergehend*) temporary, provisional; ~**e Verwaltung** provisional administration. **2.** (*stellvertretend*) deputy. **3.** (*amtierend*) acting (*head of department, etc*).

Kom'miß|ˌbrot *n* army bread. ~**ˌhengst** *m mil. sl.* old sweat (*od.* trooper).

Kom·mis|si·on [kɔmɪ'sĭoːn] *f* ⟨-; -en⟩ **1.** commission, (*Ausschuß*) *a.* committee, board; **ständige** ~ standing commission; **e-e** ~ **einsetzen** (*od.* **ernennen**) set up a commission; **in e-r** ~ **sein** be on a commission (*etc*). **2.** *econ.* (*Auftrag od. Verkaufsprovision*) commission; **in** ~ on commission, on sale or return; **Ware in** ~ **geben** (**haben**) give (have) goods on commission. **3.** *Swiss* ~**en machen** make purchases, do shopping. ~**sio'när** [-sĭo'nɛːr] *m* ⟨-s; -e⟩ **1.** *econ.* (commission) agent. **2.** wholesale bookseller. **3.** (*Dienstmann*) commissionaire.

Kom·mis·si'ons|ˌba·sis *f econ.* **auf** ~ (*verkaufen etc*) → **kommissionsweise.** ~**ˌbuch|ˌhan·del** *m* wholesale bookselling (*od.* book trade). ~**geˌbühr** *f* commission. ~**geˌschäft** *n* commission business (*od.* transaction). ~**ˌla·ger** *n* consignment stock. ~**pro·vi·siˌon** *f* commission (on sales effected). ~**ver·ˌkauf** *m* sale on commission. ~**verˌlag** *m* commissioned publishers *pl.* ~**ˌwa·re** *f* goods *pl* on commission. 2**ˌwei·se** *adj u. adv* on commission, on a commission basis.

Kom'miß|ˌstie·fel *m* army boot.

kom·mod [kɔ'moːt] *adj* ⟨-er; -est⟩ *bes. Austrian* **1.** (*bequem*) comfortable. **2.** (*passend*) convenient.

Kom·mo·de [kɔ'moːdə] *f* ⟨-; -n⟩ chest (of drawers), *Am. a.* bureau, (*Spiegel*2) dresser, *hohe*: tallboy, highboy, *niedrige*: lowboy, commode.

Kom·mo·do·re [kɔmo'doːrə] *m* ⟨-s; -n *u.* -s⟩ *mil.* **1.** *mar.* commodore. **2.** *aer. hist.* commander (of an air force wing).

kom·mu·nal [kɔmu'naːl] *adj* local, communal, (*bes. städtisch*) municipal; ~**e Abgaben** local rates (*Am.* taxes); ~**e Verwaltung** local government administration.

Kom·mu'nal|ˌabˌga·ben *pl* local rates (*Am.* taxes). ~**ˌanˌlei·he** *f* municipal loan. ~**ˌbank** *f* ⟨-; -en⟩ municipal bank. ~**beˌam·te** *m* municipal officer.

kom·mu·na·li·sie|ren [kɔmunali'ziːrən] *v/t* ⟨*no* **ge-**, **h**⟩ communalize, municipalize. 2**rung** *f* ⟨-; *no pl*⟩ communalization, municipalization.

Kom·mu·na|lis·mus [kɔmuna'lɪsmʊs] *m* ⟨-; *no pl*⟩ communalism. ~**'list** [-'lɪst] *m* ⟨-en; -en⟩ communalist.

Kom·mu'nal|po·liˌtik *f* **1.** municipal (*od.* local) government policy. **2.** local (government) politics *pl* (*als sg od. pl konstruiert*). 2**poˌli·tisch** *adj u. adv* of (*od.* in, on) local (government) politics, local, municipal; **sich** ~ **betätigen** be active in local (government) politics. ~**ˌsteu·er** *f* local rate (*Am.* tax). ~**verˌband** *m jur.* association of communities. ~**verˌwal·tung** *f* local government, municipal administration. ~**ˌwah·len** *pl* local (*od.* municipal, communal) elections.

Kom·mu·nar·de [kɔmu'nardə] *m* ⟨-n; -n⟩ **1.** *sociol.* communard. **2.** *hist.* Communard. **Kom·mu·ne** [kɔ'muːnə] *f* ⟨-; -n⟩ **1.** (*Gemeinde*) commune, community. **2.** *hist.* **die** (**Pariser**) ~ the Paris Commune. **3.** *colloq. contp.* **die** ~ (*die Kommunisten*) the Communists *pl*, the Reds *pl*. **4.** *sociol.* (*Wohn-, Lebensgemeinschaft*) commune.

Kom·mu·ni·kant [kɔmuni'kant] *m* ⟨-en; -en⟩ *R. C.* communicant.

Kom·mu·ni·ka·ti·on [kɔmunika'tsĭoːn] *f* ⟨-; -en⟩ communication.

Kom·mu·ni·ka·ti'ons|ˌlücke (*getr.* -**k·k**-) *f* communication gap. ~**ˌmit·tel** *n* communication medium, means of communication. ~**ˌschwie·rig·kei·ten** *pl* lack *sg* of communication. ~**theoˌrie** *f ling. psych., a. Computer*: communication theory. ~**ˌwis·sen·schaft** *f* (science of) communication.

kom·mu·ni·ka·tiv [kɔmunika'tiːf] *adj* communicative.

Kom·mu·ni·on [kɔmu'nĭoːn] *f* ⟨-; -en⟩ *R. C.* **1.** (Holy) Communion (service); **zur** ~ **gehen** go to (Holy) Communion. **2.** (*Abendmahl*) Communion, Lord's Supper (*od.* Table), Eucharist; **die** ~ **austeilen** (*od.* **spenden**) (**empfangen**) administer (receive *od.* take) (Holy) Communion (*od.* the sacrament). **3.** → **Erstkommunion.** ~**ˌkind** *n* first communicant.

Kom·mu·ni·qué [kɔmyni'keː] *n* ⟨-s; -s⟩ *pol.* communiqué.

Kom·mu|nis·mus [kɔmu'nɪsmʊs] *m* ⟨-; *no pl*⟩ a) *econ.* communism, b) *pol.* Communism. ~**'nist** [-'nɪst] *m* ⟨-en; -en⟩ communist, (*Parteimitglied*) Communist.

kom·mu'ni·sten|ˌfeind·lich *adj* anti-Communist. ~**ˌfreund·lich** *adj* pro-Communist.

kom·mu'ni·stisch I *adj* **1.** *pol.* Communist(ic), communistic; **die** ~**e Partei** the Communist party; *hist.* **das** ~**e Manifest** the Communist Manifesto. **2.** *Philosophie etc*: communist(ic). **II** *adv* **3.** communistically, in terms of Communism.

kom·mu·ni·zie·ren [kɔmuni'tsiːrən] *v/i* ⟨*no* **ge-**, **h**⟩ **1.** *R.C.* communicate, receive Communion. **2.** *phys. Röhren etc*: communicate. **3.** *fig.* (*sich verständigen*) communicate. **~d** *adj phys.* **~e Röhren** communicating tubes.

kom·mu|ta·tiv [kɔmutaˈtiːf] *adj math.* commutative. **≈'ta·tor** [-ˈtaːtɔr] *m* ⟨-s; -en [-taˈtoːrən]⟩ *electr. math.* commutator. **~'tie·ren** [-ˈtiːrən] *v/t* ⟨*no* **ge-**, **h**⟩ commute, *electr. meist* commutate.

Ko·mö·di·ant [komøˈdĭant] *m* ⟨-en; -en⟩ **1.** *meist contp.* (*Schauspieler*) actor, comedian, stage player. **2.** *fig. contp.* play-actor, (*Heuchler*) fraud, hypocrite.

Ko·mö·di'an·ten|ˌblut *n* **~ in den Adern haben** be a born actor. **≈haft** *adj* theatrical, histrionic. **~ˌtrup·pe** *f* company of actors. **~tum** *n* ⟨-s; *no pl*⟩ **1.** histrionic (*od.* theatrical) behavio(u)r. **2.** *collect.* (the) actors *pl.*

Ko·mö·di'an|tin *f* ⟨-; -nen⟩ **1.** *meist contp.* (*Schauspielerin*) actress, comedienne. **2.** *fig. contp.* play-actress, (*Heuchlerin*) fraud, hypocrite. **≈tisch** *adj* **1.** (*schauspielerisch*) acting, histrionic. **2.** *contp.* theatrical, histrionic, (*heuchlerisch*) play-acting.

Ko·mö·die [koˈmøːdĭə] *f* ⟨-; -n⟩ **1.** comedy. **2.** *fig. contp.* farce. **3.** *fig.* (*Verstellung*) act, play-acting; **~ spielen** play-act, put on an act, sham; (**das war doch**) **alles ~!** that was all put on!, it was just play-acting! **4.** (*Getue, Zirkus*) to-do, (great) fuss, brouhaha.

Ko'mö·di·en|ˌdich·ter *m* comedy writer, playwright. **≈haft** *adj* like a comedy; **~e Elemente** comic elements.

Kom·pa·gnon [kɔmpanˈjõː] *m* ⟨-s; -s⟩ *econ.* (business) partner, associate.

kom·pakt [kɔmˈpakt] *adj* ⟨-er; -est⟩ **1.** *allg., a. bot. mot.* compact. **2.** *fig. Stil etc*: compact, dense. **3.** *fig. Gestalt etc*: stocky. **≈heit** *f* ⟨-; *no pl*⟩ compactness. **≈ˌbauˌwei·se** *f tech.* compact design.

Kom·pa·nie [kɔmpaˈniː] *f* ⟨-; -n [-ən]⟩ **1.** *mil.* company; **die zweite** (**vierte**) **~** company B (D). **2.** *econ.* company; **Müller & ~** Müller & Company (*od.* Co.). **~ˌchef** *m mil.* company commander. **~ˌfüh·rer** *m* temporary company commander.

Kom·pa·ra·ti·on [kɔmparaˈtsĭoːn] *f* ⟨-; -en⟩ *ling.* comparison.

Kom·pa·ra·tiv [ˈkɔmparatiːf; -ˈtiːf] **I** *m* ⟨-s; -e⟩ *ling.*, **II** **≈** *adj a. econ.* comparative.

Kom·par·se [kɔmˈparzə] *m* ⟨-n; -n⟩ *thea. Film*: supernumerary, *colloq.* super, *Film*: *a.* extra, walk-on. **Kom·par·se'rie** [-ˈriː] *f* ⟨-; -n [-ən]⟩ supernumeraries *pl*, extras *pl*, *colloq.* supers *pl.*

Kom·paß [ˈkɔmpas] *m* ⟨-sses; -sse⟩ compass; **nach dem ~** *travel, fly, etc* by compass. **~ˌabˌwei·chung** *f* compass deviation. **~ˌhaus, ~ˌhäus·chen** *n mar.* binnacle. **~ˌna·del** *f* compass (*od.* magnetic) needle. **~ˌpei·lung** *f* compass bearing. **~ˌro·se** *f* compass card (*auf der Seekarte*: rose). **~ˌstrich** *m* compass point.

Kom·pa·ti·bi·li·tät [kɔmpatibiliˈtɛːt] *f* ⟨-; *no pl*⟩ compatibility.

Kom·pen·di·um [kɔmˈpɛndĭum] *n* ⟨-s; -dien⟩ (*Abriß*) compendium, (*Handbuch*) manual, handbook, (*Sammelwerk*) collection.

Kom·pen·sa·ti·on [kɔmpɛnzaˈtsĭoːn] *f* ⟨-; -en⟩ **1.** *electr. math., a. med. psych.* compensation. **2.** *jur.* a) (*Schuldaufwiegung*) balancing (*od.* set-off) of guilt, b) *e-s Anspruchs*: set-off, offset, compensation.

Kom·pen·sa·ti'ons|ˌabˌkom·men *n econ.* barter agreement. **~geˌschäft** *n* **1.** compensation (*od.* barter) transaction. **2.** barter trade. **~ˌstö·rung** *f med.* (cardiac) decompensation.

Kom·pen|sa·tor [kɔmpɛnˈzaːtɔr] *m* ⟨-s; -en [-zaˈtoːrən]⟩ *tech.* compensator. **≈sa'to·risch** [-zaˈtoːrɪʃ] *adj* compensatory.

kom·pen·sie|ren [kɔmpɛnˈziːrən] *v/t* ⟨*no* **ge-**, **h**⟩ **1.** *et.* **~** a) *a. psych.* compensate for s. th., b) counterbalance (*od.* offset) s. th. **2.** *jur.* set off, offset, compensate; **e-e Forderung durch e-e andere ~** set off one claim against another. **3.** *electr. math.* compensate. **≈rung** *f* ⟨-; -en⟩ compensating (*etc*); → *a.* **Kompensation.**

kom·pe·tent [kɔmpeˈtɛnt] *adj* **1.** (*befugt*) authorized, competent. **2.** (*zuständig*) (**für** for) responsible, competent, *jur.* having jurisdiction. **3.** (*befähigt*) (**für** for) competent, qualified. **4.** (*maßgeblich, zuverlässig*) authoritative, competent; **sein ~es Urteil** his competent (*od.* informed) judg(e)ment.

Kom·pe·tenz [kɔmpeˈtɛnts] *f* ⟨-; -en⟩ **1.** (**für**) *allg.* competence (for), (*Befugnis*) *a.* authority, power(s *pl*), (*Zuständigkeit*) *a.* responsibility (for), *jur. meist* jurisdiction (over) (*cf.* **Kompetenzbereich**); **in die ~** (*gen*) **fallen** be the responsibility of, *jur.* come under the jurisdiction of; **das liegt außerhalb unserer ~, das übersteigt unsere ~en** that exceeds (*od.* doesn't lie within) our authority; **er hat damit s-e ~(en) überschritten** he exceeded his authority in doing that, he was not authorized to do that. **2.** ⟨*only sg*⟩ (*Befähigung*) authority, competence, knowledge. **3.** *R. C.* competency. **~beˌreich** *m* (sphere of) competence (*od.* jurisdiction); → *a.* Kompetenz 1. **~konˌflikt, ~ˌstreit** *m* conflict of (*od.* dispute about) competence (*od.* responsibility), conflict of jurisdiction. **~ˌstrei·tig·kei·ten** *pl* clashes of (*od.* disputes about) competence (*od.* responsibility).

Kom·pi|la·ti·on [kɔmpilaˈtsĭoːn] *f* ⟨-; -en⟩ *von Büchern etc, a. Computer*: compilation. **~'la·tor** [-ˈlaːtɔr] *m* ⟨-s; -en [-laˈtoːrən]⟩ compiler. **≈'lie·ren** [-ˈliːrən] *v/t* ⟨*no* **ge-**, **h**⟩ compile.

Kom·ple|ment [kɔmpleˈmɛnt] *n* ⟨-(e)s; -e⟩ complement. **≈men'tär** [-mɛnˈtɛːr] *adj Farben etc*: complementary.

Kom·ple·men'tär *m* ⟨-s; -e⟩ *econ.* general partner. **~ˌfar·be** *f* complementary colo(u)r. **~ˌwin·kel** *m math.* complementary angle.

kom·ple·men·tie·ren [kɔmplemɛnˈtiːrən] *v/t* ⟨*no* **ge-**, **h**⟩ complement.

Kom·plet[1] [kõˈpleː] *n* ⟨-(s); -s⟩ *Mode*: ensemble, (lady's) suit. **Kom·plet**[2] [kɔmˈpleːt] *f* ⟨-; -e⟩ *relig.* compline, night song.

kom·plett [kɔmˈplɛt] **I** *adj* ⟨-er; -est⟩ **1.** complete; *colloq.* **wir sind jetzt ~** a) our rooms are now completely furnished, b) our number is complete, we are all here now. **2.** *colloq. contp.* complete, utter; **ein ~er Reinfall** an utter flop; **ein ~er Idiot** an utter fool, a blithering idiot. **II** *adv* **3.** completely; **~ eingerichtet** *a.* fully furnished; *colloq.* **~ verrückt** *a.* absolutely mad.

kom·plet·tie|ren [kɔmplɛˈtiːrən] *v/t* ⟨*no* **ge-**, **h**⟩ **1.** (make) complete. **2.** *print.* (*Buch*) complete, perfect. **≈rung** *f* ⟨-; -en⟩ completing, completion.

Kom·plex [kɔmˈplɛks] **I** *m* ⟨-es; -e⟩ **1.** complex, body, group; **ein ~ von Tatsachen** a body of facts; **ein ~ von Problemen** a complex of problems. **2.** *von Zahlen*: total amount. **3.** (*Gebäude≈, Industrie≈ etc*) (building, industrial, *etc*) complex. **4.** *psych.* complex, *colloq.* hang-up; **~e haben** have complexes; *a. colloq.* **e-n ~ haben** (**wegen**) have a complex (*od.* hangup) (about). **5.** *chem.* complex (compound). **II** **≈** *adj* ⟨-er; -est⟩ **6.** *allg.* complex. **~cheˌmie** *f* complex chemistry.

Kom·pli·ka·ti·on [kɔmplikaˈtsĭoːn] *f* ⟨-; -en⟩ *allg.* complication.

Kom·pli|ment [kɔmpliˈmɛnt] *n* ⟨-(e)s; -e⟩ **1.** compliment; **j-m ein ~ machen** pay s. o. a compliment; **j-m ein ~** (*od.* **~e**) **machen über** (*acc*) compliment s. o. on; *colloq.* **nach ~en fischen** (*od.* **angeln, haschen**) fish for compliments; **mein ~!** congratulations!, (my) compliments! **2.** *obs.* (*Gruß*) compliments *pl*, (*Verbeugung*) bow; **mein(e) ~(e) an die Frau Gemahlin** my compliments (*od.* best regards) to your wife. **≈men'tie·ren** [-mɛnˈtiːrən] *v/t* ⟨*no* **ge-**, **h**⟩ **1.** **j-n ~** make compliments to s. o. (**zu** on). **2.** **j-n** *ins Haus etc* **~** usher s. o. *into the house, etc*; **er komplimentierte sie zur Tür** he escorted her to the door.

Kom·pli·ze [kɔmˈpliːtsə] *m* ⟨-n; -n⟩ accomplice. **kom'pli·zen·haft** *adj* conspiratory; **~er Blick** glance of complicity.

kom·pli|zie·ren [kɔmpliˈtsiːrən] **I** *v/t* ⟨*no* **ge-**, **h**⟩ complicate; **das kompliziert die Sache** that complicates matters. **II** *v/reflex* **sich ~** become (more) complicated. **~'ziert** *adj* complicated, complex, intricate (*problem, etc*); **ein ~er Charakter** a complicated (*od.* complex) character; *med.* **~er Bruch** compound fracture. **≈'ziert·heit** *f* ⟨-; *no pl*⟩ complexity. **≈'zie·rung** *f* ⟨-; *no pl*⟩ complication.

Kom·plott [kɔmˈplɔt] *n* ⟨-(e)s; -e⟩ plot, conspiracy; **ein ~ schmieden** (**gegen**) → **kom·plot'tie·ren** [-ˈtiːrən] *v/i* ⟨*no* **ge-**, **h**⟩ (**gegen** against) (lay *od.* hatch a) plot, conspire, scheme.

Kom·po·nen·te [kɔmpoˈnɛntə] *f* ⟨-; -n⟩ *allg.* component, *fig. a.* element, factor, *chem. phys. a.* constituent.

kom·po|nie·ren [kɔmpoˈniːrən] **I** *v/t u. v/i* ⟨*no* **ge-**, **h**⟩ **1.** *mus. paint.* compose, (*Lied*) *a.* write. **2.** *fig.* (*Menü etc*) compose, (*Kleid etc*) create. **II** **≈** *n* ⟨-s⟩ **3.** composing (*etc*); **mehrstimmiges ≈** part writing. **≈'nist** [-ˈnɪst] *m* ⟨-en; -en⟩ *mus.* composer. **≈si·ti'on** [-ziˈtsĭoːn] *f* ⟨-; -en⟩ **1.** *bes. mus. paint., a. math. u. fig.* composition. **2.** *Mode*: creation. **3.** *von Duftstoffen etc*: blend. **4.** *von Blumen etc*: arrangement, *e-s Gartens*: *a.* layout. **5.** *print.* (page) makeup, *bes. Am.* layout. **6.** *ped.* (*Hinübersetzung*) version. **~si·tio'nell** [-zitsĭoˈnɛl] *adj* compositional.

Kom·po·si·ti'onsˌleh·re *f mus.* (theory of) composition.

kom·po·si·to·risch [kɔmpoziˈtoːrɪʃ] *adj* compositional.

Kom·po·si·tum [kɔmˈpoːzitum] *n* ⟨-s; -ta [-ta] *u.* -siten [-poˈziːtən]⟩ **1.** *ling.* compound (word). **2.** *chem. med.* compound.

Kom·post [ˈkɔmpɔst] *m* ⟨-es; -e⟩ *hort.* compost; **~haufen** *m* compost heap.

kom·po·stie·ren [kɔmpɔsˈtiːrən] *v/t* ⟨*no* **ge-**, **h**⟩ *hort.* rot down, compost.

Kom·pott [kɔmˈpɔt] *n* ⟨-(e)s; -e⟩ compot(e), stewed fruit, *Am. a.* sauce. **~ˌlöf·fel** *m* fruit spoon. **~ˌscha·le, ~ˌschüs·sel** *f* compot(e) (dish), compotier, *Am.* saucedish.

kom·preß [kɔmˈprɛs] *adj u. adv print.* solid. **Kom'pres·se** [-ˈprɛsə] *f* ⟨-; -n⟩ *med.* compress, *meist pl bei Operationen*: sponge, pad. **Kom·pres·si'on** [-prɛˈsĭoːn] *f* ⟨-; -en⟩ *phys. tech.* compression.

Kom·pres·si'ons... *in Zssgn* compression; ~wärme *f* heat of compression. **Kom'pres·sor** [-'prɛsɔr] *m* ‹-s; -en [-'so:rən]› *allg. tech.* compressor, *mot.* supercharger; ~motor *m* supercharged engine.

kom·pri'mier·bar *adj phys.* compressible.

kom·pri·mie|ren [kɔmpri'mi:rən] *v/t* ‹*no* ge-, h› compress, (*a. fig. Buch etc*) condense. **≗rung** *f* ‹-; *no pl*› compressing (*etc*), compression, condensation.

Kom·pro·miß [kɔmpro'mɪs] *m, n* ‹-sses; -sse› compromise; fauler ~ bad compromise; e-n ~ schließen (in *dat*, über *acc*) (make a) compromise (on). **~be,reit·schaft, ~,freu·dig·keit** *f* willingness to compromise. **~,for·mel** *f* compromise formula. **≗los** *adj* uncompromising. **~lo·sig·keit** *f* ‹-; *no pl*› uncompromisingness, uncompromising nature (*od.* attitude), intransigence. **~,lö·sung** *f* compromise solution. **~,vor,schlag** *m* compromise proposal; e-n ~ machen suggest a compromise.

kom·pro·mit·tie·ren [kɔmpromɪ'ti:rən] **I** *v/t* ‹*no* ge-, h› j-n ~ compromise s. o. **II** *v/reflex* sich ~ compromise o. s.

Kom·teß [kɔm'tɛs; kõ'tɛs] *f* ‹-; -ssen›, **Kom'tes·se** [-sə] *f* ‹-; -n› countess, comtesse, daughter of a count.

Kom·tur [kɔm'tu:r] *m* ‹-s; -e› **1.** *hist.* (knight) commander. **2.** *R.C., a. e-s Ritterordens*: commander. **Kom·tu'rei** [-tu'raɪ] *f* ‹-; -en› *hist.* commandery.

Kon·choi·de [kɔnço'i:də] *f* ‹-; -n› *math.* conchoid(al curve).

Kon·dem|na·ti·on [kɔndɛmna'tsĭo:n] *f* ‹-; -en› *jur. math. u. obs.* condemnation. **≗'nie·ren** [-'ni:rən] *v/t* ‹*no* ge-, h› condemn.

Kon·den|sat [kɔndɛn'za:t] *n* ‹-(e)s; -e› *chem. phys.* condensate. **~sa·ti'on** [-za'tsĭo:n] *f* ‹-; -en› condensation.

Kon·den·sa·ti'ons... *in Zssgn* condensation (*product, point, etc*). **~,dampf·ma,schi·ne** *f* condensing engine. **~,röh·re** *f chem.* condenser tube. **~,wär·me** *f* heat of condensation.

Kon·den·sa·tor [kɔndɛn'za:tɔr] *m* ‹-s; -en [-za'to:rən]› **1.** *tech.* condenser. **2.** *electr.* capacitor. **~,laut,spre·cher** *m* capacitor loudspeaker. **~mi·kro,phon** *n* capacitor microphone. **~,mo·tor** *m* capacitor motor.

kon·den'sier·bar *adj phys.* condensable.

kon·den|sie·ren [kɔndɛn'zi:rən] **I** *v/t* ‹*no* ge-, h› condense, (*eindicken*) *a.* concentrate, evaporate. **II** *v/i* condense. **III** ≗ *n* ‹-s› condensing, condensation. **~'siert** *adj* condensed; ~e Milch → Kondensmilch. **≗'sie·rung** *f* ‹-; *no pl*› → kondensieren III.

Kon'dens|,milch [kɔn'dɛns-] *f* condensed (*od.* evaporated) milk. **~,strei·fen** *m aer.* condensation trail, contrail, vapo(u)r trail. **~,topf** *m tech.* steam trap. **~,was·ser** *n* condensation water.

Kon·di·ti·on [kɔndi'tsĭo:n] *f* ‹-; -en› **1.** ‹*only sg*› *bes. Sport*: condition, *colloq.* shape, trim; → *a.* Form 14. **2.** *pl econ.* conditions, terms.

Kon·di·tio·nal [kɔnditsĭo'na:l] **I** *m* ‹-s; -e› *ling.* conditional (mood). **II** ≗ *adj* conditional. **~,satz** *m* conditional clause (*od.* sentence).

kon·di·tio·nell [kɔnditsĭo'nɛl] **I** *adj* **1.** conditional. **2.** *bes. Sport*: (as regards the) condition. **II** *adv* **3.** as regards *s. o.'s* condition, er ist ~ stark a) he is very fit, b) he has great stamina.

kon·di·tio·nie|ren [kɔnditsĭo'ni:rən] *v/t* ‹*no* ge-, h› *psych. tech.* condition. **≗rung** *f* ‹-; *no pl*› conditioning.

Kon·di·ti'ons|,män·gel *pl bes. Sport*: lack *sg* of condition (*od.* stamina), poor form (*od.* shape); ~ haben lack stamina. **≗,schwach** *adj* lacking stamina, in poor form (*od.* shape). **≗,stark** *adj* of great stamina. **~,trai·ning** *n* fitness training, *bes. Am.* conditioning (training).

Kon·di·tor [kɔn'di:tɔr] *m* ‹-s; -en [-di'to:rən]› confectioner, pastry-cook. **Kon·di·to'rei** [-dito'raɪ] *f* ‹-; -en› **1.** confectionery. **2.** café, coffeehouse; ~waren *pl* (cakes and) pastry, confectionery *sg.*

Kon·do·lenz [kɔndo'lɛnts] *f* ‹-; -en› (expression of) condolence (*od.* sympathy). **~be,such** *m* (j-m e-n ~ machen pay s. o. a) visit of condolence. **~,brief** *m*, **~,schrei·ben** *n* letter of condolence.

kon·do·lie·ren [kɔndo'li:rən] *v/i* ‹*no* ge-, h› condole; j-m ~ (zu e-r Sache [up]on s. th.) condole with s. o., express one's sympathy to s. o., offer one's condolences to s. o.

Kon·dom [kɔn'do:m] *n, m* ‹-s; -e, *rare* -s› *med.* condom.

Kon·do·mi·ni·um [kɔndo'mi:nĭum] *n* ‹-s; -ien› *pol.* condominium.

Kon·dor ['kɔndɔr] *m* ‹-s; -e [-do:rə]› *orn.* condor.

Kon·duk·teur [kɔndʊk'tø:r] *m* ‹-s; -e› *Swiss od. obs. for* Schaffner 1.

Kon·fekt [kɔn'fɛkt] *n* ‹-(e)s; -e› sweets *pl*, sweetmeats *pl*, *Am.* (soft) candy, (*Pralinen*) chocolates *pl*; e-e Schachtel ~ a tin of sweets, a box of chocolates (*Am.* candies). **~,do·se** *f* sweets tin, chocolate (*Am.* candy) box.

Kon·fek|ti·on [kɔnfɛk'tsĭo:n] *f* ‹-; *no pl*› (manufacture of) ready-made (*od.* ready-to-wear) clothing (*od.* clothes). **~tio'när** [-tsĭo'nɛ:r] *m* ‹-s; -e› **1.** clothing (*od.* garment) manufacturer. **2.** fashion designer, outfitter. **≗tio'nie·ren** [-tsĭo'ni:rən] *v/t* ‹*no* ge-, h› (*Stoff, Kleider etc*) manufacture. **≗tio'niert** *adj* ready-made, ready-to-wear.

Kon·fek·ti'ons|,ab,tei·lung *f* ready-made (clothes) department. **~,an,zug** *m* ready-made suit, *colloq.* reach-me-down, *Am.* hand-me-down. **~ar,ti·kel** *m* article of ready-made (*od.* ready-to-wear) clothing, *Br. a.* off-the-peg garment. **~be,trieb** *m* (ready-made) clothing factory. **~ge,schäft** *n* ready-made (*od.* ready-to-wear) clothes shop. **~,grö·ße** *f* standard size (number). **~,haus** *n* → Konfektionsgeschäft. **~in·du,strie** *f* clothing (*od.* garment) industry. **~,klei·dung, ~,wa·re** *f* ready-made (*od.* ready-to-wear) clothes *pl.*

Kon·fe·renz [kɔnfe'rɛnts] *f* ‹-; -en› conference, meeting; ~ am runden Tisch round-table conference, round table. **~,dol·met·scher** *m* conference interpreter. **~,saal** *m* conference hall. **~,schal·tung** *f electr.* conference circuit. **~,teil,neh·mer** *m* conference member, member of a conference, *Am. a.* conferee. **~,tisch** *m* conference (*od.* round) table. **~,zim·mer** *n* conference room; *e-r Schule*: staff (*Am.* faculty) room.

kon·fe·rie·ren [kɔnfe'ri:rən] *v/i* ‹*no* ge-, h› **1.** (über *acc* on *od.* about) confer, deliberate, hold (*od.* have) a conference. **2.** *Varieté etc*: (act as) compère (*Am.* emcee).

Kon·fes·si·on [kɔnfɛ'sĭo:n] *f* ‹-; -en› religion, creed, (*Kirche*) denomination, church, (*Glaubensbekenntnis*) confession (of faith), creed; welcher ~ gehören Sie an? what is your religion (*od.* denomination)?; die christlichen ~en the Christian denominations.

Kon·fes·sio|na·lis·mus [kɔnfɛsĭona'lɪsmʊs] *m* ‹-; *no pl*› *relig.* denominationalism. **≗'nell** [-'nɛl] **I** *adj* confessional, denominational. **II** *adv* ~ gebunden belonging to a denomination (*od.* church).

kon·fes·si'ons|los *adj* undenominational, unaffiliated, not belonging to any church. **≗,schu·le** *f* denominational school. **≗,wech·sel** *m* change of one's religion (*od.* denomination).

Kon·fet·ti [kɔn'fɛti] *n* ‹-(s); *no pl*› confetti. **~pa,ra·de** *f* ticker tape (*od.* confetti) parade.

Kon·fi·gu·ra·ti·on [kɔnfigura'tsĭo:n] *f* ‹-; -en› *astr. chem. math. med.* configuration.

Kon·fir·mand [kɔnfɪr'mant] *m* ‹-en; -en› *relig.* candidate for confirmation, confirmee. **Kon·fir'man·den,un·ter,richt** *m* confirmation class(es *pl*).

Kon·fir·ma·ti·on [kɔnfɪrma'tsĭo:n] *f* ‹-; -en› *relig.* confirmation. **Kon·fir·ma·ti'ons...** *in Zssgn* confirmation (*gift, dress, etc*). **kon·fir·mie·ren** [kɔnfɪr'mi:rən] *v/t* ‹*no* ge-, h› confirm.

Kon·fi·se·rie [kõfizə'ri:] *f* ‹-; -n [-ən]› → Konditorei. **Kon·fi'seur** [-'zø:r] *m* ‹-s; -e› *Swiss for* Konditor.

Kon·fis|ka·ti·on [kɔnfɪska'tsĭo:n] *f* ‹-; -en› → Konfiszierung. **≗'zier·bar** *adj* seizable. **≗'zie·ren** [-'tsi:rən] *v/t* ‹*no* ge-, h› *bes. jur.* confiscate, seize; → *a.* beschlagnahmen. **~'zie·rung** *f* ‹-; -en› confiscation, seizure; → *a.* Beschlagnahme.

Kon·fi·tü·re [kɔnfi'ty:rə] *f* ‹-; -n› jam, preserve(s *pl*), (*bes. Orangen*≗) marmalade.

Kon·flikt [kɔn'flɪkt] *m* ‹-(e)s; -e› **1.** (*Zwiespalt*) conflict, (*Streitigkeit*) *a.* clash; bewaffneter (offener) ~ armed (open) conflict; in ~ geraten (mit with) come into conflict, clash; j-n in ~ bringen cause s. o. to have conflicts. **2.** *jur.* concurrence. **~si·tua·ti,on** *f* conflict situation. **~,stoff** *m* matter for conflict, *stärker*: dynamite. **~stra·te,gie** *f pol.* policy (*od.* strategy) of confrontation.

Kon·fö·de|ra·ti·on [kɔnfødera'tsĭo:n] *f* ‹-; -en› *pol.* confederation, confederacy; *Am. hist.* die ~ the (Southern) Confederacy. **≗'rie·ren** [-'ri:rən] *v/reflex* ‹*no* ge-, h› sich ~ (mit) confederate (with). **≗'riert** *adj* confederate; *hist.* die ~en Staaten von Amerika *a.* the (Southern) Confederacy *sg.* **~'rier·te** *m, f* ‹-n; -n› confederate.

kon·form [kɔn'fɔrm] *adj* **1.** conforming, coinciding; mit j-m ~ gehen be in agreement (*od.* agree, concur) with s. o.; unsere Ansichten gehen ~ our views conform (*od.* correspond). **2.** *math.* conformal.

Kon·for|mis·mus [kɔnfɔr'mɪsmʊs] *m* ‹-; *no pl*› *pol. relig.* conformism. **~'mist** [-'mɪst] *m* ‹-en; -en›, **≗'mi·stisch** *adj* conformist. **~mi'tät** [-mi'tɛ:t] *f* ‹-; *no pl*› **1.** conformity. **2.** *math.* conformality.

Kon·fron|ta·ti·on [kɔnfrɔnta'tsĭo:n] *f* ‹-; -en› *jur. pol. u. fig.* confrontation. **≗'tie·ren** [-'ti:rən] *v/t* ‹*no* ge-, h› **1.** *bes. jur.* j-n ~ confront s. o.; j-n mit j-m ~ confront s. o. with s. o., bring s. o. face to face with s. o. **2.** *fig.* j-n mit e-r Sache ~ confront (*od.* face) s. o. with s. th. **3.** (*Meinungen etc*) contrast. **~'tie·rung** *f* ‹-; *no pl*› → Konfrontation.

kon·fus [kɔn'fu:s] *adj* ‹-er; -est› confused, *Person*: *a.* muddled, mixed-up, muddle-headed; ich bin ganz ~ I'm all in a muddle. **Kon·fu·si·on** [kɔnfuˈzĭoːn] *f* ⟨-; -en⟩ **1.** confusion, muddle. **2.** *jur.* confusion (of rights *od.* goods).

Kon·fu·zia|ner [kɔnfuˈtsĭaːnər] *m* ⟨-s; -⟩, **⁀nisch** [nɪʃ] *adj* Confucian.

kon·ge·ni·al [kɔngeˈnĭaːl] *adj Person, Geist etc*: congenial, kindred; **Musik und Text waren** ~ the music and the book were of a kindred spirit (*od.* of the same high standard, ideally matched). **Kon·ge·nia·li'tät** [-nĭaliˈtɛːt] *f* ⟨-; *no pl*⟩ congeniality.

kon·ge·ni·tal [kɔngeniˈtaːl] *adj med.* congenital, innate.

Kon·ge·sti·on [kɔngɛsˈtĭoːn] *f* ⟨-; -en⟩ *med.* congestion.

Kon·glo·me·rat [kɔnglomeˈraːt] *n* ⟨-(e)s; -e⟩ *geol. u. fig.* conglomerate.

Kon·go|le·se [kɔngoˈleːzə] *m* ⟨-n; -n⟩, **~'le·sin** *f* ⟨-; -nen⟩, **⁀'le·sisch** *adj obs.* Congolese.

Kon·gre·ga|ti·on [kɔngregaˈtsĭoːn] *f* ⟨-; -en⟩ *R.C.* congregation. **~tio'nist** [-tsĭoˈnɪst] *m* ⟨-en; -en⟩ member of a congregation.

Kon·greß [kɔnˈgrɛs] *m* ⟨-sses; -sse⟩ **1.** congress, *bes. Am.* convention. **2.** *pol.* a) conference, congress, b) *Am.* (*Partei⁀*) (party) convention, c) *USA*: **der** ~ (*das Abgeordnetenhaus*) (the) Congress; *hist.* **der Wiener** ~ the Congress of Vienna. **~ˌab·geˌord·ne·te** *m pol. USA*: Member of Congress, MC, congressman. **~ˌhal·le** *f* congress (*od.* convention) hall. **~ˌteilˌneh·mer** *m* congress member.

kon·gru|ent [kɔngruˈɛnt] *adj* **1.** *math.* congruent, congruous, *Geometrie*: *a.* superposable, equal in all respects. **2.** *fig.* congruent, concurring, corresponding. **⁀'enz** [-ˈɛnts] *f* ⟨-; -en⟩ **1.** *math.* congruence. **2.** *ling.* agreement, concord, congruence. **3.** *fig.* congruence, concurrence. **~'ie·ren** [-ˈiːrən] *v/i* ⟨*no* ge-, h⟩ **1.** *math.* be congruent, *Geometrie*: *a.* be superposable. **2.** *fig.* concur, correspond.

Ko·ni·fe·re [koniˈfɛːrə] *f* ⟨-; -n⟩ *bot.* conifer.

Kö·nig [ˈkøːnɪç] *m* ⟨-s; -e⟩ **1.** king; **der** ~ **von England** the King of England; ~ **Heinrich I.** King Henry I; *Bibl.* **der** ~ **aller** ~**e** the King of Kings; **j-n zum** ~ **machen** make s. o. king; *fig.* **der** ~ **des Jazz** the King of Jazz; **der** ~ **der Tiere** the king of beasts; **bei uns ist der Kunde** ~ (with us) the customer is always right (*od.* comes first). **2.** *Kegeln*: kingpin. **3.** *Schach, Kartenspiel*: king; **Schach dem** ~! check! **4.** *metall.* regulus. **5.** *Bibl.* **das erste (zweite) Buch der** ~**e** the first (second) book of the Kings.

Kö·ni·gin [ˈkøːnɪgɪn] *f* ⟨-; -nen⟩ *a. bot. zo. u. im Spiel*: queen; **regierende** ~ a) reigning queen, queen regnant, b) (*Regentin*) queen regent; *fig.* ~ **des Festes** queen of the festival; *bot.* ~ **der Nacht** night-blooming cereus, queen of the night. **~ˌmut·ter** *f* queen mother. **~paˌstet·chen** *n* chicken vol-au-vent. **~ˌsup·pe** *f* queen's soup. **~ˌwit·we** *f* queen dowager.

kö·nig·lich [ˈkøːnɪklɪç] **I** *adj* **1.** royal, king's; **von** ~**em Blute, aus** ~**em Geblüt** of royal blood, of the blood royal, royal (*prince, etc*); **die** ~**e Kunst** Freemasonry, *a.* Masonry; **das** ~**e Spiel** (*Schach*) chess; **ein** ~**es Tier** a royal beast; → **Hoheit** 2. **2.** *Insignien, Privilegien, Macht, Würde etc*: royal, regal. **3.** *fig.* kingly, majestic, (*prächtig*) princely, regal, royal (*gift, salary, etc*); ~**es Mahl** sumptuous dinner. **II** *adv* **4.** ~ **gekleidet** regally dressed; *fig.* **er freute sich** ~ he was as pleased as Punch, *colloq.* he was tickled pink. **'Kö·nig·li·che** *m* ⟨-n; -n⟩ *hist.* **1.** soldier of the king (*od.* queen). **2.** *pol.* royalist.

'Kö·nigˌreich [ˈkøːnɪk-] *n* kingdom, *lit.* realm; *humor.* **ein** ~ **für ein Bett** I'd give anything for a bed.

'Kö·nigs|ˌad·ler *m* royal (*od.* golden) eagle. **~ˌblau I** *n* royal blue. **II** ⁀ *adj* royal-blue. **~ˌgelb** *n chem.* **1.** king's yellow, orpiment. **2.** (*Bleimonoxyd*) massicot. **~ˌhaus** *n* royal house (*od.* dynasty). **~ˌhof** *m* royal (*od.* king's) court, royal household. **~ˌker·ze** *f bot.* mullein. **~ˌkro·ne** *f* king's (*od.* royal) crown. **~ˌläu·fer** *m Schach*: king's bishop. **~ˌmacht** *f* regal (*od.* royal) power. **~ˌman·tel** *m* royal mantle. **~ˌmord** *m* murder of a king, regicide. **~ˌschloß** *n* royal palace (*od.* castle). **~ˌsohn** *m* king's son, prince. **~ˌsprin·ger** *m Schach*: king's knight. **~ˌthron** *m* king's throne. **~ˌti·ger** *m* Bengal (*od.* royal) tiger. **~ˌti·tel** *m* regal title. **~ˌtoch·ter** *f* king's daughter, princess. **⁀ˌtreu** *adj* royalist, loyal (to the king), loyalist. **~ˌtreue**[1] *m* ⟨-n; -n⟩ *hist.* royalist, loyalist. **~ˌtreue**[2] *f* royalism. **~ˌturm** *m Schach*: king's rook. **~ˌwas·ser** *n* ⟨-s; *no pl*⟩ *chem.* aqua regia. **~ˌwür·de** *f* **1.** royal (*od.* regal) dignity, royalty. **2.** (*Amt*) royal dignity, kingship, royalty; **die** ~ **erlangen** become king. **~ˌzap·fen** *m tech.* central pivot, king post.

'Kö·nig·tum *n* ⟨-s; ⸗er⟩ **1.** ⟨*only sg*⟩ monarchy. **2.** → a) ⟨*only sg*⟩ **Königswürde**, b) **Königreich**.

ko·nisch [ˈkoːnɪʃ] *adj* conic(al), cone-shaped, coniform, *tech. a.* tapering, bevel(l)ed; *tech.* ~**e Bohrung** taper bore; ~ **machen** taper (off). **Ko·ni·zi·tät** [konitsiˈtɛːt] *f* ⟨-; -en⟩ conicity, conicalness.

Kon·jek|tur [kɔnjɛkˈtuːr] *f* ⟨-; -en⟩ *ling.* conjecture, (textual) emendation. **⁀tu'ral** [-tuˈraːl] *adj* conjectural, emendatory.

kon·ji·zie·ren [kɔnjiˈtsiːrən] *ling.* **I** *v/i* ⟨*no* ge-, h⟩ emendate texts. **II** *v/t* conjecture, infer.

Kon·ju·ga·ti·on [kɔnjugaˈtsĭoːn] *f* ⟨-; -en⟩ *bot. chem. ling.* conjugation; *ling.* **starke (schwache)** ~ strong (*od.* irregular) (weak *od.* regular) conjugation.

Kon·ju·ga·ti'ons|ˌen·dung *f ling.* conjugational ending. **~ˌform** *f* form of conjugation, conjugational form.

kon·ju'gier·bar *adj ling.* conjugable. **kon·ju·gie·ren** [kɔnjuˈgiːrən] *v/t* ⟨*no* ge-, h⟩ conjugate. **kon·ju'giert** *adj chem. math.* conjugate, *ling.* conjugated.

Kon·junk·ti·on [kɔnjuŋkˈtsĭoːn] *f* ⟨-; -en⟩ *astr. ling.* conjunction. **Kon·junk·tio'nalˌsatz** [-tsĭoˈnaːl-] *m* conjunctional clause.

Kon·junk·tiv [ˈkɔnjuŋktiːf] *m* ⟨-s; -e⟩ *ling.* subjunctive (mood), conjunctive; **im** ~ **stehen** take (*od.* have, be in) the subjunctive. **Kon·junk'ti·va** [-juŋkˈtiːva] *f* ⟨-; *no pl*⟩ *anat.* conjunctiva. **kon·junk·ti·visch** [ˈkɔnjuŋktiːvɪʃ; -ˈtiːvɪʃ] *adj ling.* subjunctive. **'Kon·junk·tivˌsatz** *m ling.* subjunctive clause.

Kon·junk·tur [kɔnjuŋkˈtuːr] *f* ⟨-; -en⟩ *econ.* **1.** (*~kreislauf*) business (*od.* trade, economic) cycle. **2.** a) (*Wirtschaftslage*) economic situation (*od.* activity), b) (*Geschäfts-, Marktlage*) business outlook, business (trend), trend; **(an)steigende** ~ increasing economic activity (*od.* business); **sinkende** (*od.* **rückläufige**) ~ → **Konjunkturabschwächung**; **überhitzte** ~ overheated economy. **3.** (*Hoch⁀*) boom, peak prosperity; **kleine** (*od.* **leichte**) ~ boomlet; **Entspannung der** ~ easing of the boom conditions. **~ˌabˌlauf** *m* economic trend (*od.* cycle). **~ˌabˌschwä·chung** *f* decline in (*od.* slackening of) economic activity, downward movement, downswing. **⁀ˌanˌfäl·lig** *adj* sensitive to economic fluctuations. **~ˌanˌstieg, ~ˌaufˌschwung** *m* increase in economic activity, upward trend, upswing, (business) revival. **~ba·roˌme·ter** *n* business barometer. **⁀beˌdingt** *adj* cyclical. **~be·le·bung** *f* business revival, stimulation of business. **~beˌricht** *m* economic report (*od.* survey). **~beˌwe·gung** *f* business (*od.* cyclical) movement. **⁀ˌdämp·fend** *adj* countercyclical. **~ˌdämp·fung** *f* slowing down of excessive business activity, boom curbing.

kon·junk·tu·rell [kɔnjuŋktuˈrɛl] *econ.* **I** *adj* cyclical, economic, business (*trend, etc*); ~**es Klima** economic (*od.* cyclical) climate; ~**e Arbeitslosigkeit** cyclical unemployment. **II** *adv* ~ **bedingt** cyclical, due to the economic trend.

kon·junk'tur·empˌfind·lich *adj* sensitive to economic fluctuations.

Kon·junk'tur|entˌwick·lung *f* economic (*od.* cyclical) development, economic trend. **~ˌfor·schung** *f* cyclical (*od.* business) research. **⁀geˌrecht** *adj* cyclically correct. **~ˌjahr** *n* boom year. **~ˌkri·se** *f* economic crisis. **~ˌla·ge** *f* economic situation. **~ˌlen·kung** *f* trade cycle steering, control of cyclical movements. **~pe·riˌode, ~ˌpha·se** *f* phase of the trade cycle. **~po·liˌtik** *f* trade-cycle policy. **~poˌli·ti·ker** *m contp.* opportunist (politician). **⁀poˌli·tisch** *adj* cyclical, economic; ~**e Gegenmaßnahme** countercyclical measure. **~ˌrit·ter** *m colloq.* opportunist, profiteer. **~ˌrückˌgang** *m* → **Konjunkturabschwächung**. **~ˌschwan·kun·gen** *pl* cyclical (*od.* business) fluctuations. **~ˌsprit·ze** *f colloq.* shot in the arm. **~ˌsteue·rung** *f* → **Konjunkturlenkung**. **~theoˌrie** *f* theory of trade cycles. **~ˌüberˌhit·zung** *f* overheating of the economic climate, excessive boom. **~verˌlauf** *m* economic trend, business cycle. **~ˌzy·klus** *m* economic (*od.* trade, business) cycle.

kon·kav [kɔnˈkaːf] *adj* concave. **Kon·ka·vi·tät** [kɔnkaviˈtɛːt] *f* ⟨-; *no pl*⟩ concavity.

kon'kav|kon'vex *adj* concavo-convex. **⁀ˌlin·se** *f* concave lens. **⁀ˌspie·gel** *m* concave mirror.

Kon·kla·ve [kɔnˈklaːvə] *n* ⟨-s; -n⟩ *R.C.* conclave.

Kon·kor·danz [kɔnkɔrˈdants] *f* ⟨-; -en⟩ **1.** concordance (*a. biol.*). **2.** *print.* four-em quad. **3.** *geol.* conformity.

Kon·kor·dat [kɔnkɔrˈdaːt] *n* ⟨-(e)s; -e⟩ **1.** *pol. relig.* concordat. **2.** *Swiss pol.* agreement between two Cantons.

kon·kret [kɔnˈkreːt] **I** *adj* ⟨-er; -est⟩ **1.** *allg.* concrete, (*praktisch*) *a.* practical, (*greifbar*) *a.* tangible, actual, (*genau*) *a.* definite, precise; **im** ~**en Sinne** in the concrete (*od.* literal) sense; ~**e Formen annehmen** assume concrete forms, take shape; ~**e technische Angaben machen** supply definite data. **2.** *philos.* concrete, (*sachlich*) objective, (*wesentlich*) substantial, material. **3.** *ling. u. Kunst*: concrete. **II** *adv* **4.** concretely (*etc*); ~ **gesprochen,** ~ **ausgedrückt** in terms of fact, in concrete terms; **du mußt dich schon** ~**er äußern** you must be more explicit. **III ⁀e, das** ⟨-n⟩ **5.** the concrete.

kon·kre·ti·sie|ren [kɔnkretiˈziːrən] **I** *v/t* ⟨*no* ge-, h⟩ put *s. th.* in concrete form (*od.* terms), concretize, (*Termin etc*) set, fix; *econ.* **ein Angebot ~** supply (full) data (*od.* details, information) on an offer. **II** *v/reflex* **sich ~** *Pläne etc*: take shape, materialize. **⁀rung** *f* ⟨-; *no pl*⟩ taking shape, materializing, concretization, definition.

Kon·kre·tum [kɔnˈkreːtʊm] *n* ⟨-s; -ta [-ta]⟩ *ling.* concrete noun.

Kon·ku|bi·nat [kɔnkubiˈnaːt] *n* ⟨-(e)s; -e⟩ (im ~ in) concubinage. **~ˈbi·ne** [-ˈbiːnə] *f* ⟨-; -n⟩ concubine.

Kon·kur·rent [kɔnkuˈrɛnt] *m* ⟨-en; -en⟩ *allg.* competitor, rival.

Kon·kur·renz [kɔnkuˈrɛnts] *f* ⟨-; -en⟩ **1.** ⟨*only sg*⟩ (*Wettbewerb*) (**zwischen** between) competition, rivalry; **starke** (*od.* **scharfe**) **~** keen (*od.* stiff) competition; **unlautere (mörderische) ~** unfair (cutthroat) competition; **j-m ~ machen, mit j-m in ~ stehen** compete with s. o., be in competition with s. o., **mit j-m in ~ treten** enter into competition (*od.* compete) with s. o.; **sich gegenseitig ~ machen** compete with one another. **2.** ⟨*only sg*⟩ *econ. meist collect.* (*~unternehmen*) competitor(s *pl*), rival(s *pl*), rival firm(s *pl*); *fig.* **die ~ aus dem Felde schlagen** eliminate one's competitors; **bei der ~ kaufen** buy from competitors. **3.** *Sport*: a) (*Wettkampf*) competition, contest, event, b) ⟨*only sg*⟩ *meist collect.* (*Rivalen*) competitors *pl*, rivals *pl*; **außer ~** hors concours, as a non-official competitor. **4.** *jur.* a) *von Straftaten, Ansprüchen etc*: concurrence, b) *von Gesetzen*: conflict. **5.** *relig. von Festen*: concurrence. **~be|trieb** *m* → Konkurrenzfirma. **⁀|fä·hig** *adj* competitive, able to compete. **~|fä·hig·keit** *f* competitive position (*od.* power), competitiveness. **~|fir·ma** *f*, **~ge|schäft** *n* rival firm, competitor(s *pl*), competition. **~|kampf** *m* competition, trade rivalry; **mörderischer ~** cutthroat competition. **~|klau·sel** *f* restraint clause. **⁀los** *adj* **1.** Without competition. **2.** (*unvergleichlich*) unrival(l)ed, matchless, unbeatable, second-to-none. **~|neid** *m* professional jealousy. **~|preis** *m* competitive price. **~ver|bot** *n* (agreement in) restraint of trade.

kon·kur·rie·ren [kɔnkuˈriːrən] *v/i* ⟨*no* ge-, h⟩ **1.** (**mit**) compete (with), be in competition (with), rival (*s. o., s. th.*); **mit diesen Preisen können wir nicht ~** we cannot compete with (*od.* match) these prices; *colloq.* **damit kannst du nicht ~** you can't compete with (*od.* touch) that. **2.** *jur.* concur. **3.** *phys.* compete. **~d** *adj* **1.** competing, competitive, rival. **2.** *jur.* concurrent, *Gesetze*: *a.* conflicting. **3.** *phys. Betazerfall*: competitive.

Kon·kurs [kɔnˈkʊrs] *m* ⟨-es; -e⟩ *econ. jur.* bankruptcy, insolvency, failure; **in ~ gehen** (*od.* **geraten**), **~ machen** go bankrupt, become bankrupt (*od.* insolvent), fail; (**den**) **~ anmelden** file a petition in bankruptcy, declare o. s. (a) bankrupt; **den ~ eröffnen** a) institute bankruptcy proceedings, b) **über j-n** *od.* **j-s Vermögen**: adjudicate s. o. bankrupt; **j-n in ~ treiben** make s. o. bankrupt, bankrupt s. o.; **den ~ aufheben** (*od.* **einstellen**) terminate bankruptcy proceedings. **~|an|trag** *m* petition in bankruptcy. **~de|likt** *n* bankruptcy offen/ce (*Am.* -se). **~er|klä·rung** *f* declaration of insolvency. **~er|öff·nung** *f* adjudication in bankruptcy. **~|for·de·rung** *f* claim against a bankrupt's estate. **~ge|richt** *n* bankruptcy court. **~|gläu·bi·ger** *m* bankrupt's creditor, creditor to a bankrupt's estate. **~|mas·se** *f* (bankrupt's) estate (*od.* assets *pl*). **~|rich·ter** *m* referee in bankruptcy. **~ver|fah·ren** *n* bankruptcy proceedings *pl*; **das ~ eröffnen** institute bankruptcy proceedings; **über sein Vermögen wurde das ~ eröffnet** he was adjudicated bankrupt; **das ~ einstellen** terminate bankruptcy proceedings. **~ver|wal·ter** *m* a) *vom Gericht eingesetzt*: (official) receiver, b) *vom Gläubiger ernannt*: trustee in bankruptcy. **~ver|wal·tung** *f* administration of the bankrupt's estate, receivership. **~|vor|recht** *n* (creditor's) right to preferential payment.

kön·nen[1] [ˈkœnən] **I** *v/aux* ⟨kann, konnte, *pp* können, h⟩ **1.** (*vermögen*) be able to *inf*, be capable of *ger*, be in a position to *inf*; **kannst du es tun?** can you do it?; **er kann es nicht sagen** he cannot (*od.* can't) say; **er hätte es tun ~** he could have done it; **er tut, was er kann** he does his best; **ich werde sehen, was ich tun kann** I'll see about it (*od.* what I can do); **was kann man da tun?** what can be done in such a case?; **ich kann nichts dazu tun** I can do nothing about it (*od.* to help); *colloq.* **lauf, was du laufen kannst** run as fast as you can; **er schrie, was er schreien konnte** he screamed with all his might; **ich habe nicht kommen ~** I was unable (*od.* I wasn't able) to come; *colloq.* **da kann man nichts machen** there's nothing to be done (*od.* that one can do). **2.** (*beherrschen*) know (how) to *inf*, understand to *inf*, be proficient in; **sie kann Geige spielen** she can play the violin, she plays the violin; **er kann reiten** he can (*od.* knows how to) ride. **3.** (*dürfen*) be permitted (*od.* allowed) to *inf*; **er kann gehen** he may (*od.* can) go, let him go; **du kannst nicht hingehen** you may not (*od.* cannot, must not) go (there); **du kannst alles sehen** you are welcome to see everything; **Sie ~ es mir glauben** you may believe it (*od.* me), you may take my word for it; **Sie hätten es tun ~** you could (*od.* might) have done it. **4.** *Möglichkeit, Wahrscheinlichkeit*: **das kann sein** that may be (so), that's possible; **das kann nicht sein** that's impossible; **du könntest recht haben** you might (*od.* may, could) be right; **wie kann man nur so et. Unsinniges tun!** what a mad thing to do!; **das könnte er gewesen sein** it could have been him; **(es) kann sein, daß er heute kommt** maybe he will come today; *colloq.* **kann sein!** maybe!; **ich kann mich auch täuschen** I may be mistaken. **II** *v/t* ⟨*pp* **gekonnt**⟩ **5.** (*imstande sein*) be able to do, be capable of doing; **ich weiß, was du kannst** I know what you can do; *colloq.* **du kannst mich mal!** go to hell! **6.** (*beherrschen*) know, understand; **e-e Sprache ~** know (*od.* have command of, speak) a language; **er kann kein Französisch** *a.* he has no French; **kannst du das Gedicht?** can you recite (*od.* say) the poem?, do you know the poem by heart?; **kannst du die Wörter?** do you know the words?; **er kann etwas** he is a capable fellow, he knows his stuff; *iro. colloq.* **was kannst du eigentlich?** what are you good for, anyway?; **sie kann (gar) nichts** a) she can't do (*od.* doesn't know) a thing, b) she is no good at all. **7.** *in Wendungen wie*: **ich kann nichts für s-e schlechten Manieren** I am not to blame (*od.* I cannot be blamed, I am not responsible) for his bad manners; **er kann nichts für s-e Ansichten** he can't help his views; **wir ~ nichts dafür** it's not our fault; **was konnte sie denn dafür?** it wasn't her fault!, she couldn't do anything about it!; *colloq.* **es mit j-m ~** get on (*od.* along) with s. o. (like houses). **III** *v/i* ⟨*pp* **gekonnt**⟩ **8.** (*vermögen*) be able (to), be capable (of); **man kann nicht immer, wie man will** you can't always do what you want to (do); *colloq.* **sie kann auch anders** she is not always like that; **ich konnte nicht anders, ich mußte lachen** I could not help laughing (*od.* but laugh); *colloq.* **ich kann nicht mehr** I am finished, I can't go on, I am at the end of my tether; **kannst du noch?** can you go on (any longer)?; *colloq.* **~ wir?** can we go (*od.* begin)?, are we ready?; **wir konnten nicht mehr vor Lachen** we were helpless with laughter. **9.** (*dürfen*) be permitted (*od.* allowed) (to); *colloq.* **wo kann man hier mal?** where's the toilet?

ˈkön·nen[2] *pp of* **können**[1] I.

ˈKön·nen *n* ⟨-s; *no pl*⟩ ability, abilities *pl*, skill, powers *pl*, (*Tüchtigkeit*) *a.* prowess, efficiency; **handwerkliches ~** manual skill. **ˈKön·ner** *m* ⟨-s; -⟩ very able man (*od. thea.* actor, *Sport*: player, *etc*), master (hand), expert, *colloq.* wizard, whiz, *bes. Sport*: ace, crack; **er ist ein (großer) ~ auf s-m Gebiet** he is an expert (*od.* a past master) in his field.

Kon·nex [kɔˈnɛks] *m* ⟨-es; -e⟩ **1.** connection, nexus. **2.** *mit Personen*: → Kontakt 1. **Kon·ne·xio·nen** [kɔnɛˈksĭoːnən] *pl* (*Beziehungen*) connections.

Kon·nos·se·ment [kɔnɔsəˈmɛnt] *n* ⟨-(e)s; -e⟩ *econ. mar.* bill of lading.

konn·te [ˈkɔntə] *1 u. 3 sg pret*, **könn·te** [ˈkœntə] *1 u. 3 sg pret subj of* **können**[1].

ˈKon|rek·tor [ˈkɔn-] *m* **1.** *univ.* assistant principal, *Am.* vice-president. **2.** *ped.* deputy headmaster.

Kon·se·kra·ti·on [kɔnzekraˈtsĭoːn] *f* ⟨-; -en⟩ *R.C.* consecration. **kon·se·ˈkrie·ren** [-ˈkriːrən] *v/t* ⟨*no* ge-, h⟩ consecrate.

kon·se·ku·tiv [kɔnzekuˈtiːf] *adj bes. ling.* consecutive, sequent. **⁀|dol·met·scher** *m* consecutive interpreter. **⁀|satz** *m ling.* consecutive clause.

Kon·sens [kɔnˈzɛns] *m* ⟨-es; -e⟩ *lit.* consent (**zu** to).

kon·se·quent [kɔnzeˈkvɛnt] **I** *adj* ⟨-er; -est⟩ **1.** (*folgerichtig*) consequent, logical, (*grundsatzgetreu*) consistent, (*kompromißlos*) uncompromising, (*beharrlich*) persistent, firm, (*entschlossen*) resolute; **~ bleiben** stand firm, *colloq.* stick to one's guns; **du mußt ~ sein** a) you must be consistent, you must stand by your principles, b) you must remain firm. **2.** (*gründlich*) thorough, systematic. **3.** *geogr. Fluß*: consequent. **II** *adv* **4.** consequently (*etc*); **~ denken** think logically; **~ handeln** act consistently; **sie sagte ~ „nein"** she said "no" every time; **sein Ziel ~ verfolgen** pursue one's aim resolutely; *Sport*: **~ decken** mark systematically (*od.* uncompromisingly). **Kon·seˈquenz** [-ˈkvɛnts] *f* ⟨-; -en⟩ **1.** (*Folgerung*) consequence, (logical) conclusion; **~en ziehen (aus)** draw conclusions (from); **die ~(en) ziehen** draw one's conclusions (**aus** from), act accordingly, do the obvious thing; **er zog die ~en und kündigte** he drew the necessary conclusions and quit. **2.** ⟨*only sg*⟩ (*Beharrlichkeit*) consistency, persistence, (*Entschlossenheit*) resolution, determination; **mit äußerster ~ vorgehen** act with the utmost consistency; **mit eiserner ~** resolutely, with dogged resolution. **3.** *pl* (*Folgen*) consequences; **die ~en tragen** (*od.* **auf** *acc* **sich nehmen**) bear the consequences, *colloq.* face the music; **bis zur äußersten ~** a) regardless of the consequences, b) *kämpfen etc*: to the bitter end.

Kon·ser·va|tis·mus [kɔnzɛrvaˈtɪsmʊs] *m* ⟨-; *no pl*⟩ conservatism. **≈ˈtiv** [-ˈtiːf] **I** *adj a. med. pol.* conservative, *Partei etc*: *a.* Conservative, *Br.* Tory. **II ≈e** *m, f* ⟨-n; -n⟩ conservative, *pol. a.* Conservative, *Br.* Tory; **die ≈en** *a.* the right wing *sg.* **~tiˈvis·mus** [-tiˈvɪsmʊs] *m* ⟨-; *no pl*⟩ conservatism.

Kon·ser|va·tor [kɔnzɛrˈvaːtɔr] *m* ⟨-s; -en [-vaˈtoːrən]⟩ *e-s Museums etc*: curator. **≈vaˈto·risch** [-vaˈtoːrɪʃ] *adj* **1.** curatorial. **2.** *mus. ped.* (of a) conservatory (*od.* conservatoire). **~va·toˈrist** [-vatoˈrɪst] *m* ⟨-en; -en⟩ pupil (*od.* student) of a conservatory (*od.* conservatoire). **~vaˈto·ri·um** [-vaˈtoːrĭʊm] *n* ⟨-s; -rien⟩ conservatory, *bes. in Europa*: conservatoire.

Kon·ser·ve [kɔnˈzɛrvə] *f* ⟨-; -n⟩ **1.** a) preserve(d food), b) *colloq.* (*~ndose*) tin, *bes. Am.* can; **~n** *pl* tinned (*bes. Am.* canned) foods, preserves; **von ~n leben** live out of tins (*bes. Am.* cans). **2.** *med.* (*Blut≈*) stored (*od.* banked) blood.

Konˈser·ven|ˌbüch·se, ~ˌdo·se *f* tin, *bes. Am.* can. **~faˌbrik** *f* tinning factory, *Am.* cannery. **~ˌglas** *n* preserving jar. **~muˌsik** *f colloq.* canned music.

kon·serˈvier·bar *adj* preservable.

kon·ser·vie·ren [kɔnzɛrˈviːrən] **I** *v/t* ⟨*no* ge-, h⟩ **1.** (*Fleisch etc, a. Holz, Gebäude etc*) preserve, (*Felle*) *a.* cure, *in Büchsen*: tin, *bes. Am.* can, *in Flaschen*: bottle. **2.** *med.* a) preserve, b) store. **3.** *fig.* (*Tradition, gutes Aussehen etc*) preserve. **II** *v/reflex* **sich ~ 4.** preserve; *fig.* **sie hat sich gut konserviert** she looks young for her age, she carries her age well. **Kon·serˈvie·rung** *f* ⟨-; *no pl*⟩ **1.** conserving (*etc*). **2.** *von Fleisch etc, a. von Holz, Gebäuden etc*: preservation, *von Fellen*: *a.* cure, *in Büchsen*: tinning, *bes. Am.* canning. **3.** *med.* a) preservation, b) storage (*of blood, etc*).

Kon·serˈvie·rungs|ˌmit·tel *n* preservative, preserving agent. **~verˌfah·ren** *n* preserving process.

Kon·si·gnant [kɔnzɪˈgnant] *m* ⟨-en; -en⟩ *econ.* consignor. **Kon·si·gnaˈtar** [-gnaˈtaːr] *m* ⟨-s; -e⟩ consignee. **Kon·si·gna·tiˈon** [-gnaˈtsĭoːn] *f* ⟨-; -en⟩ (in ~ on) consignment.

Kon·si·gna·tiˈons|geˌschäft *n econ.* business on a consignment basis, consignment business. **~ˌla·ger** *n* consignment stock.

kon·si·gnie·ren [kɔnzɪˈgniːrən] *v/t* ⟨*no* ge-, h⟩ *econ.* consign, send (*goods*) on consignment.

Kon·si·li·um [kɔnˈziːlĭʊm] *n* ⟨-s; -lien⟩ *med.* council; **ein ~ abhalten** hold consultation.

kon·si|stent [kɔnzɪsˈtɛnt] *adj* consistent, solid, compact, firm. **≈ˈstenz** [-ˈtɛnts] *f* ⟨-; -en⟩ consistency, solidity, compactness.

Kon·si·sto·riˈal|geˌricht [kɔnzɪstoˈrĭaːl-] *n relig.* consistory, consistorial court. **~ˌrat** *m* council(l)or of the consistory.

Kon·so·le [kɔnˈzoːlə] *f* ⟨-; -n⟩ **1.** *arch.* console, bracket, corbel, (*Kragstein*) ancon. **2.** (*Wandbrett*) bracket, pedestal, (*Spiegeltischchen*) console (table). **3.** *tech.* a) console, pedestal, support, b) bracket.

Kon·so·li|da·ti·on [kɔnzolidaˈtsĭoːn] *f* ⟨-; -en⟩ *allg.* consolidation. **≈ˈdie·ren** [-ˈdiːrən] **I** *v/t* ⟨*no* ge-, h⟩ *allg.* consolidate, *econ.* (*Staatsschuld, -anleihe etc*) *a.* fund; **neu ~** refund. **II** *v/reflex* **sich ~** consolidate, become consolidated. **≈ˈdiert** *adj econ.* funded, consolidated; **~e Staatsanleihen** → **Konsols**; **~e Schuld** funded debt. **~ˈdie·rung** *f* ⟨-; -en⟩ consolidation.

Kon·sols [kɔnˈzoːls] *pl econ.* consols, *bes. Am.* consolidated government bonds.

Kon·som·mee [kõsɔˈmeː] *f* ⟨-; -s⟩, *n* ⟨-s; -s⟩ consommé, broth, bouillon.

Kon·so·nant [kɔnzoˈnant] **I** *m* ⟨-en; -en⟩ **1.** *ling.* consonant. **II ≈** *adj* **2.** *mus.* consonant. **3.** *phys.* consonating.

Kon·soˈnan·ten|ˌeinˌschub *m ling.* **1.** (*Vorgang*) epenthesis. **2.** (*Ergebnis*) excrescence. **~ˌhäu·fung** *f* consonant cluster. **~verˌdopp·lung** *f* gemination (of a consonant). **~ˌwech·sel** *m* consonantal change.

kon·soˈnan·tisch *adj ling.* consonant(al).

Kon·so·nanz [kɔnzoˈnants] *f* ⟨-; -en⟩ *mus. phys.* consonance, *ling. a.* recurrence of consonants.

Kon·sor·ten [kɔnˈzɔrtən] *pl* **1.** *econ.* associates, syndicate members, *Am.* participants; **Braun und ~** Brown and associates, Brown et al. **2.** *bes. jur.* (*Komplizen*) associates, accomplices; **in der Sache** (*od.* **in Sachen**) **gegen X und ~** in the case versus X and others (*od.* et al). **3.** *fig. contp.* clique *sg*, gang *sg*, pals; **üble ~** bad lot *sg.*

Kon·sor·tiˈal|ˌbank [kɔnzɔrˈtsĭaːl-] *f econ.* member bank (of a syndicate). **~beˌtei·li·gun·gen** *pl* syndicate holdings. **~geˌschäft** *n* syndicate business (*od.* transaction).

Kon·sor·ti·um [kɔnˈzɔrtsĭʊm] *n* ⟨-s; -tien⟩ *econ.* (underwriting) syndicate, group.

Kon·spi|ra·ti·on [kɔnspiraˈtsĭoːn] *f* ⟨-; -en⟩ conspiracy, plot. **≈raˈtiv** [-ˈtiːv] *adj* conspiratorial. **≈ˈrie·ren** [-ˈriːrən] *v/i* ⟨*no* ge-, h⟩ (**gegen** against) conspire, plot (together).

kon·stant [kɔnˈstant] **I** *adj* ⟨-er; -est⟩ **1.** *math. phys.* constant; **~e Größe** constant; **die Temperatur ~ halten** maintain a constant temperature. **2.** *econ.* (*fest*) basic, standing, *Kosten, Einkommen*: fixed. **3.** (*beständig*) constant, consistent, steady; *Sport*: **er zeigt seit Monaten e-e ~e Form** he has been showing consistent(ly) good form for months; **hoffentlich bleibt das Wetter ~** I hope the weather will last; *contp.* **mit ~er Bosheit** with unchanging malice. **II** *adv* **4.** constantly (*etc*); **~ lügen** lie consistently; **wir hatten ~ schlechtes Wetter** we had bad weather throughout. **Konˈstan·te** *f* ⟨-; -n⟩ **1.** *math. phys.* constant. **2.** *fig.* constant factor.

Konˈstanz [-ˈstants] *f* ⟨-; *no pl*⟩ **1.** constancy. **2.** *bes. econ.* steadiness, stability. **3.** *biol.* constance; **~ der Arten** fixity of the species.

kon·sta·tie|ren [kɔnstaˈtiːrən] *v/t* ⟨*no* ge-, h⟩ *lit.* **1.** (*bemerken*) state, note, see, find, (*ermitteln*) find (out), establish, (*bestätigen*) confirm. **2.** *med.* diagnose, give (*od.* state) one's diagnosis. **≈rung** *f* ⟨-; -en⟩ **1.** stating (*etc*). **2.** statement, establishment, confirmation. **3.** *med.* diagnosis.

Kon·stel·la·ti·on [kɔnstɛlaˈtsĭoːn] *f* ⟨-; -en⟩ **1.** (stellar) constellation; **untergeordnete ~** subconstellation. **2.** *fig.* constellation (*a. med.*), situation, circumstances *pl.*

kon·ster|nie·ren [kɔnstɛrˈniːrən] *v/t* ⟨*no* ge-, h⟩ **j-n ~** consternate (*od.* dismay) s. o. **~ˈniert** *adj* consternated, dismayed; **ich war** (**ganz**) **~** *a.* I was quite taken aback.

Kon·sti·pa·ti·on [kɔnstipaˈtsĭoːn] *f* ⟨-; -en⟩ constipation, *hartnäckige*: obstipation.

kon·sti·tu·ie|ren [kɔnstituˈiːrən] **I** *v/t* ⟨*no* ge-, h⟩ *pol.* **1.** (*bilden*) constitute, organize, establish. **2.** (*ernennen*) appoint. **II** *v/reflex* **sich ~ 3.** *parl.* (*zs.-treten*) assemble, convene; **das Haus konstituiert sich als Ausschuß** the House resolves itself into a committee. **4.** (*gegründet werden*) be(come) established, be organized, constitute itself. **~rend** *adj parl. etc* **~e Versammlung** constituent assembly. **≈rung** *f* ⟨-; -en⟩ **1.** constituting (*etc*). **2.** constitution, establishment.

Kon·sti·tu|ti·on [kɔnstituˈtsĭoːn] *f* ⟨-; -en⟩ **1.** *med. pol.* constitution. **2.** *R. C.* papal (*od.* conciliar) decree. **3.** *chem.* constitution, structure. **~tio·naˈlis·mus** [-tsĭonaˈlɪsmʊs] *m* ⟨-; *no pl*⟩ *pol.* constitutionalism. **≈tioˈnell** [-tsĭoˈnɛl] *adj med. pol.* constitutional, *Monarchie*: *a.* limited.

Kon·sti·tu·tiˈons|ˌfor·mel *f chem.* structural formula. **~ˌkrank·heit** *f* constitutional disease. **~ˌtyp** *m* constitutional type.

kon·strin·gie|ren [kɔnstrɪŋˈgiːrən] *v/t* ⟨*no* ge-, h⟩ (*Muskeln etc*) constrict. **~rend** *adj pharm.* **~es Mittel** constringent (agent).

kon·stru|ie·ren [kɔnstruˈiːrən] *v/t* ⟨*no* ge-, h⟩ **1.** *tech.* (*entwerfen*) design, (*bauen*) construct, build. **2.** *math.* (*zeichnen*) construct, draw. **3.** *ling.* construct, construe, form, (*analysieren*) analyze, parse. **4.** *fig.* (*Gegensätze etc*) construe, *contp.* invent, fabricate. **~ˈiert** *adj* **1.** designed, planned, constructed, built. **2.** *fig.* (*erdacht*) fictitious, hypothetical, (*gekünstelt*) artificial.

Kon·struk|teur [kɔnstrʊkˈtøːr] *m* ⟨-s; -e⟩ (technical) designer, designing engineer. **~tiˈon** [-ˈtsĭoːn] *f* ⟨-; -en⟩ **1.** ⟨*only sg*⟩ a) (*Entwerfen*) designing, b) (*das Bauen*) construction, building. **2.** (*Bauweise*) construction, design. **3.** (*Bau*) construction, structure, building. **4.** *ling. math.* construction (*a. fig. Deutung*).

Kon·struk·tiˈons|ˌän·de·rung *f* design change, change in design. **≈beˌdingt** *adj* for design reasons, due to (the) design. **~büˌro** *n* drawing (*od.* design) office, *Am.* drafting room. **~eleˌment** *n* (construction *od.* structural) element. **~ˌfeh·ler** *m* **1.** constructional (*od.* structural) defect (*od.* flaw). **2.** faulty design, error in design. **~ˌmerkˌmal** *n* design (*od.* constructional) feature. **~prinˌzip** *n* design principle. **~ˌstahl** *m* structural steel. **≈ˌtech·nisch** *adj* constructional. **~ˌteil** *n, m* structural component, element. **~ˌzeich·nung** *f* workshop (*od.* production, detail) drawing.

kon·struk|tiv [kɔnstrʊkˈtiːf] *adj* **1.** *tech.* constructional, structural, design. **2.** *fig.* *Kritik etc*: constructive. **≈tiˈvis·mus** [-tiˈvɪsmʊs] *m* ⟨-; *no pl*⟩ *Kunst*: constructivism. **≈tiˈvist** [-tiˈvɪst] *m* ⟨-en; -en⟩, **~tiˈvi·stisch** *adj* constructivist.

Kon·sul [ˈkɔnzʊl] *m* ⟨-s; -n⟩ *pol., a. antiq.* consul. **Kon·suˈlar...** *in Zssgn* consular (*official, etc*). **kon·suˈla·risch** *adj* consular. **Kon·su·lat** [kɔnzuˈlaːt] *n* ⟨-(e)s; -e⟩ **1.** (*Amt, a. Gebäude*) consulate; **vom ~ ausgestellte Urkunde** consular document. **2.** ⟨*only sg*⟩ (*Würde*) *a. antiq.* consulate, consulship. **Kon·suˈlats...** *in Zssgn* consular (*report, fees, etc*); **~verweser** *m* acting consul.

Kon·sul|ta·ti·on [kɔnzʊltaˈtsĭoːn] *f* ⟨-; -en⟩ consultation; **j-n zur ~ heranziehen** consult s. o. **≈taˈtiv** [-taˈtiːf] *adj* consultative. **≈ˈtie·ren** [-ˈtiːrən] *v/t* ⟨*no* ge-, h⟩ (*j-n, pol. Verbündete, weitS. Wörterbuch etc*) consult.

Kon·sum[1] [kɔnˈzuːm] *m* ⟨-s; *no pl*⟩ *econ. u. fig.* consumption; **der übermäßige** ~ **von Zigaretten** *a.* excessive smoking (of cigarettes); *fig.* **der literarische** ~ literary consumption. **Konsum**[2] [kɔnˈzuːm; ˈkɔnzuːm] *m* ⟨-s; -s⟩ → **Konsumgenossenschaft, Konsumgeschäft.**

Konˈsum·ar,ti·kel *m* article of consumption; **die** ~ the consumer goods.

Kon·su·ment [kɔnzuˈmɛnt] *m* ⟨-en; -en⟩ *econ. u. fig.* consumer.

Konˈsum|ge,nos·sen·schaft *f* consumer cooperative (society), *colloq.* co-op. **~ge,schäft** *n* cooperative (store), *colloq.* co-op. **~ge,sell·schaft** *f sociol.* consumer society. **~ge,wohn·hei·ten** *pl* consumer habits. **~,gü·ter** *pl* consumer goods. **~,gü·ter·in·du,strie** *f* consumer goods industry.

Konˈsum·idi,ot *m colloq. contp.* brainwashed consumer.

kon·su·mie|ren [kɔnzuˈmiːrən] *v/t* ⟨*no* **ge-**, **h**⟩ *a. fig.* consume. **2rung** *f* ⟨-; *no pl*⟩ consumption.

Konˈsum|,steu·er *f* tax on consumer goods. **~ver,ein** *m* → **Konsumgenossenschaft. ~ver,hal·ten** *n* consumer('s) behavio(u)r (*od.* habits *pl*). **~ver,zicht** *m* consumption abstinence. **~,wa·re** *f* → **Konsumartikel.**

Kon·takt [kɔnˈtakt] *m* ⟨-(e)s; -e⟩ **1.** (*Berührung, Verbindung*) *a. fig.* contact, touch, connection, (*Fühlung*) rapport, relation(ship); *fig.* **mit j-m** ~ **bekommen** (*od.* **aufnehmen, herstellen**) establish (*od.* make) contact with s. o., get in touch with s. o., contact s. o.; **mit j-m in** ~ **stehen,** ~ **haben mit j-m** be in contact (*od.* touch) with s. o.; **~(e) aufnehmen mit e-r Firma** approach (*od.* make contact with, contact) a firm; **ein persönlicher** ~ **zwischen ihm und s-m Vater** a close rapport between him and his father. **2.** *electr.* contact; **den** ~ **herstellen (unterbrechen)** make (break) the contact. **~,ab,zug** *m phot.* contact print. **~,arm** *m* **1.** *electr.* contact (spring). **2.** *teleph.* wiper. **3.** *tech.* a) *e-s Obusses*: trolley pole, b) *e-s Schleifkopfes*: contact arm. **2,arm** *adj Person*: lacking social contacts, unsociable, friendless, ⟨*pred*⟩ *colloq.* (being) not a good mixer. **~,ar·mut** *f* lack of social contact. **~,auf,nah·me** *f* establishing of contact, making contact, approach. **~,bür·ste** *f electr.* contact brush.

Konˈtak·ter *m* ⟨-s; -⟩ *bes. in Werbeagentur*: contact man.

konˈtakt,fä·hig *adj* → **kontaktfreudig.**

Konˈtakt|,flä·che *f* surface of contact. **2,freu·dig** *adj Person*: sociable, able to make friends easily, ⟨*pred*⟩ *colloq.* (being) a good mixer. **~,ge·ber** *m electr.* contact maker. **2ge·stört** *adj psych.* withdrawn, unsociable. **~,gift** *n* contact poison. **~,glas** *n meist pl opt.* contact lens. **~in·fek·ti,on** *f* contact infection. **~,knopf** *m electr.* push button. **~,lin·se** *f meist pl opt.* contact lens. **~,mann** *m* ⟨-(e)s; ⸚er *u.* -leute⟩ (*Agent etc*) contact (man). **~,mas·se** *f chem.* (contact) catalyst. **~,mi·ne** *f mil.* contact mine. **~pa,pier** *n phot.* contact (printing) paper. **~per,son** *f bes. med.* contact. **~,pfle·ge** *f* (maintenance of) human relations *pl.* **~,scha·le** *f meist pl opt.* contact lens. **~,schal·ter** *m electr.* contact switch, microswitch. **~,schie·ne** *f* contact rail (*od.* bar). **~,schwel·le** *f Radio*: detector pad. **~,schwie·rig·kei·ten** *pl bes. psych.* difficulties in establishing (inter)personal relationships. **~,strom** *m* contact current. **~,stück** *n* contact piece (*od.* maker). **~,stu·di·um** *n* in-service training. **~,zün·der** *m mil.* contact fuse.

Kon·ta·mi|na·ti·on [kɔntaminaˈtsĭoːn] *f* ⟨-; -en⟩ contamination (*a. ling.*). **2ˈnie·ren** [-ˈniːrən] *v/t* ⟨*no* **ge-**, **h**⟩ contaminate.

kon·tant [kɔnˈtant] *adj econ.* (**per** *od.* **gegen**) ~ (in) cash.

Kon·tem·pla|ti·on [kɔntɛmplaˈtsĭoːn] *f* ⟨-; -en⟩ contemplation. **2ˈtiv** [-ˈtiːf] *adj* contemplative, meditative.

ˈKon·ten|,in,ha·ber *m* depositor, holder of an account. **~,plan** *m* chart of accounts. **~,spa·ren** *n* saving through accounts.

Kon·ter [ˈkɔntər] *m* ⟨-s; -⟩ *Sport u. fig. colloq.* counter. **~ad·mi,ral** *m* Rear Admiral. **~,ban·de** *f* ⟨-; *no pl*⟩ contraband (goods *pl*).

Kon·ter|fei [ˈkɔntərfaɪ; -ˈfaɪ] *n* ⟨-s; -s, *a.* -e⟩ *obs.* portrait, likeness. **2fei·en** [-faɪən; -ˈfaɪən] *v/t* ⟨*no* **ge-**, **h**⟩ *obs. od. humor.* portray, paint.

kon·ter·ka·rie·ren [kɔntərkaˈriːrən] *v/t* ⟨*no* **ge-**, **h**⟩ counteract, (*Sache*) *a.* contravene.

ˈKon·ter|ge,wicht *n* counterweight. **~,mut·ter** *f tech.* lock (*od.* check) nut.

kon·tern [ˈkɔntərn] **I** *v/i* ⟨**h**⟩ **1.** *Boxen, Fußball etc, a. fig.* counter. **2.** *print.* reverse, produce an offset print. **II** *v/t* **3.** *Boxen etc, a. fig.* counter. **4.** *tech. mit e-r Mutter*: lock. **III 2** *n* ⟨-s⟩ **5.** counter(ing).

ˈKon·ter|pa,ra·de *f fenc.* counter. **~re·vo·lu·ti,on** *f* counter-revolution. **~re·vo·lu·tio,när I** *m* counter-revolutionist. **II 2** *adj* counter-revolutionary. **~,schlag** *m* **1.** a) *Boxen*: counter, b) *Fußball etc*: counter(attack), c) *fenc.* counter, parry. **2.** *mil.* counterattack, *a. fig.* counterblow. **~,tanz** *m* contra dance, contredanse.

Kon·text [kɔnˈtɛkst; ˈkɔn-] *m* ⟨-es; -e⟩ context; **aus dem** ~ **gerissen** quoted out of (the) context, divorced from its context.

kon·tie·ren [kɔnˈtiːrən] *v/t* ⟨*no* **ge-**, **h**⟩ *econ.* book *s. th.* to s. o.'s account.

Kon·ti·nent [kɔntiˈnɛnt] *m* ⟨-(e)s; -e⟩ **1.** continent; **der (europäische)** ~ the Continent, the continent of Europe. **2.** ⟨*only sg*⟩ (*Festland*) continent, mainland. **kon·ti·nenˈtal** [-ˈtaːl] *adj* **1.** continental. **2.** → **kontinentaleuropäisch.**

Kon·ti·nenˈtal|,drift *f geol.* continental drift. **2eu·ro,pä·isch** *adj* Continental. **~,mäch·te** *pl* Continental powers. **~,sockel** (*getr.* **-k·k-**) *m geogr.* continental shelf. **~,sper·re** *f*, **~sy,stem** *n hist.* Continental System (*od.* Blockade).

Kon·tin·gent [kɔntɪŋˈgɛnt] *n* ⟨-(e)s; -e⟩ **1.** (*Anteil, Beitrag*) contingent, share, contribution. **2.** *bes. econ.* quota, contingent, (*Zuteilung*) *a.* allocation, (*Abzulieferndes*) delivery percentage, commitments *pl.* **3.** *bes. mil.* (*Truppen2 etc*) contingent. **kon·tin·genˈtie·ren** [-ˈtiːrən] *v/t* ⟨*no* **ge-**, **h**⟩ **1.** a) fix (*od.* allot) *s. th.* as a contingent, b) fix the quota for *s. th.* **2.** *econ.* a) (*Quoten festsetzen für*) make *s. th.* subject to a quota, b) (*nach Quoten zuteilen*) allocate, c) (*rationieren*) ration; **den Import** ~ fix import quotas. **kon·tin·genˈtiert** *adj econ.* subject to quota (*od.* allocation, restriction); **(nicht) ~e Einfuhren** (non-)quota imports. **Kon·tin·genˈtie·rung** *f* ⟨-; -en⟩ **1.** fixing the (*od.* of) quotas (*etc*), allotment. **2.** (quota) restriction. **3.** quota system. **4.** rationing.

kon·ti·nu·ier·lich [kɔntinuˈiːrlɪç] *adj* **1.** *Entwicklung, Regen etc*: continuous, *a. math. tech.* uninterrupted, steady. **2.** *ling.* durative. **Kon·ti·nuiˈtät** [-nŭiˈtɛːt] *f* ⟨-; *no pl*⟩ continuity. **Kon·ti·nu·um** [kɔnˈtiːnuʊm] *n* ⟨-s; -nua [-nŭa]⟩ *bes. math.* continuum.

Kon·to [ˈkɔnto] *n* ⟨-s; -ten, *a.* -ti [-ti], -s⟩ **1.** (bank) account; **ausgeglichenes (überzogenes)** ~ balanced (overdrawn) account; **laufendes** ~ → **Kontokorrent; ein** ~ **ausgleichen** settle (*od.* balance) an account; **ein** ~ **belasten** charge (*od.* debit) an account; **ein** ~ **eröffnen** (*od.* **einrichten**) **(bei)** open an account (with, at); **ein** ~ **haben** (*od.* **unterhalten, führen**) **(bei)** have (*od.* keep, carry) an account (at, with); **ein** ~ **auflösen** (*od.* **schließen, löschen**) close an account; **ein** ~ **sperren** block an account; **schreiben** (*od.* **ziehen**) **Sie es von m-m** ~ **ab** charge it to my account; → **gutschreiben, laufend** 2. **2.** (*Rechnung*) account; **auf** ~ **von** charge(able) to the account of; **diese Runde geht auf mein** ~ this round is on me; *fig.* **das geht auf sein** ~ that's his doing, *contp. a.* that's his fault, he is to blame for it; *colloq.* **er hat viel auf dem** ~ he has a lot to answer for. **~,ab,schluß** *m* settlement of an account. **~,aus,zug** *m* statement of account. **~,buch** *n* **1.** account book. **2.** *des Bankkunden*: passbook. **~,füh·rung** *f* keeping of an account. **~,ge·gen,buch** *n des Kunden*: passbook. **~,in,ha·ber** *m* account holder.

Kon·to·kor·rent [kɔntokɔˈrɛnt] *n* ⟨-(e)s; -e⟩ account current, current account. **~,aus,zug** *m* statement of (current) account. **~ge,schäft** *n* current account (*od.* overdraft) business. **~kre,dit** *m* overdraft, advance on current account.

ˈKon·to,num·mer *f* account number.

Kon·tor [kɔnˈtoːr] *n* ⟨-s; -e⟩ **1.** *archaic* office; *fig.* **ein Schlag ins** ~ a) a (real) slap in the face, b) a terrible blow. **2.** *econ.* a) (*Handelsniederlassung*) branch office (*od.* establishment), b) *DDR* marketing board. **3.** office of a shipping company (*od.* line). **Kon·to·rist** [kɔntoˈrɪst] *m* ⟨-en; -en⟩, **Kon·toˈri·stin** *f* ⟨-; -nen⟩ (office) clerk.

ˈKon·to,stand *m* account (balance), state of account; **sein** ~ **beläuft sich auf 500 Mark** he has 500 marks (standing) to his credit.

kon·tra [ˈkɔntra] **I** *prep* ⟨*acc*⟩ contra, against, *bes. jur. u. fig.* versus. **II** *adv* contra, against; *colloq.* **er ist immer gleich** ~ he is against everything. **III 2** *n* ⟨-s; -s⟩ *fig.* objection, opposition; **2 geben** (*od.* **sagen**) *Kartenspiel*: double; *fig. colloq.* **j-m 2 geben** hit back at s. o., stand up to s. o.; → **pro** II.

ˈKon·tra|-,Alt *m* ⟨-s; *no pl*⟩ *mus.* contralto. **~,baß** *m* double bass, contrabass. **~bas,sist** *m* double-bass player, contrabassist. **~fa,gott** *n* double bassoon, contrabassoon.

Kon·tra|hent [kɔntraˈhɛnt] *m* ⟨-en; -en⟩ **1.** *econ. jur.* contractor, contracting party. **2.** *fig.* a) (*Gegner*) opponent, adversary, b) rival. **2ˈhie·ren** [-ˈhiːrən] **I** *v/i* ⟨*no* **ge-**, **h**⟩ **1.** *econ. jur.* (bind o. s. by) contract. **2. mit j-m** ~ challenge s. o. (to a duel), throw down the gauntlet to s. o. **II** *v/t* **3.** (*Muskel*) contract. **4.** *ling.* a) (*zs.-ziehen*) contract, b) (*auslassen*) syncopate. **5.** (*Anleihe*) contract.

ˈKon·tra·in·di|ka·ti,on *f med.* contraindication. **2,zie·ren** *v/t* ⟨*insep, no* **ge-**, **h**⟩ contraindicate.

Kon·trakt [kɔnˈtrakt] *m* ⟨-(e)s; -e⟩ *econ. jur.* contract, agreement; → *a.* **Vertrag. Konˈtrakt..., konˈtrakt...**

in Zssgn → Vertrag(s)…, vertrag(s)…
kon·trak|til [kɔntrakˈtiːl] *adj physiol.* contractile. **≈tiˈon** [-ˈtsĭoːn] *f geol. ling. med.* contraction, *ling.* (*Auslassung*) syncope.
konˈtrakt·lich *adj* → vertraglich.
ˈKon·traˌpunkt *m* ⟨-(e)s; *no pl*⟩ *mus.* counterpoint, *in Fuge*: countersubject; **doppelter** ~ double (*od.* invertible) counterpoint.
kon·trär [kɔnˈtrɛːr] **I** *adj* ⟨-er; -st⟩ contrary (*a. philos.*), opposite, antithetical; ~**e Ziele verfolgen** pursue contrary aims. **II** *adv* contrarily, contrary.
Kon·trast [kɔnˈtrast] *m* ⟨-(e)s; -e⟩ *a. phot. TV etc*: contrast; **der ~ von hell und dunkel** the contrast between light and shade; **e-n ~ bilden (zu)** → kontrastieren 1. **≈ˌarm** *adj bes. phot.* low-contrast, flat. **~ˌbrei** *m med.* (radi)opaque meal. **~ˌfar·be** *f* contrasting colo(u)r.
kon·tra|stie·ren [kɔntrasˈtiːrən] *v/i* ⟨*no* ge-, h⟩ **1.** (**mit**) contrast (with), form a contrast (to). **2.** *med.* contrast (**zu** with). **~ˈstiv** [-ˈtiːf] *adj* ~**e Grammatik** contrastive grammar.
Konˈtrast|ˌmahlˌzeit *f med.* (radi)opaque (*od.* barium) meal. **~proˌgramm** *n TV* contrast(ing) program(me *Br.*). **~ˌreg·ler** *m TV* contrast control. **≈ˌreich** *adj* rich in contrast, *phot.* high-contrast. **~ˌwir·kung** *f* contrast(ing effect).
Konˈtrollˌabˌschnitt *m* counterfoil, *Am. a.* stub.
Konˈtrollam·pe (*getr.* -ll|l-) *f* → Kontrolleuchte.
Konˈtroll|ˌausˌschuß *m* supervisory committee. **~beˌam·te** *m* → Kontrolleur. **~beˌhör·de** *f* control authority (*od.* organization); *hist.* **die Alliierte ~** the Allied Control Authority.
Kon·trol·le [kɔnˈtrɔlə] *f* ⟨-; -n⟩ **1.** check(up), control; **et. e-r gründlichen ~ unterziehen** inspect (*od.* check) s. th. thoroughly; **die ~n verschärfen** increase controls; **zur ~** as a check. **2.** ⟨*only sg*⟩ (*Herrschaft*) control, (*Aufsicht*) *a.* supervision; **unter der ~ von** (*od. gen*) under the control of; **j-n unter ~ stellen** place s. o. under supervision; **et. unter ~ halten** keep a check on s. th.; **unter ärztlicher ~** under medical supervision; **außer ~ geraten** get out of control; **das entzieht sich unserer ~** we have no control over that; **unter ~ bringen** control, (*Brand*) *a.* contain; **unter ~ haben** *allg.* (have under) control, be in control of, have (*the situation, etc*) well in hand; **die ~ verlieren über** (*acc*) lose control of; **er verlor die ~ über s-n Wagen (s-e Leute)** *a.* his car (his men) got out of hand; **die Lage ist unter ~** the situation is (safely) in hand (*od.* under control); **er verliert leicht die ~ über** (*acc*) **sich** he easily loses control of himself. **3.** *tech.* a) (*Überwachung*) inspection, supervision, check, b) (*Steuerung, Regelung*) control. **4.** *econ.* a) (*Beherrschung e-s Marktes, e-r Firma etc*) control (**über** *acc* of), b) (*Buchprüfung*) audit(ing), checking.
Konˈtrolleuch·te (*getr.* -ll|l-) *f* (*Anzeigelampe*) telltale (*od.* indicator, pilot) lamp, (*Warnleuchte*) warning lamp (*od.* light), (*Handleuchte*) inspection lamp.
Kon·trol·leur [kɔntrɔˈløːr] *m* ⟨-s; -e⟩ controller, supervisor, checker, *Bus etc*: inspector, *rail. a.* conductor.
Konˈtroll|ˌgang *m* round, *Polizei*: beat. **~geˌrät** *n* control(ling) device, *bes. TV* monitor. **~geˌsell·schaft** *f econ.* controlling (*od.* holding) company.
Konˈtrollicht (*getr.* -ll|l-) *n* → Kontrolleuchte.
kon·trolˈlier·bar *adj* controllable, (*nachprüfbar*) checkable; **schwer ~** a) difficult to control, b) difficult to check (*od.* keep a check on).
kon·trol|lie·ren [kɔntrɔˈliːrən] *v/t* ⟨*no* ge-, h⟩ **1.** (*nachprüfen*) check (*tickets, papers, etc*), inspect (*luggage, etc*); **er kontrolliert ständig sein Gewicht** he keeps a constant check on his weight. **2.** (*überwachen*) control, supervise. **3.** *fig.* (*beherrschen*) (have under one's) control. **4.** *econ.* a) (*Aktien, Markt etc*) control, b) (*Bücher*) examine, audit, c) (*die Richtigkeit*) verify. **5.** *bes. tech.* (*regulieren*) control, regulate; (*überwachen*) monitor. **~ˈliert** *adj Abrüstung etc*: controlled.
Konˈtrolli·ste (*getr.* -ll|l-) *f* check list.
Konˈtroll|ˌkar·te *f* time card. **~kom·mis·siˌon** *f* control commission. **~ˌmaßˌnah·me** *f meist pl* control(ling) measure. **~ˌmu·ster** *n* check sample. **~ˌnum·mer** *f* check number. **~orˌgan** *n* **1.** *pol.* controlling body, control organization. **2.** *für Kernreaktoren*: control device, monitor. **≈ˌpflich·tig** *adj* subject to control (*od.* checking, registration). **~ˌpunkt** *m a. phys. etc, a. pol.* (*Grenzübergang*) checkpoint. **~ˌrat, der Al·liˈier·te** *pol. hist.* the Allied Control Council. **~ˌschirm** *m TV etc* monitor. **~ˌstel·le** *f* checkpoint. **~ˌstem·pel** *m* check mark. **~ˌturm** *m aer.* control tower. **~ˌuhr** *f* **1.** telltale clock, *für Arbeitszeit*: time clock. **2.** *astr.* master clock. **~verˌmerk** *m* control entry (note). **~verˌsuch** *m chem. etc* control (experiment), check test. **~ˌvorˌrich·tung** *f* → Kontrollgerät. **~ˌwaa·ge** *f tech.* checkweigher. **~ˌzet·tel** *m* check slip.
kon·tro|vers [kɔntroˈvɛrs] *adj* ⟨-er; -est⟩ controversial. **≈ˈver·se** [-ˈvɛrzə] *f* ⟨-; -n⟩ controversy, dispute, argument.
Kon·tur [kɔnˈtuːr] *f* ⟨-; -en⟩ contour, outline, (*Stadt-, Gebirgssilhouette*) *a.* skyline; **die ~en von et. zeichnen** → konturieren.
Konˈtu·ren|ˌschär·fe *f phot.* definition. **~ˌstift** *m Kosmetik*: lipliner pencil.
Konˈturˌfe·der *f orn.* contour feather, penna.
kon·tu·rie·ren [kɔntuˈriːrən] *v/t* ⟨*no* ge-, h⟩ **et. ~** outline s. th., draw the outline(s) (*od.* contours) of s. th.
Konˈtur|ˌschrift *f print.* outline, open type. **~ˌzeich·nung** *f* outline drawing.
Kon·tu·si·on [kɔntuˈzĭoːn] *f* ⟨-; -en⟩ *med.* contusion.
Ko·nus [ˈkoːnʊs] *m* ⟨-; -se, *tech. a.* -nen⟩ *allg.* cone, *tech. a.* taper.
Kon·va·les·zenz [kɔnvalɛsˈtsɛnts] *f* ⟨-; *rare* -en⟩ *med.* convalescence.
Kon·vek·ti·on [kɔnvɛkˈtsĭoːn] *f* ⟨-; *no pl*⟩, *a.* **Kon·vek·tiˈons…** *in Zssgn phys.* convection. **kon·vekˈtiv** [-ˈtiːf] *adj* convective.
Kon·vent [kɔnˈvɛnt] *m* ⟨-(e)s; -e⟩ **1.** convention, meeting. **2.** *R.C.* a) *der Klostermitglieder*: convention, b) (*Kloster*) convent. **3.** a) meeting of a students' society (*bes. Am.* fraternity), b) association of fraternities. **4.** *hist.* **der ~** the National Convention.
Kon·ven·ti·kel [kɔnvɛnˈtiːkəl] *n* ⟨-s; -⟩ *bes. relig.* conventicle.
Kon·ven·ti·on [kɔnvɛnˈtsĭoːn] *f* ⟨-; -en⟩ **1.** (**gesellschaftliche ~** social) convention, *pl* (*Etikette*) *a.* conventional proprieties; **sich über jegliche ~en hinwegsetzen** disregard all conventions. **2.** *pol.* convention, agreement, treaty; **die Genfer ~** the Geneva Convention. **3.** *Kartenspiel*: convention.
Kon·ven·tio·na|lis·mus [kɔnvɛntsĭonaˈlɪsmʊs] *m* ⟨-; *no pl*⟩ *philos.* conventionalism. **~liˈtät** [-liˈtɛːt] *f* ⟨-; *no pl*⟩ conventionality.
Kon·ven·tioˈnalˌstra·fe [kɔnvɛntsĭoˈnaːl-] *f econ. jur.* penalty (for nonperformance).
kon·ven·tio·nell [kɔnvɛntsĭoˈnɛl] *adj allg., a. Waffen etc*: conventional, *Benehmen etc*: *a.* formal.
kon·ver·gent [kɔnvɛrˈgɛnt] *adj bes. biol. math.* convergent.
Kon·ver·genz [kɔnvɛrˈgɛnts] *f* ⟨-; -en⟩ convergence. **~ˌkreis** *m math.* circle of convergence. **~ˌpunkt** *m* converging point.
kon·ver·gie·ren [kɔnvɛrˈgiːrən] *v/i* ⟨*no* ge-, h⟩ **1.** *bes. math.* converge, be convergent. **2.** *bot.* connive.
Kon·ver·sa·ti·on [kɔnvɛrzaˈtsĭoːn] *f* ⟨-; -en⟩ **1.** conversation, talk; **e-e belanglose ~ führen** make small talk; **mit j-m ~ machen** make conversation with s. o., converse with s. o. **2.** *ped.* conversation drill.
Kon·ver·sa·tiˈons|ˌle·xi·kon *n* (universal) encyclop(a)edia; *humor.* **er ist ein lebendes** (*od.* **wandelndes**) **~** he is a walking encyclop(a)edia. **~ˌstück** *n thea.* conversation piece, drawing-room play (*od.* comedy).
kon·ver·sie·ren [kɔnvɛrˈziːrən] *v/i* ⟨*no* ge-, h⟩ *obs.* converse.
Kon·ver·si·on [kɔnvɛrˈzĭoːn] *f* ⟨-; -en⟩ conversion.
Kon·ver·ter [kɔnˈvɛrtər] *m* ⟨-s; -⟩ **1.** *metall.* converter. **2.** *electr.* a) (*Umformer*) converter, b) (*Mischröhre*) frequency changer, *Am.* mixer tube. **3.** *nucl.* converter reactor.
kon·ver·ti·bel [kɔnvɛrˈtiːbəl] *adj* → konvertierbar.
kon·verˈtier·bar *adj* convertible; **nicht ~** unconvertible. **≈keit** *f* ⟨-; *no pl*⟩ convertibility.
kon·ver·tie|ren [kɔnvɛrˈtiːrən] **I** *v/t* ⟨*no* ge-, h⟩ *econ. pol.* convert (**in** *acc* into). **II** *v/i* ⟨sein⟩ *relig.* convert; **er konvertierte zum Katholizismus** he was converted to Catholicism, he turned Catholic. **≈rung** *f* ⟨-; -en⟩ **1.** converting (*etc*). **2.** *econ. pol.* conversion.
Kon·ver·tit [kɔnvɛrˈtiːt] *m* ⟨-en; -en⟩ *relig.* convert.
kon·vex [kɔnˈvɛks] *adj math. opt.* convex.
Kon·ve·xiˈtät [-ksiˈtɛːt] *f* ⟨-; *no pl*⟩ convexity.
konˈvex|-konˈkav *adj* convexo-concave. **~-konˈvex** *adj* convexo-convex, biconvex. **≈ˌlin·se** *f* convex (*od.* converging, positive) lens. **≈ˌspie·gel** *m* convex mirror.
Kon·voi [ˈkɔnvɔɪ] *m* ⟨-s; -s⟩ (**im** *od.* **unter ~** in) convoy.
Kon·vo·lut [kɔnvoˈluːt] *n* ⟨-(e)s; -e⟩ **1.** bundle (*od.* roll) of papers. **2.** *print.* omnibus (volume). **3.** *anat.* bundle, convolution. **Kon·vo·lu·te** [kɔnvoˈluːtə] *f* ⟨-; -n⟩ *arch.* volute.
Kon·vul|si·on [kɔnvʊlˈzĭoːn] *f* ⟨-; -en⟩ *med.* convulsion, spasm. **≈ˈsiv** [-ˈziːf] *adj* convulsive.
kon·ze·die·ren [kɔntseˈdiːrən] *v/t* ⟨*no* ge-, h⟩ *lit.* **j-m et. ~** concede (*od.* grant) s. o. s. th.
Kon·zen|trat [kɔntsɛnˈtraːt] *n* ⟨-(e)s; -e⟩ *chem.* concentrate. **~tra·tiˈon** [-traˈtsĭoːn] *f* ⟨-; -en⟩ **1.** ⟨*only sg*⟩ (*geistige Sammlung*) concentration; **mangelnde ~** lack of concentration. **2.** *econ. mil.* (*Zs.-ziehung etc*) concentration (*of troops, industries, etc*). **3.** *chem.* concentration.
Kon·zen·tra·tiˈons|ˌfä·hig·keit *f* power of concentration. **~ˌla·ger** *n pol.*

concentration camp. **~ˌschwä·che** *f* lack of (*od.* bad) concentration.

kon·zen|trie·ren [kɔntsɛnˈtriːrən] **I** *v/reflex* ⟨*no* **ge-**, h⟩ **sich ~ 1.** concentrate (**auf** *acc* [up]on). **2.** be concentrated, cent/re (*Am.* -er); **in s-n Händen konzentriert sich sehr viel Macht** a lot of power is concentrated in his hands. **II** *v/t* **3.** (**auf** *acc* [up]on) concentrate, focus. **4.** *chem.* (*Lösung*) concentrate. **5.** *mil.* (*Truppen*) concentrate, mass. **6.** *phys.* (*Lichtstrahlen etc*) concentrate, focus, condense. **III** ≈ *n* ⟨**-s**⟩ **7.** → **Konzentrierung. ~ˈtriert I** *adj* **1.** concentrated; *med.* **~e Dosis** *a.* tabloid; **in ~er Form** in tabloid form. **II** *adv* **2.** (*geistig gesammelt*) with concentration, concentratedly. **3.** *fig.* (*voll*) concentrated(ly). **4.** *chem.* in concentrated (*med. a.* tabloid) form. **≈ˈtrie·rung** *f* ⟨**-; -en**⟩ **1.** concentrating. **2.** concentration.

kon·zen·trisch [kɔnˈtsɛntrɪʃ] *adj math.* concentric. **Kon·zen·tri·ziˈtät** [-tritsiˈtɛːt] *f* ⟨**-;** *no pl*⟩ concentricity.

Kon·zept [kɔnˈtsɛpt] *n* ⟨**-(e)s; -e**⟩ **1.** (rough) draft (*od.* copy), outline, *für e-e Rede*: *a.* notes *pl*; **ohne ~ sprechen** speak without notes (*od.* extemporaneously); **der Aufsatz ist im ~ fertig** I finished the draft of the essay; *fig.* **j-n aus dem ~ bringen** disconcert s. o., put s. o. out (*od.* off his stroke), *sl.* rattle s. o.; **aus dem ~ kommen** lose the thread, break down, *weitS.* be put out, *sl.* be rattled. **2.** *fig.* conception, (*Plan*) plan(s *pl*); **j-m das ~ verderben, e-n Strich durch j-s ~ machen** thwart s. o.'s plans, *colloq.* queer s. o.'s pitch; **das paßt ihm nicht ins ~** that doesn't suit his plans.

Kon·zep·ti·on [kɔntsɛpˈtsi̯oːn] *f* ⟨**-; -en**⟩ conception. **kon·zep·tiˈons·los** *adj* planless.

Konˈzept·paˌpier *n* scratch (*od.* scrap, scribbling) paper.

Kon·zern [kɔnˈtsɛrn] *m* ⟨**-s; -e**⟩ *econ.* combine, group; **sich zu e-m ~ zs.-schließen** form a combine. **~biˌlanz** *f* balance sheet of a combine, consolidated balance sheet. **~entˌflech·tung** *f* deconcentration of combines. **~ˌspit·ze** *f* parent company of a combine. **~verˌflech·tung** *f* **1.** interlocking combine. **2.** (*Vorgang*) business concentration.

Kon·zert [kɔnˈtsɛrt] *n* ⟨**-(e)s; -e**⟩ **1.** concert, (*Solisten*≈) *a.* recital; **ein ~ geben** (*od.* **veranstalten**) give a concert; **ins ~ gehen** go to a concert; **er ist im ~** he is at a concert. **2.** (*Musikstück*) concerto; **~ für Klavier u. Orchester** piano concerto. **3.** ⟨*only sg*⟩ *fig. colloq.* (*Geschrei*) chorus, concert; **ein ~ von Buhrufen** a chorus of boos. **4.** ⟨*only sg*⟩ *bes. pol.* concert; *hist.* **das europäische ~, das ~ der Mächte** the Concert of Europe. **~ˌabend** *m* concert (evening), *e-s Solisten*: *a.* recital; **e-n ~ geben** give a concert. **~agenˌtur** *f* concert artists' agency.

kon·zer·tant [kɔntsɛrˈtant] *adj mus.* concertante; **~e Sinfonie** → **Kon·zerˈtan·te** *f* ⟨**-; -n**⟩ concertante (symphony).

Konˈzert|beˌsu·cher *m* concertgoer. **~ˌflü·gel** *m* concert grand (piano). **~ˌfüh·rer** *m* (*Buch*) concert guide.

kon·zer|tie·ren [kɔnsɛrˈtiːrən] *v/i* ⟨*no* **ge-**, h⟩ give a concert (*od.* recital), play in concert. **~ˈtiert** *adj econ. pol.* **~e Aktion** concerted action.

Konˈzert|ˌmei·ster *m* leader, first violin(ist), *bes. Am.* concertmaster. **~piaˌnist** *m* concert pianist. **~ˌrei·se** *f* concert tour. **~ˌsaal** *m* concert hall. **~ˌsän·ger** *m* concert singer. **~ˌstück** *n* concertino, concertstück. **~ˌzeich·ner** *m econ.* stag.

Kon·zes|si·on [kɔntsɛˈsi̯oːn] *f* ⟨**-; -en**⟩ **1.** (*Zugeständnis*) concession; (**j-m**) **~en machen** make concessions (to s. o.). **2.** *econ.* (*bes. Gewerbeerlaubnis*) licen/ce (*Am.* -se), *Am. a.* franchise, (*Öl*≈ *etc*) concession; **e-e ~ erteilen** grant a licence (*etc*). **~sioˈnär** [-si̯oˈnɛːr] *m* ⟨**-s; -e**⟩ *econ.* concessionaire, licencee, *Am.* licensee, *Am. a.* franchised dealer. **≈sioˈnie·ren** [-si̯oˈniːrən] *v/t* ⟨*no* **ge-**, h⟩ **j-n ~** grant s. o. a concession (*od.* licence, *Am.* license, franchise), license s. o.

Kon·zes·siˈonsˌinˌha·ber *m* → **Konzessionär.**

kon·zes·siv [kɔntsɛˈsiːf] *adj ling.* concessive. **≈ˌsatz** *m* concessive clause.

Kon·zil [kɔnˈtsiːl] *n* ⟨**-s; -e** *u.* **-ien** [-li̯ən]⟩ *R. C.* council; → **ökumenisch, vatikanisch.**

kon·zi·li|ant [kɔntsiˈli̯ant] *adj* conciliatory. **≈ˈanz** [-ˈli̯ants] *f* ⟨**-;** *no pl*⟩ conciliatoriness.

kon·zi·pie·ren [kɔntsiˈpiːrən] **I** *v/t* ⟨*no* **ge-**, h⟩ **1.** (*ersinnen*) conceive. **2.** (*verfassen*) draft, outline, draw up, formulate. **II** *v/i* **3.** *med.* conceive, become pregnant.

Koog [koːk] *m* ⟨**-(e)s; Köge** *u.* **-e**⟩ *dial.* polder.

Ko·ope|ra·ti·on [koˀoperaˈtsi̯oːn] *f* ⟨**-;** *no pl*⟩ cooperation. **≈raˈtiv** [-raˈtiːf] *adj* cooperative. **~raˈtiv** *n* ⟨**-s; -e**⟩, **~raˈti·ve** [-və] *f* ⟨**-; -n**⟩ *econ.* cooperative. **~ˈra·tor** [-ˈraːtɔr] *m* ⟨**-s; -en** [-raˈtoːrən]⟩ *R. C. bes. Austrian* a) curate, b) chaplain. **≈ˈrie·ren** [-ˈriːrən] *v/i* ⟨*no* **ge-**, h⟩ cooperate.

ko·op·tie·ren [koˀɔpˈtiːrən] *v/t* ⟨*no* **ge-**, h⟩ **j-n ~** (*hinzuwählen*) co-opt s. o.

Ko·or·di·na·te [koˀɔrdiˈnaːtə] *f* ⟨**-; -n**⟩ *meist pl math.* coordinate.

Ko·or·diˈna·ten|ˌach·se *f math.* coordinate axis, axis of coordinates. **~ˌnetz** *n* **1.** *geogr.* grid. **2.** *math.* coordinate grid system. **~ˌnullˌpunkt** *m math.* origin of coordinates. **~syˌstem** *n* coordinate system, system of coordinates.

Ko·or·di·na·ti·on [koˀɔrdinaˈtsi̯oːn] *f* ⟨**-; -en**⟩ coordination; **zeitliche ~** *a.* timing.

Ko·or·di·na·tiˈons|ˌstö·rung *f med.* asynergia, ataxia. **~ˌzahl** *f* coordination number. **~ˌzen·trum** *n* **1.** *physiol.* coordination cent/re (*Am.* -er). **2.** *zo.* adjustor.

Ko·or·di|na·tor [koˀɔrdiˈnaːtɔr] *m* ⟨**-s; -en** [-naˈtoːrən]⟩ *bes. TV* coordinator. **≈ˈnie·ren** [-ˈniːrən] **I** *v/t* ⟨*no* **ge-**, h⟩ coordinate. **II** ≈ *n* ⟨**-s**⟩ coordinating, coordination. **≈ˈniert** *adj* coordinate; **nicht ~** incoordinated. **~ˈnie·rung** *f* ⟨**-; -en**⟩ → **koordinieren** II.

Ko·pal [koˈpaːl] *m* ⟨**-s; -e**⟩ *meist pl chem.* copal.

Ko·pe·ke [koˈpeːkə] *f* ⟨**-; -n**⟩ kope(c)k.

Kö·pe·nickia·de (*getr.* **-k·k-**) [køːpənɪˈki̯aːdə] *f* ⟨**-; -n**⟩ hoax, brash impersonation (of s. o. in authority).

Kö·per [ˈkøːpər] *m* ⟨**-s; -**⟩ *Textil.* (**~stoff**) twill cloth. **~ˌbaumˌwol·le** *f* dimity.

kö·pern [ˈkøːpərn] *v/t* ⟨h⟩ *Textil.* twill.

ko·per·ni·ka·nisch [kopɛrniˈkaːnɪʃ] *adj astr.* Copernican.

Kopf [kɔpf] *m* ⟨**-es; ⸚e**⟩ **1.** head; **~ hoch!** chin up!, *fig. a.* bear up!, keep smiling!; **~ an ~** crowded together, closely packed, *beim Pferderennen, bei e-r Wahl*: neck and neck; **mir tut der ~ weh** my head aches, I have a headache; **von ~ bis Fuß** from top to toe, head to foot, *fig. a.* every inch (*a gentleman, etc*); *fig. colloq.* **mir schwirrt der ~** my head is in a whirl; **den ~ schütteln** shake one's head (**über** *acc* at, over); **die Köpfe zs.-stecken** put one's heads together, go into a huddle; **den ~ hängen lassen** hang one's head, *fig. a.* be despondent, be down in the mouth; **nur nicht den ~ hängen lassen!** never say die!; *colloq.* **sein Geld auf den ~ hauen** blue one's money; **j-n um e-n ~ kürzer** (*od.* **kleiner**) **machen** cut (*od.* chop) s. o.'s head off; *fig.* **j-m den ~ verdrehen** turn s. o.'s head; **den ~ verlieren** lose one's head, *vor Angst etc*: panic; **den ~ über Wasser halten** keep one's head above water; **den ~ für j-n (et.) hinhalten** take the blame for s. o. (s. th.); **den ~ hoch tragen** hold one's head high; **sich blutige Köpfe holen** get a terrible beating; **den ~ in den Sand stecken** bury one's head in the sand (like an ostrich); **mir steht der ~ nicht danach** I don't feel like it; **ich wußte nicht, wo mir der ~ stand** I didn't know whether I was coming or going; **ich habe den ~ voll mit anderen Dingen** I have to think of so many other things; **j-m den ~ waschen** a) wash s. o.'s hair, b) *fig. colloq.* tick s. o. off (properly), comb s. o.'s hair for him (*od.* her); *fig. colloq.* **j-m den ~ zurechtsetzen** (*od.* **zurechtrücken**) give s. o. a talking-to, straighten s. o. out; **es sich** (*dat*) **aus dem ~ schlagen** put it out of one's mind, forget it; **sich** (*dat*) **den ~ über e-e Sache zerbrechen** rack one's brains over (*od.* about) s. th.; **~ weg!** mind your head!; **viele Köpfe, viele Sinne** (*Sprichwort*) so many heads, so many minds; **zwei Köpfe wissen mehr als einer** two heads are better than one; **s-n ~** (*od.* **~ und Kragen**) **riskieren** risk one's life, *weitS.* risk one's neck, stick one's neck out; **es geht um ~ und Kragen** it's either do or die now; **Köpfe rollten** heads rolled; → *a. Besondere Redewendungen.* **2.** *fig.* (*Verstand, Sinn*) head, mind, brains *pl*; **(s)einen klaren (kühlen) ~ behalten** keep a clear (cool) head; **er hat e-n klugen ~** he has brains, he has a good head (on his shoulders); *colloq.* **streng d-n ~ an!** use your brains!; **s-m (eigenen) ~ folgen** follow one's own bent, suit o. s.; *colloq.* **es muß nicht immer nur nach d-m ~ gehen** you can't always have it your (own) way. **3.** *fig.* (*Geist, Denker*) (good *od.* fine) head, (great) mind, (able) thinker, (*Führer*) head, leader, *weitS.* brain, mastermind; **die besten Köpfe des Landes** the best minds of the country; **sie war der ~ des Unternehmens** she was the head (*od.* brain) of the enterprise. **4.** *fig.* person; **auf den ~ entfallen 5 Mark, das sind 5 Mark pro ~** it is (*od.* amounts to) 5 marks per person (*od.* capita); **die Menge war einige tausend Köpfe stark** there was a crowd of a few thousand people. **5.** (*Brief*≈) (letter)head, *e-r Seite etc*: top, head; **am ~** at the top (*od.* head). **6.** *e-r Stecknadel, Spindel etc*: top, *e-s Hutes*: crown, *e-r Pfeife*: bowl, *e-s Golfschlägers*: head. **7.** *e-r Münze*: head, face side: **mit einem ~** faced; **~ oder Wappen** (*od.* **Schrift**) a) (*Frage*) heads or tails *pl*, b) (*Spiel*) pitch-and-toss, pitch-penny. **8.** (*Kohl*≈, *Salat*≈) head, *Br. a.* loaf, *von Blumen*: head, top. **9.** *e-s Hammers, e-r Schraube*: head, *e-r Zange*: jaw, *e-s Brenners*: tip, *e-r Drehspindel*: nose, *mot. e-s Kolbens*: crown, *e-r Pleuelstange*: big end, *e-s Krümmers*: manifold. **10.** *e-r Note, Violine etc*: head. **11.** *e-r Rakete etc*: head. *Besondere Redewendungen*:

fig. colloq. **über soviel Dummheit kann man sich nur an den ~ fassen** so much stupidity leaves you speechless; **j-m ein Buch an den ~ werfen** throw a book at s. o.'s head; *fig.* **sie warfen sich gegenseitig Schimpfworte an den ~** they hurled abuse at each other; **er warf ihr an den ~, daß sie lüge** he accused her of lying; *fig. colloq.* **er ist nicht auf den ~ gefallen** he is no fool; **wir lassen uns nicht von den Kindern auf dem ~ herumtanzen** we won't allow the children to walk all over us; **auf dem ~ stehen** stand on one's head; *fig.* **hier steht alles auf dem ~** everything is topsy-turvy, the place is at sixes and sevens; **auf den ~ stellen** turn *s. th.* upside down; **die Stadt auf den ~ stellen** paint the town red, *bes. Am.* make whopee; **die Tatsachen auf den ~ stellen** stand the facts on their heads; **und wenn du dich auf den ~ stellst** and if it kills you; **sie sagte ihm auf den ~ zu, daß er lüge** she told him outright (*od.* to his face) that he was lying; **aus dem ~** *sagen können etc* from memory, by heart, offhand; **sich et. durch den ~ gehen lassen** think s. th. over, turn s. th. over in one's mind; *fig. colloq.* **der Gedanke schoß** (*od.* **fuhr**) **mir plötzlich durch den ~** the idea flashed through (*od.* suddenly crossed) my mind; **es will ihm nicht in den ~, daß** a) (*er begreift nicht*) he doesn't understand why, b) (*er glaubt nicht*) he can't believe that, c) (*er will nicht einsehen*) he can't get it into his head that; **das will mir nicht aus dem ~** I cannot get it out of my mind; **Zahlen (Namen) im ~ haben** have numbers (names) in one's head; **ich habe nicht mehr im ~, wie viele da waren** I don't remember how many were there; **er hat nichts anderes als Unsinn im ~** he thinks of nothing but nonsense; **er ist nicht ganz richtig im ~** he is not quite right in the head; **sich** (*dat*) **et. in den ~ setzen** take s. th. into one's head; **j-m in den ~ steigen** a) *Blut*: rush to s. o.'s face, b) *fig., a.* **j-m zu ~e steigen** *Erfolg etc*: go to s. o.'s head; *fig. colloq.* **mit dem ~ durch die Wand wollen** go at everything head first; *a. fig.* **mit dem ~ gegen die Wand rennen** run one's head against the wall; *fig. colloq.* **j-n mit dem ~ auf e-e Sache stoßen** knock s. th. into s. o.'s head; **mit dem ~ voran** head first, headlong; *fig. colloq.* **er steckt bis über den ~ in Schulden** he is up to his ears in debt; **j-m über den ~ wachsen** a) outgrow s. o., b) *fig.* be too much for s. o., get beyond s. o.'s control; *fig.* **die Hausarbeit wächst ihr über den ~** she can no longer cope with the housework; **über j-s ~ hinweg** *handeln, befördern etc* over s. o.'s head; *fig. colloq.* **wie vor den ~ geschlagen** thunderstruck, speechless; **j-n vor den ~ stoßen** offend (*od.* shock, antagonize) s. o.; → *a. die Verbindungen mit anderen Verben und Substantiven.*

'Kopf|-ˌan-'Kopf-ˌRen·nen *n a. fig.* neck-and-neck race. **~ˌar·beit** *f* brain work. **~ˌar·bei·ter** *m* brain worker. **~ˌbahnˌhof** *m* terminal (station). **~ˌball** *m Fußball*: header. **~ˌballˌspiel** *n* head work, heading. **~ˌballˌtor** *n* headed goal; **ein ~ erzielen** *cf.* **köpfen** 3. **~ˌband** *n* <-(e)s; ⸗er> **1.** headband. **2.** *civ. eng.* strut. **~ˌbaum** *m* pollard. **~beˌdeckung** (*getr.* -k·k-) *f* headgear, hat; **mit ~** covered; **ohne ~** uncovered, hatless. **~beˌwe·gung** *f* movement of the head. **~(ˌbrief)ˌbo·gen** *m* letterhead (sheet *od.* stationery). **~ˌbrum·men** *n colloq.* headache.

Köpf·chen ['kœpfçən] *n* <-s; -> **1.** small head, *anat. bot.* capitulum. **2.** *fig. colloq.* brains *pl*; **er hat ~, er ist ein kluges ~** he has (got) brains; **~ muß man haben!** it only takes brains!; **~!, ~!** a) it only takes brains!, b) clever!

'Kopf|ˌdün·ger *m*, **~ˌdün·gung** *f hort.* top-dressing.

köp·feln ['kœpfəln] *v/t* <h> *Fußball*: **den Ball ~** head the ball lightly, nod the ball (zu to).

köp·fen ['kœpfən] **I** *v/t* <h> **1. j-n ~** behead (*od.* decapitate) s. o., cut off s. o.'s head; **ein Ei ~** cut off the top of an egg, crack an egg open. **2.** (*Pflanzen*) head, cut back, top, (*bes. Baum*) head, pollard. **3.** *Fußball*: **er köpfte den Ball ins Tor, er köpfte ein Tor** he headed the ball home, he scored with a header. **4.** (*Nägel, Stecknadeln etc*) head. **II** *v/i* **5.** *Salat etc*: (form a) head. **6.** *Fußball*: head.

'Kopf|ˌen·de *n allg.* head, *e-s Balkens*: *a.* top, end, *e-r Rakete*: *a.* nose; **am ~** at the head (*of the table, etc*). **~ˌform** *f* shape of the head. **~ˌfrei·heit** *f mot.* headroom. **~ˌfü·ßer** *pl* cuttlefishes, cephalopods. **~ˌgeld** *n* **1.** *jur.* (*Belohnung*) head money, reward, *contp.* blood money. **2.** *econ.* per capita quota. **3.** (*Steuer*) poll tax. **≈geˌsteu·ert** *adj mot.* overhead-valve (*engine, etc*). **~ˌgrip·pe** *f* influenza (*od.* epidemic) encephalitis. **~ˌhaar** *n* hair (of the head). **~ˌhal·tung** *f* posture of the head, poise. **~ˌhän·ger** *m* <-s; -> *colloq.* moper, sadsack. **≈ˌhän·ge·risch** *adj* dejected, gloomy, pessimistic. **~ˌhaut** *f* skin of the head, *mit Haar*: scalp. **~ˌhieb** *m fenc.* head cut. **~ˌhö·he** *f* **1. in ~** on a level with the head. **2.** *tech.* a) height of head, b) *e-s Zahnrads*: addendum. **~ˌhö·rer** *m* headset, headphone(s *pl*), earphone(s *pl*).

...ˌköp·fig [-ˌkœpfıç] *adj in Zssgn* -headed, -cephalous.

'Kopf|ˌjagd *f* headhunt(ing). **~ˌjä·ger** *m* headhunter. **~ˌkis·sen** *n* **1.** pillow (for the head). **2.** → **~ˌkis·sen·beˌzug** *m* pillowcase. **~ˌlän·ge** *f* **um e-e ~** by a head. **≈ˌla·stig** [-ˌlastıç] *adj* **1.** *tech. u. fig.* top-heavy. **2.** *aer.* nose-heavy. **3.** *mar.* down by the head. **~ˌlaus** *f* head louse. **~ˌleh·ne** *f* headrest. **~ˌlei·ste** *f print.* headpiece. **≈ˌlos I** *adj* **1.** headless, without a head, acephalous. **2.** *fig.* (*unbesonnen*) rash, (*überstürzt*) panicky, precipitate, headlong; **~ vor Angst** panic-stricken; **~e Angst** panic; **~e Flucht** headlong flight, stampede; **j-n ~ machen** make s. o. lose his head; **sie war ~ geworden** she had panicked (*od.* lost her head). **II** *adv* **3.** in (a) panic; **~ handeln** act in panic. **~lo·sig·keit** *f* <-; *no pl*> **1.** headlessness, acephalia. **2.** *fig.* a) panic, b) rashness. **~masˌsa·ge** *f* scalp massage. **~ˌnicken** (*getr.* -k·k-) *n* nod, nodding (of the head); **j-n mit e-m ~ grüßen** nod at (*od.* to) s. o. **~ˌnuß** *f colloq.* cuff on the head. **~ˌpol·ster** *n* **1.** (*Kopfstütze*) headrest. **2.** *Austrian* → Kopfkissen 1. **~ˌprä·mie** *f*, **~ˌpreis** *m* **e-e Kopfprämie auf j-n aussetzen** put a price on s. o.'s head. **~ˌputz** *m* headdress. **~ˌquo·te** *f econ.* per capita amount (*od.* quota). **~ˌrech·nen I** *n* <-s> mental arithmetic; **~ schwach!** bad at math! **II ≈** *v/i* <*only inf*> do mental arithmetic. **~reˌgi·ster** *n mus.* head register. **~ˌro·se** *f med.* erysipelas of the head. **~saˌlat** *m* cabbage lettuce. **~ˌschei·be** *f mil.* silhouette target (representing the head). **~ˌsche·re** *f Judo*: head scissors *pl* (*oft als sg konstruiert*). **≈ˌscheu** *adj* **1.** *Pferd*: skittish. **2.** *fig. colloq.* (*verwirrt*) confused, (*ängstlich*) intimidated, alarmed, dismayed; **~ werden** become confused (*etc*), *vor Angst*: *a.* panic; **j-n ~ machen** a) confuse (*od.* disconcert) s. o., b) intimidate (*od.* alarm, dismay) s. o. **~ˌschild** *m* **1.** *zo.* clypeus. **2.** *tech.* (welding) helmet. **~ˌschlagˌader** *f* carotid. **~ˌschmerz** *m meist pl med.* headache; **rasende ~en haben** have a splitting headache; *fig. colloq.* **j-m (viel) ~en bereiten** (*od.* **machen**) worry s. o. (a great deal). **~ˌschmerz·taˌblet·te** *f* headache tablet. **~ˌschmuck** *m* **1.** headdress. **2.** *orn.* head plumage. **~ˌschup·pen** *pl* dandruff *sg.* **~ˌschuß** *m* shot in the head. **~ˌschüt·teln** *n* shake (*od.* shaking) of the head; *fig.* **allgemeines ~ erregen** cause a general shaking of heads. **≈ˌschüt·telnd** *adv* shaking one's head, (*~ verneinen etc*) with a shake of the head. **~ˌschutz** *m* **1.** (protective) headgear. **2.** *Sport*: a) *Boxen*: headguard, b) helmet. **3.** *mil.* Balaclava helmet. **~ˌschwar·te** *f anat.* galea, *mit Haar*: scalp. **~ˌsprung** *m Schwimmen*: header; **e-n ~ machen** take (*od.* do) a header. **~ˌstand** *m* **1.** *gym.* headstand; **e-n ~ machen** *a.* stand on one's head. **2.** *aer.* nose-over; **e-n ~ machen** nose over. **~ˌstär·ke** *f mil.* strength (of a unit). **≈ˌste·hen** *v/i* <*irr, sep,* -ge-, h *u.* sein> **1.** stand on one's head. **2.** *aer.* nose over. **3.** *Sache*: be upside down. **4.** *fig. colloq.* (*aufgeregt sein*) be all in a flutter (*od.* whirl, flap), (*durchdrehen*) go mad, *sl.* flip. **~ˌstein** *m* **1.** cobble(stone), *größerer*: boulder. **2.** *arch.* headstone. **~ˌsteinˌpfla·ster** *n* cobblestone pavement. **~ˌsteu·er** *f* poll tax, capitation (tax). **~ˌstim·me** *f mus.* head-voice, falsetto. **~ˌstoß** *m* **1.** *Fußball*: header. **2.** *Boxen*: butt. **3.** *Billard*: pinch, massé; **mit e-m ~ stoßen** pinch. **~ˌstüt·ze** *f* headrest, *mot. a.* neck restraint. **~ˌteil** *m, n* head end. **~ˌtier** *n hunt.* leader. **~ˌtuch** *n* <-(e)s; ⸗er> (head) scarf, (head)kerchief. **≈'über** [ˌkɔpf-] *adv* head first, *a. fig.* headlong (*into the water, into one's work, etc*); **~, kopfunter** head over heels. **~verˌband** *m* head dressing. **~verˌlet·zung** *f* head injury. **~ˌwä·sche** *f* **1.** hair wash, shampoo(ing). **2.** *fig. colloq.* dressing-down. **~ˌweh** *n* headache; **ich habe ~** I have a headache. **~ˌwei·de** *f bot.* common white willow. **~ˌwei·te** *f* head size, head measurement(s *pl*). **~ˌwun·de** *f* head wound. **~ˌwurf** *m Judo*: stomach throw (over the head). **~ˌzahl** *f* number (of persons). **~ˌzan·ge** *f Ringen*: headlock. **~zerˌbre·chen** *n colloq.* **j-m ~ machen** (*od.* **bereiten**) puzzle (*od.* nonplus, worry) s. o., give s. o. a headache; **ohne viel ~** without much pondering. **~ˌzün·der** *m mil.* nose fuse.

Ko·pie [ko'pi:; *Austrian* 'ko:pĭə] *f* <-; -n [-ən]> **1.** (*Zweitschrift*) copy, duplicate, (*Durchschlag*) copy, carbon (copy). **2.** *phot.* copy, (duplicate) print. **3.** *tech.* (*Pause*) tracing. **4.** *Kunst*: copy, replica. **5.** *fig.* (*Abbild*) copy, imitation.

Ko'pier|ˌanˌstalt *f* printing laboratory. **~ˌbuch** *n econ.* copying book.

ko·pie·ren [ko'pi:rən] **I** *v/t* <*no* ge-, h> **1.** (*Dokument etc*) copy, duplicate; **et. ~ lassen** have s. th. copied. **2.** (*nachbilden*) reproduce, replicate. **3.** *phot.* a) (*reproduzieren*) copy, b) (*abziehen*) print. **4.** *tech.* copy, *Am.* duplicate. **5.** *fig.* (*nachahmen*) copy, imitate. **II ≈** *n* <-s> **6.** copying (*etc*). **7.** duplication. **8.** reproduction, replication. **9.** *tech.* duplication. **10.** *fig.* copying, imitation.

ko'pier|ˌfrä·sen *v/t* <*insep,* -ge-, h> copy-mill, profile-mill. **≈geˌrät** *n* **1.** copier, copying apparatus. **2.** *phot.* printer, duplicator. **3.** *tech.* copying machine (*od.* lathe). ~**pa,pier** *n phot.* printing paper. ~**,pres·se** *f print.* copying press. ~**,räd·chen** *n Schneiderei*: tracer, tracing wheel. ~**,rah·men** *m phot.* printing frame. ~**,stift** *m* **1.** indelible (pencil). **2.** *tech.* tracer (pin). ~**,tin·te** *f* copying (*od.* indelible) ink.

'Ko·pi,lot ['ko:-] *m aer.* copilot, *mot. a.* co-driver.

Ko·pist [ko'pɪst] *m* ⟨-en; -en⟩ copyist, copier.

Kop·pel¹ ['kɔpəl] *f* ⟨-; -n⟩ **1.** (*Gehege*) enclosure, *für Rinder etc*: (enclosed) pasture, pen, (*Pferde*~) paddock. **2.** e-e ~ Hunde a) *hunt.* (*Meute*) a couple (*od.* brace) (of hounds), b) *beim Hunderennen*: a leash. **3.** e-e ~ Pferde a string of horses. **4.** *hunt.* (*Riemen*) couple, leash; an die ~ legen couple; von der ~ losmachen uncouple.

'Kop·pel² *n* ⟨-s; -⟩ *bes. mil.* (waist-)belt, (leather) belt.

'Kop·pel,kurs *m mar.* traverse sailing.

kop·peln ['kɔpəln] **I** *v/t* ⟨h⟩ **1.** (*Hunde*) couple, leash, (*Pferde*) string (together), (*Ochsen*) yoke. **2.** et. ~ an (*acc*) couple (*od.* join, connect, link) s. th. to. **3.** *tech.* connect. **4.** *electr. Radio, a. mus.* couple. **5.** *fig.* (*verbinden*) (mit with) combine, couple, *weitS. a.* link. **II** *v/i* **6.** *Raumfahrt*: dock. **III** ~ *n* ⟨-s⟩ **7.** coupling (*etc*). **8.** → Kopplung.

'Kop·pel|,ort *m mar.* dead reckoning position. ~**,schloß** *n* (belt) buckle. ~**ta,bel·le,** ~**,ta·fel** *f,* ~**,tisch** *m mar.* traverse table. ~**,wei·de** *f agr.* enclosed pasture.

,kopp'hei·ster [,kɔp-] *adv dial.* headlong; ~ gehen *a. fig.* come a cropper.

'Kopp·lung *f* ⟨-; *no pl*⟩ **1.** → koppeln 7. **2.** *electr. Radio tech.* coupling, linkage. **3.** *der Orgel*: coupler. **4.** *biol. von Genen*: linkage. **5.** *Raumfahrt*: docking. **6.** *fig.* coupling, linking together, combination.

'Kopp·lungs|... *in Zssgn electr.* coupling. ~**ge,schäft** *n econ.* package deal. ~**,grup·pe** *f biol. von Genen*: linkage group. ~**ma,nö·ver** *n Raumfahrt*: docking manœuvre (*Am.* maneuver). ~**ver,kauf** *m* tie-in sale.

Ko·pra ['ko:pra] *f* ⟨-; *no pl*⟩ *econ.* copra.

Kop·te ['kɔptə] *m* ⟨-n; -n⟩ Copt. **'kop·tisch** *adj* Coptic.

Ko·pu·la ['ko:pula] *f* ⟨-; -s *u.* -lae [-lɛ]⟩ **1.** *ling.* copulative (verb), link verb, copula. **2.** *Logik*: copula. **3.** → Kopulation 1.

Ko·pu|la·ti·on [kopula'tsĭo:n] *f* ⟨-; -en⟩ **1.** *biol.* copulation, coupling. **2.** *hort.* whip graft. ~**la'tiv** [-la'ti:f] *adj* copulative. ~**la'ti·vum** [la'ti:vum] *n* ⟨-s; -va [-va]⟩ *ling.* copulative (word). ~**'lie·ren** [-'li:rən] **I** *v/t* ⟨*no* ge-, h⟩ **1.** *hort.* whipgraft. **II** *v/i* **2.** *biol.* copulate, couple. **III** ~ *n* ⟨-s⟩ **3.** whipgrafting. **4.** copulating, copulation.

kor [ko:r] *1 u. 3 sg pret of* küren, kiesen.

Ko·ral·le [ko'ralə] *f* ⟨-; -n⟩ coral. **ko'ral·len** *adj* **1.** (*aus Koralle*) coral. **2.** coral-red.

Ko'ral·len|,al·ge *f bot.* coralline. ~**,bank** *f* ⟨-; ⸚e⟩ coral reef. ~**,baum** *m* coralwood, coral tree. ~**,bil·dend** *adj* coralliferous. ~**,fisch** *m* coral fish. ~**,för·mig** *adj* coral-shaped, coralliform. ~**,holz** *n* coralwood. ~**,in·sel** *f* coral island. ~**,ket·te** *f* coral necklace. ~**,riff** *n* coral reef. ~**,rot** *adj* coral-red. ~**ske,lett** *n zo.* coral (skeleton), corallite, *e-r Kolonie*: coral skeleton, corallum. ~**,stock** *m* coral colony. ~**,tier** *n meist pl* coral (animal *od.* polyp), anthozoan.

Ko·ral·lin [kora'li:n] *n* ⟨-s; *no pl*⟩ *chem.* corallin(e).

Ko·ran [ko'ra:n] *m* ⟨-s; -e⟩ *relig.* Koran. **ko'ra·nisch** *adj* Koranic.

Korb [kɔrp] *m* ⟨-(e)s; ⸚e⟩ **1.** basket; ein ~ (voll) Äpfel a basketful of apples; Körbe voll Wäsche baskets (*od.* basketfuls, basketsful) of washing; → Hahn¹ 1. **2.** (*Picknick*~ *etc*) hamper. **3.** (*Hunde*~) (dog) basket. **4.** (*Bienen*~) skep, wicker. **5.** (*großer Trag*~, *bes. für Lasttiere*) pan(n)ier. **6.** (*Fisch*~) creel. **7.** (*Fischmenge von 50 kg*) basket. **8.** (*Säbel*~) basket(-hilt), guard, shell. **9.** (*Förder*~) cage. **10.** *Basketball, Korbball*: a) basket, b) (*Treffer*) goal; e-n ~ erzielen score (*od.* make) a goal. **11.** (*Ballon*~, *Luftschiff*~) basket. **12.** *arch. am Kapitell*: basket, bell. **13.** *fig. colloq.* (*Ablehnung*) refusal; j-m e-n ~ geben a) turn s. o. down, refuse s. o., b) *bei e-r Einladung*: refuse s. o.'s invitation; e-n ~ bekommen (*od.* erhalten), sich (*dat*) e-n ~ holen be turned down, meet with a refusal; gib mir bitte k-n ~! don't say no!, don't let me down! ~**,ball** *m* ⟨-(e)s; *no pl*⟩ *Sport*: netball. ~**,blüt·ler** [-,bly:tlər] *m* ⟨-s; -⟩ *bot.* composite (flower); die ~ the compositae.

Körb·chen ['kœrpçən] *n* ⟨-s; -⟩ **1.** *dim. of* Korb. **2.** *der Biene*: basket. **3.** *bot.* involucre. **4.** (*Hundekorb*) basket; → husch 2. **5.** (*Kinder*~) bassinet. **6.** *e-s Büstenhalters*: cup.

'Korb|er,folg *m Basketball etc*: goal. ~**,fla·sche** *f* wicker bottle, *große*: demijohn, *bes. für Säuren*: carboy. ~**ge,flecht** *n* basketwork, wicker(work). ~**,ma·cher** *m* basket-maker, wickerworker. ~**,mö·bel** *pl* wicker furniture *sg.* ~**,ses·sel,** ~**,stuhl** *m* wicker (*od.* cane) chair. ~**,wa·gen** *m* bassinet, *Br. a.* basket-carriage. ~**,wa·re** *f meist pl* basketry, basketwork, wickerwork. ~**,wei·de** *f bot.* (basket) osier, salix. ~**,wei·se** *adv* by the basket(ful), in basketfuls. ~**,wurf** *m Basketball etc*: throw for goal.

Kord [kɔrt] *m* ⟨-(e)s; -e⟩ *Textil.* cord(uroy).

Kor·del ['kɔrdəl] *f* ⟨-; -n⟩ **1.** cord. **2.** *mil.* cordon. **3.** *dial. for* Bindfaden. **'kor·deln** *v/t* ⟨h⟩ *tech.* (diamond-)knurl.

'Kord,ho·se *f, a. pl* corduroys *pl,* corduroy trousers *pl,* cords *pl.*

Kor·dit [kɔr'di:t; -'dɪt] *m* ⟨-s; *no pl*⟩ *mil.* cordite.

Kor·don [kɔr'dõ; *Austrian* kɔr'do:n] *m* ⟨-s; -s *u. Austrian* -e [-'do:nə]⟩ a. *hort. mil.* cordon.

'Kord,samt *m* cord velvet, corduroy.

Kor·du·an ['kɔrdŭa:n] *n* ⟨-s; *no pl*⟩, ~**,le·der** *n* cordovan, Spanish leather.

kö·re ['kø:rə] **1.** *1 u. 3 sg pret subj of* küren, kiesen. **2.** *1 sg pres of* kören.

Ko'rea,krieg *m hist.* Korean War.

Ko·rea|ner [kore'a:nər] *m* ⟨-s; -⟩, ~**nisch** [-nɪʃ] *adj* Korean.

kö·ren ['kø:rən] *v/t* ⟨h⟩ *agr.* inspect. **'Kör,hengst** *m* licensed stallion.

Ko·rin·the [ko'rɪntə] *f* ⟨-; -n⟩ currant. **Ko'rin·then,brot** *n* fruit loaf, *Am.* raisin bread.

Ko·rin·ther [ko'rɪntər] *m* ⟨-s; -⟩ Corinthian; (Brief des Paulus an die) ~ → ~**,brief, der** Epistle (of St. Paul) to the Corinthians, Corinthians *pl* (*als sg konstruiert*).

ko·rin·thisch [ko'rɪntɪʃ] *adj bes. arch.* Corinthian.

Kork [kɔrk] *m* ⟨-(e)s; -e⟩ **1.** cork. **2.** → Korken. ~**,brand** *m* stamp on a wine cork (*indicating bottling at source*). ~**,ei·che** *f* cork oak (*od.* tree).

Kor·ken ['kɔrkən] **I** *m* ⟨-s; -⟩ cork (stopper); mit e-m ~ verschließen cork; den ~ (heraus)ziehen draw the cork; nach ~ schmecken taste of cork, be corked. **II** ~ *adj* (of) cork. ~**,zie·her** *m* corkscrew. ~**,zie·her,locke** (*getr.* -k·k-) *f* corkscrew curl.

'Kork|,gür·tel *m* cork belt. ~**,holz** *n* corkwood.

'kor·kig *adj* corky.

'Kork|,mund,stück *n e-r Zigarette*: cork tip; mit ~ cork-tipped. ~**,pap·pe** *f* cork board. ~**,rin·de** *f bot.* cork, suber. ~**,säu·re** *f chem.* suberic acid. ~**,schwarz** *n paint.* cork black. ~**,schwim·mer** *m* cork (float). ~**,we·ste** *f* cork jacket.

Kor·mo·ran [kɔrmo'ra:n] *m* ⟨-s; -e⟩ *orn.* cormorant.

Kor·mus ['kɔrmus] *m* ⟨-; *no pl*⟩ *bot.* corm.

Korn¹ [kɔrn] *n* ⟨-(e)s; *rare* -e⟩ (*Getreide*) grain, corn, cereals *pl, engS.* (*Weizen*) wheat, (*Roggen*) rye; kein ~ ohne Spreu (*Sprichwort*) no wheat without chaff; → Flinte. **Korn²** *n* ⟨-(e)s; ⸚er⟩ **1.** (*Samen*~, *Getreide*~) grain (of seed), seed; Körner als Futter streuen scatter seeds (*od.* birdseed). **2.** (*Sand*~ *etc*) grain, (*Hagel*~) stone. **3.** ⟨*only sg*⟩ *min. phot. Papier*: grain, *metall.* fineness. **Korn³** *n* ⟨-(e)s; *rare* -e⟩ *am Gewehr*: front sight, bead; aufs ~ nehmen a) take aim at, *bes. Am.* draw a bead on, b) *fig. colloq.* attack, go for, gun for, *weitS. a.* pick on *s. o., s. th.*; er wurde aufs ~ genommen *a.* he came under fire. **Korn⁴** *m* ⟨-(e)s; -⟩ *colloq. for* Kornbranntwein.

'Korn|,äh·re *f* ear (of corn), spike. ~**,blu·me** *f* (blue) cornflower. ~**,blu·men,blau** *adj* cornflower(-blue); *humor.* ~ sein be (as) drunk as a lord, be stoned. ~**,brannt,wein** *m* a) grain spirit, b) grain (*od.* rye) whisky.

Körn·chen ['kœrnçən] *n* ⟨-s; -⟩ small grain, granule, speck (*of dust*); *fig.* ~ Wahrheit grain of truth.

Kor·nea ['kɔrnea] *f* ⟨-; *no pl*⟩ *anat.* cornea.

Kor'nel,kir·sche [kɔr'ne:l-], **Kor·nel·le** [kɔr'nɛlə] *f* ⟨-; -n⟩ **1.** cornelian cherry (tree), cornel. **2.** cornelian cherry.

kör·nen ['kœrnən] *v/t* ⟨h⟩ *tech.* a) granulate, grain, b) mark with a centre punch.

Kor·ner ['kɔrnər] *m* ⟨-s; -⟩ *econ. Börse*: corner.

'Kör·ner *m* ⟨-s; -⟩ *tech.* cent/re (*Am.* -er) punch.

'Kör·ner|,fres·ser *m zo.* granivore. ~**,frucht** *f* cereal. ~**,fut·ter** *n* grain feed. ~**mi·kro,phon** *n* granular microphone.

kor·nern ['kɔrnərn] *v/t* ⟨h⟩ *econ.* corner.

'Kör·ner,spit·ze *f tech.* lathe cent/re (*Am.* -er).

Kor·nett¹ [kɔr'nɛt] *m* ⟨-(e)s; -e *u.* -s⟩ *mil. hist.* cornet (of cavalry). **Kor'nett²** *n* ⟨-(e)s; -e *u.* -s⟩ *mus.* cornet.

'Korn|,fäu·le *f agr.* bunt, smut, mildew. ~**,feld** *n* cornfield, *Am.* grainfield. ~**,frucht** *f* white crop, corn cereal. ~**ge,fü·ge** *n metall.* grain structure. ~**,grö·ße** *f* grain (*chem.* particle) size. ~**,han·del** *m* corn (*Am.* grain) trade.

kör·nig ['kœrnɪç] *adj* **1.** grainy (*a. phot.*), *a. bot. metall. min.* granular; ~ werden grain, granulate; ~er Schnee corn snow, spring corn. **2.** *Reis*: (cooked) kernelly.

kor·nisch ['kɔrnɪʃ] *adj hist.* Cornish.

'Korn|,jahr *n* 1972 war ein gutes ~ in 1972 there was a good crop of corn. ~**,kä·fer** *m* corn weevil. ~**,kam·mer** *f* granary, *fig. e-s Landes*: *a.* breadbasket.

'Körn·ma,schi·ne *f tech.* granulator.

'Korn|,ra·de *f bot.* corn cockle. ~**,reich** *adj Land*: rich in corn (*Am.* grain), *Ähre*: corny, *Am.* grainy.

~ˌschnaps *m* grain spirit, rye whisky. **~ˌspei·cher** *m* granary, *Br. a.* corn loft, (*Silo*) corn (*Am.* grain) silo, *Am. a.* elevator.

ˈKör·nung *f* ⟨-; -en⟩ **1.** granulating, graining. **2.** (*Korngröße*) grain size. **3.** granulation. **4.** *phot.* granularity. **5.** *hunt.* decoy-place.

ˈKornˌwei·he *f orn.* hen-harrier.

Ko·rol·la [koˈrɔla] *f* ⟨-; -len⟩ *bot.* corolla.

Ko·ro·na [koˈroːna] *f* ⟨-; -nen⟩ **1.** *astr. electr.* corona. **2.** *Kunst*: (*Heiligenschein*) nimbus, halo. **3.** *colloq.* bunch, crowd.

ko·ro·nal [koroˈnaːl] *adj ling.* coronal.

Ko·ro·nar... [koroˈnaːr] *in Zssgn anat. med.* coronary (*vessel, sclerosis, etc*).

Kör·per [ˈkœrpər] *m* ⟨-s; -⟩ **1.** body, (*Rumpf*) *a.* trunk, (*Figur*) *a.* figure, frame; **~ und Geist** body and mind, flesh and spirit; **Kopf, ~ und Gliedmaßen** head, trunk and limbs; **sie hat e-n schönen ~** she has a beautiful figure (*od.* body); **am ganzen ~** all over one's body; **am ganzen ~ zittern** tremble all over. **2.** *biol. med.* (the) system; **das Gift ist noch im ~** the poison is still in his (*etc*) system. **3.** a) *Geometrie*: body, solid, b) *Algebra*: (number) field; **Lehre von den ~n** solid geometry, stereometry. **4.** *chem.* body, substance. **5.** (*Gehalt des Weins*) body; **Wein mit viel ~** full-bodied wine. **6.** (*Schiffs*≈) hull. **7.** *e-r Violine etc*: body. **8.** *tech.* (*Teil*) part, body, element. **9.** *aer.* body, (*Rumpf*) fuselage. **10.** *astr.* body. **11.** *von Farben*: body; **e-r Farbe mehr ~ geben** *a.* thicken a colo(u)r. **~ˌach·se** *f* **1.** *math.* axis of the solid. **2.** *anat.* body axis. **~ˌbau** *m* ⟨-(e)s; *no pl*⟩ bodily structure, anatomy, (*Gestalt*) figure, build, frame; **von kräftigem ~** strong-bodied, strongly made, powerfully built. **~beˌherr·schung** *f* body control. **≈beˌhin·dert** *adj* (physically) disabled, handicapped. **~beˌhin·der·te** *m, f* ⟨-n; -n⟩ (physically) disabled person, *pl a.* (the) handicapped. **~beˌhin·de·rung** *f* **1.** *med.* (physical) disability, handicap, disablement. **2.** *Sport*: body check. **~beˌrech·nung** *f math.* cubature, stereometry, solid geometry. **~beˌschaf·fen·heit** *f* constitution, physique. **~beˌwe·gung** *f* (body) movement, motion.

ˈKör·per·chen *n* ⟨-s; -⟩ small body, particle, corpuscle.

ˈKör·per|ˌdecke (*getr.* **-k·k-**) *f anat. zo.* (in)tegument. **~ˌdre·hung** *f Sport*: body turn. **≈ˌei·gen** *adj biol.* endogenous. **~ˌeinˌsatz** *m Sport*: a) charge, *behindernd*: body check, b) charging, body checking. **~erˌtüch·ti·gung** *f* physical training, toughening (up). **~erˌzie·hung** *f* physical education (*od.* training). **~ˌfett** *n physiol.* body fat. **~ˌflüs·sig·keit** *f* body fluid. **≈ˌfremd** *adj biol.* foreign, exogenous. **~ˌfül·le** *f* corpulence. **~funk·tiˌon** *f* bodily function. **~ˌge·gend** *f* region (of the body). **~geˌruch** *m* (**schlechter**) **~** body odo(u)r. **~geˌwicht** *n* (body) weight. **~ˌgrö·ße** *f* (body) height; **welche ~ hat er?** what is his height? **~ˌha·ken** *m Boxen*: hook to the body, body hook. **~ˌhälf·te** *f* side of the body. **~ˌhal·tung** *f* posture, carriage, poise. **~ˌhöh·le** *f* body cavity. **~ˌinˌhalt** *m math.* cubic content, volume. **~ˌkraft** *f* physical (*od.* bodily) strength. **~ˌkreisˌlauf** *m physiol.* systemic (*od.* body) circulation. **~kulˌtur** *f* **1.** physical culture. **2.** *bes. DDR* → **Leibeserziehung.** **~ˌkun·de** *f* **1.** *med.* somatology. **2.** *math.* stereometry, solid geometry. **~ˌlän·ge** *f* body length.

ˈkör·per·lich I *adj* **1.** physical, bodily, *bes. Strafe*: corporal; **~e Anstrengung** (**Betätigung**) physical exertion (exercise); **~e Arbeit** physical (*od.* manual) labo(u)r (*od.* work); **~es Leiden** physical (*od.* bodily) illness; **~e Reize** (**Schönheit**) physical charms (beauty). **2.** *philos. Welt etc*: physical, empirical, material, external. **3.** *phys.* a) (*materiell*) corporeal, physical, substantial, material, b) *Atome*: corpuscular. **4.** *biol.* somatic. **5.** *math. Ecke, Winkel etc*: solid; **~es Bild** stereoscopic image. **6.** *jur. Eigentum, Eid etc*: corpor(e)al. **II** *adv* **7.** physically; **~ arbeiten** do physical (*od.* manual) work; **~ gesund** in good physical health; **j-n ~ verletzen** inflict bodily harm on s. o. **≈keit** *f* ⟨-; *no pl*⟩ **1.** corpor(e)ality, corporeity. **2.** (*Stofflichkeit*) substantiality, solidity. **3.** *biol.* somatism.

ˈkör·per·los *adj* **1.** *Wesen, Sein etc*: bodiless, incorpor(e)al. **2.** *Sport*: **~es Spiel** fluid (*od.* contact-avoiding) play.

ˈKör·per|ˌmaß *n* **1.** *meist pl* (body) measurement(s *pl*). **2.** *math.* cubic(al) measure. **~ˌöff·nung** *f* body orifice. **~ˌpfle·ge** *f* care of the body, physical culture, hygiene. **~ˌpfle·geˌmit·tel** *n* toilet requisite, cosmetic (article). **~ˌpu·der** *m, colloq. n* talcum powder. **≈ˌreich** *adj Wein, Farbe*: full-bodied, having body. **~ˌscha·den** *m* bodily (*od.* physical) defect.

ˈKör·per·schaft *f* ⟨-; -en⟩ *econ. jur.* corporation, (corporate) body (*od.* entity); **gesetzgebende ~** legislative body (*od.* assembly), legislature; **~ des öffentlichen Rechts, öffentlich-rechtliche ~** corporation under public law, public corporation. **≈lich I** *adj* corporate. **II** *adv* **~ organisiert** incorporated.

ˈKör·per|schaft(s)ˌsteu·er *f* corporation (income *od.* profits) tax. **~ˌschlag** *m Boxen*: body punch. **~ˌschlagˌader** *f anat.* aorta. **~ˌschluß** *m electr.* (earthing by) body contact. **~ˌschu·lung** *f* physical training. **~ˌschwä·che** *f* physical weakness, debility. **~ˌstel·le** *f* place on the body. **~ˌstra·fe** *f* corporal punishment. **~ˌteil** *m* **1.** part of the body. **2.** (*Glied*) member (of the body), extremity. **~ˌteil·chen** *n phys.* particle, molecule. **~tem·pe·raˌtur** *f* body temperature. **~ˌtref·fer** *m Boxen*: body punch. **~ˌumˌsatz** *m med.* body metabolism. **~verˌlet·zung** *f jur.* (**schwere ~** grievous) bodily injury. **~ˌwär·me** *f* body heat. **~ˌwuchs** *m* stature, build, physique.

Kor·poˈra·le *n* ⟨-; *no pl*⟩ *R. C.* corporal, communion cloth.

Kor·po|ra·ti·on [kɔrporaˈtsĭoːn] *f* ⟨-; -en⟩ **1.** → **Körperschaft. 2.** *univ.* students' society, *Am.* fraternity. **≈raˈtiv** [-raˈtiːf] *adj econ. pol.* corporative, corporate. **≈ˈriert** [-ˈriːrt] *adj* belonging to a students' society (*Am.* fraternity).

Korps [koːr] *n* ⟨- [koːr(s)]; - [koːrs]⟩ **1.** *mil.* (army) corps. **2.** *pol.* corps; → **diplomatisch** 1. **3.** (students' duel[l]ing) corps. **~ˌbru·der** *m* fellow member of a students' corps (*od.* corporation). **~ˌgeist** *m* esprit de corps. **~stuˌdent** *m* member of a students' (duel[l]ing) corps.

kor·pu|lent [kɔrpuˈlɛnt] *adj* corpulent, stout, portly. **≈ˈlenz** [-ˈlɛnts] *f* ⟨-; *no pl*⟩ corpulence, stoutness.

Kor·pus[1] [ˈkɔrpʊs] *m* ⟨-; -se⟩ **1.** *humor.* body; **s-n ~ pflegen** take care of o. s. **2.** *lit.* (*Leichnam*) corpus. **3.** *Kunst*: figure of Christ (on the crucifix). **4.** ⟨*only sg*⟩ *e-s Möbelstücks*: corpus. **5.** *mus.* resonance box. **ˈKor·pus**[2] *n* ⟨-; -pora [-pora]⟩ (*Sammelwerk*) corpus. **ˈKor·pus**[3] *f* ⟨-; *no pl*⟩ *print.* long primer.

Kor·pus·kel [kɔrˈpʊskəl] *n* ⟨-s; -n⟩ *phys.* corpuscle.

Kor·ral [kɔˈraːl] *m* ⟨-s; -e⟩ corral.

Kor·re·fe|rat [ˈkɔreferaːt; -ˈraːt] *n* second paper (*od.* lecture, report) on the same subject. **~rent** [-rɛnt; -ˈrɛnt] *m* ⟨-en; -en⟩ reader of a second paper *etc* on the same subject. **≈rie·ren** [-riːrən; -ˈriːrən] *v/i* ⟨*no* **ge-**, **h**⟩ read a second paper *etc* on the same subject.

kor·rekt [kɔˈrɛkt] *adj* ⟨-er; -est⟩ *allg.* correct. **korˈrek·terˈwei·se** *adv* correctly, (just) to be correct. **Korˈrekt·heit** *f* ⟨-; *no pl*⟩ *allg.* correctness.

Kor·rek·ti·on [kɔrɛkˈtsĭoːn] *f* ⟨-; -en⟩ correction. **Kor·rekˈtiv** [-ˈtiːf] **I** *n* ⟨-s; -e⟩, **II** ≈ *adj* corrective. **Kor·rek·tor** [kɔˈrɛktɔr] *m* ⟨-s; -en [-ˈtoːrən]⟩ *bes. print.* (proof)reader, press corrector, copyreader.

Kor·rek·tur [kɔrɛkˈtuːr] *f* ⟨-; -en⟩ **1.** correcting, *print. a.* (proof)reading, *e-s Fehlers etc*: correction (*a. med. tech. etc*), rectification; **e-e ~ machen** (*od.* **vornehmen**) make a correction. **2.** *print.* a) (*Verbesserung*) correction, b) → **Korrekturzeichen** 2, c) → **Korrekturabzug**; **erste ~** first proof; **zweite ~** second proof, revise; **letzte** (*od.* **druckfertige**) **~** final (*od.* press) proof; **~en abziehen** pull proofs, proof; **~(en) lesen** proofread, read the proofs; **in zweiter ~ lesen** revise. **3.** *econ.* correction, *an der Effektenbörse*: (corrective) adjustment. **~ˌabˌzug, ~ˌbo·gen** *m*, **~ˌfah·ne** *f print.* proof sheet, galley proof. **~ˌle·sen** *n* proofreading. **~(ˌschreib)maˌschi·ne** *f* self-correcting typewriter. **~ˌta·ste** *f* correction key. **~ˌzei·chen** *n* **1.** mark (of correction). **2.** *print.* reader's (*od.* proof) mark.

Kor·re·lat [kɔreˈlaːt] **I** *n* ⟨-(e)s; -e⟩ correlate. **II** ≈ *adj* correlate, correlative.

Kor·re·la·tiˈon [-laˈtsĭoːn] *f* ⟨-; -en⟩ correlation. **Kor·re·la·tiˈonsˌrech·nung** *f* correlation calculation. **kor·re·laˈtiv** [-laˈtiːf] *adj* correlative, correlate.

kor·re·pe|tie·ren [kɔrepeˈtiːrən] *v/t* ⟨*no* **ge-**, **h**⟩ *mus.* coach (**mit** with). **≈ti·tiˈon** [-tiˈtsĭoːn] *f* ⟨-; -en⟩ coaching. **≈ˈti·tor** [-ˈtiːtɔr] *m* ⟨-s; -en [-tiˈtoːrən]⟩ coach (of singers), repetiteur.

Kor·re·spon·dent [kɔrɛspɔnˈdɛnt] *m* ⟨-en; -en⟩ **1.** (*auswärtiger Berichterstatter*) correspondent. **2.** *econ.* a) correspondence clerk, b) (*Geschäftspartner*) correspondent, business friend. **3.** *obs. for* **Brieffreund.**

Kor·re·spon·denz [kɔrɛspɔnˈdɛnts] *f* ⟨-; -en⟩ **1.** (*Briefwechsel, Briefe, a. journalistische Berichte*) correspondence; **mit j-m in ~ stehen** correspond with s. o.; **mit j-m in ~ treten** enter into correspondence with s. o.; **e-e ~ unterhalten** carry on a correspondence. **2.** *fig.* (*Übereinstimmung*) correspondence, conformity. **~büˌro** *n* news (*od.* press) agency.

kor·re·spon·die·ren [kɔrɛspɔnˈdiːrən] *v/i* ⟨*no* **ge-**, **h**⟩ **1.** correspond; **miteinander ~** exchange letters. **2.** (**miteinander**) **~** (*übereinstimmen*) correspond.

Kor·ri·dor [ˈkɔridoːr] *m* ⟨-s; -e⟩ **1.** (*Gang, Flur*) corridor, passage(way); **auf dem ~** in the corridor. **2.** *rail.* corridor, *Am. a.* aisle. **3.** *geogr. pol.* corridor: *hist.* **der Polnische ~** the Polish Corridor. **4.** *Statistik*: band.

Kor·ri·gen·da [kɔriˈgɛnda] *pl print.* corrigenda.

Kor·ri·gens [ˈkɔrigɛns] *n* ⟨-s; -gentia [-ˈgɛntsĭa] *u.* -gentien [-ˈgɛntsĭən]⟩ *pharm.* corrigent, corrective.

kor·riˈgier·bar *adj* corrigible, rectifiable, emendable.

kor·ri·gie·ren [kɔri'gi:rən] **I** *v/t* ⟨*no* ge-, h⟩ **1.** correct (*a. med. tech.*), (*ändern*) *a.* alter, amend, (*durchsehen*) *a.* revise, *ped.* (*benoten*) *a.* mark, *bes. tech.* rectify; **mit Rotstift** ~ red-pencil; *fig.* **s-e Einstellung** ~ alter one's attitude. **2.** *print.* (*Satz etc*) correct, revise, (*bes. Texte*) amend, (*Fahnen*) (proof)read. **3.** *econ.* (*Kurs*) adjust, mark down (*od.* up). **II** *v/reflex* **sich** ~ **4.** correct o. s.

kor·ro|'dier·bar *adj tech.* corrodible, corrosive. **~die·ren** [kɔro'di:rən] **I** *v/t* ⟨*no* ge-, h⟩ *u. v/i* ⟨h *u.* sein⟩ corrode. **II** ♀ *n* ⟨-s⟩ corroding, corrosion. **~'die·rend** *adj* corrosive. **♀si'on** [-'zĭo:n] *f* ⟨-; -en⟩ **1.** corroding, corrosion. **2.** *geol.* chemical ablation, corrosion.

kor·ro·si'ons|be,stän·dig *adj tech.* corrosion-resistant; **~er Stahl** stainless steel. **~emp,find·lich** *adj* susceptible to corrosion, corrodible. **♀,schutz** *m* corrosion prevention. **♀,schutz,mit·tel** *n* anticorrosive agent. **~ver,hü·tend** *adj* anticorrosive.

kor·ro·siv [kɔro'zi:v] *adj chem. tech.* corrosive.

kor·rum|pie·ren [kɔrum'pi:rən] *v/t* ⟨*no* ge-, h⟩ *obs.* corrupt, (*bestechen*) *a.* bribe. **~'piert** *adj* ⟨*meist pred*⟩ *Text*: corrupt(ed).

kor·rupt [kɔ'rupt] *adj* ⟨-er; -est⟩ **1.** (*bestechlich*) corrupt(ed), corruptible, brib(e)able, venal, *Am. pol.* grafting. **2.** (*verdorben*) corrupt, depraved. **♀heit** *f* ⟨-; *no pl*⟩ **1.** corruption, corruptibility, venality, *Am. pol. a.* graft. **2.** corruption, corruptness, depravity.

Kor·rup·ti·on [kɔrup'tsĭo:n] *f* ⟨-; -en⟩ **1.** corruption, (*Bestechung*) *a.* bribery, *passive*: *a.* accepting bribes. **2.** → **Korruptheit.**

Kor·sa·ge [kɔr'za:ʒə] *f* ⟨-; -n⟩ *Mode*: corsage.

Kor·sar [kɔr'za:r] *m* ⟨-en; -en⟩ **1.** (*Seeräuber, a. Schiff*) corsair, privateer. **2.** (*Segelbootsklasse*) corsair.

Kor·se ['kɔrzə] *m* ⟨-n; -n⟩ Corsican.

Kor·se·lett [kɔrzə'lɛt] *n* ⟨-(e)s; -e *u.* -s⟩ corselet(te).

Kor·sett [kɔr'zɛt] *n* ⟨-(e)s; -e *u.* -s⟩ **1.** *Mode*: corset(s *pl*), stays *pl.* **2.** *fig.* corset. **~,stäb·chen** *n* bone, busk.

'kor·sisch *adj* Corsican.

Kor·so ['kɔrzo] *m* ⟨-s; -s⟩ **1.** parade, procession; **in e-m ~ fahren** *Wagen*: drive in procession. **2.** (*Prachtstraße*) promenade, corso. **3.** *hist.* horserace, corso.

Kor·tex ['kɔrtɛks] *m* ⟨-(es); -e⟩ *biol.* cortex. **kor·ti'kal** [-ti'ka:l] *adj* cortical.

Kor·ti'son [kɔrti'zo:n] *n* ⟨-s; *no pl*⟩ *pharm.* cortisone.

Ko·rund [ko'runt] *m* ⟨-(e)s; -e⟩ *min.* corundum.

Kor·vet·te [kɔr'vɛtə] *f* ⟨-; -n⟩ *mar.* corvette. **Kor'vet·ten·ka·pi,tän** *m* commander.

Ko·ry·phäe[1] [kory'fɛ:ə] *f* ⟨-; -n⟩, *obs. a. m* ⟨-n; -n⟩ (eminent) authority, (great) expert. **Ko·ry'phäe**[2] *m* ⟨-n; -n⟩ *antiq.* coryphaeus, leader of the chorus.

Ko·sak [ko'zak] *m* ⟨-en; -en⟩ *hist.* Cossack. **Ko'sa·ken ...** *in Zssgn* Cossack (*cap, dance, etc*).

Ko·sche'nil·le(,far·be) [kɔʃə'nɪljə(-)] *f* cochineal.

ko·scher ['ko:ʃər] *adj* ⟨-er; -st⟩ *relig. Speise etc*: kosher; ~ **machen** porge, kosher; *fig. colloq.* **nicht ganz** ~ not quite kosher, a bit fishy.

K.-'o.-,Schlag [ka:'ʔo:-] *m Boxen*: knockout punch.

'Ko·se,form *f ling.* pet form.

Ko·se·kans ['ko:zekans] *m* ⟨-; -⟩, *a.* **'Ko·se·kan·te** [-tə] *f* ⟨-; -n⟩ *math.* cosecant.

ko·sen ['ko:zən] *v/t u. v/i* ⟨h⟩ *lit.* **j-n** (**mit j-m**) ~ caress (*od.* fondle, *colloq.* cuddle) s. o.

'Ko·se|,na·me *m* pet name. **~,wort** *n* ⟨-(e)s; ⸗er⟩ **1.** pet name. **2.** term of endearment.

Ko·si·nus ['ko:zinus] *m* ⟨-; - *u.* -se⟩ *math.* cosine. **~,satz** *m* cosine formula (*od.* theorem).

Kos·me·tik [kɔs'me:tɪk] *f* ⟨-; *no pl*⟩ **1.** (*Schönheitspflege*) beauty culture. **2.** *med.* **chirurgische** ~ cosmetic surgery. **3.** *fig.* cosmetics *pl*, face-lift(ing).

Kos'me·ti·ke·rin [-tikərɪn] *f* ⟨-; -nen⟩ cosmetician, beautician.

Kos'me·tik|,kof·fer *m*, **~,köf·fer·chen** *n* vanity bag (*od.* case, box). **~sa,lon** *m* beauty parlo(u)r.

Kos·me·ti·kum [kɔs'me:tikum] *n* ⟨-s; -ka [-ka]⟩ cosmetic, beauty aid.

kos'me·tisch *adj* cosmetic (*a. fig. contp.*); **~es Mittel** cosmetic.

kos·misch ['kɔsmɪʃ] *adj* cosmic(al); **~er Staub** cosmic (star) dust; **~e Physik** astrophysics *pl* (*meist als sg konstruiert*).

Kos·mo|go·nie [kɔsmogo'ni:] *f* ⟨-; -n [-ən]⟩ cosmogony. **~lo'gie** [lo'gi:] *f* ⟨-; -n [-ən]⟩ cosmology. **~'naut** [-'naut] *m* ⟨-en; -en⟩ cosmonaut. **♀'nau·tisch** *adj* cosmonautic(al). **~po'lit** [-po'li:t] *m* ⟨-en; -en⟩ cosmopolite (*a. biol.*), cosmopolitan. **♀po'li·tisch** *adj* cosmopolitan. **~po·li'tis·mus** [-poli'tɪsmus] *m* ⟨-; *no pl*⟩ cosmopolit(an)ism.

Kos·mos ['kɔsmɔs] *m* ⟨-; *no pl*⟩ cosmos.

Kos·mo·tron ['kɔsmotro:n] *n* ⟨-s; -e, *a.* -s⟩ *nucl.* cosmotron.

Kost [kɔst] *f* ⟨-; *no pl*⟩ **1.** (*Nahrung*) food, diet, *a. fig.* (*geistige* ~) fare; **fleischlose** ~ meatless diet; **gute** ~ good food; **magere** (*od.* **schmale**) ~ slender fare, meag/re (*Am.* -er) diet; **er ist auf schmale** (*od.* **magere**) ~ **gesetzt** he is kept on short commons, he is put on low diet; *fig.* **leichte** ~ light fare. **2.** (*Art zu kochen*) (*German, etc*) cooking, cuisine. **3.** (*Beköstigung*) board(ing); (**freie**) ~ **und Logis** (free) board and lodging; **j-n bei j-m in ~ geben** board s. o. out with s. o.; **j-n in ~ nehmen** board s. o., give s. o. his meals; **bei j-m in ~ sein** board with s. o.

ko·stal [kɔs'ta:l] *adj anat.* costal.

'kost·bar *adj Schmuck etc, a. fig. Leben, Zeit*: precious, valuable, (*teuer*) *a.* costly, expensive, (*prächtig*) splendid, sumptuous, luxurious; *fig.* **jede Minute ist jetzt** ~ every minute counts now. **♀keit** *f* ⟨-; -en⟩ **1.** ⟨*only sg*⟩ *von Schmuck, a. fig. des Lebens, der Zeit*: preciousness, valuableness, *von Geschenken*: costliness, sumptuousness. **2.** precious object (*od.* thing), treasure; **~en** *pl a.* valuables; *fig.* **literarische ~en** literary treasures (*od.* gems).

ko·sten[1] ['kɔstən] *v/t* ⟨h⟩ **1.** cost, be; **was** (*od.* **wieviel**) **kostet das?** how much is it?, how much does it cost?, what's the price (of it)?; **es kostet nichts** it costs nothing, it's gratis, it's free; **es sich** (*dat*) **et.** ~ **lassen** spare no expense; **er hat es sich viel Geld ~ lassen** he paid a good round sum for it; **ein Versprechen kostet nichts** one can always promise; **koste es** (*od.* **es koste**), **was es wolle** cost it what it may, no matter what it costs. **2.** *fig.* cost, take; **es kostete mich e-n harten Kampf** it was a hard struggle for me, I had to fight hard; **es kostete mich große Überwindung** it cost me a great effort; **das hat mich viel Mühe gekostet** it gave (*od.* cost) (me) a lot of trouble; **die Sorgen haben mich e-e schlaflose Nacht gekostet** the worries gave me a sleepless night; **es kostete uns e-e volle Stunde** (**zu** *inf*) it took us a full hour (to *inf*); *colloq.* **das kostet Nerven** that is hard on the nerves; **es kostete ihn sein Leben** it cost him his life; *colloq.* **das wird nicht gleich den Kopf** ~ it won't cost you your head.

'ko·sten[2] **I** *v/t* ⟨h⟩ **1.** (*probieren*) taste, try, sample, take a taste of (*the wine, etc*); *fig.* **die Peitsche zu ~ bekommen** get a taste of the whip. **2.** *fig.* taste, enjoy; **die Freuden des Lebens** ~ enjoy the pleasures of life. **II** *v/i* **3. von e-r Sache** ~ → 1; **laß mich mal** ~ let me have a taste.

'Ko·sten *pl* **1.** *allg.* cost(s), *econ.* cost *sg*, (*Preis*) *a.* price *sg*, (*Un♀, Auslagen*) expense(s *pl*), (*~aufwand*) expenditure *sg*, (*Gebühren*) charges, fees; **fällige** ~ expenses due; **fixe** (**laufende**) ~ fixed (running) cost (*od.* expenses); **auf ~ der Allgemeinheit** at the public expense; **auf eigene** ~ at one's own expense (*od.* cost); **das Bier geht auf m-e** ~ *colloq.* the beer is on me; **auf ~ und Gefahr von** at the cost and risk of; **mit großen** ~ at great expense; **ohne** ~ (**für**) at no cost (to); **wie hoch sind** (*od.* **belaufen sich**) **die ~?** what are the costs?, how much is it?; **für die ~ aufkommen** meet the cost(s); **die ~ ersetzen** (*od.* **erstatten, vergüten**) refund (*od.* repay) the expenses; **k-e ~ scheuen** spare no expense; **sich** (*dat*) ~ **machen, sich in ~ stürzen** go to great expense, incur expenses; **die ~ tragen** bear (*od.* meet, defray) the cost(s); **er trug für alle die** ~ he paid for all, it was all on him; ~ **verursachen** cost a great deal of money; **j-m große ~ verursachen** (*od.* **bereiten**) put s. o. to great expense; **die ~ spielen k-e Rolle** money is no object. **2.** *jur.* (*Prozeß♀*) costs; **j-n zu den** (*od.* **zur Tragung der**) ~ **verurteilen** award costs against s. o., condemn s. o. in the costs. **3.** *fig.* cost(s *pl*), expense *sg*; **auf j-s ~ leben** live at s. o.'s expense, *colloq.* sponge on s. o.; **er ist auf s-e ~ gekommen** a) he found his account in it, *fig. a.* he got his money's worth, b) (*hat sich amüsiert*) he enjoyed himself (immensely); **ein Scherz auf m-e** ~ a joke at my expense; **auf ~ s-r Gesundheit** at the cost (*od.* expense) of his health; **das geht auf ~ der Gesundheit** that's bad for one's health; **auf ~ der Genauigkeit** at the expense of accuracy.

'Ko·sten|,ab,rech·nung *f* **1.** *in der Produktion*: cost sheet. **2.** *für Spesen*: account charges *pl.* **~,an,fall** *m* cost (*od.* expenses *pl*) incurred. **~,an,schlag** *m* estimate(d cost); **mit e-m ~ von** costed at. **~,an,teil** *m* share of the costs. **~,art** *f Buchführung*: element (*od.* type) of cost. **~,auf,stel·lung** *f* statement of cost, cost account. **~,auf,wand** *m* cost, expenditure; **mit e-m ~ von** at a cost of. **~,aus,gleich** *m* cost equalization. **♀be,dingt** *adj* cost-induced. **~be,rech·nung** *f* **1.** costing, cost calculation. **2.** *jur.* a) fixing of costs, b) *durch das Gericht*: taxation of costs, c) (*Anwaltsrechnung*) bill of costs. **~be,tei·li·gung** *f* cost sharing. **♀be,wußt** *adj* cost-conscious. **~,dämp·fung** *f* cost abatement. **~,deckung** (*getr.* -k·k-) *f* covering of the cost (*od.* expenses). **~,ein,spa·rung** *f* cost saving, saving of expenses. **~ent,schei·dung** *f jur.* order for costs. **~er,hö·hung** *f* increase in costs. **~er,stat·tung** *f* refund (*od.* reimbursement) of costs (*od.* expenses). **~,fak·tor** *m* cost factor. **~,fest,set·zung** *f bes. jur.* assessment of costs. **~,fol·ge** *f jur.* order for costs. **~,fra·ge**

f question of cost (*od.* what it costs). ≈ˌ**frei** *adj u. adv* → kostenlos. ~ˌ**frei·heit** *f* exemption from cost. ~ˌ**gü·ter** *pl* input(s). ~ˌ**hö·he** *f* amount of costs. ~ˌ**len·kung** *f* cost control. ≈**los I** *adj Behandlung, Probe etc*: free, gratis, gratuitous. **II** *adv* free (of charge), for nothing, gratis, gratuitously. ~ˌ**mie·te** *f* cost-induced rent, rent to cover costs. ~ˌ**ord·nung** *f jur.* schedule of costs. ≈ˌ**pflich·tig I** *adj* liable to pay the costs. **II** *adv* e-e Klage ~ abweisen dismiss a case with costs; j-n ~ verurteilen award costs against s. o. ~ˌ**preis** *m* cost-price, prime cost. ~ˌ**punkt** *m* matter of expense (*od.* of the cost), expenses *pl*, costs *pl*; ~? how much does it cost? ~ˌ**rech·nung** *f* **1.** → Kostenberechnung. **2.** *jur.* bill of costs. ~ˌ**satz** *m in Klinik etc*: tariff. ~ˌ**sen·kung** *f* cost reduction, diminution of expenses. ≈ˌ**spa·rend** *adj* cost-saving. ~ˌ**trä·ger** *m* **1.** cost unit. **2.** (*Zahlstelle*) paying authority. **3.** cost-incurring product (*od.* function, service). ~ˌ**über**ˌ**schlag** *m* (rough) estimate of cost. ~ˌ**um**ˌ**la·ge** *f* cost allocation (*od.* distribution). ~**ver**ˌ**gü·tung** *f* → Kostenerstattung. ~**ver**ˌ**zeich·nis** *n* list of charges (*od.* costs). ~ˌ**vor**ˌ**an**ˌ**schlag** *m* (rough) estimate of cost. ~ˌ**vor**ˌ**schuß** *m bes. jur.* advance on costs. ~ˌ**wert** *m* cost value.

ˈ**Ko·ster** *m* ⟨-s; -⟩ (*Wein*≈, *Tee*≈ *etc*) taster.

ˈ**Kost**|ˌ**gän·ger** *m* ⟨-s; -⟩ boarder. ~ˌ**geld** *n* **1.** (payment for) board, *colloq.* keep. **2.** *von Hausgehilfinnen etc*: board allowance, board (wages *pl*); j-m ~ zahlen put s. o. on board wages. **3.** *econ. Börse*: contango, continuation rate.

köst·lich [ˈkœstlɪç] **I** *adj* **1.** *Speise etc*: delicious, tasty, savo(u)ry, palatable, (*erlesen*) exquisite, choice, delectable (*wine, etc*). **2.** *fig.* (*reizend*) delightful, charming, wonderful, (*famos*) capital, grand, *colloq.* great; *iro.* du bist (aber) ~! you have got a nerve! **II** *adv* **3.** deliciously (*etc*); schmeckt es nicht ~? isn't it delicious? **4.** *fig.* tremendously, immensely; sich ~ amüsieren enjoy o. s. tremendously (*od.* hugely), have great fun, *sl.* have a ball. ≈**keit** *f* ⟨-; -en⟩ **1.** ⟨*only sg*⟩ deliciousness, tastiness, savo(u)r, palatableness, (*Erlesenheit*) exquisiteness. **2.** precious object, treasure, *gastr.* delicacy. **3.** ⟨*only sg*⟩ *fig.* delightfulness.

ˈ**Kost**ˌ**pro·be** *f a. fig.* sample, taste; *iro.* j-m e-e ~ s-r Gehässigkeit geben give s. o. a taste of one's nastiness.

ˈ**kost**ˌ**spie·lig** [-ˌʃpiːlɪç] *adj* expensive, costly, (*aufwendig*) extravagant, sumptuous. ≈**keit** *f* ⟨-; *no pl*⟩ expensiveness, costliness, extravagance, sumptuousness.

Ko·stüm [kɔsˈtyːm] *n* ⟨-s; -e⟩ **1.** (woman's) suit. **2.** (*Theater*≈) costume, (*Masken*≈) *a.* fancy dress. **3.** (*Tracht*) costume, dress. ~ˌ**ball** *m* fancy-dress ball. ~**be**ˌ**ra·ter** *m Film*: costume adviser, *Am.* stylist. ~ˌ**bild·ner** *m* costume designer. ~ˌ**fest** *n* → Kostümball. ~ˌ**film** *m* period picture.

Ko·stü·mier [kɔstyˈmi̯eː] *m* ⟨-s; -s⟩ *thea.* dresser, wardrobe master.

ko·stü|**mie·ren** [kɔstyˈmiːrən] **I** *v/reflex* ⟨*no* ge-, h⟩ sich ~ **1.** dress up (als as); alle hatten sich kostümiert they all were wearing fancy dresses. **2.** *colloq.* dress (*od.* get) o. s. up. **II** *v/t* **3.** j-n ~ a) dress s. o. up, b) *colloq.* dress (*od.* get) s. o. up, rig s. o. out. **III** ≈ *n* ⟨-s⟩ **4.** dressing-up (*etc*). ~ˈ**miert** *adj* costumed, in costume; ~ erscheinen appear in costumes (*od.* fancy dresses). ≈ˈ**mie·rung** *f* ⟨-; -en⟩ **1.** → kostümieren III. **2.** costume(s *pl*).

Koˈstüm|ˌ**pro·be** *f thea.* dress rehearsal. ~**ver**ˌ**leih** *m* costume rental (shop), *bes. Am.* costumier's. ~ˌ**zeich·ner** *m* dress (*od.* costume) designer.

ˈ**Kost**|**ver**ˌ**äch·ter** *m* er ist kein ~ a) he enjoys his food, b) *colloq.* he likes a bit of fun. ~ˌ**zet·tel** *m* diet sheet.

Kot [koːt] *m* ⟨-(e)s; *no pl*⟩ **1.** excrement, f(a)eces *pl*, stool, *e-s Tieres*: excrement, droppings *pl*, dung. **2.** *lit.* (*Straßenschmutz*) mud, muck, mire; *fig.* j-n (et.) in den ~ ziehen drag s. o. (s. th.) in the mud.

Ko·tan·gens [ˈkoːtaŋgɛns] *m* ⟨-; -⟩, ˈ**Ko·tan·gen·te** [-tə] *f* ⟨-; -n⟩ *math.* cotangent. ˈ**ko·tan·gen·ti·al** [-tsi̯aːl] *adj* cotangential.

Ko·tau [koˈtau] *m* ⟨-s; -s⟩ *contp.* kowtow, kotow; (vor j-m) ~ machen kowtow (to s. o.).

Ko·te·lett [kotəˈlɛt; koˈtlɛt] *n* ⟨-(e)s; -s, *rare* -e⟩ chop, cutlet, (*Fisch*≈) steak; paniertes ~ breaded chop.

Ko·teˈlet·ten *pl* sideboards, *Am.* sideburns.

Kö·ter [ˈkøːtər] *m* ⟨-s; -⟩ *contp.* cur.

Ko·te·rie [kotəˈriː] *f* ⟨-; -n [-ən]⟩ *contp.* coterie, clique.

ˈ**Kot**|ˌ**flie·ge** *f* dung fly. ~ˌ**flü·gel** *m mot.* mudguard, *Am.* fender. ≈ˌ**fres·send** *adj zo.* coprophagous. ~ˌ**fres·ser** *m* dung eater. ~ˌ**hau·fen** *m* pile of dung (*etc*), *kleiner*: turd.

Ko·thurn [koˈtʊrn] *m* ⟨-s; -e⟩ *antiq. thea.* cothurnus, buskin; *fig.* auf hohem ~ in a tragic (*od.* majestic, *iro.* pompous) style.

ko·tie·ren [koˈtiːrən] *v/t* ⟨*no* ge-, h⟩ *econ.* quote, list (for admission to the stock exchange).

ˈ**ko·tig** *adj* **1.** filthy, dirty, muddy, miry. **2.** *med.* f(a)ecal.

Ko·til·lon [ˈkɔtɪljõ] *m* ⟨-s; -s⟩ (*Tanz*) cotill(i)on.

Kot·ze[1] [ˈkɔtsə] *f* ⟨-; -n⟩ *dial.* coarse wool(l)en blanket (*od.* cape). ˈ**Kot·ze**[2] *f* ⟨-; *no pl*⟩ *vulg.* puke, vomit.

kot·zen [ˈkɔtsən] **I** *v/i* ⟨h⟩ **1.** *vulg.* (*a. v/t*) puke, throw up, vomit; ~ wie ein Reiher puke one's heart out; *fig.* man hat schon Pferde ~ sehen pigs might fly. **2.** *mot.* sp(l)utter. **II** ≈ *n* ⟨-s⟩ **3.** *vulg.* puking (*etc*); *fig.* das ist ja zum ≈!, da kann man das (große) ≈ kriegen! that's enough to make one sick (*od.* puke)! ˈ**kotz**ˌ**übel** *adj* ⟨*pred*⟩ *vulg.* mir ist ~ I am as sick as a dog.

Ko·va·lenz [kovaˈlɛnts] *f* ⟨-; -en⟩ *chem.* covalence.

Krab·be [ˈkrabə] *f* ⟨-; -n⟩ **1.** *zo.* crab, brachyuran, (*Garnele*) shrimp, *größere*: prawn. **2.** *arch.* crocket. **3.** *fig. colloq.* (*kleines Kind*) tot, brat, (*Mädchen*) little monkey (*od.* imp), chick.

ˈ**Krab·bel**ˌ**al·ter** *n e-s Babys*: crawling stage (*od.* age).

Krab·beˈlei *f* ⟨-; *no pl*⟩ *colloq.* crawling, scrambling. **krab·beln** [ˈkrabəln] **I** *v/i* ⟨sein⟩ **1.** crawl, *zuckend, sich windend*: wriggle; auf e-e Sache ~ scramble (*od.* climb) up s. th. **II** *v/t* ⟨h⟩ **2.** (*kitzeln*) tickle; j-n am Ohr ~ tickle s. o.'s ear. **3.** (*jucken*) itch. **III** *v/impers* ⟨h⟩ **4.** es krabbelt mich I am itching. **5.** → wimmeln.

krab·ben [ˈkrabən] *v/t* ⟨h⟩ *Textil.* crab.

ˈ**Krab·ben**|ˌ**cock**ˌ**tail** *m* shrimp (*od.* prawn) cocktail. ~ˌ**fang** *m* crab catching. ~ˌ**fleisch** *n* crabmeat. ~**sa**ˌ**lat** *m* crabmeat salad.

krach [krax] *interj* crash!, smash!, bang!

Krach *m* ⟨-(e)s; -e *u.* -s, *colloq.* ⸗e⟩ **1.** ⟨*only sg*⟩ crash, bang, (*Lärm*) (loud) noise, din, *colloq.* row, racket; ~ machen make a noise (*od.* row, racket) (*cf.* 2). **2.** *fig.* (*Krawall*) row, rumpus; was ist das für ein ~ hier? what's all this row about?; ~ schlagen (*od.* machen) raise hell (*od.* Cain), kick up a row. **3.** *fig. colloq.* (*Streit*) row, quarrel, bust-up; mit j-m ~ haben have a row with s. o.; (miteinander) ~ haben have a row, quarrel; dann gibt's ~ there will be a row; → Ach. **4.** *econ. colloq.* (*Börsen*≈ *etc*) crash. **kra·chen** [ˈkraxən] **I** *v/i* ⟨h *u.* sein⟩ **1.** ⟨h⟩ *Salve etc*: crack, bang, *Kanone*: roar, thunder, *a. Donner*: crash, *Eis, Knochen*: crack, *Holz*: creak, *Radio, Feuer etc*: crackle; in allen Fugen ~ *a. fig.* creak in every joint. **2.** ⟨sein⟩ *colloq.* (*laut fallen*) crash, bang; zu Boden ~ crash to the ground; gegen e-n Baum ~ crash into a tree; die Tür krachte ins Schloß *cf.* krachend. **II** *v/impers* ⟨h⟩ **3.** *colloq.* arbeiten, daß es kracht work away like blazes; *mot.* es hat gekracht there has been a (car-)crash; an dieser Kreuzung hat es schon öfters gekracht there have been accidents at this intersection before; es kracht in m-m Radio my radio is crackling. **III** *v/reflex* ⟨h⟩ sich ~ **4.** *colloq.* have a row, quarrel. **IV** ≈ *n* ⟨-s⟩ **5.** cracking (*etc*). **6.** crack, bang, roar, crash. ˈ**kra·chend** *adj u. adv* die Tür fiel ~ ins Schloß the door banged (*od.* slammed) to; ~ explodieren go off with a bang; ~ zu Boden fallen crash to the floor. ˈ**Kra·cher** *m* ⟨-s; -⟩ *colloq.* **1.** bang, crash. **2.** (*Feuerwerkskörper*) banger, (fire)cracker. **3.** *contp.* alter ~ old fogey.

ˈ**Krach**|ˌ**le·der·ne** *f* ⟨-n; -n⟩ *dial.* leather shorts *pl*. ~ˌ**ma·cher** *m* ⟨-s; -⟩ *colloq.* noisy child (*od.* person). ~ˌ**man·del** *f* shell almond.

kräch·zen [ˈkrɛçtsən] **I** *v/i* ⟨h⟩ *Rabe etc*: caw, *a. Person*: croak. **II** *v/t* croak. **III** ≈ *n* ⟨-s⟩ croak(ing). ~**d** *adj* croaking.

ˈ**Krack**|ˌ**an**ˌ**la·ge** *f tech.* cracking plant. ~**ben**ˌ**zin** *n* cracked gasoline.

kracken (*getr.* -k·k-) [ˈkrɛkən] *v/t* ⟨h⟩ *tech.* (*Erdöl*) crack.

ˈ**Krack·ver**ˌ**fah·ren** *n tech.* cracking process.

Krad [kraːt] *n* ⟨-(e)s; ⸗er⟩ *bes. mil. colloq.* motorcycle. ~ˌ**mel·der** *m* (motorcycle) dispatch rider.

Kraft [kraft] *f* ⟨-; ⸗e⟩ **1.** *allg., a. fig.* strength, force; (*Tat*≈) energy, *electr. phys. tech.* (*a. fig. Fähigkeit*) power, (*Natur*≈) force, (*Widerstands*≈) resistance, *fig. in Rede, Schrift etc*: force, power, *colloq.* punch; die ~ des Sturmes the force of the gale; heilende (schöpferische) ~ healing (creative) power; moralische ~ moral strength; rohe ~ brute force; am Ende s-r Kräfte at the end of his tether; (gut) bei Kräften (very) fit; wieder bei Kräften back on one's feet; aus eigener ~ (all) by o. s., under one's own steam; aus eigener ~ (wieder) hochzukommen suchen try to pull o. s. up by one's bootstraps; mit aller ~ with all one's might, as hard as one can; mit frischer ~ with renewed strength; mit letzter ~ with one's last ounce of strength; mit voller ~ with one's full strength, *tech.* (at) full power (*od.* speed); *mar.* mit voller ~ voraus full speed ahead; nach (besten) Kräften to the best of one's ability, as good as one can; was in m-n Kräften steht my utmost, everything within my power; ~ verleihen (*dat*) give strength (to), *fig.* lend force (to *an* *argument, etc*); **Kräfte sammeln** build up one's strength; **von Kräften kommen** weaken, lose one's strength; **s-e Kräfte lassen nach** (*od.* **schwinden, versagen**) his strength fails; **vor ~ strotzen** be bursting with strength; **(wieder) zu Kräften kommen** regain (one's) (*od.* recover) strength; **alle Kräfte anspannen** summon up all one's strength; **schlummernde Kräfte im Menschen wecken** waken latent powers in a person; → **vereint. 2.** *fig. in Politik etc*: force; **die treibende ~ e-r Unternehmung** the driving force behind the undertaking; → **Gleichgewicht. 3.** (*Arbeits*♀, *Person*) worker, *pl a.* personnel, *thea. etc* performer, (*Schauspieler*) *a.* actor, *Sport*: man, athlete, (*Spieler*) player; **sie arbeitet als technische ~** she works as a technician. **4.** *pl mil.* forces. **5.** *jur.* (*Rechts*♀) force; **bindende (rückwirkende) ~** binding (retrospective) force; **in ~ sein** be in force (*od.* operation), be effective; **in ~ setzen** put into force (*od.* operation), enact, **wieder**: re-enact, restore, (*Patent etc*) reinstate; **in ~ treten** come into effect (*od.* force, operation), become effective; **außer ~ setzen** annul, (*Gesetz*) repeal, (*Vertrag etc*) cancel, rescind, invalidate, (*Regel*) *a.* overrule; **außer ~ treten** cease to be effective, expire, lapse.

kraft *prep* <*gen*> **1.** *jur.* by (*od.* in) virtue of, on the strength of; **~ des Gesetzes** *a.* by operation of (the) law; **~ s-s Amtes** by virtue of his office; **~ s-s Arguments** on the strength of his argument. **2.** (*mittels*) by dint of, through, owing to.

ˈKraft|ˌakt *m* **1.** strong-man act, stunt. **2.** *fig. iro.* tour de force. **~ˌanˌla·ge** *f electr.* power plant. **~ˌanˌstren·gung** *f* (strenuous) effort, exertion, strain. **~ˌanˌtrieb** *m tech.* power drive; **mit ~** power-driven. **~ˌanˌwen·dung** *f* (application of) force. **~ˌarm** *m phys.* lever arm of the effort. **~ˌaufˌwand** *m* expenditure of energy, effort. **~ˌausˌdruck** *m* swear word, four-letter word; **Kraftausdrücke gebrauchen** *a.* use strong language. **~beˌdarf** *m* **1.** *tech.* power demand, power required. **2.** *mot.* input. **~ˌbrü·he** *f gastr.* beef tea. **~ˌdrosch·ke** *f* taxi(cab).

ˈKräf·te|ˌausˌgleich *m phys.* force equilibrium. **~ˌdreiˌeck** *n* triangle of forces. **~ˌman·gel** *m econ.* manpower (*od.* labo[u]r, personnel) shortage. **~ˌpaar** *n phys.* couple of forces, force couple. **~par·al·le·loˌgramm** *n* parallelogram of forces. **~po·lyˌgon** *n* polygon of forces, force polygon.

ˈKraft·erˌspar·nis *f* saving in power.

ˈKräf·te|ˌspiel *n bes. pol.* interplay of forces. **~verˌfall** *m med.* loss of strength, marasmus. **~verˌhält·nis** *n* **1.** *bes. pol.* relative strength. **2.** *phys.* interrelation of forces. **~verˌla·ge·rung** *f pol.* shift of power. **~verˌschleiß** *m* waste (*od.* wastage) of energy, wear and tear. **~verˌtei·lung** *f bes. pol.* distribution of forces. **~zerˌsplit·te·rung** *f* scattering (*od.* dissipation) of forces.

ˈKraftˌfah·rer *m* (car) driver, motorist, (*Berufs*♀) driver, chauffeur.

ˈKraftˌfahr|ˌsport *m* motoring. **~ˌtech·nik** *f* motor(-vehicle) engineering, *bes. Am.* auto(motive) engineering. **♀ˌtech·nisch** *adj* automotive. **~ˌwe·sen** *n* <-s; *no pl*> a) motoring, automobilism, b) → **Kraftfahrtechnik**, c) → **Autoindustrie.**

ˈKraftˌfahrˌzeug *n* motor vehicle, *bes. Br.* motorcar, *bes. Am.* auto(mobile), *in Zssgn* → *a.* **Auto** ... **~ˌbau** *m* <-(e)s; *no pl*> **1.** car (*Am. a.* auto[mobile]) manufacture. **2.** → a) **Kraftfahrtechnik**, b) **Autoindustrie. ~beˌstand** *m* (total) number of registered motor vehicles. **~ˌbrief** *m* (motor-vehicle) registration book (*Am.* certificate). **~elek·tri·ker** [-ʔeˌlɛktrikər] *m* motor-vehicle (*bes. Am.* auto) electrician. **~ˌhal·ter** *m* car owner. **~ˌhan·del** *m* motor (*bes. Am.* automobile) trade. **~ˌhänd·ler** *m* → **Autohändler. ~in·duˌstrie** *f* → **Autoindustrie. ~in·geˌnieur** *m* motor (*bes. Am.* automotive) engineer. **~ˌkennˌzei·chen** *n* (motor-vehicle) registration (*Am.* license) number. **~paˌpie·re** *pl* registration papers (*Br. a.* book *sg*, *Am. a.* card *sg*) (*including insurance papers*). **~ˌpark** *m* **1.** motor pool. **2.** (*die Wagen*) fleet (*bes. Am.* park) (of motor-vehicles). **~ˌschein** *m* registration certificate, *Br. colloq.* logbook. **~ˌsteu·er** *f* motor (-vehicle) tax, *bes. Br.* road tax, *Am.* automobile tax. **~verˌkehr** *m* motor(-vehicle) traffic. **~verˌsi·che·rung** *f* motor (-vehicle) (*bes. Am.* automobile) insurance. **~ˌzu·beˌhör** *n* → **Autozubehör.**

ˈKraft|ˌfeld *n phys.* field of force. **~ˌfut·ter** *n agr.* concentrated feed(ing) stuff, concentrate. **~ˌgas** *n* power gas. **~geˌfühl** *n* feeling of strength. **♀geˌla·den** *adj fig.* dynamic, powerpacked. **~ˌhub** *m* power stroke.

kräf·tig [ˈkrɛftɪç] **I** *adj* **1.** strong, robust, sturdy (*alle a. tech.*), *Person*: *a.* stalwart, brawny, hefty, *Am. a.* husky, (*gesund*) healthy, (*drall*) strapping (*baby, girl, etc*). **2.** (*tat~*) energetic, vigorous, (*kraftvoll, mächtig*) powerful, *Schlag etc*: *a.* hard, heavy, sound, *Händedruck*: firm, (*tüchtig*) good, sound; **~er Schluck** good swig (*from the bottle*); *meteor.* **~es Hoch** strong high; *econ.* **~er Aufschwung** sharp (*od.* vigorous) upswing. **3.** (*nahrhaft*) nourishing, substantial (*meal*). **4.** *fig. Farbton*: deep, rich, strong. **5.** *fig. Humor*: robust, *Ausdrucksweise*: strong (*language*), *Verweis etc*: sharp, severe (*reprimand*). **II** *adv* **6.** strongly (*etc*), (*mit Lust*) heartily, lustily, (*ausgiebig*) soundly; **~ gebaut** powerfully built, sturdy; **~ arbeiten** work hard (*od.* with a will). **ˈkräf·ti·gen I** *v/t* <h> *allg.* strengthen (*a. fig.*), *physiol. a.* invigorate, fortify, (*stählen*) harden, steel, (*erfrischen*) brace, refresh, revive; **die Muskeln ~** strengthen (*od.* tone up) one's muscles. **II** *v/reflex* **sich ~** gain strength, strengthen, grow stronger, (*sich erholen*) regain one's strength, recuperate; *econ.* **der Markt kräftigte sich** the market rallied. **ˈkräf·ti·gend** *adj* strengthening, *Luft etc*: invigorating, bracing, (*erfrischend*) refreshing, reviving; **~es Mittel** → **Kräftigungsmittel.**

ˈKräf·ti·gung *f* <-; -en> strengthening, invigoration; **zur ~ der Beinmuskulatur** to strengthen the leg muscles.

ˈKräf·ti·gungsˌmit·tel *n pharm.* tonic, roborant.

ˈKraft|ˌleh·re *f* dynamics *pl* (*oft als sg konstruiert*). **~ˌli·nie** *f phys.* line of force. **♀los** *adj* **1.** (*schwach, a. fig.*) weak, feeble, (*matt, erschöpft*) exhausted, *a. Glieder, Händedruck*: limp. **2.** *fig. Stimme*: feeble, *Nahrung*: of low nutritional value, poor. **3.** *jur.* (*ungültig*) invalid, (null and) void. **~los·erˌklä·rung** *f jur.* invalidation. **~lo·sig·keit** *f* <-; *no pl*> **1.** (*Schwäche, a. fig.*) weakness, feebleness, (*Erschöpfung*) exhaustion, (*Mattigkeit*) limpness (*a. des Händedrucks*). **2.** *fig. der Stimme*: feebleness, *der Nahrung*: low nutritional value. **3.** *jur.* (*Ungültigkeit*) invalidity. **4.** *med.* asthenia. **~maˌschi·ne** *f* engine.

ˈKraftˌmei·er *m* <-s; -> *colloq. contp.* **1.** muscleman, strong-arm man. **2.** (*Angeber*) braggart. **ˌKraft·meieˈrei** *f* **1.** strong-arm stuff. **2.** boasting.

ˈKraft|ˌmensch *m* muscleman. **~ˌmes·ser** *m* dynamometer. **~moˌment** *n phys.* moment of force. **~ˌnah·rung** *f* nutritious (*od.* concentrated) food. **~ˌom·ni·bus** *m* postal (motor)bus. **~paˌpier** *n* kraft paper. **~ˌpost** *f* postal (motor)bus service. **~ˌpro·be** *f a. fig.* test (*od.* trial) of strength. **~ˌprotz** *m* → **Kraftmeier** 1. **~ˌquel·le** *f* source of power (*fig.* of strength). **~ˌrad** *n* motorcycle. **~reˌser·ve** *f* **1.** *tech.* power reserve. **2.** *pl e-r Person*: reserve *sg* of strength, reserves. **~ˌröh·re** *f electr.* power tube. **♀ˌschlüs·sig** *adj tech.* nonpositive. **~ˌsport** *m* heavy athletics *pl*, *engS.* heavy athletics event. **~ˌsport·ler** *m* heavy athlete.

ˈKraftˌstoff *m mot.* fuel; → *a.* **Benzin. ~ˌanˌzei·ger** *m* fuel ga(u)ge, fuel-consumption (*od.* -level) indicator. **~beˌhäl·ter** *m* fuel tank. **~ˌdruckˌmes·ser** *m* fuel pressure ga(u)ge. **~ˌdü·se** *f* fuel nozzle, *e-s Vergasers*: compensating jet, *e-r Zapfsäule*: fuel metering jet. **~ˌeinˌfüllˌstut·zen** *m* fuel(-tank) filler cap. **~ˌeinˌsprit·zung** *f* fuel injection. **~geˌmisch** *n* fuel mixture. **~ˌlei·tung** *f* fuel pipe (*od.* line). **~-ˈLuft-Geˌmisch** *n* fuel-air mixture. **~ˌpum·pe** *f* fuel pump. **~verˌbrauch** *m* fuel consumption. **~ˌzuˌfuhr** *f* fuel supply.

ˈKraft|ˌstrom *m electr.* power current. **♀ˌstrot·zend** *adj* bursting with strength, (as) strong as an ox, powerful. **~ˌstück** *n* → **Kraftakt** 1. **~ˌtrai·ning** *n* heavy exercise, muscle-building. **~ˌüberˌtra·gung** *f* power transmission. **~verˌbrauch** *m* power consumption. **~verˌbren·nungs·maˌschi·ne** *f* internal combustion engine. **~verˌkehr** *m* road (*od.* motor) traffic. **~verˌschwen·dung** *f* waste of energy. **♀voll** *adj* **1.** *Person, Gestalt etc*: strong, powerful, vigorous, energetic, (*sportlich*) athletic, *Wurf etc*: powerful, mighty. **2.** *fig. Stimme etc*: powerful, *Stil etc*: *a.* forceful, pithy. **~ˌwa·gen** *m etc* → **Kraftfahrzeug** *etc.* **~ˌwerk** *n* power station (*od.* plant). **~ˌwir·kung** *f phys.* action of force. **~ˌwort** *n* <-(e)s; ⸚er> → **Kraftausdruck. ~ˌzug** *m tech.* power traction.

ˈKragˌdach *n* cantilever roof.

Kra·gen [ˈkraːgən] *m* <-s; -, *dial. Austrian and Swiss a.* ⸚> **1.** (*Hemd*♀, *Jacken*♀ *etc, a. tech. zo.*) collar, (*Pelz*♀) tippet; *fig.* **j-n beim ~ nehmen** collar s. o.; *colloq.* **ihm platzte der ~** he flew off the handle, he blew his top. **2.** *fig. colloq.* (*Hals, Genick*) neck; **j-m an den ~ gehen** go for s. o.'s throat; **jetzt geht es ihm an den ~** now he is in for it, now he'll get it in the neck; **j-m den ~ umdrehen** wring s. o.'s neck; → **Kopf** 1. **3.** *e-r Steckdose*: shroud. **~ˌabˌzei·chen** *pl mil. etc* collar insignia. **~ˌbär** *m* Himalayan black bear. **~ˌecke** (*getr.* -k·k-) *f* collar point. **~ˌen·te** *f* harlequin (duck). **~ˌknopf** *m* (collar) stud. **~ˌnum·mer** *f* collar size. **~ˌspie·gel** *m mil.* collar patch. **~ˌstäb·chen** *n* collar stiffener. **~ˌwei·te** *f* collar size; *fig. colloq.* **das ist genau m-e ~** that's just my cup of tea.

ˈKragˌstein *m arch.* console, corbel.

Krä·he [ˈkrɛːə] *f* <-; -n> *orn.* crow, (*Saat*♀) rook; **e-e ~ hackt der anderen kein Auge aus** dog does not eat dog.

krä·hen [ˈkrɛːən] *v/i* <h> **1.** *Hahn*: crow; → **Hahn**[1] 1. **2.** *Kind*: crow, coo, (*kreischen*) squall.

'Krä·hen|,fü·ße *pl fig.* **1.** (*Runzeln*) crow's-feet. **2.** (*schlechte Schrift*) scrawl *sg*, scribble *sg*. **~,horst** *m*, **~ko·lo,nie** *f* rookery. **~,nest** *n mar.* crow's nest.

'Kräh,win·kel *n* <-s; *no pl*> *fig. colloq.* dull, sleepy village (*od.* town), Gotham, *Am.* Podunk, hick town. **'Kräh,wink·ler** *m* <-s; -> (small-town) yokel (*od.* square), *Am. a.* hick.

Kra·kau·er ['kra:kauər] **I** *m* <-s; ->, **II** *adj* <*invariable*> Cracovian.

Kra·ke ['kra:kə] *m* <-n; -n> **1.** *zo.* octopus, octopod. **2.** *myth.* kraken.

Kra·keel [kra'ke:l] *m* <-s; *no pl*> *colloq. for* Krach 1, 2. **kra'kee·len** *v/i* <*no* ge-, h> make (*od.* kick up) a row (*od.* racket). **Kra'kee·ler** *m* <-s; -> **1.** roisterer, noisy fellow. **2.** (*Kampfhahn*) brawler, rowdy. **Kra·kee·le'rei** *f* <-; -en> **1.** noise. **2.** noisy quarrel, brawl(ing).

Kra·kel ['kra:kəl] *m* <-s; -> *colloq.* scrawl, squiggle. **Kra·ke'lei** *f* <-; -en> scrawl(ing). **'Kra·kel,fü·ße** *pl* scrawl *sg*, scribble *sg*. **'kra·ke·lig** *adj* scrawly. **kra·keln** ['kra:kəln] *v/i* <h> scrawl, scribble.

Kra·ke·lü·re [krakə'ly:rə] *f* <-; -n> *Kunst*: craquelure.

Kral [kra:l] *m* <-s; -e> kraal.

Kral·le ['kralə] *f* <-; -n> **1.** *zo.* claw, *bes. e-s Raubvogels*: talon, (*Nagel*) nail, unguis, ungula; *fig. colloq.* **die ~n zeigen** show one's teeth (*od.* claws), turn nasty; *fig.* **j-n (et.) in den ~n haben** have s. o. (s. th.) in one's clutches. **2.** *pl colloq. contp.* claws, (long) fingernails. **'kral·len I** *v/reflex* <h> **1. sich ~ an** (*acc*) cling on (*od.* to), clutch at. **2. sich ~ in** (*acc*) dig (*od.* sink, bury) one's nails (*Katze etc*: claws) into. **II** *v/t* **3. s-e Finger** (**Nägel**) **~ in** (*acc*) dig one's fingers (nails) into, clutch *s. th.* **4.** (*kratzen*) scratch, claw.

'Kral·len|,af·fe *m* marmoset. **≈,ar·tig, ≈,för·mig** *adj* **1.** claw-like. **2.** *zo.* taloned, ungular. **3.** *bot.* unguiculate(d).

Kram [kra:m] *m* <-(e)s; *no pl*> *colloq.* **1.** (*Plunder*) stuff, junk, *fig. a.* rubbish, trash. **2.** (*Habseligkeiten*) (one's) things *pl*, stuff; **s-n ~ packen** pack one's things. **3.** *fig.* (*Sache*) (damned) business; **ich hab den ~ satt!** I am sick of the whole business; **der ganze ~** the whole business (*od.* bag of tricks); **er versteht s-n ~** he knows his stuff; **den ganzen ~ hinschmeißen** chuck it all; **mach doch d-n ~ alleine!** go to hell (with it all)!; **das paßt gerade in m-n ~** that suits me to a T, that comes in handy; **das paßte ihm nicht in den ~** that didn't suit his plans, *weitS.* he didn't like it a bit. **kra·men** ['kra:mən] **I** *v/i* <h> *colloq.* (*herumsuchen*) rummage (about) (**nach** for); *fig.* **in der Erinnerung ~** reminisce, walk down memory lane. **II** *v/t* **er kramte s-n Schlüssel aus der Tasche** he fished his key out of his pocket.

Krä·mer ['krɛ:mər] *m* <-s; -> **1.** *obs. u. dial.* shopkeeper, (*Kolonialwarenhändler*) grocer; **ein Volk von ~n** a nation of shopkeepers; **jeder ~ lobt s-e Ware** every grocer praises his own goods. **2.** *fig. contp.* mean fellow. **~,geist** *m* <-(e)s; *no pl*> *contp.* mean character (*od.* mind), meanness. **≈haft** *adj* mean, miserly, shopkeeper's. **~,see·le** *f* **1.** → Krämergeist. **2.** mean fellow. **~,volk** *n contp.* nation of shopkeepers. **~,wa·ren** *pl* groceries.

'Kram,la·den *m* **1.** *obs.* grocer's (shop), small shop (*Am.* store). **2.** *contp.* cheap-jack shop.

'Kram·mets,vo·gel ['kraməts-] *m* fieldfare.

Kram·pe ['krampə] *f* <-; -n>, **'Kram·pen** *m* <-s; -> *tech.* staple.

Krampf [krampf] *m* <-(e)s; ≃e> **1.** *med.* (*Muskel≈ etc*) cramp, (*Anfall*) convulsion, spasm, paroxysm; **tetanischer ~** tetanic spasm; **epileptischer ~** epileptic convulsion (*od.* fit); **e-n ~ im Bein haben** have a cramp in one's leg; **Krämpfe bekommen** go into convulsions, *fig. colloq.* have a fit. **2.** <*only sg*> *contp. colloq.* rubbish, stuff (and nonsense), crap; **so ein ~!** what utter rubbish (*od. sl.* rot)!

'Krampf,ader *f med.* varicose vein, varix. **~,bil·dung** *f* varicosis. **~,bruch** *m* varicocele. **~ent,zün·dung** *f* varicophlebitis.

'Krampf|,an,fall *m med.* attack of cramp, convulsive (*od.* spasmodic) fit, spasm, paroxysm, *bes. bei Epilepsie*: seizure. **≈,ar·tig** *adj* cramplike, convulsive, spasmodic.

kramp·fen ['krampfən] *v/t u.* **sich ~** *v/reflex* <h> **1.** *med.* cramp, contract convulsively, (*Faust*) clench. **2.** *Swiss colloq. for* **schuften** 1.

'krampf|haft I *adj* **1.** *med.* spasmodic, convulsive; **~e Zuckungen** convulsive twitches. **2.** *fig. Lachen etc*: forced; (*verbissen*) desperate, grim, frantic; **~e Anstrengungen machen** make desperate (*od.* frantic) efforts, try frantically (*od.* grimly). **II** *adv* **3.** spasmodically (*etc*). **≈,hu·sten** *m* **1.** *med.* convulsive cough. **2.** *Austrian colloq. for* **Keuchhusten.** **~,lin·dernd, ~,lö·send, ~,stil·lend** *adj* spasmolytic, anticonvulsive.

Kran [kra:n] *m* <-(e)s; ≃e> *tech.* crane; **fahrbarer ~** travel(l)ing crane. **~,aus,le·ger** *m* crane jib. **~-,Dol·ly** [-,dɔli] *m Film etc* crane dolly. **~,füh·rer** *m* crane driver (*bes. Am.* operator).

krän·gen ['krɛŋən] *v/i* <h> *Schiff*: heel, *absichtlich*: careen. **'Krän·gung** *f* heel. **'Krän·gungs,feh·ler** *m mar.* heeling error.

kra·ni·al [kra'nĭa:l] *adj anat.* cranial.

Kra·nich ['kra:nɪç] *m* <-s; -e> **1.** *orn.* crane. **2.** *astr.* Crane, Grus.

Kra·nio|me·ter [kranĭo'me:tər] *n* <-s; -> craniometer, cephalometer. **~me'trie** [-me'tri:] *f* <-; *no pl*> craniometry. **~to'mie** [-to'mi:] *f* <-; -n [-ən]> craniotomy.

Kra·ni·um ['kra:nĭum] *n* <-(s); -nia [-nĭa]> *anat.* cranium, skull.

krank [kraŋk] *adj* <≃er, ≃st> **1.** (**an** *dat*) sick (*od.* <*pred*> ill) (with, of), (*leidend*) suffering (from), afflicted (with), in bad (*od.* ill) health, *Organ etc*: diseased, *Zahn etc*: bad, defective, (*geistes~*) mentally ill (*od.* sick), *Aussehen etc*: sickly; **ein ~es Herz haben** have a heart condition, have heart trouble; **~ werden** fall (*od.* become, get, be taken) ill, fall sick; **sich ~ fühlen** feel ill; **sich ~ melden** report (o. s.) sick, *mil. a.* go on sick-call; **j-n ~ schreiben** certify s. o. as ill, *mil.* put s. o. on the sick-list; **sich ~ stellen** sham illness, pretend to be ill, *mil.* malinger; **j-n ~ machen** make s. o. ill, *fig.* make s. o. sick, get s. o. down, drive s. o. mad; **sie war ganz ~ vor Aufregung** she was all worked up; **~ vor Sehnsucht** sick with yearning; *colloq.* **du bist wohl ~?** you must be out of your mind. **2.** *fig. Geist, Phantasie etc*: sick, diseased, *Betrieb, Wirtschaft, Währung etc*: ailing, sick; *hist.* **der ~e Mann am Bosporus** the Sick Man of Europe. **'Kran·ke** *m, f* <-n; -n> sick person, patient, invalid, (*Fall*) case; **die ~n** the sick; **ein unheilbar ~r** an incurable (case); **wie geht es dem ~n?** how is the patient? **krän·keln** ['krɛŋkəln] *v/i* <h> be sickly, be ailing, be poorly, be in poor health; **er begann zu ~** his health began to fail. **kran·ken** ['kraŋkən] *v/i* <h> **~ an** (*dat*) suffer from (*a. fig.*), be ill (*od.* afflicted) with.

krän·ken ['krɛŋkən] **I** *v/t* <h> hurt, wound, injure, offend; **das kränkt** that hurts; **ich wollte dich nicht ~** I didn't want to hurt you (*od.* your feelings); **du kränkst ihn, wenn** you'll offend him if; **es kränkt mich, daß** it annoys (*od.* hurts, grieves) me that; → Ehre 2. **II** *v/reflex* **sich ~ über** (*acc*) a) feel hurt by (*od.* at), b) worry about.

'Kran·ken|,an,stalt *f* hospital. **~,au·to** *n* ambulance. **~be,richt** *m* medical (*od.* case, hospital) report, (sick-)bulletin. **~be,such** *m* **1.** visit (to a sick person). **2.** *des Arztes*: visit, (sick) call, *im Krankenhaus*: round(s *pl*); **~e machen** visit patients. **~,bett** *n* sickbed; **ans ~ gefesselt** confined to one's bed, bedridden; **am ~** at the bedside. **~,blatt** *n* medical (*od.* clinical) record.

'krän·kend *adj Bemerkung etc*: hurtful, insulting, wounding, offending; **das war sehr ~ für mich** that hurt me very much.

'Kran·ken|,fahr,stuhl *m* wheelchair, *Br. a.* Bath chair. **~,geld** *n* sickpay, *bes. Br.* sick benefit. **~ge,schich·te** *f* case (*od.* medical) history. **~gym,na·stik** *f* physiotherapy, remedial gymnastics *pl* (*a. als sg konstruiert*).

'Kran·ken,haus *n* hospital; **im ~ liegen** be (*od.* lie) in (*Am.* in the) hospital, be hospitalized; **j-n ins ~ aufnehmen** admit s. o. to hospital; **in e-m ~ unterbringen** hospitalize; → **einliefern** 1. **~,arzt** *m* physician at a hospital. **~,auf·ent,halt** *m* stay in (a) hospital, hospitalization. **~be,hand·lung** *f* hospital treatment. **~,ein,wei·sung** *f* hospitalization. **~,geist·li·che** *m* hospital chaplain. **~,ko·sten** *pl* hospital expenses (*od.* fees). **~,pfle·ge** *f* hospital care. **≈,reif** *adj colloq.* **j-n ~ schlagen** beat s. o. to a pulp, *sl.* give s. o. the works. **~,ta·ge,geld** *n sum paid by a private sickness insurance fund for each day in hospital.* **~,un·ter,brin·gung** *f* hospitalization.

'Kran·ken|,kas·se *f* sick-fund, sickness insurance fund (*Am.* plan); **Mitglied e-r ~ sein** be a member of a health insurance scheme (*od.* plan). **~,kost** *f* special diet. **~,la·ger** *n* sickbed; **er starb nach langem ~** he died after a long illness. **~,li·ste** *f* list of patients, *mil.* sick-list. **~,pfle·ge** *f* nursing (care); **die ~ erlernen** train (*od.* be trained) as a nurse. **~,pfle·ger** *m* male nurse. **~,pfle·ge·rin** *f* (female) nurse. **~re,vier** *n* infirmary. **~,saal** *m* ward. **~,schein** *m* health insurance certificate (for free treatment). **~,schwe·ster** *f* (female *od.* hospital) nurse. **~,stand** *m* number of sick persons. **~,stu·be** *f mil.* sick-room. **~,stuhl** *m* wheelchair. **~,tra·ge** *f* stretcher, litter. **~,trä·ger** *m* stretcher-bearer. **~,trans,port** *m* **1.** moving of a sick person. **2.** ambulance service. **~,ur,laub** *m* sick-leave. **~ver,si·che·rung** *f* health insurance. **~,wa·gen** *m* ambulance. **~,wär·ter** *m* (male) nurse. **~,zim·mer** *n* sick-room.

'krank|,fei·ern *v/i* <*sep*, -ge-, h> *colloq.* stay away from work on the pretext of being ill. **~haft** *adj* morbid, pathological, diseased; *fig.* **~e Eifersucht** morbid jealousy; *iro.* **das ist ~ bei ihm** that's a complaint of his; **das geht schon ins ≈e** that's almost pathological. **≈haf·tig·keit** *f* <-; *no pl*> morbidity, pathological nature.

'Krank·heit *f* <-; -en> illness, sickness, disease (*a. bot. vet. u. fig.*), *a. fig.* malady, (*Leiden*) complaint, trouble, ailment; **e-e ~ feststellen** diagnose (*od.* state) a disease; **sich** (*dat*) **e-e ~ holen** (*od.* **zuziehen**) contract (*od.* catch) a disease; *fig.* **geradezu e-e ~** almost a disease, almost pathological.

ˈKrank·heits|beˌreit·schaft *f* predisposition to a disease. **~beˌricht** *m* medical (*od.* case, hospital) report, bulletin. **~beˌschrei·bung** *f* description of a disease, nosography. **~ˌbild** *n* clinical picture. **≈erˌre·gend** *adj* pathogenic. **~erˌre·ger** *m* pathogen(ic agent), germ. **~erˌschei·nung** *f* symptom. **~ˌfall** *m* (medical *od.* clinical) case; **im ~** in case of illness. **~geˌfühl** *n* (general) feeling of illness, malaise. **≈ˌhal·ber** *adv* owing (*od.* due) to illness. **~ˌherd** *m* focus (*od.* seat) of a disease, nidus. **~ˌkeim** *m* germ (of a disease). **~ˌleh·re** *f* pathology. **~ˌstoff** *m* disease-producing (*od.* morbid) matter, miasma. **~symˌptom** *n* symptom. **~ˌträ·ger** *m* carrier. **≈-ˌüberˌtra·gend** *adj* infectious. **~-ˌüberˌtra·gung** *f* communication of a disease, infection, *durch Berührung*: contagion. **~verˌhü·tung** *f* prophylaxis. **~verˌlauf** *m* course of a disease. **~ˌzu-ˌstand** *m* condition, (diseased) state.

ˈkrankˌla·chen I *v/reflex* ⟨*sep*, -ge-, h⟩ *colloq.* **sich ~** nearly die with laughter. **II ≈** *n* ⟨-s⟩ **das ist ja zum ≈** that's a perfect scream, that's a riot.

ˈkränk·lich *adj Person, Aussehen*: sickly, ailing, poorly, *lit.* valetudinarian; **alt und ~** old and weak (*od.* infirm). **≈keit** *f* ⟨-; *no pl*⟩ sickliness, infirmity.

ˈkrank|ˌma·chen *v/i* ⟨*sep*, -ge-, h⟩ → **krankfeiern.** **≈ˌmel·dung** *f* notification of illness (to one's employer); **zehn ~en** ten persons reported sick.

ˈKrän·kung *f* ⟨-; -en⟩ insult, injury, offen/ce (*Am.* -se); **e-e ~ für j-n** an insult to s. o.('s hono[u]r); **ich empfinde das als ~** I take offence at that; **j-m e-e ~ zufügen** offend (*od.* insult) s. o.

ˈKranˌwa·gen *m* **1.** *tech.* crane lorry (*od.* truck). **2.** → **Abschleppwagen.**

Kranz [krants] *m* ⟨-es; ⸚e⟩ **1.** wreath (*a. Zopf≈*), garland; **e-n ~ am Denkmal niederlegen** lay a wreath at the memorial. **2.** *fig.* ring, circle; **ein ~ junger Mädchen** a circle (*od.* bevy) of young girls; → **Kränzchen** 2. **3.** *gastr.* ring(-shaped cake). **4.** *astr. bot. med.* corona. **5.** *tech.* (*Rad≈*) rim, (*Scheiben≈*) face. **6.** *mil. des Maschinengewehrs*: revolving gun mount. **7.** *beim Schachtbau*: walling crib. **~ˌader** *f* → **Kranzgefäß.** **~ˌbin·der** *m* wreath maker.

Kränz·chen [ˈkrɛntsçən] *n* ⟨-s; -⟩ **1.** small wreath. **2.** (ladies') circle, coffee (*od. colloq.* hen) party.

krän·zen [ˈkrɛntsən] *v/t* ⟨h⟩ → **bekränzen.**

ˈkranz|ˌför·mig *adj* wreath-shaped, coronal. **≈geˌfäß** *n anat.* coronary artery (*od.* vessel). **≈geˌsims** *n arch.* cornice. **≈ˌjung·fer** *f* bridesmaid. **≈-ˌnie·derˌle·gung** *f* (ceremonial) laying of a wreath. **≈ˌriff** *n geol.* atoll, lagoon reef. **≈ˌspen·de** *f* (funeral) wreath, flowers *pl.*

Krap·fen [ˈkrapfən] *m* ⟨-s; -⟩ *gastr.* doughnut.

Krapp [krap] *m* ⟨-(e)s; *no pl*⟩ **1.** *bot.* madder. **2.** (*Lack*) madder lake. **~ˌgelb** *n* xanthine. **~ˌrot** *n* **1.** madder (red). **2.** *chem.* alizarin.

Kra·sis [ˈkra:zɪs] *f* ⟨-; -sen⟩ *ling. med. hist.* crasis.

kraß [kras] **I** *adj* ⟨-sser; -ssest⟩ **1.** *Ungerechtigkeit etc*: crass, gross, blatant, *Gegensatz etc*: flagrant, glaring, *Unterschied etc*: huge, enormous, (*hart*) drastic, *Worte etc*: blunt; **krasser Egoismus** crass egotism; **ein krasses Beispiel für** a glaring example of; **ein krasser Fall** a blatant case; **krasser Materialist** crass materialist; **ein krasser Außenseiter** a rank outsider; **das steht in krassem Widerspruch zu dem, was du gestern gesagt hast** that's a flagrant (*od.* complete) contradiction to what you said yesterday; **et. in krasser Form sagen** say s. th. bluntly. **2.** *Farben etc*: harsh, glaring. **II** *adv* **3.** crassly (*etc*); **~ zutage treten** become blatantly obvious; **sich ~ ausdrücken** be very blunt, not to mince matters. **≈heit** *f* ⟨-; *no pl*⟩ **1.** crassness (*etc*), flagrancy, blatancy, extreme nature, hugeness, enormity, bluntness. **2.** harshness.

Kra·ter [ˈkra:tər] *m* ⟨-s; -⟩ *allg.* crater. **~ˌbil·dung** *f geol.* crater formation. **~ˌland·schaft** *f* crater(ed) landscape. **~ˌsee** *m* crater lake.

ˈKratz|ˌbür·ste *f* **1.** card wire brush, scratch-brush. **2.** *fig. colloq.* crosspatch. **≈ˌbür·stig** *adj fig. colloq.* snappish, waspish, cross. **~ˌbür·stig·keit** *f* ⟨-; *no pl*⟩ *fig. colloq.* snappishness (*etc*).

Krat·ze [ˈkratsə] *f* ⟨-; -n⟩ *tech.* rake, scraper, (*Woll≈*) card.

Krät·ze [ˈkrɛtsə] *f* ⟨-; *no pl*⟩ **1.** *med.* scabies *pl*, *colloq.* the itch. **2.** *bot.* scab. **3.** → **Räude** 1. **4.** *metall.* waste (metal), scrapings *pl.*

ˈKratzˌei·sen *n* **1.** *für Schuhe*: scraping iron, scraper. **2.** *tech.* scraper.

krat·zen [ˈkratsən] **I** *v/t* ⟨h⟩ **1.** scratch, (*scharren*) scrape; **et. in die Wand ~** scratch s. th. on the wall; **den Rest aus dem Topf ~** scrape the last bit from the saucepan; **Asche aus dem Ofen ~** scrape (*od.* rake) the ashes out of the stove; *colloq.* **sich** (*dat*) **den Bart ~ lassen** get a shave; **sich** (*dat*) **den Bart ~** scrape one's chin; → **zusammenkratzen.** **2.** → **kritzeln** II. **3.** scratch, make *s. th.* itch; **der Pullover kratzt mich am Hals** the pullover scratches my neck (*od.* makes my neck itch). **4.** (*Wolle, etc*) card, tease, raise. **5.** *fig. colloq.* **et. kratzt j-n** a) s. th. worries s. o., b) s. th. pleases s. o.; **das kratzt mich nicht!** I couldn't care less!, that doesn't worry me!; **das Lob hat ihn mächtig gekratzt** the praise tickled him very much; → **Kurve** 1. **II** *v/i* **6.** scratch, (*scharren*) *a.* scrape; **an der Tür ~** scratch at the door; *humor.* **auf der Geige ~** scrape on the fiddle. **7.** (*schmerzhaft reiben*) scratch, *grober Stoff, Wolle*: itch, *Rauch, Wein*: tickle; **dein Bart kratzt** your beard scratches; **der Rauch kratzt im Hals** the smoke tickles (*od.* irritates) my throat; **es kratzt mir** (*od.* **mich**) **im Hals** I've got a tickle in my throat. **8.** *fig. colloq.* (*sparen*) scrape; (**hart**) **zu ~ haben** have to skimp and scrape. **III** *v/reflex* **sich ~ 9.** scratch (o. s.); **sich blutig** (**wund**) **~** scratch o. s. until one bleeds (is sore); **er kratzte sich am Kopf** he scratched his head; **sich hinterm Ohr ~** scratch one's ear; → **jucken** 1. **IV ≈** *n* ⟨-s⟩ **10.** scratching (*etc*). **11.** scratch, scrape, (*Geräusch*) scratching (noise); **ich spüre ein ≈ im Hals** I have a tickle in my throat. **ˈKrat·zer** *m* ⟨-s; -⟩ **1.** *colloq.* (*Schramme*) scratch. **2.** (*Werkzeug*) scraper.

Krät·zer [ˈkrɛtsər] *m* ⟨-s; -⟩ **1.** rough (cheap) wine. **2.** young red wine from (the) Tirol.

ˈkratz|ˌfest *adj Lack etc*: mar-resistant, scratchproof. **≈ˌfe·stig·keit** *f* scratch-resistance. **≈ˌfuß** *m fig. humor.* scrape, obeisance; **e-n ~** (*od.* **Kratzfüße**) **machen** bow and scrape. **≈geˌräusch** *n* scratching (noise).

ˈkrat·zig *adj colloq.* **1.** *Wolle etc*: prickly, rough. **2.** *Feder etc*: scratchy. **3.** *Stimme*: rasping. **4.** *Wein*: rough. **5.** → **kratzbürstig.**

ˈkrät·zig *adj med.* scabious.

ˈKratz·ma·leˌrei *f* (s)graffito.

ˈKrätzˌmil·be *f zo.* **1.** *meist pl* sarcoptid. **2.** itch (*od.* scab) mite.

ˈKratz|ˌputz *m arch.* scratchwork. **~ˌspur** *f* scratch (mark). **~ˌwun·de** *f* scratch (mark), excoriation.

krau·chen [ˈkrauxən] *v/i* ⟨sein⟩ *dial. for* **kriechen** 1.

krau·en [ˈkrauən] *v/t* ⟨h⟩ → **kraulen**[1].

Kraul [kraul] *n* ⟨-(s); *no pl*⟩ (*Schwimmstil*) crawl (stroke).

krau·len[1] [ˈkraulən] *v/t* ⟨h⟩ **1.** (*Fell, Bart etc*) ruffle, run one's fingers through. **2.** tickle; **j-m das Kinn ~** tickle (*od.* chuck) s. o. under the chin. **ˈkrau·len**[2] *v/i* ⟨sein⟩ *Schwimmen*: (do the) crawl. **ˈKrau·ler** *m* ⟨-s; -⟩ crawler.

ˈKraul|ˌschwim·men *n* crawl(ing). **~ˌschwim·mer** *m* crawler. **~ˌstaf·fel** *f* crawl relay. **~ˌstil** *m* → **Kraul.**

kraus [kraus] **I** *adj* ⟨-er; -est⟩ **1.** *Haar*: curly, *stärker*: frizzy. **2.** *Stirn etc*: wrinkled; **~ ziehen** → **krausen** 1. **3.** *colloq.* (*zerknittert*) crumpled, creased, wrinkled. **4.** *fig. Handschrift etc*: squiggly; **~e Schrift** squiggles *pl*, scrawl. **5.** *fig. colloq. Gedanken etc*: muddled, confused, kinky; **~es Zeug reden** talk nonsense. **6.** *bot.* curled, curly (*leaves*). **7.** **e-e Reihe ~, e-e Reihe glatt** *beim Stricken*: one row purl, one row plain. **II** *adv* **8.** **~ stricken** purl, do knitting in purl stitch.

Krau·se [ˈkrauzə] *f* ⟨-; -n⟩ **1.** (*Hals≈*) ruff (*a. orn. zo.*). **2.** (*Rüsche*) frill, ruffle. **3.** (*Papier≈*) frill, *um Blumentöpfe*: ruff. **4.** (*Haar≈*) a) (*Locke*) curl, *kleine*: friz(z), b) (*Welle*) wave, c) (*Dauerwelle*) permanent wave, *colloq.* perm.

Kräu·sel [ˈkrɔyzəl] *f* ⟨-; -n⟩, **~ˌfal·te** *f* *meist pl* frill. **~ˌgarn** *n* crimped yarn. **~ˌkrank·heit** *f hort.* leaf curl, crinkle. **~ˌkrepp** *m* crêpe (nylon). **~ˌlack** *m* crinkle-finish enamel. **~maˌschi·ne** *f Textil.* crimping machine, crimper.

kräu·seln [ˈkrɔyzəln] **I** *v/reflex* ⟨h⟩ **sich ~ 1.** *Haar etc*: curl, crimp, friz(z); **ihre Haare haben sich gekräuselt** her hair turned frizzy. **2.** *Wasser etc*: ripple. **3.** *Rauch etc*: curl up, wreathe. **4.** *phot.* frill. **5.** *Textil.* pucker. **II** *v/t* **6.** (*Haar etc*) curl, crimp, friz(z). **7.** (*Wasser etc*) ruffle, ripple. **8.** (*Stoff etc*) gather, (*Garn*) crimp, (*Gewebeoberfläche*) frieze, (*Kreppgewebe*) crêpe, crepe, goffer. **9.** *fig.* (*kraus ziehen*) → **krausen** 1. **III ≈** *n* ⟨-s⟩ **10.** curling (*etc*). **11.** → **Kräuselung.** **ˈKräu·selˌstoff** *m* ripple (*od.* terry) cloth. **ˈKräu·se·lung** *f* ⟨-; *no pl*⟩ **1.** → **kräuseln** 10. **2.** → **Krause** 4. **3.** *des Wassers*: ripple, ruffle. **4.** *e-s Rockes etc*: gathering.

krau·sen [ˈkrauzən] **I** *v/t* ⟨h⟩ **1.** (*runzeln*) wrinkle, pucker; **die Stirn ~** knit one's brow, frown; **die Lippen ~** curl one's lips; **die Nase ~** wrinkle one's nose. **2.** → **kräuseln** 6, 8. **II** *v/i* **3.** (*knittern*) crease, crumple, wrinkle.

ˈKraus|ˌhaar *n* ⟨-(e)s; *no pl*⟩ frizzy (*od.* curly) hair. **≈ˌhaa·rig** *adj* curly- (*od.* frizzy-)haired. **~ˌkopf** *m* **1.** a) curly head, b) (*Person*) curly-head. **2.** *tech.* countersink(er). **≈ˌköp·fig** [-ˌkœpfɪç] *adj* → **kraushaarig.**

Kraut [kraut] *n* ⟨-(e)s; ⸚er⟩ **1.** ⟨*only sg*⟩ herbage, (stem and) leaves *pl*, top(s *pl*); **das ~ der Kartoffeln** potato leaves *pl*; **das ~ abschneiden** cut off the tops; **ins ~ schießen** a) run to leaf, b) *fig.* run wild, run riot; *colloq.* **wie ~ und Rüben** (**durcheinander**) higgledy-piggledy, in a jumble; **in s-m Aufsatz geht es wie ~ und Rüben durcheinander** his essay is all in a muddle. **2.** *gastr. pharm.* herb, *bot. a.* herbaceous plant; **heilsame (giftige) Kräuter** medicinal (poisonous) herbs; *colloq.* **gegen Dummheit ist kein ~ gewachsen** there is no remedy for stupidity. **3.** (*Unkraut, a. colloq. Tabak*) weed. **4.** <*only sg*> *dial.* a) (*Kohl*) cabbage, b) sauerkraut; *fig. colloq.* **das macht das ~ auch nicht fett** that won't help much, a fat lot it helps. **5.** *hunt.* **~ und Lot** powder and ball. **≈ˌähn·lich, ≈ˌar·tig** *adj* herblike, herbaceous.

ˈKrau·ter *m* <-s; -> *colloq.* **ein alter ~** an old crock.

ˈKräu·ter|ˌbad *n* aromatic (herb) bath. **~ˌbuch** *n* herbal (book). **~ˌbut·ter** *f* maître d'hôtel butter, parsley (*Am.* herb) butter. **~ˌdok·tor** *m colloq.* herb doctor. **~ˌes·sig** *m* aromatic vinegar. **~exˌtrakt** *m* extract of herbs. **≈ˌfres·send** *adj zo.* herbivorous. **~ˌgar·ten** *m* herb garden. **~ˌkä·se** *m* green cheese, sapsago. **~ˌkun·de** *f* herbal lore. **~liˌkör** *m* herb-flavo(u)red liqueur. **~ˌsal·be** *f* herbal ointment. **~ˌsamm·ler** *m* herbalist. **~ˌsamm·lung** *f* herbarium. **~ˌtee** *m* herb tea. **~ˌweib** *n* herbwoman. **~ˌwein** *m* medicated wine.

ˈKraut|ˌgar·ten *m* kitchen garden. **~ˌhacke** (*getr.* **-k·k-**) *f* weeding hoe, weeder. **~ˌhäup·tel** *n Austrian for* Kohlkopf. **~ˌho·bel** *m* (cabbage) slicer. **~ˌjun·ker** *m colloq. contp.* rustic squire. **~ˌkopf** *m* (head of) cabbage. **~rouˌla·de** *f* → **Kohlroulade**. **~saˌlat** *m* cabbage salad. **~ˌwickel** (*getr.* **-k·k-**) *m* → **Kohlroulade**.

Kra·wall [kraˈval] *m* <-s; -e> **1.** (*Aufruhr*) riot. **2.** *colloq.* (*Lärm, Unruhe*) row, din, racket; **e-n ungeheuren ~ machen** make a terrible racket (*etc*), kick up a terrible row. **3.** *colloq.* (*Streit*) row, rumpus; **~ machen** (*od.* **schlagen**) make (*od.* kick up) a row. **~ˌma·cher** *m* <-s; -> *colloq. contp.* **1.** rioter. **2.** rowdy.

Kra·wat·te [kraˈvatə] *f* <-; -n> **1.** tie, *bes. Am.* necktie, (*Pelz≈*) *a.* cravat; **die ~ zurechtrücken** straighten one's tie; *colloq.* **einen hinter die ~ gießen** hoist one. **2.** *Ringen*: cravat, headlock.

Kraˈwat·ten|ˌhal·ter *m* tie clip. **~ˌmuf·fel** *m* person who does not care for ties. **~ˌna·del** *f* tie pin. **~ˌschal** *m* cravat.

Kraˈweelˌboot [kraˈveːl-] *n* carvel-built boat.

Kra·xeˈlei *f* <-; -en> *dial. colloq.* climb(ing). **kra·xeln** [ˈkraksəln] *v/i* <sein> climb, scramble. **ˈKrax·ler** *m* <-s; -> (rock) climber.

Kray·on [krɛˈjõː] *m* <-s; -s> *obs. for* **Bleistift, Kreidestift.** **~maˌnier** *f Kunst*: chalk manner, crayon engraving. **~ˌzeich·nung** *f* line drawing.

Krea·tin [kreaˈtiːn] *n* <-s; *no pl*> *chem.* creatin(e).

Krea·ti·on [kreaˈtsǐoːn] *f* <-; -en> *bes. Mode*: creation, design. **kreaˈtiv** [-ˈtiːf] *adj* creative. **Krea·ti·viˈtät** [-tiviˈtɛːt] *f* <-; *no pl*> creativity.

Krea·tur [kreaˈtuːr] *f* <-; -en> **1.** (*Geschöpf*) creature (*a. contp. Mensch*), being; **die stumme ~** the dumb creature; *contp.* **e-e üble ~** a nasty creature (*od.* piece of work). **2.** <*only sg*> *lit.* (*die ganze Schöpfung*) creation; **alle ~** all creation, all nature. **3.** *contp.* (*Lakai*) creature, minion, tool. **kreaˈtür·lich** [-ˈtyːrlɪç] *adj* **1.** creatural. **2.** natural (*longing for love, etc*). **3.** *Angst etc*: animal (*fear, etc*).

Krebs [kreːps] *m* <-es; -e> **1.** *zo.* a) crustacean, b) *a. gastr.* (*Fluß≈*) crayfish, crawfish, c) (*Taschen≈*) crab, d) → **Krebstiere**; **rot wie ein ~** → **krebsrot**; *colloq.* **e-n ~ fangen** *beim Rudern*: catch a crab. **2.** *astr.* Cancer, the Crab; **Wendekreis des ~es** *a. geogr.* Tropic of Cancer; *colloq.* **ich bin ein ~** I am Cancer; **im Zeichen des ~es geboren** born under (the sign of) Cancer. **3.** *med.* cancer, carcinoma; **er hat ~** he has (*od.* is suffering from) cancer. **4.** *bot.* canker. **5.** *pl econ.* unsold (book) copies, returns. **6.** *mus.* retrogression. **~ˌangst** *f* carcinophobia. **≈ˌar·tig** *adj* **1.** *zo.* crablike, crustacean. **2.** *med.* a) cancerous, cancroid, b) (*gutartig*) carcinoid. **~beˌfall** *m med.* carcinomatous involvement. **~beˌkämp·fung** *f* cancer control **~ˌbil·dung** *f* canceration.

kreb·sen [ˈkreːpsən] *v/i* <h *u.* sein> **1.** <h> catch crayfish (*od.* crabs). **2.** <sein> *colloq.* a) drag o. s. (*od.* crawl) along, b) go backward(s), go crabwise; *fig.* **das Geschäft krebst** business is falling off. **3.** <h> *colloq.* (*sich abmühen*) struggle.

ˈKrebs|entˌste·hung *f med.* carcinogenesis. **~erˌken·nung** *f* cancer diagnosis. **~erˌkran·kung** *f* cancerous affection, carcinosis. **≈erˌre·gend** *adj* → **krebserzeugend**. **~erˌre·ger** *m* carcinogen(ic agent). **≈erˌzeu·gend** *adj* carcinogenic; **~e Substanz** carcinogen(ic substance). **~ˌfang** *m* crayfish (*etc*) catching. **~ˌfän·ger** *m* crayfish catcher; crab fisher. **~ˌfleisch** *n gastr.* crabmeat, crayfish (meat). **~ˌform** *f med.* type of cancer. **~ˌfor·scher** *m* cancerologist. **~ˌfor·schung** *f* cancer research, carcinology. **~ˌgang** *m* **1.** sidling walk of a crayfish. **2.** *fig.* backward movement, decline; *colloq.* **den ~ gehen** go downhill. **3.** *mus.* retrogression. **~geˌschwulst** *f* cancerous (*od.* malignant) tumo(u)r, carcinoma. **~geˌschwür** *n* **1.** cancerous ulcer. **2.** → **Krebsschaden**. **≈ˌhem·mend** *adj* cancer-inhibiting, carcinostatic. **~ˌherd** *m* initial carcinoma, carcinomatous focus.

ˈkreb·sig *adj med.* cancerous.

ˈKrebs|ˌkli·nik *f* oncologic clinic. **~ˌkno·ten** *m* **1.** *med.* cancerous lump. **2.** *hort.* black knot. **≈ˌkrank** *adj Person*: cancer-stricken, suffering from cancer, *Zellen*: cancerous. **~ˌkran·ke** *m, f* person suffering from cancer, cancer patient. **~ˌkrank·heit** *f*, **~ˌlei·den** *n* cancer(ous disease). **~ˌreu·se** *f* crayfish trap. **≈ˌrot** *adj* (as) red as a (boiled) lobster, crimson. **~ˌscha·den** *m fig.* cancer sore, canker, deep-seated evil. **~ˌsche·re** *f zo.* pincers *pl* (*oft als sg konstruiert*), claw of a crayfish, chela. **~spe·ziaˌlist** *m med.* cancerologist. **~ˌtie·re** *pl* crustacea(ns). **~ˌübel** *n* → **Krebsschaden**. **~verˌdacht** *m* (**es besteht ~** there is) suspicion of cancer. **≈verˌdäch·tig** *adj Person*: suspected of having cancer, *Symptome*: indicative of cancer. **~verˌhü·tung** *f* cancer prevention. **~ˌvorˌbeu·gung** *f* cancer prophylaxis. **~ˌvorˌsor·ge** *f med.* cancer prevention. **~ˌvorˌsor·geˌun·terˌsu·chung** *f med.* preventive cancer check-up. **~ˌzel·le** *f* cancer(ous) cell. **~zerˌfall** *m* carcinolysis. **~ˌzucht** *f* crayfish farming (*od.* breeding).

Kre·denz [kreˈdɛnts] *f* <-; -en> **1.** *obs.* sideboard, buffet. **2.** *relig.* credence. **kreˈden·zen** *v/t* <*no* ge-, h> *lit.* offer; **j-m ein Glas Wein ~** *a.* bring s. o. a glass of wine.

Kre·dit[1] [kreˈdiːt] *m* <-(e)s; -e> **1.** credit, (*Darlehen*) *a.* loan; **et. auf ~ kaufen** buy s. th. on credit (*colloq.* tick); **bei j-m auf ~ kaufen** run up an account with s. o.; **sie haben ~ bei der Bank** their credit with the bank is good; **offener ~** open credit; **öffentlicher (privater) ~** public (private) loan; **e-n ~ aufnehmen** raise (*od.* take up) a credit; **j-m e-n ~ geben** (*od.* **gewähren, einräumen**) (**in Höhe von**) allow (*od.* grant, give) s. o. a loan (*od.* credit) (for); **j-m** (*od.* **für j-n**) **e-n ~ eröffnen** open a credit (account) for s. o.; **e-n ~ überschreiten** (*od.* **überziehen**) overdraw (*od.* exceed) a credit. **2.** *fig.* (moral) credit, standing, repute, good name; **j-n um s-n ~ bringen** bring s. o. into disrepute, discredit s. o.; **s-n ~ verlieren** lose one's good name (*od.* business reputation). **Kre·dit**[2] [ˈkreːdɪt] *n* <-s; -s> *econ.* credit (side); **Debet und ~** debit and credit; **im ~ stehen** be on the credit side.

Kreˈdit|ˌabˌtei·lung *f* credit department. **~ˌanˌstalt** *f* credit institute (*od.* bank). **~ˌaufˌnah·me** *f* raising of credit, borrowing. **~ˌausˌwei·tung** *f* credit expansion. **~beˌanˌspru·chung** *f* borrowing(s *pl*). **~ˌbank** *f* <-; -en> credit (*od.* loan) bank. **~beˌtrug** *m* fraudulent credit manipulations *pl*. **~beˌwil·li·gung** *f* approval (*od.* granting) of credit. **~ˌbrief** *m* letter of credit, L/C; → *a.* **Akkreditiv** 2. **~ˌdros·se·lung** *f econ. pol.* credit restriction(s *pl*). **~erˌöff·nung** *f* opening (of) a credit (account). **≈ˌfä·hig** *adj* → **kreditwürdig**. **~ˌfä·hig·keit** *f* → **Kreditwürdigkeit**. **~fi·nanˌzie·rung** *f* financing on credit. **~ˌfrist** *f* duration of (a) credit, credit life. **~ˌge·ber** *m* lender, credit grantor. **~geˌnos·sen·schaft** *f* credit cooperative (*Am. a.* union). **~geˌschäft** *n* **1.** credit transaction (*od.* operation). **2.** credit business. **~geˌwäh·rung** *f* granting of (a) credit. **~ˌgren·ze** *f* credit line (*od.* limit). **~ˌhai** *m contp.* loan shark.

kre·di·tie·ren [krediˈtiːrən] **I** *v/t* <*no* ge-, h> **j-m et. ~** a) give s. o. s. th. on credit, b) (*gutschreiben*) pass (*od.* place) s. th. to s. o.'s credit, credit s. o. with s. th.; **ein Konto ~** credit an account. **II** *v/i* **j-m ~** allow (*od.* grant) s. o. a loan (*od.* an advance credit).

Kreˈdit|in·stiˌtut *n* → **Kreditanstalt**. **~in·struˌment** *n* credit instrument.

Kre·di·tiv [krediˈtiːf] *n* <-s; -e> **1.** *pol.* credentials *pl*. **2.** → **Kreditbrief**.

Kreˈdit|ˌkar·te *f* credit card. **~ˌkauf** *m* credit (*od.* time) purchase, purchase on credit (*od.* time). **~ˌknapp·heit** *f* credit stringency. **~ˌmarkt** *m* credit market. **~ˌmit·tel** *pl* credit funds, credit(s). **~ˌneh·mer** *m* <-s; -> borrower.

Kre·di·tor [ˈkreːditɔr] *m* <-s; -en [krediˈtoːrən]> *econ.* **1.** (*Gläubiger*) creditor. **2.** *pl* accounts payable; **~en und Debitoren** a) accounts payable and accounts receivable, assets and liabilities, b) *Bankbilanz*: creditors and debtors.

Kreˈdit|ˌpo·sten *m* credit item. **~ˌsal·do** *m* credit balance. **~ˌschöp·fung** *f* credit creation. **~ˌschrau·be** *f colloq.* credit squeeze.

ˈKre·ditˌsei·te *f econ.* credit side.

Kreˈdit|ˌsper·re *f* ban on credit(s). **~ˌsprit·ze** *f* credit injection. **~ˌüber·ˌschrei·tung, ~ˌüberˌzie·hung** *f* credit overdraft. **~verˌknap·pung** *f* credit squeeze. **~verˌkehr** *m* credit transactions *pl*. **~ˌwe·sen** *n* credit system. **~ˌwirt·schaft** *f* **1.** economy based on credit. **2.** trade on a credit basis. **≈ˌwür·dig** *adj* **1.** credit-worthy, trustworthy, sound; **er ist ~** *a.* his credit (standing) is good. **2.** *fig.* trustworthy, credible. **~ˌwür·dig·keit** *f* **1.** credit-worthiness, trustworthiness, soundness. **2.** (*eingeschätzte* ~) credit standing (*Am.* rating).

Kre·do [ˈkre:do] *n* ⟨-s; -s⟩ **1.** *relig.* a) *R. C. der Messe*: Credo, b) (Apostles') Creed. **2.** *fig.* credo, creed.

kre·gel [ˈkre:gəl] *adj dial. colloq.* lively, sprightly.

Krei·de [ˈkraɪdə] *f* ⟨-; -n⟩ **1.** (*~stift*) chalk, *paint. a.* crayon; **mit ~ schreiben** write *s. th.* in chalk (*od.* with a piece of chalk); **mit ~ zeichnen** draw in crayons, crayon; *fig. colloq.* **bei j-m in der ~ stehen** owe s. o. money, be in the red with s. o.; **tief in der ~ sitzen** be up to one's ears in debt. **2.** ⟨*only sg*⟩ a) *min.* chalk, b) *geol.* → **Kreideformation, Kreidezeit**; **bleich** (*od.* **weiß**) **wie ~** → **kreidebleich. 3.** *chem.* carbonate of lime, calcium carbonate. **♀ˈbleich** *adj fig.* (as) white as chalk (*od.* a sheet), deathly pale. **~ˌbo·den** *m geol.* chalky (*od.* cretaceous) soil. **~ˌfels, ~ˌfel·sen** *m* chalk cliff. **~for·ma·tiˌon, die** *geol.* the Cretaceous (formation). **♀ˌhal·tig** *adj* chalky, creataceous. **~paˌpier** *n* chalk overlay paper. **~ˌstift** *m* chalk, crayon. **~ˌstrich** *m* chalk line (*od.* mark). **♀ˈweiß** *adj* → **kreidebleich. ~ˌzeich·nung** *f* chalk drawing, crayon (drawing). **~ˌzeit** *f geol.* Cretaceous (period).

ˈkrei·dig *adj* **1.** chalky, covered with chalk. **2.** → **kreidebleich. 3.** → **kreidehaltig.**

kre·ie·ren [kreˈi:rən] *v/t* ⟨*no* **ge-**, h⟩ **1.** create. **2.** *R. C.* **j-n zum Kardinal ~** create (*od.* make) s. o. cardinal.

Kreis [kraɪs] *m* ⟨-es; -e⟩ **1.** *a. math.* circle, *weitS.* ring, (*~lauf*) cycle; **e-n ~ beschreiben** describe a circle; **e-n ~ bilden (um)** form a circle (*od.* ring) (round *s. o., s. th.*); *fig.* **störe m-e ~e nicht!** a) mind my circles!, b) don't bother me!; **der ~ schließt sich** the wheel comes full circle; **sich im ~e bewegen** *a. fig.* move in a circle; **mir dreht sich alles im ~e** I am dizzy, my head is spinning; **der Skandal zog immer größere** (*od.* **weitere**) **~e** the scandal involved more and more persons. **2.** *fig.* (*Bereich*) sphere, field, range. **3.** *fig.* (*Freundes♀ etc*) circle, group, (*Lebens♀, soziale Schicht*) class, circle, walk of life; **einflußreiche ~e** influential circles; **in weiten ~en** widely; **in weiten ~en der Bevölkerung** in wide sections of the population; **im engen ~e der Familie** in the immediate family (circle); **in den besten ~en** in the best society; **im engsten** (*od.* **kleinsten**) **~** a) within the immediate family circle, b) with one's intimates (*od.* close friends) (only); **gutunterrichtete ~e** (well-)informed quarters (*od.* circles); → **Leserkreis. 4.** *pol.* kreis, (administrative) district (of a Land in Germany and Austria). **5.** *electr.* circuit. **6.** *Sport*: a) (*Wurf♀*) (throwing) circle, b) *Handball*: (penalty) circle. **~ˌabˌschnitt** *m math.* segment (of a circle). **~ˌarzt** *m* district medical officer. **~ˌausˌschnitt** *m math.* sector (of a circle). **~ˌbahn** *f* **1.** *astr.* orbit(al path); → *a.* **Umlaufbahn. 2.** *math.* circular path (*od.* trajectory). **3.** *Sport*: circular track. **~beˌrech·nung** *f math.* mensuration of a circle. **~beˌwe·gung** *f* circular motion, circuit, rotation. **~ˌbo·gen** *m math.* arc of a circle, circular arc.

krei·schen [ˈkraɪʃən] **I** *v/i* ⟨h; *obs. a.* **krisch, gekrischen,** h⟩ **1.** (**vor** *dat* with) shriek, screech, scream, squeal (*alle a. fig. Bremse, Säge etc*). **II ♀** *n* ⟨-s⟩ **2.** shrieking (*etc*). **3.** shriek(s *pl*), screech(es *pl*), scream(s *pl*). **~d** *adj* **1.** shrieking (*etc*), shrill. **2.** *fig. Farbe*: garish.

ˈKreis|diaˌgramm *n* **1.** *math.* circle diagram. **2.** (*graphische Darstellung*) circular (*od.* pie) chart. **~ˌebe·ne** *f* **1.** *math.* circular plane. **2.** *adm.* **auf ~** at district level.

Krei·sel [ˈkraɪzəl] *m* ⟨-s; -⟩ **1.** (whipping) top, peg top, (*Brumm♀*) humming top; **den ~ aufziehen** spin the top; *fig.* **sich drehen wie ein ~** spin (*od.* whirl round) like a top. **2.** *phys.* gyro(scope). **3.** *aer. mar.* gyrostabilizer. **~beˌwe·gung** *f* gyration. **♀ˌför·mig** *adj* **1.** top-shaped. **2.** *geol.* strombuliform. **3.** *bot.* turbinate. **~geˌblä·se** *n* centrifugal (*od.* rotary) blower, turboblower. **~geˌrät** *m* gyroscope. **♀geˌsteu·ert** *adj* gyro-controlled. **~ho·riˌzont** *m aer.* artificial (*od.* gyro) horizon. **~ˌkom·paß** *m* gyrocompass.

krei·seln [ˈkraɪzəln] *v/i* ⟨h⟩ **1.** spin the top. **2.** *fig.* whirl (*od.* spin) (a)round, gyrate.

ˈKrei·sel|ˌpum·pe *f* rotary pump. **~ˌrad** *n* rotor, impeller.

krei·sen [ˈkraɪzən] **I** *v/i* ⟨h⟩ **1.** (*sich drehen*) spin (round), rotate, revolve, gyrate. **2.** (*herumgehen*) circle, go (*od.* run) round, circulate; **das Blut kreist in den Adern** (the) blood circulates in (*od.* courses through) the veins; **~ lassen** pass *s. th.* round; **die Flasche kreiste** the bottle went round; *fig.* **s-e Gedanken kreisten um den einen Punkt** his thoughts revolved round the one point. **3.** (*Kreise ziehen*) (move in a) circle. **4.** *astr.* (**um**) a) *Gestirne*: circle ([a]round), revolve ([a]round, about), b) *Satelliten*: orbit (*acc*). **5.** *math. phys. tech.* revolve. **6.** *gym.* **mit den Armen** (**Füßen**) **~** *cf.* 7. **II** *v/t* **7.** *gym.* **die Arme** (**Füße**) **~ lassen** swing one's arms (feet) round (*od.* in a circle). **III ♀** *n* ⟨-s⟩ **8.** circling, spinning (*etc*). **9.** rotation, circling movement, circulation, *astr.* revolution. **ˈkrei·send** *adj* **1.** circling. **2.** (*sich drehend*) rotatory, rotary, vortical. **3.** circulatory, circulating. **4.** *Gestirne*: revolving.

ˈKreis|ˌflä·che *f math.* area of a circle, circular area. **~ˌform** *f* circular form; **in ~** *a.* in (the form of) a circle, round. **♀ˌför·mig I** *adj* circular, round. **II** *adv* in (the form of) a circle; **sich ~ um j-n aufstellen** form a circle (*od.* ring) round s. o. **~ˌför·mig·keit** *f* circularity, circular form. **~freˌquenz** *f electr.* angular (*Am.* radian) frequency. **~geˌricht** *n Austrian and DDR* district court. **~ˌke·gel** *m math.* circular cone. **~ˌklas·se** *f Sport*: district league. **~ˌkol·ben** *m* rotary piston. **~ˌkol·benˌmo·tor** *m* planetary-piston engine. **~ˌkorn(·viˌsier)** *n am Gewehr*: ring sight. **~ˌkran·kenˌhaus** *n* district hospital.

ˈKreisˌlauf *m* **1.** *der Jahreszeiten etc*: cycle (*a. biol.*), circle, round. **2.** *physiol.* circulation; **der große ~** the greater (*od.* general, systemic) circulation; **der kleine ~** the lesser (*od.* pulmonary) circulation; **den ~ anregen** stimulate circulation. **3.** *tech.* circuit (*a. electr.*), circulation, cycle, cycling. **4.** *astr.* revolution. **5.** *meteor.* circulation, circular course. **6.** *econ.* (trade *od.* business) cycle, *des Geldes*: circulation. **♀ˌanˌre·gend** *adj med. pharm.* activating the circulation.

ˈKreisˌläu·fer *m Handball*: forward.

ˈKreisˌlauf|kolˌlaps *m* circulatory collapse. **~ˌkran·ke** *m, f* patient suffering from a circulatory disturbance. **♀laˌbil** *adj med.* with a weak circulatory system. **~la·bi·liˌtät** *f* circulatory lability. **~ˌlei·den** *n* circulatory (*od.* cardio-vascular) disease. **~ˌmit·tel** *n pharm.* circulatory preparation, vasopressor. **~ˌschwä·che** *f* circulatory debility. **~ˌstö·rung** *f* circulatory disturbance. **~verˌsa·gen** *n* circulatory collapse.

ˈKreis|ˌmei·ster·schaft *f meist pl Sport*: district championship. **♀ˌrund** *adj* circular, round (as a circle). **~ˌsä·ge** *f* **1.** *tech.* circular saw, *Am. a.* buzz-saw. **2.** *humor.* (*Strohhut*) boater. **~ˌschluß** *m philos.* vicious circle. **~ˌseh·ne** *f math.* chord of a circle.

krei·ßen [ˈkraɪsən] *med.* **I** *v/i* ⟨h⟩ be in labo(u)r. **II ♀** *n* ⟨-s⟩ labo(u)r, parturition. **ˈKrei·ßen·de** *f* ⟨-n; -n⟩ woman in labo(u)r, parturient woman.

ˈKreisˌsparˌkas·se *f* district savings bank.

ˈKreißˌsaal *m med.* delivery room.

ˈKreis|ˌstadt *f* administrative cent/re (*Am.* -er) of a kreis, district town. **♀ˌstän·dig** *adj bot.* cyclic(al). **~ˌtag** *m pol.* kreis (*od.* district) assembly. **~ˌumˌfang** *m math.* circumference of a circle. **~verˌkehr** *m* rotary (traffic), *bes. Br.* roundabout (traffic *od.* junction).

krel·len [ˈkrɛlən] *v/t* ⟨h⟩ *hunt.* crease, stun (by a grazing shot).

Krem [kre:m] *f* ⟨-; -s⟩, *colloq. a. m* ⟨-s; -e⟩ → **Creme** 1, 2.

Kre·ma·ti·on [kremaˈtsĭo:n] *f* ⟨-; -en⟩ cremation. **Kre·maˈto·ri·um** [-ˈto:rĭum] *n* ⟨-s; -rien⟩ crematorium, *bes. Am.* crematory. **kreˈmie·ren** [-ˈmi:rən] *v/t* ⟨*no* **ge-**, h⟩ *obs.* cremate.

Kreml [ˈkre:məl; ˈkrɛməl], **der** ⟨-s⟩ the Kremlin.

Krem·pe [ˈkrɛmpə] *f* ⟨-; -n⟩ **1.** (*Hut♀*) brim, rim; **mit breiter ~** broad-brimmed; **ohne ~** brimless. **2.** *tech.* flange.

Krem·pel[1] [ˈkrɛmpəl] *m* ⟨-s; *no pl*⟩ *colloq.* → **Kram.**

ˈKrem·pel[2] *f* ⟨-; -n⟩ *Textil.* **1.** (*Woll♀*) card, (*Tuch♀*) teasel. **2.** → **~maˌschi·ne** *f* carding machine, card(er).

krem·peln [ˈkrɛmpəln] *v/t* ⟨h⟩ **1.** (*Wolle*) card, (*Faserbündel*) comb, burr. **2.** (**sich** *dat*) **die Ärmel** (**Hosen**) **nach oben** (*od.* **in die Höhe**) **~** turn (*od.* roll) up one's sleeves (trousers). **ˈKremp·ler** *m* ⟨-s; -⟩ *Textil.* (*Person*) carder, comber, card tender.

ˈKremp·ling *m* ⟨-s; -e⟩ *bot.* paxillus.

Krem·ser [ˈkrɛmzər] *m* ⟨-s; -⟩ (*Wagen*) break, *a.* brake, wagonette.

kre·ne·lie·ren [krenəˈli:rən] *v/t* ⟨*no* **ge-**, h⟩ *obs.* crenel(l)ate.

Kreo·le [kreˈo:lə] *m* ⟨-n; -n⟩, **Kreo·lin** [kreˈo:lɪn] *f* ⟨-; -nen⟩, **kreo·lisch** [kreˈo:lɪʃ] *adj* Creole.

Kreo·sol [kreoˈzo:l] *n* ⟨-s; *no pl*⟩ *chem.* creosol. **Kreoˈsot** [-ˈzo:t] *n* ⟨-(e)s; *no pl*⟩ *chem. pharm.* creosote.

kre·pie·ren [kreˈpi:rən] *v/i* ⟨*no* **ge-**, sein⟩ **1.** *Geschoß*: burst, explode, detonate. **2.** *colloq.* a) *Tier*: die, perish, b) *Mensch*: die wretchedly, *sl.* peg out, kick the bucket.

Krepp [krɛp] *m* ⟨-s; -s *u.* -e⟩ crepe, crêpe, crape. **ˈKreppaˌpier** (*getr.* **-pp·p-**) *n* crepe paper. **ˈkreppˌar·tig** *adj* crepe-like. **krep·pen** [ˈkrɛpən] *v/t* ⟨h⟩ (*Papier*) crepe, crêpe, crimp. **ˈKreppˌgum·mi** *m, a. n* crepe (*od.* crêpe) rubber. **ˈkrep·pig** *adj* crep(e)y, crapy.

ˈKrepp|ˌsei·de *f* crepe (*od.* crêpe) de Chine. **~ˌsoh·le** *f* crepe (*od.* crêpe) sole.

Kre·sol [kreˈzo:l] *n* ⟨-s; *no pl*⟩ *chem.* cresol.

kreß [krɛs] **I** *adj*, **II ♀** *n* ⟨-; *no pl*⟩ orange.

Kres·se [ˈkrɛsə] *f* ⟨-; -n⟩ *bot.* cress, peppergrass, pepperwort; → *a.* **Kapuzinerkresse.**

Kres·zenz [krɛsˈtsɛnts] *f* ⟨-; -en⟩ *e-s Weins*: vintage.
kre·ta·ze·isch [kretaˈtseːɪʃ], **kreˈta·zisch** [-ˈtaːtsɪʃ] *adj geol.* Cretaceous.
Kre·ter [ˈkreːtər] *m* ⟨-s; -⟩ Cretan.
Kre·thi und Ple·thi [ˈkreːti ˌʊnt ˈpleːti] *fig.* (every) Tom Dick and Harry, the hoi polloi.
Kre·tin [kreˈtɛ̃ː] *m* ⟨-s; -s⟩ *med.* cretin, *fig. colloq. a.* half-wit, idiot. **~ˌar·tig** *adj* cretinoid, cretinous.
Kre·ti|nis·mus [kretiˈnɪsmʊs] *m* ⟨-; *no pl*⟩ cretinism. **~noˈid** [-noˈiːt] *adj* cretinoid.
kre·tisch [ˈkreːtɪʃ] *adj* Cretan, of Crete.
Kre·ton [kreˈtoːn] *m* ⟨-s; -e⟩ *Austrian*, **Kre·ton·ne** [kreˈtɔn] *f, m* ⟨-; -s⟩ *Textil.* cretonne.
kreucht [krɔʏçt] *3 sg pres poet. of* **kriechen**; **was da ~ und fleucht** all creatures under the sun.
Kreuz [krɔʏts] *n* ⟨-es; -e⟩ **1.** *allg.* cross (*a. her. relig. etc*), (~*bild*) crucifix; **das ~ Christi** the cross (*a.* Cross) of Christ, the Holy Cross; **j-n ans ~ nageln** (*od.* **schlagen**) nail s. o. to the cross, crucify s. o.; **ein ~ schlagen, das Zeichen des ~es machen** make the sign of the cross, **über sich**: *a.* cross o. s. (*a. fig.*); *fig. colloq.* **ich mache drei ~e, wenn er geht** I'll be damn glad when he goes; *fig.* **sein ~ auf sich nehmen** take up one's cross; **sein ~ (geduldig) tragen** bear one's cross (patiently); *colloq.* **es ist ein (wahres) ~ mit ihm, man hat sein ~ mit ihm** he's a real problem, there is no end of trouble with him; *fig. colloq.* **zu ~e kriechen (vor j-m)** knuckle under (to s. o.), truckle (to s. o.), eat humble pie, *Am.* eat crow; **drei ~e unter ein Schriftstück setzen** put three crosses under a document, sign a paper with (three) X's (*od.* exes); **über ~** crosswise; *fig. colloq.* **mit j-m über(s) ~ stehen** (*od.* **sein**) be on bad terms with s. o.; → **eisern** 6, **rot** 4. **2.** *anat.* (small of the) back, sacrum; **mir tut das ~ weh**, *colloq.* **ich hab's im ~** my back aches, I have a backache; **sich** (*dat*) **das ~ brechen** break one's back; *colloq.* **j-n aufs ~ legen** a) throw s. o. on his back, flatten s. o., b) *fig.* take s. o. in, bamboozle s. o., c) *fig.* spike s. o.'s guns; **aufs ~ fallen** a) fall on one's back, b) *fig. colloq.* be floored, be flabbergasted. **3.** *beim Pferd*: croup, *beim Rind*: chine. **4.** *mus.* sharp; **c mit e-m ~ wird zu cis** C with a sharp becomes C sharp. **5.** (*Spielkartenfarbe*) club(s *pl*). **6.** *mar.* (*Anker*~) crown. **7.** *astr.* **das ~ des Nordens (Südens)** the Northern (Southern) cross. **8.** *print.* dagger, obelisk.
ˈKreuz|ˌab|ˌnah·me (ˈChri·sti) *f Kunst*: Descent from the Cross. **~alˌtar** *m* rood altar. **~ˈas** [ˌkrɔʏts-] *n* ace of clubs. **~ˌband** *n* ⟨-(e)s; ⸗er⟩ **1.** *anat.* crucial ligament. **2.** *tech.* a) cross-stay, b) T-hinge strap. **3.** (postal) wrapper; **unter ~** by book post. **~ˌbein** *n anat.* sacrum; **unter dem ~ (gelegen)** subsacral. **~ˌbeinˌwir·bel** *m* sacral vertebra. **~ˌblu·me** *f arch.* finial. **~ˌblü·ter** [-ˌblyːtər], **~ˌblüt·ler** [-ˌblyːtlər] *m* ⟨-s; -⟩ *meist pl* crucifer (plant).
ˈKreuzˌbram ... *in Zssgn mar.* mizzen (*yard, sail, etc*).
ˌKreuzˈbu·be *m* jack (*od.* knave) of clubs.
ˈKreuz·chen *n* ⟨-s; -⟩ small cross.
ˌKreuzˈda·me *f* queen of clubs.
kreu·zen [ˈkrɔʏtsən] **I** *v/t* ⟨h⟩ **1.** (*über Kreuz legen*) cross; **die Arme (Beine) ~** *a.* fold one's arms (legs); → **Klinge** 2. **2.** (*Linie, Straße etc, a. math. tech.*) cross, intersect. **3.** (*überqueren*) cross (*a street, etc*). **4.** *biol.* (inter)cross, crossbreed, interbreed, hybridize, (*Nutztiere*) *a.* grade, (*Pflanzen*) graft. **5.** *econ.* (*Scheck*) cross. **6.** *electr.* transpose, cross(-connect). **II** *v/reflex* **sich ~** **7.** cross; *fig.* **unsere Wege haben sich gekreuzt** our paths crossed; **ihre Blicke kreuzten sich** their eyes met. **8.** *fig. Interessen etc*: a) *gegensätzlich*: clash, interfere with each other, b) *sich teilweise deckend*: overlap. **9.** *biol.* (inter)cross, interbreed. **III** *v/i* ⟨sein⟩ **10.** *mar.* a) (*lavieren*) tack (**gegen den Wind** against the wind), b) (*umherfahren, a. aer.*) cruise. **IV** ~ *n* ⟨-s⟩ **11.** crossing (*etc*). **12.** *mar.* a) tack, b) cruise. **13.** → **Kreuzung** 4 a.
ˈKreu·zer *m* ⟨-s; -⟩ **1.** *mar.* a) *mil.* cruiser, b) (cabin) cruiser, cruising yacht, c) *hist.* frigate. **2.** *hist.* (*Münze*) kreu(t)zer.
ˈKreu·zes|ˌtod *m* crucifixion, death on the cross; **den ~ sterben** (*od.* **erleiden**) die on the cross, be crucified. **~ˌweg** *m* → **Kreuzweg** 2.
ˈKreuz|ˌfah·rer *m hist.* crusader. **~ˌfahrt** *f* **1.** *mar.* cruise; **e-e ~ machen** (go on *od.* for a) cruise. **2.** *hist.* → **Kreuzzug** 1. **~ˌfeu·er** *n mil. u. fig.* crossfire; **et. unter ~ nehmen** take s. th. under crossfire; *fig.* **ins ~ nehmen (geraten)** bring *s. o., s. th.* (come) under crossfire; **ein ~ von Fragen** a crossfire (*od.* barrage) of questions; **im ~ der öffentlichen Meinung stehen** be under fire (*od.* criticism) from all sides. **~fiˈdel** *adj colloq.* (quite) cheerful, (as) merry as a cricket. **~ˌför·mig I** *adj* **1.** cross-shaped, cruciform. **II** *adv* **2.** in the shape of a cross. **3.** (*über Kreuz*) crosswise. **~ˌfra·ge** *f* cross-question. **~ˌgang** *m arch.* cloister. **~geˌlenk** *n tech.* universal joint. **~(ˌgrat)geˌwöl·be** *n arch.* cross vault(ing), groined vault. **~ˌhacke** (*getr.* **-k·k-**) *f* pickax(e). **~ˌherr** *m meist pl hist.* a) crusader, b) Knight of the Cross. **~ˌhiebˌfei·le** *f* cross-cut file.
kreu·zi·gen [ˈkrɔʏtsɪgən] *v/t* ⟨h⟩ crucify (*a. fig.*), nail (*od.* fix) to the cross.
ˈKreu·zi·gung *f* ⟨-; -en⟩ *a. Kunst*: crucifixion; **~ Christi** Crucifixion (of Christ).
ˌKreuzˈkö·nig *m* king of clubs.
ˈKreuz|ˌkopf *m tech.* crosshead. **~ˌküm·mel** *m bot.* cum(m)in. **~ˌkup·pelˌkir·che** *f* cruciform domed basilica. **~ˌlahm** *adj* **1.** lame in the hip (*od.* back); *fig. colloq.* **ich bin völlig ~** a) my back is killing me, b) (*erschöpft*) I am all whacked; **j-n ~ schlagen** beat s. o. to a pulp. **2.** *vet.* swayback(ed). **~ˌmast** *m mar.* mizzenmast. **~ˌmei·ßel** *m* cape chisel, cross bit. **~ˌot·ter** *f zo.* adder, northern viper. **~ˌpei·lung** *f* cross bearing. **~ˌpol·ka** *f* German polka. **~ˌpro·be** *f med.* tolerance test. **~ˌreim** *m* alternate rhyme. **~reˌli·quie** *f R. C.* relic of the (true) Cross. **~ˌrip·pe** *f arch.* cross (*od.* diagonal) rib. **~ˌrip·pen·geˌwöl·be** *n* ribbed vault. **~ˌrit·ter** *m hist.* **1.** crusader, Knight of the Cross. **2.** → **Deutschordensritter**. **~ˌsai·tig** [-ˌzaɪtɪç] *adj mus.* overstrung. **~ˌschlüs·sel** *m tech.* four-way rim wrench. **~ˌschmer·zen** *pl* pains in (the small of) the back, backache *sg*, lumbago *sg*. **~ˌschna·bel** *m orn.* crossbill. **~ˌschnitt** *m med.* crucial incision. **~ˌsitz** *m gym.* cross-legged sitting (position). **~ˌspin·ne** *f* cross (*od.* garden) spider. **~ˌsprung** *m Tanz*: entrechat. **~ˌstän·dig** *adj bot.* decussate(d). **~ˌstich** *m Sticken*: cross-stitch; **in ~ sticken** cross-stitch. **~ˌtonˌart** *f* sharp key; **(nächst)höhere ~** (next) sharper key.
ˈkreuz ˌund ˈquer *adv* crisscross, zigzag; **sie reisten ~ durch das Land** they travel(l)ed the length and breadth of the land.
ˈKreu·zung *f* ⟨-; -en⟩ **1.** → **kreuzen** 11. **2.** (*Straßen*~ *etc*) crossing, junction, crossroad(s *pl*), *bes. Am.* intersection; **höhengleiche** (*od.* **planfreie**) **~** level (*Am.* grade) crossing; **„gefährliche ~"** (*Verkehrszeichen*) "dangerous crossing". **3.** *rail.* crossing, junction. **4.** *biol.* a) (*Vorgang*) crossing, crossbreeding, interbreeding, (*Bastardierung*) hybridization, b) (*Produkt*) (inter)cross, crossbreed, (*bes. Nutzvieh*) grade, (*Bastard*) hybrid. **5.** *fig.* cross (**zwischen** between). **6.** *arch.* crossing, intersection.
ˈkreuzˈunˌglück·lich *adj colloq.* very miserable, wretched.
ˈKreu·zungs|beˌfruch·tung *f biol.* exogamy. **~ˌfrei, ~los** *adj Straße etc*: intersection-free, non-intersecting. **~ˌpunkt** *m* **1.** *von Straßen etc*: point of intersection, cross(ing point). **2.** *electr.* crossing point.
ˈKreuz|verˌband *m* **1.** *civ. eng.* cross bond. **2.** *med.* crossed bandage. **~verˌhör** *n bes. jur.* cross-examination; **j-n ins ~ nehmen, j-n e-m ~ unterziehen** cross-examine s. o. **~verˌweis** *m* cross reference. **~ˌweg** *m* **1.** *lit. od. obs., a. fig.* (**am ~** at the) crossroads *pl.* **2.** *relig.* a) (~ *Christi*) way of the Cross, b) *in Kirche etc*: way (*od.* stations *pl*) of the Cross. **~ˌweg·sta·tiˌon** *f* station (of the Cross). **~ˌwei·se I** *adv* crosswise, crossways, across, crisscross; **~ verlaufend** running crosswise; **sich ~ schneiden** pass across each other, cross at right angles; *vulg.* **du kannst mich ~!** go to hell! **II** *adj math. Multiplikation*: crosswise. **~ˌwir·bel** *m anat.* sacral vertebra. **~ˌwortˌrät·sel** *n* crossword (puzzle). **~ˌzei·chen** *n* **1.** *relig.* (sign of the) Cross; **das ~ machen** *a.* cross o. s.; **das ~ machen über j-m** (*od.* **j-n**) *a.* cross (*od.* sign) s. o. **2.** cross. **3.** *print.* dagger, obelisk. **~ˌzug** *m hist. u. fig.* crusade; **e-n ~ unternehmen** enter upon a crusade, crusade.
Kre·vet·te [kreˈvɛtə] *f* ⟨-; -n⟩ **1.** *zo.* crevette. **2.** *gastr.* shrimp.
ˈKrib·bel·geˌfühl *n med.* prickly (*od.* tingling) sensation. **ˈkrib·be·lig** *adj colloq.* **1.** fidgety, jumpy, jittery, nervous, *vor Erwartung*: *a.* on pins and needles; **~ vor Aufregung** tingling with excitement; **das macht mich ganz ~** a) that makes me quite jittery, b) that gets on my nerves. **2.** (*reizbar*) irritable, fretful.
krib·beln [ˈkrɪbəln] **I** *v/i u. v/impers* ⟨h⟩ **1.** (*jucken*) itch, tickle; **es kribbelt mir** (*od.* **mich**) **in der Nase** my nose tickles, I've got a tickle in my nose; *fig. colloq.* **es kribbelt mir in den Fingerspitzen, ihm e-e runterzuhauen** I'm itching to fetch him one. **2.** (*prickeln*) tingle, prickle (**vor Kälte** *etc* with cold, *etc*); **es kribbelt mir in den Füßen** I've got pins and needles in my feet. **3.** (*wimmeln*) crawl, swarm. **4.** ⟨sein⟩ **überall kribbelten und krabbelten Ameisen** the place was crawling with ants. **II** *v/t* ⟨h⟩ **5.** (*jucken*) scratch. **III** ~ *n* ⟨-s⟩ **6.** itching (*etc*). **7.** tickling (sensation), tickle, itch. **8.** tingle, prickle, pins and needles *pl.* **ˈkribb·lig** *adj* → **kribbelig**.
ˈKrickelˌkra·kel (*getr.* **-k·k-**) *n* ⟨-s; -⟩ scrawl, scribble.
ˈKrickˌen·te *f* teal.
Kricket (*getr.* **-k·k-**) [ˈkrɪkət; ˈkrɪkɪt] (*Engl.*) *n* ⟨-s; *no pl*⟩ cricket; **~ spielen** (play) cricket. **~ˌspie·ler** *m* cricketer.
ˈKriechˌblu·me *f arch.* crocket.

krie·chen [ˈkriːçən] I *v/i* ⟨kriecht, kroch, gekrochen, sein⟩ 1. *allg., a. Kind, Auto etc*: creep, crawl; ins Bett ~ scramble into bed, go to bed; → Arsch, Ei 1, Kreuz 1. 2. *(klettern)* scramble; das Kind kroch auf den Stuhl the child scrambled up onto the chair. 3. *fig. contp.* (vor j-m) crawl on all fours (before s. o.), toady (to s. o.), grovel (before s. o.). 4. *bot. geol. tech.* creep. 5. *electr. Strom*: creep, leak. II 2 *n* ⟨-s⟩ 6. creeping *(etc)*. 7. crawl. 8. *fig. contp.* grovel(l)ing, bootlicking. 9. *electr.* creep(age), leak(age). 10. *tech.* creep. ˈ**krie·chend** *adj* 1. → kriecherisch. 2. *bot.* creeping, running, *a. zo.* reptant; ~e Pflanze → Kriechpflanze. 3. *med. Ausschlag etc*: creeping, serpiginous. ˈ**Krie·cher** *m* ⟨-s; -⟩ *fig. contp.* toady, crawler, bootlick(er). **Krie·cheˈrei** *f* ⟨-; *no pl*⟩ *contp.* crawling, grovel(l)ing, toadyism. ˈ**krie·che·risch** *adj contp.* crawling, grovel(l)ing, toadying, servile.

ˈ**Kriech|ˌfe·stig·keit** *f tech.* creep resistance. ~ˌ**gang** *m mot.* creep speed. ~ˌ**pflan·ze** *f* creeper, creeping plant. ~ˌ**spur** *f* 1. *mot.* slow *(od.* creeper) lane. 2. *e-r Schlange etc*: trail. ~ˌ**strecke** *(getr.* -k·k-) *f electr.* leakage path. ~ˌ**strom** *m* (surface) leakage current. ~ˌ**tier** *n* reptile.

Krieg [kriːk] *m* ⟨-(e)s; -e⟩ 1. war, *(~führung)* warfare; kalter ~ cold war; totaler ~ total warfare; *hist.* im ~ in *(od.* during) the war; im ~ (mit) at war (with); in ~ und Frieden in peace and war; im ~ und in der Liebe ist alles erlaubt all is fair in love and war; vom ~ verwüstet war-torn, war-ravaged; e-n ~ anfangen start a war; den ~ erklären declare war *(dat* on); gegen j-n *(od.* mit j-m) ~ führen wage *(od.* carry on) war against *(od.* with) s. o., make war upon s. o., be at war with s. o.; in den ~ ziehen go to war; in e-n ~ treiben drift into a war. 2. *fig.* *(Streit)* strife, *(Fehde)* feud; der eheliche ~ the marital battle.

krie·gen [ˈkriːgən] *colloq.* I *v/t* ⟨h⟩ *allg.* get, *(finden) a.* find, *(fangen, fassen) a.* catch (hold of), *(erwischen) a.* catch *(a criminal, a train, etc)*, *(e-e Krankheit)* get, catch *(an illness)*, *(e-n Sender)* get, pick up *(a radio station)*, *(verdienen)* get, make *(money)*, *(Gehalt) a.* draw *(salary)*; ich kriege noch Geld von dir you still owe me some money; wieviel ~ Sie (für das Brot)? how much do I owe you (for the bread)?; Hunger (Durst) ~ get hungry (thirsty); Angst ~ get *(od.* have) a fright; wir ~ bald Regen we'll soon get rain, there'll be rain soon; er kann nie genug ~ he is insatiable; du kriegst gleich ein paar (hinter die Ohren) you'll get it pretty soon now!; ich krieg' dich (schon noch)! I'll get you yet!, just you wait!; sie haben sich *(od.* einander) gekriegt they got each other, they got married; j-n dazu ~, et. zu tun get s. o. to do s. th.; et. zu essen ~ get s. th. to eat; j-n zu fassen ~ get hold of s. o.; et. gesagt ~ be told s. th.; sie hat ein Kind gekriegt she has had a baby; sie kriegt (bald) ein Kind she's expecting; *humor.* er kriegt ein Kind, wenn he'll flip *(od.* he'll have a child) when; sie konnte sich nicht mehr ~ a) she was quite beside herself (vor with), b) she was flabbergasted; das werden wir schon ~, das ~ wir gleich we'll manage that all right; → *a.* bekommen. II 2 *n* ⟨-s⟩ 2 spielen play tag.

ˈ**Krie·ger** *m* ⟨-s; -⟩ 1. *allg.* warrior; ein alter ~ a (battle-scarred) old campaigner *(od.* warrior), a veteran soldier; *pol.* kalter ~ cold warrior; *fig. humor.* die müden ~ the weary warriors. 2. *zo.* *(Ameise etc)* soldier. ~ˌ**denkˌmal** *n* war memorial.

ˈ**krie·ge·risch** *adj* warlike, martial, *a. fig.* bellicose, belligerent; *pol.* ~e Auseinandersetzung armed conflict.

ˈ**Krie·ger|verˌein** *m* ex-servicemen's *(od.* veterans') association. ~ˌ**wit·we** *f* war widow.

ˈ**krieg|ˌfüh·rend** *adj* belligerent. 2ˌ**füh·ren·de** *m, f* ⟨-n; -n⟩ belligerent (power). 2ˌ**füh·rung** *f* 1. warfare; bakteriologische (psychologische) ~ bacteriological (psychological) warfare. 2. *(Leitung)* conduct of war, strategy.

ˈ**kriegsˌähn·lich** *adj* warlike; ein ~er Zustand *a.* a quasi war.

ˈ**Kriegs|aka·deˌmie** *f hist.* military academy, staff *(Am.* war) college. ~ˌ**anˌlei·he** *f econ.* war loan. ~ˌ**ausˌbruch** *m* outbreak of war; bei ~ when *(od.* at the time) the war broke out. ~ˌ**ausˌrü·stung** *f* 1. *(Bewaffnung)* armament(s *pl*); in voller ~ in full battle order. 2. → Kriegsmaterial. ~ˌ**ausˌwei·tung** *f* extension *(od.* spread, escalation) of (the) war. ~ˌ**ausˌzeich·nung** *f* war decoration. 2**beˌdingt** *adj* owing to war. ~**beˌginn** *m* → Kriegsausbruch. ~ˌ**beil** *n* (war) hatchet; *fig. colloq.* das ~ ausgraben (begraben) dig up (bury) the hatchet. ~**beˌma·lung** *f* war paint; *humor.* in voller ~ in full war paint. 2**beˌreit** *adj* ready *(od.* prepared) for war. ~**beˌreit·schaft** *f* (state of) preparedness for war, war readiness; die Armee in ~ halten keep the army on a war footing. ~**beˌricht** *m* 1. *amtlicher*: war communiqué *(od.* bulletin). 2. war report, war news *pl* *(als sg od. pl konstruiert)*. ~**beˌrich·ter** *m* ⟨-s; -⟩, ~**beˌrich·terˌstat·ter** *m* war correspondent. 2**beˌschä·digt** *adj* (war-)disabled, disabled on active duty. ~**beˌschä·dig·te** *m* ⟨-n; -n⟩ (war-)disabled ex-serviceman *(od.* veteran, person); die ~n the war-disabled. ~**beˌschä·dig·tenˌrenˌte** *f* pension for disabled ex-servicemen *(od.* veterans). ~**beˌschä·di·gung** *f* war disablement. ~ˌ**beu·te** *f* (war-)booty, spoils *pl* (of war), *als Siegeszeichen*: trophy. ~ˌ**blin·de** *m, f* ⟨-n; -n⟩ war-blinded person; die ~n the war-blind. ~ˌ**brauch** *m jur.* custom *(od.* usage) of war. ~ˌ**braut** *f* war bride.

ˈ**Kriegsˌdienst** *m* war service, active duty *(od.* service). ~**verˌwei·ge·rer** *m* ⟨-s; -⟩ conscientious objector.

ˈ**Kriegs|ˌdro·hung** *f* threat of war. ~ˌ**einˌsatz** *m* action; → *a.* Einsatz 17. ~ˌ**einˌtritt** *m* entry into the war. ~ˌ**einˌwir·kung** *f* enemy action. ~ˌ**en·de** *n* end of the war. ~**entˌschä·di·gung** *f* war indemnity; ~en *pl* reparations. ~**erˌklä·rung** *f* declaration of war. ~**erˌleb·nis** *n* wartime experience. ~ˌ**fackel** *(getr.* -k·k-) *f lit.* torch of war. ~ˌ**fall** *m* (im ~ in) case of war. ~ˌ**film** *m* war film. ~ˌ**flag·ge** *f* naval ensign. ~ˌ**flot·te** *f* navy, fleet, naval force.

ˈ**Kriegsˌfol·ge** *f meist pl* consequence of war. ~ˌ**la·sten** *pl* war-induced burdens. ~ˌ**scha·den** *m* war-induced damage.

ˈ**Kriegs|ˌfreiˌwil·li·ge** *m* ⟨-n; -n⟩ (war) volunteer. ~ˌ**fuß** *m* mit j-m auf (dem) ~ stehen *(od.* leben) be at daggers drawn with s. o.; *colloq.* mit e-r Sache *(der Orthographie etc)* auf (dem) ~ stehen be rather poor at s. th., have trouble with s. th. ~**geˌbiet** *n* combat area, war zone. ~**geˌfahr** *f* danger *(od.* threat, risk) of war. ~**geˌfan·ge·ne** *m* prisoner of war, P.O.W. ~**geˌfan·ge·nenˌla·ger** *n* prisoner-of-war *(a.* P.O.W.) camp. ~**geˌfan·gen·schaft** *f* (war) captivity; in ~ geraten be taken prisoner (of war); aus der ~ heimkehren return from captivity. ~ˌ**geg·ner** *m* 1. *(Feind) the* enemy. 2. pacifist. ~**geˌricht** *n* court martial; j-n vor ein ~ stellen try s. o. by court martial, court-martial s. o.; vor ein ~ kommen be court-martial(l)ed. 2**geˌricht·lich** *adv* by court martial. ~**geˌrücht** *n meist pl* rumo(u)r of war, talk about war. ~**geˌschrei** *n* war cry, *der Indianer*: war whoop. ~**geˌwinn** *m* war profit(s *pl*). ~**geˌwinn·ler** *m* ⟨-s; -⟩ *contp.* war profiteer. ~ˌ**glück** *n* a) fortune of war, b) *(Erfolg)* (military) success; das ~ wandte sich zu s-n Gunsten the tide of war turned in his favo(u)r. ~ˌ**gott** *m myth.* god of war, war-god. ~ˌ**göt·tin** *f* goddess of war, war-goddess. ~ˌ**grab** *n* war grave.

ˈ**Kriegsˌgrä·ber|ˌfriedˌhof** *m* military cemetery. ~ˌ**fürˌsor·ge** *f* 1. care of war graves. 2. War Graves Commission.

ˈ**Kriegs|ˌgreu·el** *pl* war atrocities. ~ˌ**ha·fen** *m* naval port. ~ˌ**handˌwerk** *n lit.* trade of war. ~ˌ**heer** *n* wartime army. ~ˌ**held** *m* war hero. ~ˌ**herr** *m* 1. commander; Oberster ~ commander-in-chief, supreme commander. 2. war-lord. ~ˌ**het·ze** *f* warmongering. ~ˌ**hin·terˌblie·be·ne** *m, f* ⟨-n; -n⟩ surviving dependent of a serviceman (who was killed in action), *pl a.* war widows and orphans. ~**in·duˌstrie** *f* war industry. ~**in·vaˌli·de** *m* → Kriegsbeschädigte. ~ˌ**jahr** *n* war year, year of (the) war. ~ˌ**jahrˌgang** *m* persons *pl* born in a war year. ~**ka·biˌnett** *n pol.* war cabinet. ~**ka·meˌrad** *m* fellow soldier (in the war), wartime comrade. ~ˌ**kind** *n* child born during the war, war baby. ~ˌ**ko·sten** *pl* war expenses, cost *sg* of war. ~ˌ**kunst** *f* art of war, military art, generalship. ~ˌ**la·ge** *f* military situation. ~ˌ**la·sten** *pl* burdens of war. ~**la·zaˌrett** *n* base hospital. ~ˌ**lied** *n* war song. ~ˌ**lie·fe·run·gen** *pl* war supplies. ~ˌ**list** *f a. fig.* stratagem. 2ˌ**lu·stig** *adj a. fig.* belligerent, bellicose. ~ˌ**macht** *f* 1. *(kriegführende Macht)* belligerent (power). 2. ⟨*only sg*⟩ a) *(Wehrmacht)* (military) forces *pl*, b) *(Stärke)* military power. ~**maˌri·ne** *f* navy. ~**ma·ˌschi·ne** *f* 1. *hist.* machine *(od.* engine) of war. 2. → ~**ma·schi·neˌrie** *f* machinery of war. 2ˌ**mä·ßig** *adj* wartime *(conditions, etc)*, warlike *(equipment, etc)*. ~**ma·te·riˌal** *n* war matériel *(od.* material). ~**miˌni·ster** *m hist. Br.* Secretary (of State) for War, War Secretary, *Am.* Secretary of War. ~**mi·niˌste·ri·um** *n Br.* War Office, *Am.* Department of War. 2ˌ**mü·de** *adj* war-weary. ~ˌ**mü·dig·keit** *f* war-weariness. ~**neuˌro·se** *f* war neurosis, battle *(od.* combat) fatigue. ~ˌ**op·fer** *n* war victim; ~rente *f* war pension; ~versorgung *f* relief payments and pensions *pl* to war victims. ~ˌ**pfad** *m der Indianer*: warpath; auf dem ~ sein *a. fig. colloq.* be on the warpath. ~ˌ**plan** *m* war *(od.* strategic) plan. ~**po·ten·tiˌal** *n* war potential, military resources *pl*. ~**psy·cho·se** *f* 1. war psychosis. 2. *weitS.* war fever. ~ˌ**rat** *m* ⟨-(e)s; *no pl*⟩ council of war; *fig. colloq.* ~ (ab)halten hold a council of war. ~ˌ**recht** *n jur.* 1. martial law. 2. *(Gebrauch)* custom of war. 3. law of war. ~ˌ**ri·si·ko** *n econ.* war risk. ~ˌ**ruf** *m* war cry. ~ˌ**ruhm** *m* military fame *(od.* glory). ~ˌ**rü·stung** *f* 1. preparation(s *pl*) for war. 2. *(Produktion)* arms production, armament(s *pl*). 3. war industry. ~ˌ**scha·den** *m* war damage. ~ˌ**scha-**

denˌren·te *f* war-damage pension. **~ˌschauˌplatz** *m* theat/re (*Am.* -er) of war. **~ˌschiff** *n* warship. **~ˌschuld** *f* **1.** *meist pl* war debt. **2.** ⟨*only sg*⟩ war guilt. **~ˌschuldˌfra·ge** *f* question of war guilt. **~ˌschu·le** *f hist.* military academy. **~ˌspiel** *n* **1.** war game, kriegspiel. **2.** *von Kindern*: game of soldiers. **~ˌstand** *m* ⟨-(e)s; *no pl*⟩, **~ˌstär·ke** *f* war strength, *e-s Landes*: war footing, *Br. a.* war establishment. **~ˌsteu·er** *f* war tax. **~ˌtanz** *m* war dance. **~ˌteilˌneh·mer** *m* **1.** (*Soldat*) combatant. **2.** (ehemaliger ~) ex-serviceman, *bes. Am.* (war) veteran. **3.** (*Land*) belligerent (nation). **~ˌtrau·ung** *f* wartime wedding. **≈ˌtüch·tig** *adj* combat-ready. **≈ˌunˌtaug·lich** *adj* unfit for active duty. **~verˌbre·chen** *n* war crime. **~verˌbre·cher** *m* war criminal. **~verˌbre·cher·proˌzeß** *m* war crimes trial. **~verˌlet·zung** *f* war injury. **~verˌlu·ste** *pl* war losses. **≈verˌsehrt** *adj* → kriegsbeschädigt. **~verˌsehr·te** *m* → Kriegsbeschädigte. **≈verˌwen·dungsˌfä·hig** *adj* fit for active duty, A 1. **~ˌvorˌrat** *m meist pl* war supplies *pl*. **~ˌwa·che** *f mar.* battle station. **~ˌwai·se** *f* war orphan. **~ˌwe·sen** *n* war(fare). **≈ˌwich·tig** *adj* **1.** *Material, Betrieb etc*: essential (*od.* vital) to the war effort. **2.** *Ziele, Anlage etc*: of military (*od.* strategic) importance, strategic; ~e Ziele military (*od.* strategic) targets. **~ˌwir·ren** *pl* turmoil *sg* (*od.* ravages) of war. **~ˌwirt·schaft** *f* wartime economy. **~ˌwis·sen·schaft** *f* military science. **~ˌzeit** *f* wartime; **in ~en** in time(s) of war. **≈zerˌstört** *adj* destroyed (*od.* ravaged) by war, war-worn. **~ˌziel** *n* (war) objective. **~ˌzug** *m* (military) expedition, campaign. **~ˌzuˌstand** *m* (state of) war; **im ~** at war. **~ˌzweck** *m* **für ~e** for purposes of war.

Kri·mi [ˈkriːmi; ˈkrɪmi] *m* ⟨-(s); -(s)⟩ *colloq.* **1.** (crime) thriller, *sl.* whodunit. **2.** *fig.* thriller.

kri·mi·nal [krimiˈnaːl] *adj jur.* criminal.

Kri·miˈnal|abˌteiˌlung *f* criminal investigation department (*od.* division), C.I.D. **~ˌamt** *n* (Central) Bureau of (Criminal) Investigation. **~as·siˌstent** *m* detective sergeant. **~beˌam·te** *m* ⟨-n; -n⟩ C.I.D. officer, detective, *a.* plain-clothesman.

Kri·miˈna·ler *m* ⟨-s; -⟩ *colloq. for* Kriminalbeamte.

Kri·miˈnal|ˌfall *m* criminal case. **~ˌfilm** *m* crime film; → *a.* Krimi 1. **~geˌschich·te** *f* crime story; → *a.* Krimi 1. **~inˌspek·tor** *m* detective inspector.

kri·mi·na·li·sie|ren [kriminaliˈziːrən] *v/t* ⟨*no* ge-, h⟩ criminalize. **≈rung** *f* ⟨-; *no pl*⟩ criminalization.

Kri·mi·na|list [kriminaˈlɪst] *m* ⟨-en; -en⟩ **1.** → Kriminalbeamte. **2.** (*Strafrechtler*) criminalist. **3.** criminologist. **~ˈli·stik** [-ˈlɪstɪk] *f* ⟨-; *no pl*⟩ criminalistics *pl* (*als sg konstruiert*), criminal science. **≈ˈli·stisch** *adj* detective('s ...), criminal investigation ..., crime-detection ... **~liˈtät** [-liˈtɛːt] *f* ⟨-; *no pl*⟩ **1.** (*Straffälligkeit*) criminality, delinquency. **2.** (*Zahl der Verbrechen, Verbrechertum*) crime; **ansteigende ~** increasing crime rate.

Kri·miˈnal|kom·misˌsar *m etwa*: chief inspector (C.I.D.), *Br. etwa*: (*Ober≈, Haupt≈*) detective superintendent, *Am.* captain of police. **~koˌmö·die** *f* comedy thriller. **~po·liˌzei** *f* **1.** detective (*od.* criminal, plain-clothes) police. **2.** criminal investigation department, C.I.D. **~po·liˌzist** *m* plain-clothes policeman, (police) detective. **~psy·choˌlo·ge** *m* criminal psychologist. **~psy·cho·loˌgie** *f* psychology of crime, criminal psychology. **~ˌrat** *m* chief detective superintendent. **~roˌman** *m* crime (*od.* detective, mystery) novel (*od.* story); → *a.* Krimi 1. **~roˌmanˌschrei·ber** *m* crime novelist. **~so·zio·loˌgie** *f* sociology of crime. **~ˌstrafˌkun·de** *f* penology. **~ˌstück** *n* detective (*od.* crime) play; → *a.* Krimi 1.

kri·mi·nell [krimiˈnɛl] *adj* criminal, *fig. colloq. a.* atrocious, awful. **Kri·miˈnel·le** *m, f* ⟨-n; -n⟩ criminal.

Kri·mi·no|lo·ge [kriminoˈloːgə] *m* ⟨-n; -n⟩ criminologist. **~loˈgie** [-loˈgiː] *f* ⟨-; *no pl*⟩ criminology. **≈ˈlo·gisch** [-ˈloːgɪʃ] *adj* criminologic(al).

ˈKrimˌkrieg, der *hist.* the Crimean War.

Krim·mer [ˈkrɪmər] *m* ⟨-s; -⟩ **1.** (*Pelz*) Karakul, lambskin, krimmer. **2.** *Textil.* imitation astrakhan, krimmer.

krim·pen [ˈkrɪmpən] *v/t* ⟨h⟩ *Textil.* crimp, shrink.

Krims·krams [ˈkrɪmsˌkrams] *m* ⟨-; *no pl*⟩ *colloq.* junk, rubbish, odds and ends *pl*.

Krin·gel [ˈkrɪŋəl] *m* ⟨-s; -⟩ *colloq.* **1.** *allg.* curl, ring. **2.** (*Schnörkel etc*) curlicue, squiggle. **3.** (*Gebäck*) cracknel. **ˈkrin·ge·lig** *adj colloq. Linien etc*: squiggly, *a. Haar*: curly; *fig.* **sich ~ lachen** (nearly) die with laughter. **ˈkrin·geln I** *v/t* ⟨h⟩ (*Linien etc*) squiggle, (*Rüssel, Schwanz*) curl (up). **II** *v/reflex* **sich ~** *Rauch*: curl, *Haar*: *a.* crinkle, *Schlange, Wurm etc*: coil up; *fig. colloq.* **sich (vor Lachen) ~** (nearly) die with laughter. **III ≈** *n* ⟨-s⟩ curling (*etc*); **es ist zum ≈** it's a (perfect) scream, it's a gas.

Kri·no·li·ne [krinoˈliːnə] *f* ⟨-; -n⟩ *hist. u. Textil.* crinoline.

Kri·po [ˈkriːpo] *f* ⟨-; *no pl*⟩ *colloq. for* Kriminalpolizei.

Krip·pe [ˈkrɪpə] *f* ⟨-; -n⟩ **1.** (*Futter≈*) crib, manger; *Bibl.* **und legte ihn in e-e ~** and laid him in a manger; *fig. colloq.* **an der ~ sitzen** be in clover, *Am. sl.* be on the gravy train. **2.** (*Weihnachts≈*) (Christmas) crib, *Am.* crèche. **3.** (*Kinder≈*) day nursery, crèche. **4.** *astr.* Manger. **5.** *civ. eng.* hurdlework, wickerwork.

ˈKrip·pen|fiˌgur *f relig.* crèche (*od.* nativity) figurine. **~ˌspiel** *n* Nativity play.

Kris [kriːs] *m* ⟨-es; -e⟩ (*Dolch*) kris(s).

Krisch·na [ˈkrɪʃna] *npr m* ⟨-; *no pl*⟩ *relig.* Krishna.

Kri·se [ˈkriːzə] *f* ⟨-; -n⟩ *a. thea.* crisis, *med. psych. a.* critical stage; **e-e ~ trat ein** a crisis developed; **die ~ spitzte sich zu** the crisis came to a head; **e-e ~ durchmachen** (*od.* **durchlaufen**) pass through a crisis; *med.* **ohne ~ verlaufend** acritical; **der ~ vorangehend** precritical; **von e-r ~** (*od.* **von ~n**) **heimgesucht** (*od.* **geschüttelt**) crisis-ridden. **kri·seln** [ˈkriːzəln] *v/impers* ⟨h⟩ **es kriselt** there is a crisis brewing; **in der Regierung kriselt es** there is a government crisis; **in dieser Ehe scheint es zu ~** they seem to be going through a crisis.

ˈkri·sen|ˌanˌfäl·lig, ~empˌfind·lich *adj* prone to crises, crisis-prone. **≈ˌanˌfäl·lig·keit** *f* proneness to crises, instability. **~ˌfest** *adj Währung etc*: stable, crisis-proof. **≈ˌfe·stig·keit** *f* stability. **≈ˌherd** *m* crisis (*od.* storm) cent/re (*Am.* -er), trouble spot. **≈ˌjahr** *n* year of crisis (*od.* crises). **~los** *adj med.* acritical. **≈ˌma·na·ge·ment** *n* crisis management. **≈ˌstab** *m pol.* crisis team (*od.* staff), emergency committee. **≈ˌzeit** *f* time of crisis, time(s *pl*) of stress.

Kri·sis [ˈkriːzɪs] *f* ⟨-; -sen⟩ *bes. med.* crisis.

kris·peln [ˈkrɪspəln] *v/t* ⟨h⟩ *tech.* (*Leder*) grain, board.

Kri·stall[1] [krɪsˈtal] *m* ⟨-(e)s; -e⟩ **1.** crystal; **~e bilden** form crystals, crystallize; *chem.* **~e enthaltend** cristalliferous; **~e ansetzen** effloresce; *lit.* **klar wie (ein) ~** (as) clear as crystal. **2.** *electr.* (*Detektor*) crystal, quartz. **Kriˈstall**[2] *n* ⟨-(e)s; *no pl*⟩ **1.** crystal (glass), cut glass. **2.** crystal (goods *pl*). **≈ˌähn·lich, ≈ˌar·tig** *adj* crystal(-like), crystalline, crystalloid. **~ˌbil·dung** *f* **1.** → Kristallisation. **2.** *von Zucker*: granulation. **~cheˌmie** *f* crystal chemistry. **~deˌtek·tor** *m* crystal detector. **~ˌdru·se** *f geol. min.* cluster of crystals, druse. **~ˌeis** *n* crystal ice.

kriˈstal·len *adj* crystalline, *a. fig.* crystal.

Kriˈstalleuch·ter (*getr.* -llˌl-) *m* crystal chandelier.

Kriˈstall|ˌflä·che *f min.* facet, crystal face. **~ˌform** *f* crystal(line) form. **≈ˌför·mig** *adj* crystalline, crystalloid. **~ˌglas** *n* crystal lead (*od.* glass). **≈ˌhal·tig** *adj* crystalliferous. **≈ˈhell** *adj* (as) clear as crystal, crystal(-clear), crystalline.

kri·stal·li·nisch [krɪstaˈliːnɪʃ] *adj bes. geol.* crystalline.

Kri·stal·li·sa·ti·on [krɪstalizaˈtsĭoːn] *f* ⟨-; -en⟩ crystallization.

kri·stal·li·sa·tiˈons|ˌfä·hig *adj* crystallizable. **≈ˌkern** *m* crystal nucleus, seed crystal.

Kri·stal·li·sa·tor [krɪstaliˈzaːtɔr] *m* ⟨-s; -en [-zaˈtoːrən]⟩ crystallizer.

kriˈstal·lisch *adj* crystalline.

kri·stal·li|ˈsier·bar *adj* crystallizable. **~sie·ren** [krɪstaliˈziːrən] *v/i u. v/reflex* **sich ~** ⟨*no* ge-, h⟩ **1.** crystallize, form into crystals. **2.** *Zucker*: sugar, candy. **3.** *fig.* take shape, crystallize. **≈ˈsie·rung** *f* ⟨-; -en⟩ crystallization.

Kri·stal·lit [krɪstaˈliːt; -ˈlɪt] *m* ⟨-s; -e⟩ *min.* crystallite.

kriˈstall|ˈklar *adj lit.* (as) clear as crystal, crystal(-clear). **≈ˌku·gel** *f* crystal ball. **≈mi·kroˌphon** *n* crystal microphone. **≈ˌnacht** *f pol. hist.* "Crystal Night", Kristallnacht. **≈ˌna·del** *f min.* acicula(r crystal).

Kri·stal·lo|graph [krɪstaloˈgraːf] *m* ⟨-en; -en⟩ crystallographer. **~graˈphie** [-graˈfiː] *f* ⟨-; *no pl*⟩ crystallography.

Kri·stal·lo·id [krɪstaloˈiːt] *n* ⟨-(e)s; -e⟩ crystalloid.

Kri·stal·lo·me·trie [krɪstalomeˈtriː] *f* ⟨-; *no pl*⟩ crystallometry.

Kriˈstall|ˌop·tik *f phys.* optical crystallology. **~phyˌsik** *f* physical crystallography. **~ˌso·da** *f, a. n chem.* sal (*od.* washing) soda, sodium carbonate. **~strukˌtur** *f* crystal(line) structure. **~ˌwa·ren** *pl* crystal goods (*od.* ware *sg*). **~ˌwas·ser** *n chem.* water of crystallization. **~ˌzucker** (*getr.* -k·k-) *m* (refined) sugar in crystals.

Kri·te·ri·um [kriˈteːrĭʊm] *n* ⟨-s; -rien⟩ **1.** criterion (**für** of). **2.** *math.* test. **3.** *Radsport*: circuit race.

Kri·tik [kriˈtiːk] *f* ⟨-; -en⟩ **1.** criticism; **über jede ~ erhaben** above criticism; **~ hervorrufen** cause comment; *philos.* „**~ der reinen Vernunft**" "Critique of Pure Reason" (*by Kant*); *colloq.* **unter aller** (*od.* **jeder**) **~** beneath (all) contempt, unspeakable. **2.** (*Rezension*) review, critique; **e-e ~ über ein Buch** (**Stück**) **schreiben** *a.* review a book (play); **der Film hatte e-e gute ~** the film had good reviews (*od.* a good press, write-up). **3.** ⟨*only sg*⟩ (*Tadel etc*) criticism, censure; ~ **üben an e-r Sache (j-m)** criticize s. th. (s. o.). **4.** *collect.* critics *pl*; **die ~ war sich darüber einig, daß** (the) critics agreed that. **Kri·ti·ka·ster** [kriti'kastər] *m* ⟨-s; -⟩ *contp.* criticaster, carper, cavil(l)er. **Kri·ti·ker** ['kri:tikər] *m* ⟨-s; -⟩ critic, (*Kunst*2, *Buch*2) *a.* reviewer.

kri'tik|los *adj* uncritical. **2lo·sig·keit** *f* ⟨-; *no pl*⟩ uncritical disposition (*od.* attitude, acceptance), lack of discrimination.

Kri·ti·kus ['kri:tikus] *m* ⟨-; -se⟩ *iro. and obs.* critic.

kri·tisch ['kri:tɪʃ] **I** *adj* **1.** *allg., a. Text etc*: critical (**gegenüber** of), (*fein urteilend*) *a.* discriminating, discerning. **2.** *fig.* (*bedenklich*) critical (*age, days, situation, etc*); *colloq.* **jetzt wird die Sache ~** it's getting critical now. **3.** *fig.* (*entscheidend*) critical, crucial (*hour, etc*). **4.** *math. phys.* critical. **II** *adv* **5.** critically; **e-r Sache ~ gegenüberstehen** be critical of s. th.

kri·ti'sier·bar *adj* criticizable, open to criticism. **kri·ti·sie·ren** [kriti'zi:rən] **I** *v/t* ⟨*no* ge-, h⟩ criticize, *tadelnd*: *a.* censure, (*Buch etc*) review. **II** *v/i* criticize.

Kri·ti·zis·mus [kriti'tsɪsmus] *m* ⟨-; *no pl*⟩ *philos.* criticism.

Krit·te'lei *f* ⟨-; -en⟩ *colloq.* carping, faultfinding, cavil(l)ing. **'Krit·te·ler** *m* ⟨-s; -⟩ carper, cavil(l)er. **'krit·te·lig** *adj* carping, faultfinding, cavil(l)ing. **krit·teln** ['krɪtəln] *v/i* ⟨h⟩ criticize, carp, cavil; ~ **an** (*dat*) (*od.* **über** *acc*) carp (*od.* cavil) at, find fault with.

Krit·zel ['krɪtsəl] *m* ⟨-s; -⟩ *colloq. meist pl* scrawl, hen scratch. **Krit·ze'lei** *f* ⟨-; -en⟩ scribble, scrawl(ing). **'krit·ze·lig** *adj* scribbly, scrawly. **'krit·zeln I** *v/i* ⟨h⟩ **1.** scribble, scrawl; **gedankenlos ~** (*malen*) doodle. **2.** *Feder*: scratch. **II** *v/t* **3.** scribble, scrawl.

krit·zen ['krɪtsən] *v/t* ⟨h⟩ *geol.* striate.

Kroa·te [kro'a:tə] *m* ⟨-n; -n⟩ Croat, Croatian. **kroa·tisch** [-'a:tɪʃ] *adj* Croatian.

kroch [krɔx] *1 u. 3 sg pret*, **krö·che** ['krœçə] *1 u. 3 sg pret subj of* **kriechen**.

Krocket (*getr.* **-k·k-**) ['krɔkət; krɔ'kɛt] *n* ⟨-s; -s⟩ croquet. ~**ˌham·mer,** ~**ˌschlä·ger** *m* (croquet) mallet. ~**ˌspiel** *n* **1.** croquet set. **2.** (game of) croquet.

Kro·kant [kro'kant] *m* ⟨-(e)s; *no pl*⟩ *gastr.* (almond-based) brittle.

Kro·ket·te [kro'kɛtə] *f* ⟨-; -n⟩ *gastr.* croquette.

Kro·ki [kro'ki:] *n* ⟨-s; -s⟩ sketch (map *od.* plan). **kro'kie·ren** [-'ki:rən] *v/t* ⟨*no* ge-, h⟩ sketch, make a sketch of.

Kro·ko ['kro:ko] *n* ⟨-s; *no pl*⟩ *econ. colloq. for* **Krokodil** 2.

Kro·ko·dil [kroko'di:l] *n* ⟨-s; -e⟩ **1.** *zo.* crocodile. **2.** *econ.* crocodile (skin *od.* leather), alligator (skin). ~**ˌhaut** *f*, ~**ˌle·der** *n* → **Krokodil** 2. ~**ˌschluß** *m philos.* crocodile (paradox).

Kro·ko'dils·trä·nen *pl* crocodile (*od.* false) tears; (**ein paar**) ~ **vergießen** (*od.* **weinen**) *a.* squeeze a tear.

'Kro·koˌle·der *n* → **Krokodil** 2.

Kro·kus ['kro:kus] *m* ⟨-; - *u.* -se⟩ *bot.* crocus.

'Kron|ˌanˌwalt *m* **1.** *hist.* → **Staatsanwalt**. **2.** *in England*: Public Prosecutor, Director of Public Prosecutions, *als Ehrentitel*: Queen's (*od.* King's) Counsel; **erster ~** the Attorney General; **zweiter ~** a) the Solicitor General, b) *in Schottland*: the Lord Advocate. ~**beˌam·te** *m* officer of the Crown. ~**ˌbein** *n vet.* coronal bone. ~**ˌblatt** *n bot.* petal.

Krön·chen ['krø:nçən] *n* ⟨-s; -⟩ coronet (*a. orn.*), (*Brautschmuck*) crown, bridal tiara.

Kro·ne ['kro:nə] *f* ⟨-; -n⟩ **1.** crown (*a. her.*), (*Adels*2) coronet, (*Papst*2) tiara; **sich** (*dat*) **die ~ aufsetzen** a) put on the crown, b) *fig.* make o. s. ruler; **die ~ erlangen** come to the crown (*od.* throne); **die ~ niederlegen** give up the throne, abdicate. **2.** *fig.* **die ~** the Crown; **im Besitz der ~** owned by the Crown. **3.** *fig.* (*das Höchste*) crown; **die ~ der Schöpfung** the pride (*od.* crown) of creation; **die ~ des Lebens** the crown of life; **die ~ aller Frauen** the pearl (*od.* paragon) of womanhood; *colloq.* **das war die ~ der Dummheit** that was the peak of stupidity; **das setzt allem die ~ auf!** that beats everything!, that's the last straw! **4.** *fig. colloq.* **der Sieg ist ihm in die ~ gestiegen** the victory has gone to his head; **was ist dir (denn) in die ~ gefahren?** what's got into you?, *Am. a.* what's eating (*od.* bugging) you?; **e-n in der ~ haben** be tight (*od.* sloshed). **5.** (*Kopfschmuck*) coronet. **6.** *e-r Uhr, Glocke etc*: cannon, crown. **7.** (*Zahn*2, *a. künstliche*) crown. **8.** a) (*Baum*2) crown, top, b) *e-r Blume*: head, corolla. **9.** *orn.* crest. **10.** (*Damm*2) crest, top, crown, *a. e-r Mauer*: coping. **11.** *vet.* (*Huf*2) coronet. **12.** *tech.* (*Bohr*2) bit, crown. **13.** (*Leuchter*) chandelier. **14.** *astr.* **Nördliche ~** Northern Crown, Corona Borealis; **Südliche ~** Southern Crown, Corona Australis. **15.** *hunt.* crown (antlers *pl*). **16.** (*Währungseinheit*) crown. **17.** *e-s Edelsteins*: crown, pavilion. **18.** *mar.* (*Knoten*) crown.

krö·nen ['krø:nən] *v/t* ⟨h⟩ **1.** crown; **j-n zum König ~** crown s. o. king; **gekrönte Häupter** crowned heads. **2.** *fig.* crown, cap, top, (*den Höhepunkt bilden von*) *a.* climax, be the highlight (*colloq.* high spot) of; **vom Erfolg gekrönt** crowned with success.

'Kro·nen|ˌaufˌzug *m der Uhr*: stem-winding. ~**ˌblatt** *n* → **Kronblatt**. ~**ˌboh·rer** *m tech.* crown drill. ~**ˌdach** *n* high-pitched roof. ~**ˌkork,** ~**ˌkor·ken** *m* crown cork. ~**ˌmut·ter** *f tech.* castle nut. ~**ˌor·den** *m hist.* Order of the Crown. **2ˌtra·gend** *adj* **1.** crowned. **2.** *bot.* corollate(d). ~**verˌschluß** *m e-r Flasche*: crown cap.

'Kron|ˌer·be *m* heir to the crown. ~**ˌglas** *n opt.* crown glass. ~**ˌgut** *n* crown land, royal demesne. ~**inˌsi·gni·en** *pl* regalia, insignia of royalty. ~**juˌwe·len** *pl* crown jewels. ~**ko·loˌnie** *f* crown colony. ~**ˌland** *n* **1.** → **Krongut**. **2.** *hist. Austrian* province, crown land. ~**ˌle·hen,** ~**ˌlehn** *n hist.* fief of the crown.

Krön·lein ['krø:nlaɪn] *n* ⟨-s; -⟩ → **Krönchen**.

'Kronˌleuch·ter *m* chandelier, *mit Glasbehang*: lust/re (*Am.* -er).

Kro·nos ['kro:nɔs] *npr m* ⟨-; *no pl*⟩ *myth.* Cronus, Cronos.

'Kron|ˌprinz *m* crown prince (*a. fig.*), prince royal, *in Großbritannien*: Prince of Wales, *e-s Imperiums*: Prince Imperial. ~**prinˌzes·sin** *f* crown princess, princess royal, *in Großbritannien*: Princess of Wales. ~**ˌrat, Ge'hei·mer** *m* crown council, *a.* Privy Council. ~**ˌrecht,** ~**reˌgal** *n* royal prerogative. ~**ˌschatz** *m* royal treasure(s *pl*).

'Krö·nung *f* ⟨-; -en⟩ **1.** a) crowning, coronation, b) → **Krönungsfeier** (-lichkeiten). **2.** *fig.* crowning (event), climax, high point, highlight, consummation; **die ~ s-r Laufbahn** the high point of his career; **die ~ all unserer Anstrengungen** the crowning of all our efforts; **die ~ des Abends** the crowning event (*od.* highlight, *colloq.* high spot) of the evening. **3.** *arch.* copestone.

'Krö·nungs|ˌeid *m* coronation oath. ~**ˌfei·er** *f* coronation (ceremony). ~**ˌfei·er·lich·kei·ten** *pl* coronation ceremonies (*od.* festivities). ~**orˌnat** *m* coronation robes *pl*. ~**ˌstein** *m Br. hist.* Coronation Stone. ~**ˌtag** *m* coronation day.

'Kron|vaˌsall *m hist.* tenant in chief. ~**ˌzeu·ge** *m jur.* **1.** (*Hauptzeuge*) chief (*od.* principal) witness. **2.** (*geständiger Mittäter*) (person who turns) Queen's (*od.* King's, *Am.* State's) evidence.

Kropf [krɔpf] *m* ⟨-(e)s; ⸚e⟩ **1.** *med.* goit/re (*Am.* -er) (*a. vet.*), struma, *obs. od. colloq.* wen; *colloq.* **unnötig wie ein ~** as useful as a hole in the head. **2.** *orn.* crop, craw, ingluvies; **den ~ aufblasen** swell (*od.* puff out) the crop. **3.** *des Getreides*: knot, *der Rüben*: clubroot. **4.** *tech. e-s Papierholländers*: backfall. **5.** → **Kröpfung** 3. **2ˌar·tig** *adj* goitrous. ~**ˌei·sen** *n tech.* devil's claw.

kröp·fen ['krœpfən] **I** *v/i* ⟨h⟩ **1.** *Raubvögel*: gorge, feed. **II** *v/t* **2.** (*Gans*) cram, stuff. **3.** *tech.* crank, offset, bend at right angles. **4.** *arch.* return, mo(u)ld. **III** 2 *n* ⟨-s⟩ **5.** gorging (*etc*). **6.** → **Kröpfung**.

'krop·fig, 'kröp·fig *adj* **1.** *med.* goitrous, strumose. **2.** *bot.* strumose, (*verkümmert*) stunted.

'Kropf|ˌkran·ke *m, f* ⟨-n; -n⟩ goitrous person. ~**ope·ra·tiˌon** *f* goit/re (*Am.* -er) operation, thyroidectomy.

'Kropfˌstein, 'Kröpfˌstein *m arch.* quoin, cornerstone.

'Kropfˌtau·be *f* cropper, pouter (pigeon).

'Kröp·fung *f* ⟨-; *no pl*⟩ **1.** → **kröpfen** 5. **2.** *tech. e-r Achse etc*: crank, offset, *e-r Kurbelwelle*: throw, crank. **3.** *arch.* return, corner mo(u)lding.

'Kroppˌzeug ['krɔp-] *n* ⟨-(e)s; *no pl*⟩ *colloq.* **1.** *contp.* (*Gesindel*) riffraff. **2.** (*Kleinvieh*) small (*od.* stunted) animals *pl*. **3.** *humor.* (*kleine Kinder*) small fry, brats *pl*.

Krö·sus ['krø:zus] **I** *npr m* ⟨-; *no pl*⟩ *hist.* Croesus. **II** *m* ⟨-; -se⟩ *fig.* Croesus, nabob; **sich als ~ fühlen** feel like a millionaire.

Krö·te ['krø:tə] *f* ⟨-; -n⟩ **1.** *zo.* toad. **2.** *fig. colloq. contp.* (*Person*) toad; **e-e giftige ~** a nasty creature, a real cobra; **kleine ~** a) (*Kind*) brat, (little) tot, b) (*kleines Mädchen*) little minx. **3.** *pl fig. colloq.* (*Geld*) dough *sg*, pennies; **nur ein paar ~n** just a few coppers (*Am.* cents).

'Krö·ten|ˌech·se *f* horned toad. ~**ˌgift** *n chem.* bufotoxin. ~**ˌlar·ve** *f* tadpole. ~**ˌstein** *m* **1.** (*Amulett*) toadstone. **2.** *min.* batrachite. ~**ˌtest** *m med.* frog test.

Kro·ton ['kro:tɔn] *m* ⟨-s; -e [kro'to:nə]⟩ *bot.* croton. ~**ˌsäu·re** *f chem.* crotonic acid.

Krucke (*getr.* **-k·k-**) ['krukə] *f* ⟨-; -n⟩ *meist pl* horn(s *pl*) of the chamois.

Krücke (*getr.* **-k·k-**) ['krʏkə] *f* ⟨-; -n⟩ **1.** crutch; **an** (*od.* **auf**) ~**n gehen** *a. fig.* walk on crutches. **2.** *pl fig. colloq.* (*Beine*) legs. **3.** (*Stock*2 *etc*) crook. **4.** *tech. metall., a. des Croupiers*: rake, *Brauerei*: *a.* oar. **5.** *colloq. contp.* twerp, bum; **komische ~** odd fish, *Am.* screwball.

'krückenˌför·mig (*getr.* **-k·k-**) *adj* **1.** crutch-shaped, Y- (*od.* T-)shaped. **2.** *her. Kreuz*: potent. **'Krückˌstock** *m* walking stick.

Krug [kru:k] *m* ⟨-(e)s; ⸚e⟩ **1.** jug, (*bes. großer ~ od. Am.*) pitcher, (*Bier*2) (beer) mug, stein, (*Wein*2) flagon, *relig. für Wein u. Wasser*: ampulla; **ein ~ (mit)**

Wasser a jug of (*od.* with) water; ein ~ (mit) Bier a mug (*od.* pot) of beer; der ~ geht so lange zum Brunnen (*od.* zu Wasser), bis er bricht the pitcher that goes too often to the well gets broken. 2. *dial.* inn, pub, tavern.

Kru·ke [ˈkruːkə] *f* ⟨-; -n⟩ *dial.* **1.** stone jug (*od.* jar). **2.** *fig. colloq.* → Krücke 5.

ˈKrüll|ˌhaar [ˈkrʏl-] *n* curled (horse)hair. **~ˌschnitt** *m* (*Tabak*) shag.

Krüm·chen [ˈkryːmçən] *n* ⟨-s; -⟩ **1.** (small) crumb. **2.** *fig. colloq.* (a) little (*od.* wee) bit.

Kru·me [ˈkruːmə] *f* ⟨-; -n⟩ **1.** → Krümel. **2.** (*Acker*≙) topsoil, surface soil, mo(u)ld.

Krü·mel [ˈkryːməl] *m* ⟨-s; -⟩ crumb; voller ~ crumby. **~ˌeg·ge** *f agr.* pulverizer.

ˈkrü·me·lig *adj* crumbly, *Sandstein etc*: friable. **ˈkrü·meln** *v/i u. v/t* ⟨h⟩ crumble.

krumm [krʊm] **I** *adj* ⟨-er, *dial. a.* ⸚er; -st, *dial. a.* ⸚st⟩ **1.** (*gebogen*) crooked, bent, (*hakenförmig*) hooked, (*geschweift, gekrümmt*) curved, (*verdreht, verbogen*) twisted, awry, out of shape; ~er Nagel crooked nail; ~e Beine crooked legs (→ *a.* krummbeinig, O-Beine, X-Beine); e-e ~e Nase a hooked nose; ~e Haltung stoop; ~er Schnabel curved beak; et. ~ biegen bend s. th.; ~ werden a) bend, curve, *Holz*: warp, b) *a.* ~ und schief werden become (bent and) crooked, *vor Alter*: be bowed down with age; die Mauer ist ~ und schief the wall is all lopsided; *fig. colloq.* j-n ~ und lahm schlagen beat s. o. to a jelly; *fig. contp.* du ~er Hund! you dirty dog!; → Finger *Bes. Redewendungen.* **2.** *fig. colloq.* (*unredlich*) crooked; ein ~es Geschäft a crooked deal; ~e Sache, ~e Tour crooked business; ein ~es Ding drehen *sl.* pull a job; ~e Finger machen pinch s. th.; ~e Wege gehen pursue crooked ways. **3.** *fig. colloq.* *Betrag etc*: odd, broken. **II** *adv* **4.** ~ gewachsen crooked; ~ gehen slouch, (walk with a) stoop; sich ~ halten, ~ sitzen stoop, slouch; sitz nicht so ~! sit up straight!; *fig. colloq.* j-n ~ ansehen give s. o. a black look. **~ˌbei·nig** *adj* having crooked legs, (*O-beinig*) bow-legged, bandy-legged, (*X-beinig*) knock-kneed. **≙ˌdarm** *m anat.* ileum.

krüm·men [ˈkrʏmən] **I** *v/t* ⟨h⟩ **1.** bend (*a. tech.*), crook; s-n Finger um den Abzug ~ hook one's finger around the trigger; s-n Rücken ~ a) *a. Katze*: arch one's back, b) *fig. colloq.* bow and scrape; → Haar 2. **II** *v/reflex* sich ~ **2.** (*krumm werden*) bend (unter e-r Last under a burden), become (*od.* get) bent (*od.* crooked). **3.** (*sich winden*) writhe; sich ~ und winden a) *vor Schmerzen*: writhe (with pain), b) *fig. colloq.* (*Ausreden suchen*) wriggle and writhe; sich vor Verlegenheit ~ squirm (*od.* writhe) (with embarrassment); sich ~ vor Lachen double up (*od.* be convulsed) with laughter; → Häkchen 2. **4.** *Straße etc*: bend, curve, turn, *Fluß etc*: bend, wind, meander. **5.** *Wurm*: turn, wriggle. **6.** *metall. Stahl etc*: buckle, warp, *Walzgut*: collar. **III** ≙ *n* ⟨-s⟩ **7.** bending (*etc*). **8.** → Krümmung.

ˈKrüm·mer *m* ⟨-s; -⟩ **1.** *tech.* (*Rohrstück*) elbow, (pipe) bend, knee(piece), (*Träger*) bent beam. **2.** *mot.* manifold.

ˈKrumm|ˌholz *n* **1.** knee timber. **2.** *tech.* arched (*od.* bent) beam (*od.* timber). **~ˌhorn** *n mus.* **1.** *hist.* krummhorn. **2.** (*Orgelregister*) cromorna. **≙ˌla·chen** *v/reflex* ⟨*sep*, -ge-, h⟩ sich ~, sich krumm- und schieflachen *fig. colloq.* double up (*od.* die, split one's sides) with laughter. **≙ˌle·gen** *v/reflex* ⟨*sep*, -ge-, h⟩ sich ~, **≙ˌlie·gen** *v/i* ⟨*irr, sep*, -ge-, h *u.* sein⟩ *fig. colloq.* wir müssen krummliegen (*od.* uns krummlegen) we have to pinch and scrape. **≙ˌli·nig** [-ˌliːnɪç] *adj math.* curvilinear, curved. **≙ˌna·sig** [-ˌnaːzɪç] *adj* hook-nosed. **≙ˌneh·men** *v/t* ⟨*irr, sep*, -ge-, h⟩ *fig. colloq.* take *s. th.* amiss, take offen/ce (*Am.* -se) at *s. th.* **~ˌsä·bel** *m hist.* scimitar. **~ˌschwert** *n hist.* falchion. **~ˌstab** *m* **1.** shepherd's crook. **2.** *R. C.* crosier, crook.

ˈKrüm·mung *f* ⟨-; -en⟩ **1.** → krümmen 7. **2.** *allg.* (*a. Straßen*≙ *etc*) bend, curve, (*Fluß*≙) bend, (*Windung*) turn, winding, twist. **3.** *arch.* (*Bogen*≙ *etc*) curve. **4.** *geogr. math. mil. phys.* curvature; ~ der Erde (earth) curvature. **5.** *tech.* curvature, *senkrechte*: camber, *seitliche*: sweep, (*Rohr*≙) bend. **6.** *med. e-s Glieds, Gelenks*: flexion, *der Wirbelsäule*: curvature.

ˈKrüm·mungs|beˌwe·gung *f bot.* tropism. **~ˌkreis** *m math.* circle of curvature. **~ˌmit·telˌpunkt** *m* cent/re (*Am.* -er) of curvature. **~ˌra·di·us** *m math.* radius of curvature.

ˈkrumpfˌecht *adj Textil.* shrinkproof, nonshrinkable. **krump·fen** [ˈkrʊmpfən] *v/i* ⟨sein⟩ *u. v/t* ⟨h⟩ (pre)shrink.

Krupp [krʊp] *m* ⟨-s; *no pl*⟩ *med. vet.* croup.

Krup·pa·de [krʊˈpaːdə] *f* ⟨-; -n⟩ *Schulreiten*: croupade.

Krup·pe [ˈkrʊpə] *f* ⟨-; -n⟩ *des Pferdes*: croup.

Krüp·pel [ˈkrʏpəl] *m* ⟨-s; -⟩ **1.** cripple; zum ~ machen cripple, maim; j-n zum ~ schlagen beat s. o. up and cripple him; zum ~ werden be crippled. **2.** *fig. vulg.* bastard. **ˈkrüp·pel·haft, ˈkrüp·pe·lig** *adj* crippled, deformed, *Baum etc*: stunted. **ˈKrüp·pelˌwuchs** *m* crippled (*e-s Baums*: stunted) growth.

Kru·sta·de [krʊsˈtaːdə] *f* ⟨-; -n⟩ *gastr.* croustade.

Kru·ste [ˈkrʊstə] *f* ⟨-; -n⟩ **1.** (*Brot*≙ *etc*) crust, *e-s Bratens*: *a.* crackling. **2.** (*Schmutz*≙, *Eis*≙ *etc*) crust; *in Röhren, Kesseln etc*: cake, incrustation. **3.** *metall. auf Guß*: oxide layer. **4.** *med. e-r Wunde*: crust, scab, eschar. **5.** *geol.* (*Erd*≙) crust.

ˈKru·sten|ˌbil·dung *f* incrustation. **≙ˌscha·lig** [-ˌʃaːlɪç] *adj* crustaceous. **~ˌtier** *n* crustacean.

ˈkru·stig *adj* crusty, *Wunde*: *a.* scurfy, scabby.

Kru·zi·fix [krutsiˈfɪks; ˈkruː-] **I** *n* ⟨-es; -e⟩ *relig.* crucifix. **II** *interj* → **Kru·zi·tür·ken** [ˈkruːtsiˈtʏrkən] *interj* damn it!, (bloody) hell!

Kryo... [kryo...] *in Zssgn* cryo... (*biology, surgery, etc*).

kryo·gen [kryoˈgeːn] *adj chem. geol. phys.* cryogenic. **Kryoˈge·nik** [-nɪk] *f* ⟨-; *no pl*⟩ cryogenics *pl* (*meist als sg konstruiert*).

Kryo·lith [kryoˈliːt; -ˈlɪt] *m* ⟨-s *od.* -en; -e(n)⟩ *min.* cryolite.

Kryp·ta [ˈkrʏpta] *f* ⟨-; -ten⟩ *anat. arch.* crypt.

kryp·to|gam [krʏptoˈgaːm] *adj bot.* cryptogamic(al), cryptogamous. **≙ˈga·me** *f* ⟨-; -n⟩ cryptogam. **≙gaˈmie** [-gaˈmiː] *f* ⟨-; *no pl*⟩ cryptogamy. **~ˈgen** [-ˈgeːn], **~ge'ne·tisch** [-geˈneːtɪʃ] *adj med.* cryptogenic. **≙ˈgramm** [-ˈgram] *n* ⟨-s; -e⟩ cryptogram. **≙ˈgraph** [-ˈgraːf] *m* ⟨-en; -en⟩ *obs.* **1.** (*Person*) cryptographer. **2.** cryptograph. **≙graˈphie** [-graˈfiː] *f* ⟨-; *no pl*⟩ cryptography. **~ˈgra·phisch** [-ˈgraːfɪʃ] *adj* cryptographic.

Kryp·ton [ˈkrʏptɔn] *n* ⟨-s; *no pl*⟩ *chem.* krypton.

Kryp·to·nym [krʏptoˈnyːm] *n* ⟨-s; -e⟩ cryptonym.

kte·no·id [ktenoˈiːt] *adj ichth.* ctenoid.

Ku·ba·ner [kuˈbaːnər] *m* ⟨-s; -⟩, **kuˈba·nisch** *adj* Cuban.

Ku·ba·tur [kubaˈtuːr] *f* ⟨-; *no pl*⟩ *math.* cubature, cubage.

Ku·be·be [kuˈbeːbə] *f* ⟨-; -n⟩ *bot. pharm.* cubeb, Java pepper.

Kü·bel [ˈkyːbəl] *m* ⟨-s; -⟩ **1.** (*Trog*) tub, (*Bottich*) vat, (*Eimer*) pail, bucket; *fig. colloq.* es gießt wie mit (*od.* aus) ~n it's raining cats and dogs, it's pouring (in buckets); *fig.* ~ voll Schmutz über j-n ausgießen heap insults and abuse on s. o., sling mud at s. o. **2.** *tech.* bucket, skip. **3.** → Kübelwagen. **~ˌpflan·ze** *f* tub plant. **~ˌsitz** *m mot.* bucket seat. **~ˌwa·gen** *m* **1.** *rail.* bucket car. **2.** *tech.* skip car. **3.** *mot.* jeep.

ku·bie·ren [kuˈbiːrən] **I** *v/t* ⟨*no* ge-, h⟩ *math.* cube, raise (*number*) to the cube. **II** ≙ *n* ⟨-s⟩ → **Kuˈbie·rung** *f* ⟨-; *no pl*⟩ cubature, cubage.

Ku·bik... [kuˈbiːk...] *in Zssgn* cubic (*decimetre, foot, etc*). **~ˌinˌhalt** *m* **1.** *math.* cubic content. **2.** shipping volume. **~ˌmaß** *n* **1.** *math.* cubic measure. **2.** *Holz*: board measure. **~ˌwur·zel** *f* cube root. **~ˌzahl** *f* cube (number).

ku·bisch [ˈkuːbɪʃ] *adj* cubic(al).

Ku·bis·mus [kuˈbɪsmʊs] *m* ⟨-; *no pl*⟩ *Kunst*: cubism. **Kuˈbist** [-ˈbɪst] *m* ⟨-en; -en⟩ cubist. **kuˈbi·stisch** *adj* cubist(ic).

ku·bi·tal [kubiˈtaːl] *adj anat.* cubital.

Ku·bus [ˈkuːbʊs] *m* ⟨-; -ben⟩ *math.* a) cube, b) cube, third power.

Kü·che [ˈkʏçə] *f* ⟨-; -n⟩ **1.** kitchen; kleine ~ kitchenette; die ~ besorgen a) look after the kitchen, b) do the cooking; e-e gute ~ führen keep a good table; *fig. colloq.* in (des) Teufels ~ geraten (*od.* kommen) get into trouble (*od.* an awful mess), get it in the neck. **2.** (*Kost*) meal, dish; kalte ~ cold meal(s *pl*), cold meat(s *pl*); kalte und warme ~ zu jeder Tageszeit hot and cold meals at any time of the day. **3.** (*Kochkunst*) (*French, etc*) cooking, cuisine; (gut)bürgerliche ~ plain cooking. **4.** *aer. mar.* galley, *aer. a.* pantry. **5.** *mil.* cookhouse.

Ku·chen [ˈkuːxən] *m* ⟨-s; -⟩ **1.** cake, (*Feingebäck*) pastry, (*bes. Obst*≙) tart, pie; ein Stück ~ a piece of cake; ein Stück des ~s (abbekommen) *a. fig.* (get) a slice of the cake; *fig. colloq.* ja ~! nothing doing!, my foot!, my eye! **2.** *metall.* cake, pig. **3.** *Bienenzucht*: honeycomb.

ˈKü·chen|ˌabˌfall *m meist pl* kitchen waste (*od.* refuse), rubbish, *bes. Am.* garbage. **~arˌti·kel** *pl* kitchenware *sg.*

ˈKu·chenˌbäcker (*getr.* -k·k-) *m* pastry-cook.

ˈKü·chen·beˌnut·zung *f* mit ~ with kitchen privileges.

ˈKu·chen|ˌblech *n* baking sheet (*od.* tin). **~ˌbrett** *n* pastry board. **~ˌbrot** *n* sweet loaf, cake bread. **~ˌbröt·chen** *n* bun.

ˈKü·chen|ˌbul·le *m mil. colloq. for* Küchenunteroffizier. **~ˌchef** *m* chef (de cuisine). **~ˌdienst** *m mil.* cookhouse fatigues *pl*, *Am.* kitchen police, K. P. **~ˌeinˌrich·tung** *f* kitchen furniture and fittings *pl.* **~ˌfee** *f humor.* cook.

ˈku·chen|ˌfer·tig *adj* ~es Mehl self-raising flour. **≙ˌform** *f* cake tin, cake mo(u)ld. **≙ˌga·bel** *f* pastry fork.

ˈKü·chen|ˌgar·ten *m* kitchen garden. **~geˌrät** *n meist pl* kitchen utensil, (*bes. Maschine*) kitchen appliance. **~geˌruch** *m* kitchen smell. **~geˌschirr** *n* kitchen crockery, kitchenware, pots and pans *pl*, kitchen utensils (*od.* things) *pl.* **~ˌhandˌtuch** *n* kitchen towel.

ˈKu·chenˌhe·ber *m* cake slice (*od.* server).
ˈKü·chen|ˌherd *m* kitchen range; **elektrischer ~** electric range (*od.* cooker). **~ˌhil·fe** *f* kitchen help. **~ˌjun·ge** *m* kitchen boy. **~ˌkraut** *n meist pl* potherb. **~laˌtein** *n humor. colloq.* dog Latin. **~ˌmäd·chen** *n*, **~ˌmagd** *f* kitchenmaid. **~maˌschi·ne** *f* (electric) kitchen appliance (*od.* machine), (electric) mixer. **~ˌmei·ster** *m* **1.** → **Küchenchef. 2.** kitchen (*od.* catering) manager, *in Klöstern*: kitchener; → **Schmalhans. ~ˌmes·ser** *n* kitchen knife. **~ˌmö·bel** *pl* kitchen furniture *sg.* **~or·donˌnanz** *f mar. mil.* mess orderly. **~per·soˌnal** *n* kitchen personnel.
ˈKu·chenˌplat·te *f* cake dish, cake plate.
ˈKü·chen|ˌscha·be *f zo.* oriental cockroach, *bes. Br.* blackbeetle. **~ˌschel·le** *f bot.* pasque-flower. **~ˌschrank** *m* (kitchen) cupboard, kitchen cabinet (*od.* dresser).
ˈKu·chen|ˌteig *m* cake mixture (*od.* dough). **~ˌtel·ler** *m* cake (*od.* dessert) plate.
ˈKü·chen|ˌuhr *f* kitchen clock, (*Kurzzeitmesser*) (kitchen) timer. **~ˌun·ter·of·fiˌzier** *m* cook (*Am.* mess) sergeant. **~ˌwaa·ge** *f* kitchen scales *pl.* **~ˌwa·gen** *m* mobile kitchen.
ˈKu·chenˌzan·ge *f* cake tongs *pl* (*a. als sg konstruiert*).
ˈKü·chenˌzet·tel *m* menu, bill of fare.
Küch·lein [ˈkyːçlaɪn] *n* ⟨-s; -⟩ *poet.* chick.
Kücken (*getr.* **-k·k-**) [ˈkykən] *n* ⟨-s; -⟩ → **Küken.**
Kuckuck (*getr.* **-k·k-**) [ˈkukuk] **I** *m* ⟨-s; -e⟩ **1.** *orn.* cuckoo; *fig. colloq.* **zum ~!** damn it!; **wo (wie, wer) zum ~?** where (how, who) the devil (*od.* hell)?; **geh zum ~!, hol dich der ~!, scher dich zum ~!** go to hell (*od.* blazes)!, beat it!; **weiß der ~, wo er ist** goodness (*od.* God) knows where he is; **das ganze Geld ist zum ~** all the money is gone; → *a.* **Teufel. 2.** *humor.* (*Pfandsiegel*) bailiff's stamp. **II** 2 *interj* **3.** cuckoo! **4.** *Kindersprache*: peekaboo!
ˈKuckucks|ei (*getr.* **-k·k-**) *n* cuckoo's egg. **~ˌruf** *m* cuckoo call. **~ˌuhr** *f* cuckoo clock.
Kud·del·mud·del [ˈkudəlˈmudəl] *n, m* ⟨-s; *no pl*⟩ *colloq.* mix-up, muddle, mess, *von Dingen*: jumble, muddle.
Ku·fe[1] [ˈkuːfə] *f* ⟨-; -n⟩ (*Schlitten*2 *etc*) runner, *aer.* skid, (*Wiegen*2) rocker.
ˈKu·fe[2] *f* ⟨-; -n⟩ (*Faß*) tub, vat.
Kü·fer [ˈkyːfər] *m* ⟨-s; -⟩ **1.** (*Kellermeister*) cellarman. **2.** (*Böttcher*) cooper.
Kü·fe'rei *f* ⟨-; -en⟩ cooperage, (*Werkstatt*) *a.* cooper's shop.
Ku·gel [ˈkuːgəl] *f* ⟨-; -n⟩ **1.** ball (*a. tech.*). **2.** (*Gewehr*2, *Pistolen*2 *etc*) bullet, *hist.* (*Kanonen*2) (cannon)ball, shot, (*Schrotkorn*) pellet, shot; **e-e verirrte ~** a stray bullet; **von ~n durchlöchert** (*od.* **durchsiebt**) riddled with bullets; **sich** (*dat*) **e-e ~ durch den Kopf jagen** (*od.* **schießen**) put a bullet through one's head, blow one's brains out. **3.** *astr. geogr. math.* sphere, (*Globus*) *a.* globe; **die Erde ist e-e ~** the earth is a sphere. **4.** (*Thermometer*2) bulb. **5.** *anat.* (*Gelenkkopf*) head. **6.** *gastr.* (*Fleischstück aus der Keule*) thick flank. **7.** a) (roulette) ball, b) → **Murmel; im Kasino rollt wieder die ~** the roulette wheels are spinning again in the casino. **8.** *Sport*: *Kugelstoßen*: shot, weight, (*Kegel*2) skittles (*od.* bowling) ball, (*Billard*2, *Krocket*2 *etc, colloq. a. Fußball*) ball; **die ~ stoßen** put the shot; **e-e ~ schieben** bowl a ball; *fig. colloq.* **e-e ruhige ~ schieben** lead a cushy life, have a soft job. **9.** *arch.* (*Pfeiler*2) balloon, *auf e-r Turmspitze*: ball, globe. **10.** *her.* bezant, roundel; **schwarze ~** pellet. **~ˌab·ˌschnitt** *m math.* spherical segment. **~anˌten·ne** *f* isotropic aerial (*Am.* antenna), *Am. a.* unipole. **~bakˌte·ri·en** *pl* cocci, spherical bacteria. **~ˌbaum** *m* roundtopped tree. **~ˌblitz** *m* ball (*Am.* globe) lightning.
Kü·gel·chen [ˈkyːgəlçən] *n* **1.** small ball, globule, (*Perle*) bead, (*Luftgewehr*2, *a. Brot*2, *Papier*2 *etc*) pellet. **2.** *bes. astr. math.* spherule. **3.** *pharm.* pearl, globule. **4.** *min.* globulite. **~ˌbil·dung** *f bes. chem.* flocculation.
ˈKu·gel|ˌdi·stel *f bot.* globe thistle. **~ˌfang** *m* (target) butt, *Am.* backstop. **2fest** *adj* → **kugelsicher. ~ˌfisch** *m* puffer. **~ˌflä·che** *f math.* spherical surface. **~ˌform** *f* spherical shape. **2ˌför·mig** *adj* ball-shaped, spherical, round, globular, *bes. astr. math.* spheric(al), (*globusförmig*) *a.* globular. **2geˌla·gert** *adj tech.* ball-bearing mounted. **~geˌlenk** *n anat. tech.* ball(-and-socket) joint. **~geˌwöl·be** *n* spherical vault. **~ˌha·gel** *m* hail of bullets.
ˈku·ge·lig *adj* → **kugelförmig**; ball-shaped, spherical, globular; *fig. colloq.* **sich ~ lachen** split one's sides with laughter.
ˈKu·gel|ˌkopf *m Schreibmaschine etc*: spherical head, *Computer*: single printing element. **~ˌla·ger** *n tech.* ball bearing. **~ˌleuch·te** *f* ball lamp.
ku·geln [ˈkuːgəln] **I** *v/i* ⟨sein⟩ roll. **II** *v/t* ⟨h⟩ roll. **III** *v/reflex* ⟨h⟩ **sich ~** roll about (*in the snow, etc*); *fig. colloq.* **sich ~ vor Lachen** split one's sides with laughter. **IV** 2 *n* ⟨-s⟩ rolling; *fig. colloq.* **es ist zum** 2 it's a perfect scream, it's a gas.
ˈKu·gel|ˌre·gen *m* hail of bullets. **~ˌrin·ne** *f e-r Kegelbahn*: (ball) return. **2ˈrund** *adj* (as) round as a ball, globular, *bes. astr. math.* spherical. **~ˌschnitt** *m math.* spherical section. **~ˌschrei·ber** *m* ball(point) pen, *Br. a.* biro. **~ˌschrei·berˌmi·ne** *f* refill cartridge. **2ˌsi·cher** *adj* bulletproof. **~ˌsto·ßen** *n Sport*: shot put(ting), putting the shot (*od.* weight). **~ˌsto·ßer** *m*, **~ˌsto·ße·rin** *f* ⟨-; -nen⟩ shot-putter. **~ˌstoßˌring** *m* shot(-putter's) circle. **~venˌtil** *n* ball valve. **~ˌwahl** *f bes. hist.* (election by) ballot, balloting. **~ˌwech·sel** *m* exchange of shots, gun battle. **~ˌzap·fen** *m tech.* ball pivot.
ˈkug·lig *adj* → **kugelig.**
Kuh [kuː] *f* ⟨-; ⸚e⟩ **1.** (*a. Elefanten*2 *etc*) cow; **junge ~** heifer; **melkende ~** a) cow in milk, b) *fig. colloq.* milch cow; **trockenstehende ~** dry cow; **diese ~ gibt viel Milch** this cow is a good milker; *a. fig.* **heilige ~** sacred cow. **2.** *fig. contp.* cow; **dumme ~** stupid cow, silly goose. **~an·tiˌlo·pe** *f* hart(e)beest. **~ˌblu·me** *f* marsh marigold, (*Löwenzahn*) dandelion. **~ˌdorf** *n* → **Kaff. ~ˌfla·den** *m* cow pat. **~ˌglocke** (*getr.* **-k·k-**) *f* cow bell. **~ˌhan·del** *m fig. colloq.* (piece of) horse trading, *Am. a.* horse trade. **~ˌhaut** *f* cowhide; *fig. colloq.* **das geht auf k-e ~** that's mind-blowing. **~ˌher·de** *f* herd of cows. **~ˌhirt** *m* cowherd, *Am.* cowboy. **~ˌkaff** *n* → **Kaff. ~ˌkalb** *n* heifer calf.
Kuhl [kuːl] *f* ⟨-; -en⟩ *mar.* waist.
kühl [kyːl] **I** *adj* ⟨-er; -st⟩ **1.** *Wetter, Tag etc*: cool, fresh, chilly, *Getränk etc*: cool, refreshing; **es wird ~** it's getting cool; **et. ~** coolish; → **Blonde**[2]. **2.** *fig. Person, Empfang etc*: cool, cold, *Begrüßung*: *a.* chilly, (*nüchtern, gelassen*) cool; **j-m gegenüber ~ bleiben** remain cool toward(s) s. o.; **e-n ~en Kopf behalten** keep a cool head, remain calm. **II** *adv* **3. et. ~ lagern** keep s. th. cool (*od.* in a cool place). **4.** *fig.* coldly, (*a. gelassen*) coolly; **j-n ~ behandeln** treat s. o. coolly, give s. o. the cold shoulder; **j-n ~ empfangen** give s. o. a cool reception; **er blieb ganz ~** he remained quite calm, *colloq.* he kept his cool.
ˈKühl|ag·greˌgat *n tech.* cooling (*od.* refrigerating) unit (*od.* plant). **~ˌanˌla·ge** *f* **1.** cooling installation (*od.* plant). **2.** refrigerating plant. **3.** *mot. etc* cooling system. **~ap·paˌrat** *m* cooling apparatus, refrigerator. **~ˌbox** *f* cold box, cooler.
Kuh·le [ˈkuːlə] *f* ⟨-; -n⟩ *dial.* hole, pit.
ˈKüh·le *f* ⟨-; *no pl*⟩ coolness (*a. fig.*), cool, chilliness, freshness; **in der ~ des Waldes** in the cool of the forest.
ˈKuhˌle·der *n* cowhide.
küh·len [ˈkyːlən] **I** *v/t* ⟨h⟩ **1.** cool, *mit Eis*: *a.* chill, *zum Haltbarmachen*: refrigerate, keep *s. th.* in cold storage. **2.** *tech.* cool, (*Glas etc*) anneal; **den Motor mit Luft (Wasser) ~** air-cool (water-cool) the engine. **3.** *fig.* **s-n Zorn an j-m ~** vent one's anger on s. o.; **s-e Rache an j-m ~** wreak vengeance upon s. o.; → **Mütchen. II** *v/i* **4.** have a cooling effect; **der Wind kühlt** the wind is refreshing. **III** 2 *n* ⟨-s⟩ **5.** cooling (*etc*). **6.** → **Kühlung** 1.
ˈKüh·ler *m* ⟨-s; -⟩ **1.** *bes. tech.* cooler. **2.** *mot.* a) radiator, b) → **Kühlerhaube. 3.** *chem.* condenser. **~fiˌgur** *f* radiator mascot. **~ˌhau·be** *f* (radiator) bonnet (*Am.* hood). **~ˌschutzˌgit·ter** *n* radiator grille (*Am. a.* grill, grid). **~verˌklei·dung** *f* radiator cowl(ing) (*od.* shell, grille).
ˈKühl|ˌfach *n* freezer (compartment). **~ˌflüs·sig·keit** *f* coolant. **~geˌblä·se** *n* **1.** *mot.* cooling-air blower (*od.* fan). **2.** *tech.* cooling fan. **~ˌhaus** *n* cold-storage depot. **~ˌlei·stung** *f* cooling power (*od.* capacity). **~ˌluft** *f* cooling air. **~ˌman·tel** *m* cooling jacket. **~maˌschi·ne** *f* refrigerating machine, refrigerator. **~ˌmit·tel** *n* coolant, refrigerant (*a. med.*). **~ˌofen** *m* annealing oven. **~ˌraum** *m* **1.** cooling (*od.* refrigerating, refrigeration) chamber. **2.** cold room (*od.* store), cold-storage room, cooler. **~ˌraumˌla·dung** *f mar.* refrigerated cargo. **~ˌraumˌla·ge·rung** *f* cold storage. **~ˌrip·pe** *f mot.* radiator (*od.* cooling) fin, gill. **~ˌrohr** *n* cooling tube (*od.* pipe). **~ˌschiff** *n* **1.** refrigerator ship. **2.** *Brauerei*: cooler. **~ˌschlan·ge** *f* **1.** *chem. tech.* cooling (*od.* condenser) coil. **2.** *mot.* radiator coil. **~ˌschrank** *m* refrigerator, *colloq.* fridge. **~ˌta·sche** *f* → **Kühlbox. ~ˌtru·he** *f* freezer, deep-freeze. **~ˌturm** *m metall.* cooling tower.
ˈKüh·lung *f* ⟨-; *no pl*⟩ **1.** cooling, *tech. a.* refrigeration. **2.** (*Anlage*) cooling system. **3.** (refreshing) coolness.
ˈKühl|ˌvorˌrich·tung *f* cooling apparatus, cooler. **~ˌwa·gen** *m* **1.** *rail.* refrigerator (*od.* cold-storage) van (*Am.* car). **2.** *mot.* refrigerator lorry (*Am.* truck). **~ˌwas·ser** *n* cooling water. **~ˌwir·kung** *f* cooling effect.
ˈKuh|ˌlym·phe *f med.* bovine vaccine. **~ˌmagd** *f* dairy maid. **~ˌmilch** *f* cow's milk. **~ˌmist** *m* cow dung.
kühn [kyːn] **I** *adj* ⟨-er; -st⟩ **1.** *allg.* bold (*a. Idee, Entschluß etc*), (*mutig*) courageous, fearless, intrepid, (*verwegen*) daring, dashing; *hist.* **Karl der** 2**e** Charles the Bold; **ein ~es Unterfangen** a bold

(*od.* daring, risky) undertaking. **2.** (*dreist*) audacious, bold, brazen. **3.** *fig.* (*gewagt*) daring (*neckline, etc*). **4.** *fig.* **das übertrifft m-e ~sten Träume** (*od.* **Erwartungen**) that goes beyond my fondest (*od.* wildest) dreams. **II** *adv* **5.** boldly; **e-e ~ geschwungene Nase** an aquiline nose; **~ geschwungene Linien** bold lines. **2heit** *f* <-; *no pl*> **1.** boldness (*a. e-r Tat etc*), courage, fearlessness. **2.** (*Dreistigkeit*) audacity, impudence. **3.** *fig.* (*Gewagtheit*) daring. **~lich** *adv* boldly.

'Kuh|ˌpocken (*getr.* **-k·k-**) *pl med.* cowpox *sg*, vaccinia *sg*. **~ˌpocken·ˌimp·fung** (*getr.* **-k·k-**) *f* vaccination. **~ˌstall** *m* cow-shed, cowhouse, *Am. a.* cow barn. **2ˌwarm** *adj Milch*: fresh from the cow.

ku·jo·nie·ren [kujoˈniːrən] *v/t* <*no* **ge-**, **h**> *colloq.* **j-n ~** bully (*od.* torment) s. o.

Kü·ken [ˈkyːkən] *n* <**-s**; **-**> **1.** chick(en); **das ~ will klüger sein als die Henne** he (she) is trying to teach his (her) grandmother to suck eggs. **2.** *colloq.* (*junges Mädchen*) girlie, chick. **3.** *tech.* *e-s Hahns*: plug.

Ku-Klux-Klan [kuːkluksˈklaːn] *m* <**-(s)**; *no pl*> *pol. Am.* Ku Klux Klan.

Ku·ku·ruz [ˈkukuruts] *m* <**-es**; *no pl*> *Austrian for* **Mais.**

ku·lant [kuˈlant] *adj bes. econ.* (*entgegenkommend*) obliging, accommodating, (*großzügig*) generous, *Preis, Angebot etc*: fair; **~e Bedingungen** easy terms.

Ku'lanz [-ˈlants] *f* <-; *no pl*> obligingness, generosity, fairness; **diese Reparatur geht auf ~** this repair is carried out at the firm's expense.

Ku·li [ˈkuːli] *m* <**-s**; **-s**> **1.** coolie, *fig. a.* galley-slave; *fig.* **wie ein ~ arbeiten** work like a horse. **2.** → a) **Tintenkuli,** b) **Kugelschreiber. ~ˌar·beit** *f colloq.* donkey work.

Ku'lier|ˌwa·re [kuˈliːr-] *f Textil.* weft knitted fabrics *pl*.

ku·li·na·risch [kuliˈnaːrɪʃ] *adj* culinary.

Ku·lis·se [kuˈlɪsə] *f* <-; **-n**> **1.** *thea. einzelne*: flat, (*Seiten2*) wing, *meist pl* (*Bühnenbild*) scenery, wings *pl*, set; **die ~n wechseln** change the scenery; **hinter den ~n** *a. fig.* behind the scenes, backstage. **2.** *fig.* (*Hintergrund*) background, *contp.* façade, (false) front. **3.** *econ. Börse*: unofficial (*od.* kerb, *Am.* curb) market. **4.** *tech.* link.

Ku'lis·sen|ˌma·ler *m* scene painter. **~ˌschal·tung** *f mot.* gate-type gear shift(ing). **~ˌschie·ber** *m thea. colloq.* scene-shifter.

Ku·lis·sier [kulɪˈsieː] *m* <**-s**; **-s**> *econ.* unofficial stock dealer.

Kul·ler [ˈkulər] *f* <-; **-n**> *dial.* marble; **mit ~n spielen** play marbles. **'Kul·ler·ˌau·gen** *pl colloq.* saucer-like eyes; **~ machen** gaze wide-eyed. **kul·lern** [ˈkulərn] **I** *v/i* <**sein**> roll; **dicke Tränen kullerten ihr über die Wangen** large tears rolled down her cheeks. **II** *v/reflex* <**h**> **sich ~** *Personen*: roll about (*on the lawn, etc*); *fig. colloq.* **sich vor Lachen ~** split one's sides with laughter. **III** *v/t* <**h**> roll. **'Kul·ler·ˌpfir·sich** *m gastr.* peach in a glass of champagne.

Kulm[1] [kulm] *n* <**-(e)s**; *no pl*> *geol.* culm (measures *pl*). **Kulm**[2] *m, n* <**-(e)s**; **-e**> rounded mountain (*od.* hill), knoll.

Kul·mi·na·ti·on [kulminaˈtsioːn] *f* <-; **-en**> *astr. u. fig.* culmination. **Kul·mi·na·ti'ons|ˌpunkt** *m astr.* culmination point, *fig. a.* culmination. **kul·mi·nie·ren** [kulmiˈniːrən] *v/i* <*no* **ge-**, **h**> *astr.* culminate (*fig.* **in** *dat* in). **kul·mi'nie·rend** *adj astr.* meridian, culminant.

Kult [kult] *m* <**-(e)s**; **-e**> *relig. u. fig.* cult; **e-n ~ pflegen** preserve a cult; **mit j-m e-n** (**wahren**) **~ treiben** make a cult out of s. o., idolize s. o.; **er treibt geradezu e-n ~ mit s-m Motorrad** his motorbike is an obsession with him. **~geˌrät** *n collect.* ritual objects *pl*. **~ˌhand·lung** *f* rite, ritual (act), act of worship.

'kul·tisch *adj relig.* cultic, ritual.

Kul·ti|va·tor [kultiˈvaːtɔr] *m* <**-s**; **-en** [-vaˈtoːrən]> *agr.* cultivator. **2'vier·bar** *adj* cultivable, tillable, growable. **2'vie·ren** [-ˈviːrən] **I** *v/t* <*no* **ge-**, **h**> **1.** *agr.* cultivate, (*Land*) *a.* till, (*Brachland*) reclaim. **2.** (*Bakterien*) cultivate, grow, culture. **3.** *fig.* cultivate, refine. **II 2** *n* <**-s**> **4.** cultivating (*etc*). **2'viert** *adj* **1.** cultivated, cultured, refined. **2.** civilized. **~'viert·heit** *f* <-; *no pl*> culture, refinement. **~'vie·rung** *f* <-; *no pl*> **1.** → **kultivieren** 4. **2.** *agr. biol.* cultivation, *des Bodens*: *a.* tillage. **3.** *fig.* cultivation, refinement.

'Kult|ˌstät·te *f* **1.** *relig.* place of worship. **2.** *archeol.* cult site. **~ˌtän·ze** *pl* ritual dances.

Kul·tur [kulˈtuːr] *f* <-; **-en**> **1.** a) (*künstlerischer u. geistiger Entwicklungsstand*) culture, b) (*sozialer Entwicklungsstand*) civilization, c) (*~volk, ~kreis*) civilization; **die griechische ~** (the) Greek culture; **die ~ des Abendlandes** (the) Western civilization; **die großen ~en des Nahen Ostens** the great civilizations of the Middle (*od.* Near) East; *colloq.* **noch nicht von der ~ beleckt** still untouched by civilization. **2.** <*only sg*> (*Bildung*) culture, refinement, *der Sprache etc*: *a.* cultivation; **ohne ~** uncultured; **sie hat ~** she is cultured; *colloq.* **et. für die ~ tun** have a bit of culture; **in ~ machen** go in for culture, be on a culture trip. **3.** *agr.* cultivation, *des Bodens*: *a.* tillage, *von Pflanzen*: *a.* growing, raising, (*Wald2*) culture, (woodland) nursery; **Land in ~ nehmen** cultivate land. **4.** (*Bakterien2 etc*) culture; **lebende ~** live culture.

Kul'tur|ˌabˌkom·men *n pol.* cultural agreement. **~ˌar·beit** *f* cultural work. **~ˌausˌtausch** *m* cultural exchange. **~ˌbaˌnau·se, ~barˌbar** *m contp.* philistine, lowbrow. **~beˌflis·se·ne** *m, f* <**-n**; **-n**> culturist, person with cultured interests, *iro. sl.* culture-vulture. **~ˌbeiˌla·ge** *f e-r Zeitung*: arts supplement. **~ˌbeu·tel** *m* toilet bag. **~ˌbild** *n* cultural picture. **~ˌbo·den** *m* **1. uralter ~** site of an ancient civilization; **deutscher ~** area (*od.* sphere) of German culture. **2.** *agr.* cultivated (*od.* arable) land. **3.** *biol.* culture medium. **~ˌdenkˌmal** *n* cultural monument.

kul·tu·rell [kultuˈrɛl] **I** *adj* cultural. **II** *adv* culturally; **~ hochstehend** on a high cultural level.

Kul'tur|enˌsem·ble *n DDR* (cultural) ensemble presenting folklore. **~epo·che** [-ʔeˌpɔxə] *f* cultural epoch (*od.* period). **~ˌer·be** *n* cultural heritage. **2ˌfä·hig** *adj* → **kultivierbar. ~ˌfak·tor** *m* cultural factor. **~ˌfeind** *m* enemy of civilization, obscurantist. **2ˌfeind·lich** *adj* hostile to civilization, obscurant. **~ˌfilm** *m* documentary (film), educational film. **~ˌflä·che** *f agr.* cultivated area. **~ˌfol·ger** *m* <**-s**; **-**> synanthropic animal. **~ˌform** *f* **1.** *sociol.* culture pattern. **2.** *bot. zo.* domestic variety (*od.* form, race). **~geˌfäl·le** *n* difference in cultural level. **~geo·graˌphie** *f* human geography. **~geˌschich·te** *f* **1.** history of civilization. **2.** cultural history. **2geˌschicht·lich** *adj* of (*od.* relating to) the history of civilization (*od.* cultural history), cultural-historical. **~ˌgut** *n collect.* cultural asset(s *pl*) (*od.* value[s *pl*]). **~ˌhaus** *n* **1.** *DDR* (municipal) cultural (*od.* civic) cent/re (*Am.* -er). **2.** → **Gewächshaus. ~hiˌsto·ri·ker** *m* historian of civilization. **2hiˌsto·risch** *adj* → **kulturgeschichtlich; ~e Gebäude** historical buildings of cultural interest (*od.* merit). **~ˌho·heit** *f pol. der Länder*: independence in educational and cultural matters. **~ˌkampf** *m hist.* Kulturkampf, struggle between Church and State. **~ˌkreis** *m* **1.** culture area. **2.** society, culture group (*od.* complex). **~kriˌtik** *f* cultural criticism. **~ˌkun·de** *f ped.* study of the language, literature, and civilization of a nation. **~ˌland** *n* **1.** → **Kulturboden** 1. **2.** civilized country. **~ˌland·schaft** *f* **1.** land (developed and) cultivated by man. **2.** *fig.* cultural scene. **~ˌle·ben** *n* cultural life. **2los** *adj* uncultured, uncivilized. **~lo·sig·keit** *f* <-; *no pl*> lack of culture (*od.* refinement). **~ma·gaˌzin** *n TV* arts magazine. **~ˌmensch** *m* civilized man. **~miˌnis·ter** *m DDR for* **Kultusminister. ~pes·siˌmis·mus** *m philos.* cultural pessimism. **~ˌpflan·ze** *f* cultivated plant, cultigen. **~po·liˌtik** *f* cultural (and educational) policy. **2po·liˌtisch** *adj* politico-cultural. **~ˌpreis** *m* cultural award. **~ˌras·se** *f zo.* breed. **~ˌraum** *m* culture area. **~re·vo·lu·tiˌon** *f* cultural revolution. **~ˌschaf·fen·de** *m, f* <**-n**; **-n**> person engaged on the cultural sector. **~ˌschan·de** *f* crime against civilization, insult to culture (*fig. humor.* to good taste). **~ˌspra·che** *f* cultural (*od.* civilized) language. **~ˌstaat** *m* civilized country (*od.* state). **~ˌstät·te** *f* place of cultural interest. **~ˌstep·pe** *f* steppe caused by excessive cultivation of the soil. **~ˌströ·mung** *f* cultural current. **~ˌstu·fe** *f* cultural level, stage of civilization, culture; **auf niederer ~ stehend** primitive. **~subˌstrat** *n biol.* culture medium. **~ˌsze·ne** *f* cultural scene. **~ˌträ·ger** *m* **1.** upholder (*od.* supporter) of civilization. **2.** (*Theater etc*) cultural medium. **~verˌfall** *m* decadence, decay of civilization. **~ˌvolk** *n* (highly) civilized race (*od.* people, nation). **~ˌwan·del** *m* cultural change. **~ˌwelt** *f* civilized world, civilization; **die westliche ~** western civilization. **~ˌzen·trum** *n* cultural cent/re (*Am.* -er).

Kul·tus [ˈkultus] *m* <-; **Kulte**> → **Kult. ~geˌmein·de** *f* religious community. **~mi·ni·ster** *m* Minister of Culture, Education, and Church Affairs.

kum·brisch [ˈkumbrɪʃ] *adj geogr.* Cumbrian.

Küm·mel [ˈkʏməl] *m* <**-s**; **-**> **1.** <*only sg*> (*Gewürz*) caraway (seeds *pl*). **2.** *bot.* (**Gemeiner**) **~** caraway; **Römischer** (*od.* **Echter**) **~** cumin. **3.** → **~ˌbranntˌwein** *m* kummel. **~ˌkorn** *n* caraway seed. **~ˌku·chen** *m* seedcake.

küm·meln [ˈkʏməln] *colloq.* **I** *v/i* <**h**> tipple, booze. **II** *v/t* **e-n ~** hoist one.

'Küm·melˌschnaps *m* kummel.

Kum·mer [ˈkumər] *m* <**-s**; *no pl*> **1.** grief, sorrow, heartache, distress, care, affliction; **aus** (*od.* **vor**) **~ sterben** die of grief, die of a broken heart; **j-m ~ machen** (*od.* **bereiten**) a) grieve s. o., b) *cf.* 2; **vom ~ gebeugt** bowed down with grief. **2.** (*Sorge, Verdruß*) trouble, worry, distress; **mit j-m ~ haben** a) have trouble with s. o., b) *a.* **sich um j-n ~ machen** be worried about s. o.; **j-m ~ machen** (*od.* **bereiten**) cause (*od.* give) s. o. a lot of worry (*od.* trouble); **m-e Haut macht mir ~** my skin is a problem to me; *iro.* **wir sind ~ gewöhnt** we are used to trouble; **das ist mein geringster ∼** that is the least of my worries (*od.* problems). **3.** (*Bedauern*) sorrow, regret; **sehr zu m-m ∼** to my great sorrow, much to my regret.

ˈKüm·me·rer *m* ⟨-s; -⟩ **1.** *zo.* runt, *Am. a.* scalawag, critter. **2.** *bot.* dwarf. **3.** *hunt.* buck (*od.* stag) with stunted antlers. **4.** → **Kümmerling** 1. **ˈküm·mer·lich I** *adj* **1.** *Dasein etc*: miserable, wretched, pitiful, (*armselig*) *a.* poor, paltry, meag/re (*Am.* -er), scant(y), *colloq.* measly. **2.** *Vegetation etc*: sparse, *Pflanze, Tier*: stunted. **II** *adv* **3. sich ∼ durchs Leben schlagen, sich ∼ durchschlagen** eke out a bare existence. **ˈKüm·mer·ling** *m* ⟨-s; -e⟩ **1.** *contp.* sickly person, weakling, *sl.* shrimp, *Am.* punk. **2.** → **Kümmerer** 1, 2.

küm·mern [ˈkʏmərn] **I** *v/reflex* ⟨h⟩ **sich ∼ um 1.** look after, take care of, mind, deal with, **e-e Sache:** *a.* see to s. th.; **sich um den Haushalt ∼** look after the household, do the housework. **2.** (*sich Gedanken machen*) care about, trouble (*od.* worry) about, be concerned about, (*beachten*) pay attention to, take notice of, heed; **sich nicht ∼ um** pay no attention to, not to bother about, ignore, disregard, (*vernachlässigen*) neglect; **ich kümmere mich nicht um Politik** I'm not interested in politics; **kümmere dich nicht drum!** never mind!, don't worry about it!; *colloq.* **er kümmert sich den Teufel darum** he doesn't care a rap; **kümmere dich um d-e eigenen Angelegenheiten!** mind your own business! **II** *v/t* **3. was kümmert's mich?** what do I care?; **das kümmerte ihn nicht** he didn't care (about that), that didn't worry him. **III** *v/i* **4.** *Pflanze, Tier*: a) develop poorly, b) be(come) stunted.

ˈKüm·mer·nis *f* ⟨-; -se⟩ **1.** *lit.* grief, sorrow, care. **2.** *pl* worries, vexations, troubles.

ˈkum·merˌvoll *adj* sorrowful, sad, grievous, woebegone.

Kum·met [ˈkʊmət] *n* ⟨-s; -e⟩ *agr.* horse collar. **∼geˌschirr** *n* collar harness.

Kum·pan [kʊmˈpaːn] *m* ⟨-s; -e⟩ *colloq.* **1.** companion, fellow, mate, crony, chum, pal, *Am. a.* buddy. **2.** (*Helfershelfer*) accomplice. **3.** *contp.* (*Kerl*) fellow, chap, *bes. Am.* guy. **Kum·paˈnei** [-paˈnaɪ] *f* ⟨-; *no pl*⟩ *colloq. contp.* **1.** camaraderie. **2.** (*Clique*) set, crowd, gang.

Kum·pel [ˈkʊmpəl] *m* ⟨-s; - *u.* -s, *Austrian* -n⟩ **1.** *Bergbau*: miner, pitman, collier. **2.** *colloq.* (work)mate, pal, chum.

küm·peln [ˈkʏmpəln] *v/t* ⟨h⟩ *metall.* flange, (*Kesselböden etc*) dish, cup.

Ku·mu|la·ti·on [kumulaˈtsi̯oːn] *f* ⟨-; -en⟩ (ac)cumulation. **≗laˈtiv** [-laˈtiːf] *adj* cumulative.

ku·mu·lie|ren [kumuˈliːrən] **I** *v/t* ⟨*no* **ge-**, h⟩ **1.** *bes. pol.* (ac)cumulate. **II** *v/i* **2.** accumulate. **3.** *bei der Wahl*: cumulate votes. **III** *v/reflex* **sich ∼ 4.** accumulate. **IV ≗** *n* ⟨-s⟩ **5.** (ac)cumulating. **6.** *pol.* cumulative voting. **≗rung** *f* ⟨-; -en⟩ **1.** → **kumulieren** 5. **2.** (ac)cumulation, *von Ämtern etc*: plurality.

Ku·mu·lus [ˈkuːmulʊs] *m* ⟨-; -li [-li]⟩. **∼ˌwol·ke** *f meteor.* cumulus (cloud).

kund [kʊnt] *adj* ⟨*pred*⟩ *obs.* **∼ und zu wissen sei** be it known, *in Urkunden*: *a.* know all men by these presents; *bes. iro.* **j-m et. ∼ und zu wissen tun** make s. th. known to s. o.

ˈkünd·bar *adj* **1.** *Vertrag etc*: terminable, *Anstellung, Miete etc*: subject to notice; **ich bin jederzeit ∼** I can be given notice at any time; **beidseitig (jährlich) ∼** subject to bilateral (annual) notice. **2.** *econ. Kapital*: at call, callable, subject to call, *Anleihe*: redeemable, call (*loan*), *Hypothek*: liable to be foreclosed. **≗keit** *f* ⟨-; *no pl*⟩ **1.** terminableness. **2.** liability to notice.

Kun·de[1] [ˈkʊndə] *m* ⟨-n; -n⟩ **1.** customer, *für Dienstleistungen*: client, (*Stamm≗ e-s Ladengeschäfts*) patron; **fester ∼** regular customer; **voraussichtlicher ∼** prospect(ive customer); **∼ sein bei** be a customer of, patronize (*a shop*); **(neue) ∼n werben** canvass (new customers); → **König** 1. **2.** *colloq. contp.* customer; **übler ∼** nasty (*od.* ugly) customer, bad lot.

ˈKun·de[2] *f* ⟨-; -n⟩ *lit.* a) news *pl* (*als sg od. pl konstruiert*), tidings *pl*, b) (*Kenntnis*) knowledge, information, intelligence, c) (*Wissenschaft*) science, lore; **frohe ∼** glad tidings; **j-m ∼ von e-r Sache geben** a) bring s. o. news of s. th., b) inform s. o. of s. th.

kün·den [ˈkʏndən] *obs. od. poet.* **I** *v/i* ⟨h⟩ **von e-r Sache ∼** a) (*an∼*) announce (*od.* herald) s. th., b) *von Vergangenem*: bear witness to s. th., tell of s. th. **II** *v/t* **j-m et. ∼** tell s. o. of s. th.

ˈKun·den|akˌzept *n* trade acceptance. **∼beˌra·ter** *m* customer consultant, consumer adviser. **∼beˌra·tung** *f* customer advisory service (*od.* department). **∼beˌsuch** *m* call on a customer (*od.* client). **∼ˌdienst** *m* **1.** service (to the customer). **2.** after-sales service, (routine) servicing. **∼ˌfang** *m contp.* touting, hunting for customers. **∼geˌschäft** *n an der Bank*: business done for customers, *an der Börse*: transaction for customer's account. **∼karˌtei** *f* list of customers. **∼kreˌdit** *m* consumer credit. **∼ˌkreis** *m* customers *pl*, custom, clients *pl*, clientele. **∼ˌstamm** *m* ⟨-(e)s; *no pl*⟩ regular customers *pl* (*od.* clientele). **∼ˌwech·sel** *m econ.* trade bill. **∼ˌwer·bung** *f* canvassing. **∼ˌzeitˌschrift** *f* shoppers' magazine.

ˈKün·der *m* ⟨-s; -⟩ *lit. od. poet.* **1.** prophet. **2.** *fig.* herald, harbinger.

ˈKund|ˌga·be *f* ⟨-; *no pl*⟩ *obs. od. lit.* (public) announcement, *feierliche*: *a.* proclamation. **≗ˌge·ben** *v/t* ⟨*irr, sep,* **-ge-**, h⟩ (*dat* to) make *s. th.* known, announce, *amtlich*: *a.* proclaim, (*erklären*) declare. **∼ˌge·bung** *f* ⟨-; -en⟩ **1.** *pol.* meeting, rally, demonstration; **auf e-r ∼** at a meeting. **2.** → **Kundgabe.**

ˈkun·dig *adj* **1.** *Person, Führung etc*: expert, experienced; **mit ∼er Hand** expertly, skil(l)fully, with a knowing hand. **2.** (*gen*) knowledgeable (about), well-versed (in), (well-)informed (about), expert (at), (*geschickt*) skil(l)ful; **des Lesens und Schreibens ∼** able to read and write.

kün·di·gen [ˈkʏndɪgən] **I** *v/i* ⟨h⟩ **1.** (**j-m**) **∼** *allg.* give (s. o.) notice, *formal*: give (s. o.) notice of termination (*etc, cf.* **Kündigung** 1); **j-m ∼** *Vermieter*: give s. o. notice (to quit); **uns ist gekündigt worden** we are under notice to leave. **II** *v/t* **2.** (*Vertrag etc*) cancel, terminate, *formal*: give notice of termination (**e-n Vertrag:** of agreement, **ein Dienstverhältnis** of employment); (*e-e Anleihe, Geldanlage etc*) call in, give notice of withdrawal of, (*e-e Hypothek*) call (*a mortgage*) for redemption; **e-n Staatsvertrag ∼** denounce a treaty; **j-m die Wohnung ∼** give s. o. notice to quit; **die Wohnung ∼** *Mieter*: give notice of one's intention to leave; **die Arbeit ∼** give notice (to terminate work), quit one's job. **3.** (*entlassen*) dismiss; → **fristlos. 4.** *fig.* → **aufkündigen** 2.

ˈKün·di·gung *f* ⟨-; -en⟩ **1.** *allg.* notice, *formal*: notice of termination (**e-s Vertrags:** of agreement, **e-s Dienstverhältnisses:** of employment), *e-s Staatsvertrags etc*: denunciation, cancel(l)ation; **∼ (e-r Wohnung)** a) *vom Mieter*: notice of one's intention to leave, b) *vom Vermieter*: notice to quit; **mit dreimonatiger ∼** at three months' notice; **mit vierwöchiger ∼ angestellt** employed on a monthly basis. **2.** (*Entlassung*) dismissal; → **fristlos. 3.** *e-s Kredits, e-r Geldeinlage etc*: notice of withdrawal (of), *e-r Hypothek etc*: call for redemption; **Geld auf ∼** time money, *Bank*: fixed (*Am.* time) deposits *pl*; **Geld auf tägliche ∼** call money.

ˈKün·di·gungs|ˌfrist *f* period (*od.* term) of notice. **∼ˌgeld** *n econ.* deposit at notice, *Am.* time deposit. **∼ˌgrund** *m* ground for giving notice. **∼ˌklau·sel** *f* cancel(l)ation clause. **∼ˌrecht** *n* right to give notice (*etc,* → **Kündigung**). **∼ˌschrei·ben** *n* (written) notice. **∼ˌschutz** *m jur.* **1.** protection against unlawful dismissal. **2.** *für Mieter*: protection against unwarranted notice to quit. **∼terˌmin** *m* (last) date for giving notice (*etc,* → **Kündigung**).

ˈKun·din *f* ⟨-; -nen⟩ (woman *od.* lady) customer (*etc,* → **Kunde**[1] 1).

ˈkundˌma·chen *v/t* ⟨*sep,* **-ge-**, h⟩ → **kundgeben.**

ˈKund·schaft[1] *f* ⟨-; *no pl*⟩ **1.** a) *collect.* customers *pl*, clients *pl*, patrons *pl*, clientele, custom, trade, b) *als Verhältnis*: custom, patronage; **feste ∼** regular customers; **er gehört zu unserer alten ∼** he is a long-standing customer of ours. **2.** *colloq.* customer.

ˈKund·schaft[2] *f* ⟨-; *no pl*⟩ **1.** (*Erkundung*) reconnaissance; **auf ∼ ausgehen** go (out) reconnoit(e)ring (*od.* scouting). **2.** *obs. for* **Kunde**[2].

ˈkund|schaf·ten *v/i* ⟨h⟩ *obs., bes. mil.* reconnoit/re (*Am.* -er), scout. **≗schaf·ter** *m* ⟨-s; -⟩ scout, spy. **∼ˌtun I** *v/t* ⟨*irr, sep,* **-ge-**, h⟩ *obs. od. lit.* **1.** → **kundgeben. 2. j-m et. ∼** make s. th. known to s. o. **II** *v/reflex* **sich ∼ 3.** reveal itself, show (itself). **∼ˌwer·den** *v/i* ⟨*irr, sep,* **-ge-**, sein⟩ *poet.* become known (*od.* public), come to light.

künf·tig [ˈkʏnftɪç] **I** *adj* future, coming, prospective; **s-e ∼e Frau** his future wife, his wife-to-be, *colloq.* his intended; **∼e Jahre (Generationen)** coming years (generations), years (generations) to come; **in ∼en Tagen** (*od.* **Zeiten**) in times to come, in the days ahead; **in diesem und im ∼en Leben** in this life and in the next (*od.* hereafter). **II** *adv* in future, from now on, henceforth. **∼ˈhin** *adv* → **künftig** II.

Kunst [kʊnst] *f* ⟨-; ∸e⟩ **1.** (*schöne ∼*) art; **angewandte ∼** applied art; **die bildende ∼** visual (*od.* graphic) art; **die schönen Künste** the fine arts, beaux arts; **die (Sieben) Freien Künste** the (seven) liberal arts; **die Schwarze ∼** a) black art (*od.* magic), b) the art of printing; **zu e-r hohen ∼ entwickelt** *a. fig.* brought to a fine art; **∼ geht nach Brot** (*Sprichwort*) art goes a-begging; → **darstellend** 2. **2.** *collect.* (*∼werke*) (works *pl* of) art; **die ∼ der Gegenwart** contemporary art. **3.** (*∼fertigkeit*) art, skill; **die ∼ zu schreiben (des Reitens, der Liebe)** the art of writing (riding, love); **das ist e-e brotlose ∼** there is no money in that, that's a lost art; **s-e ∼ an e-r Sache versuchen** try one's hand (*od.* skill) at s. th., have a try at s. th.; *colloq.* **das ist k-e ∼** that's easy, there's nothing to it; **was macht die ∼?** how are things (going)?, how is life?; ich bin mit m-r ~ am Ende I am at my wit's end. **4.** (*Kniff*) trick, artifice, wile; alle Künste der Überredung all the tricks (*od.* wiles) of persuasion; weibliche Künste female guile *sg*; die ganze ~ besteht darin, daß the whole trick (*od.* the thing) is to. **5.** *colloq.* das ist nur ~ that's all artificial, that's just a fake.

'Kunst|aka·de,mie *f* academy of arts, art college. **~auk·ti,on** *f* art auction. **~,aus,druck** *m* **1.** term of art. **2.** (*Fachausdruck*) technical term. **~,aus,stel·lung** *f* art exhibition. **2be,flis·sen** *adj* keenly interested in (the) arts, *iro.* arty(-crafty). **2be,gabt** *adj* artistic. **2be,gei·stert** *adj* enthusiastic about art (*od.* the arts), art-conscious. **~,bei,la·ge** *f e-r Zeitung*: art supplement. **~be,sitz** *m* art possessions *pl.* **~be,trieb** *m* <-(e)s; *no pl*> *oft contp.* cultural activities *pl.* **~,blatt** *n* (art) print (*od.* reproduction). **~,buch** *n* art book. **~,denk,mal** *n* monument of art, art monument. **~,druck** *m* <-(e)s; -e> **1.** <*only sg*> high-quality art printing. **2.** → Kunstblatt. **~,druck·pa,pier** *n* art (*od.* coated, chrome) paper. **~,dün·ger** *m* (artificial) fertilizer. **~,ei·fer** *m* zeal for art (*od.* the arts). **~,eis** *n* artificial ice.

Kün·ste'lei *f* <-; *no pl*> artificiality, (*Geziertheit*) affectation, affected ways *pl*, mannerism(s *pl*). **kün·steln** ['kʏnstəln] *v/i* <h> *obs. od. poet.* behave affectedly.

'Kunst|er,zeug·nis *n* **1.** work of art, *kunstgewerbliches*: handicraft (article). **2.** artificial (*od.* synthetic) product. **~er,zie·hung** *f* art education, *ped.* art. **~,fah·ren** *n Sport*: trick cycling. **~,fah·rer** *m* trick cyclist. **~,fäl·schung** *f* art forgery, fake. **~,fa·ser** *f* synthetic (*od.* artificial) fib/re (*Am.* -er). **~,feh·ler** *m bes. med.* malpractice, (professional) blunder. **2,fer·tig I** *adj* skilled, skil(l)ful, expert. **II** *adv* → kunstgerecht II. **~,fer·tig·keit** *f* <-; *no pl*> artistic (*od.* technical) skill, craftsmanship. **~,flie·gen** *n* stunt flying, aerobatics *pl* (*als sg konstruiert*). **~,flie·ger** *m* stunt pilot, stunter. **~,flug** *m* **1.** <*only sg*> → Kunstfliegen. **2.** aerobatic (*od.* stunt) flight. **~,flug·fi,gur** *f* aerobatic figure. **~,flug,staf·fel** *f* aerobatic squadron (*od.* team). **~,form** *f* art form. **~,freund** *m* **1.** art lover. **2.** (*Mäzen*) patron of art (*od.* the arts). **~,fre·vel** *m* barbarism. **~ga·le,rie** *f* art gallery. **~,gärt·ner** *m* horticulturist, floriculturist, landscape gardener. **~,gat·tung** *f* **1.** genre. **2.** → Kunstform. **~,ge·gen,stand** *m* **1.** objet d'art. **2.** → Kunsterzeugnis 1. **2ge,mäß** *adj u. adv* → kunstgerecht. **~ge,nuß** *m* **1.** artistic treat. **2.** (artistic) enjoyment. **2ge,recht I** *adj* skil(l)ful, professional. **II** *adv* skil(l)fully, expertly. **~ge,schich·te** *f* art history, history of art. **~ge,schicht·ler** *m* <-s; -> **1.** art historian. **2.** student of art history. **2ge,schicht·lich** *adj* art-historical, of (*od.* relating to) the history of art; ~es Museum art-history museum; ~e Studien studies of art history.

'Kunst·ge,wer·be *n* <-s; *no pl*> **1.** arts and crafts *pl*, handicraft. **2.** commercial (*od.* industrial, applied) art. **~,leh·rer** *m*, **~,leh·re·rin** *f* industrial arts teacher. **~mu,se·um** *n* arts and crafts (*od.* handicraft) museum. **~,schu·le** *f* arts and crafts school.

'Kunst|ge,werb·ler [-gə,vɛrplər] *m* <-s; ->, **~ge,werb·le·rin** *f* <-; -nen> artisan, artist craftsman, industrial (*od.* commercial) artist. **2ge,werb·lich** *adj* arts-and-crafts ..., handicraft ... **~,glas** *n* art (*od.* ornamental) glass. **~,glied** *n med.* artificial limb, prosthesis. **~,griff** *m* **1.** (artistic) device. **2.** trick, knack, dodge, artifice. **~,gum·mi** *n, a. m* synthetic rubber. **~,haar** *n* artificial hair. **~,hal·le** *f* art gallery. **~,han·del** *m* art trade. **~,händ·ler** *m* art dealer. **~,hand·lung** *f* art dealer's shop. **~,hand,werk** *n* → Kunstgewerbe. **~,hand,wer·ker** *m* → Kunstgewerbler. **~,harz** *n* synthetic resin. **~,herz** *n* artificial heart. **~hi,sto·ri·ker** *m* → Kunstgeschichtler. **2hi,sto·risch** *adj* → kunstgeschichtlich. **~,hoch,schu·le** *f* → Kunstakademie. **~,holz** *n* **1.** (*Preßholz*) densified laminated wood. **2.** *für Reparaturen*: plastic wood. **~,ho·nig** *m* artificial honey. **~ka,len·der** *m* art calendar. **~,ken·ner** *m* (art) connoisseur. **~,kopf** *m Radio*: dummy head. **~kri,tik** *f* art criticism. **~,kri·ti·ker** *m* art critic. **~,lauf** *m* figure skating. **~,läu·fer** *m*, **~,läu·fe·rin** *f* figure skater. **~,le·der** *n* imitation (*od.* artificial) leather.

Künst·ler ['kʏnstlər] *m* <-s; -> **1.** *allg.* artist, *thea. etc a.* performer; primitiver (*od.* naiver) ~ primitive; bildender ~ visual artist. **2.** (*Unterhaltungs2*) entertainer, (*a. Zirkus2, Varieté2*) artiste. **3.** *fig.* (*Meister*) (wahrer) ~ (in *dat*) (past) master (in), *a. iro.* genius, wizard (at); ein ~ im Kochen a brilliant (*od.* great) cook, a culinary artist. **~al,lü·ren** *pl* artistic mannerisms (and attitudes), artist's airs. **~be,ruf** *m* artist's profession. **~,hand** *f* artist's hand; das stammt von ~ that was done by an artist.

'Künst·le·rin *f* <-; -nen> **1.** (woman) artist. **2.** *thea. etc* artiste, performer; *cf. a.* Künstler. **'künst·le·risch I** *adj* artistic, of an artist, artist's; *iro.* (gewollt) ~ *colloq.* arty; ~er Leiter *Film etc*: art director; e-e ~e Begabung (Ader) haben have an artistic talent (vein); ~es Schaffen artistic work. **II** *adv* artistically; ein ~ wertvoller Film a film of artistic merit; er ist ~ begabt he has an artistic talent.

'Künst·ler|,knei·pe *f colloq. for* Künstlerlokal. **~ko·lo,nie** *f* artists' colony. **~,krei·se** *pl* artistic circles. **~,le·ben** *n* **1.** life of an artist, artist's life. **2.** *fig.* Bohemian life. **~lo,kal** *n* pub (*bes. Am.* bar) where artists gather. **~,mäh·ne** *f colloq.* (artist's) mane. **~,na·me** *m* **1.** *thea. Film*: stage name. **2.** *e-s Autors etc*: pen name, nom de plume. **~,pech** *n colloq.* bad luck. **~schaft** *f* <-; *no pl*> **1.** → Künstlertum. **2.** *collect.* (the) artistic world. **~tum** *n* <-s; *no pl*> artistry, artistic genius. **~,vier·tel** *n* artists' quarter. **~,werk,statt** *f* (artist's) studio. **~,zim·mer** *n thea. etc* greenroom.

künst·lich ['kʏnstlɪç] **I** *adj* **1.** *allg.* artificial (*a. Atmung, Auge, Blume, Befruchtung, Licht, Stein etc*), *Haare, Zähne etc*: *a.* false, (*nachgemacht*) *a.* imitation, imitated (*leather*), *Faser etc*: synthetic, man-made; ~e Niere artificial kidney; ~e Sprache → Kunstsprache. **2.** *fig.* (*unecht*) artificial, affected, *Lachen etc*: *a.* forced. **3.** *obs. for* künstlerisch I. **II** *adv* **4.** artificially; ~ hergestellt artificial(ly made), man-made, synthetic; j-n ~ ernähren a) (*Säugling*) bottle-feed s. o., b) (*Kranken*) feed (*od.* nourish) s. o. artificially; *colloq.* sich ~ aufregen get all worked up about nothing; die Verhandlungen ~ in die Länge ziehen deliberately drag out the negotiations. **2keit** *f* <-; *no pl*> artificiality.

'Kunst|,licht,auf,nah·me *f* artificial-light photograph. **2,lie·bend** *adj* art-loving. **~,lieb,ha·ber** *m* art lover. **~,lied** *n* lied, art song. **2los** *adj* **1.** (*schlicht*) simple, plain. **2.** (*unkünstlerisch*) amateurish, primitive. **~,ma·ler** *m* painter, artist. **~,map·pe** *f* collection of reproductions (*od.* paintings, drawings). **~,mit·tel** *n meist pl* **1.** artificial means *pl* (*als sg konstruiert*). **2.** artistic means *pl* (*als sg konstruiert*). **3.** (*Kunstgriff*) (artistic) device. **~,pau·se** *f* **1.** dramatic pause, pause for effect. **2.** *iro.* awkward pause. **~,post,kar·te** *f* postcard(-size) reproduction. **~pro,dukt** *n* → Kunsterzeugnis. **~,pro·sa** *f* literary prose. **~,rad,sport** *m* trick cycling. **2,reich** *adj* **1.** elaborate, ornate. **2.** → kunstvoll 3. **~,rei·ter** *m* equestrian, trick rider. **~,rich·tung** *f* **1.** art trend. **2.** (artistic) school. **~,sach·ver,stän·di·ge** *m, f* <-n; -n> art expert. **~,samm·ler** *m* art collector. **~,samm·lung** *f* art collection. **~,schät·ze** *pl* art treasures. **~,schlos·ser, ~,schmied** *m* art metalworker. **~,schmie·de,ar·beit** *f* wrought ironwork. **~,schöp·fung** *f* work of art, creation. **~,schu·le** *f* art school. **~,schüt·ze** *m* marksman. **~,schwim·men** *n* water ballet. **~,sei·de** *f* rayon, artificial silk. **2,sei·den** *adj* (of) rayon, (of) artificial silk; ~es Kleid dress of rayon, rayon dress. **~,sinn** *m* appreciation of art. **~,spra·che** *f* artificial language. **~,sprin·gen** *n* (fancy) diving. **~,sprin·ger** *m* (fancy) diver. **~,stein** *m* artificial stone. **~sticke,rei** (*getr.* -k·k-) *f* embroidery, (art) needlework.

'Kunst,stoff *m* synthetic material, plastic (material); ~e *pl* plastics; aus ~ (of) plastic. **~che,mie** *f* plastics chemistry, chemistry of synthetic materials. **~in·du,strie** *f* plastics industry. **~,leim** *m* plastic (*od.* synthetic resin) glue.

'Kunst,stoffo·lie (*getr.* -ff,f-) *f* plastic(s) foil (*od.* sheet).

'kunst,stoff|ver,ar·bei·tend *adj* plastics-processing. **2ver,ar·bei·tung** *f* plastics processing.

'kunst,stop·fen I *v/t u. v/i* <*only inf and pp*, -ge-, h> fine-draw, mend *s. th.* invisibly. **II** **2** *n* <-s> invisible mending.

'Kunst|,stück *n* (*Karten2, Taschenspielerei*) trick, (*akrobatisches* ~, *a. fig.*) stunt, *fig.* (great) feat; ~e machen (*od.* vorführen) perform (*od.* do) tricks (*od.* stunts), *mit Karten etc*: show tricks; *colloq.* das ist (doch) kein ~ there's nothing to that, that's nothing (*od.* easy), anyone can do that; ~, bei d-n Beziehungen! that's easy for you with your connections!; *iro.* er brachte das ~ fertig zu he managed to *inf.* **~stu,dent** *m*, **~stu,den·tin** *f* art student. **~,tanz** *m* **1.** artistic dance. **2.** ballet dancing. **~,tisch·ler** *m* cabinetmaker. **~,tur·nen** *n* gymnastics *pl* (*als sg konstruiert*). **~,tur·ner** *m*, **~,tur·ne·rin** *f* gymnast. **~,un·ter,richt** *m ped.* art instruction (*od.* lessons *pl*). **~ver,ein** *m* art society. **~ver,lag** *m* fine art publishers *pl.* **~ver,stand** *m* → Kunstverständnis. **2ver,stän·dig** *adj* **1.** artistic, (a)esthetic, appreciative of (works of) art. **2.** expert, with an expert knowledge of art; ~es Urteil expert opinion on art. **~ver,ständ·nis** *n* **1.** artistic sense, appreciation of art, connoisseurship. **2.** expert knowledge of art. **2,voll I** *adj* **1.** (highly) artistic. **2.** (~ *gestaltet*) elaborate, ornate. **3.** (*geschickt*) skil(l)ful. **4.** (*raffiniert*) ingenious. **II** *adv* **5.** artistically (*etc*). **~,werk** *n* work of art.

~ˌ**wert** *m* **1.** artistic value. **2.** *pl* objets d'art. ~ˌ**wis·sen·schaft** *f* science of art, *als Lehrfach*: art; **er studiert** ~ he studies art. ~ˌ**wol·le** *f* artificial (*od.* recovered, reprocessed, re-used) wool. ~ˌ**wort** *n* coined (*od.* minted, invented) word. ~ˌ**zeit**ˌ**schrift** *f* art magazine (*od.* journal). ~ˌ**zweig** *m* branch (*od.* field) of art.

ˈ**kun·ter**ˌ**bunt** [ˈkʊntər-] **I** *adj* ⟨*no comp, sup* **-est**⟩ **1.** → **bunt** 2. **2.** *fig.* motley, (*abwechslungsreich*) varied, variegated; ~**es Durcheinander** happy jumble, wild confusion. **II** *adv* **3.** *fig.* ~ **durcheinander** higgledy-piggledy, in a happy jumble.

Kunz [kʊnts] *npr m* ⟨-; *no pl*⟩ → **Hinz**.

Kü·pe [ˈkyːpə] *f* ⟨-; -n⟩ *Färberei*: vat.

Ku·pee [kuˈpeː] *n* ⟨-s; -s⟩ → **Coupé**.

ku·pel·lie·ren [kupɛˈliːrən] *v/t* ⟨*no* **ge-**, h⟩ (*Edelmetall*) cupel.

Kup·fer [ˈkʊpfər] *n* ⟨-s; -⟩ **1.** ⟨*only sg*⟩ *chem. min.* copper, cuprum; **in** ~ **stechen** etch (*od.* engrave) on copper; **mit** ~ **beschlagen** (*od.* **überziehen**) copper(ize). **2.** ⟨*only sg*⟩ *collect.* copper (utensils *pl od.* kitchenware). **3.** → **Kupferstich** 1. **4.** ⟨*only sg*⟩ → **Kupfergeld**. ~ˌ**berg**ˌ**werk** *n* copper mine. ~ˌ**blau** *n min.* copper (*od.* azurite) blue. ~ˌ**blü·te** *f min.* plush copper, chalcotrichite. ~**chlo**ˌ**rid** *n* a) copper (*od.* cupric) chloride, b) cuprous chloride. ~ˌ**draht** *m* copper wire. ~ˌ**druck** *m* ⟨-(e)s; -e⟩ copperplate (printing *od.* engraving). ~ˌ**erz** *n* copper ore. ♀ˌ**far·ben**, ♀ˌ**far·big** *adj* copper-colo(u)red. ~ˌ**geld** *n* ⟨-(e)s; *no pl*⟩ copper coin(s *pl*), copper(s *pl*). ~**ge**ˌ**rät**, ~**ge**ˌ**schirr** *n* copper utensils *pl* (*od.* kitchenware). ~**ge**ˌ**win·nung** *f* copper production. ~ˌ**glanz** *m min.* copper glance, chalcocite. ~ˌ**grün I** *n* **1.** *min.* chrysocolla. **2.** copper (*od.* malachite) green. **II** ♀ *adj* **3.** copper-green. ♀ˌ**hal·tig** *adj* containing copper, copper-bearing, coppery, cupriferous. ~ˌ**kies** *m min.* yellow copper ore, copper pyrites. ~**la**ˌ**sur** *f min.* azure copper ore, Chessy copper. ~**le**ˌ**gie·rung** *f* copper alloy. ~ˌ**mi·ne** *f* copper mine. ~ˌ**mün·ze** *f* copper (coin).

ˈ**kup·fern** *adj* **1.** (of) copper. **2.** *fig. Aussehen etc*: coppery.

ˈ**Kup·fer**|ˌ**plat·te** *f* **1.** *tech.* copper plate. **2.** *print.* copperplate. ~ˌ**rot I** *n* red copper, carnelian, cuprite. **II** ♀ *adj* copper-red. ~ˌ**schmied** *m* coppersmith. ~ˌ**spat** *m min.* malachite. ~ˌ**ste·cher** *m* copperplate engraver; *humor.* **alter** (*od.* **mein lieber**) **Freund und** ~ my dear fellow. ~ˌ**stich** *m* **1.** copperplate engraving (*od.* print). **2.** ⟨*only sg*⟩ (*Technik*) copperplate (engraving). ~**sul**ˌ**fat** *n chem.* copper (*od.* cupric) sulphate (*Am.* -f-), copper (*od.* blue) vitriol. ~ˌ**ti·tel** *m* engraved title page. ~**vi·tri**ˌ**ol** *n* → **Kupfersulfat**. ~ˌ**zeit** *f* Copper Age, Eneolithic Age.

ku·pie·ren [kuˈpiːrən] *v/t* ⟨*no* **ge-**, h⟩ **1.** *vet.* a) (*Ohren, Schwanz*) cut, crop, dock, b) (*Tier*) dock. **2.** (*Krankheit*) stop, check, arrest. **3.** (*Wein*) adulterate. **4.** (*Spielkarten*) cut. **5.** (*Hecke etc*) trim, clip, crop.

Ku'polˌ**ofen** [kuˈpoːl-] *m metall.* cupola (furnace).

Ku·pon [kuˈpõː] *m* ⟨-s; -s⟩ → **Coupon**.

Kup·pe [ˈkʊpə] *f* ⟨-; -n⟩ **1.** (*Berg*♀) (rounded) (hill)top, knoll. **2.** *e-r Straße*: crest. **3.** a) (*Finger*♀) tip, b) *e-s Finger-, Fußnagels*: edge. **4.** *tech.* a) (*Nagel*♀ *etc*) rounded head, b) *e-r Oberfläche*: pinhead projection. **5.** *anat.* cupula. **6.** *geol.* cupola.

Kup·pel [ˈkʊpəl] *f* ⟨-; -n⟩ *arch.* dome (*a. geol. metall.*), *kleine*: cupola; **mit e-r** ~ **krönen** dome. ♀ˌ**ar·tig** *adj* dome-shaped. ~ˌ**dach** *n* domed (*od.* dome-shaped) roof.

Kup·pe'lei *f* ⟨-; -en⟩ **1.** *jur.* procuration, procuring; **einfache** ~ procuration of women; **schwere** ~ procuration of one's wife (*od.* child, ward, pupil); ~ (**be**)**treiben** be a procurer (*od.* procuress), procure. **2.** *contp.* a) matchmaking, b) (*Zuhälterei*) pimping.

ˈ**kup·pel**|ˌ**för·mig** *adj* dome-shaped, domed. ♀**kal·ku·la·ti**ˌ**on** *f econ.* linked costing.

kup·peln [ˈkʊpəln] **I** *v/t* ⟨h⟩ **1.** (*Anhänger etc*) (**an** *acc*, **mit**) couple (with), connect (to). **2.** *chem.* couple. **II** *v/i* **3.** *mot.* operate the clutch, (*ein*~) (let in the) clutch, (*aus*~) declutch; **automatisch** ~ change (*Am.* shift) gear automatically. **4.** *contp.* a) (*Ehe vermitteln*) matchmake, arrange a match, b) pander, pimp. **5.** *jur.* procure, act as a procurer. **III** ♀ *n* ⟨-s⟩ **6.** coupling (*etc*). **7.** → **Kuppelei**.

ˈ**Kup·pel**|ˌ**pelz** *m colloq.* **sich** (*dat*) **e-n** (*od.* **den**) ~ **verdienen** make (*od.* arrange) a match, matchmake. ~**pro**ˌ**dukt** *n econ.* joint product. ~ˌ**stan·ge** *f tech.* tie (*od.* coupling) rod.

kup·pen [ˈkʊpən] *v/t* ⟨h⟩ (*stutzen*) trim, clip, crop, (*Baumkrone etc*) top.

ˈ**Kupp·ler** *m* ⟨-s; -⟩ **1.** *jur.* procurer. **2.** *contp.* a) (*Ehestifter*) matchmaker, b) pimp. **3.** *chem.* coupler. ˈ**Kupp·le·rin** *f* ⟨-; -nen⟩ **1.** *jur.* procuress. **2.** (female) matchmaker. ˈ**kupp·le·risch** *adj* **1.** *jur.* procuring. **2.** *contp.* a) matchmaking, b) pimping.

ˈ**Kupp·lung** *f* ⟨-; -en⟩ **1.** *chem. tech.* coupling. **2.** *mot.* clutch; **die** ~ **treten** (**loslassen**) engage (disengage *od.* let out) the clutch; **die** ~ **einrücken** (*od.* **kommen lassen**) let in the clutch; **die** ~ **schleifen lassen** let the clutch slip; **die** ~ **rutscht** the clutch is slipping. **3.** (*Anhänger*♀ *etc*) coupling, coupler.

ˈ**Kupp·lungs**|**au·to**ˌ**mat** *m* automatic clutch. ~**be**ˌ**lag** *m* clutch facing (*od.* lining). ~ˌ**brem·se** *f* clutch brake. ~**ge**ˌ**häu·se** *n* clutch housing. ~**ge**ˌ**stän·ge** *n* clutch operating gear. ~**pe**ˌ**dal** *n* clutch lever (*od.* pedal). ~ˌ**schei·be** *f* clutch disc. ~ˌ**stecker** (*getr.* **-k·k-**) *m electr.* coupler plug. ~ˌ**wel·le** *f mot.* clutch shaft.

Kur [kuːr] *f* ⟨-; -en⟩ *med.* a) cure (**in e-m** *Kurbad etc* at a spa, *etc*), b) (course of) treatment; **zur** ~ **fahren** (*od.* **gehen, reisen**) go to a health resort (*od.* spa); **e-e** ~ **machen, sich e-r** ~ **unterziehen** take a cure (at a spa, *etc*), undergo a course of treatment; **j-m e-e** ~ **verordnen** *im Kurort*: prescribe s. o. a cure; **j-m e-e** ~ **mit Hormonen verordnen** prescribe s. o. a series of hormone treatments; *fig. colloq.* **j-n in die** ~ **nehmen** put s. o. through his paces, (*zs.-stauchen*) blow s. o. up.

Kür [kyːr] *f* ⟨-; -en⟩ **1.** a) *Eis- od. Rollkunstlauf*: free skating, b) *gym.* optional (*od.* free, voluntary) exercise(s *pl*), c) *Wasserspringen*: optional dives *pl.* **2.** *poet.* (*Wahl*) choice.

ˈ**Kur**|ˌ**an**ˌ**stalt** *f* sanatorium, *Am. a.* sanitarium. ~ˌ**arzt** *m* doctor at a health resort (*od.* spa).

Kü·raß [ˈkyːras] *m* ⟨-sses; -sse⟩ *hist.* cuirass. **Kü·ras·sier** [kyraˈsiːr] *m* ⟨-s; -e⟩ *mil. hist.* cuirassier.

Ku·rat [kuˈraːt] *m* ⟨-en; -en⟩ *R.C.* (assistant) curate.

Ku·ra·tel [kuraˈteːl] *f* ⟨-; -en⟩ *jur. obs.* tutelage, guardianship; **unter** ~ **stehen** *a. fig.* be under tutelage; **j-n unter** ~ **stellen** place s. o. under tutelage.

Ku·ra·tie [kuraˈtiː] *f* ⟨-; -n [-ən]⟩ *R.C.* curacy.

Ku·ra·tor [kuˈraːtɔr] *m* ⟨-s; -en [-raˈtoːrən]⟩ **1.** *jur.* a) *archaic od. Austrian* (*Vormund*) guardian, b) *Austrian* trustee. **2.** *univ.* curator. **3.** *e-r Stiftung etc*: trustee. **Ku·ra·to·ri·um** [kuraˈtoːrĭʊm] *n* ⟨-s; -rien⟩ **1.** board of trustees (*od.* curators). **2.** (*Ausschuß*) committee. **3.** (*Treuhandverwaltung*) trusteeship.

ˈ**Kur**|ˌ**auf·ent**ˌ**halt** *m* stay at a health resort (*od.* spa). ~ˌ**bad** *n* **1.** (*Ort*) spa, baths *pl.* **2.** (medicinal) bath.

Kur·bel [ˈkʊrbəl] *f* ⟨-; -n⟩ crank, handle. ~ˌ**an**ˌ**trieb** *m* crank drive. ~ˌ**dach** *n* → **Kurbelschiebedach**. ~ˌ**fen·ster** *n mot.* crank-down window. ~**ge**ˌ**häu·se** *n* crankcase. ~**ge**ˌ**trie·be** *n* crank mechanism (*od.* gear). ~ˌ**ka·sten** *m* **1.** *tech.* crankcase. **2.** *colloq.* (film) camera.

kur·beln [ˈkʊrbəln] **I** *v/i* ⟨h⟩ **1.** a) crank, b) wind (up, *etc*). **2.** *mot. colloq.* turn the steering wheel. **3.** *aer. mil. colloq.* engage in a dogfight, *sl.* jink. **II** *v/t* **4. et. in die Höhe** ~ wind s. th. up. **5.** *colloq.* a) (*Film, Szene etc*) shoot, b) (*Zigarette*) roll; *Sport*: **e-e Runde** ~ do a lap.

ˈ**Kur·bel**|ˌ**pres·se** *f* crank press. ~ˌ**schie·be**ˌ**dach** *n mot.* crank-operated sliding roof. ~ˌ**stan·ge** *f tech.* connecting rod. ~ˌ**wel·le** *f* crankshaft. ~ˌ**zap·fen** *m* crank pin.

Kur·bet·te [kurˈbɛtə] *f* ⟨-; -n⟩ *Schulreiten*: courbette, curvet. **kur·bet'tie·ren** [-ˈtiːrən] *v/i* ⟨*no* **ge-**, *sein*⟩ curvet.

Kür·bis [ˈkyrbɪs] *m* ⟨-ses; -se⟩ **1.** (*Pflanze u. Frucht*) pumpkin, gourd, squash, vegetable marrow. **2.** *fig. sl.* (*Kopf*) nut, loaf, bean. ~ˌ**fla·sche** *f* gourd (bottle). ~ˌ**kern** *m* pumpkin (*etc*) seed.

Kur·de [ˈkʊrdə] *m* ⟨-n; -n⟩ Kurd. ˈ**kur·disch** *adj* Kurd(ish).

kü·ren [ˈkyːrən] *v/t* ⟨**kürte**, *rare* **kor**, **gekürt**, *rare* **gekoren**, h⟩ *obs. od. poet.* choose, elect.

Kü·ret·ta·ge [kyrɛˈtaːʒə] *f* ⟨-; -n⟩ *med.* curettage. **Kü·ret·te** [kyˈrɛtə] *f* ⟨-; -n⟩, **kü·ret'tie·ren** [-ˈtiːrən] *v/t* ⟨*no* **ge-**, h⟩ curette.

ˈ**Kur**ˌ**fürst** *m* ⟨-en; -en⟩ *hist.* elector. ˈ**Kur**ˌ**für·sten·tum** *n* ⟨-s; ⸚er⟩ electorate. ˈ**Kur**ˌ**für·stin** *f* ⟨-; -nen⟩ electress. ˈ**kur**ˌ**fürst·lich** *adj* electoral.

ˈ**Kur**|ˌ**gast** *m* **1.** visitor (at a health resort *od.* spa). **2.** *colloq.* tourist. ~ˌ**haus** *n* kurhaus. ~**ho**ˌ**tel** *n* health-resort hotel.

ku·ri·al [kuˈrĭaːl] *adj a. R.C.* curial.

Ku·rie [ˈkuːrĭə] *f* ⟨-; -n⟩ **1.** *R.C.* Curia. **2.** *antiq. hist.* curia. ˈ**Ku·ri·en·kar·di**ˌ**nal** *m* cardinal of the Roman Curia.

Ku·rier [kuˈriːr] *m* ⟨-s; -e⟩ **1.** courier, messenger; ~ **im diplomatischen Dienst** diplomatic courier. **2.** (*Briefe*) diplomatic mail. **3.** → **Kuriergepäck**. ~ˌ**ab**ˌ**tei·lung** *f pol.* Foreign Messengers' Service.

ku·rie·ren [kuˈriːrən] *v/t* ⟨*no* **ge-**, h⟩ *a. fig.* cure (**von** of).

Ku'rier|ˌ**flug**ˌ**zeug** *n* courier airplane. ~**ge**ˌ**päck** *n* diplomatic bag (*od.* luggage).

ku·ri·os [kuˈrĭoːs] **I** *adj* curious, odd, strange, queer. **II** ♀**e, das** ⟨-n⟩ **das** ♀**e an der Sache war, daß** the curious (*etc*) thing about it (all) was that. **Ku·rio·si'tät** [-rĭoziˈtɛːt] *f* ⟨-; -en⟩ **1.** ⟨*only sg*⟩ oddness, queerness; *colloq.* (**nur**) **der** ~ **halber** (just) for the fun of it. **2.** → **Kuriosum**. **3.** (*Sammlungsstück*) curio(sity).

Ku·rio·si'tä·ten|ˌ**händ·ler** *m* curio(sity) dealer. ~**ka·bi**ˌ**nett** *n* curio gallery.

Ku·rio·sum [kuˈrĭoːzʊm] *n* ⟨-s; -sa [-za]⟩ **1.** curiosity, oddity, curious thing (*od.* fact). **2.** *colloq.* (*Person*) odd fellow, (quite) a character (*od.* card).

'Kur|ka,pel·le *f* health resort band, spa orchestra. **~,kar·te** *f* health-resort (*od.* spa) visitor's pass. **~kon,zert** *n* concert of the spa orchestra.

Kur·ku·ma ['kurkuma] *f* ⟨-; -men [-'ku:mən]⟩ *bot.* curcuma. **~,gelb** *n chem.* curcumin. **~pa,pier** *n* turmeric paper.

Kur·ku·min [kurku'mi:n] *n* ⟨-s; *no pl*⟩ *chem. gastr.* curcumin.

'Kür|,lauf *m Eiskunstlauf etc*: free skating. **~,läu·fer** *m*, **~,läu·fe·rin** *f* free skater.

'Kur,mark *f* ⟨-; *no pl*⟩ *hist.* the Electorate of the Mark Brandenburg.

'Kur|,ort *m* health resort, (*Bad*) spa, watering resort. **~,packung** (*getr.* -k·k-) *f pharm.* large size for full course of treatment. **~,park** *m* park of a health resort, spa garden.

'kur,pfu·schen *v/i* ⟨h⟩ *contp.* (play the) quack. **'Kur,pfu·scher** *m* quack (doctor). **,Kur·pfu·sche'rei** *f* quackery.

'Kur·pro·me,na·de *f* promenade at a spa.

Kur·ren·de [ku'rɛndə] *f* ⟨-; -n⟩ *relig.* boys' choir; *hist.* **~ singen** go singing before houses for alms.

Kur'rent,schrift [ku'rɛnt-] *f obs.* running hand, *a. print.* cursive (script).

Kurs [kurs] *m* ⟨-es; -e⟩ **1.** *aer. mar.* course, (*Radar*≗) track; **mißweisender** (*od.* **magnetischer**) **~** magnetic course; **rechtweisender ~** true course; **den ~ absetzen** set (*od.* shape, chart, plot) the course; **den ~ ändern** change course; **den ~ beibehalten** keep (*od.* stand on) course; **wahrer ~** true course made good; **~ haben nach** head (*od.* steer, be bound) for; **~ nehmen auf** set course for, *a. fig.* head for; **das Schiff geht auf ~** the ship sets course; **e-n falschen ~ einschlagen** take the wrong course (*Segelboot*: tack) (*cf.* 2); **vom ~ abweichen** go off course. **2.** *fig.* course, policy, line; **harter ~** hard line; **e-n falschen (neuen) ~ einschlagen** take a wrong (new) course (*od.* line). **3.** *econ.* (*Devisen*≗) rate (of exchange), exchange rate, (*Wertpapier*≗) (stock *od.* market) price, rate, quotation, (*Umlauf*) circulation; **zum ~ von** at the rate of; **unter dem ~** below parity (rate); **amtlicher ~** official (exchange) rate; **zum gegenwärtigen ~** at the present rate (of exchange); **zum mittleren ~** at parity (rate), at the average rate; **den ~ stützen** support the (official) rate (of exchange); **die ~e ziehen an (geben nach)** prices are hardening (softening); **~e notieren** quote prices; **auf die ~e drücken** depress prices, bear shares; **außer ~ setzen** withdraw from circulation, call in; **hoch im ~ stehen** *Aktien etc*: be high, be at a premium (*a. fig.*); *fig.* **bei j-m hoch im ~ stehen** a) *Person*: rate high (*od.* be popular) with s. o., b) *Sache*: be popular (*od.* in great demand) with s. o., be s. o.'s latest thing (*od. colloq.* rage); **niedrig im ~ stehen** a) be at a discount, b) *fig.* rate low. **4.** → **Kursus.**

'Kur,saal *m* kursaal.

'Kurs|,ab,schlag *m Börse*: backwardation. **~,ab,wei·chung** *f aer. mar.* deviation (from course). **~,än·de·rung** *f* **1.** *aer. mar.* change of course. **2.** *econ.* change of exchange rate. **3.** *fig.* change of policy, reorientation. **~,an,ga·be** *f econ.* statement of rate (of exchange). **~,an,stieg** *m* rise (in quotations *od.* rates), increasing prices *pl.* **~be,richt** *m econ.* **1.** market report. **2.** → **Kurszettel.** **~,bes·se·rung** *f* improvement in price, gain. **~be,we·gung** *f* price movement. **~,blatt** *n* → **Kurszettel.** **~,buch** *n* railway (*Am.* railroad) timetable (*od.* guide).

'Kur,schat·ten *m humor.* flirt at a health resort.

Kürsch·ner ['kʏrʃnər] *m* ⟨-s; -⟩ **1.** furrier. **2.** *zo.* fur beetle. **Kürsch·ne'rei** *f* ⟨-; -en⟩ **1.** ⟨*only sg*⟩ furrier's trade. **2.** furrier's work(shop), furriery.

'Kurs|,druck *m* pressure on the price (of stocks, of foreign exchange). **~,ein,bruch** *m* fall in prices. **~,ein,bu·ße** *f* → **Kursverlust.** **~ent,wick·lung** *f von Devisen*: development (*od.* trend) of exchange rates, *von Aktien*: price trend. **~,fest,stel·lung** *f* **1.** (exchange) rate fixing. **2.** (stock) price fixing. **~ge,fü·ge** *n von Wertpapieren*: price structure, *von Devisen*: exchange-rate structure. **~ge,winn** *m von Wertpapieren*: (price) gains *pl*, *von Devisen*: exchange profits *pl*.

kur·sie·ren [kur'zi:rən] **I** *v/i* ⟨*no* ge-, h⟩ **1.** *Geld etc*: circulate, be in circulation. **2.** *fig. Gerüchte etc*: circulate, go round. **II** ≗ *n* ⟨-s⟩ **3.** circulating, circulation.

kur·siv [kur'zi:f] *adj* **1.** *print.* italic; **et. ~ drucken** print s. th. in italics, italicize s. th. **2.** *Handschrift*: cursive. **Kur'si·ve** [-'zi:və] *f* ⟨-; -n⟩, **Kur'siv,schrift** *f* italic (type); **in ~ setzen** set *s. th.* in italics, italicize.

'Kurs|kor·rek,tur *f* **1.** *aer. mar.* correction of course; **e-e ~ vornehmen** correct the course. **2.** *econ.* corrective price adjustment. **~,lei·ter** *m ped.* course leader (*od.* director). **~,mak·ler** *m econ.* official (*od.* inside) broker. **~no,tie·rung** *f von Wertpapieren*: (price *od.* market) quotation, *von Devisen*: (exchange) rate. **~pa·ri,tät** *f econ.* exchange parity. **~,pei·lung** *f aer.* course bearing. **~,ri·si·ko** *n von Devisen*: exchange risk, *Börse*: risk of loss on the market. **~,rück,gang** *m von Devisen*: fall (*od.* decline) in the rate of exchange, *von Aktien*: decline (*od.* fall) in prices. **~,schrei·ber** *m aer. mar.* course recorder. **~,schwan·kung** *f econ.* fluctuation in rates of exchange, price fluctuation. **~,stei·ge·rung** *f* price increase, rise. **~,sturz** *m von Devisen*: sudden decline in the exchange rate, *von Aktien*: sharp fall in prices, slump. **~,stüt·zung** *f* support of prices, price pegging, *der Währung*: exchange pegging. **~ta,bel·le** *f* table of exchanges. **~,ta·fel** *f Börse*: marking board. **~,teil,neh·mer** *m ped.* participant in a course (of study). **~trei·be'rei** [,kurs-] *f* share pushing, *Am.* bull campaign.

Kur·sus ['kurzus] *m* ⟨-; Kurse⟩ course (of instruction), (study) course, class; **e-n ~ abhalten** hold a course; **e-n ~ für Spanisch besuchen** attend (*od.* take) a course in Spanish, attend Spanish classes.

'Kurs|ver,lust *m econ. von Aktien*: loss on (*od.* drop of) stock prices, *von Devisen*: loss on (the) exchange parities. **~ver,set·zung** *f aer.* deviation, *a. mar.* drift. **~,wa·gen** *m rail.* through coach. **~,wäh·ler** *m aer.* course selector. **~,wech·sel** *m* → **Kursänderung** 3. **~,wert** *m econ.* market value (*od.* price); **neue Aktien im ~ von 100 Mark** new shares of a quoted (*od.* cash) value of 100 marks. **~,zet·tel** *m Börse*: (official) stock (exchange) list, price list. **~,zu,schlag** *m Börse*: contango (rate).

'Kur,ta·xe *f* visitor's tax.

Kur·ti·sa·ne [kurti'za:nə] *f* ⟨-; -n⟩ courtesan.

'Kür|,tur·nen *n* → **Kür** 1 b. **~,übung** *f* optional (*od.* free) exercise.

Kur·ve ['kurvə] *f* ⟨-; -n⟩ **1.** *e-r Straße etc*: bend, curve, turn, corner; **scharfe ~** sharp bend (*od.* turn), hairpin bend; **unübersichtliche ~** blind bend; **die ~ nehmen (schneiden, ausfahren)** take (cut, round) the curve; *fig. colloq.* **die ~ kratzen** beat it, push off; **der Wagen wurde aus der ~ getragen** (*od.* **geschleudert**), **der Wagen flog aus der ~** the car went off the road in (*od.* on) the bend, the car was flung out of the bend; *fig. colloq.* **du hast die ~ noch nicht (he)raus** (*od.* **weg**) you haven't got the hang of it yet; **er kriegt die ~ nie** a) (*kommt nie dazu*) he'll never get round to it, b) (*schafft es nie*) he'll never make it. **2.** *aer.* curve; **das Flugzeug ging** (*od.* **legte sich**) **in die ~** the plane banked; **e-e ~ fliegen** do a banking turn; **~n drehen** circle, curve. **3.** *math.* curve; **geschlossene ~** contour. **4.** *Statistik etc*: curve, graph, diagram; **die Statistik zeigt für die Jugendkriminalität e-e abfallende ~** juvenile delinquency statistics show a decline (*od.* decrease). **5.** *e-s Geschosses etc*: curve; **ballistische ~** (curve of) trajectory. **6.** *tech.* (*Steuer*≗) cam. **7.** *pl colloq. e-r Frau*: curves (*cf.* **kurvenreich** 2).

kur·ven ['kurvən] *v/i* ⟨sein⟩ **1.** *aer.* circle, curve, (*mit Schräglage fliegen*) bank, do a banking turn. **2.** *colloq.* a) curve, b) drive (a)round; **durch die Gegend ~** *a. sl.* tool around; **er kurvte um die Ecke** he drove round the corner.

'Kur·ven|,bild, ~,blatt *n* graph, curve diagram. **~,bo·gen** *m math.* arc of a curve. **~er,hö·hung** *f e-r Straße*: bank. **~,fah·ren** *n mot.* cornering. **~,fe·stig·keit** *f* cornering stability. **≗,för·mig** *adj* curved, curviform. **~,la·ge** *f* **1.** *mot.* cornering characteristics *pl.* **2.** *aer.* bank. **~li·ne,al** *n* (French) curve. **~,nei·gung** *f mot.* (car) roll. **≗,reich** *adj* **1.** *Straße etc*: full of bends, winding, twisty; **„~e Strecke auf 3 km"** "curves (*od.* bends) for 3 km". **2.** *fig. colloq. Frau, Figur*: curvaceous, curvy. **~,schnei·den** *n mot.* cutting (of) corners. **~,schrei·ber** *m Computer*: curve plotter. **~,si·cher·heit** *f mot.* cornering safety. **~,tech·nik** *f* cornering technique. **~,vor,ga·be** *f Sport*: stagger

'kur·vig *adj* **1.** curved, curviform. **2.** → **kurvenreich** 1.

Kur·vi·me·trie [kurvime'tri:] *f* ⟨-; *no pl*⟩ measuring of curves.

kurz [kurts] **I** *adj* ⟨=er; =est⟩ **1.** *räumlich*: short (*distance, legs, man, etc*); **~e Hosen** short trousers (*od.* pants), shorts; *mar.* **~e See** short sea; **kürzer machen** make *s. th.* shorter, shorten; **kürzer werden** get shorter, shorten; **zehn Zoll zu ~** ten inches short; *fig.* **den kürzeren ziehen** get (*od.* be) worsted, be the loser, lose; *colloq.* **et. ~ und klein schlagen** smash s. th. to bits. **2.** *zeitlich u. in der Abfassung etc*: short, brief (*letter, talk, visit, etc*), (*gedrängt*) a. concise; **~er Blick** brief glance; *econ.* **Wechsel auf ~e Sicht** short-dated bill; **ein ~er Entschluß** a quick decision; **ein ~es Vergnügen** a short-lived pleasure; **mit ein paar ~en Worten** in a few words, briefly; **~e Zeit nach(her)** a short time (*od.* shortly) after; **e-e ~e Zeit lang** for a short while; **in kürzerer Zeit** in less time; **in kürzester Zeit** in no time, very quickly; **binnen ~em** shortly, within a short time; **seit ~em** for some little time (now); **bis vor ~em** until quite recently, until a short time ago; **nach ~em Zögern** after a moment of hesitation; **mach's (bitte) ~!** make it short!, be brief!; **um es ~ zu machen** to put it briefly, in a word. **3.** *fig.* (*schroff*) curt, short, brusque. **II** *adv* **4.** *räumlich*: short; **zu ~ werfen (schießen)** throw (fire) (too) short; *fig.* **zu ~ kommen** go short, get the worst of the deal, *colloq.* get a bad deal, *a. Sache*: be neglected; **~ vor uns** just in front (*od.* ahead) of us; **~ vor London** near (*od.* not far from) London; → **kurzhalten, kurztreten. 5.** *zeitlich od. in der Abfassung, im Ausdruck*: short(ly), brief(ly), (*~fristig, momentan*) for a short time, for a moment, (*gedrängt im Ausdruck*) concisely, (*rasch*) quickly; **das schöne Wetter dauerte nur ~** the fine weather didn't last long; **er steht ~ vor dem Bankrott** he is nearly bankrupt; **~ vorher, ~ zuvor** shortly before(hand); **~ danach, ~ darauf** shortly afterwards (*od.* after that); **sich ~ ausruhen** take a short rest; **~ vor (nach) 7 Uhr** shortly before (after) seven (o'clock); **über ~ oder lang** sooner or later; **~ entschlossen** resolutely, without a moment's hesitation; **~ und gut** in short, in a word, to cut a long story short; **et. ~ und bündig sagen** tell s. th. outright (*od.* in so many words, concisely); **er wird ~ Bill genannt** he is called Bill for short; **fasse dich ~!** please, be brief!, please make it short!; *iro.* **~ und schmerzlos** quickly and painlessly. **6.** *fig. a.* **~ angebunden** (*schroff*) curtly, brusquely, short; **et. ~ abschlagen** refuse s. th. flatly.

ˈKurz|ˌar·beit *f* short time (work). **≈ˌar·bei·ten** *v/i* ‹*sep*, **-ge-**, **h**› work short time. **~ˌar·bei·ter** *m* short-time worker, short-timer. **≈ˌär·me·lig** [-ˌʔɛrməlɪç] *adj* short-sleeved.

ˈkurzˌat·mig [-ˌʔaːtmɪç] *adj* **1.** short of breath, short-winded, *med.* dyspn(o)eic. **2.** *Pferd*: broken-winded. **≈keit** *f* ‹-; *no pl*› **1.** shortness of breath, short wind, *med.* dyspn(o)ea. **2.** *vet.* broken wind.

ˈKurz|ˌausˌbil·dung *f* **1.** shortened training. **2.** → **Kurzlehrgang. ~ˌaus·ˌga·be** *f* abridged edition. **≈ˌbei·nig** [-ˌbaɪnɪç] *adj* short-legged. **~beˌricht** *m* brief report, summary. **~bio·graˌphie** *f* concise (*od.* short) biography, *Br. a.* profile.

ˈKur·ze *m* ‹**-n**; **-n**› *colloq. for* **Kurzschluß** 1.

Kür·ze [ˈkʏrtsə] *f* ‹-; **-n**› **1.** ‹*only sg*› *e-s Kleides, e-r Strecke etc*: shortness, (*zeitliche ~*) *a.* brevity, briefness; **die ~ der Zeit** the shortness (*od.* lack) of time; **in ~** (*bald*) (very) soon, in the near future, before long. **2.** ‹*only sg*› *fig. des Ausdrucks etc*: shortness, brevity, *des Stils etc*: conciseness; **in aller ~** very briefly; **der ~ halber** for short; **sich der ~ befleißigen** express o. s. briefly, be brief; **in der ~ liegt die Würze** brevity is the soul of wit. **3.** *metr.* short (syllable).

Kür·zel [ˈkʏrtsəl] *n* ‹**-s**; **-**› **1.** *Kurzschrift*: grammalogue. **2.** *fig.* short(ened) form, contraction.

kür·zen [ˈkʏrtsən] **I** *v/t* ‹**h**› **1.** (*Kleid etc*) (**um** by) shorten, make *s. th.* shorter. **2.** (*Nägel, Haar etc*) shorten, cut *s. th.* (shorter). **3.** *fig.* (*Text, Rede, Film, Rolle etc*) cut, shorten, (*Buch etc*) abridge, condense, (*Löhne, Ausgaben etc*) cut (down), curtail, retrench; **et. drastisch ~** slash s. th. **4.** *Kurzschrift*: shorten, contract. **5.** *math.* (*e-n Bruch*) reduce. **6.** *vet.* (*Schwanz*) dock. **7.** *mar.* (*Segel*) shorten. **II ≈** *n* ‹**-s**› **8.** shortening (*etc*). **9.** → **Kürzung.**

kür·zer [ˈkʏrtsər] *comp of* **kurz.**

ˈkur·zerˈhand *adv* **1.** without hesitation (*od.* further ado), on the spot. **2.** (*plötzlich*) abruptly, then and there. **3.** (*schroff*) flatly, bluntly.

kür·zest [ˈkʏrtsəst] *sup of* **kurz.**

ˈKür·zeˌzei·chen *n über Vokalen etc*: short sign, breve.

ˈKurz|ˌfas·sung *f* abridged (*od.* short[ened]) version. **~ˌfilm** *m* short film, *colloq.* short. **~ˌform** *f* **1.** short(ened) form; **„Bus" ist die ~ von „Omnibus"** "Bus" is short for "Omnibus". **2.** → **Kurzfassung. ~ˌfor·mel** *f fig.* **et. auf e-e ~ bringen** put s. th. in a nutshell. **≈ˌfri·stig** [-ˌfrɪstɪç] **I** *adj* **1.** *Vertrag, Kredit etc*: short-term; *econ.* **~er Wechsel** short-dated bill; **~e (Wetter)Vorhersage** short-period (weather) forecast. **2.** (*kurz*) of short duration, short, brief. **3.** (*sofortig*) immediate. **II** *adv* **4.** at short notice, within a short time; **~ absagen** cancel s. th. at short notice; **~ lieferbar** available at short notice, for prompt delivery. **5.** temporarily, for a short period. **≈geˌfaßt** *adj* short, brief, concise. **~geˌschich·te** *f* short story. **≈geˌschlos·sen** *adj electr.* short-circuited. **≈geˌschnit·ten** *adj Haar etc*: close-cropped, *Rasen*: closely mown. **≈geˌscho·ren** *adj Haar etc*: close-cropped, *Schaf etc*: closely shorn. **~ˌhaar ...** *in Zssgn bes. zo.*, **≈ˌhaa·rig** *adj* short-haired. **≈ˌhal·ten** *v/t* ‹*irr*, *sep*, **-ge-**, **h**› *colloq.* **j-n ~** a) keep a tight hand (*od.* rein) on s. o., b) (**mit Geld** *etc*) keep s. o. short (of money, *etc*). **~ˌhör·ner** *pl zo.* shorthorns. **~kom·menˌtar** *m* brief (*od.* short) commentary. **≈ˌköp·fig** [-ˌkœpfɪç] *adj* short-headed, brachycephalic. **≈ˌle·big** [-ˌleːbɪç] *adj* **1.** *Tier, Pflanze, a. fig. Mode etc*: short-lived (*a. phys.*), ephemeral. **2.** *fig.* a) *Konsumgüter*: perishable, b) *tech.* having a (relatively) short life. **~ˌle·big·keit** *f* ‹-; *no pl*› **1.** *a. phys. tech. etc* short life. **2.** *fig.* short-livedness, ephemerality. **~ˌlehrˌgang** *m* short (study-)course, *intensiv*: crash course.

kürz·lich [ˈkʏrtslɪç] *adv* recently, lately, of late, the other day, not long ago, a short time ago; **erst ~** quite recently.

ˈKurz|ˌmel·dung *f* **1.** news flash. **2.** *pl* → **~ˌnachˌrich·ten** *pl* news summary *sg.* **~ˌpar·ker** *m* short-term parker. **~ˌparkˌzo·ne** *f* limited parking zone. **~ˌpaß** *m Sport*: short pass. **~pro·ˌgramm** *n Sport*: short program(me). **~refeˌrat** *n* brief report. **~roˌman** *m* short novel. **≈ˌschlie·ßen** *v/t* ‹*irr*, *sep*, **-ge-**, **h**› *electr.* short-circuit.

ˈKurzˌschluß *m* **1.** *electr.* short circuit, *colloq.* short; **e-n ~ verursachen** *a.* short-circuit; **e-n ~ haben** be short-circuited. **2.** *fig. colloq.* (**geistiger**) **~** a) false reaction (*od.* conclusion), b) mental blackout, c) → **~ˌhand·lung** *f fig.* irrational act, panic action; **e-e ~ begehen** do s. th. rash (*od.* in a moment of madness), *sl.* blow one's mind, flip (out), *aus Angst*: panic. **~konˌtakt** *m electr.* arcing (*od.* sparking) contact. **~(ˌläu·fer)ˌmo·tor** *m* squirrel-cage (induction) motor. **~ˌschal·ter** *m* short-circuit switch. **≈ˌsi·cher** *adj* short-circuit proof. **~ˌstrom** *m* short-circuit current.

ˈKurz|ˌschrift *f* shorthand (writing), stenography; **in ~** in shorthand. **~ˌschu·le** *f* outward bound school. **≈ˌschwän·zig** [-ˌʃvɛntsɪç] *adj* short-tailed, brachyural. **≈ˌsich·tig I** *adj* shortsighted (*a. fig. policy, etc*), nearsighted, myopic. **II** *adv a. fig.* shortsightedly. **~ˌsich·ti·ge** *m, f* ‹**-n**; **-n**› shortsighted person (*a. fig.*), nearsighted person, myope. **~ˌsich·tig·keit** *f* ‹-; *no pl*› shortsightedness (*a. fig.*), nearsightedness, myopia. **≈ˌsil·big** [-ˌzɪlbɪç] *adj* **1.** consisting of (*od.* having) a short syllable. **2.** *fig.* taciturn. **~ˌski** *m* miniski, short ski. **~ˌstart** *m aer.* short takeoff. **~ˌstrecke** (*getr.* **-k·k-**) *f bes. Sport*: short distance.

ˈKurzˌstrecken ... (*getr.* **-k·k-**) *in Zssgn* short-distance, short-range. **~be·ˌtrieb** *m* short-distance traffic. **~ˌflug** *m* short-haul flight. **~ˌflugˌzeug** *n* short-range aircraft. **~ˌlauf** *m Sport*: sprint, dash, short-distance running (*od.* dash). **~ˌläu·fer** *m* sprinter. **~raˌke·te** *f* short-range rocket.

ˈKurz|ˌstreck·ler [-ˌʃtrɛklər] *m* ‹**-s**; **-**› *Sport colloq.* sprinter. **≈ˌtre·ten** *v/i* ‹*irr*, *sep*, **-ge-**, **h** *u.* **sein**› **1.** *colloq.* a) take things easy, ease off, go slow, b) (*sparsam sein*) cut down expenses. **2.** *mil.* step short.

ˌkurzˈum *adv* in short, in a word, to cut a long story short.

ˈKür·zung *f* ‹-; **-en**› **1.** → **kürzen** 8. **2.** shortening. **3.** *e-s Buches etc*: abridgement, condensation, *thea. etc* cut. **4.** *von Löhnen, Ausgaben etc*: (*gen*) reduction (of, in), curtailment (of), cut (in). **5.** *Kurzschrift*: contraction. **6.** *math. e-s Bruches*: reduction.

ˈKurzˌurˌlaub *m* short holiday, *mil.* short leave, *Am.* pass.

ˈKurzˌwa·ren *pl* haberdashery *sg*, *Am.* notions, dry goods. **~geˌschäft** *n* haberdashery, *Am.* dry-goods store. **~ˌhänd·ler** *m* haberdasher, *Am.* dry-goods dealer.

ˌkurzˈweg *adv* **1.** flatly, curtly, offhand; **et. ~ ablehnen (ableugnen)** refuse (deny) s. th. flatly. **2.** (*kurz entschlossen*) on the spur of the moment, resolutely. **3.** (*einfach*) simply.

ˈKurz|ˌweil *f* ‹-; *no pl*› pastime, diversion, amusement, entertainment, fun; **nur zur ~** just to divert (*od.* amuse) o. s., just for fun. **≈ˌwei·lig** *adj* amusing, diverting, entertaining. **~ˌwel·le** *f Radio*: short wave; **auf ~, über ~** on short wave, in the short-wave band.

ˈKurzˌwel·len ... *in Zssgn* short-wave. **~beˌhand·lung** *f med.* radiothermy, short-wave diathermy. **~beˌreich** *m Radio*: short-wave range. **~ˌsen·der** *m* short-wave transmitter.

ˈkurz|ˌwel·lig *adj phys.* short-wave. **≈ˌwo·che** *f* short working week. **≈ˌwol·le** *f* noil. **≈ˌwort** *n* abbreviated word, contraction, (*Initialwort*) acronym. **~ˌzei·tig** *adj* short(-time). **≈ˌzeitˌmes·ser** *m* micro chronometer. **≈ˌzeitˌpar·ken** *n* short-term parking.

kusch [kʊʃ] *interj* **1.** *zum Hund*: lie down!, be quiet! **2.** *colloq.* shut up!

ku·scheln [ˈkʊʃəln] **I** *v/reflex* ‹**h**› **sich ~** snuggle, cuddle; **sich an j-n ~** cuddle up to s. o.; **sich in sein Bett ~** snuggle up in one's bed. **II** *v/t* snuggle, cuddle.

ku·schen [ˈkʊʃən] *v/i u.* **sich ~** *v/reflex* ‹**h**› **1.** *Hund*: lie down, crouch; **kusch dich!** → **kusch** 1. **2.** *fig. colloq.* (*sich fügen*) knuckle under (**vor j-m** to s. o.), toe the line.

Ku·si·ne [kuˈziːnə] *f* ‹-; **-n**› cousin.

Kuß [kʊs] *m* ‹**-sses**; **-̈sse**› kiss; (**leichter** *od.* **flüchtiger**) **~** peck; **j-m e-n ~ geben** give s. o. a kiss, kiss s. o.; **sich mit e-m ~ von j-m verabschieden** kiss s. o. goodbye. **Küß·chen** [ˈkʏsçən] *n* ‹**-s**; **-**› (quick *od.* light) kiss, *bes. auf die Wange*: peck. **ˈkußˌecht** *adj* kiss-proof.

küs·sen [ˈkʏsən] **I** *v/t* ‹**h**› kiss; **j-n ~ und kosen** (*od.* **herzen**) kiss and cuddle s. o.; **er küßte ihr die Hand** he kissed her hand; **sich zum Abschied ~** kiss goodbye; **es grüßt und küßt Dich Dein(e)**

X *Briefschluß*: with love and kisses yours X; *Austrian* **küß die Hand!** a) good morning (*od.* afternoon, evening), b) goodbye, c) thank you. **II** ≗ *n* ‹-s› kissing; **sie ist einfach zum** ≗ she is simply sweet. **Küs·se'rei** *f* ‹-; -en› *colloq.* constant kissing, billing and cooing.

'Kuß,hand *f* blown kiss; **j-m e-e ~ zuwerfen** blow s. o. a kiss; *fig. colloq.* **et. mit ~ tun (nehmen)** do (take) s. th. gladly (*od.* with the greatest pleasure).

Kü·ste ['kystə] *f* ‹-; -n› **1.** (sea) coast, shore, (*~ngebiet*) coast(al area), seaboard; **an die ~ getrieben werden** be driven ashore; **nahe der ~** near the shore (*od.* coast), inshore; **entlang der ~ segeln** sail along (*od.* hug) the coast; **der Ort liegt an der ~** the place lies (*od.* is) on the coast; **vor der ~** off the coast; *zo.* **an der ~ lebend** littoral. **2.** → **Küstenlinie.**

'Kü·sten|ar·til·le,rie *f* coast artillery. **~bat·te,rie** *f* shore battery. **~be,fe·sti·gun·gen** *pl* coastal fortifications (*od.* defences) *pl.* **~be,woh·ner** *m* **1.** inhabitant of the coast, coast dweller, *colloq.* seasider. **2.** *zo.* shore inhabitant, littoral animal. **~,damp·fer** *m* coasting steamer, coaster. **~,drift** *f geogr.* longshore drift. **~,fahr,zeug** *n* coasting vessel, coaster. **~fi·sche,rei** *f* inshore fishing. **~,fluß** *m* coastal river. **~ge,biet** *n* coast(al area), seaboard. **~ge,bir·ge** *n* coastal mountain range (*od.* mountains *pl*). **~ge,schütz** *n* shore gun. **~ge,wäs·ser** *n meist pl* coastal waters *pl.* **~,han·del** *m* coasting (*od.* coastal) trade. **~,in·sel** *f* offshore island. **~,land** *n* coastland. **~,land·schaft** *f* coastal landscape. **~,li·nie** *f* coast(line), seaboard, shoreline. **~,lot·se** *m* coast pilot. **≗,nah** *adj Insel etc*: offshore, coastal, near the coast. **~,nä·he** *f* proximity to the coast; **in ~** near (*od.* close to) the coast, inshore. **~pa,trouil·le** *f* shore patrol. **~ra,dar** *n* shore-based radar. **~,riff** *n* coastal reef. **~,schiff** *n* coasting vessel, coaster. **~,schiffahrt** (*getr.* -ff,f-) *f* coastal shipping, coasting (*od.* coastal) trade. **~,schutz,dienst** *m* coast guard. **~,sockel** (*getr.* -k·k-) *m geogr.* shelf. **~,stadt** *f* town on the coast, coastal town. **~,stra·ße** *f* coast(al) road. **~,strei·fen, ~,strich** *m* coastal strip, beach. **~ver,lauf** *m* coastline, shoreline. **~ver,tei·di·gung** *f* coast defen/ce (*Am.* -se). **~,wa·che** *f* coast guard (service *od.* station). **~,wach(t),schiff** *n* coastal patrol vessel.

Kü·ster ['kystər] *m* ‹-s; -› *relig.* sexton, sacristan, verger. **Kü·ste'rei** *f* ‹-; -en› sexton's house (*od.* office).

Ku·stos ['kustɔs] *m* ‹-; -stoden [-'to:dən]› **1.** *e-s Museums etc*: custodian, curator, *e-r Bibliothek etc*: keeper. **2.** *R.C.* custos. **3.** *hist.* a) *mus.* custos, direct, b) *print.* catchword. **4.** *obs. for* **Küster.**

ku·tan [ku'ta:n] *adj med.* cutaneous.

Ku·ti·ku·la [ku'ti:kula] *f* ‹-; -s *u.* -lä [-lɛ]› *biol.* cuticle.

Ku·tis ['ku:tɪs] *f* ‹-; *no pl*› *anat.* cutis.

'Kutsch,bock *m* (coach-)box.

Kut·sche ['kʊtʃə] *f* ‹-; -n› **1.** carriage, coach; **zweispännige ~** two-horse carriage, carriage and pair; **vierspännige ~** four-horse carriage, coach and four, four-in-hand. **2.** *humor.* (*Fahrzeug*) bus; **alte ~** old jalopy, rattletrap. **'kut·schen** *v/i* ‹sein› *u. v/t* ‹h› *colloq.* drive.

'Kut·schen,schlag *m* coach (*od.* carriage) door.

'Kut·scher *m* ‹-s; -› coachman, (coach) driver; *colloq.* **wie ein ~ fluchen** swear like a trooper.

kut·schie·ren [kʊ'tʃi:rən] **I** *v/t* ‹*no* ge-, h› **1.** drive (*a. mot. colloq.*). **II** *v/i* ‹sein› **2.** drive (*od.* ride) (in a coach). **3.** *colloq. mot. etc* drive, bowl (along).

Kut·te ['kʊtə] *f* ‹-; -n› **1.** *relig.* cowl, (monk's) habit; *fig.* **die ~ anlegen** become a monk. **2.** *Mode*: cowl. **3.** *dial. colloq.* smock, frock.

Kut·teln ['kʊtəln] *pl dial. gastr.* tripe *sg.*

Kut·ter ['kʊtər] *m* ‹-s; -› *mar.* cutter.

Ku·vert [ku'vɛ:r; -'vɛrt] *n* ‹-s [-'vɛ:rs; -'vɛrts] *od.* -es [-'vɛrtəs]; -s [-'vɛ:rs] *od.* -e [-'vɛrtə]› **1.** *dial. and Austrian* envelope, cover. **2.** *archaic* (*Gedeck*) cover, place.

Ku·ver·tü·re [kuvɛr'ty:rə] *f* ‹-; -n› *gastr.* (chocolate) coating.

Kux [kʊks] *m* ‹-es; -e› *econ.* mining share.

Ky·ber|ne·tik [kybɛr'ne:tɪk] *f* ‹-; *no pl*› cybernetics *pl* (*als sg od. pl konstruiert*). **~'ne·ti·ker** *m* cyberneti(ci)st. **≗'ne·tisch** *adj* cybernetic.

Ky·kloi·de [kyklo'i:də] *f* ‹-; -n› *math.* cycloid(al curve).

Ky·klon [ky'klo:n] *m* ‹-s; -e› *meteor.* cyclone.

Ky·klop [ky'klo:p] *m* ‹-en; -en› *meist pl myth.* Cyclops. **ky'klo·pisch** *adj* Cyclopean.

Ky·ma ['ky:ma] *n* ‹-s; -s› *arch.* cyma.

Ky·mo·gra·phie [kymogra'fi:] *f* ‹-; *no pl*› *med.* (cardio)kymography.

kym·risch ['kymrɪʃ] **I** *adj* Cymric. **II** *ling.* ≗ ‹*generally undeclined*›, **das** ≗**e** ‹-n› Cymric, Welsh.

Ky·ni·ker ['ky:nikər] *m* ‹-s; -› *antiq. philos.* Cynic. **Ky·nis·mus** [ky'nɪsmʊs] *m* ‹-; *no pl*› Cynicism.

Ky·no·lo·gie [kynolo'gi:] *f* ‹-; *no pl*› cynology.

Ky·rie·elei·son [kyrieˀe'laɪzɔn] *n* ‹-s; -s› *relig.* Kyrie (eleison).

ky·ril·lisch [ky'rɪlɪʃ] *ling.* **I** *adj*, **II** ≗ ‹*generally undeclined*›, **das** ≗**e** ‹-n› Cyrillic.

KZ-,Häft·ling [ka:'tsɛt-] *m*, **KZler** [ka:'tsɛtlər] *m* ‹-s; -› concentration camp prisoner.

L

L, l [ɛl] *n* ⟨-; -⟩ L, l (*Buchstabe*).
La [laː] *n* ⟨-; -⟩ *mus.* la.
Lab [laːp] *n* ⟨-(e)s; -e⟩ **1.** *zo.* rennet. **2.** → Labferment.
La·ban ['laːban] *m* ⟨-s; *no pl*⟩ *colloq.* **langer** ∼ beanpole, long streak.
'lab·be·rig *adj colloq.* **1.** *Speisen*: insipid, sloppy, *Kaffee, Suppe etc*: *a.* wishy-washy (*alle a. fig.*). **2.** *Stoff etc*: limp, *a. Fleisch, Muskeln*: flabby.
lab·bern ['labərn] *colloq.* **I** *v/t* ⟨h⟩ **1.** (*Suppe etc*) lap down. **2.** *fig.* **dummes Zeug** ∼ drivel, twaddle. **II** *v/i* **3.** lap noisily. **4.** *fig.* babble, prattle.
'lab·brig *adj* → **labberig.**
La·be ['laːbə] *f* ⟨-; *no pl*⟩ *poet. for* **Labsal.**
'La·be,fla·sche *f mil. etc* water bottle, canteen.
la·ben ['laːbən] *lit.* **I** *v/reflex* ⟨h⟩ **sich** ∼ **1.** refresh o.s. (**an** *dat*, **mit** with). **2.** *fig.* (**an** *dat*) relish (*acc*); **sich an** *e-m Anblick* ∼ feast one's eyes on, *gierig od. schadenfroh*: gloat over, *Augen*: feast (themselves) on. **II** *v/t* **3. j-n mit et.** ∼ refresh (*od.* restore) s. o. with s. th. **4.** *fig.* **das Auge** ∼ be a feast (*od.* comfort) for the eyes. **'la·bend** *adj lit.* refreshing.
la·bern ['laːbərn] *v/i* ⟨h⟩ *colloq.* gabble (away).
'Lab·fer,ment *n biol. chem.* rennin, chymosin.
la·bi·al [la'bi̯aːl] **I** *adj* labial. **II** Ձ *m* ⟨-s; -e⟩ *ling.* labial (sound). **la·bia·li·sie·ren** [labi̯ali'ziːrən] *v/t* ⟨*no* **ge-**, h⟩ *ling.* labialize.
La·bi'al|,laut *m* → labial II. **∼,pfei·fe** *f mus.* labial (pipe).
la·bil [la'biːl] *adj* ⟨-er; -st⟩ *allg.* unstable, labile; **e-e ∼e Gesundheit haben** be of delicate health. **La·bi·li'tät** [-bili'tɛːt] *f* ⟨-; *no pl*⟩ instability, lability.
la·bio·den·tal [labi̯odɛn'taːl] *ling.* **I** *adj* labiodental. **II** Ձ *m* ⟨-s; -e⟩, **Ձ,laut** *m* labiodental (sound).
la·bio·ve·lar [labi̯ove'laːr] *ling.* **I** *adj* labiovelar. **II** Ձ *m* ⟨-s; -e⟩, **Ձ,laut** *m* labiovelar (sound).
La·bi·um ['laːbi̯ʊm] *n* ⟨-s; -bien *od.* -bia [-bi̯a]⟩ **1.** *anat.* labium. **2.** *zo.* labium, second maxilla.
'Lab,ma·gen *m zo.* fourth stomach, abomasum, maw.
La·bor [la'boːr] *n* ⟨-s; -s *u.* -e⟩ *colloq.* lab; **im** ∼ **untersuchen** lab-examine.
La·bo·rant [labo'rant] *m* ⟨-en; -en⟩, **La·bo'ran·tin** *f* ⟨-; -nen⟩ laboratory assistant. **La·bo·ra·to·ri·um** [labora'toːri̯ʊm] *n* ⟨-s; -rien⟩ laboratory.
la·bo·rie·ren [labo'riːrən] *v/i* ⟨*no* **ge-**, h⟩ *colloq.* **1. an** *e-r Krankheit etc*: suffer from, be troubled by. **2. an** *e-r Arbeit etc*: labo(u)r on (*od.* at), struggle with.
La'bor|,tech·ni·ker *m* laboratory technician. **∼ver,such** *m* laboratory experiment (*od.* test).
La·bra·dor [labra'doːr] *m* ⟨-s; -e⟩, **∼-,feld,spat** *m* → Labradorit. **∼,hund** *m* Labrador retriever.
La·bra·do·rit [labrado'riːt; -'rɪt] *m* ⟨-s; -e⟩ *min.* labradorite, Labrador spar.
Lab·sal ['laːpzaːl] *n* ⟨-(e)s; -e⟩, *Austrian a. f* ⟨-; -e⟩ *lit.* **1.** (*et. Wohltuendes*) comfort, (soothing) balm, (*Wonne*) (sheer) bliss. **2.** (*Hochgenuß*) treat; **ein** ∼ **für die Augen** a feast for the eyes. **3.** *poet.* refreshment, refection.
Labs·kaus ['lapskaus] *n* ⟨-; *no pl*⟩ *gastr.* lobscouse.
'La·bung *f* ⟨-; -en⟩ *lit.* refreshment, refection.
La·by·rinth [laby'rɪnt] *n* ⟨-(e)s; -e⟩ **1.** labyrinth (*a. anat.*), maze (*beide a. fig. von Gassen etc*); *fig. von Paragraphen etc*: *a.* jungle. **2.** *bei Tierversuchen*: maze. **la·by'rin·thisch** *adj* labyrinthine.
'Lach,an,fall *m* fit of laughter.
'La·che[1] *f* ⟨-; -n⟩ *colloq.* (*dirty, etc*) laugh. **'La·che**[2] *f* ⟨-; -n⟩ (*Pfütze*) pool, puddle. **'La·che**[3] *f* ⟨-; -n⟩ *Forstwesen*: cut, blaze.
lä·cheln ['lɛçəln] **I** *v/i* ⟨h⟩ (**über** *acc* at) smile; (**verschmitzt** *od.* **spitzbübisch**) ∼ grin; **freundlich (gezwungen)** ∼ give a friendly (forced) smile; **verächtlich** (*od.* **höhnisch**) ∼ smile contemptuously (*od.* sneeringly), sneer; **einfältig** ∼ simper; **über das ganze Gesicht** ∼ be all smiles, smile broadly; **schief** ∼ smile wryly; *colloq.* **darüber kann ich nur** ∼ that's a laugh!; *lit.* **das Glück lächelte ihm** fortune smiled upon him; **immer nur ∼!** keep smiling!, grin and bear it! **II** Ձ *n* ⟨-s⟩ smiling (*etc*); smile; **ein verächtliches (einfältiges)** Ձ a sneer (a simper); **ein verschmitztes** (*od.* **spitzbübisches**) Ձ a (roguish) grin. **∼d I** *pres p u. adj* smiling. **II** *adv* smiling(ly), with a smile (*od.* grin).
la·chen ['laxən] **I** *v/i* ⟨h⟩ **1.** laugh (**über** *acc* at); **schallend** (*od.* **laut**) ∼ laugh loudly, guffaw, roar (*od.* shout) with laughter; **leise vor sich hin** ∼ chuckle (to o. s.); **j-m ins Gesicht** ∼ laugh in s. o's face; **es wäre (doch** *od.* **ja) gelacht, wenn das nicht ginge** it would be ridiculous if that were not possible; **daß ich nicht lache!** don't make me laugh!; **er hat nichts zu** ∼ he has got nothing to laugh about; **lach (du) nur!** a) laugh away!, b) you just wait!; **du hast gut** ∼ it's all very well for you to laugh; **die Sonne lacht vom Himmel** the sun smiles from the heavens; **wer zuletzt lacht, lacht am besten** he who laughs last laughs longest; → **brüllend, Fäustchen, Huhn** 3 (*etc*). **II** *v/t* **2.** laugh; → **Ast** 4, **Träne** 1. **III** *v/reflex* **3.** *colloq.* **sich kringelig** ∼ split one's sides (with) laughing, laugh o. s. silly, almost die with laughing. **IV** Ձ *n* ⟨-s⟩ **4.** laughing (*etc*); Ձ **ist gesund** laughing is wholesome. **5.** laugh(ter); **ein leises** (*od.* **glucksendes**) Ձ a chuckle, a chortle; Ձ **hervorrufen** raise (*od.* draw) a laugh; *colloq.* **ich werde dir das** Ձ **abgewöhnen** I'll make you laugh on the wrong side of your face; **sich** (*dat*) **den Bauch vor** Ձ **halten, sich vor** Ձ **biegen** (*od.* **krümmen, kugeln**) double up with laughter; **j-n zum** Ձ **bringen** make s. o. laugh; **das ist zum** Ձ that is ridiculous, *colloq.* that's a laugh; *colloq.* **das ist nicht zum** Ձ that's no joking (*od.* laughing) matter, that's no joke.
'la·chend I *pres p u. adj* **1.** laughing; *fig.* **mit e-m ∼en und e-m weinenden Auge** half laughing, half crying; **der ∼e Dritte** the tertius gaudens, the real winners *pl*; → **Erbe**[1]. **2.** *fig. Himmel, Sonne etc*: bright, smiling. **II** *adv* **3.** laughingly, with a laugh; ∼ **über e-e Sache hinweggehen** laugh s. th. off.
'La·cher *m* ⟨-s; -⟩ **1.** laugher; **er hatte die** ∼ **auf s-r Seite** he had the laugh on his side, the joke was on the others. **2.** *colloq.* laugh. **'Lach·er,folg** *m* **1.** *thea.* comedy hit. **2. e-n** ∼ **erzielen** make everybody laugh, raise a laugh.
lä·cher·lich ['lɛçərlɪç] **I** *adj* **1.** ridiculous, ludicrous, absurd, *Angebot, Entschuldigung etc*: *a.* derisory; **das ist gar nicht** ∼! that's no joke (*od.* laughing matter); **sich** ∼ **machen** make a fool of o. s.; **et. (j-n)** ∼ **machen** make fun of s. th. (s. o.), expose s. th. (s. o.) to ridicule; **d-e Angst ist ja** ∼ your fear is absurd; → **Figur** 3. **2.** (*geringfügig*) trifling, ridiculous; **für e-n ∼en Preis** for a ridiculously low price, for a mere trifle (*od. colloq.* a song). **3.** → **komisch** 1. **II** *adv* **4.** ridiculously; ∼ **wirken** be ridiculous, be laughable; **ich verdiene** ∼ **wenig** I earn ridiculously little (*od.* a mere pittance); **ich komme mir in dem Kleid** ∼ **vor** I feel a fool (*od.* ridiculous) in this dress; *colloq.* **j-m ist** ∼ **zumute** s. o. is in a laughing mood. **III** Ձ**e, das** ⟨-n⟩ **5.** the ridiculous; **et. ins** Ձ**e ziehen** turn s. th. into a joke; **das** Ձ**e daran** (*od.* **an der Sache**) **ist** the ridiculous thing about it is; → **erhaben** 7. **'lä·cher·li·cher'wei·se** *adv* ridiculously (enough). **'Lä·cher·lich·keit** *f* ⟨-; *no pl*⟩ **1.** ridiculousness; **et. (j-n) der** ∼ **preisgeben** expose s. th. (s. o.) to ridicule. **2.** absurdity, absurdness. **3.** (*Sache*) a) (mere) farce, b) (*Bagatelle*) trivial matter, trifle.
'Lach|,gas *n chem.* laughing gas, nitrous oxide. **Ձhaft** *adj* laughable, ridiculous. **∼haf·tig·keit** *f* ⟨-; *no pl*⟩ laughableness (*etc*). **∼ka·bi,nett** *n* crazy (*Am. a.* fun) house. **∼,krampf** *m a. med.* fit (*od.* paroxysm) of laughter. **∼,lust** *f* inclina-

tion to laugh, merriness; j-s ~ erregen make s. o. laugh. ᴤˌ**lu·stig** *adj* merry, risible. ~ˌ**mö·we** *f orn.* a) black-headed gull, b) laughing gull. ~ˌ**mus·kel** *m anat.* laughing (*od.* risible) muscle.

Lachs [laks] *m* ⟨-es; -e⟩ (*gastr.* geräucherter ~ smoked) salmon.

ˈ**Lachˌsal·ve** *f* gale of laughter.

ˈ**Lachsˌbrot** *n* open sandwich spread with smoked salmon.

ˈ**Lachs|erˌsatz** *m gastr.* mock salmon. ~ˌ**fang** *m* salmon catching (*od.* fishing). ᴤˌ**far·ben** *adj* **1.** salmon-colo(u)red. **2.** salmon-pink. ~**fiˌlet** *n* salmon steak. ~ˌ**fisch** *m* salmonoid. ~**foˌrel·le** *f* salmon trout. ~ˌ**ka·vi·ar** *m salmon roe cured and used as caviar(e).* ~ˌ**ro·ge·ner** *m* female salmon. ᴤˌ**ro·sa,** ᴤˌ**rot** *adj* salmon-pink. ~ˌ**schin·ken** *m lightly salted and cured cut of lean pork formed into a roll.*

ˈ**Lachˌtau·be** *f orn.* laugher, ringdove.

Lack [lak] *m* ⟨-(e)s; -e⟩ **1.** *tech.* (*Lösung aus Schellack, Harzen etc*) lacquer, *auf Alkydharzgrundlage*: varnish, (*Email*ᴤ) enamel, (*Klar*ᴤ) clear varnish, *auf Asphaltbasis*: japan, (*Spann*ᴤ) dope, (*Farb*ᴤ) lake, (*Nagel*ᴤ) nail varnish; ~e und Farben paints and varnishes. **2.** *mot. etc* paint(work). **3.** *colloq.* fertig ist der ~! Bob's your uncle! **4.** *fig.* veneer (*of civilization, etc*); *colloq.* der ~ ist ab! all the glamo(u)r is gone! ~ˌ**af·fe** *m contp.* fop, dandy, *Am. sl.* dude. ~ˌ**anˌstrich** *m* varnish coat. ~ˌ**ar·beit** *f* lacquer (ware), lacquerwork, *a.* japan (work). ~ˌ**draht** *m tech.* enamel(l)ed wire.

Lackel (*getr.* -k·k-) [ˈlakəl] *m* ⟨-s; -⟩ *Southern G. contp.* a) (*Narr*) fool, nit, b) (*Stoffel*) boor, yokel.

lacken (*getr.* -k·k-) [ˈlakən] *v/t* ⟨h⟩ → lackieren.

ˈ**Lack|ˌfar·be** *f* varnish paint (*bes. Am.* color). ~ˌ**fir·nis** *m* shellac varnish.

lackie·ren (*getr.* -k·k-) [laˈkiːrən] **I** *v/t* ⟨*no* ge-, h⟩ **1.** *mit Blanklack*: varnish. **2.** *mit Farblack*: a) lacquer, b) enamel, c) japan. **3.** *mot. etc* paint; neu ~ repaint, refinish. **4.** sich (*dat*) die Fingernägel ~ varnish (*od.* lacquer, *colloq.* do) one's fingernails. **5.** *colloq.* j-n ~ dupe s. o., take s. o. in. **II** ᴤ *n* ⟨-s⟩ **6.** varnishing (*etc*). **Lackie·rer** (*getr.* -kˈk-) *m* ⟨-s; -⟩ **1.** lacquerer. **2.** *für Möbel etc*: varnisher. **3.** (*Auto*ᴤ) body painter. **lackiert** (*getr.* -kˈk-) *pp u. adj* **1.** lacquered, varnished; schwarz ~ japanned. **2.** *colloq.* ~ sein be in a fix. **Lackier·te** (*getr.* -kˈk-) *m, f* ⟨-n; -n⟩ (*the*) dupe. **Lackie·rung** (*getr.* -kˈk-) *f* ⟨-; -en⟩ **1.** → lackieren 6. **2.** a) (coat of) lacquer (*etc*; → Lack 1), b) *mot. etc* (coat of) paint, paintwork.

Lackierˌwerkˌstatt (*getr.* -kˈk-) paint shop.

ˈ**Lack|ˌkunst** *f* lacquering, lacquerwork, japan work, japanning. ~ˌ**le·der** *n* patent leather. ~**ma·leˌrei** *f* japan, lacquer painting. ~ˌ**man·tel** *m Mode*: patent leather coat, shiny plastic coat, *Am.* slicker-type coat.

Lack·mus [ˈlakmʊs] *m, n* ⟨-; *no pl*⟩ *chem.* litmus. ~**paˌpier** *n* litmus (*od.* test) paper.

ˈ**Lack|ˌschu·he** *pl* (~ˌ**stie·fel** *pl*) patent leather shoes (boots), patents. ~ˌ**stift** *m mot.* touch-up stick. ~ˌ**wa·ren** *pl econ.* lacquerwork *sg*, lacquer ware *sg*.

La·crosse [laˈkrɔs] (*Fr.*) *n* ⟨-; *no pl*⟩ (*Ballspiel*) lacrosse.

Lac·to·fla·vin [laktoflaˈviːn] *n* ⟨-s; *no pl*⟩ *med. pharm.* riboflavin, lactoflavin.

ˈ**La·de** *f* ⟨-; -n⟩ **1.** (*Schub*ᴤ) drawer. **2.** *am Webstuhl*: lathe, batten. **3.** ~ (Gottes) → Bundeslade.

ˈ**La·de|ag·greˌgat** *n electr.* charging set. ~ˌ**baum** *m mar.* derrick, cargo boom. ~ˌ**brücke** (*getr.* -k·k-) *f* loading (*od.* handling) bridge. ~ˌ**büh·ne** *f* → Laderampe. ~ˌ**druck** *m* ⟨-(e)s; ⸚e⟩ *mot.* boost pressure. ~ˌ**flä·che** *f mot. beim Laster*: loading space, cargo area; *beim Anhänger*: bed. ~**geˌblä·se** *n mot.* supercharger, booster. ~**geˌbühr** *f*, ~ˌ**geld** *n* loading charges *pl*. ~**geˌrät** *n* **1.** *tech.* loading (*od.* handling) equipment. **2.** *electr.* battery charger. ~**geˌwicht** *n econ.* (maximum) load. ~ˌ**gleis** *n rail.* loading siding (*od.* track). ~ˌ**hem·mung** *f* **1.** *mil.* jam, stoppage; ~ haben *Gewehr etc*: jam. **2.** *fig. colloq.* ~ haben a) stammer, b) be unable to get out a word, c) *Liebhaber*: fail to perform, d) *Sport*: fail to produce goals. ~ˌ**kai** *m mar.* wharf, dock. ~ˌ**klap·pe** *f mot.* tailboard, tailgate. ~ˌ**kran** *m* **1.** *tech.* loading engine. **2.** *mar.* cargo crane. ~ˌ**li·nie** *f mar.* load line. ~ˌ**li·ste** *f* **1.** *econ. mar.* cargo list. **2.** *mil. a. aer.* manifest. ~ˌ**lu·ke** *f mar.* hatch(way). ~ˌ**mar·ke** *f* load line, Plimsoll mark.

la·den¹ [ˈlaːdən] **I** *v/t* ⟨lädt, *colloq.* ladet, lud, geladen, h⟩ **1.** (*Güter etc, a. Schußwaffe, Kamera*) load; Kohlen ~ *Schiff etc*: load (*od.* take up) coal; Eisenerz geladen haben carry (*od.* have a cargo of) iron ore. **2.** *fig.* et. auf (*acc*) sich ~ a) (*Schuld etc*) burden o. s. with s. th., (*Verantwortung etc*) *a.* take s. th. upon o. s., b) (*Haß, Feindschaft etc*) incur s. th., bring s. th. upon o. s. **3.** *electr.* a) (*bes. Batterie*) charge, b) (*Draht*) electrify, c) (*Motor*) supercharge, boost. **II** *v/i* **4.** der Lastwagen hat schwer (zuviel) geladen the lorry (*Am.* truck) is heavily loaded (overloaded); *fig. colloq.* er hat schwer (*od.* schön) geladen he's sloshed. **5.** → geladen.

ˈ**la·den**² *v/t* ⟨lädt, *colloq.* ladet, lud, geladen, h⟩ **1.** *lit. for* einladen 2. **2.** *jur.* → vorladen.

ˈ**La·den** *m* ⟨-s; ⸚⟩ **1.** a) (*Kauf*ᴤ) shop, *bes. Am.* store, b) *colloq.* (*Restaurant etc*) place, joint; *fig. colloq.* den ~ dichtmachen shut up shop; den ~ zumachen (müssen) fold (up). **2.** (*Fenster*ᴤ) shutter. **3.** *fig. colloq.* a) (*Institut etc*) shop, b) (*Gruppe, Verein*) bunch, lot, c) (*Sache*) business; ich kenne doch den ~! I know how things go there (*od.* here)!; der ~ klappt everything is O.K. (*od.* all right) (now); den ~ schmeißen a) run the (whole) show, b) (*es schaffen*) swing it (all right). **4.** *sl.* mouth, cakehole. **5.** *sl.* fly (of trousers). **6.** *Sport colloq.* goal; den ~ vollkriegen get thrashed. ~ˌ**bau** *m* shop-fitting. ~**beˌsit·zer** *m* shopkeeper, *bes. Am.* storekeeper. ~**beˌstän·de** *pl* stocks. ~ˌ**dieb** *m*, ~ˌ**die·bin** *f* shoplifter. ~ˌ**diebˌstahl** *m* shoplifting. ~**einˌbruch** *m* shopbreaking. ~ˌ**einˌrich·tung** *f* shop (*bes. Am.* store) fittings *pl* (*od.* equipment). ~ˌ**fen·ster** *n* shopwindow. ~ˌ**front** *f* shop (*od.* store) front. ~**geˌhil·fe** *m* shop assistant, *Am.* clerk. ~**geˌschäft** *n* shop, *bes. Am.* store. ~ˌ**han·del** *m* retail (*od.* shop) trade, *Am. a.* store business. ~ˌ**hü·ter** *m econ. contp.* unsal(e)able article, drug on (*od.* in) the market, *colloq.* sticker, sleeper. ~ˌ**inˌha·ber** *m* → Ladenbesitzer. ~ˌ**kas·se** *f* **1.** till. **2.** cash register. ~ˌ**ket·te** *f* retail chain. ~ˌ**mäd·chen** *n* shop (*od.* girl) assistant. ~ˌ**preis** *m* retail (selling) price, *Buchhandel*: publication price, *für Zeitschriften*: cover price. ~ˌ**schild** *n* shop sign. ~ˌ**schluß** *m* (shop-)closing time; nach ~ *a.* after hours. ~ˌ**schluß·geˌsetz** *n jur.* law regulating the closing time of shops. ~ˌ**schwen·gel** *m colloq. contp.* counter-jumper. ~ˌ**stra·ße** *f* shopping street (*od.* precinct). ~ˌ**tisch** *m* counter; *fig. colloq.* et. unter dem ~ verkaufen sell s. th. under the counter. ~**verˌkauf** *m* retail (sale).

ˈ**La·de|ˌpfor·te** *f mar.* (cargo) port. ~ˌ**plan** *m* **1.** *mar.* stowage (*od.* cargo) plan. **2.** *aer.* loading diagram. ~ˌ**platz** *m* **1.** *econ.* loading place. **2.** *mar.* wharf, dock, quay.

ˈ**La·der** *m* ⟨-s; -⟩ **1.** *mot.* supercharger. **2.** (*Batterie*ᴤ) charger.

ˈ**La·de|ˌram·pe** *f* loading platform, (loading) ramp, *Am.* dock. ~ˌ**raum** *m* **1.** *econ.* loading (*od.* cargo) space (*od.* capacity), loadroom. **2.** *mar.* a) (ship's *od.* cargo) hold, b) tonnage. **3.** *aer.* cargo compartment.

ˈ**La·derˌmo·tor** *m tech.* supercharged engine.

ˈ**La·de|ˌsatz** *m mot. für Batterien*: charging set. ~ˌ**schein** *m* → Konnossement. ~**sta·tiˌon** *f* (battery) charging station. ~ˌ**stel·le** *f* **1.** *tech.* loading station. **2.** → Ladestation. **3.** *mil.* loading point. **4.** → Ladeplatz 2. ~ˌ**stra·ße** *f am Hafen*: cargo quay. ~ˌ**strei·fen** *m mil.* charger strip, (*Magazin*) cartridge clip. ~ˌ**strom** *m electr.* charging current. ~ˌ**tiefˌgang** *m mar.* load(ed) draught (*Am.* draft). ~ˌ**trom·mel** *f mil.* cartridge drum. ~**verˌdrän·gung** *f mar.* load displacement. ~**verˌzeich·nis** *n* → Ladeliste. ~ˌ**vorˌrich·tung** *f* **1.** loading equipment (*od.* facilities *pl*). **2.** *electr.* charging equipment. **3.** *mil.* a) *e-s Geschützes*: loading device, b) *e-s Gewehrs*: feeding device. **4.** *tech.* feeder, feeding attachment. ~ˌ**was·serˌli·nie** *f mar.* load (water)line.

lä·die·ren [lɛˈdiːrən] *v/t* ⟨*no* ge-, h⟩ **1.** (*beschädigen*) damage. **2.** (*verletzen*) injure. **läˈdiert** *pp u. adj* **1.** *Möbel etc*: damaged. **2.** *colloq.* leicht ~ sein a) *Person*: (*verletzt*) be slightly injured, (*mitgenommen*) be the worse for wear, b) *Ansehen etc*: be slightly tarnished.

La·di·ner [laˈdiːnər] *m* ⟨-s; -⟩ (*Rätoromane*) Ladin. **laˈdi·nisch I** *adj* Ladin. **II** *ling.* ᴤ ⟨*generally undeclined*⟩, **das** ᴤ**e** ⟨-n⟩ Ladin.

lädst [lɛːtst] *2 sg pres*, **lädt** [lɛːt] *3 sg pres of* laden¹ *u.* ².

ˈ**La·dung**¹ *f* ⟨-; -en⟩ **1.** *econ.* (*Fracht*) load, freight, *aer. mar.* cargo, (*Sendung*) shipment, consignment, (*Wagen*ᴤ) carload, *Am. a.* truckload; e-e ~ Sand (Orangen) a load of sand (oranges); das Schiff nahm ~ (an Bord) the ship took up (*od.* on) cargo, the ship loaded; lose ~ bulk (*od.* loose) cargo; ~ nach Hamburg übernehmen load for Hamburg. **2.** *mil.* (explosive) charge; gestreckte ~ pole (*od.* elongated) charge; → geballt 3 a. **3.** *electr.* charge. **4.** *colloq.* (*Menge*) load(s *pl*); e-e ~ Schnee a load of snow.

ˈ**La·dung**² *f* ⟨-; -en⟩ *jur.* → Vorladung.

La·dy [ˈleːdi; ˈleɪdɪ] (*Engl.*) *f* ⟨-; -s, *a.* -dies⟩ **1.** lady; wie e-e ~ like a lady, ladylike. **2.** *als Titel*: Lady.

La·fet·te [laˈfɛtə] *f* ⟨-; -n⟩ *mil.* gun mount, *fahrbare*: (gun) carriage.

Laf·fe [ˈlafə] *m* ⟨-n; -n⟩ *colloq. contp.* **1.** (*Geck*) dandy, fop. **2.** (*Fatzke*) coxcomb, (conceited) ass.

lag [laːk] *1 u. 3 sg pret of* liegen.

La·ge [ˈlaːgə] *f* ⟨-; -n⟩ **1.** *körperliche, räumliche*: position; et. in die richtige ~ bringen position s. th. (correctly); (nicht) in der richtigen ~ in (out of) position. **2.** *e-s Gebäudes, e-r Stadt etc*: situation, position, site, location; geographische ~ geographical position; **Haus in schöner ~** beautifully situated house; **der Ort hat e-e landschaftlich schöne ~** the town is situated in beautiful scenery; **in höheren ~n** higher up. **3.** (*Umstände, Verhältnisse*) situation, position, circumstances *pl*; **politische ~** political situation; **finanzielle (rechtliche) ~** financial (legal) position; **mißliche** (*od.* **unangenehme**) **~** awkward situation (*od.* position), predicament, plight; *mil.* **(taktische) ~** (tactical) situation; *fig.* **j-n in e-e schiefe ~ bringen** put s. o. in a false (*od.* awkward) position; **in der ~ sein, et. zu tun** be in a position to do s. th.; **in Ihrer ~ würde ich** if I were in your place I would; **in der glücklichen ~ sein zu** be in the fortunate position to, have the good fortune of (*doing, etc*); **j-n in die ~ versetzen zu** enable s. o. to, make it possible for s. o. to; **wir sind in der gleichen ~** we are (all) in the same boat; **versetze dich doch einmal in m-e ~** just put yourself in my position (*od.* place); **die gegenwärtige ~ der Dinge** the present state of affairs; **nach ~ der Dinge** as matters stand, under the circumstances; *colloq.* **die ~ peilen** see how the land lies. **4.** (*Schicht*) layer, *geol. a.* stratum, bed, deposit, *im Stapel*: tier, *tech. von Werkstoff*: ply, *paint.* coat, (*Satz*) set, *von Papier*: quire; **e-e ~ Steine** a layer (*od.* course) of bricks. **5.** *Bergbau*: bed. **6.** *gastr. von Fett u. Fleisch in Speck etc*: streak, layer. **7.** *geogr. im Breiten- u. Längennetz*: a) position, b) *topographisch*: lay. **8.** *mil. Artillerie*: group, tier, (*Salve*) salvo. **9.** *mus.* a) (*Register*) register, b) (*Akkordtöne*) position, c) *bei Streich- u. Zupfinstrumenten*: position, *Am.* shift; **die höheren ~n** the upper registers, the higher notes. **10.** *med. vet.* a) *e-s Organs*: position, b) (*Geburts2*) presentation. **11.** *print.* quire. **12.** *meteor.* **in höheren ~n** on high ground, at high altitudes. **13.** → **Straßenlage** 1. **14.** *colloq.* **e-e ~ (Bier** *etc*) **(aus)geben** (*od.* **spendieren, schmeißen**) stand a round (of beer, *etc*). **15.** *Schwimmsport*: a) stroke, b) → **Lagenstaffel.**

lä·ge [ˈlɛːgə] *1 u. 3 sg pret subj of* **liegen.**

ˈLa·ge|beˌricht *m bes. mil.* situation report, *colloq.* sitrep. **~beˌspre·chung** *f* discussion of the situation, *colloq.* sit discussion. **~beˌur·tei·lung** *f* assessment of the situation. **~ˌkar·te** *f mil.* situation map.

ˈLa·gen|ˌfeu·er *n mil.* salvo firing. **~ˌschwim·men** *n Sport*: medley swimming. **~ˌstaf·fel** *f Schwimmsport*: medley relay.

ˈLa·geˌplan *m* **1.** *civ. eng.* layout (plan), site plan. **2.** *mil.* survey, layout map.

La·ger [ˈlaːgər] *n* ⟨-s; -, *econ. a.* ⸚⟩ **1.** bed; **ein ~ aus Stroh** a bed of straw; **j-m sein ~ bereiten** (*od.* **zurechtmachen**) prepare (*od.* make) the bed for s. o.; → **Lagerstatt. 2.** *mil. etc* (*a. Ferien2, Gefangenen2, Flüchtlings2 etc*) camp; **ein ~ aufschlagen (abbrechen)** pitch (strike) camp. **3.** *fig.* (*Partei*) camp; **das sozialistische ~** the socialist camp; **in das feindliche** (*od.* **gegnerische**) **~ überwechseln** go over to the enemy's camp, change sides; **er steht im gegnerischen ~** he is on the enemy's side. **4.** *econ.* a) (*Raum, Gebäude*) storehouse, warehouse, stock (*od.* storage) room, b) (*Vorrat*) stock, store, supplies *pl*; **Ware auf ~ haben** have goods in store (*od.* stock); **Waren auf ~ nehmen** (*od.* **legen**) take goods in stock, stock goods; **sein ~ räumen** clear (off) one's stock; **wir haben diesen Artikel nicht mehr auf ~** this article is no longer in stock (*od.* is out of stock); **ein ~ auffüllen** replenish stock(s); **ab ~** ex warehouse, from stock; *fig. colloq.* **et. auf ~ haben** have s. th. up one's sleeve, **für j-n: hold** s. th. in store for s. o.; **er hat immer ein paar gute Witze auf ~** he always has a few good jokes up his sleeve. **5.** *geol.* (*Kohle2 etc*) bed, layer, deposit. **6.** *tech.* a) (*Wellen2, Kugel2 etc*) bearing, b) (*Unterlage*) support. **7.** *bot.* thallus. **8.** *hunt.* lair.

ˈLa·ger|ˌap·fel *m* winter (*od.* keeping) apple. **~ˌaufˌse·her** *m* **1.** *econ.* stockkeeper, warehouseman. **2.** *e-s Arbeitslagers etc*: camp supervisor. **~ˌaufˌstockung** (*getr.* **-k·k-**) *f* stockpiling, building up of stocks. **~ˌaufˌtrag** *m* stock order. **~ˌausˌgän·ge** *pl* outgoing stocks. **~beˌstand** *m econ.* stock, store, supplies *pl*; **den ~ aufnehmen** take stock, make an inventory. **~beˌstands·ˌaufˌnah·me** *f* stocktaking, inventory. **~ˌbier** *n* lager (beer). **~ˌbuch** *n econ.* stock book. **~ˌbuch·se** *f tech.* bearing bush(ing). **~ˌbut·ter** *f* cold-storage butter. **2ˌfä·hig** *adj* storable. **~ˌfä·hig·keit** *f* storability, storage (*od.* shelf) life. **~ˌfeu·er** *n* campfire. **~ˌfrucht** *f agr.* lodged crop. **~ˌgang** *m geol.* sill, bed, vein. **~geˌbühr** *f econ.* storage (fee). **~geˌhäu·se** *n tech.* bearing housing (*od.* box). **~ˌgeld** *n* → **Lagergebühr. ~ˌhal·le** *f* warehouse, store(house). **~ˌhal·ter** *m* **1.** → **Lagerist. 2.** *selbständiger*: warehouse keeper, warehouseman. **~ˌhal·tung** *f* a) stockkeeping, storekeeping, b) warehousing. **~ˌhaus** *n* warehouse, storehouse, depot.

La·ge·rist [laːgəˈrɪst] *m* ⟨-en; -en⟩ *econ.* stockkeeper, stock clerk, *Am.* stockman.

ˈLa·ger|ˌkä·fig *m tech.* bearing cage. **~ka·pa·ziˌtät** *f econ.* storage capacity. **~ˌkel·ler** *m Brauerei*: storage cellar. **~ˌkol·ler** *m colloq.* camp psychosis. **~kom·manˌdant** *m mil.* camp commandant. **~ˌko·sten** *pl econ.* warehouse (*od.* storage) charges (*od.* expenses). **~ˌle·ben** *n* ⟨-s; *no pl*⟩ camp life. **~ˌlei·ter** *m* (*Jugend2*) camp leader. **~ˌli·ste** *f econ.* stock list. **~meˌtall** *n tech.* bearing metal. **~ˌmie·te** *f econ.* warehouse rent (*od.* charges *pl*).

la·gern [ˈlaːgərn] **I** *v/t* ⟨h⟩ **1.** (*aufbewahren*) store, *econ. a.* warehouse, *im Freien*: dump, stack, (*Holz etc*) season; **Äpfel (Wein) im Keller ~** store (*od.* keep) apples (wine) in the cellar. **2.** (*betten*) lay, put, place. **3.** *bes. med.* (*Bein etc*) position, rest. **4.** *tech.* mount in bearings, *drehbar*: pivot, (*Maschine*) bed, seat, support; → **gelagert** 1. **II** *v/i* **5.** rest, be settled, lie down, (*zelten*) camp; **im Freien ~** camp out. **6.** *mil.* camp, be encamped. **7.** *Waren*: be stored, be in store. **8.** (*ausreifen*) *Wein etc*: age, mature; *Holz*: season. **9.** *tech.* a) (*aufliegen*) be supported, be mounted, rest, b) *in e-m Traglager*: run. **10.** *hunt. Wild*: couch. **11.** *geol.* be deposited. **12.** *fig. lit. Hitze etc*: brood (**über** *dat* over). **III** *v/reflex* **sich ~ 13.** lie down, rest, settle down. **14.** *agr. Getreide*: lodge. **IV 2** *n* ⟨-s⟩ **15.** storing (*etc*). **16.** → **Lagerung.**

ˈLa·ger|neuˌro·se *f* camp neurosis. **~ˌobst** *n* storable fruit. **~ˌort, ~ˌplatz** *m* **1.** resting place, (*good, etc*) place to rest. **2.** *econ.* a) storage place, b) depot, (*Stapelplatz*) dump, yard. **3.** *mil.* camp site. **~psyˌcho·se** *f* camp psychosis. **~ˌraum** *m* storeroom, stock room, storage (room), depot. **~ˌruhr** *f med.* camp dysentery. **~ˌschein** *m econ.* warehouse warrant. **~ˌschup·pen** *m* storage shed. **~ˌseu·che** *f* camp epidemic. **~ˌspe·sen** *pl* → **Lagerkosten. ~ˌstatt** *f* **1.** *lit.* bed, couch. **2.** *von Tieren*: lair, bed. **~ˌstät·te** *f* **1.** → **Lagerstatt** 1. **2.** *Bergbau, geol.* deposit. **~ˌteil** *n econ. tech.* off-the-shelf component.

ˈLa·ge·rung *f* ⟨-; *no pl*⟩ **1.** → **lagern** 15. **2.** *von Waren*: storage, warehousing, (*Alterung, Reifung*) seasoning. **3.** *geol.* lay, position. **4.** *tech.* bearing application, *weitS.* mounting, bedding, seating, support.

ˈLa·ge·rungs|ˌfä·hig·keit *f* → **Lagerfähigkeit. ~ˌko·sten** *pl* → **Lagerkosten.**

ˈLa·ger|verˌwal·ter *m* → **Lagerist. ~verˌzeich·nis** *n* inventory, stock list. **~ˌvorˌrat** *m* stock, supply, store. **~ˌzap·fen** *m tech.* pivot journal. **~ˌzeit** *f* storage time.

ˈLa·geˌtisch *m mil.* operations board.

La·gu·ne [laˈguːnə] *f* ⟨-; -n⟩ lagoon.

Laˈgu·nenˌstadt *f* lagoon(al) town.

lahm [laːm] *adj* ⟨-er; -st⟩ **1.** *a. vet.* lame; **~ sein** → *a.* **lahmen; ~ auf einem Bein** lame in one leg. **2.** *med.* paralysed (*Am.* -z-). **3.** *colloq.* tired, stiff, numb. **4.** *fig. colloq. allg.* lame (*a. Entschuldigung, Ausrede, Witz etc*), *Mensch, Gesellschaft, Diskussion etc*: *a.* dull, slow, sluggish; **ein ~er Verein** a dull (*od.* lifeless) lot; **ein ~er Betrieb** a slow (*od.* lifeless) show; → **Ente** 1. **2ˌarsch** *m vulg.* slowcoach. **~ˌar·schig** [-ˌʔarʃɪç] *adj* slow, lame, sluggish.

ˈLah·me *m, f* ⟨-n; -n⟩ lame (*od.* paralysed) person. **Läh·me** [ˈlɛːmə] *f* ⟨-; *no pl*⟩ *vet.* lameness. **lah·men** [ˈlaːmən] *v/i* ⟨h⟩ be lame (*a. vet.*), walk lame, (walk with a) limp. **läh·men** [ˈlɛːmən] *v/t* ⟨h⟩ **1.** (make *s. o.*) lame, *bes. med.* paralyse (*Am.* -z-). **2.** *fig.* (*Person, Sinne etc*) paralyse, numb. **3.** *fig.* **et. ~** → **lahmlegen. ˈläh·mend** *adj fig.* **1.** *Angst, Sorgen etc*: paralysing (*Am.* -z-); **~es Entsetzen erfaßte die Zuschauer** the audience was paralysed with horror. **2.** *Müdigkeit etc*: crippling. **ˈLahm·heit** *f* ⟨-; *no pl*⟩ **1.** lameness (*a. vet.*), *bes. med.* paralysis. **2.** *colloq.* tiredness, stiffness. **3.** *fig. colloq. allg.* lameness (*etc, cf.* **lahm** 4).

ˈlahm|ˌle·gen *v/t* ⟨*sep,* **-ge-**, h⟩ **1.** *fig.* (*Verkehr, etc*) paralyse (*Am.* -z-), immobilize, bring *s. th.* to a standstill, hamstring. **2.** *mil., a. Sport*: *taktisch*: neutralize. **2ˌle·gung** *f* ⟨-; *no pl*⟩ **1.** paralysing (*Am.* -z-) (*etc*). **2.** paralysation (*Am.* -z-), immobilization. **3.** *mil.* neutralization.

ˈLäh·mung *f* ⟨-; -en⟩ **1.** *med.* a) paralysis, palsy, b) *teilweise*: paresis; **einseitige** (*od.* **halbseitige**) **(doppelseitige) ~** hemiplegia (bilateral paralysis, diplegia). **2.** *fig.* paralysing (*Am.* -z-), paralyzation. **ˈLäh·mungs·erˌschei·nung** *f med.* paralytic symptom.

Lai [lɛː; lɛ] *n* ⟨-s; -s⟩ *metr.* lai.

Laib [laɪp] *m* ⟨-(e)s; -e⟩ *obs. od. dial.* loaf; **zwei ~ Brot** two loaves of bread; **ein ~ Käse** a whole cheese.

Laich [laɪç] *m* ⟨-(e)s; -e⟩ *zo.* spawn. **ˈLai·che** *f* ⟨-; -n⟩ → **Laichzeit. lai·chen** [ˈlaɪçən] *v/i* ⟨h⟩ *zo.* spawn, *bes. Muscheln*: spat.

ˈLaich|ˌfisch *m* seed fish. **~ˌplatz** *m* spawning ground. **2ˌreif** *adj* seedy, mature. **~ˌzeit** *f* spawning time.

Laie [ˈlaɪə] *m* ⟨-n; -n⟩ **1.** *relig.* layman, laic; **die ~n** a) the laymen, b) → **Laienstand. 2.** layman; *humor.* **da staunt der ~(, und der Fachmann wundert sich)** that's incredible.

ˈLai·en|apo·stoˌlat *n R.C.* lay apostolate. **~ˌbru·der** *m* lay brother. **~ˌbüh·ne** *f* → **Laienspielbühne. 2haft** *adj* **1.** lay(man's), unprofessional. **2.**

(*unfachmännisch*) amateurish, dilettante. **~ˌkünst·ler** *m* amateur artist. **~ˌprie·ster** *m* lay priest. **~ˌrich·ter** *m* lay judge. **~ˌschwe·ster** *f R.C.* lay sister. **~ˌspiel** *n* amateur play, *pl a.* amateur theatricals; ~bühne *f* amateur dramatic company; ~gruppe *f* amateur dramatic group. **~ˌspra·che** *f* layman's (*od.* non-specialist) language. **~tum** *n* ⟨-s; *no pl*⟩ laymanship, layman's outlook. **~verˌstand** *m* layman's understanding; für den ~ to the lay mind.

Lais·ser-faire [lɛseˈfɛːr] (*Fr.*) *n* ⟨-; *no pl*⟩ laissez-faire.

La·kai [laˈkaɪ] *m* ⟨-en; -en⟩ **1.** lackey, footman. **2.** *fig. contp.* lackey, flunk(e)y. **laˈkai·en·haft** *contp.* **I** *adj* servile, flunkyish, cringing. **II** *adv* cringingly, like a flunk(e)y.

La·ke [ˈlaːkə] *f* ⟨-; -n⟩ *gastr.* brine, pickle, *bes. für Fisch*: souse.

La·ken [ˈlaːkən] *n* ⟨-s; -⟩ **1.** (*Bett*♀) sheet. **2.** (*Tuch*) cloth. **3.** (*Bade*♀) bath towel. **4.** *obs.* (*Toten*♀) shroud.

ˈla·ken *v/t* ⟨h⟩ *gastr.* pickle, souse.

la·ko·nisch [laˈkoːnɪʃ] *adj* laconic; in ~er Kürze with laconic brevity, laconically. **La·ko·nis·mus** [lakoˈnɪsmʊs] *m* ⟨-; -men⟩ lacon(ic)ism.

La·krit·ze [laˈkrɪtsə] *f* ⟨-; -n⟩ *bot. pharm.* liquorice. **Laˈkrit·zen** *m* ⟨-s; -⟩ liquorice (sweet); ~saft *m* liquorice (juice), extract of liquorice; ~stange *f* stick of liquorice.

Lak·ta·se [lakˈtaːzə] *f* ⟨-; -n⟩ *chem.* lactase. **Lak·tat** [lakˈtaːt] *n* ⟨-(e)s; -e⟩ *chem.* lactate. **Lak·ta·ti·on** [laktaˈtsǐoːn] *f* ⟨-; -en⟩ *med. vet.* lactation. **lak·tie·ren** [lakˈtiːrən] **I** *v/i* ⟨*no* ge-, h⟩ lactate. **II** *v/t* **1.** (*Baby*) nurse. **2.** (*Tier*) suckle. **Lak·to·fla·vin** [laktoflaˈviːn] *n* ⟨-s; *no pl*⟩ → Lactoflavin. **Lak·to·se** [lakˈtoːzə] *f* ⟨-; *no pl*⟩ *chem.* milk sugar, lactose.

la·la [laˈla] *adj u. adv colloq.* so ~ fair to middling, so-so.

lal·len [ˈlalən] **I** *v/i u. v/t* ⟨h⟩ **1.** *Betrunkener etc*: slur, speak thickly. **2.** *Kleinkind etc*: babble. **3.** *ling.* mispronounce r as l. **II** ♀ *n* ⟨-s⟩ **4.** slur(ring) (*etc*). **5.** *ling. psych.* lallation.

ˈLallˌpha·se *f e-s Kindes*: babbling stage.

La·ma[1] [ˈlaːma] *n* ⟨-s; -s⟩ **1.** *zo.* llama, *a.* lama. **2.** *Textil.* llama.

ˈLa·ma[2] *m* ⟨-(s); -s⟩ *relig.* Lama.

La·ma·is·mus [lamaˈɪsmʊs] *m* ⟨-; *no pl*⟩ Lamaism. **La·maˈist** [-ˈɪst] *m* ⟨-en; -en⟩ Lamaist, Lamaite.

ˈLa·maˌklo·ster *n relig.* lamasery.

ˈLa·maˌwol·le *f* llama (wool).

Lamb·da [ˈlampda] *n* ⟨-(s); -s⟩ lambda (*griech. Buchstabe*).

La·mé [laˈmeː] *Textil.* **I** *m* ⟨-s; -s⟩ lamé. **II** ♀ *adj* ⟨*invariable*⟩ tinsel(l)ed.

la·mel·lar [lamɛˈlaːr] *adj* lamellate(d), lamellar. **La·mel·le** [laˈmɛlə] *f* ⟨-; -n⟩ **1.** lamella. **2.** *bot. e-s Pilzes*: lamella, plica, gill. **3.** *electr.* (commutator) segment. **4.** *mot.* (*Kühler*♀) fin, rib, gill. **5.** *civ. eng.* disk, disc, plate.

Laˈmel·len|ˌbrem·se *f tech.* multiple-disc brake. **♀ˌför·mig** *adj* → lamellar. **~ˌküh·ler** *m mot.* gilled (*od.* cellular-type) radiator. **~ˌkupp·lung** *f* (multiple) disc clutch.

la·mel·lie·ren [lamɛˈliːrən] *v/t* ⟨*no* ge-, h⟩ *tech.* laminate. **la·melˈliert** *adj electr.* laminated.

la·men·tie·ren [lamɛnˈtiːrən] *v/i* ⟨*no* ge-, h⟩ *colloq. contp.* moan, complain, wail, lament. **La·men·to** [laˈmɛnto] *n* ⟨-s; -s⟩ **1.** *colloq.* lamentation, wail, moan; ein ~ machen (*od.* anstimmen) lament, raise a howl. **2.** → Klagelied 2.

La·met·ta [laˈmɛta] *f* ⟨-; *no pl*⟩, *n* ⟨-s; *no pl*⟩ **1.** (silver) tinsel, lametta. **2.** *fig. contp. Br. sl.* gongs *pl*, *Am. sl.* fruit salad.

la·mi·nar [lamiˈnaːr] *adj phys.* laminar.

la·mi·nie·ren [lamiˈniːrən] *v/t* ⟨*no* ge-, h⟩ *print. Textil.* laminate. **La·miˈnie·rung** *f* ⟨-; -en⟩ lamination.

Lamm [lam] *n* ⟨-(e)s; ⸚er⟩ **1.** *zo.* lamb; ~braten *m* roast lamb; *fig.* sanft (unschuldig, geduldig) wie ein ~ (as) gentle (innocent, patient) as a lamb. **2.** (*Fell*) lambskin, (*Mantel*) lambskin coat. **3.** *relig.* das ~ Gottes the Lamb (of God), Agnus Dei; das unbefleckte ~ the Lamb without blemish. **4.** *pl fig.* (*Schutzbefohlene*) charges. **Lämm·chen** [ˈlɛmçən] *n* ⟨-s; -⟩ **1.** *dim. of* Lamm. **2.** lambkin. **lam·men** [ˈlamən] *v/i* ⟨h⟩ *zo.* lamb.

ˈLäm·merˌgei·er *m orn.* ossifrage, bearded vulture, lammergeier.

Läm·mer·ne [ˈlɛmərnə] *n* ⟨-n; *no pl*⟩ *Austrian gastr. for* Lammfleisch.

ˈLäm·merˌwol·ke *f* cirrocumulus.

ˈLam·mes·geˌduld *f* patience of a saint (*od.* of Job).

ˈLamm|ˌfell *n* lambskin; ~mantel *m* lambskin coat; ~mütze *f* lambskin cap. **~ˌfleisch** *n gastr.* lamb. **♀ˈfromm** *adj colloq.* (as) meek (*od.* gentle) as a lamb, lamblike. **~ˌkeu·le** *f gastr.* leg of lamb, *bes. gekochte*: gigot.

Lämm·lein [ˈlɛmlaɪn] *n* ⟨-s; -⟩ → Lämmchen.

ˈLamms·geˌduld *f* → Lammesgeduld.

Lämp·chen [ˈlɛmpçən] *n* ⟨-s; -⟩ *dim. of* Lampe[1].

Lam·pe[1] [ˈlampə] *f* ⟨-; -n⟩ **1.** lamp, light; *fig. colloq.* e-n auf die ~ gießen wet one's whistle. **2.** (*Glühbirne*) bulb.

ˈLam·pe[2] *npr m* ⟨-s; *no pl*⟩ *colloq.* Meister ~ Brer (*od.* Peter) Rabbit.

ˈLam·pen|ˌdocht *m* (lamp)wick. **~ˌfas·sung** *f* bulb socket (*od.* holder). **~ˌfie·ber** *n* stage fright. **~ˌlicht** *n* lamplight. **~ˌöl** *n* lamp oil. **~ˌschirm** *m* lampshade. **~ˌsockel** (*getr.* -k·k-) lamp holder.

Lam·pi·on [lamˈpǐõː; -ˈpǐɔŋ] *m, n* ⟨-s; -s⟩ Chinese lantern.

Lam·pre·te [lamˈpreːtə] *f* ⟨-; -n⟩ *ichth.* lamprey.

lan·cie·ren [lãˈsiːrən] *v/t* ⟨*no* ge-, h⟩ **1.** et. ~ (*befördern*) fling s. th. skilfully (*somewhere*). **2.** *mil.* launch (*torpedo, etc*). **3.** *fig.* et. ~ a) launch (*product, programme, etc*), b) publicize (*new book, etc*); e-n Bericht in die Zeitung ~ get a report (published) in a paper. **4.** *fig.* j-n ~ launch s. o. (*in business, politics, etc*); j-n in e-e Stellung ~ procure (*od. contp. sl.* wangle) a post for s. o.

Land [lant] *n* ⟨-es, *rare* -s; ⸚er, *poet.* -e⟩ **1.** ⟨*only sg*⟩ (*Fest*♀) land; zu ~(e) by land; j-n (et.) an ~ bringen (*od.* setzen) put s. o. (s. th.) on land (*od.* on shore, ashore); an ~ gehen go ashore, go on land; an ~ geschwemmt werden be washed ashore; auf ~ zuhalten bear in with the land; unter ~ bleiben keep to the shore (*od.* inshore); ~ in Sicht! land in sight!; ~ sichten (*od.* ausmachen) sight (*od.* make) land, make a landfall; „~ unter" "land under water"; er hatte wieder festes ~ unter den Füßen he had terra firma (*od.* firm ground) under his feet again; *fig.* das ~ der Finsternis (Phantasie, Träume) the land (*od.* realm) of darkness (phantasy, dreams); *fig. colloq.* (wieder) ~ sehen see daylight (again); kein ~ sehen be utterly at sea; et. an ~ ziehen land s. th. (*a. fig. colloq. a job, etc*); sich (*dat*) et., j-n an ~ ziehen get (*od.* catch) hold of, hook. **2.** ⟨*only sg*⟩ (*Acker, Boden*) land, soil, ground; angeschwemmtes (fruchtbares) ~ alluvial (fertile) soil; das ~ bebauen (*od.* bestellen) till (*od.* cultivate) the land. **3.** ⟨*only sg*⟩ (*dörfliche Gegend*) country; auf dem ~e wohnen (*od.* leben) live in the country; aufs ~ fahren (*od.* gehen) travel (*od.* go) into the country; die Leitung verläuft über ~ the wire (*od.* line) runs overland. **4.** ⟨*only sg*⟩ (*Gegend, Landschaft*) country; ebenes (*od.* flaches) ~ level (*od.* flat) country; *fig.* seither ist manches Jahr ins ~ gegangen many a year has passed since then. **5.** a) (*Staatsgebiet*) country, land, (national) territory, b) (*Staat, Nation, Volk*) country, land, nation; er ging außer ~es he went abroad; aus aller Herren Länder from all corners of the globe; ~ und Leute kennenlernen get to know the country and its people; *poet.* in allen ~en in all countries, all over the world; in deutschen ~en in Germany; in fernen ~en in far-off countries, in faraway (*od.* distant) lands; *Bibl.* das Gelobte (Heilige) ~ the Promised (Holy) Land; das ~ m-r Väter the land of my forefathers; andere Länder, andere Sitten (*Sprichwort*) so many countries, so many customs; bleibe im ~e und nähre dich redlich so shalt thou dwell in the land, and verily thou shalt be fed; *fig. colloq.* er ist wieder im ~e he is back again. **6.** *pol.* a) *BRD*: (Federal) Land, b) *in Österreich*: Province. **7.** *jur.* (~*besitz*) (property in) land, (landed) property, real estate, lands *pl.*

ˌlandˈab *adv* → landauf, landab.

ˈLand|ˌadel *m hist.* landed gentry. **~am·bu·laˌto·ri·um** *n DDR* mobile clinic. **~ˌar·beit** *f* farm work. **~ˌar·bei·ter** *m* farmhand, farm worker. **~ˌarzt** *m* country doctor.

Lan·dau·er [ˈlandauər] *m* ⟨-s; -⟩ (*Kutsche*) landau, barouche.

ˌlandˈauf, ˌlandˈab *adv* all over the country, far and wide.

ˈLandˌauf·entˌhalt *m* stay in the country.

ˌlandˈaus, ˌlandˈein *adv* from country to country, in (*od.* to) several countries, far and wide.

ˈLand|ˌbau *m* agriculture, farming, husbandry. **~ˌbauˌschu·le** *f* agricultural college. **~beˌsitz** *m* → Grundbesitz. **~beˌsit·zer** *m* → Grundbesitzer 1. **~beˌstel·lung** *f agr.* cultivation, tillage. **~beˌvöl·ke·rung** *f* country (*od.* rural) population. **~beˌwoh·ner** *m* **1.** countryman, country dweller. **2.** *zo.* land dweller. **~ˌbriefˌträ·ger** *m* country (*od.* rural) postman. **~ˌbrot** *n* farm bread. **~ˌbrücke** (*getr.* -k·k-) *f geogr.* land bridge. **~ˌbut·ter** *f* country (*od.* farm) butter.

Länd·chen [ˈlɛntçən] *n* ⟨-s; -⟩ *dim. of* Land.

ˈLan·de|ˌan·flug *m aer.* landing approach. **~ˌbahn** *f aer.* (landing) runway. **~ˌbahnˌfeu·er** *n* runway (*od.* contact) light. **~ˌba·ke** *f* landing beacon. **~beˌfeue·rung** *f* → Landebahnfeuer. **~beˌreich** *m* landing area. **~ˌbremsˌschirm** *m* drag (para)chute. **~ˌbrücke** (*getr.* -k·k-) *f mar.* landing stage. **~ˌdeck** *n aer. mar.* flight (*od.* landing) deck.

ˈLandˌedelˌmann *m hist.* country gentleman, (country) squire.

ˈLan·de|er|ˌlaub·nis *f aer.* permission to land. **~ˌfackel** (*getr.* -k·k-) *f* wing-tip flare. **~ˌfäh·re** *f Raumfahrt*: landing module, (*Mond*♀) lunar module. **~ˌfallˌschirm** *m* → Landebremsschirm.

~ˌfeld *n* landing (*od.* air)field. **~ˌfeu·er** *n* → Landebahnfeuer.

ˈLand|ˌei·gen·tum *n* → Grundbesitz. **~ˌei·gen·tü·mer** *m* → Grundbesitzer 1.

ˌlandˈeinˌwärts *adv* up-country, inland.

ˈLan·de|ˌklap·pe *f aer.* landing flap. **~ˌkopf** *m mil.* beach-head. **~ˌkreuz** *n* landing tee (*od.* cross). **~ˌku·fe** *f* (landing) skid. **~ˌkurs** *m* approach path. **~ˌlicht** *n aer. am Flugzeug*: landing light; *auf dem Flugplatz*: approach light. **~maˌnö·ver** *n* → Landung 2.

lan·den [ˈlandən] **I** *v/i* ⟨sein⟩ **1.** *Schiff etc*: land. **2.** a) *Flugzeug etc*: land, touch down, b) *Raumkapsel*: land, *im Meer*: splash down; **sicher (weich)** ~ make a safe (soft) landing. **3.** *Person*: land, disembark, go on land (*od.* on shore, ashore). **4.** *fig. colloq.* a) *am Boden, auf den Füßen etc*: land, *Vogel etc*: *a.* alight, b) *im Gefängnis, in e-r Kneipe, im Straßengraben etc*: land, end (*od.* wind) up (*in prison, in a pub, in the ditch, etc*), c) (*ankommen*) arrive, get home; **die Eingabe landete im Papierkorb** the petition ended up in the wastepaper basket; *Sport*: **auf dem zweiten Platz** ~ be placed (*od.* come in) second; **damit kannst du bei ihr nicht** ~ you won't get anywhere with her with that, that will cut no ice with her; **bei ihr kannst du nicht** ~ you haven't got a chance with her. **II** *v/t* ⟨h⟩ **5.** (*Flugzeug etc*) land, bring down. **6.** (*Personen etc*) land, disembark, debark, set (*od.* put) *s. o.* on land (*od.* shore). **7.** *fig. colloq.* land; **e-n Schlag** ~ **(an** *dat*) land a blow (on); **e-n großen Erfolg** ~ score a big success (*od.* hit). **III** ≈ *n* ⟨-s⟩ **8.** landing (*etc*). **9.** → Landung.

ˈLandˌen·ge *f geogr.* neck of land, isthmus.

ˈLan·de|ˌpfad *m aer.* flare path. **~ˌpi·ste** *f* → Landebahn. **~ˌplatz** *m* **1.** *aer.* landing field (*od.* ground). **2.** *mar.* landing (place), wharf, quay.

Län·deˈrei·en *pl* **1.** lands, landed property *sg*, grounds. **2.** *e-s Herrschers, e-r Regierung*: domain *sg*. **3.** *jur.* land *sg*.

ˈLän·der|ˌkampf *m Sport* **1.** → Länderspiel. **2.** *gym. etc* international meeting. **~ˌmann·schaft** *f* → Nationalmannschaft. **~ˌna·me** *m* name of the country. **~ˌspiel** *n Sport*: international match.

ˈLand·erˌzie·hungsˌheim *n ped.* country boarding school.

ˈLan·des|ˌamt *n* (administrative) office (of a Land). **~ˌart** *f* custom(s *pl*) of the country. **~ˌaufˌnah·me** *f geogr.* land (*od.* topographic) survey. **~ˌbank** *f* national bank. **~beˌhör·de** *f pol. BRD*: (the) authorities *pl* (of a Land), Land authority. **~ˌbrauch** *m* → Landesart. **~ˌbüh·ne** *f* regional theat/re (*Am.* -er).

ˈLan·deˌschlei·fe *f aer.* landing circle.

ˈLan·des|ˌfar·ben *pl* **1.** national colo(u)rs. **2.** *BRD*: colo(u)rs (of a Land). **~ˌfeind** *m* enemy (of a country). **~ˌflag·ge** *f* **1.** national flag. **2.** *BRD*: flag (of a Land). **≈ˌflüch·tig** *adj* **~er Verbrecher** criminal fleeing (*od.* who has fled) the country. **~ˌfürst** *m* → Landesherr. **~geˌricht** *n jur.* **1.** *BRD*: court (of a Land). **2.** *in Österreich*: Provincial court. **~geˌschich·te** *f* history (of definite geographical areas). **~geˌsetz** *n pol.* **1.** law of the land. **2.** *BRD*: law (of a Land). **~ˌgren·ze** *f* national border, frontier (of a country). **~ˌhauptˌmann** *m pol.* **1.** *in Österreich*: head of the government (of a Province). **2.** *hist. in Preußen*: head of a self-administering province. **~ˌhauptˌstadt** *f* **1.** capital (of a country). **2.** *BRD*: capital (of a Land). **3.** *in Österreich*: Provincial capital. **~ˌherr** *hist.* sovereign, prince. **~ˌho·heit** *f* sovereignty. **~ˌhym·ne** *f* national anthem. **~ˌin·ne·re** *n* interior (of a country *od.* region), inland, up-country. **~ˌkind** *n meist pl obs.* subject, native (of a country). **~ˌkir·che** *f relig.* **1.** territorial (established) church. **2.** *in Deutschland*: Protestant Church (of a Land). **~ˌkun·de** *f* ⟨-; *no pl*⟩ *ped.* study of the geography, history, and institutions of a country (*od.* region). **≈ˌkun·dig** *adj* knowledgeable about a country (*od.* region). **~ˌli·ste** *f pol. BRD*: list of party candidates of a Land. **~ˌmei·ster** *m Sport*: national champion. **~miˌni·ster** *m pol. BRD*: Minister in a Land Government. **~ˌmit·tel** *pl econ. BRD*: **1.** funds of a Land. **2.** grants by a Land government. **~ˌmut·ter** *f* **1.** *hist.* a) sovereign (princess), queen, b) wife of the sovereign (*od.* prince). **2.** *humor.* First Lady. **~ˌpfle·ge** *f* preservation and increase of the national resources (of a country). **~ˌpla·nung** *f pol.* (*bes. Br.* town and) country planning. **~po·liˌzei** *f BRD*: police force (of a Land). **~proˌdukt** *n econ.* native (*od.* home, domestic, inland) product. **~ˌrecht** *n jur.* **1.** law of the land, municipal law. **2.** *BRD*: law of a Land. **~reˌgie·rung** *f pol.* **1.** (central) government. **2.** *BRD*: Land Government. **3.** *in Österreich*: Provincial government. **~ˌsit·te** *f* → Landesart. **~ˌspra·che** *f* national language, language of a country, vernacular.

ˈLan·deˌsteg *m* → Landungssteg.

ˈLan·desˌteil *m* part of a country.

ˈLan·deˌstel·le *f* → Landeplatz.

ˈLan·des|thea·ter [-teˌaːtər] *n* regional theat/re (*Am.* -er). **~ˌtracht** *f* national (*od.* regional) costume.

ˈLan·deˌstrahl *m aer.* landing beam.

ˈLan·desˌtrau·er *f* public (*od.* national) mourning.

ˈLan·de|ˌstrecke (*getr.* **-k·k-**) *f aer.* landing run. **~ˌstrei·fen** *m* landing strip, airstrip.

ˈlan·des|ˌüb·lich *adj* national, customary in a country (*od.* region). **≈ˌva·ter** *m* **1.** *hist.* (*Herrscher*) sovereign, prince, father of the people. **2.** *humor.* father of the people (*President, etc*). **≈verˌmes·sung** *f* → Landesaufnahme. **≈verˌrat** *m jur. pol.* treason. **≈verˌrä·ter** *m* traitor (to one's country). **~verˌrä·te·risch** *adj* traitorous, *jur.* treasonable. **≈verˌtei·di·gung** *f pol.* national defen/ce (*Am.* -se). **≈verˌwe·ser** *m hist.* regent. **~verˌwie·sen** *adj* expelled (*od.* removed) (from a country). **≈ˌwäh·rung** *f econ.* national currency, currency of a country. **≈ˌzeit** *f* local time.

ˈLan·de·verˌbot *n aer.* prohibition to land.

ˈLand|ˌfahrˌzeug *n* land vehicle. **≈ˌfein** *adj* **sich** ~ **machen** *Matrose*: spruce o. s. up for shore leave. **~ˌflucht** *f sociol.* rural exodus, flight from the country. **~ˌflugˌzeug** *n* landplane. **~ˌfrau** *f* countrywoman. **≈ˌfremd** *adj* not knowing the country, foreign. **~ˌfrie·densˌbruch** *m jur.* breach of the public peace. **~ˌfunk** *m Radio*: agricultural program(me *Br.*), country hour. **~geˌbiet** *n*, **~geˌgend** *f* rural area. **~ˌgeist·li·che** *m relig.* country parson (*od.* clergyman). **~geˌmein·de** *f* **1.** *pol.* rural community (*Am.* township). **2.** *relig.* rural parish. **~geˌricht** *n jur.* Landgericht, regional superior court (*having original and appellate jurisdiction in civil and criminal causes*).

ˈLand·geˌrichts|diˌrek·tor *m jur. presiding judge of the criminal (od. civil) chamber of a "Landgericht".* **~präˌsiˌdent** *m chief judge of a "Landgericht".* **~ˌrat** *m associate judge of a "Landgericht".*

ˈLand|geˌwin·nung *f* reclamation (of land). **~ˌgut** *n* country estate. **~ˌhaus** *n* country house, villa, *kleines*: cottage. **~ˌjä·ger** *m* **1.** *obs.* gendarme. **2.** *gastr. a kind of hard sausage*, *Am.* landjaeger. **~ˌjun·ker** *m hist.* (country) squire. **~ˌkar·te** *f* map. **~ˌken·nung** *f mar.* landfall. **~ˌkind** *n* country-bred person. **~ˌkrab·be** *f zo.* land (*od.* sand) crab. **~ˌkreis** *m pol.* rural district. **~ˌkrieg** *m* land warfare, war(fare) on land. **~ˌkriegsˌord·nung** *f pol.* **die Haager** ~ the Hague Land Warfare Convention. **≈ˌläu·fig I** *adj* common, current, customary; **im ~en Sinne** in the generally accepted meaning. **II** *adv* commonly, in common speech. **~ˌle·ben** *n* country (*od.* rural) life.

Länd·ler [ˈlɛntlər] *m* ⟨-s; -⟩ *mus.* ländler.

ˈLandˌleu·te *pl* countrypeople, countryfolk.

länd·lich [ˈlɛntlɪç] *adj* **1.** rural (*district, dance, etc*). **2.** (*bäuerisch*) rustic, countrified; **~e Einfachheit** rustic simplicity. **3.** (*idyllisch*) rural, pastoral, *lit.* bucolic. **≈keit** *f* ⟨-; *no pl*⟩ **1.** ruralism, rural character. **2.** rustic character, rusticity. **3.** pastoral (*od.* bucolic) nature. **~ˈsitt·lich** *adj meist iro.* sweetly rustic, untouched by civilization.

ˈLand|ˌluft *f* country air. **~ˌmacht** *f pol.* land power. **~ˌmann** *m* ⟨-(e)s; -leute⟩ *lit.* countryman, farmer. **~ˌmar·ke** *f bes. mar.* landmark. **~maˌschi·ne** *f* agricultural machine. **~ˌmas·se** *f geol.* landmass. **~ˌmi·ne** *f mil.* land mine. **~ˌnah·me** *f* ⟨-; *no pl*⟩ conquest (and settlement) of a country. **~ˌpäch·ter** *m* tenant (*od.* lessee) of land, tenant farmer. **~parˌtie** *f* excursion (in)to the country. **~ˌpfar·rer** *m* → Landgeistliche. **~ˌpflan·ze** *f* terrestrial plant. **~ˌpla·ge** *f* **1.** plague, scourge. **2.** *fig. iro.* nuisance, pest. **~po·liˌzei** *f* rural police (*Br. a.* constabulary). **~po·meˌran·ze** *f colloq.* country wench, *Am. sl.* hick girl. **~ˌrat** *m* ⟨-(e)s; ≈e⟩ *pol.* **1.** *BRD*: District Administrator. **2.** *in der Schweiz*: *legislative body of certain cantons.* **~ˌratsˌamt** *n BRD*: (Rural) District Office. **~ˌrat·te** *f colloq.* landlubber. **~ˌre·gen** *m* persistent rain. **~ˌrei·se** *f* (overland) journey. **~ˌrücken** (*getr.* **-k·k-**) *m geol.* ridge of land. **~ˌsas·se** *m hist.* freeholder.

ˈLand·schaft *f* ⟨-; -en⟩ **1.** (*beautiful, etc*) landscape, countryside, scenery. **2.** (*Gegend*) country; **durch die** ~ **fahren** travel through the country. **3.** (*Gebiet*) province, district, region. **4.** *bes. Kunst*: (**~sbild**) landscape (scene). **5.** *fig. colloq.* (*political, etc*) scene; **das paßt nicht in die** ~ it doesn't fit the scene. **ˈland·schaft·lich I** *adj* **1.** scenic (*beauty, etc*). **2.** *geogr. ling.* regional. **II** *adv* **3.** scenically, as far as the landscape (*od.* countryside, scenery) is concerned; ~ **schön** scenic (*road, valley, etc*). **4.** ~ **verschieden** regionally different.

ˈLand·schafts|ar·chiˌtekt *m* → Landschaftsgestalter. **~ˌaufˌnah·me** *f* landscape photo(graph). **~ˌbild** *n* **1.** natural scenery, (characteristic) landscape. **2.** landscape painting (*od.* photo [-graph]). **~ˌfilm** *m* scenic film, *bes. Am.* scenic. **~ˌgar·ten** *m* landscape garden. **~ˌgärt·ner** *m* landscape gardener. **~-**

gärt·ne,rei *f* landscape gardening. **~ge,stal·ter** *m* landscape architect. **~ge,stal·tung** *f* landscape architecture. **~,ma·ler** *m* landscape painter, landscapist. **~,pfle·ge** *f*, **~,schutz** *m* conservation, preservation of the countryside. **~,schutz·ge,biet** *n* (natural) preserve. **~zer,stö·rung** *f* spoliation of the countryside.

'**Land|,schild,krö·te** *f* land tortoise (*od.* turtle), testudo. **~,schin·ken** *m* country(-cured) ham. **~,schnecke** (*getr.* -k·k-) *f* land snail, slug. **~,schu·le** *f* rural (*od.* country) school. **~,schul,heim** *n* → Schullandheim.

Land·ser ['lantsər] *m* ⟨-s; -⟩ *mil. colloq.* ordinary soldier, private, *Am.* GI.

'**Land,sitz** *m* countryseat, country estate (*od.* residence).

'**Lands|,knecht** *m mil. hist.* lansquenet, mercenary (*a. fig.*); *colloq.* **fluchen wie ein ~** swear like a trooper. **~,mann** *m* ⟨-(e)s; -leute⟩ **1.** (fellow) countryman, compatriot. **2.** s. o. who comes from the same part of the country. **~,mann·schaft** *f BRD* **1.** *association of refugees and expellees from the same region.* **2.** *association of students from the same country or region.*

'**Land|,spit·ze** *f geogr.* headland, cape, point (of land), promontory. **~,stadt** *f* country town. **~,stän·de** *pl hist.* **1.** estates of the country. **2.** provincial diet (*od.* legislature) *sg.* **~,stra·ße** *f* **1.** high (*od.* main, trunk) road, *Am.* highway; **auf der ~** on the road. **2.** country road (*od.* lane). **~,strei·cher** *m* **1.** tramp, vagabond, *Am. a.* hobo, *colloq.* bum. **2.** *jur.* vagrant. **~strei·che'rei** [,lant-] *f* ⟨-; *no pl*⟩ **1.** tramping, vagabondage. **2.** *jur.* vagrancy. **~,strei·fen** *m* strip of land. **~,streit,kräf·te** *pl mil.* land forces. **~,strich** *m* region, district, zone, tract (of land). **~,sturm** *m mil. hist.* landsturm, home reserves *pl*, veteran reserve. **~,tag** *m* **1.** *pol. BRD*: diet, parliament of a Land. **2.** *hist.* (the) Representative Assembly. **~,tier** *n* animal living on land, terrestrial animal. **~trans,port** *m* land carriage, carriage by land. **~,trup·pen** *pl mil.* land (*od.* ground) forces. **≗,um,schlos·sen** *adj geogr.* land-locked.

'**Lan·dung** *f* ⟨-; -en⟩ **1.** → landen 8. **2.** *e-s Flugzeugs, e-r Sonde etc*: landing, touchdown, (*Ankunft*) arrival, (*Zwischen≗*) stopover; **~ auf dem Meer** splashdown; **zur ~ ansetzen** come in to land; **ein Flugzeug zur ~ zwingen** force a plane down (*od.* to land). **3.** *mar.* landing. **4.** *mil. von Truppen etc*: landing, disembarkation.

'**Lan·dungs|,ba·ke** *f aer. mar.* approach beacon. **~,boot** *n mil.* landing craft. **~,brücke** (*getr.* -k·k-) *f mar.* **1.** landing stage. **2.** → Landungssteg. **3.** *e-r Fähre*: ferry bridge. **4.** *e-r Eisenbahnfähre*: trainway. **~kom,man·do, ~,korps** *n* → Landungstrupp. **~offi,zier** *m mil.* beachmaster. **~,platz** *m* → Landeplatz. **~,schiff** *n mil.* landing ship. **~,steg** *m mar.* gangway, gangplank. **~,stel·le** *f* → Landeplatz 2. **~,streit,kräf·te** *pl mil.* landing forces. **~,trupp** *m* landing party. **~,un·ter,neh·men** *n* landing (*od.* land-sea) operation. **~ver,such** *m* landing attempt.

'**Land|,ur,laub** *m mar.* (**auf ~** on) shore leave. **~ver,mes·ser** *m* land surveyor. **~ver,mes·sung** *f* land survey(ing). **~,vo·gel** *m* land bird. **~,volk** *n* countryfolk, rural folk. **≗,wärts** *adj* landward(s), toward(s) the land. **~,weg** *m* **1.** country road, lane. **2.** ⟨*only sg*⟩ overland route; **auf dem ~** by land, overland. **~,wehr** *f mil. hist.* landwehr, militia. **~,wein** *m* ordinary table wine. **~,wind** *m* land breeze (*od.* wind). **~,wirt** *m agr.* farmer, husbandman, *a.* agricultur(al)ist. **~,wirt·schaft** *f* ⟨-; *no pl*⟩ **1.** agriculture (*a. univ. als Fach*), farming; **praktische ~** practical agriculture. **2.** farm. **≗,wirt·schaft·lich** *adj* agricultural, farm(ing), agrarian; **~e Bauten** farm buildings; **~e Betriebsfläche** farming area.

'**Land,wirt·schafts...** *in Zssgn* agricultural (*enterprise, exhibition, school, science, etc*). **~mi,ni·ster** *m* Minister (*Am.* Secretary) of Agriculture. **~mi·ni,ste·ri·um** *n* Ministry of Agriculture.

'**Land,zun·ge** *f* spit, headland, tongue (of land), cape.

lang [laŋ] **I** *adj* ⟨⸚er; ⸚st⟩ **1.** *räumlich*: long (*arms, trousers, streets, etc*); **die Haare** (*od.* **das Haar**) **~ tragen** wear one's hair long; **die Haare ~ wachsen lassen** let one's hair grow; *fig. colloq.* **sich ~ machen** stretch o. s. (out); **e-n ~en Hals machen** crane (*od.* stretch) one's neck; **j-m e-e ~e Nase machen** (*od.* **drehen**) make a long nose (*od.* thumb one's nose) at s. o., cock a snook at s. o.; → **Bank**[1] 1, **Finger** *bes. Redew.* (*etc*). **2.** *bei Maßangaben*: **e-n Finger ~** one finger long, (of) the length of a finger; **(um) einen Meter länger** one met/re (*Am.* -er) longer, longer by one metre. **3.** *colloq.* (*hochgewachsen*) tall; **er ist so ~ wie dumm** he is as tall as he is stupid; **er fiel hin so ~ er war** he fell down (at) full length, he measured his length. **4.** *zeitlich*: long, extended (*visit, winter, etc*); **~e Jahre** for many years; **e-e längere Reise** a rather long journey; **für (e-e) längere Zeit** for a prolonged period (of time); **in nicht allzu ~er Zeit** a) (*bald*) before long, in the not too distant future, b) (*rasch*) in a rather short time, rather quickly; **seit ~er Zeit, seit ~em** for a long time; **seit wie ~er Zeit** how long, since what time; **vor ~em, vor ~er Zeit** a long time ago; **vor nicht (allzu) ~er Zeit** not too long ago; **vor längerer Zeit** sometime ago; **über kurz oder ~** sooner or later; → **Atem** 1, **Rede** 2 (*etc*). **5.** *ling. metr. Vokale etc*: long. **6.** *Radio*: *Welle*: long. **II** *adv* **7.** *räumlich*: long. **8.** *bei Maßangaben, nachgestellt*: for; **drei Meilen ~** for three miles. **9.** *Northern G. colloq.* (*ent~*) along; **die Straße ~** along (*od.* down) the road; *fig.* **j-m zeigen, wo's ~ geht** tell s.o. what's what; **er weiß, wo's ~ geht** he knows the score. **10.** (*der Länge nach*) (at) full length. **11.** *zeitlich*: long (time); **~ anhaltender Beifall (Regen)** long (*od.* sustained, prolonged) applause (rain); **~ entbehrter Regen** long-missed rain; **ein ~ gehegter Wunsch** a long-cherished wish; **~(e) unterwegs sein** a) be a long time away, b) take a long time; **laß dich doch nicht ~(e) bitten!** come on, get on with it!; **er ließ sich nicht ~(e) bitten** he did not want much asking; **~(e) leben (schlafen)** live (sleep) long; *colloq.* **da kannst du (noch) ~(e) warten** you can wait till you're blue in the face, you may whistle for it; **er dachte nicht erst ~(e) nach** he did not stop to think; **länger leben als j-d** outlive (*od.* live longer than) s. o.; *colloq.* **et. ~ und breit erzählen** tell s. th. in great detail; **sich ~ und breit** (*od.* **des ~en und breiten**) **über e-e Sache auslassen** expatiate (*od.* enlarge) (up)on s. th. (at great length); **das ist (schon) ~(e) her** (*od.* **vorbei**) that was (*od.* happened) a long time ago; **noch nicht ~(e) her** not long ago, only a short time ago; **es ist schon ~(e) her, seit** it has been a long time since, it's ages that; **~(e) hin** a long time yet; **~(e) bevor** long before; **nicht ~(e) davor** (*od.* **vorher**) not long before; **bis ~(e) nach Mitternacht** to the small hours, until well past midnight; **das reicht ~(e) (aus)** that goes a long way; **das hat noch ~(e) Zeit** that can wait; **noch ~(e) nicht** not for a long time (yet); **was fragst du erst noch ~(e)?** why (do you) ask at all?; **das weiß ich (schon) ~(e)** I have known it all along (*od.* for a long time); **warte so ~, bis** wait until; **bleib nicht so ~(e) (fort)** don't be long; **mach nicht so ~(e)** don't dawdle; **wie ~(e) noch?** how much longer?, how long yet?; **wie ~(e) lernen Sie schon Deutsch?** how long have you been learning German?; **wie ~(e) soll ich denn noch warten?** how much longer am I supposed to wait? **12.** *bei Zeitangaben, nachgestellt*: for, *a.* long; **drei Jahre ~** (for) three years; **einige Zeit ~** for some time; **die ganze Woche ~** all week long. **13.** *colloq.* **es reicht ~(e)** there is enough and to spare; **das ist (für uns) ~(e) genug** that is more than enough (for us); **das ist noch ~(e) nicht alles** that is by no means all (*od.* everything), that is far from being all; **das ist noch ~(e) nicht genug** that is not nearly enough; **es ist noch ~(e) nicht sicher, daß** it is anything but certain that.

'**lang|,är·me·lig** [-,ʔɛrməlɪç] *adj Hemd etc*: long-sleeved, with long sleeves. **~,at·mig** [-,ʔaːtmɪç] *adj* long-winded, long-drawn-out, lengthy, wordy. **≗,at·mig·keit** *f* ⟨-; *no pl*⟩ long-windedness, lengthiness, wordiness, *lit.* prolixity. **~,bei·nig** [-,baɪnɪç] *adj* long-legged, *colloq.* leggy. **≗,boot** *n mar.* longboat.

'**lan·ge** *adv* → **lang** 11, 13.

'**Lan·ge** *m, f* ⟨-n; -n⟩ *colloq.* tall (*od. Am.* lengthy) person, tall one.

Län·ge ['lɛŋə] *f* ⟨-; -n⟩ **1.** ⟨*only sg*⟩ *räumlich*: length; **ein Zimmer mit e-r ~ von fünf Metern** a room five met/res (*Am.* -ers) in length; *Gummiband* **in die ~ ziehen** stretch; **der ~ nach** lengthwise, lengthways, *Am.* longways. **2.** ⟨*only sg*⟩ *von Personen*: length; **er reckte sich in s-r ganzen ~ auf** he drew himself up to his full height; → **hinschlagen** 2. **3.** ⟨*only sg*⟩ *von Büchern, Listen etc*: length; **in voller ~** at full length. **4.** ⟨*only sg*⟩ *zeitlich*: length (*of a speech, winter night, etc*); **auf die ~ gesehen ist das richtig** from a long-range point of view this is correct; **et. in die ~ ziehen** draw (*od.* drag) s. th. out, protract s. th., (*Erzählung*) spin out; **sich in die ~ ziehen** stretch (lengthwise), *fig. Verhandlungen etc*: drag on, *Weg etc*: stretch endlessly. **5.** *im Roman, Film etc*: dull (*od.* tedious) passage, *lit.* longueur. **6.** *Sport*: **mit mehreren ~n Vorsprung siegen** win by several lengths. **7.** ⟨*only sg*⟩ *geogr.* longitude. **8.** *ling. metr.* a) (*Silben≗*) long, b) (*Vokal≗*) length; **e-e ~ und zwei Kürzen** one long and two shorts. '**län·ge,lang** *adv* (at) full length.

lan·gen ['laŋən] *colloq.* **I** *v/t* ⟨h⟩ **1.** (*darreichen*) reach, give, hand; *fig.* **j-m e-e ~** fetch (*od.* paste) s.o. one; **e-e gelangt kriegen** get a box on the ear. **2.** (*greifen, holen*) get, take, fetch; **e-n Brief aus der Tasche ~** take a letter out of one's pocket; **er langte das Buch vom Regal** he took the book from the shelf; *fig.* **er langte ihn sich** (*dat*) he grabbed hold of him; **den werde ich mir schon ~** I'll settle his hash. **II** *v/i* **3.** (*greifen*) reach (**nach** for *a book, weapon, etc*). **4.** (*reichen*) reach; **das Kleid langt ihr kaum bis zum Knie** the dress hardly reaches (down) to her knees; **ich kann bis zur Decke ~** I can reach (*od.* touch) the ceiling. **5.** a) (*genügen*) be enough, be sufficient, suffice, b) (*auskommen*) manage (**mit** with, on); **mit e-r Sache ~** find s. th. sufficient (*od.* enough); **mit 100 Mark langt er nicht weit** he won't get far with one hundred marks; **mir langt es** (*od.* **langt's**)! a) (*genügt es*) I have had enough, that will do for me, b) *fig.* I am sick of (*od.* fed up with) that; **jetzt langt's mir aber** now I have had enough of that, that does it.

län·gen [ˈlɛŋən] *v/t* ⟨h⟩ **1.** *bes. tech.* lengthen, stretch, extend. **2.** *gastr.* a) (*Suppe etc*) lengthen, b) (*Teig*) roll out, c) (*Wein*) dilute.

ˈLän·gen|ˌaus·ˌdeh·nung *f* linear extension. **~ˌein·heit** *f* unit of length. **~ˌgrad** *m geogr.* **1.** degree of longitude. **2.** → **~ˌkreis** *m* meridian. **~ˌmaß** *n* linear (*od.* long) measure. **~ˌmes·sung** *f* measurement of length, linear measurement.

län·ger [ˈlɛŋər] *comp of* lang. **~ˌfri·stig** [-ˌfrɪstɪç] *adj u. adv econ.* at longer term, covering a relatively long period.

ˈlang|er·ˌsehnt *adj* long-desired, long-hoped-for. **~er·ˌwar·tet** *adj* long-awaited.

ˈLän·ge·ˌstrich *m über Vokalen*: macron.

Lan·get·te [laŋˈgɛtə] *f* ⟨-; -n⟩ *Textil.* scallop. **Lanˈget·ten·ˌstich** *m* overcast stitch. **lan·get·tie·ren** [laŋgɛˈtiːrən] *v/t* ⟨*no* ge-, h⟩ scallop.

Lan·ge·wei·le [ˈlaŋəˌvaɪlə; ˌlaŋəˈvaɪlə] *f* ⟨-; *no pl*⟩ boredom, tedium, *lit.* ennui; **tödliche ~** deadly boredom; **~ haben** be (*od.* feel) bored; *colloq.* **vor ~** (*od.* **Langerweile**) **umkommen** (*od.* **sterben**) die of boredom, be bored to death (*od.* stiff); **sie tut es aus ~** (*od.* **Langerweile**) she does it to while the time away (*od.* to kill time); **j-m die ~ vertreiben** help s. o. pass the time, divert s. o.

ˈlang|ˌfa·se·rig *adj* long-fib/red (*Am.* -ered), long-stapled. **≈ˌfin·ger** *m colloq.* thief, pickpocket, pilferer. **~ˌfin·ge·rig** [-ˌfɪŋərɪç] *adj* **1.** long-fingered. **2.** *fig. colloq.* light-fingered. **~ˌfri·stig** [-ˌfrɪstɪç] **I** *adj Verhandlungen, Anleihe etc*: long-term, *Wechsel, Vertrag etc*: long-dated, *Wettervorhersage, Ziel etc*: long-range; *econ.* **~es Geld** time money, long-term funds. **II** *adv* on a long-term basis; **~ (gesehen)** in (*od.* over) the long term; **Kapital ~ anlegen** make a long-term investment. **~ge·ˌdehnt** *adj* **1.** stretched (*od.* spread out) extensively. **2.** → langgezogen. **~ge·ˌhegt** *adj* long-cherished (*wish, etc*). **~ge·ˌstreckt** *adj* long(-stretched-out). **~ge·ˌzo·gen** *adj Ton etc*: long-drawn-out. **≈ˌhaar** *n* ⟨-(e)s; *no pl*⟩ *zo.* long-haired feline (*od.* canine) race. **≈ˌhaar·ˌdackel** (*getr.* -k·k-) *m* long-haired dachshund. **~ˌhaa·rig** *adj* **1.** *allg., a. iro.* long-haired. **2.** *bot. zo.* crinite. **3.** *Textil.* long-pile, shaggy, *Seide*: flossy, *Baumwolle*: long-staple. **~ˌhal·sig** [-ˌhalzɪç] *adj* long-necked. **≈ˌholz** *n* long(-cut) timber, long trunks *pl.* **≈ˌholz·ˌwa·gen** *m* **1.** *mot.* trunk transport car, *bes. Br.* timber transporter. **2.** *rail.* trunk wag(g)on, *Am.* lumber car. **≈ˌhorn** *n zo.* longhorn. **~ˌhu·big** [-ˌhuːbɪç] *adj mot.* long-stroke. **~ˌjäh·rig** *adj Freundschaft, Forschung etc*: many years', *Vertrag etc*: of long duration, long-standing (*a. Freundschaft etc*); **ein ~er Freund von mir** a friend of mine for many years; **~e Erfahrung** (many) years of experience. **≈ˌkopf** *m anthrop.* longhead, dolichocephal. **≈ˌlauf** *m Schisport*: a) (*Disziplin*) cross-country running (*od.* racing), langlauf, b) (*Einzellauf*) cross-country run (*od.* race), langlauf; **~ski** *m* cross-country ski. **≈ˌläu·fer** *m* cross-country racer, langläufer. **~ˌle·big** [-ˌleːbɪç] *adj* **1.** *allg., a. tech. u. fig.* long-lived, *econ. Güter*: *a.* durable. **2.** *nucl.* long-life. **≈-ˌle·big·keit** *f* ⟨-; *no pl*⟩ **1.** *biol. med.* longevity, macrobiosis. **2.** *fig.* long life. **3.** *tech.* long (service) life. **4.** *econ. von Gütern*: long (shelf) life, durability.

ˈlangˌle·gen I *v/reflex* ⟨*sep*, -ge-, h⟩ *colloq.* **sich ~** a) have (*od.* take) a lie-down (*od.* nap, rest), b) fall full length, measure one's length. **II** *v/t* a) lay *s. o.* down, b) *colloq.* floor *s. o.*, knock *s. o.* flat.

läng·lich [ˈlɛŋlɪç] *adj* longish; *Schachtel etc*: oblong; *Gesicht*: oval; *bes. bot.* elongate(d). **~ˈrund** *adj* oval(-shaped); *bot.* oblong-ovate.

ˈlang|ˌlie·gen *v/i* ⟨*irr, sep*, -ge-, h *u.* sein⟩ **1.** lie flat. **2.** *colloq.* have a lie-down, *wegen Krankheit*: be laid up. **≈ˌloch** *n tech.* oblong (*od.* elongated, slotted) hole, slot. **≈ˌloch·ˌfräs·ma-ˌschi·ne** *f* slot milling machine. **≈ˌmut** *f* ⟨-; *no pl*⟩ forbearance, patience, *bei Provokation*: *a.* long-suffering; **gegen j-n ~ üben** show forbearance (*od.* indulgence) toward(s) s. o., be patient with s. o. **~ˌmü·tig** [-ˌmyːtɪç] **I** *adj* forbearing, patient, *bei Provokation*: *a.* long-suffering. **II** *adv* patiently, with forbearance. **≈ˌmü·tig·keit** *f* ⟨-; *no pl*⟩ → Langmut. **~ˌna·sig** [-ˌnaːzɪç] *adj bes. zo.* long-nosed.

Lan·go·bar|de [laŋgoˈbardə] *m* ⟨-n; -n⟩ *hist.* Langobard, Longobard, Lombard. **≈disch** *adj* Langobardic, Lombard.

ˈLang|ˌohr *n colloq.* **1.** (*Esel*) jackass, donkey; **Meister ~** Master Long-ears. **2.** a) (*Hase*) hare, b) (*Kaninchen*) rabbit. **≈ˌoh·rig** [-ˌʔoːrɪç] *adj zo.* long-eared. **~ˌpferd** *n gym.* vaulting (*bes. Am.* long) horse. **~ˌrohr·ge·ˌschütz** *n mil.* long (-barrel[l]ed) gun.

längs [lɛŋs] **I** *prep* ⟨*gen, a. dat*⟩ **1.** alongside, by the side of. **2.** *mar.* **~ der Küste** alongshore; **dicht ~ der Küste hinfahren** hug the coast. **II** *adv* **3.** lengthwise, lengthways, longitudinally. **≈ˌach·se** *f* **1.** *tech.* longitudinal axis. **2.** *mot.* roll axis.

ˈlang·sam I *adj* **1.** slow; **er ist ~ (bei der Arbeit)** he is slow at (*od.* in his) work, he is a slow worker; **~er Walzer** slow waltz; **~er werden** become slower, slow down. **2.** *geistig*: slow(-witted). **3.** *Entwicklung, Verbesserung etc*: slow, gradual. **4.** *phys.* slow. **II** *adv* **5.** slowly; **~er gehen** slacken one's pace; **die Lokomotive fuhr ~er** the locomotive slowed down; *fig. colloq.* **~er tun** ease up a bit; **et. ~ braten** roast s. th. over a slow flame, slow-roast s. th.; **~ fahren!** slow!; *colloq.* **immer (schön) ~!** not so fast!, take it easy!; **ein ~ wirkendes Gift** a slow poison; **~ aber sicher** slow(ly) but sure(ly). **6.** (*allmählich*) gradually; **es wurde ~ hell** it gradually became day; **~ gefällt mir das** I'm beginning to enjoy it; **es wird ~ Zeit für uns** it's about time for us to go; **es wurde ja auch ~ Zeit!** it was about time. **ˈLang·sa·mer·ˌwer·den** *n* slowing-down, slackening.

ˈLang·sam·keit *f* ⟨-; *no pl*⟩ (*a. fig. geistige ~*) slowness; (*Trägheit*) sluggishness.

ˈLängs|ˌauf·ˌriß *m tech.* longitudinal view. **~ˌbal·ken** *m civ. eng.* stringer, longitudinal beam.

ˈLang|ˌschä·del *m* → Langkopf. **≈ˌschä·de·lig** [-ˌʃɛːdəlɪç] *adj* long-headed, dolichocephalic. **~ˌschäf·ter** [-ˌʃɛftər] *pl* knee(-high) boots. **~ˌschiff** *n* **1.** *arch.* nave. **2.** *mar. hist.* long ship. **~ˌschlä·fer** *m* late riser, lie-abed, slugabed. **~ˌschrift** *f* longhand. **≈ˌschu·rig** [-ˌʃuːrɪç], **≈ˌschü·rig** [-ˌʃyːrɪç] *adj Wolle*: long-staple(d).

ˈlängs·ge·ˌstreift *adj* lengthwise (*od.* vertically) striped.

ˈlang|ˌsich·tig *adj* long-sighted. **~ˌsil·big** [-ˌzɪlbɪç] *adj* consisting of (*od.* having) a long syllable.

ˈLängs|ˌli·nie *f* longitudinal line. **~ˌpferd** *n* → Langpferd.

ˈLangˌspiel|ˌband *n electr.* long-playing tape. **~ˌplat·te** *f* long-playing record, long-play(er), LP.

ˈLängs|ˌrich·tung *f* longitudinal direction; **in der ~** a) lengthwise, lengthways, b) *mar.* fore and aft. **~ˌriß** *m tech.* a) (*Materialfehler*) longitudinal crack, b) (*Zeichnung*) longitudinal section. **≈ˌschiffs** *adv mar.* fore and aft, longitudinally. **~ˌschnitt** *m* longitudinal section. **~ˌsei·te** *f e-s Hauses etc*: long side; *e-s Daches*: (long) pane; *e-s Schiffes*: broadside. **≈ˌseit(s)** *mar.* **I** *prep* ⟨*gen*⟩ **~ (des Schiffes)** alongside (the ship). **II** *adv* alongside.

längst [lɛŋst] **I** *sup of* lang I. **II** *adv* **1.** long (ago); **ich hatte ihn ~ erkannt** I had recognized him long before; **~ vergangene Tage** bygone days; **~ überfällig** long overdue. **2.** for a long time; **das ist ~ bekannt** that has been known for ages; **das ist ~ vorbei** that's long past. **3.** **~ nicht** not nearly (*as clever, etc*), not by a long way. **ˈläng·stens** *adv* **1.** (*two days, etc*) at (the) most, at (the) longest. **2.** (*in three weeks, etc*) at the latest.

ˈlangˌstie·lig [-ˌʃtiːlɪç] *adj Hammer etc*: long-handed; *bot.* long-stalked, *a. Glas*: long-stemmed.

ˈLängsˌträ·ger *m tech.* longitudinal girder (*od.* beam); *mot.* side member; *aer.* longeron spar.

ˈLangˌstrecke (*getr.* -k·k-) *f* **1.** *Sport*: long distance. **2.** *aer. mil.* long range.

ˈLangˌstrecken|ˌbom·ber (*getr.* -k·k-) *m aer. mil.* long-range bomber. **~ˌflug** *m* long-distance (*od.* -range) flight. **~ˌflug·ˌzeug** *n* long-distance (*od.* -range) aircraft. **~ˌlauf** *m Sport*: a) (long-)distance running, b) (long-)distance run. **~ˌläu·fer** *m* (long-)distance runner. **~raˌke·te** *f* long-range (ballistic) missile. **~reˌkord** *m* long-distance record.

ˈLangˌstreck·ler [-ˌʃtrɛklər] *m* ⟨-s; -⟩ *Sport*: (long-)distance runner.

ˈLängsˌvorˌschub *m tech.* longitudinal feed.

Lan·gu·ste [laŋˈgustə] *f* ⟨-; -n⟩ *zo.* crayfish, crawfish, spiny lobster.

ˈLang|ˌwei·le *f* ⟨-; *no pl*⟩ *rare for* Langeweile. **≈ˌwei·len I** *v/t* ⟨*insep*, ge-, h⟩ **j-n ~** bore s. o. **II** *v/reflex* **sich ~** be bored; **sich zu Tode ~** be bored to death (*od.* to tears, *colloq.* stiff). **~ˌwei·ler** *m* ⟨-s; -⟩ *colloq.* **1.** bore, drearie. **2.** slowcoach, *bes. Am.* slowpoke. **≈ˌwei·lig** *adj* **1.** boring, tedious, dull, (*eintönig*) *a.* monotonous, *Leben*: *a.* humdrum; **ist das ~!** what a bore (*od. sl.* drag)!; **sie ist ziemlich ~** she is quite a bore. **2.** *colloq. for* langsam 1, 2. **~ˌwei·lig·keit** *f* ⟨-; *no pl*⟩ boringness (*etc*).

ˈLang|ˌwel·le *f* **1.** *Radio*: long wave. **2.** *mot. tech.* perch, pole. **~ˌwel·len...** *in Zssgn* long-wave (*range, receiver, etc*).

≗ˌ**wel·lig** *adj phys.* of long wave-length, long-wave. ≗ˌ**wie·rig** [-ˌviːrɪç] *adj* **1.** lengthy, protracted; ~e **Verhandlungen** protracted (*od.* long-drawn[-out]) negotiations. **2.** tedious, wearisome; **e-e** ~e **Prozedur** a tedious process. **3.** *med. Krankheit*: protracted, chronic. ~ˌ**wie·rig·keit** *f* ⟨-; *no pl*⟩ lengthiness (*etc*). ~ˌ**zei·le** *f metr.* long line. ~ˌ**zeit ...** *in Zssgn* long-term ..., long-time (*effect, therapy, etc*); ~**automatik** *f phot.* (automatic) time exposure.

La·no·lin [lanoˈliːn] *n* ⟨-s; *no pl*⟩ *chem.* lanolin(e), wool fat.

Lan·ze [ˈlantsə] *f* ⟨-; -n⟩ *mil. hist.* lance, spear; *fig.* **für j-n e-e** ~ **brechen** break a lance (*od.* stand up) for s. o.

ˈ**Lan·zen**|ˌ**bre·chen** *n* → Lanzenstechen 1. ≗ˌ**för·mig** *adj* **1.** lance-(*od.* spear-)shaped. **2.** → **lanzettförmig.** ~ˌ**schaft** *m* shaft (of a lance), spear staff. ~ˌ**spit·ze** *f mil. hist.* lance head, spearhead. ~ˌ**ste·chen** *n* **1.** *hist.* joust(ing), tilt(ing), tournament. **2.** *Sport*: tilting (*od.* riding) at the quintain. ~ˌ**stich,** ~ˌ**stoß** *m* **1.** thrust of a lance, tilt. **2.** wound inflicted by a lance. ~ˌ**trä·ger** *m* lancer, lance-bearer.

Lanˈzett|**be**ˌ**steck** *n med.* lancet-case. ≗ˌ**blätt·rig** *adj bot.* with lanceolate leaves.

Lan·zet·te [lanˈtsɛtə] *f* ⟨-; -n⟩ **1.** *med.* lancet. **2.** *metall.* slicker **Lanˈzet·ten ...** → Lanzett ...

Lanˈzett|ˌ**fen·ster** *n arch.* lancet window. ~ˌ**fisch** *m* **1.** surgeonfish, lancet fish. **2.** a) amphioxus, b) branchiostoma. ~ˌ**fisch·chen** *n* lancelet. ≗ˌ**för·mig** *adj bot. zo.* lanceolate.

la·pi·dar [lapiˈdaːr] *adj* (*wuchtig*) lapidary (*style, etc*); (*kurz u. bündig*) terse. **La·piˈdar**ˌ**schrift** *f* lapidarian writing.

La·pis [ˈlaːpɪs] *m* ⟨-; -pides [-pidɛs]⟩ **La·pis·la·zu·li** [lapɪsˈlaːtsuli] *m* ⟨-; -⟩ *min.* lapis lazuli; ~**blau** *n chem.* lapis lazuli blue, ultramarine.

Lap·pa·lie [laˈpaːlĭə] *f* ⟨-; -n⟩ *colloq.* (mere) trifle, bagatelle.

Läpp·chen [ˈlɛpçən] *n* ⟨-s; -⟩ **1.** *dim. of* Lappen. **2.** (*Ohr*≗) lobe, lap. **3.** *anat. bot. zo.* lobule, lobelet.

Lap·pe [ˈlapə] *m* ⟨-n; -n⟩ Lapp, Laplander.

Lap·pen [ˈlapən] *m* ⟨-s; -⟩ **1.** (piece of) cloth. **2.** (*Lumpen*) rag; *fig. colloq.* **j-m durch die** ~ **gehen** a) *Gelegenheit etc*: slip through s. o.'s fingers, b) *Person*: give s. o. the slip. **3.** (*Staub*≗) duster. **4.** (*Flicken*) patch. **5.** *fig. colloq. contp.* rag(s *pl*), tatter(s *pl*). **6.** *fig. sl.* (bank)note, *sl.* flimsy, *Am.* bill, skin; **ein blauer** ~ a one-hundred-mark note. **7.** *anat.* (*Haut*≗ *etc*) flap, tag, *a. bot.* lobe, lappet; (*Lungen*≗, *Leber*≗ *etc*) lobe, lobule. **8.** *zo. e-s Truthahns etc*: gill, wattle, *e-s Reptils*: lappet, *e-r Kröte*: apron. **9.** *hunt.* a) (*Fangnetz*) toil(s *pl*), b) (*Lefzen*) flews *pl*, c) *zwischen den Zehen*: web. **10.** *electr. Radar, e-r Antenne*: lobe.

läp·pen [ˈlɛpən] *v/t* ⟨h⟩ *tech.* **1.** lap. **2.** machine-lap.

läp·pern [ˈlɛpərn] *colloq.* **I** *v/i u. v/t* ⟨h⟩ *dial.* lap, sip. **II** *v/impers* **es läppert sich** it all adds up (to quite a lot).

ˈ**lap·pig** *adj* **1.** *colloq. Stoff etc*: limp. **2.** *Haut etc*: flabby. **3.** *bot. zo.* lobular, lobate(d).

ˈ**lap·pisch I** *adj* Lapp(ish), Lappic, Laplandic. **II** *ling.* ≗ ⟨*generally undeclined*⟩, **das** ≗**e** ⟨-n⟩ Lapp.

ˈ**läp·pisch** *adj colloq.* **1.** foolish, silly; (*kindisch*) childish. **2.** (*lächerlich, unbedeutend*) ridiculous (*sum, etc*), feeble (*excuse, etc*).

ˈ**Lapp**|ˌ**län·der** *m* ⟨-s; -⟩ → Lappe. ≗ˌ**län·disch** *adj* → lappisch I.

ˈ**Läpp**|**ma**ˌ**schi·ne** *f tech.* lapping machine. ~ˌ**mit·tel** *n* lapping compound. ~ˌ**schei·be** *f* lapping wheel.

Lap·sus [ˈlapsʊs] *m* ⟨-; -⟩ slip, lapse; **einen** ~ **begehen** (make a) slip. ~ **linguae** [ˈlɪŋgŭɛ] *m* ⟨--; --⟩ slip of the tongue. ~ **me·mo·riae** [meˈmoːrĭɛ] *m* ⟨--; --⟩ lapse (*od.* slip) of memory.

Lär·che [ˈlɛrçə] *f* ⟨-; -n⟩ *bot.* larch (tree); **Nordamerikanische** ~ tamarack.

La·ren [ˈlaːrən] *pl antiq.* lares, household gods.

la·ri·fa·ri [lariˈfaːri] *colloq.* **I** *interj* piffle!, fiddlesticks!, rubbish!, nonsense! **II** *adj* ⟨*pred*⟩ ~ **bei der Arbeit sein** be careless (*od.* sloppy) in one's work. **III** ≗ *n* ⟨-s; -s⟩ rubbish, nonsense.

Lärm [lɛrm] *m* ⟨-(e)s; *no pl*⟩ *allg.* noise; (*Getöse*) din; (*Radau*) row, racket; (*Tumult*) tumult, uproar; (*Geschrei*) clamo(u)r, hullaballoo; (*Durcheinander*) hubbub, pandemonium; *von Motoren etc*: roar; (*Alarm*) alarm; **die Kinder machen viel** ~ the children make a lot of noise (*od.* are very noisy); *fig. colloq.* **wozu all der** ~? what's all this noise (*od.* fuss) about?; **viel** ~ **um et. machen** make a great fuss (*od.* much ado) about s. th.; **viel** ~ **um nichts** much ado about nothing; ~ **schlagen** a) give (*od.* raise, sound) the alarm, b) *fig. colloq.* make a noise (*od.* fuss), kick up a row, (*protestieren*) clamo(u)r, raise a hue and cry. ~**be**ˌ**kämp·fung** *f* noise abatement (campaign). ~**be**ˌ**lä·sti·gung** *f* noise pollution (*od.* nuisance). ≗**emp**ˌ**find·lich** *adj* sensitive to noise.

lär·men [ˈlɛrmən] **I** *v/i* ⟨h⟩ **1.** be noisy, make much noise, *stärker*: make a din (*od.* racket, row), kick up a row. **2.** (*schreien*) shout, yell, clamo(u)r. **3.** (*dröhnen*) roar. **II** ≗ *n* ⟨-s⟩ **4.** being noisy (*etc*). **5.** → Lärm. ˈ**lär·mend** *adj* **1.** noisy. **2.** (*schreiend*) shouting, yelling, clamorous. **3.** (*tobend*) uproarious, tumultuous, riotous. **4.** (*dröhnend*) roaring. ˈ**Lär·men·de** *m, f* ⟨-n; -n⟩, ˈ**Lär·mer** *m* ⟨-s; -⟩ noisemaker; (*Krakeeler*) brawler.

ˈ**Lärm**|ˌ**pe·gel** *m* noise level. ~ˌ**schlep·pe** *f aer.* noise contours *pl*. ~ˌ**schutz** *m* noise prevention (campaign); ~**wall** *m* noise barrier. ~**ta**ˌ**bel·le** *f phys.* phonometer scale. ~ˌ**tep·pich** *m aer.* sound (*od.* boom) carpet.

Lärv·chen [ˈlɛrfçən] *n* ⟨-s; -⟩ **1.** *dim. of* Larve. **2.** *humor.* face; *weitS.* creature, girl; **sie hat ein hübsches** ~ she has a pretty little face.

Lar·ve [ˈlarfə] *f* ⟨-; -n⟩ **1.** *zo.* larva, grub. **2.** mask. **3.** → **Lärvchen** 2.

ˈ**Lar·ven**|**be**ˌ**fall** *m med.* myiasis. ≗ˌ**för·mig** *adj zo.* larviform. ~ˌ**gang** *m zo.* larval gallery. ~ˌ**sta·di·um** *n* larval stage.

La·ryn·gal [larʏŋˈgaːl] *m* ⟨-s; -e⟩ *m a.* ~**laut** *m ling.* laryngal, laryngeal. **la·ryn·ge·al** [larʏŋgeˈaːl] *adj med.* laryngeal. **La·rynˈgi·tis** [-ˈgiːtɪs] *f* ⟨-; -tiden [-giˈtiːdən]⟩ *med.* laryngitis. **La·rynx** [ˈlaːrʏŋks] *m* ⟨-; **Laryngen** [laˈrʏŋən]⟩ *anat.* larynx.

las [laːs] *1 u. 3 sg pret of* **lesen**[1] *u.* [2].

lasch [laʃ] *adj* ⟨-er; -est⟩ *colloq.* **1.** *Seil etc*: slack, lax. **2.** *Händedruck etc*: limp. **3.** *Geste, Bewegung etc*: feeble. **4.** *Stimme etc*: weak, feeble. **5.** *fig.* slack, lax (*discipline, etc*). **6.** *fig. Bursche etc*: sluggish, slack. **7.** *fig. Suppe etc*: wishy-washy, tasteless.

La·sche [ˈlaʃə] *f* ⟨-; -n⟩ **1.** *e-s Briefumschlages, Etuis etc*: flap. **2.** a) (*Zunge im Schuh*) tongue, flap, b) *auf dem Schuh*: fringed tongue, c) *hinten am Schuh*: (pull) tab, pull strap. **3.** *Mode*: a) (*Zwickel*) gusset, gore, b) *e-r Jackentasche etc*: flap. **4.** *tech. Zimmerei, a. rail.* fishplate, (*Stoßplatte, -blech*) butt strap, *an Dampfkesseln*: welt, *e-r Kette*: sidebar, *e-r Feder*: shackle, *mot.* clip, shackle, *Tischlerei*: groove.

la·schen [ˈlaʃən] **I** *v/t* ⟨h⟩ **1.** *rail.* fish. **2.** *tech.* butt-strap. **3.** *mar.* a) strap, lash, b) (*Balken*) scarf. **II** ≗ *n* ⟨-s⟩ **4.** strapping (*etc*). **5.** → **Laschung.** ≗ˌ**nie·tung** *f* butt-joint riveting. ≗**ver**ˌ**bin·dung** *f* **1.** *tech.* strap connection, strap(ped) joint. **2.** *rail.* fish joint.

ˈ**Lasch·heit** *f* ⟨-; *no pl*⟩ *colloq.* slackness, laxness.

ˈ**La·schung** *f* ⟨-; -en⟩ **1.** → **laschen** 4. **2.** *tech.* butt strap. **3.** *mar.* scarf.

lä·se [ˈlɛːzə] *1 u. 3 sg pret subj of* **lesen**[1] *u.* [2].

La·ser [ˈleːzər; ˈlaːzər; ˈleɪzə] (*Engl.*) *m* ⟨-s; -⟩ *phys.* laser. ~**im**ˌ**puls** *m* laser impulse. ~ˌ**strahl** *m phys.* laser beam.

la·sie·ren [laˈziːrən] **I** *v/t* ⟨*no* ge-, h⟩ glaze. **II** ≗ *n* ⟨-s⟩ glazing. **Laˈsier**ˌ**far·be** *f* glazing colo(u)r. **Laˈsie·rung** *f* ⟨-; -en⟩ **1.** → **lasieren** II. **2.** glaze.

Lä·si·on [lɛˈzĭoːn] *f* ⟨-; -en⟩ *med.* wound, injury, lesion.

las·sen[1] [ˈlasən] **I** *v/aux* ⟨**läßt, ließ, lassen,** h⟩ **1.** (*zu*~, *erlauben, dulden*) let; **das Feuer ausgehen** ~ let the fire go out; **das Licht brennen** ~ leave (*od.* keep) the light on; **läßt du dich so von ihm beleidigen?** do you let him (*od.* allow him to) insult you like that?; **j-n warten** ~ keep s. o. waiting; **laß doch hören, was es Neues gibt** tell me the news (*od.* what is new); **die gegenwärtige Lage läßt das Schlimmste befürchten** the present situation gives rise to fears; **sie läßt alles mit sich machen** she submits to (*od.* puts up with) everything. **2. j-n et. tun** ~ a) let s. o. do s. th., b) (*erlauben*) allow (*od.* permit) s. o. to do s. th., c) (*veran*~) make s. o. do s. th., cause s.o. to do s.th., d) (*befehlen*) order (*od.* command) s.o. to do s.th., e) (*bitten*) ask s. o. to do s. th.; **j-n entkommen** (*od.* **entwischen**) ~ let s. o. escape; **laß mich das machen!** let me do that!; ~ **wir den Autor sprechen** let the author speak for himself, let us quote the author's own words; **man ließ den Arzt holen** (*od.* **kommen**) the doctor was sent for; **er läßt (mich) dir ausrichten** (*od.* **sagen**) he asked (*od.* wants) me to tell you, he wants you to know; ~ **Sie ihn eintreten** ask him (to come) in; **er läßt Sie grüßen** he asked (*od.* wants) me to send (*od.* give) you his kind regards, he wants to be remembered to you. **3. et. tun** ~ a) have s. th. done, b) order (*od.* command) s. th. to be done, ask for s. th. to be done; **sich** (*dat*) **e-n Anzug machen** ~ have a suit made; **sich** (*dat*) **die Haare scheiden** ~ have (*od.* get) one's hair cut; **sich photographieren** ~ have one's photo taken; **der General ließ die Rebellen erschießen** the general ordered the rebels (to be) shot. **4. laß dir helfen (raten)** let me (*od.* allow me to) help (advise) you!; **laß dir das (ein für allemal) gesagt sein!** mark my words!, let me tell you once (and) for all!; **er läßt sich nichts befehlen** (*od.* **vorschreiben**) he takes no orders; **ich habe mir sagen** ~ I have heard (*od.* been told); **sie läßt sich leicht erschrecken (überreden)** she is easily frightened (persuaded); **laß dir die Geschichte von ihm selbst erzählen** ask him to tell you the story himself; **hier läßt sich's leben** life is quite pleasant here; **es läßt sich nicht mit ihm auskommen** there is no getting along with him; **das läßt sich biegen (dehnen, hämmern)** that can be bent (stretched, hammered); **es läßt sich (leicht) verstellen (abnehmen)** it is (easily) adjustable (detachable); **das läßt sich denken** I can imagine; **der Wein läßt sich trinken** the wine is drinkable; **der Vorschlag läßt sich hören** the suggestion sounds good (*od.* reasonable); **das Wort läßt sich nicht übersetzen** the word is untranslatable; **es läßt sich nicht leugnen, daß** it cannot be denied that; **das läßt sich (nicht) machen** that can (cannot) be done; **die Tür läßt sich leicht öffnen** the door opens easily; **zu s-m Vorteil ließe sich viel sagen** much could be said in his favo(u)r; **das Buch läßt sich gut verkaufen** the book sells well; *colloq.* **laß dich nicht erwischen** don't (let yourself) get caught; **laß dich mal wieder sehen** drop in some time. **II** *v/t* ⟨*pp* **gelassen**⟩ **5.** (*über*~) let, leave; **j-m et.** ~ let s. o. have s. th., leave s. th. to s. o., leave s. o. s. th.; **laß mir das Buch noch ein paar Tage** let me keep (*od.* leave me) the book for another few days; *sl.* **sie ließ ihn** she let him do it. **6.** (*unter*~) stop; **laß das!** stop it!, leave (*od.* let) that alone!, *Am. sl.* cut that out!; ~ **wir das!** let's drop that!, let's leave that alone!; **er kann das Rauchen (Trinken) einfach nicht** ~ he just can't stop (*od.* abstain from) smoking (drinking); **er kann es nicht** ~ a) he cannot help (doing) it, b) *contp.* he would do that. **7.** (*zurück*~) leave; **wo hat er nur sein Geld gelassen?** what has he done with all his money?; **j-n (et.) zu Hause** ~ leave s. o. (s. th.) at home; ~ **Sie die Mühle links** leave the mill on the left. **8.** (*geben, weggeben*) lose; **Blut** ~ lose blood; **sie wußte sich vor Freude nicht zu** ~ she was beside herself with joy; → **Ader** 1, **Haar** 2, **Leben** 1. **9.** (*be*~) leave, let; **laß alles (so), wie es ist!** leave everything as it is!; **wir wollen es dabei** ~ we'll leave it at that; **ein Problem unerörtert** ~ leave a problem undiscussed; *colloq.* (*ehrlich ist er,*) **das muß man ihm** ~ you've got to hand (*od.* grant) it to him. **10.** (*unterbringen*) leave, put; **wo hast du das Buch gelassen?** where did you put the book?; **wir** ~ **die Mäntel an der Garderobe** we'll leave our overcoats in the cloakroom. **11.** *lit.* (*ver*~) leave; **er konnte sie nicht** ~ he could not leave (*od.* part from) her. **12.** (*zu*~, *erlauben*) let; **er ließ niemand(en) zu sich** he wouldn't receive anybody, he admitted nobody. **III** *v/i* ⟨*pp* **gelassen**⟩ **13. von j-m** ~ leave s. o., part from s. o. **14. von et.** ~ give up (*od.* part with) s. th., renounce s. th.; **laß von d-n schlechten Angewohnheiten!** give up your bad habits! **15.** (*unter*~) stop; ~ **Sie nur!** never mind! **IV** ≗ *n* ⟨-s⟩ **16. all unser Tun und** ≗ all our actions, whatever we do (*od.* did).

ˈ**las·sen**[2] *pp of* **lassen**[1] I.

ˈ**läs·sig** [ˈlɛsɪç] **I** *adj* **1.** *Benehmen, Art etc*: casual, nonchalant, offhand. **2.** *Einstellung etc*: casual, indifferent, lax. **3.** *Schüler etc*: slack, lazy, indolent. **II** *adv* **4.** casually (*etc*). **5.** *colloq.* (*leicht, spielend*) easily, hands down. ≗**keit** *f* ⟨-; *no pl*⟩ casualness, nonchalance; laxness, slackness, indifference; indolence.

läß·lich [ˈlɛslɪç] *adj relig. Sünde*: venial, pardonable. ≗**keit** *f* ⟨-; *no pl*⟩ *relig.* veniality, pardonableness.

Las·so [ˈlaso] *n, m* ⟨-s; -s⟩ lasso(o).

läßt [lɛst] *2 u. 3 sg pres of* **lassen**[1].

Last [last] *f* ⟨-; -en⟩ **1.** load; **e-e große (schwere)** ~ a great (heavy) load; *humor.* **e-e süße (od. teure)** ~ a dear (*od.* precious) load. **2.** (*Gewicht*) weight. **3.** *fig.* burden, load, trouble, nuisance; **j-m e-e** ~ **abnehmen** (*od.* **von den Schultern nehmen**) take a burden (*od.* load) off s.o.'s shoulders; **e-e** ~ **auf j-n abwälzen** shift (off) a burden onto (*od.* upon) s. o. (else); **j-m e-e** ~ **aufbürden** (*od.* **auferlegen**) burden s. o. with s. th.; **j-m zur** ~ **fallen** be a burden to s. o., *finanziell*: *a.* be a charge on s. o., (*stören, belästigen*) trouble s. o., bother s. o.; **der Öffentlichkeit zur** ~ **fallen** be(come) a public charge; **j-m et. zur** ~ **legen** charge s. o. with s. th., lay the blame for s. th. on s. o. (*od.* at s. o.'s door); **ihm ist e-e** ~ **vom Herzen** (*od.* **von der Seele**) **genommen** a load (*od.* weight) has been taken off his mind; **e-e** ~ **auf sich nehmen** take a burden (up)on o. s.; **ich bin mir selber** (*od.* **selbst**) **zur** ~ I am a burden on (*od.* to) myself; *Bibl.* **e-r trage des andern** ~ bear ye one another's burden. **4.** *mar.* (*Tragfähigkeit*) tonnage, burden, (*Frachtraum*) tonnage, (*Ladung*) freight, cargo. **5.** *econ.* burden, charge; **öffentliche** ~**en** public charges; **soziale** ~**en** social burdens; **der Bevölkerung neue** ~**en auferlegen** impose new burdens (up)on the population. **6.** *econ.* (*Verbindlichkeiten*) charge, debit; **wir buchen es zu Ihren** ~**en** we debit (*od.* charge) it to your account; **Betrag zu Ihren** ~**en** amount payable by you, amount to the debit of your account. **7.** *econ. jur.* a) encumbrance, charge (on an estate, *etc*), b) (*Abgaben*) rates (and taxes) *pl*, public charges *pl*, c) → **Beweislast**; **die zur** ~ **gelegte Tat** the charge. **8.** *tech.* load, weight, burden. **9.** *electr.* (power) load; **unter** ~ on load. ~ˌ**anˌhän·ger** *m* lorry (*bes. Am.* truck) trailer. ~ˌ**arm** *m phys.* weight arm. ~ˌ**au·to** *n* → **Lastkraftwagen**. ~ˌ**drehˌzahl** *f tech.* on-load speed.

la·sten [ˈlastən] *v/i* ⟨h⟩ **1.** (**auf** *dat* on) lie heavily, weigh, rest. **2.** *fig. Verantwortung etc*: **auf j-s Schultern** ~ rest upon s.o.'s shoulders; **(schwer) auf j-m** ~ *Sorge etc*: weigh (heavily) upon s. o. ('s mind); **auf dem Gewissen** ~ weigh (*od.* lie) upon s. o.'s conscience; *lit.* **es war, als ob ein Fluch auf dem Hause lastete** it was as though there were a curse on the house. **3.** *econ. jur.* **auf dem Grundstück** ~ **Schulden** the real estate is encumbered with debts.

ˈ**La·sten|ˌaufˌzug** *m* goods lift, *bes. Am.* freight elevator. ~ˌ**ausˌgleich** *m econ.* equalization of burdens.

ˈ**la·stend** *adj fig. Hitze, Stille etc*: oppressive.

ˈ**La·sten|ˌfallˌschirm** *m* cargo parachute. ~ˌ**flugˌzeug** *n* freight (*od.* cargo) plane (*od.* carrier). ≗ˌ**frei** *adj econ. jur.* unencumbered. ~ˌ**hubˌschrau·ber** *m* heavy-lift helicopter. ~ˌ**seg·ler** *m aer.* transport (*od.* cargo-carrying) glider.

ˈ**La·ster**[1] *m* ⟨-s; -⟩ *colloq. for* **Lastkraftwagen**.

ˈ**La·ster**[2] *n* ⟨-s; -⟩ **1.** vice; **das** ~ **des Geizes** the vice of avarice; **sich e-m** ~ **hingeben, e-m** ~ **frönen** indulge in a vice; **e-m** (*od.* **in ein**) ~ **verfallen** become addicted to a vice. **2.** *Literatur*: **das** ~ Vice. **3.** *fig. colloq.* **ein langes** ~ a beanpole, a long streak.

ˈ**Lä·ste·rer** *m* ⟨-s; -⟩ **1.** → **Lästermaul** 1. **2.** (*Gottes*≗) blasphemer.

ˈ**la·ster|haft** *adj* wicked, depraved, corrupt, profligate, dissolute; **ein** ~**er Mensch** a profligate (person); ~**es Leben** → **Lasterleben**. ≗**haf·tig·keit** *f* ⟨-; *no pl*⟩ wickedness, depravity, profligacy, dissoluteness. ≗ˌ**höh·le** *f* den of vice, sink of iniquity. ≗ˌ**le·ben** *n* ⟨-s; *no pl*⟩ life of vice, dissolute life; **ein** ~ **führen** lead a dissolute life.

ˈ**lä·ster·lich I** *adj* **1.** (*gottes*~) blasphemous, profane. **2.** (*schmähend*) slanderous, abusive, calumnious. **3.** (*schlüpfrig*) ribald (*song, etc*). **4.** (*unsittlich*) dissolute, dissipated. **II** *adv* **5.** ~ **fluchen** swear abusively. **6.** (*schändlich*) abominably, odiously. ≗**keit** *f* ⟨-; *no pl*⟩ **1.** blasphemy, profanity. **2.** abusiveness. **3.** ribaldry. **4.** dissoluteness.

ˈ**Läs·terˌmaul** *n colloq.* **1.** scandalmonger, gossip, backbiter, slanderer. **2.** → **Lästerzunge** 1

lä·stern [ˈlɛstərn] **I** *v/i* ⟨h⟩ **1.** *colloq.* **über** (*od.* **gegen**) **j-n** ~ a) backbite (*od.* slander) s. o., b) make fun of s. o., c) *humor.* talk about s. o. **2. über e-e Sache** ~ a) scoff at s. th., run s. th. down, b) make fun of s. th. **II** *v/t* **3.** (*schmähen*) slander, malign, defame. **4.** *relig.* blaspheme (*God*). **III** ≗ *n* ⟨-s⟩ **5.** slandering (*etc*). **6.** → **Lästerung**. ~**d** *adj* **1.** blasphemous, sacrilegious. **2.** slanderous, calumnious.

ˈ**Lä·ster|ˌre·de** *f* **1.** blasphemous talk. **2.** *colloq.* abusive talk, abuse, insults *pl*. ~ˌ**schrift** *f* → **Schmähschrift**.

ˈ**Lä·ste·rung** *f* ⟨-; -en⟩ **1.** → **lästern** 5. **2.** backbite, slander. **3.** curse. **4.** *relig.* blasphemy.

ˈ**La·sterˌvier·tel** *n* red-light district.

ˈ**Lä·ster|ˌwort** *n* ⟨-(e)s; -e⟩ **1.** blasphemous word(s *pl*). **2.** slanderous (*od.* abusive) word(s *pl*), invective. ~ˌ**zun·ge** *f colloq.* **1.** vicious (*od.* vile) tongue. **2.** → **Lästermaul** 1.

ˈ**Lastˌesel** *m* **1.** pack (*od.* sumpter) mule. **2.** *fig. colloq.* drudge, workhorse.

La·stex [ˈlastɛks] *n* ⟨-; *no pl*⟩ *Textil.* lastex. ~ˌ**ho·se** *f* stretch pants *pl* (*meist als sg konstruiert*).

ˈ**Last|ˌfahrˌzeug** *n* → **Lastkraftwagen**. ~ˌ**flugˌzeug** *n* → **Transportflugzeug**. ~ˌ**fuhrˌwerk** *n* horse-drawn cart. ~**geˌwicht** *n* loading weight. ~ˌ**he·be·maˌgnet** *m* lifting magnet.

lä·stig [ˈlɛstɪç] *adj* **1.** *Aufgaben, Pflichten etc*: onerous, burdensome. **2.** *Mensch, Besucher, Fragen, Fliegen etc*: troublesome, annoying; **j-d (et.) ist** ~ s. o. (s. th.) is a nuisance; **j-m** ~ **sein** (*od.* **fallen**) be a nuisance to s. o., get on s. o.'s nerves. **3.** *Husten etc*: irritating, troublesome. **4.** (*beschwerlich*) wearisome, tiresome, irksome. **5.** (*unbequem*) cumbersome. **6.** (*unerwünscht*) undesirable; ~**er Ausländer** undesirable alien. ≗**keit** *f* ⟨-; *no pl*⟩ **1.** burdensomeness. **2.** troublesomeness. **3.** irksomeness. **4.** inconvenience.

ˈ**Last|ˌkahn** *m* barge, lighter. ~ˌ**kraftˌwa·gen** *m mot.* lorry, *bes. Am.* (motor) truck; **geschlossener** ~ van, *Am. a.* truck. ~**maˌgnet** *m tech.* lifting magnet. ~ˌ**pferd** *n* **1.** packhorse. **2.** → **Lastesel** 2. ~ˌ**schal·ter** *m electr.* power circuit breaker. ~ˌ**schiff** *n* → **Frachter** 1. ~ˌ**schrift** *f econ.* **1.** debit(ing). **2.** debit entry. **3.** → ~ˌ**schriftˌanˌzei·ge** *f* debit note. ~ˌ**tier** *n* pack animal, beast of burden.

ˈ**Lastˌwa·gen** *m* → **Lastkraftwagen**. ~ˌ**anˌhän·ger** *m* lorry (*Am.* truck) trailer. ~ˌ**fah·rer** *m* lorry (*Am.* truck) driver, transport driver, *Am. a.* truck. ~ˌ**park** *m* lorry (*Am.* truck) pool. ~**transˌport** *m* road transport (*od.* haulage).

ˈ**Lastˌzug** *m* lorry (*Am.* truck) and trailer.

La·sur[1] [laˈzuːr] *m* ⟨-s; -e⟩ → Lasurstein. **Laˈsur**[2] *f* ⟨-; -en⟩ *tech.* **1.** (*Lackfilm*) glaze. **2.** (*Farbe*) azure.

laˈsur|ˌblau I *adj* azure, sky-blue. **II** ♀ *n chem.* ultramarine. ♀**ˌfar·be** *f* transparent colo(u)r. ♀**ˌlack** *m* transparent (*od.* clear) varnish. ♀**ˌstein** *m min.* lapis lazuli, azurite.

las·ziv [lasˈtsiːf] *adj* lascivious. **Las·zi·viˈtät** [-tsiviˈtɛːt] *f* ⟨-; -en⟩ lasciviousness.

Lä·ta·re [lɛˈtaːrə] *m* ⟨*undeclined*⟩ *relig.* (**der Sonntag**) ⁓ Laetare (*od.* Refreshment, Mid-Lent) Sunday.

La·tein [laˈtaɪn] *n* ⟨-s; *no pl*⟩ *ling.* Latin; **klassisches (nichtklassisches)** ⁓ classical (Low) Latin; → **Ende** 3. **⁓ame·riˌka·ner** *m* Latin American, Latino. ♀**ame·riˌka·nisch** *adj* Latin-American.

Laˈtei·ner *m* ⟨-s; -⟩ **1.** → **Latinist. 2.** student of Latin. **3.** *relig.* Latin churchman.

laˈtei·nisch I *adj* **1.** Latin; **die** ⁓**e Sprache** the Latin language, Latin. **2.** *Schrift, Buchstaben etc*: Latin, *a. print.* Roman. **II** ♀ ⟨*generally undeclined*⟩, **das** ♀**e** ⟨-n⟩ **3.** Latin.

Laˈtein|ˌschrift *f print.* Roman type. **⁓ˌschu·le** *f ped. hist.* (Latin) grammar school. **⁓ˌse·gel** *n mar.* lateen (sail). **⁓ˌstun·de** *f* Latin class (*Br. a.* lesson). **⁓ˌun·terˌricht** *m* **1.** (instruction in *od.* teaching of) Latin. **2.** → **Lateinstunde.**

la·tent [laˈtɛnt] *adj* **1.** latent (*a. med.*), potential, dormant. **2.** *phys. Wärme, Energie etc*: latent, potential.

La·tenz [laˈtɛnts] *f* ⟨-; *no pl*⟩ latency. **⁓pe·riˌode** *f*, **⁓ˌsta·di·um** *n med. psych.* (period of) latency. **⁓ˌzeit** *f* **1.** *med.* latent period. **2.** *psych.* response latency, latent time.

la·te·ral [lateˈraːl] **I** *adj bot. ling. zo.* lateral. **II** ♀ *m* ⟨-s; -e⟩, ♀**ˌlaut** *m ling.* lateral (sound).

La·te·ran [lateˈraːn], **der** ⟨-s⟩ *in Rom*: Lateran Palace; ⁓**basilika** *f* (St. John) Lateran. **la·teˈra·nisch** *adj* Lateran.

La·teˈran|kon|zil *n hist.* Lateran Council. **⁓verˌträ·ge** *pl* Lateran Pact (*od.* Treaty) *sg.*

La·ter·na ma·gi·ca [laˈtɛrna ˈmaːgika] *f* ⟨-; -nae -cae⟩ [-nɛ -tsɛ] *phot. hist.* magic lantern.

La·ter·ne [laˈtɛrnə] *f* ⟨-; -n⟩ **1.** lantern; *fig. colloq.* **so e-n Menschen kannst du mit der** ⁓ **suchen** such men are few and far between. **2.** streetlight, streetlamp. **3.** → **Lampion. 4.** *arch.* a) lantern, b) *hist.* louv/re (*Am.* -er). **5.** *der Uhr*: lantern pinion.

Laˈter·nen|ˌfisch *m meist pl* lantern fish. **⁓ˌlicht** *n* lantern light. **⁓ˌpfahl** *m* lamppost.

La·tex [ˈlaːtɛks] *m* ⟨-; -tizes [-titsɛs]⟩ *bot.* latex.

La·tiˈfun·di·en·be·ˌsitz *m*, **La·ti·fun·di·um** [latiˈfʊndĭʊm] *n* ⟨-s; -dien⟩ *antiq. hist.* latifundium.

La·ti·ner [laˈtiːnər] *m* ⟨-s; -⟩ *hist.* Latin.

laˈti·nisch I *adj* Latin(ian). **II** *ling.* ♀ ⟨*generally undeclined*⟩, **das** ♀**e** ⟨-n⟩ Latin(ian), the Latin(ian) language.

la·ti|ni·sie·ren [latiniˈziːrən] *v/t* ⟨*no* **ge-**, *h*⟩ (*Sprache, Wort etc*) Latinize. ♀**niˈsie·rung** *f* ⟨-; -en⟩ Latinization. ♀**ˈnis·mus** [-ˈnɪsmʊs] *m* ⟨-; -men⟩ Latinism. ♀**ˈnist** [-ˈnɪst] *m* ⟨-en; -en⟩ *ling.* Latin scholar, Latinist. ♀**niˈtät** [-niˈtɛːt] *f* ⟨-; *no pl*⟩ latinity.

La·ti·num [laˈtiːnʊm] *n* ⟨-s; *no pl*⟩ *ped.* **das große (kleine)** ⁓ the advanced (intermediate) Latin proficiency examination.

La·tri·ne [laˈtriːnə] *f* ⟨-; -n⟩ *bes. mil.* latrine.

Laˈtri·nen|geˌrücht *n*, **⁓paˌro·le** *f bes. mil. colloq.* latrine rumo(u)r.

Lat·sche [ˈlatʃə] *f* ⟨-; -n⟩ **1.** *bot.* dwarf pine. **2.** → **Latschen** 1.

Lat·schen [ˈlaːtʃən] *m* ⟨-s; -⟩ *colloq.* **1.** slipper; → **kippen** 1. **2.** worn-out shoe. **3.** *pl der Schwimmvögel*: feet. **lat·schen** [ˈlaːtʃən] *colloq.* **I** *v/i* ⟨*sein*⟩ **1.** shuffle (along). **2.** trot (along), traipse. **3. auf e-e Sache** ⁓ tread on s. th.; **auf die Bremse** ⁓ slam on the brake. **II** *v/t* ⟨*h*⟩ **4. j-m e-e** ⁓ paste s. o. one.

ˈLat·schenˌkie·fer [ˈlatʃən-] *f bot.* dwarf pine.

lat·schig [ˈlaːtʃɪç] *adj colloq.* **1.** *Gang etc*: shuffling. **2.** *fig.* a) sluggish, slack, b) (*schlampig*) slovenly.

Lat·te [ˈlatə] *f* ⟨-; -n⟩ **1.** lath, batten. **2.** (*Zaun*♀) pale, picket. **3.** *Sport*: (*Hochsprung*♀, *Tor*♀) (cross)bar; **die** ⁓ **überqueren** clear the bar. **4.** *tech.* a) slat, lath, b) (*Meß*♀) rod. **5.** *fig. colloq.* **e-e lange** ⁓ a lamppost. **6.** *colloq.* **e-e (ganze)** ⁓ **von** a long list of, *Am.* a raft of; **e-e** ⁓ **von Vorstrafen** a long criminal record; **j-n auf der** ⁓ **haben** have it in for s. o.

ˈlat·ten|ˈdürr *adj* (as) thin as a lath. ♀**geˌrüst** *n* lathwork, wooden lattice. ♀**ˌholz** *n* lath wood. ♀**ˌki·ste** *f* crate. ♀**ˌrost** *m* **1.** lath (*od.* floor) grid. **2.** *mil.* trenchboard, duckboard. ♀**ˌschuß** *m Sport*: shot hitting the (cross)bar. ♀**ˌtür** *f* batten door. ♀**verˌschlag** *m* **1.** lattice partition. **2.** crate. **3.** shack. ♀**ˌzaun** *m* **1.** paling, *Am. a.* picket fence. **2.** lattice-fence.

Lat·tich [ˈlatɪç] *m* ⟨-s; -e⟩ *bot.* lettuce, cos.

Lat·wer·ge [latˈvɛrgə] *f* ⟨-; -n⟩ *med. pharm. hist.* electuary.

Latz [lats] *m* ⟨-es; ⁓e, *Austrian a.* -e⟩ **1.** (*Brust*♀) bib; *colloq.* **j-m e-e vor den** ⁓ **knallen** a) *mit der Pistole etc*: put a slug into s. o., b) *mit der Faust*: *a. fig.* land s. o. one, sock it to s. o. **2.** (*Hosen*♀) fly, flap. **3.** → **Lätz·chen** [ˈlɛtsçən] *n* ⟨-s; -⟩ *e-s Babys etc*: bib.

lau [laʊ] *adj* ⟨-er; -(e)st⟩ **1.** *Wasser etc*: lukewarm, tepid; *Wetter, Nacht etc*: mild; *Wind etc*: soft, slack. **2.** *fig.* lukewarm, halfhearted.

Laub [laʊp] *n* ⟨-(e)s; *no pl*⟩ **1.** leaves *pl*, foliage, leafage; **das** ⁓ **abwerfen** shed the leaves; **in** ⁓ **stehen** be in leaf; **sich mit** ⁓ **bedecken** put on leaves, leaf (out). **2.** *abgefallenes*: dry (*od.* dead) leaves *pl.* **3.** *Kartenspiel*: spade(s *pl*). **⁓ˌbaum** *m* deciduous (*od.* broad-leaved) tree. **⁓ˌdach** *n* canopy of leaves.

Lau·be [ˈlaʊbə] *f* ⟨-; -n⟩ **1.** bower, *a.* bowery, arbo(u)r. **2.** summerhouse, belvedere. **3.** *fig. colloq.* **fertig ist die** ⁓! there you are!, Bob's your uncle!

ˈLau·ben|ˌgang *m* **1.** *e-s Mietshauses*: access gallery. **2.** *e-s Klosters etc*: pergola. **⁓ˌhaus** *n* → **Laube** 2. **⁓ko·loˌnie** *f* colony of summerhouses.

ˈLaub|ˌer·de *f* leaf mo(u)ld, leaf soil. **⁓ˌfall** *m* fall of leaves, defoliation. **⁓ˌfrosch** *m zo.* tree frog, *bes. Am.* greenback. ♀**ˌgrün** *adj* chrome-green. **⁓ˌholz** *n* **1.** hardwood. **2.** deciduous (*od.* broad-leaved) tree. **⁓ˌhüt·te** *f* **1.** hut covered with leaves. **2.** *relig.* tabernacle; ⁓**nfest** Feast of Booths (*od.* Tabernacles). **⁓ˌsä·ge** *f tech.* (*Schweifsäge*) fret-saw; (*Rahmenspaltsäge*) jigsaw. **⁓ˌsän·ger** *m orn.* wood warbler. **⁓ˌschmuck** *m* → **Laubwerk** 2. ♀**ˌtra·gend** *adj bot.* leafy, leafed. **⁓ˌwald** *m* deciduous forest (*od.* wood). **⁓ˌwech·sel** *m* change of foliage. ♀**ˌwech·selnd** *adj* deciduous. **⁓ˌwerk** *n* ⟨-(e)s; *no pl*⟩ **1.** *bot.* leaves *pl.* **2.** *arch. Kunst*: leafwork, foliage.

Lauch [laʊx] *m* ⟨-(e)s; -e⟩ *bot.* leek, allium. ♀**ˌfar·ben,** ♀**ˌgrün** *adj* leek (-green). **⁓ˌhe·de·rich** *m*, **⁓ˌkraut** *n bot.* garlic mustard.

Lau·da·tio [laʊˈdaːtsĭo] *f* ⟨-; -nes [-daˈtsĭoːnɛs]⟩ laudatory speech, laudation, eulogy.

Laue [ˈlaʊə], **Laue·ne** [ˈlaʊənə] *f* ⟨-; Lauenen⟩ *Swiss for* **Lawine.**

Lau·er[1] [ˈlaʊər] *m* ⟨-s; -⟩ wine of the second pressing.

ˈLau·er[2] *f* ⟨-; *no pl*⟩ **auf der** ⁓ **sein** (*od.* **liegen**) a) lie in wait (*od.* ambush), b) *colloq.* be on the lookout (*for s. th.*); **sich auf die** ⁓ **legen** go to lie in wait, lay an ambush (*for*).

lau·ern [ˈlaʊərn] *v/i* ⟨*h*⟩ **1.** lie in wait, lurk (*behind the door, etc*). **2. auf j-n (et.)** ⁓ lie in wait for s. o. (s. th.). **3. auf j-n (et.)** ⁓ (*warten*) wait (*od.* be on the lookout) for s. o. (s. th.); **auf e-e Gelegenheit** ⁓ a) wait (*od.* watch) for an opportunity, b) **et. zu tun**: bide one's time to do s. th. **4.** *Gefahr etc*: lurk. **ˈlau·ernd 1.** *Katze, Feind, Gefahr etc*: lurking. **2.** *Blick etc*: wary, watchful.

Lauf [laʊf] *m* ⟨-(e)s; ⁓e⟩ **1.** ⟨*only sg*⟩ (*das Laufen*) run(ning); **in vollem** ⁓ at top speed, in full career; **e-n** ⁓ **machen** go for a run. **2.** *Sport*: a) run, race, b) (*Durchgang*) run, heat; **100-Meter-**⁓ 100-met/re (*Am.* -er) run (*od.* sprint, dash); **1500-Meter-**⁓ metric (*od.* Olympic) mile run. **3.** course; **im** ⁓**(e) der Zeit** in the course of time; **im** ⁓**e der letzten Jahre** during the last few years; **im** ⁓**e des Gesprächs** in the course of the conversation; **das ist der** ⁓ **der Dinge** (*od.* **der Welt**) that is the way of the world, such is life; **et. nimmt s-n** ⁓ s. th. takes its course; **Schicksal, nimm d-n** ⁓! let fate run its course!; **wir müssen den Dingen ihren** ⁓ **lassen** we must let things take their course. **4. freien** ⁓ **lassen** (*dat*) a) let *things* take their course, b) (*Gefühlen, Phantasie etc*) give free rein to, c) (*Wut, Zorn etc*) give free vent to; **s-n Tränen freien** ⁓ **lassen** let one's tears flow freely. **5.** ⟨*only sg*⟩ (*Bewegung*) motion, movement. **6.** ⟨*only sg*⟩ *bes. tech.* a) motion, operation, action, b) (*Hin- u. Herbewegung*) travel, c) (*Kreisbewegung*) motion, rotation; **ruhiger** ⁓ *e-s Motors*: smooth running (*od.* operation); **der** ⁓ **e-s Kolbens** the travel of a piston. **7.** ⟨*only sg*⟩ *der Strömung etc*: run, flow, current. **8.** (*Fluß*♀) course, reach(es *pl*); **der obere** ⁓ **des Nils** the upper reach(es) of the Nile. **9.** (*Bahn*) course, track, path; *der Gestirne*: course, orbit, passage. **10.** *mil.* (*Gewehr*♀) barrel; **gezogener (glatter)** ⁓ rifled (smooth) barrel; **e-n Rehbock vor den** ⁓ **bekommen** get a roebuck in one's sights. **11.** *mus.* run, passage. **12.** *hunt.* (*Bein*) foot, leg.

ˈLauf|ˌbahn *f* **1.** career; **e-e** ⁓ **einschlagen** (*od.* **wählen, ergreifen**) enter (upon) (*od.* choose, take up) a career. **2.** *mil.* service trade (*od.* profession), *Am.* military occupational speciality, MOS. **3.** *Sport*: track. **4.** → **Umlaufbahn. ⁓ˌbrett** *n* boardwalk. **⁓ˌbrücke** (*getr.* **-k·k-**) *f* **1.** *mar.* a) gangway, gangplank, b) *auf Tankern*: catwalk. **2.** *mil.* footbridge. **⁓ˌbuch·se** *f tech.* bushing, liner. **⁓ˌbüh·ne** *f* platform. **⁓ˌbur·sche** *m* errand boy (*a. fig. contp.*), messenger (*od.* office) boy. **⁓ˌdecke** (*getr.* **-k·k-**) *f e-s Reifens*: tyre (*Am.* tire) casing, outer cover. **⁓dis·ziˌplin** *f meist pl Sport*: track event. **⁓ˌdorn** *m* spike.

lau·fen [ˈlaʊfən] **I** *v/i* ⟨**läuft, lief, gelaufen, sein**⟩ **1.** run; **lauf!** run!; **so lauf doch!** hurry up!; **gelaufen kommen**

come running (along); **in ein Auto ~** run into a car; *colloq.* **ich will nur schnell nach Milch ~** I'll just run (out) and fetch (*od.* get) some milk; **ein Pferd ~ lassen** a) give free rein(s) to a horse, give a horse his head, b) *in e-m Rennen*: run (*od.* enter) a horse in a race, have a horse running in a race; *euphem.* **~ müssen** have to keep running (to the toilet). **2.** *Sport*: run. **3.** (*gehen*) walk; **wir sind im Urlaub sehr viel gelaufen** we did a lot of walking during our holidays; **nach diesem Buch bin ich lange gelaufen** I have been trying to get hold of this book for a long time; *contp.* **sie läuft in jeden Film** she goes to see every film. **4.** *tech.* a) *Maschine, Motor etc*: run, b) *Maschinentisch*: move, traverse, travel, c) (*funktionieren*) work, function, operate, d) *Kolben etc*: travel, move; **die Maschine (Uhr) läuft nicht** the machine (clock) does not work; *Film*: **Kamera läuft!** camera on! **5.** (*sich drehen*) turn, rotate, spin; **das Rad läuft** the wheel turns. **6.** *Auto, Schiff etc*: do; **das Motorrad läuft nicht mehr als 80** the motorcycle does not do (*od.* make) any more than 80. **7.** *fig.* run; **e-e Masche läuft** a stitch runs; **mir lief ein Schauer über den Rücken** a shudder ran down my back; **ein Gemurmel lief durch die Reihen** a murmur ran through the audience; **sein Blick lief suchend durch die Menge** his eyes ran searchingly through the crowd; **et. rückwärts ~ lassen** reverse s. th. **8.** *thea. Film*: run, show, be on; **dieser Film läuft nur heute** this film is only on (*od.* showing, being shown) today; **dieses Theaterstück läuft schon drei Jahre am Broadway** this play has been running for (*od.* has had a run of) three years on Broadway; **läuft der Hauptfilm schon?** has the main film (*od.* feature) started yet? **9.** (*vergehen*) *Zeit*: pass, go by, elapse. **10.** *econ. jur.* (*gültig sein*) run, be valid, be in effect; **der Pachtvertrag läuft (auf) sieben Jahre** the lease runs for seven years; **der Vertrag läuft bis** the contract is valid till; **der Wechsel läuft drei Monate** the bill runs over a period of three months. **11.** *econ.* **auf j-s Namen ~** be issued (*od.* made out) in s. o.'s name. **12. unter dem Namen** (*od.* **der Bezeichnung**) **X ~** go under (*od.* by) the name of X. **13.** (*fließen*) flow, run; **Tränen liefen über ihre Wangen** tears ran (*od.* rolled) down her cheeks; **m-e Nase läuft** my nose is running; **der Käse läuft** the cheese has gone runny; **Wasser in die Wanne ~ lassen** let water run into the tub, run one's bath; → **Geld** 1. **14.** (*leck sein*) leak, drip; **das Faß läuft** the barrel leaks. **15.** a) *Gesuch etc*: be under consideration, b) *Veranstaltung, Prozeß etc*: be in progress, be under way. **16.** (*vonstatten gehen*) go; **es ist et. falsch gelaufen** s. th. went wrong; **wie ist es denn gelaufen?** how did it go?; *colloq.* **die Sache ist gelaufen** a) (*vorbei*) it's all over, b) (*gelungen*) it's come off well, it's in the bag; **da läuft nichts!** nothing doing!, it's just not on! **17.** *mar.* run; **auf e-e Mine ~** run on to (*od.* hit) a mine; **ein Schiff auf den Strand ~ lassen** run a boat (on) to the beach, beach a boat; → **Grund** 5. **18.** *med.* a) *Blut*: circulate, b) *Wunde*: fester, run, c) *Brust, ohne Saugen*: leak. **II** *v/t* <h *u.* sein> **19.** <sein> run; → **Amok, Gefahr** 1, **Spießruten, Sturm** 2. **20.** <h *u.* sein> *Sport*: run; **e-n neuen Rekord ~** run a new record; **e-e Zeit von e-r Minute ~** return (*od.* clock) a time of one minute; → **Rollschuh** (*etc*). **21.** <sein> (*gehen*) walk. **22.** <h> **sich** (*dat*) **Blasen ~** get blisters from (*od.* through) walking; → **Fuß**[1] 1. **III** *v/impers* <h> **23. es läuft sich gut (schlecht) auf diesem Weg** it is good (bad) walking on this path. **IV** *v/reflex* <h> **24. sich** (*acc*) **wund ~** get sore feet (from walking); **sich müde ~** tire o. s. with running; **sich warm ~** warm up. **V ≈** *n* <-s> **25.** running (*etc*); **ich bin das ≈** (*od. lit.* **des ≈s**) **müde** I'm tired of walking.

ˈlau·fend I *adj* **1.** present, current, this (*year, month*). **2.** *bes. econ.* a) (*ständig, immer wiederkehrend*) current (*costs, etc*), b) (*fort~*) consecutive, serial (*numbers*), c) (*gültig*) current, ruling; **die ~e Notierung** the ruling price; **~e Verpflichtungen** current liabilities; **die ~en Zinsen** the accruing interest *sg*; **~es Konto** current account; **~e Schulden** running debts; **auf ~e Rechnung kaufen** buy on current account; **~er Kredit** open credit; **~e Berichterstattung, ~er Kommentar** running commentary, blow-by-blow coverage (*od.* account). **3.** *econ.* **~en Absatz finden** sell readily, find an open market. **4.** regular, routine; **die ~en Arbeiten** the routine (*od.* day-to-day) work *sg* (*od.* jobs); **~e Wartung (Kontrolle)** regular maintenance (inspection); **~e Überprüfung** routine check. **5. auf dem ~en sein** a) be up to date, be fully informed, b) (*nicht im Rückstand*) be up to date, have no backlog, not to be behind; **j-n (sich) auf dem ~en halten** keep s. o. (o. s.) informed (*od. colloq.* posted, abreast of things). **6. ~er** (*od.* **~es**) **Meter** running met/re (*Am.* -er). **7.** *mar.* **~es Tauwerk** (*od.* **Gut**) running rigging. **8.** *med.* a) running (*nose, etc*), b) (*eiternd*) running, suppurating, discharging (*wound*). **II** *adv* **9.** continuously, constantly; **wir haben ~ zu tun** we are always kept busy. **10.** currently. **11.** regularly, routinely. **12.** increasingly.

ˈlau·fenˌlas·sen *v/t* <*irr, sep, no* -ge-, *pass* -ge-, h> **1.** *colloq.* **j-n ~** a) (*Dieb etc*) let s. o. off, b) (*Freundin etc*) let s. o. go. **2. die Dinge ~** let things take (*od.* run) their course, let matters take care of themselves.

Läu·fer [ˈlɔʏfər] *m* <-s; -> **1.** runner. **2.** *Sport*: a) runner, b) sprinter, c) *Fußball, Hockey*: halfback, d) skier, e) (*Eis≈ etc*) skater. **3.** (*Teppich*) runner, carpet. **4.** (*Tisch≈*) table runner. **5.** *Schach*: bishop. **6.** *civ. eng.* stretcher. **7.** *zo.* (*junges Schwein*) young pig. **8.** (*Generator≈, Turbinen≈ etc*) rotor; (*Gebläse≈ etc*) impeller. **9.** *e-s Rechenschiebers*: cursor. **10.** *Bergbau*: runner.

Lau·feˈrei *f* <-; -en> *colloq.* running (around), *fig. a.* trouble, bother; **sich** (*dat*) **unnötige ~en ersparen** save o. s. a lot of running around; **j-m unnötige ~(en) machen** cause s. o. unnecessary trouble.

ˈLäu·fer|ˌfeld *n Sport*: field. **~ˌrei·he** *f* halfbacks *pl.* **~ˌschicht** *f civ. eng.* course of stretchers. **~verˌband** *m civ. eng.* stretcher bond. **~ˌwick·lung** *f electr.* rotor winding.

ˈLauf|ˌfa·den *m der Nähmaschine*: leading thread. **~ˌfeu·er** *n* **1.** grass (*od.* brush) fire; *fig.* **die Nachricht verbreitete sich wie ein ~** the news spread like wildfire. **2.** *mil. hist.* running fire. **~ˌflä·che** *f e-s Zylinders*: working (*od.* bearing) surface, *e-s Lagers*: raceway, *e-s Reifens, Rades etc*: tread, *e-s Skis etc*: running surface. **~ˌfrist** *f* → **Laufzeit** 1. **~ˌfü·ße** *pl zo.* cursorial feet. **~ˌgang** *m* **1.** *arch.* passageway. **2.** *für wilde Tiere*: (barred) passage, runway. **3.** *e-s Maulwurfs etc*: burrow. **4.** *tech.* footwalk, gangway, walkway. **~geˌschwin·dig·keit** *f tech.* running (*od.* operating) speed. **~geˌstell** *n für Kinder*: (baby) walker, go-cart, *für Kranke*: walker. **~geˌwicht** *n* **1.** *tech. e-r Waage*: sliding (*od.* jockey) weight, rider, *e-r Schnellwaage*: bob. **2.** *e-s Spiegelteleskops*: balance weight. **~ˌgit·ter** *n* playpen. **~ˌgra·ben** *m mil.* communication (*od.* approach) trench.

läu·fig [ˈlɔʏfɪç] *adj zo.* in (*od.* on) heat, in the rut. **≈keit** *f* <-; *no pl*> heat.

ˈLauf|ˌjun·ge *m* → **Laufbursche.** **~ˌkä·fer** *m zo.* ground beetle. **~ˌkat·ze** *f tech.* trolley, travel(l)ing crab. **~ˌket·te** *f des Traktors*: crawler, track. **~konˌkurˌrenz** *f* → **Laufdisziplin.** **~konˌtrol·le** *f phot.* film running indicator. **~ˌkran** *m tech.* (overhead) travel(l)ing crane. **~ˌkun·de** *m econ.* casual (*od.* passing) customer. **~ˌkund·schaft** *f* passing trade, chance customers *pl.* **~ˌlei·ne** *f* longe, lunge. **~ˌma·sche** *f* ladder, *Am.* run(ner); **~n bekommen** ladder, *Am.* (get a) run; **~n aufnehmen** repair ladders. **≈ˌma·schenˌsi·cher** *adj* ladderproof, *bes. Am.* nonrun. **~ˌnum·mer** *f tech.* serial (*od.* consecutive) number. **~ˌpaß** *m colloq.* **j-m den ~ geben** a) (*e-m Angestellten etc*) give s. o. the sack (*od.* his walking-papers), b) (*e-r Freundin etc*) give s. o. the brush-off, jilt s. o.; **den ~ bekommen** (*od.* **kriegen**) a) get the sack, be sacked, b) get the brush-off, be jilted. **~ˌplan·ke** *f* → **Laufsteg** 3b. **~ˌrad** *n* **1.** *tech.* wheel, *e-r Pumpe, e-s Gebläses*: impeller, *e-r Turbine*: rotor, runner. **2.** *aer.* landing (*od.* tail) wheel, nosewheel. **~ˌrie·men** *m* drive belt. **~ˌril·le** *f* groove. **~ˌring** *m tech.* race(way). **~ˌrol·le** *f* **1.** *tech.* a) roller, b) (*Lenkrolle*) castor, caster, c) *rail. etc* bogie wheel. **2.** *electr.* trolley. **~ˌschie·ne** *f* **1.** *tech.* runway rail, runner. **2.** *mot. am Sitz*: slide rail. **~ˌschrei·ben** *n Post*: tracer. **~ˌschrift** *f electr. für Nachrichten etc*: newscaster; *für Reklame etc*: moving screen. **~ˌschritt** *m* **1.** run(ning pace); **sich in ~ setzen** start running, break into a run; **im ~** at (*Am.* on) a run. **2.** *mil.* double time (*od.* quick); **im ~** at (*Am.* on) the run (*od.* double); **im ~, marsch, marsch!** (*Kommando*) at the double, march!, *Am.* double time, march! **~ˌschu·he** *pl* **1.** *Sport*: track (*od.* running) shoes. **2.** walking (*od.* street) shoes. **~ˌsitz** *m tech.* running fit. **~ˌsoh·le** *f* outsole. **~ˌsport** *m* running (events *pl*).

läufst [lɔʏfst] *2 sg pres of* laufen.

ˈLauf|ˌstall *m*, **~ˌställ·chen** *n* → **Laufgitter.** **~ˌsteg** *m* **1.** (wooden) footbridge. **2.** *tech. u. Mode*: catwalk. **3.** *mar.* a) gangway, b) gangboard, gangplank. **~ˌstil** *m Sport*: running style. **~ˌstrecke** (*getr.* **-k·k-**) *f bes. Sport*: distance. **~ˌstuhl** *m* → **Laufgestell.**

läuft [lɔʏft] *3 sg pres of* laufen.

ˈLauf|ˌtrai·ning *n Sport*: a) special training for running, b) roadwork. **~ˌtrep·pe** *f* → **Rolltreppe.** **~ˌvö·gel** *pl* runners, running birds. **~ˌwerk** *n* **1.** *tech.* mechanism, drive assembly; (*Fahrwerk*) running gear; *der Uhr*: clockwork, spring work; *mil. e-s Panzers*: tracks and suspensions *pl*; *phot.* film-feed mechanism; *Tonbandgerät*: tape drive. **~ˌwett·beˌwerb** *m* → **Laufdisziplin.** **~ˌwun·der** *n* ace (*od.* star) runner.

ˈLaufˌzeit *f* **1.** *econ. e-s Vertrages*: term, (period of) validity, life; **~ e-s Wechsels** currency (*od.* life) of a bill. **2.** *tech.* a) *e-r Maschine*: cycle time, b) (*Zerspanungszeit*) machining time, c) (*Lebensdauer*) (service) life. **3.** *electr. e-s Motors*: running time, *e-s Elektrons*: transit time, *e-r Leitung*: time delay. **4.** *Funk*: transition interval. **5.** *e-r Uhr*: running time; **e-e Uhr mit zwölfstündiger ~** a 12-hour clock. **6.** *thea., Film, Werbung*: run; (*Filmlänge*) length. **7.** *Sport*: time. **8.** *Post*: forwarding time. **~ˌröh·re** *f* velocity-modulated tube.

ˈLaufˌzet·tel *m* inter-office (*od.* control) slip (*od.* tag), tracer; *auf Akten etc*: circulation slip.

Lau·ge [ˈlaugə] *f* ‹-; -n› **1.** *chem.* lye, alkaline (*od.* caustic) solution, lixivium. **2.** (*Lösung*) liquor, solution; *fig. lit.* **die (ätzende) ~ s-s Spotts** his biting sarcasm. **3.** (*Seifen*2) suds *pl* (*a. als sg konstruiert*). **4.** (*Wasch*2) buck. **5.** (*Salz*2) brine. **6.** (*Laugungsmittel*) leaching agent, lixiviant. **7.** electrolyte. **8.** a) *Lederfabrikation*: lye, b) *Bleicherei*: buck. **ˈlau·gen** *v/t* ‹h› **1.** *chem.* lye, lixiviate. **2.** wash (*od.* soak, steep) in lye, lye, leach. **3.** (*Wäsche*) buck. **4.** (*Leder*) lye. **5.** *metall.* wash, leach. **ˈlau·genˌar·tig** *adj chem.* alkaline, lixivial.

ˈLau·gen|ˌbad *n* alkaline bath (*a. med.*), lye (bath), liquor. **2be·ˌstän·dig** *adj chem. tech.* alkaliproof, lye-resistant. **~ˌbre·zel** *f gastr.* salt pretzel. **~ˌsalz** *n chem.* alkali, alkaline salt.

ˈLau·heit *f* ‹-; *no pl*› lukewarmness, tepidity, *fig. a.* halfheartedness.

Lau·ne [ˈlaunə] *f* ‹-; -n› **1.** ‹*only sg*› mood, humo(u)r, temper; **gute (schlechte) ~ haben, (in) guter (schlechter) ~ sein** be in a good (bad) mood (*od.* temper); *colloq.* **(nicht) bei** (*od.* **in**) **~ sein** (not to) be in a good mood; **j-n in gute** (*colloq.* **stinkige**) **~ versetzen** put s. o. in a good (*colloq.* lousy) mood (*od.* temper); **j-n bei guter ~ (er)halten** keep s. o. in a good mood, *bes. iro.* keep s. o. happy. **2.** *pl* moods; **er hat so s-e ~n** he has his (little) moods. **3.** fancy, caprice, whim; **et. aus e-r ~ heraus tun** do s. th. quite capriciously (*od.* whimsically); **das war nur so e-e ~ von mir** that was only one of my little fancies (*od.* ideas). **4.** *fig. des Glücks, der Natur, des Wetters etc*: whim, freak, caprice, quirk, vagary.

ˈlau·nen|haft *adj* **1.** (*launisch*) moody, temperamental; **ein ~er Mensch** a man of moods. **2.** capricious, fanciful, whimsical. **3.** (*unberechenbar*) fickle, erratic, wayward. **4.** *fig. Wetter*: changeable. **5.** *mus.* capriccioso. **2haf·tig·keit** *f* ‹-; *no pl*› **1.** moodiness. **2.** capriciousness, whimsicality. **3.** fickleness. **4.** *fig. des Wetters*: changeableness.

ˈlau·nig I *adj* humorous, jocose; *Einfall etc*: witty. **II** *adv mus.* scherzando. **2keit** *f* ‹-; *no pl*› humorousness; wittiness.

ˈlau·nisch I *adj* **1.** → launenhaft. **2.** (*mürrisch*) bad-(*od.* ill-)tempered, peevish, moody. **II** *adv* **3.** *mus.* capriccioso.

Lau·re·at [laureˈa:t] *m* ‹-en; -en› *lit.* laureate.

Laus [laus] *f* ‹-; ⸚e› *zo.* a) (true) louse, b) → **Kopflaus, Blattlaus; Läuse bekommen** become infested with lice, become (*od.* get) lousy; **Läuse knacken** squash lice; *fig. colloq.* **ihm ist e-e ~ über die Leber gelaufen** (*od.* **gekrochen**) s. th. has bitten (*od.* got into) him; **j-m e-e ~ in den Pelz setzen** let s. o. in for s. th.; **sich** (*dat*) **e-e ~ in den Pelz setzen** let o. s. in for s. th.

ˈLausˌbub *m bes. Southern G. humor.* (young) rascal (*od.* scamp). **ˈLaus·ˌbu·benˌstreich** *m,* **ˌLaus·bü·be·ˈrei** *f* boy's trick (*od.* prank), *fig.* mischievous act.

ˈLauschˌan·griff *m* wiretapping (*od.* bugging) operation.

lau·schen [ˈlauʃən] *v/i* ‹h› **1.** listen (attentively); **andächtig ~** listen devoutly; **angestrengt ~** strain one's ears. **2.** *heimlich*: listen (secretly), eavesdrop; **du hast gelauscht** you've been eavesdropping. **ˈLau·scher** *m* ‹-s; -› **1.** listener, eavesdropper; **der ~ an der Wand hört s-e eigene Schand** listeners never hear good of themselves. **2.** *pl hunt. u. fig. colloq.* ears.

ˈlau·schig *adj* (*gemütlich*) snug, cozy; (*friedlich*) idyllic, tranquil, quiet, peaceful; (*einsam*) secluded; (*versteckt*) hidden, tucked-away.

ˈLau·seˌben·gel *m* → Lausejunge.

ˈLäu·seˌei *n,* **ˈLausˌei** *n zo.* nit.

ˈLau·se|ˌjun·ge *m,* **~ˌkerl** *m colloq.* (young) rascal (*od.* scamp).

lau·sen [ˈlauzən] **I** *v/t* ‹h› louse, rid (*od.* clean) (*s. o., an animal*) of lice; *fig. colloq.* **ich denke, mich laust der Affe** I was dumbfounded. **II** *v/reflex* **sich ~** louse o. s. (*od.* itself), pick the lice off o. s. (*od.* itself).

ˈLäu·seˌpul·ver *n pharm.* pediculicide.

ˈLau·ser *m* ‹-s; -› → Lausbub.

lau·sig [ˈlauzıç] *colloq.* **I** *adj* **1.** (*schlecht*) lousy (*book, times, etc*); **die paar ~en Pfennige** those few lousy pennies. **2.** *Kälte, Hitze, Schmerzen etc*: dreadful, awful. **II** *adv* **3.** terribly, awfully; **es ist ~ kalt** it is beastly cold; **er hat ~ viel Geld** he's lousy with money.

laut¹ [laut] **I** *adj* ‹-er; -est› **1.** *Lachen, Beifall etc*: loud; **e-e ~e Stimme** a) a loud voice, b) *Redner-, Singstimme*: a powerful voice; **er wurde ~** he began to shout. **2.** *Straße etc*: noisy; *Gesellschaft etc*: *a.* boisterous; **er ist sehr ~** he is a very noisy person, *fig.* he is rather loudmouthed. **3.** (*klar, bestimmt*) clear, distinct. **4.** *fig. Farben*: loud, glaring. **5.** ‹*pred*› **~ werden** a) become audible, be heard, b) *fig. Sache*: leak out, get abroad, become known; **es wurden Stimmen ~, daß** the opinion was expressed (*od.* voiced) that; **es wurde das Gerücht ~, daß** it was rumo(u)red that; **ein Geheimnis ~ werden lassen** betray (*od.* divulge, tell) a secret; **laß das ja nicht ~ werden** keep quiet about this, mum's the word. **6.** *mus.* forte; **sehr ~** fortissimo. **II** *adv* **7. ~ vorlesen** read aloud, read out loud; **~ aufschreien** give a loud cry; **~ denken** think aloud; **~ und deutlich** *iro.* loud and clear; **das darf man nicht ~ sagen** one shouldn't say that out loud. **8.** *mus.* forte; **sehr ~** fortissimo.

laut² *prep* ‹*gen, a. dat, nom*› according to, in accordance with, pursuant to; **~ Paragraph X** in accordance with section X; **~ Übereinkunft** by agreement; **~ Verfügung, ~ Befehl** by decree (*od.* order), as directed; **~ Gesetz, ~ des Gesetzes** under the law; *econ.* **~ Rechnung, ~ Faktura** as per invoice, as invoiced; **~ ärztlicher Verordnung** as prescribed (by a physician); **~ unserem Schreiben vom** as set forth in our letter of.

Laut *m* ‹-(e)s; -e› **1.** sound, noise; **k-n ~ von sich geben** not to utter a sound. **2.** *ling.* sound, phone; **~e bilden** form (*od.* articulate) sounds; **stumme ~e** mutes. **3.** *hunt.* **~ geben** bark, give tongue. **~ˌanˌglei·chung** *f ling.* assimilation (of sounds). **2bar** *adj* **~ werden** become known (*od.* public). **~be·ˌzeich·nung** *f ling.* **1.** phonetic (*od.* sound) notation (*od.* transcription). **2.** phonetic symbol. **~ˌbild** *n* phonetic spelling, auditory (*od.* sound) image. **~ˌbil·dung** *f* formation of (speech) sounds, articulation. **~ˌbil·dungsˌleh·re** *f* (articulatory) phonetics *pl* (*als sg konstruiert*).

Lau·te [ˈlautə] *f* ‹-; -n› *mus.* lute; **die ~ spielen** (*od. poet.* **schlagen**) play (on) the lute; **Lieder zur ~** songs accompanied by the lute.

ˈLautˌeinˌfü·gung *f* epenthesis.

lau·ten [ˈlautən] *v/i* ‹h› **1.** run, read, go, (*besagen*) *a.* say; **der Brief lautet folgendermaßen** the letter reads (*od.* runs) as follows; **wie lautet der Brief?** what does the letter say?; **der Satz muß so ~** the sentence must read thus. **2.** *Bezeichnung etc*: be; **wie lautet sein Name?** what is his name? **3.** (*klingen*) sound (*good, etc*). **4. ~ auf (den Namen) X** a) *Paß etc*: be (made out) in the name of X, b) *Scheck etc*: be payable to X, be made out to X; **auf den Betrag von DM 100 ~** be made out for the amount of 100 marks; **das Urteil (die Anklage) lautet auf** the sentence (the charge) is.

läu·ten [ˈlɔytən] **I** *v/i* ‹h› *Kirchenglocken*: ring, peal, chime, *langsam u. feierlich*: toll; *Klingel, Telephon, Wecker etc*: ring; *Glöckchen*: tinkle; **(nach) j-m ~** ring for s. o.; *fig. colloq.* **ich habe (et.) davon ~ hören** I have heard s. th. to that effect; *cf.* III. **II** *v/t* (*Glocken*) ring, peal, chime, *langsam u. feierlich*: toll; (*Türglocke*) ring; (*Glöckchen*) tinkle; **j-n zu Grabe ~** toll the bell for s. o.'s funeral; **man läutet Feuer (Sturm)** they are ringing the fire (storm) alarm; **bei j-m Sturm ~** ring s. o.'s doorbell furiously. **III** *v/impers* **es läutet** a) there's a ring at the door, b) *in der Schule etc*: the bell is ringing; **es läutet zur Kirche** the bells are ringing for church. **IV 2** *n* ‹-s› ringing (*etc*); *der Glocken*: ring, chime, peal, *langsames u. feierliches*: toll; *e-s Glöckchens etc*: tinkle.

ˈlau·tend *adj econ.* **auf j-n ~** payable to s. o., made out to s. o.; **auf den Inhaber ~e Obligationen** bonds payable to bearer; **auf den Überbringer ~** payable to bearer.

ˈLau·ten|ˌspiel *n* lute playing. **~ˌspie·ler** *m* lute player, lutanist.

ˈLaut·entˌwick·lung *f ling.* evolution of sounds, phonetic development.

ˈlau·ter¹ *comp of* laut¹.

ˈlau·ter² **I** *adj* ‹-er; -st› *lit.* **1.** *Gold etc*: pure, unalloyed. **2.** *Flüssigkeit*: clear. **3.** *fig. Gesinnung, Charakter etc*: sincere, honest, upright; *Absichten, Verhalten etc*: hono(u)rable. **4.** *fig. Wahrheit*: plain, unvarnished (*truth*). **II** *adv* **5.** sheer, nothing but (*nonsense, etc*); **aus ~ Vergnügen (Liebe)** for sheer pleasure (love). **6.** nothing but, only (*nice people, etc*); **das sind ~ Lügen** that's (nothing but) a pack of lies. **7.** many; **sie zerriß den Brief in ~ kleine Fetzen** she tore the letter up in(to) many little scraps; **~ Gründe, zu Hause zu bleiben** all of them (*od.* so many) reasons for staying at home.

ˈLau·ter·keit *f* ‹-; *no pl*› integrity, honesty.

läu·tern [ˈlɔytərn] **I** *v/t* ‹h› **1.** *lit.* a) (*Seele etc*) purify, purge, b) (*Charakter, Menschen etc*) chasten, reform; **dies hatte e-e ~de Wirkung auf ihn** this had a chastening effect upon him. **2.** *tech.* (*Flüssigkeiten*) clarify, purify; (*Metalle, Glas, Zucker*) refine. **II** *v/reflex* **sich ~ 3.** *fig.* reform (o. s.). **III 2** *n* ‹-s› **4.** purifying (*etc*). **5.** → **ˈLäu·te·rung** *f* ‹-; -en› **1.** *lit. der Seele etc*: purification, purgation; *des Charakters etc*: reformation. **2.** *tech.* purification, refinement.

ˈLäu·te·rungs·proˌzeß *m* (process of) purification (*etc*).

ˈLäu·teˌwerk *n* **1.** *e-s Weckers*: alarm (mechanism), bell. **2.** *electr.* warning bell, ringing mechanism. **3.** *rail.* signal alarm bell.

ˈLaut|geˌschich·te *f ling.* phonetic history. **~geˌsetz** *n* phonetic (*od.* sound) law.

ˈlautˌhals *adv* **1.** at the top of one's voice, vociferously; **er lachte ~ los** he roared with laughter. **2.** so that everyone can (*od.* could) hear.

ˈLaut·heit *f* ⟨-; *no pl*⟩ loudness, noisiness.

lau·tie·ren [lauˈtiːrən] *v/t u. v/i* ⟨*no* **ge-**, h⟩ *ling.* read (*od.* spell) phonetically. **Lauˈtier·meˌtho·de** *f* phonetic reading (*od.* spelling).

ˈLaut|ˌkun·de, ~ˌleh·re *f* **1.** *ling.* a) phonetics *pl* (*als sg konstruiert*), b) *in bestimmter Sprache od. Periode*: phonology. **2.** *phys.* phonics *pl* (*als sg konstruiert*).

ˈlaut·lich *ling.* **I** *adj* of (*od.* as regards) sound, phonetic(al). **II** *adv* phonetically.

ˈlaut|los *adj* **1.** soundless (*laughter, etc*); (*geräuschlos*) *a.* noiseless, silent; **~e Schritte** noiseless steps. **2.** (*still*) hushed, still; **es herrschte ~e Stille** there was complete (*od.* a hushed) silence. **&lo·sig·keit** *f* ⟨-; *no pl*⟩ **1.** soundlessness; noiselessness, silence. **2.** hush, stillness, (deep) silence. **~ˌma·lend** *adj* imitative of sound, echoic, onomatopoeic(al). **&ma·leˈrei** [ˌlaut-] *f* onomatopoeia, echoism. **~ˌma·le·risch, ~ˌnachˌah·mend** *adj* → lautmalend. **&qua·liˌtät** *f* (sound) quality. **&ˌschrift** *f* phonetic transcription (*od.* notation, writing). **~ˌschrift·lich** *adj u. adv.* written (*od.* spelled) phonetically, in phonetic spelling; **~e Wiedergabe** phonetic representation (*od.* spelling).

ˈLautˌspre·cher *m electr.* (loud-) speaker. **~ˌanˌla·ge** *f* public address (*od.* loudspeaker) system. **~ˌbox** *f* loudspeaker cabinet. **~ˌtrich·ter** *m* loudspeaker horn. **~ˌwa·gen** *m* public address car, loudspeaker van (*Am.* truck).

ˈlautˌstark I *adj* vociferous, loud; *Streit etc*: noisy. **II** *adv* **~ nach et. rufen** clamo(u)r for s. th.

ˈLautˌstär·ke *f* loudness, *electr. phys. a.* (sound) volume, *in Phon*: loudness level; **die ~ regulieren** (*od.* **einstellen**) adjust the volume; *Radio etc*: **mit voller ~ spielen** be turned on (at) full blast; **mit voller ~ schreien** scream at the top of one's voice. **~beˌreich** *m electr.* volume range. **~ˌmes·ser** *m* sound-level meter, phonometer. **~ˌmes·sung** *f* sound measurement. **~ˌpe·gel** *m* sound level. **~ˌre·ge·lung** *f* volume adjustment, volume control. **~ˌreg·ler** *m* volume control.

ˈLaut|symˌbol *n* → Lautzeichen. **~symˌbo·lik** *f* sound symbolism. **~syˌstem** *n* phonetic system. **~ˌta·fel** *f* phonetic chart.

ˈLau·tung *f* ⟨-; -en⟩ *ling.* **1.** articulation. **2.** pronunciation.

ˈLaut|verˌschie·bung *f* **1.** **die (germanischen) ~en** the (Germanic) consonant shifts, the lautverschiebungen. **2.** sound (*a.* consonant *od.* vowel) shift, phonetic change. **~verˌschie·bungs·geˌsetz** *n* law governing sound shift(ing), phonetic (*od.* sound) law. **~ˌwan·del** *m ling.* sound (*od.* phonetic) change. **~ˌwech·sel** *m* transmutation of sounds (*within cognate words*).

ˈLäutˌwerk *n* → Läutewerk.

ˈLaut|ˌwert *m ling.* phonetic value. **~ˌwis·sen·schaft** *f* phonetics *pl* (*als sg konstruiert*). **~ˌzei·chen** *n* phonetic symbol (*od.* sign), phonogram.

ˈlauˌwarm *adj* → lau.

La·va [ˈlaːva] *f* ⟨-; **-ven**⟩ *geol.* lava. **~ˌbom·be** *f* (lava *od.* volcanic) bomb. **~ˌfluß** *m* lava flow. **~ˌglas** *n min.* volcanic glass, vitreous lava, obsidian. **~ˌstrom** *m* stream of (molten) lava.

La·ven·del [laˈvɛndəl] *m* ⟨-s; -⟩ **1.** *bot.* lavender. **2.** *Kosmetik*: lavender water. **~ˌblau I** *n* ⟨-s; *no pl*⟩ lavender (blue). **II & adj** lavender-blue. **~ˌgeist** *m Kosmetik*: extract of lavender. **~ˌöl** *n* lavender (*od.* spike) oil, spikenard. **~ˌwas·ser** *n* → Lavendel 2.

la·vie·ren[1] [laˈviːrən] *v/i* ⟨*no* **ge-**, h⟩ **1.** *mar. obs.* tack. **2.** *fig.* manœuvre, *Am.* maneuver; **vorsichtig ~** play both ends to the middle.

laˈvie·ren[2] *v/t* ⟨*no* **ge-**, h⟩ *paint.* wash (over).

La·wi·ne [laˈviːnə] *f* ⟨-; -n⟩ avalanche (*a. electr. phys.*), snowslide, snowslip; *fig.* **e-e ganze ~ von Fragen** a whole avalanche of questions.

laˈwi·nen|ˌar·tig *adj u. adv* avalanche-like, like an avalanche; **~ anwachsen** snowball. **&geˌfahr** *f* danger of avalanches. **~geˌfähr·det** *adj Straße etc*: exposed to (the danger of) avalanches. **&(ˌsuch)ˌhund** *m* (specially trained) avalanche search dog. **&ˌunˌglück** *n* **1.** accident caused by an avalanche. **2.** avalanche disaster. **&ˌwar·nung** *f* avalanche warning.

lax [laks] *adj* ⟨-er; -est⟩ lax, slack, *Moral etc*: *a.* easy, loose.

La·xans [ˈlaksans] *n* ⟨-; **-tia** [-ˈksantsĭa] *u.* **-zien** [-ˈksantsĭən]⟩, **La·xaˈtiv** [-ksaˈtiːf] *n* ⟨-s; -e⟩ *pharm.* laxative, aperient.

ˈLax·heit *f* ⟨-; *no pl*⟩ laxity, laxness, slackness.

la·xie·ren [laˈksiːrən] *v/i* ⟨*no* **ge-**, h⟩ *med.* purge, open the (*od.* s. o.'s) bowels. **~d** *adj pharm.* laxative, aperient.

Lay·out [ˈleːaut; ˈleɪaut] (*Engl.*) *n* ⟨-s; -s⟩ *print.* layout. **Lay·ou·ter** [ˈleːautər] *m* ⟨-s; -⟩ layout man.

La·za·rett [latsaˈrɛt] *n* ⟨-(e)s; -e⟩ (military) hospital. **~ˌfie·ber** *n* hospital fever. **~ˌflugˌzeug** *n* air ambulance. **~ˌschiff** *n* hospital ship. **~ˌwa·gen** *m* ambulance. **~ˌzug** *m* hospital train.

La·zu·lith [latsuˈliːt, -ˈlɪt] *m* ⟨-s; -e⟩ *min.* azure spar, lazulite.

Lea·sing [ˈliːzɪŋ; ˈliːsɪŋ] (*Engl.*) *n* ⟨-s; -s⟩ *econ.* (*Mietsystem*) leasing. **~ˌge·ber** *m* lessor. **~ˌneh·mer** *m* lessee.

ˈLe·be|ˌda·me *f* demimondaine, demimonde. **~ˈhoch** [ˌleːbə-] *n* ⟨-s; -s⟩ **1.** cheer(s *pl*); **ein ~ (auf)** three cheers (for). **2.** *beim Trinken*: toast. **~ˌmann** *m* ⟨-(e)s; ⸚er⟩ man about town, bon viveur, playboy. **&ˌmän·nisch** [-ˌmɛnɪʃ] *adj* playboylike.

le·ben [ˈleːbən] **I** *v/i* ⟨h⟩ **1.** live, be alive; **lebt er noch?** is he still alive?; **er wird nicht mehr lange ~** he will not live much longer, *colloq.* his days are numbered; **noch als er lebte** while he was still alive; **ich will ~** I want to live; **lang lebe die Königin!** long live the Queen!; *colloq.* **wie geht's? man lebt!** how are you? still alive (*od.* surviving)!; **vegetarisch ~** be a vegetarian; **so wahr ich lebe!** as sure as I stand here!, upon my life!; **man lebt nur einmal** you only live once; **~ und ~ lassen** live and let live; **solange man lebt, gibt es Hoffnung** while there is life there is hope; → **leiben.** **2.** (*existieren*) live, exist; **ich kann ohne dich nicht ~** I cannot live (*od.* exist) without you; *colloq.* **und so was lebt!** and such a creature exists! **3.** (**glücklich, kümmerlich** *etc*) **~** live (happily, miserably, *etc*), lead a (happy, miserable, *etc*) life; **einsam ~** live in solitude, lead a lonely life; **für sich ~** a) live to o.s., b) live for o.s.; **wild ~** *Tier*: live wild; **er weiß zu ~** he knows how to enjoy life; **in dem Glauben (der Gewißheit) ~, daß** live in the belief (certainty) that; **nach e-m Grundsatz ~** live by (*od.* up to) a principle; **so läßt es sich ~!** this is the life!; **leb(t) wohl!** farewell!, adieu!, good-by(e)! **4.** (*wohnen*) live, dwell, reside; **er lebt in Köln (auf dem Lande)** he lives in Cologne (in the country). **5.** (*sich aufhalten*) stay, sojourn. **6.** **von et. ~** live (*od.* subsist) (up)on s. th.; **von der Luft ~** live on air; **von s-r Arbeit ~** live by one's work; **er lebt von s-r Rente** he lives on his pension; **davon kann er gut ~** he can make a good living out of that; **vom Malen ~** make a living by painting; *Bibl.* **der Mensch lebt nicht vom Brot allein** man shall not live by bread alone. **7.** **für et. (j-n) ~** live for s.th. (s.o.), devote one's life (*od.* o.s.) to s.th. (s.o.); **für die Kunst ~, der Kunst ~** live for art, devote one's life (*od.* o.s.) to art. **8.** (*fortbestehen*) live; **sein Andenken lebt im Herzen des Volkes** his memory lives (on) in the hearts of the people. **II** *v/t* **9.** live; **er lebt sein eigenes (ein trauriges) Leben** he lives his own (a sad) life. **III** *v/impers* **10.** live; **hier lebt es sich gut** life here is good. **IV & n** ⟨-s⟩ **11.** living (*etc*); **das reicht nicht zum & und nicht zum Sterben** that is not enough to keep body and soul together.

ˈLe·ben *n* ⟨-s; -⟩ **1.** life; **e-e Sache auf ~ und Tod** a matter of life and death; **ein Kampf auf ~ und Tod** a life-and-death struggle; **am ~ bleiben** (*überleben*) survive; **am ~ sein** be alive; **das ~ nach dem Tod** the afterlife, the life after death; **das zukünftige ~** the life to come; **um sein ~ bitten** beg for one's life; **j-n ums ~ bringen** kill s.o.; **mit dem ~ davonkommen** escape with one's life, stay alive, survive; **sein ~ einsetzen** (*od.* **wagen,** *lit.* **in die Schanze schlagen**) risk (*od.* hazard) one's life; *fig.* **et. zu neuem ~ erwecken** awaken s. th. to new life, revive s.th.; **freut euch des ~s!** enjoy life!; *colloq.* **ich gehe für mein ~ gern ins Theater** I love (*od.* I adore, I am mad *od.* crazy about) going to the theat/re (*Am.* -er); **ich würde für mein ~ gern** I would give anything to, I would love to; **ums ~ kommen** meet one's death, lose one's life, be killed, perish; **sein ~ lassen** lose one's life, **für et.**: give (*od.* sacrifice) one's life for s.th.; **sich** (*dat*) **das ~ nehmen** take one's (own) life, commit suicide; **um das liebe** (*od.* **um sein**) **~ rennen** run for dear life; **das nackte ~ retten** escape with one's bare life (*od.* with what one stands up in); **(freiwillig) aus dem ~ scheiden** depart from (*od.* this) life of one's own free will; **j-m das ~ schenken** a) give birth to a child, b) spare s. o.'s life; **mit dem ~ spielen** gamble with one's life; **j-m nach dem ~ trachten** be after s. o.'s life; **j-m das ~ verdanken** owe one's life to s.o.; **sein ~ teuer verkaufen** sell one's life dear(ly); **sein ~ wegwerfen** throw away one's life; **~ zeigen** show signs of life; → **lieb** 1 (*etc*). **2.** (*Dasein*) life; **das tägliche ~** daily (*od.* everyday) life; **das einfache ~** the simple life; **das süße ~** (the) sweet life, la dolce vita; **das ~ in Australien** life in Australia; **mit dem ~ fertigwerden** cope (*od.* come to grips) with life; *fig.* **ein neues ~ beginnen** (*od.* **anfangen**) begin a new life, turn over a new leaf; **die Freuden (der**

Ernst) des ~s the joys (serious side) of life; ins ~ hinausgehen go out into the world; so ist das ~! such is life; j-m das ~ schwermachen make s.o.'s life a misery, make life hard (*od.* bitter) for s.o.; *colloq.* j-m das ~ sauer (*od.* zur Hölle) machen make life hell for s.o.; das ~ meistern master life; sich durchs ~ schlagen struggle through life, struggle (*od.* plod) along; das ~ ist teuer hier life is expensive here; man muß das ~ eben nehmen, wie das ~ eben ist *etwa*: one must take life as it comes. **3.** (*~sweise*) (way of) life; ein bewegtes (elendes) ~ an eventful (a miserable) life. **4.** *geistiges, gesellschaftliches, kulturelles etc*: life; ins politische ~ treten enter political life (*od.* politics); im öffentlichen ~ stehen be a public figure, be in the public eye. **5.** (*~sweg*) life; ein Buch über das ~ Bismarcks a book on Bismarck's life. **6.** (*~szeit, ~sdauer*) life; fürs ganze ~ for (the rest of one's) life, all one's life; nur einmal im ~ (only) once in a lifetime; zeit s-s ~s, sein ganzes ~ hindurch (*od.* lang) a) *rückblickend auf das ganze Leben*: all (*od.* throughout) one's life, during one's (whole) life(time), b) *vorausschauend*: all one's life, in one's lifetime; im ~ nicht never in all my life; *colloq.* nie im ~! not on your life! **7.** *fig.* et. ins ~ rufen bring s.th. into being. **8.** (*organisches ~*) life; das ~ im Meer marine life; das ~ der Tiere animal life. **9.** (*geschäftiges Treiben*) life, liveliness, activity, to-do, bustle; es herrschte reges ~ everything was humming (*od.* buzzing) with life; sie steckt voller ~, in ihr steckt ~ she is full of life (*od. colloq.* beans); ~ in et. bringen liven s.th. up; → Bude 2. **10.** (*~skraft*) life, vitality. **11.** (*Lebhaftigkeit*) liveliness, vivacity, animation. **12.** (*Wirklichkeit*) life, reality; nach dem ~ gezeichnet drawn from life; aus dem ~ gegriffen taken from life; ein Roman, den das ~ schrieb a novel taken straight from life. **13.** (*~sinhalt*) life; du bist mein ganzes ~ you are my whole life. **14.** *Versicherung*: life. **15.** → Lebensbeschreibung.

ˈle·bend *adj* **1.** living, *nachgestellt u. oft pred.* alive; *Kunst*: ~e Bilder tableaux (vivants); *bot.* ~e Hecke hedge, *bes. Br.* quickset (hedge); *agr.* ~es Inventar livestock; et. am ~en Objekt demonstrieren demonstrate s.th. on a living subject; man sah kein ~es Wesen not a living creature (*od.* soul) was to be seen; *mil.* ~e Ziele live targets; der größte ~e Staatsmann the greatest living statesman; ein hier ~er Freund a friend living here; ein noch ~er Zeuge a surviving witness; *humor.* er ist ein ~es Wörterbuch he is a walking dictionary; ~ sezieren vivisect. **2.** *Sprache*: modern, living. **3.** *Blumen etc*: natural, real.

ˈLe·ben·de *m, f* ⟨-n; -n⟩ living person; alle noch ~n all persons still alive; die ~n und die Toten the living and the dead; nicht mehr unter den ~n weilen be no longer among the living; *jur.* Schenkung unter ~n donation inter vivos; *fig. colloq.* er nimmt es von den ~n he really fleeces you.

ˈLe·bend|ˌfär·bung *f biol. med.* intravital staining. **~geˌbä·ren** *n biol.* viviparity. **≈geˌbä·rend** *adj* viviparous. **~geˌburt** *f* live (*od.* viable) birth. **~geˌwicht** *n* live weight.

leˈben·dig [leˈbɛndɪç] *adj* **1.** (*lebend*) living, *nachgestellt u. oft pred*: alive, *bes. Tier*: live; bringt ihn tot oder ~ get him, dead or alive; *fig. colloq.* ich komme mir hier wie ~ begraben vor I feel buried alive here; bei ~em Leibe (*od.* ~en Leibes) verbrennen be burnt alive; wieder ~ machen bring back to life, revive; wieder ~ werden come (back) to life; *fig.* Erinnerungen werden wieder ~ memories come back; *zo.* ~e Junge gebären bring forth living young, be viviparous; *relig.* der ~e Gott the living God. **2.** (*lebhaft*) lively, vivacious, *Phantasie etc*: *a.* vivid; ein sehr ~es Kind a very lively (*od.* vivacious) child; ~er Glaube living faith. **3.** (*voller Leben*) spirited, animated. **4.** *Geist*: alert, active (*mind*). **5.** (*anschaulich*) vivid (*description, style, etc*). **6.** *phys.* ~e Kraft active force, kinetic energy. **Leˈben·di·ge** *m, f* ⟨-n; -n⟩ → Lebende. **Leˈben·dig·keit** *f* ⟨-; *no pl*⟩ **1.** *e-s Vortrages etc*: liveliness. **2.** *e-r Schilderung etc*: vividness. **3.** (*Lebhaftigkeit*) liveliness, vivacity. **4.** (*Angeregtheit*) spiritedness, animation. **5.** *von Farben*: brightness, vividness.

ˈLe·bendˌvieh *n* live cattle.

ˈle·ben·erˌhal·tend *adj* sustaining life, life-sustaining.

ˈLe·bens|ˌabend *m poet.* evening (*od.* eve, sunset) of life, old age; e-n geruhsamen ~ verbringen spend the last years of one's life quietly. **~ˌabˌriß** *m* curriculum vitae, biographical notes *pl*, personal record; e-n kurzen ~ geben give a short personal record. **~ˌabˌschnitt** *m* period of (one's) life. **~ˌader** *f fig.* lifeline. **~ˌal·ter** *n* age, period of life; mittleres ~ middle age. **~ˌangst** *f* fear of life, existential dread. **~ˌanˌschau·ung, ~ˌanˌsicht** *f* view (*od.* philosophy) of life, outlook (up)on life. **~ˌar·beit** *f* → Lebenswerk. **~ˌart** *f* **1.** → Lebensweise 1, 2. **2.** (*Benehmen*) behavio(u)r, manners *pl*; er hat k-e ~ he has no manners, he lacks breeding; j-m ~ beibringen teach s.o. manners (*od.* good behavio[u]r); feine ~ excellent manners, good breeding, savoir-vivre. **~ˌaufˌfas·sung** *f* → Lebensanschauung. **~ˌaufˌga·be** *f* aim in life, life-task, lifework; sich (*dat*) et. zur ~ machen dedicate one's life to s.th. **~ˌbahn** *f* course of (one's) life, life. **~ˌbaum** *m* **1.** *fig.* tree of life. **2.** *bot.* arbor vitae. **~beˌdarf** *m* necessities *pl* of life. **~beˌdin·gun·gen** *pl* (living) conditions. **≈beˌdro·hend** *adj* threatening life, menacing. **~beˌdürf·nis·se** *pl* necessaries of life. **≈beˌja·hend** *adj* life-affirming, optimistic. **~beˌja·hung** *f* acceptance of life. **~beˌrech·ti·gung** *f* right to live, raison d'être. **~beˌreich** *m meist pl* sphere (*od.* field) of life. **~beˌruf** *m* occupation for life, vocation. **~beˌschrei·bung** *f* life, biography, *des eigenen Lebens*: autobiography. **~beˌzirk** *m* walk of life. **~ˌbild** *n* biography, biographical sketch (*od.* portrait). **~ˌchan·ce** *f* chance to survive. **~ˌdau·er** *f* **1.** duration of life, life span; lange ~ longevity; mutmaßliche ~ → Lebenserwartung; *jur.* auf ~ for life. **2.** (*Dauerhaftigkeit*) durability, *tech. von Maschinen etc*: (service) life. **~ˌdrang** *m* desire to live, vital instinct. **≈ˌecht** *adj* true to life, lifelike. **~ˌeinˌstel·lung** *f* → Lebensanschauung. **~eliˌxier** *n* elixir (of life). **~ˌen·de** *n* end of one's life; bis an mein ~ to the end of my life (*od.* days), till I die. **~erˌfah·rung** *f* knowledge (*od.* experience) of life. **~erˌin·ne·run·gen** *pl* **1.** memoirs. **2.** memories of one's life. **~erˌwar·tung** *f* life expectancy, expectation of life. **~ˌfa·den** *m poet.* thread of life, mortal (*od.* fatal) thread; *euphem.* j-m den ~ abschneiden deprive s.o. of life, kill s.o. **≈ˌfä·hig** *adj biol. u. fig.* viable. **~ˌfä·hig·keit** *f* ⟨-; *no pl*⟩ *biol. u. fig.* viability. **≈ˌfeind·lich** *adj* hostile (*od.* detrimental) to life. **~ˌform** *f* **1.** way of life. **2.** *biol.* form of life, life-form. **~ˌfra·ge** *f* vital (*od.* life-and-death) question. **≈ˌfremd** *adj* → weltfremd. **~ˌfreu·de** *f* joy of living, joie de vivre, zest. **~ˌfrist** *f* term of life. **≈ˌfroh** *adj* → lebenslustig. **~ˌfüh·rung** *f* **1.** (conduct of) life. **2.** (way of) living, life-style. **~ˌfun·ke** *m poet.* vital spark. **~funk·tiˌon** *f* vital function. **~geˌfahr** *f* danger to life, grave (*od.* serious) danger; in ~ schweben be in danger of one's life, *Kranker*: *a.* be in critical condition, *a.* hover between life and death; der Verletzte ist außer ~ the injured person is out of danger; „Vorsicht, ~!" "caution, danger!"; j-n unter (eigener) ~ retten rescue s.o. at the risk of one's (own) life. **≈geˌfähr·lich** *adj* **1.** dangerous (to life), perilous, *jur.* involving danger to life and limb. **2.** *Verletzung etc*: very serious (*od.* grave), critical. **~geˌfähr·te** *m*, **~geˌfähr·tin** *f* **1.** companion in life. **2.** (*Ehepartner*) partner in life, mate. **~geˌfühl** *n* **1.** awareness of life, vital consciousness. **2.** → Lebensfreude. **~ˌgei·ster** *pl* (animal) spirits; j-s ~ wecken revive s.o.'s spirits. **~geˌmein·schaft** *f* **1.** life partnership. **2.** *bot. zo.* symbiosis. **~geˌnuß** *m* enjoyment of life. **~geˌschich·te** *f* **1.** story of s.o.'s life, life history. **2.** biography, life (story). **≈geˌtreu** *adj* lifelike, true to life. **~geˌwohn·heit** *f* (lifetime) habit, *pl a.* way *sg* of living. **~ˌgier** *f* lust for life. **~ˌglück** *n* happiness (of s.o.'s life). **≈ˌgroß** *adj Bild etc*: life-size(d). **~ˌgrö·ße** *f* natural (*od.* life) size; e-e Statue in ~ a life-size(d) statue; *colloq.* da stand er in voller ~ there he stood as large as life. **~ˌhal·tung** *f* standard of living; ~sindex *m* cost-of-living index; ~skosten *pl* cost *sg* of living. **~ˌhauch** *m poet.* breath of life. **~ˌhun·ger** *m* zest (*od.* lust) for life. **~ˌinˌhalt** *m* (purpose *od.* interest in) life; mein Sohn ist mein ganzer ~ my son is my whole life. **~in·terˌes·sen** *pl* vital interests. **~ˌjahr** *n* year of one's life. **~ˌkampf** *m* struggle for existence. **≈ˌklug** *adj* worldly-wise. **~ˌklug·heit** *f* worldly wisdom; → *a.* Lebenserfahrung. **~ˌko·sten** *pl econ.* cost *sg* of living. **~ˌkraft** *f* **1.** vital energy, vitality. **2.** *biol.* vital force, élan vital. **≈ˌkräf·tig** *adj* vigorous, full of vitality. **~ˌkun·de** *f* biology. **~ˌkunst** *f* art of living. **~ˌkünst·ler** *m* master of the art of living, (true) philosopher; er ist ein (wahrer) ~ he makes the best of everything, he knows how to live. **~ˌla·ge** *f* situation (in life); er zeigte sich jeder ~ gewachsen he mastered every situation (in his life). **≈ˌlang I** *adj* **1.** *Freundschaft etc*: lifelong, for life. **2.** → lebenslänglich 1. **II** *adv* **3.** all one's life. **≈ˌläng·lich I** *adj* **1.** for life, life; er wurde zu ~er Freiheitsstrafe verurteilt he was sentenced to life imprisonment, *colloq.* he was sentenced to life; e-e ~e Rente a life annuity. **2.** → lebenslang 1. **II** *adv* **3.** all one's life; *jur.* for life. **~ˌläng·li·che** *m, f* ⟨-n; -n⟩ prisoner for life, *sl.* lifer. **~ˌlauf** *m* **1.** course of (one's) life, career. **2.** *geschriebener*: curriculum vitae, personal record, autobiographic(al) statement. **~ˌlicht** *n fig. euphem.* j-m das ~ ausblasen snuff out s.o.'s life, kill s.o. **~ˌli·nie** *f der Hand*: life (*od.* vital) line, line of life. **~ˌlust** *f* love of life, zest for living, high spirits *pl*. **≈ˌlu·stig** *adj* fond of life, full of the joy of living (*od.* joie de vivre), zestful, *colloq.* swinging; (*fröhlich*) cheerful, merry.

ˈLe·bensˌmit·tel *n meist pl* **1.** foodstuffs *pl*, food, groceries *pl*. **2.** (*Proviant, Vorräte*) provisions *pl*, victuals *pl*. **~ˌabˌtei·lung** *f* food department. **~beˌreich** *m* ⟨-(e)s; *no pl*⟩ food sector. **~cheˌmie** *f* food chemistry. **~ˌche·mi·ker** *m* food chemist, (*behördlicher Prüfer*) public (*od.* food) analyst. **~ˌfäl·schung** *f* food adulteration. **~geˌschäft** *n* grocery, food shop (*bes. Am.* store). **~geˌsetz** *n jur.* (pure-)food law. **~ˌhan·del** *m* food trade, grocery business. **~ˌhänd·ler** *m* grocer. **~in·duˌstrie** *f* food industry. **~ˌkar·te** *f* food ration card, ration book. **~ˌknapp·heit** *f* food shortage. **~konˌtrol·le** *f* food quality control. **~ˌmar·ke** *f* **1.** food ration coupon. **2.** brand of food. **~paˌket** *n* food parcel. **~verˌgif·tung** *f* food poisoning. **~verˌsor·gung** *f* food supply (*od.* supplies *pl*), supply(ing) of food. **~ˌvorˌrat** *m* food supply, provisions *pl*.

ˈle·bens|ˌmü·de *adj* tired (*od.* weary) of life. **≈ˌmut** *m* courage to face life, optimism. **~ˌnah** *adj Roman, Drama etc*: realistic, true to life; *Figur etc*: lifelike. **≈ˌnä·he** *f* closeness to life, realism. **≈ˌnerv** *m fig.* vital nerve. **≈niˌveau** *n* → Lebensstandard. **~ˌnotˌwen·dig** *adj* vital, essential; **~er Bedarf** essentials *pl*, (bare) necessaries *pl* of life. **≈ˌnotˌwen·dig·keit** *f* vital necessity. **≈ˌodem** *m poet.* breath of life.

ˈle·benˌspen·dend *adj lit.* life-giving.

ˈLe·bens|ˌpfad *m lit.* path of one's life. **~phi·lo·soˌphie** *f* philosophy of life. **~ˌpra·xis** *f* (practical) experience (of life). **~prinˌzip** *n* **1.** principle (in life), (lifelong) principle. **2.** *biol. philos.* vital principle. **~proˌzeß** *m* life (*od.* vital) process, vital functions *pl*.

ˈle·benˌsprü·hend *adj lit.* brimming (over) with life, zestful, exuberant.

ˈLe·bens|qua·liˌtät *f* quality of life. **~ˌquell** *m poet.* lifespring. **~ˌraum** *m* **1.** *bes. pol.* living space, lebensraum. **2.** *zo.* habitat. **~ˌre·gel** *f* **1.** maxim. **2.** regular habit (*od.* practice); **sich** (*dat*) **et. zur ~ machen** make a regular practice of s.th. **~ˌren·te** *f* life annuity, pension for life. **≈ˌret·tend** *adj* life-saving. **~ˌret·ter** *m* life-saver, rescuer; **er war mein ~** he saved my life. **~ˌret·tung** *f* life-saving.

ˈLe·bensˌret·tungs|geˌrät *n* life-saving equipment. **~geˌsell·schaft** *f* life-saving service. **~meˌdail·le** *f* life-saving medal.

ˈLe·bens|ˌrhyth·mus *m* **1.** natural (*od.* normal) rhythm, (*Routine*) normal (*od.* daily) routine. **2.** rhythm of life. **~ˌsaft** *m poet.* (*Blut*) sap of life, blood. **~ˌstan·dard** *m* standard of living, living standard. **~ˌstel·lung** *f* permanent (*od.* lifetime) position (*od.* job). **~ˌstil** *m* life-style, style of living. **~ˌstu·fe** *f biol.* (*low, etc*) scale of existence. **≈ˌtreu** *adj* → lebensgetreu. **~ˌtreue** *f* truth to life, lifelikeness, faithful representation of reality. **~ˌtrieb** *m biol. psych.* vital (*od.* life) instinct, libido. **≈ˌtüch·tig** *adj* fit for life; *weitS.* energetic, dynamic. **~ˌüberˌdruß** *m* weariness of life, world-weariness. **≈ˌüberˌdrüs·sig** *adj* weary of (*od. colloq.* fed up with) life. **~ˌun·terˌhalt** *m* living, livelihood, subsistence, *colloq.* bread and butter; **sich** (*dat*) **s-n ~ mit et. verdienen** earn (*od.* gain, make) one's living (*od.* livelihood) out of s.th.; **für j-s ~ aufkommen, j-s ~ bestreiten** support s.o. **≈ˌun·tüch·tig** *adj* unfit for life. **~verˌhält·nis·se** *pl* living conditions. **≈verˌnei·nend** *adj* negating life, negative. **~verˌnei·nung** *f* negation of life. **~verˌsi·che·rung** *f* life assurance (*Am.* insurance).

ˈLe·bens·verˌsi·che·rungs|ˌanˌstalt *f* life office, life assurance (*Am.* insurance) office. **~geˌsell·schaft** *f* life assurance (*Am.* insurance) company. **~poˌli·ce** *f* life assurance (*Am.* insurance) policy.

ˈle·bens|ˌvoll *adj* full of life, brimming (over) with life, lively, vivid. **~ˌwahr** *adj* lifelike, true to life. **≈ˌwan·del** *m* life, conduct; **e-n schlechten** (*od.* **liederlichen**) **~ führen** lead a disorderly (*od.* dissipated) life. **≈ˌweg** *m fig.* (course of) life. **≈ˌwei·se** *f* **1.** (*healthy, etc*) way of life, living; **e-e sitzende ~ haben** lead a sedentary life. **2.** (*Gewohnheiten*) habits *pl*. **3.** *zo.* habit. **≈ˌweis·heit** *f* **1.** worldly wisdom. **2.** (*Spruch*) aphorism. **≈ˌwen·de** *f fig.* turn in one's life. **≈ˌwerk** *n* lifework, (s.o.'s) life's work. **~ˌwert** *adj* worth living. **~ˌwich·tig** *adj* **1.** *Frage, Interessen etc*: vital, essential; **~e Güter** essentials. **2.** *med.* vital; **~e Organe** vital organs, vitals. **≈ˌwil·le** *m* will to live. **≈ˌzei·chen** *n a. fig.* sign of life. **≈ˌzeit** *f* **1.** lifetime, life; **auf** (*od.* **für**) **~** for life, for the duration of (s.o.'s) life; **Mitglied auf ~** life member; **Beamter auf ~** established civil servant; **Pacht auf ~** lease for life; **auf ~ ernannt werden** be appointed for life. **2.** *von Maschinen*: (service) life. **≈ˌziel** *n* aim (*od.* goal) in life. **≈ˌzweck** *m* aim (*od.* purpose) in life.

ˈle·ben|verˌnich·tend, ~zerˌstö·rend *adj* life-destroying, killing, biolytic.

Le·ber [ˈleːbər] *f* ⟨-; -n⟩ *anat. gastr.* liver; *fig. colloq.* **frisch** (*od.* **frei**) **von der ~ weg reden** speak one's mind, speak frankly; → **Laus**. **~atroˌphie** *f* atrophy of the liver. **~ˌblüm·chen** *n* (noble) liverwort. **~entˌzün·dung** *f* inflammation of the liver, hepatitis. **~ˌfäu·le** *f vet.* liver rot. **~ˌfleck** *m med.* birthmark, liver spot; (*kleines Muttermal*) mole, n(a)evus. **~ˌge·gend** *f* hepatic region. **~ˌha·ken** *m Boxen*: hook to the liver. **~ˌkäs** [-ˌkɛːs] *m* ⟨-es; -⟩ *Southern G.* meat loaf (*made of liver, ham, and pork*). **~ˌknö·del** *m* liver dumpling. **≈ˌkrank** *adj* suffering from a liver disease. **~ˌkran·ke** *m, f* ⟨-n; -n⟩ liver patient, person suffering from liver disorder. **~ˌkrank·heit** *f* liver disease (*od.* complaint). **~ˌkrebs** *m med.* cancer of the liver, hepatic cancer. **~ˌlei·den** *n* → Leberkrankheit. **≈ˌlei·dend** *adj* → leberkrank. **~ˌmoos** *n bot.* liverwort. **~paˌste·te** *f gastr.* liver pâté. **~ˌpfor·te** *f anat.* porta hepatis. **~punk·tiˌon** *f med.* liver biopsy. **~ˌscha·den** *m med.* liver damage. **~ˌschmerz** *m* hepatic pain. **~ˌschrump·fung** *f* → Leberzirrhose. **~ˌschwel·lung** *f* enlargement of the liver, hepatomegalia. **~ˌstein** *m* **1.** *min.* hepatite. **2.** *med.* hepatolith. **~ˌtran** *m* cod-liver oil. **~verˌhär·tung** *f* hepatic induration. **~ˌwurst** *f gastr.* liver sausage, *bes. Am.* liverwurst; *fig. colloq.* **er spielt die beleidigte ~** he plays the injured party. **~zirˌrho·se** *f med.* hepatic cirrhosis.

ˈLe·be|ˌwelt *f* ⟨-; *no pl*⟩ smart (*od.* jet) set. **~ˌwe·sen** *n* living being, creature, *biol.* life-form, (*Klein≈*) organism; **kleinstes ~** microorganism; (**tierisches**) **~** animal.

ˌLe·beˈwohl *n* ⟨-(e)s; -e *u.* -s⟩ farewell, adieu; **j-m ~ sagen** bid s.o. farewell (*od. lit.* adieu), say good-by(e) to s.o.

ˈleb·haft I *adj* **1.** *Person etc*: lively, vivacious, (*munter*) sprightly, buoyant, cheerful, *pred* full of life. **2.** *Augen*: bright, lively. **3.** *Tätigkeit etc*: bustling, busy, lively; (**ein**) **~es Treiben** bustling activity, a hustle and bustle. **4.** *Verkehr*: heavy, busy; *Straße etc*: busy, bustling. **5.** *Interesse*: keen, lively; *Verlangen etc*: strong, keen. **6.** *Schilderung, Erinnerung, Phantasie etc*: vivid, lively; **es ist ihm noch in ~er Erinnerung** he still vividly remembers it. **7.** *Gespräch etc*: lively, animated, spirited; *Wortgefecht etc*: heated; **~er Beifall** vigorous applause. **8.** *Schritt*: brisk. **9.** *Farben, Muster*: gay, lively, vivid. **10.** *Gefühle, Verdacht etc*: strong; **zu m-m ~en Bedauern** much to my regret. **11.** *econ.* a) *Nachfrage*: strong, brisk, b) *Handel*: lively, active, brisk. **12.** *mus.* vivace, lively, lebhaft. **II** *adv* **13.** vividly, in a lively manner; **sie unterhielten sich ~** they had a lively (*od.* an animated) conversation; **ein bißchen ~er, bitte!** *sl.* get a move on!; *oft iro.* **das kann ich mir ~ vorstellen** I can easily imagine that. **14.** (*sehr*) very much; **dieser Vorschlag wurde ~ begrüßt** this proposal was greatly welcomed; **er bedauerte den Vorfall ~** he very much (*od.* sincerely) regretted the incident. **15.** (*herzlich*) warmly, heartily; **er wurde ~ begrüßt** he was warmly welcomed. **ˈLeb·haf·tig·keit** *f* ⟨-; *no pl*⟩ *allg.* liveliness, vivacity, (*Geschäftigkeit*) *a.* briskness, busyness, (bustling) activity, (*Angeregtheit*) *a.* vividness, animation, spiritedness.

ˈLeb|ˌku·chen *m gastr.* Nuremberg gingerbread. **≈los I** *adj* **1.** *Körper etc, a. fig. Straße etc*: lifeless, dead, *Gegenstand*: inanimate. **2.** (*bewußtlos*) unconscious. **3.** *fig. Erzählung etc*: lifeless, dull. **4.** *econ. Börse*: dull, flat. **II** *adv* **5. er lag** (**wie**) **~ da** he lay there as if dead. **~lo·sig·keit** *f* ⟨-; *no pl*⟩ lifelessness (*etc*). **~ˌtag** *m colloq.* life; **das werde ich mein ~** (*od. dial.* **m-r ~e**) **nicht vergessen** I won't forget that as long as I live; **das ist mir mein ~ noch nicht passiert** such a thing has never happened to me before (*od.* in all my born days). **~ˌzei·ten** *pl* **noch zu** (*od.* **bei**) **s-n ~** when he was still alive, during his lifetime.

lech·zen [ˈlɛçtsən] **I** *v/i* ⟨h⟩ *lit.* **1. ~ nach** thirst for (*water, etc*). **2.** *fig.* **~ nach** (*Rache, Blut, Reichtum*) thirst (*od.* pant) for, (*Liebe, der Heimat, Ruhe etc*) yearn (*od.* long) for. **II ≈** *n* ⟨-s⟩ **3.** thirsting (*etc*); *a. fig.* thirst. **~d** *adj a. fig.* thirsting; **mit ~er Zunge** with my (*etc*) tongue hanging out.

leck [lɛk] *adj bes. mar.* leaking, leaky; **~ sein** → **lecken**[1]; **das Schiff ist ~ geworden** the ship has sprung a leak. **Leck** *n* ⟨-(e)s; -e⟩ *bes. mar.* leak, leakage; **ein ~ abdichten** (**bekommen**) stop (spring) a leak. **Lecka·ge** (*getr.* **-k·k-**) [lɛˈkaːʒə] *f* ⟨-; -n⟩ *econ.* leakage.

ˈLecke (*getr.* **-k·k-**) *f* ⟨-; -n⟩ *agr. hunt.* (salt) lick.

lecken[1] (*getr.* **-k·k-**) [ˈlɛkən] **I** *v/i* ⟨h⟩ *Eimer, Tank etc*: (have a) leak; *mar.* have sprung a leak, make (*od.* take) water. **II ≈** *n* ⟨-s⟩ leaking; leakage.

ˈlecken[2] (*getr.* **-k·k-**) **I** *v/t* ⟨h⟩ **1.** lick; **sich** (*dat*) **die Lippen ~** lick one's lips (*fig. a.* chaps); → **Arsch, Blut 1, Finger** *Bes. Redewendungen*. **2.** (*auf~*) lick up, lap up. **II** *v/i* **3.** lick (**an** *dat* **on**, at); *fig.* **die Flammen leckten an den Wänden** (**in die Höhe**) the flames licked up the walls.

ˈlecker (*getr.* **-k·k-**) *adj* ⟨-er; -st⟩ **1.** *Bissen, Mahl etc*: delicious, tasty, savo(u)ry, appetizing, *colloq.* yummy; ~

aussehen (schmecken) look (be) delicious. **2.** *humor. Mädchen*: appetizing, dishy. **≈ˌbis·sen** *m* **1.** titbit, dainty (*od.* choice) morsel, delicacy; **allerlei ~** various kinds of delicacies. **2.** *fig.* titbit, treat.

Lecke'rei (*getr.* **-k·k-**) *f* ⟨-; -en⟩ **1.** → Leckerbissen 1. **2.** *meist pl* sweets *pl*, *Am.* candy.

'Lecker|ˌmaul (*getr.* **-k·k-**), **~ˌmäul·chen** *n* **1.** (person who has a) sweet tooth. **2.** (*Feinschmecker*) gourmet.

'Leck|ˌmat·te *f*, **~ˌse·gel** *n mar.* collision mat. **≈ˌsi·cher** *adj* leak-proof. **~ˌstel·le** *f* leak. **~ˌstrom** *m electr.* leakage current. **~ˌsucht** *f vet.* licking disease.

Le·der ['le:dər] *n* ⟨-s; -⟩ **1.** leather; **aus ungegerbtem ~ (hergestellt)** of rawhide; **in ~ gebunden** leather-bound; *fig.* **j-m das ~ gerben (***od.* **versohlen)** tan s.o.'s hide; **zäh wie ~ sein** a) *Person*: have the constitution of a horse, b) *Schnitzel etc*: be (as) tough as leather; **es geht ihm ans ~** he is in for it; **er will mir ans ~** he is out to get me; **vom ~ ziehen** *hist.* draw (one's sword), *fig.* not to pull one's punches, (really) let go. **2.** (*Polier≈, Fenster≈*) (chamois) leather, chamois. **3.** *colloq.* (*Fußball*) leather, ball. **~ˌar·beit** *f* leatherwork. **≈ˌar·tig** *adj* leathery, leatherlike, leathern. **~ar|ti·kel** *pl* → Lederwaren. **~ˌband¹** *m* ⟨-(e)s; ⸚e⟩ *print.* **1.** leather-bound volume. **2.** → Ledereinband. **~ˌband²** *n* ⟨-(e)s; ⸚er⟩ leather strip, strap. **~ˌdich·tung** *f tech.* leather packing (*od.* seal). **~ˌein|band** *m print.* leather binding. **≈ˌfar·ben, ≈ˌfar·big** *adj* leather-colo(u)red, leather-brown, (*hell*) *a.* buff(y), (*dunkel*) *a.* tawny. **~ˌfett** *n* **1.** leather grease, dubbin. **2.** (*Riemenfett*) leather belt dressing. **~ga|ma·schen** *pl* leather leggings (*od.* gaiters), leathers. **≈ge|bun·den** *adj print.* leather-bound, bound in leather. **~ˌhan·del** *m econ.* leather trade. **~ˌhänd·ler** *m* dealer in leather, leather merchant. **~ˌhand·ˌschuh** *m* leather glove. **~ˌhaut** *f anat.* a) true skin, *a. zo.* corium, derma, b) *des Auges*: sclera. **~ˌher|stel·lung** *f econ.* manufacture of leather. **~ˌho·sen** *pl lange*: leather trousers; *kurze*: leather shorts; (*Kniebundhosen*) leather breeches, *Am. a.* lederhosen.

'le·de·rig *adj* **1.** leathery, leathern. **2.** *bot.* coriaceous.

'Le·der|imi·ta·ti|on *f econ.* imitation leather, Leatherette (*TM*). **~ˌjacke** (*getr.* **-k·k-**) *f* leather jacket. **~ˌkap·pe** *f für Motorradfahrer etc*: leather helmet. **~ˌkis·sen** *n* **1.** leather cushion. **2.** (*Sitzkissen*) leather pouf(fe). **~ˌkleid** *n* leather dress. **~ˌkof·fer** *m* leather suitcase. **~ˌlack** *m* leather varnish. **~ˌlap·pen** *m* → Leder 2. **~man|schet·te** *f* → Lederdichtung. **~ˌman·tel** *m* leather coat.

'le·dern¹ *adj* **1.** *Schuhe etc*: leather(n). **2.** *fig. Fleisch etc*: leathery, like (*od.* [as] tough as) leather. **3.** *fig. Buch, Vortrag etc*: dry, dull, pedestrian. **'le·dern²** *v/t* ⟨h⟩ **1.** (*Leder*) tan. **2.** polish *s.th.* with a (chamois) leather.

'Le·der|ˌpfle·ge|mit·tel *n* leather conditioner. **~ˌrie·men** *m* **1.** leather (strap). **2.** leather belt. **3.** *e-r Sandale, Peitsche*: thong. **4.** *für Rasiermesser*: (razor) strop. **~ˌsamt** *m synth.* duvetyn(e). **~ˌschnitt** *m auf Bucheinbänden etc*: (ornamental) leather carving. **~ˌses·sel** *m* leather armchair.

'Le·der|strumpf-Er|zäh·lun·gen *pl Literatur*: Leather-Stocking Tales (*by J.F. Cooper*).

'Le·der|ˌwa·ren *pl econ.* leatherware *sg*, leather goods (*od.* articles); **~geschäft** *n* leather-goods shop (*bes. Am.* store). **~ˌzeug** *n mil.* straps and belts *pl*, leathers *pl*. **~ˌzu|rich·ter** *m* currier. **~ˌzu|rich·tung** *f* currying, finishing, leather dressing.

le·dig ['le:dɪç] *adj* **1.** (*unverheiratet*) single, unmarried, unattached; **~e Frau** → Ledige²; **~ bleiben** remain single; **e-e ~e Mutter** an unmarried mother. **2.** *Pferd*: riderless. **3.** *Southern G. Kind*: illegitimate. **4.** *lit.* **e-r Sache ~ sein** be free (*od.* rid) of s.th.; **aller Schulden ~** free (*od.* clear) of all debts; **aller Sorgen ~** free of all cares. **'Le·di·ge¹** *m* ⟨-n; -n⟩ unmarried (*od.* single) man. **'Le·dige²** *f* ⟨-n; -n⟩ unmarried (*od.* single) woman, feme sole. **'Le·di·gen|steu·er** *f econ.* tax (levied) on unmarried persons, bachelor tax.

'le·dig·lich *adv* **1.** only, merely, (purely and) simply, solely, just; **~ e-e Formsache** only (*od.* just) a formality; **~ durch Zufall** purely by accident. **2.** (*ganz*) entirely, exclusively.

Lee [le:] *f* ⟨-; *no pl*⟩ **1.** *mar.* lee(ward); **in ~** alee, under the lee; **nach ~** leeward. **2.** *meteor.*, *e-s Gebirges etc*: lee (side). **~ˌbras·sen** *pl mar.* lee braces.

leer [le:r] **I** *adj* ⟨-er; -st⟩ **1.** empty; **~e Straßen** empty (*od.* deserted) streets; **auf ~en Magen** on an empty stomach; **s-e Tasse ~ trinken** empty (*od.* finish) one's cup; **s-n Teller ~ essen** clear one's plate, eat up (all) one's food; **mit ~en Händen** empty-handed; *fig.* **mein Leben ist so ~** my life is so empty, my life is a vacuum; → **gähnend. 2.** (*unmöbliert*) unfurnished. **3.** (*~stehend*) vacant, unoccupied, uninhabited (*house*), (*geräumt*) *a.* evacuated. **4.** *Platz, Sitz etc*: unoccupied, vacant, free. **5.** *Blatt, Heft etc*: blank (*a. Tonband etc*), clean, empty, *print.* white. **6.** *fig. Drohungen, Versprechungen etc*: empty, hollow; *Hoffnungen etc*: empty, vain; *Gerede etc*: empty, idle; **~e Worte** empty words, verbalism *sg*; → **Geschwätz** 2. **7.** *Blick, Gesicht etc*: empty, blank, vacuous. **8.** *electr. Batterie*: flat, run-down. **9.** *mus. Saite*: open, *Quint, Oktav*: bare, naked. **II** *adv* **10.** *tech.* **~ laufen** *Motor etc*: (run) idle, be idling. **11. ~ ausgehen** a) come away (*od.* leave) empty-handed, b) be left out in the cold. **≈ˌak·tie** *f econ.* share not fully paid up. **≈ˌband** *n* blank tape. **≈ˌdarm** *m anat.* jejunum.

'Lee·re¹ *f* ⟨-; *no pl*⟩ **1.** emptiness; **im Saal herrschte e-e gähnende ~** the hall was completely empty; *fig.* **innere ~** emptiness within one, inner void. **2.** *fig.* emptiness, *von Phrasen etc*: *a.* hollowness, *von Lektüre, Unterhaltung etc*: *a.* vacuity, (*Ausdruckslosigkeit*) blankness. **3.** *phys.* vacuum. **'Lee·re²** *n* ⟨-n; *no pl*⟩ **ins ~ starren** stare into space; **ins ~ greifen** grasp at thin air; **der Schlag ging ins ~** the blow missed. **'Lee·re·ge|fühl** *n* feeling of emptiness. **lee·ren** ['le:rən] **I** *v/t* ⟨h⟩ **1.** empty (*bucket, pockets, etc*), *Bierglas, Faß etc*: *a.* drain. **2.** (*Briefkasten, Schrank, Teller etc*) empty, clear. **3.** *med.* evacuate. **II** *v/reflex* **sich ~ 4.** (become) empty; **der Saal leerte sich** the hall emptied. **III ≈** *n* ⟨-s⟩ **5.** emptying (*etc*). **6.** → **Leerung.**

'Leer|ˌfor·mel *f fig.* empty formula. **~ˌfracht** *f econ.* dead freight. **~ˌgang** *m tech.* **1.** lost (*od.* idle) motion. **2.** (*Schaltstellung*) neutral (gear). **3.** *e-r Kupplung, Schraube*: backlash. **4.** → **Leerlauf** 1. **~ge|wicht** *n* **1.** *e-s Fahrzeugs*: unloaded (*od.* unladen) weight, tare (weight). **2.** *e-s Flugzeugs*: empty weight. **~ˌgut** *n* empties *pl*. **~heit** *f* ⟨-; *no pl*⟩ → **Leere¹**. **~ki·lo|me·ter** *m* dead-freight carriage.

'Leer|lauf *m* **1.** *tech.* a) idling, idle running (*od.* motion), b) (*Gang*) neutral (gear), c) *e-r Maschine*: idle running, d) *electr.* no-load running, e) *e-s Fahrrads*: freewheel; **ruhiger ~** smooth (*od.* quiet) idling; **im ~ fahren** *Auto*: coast, *Fahrrad*: *a.* freewheel; **in den (***od.* **auf) ~ schalten** change into neutral (gear). **2.** *fig.* a) wastage, lost motion, useless work, b) inactivity, idleness, running on the spot. **'leer|lau·fen** *v/i* ⟨*irr, sep,* -ge-, sein⟩ **1.** *Faß etc*: run dry (*a.* **~ lassen**). **2.** *Sport*: **j-n ~ lassen** sidestep s.o., *colloq.* sell s.o. a dummy.

'Leer|lauf|ˌspan·nung *f electr.* no-load voltage. **~ˌstel·lung** *f* neutral position. **~ˌstrom** *m electr.* no-load current.

'Leer|ˌpackung (*getr.* **-k·k-**) *f econ.* dummy, (empty) display package. **≈ˌste·hend** *adj Wohnung etc*: vacant, unoccupied, empty. **~ˌtakt** *m mot. etc* idle stroke. **~ˌta·ste** *f* space bar.

'Lee·rung *f* ⟨-; -en⟩ **1.** → **leeren** 5. **2.** (postal) collection. **'Lee·rungs|zeit** *f* collection time.

'Leer|ver|kauf *m econ.* short sale. **~ˌzei·le** *f print.* space. **~ˌzug** *m* empty goods (*Am.* freight) train.

'Lee|ˌse·gel *n mar.* studding sail. **~ˌsei·te** *f* lee (side). **≈ˌwärts** *adv* (to) leeward, alee.

Lef·ze ['lɛftsə] *f* ⟨-; -n⟩ *bes. des Hundes*: flews *pl*.

le·gal [le'ga:l] *adj jur.* legal, lawful; **auf ~em Weg** by lawful means, lawfully.

le·ga·li|sie·ren [legali'zi:rən] *v/t* ⟨*no* **ge-**, h⟩ *jur.* legalize, (*beglaubigen*) *a.* authenticate. **≈'sie·rung** *f* ⟨-; -en⟩ legalization, (*Beglaubigung*) *a.* authentication. **≈'tät** [-'tɛ:t] *f* ⟨-; *no pl*⟩ *jur.* legality, lawfulness; **~sprinzip** *n* principle of legality; **et. außerhalb der ~** a bit outside the law.

Le'gal·ser·vi|tut *n*, *Austrian a. f jur.* statutory easement.

Leg·asthe·nie [legaste'ni:] *f* ⟨-; -n [-ən]⟩ *med. psych.* legasthenia. **Leg·asthe·ni·ker** [-'te:nikər] *m* ⟨-s; -⟩ legasthenic.

Le·gat¹ [le'ga:t] *m* ⟨-en; -en⟩ *R.C.* (papal) legate.

Le'gat² *n* ⟨-(e)s; -e⟩ *jur.* legacy, bequest, *von Grundbesitz*: devise; **ein ~ aussetzen** leave a legacy (*etc*). **Le·ga·tar** [lega'ta:r] *m* ⟨-s; -e⟩ *jur.* **1.** legatee. **2.** devisee.

Le·ga·ti·on [lega'tsǐo:n] *f* ⟨-; -en⟩ **1.** *R.C.* legation. **2.** *pol.* legation, embassy; **~srat** *m* legation council(l)or.

'Le·ge|bat·te|rie *f agr. für Hennen*: laying battery. **≈ˌfreu·dig** *adj* (*hen*) that is a good layer. **~ˌhen·ne** *f*, **~ˌhuhn** *n agr.* laying hen, layer. **~ˌlei·stung** *f* egg yield.

le·gen ['le:gən] **I** *v/t* ⟨h⟩ **1.** put, lay, place, *in vorherbestimmte Lage*: locate, seat. **2.** a) (*Rohre, Geleise, Teppich etc*) lay, b) (*Gasleitung etc*) instal(l); **Kabel (Fliesen) ~** lay cables (tiles); **neue Fußböden ~** lay (*od.* put in) new floors. **3.** (*Haare*) set; **bitte, waschen und ~** shampoo and set, please. **4.** (*Wäsche, Fallschirm etc*) fold. **5.** (*flach~*) lay *s.th.* down (flat). **6.** *zo.* (*Eier*) *bes. Huhn etc*: lay, *Vögel, Insekten, Schildkröten*: *a.* deposit. **7.** *agr. hort.* a) (*Kartoffeln etc*) set, plant, b) (*Bohnen etc*) plant, sow. **8.** *mil.* (*Minen*) lay, plant. **9.** *hist.* **Bauern ~** evict tenants. **10.** (*Patience etc*) play; → **Karte** 11. **11.** *Fußball, Ringen etc*: bring *s.o.* down. **II** *v/i* **12.** *Hühner*: lay; **diese Hennen ~ gut (schlecht)** these hens are good (poor) layers. **III** *v/reflex* **sich ~ 13.** lie down; **leg dich!** *zum Hund*: (lie) down!; **er hat sich gelegt** he has gone to bed, (*ist krank*) he took to his bed. **14.** *Getreide etc*: lodge. **15.** *fig. Wind, Zorn etc*: calm (*od.* settle) down, cease; *Fieber*: go down, drop; *Aufregung, Lärm etc*: die down, subside; *Schmerzen, Sturm etc*: ease up, abate. **IV** ♀ *n* ⟨-s⟩ **16.** laying (*etc*). **17.** *von Gas-, Wasserleitung etc*: installation.

Verbindungen mit Präpositionen:

le·gen| an (*acc*) **I** *v/t* put (*od.* lay) *s. th.* on (*od.* against, in, to); **et. (wieder) an s-n Platz** ~ put s.th. back in its place; **den Kopf an j-s Schulter** ~ lay (*od.* rest) one's head on (*od.* against) s. o.'s shoulder; → *Verbindungen mit anderen Substantiven*. **II** *v/reflex* **sich** ~ **an** lie down next to (*od.* near). ~ **auf** (*acc*) **I** *v/t* put (*od.* lay, place) *s. th.* (up)on; *fig.* **Beschränkungen auf Einfuhren** ~ place restrictions on imports; **Steuern (Zoll) auf e-e Ware** ~ lay (*od.* levy) taxes (duty) on an article; → **Akzent** 1, **Eis¹** 1 (*etc*). **II** *v/reflex* **sich** ~ **auf** lie down (up)on; *fig. Dunkelheit, Krankheit, Qualm etc*: settle (up)on (*the land, s. o.'s chest, etc*); **sich auf die Seite** ~ a) lie down on one's side, b) turn on one's side, c) *Schiff*: (get a) list; *fig.* **die Sache legte sich ihm aufs Gemüt** the matter began to depress him (*od.* to prey (up)on his mind); *fig. colloq.* **sich auf** *e-e Tätigkeit* ~ go in for, take up *s. th.* ~ **in** (*acc*) **I** *v/t* put (*od.* lay) *s. th.* in(to); **j-n ins Grab** ~ lay s. o. in the grave, bury s. o.; **ein Kind ins Bett** ~ put a child to bed; **Wein in den Keller** ~ put wine in the cellar, cellar wine; *fig.* **er legte die Entscheidung in m-e Hände** he placed the decision in my hands; → *Verbindungen mit anderen Substantiven*. **II** *v/reflex* **sich** ~ **in** lie (down) in; **sich ins Bett** ~ go to bed; **sich in die Sonne** ~ go and lie in the sun. ~ **um I** *v/t* **1.** put (*od.* lay) *s. th.* (a)round; **er legte ihr den Mantel um die Schultern** he put (*od.* wrapped) the coat (a)round her shoulders. **II** *v/reflex* **sich** ~ **um 2.** *Schlange, Ranken etc*: wind (*od.* wrap) (a)round (*od.* about). **3.** *Arme etc*: be laid (a)round; **s-e Hände legten sich um ihren Hals** he laid his hands round her neck. ~ **vor** (*acc*) **I** *v/t* **1.** put (*od.* lay) *s. th.* before; **ein Schloß vor die Tür** ~ put a lock on the door; *fig.* **j-m den Kopf vor die Füße** ~ cut s. o.'s head off. **II** *v/reflex* **2. sich** ~ **vor** lie down before. **3.** *mar.* **sich vor Anker** ~ cast (*od.* drop) anchor. ~ **zu I** *v/t* put (*od.* lay) *s. th., s. o.* to; **j-n zu Bett** ~ put s. o. to bed; **leg es zu den anderen Sachen** put it with the other things; → **Last** 3. **II** *v/reflex* **sich zu j-m** ~ lie down beside s. o.

Le·gen·dar [legɛnˈdaːr] *n* ⟨-s; -e⟩ legendary, book of legends. **le·genˈdär** [-ˈdɛːr] *adj* legendary; ~**e Gestalt,** ~**e Sache** legend, myth. **Le·genˈda·ri·um** [-ˈdaːrĭʊm] *n* ⟨-s; -rien⟩ → **Legendar.**

Le·gen·de [leˈgɛndə] *f* ⟨-; -n⟩ **1.** (*Sage*) *a. relig. u. fig.* legend; **wie die** ~ **berichtet** (*od.* **weiß**) as legend has it; **es geht die** ~**, daß** legend has it that. **2.** (*Zeichenerklärung*) key, legend. **3.** *auf Münzen, Bildern etc*: legend.

Leˈgen·den|ˌdich·tung *f* legendary literature (*od.* writings *pl*, poetry). ♀**haft** *adj* → **legendär.** ~ˌ**schrei·ber** *m* legendist.

ˈLe·geˌnest *n zo.* laying nest.

le·ger [leˈʒɛːr] *adj* **1.** *Benehmen etc*: nonchalant, casual, (*zwanglos*) informal. **2.** (*leicht u. bequem*) *Mode*: casual.

ˈLe·ge|ˌras·se *f agr.* laying strain. ~ˌ**röh·re** *f e-s Insekts*: ovipositor.

ˈLe·gerˌwall *m mar.* lee shore.

ˈLe·ge|ˌspiel *n* jigsaw puzzle. ~ˌ**zeit** *f zo.* laying season (*od.* time).

ˈLegˌhen·ne *f* → **Legehenne.**

ˈLegˌhorn *n* ⟨-s; -s⟩ *agr.* Leghorn.

le·gie·ren [leˈgiːrən] **I** *v/t* ⟨*no* **ge-**, h⟩ **1.** *metall.* alloy; **mit Quecksilber** ~ amalgamate. **2.** *gastr.* (*Suppen, Soßen etc*) thicken. **II** ♀ *n* ⟨-s⟩ **3.** alloying (*etc*). **leˈgiert** *adj* **1.** *metall. Stahl etc*: alloy(ed). **2.** *gastr.* thickened; **e-e** ~**e Suppe** a cream soup. **Leˈgie·rung** *f* ⟨-; -en⟩ *metall.* **1.** → **legieren** 3. **2.** alloy.

Leˈgie·rungs|beˌstandˌteil *m*, ~**eleˌment** *n metall.* alloying component (*od.* constituent). ~ˌ**stahl** *m* alloy steel. ~ˌ**zuˌsatz** *m* alloying addition.

Le·gi·on [leˈgĭoːn] *f* ⟨-; -en⟩ *mil. antiq. u. modern*: legion; *fig.* **ihre Zahl ist** ~ their number is legion. **Le·gio·nar** [legĭoˈnaːr] *m* ⟨-s; -e⟩ *antiq. mil.* legionary. **Le·gio·när** [legĭoˈnɛːr] *mil.* **I** *m* ⟨-s; -e⟩ legionnaire, legionary. **II** ♀ *adj* legionary. **Le·giˈons·solˌdat** *m* **1.** → **Legionär** I. **2.** → **Legionar.**

le·gis·la|tiv [legɪslaˈtiːf] *adj pol.* legislative. ♀ˈ**ti·ve** [-ˈtiːvə] *f* ⟨-; -n⟩ **1.** legislature, legislative body (*od.* assembly). **2.** legislative power. ~ˈ**to·risch** [-ˈtoːrɪʃ] *adj* legislative. ♀ˈ**tur** [-ˈtuːr] *f* ⟨-; -en⟩ *pol.* **1.** *rare* legislation. **2.** *hist.* → **Legislative** 1. **3.** → ♀ˈ**tur·pe·riˌode** *f* legislative period.

le·gi·tim [legiˈtiːm] *adj allg., a. fig.* legitimate.

Le·gi·ti·ma·ti·on [legitimaˈtsĭoːn] *f* ⟨-; -en⟩ **1.** (*Beglaubigung*) authentication. **2.** a) (*Identitätsnachweis*) identification, proof of identity, b) → **Legitimationspapiere. 3.** *e-s Kindes*: legitimation. **4.** a) (*Berechtigung*) authority, b) (*Rechtfertigung*) justification.

Le·gi·ti·ma·tiˈons|ˌkar·te *f pol.* legitimation card, (official) congress card. ~**paˌpie·re** *pl* (papers of) identification *sg*, identification papers.

le·gi·ti|mie·ren [legitiˈmiːrən] **I** *v/t* ⟨*no* **ge-**, h⟩ *bes. jur.* **1.** (*für legitim erklären*) legitimate, legitimize; **ein Kind** ~ legitimate a child. **2.** (*berechtigen*) authorize. **II** *v/reflex* **sich** ~ **3.** (*sich ausweisen*) (**mit** with) prove one's identity, show one's papers. ♀ˈ**mie·rung** *f* ⟨-; -en⟩ → **Legitimation.** ♀ˈ**mis·mus** [-ˈmɪsmʊs] *m* ⟨-; *no pl*⟩ *pol.* legitimism. ~ˈ**mi·stisch** *adj* legitimist. ♀**miˈtät** [-miˈtɛːt] *f* ⟨-; *no pl*⟩ *jur. etc* legitimacy.

Le·gu·an [leˈgŭaːn] *m* ⟨-s; -e⟩ *zo.* (i)guana, legua(a)n.

Le·gu·men [leˈguːmən] *n* ⟨-s; -⟩ *bot.* legume. **Le·gu·mi·no·se** [legumiˈnoːzə] *f* ⟨-; -n⟩ *meist pl* → **Hülsenfrüchtler.**

Le·hen [ˈleːən] *n* ⟨-s; -⟩ *jur. hist.* **1.** fief, feoff, feudal tenure; **j-m et. zu** ~ **geben** invest s. o. with land, enfeoff s. o.; **freies** ~ free tenure; **Land von j-m zu** ~ **halten** hold land in fief from s. o. **2.** (*Belehnung*) enfeoffment. **3.** (*Pfründe*) benefice.

ˈLe·hens|ˌabˌga·be *f jur. hist.* feudal tailage. ~ˌ**bau·er** *m* peasant holding a feudal tenure. ~**beˌsitz** *m* **1.** feudal tenure; **geistlicher** ~ frankalmoigne estate; **weltlicher** ~ soc(c)age estate. **2.** (*Zinslehen*) (higher type of) copyhold. **3.** → **Lehensgut.** ~**beˌsit·zer** *m* copyholder. ~ˌ**brief** *m* (deed of) enfeoffment. ~ˌ**bruch** *m* → **Lehensfrevel.** ~ˌ**dienst** *m* feudal service, vassalage. ~ˌ**eid** *m* oath of fealty (*od.* allegiance). ♀ˌ**frei** *adj* al(l)odial, held in freehold. ~ˌ**frei·heit** *f* al(l)odiality, freehold, fee simple. ~ˌ**fre·vel** *m* felony, treason. ~ˌ**geld** *n* relief, quit-money. ~ˌ**gut** *n* **1.** fief, feoff, feud(al estate). **2.** (*Zinslehen*) copyhold. **3.** *nach dem Gewohnheitsrecht*: fee. ~ˌ**herr** *m* **1.** feudal (*od.* liege) lord, seigneur; **oberster** ~ lord paramount. **2.** (*Zwischen*♀) mesne lord. ♀ˌ**herr·lich** *adj* **1.** seignorial. **2.** (*ober*~) suzerain. ~ˌ**herr·lich·keit,** ~ˌ**herr·schaft,** ~ˌ**ho·heit** *f* seigniorality, seigniory; (*Ober*♀) suzerainty. ~ˌ**mann** *m* ⟨-(e)s; ⸗er *u.* -leute⟩ **1.** (soke)man, feudatory, liege(man), tenant; ~ **des Königs** tenant in chief. **2.** (*Untertan*) vassal. ~ˌ**pflicht** *f* feudal duty (*od.* obligation); ~ **des Lehnsherrn** seignorial duty; ~ **des Lehensmannes** homage, vassalage, fealty. ♀ˌ**pflich·tig** *adj* liege, bound by allegiance, feudatory. ~ˌ**recht** *n* **1.** feudal law. **2.** *e-s einzelnen*: right of investiture. ~**syˌstem** *n* feudal system, feudalism. ~ˌ**treue** *f* fealty, allegiance. ~ˌ**we·sen** *n* → **Lehenssystem.** ~ˌ**zins** *m* quit rent.

Lehm [leːm] *m* ⟨-(e)s; -e⟩ **1.** loam. **2.** (*Ton*) clay. **3.** *colloq.* (*Schmutz*) mud. ♀ˌ**ar·tig** *adj* **1.** loamy. **2.** (*tonartig*) clayish, clayey. ~ˌ**bat·zen** *m* lump (*od.* clod) of loam (*od.* clay). ~ˌ**bauˌstein** *m* unburnt sun-dried brick, *bes. Am.* adobe. ~ˌ**bo·den** *m* loam(y) soil, loam; (*Tonboden*) clay soil; (*Fußboden*) loam (*od.* earthen) floor. ♀ˌ**gelb** *adj* loam(y) yellow. ~ˌ**gru·be** *f* **1.** loam pit. **2.** (*Tongrube*) clay pit. ~ˌ**guß** *m metall.* loam casting. ♀ˌ**hal·tig** *adj* **1.** containing loam, argilloarenaceous. **2.** (*tonhaltig*) containing clay, argillaceous. ~ˌ**hüt·te** *f* mud hut.

ˈleh·mig *adj* **1.** loamy, clayey. **2.** *colloq.* muddy.

ˈLehm|ˌmer·gel *m geol.* loamy marl. ~ˌ**zie·gel** *m* loam (*od.* clay) brick.

Lehn [leːn] *n* ⟨-s; -⟩ → **Lehen.** ♀**bar** *adj jur. hist.* feudal; ~ **machen** feudalize. ~**bar·keit** *f* ⟨-; *no pl*⟩ feudality.

ˈLeh·ne *f* ⟨-; -n⟩ **1.** (*Stuhl*♀ *etc*) back(rest). **2.** (*Arm*♀) arm(rest). **3.** *geol.* (*Abhang*) slope.

leh·nen [ˈleːnən] **I** *v/reflex* ⟨h⟩ **sich** ~ lean (**an** *acc*, **gegen** against); **sich aus dem Fenster** ~ lean out of the window. **II** *v/t u. v/i* lean, rest (*against the wall, etc*).

ˈLehnˌgut *n* → **Lehensgut.**

Lehns … → **Lehens …**

ˈLehn|ˌses·sel, ~ˌ**stuhl** *m* armchair, easy chair. ♀ˌ**überˌsetzt** *adj ling. Wort*: paronymous. ~ˌ**überˌset·zung** *f* loan translation; *von Einzelwörtern*: calque. ~ˌ**wort** *n* ⟨-(e)s; ⸗er⟩ loan(word), borrowed word, paronym(ous word).

ˈLehrˌamt *n ped.* **1.** (*Beruf*) teaching (profession); **er bereitet sich auf das höhere** ~ **vor** he is preparing to be a teacher at a secondary school. **2.** (*Stellung*) teaching post; *univ.* lectureship. **3.** *relig.* ~ **der Kirche** ministry, clerical profession.

ˈLehrˌamts|kan·diˌdat *m ped.* **1.** candidate for a teaching post. **2.** probationary (*od.* trainee-)teacher. ~ˌ**prü·fung** *f* first state examination for the (secondary) teaching profession.

ˈLehr|anaˌly·se *f ped.* **1.** didactic analysis. **2.** training analysis. ~ˌ**anˌstalt** *f* educational establishment, school; **höhere** ~ secondary school. ~ˌ**aufˌtrag** *m univ.* teaching assignment, lectureship. ♀**bar** *adj* teachable, that can be taught. ~**beˌaufˌtrag·te** *m, f* ⟨-n; -n⟩ *univ.* (assistant) lecturer, *Am.* associate, lecturer. ~**beˌrech·ti·gung** *f* **1.** teaching licen/ce (*Am.* -se), teacher's diploma (*od.* certificate). **2.** qualification to teach. ~**beˌruf** *m* **1.** *ped.* teaching (profession). **2.** (*Beruf mit Lehrzeit*) vocation requiring an apprenticeship (*od.* special training). ~**beˌtrieb** *m* **1.** firm where apprentices are trained. **2.** a) *ped.* teaching, b) *univ.* lectures *pl*; **der ~ wird wieder aufgenommen** school (*od.* lectures) start again. **~ˌbrief** *m* **1.** (*Zeugnis*) certificate of apprenticeship. **2.** (*Vertrag*) indenture(s *pl*), articles *pl* of apprenticeship. **3.** *e-s Fernlehrganges*: correspondence lesson. **~ˌbub** *m Southern G. for* **Lehrling.** **~ˌbuch** *n* **1.** *für die Wissenschaft*: textbook. **2.** *für Technik, Handwerk etc*: (instruction) manual. **3.** (*Schulbuch*) school-book, *Am.* textbook; **~ für Anfänger** primer. **~ˌbur·sche** *m colloq. for* **Lehrling.** **~ˌdich·tung** *f* **1.** didactic poetry. **2.** didactic poem. **~ˌdorn** *m tech.* screw plug ga(u)ge.

ˈLeh·re[1] *f* 〈-; -n〉 **1.** (*Lehrmeinung*) teaching(s *pl*), doctrine, tenet; **die ~ des Konfuzius** the teachings of Confucius; **die christliche ~** the Christian doctrine. **2.** (*Lehrsatz*) theory, science; **die ~ von der Optik** (the science of) optics *pl* (*meist als sg konstruiert*); **Newtons ~ vom Gravitationsgesetz** Newton's theory of gravitation. **3.** (*Warnung*) lesson, warning; **das wird ihm e-e ~ sein** that will teach him a lesson; **laß dir das e-e ~ sein** let that be a warning to you; **e-e ~ ziehen aus** draw a lesson from (*cf. a.* 5). **4.** (*Ratschlag*) (piece of) advice. **5.** (*Schlußfolgerung*) conclusion; **e-e ~ aus e-r Sache ziehen** draw a conclusion from s. th. **6.** (*Berufs*Ձ) apprenticeship; **j-n zu e-m Bäcker in die ~ geben** apprentice s. o. to a baker; **er geht bei e-m Bäcker in die ~** he is an apprentice with a baker; **in der ~ sein** serve one's apprenticeship; *fig.* **bei ihm kannst du noch in die ~ gehen** he can teach you a lot.

ˈLeh·re[2] *f* 〈-; -n〉 *tech.* **1.** a) (*Fest*Ձ) ga(u)ge, b) *verstellbare*: cal(l)iper(s *pl*), pair of cal(l)ipers. **2.** (*Form*) mo(u)ld. **3.** (*Leitschablone*) template, templet.

leh·ren [ˈleːrən] **I** *v/t* 〈h〉 **1.** (*unterrichten*) teach; **j-n** (*colloq. a.* **j-m**) **e-e Sprache ~** teach s. o. a language, instruct s. o. in a language; **j-n lesen** (*od.* **das Lesen**) **~** teach s. o. reading (*od.* [how] to read), instruct s. o. in reading; *Bibl.* **lehret alle Völker** teach all nations; *iro.* **ich werde dich ~, d-n alten Vater auszulachen** I'll teach you to laugh at your old father. **2.** *fig.* (*zeigen*) show, teach, prove; **die Erfahrung lehrt (uns), daß** experience teaches (us) that; **die Zeit wird es ~** time will show (*od.* tell). **II** *v/i* **3.** teach, *univ. a.* lecture. **III** Ձ *n* 〈-s〉 **4.** teaching (*etc*); instruction.

ˈLeh·rer *m* 〈-s; -〉 **1.** teacher, *a.* instructor, (*Schul*Ձ) *Br. a.* master, *e-r kleinen Schule*: schoolmaster; **~ für Deutsch** teacher of German, German teacher. **2.** → **Pädagoge. 3.** (*Privat*Ձ, *Nachhilfe*Ձ, *Haus*Ձ) tutor. **~beˌruf** *m* teaching (profession); **den ~ ergreifen** become a teacher, take up teaching. **~ˌbil·dung** *f* teacher training.

ˈLeh·re·rin *f* 〈-; -nen〉 **1.** (lady *od.* woman) teacher, *a.* instructress, (*Schul*Ձ) *Br. a.* mistress, *e-r kleinen Schule*: schoolmistress. **2.** (*Haus*Ձ) governess.

ˈLeh·rer|kol|le·gi·um *n ped.* (teaching) staff, *Am. bes. univ.* faculty. **~kon·feˌrenz** *f* (school) staff meeting, *bes. Am.* faculty meeting. **~ˌman·gel** *m* shortage of teachers. **~schaft** *f* **1.** *e-r Schule*: teaching staff, *bes. Am.* faculty. **2.** *e-s Bezirks etc*: (body of) teachers *pl*. **~verˌband** *m* teachers' association. **~ˌzim·mer** *n* staff (*od.* teachers') room.

ˈLehr|ˌfach *n* **1.** (*Beruf*) teaching profession. **2.** (*Fachgebiet*) subject of instruction (*od.* study). **~ˌfilm** *m* **1.** instructional (*od.* educational) film. **2.** *praktischer*: training (*od.* demonstration) film. **~ˌfrei·heit** *f* freedom of instruction, academic freedom. **~ˌgang** *m* **1.** course (of instruction *od.* of study); **an e-m ~ für Englisch teilnehmen** attend an English course. **2.** *praktischer*: (training) course. **~ˌgangsˌlei·ter** *m* head of a course, instructor. **~ˌgangsˌteilˌneh·mer** *m* participant in a course, student. **~geˌbäu·de** *n fig.* system of doctrines, set of dogmas. **~geˌdicht** *n* didactic poem. **~ˌgeld** *n* **1.** *hist.* premium (of apprenticeship). **2.** *fig.* **~ (be)zahlen müssen** learn the hard way. Ձ**haft** *adj* (*belehrend*) didactic(al); (*schulmeisterlich*) schoolmasterly. **~ˌherr** *m* master (of an apprentice). **~ˌjahr** *n a. fig.* year of apprenticeship; *fig.* prentice year; **harte ~e durchmachen** pass through a hard school. **~ˌjun·ge** *m Northern G. for* **Lehrling.** **~ˌkan·zel** *f Austrian for* **Lehrstuhl.** **~ˌkör·per** *m ped.* (teaching) staff, teachers *pl*, *Am. a.* faculty. **~ˌkraft** *f* → **Lehrer(in)** 1. **~ˌkran·kenˌhaus** *n* teaching hospital. **~ˌkurs, ~ˌkur·sus** *m* → **Lehrgang.**

ˈLehr·ling *m* 〈-s; -e〉 apprentice, trainee.

ˈLehr·lings|ˌausˌbil·dung *f* training of apprentices. **~ˌheim** *n* hostel (*Am.* home) for apprentices. **~verˌtrag** *m* → **Lehrvertrag.**

ˈLehr|ˌmäd·chen *n* (girl) apprentice. **~maˌschi·ne** *f meist pl* teaching machine. **~ˌmei·nung** *f* → **Lehre**[1] 1. **~ˌmei·ster** *m* **1.** teacher, instructor, master. **2.** (*Handwerksmeister*) master. **3.** *fig.* teacher, mentor. **~meˌtho·de** *f* teaching method. **~ˌmit·tel** *pl* teaching aids. **~per·soˌnal** *n* teaching staff. **~ˌplan** *m* curriculum, syllabus, course of study. **~ˌpro·be** *f ped.* demonstration lesson. Ձˌ**reich** *adj* informative, instructive. **~ˌsaal** *m* → **Hörsaal.** **~ˌsatz** *m* **1.** *weitS.* doctrine, tenet. **2.** *math.* theorem, proposition. **3.** *philos.* doctrine, proposition. **4.** (*Dogma*) dogma. **~ˌschwe·ster** *f med.* sister tutor. **~ˌspruch** *m* aphorism, maxim. **~ˌstel·le** *f* apprenticeship; **offene ~** vacancy for an apprentice. **~ˌstoff** *m* **1.** subjects *pl* (taught). **2.** *e-s einzelnen Fachs*: subject matter. **~ˌstück** *n Literatur*: didactic play. **~ˌstuhl** *m* professorship, (professorial) chair, professorate; **den ~ für Geschichte (inne)haben** hold the chair of history. **~ˌstun·de** *f* → **Unterrichtsstunde** 1. **~verˌtrag** *m* indenture(s *pl*), articles *pl* of apprenticeship. **~ˌwei·se** *f* → **Lehrmethode.** **~ˌwerkˌstatt** *f* (apprentices') training shop. **~ˌzeit** *f* (time of) apprenticeship. **~ˌzeug·nis** *n* apprentice's certificate.

Leib [laɪp] *m* 〈-(e)s; -er〉 **1.** body; **am ganzen ~e zittern** tremble all over; **ich habe die Armut am eigenen ~(e) erfahren** (*od.* **zu spüren bekommen**) I have seen (*od.* experienced) poverty (*od.* what it is like to be poor); *fig. colloq.* **er hat e-n unverschämten Ton am ~(e)** he is very rude; **du hast aber e-n Schritt am ~(e)!** you are a fast walker!; **wir konnten nur das retten, was wir auf dem ~e hatten** (*od.* **trugen**) all we were able to rescue were the clothes we stood up in (*od.* had on our backs); *fig.* **diese Rolle ist ihm wie auf den ~ geschrieben** this role (*a.* rôle) suits him to a tee; **k-e Ehre im ~(e) haben** have no sense of hono(u)r; *fig. colloq.* **bleib mir damit vom ~** don't bother me with that; *colloq.* **drei Schritt vom ~!** stay at arm's length!; *fig.* **sich** (*dat*) **j-n vom ~ halten** keep s.o. at arm's length (*od. colloq.* out of one's hair); **halt ihn mir bloß vom ~!** keep him out of my sight!; **sich** (*dat*) **alle Unannehmlichkeiten vom ~ halten** steer clear of all difficulties; **j-m auf den ~ rücken** a) edge up to s.o., b) *fig.* press s.o. hard; *fig. colloq.* **j-m zu ~e gehen** (*od.* **rücken**) attack s.o.; **e-m Problem zu ~e rücken** tackle a problem; **Gefahr für ~ und Leben** danger to life and limb; **~ und Leben einsetzen** risk one's life, risk life and limb; **mit ~ und Seele bei e-r Sache sein** do s.th. (with) heart and soul; **er ist mit ~ und Seele Soldat** he is with heart and soul a soldier; → **lebendig** 1 (*etc*). **2.** (*Bauch, Unter*Ձ) belly, abdomen, (*Magen*) stomach; **nichts im ~e haben** have an empty stomach; *med.* **offener ~** open bowels, regular motions *pl*; **e-n harten ~ haben** be constipated; *colloq.* **sich** (*dat*) **den ~ vollschlagen** stuff o.s.; *lit.* **gesegneten ~es sein** be with child. **3.** (*Rumpf*) trunk; (*Taille*) waist. **4.** *relig.* body; **der sündige ~** the body in sin; *Bibl.* **das ist mein ~** this is my body; **der ~ des Herrn** the Host, the Body of Christ, the consecrated wafer. **~ˌarzt** *m* personal physician (*gen* to). **~ˌbin·de** *f* **1.** waistband. **2.** (*Schärpe*) sash. **3.** *für Wöchnerinnen*: abdominal binder. **~ˌbur·sche** *m senior member of a German students' association who is personally to advise one or several younger members.*

ˈLeib·chen *n* 〈-s; -〉 **1.** bodice, *für Kinder*: waist. **2.** (*Unter*Ձ) vest.

ˈleib|ˌei·gen *adj hist.* in bondage, adscript(ive). Ձˌ**ei·ge·ne**[1] *m* 〈-n; -n〉 serf, bondman, adscript; *im Feudalrecht*: villein. Ձˌ**ei·ge·ne**[2] *f* 〈-n; -n〉 serf, bondwoman, adscript; *im Feudalrecht*: villein. Ձˌ**ei·gen·schaft** *f* 〈-; *no pl*〉 serfdom, bondage; *im Feudalrecht*: ville(i)nage.

lei·ben [ˈlaɪbən] *v/i* **das ist er, wie er leibt und lebt** a) that's the spitting image of him, b) that's him all over.

ˈLei·bes|beˌschaf·fen·heit *f* (physical) constitution, bodily structure, physique. **~ˌer·be** *m jur.* heir of the body, legitimate heir; **ohne ~n sterben** die without issue. **~erˌzie·hung** *f ped. Sport*: physical education (*od.* training), *colloq.* PE, PT. **~ˌfrucht** *f med.* f(o)etus, *poet.* fruit of the body (*od.* womb); *jur.* **Tötung der ~** f(o)eticide, criminal abortion. **~ˌfül·le** *f* corpulence. **~ˌkräf·te** *pl* **aus ~n** with all one's might, with might and main; **aus ~n schreien** shout (*od.* scream) at the top of one's voice. **~ˌstra·fe** *f jur. obs.* corpor(e)al punishment. **~ˌübun·gen** *pl* **1.** physical (*od.* bodily) exercise *sg*, physical training (*od.* education) *sg*. **2.** gymnastics *pl* (*als sg konstruiert*). **~ˌumˌfang** *m* **1.** waistline, girth. **2.** → **Leibesfülle.** **~vi·si·ta·tiˌon** *f* (bodily) search; **j-n e-r ~ unterziehen** search (*od. sl.* frisk) s.o.

ˈLeib|ˌfuchs *m junior member of a German students' association who is personally attached to a full member as a fag.* **~ˌgar·de** *f mil.* bodyguard, lifeguard, household troops *pl*. **~garˌdist** *m* life guardsman. **~geˌdin·ge** *n* → **Altenteil.** **~geˌricht** *n gastr.* favo(u)rite dish. **~ˌgurt, ~ˌgür·tel** *m* (waist) belt.

leib·haf·tig [ˌlaɪpˈhaftɪç; ˈlaɪpˌhaftɪç] **I** *adj* **1.** real, true, (*fleischgeworden*) incarnate; **der ~e Teufel** the devil incarnate. **2.** (*personifiziert*) personified, embodied; **er war der ~e Geiz** he was avarice personified. **3.** *Ebenbild*: living, very (*image*). **II** *adv* **4.** personally, in person, in the flesh, bodily; **ich sehe sie noch ~ vor mir** I can see her (before me) now. **ˌLeibˈhaf·ti·ge, der** ‹-n; *no pl*› *euphem.* the devil, Old Nick.

ˈLeibˌjä·ger *m* huntsman in ordinary.

leib·lich [ˈlaɪplɪç] *adj* **1.** bodily, corpor(e)al, physical, material; **~es Wohl** (**-ergehen**) physical well-being, *weitS.* (*Genüsse*) creature comforts *pl*; **für j-s ~es Wohl sorgen** a) provide for s.o's (physical) comfort, b) provide food and drink for s.o.; **~e Genüsse, ~e Freuden** physical (*od.* worldly) pleasures; **~e Bedürfnisse** bodily needs; **die ~e Hülle des Toten** the mortal remains *pl* of the deceased. **2.** (*blutsverwandt*) full, own, *nachgestellt*: german; **~er Bruder** full (*od.* blood) brother, brother-german; **m-e ~e Schwester** my own sister; **ein ~er Vetter** a first cousin, a cousin-german; **~er Erbe** → **Leibeserbe**; **~e Nachkommen** issue *sg.* **3.** *biol. med.* (*körperlich*) somatic.

ˈLeib|ˌpacht *f jur.* life tenancy, lease for life. **~re·giˌment** *n* sovereign's own regiment. **~ˌren·te** *f* (life) annuity; **j-m e-e ~ aussetzen** settle a life annuity on s.o. **~ˌrie·men** *m obs. for* **Leibgurt.** **~ˌschmer·zen** *pl med.*, **~ˌschnei·den** *n dial.* stomach-ache *sg*, abdominal pain(s). **~ˌspei·se** *f* favo(u)rite dish.

ˈLei·bung *f* ‹-; -en› *arch.* **1.** (*Tür*≗ *etc*) a) *äußere*: reveal, b) *innere*: jamb. **2.** (*Bogen*≗) intrados, soffit.

ˈLeib|ˌwa·che *f* bodyguard. **~ˌwäch·ter** *m* bodyguard. **~ˌwä·sche** *f* underwear, *für Frauen*: *a.* lingerie. **~ˌwickel** (*getr.* **-k·k-**) *m med.* stupe.

Leich [laɪç] *m* ‹-(e)s; -e› *mus. hist.* lai, *a.* lay.

ˈLeichˌdorn *m* ‹-(e)s; -e *u.* ⸗er› *Middle G. for* **Hühnerauge.**

Lei·che [ˈlaɪçə] *f* ‹-; -n› **1.** (dead) body, corpse, *a.* cadaver; *colloq.* **wie e-e lebende** (*od.* **wandelnde**) **~** like a walking corpse; *fig.* **er geht über ~n** he'll stop at nothing; *fig. colloq.* **nur über m-e ~!** only over my dead body! **2.** (*Tier*≗) carcass. **3.** *dial.* (*Begräbnis*) funeral. **4.** *print.* omission, out. **5.** *fig. colloq.* (*Bier*≗ *etc*) passed-out drunk, person dead to the world.

ˈLei·chen|ˌausˌgra·bung *f* exhumation (of a body). **~ˌbah·re** *f* bier. **~ˌba·se** *f chem.* ptomaine. **~beˌgäng·nis** *n* **1.** funeral (*od.* burial) (service), *lit.* obsequies *pl.* **2.** → **Leichenfeier.** **~beˌschau·er** *m* **1.** *med.* doctor testifying a death. **2.** *gerichtlicher*: coroner, *Am. a.* medical examiner. **~beˌstat·ter** *m* undertaker, funeral director, *Am. a.* mortician. **~beˌstat·tung** *f* funeral (service). **~ˌbit·ter** *m dial. person who invites mourners to a funeral.* **~ˌbit·terˌmie·ne** *f colloq.* funereal expression, woebegone face (*od.* look). **≗ˈblaß** *adj colloq.* deathly (*od.* deadly) pale, (as) white as a sheet. **~ˈbläs·se** *f* deathlike (*od.* deadly) pallor. **~erˌöff·nung** *f jur. med.* postmortem (examination), autopsy. **~ˌfei·er** *f* funeral (*od.* burial) (rites *pl*), obsequies *pl.* **~ˌfeld** *n* scene of carnage; **der Kampfplatz war ein einziges ~** the scene of battle was strewn with bodies. **~fled·deˈrei** [ˌlaɪçən-] *f* ‹-; -en› robbing dead (*od.* drunken, unconscious) persons, body-stripping. **~ˌfled·de·rer** *m* ‹-s; -› body-stripper. **~ˌfrau** *f* (woman) layer-out. **~geˌfol·ge** *n* → **Leichenzug.** **~geˌruch** *m* cadaverous smell. **~ˌgift** *n* cadaveric poison, ptomaine. **≗haft I** *adj* cadaverous, corpselike, deathlike, deathly; **~e Blässe** deathlike pallor, cadaverous paleness. **II** *adv* deathly, deadly; **~ blaß** deathly pale. **~ˌhal·le** *f*, **~ˌhaus** *n* mortuary. **~ˌhemd** *n* shroud, winding-sheet. **~ˌkäl·te** *f* **1.** coldness of a corpse, algor mortis. **2.** deathly coldness. **~kaˌpel·le** *f* mortuary chapel. **~ˌöff·nung** *f* → **Leicheneröffnung.** **~ˌpre·digt** *f* funeral sermon. **~ˌraub** *m jur.* body snatching. **~ˌräu·ber** *m* body snatcher. **~ˌre·de** *f* **1.** → **Leichenpredigt. 2.** funeral oration. **~ˌschän·der** *m* **1.** desecrator of dead bodies. **2.** rapist of dead bodies, necrophile. **~ˌschän·dung** *f* **1.** desecration of dead bodies. **2.** rape of a dead body, necrophilia, necrophilism. **~ˌschau** *f* ‹-; *no pl*› **1.** *med.* inspection of a (*od.* the) corpse. **2.** *gerichtliche*: coroner's inquest, *zur Feststellung der Todesursache*: postmortem (examination). **~ˌschauˌhaus** *n* morgue. **~ˌschmaus** *m colloq.* funeral feast. **~ˌstar·re** *f med.* rigor mortis. **~ˌstein** *m* tombstone. **~ˌträ·ger** *m* (pall)bearer. **~ˌtuch** *n* shroud (*a. fig. poet.*), winding-sheet; (*Bahrtuch*) pall. **~verˌbren·nung** *f* cremation. **~verˌgif·tung** *f med.* ptomaine poisoning, pathologists' sepsis. **~ˌwa·che** *f* deathwatch, vigil, *a.* wake. **~ˌwachs** *n med.* adipocere. **~ˌwa·gen** *m* **1.** hearse, *Am. a.* funeral car (*od.* coach); **offener ~** catafalque. **2.** *des Bestattungsunternehmens*: mortuary van. **~ˌzug** *m* funeral procession (*od.* cortege).

ˈLeichˌnam [-ˌnaːm] *m* ‹-(e)s; *rare* -e› (dead) body, corpse; *fig. iro.* **s-n ~ pflegen** cater for (*bes. Am.* to) one's bodily needs; *colloq.* **(wie) ein lebender** (*od.* **wandelnder**) **~** (like) a living (*od.* walking) corpse.

leicht [laɪçt] **I** *adj* ‹-er; -est› **1.** light (*clothes, suitcase, weight, etc*); **~ wie e-e Feder** (as) light as a feather; **e-e ~e Hand** a) *fig.* a light touch, b) a deft hand; *fig.* **gewogen und zu ~ befunden** tried and found wanting; **~en Fußes, ~en Schrittes** → **leichtfüßig**; **mir ist um vieles ~er zumute** I feel greatly relieved; **j-n um 100 Mark ~er machen** (*anpumpen*) touch s.o. for 100 marks, (*betrügen*) sting s.o. for 100 marks, (*berauben*) rob s.o. of 100 marks, leave s.o. of 100 marks lighter; → **Herz** *Bes. Redewendungen.* **2.** *Berührung, Brise etc*: light, gentle. **3.** *fig. Wein, Speisen etc*: light, *Tabak, Zigarre etc, a. pharm. a.* mild. **4.** *fig. Musik, Lektüre etc*: light; → **Muse. 5.** *fig. Anfall, Besserung, Enttäuschung, Krankheit etc*: slight; **e-e ~e Bronchitis** a mild (*od.* slight) case of bronchitis; **ein ~er Fehler** a light (*od.* slight, minor) mistake; **ein ~es Lächeln** a faint smile, the trace of a smile. **6.** *fig. Aufgabe etc*: easy, *stärker*: simple; **~e Bedienung e-r Maschine** easy handling of a machine; **das ist ~!** that's easy (*od.* simple)!; **nichts ~er als das!** nothing easier!; **du könntest dir die Hausarbeit ~er machen** you could make the housework easier for yourself; **du machst es dir zu ~** you take the easy way out, it's not as simple as that (→ *a.* **leichtmachen**); **ich habe es mit ihm ~** I have no trouble with him at all; **ich hatte es nicht ~ mit ihr** I had a rough time with her; **ein ~er Sieg** an easy victory, a walkover; **er hatte e-n ~en Tod** he died an easy death. **7.** *fig. Arbeit etc*: light, easy, *colloq.* soft. **8.** *fig.* (*locker*) loose; **ein ~es Mädchen** a loose girl, a hussy, (*Prostituierte*) a floozie. **9.** *mil.* light (*artillery, bomber, etc*). **10.** *tech.* a) *Waggon etc*: light(-weight), b) *für leichte Beanspruchung*: light-duty; **~er Sitz** *von Passungen*: sliding fit. **11.** *jur.* a) light, mild, lenient, b) (*geringfügig*) petty; **e-e ~e Strafe** a light punishment (*od.* sentence); **~er Diebstahl** petty larceny; **~es Vergehen** minor (*od.* petty) offen/ce (*Am.* -se). **12.** *agr. Boden*: light. **II** *adv* **13.** lightly; **~ gekleidet** lightly (*dürftig*: scantily) dressed; *fig.* **ich fühlte mich ~ und froh** I felt carefree and happy; **et. ~ berühren** touch s.th. gently (*od.* lightly); **die Maschine läuft ~** the machine runs smoothly. **14.** *fig.* (*geringfügig*) slightly; **~ übertrieben** slightly (*od.* a bit) exaggerated; **ich bin ~ erkältet** I have (got) a slight cold. **15.** *fig.* easily; **~ gekränkt** easily offended; **~ erreichbar** within easy reach; **~ verdaulich** easy to digest; **~ löslich** easy (*od.* readily) soluble; **~ entzündlich** → **leichtentzündlich**; **~ verderblich** → **leichtverderblich**; **et. ~ schaffen** (manage to) do s.th. easily (*od.* effortlessly); **die Tassen brechen ~** the cups are very fragile (*od.* break easily); **man täuscht sich ~** one is apt to be mistaken, one can easily be mistaken; **sie lernt sehr ~** she learns easily, she is a good learner; **er erkältet sich ~** he catches cold(s) easily, he is prone to catching cold(s); **das kann ~ passieren** that can easily (*od.* is apt to) happen; **das passiert so ~ nicht wieder** that's not likely to happen again; *colloq.* **das ist ~ gesagt** it's not as easy as that, it's easy for you to say that; **das ist ~er gesagt als getan** that's easier said than done; **es ist ~ möglich, daß er nicht kommt** it's quite possible that he won't come, he may well not come; **du nimmst das zu ~** you're taking it too lightly; → *a.* **leichtfallen, leichtmachen, leichtnehmen. III ≗e, das** ‹-n› **16.** s.th. light; **ich möchte gern et. ≗es essen** I should like s.th. light to eat. **17.** s.th. easy; **es ist nichts ≗es** it's no easy matter. **18.** *mit Kleinschreibung*: **j-m ein ~es sein** be very easy (*Am. sl.* a cinch) for s.o., be mere child's play to s.o.

ˈLeicht|athˌlet *m Sport*: track-and-field athlete, *Br. a.* athlete. **~athˌle·tik** *f Sport*: track-and-field events (*od.* sports) *pl*, *Br. a.* athletics *pl* (*meist als sg konstruiert*), athletic sports *pl*; **~veranstaltung** *f*, **~wettkampf** *m* track-and-field (*Br. a.* athletic) event (*od.* competition, *Am. a.* meet). **~athˌle·tin** *f Sport*: (woman) track-and-field athlete, *Br. a.* (woman) athlete. **≗athˌle·tisch** *adj* track-and-field, athletic. **~ˌbau** *m civ. eng.* **1.** a) → **Leichtbauweise**, b) (*Gebäude etc*) lightweight construction. **2.** (*Fachgebiet*) light-metal engineering. **~ˌbauˌwei·se** *f* lightweight construction (method). **≗beˌklei·det** *adj Tänzerin etc*: scantily dressed. **~benˌzin** *n* light petrol (*Am.* gasoline). **≗beˌschä·digt** *adj* slightly damaged. **≗beˌschwingt** *adj* → **beschwingt.** **~beˌton** *m* lightweight concrete. **≗beˌwaff·net** *adj mil.* light-armed. **≗ˌblü·tig** [-ˌblyːtɪç] *adj* lighthearted, buoyant, sanguine. **~ˌblü·tig·keit** *f* ‹-; *no pl*› lightheartedness, buoyancy. **≗entˌzünd·lich** *adj* **1.** highly inflammable. **2.** *med.* easily inflamed.

ˈLeich·ter *m* ‹-s; -› *mar.* lighter; **~füh·rer** *m* lighterman; **~geld** *n*, **~lohn** *m* lighterage. **leich·tern** [ˈlaɪçtərn] *v/t* ‹h› *mar.* lighten.

ˈleicht|ˌfal·len *v/i* ‹*irr, sep,* -ge-, sein› **j-m ~** be easy for. s.o., *Lehrstoff etc*: *a.* come easy to s.o. **~ˌfaß·lich** *adj* easily understandable, easy-to-understand, (*gemeinverständlich*) popular. **~ˌfer·tig** *adj* → **leichtsinnig. ≗ˌfer·tig·keit** *f* ‹-; *no pl*› → **Leichtsinn.** **~ˌflüch·tig** *adj* *chem.* highly volatile. **≈ˌflugˌzeug** *n* light (aero)plane. **~ˌflüs·sig** *adj chem.* mobile, easily fusible. **≈ˌfuß** *m humor.* (**Bruder**) ~ happy-go-lucky fellow, *colloq.* loose fish. **~ˌfü·ßig** *adj* light-footed, fleet-foot(ed), nimble; *a. adv* light of foot. **≈ˌfü·ßig·keit** *f* ‹-; *no pl*› light-footedness (*etc*). **~ˌgän·gig** *adj tech.* free-moving, smooth. **~geˌschürzt** *adj humor.* scantily dressed; *fig.* **~e Muse** lightly draped Muse. **≈geˌwicht** *n* **1.** *Sport*: a) lightweight (class), b) → **Leichtgewichtler**. **2.** *fig. colloq.* **sie ist ein ~** she is a lightweight. **≈geˌwicht·ler** *m* ‹-s; -›, **≈geˌwichtsˌbo·xer** *m Sport*: lightweight. **≈geˌwichtsˌklas·se** *f* → **Leichtgewicht** 1a. **~ˌgläu·big** *adj* credulous, trusting, *contp.* gullible. **≈ˌgläu·big·keit** *f* ‹-; *no pl*› credulity, credulousness, *contp.* gullibility. **≈heit** *f* ‹-; *no pl*› **1.** lightness. **2.** *rare for* **Leichtigkeit** 2. **~ˌher·zig** *adj* lighthearted, cheerful. **≈ˌher·zig·keit** *f* ‹-; *no pl*› lightheartedness, cheerfulness.

ˈleichtˈhin *adv* lightly, casually, airily.

ˈLeich·tig·keit *f* ‹-; *no pl*› **1.** lightness. **2.** *fig.* easiness (*of a job, problem, etc*). **3.** *fig.* ease, facility; **~ der Wartung** ease of maintenance; **mit ~** easily, with ease, effortlessly; **mit ~ gewinnen** win easily, win hands down; **mit größter ~** with effortless (*od.* the greatest) ease, quite easily. **4.** *fig. von Bewegungen etc*: a) ease, agility, b) (*Anmut*) grace. **5.** *fig. des Stils etc*: ease, facility, fluency.

ˈLeicht|in·du̱ˌstrie *f DDR* → **Konsumgüterindustrie**. **~ˌkraftˌrad** *n* light motorcycle. **~ˌkran·ke** *m, f* ambulatory (*od.* mild) case. **~ˌlastˌwa·gen** *m* light lorry (*Am.* truck), *Am. a.* pickup (truck). **≈ˌle·big** [-ˌleːbɪç] *adj* easy-going, happy-go-lucky. **~ˌle·big·keit** *f* ‹-; *no pl*› easy-goingness. **≈ˌlös·lich** *adj Pulver etc*: easily (*od.* readily) soluble. **≈ˌma·chen** *v/t* ‹*sep*, **-ge-**, *h*› **j-m et. ~** make s.th. easy for s.o.; **es sich ~, sich** (*dat*) **das Leben ~** take it easy; → *a.* **leicht** 6. **~maˌtro·se** *m* ordinary seaman. **~meˌtall** *n* light metal; **~bau** *m* (*Bauweise*) light-metal construction, (*Gebäude etc*) *a.* light-metal structure. **~ˌmo·torˌrad** *n* → **Leichtkraftrad**. **≈ˌneh·men** *v/t* ‹*irr, sep*, **-ge-**, *h*› take *s.th.* easy (*od.* lightly); **nimm's leicht!** take it easy!; → *a.* **leicht** 15. **~ˌöl** *n* light oil. **≈ˌschmelz·bar** *adj* easily fusible, with a low melting point. **≈ˌsie·dend** *adj* low-boiling. **~ˌsinn** *m* ‹-(e)s; *no pl*› **1.** (*Unvorsichtigkeit, Fahrlässigkeit*) thoughtlessness, carelessness, negligence, *stärker*: recklessness, foolhardiness; **in s-m ~ achtete er nicht auf die Gefahr** in his carelessness he ignored the danger. **2.** (*Frivolität*) light-headedness, light-mindedness, frivolity, flippancy; *humor.* **das sagen Sie so in Ihrem jugendlichen ~** you say that now in your youthful exuberance. **≈ˌsin·nig I** *adj* **1.** (*unvorsichtig, fahrlässig*) thoughtless, careless, *stärker*: reckless, foolhardy, (*unverantwortlich*) irresponsible, (*übereilt*) rash; **~er Fahrer** reckless driver. **2.** (*frivol*) light-headed, light-minded, frivolous. **II** *adv* **3.** carelessly (*etc*); **er hat sich ~ in Schulden gestürzt** he recklessly plunged into debt. **≈ˌsin·ni·gerˈwei·se** *adv* thoughtlessly, carelessly; **ich habe ~ vergessen, die Tür abzuschließen** *a.* I was thoughtless enough not to lock the door. **~ˌsin·nig·keit** *f* ‹-; *no pl*› → **Leichtsinn**. **~ˌsinnsˌfeh·ler** *m* careless mistake, slip. **~ˌtonˌarm** *m Plattenspieler*: lightweight pickup. **~ˌtra·ben** *n Reiten*: rising trot. **≈verˌdau·lich** *adj* light, easily digestible. **≈verˌderb·lich** *adj* (very) perishable; **~e Waren** *a.* perishables. **≈verˌdient** *adj* easily earned; **~es Geld** easy money. **≈verˌletzt** *adj* slightly injured. **~verˌletz·te** *m, f* ‹-n; -n› slightly injured person, light casualty. **≈verˌständ·lich** *adj* easily understandable (*od.* understood). **≈verˌwun·det** *adj* slightly wounded. **~verˌwun·de·te** *m, f* ‹-n; -n› slightly wounded person, *Am. a.* ambulant case, *pl a.* walking wounded. **≈ˌzuˌgäng·lich** *adj* easy of access.

leid [laɪt] *adj* **1.** ‹*pred*› **(es) tut mir ~ (, daß)!** I am (so) sorry (that)!; **das tut mir (aber) ~** a) I am sorry for (*od.* about) that, b) I am sorry but it can't be helped (*od.* that's the way it is); **das wird dir noch ~ tun** you'll regret it (yet), you'll be sorry for it; **er tut mir ~, es tut mir ~ um ihn** I feel sorry for him; **ich bin es ~, das immer wieder sagen zu müssen** I am (sick and) tired of having to say that over and over again. **2.** *Swiss* unpleasant.

Leid *n* ‹-(e)s; *no pl*› **1.** (*Schaden*) injury, harm, (*Unrecht*) wrong; (*Schmerz*) pain; (*Unglück*) misfortune, calamity; **j-m ein ~ antun** (*od.* **zufügen**) injure (*od.* harm) s.o.; *lit.* **sich** (*dat*) **ein ~(s) antun** put an end to one's life; **dir soll kein ~ geschehen** you shall suffer no harm. **2.** (*Kummer*) sorrow, grief, affliction, *stärker*: woe, distress; **j-m sein ~ klagen** pour out one's sorrow(s) (*od.* troubles) to s.o.; **auf ~ folgt Freud** sunshine follows rain; **geteiltes ~ ist halbes ~** a sorrow shared is a sorrow halved; → **Freud**.

ˈLei·deˌform *f ling.* passive (voice).

lei·den [ˈlaɪdən] **I** *v/t* ‹**leidet, litt, gelitten**, *h*› **1.** suffer, endure, bear; **Durst (Hunger) ~** suffer thirst (hunger); **der Kranke hat viel zu ~** the patient has to suffer a lot; **er starb, ohne viel zu ~** he died without much suffering. **2. et.** (**j-n**) **~ können** like s.th. (s.o.); **ich kann** (*od.* **mag**) **ihn nicht ~** I don't like him, I can't stand (*od.* bear) him. **3.** *lit.* (*dulden*) tolerate; **ich leide nicht, daß ihr mich stört** I won't tolerate your disturbing me. **4.** *lit.* (*zulassen*) allow (of), permit, admit (of); **k-n Aufschub ~** admit of (*od.* brook) no delay. **II** *v/i* **5.** suffer (**an** *dat*, **unter** *dat* from); **s-e Gesundheit hat unter dem Schock gelitten** the shock has affected his health; **die Ernte hat sehr gelitten** the crops suffered badly (*od.* severe damage); **lerne ~, ohne zu klagen** learn to suffer without complaining. **III** *v/impers* **6.** *lit.* **es litt ihn nicht länger im Zimmer** he could not bear it in the room any longer.

ˈLei·den *n* ‹-s; -› **1.** suffering; **das ~ Christi** the sufferings *pl* of Christ, Christ's Passion; *fig. colloq.* **aussehen wie das ~ Christi** look (*od.* be) the picture of misery. **2.** (*Kummer, Elend*) suffering, affliction, distress, sorrows *pl*; „**Die ~ des jungen Werthers**" "The Sorrows of Werther" (*by Goethe*). **3.** *med.* ailment, complaint (*a. fig. iro.*), (*Krankheit*) illness, sickness, disease, affliction, malady; **seelisches ~** mental disease, psychopathy; **organisches ~** organic disease, organopathy. **ˈlei·dend** *adj* **1.** suffering (**an** *dat*, **unter** *dat* from). **2.** (*kränklich*) ailing, sickly, ‹*pred*› ill. **3.** *ling. Form*: passive. **ˈLei·den·de** *m, f* ‹-n; -n› **1.** sufferer. **2.** (*Kranke*) patient, sick person.

ˈLei·de·ner ˈFla·sche [ˈlaɪdənər] *f electr.* Leyden jar.

ˈLei·den·schaft *f* ‹-; -en› **1.** passion, violent emotion; **in ~ geraten** fly into a passion. **2.** (*Begeisterung*) (**für** for) passion, mania; **et. mit ~ tun** do s.th. passionately; **e-r ~ frönen** indulge in a passion; **Reiten ist s-e (große) ~** riding is his passion, he is a passionate rider; **es ist ihm zur ~ geworden** it has become a passion with him. **3.** (*Liebe, Verlangen*) passion (*a. geliebte Person*), ardo(u)r, fervo(u)r; **e-e große (wilde) ~** a great (wild *od.* high) passion; *lit.* **in ~ entbrannt** consumed (*od.* inflamed) with passion.

ˈlei·den·schaft·lich I *adj* **1.** passionate, emotional (*person, character, etc*), *Rede, Ausbruch etc*: *a.* impassioned, (*hitzig*) *a.* hot-headed, impulsive. **2.** (*begeistert*) passionate, ardent, enthusiastic; **ein ~er Jäger** a passionate (*od.* very keen) hunter. **3.** (*glühend*) passionate, ardent (*love, lover, etc*), (*heftig*) vehement, violent (*hatred, etc*). **II** *adv* **4.** passionately; *colloq.* **ich höre ~ gern Musik** I just love music. **5.** *mus.* passionately, appassionato. **≈keit** *f* ‹-; *no pl*› **1.** passionateness; *der Liebe etc*: *a.* ardo(u)r, fervo(u)r. **2.** vehemence; impulsiveness.

ˈlei·den·schafts|los *adj* dispassionate, (*distanziert*) *a.* detached, cool, impassive, unemotional. **≈lo·sig·keit** *f* ‹-; *no pl*› dispassion(ateness), detachment, impassiveness.

ˈLei·dens|geˌfähr·te *m*, **~geˌfähr·tin** *f*, **~geˌnos·se** *m*, **~geˌnos·sin** *f lit.* fellow sufferer, companion in misfortune. **~geˌschich·te** *f* **1.** *relig.* (the) Passion. **2.** sufferings *pl*; *iro.* tale of woe. **~ˌkelch** *m poet. relig.* cup of sorrow. **~sta·tio·nen** [-ʃtaˌtsi̯oːnən] *pl relig.* stations (*od.* way *sg*) of the Cross. **~ˌweg** *m* (Christ's) way of the Cross; *fig.* **ihr Leben war ein einziger ~** her life was one long ordeal, hers was a life of suffering. **~ˌwo·che** *f* Passion Week. **~ˌzeit** *f* time of suffering, ordeal.

lei·der [ˈlaɪdər] **I** *adv allg.* unfortunately; *in der persönlichen Aussage*: *a.* I am (*od.* we are) sorry to say, (much) to my (*od.* our) regret, sorry; **~ muß ich jetzt gehen** (I am) sorry but I must be going now, I am afraid I have to leave now; *muß das sein?* **ja, ~** (*od. colloq.* **~ ja**)! I am afraid so; *ist er schon gekommen?* **~ nicht** (*od. colloq.* **~ nein**)! I am afraid (*od.* unfortunately) not; **~ Gottes** most unfortunately, *colloq.* it's too bad, what a shame. **II** *interj* **~ (Gottes)!** alas!

ˈleid|erˌfüllt *adj lit.* sorrowful, grief-stricken; *Gesicht etc*: *a.* woebegone. **~geˌprüft** *adj* tried by afflictions, long-suffering.

lei·dig [ˈlaɪdɪç] *adj* (*unangenehm, lästig*) troublesome, tiresome, unpleasant, disagreeable, *stärker*: nasty, (*ärgerlich*) annoying, vexing, vexatious; **e-e ~e Geschichte** an unpleasant affair; **ein ~er Schnupfen** a wretched (*od.* nasty) cold; **das ~e Geld** confounded money.

ˈLeidˌkar·te *f Swiss for* **Trauerkarte**.

leid·lich [ˈlaɪtlɪç] **I** *adj* **1.** passable, tolerable, not too bad; **sie hat e-e ~e Figur (Stimme)** she has a passable figure (voice). **2.** *med. Gesundheitszustand*: fair. **II** *adv* **3.** passably (*od.* tolerably) (well), *colloq.* so-so; **~ hübsch** passably good-looking, not bad-looking; *wie gefällt sie dir?* **~** so-so; **mir geht es (so) ~** I am fairly well (*od. colloq.* [fair to] middling).

ˈLeid|ˌtra·gen·de *m, f* ‹-n; -n› **1.** mourner; **die ~n** the bereaved (family). **2.** *fig. colloq.* **der ~ (dabei)** the one who has to suffer for it, the victim. **≈ˌvoll** *adj lit. Miene etc*: sorrowful, woeful, sad. **~ˌwe·sen** *n* ‹-s; *no pl*› **zu m-m (gro-**

ßen) ~ to my (great) regret (*od.* sorrow), unfortunately; **das ist eben das ~** (*Ärgerliche*) that is the unfortunate thing about it.

Lei·er [ˈlaɪər] *f* ⟨-; -n⟩ **1.** *mus. hist.* lyre; **die ~ spielen** (*od.* **schlagen**), **auf der ~ spielen** play the lyre; *fig. colloq.* **es ist die alte ~, es ist immer dieselbe ~** it is always the same old story. **2.** *colloq. for* Kurbel. **3.** *astr.* (*Sternbild*) Lyra, Lyre. **~ˌboh·rer** *m tech.* brace drill. **~ˌka·sten** *m* **1.** *mus.* barrel (*od.* street) organ, *colloq.* hurdy-gurdy. **2.** *colloq.* worn-out piano. **~ˌka·stenˌmann** *m* ⟨-(e)s; ⸚er⟩ organ grinder.

lei·ern [ˈlaɪərn] *colloq.* **I** *v/t* ⟨h⟩ **1.** (*hochkurbeln*) crank (up), winch. **2.** *fig.* → herunterleiern. **II** *v/i* **3.** *colloq.* turn (*od.* crank) away. **4.** *fig.* (*eintönig sprechen*) drone. **5.** grind the (*od.* a) street organ.

ˈLei·er|ˌspiel *n mus.* lyre-playing. **~ˌspie·ler** *m*, **~ˌspie·le·rin** *f* lyre-player, lyrist.

ˈLeih|ˌamt *n*, **~ˌanˌstalt** *f* → Leihhaus. **~bi·blioˌthek, ~bü·cheˌrei** *f* public (*od.* lending, *bes. Am.* rental) library.

ˈLei·he *f* ⟨-; -n⟩ **1.** loan. **2.** *jur.* loan for use. **3.** *colloq. for* Leihhaus.

lei·hen [ˈlaɪən] *v/t* ⟨leiht, lieh, geliehen, h⟩ **1. j-m et. ~** a) lend (*od.* loan) s.o. s.th. (*od.* s.th. to s.o.), b) *gegen Entgelt*: rent (*od.* hire) s.th. (out) to s.o.; **Geld auf Zinsen ~** lend money at interest. **2.** (**sich** *dat*) **et.** (**bei** *od.* **von j-m**) **~** a) borrow s.th. (from s.o.), b) (*mieten*) hire (*od.* rent) s.th. (from s.o.). **3.** *lit.* **er lieh mir s-n Beistand** he lent (*od.* gave) me his support; **j-m sein Ohr ~** listen to s.o.

ˈLeih|ˌga·be *f von Kunstwerken*: loan. **~geˌbühr** *f* lending (*od.* rental) fee. **~ˌgeld** *n* loan(s *pl*). **~geˌschäft** *n* **1.** loan (*od.* lending) business. **2.** (*Pfandgeschäft*) pawnbroking. **~ˌhaus** *n* pawnshop, pawnbroker's shop, *colloq. bes. Br.* popshop, *bes. Am.* hock shop; **et. ins ~ tragen** put s.th. in pawn, pawn s.th., *Am. sl.* hock s.th., put s.th. in hock. **~ˌschein** *m* **1.** (*Pfandschein*) pawn ticket. **2.** *in der Bücherei*: lending ticket, *bes. Am.* borrowing slip. **~ und ˈPacht·geˌsetz** *n hist.* Lend-Lease Act. **~verˌtrag** *m econ.* loan contract. **~ˌwa·gen** *m* hire car. **≗ˌwei·se** *adv* on loan, by way of (*od.* as) a loan; (*gegen Miete*) on hire.

Leim [laɪm] *m* ⟨-(e)s; -e⟩ **1.** glue; **voller ~** gluey; *colloq.* **aus dem ~ gehen** a) *Buch, Stuhl etc*: come (*od.* fall) apart, b) *fig. Freundschaft etc*: break up, *Person*: lose one's figure, grow fat, *seelisch*: crack up. **2.** (*Kleber*) gluten, *bes. Am.* mucilage. **3.** *Papierherstellung*: size, sizing. **4.** *hunt.* (bird)lime; *fig.* **j-m auf den ~ gehen** fall into s.o.'s trap, be taken in by s.o.; **j-n auf den ~ führen** → leimen 2. **≗ˌar·tig** *adj* like glue, gluey, glutinous.

lei·men [ˈlaɪmən] **I** *v/t* ⟨h⟩ **1.** glue *s.th.* (together); **e-n Stuhl ~** glue a chair. **2.** *fig. colloq.* **j-n ~** take s.o. in (*od.* for a ride), do s.o. in the eye. **3.** (*Papier*) size. **II ≗** *n* ⟨-s⟩ **4.** glu(e)ing (*etc*).

ˈLeim|ˌfar·be *f paint.* glue- (*od.* lime-)water colo(u)r, calcimine, *bes. Br.* distemper; **mit ~ streichen** calcimine, *bes. Br.* distemper. **~ˌfo·lie** *f* glue foil (*od.* film).

ˈlei·mig *adj* **1.** → leimartig. **2.** gluey.

ˈLeim|ˌkitt *m tech.* joiner's cement. **~ˌmilch** *f Papier*: size milk. **~ˌpul·ver** *n* glue powder. **~ˌring** *m hort.* grease (*od.* sticky) band. **~ˌru·te** *f hunt.* lime-twig. **~ˌsie·der** *m* **1.** glue boiler. **2.** *colloq. contp.* bore, slowcoach, *Am. a.* slowpoke. **~ˌstoff** *m* **1.** gluten, *bes. Am.* mucilage. **2.** *Papier etc*: sizing material, size.

ˈLei·mung *f* ⟨-; -en⟩ → leimen II.

Lein [laɪn] *m* ⟨-(e)s; -e⟩ → Flachs 1.

Lei·ne [ˈlaɪnə] *f* ⟨-; -n⟩ **1.** line, cord, (thin) rope; *fig. colloq.* **zieh ~!** scram!, beat it! **2.** (*Wäsche≗*) (clothes-)line. **3.** (*Hunde≗*) lead, leash; **den Hund an die ~ nehmen** (**an der ~ führen**) put (keep) a dog on the lead; *fig. colloq.* **j-n an der ~ haben** hold s.o. in leash. **4.** fishing line; **e-n Fisch an der ~ haben** have a fish on the line. **5.** (*Pferde≗ beim Gespann*) rein(s *pl*); **die ~ anziehen** pull the reins. **6.** *mar.* a) (*Wurf≗*) heaving line, b) (*Log≗*) log line.

Lei·nen [ˈlaɪnən] **I** *n* ⟨-s; -⟩ **1.** *Textil.* linen; **grobes ~** coarse linen; **rein ~** pure linen. **2.** *print.* cloth; **in ~ gebunden** bound in cloth, cloth(-)bound. **3.** linen paper. **II ≗** *adj* **4.** (made of) linen. **~ˌband**[1] *m* ⟨-(e)s; ⸚e⟩ *print.* **1.** clothback, volume bound in cloth. **2.** → Leineneinband. **~ˌband**[2] *n* ⟨-(e)s; ⸚er⟩ tape. **~daˌmast** *m* linen damask. **~ˌeinˌband** *m print.* cloth-binding. **≗geˌbun·den** *adj Buch*: cloth(-)bound. **~geˌschoß** *n mil.* line-throwing projectile. **~geˌwehr** *n* line-throwing gun, Lyle gun. **~ˌhänd·ler** *m econ.* linen dealer (*od.* draper). **~paˌpier** *n* linen paper, canvas note. **~ˌschuh** *m* canvas shoe. **~ˌwa·re** *f*, **~ˌzeug** *n* **1.** linen (goods *pl*). **2.** linen fabric (*od.* material).

ˈLein|ˌfir·nis *m* → Leinölfirnis. **~geˌwäch·se** *pl bot.* linaceous plants, linaceae. **~ˌkraut** *n* linaria. **~ˌku·chen** *m agr.* linseed (*od.* oil) cake. **~ˌöl** *n* linseed oil. **~ˌölˌbrot** *n* linseed bread. **~ˌölˌfar·be** *f* linseed-oil paint. **~ˌölˌfir·nis** *m* linseed-oil varnish. **~ˌpfad** *m mar.* tow-path, towing path. **~ˌsaat** *f*, **~ˌsa·me(n)** *m bot.* linseed, flaxseed. **~ˌtuch** *n* linen (cloth). **~ˌwand** *f* ⟨-; ⸚e⟩ **1.** ⟨*only sg*⟩ *Textil.* linen. **2.** (*Zelt≗, Segel≗ etc*) canvas. **3.** *phot. Film*: screen; **et. auf die ~ bringen** a) project s.th. on(to) the screen, b) turn s.th. into a film, screen s.th.; **über die ~ gehen** *Film*: be presented, go on the screen. **4.** *Kunst*: canvas. **5.** *print.* → Leinen 2. **6.** *des Reifens*: canvas. **~ˌwe·ber** *m* linen weaver.

ˈLeip·zi·ger ˈAl·lerˈlei *n gastr.* mixed vegetables *pl*.

leis *adj u. adv* → leise.

lei·se [ˈlaɪzə] **I** *adj* ⟨-r; -st⟩ **1.** low, soft, gentle, faint; **~ Musik** soft music; **~ Schritte** faint (*od.* soft) steps; **auf ~n Sohlen** treading softly, stealthily; **mit ~r Stimme** in a low voice; **das Radio ~ stellen** turn the volume (of the radio) down, put the radio on low. **2.** (*geräuschlos*) quiet (*neighbours, etc*). **3.** *fig. Hoffnung, Zweifel, Verdacht etc*: slight, vague, *Idee etc*: faint; **ein ~s Lächeln** a faint smile, the hint of a smile; → Ahnung 2. **4.** *fig. Brise, Berührung etc*: gentle, light, slight. **5.** *fig. Sarkasmus etc*: mild, slight. **6.** *fig. Widerspruch etc*: slight; **bei der ~sten Gefahr** at the slightest danger. **7.** *Schlaf*: light. **II** *adv* **8. er fragte mich ~** he asked me in a low voice; **sprich bitte ~r** please lower your voice; **~ auftreten** tread softly; **~ weinend** crying softly, *fig. colloq.* quietly. **9.** *mus.* piano, sotto voce; **sehr ~** pianissimo.

ˈLei·seˌtre·ter *m* ⟨-s; -⟩ *colloq. contp.* mealy-mouthed person, *bes. Am.* pussyfooter. **ˌLei·se·tre·teˈrei** *f* ⟨-; *no pl*⟩ mealy-mouthed behavio(u)r, *bes. Am.* pussyfooting.

Lei·ste [ˈlaɪstə] *f* ⟨-; -n⟩ **1.** *Tischlerei*: ledge, lath, selvage, border, strip, *dünne*: slat. **2.** (*Fuß≗, Scheuer≗*) skirting (board). **3.** *tech.* (*Führungs≗*) gib, (*Blend≗*) cover strip, (*Stoß≗*) protective strip, (*Zier≗*) mo(u)lding, ledge. **4.** *arch.* fillet, band mo(u)lding. **5.** *print.* flourish, flower, border. **6.** *Textil.* selvage, list. **7.** *anat.* a) groin, inguen, b) (*Knochen≗*) ridge, crest.

lei·sten [ˈlaɪstən] **I** *v/t* ⟨h⟩ **1.** do, work; (*vollbringen*) achieve, accomplish; **Arbeit ~** do work; **er leistet nicht viel** he does not do much; **der Wagen leistet et.** the car is a good performer; **er hat Erstaunliches geleistet** he has done amazing things; **er wird nie et. ~** he will never achieve anything. **2.** (*erfüllen*) ful(l)fil, (*Vertrag etc*) perform. **3.** (*bieten, gewähren*) render, bear, offer, give; **Hilfe** (**Beistand**) **~** render help (assistance); **Vorschuß ~ auf** (*acc*) advance money on; **Zahlungen ~** make payments, pay; **für geleistete Dienste** for services rendered; → *Verbindungen mit den entsprechenden Substantiven.* **4. sich** (*dat*) **et. ~** a) (*sich gönnen*) treat o.s. to s.th., indulge in s.th., b) (*sich erlauben*) afford s.th., c) (*e-n Fehler etc*) commit, make; **er leistete sich ein gutes Abendessen** he treated himself to a good supper; **ich leiste mir gelegentlich den Luxus e-r Flasche Wein** I occasionally indulge in the luxury of a bottle of wine; **ich kann mir kein Auto ~** I can't afford a car; **er hat sich e-n ganz schönen Fauxpas geleistet** he has committed a huge faux pas; *colloq.* **was hast du dir da** (**wieder**) **geleistet?** what (mischief) have you been up to again?, what have you done now?; *contp.* **er meint, er kann sich alles ~** he thinks he can do anything (*od.* get away with murder). **II ≗** *n* ⟨-s⟩ **5.** doing (*etc*).

ˈLei·sten *m* ⟨-s; -⟩ **1.** last; **Schuhe über den ~ schlagen** put shoes on the last; *fig.* **alles über einen ~ schlagen** measure everything with (*od.* by) the same yardstick, treat all things alike; → Schuster. **2.** shoe (*od.* boot) tree, block.

ˈLei·sten|ˌband *n anat.* inguinal ligament. **~ˌbeu·ge** *f* inguinal flexure, groin. **~ˌbruch** *m med.* inguinal hernia. **~ˌdrü·se** *f anat.* inguinal lymph node. **~ˌge·gend** *f* ⟨-; *no pl*⟩ groin, inguen (region). **~ˌho·den** *m med.* undescended testicle.

ˈLei·stung *f* ⟨-; -en⟩ **1.** *allg., a. e-s Künstlers, Schülers, Sportlers etc*: performance, (*Errungenschaft*) achievement (*a. ped. psych.*), (*Großtat*) feat, *colloq.* stunt, (*Ergebnis*) result(s *pl* obtained), (*Bemühung*) effort(s *pl*); (*Arbeit*) work, *e-s Arbeiters*: (*Ausstoß*) output, (*Stück*) (*excellent, etc*) piece of work, *qualitätsmäßige*: *a.* (*good, etc*) workmanship; **e-e glänzende ~** a brilliant performance, a fine showing; *colloq.* **e-e reife ~!** good work (*od.* job), *Br. a.* (jolly) good show!; **schulische ~en** achievements at school; **literarische ~en** literary attainments; **nach ~ bezahlt** paid by results; **unter der üblichen ~** below standard; **keine kleine ~ für ihn** no small achievement for him. **2.** *econ.* a) *unter e-m Vertrag*: performance, b) (*Dienst≗*) service(s *pl* rendered), c) (*Zahlung*) payment, d) (*Lieferung*) delivery. **3.** (*Beitrag, Sozial≗ etc*) contribution. **4.** *e-r Krankenkasse, Versicherung etc*: (paid) benefit. **5.** *phys. tech.* a) *e-s Motors, e-r Maschine etc*: (engine) performance, (power) output, b) (*Arbeit*) power, *electr. a.* (*Einheit*) wattage, *ab-*

gegebene: output, *aufgenommene*: input, *nutzbare*: actual power, brake horsepower, c) (*Ausstoß*) capacity, (maximum) output, *e-s Betriebs*: *a.* productivity, d) (*Wirkungsgrad*) efficiency, e) (*Gebrauchsgüte von Ölen etc*) serviceableness, f) (*Haltbarkeit*) (service) life.

ˈLei·stungs|ˌabˌfall *m* **1.** *e-r Person*: decline in one's work (*od.* performance). **2.** *tech.* a) *e-r Kraftmaschine, a. electr.* power drop, b) *e-r Arbeitsmaschine*: reduction in output. **~ˌabˌga·be** *f electr.* power output. **~ˌabˌzei·chen** *n* **1.** *Sport*: proficiency badge. **2.** *tech.* certificate of performance. **~ˌal·ter** *n* physiological (*od.* achievement) age. **~ˌanˌga·be** *f tech.* power rating; *pl* performance data. **~ˌanˌreiz** *m* incentive. **~ˌaufˌnah·me** *f* **1.** *electr.* power input. **2.** *tech. e-r Maschine*: load capacity. **~ˌausˌgleich** *m econ.* compensation for services (rendered). **~beˌdarf** *m electr.* power demand. **≈beˌdingt** *adj Gehaltserhöhung etc*: according to merit (*od.* productivity). **≈beˌrech·tigt** *adj Krankenkassenmitglied*: entitled to claim. **~beˌreich** *m* range (of capacity, *etc*). **~ˌbo·nus** *m* (merit) bonus, *econ. a.* incentive pay (*od.* wage), piecework rate. **~ˌden·ken** *n* performance orientation, emphasis on efficiency. **~ˌdruck** *m* ⟨-s; *no pl*⟩ *psych.* pressure (to produce results), stress (due to excessive standards, *etc*). **≈ˌfä·hig** *adj* **1.** *Person*: efficient, capable; *körperlich*: (physically) fit. **2.** *tech.* powerful, high-performance, high-duty; *Öle etc*: serviceable. **3.** *econ.* efficient, productive; (*zahlungsfähig*) solvent, (*kapitalstark*) financially strong. **~ˌfä·hig·keit** *f* **1.** *e-r Person*: efficiency, capability; *körperliche*: fitness. **2.** *tech. e-s Motors etc*: efficiency, power; → *a.* **Leistung** 5. **3.** *econ. e-s Betriebes etc*: efficiency, productivity, (production) capacity, output; *finanzielle*: solvency, financial strength. **4.** *chem. von Ölen*: serviceableness. **5.** *med. e-s Organs*: functional capacity. **~ˌfak·tor** *m electr.* power factor. **~ga·ranˌtie** *f econ.* performance guarantee (*bes. Am.* bond). **~geˌsell·schaft** *f* performance-oriented society, meritocracy. **~ˌgren·ze** *f* limit (of performance, capacity, output, *etc*). **~ˌknick** *m* sudden drop of efficiency (*od.* of one's mental and physical powers). **~ˌkur·ve** *f e-s Motors*: characteristic curve, power curve. **~ˌlohn** *m econ.* incentive pay (*od.* wages *pl*). **~ˌmes·ser** *m* **1.** *electr.* wattmeter, power meter. **2.** *tech.* output indicator. **~ˌmin·de·rung** *f* → **Leistungsabfall**. **~mo·ti·va·tiˌon** *f psych.* achievement motivation. **~niˌveau** *n* **1.** *ped.* achievement level. **2.** *Sport etc*: level of performance, standard. **~ˌnorm** *f econ. tech.* standard of performance. **≈ˌpflich·tig** *adj econ. jur.* liable for payment (*od.* services). **~ˌprä·mie** *f* (merit) bonus. **~prinˌzip** *n* performance principle. **~ˌprü·fung** *f* **1.** *tech.* performance test. **2.** *ped.* achievement test. **~reˌak·tor** *m nucl.* power reactor. **~ˌreg·ler** *m tech.* output regulator. **~ˌschau** *f* (*industrial, etc*) fair, exhibition. **~ˌschild** *n tech.* rating plate. **≈ˌschwach** *adj* **1.** *allg.* low-performance, inefficient, *Schüler, Sportler etc*: *a.* failing to come up to the required standard. **2.** *electr. Sender etc*: low-powered. **~ˌsoll** *n* target. **~ˌsport** *m* a) competitive sport(s *pl*), b) high-performance sport(s *pl*). **~ˌsport·ler** *m* competitive athlete. **~ˌstand** *m* standard (of performance). **≈ˌstark** *adj* **1.** efficient. **2.** a) powerful (*engine, machine, etc*), b) *electr.* high-powered (*transmitter*). **≈ˌstei·gernd** *adj* increasing efficiency (*od.* performance, output), *Prämie etc*: incentive. **~ˌstei·ge·rung** *f* **1.** *econ. e-s Betriebes etc*: increase in efficiency (*od.* performance). **2.** *tech. e-r Arbeitsmaschine*: increase in output capacity. **3.** *Sport*: improvement in one's performance. **~ˌstu·fe** *f* **1.** *e-r Kraftmaschine*: power stage. **2.** → **Leistungsniveau**. **~syˌstem** *n* **1.** performance (*od.* efficiency) system. **2.** (*Akkord*) piece-rate (*od* piecework) system. **~ˌtest** *m* **1.** → **Leistungsprüfung**. **2.** *psych.* performance test. **~ˌträ·ger** *m* chief (*od.* top) performer, mainstay. **~verˌbrauch** *m electr.* power consumption. **~verˌlust** *m* **1.** *tech.* a) *e-r Kraftmaschine etc*: power loss, b) *e-r Arbeitsmaschine etc*: loss in efficiency (*od.* output capacity). **2.** *electr.* power loss. **~verˌmö·gen** *n* → **Leistungsfähigkeit**. **~verˌstär·ker** *m electr.* power amplifier. **~verˌzug** *m econ.* delay in the performance of a contract. **~ˌwett·beˌwerb** *m econ.* efficiency contest. **~ˌwil·le** *m* **1.** will to achieve s. th. **2.** will to work and produce. **~ˌzen·trum** *n Sport*: training cent/re (*Am.* -er). **~ˌzuˌla·ge** *f* → **Leistungsbonus**.

ˈLeit|ˌart *f bot. zo.* index form (*od.* species). **~arˌti·kel** *m* editorial, *bes. Br.* leader, leading article. **~arˌti·kelˌschrei·ber** *m*, **~arˌtik·ler** [-arˌtiːklər] *m* ⟨-s; -⟩ editorialist, leader (*bes. Am.* editorial) writer. **~ˌbild** *n* **1.** (*Person*) example (*gen* to). **2.** (*Sache*) model.

lei·ten [ˈlaɪtən] **I** *v/t* ⟨h⟩ **1.** (*Person*) lead, guide, conduct; *fig.* **sich von s-n Gefühlen ~ lassen** be guided (*od.* governed) by one's feelings; **er wurde von dem Wunsch geleitet, Gutes zu tun** he was guided (*od.* prompted) by the desire to do good. **2.** (*Amt, Unternehmen etc*) run, be in charge of, manage, (*Delegation etc*) head, lead, (*Staat*) *a.* govern, (*Vorhaben, Unternehmen*) master-mind; **wer leitet eure Abteilung?** who is in charge of your department?; **wer leitet die Schule?** who runs the school?, who is the headmaster (of the school)? **3.** (*Forschungsunternehmen, Expedition etc*) lead, direct, supervise. **4.** (*Versammlung, Verhandlung etc*) (be in the) chair, preside over; *jur.* **e-e Gerichtsverhandlung ~** be on the bench, try a case. **5.** (*Gas, Strom, Reize etc*) conduct; **Öl durch Rohre ~** conduct petrol through pipes, pipe petrol. **6.** (*Verkehr etc*) direct, route (*a. teleph.*), (*um~*) *a.* divert. **7.** (*Brief etc*) channel, direct, pass *s. th.* on. **8.** (*Gespräch etc*) lead. **9.** *mus.* (*Orchester*) conduct, (*Jazzband etc*) lead. **10.** a) *thea.* (*Proben*) take (*rehearsals*), b) *TV etc*: (*Aufnahme, Sendung*) direct, *als Moderator*: present, host (*a show*). **11.** *Sport*: **das Spiel ~** (be the) referee. **12.** *phys.* (*Wärme etc*) conduct. **13.** *mil.* (*das Feuer*) control, direct. **II** *v/i* **14.** *phys.* conduct, be a *good etc* conductor. **III ≈** *n* ⟨-s⟩ **15.** leading (*etc*). **16.** → **Leitung**. **~d** *adj* **1.** (*führend*) leading; **der ~e Gedanke e-r Rede** the theme of a speech. **2.** (*lenkend*) guiding (*hand, etc*). **3.** *Angestellter etc*: managing, managerial, executive; **~er Angestellter** executive; **~es Personal** senior (*od.* executive) staff; **~e Stellung** executive (*od.* key) position. **4.** *Ingenieur, Arzt etc*: chief; **~er Arzt** chief physician, physician(-)in(-)chief. **5.** *phys. Metall etc*: conducting, conductive.

ˈLei·ter[1] *m* ⟨-s; -⟩ **1.** *e-r Firma*: (managing) director, manager, head; (*Filial≈*) manager; (*Abteilungs≈, Amts≈ etc*) head (of department), manager; **kaufmännischer ~** commercial manager; **technischer ~** technical director. **2.** (*Expeditions≈, Jugendgruppen≈, Diskussions≈ etc*) leader. **3.** (*Schul≈*) headmaster, *bes. Am.* principal. **4.** (*Versammlungs≈ etc*) chairman. **5.** (*Delegations≈*) head, leader. **6.** *mus.* (*Orchester≈*) conductor; *e-r Jazzband etc*: leader. **7.** *Radio, TV* → **Sendeleiter**. **8.** *phys.* conductor.

ˈLei·ter[2] *f* ⟨-; -n⟩ **1.** ladder; **e-e ~ anlegen** put (*od.* set) up a ladder; *fig.* **die ~ zum Erfolg** the ladder to success. **2.** (*Tritt≈*) step-ladder, (pair of) steps *pl.* **3.** (*Feuerwehr≈*) (fire) ladder. **4.** *mus.* (*Ton≈*) scale. **5.** *gym.* (**schwedische**) **~** wall bars *pl.*

ˈLei·te·rin *f* ⟨-; -nen⟩ **1.** *e-r Firma*: manageress, (managing) directress, head; (*Amts≈, Abteilungs≈ etc*) head (of department), manageress. **2.** (*Schul≈*) headmistress, *bes. Am.* principal. **3.** (*Versammlungs≈ etc*) chairwoman, *a.* chairman, *in der Anrede*: Madam Chairman. **4.** → **Leiter**[1] 2, 5. **5.** *mus.* a) conductress, b) *e-r Jazzband etc*: leader.

ˈLei·ter|ˌspros·se *f* rung (*od.* step) (of a ladder). **~ˌwa·gen** *m* rack wag(g)on, *kleiner*: handcart.

ˈLeitˌfa·den *m* (*Handbuch*) manual, handbook, textbook, guide; **ein praktischer ~ der Botanik** a practical guide (*od.* introduction) to botany.

ˈleitˌfä·hig *adj phys. Material*: conductive, conducting. **≈keit** *f* ⟨-; *no pl*⟩ conductivity, conductance.

ˈLeit|fosˌsil *n geol.* index (*od.* key, guide) fossil. **~freˌquenz** *f* **1.** *mil. für Flugkörper*: homing frequency. **2.** *electr.* control (*od.* radio-directing) frequency. **~ˌfunkˌstel·le** *f aer.* net control station. **~geˌdan·ke** *m* basic idea (*od.* thought), keynote. **~ˌham·mel** *m zo.* bellwether (*a. fig. contp.*). **~ˌhund** *m* **1.** lead dog, leader, outrunner. **2.** (*Blindenhund etc*) guide dog. **~idee** [-iˌdeː] *f* → **Leitgedanke**. **~ˌkar·te** *f* **1.** *e-r Kartei*: guide (card). **2.** *Computer*: master card. **~ˌke·gel** *m im Verkehr*: traffic cone. **~ˌli·nie** *f* **1.** *auf Straßen*: cent/re (*Am.* -er) line, dividing white line. **2.** *math.* directrix. **3.** *pl fig.* guidelines. **~moˌtiv** *n mus. Literatur*: leitmotiv, leitmotif, *fig. a.* keynote. **~ˌplan·ke** *f an Straßen*: crash barrier, *Am.* guardrail. **~ˌsatz** *m* guiding principle. **~ˌschie·ne** *f* **1.** *tech.* a) guide rail (*od.* bar), b) *beim Kopierfräsen*: template. **2.** *rail.* check (*od.* guide) rail. **~ˌschnur** *f e-r Angel*: leader. **~ˌspin·del** *f e-r Drehmaschine*: lead screw; *e-r Hobelmaschine*: feed screw. **~ˌspruch** *m* motto. **~ˌstand** *m mil.* (fire) control cent/re (*Am.* -er). **~ˌstel·le** *f* **1.** *econ.* head (*od.* central) office. **2.** *teleph.* net control station. **~ˌstern** *m* **1.** *Navigation*: guiding star. **2.** (*Polarstern*) lodestar, *fig. a.* guiding star.

ˈLeitˌstrahl *m* **1.** *electr. Radio*: ray, beam. **2.** *aer.* localizer beam; **auf dem ~ anfliegen** come in on the beam. **3.** *mil.* navigational beam. **4.** *math.* radius vector. **~ˌfunkˌfeu·er** *n aer.* radio range beacon. **~ˌsen·der** *m aer.* beam-approach beacon.

ˈLeit|ˌstu·die *f* pilot study. **~ˌtier** *n* leader. **~ˌton** *m mus.* leading tone (*od.* note).

ˈLei·tung *f* ⟨-; -en⟩ **1.** → **leiten** 15. **2.** *e-r Firma*: a) (*Geschäftsabwicklung*) management, b) (*Vorstand*) management, board of directors, c) (*Hauptbüro*) head office. **3.** *e-r Filiale, e-s Amtes*: management. **4.** *e-r Verwaltung, Schule etc*: administration. **5.** (*Vorsitz bei Versammlungen*) chairmanship. **6.** *e-r Veranstal-*

tung: a) organization, b) (*Ausschuß*) steering committee. **7.** *künstlerische etc*: direction; **das Orchester spielte unter der ~ von X** the orchestra was conducted by X; *mus.* **unter der ~ von X** X conducting, under the baton of X. **8.** (*Aufsicht*) control, supervision; **unter der ~ e-r Kommission** under the supervision of a committee; **unter s-r ~** under his direction (*od.* auspices). **9.** *tech.* (*Wasser2 etc*) pipe, (*Öl2 etc*) pipeline, (*Haupt2*) main(s *pl*), (*Leitkanal*) conduit, (*Anschluß*) tap; **e-e ~ verlegen** lay (*od.* install) pipes. **10.** (electric) line, (*Kabel2*, *Draht2*) cable (*od.* wire) line, wire, *pl a.* wiring *sg*, (*Kabelkanal*) cable duct, (*Stromkreis*) circuit, (*Zuleitungsschnur*) flex, lead. **11.** *phys.* a) *für Wärme, Strom etc*: conduction, b) (*Weiter2*) transmission. **12.** *teleph.* line; **die ~ ist besetzt** the line is busy (*od.* engaged); **bleiben Sie bitte in der ~** hold the line, please; **es ist j-d in der ~** s.o. is listening in. **13.** *fig. colloq.* **e-e lange ~ haben, auf der ~ stehen** (*od.* **sitzen**) be slow in (*od.* on) the uptake.

ˈ**Lei·tungs|ˌbau** *m* **1.** *electr.* line construction. **2.** *tech.* pipe installation. **~ˌdraht** *m* lead wire, (wire) conductor. **2ˌfä·hig** *adj* conductive. **~ˌhahn** *m* → Wasserhahn. **~ˌka·bel** *n* **1.** *electr.* line cable. **2.** *mot.* (*Zündkabel*) lead. **~ka·ˌnal** *m electr.* cable duct. **~ˌmast** *m* transmission pole (*od.* mast), (*Gitter2*) pylon. **~ˌnetz** *n* **1.** *electr.* distribution network, power mains *pl.* **2.** *tech.* (supply) mains *pl.* **~ˌplan** *m electr.* (*Schaltplan*) wiring diagram; line-routing plan. **~ˌrohr** *n* conduit, line, pipe. **~ˌschnur** *f electr.* flex, lead, *Am.* cord. **~ˌstö·rung** *f* line fault. **~ˌstrom** *m electr.* conduction (*od.* line) current. **~ˌwas·ser** *n* ⟨-s; ⸗⟩ tap water. **~ˌwi·derˌstand** *m electr.* line resistance.

ˈ**Leit|verˌmö·gen** *n phys.* conductivity. **~ˌvorˌstel·lung** *f* **1.** basic idea. **2.** *psych.* ideal. **~ˌwäh·rung** *f econ.* reserve currency. **~ˌwerk** *n* **1.** *aer.* tail unit (*od.* assembly), empennage. **2.** *mil. für Bomben etc*: fin assembly. **3.** *Computer*: control unit. **~ˌwert** *m electr.* conductance, (*Schein2*) admittance; **magnetischer ~** permeance; **spezifischer ~** conductivity. **~ˌzahl** *f* **1.** index (*od.* code) number. **2.** *phot.* flash factor.

Lek·ti·on [lɛkˈtsĭoːn] *f* ⟨-; -en⟩ **1.** *e-s Lehrbuches*: lesson, chapter; (*Stunde*) lesson, class. **2.** *fig. colloq.* **j-m e-e ~ erteilen** teach s.o. a lesson, (*ausschimpfen*) give s.o. a lecture, tick s.o. off.

Lek·tor [ˈlɛktɔr] *m* ⟨-s; -en [-ˈtoːrən]⟩ **1.** *univ.* instructor, *bes. Am.* lector. **2.** (*Verlags2*) reader. **Lek·toˈrat** [-toˈraːt] *n* ⟨-(e)s; -e⟩ **1.** *univ.* position (*od.* post) as an instructor, *Am. a.* lectorate, lectorship. **2.** (*Verlags2*) readers' department. **Lekˈto·rin** [-ˈtoːrɪn] *f* ⟨-; -nen⟩ (woman) instructor (*etc* → **Lektor**).

Lek·tü·re [lɛkˈtyːrə] *f* ⟨-; -n⟩ **1.** (*das Lesen*) reading; **bei der ~ dieses Buches** reading this book. **2.** (*Lesestoff*) reading matter (*od.* material), (*Bücher*) books *pl*; **gute ~** *a.* good reading. **3.** *ped.* (reading) text.

Lem·ma [ˈlɛma] *n* ⟨-s; -ta [-ta]⟩ *allg.* lemma.

Lem·ming [ˈlɛmɪŋ] *m* ⟨-s; -e⟩ *zo.* lemming.

Le·mu·re [leˈmuːrə] *m* ⟨-n; -n⟩ **1.** *zo.* lemur(id). **2.** *pl myth.* lemures.

Len·de [ˈlɛndə] *f* ⟨-; -n⟩ **1.** *anat.* loin, flank, lumbar region; → **gürten** 1. **2.** *gastr.* loin.

ˈ**Len·den|ˌbra·ten** *m gastr.* roast loin; *vom Rind*: (roast) sirloin. **~ˌge·gend** *f* lumbar region. **2ˌlahm** *adj* **1.** *med.* lame. **2.** *fig. colloq.* (*erschöpft*) dead-beat, all whacked. **3.** *fig. colloq.* lame, feeble (*excuse, etc*). **~ˌmus·kel** *m* psoas (muscle). **~ˌschnit·te** *f gastr.* tournedos, fillet steak, *bes. Am.* tenderloin steak. **~ˌschurz** *m* loin-cloth. **~ˌsteak** *n gastr.* sirloin steak. **~ˌstück** *n* loin, undercut, *bes. Am.* tenderloin, *vom Rind*: sirloin. **~ˌtuch** *n* → **Lendenschurz.** **~ˌwir·bel** *m anat.* lumbar (vertebra).

Le·ni|nis·mus [leniˈnɪsmʊs] *m* ⟨-; *no pl*⟩ *pol.* Leninism. **~ˈnist** [-ˈnɪst] *m* ⟨-en; -en⟩, **2ˈni·stisch** *adj* Leninist.

Le·nis [ˈleːnɪs] *f* ⟨-; **Lenes** [-nɛs]⟩ *ling.* lenis.

ˈ**Lenk|ˌach·se** *f mot.* steering axle; *rail.* leading axle. **~balˌlon** *m aer.* dirigible balloon.

ˈ**lenk·bar** *adj* **1.** *Person, Charakter*: tractable, manageable, easy to manage. **2.** *Fahrzeug etc*: steerable, manœuvrable, *Am.* maneuverable, controllable, *Luftschiff*: dirigible, *Rakete*: guided; **das Auto ist leicht ~** the car has good (*od.* easy, light) steering. **2keit** *f* ⟨-; *no pl*⟩ **1.** *fig.* tractability. **2.** *tech. e-s Fahrzeuges etc*: steerability, manœuvrability, *Am.* maneuverability, controllability, *e-s Luftschiffes*: dirigibility.

len·ken [ˈlɛŋkən] *v/t* ⟨h⟩ **1.** (*Fahrzeug, Gespann*) drive, steer. **2.** (*Verkehr etc*) route, direct, (*um~*) re-route. **3.** *aer.* steer, pilot, navigate, fly (*an aircraft*). **4.** *fig.* (*Person*) manage, guide; **der Junge ist leicht zu ~** the boy is easy to manage. **5.** *fig.* (*Staat*) govern, rule. **6.** *econ.* control (*the economy*); → **gelenkt** 1. **7.** *fig.* direct; **e-e Schlacht ~** direct a battle; **er lenkte s-e Schritte heimwärts** he turned his steps homeward(s); **Gott lenkt die Geschicke der Menschen** God directs the destiny of man; **s-e Blicke auf j-n ~** turn one's eyes toward(s) s.o.; **j-s Aufmerksamkeit auf e-e Sache ~** direct (*od.* draw, call) s.o.'s attention to s.th.; **sie versuchte, s-e Aufmerksamkeit auf sich zu ~** she tried to attract (*od.* catch) his attention; **die Unterhaltung auf e-e Sache ~** steer the conversation round to s.th.; → **Verdacht** 1. ˈ**Len·ker** *m* ⟨-s; -⟩ **1.** driver. **2.** *lit.* (*Herrscher*) ruler. **3.** *mot.* steering wheel; *des Motorrads, Fahrrads*: handlebar.

ˈ**Lenk|ˌflugˌkör·per** *m mil.* guided missile. **~geo·meˌtrie** *f mot.* steering geometry. **~geˌtrie·be** *n* steering gear (*od.* mechanism). **~ˌrad** *n* **1.** *mot.* steering wheel. **2.** → **Lenkrolle.** **~ˌra·di·us** *m* turning radius. **~ˌradˌschal·tung** *f* steering-column (*od.* column-mounted) gear change (*bes. Am.* gearshift). **~ˌradˌschloß** *n* steering-column (*od.* -wheel) lock. **~raˌke·te** *f* guided missile. **~ˌrol·le** *f* caster wheel. **2sam** *adj* tractable, docile. **~ˌsäu·le** *f* steering column (*od.* shaft). **~ˌspin·del** *f* steering(-wheel) shaft. **~ˌstan·ge** *f* **1.** *mot.* steering tie rod, *bes. Br.* steering (track) rod, drag link. **2.** *des Fahrrads etc*: handlebar. **~ˌstock** *m mot.* steering-column assembly.

ˈ**Len·kung** *f* ⟨-; -en⟩ **1.** steering (*etc* → **lenken**). **2.** *e-s Fahrzeugs*: steering system (*od.* assembly, gear). **3.** *aer.* steerage, navigation. **4.** *Raumfahrt*: guidance. **5.** *econ. der Wirtschaft etc*: control. **6.** *fig. e-r Person*: guidance, management. **7.** *relig.* **die göttliche ~** the divine dispensation.

ˈ**Len·kungs|ˌanˌschlag** *f tech.* steering lock. **~ˌausˌschuß** *m* steering committee. **~ˌeinˌschlag** *m* angle of turn.

ˈ**Lenk|ˌwaf·fe** *f mil.* guided missile (*od.* weapon). **~ˌwel·le** *f mot.* steering shaft. **~ˌzündˌschloß** *n* steering-ignition lock.

len·ti·ku·lar [lɛntikuˈlaːr] *adj opt.* lenticular.

lenz [lɛnts] *adj mar.* dry.

Lenz *m* ⟨-es; -e⟩ **1.** *obs. poet.* spring(time). **2.** *fig. poet. des Lebens*: spring, prime (of life), bloom. **3.** *pl fig.* (*Lebensjahre*) years, summers; **sie zählt zwanzig ~e** she is twenty (years old).

len·zen[1] [ˈlɛntsən] *v/impers poet.* **es lenzt** spring is here (*od.* is coming). ˈ**len·zen**[2] *mar.* **I** *v/t* ⟨h⟩ (*leer pumpen*) pump out. **II** *v/i vor dem Wind*: scud.

Len·zing [ˈlɛntsɪŋ] *m* ⟨-s; -e⟩ *obs.* March.

ˈ**Lenz|ˌmo·nat,** **~ˌmond** *m obs.* March. **~ˌpum·pe** *f mar.* bilge pump.

Leo·pard [leoˈpart] *m* ⟨-en; -en⟩ *zo.* leopard; (**Schwarzer**) **~** → **Panther.**

Leoˈpar·den|ˌfell *n* leopard (skin). **~ˌpelz** *m* leopard (fur). **~ˌweib·chen** *n zo.* leopardess.

Le·pi·do|den·dron [lepidoˈdɛndrɔn] *n* ⟨-s; -dren⟩ *bot.* lepidodendron. **~ˈphyt** [-ˈfyːt] *m* ⟨-en; -en⟩ *meist pl bot.* lepidophyte. **~ˈpte·re** [-ˈpteːrə] *f* ⟨-; -n⟩ *zo.* butterfly, lepidopteron.

Le·pra [ˈleːpra] *f* ⟨-; *no pl*⟩ *med.* leprosy, *a.* Hansens' disease. **~ˈal·ba** [ˈalba] *f* ⟨-; *no pl*⟩ white leprosy. **~ba·zil·len** *pl* Hansen's bacilli. **~ˌheim** *n* → **Leprosorium.** **2ˌkrank** *adj* leprous. **~ˌkran·ke** *m, f* ⟨-n; -n⟩ leper, leprosy patient. **~ˌmit·tel** *n* antileprotic.

Le·prom [leˈproːm] *n* ⟨-s; -e⟩ *med.* leproma. **le·pros** [leˈproːs], **leˈprös** [-ˈprøːs] *adj* leprous. **Le·pro·so·ri·um** [leproˈzoːrĭʊm] *n* ⟨-s; -rien⟩ leprosarium, leper house.

Lep·to·me·nin·gi·tis [lɛptomenɪŋˈgiːtɪs] *f* ⟨-; -tiden [-giˈtiːdən]⟩ *med.* leptomeningitis.

Lep·to·nen [lɛpˈtoːnən] *pl phys.* leptons.

lep·to|som [lɛptoˈzoːm] *adj*, **2ˈso·me** *m, f* ⟨-n; -n⟩ leptosom(e), asthenic.

Ler·che [ˈlɛrçə] *f* ⟨-; -n⟩ *orn.* lark; *hunt.* **~n fangen** (*od.* **streichen**) net (*od.* catch) larks.

ˈ**Lern|akˌtiv** *n DDR for* **Arbeitsgemeinschaft** 1. **2bar** *adj* learnable, capable of being learned (*od.* learnt). **~beˌgier(·de)** *f* thirst for knowledge, studiousness, desire to learn. **2beˌgie·rig** *adj* studious, eager to learn. **2beˌhin·dert** *adj Kind*: educationally subnormal. **~ˌei·fer** *m* studiousness, zeal, application to one's studies. **2ˌeif·rig** *adj* studious, industrious in one's studies.

ler·nen [ˈlɛrnən] **I** *v/t* ⟨h⟩ **1.** learn; **Deutsch ~** learn (*od.* study) German; **bei wem lernt ihr Englisch?** who teaches you English?; **lesen ~** learn (how) to read; *colloq.* **er hat Schneider gelernt** he learned the tailor's trade; **das Gedicht läßt sich leicht ~** the poem can be learned easily, the poem is easy to learn; *fig.* **j-n lieben ~** learn (*od.* come) to love s.o.; *colloq.* **mancher lernt's nie** some people never learn; **man lernt nie aus** we live and learn; → **auswendig, gelernt** (*etc*). **2.** (*aufschnappen*) pick up. **3.** *dial.* **j-m et. ~** (*lehren*) teach (*colloq.* learn) s.o. s.th. **4.** *mus.* (*Stück etc*) learn, study, practise (*Am.* -c-). **5.** *thea.* (*Rolle*) learn, study. **II** *v/i* **6.** learn; *ped. colloq.* do one's homework; **er lernt gut** (**schlecht**) he learns quickly (slowly), he is a quick (slow) learner; **aus der Erfahrung** (**s-n Fehlern**) **~** learn from experience (from one's mistakes); **die Mutter lernt jeden Tag**

mit ihm his mother helps him with his homework every day. **7.** *colloq.* (*in der Lehre sein*) serve one's apprenticeship; **Bäcker ~** be a baker's apprentice. **III** *v/reflex* **sich ~ 8. sich leicht ~** be learned easily, be easy to learn. **IV** **≗** *n* ‹-s› **9.** learning (*etc*). **10.** *e-r Rolle*: study. **11.** a) schoolwork, b) homework.

'lern|,fä·hig *adj* able to learn. **≗ma,schi·ne** *f* teaching machine. **≗,mit·tel** *n meist pl ped.* **1.** → **Lehrmittel. 2.** (pupil's) books and materials *pl*; **~freiheit** *f* free means *pl* of instruction. **≗pro,zeß** *m* learning process. **≗psy·cho·lo,gie** *f* psychology of learning. **≗,schwe·ster** *f med.* student nurse, (nursing) probationer. **≗,schwie·rig·kei·ten** *pl* learning difficulties. **≗,spiel** *n* educational game. **≗ver,mö·gen** *n psych.* ability to learn, faculty for learning. **≗,zeit** *f* **1.** study time. **2.** → **Lehrzeit. ≗,ziel** *n* educational objective (*od.* target).

'Les,art *f* reading, *a. fig.* version; interpretation; **~ des Textes** textual reading; **andere ~en** variants, variant readings.

'les·bar *adj* **1.** → **leserlich** I. **2.** *fig.* readable, worth reading. **≗keit** *f* ‹-; *no pl*› **1.** legibility. **2.** *fig.* readability.

Les·bie·rin ['lɛsbǐərɪn] *f* ‹-; **-nen**› Lesbian, *a.* lesbian, *Am. sl.* dyke. **'les·bisch** [-bɪʃ] *adj* Lesbian, *a.* lesbian, *sl.* gay; **~e Liebe** Lesbian love, Lesbianism.

'Le·se *f* ‹-; **-n**› **1.** (*Wein≗*) vintage; (*Ähren≗*) gleaning; (*Ernte*) harvest, (in)gathering. **2.** → **Auslese** 3.

'Le·se|,blind·heit *f med.* alexia. **~,bril·le** *f* reading glasses *pl*. **~,buch** *n* **1.** reader, reading book. **2.** → **Lesefibel. ~,dra·ma** *n Literatur*: closet drama. **~,feld** *n Computer*: read field. **~,fi·bel** *f* primer, first(-grade) reader. **~,früch·te** *pl* **1.** selections of choice reading, collectanea. **2.** (*Kenntnisse*) gleanings (from books). **~ge,rät** *n* **1.** *phot.* (microfilm) reader. **2.** *Computer*: reading device, reader. **~,glas** *n* reading (*od.* magnifying) glass. **≗,hung·rig** *adj* being an avid reader (*od.* a bookworm). **~im,puls** *m Computer etc*: read pulse. **~,kopf** *m Computer*: read(ing) head. **~,kränz·chen** *n*, **~,kreis** *m* reading circle. **~,lam·pe** *f* reading lamp. **~,lu·pe** *f* → **Leseglas.**

le·sen[1] ['le:zən] **I** *v/t* ‹**liest, las, gelesen, h**› **1.** read; **et. mit Mühe ~** a) spell s. th. out, b) (*entziffern*) have difficulty in reading (*od.* deciphering) s. th.; **et. wieder ~** reread s. th.; **s-e Handschrift ist kaum zu ~** it's difficult to decipher his handwriting; **et. oberflächlich ~** skim (through) s. th.; **er hat viel gelesen** he is well-read, he has read a great deal; **et. falsch ~** misread s. th.; **das Buch läßt sich gut ~** the book makes good reading; *fig.* **et. in den Sternen ~** read (*od.* see) s. th. in the stars; **ich las in s-n Augen, was er dachte** I read in (*od.* knew from) his eyes what he was thinking; **was liest du aus diesem Brief?** what do you make of this letter?; **wie liest du diese Zeile?** how do you understand (*od.* read) this line?; → **Korrektur** 2 (*etc*). **2.** *R.C.* → **Messe** 1. **3.** *pol.* read; **e-e Vorlage ~** read a bill. **4.** *univ.* lecture on (*Br. a.* in), teach, hold lectures on. **II** *v/i* **5.** read (**in der Bibel** the Bible); **aus s-n Werken ~** read from one's own works. **6.** *univ.* (**über** *acc* on) lecture, hold lectures (*od.* a lecture). **III** *v/reflex* **sich ~ 7. sich in den Schlaf ~** read o.s. to sleep. **8. sich gut ~** make good reading; **das liest sich wie ein Roman** it reads like a novel. **IV ≗** *n* ‹-s› **9.** reading (*etc*). **10.** *R.C. der Messe*: celebration. **11.** → **Lesung.**

'le·sen[2] **I** *v/t* ‹**liest, las, gelesen, h**› **1.** (*Ähren*) glean; (*Beeren, Holz etc*) gather, pick; (*Trauben, Wein*) harvest, vintage. **2.** (*Linsen etc*) sort, cull; (*Salat*) clean, remove the outer leaves from. **3.** (*Wolle*) cull; (*Erze*) sort, handpick. **II ≗** *n* ‹-s› **4.** gleaning (*etc*). **5.** *der Trauben*: harvest, vintage.

'le·sens,wert *adj Buch etc*: worth reading.

'Le·se|,pro·be *f* **1.** *thea.* reading (rehearsal), first rehearsal. **2.** *aus e-m Buch*: extract, passage. **~,pult** *n* (reading) desk, lectern (*a. relig.*).

'Le·ser[1] *m* ‹-s; -› **1.** reader; **ein ~ unserer Zeitschrift** a reader of (*od.* subscriber to) our journal. **2.** → **Lesegerät** 2.

'Le·ser[2] *m* ‹-s; -› **1.** *von Ähren*: gleaner; *von Beeren, Holz etc*: gatherer, picker; *von Trauben*: harvester, vintager. **2.** (*Sortierer*) sorter, *bes. von Wolle*: culler; *Bergbau*: picker.

'Le·se,rat·te *f humor.* bookworm.

'Le·ser|,brief *m* **1.** letter from a reader. **2.** *pl Zeitungsrubrik*: letters to the editor. **~,for·schung** *f* reader-opinion survey (*od.* analysis). **~,kar·te** *f* library (*od.* reader's) ticket. **~,kreis** *m* **1.** *e-r Zeitung etc*: readers *pl*, readership; **e-n großen ~ haben** be widely read. **2.** *e-r Bücherei etc*: patrons *pl*. **≗lich** *adj* legible. **~lich·keit** *f* ‹-; *no pl*› legibility. **~schaft** *f* ‹-; *no pl*› **1.** reading public. **2.** → **Leserkreis. ~,stamm** *m e-r Zeitung etc*: steady (*od.* regular) readership. **~,zu,schrift** *f* → **Leserbrief.**

'Le·se|,saal *m* reading room. **~,Schreib,kopf** *m Computer*: read/write head. **~,spei·cher** *m* read-only store. **~,stan·zer** *m* card read-punch unit. **~sta·ti,on** *f* reading station. **~,stoff** *m* reading (matter *od.* material); **Caesar gehört zum ~ dieser Klasse** Caesar is required reading in this class; **ich habe k-n ~ mehr** I have nothing to read. **~,stück** *n* reading (selection). **~,übung** *f* reading exercise. **~,wut** *f* reading mania. **~,zei·chen** *n* bookmark(er), marker. **~,zeit** *f agr.* harvest(ing season), vintage. **~,zim·mer** *n* reading room. **~,zir·kel** *m* **1.** reading circle. **2.** magazine rental service.

'Le·sung *f* ‹-; **-en**› **1.** *lit.* reading; **der Dichter hielt e-e ~** the poet gave a reading. **2.** *parl.* reading; **in zweiter ~** on second reading; **et. in zweiter ~ behandeln** give s. th. a second reading.

le·tal [le'ta:l] *adj med.* lethal. **≗,fak·tor** *m biol.* lethal factor.

Le·thar·gie [letar'gi:] *f* ‹-; *no pl*› lethargy. **le'thar·gisch** [-gɪʃ] *adj* lethargic.

Le·the ['le:tə] *npr f* ‹-; *no pl*› *myth.* Lethe; *fig. poet.* **~ trinken** drink of forgetfulness.

Let·te ['lɛtə] *m* ‹-n; -n› Latvian, Lett.

Let·ten ['lɛtən] *m* ‹-s; -› **1.** plastic (*od.* pipe) clay, clayey soil. **2.** *Töpferei*: potter's clay. **~,bo·den** *m* plastic (*od.* clayey) soil.

Let·ter ['lɛtər] *f* ‹-; -n› **1.** (*Buchstabe*) letter. **2.** *print.* type, printing(-press) letter (*od.* character).

'Let·tern|,druck *m* printing, letterpress. **~,gieß·ma,schi·ne** *f* typefounding machine. **~,gut** *n* type metal. **~,ka·sten** *m* type(case). **~me,tall** *n* type metal. **~,setz·ma,schi·ne** *f* Monotype (machine) (*TM*). **~,stein,druck** *m* typolithography.

'let·tisch I *adj* Latvian. **II** *ling.* **≗** ‹*generally undeclined*›, **das ≗e** ‹-n› Latvian, Lett(ish).

Lett·ner ['lɛtnər] *m* ‹-s; -› *arch.* jube, rood screen.

let·zen ['lɛtsən] *v/t* ‹h› *u.* **sich ~** *v/reflex obs. for* **laben, erquicken.**

letzt [lɛtst] **I** *adj* **1.** last, *a.* final; **im ~en Augenblick** in (*od.* at) the last moment, in the nick of time; **Änderungen im ~en Augenblick** last-minute changes; **~e Nachrichten** late(st) (*od.* stop-press) news; **zum ~en Mal(e), ein ~es Mal** for the last time; **~er Einsendetag** *e-s Preisausschreibens*: closing date; **s-e ~e Stunde war gekommen** his last (*od.* dying) hour had come; **mit ~er Kraft** with all remaining strength; → **Ehre** 1 (*etc*). **2.** *Neuheit etc*: latest (*news, fashion, etc*); → **Schrei** 4. **3.** (*vergangen*) last, past; **in der ~en Woche** last week, this past week; **in ~er Zeit** lately, (just) recently, of late; **in den ~en Tagen** in the last few days. **4.** (*vorig, vorhergehend*) last. **5.** *von zweien*: latter, second, last; **der ~e Teil des Sommers** the latter part of the summer. **6.** (*ehemalig*) last, former; **e-r der ~en Präsidenten** one of the former presidents. **7.** *in e-r Reihe, Folge etc*: last (*house in the street, etc*); **die ~en Reihen** *im Kino etc*: the back rows. **8.** *Kapitel, Satz etc*: last, closing; **die ~en Stunden** *e-r Tagung, e-s Jahres*: the closing hours. **9.** *fig. colloq.* (*minderwertig, schlecht*) worst, poorest (*quality, etc*); **der ~e Dreck** the most awful rubbish. **10.** *fig.* (*tief, verborgen*) deepest, innermost, profoundest; **die ~en Fragen allen Seins** the deepest mysteries of human existence. **11.** *mar. Schiff im Geleitzug*: rear, sternmost. **II ≗e, das** ‹-n› **12. ich habe noch ein ≗es zu sagen** I have one last (*od.* final) thing to say; **es geht ums ≗e** everything is at stake; → **herausholen** 3. **13.** *mit Kleinschreibung*: **das wäre das ~e, was ich täte** that would be the last thing I would do; *colloq.* **das ist das ~e!** that's the limit (*od.* end)!; **er ist doch das ~e (Schwein)** he is the ultimate swine; **et. bis ins ~e prüfen** check s. th. down to the last detail; **j-n (et.) bis ins ~e kennen** know s. o. (s. th.) inside out; **et. bis zum ~en ausnutzen** make the most of s. th.; **bis zum ~en durchhalten** hold out to the end.

Letzt zu guter ~ a) in the end, ultimately, finally, b) last but not least. **~,bie·ten·de** *m, f* ‹-n; -n› last and highest bidder.

'Letz·te *m, f* ‹-n; -n› **1.** last; **der ~ des Monats** the last (day) of the month; **der ~ s-s Stammes** the last of his line. **2.** *mit Kleinschreibung*: last; **er kam als ≗r** he came last, he was the last to come; **er wäre der ≗, dem ich vertrauen würde** he is the last person I would trust; → **Hund** 2. **≗,mal** *adv* **das ~** the last time, last (time).

'letz·tens *adv* **1.** lastly, in the last place, finally. **2.** → **letzthin.**

'letz·te·re *adj* **1.** latter; **im ~n Falle** in the latter case. **2.** *substantiviert, mit Kleinschreibung*: **der ~, die ~, das ~, ~r, ~, ~s** (the) latter (*of the two books, etc*).

'letzt·er,wähnt *adj* → **letztgenannt.**

'letz·tes,mal *adv* the last time, last (time).

'letzt|ge,nannt *adj* last-mentioned, last-named. **~'hin** *adv* lately, of late, recently, a short time (*od.* while) ago. **~in,stanz·lich** [-ˀɪn,ʃtantslɪç] *jur.* **I** *adj Gericht*: of the last instance. **II** *adv* in the last instance. **~,jäh·rig** *adj* last year's, of last year.

'letzt·lich *adv* **1.** lastly, finally. **2.** ultimately, in the end, in the final analysis.

'Letzt·ver,brau·cher *m* → **Endverbraucher.**

ˈ**letzt‚wil·lig** *jur.* **I** *adj* testamentary, by will (*od.* testament). **II** *adv* ~ **verfügen** dispose by will (*od.* testament).
Leu[1] [bɔʏ] *m* ⟨-en; -en⟩ *poet.* lion.
Leu[2] [ˈleːu] *m* ⟨-; Lei [ˈleːi]⟩ leu (*monetary unit of Romania*).
ˈ**Leucht|‚ba·ke** *f aer. mar.* **1.** light beacon. **2.** → Befeuerung 2. **~bak‚te·ri·en** *pl biol.* photogenic bacteria. **~‚bo·je** *f mar.* light buoy; *am Rettungsring*: flare, Holme's light. **~‚bom·be** *f aer. mil.* marker, flare (bomb). **~‚draht** *m electr.* filament. **~‚druck‚ta·ste** *f* luminous push-button.
ˈ**Leuch·te** *f* ⟨-; -n⟩ **1.** lamp, light; *aer.* beacon. **2.** *fig.* light; **e-e ~ der Wissenschaft** a luminary of science; *colloq.* **er ist k-e große ~** he is no shining light.
leuch·ten [ˈlɔʏçtən] **I** *v/i* ⟨h⟩ **1.** *Mond etc*: shine; **ein Licht leuchtete in der Finsternis** a light shone in the darkness; → Licht 1. **2.** *Lampe*: shine, give (*od.* emit) light; **hell ~** give a bright light. **3.** *Feuer, Kerze etc*: burn, shine; *Farbe, Leuchtziffer, Glühwürmchen etc*: glow; *Augen*: sparkle, shine, glow; *Meer*: phosphoresce; *fig.* **ihr Gesicht leuchtete vor Freude** her face shone with joy. **4.** (*funkeln*) sparkle, twinkle, glitter, (*blitzen*) flash. **5.** *mit e-r Lampe*: (shine a) light; **er leuchtete unter den Tisch** he shone the light under the table; **er leuchtete mit e-r Taschenlampe** he shone a torch (*Am.* flashlight); **j-m ~** light the way for s.o. **II** ♀ *n* ⟨-s⟩ **6.** shining (*etc*). **7.** shine, light; *schwaches*: glow, glimmer; (*Funkeln*) sparkle, twinkle, glitter, dazzle; *fig. der Augen*: sparkle, light, shining; *phys.* (*Helligkeit*) luminescence.
ˈ**leuch·tend** *adj* **1.** shining (*etc* → leuchten); *fig.* **ein ~es Beispiel** (*od.* **Vorbild**) a shining example; *adv* **~ rot** of a brilliant (*od.* bright) red. **2.** *chem. phys.* a) phosphorescent, b) (*hellscheinend*) luminescent, luminous. **3.** *biol.* photogenic. ˈ**Leuch·ter** *m* ⟨-s; -⟩ (*Stand*♀) candlestick, flambeau; (*Wand*♀) sconce; (*Kron*♀) chandelier; (*Arm*♀) candelabrum, candelabra; *R.C.* pharos, hearse.
ˈ**Leucht|‚fa·den** *m* → Leuchtdraht. **~‚fall‚schirm** *m mil.* parachute flare. **~‚far·be** *f* luminous paint; *print.* fluorescent ink. **~‚feu·er** *n* **1.** *mar. mil.* (light) beacon, (signal) light, flare. **2.** *aer.* beacon, flare. **~‚fisch** *m* lantern fish. **~‚gas** *n* coalgas, town gas. **~ge‚schoß** *n*, **~gra‚na·te** *f mil.* star (*od.* flare) shell. **~‚kä·fer** *m meist pl zo.* **1.** glowworm, firefly. **2.** fire beetle. **~‚kom·paß** *m* luminous(-dial) compass. **~‚kör·per** *m* **1.** *tech.* light (source), lamp, illuminant. **2.** *astr.* luminous body, luminary. **~‚kraft** *f* **1.** illuminating power, luminosity; **~ der Farbe** luminous power of paint. **2.** *e-s Edelsteins*: brilliance. **3.** *e-s Sternes*: (apparent) magnitude. **~‚ku·gel** *f bes. mil.* signal flare (*od.* rocket); *von e-r Pistole*: Very light. **~‚lu·pe** *f opt.* illuminating magnifier. **~‚mas·se** *f chem.* luminous substance, luminophor(e). **~‚mit·tel** *n* illuminant. **~mu·ni·ti‚on** *f* illuminating (*od.* flare) ammunition. **~‚öl** *n* **1.** lamp oil. **2.** (*Petroleum*) kerosine, kerosene. **~or·ga‚nis·mus** *m biol.* photogenic organism. **~pa‚tro·ne** *f* flare cartridge; Very light. **~pe‚tro·le·um** *n* → Leuchtöl 2. **~‚pfad** *m aer.* flare path. **~pi‚sto·le** *f bes. mil.* Very (*od.* signal, flare) pistol. **~‚quarz** *m* luminous quartz. **~‚rah·men‚su·cher** *m phot.* bright-line viewfinder. **~ra‚ke·te** *f* **1.** *mil.* illuminating rocket. **2.** *aer.* signal rocket. **~re‚kla·me** *f* luminous advertising, neon sign(s *pl*), *auf Hausdächern*: *a.* sky sign(s *pl*). **~‚röh·re** *f electr.* fluorescent lamp (*od.* tube), *Am.* vacuum-tube lamp; neon lamp (*od.* tube). **~‚satz** *m tech.* **1.** pyrotechnic flare. **2.** (**~mischung**) tracer composition. **~‚schalt‚bild** *n electr.* luminous circuit diagram. **~‚schirm** *m* **1.** *med. TV* fluorescent screen. **2.** *für Ultraschall*: oscilloscope. **~‚schrei·ber** *m* electric newscaster. **~‚schrift** *f* illuminated letters *pl.* **~si‚gnal** *n* flare signal. **~‚ska·la** *f* luminous dial. **~‚spur** *f mil.* tracer trajectory (*od.* path); **~geschoß** *n* tracer (bullet); **~munition** *f* tracer ammunition. **~‚stab** *m electr.* **1.** fluorescent rod. **2.** (*Taschenlampe*) torch, *Am.* flashlight. **~‚stär·ke** *f opt. phys.* luminous intensity, candlepower. **~‚stift** *m Computer*: light pen. **~‚stoff** *m* luminous substance; **~lampe** *f* fluorescent lamp (*od.* tube). **~‚tie·re** *pl* luminescent animals. **~‚turm** *m mar.* lighthouse; **~wärter** *m* lighthouse keeper. **~‚uhr** *f* luminous(-dial) clock (*od.* watch). **~‚zei·chen** *n* luminous (*od.* flare, light) signal. **~‚zei·ger** *m e-r Uhr etc*: luminous hand. **~‚zif·fer** *f* luminous figure; **~blatt** *n* luminous dial.
Leu·cin [lɔʏˈtsiːn] *n* ⟨-s; *no pl*⟩ *chem.* leucine. **Leu·cit** [lɔʏˈtsiːt; -ˈtsɪt] *m* ⟨-s; *no pl*⟩ *min* leucite.
leug·nen [ˈlɔʏgnən] **I** *v/t* ⟨h⟩ **1.** deny; **es ist nicht zu ~** (*od.* **es läßt sich nicht ~**), **daß** it cannot be denied that, there is no denying the fact that, it is undeniable that; **ich kann's nicht ~, es war sehr spät** I must admit it was very late. **2.** (*widerrufen*) retract, recant. **II** *v/i* **3.** deny the charge. **III** ♀ *n* ⟨-s⟩ **4.** denying (*etc*), denial(s *pl*). ˈ**Leug·ner** *m* ⟨-s; -⟩ one who denies, denier, negator. ˈ**Leug·nung** *f* ⟨-; *no pl*⟩ → leugnen 4.
Leuk·ämie [lɔʏkɛˈmiː] *f* ⟨-; -n [-ən]⟩ *med.* leuk(a)emia. **leuk·ämisch** [lɔʏˈkɛːmɪʃ] *adj* leuk(a)emic.
Leu·kom [lɔʏˈkoːm] *n* ⟨-s; -e⟩ *med.* walleye, leucoma.
Leu·ko|plast[1] [lɔʏkoˈplast] *m* ⟨-en; -en⟩ *bot.* leucoplast(id). **~ˈplast**[2] (*TM*) *n* ⟨-(e)s; -e⟩ *med. pharm.* sticking plaster, *Am.* adhesive tape, Band-aid. **~ˈzyt** [-ˈtsyːt] *m* ⟨-en; -en⟩ *meist pl med.* white blood corpuscle, leukocyte.
Leu·mund [ˈlɔʏ‚mʊnt] *m* ⟨-(e)s; *no pl*⟩ reputation, repute.
ˈ**Leu‚munds|‚zeu·ge** *m* character witness. **~‚zeug·nis** *n* certificate of good character, character reference.
ˈ**Leut·chen** *pl colloq.* (nice, *etc*) people (*od.* folk[s]); **hört, (ihr) ~!** listen, my good friends!
Leu·te [ˈlɔʏtə] *pl* **1.** people, men, persons, folk(s); **die jungen ~** a) the young people, (the) youth *sg*, b) the young couple *sg*; **kleine ~** a) little people (*a. fig. sozial niedrig*), b) *fig.* (*Kinder*) little folks; *humor.* **es ist ja nicht wie bei armen ~n!** we have (he has, *etc*) got everything!; **er kommt wenig unter die ~** he doesn't get out much among people; *fig. colloq.* **wenn Sie das tun, sind wir geschiedene ~** if you do that, I won't have anything to do with you any longer; → Kleid 2 (*etc*). **2. die ~** people, society *sg*, *a.* the neighbo(u)rs, folks; **was werden die ~ sagen?** what will people say?; *colloq.* **et. unter die ~ bringen** make s.th. public, spread s.th. (abroad). **3.** (*Beschäftigte, Untergebene*) people, men, staff *sg*, (*Arbeiter*) *a.* workers, hands, (*Angestellte*) *a.* employees, (*Dienstboten*) *a.* servants, (*Soldaten*) *a.* men; **nicht genug ~ haben** be shorthanded, be understaffed; *colloq.* **er kennt s-e ~** he knows his people. **4.** (*Familie*) (my, *etc*) people, family *sg*, *colloq.* folks. **5.** (*Gruppe*) group *sg*, set *sg*, party *sg*, people; **er ist k-r von unseren ~n** he's not one of our group. **~be‚trü·ger** *m* notorious cheat (*od.* swindler), charlatan. ♀‚**scheu** *adj* → menschenscheu. **~‚schin·der** *m* slave-driver, martinet.
Leut·nant [ˈlɔʏtnant] *m* ⟨-s; -s, *rare* -e⟩ **1.** *mil.* second lieutenant. **2.** *aer. mil.* pilot officer, *Am.* second lieutenant. **3.** *mar.* **~ zur See** acting sub-lieutenant, *Am.* ensign.
ˈ**Leut‚prie·ster** *m R.C.* lay priest.
ˈ**leut‚se·lig** *adj* (**gegen**) affable (to, with); (*herablassend*) condescending (toward[s]). ♀**keit** *f* ⟨-; *no pl*⟩ affability, condescension.
Le·va·de [leˈvaːdə] *f* ⟨-; -n⟩ *Schulreiten*: levade.
Le·van·ti·ne [levanˈtiːnə] *f* ⟨-; *no pl*⟩ *Textil.* levantine.
Le·vanˈti·ner *m* ⟨-s; -⟩ Levantine, Levanter. **le·vanˈti·nisch** *adj* Levantine.
Le·ver [ləˈveː] *n* ⟨-s; -s⟩ *hist.* (*Morgenempfang*) levee.
Le·via·than [leˈvĭaːtan; -vĭaˈtaːn] *m* ⟨-s; *no pl*⟩ *myth.* leviathan.
Le·vit [leˈviːt] *m* ⟨-en; -en⟩ **1.** *Bibl.* Levite. **2.** *pl R.C.* acolytes at high mass. **3.** *fig. colloq.* **j-m die ~en lesen** give s.o. a (good) talking-to, read the riot act to s.o.
Lev·ko·je [lɛfˈkoːjə] *f* ⟨-; -n⟩ *bot.* stock, gillyflower.
Lew [lɛf] *m* ⟨-(s); -a [ˈlɛva]⟩ *econ.* lev (*monetary unit of Bulgaria*).
Lex [lɛks] *f* ⟨-; **Leges** [ˈleːgɛs]⟩ *jur.* lex, law.
Le·xem [lɛˈkseːm] *n* ⟨-s; -e⟩ *ling.* lexeme.
Le·xi|gra·phie [lɛksigraˈfiː] *f* ⟨-; *no pl*⟩ *ling.* lexigraphy. ♀ˈ**gra·phisch** [-ˈgraːfɪʃ] *adj* lexigraphic(al). ♀ˈ**kal** [-ˈkaːl], ♀ˈ**ka·lisch** *adj* lexical.
Le·xi·ko|graph [lɛksikoˈgraːf] *m* ⟨-en; -en⟩ lexicographer. **~graˈphie** [-graːˈfiː] *f* ⟨-; *no pl*⟩ lexicography. ♀ˈ**gra·phisch** *adj* lexicographic(al). **~loˈgie** [-koloˈgiː] *f* ⟨-; *no pl*⟩ **1.** (*Lexikonkunde*) lexicography. **2.** (*Wort[schatz]kunde*) lexicology. ♀ˈ**lo·gisch** [-ˈloːgɪʃ] *adj* lexicologic(al).
Le·xi·kon [ˈlɛksikɔn] *n* ⟨-s; -ka [-ka], *a.* -ken⟩ **1.** (*Konversations*♀, *Enzyklopädie*) encyclop(a)edia; *colloq.* **er ist ein wandelndes** (*od.* **lebend[ig]es**) **~** he is a walking encyclop(a)edia. **2.** (*Wörterbuch*) dictionary, *bes. altsprachliches*: lexicon. **~for‚mat** *n print.* lexicon format.
le·xisch [ˈlɛksɪʃ] *adj ling.* lexical.
Le·zi·thin [letsiˈtiːn] *n* ⟨-s; *no pl*⟩ *chem.* lecithin.
L'hom·bre [ˈlõːbər; lõːbr] (*Fr.*) *n* ⟨-; *no pl*⟩ → Lomber.
Li·ai·son [lĭɛˈzõː; liɛˈzõ] (*Fr.*) *f* ⟨-; -s⟩ **1.** liaison, (love) affair. **2.** *ling.* liaison. **3.** *gastr.* thickening.
Lia·ne [ˈlĭaːnə] *f* ⟨-; -n⟩ *meist pl bot.* liana.
Li·as [ˈliːas] *m, f* ⟨-; *no pl*⟩ *geol.* Lias. **~for·ma·ti‚on** *f* Lias (formation).
Li·ba·ne·se [libaˈneːzə] *m* ⟨-n; -n⟩, **li·baˈne·sisch** *adj* Lebanese.
ˈ**Li·ba·non‚ze·der** [ˈliːbanɔn-] *f bot.* cedar of Lebanon.
Li·bel·le [liˈbɛlə] *f* ⟨-; -n⟩ **1.** *zo.* a) dragonfly, b) damselfly, naiad. **2.** *tech.* a) *der Wasserwaage*: bubble (level), b) (*Glasröhrchen*) vial; → einspielen 4.
li·be·ral [libeˈraːl] *adj* **1.** (*vorurteilslos*) liberal; **~e Ansichten haben** have (*od.* hold) liberal views, be broad-minded. **2.** *pol.* Liberal (*Party, etc*). **Li·beˈra·le** *m, f* ⟨-n; -n⟩ *pol.* Liberal.

li·be·ra|li·sie·ren [liberaliˈziːrən] *v/t* ⟨*no* ge-, h⟩ *bes. econ.* liberalize. **ℒliˈsie·rung** *f* ⟨-; -en⟩ liberalization. **ℒˈlis·mus** [-ˈlɪsmʊs] *m* ⟨-; *no pl*⟩ liberalism, *pol. relig. a.* Liberalism. **~ˈli·stisch** [-ˈlɪstɪʃ] *adj* **1.** liberalist(ic). **2.** (*extrem liberal*) laissez-faire. **ℒliˈtät** [-liˈtɛːt] *f* ⟨-; *no pl*⟩ liberality.

Li·be·ria·ner [libeˈrĭaːnər] *m* ⟨-s; -⟩, **li·be·ria·nisch** [-ˈrĭaːnɪʃ] *adj* Liberian.

Li·be·ri·er [liˈbeːrĭər] *m* ⟨-s; -⟩, **liˈbe·risch** [-rɪʃ] *adj* Liberian.

Li·be·ro [ˈliːbero] *m* ⟨-s; -s⟩ *Fußball etc*: free back, libero.

li·bi·diˈnös [libidiˈnøːs] *adj* libidinous, libidinal. **Li·bi·do** [liˈbiːdo] *f* ⟨-; *no pl*⟩ *psych.* libido.

Li·bret·tist [libreˈtɪst] *m* ⟨-en; -en⟩ *mus.* librettist. **Li·bret·to** [liˈbrɛto] *n* ⟨-s; -s *u.* -ti [-ti]⟩ libretto.

Li·by·er [ˈliːbyər] *m* ⟨-s; -⟩, **ˈli·bysch** [-bɪʃ] *adj* Libyan.

Licht [lɪçt] *n* ⟨-(e)s; -er, *obs. u. poet.* ~e⟩ **1.** *allg., a. phys.* light; ~ **und Schatten** light and shade; **das ~ des Tages** the light of day, daylight; **~ machen, das ~ anmachen** turn (*od.* put, switch) the light on; **das ~ ausmachen** (*od.* **ausdrehen, ausknipsen**) turn (*od.* put, switch) the light out; **das Zimmer hat nicht genug ~** the room does not get enough light; **~ spenden** give light; **(elektrisches) ~ legen lassen** have electricity installed; **et. gegen das** (*od.* **ans**) **~ halten** hold s.th. up to (*od.* against) the light; **j-m im ~ stehen** stand (*od.* be) in s.o.'s light; **sich** (*dat*) **selbst im ~ stehen** stand (*fig.* be) in one's own light; **geh mir aus dem ~** get out of my light; **ans ~ bringen (kommen)** bring (come) to light; **im ~ dieser Tatsachen** in the light of these facts; **ein Bild ins rechte ~ hängen** hang a picture in a good light; *fig.* **et. ins rechte ~ rücken** put s.th. in its true light; **sich (et.) ins rechte** (*od.* **in ein vorteilhaftes**) **~ rücken, sich (et.) im besten ~ zeigen** present o.s. (s.th.) to one's (its) best advantage; **et. in ein falsches ~ rücken** misrepresent s.th., put a wrong complexion (*od.* slant) on s.th.; **in ein schiefes ~ geraten** be placed in a bad light; **sich in e-m neuen ~ zeigen** show o.s. in a new light, reveal a new side of one's character; **sich im wahren ~ zeigen** show o.s. in one's true colo(u)rs; **~ in e-e Angelegenheit bringen** throw (*od.* shed) light upon a matter; **die Wahrheit ans ~ bringen** bring the truth to light, disclose (*od.* unearth) the truth; *lit.* **das ~ der Welt erblicken** (first) see the light of day, be born; **das ~ scheuen** shun the light; **das wirft ein schlechtes ~ auf dich** that throws a bad light (up)on you, that shows you (up) in a bad light; **(sich** *dat*) **et. bei ~ betrachten** examine s.th. closely; **bei ~(e) besehen** on closer examination, (*strenggenommen*) strictly speaking; **die Welt in e-m rosigen ~ sehen** see the whole world through rose-colo(u)red spectacles; *fig. colloq.* **j-n hinters ~ führen** deceive (*od.* dupe, hoodwink) s.o., take s.o. in; **mir geht ein ~ auf** I see the light, I see daylight, it dawns on me; *humor.* **er ließ sein ~** (*od.* **das ~ s-r Weisheit**) **leuchten** he let his light shine; *fig. colloq.* **er ist kein großes ~** he is no shining light (*od.* a genius). **2.** (*Helle*) brightness. **3.** (*Beleuchtung*) illumination, lighting. **4.** (*Tages*ℒ) daylight. **5.** ⟨*pl a.* -e⟩ (*Kerze*) candle; *fig. colloq.* **j-m ein ~ aufstecken** open s.o.'s eyes, put s.o. wise; → **Scheffel. 6.** *Kunst*: (high)light. **7.** *mot.* (*Ampel*ℒ) (traffic) light; → **grün** 1. **8.** *pl hunt.* eyes.

licht *adj* ⟨-er; -est⟩ **1.** (*hell*) light, bright; **ein ~es Zimmer** a bright room; **~e Farben** bright (*od.* gay) colo(u)rs; **ein ~es Blau** a light blue; **es wird ~** it is getting light; **am ~en Tag** in broad daylight. **2.** *Haare*: thin, sparse. **3.** *Wald*: thin, open, clear. **4.** *Maschen*: wide, open. **5.** *psych., a. fig.* lucid; **~e Augenblicke** (*od.* **Momente**) **haben** have lucid moments (*od.* intervals). **6.** *civ. eng. tech.* **~er Durchmesser** inside diameter; **~e Höhe** clear height, headroom, *Durchfahrt*: (overhead) clearance; **~e Weite** a) inside width, b) **~er Raum** space in the clear, clearance. **7.** *print. Schrift*: open.

ˈLicht|ag·gre·ˌgat *n* lighting set. **~ˌan·ˌla·ge** *f* lighting system (*od.* equipment). **~ˌan·ˌlas·ser** *m mot.* starter generator. **~ˌaus·ˌbeu·te** *f* luminous efficiency. **~ˌbad** *n med.* light bath. **~be·ˌhand·lung** *f med.* light treatment, phototherapy, *durch Sonne*: *a.* heliotherapy. **ℒbe·ˌstän·dig** *adj* → **lichtecht. ~ˌbeu·gung** *f phys.* diffraction of light. **~ˌbild** *n* photo(graph), photographic picture; (*Dia*) slide, transparency. **~ˌbil·der·ˌvor·ˌtrag** *m* → **Lichtbildvortrag. ~ˌbild·ˌkunst** *f* (art of) photography. **~ˌbild·ˌvor·ˌtrag** *m* slide lecture. **~ˌbild·ˌwer·fer** *m phot.* projector. **ℒˌblau** *adj* light- (*od.* pale-)blue. **~ˌblen·de** *f phot.* diaphragm, stop. **~ˌblick** *m* **1.** (*Hoffnung*) ray of hope. **2.** (*Trost*) comfort. **3.** (*lichter Augenblick*) lucid interval, bright moment. **~ˌblitz** *m bei Detonationen*: flash.

ˈLicht|ˌbo·gen *m* (electric) arc. **ℒbe·ˌstän·dig** *adj* arc-proof. **~ˌbil·dung** *f* arcing. **~ˌkoh·le** *f* arc-lamp carbon. **~ˌschwei·ßung** *f tech.* arc welding.

ˈlicht|ˌbre·chend *adj opt.* refracting, refractive, dioptric. **ℒˌbre·chung** *f* refraction (of light), optical refraction; **~svermögen** *n* (optical) refractive power.

ˈLicht|ˌbün·del, ~ˌbü·schel *n opt.* light (*od.* luminous) beam, pencil of rays. **ℒˌdicht** *adj* light-proof, light-tight. **~ˌdich·te** *f opt.* light density. **~ˌdruck** *m* **1.** *phys.* light pressure. **2.** ⟨*only sg*⟩ (*Verfahren*) phototypy, collotypy, (*Erzeugnis*) phototype, collotype. **ℒˌdurch·ˌläs·sig** *adj* transparent, translucent, diaphanous. **~ˌdurch·ˌläs·sig·keit** *f* ⟨-; *no pl*⟩ transparency, light transmission.

ˈLich·te *f* ⟨-; *no pl*⟩ *civ. eng. tech.* **1.** *e-r Brücke etc*: clear span. **2.** (*Innendurchmesser*) inside diameter.

ˈlicht|ˌecht *adj* light-fast, non-fading. **ℒˌecht·heit** *f* fastness (*od.* resistance) to light. **ℒef·ˌfekt** *m* light(ing) effect. **ℒˌein·ˌfall** *m* **1.** incidence of light. **2.** *phot.* light leakage. **ℒˌein·ˌwir·kung** *f* action of light. **~elek·trisch** [-ʔeˌlɛktrɪʃ] *adj* photo-electric, actino-electric. **~emp·ˌfind·lich** *adj* **1.** sensitive to light. **2.** *opt. phot.* a) (light-)sensitive, photosensitive, b) (*empfindlich gemacht*) sensitized. **ℒemp·ˌfind·lich·keit** *f* ⟨-; *no pl*⟩ **1.** sensitivity to light. **2.** *phot.* photosensitivity, speed.

lich·ten[1] [ˈlɪçtən] **I** *v/t* ⟨h⟩ **1.** (*Wald*) clear. **2.** *fig.* thin (out); **die Reihen der Soldaten wurden gelichtet** the ranks of the soldiers were thinned (down). **II** *v/reflex* **sich ~ 3.** *Haar, Wald etc*: get thin(ner), *die Reihen etc*: be thinning (out). **4.** (*heller werden*) clear up, become brighter; **das Dunkel lichtet sich** a) it's getting brighter, b) *fig.* I'm beginning to see daylight. **ˈlich·ten**[2] *v/t* ⟨h⟩ *mar.* **den Anker ~** weigh anchor.

ˈLich·ter|ˌbaum *m* Christmas tree. **~ˌglanz** *m* bright light(s *pl*). **ℒˈloh** *adv* **~ brennen** a) be ablaze, b) *fig.* (*verliebt sein*) be madly in love. **~ˌmeer** *n* sea of lights.

ˈLicht|er·ˌschei·nung *f opt.* light (*od.* optical) phenomenon (*od.* effect). **ℒer·ˌzeu·gend** *adj* **1.** *biol.* photogenic. **2.** *phys.* generating light, luminiferous. **~ˌfil·ter** *n, m phot.* light (*od.* ray, colo[u]r) filter. **~ˌfin·ger·ˌschein·ˌwer·fer** *m mot.* sealed beam headlamp. **~ˌfleck** *m* speck of light. **~ˌfluß** *m opt.* luminous (*od.* light) flux. **~ge·ˌschwin·dig·keit** *f* speed (*od.* velocity) of light. **~ge·ˌstalt** *f poet.* luminous figure. **ℒˌgrün** *adj* chartreuse. **~ˌheil·ver·ˌfah·ren** *n* → **Lichttherapie.**

ˈLicht·ˌhof *m* **1.** *civ. eng.* patio. **2.** *astr. phot.* halo. **3.** *opt.* blur circle. **~ˌbil·dung** *f phot.* halation. **ℒˌfrei** *adj* nonhalation, antihalo.

ˈLicht|ˌhu·pe *f mot.* headlight flash(er), *colloq.* flash(er). **~ˌjahr** *n astr.* light-year. **~ˌka·bel** *n* electric light cable. **~ˌka·sten** *m med.* **1.** *beim Röntgen*: viewing box. **2.** *für die Therapie*: electric cradle. **~ˌke·gel** *m* **1.** *opt.* cone of light. **2.** *e-r Taschenlampe etc*: searchlight beam. **~ˌkup·pel** *f civ. eng.* domelight. **~ˌleh·re** *f* optics *pl* (*als sg konstruiert*). **~ˌlei·ter** *m phys.* light conductor. **~ˌlei·tung** *f electr.* lighting circuit (*od.* mains *pl*). **ℒˌlie·bend** *adj biol.* photophilous. **ℒlos** *adj* without light, lightless, sunless. **~ma·ˌgnet·ˌzün·der** *m mot.* magneto-generator. **~ma·le·ˌrei** *f Kunst*: highlight painting. **~ma·ˌschi·ne** *f mot.* dynamo, *Am.* generator. **~ˌmast** *m electr.* lighting pole.

ˈLicht·ˌmeß [-ˌmɛs] *R.C.* (Mariä) ~ Candlemas, *Am.* Groundhog Day.

ˈLicht|ˌmes·sen *n mil.* flash ranging. **~ˌmes·ser** *m* **1.** *tech.* light meter. **2.** *phot.* a) photometer, b) → **Belichtungsmesser. ~ˌmes·sung** *f* **1.** *phys.* photometry. **2.** *phot.* exposure control. **~ˌnetz** *n* lighting circuit (*od.* mains *pl*), electric supply line. **~ˌor·gel** *f thea. Film*: colo(u)r organ. **~ˌpaus·ˌan·ˌstalt** *f* photocopying establishment, blueprint shop. **~ˌpaus·ap·pa·ˌrat** *m* photocopier, diazo printing apparatus. **~ˌpau·se** *f phot.* photocopy, diazocopy; (*Blaupause*) blueprint. **~ˌpaus·ge·ˌrät** *n* → **Lichtpausapparat. ~ˌpaus·pa·ˌpier** *n* photocopy(ing) (*od.* blueprint) paper. **~ˌpaus·ver·ˌfah·ren** *n* heliographic printing. **~ˌpunkt** *m* **1.** bright (*od.* luminous) point. **2.** *TV* flying spot. **3.** → **Lichtblick** 1. **~ˌpunkt·ˌab·ˌta·ster** *m TV* flying-spot scanner. **~ˌquant** *n phys.* light quantum. **~ˌquel·le** *f* source of light, luminous source. **~re·ˌflex** *m* light reflection. **~ˌreg·ler** *m phot.* exposure control. **~ˌreiz** *m biol.* light stimulus. **~re·ˌkla·me** *f* → **Leuchtreklame. ~ˌruf·ˌan·ˌla·ge** *f tech.* light-signal (*od.* luminous) call system. **~ˌsatz** *m print.* phototypography. **~ˌschacht** *m* **1.** light shaft, (light) well. **2.** *phot.* focus(s)ing hood. **~ˌschal·ter** *m* light switch. **~ˌsche·re** *f* (candle) snuffers *pl* (*als sg od. pl konstruiert*). **ℒˌscheu I** *adj* **1.** shunning the light, *fig. contp. a.* shady; **~es Gesindel** shady characters. **2.** *biol. med.* photophobic. **II** ℒ *f* **3.** *biol. med.* photophobia. **~ˌschirm** *m* (light) screen. **~ˌschleu·se** *f phot.* light trap. **ℒˌschluckend** (*getr.* -k·k-) *adj phys.* light-absorbing. **~ˌschran·ke** *f* light barrier. **~ˌschutz** *m* protection against light. **ℒˌschwach** *adj* of low light intensity, faint, dim. **~ˌsei·te** *f* sunny (*od.* bright) side; *fig.* **auf der ~ des Lebens**

on the sunny side of life. **~ˌsetz·maˌschi·ne** *f print.* photocomposing machine. **~siˌgnal** *n* **1.** light (*od.* luminous, flash) signal. **2.** (*Ampellicht*) traffic light; (*Blinklicht*) flashing light; *mot.* flash signal; **j-m ein ~ geben** flash one's lights at s.o. **~siˌgnalˌanˌla·ge** *f* light-signal system. **~ˌspalt** *m* crack of light. **~ˌspek·trum** *n phys.* light spectrum.

ˈLichtˌspiel *n* **1.** film, *colloq.* picture, *bes. Am.* motion picture, *colloq.* movie. **2.** *pl* → **~ˌhaus** *n*, **~thea·ter** [-teˌaːtər] *n* cinema, picture house, *Am.* (motion) picture (*od. colloq.* movie) theater.

ˈlichtˌstark *adj* **1.** *Stern etc*: bright, luminous, brilliant, of high luminous intensity. **2.** *phot. Objektiv*: fast, high-speed. **3.** *opt.* high-power, high-luminous.

ˈLichtˌstär·ke *f* **1.** intensity of light, luminosity, brightness. **2.** *von Glühbirnen*: candlepower. **3.** *phot.* speed, F-number. **4.** *opt.* power. **~ˌmes·ser** *m phys.* photometer. **~ˌmes·sung** *f* photometry.

ˈLicht|ˌsteinˌdruck *m print.* photolithography. **~ˌsteu·er·geˌrät** *n* light monitoring device. **~ˌstrahl** *m* **1.** ray (*od.* shaft, beam) of light. **2.** → Lichtblick 1. **~ˌstrah·lenˌmes·ser** *m phys.* actinometer. **~ˌstrah·lenˌwir·kung** *f chem. phys.* actinism. **~ˌstrah·lung** *f* radiation of light. **~ˌstrom** *m* **1.** *phys.* luminous flux. **2.** *electr.* lighting current. **~ˌteil·chen** *n phys.* light corpuscle, photon. **~the·raˌpie** *f med.* phototherapy, heliotherapy. **~ˌton** *m Film*: optical (*od.* photographic) sound. **~ˌtonˌaufˌnah·me** *f* **1.** optical (*od.* photographic) sound record. **2.** → **~ˌtonverˌfah·ren** *n* optical (sound) recording, sound-on-film system. **≈ˌunˌdurchˌläs·sig** *adj* impervious to light, opaque. **≈ˌunˌecht** *adj Textil.* fading. **≈ˌun·empˌfind·lich** *adj* light-insensitive, insensitive to light.

ˈLich·tung *f* <-; -en> (*Wald≈*) clearing, glade.

ˈLicht|verˌhält·nis·se *pl* lighting conditions. **≈ˌvoll** *adj fig.* (*klar*) lucid, clear; (*tief*) *a. iro.* profound, illuminating. **~ˌweite** *f tech.* inside width. **~ˌwel·le** *f phys.* light wave. **≈ˌwen·dig** *adj biol.* phototropic. **~ˌwert** *m phot.* exposure (*od.* light) value. **~ˌwir·kung** *f* action (*od.* effect) of light, luminous effect. **~ˌzei·chen** *n* light signal. **~ˌzeit** *f astr.* light-time.

Lid [liːt] *n* <-(e)s; -er> (eye)lid.

li·dern [ˈliːdərn] *v/t* <h> **1.** *mil.* (*Rohrwaffen*) obturate. **2.** *tech.* pack *s.th.* with leather, gasket. **ˈLi·de·rung** *f* <-; -en> **1.** *mil.* obturation. **2.** *tech.* gasket, packing.

Li·do [ˈliːdo] *m* <-s; -s, *a.* Lidi [-di]> **1.** *geol.* barrier beach. **2.** (bathing) beach, lido.

ˈLid|ˌschat·ten *m Kosmetik*: eye shadow. **~ˌspalt** *m anat.* palpebral fissure.

lieb [liːp] **I** *adj* <-er; -st> **1.** (*teuer, wert*) dear (*friend, wife, etc*); **≈er Herr X** *im Brief*: Dear Mr. X, *als Anrede*: Mr. X; **mein ~es Kind** *a. iro.* my dear child; **alles, was ihm ~ war** everything that was dear to him; **wenn dir dein Leben ~ ist** if you value your life, *colloq.* if you want to live!; **die ~e Sonne** the blessed sun; **das ~e Brot** the daily bread; *colloq.* **sich ~ Kind bei j-m machen** worm o.s. into s.o.'s good (*od.* good graces), ingratiate o.s. with s.o.; **bei j-m ~ Kind sein** be in s.o.'s good books (*od.* graces), be s.o.'s pet; **die ~en langen Jahre** all those long years; **mein ~er Mann** (*od.* Schwan)! my dear chap, I can tell you!; → Frieden 6, Geld 1 (*etc*). **2.** (*freundlich, nett*) kind, good, nice; **würden Sie so ~ sein, mir zu helfen** (*od.* **und mir helfen**)? will you be good enough (*od.* so good as) to help me?; **sei so ~!** be a dear! **3.** (*reizend, liebenswert*) dear, sweet, lovable, darling, pretty; **ein ~es Gesicht** a sweet face; **so ein ~es Ding** such a little darling; → Kerl 1. **4.** (*brav, artig*) good, well-behaved; **sei ~!** be a good child!, be good!; **so bist du ~** there's a good child. **5. es ist mir ~, daß** I am glad that, I am pleased to hear that, it suits me fine that; **es ist mir nicht ~, daß** I don't like it that, it doesn't suit me that; **mehr, als mir ~ war** more than I really wanted. **6.** *relig.* **Unsere ≈e Frau** Our Lady, the Blessed Virgin; **der ~e Gott** the good Lord. **II** *adv* **7.** dearly (*etc*); **sie haben uns sehr ~ behandelt** they treated us very kindly; **j-n ~ anschauen** look at s.o. sweetly. **III ≈e, das** <-n> **8. et. ≈es** s.th. nice (*od.* kind, pleasant); **er sagte mir viel ≈es und Gutes von ihr** he said many nice and pleasant things about her; **alles ≈e und Gute!** my best wishes!

Lieb *n* <-s; *no pl*> *obs. od. poet.* **mein ~!** my love.

ˈlieb|ˌäu·geln *v/i* <*insep*, ge-, h> **1. mit et. ~** have one's eye on s.th., flirt with s.th.; **mit dem Kauf e-s Wagens ~** flirt (*od.* toy) with the idea of buying a car. **2. mit j-m ~** ogle s.o., make eyes at s.o., exchange amorous glances with s.o. **~beˌhal·ten** *v/t* <*irr, sep, no* -ge-, h> **j-n (et.) ~** hold s.o. (s.th.) dear.

ˈLieb·chen *n* <-s; -> **1.** love, sweetheart, truelove. **2.** *contp.* fancy woman.

Lieb·den [ˈliːpdən] *f* <-; *no pl*> *obs.* **Euer ~** *etwa* my Lord.

Lie·be[1] [ˈliːbə] *f* <-; *no pl*> **1. (zu, für)** *allg.* love (of, for); (*Zuneigung*) affection (for), fondness (of); (*Anhänglichkeit*) attachment (to); **~ zu et.** love of (*od.* for) s.th.; **die ~ zu Gott (zu den Menschen, zum Vaterland)** the love of God (of men, of one's country); **et. aus ~ für j-n tun** do s.th. out of love for s.o.; *colloq.* **so weit geht die ~ nicht** that's going a bit too far. **2.** *zwischen Mann u. Frau*: love; **(geschlechtliche) ~** love (-making), sex(ual love); **abgöttische ~** idolatry; **vernarrte ~** infatuation; **erste ~** first (*od.* puppy) love; **freie ~** free love; **platonische (reine, keusche, unerwiderte) ~** Platonic (pure, chaste, unrequited) love; **~ auf den ersten Blick** love at first sight; **aus ~ heiraten** marry for love; **aus ~ zu** out of love for; **j-m s-e ~ erklären** (*od.* **gestehen**) confess one's love to s.o.; **j-s ~ erwidern** return (*od.* reciprocate) s.o.'s love; **j-m ~ schwören** swear one's love to s.o.; **ein Kind der ~** a love child; **~ macht blind** love is blind; **alte ~ rostet nicht** an old flame never dies, old love lies deep; **die ~ geht durch den Magen** the way to a man's heart is through his stomach; → entbrennen 3 (*etc*). **3.** (*innere Anteilnahme*) love, heart; **mit ~ zubereitet** prepared with love (*od.* loving care, lovingly); **ohne ~ gemacht** done without care; → Lust 2. **4.** (*christliche ~*) charity, Christian love; **Werke der ~** charitable works. **5.** (*Gefallen*) favo(u)r, kindness, good turn; **j-m e-e ~ erweisen** do s.o. a favo(u)r; **e-e ~ ist der anderen wert** one good turn deserves another. **6.** (*Person*) love, *colloq.* flame, sweetheart; **e-e alte ~ von mir** an old flame of mine; **er hat s-e große ~ geheiratet** he married his great love. **7.** (*Liebschaft*) love (affair), romance, amour.

ˈLie·be[2] *m, f* <-n; -n> dear (*od.* beloved) person, dear; **mein ~r** a) my dear, my darling, b) *colloq. iro.* my dear fellow; **m-e ~n** a) *im Brief*: dear all, b) (*Angehörige*) my beloved ones, my family *sg.*

ˈlie·be|beˌdürf·tig *adj* wanting love, love-starved; **das Kind ist sehr ~** the child wants (*od.* needs) much love. **≈ˌdie·ner** *m contp.* toady, time-server, sycophant. **≈die·neˈrei** [ˌliːbə-] *f* toadying, fawning, sycophancy. **~ˌdie·ne·risch** *adj* fawning, cringing, obsequious, sycophantic. **~ˌdie·nern** *v/i* <*insep*, ge-, h> **j-m ~** toady to (*od.* fawn upon) s.o. **~ˌleer** *adj lit.* devoid of (*od.* without) love, loveless.

Lie·beˈlei *f* <-; -en> flirtation, dalliance, amour. **lie·beln** [ˈliːbəln] *v/i* <h> **(mit** with) flirt, dally.

lie·ben [ˈliːbən] **I** *v/t* <h> **1.** *allg.* love (one's parents, freedom, *etc*); **j-n ~ und schätzen** love and respect s.o. **2.** (*Mann, Frau*) love, be in love with, *sexuell*: make love to, love; **sie ~ sich** (*od.* **einander**) they love each other, they are in love (with each other); **j-n rasend** (*od.* **wahnsinnig**) **~** be madly in love with s.o., love s.o. to distraction; **was sich liebt, das neckt sich** *etwa* lovers like to tease each other. **3.** (*gern haben*) love, like, be fond of, enjoy; **Rosen ~ das Sonnenlicht** roses like sunlight; **ich liebe es nicht, wenn** I do not like it if; **er liebt das gar nicht** he doesn't like that at all, he hates that (sort of thing). **II** *v/i* **4.** love, be in love. **ˈlie·bend** *adj* loving, affectionate; **Dein Dich ~er Vater** *im Brief*: your loving father; *adv* **~ gern** with (the greatest) pleasure, gladly; **ich würde ~ gern** I'd love to.

ˈLie·ben·de *m, f* <-n; -n> lover, person in love; **die (beiden) ~n** the (two) lovers.

ˈlie·benˌler·nen *v/t* <*sep*, -ge-, h> **j-n (et.) ~** come (*od.* get) to love (*od.* like) s.o. (s.th.).

ˈlie·bens|ˌwert *adj* lovable, lik(e)able, amiable, *a. Städtchen etc*: charming, *Lächeln etc*: engaging, endearing. **~ˌwür·dig** *adj* **1.** (*freundlich*) kind, obliging, nice; **sehr ~ von Ihnen** very kind of you. **2.** (*gewinnend*) engaging, charming. **~ˌwür·di·gerˈwei·se** *adv* kindly. **≈ˌwür·dig·keit** *f* <-; -en> **1.** <*only sg*> *des Charakters*: amiability, amiableness. **2.** <*only sg*> a) *im Verhalten*: charm(ing manner). **3.** <*only sg*> kindness; **hätten Sie wohl die ~** would you be so kind as to. **4.** *pl der Rede*: courtesies, compliments, kind words; *iro.* **sich ~en an den Kopf werfen** hurl insults at one another.

ˈlie·ber[1] *comp of* lieb *u. adj* **1.** *Person*: dearer. **2. das (er) ist mir ~ (als)** I like that (him) better (than), I prefer that (him) (to). **3.** *Person, Worte etc*: kinder, more agreeable; *Kind*: nicer, better-behaved.

ˈlie·ber[2] *comp of* gern *u. adv* **1.** (*eher*) rather, sooner; **er würde ~ sterben als s-e Freunde verraten** he would rather (*od.* sooner) die than betray his friends; **ich möchte ~ nicht** I'd rather not; **ich wüßte nicht, was ich ~ täte** *oft iro.* there's nothing I'd like better. **2.** (*besser*) better; **Sie sollten jetzt ~ gehen** you had better go now; **laß es ~** you'd better leave it. **3. et. ~ mögen** (*od.* **haben**) prefer s.th., like s.th. better; **er trinkt ~ Wein als Bier** he prefers wine to beer, he likes wine better than beer; **ich hätte es ~** (*od.* **es wäre mir ~**), **wenn du mitkämst** I'd rather have you come with me.

ˈLie·bes|ˌaben·teu·er *n*, **~afˌfä·re** *f* (love) affair, romance, amour. **~ˌakt** *m* act of love, sex(ual) act. **~ˌan·ge·ˌle·gen·heit** *f* affair of the heart. **~ˌap·fel** *m* → Tomate. **~ˌban·de** *pl* bonds (*od.* ties) of love. **~ˌbe·cher** *m* loving cup. **~beˌdürf·nis** *n* need (*od.* desire) for love. **2beˌdürf·tig** *adj* → liebebedürftig. **~beˌweis** *m* proof of love. **~beˌzei·gung** *f* expression (*od.* demonstration) of love. **~beˌzie·hung** *f* **1.** love relation. **2.** love affair, amour. **~ˌblick** *m* amorous look (*od.* glance). **~ˌbo·te** *m* messenger of love. **~ˌbrief** *m* love letter. **~ˌdich·tung** *f* **1.** love poetry. **2.** → Liebesgedicht. **~ˌdienst** *m* favo(u)r, good turn, kindness; **j-m e-n ~ leisten** (*od.* **erweisen**) do s.o. a favo(u)r (*od.* good turn, kindness). **~ˌdin·ge** *pl* love(-making) *sg*, things of love. **~erˌklä·rung** *f* declaration of love; **(j-m) e-e ~ machen** declare (*od.* confess) one's love (to s.o.). **~erˌleb·nis** *n* **1.** experience of love. **2.** love affair. **~ˌga·be** *f meist pl* (charitable) gift. **~ˌga·ben·paˌket** *n* gift parcel. **~geˌdicht** *n* love poem. **~geˌnuß** *m* sexual enjoyment, pleasures *pl* of love. **~geˌschich·te** *f* **1.** love-story, romance. **2.** love affair. **~geˌständ·nis** *n* → Liebeserklärung. **~ˌglück** *n* **1.** happiness (of love), (lover's) bliss. **2.** success (*od.* good fortune) in love. **~ˌglut** *f* rapture (*od.* fire) of love. **~ˌgott** *m* god of love, Cupid, Amor, Eros. **~ˌgöt·tin** *f* goddess of love, Venus. **~ˌgunst** *f* (sexual) favo(u)rs *pl*. **~ˌhan·del** *m* love affair. **~ˌhei·rat** *f* love match. **2ˌkrank** *adj* lovesick. **~ˌkum·mer** *m* lover's grief, pangs *pl* of love. **~ˌkunst** *f* art of love. **~ˌkün·ste** *pl* art of love(-making), love-making technique. **~ˌle·ben** *n* love life, sex life. **~ˌlied** *n* love song. **~ˌlust** *f* joys (*od.* pleasures) *pl* of love. **~ˌmahl** *n* **1.** *relig.* love feast, agape. **2.** *mil.* communal banquet (of German officers). **~ˌmü·he** *f* labo(u)r of love; **das ist vergebliche ~** it's useless; **„Verlorene Liebesmüh"** "Love's Labours Lost" (*by Shakespeare*). **~ˌnest** *n* love nest. **~ˌpaar, ~ˌpär·chen** *n* (pair of) lovers *pl*, courting couple. **~ˌpfand** *n* **1.** love token. **2.** *fig.* (*Kind*) pledge of love, child. **~ˌpfeil** *m* Cupid's arrow (*od.* dart). **~ˌpflicht** *f* charitable duty. **~ˌqual** *f meist pl* pangs (*od.* torments) *pl* of love. **~ˌrausch** *m* transport (*od.* ecstasy) of love. **~roˌman** *m* love novel, romance. **~ˌschmerz** *m* → Liebeskummer. **~ˌschwur** *m* lover's vow. **~ˌspiel** *n* love play. **~ˌsze·ne** *f thea.* love scene. **~ˌtanz** *m zo.* mating dance. **2ˌtoll** *adj* **1.** crazed (*od.* mad) with love. **2.** *med. psych.* erotomaniac, *nur Frau*: nymphomaniac. **~ˌtoll·heit** *f* **1.** love-madness, madness of love. **2.** *med. psych.* erotomania, *bei der Frau*: nymphomania. **~ˌtö·ter** *pl humor.* passion killers, bloomers. **~ˌtrank** *m* love-potion. **2ˌtrun·ken** *adj* intoxicated (*od.* drunk) with love. **~verˌhält·nis** *n* love affair, liaison. **~ˌvö·gel** *pl orn.* lovebirds. **~ˌwer·ben** *n* **1.** courting, courtship, wooing. **2.** *zo.* courting (behavio[u]r). **~ˌwerk** *n meist pl* charitable deed, work of charity. **~ˌwon·ne** *f* → Liebeslust. **~ˌwut** *f* → Liebestollheit 1. **~ˌzau·ber** *m* love spell (*od.* charm). **~ˌzei·chen** *n* sign (*od.* token) of love.

ˈlie·beˌvoll I *adj* **1.** loving, affectionate, tender; **~e Fürsorge** loving care. **2.** (*freundlich*) kind. **II** *adv* **3.** lovingly (*etc*), *weitS. a.* with loving care; **sie pflegte ihn ~** she took loving care of him.

ˌLiebˈfrau·enˌkir·che *f relig.* St. Mary's (Church).

ˈlieb|geˌwin·nen *v/t* ⟨*irr, sep, pp* **liebgewonnen,** h⟩ **j-n ~** take (a fancy) to s.o., come to love (*od.* like) s.o., become (*od.* get) fond of s.o. **~geˌwor·den** *adj Gewohnheit etc*: that one has grown fond of, cherished. **~ˌha·ben** *v/t* ⟨*irr, sep,* **-ge-,** h⟩ like, be fond of, *stärker*: love; **j-n ~** *a.* hold s.o. dear; *colloq.* → liebkosen.

ˈLiebˌha·ber *m* ⟨**-s; -**⟩ **1.** (*Verehrer e-r Frau*) lover, admirer, suitor, *humor.* beau. **2.** (*Geliebter*) lover. **3.** *von Blumen, Musik, Büchern etc*: lover, fancier, *von Sport, Filmen etc*: enthusiast, fan, devotee, *von Briefmarken etc*: collector, *von Film-, Sportgrößen*: admirer, fan. **4.** (*Bastler etc*) amateur, hobbyist. **5.** *econ.* interest(ed party), (prospective) buyer; **~ finden** find buyers. **6.** *thea.* **jugendlicher ~** juvenile lead; **erster ~** leading gentleman. **~ˌausˌga·be** *f print.* collector's (*od.* de luxe) edition. **~ˌbüh·ne** *f thea.* amateur (*od.* little) theat/re (*Am.* -er).

ˌLieb·ha·beˈrei *f* ⟨**-; -en**⟩ hobby; **et. aus ~ tun** do s.th. for fun.

ˈLiebˌha·be·rin *f* ⟨**-; -nen**⟩ **1.** → Liebhaber 3, 4. **2.** *thea.* **jugendliche ~** jeune première.

ˈLiebˌha·ber|ˌpreis *m* collector's price. **~ˌrol·le** *f thea.* lover's part. **~thea·ter** [-teˌaːtər] *n* → Liebhaberbühne. **~ˌwert** *m* collector's value.

lieb·ko·sen [ˈliːpˌkoːzən; ˌliːpˈkoːzən] *lit.* **I** *v/t* ⟨*insep,* **ge-,** h⟩ caress, fondle, cuddle. **II 2** *n* ⟨**-s**⟩ caressing (*etc*). **Lieb·ko·sung** *f* ⟨**-; -en**⟩ **1.** → liebkosen II. **2.** caress, cuddle.

lieb·lich [ˈliːplɪç] **I** *adj* **1.** *Mädchen, Gesicht etc*: lovely, charming, sweet; *Duft, Geschmack etc*: delicious, delightful, pleasant; *Gegend, Landschaft etc*: lovely, delightful, charming, pleasant; *Musik, Stimme etc*: sweet, melodious, pleasing; *colloq. iro.* **das ist ja ~!, das sind ja ~e Aussichten!** that's a nice look-out!, that's just dandy! **2.** *Wein*: smooth, mellow. **II** *adv* **3. ~ duftend** sweet-scented, sweetly scented. **4.** *mus.* mellow, amabile, soave. **2keit** *f* ⟨**-;** *no pl*⟩ **1.** loveliness, charm, sweetness, delightfulness (*etc*); **Ihre ~** *Anrede für Karnevalsprinzessin*: Your (*indirekt*: her) Loveliness. **2.** *von Wein*: smoothness, mellowness.

Lieb·ling [ˈliːplɪŋ] *m* ⟨**-s; -e**⟩ **1.** favo(u)rite, darling, (*Günstling*) *a.* blue-eyed boy; *bes. Kind, Tier*: pet; **der ~ der Frauen** the darling of the ladies; **ein ~ der Götter** a darling of the gods; **ein ~ des Glück(e)s** fortune's favo(u)rite; **der ~ des Lehrers** the teacher's pet; **er ist der ~ s-s Vaters** he is the apple of his father's eye. **2.** *als Kosename*: (my) love, darling, *colloq.* sweetie, honey.

ˈLieb·lings ... *in Zssgn meist* favo(u)rite (*colour, job, word, etc*), pet (*idea, phrase, etc*). **~geˌricht** *n* favo(u)rite dish. **~ˌkind** *n* favo(u)rite (child), darling. **~ˌschü·ler** *m* star pupil, teacher's pet. **~ˌspei·se** *f* → Lieblingsgericht.

ˈlieb|los *adj Person*: unloving, unfeeling, *a. Art, Natur etc*: cold, *Worte etc*: unkind, uncharitable. **2lo·sig·keit** *f* ⟨**-; -en**⟩ **1.** coldness, unloving nature. **2.** unkindness, uncharitableness. **3.** *pl* unkind words (*od.* actions). **~ˌreich** *adj u. adv* → liebevoll. **2ˌreiz** *m* ⟨**-es;** *no pl*⟩ loveliness, attractiveness, sweetness; (*Anmut*) charm, grace. **~ˌrei·zend** *adj* lovely, winsome, sweet; (*anmutig*) charming. **2schaft** *f* ⟨**-; -en**⟩ (love) affair, liaison, amour.

liebst[1] **I** *sup of* **lieb** *u. adj* **1.** dearest (*etc*). **2.** (*bevorzugt*) favo(u)rite (*drink, etc*). **3.** *Erinnerung etc*: fondest, most cherished.

liebst[2] **I** *sup of* **gern** *u. adv* **am ~en** most (*od.* best) of all, preferably; **das habe ich am ~en** I like that best (of all); **es wäre mir am ~en** (*od.* **das ~e**), **wenn du heute kämst** it would suit me best if you were to come today; **am ~en ginge ich heim** I should like best to go home **II 2e, das** ⟨**-n**⟩ **das ist mein 2es** that is what I like best.

ˈLieb·ste *m, f* ⟨**-n; -n**⟩ **1.** → **Geliebte**[1] *u.* [2]. **2. mein ~r, m-e ~** *Anrede*: dearest, darling, love.

Lied [liːt] *n* ⟨**-(e)s; -er**⟩ **1.** song; *als deutsche Kunstform*: lied, *pl* lieder; *Bibl.* **das ~ der ~er** the Song of Songs. **2.** (*Weise*) air, tune, melody. **3.** *relig.* hymn. **4.** *Literatur*: poem, ballad. **5.** *fig. colloq.* **es ist immer das alte** (*od.* **gleiche**) **~** it's always the same old story; **das Ende vom ~** the upshot (of the matter), the end of the matter; **er kann ein ~ davon singen** he can tell you a thing or two about that; **das ist ein ~ ohne Worte** that is self-explanatory. **~chen** *n* ⟨**-s; -**⟩ **1.** *dim. of* **Lied. 2.** ditty. **3.** *mus.* air, ariette.

ˈLie·der|ˌabend *m* lieder (*od.* song, vocal) recital. **~ˌbuch** *n* **1.** songbook. **2.** *relig.* hymn-book, hymnal. **~ˌdich·ter** *m* **1.** songwriter. **2.** *Literatur*: lyric poet.

Lie·der·jan [ˈliːdərjaːn] *m* ⟨**-(e)s; -e**⟩ *colloq.* **1.** (*Schlamper*) slovenly fellow. **2.** wastrel, debauchee.

ˈLie·der|kom·poˌnist *m* composer of songs, songwriter. **~ˌkranz** *m* → Liedertafel.

lie·der·lich [ˈliːdərlɪç] *adj* **1.** (*schlampig*) slovenly, sloppy, messy (*boy, exterior, etc*); *Arbeit*: *a.* slipshod. **2.** (*sittenlos*) loose, dissolute, dissipated, *stärker*: debauched; **ein ~es Frauenzimmer** a loose woman, a hussy, a slut; **ein ~es Leben führen** lead a dissolute life; **ein ~er Mensch** (*od. colloq.* **Kerl, Zeisig**) a rake, a wastrel, a debauchee. **2keit** *f* ⟨**-;** *no pl*⟩ **1.** messiness, sloppiness, slovenliness. **2.** looseness, dissoluteness, dissipation.

ˈLie·der|ˌma·cher *m* songsmith. **~ˌsän·ger** *m* lieder singer. **~ˌta·fel** *f* **1.** choral society. **2.** (German) male choir. **~ˌzy·klus** *m* lieder cycle.

lief [liːf] *1 u. 3 sg pret of* **laufen.**

ˈLie·fer|ˌabˌkom·men *n econ.* supply (*od.* delivery) contract. **~ˌan·geˌbot** *n* → Lieferungsangebot. **~ˌanˌnah·me** *f econ.* acceptance of delivery.

Lie·fe·rant [lifəˈrant] *m* ⟨**-en; -en**⟩ **1.** deliveryman. **2.** (*Firma etc*) supplier. **3.** (*Verteiler*) distributor. **4.** (*Lebensmittel2*) provider, purveyor, *für kalte Buffets etc*: caterer. **5.** *auf Vertragsbasis*: contractor.

ˈLie·fer|ˌaufˌtrag *m econ.* (delivery) order. **~ˌau·to** *n* → Lieferwagen 1. **2bar** *adj econ.* deliverable, (*bes. vorrätig*) available, (*bereit*) ready for delivery; **kurzfristig ~** for short(-term) delivery; **(un)beschränkt ~** in (un)limited supply; **sofort ~e Waren** spot goods; **in einem Monat ~** a) available in a month, b) to be delivered in one month. **~beˌdin·gun·gen** *pl econ.* terms (*od.* conditions) of delivery. **2beˌreit** *adj* ready for delivery. **~ˌbuch** *n* delivery list (*od.* book).

ˈLie·fe·rer *m* ⟨**-s; -**⟩ → **Lieferant.**

ˈLie·fer|ˌfir·ma *f* (firm of) suppliers *pl*, contractors *pl*. **~ˌfrist** *f* term (*od.* time) of (*od.* for) delivery. **~ga·ranˌtie** *f* guarantee in respect of supplies (*od.* deliveries). **~geˌbühr** *f* → Lieferkosten. **~geˌwicht** *n* net weight. **~ˌha·fen** *m* delivery port. **~ˌklau·sel** *f* delivery clause. **~ˌko·sten** *pl econ.* cost *sg* of delivery. **~ˌland** *n* supplier country. **~ˌmen·ge** *f* **1.** quantity delivered. **2.** quantity ordered.

lie·fern [ˈliːfərn] **I** *v/t* ‹h› **1.** *econ.* deliver, (*versorgen*) supply, (*Lebensmittel*) provide, purvey; **j-m et.** ~ a) deliver s.th. to s.o., b) supply (*od.* furnish) s.o. with s.th., c) purvey s.th. to s.o. **2.** (*produzieren*) produce, make, turn out. **3.** (*Ertrag*) yield, produce, give. **4.** *fig.* (*Grund, Beweis etc*) give, provide, furnish; **j-m den Beweis** ~ provide (*od.* furnish) s.o. with proof (*od.* evidence); **das lieferte uns genug Gesprächsstoff** this provided us with plenty to talk about; **sie lieferten sich** (*od.* **einander**) **e-n guten Kampf** they put up (*od.* gave) a good fight; **ein gutes Spiel** ~ show a good match; → **Messer** 1, **Schlacht. 5.** *fig. colloq.* **j-n** ~ finish (*od.* do for) s.o.; → *a.* **geliefert. II** *v/i* **6.** *econ.* supply, deliver. **III** ♀ *n* ‹-s› **7.** delivering (*etc*). **8.** → **Lieferung.**

ˈ**Lie·fer|ˌort** *m econ.* place of delivery. **~ˌpflicht** *f* obligation to deliver. **~ˌpreis** *m* delivery price. **~ˌquel·le** *f* source of supply, supply source. **~ˌschein** *m* delivery note (*od.* ticket). **~ˌschwie·rig·kei·ten** *pl* difficulties in (making) delivery. **~ˌsoll** *n* quota, commitments *pl.* **~ˌspe·sen** *pl* delivery charges. **~ˌtag, ~terˌmin** *m* day (*od.* term, date) of delivery. **~ˌumˌfang** *m.* extent (*Am.* scope) of supply.

ˈ**Lie·fe·rung** *f* ‹-; -en› **1.** → **liefern** 7. **2.** *econ.* delivery, (*Versorgung*) supply, *von Lebensmitteln*: provision, purveyance, (*Sendung*) consignment, *bes. Am.* shipment, (*Partie*) parcel, lot, supply; **die** ~ **durchführen** (*od.* **vornehmen**) effect delivery, deliver; ~ **auf Abruf** delivery on (*od.* at) call; **zahlbar bei** ~ payable (*od.* cash) on delivery, C.O.D.; **freie** ~ delivered free of charge(s), carriage paid. **3.** *print.* instal(l)ment, part, fascicle; **das Buch erscheint in** ~**en** the book appears in instal(l)ments (*od.* in serial form, serially). **4.** *Börse*: **auf** ~ **kaufen** (**verkaufen**) buy (sell) forward.

ˈ**Lie·fe·rungs...** *in Zssgn* → **Liefer...**

ˈ**Lie·fe·rungs|ˌan·geˌbot** *n. econ.* supply offer, offer (*od.* tender) to supply (*od.* deliver); *im Submissionsweg*: tender, bid. **~geˌschäft** *n* **1.** delivery transaction. **2.** *Börse*: time bargain. **~ˌkauf** *m* (**~verˌkauf** *m*) *econ.* purchase (sale) for future delivery. **~ˌwerk** *n print.* serial (publication).

ˈ**Lie·fer|verˌpflich·tung** *f econ.* obligation to deliver. **~verˌtrag** *m* delivery (*od.* supply) contract. **~verˌzug** *m* default of delivery; **im** ~ **sein** be in default of delivery. **~ˌwa·gen** *m* **1.** delivery van (*Am.* truck), *Am.* pickup (truck). **2.** (*Karren*) delivery cart. **~ˌwerk** *n* supplier's (*od.* contractor's) (plant); **ab** ~ ex works. **~ˌzeit** *f* → Lieferfrist. **~ˌzuˌstand** *m* condition as delivered.

ˈ**Lie·ge** *f* ‹-; -n› **1.** chaise longue (*od.* lounge), couch, divan. **2.** camp-bed. **~ˌgeld** *n econ.* demurrage (charge[s *pl*]). **~ˌha·fen** *m* base. **~ˌhal·le** *f e-s Sanatoriums*: solarium. **~ˌkur** *f med.* rest cure.

lie·gen [ˈliːgən] **I** *v/i* ‹liegt, lag, gelegen, h *u.* sein› **1.** lie, be; **bequem** ~ lie comfortably, be comfortable; **er liegt seit drei Wochen (krank)** he has been in bed (*od.* laid up) for three weeks; **es liegt (viel) Schnee** there is (a lot of) snow; **der Tisch liegt voll(er) Bücher** (*od.* **voll von Büchern**) the table is covered with (*od.* full of) books; **er hat e-e Menge Geld auf der Bank** ~ he has (got) a lot of money in the bank; **ich habe den Schirm im Auto** ~ my umbrella is in the car. **2. et.** ~ **lassen** leave s.th. where it is (*od.* alone); **den Ort links** ~ **lassen** (by)pass the place on one's left; **j-n** ~ **lassen** leave s.o. laying *somewhere*; → *a.* **liegenlassen. 3.** (*gelegen sein*) lie, be situated, be located; **die Stadt liegt nördlich von Berlin** the town is (situated) north of Berlin; **1000 m hoch** ~ lie 1,000 metres above sea level; **das Hotel liegt ganz zentral** the hotel is centrally situated. **4.** *im Grabe*: lie, rest, repose; **begraben** ~ lie buried; **hier liegt** *Grabinschrift*: here lies (*od.* rests) (the body of); → **Hund** 2. **5.** *Gras, Getreide etc*: lodge, lie down. **6.** *fig.* (*sein, sich verhalten*) be; **wie die Dinge** ~ as things are (*od.* matters stand); **die Dinge** ~ **kompliziert** things are complicated; **die Sache liegt so** (*od.* **folgendermaßen**) the matter can be summed up as follows; **die Preise** ~ **hoch (niedrig)** prices are high (low); **wo** ~ **d-e Interessen?** what are your interests?; **wie liegt der Fall juristisch?** what's the legal aspect of the case?; **d-e Zukunft liegt ganz woanders** your future lies elsewhere. **7.** *fig.* **j-m** ~ a) suit (*od.* fit) s. o., b) be liked by s.o., be in s.o's line, appeal to s.o.; **diese Rolle liegt ihm** the part fits him, he is right for the part; **er (es) liegt mir nicht** *colloq.* he (it) is not my cup of tea; **s-e Art liegt mir überhaupt nicht** I don't like his way at all. **8. das Auto liegt gut (auf der Straße)** the car holds (*od.* hugs) the road well; **der Schuß lag zu kurz** the shot was short of the target; **der Schuß lag zu hoch** the shot hit above the target; *fig. colloq.* **mit e-r Sache richtig** ~ be on the right track. **9.** *mar.* a) (*e-e Richtung steuern*) head, b) (*vertäut sein*) be moored, c) (*schräg sein*) list. **II** ♀ *n* ‹-s› **10.** lying (*etc*); **das lange** ♀ **hat ihn geschwächt** this long period (of lying) in bed has weakened him. **11.** (*Stellung*) lying position; **im** ♀ lying.

Verbindungen mit Präpositionen:

lie·gen|an ‹*dat*› *v/i* ‹h *u.* sein› **1.** lie on (*the ground, etc*); **das Kind lag an ihrer Brust** the baby was at her breast; **der Hund liegt an der Kette** the dog is chained (up). **2.** (*gelegen sein an*) lie (*od.* be situated, be located) at (*od.* near) (*a forest, etc*), lie on (*a river, road*); **dicht**: touch, adjoin. **3.** *fig.* (*abhängen von*) depend on; **es liegt (ganz) an ihm** it depends on (*od.* is up to) him; **soweit es an mir liegt** as far as it lies in my power, as far as I'm concerned; **an mir soll es nicht** ~ a) I shan't object (*od.* stand in your way), b) I'll do everything I can. **4.** *fig.* (*verursacht sein durch*) be due to; **es liegt daran, daß** the reason is that; **daran liegt es** that's (the reason) why; **wissen Sie, woran das liegt?** do you know the reason for (*od.* the cause of) that?; **es lag an ihm, daß** a) it was because of him that, he was the reason why, b) he is to blame (*od.* it was his fault) that. **5. j-m liegt an e-r Sache** a) *aus Interesse*: s.o. is interested in s.th., s.o. cares about s.th., s.th. matters (*od.* means) a lot (*od.* great deal) to s.o., s.o. has s.th. very much at heart, b) *aus Sorge*: s.o. is concerned (*od.* anxious) about s.th.; **mir liegt nichts daran** it's of no interest to me, I don't care about it (*od. colloq.* a fig); **wem liegt schon daran?** who cares (about it)?; **was liegt daran?** what does it matter?; **mir liegt sehr viel an dieser Reise** this journey means a great deal to me; **es liegt mir daran, zu; mir ist daran gelegen, zu** I'm anxious to, I'm concerned to; **mir liegt viel an ihm** he means a lot to me, I care a lot for him. **~ auf** ‹*dat*› *v/i* **1.** lie on (*the bed, one's back, etc*); (*ruhen*) *a.* rest (*od.* repose, recline) on; **auf den Knien** ~ be kneeling, be (down) on one's knees; **das Buch liegt auf dem Stuhl** the book is (lying) on the chair; → **Geld** 1, **Haut** (*etc*). **2.** (*sich befinden auf*) lie (*od.* be) on, be situated (*od.* located) on (*a hill, etc*); **das liegt nicht auf m-m Wege** it's not on my way. **3.** *fig. Betonung etc*: (*sein auf*) be (*od.* lie) on; **der Vorteil liegt auf unserer Seite** the odds are in our favo(u)r. **4. das Geld liegt auf der Bank** the money is (deposited) in (*od.* lying at) the bank; **auf Kaffee liegt hoher Zoll** there is a heavy duty on coffee. **5.** *mar.* a) (*steuern*) head (for), b) **auf Grund** ~ be grounded. **6.** *Sport*: lie in; **auf dem 3. Platz** ~ be lying in third place. **~ bei** *v/i* **1.** be (*od.* lie) next to (*od.* near, by). **2.** *Bibl. u. poet.* **bei j-m** ~ lie with s.o. **3.** (*gelegen sein bei*) be (*od.* lie) near, be situated (*od.* located) near (*the town, etc*). **4.** *fig.* (*abhängen von*) lie (*od.* rest) with; **es liegt bei dir zu entscheiden** it is up to you to decide; **die Verantwortung liegt bei dir** the responsibility lies with you. **5.** *fig.* be about; **der Gewinn liegt bei zwei Millionen** the profit amounts to about (*od.* is of the order of) 2 millions. **6.** *mil.* **bei X** ~ a) *in Quartier*: be quartered (*od.* billeted) near X, b) *in Garnison*: be stationed (*od.* garrisoned, in garrison) near X, c) *in Stellung*: be in position near X. **~ ge·gen,** *lit.* **gen** *v/i* face (*south, etc*); **der Hang liegt gegen Süden** the slope faces south. **~ hin·ter** ‹*dat*› *v/i* be (*od.* lie) behind; *fig.* **die Zeit der Angst liegt hinter ihm** the time of fear is behind him. **~ in** ‹*dat*› *v/i* **1.** lie in (*the grass, etc*); **im Krankenhaus** ~ be in (the) hospital; **sich in den Armen** ~ lie in each other's arms; *mar.* **im Hafen** ~ lie in harbo(u)r; → **Blut** 1 (*etc*). **2.** (*gelegen sein in*) lie (*od.* be) in, be situated (*od.* located) in. **3.** *fig.* (*sein in, sich befinden in*) be (*od.* lie) in; **der Flur lag im Dunkeln** the hall lay in darkness; **in ihrem Tonfall lag Spott** there was scorn in her voice; **es liegt in der Natur der Sache** it is (*od.* lies) in the nature of things; **der Unterschied liegt in der Tatsache, daß** the difference lies in the fact that; → *Verbindungen mit Substantiven.* **~ nach** *v/i* face (on), look on (*od.* to, toward[s]); **das Zimmer liegt nach der Straße (nach Osten)** the room faces the street (east). **~ über** ‹*dat*› *v/i* **1.** lie (*od.* be) over (*od.* on). **2.** lie (*od.* be) above.

ˈ**lie·genˌblei·ben** *v/i* ‹*irr, sep,* -ge-, sein› **1.** remain (*od.* stay) lying down, *Boxer*: stay down; **im Bett** ~ remain (*od.* stay) in bed; **bleib liegen!** don't get up. **2.** *Schnee*: settle. **3.** *Auto etc, a. Verkehr*: break down; **liegengebliebene Autos** stranded cars. **4.** *Waren*: be (left) unsold. **5.** (*vergessen werden*) be left (behind); **m-e Tasche muß hier liegengeblieben sein** I must have left my briefcase here. **6.** (*aufgeschoben werden*) lie (*od.* stand) over (**bis** till); **das kann** ~ that can wait. **7.** *bes. Arbeit*: a) pile up, b) be neglected. **8.** *Brief etc*: a) not to get finished, b) not to be sent off. **9.** *bes. Haar*: stay put.

ˈ**lie·gend** *adj* **1.** lying; **auf dem Rücken** ~ lying on one's back, supine. **2.** (*ruhend*) resting, reposing, (*a. bot. geol.* recumbent, *bes. Kunst*: reclining. **3.** (*gelegen*) situated, located, placed; **ein bei X** ~**es Dorf** a village (situated) near X; **weiter weg** ~ farther (away). **4.** *fig.* (*innewohnend*) **beim Volke** ~ residing in the people. **5.** *tech. Motor etc*: horizontal. **6.** *mil. etc* prone; **~er Anschlag, ~e Stellung** prone position. **7.** *jur.* **~e Güter** *pl* immovables, real estate (*od.* property) *sg.* **ˈLie·gen·de**[1] *f* ⟨-n; -n⟩ *Kunst*: reclining woman (*od.* figure). **ˈLie·gen·de**[2] *n* ⟨-n; *no pl*⟩ **1.** *Bergbau*: a) (*Erz*) footwall, b) (*Kohle*) floor, bottom. **2.** *geol.* base, understratum. **ˈLie·gendˌschicht** *f* → **Liegende**[2].

ˈlie·genˌlas·sen *v/t* ⟨*irr, sep, pp* liegenlassen, *a.* liegengelassen, h⟩ **1.** (*vergessen*) leave (behind), *Am. a.* forget (*one's hat, etc*). **2.** (*nicht aufräumen*) leave *s.th.* lying around. **3.** (*Arbeit, Projekt etc*) let *s.th.* rest; (*vernachlässigen*) neglect; *unerledigt*: leave off, stop; **die Arbeit ~** leave off work, stop working. **4.** (*beiseite tun*) put aside (*the book, one's work*). **5.** → **links** 1.

ˈLie·gen·schaft *f* ⟨-; -en⟩ *meist pl* real estate, immovables *pl.* **ˈLie·gen·schaftsˌamt** *n* land registry (office).

ˈLie·ge|ˌplatz *m* **1.** *mar.* berth, moorings *pl.* **2.** *rail.* couchette. **~ˌraum** *m* rest room. **~ˌsitz** *m e-s Autos etc*: reclining seat. **~ˌstatt** *f* ⟨-; ¨-en⟩ **1.** bed. **2.** → **Lagerstatt** 1. **~ˌstuhl** *m* deck chair. **~ˌstütz** [-ˌʃtʏts] *m* ⟨-es; -e⟩ *gym.* **1.** press-up; **~ machen** do press-ups. **2.** *am Gerät*: front leaning (rest). **~ˌta·ge** *pl mar.* lay days. **~ˌwa·gen** *m rail.* couchette (car), *Am.* sleeper coach. **~ˌwie·se** *f* lawn for sunbathing. **~ˌzeit** *f* **1.** *mar.* a) lay days *pl* (*od.* time), b) *bei Beschäftigungslosigkeit*: idle period. **2.** *med.* period of rest.

lieh [liː] *1 u. 3 sg pret of* **leihen**.

lies [liːs] *imp sg of* **lesen**[1] *u.* [2].

Lies·chen [ˈliːsçən] *n* ⟨-s; -⟩ **1. ~ Müller** the average girl (*od.* woman). **2.** *bot.* **Fleißiges ~** impatiens, impatience.

ließ [liːs] *1 u. 3 sg pret of* **lassen**[1].

liest [liːst] *2 u. 3 sg pres of* **lesen**[1] *u.* [2].

Lift [lɪft] *m* ⟨-(e)s; -e *u.* -s⟩ **1.** lift, *Am.* elevator. **2.** (*SkiΩ*) (ski) lift. **~ˌboy** *m* liftboy, *Am.* elevator operator.

lif·ten [ˈlɪftən] *v/t* ⟨h⟩ *med.* (*Gesichtsfalten*) lift.

ˈLiftˌjun·ge *m* → **Liftboy**.

Li·ga [ˈliːga] *f* ⟨-; -gen⟩ **1.** *pol. hist.* league. **2.** *Sport*: league, division.

Li·ga·ment [ligaˈmɛnt] *n* ⟨-(e)s; -e⟩, **Li·gaˈmen·tum** [-tʊm] *n* ⟨-s; -ta [-ta]⟩ *anat. zo.* ligament(um).

Li·ga·tur [ligaˈtuːr] *f* ⟨-; -en⟩ *med. mus. print.* ligature.

Li·gnin [lɪˈgniːn] *n* ⟨-s; -e⟩ *chem.* lignin.

Li·gnit [lɪˈgniːt; -ˈgnɪt] *m* ⟨-s; -e⟩ *geol.* lignite, brown (*od.* wood) coal.

Li·gu·rer [liˈguːrɛr; ˈliːgurər] *m* ⟨-s; -⟩, **li·gu·risch** [liˈguːrɪʃ] *adj* Ligurian.

Li·gu·ster [liˈgʊstər] *m* ⟨-s; -⟩ *bot.* (common) privet.

li·ie·ren [liˈiːrən] *v/reflex* ⟨*no* ge-, h⟩ **sich mit j-m ~** a) (*zs.-arbeiten*) associate (*od.* align) o.s. with s.o., ally o.s. with (*od.* to) s.o., *colloq.* team up with s.o., b) (*sich befreunden*) become close (*od.* intimate) friends, c) (*ein Liebesverhältnis eingehen*) form a liaison with s.o. **liˈiert** *adj* **mit j-m ~ sein** a) be associated (*od.* aligned) with s.o., b) be on close (*od.* intimate) terms with s.o., c) have a liaison with s.o.

Li·kör [liˈkøːr] *m* ⟨-s; -e⟩ liqueur, *nach anderen Getränken*: chaser.

Lik·tor [ˈlɪktɔr] *m* ⟨-s; -en [-ˈtoːrən]⟩ *antiq.* lictor. **Likˈto·renˌbün·del** *n* fasces *pl* (*oft als sg konstruiert*).

li·la [ˈliːla] **I** *adj* **1.** (**~farben**) a) lilac, b) mauve. **II** *Ω n* ⟨-s; *colloq.* -s⟩ **2.** lilac. **3.** mauve.

Li·lie [ˈliːlĭə] *f* ⟨-; -n⟩ **1.** *bot.* lily; **Gelbe ~** gold-lily; **Weiße ~** white (*od.* Madonna) lily; **Blaue ~** iris, flag flower. **2.** *her.* (golden) lily, fleur-de-lis.

ˈLi·li·en|geˌwäch·se *pl bot.* liliaceous plants, liliaceae. **Ωˌgrün** *adj* iris-green. **~ˌkreuz** *n her.* cross floree (*od.* fleury). **~ˌstern** *m zo.* sea lily, crinoid. **Ωˈweiß** *adj* (lily-)white, (as) white as a lily.

Li·li·put [ˈliːlipʊt] *npr n* ⟨-; *no pl*⟩ *Literatur*: Lilliput. **Li·li·pu·ta·ner** [lilipuˈtaːnər] *m* ⟨-s; -⟩, **li·li·puˈta·nisch** *adj* Lilliputian.

ˈLi·li·put|(ˌei·sen)ˌbahn *f* miniature railway. **~forˌmat** *n print.* miniature format.

Lim·bur·ger [ˈlɪmˌbʊrgər] *m* ⟨-s; -⟩ *gastr.* Limburger (cheese).

Li·me·rick [ˈlɪmərɪk] (*Engl.*) *m* ⟨-(s); -s⟩ *metr.* Limerick.

Li·mes [ˈliːmɛs] *m* ⟨-; -⟩ **1.** ⟨*only sg*⟩ *antiq.* limes. **2.** *math.* limit.

Li·met·ta [liˈmɛta] *f* ⟨-; -ten⟩ **1.** *bot.* lime. **2.** *gastr.* lime juice.

Liˈmet·ten|ˌbaum *m bot.* lime tree. **~ˌsaft** *m* lime juice.

Li·mit [ˈlɪmɪt] (*Engl.*) *n* ⟨-s; -s *u.* -e⟩ *a. econ.* limit.

Li·mi|ta·ti·on [limitaˈtsĭoːn] *f* ⟨-; -en⟩ limitation. **Ωˈtie·ren** [-ˈtiːrən] *v/t* ⟨*no* ge-, h⟩ *bes. econ.* (*Preis*) limit. **Ωˈtiert** *adj* limited; **~e Order** stop order. **~ˈtie·rung** *f* ⟨-; -en⟩ limiting, limitation.

lim·nisch [ˈlɪmnɪʃ] *adj biol.* limn(et)ic.

Lim·no·lo·gie [lɪmnoloˈgiː] *f* ⟨-; *no pl*⟩ *biol.* limnology.

Li·mo [ˈlɪmo, *a.* ˈliːmo] *f* ⟨-; -(s)⟩ *colloq. short for* **Brauselimonade**.

Li·mo·na·de [limoˈnaːdə] *f* ⟨-; -n⟩ → **Brauselimonade**.

Li·mo·ne [liˈmoːnə] *f* ⟨-; -n⟩ *bot.* **1.** (*Frucht*) cedrat(e), (pome-)citron; **Süße ~** → **Limetta**; **Saure** (*od.* **Eigentliche**) **~** lemon. **2.** (*Baum*) a) (pome-)citron tree, cedrat(e), b) → **Limettenbaum**, c) lemon tree.

Li·mou·si·ne [limuˈziːnə] *f* ⟨-; -n⟩ *mot.* limousine, saloon (car), *Am.* sedan.

lind [lɪnt] *adj* ⟨-er; -est⟩ *allg.* gentle, soft, mild, *Luft, Wetter etc*: *a.* balmy.

Lin·de [ˈlɪndə] *f* ⟨-; -n⟩ *bot.* lime (tree), linden. **ˈlin·den** *adj* (made) of limewood (*od.* linden wood).

ˈLin·den|ˌbaum *m* lime tree. **~ˌblü·te** *f* lime-tree (*od.* linden) blossom. **~ˌblü·tenˌtee** *m* lime-blossom tea. **~ˌholz** *n* linden (wood), limewood, *bes. Am.* basswood.

lin·dern [ˈlɪndərn] **I** *v/t* ⟨h⟩ **1.** (*Elend, Not etc*) relieve, alleviate. **2.** (*Schmerzen*) relieve, ease, alleviate, assuage, allay, soothe. **3.** (*Strafe etc*) mitigate. **4.** (*Ärger etc*) soothe, mollify, appease. **II** *Ω n* ⟨-s⟩ **5.** relieving (*etc*). **6.** → **Linderung**. **ˈlin·dernd** *adj bes. med.* soothing, palliative; **ein ~es Mittel** a soothing remedy, a palliative. **ˈLin·de·rung** *f* ⟨-; -en⟩ **1.** → **lindern** 5. **2.** *von Elend, Not*: relief, alleviation, *von Schmerzen*: *a.* soothing, assuagement; **e-m Kranken ~ verschaffen** give a patient relief. **3.** *von Strafe etc*: mitigation. **ˈLin·de·rungsˌmit·tel** *n bes. med.* soothing remedy, palliative, anodyne.

ˈLind·heit *f* ⟨-; *no pl*⟩ *des Regens etc*: gentleness, softness; *der Luft etc*: balminess, mildness.

ˈLindˌwurm *m myth.* dragon, lindworm.

Li·ne·al [lineˈaːl] *n* ⟨-s; -e⟩ **1.** ruler; **ein ~ anlegen** use a ruler; *colloq.* **er geht, als hätte er ein ~ verschluckt** he walks as straight as a ramrod (*od.* as stiff as a poker). **2.** *tech.* a) (*MeßΩ*) rule, b) (*RichtΩ*) straight-edge.

li·ne·ar [lineˈaːr] **I** *adj* **1.** linear, straight-line; *math.* **~e Gleichung** linear equation. **2.** *econ.* linear, at fixed rates; **~e Abschreibung** flat-rate (linear) depreciation. **II** *ling.* *Ω f* ⟨-; *no pl*⟩ **3.** *Ω* **A** (**B**) (*altgriech. Schrift*) Linear A (B). **Ωbeˌschleu·ni·ger** *m phys.* linear accelerator. **Ωfunk·tiˌon** *f math.* linear function. **Ωˌzeich·nung** *f tech.* line drawing.

Lin·gu·al [lɪŋˈgŭaːl] *ling.* **I** *m* ⟨-s; -e⟩ lingual (sound). **II** *Ω adj a. med.* lingual. **~ˌlaut** *m* lingual (sound).

Lin·gu·ist [lɪŋˈgŭɪst] *m* ⟨-en; -en⟩ linguist. **Lin·gui·stik** [-ˈgŭɪstɪk] *f* ⟨-; *no pl*⟩ linguistics *pl* (*meist als sg konstruiert*). **lin·gui·stisch** [-ˈgŭɪstɪʃ] *adj* linguistic.

Li·nie [ˈliːnĭə] *f* ⟨-; -n⟩ **1.** line (*a. print.*); **e-e gerade ~** a straight line; *math.* **gebrochene** (**zugeordnete**) **~** broken (conjugate) line; **~n ziehen** draw lines; *fig.* **e-e klare ~ ziehen** make a clear distinction; *fig.* **auf der ganzen ~** down (*od.* all along) the line; **in einer ~ liegen** (*od.* **sein**) **mit** be in line with; *fig.* **auf gleicher ~ mit** on a level with; **in erster ~** in the first place, first of all, primarily; **in zweiter ~** secondarily; **in erster** (**zweiter**) **~ in Betracht kommen** be of first (secondary) consideration. **2.** (*UmrißΩ*) line, contour, outline. **3.** *Mode etc*: a) line, style, look, b) (*Figur*) waistline, figure; **modisch in der ~** fashionable in style; **die neue ~** the new look (*od.* style); **auf die schlanke ~ achten** watch one's figure (*od.* weight). **4.** (*Reihe*) line, alignment; **die Jungen standen in** (**einer**) **~** the boys were standing in (a) line (*od.* in a row). **5.** *fig. e-r Politik etc*: course; *e-r Zeitung*: editorial line (*od.* policy); **e-e mittlere ~ einschlagen** follow a middle course; → **Parteilinie**. **6.** *fig. in Verhalten etc*: line; **s-e eigene ~ einhalten** keep to one's own line; **e-e klare ~** a clearcut policy; **sie hat in allem, was sie tut, e-e klare ~** she is consistent in all she does; **diese Planung hat k-e ~** there is no system in this plan. **7.** (*Tendenz*) (*upward, etc*) trend. **8.** *fig.* (*VerkehrsΩ*) a) (*Strecke*) route, line, b) (*Gesellschaft*) company, line, c) (*Bus, Straßenbahn*) number (*six, etc*) (bus, tram); **auf der ~ München–Hamburg** on the Munich–Hamburg route. **9.** *fig.* (*Abstammung, Geschlecht*) line, ancestry, branch; **aufsteigende** (**absteigende**) **~** ascending (descending) line; **ein Nachfahre in direkter** (*od.* **gerader**) **~** a descendant in the direct line. **10.** (*GesichtsΩ, HandΩ etc*) line, furrow, wrinkle, *charakteristische*: *a.* lineament(s *pl*). **11.** *mar.* **die ~** (*der Äquator*) the line, the equator; **die ~ passieren** cross the line. **12.** *mil.* a) line, rank, b) *hist.* troop of the line; **in vorderster ~ kämpfen** fight in the front line (*od.* in the line of battle); **in der vordersten** (*od.* **in vorderster**) **~ stehen** *a. fig.* be in the front rank; **die feindlichen ~n durchbrechen** break through the enemy lines. **13.** a) *Fußball etc*: (goal-, touch-)line; **die ~ überschreiten** *Ball*: cross the line.

ˈLi·ni·en|ˌblatt *n* sheet of ruled (*od.* lined) paper. **~ˌbus** *m* regular (*od.* scheduled) bus. **~ˌdienst** *m aer.* regular service, scheduled flights *pl.* **~ˌflug** *m aer.* scheduled flight. **~ˌfüh·rung** *f* **1.** *Kunst*: line, *weitS. a.* shape, design; **die Reinheit der ~** the purity of line. **2.** → **Streckenführung** 1. **~in·teˌgral** *n math.* **1.** line integral. **2.** *um e-n Bereich*: boundary integral. **~ˌka·sten** *m print.* rule case. **~maˌnier** *f Kunst*: (**Stich in**) **~** line engraving. **~ˌnetz** *n von Bussen etc*: route network. **~ˌno·tenˌschrift** *f* mus. staff notation. ~paˌpier n 1. ruled (od. lined) paper. 2. tech. cartridge paper. ~ˌrich·ter m Fußball: linesman, Tennis: a. line judge; Rugby: touch judge. ~ˌschiff n 1. mar. liner. 2. mil. hist. ship of the line. ~ˌschiffahrt (getr. -ffˌf-) f (scheduled) shipping line service. ~ˌschrei·ber m curve tracer. ~ˌspek·trum n phys. line spectrum. ~syˌstem n mus. stave, staff. ~ˌtau·fe f → Äquatortaufe. ≈ˌtreu adj pol. loyal to the line; ~ sein toe the line. ~ˌtreue m, f ⟨-n; -n⟩ party liner. ~verˌkehr m regular service.

li·nie·ren [liˈniːrən] I v/t ⟨no ge-, h⟩ 1. line, rule. II ≈ n ⟨-s⟩ 2. lining (etc). 3. → Linierung. liˈniert adj Papier etc: lined, ruled; schwach ~ ruled faint. Liˈnie·rung f ⟨-; -en⟩ 1. → linieren 2. 2. (ruled) lines pl, ruling.

li·ni·ie·ren [liniˈiːrən] v/t ⟨no ge-, h⟩ → linieren.

Li·ni·ment [liniˈmɛnt] n ⟨-(e)s; -e⟩ anat. liniment.

link [lɪŋk] adj 1. Hand, Fuß etc: left; → Bein 1 etc. 2. left(-hand); das ~e Ufer e-s Flusses the left bank of a river; auf der ~en Straßenseite on the left-hand side of the street; das ~e Vorderbein (Vorderrad) the left (od. near) foreleg (front wheel); das ~e Pferd e-s Gespanns: the near horse; ~e Seite left side, e-s Stoffs: wrong (od. reverse) side, e-s Strumpfs: inside; → Hand Verbindungen mit Adjektiven. 3. pol. left, a. Left; er gehört dem ~en Flügel an he belongs to the left wing, he is a left-winger. 4. her. im ~en Wappenfeld (gelegen) sinister. 5. colloq. (gemein) dirty, shabby; ~ Masche (od. Tour) dirty trick. ˈLin·ke f ⟨-n; -n⟩ 1. (linke Seite) left (side); ihm zur (od. an s-r) ~n at (od. on) his left. 2. (linke Hand) left (hand). 3. Boxen: left. 4. pol. die ~ the Left, e-r Partei: the left wing; die äußerste ~ the extreme Left. ˈlin·kerˈseits adv on (od. at, to) the left-hand side, on (od. to) the left hand. ˈlin·kisch adj awkward, clumsy, gawky, gauche, maladroit.

links I adv 1. on (od. at) the left(-hand side), left; von ~ (her) from the left; nach ~ (hin) to the left; von ~ nach rechts from (the) left to (the) right; ~ abbiegen turn (to the) left, take a left turn; halten Sie sich ~ keep (to the) left; er stand ~ von mir he stood to the left of me, he stood on my left; die zweite Querstraße ~ the second turn to (od. on) the left; j-n ~ überholen pass (od. overtake) s.o. on the left; ~ und rechts verwechseln confuse left with right; ~ schreiben write left-handed, write with one's left hand; fig. et. ~ liegenlassen turn one's back on s.th., by-pass s.th.; colloq. j-n ~ liegenlassen give s.o. the cold shoulder, cold-shoulder (od. ignore, cut) s.o. (cf. liegen 2); weder ~ noch rechts schauen look neither left nor right. 2. (verkehrt) on the wrong (od. reverse) side, inside out; s-e Socken ~ anziehen put one's socks on inside out. 3. pol. ~ stehen be on the left, be a leftist (od. Leftist). 4. ~ stricken (knit) purl; e-e Reihe ~, e-e Reihe rechts purl one row, knit one row. 5. mil. left; ~ schwenkt, marsch! column left, wheel (Am. march)!; (die) Augen ~! eyes left; ~ um! a) left turn!, Am. left face!, b) im Marsch: left wheel!, Am. by the left flank, march! II prep ⟨gen⟩ 6. on (od. at) the left(-hand side) of; ~ des Rheins on the left bank of the Rhine. ≈ˌabˌbie·gen n im Verkehr: turning to the left; ~ verboten no left turn. ≈ˌabˌbie·ger m vehicle turning left; pl traffic sg turning left. ≈ˌausˌle·ger m Boxen: orthodox fighter. ≈ˈau·ßen [ˌlɪŋks-] m ⟨-; -⟩ Sport: outside left. ≈ˌdrall m 1. e-s Gewehrlaufs etc: left-handed twist. 2. tech. a) left-hand helix, b) e-s Fräsers: left-hand spiral, c) e-s Bohrers: left-hand twist. 3. fig. colloq. e-n ~ haben keep drifting to the left (cf. a. 4). 4. pol. leftist leanings pl (od. bias); e-n ~ haben tend towards the left. ~ˌdre·hend adj 1. chem. phys. l(a)evogyrate. 2. tech. rotating counter-clockwise. ≈ex·treˌmist m pol. left-wing extremist. ~ex·treˌmi·stisch adj of the extreme left, extreme left-wing (od. leftist). ≈gaˌlopp m Dressurreiten: canter left. ~ˌgän·gig adj tech. left-hand; ~e Schraube left-hand screw. ~geˌrich·tet adj → linksorientiert. ≈geˌwin·de n tech. left-hand thread. ≈ˌhän·der [-ˌhɛndər] m ⟨-s; -⟩, ≈ˌhän·de·rin f ⟨-; -nen⟩ left-handed person, left-hander, Am. colloq. a. southpaw; er ist Linkshänder he is left-handed. ~ˌhän·dig [-ˌhɛndɪç] adj u. adv left-handed. ≈ˌhän·dig·keit f ⟨-; no pl⟩ left-handedness. ~ˌher adv von ~ from the left. ~herˌum adv 1. round to the left, bes. tech. anticlockwise, (nach links) to the left. 2. et. ~ anziehen put on s.th. inside out. ~ˌhin adv nach ~ (to the) left. ≈in·tel·lek·tuˌel·le m, f ⟨-n; -n⟩ leftist intellectual. ≈ko·ali·tiˌon f pol. left-wing coalition. ≈ˌkurs m e-n ~ verfolgen follow a left-wing policy, Zeitung: have a left-wing bias. ≈ˌkur·ve f 1. left turn. 2. e-r Straße: left-hand curve (od. bend). 3. aer. mit Schräglage: left bank. ~ˌläu·fig adj 1. Schrift: right-to-left. 2. bes. tech. left-hand. ≈ˌlen·ker m mot. left-hand-drive vehicle, vehicle with left-hand steering. ≈op·po·si·tiˌon f pol. left-wing opposition. ~ori·enˌtiert adj left-wing, leftist, Zeitung etc: with a left-wing bias. ≈ori·enˌtie·rung f pol. leftism, a. Leftism, leftist leanings pl, e-r Zeitung etc: left-wing bias. ≈parˌtei f left-wing party. ~ra·diˌkal adj → linksextremistisch. ≈ra·diˌka·le m, f ⟨-n; -n⟩ → Linksextremist. ≈reˌgie·rung f leftist (od. left-wing) government. ~ˌrhei·nisch geogr. I adj on (od. pertaining to) the left bank of the Rhine. II adv ~ (gelegen) on the left bank of the Rhine. ≈ˌruck, ≈ˌrutsch m pol. swing to the left. ≈ˌschwen·kung f mil. left wheeling; e-e ~ machen a) wheel (Am. turn) to the left, b) pol. move towards the left. ~ˌsei·tig adj I adj 1. on the left(-hand) side, on the left. 2. geogr. Ufer etc: left, Dörfer etc: on the left bank. 3. Textil. back. II adv 4. on the left(-hand) side. 5. on the left bank. 6. on the back (od. wrong, reverse) side. ≈so·ziaˌlist m pol. left-wing socialist. ≈ˌsteue·rung f mot. left-hand drive (od. steering). ≈ˌstricken (getr. -k·k-) n purl. ~ˈum [ˌlɪŋks-] adv mil. ~ kehrt! left about turn (Am. face)! ≈verˌkehr m left-hand traffic. ≈ˌwen·dung f 1. mil. left turn, Am. left face. 2. pol. move towards the left.

lin·nen [ˈlɪnən] obs. od. poet. I adj → Leinen 4. II ≈ n ⟨-s; -⟩ → Leinen.

Lin·ole·um [liˈnoːleum] n ⟨-s; no pl⟩ linoleum, bes. Br. colloq. lino.

Liˈnol|ˌsäu·re [liˈnoːl-] f chem. linoleic acid. ~ˌschnei·den n Kunst: block printing. ~ˌschnitt m block print, linocut.

Li·no·type [ˈlaɪnotaɪp] (TM) f ⟨-; -s⟩ print. linotype. ~-ˌSet·zer m linotype operator, linotyper, linotypist, keyboarder. ~-ˌSetz·maˌschi·ne f linotype (machine).

Lin·se [ˈlɪnzə] f ⟨-; -n⟩ 1. opt. lens. 2. → Linsensystem. 3. anat. zo. (Augen≈) (crystalline) lens. 4. bot. lentil; Welsche ~ → Linsenbusch. 5. geol. lens, lentil.

lin·sen [ˈlɪnzən] v/i ⟨h⟩ colloq. for spähen.

ˈLin·sen|ˌbusch m laburnum. ~ˌerz n min. 1. pea ore. 2. (Linsenkupfererz) liroconite. ≈ˌför·mig adj lentiform, lenticular. ~geˌricht n 1. gastr. lentil dish. 2. Bibl. (Esaus) mess of potage; fig. et. für ein ~ hergeben sell s.th. for a mess of potage. ~ˌstar m med. lenticular cataract. ~ˌsup·pe f lentil soup. ~syˌstem n opt. phot. lens system. ~ˌtrü·bung f med. cataract. ~ˌwei·te f opt. (lens) aperture; lichte ~ clear (lens) aperture.

Lint [lɪnt] n ⟨-(e)s; no pl⟩, ~(ˌbaum)ˌwol·le f Textil. (cotton) lint.

Li·pa·se [liˈpaːzə] f ⟨-; -n⟩ biol. chem. lipase.

Li·piz·za·ner [lipɪˈtsaːnər] m ⟨-s; -⟩ zo. (Pferderasse) Lippizaner.

Li·po·id [lipoˈiːt] I n ⟨-s; -e⟩ meist pl biol. chem. lipid(e), lipin, lipoid. II ≈ adj lipoid.

Li·pom [liˈpoːm] n ⟨-s; -e⟩, Liˈpo·ma [-ma] n ⟨-s; -ta [-ta]⟩ med. fatty tumo(u)r, lipoma, steatoma. li·po·maˈtös [-pomaˈtøːs] adj lipomatous. Li·po·maˈto·se [-pomaˈtoːzə] f ⟨-; -n⟩ lipomatosis.

Lip·pe [ˈlɪpə] f ⟨-; -n⟩ 1. lip; aufgeworfene (aufgesprungene) ~n protruding (chapped) lips; sich (dat) auf die ~n beißen bite one's lips; die ~n spitzen pucker (od. purse) (up) one's lips; j-m die Worte von den ~n ablesen read s.o.'s lips, lipread s.o.'s words; fig. an j-s ~n hängen hang (spellbound) on s.o.'s words (od. lips); es kommt kein Wort davon über m-e ~n not a word of it shall pass my lips; et. über die ~n bringen bring o.s. to say s.th., let s.th. pass (od. cross) one's lips; colloq. e-e ~ riskieren speak one's mind, speak out (od. up); → lecken² 1 (etc). 2. e-r Blüte: labellum. 3. anat. labium, lip. 4. biol. border, labrum.

ˈLip·pen|beˌkennt·nis n lip service; ein ~ zu e-r Sache ablegen pay lip service to s.th. ~ˌblu·me f labiate(d) flower. ≈ˌblü·tig [-ˌblyːtɪç] adj labiate(d). ~ˌblüt·ler [-ˌblyːtlər] m ⟨-s; -⟩ labiate. ~ˌdeh·nung f ling. lip-broadening. ≈ˌför·mig adj 1. lip-shaped. 2. bot. zo. labiate(d). ~ˌlaut m ling. labial (sound). ~ˌle·sen n lip-reading. ~ˌpflock m anthrop. labret. ~poˌma·de f lip salve (od. pomade), Am. a. chapstick. ~ˌrot n 1. Kosmetik: rouge. 2. anat. red of the lip, vermil(l)ion, prolabium. ~ˌrun·dung f ling. lip-rounding. ~ˌspal·te f med. cleft lip. ~ˌstift m lipstick.

ˈLippˌfisch m wrasse, labroid.

Lip·urie [lipuˈriː] f ⟨-; no pl⟩ med. lipuria.

li·quid [liˈkviːt] adj 1. econ. a) Zahlungsmittel etc: available, ready, b) Forderungen etc: mature, due, payable, c) Unternehmen etc: liquid, solvent. 2. ling. Laut: liquid.

Li·qui·da [ˈliːkvida] f ⟨-; -dä [-dɛ] u. -den [liˈkviːdən]⟩ ling. liquid (sound).

Li·qui·da·tion [likvidaˈtsĭoːn] f ⟨-; -en⟩ econ. 1. e-r Firma: liquidation, winding up; in ~ gehen (od. treten) go into liquidation; freiwillige (gerichtliche) ~ voluntary (compulsory) winding up. 2. e-r Schuld etc: settlement, liquidation. 3. (Kostenrechnung) bill (of costs); (Honorarforderung) fee, charge. 4. pol. (Tötung) liquidation.

Li·qui·da·ti'ons|ˌanˌteilˌschein *m econ.* liquidation (participation) certificate. **~beˌschluß** *m econ.* winding-up order. **~ˌkas·se** *f Börse*: clearing house. **~ˌmas·se** *f* assets *pl* of a company in liquidation. **~ˌtag** *m* settlement day. **~verˌfah·ren** *n* liquidation, winding-up proceedings *pl.*

Li·qui·da·tor [likvi'da:tɔr] *m* ‹-s; -en [-da'to:rən]› *econ.* liquidator.

li·qui|die·ren [likvi'di:rən] **I** *v/t* ‹*no* ge-, h› **1.** *econ. allg.* liquidate, (*Firma*) *a.* wind up, (*Aktien etc*) *a.* convert into cash, (*Schuld etc*) settle. **2.** (*berechnen*) charge (*for medical services, etc*). **3.** *pol.* (*töten*) liquidate. **4.** *fig.* (*Staatsordnung etc*) destroy. **II** *v/i* **5.** go into liquidation. **III** 2 *n* ‹-s› **6.** liquidating (*etc*), → *a.* **Liquidation.** 2'**die·rung** *f* ‹-; -en› → **Liquidation.** **~di'sie·ren** [-di'zi:rən] *v/t* ‹*no* ge-, h› *econ.* increase the liquidity of. 2**di'tät** [-di'tɛ:t] *f* ‹-; *no pl*› *econ. allg.* liquidity, *von Barmitteln*: *a.* availability, *von Vermögenswerten etc*: *a.* convertibility into cash, *e-r Firma*: *a.* (*Zahlungsfähigkeit*) solvency.

Li·qui·di'täts|ˌgutˌha·ben *n* liquid resources *pl* (held by banks). **~verˌkauf** *m* sale in order to raise liquidity.

Li'quidˌlaut *m ling.* liquid (sound).

Li·quor ['li:kvɔr] *m* ‹-s; -es [li'kvo:rɛs]› **1.** *pharm.* liquor. **2.** *physiol.* fluid. **3.** *chem.* solution.

Li·ra[1] ['li:ra] *f* ‹-; -re› lira (*monetary unit of Italy*).

'Li·ra[2] *f* ‹-; -ren› *mus. hist.* lira.

lis·peln ['lɪspəln] **I** *v/i* ‹h› **1.** (have a) lisp. **2.** *poet. Wind etc*: whisper, murmur. **II** *v/t* **3.** lisp. **III** 2 *n* ‹-s› **4.** lisping (*etc*). **5.** lisp. **'Lisp·ler** *m* ‹-s; -› lisper.

List [lɪst] *f* ‹-; -en› **1.** (*Schlauheit*) cunning, craft(iness), artfulness, slyness; et. **durch ~ erreichen** get s.th. by trickery, *colloq.* wangle s.th.; **er steckt voller ~** he's full of cunning; **mit ~ und Tücke** a) by cunning and deceit, b) *humor.* with patience and a snare. **2.** (*Trick*) ruse, trick, artifice, wile, (*bes. Kriegs*2) stratagem; **zu e-r ~ greifen, e-e ~ anwenden** resort to a ruse, use a trick; **~ gegen ~** diamond cut diamond.

Li·ste ['lɪstə] *f* ‹-; -n› **1.** list; **e-e ~ anlegen (aufstellen)** make (draw up) a list; **auf der ~ stehen** be on the list; **j-n aus e-r ~ streichen** strike s.o. off a list, remove s.o.'s name from a list; **et. in e-r ~ zs.-stellen** make a list of s.th., list s.th.; *fig.* **j-n auf die schwarze ~ setzen** put s.o.('s name) on a blacklist, blacklist s.o. **2.** (*bes. Namens*2) a) *bes. mil.* roll, b) (*amtliches Verzeichnis*) register, c) (*Dienstplan*) roster. **3.** *bes. von Terminen*: calendar, schedule. **4.** (*Verzeichnis*) schedule, file, (*Inventar*) *a.* inventory. **5.** *econ.* catalog(ue *Br.*). **6.** *pol.* (*Wahl*2, *Kandidaten*2) list, *Am.* ticket, slate; **Kandidaten auf e-e ~ setzen** put candidates on a list, propose (*Am.* slate) candidates.

'Li·sten|ˌfüh·rer *m person who keeps a list up-to-date.* 2**ˌmä·ßig** *adj* (according to a) list, as listed; *adv* **et. ~ erfassen** list s.th. **~ˌpreis** *m econ.* list price, catalog(ue) price. **~proˌgramm** *n Computer*: report program(me *Br.*). 2**ˌreich** *adj* → **listig.** **~ˌwahl** *f* election based on lists compiled by the political parties. **~ˌwahl·syˌstem** *n* (party-)list system, *Am.* ticket system.

'li·stig *adj* **1.** cunning, crafty, wily, artful, sly, tricky, foxy; **ein ~er Fuchs** a cunning (*od.* wily) old fox; **~ Lächeln** crafty (*od.* sly) smile. **2.** (*schelmisch*) sly, arch. **'li·sti·ger'wei·se** *adv* cunningly, craftily. **'Li·stig·keit** *f* ‹-; *no pl*› **1.** cunning(ness), craftiness, wiliness, trickiness, artfulness, slyness. **2.** archness, slyness.

Li·ta·nei [lita'naɪ] *f* ‹-; -en› **1.** *relig.* litany, rogation. **2.** *fig. colloq.* litany, rig(a)marole, *von Klagen*: *a.* jeremiad; **immer die gleiche ~!, die alte ~!** (always) the same old story.

Li·tau·er ['li:tauər] *m* ‹-s; -› Lithuanian. **'li·tau·isch I** *adj* Lithuanian. **II** *ling.* 2 ‹*generally undeclined*›, **das** 2**e** ‹-n› Lithuanian, the Lithuanian language.

Li·ter ['li:tər] *m, n, Swiss only m* ‹-s; -› lit/re (*Am.* -er).

Li·te'rar|hiˌsto·ri·ker [lɪte'ra:r-] *m* literary historian. 2**hiˌsto·risch** *adj* relating to literary history.

li·te'ra·risch I *adj Eigentum, Form, Neigung etc*: literary; **die ~e Welt** the literary set (*od.* world), the world of literature, the republic of letters; **~er Diebstahl** plagiarism, (*Raubdruck*) (literary) piracy; **~er Gesellschaftsabend** literary social evening, conversazione. **II** *adv* **~ gebildet** well-versed in literature, literate, lettered; **~ tätig sein** be an author, be a writer.

Li·te·rat [lɪte'ra:t] *m* ‹-en; -en› **1.** literary man, man of letters. **2.** (*Schriftsteller*) writer, author. **Li·te'ra·ten·tum** *n* ‹-s; *no pl*› literary world.

Li·te·ra·tur [lɪtera'tu:r] *f* ‹-; -en› **1.** literature; **schöne ~** belles lettres *pl* (*als sg konstruiert*); **unterhaltende ~** light literature; **dieses Buch gehört der ~ an** this book is good literature (*od.* of literary value). **2.** (*Fach*2) (specialized) literature; **medizinische ~** medical literature; **benutzte ~** books (*od.* works) *pl* consulted, bibliography. **~ˌanˌga·be** *f* **1.** bibliographic reference. **2.** *pl* bibliography *sg.* **~ˌbeiˌla·ge** *f e-r Zeitung etc*: literary supplement. **~ˌblatt** *n* → **Literaturzeitschrift.** **~ˌdenkˌmal** *n* literary monument. **~geˌschich·te** *f* literary history, history of literature. **~ˌhinˌwei·se** *pl* (recommendations for) further reading, suggested reading *sg.* **~hiˌsto·ri·ker** *m* literary historian. **~kriˌtik** *f* literary criticism. **~ˌnachˌweis** *m* bibliography. **~ˌpapst** *m iro.* pope of literature. **~ˌpreis** *m* literary prize (*od.* award). **~verˌzeich·nis** *n* bibliography. **~ˌwis·sen·schaft** *f* (systematic) study of literature; **vergleichende ~** comparative (study of) literature. **~ˌwis·sen·schaft·ler** *m* literary scholar; **vergleichender ~** comparatist. **~ˌzeitˌschrift** *f* literary (*Am. a.* little) magazine (*od.* review).

'Li·ter|ˌmaß *n* lit/re (*Am.* -er) (measure). 2**ˌwei·se** *adj u. adv* by the lit/re (*Am.* -er).

'Lit·faßˌsäu·le ['lɪtfas-] *f* advertising pillar.

Li·tho|chro·mie [litokro'mi:] *f* ‹-; *no pl*› *Kunst*: lithochromy. **~'graph** [-'gra:f] *m* ‹-en; -en› *Kunst print.* lithographer. **~gra'phie** [-gra'fi:] *f* ‹-; -n [-ən]› lithography. 2**gra'phie·ren** [-gra'fi:rən] *v/t u. v/i* ‹*no* ge-, h› **1.** lithograph. **2.** reproduce lithographically, lithoprint. 2'**gra·phisch** [-'gra:fɪʃ] *adj* lithographic. **~lo'gie** [-lo'gi:] *f* ‹-; *no pl*› lithology. **~'ly·se** [-'ly:zə] *f* ‹-; -n› *med.* litholysis. **~'sphä·re** [-'sfɛ:rə] *f* ‹-; *no pl*› *geol.* lithosphere.

li·to·ral [lito'ra:l] *adj geogr.* littoral. **Li·to'ra·le** *n* ‹-s; -s› littoral.

litt [lɪt] *1 u. 3. sg pret of* **leiden.**

Li·turg [li'tʊrk] *m* ‹-en; -en› *relig.* liturgist. **Li·tur·gie** [litʊr'gi:] *f* ‹-; -n [-ən]› **1.** *relig.* liturgy; **römisch-katholische ~** Roman (*od.* Latin) liturgy. **2.** *antiq. in Athen*: liturgy. **Li·tur·gik** [li'tʊrgɪk] *f* ‹-; *no pl*› *relig.* liturgics *pl* (*meist als sg konstruiert*). **li·tur·gisch** [li'tʊrgɪʃ] *relig.* **I** *adj* liturgical; **~e Gesänge, ~es Singen** chanting. **II** *adv* **~ singen** chant.

Lit·ze ['lɪtsə] *f* ‹-; -n› **1.** (*Borte*) braid, edging; **mit goldenen ~n** gold-braided. **2.** (*Kordel*) cord(on). **3.** *bes. mil.* (*Tresse*) lace, lacing, striping, *collect.* braiding. **4.** *e-s Seils*: strand. **'Lit·zenˌdraht** *m electr.* braided (*od.* stranded) wire, litz(endraht).

live [laɪf; laɪv] (*Engl.*) *adv TV* live. 2**-ˌSen·dung,** 2**-ˌÜberˌtra·gung** *f* live broadcast (*od.* transmission).

Liv·län·der ['li:fˌlɛndər] *m* ‹-s; -›. **'livˌlän·disch** *adj* Livonian.

Li·vree [li'vre:] *f* ‹-; -n [-ən]› livery, uniform; **in ~** liveried, in livery, in uniform. **li'vriert** [li'vri:rt] *adj Diener etc*: liveried, in livery, *Chauffeur etc*: in uniform.

Li·zen·ti·at [litsɛn'tsi̯a:t] *m* ‹-en; -en› *obs. od. Austrian and Swiss relig., Swiss a. econ. jur.* licentiate.

Li·zenz [li'tsɛnts] *f* ‹-; -en› **1.** licen/ce (*Am.* -se); **j-m e-e ~ erteilen** grant s.o. a licence; **e-e ~ (inne)haben** hold a licence; **e-e ~ entziehen** withdraw a licence; **et. in ~ herstellen** manufacture s.th. under licence. **2.** *aer. mar.* ticket. **3.** **poetische ~** (poetic) licen/ce (*Am.* -se). **~ˌabˌkom·men** *n* licen/ce (*Am.* -se) agreement (*od.* contract). **~ˌausˌga·be** *f print.* edition published under licen/ce (*Am.* -se). **~ˌbau** *m* manufacture under licen/ce (*Am.* -se). **~entˌzug** *m* withdrawal (*od.* cancellation, revocation) of licen/ce (*Am.* -se). **~erˌtei·lung** *f* granting of a licen/ce (*Am.* -se), licensing. **~ˌge·ber** *m* licens/er (*Am.* -or). **~geˌbühr** *f* **1.** (*Konzessionsgebühr*) licen/ce (*Am.* -se) fee. **2.** *jur.* royalty; **~en für Urheberrecht** (copyright) royalties; **~en beziehen** derive royalties.

li·zen·zie·ren [litsɛn'tsi:rən] *v/t* ‹*no* ge-, h› license.

Li'zenz|ˌinˌha·ber *m* licensee, licen/ce (*Am.* -se) holder. **~ˌneh·mer** *m* licensee. **~ˌspie·ler** *m Sport*: semiprofessional player. **~ˌträ·ger** *m* → **Lizenzinhaber.** **~verˌtrag** *m* → **Lizenzabkommen.**

Lla·no ['lja:no] *m* ‹-s; -s› *meist pl geogr.* llano.

Lob[1] [lo:p] *n* ‹-(e)s; *no pl*› **1.** praise, commendation; **~ verdienen** deserve praise, be deserving of praise; **~ ernten** earn (*od.* win, reap) praise; **ein ~ aussprechen** (*od.* **erteilen**) speak a word of praise; **j-s ~ singen** sing (*od.* extol) s.o.'s praises; **er geizte** (*od.* **kargte**) (**bei ihr**) **nicht mit ~** he wasn't sparing in his praise (of her); **j-m ~ spenden** (*od.* **zollen**) give s.o. praise, laud s.o.; **sie war des ~es voll über ihre Köchin** she had nothing but praise for her cook; **über alles** (*od.* **jedes**) **~ erhaben** beyond (*od.* above all) praise; *lit.* **j-m zum ~e gereichen** do s.o. credit, be to s.o.'s credit; **zu s-m ~e** in his praise, to his credit; **ihm gebührt großes ~** he deserves great praise; **~ gebührt Herrn X für** praise is due to Mr. X for; **Gott sei ~ (und Dank)!** praise be to God!, thank God!; **zum ~e Gottes** in praise of the Lord. **2.** (*Beifall*) approval, applause; **unser Plan fand sein ~** our plan met with his approval. **3.** → **Lobrede.** **4.** *ped.* good mark.

Lob[2] [lɔp] *m* ‹-(s); -s› *Tennis*: lob; **e-n ~ schlagen** (*od.* **spielen**) → **lob·ben** ['lɔbən] *v/i u. v/t* ‹h› *bes. Tennis*: lob (the ball).

Lob·by ['lɔbi; 'lɒbɪ] (*Engl.*) *f, a. m* ⟨-; -bys *od.* -bies⟩ (*Wandelhalle*), *a. fig. pol.* lobby. **~'is·mus** [-'ɪsmʊs] *m* ⟨-; *no pl*⟩ lobbyism. **~'ist** [-'ɪst] *m* ⟨-en; -en⟩ lobbyist.

Lo·be·lie [lo'be:lĭə] *f* ⟨-; -n⟩ *bot.* lobelia.

lo·ben ['lo:bən] **I** *v/t* ⟨h⟩ **1.** (**wegen** for, **als** as) praise, commend, laud; **j-n überschwenglich ~** praise s.o. excessively (*od.* lavishly), extol (*od.* eulogize) s.o., *colloq.* crack s.o. up; **das lob' ich mir** *oft iro.* that's just what I like; **da lob' ich mir doch Spanien (m-e alten Stiefel)** *colloq.* give me Spain (my old boots) any time; → **Tag** 1 (*etc*). **2.** (*billigen*) approve (of), applaud. **II** *v/i* **3.** praise; **er lobt nicht gern** he is not quick to praise. **III** *v/reflex* **sich ~ 4.** praise o.s., *colloq.* blow one's own trumpet (*Am.* horn), pat o.s. on the back; **gute Ware lobt sich selbst** quality speaks for itself. **IV** ♀ *n* ⟨-s⟩ **5.** praising (*etc*). **6.** → **Lob**[1] 1. **~d** *adj* laudatory, commendatory; **ein ~es Wort** a word of praise; **~e Erwähnung** hono(u)rable mention; *adv* **~ über j-n sprechen** speak highly (*od.* in praise) of s.o.; **j-n ~ erwähnen** make hono(u)rable mention of s.o.; **j-n ~ hervorheben** single s.o. out for praise.

'lo·bens,wert *adj* praiseworthy, laudable, commendable.

'Lo·bes|er,he·bung *f* (high) praise, eulogy, *lit.* encomium, panegyric; *lit.* **sich in ~en ergehen (über j-n, et.)** praise (s.o., s.th.) to the skies. **~,hym·ne** *f* hymn of praise; **überschwengliche ~n auf j-n (et.) anstimmen** praise s.o. (s.th.) to the skies. **~,wort** *n* ⟨-(e)s; -e⟩ *meist pl* word of praise.

'Lob|ge,dicht *n* poem of praise, laudatory poem, *lit.* panegyric; **~ auf j-n** poem in praise of s.o. **~ge,sang** *m* → **Loblied.** **~hu·de'lei** [,lo:p-] *f* ⟨-; -en⟩ *contp.* adulation, coarse (*od.* base) flattery, fulsome praise. ♀**,hu·deln** *v/i u. v/t* ⟨*insep*, ge-, h⟩ *contp.* give *s.o.* fulsome praise, overpraise; **j-m** (*a.* **j-n**) **~** *colloq.* butter s.o. up. **~,hud·ler** *m contp.* adulator, sycophant.

löb·lich ['lø:plɪç] *adj Absicht etc*: laudable, commendable, praiseworthy. ♀**keit** *f* ⟨-; *no pl*⟩ laudableness, commendableness.

'Lob,lied *n* **1.** song of praise, paean; **ein ~ auf j-n singen** sing s.o.'s praises. **2.** *relig.* song (*od.* hymn) of praise.

'lob|,prei·sen I *v/t* ⟨lobpreist, lobpreiste *od.* lobpries, gelobpreist *od.* lobgepriesen, h⟩ praise, extol, exalt, eulogize, sing the praises of; *relig.* **lobpreist den Herrn!** praise the Lord! **II** ♀ *n* ⟨-s⟩ praising (*etc*). ♀**,prei·sung** *f* ⟨-; -en⟩ **1.** → **lobpreisen** II. **2.** praise, eulogy, *lit.* eulogium, panegyric. **3.** *relig.* glorification praise, laud(ation). ♀**,re·de** *f* speech of praise, eulogy; **e-e ~ auf j-n halten** eulogize s.o. ♀**,red·ner** *m* **1.** eulogist. **2.** → **Lobhudler.** **~,sin·gen** *v/i* ⟨*irr, insep*, -ge-, h⟩ **j-m ~** → **lobpreisen.** ♀**,spruch** *m* **1.** eulogy, *lit.* eulogium. **2.** → **Lobgedicht.**

Loch [lɔx] *n* ⟨-(e)s; ⸚er⟩ **1.** hole; *fig.* **ein ~ mit dem anderen stopfen** rob Peter to pay Paul; **s-n Gürtel ein ~ enger schnallen** tighten one's belt one notch; *fig.* **er pfeift auf** (*od.* **aus**) **dem letzten ~** he is on his last legs; *colloq.* **jetzt pfeift der Wind aus e-m anderen ~** now the wind is blowing from another quarter; *fig.* **j-m ein ~ in den Beutel reißen** make a hole in s.o.'s pocket (*od.* purse); **ein ~ in die Luft schlagen** miss by a mile; **Löcher in die Luft starren** stare into space; **ein ~ im Gesetz finden** find a loophole in the law; → **saufen** 4, **Zimmermann.** **2.** *im Zaun etc*: opening, gap. **3.** (*Öffnung*) aperture. **4.** (*Lochung, Durchbohrung*) perforation. **5.** *im Luftreifen*: puncture; **ein ~ im Reifen haben** have a puncture, have a flat tyre (*Am.* tire). **6.** *in der Straße*: pothole. **7.** (*Höhlung, a. Zahn*♀) cavity, hollow, hole. **8.** (*Grube*) pit. **9.** *im Käse, e-r Nadel etc*: eye. **10.** *fig. colloq.* (*elende Behausung*) hovel, (dirty) hole, *sl.* dump. **11.** *fig. colloq.* (*Gefängnis*) *sl.* jug, *Br. a.* quod, *Am.* cooler; **j-n ins ~ stecken** put s.o. in clink; **er sitzt im ~** he is doing time, he is in jug. **12.** a) *Billard*: pocket, b) *Golf*: hole; **die Kugel ins ~ treiben** pocket the ball; **den Ball ins ~ spielen** hole (the ball). **13.** *e-s Blasinstruments*: fingerhole. **14.** *bot. zo.* foramen. **15.** *vulg.* a) (*Scheide*) hole, cunt, b) → **Arschloch.** **~,bei·tel** *m tech.* mortise chisel. **~,bil·lard** *n* billiard table with pockets, English billiard table. **~,blen·de** *f* **1.** *phot.* pinhole diaphragm. **2.** *opt.* diaphragm, light (*od.* field aperture) stop. **~,boh·rer** *m tech.* auger bit. **~,dorn** *m metall. Rohrwalzerei*: piercing mandrel, plug; *Strangpressen*: punch. **~,ei·sen** *n tech.* piercer; *für Leder*: pricker; *für Bleche etc*: hollow punch, saddler punch.

lo·chen ['lɔxən] **I** *v/t* ⟨h⟩ **1.** (*Fahrkarte, Papier etc*) punch. **2.** make a hole (*od.* holes in(to), hole. **3.** perforate. **4.** *tech.* a) → **lochstanzen,** b) (*durchbohren*) pierce, c) (*lang~*) slot. **5.** (*Holz*) bore. **II** ♀ *n* ⟨-s⟩ **6.** punching (*etc*). **7.** → **Lochung.** **'Lo·cher** *m* ⟨-s; -⟩ **1.** *für Akten, Lochkarten etc*: punch. **2.** *tech.* (*Person*) puncher, perforator. **3.** → **Locheisen.**

lö·che·rig ['lœçərɪç] *adj* **1.** *Strumpf etc*: full of holes, in holes; *fig. Beweisführung*: full of holes, faulty, shaky. **2.** *metall. tech. Guß*: honeycombed, porous. **3.** *bot. zo.* foraminiferous. **4.** *med.* porous, perforated, pitted.

'Lo·che·rin *f Computer*: punch operator, card-punch girl.

'Loch|,fei·le *f tech.* riffler. **~,fraß** *m* pitting. **~,ka·me·ra** *f phot.* **1.** pinhole camera. **2.** *hist.* camera obscura. **~,kar·te** *f Computer*: punch(ed) card.

'Loch,kar·ten|,ab,tei·lung *f* punch(ed) card department. **~,um,rech·ner** *m* punch(ed) card computer. **~ver,fah·ren** *n* punch(ed) card system.

'Loch,leh·re *f tech.* internal cal(l)iper ga(u)ge, taper (ga[u]ge).

Löch·lein ['lœçlaɪn] *n* ⟨-s; -⟩ **1.** *dim. of* Loch. **2.** pinhole, eyelet.

'Loch|,mu·ster *n Textil.* openwork; **Pullover mit ~** open-worked sweater. **~,pres·se** *f tech.* punch(ing) press.

löch·rig ['lœçrɪç] *adj* → **löcherig.**

'Loch|,sä·ge *f tech.* compass saw. **~,schwei·ßung** *f* plug welding. **~,spiel** *n Golf*: match play. **~,stan·ze** *f tech.* **1.** (*Eisen*) hollow punch, drift. **2.** (*Maschine*) punching machine, punch press. ♀**,stan·zen** *v/t* ⟨*insep*, -ge-, h⟩ punch (holes in). **~,stein** *m* **1.** → **Lochziegel.** **2.** *metall.* nozzle brick. **~,stem·pel** *m tech.* punch. **~,strei·fen** *m* punched tape.

'Lo·chung *f* ⟨-; -en⟩ **1.** → **lochen** 6. **2.** perforation. **3.** *Computer*: punch.

'Loch|,zan·ge *f* **1.** *für Fahrkarten etc*: ticket punch(ers *pl*), clippers *pl.* **2.** *tech.* punch pliers *pl* (*als sg od. pl konstruiert*). **~,zie·gel** *m* perforated brick (*od.* tile). **~,zir·kel** *m tech.* inside cal(l)ipers *pl.*

'Lock·ar,ti·kel *m econ.* loss-leader.

Löck·chen ['lœkçən] *n* ⟨-s; -⟩ **1.** *dim. of* **Locke**[1] 1. **2.** baby curl.

Locke[1] (*getr.* -k·k-) ['lɔkə] *f* ⟨-; -n⟩ **1.** curl, *bes. lange*: lock (of hair), *geringelte*: ringlet; **gekräuselte (natürliche) ~n** crimped (natural) curls; **sie hat natürliche ~n** her hair is (naturally) curly; **Haar in ~n legen** set hair in curls; **sich** (*dat*) **~n legen** curl one's hair. **2.** *Spinnerei*: locks *pl*, curl. **3.** *tech.* (*Span*) continuous spiral, curl.

'Locke[2] (*getr.* -k·k-) *f* ⟨-; -n⟩ *hunt.* **1.** (*Pfeife etc*) birdcall. **2. lebendige ~** decoy; → **Lockvogel** 1.

locken[1] (*getr.* -k·k-) ['lɔkən] **I** *v/reflex* ⟨h⟩ **sich ~** curl. **II** *v/t lit.* form (*od.* twist) (*one's hair*) into curls (*od.* ringlets), curl; **sie ließ sich** (*dat*) **ihr Haar ~** she had her hair curled.

'locken[2] (*getr.* -k·k-) **I** *v/t* ⟨h⟩ **1.** *mit Futter etc*: lure, entice, tempt; **e-n Hund mit e-m Knochen ~** *a.* hold out a bone to a dog. **2.** *durch Köder*: decoy, lure, (*bes. Fisch*) bait. **3.** *durch Lockruf*: call. **4.** *fig.* lure, entice, attract, *bes. mit List*: decoy; **die Sonne lockte uns ins Freie** the sun enticed us to go into the open air; **j-m das Geld aus der Tasche ~** cheat s.o. out of his money, fleece s.o.; → **Falle** 2 (*etc*). **5.** *fig.* (*reizen*) tempt; **was mich am meisten lockte** what tempted me most. **6.** *fig. durch Zeichen*: beckon. **II** *v/i* **7.** *Vögel etc*: call.

löcken (*getr.* -k·k-) ['lœkən] *v/i* ⟨h⟩ *Bibl.* **wider den Stachel ~** kick against the pricks.

lockend (*getr.* -k·k-) *adj* tempting, alluring, enticing, attractive; **~e Ferne** alluring faraway places; *fig.* **et. in den ~sten Farben schildern** describe s.th. in glowing colo(u)rs.

'Locken|,fül·le (*getr.* -k·k-) *f* cluster of curls (*od.* ringlets). **~,haar** *n* curly hair. **~,kopf** *m* **1.** head of curly hair, curly head. **2.** (*Person*) curly-head.

'Lock,en·te *f hunt.* decoy (duck).

'Locken|,wickel (*getr.* -k·k-), **~,wick·ler** *m* curler.

locker (*getr.* -k·k-) ['lɔkər] **I** *adj* ⟨-er; -st⟩ **1.** *Schraube, Griff, Knoten, Zahn etc*: loose, *Seil etc*: *a.* slack; **~ werden** get (*od.* become) loose; **den Gürtel ~ machen** loosen one's belt; → **Schraube** 1. **2.** *Teig, Omelett etc*: light, fluffy. **3.** *Erde etc*: loose, friable. **4.** *Gewebe*: loosely woven. **5.** *Bewegung etc*: nimble, limber. **6.** *fig. Atmosphäre etc*: relaxed, easy. **7.** *fig.* loose; **~e Bindung** loose connection; *colloq.* **er hat e-e ~e Hand** he is apt to let fly (*od.* to hit out) at the slightest provocation. **8.** *fig. Sitten, Grundsätze etc*: lax, loose, dissolute; **ein ~es Leben führen** lead a loose life; **ein ~es Mädchen** a loose girl, a hussy; *colloq.* **ein ~er Vogel** (*od.* **Zeisig**) a loose fish. **II** *adv* **9.** loosely. **10.** *fig. colloq.* (*leicht, lässig*) easily. ♀**heit** *f* ⟨-; *no pl*⟩ looseness (*etc*).

'locker|,las·sen (*getr.* -k·k-) *v/i* ⟨*irr, sep*, -ge-, h⟩ *colloq.* yield, give in; **nicht ~** not to let up, insist, stick to one's point (*od.* guns); **wir dürfen nicht ~** we have to keep (on) trying. **~,ma·chen** *v/t* ⟨*sep*, -ge-, h⟩ *fig. colloq.* (*Geld etc*) fork out, cough up.

lockern (*getr.* -k·k-) ['lɔkərn] **I** *v/t* ⟨h⟩ **1.** (*Fesseln, Gürtel, Schraube etc, a. Erdreich etc*) loosen, (*Seil, Leine*) slacken, pay out. **2.** (*Körper, Glieder*) limber up, (*Muskeln*) loosen up. **3.** (*Griff etc*) relax, loosen. **4.** *fig.* a) (*Disziplin*) relax, loosen, b) (*Bestimmungen etc*) relax, ease. **II** *v/reflex* **sich ~ 5.** *Brett, Schraube etc*: loosen, get loose; *Seil etc*: slacken, become slack. **6.** *fig.* a) *Stimmung etc*: loosen up, relax, *Person*: *a.* unbend, b) *Sitten etc*: grow lax, become loose, c)

Freundschaft etc: wear thin. **7.** *Sport*: limber up. **III** ♀*n* ⟨-s⟩ **8.** loosening (*etc*).
'Locke·rung (*getr.* -k·k-) *f* ⟨-; -en⟩ **1.** → lockern 8. **2.** *a. fig.* relaxation.
'Locke·rungs|,lauf (*getr.* -k·k-) *m* *Sport*: limbering-up run. **~,übung** *f* *Sport*: limbering-up exercise.
'lockig (*getr.* -k·k-) *adj* curly, curled.
'Lock|,mit·tel *n hunt. u. fig.* bait, lure. **~,pfei·fe** *f hunt.* birdcall. **~,ruf** *m* **1.** *orn.* birdcall. **2.** *zo.* mating call. **~,spei·se** *f* → Lockmittel. **~,spit·zel** *m* agent provocateur, *bes. Am.* stool pigeon, *Br. sl.* nark. **~,tau·be** *f hunt.* decoy (*od.* stool) pigeon.
'Lockung (*getr.* -k·k-) *f* ⟨-; -en⟩ **1.** *bes. hunt.* a) *durch Köder*: enticement, b) *durch Lockruf*: call. **2.** *fig.* allurement, enticement, (*Versuchung*) temptation.
'Lock,vo·gel *m* **1.** *hunt.* decoy (bird), call bird. **2.** *fig.* decoy; *econ.* ~**werbung** *f* loss-leader selling.
lo·co ['lo:ko] *adv econ.* **1.** (*vorrätig*) on (*od.* in) stock. **2.** (*am Orte*) loco, spot; **Kaffee ~ Hamburg** coffee for delivery at Hamburg.
Lo·de ['lo:də] *f* ⟨-; -n⟩ *bot.* sprig, spray, shoot.
Lo·den ['lo:dən] *m* ⟨-s; -⟩ *a.* ~**stoff** *m* loden. **~,man·tel** *m* loden coat.
lo·dern ['lo:dərn] *v/i* ⟨h⟩ **1.** *Feuer etc*: blaze, flare, flame (up); *lit.* **die Flammen ~ zum Himmel** the flames blaze up to the sky. **2.** *fig. Farben, Augen etc*: (**vor** with) blaze, be ablaze. **~d** *adj a. fig. Augen, Zorn*: blazing, flaming, *fig. a.* burning, glowing (**vor Begeisterung** with enthusiasm).
Löf·fel ['lœfəl] *m* ⟨-s; -⟩ **1.** spoon; **mit dem ~ füttern** spoon-feed; *fig. colloq.* **j-n über den ~ barbieren** cheat s. o., do s. o. (in the eye), take s. o. for a ride; **den ~ weglegen** (*sterben*) hand in one's dinner-pail; → **Weisheit** 1. **2.** (*Schöpf*♀) ladle. **3.** *Golf*: spoon. **4.** *tech.* (*Bagger*♀) scoop, shovel, bucket. **5.** *med.* a) *zum Entnehmen von Probematerial*: harpoon, b) (*Kurette*) curette, *Am.* curet. **6.** *hunt. des Hasen, Kaninchens*: ear. **7.** *fig. colloq.* ear; **schreib dir das hinter die ~** get that into your head once and for all; **du wirst gleich eins hinter die ~ bekommen** you'll get your ears boxed yet. **~,bag·ger** *m* shovel excavator, (power) shovel. **~bis,kuit** *m gastr.* ladyfinger. **~,boh·rer** *m tech.* spoon (*od.* pot) bit. **~,en·te** *f* shovel(l)er. ♀**,för·mig** *adj* **1.** spoon-shaped. **2.** *bot. zo.* cochlear (-iform), spatular. **~,hai** *m* shovelhead. **~,kraut** *n* spoonwort.
'löf·feln ['lœfəln] *v/t* ⟨h⟩ **1.** (*essen*) eat *s. th.* with a spoon, spoon up. **2.** (*schöpfen*) ladle (*od.* spoon) out. **3.** *fig.* → **kapieren.**
'Löf·fel|,stiel *m* spoon handle. **~,voll** *m* ⟨-; -⟩ spoonful. ♀**,wei·se** *adj u. adv* by (*od.* in) spoonfuls, by the spoonful.
log [lo:k] *1 u. 3 pret of* **lügen.**
Log [lɔk] *n* ⟨-s; -e⟩ *mar.* log.
Log·arith·men,ta·fel [loga'rɪtmən-] *f math.* table of logarithms (*od. colloq.* logs). **log·arith·mie·ren** [logarɪt'mi:rən] *v/t* ⟨*no* **ge-**, h⟩ *math.* take the logarithm of. **log·arith·misch** [loga'rɪtmɪʃ] **I** *adj* logarithmic. **II** *adv* ~ **abgestuft** graded logarithmically. **Log·arith·mus** [loga'rɪtmus] *m* ⟨-; -men⟩ logarithm; **gemeiner ~** common (*od.* Briggs, ordinary, decadic) logarithm.
'Log,buch *n aer. mar.* log(-book).
Lo·ge ['lo:ʒə] *f* ⟨-; -n⟩ **1.** *thea. etc* box. **2.** (*Freimaurer*♀) lodge.
lö·ge ['lø:gə] *1 u. 3 sg pret subj of* **lügen.**
'Lo·gen|,bru·der *m* (*Freimaurer*) brother mason, *weitS.* fellow (free-) mason. **~,mei·ster** *m* (*Freimaurer*) master mason. **~,platz** *m thea.* box seat. **~,schlie·ßer** *m thea.* usher.
Log·ge ['lɔgə] *f* ⟨-; -n⟩ → Log. **'log·gen** *v/i* ⟨h⟩ *mar.* log. **'Log·ger** *m* ⟨-s; -⟩ lugger, *mit Treibnetz*: drifter.
Log·gia ['lɔdʒa] *f* ⟨-; -gien [-dʒĭən]⟩ *arch.* loggia.
Lo'gier·be,such *m* overnight visitor(s *pl*), staying guest(s *pl*). **lo·gie·ren** [lo'ʒi:rən] *v/i* ⟨*no* **ge-**, h⟩ (**bei** with) stay, *bes. privat, gegen Bezahlung*: *a.* lodge; **in e-m Hotel ~** stay at a hotel.
Lo'gier|,gast *m* overnight visitor (*od.* guest). **~,zim·mer** *n* spare (*od.* guest) room.
Lo·gik ['lo:gik] *f* ⟨-; *no pl*⟩ **1.** (*Folgerichtigkeit*) logic(ality); **zwingende ~** compelling logic; **weibliche ~** woman's (*od.* female) logic. **2.** *philos.* (*Lehre*) logic; **symbolische ~** symbolic logic (*a. math.*), artificial language. **'Lo·gi·ker** *m* ⟨-s; -⟩ (*klarer Denker*) logical thinker. **2.** *philos.* logician.
Lo·gis [lo'ʒi:] *n* ⟨-[-'ʒi:(s)]; - [-'ʒi:s]⟩ **1.** *archaic dial.* lodging(s *pl*), room(s *pl*), quarters *pl*; **in ~** as a lodger (*od.* paying guest); → **Kost** 3. **2.** *mar.* crew space, forecastle, quarters *pl*.
lo·gisch ['lo:gɪʃ] **I** *adj* logical; *Computer*: ~**e Operation** binary operation; ~**er Ausdruck** Boolean expression; *colloq.* (**das ist doch**) ~! obviously!, naturally!, of course! **II** *adv* logically; **et. ~ durchdenken** reason s. th. out; **et. ~ betrachten** look at s. th. rationally. **III** ♀**e, das** ⟨-n⟩ the logicality, the logicalness.
'lo·gi·scher'wei·se *adv* logically, obviously.
Lo'gis,herr *m* lodger, *Am.* roomer.
Lo·gis·mus [lo'gɪsmus] *m* ⟨-; -men⟩ *philos.* **1.** (*Vernunftschluß*) logism. **2.** ⟨*only sg*⟩ (*Doktrin*) (pan)logism.
Lo·gi·stik [lo'gɪstɪk] *f* ⟨-; *no pl*⟩ *mil. u. math.* logistics *pl* (*meist als sg konstruiert*). **Lo'gi·sti·ker** *m* ⟨-s; -⟩ *philos.* logistician. **lo'gi·stisch** [-tɪʃ] *adj* logistic(al).
'Log,lei·ne *f mar.* log line.
Lo·go|gramm [logo'gram] *n* ⟨-s; -e⟩ *ling.* logogram. **~'pä·de** [-'pɛ:də] *m* ⟨-n; -n⟩ *med.* logop(a)edist, speech therapist. **~pä'die** [-pɛ'di:] *f* ⟨-; *no pl*⟩ logop(a)edia, speech therapy. **~pa'thie** [-pa'ti:] *f* ⟨-; -n [-ən]⟩ *med.* logopathy.
Lo·gos ['lo:gɔs; 'lɔgɔs] *m* ⟨-; *rare* **Logoi** [-gɔy]⟩ **1.** *philos.* logos, Logos. **2.** *relig.* (*Wort Gottes*) Logos.
Lo·go·ty·pe [logo'ty:pə] *f print.* logotype.
'Loh|,bei·ze *f* → Lohe[1]. **~,brü·he** *f* tan ooze (*od.* liquor).
Lo·he[1] ['lo:ə] *f* ⟨-; -n⟩ tanning bark.
'Lo·he[2] *f* ⟨-; *rare* -n⟩ *lit.* **1.** (tongues *pl* of) flame, flare, blaze. **2.** *fig.* (*Begeisterung, Liebe etc*) fire, flame, ardo(u)r.
lo·hen[1] ['lo:ən] *v/t* ⟨h⟩ (*Felle*) steep *s. th.* in tan (*od.* ooze). **'lo·hen**[2] *v/i* ⟨h⟩ → **lodern.**
'loh|,gar *adj* a) *technisches Leder*: vegetable-tanned, b) *Kalbsleder*: bark-tanned. ♀**,ger·ber** *m* tanner. ♀**ger·be,rei** *f* tannery. ♀**,müh·le** *f* bark mill.
Lohn [lo:n] *m* ⟨-(e)s; ⸚e⟩ **1.** (*Wochen*♀) wage(s *pl meist als sg konstruiert*); **e-n ~ beziehen** draw a wage (*od.* wages); **j-n um ~ und Brot bringen** deprive s. o. of his livelihood; **bei j-m in ~ und Brot stehen** be employed by s. o., be in s. o.'s pay. **2.** (*Bezahlung*) pay(ment); **auszuzahlender** (*od.* **tatsächlich gezahlter**) ~ take-home pay; **in j-s ~ stehen** be in s. o.'s pay (*od.* service), *bes. Am.* be on s. o.'s payroll. **3.** (*Verdienst*) earnings *pl*. **4.** (*Vergütung*) remuneration, compensation, emolument, consideration. **5.** *fig.* (*Belohnung*) reward; **zum ~ für** as a reward for, in return for; *iro.* **er bekommt schon noch s-n ~** he will get what he deserves; **s-n gerechten ~ erhalten** receive one's just reward, *a. iro.* get one's (just) deserts. **~,ab,bau** *m econ.* wage cut, reduction of wages (*od.* pay). ♀**,ab,hän·gig** *adj* wage-dependent. **~,ab,hän·gi·ge** *m, f* wage earner, employee. **~,ab,kom·men** *n*, **~,ab,ma·chung** *f* wage(s) (*od.* pay) agreement. **~,ab,rech·nung** *f* **1.** wage(s) statement, pay slip. **2.** → **Lohnbuchhaltung** 1. **~,ab,zug** *m* deduction(s *pl*) from wages (*od.* pay). **~,an,glei·chung** *f* wage adjustment. **~,an,satz** *m* wage rate. **~,an,spruch** *m* wage claim. **~,an,stieg** *m* rise in wages. **~,an,teil** *m* (share in) wages *pl*. **~,ar·beit** *f* wage (*od.* paid) labo(u)r. **~,ar·bei·ter** *m* paid labo(u)rer, wage earner, *Am.* wageworker. **~,auf,trag** *m* job order; **Lohnaufträge vergeben** farm out work to subcontractors. **~,auf,trieb** *m* upward tendency of wages, rise in wages. **~,aus,fall** *m econ.* loss of wages (*od.* pay, earnings), wages *pl* (*od.* pay, earnings *pl*) lost; ~**entschädigung** *f* compensation for wages (*od.* pay, earnings) lost. **~,aus,gleich** *m econ.* **1.** compensation for wage deficiencies. **2.** wage adjustment. **~,aus,gleichs,kas·se** *f von Gewerkschaften*: wage equalization fund. **~,aus,zah·lung** *f* payment of wages. **~be,we·gung** *f* wage fluctuation. **~,buch** *n* wages book, payroll (book). **~,buch,hal·ter** *m* payroll (*od.* wages) clerk. **~,buch,hal·tung** *f* **1.** wage(s) (*bes. Am.* payroll) accounting. **2.** → **~bü,ro** *n* pay office, *bes. Am.* payroll department. **~,die·ner** *m* hired servant. **~,ein,kom·men** *n* wage income. **~emp,fän·ger** *m*, **~emp,fän·ge·rin** *f* wage earner, *Am.* wageworker; **alle Lohn- und Gehaltsempfänger** all salaried and wage-earning employees.
loh·nen ['lo:nən] **I** *v/t* ⟨h⟩ **1.** (*vergelten, danken*) **reward, repay**; **ich werde es dir reichlich ~** I shall reward you liberally (*od.* generously) for it; **j-m et. schlecht (mit Undank) ~** ill repay s. o. (repay s. o. with ingratitude); **Gott lohn es dir!** God bless you! **2.** (*bezahlen*) pay. **3.** (*wert sein*) be worth; **das Ergebnis lohnt die Mühe nicht** the result is not worth the effort; **das Museum lohnt e-n Besuch** the museum is worth a visit. **II** *v/reflex* **sich ~** **4.** (*wert sein*) be worth(while), be rewarding, repay itself, pay; **die Mühe lohnt sich** it is worth the trouble; **die Mühe wird sich reichlich ~** it will be more than worth the trouble; **es lohnt sich (zu)** it is worthwhile (*doing, etc*), it pays (to); **der Kauf lohnt sich** this (purchase) is a bargain; **das Buch lohnt sich** the book is worth reading; **dies Geschäft lohnt sich** this deal pays; **es wird sich für dich ~** it will be worth your while; **es lohnt sich kaum** it's hardly worthwhile, (*ist zwecklos*) it's no use.
löh·nen ['lø:nən] *v/t* ⟨h⟩ *archaic* **1.** (*Arbeiter etc*) pay wages to. **2.** (*Soldaten*) pay.
'loh·nend *adj* **1.** *finanziell*: paying, profitable, remunerative. **2.** (*sehr einträglich*) lucrative. **3.** *fig.* rewarding, worthwhile, (*sehenswert*) *a.* worth seeing, (*hörenswert*) *a.* worth hearing (*od.* listening to); **e-e ~e Aufführung** a performance worth seeing, a rewarding performance.
'Lohn|ent,wick·lung *f econ.* development of wages (*od.* pay). **~er,hö·hung** *f*

wage (*od.* pay) increase (*od.* increment, rise, *Am. a.* raise). **~ˌfestˌset·zung** *f* wage (*od.* pay) fixing. **~ˌfor·de·rung** *f* wage claim (*od.* demand). **~ˌfort-ˌzah·lung** *f* continuation of payments (to sick workers). **~geˌfäl·le** *n* wage differential. **~geˌfü·ge** *n* wage (*od.* pay) structure. **~geˌsetz** *n* wage law, law of wages; **ehernes ~** iron (*od.* fixed) law of wages. **~ˌgleich·heit** *f* equality of wage(s). **~ˌgrup·pe** *f* wage group (*od.* bracket). **~ˌhö·he** *f* → Lohnniveau. **~ˌin·dex** *m* wage index. **≈in·tenˌsiv** *adj* wage-intensive. **~ˌkampf** *m* wage (*od.* pay) dispute. **~ˌkell·ner** *m* day waiter. **~ˌklas·se** *f* → Lohngruppe. **~kom·mis·siˌon** *f* wage-control(l)ing committee. **~konˌflikt** *m* wage dispute (*od.* conflict). **~ˌko·sten** *pl* wage (*od.* labo[u]r) costs; **~verteilung** *f* distribution of wage costs. **~ˌkur·ve** *f* wage(s) graph (*od.* curve). **~ˌkür·zung** *f* wage(s) (*od.* pay) cut, cut in wages (*od.* pay). **~ˌkut·scher** *m obs.* hackney coachman, *Am. a.* hack driver. **~ˌli·ste** *f* payroll (sheet). **~ˌnachˌzah·lung** *f* retroactive payment of wages. **~niˌveau** *n* wage (*od.* pay, earnings) level. **~pa·riˌtät** *f* parity of wages. **~ˌpau·se** *f* pay pause. **~ˌpfän·dung** *f jur.* garnishment of wages. **~po·liˌtik** *f* wage policy. **~-ˈPreis-Spiˌra·le** [ˌloːn-] *f* wage-price spiral. **~ˌrech·nung** *f* **1.** payroll bookkeeping (*od.* accounting). **2.** wage cost accounting. **~ˌrun·de** *f* round of wage negotiations. **~ˌsatz** *m* wage rate. **~ˌschrei·ber** *m* (literary) hack (writer), *für Zeitungen*: penny-a-liner. **~ˌschuld** *f* outstanding wages *pl*. **~ˌschuld·ner** *m* debtor of wages. **~-ˌsen·kung** *f* → Lohnkürzung. **~ˌska·la** *f* (**gleitende ~** sliding) wage (*od.* pay) scale. **~ˌspan·ne** *f* range of wage(s). **~ˌstaf·fe·lung** *f* differentiation (*od.* grading) of wage(s). **~ˌstand** *m* → Lohnniveau.

ˈLohnˌsteu·er *f econ.* wage(s) tax. **~ˌabˌzug** *m* deduction of wage(s) tax. **~ˌjah·resˌausˌgleich** *m* annual adjustment of income tax. **~ˌkar·te** *f* wage(s) tax card (*od.* sheet), *Am. etwa* withholding statement, W-2 Form. **~ˌrück·verˌgü·tung** *f* wage(s) tax refund.

ˈLohn|ˌstopp *m econ.* wage stop (*od.* freeze). **~ˌstrei·fen** *m* pay (*od.* wage) slip. **~ˌstreit** *m* → Lohnkonflikt. **~strukˌtur** *f* wage structure. **~ˌstu·fe** *f* **1.** wage scale. **2.** → Lohngruppe. **~ˌsum·me** *f* wage total, total wages *pl*, payroll total. **~ˌsum·menˌsteu·er** *f* tax on the total of wages and salaries paid, *Am.* payroll tax. **~taˌbel·le** *f* pay (*od.* wage) schedule. **~ˌtag** *m* payday. **~taˌrif** *m* wage rate (*od.* scale). **~ˌtü·te** *f* pay packet. **~- ˌund Geˈhaltsˌsum·me** *f* total of wages and salaries.

ˈLöh·nung *f* ⟨-; -en⟩ **1.** payment (of wages). **2.** *mil.* pay. **ˈLöh·nungsˌtag** *m* payday.

ˈLohn|verˌein·ba·rung *f* wage(s) (*od.* pay) agreement. **~verˌhand·lung** *f meist pl* wage(s) (*od.* collective) bargaining. **~ˌvorˌschuß** *m* wage(s) advance. **~ˌzah·lung** *f* → Löhnung 1. **~ˌzet·tel** *m* → Lohnstreifen. **~ˌzu·ˌla·ge** *f* → Lohnerhöhung. **~ˌzu·ˌschlag** *m* extra pay. **~ˌzuˌwachs** *m* wage increment.

Loi·pe [ˈlɔʏpə] *f* ⟨-; -n⟩ cross-country (skiing) course, loipe.

Lok [lɔk] *f* ⟨-; -s⟩ *rail. colloq.* loco, engine.

lo·kal [loˈkaːl] **I** *adj* **1.** local. **2.** *med.* local, topical. **II ≈e, das** ⟨-n⟩ **3.** local news *pl* (*als sg od. pl konstruiert*).

Loˈkal *n* ⟨-(e)s; -e⟩ **1.** a) restaurant, b) public house, *Br. colloq.* pub, *Am.* saloon, beer parlor, (*Stamm≈*) *bes. Br. colloq.* (the) local. **2.** (*Geschäfts≈*) business premises *pl*. **3.** *fig.* (*Örtlichkeit*) room, place, premises *pl*. **~an·äs·theˌsie** *f med.* local an(a)esthesia. **~ˌanˌzei·ger** *m* local advertiser, local (news)paper. **~ˌbahn** *f* local (*od.* suburban) railway (*Am.* railroad). **~beˌricht** *m* local report. **~beˌricht·erˌstat·ter** *m* local reporter, *Am.* spot news reporter. **~ˌblatt** *n* local (news)paper. **~ˌfar·be** *f Kunst u. fig.* local colo(u)r. **~ˌgrö·ße** *f* locally important person, *colloq.* local bigwig.

Lo·ka·li|sa·ti·on [lokalizaˈtsi̯oːn] *f* ⟨-; -en⟩ → Lokalisierung. **≈ˈsier·bar** *adj* localizable; *med.* **nicht ~er Schmerz** diffuse pain. **≈ˈsie·ren** [-ˈziːrən] *v/t* ⟨*no* ge-, h⟩ **1.** localize, locate. **2.** (*begrenzen*) (**auf** *acc*) localize (to), limit (to). **~ˈsie·rung** *f* ⟨-; -en⟩ *allg.* localization. **~ˈtät** [-ˈtɛːt] *f* ⟨-; -en⟩ **1.** (*Örtlichkeit*) locality, place. **2.** *pl colloq.* rooms, premises. **3.** *pl* (*Toilette, Waschraum*) bathrooms, conveniences.

Loˈkal|ˌkennt·nis *f* knowledge of a place, local knowledge; **~se besitzen (sammeln)** know (study) a place. **~koˌlo·rit** *n Literatur*: local colo(u)r. **~-ˌnachˌricht** *f meist pl* local news *pl* (*a. als sg konstruiert*). **~pa·triˌot** *m* local patriot. **~pa·trio·tis·mus** *m* **1.** local patriotism, local pride. **2.** *pol.* parochialism. **~ˌpres·se** *f* local press, local (news)papers *pl*. **~re·dakˌteur** *m* local (*Am.* city) editor. **~re·dak·tiˌon** *f* local newsroom, *Am.* city desk. **~ˌsatz** *m ling.* (adverbial) clause denoting place. **~ˌsen·dung** *f Radio etc*: regional (*od.* local) broadcast (*od.* programme). **~terˌmin** *m jur.* visit to the scene (of crime, *etc*). **~verˌkehr** *m* local traffic. **~ˌzei·tung** *f* local (news)paper. **~ˌzug** *m* local train.

Lo·ka·tiv [ˈloːkatiːf] *m* ⟨-s; -e⟩ *ling.* locative (case).

ˈLokˌfüh·rer *m* → Lokomotivführer.

Lo·ki [ˈloːki] *npr m* ⟨-s; *no pl*⟩ *myth.* Loki.

lo·ko [ˈloːko] *adv* → loco. **≈geˌschäft** *n econ.* spot business (*od.* transaction). **≈ˌmarkt** *m* spot market.

Lo·ko|mo·bi·le [lokomoˈbiːlə] *f* ⟨-; -n⟩ *tech.* **1.** (*Dampfmaschine*) locomobile, traction engine. **2.** (*Straßenwalze*) steamroller. **~mo·tiˈon** [-moˈtsi̯oːn] *f* ⟨-; -en⟩ locomotion. **~moˈti·ve** [-ˈtiːvə] *f* ⟨-; -n⟩ (locomotive) engine, locomotive. **~mo-ˈtivˌfüh·rer** *m* engine (*od.* train) driver, engineman, *Am.* engineer.

lo·ko·mo·to·risch [lokomoˈtoːrɪʃ] *adj* locomotive, locomotor.

ˈLo·ko|ˌpreis *m econ.* spot price (*od.* rate). **~ˌwa·ren** *pl* spot goods, spots.

Lo·kus [ˈloːkʊs] *m* ⟨- *u.* -ses; - *u.* -se⟩ *colloq.* toilet, loo, *Am.* john.

Lom·bard [lɔmˈbart; ˈlɔm-] *m, n* ⟨-(e)s; -e⟩ *econ.* loan against security, collateral loan. **~ˌbank** *f* bank granting loans on securities (*od.* stock). **~ˌdarˌle·hen** *n* → Lombard. **≈ˌfä·hig** *adj econ.* acceptable as collateral (security). **~geˌschäft** *n* (collateral) loan business.

lom·bar·die·ren [lɔmbarˈdiːrən] *v/t* ⟨*no* ge-, h⟩ *econ.* **1.** lend (*money*) against securities (*od.* stock). **2.** take (*od.* accept) *s. th.* as collateral security. **3.** take up a (collateral) loan (on).

Lomˈbard|kreˌdit *m* → Lombard. **~ˌsatz, ~ˌzinsˌfuß** *m* bank rate for loans on securities (*od.* stock).

Lom·ber [ˈlɔmbər] *n* ⟨-s; *no pl*⟩ *Kartenspiel*: ombre, *a.* omber, hombre.

Lon·do·ner [ˈlɔndɔnər] **I** *m* ⟨-s; -⟩ Londoner. **II** *adj* ⟨*invariable*⟩ (of) London.

Lon·ge [ˈlõːʒə] *f* ⟨-; -n⟩ **1.** *für Pferde*: lunge, longe(ing rein). **2.** *für Trapezkünstler etc*: suspension harness.

ˈLongˌhorn [ˈlɔŋ-] *n zo.* longhorn.

lon·gi·tu·di·nal [lɔŋgitudiˈnaːl] *adj* longitudinal.

Look [lʊk] (*Engl.*) *m* ⟨-s; -s⟩ *Mode etc*: look.

Loo·ping [ˈluːpɪŋ] (*Engl.*) *m, a. n* ⟨-s; -s⟩ *aer.* loop(ing); **e-n ~ drehen** perform a loop, loop the loop.

Lor·beer [ˈlɔrbeːr] *m* ⟨-s; -en⟩ **1.** → Lorbeerbaum. **2.** (*Gewürz*) bay leaf. **3.** *fig.* laurel(s *pl*); **unvergänglicher (unverwelklicher) ~** immortal (unfading) laurels; **blutiger ~** bloodstained laurels; **den ~ ernten, sich** (*dat*) **~en holen** a) *lit.* win (*od.* gain) one's laurels, win the bays, b) *colloq.* bear (*od.* win) the palm, come out on top, c) (*das ganze Lob allein bekommen*) get (all) the credit; *colloq.* **bei ihr kannst du k-e ~en ernten** you won't get anywhere with her; **sich auf s-n ~en ausruhen** rest on one's laurels. **~ˌbaum** *m* laurel(-tree), bay (tree). **≈beˌkränzt** *adj* laurel-crowned. **~-ˌblatt** *n* laurel leaf, *als Gewürz*: bay leaf.

ˈLorˌbee·re [ˈlɔr-] *f bot.* bayberry, laurel berry.

ˈLor·beer|geˌwäch·se *pl bot.* lauraceae. **~ˌkranz** *m* laurel (crown *od.* wreath). **~ˌöl** *n* laurel (*od.* bayberry) oil. **~ˌzweig** *m* (sprig of) laurel.

Lor·chel [ˈlɔrçəl] *f* ⟨-; -n⟩ *bot.* mit/re (*Am.* -er) mushroom.

Lord [lɔrt; lɔːd] (*Engl.*) *m* ⟨-s; -s⟩ lord. **ˈLord·schaft** *f* ⟨-; -en⟩ lordship; **Euer (seine) ~** your (his) Lordship.

Lo·re [ˈloːrə] *f* ⟨-; -n⟩ **1.** lorry, *Am.* truck. **2.** (*Kippwagen*) dump car (*od.* truck).

Lor·gnet·te [lɔrnˈjɛtə] *f* ⟨-; -n⟩ lorgnette, lorgnon. **Lor·gnon** [lɔrˈnjõː] *n* ⟨-s; -s⟩ **1.** lorgnon. **2.** → Lorgnette.

Lo·ri [ˈloːri] *m* ⟨-s; -s⟩ *zo.* **1.** (*Papagei*) lory, lori, *kleiner*: lorikeet. **2.** (*Halbaffe*) lori(s).

ˈLo·rin|maˌschi·ne *f*, **~-ˌTrieb-ˌwerk** [ˈloːriːn-] *n aer.* ramjet (engine).

Los [loːs] *n* ⟨-es; -e⟩ **1.** *antiq. relig.* lot; **das ~ über e-e Sache werfen** cast lots for s. th.; *fig.* **das ~ ist gefallen** the die is cast. **2.** lot; **et. durch das ~ entscheiden** decide s. th. by drawing lots, *Sport*: *a.* decide s. th. by a toss-up; **das ~ soll entscheiden** let's draw lots; **das ~ fiel auf ihn** the lot fell upon him; **das ~ fiel auf ihn, zu** it fell to him to (*do s. th.*). **3.** (*Lotterie≈*) (lottery) ticket, number; **ein ~ ziehen** draw a ticket; **das Große ~ ziehen** a) draw the first prize (*od.* winning number), b) *fig.* strike lucky, *colloq.* hit the jackpot; *fig.* **das Große ~ mit j-m (e-r Sache) ziehen** strike lucky with s. o. (s. th.); **wenn ich das Große ~ gewinne** when my ship comes home. **4.** (*Schicksal*) lot, fate; **ein hartes ~** a hard lot (*od.* fate). **5.** *obs.* (*Anteil*) lot, share; (*Parzelle*) lot, allotment. **6.** *econ.* (*Warenposten*) lot. **7.** *bei Auktionen*: lot.

los[1] *adj* ⟨*pred*⟩ **1.** loose; **der Knopf ist ~** a) the button is loose, b) the button is off; **der Hund ist (von der Kette) ~** the dog is loose (*od.* off the chain). **2.** (*frei*) free. **3.** *colloq.* **et. (j-n) ~ sein** be rid of s. th. (s. o.); **m-e Schulden bin ich jetzt glücklich ~** I'm finally rid (*od.* quit, free) of my debts; **aller Verpflichtungen ~ und ledig sein** be rid (*od.* free) of all obligations; **endlich bin ich m-n Husten ~** I am finally (*od.* I have finally got) rid of my cough; **mein Geld bin ich ~** my money is gone; **die Sorge wäre ich ~** that won't worry me any longer; **ihn wären wir besser ~** we would be well rid of him; **den sind wir ~!** good riddance!; **ich möchte es ~ sein** I want to be rid of it (*od.* to have done with it). **4.** *colloq.* **was ist ~?** a) (*was hast du?*) what's the matter?, b) (*was geht hier vor?*) what's going on?, what's up?, what's this all about?, what's the meaning of all this?, c) (*was findet statt?*) what's happening?, what's on?, d) (*was hast du gesagt?*) what did you say?, what was that?; **was ist ~ in Berlin?** *Veranstaltungen etc*: what's on in Berlin?, *politisch etc*: what's going on in Berlin?; **es ist et. ~** there's s. th. brewing (*od.* afoot, in the air); **was ist mit ihm ~?** a) (*was erzählt man von ihm?*) what's that about him?, b) (*was stimmt mit ihm nicht?*) what's wrong with him?; **was ist denn auf einmal mit dir ~?** what's got (*bes. Am.* gotten) into you all of a sudden?; **hier ist doch irgend et. ~** there's s. th. going on here; **hier ist nichts ~!** (it's a) slow show!, *sl.* nothing gives!; **mit dem Auto ist nicht viel (nichts) ~** the car isn't up to much (is a dead loss); **mit ihm ist nicht viel ~** he's not up to much, *sl.* he is no great shakes; **mit dir ist heute abend nicht viel ~** you are not really with it tonight; **heute abend ist vielleicht was ~!** there's a lot on (*od.* happening) tonight; **hier ist ja nie (et)was ~!** nothing ever happens here!; **da war schwer was ~** a) *Ärger, Streit etc*: there was hell to pay, all hell broke loose there, b) *Stimmung, Trubel etc*: everybody really went to town there, a great time was had by all; **im Theater ist nicht viel ~** there's nothing much on in the theat/re (*Am.* -er); **er benahm sich, als ob nichts ~ wäre** he behaved as if nothing had happened; **er weiß, was ~ ist** (*weiß Bescheid*) he knows the score; → **Hölle, Teufel. 5.** *colloq.* **er hat was ~** he is very good (in at), he knows his stuff, he's on the ball; **er hat in s-m Fach was ~** he is an expert in his field, he knows his onions.

los[2] *interj* a) let's go!, go ahead!, get going!, b) *Aufforderung zum Sprechen*: fire away!, *bes. Am. sl.* shoot!, c) *Sport*: go!; **seid ihr fertig? also ~!** are you ready? okay, let's go (*od.* here goes)!; **nun mal** (*od.* **aber**) **~!** here goes!

'los|ˌar·bei·ten I *v/t* ⟨*sep*, **-ge-**, **h**⟩ work *s. th.* off (*od.* loose). **II** *v/i* start work, get down to work, *colloq.* get cracking; **auf et. ~** work for (*od.* towards) s. th. **III** *v/reflex* **sich ~** disengage (*od.* extricate) o. s., get loose. **~ˌbal·lern** *v/i* ⟨*sep*, **-ge-**, **h**⟩ *colloq.* blast (*od.* bang) away.

'lös·bar *adj* **1.** *Problem, Rätsel etc*: solvable, easy to solve. **2.** (*trennbar*) separable, severable. **3.** *chem.* soluble. **2keit** *f* ⟨-; *no pl*⟩ **1.** solvability, solubility. **2.** separability. **3.** *chem.* solubility.

'los|beˌkom·men *v/t* ⟨*irr, sep, no* **-ge-**, **h**⟩ **1.** get *s. th.* off (*od.* loose, free, out). **2.** *colloq.* get rid of. **3.** *colloq.* **j-n ~** *Anwalt*: get s. o. off. **~ˌbin·den** *v/t* ⟨*irr, sep*, **-ge-**, **h**⟩ untie. **~ˌbre·chen I** *v/t* ⟨*irr, sep*, **-ge-**, **h**⟩ break *s. th.* loose (*od.* off, away, up, out). **II** *v/i* ⟨*sein*⟩ *Sturm, Gewitter*: break, *Geschrei etc*: break out.

'Lösch|ˌanˌla·ge *f* **1.** fire-extinguishing system. **2.** *metall.* quenching equipment (*od.* device). **3.** *mar.* unloading facility. **4.** *tech. für Kalk*: lime-slaking plant. **~ap·paˌrat** *m* fire extinguisher. **~ˌar·beit** *f* **1.** extinguishing of a (*od.* the) fire. **2.** *meist pl* fire fighting. **3.** *mar.* unloading (*od.* discharging) (work). **2bar** *adj* **1.** *Feuer*: extinguishable, that can be put out. **2.** *Durst*: quenchable. **3.** *Tonband etc*: erasable. **~beˌton** *m tech.* cinder concrete. **~ˌblatt** *n* (sheet of) blotting paper. **~ˌboot** *n* fireboat.

'Lö·sche *f* ⟨-; *no pl*⟩ *tech.* charcoal dust, slack, breeze.

'Lösch|ˌei·mer *m* fire bucket.

lö·schen[1] ['lœʃən] **I** *v/t* ⟨h⟩ **1.** (*ausmachen*) a) (*Feuer, Kerze etc*) put out, extinguish, b) *obs.* (*Licht, Lampe etc*) turn off. **2.** (*mit Wasser übergießen*) a) *metall.* quench, b) (*Koks*) quench, douse, c) (*Kalk*) slake, slack. **3.** *fig.* **den Durst ~** quench (*poet.* slake) one's thirst. **4.** (*Tinte etc*) blot. **5.** (*streichen, tilgen*) a) (*Wörter, Zeilen etc*) erase, obliterate, b) *bes. jur.* (*Rechte*) extinguish, (*Patent*) annul, cancel, (*Eintrag*) delete, cancel, strike off (the register), expunge, c) (*Tonband, Aufnahme etc*) erase, d) *Computer*: (*Daten etc*) erase, cancel, e) *bes. econ.* (*Schuld etc*) liquidate, settle, (*Hypothek*) discharge, clear, cancel, (*Konto*) close. **6.** *fig.* (*Erinnerung, Kriegsspuren etc*) efface. **II** *v/i* **7.** *Löschpapier*: blot, absorb ink. **III** 2 *n* ⟨-s⟩ **8.** putting out (*etc*). **9.** → **Löschung**[1]. **'lö·schen**[2] *mar.* **I** *v/t* ⟨h⟩ **1.** (*Ladung, Ware*) unload, discharge, unship, land. **II** 2 *n* ⟨-s⟩ **2.** unloading (*etc*). **3.** discharge. **'Lö·scher** *m* ⟨-s; -⟩ **1.** (*Feuer*2) (fire) extinguisher. **2.** (*Tinten*2) blotter.

'Lösch|ˌfahrˌzeug *n* fire engine (*bes. Am.* truck). **~ˌfun·ke** *m electr.* quenched spark. **~ˌgeld** *n* → **Löschkosten. ~geˌrät** *n* **1.** fire-fighting equipment. **2.** (fire) extinguisher. **~ˌgru·be** *f tech.* (lime-)slaking pit, lime pit. **~ˌha·fen** *m* port of discharge. **~ˌhorn, ~ˌhüt·chen** *n* candle snuffer. **~ˌkalk** *m chem.* slaked lime. **~ˌkopf** *m am Tonbandgerät*: erase (*od.* erasing) head. **~ˌko·sten** *pl mar.* discharging costs (*od.* fee *sg*). **~ˌmann·schaft** *f* fire brigade (*Am.* company), firemen *pl*. **~paˌpier** *n* blotting paper. **~ˌschaum** *m* (fire-)extinguishing foam. **~ˌta·ge** *pl mar.* lay days (for unloading), days of discharge. **~ˌta·ste** *f* **1.** *Computer*: cancel key. **2.** *am Tonbandgerät*: erase button. **~ˌteich** *m* static water tank. **~ˌtrupp** *m* → **Löschmannschaft. ~ˌturm** *m metall.* quenching tower.

'Lö·schung[1] *f* ⟨-; -en⟩ **1.** → **löschen**[1] 8. **2.** (*Feuer*2 *etc*) extinction. **3.** *von Wörtern etc*: erasure, obliteration, *von Eintragungen etc*: deletion, cancel(l)ation, expunction. **4.** *bes. jur. von Rechten*: extinguishment, *e-s Patents*: annulment, cancel(l)ation. **5.** *bes. econ. e-r Schuld*: liquidation, discharge (*a. e-r Hypothek*); *e-r Firma*: striking off the register. **'Lö·schung**[2] *f* ⟨-; -en⟩ → **löschen**[2] II.

'Lösch|ˌwa·gen *m* **1.** → **Löschfahrzeug. 2.** *metall.* quencher car. **~ˌzeit** *f mar.* **1.** *zum Ausladen*: period (*od.* time) for unloading (*od.* discharging). **2.** (*Liegezeit*) lay days *pl*. **~ˌzug** *m* fire brigade.

'los|ˌdon·nern *v/i* ⟨*sep*, **-ge-**, **sein** *u.* **h**⟩ **1.** ⟨h⟩ a) *Geschütz, Motor etc, a. Person*: (begin to) thunder (*od.* roar); *Applaus*: thunder forth. **2.** ⟨*sein*⟩ *Rennwagen etc*: roar (*od.* thunder) off. **~ˌdre·hen** *v/t* ⟨*sep*, **-ge-**, **h**⟩ twist off, unscrew; **sich ~** (be)come loose (*od.* unscrewed). **~ˌdrücken** (*getr.* **-k·k-**) *v/i* ⟨*sep*, **-ge-**, **h**⟩ fire, pull the trigger.

lo·se ['lo:zə] **I** *adj* ⟨-r; -st⟩ **1.** *Zahn, Nagel, Knopf, Geld, Gestein etc*: loose, *Seil*: slack, (*beweglich*) movable; **~ Kleidung** loose(-fitting) clothing; **e-e ~e Verbindung** *a. fig.* a loose connection; **in ~r Folge** at varying intervals, sporadically. **2.** *econ.* (*unverpackt*) loose, unpackaged; *tech.* unassembled; **~ Waren (Aufbewahrung)** loose goods (storage). **3.** *fig.* loose, unbridled; *colloq.* **e-e ~ Zunge** (*od.* **e-n ~n Mund, ein ~s Maul**) **haben** have a loose tongue. **4.** *fig. Streich etc*: mischievous, naughty, roguish, waggish. **5.** *fig. Gerede etc*: loose, (*boshaft*) malicious, (*frech*) flippant, *colloq.* cheeky, (*liederlich*) loose, dissipated; *colloq.* **ein ~r Bube** (*od.* **Vogel**) a loose fellow; **ein ~s Mädchen** a loose girl, a hussy; **ein ~s Leben führen** lead a loose (*od.* dissipated) life. **II** *adv* **6.** loosely.

'Lo·se *n* ⟨-s; -⟩ *mar.* slack, bight; **~ durchholen** haul in the slack; **~ geben** slacken (line).

'Lo·seˌblatt|ˌausˌga·be *f print.* loose-leaf edition. **~ˌbuch** *n* loose-leaf book (*econ.* ledger).

'Lö·seˌgeld *n* ransom; **gegen ein ~ freilassen** on payment of a ransom.

'losˌei·sen [-ˌʔaɪzən] **I** *v/t* ⟨*sep*, **-ge-**, **h**⟩ **1.** free *s. th.* from the ice. **2.** *fig. colloq.* **j-n von j-m (e-r Sache) ~** get s. o. away from s. o. (s. th.). **3.** *fig. colloq.* **Geld bei** (*od.* **von**) **j-m ~** get money out of (*od.* extricate money from) s. o. **4.** *jur. colloq.* **j-n ~** get s. o. off. **II** *v/reflex* **sich ~ 5.** free o. s. (*od.* itself) from the ice. **6.** *fig. colloq.* **sich von j-m (e-r Sache) ~** get away from s. o. (s. th.).

'Lö·seˌmit·tel *n* **1.** *chem.* solvent. **2.** *med.* expectorant.

lo·sen[1] ['lo:zən] **I** *v/i* ⟨h⟩ draw (lots), *mit e-r Münze*: toss up; **um e-e Sache ~** draw lots (*od.* toss up) for s. th.; **mit Strohhälmchen ~** draw straws. **II** 2 *n* ⟨-s⟩ drawing (lots) (*etc*); **beim 2 gewinnen** win the draw (*od.* toss-up).

'lo·sen[2] *v/i* ⟨h⟩ *dial. for* **horchen, zuhören.**

lö·sen ['lø:zən] **I** *v/t* ⟨h⟩ **1.** → **lockern** 1–3; → **Zunge** 1. **2.** *med.* a) (*Schleim*) loosen, b) (*Krampf*) relax, c) (*Pneumonie*) resolve. **3.** (*Knoten, Schleife etc*) undo, untie; (*Gürtel, Schnalle*) open, undo; **s-e Fesseln ~** free o. s. (from one's fetters); **die Handbremse ~** take off the handbrake. **4.** *fig.* relax; **Schlaf löst die Glieder** sleep relaxes the limbs. **5.** (*entfernen, abtrennen*) remove, separate, detach, take off; **e-e Seite aus e-m Buch ~** detach a page from a book; **Fleisch vom Knochen ~** separate meat from the bone. **6.** *fig.* (*Rätsel, Problem etc*) solve, (*Frage*) *a.* answer, (*Schwierigkeiten, Konflikt*) resolve, settle, dispose of, (*mathematische Aufgabe*) solve, work out, do, (*entwirren*) unravel, untangle; → **Knoten** 1, 2. **7.** *fig.* (*Ehe, Vertrag etc*) dissolve, (*Verlobung*) break off, (*Beziehungen*) *a.* sever, (*Vertrag*) *a.* terminate, rescind, (*Verbindlichkeit*) cancel, set aside. **8.** (*Eintrittskarte etc*) get, buy. **9.** *chem.* **et. in e-r Sache ~** dissolve s. th. in s. th. **10.** *Bergbau*: a) **et. aus e-r Sache ~** extract s. th. from s. th., b) (*entwässern*) draw, drain. **II** *v/reflex* **sich ~ 11.** *Schraube etc*: come (*od.* get, work) loose; *Knoten etc*: come undone; *Stein, Seite etc*: come off, separate (itself), detach (itself), (*abblättern*) peel off, *Felsen etc*: break loose (*od.* away); *med. Husten*: loosen; **ein Schuß löste sich** a gun went off, a shot rang out. **12. sich von j-m (e-r Sache) ~** *a. fig.* free o. s. (*od.* break away) from s. o. (s. th.), *bes. Sport*: get away from s. o. (s. th.), *beim Rennen*: *a.* pull (*od.* break) away from s. o. (s. th.); **sich vom Verband ~** *Schiff, Flugzeug etc*: detach itself from its unit; *mil.* **sich vom Feind ~** disengage o. s. from the enemy; **sich von Verpflichtungen (Vorurteilen) ~** free o. s. from obligations (prejudices). **13.** *fig. Gestalt etc*: emerge (**aus** from). **14.** *fig. Frage, Problem*: solve itself, *Schwierigkeit etc*: resolve itself, be settled. **15.** *fig. Furcht etc*:

disappear, vanish, *Spannung etc*: ease, relax; **ihre Spannung löste sich in Tränen** her tension gave way to tears. **16.** *chem.* dissolve (itself). **III** ꝛ *n* <-s> **17.** loosening (*etc*). **18.** (*Entspannung*) relaxation. **19.** (*Entfernen*) removal, separation, detachment. **20.** *e-r Ehe, e-s Vertrages*: dissolution, annulment, termination. **21.** *e-r Fahrkarte*: purchase.

ˈLo·ser *m* <-s; -> *hunt.* ear.

ˈlos|ˌfah·ren *v/i* <*irr, sep,* -ge-, sein> **1.** depart, start, leave, (*selbst fahren*) *a.* drive off; **wann bist du losgefahren?** when did you leave? **2. auf e-e Sache ∼** head (*od.* make) (straight) for s. th. **3.** *fig. colloq.* **(wütend** *od.* **zornig) auf j-n ∼** fly at (*od.* attack) s. o. (furiously). **∼ˌfeu·ern** *v/t u. v/i* <*sep,* -ge-, h> → **abfeuern. ∼ˌge·hen** *v/i* <*irr, sep,* -ge-, sein> **1.** go away, go (*od.* be) off, leave, *zur Wanderung etc*: set out (*od.* off); **ich gehe jetzt los** I'm going now, I'm off. **2. auf j-n ∼** a) go (straight) toward(s) (*od.* up to) s. o., b) → **losfahren** 3; **er ging mit e-m Messer auf sie los** he attacked her with a knife; **müßt ihr immer aufeinander ∼?** do you always have to go for each other? **3.** *colloq.* **auf e-e Sache ∼** a) head straight for s. th., b) *fig.* tackle (*od.* get straight down to) s. th.; **du gehst aber los!** you're really going at it; → **schnurgerade** II, **Ziel** 3. **4.** *colloq.* (*beginnen*) start, begin; **jetzt geht's los!** a) *Vorstellung, Regen etc*: it's starting!, b) *beim Weggehen, Arbeitsbeginn, Rennen etc*: here we go!, c) *Streit etc*: now there'll be trouble!, now the fun begins!; **jetzt geht der Lärm wieder los** now the noise is beginning again. **5.** *Gewehr, Schuß etc*: go off, *Bombe, Mine etc*: *a.* explode, detonate; **nach hinten ∼** *a. fig.* backfire. **6.** *colloq. Knopf etc*: a) (*sich lösen*) come off, b) (*sich lockern*) (be)come (*od.* get) loose, loosen. **∼geˌlas·sen** *adj* **wie ∼** like hell (*od.* mad), with abandon. **∼geˌlöst** *adj* **(von** from) detached, isolated, separate. **∼ˌha·ken** *v/t* <*sep,* -ge-, h> unhook. **∼ˌhau·en** *v/t u. v/i* <*irr, sep,* -ge-, h> → **losschlagen** 1, 4. **∼ˌheu·len** *v/i* <*sep,* -ge-, h> start to bawl, burst into tears. **ꝛˌkauf** *m* **1.** purchase of a lottery ticket. **2.** *von Gefangenen etc*: ransom, redemption. **∼ˌkau·fen I** *v/t* <*sep,* -ge-, h> **1.** ransom, redeem. **II** *v/reflex* **sich ∼ 2.** *relig. hist.* **sich von s-n Sünden ∼** buy pardon for one's sins. **3.** *mil. hist.* buy o. s. out. **∼ˌket·ten** *v/t* <*sep,* -ge-, h> unchain. **ꝛˌkiel** *m mar.* false keel. **∼ˌknüp·fen** *v/t* <*sep,* -ge-, h> untie. **∼ˌkom·men** *v/i* <*irr, sep,* -ge-, sein> **1.** *colloq.* (*wegkommen*) get under way (*od.* started, going). **2. von j-m (e-r Sache) ∼** *a. fig.* get away from s. o. (s. th.); **von Schulden (Verpflichtungen) ∼** get out (*od.* free) of debts (obligations); **von e-r Idee ∼** rid o. s. of (*od.* get away from) an idea. **3.** *Sport*: **gut (schlecht) ∼** have a good (bad) start. **4.** *aer.* get off the ground, become airborne. **∼ˌkop·peln** *v/t* <*sep,* -ge-, h> (*Pferde, Waggon*) uncouple, (*Hund*) unleash. **∼ˌkrie·gen** *v/t* <*sep,* -ge-, h> *colloq. for* **losbekommen. ∼ˌla·chen** *v/i* <*sep,* -ge-, h> *colloq.* burst out laughing, laugh out. **∼ˌlas·sen I** *v/t* <*irr, sep,* -ge-, h> **1.** let go of. **2.** (*freilassen*) (*Tier, Gefangenen etc*) let go, set free, release; **den Hund ∼** unleash (*od.* unchain) the dog. **3. den Hund auf j-n ∼** set the dog on s. o.; *fig. colloq.* **j-n auf die Menschheit ∼** let s. o. loose on humanity. **4.** *fig. colloq.* (*Protest etc*) launch, (*Fluch, Beschimpfungen etc*) let fly, (*Schlag*) let go with, uncork, (*Brief*) dash off, (*Witz*) crack; → *a.* **losgelassen. II** *v/i* **5.** let go; **∼!** let go!; **nicht ∼!** a) don't let go (of it)!, b) hold tight!, hang on! **∼ˌlau·fen** *v/i* <*irr, sep,* -ge-, sein> start running, run (away). **∼ˌle·gen** *v/i* <*sep,* -ge-, h> *colloq.* **1.** set to (work), get cracking, buckle to, jump to it; **mit der Arbeit ∼** set to work, get cracking. **2.** (*reden*) start talking, *bes. über ein Lieblingsthema*: be off (on), (*quasseln*) start jabbering; **dann leg mal los!** let's hear it!, fire away!, *bes. Am. sl.* shoot! **3.** (*schimpfen*) let fly, raise merry hell; **gegen j-n (et.) ∼** let fly (*od.* lash out) at s. o. (s. th.). **4.** *Sturm etc*: break, start to rage. **5.** *Läufer, Auto etc*: zoom (*od.* whizz) off, *Fahrer*: *a.* step on the gas, let her rip.

lös·lich [ˈløːslɪç] *adj chem.* soluble; **leicht (schwer) ∼ sein** be freely (sparingly) soluble. **ꝛkeit** *f* <-; *no pl*> solubility.

ˈlos|ˌlö·sen *v/t u.* **sich ∼** *v/reflex* <*sep,* -ge-, h> → **lösen** 5, 11, 12, **losgelöst. ꝛˌlö·sung** *f* <-; *no pl*> **1.** → **lösen** 17, 19. **2.** *e-s Landes*: separation, secession. **ꝛˌlö·sungs·beˌstre·bun·gen** *pl pol.* separatism *sg*, secessionism *sg*. **∼ˌma·chen I** *v/t* <*sep,* -ge-, h> **1.** (*entfernen*) detach, take off, remove. **2.** (*entknoten*) untie, undo, unfasten. **3.** (*lösen*) loosen. **4.** *mar.* a) (*Schiff*) cast off, unmoor, b) (*Segel*) unfurl, loose, c) (*Kette, Tau etc*) unbend. **II** *v/reflex* **sich ∼ 5.** *a. fig.* (*sich befreien*) **(von** from) free (*od.* disengage) o. s., break away, cut loose. **III** *v/i* **6.** *colloq.* **mach (endlich) los!** hurry up! **∼marˌschie·ren** *v/i* <*sep, no* -ge-, sein> **1.** *mil.* march off. **2.** *colloq.* set out (*od.* off). **3. auf e-e Sache ∼** a) *mil.* march on (*od.* towards) s. th., b) *colloq.* make (*od.* head) straight for s. th.

ˈLosˌnum·mer *f* lottery ticket number.

ˈlos|ˌplat·zen *v/i* <*sep,* -ge-, sein> **1.** *lachend*: burst out laughing. **2. mit e-r Sache ∼** burst out with s. th., *bes. Geheimnis*: blurt out s. th. **∼ˌpru·sten** *v/i* <*sep,* -ge-, h> → **losplatzen** 1. **∼ˌra·sen** *v/i* <*sep,* -ge-, sein> *colloq.* dart (*od.* dash, whizz, *mot.* roar) off. **∼ˌrei·ßen I** *v/t* <*irr, sep,* -ge-, h> **1.** tear (*od.* rip, pull) off. **II** *v/reflex* **sich ∼ 2. (von** from) break away (*od.* loose), tear o. s. free. **3.** *fig.* tear o. s. away **(von** from). **4.** *Schiff*: break adrift. **∼ˌren·nen** *v/i* <*irr, sep,* -ge-, sein> run off (*od.* away), dash off; **auf j-n (e-e Sache) ∼** run (*od.* dash) towards s. o. (s. th.).

Löß [lœs] *m* <-sses; -sse>, *Swiss* **Löß** [løːs] *m* <-es; -e> *geol.* loess, *a.* löss.

ˈlos|ˌsa·gen *v/reflex* <*sep,* -ge-, h> **1. sich von e-r Sache ∼** a) renounce (*od.* break with, disclaim, repudiate) s. th., b) *bes. pol. relig.* secede (*od.* defect) from s. th. **2. sich von j-m ∼** a) (*nicht anerkennen*) renounce (*od.* break with, disown) s. o., b) (*sich trennen*) dis[as]sociate o. s. from s. o. **ꝛˌsa·gung** *f* <-; -en> **von** *e-r Überzeugung, Partei etc*: renunciation (of), repudiation (of), break (with); *bes. pol. relig.* secession, defection (from); (*Nichtanerkennung*) disowning (of); (*Trennung*) separation, dis(as)sociation (from).

ˈLößˌbo·den *m geol.* loess(ial) soil.

ˈLos|ˌschei·be *f tech.* loose pulley. **ꝛˌschie·ßen** *v/i* <*irr, sep,* -ge-, h *u.* sein> **1.** <h> (begin to) shoot (*od.* fire). **2.** <sein> *colloq.* a) rush (*od.* dash, shoot) off, b) **auf j-n ∼** *vor Freude etc*: rush towards (*od.* up to) s. o., *in böser Absicht*: rush at s. o. **3.** <h> *fig. colloq.* **also dann schieß mal los!** (*sprich*) fire away!, *Am.* shoot! **ꝛˌschla·gen I** *v/t* <*irr, sep,* -ge-, h> **1.** (*Brett, Stein etc*) knock off (*od.* out). **2.** *fig. colloq.* **Ware (billig) ∼** sell off (*od.* get rid of, dispose of) goods, *auf Auktion*: knock down goods. **II** *v/i* **3.** *mil.* strike, (open the) attack. **4. auf j-n ∼** strike out (*od.* let fly) at s. o., attack s. o. **ꝛˌschnal·len** *v/t* <*sep,* -ge-, h> unbuckle, unstrap; **sich ∼** *aer. mot.* unfasten the seat belt. **ꝛˌschrau·ben** *v/t* <*sep,* -ge-, h> unscrew, screw off.

ˈlos|ˌspre·chen *v/t* <*irr, sep,* -ge-, h> **1. j-n von e-r Sache ∼** release (*od.* free, *a. relig.* absolve) s. o. from s. th., *jur.* (*freisprechen*) acquit s. o. of s. th. **2.** (*Lehrling*) release. **ꝛˌspre·chung** *f* <-; *no pl*> **1.** *von Versprechen etc, a. e-s Lehrlings*: release. **2.** *relig.* absolution. **3.** *jur.* acquittal. **∼ˌspren·gen**[1] *v/t* <*sep,* -ge-, h> blast off. **∼ˌspren·gen**[2] *v/i* <*sep,* -ge-, sein> gallop away (*od.* off). **∼ˌsprin·gen** *v/i* <*irr, sep,* -ge-, sein> **1.** jump off. **2. ∼ auf** (*acc*) → **losstürmen** 2. **3.** *Knopf etc*: pop (*od.* fly) off, *Farbe etc*: crack (*od.* flake) off.

ˈlos|ˌsteu·ern *v/i* <*sep,* -ge-, sein> **∼ auf** (*acc*) *a. fig.* head (*od.* make) straight for (*s. th., s. o.*); *colloq. im Gespräch*: be driving at, go right to (*s. th.*). **∼ˌstür·men** *v/i* <*sep,* -ge-, sein> **1.** rush off, tear off. **2. auf j-n (e-e Sache) ∼** *vor Freude etc*: rush (*od.* fly) towards s. o. (s. th.), *in böser Absicht*: rush (*od.* fly) at s. o. (s. th.), pounce on s. o. (s. th.). **∼ˌstür·zen** *v/i* <*sep,* -ge-, sein> *colloq. for* **losstürmen.**

Lost [lɔst] *m* <-(e)s; *no pl*> *chem.* (*Kampfstoff*) mustard gas.

ˈlosˌtren·nen *v/t* <*sep,* -ge-, h> → **abtrennen.**

ˈLosˌtrom·mel *f* lottery drum (*od.* wheel).

ˈLo·sung[1] *f* <-; -en> **1.** *mil.* password; **die ∼ verlangen (ausgeben, nennen)** demand (issue, give) the password. **2.** (*Schlagwort*) *bes. econ. pol.* slogan, catchword, *bes. e-r Partei*: watchword. **3.** (*Motto*) motto; **m-e ∼ ist** my motto is. **4.** *relig.* text for the day. **ˈLo·sung**[2] *f* <-; *no pl*> *hunt.* droppings *pl*, dung. **ˈLo·sung**[3] *f* <-; -en> *Austrian* a day's receipts *pl*.

ˈLö·sung *f* <-; -en> **1.** → **lösen** 17–20. **2.** *e-s Rätsels, Problems etc*: solution (of), answer (to), *von Schwierigkeiten etc*: resolution, settlement (of); **s-e ∼ finden** be solved; **e-e ∼ für et. finden** find a solution for (*od.* an answer to) s. th.; → **Rätsel. 3.** *thea. etc a.* **∼ des Knotens** denouement, unravelment of the plot. **4.** *chem.* a) solution, b) *a. phot.* (*Bad*) bath, dip; **gesättigte (wäßrige) ∼** saturated (aqueous) solution; **verdünnte ∼** diluted solution, dilution. **5.** *med. e-r Lungenentzündung*: resolution.

ˈLö·sungs|benˌzol *n chem.* solvent naphtha. **∼ˌfä·hig·keit** *f chem.* dissolving capacity (*od.* power). **∼ˌmit·tel** *n chem.* solvent.

ˈLo·sungsˌwort *n* <-(e)s; -e> → **Losung**[1] 1.

ˈLö·sungsˌwort *n* <-(e)s; ⸚er> *e-s Preisrätsels*: solution (word).

ˈLos|verˌkäu·fer *m* seller of lottery tickets.

ˈlos|ˌwer·den *v/t* <*irr, sep,* -ge-, sein> **1. j-n (et.) ∼** get rid of s. o. (s. th.); **ich werde den Eindruck (das Gefühl) nicht los, daß** I can't help thinking (feeling) that. **2.** (*hinter sich bringen*) get *s. th.* out of the way (*od.* over with). **3.** *colloq.* (*Waren*) get rid of, dispose of, get *s. th.* off one's hands. **4.** *colloq.* **Geld ∼** a) spend (*od.* get through) money, b) lose money. **∼ˌzie·hen** *v/i* <*irr, sep,* -ge-, sein> *colloq.* **1.** (*abmarschieren*) set out, march off, take off; **∼ auf** (*acc*) march towards. **2.** <h> *fig.* **gegen j-n ∼** run s. o. down, inveigh against s. o., rail at s. o.

Lot[1] [lo:t] *n* <-(e)s; -e> **1.** *tech.* (*Senk≈*) plumb bob, (*Leine*) plumb line; **nicht im ~** off (*od.* out of) plumb; *fig.* **et. ist nicht im ~, et. ist aus dem ~** s. th. is out of order; **mit ihr ist et. nicht im ~** s. th. is wrong with her; **et. wieder ins ~ bringen** straighten s. th. out, set s. th. right again; **es ist alles im ~** everything is in apple-pie order. **2.** *mar.* (sounding) lead, sounder, plumb, sounding line; **das ~ speisen** arm the lead. **3.** *pl beim Schiffsbau*: perpendiculars. **4.** *math.* perpendicular, normal; **ein ~ errichten (fällen)** raise (drop) a perpendicular. **5.** *tech.* (*Lötmetall*) solder. **Lot**[2] *n* <-(e)s; -> *obs.* (*kleines Gewicht*) half an ounce.

ˈ**Lotˌach·se** *f* vertical axis.

ˈ**Löt|ap·paˌrat** *m tech. für Weichlöten*: soldering outfit; *für Hartlöten*: brazing outfit. **≈bar** *adj* solderable.

ˈ**Lotˌblei** *n* → **Senkblei.**

ˈ**Löt|ˌblock** *m tech.* soldering block. **~ˌbren·ner** *m* blowpipe, (gas) blowtorch, soldering (*für Hartlötung*: brazing) torch.

ˈ**Lotˌebe·ne** *f math.* normal plane.

lo·ten [ˈlo:tən] **I** *v/t* <h> **1.** (*Wassertiefe*) a) *mit Lotblei*: plumb, b) *nach Faden*: fathom, c) *mit Echolot*: sound; **die Tiefe des Meeres ~** sound the depth(s) of the ocean. **2.** *civ. eng.* (*Senkrechte, Mauer etc*) plumb. **II** *v/i* **3.** *mar.* a) plumb the depth, b) fathom the depth, c) *mit Echolot*: take soundings, sound. **III ≈** *n* <-s> **4.** sounding (*etc*). **5.** → **Lotung.**

lö·ten [ˈlø:tən] *tech.* **I** *v/t* <h> **1.** a) (*weich~*) (soft-)solder, b) (*hart~*) braze, hard-solder, c) (*feuer~*) sweat, d) (*reib~*) tin, e) (*tauch~*) dip braze. **2.** *fig.* (*Bruch*) patch up. **II ≈** *n* <-s> **3.** soldering (*etc*).

ˈ**Löt|ˌfett** *n tech.* soldering paste. **~ˌflam·me** *f* blowpipe flame. **~ˌfluß·ˌmit·tel** *n* soldering flux.

ˈ**Lotˌgast** *m mar.* leadsman; **die Lotgasten** the sounding party *sg.*

ˈ**Loth·rin·ger** *m* <-s; -> **1.** *hist.* Lotharingian. **2.** *geogr.* Lorrainer, inhabitant of Lorraine. ˈ**loth·rin·gisch** *adj* Lotharingian, Lorrainese.

Lo·ti·on [loˈtsĭo:n; ˈləʊʃn] (*Engl.*) *f* <-; -en, *bei engl. Aussprache* -s> *Kosmetik*: lotion.

ˈ**Löt|ˌklem·me** *f tech.* soldering terminal. **~ˌkol·ben** *m* **1.** *tech.* soldering iron (*mit Pistolengriff*: gun); **~spitze** *f* copper bit. **2.** *fig. colloq.* red nose. **~ˌlam·pe** *f* → **Lötbrenner.**

ˈ**Lotˌlei·ne** *f tech.* plumb (*od.* lead) line, *mar. a.* (*Echolot*) sounding line.

ˈ**Löt|ˌmas·se** *f tech.* soldering compound (*od.* paste). **~meˌtall** *n* soldering metal. **~ˌmit·tel** *n* soldering agent. **~ˌnaht** *f* soldered seam. **~ˌofen** *m* soldering furnace.

Lo·to·pha·gen [lotoˈfa:gən] *pl myth.* lotus- (*a.* lotos-)eaters, Lotophagi.

Lo·tos [ˈlo:tɔs] *m* <-; -> **1.** → **Lotosblume** 1. **2.** *Kunst, relig. in Ägypten, Indien u. Ostasien*: lotus, *a.* lotos. **~ˌblu·me** *f* **1.** *bot.* lotus (*od.* lotos) (flower). **2.** → **Lotos** 2. **~ˌes·ser** *pl* → **Lotophagen.** **~ˌknauf** *m arch. e-r Säule*: lotus, *a.* lotos. **≈ˌknäu·fig** [-ˌknɔʏfɪç] *adj* with lotus-shaped capitals. **~ˌpflau·me** *f bot.* lotus tree.

ˈ**Lötˌpul·ver** *n tech.* soldering compound (*od.* salt).

ˈ**lotˌrecht I** *adj math. tech.* perpendicular, vertical, *tech. a.* plumb; **et. ~ machen** plumb s. th.; **nicht ~** out of plumb. **II** *adv* vertically; **nicht ~ stehen** be out of plumb (*od.* the vertical). ˈ**Lotˌrech·te** *f* <-n; -n> *math. tech.* perpendicular, vertical, plumb.

ˈ**Lötˌrohr** *n tech.* **1.** blowpipe. **2.** *für Schmuck*: soldering pipe.

Lot·se [ˈlo:tsə] *m* <-n; -n> **1.** *mar.* a) pilot, b) (*Zwangs≈*) compulsory pilot; **ohne ~n** unpiloted. **2.** → **Fluglotse. 3.** *mot. vom Lotsendienst*: driver-guide. **4.** → **Schülerlotse. 5.** → **Lotsenfisch.** ˈ**lot·sen** *v/t* <h> **1.** *mar.* pilot; **ein Schiff in den Hafen ~** pilot a ship into harbo(u)r. **2.** (*Auto, Ortsfremde etc*) guide (*through London, etc*). **3.** *fig. colloq.* a) (*schleppen*) steer, drag *s. o.* off (*to a restaurant, etc*), b) (*locken*) lure, coax.

ˈ**Lot·sen|ˌboot** *n* pilot boat. **~ˌdienst** *m mot. für Ortsfremde*: driver-guide service. **~ˌfisch** *m* pilot fish. **~geˌbühr** *f*, **~ˌgeld** *n* pilotage, pilot's fee. **~ˌzwang** *m mar.* compulsory pilotage.

ˈ**Lötˌstel·le** *f tech.* **1.** soldered joint. **2.** brazed joint.

ˈ**Lot·ter|ˌbett** *n* **1.** *contp.* bed of sin. **2.** *Austrian archaic* couch. **3.** *obs.* **auf dem ~ liegen** idle, loaf. **~ˌbu·be** *m obs.* rake, debauchee.

Lot·teˈrei *f* <-; *no pl*> *colloq.* **1.** (*Schlamperei*) muddling along, sloppiness. **2.** (*Trägheit*) laziness, loafing. **3.** → **Lotterleben.**

Lot·te·rie [lɔtəˈri:] *f* <-; -n [-ən]> lottery; **(in der) ~ spielen** play in the lottery; *fig.* **das ist die reinste ~** that is a matter of pure chance, that's sheer gambling. **~ˌeinˌsatz** *m* stake in a lottery. **~geˌschäft** *n* lottery office. **~geˌwinn** *m* (lottery) prize. **~ˌlos** *n* (lottery) ticket. **~ˌrad** *n* lottery wheel. **~ˌschein** *m* (lottery) ticket. **~ˌspiel** *n* (playing in the) lottery; *fig.* lottery, gamble. **~ˌzie·hung** *f* lottery draw.

ˈ**lot·te·rig** *adj colloq.* **1.** (*unordentlich*) sloppy, messy, slovenly. **2.** (*liederlich*) loose, dissolute.

ˈ**Lot·ter|ˌle·ben** *n colloq.* **1.** slovenly (*od.* disorderly) life. **2.** life of debauchery, dissolute life. **3.** lazy life, loafing. **~ˌwirt·schaft** *f colloq.* disorganization, muddle, hugger-mugger.

Lot·to [ˈlɔto] *n* <-s; -s> **1.** (*Zahlen≈*) Lotto (*weekly number-guessing pool*); **(im) ~ spielen** a) fill in one's Lotto coupon, b) do Lotto. **2.** *Spiele*: lotto, bingo. **~ˌanˌnah·meˌstel·le** *f* Lotto coupon agency. **~geˌwinn** *m* win in Lotto. **~ˌschein** *m* Lotto coupon. **~ˌspiel** *n* → **Lotto** 2. **~ˌspie·ler** *m* Lotto player. **~ˌzie·hung** *f* Lotto draw.

ˈ**lott·rig** *adj* → **lotterig.**

ˈ**Lo·tung** *f* <-; -en> **1.** → **loten** 4. **2.** *mar.* a) (echo) sounding, sound, b) *mit Senkblei*: plumbing; **e-e ~ vornehmen** take soundings. **3.** *civ. eng.* plumbing.

ˈ**Lö·tung** *f* → **löten** 3.

ˈ**Löt·verˌbin·dung** *f tech.* **1.** soldered joint. **2.** brazed joint.

ˈ**Lotˌwaa·ge** *f tech.* plumb level.

ˈ**Löt|ˌwas·ser** *n tech.* soldering solution (*od.* fluid, liquid). **~ˌwerkˌzeug** *n* soldering tool (*od.* outfit). **~ˌzan·ge** *f* soldering tweezers *pl* (*oft als sg konstruiert*). **~ˌzinn** *n* (plumber's) solder, lead-tin solder.

Lou·is [ˈlu:i] *m* <-[-i(:s)]; - [-i:s]> *vulg.* (*Zuhälter*) pimp.

Lö·we [ˈlø:və] *m* <-n; -n> **1.** *zo., a. her.* lion; **junger ~** lion cub; *fig.* **er kämpft (brüllt) wie ein ~** he fights (roars) like a lion; **den schlafenden ~n aufwecken** awaken the sleeping lion; → **Höhle** 5. **2.** *fig.* lion, hero (*of the day*); **ein ~ der Gesellschaft** a lion of society. **3.** *astr.* Lion, Leo; **großer (kleiner) ~** Leo major, Greater Lion (Leo minor, Lesser Lion); *astrol.* **er ist ein ~** he is a Lion, he was born under (the sign of) Leo. **4.** *Alchemie*: gold, king of the metals.

ˈ**Lö·wen|ˌäff·chen** *n zo.* a) **Kleines ~** lion marmoset, b) **Rotes** (*od.* **Großes**) **~** marikina, silky marmoset. **~ˌanˌteil** *m colloq.* lion's share. **≈ˌar·tig** *adj* lionlike, leonine. **~ˌbän·di·ger** *m* lion tamer. **~ˌgru·be** *f* lion's den. **~ˌhaupt** *n* **1.** lion's head. **2.** *fig.* leonine head. **~ˌhaut** *f* lion's skin. **~ˌherz** *n* **1.** lion('s) heart. **2.** *hist.* **Richard ~** Richard Lionheart (*od.* the Lionhearted). **~ˌhünd·chen** *n* a) pekinese, lion dog, b) Lhasa apso, c) maltese. **~ˌjagd** *f* lion hunt. **~ˌjä·ger** *m* lion hunter. **~ˌjun·ge** *n* lion cub. **~ˌkat·ze** *f* → **Löwenäffchen.** **~ˌkopf** *m* **1.** lion's head. **2.** *an Möbeln etc*: lion-mask. **3.** *her.* **mit Löwenköpfen geschmückt** lionced, leonced. **~ˌkrebs** *m zo.* lion crab. **~ˌmäh·ne** *f* **1.** lion's mane. **2.** *fig. colloq.* (thick) mane, mop (of hair). **~ˌmaul** *n* **1.** lion's mouth (*od.* muzzle). **2.** → **~ˌmäul·chen** *n bot.* snapdragon. **~ˌmut** *m* lionheartedness, courage of a lion. **~ˌrob·be** *f* → **Seelöwe.** **~ˌtat·ze** *f* lion's paw. **~ˌzahn** *m bot.* dandelion. **~ˌzwin·ger** *m* lion('s) cage.

ˈ**Lö·win** *f* <-; -nen> *zo.* lioness, she-lion.

lo·xo|drom [lɔksoˈdro:m] *adj math.* loxodromic. **≈ˈdro·me** *f* <-; -n> loxodrome, rhumb line. **~goˈnal** [-goˈna:l] *adj math.* loxogonal.

loy·al [lŏaˈja:l] *adj* **1.** *Gesinnung etc*: loyal, faithful; **ein ~er Untertan** a loyal subject. **2.** *Vorschlag, Bedingungen etc*: fair, decent, honest. **Loyaˈlis·mus** [-jaˈlɪsmʊs] *m* <-; *no pl*> loyalism. **Loyaˈlist** [-jaˈlɪst] *m* <-en; -en> *hist.* loyalist, *a.* Loyalist. **loyaˈlis·tisch** *adj* loyalist. **Loya·liˈtät** [-jaliˈtɛ:t] *f* <-; *no pl*> loyalty.

Luchs [lʊks] *m* <-es; -e> **1.** *zo.* lynx; **Gemeiner ~** (common) European lynx; *fig.* **Augen wie ein ~ haben** have eyes like a hawk; **aufpassen wie ein ~** watch like a hawk. **2.** lynx (skin, fur, pelt). **~ˌau·ge** *n* lynx eye; *fig.* **~n haben** have eyes like a hawk.

luch·sen [ˈlʊksən] **I** *v/i* <h> **1.** (have a) peep (**auf** *acc* at); (*spähen*) peer. **2.** (*warten*) keep a sharp look(-)out (**auf** *acc* for). **II** *v/t* **3. j-m Geld aus der Tasche ~** scrounge money off s. o.

Lücke (*getr.* **-k·k-**) [ˈlʏkə] *f* <-; -n> **1.** *allg.* gap, *in e-r Reihe*: *a.* break, interstice; → **Parklücke, Zahnlücke**; *tech.* **auf ~ stehen** be staggered. **2.** (*Spalte*) crack, chink, fissure. **3.** *fig.* (*Wissens≈ etc*) gap; **technologische ~** technological gap; **er hat große ~n in Latein** his knowledge in Latin has many gaps, his Latin is very patchy; **er muß die ~n aufholen** he must fill in his gaps. **4.** *fig.* (*Leere*) gap, void; **e-e ~ reißen** make (*od.* leave) a gap; **sein Tod hat e-e große ~ gerissen** his death left a great void. **5.** *fig.* (*Unterschied*) difference, gap (**zwischen** between). **6.** *fig.* (*Mangel*) deficiency, shortage (*in the supply of oil, etc*); **das Buch füllt e-e fühlbare ~** the book fills (*od.* satisfies) a long-felt need; **e-e ~ im Gesetz** a loophole in the law. **7.** (*Auslassung*) a) *im Text, Bericht etc*: omission, gap, *bes. in alter Handschrift*: lacuna, b) *in Fragebogen etc*: blank. **8.** *print.* a) gap, lacuna, b) (*zu weiter Raum zwischen Buchstaben*) pigeonhole. **9.** *geol. med.* hiatus, gap. **10.** *econ. im Kassenbestand*: deficit, deficiency.

ˈ**Lücken|ˌbü·ßer** (*getr.* **-k·k-**) *m colloq.* **1.** stopgap; **als ~ dienen** be (used as) a stopgap, fill in. **2.** *print.* filler. **≈haft** *adj* **1.** *Gebiß etc*: full of gaps, gappy. **2.** *fig. Erinnerung, Darstellung etc*: incomplete, fragmentary, *Autorentext*: *a.* lacunal, lacunary; **~e Kenntnisse** fragmentary (*od.* patchy, sketchy) knowledge *sg.* **≈los** *adj* **1.** *Gebiß etc*: without a gap. **2.** *fig. System, Erinnerung etc*: complete; **e-n ~en Beweis führen** present a watertight case; **den ~en Beweis führen, daß** prove beyond doubt that. **3.** *fig. Überlieferung, Tradition etc*: unbroken, uninterrupted. **~lo·sig·keit** *f* ⟨-; *no pl*⟩ completeness (*etc*).

lud [luːt] *1 u. 3 sg pret of* **laden**[1] *u.* [2].

Lu·de [ˈluːdə] *m vulg.* ⟨**-n**; **-n**⟩ (*Zuhälter*) pimp.

lü·de [ˈlyːdə] *1 u. 3 sg pret subj of* **laden**[1] *u.* [2].

Lu·der [ˈluːdər] *n* ⟨**-s**; **-**⟩ **1.** (**gemeines**) ~ beast, (*Frau*) *a.* bitch. **2. armes** ~ a) poor creature (*od.* wretch), (*Mann*) *a.* poor devil, (*Frau, Kind*) *a.* poor thing (*od.* soul). **3. dummes** ~ a) silly fool, idiot. **4.** (**freches**) ~ → **Frechdachs**; **kleines** ~ (*Kind*) little imp (*od.* rascal, devil). **5.** (*leichtes Mädchen*) hussy, tramp. **6.** *Auto etc*: blasted thing. **7.** *hunt.* (*Köder*) carrion, carcass. **ˈLu·der|ˌle·ben** *n* → Lotterleben 2.

lu·dern [ˈluːdərn] *v/i* ⟨**h**⟩ *colloq.* lead a dissolute life.

Lu·es [ˈluːɛs] *f* ⟨**-**; *no pl*⟩ *med.* lues, syphilis. **Lue·ti·ker** [luˈeːtikər] *m* ⟨**-s**; **-**⟩, **lue·tisch** [luˈeːtɪʃ] *adj* luetic, syphilitic.

Luft [lʊft] *f* ⟨**-**; **=e**⟩ **1.** ⟨*only sg*⟩ air; **Luftfahrzeug leichter als** ~ lighter-than-air aircraft; **in freier** ~ in the open air; **in der** ~ (**schwebend** *etc*) in mid-air; **den Ball aus der** ~ **nehmen** *Sport*: volley (the ball); **der Regen hat die** ~ **gereinigt** the rain has cleared the air; *fig. colloq.* **ich habe jetzt et.** ~ now I can breathe again; **ich muß in m-m Schrank et.** ~ **schaffen** I must make some room in my wardrobe; **sich** (*dat*) ~ **verschaffen** get a breathing-space; **sich** (*dat*) (*od.* **s-m Zorn**) ~ **machen** give vent to one's anger, let off steam; **sich** (*dat*) (*od.* **s-n Gefühlen, s-m Herzen**) ~ **machen** give vent to one's feelings, unburden o. s.; **er war einfach** ~ **für mich** I ignored him, he didn't exist for me; **j-n wie** ~ **behandeln** ignore s. o. completely, cut s. o. dead, look right through s. o.; **man kann nicht nur von** ~ **und Liebe leben** one can't live on air (alone); **warte bis die** ~ **rein ist** wait until the coast is clear; **an der frischen** ~ (out) in the fresh air; (**frische**) ~ **schöpfen, an die** ~ **gehen** get a breath of fresh air, take the air; *fig. colloq.* **j-n an die** (**frische**) ~ **setzen** turn (*od.* chuck) s. o. out; (**völlig**) **aus der** ~ **gegriffen** (totally) unfounded, fantastic, *pred. a.* sheer invention (*od.* fabrication); **vor Freude in die** ~ **springen** jump for joy; **e-e Brücke in die** ~ **sprengen** blow up a bridge; **in die** ~ **fliegen** blow (*od.* be blown) up, explode; *fig. colloq.* **in die** ~ **gehen** blow one's top, fly off the handle; **sich in** ~ **auflösen** vanish into thin air, *Plan etc*: come to nothing; **ich könnte ihn in der** ~ **zerreißen** I could tear him apart limb by limb; **völlig in der** ~ **hängen** a) *Argumente etc*: be totally unfounded, b) *Pläne etc*: be quite in the air; **ich hänge augenblicklich in der** ~ I'm at a loose end at the moment; **nach** ~ **ringen** (*od.* **schnappen**) gasp (*od.* pant, struggle) for air; **es liegt etwas in der** ~ there is something afoot (*od.* in the air, in the wind); **es ist dicke** ~ trouble is brewing, something is up; → **Loch** 1 (*etc*). **2.** (*≈zug*) breeze, draught, *Am.* draft. **3.** ⟨*only sg*⟩ (*Atem*) breath; **wieder** ~ **bekommen** get one's breath (again); **die** ~ **anhalten** catch (*od.* hold) one's breath; **tief** ~ **holen** take a deep breath, *fig. vor Erstaunen etc*: catch one's breath, swallow hard; **der Kragen schnürt mir die** ~ **ab** the collar is throttling me; *fig. colloq.* **mir blieb die** ~ **weg** *vor Erstaunen*: I was dumbfounded (*od.* speechless), *vor Schreck*: the shock took my breath away; **ihm ging die** ~ **aus** a) he was out of breath (*od.* winded), b) *fig.* his breath was taken away; **der Mannschaft ging die** ~ **aus** the team ran out of steam; **halt die** ~ **an!** pipe down! **4.** (*Himmel*) sky, air; **der Vogel schwang sich in die Lüfte** the bird soared into the sky; **das Flugzeug erhob sich in die** ~ the plane took off (*od.* became airborne); **Truppen aus der** ~ **versorgen** supply troops by air, airlift supplies to troops; **durch die** ~ **herangeführt** *Truppen, Material*: airborne, air-portable. **5.** ⟨*only sg*⟩ atmosphere. **6.** ⟨*only sg*⟩ *mot.* air; **die** ~ **nachsehen lassen** have the air (in the tyres) checked; **aus den Reifen die** ~ **ablassen** deflate the tyres; *fig. colloq.* (**bei**) **j-m die** ~ **rauslassen** deflate s. o.; **da war** (**bei der Sache**) **die** ~ **raus** all the steam was gone. **7.** ⟨*only sg*⟩ *tech.* a) (*Spielraum*) clearance, play, b) *e-s Lagers*: internal slackness, c) *bei Paßteilen*: amount of looseness. **~ˌab|ˌkom·men** *n aer. mil.* air pact. **~ˌab|ˌschir·mung** *f* air umbrella. **~ˌab|ˌwehr** *f aer. mil.* air (*od.* anti-aircraft) defen/ce (*Am.* -se); **~ge·schütz** *n* anti-aircraft (*od.* AA) gun. **~akro|ˌbat** *m* **1.** *aer.* stunt flyer, aerial acrobat. **2.** *im Zirkus*: aerialist. **~akro·|ˌba·tik** *f aer.* stunt flying, aerobatics *pl* (*als sg konstruiert*). **~alarm** [-ˀaˌlarm] *m* air-raid warning; *für Abfangjäger*: air alert. **~ˌan|ˌgriff** *m* **1.** air raid, aerial (*od.* air) attack. **2.** *als Auftrag*: bombing mission (*od.* sortie). **~ˌan|ˌsicht** *f* aerial view. **~ˌauf|ˌklä·rung** *f mil.* aerial reconnaissance. **~ˌauf|ˌnah·me** *f* aerial photo(graph). **~ˌauf|ˌsicht** *f* air(-traffic) control. **~ˌbad** *n* air bath. **~bal|ˌlon** *m* **1.** *für Kinder*: (toy) balloon. **2.** *aer.* balloon, aerostat. **~ˌba·sis** *f* air base. **~be|ˌför·de·rung** *f* air transport (*od.* carriage). **~be|ob|ˌach·tung** *f* air (*od.* aerial) observation. **~be|ˌrei·fung** *f mot.* pneumatic tyres (*Am.* tires) *pl.* **~be|ˌtan·kung** *f aer.* air (*od.* inflight) refuel(l)ing. **~be|ˌwe·gung** *f* movement (*od.* motion, flow) of air; **schwache** ~ light wind (*od.* air).

ˈLuft|ˌbild *n* **1.** → Luftaufnahme. **2.** *fig.* vision, phantasm. **~ˌauf|ˌklä·rung** *f* aerial photo(graphic) reconnaissance. **~ge|ˌrät** *n*, **~ˌka·me·ra** *f* aerial (*od.* aircraft) camera. **~ˌkar·te** *f* aerial map, photomap.

ˈLuft||ˌbläs·chen *n* **1.** small air bubble, bleb. **2.** *anat. biol.* (pulmonary) vesicle, alveolus. **~ˌbla·se** *f* **1.** (air) bubble. **2.** *tech.* air bubble (*od.* pocket), *im Guß*: blowhole. **3.** *zo.* air bladder (*od.* vesicle). **4.** *bot. e-r Alge*: aerocyt. **~-ˈBo·den-|ˌFlug|ˌkör·per** *m mil.* air-to-surface missile. **~ˌbrem·se** *f* **1.** air brake. **2.** → **Druckluftbremse.** **~ˌbrücke** (*getr.* **-k·k-**) *f* **1.** airlift. **2.** *tech.* air bridge.

Lüft·chen [ˈlʏftçən] *n* ⟨**-s**; **-**⟩ **1.** *dim. of* Luft. **2.** (gentle) breeze, (breath of) air.

ˈluft||ˌdicht *adj* airtight, air-sealed, hermetic; ~ **machen** airproof, air-seal; ~ **verschlossen** hermetically sealed; ~ **verpackt** vacuum-packed. **≈ˌdich·te** *f* air (*od.* atmospheric) density.

ˈLuft|ˌdruck *m meteor. phys.* air (*od.* atmospheric, barometric) pressure; *tech.* air pressure; *mot. e-s Reifens*: inflation pressure; *in Zssgn* → *a.* **Druckluft** … **~ˌab|ˌnah·me** *f meteor.* decrease (*od.* fall) of pressure. **~ˌkar·te** *f* (air) pressure chart. **~ˌmes·ser** *m* barometer. **~ˌschrei·ber** *m meteor.* self-recording barometer, barograph. **~ˌwel·le** *f* **1.** *e-r Explosion*: blast; *mil.* compression wave, *e-s Geschosses*: front wave. **2.** *meteor.* pressure wave.

ˈluft||durch|ˌläs·sig *adj* permeable to air, porous. **≈ˌdurch|ˌläs·sig·keit** *f* air permeability. **≈ˌdü·se** *f tech.* air nozzle (*od.* jet). **≈ˌein|ˌlaß** *m aer. tech.* air intake. **≈elek·tri·zi|ˌtät** *f* atmospheric electricity. **≈em·bo|ˌlie** *f med.* air embolism.

lüf·ten [ˈlʏftən] **I** *v/t* ⟨**h**⟩ **1.** (*Zimmer etc*) air, ventilate. **2.** (*Kleider etc*) give an airing (to), air. **3.** *agr.* a) (*Getreide etc*) stir up, aerate, b) (*Baum etc*) prune. **4.** (*heben*) lift (*od.* raise) (a little); **vor j-m den Hut** ~ raise one's hat to s. o. **5.** *fig.* (*Geheimnis etc*) reveal, unveil, disclose; **sich** ~ be revealed (*etc*), come out; → **Maske** 2, **Schleier** 1. **6.** *tech.* a) (*Flüssigkeit etc*) aerate (*a. chem.*), b) (*Bremsen etc*) bleed, c) (*Kupplung*) clear. **II** *v/i* ⟨**h**⟩ **7.** *a. civ. eng.* let air into a room, air, ventilate. **III ≈** *n* ⟨**-s**⟩ **8.** airing (*etc*). **9.** → **Lüftung.**

ˈLüf·ter *m* ⟨**-s**; **-**⟩ *tech.* ventilating fan, ventilator, (*Saug≈*) exhauster, (*Gebläse*) blower.

ˈLuft|er|ˌhit·zer *m* ⟨**-s**; **-**⟩ *tech.* air heater. **~er|ˌneue·rung** *f tech.* air replacement. **~er|ˌschei·nung** *f meteor.* atmospheric (*od.* meteorological) phenomenon.

ˈLuft|ˌfahrt *f* ⟨**-**; *no pl*⟩ *aer.* **1.** (**zivile** ~ civil) aviation. **2.** (*Wissenschaft*) aeronautics *pl* (*als sg konstruiert*). **3.** aerial navigation. **≈be|ˌgei·stert** *adj* airminded. **~be|ˌhör·de** *f* civil aeronautics board, *Am.* Federal Aviation Agency. **~elek|ˌtro·nik** *f* avionics *pl* (*als sg konstruiert*). **~ge|ˌsell·schaft** *f* airline (company). **~in·du|ˌstrie** *f* aircraft (*mit Raumfahrt*: aerospace) industry. **~me·di|ˌzin** *f* aeromedicine. **~ver|ˌsi·che·rung** *f* a) aviation insurance, b) *für Flugzeug*: aircraft insurance, c) *für Flugreisende*: air-travel insurance.

ˈLuft||ˌfahr|ˌzeug *n* aircraft; → Luft 1. **~ˌfeuch·te**, **~ˌfeuch·tig·keit** *f meteor.* (atmospheric) humidity.

ˈLuft|ˌfeuch·tig·keits||ˌgrad *m* relative humidity (of the air). **~ˌmes·ser** *m* hygrometer; **selbstregistrierender** ~ hygrograph.

ˈLuft||ˌfil·ter *n, m* air filter. **~ˌflot·te** *f aer.* **1.** air fleet. **2.** *mil.* air force; **e-e starke** ~ an (air) armada. **≈ˌför·mig** *adj phys.* aeriform, gaseous. **~ˌfracht** *f econ.* (**per** ~ by) airfreight; **et. per** ~ **senden** *a.* airfreight s. th.; **~brief** *m* air(way) bill; **~dienst** *m* airfreight service. **~ˌfrach·ter** *m aer.* airfreighter. **~ˌgang** *m* **1.** *zo.* air duct (*od.* vesicle), trachea. **2.** *arch.* air duct. **~ˌgas** *n tech.* air gas. **~ge|ˌfahr** *f mil.* imminent air raid. **≈ge|ˌfüllt** *adj* air-filled. **~ˌgeist** *m myth.* aerial spirit, sylph, *weiblicher*: sylphid. **≈ge|ˌkühlt** *adj tech.* air-cooled. **~ge|ˌschwa·der** *n mil.* (air) squadron. **≈ge|ˌtrock·net** *adj* air-dried. **~ge|ˌwehr** *n* air gun. **≈ˌhal·tig** *adj* containing air, aeriferous; *chem.* aerated. **≈ˌhär·ten** *v/t* ⟨*insep*, **-ge-**, **h**⟩ *metall.* air-harden. **~ˌhauch** *m* breath of air, gentle breeze. **~ˌhei·zung** *f* hot-air heating. **~ˌherr·schaft** *f aer. mil.* air supremacy (*od.* superiority), control (*od.* mastery) of the air. **~ˌho·heit** *f* ⟨**-**; *no pl*⟩ *pol.* sovereignty of the air. **~ˌhül·le** *f meteor.* atmosphere. **~ˌhun·ger** *m med.* air hunger.

ˈ**luf·tig** *adj* **1.** *Zimmer etc*: airy; *Plätzchen etc*: breezy; *colloq.* **in ~er Höhe** high up (on [*od.* in] building, on mountain), high up in the clouds. **2.** *Kleidung etc*: light, cool. **3.** *poet. Wesen*: aerial, airy. **4.** *fig. colloq. Person*: frivolous. **5.** *fig. colloq. Pläne, Versprechungen etc*: airy. **≈keit** *f* ⟨-; *no pl*⟩ **1.** airiness (*etc*). **2.** frivolity.

Luf·ti·kus [ˈluftikus] *m* ⟨-, *a.* -ses; -se⟩ *humor.* giddy fellow; (*Windbeutel*) windbag.

ˈ**Luft|in·spek·tiˌon** *f* aerial inspection. **~ˌka·bel** *n electr.* aerial (*od.* overhead) cable. **~ˌka·me·ra** *f* aerial camera. **~ˌkam·mer** *f* **1.** *tech.*, *a. zo.* air chamber. **2.** *mot.* (*Diesel*) air cell. **3.** *ichth.* float. **~ˌkampf** *m aer. mil.* air (*od.* aerial) combat (*od.* battle), *zwischen Jägern*: *colloq.* dogfight. **~ˌkampf-ˌFlug·ˌkör·per** *m* air-to-air missile. **~ˌkie·me** *f zo.* gill, branchia. **~ˌkis·sen** *n tech.* air cushion. **~ˌkis·senˌfahrˌzeug** *n* air cushion vehicle, cushion craft, hovercraft (*TM*). **~ˌklap·pe** *f* **1.** *tech.* air flap; (*Lüftung*) ventilator. **2.** *mot.* a) *der Karosserie*: cowl vent, b) *des Vergasers*: choke, c) *des Seitenfensters*: ventipane. **~ˌkno·chen** *m der Vögel*: air (*od.* pneumatic) bone. **~ˌkof·fer** *m* lightweight suitcase (for air travel). **~kon·den·ˌsa·tor** *m* air capacitor. **~ˌkor·ri·dor** *m pol.* air corridor. **~-ˈKraftˌstoff-Verˌhält·nis** *n aer.* air fuel ratio. **≈ˌkrank** *adj* air-sick. **~ˌkrank·heit** *f med.* air-sickness, *bes. von Piloten*: aeroneurosis. **~ˌkrieg** *m* air war(fare). **~ˌküh·lung** *f tech.* air cooling. **~ˌkur** *f med.* climatic treatment. **~ˌkurˌort** *m* (climatic) health resort.

ˈ**Luftˌlan·de|ˌein·heit** *f* airborne (assault) unit. **~ˌkopf** *m* airhead. **~ˌtrup·pen** *pl* airborne troops. **~ˌun·terˌneh·men** *n* airborne operation.

ˈ**Luft|ˌlan·dung** *f aer. mil.* airborne landing. **≈ˌleer** *adj phys. tech.* void of air, airvoid, vacuous, exhausted; **~ saugen** evacuate; **~er Raum** a) vacuum, b) outer space. **~ˌlee·re** *f* vacuum. **~ˌlei·ter** *m electr.* aerial conductor. **~ˌli·nie** *f* **1.** airline (company). **2.** air (*od.* linear) distance, air line, beeline; **Entfernung in der ~** distance as the crow flies. **~ˌloch** *n* **1.** air hole, venthole (*a. arch. tech.*). **2.** *aer. meteor.* air pocket. **3.** *zo.* a) air (*od.* breathing) hole, b) *e-s Wales*: spout-hole, blowhole. **~-ˈLuftˌFlug·ˌkör·per** *m aer. mil.* air-to-air missile. **~ˌmacht** *f mil.* air power. **~ˌman·gel** *m med.* want (*od.* lack, deficiency) of air. **~maˌnö·ver** *n mil.* air exercise. **~ˌman·tel** *m tech.* air jacket. **~ˌma·sche** *f beim Häkeln*: chain stitch. **~ˌmas·se** *f meteor.* air mass. **~maˌtrat·ze** *f* air mattress. **~ˌmeßˌbild** *n* airscape. **~ˌmes·ser** *m phys.* hygrometer. **~ˌmi·ne** *f aer. mil.* aerial (*od.* parachute) mine, *colloq.* blockbuster. **~na·vi·ga·tiˌons·ˌkar·te** *f* aeronautical chart. **~ˌnot** *f* distress (in the air); **Flugzeug in ~** aircraft in distress. **~of·fenˌsiˌve** *f mil.* air offensive. **~paˌraˌde** *f* flypast, aerial review, *Am.* flyby. **~per·spekˌti·ve** *f* **1.** aerial perspective. **2.** *Kunst*: degradation. **~ˌpflan·ze** *f* air plant, aerophyte, epiphyte. **~piˌrat** *m* hijacker, skyjacker. **~pi·ra·teˌrie** *f* hijacking (of an aircraft), skyjacking, *bes. jur.* air piracy. **~piˌsto·le** *f* air pistol.

ˈ**Luftˌpost** *f* **1.** air mail; **mit** (*od.* **per**) **~** via (*od.* by) air mail, by air. **2.** *in Zssgn* airmail (*line, network, service, traffic*); **~brief** *m* air-mail letter, air letter; **~leichtbrief** *m* aerogram(me), air letter; **~paket** *n* air parcel.

ˈ**Luft|ˌpuf·fer** *m tech.* air buffer (*od.* cushion). **~ˌpum·pe** *f* air (*od.* tyre, *Am.* tire) pump, *für Fahrrad*: bicycle pump.

ˈ**Luftˌraum** *m* **1.** atmosphere. **2.** *a. aer.* air space. **3.** → **Pore.** **~ˌüber·ˌwa·chung** *f aer.* **1.** *mil. durch Radar*: (space) surveillance. **2.** *bei der Zivilluftfahrt*: air-traffic control.

ˈ**Luft|ˌrecht** *n* air law. **~ˌrei·fen** *m* **1.** (pneumatic) tyre (*Am.* tire). **2.** *aer.* air tube. **~ˌrei·ni·ger** *m tech.* a) air cleaner (*od.* filter), b) deodorizer. **~ˌrei·ni·gung** *f* **1.** a) air cleaning (*od.* purification, filtering), b) freshening, deodorization. **2.** (*Lüftung*) ventilation. **~ˌrei·se** *f* → **Flugreise.** **~reˌkla·me** *f* skywriting; *mit Schleppzeichen*: aerial advertisement (*od.* advertising). **~ˌren·nen** *n aer.* air race. **~ˌret·tungs·ˌdienst** *m* air-rescue service. **~ˌröh·re** *f anat.* windpipe, bronchial (*od.* air) tube, *a. zo.* trachea.

ˈ**Luftˌröh·ren|ˌast** *m anat.* bronchus, bronchial tube. **~entˌzün·dung** *f* tracheitis. **~kaˌtarrh** *m* (tracheo-)bronchitis, tracheitis. **~ˌschnitt** *m* tracheotomy.

ˈ**Luft|ˌrol·le** *f* **1.** *aer.* roll. **2.** *gym.* somersault. **~ˌsack** *m* **1.** *aer.* a) (*Windanzeiger*) wind sock (*od.* cone), b) (*Fallbö*) air pocket, c) (*Ballonteil*) air cell, d) *mil.* (*Schleppziel*) sleeve target. **2.** *mot.* airbag. **3.** *zo.* a) *bei Insekten*: air sac, b) *bei Vögeln*: air cell. **~ˌsau·erˌstoff** *m* atmospheric oxygen. **~ˌsäu·le** *f meteor. phys.* air column. **~ˌschacht** *m* **1.** *tech.* air (*od.* ventilating) shaft. **2.** → **Wetterschacht.** **~ˌschall** *m phys.* airborne sound. **~ˌschal·ter** *m electr.* air-break switch. **~ˌschau·kel** *f auf dem Jahrmarkt*: swingboat. **~ˌschicht** *f meteor.* air (*od.* atmospheric) layer. **~ˌschiff** *n aer.* airship, dirigible; (*unstarres Klein≈*) blimp; (*Luftfahrzeug leichter als Luft*) aerostat. **~ˌschiffahrt** (*getr.* -ffˌf-) *f* air(ship) navigation, aerostation. **~ˌschif·fer** *m* aeronaut. **~ˌschiff·ˌha·fen** *m* airship port. **~ˌschiffˌhal·le** *f* airship shed (*od.* hangar). **~ˌschlacht** *f* air battle; **die ~ um England** the Battle of Britain. **~ˌschlan·ge** *f* (paper) streamer. **~ˌschlauch** *m tech.* air hose; *e-s Reifens*: air (*od.* inner) tube. **~ˌschleu·se** *f civ. eng. tech.* air lock. **~ˌschlitz** *m* **1.** *tech.* ventilation slot. **2.** *mot.* louv/re (*Am.* -er). **~ˌschloß** *n* castle in the air, pipe dream; **Luftschlösser bauen** build castles in the air. **~ˌschnei·se** *f* air lane (*od.* corridor). **~ˌschrau·be** *f* airscrew, propeller.

ˈ**Luftˌschrau·ben|ˌblatt** *n aer.* propeller blade. **~-Turˌbi·nenˌtriebˌwerk** *n* turboprop (*od.* propjet) engine.

ˈ**Luftˌschutz** *m* air-raid protection (*od.* precautions *pl*), ARP. **~ˌbun·ker** *m*, **~ˌraum** *m* air-raid shelter. **~siˌre·ne** *f* air-raid siren. **~ˌübung** *f* air-raid drill. **~ˌwart** *m* air(-raid) warden.

ˈ**Luft|ˌsieg** *m* victory in the air, *colloq.* kill. **~ˌsog** *m tech.* air suction, wake, *nach e-r Explosion*: vacuum, wake. **~spe·diˌteur** *m econ.* air carrier. **~ˌsper·re** *f aer. mil.* air (*od.* balloon) barrage. **~ˌspie·ge·lung** *f* **1.** *meteor. phys.* mirage, fata morgana. **2.** *mar.* (*Kimmung*) looming. **~ˌsport** *m* aerial sport(s *pl*). **~ˌsprung** *m* **1.** jump (*od.* leap) in the air; **vor Freude e-n ~ machen** jump for joy. **2.** *e-s Pferdes*: gambado, gambade; **e-n ~ machen** gambado. **~ˌste·war·deß** *f* (air) hostess. **~ˌstickˌstoff** *m* atmospheric nitrogen. **~ˌstö·run·gen** *pl* **1.** *meteor.* atmospheric disturbances. **2.** *Radio*: atmospherics, statics. **~ˌstoß** *m* air blast (*od.* gust). **~ˌstrahl** *m tech.* air jet, jet of air. **~ˌstrahlˌtriebˌwerk** *n* jet engine. **~ˌstra·ße** *f* air route, airway. **~ˌstrecke** (*getr.* -k·k-) *f* **1.** air route, airway. **2.** *electr.* air gap. **~ˌstreit·ˌkräf·te** *pl*, **~ˌstreitˌmacht** *f* air force. **~ˌstrom** *m*, **~ˌströ·mung** *f meteor.* air current, airflow, airstream. **~ˌstützˌpunkt** *m* air base. **≈ˌtan·ken** *v/t u. v/i* ⟨*insep*, -ge-, h⟩ refuel in flight (*od.* in the air). **~ˌta·xe** *f* air taxi, *Am. a.* taxiplane, aerocab. **~torˌpe·do** *m* aerial torpedo. **~transˌport** *m* air transport, airlift, transportation by air. **≈ˌtrock·nen** *v/t* ⟨*insep*, -ge-, h⟩ **1.** *tech.* air-dry. **2.** (*Holz*) air-season. **≈ˌtüch·tig** *adj* airworthy. **~ˌtüch·tig·keit** *f* airworthiness. **~ˌüber·ˌle·gen·heit** *f* air superiority. **~ˌüber·ˌwa·chung** *f* air(-space) surveillance.

ˈ**Luft- und ˌRaumˌfahrt·in·duˌstrie** *f* aerospace industry.

ˈ**Lüf·tung** *f* ⟨-; -en⟩ **1.** → **lüften** 8. **2.** airing, *künstliche*: ventilation; → *a.* **Lüftungsanlage.** **3.** *fig. e-s Geheimnisses etc*: disclosure, revelation. **4.** *chem.* aeration. **5.** *tech.* a) *e-r Kupplung*: clearance, b) *e-r Flüssigkeit*: aeration, c) *von Bremsen*: bleeding.

ˈ**Lüf·tungs|ˌanˌla·ge** *f* ventilation system. **~ˌklap·pe** *f mot.* ventilation flap. **~ˌrohr** *n tech.* vent(ilating) pipe. **~ˌschacht** *m* → **Luftschacht** 1. **~venˌtil** *n* vent valve.

ˈ**Luft|venˌtil** *n tech.* air valve; *mot. des Vergasers*: choke relief valve. **~ver·ˌän·de·rung** *f* change of air. **~ver·ˌdich·ter** *m* (air) compressor. **~ver·ˌdrän·gung** *f* air displacement. **≈ver·ˌdünnt** *adj* rarefied. **~verˌdün·nung** *f* air rarefication. **~verˌflüs·si·gung** *f* liquefaction of air. **~verˌkehr** *m* ⟨-(e)s; *no pl*⟩ air traffic.

ˈ**Luft·verˌkehrs|ˌdienst** *m* air service. **~geˌsell·schaft** *f* airline (company). **~ˌli·nie** *f* airway, airline, air route. **~ˌnetz** *n* network of air routes.

ˈ**Luft|verˌmes·sung** *f* aerial survey. **~verˌschmut·zung, ~verˌseu·chung** *f* air pollution. **~verˌsor·gung** *f* **1.** *tech.* air supply. **2.** *auf dem Luftweg*: supply by air, airlift. **~verˌtei·di·gung** *f* air defen/ce (*Am.* -se). **~verˌunˌrei·ni·gung** *f* air pollution. **~ˌwaf·fe** *f* air force, (*Br.* Royal) Air Force. **~ˌwarnˌdienst** *m* air-raid warning service. **~ˌwar·nung** *f* air(-raid) warning (*od.* alert). **~ˌwech·sel** *m* **1.** *tech.* air reversal. **2.** change of air. **~ˌweg** *m* **1.** air channel (*od.* route); **auf dem ~e** by air. **2.** *pl anat.* air passages, airways, respiratory tracts. **~ˌwel·le** *f phys.* airwave, (*Luftdruckwelle*) shock wave. **~ˌwer·bung** *f* → **Luftreklame.** **~ˌwi·derˌstand** *m phys.* air resistance, *aer. a.* (aerodynamic) drag. **~ˌwir·bel** *m* air vortex (*od.* eddy); **Bildung von ~n** turbulence. **~ˌwur·zel** *f bot.* aerial root. **~ˌzie·gel** *m* air-dried brick; (*Lüftungsziegel*) air brick. **~ˌziel** *n* aerial target. **~ˌzuˌfuhr** *f* ⟨-; *no pl*⟩ *tech.* air supply. **~ˌzug** *m* ⟨-(e)s; *no pl*⟩ **1.** draught (*Am.* draft), current of air; **frischer ~** *a. fig.* whiff of fresh air. **2.** *tech.* air flue (*od.* duct). **~ˌzuˌtritt** *m* air admission.

Lug [lu:k] *m* ⟨-(e)s; *no pl*⟩ **~ und Trug** fraud and falsehood; **er ist voller ~ und Trug** he is all deception.

Lü·ge [ˈly:gə] *f* ⟨-; -n⟩ **1.** lie, falsehood; **j-n ~n strafen** a) (*Person*) prove s. o. a liar, give s. o. the lie (*a. fig.*), b) *Sache*: belie s. o.'s words; **j-n bei e-r ~ ertappen** catch s. o. out in a lie; **sich in ~n**

verstricken entangle o. s. in a web of lies; **es ist alles** ~ it's all lies; ~**n haben kurze Beine** lies have short wings; → **faustdick** 2, **fromm** 1. **2.** (~*ngeschichte*) lie, yarn, story, fable.

lu·gen [ˈluːgən] *v/i* ⟨h⟩ *dial.* peep, peer.

lü·gen [ˈlyːgən] **I** *v/i* ⟨**lügt, log, gelogen, h**⟩ lie, tell a lie (*od.* lies); (*flunkern*) *colloq.* (tell a) fib, tell fibs (*od.* stories); **unverschämt** ~ lie in one's teeth; **du lügst!** you are lying (*od.* a liar)!; **ich müßte** ~, **wenn** I'd be lying if; → **gedruckt. II** *v/t* **das hast du gelogen** that was a lie. **III** ≗ *n* ⟨-s⟩ lying (*etc*).

ˈ**Lü·gen|ˌbeu·tel** *m*, ~ˌ**bold** [-ˌbɔlt] *m* ⟨-(e)s; -e⟩ *colloq.* (habitual) liar, (*Flunkerer*) fibber. ~**deˌtek·tor** *m* lie detector. ~ˌ**dich·tung** *f Literatur*: (*work[s] of*) *literature composed of tall stories.* ~**geˌschich·te** *f* cock-and-bull (*od.* tall) story, fantastic tale, *colloq.* yarn; **e-e** ~ **erzählen** tell a cock-and-bull story, *colloq.* spin a yarn. ~**geˌwe·be** *n* tissue (*od.* web) of lies. ≗**haft** *adj* **1.** *Person*: false, dishonest, lying, *lit.* mendacious. **2.** *Geschichte etc*: untrue, false, fabricated. ~**haf·tig·keit** *f* ⟨-; *no pl*⟩ **1.** *e-r Person*: falseness, dishonesty, deceitfulness, *lit.* mendacity. **2.** *e-r Nachricht etc*: falseness. ~ˌ**mär·chen** *n* → Lügengeschichte. ~ˌ**maul** *n colloq. contp.* (impudent) liar. ~**pro·paˌgan·da** *f* lying (*od. lit.* mendacious) propaganda.

Lüg·ner [ˈlyːgnər] *m* ⟨-s; -⟩ liar. ˈ**lüg·ne·risch** *adj* → **lügenhaft** 1.

Lu·kas[1] [ˈluːkas] *npr m* ⟨-, *Bibl.* **Lucä** [ˈluːtsɛ]; *no pl*⟩ *Bibl.* Luke; **das Evangelium des** ~, **das Lukasevangelium** the Gospel according to St. Luke.

ˈ**Lu·kas**[2] *m* ⟨-; -se⟩ *auf dem Jahrmarkt*: try-your-strength machine; **haut den** ~! try your strength!

Lu·ke [ˈluːkə] *f* ⟨-; -n⟩ **1.** (*Dachfenster*) skylight. **2.** *aer. mar. etc* hatch, *aer.* (*Lade*≗) *a.* (cargo) door; ~**ndeckel** *m mar.* hatch (cover).

lu·kra·tiv [lukraˈtiːf] *adj Beschäftigung etc*: lucrative.

lu·kul·lisch [luˈkʊlɪʃ] *adj Speise, Mahl etc*: Lucull(i)an, sumptuous. **Lu·kul·lus** [luˈkʊlʊs] *m* ⟨-; -se⟩ (*Schlemmer*) epicure, gourmet.

Lu·latsch [ˈluːlatʃ] *m* ⟨-(e)s; -e⟩ *colloq.* **ein (langer)** ~ a long streak, a beanpole, a lamppost.

lul·len [ˈlʊlən] *v/t* ⟨h⟩ **in den Schlaf** ~ lull *a child* to sleep.

Lum·ba·go [lʊmˈbaːgo] *f* ⟨-; *no pl*⟩ *med.* lumbago.

lum·bal [lʊmˈbaːl] *adj med.* lumbar. ≗**an·äs·theˌsie** *f* spinal an(a)esthesia.

lum·becken (*getr.* **-k·k-**) [ˈlʊmbɛkən] *v/t* ⟨h⟩ *print.* pad.

Lum·ber·jack [ˈlʌmbəˌdʒæk] (*Engl.*) *m* ⟨-s; -s⟩ (*Jacke*) lumberjacket.

Lu·men [ˈluːmən] *n* ⟨-s; - *od.* **-mina** [-mina]⟩ *biol. phys.* lumen.

lu·mi·nes|zent [luminɛsˈtsɛnt] *adj phys.* luminescent. ≗ˈ**zenz** [-ˈtsɛnts] *f* ⟨-; -en⟩ luminescence. ~ˈ**zie·ren** [-ˈtsiːrən] *v/i* ⟨*no* **ge-**, h⟩ luminesce.

Lüm·mel [ˈlʏməl] *m* ⟨-s; -⟩ lout; (*Rohling*) ruffian; *bes. humor.* (*Lausbub*) rascal; **du** ~, **du!** you rascal, you! **Lüm·meˈlei** *f* ⟨-; -en⟩ **1.** loutishness; rudeness. **2.** (*Fläzen*) lolling about. ˈ**lüm·mel·haft** *adj* **1.** loutish. **2.** rude, uncouth. ˈ**Lüm·mel·haf·tig·keit** *f* ⟨-; -en⟩ → Lümmelei 1. ˈ**lüm·meln** *v/reflex* ⟨h⟩ **sich** ~ *colloq.* slouch, sprawl, loll; **sich in den Sessel** ~ flop into the armchair; **sich auf dem Sofa** ~ loll about on the sofa; **sich an Straßenecken** ~ loaf (*od.* hang) about at street corners.

Lump [lʊmp] *m* ⟨-en; -en⟩ **1.** *contp.* scoundrel, blackguard, cad, *Am. sl.* heel. **2.** → Lumpfisch.

Lum·pa·zi·va·ga·bun·dus [lʊmˌpaː-tsivagaˈbʊndʊs] *m* ⟨-; -se *u.* **-di** [-di]⟩ *humor.* vagabond, tramp.

lum·pen [ˈlʊmpən] *colloq.* **I** *v/i* ⟨h⟩ live it up, gad about; **hast du heute nacht wieder gelumpt?** were you out on the tiles again last night? **II** *v/t* **sich nicht** ~ **lassen** be generous, come down handsomely, do o. s. proud.

ˈ**Lum·pen** *m* ⟨-s; -⟩ **1.** (*Fetzen*) rag, tatter. **2.** *pl* (*abgetragene Kleidung*) rags, (rags and) tatters; **in** ~ **gekleidet** (*od.* **gehüllt**) (dressed) in rags; **in** ~ **(einher)gehen** go (about) in rags. **3.** (*Wischtuch*) clout, (old piece of) cloth, rag.

ˈ**Lum·pen|ˌball** *m* tramps' ball, *Am.* hard-times party. ~ˌ**brei** *m Papier*: pulp, first stuff. ~**geˌsin·del** *n* → Lumpenpack. ~ˌ**händ·ler** *m* ragman, rag-and-bone man, *Am.* junkman. ~ˌ**hund,** ~ˌ**kerl** *m* → Lump 1. ~ˌ**le·ben** *n* dissipated (*od.* loose) life. ~ˌ**pack** *n contp.* **1.** rabble, riffraff. **2.** (*Schurken*) scoundrels *pl*, blackguards *pl*. ~**paˌpier** *n Papier*: rag paper, paper made of (linen) rags. ~ˌ**rei·ßer** *m* → Lumpenwolf. ~ˌ**sack** *m* ragbag. ~ˌ**samm·ler** *m* **1.** ragpicker, ragman. **2.** *fig. colloq.* last bus (*od.* train, tram, *Am.* streetcar). ~ˌ**wolf** *m* rag-tearing machine. ~ˌ**wol·le** *f Textil.* shoddy.

Lum·peˈrei *f* ⟨-; -en⟩ *colloq.* **1.** (*Gemeinheit*) shabby (*od.* dirty) trick. **2.** (*Kleinigkeit*) trifle. **3.** (*Lebenswandel*) gadding about.

ˈ**Lumpˌfisch** *m* lumpfish.

ˈ**lum·pig** *adj* **1.** *Kleidung etc*: shabby, ragged, tattered. **2.** *fig. Gesinnung, Tat etc*: shabby, wretched, mean. **3.** *colloq.* (*gering*) measly, paltry; **für** ~**e zwei Mark** for a paltry two marks; **ein** ~**es Trinkgeld** a measly tip; **wegen** ~**er fünf Minuten** for a paltry (*od.* mere) five minutes. **4.** *contp.* rotten, crappy (*book, etc*).

Lu·na [ˈluːna] **I** *npr f* ⟨-; *no pl*⟩ *myth.* Luna. **II** *f* ⟨-; *no pl*⟩ *poet.* (*Mond*) moon.

lu·nar [luˈnaːr] *adj astr.* lunar.

lu·na·tisch [luˈnaːtɪʃ] *adj med.* somnambulistic. **Lu·naˈtis·mus** [-naˈtɪsmʊs] *m* ⟨-; *no pl*⟩ somnambulism.

Lunch [lan(t)ʃ; lʌntʃ] (*Engl.*) *m* ⟨-(es) *od.* -s; -e(s) *od.* -s⟩ lunch, *offiziell*: luncheon; ~**paket** *n* packed lunch; ~**tasche** *f* lunch bag. **lun·chen** [ˈlan(t)ʃən] *v/i* ⟨h⟩ (have) lunch.

Lü·net·te [lyˈnɛtə] *f* ⟨-; -n⟩ **1.** *arch.* (*Bogenfeld*) lunette, fanlight. **2.** *mil. hist.* (*alte Feldschanze*) demilune. **3.** *tech.* steady (rest). **4.** *paint., a. agr.* (*Scheuklappe*) lunette.

Lun·ge [ˈlʊŋə] *f* ⟨-; -n⟩ **1.** *anat.* a) (~*nflügel*) lung, b) (*Organ*) lungs *pl* (*a. fig. e-r Stadt, etc*); **eiserne** ~ iron lung; *colloq.* **sie hat es auf** (*od.* **mit**) **der** ~ she has lung trouble; (**Zigaretten,** *etc*) **auf** (*od.* **durch die**) ~ **rauchen** inhale (the smoke); *colloq.* **aus voller** ~ **schreien, sich** (*dat*) **die** ~ **aus dem Hals** (*od.* **Leib**) **schreien** shout at the top of one's lungs (*od.* voice); **das Kind hat e-e gute** ~ the child has good (*od.* strong) lungs. **2.** *von Schlachttieren*: lights *pl*.

ˈ**Lun·gen|ar|te·rie** *f anat.* pulmonary artery. ~ˌ**bläs·chen** *n* (pulmonary) alveolus. ~ˌ**blu·tung** *f med.* pulmonary h(a)emorrhage. ~ˌ**bra·ten** *m Austrian gastr.* (roast) sirloin. ~**chir·urˌgie** *f med.* lung surgery. ~ˌ**egel** *m zo.* lung fluke. ~**em·boˌlie** *f med.* pulmonary embolism. ~**em·phyˌsem** *n* pulmonary emphysema. ~**entˌzün·dung** *f* inflammation of the lungs, pneumonia. ~**erˌwei·te·rung** *f* dilatation of the lungs, pulmonary emphysema. ~ˌ**fach-ˌarzt** *m* lung specialist. ~ˌ**fäu·le** *f vet.* dry rot, bane. ~ˌ**fisch** *m* **1.** lungfish, dipnoan. **2.** lepidosiren. ~ˌ**flü·gel** *m anat.* lung, pulmonary lobe, lobe of the lungs; **linker (rechter)** ~ left (right) lung. ~**ganˌgrän** *f, a. n* gangrene of the lung, gangrenous pneumonia. ~**ha-ˌschee** *n* hash (made) of calf's lights. ~ˌ**heilˌanˌstalt** *f* tuberculosis sanatorium (*bes. Am.* sanitarium). ~**inˌfarkt** *m* pulmonary infarct. ≗ˌ**krank** *adj* suffering from (a) lung disease, consumptive, tuberculous. ~ˌ**kran·ke** *m, f* ⟨-n; -n⟩ person suffering from (a) lung disease (*od.* tuberculosis), tuberculosis patient. ~ˌ**krank·heit** *f* → Lungenleiden. ~ˌ**kraut** *n bot.* lungwort. ~ˌ**krebs** *m med.* cancer of the lungs, lung cancer. ~ˌ**lap·pen** *m anat.* lobe of the lung. ~ˌ**lei·den** *n* disease of the lungs, pulmonary (*od.* lung) disease, lung trouble. ≗ˌ**lei·dend** *adj* → lungenkrank. ~ˌ**pest** *f* pneumonic plague. ~ˌ**reiz-ˌstoff** *m mil.* lung irritant. ~ˌ**riß** *m med.* lung rupture. ≗ˌ**schä·di·gend** *adj* harmful to the lungs. ~ˌ**schlag** *m med.* pulmonary embolism. ~ˌ**schlagˌader** *f* pulmonary artery. ~ˌ**schnecke** (*getr.* **-k·k-**) *f zo.* pulmonate mollusc. ~**spe·ziaˌlist** *m* → Lungenfacharzt. ~ˌ**spit·ze** *f anat.* apex of the lung. ~ˌ**spit·zen·kaˌtarrh** *m med.* (pulmonary) apicitis. ~ˌ**tie·re** *pl* animals breathing through (the) lungs. ~**tu·ber·kuˌlo·se** *f med.* tuberculosis (of the lungs), pulmonary tuberculosis. ~ˌ**zug** *m* inhalation; **e-n** ~ **machen** inhale.

ˈ**Lun·ge·rer** *m* ⟨-s; -⟩ *obs.* loafer, loiterer. **lun·gern** [ˈlʊŋərn] *v/i* ⟨h⟩ **1.** loaf (*od.* loiter, hang) about. **2. nach e-r Sache** ~ be out for s. th.

Lun·ker [ˈlʊŋkər] *m* ⟨-s; -⟩ *metall. im Gußstück*: shrinkhole; *im Stahlblock*: pipe, piping; *als Gaseinschluß*: blowhole; ~**bildung** *f im Gußstück*: shrinking, *im Stahlblock*: piping. **lun·kern** [ˈlʊŋkərn] *v/i* ⟨h⟩ *beim Guß*: shrink; *beim Stahlblock*: pipe.

Lun·te [ˈlʊntə] *f* ⟨-; -n⟩ **1.** *mil. tech.* fuse, slow match, match cord; **die** ~ **ans Pulverfaß legen** *a. fig.* put the fuse to the powder keg; *fig. colloq.* ~ **riechen** smell a rat, get wind of it. **2.** *hunt. e-s Fuchses*: brush, tail. ˈ**Lun·tenˌschloß** *n mil. hist. e-r Muskete*: matchlock.

Lu·pe [ˈluːpə] *f* ⟨-; -n⟩ *opt. phys.* a) magnifying glass, magnifier, b) (*Lese*≗) reading glass, (*Taschen*≗) pocket-lens; **et. mit der** ~ **betrachten** look at s. th. through (*od.* under) a magnifying glass; *fig.* **et. (j-n) unter die** ~ **nehmen** scrutinize (*od.* examine) s. th. (s. o.) closely. ˈ**lu·penˌrein** *adj* **1.** *Diamant etc*: flawless. **2.** *colloq. Geschäft etc*: perfectly honest, *Vergangenheit etc*: spotless; **das ist nicht ganz** ~ there's s. th. fishy about it.

lup·fen [ˈlʊpfən], **lüp·fen** [ˈlʏpfən] *v/t* ⟨h⟩ *dial.* lift *s. th.*, raise *s. th.* (slightly).

Lu·pi·ne [luˈpiːnə] *f* ⟨-; -n⟩ *bot.* lupin(e).

Lup·pe [ˈlʊpə] *f* ⟨-; -n⟩ *metall.* puddle ball. ˈ**lup·pen** *v/t* ⟨h⟩ ball. ˈ**Lup·pen-ˌei·sen** *n metall.* ball (*od.* puddled) iron.

Lu·pu·lin [lupuˈliːn] *n* ⟨-s; *no pl*⟩ *chem.* lupulin. ≗ˌ**sau·er** *adj* lupul(in)ic. ~ˌ**säu·re** *f* lupul(in)ic acid.

Lu·pus [ˈluːpʊs] *m* ⟨-; -(se)⟩ **1.** (*Hautkrankheit*) lupus (vulgaris). **2.** ⟨*only sg*⟩ (*Sternbild*) Lupus.

Lurch [lʊrç] *m* ⟨-(e)s; -e⟩ *zo.* amphibian. ~ˌ**fisch** *m* → Lungenfisch.

Lu·si·ta·ner [luziˈtaːnər] *m* ⟨-s; -⟩, **lu·siˈta·nisch** *adj geogr.* Lusitanian.

Lust [lʊst] *f* ⟨-; ⸚e⟩ **1.** ⟨*only sg*⟩ (*Wunsch, Bedürfnis etc*) inclination, desire, liking, wish, fancy; ~ **haben, et. zu tun** feel like doing s. th., have a (great) mind to do s. th., be in the mood for doing s. th.; **ich hätte beinahe** (*od.* **nicht übel**) ~**, ihn hinauszuwerfen** I feel very much like throwing him out, I have half a mind to throw him out; **ich habe keine ~ dazu** I don't feel like it, I am not in the mood for it, I am not keen on it, I don't care to do it; **ich habe k-e** (*od.* **nicht die geringste**) (**wenig**) ~**, ihm zu helfen** I don't feel in the least (I feel hardly) inclined to help him; **ich habe k-e ~ mehr** (**zu arbeiten**) a) I don't feel like working any longer, b) *endgültig*: I have had enough, I am fed up with working; **mir ist die ~ vergangen!** I no longer feel like it!, I have had enough!; **dem ist die ~** (**am Trinken**) **für immer vergangen** he is cured for good (of drinking); **er zeigte k-e ~ zu arbeiten** he showed no desire to work; **er hat zu nichts ~** he doesn't want to do anything; **er hatte ~** (*od. lit.* **es wandelte ihn die ~ an**) **spazierenzugehen** he felt in the mood for a walk; **je nach ~ und Laune** as you like (it), (just) as the fancy takes you; **ich habe k-e ~ dazu** I don't care for it, I am not keen on it; **wer ~ hat, kann bei dem Spiel mitmachen** anyone who feels like (*od.* pleases) may join the game. **2.** ⟨*only sg*⟩ (*Vergnügen*) pleasure, delight, joy; **es ist e-e ~ zu sehen, wie** it is a pleasure to see how; ~ **an e-r Sache haben** enjoy s. th., take a delight in s. th., *colloq.* get a kick out of s. th.; **es bereitet ihm große ~** it gives him great pleasure, it is a real pleasure for him; **es ist e-e wahre ~, diese Blumen zu betrachten** it is a real pleasure (*od.* treat) to see these flowers; **er arbeitet, daß es e-e ~ ist** it is a delight to see him work; **mit ~ und Liebe bei e-r Sache sein, et. mit ~ und Liebe tun** do s. th. with heart and soul, put one's whole heart into s. th. **3.** ⟨*only sg*⟩ (*Interesse*) interest; **alle ~ an e-r Sache verlieren** lose all enthusiasm for (*od.* interest in) s. th.; **ich habe wieder ~ an der Arbeit bekommen** I have taken new interest in my work; **j-m die ~ zu e-r Sache nehmen** make s. o. lose all interest in s. th., put s. o. off s. th.; **j-m ~ zu e-r Sache machen** a) rouse s. o.'s interest in s. th., b) give s. o. a desire (*od.* taste) for s. th., make s. o. want (*od.* keen) to do s. th. **4.** ⟨*only sg*⟩ appetite (**auf** *acc* for), (*Verlangen*) longing, craving; **ich habe** (*od.* **hätte**) ~ **auf Kuchen** I should like to have a piece of cake now, *colloq.* I feel like cake. **5.** *psych.* pleasure; (*sinnliche Begierde*) (carnal) desire, lust, sexual desire (*od.* appetite); (*Lustgefühl*) (sensual *od.* sexual) pleasure, lust; **s-r ~ frönen** (**nachgeben**) indulge (give in to) one's passions (*od.* vices).

ˈLust·bar·keit *f* ⟨-; -en⟩ **1.** amusement, entertainment, diversion; **öffentliche ~** public entertainment. **2.** (*Veranstaltung*) festivity, fête, merry-making, revels *pl.*

ˈlust|beˌtont *adj psych. Verhalten etc*: hedonistic, pleasure-seeking. **≈empˌfin·dung** *f* pleasant sensation.

lü·sten [ˈlʏstən] *v/impers* ⟨h⟩ *obs. for* **gelüsten.**

Lu·ster [ˈlʊstər] *m* ⟨-s; -⟩ *Austrian for* Lüster 1.

Lü·ster [ˈlʏstər] *m* ⟨-s; -⟩ **1.** (*Kronleuchter*) chandelier, lust/re (*Am.* -er). **2.** (*Glasur*) (metallic) lust/re (*Am.* -er). **3.** (*Glanzeffekt von Textilien*) gloss, shine.

lü·stern [ˈlʏstərn] *adj Person, Gedanke etc*: lascivious, lustful, lewd, lecherous, wanton, *lit.* prurient, concupiscent; ~ **sein auf** (*acc*) (*od.* **nach**) **et.** be greedy of (*od.* for) s. th., crave (*od.* lust) for s. th., covet s. th.; **j-n nach** (*od.* **auf** *acc*) **et. ~ machen** whet (*od.* stimulate) s. o.'s appetite (*od.* desire) for s. th. **≈heit** *f* ⟨-; *no pl*⟩ **1.** lasciviousness, lustfulness, lewdness, lechery, wantonness, *lit.* pruriency, concupiscence. **2.** (*Gierigkeit*) greediness.

ˈlust|er|ˌre·gend *adj* **1.** sexually stimulating, erogenous. **2.** stimulating one's desire, titillating. **≈ˌfahrt** *f* pleasure cruise (*od.* trip, excursion). **≈ˌgar·ten** *m hist.* pleasure ground(s *pl*) (*od.* garden). **≈geˌfühl** *n* pleasurable sensation, sensation of pleasure. **≈geˌwinn** *m psych.* pleasure gain. **≈ˌgreis** *m colloq.* dirty old man, old lecher. **≈ˌhaus** *n* **1.** summer-house. **2.** *obs.* brothel.

ˈlu·stig I *adj* **1.** (*fröhlich*) merry, cheerful, gay, jolly, hilarious; **ein ~er Bursche** a jolly (*od.* cheerful) fellow; **ein ~er Abend** a gay (*od.* jolly) evening; **Wein macht ~** wine makes merry; **immer ~!** cheer up!; **nur immer ~ zu!** don't hesitate!; **nun aber ~!** look sharp!, *sl.* step on it!; **sich über j-n ~ machen** make fun of s. o., ridicule s. o.; *iro. colloq.* **du bist aber** (*od.* **ja**) ~ you must be mad (*od.* off your rocker); *thea.* **die ≈ Person** the clown (*od.* fool, harlequin). **2.** (*unterhaltsam, heiter*) droll, amusing, funny (*man, story, etc*); (*komisch*) humorous, comical; (*ausgelassen*) rollicking, hilarious; **er ist immer ~** he is always full of fun; *iro.* **das ist ja ~!** that's just dandy!; **es war sehr ~** it was great fun; *iro.* **das ist aber ~!** very funny!; **das kann ja ~ werden!** nice prospects!; **ein ~er Streich** a lark, a frolic; **e-e ~e Stupsnase** a funny snub nose. **3.** (*gemütlich*) cheerful, convivial. **II** *adv* **4.** gaily, merrily (*etc*); ~ **und munter** happily and gaily; **das Feuer prasselte ~** the fire crackled cheerfully (*od.* merrily); ~ **und in Freuden leben** lead a gay and happy life; **dort geht es aber ~ zu** they are having great fun (*od.* a good time of it); *colloq.* **nur zu, ~ drauflos!** go ahead, don't hesitate!; **sie schlugen ~ drauflos** they flailed away lustily (*od.* with gusto). **≈keit** *f* ⟨-; *no pl*⟩ **1.** gaiety, merriment, jollity. **2.** (*Unterhaltsamkeit*) drollness, funniness. **3.** (*Komik*) funniness, comicality. **4.** cheerfulness, conviviality.

ˈLust|ˌjacht *f colloq.* pleasure yacht. **~ˌkna·be** *m* catamite.

ˈLüst·ling *m* ⟨-s; -e⟩ voluptuary, libertine, debauchee, lecher, rake; *iro.* **du alter ~!** you old lecher!

ˈlust|los *adj* **1.** listless, apathetic. **2.** *Börse*: dull, lifeless, inactive, *Tendenz etc*: slack, listless. **≈lo·sig·keit** *f* ⟨-; *no pl*⟩ **1.** listlessness, apathy. **2.** *econ.* dullness, slackness, listlessness. **≈ˌmolch** *m colloq.* lecher, sex maniac. **≈ˌmord** *m* sex murder. **≈ˌmör·der** *m* sex murderer (*od.* killer). **≈obˌjekt** *n* sex object. **≈prinˌzip** *n psych.* pleasure principle. **≈ˈLust|ˌschloß** *n hist.* pleasure palace. **~ˌseu·che** *f med.* syphilis. **~ˌspiel** *n thea.* comedy; **ein musikalisches ~** a musical comedy. **~ˌspielˌdich·ter** *m* comic playwright. **~ˌspielˌfilm** *m* film comedy. **~ˌtrieb** *m* libido. **≈ˌwan·deln** *v/i* ⟨*insep*, **ge-**, **sein**⟩ *lit.* take a stroll, promenade.

Lu·te·om [luteˈoːm] *n* ⟨-s; -e⟩ *med.* luteoma.

Lu·the·ra·ner [lutəˈraːnər] *m* ⟨-s; -⟩, **lu·theˈra·nisch** *adj relig.* Lutheran.

ˈlu·therˌfeind·lich [ˈlutər-] *adj* anti-lutheran.

lu·the·risch [ˈlutərɪʃ; luˈteːrɪʃ] *adj* Lutheran; **~e Kirche** Lutheran Church; **≈er Weltbund** Lutheran World Federation.

Lu·the·risch [ˈlutərɪʃ] *adj* Luther's; **die ~e Bibelübersetzung** Luther's translation of the Bible.

ˈLu·thersch *adj* → **Lutherisch.**

ˈLu·ther·tum *n* ⟨-s; *no pl*⟩ Luther(an)ism.

ˈLutsch·bonˌbon *m, n* boiled sweet.

lut·schen [ˈlʊtʃən] **I** *v/t* ⟨h⟩ suck (*a sweet, tablet, etc*). **II** *v/i* **an e-r Sache ~** suck s. th., *einmal*: have a suck at s. th.

ˈLut·scher *m* ⟨-s; -⟩ *colloq.* **1.** *e-r Saugflasche*: nipple, teat. **2.** → **Lutschstange. 3.** → **Schnuller. ˈLutschˌstan·ge** *f* sugar stick, stick of rock, *Am.* stick candy.

Luv [luːf] *f* ⟨-; *no pl*⟩ *mar.* windward, weather side; **nach ~ drehen** haul to the wind; **~anker** *m* weather anchor. **lu·ven** [ˈluːvən; ˈluːfən] *v/i* ⟨h⟩ *mar.* luff (up). **ˈluvˌgie·rig** *adj Schiff*: weatherly. **ˈLuvˌsei·te** *f* weather side, windward. **ˈluvˌwärts** *adv* windward, aweather, up; ~ **an e-r Sache vorbeisegeln** weather s. th.; **das Ruder nach** (*od.* **in**) **~!** helm aweather!

Lux [lʊks] *n* ⟨-; -⟩ *phys.* lux.

Lu·xa·ti·on [lʊksaˈtsi̯oːn] *f* ⟨-; **-en**⟩ *med.* dislocation, luxation.

Lu·xem·bur·ger [ˈlʊksəmˌbʊrgər] *m* ⟨-s; -⟩ Luxemb(o)urger. **ˈlu·xemˌbur·gisch I** *adj* Luxemb(o)urgian. **II** *ling.* **≈** ⟨*generally undeclined*⟩, **das ≈e** ⟨-n⟩ Luxemb(o)urgian.

lu·xie·ren [lʊˈksiːrən] *v/t* ⟨*no* **ge-**, **h**⟩ *med.* dislocate, luxate.

lu·xu·rie·ren [lʊksuˈriːrən] *v/i* ⟨*no* **ge-**, **h**⟩ *biol.* **1.** show excessive size (*od.* growth). **2.** display heterosis.

lu·xu·ri·ös [lʊksuˈri̯øːs] *adj* ⟨-er; -est⟩ luxurious, sumptuous, de luxe, *bes. Am.* deluxe.

Lu·xus [ˈlʊksʊs] *m* ⟨-; *no pl*⟩ luxury, sumptuousness, *stärker*: extravagance; **im ~ leben** live in luxury, lead a luxurious life; **e-n großen ~ treiben** a) lead a life of luxury, b) spend lavishly; **großen ~ mit e-r Sache treiben** spend an extravagant amount of money on s. th.; **das ist ein zu großer ~ für mich** that is too much of a luxury (*od.* an extravagance) for me; **sich** (*dat*) **den ~ gestatten zu** permit o. s. the luxury of; *fig.* **er kann sich den ~ e-r eigenen Meinung nicht erlauben** he cannot afford the luxury of having an opinion of his own.

ˈLu·xus ... *in Zssgn* luxury (*goods, hotel, tax, yacht, etc*), de luxe, *bes. Am.* deluxe (*edition, binding, cabin, etc*). **~arˌti·kel** *m* luxury (article), de luxe article, *pl a.* luxury goods. **~ˌausˌfüh·rung** *f* de luxe (*od.* deluxe) model (*od.* finish, style); **ein Auto in ~** a de luxe car. **~ˌdampˌfer** *m* luxury liner. **~ˌeinˌband** *m e-s Buches*: de luxe (*od.* deluxe) binding. **~ˌle·ben** *n* life of luxury, luxurious (*od. stärker*: extravagant) life. **~re·stauˌrant** *m* high-class restaurant, de luxe (*od.* deluxe) restaurant. **~ˌwa·gen** *m mot.* luxury car, de luxe (*od.* deluxe) model. **~ˌzug** *m* pullman (*od.* Pullman) (express train).

Lu·zer·ne [luˈtsɛrnə] *f* ⟨-; **-n**⟩ *bot.* lucern(e), Spanish trefoil.

lu·zid [luˈtsiːt] *adj lit.* **1.** *psych.* lucid. **2.** (*durchsichtig*) transparent. **Lu·zi·diˈtät** [-tsidiˈtɛːt] *f* ⟨-; *no pl*⟩ **1.** lucidity, (*Hellsehen*) *a.* clairvoyance. **2.** *lit.* transparence.

Lu·zi·fer [ˈluːtsifɛr] *npr m* ⟨-s; *no pl*⟩ **1.**

relig. Satan, Lucifer. **2.** *poet. astr.* Lucifer, Phosphorus. **lu·zi·fe·risch** [lutsiˈfeːrɪʃ] *adj* Luciferian.

Lya·se [lyˈaːzə] *f* ‹-; -n› *chem.* lyase.

Lyd·dit [lʏˈdiːt; -ˈdɪt] *n* ‹-s; *no pl*› *chem.* lyddite.

Ly·dit [lyˈdiːt; -ˈdɪt] *m* ‹-(e)s; -e› *min.* Lydian stone, touchstone.

lym·pha·tisch [lymˈfaːtɪʃ] *adj physiol.* lymphatic.

ˈ**Lymph|ˌbahn** *f physiol.* lymph channels *pl.* ~ˌ**drü·se** *f anat.* lymph gland (*od.* node).

Lym·phe [ˈlymfə] *f* ‹-; -n› **1.** lymph. **2.** (*Impfstoff*) vaccine (lymph).

ˈ**Lymph|geˌfäß** *n anat.* lymphatic (vessel); ~**entzündung** *f med.* lymphangitis; ~**system** *n* lymphatic system. ~ˌ**knöt·chen** *n* lymphatic nodule. ~ˌ**kno·ten** *m* lymph node.

Lym·pho|cyt [lʏmfoˈtsyːt] *m* ‹-en; -en› *meist pl* lymphocyte. ~**gra·nu·ˈlom** [-granuˈloːm] *n* ‹-(e)s; -e› *med.* lymphogranuloma. ≗ˈ**id** [-ˈiːt] *adj physiol.* lymphoid. ~ˈ**zyt** [-ˈtsyːt] *m* ‹-en; -en› *meist pl* → **Lymphocyt.**

ˈ**Lymph|syˌstem** *n physiol.* lymphatic system. ~ˌ**we·ge** *pl* lymph channels *pl.*

lyn·chen [ˈlʏnçən; ˈlɪnçən] *v/t* ‹h› lynch.

ˈ**Lynch·juˌstiz** *f* lynch law; ~ **üben** lynch, resort to lynch law.

Ly·ra [ˈlyːra] *f* ‹-; -ren› **1.** *mus.* a) *hist.* (*Leier*) lyra, lyre, b) *am Flügel:* lyre (assembly), c) glockenspiel. **2.** *astr.* Lyra.

Ly·rik [ˈlyːrɪk] *f* ‹-; *no pl*› **1.** *Literatur:* (lyric) poetry. **2.** *mus.* lyricism.

ˈ**Ly·ri·ker** [-rikər] *m* ‹-s; -› (lyric) poet.

ˈ**ly·risch** *adj Dichtung, Dichter etc, a. mus.:* lyric; *Passagen in Roman, Musikstück etc:* lyrical; ~**es Drama** lyrical drama; ~**-dramatisch** lyrico-dramatic; in ~**er Stimmung** in a lyrical mood; *colloq.* (ganz) ~ **werden** wax (quite) lyrical; *iro.* ~**e Ergüsse** lyrical outbursts. **Ly·ris·mus** [lyˈrɪsmʊs] *m* ‹-; -men› *mus.* lyr(ic)ism.

Lysˈergˌsäu·re [lyˈzɛrk-] *f chem.* lysergic acid.

Ly·sin [lyˈziːn] *n* ‹-s; -e› **1.** *meist pl biol.* lysin. **2.** ‹*only sg*› *chem.* lysine.

Ly·sis [ˈlyːzɪs] *f* ‹-; -sen› *med.* lysis.

Ly·sol [lyˈzoːl] (*TM*) *n* ‹-s; *no pl*› *chem. med.* lysol.

Ly·so·zym [lyzoˈtsyːm] *n* ‹-s; -e› *biol.* lysozyme.

ly·tisch [ˈlyːtɪʃ] *adj biol.* lytic.

Ly·ze·um [lyˈtseːʊm] *n* ‹-s; -zeen› **1.** *ped. obs.* secondary school for girls (emphasizing modern languages). **2.** *antiq.* lyceum.

M

M, m [ɛm] *n* ⟨-; -⟩ (*Buchstabe*) M, m.

Mä·an·der [mɛˈandər] *m* ⟨-s; -⟩ *geogr. Kunst*: meander. **mäˈan·drisch** [-drɪʃ] *adj* meandering, winding.

Maar [maːr] *n* ⟨-(e)s; -e⟩ *geol.* maar.

Maat [maːt] *m* ⟨-(e)s; -e(n)⟩ *mar.* (ship's) mate. **ˈMaat·je** [-tjə] *m* ⟨-n; -n⟩ *dim. of* Maat. **ˈMaat·schaft** *f* ⟨-; -en⟩ (ship's) crew.

Mach [max] *n* ⟨-(s); -⟩ *aer. phys.* Mach (number).

ˈMach|ˌart *f* **1.** *e-s Kleides etc*: make, style. **2.** *e-s Möbels etc*: design, shape. **3.** *e-s Films etc*: type. **2ˌbar** *adj* feasible, practicable. **~ˌbarˌkeit** *f* feasibility.

ˈMa·che *f* ⟨-; *no pl*⟩ *colloq.* **1.** making; **in der ~ sein** be in the making, be in hand; **et. in der ~ haben** have s. th. in hand; **et. in die ~ nehmen** take s. th. in hand. **2. j-n in die ~ nehmen** give s. o. hell, (*verprügeln*) *a.* work s. o. over, (*ausschimpfen*) blow s. o. up. **3.** (*Täuschung, Theater*) sham, play-acting, make-believe, (*fauler Zauber*) eyewash, show, (*Trick*) trick.

ma·chen [ˈmaxən] **I** *v/t* ⟨h⟩ **1.** (*anfertigen, herstellen*) make, manufacture, produce; **Filme ~** make (*od.* produce) films; **e-n Anzug ~** make (up) a suit; **Butter (Wurst) ~** make butter (sausage). **2.** (*zubereiten*) make (*coffee, pancakes, etc*), prepare; **ich muß erst das Essen ~** I have to make (*od.* cook) (the) dinner first. **3.** (*in Ordnung bringen*) do, put *s. th.* in order; **das Zimmer ~** do (*od.* clean) the room; **das Bett ~** make the bed; **sich** (*dat*) **das Haar ~** do (*od.* dress) one's hair; **den Fernseher ~ lassen** have the television set seen to (*od.* repaired, put in order); **die Stube muß neu gemacht werden** the living-room has got to be (re)done. **4.** (*tun*) do; **was macht er?** a) what is he doing?, b) *beruflich*: what does he do for a living?, c) (*wie geht's ihm?*) how is he (getting on)?; **was machst du da?** what are you doing there?, what are you up to?; *colloq.* **ich mach's!, wird gemacht!** okay I'll do it!, *sl.* will do!; **~ wir!** agreed!, let's!; **mach, was du willst** do as you please!, take it or leave it!; **was soll ich damit ~?** what am I to do with it?; *colloq.* **wie man's macht, ist es falsch** (*od.* **verkehrt**) whatever one does, it's (always) wrong!; **mach's gut** a) (*Abschiedsgruß*) take care of yourself!, good-bye!, *bes. Br.* cheerio!, b) good luck!; **das läßt sich ~** that can be done (*od.* arranged); **so et. macht man nicht!** that isn't done!; **das macht man so!** that's the way to do it!, that's how it is done!; **da ist nichts zu ~!** nothing doing!, not a hope!, *Am. sl.* no soap!; **dagegen kann man nichts ~, dagegen ist nichts zu ~** you can't do a thing about it, it cannot be helped; **was soll ich nur ~?** what am I to do?; **er kann mit ihm ~, was er will** he can do what he likes with him; **mit mir kann man's ja ~** I just get pushed around; **sie läßt alles mit sich ~** she submits to (*od.* puts up with) everything. **5.** (*niederschreiben*) write, make, compose (*poems, etc*); **Notizen ~** make notes; **ein Komma ~** put a comma. **6.** *colloq.* (*leben*) last; **wie lange kann er's noch ~?** how much longer can he last? **7.** (*fertigbringen*) manage; **wie haben Sie das (nur) gemacht?** how did you manage (*od.* do) that?; **das mache ich schon** leave it to me; **das läßt sich leicht (nicht) ~** that can easily (cannot) be done. **8. et. aus e-r Sache ~** a) make s. th. of (*od.* from) s. th., b) turn (*od.* convert) s. th. into s. th.; **Flaschen aus Glas ~** make bottles (out) of glass; **Brot aus Mehl ~** make bread from flour; **der Tisch ist aus Eiche gemacht** the table is made of (*od.* in) oak; **aus e-m Roman e-n Film ~** turn a novel into a film; **aus dem Fußball ein Geschäft ~** turn soccer into big business; **e-e Garage zum Hobbyraum ~** convert a garage into a hobby-room. **9.** (*in e-n Zustand versetzen*) make, render (*s. o. helpless, etc*); **j-n gesund ~** make s. o. well, restore s. o. to health; **j-n glücklich ~** make s. o. happy; **j-n weinen ~** make s. o. cry; **das Kleid macht sie jünger** the dress makes her (look) younger. **10.** *colloq.* **j-n zu et. ~** a) make s. o. s. th., b) turn s. o. into s. th.; **er machte sie zu s-r Frau** he made her his wife; **j-n zum Gefangenen ~** take s. o. prisoner; **er machte ihn zum General** he made (*od.* appointed) him general. **11. et. aus j-m ~** make s. th. of s. o.; **aus j-m e-n Star ~** make a star of s. o.; **et. aus sich ~** a) make s. th. of o. s., b) make the most of o. s.; **e-n anderen Menschen aus j-m ~** change s. o. completely. **12. et. zu e-r Sache ~** a) make s. th. s. th., b) turn s. th. into s. th.; **et. zu Geld ~** turn (*od.* convert) s. th. into money. **13.** (*verursachen*) give, cause; **das macht Appetit** that gives you a good appetite; **das macht Durst** that makes you thirsty; **das macht das Wetter!** it's the weather! **14.** *colloq.* do; **hast du schon et. gemacht?** have you done anything yet?; **ins Bett ~** a) wet the bed, b) dirty (*od.* soil) the bed. **15.** *colloq.* (*aus~*) matter; **was macht das schon?** what does it matter?, what difference does it make?, so what?; **(das) macht nichts!** that doesn't matter!, never mind! **16.** *colloq.* **das macht ihm nichts** a) it doesn't worry (*od.* bother) him, b) he doesn't mind; **das Gerede macht mir nichts** (*od.* **wenig**) I don't mind (*od.* care about) the gossip; **was macht mir das!** I couldn't care less; **es macht ihm nichts, allein zu reisen** he doesn't mind travel(l)ing alone. **17. sich** (*dat*) **et. (nichts) aus e-r Sache ~** a) (not to) care (*od.* worry) about s. th., b) *aus Speisen etc*: (not to) care for s. th.; **~ Sie sich nichts aus dem Gerede** don't let the gossip worry you; **mach dir nichts daraus!** don't worry!, don't take it to heart!; **er macht sich nicht viel aus Spargel** he doesn't care much for asparagus. **18. sich** (*dat*) **et. (nichts) aus j-m ~** (not to) care for s. o. **19.** *colloq.* (*ergeben*) be; **4 mal 5 macht 20** four times five is twenty; **hundert Pfennig ~ eine Mark** a hundred pfennigs make (*od.* go to) one mark; **was** (*od.* **wieviel**) **macht das?** a) how much is it?, b) how much does it cost?; **was macht die Rechnung?** how much does the bill come to?; **4800 Mark im Jahr, das macht 400 Mark pro Monat** 4,800 marks a year, that is 400 marks a month. **20.** *colloq.* (*bewirken*) make; **mach, daß ich reich werde** make me rich, let me get rich; **mach, daß er sich ärgert** make him (get) angry. **21.** *colloq.* a) (*spielen*) play, b) (*fungieren als*) be, act as; **wer macht den Hamlet?** who is playing (*od.* is taking the part of, does) Hamlet?; **den Narren (Weihnachtsmann) ~** play the fool (Father Christmas, Santa Claus); **den Schiedsrichter ~** be referee. **22.** *Spiel, Sport*: a) (*Punkte, Tore*) score, b) *Billard*: (*Ball*) make, hole, pocket. **23.** → **Anfang** (*etc*). **24.** → **aufmerksam** (*etc*). **II** *v/reflex* **sich ~ 25.** *colloq.* a) *Arbeit etc*: come on (*od.* along) (well), get on (well), b) *Person*: make progress, be getting on (well), shape up well; **wie macht sich dein Garten?** how's your garden coming on (*od.* along)?; **die Sache macht sich** things are shaping up well (*od.* are looking up); **es wird sich schon ~** it will come right; **er macht sich** *Kranker*: he is making good progress, he's getting on nicely, he's on the mend; **er macht sich jetzt sehr gut in der Schule (in Latein)** he has begun to come along very nicely at school (in Latin). **26.** *colloq.* **sich gut ~** *Sache*: be (*od.* look) just right, be (very) suitable (**als** as); **das Bild macht sich gut da** the picture looks just right there; **er würde sich gut als Lehrer ~** he would make a good teacher. **27. sich an e-e Sache ~** set about doing s. th., tackle s. th.; **sich an die Arbeit ~** set (*od.* get down) to work. **28. sich (un)beliebt ~** make o. s. (un)popular; **sie macht sich besser als sie ist** she pretends to be better than she is; → **anheischig** (*etc*). **III** *v/i* **29.** *colloq.* (*dafür sorgen*) see; **macht, daß ihr bald zurück seid!** see that you are back soon!; **mach, daß du fortkommst!** off with you!, get (the hell) out of here!, *sl.*

scram! **30.** *colloq.* (*sich beeilen*) hurry (up); **mach doch!, mach schnell!, mach schon!** hurry up!, go on!, come along!, make it snappy!, get a move on!; **ich mach' ja schon!** I am hurrying! **31.** (*tun*) do; **laß ihn nur ~** a) let him do as he pleases, b) just leave it to him. **32.** *colloq.* **in e-r Sache ~** a) deal in s. th., sell s. th., b) dabble in s. th., *colloq.* be into s. th.; **er macht in Küchengeräten** he deals in kitchen equipment; **in Literatur (Politik) ~** dabble in literature (politics); **er macht jetzt in abstrakter Kunst** he's into abstract art now; **sie macht jetzt in Liebenswürdigkeit** she tries it the charming way now. **33.** *Eastern G. dial.* go; **über die Grenze ~** cross the border. **34.** → **gemacht. IV** ≈ *n* ⟨-s⟩ **35.** making (*etc*). **36.** *Mode*: (*Anfertigung*) making.

ˈ**Ma·chen·schaft** *f* ⟨-; -en⟩ *meist pl* machination, intrigue, *bes. pol. colloq.* wire-pulling, dealings *pl*; **dunkle** (*od.* **unlautere**) **~en** underhand practices, shady dealings.

ˈ**Ma·cher** *m* ⟨-s; -⟩ **1.** *rare* maker, producer. **2.** doer; **er ist ein ~, kein Schwätzer** he is a doer, not a talker. **3.** prime mover, mastermind. **~ˌlohn** *m* making-up charge.

Ma·che·te [maˈtʃeːtə] *f* ⟨-; -n⟩ machete.

Ma·chia·vel|lis·mus [makĭavɛˈlɪsmʊs] *m* ⟨-; *no pl*⟩ *pol.* Machiavelli(ani)sm. **~ˈlist** [-ˈlɪst] *m* ⟨-en; -en⟩, **≈ˈli·stisch** *adj* Machiavellian.

Machsch [maxʃ] *adj aer. phys.* **~e Zahl** Mach (number).

Macht [maxt] *f* ⟨-; ≈e⟩ **1.** ⟨*only sg*⟩ power, might; **ich will alles tun, was in m-r ~ steht** I will do everything (with)in my power; **mit aller ~** with all his (her, *etc*) might; **s-e ganze ~ aufbieten** exert (*od.* use) all one's power. **2.** ⟨*only sg*⟩ (*Herrschaft, Einfluß etc*) (**über** *acc*) power (over), sway, hold (over, on, upon), control (over, of); **politische ~** political power; **die bösen Geister hatten k-e ~ über ihn** the evil spirits had no hold on him; **s-e ~ über viele Länder ausüben** hold power (*od.* dominion, sway) over many countries; **j-n in s-r ~ haben** have s. o. in one's power; **ich stehe in d-r ~** I am in your power; **~ über j-n gewinnen (ausüben)** gain (exercise) power over s. o.; → **Gipfel** 3. **3.** ⟨*only sg*⟩ (*Staats*≈) power; **an die ~ kommen** (*od.* **gelangen**) come into (*od.* rise to, get into) power; **an die ~ getragen werden** be carried to power; **die ~ ergreifen** seize power; **die ~ übernehmen** take over (power *od.* the reins of government); **an der ~ sein** be in power; **die ~ ausüben (mißbrauchen)** exercise (abuse one's) power; **j-m zur ~ verhelfen** help s. o. to power; **die ~ in (den) Händen halten** (*od.* **haben**) hold the power in one's hands, be at the controls. **4.** ⟨*only sg*⟩ (*machtvoller Einfluß*) power (*of love, of the press, etc*); **die ~ der Gewohnheit (der Verhältnisse)** the force of habit (circumstances); **e-e geistige ~** a spiritual power; **k-e ~ der Welt konnte mich bewegen, das zu tun** nothing in the world could induce me to do that. **5.** ⟨*only sg*⟩ (*~befugnis*) authority; **aus eigener ~ handeln** act on one's own authority. **6.** (*höhere od. geheimnisvolle Kraft*) power, force; **böse Mächte** evil powers (*od.* forces); **e-e höhere ~** a superior power; **die himmlischen Mächte** the heavenly powers. **7.** ⟨*only sg*⟩ (*Gewalt, Kraft*) force, power, might; **die ~ e-s Schlages (e-r Explosion)** the force of a blow (an explosion); **er drückte mit aller ~** he pushed with all his might; **~ geht vor Recht** might is (*od.* before) right. **8.** (≈*volle Organisation*) power; **die Presse ist e-e ~ im Staate geworden** the press has become a power in the state; **weltliche ~** temporal power; **geistliche ~** ecclesiastical power. **9.** ⟨*only sg*⟩ (*Streit*≈) force(s *pl*); **der Feind griff mit e-r großen ~ an** the enemy attacked in great force; **mit bewaffneter ~** with armed forces. **10.** *pol.* power; **kriegführende Mächte** belligerent powers; **e-e fremde ~** an alien power. **11.** *pl relig.* (*6. Ordnung der Engel*) Powers.

ˈ**Macht|ˌanˌhäu·fung** *f* concentration (*od.* accumulation) of power. **~ˌanˌspruch** *m* claim to power. **~apˌpaˌrat** *m* machinery of power. **~beˌfug·nis** *f* power, authority; *weitS.* privilege; **j-m ~se übertragen** delegate powers to s. o. **~beˌreich** *m bes. pol.* sphere of influence. **~ˌblock** *m pol.* power bloc. **~erˌgrei·fung** *f* seizure (*od.* assumption) of power, accession to power, take-over. **~ˌfak·tor** *m* power factor. **~ˌfül·le** *f* (abundance of) power, immense power. **~geˌfü·ge** *n* power structure. **~geˌfühl** *n* feeling (*od.* sense) of power. **~ˌgier** *f* lust (*od.* hunger) for power. **≈ˌgie·rig** *adj* power-hungry; **~ sein** *a.* lust for (*od.* after) power. **~ˌgrup·pe** *f econ. pol.* pressure group. **~ˌha·ber** [-ˌhaːbər] *m* ⟨-s; -⟩ **1.** ruling power, ruler; **die ~ im Kreml** the ruling powers (*od.* the powers-that-be) in the Kremlin. **2.** head of (the) state. **3.** dictator, despot, potentate. **≈ˌha·be·risch** *adj* dictatorial, despotic. **~ˌhun·ger** *m* → Machtgier. **≈ˌhung·rig** *adj* → **machtgierig**.

mäch·tig [ˈmɛçtɪç] **I** *adj* **1.** powerful, mighty (*enemy, ruler, etc*); **ein ~er Herrscher (Feind)** a powerful ruler (enemy); **e-e ~e Nation (Flotte)** a mighty nation (fleet); **ein ~es Reich** a powerful empire. **2.** (*kraftvoll, stark*) powerful, strong, mighty; **ein ~er Schlag (Wille, Wuchs)** a powerful blow (will, build); **e-e ~e Stimme** a powerful voice; **ein ~er Bursche** *colloq.* a hefty fellow. **3.** (*gewaltig, riesig*) huge, enormous; **~e Bäume (Wellen)** mighty trees (waves). **4.** (*weit*) immense, vast (*ocean, forest, etc*). **5.** *colloq.* (*riesig*) tremendous, terrific, fantastic; **~es Glück haben** have tremendous luck, be damn lucky; **~en Spaß haben** have great fun. **6. e-r Sache ~ sein** have control (*od.* command) over s. th., have command of s. th.; **e-r Sprache ~ sein** have command of a language; **s-r selbst** (*od.* **s-r Sinne**) **nicht ~ sein** have no control over o. s., be out of one's senses (*od.* mind). **7.** *Bergbau*: *Flöz*: thick. **II** *adv* **8.** *colloq.* (*sehr, überaus*) tremendously, mighty (*clever, proud, etc*); **~ viel** an awful (*od.* a tremendous) lot (of); **sich ~ amüsieren** enjoy o. s. tremendously, have a great time; **er ist ~ gewachsen** he has grown a lot, he has shot up; **ich erschrak ~** I was terribly frightened.

ˈ**Mäch·ti·ge** *m* ⟨-n; -n⟩ powerful (*od.* mighty) person; **die ~n dieser Welt** the powerful (*od.* mighty) of this world.

ˈ**Mäch·tig·keit** *f* ⟨-; *no pl*⟩ **1.** powerfulness, mightiness. **2.** *Bergbau*: *e-s Flözes*: thickness. **3.** *math.* cardinality.

ˈ**Mäch·tig·keitsˌsprin·gen** *n Reitsport*: puissance.

ˈ**Macht|in·struˌment** *n* instrument of power. **~ˌkampf** *m* struggle for power. **≈ˌlie·bend** *adj* power-loving. **≈los** *adj* **1.** powerless. **2.** helpless, powerless (**gegen** in the face of); **da bist du ~,** *colloq.* **da stehst du ~ vis-à-vis** there is nothing you can do. **~lo·sig·keit** *f* ⟨-; *no pl*⟩ powerlessness, *weitS. a.* helplessness. **~ˌmit·tel** *n* instrument of power. **~po·liˌtik** *f* power politics *pl* (*a. als sg konstruiert*). **~poˌli·ti·ker** *m* power politician. **≈poˌli·tisch** *adj* power-political. **~ˌpro·be** *f* trial of strength. **~ˌsphä·re** *f* → Machtbereich. **~ˌstaat** *m* totalitarian state. **~ˌstel·lung** *f* powerful position. **~ˌstre·ben** *n* striving for power. **~ˌüberˌnah·me** *f* → Machtergreifung. **~verˌtei·lung** *f* distribution of power. **≈ˌvoll** *adj* **1.** *Herrscher, Position, Stimme etc*: powerful, mighty. **2.** *Bekenntnis, Persönlichkeit etc*: impressive. **~ˌvollˌkom·men·heit** *f* complete power (*od.* authority); **aus eigener ~ handeln** act on one's own authority. **~ˌwech·sel** *m* transition of power. **~ˌwil·le** *m* will to power. **~ˌwort** *n* (word of) command, peremptory order; **ein ~ sprechen** put one's foot down, **mit j-m:** give s. o. a good talking-to. **~ˌzuˌwachs** *m* increase in power.

ma·chul·le [maˈxʊlə] *adj* ⟨*pred*⟩ *colloq.* **1.** bankrupt. **2.** tired, weary, worn out. **3.** mad, crazy.

ˈ**Machˌwerk** *n contp.* botch(-up), sorry piece of work, (*Film, Buch etc*) *a.* (miserable) concoction.

ˈ**Machˌzahl** *f aer. phys.* Mach (number).

Macke (*getr.* **-k·k-**) [ˈmakə] *f* ⟨-; -n⟩ **1.** *colloq.* **e-e ~ haben** a) be nuts, be off one's rocker, b) (*e-n Spleen*) have a kink. **2.** *dial.* dent, *im Lack etc*: flaw, *am Ei*: crack. ˈ**Macker** (*getr.* **-k·k-**) *m* ⟨-s; -⟩ *colloq.* **1.** fellow, chap, bloke. **2.** boy-friend.

Ma·da·gas·se [madaˈgasə] *m* ⟨-n; -n⟩, **Ma·daˈgas·sin** *f* ⟨-; -nen⟩, **ma·daˈgas·sisch** *adj* Malagasy, Madagascan.

Ma·dam [maˈdam] *f* ⟨-; -s *u.* -en⟩ *obs. u. humor.* madam.

Mäd·chen [ˈmɛːtçən] *n* ⟨-s; -⟩ **1.** *junges*: (young) girl, *a.* lass; *iron.* **ein spätes ~** an old maid; **sie hat ein ~ bekommen** she has had a (baby) girl. **2.** *colloq.* (*Liebste*) girl(-friend), sweetheart. **3.** (*Dienst*≈) maid(servant), girl (servant), servant (girl); **~ für alles** maid of all work, *fig. iro. a.* (general) factotum. **4.** (*Zimmer*≈) chambermaid. **5.** (*Lehr*≈) girl apprentice; (*Lauf*≈) errand girl. **~ˌal·ter** *n* girlhood; **schon im ~** when still a girl. **~gymˌna·si·um** *n* secondary school for girls. **≈haft** *adj* girlish, maidenly, *fig. a.* (*schüchtern*) bashful. **~haf·tig·keit** *f* ⟨-; *no pl*⟩ girlishness, maidenliness. **~ˌhan·del** *m* white slavery, white slave traffic. **~ˌhänd·ler** *m* white slave trader, white slaver. **~ˌheim** *n* home for young girls. **~ˌjah·re** *pl* girlhood *sg.* **~ˌna·me** *m* **1.** girl's name. **2.** (*Geburtsname*) maiden name. **~pen·sioˌnat** *n ped.* girls' boarding school. **~ˌrol·le** *f thea.* girl's part (*od.* role). **~ˌschu·le** *f* girls' school. **~ˌzeit** *f* girlhood.

Ma·de [ˈmaːdə] *f* ⟨-; -n⟩ *zo.* maggot, grub; *fig. colloq.* **wie die ~ im Speck leben** be (*od.* live) in clover.

Ma·dei·ra [maˈdeːra] *m* ⟨-s; -s⟩ (*~wein*) Madeira (wine). **~ˌholz** *n* Madeira wood.

Mä·del [ˈmɛːdəl] *n* ⟨-s; -, *colloq. u. dial.* -s *u.* -n⟩ *colloq.* girl(ie), lassie, *sl.* doll(ie), *Am. a.* chick, baby.

ˈ**Ma·den|ˌwurm** *m zo.* **1.** pinworm, threadworm. **2.** mawworm. **~ˌwurmˌkrank·heit** *f med.* oxyuriasis.

ˈ**ma·dig** *adj* **1.** maggoty, *Obst*: *a.* wormy, worm-eaten. **2.** *fig. colloq.* **j-n (et.) ~ machen** run s. o. (s. th.) down, knock s. o. (s. th.); **j-m et. ~ machen** spoil s. th. for s. o.

Ma·djar [maˈdjaːr] *m* ⟨-en; -en⟩ Magyar, Hungarian. **maˈdja·risch I** *adj*

Magyar, Hungarian. **II** *ling.* ≈ ⟨*generally undeclined*⟩, **das ≈e** ⟨-n⟩ Magyar, Hungarian.

Ma·don·na [ma'dɔna] *f* ⟨-; -nen⟩ **1.** ⟨*only sg*⟩ *relig.* Madonna. **2.** *Kunst:* Madonna.

Ma'don·nen|ˌbild *n* picture of the Virgin Mary, Madonna. **≈haft** *adj* Madonna-like. **~ˌkult** *m* worship of the Virgin Mary, *contp.* Mariolatry. **~ˌschei·tel** *m* **sie trägt e-n ~** she wears her hair parted down the middle. **~ˌsta·tue** *f* statue of the Virgin Mary, Madonna.

Ma·dre·po·re [madre'po:rə] *f* ⟨-; -n⟩ *zo.* madrepore.

Ma·dri·der [ma'drɪdər] *m* ⟨-s; -⟩ Madrilenian, Madrilene.

Ma·dri·gal [madri'ga:l] *n* ⟨-s; -e⟩ madrigal. **~ˌdich·ter** *m* madrigalist.

Mä·eu·tik [mɛ'ɔytɪk] *f* ⟨-; *no pl*⟩ *philos.* maieutic (*od.* Socratic) method.

Ma·fia ['mafĭa], **Maf·fia** ['mafĭa] *f* ⟨-; -s⟩ Maf(f)ia. **Ma·fio·so** [ma'fĭo:zo] *m* ⟨-(s); -si [-zi]⟩ maf(f)ioso.

mag [ma:k] *1 u. 3 sg pres of* **mögen**[1].

Ma·ga·zin [maga'tsi:n] *n* ⟨-s; -e⟩ **1.** (*Lagerhaus*) warehouse, store(house), depot, *Am. a.* magazine. **2.** *mil.* storage depot. **3.** (*Zeitschrift*) magazine, journal, periodical. **4.** *e-r Bibliothek:* stack (room), stacks *pl.* **5.** *e-r Handfeuerwaffe:* magazine. **6.** *e-r Werkzeugmaschine:* magazine feeding attachment. **~ge·ˌwehr** *n* magazine rifle. **~ˌsen·dung** *f* TV magazine (*od.* review) program(me *Br.*). **~ˌstrei·fen** *m mil.* clip.

Magd [ma:kt] *f* ⟨-; ⸚e⟩ **1.** (*Bauern≈*) maid, farm-girl. **2.** (*Dienst≈*) maid(servant), servant girl. **3.** *Bibl. poet.* handmaid(en). **4.** *obs. poet.* (*Mädchen*) maiden.

Mag·da·lé·ni·en [makdale'nĭɛ̃:] *n* ⟨-(s); *no pl*⟩ *archeol.* Magdalenian period.

Mag·de·bur·ger ['makdəˌburgər] *adj* of (*od.* relating to) Magdeburg; *phys.* **die ~ Halbkugeln** the Magdeburg hemispheres.

Mäg·de·lein ['mɛ:kdəlaɪn], **Mägd·lein** ['mɛ:ktlaɪn] *n* ⟨-s; -⟩ *obs. poet.* (little) maid, (little) girl, lassie.

Ma·gen ['ma:gən] *m* ⟨-s; ⸚, *a.* -⟩ **1.** stomach, belly, *colloq.* tummy; **ein schlechter (empfindlicher) ~** a bad (sensitive) stomach; **ich habe nichts im ~** I haven't got anything in my stomach; **mit vollem ~** on a full stomach; **auf nüchternen ~** on an empty stomach; *fig. colloq.* **und das auf nüchternen ~!** a) that's all it needed (*od.* wanted), b) that's more than I can stomach; **das verträgt mein ~ nicht** that upsets my stomach; **sich den ~ verderben** (*od.* **verrenken**) upset one's stomach; **ich habe mir den ~ verdorben** I have an upset stomach, I have indigestion; *colloq.* **er hat es mit dem ~** he's got s. th. wrong with his stomach; *fig.* **s-e Augen sind größer als sein ~** his eyes are bigger than his stomach; **ihm drehte sich der ~ um** (*od. colloq.* **herum**) his stomach revolted; **da(bei) dreht sich e-m ja der ~ um** that makes your stomach turn over; **j-m im ~ liegen** a) lie (heavily) on s. o.'s stomach, b) *fig.* worry s. o. (terribly), prey on s. o.'s mind; **sich j-m auf den ~ schlagen** upset s. o.'s stomach; **(die) Liebe geht durch den ~** the way to a man's heart is through his stomach. **2.** *zo.* a) stomach, maw, craw, b) *der Vögel u. Insekten:* gizzard; **erster ~** (**der Wiederkäuer**) first stomach (of ruminants), paunch, rumen; **zweiter ~** honeycomb (stomach), bonnet, reticulum; **dritter ~** manyplies *pl* (*meist als sg konstruiert*), omasum, psalterium; **vierter ~** rennet bag, abomasum.

'Ma·gen|arzˌnei *f* stomachic. **~ˌaus·ˌgang** *m anat.* pylorus. **~beˌschwer·den** *pl* stomach trouble *sg*, gastric disorders. **~ˌbit·ter** *m* bitters *pl*, bitter cordial. **~ˌblu·ten** *n*, **~ˌblu·tung** *f med.* gastric h(a)emorrhage. **~ˌbrei** *m* chyme. **~ˌbren·nen** *n med.* heartburn. **~-ˌDarm-KaˌnaI** *m* gastro-intestinal tract. **~-ˌDarm-Kaˌtarrh** *m* gastro-enteritis. **~ˌdruck** *m* ⟨-(e)s; *no pl*⟩, **~ˌdrücken** (*getr.* **-k·k-**) *n* pressure on (*od.* pain in) the stomach. **~ˌdrü·se** *f* gastric (*od.* peptic) gland. **~ˌeinˌgang** *m* entrance to the stomach, cardia. **~entˌzün·dung** *f* inflammation of the stomach, gastritis. **~erˌwei·te·rung** *f* dilation of the stomach. **~ˌfi·stel** *f* gastric fistula. **~ˌge·gend** *f* stomach region, epigastrium. **~geˌschwür** *n* gastric (*od.* stomach, peptic) ulcer. **~ˌgru·be** *f* pit of the stomach, *Boxen: a.* mark, solar plexus. **~ˌinˌhalt** *m* stomach contents *pl.* **~kaˌtarrh** *m* stomach cold (*od.* catarrh). **~ˌknur·ren** *n* rumbling (in the bowels *od.* of the stomach). **~ˌkrampf** *m* gastrospasm. **≈ˌkrank** *adj* suffering from a stomach ailment, having stomach trouble, dyspeptic. **~ˌkrank·heit** *f* stomach disease (*od.* ailment). **~ˌkrebs** *m* cancer of the stomach, stomach cancer. **~ˌlei·den** *n* gastric disorder (*od.* complaint). **≈ˌlei·dend** *adj* → **magenkrank**. **~ˌmit·tel** *n pharm.* stomachic. **~ˌmund** *m anat.* orifice of the stomach, cardia, os ventriculi. **~ope·ra·tiˌon** *f* stomach (*od.* gastric) operation. **~ˌpfört·ner** *m anat.* pylorus. **~ˌpum·pe** *f* stomach pump. **~ˌrei·zung** *f* gastric irritation. **~re·sek·tiˌon** *f* resection of the stomach, (partial) gastrectomy. **~ˌsaft** *m physiol.* gastric juice. **~ˌsäu·re** *f* stomach (*od.* gastric) acid, (*~überschuß*) hyperacidity. **~ˌschleim** *m* gastric mucus. **~ˌschleimˌhaut** *f* gastric mucous membrane, gastric mucosa; **~entzündung** *f* gastritis. **~ˌschmer·zen** *pl* pains in the stomach, stomach-ache *sg.* **~ˌschnitt** *m* gastrotomy. **~ˌson·de** *f* stomach probe; *zur künstlichen Ernährung:* feeding tube. **~ˌspie·gel** *m* gastroscope. **~ˌspie·ge·lung** *f* gastroscopy. **~ˌspü·lung** *f* gastric irrigation (*od.* lavage). **~ˌstein** *m* **1.** *med.* gastric calculus, gastrolith. **2.** *zo. der Wiederkäuer:* bezoar (stone). **~ˌtrop·fen** *pl pharm.* stomach drops. **~ˌtrö·ster** *m colloq.* s. th. to settle one's stomach. **~ˌüberˌsäue·rung** *f med.* hyperacidity. **~verˌstim·mung** *f* upset stomach, indigestion. **~ˌwand** *f anat.* wall of the stomach, gastric wall.

ma·ger ['ma:gər] **I** *adj* ⟨-er; -st⟩ **1.** *Person, Glieder etc:* lean, thin, skinny, meag/re (*Am.* -er); (*dürr*) gaunt, haggard, scrawny, (*abgemagert*) emaciated. **2.** *fig. Gewinn, Ernte etc:* meag/re (*Am.* -er), scanty, poor; **~es Lob** scant praise; **~e Kost** meagre fare (*cf.* 3); **~es Wissen** scanty (*od.* sketchy) knowledge; → **Jahr** 1. **3.** *gastr. Fleisch:* lean, *Milch:* skim(med), *Kost:* low-fat. **4.** *agr. Boden:* poor, barren. **5.** a) *Erz:* poor, b) *Kohle:* lean. **6.** *civ. eng. tech. Mischung:* lean. **7.** *print. Schrift:* lightfaced. **II** *adv* **8. ~ leben** live frugally. **III ≈e, das** ⟨-n⟩ **9.** *gastr.* the lean (part).

'Ma·ger|beˌton *m civ. eng.* lean concrete. **~ˌfleisch** *n gastr.* lean meat. **~ˌkä·se** *m* low-fat cheese.

'Ma·ger·keit *f* ⟨-; *no pl*⟩ meag/reness (*Am.* -erness) (*etc cf.* **mager**).

'Ma·ger|ˌkoh·le *f* semi-anthracite, steam (*od.* lean) coal. **~ˌmilch** *f gastr.* skim(med) milk. **~ˌripp·chen** *n meist pl gastr.* sparerib(s *pl*). **~ˌsucht** *f* ⟨-; *no pl*⟩ *med.* anorexia (nervosa). **≈ˌsüch·tig** *adj* anorexic.

Ma·gie [ma'gi:] *f* ⟨-; *no pl*⟩ **1.** (**Schwarze ~** black) magic, sorcery; **weiße ~** white magic. **2.** *fig.* magic. **Ma·gi·er** ['ma:gĭər] *m* ⟨-s; -⟩ **1.** (*Zauberer*) magician, wizard, sorcerer. **2.** *relig.* Magus; **die ~** *pl* the Magi. **ma·gisch** ['ma:gɪʃ] **I** *adj* ⟨-er; -st⟩ **1.** magic(al) (*powers, attraction, etc*). **2.** *electr. math. phys.* magic (*eye, number, square, etc*). **3.** *psych. Phase, Stufe:* magic. **II** *adv* **4.** magically; **j-n ~ anziehen** have a magical attraction for s. o.

Ma·gi·ster [ma'gɪstər] *m* ⟨-s; -⟩ **1.** *univ.* master; **~ der freien Künste** → **Magister Artium**; **~ der Naturwissenschaften** Master of Science, M. Sc., *bes. Am.* M. S. **2.** *obs. od. humor.* schoolmaster. **~ 'Ar·ti·um** ['artsĭum] *m* ⟨-s -; --⟩ Master of Arts, M. S., *Am. a.* A. M. **~ˌgrad** *m* (degree of) Master of Arts (*od.* Science).

Ma·gi·strat[1] [magɪs'tra:t] *m* ⟨-(e)s; -e⟩ municipal (*od.* town, city) council, municipal authorities *pl.* **Ma·gi'strat**[2] *m* ⟨-en; -en⟩ *Swiss* (*hohe Amtsperson*) magistrate.

Ma·gi'strats·beˌam·te *m* municipal (*od.* town, city) official, magistrate.

Mag·ma ['magma] *n* ⟨-s; -men⟩ *geol.* magma. **mag'ma·tisch** [-'gma:tɪʃ] *adj* magmatic. **Mag·ma'tit** [-'ti:t; -'tɪt] *m* ⟨-s; -e⟩ igneous rock.

'Ma·gna 'Char·ta ['magna] *f* ⟨-; *no pl*⟩ *pol. hist.* Magna C(h)arta (*1215*).

Ma·gnat [ma'gna:t] *m* ⟨-en; -en⟩ **1.** *econ.* magnate, *colloq.* tycoon. **2.** *hist. in Polen u. Ungarn:* magnate.

Ma·gne·sia [ma'gne:zĭa] *f* ⟨-; *no pl*⟩ *chem.* magnesia, magnesium oxide. **≈ˌhal·tig** *adj* magnesian. **~ˌmilch** *f chem.* milk of magnesia.

Ma·gne·sit [magne'zi:t; -'zɪt] *m* ⟨-s; -e⟩ *min.* magnesite.

Ma·gne·si·um [ma'gne:zĭum] *n* ⟨-s; *no pl*⟩ *chem.* magnesium. **~boˌrat** *n* borate of magnesium. **~ˌfackel** (*getr.* **-k·k-**) *f tech.* magnesium flare. **≈ˌhal·tig** *adj chem.* magnesic. **~kar·boˌnat** *n min.* magnesite. **~ˌlicht** *n chem.* magnesium light. **~oxyd** [-ˀɔˌksy:t] *n* → **Magnesia**. **~phosˌphat** *n min.* bobierrite. **~sul·ˌfat** *n chem.* magnesium sulphate (*Am.* -f-).

Ma·gnet [ma'gne:t] *m* ⟨-(e)s *u.* -en; -e(n)⟩ **1.** *phys. u. fig.* magnet. **2.** *mot.* a) (*~zünder*) magneto, b) *e-r Einspritzpumpe:* mixture control solenoid. **~ˌan·ker** *m* **1.** *tech.* (magnet) keeper, balanced armature. **2.** *mot.* magneto armature. **~ˌband** *n electr.* magnetic tape. **~ˌband·geˌrät** *n* magnetic tape recorder. **~ˌbrem·se** *f electr.* magnetic brake. **~ˌei·senˌstein** *m* magnetite. **≈elek·trisch** [-ˀeˌlɛktrɪʃ] *adj tech.* magneto-electric. **~ˌfeld** *n phys.* magnetic field.

ma'gne·tisch I *adj allg., a. fig.* magnetic (*attraction, induction, etc*); *geogr.* **~es Erdfeld** terrestrial magnetic field; **~e Kraft** magnetic force, magnetism; *geogr.* **~er Pol** magnetic pole. **II** *adv* magnetically; *fig.* **j-n ~ anziehen** have a magnetic attraction for s. o. **Ma·gne·ti·seur** [magneti'zø:r] *m* ⟨-s; -e⟩ practitioner in magnetotherapy, mesmerist. **ma·gne·ti·'sier·bar** *adj phys.* magnetizable.

ma·gne·ti|sie·ren [magneti'zi:rən] **I** *v/t* ⟨*no* **ge-**, **h**⟩ **1.** *phys.* magnetize. **2.** (*Person*) mesmerize. **II ≈** *n* ⟨-s⟩ **3.** magnetizing. **≈'sie·rung** *f* ⟨-; *no pl*⟩ **1.**

→ **magnetisieren** 3. **2.** magnetization. **3.** *e-r Person*: mesmerization.
Ma·gne·tis·mus [magneˈtɪsmʊs] *m* ⟨-; *no pl*⟩ *bes. phys.* magnetism; **tierischer** ~ animal magnetism, mesmerism.
Ma·gne·tit [magneˈtiːt; -ˈtɪt] *m* ⟨-s; -e⟩ *min.* magnetite.
Maˈgnet|ˌkern *m phys.* magnet core. **~ˌkernˌspei·cher** *m Computer*: (magnetic) core memory. **~ˌkies** *m min.* iron (*od.* magnetic) pyrites *pl*, pyrrhotite. **~ˌkis·sen** *n tech.* magnetic suspension. **~ˌkis·senˌzug** *m* magnetic suspension train, magnetic hovertrain. **~ˌkom·paß** *m phys.* magnetic compass. **~ˌkupp·lung** *f tech.* magnetic clutch. **~ˌna·del** *f phys.* magnetic (*od.* compass) needle.
Ma·gne·to|graph [magnetoˈgraːf] *m* ⟨-en; -en⟩ *geol.* magnetograph. **~hy·dro·dyˈna·mik** [-hydrodyˈnaːmɪk] *f aer. phys.* magnetohydrodynamics *pl* (*als sg konstruiert*). **~in·duk·tiˈon** [-ɪndʊkˈtsĭoːn] *f* magnetic induction. **~ˈme·ter** [-ˈmeːtər] *n* ⟨-s; -⟩ magnetometer.
Maˈgne·toˌop·tik *f* magneto-optics *pl* (*als sg konstruiert*).
Ma·gne·to|path [magnetoˈpaːt] *m* ⟨-en; -en⟩ → **Magnetiseur.** **~ˈphon** [-ˈfoːn] *n* ⟨-s; -e⟩ (*TM*) magnetophone.
Maˈgnet|ˌplat·tenˌspei·cher *m Computer*: magnetic plate storage. **~ˌpol** *m phys.* magnet(ic) pole. **~ˌreg·ler** *m electr. tech.* field regulator (*od.* rheostat).
Ma·gne·tron [ˈmagnetroːn] *n* ⟨-s; -e⟩ *electr.* magnetron.
Maˈgnet|ˌschal·ter *m electr.* solenoid switch. **~ˌspu·le** *f tech.* magnet(ic) coil, solenoid. **~ˌstab** *m phys.* bar magnet, magnetic bar. **~ˌstahl** *m* magnet steel. **~ˌstein** *m* magnetite.
MaˈgnetˌTon *m electr.* magnetic sound. **~ˌfilm** *m* magnetic sound film. **~geˌrät** *n* magnetic tape recorder. **~ˌka·me·ra** *f* magnetic sound camera.
Maˈgnet|ˌtrom·mel *f Computer*: magnetic drum. **~ˌwick·lung** *f tech.* magnet winding. **~ˌzün·der** *m mot.* **1.** (ignition) magneto. **2.** (*Licht*♀) dynamo-magneto. **~ˌzün·dung** *f* magneto ignition (system).
Ma·gni·fi·kat [maˈgniːfikat] *n* ⟨-(s); *no pl*⟩ *mus. relig.* magnificat.
Ma·gni·fi·zenz [magnifiˈtsɛnts] *f* ⟨-; -en⟩ **S-e** ~ His Magnificence (*title of German university rectors and mayors of free towns*).
Ma·gno·lie [maˈgnoːlĭə] *f* ⟨-; -n⟩ *bot.* magnolia.
magst [maːkst] *2 sg pres of* **mögen**[1].
Ma·gus [ˈmaːgʊs] *m* ⟨-; -gi [-gi]⟩ → **Magier** 1.
Ma·gyar [maˈdjaːr] *m* ⟨-en; -en⟩ → **Madjar.**
mäh [mɛː] *interj von Schaf*: ~, ~! baa, baa!; ~ **schreien** baa, bleat.
Ma·ha·go·ni [mahaˈgoːni] *n* ⟨-s; *no pl*⟩ **1.** mahogany (wood); **gewässertes** ~ mottled mahogany. **2.** *bot.* mahogany (tree). **~ˌholz** *n* → **Mahagoni** 1.
ˈMa·ha·leb|ˌkirschˌbaum [ˈmaː-halɛp-] *m*, **~ˌkir·sche** *f* → **Weichselkirsche.**
Ma·ha·ra·dscha [mahaˈraːdʒa] *m* ⟨-s; -s⟩ maharaja(h). **Ma·ha·ra·ni** [mahaˈraːni] *f* ⟨-; -s⟩ maharani, maharanee.
Ma·hat·ma [maˈhaːtma] *m* ⟨-s; -s⟩ (*ind. Ehrentitel*) mahatma.
ˈMähˌbin·der *m agr.* (reaper and) binder.
Mahd[1] [maːt] *f* ⟨-; -en⟩ *agr. dial.* **1.** mowing. **2.** a) (cut) grass, hay, b) hay harvest (*od.* crop); **zweite** ~ aftermath, rowen. **3.** mowing time. **Mahd**[2] *n* ⟨-(e)s; ⸚er⟩ *Austrian and Swiss* mountain meadow.
Mah·di [ˈmaxdi; ˈmaːdi] *m* ⟨-(s); -s⟩ *relig.* Mahdi.
ˈMähˌdre·scher *m agr.* combine (harvester).
mä·hen[1] [ˈmɛːən] *v/i u. v/t* ⟨h⟩ mow, cut, (*bes. Getreide*) reap; **den Rasen** ~ mow the lawn, cut the grass. **ˈmä·hen**[2] *v/i* ⟨h⟩ *colloq. Schaf*: baa, bleat.
ˈMä·her *m* ⟨-s; -⟩ **1.** (*Gras*♀) mower, cutter. **2.** (*Getreide*♀) reaper.
Mahl [maːl] *n* ⟨-(e)s; -e, *obs.* ⸚er⟩ *lit.* meal, repast, *festliches*: *a.* feast, banquet; **ein** ~ **einnehmen (bereiten)** have (prepare) a meal.
ˈMähˌla·der *m agr.* mower and loader, *für Getreide*: reaper and loader.
mah·len [ˈmaːlən] **I** *v/t* ⟨*pp* **gemahlen**, h⟩ **1.** (*Getreide etc*) grind, mill; **et. zu Mehl** ~ grind s. th. (in)to flour, *Am. a.* flour s. th. **2.** (*Kaffee, Pfeffer etc*) grind; **et. fein (grob)** ~ grind s. th. finely (coarsely); **et. zu Pulver** ~ grind s. th. to powder, pulverize s. th. **3.** (*Erz etc*) mill, crush. **4.** *Papier*: beat. **5.** *Pferd*: champ (*the food*). **II** *v/i* **6.** grind, mill. **7.** *Mühle*: grind, work, operate. **8.** *Pferdekiefer*: champ. **9. im Sand** ~ *Räder*: spin (*od.* churn) in the sand.
ˈMahl|ˌgang *m* **1.** (*Maschine*) mill-course, set of millstones. **2.** (*Vorgang*) grinding operation. **~ˌgut** *n* **1.** *e-r Mühle*: material to be ground, grinding (*gemahlenes*: ground) stock. **2.** *Papier*: furnish.
mäh·lich [ˈmɛːlɪç] *adj u. adv obs. od. poet. for* **allmählich.**
ˈMahl|ˌsand *m mar.* quicksand. **~ˌstein** *m* → **Mühlstein.** **~ˌstrom** *m geogr.* maelstrom. **~ˌwerk** *n tech.* (*Grob*♀) crushing mill; (*Fein*♀) milling (*od.* grinding) plant; (*Feinst*♀) pulverizing equipment. **~ˌzahn** *m anat. zo.* molar, grinder.
ˈMahlˌzeit *f* ⟨-; -en⟩ **1.** meal, *lit.* repast; **e-e reichliche** ~ a substantial (*od. colloq.* square) meal; **drei ~en am Tage** three meals a day; **e-e** ~ **einnehmen** have a meal; **vor (nach) den ~en einzunehmen** take before (after) meals; **(gesegnete)** ~! *etwa* I hope you will enjoy (*od.* have enjoyed) your meal; *colloq. iro.* **(prost)** ~! jolly good!, good night! **2.** *e-s Säuglings*: feed(ing).
ˈMäh·maˌschi·ne *f agr.* **1.** (*Gras*♀) mower, mowing machine. **2.** (*Getreide*♀) reaper.
ˈMahnˌbrief *m* **1.** admonitory letter. **2.** *relig.* monitory (letter). **3.** *econ.* → **Mahnschreiben** 1.
Mäh·ne [ˈmɛːnə] *f* ⟨-; -n⟩ *zo. u. humor.* mane.
mah·nen [ˈmaːnən] **I** *v/t* ⟨h⟩ **1.** *lit.* **j-n an e-e Sache (j-n)** ~ remind s. o. of s. th. (s. o.), recall s. th. (s. o.) to s. o.('s mind); **das Photo mahnt mich an m-n Bruder** the photo reminds me of my brother; **er mahnte mich an mein Versprechen** he reminded me of my promise. **2. j-n zur Geduld** ~ admonish s. o. to be patient (*od.* calm). **3.** (*erinnern*) remind; **muß man dich denn immer** ~? does one always have to remind you?, do you always have to be reminded?; *fig.* **die Abenddämmerung mahnt uns zum Aufbruch** the dusk reminds (*od.* warns) us that we must leave. **4.** (*er*~) admonish, warn. **5.** *econ.* **j-n (wegen e-r Schuld)** ~ demand payment (of a debt) from s. o., dun s. o. (for payment [of a debt]). **II** *v/i* **6.** *econ.* demand payment. **7.** *Hirschkuh*: groan, troat. **III** ♀ *n* ⟨-s⟩ **8.** reminding (*etc*). **9.** → **Mahnung.**
ˈMäh·nenˌamei·senˌbär *m zo.* maned ant-eater.
ˈmah·nend I *adj Worte etc*: admonishing, (ad)monitory, warning. **II** *adv* ~ **den Zeigefinger heben** raise a warning finger.
ˈMäh·nen|ˌhirsch *m zo.* sambar. **~ˌhund** *m* → **Mähnenwolf.** **~ˌrob·be** *f* Southern sea lion, maned seal. **~ˌschaf** *n* a(o)udad, maned sheep. **~ˌwolf** *m* maned wolf (*od.* dog).
ˈMah·ner *m* ⟨-s; -⟩ **1.** *bes. econ.* dunner; **lästiger** ~ annoying creditor. **2.** warner, admonisher.
ˈMahn·geˌbühr *f econ.* (small) fine (*imposed for failing to settle an account, etc*).
ˈmäh·nig *adj* maned.
ˈMahn|ˌmal *n* ⟨-(e)s; -e, *rare* ⸚er⟩ memorial. **~ˌpre·digt, ~ˌre·de** *f* exhortatory sermon; *fig.* **j-m e-e** ~ **halten** exhort s. o., sermonize s. o. **~ˌruf** *m* → **Mahnwort.** **~ˌschrei·ben** *n* **1.** *econ.* dunning letter, reminder. **2.** *relig.* monitory (letter).
ˈMah·nung *f* ⟨-; -en⟩ **1.** → **mahnen** 8. **2.** (*Er*♀) admonition, exhortation; **e-e** ~ **aussprechen** say a word of exhortation. **3.** (*Erinnerung*) reminder (an *acc* of); **dieses Denkmal wurde zur** ~ **an die Gefallenen errichtet** this monument was erected as a memorial to the dead. **4.** → **Mahnschreiben** 1.
ˈMahn|verˌfah·ren *n jur.* summary proceedings *pl* to obtain order for payment. **~ˌwort** *n* ⟨-(e)s; -e⟩ word of exhortation (*od.* admonition, urging, warning). **~ˌzei·chen** *n* **1.** memento. **2.** warning sign. **~ˌzet·tel** *m econ.* reminder.
Mahr [maːr] *m* ⟨-(e)s; -e⟩ nightmare.
Mäh·re[1] [ˈmɛːrə] *f* ⟨-; -n⟩ **1.** *obs.* mare. **2.** (alte) ~ old mare, jade.
ˈMäh·re[2] *m* ⟨-n; -n⟩, **ˈMäh·rer** *m* ⟨-s; -⟩ *hist.* Moravian. **ˈmäh·risch I** *adj* Moravian; *relig.* **~e Brüder** Moravians, Moravian (*od.* United) Brethren. **II** *ling.* ♀ ⟨*generally undeclined*⟩, **das** ♀**e** ⟨-n⟩ Moravian.
ˈMähˌzeit *f agr.* mowing (*od.* haying, harvesting) time.
Mai [maɪ] *m* ⟨-(e)s *u.* -, *poet. a.* -en; *rare* -e⟩ **1.** May; **der erste** ~ (*Datum*) the first of May; **der Erste** ~ (*Feiertag*) May Day; **im (Wonnemonat)** ~ in (the merry month of) May; **der Monat** ~ the month of May, *poet.* Maytime, Maytide. **2.** *fig.* ~ **des Lebens** spring(time) of life. **~ˌap·fel** *m bot.* mayapple. **~ˌbaum** *m* **1.** maypole. **2.** birch greenery. **~ˌblu·me** *f* **1. Große** ~ common Solomon's seal. **2.** → **Maiglöckchen.** **~ˌbow·le** *f gastr.* wine flavo(u)red with sweet woodruff, May wine. **~ˌbusch** *m* birch greenery.
Maid [maɪt] *f* ⟨-; -en⟩ *obs.* **1.** *poet.* maiden. **2.** maidservant.
ˈMai·en|ˌkö·ni·gin *f* **1.** *lit. for* **Maikönigin. 2.** *R.C.* the Holy (*od.* Blessed) Virgin. **~ˌzeit** *f poet.* Maytime, Maytide.
ˈMai|ˌfei·er *f* **1.** May Day celebration. **2.** → **Maikundgebung.** **~ˌfest** *n* May (Day) festival (*od.* festivities *pl*). **~ˌglöck·chen** *n bot.* lily of the valley. **♀ˌgrün I** *adj* **1.** pea-green. **II** ♀ *n* ⟨-s⟩ **2.** pea green. **3.** first green leaves *pl* of May. **4.** *als Schmuck*: greenery, green branches *pl.* **~ˌkä·fer** *m zo.* cockchafer, May (*bes. Am.* June) beetle (*od.* bug); *fig. colloq.* **grinsen wie ein** ~ grin like a Cheshire cat. **~ˌkä·ferˌlar·ve** *f* → **Engerling.** **~ˌkätz·chen** *n bot.* catkin. **~ˌkö·ni·gin** *f* Queen of (the) May, May queen. **~ˌkundˌge·bung** *f* May Day rally (*od.* demonstration).

Mai·län·der [ˈmaɪlɛndər] **I** *m* ⟨-s; -⟩ native (*od.* inhabitant) of Milan, Milanese. **II** *adj* ⟨*invariable*⟩ (of *od.* pertaining to) Milan, Milanese; **die ~ Scala** the Milan Scala. ˈ**mai·län·disch** *adj* Milan(ese).

ˈ**Mai|ˌlüft·chen** *n* May (*od.* vernal) breeze. **~ˌmo·nat** *m* (month of) May.

Mais [maɪs] *m* ⟨-es; *Arten* -e⟩ *bot.* maize, Indian corn, *Am.* corn. **~ˌbir·ne** *f Boxen*: platform ball, pear-shaped punch(ing) ball. **~ˌbrei** *m gastr.* mush, hasty pudding, *Am.* sagamite. **~ˌbrot** *n* maize (*Am.* corn) bread.

Maisch [maɪʃ] *m* ⟨-es; -e⟩ → **Maische** 1. **~ˌbot·tich** *m Brauerei*: mash tun (*od.* tub), keeve.

ˈ**Mai·sche** *f* ⟨-; -n⟩ **1.** *Brauerei*: mash; **gegorene ~** wash. **2.** *Zuckerfabrikation*: crystallizer. ˈ**mai·schen** *v/i u. v/t* ⟨h⟩ mash.

ˈ**Mais|ˌflocken** (*getr.* -k·k-) *pl* cornflakes. **~ˌgür·tel** *m geogr. der USA*: corn belt. **~ˌkle·ber** *m biol. chem.* zein, gluten of maize. **~ˌkol·ben** *m* **1.** ear of maize (*Am.* corn), *junger*: *a.* roasting ear. **2.** (*Strunk*) (corn)cob. **3.** *gastr.* corn on the cob. **~ˌkorn** *n* kernel of maize (*Am.* corn). **~ˌmehl** *n* maize (*od.* Indian) meal, *Am.* corn meal. **~ˌstär·ke** *f* cornflour, *Am.* cornstarch.

ˈ**Mai|ˌtrieb** *m Forstwesen*: primary shoot, sapling. **~ˌvo·gel** *m zo.* checkerspot (butterfly). **~ˌzeit** *f* Maytime, *poet.* Maytide.

Ma·ja [ˈmaːja] **I** *npr f* ⟨-; *no pl*⟩ *myth.* Maya. **II** *f* ⟨-; *no pl*⟩ *philos. relig.* maya.

Ma·je·stät [majɛsˈtɛːt] *f* ⟨-; -en⟩ **1.** ⟨*only sg*⟩ *fig.* majesty (*of landscape, death, etc*), grandeur. **2.** (*Titel*) Majesty; **Seine (Ihre, Eure) ~** His (Her, Your) Majesty; **Ihre ~en** Their Majesties. **ma·je·ˈstä·tisch I** *adj* **1.** majestic. **2.** *mus.* maestoso. **II ≗e, das** ⟨-n⟩ **3.** the majesty, the grandeur.

Ma·jeˈstäts|beˌlei·di·gung *f jur. pol.* lese majesty, *a. iro. fig.* lèse majesté. **~verˌbre·chen** *n* crime against the sovereign, high treason; *fig.* enormous crime.

Ma·jo·li·ka [maˈjoːlika] *f* ⟨-; -**ken** *u.* -s⟩ (*e-e Tonware*) majolica.

Ma·jo·nä·se [majoˈnɛːzə] *f* ⟨-; -n⟩ *gastr.* mayonnaise.

Ma·jor [maˈjoːr] *m* ⟨-s; -e⟩ **1.** *mil.* major. **2.** *aer. mil.* squadron leader, *Am.* major.

Ma·jo·ran [majoˈraːn; ˈmaː-] *m* ⟨-s; -e⟩ *bot.* **Echter ~** (true *od.* sweet) marjoram; **Wilder ~** origan.

Ma·jo·rat [majoˈraːt] *n* ⟨-(e)s; -e⟩ *jur.* **1.** primogeniture, majorat. **2.** → **Majoratsgut.**

Ma·joˈrats|ˌer·be *m jur.* heir in right of primogeniture, eldest son. **~ˌgut** *n* entail(ed estate), estate devolving by right of primogeniture. **~ˌherr** *m* possessor of an entail(ed estate), tenant in tail. **~ˌrecht** *n* right of primogeniture.

Ma·jor·do·mus [majɔrˈdoːmus] *m* ⟨-; -⟩ **1.** majordomo, maître d'hôtel. **2.** *hist.* seneschal.

ma·jo·renn [majoˈrɛn] *adj obs. jur. für* **volljährig. Ma·jo·ren·niˈtät** [-niˈtɛːt] *f* ⟨-; *no pl*⟩ → **Volljährigkeit.**

ma·jo·ri·sie·ren [majoriˈziːrən] *v/t* ⟨*no* **ge-**, h⟩ *pol.* defeat *s.o.*, *s.th.* by a majority of votes.

Ma·jo·ri·tät [majoriˈtɛːt] *f* ⟨-; -en⟩ *pol.* majority (of votes); *cf.* **Mehrheit, Mehrheits ...**

Maˈjors|ˌrang *m*, **~ˌwür·de** *f mil.* rank of (a) major.

Ma·jorz [maˈjɔrts] *m* ⟨-es; *no pl*⟩ *Swiss for* **Mehrheitswahlrecht.**

Ma·jus·kel [maˈjuskəl] *f* ⟨-; -n⟩ **1.** *print.* capital (letter), uppercase (*od.* block) letter. **2.** (*Handschrift*) majuscule.

ma·ka·ber [maˈkaːbər] *adj* macab/re (*Am.* -er).

Ma·ka·dam [makaˈdam] *m, n* ⟨-s; -e⟩ *civ. eng.* (*Straßenbelag*) macadam; **~be·lag** *m*, **~decke** *f* macadam surface (*Am.* pavement). **ma·ka·da·mi·sie·ren** [makadamiˈziːrən] *v/t* ⟨*no* **ge-**, h⟩ *civ. eng.* macadamize.

Ma·kao[1] [maˈkaːo] *m* ⟨-s; -s⟩ *orn.* scarlet macaw, aracanga.

Maˈkao[2] *n* ⟨-s; *no pl*⟩ (*Glücksspiel*) macao.

Ma·kel [ˈmaːkəl] *m* ⟨-s; -⟩ *lit.* **1.** slur, stain, spot, blot, taint, tarnish; **an s-m Ruf haftet ein ~** his reputation is tarnished; **j-m e-n ~ anhängen** (*od.* **anheften**) cast a slur on s. o.'s character. **2.** (*Fehler*) blemish, flaw, defect; **an ihr ist kein ~, sie ist ohne ~** she has no faults, she is without blemish; **Sie können k-n ~ an ihm finden** you can't find fault with him.

Mä·keˈlei *f* ⟨-; -en⟩ *colloq. contp.* **1.** (constant) faultfinding, carping, petty criticism, *Am.* griping. **2.** *beim Essen*: choosiness, fussiness.

ˈ**ma·kel·haft,** ˈ**ma·ke·lig** *adj* **1.** slurred, tainted, tarnished. **2.** (*fehlerhaft*) blemished, flawed, defective, faulty.

ˈ**mä·ke·lig** *adj colloq.* **1.** faultfinding, carping, griping. **2.** *beim Essen*: choos(e)y, fussy, finicky.

ˈ**ma·kel|los I** *adj* **1.** spotless, untainted, untarnished; **~er Lebenswandel** exemplary conduct. **2.** (*fehlerlos*) unblemished, flawless, faultless, perfect, immaculate, impeccable; **e-e ~e Figur** a perfect figure; **~e Schönheit** immaculate beauty; **ein ~er Teint** an unblemished complexion. **II** *adv* **3. ~ weiß** pure white; **~ gekleidet** immaculately dressed. **≗lo·sig·keit** *f* ⟨-; *no pl*⟩ **1.** spotlessness, taintlessness, untaintedness. **2.** (*Fehlerlosigkeit*) flawlessness, faultlessness, perfection, immaculateness.

mä·keln [ˈmɛːkəln] *colloq. contp.* **I** *v/i* ⟨h⟩ **1. an e-r Sache ~** a) (*nörgeln*) find fault with (*od.* carp at) s. th., cavil (*od.* gripe) at (*od.* about) s. th., b) *am Essen*: be finicky (*od.* fussy) about s. th., be choos(e)y about (*od.* with) s. th. **II ≗** *n* ⟨-s⟩ **2.** cavil(l)ing (*etc*). **3.** → **Mäkelei.**

Make-up [meːkˈʔap; ˈmeɪkʌp] (*Engl.*) *n* ⟨-s; *no pl*⟩ *Kosmetik*: make-up; **~ auflegen** (*od.* **auftragen**) apply make-up; **~ benutzen** (*od.* **tragen**) wear make-up.

Ma·ki [ˈmaːki] *m* ⟨-s; -s⟩ *zo.* maki.

Mak·ka·bä·er [makaˈbɛːər] *pl Bibl.* Maccabees.

Mak·ka·lu·be [makaˈluːbə] *f* ⟨-; -n⟩ *geol.* mud volcano, macaluba.

Mak·ka·ro·ni [makaˈroːni] *pl gastr.* macaroni.

mak·ka·ro·nisch [makaˈroːnɪʃ] *adj Literatur*: macaronic; **~e Verse** macaronics.

ˈ**Mak·ler** *m* ⟨-s; -⟩ **1.** (*Börsen≗*) (stock)broker; **amtlich zugelassener ~** inside broker; *hist.* **der ehrliche ~** the honest broker (*Bismarck*). **2.** (*Grundstücks≗, Häuser≗*) (*Am.* real) estate agent, broker, *a.* realtor.

ˈ**Mäk·ler** *m* ⟨-s; -⟩ *colloq.* faultfinder, petty critic, griper; *beim Essen*: fussy (*od.* choos[e]y) eater.

ˈ**Mak·ler|ˌfir·ma** *f econ.* firm of brokers, brokerage house. **~geˌbühr** *f* commission, brokerage, broker's charges *pl* (*od.* fee, commission). **~geˌschäft** *n* broker's business; **~e machen** do business as a broker.

ˈ**mäk·lig** *adj* → mäkelig.

Ma·ko [ˈmako] *f* ⟨-; -s⟩, *m, n* ⟨-(s); -s⟩ *Textil.* maco.

Ma·kre·le [maˈkreːlə] *f* ⟨-; -n⟩ *ichth.* (common) mackerel. **Maˈkre·lenˌhecht** *m* bluefish, mackerel pike.

ˈ**Ma·kroˌaufˌnah·me** [ˈmaːkro-] *f* macrophotograph.

Ma·kro|bio·se [makrobiˈoːzə] *f* ⟨-; *no pl*⟩ *med.* macrobiosis, longevity. **~bio·tik** [-biˈoːtɪk] *f* ⟨-; *no pl*⟩ macrobiotics *pl* (*als sg od. pl konstruiert*). **~fosˈsil** [-fɔˈsiːl] *n* macrofossil. **~gaˈmet** [-gaˈmeːt] *m* ⟨-en; -en⟩ *biol.* macrogamete. **~ˈkli·ma** [-ˈkliːma] *n* macroclimate. **~ˈkos·mos** [-ˈkɔsmɔs] *m* macrocosm(os), universe. **~lin·gui·stik** [-lɪŋˈgʊɪstɪk] *f* macrolinguistics *pl* (*meist als sg konstruiert*). **~mo·leˈkül** [-moleˈkyːl] *n chem.* macromolecule.

Ma·kro·ne [maˈkroːnə] *f* ⟨-; -n⟩ *gastr.* macaroon, *aus Mandeln*: ratafia (biscuit).

Ma·kro|öko·no·mie [makroˀøkonoˈmiː] *f econ.* macroeconomics *pl* (*meist als sg konstruiert*). **~ˈphon** [-ˈfoːn] *n* ⟨-s; -e⟩ *phys.* (*Schallverstärker*) sound (*od.* public address, P. A.) amplifier. **~pho·to·graˈphie** [-fotograˈfiː] *f* macrophotography. **~phyˈsik** [-fyˈziːk] *f* macrophysics *pl* (*als sg od. pl konstruiert*). **≗ˈsko·pisch** [-ˈskoːpɪʃ] *adj* macroscopic(al). **~strukˈtur** [-strukˈtuːr] *f phys.* macrostructure. **~theoˈrie** [-teoˈriː] *f econ.* macroeconomic theory. **~ze·phaˈlie** [-tsefaˈliː] *f* ⟨-; *no pl*⟩ macrocephaly. **~ˈzyt** [-ˈtsyːt] *m* ⟨-en; -en⟩ macrocyte.

Ma·ku·la·tur [makulaˈtuːr] *f* ⟨-; -en⟩ **1.** *print.* spoiled sheets *pl*, spoilage, waste(paper); *fig. colloq.* **~ reden** talk nonsense. **2.** (*Altpapier*) wastepaper. **3.** *beim Tapezieren*: lining paper. **4.** *fig.* trash, worthless book. **~ˌbo·gen** *m print.* spoiled (*od.* waste) sheet. **~ˌdruck** *m* ⟨-(e)s; -e⟩ run of spoiled sheets. **~ˌfor·schung** *f* study of medi(a)eval bookbindings.

mal [maːl] **I** *adv* **1.** (multiplied) by, times; **8 ~ 2 ist** (*od.* **macht, gibt**) **16** 8 times (*od.* multiplied by) 2 is (*od.* equals) 16; **das Zimmer ist 7 ~ 4 Meter** (**groß**) the room is 7 metres by 4. **2.** *colloq. for* **einmal** 2–4, 6, 7. **II** *conj* **3. ~ ..., ~ ...** *colloq. for* **einmal** 8.

Mal[1] *n* ⟨-(e)s; -e⟩ time; **das erste** (**zweite, letzte**) **~** the first (second, last) time; **zum ersten ~** for the first time; **zu wiederholten ~en** repeatedly, again and again, over and over again; **mit einem ~(e)** a) (*plötzlich*) suddenly, all at once, all of a sudden, b) (*in einem Arbeitsgang etc*) at the same time, *colloq.* in one go; **das e-e oder andere ~** now and then, from time to time; **ein anderes ~** another time, some other time; **nur dies eine** (*od.* **einzige**) **~** this one time only, only this once; *colloq.* (**so**) **manches ~, manches liebe ~** many a time, a good many times; **das vorige** (*od.* **vergangene, letzte**) **~** the last time; **ein ums andere ~, ein ~ ums andere** a) (*jedes andere ~*) every other time, b) (*immer wieder*) time after time; **dort gefällt es mir von ~ zu ~ besser** I like it better there each time (*od.* with every time); **dieses ~** this time; **für dieses ~** *will ich darüber hinwegsehen* just this once; **das einzige ~** the only (*od.* one) time; **nicht ein einziges ~** not once; **ein paar ~(e)** a couple of times; **viele tausend ~e** many thousands of times; **zum x-ten ~e** for the umpteenth time; **unzählige ~e** countless times; **ein für alle ~e** once and for all; **wenn ich**

ihn das nächste ~ sehe when I see him next (time).

Mal[2] *n* <-(e)s; -e *u.* ⸗er> **1.** mark; **ein unschönes ~ auf s-r Wange** an ugly mark on his cheek; **blaue ~e** a) blue marks, b) bruises; → **Muttermal. 2.** (*Zeichen, Merk*≗) sign, mark, stigma; **die ~e Christi** the marks on Christ's body, the stigmata. **3.** (*Denk*≗) monument, memorial. **4.** (*Grenzpfahl*) boundary. **5.** a) *Schlag- u. Baseball*: base, b) *Curling*: tee, c) *Kricket*: wicket, d) *Sprint etc*: start(ing line), e) *Kegeln*: trig, foul line, f) *Versteckspiel*: home. **6.** *Forstwesen*: blaze.

Ma·la·chit [mala'xi:t; -'xɪt] *m* <-s; -e> *min.* malachite, green copper ore.

ma·la·de [ma'la:də], **ma'lad** [-'la:t] *adj u. adv colloq.* ~ **sein** be out of sorts.

Ma·la·ga ['ma:laga; 'ma-] *m* <-s; -s> malaga (wine). **~ˌman·del** *f* Jordan almond.

Ma·laie [ma'laɪə] *m* <-n; -n> **1.** Malay. **2.** (*Staatsbürger von Malaysien*) Malaysian. **3.** (*Hühnerrasse*) Malay (fowl).

ma'lai·isch I *adj* Malay(an). **II** *ling.* ≗ <*generally undeclined*>, **das** ≗**e** <-n> Malay(an).

Ma·lai·se [ma'lɛ:zə; ma'lɛ:z] (*Fr.*) *f* <-; -n>, *Swiss n* <-s; -> (*Übelkeit, Misere*) malaise.

Ma·la·ko|lo·ge [malako'lo:gə] *m* <-n; -n> *zo.* (*Weichtierkundler*) malacologist. **~lo'gie** [-lo'gi:] *f* <-; *no pl*> malacology. **~'zo·on** [-'tso:ɔn] *n* <-s; -zoen> *meist pl zo.* mollusk, mollusc.

Ma·la·ria [ma'la:rĭa] *f* <-; *no pl*> *med.* malaria; ~ **quartana** quartan malaria; ~ **tertiana** tertian malaria; ~ **tropica** tropical malaria. **~ˌanˌfall** *m* attack of malaria. **~erˌre·ger** *m* malaria(l) parasite. **~ˌfie·ber** *n* malarial fever. **~geˌbiet** *n*, **~ˌge·gend** *f* malarious area. **~ˌimp·fung** *f* malaria inoculation. ≗**ˌkrank** *adj* suffering from malaria. **~ˌkran·ke** *m, f* malaria patient. **~ˌmücke** (*getr.* **-k·k-**) *f zo.* malaria(l) mosquito, anopheline (mosquito). **~ˌüberˌträ·ger** *m* malaria carrier (*od.* vector). ≗**verˌseucht** *adj* malarious.

'Malˌbuch *n* painting book.

Ma·lea·chi [male'axi] *npr m* <-; *no pl*> *Bibl.* (*Prophet*) Malachi.

Ma·le·at [male'a:t] *n* <-s; -e> *chem.* maleate.

Ma·le·fiz [male'fi:ts] *n* <-es; -e> *obs. jur.* **1.** malfeasance. **2.** capital crime. **~geˌricht** *n obs.* criminal court. **~ˌkerl** *m colloq.* rascal.

ma·le'in|ˌsau·er [male'i:n-] *adj chem.* maleic. ≗**ˌsäu·re** *f* maleic acid.

ma·len ['ma:lən] **I** *v/i* <h> **1.** paint; **nach der Natur** ~ paint from nature; **in Öl (Pastell)** ~ paint in oils (pastels). **2.** (*zeichnen*) draw; (*skizzieren*) sketch; → **Männchen** 5. **3.** (*anstreichen*) paint. **4.** (*Maler sein*) paint, be a painter. **II** *v/t* **5.** paint; **ein Porträt** ~ paint (*od.* do) a portrait; **er hat sie ~ lassen** he had her (picture *od.* portrait) painted; *colloq.* **sich** (*dat*) **die Lippen** ~ paint one's lips; **das kannst du dir ~** you can whistle for it, forget it. **6.** (*streichen*) paint; **e-e Wand ~** paint a wall, give a wall a coat of paint. **7. Buchstaben** ~ (*unbeholfen schreiben*) trace letters. **8.** *fig.* paint, picture; **ein anschauliches Bild von e-r Sache** ~ paint a vivid picture of s. th.; **du malst die Lage zu schwarz** you paint too black a picture (*od.* you take too pessimistic a view) of the situation; **die Zukunft rosig** ~ paint a rosy picture of the future. **III** *v/reflex* **sich** ~ **9.** paint o. s., paint a self-portrait. **10.** *fig. lit.* (*sich widerspiegeln*) reflect itself, be reflected, show (*od.* paint) itself; **auf s-m Gesicht malte sich Entsetzen** *a.* he looked horrified. **IV** ≗ *n* <-s> **11.** painting (*etc*); **zum** ≗ (**schön**) fit to be painted, (as) pretty as a picture.

'Ma·ler *m* <-s; -> **1.** (*Kunst*≗) painter, artist; **schlechter** ~ dauber. **2.** (*Anstreicher*) (house) painter. **3.** (*Dekorations*≗) decorator. **~ar·beit** *f* **1.** painting (job). **2.** painter's work. **~ate·lier** [-ateˌlĭe:] *n* painter's (*od.* artist's) studio.

Ma·le'rei *f* <-; -en> **1.** <*only sg*> painting, art; **abstrakte** ~ abstract painting (*od.* art); **unsaubere** ~ daubing, daubery. **2.** <*only sg*> (*Kunstgattung*) (art of) painting. **3.** *meist pl* (*Bild*) picture, painting, piece.

'Ma·ler|ˌfar·be *f* **1.** paint. **2.** artist's colo(u)r (*od.* paint). **~ˌgold** *n* painter's gold; **unechtes** ~ ormolu.

'Ma·le·rin *f* <-; -nen> paintress, artist.

'ma·le·risch I *adj* **1.** picturesque, (*bes. landschaftlich schön*) scenic. **2.** *Stil, Form, Komposition etc*: painterly, (*bildlich*) pictorial. **3.** *Können*: artistic. **II** ≗**e, das** <-n> **4.** the picturesque(ness). **5.** *Kunst*: the painterly.

'Ma·ler|ˌko·lik, ~ˌkrank·heit *f med.* painter's colic, plumbism. **~ˌleinˌwand** *f* (painter's) canvas. **~ˌmei·ster** *m* (master) painter. **~ˌpin·sel** *m* (paint)brush, *feiner*: brush pencil. **~ˌschu·le** *f* **1.** school (*od.* academy) for painters. **2.** <*only sg*> *Flandrische etc*: school (of painting). **~ˌstock** *m* maulstick, mahlstick.

'Mal|ˌfeld *n Rugby*: in-goal (area). **~ˌgrund** *m Kunst* **1.** (*Grundiermasse*) priming, ground. **2.** (*Leinwand etc*) ground.

Mal·heur [ma'lø:r] *n* <-s; -e *u.* -s> *colloq.* **1.** mishap, (piece of) bad luck; **ihm ist ein kleines ~ passiert** he's had a slight mishap; **da haben wir das ~!** there now!, (now we're in) a fine mess!; **das ist doch kein ~!** that's no tragedy!, never mind! **2. mit e-r Sache (j-m) ~ haben** have trouble with s. th. (s. o.). **3. ihr ist ein ~ passiert** (*sie bekommt ein Kind*) she's got herself into trouble; **dem Kleinen ist ein ~ passiert** (*er hat in die Hose gemacht*) the little boy has had an accident (in his pants).

ma·li·gne [ma'lɪgnə] *adj med. Tumor etc*: malignant.

ma·li·zi·ös [mali'tsĭø:s] *adj* malicious.

'Mal|ˌka·sten *m* paint box. **~ˌkunst** *f* → **Malerei** 2.

mall [mal] *adj* <*pred*> **1.** *Low G. mar. Wind*: shifting, baffling. **2.** *Northern G. colloq.* (*verrückt*) mad.

Mall *n* <-(e)s; -e> *mar.* mo(u)ld.

mal·leo·lar [maleo'la:r] *adj anat.* malleolar.

'Mal·lung *f* <-; -en> *mar.* **1.** <*only sg*> *des Windes*: shifting (round). **2. die ~en** *pl* the doldrums.

Malm [malm] *m* <-(e)s; *no pl*> *geol.* Malm, Upper Jurassic.

'malˌneh·men *math.* **I** *v/t* <*irr, sep,* **-ge-**, *h*> multiply (**mit** by). **II** ≗ *n* <-s> multiplying; multiplication.

ma·lo·chen [ma'lɔxən] *v/i* <*no* **ge-**, *h*> *colloq.* slave away.

Ma'lon|ˌester [ma'lo:n-] *m chem.* a) malonic ester, b) diethyl-malonate. **~ˌsäu·re** *f* malonic acid.

'Malˌstift *m* colo(u)red pencil, crayon.

'Mal·taˌfie·ber ['malta-] *n med.* Malta (*od.* undulant) fever.

Mal·ta·se [mal'ta:zə] *f* <-; *no pl*> *biol.* maltase.

'Malˌtech·nik *f Kunst*: painting technique.

Mal·te·ser [mal'te:zər] *m* <-s; -> **1.** *geogr.* inhabitant of Malta, Maltese. **2.** → **Malteserritter. 3.** a) Maltese (dog), b) (*Taubenrasse*) Maltese. **~ˌkat·ze** *f* Maltese (blue) cat. **~ˌkreuz** *n her.* Maltese cross, *tech. a.* Geneva stop. **~ˌor·den** *m R. C.* Order of the Knights of Malta. **~ˌrit·ter** *m* Knight of Malta, *a.* Hospital(l)er.

mal·te·sisch [mal'te:zɪʃ] *adj geogr.* Maltese.

Mal·thu·sia·ner [maltu'zĭa:nər] *m* <-s; -> *econ.* Malthusian. **mal'thu·sisch** [-'tu:zɪʃ] *adj* Malthusian.

Mal·to·se [mal'to:zə] *f* <-; *no pl*> *chem.* maltose, malt sugar.

mal·trä·tie·ren [maltrɛ'ti:rən] *v/t* <*no* **ge-**, *h*> **1. j-n ~** a) (*quälen*) maltreat (*od.* torment, bully) s. o., b) (*belästigen*) pester s. o. **2. et.** ~ treat s. th. badly (*od.* roughly), illtreat (*od.* batter) s. th.

Ma·lus ['ma:lʊs] *m* <- *u.* -ses; - *u.* -se> *Autoversicherung*: extra premium (*as a penalty for covering higher accident costs*).

Mal·ve ['malvə] *f* <-; -n> *bot.* mallow.

'Mal·ven|ˌbaum *m* tree mallow, velvet leaf. **~ˌblü·tenˌtee** *m pharm.* mallow leaf tea. ≗**ˌfar·ben** *adj* mauve. **~geˌwächs** *n bot.* mallow(wort).

'Malˌwei·se *f* → **Maltechnik**.

Malz [malts] *n* <-es; *no pl*> malt; ~ **darren** cure (*od.* dry) malt; ~ **schroten** bruise malt; → **Hopfen** 1. **~beˌrei·tung** *f* malting. **~ˌbier** *n* malt (liquor *od.* beer), near beer. **~bonˌbon** *m, n* malt sweet (*Am.* candy), *gegen Husten*: *a.* malt cough lozenge. **~ˌdar·re** *f Brauerei*: malt kiln.

'Malˌzei·chen *n math.* multiplication sign.

mal·zen ['maltsən], **mäl·zen** ['mɛltsən] *v/i u. v/t* <h> *Brauerei*: malt. **'Mäl·zer** *m* <-s; -> mal(t)ster, maltman. **Mäl·ze'rei** *f* <-; -en> (*Fabrik*) malthouse, malting.

'Malz|kafˌfee *m* malt coffee. **~ˌschrot** *m, n Brauerei*: crushed malt, malt grist. **~ˌten·ne** *f* malting floor. **~ˌtre·ber** *pl* malt husks. **~ˌzucker** (*getr.* **-k·k-**) *m* → **Maltose**.

Ma·ma [ma'ma:; 'mama] *f* <-; -s> **1.** mother. **2.** *Kindersprache*: → **Ma'ma·chen** *n* <-s; -> mum(my), *Am.* mom(my). **Ma'maˌkind** *n colloq.* mummy's (*Am.* mam[m]a's) darling.

Mam·ba ['mamba] *f* <-; -s> *zo.* mamba.

Ma·me·luck [mamə'lʊk] *m* <-en; -en> **1.** *pl hist. in Ägypten*: Mamelukes. **2.** slave, Mameluke.

Ma·mi ['mami] *f* <-; -s> → **Mama**.

Ma·mil·la [ma'mɪla] *f* <-; -len> *anat.* nipple, mamilla, *bes. Am.* mammilla.

Mam·ma[1] ['mama] *f* <-; -s> → **Mama**.

'Mam·ma[2] *f* <-; -mae [-mɛ]> *anat.* mamma. **~kar·ziˌnom** *n med.* mastocarcinoma.

Mam·ma·lia [ma'ma:lĭa], **Mam'ma·li·er** [-lĭər] *pl zo.* mammals, mammalia.

Mam·mon ['mamɔn] *m* <-s; *no pl*> *contp.* mammon, Mammon, money; **schnöder** ~ filthy lucre; **dem ~ dienen** serve Mammon; *Bibl.* **der ungerechte** ~ the Mammon of unrighteousness.

'Mam·mons|ˌdie·ner *m contp.* servant of Mammon, mammonist. **~ˌdienst** *m* worship of Mammon, mammonism.

Mam·mut ['mamʊt] *n* <-s; -e *u.* -s> *zo.* mammoth. ≗**ˌar·tig** *adj* mammoth. **~ˌbaum** *m* **1.** sequoia, redwood. **2.** mammoth (*od.* big) tree. **~ˌel·fenˌbein** *n* fossil ivory. **~ˌfilm** *m* marathon film. **~proˌgramm** *n* marathon program(me *Br.*), *TV Am. a.* telethon. **~ˌun·terˌneh·men** *n econ.* mammoth

enterprise. **~ˌzahn** *m zo.* **1.** mammoth tusk. **2.** Muscovy ivory.
mamp·fen [ˈmampfən] *v/t u. v/i* ⟨h⟩ *colloq.* munch.
Mam·sell [mamˈzɛl] *f* ⟨-; -en *u.* -s⟩ **1.** *obs. od. humor.* miss, damsel. **2.** *colloq.* housekeeper.
man¹ [man] *indef pron* ⟨*dat* **einem**, *acc* **einen**⟩ **1.** one, *a.* you, we *pl*; **~ muß bedenken, daß** one has to consider that, it must be borne in mind that; **~ darf gar nicht daran denken** it does not bear thinking about; **~ muß es tun** it must be done; **wenn ~ bedenkt, wie** when (*od.* if) one considers how; **wenn ~ ihn hört, sollte ~ glauben** to hear him one would think; **~ kann nie wissen** you never know, you never can tell; **so et. tut ~ nicht** one doesn't do such things, that isn't done; **~ benimmt sich nicht so** one doesn't behave like that; **wie kann ~ sich so benehmen!** how can anyone behave like that!; **das trägt ~ wieder** that is in fashion (*od.* being worn) again. **2.** they, people, folks (*alle pl*); **~ sagt, daß** they say that, it is said that; **~ hat mir gesagt, daß** I've been told that; **was wird ~ sagen** what will people (*bes. Br.* Mrs Grundy) say; **still, wenn ~ uns hört** be quiet so they won't hear us. **3.** they *pl*; **~ war in X angekommen** they had arrived in X; **~ führte mich in ein Zimmer** I was led into a room; **~ kommt** they are (*od.* s. o. is) coming. **4.** (*jemand*) someone, somebody; **~ klopft (klingelt)** s. o. is knocking (ringing); **~ hat mich verraten** s. o. betrayed me. **5.** *um bestimmte Anreden zu vermeiden*: you; **ich verlange, daß ~ mir Antwort gibt** I demand an answer (*od.* that you answer me); **~ erlaube mir** may I be allowed; **~ lasse mich in Frieden** leave me alone (*od.* in peace); **~ läute zweimal** ring twice; **~ wende sich an** apply to; **~ nehme zwei Eier und e-e Tasse Milch** take two eggs and a cup of milk; **~ nehme eine Tablette nach jeder Mahlzeit** take one pill after each meal, one pill to be taken after each meal; *tech.* **~ dreht die Schraube nach rechts** turn screw clockwise.
man² *adv Northern G. colloq.* **1.** only; **das ist ~ (bloß) Spaß** it's only fun. **2.** just; **er soll ~ kommen!** just let him come!; **~ sachte** (take it) easy!; **na, dann versuch's ~!** well, just try it! **3.** *Füllwort*: **denn ~ los** let's go then; **aber nun ~ schnell** come on, hurry up.
Mä·na·de [mɛˈnaːdə] *f* ⟨-; -n⟩ *myth.* maenad. **mäˈna·disch** *adj* maenadic.
Ma·na·ge·ment [ˈmænɪdʒmənt] (*Engl.*) *n* ⟨-s; -s⟩ *econ. allg.* management. **ma·na·gen** [ˈmɛnɪdʒn] *v/t* ⟨h⟩ **1.** *colloq.* (*verwalten*) manage, be (the) manager of. **2.** *colloq.* (*hinkriegen*) manage, *sl.* wangle; **er wird es schon ~** he'll wangle it somehow. **3. j-n ~** (*Künstler, Boxer etc*) be s. o.'s manager, manage s. o.
Ma·na·ger [ˈmɛnɪdʒər; ˈmænɪdʒə] (*Engl.*) *m* ⟨-s; -⟩ **1.** *econ. Sport*: manager. **2.** *thea. Film*: manager, agent. **ℒhaft** *adj* managerial. **~ˌkrank·heit** *f* stress disease.
manch [manç] *indef pron* ⟨-er, -e, -es; -e⟩ **I** *substantivisch* **1.** ⟨*sg*⟩ many (a), several, quite a few; **so ~er** a good many (people), many a person, *lit.* many a one; **so ~es** (quite) a few, a number of (*od.* a good many) things; **das wird ~em das Leben kosten** quite a few lives will be lost; **in ~em hat er recht** he is right in some of the things he says. **2.** ⟨*pl*⟩ some, a few; **~e haben Geld** some (people) have money; **~e der Kandidaten** some of the candidates. **II** *adjektivisch* **3.** ⟨*sg*⟩ many (a), several, quite a few; **~es Mal** many a time, quite a few times; **~es Gute** much good; **er hat ~en Sturm erlebt** he has weathered many a storm; **so ~es Jahr** a good many years. **4.** ⟨*pl*⟩ some, a few; **~e reichen Leute** some rich people; **an ~en Orten** in some (*od.* a few) places. **5.** ⟨*invariable*⟩ *bes. poet.* many a; **~ einer** many a man (*od.* woman), *lit.* many a one; **~ e-e Geschichte** many a story; **~ anderer** a lot of other people; **~ frohe Stunde** many a happy hour.
ˈman·chenˈorts *adv* **1.** in some places. **2.** in many a place.
ˈman·cherˈlei *adj* ⟨*undeclined*⟩ **I** *adjektivisch* **1.** a) all kinds of, manifold, many, various, b) some, several; **~ Schwierigkeiten** all kinds of difficulties; **auf ~ Art** in various ways. **II** *substantivisch* **2.** all kinds of things, many (*od.* various) things. **3.** some things. **~ˈorts** *adv* → **manchenorts.**
Man·che·ster [manˈʃɛstər] *m* ⟨-s; *no pl*⟩ *Textil.* corduroy. **~dokˌtrin** [ˈmɛntʃɛstər-] *f econ. hist.* Manchester doctrine(s *pl*). **~ˌho·se** *f* corduroy trousers *pl*, corduroys *pl.* **~ˌsamt** *m* → **Manchester.**
Man·che·ster·tum [ˈmɛntʃɛstərtuːm] *n* ⟨-s; *no pl*⟩ *econ.* Manchesterism, Cobdenism.
ˈmanchˌmal *adv* sometimes, at times; (*gelegentlich*) occasionally.
Man·da·la [ˈmandala] *n* ⟨-(s); -s⟩ *psych. relig.* mandala.
Man·dant [manˈdant] *m* ⟨-en; -en⟩, **Manˈdan·tin** *f* ⟨-; -nen⟩ *e-s Rechtsanwalts*: client.
Man·da·rin¹ [mandaˈriːn] *m* ⟨-s; -e⟩ *pol. hist. in China*: mandarin. **Man·daˈrin²** *n* ⟨-(s); *no pl*⟩, **~diaˌlekt** *m ling.* Mandarin.
Man·da·ri·ne [mandaˈriːnə] *f* ⟨-; -n⟩ *bot.* tangerine, mandarin(e).
Man·daˈri·nen|ˌbaum *m* mandarin tree. **~ˌen·te** *f orn.* mandarin duck. **~ˌherr·schaft** *f pol. hist.* mandarin rule. **~liˌkör** *m* mandarine.
Man·dat [manˈdaːt] *n* ⟨-(e)s; -e⟩ **1.** *bes. jur.* a) power of attorney, b) (*Auftrag*) mandate, c) (*Prozeßℒ*) brief; **sein ~ niederlegen** *Anwalt*: abandon (*od.* give up) one's brief (*cf.* 2). **2.** *parl.* mandate, seat; **sein ~ niederlegen (verlieren)** resign (*od.* vacate) (lose) one's seat; **das ~ der Wähler** the voters' mandate. **3.** *pol.* mandate; **das ~ über e-n Staat** the mandate for a state. **4.** → **Mandatsgebiet.**
Man·daˈtar [-daˈtaːr] *m* ⟨-s; -e⟩ **1.** *jur.* lawyer. **2.** *econ.* (authorized) agent, proxy. **3.** *Austrian for* **Abgeordnete** 2. **~ˌstaat** *m* mandatory state.
Manˈdats|geˌbiet *n* mandated territory, (territory under) mandate. **~ˌmacht** *f pol.* mandatory power. **~ˌnie·derˌle·gung** *f* **1.** *jur.* resignation of one's mandate. **2.** *parl.* vacation of one's seat.
Man·del¹ [ˈmandəl] *f* ⟨-; -n⟩ **1.** almond; **bittere (süße) ~** bitter (sweet) almond; **gebrannte ~** sugared (*od.* burnt) almond, praline; **geschälte ~n** blanched almonds. **2.** *bot.* a) almond, b) → **Mandelbaum. 3.** *anat.* a) (*Gaumenℒ*) (palatine) tonsil, b) (*Rachenℒ*) pharyngeal tonsil, adenoid; **geschwollene ~n** enlarged tonsils; **sich** (*dat*) **die ~n herausnehmen lassen** have one's tonsils (taken) out. **4.** *geol.* amygdaloid.
ˈMan·del² *f* ⟨-; -n, *vor Zahlenangaben* -⟩ *agr.* **1.** *obs.* (set of) fifteen; **große ~** (set of) sixteen. **2.** stook, shock (of sheaves); **in ~n setzen** stook (*od.* shock) sheaves.
ˈMan·del|abˌszeß *m med.* tonsillar abscess. **~ˌau·gen** *pl* almond eyes. **~ˌbaum** *m* almond (tree). **~ˌbäum·chen** *n* flowering almond. **~ˌblü·te** *f* almond blossom. **~entˌfer·nung** *f med.* removal of the tonsils, tonsillectomy. **~entˌzün·dung** *f* tonsillitis. **ℒˌför·mig** *adj* almond-shaped; **~e Augen** almond eyes. **~geˌbäck** *n* almond biscuits (*Am.* cookies) *pl.* **~ˌkap·pung** *f med.* tonsillotomy. **~ˌkleie** *f Kosmetik*: almond bran. **~ˌkren** *m Austrian gastr. horseradish and almond sauce.* **~ˌku·chen** *m* almond cake. **~ˌmilch** *f Kosmetik*: almond milk. **~ˌöl** *n* almond oil. **~ˌsäu·re** *f chem.* mandelic acid. **~ˌsplit·ter** *pl* (*Pralinen*) clusters of chocolate-coated chopped almonds. **~ˌstein** *m med.* tonsillolith. **~ˌwei·de** *f bot.* almond willow, osier.
Man·di·bel [manˈdiːbəl] *f* ⟨-; -n⟩ *anat.* mandible. **man·di·bu·lar** [mandibuˈlaːr] *adj anat.* mandibular; **ℒfraktur** *f med.* mandibular fracture.
Mandl [ˈmandəl] *n* ⟨-s; -n⟩ *Bavarian and Austrian dial. for* a) **Männchen** 1, 2, b) **Vogelscheuche** 1.
Man·do·la [manˈdoːla] *f* ⟨-; -len⟩ *mus.* mandola.
Man·do·li·ne [mandoˈliːnə] *f* ⟨-; -n⟩ *mus.* mandolin(e).
Man·dor·la [ˈmandɔrla] *f* ⟨-; -len [-ˈdɔrlən]⟩ *Kunst*: mandorla, vesica piscis.
Man·dra·go·ra [manˈdraːgora] *f* ⟨-; -ren [-draˈgoːrən]⟩, **Man·draˈgo·re** [-draˈgoːrə] *f* ⟨-; -n⟩ *bot.* mandragora, mandrake.
Man·dschu¹ [ˈmandʒu; ˈmantʃu] *m* ⟨-(s); -⟩ Manchu, Manchurian native. **ˈMan·dschu²** *n* ⟨-(s); *no pl*⟩ *ling.* Manchu(rian). **man·dschu·risch** [manˈdʒuːrɪʃ; -ˈtʃuː-] *adj* Manchu(rian). **ˈMan·dschuˌspra·che** *f* → **Mandschu²**.
Ma·ne·ge [maˈneːʒə; -ˈnɛːʒə] *f* ⟨-; -n⟩ ring, arena.
Ma·nen [ˈmaːnən] *pl myth.* manes.
mang [maŋ] *prep* ⟨*mit dat bei Ort, mit acc bei Richtung*⟩ *Northern G. colloq.* among.
Man·gan [maŋˈgaːn] *n* ⟨-s; *no pl*⟩ *chem. metall.* manganese. **Man·ga·nat** [maŋgaˈnaːt] *n* ⟨-(e)s; -e⟩ *chem.* manganate.
Manˈgan|ˌblen·de *f min.* alabandite. **~chloˌrür** *n chem.* manganous chloride. **~di·oxyd** [-diˀɔˌksyːt] *n* **1.** *chem.* manganese dioxide. **2.** *min.* pyrolusite. **~ˌei·sen** *n* manganese iron. **~ˌerz** *n min.* manganese ore. **~ˌglanz** *m* → **Manganblende. ℒˌhal·tig** *adj chem. min.* manganetic.
manˈga·nig *adj chem.* manganous.
Manˈgan|ˌkie·sel *m min.* rhodonite, siliceous manganese. **~ˌkup·fer** *n* manganese copper, cupromanganese. **ℒˌsau·er** *adj* manganic; **mangansaures Salz** manganate; **mangansaures Kali** manganate of potassium. **~ˌsäu·re** *f* manganic acid. **~ˌschaum** *m min.* bog manganese, wad. **~siˌli·zi·umˌstahl** *m* silico-manganese steel. **~ˌspat** *m min.* rhodochrosite, manganese spar. **~ˌstahl** *m* manganese steel. **~ˌstein** *m* → **Mangankiesel.**
Man·gel¹ [ˈmaŋəl] *m* ⟨-s; ⸚⟩ **1.** ⟨*only sg*⟩ (*Fehlen*) (**an** *dat* of) lack, want, absence; **ein ~ an Mut (Verständnis, Vertrauen, Takt)** a lack of courage (understanding, confidence, tact); **aus ~ an Gelegenheit** for (*od.* from, through) lack of opportunity; *jur.* **aus ~ an Beweisen** for lack of evidence; **aus ~ an Bewegung** for lack of exercise. **2.** ⟨*only sg*⟩ (*Knappheit*) (**an** *dat* of) shortage, scarcity, *lit.* dearth; **~ an Wohnungen**

housing shortage; ~ **an Arbeitskräften** shortage of labo(u)r. **3.** ⟨*only sg*⟩ need; ~ **leiden** be in need; **er leidet k-n** ~ he doesn't want for anything. **4.** (*Fehler*) defect, fault, flaw, imperfection, shortcoming, (*Nachteil*) drawback; **charakterliche Mängel** faults in (*s. o.'s*) character, failings; **technische Mängel** technical faults; **Mängel im Glas** flaws (*od.* imperfections) in glass; **die Mängel e-s Buches (Films)** the shortcomings of a book (film); **Mängel haben** (*od.* **aufweisen**), **mit Mängeln behaftet sein** have faults; **der Plan hat nur einen** ~ the plan has only one drawback. **5.** *econ. jur.* defect; ~ **im Recht** defect in title; ~ **der Zuständigkeit** want of jurisdiction; **offener** (*od.* **augenscheinlicher, sichtbarer**) ~ a) patent defect, b) *beim Kauf*: apparent defect; **geheimer** (*od.* **verborgener**) ~ hidden (*od.* redhibitory) defect. **6.** *med. an Vitaminen, Eiweiß etc*: deficiency (of).

ˈ**Man·gel**[2] *f* ⟨-; -n⟩ **1.** mangle, (rotary) ironer; *fig. colloq.* **j-n in die** ~ **nehmen** put s. o. through the wringer, *handgreiflich*: *a.* work s. o. over. **2.** *tech. Textil.* calender.

ˈ**Män·gelˌanˌzei·ge** *f econ.* notice of defect(s).

ˈ**Man·gel|arˌti·kel** *m* → Mangelware 1. ~**beˌruf** *m* critical occupation, understaffed profession. ~**erˌschei·nung** *f med.* deficiency symptom. ≗ˌ**frei** *adj* faultless, free of (*od.* without) faults (*od.* defects, flaws).

ˈ**Män·gelˌfrei·heit** *f* ⟨-; *no pl*⟩ *econ.* faultlessness, flawlessness.

ˈ**Man·gel||ˌgü·ter** *pl* **1.** → Mangelware 1. **2.** *mil.* critical supplies. ≗**haft** *adj* **1.** (*fehlerhaft*) defective, faulty; ~**e Ware (Arbeit)** defective goods *pl* (work). **2.** *Qualität*: poor, low. **3.** (*ungenügend*) insufficient, poor, deficient, unsatisfactory; ~**e Leistung** poor performance, failing work; ~**e Auskunft** insufficient information. **4.** (*unzulänglich*) inadequate (*equipment, etc*). **5.** (*unvollkommen*) imperfect. **6.** (*unvollständig*) incomplete. **7.** (*Zeugnisnote*) poor, unsatisfactory. ~**haf·tig·keit** *f* ⟨-; *no pl*⟩ defectiveness, faultiness; *der Qualität*: poorness; *des Wissens etc*: insufficiency, poorness, deficiency; (*Unzulänglichkeit*) inadequacy; (*Unvollkommenheit*) imperfection; (*Unvollständigkeit*) incompleteness.

ˈ**Män·gelˌhaf·tung** *f jur.* warranty (*od.* liability) for defects.

ˈ**Man·gel||ˌkrank·heit** *f* deficiency disease. ~ˌ**la·ge** *f econ.* shortage.

man·geln[1] [ˈmaŋəln] *v/i u. v/impers* ⟨h⟩ be wanting, be lacking; **ihm mangelt der Mut, es mangelt ihm an Mut, es mangelt ihm der Mut** he lacks (the) courage, what he lacks (*od.* wants) is (the) courage; **an Einfällen hat es ihm nie gemangelt** he has never been lacking in ideas; **ihm mangelt nichts, es mangelt ihm an nichts** he has all he wants, he wants for nothing; **es mangelte an nichts** nothing was wanting, there was plenty of everything; **es an nichts** ~ **lassen** see to it that nothing is lacking; **er läßt es an gutem Willen** ~ he lacks good will; **wir wollen es uns an nichts** ~ **lassen** we are not going to deny ourselves anything, we shall make sure that we lack nothing.

ˈ**man·geln**[2] *v/t* ⟨h⟩ **1.** (*Wäsche*) mangle. **2.** *tech. Textil.* calender.

ˈ**man·gelnd** *adj* lacking, wanting; ~**es Verständnis** lack of understanding; ~**e Selbstbeherrschung** lack (*od.* want) of self-restraint; **wegen** ~**er Nachfrage** due to (*od.* for) lack of demand.

ˈ**Män·gelˌrü·ge** *f econ.* notice of defect(s), complaint.

ˈ**man·gels** *prep* ⟨*gen*⟩ for lack (*od.* want) of, in the absence of, *bes. econ. jur. a.* in default of; ~ **Nachfrage** due (*od.* owing) to lack of demand; ~ **Beweises wurde er freigesprochen** he was acquitted for lack of evidence; ~ **Annahme** (*od.* **Akzeptes**) in default of (*od.* failing) acceptance, by (*od.* in case of) non-acceptance; ~ **Deckung** for lack of funds; ~ **Zahlung** in default of payment, for non-payment; → **Masse** 11.

ˈ**Man·gelˌwa·re** *f* **1.** *econ.* scarce commodity (*od.* goods *pl*), goods *pl* in short supply; **et. ist zur Zeit** ~ s. th. is scarce (*od.* in short supply) at the moment. **2.** *fig.* ~ **sein** be rare, be few and far between.

ˈ**Man·gelˌwä·sche** *f* washing (*od.* laundry) to be mangled, *bes. Am.* flatwork.

Man·go [ˈmaŋgo] *f* ⟨-; -nen [-ˈgoːnən] *u.* -s⟩ *bot.* (~*frucht*) mango. ~ˌ**baum** *m* mango tree.

Man·gold [ˈmaŋgɔlt] *m* ⟨-(e)s; -e⟩ *bot.* beet, mangel- (*a.* mangold-)wurzel. ~**geˌmü·se** *n*, ~**saˌlat** *m* beet (greens *pl*).

ˈ**Man·goˌpflau·me** *f bot.* mango.

Man·gro·ve [maŋˈgroːvə] *f* ⟨-; -n⟩ *bot.* mangrove.

Man·gu·ste [maŋˈgʊstə] *f* ⟨-; -n⟩ *zo.* mongoose.

Ma·nie [maˈniː] *f* ⟨-; -n [-ən]⟩ *psych. u. fig.* mania; **hysterische** ~ hysteromania; **leichte** ~ hypomania; **schwere** ~ hypermania; **das ist bei ihm schon zur** ~ **geworden** this has become a mania with him.

Ma·nier [maˈniːr] *f* ⟨-; -en⟩ **1.** *meist pl* (*Umgangsformen*) manners *pl*, breeding; **gute (schlechte, feine)** ~**en haben** have good (bad [*od.* ill], refined) manners; **ein Mensch mit** (*od.* **von**) **guten** ~**en** a man of good breeding; **er hat überhaupt k-e** ~**en** he has no manners at all; *colloq.* **j-m** ~**en beibringen** teach s. o. manners; **das ist k-e** ~ that's no way to behave; **was sind denn das für** ~**en?** don't you know how to behave? **2.** ⟨*only sg*⟩ (*Art u. Weise*) way, manner, fashion; **s-e** ~ **zu sprechen** his way (*od.* manner) of speaking, the way he speaks; **in überzeugender** ~ convincingly; **in glänzender** ~ brilliantly, in superior style; **den sind wir auf gute** ~ **losgeworden** we got rid of him nicely. **3.** ⟨*only sg*⟩ *Kunst*: style, manner, stroke, touch; **er malt in Rubensscher** ~ he paints in the style of Rubens. **4.** *mus.* a) ⟨*only sg*⟩ manner, b) (*Verzierung*) grace (note), *pl a.* ornaments. **5.** ⟨*only sg*⟩ *contp.* mannerism, affectation; **das ist bei ihm nur** ~ that is a mannerism with him.

ma·nie·riert [maniˈriːrt] *adj* mannered, affected. ≗**heit** *f* ⟨-; -en⟩ mannerism, affectation.

Ma·nie|ris·mus [maniˈrɪsmʊs] *m* ⟨-; *no pl*⟩ *Kunst*: mannerism. ≗ˈ**ri·stisch** [-tɪʃ] *adj* manneristic(al).

maˈnier·lich I *adj* **1.** (*gesittet*) well-behaved, well-mannered, well-bred; **ein** ~**es Kind** a well-behaved child; ~**es Benehmen** mannerly (*od.* well-mannered) behavio(u)r. **2.** (*ordentlich, anständig*) decent, proper. **II** *adv* **3.** *colloq.* properly, decently, well; **sich** ~ **betragen** behave nicely (*od.* well), be good; **benimm dich** ~! behave yourself!

ma·ni·fest [maniˈfɛst] *adj* ⟨*pred*⟩ *a. psych.* manifest.

Ma·niˈfest *n* ⟨-es; -e⟩ **1.** *pol.* manifesto; *hist.* **Kommunistisches** ~ Communist Manifesto. **2.** *econ. mar.* (*Ladeverzeichnis*) (ship's) manifest.

Ma·ni·fe·sta·ti·on [manifɛstaˈtsi̯oːn] *f* ⟨-; -en⟩ **1.** manifestation (*a. med. relig.*), demonstration. **2.** *jur.* (*Offenlegung*) disclosure. **ma·ni·feˈstie·ren** [-ˈtiːrən] *v/t* ⟨*no* **ge-**, h⟩ manifest.

Ma·ni·kü·re [maniˈkyːrə] *f* ⟨-; -n⟩ **1.** ⟨*only sg*⟩ (*Handpflege*) manicure. **2.** (*Handpflegerin*) manicurist. **3.** → ~**etui** [-ʔɛtˌviː], ~ˌ**käst·chen** *n* manicure kit (*od.* set).

ma·niˈkü·ren *v/t, v/i u.* **sich** ~ *v/reflex* ⟨*no* **ge-**, h⟩ manicure; **sich** ~ **lassen** have a manicure.

Ma·ni·la[1] [maˈniːla] *f* ⟨-; -s⟩ → Manilazigarre. **Maˈni·la**[2] *m* ⟨-s; *no pl*⟩ Manil(l)a tobacco.

Maˈni·la|ˌhanf *m bot. Textil.* Manil(l)a hemp (*od.* fib/re, *Am.* -er). ~**karˌton** *m*, ~**paˌpier** *n* Manil(l)a paper. ~**ziˌgar·re** *f* Manil(l)a (cigar).

Ma·ni·pu·la·ti·on [manipulaˈtsi̯oːn] *f* ⟨-; -en⟩ *allg., a. tech., a. contp. der öffentlichen Meinung, Leser etc*: manipulation, *tech. a.* handling. **Ma·ni·pu·la·tor** [manipuˈlaːtɔr] *m* ⟨-s; -en [-laˈtoːrən]⟩ *nucl. tech.* (master-slave) manipulator. **ma·ni·puˈlier·bar** *adj* manipulable. **ma·ni·pu·lie·ren** [manipuˈliːrən] **I** *v/t* ⟨*no* **ge-**, h⟩ **1.** (*Person, Information etc*) manipulate. **2.** *tech.* **et.** ~ manipulate (*od.* handle) s. th.; *econ.* **manipulierte Währung** managed currency. **3.** *colloq.* handle (*od.* wangle, engineer) *s. th.* **II** *v/i colloq.* **an e-r Sache** ~ tamper with s. th.

ma·nisch [ˈmaːnɪʃ] *adj med. psych.* maniac(al), manic. ~**-de·presˌsiv** *adj* manic-depressive.

Ma·ni·to [ˈmaːnito], **Ma·ni·tu** [ˈmaːnitu] *npr m* ⟨-s; *no pl*⟩ *myth.* manit(o)u.

Man·ko [ˈmaŋko] *n* ⟨-s; -s⟩ **1.** (*Mangel, Nachteil*) shortcoming, disadvantage, drawback. **2.** *econ.* a) (*Fehlbetrag*) deficit (in cash), b) (*Fehlgewicht*) short weight, deficiency (in weight).

Mann [man] *m* ⟨-(e)s; ⸚er, *nach Zahlen a.* -, *poet. hist. a.* -**nen**⟩ **1.** man, male (person); **Männer und Frauen** men and women, males and females; **ein ganzer** ~ quite (*od.* every inch) a man, a real man; **ein** ~ **von Wort** a man of his word, a man you can depend upon; **ein** ~ **der Tat** a man of action; **et. wie ein** ~ **ertragen** bear s. th. like a man; **zum** ~ **heranwachsen** grow to manhood (*od.* into a man); **von** ~ **zu** ~ **mit j-m reden** have a man-to-man talk with s. o.; **das ist ein** ~! there's a man for you!; ~**s genug sein für et.** be man enough for s. th.; **Sie sind unser** ~! you are our man!; ~ **gegen** ~ **kämpfen** fight hand to hand; **Kampf** ~ **gegen** ~ hand-to-hand fight(ing); **der schwarze** ~ a) (*Schornsteinfeger*) the chimney-sweep(er), the sweep, b) (*Kinderschreck*) the bogeyman; **wer fürchtet sich vorm schwarzen** ~? *Kinderspiel*: who's afraid of the bogeyman?; *colloq.* **den wilden** ~ **markieren** be raving like a madman; **er mimt** (*od.* **markiert**) **gern den starken** ~ he likes to throw his weight around; **er hat s-n** ~ **gefunden** he's met (*od.* found) his match; **ein** ~, **ein Wort!** an honest man's word is as good as his bond, a promise is a promise; **das ist e-e Arbeit für Männer** that is (a) man's work (*od.* job); **Männer müssen so sein** that's the way men are, you can't change men; **typisch** ~! (that's) just like a man!; „**Männer**" *an WC*: "Gentlemen", "Men". **2.** (*Mensch, Person*) man, person; **ein feiner** ~ a fine man, a (perfect) gentleman; **ein** ~ **von Welt** a man of the world; **ein ~ des Volkes** a man of the people; **er ist der ~ des Tages** he is the man of the hour; **er ist ein ~ des Todes** he is a dead man (*od. sl.* a goner); **s-n ~ stehen** a) *im Leben etc*: hold one's own, b) *in e-m Streit etc*: stand one's ground, c) pull one's weight; **~ an ~ stehen** stand closely packed together; **~ für ~** one after the other, every single one of them; **der kleine ~, der ~ auf der Straße** the man in (*Am.* on) the street; **der einfache ~** the common (*od.* ordinary) man; **ein ~ Gottes** a man of God; *fig.* **der ~ im Mond** the man in the moon; **s-e Tochter an den ~ bringen** find a husband for (*od.* marry off) one's daughter; **die Waren an den ~ bringen** get rid (*od.* dispose) of the goods; *colloq.* **e-n Witz an den ~ bringen** get rid of a joke; **der Hund ist auf den ~ dressiert** the dog is man-trained; *fig. colloq.* **du hast wohl e-n kleinen ~ im Ohr?** *sl.* you must be off your rocker!; **~!** gosh!, (my) goodness!, *Am.* man!, gee!; **(oh) ~, oh ~!** oh dear, oh dear!; **beeil dich, ~!** hurry up, man!; **selbst ist der ~!** do it yourself! **3.** (*Ehe*2) husband; **ihr geschiedener ~** her ex-husband; **j-n zum ~ nehmen** marry s. o.; **wie ~ und Frau miteinander leben** live as man and wife. **4.** ⟨*undeclined*⟩ (*Anzahl*) man; **sie kamen fünf ~ hoch** (*od.* **mit fünf ~**) five (of them) turned up, five men came; **wir waren zehn ~** there were ten of us; **wir fuhren alle ~ nach Berlin** all of us went to Berlin; **alle ~ schieben!** everybody push!; **das sind zwei Mark pro ~** that makes two marks per man (*od.* head), that makes two marks each; *mil.* **3 000 ~** 3,000 men (*od.* soldiers); **sie erhoben sich wie ein ~** they stood up as one man. **5.** *Spiel*: player; **wir brauchen noch e-n dritten ~** we need a third player. **6.** *mar.* hand, man; **alle ~ an Deck (Bord)** *a. fig. humor.* all hands on deck (board); **~ über Bord!** man overboard!; **das Schiff sank mit ~ und Maus** the ship went down with all hands (on board). **7.** ⟨-(e)s; -en⟩ *hist.* man; **der Ritter und s-e ~en** the knight and his men. **8.** *Sport*: player; **den ~ decken** mark man to man. **9.** *Bergbau*: **alter** (*od.* **toter**) **~** goaf, gob, *a.* waste area.

Man·na [ˈmana] *n* ⟨-(s); *no pl*⟩, *f* ⟨-; *no pl*⟩ **1.** *bot. pharm., a. Bibl. u. fig.* manna. **2.** *bot.* cassia-stick tree.

ˈ**mann·bar** *adj* **1.** *lit.* sexually mature, pubescent. **2.** *obs.* (*heiratsfähig*) marriageable, of marriageable age, *Mädchen*: *a.* nubile. 2**keit** *f* ⟨-; *no pl*⟩ **1.** *lit.* sexual maturity, pubescence, puberty. **2.** *obs.* marriageability, *e-s Mädchens*: *a.* nubility.

Männ·chen [ˈmɛnçən] *n* ⟨-s; -⟩ **1.** *dim. of* Mann. **2.** *oft contp.* (*kleiner Mann*) little man, manikin, manakin. **3.** *zo.* male. **4.** *colloq.* (*Koseform für Ehemann*) hubby, dear. **5.** small figure, matchstick man; **~ malen** *aus Langeweile*: doodle. **6. ~ machen** *bes. Hund, Hase*: sit up on its hind legs, *bes. Hund*: *a.* sit up (and beg), *Person*: bow and scrape. **7.** *mil. colloq.* **~ machen** (*od.* **bauen**) salute, spring (*od.* snap) to attention. **8.** *aer. colloq. beim Kunstflug*: tail slide.

ˈ**Mann,deckung** (*getr.* **-k·k-**) *f Sport*: man-to-man marking.

Män·ne·ken [ˈmɛnəkən] *n* ⟨-s; -⟩ *Northern G. for* Männchen 2.

man·nen [ˈmanən] *v/t* ⟨h⟩ *mar.* (*Stückgut etc*) hand *s. th.* on (*od.* up) from man to man.

Man·ne·quin [ˈmanəkɛ̃; -ˈkɛ̃:] *n, rare m* ⟨-s; -s⟩ **1.** model, mannequin. **2.** *obs. for* **Gliederpuppe** 2.

ˈ**Män·ner|,ar·beit** [ˈmɛnər-] *f* men's (*od.* man's) work. **~be,kannt·schaft** *f* → Herrenbekanntschaft. **~,chor** *m mus.* male (*od.* men's) choir (*bes. Am.* chorus), male-voice choir. **~,fang** *m colloq.* **auf ~ (aus)gehen** go (out) hunting for a husband (*od.* man). **~,feindin** *f* woman who hates men, androphobe. 2**,feind·lich** *adj Verhalten etc*: hostile towards men. **~ge,sang·ver,ein** *m* male-voice choral society, *Am.* men's glee club. **~,heim** *n* men's home, home for men. **~,kind,bett** *n anthrop.* couvade. 2**,mor·dend** *adj humor. Frau*: man-eating. **~,sa·che** *f* **das ist ~** that is a man's (*od.* is men's) business. **~,scheu** *f psych.* fear of men, androphobia. 2**,scheu** *adj* afraid of men. **~sta·ti,on** *f med.* male ward. **~,stim·me** *f* **1.** man's voice. **2.** *mus.* male voice. **3.** *pol.* male vote. **~,stimm,recht** *n pol.* manhood suffrage, adult male suffrage. **~,über,schuß** *m* surplus of men. **~,welt** *f* **die ~** the world of men, (the) men *pl.*

ˈ**Man·nes|,al·ter** *n* manhood; **das ~ erreichen** reach manhood; **im besten ~** *cf.* **Mannesjahre; an der Schwelle zum ~** on the threshold of manhood. **~,art** *f* man's ways *pl*; **nach ~** as is usual among men. **~,jah·re** *pl* **in den besten ~n** in the best years of s. o.'s life, in the prime of life. **~,kraft** *f* **1.** *pysiol.* (*Zeugungskraft*) potency, virility. **2.** (*Körperkraft*) masculine strength. **~,mut** *m* manly courage. **~,schwä·che** *f med.* impotence. **~,stamm** *m* male line. **~,stolz** *m* manly pride. **~,wort** *n* (honest) man's word. **~,wür·de** *f* manly dignity. **~,zucht** *f* discipline.

ˈ**mann|haft I** *adj* **1.** manly, manful, (*mutig*) *a.* brave, (*entschlossen*) resolute. **II** *adv* manfully (*etc*), like a man. 2**haf·tig·keit** *f* ⟨-; *no pl*⟩ manliness, manfulness; manly courage, bravery; resoluteness.

ˈ**man·nig|,fach** [ˈmanɪç-], **~,fal·tig** *adj* many, manifold, multiple, multifarious, numerous, diverse, varied; **aus ~en Gründen** for various reasons. 2**,fal·tig·keit** *f* ⟨-; *no pl*⟩ variousness, variety, diversity, multifariousness.

Män·nin [ˈmɛnɪn] *f* ⟨-; *no pl*⟩ *obs.* **1.** *Bibl.* woman. **2.** (*Mannweib*) masculine woman.

Männ·lein [ˈmɛnlaɪn] *n* ⟨-s; -⟩ **1.** → **Männchen** 1, 2. **2.** *pl colloq.* **~ und Weiblein** men and women.

männ·lich [ˈmɛnlɪç] **I** *adj* **1.** *Erbe, Geschlecht etc*: male; **~er Vorname** male Christian name; **die ~e Linie e-r Familie** the male line of a family; **~e Nachkommenschaft** male issue. **2.** *Eigenschaften, Stärke, Stolz etc*: masculine, (*betont* ~) manly, *Frau*: *a.* mannish; **~e Handschrift** masculine (*od.* a man's) handwriting; **~e Gesichtszüge** manly features; **ihr ~er Gang** her mannish (*od.* masculine) way of walking; **ein sehr ~er Mann** a very masculine (*od.* virile) (type of) man. **3.** *Mut, Verhalten etc*: manly, *Handlung etc*: *a.* courageous, brave; **~e Tat (Offenheit)** manly action (frankness). **4.** *med.* male, masculine; **~es Glied** virile member, penis. **5.** *zo.* male; **ein ~es Tier** a male (animal). **6.** *bot.* male, staminate. **7.** *ling. Geschlecht, a. Reim*: masculine; **mit ~em Geschlecht** of masculine gender. **II** *adv* **8.** in a manly way, like a man. 2**keit** *f* ⟨-; *no pl*⟩ **1.** manliness, masculinity, *bes. von Frauen*: mannishness; **er fühlte sich in s-r ~ verletzt** he felt his masculine pride had been injured. **2.** (*Potenz*) virility. **3.** (*Tapferkeit*) manliness, courageousness, braveness.

ˈ**Mann,loch** *n tech.* manhole.

ˈ**Manns,bild** *n colloq. oft contp.* man, fellow, bloke.

ˈ**Mann·schaft** *f* ⟨-; -en⟩ **1.** (body of) men *pl*, (*Lösch*2, *Rettungs*2 *etc*) team, party, *e-r Firma etc*: personnel, staff, *von Arbeitern*: gang, team. **2.** *mil.* a) (*Kommando*) detachment, detail, party, squad, b) *pl* **die ~en** (the) enlisted men (below the rank of corporal), the ranks, the rank and file, (*Truppe*) troops; **vor versammelter ~** a) in front of all the men, b) *colloq.* in front of everybody. **3.** *mar.* a) (ship's) crew, b) ratings *pl*, lower deck. **4.** *aer.* crew. **5.** *Sport*: team, side, (*Ruder*2) crew. **6.** *fig.* team; **der Premier und s-e ~** the prime minister and his team.

ˈ**Mann·schafts|,auf,stel·lung** *f Sport* **1.** team selection. **2.** line-up. 2**,dien·lich** *adj* selfless. **~,dienst,gra·de** *pl* rank and file, privates, private soldiers. **~,fah·rer** *m* **1.** *Radsport*: team rider. **2.** *Rallyesport*: team driver. **~,füh·rer** *m* (team) captain. **~,geist** *m* team spirit. **~ka·me,rad** *m* team mate. **~,kampf** *m* team event (*od.* competition). **~ka·pi,tän** *m* (team) captain, *colloq.* skipper. **~,lauf** *m* team race. **~,li·ste** *f* **1.** *Sport*: team list. **2.** *mar.* crew list. **~,lei·ter** *m* team manager. **~,mei·ster·schaft** *f* team championship. **~,raum** *m* **1.** *Sport*: (team's) clubroom. **2.** seamen's mess. **3.** a) soldiers' (*od.* troop) room, b) *pl* → **Mannschaftsunterkünfte. ~,ren·nen** *n Sport* a) team race, b) *Rudern*: crew race. **~,spiel** *n* **1.** team game. **2.** (*Zs.-spiel*) team play. **~,sport** *m* team sport. **~trans,port,wa·gen** *m mil.* troop carrier, (armo[u]red) personnel carrier. **~,un·ter,künf·te** *pl* (soldiers' *od.* crew's) quarters. **~ver,fol·gungs,fah·ren** *n Radsport*: team pursuit race. **~,wer·tung** *f Sport* **1.** (method of) scoring in the team event. **2.** team standings (*od.* holdings) *pl.* **~,wett·be,werb** *m* team competition.

ˈ**manns|,dick** *adj* (as) thick (*od.* wide) as a man. **~,hoch** *adj* (as) tall (*od.* high) as a man, *Br. a.* man-high. 2**,hö·he** *f* ⟨-; *no pl*⟩ head height; **in ~** at head height; **~ haben** be head high. 2**,leu·te** *pl colloq.* menfolk *sg.* **~,toll** *adj* man-crazy, nymphomaniac. 2**,toll·heit** *f* nymphomania. 2**,volk** *n colloq.* menfolk.

ˈ**Mann,weib** *n* **1.** masculine woman, (*Xanthippe*) virago. **2.** *med.* (*Zwitter*) hermaphrodite.

Ma·no·me·ter [manoˈme:tər] **I** *n* ⟨-s; -⟩ *tech.* pressure ga(u)ge, manometer. **II** *interj colloq.* **~!** (oh) boy! **ma·no·me·trisch** [manoˈme:trɪʃ] *adj tech.* manometric(al).

Ma·nö·ver [maˈnø:vər] *n* ⟨-s; -⟩ **1.** *mil.* a) manœuvre, *Am.* maneuver, b) (*Übung*) (field) exercise; **ein ~ abhalten** hold a manœuvre; **die Truppen zogen ins ~** the troops went on manœuvres. **2.** *aer. mar.* (*Fahrtänderung*) manœuvre, *Am.* maneuver; **das Schiff führte verschiedene ~ aus** the ship executed various manœuvres. **3.** *fig. colloq.* manœuvre, *Am.* maneuver, trick, stratagem; **geschicktes ~** *a.* clever move. **~,gast** *m mil.* manœuvre observer. **~ge,län·de** *n mil.* manœuvre (*od.* exercise) area. **~kri,tik** *f bes. fig.* debriefing, post mortem. **~,scha·den** *m meist pl* manœuvre damage.

ma·nö'vrier·bar *adj* → **manövrierfähig.** 2**keit** *f* ⟨-; *no pl*⟩ → **Manövrierfähigkeit.**

ma·nö·vrie·ren [manøˈvri:rən] *v/t u. v/i* ⟨*no* ge-, h⟩ *mar. mot. etc, a. fig.* manœuvre, *Am.* maneuver.

ma·nö'vrier|ₗfä·hig *adj Auto, Flugzeug, Schiff etc*: manœuvrable, *Am.* maneuverable. **2ₗfä·hig·keit** *f* ⟨-; *no pl*⟩ manœuvrability, *Am.* maneuverability. **~ₗunₗfä·hig** *adj* unmanœuvrable, *Am.* unmaneuverable, disabled.

Man·sar·de [manˈzardə] *f* ⟨-; -n⟩ *arch.* **1.** mansard. **2.** → **Mansardenzimmer.**

Man'sar·den|ₗdach *n arch.* curb (*od.* mansard) roof. **~ₗfen·ster** *n* dormer (window). **~ₗwoh·nung** *f* attic flat (*Am.* apartment). **~ₗzim·mer** *n* attic room, room in the attic.

Mansch [manʃ] *m* ⟨-es; *no pl*⟩ *colloq.* **1.** mess, (*klebrige, eklige Masse*) goo. **2.** (*Dreck2*) sludge, mire, (*Schnee2*) slush. **3.** *contp.* (*Essen*) mush, *stärker*: muck. **'man·schen** *colloq.* **I** *v/t*⟨h⟩ mash *s. th.* (up). **II** *v/i* mess about (*bes. Am.* around).
Man·sche'rei *f* ⟨-; -en⟩ *colloq.* messing about (*bes. Am.* around).

Man·schet·te [manˈʃɛtə] *f* ⟨-; -n⟩ **1.** (*Hemd2 etc*) cuff. **2.** *um Blumentopf, Kerze etc*: paper frill. **3.** *pl fig. colloq.* (*Angst*) fear *sg*; **~n vor e-r Sache haben** dread (*od.* be scared of) s. th., be in a (blue) funk about s. th. **4.** *pl Gaunersprache*: (*Handfesseln*) bracelets. **5.** *beim Ringen*: **e-e ~ anlegen** apply a wristlock. **6.** *tech.* a) sleeve, boot, b) (*Bund*) collar, c) (*Rosette*) rose, d) (*Dichtung*) packing ring, sealing member, e) *e-s Kolbens*: cup. **7.** *bot. e-s Hutpilzes*: frill.
Man'schet·tenₗknopf *m* cuff (*od.* sleeve) link.

Man·ta [ˈmanta] *m* ⟨-; -s⟩ *ichth.* manta (ray).

Man·tel [ˈmantəl] *m* ⟨-s; ⸚⟩ **1.** coat; **j-m aus dem (in den) ~ helfen** help s. o. out of (into) his coat; **er hielt ihr den ~** he held her coat for her; *fig.* **s-n ~ nach dem Wind hängen** (*od.* **drehen**) trim one's sails to the wind; → **Bademantel** (*etc*). **2.** (*Winter2*) (over)coat, greatcoat. **3.** (*ärmelloser Umhang*) cloak, mantle, *kurzer*: cape, *für Damen*: *a.* wrap. **4.** (*Arbeitskittel*) a) smock, coat, b) *e-s Chirurgen*: gown. **5.** *fig.* (*Deck2*) cloak, mantle; **et. mit dem ~ der Nächstenliebe zudecken** cover s. th. with the cloak of charity; **unter dem ~ der Nacht** under cover (*od.* the cloak) of night (*od.* darkness). **6.** *tech.* a) jacket, shell, cover(ing), b) (*Gehäuse*) case, casing, c) (*Kabel2*) sheath(ing), d) (*Behälter2*) wall. **7.** *math.* (*Kegel2 etc*) lateral area. **8.** *mot.* a) (*Reifen2*) cover, (outer) casing, b) (*Kolben2*) skirt, c) (*Kühler2*) shell. **9.** a) *der Weichtiere*: mantle, pallium, b) *der Manteltiere*: tunic(a). **10.** *bot.* (*Samen2*) aril. **11.** *econ.* a) *bei Aktien*: scrip, share without the coupon sheet, b) *bei Schuldverschreibungen*: debenture (*od.* bonded) claim, c) (*gesamte Ankaufsrechte*) sum total of scrips or debenture claims. **12.** *econ.* (*Firmen2*) legal title and registration (of a firm).

Män·tel·chen [ˈmɛntəlçən] *n* ⟨-s; -⟩ **1.** *dim. of* **Mantel. 2.** *fig.* **e-r Sache ein ~ umhängen** gloss a matter over, palliate s. th.; **sich** (*dat*) **ein frommes ~ umhängen** affect piety.

'Man·tel|elek|tro·de *f* covered (*od.* sheathed) electrode. **~geₗschoß** *n mil.* jacket(ed) bullet. **~geₗsetz** *n* skeleton law. **~ₗgurt** *m* (coat) belt. **2ₗkie·mig** [-ₗkiːmɪç] *adj zo.* palliobranchiate. **~ₗkleid** *n Mode*: coat dress. **~maₗgnet** *m electr.* encased (*od.* shell-type) magnet. **~ₗmau·er** *f hist. e-r Burg etc*: outer wall. **~ₗmö·we** *f orn.* great black-back(ed) gull. **~ₗpa·vi·an** *m zo.* sacred (*od.* grey, *Am.* gray) baboon. **~ₗschnecke** (*getr.* **-k·k-**) *f zo.* slime snail. **~ₗstoff** *m Textil.* coating (material). **~taₗrif(verₗtrag)** *m econ. jur.* collective framework agreement. **~ₗta·sche** *f* coat pocket. **~ₗtier** *n* tunicate, ascidian. **~- ₗund 'De·genₗstück** *n Literatur*: cloak-and-dagger drama.

Man·tik [ˈmantɪk] *f* ⟨-; *no pl*⟩ (*Wahrsagekunst*) mantic.

Mantsch [mantʃ] *m* ⟨-es; *no pl*⟩ → **Mansch. 'mant·schen** *v/t u. v/i* ⟨h⟩ → **manschen.**

Ma·nu·al [maˈnŭaːl] *n* ⟨-s; -e⟩ **1.** *der Orgel etc*: manual, keyboard. **2.** *obs. for* **Tagebuch** 1. **3.** *relig. hist.* manual. **~ₗta·sten** *pl* manual keys.

ma·nu·ell [maˈnŭɛl] **I** *adj* manual. **II** *adv* manually, by hand.

Ma·nu·fak·tur [manufakˈtuːr] *f* ⟨-; -en⟩ *econ. obs.* **1.** (*Fabrik*) manufactory, workshop. **2.** (*Handarbeit*) manufacture. **3.** → **Web-, Wirkwaren. 4.** piece of work done by hand, hand-made product. **~beₗtrieb** *m* → **Manufaktur** 1. **~ₗwa·ren** *pl* **1.** hand-made products (*od.* articles). **2.** (*Schnittwaren*) textiles, *Am.* dry goods.

Ma·nu·skript [manuˈskrɪpt] *n* ⟨-(e)s; -e⟩ **1.** manuscript, ms, *a.* MS; **im ~ fertig** ready in manuscript (form). **2.** *print.* a) manuscript, b) *druckfertiges*: copy, matter; **abgesetztes ~** dead copy; **als ~ gedruckt** printed as manuscript, privately printed (*cf. a.* 3). **3.** *thea. Film*: script; **als ~ gedruckt** acting rights reserved. **4.** *Radio, TV* script, continuity. **~ₗab·tei·lung** *f e-s Funkhauses etc*: script (*od.* continuity) department. **~ₗhal·ter** *m* copyholder.

Manx [mæŋks] (*Engl.*) *n* ⟨-; *no pl*⟩, **~ₗspra·che** *f ling.* Manx.

Mao·is·mus [maoˈɪsmus] *m* ⟨-; *no pl*⟩ *pol.* Maoism. **Mao'ist** [-ˈɪst] *m* ⟨-en; -en⟩, **mao'is·tisch** *adj* Maoist.

Mao·ri [ˈmauri; maˈoːri] **I** *m* ⟨-(s); -(s)⟩ Maori. **II** *n* ⟨-; *no pl*⟩ *ling.*, **~ₗspra·che** *f* Maori.

Map·pe [ˈmapə] *f* ⟨-; -n⟩ **1.** (*Akten2*) briefcase, (*Schul2*) satchel. **2.** (*Schreib2 etc*) folder, (*Zeichen2 etc*) portfolio, (*Sammel2*) file.

Mär [mɛːr] *f* ⟨-; -en⟩ *obs. lit.* **1.** story, tale. **2.** (*Gerücht*) rumo(u)r. **3.** (*Kunde*) tiding(s *pl*), news *pl* (*a. als sg konstruiert*).

Ma·ra·bu [ˈmaːrabu] *m* ⟨-s; -s⟩, **~ₗstorch** *m orn.* marabou(t) (stork).

Ma·ra·but [maraˈbuːt] *m* ⟨- *od.* -(e)s; - *od.* -s⟩ *im Islam*: Marabout, *a.* marabout.

Ma·rä·ne [maˈrɛːnə] *f* ⟨-; -n⟩ whitefish.

Ma·ra·schi·no [marasˈkiːno] *m* ⟨-s; -s⟩, **~liₗkör** *m gastr.* maraschino.

Ma'ras·kaₗkir·sche [maˈraska-] *f bot.* marasca (cherry).

Ma·ras·mus [maˈrasmus] *m* ⟨-; *no pl*⟩ *med.* marasmus, marasma.

'Ma·ra·thon|ₗlauf [ˈmaːratɔn-] *m Sport*: marathon (race). **~ₗläu·fer** *m* marathon runner. **~ₗsit·zung** *f colloq.* marathon meeting. **~ₗstrecke** (*getr.* **-k·k-**) *f* marathon course.

Mar·bel[1] [ˈmarbəl] *m, n* ⟨-s; -⟩ *Glasbläserei*: marver. **'Mar·bel**[2] *f* ⟨-; -n⟩ *bot.* field rush. **'Mar·bel**[3] *f* ⟨-; -n⟩ *dial. for* **Murmel.**

mar·beln [ˈmarbəln] *v/t* ⟨h⟩ *tech.* (*Glas*) marver, turn.

March [març] *f* ⟨-; -en⟩ *Swiss for* a) **Flurgrenze,** b) **Grenzzeichen.**

Mär·chen [ˈmɛːrçən] *n* ⟨-s; -⟩ **1.** fairy tale (*od.* story), (folk)tale; **es klingt wie ein** (*od.* **im**) **~** it sounds like a fairy tale; **ein ~ aus 1001 Nacht** a tale from the Arabian Nights; *fig.* **wie im ~** → **märchenhaft** I. **2.** *fig. colloq.* (fairy) story, cock-and-bull story, yarn, tale, fiction; **erzähl mir k-e ~!, das ~ kannst du d-r Großmutter erzählen** tell that to the marines; **das halte ich für ein reines ~** I consider that pure fiction. **~ₗbuch** *n* book of fairy tales. **~ₗdich·ter** *m* writer of fairy tales. **~erₗzäh·ler** *m*, **~erₗzäh·le·rin** *f* teller of fairy tales. **~fiₗgur** *f* fairy-tale figure. **~ₗfor·schung** *f* study of fairy tales. **~geₗstalt** *f* → **Märchenfigur. 2haft I** *adj Landschaft etc*: fairy-tale, magic(al); *colloq.* (*fabelhaft*) fabulous, fantastic; **~e Aussichten** fabulous prospects. **II** *adv* **~ schön** fantastic(ally beautiful), gorgeous; *colloq.* **~ reich** fabulously rich. **~ₗland** *n* fairyland. **~ₗoper** *f mus.* fairy-tale opera. **~ₗprinz** *m* **1.** fairy-tale prince. **2.** *fig.* Prince Charming. **~ₗspiel** *n* fairy(-tale) play. **~ₗtan·te** *f* → **Märchenerzählerin. ~ₗwald** *m* → **Zauberwald. ~ₗwelt** *f* **1.** world of fairy tales. **2.** fairy-tale world.

Mar·che·se [marˈkeːzə] *m* ⟨-; -n⟩ marquis.

Mar·der [ˈmardər] *m* ⟨-s; -⟩ **1.** *zo.* marten (cat). **2.** → **Marderfell, Marderpelz. ~ₗfell** *n* marten (skin). **~ₗhai** *m* greyfish, *Am.* grayfish. **~ₗhund** *m* raccoon dog. **~ₗpelz** *m* marten (fur).

Ma·re [ˈmaːrə] *n* ⟨-; - *od.* Maria [-rĭa]⟩ *meist pl astr.* mare; **die ~ des Mondes** the maria of the moon.

Mä·re [ˈmɛːrə] *f* ⟨-; -n⟩ → **Mär.**

Ma·ren·go [maˈrɛŋgo] **I** *m* ⟨-s; *no pl*⟩ *Textil.* marengo. **II 2** *adj* Oxford grey (*Am.* gray), Oxford mixture.

Mar·ga·ri·ne [margaˈriːnə] *f* ⟨-; *no pl*⟩ *gastr.* margarine, *colloq.* marge.
Mar·ga'rinₗsäu·re *f chem.* margaric acid.

Mar·ge [ˈmarʒə] *f* ⟨-; -n⟩ *econ.* margin.
'Mar·gen·spe·ku·la·tiₗon *f* marginal speculation(s *pl*).

Mar·ge·ri·te [margəˈriːtə] *f* ⟨-; -n⟩ *bot.* marguerite (daisy), daisy.

mar·gi·nal [margiˈnaːl] *adj a. bot. med.* marginal. **Mar·gi·na·li·en** [margiˈnaːlĭən] *pl bes. print.* marginal notes, marginalia, side-notes.

Ma·ria [maˈriːa] *npr f* ⟨-, *Bibl.* -riä [-ˈriːɛ]; *no pl*⟩ *Bibl.* Mary; **die Jungfrau ~** the Virgin Mary.

Ma·ria·ge [maˈrĭaːʒə] *f* ⟨-; -n⟩ **1.** *Kartenspiel*: marriage. **2.** *obs. for* **Heirat, Ehe.**

Ma·ria·lith [marĭaˈliːt; -ˈlɪt] *m* ⟨-s; -e⟩ *min.* marialite.

ma·ria·nisch [maˈrĭaːnɪʃ] *adj relig.* Marian.

Ma·ri·an·ne [maˈrĭanə] *npr f* ⟨-; *no pl*⟩ *pol. humor.* Marianne (*the French Republic personified*).

Maₗria·the're·si·enₗta·ler [-teˈreːzĭən-] *m hist.* Maria Theresa dollar (*od.* thaler).

Ma·rie [maˈriː] *f* ⟨-; *no pl*⟩ *colloq.* (*Geld*) dough, lolly.

Ma'ri·en|al|tar *m R.C.* Lady altar. **~ₗanₗbe·tung** *f* adoration (*od.* veneration) of the Virgin Mary, *contp.* Mariolatry. **~ₗbad** *n chem.* water bath, bain-marie. **~ₗbild** *n relig. Kunst*: picture (*od.* image) of the Virgin Mary, Madonna. **~ₗdienst** *m* **1.** worship of the Virgin Mary. **2.** → **Marienanbetung. ~ₗdog·ma** *n* dogma concerning the Virgin Mary. **~ₗfä·den** *pl* gossamer *sg.* **~ₗfest** *n R.C.* Lady Day. **~ₗfisch** *m* bleak. **~ₗglas** *n min.* mica, isinglass. **~ₗkä·fer** *m* ladybird, *Am.* ladybug. **~kaₗpel·le** *f* Lady Chapel. **~ₗkir·che** *f* St. Mary's church. **~ₗkult** *m R.C.* Mariolatry. **~ₗschwe·stern** *pl R.C.* Sisters of Mary. **~ₗtag** *m* → **Marienfest. ~ver-**

ˌ**eh·rung** *f* → Marienanbetung, Marienkult.

Ma·ri·hua·na [mariˈhŭa:na] *n* ⟨-s; *no pl*⟩ marihuana, marijuana, *sl.* pot. **~ˌhanf** *m bot.* marihuana, marijuana hemp. **~-Zi·gaˌret·te** *f* marihuana cigarette, *colloq.* reefer.

Ma·ril·le [maˈrɪlə] *f* ⟨-; -n⟩ *bes. Austrian* apricot.

ma·rin [maˈri:n] *adj Tier-, Pflanzenwelt etc*: marine.

Ma·ri·na·de [mariˈna:də] *f* ⟨-; -n⟩ *gastr.* marinade.

Ma·ri·ne [maˈri:nə] *f* ⟨-; *rare* -n⟩ **1.** (*Kriegs*≈) navy, naval forces *pl*; **die Königlich-Britische ~** the Royal Navy; **die amerikanische ~** the U.S. Navy; **er ist bei der ~** he is in the navy. **2.** (*Handels*≈) (merchant) navy, (mercantile) marine. **3.** *Kunst*: marine (picture). **~aka·deˌmie** *f mar. mil.* naval academy (*od.* college). **~ˌamt** *n mar. pol.* **1.** *in Großbritannien*: Navy Board. **2.** *in USA*: Navy Department. **~ar·til·leˌrie** *f mar. mil.* coast(al) artillery. **~at·taˌché** *m mar. pol.* naval attaché. **~ˌblau I** *n* ⟨-s⟩ **1.** marine (blue), purple navy. **2.** navy (blue). **II** ≈ *adj* **3.** marine(-blue). **4.** navy-blue. **~ˌflie·ger** *m* naval airman. **~ˌflugˌzeug** *n* naval aircraft. **~in·fan·teˌrie** *f mar. mil.* marines *pl.* **~in·fan·teˌrist** *m* marine. **~in·ge·niˌeur** *m mar.* naval engineer. **~ˌma·ler** *m* marine (*od.* seascape) painter. **~miˌni·ster** *m* minister of naval affairs, *in Großbritannien*: Secretary for the Navy, *in USA*: Secretary of the Navy. **~mi·niˌste·ri·um** *n* naval department, ministry of naval affairs, *in Großbritannien*: Admiralty, *in USA*: Department of the Navy. **~of·fiˌzier** *m* naval officer. **~solˌdat** *m* **1.** sailor. **2.** → Marineinfanterist. **~sta·tiˌon** *f* naval station. **~ˌstreitˌkräf·te** *pl* naval forces. **~ˌstützˌpunkt** *m* naval base. **~ˌtrup·pen** *pl* shore-based naval units. **~ˌwerft** *f* naval shipyard, dockyard, *Am.* navy yard. **~ˌwe·sen** *n* naval affairs *pl.*

ma·ri·nie·ren [mariˈni:rən] *v/t* ⟨*no* **ge-**, **h**⟩ *gastr.* marinate.

Ma·ri·nis·mus [mariˈnɪsmʊs] *m* ⟨-; *no pl*⟩ *Literatur*: Marinism. **Ma·riˈnist** [-ˈnɪst] *m* ⟨-en; -en⟩ Marinist.

Ma·rio|la·trie [marĭolaˈtri:] *f* ⟨-; *no pl*⟩ *R.C.* mariolatry. **~ˈlo·ge** [-ˈlo:gə] *m* ⟨-n; -n⟩ Mariologist. **~loˈgie** [-loˈgi:] *f* ⟨-; *no pl*⟩ Mariology.

Ma·rio·net·te [marĭoˈnɛtə] *f* ⟨-; -n⟩ **1.** *thea.* marionette, puppet. **2.** *fig. contp.* puppet.

Ma·rioˈnet·ten|ˌbüh·ne *f* → Marionettentheater. **≈haft** *adj* puppetlike; *adv* **sich ~ bewegen** move like a puppet. **~reˌgie·rung** *f pol. contp.* puppet government (*od.* regime). **~ˌspiel** *n* puppet show (*od.* play). **~ˌspie·ler** *m* puppet player. **~thea·ter** [-teˌa:tər] *n* **1.** puppet theat/re (*Am.* -er). **2.** puppet play (*od.* show).

ma·ri·tim [mariˈti:m] *adj* maritime.

Mark[1] [mark] *f* ⟨-; *nach Zahlen* -, *einzelne Münzen*: **Markstücke**, *colloq.* ≈er⟩ *econ.* **1.** *deutsche*: German mark, *a.* deutschmark; *colloq.* **jede ~ umdrehen müssen** have to count one's money carefully. **2.** *finnische*: markka, mark. **3.** *hist.* a) mark, b) reichsmark.

Mark[2] *f* ⟨-; -en⟩ **1.** *hist.* mark, march, borderland; **die ~ Brandenburg** the Brandenburg March. **2.** *Rugby*: touch.

Mark[3] *n* ⟨-(e)s; *no pl*⟩ **1.** *physiol.* a) marrow, medulla, b) (*Haar*≈) pith, medulla, c) (*Zahn*≈) pulpa, pulp; *fig. colloq.* **er hat (kein) ~ in den Knochen** a) he's got (no) brawn, b) (*Mut*) he's got (no) guts, c) (*Rückgrat*) he's got (no) backbone; **bis ins ~** to the marrow (*od.* core); **sie erschrak bis ins ~ (hinein)** she was (*od.* got) scared out of her wits; **das Geräusch ging mir bis ins ~** (*od.* **durch ~ und Bein**, *colloq.* **durch ~ und Pfennig**) the noise went right through me, the noise set my teeth on edge; **j-m das ~ aus den Knochen saugen** suck s. o.'s blood; **er traf sie mit s-n Worten bis ins ~** his words cut her to the quick; **faul bis ins ~** rotten to the core. **2.** *bot.* a) (*Frucht*≈) pulp, b) (*~gewebe*) medulla, pith.

mar·kant [marˈkant] *adj* **1.** *Punkt, Eigenschaft etc*: prominent, salient, striking, outstanding, (*kühn*) bold; **ein ~er Geländepunkt** a prominent landmark; **e-e ~e Persönlichkeit** a man (*od.* woman) of mark, an outstanding personality; **er ist e-e ~e Erscheinung** he is a man of striking appearance; **~e Umrisse** bold outlines; **~e Handschrift** bold handwriting. **2.** *Gesichtszüge etc*: strongly marked, pronounced, chisel(l)ed; **ein ~es Gesicht** a strong face; **ein ~es Profil** a striking profile. **3.** *Stil*: pithy.

Mar·ke [ˈmarkə] *f* ⟨-; -n⟩ **1.** *bes. econ.* a) *von Tabakwaren, Kaffee etc*: brand, b) *von Fahrzeugen, Radios etc*: make; **e-e führende ~** a leading make (*od.* brand). **2.** (*Warentypen*) type, kind. **3.** (*Fabrikzeichen, Handels*≈, *Schutz*≈) trade mark. **4.** (*Güte*) grade, quality, *bes. des Weins*: growth, vintage. **5.** (*Markierung*) mark, sign. **6.** (*Erkennungs*≈) badge, mark. **7.** *bes. aus Metall, als Fahrausweis etc*: token; → *a.* **Hunde-, Spiel-, Steuermarke. 8.** (*Essen*≈, *Getränke*≈ *etc*) voucher, chit. **9.** (*Lebensmittel*≈, *Benzin*≈ *etc*) coupon; **et. auf ~n bekommen** get s. th. on coupons. **10.** (*Rabatt*≈, *Spar*≈) (trading) stamp. **11.** *mar.* (water) mark. **12.** *Sport*: (*Elfmeter*≈, *a. Bestleistung*) mark. **13.** *fig. colloq.* (**komische**) quite a) character, funny one.

Mär·ke [ˈmɛrkə] *f* ⟨-; -n⟩ *Austrian* identifying sign (*od.* initials *pl*).

ˈ**Mar·ken|ˌal·bum** *n philat.* stamp album. **~arˌti·kel** *m econ.* proprietary (*od.* branded, patent trade-marked) article. **~benˌzin** *n* branded petrol (*Am.* gasoline). **~beˌzeich·nung** *f* trade (*od.* brand) name. **~ˌbut·ter** *f* branded butter. **~erˌzeug·nis** *n* → Markenartikel. **~fa·briˌkat** *n* **1.** proprietary brand. **2.** *bei Autos, Radios etc*: proprietary make. **≈ˌfrei** *adj Lebensmittel etc*: unrationed. **~ˌna·me** *m* trade (mark) name. **≈ˌpflich·tig** *adj* rationed. **~ˌrecht** *n jur.* trade mark law, law of trade marks. **~ˌsamm·ler** *m philat.* stamp collector, philatelist. **~ˌsamm·lung** *f* stamp collection. **~ˌschutz** *m econ.* protection of trade marks. **~ˌtankˌstel·le** *f* contract station, company-owned (*od.* company-licensed) filling (*Am.* gasoline) station. **~ˌtreue** *f* brand loyalty.

ˈ**Mark·entˌzün·dung** *f med.* medullitis, myelitis.

ˈ**Mar·ken|verˌband** *m econ.* association for the protection of trade marks. **~ˌwa·re** *f* proprietary (*od.* patent, trade-marked, branded) goods *pl.*

ˈ**Mär·ker** *m* ⟨-s; -⟩ native (*od.* inhabitant) of the Brandenburg March.

ˈ**mark·erˌschüt·ternd** *adj Schrei etc*: blood-curdling.

Mar·ke·ten·der [markəˈtɛndər] *m* ⟨-s; -⟩ *mil. hist.* sutler. **Mar·ke·ten·deˈrei** *f* **1.** *hist.* sutlery. **2.** Navy, Army, Air Force Institute, NAAFI, *Am.* (sales) commissary. **Mar·keˈten·de·rin** *f* ⟨-; -nen⟩ (female) sutler. **Mar·keˈten·derˌwa·ren** *pl* sales articles for soldiers.

Mar·ke·te·rie [marketəˈri:] *f* ⟨-; -n [-ən]⟩ (*Einlegearbeit*) marquetry.

Mar·ke·ting [ˈmɑ:kɪtɪŋ] (*Engl.*) *n* ⟨-s; *no pl*⟩ *econ.* marketing.

ˈ**Mark|ˌgraf** *m hist.* margrave. **~grä·fin** *f* margravine, marchioness. **~ˌgraf·schaft** *f* margrav(i)ate.

Marˈkier|ˌbo·je *f mar.* marking buoy. **~ˌboot** *n Sport* **1.** stake boat. **2.** *mit Flagge*: flagboat.

mar·kie·ren [marˈki:rən] **I** *v/t* ⟨*no* **ge-**, **h**⟩ **1.** (*bezeichnen*) mark (*path, point, a. fig. turning-point, etc*). **2.** *bes. Sport*: a) (*Piste etc*) mark (out), *mit Stöcken*: *a.* stake out, *mit Fähnchen*: *a.* flag; → *a.* 8. **3.** (*Tier*) mark, brand, earmark. **4.** *fig.* (*andeuten*) outline (*one's plans, etc*). **5.** *fig. colloq.* **j-n ~** a) pretend to be s. o., b) play s. o.; **markiere doch nicht den Dummen** don't pretend to be so stupid; *iro.* **den starken Mann ~, den strammen Max ~** play (*od.* act) the big white chief (*od. sl.* big shot), act big; **den feinen Mann ~** act the gentleman, put on airs. **6.** *bes. mil.* **den Gegner ~** represent (*od.* be, take the part of) the enemy. **7.** *fig. colloq.* **et. ~** (*vortäuschen*) sham (*od.* feign) s. th.; **der Bettler markierte Blindheit** the beggar shammed blindness (*od.* pretended to be blind). **8.** *Sport*: a) (*Punkte etc*) count, mark; **ein Tor ~** (*schießen*) score a goal, b) (*Gegenspieler*) cover, mark. **II** *v/i* **9.** *fig. colloq.* pretend, sham, simulate; **er ist nicht verletzt, er markiert nur** he is not injured, he is only pretending. **10.** *hunt. Vorstehhund*: go on point. **III** ≈ *n* ⟨-s⟩ **11.** marking (*etc*). **12.** → Markierung.

Marˈkier|geˌrät *n Sport*: marker. **~ˌstein** *m* marker, marking stone.

marˈkiert *adj* **1.** *Weg etc*: marked. **2.** *fig. colloq. Krankheit etc*: feigned, pretended. **Marˈkie·rung** *f* ⟨-; -en⟩ **1.** → markieren 11. **2.** *von Wanderweg, Straße etc*: marking, signposting; **die ~ des Weges war schlecht** the way was badly (*od.* poorly) marked. **3.** (*Zeichen*) mark. **4.** *e-s Tieres*: mark, *a.* brand, earmark. **5.** *Sport*: markings *pl*, lines *pl.*

Marˈkie·rungs|ˌbom·be *f mil.* target-marking bomb. **~ˌfähn·chen** *n Sport*: (course) marker, marking flag. **~ˌfunk·ˌfeu·er** *n aer.* marker, marker (radio) beacon. **~ˌli·nie** *f* (marking) line(s *pl*), mark. **~ˌstrich** *m* mark, line. **~ˌvor·ˌrich·tung** *f Film*: notcher.

ˈ**mar·kig** *adj* **1.** *biol.* marrowy, medullar(y). **2.** *fig. Worte etc*: pithy, vigorous.

mär·kisch [ˈmɛrkɪʃ] *adj* of (*od.* relating to) the Brandenburg March.

Mar·ki·se [marˈki:zə] *f* ⟨-; -n⟩ **1.** awning, sun-blind, canvas blind. **2.** *e-s Ladens etc*: sunshade. **3.** *Edelstein*: marquise.

Mark·ka [ˈmarka] *f* ⟨-; -⟩ *econ.* (*Finnmark*) markka, mark.

ˈ**Mark|ka·nal** *m anat.* medullary canal. **~ˌklöß·chen** [-ˌklø:sçən] *n* ⟨-s; -⟩ *gastr.* marrow dumbling. **~ˌkno·chen** *m* marrowbone. **~ˌna·gel** *m med.* (intra)medullary pin. **~ˌna·ge·lung** *f* (intra)medullary (*od.* marrow) nailing.

Mar·ko·man·nen [markoˈmanən] *pl hist.* Marcomanni.

Mar·kör [marˈkø:r] *m* ⟨-s; -e⟩ **1.** *Billard*: marker. **2.** *Austrian obs.* waiter.

ˈ**Mark|ˌschei·de**[1] *f Bergbau*: boundary (line). **~ˌschei·de**[2] *f anat.* a) medulla, b) *bei Nerven*: myelin sheath. **~ˌschei·deˌkun·de** *f* mine surveying. **~ˌschei-**

der *m* ⟨-s; -⟩ colliery (*od.* mine, mining) surveyor. **~ˌschei·dung** *f* mine survey, dial(l)ing. **~ˌstein** *m* **1.** landmark, boundary stone. **2.** *fig.* landmark, milestone (*in history, etc*). **~ˌstück** *n econ.* one-mark piece, mark.

Markt [markt] *m* ⟨-(e)s; ⸚e⟩ *econ.* **1.** (*Handel*) market; **freier (grauer, innerer, schwarzer)** ~ free (grey, *Am.* gray, inner, black) market; **offener** ~ open (*od.* public) market, *jur.* market overt; (*Waren*) **auf den** ~ **bringen (werfen)** place (*od.* put) (throw) on the market, market (*goods*); **auf den** ~ **kommen** come onto the market; **die Waren sind auf dem** ~ the goods are on (*od.* in) the market; **den** ~ **drücken** depress the market. **2.** (*Absatzgebiet, Handelsbereich*) market, outlet; **inländischer** ~ home (*od.* domestic) market; **den** ~ **beherrschen (stützen, überschwemmen)** control (support, congest *od.* glut) the market; **neue Märkte erschließen** open up new markets; **der** ~ **ist erschöpft (übersättigt)** the market is exhausted (glutted *od.* satiated); → **gemeinsam** 6. **3.** (*Wirtschaftslage*) market (demand); **ein guter** ~ **für Erbsen** a good market for peas; **der** ~ **ist flau (fest, lebhaft)** the market is dull (strong, brisk). **4.** (~*platz*) market-place, market (*od.* town) square. **5.** (*Handelsplatz*) market, emporium, mart; **den** ~ **beschicken** (*od.* **beliefern**) supply the market, send goods to (the) market; → **Haut** 2. **6.** (~*tag*) market day. **7.** (*Jahr*≈) market, fair. **8.** *Börse*: market; ~ **für tägliches Geld** call market. **9.** market town.

ˈ**Markt|anaˌly·se** *f econ.* market analysis. **~ˌanˌteil** *m* market share. **≈beˌherr·schend** *adj Konzern etc*: controlling (*od.* dominating) the market. **~beˌherr·schung** *f* market control (*od.* domination). **~beˌricht** *m* market report (*od.* review), review of the market. **≈beˌstim·mend** *adj* ~**er Faktor** market determinant. **~ˌbrun·nen** *m* market fountain. **~ˌbu·de** *f* market stall (*od.* stand, booth).

mark·ten [ˈmarktən] *v/i* ⟨h⟩ **mit j-m um e-e Sache** ~ bargain with s. o. for s. th., haggle with s. o. over s. th.

ˈ**Markt|entˌwick·lung** *f* market tendency (*od.* trend). **~erˌschlie·ßung** *f* opening (up) of markets (*od.* a market). **≈ˌfä·hig** *adj* marketable. **~ˌfä·hig·keit** *f* marketability. **~ˌflecken** (*getr.* **-k·k-**) *m* small market town. **~ˌform** *f econ.* form of the market, type of market. **~ˌfor·scher** *m* market researcher. **~ˌfor·schung** *f* market research. **~ˌfor·schungs·in·stiˌtut** *n* market research institute. **~ˌfrau** *f* market woman. **≈ˌgän·gig** *adj econ.* **1.** *Ware etc*: marketable. **2.** *Preis*: current, market. **~geˌmein·de** *f* → **Markt** 9. **≈geˌrecht** *adj* in line with real market conditions; **~e Preise** fair market prices. **~ˌhal·le** *f* (covered) market, market hall. **~ˌkorb** *m* market basket. **~ˌkurs** *m* market quotation. **~ˌla·ge** *f econ.* market situation (*od.* conditions *pl*). **~ˌlücke** (*getr.* **-k·k-**) *f* market gap, gap in the market, opening; **in e-e** ~ **stoßen** fill a gap in the market. **~ˌmei·ster** *m hist.* assizer. **≈ˌnah** *adj* **1.** close to a (*od.* the) market. **2.** *fig.* → **marktgerecht**. **~ˌnetz** *n* string bag. **~ˌord·nung** *f econ.* market organization, marketing regulations *pl*; **Europäische** ~ European Market Organization. **≈ˌori·enˌtiert** *adj* market-oriented. **~ˌort** *m* market town. **~ˌplatz** *m* market-place, market square. **~po·liˌtik** *f* market policy. **≈po·liˌti·tisch** *adj* of (*od.* relating to) market policy, market. **~ˌpreis** *m econ.* market (*od.* ruling, current) price, market rate. **~ˌpsy·cho·loˌgie** *f* marketing psychology. **~ˌrecht** *n hist. e-r Stadt*: right to hold markets. **~ˌschrei·er** *m* **1.** *archaic* market crier. **2.** (*Reklamemacher*) puffer. **3.** (*Jahr*≈) barker. **4.** *fig. contp.* mountebank. **~schreieˈrei** [ˌmarkt-] *f* **1.** puffing. **2.** *bes. auf dem Jahrmarkt*: barking. **≈ˌschreie·risch** *adj* **1.** puffing. **2.** *bes. auf dem Jahrmarkt*: barking. **3.** *fig.* obtrusive, noisy, loud. **~ˌschwan·kun·gen** *pl econ.* market fluctuations. **~ˌschwem·me** *f* glut in the market. **~ˌsi·tua·tiˌon** *f* market situation. **~ˌstand** *m* market stand (*od.* stall). **~ˌstu·die** *f* market study (*od.* analysis). **~ˌtag** *m* market day. **~ˌta·sche** *f* market (*od.* shopping) bag. **≈ˌüb·lich** *adj* usual in the market. **~ˌunˌterˌsu·chung** *f* market study (*od.* investigation). **~verˌband** *m*, **~verˌei·ni·gung** *f econ.* marketing association. **~voˌlu·men** *n* size of the market. **~ˌweib** *n colloq.* market woman; **wie ein** ~ **schimpfen** swear like a fishwife. **~ˌwert** *m econ.* market(able) (*od.* current) value. **~ˌwirt·schaft** *f* market economy; **freie** ~ *a.* free enterprise (economy); **gebundene** ~ controlled economy; **soziale** ~ social (market) economy. **~ˌwirt·schaft·ler** *m* free-enterprise economist. **≈ˌwirt·schaft·lich** *adj* free-enterprise.

Mar·kung [ˈmarkʊŋ] *f* ⟨-; -en⟩ *obs. for* **Gemarkung**.

Mar·kus [ˈmarkʊs] *npr m* ⟨-; *no pl*⟩ *Bibl.* Mark. **~evanˌge·li·um** *n* (the) Gospel according to St. Mark. **~ˌkir·che, die** *in Venedig*: St. Mark's (Cathedral). **~ˌlö·we, der** the (Winged) Lion of St. Mark.

mar·len [ˈmarlən] *v/t* ⟨h⟩ *mar.* (*Tau*) marl.

ˈ**Marl||ˌlei·ne** *f mar.* marline. **~ˌspie·ker** *m* marline-spike, *aus Holz*: (splicing) fid.

Mar·me·la·de [marməˈla:də] *f* ⟨-; -n⟩ *gastr.* jam, *bes. aus Apfelsinen*: marmalade.

Mar·meˈla·den||glas *n* jam jar. **~ˌpflau·me** *f bot.* (*Baum u. Frucht*) mammee.

mar·meln [ˈmarməln] *v/i* ⟨h⟩ *dial.* play (at) marbles.

ˈ**Mar·melˌstein** *m obs. od. poet. for* **Marmor**.

Mar·mor [ˈmarmɔr] *m* ⟨-s; -e⟩ *min.* marble. **~ˌar·beit** *f* **1.** marble working. **2.** marble work, work in marble. **~ˌband** *m print.* marbled binding. **~ˌbild** *n* marble statue. **~ˌbruch** *m civ. eng.* marble quarry. **~ˌbü·ste** *f* marble bust. **~ˌgips** *m* → **Marmorzement**.

mar·mo·rie·ren [marmoˈri:rən] **I** *v/t* ⟨*no* ge-, h⟩ **1.** *print.* marble. **2.** *tech.* a) (*Papier*) marble, b) (*Holz etc*) vein, grain. **II** ≈ *n* ⟨-s⟩ **3.** marbling (*etc*). **mar·moˈriert** *adj* marble(d), veined, mottled. **Mar·moˈrie·rung** *f* ⟨-; -en⟩ **1.** → **marmorieren** 3. **2.** marbled appearance, marbling.

ˈ**Mar·mor||ˌkat·ze** *f zo.* marbled (tiger) cat. **~ˌkno·chenˌkrank·heit** *f* marble bone disease, oskopetrosis. **~ˌku·chen** *m* marble cake.

ˈ**mar·morn** *adj* marble(d), marbly.

ˈ**Mar·mor|paˌpier** *n* marble(d) paper. **~ˌplat·te** *f* **1.** marble slab. **2.** (*Tischplatte*) marble top. **~ˌsäu·le** *f* marble column. **~ˌschlei·fer** *m tech.* marbler, marble polisher. **~schlei·feˌrei** *f* marble grinding works *pl* (*als sg od. pl konstruiert*). **~ˌschnitt** *m print.* marbled edge(s *pl*). **~ˌsta·tue** *f* → **Marmorbild**. **~ˌstein** *m* marble (stone). **~ˌsteinˌbruch** *m* → **Marmorbruch**. **~ˌta·fel** *f* marble plaque (*od.* tablet). **~ˌweiß** *n* marble white. **~zeˌment** *m* marble cement, artificial marble.

Mar·mo·set [marmoˈzɛt] *m* ⟨-s; -s⟩ *zo.* marmoset.

ma·rod [maˈro:t] *adj Austrian colloq.* slightly ill. **ma·ro·de** [maˈro:də] *adj* ⟨*pred*⟩ *dial. colloq.* dead beat, fagged out.

Ma·ro·deur [maroˈdø:r] *m* ⟨-s; -e⟩ marauder. **ma·roˈdie·ren** [-ˈdi:rən] *v/i* ⟨*no* ge-, h⟩ maraud.

Ma·rok·ka·ner [marɔˈka:nər] *m* ⟨-s; -⟩, **ma·rokˈka·nisch** *adj* Moroccan.

Ma·rok·ko [maˈrɔko] *n* ⟨-s; *no pl*⟩ *print.* morocco. **~ˌle·der** *n* → **Maroquin**.

Ma·ro·ne[1] [maˈro:nə] *f* ⟨-; -n *u.* -ni [-ni]⟩ *bot.* (*Frucht*) marron, sweet (*od.* edible) chestnut. **Maˈro·ne**[2] *f* ⟨-; -n⟩ → **Maronenpilz**.

Maˈro·nen||baum *m*, **~kaˌsta·nie** *f bot.* Spanish (*od.* sweet, Italian) chestnut. **~ˌpilz, ~ˌröhr·ling** *m* cep(e).

Maˈronˌne·ger *m anthrop.* Maroon.

Ma·ro·quin [maroˈkɛ̃:] *m* ⟨-s; *no pl*⟩, **~ˌle·der** *n* morocco (leather).

Ma·rot·te [maˈrɔtə] *f* ⟨-; -n⟩ **1.** (*Eigenart, Schrulle*) whim, crotchet, peculiarity. **2.** fad, passing fancy, hobby.

Mar·quis [marˈki:] *m* ⟨-[-ˈki:(s)]; -[-ˈki:s]⟩ marquis, marquess. **Mar·quiˈsat** [-kiˈza:t] *n* ⟨-(e)s; -e⟩ marquisate, marquessate. **Marˈqui·se** [-zə] *f* ⟨-; -n⟩ marchioness, marquise.

Mars[1] [mars] **I** *npr m* ⟨-; *no pl*⟩ *myth.* Mars. **II** *m* ⟨-; *no pl*⟩ *astr.* Mars.

Mars[2] *m* ⟨-; -e⟩ *mar.* masthead, top.

ˈ**Mars|beˌwoh·ner** *m* Martian. **~ˌbras·sen** *pl mar.* topsail braces.

marsch [marʃ] *interj* **1.** *colloq.* ~(, **fort**)! (be *od.* push) off!, go (away)!; ~, **hinaus!** out you go!; ~, **ins Bett!** off to bed! **2.** (*mach schnell*) hurry up. **3.** *mil.* **vorwärts,** ~! forward march!; **kehrt** ~! about turn, march!, *Am.* about face, march!

Marsch[1] *m* ⟨-(e)s; ⸚e⟩ **1.** *mil.* march; **auf dem** ~ **sein** a) *Soldaten*: be on the march, b) *Fahrzeuge, Schiffe*: be on their way; **die Fahrzeuge setzten sich in** ~ the vehicles moved off; **die Truppen in** ~ **setzen** get the troops on the move; *hist.* **der** ~ **auf Rom** the march on Rome. **2.** (*Wanderung*) march, hike, *bes. kürzerer, ermüdender*: trudge; **nach e-m** ~ **von vier Stunden** after a four hours' walk; **wir setzten uns in** ~ we got going, we set out. **3.** *mus.* march; *fig. colloq.* **j-m den** ~ **blasen** give s. o. a good piece of one's mind, blow s. o. up.

Marsch[2] *f* ⟨-; -en⟩ *geogr.* marsh(land), fen.

Mar·schall [ˈmarʃal] *m* ⟨-s; **Marschälle**⟩ *mil. hist.* marshal.

ˈ**Mar·schall(s)||stab** *m* **1.** marshal's baton; *fig.* **den** ~ **im Tornister tragen** carry the (marshal's) baton in one's knapsack. **2.** *her.* truncheon. **~ˌwür·de** *f* marshalship.

ˈ**Marsch|beˌfehl** *m mil.* marching (*Am.* travel) orders *pl*, *bes. für den einzelnen Mann*: movement order; ~ **haben** be under marching orders. **≈beˌreit** *adj* ready to move (off) (*od.* march).

ˈ**Marschˌbo·den** *m geogr.* marshy soil.

ˈ**Mar·schen||dorf** *n* marsh village, village in the (*od.* a) marsh. **~ˌfie·ber** *n* marsh (*od.* swamp) fever.

ˈ**marsch||fer·tig** *adj* → **marschbereit**. **≈ˌflugˌkör·per** *m mil.* cruise missile. **≈geˌpäck** *n* field pack. **≈ge-**

ˌschwin·dig·keit *f* **1.** *mil.* → Marschtempo. **2.** *aer. mar.* cruising speed. **≈ˌglie·de·rung** *f mil.* march formation.

mar·schie·ren [marˈʃiːrən] *v/i* ‹*no* ge-, sein› **1.** *mil.* march, move. **2.** *colloq.* (*gehen*) march, walk, (*wandern*) *a.* hike, (*schreiten*) *a.* pace, stride; **er marschierte im Zimmer auf und ab** he walked (*od.* paced) up and down the room. **3.** *Sport*: *colloq. Mannschaft, Spieler, Boxer*: go flat out. **4.** *fig. colloq. Sache*: be on the march, be coming on strongly.

ˈmar·schig *adj geogr.* marshy.

ˈMarsch|koˌlon·ne *f mil.* route column, *von Fahrzeugen*: cruising formation. **∼kom·paˌnie** *f* trained replacement company. **∼ˌkom·paß** *m* prismatic compass. **≈ˌkrank** *adj* footsore.

ˈMarschˌland *n geogr.* marsh(y land), fen.

ˈMarsch|ˌlei·stung *f mil.* a) *mögliche*: march capacity, b) *tatsächliche*: march performance, c) → **Marschtempo.** **∼ˌlied** *n* march(ing) song. **∼muˌsik** *f* march(ing) music, military marches *pl.* **∼ˌord·nung** *f* marching formation (*od.* order). **∼ˌpau·se** *f* **1.** rest (on the walk). **2.** *mil.* halt (*od.* rest) on the march. **∼ˌrich·tung** *f* **1.** direction (of march), route. **2.** → **Marschroute** 2. **∼ˌrou·te** *f* **1.** *mil.* (march) route. **2.** *econ. pol.* line of policy, *bes. Sport*: tactics *pl.* **∼ˌtem·po** *n* marching speed, rate of march(ing); *exerziermäßig*: **schnelles (langsames) ∼** quick (slow) time. **∼verˌpfle·gung** *f* **1.** *mil.* marching rations *pl.* **2.** *colloq.* rations *pl.* **∼ˌziel** *n* destination.

ˈMarsˌfeld *n* ‹-(e)s; *no pl*› *antiq.* the field of Mars, Campus Martius.

ˈMar·shallˌplan [ˈmarʃal-] *m* ‹-(e)s; *no pl*› *pol. hist.* Marshall Plan.

ˈMars|kaˌnal *m astr.* (Martian) canal. **∼ˌmensch** *m* Martian. **∼ˌra·he** *f* topsail yard. **∼ˌse·gel** *n* topsail. **∼ˌson·de** *f Raumfahrt*: Mars probe. **∼ˌsten·ge** *f mar.* topmast.

ˈMarˌstall [ˈmar-] *m* ‹-(e)s; -ställe› royal stud (*od.* stables *pl*).

Mar·su·pia·li·er [marzuˈpĭaːlĭər] *pl zo.* marsupials.

Mar·ter [ˈmartər] *f* ‹-; -n› **1.** (*Qual, Pein*) torment, torture, *seelische*: *a.* anguish, agony, ordeal; **∼n erleiden (erdulden, ertragen)** suffer (endure, bear) torment(s). **2.** (*Folterung*) torturing, torture. **∼ˌbank** *f* rack. **∼geˌrät** *n* → **Marterwerkzeug.** **∼ˌholz, das** *relig.* the Cross.

Mar·terl [ˈmartərl] *n* ‹-s; -(n)› *Bavarian and Austrian* **1.** *tablet with picture and inscription in memory of a person killed in an accident.* **2.** *wooden or stone niche with crucifix or saint's image.*

mar·tern [ˈmartərn] *v/t* ‹h› *bes. fig.* torture, torment (**sich** o. s.); *cf.* **zermartern.**

ˈMar·ter|ˌpfahl *m* (torture) stake. **∼ˌtod** *m* death by torture, *bes. relig.* martyr's death. **∼ˌwerkˌzeug** *n* instrument of torture. **∼ˌwo·che** *f* → **Karwoche.**

mar·tia·lisch [marˈtsĭaːlɪʃ] *adj* martial.

ˈMar·tinˌofen [ˈmartiːn-] *m* → **Siemens-Martin-Ofen.**

ˈMar·tins|ˌfest *n* → **Martinstag.** **∼ˌgans** *f* Martinmas goose. **∼ˌhorn** *n* police (*od.* ambulance, fire) siren. **∼ˌtag** *m relig.* Martinmas, St. Martin's Day (*Nov. 11*).

ˈMar·tinˌstahl *m* → **Siemens-Martin-Stahl.**

Mär·ty·rer [ˈmɛrtyrər], *bes. R.C.* **ˈMar·ty·rer** [ˈmar-] *m* ‹-s; -› *relig. u. fig.* martyr; **ein ∼ s-s Glaubens** a martyr for one's belief; **als ∼ der Wissenschaft sterben** die a martyr in the cause of science; **sich zum ∼ machen** *a. iro.* make a martyr of o. s.; **j-n zum ∼ machen** (*od.* **stempeln**) make a martyr of s. o. **∼ˌak·te** *f* martyrology.

ˈMär·ty·re·rin *f* ‹-; -nen› (woman) martyr.

ˈMär·ty·rer|ˌkro·ne *f* crown of martyrdom. **∼ˌtod** *m* martyr's death; **den ∼ sterben** die (the death of) a martyr. **∼tum** *n* ‹-s; *no pl*› martyrdom.

Mar·ty·rin [ˈmartyrɪn] *f* ‹-; -nen› *bes. R. C.* → **Märtyrerin.**

Mar·ty·ri·um [marˈtyːrĭum] *n* ‹-s; -rien› **1.** *relig.* martyrdom (*of Christ, etc*). **2.** *fig.* martyrdom, torture, torment, ordeal; **ein ∼ erleiden** (*od.* **durchmachen**) suffer (*od.* undergo) (a) martyrdom. **3.** (*Kirche*) martyrium, martyry.

Mar·xis·mus [marˈksɪsmus] *m* ‹-; *no pl*› *pol.* Marxism. **∼-Le·niˈnis·mus** *m* Marxism-Leninism.

Mar·xist [marˈksɪst] *m* ‹-en; -en›, **Marˈxi·stin** *f* ‹-; -nen› *pol.* Marxist. **marˈxi·stisch** *adj* Marxist, Marxian; *adv* **et. ∼ betrachten** look at s. th. from the Marxian (*od.* Marxist) point of view.

März [mɛrts] *m* ‹-(es), *poet. a.* -en; *rare* -e› March; **im (Monat) ∼** in (the month of) March. **∼ˌbe·cher** *m* → **Märzenbecher.** **∼ˌbier** *n* → **Märzenbier.**

Mär·zen [ˈmɛrtsən] *n* ‹-s; *no pl*› → **Märzenbier.** **∼ˌbe·cher** *m bot.* **1.** daffodil. **2.** snowflake. **∼ˌbier** *n a special kind of strong beer.*

ˈMärz|ˌfeld *n* ‹-(e)s; *no pl*› *hist.* champ de mars. **∼ˌglöck·chen** *n* → **Märzenbecher.** **∼ˌha·se** *m zo.* (*Junghase*) March hare.

Mar·zi·pan [martsiˈpaːn; ˈmar-] *n, bes. Austrian m* ‹-s; -e› marzipan, marchpane. **mar·ziˈpa·nen** *adj* (of) marzipan.

ˈMärz·re·vo·lu·tiˌon *f hist.* **1.** (the) revolution of 1848. **2.** *in Rußland*: (the) March Revolution (*1917*).

Ma·sche[1] [ˈmaʃə] *f* ‹-; -n› **1.** (*Strick≈, Häkel≈ etc*) stitch, loop; **40 ∼n anschlagen** (*od.* **aufschlagen**) cast on 40 stitches; **e-e ∼ rechts, e-e ∼ links stricken** knit one (stitch) plain, one (stitch) purl; **e-e ∼ wieder aufnehmen** (*od.* **aufheben**) pick up a stitch; **e-e ∼ fallen lassen** drop a stitch. **2.** (*Lauf≈*) ladder, *Am.* run(ner). **3.** *e-s Netzes, Drahtzauns etc*: mesh; **ein Netz mit weiten (engen) ∼n** a net with coarse (fine) meshes, a coarse-(fine-)meshed net. **4.** *bes. Southern G.* (*Schleife*) bow, tie. **5.** *e-s Panzerhemds*: link. **6.** *pl fig. des Gesetzes, der Intrige etc*: meshes; **sich in den ∼n des Gesetzes verfangen** get entangled in the meshes of the law.

ˈMa·sche[2] *f* ‹-; -n› *colloq.* **1.** trick, dodge, ploy, line, (*a. Geschäft*) racket, (*leichte, einträgliche Sache*) *a.* soft job; **auf j-s ∼ hereinfallen** fall for s. o.'s trick; **das ist s-e neueste ∼** that is his latest trick. **2.** knack; **er hat die ∼ raus** he's got the knack; **das ist s-e neueste ∼** that's his latest. **3.** good idea; **das ist die ∼** that's just the job (*od.* thing), that's the (real) stuff. **4.** (*Mode*) craze, fad, *sl.* kick; **das ist die neu(e)ste ∼** that is the latest craze.

ˈMa·schen|ˌdich·te *f bes. Textil.* mesh density. **∼ˌdraht** *m* wire mesh, *feiner*: screen wire; **∼gewebe** *n* wire netting. **≈ˌfest** *adj Strümpfe*: ladderproof, *Am.* runproof. **≈ˌför·mig** *adj* **1.** meshy, *biol. a.* retiform, reticulate(d). **2.** *zo.* areolate(d). **∼ˌnetz** *n* (mesh) net; *tel.* mesh network. **∼ˌpan·zer** *m hist.* chain mail (*od.* armo[u]r). **∼ˌrei·he** *f* row (of stitches *od.* loops), course. **∼ˌschal·tung** *f electr.* network circuit. **∼ˌwa·re** *f* knitwear. **∼ˌwerk** *n* network. **∼ˌzahl** *f* number of stitches.

ˈma·schig *adj* → **maschenförmig** 1.

Ma·schi·ne [maˈʃiːnə] *f* ‹-; -n› **1.** *tech.* a) (*Arbeits≈*) machine, b) (*Kraft≈, Motor*) engine, c) *elektrische*: motor; **∼n** *pl collect. a.* machinery *sg.*; *fig.* **arbeiten wie e-e ∼** work like a machine (*od.* robot); **er möchte nicht e-e bloße ∼ sein** he doesn't want to be just a machine. **2.** (*Flugzeug*) machine, plane. **3.** (*Motorrad*) machine, motorcycle. **4.** (*Lokomotive*) locomotive, engine. **5.** (*Schreib≈*) typewriter; **e-n Brief mit** (*od.* **auf**) **der ∼ schreiben** type a letter. **6.** (*Näh≈*) sewing machine. **7.** *colloq. humor.* fat woman. **≈geˌschrie·ben** *adj Brief etc*: typed, typewritten.

ma·schi·nell [maʃiˈnɛl] **I** *adj* by machine, mechanical; **∼e Arbeitsvorgänge** mechanical processes, machine operations; **∼e Bearbeitung** mechanical treatment. **II** *adv* mechanically, by machine; **et. ∼ bearbeiten** machine s. th., treat (*od.* work) s. th. mechanically; **∼ hergestellt** machine-made.

Maˈschi·nen|ˌanˌla·ge *f* machinery, mechanical equipment. **∼ˌanˌtrieb** *m* machine drive; **mit ∼** machine- (*od.* power-)driven. **∼ˌar·bei·ter** *m* machine operator (*od.* attendant). **∼ˌbau** *m* ‹-(e)s; *no pl*› **1.** (*Lehrfach*) mechanical (*od.* general) engineering. **2.** (*Industriezweig*) machine-building (*od.* engineering) industry. **3.** (*Herstellung von Maschinen*) machine (*od.* engine) construction (*od.* building). **∼ˌbau·er** *m* ‹-s; -› machine builder, mechanical engineer.

Maˈschi·nenˌbau|in·duˌstrie *f* machine-building (*od.* engineering) industry. **∼in·ge·niˌeur** *m* mechanical engineer. **∼ˌschu·le** *f* (mechanical) engineering school. **∼ˌstahl** *m* machinery (*od.* structural) steel.

Maˈschi·nen|be·ar·bei·tung *f tech.* machining, mechanical treatment. **∼beˌfehl** *m Computer*: machine (*od.* computer) instruction, *in Assemblersprache*: mnemonic machine instruction. **∼beˌtrieb** *m* **1.** mechanical operation. **2.** → **Maschinenfabrik.** **∼ˌcode** *m Computer*: absolute (*od.* actual, machine) code. **∼deˌfekt** *m* → **Maschinenschaden.** **∼dikˌtat** *n* **1.** typing at s. o.'s dictation. **2.** typewritten dictation. **∼ˌeinˌrich·ter** *m* machine setter. **∼eleˌment** *n* machine element (*od.* component). **∼faˌbrik** *f* machine factory. **∼ˌflak** *f mil.* automatic antiaircraft gun. **∼ˌgarn** *n* (sewing-)machine thread. **≈geˌschrie·ben** *adj* → **maschinegeschrieben.** **≈geˌstrickt** *adj* machine-knitted.

Maˈschi·nen·geˌwehr *n mil.* machine gun; *in Zssgn* machine-gun (*fire, nest, position*). **∼ˌgurt** *m* machine-gun belt. **∼ˌschüt·ze** *m* (machine) gunner. **∼ˌstand** *m* **1.** *mil.* machine-gun emplacement. **2.** *aer.* gunner's station.

Maˈschi·nen|ˌhal·le *f* machine shop. **∼ˌhaus** *n* **1.** *electr. tech.* power house. **2.** *rail.* enginehouse. **∼in·duˌstrie** *f* machinebuilding (*od.* engineering) industry. **∼kaˌno·ne** *f mil.* automatic cannon. **∼kor·rekˌtur** *f print.* press proof. **∼ˌkraft** *f* engine (*od.* mechanical) power. **∼ˌleh·re** *f* (mechanical) engineering, practical mechanics *pl* (*als sg od. pl konstruiert*). **∼ˌlei·stung** *f* machine capacity (*od.* performance, output). **≈ˌmä·ßig** *adj tech., a. fig.* machine-like, automatic, mechanical. **∼ˌmei·ster** *m* **1.** *tech.* machinist. **2.** *rail.* superintendent of rolling stock. **3.** *thea.* stage mechanic(ian).

4. *print.* pressman. **~ˌmensch** *m* robot. **~ˌöl** *n* machine (*od.* engine) oil. **~ˌpark** *m* machinery, mechanical equipment. **~-ˌpau·ke** *f mus.* machine drum. **~piˌsto·le** *f mil.* submachine gun, burp gun, machine pistol, tommy gun. **~pro-ˌgramm** *n Computer*: machine program. **~ˌraum** *m a. mar.* engine room. **~re·vi·siˌon** *f print.* press proof. **~-ˌsaal** *m* machine room; *print.* press-room. **~ˌsatz** *m* **1.** *print.* machine composition, machine typesetting. **2.** *tech.* set of machines, machine unit. **3.** *electr.* generator set. **~ˌscha·den** *m* **1.** machinery (*electr.* motor) defect. **2.** engine trouble (*od.* failure). **~ˌschlos·ser** *m* engine (*od.* machine) fitter. **~-ˌschrei·ben** *n* → maschineschreiben II. **~ˌschrei·ber** *m*, **~ˌschrei·be·rin** *f* ⟨-; -nen⟩ typist. **~ˌschrift** *f* typescript, typewriting; in ~ typewritten, typed. **Ձˌschrift·lich** *adj* typewritten, typed. **~ˌsei·de** *f* (sewing-)machine silk. **~ˌset·zer** *m print.* machine compositor (*od.* typesetter). **~ˌspra·che** *f Computer*: machine (*od.* computer) language. **~ˌsteue·rung** *f tech.* **1.** machine control. **2.** (*Anlage*) machine control unit (*od.* mechanism). **~ˌtech·ni·ker** *m* mechanical engineer, machinist, mechanic(ian). **~ˌteil** *n* machine part (*od.* component, member). **~te·leˌgraf, ~te·leˌgraph** *m mar.* engine-room telegraph. **~ˌwaf·fe** *f mil.* automatic weapon. **~ˌwär·ter** *m* machine attendant. **~ˌwerkˌstatt** *f* machine shop. **~-ˌwe·sen** *n* (mechanical) engineering. **~-ˌzeitˌal·ter** *n* Machine Age. **~ˌzwirn** *m* machine cotton.

Ma·schi·ne·rie [maʃinəˈriː] *f* ⟨-; -n [-ən]⟩ **1.** machinery (*a. fig. of government, etc*). **2.** *thea.* technical apparatus.

maˈschi·neˌschrei·ben I *v/i* ⟨schreibt Maschine, schrieb Maschine, maschinegeschrieben, h⟩ type(write), write on the typewriter. **II Ձ** *n* ⟨-s⟩ typewriting, typing.

Ma·schi·nist [maʃiˈnɪst] *m* ⟨-en; -en⟩ **1.** *tech.* machinist, machine operator (*od.* operative), mechanic, machineman. **2.** *mar.* engineer, engineman, *auf kleineren Schiffen u. Binnenschiffen*: machinist. **3.** *rail.* engine driver, *Am.* engineer. **4.** *thea.* machinery man, engineer.

Ma·ser[1] [ˈmaːzər] *f* ⟨-; -n⟩ **1.** *Holz*: curl, wave. **2.** → Maserung 1.

Ma·ser[2] [ˈmeːzər; ˈmaːzər; ˈmeɪzə] (*Engl.*) *m* ⟨-s; -⟩ *phys.* maser.

ˈMa·serˌholz *n* wood with spiral (*od.* wavy) grain.

ma·se·rig [ˈmaːzərɪç] *adj Holz*: with spiral (*od.* wavy) grain.

ma·sern [ˈmaːzərn] *v/t* ⟨h⟩ (*Holz*) vein, grain.

ˈMa·sern *pl med.* measles *pl* (*als sg od. pl konstruiert*), rubeola *sg.* **~ˌausˌschlag** *m* measles rash. **Ձˌkrank** *adj* infected with measles, measly.

Ma·se·rung [ˈmaːzərʊŋ] *f* ⟨-; -en⟩ **1.** *Holz*: spiral (*od.* wavy) grain, *weitS.* texture, grain. **2.** *bot.* vein-banding.

Mas·ke [ˈmaskə] *f* ⟨-; -n⟩ **1.** (*GesichtsՁ, SchutzՁ, FechtՁ, TotenՁ, NarkoseՁ*) mask; **e-e ~ tragen** wear a mask, have a mask on; **e-e ~ aufsetzen** (*od.* **anlegen**) put on a mask; **die ~ abnehmen** (*od.* **ablegen**) take off the mask. **2.** *fig.* mask, pretence, masquerade, guise, screen; **die ~ fallen lassen** (*od.* **von sich werfen, lüften**) throw off the mask, show one's true face; **j-m die ~ vom Gesicht reißen** unmask s. o.; **et. unter der ~ der Freundschaft tun** do s. th. under the mask (*od.* guise) of friendship; **hinter e-r ~ von Gleichgültigkeit** behind a screen of indifference; **s-e Freundlichkeit ist nur ~** his friendliness is only a masquerade (*od.* only pretence). **3.** *fig.* (*starres Gesicht*) mask. **4.** (*maskierte Person*) mask, masker, masquer. **5.** (*Verkleidung*) disguise; **in der ~ e-s Clowns** disguised as a clown. **6.** *Kosmetik*: (face) mask. **7.** *thea.* a) *antiq.* mask, b) make-up. **8.** *phot. print. TV, Computer*: mask.

ˈMas·ken|ˌball *m* masked (*od.* fancy-dress) ball. **~ˌbild·ner** *m* ⟨-s; -⟩ *thea. Film*: make-up man (*od.* artist). **~ˌbild·ne·rin** *f* ⟨-; -nen⟩ make-up girl (*od.* artist). **~ˌbril·le** *f mil.* antigas goggles. **~ˌen·te** *f orn.* masked duck. **~ˌfest** *n* → Maskenball. **Ձhaft** *adj Gesicht, Ausdruck etc*: like a mask, mask-like. **~koˌstüm** *n* fancy dress, costume. **~ˌspiel** *n thea. hist.* masque. **~verˌfah·ren** *n phot.* masking. **~-verˌleih** *m* costume rental shop. **~ver-ˌlei·her** *m* costumer, costumier. **~ˌzug** *m* masked procession, masquerade.

Mas·ke·ra·de [maskəˈraːdə] *f* ⟨-; -n⟩ **1.** (*Verkleidung*) a) dressing up, b) disguise. **2.** (*Maskenball*) masquerade, fancy(-dress) ball. **3.** *fig.* masquerade, mummery, disguise.

mas·kie·ren [masˈkiːrən] **I** *v/t* ⟨*no* ge-, h⟩ **1.** j-n ~ a) mask s. o., b) dress s. o. in fancy dress, disguise s. o. (*as cowboy, etc*). **2.** *mil.* mask, camouflage, screen. **3.** *chem.* mask. **4.** *fig.* a) (*Zentralheizung etc*) conceal, b) (*Absichten, Pläne etc*) disguise, conceal. **II** *v/reflex* **sich ~ 5.** put on a mask. **6.** (*verkleiden*) disguise o. s., mask o. s., dress o. s. up, masquerade (*as a clown, etc*). **III Ձ** *n* ⟨-s⟩ **7.** masking (*etc*). **masˈkiert** *adj* **1.** masked, disguised; **~ gehen als** go in the mask (*od.* costume) of, masquerade as. **2.** *bot.* masked. **Masˈkie·rung** *f* ⟨-; -en⟩ **1.** → maskieren 7. **2.** (*Verkleidung*) disguise, mask. **3.** *mil.* mask, screen.

Masˈkott·chen *n* ⟨-s; -⟩, **Mas·kot·te** [masˈkɔtə] *f* ⟨-; -n⟩ mascot.

mas·ku·lin [maskuˈliːn] *adj* masculine; **Ձform** *f ling.* masculine (form). **Mas·ku·li·num** [maskuˈliːnʊm; ˈmas-] *n* ⟨-s; -lina [-na]⟩ *ling.* masculine (noun).

Ma·so|chis·mus [mazɔˈxɪsmʊs] *m* ⟨-; *no pl*⟩ *med. psych.* masochism. **~ˈchist** [-ˈxɪst] *m* ⟨-en; -en⟩ masochist. **Ձˈchi·stisch** *adj* masochistic.

Maß[1] [maːs] *n* ⟨-es; -e⟩ **1.** (*~einheit*) measure; **~e und Gewichte** weights and measures; *fig.* **(et.) mit zweierlei ~ messen** apply double standards (to s. th.); **der Mensch ist das ~ aller Dinge** man is the measure of all things. **2.** (*EichՁ, NormalՁ*) ga(u)ge. **3.** (*Abmessung*) dimension, measurement; **die ~e e-s Zimmers** the dimensions of a room. **4.** (*Größe*) size. **5.** (*KörperՁ*) measurement; **j-m ~ nehmen** take s. o.'s measurements, measure s. o.; **j-m zu e-m** (*od.* **für e-n**) **Anzug ~ nehmen** measure s. o. for a suit; **sich** (*dat*) **~ nehmen lassen** have (*od.* get) o. s. measured; **nach ~ gemacht** (*od.* **gearbeitet**) made to measure; **ein Anzug nach ~** → Maßanzug; *Sport etc*: **genau ~ nehmen** aim carefully. **6.** → Maßstab 1. **7.** (*altes HohlՁ*) measure; **ein gestrichenes (gerütteltes) ~ Mehl** a level (shaken) measure of flour; *fig.* **das ~ vollmachen** fill the cup to the brim; **sie hat ein** (*od.* **ihr**) **gerüttelt ~ an Leid zu tragen** she has a fair share of sorrows to bear; **jetzt ist das ~ aber voll!** that's enough now!, that's the limit!; **dein ~ ist voll!** now you've gone too far! **8.** *fig.* (*AusՁ*) extent, degree, measure, proportion; **in beschränktem (gewissem) ~e** to a limited (certain) degree (*od.* extent); **in hohem ~e** to a high degree; **in zunehmendem ~e** increasingly; **in gleichem ~e** to the same degree (*od.* extent), equally; **in besonderem ~e** particularly, especially; **in kleinerem** (*od.* **geringerem**) **~e** to a lesser extent; **in größerem** (*od.* **stärkerem**) **~e** to a greater degree (*od.* extent); **ein gewisses ~ an Erfahrung** a certain degree of experience; **in dem (gleichen) ~e wie** (according) as; **in hohem** (*od.* **höchstem**) **~e zufrieden sein** be extremely content; **das ist doch in höchstem ~e lächerlich!** but that is absolutely ridiculous (*od.* ridiculous in the extreme)!; **j-s Kritik auf das rechte ~ zurückführen** reduce s. o.'s criticism to its proper proportions; **für Getränke war in reichem ~e gesorgt** there was a liberal (*od.* generous, an abundant) supply of drinks; **er hat sich in solchem ~e angestrengt, daß** he has exerted himself so much that; **s-e Leistungen gehen über das übliche ~ hinaus** (*od.* **übersteigen das übliche ~**) his achievements exceed the normal standard (*od.* the average); **das ist in weitem ~e abhängig von** that depends largely on; **j-n in vollem ~e zufriedenstellen** fully satisfy s. o. **9.** *fig.* (*Grenze*) measure, moderation, bounds *pl*, limits *pl*; **et. (alles) mit ~(en)** (*od.* **mit ~ und Ziel**) **tun** do s. th. (everything) in moderation; **stets das rechte ~ halten** always observe moderation (*od.* keep within bounds); **über alle ~en** excessively, exceedingly, enormously, beyond all measure; **das ~ überschreiten** overshoot the mark, go too far; **er kennt kein ~ in s-n Wünschen** his desires know no bounds (*od.* limits); **er ist in allem ohne ~ und Ziel** he knows no bounds in whatever he does; **et. überschreitet jedes ~** s. th. exceeds all bounds. **10.** → Versmaß.

Maß[2] [maːs; mas] *f* ⟨-; -e, *nach Zahlenangaben*: -⟩ *Bavarian, Austrian and Swiss etwa* quart (of beer).

maß [maːs] *1 u. 3 sg pret of* **messen**.

ˈMaßˌabˌtei·lung *f* made-to-measure (*bes. Am.* custom-made, *Br. a.* bespoke) department.

Mas·sa·ge [maˈsaːʒə] *f* ⟨-; -n⟩ massage; **zur ~ gehen** get (*od.* go and have) a massage. **~ap·paˌrat** *m* massaging apparatus. **~beˌhand·lung** *f* → Massagetherapie. **~saˌlon** *m* massage parlo(u)r. **~the·raˌpie** *f* massage treatment, massotherapy.

Mas·sai [maˈsaɪ] *m* ⟨-; -⟩ *anthrop.* Masai.

Mas·sa·ker [maˈsaːkər] *n* ⟨-s; -⟩ massacre, slaughter. **mas·sa·krie·ren** [masaˈkriːrən] *v/t* ⟨*no* ge-, h⟩ **1.** massacre, slaughter. **2.** *fig. colloq.* massacre s. o., make mincemeat of s. o.

ˈMaß|anaˌly·se *f chem.* volumetric analysis. **~ˌanˌzug** *m* tailor-made (*od.* tailored) suit, *Am. a.* custom-tailored suit, *Br. a.* bespoke suit. **~ˌar·beit** *f* s. th. made to measure (*od.* order), *Am. a.* custom work; **der Anzug ist ~** the suit is made to measure; *fig. colloq.* **das war ~!** a) that was a real precision job, b) that was perfect timing. **~ˌband** *n* tape measure, measuring tape.

Mas·se [ˈmasə] *f* ⟨-; -n⟩ **1.** mass; **e-e unförmige (undefinierbare) ~** a shapeless (an indefinable) mass. **2.** (*Substanz*) substance; (*Paste*) paste, (*Klumpen*) lump. **3.** (*TeigՁ*) mixture. **4.** *colloq.* **e-e ~ (von), ~n von, in ~n** masses (*od.* lots, heaps, piles, loads) of; **e-e ~ Bücher** (*od.* **~n von Büchern, Bücher in ~n**) loads of books; **e-e ~ Geld** loads of money;

e-e ~ Briefe masses (*od.* shoals) of letters; *econ.* **die ~ muß es bringen** it's quantity that counts. **5.** (*Menschengruppe*) crowd, *in Statistik*: population; **sie kamen in ~n** they came in crowds (*od.* droves, masses). **6. die (breite) ~, die ~n** the masses, the hoi polloi, the herd; **die namenlose (graue) ~** the anonymous (faceless) mass; **sie fühlen sich nur in der ~ stark** they only feel strong in numbers. **7.** (*Mehrheit*) majority, bulk (of the people). **8.** *pl humor.* (*Körper*~*n*) bulk *sg.* **9.** *phys.* mass; **schwere (träge, kritische) ~** gravitational (inert, critical) mass. **10.** *electr.* (*Erdung*) earth, *Am.* ground; **an ~ legen, mit ~ verbinden** earth, ground. **11.** *econ. jur.* (*Erb*~, *Konkurs*~, *Vermögens*~) assets *pl*, estate, (*Gegensatz Zinsen*) principal; **mangels ~** a) because of no assets, b) *humor.* for lack of money. **12.** *tech.* a) material, mass, bulk, b) *während der Bearbeitung*: stock, c) *Glasfabrikation*: batch, paste, d) compound.

mä·ße [ˈmɛːsə] *1 u. 3 sg pret subj of* **messen.**

ˈMas·se|ˌanˌschluß *m electr. mot.* earth (*Am.* ground) point. **~ˌfor·de·rung** *f beim Konkurs*: claim against common debtor's estate. **~ˌgläu·bi·ger** *m* creditor of a bankrupt's estate.

ˈMaßˌein·heit *f* unit of measure(ment), standard measure.

ˈMas·seˌka·bel *n electr.* earth (*Am.* ground) cable.

Mas·sel[1] [ˈmasəl] *m, Austrian n* <-s; *no pl*> *colloq.* luck; **hast du e-n ~ gehabt!** you've been lucky there!

Mas·sel[2] *f* <-; -n> *metall.* pig. **~ˌei·sen** *n* pig iron.

ˈMas·se|ˌlei·tung *f electr.* earthing connection, *Am.* ground wire. **~los** *adj phys.* massless, weightless.

ˈMas·sen|ˌabˌfer·ti·gung *f* mass treatment (*od.* processing) (of people). **~ˌabˌfüt·te·rung** *f colloq.* feeding of the masses, mass feeding. **~ˌabˌsatz** *m econ.* bulk (*od.* large-scale) selling. **~ˌabˌsprung** *m aer. mil.* mass jump. **~ˌanˌdrang** *m* **1.** rush (of people). **2.** huge (*od.* thronging) crowd. **~ˌanˌgriff** *m mil.* mass(ed) attack. **~ˌanˌkunft** *f Sport*: arrival in a bunch. **~ˌanˌsturm** *m* → **Massenandrang.** **~ˌanˌzie·hung** *f phys.* mass (*od.* gravitational) attraction. **~ˌar·beits·lo·sig·keit** *f* mass unemployment. **~arˌti·kel** *m* mass-produced article. **~ˌauf·geˌbot** *n* **1.** *mil. hist.* general levy, levy in mass. **2.** *von Polizei etc*: strong force, *von Statisten etc*: large crowd (*od.* number). **~ˌaufˌla·ge** *f print.* mass edition, *e-r Zeitung*: mass circulation. **~ˌaufˌmarsch** *m* mass rally. **~ˌaufˌtre·ten** *n biol.* epidemic, widespread occurrence. **~ˌausˌsper·rung** *f econ.* general lockout. **~beˌeinˌflus·sung** *f* mass suggestion, propaganda. **~beˌför·de·rungsˌmit·tel** *n* means *pl* (*als sg konstruiert*) of mass transport(ation). **~beˌschleu·ni·gung** *f phys.* mass acceleration. **~beˌsuch** *m* mass attendance. **~beˌwe·gung** *f* **1.** *sociol.* mass movement. **2.** *phys.* mass motion. **3.** *pl psych.* mass reaction *sg.* **~ˌblatt** *n print.* newspaper having a mass circulation. **~de·mon·stra·ti·on** *f* mass demonstration. **~ˌdruckˌsa·che** *f Post*: bulk printed matter. **~ˌeinˌsatz** *m von Polizei, Truppen etc*: commitment of major forces, massed deployment. **~entˌlas·sung** *f econ.* mass dismissals *pl.* **~erˌhe·bung** *f* mass revolt (*od.* [up]rising). **~erˌkran·kung** *f* epidemic. **~erˌschie·ßung** *f* mass execution (by shooting). **~erˌzeu·gung, ~fa·bri·ka·tiˌon** *f* → **Massenproduktion.** **~ˌflucht** *f von Tieren*: stampede, *von Menschen*: *a.* mass flight (*od.* exodus). **~geˌbir·ge** *n geol.* massif. **~geˌsell·schaft** *f sociol.* mass society. **~ˌgrab** *n* mass (*od.* common) grave. **~ˌgü·ter** *pl econ.* **1.** mass-produced goods. **2.** bulk goods.

ˈmas·sen·haft I *adj* massive, of (*od.* in) vast numbers. **II** *adv* masses (*od. colloq.* heaps, piles) of, massive quantities of, a tremendous amount of, *nachgestellt*: galore; **er hat ~ Geld** he has heaps of money; **sich ~ vermehren** muliply in huge numbers; **es gab ~ Whisky** there was whisky galore.

ˈMas·sen|ˌherˌstel·lung *f* → **Massenproduktion.** **~ˌhinˌrich·tung** *f* mass execution. **~hypˌno·se** *f* mass hypnosis. **~hy·steˌrie** *f psych.* mass (*od.* collective) hysteria. **~ka·ram·boˌla·ge** *f* pile-up, multiple crash. **~kom·mu·ni·ka·ti·onsˌmit·tel** *n* mass (communication) medium. **~konˌsum** *m econ.* mass consumption; **Güter des ~s** mass-consumption goods. **~ˌkraft** *f phys.* inertia force. **~kulˌtur** *f sociol.* mass culture. **~ˌkundˌge·bung** *f* mass meeting (*od.* rally, demonstration). **~ˌme·di·um** *n* mass medium. **~ˌmensch** *m* mass man. **~ˌmord** *m* mass (*od.* wholesale) murder. **~ˌmör·der** *m* mass murderer. **~or·ga·ni·sa·ti·on** *f* mass organization. **~proˌdukt** *n econ.* mass product, *agr.* mass produce. **~pro·duk·tiˌon** *f* mass (*od.* bulk, large-scale, quantity, duplicate) production; **et. in ~ herstellen** mass-produce s.th. **~psy·cho·loˌgie** *f* mass (*od.* crowd) psychology. **~psyˌcho·se** *f* mass psychosis. **~ˌpunkt** *m phys.* mass point, cent/re (*Am.* -er) of mass. **~quarˌtier** *n* mass accommodation(s *pl*). **~schlä·geˌrei** *f* free-for-all, major punch-up. **~ˌspei·sung** *f bes. von Notleidenden*: (mass) distribution of food, mass feeding. **~spek·troˌgraph** *m phys.* mass spectrograph. **~ˌspek·trum** *n* mass spectrum. **~ˌsport** *m* mass sport(s *pl*). **~ˌstart** *m Sport*: mass start. **~ˌster·ben** *n* dying (of people, *etc*) in vast numbers. **~ˌstreik** *m* mass (*od.* general) strike. **~ˌsturz** *m Radrennen etc*: pile-up. **~sug·ge·stiˌon** *f* mass suggestion. **~ˌsze·ne** *f Film*: crowd scene. **~touˌris·mus** *m* mass tourism. **~ˌträg·heit** *f phys.* inertia. **~ˌträg·heits·moˌment** *n* moment of inertia. **~transˌport** *m* mass transport(ation). **~verˌanˌstal·tung** *f* mass meeting (*od.* rally). **~verˌbrauch** *m* mass consumption. **~verˌhaf·tun·gen** *pl* mass arrests. **~verˌkehrsˌmit·tel** *n* means *pl* (*als sg konstruiert*) of mass transport(ation). **~verˌnich·tung** *f* mass extermination (*od.* destruction). **~verˌsamm·lung** *f* mass meeting, rally. **~ˌwahn** *m* mass hysteria. **~ˌwan·de·rung** *f* mass migration. **~ˌwa·re** *f econ.* mass-produced article, staple commodity. **~ˌwei·se** *adj u. adv* → **massenhaft.** **~ˌwir·kung** *f* **1.** *sociol.* effect on the masses. **2.** *phys.* mass effect (*od.* action). **~ˌzahl** *f nucl.* mass number. **~zuˌsam·menˌstoß** *m* pile-up.

ˈMas·se|ˌschluß *m electr.* earth (*Am.* ground) (connection), accidental earth (*Am.* ground). **~ˌschuld** *f beim Konkurs*: debt incurred by a common debtor (*to be acknowledged by an official receiver*). **~ˌschuld·ner** *m* debtor (of the bankrupt's estate).

Masˈséˌstoß [maˈseː-] *m Billard*: massé (shot).

ˈMas·seˌteil·chen *n phys.* mass particle.

Mas·seur [maˈsøːr] *m* <-s; -e> masseur. **Masˈseu·se** [-ˈsøːzə] *f* <-; -n> masseuse.

ˈMas·se|verˌwal·ter *m* → **Konkursverwalter.** **~verˌzeich·nis** *n* inventory of property.

ˈMaß|ˌga·be *f* <-; *no pl*> **nach ~** (*gen*) a) according to, b) *bes. jur.* under (the terms of), as provided in; **mit der ~, daß** with (*od.* subject to) the proviso that, on the understanding that, provided that; **mit der folgenden ~** subject to the following condition. **~ˌge·bend I** *adj* **1.** *Werk, Buch etc*: standard, authoritative; **das ~e Buch über** (*acc*) the standard book on; **diese Grammatik ist ~ für die deutsche Sprache** this grammar is the authoritative work (*od.* the [recognized] authority) on the German language; **sein Beispiel war ~** his example set a standard; **der englische Text ist ~** *jur. in Verträgen*: the English text shall prevail (*od.* be binding, be the official text). **2.** (*entscheidend*) decisive (**für** for); **Erfolg allein ist nicht ~** it is not success alone that counts; **das ist für mich nicht ~** that is no criterion for me, that does not count (for me). **3.** *Kreise etc*: authoritative, influential, leading; **von ~er Seite** from an authoritative source. **4.** *Behörde etc*: component. **5.** *Bestimmung etc*: relevant. **II** *adv* **6.** → **maßgeblich** II. **~ˌgeb·lich** [-ˌgeːplɪç] **I** *adj* **1.** (*beträchtlich*) substantial, considerable; **~e Verbesserungen (Veränderungen)** substantial improvements (alterations); **in ~er Weise** substantially. **2.** (*führend*) leading, prominent; **e-e ~e Position innehaben** hold a prominent position; **e-e ~e Rolle spielen** play a prominent part. **3.** *econ.* **~e Beteiligung** controlling interest. **II** *adv* **4.** substantially, considerably; **er war ~ am Erfolg beteiligt** he contributed considerably to (*od.* was instrumental in bringing about) the success. **~geˌnau** *adj tech.* true to size (*od.* ga[u]ge). **~geˌnau·ig·keit** *f* dimensional accuracy. **~geˌrecht** *adj* **1.** *tech.* a) true to size, b) *Linienführung e-r Zeichnung*: true to scale; **~es Modell** accurate-scale model. **2.** *colloq.* accurate, precise. **~geˌschnei·dert** *adj Mode*: made to measure, tailor-made (*a. fig.*), *Am. a.* custom-made, *Br. a.* bespoke. **~ˌhal·te·apˌpell** *m* appeal for moderation (*od.* restraint). **~ˌhal·ten I** *v/i* <*irr, sep,* -ge-, h> **1.** observe moderation, keep within bounds, be moderate; **im Essen ~** eat in moderation, be moderate in eating. **II ~** *n* <-s> **2.** observing moderation (*etc*). **3.** moderation, (self-)restraint. **~ˌhal·te·po·liˌtik** *f* policy of moderation. **~ˌhal·tig** *adj* → **maßgerecht** 1. **~ˌhal·tig·keit** *f* <-; *no pl*> *tech.* accuracy to ga(u)ge (*od.* size), dimensional stability.

Mas·si·cot [masiˈkoː] *m* <-; *no pl*> *chem.* massicot.

mas·sie·ren[1] [maˈsiːrən] *bes. med.* **I** *v/t* <*no* ge-, h> massage, (*durchkneten*) knead. **II ~** *n* <-s> massaging (*etc*); massage. **masˈsie·ren**[2] **I** *v/t* <*no* ge-, h> **1.** *mil.* (*Truppen*) concentrate, mass. **II** *v/reflex* **sich ~ 2.** *bes. econ. Aufträge etc*: accumulate, pile up. **3.** *mil. Truppen*: concentrate, mass. **III ~** *n* <-s> **4.** concentrating (*etc*). **5.** → **Massierung**[2]. **masˈsiert I** *pp of* **massieren**[1] *u.* [2]. **II** *adj* **1.** *mil. Angriff, Artillerie etc*: massed, concentrated. **2.** (*drastisch*) large-scale, drastic. **Masˈsie·rung**[1] *f* <-; *no pl*> → **massieren**[1] II. **Masˈsie·rung**[2] *f* <-; -en> **1.** → **massieren**[2] 4. **2.** *mil.* concentration. **3.** *bes. econ.* accumulation, concentration.

'**mas·sig I** *adj* bulky, massive, huge, big, voluminous. **II** *adv colloq. for* **massenhaft** II.

mä·ßig ['mɛːsɪç] **I** *adj* **1.** *im Essen u. Trinken*: moderate, abstemious, *bes. im Trinken*: *a.* temperate, sober, *bes. im Preis*: *a.* frugal; **in allem ~ sein** be moderate in all things. **2.** (*mittel*~) mediocre, middling, (very) average, indifferent, *colloq.* so-so, (*dürftig*) poor; **wie geht es dir? - ~!** how are you? - so-so! **3.** (*erträglich*) moderate; **~e Kälte (Wärme)** moderate cold (heat). **4.** *Preise, Forderungen etc*: moderate, reasonable. **II** *adv* **5.** in moderation, moderately.

mä·ßi·gen ['mɛːsɪgən] **I** *lit v/t* ⟨h⟩ **1.** (*Forderungen etc*) moderate, (*Kritik, Meinung, Bericht*) *a.* tone down; **mäßige d-e Worte!** moderate (*od.* mind) your language! **2.** (*Tempo, Schritt etc*) reduce, slacken. **3.** (*zügeln*) restrain, curb, check; **sein Temperament ~** control one's temperament; **mäßige d-n Zorn!** check your anger! **II** *v/reflex* **sich ~ 4.** restrain (*od.* control) o. s.; **mäßige dich!** control yourself!; *cf.* **maßhalten. III** 2 *n* ⟨-s⟩ **5.** moderating (*etc*). **6.** → **Mäßigung.**

'**Mas·sig·keit** *f* ⟨-; *no pl*⟩ bulkiness, massiveness, hugeness.

'**Mä·ßig·keit** *f* ⟨-; *no pl*⟩ **1.** *im Essen u. Trinken*: moderation, frugality, temperance, sobriety. **2.** (*Mittel*2) mediocrity, indifference. **3.** *von Wärme, Kälte etc*: moderateness, *von Preisen etc*: *a.* reasonableness. '**Mä·ßig·keits·ver**ˌ**ein** *m* temperance society. '**Mä·ßi·gung** *f* ⟨-; *no pl*⟩ **1.** → **mäßigen** 5. **2.** moderation, self-control, restraint.

mas·siv [ma'siːf] **I** *adj* **1.** solid (*gold, oak, steel, etc*); **aus ~er Schokolade, ~ aus Schokolade** of solid chocolate. **2.** (*schwer, wuchtig*) massive, solid(ly built); **e-e ~e Statue** a massive statue; **ein ~er Bau** a solidly built construction. **3.** *fig. Angriff, Einsatz, Forderung etc*: massive, heavy, severe; **~en Widerstand leisten** offer heavy resistance. **4.** *fig. colloq.* (*beleidigend*) rough, rude; **~ werden** cut up rough. **5.** *geol. Gestein*: massive, compact. **II** 2 *n* ⟨-s; -e⟩ *geol.* massif.

Mas'siv|ˌ**bau** *m civ. eng.* **1.** ⟨*only sg*⟩ massive structure, solid construction. **2.** (*Gebäude*) solidly constructed building. **~**ˌ**bau**ˌ**wei·se** *f* solid construction (method). **~**ˌ**gold** *n* solid gold. 2ˌ**prä·gen** *v/t* ⟨*insep*, -ge-, h⟩ *tech.* coin.

'**Maß|**ˌ**klei·dung** *f* tailor-made (*od.* tailored, *Am. a.* custom-tailored, *Br. a.* bespoke) clothes *pl.* **~**ˌ**krug** *m* beer mug, *Am. a.* stein. **~**ˌ**lieb** *n* ⟨-(e)s; -e⟩, **~**ˌ**lieb·chen** *n* ⟨-s; -⟩ *bot.* daisy. 2**los I** *adj* **1.** *bes. im Essen u. Trinken*: immoderate; **er ist in allem ~** he knows no moderation. **2.** *Zorn, Ärger, Ehrgeiz, Erregung, Freude etc*: boundless, inordinate; **~e Leidenschaft** inordinate (*od.* unbridled) passion. **3.** *Unverschämtheit etc*: outrageous. **4.** *Übertreibungen etc*: gross, *Dummheit etc*: extreme, *Forderung, Hitze etc*: excessive; (*überspannt*) extravagant; **~ in s-n Forderungen sein** be excessive in one's demands. **II** *adv* **5.** (*sehr*) inordinately, *colloq.* awfully, terribly (*exaggerated, jealous, etc*); **~ erregt (empört)** *a.* boiling with rage (indignation). **6.** (*ohne Maß*) immoderately, without moderation. **~lo·sig·keit** *f* ⟨-; *no pl*⟩ immoderateness (*etc*).

'**Maß**ˌ**nah·me** *f* ⟨-; -n⟩ measure, step, action, move, (*Vorkehrung*) provision, precaution; **vorbereitende ~n** preparatory (*od.* preliminary) measures, preliminaries; **vorbeugende ~n** precautionary measures; **vorläufige ~n** temporary measures; *jur.* **~ zur Besserung** correctional measure; **~n zur Verhütung von** measures to prevent; **~n ergreifen** (*od.* **treffen**) (**gegen**) take measures (*od.* steps, action) (against).

'**Maß|**ˌ**neh·men** *n Mode*: taking s. o.'s measurements, measuring. **~**ˌ**re·gel** *f* **1.** regulation, rule. **2.** → **Maßnahme.** 2ˌ**re·geln** *v/t* ⟨*insep*, ge-, h⟩ **j-n ~** a) reprimand s. o., take s. o. to task, b) discipline (*od.* punish) s. o., c) *Sport*: penalize s. o. **~**ˌ**re·ge·lung, ~**ˌ**reg·lung** *f* **1.** reprimand. **2.** disciplinary action (*od.* measure), punishment. **3.** *Sport*: penalty. **~**ˌ**schnei·der** *m* bespoke (*Am.* custom) tailor. **~schnei·de**ˌ**rei** *f* **1.** bespoke (*Am.* custom) tailoring. **2.** (*Geschäft*) bespoke tailor's shop. **~**ˌ**schu·he** *pl* made-to--measure shoes.

'**Maß**ˌ**stab** *m* **1.** *tech.* a) (*Meterstab, Zollstock*) rule, b) (*Maßeinteilung*) graduation, division. **2.** scale; **e-e Karte im ~ 1:100000** a map on the scale of 1:100, 000; **verkleinerter (vergrößerter) ~** reduced (enlarged) scale; **et. im ~ 1:1** (*od.* **in natürlichem ~**) **zeichnen** draw s. th. on the scale of 1:1 (*od.* life--size[d]); **et. nach ~ zeichnen** draw s. th. to scale. **3.** *fig.* scale; **in kleinem (großem, großartigem) ~** on a small (large, grand) scale. **4.** *fig.* standard, measure; **e-n (anderen) ~ an e-e Sache anlegen** apply a (different) standard to s. th.; **hier ist ein strenger ~ erforderlich** exacting standards are required here; **e-n ~ für e-e Sache abgeben** set a standard for s. th.; **zwei Dinge mit demselben ~ messen** measure two things by the same standard; **das mag dir als ~ dienen** you may take that as a standard. **5.** *fig.* (*Prüfstein*) yardstick, gauge, criterion; **Herr X ist für mich kein ~** Mr. X is not my yardstick; **das ist kein ~** that is no criterion, *colloq.* you can't go by that. **~**ˌ**an**ˌ**ga·be** *f bes. geogr.* scale. 2**ge**ˌ**recht,** 2**ge**ˌ**treu** *adj u. adv* true to scale; **ein ~es Modell** a scale model; **et. ~ verkleinern (vergrößern)** scale s. th. down (up).

'**maß|**ˌ**stäb·lich** [-ˌʃtɛːplɪç] → **maßstabgerecht.** 2**sy**ˌ**stem** *n* system of units. **~**ˌ**voll I** *adj* **1.** → **mäßig** 1. **2.** *Forderungen, Ansprüche etc*: moderate, reasonable. **3.** *Benehmen etc*: moderate, restrained. **II** *adv* **4.** moderately, with moderation; **sich ~ ausdrücken** express o. s. moderately. 2ˌ**vor**ˌ**la·ge** *f Sport*: accurate pass. 2ˌ**werk** *n* ⟨-(e)s; *no pl*⟩ *arch.* tracery. 2ˌ**zahl** *f math.* dimension figure. 2ˌ**zeich·nung** *f* dimensioned drawing.

Mast[1] [mast] *m* ⟨-(e)s; -e *u.* -en⟩ **1.** *mar.* mast. **2.** (*Fahnen*2) pole, mast. **3.** *electr.* a) (*Telegraphen*2) pole, b) (*hoher Gitter*2) (lattice) mast, c) (*freitragender Turm*2) pylon.

Mast[2] *f* ⟨-; -en⟩ *agr.* **1.** fattening (*of pigs, etc*). **2.** (*Futter*) mast.

'**Mast**ˌ**baum** *m mar.* mast.

'**Mast**ˌ**darm** *m anat.* rectum; *in Zssgn oft* rectal (*cancer, fistula, etc*). **~**ˌ**bruch** *m* rectocele. **~re·sek·ti**ˌ**on** *f* rectum resection. **~**ˌ**spie·gel** *m* rectoscope. **~ver**ˌ**schluß** *m* rectal atresia.

mä·sten ['mɛstən] **I** *v/t* ⟨h⟩ **1.** (*Tier*) fatten, (*Geflügel*) *a.* cram. **II** *v/reflex* **sich ~ 2.** *colloq.* (*viel essen*) gorge (**an** *dat* on), stuff o. s. (with food). **3.** *fig.* **sich an e-r Sache ~** batten on s. th.

'**Mast|**ˌ**fut·ter** *n* food for fattening, mast. **~**ˌ**gans** *f* fat(tened) goose; *zu mästende*: fattening (*od.* store, *bes. Am.* feeder) goose. **~**ˌ**hähn·chen** *n* fat(-tened) cock(erel) (*etc, cf.* **Mastgans**). **~**ˌ**huhn** *n* fat(tened) chicken (*etc, cf.* **Mastgans**).

Ma·stiff ['mastɪf] *m* ⟨-s; -s⟩ *zo.* (*Hunderasse*) mastiff.

Ma·stix ['mastɪks] *m* ⟨-(es); *no pl*⟩ **1.** (*Harz, Klebstoff*) (gum) mastic. **2.** *civ. eng.* mastic asphalt.

'**Mast|**ˌ**kalb** *n* fat(tened) calf; *zu mästendes*: fattening (*od.* store, *bes. Am.* feeder) calf. **~**ˌ**korb** *m mar.* masthead, crow's nest. **~**ˌ**kur** *f* fattening diet. **~**ˌ**och·se** *m* fat(tened) ox (*etc, cf.* **Mastkalb**).

ma·sto·id [masto'iːt] *adj med.* mastoid.

'**Mast|**ˌ**rind** *n* beef cow (*od.* steer). **~**ˌ**schwein** *n* fat(tened) pig (*od.* hog), porker (*etc, cf.* **Mastkalb**). **~**ˌ**spit·ze** *f mar.* mast top, masthead.

'**Ma·stung,** '**Mä·stung** *f* ⟨-; -en⟩ *agr.* fattening.

Ma·stur|ba·ti·on [masturba'tsi̯oːn] *f* ⟨-; -en⟩ *med.* masturbation. 2'**bie·ren** [-'biːrən] *v/i* ⟨*no* ge-, h⟩ masturbate.

'**Mast|**ˌ**vieh** *n agr.* fat(tened) cattle; *zu mästendes*: beef cattle, fatstock, *Am.* feeders *pl.* **~**ˌ**werk** *n mar.* masting.

Ma·su·re [ma'zuːrə] *m* ⟨-n; -n⟩ Mazur.

ma'su·risch I *adj* Mazur(ian), of (*od.* relating to) Mazovia. **II** *ling.* 2 ⟨*generally undeclined*⟩, **das** 2**e** ⟨-n⟩ Mazurian.

Ma·sur·ka [ma'zʊrka] *f* ⟨-; -s⟩ → **Mazurka.**

Ma·sut [ma'zuːt] *n* ⟨-(e)s; *no pl*⟩ *Erdöl*: maz(o)ut.

Ma·ta·dor [mata'doːr] *m* ⟨-s; -e⟩ **1.** (*Stierkämpfer*) matador. **2.** *fig. colloq.* (*local, etc*) hero, lion, star.

Match [mɛtʃ; mætʃ] (*Engl.*) *n, a. m* ⟨-(e)s; -s, *a.* -e⟩ *Sport*: match. **~**ˌ**ball** *m Tennis*: match point (*od.* ball). **~**ˌ**beu·tel, ~**ˌ**sack** *m* duffle bag. **~**ˌ**stra·fe** *f Eishockey*: match penalty.

Ma·te[1] ['maːtə] *m* ⟨-; *no pl*⟩ Brazil (*od.* Paraguay) tea, maté. '**Ma·te**[2] *f* ⟨-; -n⟩ → **Matestrauch.**

Ma·ter[1] ['maːtər] *f* ⟨-; -n⟩ *print.* matrix.

'**Ma·ter**[2] *f* ⟨-; -tres [-trɛs]⟩ *R. C. Anrede*: Mother.

ma·te·ri·al [mate'ri̯aːl] *adj Ethik, Implikation etc*: material.

Ma·te·ri'al *n* ⟨-s; -ien [-li̯ən]⟩ **1.** material(s *pl*). **2.** (*Gewebe, Stoff*) material, fabric; **das ~ e-s Anzuges** the fabric of a suit. **3.** (*Substanz*) substance. **4.** (*Arbeits*2) equipment, materials *pl* (*for painting, etc*); *bei Verarbeitung*: stock. **5.** *fig.* (*Unterlagen*) material, information; **~ sammeln** gather material (*od.* information) (**gegen** against, **über** *acc* on); → **Beweismaterial. 6.** *bes. mil.* (*Ausrüstung*) matériel, material, equipment. **7.** *econ.* (*Vorrat*) stock (in trade), stores *pl.* **8.** *rail.* **rollendes ~** rolling stock; *mar.* **schwimmendes ~** floating stock. **~**ˌ**auf**ˌ**wand** *m econ.* expenditure(s *pl*) for materials and supplies. **~er**ˌ**mü·dung** *f tech.* material fatigue. **~**ˌ**feh·ler** *m* flaw (*od.* defect) in the material.

ma·te·ria·li·sie·ren [materi̯ali'ziːrən] *v/t* ⟨*no* ge-, h⟩ materialize.

Ma·te·ria|lis·mus [materi̯a'lɪsmʊs] *m* ⟨-; *no pl*⟩ **1.** *philos.* **(dialektischer, historischer) ~** (dialectic, historical) materialism; **mechanischer ~** mechanism, mechanistic materialism. **2.** (*Besitzgier etc*) materialism. **~'list** [-'lɪst] *m* ⟨-en; -en⟩ materialist. 2'**li·stisch** [-'lɪstɪʃ] *adj* materialistic. **~li'tät** [-'tɛːt] *f* ⟨-; *no pl*⟩ materiality, substantiality.

Ma·te·ri'al|konˌ**stan·te** *f phys.* matter constant. **~**ˌ**ko·sten** *pl econ.* cost *sg* of materials. **~**ˌ**krieg** *m* war of matériel. **~**ˌ**la·ger** *n* (material) stores *pl.* **~**ˌ**man·gel** *m Börse*: shortage of securities on offer. **~**ˌ**prü·fung** *f* materials test(ing). **~**ˌ**samm·lung** *f bes. für wissenschaftliche Arbeit*: **1.** gathering (*od.*

collection) of material (*od.* information). **2.** collected material. **~ˌscha·den** *m* **1.** damage to the material. **2.** → **Materialfehler. ~ˌschlacht** *f mil.* battle of matériel. **~ˌschup·pen** *m* store shed. **~verˌbrauch** *m* consumption of materials. **~ˌwert** *m* value of the material(s) used.

Ma·te·rie [maˈteːrĭə] *f* ⟨-; -n⟩ **1.** ⟨*only sg*⟩ *phys.* matter. **2.** subject(-matter). **3.** ⟨*only sg*⟩ *philos.* a) matter, b) (*Grund*Ƨ) stuff; **Geist und ~** mind and matter. **4.** *med.* (*Eiter*) matter, pus.

ma·te·ri·ell [mateˈrĭɛl] **I** *adj* **1.** *philos. Körper, Ursache etc*: material, *a.* substantial, corporeal. **2.** *jur.* **~es Recht** substantive law. **3.** (*nicht geistig*) material; **~e Güter** (**Interessen, Bedürfnisse**) material goods (interests, needs). **4.** (*geldlich*) financial, pecuniary; **in ~er Hinsicht** financially; **~e Vorteile suchen** look for financial advantage. **5.** (*materialistisch*) materialistic; **er ist ein (sehr) ~er Mensch** he is a materialist. **6.** *math. Punkt etc*: material. **II** *adv* **7. sie ist sehr ~ eingestellt** she is very materialistically minded; **sie ist im Alter ~ gesichert** her old age is financially secure. **III Ƨe, das** ⟨-n⟩ **8.** material things (*od.* values) *pl*; **ihn interessiert nur das Ƨe** he is only interested in material values.

ˈMa·ternˌgie·ßer *m print.* stereotyper.

Ma·ter·ni·tät [matɛrniˈtɛːt] *f* ⟨-; *no pl*⟩ *med.* maternity, motherhood.

ˈMa·te|ˌstrauch *m bot.* maté, mate, yerba maté. **~ˌtee** *m* → **Mate**[1].

Ma·the [ˈmatə] *f* ⟨-; *no pl*⟩ *colloq. for* **Mathematik.**

Ma·the·ma·tik [matemaˈtiːk] *f* ⟨-; *no pl*⟩ mathematics *pl* (*meist als sg konstruiert*), *ped. colloq.* maths, *Am.* math; **reine (angewandte, höhere) ~** pure (applied, higher) mathematics; *fig. colloq.* **das ist (ja) höhere ~!** that's beyond me. **Ma·theˈma·ti·ker** [-ˈmaːtikər] *m* ⟨-s; -⟩ mathematician.

Ma·the·maˈtik|ˌleh·rer *m*, **~ˌleh·re·rin** *f* mathematics teacher, teacher of mathematics, *colloq.* maths (*Am.* math) teacher.

ma·the·ma·tisch [mateˈmaːtɪʃ] *adj* mathematical; **~e Physik** physicomathematics *pl* (*meist als sg konstruiert*); **mit ~er Genauigkeit** with mathematical accuracy.

Ma·ti·nee [matiˈneː] *f* ⟨-; -n [-ən]⟩ *mus. thea. etc* morning performance.

ˈMat·jesˌhe·ring [ˈmatjəs-] *m gastr.* matie(s) herring, matie.

Ma·trat·ze [maˈtratsə] *f* ⟨-; -n⟩ **1.** mattress. **2.** sprung (bed-)base.

Maˈtrat·zen|ˌdrell *m* tick(ing), drell (*od.* canvas) for mattresses. **~ˌscho·ner** *m* mattress cover.

Mä·tres·se [mɛˈtrɛsə] *f* ⟨-; -n⟩ mistress, kept woman, paramour. **Mäˈtres·sen·ˌwirt·schaft** *f hist. contp.* rule (*od.* influence) of mistresses.

ma·tri·ar|cha·lisch [matriarˈçaːlɪʃ] *adj* matriarchal. **Ƨˈchat** [-ˈçaːt] *n* ⟨-(e)s; -e⟩ matriarchate, matriarchy.

Ma·tri·kel [maˈtriːkəl] *f* ⟨-; -n⟩ **1.** *Austrian for* **Personenstandsregister. 2.** *univ.* student register (*Am.* directory).

Ma·trix [ˈmaːtrɪks] *f* ⟨-; -trizen [maˈtriːtsən] *u.* -trizes [maˈtriːtsɛs]⟩ *biol. math. metall. TV* matrix. **~ˌröh·re** *f TV* matrix storage tube. **~ˌspei·cher** *m Computer*: matrix memory.

Ma·tri·ze [maˈtriːtsə] *f* ⟨-; -n⟩ **1.** *für Vervielfältigungen*: stencil; **auf ~ schreiben** stencil; **e-e ~ schreiben** (*od.* **beschriften**) type a stencil. **2.** *print.* matrix, mo(u)ld. **3.** *tech.* a) (*Stanz*Ƨ, *Präge*Ƨ, *Strangguß*Ƨ) die, b) (*Schmiede*Ƨ) lower (*od.* bottom) die, c) *für Kunststoffe*: force, d) (*Preß*Ƨ) extrusion die. **4.** *phot.* master negative.

Maˈtri·zen|ˌabˌzug *m print.* stencil, print (*od.* pull) (drawn from a stencil). **~ˌfräs·maˌschi·ne** *f* die-sinking machine. **~ˌgrif·fel** *m print.* stylus. **~ˌkar·te** *f Computer*: master card. **~ˌrech·nung** *f math.* matrix calculus.

Ma·tro·ne [maˈtroːnə] *f* ⟨-; -n⟩ **1.** (*ältere, ehrwürdige Frau*) matron, dowager. **2.** *colloq.* matronly woman. **maˈtro·nen·haft** *adj* matronly.

ma·tro·ny·misch [matroˈnyːmɪʃ] *adj ling.* matronymous.

Ma·tro·se [maˈtroːzə] *m* ⟨-n; -n⟩ *mar.* sailor, seaman, (*Voll*Ƨ) able-bodied seaman, (*Leicht*Ƨ) ordinary seaman; *mil.* bluejacket, rating, *unterster Dienstgrad*: ordinary rating, *Am.* seaman recruit.

Maˈtro·sen|ˌanˌzug *m Mode*: sailor suit. **~ˌblu·se** *f* sailor blouse, middy (blouse). **~ˌhut** *m* sailor (hat). **~ˌjacke** (*getr.* -k·k-) *f* pea-jacket. **~ˌkleid** *n* sailor dress. **~ˌknei·pe** *f* sailors' pub (*od.* inn). **~ˌlied** *n* sailor's song, *a.* shanty. **~ˌmüt·ze** *f* sailor hat.

matsch [matʃ] *adj* ⟨*pred*⟩ **1.** *colloq.* (*erschöpft*) dead-beat, pooped. **2.** *colloq. for* **matschig** 2. **3.** *Sport etc*: **j-n ~ machen** a) thrash s. o., wipe the floor with s. o., b) *Kartenspiel*: capot s. o.

Matsch[1] *m* ⟨-(e)s; -e⟩ *Kartenspiel*: capot.

Matsch[2] *m* ⟨-(e)s; *no pl*⟩ **1.** (*Brei*) mush. **2.** (*Schlamm*) sludge, mud, mire, (*bes. Schnee*Ƨ) slush.

ˈMatsch|ˌau·ge *n colloq.* black eye. **~ˌbir·ne** *f* **1.** mushy pear. **2.** *colloq.* **e-e ~ haben** be soft in the head.

Mat·sche [ˈmatʃə] *f* ⟨-; *no pl*⟩ *colloq. for* **Matsch**[2]. **ˈmat·schen** *v/i* ⟨h⟩ *colloq.* → **man(t)schen. ˈmat·schig** *adj* **1.** sludgy, muddy, miry, *bes. durch Schneematsch*: slushy. **2.** *Frucht*: squashy, mushy.

matt [mat] **I** *adj* ⟨-er; -(e)st⟩ **1.** (*schwach, flau*) *Person*: weary, tired, exhausted, *Person, Bewegungen etc*: *a.* weak, feeble, *Geste, Bewegungen*: *a.* limp, languid, listless, *Stimme, Lächeln etc*: feeble, weak, faint; **~e Glieder** weary limbs; **~er Händedruck** limp handshake; **~ vor Hunger und Durst** faint with hunger and thirst, *colloq.* famished; *Bergbau*: **~e Wetter** irrespirable air *sg*; *mil.* **~e Kugel** spent bullet. **2.** *fig. Ausrede, Rede etc*: feeble, *Diskussion, Unterhaltung etc*: lame, tame, dull, flat, *Roman etc*: dull, colo(u)rless, lifeless, *Beifall, Widerhall etc*: lukewarm, *Geschäftsgang, Börse etc*: dull, lifeless, slack. **3.** (*glanzlos, stumpf*) *phot.* mat(t), *Farbe, Metall, Gold, Papier etc*: mat(t), dull, *Farben*: *a.* pale, flat, *Seide, Perle etc*: lustreless, *Glas*: frosted; **~e Glühbirne** pearl bulb. **4.** *Licht etc*: dim, dull, subdued, *Augen*: dim, dull, lacklustre. **5.** *Schach*: (check)mate; **~ in drei Zügen** (check)mate in three moves; **j-n ~ setzen** a) (check)mate s. o., b) *fig.* checkmate s. o. **II Ƨ** *n* ⟨-s; -s⟩ *Schach*: (check)mate. **Ƨˌblau** *adj* flat- (*od.* pale-)blue.

Mat·te[1] [ˈmatə] *f* ⟨-; -n⟩ **1.** (*Tür*Ƨ, *Stroh*Ƨ, *Turn*Ƨ *etc*) mat. **2.** *Ringen*: mat; **j-n auf die ~ legen** throw s. o.; **zur ~!** on the mat! **3.** *Skilauf*: *pl* plastic slope *sg*, plastic mats. **4.** *tech.* (reinforcing) mat.

ˈMat·te[2] *f* ⟨-; -n⟩ *Bavarian etc and poet. for* **Wiese, Weide**[2].

ˈMat·te[3] *f* ⟨-; *no pl*⟩ *Middle G. for* **Quark** 1.

ˈMat·tenˌschan·ze *f* ski jump with a plastic slope.

ˈMatt|ˌfar·be *f* mat(t) (*od.* dull) colo(u)r. **Ƨˌgelb** *adj* flat- (*od.* pale-)yellow. **ƧgeˌschIif·fen** *adj Glas*: ground, frosted. **~ˌglanz** *m metall. Kunst*: dull finish. **~ˌglas** *n* frosted (*od.* ground) glass. **~glaˌsur** *f Keramik*: mat glaze. **~ˌgold** *n* **1.** (*Metall*) dead gold. **2.** (*Farbe*) flat (*od.* pale) gold. **Ƨˌgol·den** *adj* flat- (*od.* pale-)gold.

Mat·thäi [maˈtɛːi] *gen of* **Matthäus**; *colloq.* **bei ihm ist (es) ~ am letzten** he is done for (*od.* on his last legs), *finanziell*: *a.* he is broke (*od.* on the rocks).

Mat·thä·us [maˈtɛːʊs] *npr m* ⟨-; *no pl*⟩ *Bibl.* Matthew. **~evanˌge·li·um** *n* (the Gospel according to) St. Matthew. **~pas·siˌon, die** *mus.* the St. Matthew Passion.

ˈMatt·heit *f* ⟨-; *no pl*⟩ **1.** *e-r Person, Bewegung, Stimme etc*: weakness, feebleness. **2.** *fig. e-r Ausrede etc*: feebleness, *e-r Diskussion etc*: tameness, lameness, dullness. **3.** *econ.* dullness, slackness. **4.** *e-r Farbe etc*: mattness, dullness; *des Lichts etc*: dimness, dullness. **5.** → **Mattigkeit.**

ˈmattˌher·zig *adj* faint-hearted.

mat·tie·ren [maˈtiːrən] **I** *v/t* ⟨*no* ge-, h⟩ *tech.* **1.** mat(t), dull. **2.** (*Glas*) frost, grind. **3.** (*Metall*) tarnish, (*bes. Gold*) deaden, (*bes. Silber*) frost. **4.** (*Holz*) flat down. **II** Ƨ *n* ⟨-s⟩ **5.** matting (*etc*). **matˈtiert** *adj Glas etc*: frosted. **Matˈtie·rung** *f* ⟨-; -en⟩ **1.** → **mattieren** 5. **2.** mat(ting), mat finish. **3.** *von Metall*: satin finish. **4.** *von Papier*: eggshell (*od.* unglazed) finish.

ˈMat·tig·keit *f* ⟨-; *no pl*⟩ (*Erschöpfung*) exhaustion, jadedness, weariness, lassitude; (*Schwäche*) feebleness, weakness, faintness; (*Schlaffheit*) limpness, languor. **ˈMat·tig·keits·geˌfühl** *n bes. med.* feeling of lassitude.

ˈMatt|ˌkoh·le *f Bergbau*: dull coal. **~ˌlack** *m* flat varnish. **~paˌpier** *n* mat-(*od.* dull-)finished paper, unglazed (coated) paper. **~ˌschei·be** *f* **1.** *tech.* ground-glass plate. **2.** *colloq.* television screen. **3.** *phot.* focus(s)ing screen. **4.** *fig. colloq.* **(e-e) ~ haben** be in a daze, have a brain-fag. **Ƨˌschlei·fen** *v/t* ⟨*irr, sep,* -ge-, h⟩ *tech.* dull-grind; (*Glas*) frost. **ƧverˌgoI·det** *adj* dead-gilt. **Ƨˌweiß** *adj* flat-white.

Ma·tur [maˈtuːr] *n* ⟨-s; *no pl*⟩ *Swiss for* **Abitur. Maˈtu·ra** [-ra] *f* ⟨-; *no pl*⟩ *Austrian and Swiss for* **Abitur.**

Ma·tuˈrand [-tuˈrant] *m* ⟨-en; -en⟩ *obs. od. Swiss for* **Abiturient.**

Ma·tuˈrant [-tuˈrant] *m* ⟨-en; -en⟩ *Austrian and Swiss for* **Abiturient.**

ma·tuˈrie·ren [-tuˈriːrən] *v/i* ⟨*no* ge-, h⟩ *Austrian* a) take the school-leaving examination, b) pass the school-leaving examination, *Am. etwa* graduate. **Ma·tu·riˈtät** [-turiˈtɛːt] *f* ⟨-; *no pl*⟩ **1.** *obs. for* **Reife. 2.** *Swiss for* **Hochschulreife.**

Maˈtu·rum [-ˈtuːrʊm] *n* ⟨-s; *no pl*⟩ *Southwestern G. for* **Abitur.**

Matz [mats] *m* ⟨-es; -e *u.* ⸚e⟩ *humor.* **1. kleiner ~** tiny tot, toddler. **2.** (*Vögelchen*) dick(e)ybird.

Mätz·chen [ˈmɛtsçən] *n* ⟨-s; -⟩ **1.** (*Albernheit*) silly act, silliness; **laß(t) doch endlich diese ~!** enough of your (*od.* that) silliness! **2.** *pl colloq.* tricks, antics, *bes. Sport*: histrionics, *Am. sl.* shenanigans, monkey-business *sg*; **~ machen** play tricks, *stärker*: make trouble, *bes. Sport*: be histrionic; **k-e ~!** none of your tricks!, *Am.* no monkey-business! **3.** (*Zeug, technische ~, a. thea.*) gags, gimcrackery *sg*, (*überflüssiges Drum u. Dran*) frills. **4.** *dim. of* **Matz.**

Mat·ze ['matsə] *f* ⟨-; -n⟩, '**Mat·zen** *m* ⟨-s; -⟩ *relig.* matzo(h), Passover bread (*od.* cake).

mau [maʊ] *adj* ⟨*pred*⟩ *u. adv colloq.* → mies 1, 4.

Mau·er ['maʊər] *f* ⟨-; -n⟩ **1.** wall (*a. fig.*); die Chinesische ~ the Chinese wall; die (Berliner) ~ the (Berlin) Wall; *lit.* er weilte in den ~n unserer Stadt he visited our town; **2.** *Sport*: wall; das Pferd berührte die ~ the horse touched the wall; die Spieler bildeten e-e ~ the players formed a wall. ~ˌ**anˌschlag** *m* (*Plakat*) (wall) poster. ~ˌ**as·sel** *f zo.* common slater. ~ˌ**blen·de** *f arch.* flat niche of a wall. ~ˌ**blüm·chen** *n a. fig.* wallflower. ~ˌ**bo·gen** *m* relieving (*od.* wall) arch. ~ˌ**brü·stung** *f civ. eng.* (wall) cornice. ~ˌ**efeu** *m* → Efeu. ~ˌ**fal·ke** *m* → Turmfalke. ~ˌ**gür·tel** *m* ring of walls. ~ˌ**kranz** *m*, ~ˌ**kro·ne** *f* **1.** *civ. eng.* wall crest (*od.* crown). **2.** *mil. Festungsbau*: cordon. ~ˌ**lat·tich** *m bot.* wall lettuce.

mau·ern ['maʊərn] **I** *v/t* ⟨h⟩ **1.** *civ. eng.* build *s. th.* (in brick *od.* stone). **II** *v/i* **2.** *Kartenspiel*: risk nothing, stonewall. **3.** *civ. eng.* make (*od.* build) a wall, lay bricks. **4.** *Sport*: a) play defensively, b) put up a defensive wall, *colloq.* shut up shop. **III** ♀ *n* ⟨-s⟩ **5.** building, bricklaying (*etc*).

'**Mau·er|ˌpfef·fer** *m bot.* stonecrop, sedum. ~ˌ**pfei·ler** *m civ. eng.* buttress. ~**salˌpe·ter** *m*, ~ˌ**salz** *n chem.* (wall) saltpet/re (*Am.* -er). ~ˌ**schwal·be** *f* → Mauersegler. ~ˌ**schwamm** *m bot.* dry rot. ~ˌ**seg·ler** *m orn.* (common) swift, black martin. ~ˌ**spei·se** *f civ. eng.* mortar. ~ˌ**stein** *m* brick. ~ˌ**turm** *m arch. hist.* wall tower.

'**Maue·rung** *f civ. eng.* **1.** → mauern 5. **2.** masonry, brickwork.

'**Mau·er|ˌwerk** *n* masonry, brickwork, stonework, walling. ~ˌ**wes·pe** *f zo.* wall wasp. ~ˌ**zie·gel** *m civ. eng.* building (*od.* solid) brick. ~ˌ**zin·ne** *f arch. hist.* battlement (of a wall), pinnacle.

Mau·ke ['maʊkə] *f* ⟨-; *no pl*⟩ **1.** *vet.* scurf. **2.** *bot.* scurf.

Maul [maʊl] *n* ⟨-(e)s; =er⟩ **1.** *von Tieren*: mouth, (*Schnauze*) *a.* muzzle, snout, (*Kiefer*) *a.* jaws *pl*; → Gaul 3, Ochse 2. **2.** *colloq.* (*Mundwerk*) tongue, *sl.* trap; halt's ~ shut up!; ein böses (loses) ~ haben have a malicious (loose) tongue; er hat immer ein großes ~ he is always bragging (*od.* talking big); er ist nicht aufs ~ gefallen he has a glib tongue, he knows all the answers; j-m das ~ stopfen shut s. o. up; tu (*od.* mach) das ~ auf! speak up!; j-m übers ~ fahren cut s. o. short; *fig.* sich (*dat*) das ~ (*od.* die Mäuler) (über j-n [et.]) zerreißen wag one's tongue (about [*od.* over] s. o. [s. th.]); *cf.* Mund 1, 2. **3.** *colloq.* (*Mund*) *sl.* trap. (*Gesicht*) *sl.* mug. **4.** a) *e-r Zange etc*: head, nose, jaws *pl*, b) *e-s Schraubenschlüssels*: head. ~ˌ**af·fen** *pl fig. colloq.* (dastehen und) ~ feilhalten stand gaping (about).

'**Maulˌbeerˌbaum** *m* mulberrry (tree).

'**Maulˌbee·re** *f* mulberry.

'**Maulˌbeer|ˌfei·ge** *f bot.* sycamore. ~ˌ**sei·denˌspin·ner** *m zo.* silkworm moth, bombyx.

'**Maulˌbrü·ter** *m meist pl* (*Fisch*) mouthbreeder.

Mäul·chen ['mɔʏlçən] *n* ⟨-s; -⟩ *dim. of* Maul; *fig. colloq.* ein ~ machen (*od.* ziehen) pout, sulk.

mau·len ['maʊlən] *v/i* ⟨h⟩ grumble, grouse.

'**Maul|ˌesel** *m zo.* mule. ♀ˌ**faul** *adj colloq.* ~ sein a) be too lazy to speak, b) (*undeutlich reden*) mumble; ~e Person *sl.* oyster, *Am.* clam; er ist wirklich ~ he hasn't a word to throw at a dog. ~ˌ**fäu·le** *f vet.* stomatitis. ~ˌ**fü·ßer**, ~ˌ**füß·ler** [-ˌfyːslər] *m* ⟨-s; -⟩ *zo.* stomatopod. ~ˌ**held** *m colloq. contp.* loudmouth, braggart. ~ˌ**hel·den·tum** *n colloq. contp.* big talk, bragging, boasting. ~ˌ**korb** *m a. fig.* muzzle; dem Hund (der Presse) e-n ~ anlegen muzzle the dog (the press). ~ˌ**schel·le** *f colloq.* box on the ear, slap (in the face). ~ˌ**schlüs·sel** *m tech.* open-ended spanner. ~ˌ**sper·re** *f vet.* lockjaw.

'**Maulˌtier** *n zo.* mule. ~ˌ**hirsch** *m* mule (*od.* jumping) deer. ~ˌ**pfad** *m* bridle path (*od.* trail). ~ˌ**trei·ber** *m* muleteer, mule driver.

'**Maul|ˌtrom·mel** *f mus.* Jew's harp, guimbard. ~-ˌ**und**'**Klau·enˌseu·che** *f vet.* foot-and-mouth disease. ~ˌ**werk** *n vulg. for* Mundwerk. ~ˌ**wurf** *m* ⟨-(e)s; =e⟩ *zo.* mole.

'**Maulˌwurfs|ˌfell** *n* moleskin. ~ˌ**gril·le** *f zo.* mole cricket. ~ˌ**hau·fen**, ~ˌ**hü·gel** *m* molehill. ~ˌ**rat·te** *f* mole rat.

maun·zen ['maʊntsən] *v/i* ⟨h⟩ *dial.* **1.** *Katze*: me(o)w, miaow. **2.** (*weinerlich klagen*) whine.

Mau·re ['maʊrə] *m* ⟨-n; -n⟩ Moor, *bes. in Spanien*: Morisco.

Mau·rer ['maʊrər] *m* ⟨-s; -⟩ **1.** bricklayer, mason. **2.** *Kartenspiel*: *colloq.* person who risks nothing. **3.** *pl Sport*: *colloq.* purely defensive (*od.* destructive) team. ~ˌ**ar·beit** *f* bricklaying, brickwork, masonry. ~**geˌsel·le** *m* journeyman bricklayer. ~ˌ**handˌwerk** *n* (craft of) masonry (*od.* bricklaying).

'**mau·re·risch** *adj* → freimaurerisch.

'**Mau·rer|ˌkel·le** *f* brick trowel. ~ˌ**lehr·ling** *m* mason's (*od.* bricklayer's) apprentice. ~ˌ**mei·ster** *m* master mason (*od.* builder). ~**poˌlier** *m* foreman bricklayer. ~ˌ**vö·gel** *pl birds that build nests of mud or clay.* ~ˌ**wes·pe** *f zo.* mason wasp, eumenid (wasp).

Mau·res·ke [maʊ'rɛskə] *f* ⟨-; -n⟩ *Kunst*: Moresque.

Mau·re·ta·ni·er [maure'taːnĭər] *m* ⟨-s; -⟩, **mau·re'ta·nisch** [-nɪʃ] *adj* Mauretanian.

'**mau·risch** *adj Bau, Stil etc*: Moorish, Moresque; *arch.* ~er Bogen Moorish (*od.* horseshoe) arch.

Mau'ri·ti·us|ˌhanf [maʊ'riːtsĭʊs-] *m bot.* Mauritius hemp. ~ˌ**pal·me** *f* ita (*od.* miriti) palm.

Maus [maʊs] *f* ⟨-; =e⟩ **1.** mouse; Mäuse fangen catch mice, mouse; weiße Mäuse a) white mice, b) *fig. colloq.* motorized traffic police; *fig. colloq.* weiße Mäuse sehen see pink elephants; da beißt die ~ k-n Faden ab! it can't be helped!, there you are!; mit Speck fängt man Mäuse *etwa* good bait catches fine fish. **2.** *anat.* a) (*Handballen*) thenar eminence, b) → Mäuschen 3. **3.** *pl colloq.* (*Geld*) lolly *sg*, dough *sg*, *Am. sl.* bread *sg*. **4.** *Austrian gastr.* gebackene Mäuse *etwa* doughnuts. **5.** *colloq.* a) → Mäuschen 2, b) (*Vulva*) pussy.

'**mau·scheln I** *v/i* ⟨h⟩ **1.** talk Yiddish. **2.** *fig.* mumble, mutter, *weitS.* jabber, talk gibberish. **3.** *Kartenspiel*: play a game of "Mauscheln". **4.** *fig.* (*betrügen*) cheat. **II** ♀ *n* ⟨-s⟩ **5.** mumbling (*etc*). **6.** *a card game of hazard.*

Mäus·chen ['mɔʏsçən] *n* ⟨-s; -⟩ **1.** *dim. of* Maus; sie saß still wie ein ~ she sat there (as) quiet as a (little) mouse; *colloq.* da möchte ich ~ sein (*od.* spielen) I'd like to be the fly on the wall. **2.** *colloq.* (*Kosewort*) darling, pet, honey. **3.** *anat. colloq.* funny-bone. ♀'**still I** *adj* ⟨*pred*⟩ **1.** es war ~ (im Raum) there was a dead silence (*od.* one could have heard a pin drop) (in the room). **2.** *Person*: (as) quiet as a mouse, *Zuhörer*: quite hushed. **II** *adv* **3.** sich ~ verhalten keep as quiet as a mouse.

'**Mäu·seˌbus·sard** *m orn.* (common) buzzard.

'**Mau·seˌfal·le** *f* **1.** mousetrap. **2.** *fig.* death-trap.

'**Mäu·se|ˌfang** *m* mouse hunt, mousing. ~ˌ**fän·ger** *m zo.* mouser. ~ˌ**fraß** *m* damage done by mice. ~ˌ**ger·ste** *f bot.* wall (*od.* mouse) barley. ~ˌ**gift** *n* mouse poison, rodenticide. ~ˌ**jagd** *f* → Mäusefang.

'**Mau·seˌloch**, *a.* '**Mäu·seˌloch** *n* mousehole; *fig. colloq.* er hätte sich am liebsten in ein ~ verkrochen he would have liked to crawl into a mousehole.

'**Mäu·seˌmel·ken** *n fig. colloq.* es ist zum ~ it's enough to drive one up the wall.

mau·sen ['maʊzən] **I** *v/i* ⟨h⟩ catch mice, mouse. **II** *v/t fig. colloq.* (*stehlen*) swipe, filch, lift. **III** ♀ ⟨-s⟩ catching mice (*etc*).

'**Mäu·se|ˌnest** *n* mouse nest, nest of mice. ~ˌ**pla·ge** *f* plague of mice.

'**Mau·ser**[1] *f* ⟨-; *no pl*⟩ *der Vögel*: mo(u)lt, mo(u)lting (season); in der ~ sein be mo(u)lting.

'**Mau·ser**[2] *m* ⟨-s; -⟩ → Mäusebussard.

'**Mau·ser**[3] (*TM*) *f* ⟨-; -⟩ *short for* Mauserpistole.

'**Mau·ser·geˌwehr** (*TM*) *n* Mauser (rifle).

Mäu·se·rich ['mɔʏzərɪç] *m* ⟨-s; -e⟩ *colloq.* male mouse.

'**mau·se·rig** *adj* **1.** *Vögel*: prone to disease (*during mo[u]lting season*). **2.** *Swiss for* verdrießlich.

mau·sern ['maʊzərn] **I** *v/reflex* sich ~ ⟨h⟩ **1.** *Vögel*: mo(u)lt. **2.** *fig.* improve (*od.* come on) a lot, develop (zu into). **II** *v/i* **3.** *orn.* mo(u)lt. **III** ♀ *n* ⟨-s⟩ **4.** mo(u)lting (*etc*). **5.** → Mauser[1].

'**Mau·ser·piˌsto·le** (*TM*) *f* Mauser (pistol).

'**mau·se'tot** *adj colloq.* stone-dead, (as) dead as a doornail.

'**maus|ˌfar·ben**, ~ˌ**far·big**, ~ˌ**grau** *adj* **1.** mouse-colo(u)red, mouse-grey (*Am.* -gray), (mouse-)dun. **2.** *contp.* drab.

mau·sig ['maʊzɪç] *adj* **1.** *colloq.* sich ~ machen a) play the big man, get on one's high horse, b) (*frech werden*) get cheeky (*Am.* fresh). **2.** *Jagdfalke*: able (*od.* eager) to hunt.

Mau·sing ['maʊzɪŋ] *f* ⟨-; -en⟩ *mar.* mousing.

Mäus·lein ['mɔʏslaɪn] *n* ⟨-s; -⟩ → Mäuschen 1, 2.

'**Maus|ˌloch** *n* → Mauseloch. ~ˌ**ohr** *n* mouse-eared bat.

Mau·so·le·um [maʊzo'leːʊm] *n* ⟨-s; -leen⟩ mausoleum, tomb.

'**Maus|ˌschlä·fer** *m zo.* dormouse. ~ˌ**wie·sel** *n* white weasel.

Maut [maʊt] *f* ⟨-; -en⟩ **1.** *obs. for* Zoll[1] 3. **2.** → a) Mautgebühr, b) Mautstelle. ♀**bar** *adj obs. for* zollpflichtig. ~ˌ**einˌneh·mer** *m* toll-gate official, *Am.* turnpike man. ♀ˌ**frei** *adj* **1.** *obs. for* zollfrei. **2.** *Straße, Brücke*: toll-free. ~**geˌbühr** *f* toll. ♀ˌ**pflich·tig** *adj Straße, Brücke*: at which toll is charged; ~e Straße → Mautstraße. ~ˌ**stel·le** *f* toll-gade, turnpike. ~ˌ**stra·ße** *f* toll-road, *Am. a.* tollway, turnpike (road).

mauve [moːv] (*Fr.*), ~ˌ**far·ben** *adj* mauve.

mau·zen ['maʊtsən] *v/i* ⟨h⟩ → maunzen.

ˈ**Ma·xiˌkleid** [ˈmaksi-] *n* maxi dress.

Ma·xil·la [maˈksɪla] *f* ⟨-; -lae [-lɛ]⟩ *anat.* maxilla. **ma·xilˈlar** [-ˈlaːr] *adj anat. zo.* maxillary.

Ma·xi·ma [ˈmaksima] *f* ⟨-; -mae [-mɛ] *u.* -men⟩ *mus.* maxima, large.

ma·xi·mal [maksiˈmaːl] **I** *adj* maximum, maximal. **II** *adv* maximally, at the most; **der Bus faßt ~ 30 Personen** the bus has a maximum capacity of 30 passengers.

Ma·xiˈmal... *in Zssgn* maximum, maximal. **~beˌla·stung** *f phys. tech.* maximum (*od.* peak) load. **~beˌtrag** *m econ.* **1.** maximum, highest amount. **2.** *Börse*: limit. **~geˌschwin·dig·keit** *f* maximum (*od.* top) speed. **~ther·moˌme·ter** *n phys.* maximum thermometer. **~ˌwert** *m* peak (*od.* maximum) value. **~ˌwer·tig·keit** *f chem.* maximum valence.

Ma·xi·me [maˈksiːmə] *f* ⟨-; -n⟩ **1.** (*Grundsatz*) maxim. **2.** (*Diktum*) maxim, dictum.

ma·xi·mie·ren [maksiˈmiːrən] *v/t* ⟨*no* ge-, h⟩ *bes. econ.* maximize.

Ma·xi·mum [ˈmaksimum] *n* ⟨-s; -xima [-ma]⟩ **1.** maximum. **2.** *math.* (*Kurven*ℒ) peak. **3.** *meteor.* (*Luftdruck*ℒ) high pressure (area). **~ther·moˌme·ter** *n phys.* maximum thermometer.

Ma·ya[1] [ˈmaːja] *m* ⟨-(s); -(s)⟩ *anthrop.* Maya. ˈ**Ma·ya**[2] *n* ⟨-; *no pl*⟩, **~ˌspra·che** *f ling.* Maya.

Ma·yon·nai·se [majɔˈnɛːzə] *f* ⟨-; -n⟩ mayonnaise.

ma·zaˈrinˌblau [mazaˈrɛ̃ː-; matsaˈriːn-] **I** *adj* mazarine(-blue). **II** ℒ *n* mazarine (blue).

Maz·da·is·mus [masdaˈɪsmus] *m* ⟨-; *no pl*⟩ *relig.* Mazdaism.

Ma·ze·do·ni·er [matseˈdoːnĭər] *m* ⟨-s; -⟩ *geogr.* Macedonian. **ma·zeˈdo·nisch** [-nɪʃ] **I** *adj* Macedonian. **II** *ling.* ℒ ⟨*generally undeclined*⟩, **das** ℒ**e** ⟨-n⟩ Macedonian.

Mä·zen [mɛˈtseːn] *m* ⟨-s; -e⟩ Maecenas, patron, *e-s Vereins etc*: *meist* sponsor.

Mä·zeˈna·ten·tum [-tseˈnaːtəntuːm] *n* ⟨-s; *no pl*⟩ Maecenatism, patronage, sponsorship.

Ma·zur·ka [maˈzʊrka] *f* ⟨-; -s⟩ *mus.* mazurka.

Me·cha·nik [meˈçaːnɪk] *f* ⟨-; -en⟩ **1.** ⟨*only sg*⟩ *phys.* (*Lehre*) mechanics *pl* (*als sg od. pl konstruiert*); **Newtonsche ~** Newtonian mechanics; **~ der flüssigen Körper** mechanics of liquids (*od.* fluids), hydromechanics *pl* (*meist als sg konstruiert*). **2.** *e-r Uhr etc*: mechanism. **3.** *zo.* mechanics *pl* (*als sg od. pl konstruiert*); **~ der tierischen Körper** animal mechanics. **4.** (*mechanischer Ablauf*) *a. fig.* mechanics *pl* (*als sg od. pl konstruiert*), (*Routine*) routine.

Meˈcha·ni·ker *m* ⟨-s; -⟩ **1.** mechanic(ian). **2.** (*Maschinenschlosser*) machinist. **3.** a) *im Flugzeugbau*: rigger, b) *am Boden*: aircraft mechanic, c) *an Bord*: flight engineer. **Meˈcha·ni·kus** [-kus] *m* ⟨-; -ker⟩ *humor.* **1.** → **Mechaniker. 2.** (*Bastler*) home mechanic, amateur constructor. **meˈcha·nisch** [-nɪʃ] *adj tech. u. fig.* a) mechanical, b) automatic; **~e Arbeit** mechanical work, *weitS.* routine (work); **~e Presse** power press; **~er Webstuhl** (power) loom; **~e Werkstatt** engineering workshop; *fig.* **~e Antwort** (**~es Lächeln**) mechanical answer (smile).

me·cha·ni·sieˌren [meçaniˈziːrən] *v/t* ⟨*no* ge-, h⟩ *tech.* mechanize. ℒ**rung** *f* ⟨-; *no pl*⟩ mechanization.

Me·chaˌnis·mus [meçaˈnɪsmus] *m* ⟨-; -nismen⟩ *tech., a. fig. u. psych. philos.* mechanism, *bes. e-r Uhr*: *a.* works *pl*; *fig.* **der ~ von Angebot und Nachfrage** the mechanism of supply and demand. ℒˈ**ni·stisch** [-ˈnɪstɪʃ] *adj philos.* mechanistic; **~e Weltanschauung** mechanism.

Meckeˈrei (*getr.* **-k·k-**) *f* ⟨-; -en⟩ *fig. colloq.* (constant) grumbling (*od.* carping), *sl.* beef. ˈ**Mecke·rer** (*getr.* **-k·k-**) *m* ⟨-s; -⟩ *fig. colloq.* grumbler, grouser, griper. ˈ**Meckerˌfrit·ze** (*getr.* **-k·k-**) *m* → **Meckerer.**

meckern (*getr.* **-k·k-**) [ˈmɛkərn] **I** *v/i* ⟨h⟩ **1.** *Ziege*: bleat (*a. fig. colloq. lachen*). **2.** *fig. colloq.* (**über** *acc* at, about) grumble, grouse, gripe, carp, *sl.* beef. **II** ℒ *n* ⟨-s; *no pl*⟩ → **Gemecker.**

ˈ**Meckerˌstim·me** (*getr.* **-k·k-**) *f*, **~ˌton** *m* bleating voice.

ˈ**Mecki·friˌsur** (*getr.* **-k·k-**) [ˈmɛki-] *f colloq.* crew cut.

Meck·lenˌbur·ger [ˈmeːklənˌburgər] *m* ⟨-s; -⟩ Mecklenburgian. ℒˌ**bur·gisch** *adj* of Mecklenburg, Mecklenburgian.

Me·dail·le [meˈdaljə] *f* ⟨-; -n⟩ medal; **~ in Gold (Silber, Bronze)** gold (silver, bronze) medal; **e-e ~ prägen (schlagen, gießen) lassen** have a medal coined (stamped, cast); *fig. iro.* **damit kannst du dir k-e ~ erringen** you will hardly win any medals like that; → **Kehrseite** 2.

meˈdail·lenˌgeˌschmückt *adj* bemedalled, decorated with medals. ℒ**geˌwin·ner** *m Sport*: medal(l)ist, medal winner. ℒˌ**spie·gel** *m Sport*: medals table. ℒˌ**ste·cher** *m* medal(l)ist, engraver of medals. ℒˌ**trä·ger** *m* → **Medaillengewinner.**

Me·dail·leur [medalˈjøːr] *m* ⟨-s; -e⟩ → **Medaillenstecher.**

Me·dail·lon [medalˈjõː] *n* ⟨-s; -s⟩ **1.** (*Schmuck*) locket. **2.** (*Rundbild*) roundel. **3.** (*Schaumünze*), *a. Kunst*: (*Relief*) medallion. **4.** *gastr.* (*Fleischstück*) medaillon.

Me·dia [ˈmeːdĭa] *f* ⟨-; **Mediä** [-dĭɛ] *u.* **Medien**⟩ **1.** *ling.* media. **2.** *anat.* (tunica) media.

me·di·al [meˈdĭaːl] *adj* **1.** *ling.* (*das Medium betreffend*) medial, middle. **2.** *anat.* medial. **3.** *psych.* mediumistic.

Me·diˈanˌˌebe·ne [meˈdĭaːn-] *f anat.* median plane. **~ˌfo·lio** *n* (*Papierformat*) demy folio. **~ˌfur·che** *f anat.* median groove, sulcus medialis. **~ˌli·nie** *f* median line, midline. **~paˌpier** *n* median (paper). **~ˌschnitt** *m anat.* median section, midsection.

Me·di·an·te [meˈdĭantə] *f* ⟨-; -n⟩ *mus.* mediant.

Me·diˈanˌwert *m* → **Mittelwert.**

Me·di·äval [medĭɛˈvaːl] *f* ⟨-; *no pl*⟩, **~ˌschrift** *f print.* old style.

Me·di·ävist [medĭɛˈvɪst] *m* ⟨-en; -en⟩ medi(a)evalist.

Me·di·ce·er [mediˈtʃeːər; -ˈtseːər] *npr m* ⟨-s; -⟩ *hist.* Medicean. **me·diˈce·isch** *adj* Medicean.

ˈ**Me·di·enˌˌfor·schung** [ˈmeːdĭən-] *f* media research. **~verˌbund** *m* multi-media (system). **~ˌzeitˌschrift** *f* media magazine. **~ˌzen·trum** *n* multi-media information cent/re (*Am.* -er).

Me·di·ka·ment [medikaˈmɛnt] *n* ⟨-(e)s; -e⟩ *med. pharm.* **1.** medicament, medicine, remedy. **2.** (*Droge*) drug. **Me·di·kaˈmen·tenˌschrank** *m* medicine chest.

me·di·ka·men·tös [medikamɛnˈtøːs] *adj med.* medicinal; **~e Behandlung** drug therapy, medication.

Me·di·ka·ti·on [medikaˈtsĭoːn] *f* ⟨-; -en⟩ *med.* medication, (*Verordnung*) prescription.

Me·di·kus [ˈmeːdikus] *m* ⟨-; -dizi [-tsi]⟩ *colloq.* (*Arzt*) medico, *Am.* doc.

ˈ**Me·dio|li·qui·da·tiˌon** *f econ.* mid-monthly settlement. **~ˌwech·sel** *m* bill due on the 15th of the month.

Me·di·ta|ti·on [meditaˈtsĭoːn] *f* ⟨-; -en⟩ *bes. relig.* meditation. ℒˈ**tiv** [-ˈtiːf] *adj* meditative, contemplative.

me·di·ter·ran [meditɛˈraːn] *adj geogr.* Mediterranean.

me·di·tie·ren [mediˈtiːrən] **I** *v/i* ⟨*no* ge-, h⟩ **über e-e Sache ~** meditate on s. th. **II** ℒ *n* ⟨-s⟩ meditating, meditation.

Me·di·um [ˈmeːdĭum] *n* ⟨-s; -dien⟩ **1.** (*Mitte, Mittel, a. Kommunikations*ℒ) medium. **2.** *Okkultismus*: medium, psychic. **3.** *med. bei Hypnoseversuchen*: medium, subject. **4.** *ling. im Griechischen*: middle (voice). **5.** *biol. chem. phys.* medium, solvent, substratum.

Me·di·zin [mediˈtsiːn] *f* ⟨-; -en⟩ **1.** ⟨*only sg*⟩ (*Wissenschaft*) medicine, medical science; **innere ~** internal medicine; **Doktor der ~, Dr. med.** Doctor of Medicine, M.D. **2.** (*Arznei*) medicine; → *a.* **Medikament.**

me·di·zi·nal [meditsiˈnaːl] *adj* medicinal, medical. ℒ**as·siˌstent** *m young doctor who is completing his training by acting as an assistant physician in a hospital, bes. Am.* intern. ℒ**beˌam·te** *m* medical officer. ℒ**diˌrek·tor** *m etwa* chief medical officer. ℒˌ**rat** *m etwa* senior medical officer. ℒˌ**wein** *m* medicinal (*od.* medicated) wine.

Me·diˈzinˌball *m Sport*: medicine ball.

Me·diˈzi·ner *m* ⟨-s; -⟩ **1.** medical man, doctor, physician; *collect.* **die ~** *pl* the medical profession *sg.* **2.** medical student.

Me·diˈzin|ˌfla·sche *f* medicine bottle. **~ˌglas** *n* medicine glass, vial, *a.* phial.

me·diˈzi·nisch *adj* **1.** medical; **~e Akademie** *etwa* teaching hospital; **~e Wissenschaft** medical science, medicine. **2.** (*arzneilich*) medicinal; (*heilend*) curative; (*hygienisch*) sanitary, hygienic. **3.** *Seife etc*: medicated. **~-ˈtech·nisch** *adj* **~e Assistentin, MTA** medical technologist, M.T., medical laboratory technician.

Me·diˈzin|ˌmann *m* ⟨-(e)s; ⸗er⟩ medicine man, witch doctor. **~ˌschrank** *m*, **~ˌschränk·chen** *n* medicine chest. **~stuˌdent** *m*, **~stuˌden·tin** *f* medical student. **~ˌstu·di·um** *n* study of medicine, medical studies *pl.*

Me·du·sa [meˈduːza] *npr f* ⟨-; *no pl*⟩ *myth.* Medusa.

Me·du·se [meˈduːzə] **I** *f* ⟨-; -n⟩ *zo.* jellyfish, medusa. **II** *npr f* ⟨-; *no pl*⟩ → **Medusa.**

Meˈdu·sen|ˌblick *m* Medusa-like stare, petrifying look. ℒˌ**haupt** *n* ⟨-(e)s; *no pl*⟩ **1.** *myth.* Medusa's (*od.* Gorgon's) head, head of Medusa. **2.** *med.* caput medusae. **3.** *antiq. Kunst*: Medusa's head (*a. astr.*), gorgoneion. **4.** *zo.* basket star, sea spider. **5.** *bot.* medusa's head. ℒˌ**stern** *m zo.* medusa's head.

Meer [meːr] *n* ⟨-(e)s; -e⟩ **1.** sea (*a. fig. of houses, lights, tears, etc*), (*Welt*ℒ) ocean; **das hohe (offene** *od.* **freie) ~** the high (open) sea; **auf dem ~** (out) at sea, on the high seas, *poet.* on the main; **am ~** on the sea-shore, at the seaside; **ans ~ fahren** go to the seaside; **über das ~ fahren** cross the ocean; **aufs ~ hinausfahren** put out to sea; **die Sonne versank im** (*od.* **ins**) **~** the sun set at sea; **2000 Meter über dem ~** 2,000 metres above sea level. **2.** *jur. pol.* mare; **geschlossenes (offenes) ~** mare claustrum (liberum). **3.** *des Mondes etc*: mare, sea. **~ˌaal** *m* conger (eel). **~ˌal·ge** *f* seaweed, marine alga.

~ˌ**äsche** *f ichth.* (grey, *Am.* gray) mullet. ~ˌ**bar·be** *f ichth.* red mullet. ~ˌ**blau I** *n* sea blue. **II** ≈ *adj* sea-blue, glaucous. ~ˌ**bras·se** *f*, ~ˌ**bras·sen** *m ichth.* sea bream, *Am.* porgy. ~ˌ**bu·sen** *m* bay, gulf. ~ˌ**dra·che** *m* **1.** *myth.* sea dragon (*od.* monster). **2.** *ichth.* a) pegasid, b) eagle ray. ~ˌ**en·ge** *f geogr.* strait(s *pl als sg konstruiert*), channel.

ˈ**Mee·res**|ˌ**al·ge** *f* → Meeralge. ~ˌ**arm** *m geogr.* **1.** arm of the sea, inlet (into the coast[line]), (*Flußmündung*) *a.* estuary. ~ˌ**bo·den** *m* → Meeresgrund. ~ˌ**bran·dung** *f* surf, breakers *pl.* ~ˌ**fau·na** *f zo.* marine fauna. ~ˌ**flo·ra** *f bot.* marine flora. ~ˌ**flut** *f* waters *pl* of the sea. ~ˌ**frei·heit** *f jur. pol.* freedom of the seas. ~ˌ**grund** *m* bottom (*od.* floor) of the sea (*od.* ocean), sea bed. ~ˌ**hö·he** *f* (height above) sea level; **in** ~ at sea level; **auf** ~ **umgerechnet** corrected to sea level. ~ˌ**kli·ma** *n* maritime (*od.* marine) climate. ~ˌ**kun·de** *f* oceanography. ~ˌ**kü·ste** *f* (sea-)coast, sea-shore, seaside. ~ˌ**leuch·ten** *n* marine phosphorescence. ~ˌ**neun**ˌ**au·ge** *n ichth.* sea lamprey. ~ˌ**säu·ger** *pl zo.* sea mammals. ~ˌ**schild**ˌ**krö·te** *f zo.* sea turtle. ~ˌ**spie·gel** *m* sea level; **über (unter) dem** ~ above (below) sea level. ~ˌ**stil·le** *f* calm (of the sea); **völlige** ~ dead calm. ~ˌ**strand** *m* sea-shore, (ocean) beach. ~ˌ**stra·ße** *f* → Meerenge. ~ˌ**strö·mung** *f* ocean (*od.* sea) current, *durch Winde*: drift current, *in der Tiefe*: undercurrent. ~ˌ**ufer** *n* → Meeresküste. ~ˌ**un·ge**ˌ**heu·er** *n myth.* sea monster.

ˈ**Meer**|ˌ**fa·den** *m bot.* sea lace. ~ˌ**far·be** *f* sea green. ~ˌ**fen·chel** *m bot.* samphire, sea fennel. ~ˌ**frau** *f myth.* mermaid. ~ˌ**gans** *f orn.* brant (goose). ~ˌ**gott** *m myth.* sea god. ~ˌ**göt·tin** *f* sea goddess. ~ˌ**grün I** *n* sea (*od.* ocean) green; **helles** ~ beryl. **II** ≈ *adj* sea- (*od.* ocean-)green. ~ˌ**grun·del** *f* sea gudgeon, goby. ~ˌ**gur·ke** *f* sea cucumber (*od.* slug). ~ˌ**hecht** *m* hake. ~ˌ**jung**ˌ**frau** *f myth.* mermaid. ~ˌ**kat·ze** *f* guenon (monkey), long-tailed monkey. ~ˌ**leuch·ten** *n* → Meeresleuchten. ~ˌ**li·lie** *f* **1.** *zo.* sea lily, crinoid. **2.** *geol.* encrinite. ~ˌ**neun**ˌ**au·ge** *n* sea lamprey. ~ˌ**ot·ter** *m* → Seeotter. ~ˌ**ret·tich** *m bot., a. gastr.* horseradish. ~ˌ**salz** *n* sea salt. ~ˌ**sau** *f ichth.* a) **Große** ~ scorpion fish, hogfish, b) **Kleine** ~ lesser scorpion fish, sea scorpion. ~ˌ**schaum** *m* **1.** sea froth, sea foam. **2.** *min.* meerschaum, *a.* sepiolite. ~**schaum**ˌ**pfei·fe** *f* meerschaum pipe. ~ˌ**schwein·chen** *n* guinea pig. ~ˌ**senf** *m bot.* sea rocket. ~ˌ**spin·ne** *f zo.* sea spider, thornback. ~ˌ**trau·ben** *pl zo.* (*Eier des Tintenfisches*) sea grapes. ≈ˌ**um**ˌ**schlun·gen** *adj poet.* seagirt. ~ˌ**un·ge**ˌ**heu·er** *n myth.* sea monster. ~ˌ**wan·ze** *f zo.* water strider. ≈ˌ**wärts** *adv* seaward(s). ~ˌ**was·ser** *n* sea-water, salt-water. ~ˌ**weib** *n myth.* mermaid.

Me·ga·bit [ˈme:gaˌbɪt] *n Computer*: Megabit.

Me·ga·hertz [megaˈhɛrts; ˈme:gaˌhɛrts] *n electr.* megacycles *pl* per second, mcps, megahertz.

Me·ga·lith [megaˈli:t; -ˈlɪt] *m* <-s; -e> *archeol.* megalith. ~ˌ**grab** *n* megalithic tomb.

Me·ga|**li·thi·ker** [megaˈli:tikər; -ˈlɪ-] *m* <-s; -> *archeol.* megalithic man. ≈ˈ**li·thisch** [-ˈli:tɪʃ] *adj* megalithic.

me·ga·lo|**man** [megaloˈma:n] *adj med. psych.* megalomaniac. ≈**ma**ˈ**nie** [-maˈni:] *f* <-; -n [-ən]> megalomania. ≈ˈ**sau·rus** [-ˈzaurʊs] *m* <-; -rier [-rĭər]> *zo.* megalosaur(ian). ≈ˈ**zyt** [-ˈtsy:t] *m* <-en; -en> *med.* megalocyte.

Me·ga·ohm [megaˈʔo:m; ˈme:gaˌʔo:m] *n electr.* megohm.

Me·ga·phon [megaˈfo:n] *n* <-s; -e> megaphone.

Me·gä·re [meˈgɛ:rə] **I** *npr f* <-; *no pl*> *myth.* Megaera. **II** *f* <-; -n> *fig. lit.* shrew, termagant.

Me·ga|**ton·ne** [megaˈtɔnə; ˈme:gaˌtɔnə] *f nucl. phys.* megaton. ~ˈ**volt** [-ˈvɔlt; ˈme:gaˌvɔlt] *n electr.* megavolt. ~ˈ**watt** [-ˈvat; ˈme:gaˌvat] *n* megawatt.

Meg·ohm [meˈgo:m] *n electr.* megohm.

Mehl [me:l] *n* <-(e)s; *Mehlarten*: -e> **1.** flour, *grobes*: meal; **feinstes** ~ superfine flour; **et. mit** ~ **bestreuen** sprinkle (*od.* dust) s. th. with flour, flour s. th. **2.** (*pulverförmiger Stoff*) powder, dust. ≈ˌ**ar·tig** *adj* floury, mealy, farinaceous. ~ˌ**beer**ˌ**baum** *m* whitebeam, beam tree. ~ˌ**bee·re** *f* **1.** → Mehldorn. **2.** → Mehlbeerbaum. ~ˌ**beu·tel** *m* **1.** flour bag. **2.** → Mehlsieb. ~ˌ**brei** *m* gruel, pap. ~ˌ**dorn** *m bot.* hawthorn. ≈ˌ**hal·tig** *adj* containing flour (*od.* meal), floury, mealy, farinaceous.

ˈ**meh·lig** *adj* **1.** *Kartoffeln, Obst etc*: mealy. **2.** → mehlartig.

ˈ**Mehl**|ˌ**kä·fer** *m zo.* meal (*od.* flour) beetle. ~ˌ**kloß** *m gastr.* (plain) dumpling. ~ˌ**pri·mel** *f bot.* bird's-eye, mealy primrose. ~ˌ**sack** *m* **1.** flour sack; *fig. colloq.* **wie ein** ~ like a sack of potatoes. **2.** *fig. colloq.* podge, fat person. ~ˌ**schwal·be** *f orn.* house martin. ~ˌ**schwit·ze** *f gastr.* roux. ~ˌ**sieb** *n*, ~ˌ**sie·ber** *m* flour sieve (*od.* sifter). ~ˌ**spei·se** *f gastr.* **1.** farinaceous (*od.* paste) food. **2.** (*Pfannkuchen etc*) *dessert which contains flour.* **3.** *Austrian* sweet (dish *od.* course). ~ˌ**staub** *m* **1.** *in Mühlen*: flour (*od.* mill) dust, stive. **2.** *bot. zo.* farina. ~ˌ**sup·pe** *f* gruel. ~ˌ**tau(**ˌ**pilz)** *m bot.* mildew. ~ˌ**wurm** *m zo.* (yellow) mealworm. ~ˌ**zucker** (*getr.* **-k·k-**) *m* → Puderzucker.

mehr [me:r] **I** *indef pron* <*comp of* viel> **1.** *substantivisch*: more; **viel** ~ much more; **nicht** ~ **und nicht weniger** no more and no less; **(immer)** ~ **und** ~ more and more; **noch** ~ even (*od.* still) more; ~ **als** more than, *bei Zahlen*: *a.* over, exceeding; ~ **als genug haben** have more than enough (*od.* enough and to spare); ~ **als noch einmal so lang** as long again and more; ~ **als die Hälfte** more than (*od.* over) half; **die Hälfte** ~ half as much again; **und anderes** ~ and other things; **und dergleichen** ~ and the like; **ich brauche noch zehn Mark** ~ I need another ten marks; **ich könnte** ~ **davon brauchen** I could do with more of that; **was willst du noch** ~? what more (*od.* else) do you want?; ~ **kann man nicht verlangen** one cannot ask for more; **das ist ein Grund** ~ that's one reason more, that's an additional reason; **das ist nicht** ~ **als recht und billig** it is no more than just; **das schmeckt nach** ~ it tastes moreish; ~ **als schlecht** worse than bad, as bad as bad can be; **im Alter von 60 Jahren und** ~ at the age of 60 and more (*od.* over, upward[s]); **er denkt, er ist** ~ **als wir** he thinks he is s. th. better than we are. **2.** *adjektivisch*: more (**als** than); ~ **Geld (Geduld)** more money (patience); **mit** ~ **Glück** with more luck; ~ **und** ~ **Menschen** more and more people; **seit zehn und** ~ **Jahren** for ten and more years; **hast du noch** ~ **Platten?** have you any more records? **II** *adv* <*comp of* **sehr**> **3.** (*in höherem Maße od. Grade*) more; ~ **tot als lebendig** more dead than alive; **nur um so** ~ all the more; ~ **ärgerlich als zornig** more vexed than irate, vexed rather than irate; ~ **groß als klein** tall rather than small; **um wieviel** ~ how much more; **du mußt** ~ **aufpassen** you must pay more attention; **er lachte nur noch** ~ he laughed all the more; ~ **links** more to the left; **ich war um so** ~ **überrascht, als** I was all the more surprised as; **er ist** ~ **Gelehrter als Künstler** he is more (of) a scholar than an artist. **4.** *verneint*: **nicht** ~ no more, *zeitlich*: *a.* not any (*od.* no) longer; **nie** ~ never again; **kein Wort** ~! not another word!; **nicht** ~ **lange** not much longer; **es dauert nicht** ~ **lange** a) (*ist bald vorbei*) it won't last much longer, b) (*läßt nicht lange auf sich warten*) it won't be long; **er lebt** (*od.* **ist**) **nicht** ~ he's no longer alive, he is no more; **reden wir nicht** ~ **davon** don't let's talk about it any more; **ich wußte nicht** ~, **was ich tun sollte** I no longer knew what to do, I didn't know what to do any more; **du bist kein Kind** ~ you are no longer a child, you are not a child any longer (*od.* more). **5.** ~ **noch** what is more. **6.** **nur** ~ *Southern G. and Austrian* only, but; **es sind nur** ~ **zwanzig** there are only twenty left. **Mehr** *n* <-(s); *no pl*> **1. ein** ~ **an Erfahrung besitzen** be more experienced; **das** ~ **oder Weniger ist nicht so wichtig** whether (it is) more or less is not so important. **2.** (~*heit*) majority; **ein** ~ **von 20 Stimmen** a majority of 20 (votes). **3.** (*Überschuß*) plus, surplus, excess; **ein** ~ **an Kosten** excess costs *pl.* **4.** (*Zuwachs*) increase. **5.** *econ.* (*Mehrbetrag*) over.

ˈ**Mehr**|ˌ**achs**ˌ**an**ˌ**trieb** *m tech.* multi(ple)-axle drive. ~ˌ**ar·beit** *f* **1.** additional (*od.* extra) work. **2.** *econ.* (*Überstunden*) overtime. ≈**ato·mig** [-ʔaˌto:mɪç] *adj chem.* polyatomic. ~ˌ**auf**ˌ**wand** *m* **1.** *an Kraft, Energie etc*: additional expenditure (*od.* effort); **das erfordert e-n** ~ **an Zeit** additional time will be necessary for that. **2.** *econ.* additional (*od.* extra) expenditure. ~ˌ**aus**ˌ**ga·be** *f meist pl econ.* **1.** → Mehraufwand 2. **2.** (*Ausgabenerhöhung*) increase in expenditure; (*Ausgabenüberschuß*) excess of expenditure (over receipts); *von Banknoten etc*: over-issue. ≈ˌ**bän·dig** [-ˌbɛndɪç] *adj* multivolume(d), in several volumes. ≈ˌ**ba·sig** [-ˌba:zɪç] *adj chem.* polybasic. ~**be**ˌ**darf** *m* **1.** additional requirements *pl.* **2.** *econ.* increased demand. ~**be**ˌ**la·stung** *f* **1.** additional (*od.* extra) burden, *econ. a.* additional (*od.* extra) charges *pl.* **2.** *electr.* additional (*od.* extra) load. **3.** *physiol. psych.* additional stress. ~**be**ˌ**reichs**ˌ**öl** *n* multigrade oil. ~**be**ˌ**stand** *m econ.* **1.** surplus stock. **2.** (*zusätzlicher Bestand*) additional (*od.* extra) stock. ~**be**ˌ**trag** *m* **1.** surplus, *econ. a.* over. **2.** additional (*od.* extra) amount, (*Zuschlag*) extra charge. **3.** excess (amount), surplus. ~ˌ**bie·ten·de** *m*, ~ˌ**bie·ter** *m* <-s; -> *bei Auktionen, Kartenspiel etc*: higher bidder. ≈ˌ**chö·rig** [-ˌkø:rɪç] *adj mus.* having two or more (sets of) strings to a note. ≈ˌ**deu·tig** [-ˌdɔʏtɪç] *adj* **1.** ambiguous, equivocal. **2.** *math. philos. Abbildungen*: one-many. ~ˌ**deu·tig·keit** *f* <-; *no pl*> **1.** ambiguity, equivocality. **2.** *math. philos.* one-manyness. ≈**di·men·sio·nal** *adj math.* multidimensional. ~ˌ**ehe** *f* polygamous marriage. ~ˌ**ein**ˌ**kom·men** *n econ.* additional (*od.* higher) income. ~ˌ**ein**ˌ**nah·me** *f* additional receipts *pl*; (*Erhöhung*) increase of receipts; (*Überschuß*) surplus (receipts *pl*).

meh·ren [ˈme:rən] *v/t* <h> increase, augment, multiply; **sich** ~ *a.* grow, (*sich fortpflanzen*) propagate.

ˈ**meh·re·re** *indef pron* **1.** *adjektivisch*: several, (*verschiedene*) *a.* various, sundry; ∼ **Male** several times; **bei** ∼**n Gelegenheiten** on sundry occasions. **2.** *substantivisch*: several; ∼ **von euch** several of you. ˈ**meh·re·res** *indef pron* several (*od.* various) things (*od.* matters) *pl*, sundries *pl*. ˈ**meh·rer**ˈ**lei** *indef pron* **1.** *adjektivisch*: <*invariable*> several (kinds of), (*verschiedenerlei*) various (kinds of), sundry; ∼ **Probleme sind zu besprechen** several problems must be discussed. **2.** *substantivisch*: several things *pl*, (*verschiedene Dinge*) various things *pl*.

ˈ**Mehr|er|lös** *m econ.* additional (*od.* excess) receipts *pl* (*od.* proceeds *pl*). ∼**er**ˌ**trag** *m* increment, surplus.

ˈ**mehr**ˌ**fach I** *adj* **1.** *a. math. tech.* multiple; ∼**e Stimmabgabe** multiple voting; **in** ∼**er Hinsicht** in more than one respect; ∼**er Millionär** multimillionaire. **2.** (*wiederholt*) repeated, reiterated; **trotz** ∼**er Aufforderung** in spite of repeated demands. **3.** *champion, millionaire, etc* several times (over). **4.** *electr.* multiple(x). **II** *adv* **5.** (*wiederholt*) repeatedly, several times; ∼ **vorbestraft sein** have several previous convictions. **6.** (*mehr als erforderlich*) several times over. **III** ≈**e, das** <-n> **7.** *e-r Zahl etc*: the multiple. **8. ein** ≈**es** several times *pl*; **um ein** ≈**es** several times over.

ˈ**Mehr**ˌ**fach|be**ˌ**steu·e·rung** *f econ.* multiple taxation. ∼**be**ˌ**trieb** *m* multiplex system. ∼ˌ**ka·bel** *n electr.* multiple cable. ∼**kon·den**ˌ**sa·tor** *m* gang capacitor. ∼**ra**ˌ**ke·ten**ˌ**wer·fer** *m* multiple rocket launcher. ∼ˌ**schal·ter** *m*, ∼**schütz** *m electr.* multiple contact switch. ∼ˌ**se·hen** *n med.* polyopia. ∼ˌ**stecker** (*getr.* -**k·k**-) *m electr.* multiple (*od.* multicontact) plug. ∼**te·le·gra**ˌ**fie,** ∼**te·le·gra**ˌ**phie** *f* multiplex telegraphy. ∼**ver**ˌ**si·che·rung** *f econ.* **1.** multiple (*od.* double) insurance. **2.** co-insurance. ∼ˌ**zün·der** *m mil.* combination fuse.

ˈ**Mehr|fa**ˌ**mi·li·en**ˌ**haus** *n* house divided into several flats, *Am.* apartment house, *amtlich*: multiple dwelling (unit). ∼ˌ**far·ben**ˌ**druck** *m print.* **1.** multicolo(u)r print. **2.** (*Druckvorgang*) multicolo(u)r printing. ≈ˌ**far·big** *adj* multicolo(u)r(ed), polychrome, polychromatic. ∼ˌ**fel·der**ˌ**wirt·schaft** *f agr.* multicourse rotation. ≈ˌ**fin·ge·rig** [-ˌfɪŋərɪç], ≈ˌ**fing·rig** [-ˌfɪŋrɪç] *adj med. zo.* polydactyl(e), polydactylous. ∼ˌ**for·de·rung** *f econ.* higher demand. ∼ˌ**fron·ten**ˌ**krieg** *m* war on several fronts. ∼ˌ**gang·ge**ˌ**trie·be** *n tech.* multispeed gearbox (*od.* transmission). ≈ˌ**gän·gig** *adj* **1.** *Getriebe*: multispeed, multiple-speed. **2.** *tech. Gewinde*: multiple-thread; *electr. Wicklung*: multiple(x). ∼**ge**ˌ**bä·ren·de** *f med.* multipara, pluripara. ∼**ge**ˌ**bot** *n econ.* higher bid. ∼**ge**ˌ**päck** *n* excess luggage. ≈**ge**ˌ**schos·sig** *adj* multistoried. ∼**ge**ˌ**wicht** *n* excess weight, overweight. ∼**ge**ˌ**winn** *m econ.* excess (*od.* surplus) profit(s *pl*). ∼**ge**ˌ**winn**ˌ**steu·er** *f* excess-profits duty (*Am.* tax). ∼ˌ**git·ter**ˌ**röh·re** *f electr.* multigrid valve (*Am.* tube). ≈ˌ**glei·sig** [-ˌglaɪzɪç] *adj rail.* multitrack. ≈ˌ**glie·de·rig,** ≈ˌ**glied·rig** *adj* **1.** *tech.* multi-section. **2.** *math.* polynomial.

ˈ**Mehr·heit** *f* <-; -en> *a. pol.* majority; **wir sind in der** (*od.* **haben die**) ∼ we are in the majority; **in der** ∼ **der Fälle** in the majority of cases, in most cases; **die schweigende** ∼ the silent majority; *pol.* **mit absoluter** (**einfacher, knapper, großer**) ∼ by an absolute (a simple, bare, vast) majority; **die** (**parlamentarische**) ∼ **besitzen** (**erringen**) possess (obtain) the (parliamentary) majority; **mit 10 Stimmen** ∼ with a majority of ten votes; **die** ∼ **ist dafür** (**dagegen**) the ayes (noes) have it; **mit** ∼ **beschlossen** carried by a majority of votes; **er konnte die** ∼ **der Stimmen auf sich vereinigen** he was given the majority of the votes. ≈**lich** *adj u. adv* (by the) majority.

ˈ**Mehr·heits|be**ˌ**schluß** *m*, ∼**ent**ˌ**schei·dung** *f bes. pol.* majority vote (*od.* decision); **durch** ∼ by a majority of votes, by majority vote, *Am. a.* by a plurality. ∼**par**ˌ**tei** *f* majority party. ∼**prin**ˌ**zip** *n* principle of majority (rule). ∼**re**ˌ**gie·rung** *f* majority government. ∼**ver**ˌ**hält·nis·se** *pl parl.* ratio of representation. ∼ˌ**wahl**ˌ**recht** *n* majority voting (system).

ˈ**mehr|**ˌ**jäh·rig** *adj* **1.** of (*od.* lasting) several years, several years'. **2.** *bot.* perennial. ≈ˌ**kampf** *m Sport*: combined competition (*od.* event). ≈**ka·nal...** *electr.* multichannel. ∼ˌ**ker·nig** *adj phys.* polynuclear. ∼ˌ**köp·fig** [-ˌkœpfɪç] *adj* **1.** *Familie, Delegation etc*: (consisting) of several persons. **2.** *zo.* many-headed, polycephalous. ≈ˌ**ko·sten** *pl econ.* additional (*od.* extra) cost(s), (*Zuschlag*) extra charge(s). ≈ˌ**kreis·emp**ˌ**fän·ger** *m Radio*: multicircuit receiver. ≈ˌ**la·de·ge**ˌ**wehr** *n* → Mehrlader. ≈ˌ**la·de·pi**ˌ**sto·le** *f* automatic pistol. ≈ˌ**la·der** *m* automatic rifle, repeater. ≈ˌ**lei·stung** *f* increased (*od.* added) performance (*etc, cf.* **Leistung**). ≈ˌ**lei·ter**ˌ**ka·bel** *n electr.* multiconductor cable.

ˈ**Mehr·ling** *m* <-s; -e> *one of the progeny of a multiple birth.* ˈ**Mehr·lings·ge**ˌ**burt** *f med.* multiple birth.

ˈ**mehr|**ˌ**ma·lig** *adj* repeated. ∼ˌ**mals** *adv* repeatedly, several times, more than once. ∼**mo**ˌ**to·rig** [-moˌtoːrɪç] *adj Flugzeug*: multi-engine(d). ≈**par**ˌ**tei·en·sy**ˌ**stem** *n pol.* multiparty system. ≈ˌ**pha·sen**ˌ**strom** *m electr.* polyphase (*od.* multiphase) current. ∼ˌ**pha·sig** [-ˌfaːzɪç] *adj* polyphase, multiphase. ∼ˌ**po·lig** [-ˌpoːlɪç] *adj* multipolar, multipole, multiple-pole. ≈ˌ**por·to** *n Post*: excess postage. ∼ˌ**rei·hig** [-ˌraɪɪç] *adj* consisting of (*od.* in) several rows. ≈ˌ**schich·ten**ˌ**film** *m phot.* multilayer film. ∼ˌ**schich·tig** *adj* multilayer. ∼ˌ**sei·tig** *adj* **1.** *math.* many-sided, polygonal. **2.** *pol. Abkommen, Verhandlungen etc*: multilateral, multipartite. ∼ˌ**sil·big** [-ˌzɪlbɪç] *adj ling. Wort*: polysyllabic. ≈ˌ**sit·zer** [-ˌzɪtsər] *m* <-s; -> *aer.* multiseater. ∼ˌ**sit·zig** [-ˌzɪtsɪç] *adj* multiseat(er). ∼ˌ**spal·tig** *adj Anzeige etc*: spread (over several columns). ∼ˌ**spra·chig** [-ˌʃpraːxɪç] *adj* multilingual, polyglot; ∼ **aufwachsen** grow up speaking several languages. ∼ˌ**spu·rig** [-ˌʃpuːrɪç] *adj* multilane. ≈ˌ**stär·ken**ˌ**glas** *n opt.* multifocal lens. ∼ˌ**stel·lig** [-ˌʃtɛlɪç] *adj Zahl*: multidigit, *Dezimalzahl*: multiplace, of several places. ≈ˌ**stim·men(**ˌ**wahl)**ˌ**recht** *n pol.* plural vote. ∼ˌ**stim·mig** *mus.* **I** *adj* **1.** *Lied, Satz etc*: polyphonic, for (*od.* in, of) several parts, for several voices. **2.** *Trio, Chor etc*: concerted; ∼**es Spiel** part playing. **II** *adv* **3.** in parts (*od.* harmony); ∼ **singen** sing in parts (*od.* harmony), harmonize; **ein Musikstück** ∼ **setzen** a) set a piece of music for several parts, b) *homophon*: harmonize a piece of music. ≈ˌ**stim·mig·keit** *f* <-; *no pl*> polyphony. ≈ˌ**stimm**ˌ**rechts**ˌ**ak·tie** *f econ.* multivoting share. ∼ˌ**stöckig** (*getr.* -**k·k**-) [-ˌʃtœkɪç] *adj* multistor(e)y. ≈ˌ**stu·fe** *f ling.* comparative. ≈ˌ**stu·fen·ra**ˌ**ke·te** *f Raumfahrt*: multistage rocket. ∼ˌ**stün·dig** [-ˌʃtʏndɪç] *adj* of (*od.* lasting) several hours; **nach** ∼**en Besprechungen** *a.* after several hours of talks. ∼ˌ**tä·gig** *adj* of (*od.* lasting) several days. ∼ˌ**tei·lig** *adj* **1.** *Wörterbuch etc*: consisting of several parts, *Film etc*: in several parts. **2.** *Anbaumöbel etc*: multisectional, multipart.

ˈ**Meh·rung** *f* <-; *no pl*> increase, augmentation.

ˈ**Mehr|ver**ˌ**brauch** *m econ.* additional (*od.* excess, extra) consumption. ∼ˌ**völ·ker**ˌ**staat** *m* multinational (*od.* multiracial) state. ∼ˌ**we·ge**ˌ**hahn** *m tech.* branch cock. ∼ˌ**wert** *m econ.* additional (*od.* added) value, value added, *nach Marx*: surplus value. ≈ˌ**wer·tig** *adj* **1.** *math.* multiple(-valued); ∼**e Wurzel** multiple root. **2.** *biol. chem.* multivalent, polyvalent. ∼ˌ**wert**ˌ**steu·er** *f econ.* value-added tax, VAT. ∼ˌ**wert·theo**ˌ**rie** *f econ. pol.* theory of surplus value. ≈ˌ**wö·chig** [-ˌvœçɪç] *adj* of (*od.* lasting) several weeks; ∼**e Verhandlungen** several weeks of negotiations. ∼ˌ**zahl** *f* <-; *no pl*> **1.** *ling.* plural; **ein Wort in die** ∼ **setzen** put a word in(to) the plural. **2.** (*Mehrheit*) majority, *the* greater part; **die überwiegende** ∼ **von** the great majority of, most of; **in der** ∼ **der Fälle** in the majority of cases, in most cases. ≈ˌ**ze·hig** [-ˌtseːɪç] *adj med. zo.* polydactyl(e), polydactylous. ∼ˌ**ze·hig·keit** *f* <-; *no pl*> polydactyly. ≈ˌ**zei·lig** [-ˌtsaɪlɪç] *adj biol.* of (*od.* comprising) several lines. ≈ˌ**zel·lig** [-ˌtsɛlɪç] *adj biol. Organismus*: multicellular, polycellular. ≈ˌ**zo·nig** [-ˌtsoːnɪç] *adj* polyzonal. ∼ˌ**zweck...** *in Zssgn meist* multi-purpose (*design, furniture, vehicle, etc*). ≈**zy**ˌ**lin·drig** [-tsiˌlɪndrɪç; -tsy-] *adj tech. Motor*: multicylinder.

mei·den [ˈmaɪdən] **I** *v/t* <**meidet, mied, gemieden,** h> **1.** avoid, shun, keep away from, steer (*od.* stay, keep) clear of, *lit.* eschew; **die Gefahr** ∼ avoid danger; **sie** ∼ **sich** (*od.* **einander**) they avoid (*od.* stay clear of) each other. **2.** (*Gericht, Getränk*) avoid, abstain from. **II** ≈ *n* <-s> **3.** avoiding (*etc*); avoidance.

Mei·er [ˈmaɪər] *m* <-s; -> **1.** *hist.* a) bailiff, steward (of an estate), b) majordomo, mayor of the palace. **2.** *obs.* farm tenant. **3.** dairy farmer. **4.** *bot.* → **Miere. Meie**ˈ**rei** *f* <-; -en> **1.** (agricultural) estate. **2.** leasehold farm. **3.** dairy (farm).

Mei·le [ˈmaɪlə] *f* <-; -n> mile; **englische** ∼ British (*od.* statute) mile; *Sport*: **fliegende** ∼ flying mile.

ˈ**Mei·len|**ˌ**stein** *m* **1.** milestone. **2.** *fig.* milestone (*in history, etc*), landmark. **3.** *hist. römischer*: miliary (column). ≈**weit** [-ˌvaɪt; -ˈvaɪt] **I** *adj* **1.** of many miles, miles away; **in** ∼**er Entfernung** in a distance of many miles, miles away. **II** *adv* **2.** many miles (away); ∼ **auseinander** miles apart; *fig.* **j-m** ∼ **überlegen sein** be head and shoulders above s. o.; ∼ **davon entfernt sein zu** be a far (*od.* long) cry from; **ich bin** ∼ **davon entfernt, das zu tun** I wouldn't dream of doing that. **3.** (*overlook the land, etc*) for miles and miles, for many miles.

Mei·ler [ˈmaɪlər] *m* <-s; -> **1.** (*Kohlen*≈) (charcoal) pile. **2.** → **Atommeiler.** ∼ˌ**koh·le** *f* charcoal.

mein [maɪn] **I** *possess pron* **1.** *adjektivisch*: my; **e-r** ∼**er Söhne** one of my sons; ∼**e Damen und Herren** Ladies and Gentlemen; ∼ **lieber X** *im Brief*: my dear X; *poet.* **die Mutter** ∼ my mother, mother mine. **2.** *prädikativ*: a) ∼**er,** ∼**e,** ∼**(e)s, der, die, das** ∼**e** mine, b) <*unde-*

clined> mine; **sein Haus ist größer als ~es** (*od.* **das mein[ig]e**) his house is bigger than mine; **wessen Wagen ist das? ~er!** whose car is that? mine!; **sie ist endlich ~** she is mine at last; *humor.* **er verwechselt manchmal ~ und dein, er kann manchmal nicht zwischen ~ und dein unterscheiden** he cannot always tell mine from thine. **3.** *substantivisch*: **der, die, das** 2**e** my (own), mine; **der Mein(ig)e** my husband; **die Mein(ig)e** my wife; **das Mein(ig)e** (what is) mine, what belongs to me; **willst du die** 2**e sein?** do you want to be mine?; **ich habe das Mein(ig)e dazu beigetragen** I have made my contribution, I have done my share; **die Mein(ig)en** my family *sg*, my people, *colloq.* my folks. **II** *pers pron* **4.** <*gen of* **ich**> *poet. od. archaic* (of) me; **gedenke ~** remember me; **vergiß ~ nicht** forget me not, don't forget me.

'**Mein,eid** ['maɪn-] *m* false oath, *jur.* perjury; **e-n ~ schwören** swear a false oath, *jur.* commit perjury, perjure o. s.; **j-n zum ~ anstiften** suborn s. o. (to commit perjury); **Anstiftung zum ~** subornation of perjury. '**mein,ei·dig** [-,ʔaɪdɪç] *adj Person etc*: perjured; **~ werden** perjure o. s., commit perjury. '**Mein,ei·di·ge** *m, f* <-n; -n> perjurer. '**Mein,ei·dig·keit** *f* <-; *no pl*> *jur.* perjury.

mei·nen ['maɪnən] *v/t* <h> **1.** (*sagen wollen*) mean; **wie ~ Sie das?** how do you mean?; **~ Sie das ernst?** do you really mean it?; **ich meine das nicht so** I don't mean it that way. **2.** (*beabsichtigen*) mean, *a.* intend; **er meint es gut** he means well; **ich habe es doch nicht böse** (*od. colloq.* **so**) **gemeint** I really meant no harm; **es gut mit j-m ~** mean well by s. o.; **es war gut gemeint** it was well meant. **3.** (*sprechen von*) mean, speak (*od.* talk) of; **ich meine dieses Buch hier** I mean this book here; **er meinte mich** a) he was speaking of me, b) he was speaking to (*od.* addressing) me; **er war nicht (damit) gemeint** that was not meant for him. **4.** (*e-r Ansicht sein*) think, believe, be of (the) opinion; **was meinst du dazu?** what do you think of (*od.* say to) that?, what is your opinion about that?; **wie du meinst!** if you say so!, as you like!; **man könnte ~, sie sei krank** one might think she is ill; **man sollte ~, daß** one would have thought that; **das will ich (aber) ~!** I should think so (indeed)!, *Am. colloq.* you bet!; **~ Sie?** do you think so? **5.** (*sagen zu*) say (**zu** to); **was ~ Sie zu Schnitzel?** what do you say to cutlets?, how (*od.* what) about cutlets? **6.** (*anregen*) suggest; **er meinte, wir sollten lieber gehen** he suggested we had better go; *colloq.* **ich meine ja nur (so)!** it was just a thought!, (that was) merely a suggestion! **7.** (*sagen*) say; **er meinte: „Wir gehen sofort"** he said, "we'll be leaving in a minute"; **wie ~ Sie?** what did you say?, *höflicher*: I beg your pardon?, sorry?

mei·ner ['maɪnər] *pers pron* <*gen of* **ich**> **1.** (of) me; **er erinnerte sich ~ nicht mehr** he didn't remember me; **sie ist ~ nicht wert** she is not worthy of me; *Bibl.* **erbarm dich ~** have mercy upon me. **2. ~ (selbst)** myself; **ich war ~ selbst nicht mehr mächtig** I could no longer control myself; **ich war ~ (selbst) nicht ganz sicher** I wasn't quite sure. **~'seits** *adv* **1.** a) **ich ~** as for me, for my part, as far as I am concerned, b) (*von m-r Seite*) from me, on my side. **2. (ganz) ~!** the pleasure is mine.

'**mei·nes|'glei·chen** *indef pron* <*undeclined*> (of) my own kind, people like me, *colloq.* the like(s) of me, (*mir ebenbürtig*) my equals. **~'teils** *adv* for my part.

'**mei·net|'hal·ben** ['maɪnət-] *adv obs. od. lit. for* **~'we·gen** *adv* **1.** (*von mir aus*) I don't mind, it's all right (with [*od.* by] me), *stärker*: for all I care; **~ kannst du hingehen** I don't mind if you go there, you may go there for all I care (*od.* as far as I am concerned); **ja, ~** oh, all right then, (very well,) have it your (own) way, please yourself. **2.** (*für mich*) (*he did it, etc*) for my sake. **3.** (*wegen mir*) because of me. **4.** (*in m-r Sache*) on (*od.* in) my behalf. **~'wil·len** *adv* **(um) ~** → **meinetwegen** 2, 4.

'**mei·nig** *possess pron* **1.** *prädikativ*: **der, die, das ~e** → **mein** 2 a. **2.** *substantivisch*: **der, die, das** 2**e** → **mein** 3.

'**Mei·nung** *f* <-; -en> **1.** (**über** *acc*, **von**) opinion (of, about), view (of); **die öffentliche ~** public opinion; **e-e vorgefaßte ~** a preconceived idea, a prejudice; **die (vor)herrschende ~** the prevailing opinion; **entgegen der weitverbreiteten ~** contrary to the widely held view; **ich glaube, die ~ aller zu vertreten, wenn ich sage, daß** I think I am speaking for everyone if I say that; **e-e eigene ~ haben** have an opinion of one's own; **die ~ haben** (*od.* **vertreten**), **daß** be of the opinion that, take the view that, hold that; **j-n von s-r ~ abbringen** make s. o. change his opinion; **s-e ~ über e-e Sache ändern** (*od.* **revidieren**) change one's opinion (*od.* mind) about s. th., revise one's opinion of s. th.; **er steht mit s-r ~ allein** he is alone in holding this opinion; **~en austauschen** exchange views; **auf s-r ~ beharren** (*od.* **bestehen**), **an s-r ~ festhalten** stand by (*od. colloq.* stick to) one's opinion; **sich** (*dat*) **e-e ~ über j-n** (**et.**) (*od.* **von j-m [et.]**) **bilden** form an opinion of s. o. (about s. th.); **k-e andere ~ dulden** not to tolerate other people's opinions; *colloq.* **ich habe ihm gründlich** (*od.* **gehörig**) **die** (*od.* **m-e**) **~ gesagt** I gave him a good piece of my mind, I gave him a talking-to; **zu s-r ~ stehen, für s-e ~ eintreten** stand by one's opinion, have the courage of one's convictions; **einer** (*od.* **derselben**) **~ sein wie j-d** agree (*od.* see eye to eye) with s. o., be of the same opinion as s. o.; **j-s ~ teilen** share s. o.'s view(s), be of the same opinion as s. o.; **ich bin ganz Ihrer ~** I quite agree with you, I'm entirely of your opinion, *colloq.* same here; **ganz meine(r) ~!** I quite (*od.* fully) agree!; **ich bin darüber anderer ~ als Sie** I am of a different opinion about that, I beg to differ; **wenn du m-e ~ hören** (*od.* **wissen**) **willst** if you want to know my view, if you ask me; **geteilter ~ sein** differ in opinion, disagree, *einzelner*: be in two minds; **die ~en über dieses Thema sind geteilt** (*od.* **gehen auseinander**) (the) opinions are divided (*od.* differ) about this subject; **darüber kann man geteilter ~ sein** that's a matter of opinion; **nach m-r ~, m-r ~ nach** in my opinion (*od.* eyes), to my mind, as I see it. **2.** (*Wertschätzung*) opinion; **e-e gute (hohe, schlechte) ~ von e-r Sache (j-m) haben** have a good (high, bad) opinion of s. th. (s. o.); **er hat e-e hohe ~ von sich** he has a high opinion of himself, *colloq.* he thinks no small beer of himself. **3.** (*Annahme*) assumption, supposition; **in der ~, sie sei schon abgereist** assuming (*od.* thinking) that she had left. **4.** (*Ansicht*) belief; **diese ~ ist weit verbreitet** this belief is widely held. **5.** (*Absicht*) *rare* meaning; **es ist in guter (bester) ~ geschehen** it was done with good (the best) intentions. **6.** *R.C.* **Messe** (*od.* **Amt**) **nach ~** mass according to intention.

'**Mei·nungs|,än·de·rung** *f* change of opinion (*od.* mind). **~,äu·ße·rung** *f* **1.** expression of one's opinion (*od.* views); **das Recht der freien ~** the right of free speech. **2.** statement, opinion. **~,aus,tausch** *m* exchange of views (**über** *acc* on). **~be,fra·gung** *f* → **Meinungsumfrage.** **~,bild·ner** *m* opinion leader (*od.* maker). **~,bil·dung** *f* **1.** (**öffentliche**) **~** formation of public opinion. **2.** forming one's own (*od.* an) opinion. **~,for·scher** *m* opinion researcher, pollster. **~,for·schung** *f* (public) opinion research (*od.* polling). **~,for·schungs·in·sti,tut** *n* institute of public opinion, polling institute. **~,frei·heit** *f* freedom of opinion (*od.* speech). **~,kauf** *m Börse*: speculative purchase (*od.* buying). 2**los** *adj Masse etc*: indifferent, unthinking, *Am. a.* viewless. **~,ma·che** *f* manipulation of public opinion. **~,ma·cher** *m* opinion manager. **~,streit** *m* controversy, conflict of opinions. **~,um,fra·ge** *f* (public) opinion poll. **~,um,schwung** *m* reversal (*od.* sudden change) of opinion. **~ver,schie·den·heit** *f* **1.** difference of opinion. **2.** (*Streit*) (**über** *acc* about) disagreement, argument.

Meio·se [maɪ'oːzə] *f* <-; -n> *biol.* meiosis. **meio·tisch** [-'oːtɪʃ] *adj* meiotic.

Mei·se ['maɪzə] *f* <-; -n> *orn.* tit(mouse); *fig. colloq.* **du hast wohl e-e ~** are you crazy?

Mei·ßel ['maɪsəl] *m* <-s; -> *tech.* chisel, (*Schneid*2) cutting tool. '**mei·ßeln** *v/t u. v/i* <h> chisel (out), *Kunst*: *a.* carve (out), sculpture.

'**Mei·ße·ner, Meiß·ner** ['maɪsnər] *adj* of Meissen; **~ Porzellan** Dresden china.

meist [maɪst] **I** *sup of* **viel. II** *adj* **1.** most (of); **s-e ~en Bücher** most of his books; **er hat das ~e Geld** he has (got) the most money; **die ~en Leute** most (*od.* the great majority of the) people; **die ~e Zeit des Jahres ist er auf Reisen** he travels (for) the greater part of the year; **du hast die ~e Zeit** you have the most time (to spare). **2.** *substantiviert mit Kleinschreibung*: most; **die ~en glauben es** most people think so; **die ~en von ihnen** most (*od.* the majority) of them; **das ~e davon** most of it. **III** *adv* **3.** (*meistens*) mostly, in most cases, more often than not, usually, generally, for the most part; **es sind ~ Studenten** they are mostly students, most of them are students; **das geschieht ~ im Sommer** usually (*od.* in most cases) that happens in (the) summer. **4. am ~en** a) most, b) best; **was mir am ~en auffiel, war** what struck me most was; **er weiß am ~en** he knows (the) most; **am ~en bekannt** best known; **der am ~en gelesene Schriftsteller** the most widely read author; **das wird am ~en verkauft** that sells best. **~be,gün·stigt** *adj Land etc*: most-favo(u)red. 2**be,gün·sti·gung** *f* **1.** *econ. pol.* most-favo(u)red-nation treatment. **2.** *econ.* preference. 2**be,gün·sti·gungs,klau·sel** *f econ. pol.* most-favo(u)red-nation clause. **~,bie·tend** *econ. adj Käufer etc*: highest bidding, bidding highest (*nachgestellt*); *adv* **~ verkaufen** sell to the highest bidder, sell by public auction. 2**,bie·ten·de** *m, f* <-n; -n> highest bidder.

'**mei·sten'orts** *adv* in most places.

'**mei·stens,** '**mei·sten'teils** *adv* → **meist** 3.

Mei·ster [ˈmaɪstər] *m* ⟨-s; -⟩ **1.** (*Handwerks*Ƨ) master (craftsman); **er hat s-n ~ gemacht** he has got his master's diploma (*od.* certificate). **2.** (*Betriebs*Ƨ) foreman. **3.** (*großer Könner*) master; **ein wahrer ~** a past master (**in** *acc* of); **ein ~ der Feder (des Pinsels)** a master of the pen (brush); **ein ~ im Schachspiel** a master at chess, a first-class chess-player; **Übung macht den ~** practice makes perfect; **früh übt sich, was ein ~ werden will** *etwa* he that will become an expert must start young; **es ist noch kein ~ vom Himmel gefallen** no one is born a master. **4.** (*Künstler*) master; **die alten (klassischen) ~** the old (classical) masters. **5.** (*Lehr*Ƨ) master; **s-n ~ überflügeln** excel (*od.* outdo) one's master; **Christus, unser ~** Christ our Master; **der Herr und ~** our Lord and Master; *fig.* **s-n ~ finden** meet one's master (*od.* match). **6.** *obs. od. Bibl. Anrede, Titel*: Master; **~ Ekkehard** Master Eckhard; **~ Lampe** (*Hase in der Fabel*) (Master) Hare. **7.** (*Gebieter*) *rare* master; **wir sind nicht ~ unseres Schicksals** we are not master(s) of our fate(s). **8.** *Sport*: champion, *a.* titleholder, (*Mannschaft*) champions *pl*; *DDR* **~ des Sports** Master of Sports. **9.** *bei Freimaurern*: Master Mason; **~ vom Stuhl** Master of the Lodge. **10.** *hist.* a) *e-r Gilde*: master of the (*od.* a) guild, b) *e-s Ritterordens*: Grand Master.

ˈ**Mei·ster|be,trieb** *m* master craftsmen. **~,brief** *m* master craftsman's diploma (*od.* certificate). **~,elf** *f Sport*: champions *pl.* **~,fah·rer** *m* champion driver. **~ge,sang** *m Literatur*: *hist.* meistergesang, mastersong. **Ƨhaft I** *adj* masterly, accomplished, brilliant. **II** *adv* masterly, masterfully, to perfection, brilliantly, in superior style. **~haf·te** *n* ⟨-n⟩ → **~haf·tig·keit** *f* ⟨-; *no pl*⟩ (the) masterliness, mastery, masterly skill, perfection. **~,hand** *f fig.* master('s) touch, master-hand, hand of a master; **von ~ erbaut** built by a master-hand.

ˈ**Mei·ste·rin** *f* ⟨-; -nen⟩ **1.** master craftswoman. **2.** (*Betriebs*Ƨ) forelady, forewoman. **3.** mistress, master's wife; **unsere ~, die Frau ~** our mistress. **4.** *Sport*: (woman) champion; **die deutsche ~ im Sprint** the German women's sprint champion.

ˈ**Mei·ster|,lei·stung** *f* masterly achievement (*od.* performance), great feat; → *a.* **Meisterstück. Ƨlich** *adj u. adv* → **meisterhaft.**

mei·stern [ˈmaɪstərn] **I** *v/t* ⟨h⟩ **1.** (*Aufgabe, Instrument, Sprache etc*) master, (*Schwierigkeiten etc*) *a.* overcome, (*schwierige Lage*) *a.* control; **er hat sein** (*od.* **das**) **Leben nicht gemeistert** he couldn't cope with life. **2.** (*Zorn, Gefühle etc*) master, (*Zunge, Leidenschaften etc*) control, curb. **3.** *Sport*: (*Hindernis*) master, negotiate, clear. **4. j-n ~** master s. o., get the better of s. o. **II** *v/reflex* **sich ~ 5.** control (*od.* restrain) o. s.

ˈ**Mei·ster|,prü·fung** *f* examination for the master's diploma (*od.* certificate). **~,sän·ger** *m* → **Meistersinger** 1. **~schaft** *f* ⟨-; -en⟩ **1.** ⟨*only sg*⟩ → **Meisterhaftigkeit; es in e-r Sache zur ~ bringen** achieve mastery in s. th., become a master in (*od.* of) s. th. **2.** *Sport*: a) (*Titel*) championship, *a.* title, crown, b) (*Wettbewerb*) championship(s), championship competition.

ˈ**Mei·ster·schafts|,an,wär·ter** *m Sport*: aspirant to the title. **~,gür·tel** *m Boxen*: championship belt. **~,lauf** *m Motorsport*: championship race. **~,spiel** *n* league (*od.* competitive) match. **~,ti·tel** *m* championship, title of champion(s).

ˈ**Mei·ster|,schu·le** *f* training school for master craftsmen; **~ für Mode** school for fashion, tailoring and designing. **~,schuß** *m* masterly (*od.* capital, ace) shot; (*der beste Schuß*) best shot. **~,schüt·ze** *m* excellent marksman, *colloq.* crack shot. **~,sin·ger** *m* ⟨-s; -⟩ **1.** *hist.* meistersinger, mastersinger; **„Die ~ von Nürnberg"** "The Mastersingers of Nuremberg" (*opera by Richard Wagner*). **2.** *orn.* orphean warbler. **~,stück** *n* **1.** (craftsman's) masterpiece. **2.** *fig.* masterpiece, master-stroke. **~,ti·tel** *m* **1.** title of master, mastership. **2.** *Sport*: title (of champion).

ˈ**Mei·ste·rung** *f* ⟨-; *no pl*⟩ mastering; mastery.

ˈ**Mei·ster|,werk** *n* masterwork, masterpiece. **~,wurz, ~,wur·zel** *f bot.* masterwort.

ˈ**Meist|ge,bot** *n econ.* highest bid. **Ƨge,bräuch·lich** *adj* most common(ly used). **Ƨge,kauft** *adj* best-selling. **Ƨge,le·sen** *adj Buch, Zeitung etc*: most widely read. **Ƨge,nannt** *adj* most frequently (*od.* often) mentioned. **Ƨˈhin** *adv rare* mostly, in most cases. **~,stu·fe** *f ling.* superlative. **Ƨver,kauft** *adj* best-selling.

Me·ko·ni·um [meˈkoːnɪum] *n* ⟨-s; *no pl*⟩ *med.* meconium.

Me·lan|cho·lie [melaŋkoˈliː] *f* ⟨-; -n [-ən]⟩ **1.** melancholy, (the) megrims *pl*, *colloq.* (the) blues *pl.* **2.** *psych.* melancholia, (mental) depression. **~ˈcho·li·ker** [-ˈkoːlikər] *m* ⟨-s; -⟩ melancholy person; *psych.* melancholiac. **Ƨˈcho·lisch** [-ˈkoːlɪʃ] *adj* melancholy.

Me·lan·ge [meˈlãːʒə] *f* ⟨-; -n⟩ **1.** (*Mischung*) mélange (*a. Textil.*), blend, mixture. **2.** *Austrian* mélange, coffee with milk. **~,garn** *n Textil.* blended yarn.

Me·la·nom [melaˈnoːm] *n* ⟨-s; -e⟩ *med.* melanoma.

Me·lan·urie [melanuˈriː] *f* ⟨-; -n [-ən]⟩ *med.* melanuresis.

Me·las·se [meˈlasə] *f* ⟨-; -n⟩ *gastr.* molasses, *a.* treacle.

ˈ**Mel·ba,eis** [ˈmɛlba-] *n gastr.* pêche (*od.* peach) Melba, melba (ice cream).

Mel·de [ˈmɛldə] *f* ⟨-; -n⟩ *bot.* orach(e).

ˈ**Mel·de|,amt** *n* **1.** registration office. **2.** → **Fernmeldeamt. ~,bo·gen** *m* registration form. **~,fah·rer** *m mil.* dispatch (*od.* despatch) rider. **~,frist** *f* **1.** period for (making) registration. **2.** *Sport*: period (*od.* time) for entry, term for entries. **~,gän·ger** *m* ⟨-s; -⟩ *obs. for* **Melder. ~ge,bühr** *f* **1.** registration fee. **2.** *für Wettbewerb etc*: entry fee. **~,hund** *m mil.* messenger dog. **~,kopf** *m* message cent/re (*Am.* -er). **~,li·ste** *f* list of entries.

mel·den [ˈmɛldən] **I** *v/t* ⟨h⟩ **1.** *adm. etc* report, notify; **j-n bei der Polizei ~** a) report s. o. to the police, b) register s. o. with the police; **et. bei der Polizei ~** report (*od.* notify) s. th. to the police, notify the police of s. th.; **e-e Geburt ~** register (*od.* notify) a birth; **der Behörde die Änderung s-r Adresse ~** notify the authorities of a change of address; *rail.* **e-n Zug ~** signal a train. **2.** (*öffentlich bekanntgeben*) report; **wie bereits gemeldet** as was reported earlier; **man hatte s-n Tod gemeldet** he had been reported (as being) dead; **sind schon Wahlergebnisse gemeldet worden?** have any election results been announced (*od.* returned) yet?; **für morgen ist Regen gemeldet** rain is forecast for tomorrow. **3.** (*ankündigen*) announce (*visitor, etc*); **würden Sie mich bei Herrn X ~** would you please tell Mr. X that I'm here; **wen darf ich ~?** who shall I say is here? **4.** (*mitteilen*) tell, inform, announce; **j-m et. ~** tell (*od.* inform) s. o. of s. th.; **er ließ mir ~, daß** he had me informed that, he sent me word that. **5.** *Sport*: enter; **j-n (e-e Mannschaft) für e-n Wettbewerb ~** enter s. o. (a team) for a competition. **6.** *colloq.* **nichts zu ~ haben** have no say in matters, *weitS.* have no chance (*against an opponent, etc*). **7.** *Kartenspiel*: declare. **II** *v/reflex* **sich ~ 8.** *adm. etc* **sich polizeilich ~** register with the police; **wegen e-s Unfalls mußte ich mich bei der Polizei ~** I had to report to the police on account of an accident; **er meldete sich zum Dienst** he reported for duty (*od.* work); **sich zum Militär ~** enlist (in the army). **9.** (*sich wenden an*) get in touch with, contact, (come and) see; **da mußt du dich beim Arbeitsamt ~** in this case you have to get in touch with the labo(u)r exchange; **~ Sie sich, sobald Sie auf Schwierigkeiten stoßen** (come and) see me as soon as you have any difficulties; **Herr X möchte sich am BEA-Schalter ~** will Mr. X please come to the BEA counter; **laß dich bei der Geschäftsleitung ~** send in your name to the manager; **ich werde mich (wieder) (bei dir) ~!** I'll be in touch! **10.** (*antworten auf*) reply, apply; **er hat sich für die Stelle gemeldet** he has applied for the job; **er hat sich auf die Anzeige gemeldet** he answered the advertisement. **11.** (*sich zur Verfügung stellen*) volunteer, come forward; **sich für e-e Arbeit ~** volunteer for a job; **wer meldet sich freiwillig?** any volunteers?; **es meldeten sich mehrere Zeugen** several witnesses came forward. **12.** (*um Zulassung bitten*) enter (one's name), put one's name down; **sich für e-n Wettbewerb ~** enter (one's name) for a competition, put one's name down for a competition. **13.** (*ums Wort bitten*) ask (leave) to speak, *in der Schule*: put up (*od.* raise) one's hand; **er hat sich zu Wort gemeldet** he has asked (leave) to speak (*od.* to address the meeting). **14.** (*sich bemerkbar machen*) a) *Person*: let s. o. know, *Kleinkind*: make itself heard, b) *fig. Schmerzen etc*: make itself felt, set in, *Alter*: *a.* begin to tell on; **bitte, melde dich, wenn du et. brauchst** please, let me know if you want anything; *fig.* **sein Gewissen meldete sich** his conscience began to trouble him; **bei ihm meldete sich die Reue** he began to feel remorse; **der Hunger (Durst) meldet sich** I'm beginning to feel hungry (thirsty); **mein Magen meldet sich** my stomach is beginning to complain. **15. sich (am Telephon) ~** answer (the telephone); **es meldet sich niemand** there's no reply (*od.* answer); *Radio, TV* **wir ~ uns nach kurzer Pause wieder** we'll be back after a short interval. **III** *v/i* **16.** *hunt.* a) *Hund*: give tongue, b) *Hirsch*: bellow. **IV** Ƨ ⟨-s⟩ **17.** reporting (*etc*). **18.** → **Meldung.**

ˈ**Mel·de|,pflicht** *f* **1.** *adm.* obligation to register, compulsory registration. **2.** *med.* duty of notification. **Ƨ,pflich·tig** *adj* **1.** subject to registration. **2.** *Krankheiten*: notifiable. **~,punkt** *m mil.* reporting point, checkpoint. **~qua,drat** *n e-r Karte*: reference square.

ˈ**Mel·der** *m* ⟨-s; -⟩ *mil.* messenger, runner.

ˈ**Mel·de|,rei·ter** *m mil.* mounted messenger. **~,schein** *m* → **Meldezettel. ~,schluß** *m* **1.** deadline, dateline. **2.** *bei Wettbewerben etc*: closing date for entries. **~,stel·le** *f* **1.** registration (*od.*

register) office. **2.** *mil.* a) (local) reporting office (*od.* post), b) *auf Marsch*: control point. **3.** *für Feuer*: fire alarm. **~,ta·sche** *f mil.* dispatch (*od.* despatch) case. **~,we·sen** *n* system of registration. **~,zet·tel** *m* registration form.

'Mel·dung *f* ‹-; -en› **1.** → melden 17. **2.** (*öffentlicher Bericht, Nachricht*) report, news item, news *pl* (*als sg od. pl konstruiert*); **~en bringen** *im Rundfunk*: broadcast the news; **e-e ~ jagt die andere, die ~en überstürzen sich** there are new reports constantly pouring in. **3.** (*Mitteilung*) information, notice, advice, *förmliche*: *a.* notification, *dienstliche*: *a.* report; **amtliche** (*od.* **behördliche**) **~** official notification; **(bei) j-m ~ machen** report to s. o. **4.** (*Ankündigung*) announcement; **e-e ~ im Rundfunk durchgeben** make an announcement on the radio. **5.** (*Anzeige*) report; **e-e ~ über e-n** (*od.* **von e-m**) **Unfall machen** report an accident. **6.** (*An*≗ *bei e-r Behörde*) registration. **7.** *zu Prüfung, Wettbewerb etc*: entry (for). **8.** (*Bewerbung*) application. **9.** (*Antwort*) answer. **10.** (*Wort*≗) leave (*od.* permission) to speak; **liegen noch weitere ~en vor?** does anybody else ask (leave) to speak?, does anybody else want to address the meeting? **11.** (*Angebot, et. zu tun etc*) offer, application. **12.** *Kartenspiel*: declaration. **13.** (*Mitteilung*) message. **14.** *mil.* report; **~ machen** (make a) report. **15.** *Sport*: entry; **er zog s-e ~ zurück** he withdrew from the contest, *colloq.* he scratched, he backed out.

me·lie·ren [me'li:rən] *v/t* ‹*no* **ge-**, **h**› (*Tuch etc, a. Kohle*) mix, blend. **me'liert** *adj* **1.** mixed; **~es Tuch** mixed cloth, mixture; **~er Wollstoff** medley. **2.** *metall.* a) mixed, speckled, b) *Kohlen*: blended, c) *Roheisen, a. Papier*: mottled.

Me·lio|ra·ti·on [melĭora'tsĭo:n] *f* ‹-; -en› *agr. hort.* (a)melioration, (soil) improvement. **≗'rie·ren** [-'ri:rən] *v/t* ‹*no* **ge-**, **h**› (*Land*) (a)meliorate, improve.

Me·lis ['me:lɪs] *m* ‹-; *no pl*› *gastr.* coarse loaf sugar.

Me·lis|ma [me'lɪsma] *n* ‹-s; -men› *mus.* melisma. **~'ma·tik** [-'ma:tɪk] *f* ‹-; *no pl*› melismatics *pl* (*als sg od. pl konstruiert*).

Me·lis·se [me'lɪsə] *f* ‹-; -n› *bot.* balm mint), garden balm, melissa. **Me'lis·sen,geist** (*TM*) *m* ‹-(e)s; *no pl*› Carmelite water, spirit of melissa.

'Me·lis,zucker (*getr.* **-k·k-**) *m* → Melis.

'Melk,ei·mer *m* milking pail.

mel·ken ['mɛlkən] **I** *v/t* ‹**melkt** *od.* **milkt, melkte** *od.* **molk, gemolken** *od.* **gemelkt, h**› **1.** milk. **2.** *fig. colloq.* **j-n ~** milk (*od.* bleed, fleece) s. o. **II** *v/i* **3.** milk. **'mel·kend** *adj* **~e Kuh** → Milchkuh 1, 2. **'Mel·ker** *m* ‹-s; -› milker. **Mel·ke'rei** *f* ‹-; -en› **1.** dairy (farm). **2.** milking. **3.** *fig. colloq.* milking, exploitation. **'Mel·ke·rin** *f* ‹-; -nen› milkmaid.

'Melk|,kü·bel *m* milking pail. **~,kuh** *f* **1.** → Milchkuh 1, 2. **2.** *fig. colloq.* (*Einnahmequelle*) gold mine. **~ma,schi·ne** *f* milking machine, milker.

Me·lo·dei [melo'daɪ] *f* ‹-; -en› *obs. od. poet. for* Melodie.

Me·lo·die [melo'di:] *f* ‹-; -n [-ən]› **1.** *mus.* melody, (*bes. Weise*) tune, air; **e-e ~ singen (spielen)** sing (play) a tune; **e-e alte ~** an old tune. **2.** *fig.* melody (*of a metropolis*), song (*of the sea, etc*). **~,leh·re** *f* → Melodik 2. **~,sai·te** *f* treble string; *der Zither*: melody string. **~,stim·me** *f* voice (part), melody, air.

Me·lo·dik [me'lo:dɪk] *f* ‹-; *no pl*› *mus.* **1.** a) *e-r Komposition etc*: melodic pattern, melody, b) *e-r Stimme etc*: melodiousness. **2.** theory of melody, melodics *pl* (*als sg konstruiert*). **Me'lo·di·ker** [-dikər] *m* ‹-s; -› melodist. **me·lo·di·ös** [melo'dĭø:s] *adj* → **me'lo·disch** [me'lo:dɪʃ] *adj* **1.** melodious, tuneful. **2.** (*e-e Melodie enthaltend*) melodic.

Me·lo|dra·ma [melo'dra:ma] *n, a.* **~'dram** [-'dra:m] *n* ‹-s; -en› melodrama. **~dra'ma·ti·ker** *m* melodramatist. **≗dra'ma·tisch** *adj a. fig.* melodramatic.

Me·lo·ne [me'lo:nə] *f* ‹-; -n› **1.** *bot.* melon. **2.** *colloq.* bowler (hat), *Am.* derby. **Me'lo·nen,baum** *m* melon tree, papaya.

Mel·tau ['me:ltau] *m* ‹-(e)s; *no pl*› *bot.* honeydew.

Mem·bran [mɛm'bra:n] *f* ‹-; -en› **1.** *phys. tech.* diaphragm, membrane. **2.** (*Lautsprecher*≗ *etc*) diaphragm. **3.** *anat. biol.* membrane, velamen, velum. **4.** *anat. zo.* membrane, pellicle. **Mem'bra·ne** *f* ‹-; -n› → Membran.

Me·men·to [me'mɛnto] *n* ‹-s; -s› *relig.* Memento.

Mem·me ['mɛmə] *f* ‹-; -n› *contp.* coward, poltroon. **'mem·men·haft** *adj* cowardly, craven.

Me·moi·ren [me'mŏa:rən] *pl* memoirs. **~,schrei·ber** *m* memoirist.

me·mo|ra·bel [memo'ra:bəl] *adj obs.* memorable. **≗ra'bi·li·en** [-ra'bi:lĭən] *pl* memorabilia. **≗'ran·dum** [-'randʊm] *n* ‹-s; -den *u.* -da [-da]› **1.** *pol.* memorandum, aide-mémoire, *colloq.* memo. **2.** *obs.* diary, notebook. **~'rie·ren** [-'ri:rən] *v/t* ‹*no* **ge-**, **h**› **1.** memorize, commit *s. th.* to memory, learn *s. th.* by heart; *thea.* **s-e Rolle ~** learn one's part (*od.* lines). **2.** recite *s. th.* by heart (*od.* from memory).

Me·na·ge [me'na:ʒə] *f* ‹-; -n› **1.** (*Gewürzständer*) cruet-stand. **2.** (*Traggestell zum Essenholen*) food carrier. **3.** *Austrian mil.* (*Verpflegung*) (army) food. **4.** *obs.* (*Haushalt*) ménage, household.

Me·na·ge·rie [menaʒə'ri:] *f* ‹-; -n [-ən]› menagerie.

men·de·lisch ['mɛndəlɪʃ] *adj biol.* Mendelian. **Men·de'lis·mus** [-de'lɪsmʊs] *m* ‹-; *no pl*› Mendelism. **'men·deln** *v/i* ‹**h**› mendelize. **'Men·delsch** *adj* Mendelian; **~e Gesetze** Mendel's laws; **~e Vererbungslehre** Mendelism, Mendelian theory.

Men·di·kant [mɛndi'kant] *m* ‹-en; -en› → Bettelmönch.

Me·ne·te·kel [mene'te:kəl] *n* ‹-s; -› writing on the wall, warning.

Men·ge ['mɛŋə] *f* ‹-; -n› **1.** (*Anzahl*) quantity, amount, number; **et. in großen (kleinen) ~n verkaufen** sell s. th. in large (small) quantities. **2.** (*Volumen*) volume. **3.** (*Menschen*≗) crowd, throng, multitude. **4. die (große) ~** (*Mehrheit*) the (vast) majority. **5.** (*Unzahl*) host. **6.** (*Betrag*) amount; **e-e bestimmte ~ Geld** a certain amount of money. **7.** *colloq.* **e-e ~** a lot, lots *pl*; **e-e ganze ~** quite a lot; **e-e ~ Äpfel (Blumen)** a lot of (*od.* plenty of) apples (flowers); **e-e ~ Leute** (*od.* **von Leuten**) lots of people; **e-e ~ Arbeit** (*od.* **zu tun**) a lot of work (*od.* to do); **e-e ~ Lügen** a lot (*od.* pack) of lies; **e-e ~ Schwierigkeiten** a great deal (*od.* no end) of trouble; **von ihm kannst du e-e ~ lernen** you can learn a lot from him; **er bildet sich e-e ~ ein** he thinks a lot of himself, he is terribly conceited; **ich halte e-e ~ von ihm** I think a lot of him; **ich habe e-e ~ Zeit** I have plenty (*od.* a lot) of time. **8.** (*Überfluß*) abundance. **9.** *colloq.* **jede ~, in ~n** a) *Sachen*: plenty of, heaps of, piles of, loads of, *nachgestellt*: galore, b) *Personen*: in crowds, by scores; **in rauhen ~n,** (*Bücher etc*) **die ~** heaps of, coarse numbers of; **die Käufer kamen in ~n** the buyers came in crowds. **10.** *tech.* a) (*Schub*) batch, b) *in Tonnen*: tonnage. **11.** *math.* aggregate, set. **12.** *med.* (*Einheit, Dosis*) unit, dose, dosage. **13.** *phys.* amount.

men·gen ['mɛŋən] **I** *v/t* ‹**h**› **1.** (**zu** into) mix, blend; **er mengte Milch in den Brei** he mixed milk with (*od.* into) the porridge, he added milk to the porridge. **II** *v/reflex* **sich ~ 2.** (**unter** *acc* with) mix, mingle. **3.** *fig.* **sich in e-e Sache ~** meddle (*od.* interfere) with (*od.* in) s. th., poke one's nose into s. th., butt in on s. th.; **menge dich nicht in diese Sache!** keep out of this!

'Men·gen|,ab,satz *m econ.* bulk (*od.* large-scale) sale(s *pl*) (*od.* selling), sales *pl* in terms of quantity. **~,an,ga·be** *f* indication of quantity. **~,an,teil** *m* constituent amount. **~be,schrän·kung** *f econ.* quantitative restriction. **~be,stim·mung** *f* quantitative determination (*od.* analysis). **~,ein·heit** *f phys.* unit of quantity. **~,in·dex** *m Statistik*: quantitative index. **~kon·junk,tur** *f econ.* quantity boom. **~,leh·re** *f math.* (Canton's) theory of sets, set theory. **~,lei·stung** *f econ.* productive capacity, output. **≗,mä·ßig** *adj* quantitative; **~er Umsatz** quantity turnover, sales *pl.* **~,nach,laß** *m* → Mengenrabatt. **~no,tie·rung** *f econ. von Devisen*: quantity rate (of exchange). **~ra,batt** *m* quantity discount. **~,rech·nung** *f* → Mengenlehre. **~ver,hält·nis** *n* quantitative ratio, relative proportions *pl.*

'Meng,fut·ter *n* → Mischfutter.

Meng·sel ['mɛŋzəl] *n* ‹-s; -› *dial. for* Gemengsel 1.

Me·nin·gi|tis [menɪŋ'gi:tɪs] *f* ‹-; -tiden [-gi'ti:dən]› *med.* meningitis. **≗tisch** [-tɪʃ] *adj* meningitic.

Me·ninx ['me:nɪŋks] *f* ‹-; Meningen [me'nɪŋən]› *anat.* meninx.

Me·nis·kus [me'nɪskʊs] *m* ‹-; -ken› **1.** *anat.* meniscus, cartilage (of the knee). **2.** *opt.* meniscus (lens). **~ope·ra·ti,on** *f* cartilage operation, removal of a meniscus, meniscectomy. **~,riß** *m* torn cartilage. **~,scha·den** *m,* **~ver,let·zung** *f* cartilage damage (*od.* trouble).

Men·ken·ke [mɛŋ'kɛŋkə] *f* ‹-; *no pl*› *dial. colloq.* fuss.

Men·ni·ge ['mɛnɪgə] *f* ‹-; *no pl*› *chem.* minium, red lead, lead oxide. **'men·nig,rot** ['mɛnɪç-] *adj* miniaceous.

Men·no|nit [mɛno'ni:t] *m* ‹-en; -en›, **≗'ni·tisch** [-tɪʃ] *adj relig.* Mennonite.

Me·no·pau·se [meno'pauzə] *f med.* menopause.

Me·nor·rha·gie [menora'gi:] *f* ‹-; -n [-ən]› *med.* menorrhagia.

Men·sa ['mɛnza] *f* ‹-; -s *u.* Mensen› **1.** *relig.* mensa. **2.** (university) cafeteria, students' dining hall.

Mensch[1] [mɛnʃ] *m* ‹-en; -en› **1.** ‹*only sg*› *als Gattung*: man; **~ und Tier** man and beast; **der ~ ist das höchstentwickelte Lebewesen** man is the most highly developed form of life; *med.* **beim ~en** in man. **2.** (*Einzelwesen*) human being, man; (*Sterblicher*) mortal; **der innere (äußere) ~** the inner (outer) man; **die ersten ~en** the first human beings; **mit j-m von ~ zu ~ reden** have a heart-to-heart (*od.* man-to-man) talk with s. o.; **ist das noch ein ~?** and he calls himself a human being!; **ich bin auch nur ein ~** I am only human; **des ~en Sohn** the Son of Man; **Christus ist**

~ geworden Christ has become incarnate(d); *fig.* **den alten ~en ablegen, e-n neuen ~en anziehen** cast off the old Adam, turn over a new leaf; *fig. colloq.* **jetzt bin ich wieder ein ~** now I feel like a human being again; **du stellst dich an wie der erste ~** you act like a fool; **der ~ denkt, Gott lenkt** man proposes, God disposes; **des ~en Wille ist sein Himmelreich** *etwa* a man's will is his kingdom, let him do (*od.* have) it if it is going to make him happy; → **Maß**[1] 1. **3.** (*Person*) person, individual, *pl a.* people; **jeder ~** everybody, every one; **kein ~** nobody, no one, not a soul; **ein junger (alter) ~** a young (an old) person; **e-n ~en bewundern (hintergehen)** admire (deceive) a person; **ein anderer ~ sein** be a changed man; **abends braucht der ~ Entspannung** in the evening one needs to relax; **die ~en nehmen, wie sie sind** take people as they are; **kein ~ muß müssen** there is no such word (*od.* thing) as must. **4.** *pl* (*~heit*) man *sg*, mankind *sg*, the human race *sg*, people, humanity *sg*. **5.** *colloq.* (*Kerl*) man, fellow, *Am. a.* guy; **dieser ~ behauptet** this man says. **6.** *colloq.* **~ (Meier)!** good gracious!, man alive!, golly!, *bes. Am.* (oh) boy!; **~, hör auf!** cut it out!, stop it, man!; **~, ärgere dich nicht** take it easy, keep your shirt on.

Mensch[2] *n* ⟨-(e)s; -er⟩ *vulg. contp.* hussy, slut, baggage.

ˌMensch ˈär·ge·re ˌdich ˌnicht *n* ⟨-- --; ----⟩ *Spiel*: ludo.

ˈMen·schen|ˌaf·fe *m zo.* anthropoid (ape), simian, pithecoid (manlike) ape. **≈ˌähn·lich** *adj* like a human being, manlike, anthropoid, hominoid. **~ˌal·ter** *n* **1.** (*Lebensspanne*) age, lifetime. **2.** generation; **zwei ~ lang** for two generations. **~ˌanˌsamm·lung** *f* gathering (of people). **~ˌart** *f* **1.** human nature; **das ist ~** that's human nature, that's the way people will behave; **auf (*od.* nach) ~** in the way of man, like man. **2.** → a) **Menschengeschlecht**, b) **Menschenschlag**, c) **Menschensorte**. **~ˌaufˌlauf** *m* crowd (of people); **e-n ~ verursachen** cause a crowd to gather. **~ˌblut** *n* human blood. **~ˌfeind** *m* misanthropist, man-hater. **≈ˌfeind·lich** *adj* misanthropic. **~ˌfeind·lich·keit** *f* misanthropy. **~ˌfleisch** *n* human flesh. **~ˌfloh** *m zo.* common flea. **≈ˌfres·send** *adj* man-eating, cannibal. **~ˌfres·ser** *m* **1.** man-eater, cannibal. **2.** *im Märchen*: ogre. **~fres·seˈrei** [ˌmɛnʃən-] *f* cannibalism. **~ˌfreund** *m* philanthropist, humanitarian. **≈ˌfreund·lich** *adj* humanitarian, humane, philanthropic. **~ˌfreund·lich·keit** *f* philanthropy, kindness. **~ˌfüh·rung** *f* guidance of people (*od.* men), leadership. **~geˌden·ken** *n* **seit ~** within living memory, from time immemorial; **das erstemal seit ~** the first time in memory. **~geˌdrän·ge** *n* → **Menschengewühl**. **~geˌrip·pe** *n* human skeleton. **~geˌschlecht** *n* mankind, man, human race. **~geˌstalt** *f* human shape (*od.* form); **er ist ein Teufel in ~** he is a devil incarnate. **~geˌwühl** *n* throng, milling crowd. **~ˌhaar** *n* (human) hair. **~ˌhai** *m ichth.* man-eater, man-eating shark. **~ˌhand** *f* hand of man, human hand; **von ~ gemacht** man-made; **das liegt nicht in ~** that's beyond man's control. **~ˌhan·del** *m* slave trade (*od.* traffic), traffic in persons. **~ˌhänd·ler** *m* slave trader. **~ˌhaß** *m* hatred of mankind, misanthropy. **~ˌhas·ser** *m* → **Menschenfeind**. **~ˌherz** *n* human heart. **~ˌjagd** *f* manhunt. **~ˌken·ner** *m* judge of human nature (*od.* character). **~ˌkennt·nis** *f* knowledge of human nature (*od.* character). **~ˌkind** *n lit.* human being, creature; **sie ist ein armes ~** she is a poor creature. **~ˌkno·chen** *m* human bone. **~ˌkraft** *f* manpower; **mit ~** by manpower. **~ˌkun·de** *f* anthropology. **~ˌle·ben** *n* **1.** human life, life (of man); **mehrere ~ wurden gerettet** several (human) lives were saved; **~ waren nicht zu beklagen** there were no casualties, no one was killed; **schwere Verluste an ~ vermeiden** prevent great sacrifice of life. **2.** (*Lebenszeit*) life; **ein langes (erfülltes) ~** a long (fulfil[l]ed) life. **3.** ⟨*only sg*⟩ *lit.* life, existence. **≈ˌleer** *adj Straße etc*: deserted. **~ˌlie·be** *f* **1.** (*Nächstenliebe*) love of mankind, philanthropy, human kindness, humanitarianism; **ein Akt der ~** an act of humanitarianism (*od.* human kindness); **aus reiner ~** for purely humanitarian reasons. **2.** (*Liebe unter den Menschen*) human love. **~ˌlos** *n* destiny (*od.* fate) of man. **~ˌmas·se** *f* → **Menschenmenge**. **~ma·te·riˌal** *n bes. mil.* manpower (resources *pl*). **~ˌmau·er** *f* wall of people. **~ˌmen·ge** *f* crowd (of people), throng, multitude. **≈ˈmög·lich** *adj* humanly possible, within the power of man, within human power; **alles ~e tun** do everything humanly possible; *colloq.* **das ist doch nicht ~!** that's quite impossible! **~ˌop·fer** *n* **1.** human sacrifice; **~ darbringen** make human sacrifices. **2.** *e-s Unfalls etc*: victim, person killed, *pl a.* (death) toll *sg*. **~ˌpaar** *n* (human) couple; **das erste ~** the first human couple. **~po·ten·tiˌal** *n* human potential, manpower (reserves *pl*). **~ˌras·se** *f* race. **~ˌraub** *m* kidnap(p)ing, *bes. jur.* abduction. **~ˌräu·ber** *m* kidnap(p)er; abductor. **~ˌrech·te** *pl* human rights, rights of man. **~re·ser·voir** [-rezɛrˌvŏaːr] *n* → **Menschenpotential**. **~ˌscheu I** *f* shyness, unsociableness. **II ≈** *adj* shy (of people), unsociable. **~ˌschin·der** *m* slave-driver, *mil.* martinet. **~schin·deˈrei** [ˌmɛnʃən-] *f* slave-driving. **~ˌschlag** *m* ⟨-(e)s; *no pl*⟩ **1.** breed (of people). **2.** (*Art, Rasse*) race. **~ˌsee·le** *f* **1.** human soul. **2. k-e ~** not a (*od.* no) living soul.

ˈMen·schensˌkind *interj colloq.* man alive!, good God (*od.* Heavens)!, (*verdammt*) damn!, for God's sake!

ˈMen·schen|ˌsohn *m Bibl.* Son of Man. **~ˌsor·te** *f contp.* sort of person (*od.* people). **~ˌstim·me** *f* human voice. **~ˌstrom** *m* stream (*od.* flood) of people. **~tum** *n* ⟨-s; *no pl*⟩ humanity. **~ˌtyp, ~ˌty·pus** *m* **1.** ⟨*only sg*⟩ type (*od.* sort) of person, types (*od.* sorts) *pl* of people. **2.** *anthrop.* anthropological type. **≈ˌunˌwür·dig** *adj* beneath human dignity, degrading, *Behandlung etc*: *a.* inhumane, *Wohnung etc*: *a.* unfit for human beings. **~verˌäch·ter** *m* misanthrope, cynic, despiser of mankind. **~verˌach·tung** *f* misanthropy, cynicism. **~verˌstand** *m* human understanding (*od.* intellect); **gesunder ~** common (*od. colloq.* horse) sense. **~ˌwerk** *n* work of man; **das ist alles ~** a) this is all the work of man, b) all this is merely human. **~ˌwür·de** *f* dignity of man, human dignity. **≈ˌwür·dig** *adj Benehmen etc*: worthy of a human being; *Behandlung etc*: humane; *Behausung etc*: fit for human beings; *adv* **~ leben (*od.* wohnen)** live decently.

Men·sche|wik [mɛnʃeˈvɪk] *m* ⟨-en; -en *u.* -i [-kiː]⟩ *pol. hist.* Menshevik. **~ˈwis·mus** [-ˈvɪsmʊs] *m* ⟨-; *no pl*⟩ Menshevism. **≈ˈwi·stisch** [-ˈvɪstɪʃ] *adj* Menshevist.

ˈMensch·heit *f* ⟨-; *no pl*⟩ **die ~** mankind, humanity, the human race, Man; **die Geschichte der ~** the history of mankind; **im Namen der ~** in the name of humanity.

ˈmensch·lich I *adj* **1.** *Körper, Natur, Schwächen etc*: human; **nach ~em Ermessen, nach ~er Voraussicht** as far as it is humanly possible to tell, as far as one can foresee, by all known odds; **~es Versagen** human error (*od.* failure); **das ist nur zu ~** that is all too human; *colloq.* **sich ~ machen** make o.s. presentable; **~e Komödie** human comedy; → **irren** III. **2.** *Tat, Behandlung etc*: humane; **seien Sie doch et. ~er** be a little more humane; **e-e ~e Regung fühlen** be stirred by human feelings; **ein ~es Rühren verspüren** a) feel moved (*od.* touched), b) *colloq.* feel the call of nature. **3.** *Verhältnisse, Bedingungen etc*: tolerable, bearable. **4.** (*menschenfreundlich*) humanitarian; **aus rein ~en Gründen** for purely humanitarian reasons. **II** *adv* **5. j-n ~ behandeln** treat s.o. humanely; **ich kann sein Handeln ~ verstehen** I can understand his way of acting from the human point of view; *fig. colloq.* **du siehst ja wieder ~ aus** you are looking like a civilized person again. **III ≈e, das** ⟨-n⟩ **6. er hat nichts ≈es an sich** he shows no human traits; **Affen haben et. ≈es an sich** apes have s.th. human about them; **das ~e, allzu ~e** the human, all too human; *fig. colloq.* **wenn mir et. ≈es zustößt** in case s.th. should happen to me; **es ist ihm et. ≈es passiert** he had an accident in his pants. **≈keit** *f* ⟨-; *no pl*⟩ **1.** humanity, humaneness; **ein Verbrechen gegen die ~** a crime against humanity; **aus Gründen der ~** on humanitarian grounds; **et. aus (reiner) ~ tun** do s.th. out of (pure) humanity (*od.* kindness). **2.** (*Menschenfreundlichkeit*) humanitarianism.

ˈMenschˌwer·dung *f* ⟨-; *no pl*⟩ **1.** *relig. Christi*: incarnation. **2.** *biol.* evolution into man.

Men·sel [ˈmɛnzəl] *f* ⟨-; -n⟩ → **Meßtisch**.

Men·ses [ˈmɛnzɛs] *pl* → **Menstruation**.

men·stru·al [mɛnstruˈaːl] *adj med.* menstrual. **≈ˌblu·tung** *f* → **Menstruation**.

Men·strua·ti·on [mɛnstruaˈtsĭoːn] *f* ⟨-; -en⟩ *med.* menstruation, menses *pl* (*als sg od. pl konstruiert*), (menstrual) period, *Am. a.* courses *pl*. **men·stru·ie·ren** [mɛnstruˈiːrən] *v/i* ⟨*no* ge-, h⟩ *med.* menstruate.

men·su·ell [mɛnˈzŭɛl] *adj med.* menstrual.

Men·sur [mɛnˈzuːr] *f* ⟨-; -en⟩ **1.** measure. **2.** *Fechten*: (fencing) distance. **3.** (*Duell*) students' duel; **auf die ~ gehen** fight a (students') duel. **4.** *mus.* a) *der Noten*: scale, scaling, diapason, b) *der Blasinstrumente*: bore, c) *der Streichinstrumente*: stop. **5.** *chem.* (*Meßglas*) graduated cylinder.

men·su·ra·bel [mɛnzuˈraːbəl] *adj Größe etc*: measurable, mensurable.

men·tal [mɛnˈtaːl] *adj bes. psych.* mental.

Men·ta·li·tät [mɛntaliˈtɛːt] *f* ⟨-; -en⟩ *psych.* mentality.

Menˈtal·re·ser·va·tiˌon *f jur.* mental reservation.

Men·thol [mɛnˈtoːl] *n* ⟨-s; *no pl*⟩ *chem.* menthol, (peppermint) camphor; **~zigarette** *f* mentholated cigaret(te).

Men·tor [ˈmɛntɔr] **I** *npr m* ⟨-s; *no pl*⟩ *myth.* Mentor. **II** *m* ⟨-s; -en [-ˈtoːrən]⟩ *fig.* mentor, teacher.

Me·nü [me'ny:] *n* ⟨-s; -s⟩ **1.** (*Speisenfolge*) menu; **ein ~ zs.-stellen** a) *Koch etc*: make up a menu, b) *Gast*: choose one's dishes. **2.** (*Essen mit mehreren Gängen*) set (*od.* complete) meal, table d'hôte meal; *humor.* **geistiges ~** intellectual fare.
Me·nu·ett [me'nuɛt] *n* ⟨-(e)s; -e, *a.* -s⟩ *mus.* minuet, menuet.
Me'nü·kar·te *f* → **Speisekarte.**
me·phi·sto·phe·lisch [mefisto'fe:lɪʃ] *adj* Mephistophelian.
Mer·ce·rie [mɛrsə'ri:] *f* ⟨-; -n [-ən]⟩ *Swiss for* **Kurzwaren, Kurzwarengeschäft.**
Mer·gel ['mɛrgəl] *m* ⟨-s; -⟩ *geol.* marl; **~bo·den** *m* marly (*od.* marlaceous) soil. **'mer·ge·lig** *adj* marly. **mer·geln** ['mɛrgəln] *v/t* ⟨h⟩ *agr.* (fertilize with) marl.
Me·ri·di·an [meri'dĭa:n] *m* ⟨-s; -e⟩ **1.** *geogr.* meridian. **2.** *astr.* meridian, equinoctial colure; **durch den ~ gehen** culminate. **~bo·gen** *m astr.* arc of the meridian. **~durch·gang** *m* meridian passage (*od.* transit). **~fern·rohr** *n* transit (*od.* meridian) instrument. **~kreis** *m* meridian circle.
me·ri·dio·nal [meridĭo'na:l] *adj astr.* meridional, meridian.
Me·rin·ge [me'rɪŋə] *f* ⟨-; -n⟩, **Me'rin·gel** [-gəl] *n* ⟨-s; -⟩ *gastr.* meringue.
Me·ri·no [me'ri:no] *m* ⟨-s; -s⟩ **1.** *Textil.* merino. **2.** → **Merinoschaf.** **~garn** *n Textil.* merino (yarn). **~schaf** *n zo.* Merino (sheep). **~wol·le** *f Textil.* merino (wool).
Me·ri·ten [me'ri:tən] *pl* merits.
mer·kan|til [mɛrkan'ti:l] *adj econ.* mercantile. **~ti'lis·mus** [-ti'lɪsmʊs] *m* ⟨-; *no pl*⟩ *hist.* mercantilism, mercantile system. **~ti'list** [-ti'lɪst] *m* ⟨-en; -en⟩, **~ti'li·stisch** *adj* mercantilist.
'merk|bar *adj* **1.** *Name, Zahl etc*: retainable, easy to remember. **2.** → **merklich** I. **~blatt** *n* **1.** instruction card, sheet of instructions. **2.** (*Notizzettel*) slip. **3.** *bes. econ.* leaflet, notice. **~buch** *n* → **Notizbuch.**
mer·ken ['mɛrkən] **I** *v/t* ⟨h⟩ **1.** a) (*wahrnehmen*) notice, b) (*erkennen*) realize, see, (*entdecken*) *a.* find out, discover, (*sich bewußt sein*) *a.* be aware of, (*fühlen*) feel, sense; (*argwöhnen*) suspect; **ohne es zu ~** without noticing; **ohne daß ich es merkte** without my noticing; **es war zu ~, daß** it was noticeable (*od.* plain) that, one could see (*od.* tell) that; **das merke ich!** I can see that!; **er merkte, daß er unrecht hatte** he saw (*od.* realized) that he was wrong; **er hat et. gemerkt** he has noticed s. th., *colloq.* he has rumbled s. th., he smelt a rat; **wie du bald ~ wirst** as you will soon find out; **sie merkte nicht, welches Aufsehen sie erregte** she was unaware of the sensation she caused; *colloq. iro.* **du merkst aber auch alles!** how very observant of you!; **ich merkte gleich, worauf er hinauswollte** I saw (*od.* realized, could tell) at once what he was after; **endlich hat er gemerkt, was los ist** it has finally dawned on him what is going on; **man merkt, daß er ...** you can tell that he ...; **von s-r Krankheit ist nichts mehr zu ~** there are no longer any traces of his former illness; **er wollte sich bessern, aber davon ist nichts zu ~** he promised to mend his ways, but there are no signs (*od.* indications) of that so far. **2. et. an e-r Sache ~** know (*od.* be able to tell) s. th. from (*od.* by) s. th.; **man merkt es an s-r Aussprache** one can tell by his accent; **woran hast du es gemerkt?** how did you know?, how could you tell? **3. j-n et. ~ lassen** let s. o. see (*od.* know) s. th., show s. o. s. th.; **sie ließ es ihn ~, daß sie ihn nicht mochte** she showed (*od.* let him see) quite plainly that she didn't like him; **hast du ihn et. ~ lassen?** did you let him know (*od.* notice) anything? **4. sich** (*dat*) **et. ~ lassen** show s. th., let s. th. be seen (*od.* noticed); **sich** (*dat*) **nichts ~ lassen** not to show (*od.* betray) one's feelings, act as if nothing had happened; **er ließ sich s-n Zorn nicht ~** he did not show his anger; **laß dir nichts ~** don't give yourself away, *colloq.* don't let on, don't give the game (*od.* show) away. **5. sich** (*dat*) **et. ~** a) remember s. th., b) (*einprägen*) make a mental note of s. th.; **das werde ich mir ~!** I shall remember that, (*ich bin gewitzigt*) that shall be a lesson to me, *als Drohung*: I won't forget that; **merk dir m-e Worte** mark my words; **ich kann mir k-e Namen ~** I can never remember any (*od.* I have no memory for) names; **er kann sich einfach nichts ~** he can't keep a thing in his head; **den Termin werde ich mir ~** I shall make a mental note of that date; **ihn werde ich mir ~!** I won't forget him!, I'll pay him back!; **ihn wird man sich ~ müssen** he's a man to watch; **merk dir das gefälligst!** kindly remember that!, get that into your head! **6. leicht (schwer) zu ~** easy (difficult) to remember; **sich gut** (*od.* **leicht**) **~ lassen** be easy to remember. **7.** *dial.* **sich** (*dat*) **et. ~** note (*od.* make a note of) s. th. **II** *v/i* **8. auf j-n (et.) ~** pay attention to s. o. (s. th.), listen to s. o. (s. th.).
'Mer·ker *m* ⟨-s; -⟩ **1.** *obs. bes. im Minnesang*: watcher, informer, spy. **2.** *im Meistergesang*: marker, Merker. **3.** *colloq. iro.* person that notices everything.
'Merk|·fä·hig·keit *f* memory. **~lam·pe** *f electr. tech.* pilot (*od.* indicator, signal) lamp.
'merk·lich I *adj* **1.** (*wahrnehmbar*) *Verbesserung, Unterschied etc*: noticeable, perceptible. **2.** (*deutlich*) distinct, obvious, evident, visible, (*stark*) marked, striking; *econ.* **e-e ~e Tendenz zum Aufschwung** a distinct upward trend. **3.** (*beträchtlich*) considerable, appreciable, siz(e)able; **e-e ~e Besserung** a considerable improvement. **II** *adv* **4. es hat sich ~ abgekühlt** it has become noticeably (*od.* markedly) cooler; **die Kurse schwanken ~** prices vary markedly.
'Merk·mal *n* ⟨-(e)s; -e⟩ **1.** (*Zeichen*) mark, sign. **2.** (*Rasse~ etc*) (characteristic) feature, characteristic, trait; **ein typisches (hervorstechendes) ~** a typical (salient *od.* prominent) feature. **3.** (*Stil~, Entwicklungs~ etc*) characteristic feature. **4.** (*Krankheits~*) symptom, sign. **5.** (*Kennzeichen*) mark; **k-e besonderen ~e** no distinguishing marks. **6.** (*Eigentümlichkeit*) peculiarity. **7.** criterion. **8.** (*Eigenschaft*) attribute, property. **9.** *philos.* defining property, differentia specifica; **kennzeichnendes (zufälliges) ~** essential (nonessential) property. **10.** *biol.* character. **11.** *jur. e-r Straftat*: ingredient. **'Merk·mals·paar** *n biol.* allelomorphs *pl*, alleles *pl*.
Merks [mɛrks] *m* ⟨-; *no pl*⟩ *colloq.* memory; **e-n guten ~ für et. haben** have a good memory for s. th.
'Merk·spruch *m* mnemonic.
Mer·kur[1] [mɛr'ku:r] **I** *npr m* ⟨-; *no pl*⟩ *myth.* Mercury. **II** *m* ⟨-s; *no pl*⟩ *astr.* Mercury. **Mer'kur**[2] *m, n* ⟨-s; *no pl*⟩ → **Quecksilber. Mer'kur·stab** *m myth.* caduceus.
'Merk|·welt *f zo.* perceptual world. **~wort** *n* **1.** *print.* catchword, keyword. **2.** *thea.* cue. **3.** mnemonic (word). **~wür·dig** *adj* **1.** (*seltsam*) strange, odd, queer, curious, peculiar; **ein ~er Mensch** a strange person; **ich finde es ~, daß** I think it odd that. **2.** (*komisch*) funny, comical; *adv* **er war ~ still** he was strangely silent. **3.** *obs.* memorable, noteworthy. **~wür·di·ger'wei·se** *adv* strangely (*od.* oddly) enough, strange to say. **~wür·dig·keit** *f* ⟨-; -en⟩ **1.** ⟨*only sg*⟩ *obs.* memorableness, noteworthiness. **2.** ⟨*only sg*⟩ (*Seltsamkeit*) strangeness, curiousness, peculiarity. **3.** (*seltsame Sache*) strange (*od.* odd) thing, curiosity, oddity. **~zei·chen** *n* **1.** mark, sign. **2.** (*Lesezeichen*) bookmark(er).
Mer·lan [mɛr'la:n] *m* ⟨-s; -e⟩ *orn.* whiting.
Mer·lin [mɛr'li:n; 'mɛr-] *m* ⟨-s; -e⟩, **~fal·ke** *m orn.* a) pigeon hawk, b) rock falcon (*od.* hawk), merlin.
Me·ro·win|ger ['me:rovɪŋər] *m* ⟨-s; -⟩, **~gisch** *adj hist.* Merovingian.
Mer·ze·ri|sa·ti·on [mɛrtsəriza'tsĭo:n] *f* ⟨-; -en⟩ mercerization. **~'sie·ren** [-'zi:rən] *v/t* ⟨*no* ge-, h⟩ *Textil.* mercerize. **~'sie·rung** *f* ⟨-; -en⟩ mercerization.
'Merz·schaf ['mɛrts-] *n agr.* culled sheep.
Mes·al·li·ance [meza'lĭã:s] *f* ⟨-; -n [-sən]⟩ misalliance, mésalliance.
me·schug·ge [me'ʃʊgə] *adj* ⟨*pred*⟩ *colloq.* mad, crazy, cracked, *sl.* dotty, nuts.
Mes·en|ce·pha·lon [mezɛn'tse:fal̩ɔn] *n* ⟨-s; -la [-la]⟩ (*Mittelhirn*) mesencephalon. **~'chym** [-'çy:m] *n* ⟨-s; -e⟩ *biol.* mesenchyme. **~ze'phal** [-tse'fa:l] *adj anat.* mesencephalic.
Mes·ka·lin [mɛska'li:n] *n* ⟨-s; *no pl*⟩ *chem.* mescaline.
'mes·me·risch ['mɛsmərɪʃ] *adj* mesmeric. **Mes·me'ris·mus** [-'rɪsmʊs] *m* ⟨-; *no pl*⟩ mesmerism, animal magnetism.
Mes·ner ['mɛsnər] *m* ⟨-s; -⟩ *Southern G. for* **Kirchendiener.**
Me·so|derm [mezo'dɛrm] *n* ⟨-s; -e⟩ *biol.* mesoderm, mesoblast. **~'karp** [-'karp] *n* ⟨-s; -e⟩, **~'kar·pi·um** [-'karpĭʊm] *n* ⟨-s; -pien⟩ *bot.* mesocarp. **~'li·thi·kum** [-'li:tikʊm; -lɪ-] *n* ⟨-s; *no pl*⟩ *geol. hist.* Mesolithic (period). **~'li·thisch** [-'li:tɪʃ] *adj* Mesolithic.
Me·son ['me:zɔn] *n* ⟨-s; -en [me'zo:nən]⟩ *phys.* meson, mesotron.
Me·so|phyll [mezo'fyl] *n* ⟨-s; -en⟩ *bot.* mesophyll(um). **~'phyt** [-'fy:t] *m* ⟨-en; -en⟩ mesophyte. **~po'ta·mi·er** [-po'ta:mĭər] *m* ⟨-s; -⟩, **~po'ta·misch** [-po'ta:mɪʃ] *adj* Mesopotamian. **~'sphä·re** [-'sfɛ:rə] *f meteor.* mesophere.
Me·so·tron ['me:zotrɔn] *n* ⟨-s; -en [mezo'tro:nən]⟩ → **Meson.**
Me·so|zoi·kum [mezo'tso:ikʊm] *n* ⟨-s; *no pl*⟩ *geol. hist.* Mesozoic, reptilian age. **~'zo·isch** [-'tso:ɪʃ] *adj* Mesozoic.
'Meß|·amt *n R. C.* mass. **~band** *n* tape measure, measuring tape.
'meß·bar *adj* measurable, mensurable. **~keit** *f* ⟨-; *no pl*⟩ measurability, mensurability.
'Meß|·be·cher *m* **1.** *im Haushalt*: measuring cup. **2.** *chem.* graduated beaker (*od.* flask). **~be·reich** *n* measuring (*od.* scale) range. **~bild·ver·fah·ren** *n* photogrammetry. **~brief** *m e-s Schiffes*: bill of measurement. **~brücke** (*getr.* -k·k-) *f electr.* measuring bridge. **~buch** *n R. C.* missal, Mass (*od.* service) book. **~da·ten** *pl tech.* measured data, reachings. **~die·ner** *m R. C.* acolyte, server, ministrant.

Mes·se [ˈmɛsə] *f* ⟨-; -n⟩ **1.** *R. C.* Mass; **e-e ~ halten** (*od.* **lesen**) (**zelebrieren**) say (celebrate) Mass; **e-e feierliche** (**stille**) **~** a solemn (low) Mass; **zur ~ gehen** attend (*od.* go to) Mass; **für j-n e-e ~ lesen lassen** have a Mass said for s. o. **2.** *mus.* Mass; **die Hohe ~** the High Mass. **3.** *econ.* fair, exhibition, *Am. a.* show; **auf der ~** at the fair. **4.** *mil.* (*Offiziers*♀) mess(room), *mar.* wardroom. **~ˌamt** *n econ.* organizing office of a fair. **~beˌsu·cher** *m*, **~beˌsu·che·rin** *f* visitor of (*od.* at, to) a fair. **~geˌlän·de** *n* fairground(s *pl als sg konstruiert*), exhibition ground(s *pl als sg konstruiert*). **~ˌhal·le** *f* hall (*od.* pavilion) at a fair, exhibition hall. **~ˌlei·tung** *f* **1.** management (of a fair). **2.** (fair) organizers *pl.* **3.** → **Messeamt.**

mes·sen [ˈmɛsən] **I** *v/t* ⟨**mißt, maß, gemessen, h**⟩ **1.** measure (**nach** by), take the measurements of; **die Länge** (**Geschwindigkeit**) **~** measure the length (speed); **j-n ~** a) measure s. o. (*od.* s. o.'s height), b) take s. o.'s measurements; **et. an e-r Sache ~** a) measure s. th. against s. th., b) *fig.* compare s. th. with s. th.; **j-s Temperatur** (*od.* **Fieber**) **~**, **j-n ~** take s. o.'s temperature. **2.** *fig.* **j-n** (**mit Blicken**) **~** measure (*od.* eye) s. o., size s. o. up, take stock of s. o. **3.** *tech.* a) *mit e-r Festlehre*: ga(u)ge, *mit verstellbarer Lehre*: cal(l)iper, b) (*Flüssigkeiten, Gase*) meter, c) (*Arbeitsvorgänge mit e-r Uhr*) time. **4.** *bes. Sport*: (*Zeit*) clock. **5.** *mar.* (*ausloten, peilen*) (*Tiefe*) sound. **II** *v/i* **6.** measure; **das Zimmer mißt sechs Meter in der Länge** the room measures six met/res (*Am.* -ers) in length; **ich messe 1,80 m** I am one metre eighty tall (*od.* in height). **7.** *Gefäß*: hold, have a capacity of. **III** *v/reflex* **8. sich mit j-m ~** *Person*: compete with s. o., match o. s. against s. o., *geistig*: match wits with s. o.; **sich** (*od.* **s-e Kraft**) **mit j-m ~** try one's strength against s. o.; **sich mit j-m ~ können** be a match for s. o.; **er kann sich mit ihm an Wissen nicht ~** he cannot match him for knowledge; **sich mit j-m im Laufen ~** run against (*od.* race) s. o. **9. sich mit e-r Sache ~ können** *Dinge*: come up to s. th., stand comparison with s. th. **IV** ♀ *n* ⟨-s⟩ **10.** measuring (*etc*). **11.** → **Messung.**

Mes·ser[1] [ˈmɛsər] *n* ⟨-s; -⟩ **1.** knife; **mit ~ und Gabel essen** eat with knife and fork; **er rannte** (*od.* **stieß**) **ihm das ~ in den Leib** he ran a knife into (*od.* through) him; *fig.* **ein Kampf** (*od.* **Krieg**) **bis aufs ~** (a) war to the knife, a fight to the finish; *fig. colloq.* **j-m das ~ an die Kehle setzen** hold a knife at s. o.'s throat; **ihm sitzt das ~ an der Kehle** he feels the knife at his throat; **j-n ans ~ liefern** deliver s. o. to the knife, send s. o. to his doom; **j-n j-m ans ~ liefern** deliver s. o. into the hands of s. o.; **ins offene ~ rennen** rush blindly into disaster, *colloq.* take it on the chin; **die Entscheidung steht auf des ~s Schneide** the decision hangs (*od.* trembles) in the balance; **es steht jetzt auf des ~s Schneide** it is touch and go now. **2.** *tech.* a) knife, cutter, b) *e-r Papiermaschine*: doctor (blade), c) *e-s Hobels*: iron, d) *e-s Messerkopfes*: blade; → **Rasiermesser. 3.** *med.* knife, scalpel; *colloq.* **er muß unters ~** he will have to go under the knife. **4.** *zo.* scalpellum. **5.** *electr.* blade.

ˈ**Mes·ser**[2] *m* ⟨-s; -⟩ **1.** (*Person*) measurer, ga(u)ger. **2.** → **Meßgerät** 1.

ˈ**Mes·ser|ˌbänk·chen** *n* knife rest. ♀**ˌför·mig** *adj* knife-shaped, *bot. zo.* cultriform, cultrate. **~ˌflug** *m aer.* vertical side-slip. **~ˌgriff** *m*, **~ˌheft** *n* knife-handle. **~ˌheld** *m colloq.* knife-happy tough, cutthroat. **~ˌklin·ge** *f* knife blade. **~konˌtakt** *m electr.* blade contact. **~ˌkopf** *m tech.* a) *e-s Fräsers*: face milling cutter, b) *Holzbearbeitung*: cutter head. **~ˌrücken** (*getr.* **-k·k-**) *m* knife-back. **~ˌschal·ter** *m electr.* knife switch. ♀ˈ**scharf** *adj* razor-sharp, *fig. Logik, Verstand etc*: *a.* incisive; **~er Verstand** razor-sharp intelligence, incisive mind. **~ˌschei·be** *f tech.* cutter disc. **~ˌschei·de** *f* knife case (*od.* sheath). **~ˌschmied** *m* cutler. **~ˌschmie·de** *f* cutler's workshop. **~ˌschmie·deˌwa·ren** *pl* cutlery *sg.* **~ˌschnei·de** *f* knife-edge. **~ˌschnitt** *m* (*Frisur*) razor (hair)cut. **~ˌspit·ze** *f* point of a knife; *gastr.* **man nehme e-e ~** (**voll**) **Salz** take a pinch of salt. **~ˌste·cher** *m* knifer, knife fighter, cutthroat. **~ste·cheˈrei** [ˌmɛsər-] *f* knife battle, knifing. **~ˌstich** *m* **1.** thrust (*od.* stab) with a knife. **2.** knife wound.

ˈ**Mes·seˌstand** *m econ.* stand (*od.* booth, stall) at a fair.

ˈ**Meß|ˌfeh·ler** *m* error in measurement. **~ˌfun·kenˌstrecke** (*getr.* **-k·k-**) *f electr.* measuring spark gap. **~geˌfäß** *n* **1.** measuring cup. **2.** *tech.* graduated vessel. **3.** *R. C.* sacred vessel. **~geˌnau·ig·keit** *f* accuracy of measurement. **~geˌrät** *n* **1.** *tech.* a) measuring instrument, b) (*Feld*♀) surveying instrument, c) (*Zähler*) meter, d) (*Lehre*) ga(u)ge, e) → **Meßuhr. 2.** *R. C.* Mass requisites *pl.* **~geˌwand** *n R. C.* liturgical vestment, *bes.* stole and chasuble. **~ˌglas** *n* (graduated) measuring glass. **~ˌhemd** *n R. C.* alb.

Mes·sia·de [mɛˈsi̯aːdə] *f* ⟨-; -n⟩ Messianic poem. **mes·sia·nisch** [mɛˈsi̯aːnɪʃ] *adj* Messianic. **Mes·si·as** [mɛˈsiːas] *npr m* ⟨-; *no pl*⟩ *Bibl.* Messiah.

Mes·sing [ˈmɛsɪŋ] *n* ⟨-s; *no pl*⟩ (yellow) brass. **~ˌblech** *n* **1.** (*Erzeugnis*) brass sheet. **2.** (*Material*) sheet brass. **~ˌdraht** *m* brass wire.

ˈ**Mes·sing|ˌgie·ßer** *m* brass founder, brazier. **~gie·ßeˌrei** *f* **1.** brass-founding (*od.* -casting). **2.** brass foundry. **~ˌguß** *m* **1.** (*Gußmessing*) cast brass. **2.** (*Gußstücke*) brass castings *pl.* **3.** → **Messinggießerei** 1. **~ˌwa·ren** *pl* brassware *sg*, braziery *sg.*

ˈ**Meß|in·struˌment** *n* → **Meßgerät** 1. **~ˌkelch** *m* chalice. **~ˌket·te** *f* **1.** *tech.* surveyor's (*od.* measuring) chain. **2.** *phot.* measuring chain. **~ˌkol·ben** *m chem.* volumetric flask. **~ˌlat·te** *f tech.* measuring (*od.* surveyor's) staff (*od.* pole). **~ˌlei·ne** *f* measuring tape. **~ˌop·fer** *n R. C.* Sacrifice of the Mass. **~ˌpunkt** *m* **1.** *tech.* measuring point. **2.** *astr. phys.* collimating point. **3.** *electr.* test point. **~ˌrad** *n tech.* measuring wheel. **~ˌschnur** *f* → **Meßband. ~ˌschrau·be** *f* micrometer screw. **~ˌsen·der** *m Radio*: signal generator. **~ˌstab** *m* **1.** *tech.* a) setting plug ga(u)ge, b) → **Meßlatte. 2.** *mot.* dipstick. **~ˌstan·ge** *f* → **Meßlatte. ~ˌtech·nik** *f* **1.** measurement technique. **2.** (*Wissenschaft*) metrology. **~ˌtisch** *m* surveyor's (*od.* plane) table. **~ˌtischˌblatt** *n* ordnance (survey) map, plane table (survey) sheet. **~ˌtrupp** *m* **1.** surveying gang. **2.** *tel.* testing crew. **3.** *mil.* measuring squad. **~ˌuhr** *f tech.* dial indicator, metering clockwork.

ˈ**Mes·sung** *f* ⟨-; -en⟩ **1.** → **messen** 10. **2.** measurement, mensuration. **3.** (*Ablesung*) reading. **4.** (*Prüfung*) test(ing). **5.** (*Peilung*) sounding.

ˈ**Meß|verˌfah·ren** *n* measuring system (*od.* method). **~verˌstär·ker** *m electr.* measuring amplifier. **~ˌwand·ler** *m* instrument transformer; *Elektronik*: transducer. **~ˌwein** *m R. C.* sacramental wine. **~ˌwert** *m* measured value. **~ˌwin·kel** *m phot.* angle of acceptance. **~ˌzahl, ~ˌzif·fer** *f Statistik*: index, relative. **~zyˌlin·der** *m* graduated cylinder, glass ga(u)ge.

Me·sti·ze [mɛsˈtiːtsə] *m* ⟨-n; -n⟩ *anthrop.* mestizo, *Am.* half-breed. **Me-ˈsti·zin** *f* ⟨-; -nen⟩ mestiza.

Met [meːt] *m* ⟨-(e)s; *no pl*⟩ mead.

Me·ta·ba·sis [meˈta(ː)bazɪs] *f* ⟨-; -basen [-taˈbaːzən]⟩ *ling.* metabasis.

Me·ta|bo·lie [metaboˈliː] *f* ⟨-; -n [-ən]⟩ *biol.* metaboly. ♀ˈ**bo·lisch** [-ˈboːlɪʃ] *adj* metabolic. **~boˈlis·mus** [-boˈlɪsmʊs] *m* ⟨-; *no pl*⟩ metabolism.

Meˈta·geˌschäft [meˈta-] *n econ.* joint business venture.

Me·ta·lep·se [metaˈlɛpsə], **Me·ta·lep·sis** [meˈta(ː)lɛpsɪs] *f* ⟨-; -lepsen [-taˈlɛpsən]⟩ *ling.* metalepsis.

ˈ**Me·ta·linˌgui·stik** [ˈmeːta-] *f* metalinguistics *pl* (*als sg od. pl konstruiert*).

Me·tall [meˈtal] *n* ⟨-s; -e⟩ **1.** metal; **aus ~** → **metallen; edles ~** precious (*od.* noble) metal; **unedles ~** base metal. **2.** *her.* metal, tincture. **~ˌabˌfall** *m tech.* metal scrap (*od.* waste), scrap metal. **~ˌar·beit** *f* metalwork, work in metal. **~ˌar·bei·ter** *m tech.* metalworker. **~ˌband** *n* metal strip (*od.* band). **~ˌbauˌka·sten** *m* (*Spielzeug*) metal construction (*Am.* erector) set. **~beˌar·bei·tung** *f tech.* metalworking. **~beˌschlag** *m* metal mounting (*od.* fitting). **~ˌblech** *n* **1.** (*Werkstoff*) sheet metal. **2.** (*Erzeugnis*) metal sheet. **~cheˌmie** *f* metallochemistry. **~ˌdeckung** (*getr.* **-k·k-**) *f e-r Währung*: metallic backing.

Meˈtalleˌgie·rung (*getr.* **-ll·l-**) *f* metal (*od.* non-ferrous) alloy.

meˈtal·len *adj* (made of) metal, metallic.

Meˈtall|ˌfar·be *f* **1.** metal(lic) colo(u)r. **2.** *tech.* metal(lic) paint. **~ˌfo·lie** *f* (metal) foil, *zur Radarstörung*: chaff. **~ˌga·ze** *f* → **Metallgewebe. ~ˌgeld** *n econ.* specie, coin(s *pl*), metallic currency. **~geˌwe·be** *n tech.*. wire cloth, metal gauze. **~geˌwin·nung** *f* extraction of metal. **~ˌgie·ßer** *m* metal founder. **~gie·ßeˌrei** *f* **1.** founding of metal. **2.** metal foundry. **~ˌglanz** *m* metallic lust/re (*Am.* -er). **~ˌguß** *m* **1.** (*Werkstoff*) cast metal. **2.** (*Erzeugnis*) metal castings *pl.* **3.** → **Metallgießerei** 1. ♀**ˌhal·tig** *adj* metalliferous, metal-bearing. **~ˌhüt·te** *f* (non-ferrous) smelting works *pl* (*als sg konstruiert*). **~in·duˌstrie** *f* metal industry.

meˈtal·lisch *adj* metallic (*a. fig. Stimme etc*); **~e Auflage** metal-to-metal support.

me·tal·li·sie·ren [metaliˈziːrən] *v/t* ⟨*no* **ge-, h**⟩ *tech.* metallize, metal-plate.

Me·tal·lis·mus [metaˈlɪsmʊs] *m* ⟨-; *no pl*⟩ *econ.* bullionism.

Meˈtall|keˌra·mik *f* powder metallurgy, metal ceramics *pl* (*meist als sg konstruiert*). **~ˌkle·ber** *m* metal adhesive. **~ˌkun·de** *f* **1.** physical metallurgy. **2.** metallography.

Me·tal·lo|chro·mie [metalokroˈmiː] *f* ⟨-; *no pl*⟩ *tech.* metallochromy. **~graˈphie** [-graˈfiː] *f* ⟨-; *no pl*⟩ *tech.* metallography.

Meˈtall|oxyd [-ˀɔˌksyːt] *n chem.* metallic oxide. **~paˌpier** *n* metal(lic) paper. **~ˌpro·be** *f* **1.** (*Prozeß*) assay. **2.** (*Stück*) metal sample. **~ˌputzˌmit·tel** *n* metal-buffing compound. ♀**ˌreich** *adj* rich in metal. **~ˌsä·ge** *f tech.* metal-cutting saw, hacksaw. **~ˌsche·re** *f* metal-cutting pliers *pl* (*a. als sg konstruiert*). **~ˌschlacke** (*getr.* **-k·k-**) *f metall.* scoria, metal slag, dross. **~ˌschlauch** *m* (flexible) metal tube. **~ˌschrau·be** *f* machine screw. **~ˌspä·ne** *pl tech.* metal cuttings (*od.* chips); *beim Bohren:* borings. **~ˌspie·gel** *m* **1.** metallic mirror. **2.** *bes. für Teleskope:* speculum. **~ˌspritz·verˌfah·ren** *n* metal-spraying process. **~ˌspu·le** *f* metal spool. **~ˌstaubˌlun·ge** *f med.* siderosis. **~ˌste·cher** *m* metal engraver. **~ˌstift** *m* metal stylus. **~ˌstrei·fen** *m* metal(lic) strip. **~ˌtin·te** *f* metallic ink. **~ˌtuch** *n* wire cloth. **~ˌüberˌzug** *m* metal coat(ing); **galvanischer ~** electroplated coating.

Me·tall|urg [metaˈlʊrk] *m* ⟨-en; -en⟩ metallurgist. **~urˈgie** [-lʊrˈgiː] *f* ⟨-; *no pl*⟩ metallurgy. **Ƨˈur·gisch** [-ˈlʊrgɪʃ] *adj* metallurgical.

meˈtall|verˌar·bei·tend *adj* metal-working. **Ƨverˌar·bei·tung** *f* metal-working; **spanlose ~** metal forming, **spanabhebende ~** metal cutting. **Ƨverˌbin·dung** *f chem.* **1.** metallic compound. **2.** amalgamation. **Ƨˌvorˌrat** *m econ.* bullion reserve. **Ƨˌwäh·rung** *f* metallic currency (*od.* standard).

Meˈtallˌwa·ren *pl* metal articles (*od.* goods), hardware *sg*, metalware *sg*. **~faˌbrik** *f* metalware factory. **~ˌhänd·ler** *m* ironmonger, *bes. Am.* hardware dealer.

Meˈtallˌwol·le *f tech.* metal wool.

me·ta|ˈmorph [metaˈmɔrf], **~ˈmor·phisch** [-ˈmɔrfɪʃ] *adj* metamorphic. **Ƨmorˈphis·mus** [-mɔrˈfɪsmʊs] *m* ⟨-; -men⟩ *geol.* metamorphism. **Ƨmorˈpho·se** [-mɔrˈfoːzə] *f* ⟨-; -n⟩ *allg.* metamorphosis; **e-e ~ durchmachen** undergo (a) metamorphosis. **~mor·phoˈsie·ren** [-mɔrfoˈziːrən] *v/t* ⟨*no* **ge-**, **h**⟩ metamorphose, transform.

Me·ta·pher [meˈtafər] *f* ⟨-; -n⟩ *ling.* metaphoric(al expression). **Me·taˈpho·rik** [-ˈfoːrɪk] *f* ⟨-; *no pl*⟩ imagery. **me·taˈpho·risch** [-ˈfoːrɪʃ] *adj* metaphoric(al).

Me·ta|phra·se [metaˈfraːzə] *f* ⟨-; -n⟩ *ling.* metaphrase. **~phyˈsik** [-fyˈziːk] *f* ⟨-; *no pl*⟩ *philos.* metaphysics *pl* (*als sg konstruiert*). **~ˈphy·si·ker** [-ˈfyːzɪkər] *m* metaphysician. **Ƨˈphy·sisch** [-ˈfyːzɪʃ] *adj* **1.** metaphysical. **2.** (*übersinnlich*) extraphysical. **~plaˈsie** [-plaˈziː] *f* ⟨-; -n [-ən]⟩ *biol.* metaplasia. **~psy·choloˈgie** [-psyçoloˈgiː] *f* metapsychology.

ˈMe·ta|ˌsäu·re *f chem.* meta acid. **~ˌspra·che** *f* metalanguage. **Ƨˌsprach·lich** *adj* metalinguistic.

Me·ta|sta·se [metaˈstaːzə] *f* ⟨-; -n⟩ *ling. med.* metastasis. **ƧstaˈsieˌRen** [-staˈziːrən] *v/i* ⟨*no* **ge-**, **h**⟩ *med.* metastasize. **Ƨˈsta·tisch** [-ˈstaːtɪʃ] *adj med. Geschwulst etc:* metastatic.

Me·ta·the·se [metaˈteːzə] *f* ⟨-; -n⟩, **Me·ta·the·sis** [meˈta(ː)tezɪs] *f* ⟨-; -thesen [-taˈteːzən]⟩ *ling.* metathesis, transposition.

ˈMe·ta·verˌbin·dung *f chem.* meta compound.

Me·ta|zen·trum [metaˈtsɛntrʊm] *n e-s Schiffes etc:* metacent/re (*Am.* -er). **Ƨˈzo·isch** [-ˈtsoːɪʃ] *adj zo.* metazoic. **~ˈzo·on** [-ˈtsoːɔn] *n* ⟨-s; -zoen⟩ metazoon.

Me·te·or [meteˈoːr] *m, scient. n* ⟨-s; -e⟩ *astr.* meteor; *fig.* **wie ein ~** → **Ƨˌar·tig** *adj astr. u. fig.* meteoric, meteorlike; **~er Körper** meteoroid. **~ˌei·sen** *n* meteoric iron. **~geˌstein** *n* siderite. **Ƨhaft** *adj* meteoric.

me·teo·risch [meteˈoːrɪʃ] *adj astr.* meteoric.

Me·teo|rit [meteoˈriːt; -ˈrɪt] *m* ⟨-s; -e⟩ *astr.* meteorite. **Ƨˈri·tisch** *adj* → **meteorartig.**

Me·teˈorˌkra·ter *m* meteor(ite) crater.

Me·teo·ro|lo·ge [meteoroˈloːgə] *m* ⟨-n; -n⟩ meteorologist, *weitS. aer. etc* weatherman, (weather) forecaster. **~loˈgie** [-loˈgiː] *f* ⟨-; *no pl*⟩ meteorology. **Ƨˈlo·gisch** [-ˈloːgɪʃ] *adj* meteorological; **~e Station** meteorological observatory (*od.* station), weather station.

Me·teˈor|ˌschwarm *m astr.* meteor swarm (*od.* system). **~ˌstaub** *m* meteor dust. **~ˌstein** *m* **1.** *astr.* a) → **Meteor**, b) → **Meteorit**, c) *bes. bei NASA:* meteoroid. **2.** *min.* aerolite.

Me·ter [ˈmeːtər] *m, n, Swiss only m* ⟨-s; -⟩ met/re (*Am.* -er); **den Stoff nach ~n verkaufen** sell (the) material by the metre. **Ƨˌdick** *adj u. adv* met/res (*Am.* -ers) thick. **Ƨˌhoch** *adj u. adv* (several) met/res (*Am.* -ers) high. **~ki·loˌgramm** *n phys.* met/re (*Am.* -er) kilogram(me *Br.*), kilogrammet/re (*Am.* -er). **~ki·loˌpond** *n* metre-kilogramme, *Am.* meter-kilogram. **Ƨˌlang I** *adj* met/res (*Am.* -ers) long. **II** *adv* for met/res (*Am.* -ers) (on end). **~ˌmaß** *n* **1.** metrestick (*Am.* meter-), metrerule(r) (*Am.* meter-). **2.** (*Band*) (metric) tape measure. **3.** met/re (*Am.* -er); **in ~** in metres. **~seˌkun·de** *f* met/res (*Am.* -ers) per second. **~ˌstab** *m* → **Metermaß** 1. **~ˌwa·re** *f econ.* material sold by the met/re (*Am.* -er). **Ƨˌwei·se** *adj u. adv* by the met/re (*Am.* -er), metre by metre. **~ˌwel·le** *f Radio etc:* metric wave. **~ˌzent·ner** *m Austrian* 100 kilogram(me)s.

Met·hä·mo·glo·bin [mɛthɛmogloˈbiːn] *n biol.* meth(a)emoglobin.

Me·than [meˈtaːn] *n* ⟨-s; *no pl*⟩ *chem.* methane, marsh gas.

Me·tha·nol [metaˈnoːl] *n* ⟨-s; *no pl*⟩ → **Methylalkohol.**

Me·tho·de [meˈtoːdə] *f* ⟨-; -n⟩ **1.** method; *colloq.* **was sind denn das für ~n?** a) what sort of behavio(u)r is that?, b) that's not how it's done!; **jeder nach s-r ~** each in his own way (*od.* fashion); **nach eigener ~ vorgehen** do it (in) one's own way; *colloq.* **er hat so s-e ~** he has his own way of doing things. **2.** (*planmäßiges Vorgehen*) method, system, technique; **ohne ~** without method, unmethodical; **nach e-r bestimmten ~ arbeiten** work according to (*od.* on the basis of) a certain method; **er hat ~** he's a man of method; **er hat ~ in diese Arbeit gebracht** he has introduced method into this work. **Meˈtho·denˌleh·re** *f* methodology.

Me·tho·dik [meˈtoːdɪk] *f* ⟨-; -en⟩ methodology. **Meˈtho·di·ker** [-dikər] *m* ⟨-s; -⟩ methodologist. **meˈtho·disch** [-dɪʃ] *adj* **1.** *Kenntnisse etc:* of method(s). **2.** *Anordnung etc:* methodical, *bes. Am.* methodic. **me·tho·di·sie·ren** [metodiˈziːrən] *v/t* ⟨*no* **ge-**, **h**⟩ methodize.

Me·tho|dis·mus [metoˈdɪsmʊs] *m* ⟨-; *no pl*⟩ *relig.* Methodism. **~ˈdist** [-ˈdɪst] *m* ⟨-en; -en⟩ Methodist.

Me·thoˈdi·stenˌkir·che *f* Methodist Church.

me·thoˈdi·stisch *adj relig.* Methodist.

Me·tho·do|lo·gie [metodoloˈgiː] *f* ⟨-; -n [-ən]⟩ methodology. **Ƨˈlo·gisch** [-ˈloːgɪʃ] *adj* methodological.

Me·thu·sa·lem [meˈtuːzalɛm] **I** *npr m* ⟨-(s); *no pl*⟩ *Bibl.* Methuselah; *colloq.* **so alt wie ~** (as) old as Methuselah. **II** *m* ⟨-(s); -s⟩ *fig.* Methuselah.

Me·thyl [meˈtyːl] *n* ⟨-s; *no pl*⟩ *chem.* methyl. **~aceˌtat** *n* methyl acetate. **~ˌal·ko·hol** *m* ⟨-s; *no pl*⟩ methanol, methyl (*od.* wood) alcohol.

Me·thyl·amin [metylaˈmiːn] *n* ⟨-s; -e⟩ *chem.* methylamine.

Meˈthylˌäther *m chem.* (di)methyl ether.

Me·thy|len [metyˈleːn] *n* ⟨-s; *no pl*⟩ *chem.* **1.** methylene, carbene. **2.** methylene (*od.* methene) group. **Ƨˈlie·ren** [-ˈliːrən] *v/t* ⟨*no* **ge-**, **h**⟩ methylate.

Me·tier [meˈtĭeː] *n* ⟨-s; -s⟩ trade, profession, job, *weitS.* province, field, line; **er versteht sein ~** he knows his job inside out.

Met·onym [metoˈnyːm] *n* ⟨-s; -e⟩ *ling.* metonym. **Met·onyˈmie** [-nyˈmiː] *f* ⟨-; -n [-ən]⟩ metonymy. **met·ony·misch** [-ˈnyːmɪʃ] *adj* metonymic(al).

Me·trik [ˈmeːtrɪk] *f* ⟨-; -en⟩ **1.** metrics *pl* (*a. als sg konstruiert*), metric(al art), prosody. **2.** *mus.* (*Taktlehre*) metrics *pl* (*a. als sg konstruiert*), metric. **ˈMe·tri·ker** [-trikər] *m* ⟨-s; -⟩ metrist, metrician. **ˈme·trisch** [-trɪʃ] *adj* **1.** (*Maß u. Gewicht betreffend*) metric; **~es Maßsystem** metric system (of measurement). **2.** *Dichtung:* metrical. **3.** *mus.* metrical.

Me·tro|lo·gie [metroloˈgiː] *f* ⟨-; *no pl*⟩ metrology. **~ˈnom** [-ˈnoːm] *n* ⟨-s; -e⟩ *mus.* metronome. **Ƨˈno·misch** [-ˈnoːmɪʃ] *adj* metronomic. **~ˈpo·le** [-ˈpoːlə] *f* ⟨-; -n⟩ metropolis. **~poˈlit** [-poˈliːt] *m* ⟨-en; -en⟩ *relig.* metropolitan. **~po·liˈtanˌkir·che** [-poliˈtaːn-] *f* metropolitan church.

Me·trum [ˈmeːtrʊm] *n* ⟨-s; -tren *u.* -tra [-tra]⟩ *metr. mus.* met/re (*Am.* -er).

Met·ta·ge [mɛˈtaːʒə] *f* ⟨-; -n⟩ *print.* makeup.

Met·te [ˈmɛtə] *f* ⟨-; -n⟩ *relig.* a) matins *pl*, Matins *pl* (*oft als sg konstruiert*), b) (*ChristƧ*) Midnight Mass.

Met·teur [mɛˈtøːr] *m* ⟨-s; -e⟩ *print.* makeup man.

ˈMettˌwurst *f gastr.* **1.** (*Streichwurst*) *soft pork (or beef) sausage.* **2.** (*Hartwurst*) *hard German sausage.*

Met·ze [ˈmɛtsə] *f* ⟨-; -n⟩ *obs.* strumpet.

Met·zeˈlei *f* ⟨-; -en⟩ slaughter, massacre. **met·zeln** [ˈmɛtsəln] *v/t* ⟨**h**⟩ *rare od. dial.* slaughter.

Metz·ger [ˈmɛtsgər] *m* ⟨-s; -⟩ *bes. Southern G.* butcher. **Metz·geˈrei** *f* ⟨-; -en⟩ **1.** butcher's (shop), *bes. Am.* butcher store. **2.** (*Gewerbe*) butcher's trade, butchering.

ˈMetz·ger|ˌgang *m dial.* useless (*od.* fool's) errand. **~ˌhandˌwerk** *n* butcher's trade. **~ˌla·den** *m* → **Metzgerei** 1.

ˈMeu·chel|ˌmord *m* (treacherous) assassination. **~ˌmör·der** *m* assassin. **Ƨˌmör·de·risch** *adj* → **meuchlerisch.**

meu·cheln [ˈmɔʏçəln] *v/t* ⟨**h**⟩ *obs. lit.* assassinate. **ˈMeuch·ler** *m* ⟨-s; -⟩ *obs. lit.* assassin. **ˈmeuch·le·risch** *adj* **1.** murderous. **2.** (*heimtückisch*) treacherous. **ˈmeuch·lings** *adv* treacherously, foully; **j-n ~ ermorden** assassinate (*od.* murder) s. o. (treacherously).

Meu·te [ˈmɔʏtə] *f* ⟨-; -n⟩ **1.** *hunt.* pack (of hounds), hounds *pl*. **2.** *fig. colloq.* mob, pack.

Meu·teˈrei *f* ⟨-; -en⟩ mutiny. **ˈMeu·te·rer** *m* ⟨-s; -⟩ mutineer. **ˈmeu·te·risch** *adj* mutinous. **meu·tern** [ˈmɔʏtərn] *v/i* ⟨**h**⟩ **1.** (cause a) mutiny, riot; **die Gefangenen meuterten** the prisoners mutinied (*od.* rioted). **2.** *fig. colloq.* rebel, *colloq.* buck, kick. **ˈmeu·ternd** *adj* mutinous.

Me·xi|ka·ner [mɛksiˈkaːnər] *m* ⟨-s; -⟩, **~ˈka·ne·rin** *f* ⟨-; -nen⟩, **Ƨˈka·nisch** *adj* Mexican.

Mez·za·nin [mɛtsaˈniːn] *n* ⟨-s; -e⟩ *bes. Austrian* mezzanine (floor).

mez·zo [ˈmɛtso] *adv u. adj mus.* mezzo, half. **~ˈfor·te** [-ˈfɔrtə] *mus.* **I** *adv u. adj* mezzo forte. **II** ℒ *n* ⟨-s; -s *u.* -ti [-ti]⟩ mezzo-forte. **~pia·no** [-ˈpĭaːno] *mus.* **I** *adv u. adj* mezzo piano. **II** ℒ *n* ⟨-s; -s *u.* -ni [-ni]⟩ mezzo-piano. **ℒsoˈpran** [-zoˈpraːn] *m mus.* mezzo-soprano. **ℒso·pra·ˈni·stin** [-sopraˈnɪstɪn] *f* mezzo-soprano. **ℒˈtin·to** [-ˈtɪnto] *n* ⟨-(s); -s *u.* -ti [-ti]⟩ *print.* (*Verfahren u. Blatt*) mezzotint.

Mi·as·ma [ˈmĭasma] *n* ⟨-s; -men⟩ *med.* miasma. **mi·asˈma·tisch** [-ˈmaːtɪʃ] *adj* miasmal, miasmatic.

mi·au [miˈaʊ] *interj* meow!, miaow! **mi·ˈau·en** *v/i* ⟨*no* ge-, h⟩ me(o)w, miaow.

mich [mɪç] **I** *pers pron* ⟨*acc of* ich⟩ me. **II** *reflex pron* ⟨*acc of 1st person*⟩ myself; **ich verletzte ~** I hurt myself; **ich setzte ~** I sat down.

Mi·cha [ˈmɪça] *npr m* ⟨-s; *no pl*⟩ *Bibl.* (*Prophet*) Micah.

Mi·chae·li [mɪçaˈeːli] *n* ⟨-; *no pl*⟩ → **Mi·chae·lis** [mɪçaˈeːlɪs] *n* ⟨-; *no pl*⟩, **ˈMi·cha·elsˌtag** [ˈmɪçaɛls-] *m* Michaelmas (Day).

Mi·chel [ˈmɪçəl] *m* ⟨-s; -⟩ *colloq.* **der deutsche ~** Gullible Fritz.

micke·rig (*getr.* -k·k-) [ˈmɪkərɪç], **ˈmick·rig** *adj colloq.* **1.** *Geschenk etc*: paltry, measly, miserable. **2.** *Person*: puny.

ˈMickyˌmaus (*getr.* -k·k-) [ˈmɪki-] *f* ⟨-; *no pl*⟩ Mickey Mouse.

Mid·gard [ˈmɪtˌgart] *npr m* ⟨-s; *no pl*⟩ *myth.* Midgard. **~ˌschlan·ge** *npr f* ⟨-; *no pl*⟩ Midgard serpent.

mied [miːt] *1 u. 3 sg pret of* **meiden**.

Mie·der [ˈmiːdər] *n* ⟨-s; -⟩ *Mode*: **1.** *e-s Dirndlkleides etc*: bodice. **2.** → **Korsett 1, Korselett. 3.** *hist.* stomacher. **~ˌhös·chen** *n* pantie girdle. **~ˌstäb·chen** *n* busk. **~ˌwa·ren** *pl*, **~ˌwä·sche** *f* corsetry, foundation garments *pl*.

Mief [miːf] *m* ⟨-(e)s; *no pl*⟩ *colloq.* fug, stink, *a. fig. contp.* fustiness. **ˈmie·fen** *v/i* ⟨h⟩ *colloq.* (*stinken*) smell bad(ly), have a bad smell, stink; **hier mieft es** there's a fug here. **ˈmie·fig** *adj colloq.* fuggy, frowsty.

Mie·ne [ˈmiːnə] *f* ⟨-; -n⟩ **1.** expression, look, face, *lit.* mien; **überlegene ~** superior expression (*od.* air); **e-e ernste** (**strenge**) **~ aufsetzen** look serious (stern); **e-e finstere ~ machen** scowl; **e-e saure ~ machen** pull a sour face; **s-e ernste ~ bewahren** keep a straight face; **ohne e-e ~ zu verziehen** without moving a muscle (*od.* turning a hair, flinching); **gute ~ zum bösen Spiel machen** put a good face upon it, grin and bear it. **2. ~ machen, et. zu tun** look (*od.* make) as if one were about to do s. th., show signs of doing s. th., be about to do s. th.; **er machte k-e ~ aufzustehen** he made no move to get up.

ˈMie·nen|ˌspiel *n*, **~ˌspra·che** *f* play of features, changing expressions *pl*, face.

Mie·re [ˈmiːrə] *f* ⟨-; -n⟩ *bot.* a) chickweed, alsine, b) starwort.

mies [miːs] *colloq.* **I** *adj* ⟨-er; -est⟩ **1.** (*schlecht, übel*) bad, miserable, rotten, lousy; **~e Laune haben** be in an awful (*od.* a rotten, a lousy) mood; **das ist e-e ganz ~e Sache** that's a lousy mess, what a nuisance. **2.** (*gemein*) mean, nasty; **ein ~er Kerl** a nasty specimen, a rotter, a pest. **3. j-n** (**et.**) **~ machen** run s. o. (s. th.) down, knock s. o. (s. th.); **j-m et. ~ machen** spoil (*od.* ruin) s. th. for s. o.; **j-n bei j-m ~ machen** run s. o. down to s. o. **II** *adv* **4. sich ~ fühlen** feel lousy; **j-n ~ behandeln** treat s. o. shabbily; **es geht ihm ~** things are looking pretty grim for him.

ˈMie·se|ˌpe·ter *m* ⟨-s; -⟩ *colloq.* spoilsport, crosspatch, sourpuss. **ℒˌpe·te·rig, ℒˌpet·rig** *adj colloq.* **1.** (*übel gelaunt*) ill-humo(u)red, in a bad mood. **2.** (*kränklich*) sickly, poorly, miserable.

ˈMiesˌma·cher *m colloq.* **1.** prophet of doom, alarmist, *sl.* croaker. **2.** (*Meckerer*) grumbler, grouser, *sl.* griper. **ˌMies·ma·cheˈrei** *f* ⟨-; *no pl*⟩ *colloq.* **1.** defeatism. **2.** (*Meckerei*) grumbling, grousing.

ˈMiesˌmu·schel *f zo.* (common) mussel.

ˈMiet|ˌausˌfall *m* loss of rent. **~ˌau·to** *n* → Mietwagen 1. **~beˌdin·gun·gen** *pl* rental terms, conditions of hire. **~ˌbei·ˌhil·fe** *f* → Mietzuschuß. **~beˌsitz** *m jur.* tenancy, leasehold.

Mie·te[1] [ˈmiːtə] *f* ⟨-; -n⟩ **1.** a) (*Wohnungs*ℒ, *Zimmer*ℒ *etc*) rent, (*bes. Einkommen*) rental, b) *für bewegliche Sachen*: hire charge, *a.* rental fee; *colloq.* **kalte** (**warme**) **~** rent exclusive (inclusive) of heating. **2.** (*das Mieten*) a) renting, (*Mietverhältnis*) tenancy, b) hiring, c) → **Mietbesitz**; **die ~ e-s Zimmers** renting a room; **die ~ e-s Wagens** hiring a car; **bei j-m in** (*od.* **zur**) **~ wohnen** live in lodgings with s. o., be a tenant of (*od.* lodger with) s. o., lodge with s. o. **3.** ⟨*only sg*⟩ *thea. e-s Platzes etc*: rent of a seat, subscription; **er hat s-n Platz in ~** he has a season ticket.

ˈMie·te[2] *f* ⟨-; -n⟩ *agr.* **1.** (*Schober*) rick, stack(ed heap), shock, stook. **2.** (*Grube*) pit, clamp, silo; **Kartoffeln** (**Rüben**) **in die ~ legen** store potatoes (turnips) in a (frost-protected) pit.

ˈMietˌeinˌnah·me *f* rent(al) (receipts *od.* earnings *pl*).

mie·ten[1] [ˈmiːtən] *v/t* ⟨h⟩ **1.** (*Wohnung etc*) rent. **2.** (*Auto etc*) hire, *bes. Am.* rent, lease. **3.** (*Führer etc*) engage, hire, take. **4.** (*Schiff, Flugzeug*) charter.

ˈmie·ten[2] *v/t* ⟨h⟩ *agr.* stack, store, stook.

ˈMie·ter *m* ⟨-s; -⟩ **1.** *e-s Hauses, e-r Wohnung*: tenant, renter; **alleiniger ~** sole tenant. **2.** (*Zimmer*ℒ) lodger, *Am.* roomer; **~ haben** have (*od.* keep) lodgers. **3.** *von Sachen*: hirer, lessee. **4.** *e-s Schiffes, Flugzeugs*: charterer.

ˈMiet·erˌhö·hung *f* rent increase.

ˈMie·te·rin *f* ⟨-; -nen⟩ → Mieter.

ˈMie·ter·schaft *f* ⟨-; *no pl*⟩ tenants *pl*.

ˈMie·terˌschutz(**·geˌsetz** *n*) *m* (law for the) protection of tenants.

ˈMiet·erˌtrag *m* revenue from rentals.

ˈMie·ter|verˌband *m*, **~verˌei·ni·gung** *f* tenants' association.

ˈMiet|ˌflugˌzeug *n* charter plane. **~ˌfor·de·rung** *f* **1.** claim for rent. **2.** *pl* (*Betrag*) rents receivable. **ℒˌfrei** *adj* rent-free, free of rent. **~geˌbühr** *f* hire charge, rental (fee). **~ˌgeld** *n* rent (money). **~geˌsetz** *n* → Mieterschutzgesetz. **~ˌhaus** *n* **1.** rented house. **2.** → Mietshaus. **~ˌkauf** *m econ.* hire purchase. **~ˌkut·sche** *f* hackney carriage (*od.* coach).

ˈMiet·ling *m* ⟨-s; -e⟩ *archaic* **1.** hireling. **2.** *mil.* mercenary.

ˈMietˌpreis *m* **1.** rent, rental, amount of rent. **2.** → Mietgebühr. **~ˌbin·dung** *f* rent restriction (*od.* control).

ˈMiet|ˌrecht *n* law(s *pl*) governing tenancy. **~ˌrückˌstand** *m* arrears *pl* of rent, back rent.

ˈMiets|ˌhaus *n* **1.** a) rented house, b) house for renting. **2.** tenement house, block of flats, *Am.* apartment building (*od.* house). **~ˌherr** *m* **1.** landlord. **2.** *obs.* (*Mieter*) lodger, *Am.* roomer. **~kaˌser·ne** *f contp.* tenement (house), barracks *pl* (*a. als sg konstruiert*).

ˈMiet|ˌstall *m*, **~ˌstal·lung** *f* livery stable. **~ˌstopp** *m* rent freeze. **~ver·ˌhält·nis** *n* tenancy; **das ~ kündigen** give notice (of tenancy). **~verˌtrag** *m* letting (*od.* lease) contract (*od.* agreement), tenancy agreement; *für Sachen*: hire contract. **~ˌwa·gen** *m* **1.** hire-car. **2.** (*Taxi*) taxi (cab), cab. **~ˌwa·gen·verˌleih** *m* rent-a-car (*od.* car-rental, car-hire) service (*od.* agency). **ℒˌwei·se** *adv* **1.** for rent. **2.** *Sachen*: on hire (*od.* lease). **~ˌwert** *m* rental value. **~ˌwoh·nung** *f* a) flat (*Am.* apartment) to let, b) rented flat (*Am.* apartment). **~ˌwu·cher** *m* (charging of) exorbitant rents. **~ˌzins** *m* ⟨-es; -e⟩ rent(al); (house) rent. **~ˌzuˌschuß** *m* rent allowance.

Miez [miːts] *f* ⟨-; -en⟩ → Miezekätzchen.

Mie·ze [ˈmiːtsə] *f* ⟨-; -n⟩ **1.** → Miezekätzchen. **2.** *colloq.* (*Mädchen*) girlie, *Br.* bird, *Am.* chick. **~ˌkätz·chen** *n*, **~ˌkat·ze** *f colloq.* (little) pussy(cat), puss.

Mi·grä·ne [miˈgrɛːnə] *f* ⟨-; -n⟩ *med.* migraine, sick (*od.* bilious) headache.

Mi·gra·ti·on [migraˈtsĭoːn] *f* ⟨-; -en⟩ *bes. orn.* migration.

Mi·ka·do[1] [miˈkaːdo] *npr m* ⟨-s; -s⟩ *hist.* (*jap. Kaiser*) mikado. **Miˈka·do**[2] *n* ⟨-s; -s⟩ *Spiel*: spillikins *pl*.

Mi·kro [ˈmiːkro] *n* ⟨-s; -s⟩ *colloq.* (*Mikrophon*) mike.

Mi·kro|am·pere·me·ter [mikro-ˀampɛrˈmeːtər] *n electr.* microammeter. **~anaˈly·se** [-ˀanaˈlyːzə] *f chem.* micro-analysis, microchemical analysis. **~ˌaufˌnah·me** [ˈmiːkro-] *f phot.* **1.** *auf Mikrofilm*: microphotograph. **2.** *durchs Mikroskop*: photomicrograph. **~ˈbar** [-ˈbaːr] *n meteor. phys.* microbar.

Mi·kro·be [miˈkroːbə] *f* ⟨-; -n⟩ *biol.* microbe. **Miˈkro·benˌfor·schung** *f* microbiological research.

Mi·kro·bio·lo·gie [mikrobioloˈgiː] *f* microbiology.

miˈkro·bisch *adj biol.* microbial, microbic.

Mi·kro|che·mie [mikroçeˈmiː] *f* microchemistry. **~chi·rurˈgie** [-çirurˈgiː] *f* microsurgery. **~comˌpu·ter** [ˈmiːkro-] *m* microcomputer. **~elekˌtro·nik** [ˈmiːkro-] *f* microelectronics *pl* (*als sg konstruiert*). **~faˈrad** [-faˈraːt] *n electr.* microfarad.

ˈMi·kro|ˌfau·na *f biol.* microfauna. **~ˌfilm** *m* microfilm; **Buch auf ~** microbook. **~ˌfilmˌabˌzug** *m* microcopy. **~ˌfilmˌle·se·geˌrät** *n* microfilm reader.

Mi·kro·fon [mikroˈfoːn; ˈmiː-] *n* ⟨-s; -e⟩ → Mikrophon.

Mi·kro|ga·met [mikrogaˈmeːt] *m biol.* microgamete. **~ˈgramm** [-ˈgram] *n phys.* microgram(me *Br.*). **~ˌkli·ma** [ˈmiːkro-] *n meteor.* microclimate. **~ˈkok·kus** [-ˈkɔkʊs] *m biol.* (micro)coccus. **~koˈpie** [-koˈpiː] *f phot.* microcopy. **ℒkoˈpie·ren** [-koˈpiːrən] *v/t u. v/i* ⟨*insep, no* -ge-, h⟩ microcopy. **~koˈpier·geˌrät** [-koˈpiːr-] *n* microcopying apparatus. **~ˈkos·mos** [-ˈkɔsmɔs] *m* microcosm. **~ˈlith** [-ˈliːt; -ˈlɪt] *m* ⟨-s; -e(n)⟩ **1.** *min.* microlite. **2.** *meist pl archeol.* microlith. **~maˈnie** [-maˈniː] *f med. psych.* micromania. **~ˈme·ter**[1] [-ˈmeːtər] *n* **1.** *tech.* micrometer cal(l)iper ga(u)ge, micrometer screw. **2.** *opt.* filiar micrometer. **~ˈme·ter**[2] *m, n* (*ein millionstel Meter*) micromet/re (*Am.* -er).

Mi·kroˈme·ter|ˌeinˌstel·lung *f tech.* micrometer adjustment. **~ˌschrau·be** *f* → **Mikrometer**[1] 1.

Mi·kro·me·trie [mikromeˈtriː] *f* ⟨-; *no pl*⟩ *opt. phys.* micrometry.

Mi·kron [ˈmiːkrɔn] *n* ⟨-s; -⟩ *phys.* micron.

Mi·kro|or·ga·nis·mus [mikroʔɔrgaˈnɪsmʊs] *m biol.* micro-organism. **~ˈphon** [-ˈfoːn; ˈmiː-] *n* ⟨-s; -e⟩ microphone, *colloq.* mike. **≗ˈpho·nisch** [-ˈfoːnɪʃ] *adj* microphonic. **~pho·to·graˈphie** [-fotograˈfiː] *f* **1.** microphotography. **2.** *durch ein Mikroskop*: photomicrography. **≗pho·toˈgra·phisch** [-fotoˈgraːfɪʃ] *adj* **1.** microphotographic. **2.** photomicrographic. **~pho·to·koˈpie** [-fotokoˈpiː] *f* → Mikrokopie. **~phyˈsik** [-fyˈziːk] *f* microphysics *pl* (*als sg konstruiert*).

ˈMi·kro|pro,zes·sor [-proˌtsɛsɔr] *m* ⟨-s; -en [-ˌsoːrən]⟩ microprocessor. **~,ril·le** *f e-r Schallplatte*: microgroove. **~,schal·tung** *f electr.* microcircuit.

Mi·kro|seis·mik [mikroˈzaɪsmɪk] *f phys.* microseismology. **≗ˈseis·misch** [-ˈzaɪsmɪʃ] *adj* microseismic(al). **~seˈkun·de** [-zeˈkʊndə] *f* microsecond. **~ˈskop** [-ˈskoːp] *n* ⟨-s; -e⟩ microscope. **~skoˈpie** [-skoˈpiː] *f* ⟨-; *no pl*⟩ microscopy. **≗skoˈpie·ren** [-skoˈpiːrən] **I** *v/t* ⟨*no* ge-, h⟩ examine *s.th.* under the microscope. **II** *v/i* work with a microscope. **≗ˈsko·pisch** [-ˈskoːpɪʃ] *adj* microscopic(al) (*a. fig. winzig*).

Mi·kroˈskop|ob·jek,tiv *n opt.* object glass of a microscope, microscope lens. **~,tu·bus** *m* microscope tube.

Mi·kro|tech·nik [mikroˈtɛçnɪk] *f* **1.** microscopic technology, microscopy. **2.** *bes. chem.* micromethod. **~ˈthek** [-ˈteːk] *f* ⟨-; -en⟩ microscopical slide container. **~ˈtom** [-ˈtoːm] *m, n* ⟨-s; -e⟩ *phys.* microtome.

ˈMi·kro|,waa·ge *f* microbalance. **~,wel·le** *f meist pl electr.* microwave. **~,wel·len,herd** *m* microwave oven.

Mil·be [ˈmɪlbə] *f* ⟨-; -n⟩ *zo.* mite, acarus.

ˈMil·ben·be,fall *m med.* infestation with mites.

Milch [mɪlç] *f* ⟨-; *no pl*⟩ **1.** milk; **(ab)gekochte (rohe) ~** boiled (untreated) milk; **dicke** (*od.* **saure**) **~** sour (*od.* curdled) milk; **kondensierte ~** a) *ungesüßt*: evaporated milk, b) *gesüßt*: condensed milk; *fig.* **sie sieht aus wie ~ und Blut** she looks all lilies and roses; *fig.* **das Land, wo ~ und Honig fließt** the land flowing with milk and honey; → **Denkungsart** 2. **2.** *der Pflanzen*: milk, juice. **3.** a) *der Fische*: (soft) roe, b) *der Frösche*: milt. **≗,ab,schei·dend, ≗,ab,son·dernd** *adj* milk-secreting. **~,bar** *f* milk bar. **~,bart** *m* **1.** down(y beard). **2.** *fig. colloq.* milksop, (young) shaver. **~,bil·dung** *f med.* lactation. **~bon,bon** *m, n* caramel, toffee, *Am.* taffy. **~,brät·ling** *m* → Milchreizker. **~,brei** *m* milk pudding (*od.* gruel). **~,brot** *n* milk loaf. **~,bröt·chen** *n* French (*od.* milk) roll. **~,bru·der** *m obs.* foster brother. **~,brust,gang** *m anat.* thoracic (lymph) duct. **~,drü·se** *f* lacteal (*od.* mammary) gland. **~,ei,weiß** *n chem.* lactoprotein.

mil·chen [ˈmɪlçən] **I** *adj* **1.** milky. **II** *v/i* ⟨h⟩ **2.** *dial. Kuh*: give milk. **3.** *bot.* yield a milky juice, be lactescent. **ˈMil·cher** *m* ⟨-s; -⟩ → Milchner.

ˈMilch|er,zeug·nis·se *pl* dairy products. **~,fett** *n* milk fat, butterfat. **~,fett·be,stim·mer** *m* lactoscope. **~,fett,mes·ser** *m* lactocrit. **~,fie·ber** *n* **1.** *med.* milk (*od.* lacteal) fever. **2.** *vet.* milk (*od.* parturition) fever. **~,fisch** *m* milkfish, salmon herring. **~,fla·sche** *f* **1.** milk bottle. **2.** *für Kleinkinder*: baby (*od.* feeding) bottle. **~,flip** *m gastr.* egg-flip. **~,fluß** *m med.* lactorrh(o)ea. **~,gang** *m anat.* milk duct. **~ge,biß** *n* milk (*od.* deciduous) teeth *pl*. **~ge,fä·ße** *pl anat.* lacteal vessels. **~ge,schäft** *n econ.* dairy, creamery. **~ge,sicht** *n* **1.** milk-white face (*od.* complexion). **2.** → Milchbart 2. **~ge,tränk** *n* milk drink. **~,glas** *n* **1.** drinking glass (for milk). **2.** *tech.* milk (*od.* opal[escent], frosted) glass. **3.** *für Lampenschirm etc*: cryolite (*od.* porcelain) glass. **~,grind** *m* → Milchschorf. **~,hal·le** *f* → Milchbar. **~,händ·ler** *m econ.* dairyman, milkman. **~,hand·lung** *f* → Milchgeschäft. **~,hof** *m* municipal milk collection cent/re (*Am.* -er).

ˈmil·chig *adj* **1.** *Farbe, Flüssigkeit etc*: milky. **2.** *med.* (*milchfördernd*) *Substanz etc*: galactic. **3.** *min. Bernstein etc*: milky. **4.** *gastr. Auster*: sick.

ˈMilch|,kaf·fee *m* coffee with milk, white coffee. **~,kalb** *n agr.* sucking calf. **~,kam·mer** *f agr.* dairy. **~,känn·chen** *n* milk jug (*od.* pot). **~,kan·ne** *f* milk can (*od.* churn). **~,kel·ler** *m* → Milchkammer. **~,kraut** *n bot.* sea milkwort. **~,kuh** *f* **1.** *agr.* milch (*od.* milk, dairy) cow, milcher, milker. **2.** *fig. colloq.* (*Person*) milch cow. **3.** → Melkkuh 2.

ˈMilch·ling *m* ⟨-s; -e⟩ → Milchreizker.

ˈMilch|,mäd·chen *n* dairymaid, milkmaid. **~,mäd·chen,rech·nung** *f fig. colloq.* naive assessment of the situation. **~,mann** *m colloq.* milkman. **~,mes·ser** *m tech.* milk ga(u)ge, (ga)lactometer. **~,mix·ge,tränk** *n* milk drink (*od.* shake).

ˈMilch·ner *m* ⟨-s; -⟩ *ichth.* milter.

ˈMilch|pro,dukt *n agr.* milk (*od.* dairy) product. **~,pul·ver** *n* milk powder, powdered (*od.* dried) milk. **~,pum·pe** *f med.* breast pump (*od.* glass). **~,quarz** *m min.* milk(y) quartz. **~,rahm** *m* cream. **~,reis** *m* rice pudding, creamed rice. **~,reiz·ker** *m bot.* lacteous agaric. **~,saft** *m* **1.** *bot.* latex. **2.** *physiol.* chyle. **~,säu·re** *f chem.* lactic acid. **~,säu·re·bak,te·ri·en** *pl biol.* lactic (acid) bacteria. **~,schleu·der** *f* → Milchzentrifuge. **~scho·ko,la·de** *f* milk chocolate. **~,schorf** *m med.* milk crust (*od.* scall), infantile eczema. **~,schwamm** *m* → Milchreizker. **~,schwe·ster** *f obs.* foster sister. **~,spei·se** *f* dish prepared with milk. **~,stra·ße** *f astr.* Milky Way, Galaxy; **zur ~ gehörig** galactic. **~,stra·ßen·sy,stem** *n* Milky Way system (*od.* galaxy). **≗,trei·bend** *adj med.* (ga)lactagogue. **~,tü·te** *f* milk carton. **~,un·ter,su·chung** *f* milk testing. **~ver,ar·bei·tung** *f* processing of milk. **~,vieh** *n collect.* dairy cattle (*od.* stock). **~,waa·ge** *f* galactometer. **≗,weiß** *adj* milk-white. **~,wirt·schaft** *f agr.* **1.** dairy farming, dairying. **2.** dairy farm. **~,zahn** *m med.* milk (*od.* deciduous) tooth. **~zen·tri,fu·ge** *f* (cream *od.* centrifugal) separator. **~,zucker** (*getr.* -k·k-) *m chem.* milk sugar, lactose.

mild [mɪlt] **I** *adj* ⟨-er; -est⟩ **1.** *Klima, Luft etc*: mild, gentle; **ein ~es Lüftchen** a gentle breeze; **~er Regen** soft rain. **2.** *Wesen, Behandlung, Worte etc*: gentle, kind; **ein ~es Lächeln** a gentle (*od.* an indulgent) smile; *fig.* **~ere Saiten aufziehen** be more gentle. **3.** *Farben, Licht etc*: gentle, mellow, subdued. **4.** *Seife etc*: mild, gentle, soft. **5.** *Speisen, Arznei etc*: light, *Tabak etc*: *a.* mild; **~er Wein** mellow (*od.* smooth) wine. **6.** *fig. Gabe, Stiftung*: charitable; **mit ~er Hand** *spenden* with an open hand (*od.* freely, generously). **7.** *Strafe, Urteil etc*: mild, lenient; *Richter etc*: lenient, merciful; *Herrscher etc*: benevolent, liberal. **II** *adv meist* **~e** **8.** et. **~e beurteilen** take a lenient view of s. th.; **~e ausgedrückt** to put it mildly.

Mil·de [ˈmɪldə] *f* ⟨-; *no pl*⟩ **1.** mildness (*etc, cf.* **mild**). **2.** *von Strafe, Richter etc*: mildness, leniency, mercy, clemency; **der Angeklagte bat um ~** the accused begged for mercy; **~ walten lassen** be lenient, be merciful. **3.** *e-s Herrschers etc*: benevolence, leniency, liberalness.

mil·dern [ˈmɪldərn] **I** *v/t* ⟨h⟩ **1.** (*Schmerz, Furcht, Leiden etc*) ease, alleviate, relieve, allay, (*Kummer, Leiden*) *a.* soothe, assuage. **2.** (*Ärger etc*) soothe, soften, (*Strenge, Härte*) temper, (*Aufregung*) allay, (*Dienst, Zucht etc*) relax. **3.** (*Licht, Gegensatz, Aufprall, Schlag*) soften, (*Gegensatz, Farbe, Wirkung etc*) tone down, (*Hitze, Lärm etc*) moderate. **4.** (*Ansicht, Meinung, Kritik etc*) tone down, moderate, (*Ausdruck*) *a.* qualify. **5.** *jur.* (*Urteil, Strafe*) mitigate, commute. **6.** *chem.* (*Säure*) correct. **II** *v/reflex* **sich ~** **7.** *Wetter etc*: grow (*od.* become) milder. **8.** *Schmerz etc*: ease (off). **9.** *Ansicht etc*: tone down, soften. **III ≗** *n* ⟨-s⟩ **10.** easing (*etc*). **11.** → Milderung. **ˈmil·dernd** *adj* **1. j-m ~e Umstände zubilligen** a) *jur.* allow (for) mitigating (*od.* extenuating) circumstances in s. o.'s case, b) *humor.* make allowances for s. o. **2.** *chem.* corrective. **3.** *med.* mitigant, lenitive, palliative. **4.** *ling. Ausdruck*: euphemistic. **ˈMil·de·rung** *f* ⟨-; *no pl*⟩ **1.** → mildern 10. **2.** *von Schmerz etc*: relief, alleviation. **3.** *des Urteils, Ausdrucks*: moderation, qualification. **4.** *jur. der Strafe etc*: mitigation. **5.** *chem.* correction. **ˈMil·de·rungs,grund** *m jur.* extenuating (*od.* mitigating) circumstance (*od.* cause).

ˈMild·heit *f* ⟨-; *no pl*⟩ → Milde.

ˈmild,her·zig *adj* kind-hearted, tender-hearted.

ˈmild,tä·tig *adj* charitable; **~e Zwecke** charitable causes, charities. **≗keit** *f* ⟨-; *no pl*⟩ charity.

Mi·lia·ria [miˈli̯aːri̯a] *f* ⟨-; *no pl*⟩ *med.* miliaria, prickly heat, summer rash.

Mi·lieu [miˈli̯øː] *n* ⟨-s; -s⟩ environment (*a. chem.*), milieu, scene, (social) background; (*soziale Schicht*) class, circles *pl*; (*Umgang*) company. **≗be,dingt** *adj* environmental, due to (*od.* arising) from the (social) background. **~,dra·ma** *n thea.* milieu drama. **≗ge,schä·digt** *adj* (environmentally) deprived. **~,schil·de·rung** *f Literatur*: milieu portrayal. **~theo,rie** *f* environmentalism.

mi·li·tant [miliˈtant] *adj* militant.

Mi·li·tär[1] [miliˈtɛːr] *n* ⟨-s; *no pl*⟩ **1.** (armed) forces (*od.* services) *pl*, military, (*Heer*) army; **beim ~ sein** be in the (armed) forces; **zum ~ gehen** (*od.* **einrücken**) join the forces, *colloq.* join up. **2.** (*Gesamtheit der Soldaten*) military, soldiers *pl*, army; **das ~ zu Hilfe rufen** call in the military (*od.* army).

Mi·liˈtär[2] *m* ⟨-s; -s⟩ (army) officer; **hohe ~s** high-ranking officers.

Mi·liˈtär... *in Zssgn meist* military (*academy, attaché, etc*); → *a.* **Wehr ...** **~,arzt** *m* medical officer. **~,aus,schuß** *m der NATO*: Military Committee. **~,bünd·nis** *n* military alliance. **~,dienst** *m* → Wehrdienst(...). **~dik·ta,tur** *f* military dictatorship. **~,fahr,zeug** *n* military vehicle. **~,flug,ha·fen** *m* military airport (*od.* air base). **~,flug,zeug** *n* military aircraft. **~,fried,hof** *m* military cemetery. **~ge,fäng·nis** *n* military prison. **~,geist·li·che** *m* (army, navy, *etc*) chaplain. **~ge,richt** *n* military court, court-martial. **~ge,richts·bar·keit** *f* military jurisdiction. **~ge,setz** *n* martial (*od.* military) law. **~geˌwalt** *f* **1.** military force. **2.** military government. **~gou·verˌneur** *m* military governor. **~ˌho·heit** *f* **1.** military authority (*od.* government); **unter ~** under military command (*od.* authority). **2.** → Wehrhoheit.

mi·liˈtä·risch *adj* **1.** military. **2.** *Haltung etc*: martial, soldierly.

mi·li·ta|ri·sie·ren [militariˈziːrən] *v/t* ⟨*no* ge-, h⟩ militarize. **≗ˈris·mus** [-ˈrɪsmʊs] *m* ⟨-; *no pl*⟩ *pol.* militarism. **≗ˈrist** [-ˈrɪst] *m* ⟨-en; -en⟩ militarist. **~ˈri·stisch** [-ˈrɪstɪʃ] *adj* militaristic.

Mi·liˈtär|kaˌpel·le *f mus.* military band. **~ˌmacht** *f* military power. **~ˌmarsch** *m mus.* military march. **~mis·siˌon** *f* military mission. **~muˌsik** *f* **1.** military music. **2.** → Militärkapelle. **~perˌson** *f* member of the armed forces. **~ˌpfar·rer** *m* (army) chaplain. **~po·liˌzei** *f* military police. **~ˌputsch** *m* military coup (d'état). **~ˌjun·ta** *f* military junta. **~reˌgie·rung** *f* military government. **~ˌrich·ter** *m* military judge, judge advocate. **~ˌschu·le** *f* military academy. **~ˌseelˌsor·ge** *f relig.* pastoral care of soldiers. **~ˌseelˌsor·ger** *m* (army) chaplain. **~ˌspre·cher** *m* military spokesman. **~ˌstrafˌanˌstalt** *f* detention (*Am.* disciplinary) barracks *pl* (*als sg konstruiert*). **~ˌstützˌpunkt** *m* military (support) base. **~ˌwe·sen** *n* military affairs *pl.*

Mi·li·ta·ry [ˈmɪlɪtərɪ] (*Engl.*) *f* ⟨-; -s⟩ *Reitsport*: three-day event. **~ˌrei·ter** *m* three-day eventer.

Mi·liˈtärˌzeit *f* ⟨-; *no pl*⟩ time of (military) service.

Mi·liz [miˈliːts] *f* ⟨-; -en⟩ militia. **~ˌheer** *n* militia army. **~solˌdat** *m* militiaman.

milkt [mɪlkt] *archaic 3 sg pres of* **melken.**

Mil·le [ˈmɪlə] *n* ⟨-; -⟩ thousand.

Mill·en·ni·um [mɪˈlɛnɪ̆ʊm] *n* ⟨-s; -nien⟩ *rare* millennium, millenary.

Mil·li·am·pere [mɪliˀamˈpɛːr] *n electr.* milliampere. **~ˈme·ter** [-pɛrˈmeːtər] *n* milliammeter, milliampermeter.

Mil·li·ar·där [mɪlĭarˈdɛːr] *m* ⟨-s; -e⟩ milliardaire, *Am.* billionaire. **Mil·liˈar·de** [-ˈlĭardə] *f* ⟨-; -n⟩ a thousand millions, milliard, *Am.* billion.

Mil·li|bar [mɪliˈbaːr] *n meteor. phys.* millibar. **~ˈgramm** [-ˈgram] *n* milligram(me *Br.*). **~ˈme·ter** [-ˈmeːtər] *m, n, Swiss only m* millimet/re (*Am.* -er); *fig. colloq.* **k-n ~ von e-r Sache abweichen** not to budge a fraction of an inch from. **~ˈme·ter·paˌpier** *n* (metric) graph paper. **~ˈme·terˌwel·le** *f phys.* millimet/re (*Am.* -er) wave.

Mil·li·on [mɪˈlĭoːn] *f* ⟨-; -en⟩ million; **zwei ~en Einwohner** two million inhabitants; **vor ~en Jahren** millions of years ago; **in ~enhöhe** amounting to millions (*of dollars, etc*). **Mil·lioˈnär** [-lĭoˈnɛːr] *m* ⟨-s; -e⟩ millionaire; **ein vielfacher ~** a multimillionaire. **Mil·lioˈnä·rin** *f* ⟨-; -nen⟩ millionairess.

Mil·lio·nen|ˌerb·schaft [mɪˈlĭoːnən-] *f* inheritance of (more than) one million. **≗ˌfach I** *adj* millionfold. **II** *adv* a million times; **~ bewährt** tested a million times over.

mil·liˈonst *adj* millionth.

mil·liˈon·(s)tel I *adj* millionth; **ein ~ Ampère** a microampere. **II ≗** *n, Swiss m* ⟨-s; -⟩ millionth; **das ≗ e-r Einheit** the millionth (part) of a unit.

Mil·li|pond [mɪliˈpɔnt] *n phys.* millipond. **~seˈkun·de** [-zeˈkʊndə] *f* millisecond. **~ˈvolt** [-ˈvɔlt] *n electr.* millivolt.

Milz [mɪlts] *f* ⟨-; -en⟩ *anat.* spleen. **~ˌbrand** *m med. vet.* anthrax. **~entˌzün·dung** *f* splenitis. **≗ˌkrank** *adj med.* splenetic, suffering from disease of the spleen. **~ˌkrank·heit** *f* disease of the spleen, splenopathy. **~ˌkraut** *n bot.* golden saxifrage. **~ˌschwel·lung** *f med.* splenic enlargement, splenomegaly. **~ˌste·chen** *n* stitches *pl* in the spleen.

Mi·me [ˈmiːmə] *m* ⟨-n; -n⟩ *thea. archaic* actor, mime; **dem ~n flicht die Nachwelt k-e Kränze** an artist's fame is short-lived. **ˈmi·men I** *v/t* ⟨h⟩ **1.** *archaic* play (the part of), act. **2.** *fig. colloq.* act, play, pose as; **j-n ~** impersonate s. o.; **er mimt den Arglosen** he acts the innocent. **3.** *fig. colloq.* (*vortäuschen*) feign, sham, pretend to be; **er mimt den Kranken** he is feigning illness, he is pretending to be ill. **4.** *fig. colloq.* (*nachäffen*) imitate, mimic. **II** *v/i* **5.** feign, put on an act.

Mi·me·se [miˈmeːzə] *f* ⟨-; -n⟩ *zo., a. philos. Kunst*: mimesis, mimicry. **mi·me·tisch** [miˈmeːtɪʃ] *adj* mimetic.

Mi·mik [ˈmiːmɪk] *f* ⟨-; *no pl*⟩ mimic art, miming; → *a.* **Mienenspiel.** **ˈMi·mi·ker** [-mikər] *m* ⟨-s; -⟩ mime, mimic.

Mi·mi·kry [ˈmɪmikri] *f* ⟨-; *no pl*⟩ *zo.* mimicry.

ˈmi·misch *adj* mimic.

Mi·mo·se [miˈmoːzə] *f* ⟨-; -n⟩ *bot.* mimosa, sensitive plant; *fig.* **empfindlich wie e-e ~** → **miˈmo·sen·haft** *adj* extremely over-sensitive, like a mimosa.

Mi·na·rett [minaˈrɛt] *n* ⟨-s; -e *u.* -s⟩ minaret.

min·der [ˈmɪndər] **I** *adj* **1.** inferior; **~e Waren, Waren ~er Qualität** inferior goods, goods of inferior quality; inferior person. **2.** *rare* (*geringer*) less(er); **das ist von ~er Bedeutung** that is less important. **3.** *hunt. Sau*: young. **II** *adv* **4.** less (*good, etc*); **mehr oder ~** more or less; **nicht mehr und nicht ~** neither more nor less; **er hat furchtbar angegeben, und sein Freund nicht ~** he boasted terribly, and no less so his friend. **≗ˌausˌga·be** *f econ.* **1.** reduced expenditure. **2.** *von Wertpapieren*: reduced issue, under-issue. **≗ˌausˌlie·fe·rung** *f* short delivery. **≗beˌdarf** *m* reduced demand. **≗beˌgab·te** *m, f* ⟨-n; -n⟩ less gifted person. **~beˌgü·tert** *adj* → **minderbemittelt** 1. **~beˌla·stet** *adj jur.* less incriminated. **~beˌmit·telt** *adj* **1.** with a low income, low-income. **2.** *colloq.* (**geistig**) **~** not very bright, lowbrow. **≗beˌtrag** *m econ.* deficit, deficiency (amount), shortage. **≗beˌwer·tung** *f* undervaluation. **≗ˌeinˌnah·me** *f* shortfall in receipts. **≗erˌtrag** *m* **1.** *agr.* reduced yield. **2.** (*Gewinn*) reduced profit. **≗geˌwicht** *n* short weight, underweight.

ˈMin·der·heit *f* ⟨-; -en⟩ **1.** ⟨*only sg*⟩ minority; **in der ~ sein** a) be in the minority, b) be outnumbered. **2.** *pol. etc* minority (group).

ˈMin·der·hei·ten|ˌfra·ge *f,* **~proˌblem** *n* minority problem. **~ˌrecht** *n* rights *pl* of minorities.

ˈMin·der·heits|paˌket *n econ. von Aktien*: minority holding. **~parˌtei** *f* minority party. **~reˌgie·rung** *f* minority government.

ˈmin·der|ˌjäh·rig *adj jur.* minor, under age; **~ sein** be under age, be a minor. **≗ˌjäh·ri·ge** *m, f* ⟨-n; -n⟩ minor. **≗ˌjäh·rig·keit** *f* ⟨-; *no pl*⟩ minority. **≗ˌkaufˌmann** *m* minor (unregistered) trader. **≗ˌlie·fe·rung** *f* short delivery.

min·dern [ˈmɪndərn] **I** *v/t* ⟨h⟩ **1.** *allg.* reduce, lessen, diminish, decrease, (*a. Tempo*) lower, (*Wert*) *a.* depreciate, (*Rechte etc*) impair. **II** *v/reflex* **sich ~** **2.** *Wert etc*: diminish, decrease, be reduced, *Stärke, Einfluß etc*: weaken, diminish, dwindle, *Schmerzen etc*: lessen, ease, *Hitze, Fieber etc*: abate. **III ≗** *n* ⟨-s⟩ **3.** diminishing (*etc*). **4.** → **ˈMin·de·rung** *f* ⟨-; -en⟩ **1.** → **mindern** 3. **2.** *des Wertes, der Qualität etc*: decrease, reduction, *des Wertes*: *a.* depreciation, *des Umsatzes, der Geschwindigkeit etc*: reduction, *von Rechten*: impairment, *jur. e-r Gegenleistung*: voidance.

ˈmin·derˌwer·tig *adj* **1.** *Arbeit, Produkt etc*: of inferior quality (*od.* value), *Qualität etc*: inferior, poor, *Ware a.* low-grade, low-quality, *Film etc*: second-(*od.* third-)rate, *Literatur etc*: *a.* cheap. **2.** *Charakter, Person*: inferior, low; *contp.* **~es Subjekt** low form of life, bad egg. **3.** *chem.* of lower valence. **≗keit** *f* ⟨-; *no pl*⟩ **1.** inferior (*od.* low) quality. **2.** *e-r Person*: inferiority, *des Charakters etc*: base quality. **3.** *chem.* lower valence.

ˈMin·derˌwer·tig·keits|geˌfühl *n psych.* inferiority feeling. **~komˌplex** *m* inferiority complex.

ˈMin·derˌzahl *f* → **Minderheit** 1.

min·dest [ˈmɪndəst] **I** *sup of* **minder** *u. adj* **1.** least, slightest, smallest; **nicht die ~e Aussicht** not the slightest (*od.* least) chance. **II** *substantiviert mit Kleinschreibung* **2. das ~e** the (very) least (*one can expect, etc*); **nicht das ~e** nothing (at all), not the slightest thing, not a thing; **sie versteht nicht das ~e vom Haushalt** she doesn't know a thing about housekeeping; **hast du et. dagegen? – nicht das ~e** do you mind? – no, not at all (*od.* not in the least). **3. nicht im ~en** not in the least, not at all, by no means, not a bit; **daran ist nicht im ~en zu denken** that is (just) out of the question. **4. zum ~en** at least (*he could have phoned, etc*).

ˈMin·dest... *in Zssgn* minimum (*age, distance, income, taxation, working hours, value, etc*). **~anˌfor·de·rung** *f* minimum requirement. **~an·geˌbot** *n econ.* lowest tender (*od.* bid, offer). **~beˌtrag** *m* minimum (amount). **~ˌbie·ten·de** *m, f* ⟨-n; -n⟩ lowest bidder.

ˈmin·de·stens *adv* at least; **~ 3 Personen** at least 3 people; **er hat ein Gehalt von ~ 2000 Mark im Monat** he has a salary of at least (*od.* not less than) 2,000 marks a month.

ˈMin·dest|ˌfor·de·rung *f* **1.** lowest charge (*od.* price). **2.** minimum claim. **~geˌbot** *n bei Versteigerung*: reserve (price). **~geˌhalt**[1] *n econ.* minimum salary. **~geˌhalt**[2] *m* minimum (*od.* lowest, smallest) percentage (*od.* content). **~geˌschwin·dig·keit** *f* minimum speed (limit). **~ˌlohn** *m econ.* minimum pay (*od.* wage[s *pl*]). **~ˌmaß** *n* **1.** minimum height (*od.* length, dimension, size). **2.** minimum; **ein ~ an Geduld** a minimum of patience. **~ˌpreis** *m econ.* **1.** minimum (*od.* lowest) price. **2.** → **Mindestgebot.** **~reˌser·ve** *f von Geschäftsbanken bei der Zentralbank*: minimum (*od.* legal) reserves *pl.* **~ˌstra·fe** *f jur.* minimum penalty. **~ˌwert** *m* minimum value. **~ˌzahl** *f* **1.** minimum (number). **2.** *pol. e-s Ausschusses etc*: quorum.

Mi·ne[1] [ˈmiːnə] *f* ⟨-; -n⟩ **1.** *mil.* mine; **~n legen** a) lay mines, b) *fig.* lay a plot; **~n räumen** *mil.* dispose of (*mar.* sweep for) mines; **~n suchen** locate mines; **auf e-e ~ laufen** hit (*od.* strike, run on) a mine; *fig. colloq.* **alle ~n springen lassen** move heaven and earth. **2.** *Bergbau*: mine, (*Kohlen≗*) *a.* colliery. **3.** (*Bleistift≗*) lead, (*Kugelschreiber≗, Füllhalter≗*) cartridge, (*Ersatz≗*) refill.

ˈMi·ne[2] *f* ⟨-; -n⟩ *antiq.* (*Geldsumme*) mina.

ˈMi·nen|ˌar·bei·ter *m Bergbau*: miner, mineworker. **~ˌbom·be** *f* high-explosive bomb, *sl.* blockbuster. **~ˌboot** *n mar. mil.* minelayer. **~ˌfal·le** *f* booby trap. **~ˌfeld** *n* minefield. **~ˌflugˌzeug** *n* minelaying aircraft, minelayer. **~ˌgas·se** *f* minefield lane. **~ˌgür·tel** *m* mine belt. **~ˌle·ger** *m mar. mil.* minelayer. **~ˌräumˌboot** *n* minesweeper. **~ˌräu·men** *n mar.* minesweeping, *mil.* mine clearance. **~ˌräumˌtrupp** *m* mine-clearing party (*od.* detail). **~ˌsper·re** *f* mine barrier.

ˈMi·nenˌsuch|ˌboot *n* minesweeper. **~geˌrät** *n* mine detector. **~ˌstab** *m* mine probe (*od.* probing rod). **~ˌtrupp** *m* mine-locating party (*od.* detail).

ˈmi·nen|verˌseucht *adj* mined, mine-infested. **≗ˌwer·fer** *m* minethrower, (trench) mortar.

Mi·ne·ral [mineˈraːl] *n* ⟨-s; -e *u.* -ien [-lĭən]⟩ mineral. **~ˌbad** *n med.* **1.** mineral bath. **2.** (*Ort*) spa. **~ˌbrun·nen** *m* → Mineralquelle. **~ˌdün·ger** *m agr.* mineral fertilizer.

Mi·neˈra·li·en|ˌkun·de *f* mineralogy. **~ˌsamm·lung** *f* mineralogical collection.

mi·neˈra·lisch *adj* mineral.

Mi·ne·ra|li·sie·rung [mineraliˈziːrʊŋ] *f* ⟨-; *no pl*⟩ *geol. min.* mineralization. **~ˈlo·ge** [-ˈloːɡə] *m* ⟨-n; -n⟩ mineralogist. **~loˈgie** [-loˈɡiː] *f* ⟨-; *no pl*⟩ mineralogy.

Mi·neˈralˌöl *n* **I** mineral (*od.* rock, crude) oil, petroleum. **II ~...** *in Zssgn* mineral oil, petroleum (*company, industry, product, etc*). **~ˌsteu·er** *f econ.* mineral oil(s) tax.

Mi·neˈral|ˌquel·le *f* mineral spring (*od.* well). **~ˌreich** *n* mineral kingdom (*od.* realm). **~ˌsalz** *n* mineral salt. **~ˌvorˌkom·men** *n* ⟨-s; -⟩ *geol.* mineral deposit. **~ˌwas·ser** *n* mineral (*od.* table, soda, sparkling) water.

mi·ni [ˈmiːni; ˈmɪni] *adv Mode*: mini; **~ gehen** (*od.* **tragen**) wear a mini.

Mi·nia·tur [minĭaˈtuːr] *f* ⟨-; -en⟩ *allg.* miniature (*a. Schachproblem*). **~ˌausˌga·be** *f* **1.** *print.* miniature (*od.* vest-pocket) edition. **2.** *fig.* miniature version. **~ˌbild, ~geˌmäl·de** *n Kunst*: miniature. **~ˌei·senˌbahn** *f* miniature railway (*od.* train). **~ˌma·ler** *m* miniaturist. **~ma·leˌrei** *f* miniature painting.

ˈMi·ni|ˌbus *m mot.* minibus. **~biˌki·ni** *m* **1.** very brief bikini. **2.** → Minikini.

Miˈnier|ˌamei·se *f zo.* mining ant. **~ˌar·beit** *f mil.* sapping. **~ˌvö·gel** *pl* mining birds.

ˈMi·ni|ˌgolf *n* miniature golf, minigolf. **~ˌki·ni** *m Mode*: monokini. **~ˌkleid** *n* minidress.

mi·ni·mal [miniˈmaːl] **I** *adj* **1.** (*geringfügig*) minimal, *fig. a.* negligible. **2.** (*mindest*) minimum (*price, etc*); → *a.* Mindest ... **II** *adv* **3.** (*wenigstens*) at least. **≗beˌtrag** *m* minimum (amount), lowest amount. **≗ˌflä·che** *f math.* minimal surface. **≗geˌwicht** *n* minimum weight. **≗ˌlohn** *m* → Mindestlohn.

Mi·ni·mum [ˈmiːnimʊm] *n* ⟨-s; -ma [-ma]⟩ **1.** minimum (*a. math.*); **ein ~ an Kraft (Aufwand)** a minimum of strength (effort); **et. auf ein ~ herabsetzen (beschränken)** reduce (limit) s. th. to a minimum, minimize s. th. **2.** *electr. bei Funkpeilgeräten*: null. **~ther·moˌme·ter** *n phys.* minimum thermometer.

ˈMi·niˌrock *m Mode*: miniskirt.

Mi·ni·ster [miˈnɪstər] *m* ⟨-s; -⟩ *pol.* minister, *in Großbritannien*: Secretary (of State), *in USA*: (Cabinet) Secretary; **~ des Äußeren, ~ für Auswärtige Angelegenheiten** → Außenminister; **~ ohne Geschäftsbereich** (*od.* **Portefeuille, Ressort**) Minister without Portfolio. **~ˌamt** *n* ministerial office, position of minister. **~ˌbank** *f parl.* ministerial bench, *bes. Br.* treasury bench.

mi·ni·ste·rial [minɪsteˈrĭaːl] *adj* ministerial. **≗ˌausˌschuß** *m* ministerial committee. **≗beˌam·te** *m* official in a ministry. **≗bü·ro·kraˌtie** *f* departmental bureaucracy. **≗diˌrek·tor** *m* head of a ministerial department, *etwa* undersecretary. **≗di·riˌgent** *m etwa* assistant secretary.

Mi·ni·ste·ria·le [minɪsteˈrĭaːlə] *m* ⟨-n; -n⟩ *hist.* estate official.

Mi·ni·ste·riˈal|er|laß *m pol.* ministerial order (*od.* edict). **~ˌrat** *m etwa* principal.

mi·ni·ste·ri·ell [minɪsteˈrĭɛl] *adj pol. Maßnahme, Verfügung etc*: ministerial.

Mi·ni·ste·ri·um [minɪsˈteːrĭʊm] *n* ⟨-s; -rien⟩ *pol.* ministry, *in Großbritannien*: office, *in USA*: department; **~ des Äußeren** → Außenministerium.

Miˈni·ster|ˌpo·sten *m* ministerial post (*od.* position). **~prä·siˌdent** *m* **1.** Prime Minister, Premier. **2.** *e-s deutschen Landes*: Minister-President, *pl* Ministers-President. **~ˌrat** *m* **1.** cabinet (council). **2.** (*Ausschuß*) ministerial committee (*od.* council). **3.** *der EG etc*: Council of Ministers. **~ˌses·sel** *m colloq. for* Ministerposten. **~ˌwech·sel** *m* change of minister(s), cabinet (re)shuffle.

Mi·ni·strant [minɪsˈtrant] *m* ⟨-en; -en⟩ *R. C.* ministrant, server, altar boy.

mi·niˈstrie·ren [-ˈtriːrən] *v/i* ⟨*no* ge-, h⟩ officiate (as a ministrant), serve.

Mink [mɪŋk] *m* ⟨-s; -e⟩ **1.** *zo.* American mink. **2.** (*Fell*) mink (fur).

Min·na [ˈmɪna] *f* ⟨-; -s⟩ *colloq.* **1. die grüne ~** the Black Maria. **2.** *humor.* housemaid. **3. j-n zur ~ machen** give s. o. hell, wipe the floor with s. o.

Min·ne [ˈmɪnə] *f* ⟨-; *no pl*⟩ *poet. Literatur*: love; **hohe** (*od.* **höfische**) **~** courtly love; **niedere ~** popular love; **Frau ~** Mistress Love. **~ˌdich·tung** *f* → Minnesang. **~ˌdienst** *m* homage rendered by the knight to his mistress, courtly love; *fig. colloq.* **er hat heute ~** he has to see his sweetheart today. **~ˌglück** *n poet.* happiness of love. **~ˌhof** *m hist.* court of love. **~ˌlied** *n Literatur*: minnesong, minnelied. **~ˌlohn** *m poet.* lover's reward.

min·nen [ˈmɪnən] *v/t* ⟨h⟩ *poet.* love, (*werben um*) court, woo.

ˈMin·ne|ˌsang *m* ⟨-(e)s; *no pl*⟩ minnesong, minnesang. **~ˌsän·ger, ~ˌsin·ger** [-ˌzɪŋər] *m* ⟨-s; -⟩ minnesinger.

ˈmin·nig(·lich) *adj obs. od. poet.* **1.** (*lieblich*) lovely. **2.** (*liebend*) loving.

mi·no·isch [miˈnoːɪʃ] *adj hist. Kultur etc*: Minoan.

Mi·nor [ˈmiːnɔr] *m* ⟨-; *no pl*⟩ *math.* minor (determinant).

Mi·no|rat [minoˈraːt] *n* ⟨-(e)s; -e⟩ *jur.* a) right of succession of the youngest son, b) property entailed on the youngest son. **≗ˈrenn** [-ˈrɛn] *adj obs. for* minderjährig. **~ˈrist** [-ˈrɪst] *m* ⟨-en; -en⟩ *R. C.* cleric in minor orders. **~ˈrit** [-ˈriːt] *m* ⟨-en; -en⟩ *R. C.* Minor(ite). **~riˈtät** [-riˈtɛːt] *f* ⟨-; -en⟩ → Minderheit.

Mi·no·taur [minoˈtaʊər], **Mi·noˈtau·rus** [-ˈtaʊrʊs] *npr m* ⟨-; *no pl*⟩ *myth.* Minotaur.

Mi·nu·end [miˈnŭɛnt] *m* ⟨-en; -en⟩ *math.* minuend.

mi·nus [ˈmiːnʊs] **I** *adv* **1.** *math.* minus, less. **2. ~ 6 Grad (Celsius)** 6 degrees (Centigrade) below freezing (point), minus 6 degrees. **3.** *electr.* negative. **II** *prep* ⟨*gen*⟩ **4.** *bes. econ.* (*abzüglich*) less, minus, deducting.

ˈMi·nus *n* ⟨-; -⟩ **1.** → Minuszeichen. **2.** *econ.* deficit, shortage. **3.** *fig. colloq.* disadvantage, drawback; **et. als ~ buchen** count s. th. as a disadvantage (*od.* drawback); **das ist ein ~ für mich** that's a point against me. **~beˌtrag** *m* **1.** deficiency. **2.** *econ.* deficit, shortage. **~ˌbür·ste** *f electr.* negative brush. **~ˌglas** *n meist pl opt.* concave (*od.* dispersing, negative) lens.

Mi·nus·kel [miˈnʊskəl] *f* ⟨-; -n⟩ *print.* minuscule, small letter.

ˈMi·nus|ˌlei·tung *f electr.* negative conductor. **~ˌpol** *m* negative (*od.* minus) pole. **~ˌpunkt** *m* **1.** *Sport, Spiele*: point dropped (*od.* lost). **2.** → Minus 3. **~ˌsei·te** *f econ.* debit side. **~ˌzei·chen** *n math.* minus (sign).

Mi·nu·te [miˈnuːtə] *f* ⟨-; -n⟩ **1.** minute; **noch e-e ~** (*bis es losgeht*) still one minute to go; **eine ~ vor Schluß** with one minute to go; **die Uhr geht auf die ~ (genau)** the clock is right to the minute; **auf die ~ pünktlich** punctually to the minute, *colloq.* dead on time; **ein Weg von 10 ~n** a ten minutes' walk. **2.** *fig.* (*Moment*) minute, moment; **in letzter ~** a) at the very last minute, b) (*gerade noch rechtzeitig*) in the nick of time; **es klappte alles auf die ~** everything went exactly according to schedule, it was perfectly timed. **3.** *math.* (*Winkelmaß*) minute.

miˈnu·ten|ˌlang **I** *adj* lasting several minutes, several minutes of. **II** *adv* for (several) minutes. **~ˌwei·se** *adv* every minute, by the minute. **≗ˌzei·ger** *m* minute hand.

mi·nüt·lich [miˈnyːtlɪç] **I** *adj* of (*od.* occurring) every minute. **II** *adv* every minute.

mi·nu·zi·ös [minuˈtsĭøːs] *adj* **1.** *Beschreibung etc*: minute, exact, precise, *Sorgfalt etc*: meticulous; **mit ~er Genauigkeit** with great precision, with painstaking exactness. **2.** (*ausführlich*) detailed.

Minx [mɪŋks] *m* ⟨-es; -e⟩ → Mink.

Min·ze [ˈmɪntsə] *f* ⟨-; -n⟩ *bot.* mint.

Mio·se [miˈoːzə] *f* ⟨-; -n⟩, **Mio·sis** [miˈoːzɪs] *f* ⟨-; -sen⟩ *med.* myosis.

Mio·ti·kum [miˈoːtikʊm] *n* ⟨-s; -ka [-ka]⟩ *pharm.* miotic. **mio·tisch** [miˈoːtɪʃ] *adj* miotic, myotic.

mio·zän [mioˈtsɛːn] *geol.* **I** *adj* Miocene. **II ≗** *n* ⟨-s; *no pl*⟩ Miocene. **≗pe·riˌode** *f* Miocene (epoch).

mir [miːr] **I** *pers pron* ⟨*dat of* ich⟩ **1.** me; **er sagte ~, daß** he told me that; **ein Buch von ~** a) a book written by me, b) a book belonging to me; **er ist ein Freund von ~** he is a friend of mine. **2.** to me; **gib es ~** give it to me; **und das ausgerechnet ~!** that had to happen to me of all people! **3.** *ethical dative, often not translated*: **bleib ~ nur gesund!** I just hope (*od.* I do hope) you'll stay well, keep healthy; **du bist ~ ein schöner Freund!** a fine friend you are! **4. ~ ist (wird) kalt** I am feeling (getting) cold; *colloq.* **~ nichts, dir nichts** a) (*ohne Umstände*) without further ado, b) (*leicht*) just like that, with the greatest of ease, c) (*eiskalt*) as cool as you please; **wie du ~, so ich dir** tit for tat; **von ~ aus** → meinetwegen. **II** *reflex pron* ⟨*dat of 1st person sg*⟩ **5.** myself; **ich kämpfte mit ~** I struggled with myself. **6.** *in Verbindung mit „unechten" reflexiven Verben*: my (*often not translated*); **ich habe ~ den Arm gebrochen** I have broken my arm.

Mi·ra·bel·le [miraˈbɛlə] *f* ⟨-; -n⟩ *bot.* mirabelle.
Mi·ra·ge [miˈraːʒə] *f* ⟨-; -n⟩ *meteor.* mirage, fata morgana.
Mi·ra·kel [miˈraːkəl] *n* ⟨-s; -⟩ miracle; **~spiel** *n* miracle play. **mi·ra·ku·lös** [mirakuˈløːs] *adj obs.* miraculous.
Mi·re [ˈmiːrə] *f* ⟨-; -n⟩ *astr. opt.* meridian mark.
Mis·an|drie [mizanˈdriː] *f* ⟨-; *no pl*⟩ *psych.* misandry. **~ˈthrop** [-ˈtroːp] *m* ⟨-en; -en⟩ misanthrope, misanthropist. **~throˈpie** [-troˈpiː] *f* ⟨-; *no pl*⟩ misanthropy. **≈ˈthro·pisch** [-ˈtroːpɪʃ] *adj* misanthropic.
ˈMisch|ˌan|la·ge *f tech.* mixing plant, mixer. **~ap·pa|rat** *m* mixing apparatus, mixer. **≈bar** *adj* miscible, mixable. **~bar·keit** *f* ⟨-; *no pl*⟩ miscibility, mixability. **~ˌbe·cher** *m* shaker. **~be|ˌhäl·ter** *m* mixing tank. **~ˌbild·emp|ˌfän·ger** *m TV* end (*od.* master) monitor. **~ˌblut** *n* → **Mischling** 1. **~ˌbrot** *n* wheat and rye bread. **~ˌdün·ger** *m agr.* mixed fertilizers *pl.* **~ˌehe** *f* mixed marriage. **~ele|ment** *n chem.* isotopic mixture.
mi·schen [ˈmɪʃən] **I** *v/t* ⟨h⟩ **1.** (*Getränke, Farben, Gift etc*) mix (**unter** *acc* in with); **Wein und** (*od.* **mit**) **Wasser ~** mix wine and (*od.* with) water; **e-e Medizin ~** compound a medicine. **2.** (*verschiedene Sorten*) blend (*tobacco, etc*). **3.** (*verfälschen, panschen*) adulterate, *Am. a.* cut. **4.** (*Spielkarten*) shuffle; **wer muß ~?** who shuffles? **5.** *Computer*: (*Lochkarten*) collate, merge. **6.** *TV, Film, Radio*: mix. **II** *v/reflex* **sich ~ 7.** mix, blend; **Öl und Wasser ~ sich nicht** oil and water do not mix. **8.** *biol. Vererbungsmerkmale*: blend. **9.** *fig.* **sich in e-e Sache ~** meddle in s. th., butt in on s. th.; **sich in ein Gespräch ~** join in (*störend*: cut into) a conversation; **sich unter die Menge** (*od.* **Leute**) **~** mingle (*od.* mix) with the crowd (people); → **gemischt. III ≈** *n* ⟨-s⟩ **10.** mixing (*etc*). **ˈMi·scher** *m* ⟨-s; -⟩ *tech. allg.* mixer; *Computer*: collator.
ˈmisch|ˌer·big [-ˌʔɛrbɪç] *adj biol.* heterozygous. **≈ˌfar·be** *f* mixed colo(u)r. **~ˌfar·ben, ~ˌfar·big** *adj* of mixed colo(u)r. **≈ˌform** *f ling.* hybrid. **≈ˌfut·ter** *n agr.* mixed fodder (*od.* feed). **≈ˌgarn** *n Textil.* blended (*od.* mixed) yarn. **≈ˌgas** *n chem.* **1.** mixed gas. **2.** city (*od.* illuminating) gas. **≈ge|fäß** *n* **1.** mixing vessel. **2.** → **Mischbecher. ≈ge|mü·se** *n gastr.* mixed vegetables *pl.* **≈ge|richt** *n* stew, hot pot. **≈ge|stein** *n Geol.* migmatite. **≈ge|tränk** *n* mixed drink, (*bes. Milch≈*) shake. **≈ge|we·be** *n Textil.* blended fabric, mixture cloth. **≈ˌkam·mer** *f mot.* mixing chamber. **≈ˌkan·ne** *f* oil pressure can. **≈kri|stal·le** *pl chem.* mixed crystals, solid solution *sg.* **≈kul|tur** *f agr.* mixed cultivation.
ˈMisch·ling *m* ⟨-s; -e⟩ **1.** *anthrop.* half-breed, half-caste, person of mixed blood. **2.** *biol.* hybrid, bastard. **ˈMisch·lings|kind** *n* half-breed child.
ˈMisch|masch [-ˌmaʃ] *m* ⟨-(e)s; -e⟩ *colloq.* (*Eintopf etc*) hotchpotch, *Am.* hodgepodge, *fig. a.* medley, mix, jumble, mishmash.
ˈMisch·ma|schi·ne *f* mixing machine, mixer.
Misch·na [ˈmɪʃna] *f* ⟨-; *no pl*⟩ *relig.* Mishnah.
Misch|po·che [mɪʃˈpoːxə], **~ˈpo·ke** [-ˈpoːkə] *f* ⟨-; *no pl*⟩ *colloq. contp.* **1.** (*Gesindel*) riffraff, rabble. **2.** (*Familie*) clan.
ˈMisch|po·ly·me·ri|sat *n synth.* copolymer. **~ˌpreis** *m econ.* composite price. **~ˌpult** *n* **1.** *Film Radio*: (*Ton≈*) sound mixer. **2.** *TV*: (*Bild≈*) video mixer. **~ˌras·se** *f anthrop.* mixed race. **~ˌröh·re** *f electr.* mixer valve (*Am.* tube). **~ˌspra·che** *f ling.* mixed (*od.* hybrid) language. **~ˌstrom** *m electr.* undulatory current. **~ˌstu·fe** *f Radio*: mixer (*od.* modulator) stage. **~ˌtrom·mel** *f tech.* mixing drum.
ˈMi·schung *f* ⟨-; -en⟩ **1.** → **mischen** 10. **2.** mixture, (*Kuchen≈ etc*) *a.* mix; **e-e bunte ~ von Toffees** assorted toffees; *fig.* **e-e bunte ~ von Melodien** a medley of melodies. **3.** *chem.* mixture, compound. **4.** (*Tee≈, Tabak≈ etc*) blend. **5.** *metall.* alloy. **6.** *fig.* mixture; **e-e seltsame** (*od.* **merkwürdige**) **~ aus** a curious mixture of; **mit e-r ~ aus Hoffnung und Furcht** with mingled hope and fear.
ˈMi·schungs|be|stand|teil *m* constituent (of a mixture), ingredient. **~ge|wicht** *n chem.* atomic weight. **~|rech·nung** *f math.* rule of alligation. **~ver|hält·nis** *n* mixing ratio; *chem.* proportion of ingredients.
ˈMisch|ˌvolk *n* (people of) mixed race. **~ˌwald** *m* mixed forest. **~ˌwol·le** *f* mixed wool. **~ˌwort** *n ling.* blend (-word), portmanteau (word).
Mi·se [ˈmiːzə] *f* ⟨-; -n⟩ **1.** *Versicherung*: single premium. **2.** (*Spieleinsatz*) stake.
mi·se·ra·bel [miːzeˈraːbəl] *adj colloq.* miserable, awful, *sl.* rotten, lousy; **ein miserables Ergebnis** a very poor result.
Mi·se·re [miˈzeːrə] *f* ⟨-; -n⟩ **1.** calamity, wretched state of affairs, desperate situation. **2.** (*Not, Elend*) misery, wretchedness, wretched conditions *pl.*
Mi·so|gam [mizoˈgaːm] *m* ⟨-s *u.* -en; -e(n)⟩ *psych.* misogamist. **~gaˈmie** [-gaˈmiː] *f* ⟨-; *no pl*⟩ misogamy. **~gyˈnie** [-gyˈniː] *f* ⟨-; *no pl*⟩ misogyny. **~päˈdie** [-pɛˈdiː] *f* ⟨-; *no pl*⟩ misop(a)edia.
Mis·pel [ˈmɪspəl] *f* ⟨-; -n⟩ *bot.* (*Frucht*) medlar. **~ˌstrauch** *m* medlar (tree).
miß [mɪs] *imp sg of* **messen**.
ˌmißˈach·ten [ˌmɪs-] *v/t* ⟨*insep, no* **-ge-**, **h**⟩ **1.** (*Warnung, Rat etc*) disregard, ignore, pay no heed to. **2. j-n ~** despise (*od.* disdain) s. o. **ˈMiß|ach·tung** *f* **1.** disregard; **unter ~ der Vorschriften** in disregard of (*od.* disregarding) the regulations. **2.** (*Verachtung*) disdain, contempt. **3.** (*Vernachlässigung*) neglect, slight. **4.** *jur.* **~ des Gerichts** contempt of court.
Mis·sal¹ [mɪˈsaːl] *n* ⟨-s; -e⟩ *R. C.* missal, Mass book.
Misˈsal² *f* ⟨-; *no pl*⟩ *print.* missal.
Misˈsa·le *n* ⟨-s; -n *u.* -lien [-lǐən]⟩ → **Missal¹**.
ˌmiß|ˈar·ten *v/i* ⟨*insep, a.* **-ge-**, **sein**⟩ degenerate. **~ˈar·tet** *adj* degenerate(d). **≈ˈar·tung** *f* ⟨-; -en⟩ *biol.* degeneration, degeneracy.
ˈmiß|be|ha·gen I *v/i* ⟨*insep, no* **-ge-**, **h**⟩ **1. et. mißbehagt j-m** s. o. is displeased at (*od.* with) s. th., s. o. dislikes s. th. **II ≈** *n* ⟨-s; *no pl*⟩ **2.** uncomfortable feeling, uneasiness. **3.** (*Abneigung*) dislike. **4.** (*Unzufriedenheit*) dissatisfaction, displeasure, discontent. **~ˌbil·den** *v/t* ⟨*insep,* **-ge-**, **h**⟩ deform, misshape. **≈ˌbil·dung** *f biol.* deformity, deformation; (*Fehlbildung*) malformation; (*Anomalie*) anomaly, abnormality; *hochgradige*: monstrosity.
ˌmiß|ˈbil·li·gen *v/t* ⟨*insep, no* **-ge-**, **h**⟩ **et. ~** disapprove of s. th., frown (up)on s. th. **~ˈbil·li·gend** *adj* disapproving. **≈ˈbil·li·gung** *f* **1.** disapproval, disapprobation, (*Ablehnung*) rejection. **2.** (*Tadel*) reproof, censure.
ˈMiß|brauch *m* **1.** *e-s Amtes etc*: abuse, misuse; **~ der Gastfreundschaft** (**des Vertrauens**) abuse of hospitality (trust); **~ mit e-r Sache treiben** a) abuse s. th., take an unfair advantage of s. th., b) misuse s. th., put s. th. to improper (*od.* wrongful) use. **2.** (*falsche Anwendung*) improper use, *von Medikamenten etc*: misuse. **3.** *e-s Titels etc*: wrongful use. **4.** *jur. e-r Frau, e-s Kindes*: abuse. **ˌmißˈbrau·chen** *v/t* ⟨*insep, no* **-ge-**, **h**⟩ **1.** (*Stellung, Vertrauen etc*) abuse; **j-s Güte ~** abuse (*od.* take advantage of) s. o.'s kindness. **2.** (*falsch anwenden*) misuse, misapply; **öffentliche Gelder ~** misapply public funds. **3.** *jur.* (*e-e Frau, ein Kind, Amtsgewalt etc*) abuse. **ˈmiß|bräuch·lich** [-ˌbrɔʏçlɪç] *adj* wrongful, improper; **~e Anwendung** improper use (*of instrument, remedy, etc*); **~e Verwendung von Geldern** misapplication of funds; *adv* **et. ~ anwenden** use (*thing, word, etc*) improperly, apply s. th. wrongfully, misuse (*od.* misapply) s. th.
ˌmißˈdeu·ten *v/t* ⟨*insep, no* **-ge-**, **h**⟩ (*Text etc*) misinterpret (*a. fig.*), misconstrue; **j-s Handlungen** (**Worte**) **~** misinterpret s. o.'s actions (words); → *a.* **mißverstehen. ˈMiß|deu·tung** *f* misinterpretation, misconstruction.
mis·sen [ˈmɪsən] *v/t* ⟨h⟩ **1.** miss; **ich möchte dieses Erlebnis nicht ~** I would not (like to) miss this experience. **2.** (*entbehren*) do without, dispense with, spare.
ˈMiß·er|folg *m* failure; **totaler ~** complete failure, fiasco, *sl.* washout, *a. thea.* flop; **e-n ~ erleiden** suffer a failure; **~ haben** fail, meet with failure, *colloq.* flop, come a cropper; **er ist ein ~ als Lehrer** he is a failure as a teacher.
ˈMiß|ern·te *f* bad harvest, crop failure.
ˈMis·se|tat [ˈmɪsə-] *f lit.* crime, misdeed, *bes. relig.* transgression, sin; **e-e ~ begehen** commit a crime (*od.* misdeed). **~ˌtä·ter** *m* ⟨-s; -⟩ **1.** malefactor, offender. **2.** *relig.* (*Sünder*) transgressor, sinner.
ˌmißˈfal·len *v/i* ⟨*irr, insep, no* **-ge-**, **h**⟩ **et. mißfällt j-m** s. th. displeases s. o., s. o. is displeased with (*od.* at) s. th., s. o. dislikes s. th., s. o. disapproves of s. th.; **es** (**er**) **mißfällt mir sehr** *a.* I don't like it (him) at all. **ˈMiß|fal·len** *n* ⟨-s; *no pl*⟩ (**über** *acc*) displeasure (at), disapproval (of), dislike (of, for); **j-s ~ erregen** incur s. o.'s displeasure; **mit ~** with displeasure, disapprovingly. **ˈMiß|fal·lens|äu·ße·rung** *f* expression (*od.* manifestation) of one's displeasure (*etc*).
ˈmiß|ˌfäl·lig *adj Benehmen etc*: disagreeable, *stärker*: shocking; *Äußerung etc*: disparaging, deprecatory; *adv* **sich ~ über j-n äußern** speak disparagingly of s. o., disparage s. o. **~ˌfar·ben, ~ˌfar·big** *adj* of an ugly colo(u)r; (*verschossen etc*) discolo(u)red. **~ge|ar·tet** *adj* degenerate(d). **≈ge|bil·de** *n* miscreation, monstrosity. **~ge|bil·det** → **mißgestaltet. ≈ge|burt** *f* **1.** *med.* monster, freak. **2.** *fig. colloq.* monstrosity, ill-conceived (*od.* abominable) thing. **~ge|ˌlaunt** *adj* **1.** ill- (*od.* bad-)tempered, cross, ill-humo(u)red, moody; **~ sein** be in a bad mood. **2.** *Gesicht etc*: cross. **≈ge|schick** *n* **1.** (*Unglück, Pech*) misfortune, bad luck; **vom ~ verfolgt werden** be persecuted by misfortune. **2.** (*unglücklicher Vorfall*) mishap (*a. humor.*), misadventure. **≈ge|stalt** *f* **1.** deformity, misshapenness. **2.** (*Person*) monster, miscreation. **~ge|stal·tet** *adj*

deformed, malformed, misshapen. **~geˌstimmt** *adj* → **mißgelaunt** 1.

ˌmiß|'glücken (*getr.* **-k·k-**) *v/i* ⟨*insep, no* **-ge-**, **sein**⟩ → **mißlingen** 1, **mißraten**[1]. **~'glückt** *adj* → **mißlungen** II. **~'gön·nen** *v/t* ⟨*insep, no* **-ge-**, **h**⟩ **j-m et.** ~ (be)grudge (*od.* envy) s. o. s. th.

'Mißˌgriff *m* mistake, bad choice; **e-n ~ tun** (*od.* **machen, begehen**) make a mistake (*od.* bad choice). **≈ˌsi·cher** *adj tech.* foolproof.

'Mißˌgunst *f* **1.** (*Neid*) envy, jealousy. **2.** (*Übelwollen*) ill will, malevolence. **3.** (*Ungnade*) displeasure, disfavo(u)r. **'mißˌgün·stig** *adj* **1.** (**auf** *acc* of) envious, jealous. **2.** (*übelwollend*) malevolent.

ˌmiß'han·deln *v/t* ⟨*insep, no* **-ge-**, **h**⟩ (*j-n, Tier*) maltreat, ill-treat (*beide a. fig. colloq. Buch, Klavier etc*); treat *s. o.* cruelly, *körperlich*: *a.* manhandle, *bes. jur.* (*Kind, Frau*) batter. **ˌMiß'hand·lung** *f* **1.** maltreating (*etc*), maltreatment. **2.** (*Tätlichkeit*) (instance of) maltreatment (*od.* ill-treatment, *von Frauen od. Kindern*: battering); *jur.* assault and battery.

'Miß|ˌhei·rat *f* misalliance, mismarriage. **≈ˌhel·lig** [-ˌhɛlɪç] *adj* discordant, troublesome, unpleasant. **~ˌhel·lig·keit** *f meist pl* **1.** trouble; **j-m ~en bereiten** cause s. o. trouble. **2.** disagreement, discord.

Mis·singsch ['mɪsɪŋʃ] *ling.* **I** *n* ⟨**-**; *no pl*⟩ *dialect mixture of Low German and High German.* **II ≈** *adv* **≈ sprechen** speak a dialect mixture of Low German and High German.

Mis·si·on [mɪ'sĭo:n] *f* ⟨**-**; **-en**⟩ **1.** (*Auftrag*) mission; **diplomatische (geheime)** ~ diplomatic (secret) mission. **2.** *pol.* (*diplomatische Vertretung*) mission. **3.** *relig.* a) ⟨*only sg*⟩ mission, b) mission(ary station); **Äußere (Innere)** ~ foreign (home) mission; ~ **treiben** do missionary work. **4.** *fig.* (*innere Berufung*) mission, call.

Mis·sio|nar [mɪsĭo'na:r], *bes. Austrian* **~'när** [-'nɛ:r] *m* ⟨**-s**; **-e**⟩ *relig.* missionary. **≈'na·risch** [-'na:rɪʃ] *adj* missionary. **≈'nie·ren** [-'ni:rən] **I** *v/i* ⟨*no* **ge-**, **h**⟩ do (*od.* perform) missionary work. **II** *v/t* (*Land etc*) missionize. **~'nie·rung** [-'ni:rʊŋ] *f* ⟨**-**; **-en**⟩ missionary activity, missionization.

Mis·si'ons|ˌanˌstalt *f* mission (house). **~ˌar·beit** *f* missionary work. **~ˌchef** *m pol.* head of a mission. **~ˌfest** *n relig.* missionary meeting, missions day. **~geˌsell·schaft** *f* → **Missionsverein.** **~ˌhaus** *n* mission (house). **~ˌpre·di·ger** *m* missionary priest, evangelist. **~ˌschu·le** *f* mission school. **~ˌschwe·ster** *f* missionary sister (*od.* nun). **~verˌein** *m* missionary society. **~ˌzelt** *n* mission tent.

'Miß|ˌjahr *n agr.* bad year, year of (crop) failure. **~ˌklang** *m* **1.** *mus.* discord, dissonance. **2.** *fig.* discord(ant note), dissonance; **die Party endete mit e-m ~** the party ended on a discordant note. **3.** *Radio*: dissonance. **~kreˌdit** *m* discredit, disrepute; **j-n (et.) in ~ bringen** bring s. o. (s. th.) into discredit, discredit s. o. (s. th.); **sich bei j-m in ~ bringen** discredit o. s. with s. o.; **in ~ geraten** (*od.* **kommen**) be brought into discredit, be discredited, get a bad name.

ˌmiß'lang [-'laŋ] *3 sg pret*, **ˌmiß'län·ge** [-'lɛŋə] *3 sg pret subj of* **mißlingen.**

'mißˌlau·nig *adj* → **mißgelaunt.**

ˌmiß'lei·ten *v/t* ⟨*insep, bes. no* **-ge-**, **h**⟩ → **irreleiten** 2.

'miß·lich *adj* **1.** (*unangenehm*) awkward, inconvenient, troublesome (*affair, etc*); (*unerfreulich*) unpleasant; (*schlecht*) bad; (*schwierig*) difficult, tough; **du hast mich in e-e ~e Lage gebracht** you put me in a difficult situation (*od.* in a predicament, *colloq.* in a fix). **2.** (*bedenklich*) critical, precarious; (*heikel*) delicate, ticklish; (*gefährlich*) dangerous; (*unglücklich*) unfortunate; *adv* **es sieht ~ aus** it looks bad; **das ≈e an m-r Lage war, daß** the troublesome (*od.* bad) thing about my situation was that. **≈keit** *f* ⟨**-**; *no pl*⟩ **1.** awkwardness, inconvenience, troublesomeness. **2.** (*Unerfreulichkeit*) unpleasantness. **3.** difficulty, toughness. **4.** precariousness. **5.** delicacy. **6.** unfortunateness.

'mißˌlie·big [-ˌli:bɪç] *adj* unpopular, not in favo(u)r, disagreeable; **sich ~ machen bei j-m** incur s. o.'s displeasure, fall out of favo(u)r with s. o., become unpopular with s. o. **≈keit** *f* ⟨**-**; *no pl*⟩ unpopularity, disagreeableness.

ˌmiß'lin·gen [-'lɪŋən] **I** *v/i* ⟨**mißlingt, mißlang, mißlungen, sein**⟩ **1.** *Plan, Unternehmen etc*: fail, miscarry, prove unsuccessful (*od.* abortive), come to naught, founder. **2.** → **mißraten**[1]. **II ≈** *n* ⟨**-s**⟩ **3.** failing (*etc*). **4.** failure, miscarriage. **ˌmiß'lun·gen** [-'lʊŋən] **I** *pp of* **mißlingen.** **II** *adj Versuch etc*: unsuccessful, abortive, that has turned out a failure.

'Mißˌmut *m* **1.** ill-humo(u)r, bad mood (*od.* temper). **2.** (*Verdrießlichkeit*) moodiness, sulkiness, moroseness. **3.** (*Unzufriedenheit*) discontent. **'mißˌmu·tig** *adj* **1.** ill-humo(u)red, ill-(*od.* bad-)tempered. **2.** (*mürrisch*) morose, sullen, sulky. **3.** (*unzufrieden*) discontent(ed).

ˌmiß'ra·ten[1] *v/i* ⟨*irr, insep, no* **-ge-**, **sein**⟩ *Arbeit, Kuchen etc*: turn out badly, be a failure, *Ernte*: fail; **das ist mir ~** I've bungled it.

ˌmiß'ra·ten[2] **I** *pp of* **mißraten**[1]. **II** *adj* **1.** → **mißlungen** II. **2.** *Kind*: who has turned out badly, wayward, ill-bred.

'Mißˌstand *m* **1.** bad (*od.* deplorable) state of affairs. **2.** (*Übelstand*) grievance, nuisance; (*Mangel*) defect; (*Mißbrauch*) abuse; **Mißstände abschaffen** remedy (*od.* redress) grievances.

'mißˌstim·men *v/t* ⟨*insep,* **-ge-**, **h**⟩ **j-n** ~ put s. o. in a bad mood (*od.* temper), put s. o. out of humo(u)r. **'Mißˌstim·mung** *f* **1.** discord, dissonance, ill feeling. **2.** → **Mißmut.**

mißt [mɪst] *2 u. 3 sg pres of* **messen.**

'Miß|ton *m* **1.** *mus.* discordant (*od.* dissonant) note, dissonance. **2.** → **Mißklang** 2. **≈ˌtö·nend, ≈ˌtö·nig** [-ˌtø:nɪç] *adj bes. mus.* dissonant, discordant.

ˌmiß'trau·en *v/i* ⟨*insep, no* **-ge-**, **h**⟩ **j-m (e-r Sache)** ~ distrust (*od.* mistrust) s. o. (s. th.), be suspicious of (*od.* about) s. o. (s. th.), have no confidence in s. o. (s. th.). **'Mißˌtrau·en** *n* ⟨**-s**; *no pl*⟩ distrust, mistrust, (*Verdacht*) suspicion; **~ gegen j-n (e-e Sache) haben** (*od. lit.* **hegen**) → **mißtrauen**; **~ säen** sow the seeds of distrust; **~ gegen sich selbst** self-distrust; **j-s ~ erregen** (*od.* **wecken**) arouse (*od.* awaken) s. o.'s distrust (*od.* suspicion).

'Mißˌtrau·ens|ˌanˌtrag *m pol.* motion of no confidence. **~ˌvo·tum** *n* (**konstruktives** ~ constructive) vote of no confidence, no confidence vote.

'miß|ˌtrau·isch *adj* distrustful, (*argwöhnisch*) suspicious, mistrustful; **~ gegen j-n (et.) sein** be (*od.* feel) distrustful of s. o. (s. th.), be suspicious of (*od.* about) s. o. (s. th.); **j-n ~ machen** arouse distrust (*od.* mistrust) in s. o., make s. o. suspicious. **≈verˌgnü·gen** *n* ⟨**-s**; *no pl*⟩ **1.** displeasure; **j-m ~ bereiten** cause s. o. displeasure. **2.** (*Unzufriedenheit*) discontent, dissatisfaction. **~verˌgnügt I** *adj* **1.** displeased (**über** *acc* at, with). **2.** (*unzufrieden*) discontent(ed), dissatisfied, malcontent. **3.** → **mißgelaunt.** **II** *adv* **4.** displeased (*etc*), with displeasure (*etc*). **≈verˌhält·nis** *n* disproportion, incongruity; **in e-m ~ stehen (zu)** be out of proportion (to). **~verˌstan·den I** *pp of* **mißverstehen.** **II** *adj Bemerkung etc*: misunderstood, mistaken, misinterpreted; **sie fühlte sich ~** she felt misunderstood. **~verˌständ·lich I** *adj* misleading, ambiguous. **II** *adv* **sich ~ ausdrücken** express o. s. unclearly (*od.* in an ambiguous manner). **≈verˌständ·nis** *n* misunderstanding, (*Meinungsverschiedenheit*) *a.* disagreement, difference; **es lag ein ~ vor** there was a misunderstanding; **um ~sen vorzubeugen** (in order) to prevent misunderstandings. **~verˌste·hen** *v/t* ⟨*irr, insep, no* **-ge-**, **h**⟩ **j-n (et.)** ~ misunderstand (*od.* mistake, miscomprehend) s. o. (s. th.), *colloq.* get s. o. (s. th.) wrong; **du hast mich mißverstanden** you misunderstood me, you have got me (all) wrong. **≈ˌwahl** *f* beauty contest (*od.* competition). **~ˌwei·send** *adj mar. Peilung, Kurs*: magnetic. **≈ˌwei·sung** *f phys. der Magnetnadel*: magnetic declination, *von Radar*: indication error. **≈ˌwirt·schaft** *f* maladministration, mismanagement. **≈ˌwuchs** *m bot.* misgrowth, monstrosity. **~zu·verˌste·hend** *adj* mistakable, equivocal; **nicht ~** unmistakable, unequivocal.

Mist[1] [mɪst] *m* ⟨**-(e)s**; *no pl*⟩ **1.** dung, manure; **~ fahren** cart manure; **mit ~ düngen** dung, manure; *fig. colloq.* **das ist nicht auf d-m ~ gewachsen** that's not your own idea, you didn't dream that up all by yourself. **2.** (*Tierkot*) droppings *pl.* **3.** → **Misthaufen**; *fig.* **das kannst du auf den ~ werfen** you can throw that out on the rubbish heap. **4.** *fig. colloq.* (*Plunder*) rubbish, junk, trash; **was soll ich mit all dem ~!** what do I want with all that rubbish (*od.* junk)! **5.** *fig. colloq.* (*dummes Zeug*) rubbish, trash, crap; **~ reden** talk rubbish (*od.* rot); **absoluter ~!** (what a load of) rubbish!; **der Film ist der größte ~!** that film is the most awful rubbish!; **~ bauen** (*od.* **machen**) bungle it, make a mess of things, mess (*od.* foul) things up; **mach k-n ~!** don't do anything stupid! **6.** *fig. colloq.* **so ein ~!** damn (it)!, blast (it)!, what a drag (*od.* shit, crap)!

Mist[2] *m* ⟨**-(e)s**; *no pl*⟩ *mar.* (*leichter Nebel*) mist.

'Mist|beet *n hort.* (manure) hotbed. **~ˌbeetˌka·sten** *m* forcing frame, hotbed window. **~ˌding** *n colloq. contp.* damned (*od.* blasted) thing.

Mi·stel ['mɪstəl] *f* ⟨**-**; **-n**⟩ *bot.* mistletoe. **~geˌwächs** *n bot.* mistletoe plant. **~ˌzweig** *m* mistletoe (branch).

mi·sten ['mɪstən] *v/t* ⟨**h**⟩ **1.** (*Acker, Boden*) manure, dung. **2.** (*Stall*) muck out. **3.** *fig. colloq.* clear (*one's desk, etc*).

'Mist|fink *m fig. colloq. contp.* **1.** filthy fellow (*od.* woman, *etc*), sloven, pig, (*Junge*) *a.* mudlark. **2.** (*unanständiger Mensch*) dirty-minded (*od.* filthy fellow. **~ˌflie·ge** *f zo.* dung fly. **~ˌfor·ke** *f*, **~ˌga·bel** *f* dung (*od.* manure) fork, pitchfork. **~ˌgru·be** *f* dung (*od.* manure) pit. **~ˌhau·fen** *m* dunghill, manure (*od.* dung) heap.

ˈmi·stig[1] *adj* **1.** dirty, mucky, filthy. **2.** *colloq.* (*schlecht*) beastly, rotten, lousy. **ˈmi·stig**[2] *adj mar.* (*nebelig*) misty.
ˈMist|ˌkä·fer *m zo.* dung beetle. **~ˌkar·re** *f agr.* dung (*od.* manure) barrow. **~ˌkerl** *m sl. contp.* → Scheißkerl.
Mi·stral [mɪsˈtraːl] *m* ⟨-s; -e⟩ *meteor.* mistral.
ˈMist|ˌstück, ~ˌvieh *n colloq. contp.* nasty piece of work, *vulg.* bastard, (*a. Frau*) beast; **du ~!** you beast! **~ˌwa·gen** *m* dung (*od.* manure) cart. **~ˌwet·ter** *n colloq.* foul (*od.* filthy, lousy) weather.
Mis·zel·la·ne·en [mɪstsɛˈlaːneən; -laˈneːən], **Misˈzel·len** [-ˈtsɛlən] *pl* (*kleine Aufsätze etc*) miscellany *sg*, miscellanea.
mit [mɪt] **I** *prep* ⟨*dat*⟩ **1.** (*Zubehör, Ausstattung*) with: **ein Brot ~ Butter** a slice of bread and butter; **ein Topf ~ zwei Henkeln** a pot with two handles. **2.** (*voll von*) with, (full) of: **ein Topf ~ Milch** a jug of milk; **ein Sack ~ Kartoffeln** a sack (full) of potatoes. **3.** (*in Begleitung von, gemeinsam*) (together) with: **ich gehe ~ dir** I'll go with you; **~ dir habe ich k-e Angst** (together) with you I'm not afraid; **er hat zwei Kinder ~ ihr** he has two children by her. **4.** (*Wechselseitigkeit*) with: **~ j-m kämpfen** fight with s. o.; **er spielte ~ mir** he played with me; **ich unterhielt mich ~ ihm** I was talking to him. **5.** (*Mittel, Material, Stoff*) in: **~ Bleistift (Tinte) schreiben** write in pencil (ink). **6.** (*Verkehrsmittel*) by (*bus, train, etc*); **Pakete ~ der Post befördern** send parcels by post. **7.** (*Hilfsmittel, Werkzeug*) with, by means of; **ich öffnete die Tür ~ dem Schlüssel** I opened the door with the key; **der Plural im Englischen wird meist ~ „s" gebildet** the plural in English is usually formed by adding an "s". **8.** including, inclusive of; **~ Bedienung** including (*od.* inclusive of) service; **~ heute** a) from today, b) counting today; **~ ihm waren wir sechs** there were six of us including him. **9.** (*Begleitumstand, Art u. Weise*) **~ Absicht** with (full) intention, intentionally; **~ Erfolg** with success, successfully; **~ Gewalt** by force; **~ dem Hut in der Hand** hat in hand; **~ e-r Mehrheit von** by a majority of; **ein Mann ~ Namen X** a man by the name of X, a man named X; **kennst du ihn ~ Namen?** do you know him by name?; **~ lauter Stimme** in a loud voice; **~ 10 gegen 5 Stimmen** by 10 votes to 5; **~ Steinen nach j-m werfen** throw stones at s. o.; **~ anderen (wenigen) Worten** in other (a few) words; **~ einem Wort** in a word. **10.** (*im Hinblick auf, betreffend*) with: **wie weit bist du ~ d-r Arbeit?** how far have you got with your work?; **~ der Bezahlung hat es noch Zeit** you don't have to pay at once; **er zögerte ~ der Zustimmung** he hesitated to give his consent; **wie wäre es ~ John?** how (*od.* what) about John?, what do you say to John?; **es ~ e-r Sache haben** a) have trouble with s. th., b) have a thing (*od.* be crazy) about s. th., c) be into *modern art, etc.* **11.** *bei Zeitangaben*: **~ dem Abend wurde es kühler** in the (*od.* toward[s]) evening it was getting cooler; **~ dem Alter** when you are getting on (in years), in old age; **~ jedem Tag** with each passing day; **~ 20 (Jahren)** at (the age of) 20; **~ der Zeit** in the course of time; **~ 100 Stundenkilometern** at 100 kilometres per hour. **II** *adv* **12.** (*ebenso*) also, as well, too; **~ dabei sein** take part (*od.* participate) too; **das gehört ~ dazu** that is (also a) part of it, that belongs to it; **das ist alles ~ inbegriffen** that is all included; *alle fingen an zu lachen*, **und ich natürlich ~** everyone started laughing and I of course joined in; **das mußt du ~ berücksichtigen** you have to take that into consideration too; **es lag ~ an der schlechten Organisation** it was also due to the bad organization. **13.** (*unter anderen*) among, one of; **er ist ~ der Beste** he is one of the best.
ˈMit|ˌan·geˌklag·te *m, f* ⟨-n; -n⟩ *jur.* co-defendant. **~ˌar·beit** *f* cooperation, assistance, collaboration; **unter ~ von** in cooperation (*od.* collaboration) with; **langjährige ~ bei der Firma X** many years of working with the firm of X. **≗ˌar·bei·ten** *v/i* ⟨*sep*, -ge-, h⟩ **1.** collaborate (**bei, an** *dat* on); **an e-r Sache ~** collaborate (in work) on s. th. **2.** join (*od.* take part) in the work. **3.** *bei Zeitungen etc*: contribute (**bei, an** *dat* to). **~ˌar·bei·ter** *m* **1.** (*Betriebsangehöriger*) staff member, employee. **2.** (*Arbeitskollege*) colleague, co-worker, fellow-worker. **3.** (*bes. wissenschaftlicher ~*) collaborator. **4.** (*bes. untergeordneter ~*) assistant. **5.** *bei Zeitungen etc*: contributor; **freier ~ (bei) e-r Zeitung sein** be a free-lance contributor to a newspaper. **~ˌar·bei·ter·schaft** *f* ⟨-; *no pl*⟩ staff, personnel, employees *pl*. **~ˌar·bei·terˌstab** *m von Experten etc*: team, group. **~ˌau·tor** *m* co-author. **≗beˌgrün·den** *v/t* ⟨*sep, no* -ge-, h⟩ **1.** be one of the founders of. **2.** (*j-s Ruhm etc*) contribute to (*s. o.'s fame, etc*). **~beˌgrün·der** *m* co-founder. **~beˌklag·te** *m, f* ⟨-n; -n⟩ *jur.* co-defendant; *bei Scheidungsfällen*: co-respondent. **≗beˌkom·men** *v/t* ⟨*irr, sep, no* -ge-, h⟩ **1.** get (*od.* be given) *s. th.* (when leaving). **2.** *als Mitgift*: receive *s. th.* as dowry (*od.* portion). **3.** *fig. colloq.* (*verstehen*) get, catch; **hast du das mitbekommen?** got it? **4.** *fig. colloq.* (*aufschnappen*) pick up. **≗beˌnut·zen** *v/t* ⟨*sep, no* -ge-, h⟩ share (in the use of), use too (*od.* as well); **darf ich das Radio ~?** may I use your radio? **~beˌnut·zer** *m a. jur.* joint user, co-user. **~beˌnut·zung** *f* (joint) use; **j-m die ~ von et. gestatten** allow s. o. to share (*od.* the use of) s. th. **~beˌnut·zungsˌrecht** *n jur.* right of joint use; **~beˌsitz** *m jur.* joint possession. **≗beˌsit·zen** *v/t* ⟨*irr, sep, no* -ge-, h⟩ be joint possessor of, possess *s. th.* (together) with s. o. **~beˌsit·zer** *m* joint possessor; → *a.* Miteigentümer. **≗beˌstim·men I** *v/t* ⟨*sep, no* -ge-, h⟩ **1.** (*beeinflussen*) (*Entwicklung etc*) contribute to determine, be contributory to, influence. **2.** (*entscheiden*) decide *s. th.* (together) with s. o. **II** *v/i* **3.** share in a decision, have a say (*od.* voice) in a matter. **4.** *econ. im Betrieb*: participate in the management. **III ≗** *n* ⟨-s⟩ **5.** having a say (*etc*). **≗beˌstim·mend** *adj Faktoren etc*: contributory; **~ sein (bei, für)** → mitbestimmen 1. **~beˌstim·mung** *f* ⟨-; *no pl*⟩ **1.** → mitbestimmen 5. **2.** participation in the decision. **3.** *econ. im Betrieb*: worker-participation, co-determination; **~srecht** *n* right of co-determination.
ˈmit|beˌtei·li·gen I *v/t* ⟨*sep, no* -ge-, h⟩ *bes. econ.* **j-n ~ (an e-r Sache)** a) give s. o. a share (in s. th.), b) give s. o. a say (in s. th.). **II** *v/reflex* **sich ~ (an e-r Sache)** participate (*od.* take part, join) (in s. th.). **~beˌtei·ligt** *adj* (**an** *dat* in) participating, *bes. econ.* interested, holding an interest. **≗beˌtei·lig·te** *m, f* ⟨-n; -n⟩ **1.** participant, interested party (*od.* person), *jur.* party to the offence. **2.** *econ.* (co)partner. **≗beˌtei·li·gung** *f* copartnership. **~ˌbe·ten I** *v/t* ⟨*sep*, -ge-, h⟩ pray *s. th.* (together) with s. o. **II** *v/i* (**mit j-m**) **~** join s. o. in prayer. **~beˌtrof·fen** *adj* **1.** affected too (*od.* as well). **2.** *jur.* conjunct, implicated as well. **≗beˌtrof·fe·ne** *m, f* ⟨-n; -n⟩ person affected (too). **≗beˌvollˌmäch·tig·te** *m econ. jur.* joint proxy (*od.* commissioner). **~beˌwer·ben** *v/reflex* ⟨*irr, sep, no* -ge-, h⟩ **sich ~ (um** for) apply also, *Sport*: compete also. **≗beˌwer·ber** *m* (**um** for) other (*od.* rival) applicant (*od.* candidate), *Sport*: other (*od.* rival) competitor, rival. **≗beˌwoh·ner** *m* **1.** other occupant (*od.* inhabitant), (*Untermieter*) lodger. **2.** *biol.* associate. **3.** *zo.* inquiline. **~ˌbrin·gen** *v/t* ⟨*irr, sep*, -ge-, h⟩ **1.** bring *s. th.*, *s. o.* with one (*od.* along); **j-m et. ~** bring s. o. s. th.; **ich muß ihr et. ~** I have to take s. th. (with me) for her; **sich** (*dat*) **sein Essen (selbst) ~** bring one's food with one; *fig.* **schlechtes Wetter ~** bring bad weather with one. **2.** *fig.* (*Fähigkeiten, Wissen etc*) have, possess, bring; **der Kandidat sollte Erfahrung ~** the candidate should possess experience (*od.* be experienced); **er bringt umfassende Erfahrung für s-e Aufgabe mit** he brings wide experience to his task. **3.** (*Krankheit etc*) come back with. **4. et. (in die Ehe) ~** bring s. th. to the marriage; **ein Kind in die Ehe ~** have a child when one gets married. **5.** *jur.* (*Zeugen, Unterlagen etc*) produce. **≗ˌbring·sel** [-ˌbrɪŋzəl] *n* ⟨-s; -⟩ little present, *von e-r Reise*: *a.* souvenir. **≗ˌbru·der** *m* brother, fellow-man. **≗ˌbür·ge** *m jur.* co-surety, joint surety. **≗ˌbür·ger** *m* fellow citizen. **≗ˌbürg·schaft** *f jur.* co-surety, joint surety. **~ˌdür·fen** *v/i* ⟨*irr, sep*, -ge-, h⟩ *colloq.* be allowed to go (*od.* come) along; **darf ich mit?** may I come along (with you)? **≗ˌei·gen·tum** *n econ. jur.* co-ownership, joint ownership. **≗ˌei·gen·tü·mer** *m* joint owner, co-owner.
ˌmit·einˈan·der I *adv* **1.** (*e-r mit dem anderen*) with each other, with one another; **wir kommen gut ~ aus** we get on well (with each other). **2.** (*zusammen*) together; **~ vereinigen** join together; **wir wollen es ~ versuchen** let's try it together; **alle ~** all together. **II ≗** *n* ⟨-(s); *no pl*⟩ living (*od.* working) together (harmoniously); togetherness.
ˌmitˈeins *adv Northern G. colloq.* suddenly.
ˈmit|empˌfin·den I *v/t u. v/i* ⟨*irr, sep, no* -ge-, h⟩ **1.** (*Kummer, Freude etc*) share, (*j-s Kummer etc*) *a.* feel (*od.* sympathize) with s. o. in (*his sorrow, etc*). **II ≗** *n* ⟨-s⟩ **2.** sympathizing (*etc*). **3.** sympathy. **≗ˌer·be** *m jur.* co-heir, joint heir. **≗ˌer·bin** *f* co-heiress, joint heiress. **≗ˌerb·schaft** *f* co-inheritance. **~erˌle·ben** *v/t* ⟨*sep, no* -ge-, h⟩ **1.** live to see; **ob wir das noch ~ werden?** I wonder whether we'll live to see that. **2.** see, witness, be witness of; experience *s. th.* (with others); → *a.* erleben. **≗erˌwerb** *m jur.* joint acquisition. **~ˌes·sen I** *v/t* ⟨*irr, sep, pp* **mitgegessen**, h⟩ eat *s. th.* too (*od.* as well); **kann man die Haut ~?** is the skin edible? **II** *v/i* eat with s. o., have one's meal with s. o. **≗ˌes·ser** *m* **1.** *med.* blackhead, comedo. **2.** *humor.* extra mouth to feed. **~ˌfah·ren** *v/i* ⟨*irr, sep*, -ge-, sein⟩ **1.** travel (*od.* ride, go) (along) with s. o.; **ich fahre (mit dir) mit** I'll go with you. **2.** get (*od.* be given) a lift (*od.* ride); **darf ich ~?** can you give me a lift? **≗ˌfah·rer** *m* **1.** car passenger. **2.** → Beifahrer. **≗ˌfah·rer·zenˌtra·le** *f* agency for arranged lifts. **≗ˌfahr·geˌle·gen·heit** *f* opportunity of (getting) a

lift, lift, chance of a ride. **~fi·nan·ˌzie·ren** *v/t* ‹*sep, no* **-ge-**, **h**› **et.** ~ finance s. th. partially, share in the financing of s. th.

ˌmitˈfortˌrei·ßen *v/t* ‹*irr, sep,* **-ge-**, **h**› → **mitreißen.**

ˈmit|ˌfreu·en *v/reflex* ‹*sep,* **-ge-**, **h**› **sich** ~ (**über** *acc* over, at) rejoice with s. o., share (in) s. o.'s joy. **~ˌfüh·len I** *v/t* ‹*sep,* **-ge-**, **h**› **et.** (**mit j-m**) ~ feel (*od.* sympathize) with s. o. in s. th. **II** *v/i* **mit j-m** ~ feel with (*od.* for) s. o., sympathize with s. o. **~ˌfüh·lend** *adj* compassionate, sympathetic; ~ **sein** be sympathetic. **~ˌfüh·ren** *v/t* ‹*sep,* **-ge-**, **h**› **1.** (*Waren, Gepäck etc*) take (*od.* carry) along (with one), (*Dokumente*) carry. **2.** *Fluß*: carry (*debris, sand*). **~ˌge·ben** *v/t* ‹*irr, sep,* **-ge-**, **h**› **1. j-m et.** ~ a) give s. o. s. th. (to take along), b) *als Mitgift*: give s. o. s. th. as portion (*od.* dowry), c) *zusätzlich*: give s. o. s. th. as well (*od.* too); **sie hat mir ein paar Äpfel für die Fahrt mitgegeben** she gave me a few apples to take (along) on the journey; **er hat mir e-n Brief (für dich) mitgegeben** he gave me a letter for you (*od.* to take to you); *fig.* **s-m Kind e-e gute Erziehung** ~ give one's child a good education. **2. j-m j-n** ~ send s. o. along with s. o. **~geˌfan·gen** *adj* ~, **mitgehangen** (*Sprichwort*) in for a penny, in for a pound; cling together, swing together. **~geˌfan·ge·ne** *m, f* ‹**-n**; **-n**› fellow-prisoner. **~geˌfühl** *n* **1.** sympathy; **aufrichtiges (tiefes)** ~ sincere (deep) sympathy; **j-m sein** ~ **ausdrücken** express one's sympathy to s. o., condole with s. o., offer s. o. one's condolences. **2.** (*Mitleid*) pity, compassion; ~ **erwecken** arouse pity. **~ˌge·hen** *v/i* ‹*irr, sep,* **-ge-**, **sein**› **1.** go (along) (with s. o.), come along (with s. o.); **du kannst ~, wenn du willst** you may come along if you want to. **2.** (*begleiten*) accompany s. o., see s. o. (*to the station, etc*). **3.** *fig. Zuhörer*: respond, be carried away. **4.** *fig. colloq.* **et.** ~ **lassen** (*od.* **heißen**) pocket (*od.* lift, swipe) s. th. **~geˌnom·men I** *pp of* **mitnehmen. II** *adj* ‹*pred*› *Person*: worn out, run down, exhausted, shaken, *Kleidung etc, a. Person*: the worse for wear, shabby, *Auto, Hut etc, a. Person*: battered. **III** *adv* **er sieht sehr** ~ **aus** he looks very worn out (*od.* the worse for wear).

ˈMitˌgift *f* ‹**-**; **-en**› *jur.* dowry, (marriage) portion. **~ˌjä·ger** *m contp.* fortune-hunter.

ˈMit|ˌgläu·bi·ger *m econ. jur.* co-creditor, joint creditor. **~ˌglied** *n* ‹**-(e)s**; **-er**› **1.** member; **ordentliches (zahlendes, förderndes)** ~ full (subscribing, supporting) member; **ein** ~ **sein von** be a member of, *e-s Ausschusses*: sit on; **ein nützliches** ~ **der (menschlichen) Gesellschaft** a useful member of society; **~er werben** canvass for members; ~ **des Parlaments** member of parliament. **2.** *e-r gelehrten Gesellschaft*: fellow.

ˈMitˌglie·der|verˌsamm·lung *f* members' meeting, *bes. econ.* general meeting. **~verˌzeich·nis** *n* membership list (*od.* book). **~ˌzahl** *f* membership, number of members.

ˈMitˌglieds|ˌausˌweis *m* membership card. **~ˌbeiˌtrag** *m* membership fee (*od.* subscription, *Am.* dues *pl*).

ˈMitˌglied·schaft *f* ‹**-**; *no pl*› membership; **die** ~ **erwerben (verlieren)** become (cease to be) a member.

ˈMitˌglieds|ˌkar·te *f* membership card, *e-r Bücherei*: (reader's) card (*od.* ticket). **~ˌland** *n* member country. **~ˌnum·mer** *f* membership number (*od.* serial). **~ˌstaat** *m* member state.

ˈmit|ˌha·ben *v/t* ‹*irr, sep,* **-ge-**, **h**› *colloq.* have *s. th.* with (*od.* on) one; **ich habe m-n Paß nicht mit** I don't have my passport with (*od.* on) me; **hast du Geld mit?** have you (got) any money on you? **~ˌhaf·ten** *v/i* ‹*sep,* **-ge-**, **h**› *jur.* be liable too (*od.* as well), share the liability, be jointly liable. **~ˌhaf·ten·de** *m* ‹**-n**; **-n**›, **~ˌhaf·ter** *m* ‹**-s**; **-**› person being jointly liable, joint obligor. **~ˌhal·ten I** *v/i* ‹*irr, sep,* **-ge-**, **h**› *colloq.* **1.** (**mit j-m**) ~ keep up (with s. o.), hold one's own (with s. o.); **mit e-r Sache** ~ keep up with s. th., *Nachfrage, Produktion etc*: keep pace with s. th.; **mit dem Tempo** ~ keep up with the pace; **mit s-n Nachbarn** ~ keep up with one's neighbo(u)rs. **2.** *Kartenspiel*: stay in the bidding; **nicht** ~ drop out of the bidding. **II** *v/t* **3.** (*Zeitung etc*) be a joint subscriber to. **4.** (*Tempo, Lebensstil etc*) keep up with. **~ˌhel·fen** *v/i* ‹*irr, sep,* **-ge-**, **h**› (**bei**) assist (in), help (with), lend a hand (with). **~ˌhel·fer** *m* **1.** helper. **2.** → **Mittäter. ~herˌausˌge·ber** *m* associate editor, co-editor. **~ˌhil·fe** *f* (**bei** in) assistance, help, cooperation.

ˌmitˈhin *adv* therefore, so, consequently.

ˈMit|ˌhörˌdienst *m* → **Abhördienst. ~ˌhö·ren I** *v/t* ‹*sep,* **-ge-**, **h**› *gleichzeitig, außerdem*: listen to *s. th.* (too *od.* at the same time), hear *s. th.* too; *zufällig*: overhear (*a conversation*), *absichtlich*: listen in to (*a. teleph.*), eavesdrop on (*a conversation*); *mil.* (*Funkspruch etc*) *a.* intercept, (*überwachen*) monitor. **II** *v/i* listen in, eavesdrop. **~ˌinˌha·ber** *m*, **~ˌinˌha·be·rin** *f* **1.** joint owner, (*haftender Gesellschafter*) co-partner, *von Wertpapieren*: joint holder. **2.** *Sport*: *e-s Rekords*: co-holder. **~ˌkämp·fen** *v/i* ‹*sep,* **-ge-**, **h**› **1.** join in a fight (*od.* war, combat, struggle), fight as well; **auf j-s Seite für et.** ~ fight on s. o.'s side for s. th., help (*od.* join) s. o. in his fight for s. th. **2.** *Sport*: take part, compete. **~ˌkämp·fer** *m mil.* (fellow) combatant, comrade-in-arms. **~ˌklä·ger** *m jur.* joint plaintiff, co-plaintiff. **~ˌklin·gen** *v/i* ‹*irr, sep,* **-ge-**, **h**› **1.** *Glas*: ring, sound, *Saite*: vibrate by sympathetic resonance, *Obertöne*: be heard simultaneously. **2.** *fig.* have overtones of; **die Enttäuschung klang in s-n Worten mit** disappointment could be felt (*od.* sensed) in his words, there was a note of disappointment in his words. **~ˌkom·men** *v/i* ‹*irr, sep,* **-ge-**, **sein**› **1.** come (along *od.* with one); **komm mit!** come along!; **ich kann nicht (mit dir)** ~ I cannot come (with you). **2.** *a. fig.* (*Schritt halten*) keep up (*od.* pace). **3.** (**nicht**) **mit dem Zug (Bus)** ~ a) (not to) catch the train (bus), b) (not to) get into the train (bus). **4.** *fig. colloq.* be able to follow (*od.* understand); **da komme ich nicht mehr mit** a) I can no longer follow!, that is beyond me!, b) I don't get it!, that beats me! **5.** *fig. colloq. in der Schule*: get on (*od.* along), keep up (with the class). **~ˌkön·nen** *v/i* ‹*irr, sep,* **-ge-**, **h**› *colloq.* **1.** be able to go (along) (*od.* come along). **2.** → **mitkommen** 4. **3.** *fig. finanziell*: keep up; **da kann unsereins nicht mehr mit!** we just can't keep up (*od.* compete) with that! **~ˌkrie·gen** *v/t* ‹*sep,* **-ge-**, **h**› *colloq.* → **mitbekommen. ~ˌkriegˌfüh·rend** *adj pol.* co-belligerent; **~er Staat** co-belligerent (nation). **~ˌla·chen** *v/i* ‹*sep,* **-ge-**, **h**› join in the laughter. **~ˌlas·sen** *v/t* ‹*irr, sep,* **-ge-**, **h**› **j-n (mit j-m)** ~ allow s. o. to go (along) (with s. o.). **~ˌlau·fen** *v/i* ‹*irr, sep,* **-ge-**, **sein**› **1.** run (*od.* walk) (along) with s. o. **2.** *Sport*: (**bei e-m Rennen**) ~ run (*od.* take part) (in a race). **3.** *fig.* **das läuft noch nebenbei mit** that passes with the rest; **et.** ~ **lassen** deal with s. th. on the side. **4.** *fig. colloq.* **et.** ~ **lassen** → **mitgehen** 4. **~ˌläu·fer** *m* ‹**-s**; **-**› **1.** *bes. pol. e-r Partei*: nominal (party) member, (*Sympathisant*) fellow-traveller. **2.** *contp.* hanger-on. **3.** *Sport*: fellow-runner, other competitor. **~ˌlaut** *m ling.* consonant. **~ˌlautˌfol·ge** *f* consonant group (*od.* cluster). **~ˌleid** *n* ‹**-(e)s**; *no pl*› **1.** pity, compassion, sympathy; ~ **mit sich selbst** self-pity; **aus** ~ **für** out of pity for; ~ **mit j-m haben, für j-n** ~ **empfinden** have (*od.* take) pity (*od.* compassion) on s. o., pity s. o., feel sorry for s. o.; → **erwecken** 3. **2.** (*Erbarmen*) mercy; **habt doch** ~ **mit mir** do have mercy on me. **~ˌlei·den** *v/i* ‹*irr, sep,* **-ge-**, **h**› sympathize (*od.* commiserate) with s. o. **~ˌlei·den·schaft** *f* ‹**-**; *no pl*› **in** ~ **gezogen werden** a) (*beeinträchtigt*) be affected, be involved, b) (*beschädigt*) be damaged, be impaired. **~ˌleid·erˌre·gend** *adj* pitiful, pitiable. **~ˌlei·dig** *adj* **1.** compassionate, pitying, sympathetic, full of pity. **2.** (*verächtlich*) *Lächeln etc*: pitying, contemptuous. **~ˌleid·los** *adj* → **mitleidslos.**

ˈmitˌleids|los *adj* pitiless, merciless. **~lo·sig·keit** *f* ‹**-**; *no pl*› unfeeling nature (*od.* attitude), pitilessness, mercilessness.

ˈmitˌleid(s)ˌvoll *adj* → **mitleidig** 1.

ˈmit|ˌle·sen *v/t* ‹*irr, sep,* **-ge-**, **h**› **1.** read *s. th.* (together) with s. o., read *s. th.* as well. **2.** (*Zeitung etc*) be a joint subscriber to. **~ˌlocken** (*getr.* **-k·k-**) *v/t* ‹*sep,* **-ge-**, **h**› **j-n** ~ lure s. o. along. **~ˌma·chen I** *v/t* ‹*sep,* **-ge-**, **h**› **1.** make (*od.* do) *s. th.* at the same time (*od.* as well). **2.** (*Spiel, Ausflug etc*) join in, (*Feierlichkeiten, Demonstration, Unsinn etc*) take part in, (*Party, Tanz etc*) go to; *colloq.* **er macht alles mit** he is game for anything. **3.** (*Mode etc*) keep up with. **4.** *Schlimmes ertragen* go through, live through; **er hat viel mitgemacht** he has gone through (*od.* suffered) a lot; *colloq.* **das mach ich nicht mehr lange mit!** I can't stand this much longer! (*cf. a.* 9); **da machst du (vielleicht) was mit** it's unbelievable what one has to put up with. **II** *v/i* **5.** join in, take part, participate, (*helfen*) help, lend a hand; **machen Sie mit?** are you on?; **mach doch mit!** a) do join in!, b) do lend a hand!; **ich mach (nicht) mit!** count me in (out)! **6.** (*dem Beispiel folgen*) follow suit. **7.** (*mithalten*) keep up (*od.* pace). **8.** *ped.* (**beim Unterricht**) ~ take an active part (in lessons). **9.** *colloq.* **nicht mehr lange** ~ *Person*: not to last much longer, *Motor, Radio etc*: *a.* pack up (*od.* conk out) soon. **~ˌmensch** *m* fellow-man (*od.* -creature, -being). **~ˌmi·schen** *v/i* ‹*sep,* **-ge-**, **h**› *colloq.* **1.** take part in, be right in there (with the rest of them); **er muß überall** ~ he wants to have a finger in every pie. **2.** (*standhalten*) hold one's own, *bei Schlägerei, Streit*: give as good as one gets. **~ˌmüs·sen** *v/i* ‹*irr, sep,* **-ge-**, **h**› *colloq.* (**mit j-m**) ~ have to go (along) (*od.* come along) (with s.o.). **~ˌnah·me** *f* ‹**-**; *no pl*› **unter** ~ **von** taking along. **~ˌneh·men** *v/t* ‹*irr, sep,* **-ge-**, **h**› **1.** (*mit sich führen*) a) take *s. th.* (along) with one, b) take *s. th.* as well. **2.** (*mit sich kommen lassen*) take *s. o.* along (with one), let *s. o.* go with one; **nimm mich doch mit!** please let me go with you! **3.** *Zug etc*: carry, convey (*goods, passengers*). **4.** (*einsteigen lassen, abholen*) pick up. **5.** *im Auto*: give *s. o.* a lift (*od.* ride); **mitgenommen werden** get a lift. **6.** (*entleihen*) take away, borrow (*a book, etc*). **7.** (*kaufen*) take, buy (*a dress, etc*). **8.** (*stehlen, entwenden*) take, make away (*od.* off) with. **9.** *fig. colloq.* (*auf der Reise kurz besuchen*) touch, *bes. Am.* take in, call at (*Paris, etc*). **10.** *fig.* (*lernen*) (**aus** *e-m Vortrag etc* from) learn, benefit, profit. **11.** *fig. colloq.* (*Geld, Verdienst etc*) pocket, take. **12.** *fig. colloq.* **j-n sehr** (*od.* **arg, böse, tüchtig**) ~ a) (*ermatten, schwächen*) pull s. o. down, wear s. o. out, exhaust (*od.* take it out of) s. o., b) (*mißhandeln, leiden machen*) treat s. o. harshly, let s. o. have it, c) (*erschüttern*) move s. o. deeply, get under s. o.'s skin; **das hat ihn sehr mitgenommen** that has hit him hard, it has taken its toll of him; → **mitgenommen** II. **13.** *Kartenspiel*: (*Stich*) take.

ˈMitˌneh·mer *m* <-s; -> *tech.* driver, dog, cam. **~ˌbol·zen** *m* driving (*od.* driver) pin, carrier bolt. **~ˌlap·pen** *m* flat driving tang. **~ˌnut** *f* driving slot. **~ˌschei·be** *f* driver plate.

ˌmitˈnich·ten [-ˈnɪçtən] *adv archaic* not at all, by no means, in no way.

Mi·to·se [miˈtoːzə] *f* <-; -n> *biol.* mitosis, karyokinesis. **miˈto·tisch** [-tɪʃ] *adj* mitotic, karyokinetic.

ˈMitˌpacht *f jur.* joint lease, co-tenancy. **ˈMitˌpäch·ter** *m* joint tenant, co-tenant, co-lessee.

Mi·tra [ˈmiːtra] *f* <-; Mitren> *relig.* mit/re (*Am.* -er).

mi·tral [miˈtraːl] *adj anat.* mitral.

ˈmit|ˌra·ten *v/i* <*irr, sep,* -ge-, h> help (to) solve the puzzle. **~ˌrech·nen I** *v/t* <*sep,* -ge-, h> **1.** (*hinzurechnen*) count (in), include; **die Kinder nicht mitgerechnet** not counting the children. **2.** *econ.* include *s. th.* in the account (*od.* invoice). **3.** (*Aufgabe etc*) do a sum as well (*od.* at the same time). **II** *v/i* **4.** do a sum too (*od.* as well); **es stimmt, ich habe mitgerechnet** it is correct, I've arrived at the same result; → *a.* **mitzählen**. **~ˌre·den I** *v/t* <*sep,* -ge-, h> **et.** (**nichts**) **mitzureden haben** have a say (no say) (**bei** in); **darf ich auch ein Wörtchen ~?** may I put in a word as well?; **Sie haben hier nichts mitzureden** you have (got) no say (*od.* nothing to say) in this matter, this matter is no concern of yours (*od. colloq.* none of your business). **II** *v/i* join in the conversation (*od.* talk). **≗ˌree·der** *m mar.* part (*od.* joint) owner. **≗reˌgent** *m,* **≗reˌgen·tin** *f* co-regent. **~ˌrei·sen** *v/i* <*sep,* -ge-, sein> (**mit j-m**) ~ travel (along) with s. o. **≗ˌrei·sen·de** *m, f* <-n; -n> fellow-passenger, travel companion. **~ˌrei·ßen** *v/t* <*irr, sep,* -ge-, h> **1.** sweep (*od.* carry) *s. th., s. o.* away, drag *s. th., s. o.* along. **2.** *fig.* (*begeistern*) carry *s. o.* away (*od.* along), *stärker*: sweep *s. o.* off his feet, electrify. **~ˌrei·ßend** *adj Rede, Musik etc*: rousing, thrilling, electrifying.

ˌmitˈsamt *prep* <*dat*> together with.

ˈmit|ˌschicken (*getr.* -k·k-) *v/t* <*sep,* -ge-, h> **1.** (**j-m**) **et.** ~ send s. th. along (for s. o.), send (s. o.) s. th. **2.** *in Briefen*: enclose, inclose. **3.** (**j-m**) **j-n** ~ send s. o. along (with s. o.), ask s. o. to go along (with s. o.). **~ˌschlei·fen** *v/t* <*sep,* -ge-, h> *a. fig. colloq.* **j-n** (**et.**) ~ drag s. o. (s. th.) (along) (with one). **~ˌschlep·pen** *v/t* <*sep,* -ge-, h> **1.** drag *s. th.* (*fig. colloq. a. s. o.*) along (with one). **2.** *fig. colloq.* (*schlechten Schüler*) carry along. **~ˌschnei·den** *v/t* <*irr, sep,* -ge-, h> tape-record. **~ˌschrei·ben I** *v/t* <*irr, sep,* -ge-, h> **1.** write (down), take down, take a record of. **2.** (*Notizen machen*) take notes of. **3.** *ped.* (*Prüfungsarbeit*) take, do, write. **4.** *Sport*: (*Punkte*) mark. **II** *v/i* **5.** write (down) (*od.* take down) what s. o. says. **≗ˌschuld** *f* partial responsibility, *jur. obs. im Eherecht*: partial guilt; ~ **an e-r Sache haben** → **~ˌschul·dig** *adj* ~ **an e-r Sache sein** be partly responsible (*od.* to blame) for s. th. **≗ˌschul·di·ge** *m, f* <-n; -n> (**an** *dat*) person who is partly responsible (*od.* to blame) (for), accomplice (in), accessory (to). **≗ˌschuld·ner** *m econ.* joint debtor, co-debtor. **≗ˌschü·ler** *m,* **≗ˌschü·le·rin** *f* classmate, schoolmate, schoolfellow. **~ˌschwin·gen** *v/i* <*irr, sep,* -ge-, h> **1.** *phys.* resonate (together with). **2.** → **mitklingen** 2. **~ˌsin·gen I** *v/t* <*irr, sep,* -ge-, h> **1.** (*Lied, Melodie etc*) join in the singing of, sing *s. th.* (together) (with s. o.). **II** *v/i* **2.** join in the singing, sing (together) (with s. o.); **in e-m Chor** ~ sing in (*od.* be a member of) a choir. **~ˌsol·len** *v/i* <*sep,* -ge-, h> *colloq.* be supposed to go (along) (*od.* come along). **~ˌspie·len I** *v/i* <*sep,* -ge-, h> **1.** join in a game, play with s. o. **2.** *Film, thea. etc* be in the cast (*od.* play, film); **in e-m Orchester** ~ play in (*od.* be a member of) an orchestra; **wer spielt bei Hamlet mit?** who is acting (*od.* playing) in Hamlet? **3.** *Sport*: be in the team, play. **4.** *fig. colloq.* (*mitmachen*) take part, participate (**bei** in), *weitS.* go along with it, play; **ich spiele nicht mehr mit** count me out. **5.** *fig. colloq. Umstände etc*: play a part, be involved. **6.** *fig. colloq.* **j-m arg** (*od.* **böse, übel**) ~ a) handle s. o. roughly, rough s. o. up, b) play a nasty trick on s. o., do the dirty on s. o.; **das Schicksal hat ihm übel mitgespielt** fate has been very hard on him. **II** *v/t* **7.** play *s. th.* with s. o., take part in, participate in, join in. **≗ˌspie·ler** *m* **1.** *Sport*: a) partner, b) team-mate. **2.** other player, participant. **3.** *thea. Film*: supporting actor, (other) actor, (other) member of the cast. **≗ˌspra·che** *f,* **≗ˌspra·cheˌrecht** *n* (right to a) say, *econ. a.* (right of) co-determination; ~ **haben bei** have a say (*od.* voice) in. **~ˌspre·chen I** *v/t* <*irr, sep,* -ge-, h> **1.** *gemeinsam*: say (*a prayer, etc*) together (with s. o.); **sprechen Sie die Worte mit** a) say the words I say, b) say the words together with me. **2.** → **mitreden** I. **II** *v/i* **3.** → **mitreden** II. **~ste·no·graˌphie·ren** *v/t* → **stenographieren**. **≗ˌstrei·ter** *m* <-s; -> → **Mitkämpfer**.

Mit·tag[1] [ˈmɪtaːk] **I** *m* <-(e)s; -e> **1.** (*Tageszeit*) noon, midday; **des ~s** at noon; **e-s ~s** one day at noon. **2.** *colloq.* (*~spause*) lunch(time), lunch hour; ~ **haben** have one's lunch-break. **3.** (*Süden*) south; **die Sonne steht im** ~ the sun stands in the south; *poet.* **er steht im ~ s-s Lebens** (*od.* **s-r Jahre**) he is in the prime of life. **II ≗** *adv* **4.** noon; **heute** (**morgen, Dienstag**) ~ today (tomorrow, Tuesday) at noon. **ˈMit·tag**[2] *n* <-(e)s; *no pl*> → **Mittagessen**; ~ **essen** (have) lunch; **was gibt es zu ~?** what are we having for lunch?

ˈMit·tag|ˌbrot *n* <-(e)s; *no pl*>, **~ˌes·sen** *n* lunch, *formell*: luncheon.

mit·tä·gig [ˈmɪtɛːgɪç] *adj Hitze etc*: noonday, midday. **mit·täg·lich** [ˈmɪtɛːklɪç] *adj* (*jeden Mittag*) noonday, midday (*walk, etc*).

ˈmit·tags *adv* **1.** (at) noon, midday; **von ~ bis abends** from midday until evening; (**um**) **12 Uhr ~,** ~ (**um**) **12 Uhr,** ~ **um 12** at twelve noon. **2.** (*in der Mittagspause*) at lunch(time). **3.** *dial. for* **nachmittags**.

ˈMit·tags|ˌausˌga·be *f e-r Zeitung*: noon (*od.* midday) edition. **~ˌblatt** *n* noon (*od.* midday) paper. **~ˌgast** *m* guest for lunch. **~ˌglut, ~ˌhit·ze** *f* midday (*od.* noonday) heat. **~ˌhö·he** *f astr.* meridian altitude. **~konˌzert** *n mus.* lunchtime concert. **~ˌkreis** *m astr.* meridian (circle). **~ˌli·nie** *f* meridian (line). **~ˌmahl** *n,* **~ˌmahlˌzeit** *f* **1.** midday meal. **2.** → **Mittagessen**. **~ˌpau·se** *f* lunch break (*od.* hour), lunchtime. **~ˌpunkt** *m astr.* meridional point. **~ˌru·he** *f* midday (*od.* noonday) rest. **~ˌschlaf** *m* after-dinner (*od.* afternoon) nap, siesta; **e-n ~ halten** (*od.* **machen**) have (*od.* take) an afternoon nap. **~ˌschläf·chen** *n* → **Mittagsschlaf**. **~ˌson·ne** *f* **1.** midday sun. **2.** (**die**) ~ **haben** *Zimmer etc*: face the south. **~ˌstun·de** *f* **1.** → **Mittag**[1] 1. **2.** → **Mittag**[1] 2, **Mittagspause**. **~ˌtisch** *m* **1.** dinner (*od.* dining) table; **am ~ sitzen** sit at the table having lunch (*od.* dinner). **2. gutbürgerlicher** ~ good home (*od.* plain) cooking; ~ **für Studenten** meals *pl* (at reduced prices) for students. **~ˌzeit** *f* → **Mittag**[1] 1, 2.

ˈmitˌtan·zen I *v/t* <*sep,* -ge-, h> (*Tanz*) join in. **II** *v/i* join in the dancing, dance with s. o.

ˈMitˌtä·ter *m jur.* principal in the second degree, accomplice, accessory (to the crime). **~schaft** *f* <-; *no pl*> complicity.

ˌMittˈdrei·ßi·ger [ˌmɪt-] *m* <-s; -> *colloq.* man in his middle thirties.

Mit·te [ˈmɪtə] *f* <-; -n> **1.** middle; **ein Blatt Papier in der ~ falten** fold a sheet of paper in (*od.* down) the middle; **j-n in die ~ nehmen** a) take s. o. between them (*od.* us, *etc*), b) *Fußball etc*: sandwich s. o.; **in der ~ zwischen** (*od.* **von**) halfway between; **die Wahrheit liegt irgendwo in der** ~ the truth lies somewhere in between; *fig.* **in der ~ stehen** take a middle-of-the-road course; *colloq.* **ab durch die ~!** a) off with you!, clear off!, scram!, b) let's be off! **2.** (*Mittelpunkt*) cent/re (*Am.* -er) (*of a circle, etc*). **3.** *zeitlich*: middle; **die ~ des Jahres** (**Tages**) the middle of the year (day); **in der ~ des 18. Jahrhunderts** in the middle of the eighteenth century; **in der ~ des Lebens** in the middle (*od.* prime) of life; ~ **Mai** in the middle of May, in mid-May; **er ist ~ Vierzig** (*od.* **der Vierziger**) he is in his middle forties. **4.** *fig.* (*Mittelweg*) mean, medium; **die goldene** (*od.* **rechte**) ~ **finden** (**halten**) find (keep to) a golden (*od.* happy) medium. **5.** *fig.* midst; **aus unserer** ~ from among us, from our midst; **in unserer** ~ among us, in our midst. **6.** *Sport*: a) *des Spielfeldes*: cent/re (*Am.* -er), b) *der Schießscheibe*: bull's-eye; **er traf** (**genau**) **die** ~ he hit the bull's-eye. **7.** *pol.* cent/re (*Am.* -er); **ein Politiker der linken** ~ a politician of the left centre. **8.** *hist.* **Reich der** ~ (*China*) Middle Kingdom. **9.** ~ **des Schiffs** midship; **in der ~ des Schiffs** (**befindlich**) amidship(s). **10.** (*Taille*) waist.

ˈmitˌteil·bar *adj* communicable. **≗keit** *f* <-; *no pl*> communicability.

ˈmitˌtei·len I *v/t* <*sep,* -ge-, h> **1. j-m et.** ~ tell s. o. s. th., inform s. o. of s. th., *formell*: impart (*od.* communicate) s. th. to s. o., *amtlich*: notify (*od.* inform) s. o. of s. th., *schonend*: break the news to s. o. that, (*Wissen, Erfahrung etc*) impart s. th. to s. o.; **j-m schonend ~, daß** break it gently to s. o. that; **bitte teilen Sie uns mit, wann** please let us know when; **wir müssen Ihnen leider ~, daß** we regret to inform you that. **2.** *bes. phys.* impart, communicate, convey; **e-r Sache e-e Bewegung** ~ impart motion to a thing. **II** *v/reflex lit.* **3. sich (j-m) ~** a) talk to (*od.* with) others (*od.* s. o.), b) unbosom o. s. (to s. o.), open one's heart to s. o.; **sie hatte ein dringendes Bedürfnis, sich (j-m) mitzuteilen** she had a strong desire to talk to (*vertraulich*: confide in) s. o. **4. sich j-m ~** *Laune, Erregung etc*: transmit (*od.* communicate) itself to s. o. **III ≈** *n* ⟨-s⟩ **5.** informing (*etc*). **6.** → **Mitteilung.**

ˈ**mit|teil·sam** *adj* communicative; (*gesprächig*) talkative, chatty; **~ werden** become talkative, open up. **≈keit** *f* ⟨-; *no pl*⟩ communicativeness (*etc*).

ˈ**Mit|tei·lung** *f* ⟨-; -en⟩ **1.** communication, report, information; **e-e vertrauliche ~** a confidential communication, *jur.* a privileged communication; **mündliche ~** verbal communication, communication by word of mouth; **schriftliche ~** note, letter, written communication; **laut ~ des Presseamtes** according to a press office communication (*od.* report, information); *adm.* **j-m von e-r Sache ~ machen** inform s. o. of s. th. **2.** (*Nachricht*) message, news *pl* (*als sg od. pl konstruiert*). **3.** *jur. von Urkunden*: service. **4.** *amtliche*: notice, notification, *e-r Partei*: statement. **5.** *bes. phys.* communication, transmission, impartation.

ˈ**Mit|tei·lungs|blatt** *n* information bulletin. ˈ**Mit|tei·lungs·be|dürf·nis** *n* urge (*od.* desire) to talk to (*od.* with) others (*od.* s. o.).

ˈ**Mit·tel**[1] *n* ⟨-s; -⟩ **1.** (*Hilfs≈ etc*) means *pl* (*als sg od. pl konstruiert*), way; **ein ~ zum Zweck** a means to an end; **künstlerische ~** artistic means; **~ und Wege finden** find ways and means; **kein ~ unversucht lassen** try everything (*od.* every possible means), leave no stone unturned; **als letztes ~** as a last resort; **et. mit friedlichen ~n erreichen** achieve s. th. by peaceful means; **wenn alle ~ versagen** if everything fails; **das äußerste** (*od.* **letzte**) **~ anwenden** turn to the last resort, take extreme measures; **ihm ist jedes ~ recht** he stops (*od.* sticks) at nothing, he will go to any length; **die ~ besitzen, et. zu tun** be in a position to do s. th. **2.** (*Verfahren*) method. **3.** (*Maßnahme*) measure; **welche ~ werden sie anwenden?** what measures will they take? **4.** (*Notbehelf, Ausweg*) expedient. **5.** *fig.* (*Werkzeug*) tool, instrument, (*political, etc*) device. **6.** *pl* (*Anlagen, Reserven, a. geistige*) resources. **7. sich ins ~ legen** a) (*vermitteln*) act as mediator, mediate, b) (*unterstützen*) intercede, step in; **sich bei j-m für j-n ins ~ legen** intercede with s. o. on behalf of (*od.* for) s. o. **8.** *pl bes. econ.* (*Geld≈*) means, resources, funds; **et. mit öffentlichen ~n unterstützen** subsidize s. th. (from public funds); **flüssige** (*od.* **verfügbare**) **~** liquid funds; **er verfügt über geringe ~** he is a man of slender means; **er lebt über s-e ~** he lives beyond his means; **m-e ~ erlauben es nicht** I cannot afford it. **9.** *fig.* (*Gegen≈*) remedy (**gegen** against, for); **~ gegen die Inflation** remedy for inflation, deflationary instrument (*od.* device). **10.** *med.* remedy, cure, drug, medicine. **11.** *bes. math.* a) (*Durchschnitt*) average, b) (*~wert*) mean; **das ~ errechnen** work out the average; **im ~** on average; **das arithmetische** (**geometrische**) **~** the arithmetic (geometric) mean. **12.** *bes. phys.* (*Medium*) medium; **optisches ~** optical medium.

ˈ**Mit·tel**[2] *f* ⟨-; *no pl*⟩ *print.* English.

ˈ**mit·tel I** *adj* → **mittler. II** *adv colloq.* middling, so-so.

ˈ**Mit·tel||ach·se** *f* central axis, *e-s Dreiecks*: median axis, midline. **~|al·ter** *n* ⟨-s; *no pl*⟩ **1.** *hist.* Middle Ages *pl*; *fig.* **finsterstes ~** Dark Ages; **in der Welt des ~s** in the medi(a)eval world. **2.** *colloq. e-r Person*: middle age. **≈|al·ter·lich** *adj* **1.** *hist.* medi(a)eval, *fig. a.* antediluvian, old-fashioned. **2.** *colloq. Person*: middle-aged. **~ame·ri·ka** [-ˀaˈmeːrika] *n geogr.* Central America. **≈ame·riˈka·nisch** *adj* Central American. **≈asia·tisch** [-ˀaˈzĭaːtɪʃ] *adj* Central Asian. **~ˈasien** *n* Central Asia. **~bal|kon** *m thea.* dress circle.

ˈ**mit·tel·bar I** *adj Wirkung, Einfluß etc*: indirect, *bes. jur. Besitz etc*: mediate, *Zeuge etc*: intermediate, *Schaden etc*: consequential. **II** *adv* **~ beteiligt** indirectly involved.

ˈ**Mit·tel||bau** *m* **1.** (*Gebäude*) central (portion of a) building (*od.* tract). **2.** *fig.* a) *beim Beamtentum*: medium-salary positions *pl*, b) *bei Industrie und Handel*: middle-range posts *pl*, c) *univ.* non-professional staff. **~be|trieb** *m econ.* medium-sized enterprise. **~|bo·gen** *m arch.* cent/re (*Am.* -er) (*od.* main) arch. **~|brust|ring** *m der Insekten*: mesothorax.

ˈ**Mit·tel·chen** *n* ⟨-s; -⟩ **1.** *dim. of* **Mittel**[1]. **2.** home remedy. **3.** unfair means *pl* (*als sg od. pl konstruiert*), mean (*od.* dirty, little) trick.

ˈ**Mit·tel||darm** *m anat. zo.* midgut, mid-intestine. **~|decker** (*getr.* **-k·k-**) *m aer.* mid-wing monoplane.

ˈ**mit·tel|deutsch I** *adj* Central German. **II** *ling.* **≈** ⟨*generally undeclined*⟩, **das ≈e** ⟨-n⟩ Central (*od.* Middle) German.

ˈ**Mit·tel||deutsch|land** *n geogr.* Central Germany. **~|ding** *n* cross (**zwischen** between), s. th. in between. **~euˈro·pa** *n geogr.* Central Europe. **≈eu·roˈpä·isch** *adj* Central European; **~e Zeit** Central European Time. **~|far·be** *f* intermediate (*od.* neutral, *phys.* secondary) colo(u)r. **≈|fein** *adj* medium-fine. **~|feld** *n* **1.** *Sport*: midfield. **2.** *her.* cent/re (*Am.* -er) field. **~|feld|spie·ler** *m* midfield player. **~|fin·ger** *m* middle finger. **~fre|quenz** *f Radio*: mean frequency. **≈|fri·stig** [-|frɪstɪç] *econ.* **I** *adj* medium-term. **II** *adv* over the medium term.

ˈ**Mit·tel||fuß** *m* ⟨-es; *no pl*⟩ *anat. zo.* metatarsus. **~|fuß|kno·chen** *m* metatarsal (bone). **~|gang** *m* **1.** *im Kino, Zug etc*: central passageway (*od.* gangway), *Am. u. in Kirche*: central aisle. **2.** *e-s Pferdes*: broken amble, entrepas. **~ge|bir·ge** *n geogr.* low mountain range (*up to about 2,000 m high*), highlands *pl*. **~ge|wicht** *n*, **~ge|wicht·ler** *m* ⟨-s; -⟩ *Boxen etc*: middleweight. **~ge|wichts|klas·se** *f* middleweight (class). **~|glied** *n* **1.** middle joint, intermediate member. **2.** *anat.* middle joint. **3.** *philos. e-s Schlusses*: middle (term). **4.** *math.* intermediate term (*od.* member). **~|grie·chisch** ⟨*generally undeclined*⟩, **das ~e** ⟨-n⟩ *ling.* Byzantine (Greek). **≈|groß** *adj* **1.** *Person*: of medium height. **2.** *Sache*: medium-sized. **~|grö·ße** *f* medium height (*od.* size). **~|grund** *m Kunst*: middle distance (*od.* ground). **~|hand** *f* ⟨-; *no pl*⟩ **1.** *anat.* metacarpus. **2.** *Kartenspiel*: second hand; **in der ~ sein** (*od.* **sitzen**) be second hand. **~|hand|kno·chen** *m* metacarpal (bone). **~|hirn** *n anat.* midbrain, mesencephalon.

ˈ**mit·tel|hoch|deutsch I** *adj* Middle High German. **II** *ling.* **≈** ⟨*generally undeclined*⟩, **das ≈e** ⟨-n⟩ Middle High German.

ˈ**Mit·tel||klas·se** *f* **1.** *sociol.* middle class. **2.** *econ.* a) medium quality, b) *mot.* middle class; **Wagen der ~** → **~|klas·se|wa·gen** *m* car in the medium range, middle-class car. **~|kreis** *m* cent/re (*Am.* -er) circle. **~|kurs** *m* **1.** *econ.* average rate (of exchange). **2.** *fig.* **e-n ~ steuern** steer a middle(-of-the-road) course. **~|la·ge** *f* **1.** central position, mid-position. **2.** *mus.* middle register. **≈|län·disch** *adj Klima etc*: Mediterranean. **~la|tein** *n ling.* Medi(a)eval Latin. **~|läu·fer** *m Sport*: cent/re (*Am.* -er) half. **~|lei·ter** *m electr.* neutral wire, central conductor. **~|li·nie** *f* **1.** cent/re (*Am.* -er) line. **2.** *math.* a) *a. biol.* midline, median line, b) (*Halbierungslinie*) bisector. **3.** *phys. e-s Magneten*: neutral zone. **4.** *Sport*: cent/re (*Am.* -er) line, *bes. Fußball*: halfway line, *Tennis*: centre service line, *Tischtennis*: service line. **≈los** *adj* without means, poor, destitute, penniless, *lit.* impecunious. **~lo·se** *m, f* ⟨-n; -n⟩ destitute, poor person, person without means. **~lo·sig·keit** *f* ⟨-; *no pl*⟩ want (*od.* lack) of means, destitution, pennilessness. **~|mäch·te, die** *pol. hist.* the Central (European) Powers. **~|maß** *n* **1.** medium (*od.* average) size. **2.** balance, happy medium; **ein ~ einhalten** strike a balance (*od.* happy medium). **3.** average standard, *contp.* mediocrity.

ˈ**mit·tel|mä·ßig** *adj* **1.** (*durchschnittlich*) average, medium; **e-e ~e Leistung** an average performance. **2.** *contp.* mediocre, indifferent; **ein ~es Buch** a mediocre book. **≈keit** *f* ⟨-; *no pl*⟩ **1.** average standard (*od.* quality). **2.** *contp.* mediocrity.

ˈ**mit·tel|mee·risch** *adj Klima etc*: Mediterranean.

ˈ**Mit·tel||meer|län·der** *pl geogr.* Mediterranean countries. **~|meer|raum** *m* Mediterranean area.

ˈ**mit·tel|nie·der|deutsch I** *adj* Middle Low German. **II** *ling.* **≈** ⟨*generally undeclined*⟩, **das ≈e** ⟨-n⟩ Middle Low German.

ˈ**Mit·tel||ohr** *n anat.* middle ear, tympanum. **~|ohr|ei·te·rung** *f* middle ear suppuration. **~|ohr·ent|zün·dung** *f* inflammation of the middle ear. **~par|tei** *f pol.* cent/re (*Am.* -er) party. **~|pfei·ler** *m arch.* central pillar. **≈|präch·tig** *humor.* **I** *adj* middling, ⟨*pred*⟩ so-so. **II** *adv* so-so, fair to middling. **~|punkt** *m* **1.** cent/re (*Am.* -er) (*a. math.*), middle, central point. **2.** *fig. e-s Vortrags etc*: main topic. **3.** *fig. kultureller, politischer etc*: cent/re (*Am.* -er), hub, heart. **4.** *fig.* (*Brennpunkt*) focus; **im ~ des Interesses stehen** be the focus of interest, be in the limelight. **5.** *fig.* (*Hauptperson*) cent/re (*Am.* -er) of attention; **sie will immer ~ sein** she always wants to be the centre of attention, she is fond of the limelight. **~|punkt|schu·le** *f ped.* cent/re (*Am.* -er) school (of rural districts).

ˈ**mit·tels** *prep* **1.** ⟨*gen*⟩ by means of, with (the help of), by way of, through. **2.** ⟨*nom*⟩ **~ Draht** with wire.

ˈ**Mit·tel||salz** *n meist pl chem.* neutral (*od.* secondary) salt. **~|schei·tel** *m* cent/re (*Am.* -er) parting; **sie trägt e-n ~** she parts her hair in the middle. **~|schie·ne** *f rail.* cent/re (*Am.* -er) rail. **~|schiff** *n arch.* (central) nave. **~|schmerz** *m med.* intermenstrual pain, midpain. **~|schu·le** *f ped. obs. for* **Realschule. ≈|schwer** *adj* **1.** *Verletzungen etc*: moderately severe, fairly serious. **2.** *Prüfung, Diktat etc*: of medium difficulty. **~|schwer·ge|wicht** *n*, **~|schwer·ge|wicht·ler** *m* ⟨-s; -⟩ *Gewichtheben*: middle heavyweight.

ˈMit·tels|mann *m* ⟨-(e)s; -leute *od.* -männer⟩, **ˈMit·tels·per|son** *f* (*Vermittler*) mediator, (*Zwischenträger, Agent*) intermediary, go-between; *econ.* middle man.

ˈmit·telst *prep obs. for* **mittels.**

ˈMit·tel||stadt *f* medium-sized town. **~|stand** *m sociol.* middle class(es *pl*), bourgeoisie; **gehobener ~** upper middle class. **≈|stän·dig** *adj bot.* central, perigynous. **≈|stän·disch** *adj*, **~|stands...** *sociol.* middle-class, bourgeois. **~|stein|zeit** *f geol. hist.* Mesolithic Age, Middle Stone Age. **≈|stein|zeit·lich** *adj* Mesolithic. **~|stel·lung** *f* intermediate (*od.* midway) position. **~|stim·men** *pl mus.* middle parts (*od.* voices). **~|strecke** (*getr.* -k·k-) *f* **1.** average (*od.* medium) distance. **2.** *Sport*: middle distance. **3.** *aer.* medium range.

ˈMit·tel|strecken||flug|zeug (*getr.* -k·k-) *n* medium-range aircraft. **~|lauf** *m Sport*: a) middle-distance running, b) (*Wettbewerb*) middle-distance race. **~|läu·fer** *m* middle-distance runner. **~ra|ke·te** *f aer. mil.* medium-range (ballistic) missile.

ˈMit·tel||streck·ler *m* ⟨-s; -⟩ → **Mittelstreckenläufer.** **~|strei·fen** *m der Autobahn*: central reserve, *Am.* median strip. **~|stück** *n* middle part, *bes. tech.* middle section (*od.* portion), *gastr.* middle cut. **~|stu·fe** *f* **1.** intermediate stage. **2.** *ped.* intermediate grade(s *pl*). **~|stür·mer** *m Sport*: cent/re (*Am.* -er) forward. **~|teil** *m* → **Mittelstück.** **~|ton** *m* **1.** *mus.* mediant. **2.** *Kunst*: medium tone, half tint. **~|wa·che** *f mar.* middle watch. **~|was·ser** *n* half tide. **~|weg** *m* **1.** central path (*od.* way, lane). **2.** *fig.* middle course; **der goldene ~** the golden (*od.* happy) mean; **e-n ~ einschlagen** steer a middle course, make a compromise. **~|wel·le** *f Radio*: medium wave.

ˈMit·tel|wel·len|be|reich *m* medium-wave band. **~|sen·der** *m* medium-wave transmitter.

ˈMit·tel||wert *m econ. math. phys.* mean (value), average, *math. a.* median; **quadratischer ~** root-mean-square. **~|wort** *n ling.* participle; **~ der Gegenwart (Vergangenheit)** present (past) participle.

mit·ten [ˈmɪtən] *adv* **1.** in (*od.* down) the middle; **~ entzwei** (right) in two, clean through; **~ hinein** into the midst of it, right into it. **2.** *mit Präposition*: in the middle (*od.* midst) (of); **~ am Tage** in broad daylight; **er kehrte ~ auf dem Wege wieder um** he turned back midway; **der Pfad geht ~ durch den Wald** the path goes right through (the middle of) the forest; **~ in der Luft** in midair; **~ im Gewühl** in the thick of the crowd; **~ im Atlantik** in mid-Atlantic; **~ im Winter** in the middle (*od.* depth) of winter, in mid-winter; **~ in der Nacht** in the middle (*od.* dead) of the night; **~ in der Stadt** in the cent/re (*Am.* -er) (*od.* heart) of the town; **~ ins Herz** right in the heart; **~ in der Saison** at the height of the season; **~ unter uns** in our midst; **er steht ~ im Leben** he has both feet planted firmly on the ground; **er trat ~ in die Pfütze** he stepped right into (the middle of) the puddle. **~ˈdrein** [ˌmɪtən-] *adv colloq.* right in(to) the middle of it. **~ˈdrin** [ˌmɪtən-] *adv colloq.* right in the middle (*od.* midst) of it, (*im Gewühl*) *a.* in the thick of it. **~ˈdrun·ter** [ˌmɪtən-] *adv colloq.* **1.** right underneath. **2.** among them. **~ˈdurch** [ˌmɪtən-] *adv colloq.* (straight *od.* right) through the middle; **~ brechen** break in two. **~ˈmang** [ˌmɪtən-] *adv Northern G. colloq.* in among, in the (very) midst (*od.* middle), smack (bang) in the middle.

ˈMit·ter||nacht [ˈmɪtər-] *f* **1.** midnight; **um ~** at midnight. **2.** *obs.* North. **≈|nächt·lich** *adj* **1.** midnight; **zu ~er Stunde** at the midnight hour. **2.** *obs.* north(ern). **≈|nachts** *adv* at (*od.* about, *Am.* around) midnight.

ˈmit·ter|nachts||blau *adj* midnight blue. **≈|mes·se** *f R.C.* midnight mass. **≈|son·ne** *f* ⟨-; *no pl*⟩ midnight sun. **≈|stun·de** *f* midnight hour.

ˈMitt|fa·sten [ˈmɪt-] *pl R.C.* Mid-Lent *sg.*

ˈmit·tig *adj tech.* (con)centric.

ˈmitt·ler *adj* **1.** *Teil, Reihe, Kind etc*: middle, *Stadtteil etc*: *a.* central; **der ~e Osten** the Middle East; **~es Alter** middle age; **im ~en Alter** middle-aged. **2.** (*nach Rang od. Größe*) *Qualität, Einkommen etc*: medium, *econ. Qualität etc*: *a.* middling; **~e Gehaltsklasse** medium income group; **~es Management** middle management; **~er Beamter** medium-grade civil servant; **~er Betrieb** medium-sized firm; **von ~er Größe** a) *Person*: of medium height, b) *Stadt etc*: medium-sized; **in der ~en Preisklasse** in the medium-price range. **3.** (*durchschnittlich*) average (*size, speed, talent, etc*), *bes. phys. tech. etc* mean (*pressure, temperature, etc*); *astr.* **~e Zeit (Ortszeit, Sonne)** mean time (local time, sun); *econ.* **~er Lohnsatz** average wage rate; *mar.* **~er Tiefgang** mean draught (*Am.* draft).

ˈMitt·ler *m* ⟨-s; -⟩ mediator, *relig. a.* intercessor. **~|amt** *n* mediatorship.

ˈmitt·lerˈwei·le *adv* **1.** meanwhile, (in the) meantime, in the interim. **2.** (*seitdem*) since (then).

ˈmit||tra·gen *v/t* ⟨*irr, sep,* -ge-, h⟩ **1.** a) carry *s.th.* jointly (*od.* with others), b) carry *s.th.* as well. **2.** *fig.* share (*s.o.'s loss, grief*). **~|trin·ken I** *v/i* ⟨*irr, sep,* -ge-, h⟩ join in a drink; **mit j-m ~** have (*od.* take) a drink with s.o. **II** *v/t* **trinkst du et. mit?** will you have a drink with me (*od.* us)?, will you join me (*od.* us) in a drink?

ˈmitt|schiffs *adv mar.* amidships.

ˈMitt|som·mer *m* ⟨-s; *no pl*⟩ midsummer; **~fest** *n* midsummer festival, St. John's Day; **~nacht** *f* midsummer night. **≈|som·mers** *adv* in midsummer.

ˈmit|tun *v/i* ⟨*irr, sep,* -ge-, h⟩ → **mitmachen** 5, 6.

ˈMitt|win·ter *m* ⟨-s; *no pl*⟩ midwinter.

ˈMitt||woch [-ˌvɔx] *m* ⟨-(e)s; -e⟩ Wednesday; **~abend** *m* Wednesday evening (*od.* night). **≈|wochs** *adv* on Wednesday(s), every (*od.* each) Wednesday, *bes. Am.* Wednesdays.

ˌmitˈun·ter *adv* (every) now and then (*od.* again), sometimes, occasionally, once in a while, from time to time.

ˈmit||un·ter|schrei·ben *v/i u. v/t* ⟨*irr, sep, no* -ge-, h⟩ add one's signature (to), sign (*s.th.*) as well; (*gegenzeichnen*) countersign. **≈|un·ter|schrift** *f* **1.** joint signature. **2.** countersignature. **~|un·ter|zeich·nen** *v/i u. v/t* ⟨*sep, no* -ge-, h⟩ → **mitunterschreiben.** **≈|un·ter|zeich·ner** *m* co-signator. **≈|ur|sa·che** *f* concurring (*med.* secondary) cause. **~ver|ant|wort·lich** *adj* jointly responsible. **≈ver|ant|wor·tung** *f* ⟨-; *no pl*⟩ joint responsibility. **~ver|die·nen** *v/i* ⟨*sep, no* -ge-, h⟩ contribute to the family income, earn as well. **≈ver|die·ne·rin** *f* ⟨-; -nen⟩ working wife. **≈ver|fas·ser** *m* co-author. **~ver|schul·den** *jur.* **I** *v/t* ⟨*sep, no* -ge-, h⟩ et. ~ be partly responsible for s.th. **II** **≈** *n* ⟨-s⟩ **fahrlässiges ~** contributory negligence. **≈ver|schwo·re·ne** *m* fellow conspirator. **~ver|si·chern** *v/t* ⟨*sep, no* -ge-, h⟩ *econ.* **1. et. ~** co-insure s.th. **2. j-n ~** insure s.o. (along *od.* together) with s.o. **≈ver|si·cher·te** *m* jointly insured (person), joined insuree. **≈ver|si·che·rung** *f* **1.** *von Sachen*: co-insurance. **2.** *von Personen*: joint insurance. **~ver|ur|sa·chen** *v/t* ⟨*sep, no* -ge-, h⟩ → **mitverschulden.** **≈|welt** *f* ⟨-; *no pl*⟩ **1.** people around one. **2.** (our, *etc*) contemporaries *pl*, (the) contemporary (*od.* present) generation. **~|wir·ken I** *v/i* ⟨*sep,* -ge-, h⟩ **1. bei** (*od.* **an**) **e-r Sache ~** help in s.th., help to do s.th., assist in (doing) s.th., be instrumental (*od.* co-operate) in doing s.th. **2.** (*teilnehmen*) **bei** (*od.* **an**) **e-r Sache ~** take part (*od.* participate) in s.th.; **bei e-m Film ~** take part (*od.* be, appear) in a film. **3.** (bei) *Faktoren, Umstände etc*: play a part (in), contribute (to). **II ≈** *n* ⟨-s⟩ **4.** helping (*etc*). **5.** → **Mitwirkung.** **~|wir·kend** *adj* **1.** *Künstler etc*: taking part. **2.** *Faktoren etc*: contributing, contributory; *jur.* **~es Verschulden** contributory negligence. **3.** *bes. phys.* coefficient. **≈|wir·ken·de** *m, f* ⟨-n; -n⟩ **1.** (*Mitarbeiter*) assistant, helper, contributor; **die ~n** those taking part. **2.** *mus.* player. **3.** *thea. Film*: player, performer, actor; **~ sind** the cast is as follows. **≈|wir·kung** *f* ⟨-; *no pl*⟩ **1.** → **mitwirken** 4. **2.** (*Mitarbeit*) help, participation, assistance, co-operation; **unter ~ von** with the co-operation of, assisted by. **3.** *adm. jur.* participation. **≈|wis·sen** *n* ⟨-s; *no pl*⟩ **1.** (joint) knowledge; **ohne mein ~** without my knowledge, unknown to me. **2.** *jur.* (*Kenntnis*) cognizance, privity, *b.s.* connivance. **≈|wis·ser** *m* ⟨-s; -⟩ **1.** person in on a secret (*od.* privy to s.th., *colloq.* in the know), (*bes. Vertrauter*) confidant. **2.** *jur.* accessory. **≈|wis·ser·schaft** *f* ⟨-; *no pl*⟩ → **Mitwissen.** **~|wol·len** *v/i* ⟨*irr, sep,* -ge-, h⟩ *colloq.* want to go (along) as well. **~|zäh·len I** *v/t* ⟨*sep,* -ge-, h⟩ **1.** count *s.th.* with s.o. **2.** take *s.th.* into account, include *s.th.* in the count; **die Abwesenden sind mitzuzählen** those absent are to be included in the count. **II** *v/i* **3.** count with s.o.; **zählen Sie bitte mit** please count with me. **4.** *fig.* count, be of importance; **das zählt nicht mit** that doesn't count. **~|zie·hen I** *v/t* ⟨*irr, sep,* -ge-, h⟩ **1.** pull *s.th.* with s.o., help s.o. pull. **2.** pull *s.o., s.th.* along with one. **3.** *fig.* carry *s.o.* along; **die anderen Läufer ~** carry the other runners along. **II** *v/i* **4.** ⟨h⟩ help s.o. pull. **5.** ⟨h⟩ **mit dem Gewehr ~** swing the gun. **6.** ⟨h⟩ *Preise*: rise (*od.* go up) accordingly. **7.** ⟨sein⟩ **(mit j-m) ~** go (*od.* travel) around with s.o. **8.** ⟨h⟩ **mit j-m ~** a) *Kartenspiel*: stay in the bidding, b) *fig.* follow suit, *sl.* play, go along.

ˈMix|be·cher *m* (cocktail) shaker.

mi·xen [ˈmɪksən] *v/t* ⟨h⟩ (*Getränke, a. tech. Musik etc*) mix. **ˈMi·xer** *m* ⟨-s; -⟩ **1.** (*Person*) cocktail (*od.* drink) mixer, barman, *Am.* bartender. **2.** (*Küchenmaschine*) mixer. **3.** *Radio, TV etc* (*Person*) mixer.

Mix·tur [mɪksˈtuːr] *f* ⟨-; -en⟩ **1.** *a. pharm.* mixture. **2.** *mus.* mixture (stop).

Mne·me [ˈmneːmə] *f* ⟨-; *no pl*⟩ *med. psych.* mneme, memory (trace). **Mne·mo·nik** [mneˈmoːnɪk] *f* ⟨-; *no pl*⟩ → **Mnemotechnik.** **Mne·mo·ni·ker** [mneˈmoːnikər] *m* ⟨-s; -⟩ → **Mnemotechniker.** **mne·mo·nisch** [mneˈmoːnɪʃ] *adj* → **mnemotechnisch.**

Mne·mo|tech·nik [mnemoˈtɛçnɪk] *f* <-; *no pl*> mnemonics *pl* (*meist als sg konstruiert*). **~ˈtech·ni·ker** [-ˈtɛçnikər] *m* <-s; -> mnemonist. **≈ˈtech·nisch** [-ˈtɛçnɪʃ] *adj* mnemonic, mnemotechnic(al).

Mob [mɔp] *m* <-s; *no pl*> mob.

Mö·bel [ˈmøːbəl] *n* <-s; -> **1.** *pl* furniture *sg*, furnishings. **2.** → Möbelstück. **3.** *fig. colloq.* a) clumsy (*od.* unwieldy) thing, b) **altes ~** (*Person*) fixture.

ˈMö·bel ... *in Zssgn* furniture (*industry, dealer, polish, shop, store*). **~ˌlack** *m* cabinet (*od.* furniture) varnish. **~ˌpacker** (*getr.* **-k·k-**) *m* furniture porter. **~ˌrol·le** *f* castor. **~spe·diˌteur** *m* removal contractor, remover, *Am.* moving man, mover. **~ˌstoff** *m* upholstery (*od.* upholstering) fabric (*od.* cloth). **~ˌstück** *n* piece of furniture. **~ˌtisch·ler** *m* cabinet-maker. **~trans·porˌteur** *m* → Möbelspediteur. **~transˌport·geˌschäft** *n* (firm of) removers *pl*, removal contractors *pl*, *Am.* (firm of) movers *pl*. **~ˌüberˌzug** *m* **1.** furniture (*od.* loose) cover. **2.** *für nicht benutzte Möbel*: dust-cover, slip-cover. **~ˌwa·gen** *m* furniture (*od.* removal) van, pantechnicon, *Am.* moving van.

mo·bil [moˈbiːl] *adj* **1.** *Polizei etc*: mobilized; *Arbeitskräfte*: mobile; (**Truppen**) **~ machen** mobilize (troops). **2.** *fig. colloq.* **j-n ~ machen** a) *für politische Kampagne etc*: mobilize s. o., (*zur Arbeit einspannen*) *a.* rope s. o. in, b) (*aufwecken*) rout s. o. out of bed, c) (*munter machen*) perk s. o. up, d) (*zur Arbeit antreiben*) chivvy s. o. along. **3.** (*beweglich*) mobile (*library, etc*). **4.** *fig. colloq.* active, lively, perky.

Mo·bi·le [ˈmoːbile] *n* <-s; -s> mobile.

Mo·bi·li·ar [mobiˈlĭaːr] *n* <-s; *no pl*> **1.** furniture. **2.** → Mobilien. **~kreˌdit** *m econ.* loan on movables (*od.* personal property). **~ˌpfän·dung** *f jur.* seizure of movable property. **~verˌmö·gen** *n econ. jur.* movable property. **~verˌsi·che·rung** *f econ.* insurance of personal property.

Mo·bi·li·en [moˈbiːlĭən] *pl* movables, movable assets (*od.* property *sg*), chattels.

Mo·bi·li|sa·ti·on [mobilizaˈtsĭoːn] *f* <-; -en> **1.** *med. operative*: mobilization. **2.** → Mobilmachung. **≈ˈsie·ren** [-ˈziːrən] *v/t* <*no* ge-, h> *mil. u. fig. colloq.* mobilize. **~ˈsie·rung** *f* <-; -en> mobilization.

Mo·bi·li·tät [mobiliˈtɛːt] *f* <-; *no pl*> mobility.

Moˈbilˌma·chung *f* <-; -en> *mil.*, *a. fig.* mobilization.

Moˈbilˌma·chungs|beˌfehl *m mil.* mobilization order. **~ˌplan** *m* mobilization scheme. **~ˌtag** *m* mobilization day, M-day.

mö·blie·ren [møˈbliːrən] *v/t* <*no* ge-, h> furnish; **wieder** (*od.* **neu**) **~** refurnish. **mö'bliert** *adj* furnished; **~es Zimmer** furnished room, *a.* bed-sitter; **nicht ~** unfurnished; *fig. colloq.* **~er Herr** lodger, *bes. Am.* roomer; *adv* **~ wohnen** live in lodgings.

Moc·ca [ˈmɔka] *m* <-s; -s> *Austrian for* Mokka.

Mo·cha [ˈmɔxa; ˈmɔka] *m* <-s; *no pl*>, **~ˌstein** *m min.* Mocha stone, moss agate.

moch·te [ˈmɔxtə] *1 u. 3 sg pret*, **möch·te** [ˈmœçtə] *1 u. 3 pret subj of* mögen[1].

ˈMöch·teˌgern *m* <-(s); -e> *iro. colloq.* would-be (*a. in Zssgn writer, etc*).

ˈMockˌtur·tleˌsup·pe [-ˌtœrtəl-] *f gastr.* mock turtle soup.

mo·dal [moˈdaːl] *adj ling. mus. philos.* modal; **≈adverb** *n* modal adverb; **≈logik** *f* modal logic; **≈satz** *m* a) *ling.* adverbial clause, b) *philos.* modal proposition; **≈verb** *n* modal auxiliary verb.

Mo·da·lis·mus [modaˈlɪsmʊs] *m* <-; *no pl*> *relig.* modalism. **Mo·da·li·tät** [modaliˈtɛːt] *f* <-; -en> **1.** *ling.* modality. **2.** *philos.* modality, mode. **3.** *econ.* proviso, procedure, arrangement.

Mo·de [ˈmoːdə] *f* <-; -n> **1.** *allg.* fashion, vogue, mode, style, (*Kleider≈*) fashion, look; **die neueste ~** the latest fashion (*od.* fad, rage, craze), the new look, (le) dernier cri; **Frau ~ diktiert, die ~ schreibt vor** fashion dictates; **mit der ~ gehen** follow fashion; (**in**) **~ sein** be the fashion, be in fashion (*od.* vogue), be fashionable, *colloq.* be in; **in ~ kommen** come into fashion; **aus der ~ kommen** go out of fashion (*od.* vogue); **nicht mehr** (**in**) **~ sein** be no longer in fashion (*od.* vogue), be out, be no longer in; **mit der ~ gehen** go with (*od.* follow) the fashion; **der Schriftsteller ist ganz aus der ~ gekommen** the writer is now entirely out of vogue. **2.** *fig.* (*Sitte*) way; *contp.* **neue ~n** newfangled ideas; *colloq.* **wir wollen k-e neuen ~n einführen** let's not start any new customs. **3. große ~ sein** be very popular, be very much an in thing, *colloq.* be all the go (*od.* rage). **~arˌti·kel** *m* novelty, fashionable (*od.* fancy) article. **~ˌarzt** *m* fashionable doctor. **~ˌausˌdruck** *m* → Modewort. **~ˌba·deˌort** *m* fashionable spa (*od.* bathing resort). **~ˌda·me** *f* lady of fashion. **~ˌdich·ter** *m* fashionable poet, poet in vogue. **~ˌfar·be** *f* fashionable colo(u)r, colo(u)r in fashion (*od.* vogue). **~ˌgeck** *m colloq.* dandy, fop, *Am. sl.* dude. **~geˌschäft** *n* fashion shop (*Am.* store). **~ˌhaus** *n* fashion house. **~ˌheft** *n* fashion magazine (*od.* journal). **~ˌkrank·heit** *f* **1.** fashionable complaint. **2.** (*~torheit*) fashion mania. **~ˌkünst·ler** *m* fashion designer, couturier.

Mo·del [ˈmoːdəl] *m* <-s; -> **1.** *Southern G.* (wooden) butter (*od.* biscuit) mo(u)ld. **2.** *tech. Textil.* block. **~ˌdruck** *m* <-(e)s; -e> *Textil.* block printing.

ˈMo·deˌli·nie *f* fashion line.

Mo·dell [moˈdɛl] *n* <-s; -e> **1.** (*Muster, a. Denk≈*) model. **2.** a) (*~kleid*) model (dress), b) (*Person*) (fashion) model, mannequin. **3.** (*Ausführung, Wagen, etc*) model, type, design, (*Erstkonstruktion*) prototype. **4.** (*Nachbildung*) mock-up. **5.** *Kunst etc*: model; **~ stehen** pose (as a model), model; **für ein** (*od.* **zu e-m**) **Bild ~ stehen** (*od.* **sitzen**) serve (*od.* sit) as a model for a painting (*od.* photograph). **6.** *fig.* **er diente als ~ für den Helden des Romans** the novel's hero is model(l)ed (*od.* based) on him. **7.** *tech.* (*Gieß≈*) pattern; *beim Kopierfräsen*: master form. **8.** (*maßstabgetreue Verkleinerung von Schiff, Flugzeug etc*) model. **~ˌbau** *m* model-making. **~ˌbauˌkas·ten** *m* model construction kit. **~ˌei·senˌbahn** *f* model (*od.* toy) railway.

Mo·del·leur [modɛˈløːr] *m* <-s; -e> model(l)er, mo(u)lder.

Moˈdell|ˌflugˌzeug *n* model aircraft. **~ˌfor·mer** *m metall.* pattern-maker. **~ˌgips** *m* casting plaster.

Mo·delˈlierˌbank *f der Bildhauer*: banker.

mo·del·lie·ren [modɛˈliːrən] *v/t* <*no* ge-, h> **1.** (*nachbilden*) model. **2.** *tech. Kunst*: model, form, shape, fashion, mo(u)ld; **et. in Ton ~** model s. th. in clay. **Mo·delˈlie·rer** *m* <-s; -> → Modelleur.

Mo·delˈlier|ˌholz *n Kunst*: model(l)ing stick. **~ˌmas·se** *f* plasticine. **~ˌton** *m* model(l)ing clay. **~ˌwachs** *n* mo(u)lding wax.

Moˈdell|ˌkleid *n* model (dress). **~ˌma·cher** *m metall.* pattern-maker. **~ˌpup·pe** *f* **1.** (*Schneiderbüste*) tailor's dummy. **2.** (*Schaufensterpuppe*) mannequin, dummy. **~ˌschuh** *m* model shoe. **~ˌtisch·ler** *m metall.* pattern-maker. **~tisch·leˌrei** *f metall.* (*Gießerei*) (wood) pattern (making) shop. **~verˌtrag** *m econ.* prototype contract. **~ˌzeich·ner** *m* **1.** *tech.* pattern drawer. **2.** *Kunst*: model drawer.

mo·deln [ˈmoːdəln] *v/t* <h> **1.** mo(u)ld, form. **2.** (*Butter*) roll (*od.* stamp) a pattern on. **3.** *fig. colloq.* a) shape, form, mo(u)ld, b) change; **et. nach e-r Sache ~** model s. th. on s. th.; **an e-r Sache ~** (*Rede, Roman etc*) give shape to (*od.* mo[u]ld, fashion) s. th.

ˈMo·deˌnarr *m* → Modegeck.

ˈMo·den|ˌblatt *n* → Modeheft. **~ˌhaus** *n* → Modehaus. **~ˌschau** *f* fashion show (*od.* parade).

ˈMo·deˌpup·pe *f fig.* fashion-plate.

Mo·der [ˈmoːdər] *m* <-s; *no pl*> **1.** (*Fäulnis*) decay, decomposition, putrefaction; **nach ~ riechen** smell of decay. **2.** (*Schimmel*) mildew, mo(u)ld. **3.** *Low G.* mud.

Mo·de·ra·ti·on [moderaˈtsĭoːn] *f* <-; *no pl*> *Radio, TV e-r Sendung*: presentation, *Am.* moderation.

mo·de·ra·to [modeˈraːto] *mus.* **I** *adv u. adj* moderato. **II ≈** *n* <-s; -s *u.* -ti [-ti]> moderato.

Mo·de·ra·tor [modeˈraːtɔr] *m* <-s; -en [-raˈtoːrən]> **1.** *Radio, TV* presenter, *Am.* moderator. **2.** *relig.* moderator. **3.** *nucl.* moderator.

ˈMo·der|ˌer·de *f agr.* mo(u)ld (humus). **~ˌfleck** *m an der Wand etc*: damp spot (*od.* patch); *im Stoff, Tuch*: mildewy patch; *im Papier*: spot of mildew. **≈ˌfleckig** (*getr.* **-k·k-**) *adj* **1.** *Wand etc*: spotted with mildew. **2.** *Papier etc*: foxed, foxy. **~geˌruch** *m* musty (*od.* mo[u]ldy) smell, fust. **~ˌhin·ke** [-ˌhɪŋkə] *f* <-; *no pl*> *vet.* foot rot.

mo·de·rie·ren [modeˈriːrən] *v/t* <*no* ge-, h> *Radio, TV* (*Sendung*) present, *Am.* act as a moderator in.

ˈmo·de·rig *adj* (*faulend*) decaying, rotten (*a. Holz*), putrid; (*schimmelig*) mildewy, *a. Geruch*: mo(u)ldy, musty.

mo·dern[1] [ˈmoːdərn] *v/i* <h> **1.** (*verfaulen*) mo(u)ld, decay, decompose, rot, putrefy. **2.** (*schimmeln*) mildew.

mo·dern[2] [moˈdɛrn] **I** *adj* <-er; -st> **1.** *Zeit, Ideen etc*: modern, (*gegenwärtig*) *a.* present-day, contemporary; **~e Kunst** modern art. **2.** (*fortschrittlich*) progressive, modern, advanced; **ein ~er Mensch** a progressive person; **~e Waffen** advanced (*od.* modern) weapons. **3.** (*modisch*) modern, modish, fashionable, stylish, trendy; **das ist** (**heutzutage**) **~** that's fashionable, *colloq.* that's quite the go; **wieder ~ werden** come back into fashion. **4.** (*zeitgemäß*) up-to-date. **5.** *contp.* newfangled. **II** *adv* **6.** in a modern style, modernly, *colloq.* modern; **~ eingerichtet** a) *Wohnung*: furnished in a modern style, b) *Betrieb, Küche etc*: with all the modern facilities; **~ denken** have modern (*od.* progressive) ideas. **7.** (*modisch*) fashionably, after the latest fashion. **III ≈e, das** <-n> **8.** modern things *pl*.

Moˈder·ne *f* <-; *no pl*> **1.** modern spirit (*od.* times *pl*, age); **vor der ~ geschehen** (*od.* **lebend**) pre-modern. **2.** *Kunst*: modern trend, modernity.

mo·der·ni·sie|ren [modɛrniˈziːrən] *v/t* <*no* ge-, h> **1.** modernize, bring *s. th.* up to date. **2.** *Mode*: remodel (*a dress*) in the latest style. **≈rung** *f* <-; -en> modernization.

Mo·der|nis·mus [moder'nismus] *m* ⟨-; -men⟩ modernism. **~'nist** [-'nist] *m* ⟨-en; -en⟩ modernist. **≈'ni·stisch** [-'nistiʃ] *adj* modernist(ic). **~ni'tät** [-ni'tɛːt] *f* ⟨-; *no pl*⟩ modernness, modernity, up-to-dateness.

'Mo·de|sa,lon *m* fashion house (*od.* salon). **~,schau** *f* → Modenschau. **~,schmuck** *m* costume jewel(le)ry. **~,schöp·fer** *m*, **~,schöp·fe·rin** *f* fashion (*od.* dress) designer, couturier. **~,schöp·fung** *f* (latest) creation. **~,schrift,stel·ler** *m* fashionable writer (*od.* author). **~,stil** *m* fashion style, (new) look. **~,tanz** *m* fashionable dance. **~,tor·heit** *f* fad, (fashionable) craze. **~,wa·ren** *pl* fancy articles (*od.* goods); fashionwear *sg.* **~,welt** *f* ⟨-; *no pl*⟩ world of fashion, fashionable world. **~,wort** *n* ⟨-(e)s; ⸗er⟩ vogue word, *colloq.* in word. **~,zeich·ner** *m*, **~,zeich·ne·rin** *f* fashion (*od.* dress) designer. **~,zeich·nung** *f* fashion drawing (*od.* plate). **~,zeit,schrift, ~,zei·tung** *f* → Modeheft.

Mo·di·fi·ka·ti·on [modifika'tsĭoːn] *f* ⟨-; -en⟩ *allg., a. biol. ling.* modification, (*Abänderung*) *a.* alteration, (*Einschränkung*) *a.* qualification.

mo·di·fi'zier·bar *adj* modifiable.

mo·di·fi·zie|ren [modifi'tsiːrən] *v/t* ⟨*no* ge-, h⟩ **1.** modify. **2.** (*einschränken*) modify, qualify. **3.** *ling.* modify, qualify. **4.** *biol. chem.* modify. **≈rung** *f* ⟨-; -en⟩ → Modifikation.

mo·disch ['moːdiʃ] **I** *adj* fashionable, stylish, modish, vogue; **~e Neuheiten** novelties. **II** *adv* fashionably, stylishly, à la mode.

Mo·di·stin [mo'distin] *f* ⟨-; -nen⟩ milliner.

'mo·drig *adj* → moderig.

Mo·dul ['moːdul] *m* ⟨-s; -n⟩ **1.** *math. phys.* modulus. **2.** *arch. electr. tech.* module; **~bauweise** *f* modular design.

Mo·du·la·ti·on [modula'tsĭoːn] *f* ⟨-; -en⟩ *electr. mus.* modulation, *der Stimme*: *a.* cadence; (**melodische**) **~** inflection, *ling.* intonation.

Mo·du·la·ti'ons|fre,quenz *f electr.* modulating frequency. **~,röh·re** *f* modulation valve (*Am.* tube). **~,stel·le** *f mus.* transition.

Mo·du·la·tor [modu'laːtɔr] *m* ⟨-s; -en [-la'toːrən]⟩ *electr.* modulator.

mo·du·lie·ren [modu'liːrən] *v/t* ⟨*no* ge-, h⟩ *electr. mus.* modulate; *mus.* et. (**melodisch**) **~** inflect s. th.

Mo·dus ['moːdus] *m* ⟨-; Modi [-di]⟩ **1.** way, means *pl* (*a. als sg konstruiert*), method, modus; **e-n ~ zur Verständigung finden** find a way to come to an agreement. **2.** (*Richtschnur*) rule; **nach e-m festgesetzten ~ handeln** act according to a set rule. **3.** *mus. philos.* mode. **4.** *ling.* **der ~ des Indikativs** the indicative mood. **~ pro·ce'den·di** [protse'dendi] *m* ⟨- -; -di -⟩ (way of) procedure. **~ vi'ven·di** [vi'vendi] *m* ⟨- -; -di -⟩ modus vivendi.

Mo·fa ['moːfa] *n* ⟨-s; -s⟩ → Motorfahrrad.

Mo·ge'lei *f* ⟨-; -en⟩ *colloq.* cheating, trickery. **mo·geln** ['moːgəln] *v/i* ⟨h⟩ *colloq.* **1.** cheat; **beim Kartenspielen ~** cheat at cards. **2.** (*abschreiben*) crib.

mö·gen[1] ['møːgən] **I** *v/aux* ⟨mag, mochte, mögen, h⟩ **1.** *Möglichkeit od. Wahrscheinlichkeit*: **es mag sein, daß** it may be that; **sie mag 30 Jahre alt sein** she may be (*od.* she'll probably be) 30 years old; **das mag (wohl) sein** that may (well) be (so). **2.** *bei Frage od. Ungewißheit, Verwunderung etc*: **wer mag das (wohl) sein?** who can (*od.* may) that be?, I wonder who that can be?; **was mag das bedeuten?** what can (*od.* may) that mean?; **was mag er dazu sagen?** I wonder what he will say to that; ... **und wie sie alle heißen ~** and whatever their names may be. **3.** *Erlaubnis etc*: **du magst es behalten** you may keep it; **für dieses Mal mag es hingehen** a) it will do this time, b) I'll let it pass this time. **4.** *auffordernd, warnend etc*: let; **er möchte** (*od.* **möge**) **sofort kommen** ask (*od.* tell) him to come at once; **er mag sich (nur) in acht nehmen** he had better look out; **~ sie sich beschweren** let them complain (about it). **5.** *einräumend etc*: **er mag wollen oder nicht** whether he wants to or not; **er mag tun, was er will** (*od.* **was er auch [immer] tun mag**), **nie ist es recht** whatever (*od.* no matter what) he does, it's always wrong; **mag kommen, was da will** come what may; **er mag sagen, was er will** let him say whatever he likes; **wo er auch sein mag** wherever he may be; **mag es regnen, soviel es will** however much it may rain; **wie dem auch sein mag** however that may be, be that as it may; **man mag rechnen, wie man will, nie stimmt es** any way you figure it, it does not work out. **6.** *zum Ausdruck des Wunsches etc*: **ich möchte wissen, ob** I should like to know (*od.* I wonder) whether; **möge es ihm gelingen** may he succeed, let us hope that he will succeed; **nur qualifizierte Kräfte ~ sich melden** only qualified persons should apply. **7.** (*wollen*) want, like; **ich mag davon nichts mehr hören** I don't want to hear any more about it, I will hear no more of it; **ich mag es ihm nicht sagen** I don't like to tell him; **das möchte ich doch einmal sehen!** I'd like to see that!; **so gern ich auch möchte** (as) much as I would like to; **ich möchte, daß Sie es wissen** I would like you to know it; **ich möchte nicht, daß er es erfährt** I don't want him to know; **man möchte meinen** one could almost think. **II** *v/i* ⟨*pp* gemocht⟩ **8.** want, like; **ich möchte schon, aber** I should like to all right, but. **III** *v/t* ⟨*pp* gemocht⟩ **9.** (*gerne haben*) like, be fond of; **er mag sie (nicht)** he likes (dislikes) her; **ich mag k-n Kaffee** I don't like (*od.* I don't care for, I'm not keen on) coffee; **ich mag lieber Tee** I like tea better, I prefer tea; **sie ~ sich** they like each other. **10.** want, wish, like, desire; **ich möchte ein Glas Wein** I want (*od.* should like to have) a glass of wine; **was möchten Sie?** what do you want?, what can I do for you?; *iro.* **das möchtest du wohl?** that's what you think!

'mö·gen[2] *pp of* mögen[1] I.

'Mog·ler *m* ⟨-s; -⟩ *colloq.* **1.** cheat(er). **2.** (*Abschreiber*) cribber.

mög·lich ['møːkliç] **I** *adj* ⟨*no comp*; -st⟩ **1.** possible; **so schnell (so bald, so oft) wie ~** as quickly (as soon, as often) as possible; **alle ~en Ausflüchte** every possible (*od.* conceivable) excuse *sg*; **alle ~en Sprachen** all sorts of languages; **man muß alle ~en Fälle erwägen** one must consider all possibilities (*od.* contingencies); **mit aller nur ~en Vorsicht** with all possible care, with due caution; **j-m ~ sein** be possible for s. o.; **wenn es mir ~ ist** if I possibly can; **das Unmögliche ~ machen** make the impossible possible, achieve the impossible; **er machte es ihm ~ zu entkommen** he enabled him (*od.* made it possible for him) to escape; **kannst du es ~ machen, morgen zu kommen?** can you manage to come tomorrow?, is it possible for you to come tomorrow?; **wenn es irgend ~ ist** if it is in any way possible; **es ist sehr wohl ~** it is very well possible; **es ist ~, daß er heute kommt** he may possibly come today; **wo ~** if possible; **ich will tun, was mir ~ ist** I will do my best (*od.* what's in my power, what I can); **das ist gut ~** that's quite possible, that may well be (*od.* happen); **das ist eher ~** that's more likely; **bei ihm ist alles ~** with him everything is possible; **man sollte es nicht für ~ halten** you wouldn't think it (was) possible; **wie ist das ~?** how is that possible?, how does that come to be?, *colloq.* how come?; (**das ist doch**) **nicht ~!** you don't say so!, it's not possible!, it can't be!, not really!, *colloq.* no kidding! **2.** (*durchführbar*) feasible, practicable, possible; **ein ~er Plan** a feasible plan. **3.** (*etwaig*) potential; **ein ~er Markt** a potential market; **bei ~en Schwierigkeiten** in case of difficulties, should any difficulties arise. **II ≈e, das** ⟨-n⟩ **4.** the possible; **≈es und Unmögliches** (the) possible and (the) impossible; **im Rahmen des ≈en** within the limits of what is possible, within one's means; **alles ≈e in Betracht ziehen** consider all possibilities. **5.** *mit Kleinschreibung*: **alles ~e** all sorts of things, everything.

'mög·li·chen'falls *adv*, **'mög·li·cher'wei·se** *adv* possibly, maybe, perhaps, it's possible that; **~ hast du recht** you are possibly right, maybe you are right.

'Mög·lich·keit *f* ⟨-; -en⟩ **1.** possibility; **es gibt** (*od.* **besteht**) **die ~, den Fehler zu korrigieren** there is (*od.* exists) the possibility of correcting the error; **ich hatte k-e andere ~, als nachzugeben** I had no other possibility (*od.* no alternative) but to give in; **nach ~** if possible; *colloq.* **ist es** (*od.* **das**) (**denn**) **die ~** it's incredible, it's unbelievable. **2.** possibility, opportunity, occasion, chance; **ungeahnte ~en** undreamed-of possibilities; **die letzte ~** the last chance; **er hatte wenig ~, gute Musik zu hören** he had little opportunity of hearing good music; **j-m die ~ geben, et. zu tun** give s. o. the opportunity of doing s. th. **3.** (*Aussicht*) possibility, chance, vista; **wie sind die ~en zu gewinnen?** what are the chances of winning?; **ich sehe große ~en in diesem Plan** I see great possibilities in this plan; **e-e Entdeckung, die neue ~en eröffnet** a discovery that opens up new possibilities (*od.* vistas). **4.** (*Durchführbarkeit*) feasibility, practicability. **5.** *pl* (*Entwicklungs≈*) (economic) potentialities. **6.** (*mögliches Ereignis*) possibility, contingency, eventuality; **mit allen ~en rechnen** reckon with all possibilities (*od.* contingencies). **7.** (*Wahrscheinlichkeit*) probability, likelihood. **8.** *pl* (*geeignete Einrichtungen*) facilities.

'Mög·lich·keits,form *f ling.* **1.** subjunctive (mood). **2.** → Potentialis.

'mög·lichst I *sup of* möglich. **II** *adv* **~ gut (schnell, viel, wenig)** as well (fast, much, little) as possible; **~ bald** as soon as possible, *econ.* at your earliest convenience, at the earliest opportunity; **mit ~ geringer Verzögerung** with the least possible (*od.* a minimum of) delay. **III** *substantiviert mit Kleinschreibung*: **sein ~es tun** do one's level best, do one's utmost, do everything in one's power.

Mo·gul ['moːgul] *m* ⟨-s; -n⟩ *hist.* Mogul.

Mo·hair [mo'hɛːr] *m* ⟨-s; -e⟩ *Textil.* mohair.

Mo·ham·me|da·ner [mohame'daːnər] *m* ⟨-s; -⟩, **~'da·ne·rin** *f* ⟨-; -nen⟩

Mohammedan, Moslem. **≗'da·nisch** *adj* Mohammedan. **~da'nis·mus** [-da'nɪsmʊs] *m* ⟨-; *no pl*⟩ Mohammedanism.

Mo·här [mo'hɛːr] *m* ⟨-s; -e⟩ → Mohair.

Mo·hi·ka·ner [mohi'kaːnər] *m* ⟨-s; -⟩ Mohican; der letzte ~ *a. fig. humor.* the Last of the Mohicans.

Mohn [moːn] *m* ⟨-(e)s; *rare* -e⟩ **1.** *bot.* poppy. **2.** → Mohnsame(n). **~,blu·me** *f* poppy. **~,bröt·chen** *n* poppy-seed roll. **~ge,wäch·se** *pl bot.* Papaveraceae. **~,kap·sel** *f,* **~,kopf** *m* poppy-head. **~,kör·ner** *pl* poppy-seeds. **~,ku·chen** *m* poppy-seed cake. **~,öl** *n* poppy-seed oil. **~,sa·me(n)** *m econ.* poppy seed. **~,si·rup** *m med.* syrup of poppy.

Mohr [moːr] *m* ⟨-en; -en⟩ **1.** *obs. od. humor.* negro, blackamoor, *obs.* moor; *fig. colloq.* e-n ~en bleichen (*od.* weiß waschen) wollen (try to) whitewash s. o.; der ~ hat s-e Schuldigkeit getan, der ~ kann gehen (*nach Schiller*) never expect gratitude once you've served your purpose. **2.** → Rappe.

Möh·re ['møːrə] *f* ⟨-; -n⟩ *bot.* carrot.

'Moh·ren|,kopf *m* (*Gebäck*) chocolate-coated éclair. **~,ma·ki** *m* black lemur.

'Möh·ren,saft *m gastr.* carrot juice.

'Moh·ren|,tau·be *f* black-headed pigeon. **~,wä·sche** *f fig. colloq.* whitewashing.

'Mohr,rü·be *f* → Möhre.

Moi·ré [mõa're:] *m, n* ⟨-s; -s⟩ *Textil. TV print.* moiré, moire; **~seide** *f* watered silk. **moi·rie·ren** [mõa'riːrən] *v/t* ⟨*no* ge-, h⟩ **1.** *Textil.* moiré, moire, water. **2.** *print.* moiré, moire. **moi'riert** *adj* **1.** *Textil.* moiré, moire, watered; ~er Stoff moiré, moire. **2.** *print.* moiré, moire.

mo·kant [mo'kant] *adj* mocking, *stärker:* sardonic, sarcastic.

Mo·kas·sin [moka'siːn; 'mɔ-] *m* ⟨-s; -s *u.* -e⟩ mocassin.

Mo·kick ['moːkɪk] *n* ⟨-s; -s⟩ *mot.* motor-assisted bicycle with kickstarter.

mo·kie·ren [mo'kiːrən] *v/reflex* ⟨*no* ge-, h⟩ sich über j-n (e-e Sache) ~ a) mock (*stärker:* sneer) at s. o. (s. th.), b) make fun of s. o. (s. th.), poke fun at s. o. (s. th.).

Mok·ka ['mɔka] *m* ⟨-s; -s⟩, **~,kaf·fee** *m* mocha (coffee). **~,löf·fel** *m* coffee spoon, *Am.* demitasse spoon. **~ma,schi·ne** *f* espresso (*od.* mocha) machine. **~,stein** *m* → Mochastein. **~,tas·se** *f* demitasse.

Mol [moːl] *n* ⟨-s; -e⟩ *chem. phys.* mol, mole, (gram) molecule.

mo·lar [mo'laːr] *adj chem. phys.* molar, molal, molecular.

Mo'lar *m* ⟨-s; -en⟩ *anat.* molar (tooth).

Mo·la·ri·tät [molari'tɛːt] *f* ⟨-; *no pl*⟩ *chem.* molar concentration, molarity.

Mo'lar,zahn *m* → Molar.

Mo·las·se [mo'lasə] *f* ⟨-; *no pl*⟩ *geol.* molasse.

Molch [mɔlç] *m* ⟨-(e)s; -e⟩ *zo.* **1.** salamander. **2.** water newt, triton.

Mo·le[1] ['moːlə] *f* ⟨-; -n⟩ *mar.* breakwater, jetty, mole.

'Mo·le[2] *f* ⟨-; -n⟩ *med.* mole.

Mo·le·kül [mole'kyːl] *n* ⟨-s; -e⟩ *chem. phys.* molecule. **~,an,ord·nung** *f* molecular arrangement (*od.* structure).

mo·le·ku·lar [moleku'laːr] *adj chem. phys.* molecular.

Mo·le·ku'lar... *in Zssgn* molecular (*biology, energy, motion, weight, etc*). **~ge,ne·tik** *f* molecular genetics *pl* (*als sg konstruiert*).

'Mo·len|,kopf *m mar.* pierhead, molehead. **~,schwan·ger·schaft** *f med.* molar pregnancy.

'Mol·ge,wicht *n chem. phys.* molar weight.

molk [mɔlk] *1 u. 3 sg pret of* melken.

Mol·ke ['mɔlkə] *f* ⟨-; -n⟩ (*Käsewasser*) whey.

möl·ke ['mœlkə] *1 u. 3 sg pret subj of* melken.

'Mol·ken *m* ⟨-s; *no pl*⟩ *dial. for* Molke. **~,kä·se** *m gastr.* whey (*od.* green) cheese. **~,kur** *f med.* whey cure.

Mol·ke'rei *f* ⟨-; -en⟩, **~be,trieb** *m* dairy. **~,but·ter** *f* factory(-made) butter. **~ge,nos·sen·schaft** *f* dairy cooperative. **~pro,dukt** *n* dairy product. **~,wirt·schaft** *f* dairy farming (*od.* husbandry), dairying.

'mol·kig *adj* wheyey, wheyish.

Moll [mɔl] *n* ⟨-; -⟩ *mus.* minor (key); a-Moll A minor.

'Moll·ak,kord *m mus.* minor chord.

Mol·le ['mɔlə] *f* ⟨-; -n⟩ *in Berlin:* **1.** beer glass. **2.** glass of beer.

Möl·ler ['mœlər] *m* ⟨-s; -⟩ *metall.* (blast-furnace) charge. **'möl·lern I** *v/t* ⟨h⟩ (*Hochofen*) charge. **II** *v/i* mix the charge.

mol·lig ['mɔlɪç] **I** *adj* **1.** (*angenehm warm*) pleasantly warm, warm and cosy; e-e ~e Wärme a pleasant (*od.* cozy) warmth. **2.** (*angenehm weich*) snug, warm and comfortable; e-e ~e Decke a snug blanket. **3.** *colloq.* (*rundlich*) plump, roly-poly; sie ist ein bißchen ~ geworden she has become a little plump, she has put on some weight. **II** *adv* **4.** ~ warm → 1.

'Moll|,klang *m mus.* minor chord (*od.* harmony). **~,ton,art** *f* minor key. **~,ton,lei·ter** *f* minor scale.

Mol·lus·ke [mɔ'lʊskə] *f* ⟨-; -n⟩ *zo.* mollusc.

Mo·loch[1] ['moːlɔx] *npr m* ⟨-s; *no pl*⟩ *relig.* (*semitischer Gott*) Moloch.

'Mo·loch[2] *m* ⟨-s; -e⟩ **1.** (*unersättliche Macht*) Moloch, juggernaut. **2.** **~,ei·dech·se** *f* moloch, thorn devil.

'Mo·lo·tow,cock·tail ['moːlotɔf-] *m bes. mil.* Molotov cocktail.

Mol·ton ['mɔltɔn] *m* ⟨-s; -s⟩ *Textil.* swanskin, molleton.

Mo·lyb·dän [molʏp'dɛːn] *n* ⟨-s; *no pl*⟩ *chem. min.* molybdenum; **~glanz** *m min.* molybdenite. **Mo·lyb·dä·nit** [molʏpdɛ'niːt; -'nɪt] *m* ⟨-s; *no pl*⟩ *chem.* molybdenite. **Mo·lyb'dän,säu·re** *f chem.* molybdic acid. **Mo·lyb·dat** [molʏp'daːt] *n* ⟨-s; *no pl*⟩ *chem.* molybdate.

'Mol,zahl *f chem. phys.* number of moles.

Mo·ment[1] [mo'mɛnt] *m* ⟨-(e)s; -e⟩ moment, instant; → Augenblick.

Mo'ment[2] *n* ⟨-(e)s; -e⟩ **1.** (deciding) factor, consideration, element; ein verzögerndes ~ a delaying factor. **2.** (*Gesichtspunkt*) aspect, factor. **3.** *bes. philos.* moment, factor; das ~ des Geistes the spiritual moment. **4.** *phys.* moment(um); ~ e-r Kraft moment of a force; *cf.* Drehmoment, Trägheitsmoment.

mo·men·tan [momɛn'taːn] **I** *adj* **1.** (*vorübergehend*) momentary (*mood, etc*), temporary (*job, setback, etc*). **2.** (*gegenwärtig*) present (*situation, etc*). **3.** *phys.* instantaneous (*speed, etc*). **4.** *electr.* transient. **II** *adv* **5.** momentarily, temporarily. **6.** (*zur Zeit*) at the moment, at (*od.* for the) present, for the time being. **7.** *phys.* instantaneously; ~ wirkend impulsive. **≗,wert** *m phys.* instantaneous value.

Mo'ment|,auf,nah·me *f phot.* **1.** instantaneous exposure. **2.** snapshot, *a.* candid photograph (*od.* shot); e-e ~ machen (von) take a snapshot (of), snap (*s. o.*). **~,schal·ter** *m electr.* quick-action switch. **~ver,schluß** *m phot.* instantaneous shutter.

Mo·na·de [mo'naːdə] *f* ⟨-; -n⟩ *philos.* monad. **mo'na·disch** *adj philos.* monad(ic). **Mo·na·dis·mus** [mona'dɪsmʊs] *m* ⟨-; *no pl*⟩ *philos.* monadism.

Mon·arch [mo'narç] *m* ⟨-en; -en⟩ **1.** monarch, sovereign. **2.** *zo.* monarch (butterfly). **Mon'ar·chen·ge,schlecht** *n* dynasty of monarchs. **Mon'ar·chen·tum** *n* ⟨-s; *no pl*⟩ monarchism. **Mon·ar'chie** [-'çiː] *f* ⟨-; -n [-ən]⟩ monarchy. **Mon'ar·chin** *f* ⟨-; -nen⟩ monarch, sovereign. **mon'ar·chisch** *adj Regierung, Gewalt etc:* monarchic(al). **Mon·ar'chis·mus** [-'çɪsmʊs] *m* ⟨-; *no pl*⟩ monarchism. **Mon·ar'chist** [-'çɪst] *m* ⟨-en; -en⟩ monarchist. **mon·ar'chi·stisch** *adj* monarchic(al), monarchist.

Mon·aster [mo'nastər] *m* ⟨-s; -e [-'teːrə]⟩ *biol.* (*Zelle*) monaster.

Mo·na·ste·ri·um [monas'teːrĭʊm] *n* ⟨-s; -rien⟩ *relig.* monastery. **mo·na·stisch** [mo'nastɪʃ] *adj* monastic.

Mo·nat ['moːnat] *m* ⟨-(e)s; -e⟩ month; im ~ Mai in the month of May; ~ für ~ month after month, every month; sie ist im dritten ~ she is three months pregnant; dieses (*od.* laufenden) ~s of this (*od.* the present, the current) month; nächsten (*od.* künftigen) ~s of next month.

'mo·na·te,lang I *adj* lasting for (several) months, of months; nach ~er Abwesenheit after months of absence. **II** *adv* for months (on end).

'mo·nat·lich I *adj* **1.** monthly. **2.** *physiol.* ~e Blutung menstrual flow; ~e Regel monthly period. **II** *adv* **3.** (*im Monat*) monthly, every month, by the month, *Anstellung etc:* on a month-by-month basis; die Zeitschrift erscheint ~ the magazine appears monthly (*od.* once a month). **4.** (*pro Monat*) *average, salary, etc* a (*od.* per) month.

'Mo·nats|,ab,schluß *m econ.* monthly balance. **~,an,fang** *m* beginning of the (*od.* a) month. **~,aus,weis** *m econ.* monthly return. **~be,richt** *m* monthly report (*od.* statement). **~,bin·de** *f* sanitary towel (*Am.* napkin), menstrual pad. **~,blatt** *n* → Monatsschrift. **~,blu·tung** *f* period, menstruation, menstrual flow. **~,en·de** *n* end of the (*od.* a) month. **~,er·ste** *m* first (of the month). **~,fluß** *m* → Monatsblutung. **~ge,halt** *n econ.* monthly salary (*od.* pay). **~,geld** *n* **1.** monthly allowance. **2.** (*Wirtschaftsgeld*) household money for one month. **3.** *econ.* monthly loan. **~,glei·chung** *f astr.* monthly equation. **~,heft** *n* → Monatsschrift. **~,kar·te** *f für Bahn etc:* monthly season ticket, *Am.* (monthly) commuter's ticket. **~,letz·te** *m* end (*od.* last day) of the month. **~,lohn** *m econ.* monthly wage(s *pl*) (*od.* pay). **~,schrift** *f* monthly (magazine *od.* journal, publication, periodical). **~,sold** *m mil.* monthly pay. **~,tam·pon** *m* sanitary tampon. **~,um,satz** *m econ.* monthly turnover. **~,wech·sel** *m von Studenten:* monthly allowance. **≗,wei·se** *adv* every (*od.* by the) month, monthly.

'mo·nat,wei·se *adv* → monatsweise.

Mönch [mœnç] *m* ⟨-(e)s; -e⟩ **1.** *relig.* monk, friar; er lebt wie ein ~ he lives like a monk. **2.** *hunt.* antlerless stag. **3.** *civ. eng.* (*Dachziegel*) overtile, imbrex. **4.** *print.* monk, friar. **'mön·chisch** *adj* monkish, monastic; ein ~es Leben führen live like a monk.

'Mönchs|,klo·ster *n* monastery, cloister. **~,kut·te** *f* monk's frock (*od.* habit), *mit Kapuze*: cowl. **~laˌtein** *n ling.* monastic Latin. **~ˌle·ben** *n* **1.** *relig.* monastic life. **2.** *fig.* life of a monk. **~ˌor·den** *m relig.* monastic (*od.* religious) order. **~ˌrob·be** *f zo.* monk seal, sea monk. **~ˌschrift** *f* (pointed) black letter. **~tum** *n* ‹-s; *no pl*› → **~ˌwe·sen** *n relig.* monasticism, monkhood, monastic life. **~ˌzel·le** *f* monk's cell.

ˈMönch·tum *n* ‹-s; *no pl*› → Mönchswesen.

Mond [moːnt] *m* ‹-(e)s; -e› **1.** ‹*only sg*› *astr.* moon; **Schuß zum ~** moonshot; **der ~ wird voll** the moon is getting full; **vom ~ beschienen** moonlit; *fig. colloq.* **den ~ anbellen** bark at (*od.* bay [at]) the moon; **und wir guckten in den ~** and we were left empty-handed (*od.* out in the cold); (**drei Meilen** *od.* **weit**) **hinterm ~ sein** be (way) behind the times; **ihr lebt wohl auf dem ~?** where have you been all this time? **2.** *fig. colloq.* (*Glatze*) bald head. **3.** *poet.* (*Monat*) month, moon. **4.** *astr.* satellite, moon (*of Jupiter, etc*); **künstliche ~e** artificial satellites, man-made moons. **5.** *Eiskunstlauf*: spread eagle.

Mon·da·min [mɔndaˈmiːn] (*TM*) *n* ‹-s; *no pl*› cornflour, *Am.* cornstarch.

mon·dän [mɔnˈdɛːn] *adj* (very) elegant, fashionable, chic, smart, *colloq. a.* posh; **die ~e Welt** the smart set.

ˈMond|ˌat·las *m* lunar atlas. **~ˌauf·ˌgang** *m* moonrise. **~ˌau·to** *n* lunar rover, moon buggy. **~ˌbahn** *f* lunar orbit. **~ˌbe·ben** *n* moonquake. **≈be·ˌglänzt** *adj poet.* moonlit. **~ˌbein** *n anat.* (semi)lunar bone. **≈beˌschie·nen** *adj poet.* moonlit. **≈ˌblind** *adj vet. Pferd*: moon-eyed, moon-blind. **~diˌstanz** *f astr.* lunar distance.

ˈMon·denˌschein *m* → Mondschein 1.

ˈMond·entˌfer·nung *f* → Monddistanz.

ˈMon·desˌglanz *m* splendo(u)r of the moon.

ˈMond|ˌfäh·re *f* → Mondlandefähre. **~ˌfah·rer** *m* lunarnaut, lunar astronaut. **~ˌfahrt** *f* journey to the moon. **~ˌfahr·zeug** *n* lunar rover. **~ˌfin·ster·nis** *f* lunar eclipse; **partielle ~** partial eclipse of the moon. **~ˌfisch** *m* (common) sunfish. **~ˌfleck** *m astr.* (lunar) macula. **~ˌflug** *m* flight to the moon, moon (*od.* lunar) flight. **~ˌflut** *f astr. mar.* lunar tide. **≈ˌför·mig** *adj* **1.** moon-shaped, luniform. **2.** → halbmondförmig. **3.** *bot.* lunate(d). **~ˌfor·scher** *m astr.* selenographer. **~ˌfur·che** *f* (lunar) rill(e). **~ˌgas** *n chem.* Mond gas. **~geˌbir·ge** *n* lunar mountain range. **~geˌsicht** *n colloq.* moon-face. **~geˌstein** *n* lunar (*od.* moon) rock. **~ˌgöt·tin** *f myth.* goddess of the moon. **≈ˈhell** *adj* moonlit; **es ist ~** the moon is shining brightly, it is a moonlit night. **~ˌjahr** *n astr.* lunar year. **~ˌkalb** *n* **1.** *colloq.* mooncalf, simpleton. **2.** *med.* mole. **~ˌkar·te** *f astr.* map of the moon, moon chart. **~ˌkra·ter** *m astr.* moon (*od.* lunar) crater. **~ˌku·gel** *f* (globe of the) moon, lunar globe. **~ˌlan·deˌfäh·re** *f* lunar (excursion) module. **~ˌlan·deˌun·terˌneh·men** *n* moon landing mission. **~ˌland·schaft** *f* **1.** moonlit landscape. **2.** *astr., a. fig.* lunar landscape, moonscape. **~ˌlan·dung** *f* landing on the moon, moon-landing. **~ˌlicht** *n* moonlight. **~ˌmeer** *n* lunar sea, mare. **~moˌbil** [-moˌbiːl] *n* ‹-s; -e› → Mondauto. **~ˌnacht** *f* moonlit night. **~ˌpha·se** *f* phase of the moon. **~proˌjekt** *n Raumfahrt*: lunar project. **~raˌke·te** *f* lunar (*od.* moon) rocket. **~-ˌRaumˌschiff** *n* moonship. **~ˌrau·te** *f bot.* moonwort, grape fern, lunary. **~ˌrei·se** *f* journey to the moon. **~ˌrückˌsei·te** *f astr.* far side of the moon. **~ˌsa·me** *m bot.* moonseed. **~sa·telˌlit** *m* lunar satellite. **~ˌschat·ten** *m astr.* shadow of the moon, lunar shadow. **~ˌschei·be** *f* disk (*od.* disc) of the moon. **~ˌschein** *m* ‹-(e)s; *no pl*› **1.** moonlight; *fig. colloq.* **du kannst mir (mal) im ~ begegnen** you can go to hell. **2.** *fig. colloq.* bald head (*od.* pate). **~ˌschuß** *m Raumfahrt*: moon-shot. **~ˌse·gel** *n mar.* moonsail, moonraker. **~ˌsi·chel** *f* crescent (of the moon). **~ˌson·de** *f Raumfahrt*: lunar probe. **~sta·tiˌon** *f* lunar station. **~ˌstein** *m min.* moonstone. **~ˌsucht** *f* → Mondsüchtigkeit. **≈ˌsüch·tig** *adj* moonstruck, somnambulistic. **~ˌsüch·ti·ge** *m, f* ‹-n; -n› sleepwalker, somnambulist. **~ˌsüch·tig·keit** *f* ‹-; *no pl*› sleepwalking, somnambulism. **~ˌtag** *m astr.* lunar day. **~ˌumˌkrei·sung** *f Raumfahrt*: orbit (*od.* loop) round the moon, lunar orbit. **~ˌumˌlauf** *m* **1.** *astr.* revolution of the moon. **2.** → Mondumkreisung. **~ˌumˌlaufˌbahn** *f* lunar orbit. **~ˌun·terˌgang** *m* moonset. **~ˌvier·tel** *n astr.* quarter (of the moon). **~ˌwech·sel** *m* change of the moon, *astr.* lunation; **wir haben ~** the moon is changing. **~ˌzeit** *f* lunar time.

Mo·ne|gas·se [moneˈgasə] *m* ‹-n; -n›, **~ˈgas·sin** *f* ‹-; -nen› Monegasque, inhabitant of Monaco. **≈ˈgas·sisch** *adj* Monegasque, of (*od.* pertaining to) Monaco.

Moˈnel·meˌtall [moˈnɛl-] *n* Monel Metal (*TM*).

mo·ne·tär [moneˈtɛːr] *adj econ.* monetary.

Mo·ne·ten [moˈneːtən] *pl colloq.* (*Geld*) dough *sg*, lolly *sg*, *Am. sl.* bread *sg*.

Mon·go·le [mɔŋˈgoːlə] *m* ‹-n; -n› Mongol(ian).

Monˈgo·len|ˌfal·te *f anthrop. med.* Mongolian (*od.* eye, semilunar, epicanthic) fold, epicanthus. **~ˌfleck** *m* blue (*od.* Mongol[ian], sacral) spot.

mon·go|lid [mɔŋgoˈliːt] *adj Merkmale, Typ etc*: Mongoloid. **≈ˈli·de** *m, f* ‹-n; -n› Mongol(oid).

Monˈgo·lin *f* ‹-; -nen› Mongol(ian) (woman *od.* girl). **monˈgo·lisch** *adj Sprache, Rasse etc*: Mongol(ian).

Mon·go|lis·mus [mɔŋgoˈlɪsmʊs] *m* ‹-; *no pl*› *med.* Mongolism. **≈loˈid** [-loˈiːt] *adj* **1.** *anthrop.* Mongoloid. **2.** *med.* mongol(oid); **~e Idiotie** mongoloid idiocy, Mongolism. **~loi·de** [-loˈiːdə] *m, f* ‹-n; -n› **1.** *anthrop.* Mongoloid. **2.** *med.* mongol(oid).

mo·nie·ren [moˈniːrən] *v/t* ‹*no* **ge-**, **h**› *bes. econ.* **1.** (*Rechnung etc*) question, query, find fault with, take exception to. **2.** (*Sendung etc*) complain about, make a complaint about. **3.** (*mahnen*) remind, *stärker*: admonish. **4. es wurde moniert, daß** there was a complaint (*od.* there were complaints) that.

Mo·nis·mus [moˈnɪsmʊs] *m* ‹-; *no pl*› *philos.* monism. **Moˈnist** [-ˈnɪst] *m* ‹-en; -en› monist. **moˈni·stisch** *adj* monistic.

Mo·ni·tor [ˈmoːnitɔr] *m* ‹-s; -en [moniˈtoːrən]› *phys. TV* monitor.

mo·no [ˈmoːno] *adv* stereo – auch ~ **abspielbar** (*Aufschrift*) this record can be played either with stereo or mono equipment. **≈ˌaufˌnah·me** *f* mono recording.

Mo·no|chord [monoˈkɔrt] *m* ‹-(e)s; -e› *mus.* monochord. **≈ˈchrom** [-ˈkroːm] *adj* monochrome, monochromatic.

Mon·odie [monoˈdiː] *f* ‹-; *no pl*› *mus.* monody. **mon·odisch** [-ˈnoːdɪʃ] *adj* monodic.

Mo·no·dra·ma [monoˈdraːma] *n thea.* monodrama.

ˈMo·no·empˌfän·ger *m* mono receiver.

mo·no|gam [monoˈgaːm] *adj* monogamous, monogam(ist)ic. **≈gaˈmie** [-gaˈmiː] *f* ‹-; *no pl*› monogamy. **≈gaˈmist** [-gaˈmɪst] *m* ‹-en; -en› monogamist. **~gaˈmi·stisch** *adj* monogamistic. **≈geˈne·se** [-geˈneːzə] *f* ‹-; -n› *biol.* monogenesis. **~geˈne·tisch** [-geˈneːtɪʃ] *adj* monogenetic. **≈geˈnie** [-geˈniː] *f* ‹-; -n [-ən]› → Monogenese. **~ˈge·nisch** [-ˈgeːnɪʃ] *adj biol.* **1.** monogenetic. **2.** monogenic. **≈goˈnie** [-goˈniː] *f* ‹-; -n [-ən]› *biol.* monogony. **≈ˈgramm** [-ˈgram] *n* ‹-s; -e› monogram. **≈graˈphie** [-graˈfiː] *f* ‹-; -n [-ən]› *Literatur*: monograph. **~ˈgra·phisch** [-ˈgraːfɪʃ] *adj* monographic. **≈hyˈbri·de** [-hyˈbriːdə] *m* ‹-n; -n› monohybrid.

Mo·no·kel [moˈnɔkəl] *n* ‹-s; -› monocle, eyeglass.

mo·no|klin [monoˈkliːn] *adj* **1.** *geol.* monoclinal. **2.** *bot.* monoclinous. **3.** *min.* monoclinic. **≈ko·ty·leˈdo·ne** [-kotyleˈdoːnə] *f* ‹-; -n› *bot.* monocotyledon.

mon·oku·lar [monokuˈlaːr] *adj opt.* monocular.

ˈMo·no·kulˌtur *f* ‹-; -en› *agr.* monoculture.

Mo·no|lith [monoˈliːt; -ˈlɪt] *m* ‹-s *od.* -en; -e(n)› *a. fig.* monolith. **≈ˈli·thisch** [-ˈliːtɪʃ] *adj a. fig.* monolithic. **~ˈlog** [-ˈloːk] *m* ‹-s; -e› monologue, soliloquy; **innerer ~** interior monologue. **≈ˈlo·gisch** [-ˈloːgɪʃ] *adj* monologic(al). **≈lo·giˈsie·ren** [-logiˈziːrən] *v/i* ‹*no* **ge-**, **h**› monologize, soliloquize.

Mo·nom [moˈnoːm] *n* ‹-s; -e› *math.* monomial.

mo·no|man [monoˈmaːn] *adj psych.* monomaniac. **≈ˈma·ne** [-ˈmaːnə] *m* ‹-n; -n› monomaniac. **≈maˈnie** [-maˈniː] *f* ‹-; -n [-ən]› monomania. **~ˈma·nisch** [-ˈmaːnɪʃ] *adj* → monoman. **~ˈmer** [-ˈmeːr] *adj chem. phys.* monomeric. **≈ˈmer** *n* ‹-s; -e›, **≈ˈme·re** [-ˈmeːrə] *n* ‹-n; -n› *meist pl chem.* monomer. **≈phaˈgie** [-faˈgiː] *f* ‹-; *no pl*› monophagy. **≈phoˈbie** [-foˈbiː] *f* ‹-; *no pl*› *psych.* monophobia. **≈ˈphthong** [-ˈftɔŋ] *m* ‹-s; -e› *ling.* monophthong. **~phthonˈgie·ren** [-ftɔŋˈgiːrən] *v/t* ‹*no* **ge-**, **h**› monophtongize. **~ˈphthon·gisch** [-ˈftɔŋgɪʃ] *adj* monophthongal.

ˈMo·noˌplat·te *f* → Monoschallplatte.

Mo·no·ple·gie [monopleˈgiː] *f* ‹-; -n [-ən]› *med.* monoplegia.

Mo·no·pol [monoˈpoːl] *n* ‹-s; -e› **1.** *econ.* monopoly (**auf** *acc*, **für** of, *Am.* on, in); **ein ~ für eine Sache besitzen** (*od.* **haben**) hold (*od.* exercise) a monopoly of (*Am.* on, in) s. th.; **staatliches ~** state monopoly. **2.** *econ.* (*Verband*) monopoly; **ein ~ bilden** (**entflechten**) form (decartelize) a monopoly. **3.** *fig. colloq.* (*Vorrecht*) privilege, monopoly. **~er·ˌzeug·nis** *n* monopoly article. **~ˌgü·ter** *pl* monopoly goods. **~ˌinˌha·ber** *m* holder of a monopoly, monopolist.

mo·no·po|li·sie·ren [monopoliˈziːrən] *v/t* ‹*no* **ge-**, **h**› *econ. u. fig.* monopolize. **≈liˈsie·rung** *f* ‹-; *no pl*› monopolization. **≈ˈlis·mus** [-ˈlɪsmʊs] *m* ‹-; *no pl*› monopolism. **≈ˈlist** [-ˈlɪst] *m* ‹-en; -en› monopolist. **~ˈli·stisch** *adj Wirtschaft etc*: monopolistic.

Mo·noˈpol|ka·piˌtal *n* ‹-s; *no pl*› *econ.* monopolism, monopolistic enterprises *pl.* **∼ka·pi·taˌlis·mus** *m* monopoly capitalism. **≈ka·pi·taˌli·stisch** *adj* monopoly capitalist. **∼ˌpreis** *m* monopoly price. **∼ˌstel·lung** *f* monopoly.

Mo·no·po·ly [moˈno:poli] *(TM) n* ‹-s; *no pl*› *(Spiel)* Monopoly.

ˈMo·noˌschallˌplat·te *f* mono record.

Mo·no|skop [monoˈsko:p] *n* ‹-s; -e› *TV* monoscope. **≈sylˈla·bisch** [-zʏˈla:bɪʃ] *adj ling.* monosyllabic. **∼ˈsyl·la·bum** [-ˈzʏlabʊm] *n* ‹-s; -ba [-ba]› monosyllable. **∼theˈis·mus** [-teˈɪsmʊs] *m* ‹-; *no pl*› *relig.* monotheism. **∼theˈist** [-teˈɪst] *m* ‹-en; -en› monotheist. **≈thei·stisch** [-teˈɪstɪʃ] *adj* monotheist, monotheistic(al). **≈ˈton** [-ˈto:n] *adj* monotonous. **∼toˈnie** [-toˈni:] *f* ‹-; -n [-ən]› monotony, monotonousness. **≈ˈtrop** [-ˈtro:p] *adj chem. min.* monotropic. **∼troˈpie** [-troˈpi:] *f* ‹-; *no pl*› monotropy.

Mo·no·type [ˈmɔnotaɪp] *(TM) f* ‹-; -s› *print.* Monotype (machine).

Mo·no|ty·pie [monotyˈpi:] *f* ‹-; -n [-ən]› *print.* monotype. **≈vaˈlent** [-vaˈlɛnt] *adj biol. chem.* univalent, monovalent. **∼vaˈlenz** [-vaˈlɛnts] *f* ‹-; -en› univalency, monovalency.

Mon·oxid [monɔˈksi:t], **Mon·oxyd** [monɔˈksy:t] *n* ‹-(e)s; -e› *chem.* monoxide.

mo·no|zy·klisch [monoˈtsy:klɪʃ] *adj biol. chem.* monocyclic. **≈ˈzy·ten** [-ˈtsy:tən] *pl biol.* monocytes.

Mon·roe·dokˌtrin [mɔnˈro:-; ˈmɔnro-] *f* ‹-; *no pl*› *pol. hist.* Monroe Doctrine *(1823)*.

Mon·sal·vatsch [mɔnzalˈvatʃ] *m* ‹-(es); *no pl*› → **Montsalvatsch**.

Mon·ster [ˈmɔnstər] *n* ‹-s; -(s)› monster. **∼ˌfilm** *m colloq.* **1.** mammoth (film) production. **2.** monster film. **∼proˌzeß** *m jur. colloq.* mammoth trial.

Mon·stranz [mɔnˈstrants] *f* ‹-; -en› *R. C.* monstrance.

mon·strös [mɔnˈstrø:s] *adj allg.* monstrous, *biol. a.* teratoid. **Mon·stro·siˈtät** [-strotsiˈtɛ:t] *f* ‹-; -en› monstrosity, *biol. a.* teratism. **Mon·strum** [ˈmɔnstrʊm] *n* ‹-s; -stren *u.* -stra [-stra]› *allg., a. fig. colloq.* monster, monstrosity.

Mon·sun [mɔnˈzu:n] *m* ‹-s; -e› *meteor.* monsoon; **∼regen** *m* monsoon(al) rain; **∼wald** *m* monsoon forest. **monˈsu·nisch** *adj* monsoon(al).

ˈMonˌtag [ˈmo:n-] *m* ‹-(e)s; -e› Monday; ∼ **über acht (vierzehn) Tage** (*od.* **in acht [vierzehn] Tagen**) Monday week (fortnight), *Am.* a week (two weeks) from Monday; *fig. colloq.* **blauer** ∼ Saint (*od.* St.) Monday; **(e-n) blauen** ∼ **machen** stay away from work on Monday, keep Saint (*od.* St.) Monday. **∼ˌabend** *m* Monday evening (*od.* night).

Mon·ta·ge [mɔnˈta:ʒə] *f* ‹-; -n› **1.** *tech.* setting up, mounting, erection, *e-r Maschine etc*: assembling, setting up, assembly, *e-r Anlage etc*: *a.* installation; **auf** ∼ **sein** be out on a field (construction) job. **2.** *Film, phot. TV* montage. **3.** *mus. Kunst, Literatur*: montage. **4.** *print.* a) montage, b) *e-s Entwurfs*: paste-up. **∼ˌar·bei·ten** *pl* general maintenance (*od.* assembly) work *sg.* **∼ˌar·bei·ter** *m* fitter; *am Fließband*: assembler. **∼ˌband** *n* assembly line. **∼ˌbild** *n* → **Montage** 3, 4. **≈ˌfer·tig** *adj tech.* ready for assembly (*od.* installation). **∼geˌrüst** *n civ. eng.* erecting scaffold. **∼ˌgrup·pe** *f* assembly unit. **∼ˌhal·le** *f* assembly shop (*od.* hall). **∼ˌkran** *m* erection (*od.* assembly) crane. **∼ˌwerk·statt** *f* assembly shop. **∼ˌzeich·nung** *f* assembly drawing.

mon·tä·gig [ˈmo:nˌtɛ:gɪç] *adj* (on) Monday.

ˈmonˌtäg·lich I *adj* Monday('s), on Monday(s). **II** *adv* → **montags**.

ˈmon·tags *adv* on Monday(s), every (*od.* each) Monday, *bes. Am.* Mondays; ∼ **geschlossen** closed on Monday(s).

Monˈtan|ˌak·ti·en [mɔnˈta:n-] *pl econ.* mining and steel shares (*bes. Am.* stocks). **∼geˌsell·schaft** *f meist pl* (coal and iron) mining company. **∼in·duˌstrie** *f* coal and steel industry. **∼salˌpe·ter** *m* ammonium sulfate-nitrate. **∼uniˌon** *f econ. pol.* European Coal and Steel Community. **∼ˌwer·te** *pl* → **Montanaktien**.

Mon·te·ne|gri·ner [mɔnteneˈgri:nər] *m* ‹-s; -›, **≈ˈgri·nisch** *adj geogr.* Montenegrin.

Mon·teur [mɔnˈtø:r] *m* ‹-s; -e› *tech.* a) *am Fließband*: assembler, assembly man, b) *für Maschinen*: fitter, c) *für Wartung*: maintenance man, d) *(Installateur)* fitter, c) *(Mechaniker)* mechanic, d) electrician. **∼ˌanˌzug** *m* overalls *pl.*

mon·tie·ren [mɔnˈti:rən] **I** *v/t* ‹*no* ge-, h› **1.** *tech.* a) *(Maschinen)* erect, set up, b) *(Zubehörteile)* fit, attach, c) *(Werkzeuge)* mount, fasten, d) *am Fließband*: assemble, e) *(Anlage)* install. **2.** *civ. eng.* *(Gerüst)* put up, erect. **3.** *phot. Film, Literatur*: mount, make a montage of. **II** ≈ *n* ‹-s› **4.** assembling *(etc)*. **5.** → **Montage** 1. **Monˈtie·rung** *f* ‹-; *no pl*› **1.** → **montieren** 4. **2.** → **Montage** 1.

Mont·sal·vatsch [mɔntzalˈvatʃ], **Mont·salˈwatsch** [-ˈvatʃ] *m* ‹-(es); *no pl*› *Literatur*: Montsalvat.

Mon·tur [mɔnˈtu:r] *f* ‹-; -en› **1.** *mil.* uniform, *e-s bestimmten Regiments*: regimentals *pl.* **2.** *der Dienerschaft*: livery. **3.** *(Arbeits≈)* overalls *pl.* **4.** *humor.* get-up; **in voller** ∼ in full rig-out.

Mo·nu·ment [monuˈmɛnt] *n* ‹-(e)s; -e› monument.

mo·nu·men·tal [monumɛnˈta:l] *adj* monumental. **≈ˌbau** *m* ‹-(e)s; -ten› monumental structure. **≈ˌfilm** *m* monumental epic.

Moor [mo:r] *n* ‹-(e)s; -e› **1.** moor(land), fen, bog, swamp(land). **2.** → **Torf**. **∼ˌbad** *n med.* mud bath. **≈ˌba·den** *v/i* ‹*only inf*› take mud baths. **∼ˌbin·se** *f bot.* moor rush. **∼ˌbo·den** *m* bog soil. **∼ˌen·te** *f orn.* white-eyed duck. **∼ˌer·de** *f* bog earth, peaty soil. **∼geˌbiet** *n*, **∼ˌge·gend** *f agr.* swampy area. **∼ˌgrund** *m* bog soil, quagmire. **∼ˌhuhn** *n* **1.** → **Moorschneehuhn**. **2.** **Schottisches** ∼ red grouse, moorfowl.

ˈmoo·rig *adj* boggy, swampy, marshy.

ˈMoor|kulˌtur *f agr.* cultivation of bogland (*od.* moorland). **∼ˌkur** *f med.* mud treatment. **∼ˌland** *n agr.* moorland, fenland, bog(land), swampland, marshland. **∼ˌlei·che** *f archeol. prehistoric corpse found in swamps.* **∼ˌpackung** *(getr.* **-k·k-***) f med.* mudpack. **∼ˌrauch** *m meteor.* dust haze. **∼ˌschneeˌhuhn** *n orn.* willow ptarmigan (*od.* grouse). **∼ˌsee** *m* bog lake.

Moos[1] [mo:s] *n* ‹-es; *Arten* -e› **1.** *bot.* moss; **mit** ∼ **bewachsen** → **moosig**; ∼ **ansetzen** a) become mossy, b) *humor.* be getting on (in years). **2.** ‹*only sg*› *colloq.* *(Geld)* dough, lolly, *Am. sl.* bread.

Moos[2] *n* ‹-es; Möser› *dial. for* **Moor** 1.

ˈMoos|achat [-ˀaˌxa:t] *m min.* moss agate. **≈ˌähn·lich, ≈ˌar·tig** *adj* mosslike, mossy. **≈beˌdeckt** *adj* → **moosig**. **∼ˌbee·re** *f* cranberry. **≈beˌwach·sen** *adj* → **moosig**. **∼ˌgarn** *n Textil.* Persian yarn. **≈ˌgrün** *adj* mossy-green.

moo·sig [ˈmo:zɪç] *adj* mossy, moss-covered.

ˈMoos|ˌpflan·ze *f meist pl bot.* bryophyte. **∼ˌpol·ster** *n* bear's-bed, moss(y) cushion. **∼ˌtier·chen** *n meist pl zo.* moss animalcule, coraloid.

Mop [mɔp] *m* ‹-s; -s› mop.

Mo·ped [ˈmo:pɛt; -pe:t] *n* ‹-s; -s› moped. **∼ˌfah·rer** *m*, **∼ˌfah·re·rin** *f* moped rider.

mop·pen [ˈmɔpən] *v/t u. v/i* ‹h› mop.

Mops [mɔps] *m* ‹-es; ⸚e› **1.** *(Hunderasse)* pug(-dog). **2.** *fig. colloq.* *(Person)* fatty. **3.** *pl colloq.* → **Moos**[1] 2. **ˈmop·sen** *colloq.* **I** *v/t* ‹h› **1.** *(stehlen)* swipe, pinch. **2.** *(ärgern)* annoy, nark. **II** *v/reflex* **sich** ∼ **3.** moon about, be bored (stiff). **4.** be annoyed, fret. **ˈMopsˌna·se** *f* pug nose.

Mo·ra [ˈmo:ra] *f* ‹-; -ren› *ling. metr.* mora.

Mo·ral [moˈra:l] *f* ‹-; *no pl*› **1.** *(Sittenlehre)* ethics *pl* (*als sg od. pl konstruiert*), morals *pl*, moral principles *pl*, morality; **christliche (strenge)** ∼ Christian (strict) morals *pl* (*od.* morality, ethics *pl*); **doppelte** (*od.* **doppelbödige**) ∼ double standard (*od.* set) of morals, dual morality; ∼ **predigen** moralize; **gegen die** ∼ **verstoßen** offend against moral principles. **2.** *(Sittlichkeit)* morals *pl*, moral standards *pl* (*od.* conduct), morality; **brüchige** ∼ frail morality; **ein Mensch ohne** ∼ a person without morals; **die** ∼ **sinkt (steigt)** (the) moral standards drop (rise). **3.** *(Kampf≈, Arbeits≈, Stimmung)* morale; **die** ∼ **heben (senken)** raise (lower) the morale; **die** ∼ **zersetzend** demoralizing. **4.** *(Nutzanwendung)* moral; **e-e** ∼ **ziehen aus e-r Sache** draw a moral from s. th. **∼geˌsetz** *n* moral law (*od.* principle).

Mo·ra·lin [moraˈli:n] *n* ‹-s; *no pl*› *a. humor.* moral self-righteousness; **vor** ∼ **triefen** ooze with moral self-righteousness. **≈ˌsau·er** *adj* drearily moralistic.

moˈra·lisch I *adj* **1.** *(ethisch)* moral; **≈e Aufrüstung** Moral Re-Armament, MRA; **∼e Festigung (Unterstützung)** moral strengthening (support); **∼er Sieg** moral victory; *colloq.* **e-e** ∼**e Ohrfeige bekommen** be put to shame by a (justified) rebuke. **2.** *(sittenstreng)* moral, virtuous (*person, life*). **3.** *(lehrhaft)* moral(izing), didactic; **e-e** ∼**e Erzählung** a moral tale. **II** *adv* **4.** ∼ **schlecht** morally bad, wicked; ∼ **verpflichtet** morally obliged; ∼ **betrachtet** seen (*od.* considered) in moral terms. **III ≈e, der** ‹-n› **5.** *colloq.* **e-n ≈en haben** a) *(Reue)* have qualms (*od.* pangs) of conscience, be troubled by remorse, b) *(Depression)* have the blues, be down in the dumps.

mo·ra·li·sie·ren [moraliˈzi:rən] *v/i* ‹*no* ge-, h› moralize.

Mo·ra|lis·mus [moraˈlɪsmʊs] *m* ‹-; *no pl*› *philos.* moralism. **∼ˈlist** [-ˈlɪst] *m* ‹-en; -en› **1.** moralist, ethicist. **2.** → **Moralprediger**. **∼ˈli·stik** [-ˈlɪstɪk] *f* ‹-; *no pl*› *philos.* ethics *pl* (*als sg od. pl konstruiert*). **≈ˈli·stisch** *adj* moralistic. **∼liˈtät** [-liˈtɛ:t] *f* ‹-; -en› **1.** ‹*only sg*› morality, morals *pl.* **2.** *Literatur: hist.* morality (play).

Moˈral|ˌleh·re *f philos.* ethics *pl* (*als sg od. pl konstruiert*), moral (*od.* ethical) philosophy. **∼ˌpau·ke** *f* → **Moralpredigt**. **∼phi·lo·soˌphie** *f* moral philosophy. **∼po·si·tiˌvis·mus** *m* moral positivism. **∼ˌpre·di·ger** *m colloq.* moralizer, sermonizer. **∼ˌpre·digt** *f colloq.* moral lecture, homily; **j-m e-e** ∼ **halten** give s. o. a stern lecture. **∼prinˌzip** *n philos.* moral principle. **∼psy·cho·loˌgie** *f* psychology of morals. **∼theo·loˌgie** *f R. C.* moral theology.

Mo·rä·ne [mo'rɛːnə] *f* ⟨-; -n⟩ *geol.* moraine.

Mo'rä·nen|ˌschutt *m geol.* till. **~ˌsee** *m* morainic lake.

Mo·rast [mo'rast] *m* ⟨-(e)s; -e *u.* ⸗e⟩ **1.** morass, mire, quagmire, bog, swamp. **2.** (*Schlamm*) mud, mire; **im (tiefen) ~ steckenbleiben** get stuck in the mud, bog down. **3.** *fig.* a) slough, b) filth; **ein ~ der Korruption (Sünde)** a slough of corruption (vice); **im ~ waten** wallow in filth. **mo'ra·stig** *adj* boggy, marshy, swampy; (*schlammig*) miry, muddy. **Mo'rastˌloch** *n* **1.** mudhole. **2.** *fig.* slough.

Mo·ra·to·ri·um [mora'toːrĭʊm] *n* ⟨-s; -rien⟩ *econ.* moratorium, postponement (*od.* extension) of payment.

mor·bid [mɔr'biːt] *adj* morbid. **Mor·bi·di'tät** [-bidi'tɛːt] *f* ⟨-; *no pl*⟩ **1.** morbidity, morbidness. **2.** *med. Statistik*: morbidity, ratio of sick to healthy persons.

Mor·chel ['mɔrçəl] *f* ⟨-; -n⟩ *bot.* (*Pilz*) morel.

Mord [mɔrt] *m* ⟨-(e)s; -e⟩ (**an** *dat* of) murder, *jur.* first-degree murder; *bes. politischer*: assassination; **auf ~ sinnen, e-n ~ planen** plan (*od.* premeditate) a murder; **e-n ~ begehen** (*od.* **verüben**) commit (a) murder; *fig. colloq.* **es gibt ~ und Totschlag** there will be a hell of a row; **es war (der reinste) ~** it was murder. **~ˌabˌsicht** *f* murderous intent. **~ˌanˌkla·ge** *f jur.* murder charge; **j-n unter ~ stellen** charge s. o. with murder; **unter ~ stehen** be charged with murder. **~ˌanˌschlag** *m* murder attempt, *bes. politischer*: assassination attempt, attempt on s. o.'s life; **e-n ~ auf j-n unternehmen** make an attempt on s. o.'s life. **~beˌgier·de** *f* → **Mordgier.** **~ˌbren·ner** *m* murderer and incendiary. **~bren·ne'rei** [ˌmɔrt-] *f* ⟨-; *no pl*⟩ murder and incendiarism. **~ˌbu·be** *m obs.* murderer. **~ˌdro·hung** *f* threat of murder.

mor·den ['mɔrdən] **I** *v/i* ⟨h⟩ murder, commit (a) murder, kill. **II** *v/t* murder. **III** ≈ *n* ⟨-; *no pl*⟩ murdering, killing, massacre.

Mör·der ['mœrdər] *m* ⟨-s; -⟩ murderer, *bezahlter*: *a.* killer, *bes. politischer*: assassin; **zum ~ werden** become a murderer. **~ˌgru·be** *f Bibl.* den of thieves; *fig.* **aus s-m Herzen k-e ~ machen** be very outspoken, not to make a secret of one's thoughts. **~ˌhand** *f lit.* **durch ~ fallen, von ~ sterben** die at the hand of a murderer. **'Mör·de·rin** *f* ⟨-; -nen⟩ murderess.

'mör·de·risch I *adj allg.* murderous (*battle, thoughts, etc*), *fig. colloq. Tempo*: *a.* breakneck, *Hitze, Durst etc*: *a.* terrible, hellish, *Rennen etc*: *a.* gruelling, *Wetter, Reise etc*: *a.* awful, atrocious, *Konkurrenz, Preise*: cutthroat. **II** *adv* → **mörderlich II.**

'mör·der·lich *colloq.* **I** *adj* terrible, frightful, awful. **II** *adv* terribly (*etc*); **~ schreien** scream like mad; **~ fluchen** swear like a trooper.

'Mör·derˌwal *m* → **Schwertwal.**

'Mord|geˌschich·te *f* murder story, tale of murder. **~geˌsel·le** *m obs.* murderer, killer. **~ˌgier** *f* lust to kill, bloodthirstiness; *med.* **krankhafte ~** homicidal insanity. **≈ˌgie·rig** *adj* murderous, bloodthirsty. **~in·struˌment** *n jur.* murder weapon.

Mor·dio ['mɔrdĭo] *interj* murder; → **Zeter.**

'Mord|kom·mis·siˌon *f* murder squad, *Am.* homicide division. **~ˌlust** *f* → **Mordgier.** **≈ˌlu·stig** *adj* → **mordgierig.** **~ˌnacht** *f* night of the murder. **~proˌzeß** *m jur.* murder trial.

'Mords|... *colloq in Zssgn meist* a) terrible, awful, b) enormous, c) terrific, fantastic. **~'angst** *f colloq.* terrible fear; **e-e ~ haben** be scared stiff. **~'ar·beit** *f colloq.* enormous (*od.* mammoth) task, hellish job. **~'aufˌre·gung** *f colloq.* great brouhaha, *sl.* hell of a stink. **~'ding** *n colloq.* ⟨-(e)s; -e(r)⟩ **1.** *von ungewöhnlicher Größe*: whacking big thing, whopper; **ein ~ von ...** a colossal (*od.* gigantic) ..., a whacking big ... **2.** (*tolle Sache*) humdinger, real beaut(y), lulu, wow. **3.** (*gewaltige Fehlleistung*) tremendous blunder. **4.** (*heftiger Schlag*) wallop. **~ˌdurch·ein'an·der** *n colloq.* devil (*od.* hell) of a mess. **~'durst** *m colloq.* almighty (*od.* hell of a) thirst. **~'gau·di** *f colloq.* great fun, whale of a time. **~'glück** *n colloq.* stupendous luck, whopping good luck. **≈'groß** *adj colloq.* walloping big, whacking. **~'hun·ger** *m colloq.* ravenous hunger. **~'kerl** *m colloq.* **1.** giant of a man. **2.** devil of a fellow, *sl.* crackajack. **~'krach, ~'lärm** *m colloq.* fearful din, terrific noise, awful racket; **e-n ~ schlagen** kick up (*od.* raise) hell. **~'lü·ge** *f colloq.* monstrous lie, thumper, whopper. **≈ˌmä·ßig** *colloq.* **I** *adj Lärm etc*: terrible, awful, dreadful, *Spaß etc*: marvel(l)ous, great. **II** *adv* a) terribly, awfully, b) marvel(l)ously. **≈'schwer** *adj colloq.* terribly (*od.* awfully) heavy (*od. fig.* difficult). **~'spaß** *m colloq.* **1. e-n ~ haben** have great fun, have a whale of a time. **2. et. ist ein ~** s. th. is great fun (*od.* a scream). **~spek'ta·kel** *m* → **Mordskrach.** **~'tem·po** *n colloq.* terrific speed (*od.* pace). **~'wut** *f* → **Stinkwut.**

'Mord|ˌtat *f* murder(ous deed). **~verˌdacht** *m* suspicion of murder; **wegen ~s** on suspicion of murder; **er steht unter ~** he is suspected (*od.* under suspicion) of murder. **~verˌsuch** *m* murder attempt, attempted murder, *politischer*: assassination attempt. **~ˌwaf·fe** *f*, **~ˌwerkˌzeug** *n* murder weapon.

Mo·rel·le [mo'rɛlə] *f* ⟨-; -n⟩ morello (cherry), *a.* morel.

Mo·res ['moːrɛs] *pl colloq.* **j-n** (*a.* **j-m**) **~ lehren** teach s. o. manners, tell s. o. what's what.

Mo'res·ke *f* ⟨-; -n⟩ → **Maureske.**

mor·ga·na·tisch [mɔrga'naːtɪʃ] *adj jur.* **~e Ehe** morganatic (*od.* left-handed) marriage.

mor·gen ['mɔrgən] *adv* **1.** tomorrow; **~ abend** (by) tomorrow evening (*od.* night); **~ früh** (by) tomorrow morning; **~ mittag** tomorrow at noon (*od.* midday); **~ in einer Woche** a week from tomorrow, tomorrow week; **~ um diese Zeit** (by) this time tomorrow; **bis ~!** see you tomorrow!; **~ ist auch (noch) ein Tag** tomorrow is another day; *humor.* **~, ~, nur nicht heute, sagen alle faulen Leute** never do today what you can put off till tomorrow. **2.** (*in der Zukunft*) tomorrow; **die Mode von ~** the fashion of tomorrow. **3.** (*früh am Tage*) early in the day; **heute ~** early today, this morning.

'Mor·gen[1] *m* ⟨-s; -⟩ **1.** morning, *poet.* morn; **diesen (jeden) ~** this (every) morning; **des ~s, am ~** in the morning; **gegen ~** toward(s) morning; **am anderen** (*od.* **nächsten**) **~** the next morning; **e-s schönen ~s** one fine morning; **der ~ bricht an** (*od.* **graut**), **es wird ~** day is breaking, it is getting light; **guten ~!**, *colloq.* **('n) ~!** (good) morning!; **j-m guten ~ sagen** (*od.* **wünschen**) wish (*od.* bid) s. o. good morning. **2.** *fig.* (*Anbruch*) morning (*of life, etc*), dawn (*of freedom, etc*). **3.** *fig. poet.* (*Osten*) East, Orient, Levant; **(ge)gen ~** eastward(s).

'Mor·gen[2] *n* ⟨-s; *no pl*⟩ (*Zukunft*) tomorrow, future, *lit.* morrow.

'Mor·gen[3] *m* ⟨-s; -⟩ *agr.* acre (*measure of land varying from 0.6 to 0.9 acres*).

'Mor·gen|ˌanˌdacht *f relig.* morning service, *private*: morning devotions *pl.* **~ˌausˌga·be** *f print.* morning edition (*od.* paper). **~ˌblatt** *n* morning paper. **~ˌdäm·me·rung** *f* (light of) dawn, daybreak.

mor·gend·lich ['mɔrgəntlɪç] *adj* (in *od.* of the) morning; **~e Frische** morning freshness.

'Mor·gen|empˌfang *m hist.* levee. **~ˌes·sen** *n Swiss* breakfast. **≈ˌfrisch** *adj* (as) fresh as a daisy. **~ˌfrost** *m* → **Nachtfrost.** **~ˌfrü·he** *f* **in der** (*od.* **aller**) **~** early in the morning, in the prime of day. **~ˌga·be** *f jur. hist.* morning gift. **~geˌbet** *n relig.* morning prayer(s *pl*). **~ˌgrau·en** *n* break of day, daybreak, daylight, dawn; **bei(m) ~** at (the crack of) dawn. **~ˌgruß** *m* morning greeting. **~gymˌnaˌstik** *f* morning exercises *pl*, *colloq.* daily dozen. **~ˌkleid** *n* morning gown. **~ˌland** *n archaic* East, Orient; → **Weise**[1]. **~ˌlän·der** *m* ⟨-s; -⟩ Oriental. **≈ˌlän·disch** *adj* Oriental, Eastern; *hist.* **das ~e Kaisertum** the Eastern (*od.* Greek) Empire. **~ˌlicht** *n* morning light. **~ˌlied** *n der Vögel*: morning song. **~ˌluft** *f* morning air; *fig. colloq.* **~ wittern** see a gleam (*od.* ray) of hope, become hopeful. **~ˌman·tel** *m* dressing-gown, wrapper, *für Damen*: *a.* peignoir. **~ˌpost** *f* morning post (*od.* delivery, *Am.* mail). **~ˌpunkt** *m astr.* due (*od.* true) east. **~ˌrock** *m* → **Morgenmantel.** **~ˌrot** *n*, **~ˌrö·te** *f* **1.** red sky, *poet.* rosy dawn, aurora. **2.** *fig.* dawn.

'mor·gens *adv* in the morning, a. m.; **~ früh** early in the morning; **um 6 Uhr ~, ~ um 6 (Uhr)** at six (o'clock) in the morning, at six a. m.; **von ~ bis abends** from morning till night, *fig. a.* all day long; **s-e Sprechstunde ist Montag ~** his office (*od.* consulting) hours are (on) every Monday morning.

'Mor·gen|ˌsei·te *f* east(ern) side. **~ˌson·ne** *f* morning sun. **~spaˌzierˌgang** *m* morning walk. **~ˌständ·chen** *n mus.* aubade; **j-m ein ~ bringen** entertain s. o. with morning music. **~ˌstern** *m astr.*, *a. mil. hist.* morning star. **~ˌstun·de** *f* morning hour; **in den frühen ~n** in the small (*od.* wee) hours of the day; **zu früher ~** early in the morning; **~ hat Gold im Munde** the early bird catches the worm. **~ˌtau** *m* morning dew. **~ˌzei·tung** *f* morning paper. **~ˌzug** *m* early (*od.* morning) train.

mor·gig ['mɔrgɪç] *adj* of tomorrow, tomorrow's, *fig. a.* future, (*the generation, etc*) to come; **der ~e Tag** tomorrow; **m-e ~e Abreise** my departure tomorrow.

mo·ri·bund [mori'bʊnt] *adj med.* moribund, dying.

Mo·ri·tat ['moːritaːt] *f* ⟨-; -en⟩ broadside (*od.* street) ballad. **Mo·ri'ta·tenˌsän·ger** *m* street-ballad singer.

Mor·mo·ne [mɔr'moːnə] *m* ⟨-n; -n⟩ *relig.* Mormon, Latter-day Saint. **Mor'mo·nen·tum** *n* ⟨-s; *no pl*⟩ Mormonism. **Mor'mo·nin** *f* ⟨-; -nen⟩ (female) Mormon. **mor'mo·nisch** *adj* Mormon.

mo·ros [mo'roːs] *adj obs.* (*mürrisch*) morose.

Morph [mɔrf] *n* ⟨-s; -e⟩ *ling.* morph.

Mor·phe [mɔr'feː] *f* ⟨-; *no pl*⟩ shape, form.

Mor·phem [mɔrˈfeːm] *n* ⟨-s; -e⟩ *ling.* morpheme.

Mor·pheus [ˈmɔrfɔʏs] *npr m* ⟨-; *no pl*⟩ *myth.* Morpheus; *poet.* **in ~ˈ Armen ruhen** rest in the arms of Morpheus.

Mor·phin [mɔrˈfiːn] *n* ⟨-s; *no pl*⟩ *chem. pharm.* morphine, morphia.

Mor·phi|nis·mus [mɔrfiˈnɪsmʊs] *m* ⟨-; *no pl*⟩ *med.* morphinism, morphine addiction. **~ˈnist** [-ˈnɪst] *m* ⟨-en; -en⟩, **~ˈni·stin** *f* ⟨-; -nen⟩ morphinist, morphine addict.

Morˈphin|ˌsucht *f* → **Morphinismus. ~verˌgif·tung** *f akute*: morphine poisoning; *chronische*: morphinism.

Mor·phi·um [ˈmɔrfɪʊm] *n* ⟨-s; *no pl*⟩ → **Morphin. ~ˌsprit·ze** *f* morphine injection. **~ˌsucht** *f* → **Morphinismus. ≈ˌsüch·tig** *adj* addicted to morphine. **~ˌsüch·ti·ge** *m, f* ⟨-n; -n⟩ morphine addict. **~verˌgif·tung** *f* → **Morphinvergiftung.**

Mor·pho|ge·ne·se [mɔrfogeˈneːzə] *f* ⟨-; -n⟩ *biol.* morphogenesis. **~ˈlo·ge** [-ˈloːgə] *m* ⟨-n; -n⟩ morphologist. **~loˈgie** [-loˈgiː] *f* ⟨-; *no pl*⟩ **1.** *biol. ling.* morphology. **2.** *geogr.* geomorphology. **≈ˈlo·gisch** [-ˈloːgɪʃ] *adj* **1.** *biol. ling.* morphological. **2.** *geogr.* geomorphologic(al). **~phoˈnem** [-foˈneːm] *n* ⟨-s; -e⟩ *ling.* morphophoneme.

Mor·pho·se [mɔrˈfoːzə] *f* ⟨-; -n⟩ → **Morphogenese.**

morsch [mɔrʃ] *adj* ⟨-er; -est⟩ **1.** *Holz, Zahn etc*: decayed, rotten; **~ werden** decay, rot. **2.** (*hinfällig*) frail, fragile; (*spröde*) brittle. **3.** *Mauern etc*: crumbling (old), *Leiter, Stuhl etc*: rickety (old), *Auto, Haus etc*: dilapidated, ramshackle. **4.** *fig. Staat etc*: decaying, shaky. **5.** (**alt und**) **~** *Person*: (old and) decrepit, shaky. **ˈMorsch·heit** *f* ⟨-; *no pl*⟩ **1.** decay(ed condition), rottenness. **2.** ramshackle (*od.* rickety) condition, decrepitude. **3.** *fig.* shakiness.

ˈMor·se|al·phaˌbet [ˈmɔrzə-] *n tel.* Morse alphabet (*od.* code). **~ap·paˌrat** *m* Morse telegraph. **~empˌfän·ger** *m* Morse (code signal) receiver.

mor·sen [ˈmɔrzən] *v/t* ⟨h⟩ *tel.* send (*od.* signal) *s. th.* in Morse, Morse.

Mör·ser [ˈmœrzər] *m* ⟨-s; -⟩ **1.** mortar; **~keule** *f*, **~stößel** *m* pestle. **2.** *mil.* mortar.

mör·sern [ˈmœrzərn] *v/i u. v/t* ⟨h⟩ *pharm.* pound *s. th.* with pestle and mortar.

ˈMor·se|ˌschrei·ber *m* → **Morseapparat. ~ˌschrift** *f* Morse code. **~siˌgnal** *n* → **Morsezeichen** 1. **~ˌta·ste** *f* Morse key. **~ˌzei·chen** *n* **1.** *akustisches*: Morse signal. **2.** *geschriebenes*: Morse symbol.

Mor·ta·del·la [mɔrtaˈdɛla] *f* ⟨-; -s⟩ *gastr.* mortadella, Bologna (sausage).

Mor·ta·li·tät [mɔrtaliˈtɛːt] *f* ⟨-; *no pl*⟩ mortality.

Mör·tel [ˈmœrtəl] *m* ⟨-s; -⟩ *civ. eng.* mortar; (*~schlamm*) grout; (*Verputz≈*) plaster; **e-e Wand mit ~ bewerfen** roughcast (*od.* plaster) a wall. **~ˌkel·le** *f* trowel. **~maˌschi·ne** *f*, **~ˌmi·scher** *m* mortar mixer. **~ˌsand** *m* mortar sand. **~ˌtrog** *m* hod. **~verˌputz** *m* mortar coating.

Mo·sa·ik [mozaˈiːk] *n* ⟨-s; -en, *a.* -e⟩ **1.** *Kunst*: mosaic (work). **2.** *fig., a. phot., Computer*: mosaic. **~ˌar·beit** *f* → **Mosaik** 1. **≈ˌar·tig** *adj* mosaic-like, tessel(l)ated. **~elekˌtro·de** *f TV* mosaic electrode. **~ˌfußˌbo·den** *m* tessel(l)ated floor. **~ˌspiel** *n* jigsaw puzzle. **~ˌstein** *m*, **~ˌstein·chen** *n* mosaic piece (*od.* stone); *regelmäßig geformt*: tessera.

mo·sa·isch [moˈzaːɪʃ] *adj relig.* Mosaic.

Mo·sa·ist [mozaˈɪst], **Mo·saiˈzist** [-iˈtsɪst] *m* ⟨-en; -en⟩ *Kunst*: mosaicist, mosaist.

Mo·schee [mɔˈʃeː] *f* ⟨-; -n [-ən]⟩ *relig.* mosque.

Mo·schus [ˈmɔʃʊs] *m* ⟨-; *no pl*⟩ musk. **~ˌbeu·tel** *m zo.* musk bag. **~ˌbock** *m* musk beetle. **~ˌböck·chen** *n* suni. **~ˌdrü·se** *f* musk (*od.* scent) gland. **~geˌruch** *m* musk, musky odo(u)r (*od.* smell). **~ˌhirsch** *m* → **Moschustier. ~ˌkä·fer** *m* → **Moschusbock. ~ˌkraut** *n bot.* moschatel. **~ˌoch·se** *m zo.* musk-ox. **~ˌrat·te** *f* → **Bisamratte. ~ˌro·se** *f bot.* musk rose. **~ˌtier** *n* musk deer, moschus; **die ~e** *pl* the moschinae.

Mo·se [ˈmoːzə] *npr m* ⟨-; *no pl*⟩ *Bibl.* Moses; **die fünf Bücher ~** the Pentateuch *sg.*

Mö·se [ˈmøːzə] *f* ⟨-; -n⟩ *vulg.* cunt.

Mo·sel [ˈmoːzəl] *m* ⟨-s; -⟩, **~ˌwein** *m gastr.* Moselle.

mo·sern [ˈmoːzərn] *v/i* ⟨h⟩ *bes. Northern G. colloq.* grumble, grouse.

Mo·ses[1] [ˈmoːzɛs; -zəs] *npr m* ⟨-; *no pl*⟩ *Bibl.* Moses. **Mo·ses**[2] [ˈmoːzəs] *m* ⟨-; -⟩ *mar.* **1.** ship's boy. **2.** (*Beiboot*) dinghi.

Mos·kau·er [ˈmɔskauər] **I** *m* ⟨-s; -⟩ Muscovite. **II** *adj* (of) Moscow. **ˈmos·kau·isch** *adj* (of) Moscow.

Mos·ki·to [mɔsˈkiːto] *m* ⟨-s; -s⟩ (tropical) mosquito. **~ˌnetz** *n* mosquito net. **~ˌstich** *m* mosquito bite.

Mos·ko|wi·ter [mɔskoˈviːtər] *m* ⟨-s; -⟩, **≈ˈwi·tisch** *adj* Muscovite.

Mos·lem [ˈmɔslɛm] *m* ⟨-s; -s⟩ *relig.* Muslim, Moslem; **~bruderschaft** *f pol.* Muslim Brotherhood; **~liga** *f* Moslem League. **mosˈle·misch** [-ˈleːmɪʃ] *adj relig.* Muslim, Moslem. **Mosˈli·me** [-ˈliːmə] *f* ⟨-; -n⟩ *relig.* (female) Muslim.

ˈMössˌbau·er-Efˈfekt [ˈmœsˌbauər-] *m phys.* Mössbauer effect.

Most [mɔst] *m* ⟨-(e)s; -e⟩ **1.** must, stum. **2.** fruit-juice, fruit-wine, (*Apfel≈*) cider, (*Birnen≈*) perry; → **Barthel. ~ˌap·fel** *m* cider apple. **~ˌbir·ne** *f* perry pear.

mo·sten [ˈmɔstən] **I** *v/i* ⟨h⟩ make must (*od.* fruit-wine, cider, perry, fruit-juice). **II** *v/t* (*Trauben, Obst etc*) press. **Mo·steˈrei** *f* ⟨-; -en⟩ **1.** cider-pressing plant. **2.** firm producing cider (*etc*).

Mo·stert [ˈmɔstərt] *m* ⟨-s; *no pl*⟩ *Northwestern G. for* **Senf.**

ˈMostˌpres·se *f* must (*od.* cider) press.

Most·rich [ˈmɔstrɪç] *m* ⟨-(e)s; *no pl*⟩ *Northern G. for* **Senf.**

Mo·tel [ˈmoːtəl; moˈtɛl] *n* ⟨-s; -s⟩ motel.

Mo·tet·te [moˈtɛtə] *f* ⟨-; -n⟩ *mus.* motet.

Mo·ti·li·tät [motiliˈtɛːt] *f* ⟨-; *no pl*⟩ *bes. med.* motility.

Mo·tio·när [motsĭoˈnɛːr] *m* ⟨-s; -e⟩ *Swiss pol.* mover (of a proposal).

Mo·tiv [moˈtiːf] *n* ⟨-s; -e⟩ **1.** (*Beweggrund*) *a. jur.* motive (**zu** for); **edle ~e** noble impulses (*od.* promptings); **das ~ des Handelns** the spring of action; **politisches ~** a political motive; **aus welchem ~ heraus?** from what motive? **2.** *Kunst, Literatur, mus.* motif, *a.* motive, *Film etc*: *a.* theme.

Mo·ti·va·ti·on [motivaˈtsĭoːn] *f* ⟨-; -en⟩ *bes. psych.* motivation. **Mo·ti·va·tiˈonsˌfor·schung, Moˈtivˌfor·schung** *f econ. psych.* motivation(al) research.

mo·ti|vie·ren [motiˈviːrən] *v/t* ⟨*no* ge-, h⟩ **1.** *psych.* motivate. **2.** (*begründen*) give reasons (*od.* grounds) for. **≈ˈvie·rung** *f* ⟨-; -en⟩ **1.** *bes. psych.* motivation. **2.** (*Gründe*) reason(s *pl*), ground(s *pl*).

Mo·to|-Cross [motoˈkrɔs] *n* ⟨-; *no pl*⟩ *Sport*: moto-cross. **~ˈdrom** [-ˈdroːm] *n* ⟨-s; -e⟩ autodrome.

Mo·tor [ˈmoːtɔr] *m* ⟨-s; -en [moˈtoːrən]⟩, *a.* [moˈtoːr] *m* ⟨-s; -e⟩ **1.** (*Verbrennungs≈*) engine; **~ mit sechs Zylindern** six-cylinder engine; **den ~ anlassen** (*od.* **starten**) start the engine; **den ~ abstellen** (*od.* **abschalten**) turn off the engine; **mit abgestelltem** (**arbeitendem**) **~** power off (on). **2.** (electric) motor. **3.** *fig.* driving force, prime mover, motor. **~ˌanˌtrieb** *m* engine-drive, *electr.* motor-drive; **mit ~** engine-driven, power-driven, *electr.* motor-driven. **~ˌausˌfall** *m* motor (*od.* engine) failure (*od.* breakdown). **~barˌkas·se** *f mar.* motor launch. **~ˌblock** *m tech.* engine block. **~ˌboot** *n* motorboat, powerboat. **~ˌbrem·se** *f* engine brake. **~ˌdrehˌzahl** *f* engine (*electr.* motor) speed.

Moˈto·ren|ˌbau *m* engine (*electr.* motor) construction. **~geˌräusch** *n* engine noise. **~ˌlärm** *m* noise (*od.* roar) of engines (*od.* an engine). **~ˌschlos·ser** *m* engine fitter, motor mechanic. **~ˌwerk** *n* engine factory.

ˈMo·tor|ˌfahrˌrad *n* motor-assisted (*od.* motorized) bicycle. **~ˌfahrˌzeug** *n* motor vehicle. **~ˌflugˌzeug** *n* powered aircraft. **~geˌhäu·se** *n tech.* engine (*od.* motor) casing. **~ˌgon·del** *f aer.* nacelle. **~ˌhau·be** *f* **1.** *mot.* bonnet, *Am.* hood. **2.** *aer.* engine cowling.

Mo·to·rik [moˈtoːrɪk] *f* ⟨-; *no pl*⟩ *med.* motoricity. **moˈto·risch** [-rɪʃ] *adj* **1.** *anat.* motor (*nerve, etc*). **2.** *tech.* (**~** *angetrieben*) (engine-)powered, *electr.* motor-operated. **3.** *mus.* kinetic, motor.

mo·to·ri|sie·ren [motoriˈziːrən] **I** *v/t* ⟨*no* ge-, h⟩ motorize. **II** *v/reflex colloq.* **sich ~** buy a car. **~ˈsiert** *adj* motorized; *mil.* **~e Truppe** motorized (*od.* mechanized, mobile) troops *pl*; **~es Fahrrad** → **Motorfahrrad**; *colloq.* **~ sein** have a car. **≈ˈsie·rung** *f* ⟨-; *no pl*⟩ motorization, mechanization.

ˈMo·tor|ˌjacht *f* motor yacht. **~ˌkol·ben** *m* engine piston. **~ˌkraft** *f* engine power. **~ˌküh·lung** *f* engine cooling (system). **~ˌlei·stung** *f tech.* engine (*od.* motor) output (*od.* performance, power, rating). **≈los** *adj* motorless. **~ˌmä·her** *m agr.* **1.** *für Gras*: power mower. **2.** *für Getreide*: motor-driven reaper. **~ˌnennˌlei·stung** *f tech.* rated motor power. **~ˌöl** *n* motor oil. **~ˌpan·ne** *f* → **Motorschaden** 1. **~ˌpflug** *m agr.* tractor (*od.* motor) plough (*bes. Am.* plow). **~ˌprüfˌstand** *m* engine test bed. **~ˌpum·pe** *f tech.* power (*od.* motor) pump.

ˈMo·torˌrad *n* motorcycle, motor bicycle, *colloq.* motor bike; **~ mit Beiwagen** → **Motorradgespann**; **~ fahren** (ride a) motorcycle. **~ˌbril·le** *f* (motorcycle) goggles *pl.* **~ˌfah·rer** *m* motorcyclist. **~geˌspann** *n* (side-car) combination. **~ˌren·nen** *n Sport*: motorcycle racing (*od.* race). **~ˌrennˌfah·rer** *m* racing motorcyclist. **~ˌsport** *m* motorcycling.

ˈMo·tor|ˌrah·men *m mot.* engine frame. **~ˌrol·ler** *m* (motor) scooter. **~ˌsä·ge** *f tech.* power saw. **~ˌscha·den** *m* **1.** engine failure (*od.* breakdown). **2.** → **Motorstörung. ~ˌschiff** *n* motor ship. **~ˌschlep·per** *m tech.* traction engine. **~ˌschlit·ten** *m* snowmobile, motor sleigh. **~ˌschmie·rung** *f* engine lubrication. **~ˌseg·ler** *m* **1.** *aer.* power(ed) (*od.* motor) glider. **2.** *mar.* powered sailing boat. **~ˌsport** *m* motor sport. **~ˌsprit·ze** *f* (motor) fire engine (*od.* truck). **~ˌsteue·rung** *f tech.* motor control. **~ˌstö·rung** *f* **1.** *tech.* engine trouble. **2.** *electr.* motor trouble. **~ˌtriebˌwa·gen** *m* railcar. **~venˌtil** *n* engine valve. **~ver|klei·dung** *f* engine cowling. **~|wa·gen** *m* **1.** *rail.* motor coach. **2.** *der Straßenbahn*: motorcar. **3.** *mot.* driving vehicle, tractive power unit, truck. **~|wäh·ler** *m electr.* motor-operated selector. **~|wech·sel** *m* motor (*od.* engine) replacement. **~|win·de** *f* motor winch.

Mot·te [ˈmɔtə] *f* ⟨-; -n⟩ **1.** *zo.* a) moth, b) tineid (moth); **von ~n zerfressen** moth-eaten; *fig.* **von et. angezogen werden wie die ~n vom Licht** be attracted to s. th. like moths to a flame; *fig. colloq.* **du kriegst die ~n!** good heavens!; **das ist, um die ~n zu kriegen!** that's enough to drive you crazy! **2.** *fig. colloq.* funny character (*od.* bird); **das ist e-e ~!** he's quite a character, he's a real card; **kleine** (*od.* **kesse**) **~** (*Kind*) pert (*od.* saucy) little thing.

ˈmot·ten|,fest *adj* mothproof. **≗|fraß** *m* damage done by moths. **≗|ki·ste** *f fig. colloq.* **aus der ~** ancient, moth-eaten; **e-e alte Geschichte aus der ~ hervorholen** dust off an old story (*od.* some old stuff). **≗|ku·gel** *f* mothball. **≗|pul·ver** *n* moth powder. **≗|schutz|mit·tel** *n* insecticide (for moths), moth killer. **~|si·cher** *adj* mothproof. **~zer|fres·sen** *adj* moth-eaten.

Mot·to [ˈmɔto] *n* ⟨-s; -s⟩ **1.** *allg.* motto, (*Grundsatz*) *a.* maxim. **2.** *pol.* key-note, (*Schlagwort*) slogan. **3.** *her.* device.

mouil|lie·ren [muˈjiːrən] *v/t* ⟨*no* **ge-**, h⟩ *ling.* palatalize, pronounce *s. th.* with a mouillé sound. **~ˈliert** *adj* palatal(ized), mouillé. **≗ˈlie·rung** *f* ⟨-; -en⟩ mouillé pronunciation.

Mou·li·né [muliˈneː] *m* ⟨-s; -s⟩ *Textil.* colo(u)red twist yarn.

mous·sie·ren [muˈsiːrən] *v/i* ⟨*no* **ge-**, h⟩ *Limonade etc*: effervesce, sparkle, bubble.

Mö·we [ˈmøːvə] *f* ⟨-; -n⟩ *orn.* (sea) gull. **ˈMö·wen|tau·be** *f* turbit.

ˈMo·zart|zopf [ˈmoːtsart-] *m* pigtail.

Mucke (*getr.* **-k·k-**) [ˈmʊkə] *f* ⟨-; -n⟩ *colloq. meist pl* whim, caprice, crotchet; **er hat so s-e ~n** he has his (little) moods; **die Sache hat ihre ~n** the matter has its snags, there's a hitch to it; **der Motor hat s-e ~n** the engine has got (the) bugs.

Mücke (*getr.* **-k·k-**) [ˈmʏkə] *f* ⟨-; -n⟩ *zo.* a) mosquito, gnat, b) midge; *fig.* **aus e-r ~ e-n Elefanten machen** make a mountain out of a molehill.

ˈMucke|fuck (*getr.* **-k·k-**) [-|fʊk] *m* ⟨-s; *no pl*⟩ *colloq.* thin (watery) coffee, ersatz coffee.

mucken (*getr.* **-k·k-**) [ˈmʊkən] *colloq.* **I** *v/i* ⟨h⟩ **1.** make (*od.* utter) a sound, stir; **ohne zu ~** without making a sound; **nicht gemuckt!** not another word!, keep quiet! **2.** rebel, *sl.* kick; **ohne zu ~** without a murmur, meekly. **3.** (*schmollen*) sulk, be sulky. **II** *v/reflex* **4. sich ~** → **mucken** 1, 2.

ˈMücken|,schwarm (*getr.* **-k·k-**) *m* swarm of mosquitos. **~|se·hen** *n med.* muscae volitantes *pl.* **~|stich** *m* mosquito (*od.* gnat, midge) bite.

ˈMucker (*getr.* **-k·k-**) *m* ⟨-s; -⟩ *contp.* **1.** → Duckmäuser 1, 2. **2.** bigot, sanctimonious person. **3.** grumbler. **ˈmucker·haft** (*getr.* **-k·k-**) *adj* **1.** → **duckmäuserisch** 1, 2. **2.** sanctimonious. **3.** sulky. **ˈMucker·tum** (*getr.* **-k·k-**) *n* ⟨-s; *no pl*⟩ **1.** → **Duckmäuserei** 1, 2. **2.** bigotry, sanctimoniousness.

Mucks [mʊks] *m* ⟨-es; -e⟩ *colloq.* **k-n ~ machen** (*od.* **von sich geben**) be (as) silent as a mouse, not to make (*od.* utter) a sound. **ˈmuck·sen** *v/i u.* **sich ~** *v/reflex* ⟨h⟩ → **mucken**. **ˈMuck·ser** *m* ⟨-s; -⟩ → **Mucks**.

ˈmucksˈmäus·chenˈstill *adj colloq.* (as) still (*od.* quiet, silent) as a mouse, mum.

Mu·co·in [mukoˈiːn] *n* ⟨-s; *no pl*⟩ *biol.* mucoprotein.

Muˈcon|säu·re [muˈkoːn-] *f chem.* muconic acid.

Mu·co·pro·te·id [mukoproteˈiːt] *n* → **Mucoin**.

mü·de [ˈmyːdə] **I** *adj* ⟨-r; müd(e)st⟩ **1.** tired, (*schläfrig*) sleepy, drowsy, (*matt*) weary, (*erschöpft*) *a.* tired out, worn out, exhausted, fatigued; **~ werden** get (*od.* grow) tired (*od.* sleepy); **sich ~ arbeiten** (**reden**) tire (*od.* wear) o. s. out with working (talking). **2.** *fig. colloq. Diskussion etc*: lame, slow, lifeless, *Beifall etc*: lukewarm; **~er Haufen** (*od.* **Verein**) dull (*od.* lifeless) lot; **keine ~ Mark!** not a (damned) penny! **3. e-r Sache** (*colloq. a.* **e-e Sache**) (**j-s**, *colloq. a.* **j-n**) **~ sein** (**werden**) be (grow) tired (*od.* weary) of s. th. (s. o.); (**es**) **nicht ~ sein** (**werden**), **et. zu tun** not to tire (grow tired) of doing s. th.; **ich bin es jetzt ~** I've had enough of it. **II** *adv* **4.** tiredly, wearily (*etc*). **ˈMü·dig·keit** [-dɪçkaɪt] *f* ⟨-; *no pl*⟩ tiredness, sleepiness, weariness (*etc*); **vor ~ einschlafen** fall asleep from tiredness; **von ~ übermannt werden** be overcome by (*od.* with) tiredness; **nur k-e ~ vorschützen!** get a move on!, don't tell me you are tired! **ˈMü·dig·keits·ge|fühl** *n* **1.** feeling of tiredness. **2.** (*Abgespanntheit*) lassitude.

Mu·ez·zin [muˈɛtsiːn] *m* ⟨-s; -s⟩ *relig.* muezzin.

Muff[1] [mʊf] *m* ⟨-(e)s; -e⟩ *Mode*: muff.

Muff[2] *m* ⟨-(e)s; *no pl*⟩ *Low G.* musty (*od.* fusty, mo[u]ldy) smell.

Muf·fe [ˈmʊfə] *f* ⟨-; -n⟩ **1.** *tech.* a) (*Kupplungs*≗) sleeve, box, b) (*Rohrleitungs*≗) socket, c) (*Regler*≗) collar. **2.** *electr.* (*Kabel*≗) box, joint. **3.** *colloq.* **ihm geht die ~** he is in a blue funk (*od.* scared stiff).

Muf·fel[1] [ˈmʊfəl] *m* ⟨-s; -⟩ **1.** *zo. hunt. des Elchs etc*: muffle, snout, muzzle. **2.** *fig. colloq.* a) (*Griesgram*) sourpuss, b) (*Fadian*) wet blanket, c) (…≗) (*wer et. ablehnt*) s. o. who hates (*od.* dislikes) s. th., (…-)rejecter, (…-)hater.

ˈMuf·fel[2] *f* ⟨-; -n⟩ *metall.* muffle.

ˈMuf·fel[3] *n* ⟨-s; -⟩ → **Mufflon**.

ˈmuf·fe·lig *adj colloq.* sulky.

muf·feln[1] [ˈmʊfəln] *v/i* ⟨h⟩ *colloq.* **1.** (*kauen*) munch. **2.** (*mürrisch sein*) grouse, sulk, grumble. **3.** (*undeutlich reden*) mumble, mutter.

ˈmuf·feln[2] *v/i* ⟨h⟩ *Southern G.* smell musty (*od.* bad).

ˈMuf·fel|,ofen *m metall.* muffle furnace. **~|schaf, ~|tier, ~|wild** *n* → **Mufflon**.

muf·fen [ˈmʊfən] *v/i* ⟨h⟩ → **muffeln**[2].

ˈMuf·fen|,kupp·lung *f tech.* sleeve coupling. **~|sau·sen** *n colloq.* **~ haben** be in a blue funk. **~ver|bin·dung** *f* spigot-and-socket joint.

ˈmuf·fig *adj* **1.** musty, stale(-smelling), fusty; **~e Luft** musty air, fug. **2.** *fig. colloq. Person*: sulky, sullen, morose.

ˈmuff·lig *adj* → **muffelig**.

Muff·lon [ˈmʊflɔn] *m* ⟨-s; -s⟩ *zo.* mouf(f)lon.

Muf·ti [ˈmʊfti] *m* ⟨-s; -s⟩ *relig.* mufti.

mu·ge·lig [ˈmuːgəlɪç], **mug·lig** [ˈmuːglɪç] *adj* **1.** *Edelsteine*: convex, en cabochon. **2.** *dial.* hilly.

muh [muː] *interj* moo!; **~ machen** moo, low.

Mü·he [ˈmyːə] *f* ⟨-; -n⟩ trouble, pains *pl*, (*Anstrengung*) effort, exertion, (*Schwierigkeit*) difficulty, *lit.* (*Arbeit*) labo(u)r, toil; **verlorene ~** waste of time (*od.* energy); **mit ~ und Not** a) with the greatest difficulty, b) (*gerade noch*) barely, only just, just about; **das ist** (**nicht**) **der ~ wert** it's (not) worth the trouble (*od.* effort, bother); **k-e ~ scheuen** spare no trouble; **gib dir k-e ~!, spar dir die ~!** save yourself the trouble, don't bother, *bes. iro.* you are wasting your time; **sich** (*dat*) **alle ~ geben** take great trouble (*od.* pains), make every effort, try hard; **du mußt dir mehr ~ geben!** you must try harder (*od.* make greater efforts); **sich mit e-r Sache viel ~ machen** take great trouble (*od.* pains) over s. th.; **mit e-r Sache** (**j-m**) **viel ~ haben** have a great deal of difficulty (*od.* trouble) with s. th. (s. o.); **j-m große ~ machen** give (*od.* cause) s. o. a lot of trouble; **sich** (*dat*) **die ~ machen, et. zu tun** take the trouble to do s. th.; **das macht gar k-e ~!** it's no trouble (*od.* bother) at all; **er hat sich** (*dat*) **die ganze ~ umsonst gemacht** he went to all the trouble for nothing; **es war verlorene ~, ihm den Rat zu erteilen** the advice was wasted on him; **es kostet mich ~, ihm das zu sagen** I find it hard to tell him. **≗los I** *adj* easy, without difficulty (*od.* effort, trouble), effortless; **ein ~er Aufstieg** an easy climb; **ein ~es Leben** an easy life. **II** *adv* easily, without difficulty (*od.* any trouble), with (effortless) ease, effortlessly; **~ gewinnen** win hands down; **er hat die Aufgabe ~ gelöst** he had no difficulty in solving the problem. **~lo·sig·keit** *f* ⟨-; *no pl*⟩ ease, easiness, facility, effortlessness.

mu·hen [ˈmuːən] **I** *v/i* ⟨h⟩ **1.** moo, low. **II** ≗ *n* ⟨-s⟩ **2.** mooing, lowing. **3.** moo, low.

mü·hen [ˈmyːən] *v/reflex* ⟨h⟩ **sich ~** take pains (*od.* trouble), work hard, struggle, strive, exert o. s., toil; **wir ~ uns, ihm alles recht zu machen** we strive to do everything as he would have it.

ˈmü·he|,voll *adj* troublesome, laborious, arduous. **≗|wal·tung** *f* ⟨-; *no pl*⟩ **1. wir danken für Ihre ~** thank you for the trouble you have taken (*od.* for your friendly co-operation). **2.** (*Sorgfalt*) care.

ˈMühl|bach *m* mill brook, millstream.

Müh·le [ˈmyːlə] *f* ⟨-; -n⟩ **1.** mill; **Gottes ~n mahlen langsam** (**, mahlen aber trefflich klein**) (*Sprichwort*) God's mills (*od.* the wheels of fate) grind slow but sure (*od.* but exceeding fine); *fig.* **in die ~ der Verwaltung geraten** get caught in the machinery of administration; → **Wasser** 2. **2.** *fig. colloq. humor.* a) (*altes Auto*) bus, *Am. sl.* heap, jalop(p)y, b) (*altes Flugzeug*) crate, bus, kite. **3.** *tech.* a) mill, b) *zur Grobmahlung*: crusher, c) *zur Feinmahlung*: grinder, d) *zur Feinstmahlung*: pulverizer. **4.** a) ⟨*only sg*⟩ (*Spiel*) (nine-men's) morris, mill, morelles *pl*; **~ spielen** play morris, b) (*Stellung*) three stones *pl* in a row; **e-e ~ haben** (*od.* **zumachen**) have three stones in a row.

ˈMüh·le|spiel *n* → Mühle 4 a.

ˈMühl|,gang *m tech.* run (of millstones). **~|rad** *n* mill-wheel. **~|stein** *m tech.* a) millstone, b) *e-r Handmühle*: quernstone; *fig.* **die Sorgen lasten auf mir schwer wie ein ~** the worries are like a millstone round my neck; **zwischen die ~e geraten** get between the upper and nether millstone. **~|teich** *m* mill-pond. **~|wehr** *n* mill-dam, mill weir. **~|werk** *n tech.* mill(work); *fig. colloq.* **ihr Mund**

geht wie ein ~ she is a regular chatterbox.

Mu·hme [ˈmuːmə] *f* ⟨-; -n⟩ *obs.* (*Tante*) aunt.

ˈ**Müh·sal** *f* ⟨-; -e⟩ toil (and trouble), trouble(s *pl*); (*Plackerei*) toil, drudgery; (*Ungemach*) hardship; (*Strapaze*) strain; **die ~ des Lebens** the troubles of life.

ˈ**müh·sam I** *adj* **1.** (*schwierig*) difficult, hard, tough. **2.** (*anstrengend*) strenuous, toilsome, laborious, arduous, (*ermüdend*) tiring, fatiguing, tiresome, irksome, wearisome. **II** *adv* **3.** with an effort, with difficulty, laboriously; **sich** (*dat*) **s-n Lebensunterhalt ~ verdienen** work hard for (*od.* eke out) one's living; **sich ~ wieder aufrichten** struggle to one's feet; **sich ~ fortschleppen** drag o. s. along.

ˈ**müh·se·lig** *adj* → mühsam. **≈keit** *f* ⟨-; *no pl*⟩ → Mühsal.

mu·kös [muˈkøːs] *adj med.* mucous.

Mu·ko·sa [muˈkoːza] *f* ⟨-; -sae [-zɛ]⟩ *anat.* mucosa, mucous membrane.

Mu·lat·te [muˈlatə] *m* ⟨-n; -n⟩, **Muˈlat·tin** *f* ⟨-; -nen⟩ mulatto.

Mulch [mʊlç] *m* ⟨-(e)s; -e⟩ *agr.* mulch.

Mul·de [ˈmʊldə] *f* ⟨-; -n⟩ **1.** (*Holzgefäß, Backtrog*) trough. **2.** (*flache Vertiefung*) hollow, depression. **3.** *geogr. geol.* basin, syncline. **4.** *metall.* charging box. **5.** *mot.* a) *e-s Rades*: recess, b) *e-s Kippers*: trough dump body.

ˈ**mul·den|ˌför·mig** *adj* **1.** trough-shaped. **2.** *geol.* synclinal; **~e Biegung** synclinal (fold), syncline. **≈ˌkip·per** *m mot.* trough-tipping lorry, *Am.* V-dump car. **≈ˌwa·gen** *m metall.* hopper truck.

ˈ**Mu·leˌgarn** [ˈmuːlə-] *n Textil.* mule yarn.

Mu·li|nee [muliˈneː] *m* ⟨-s; -s⟩ → Mouliné. **≈ˈnie·ren** [-ˈniːrən] *v/t* ⟨*no* ge-, h⟩ (*Seide*) throw, twist.

Mull[1] [mʊl] *m* ⟨-(e)s; -e⟩ **1.** *Textil.* muslin, mull, tiffany, cheesecloth. **2.** *bes. med.* (dressing) gauze (*od.* mull). **3.** *print.* book muslin. **Mull**[2] *m* ⟨-(e)s; -e⟩ *agr.* (*Humusform*) mull.

Müll [mʏl] *m* ⟨-(e)s; *no pl*⟩ (*Haushalts≈*) rubbish, refuse, *Am.* garbage; *a.* (*Industrie≈*) waste; (*Schutt*) rubble.

Mul·la [ˈmʊla] *m* ⟨-s; -s⟩ *relig.* mulla(h).

ˈ**Müllˌabˌfuhr** *f* refuse (*Am.* garbage) disposal (*od.* collection). **~ˌmann** *m* dustman, *Am.* garbageman. **~ˌwa·gen** *m* refuse (collection) lorry, *colloq.* dust-cart, *Am.* garbage truck.

ˈ**Müll|ˌab·la·deˌplatz** *m* refuse dump, *Am.* dumping ground. **~ˌauf·beˌrei·tungsˌanˌla·ge** *f* waste-treatment plant.

ˈ**Mull|ˌbausch** *m bes. med.* tampon, gauze sponge. **~ˌbin·de** *f* mull (*od.* gauze) bandage.

ˈ**Müll|de·poˌnie** *f* → Müllabladeplatz. **~ˌei·mer** *m* **1.** waste bucket (*od.* bin). **2.** → Mülltonne.

ˈ**Mullem·ming** (*getr.* -ll|l-) *m zo.* mole vole.

Mül·ler [ˈmʏlər] *m* ⟨-s; -⟩ miller.

Mül·leˈrei *f* ⟨-; -en⟩ **1.** (*Gewerbe*) miller's trade. **2.** → **~beˌtrieb** *m* mill. **~erˌzeug·nis** *n* mill produce.

ˈ**Mül·le·rin** *f* ⟨-; -nen⟩ miller's wife.

ˈ**Müll|ˌfah·rer** *m* → Müllabfuhrmann. **~ˌgru·be** *f* rubbish (*od.* refuse) pit. **~ˌhal·de** *f* → Müllabladeplatz. **~ˌhau·fen** *m* rubbish (*Am.* garbage) heap. **~ˌka·sten** *m* waste (*od.* refuse) box. **~ˌkip·pe** *f* → Müllabladeplatz. **~ˌkut·scher** *m colloq. for* Müllabfuhrmann. **~ˌplatz** *m* → Müllabladeplatz. **~ˌschacht** *m*, **~ˌschlucker** (*getr.* -k·k-) *m* refuse (*Am.* garbage) chute. **~ˌton·ne** *f* refuse bin, dustbin, *Am.* garbage can.

ˈ**Mullˌtup·fer** *m med.* gauze pad.

ˈ**Müll·verˌbren·nung** *f* refuse (*Am.* garbage) incineration.

ˈ**Müll·verˌbren·nungs|ˌanˌla·ge** *f tech.* incinerating plant, incinerator. **~ˌofen** *m* incinerator.

ˈ**Müll|verˌwer·tungsˌanˌla·ge** *f* waste utilization (*od.* recycling) plant. **~ˌwa·gen** *m* → Müllabfuhrwagen.

Mulm [mʊlm] *m* ⟨-(e)s; *no pl*⟩ **1.** (*Stauberde*) light (*od.* dusty) earth, dust. **2.** (*verrottetes Holz*) decayed (*od.* rotten) wood. **3.** (*Fäule*) decay, rot(tenness), mo(u)ldiness.

ˈ**mul·mig** [ˈmʊlmɪç] *adj* **1.** *Holz etc*: decayed, rotten. **2.** *fig. colloq. Situation etc*: ticklish, tricky; **die Lage sieht sehr ~ aus** the situation looks pretty black. **3.** *colloq.* **mir ist ganz ~ zumute** a) *körperlich*: I feel dizzy (*od.* funny), b) *vor Angst*: I am scared, c) *wegen böser Vorahnung*: I've got an uneasy (*od.* funny) feeling.

Mul·ti [ˈmʊlti] *m* ⟨-; -s⟩ *econ. colloq.* multinational (corporation).

mul·ti|la·te·ral [mʊltilateˈraːl] *adj econ. pol. Vertrag etc*: multilateral, multipartite. **≈la·te·ra·liˈtät** [-lateraliˈtɛːt] *f* ⟨-; *no pl*⟩ multilateralism.

ˈ**Mul·ti·mil·lioˌnär** [ˈmʊlti-] *m* multimillionaire.

mul·ti·na·tio·nal [mʊltinatsi̯oˈnaːl] *adj bes. econ.* multinational (*corporation, etc*).

Mul·ti·pa·ra [mʊlˈtiːpara] *f* ⟨-; -paren [-tiˈpaːrən]⟩ *med.* multipara, pluripara.

mul·ti·pel [mʊlˈtiːpəl] *adj biol. med. psych.* multiple; *med.* **multiple Sklerose** multiple sclerosis.

Mul·ti·pli|kand [mʊltipliˈkant] *m* ⟨-en; -en⟩ *math.* multiplicand. **~ka·tiˈon** [-kaˈtsi̯oːn] *f* ⟨-; -en⟩ multiplication.

Mul·ti·pli·ka·tiˈons|taˌbel·le *f math.* multiplication table. **~ˌzei·chen** *n* multiplication sign (*od.* mark).

mul·ti·pli|ka·tiv [mʊltiplikaˈtiːf] *adj math.* multiplicative. **≈ˈka·tor** [-ˈkaːtɔr] *m* ⟨-s; -en [-kaˈtoːrən]⟩ multiplier. **~ˈzier·bar** [-ˈtsiːrbar] *adj* multipli(c)able. **~ˈzie·ren** [-ˈtsiːrən] **I** *v/t* ⟨*no* ge-, h⟩ multiply; **2 mit 3 ~** multiply 2 by 3; **e-e Zahl mit sich selbst ~** square a number; **über Kreuz ~** cross-multiply. **II** *v/reflex fig.* **sich ~** *Dinge etc*: multiply. **≈ˈzie·rung** [-ˈtsiːrʊŋ] *f* ⟨-; -en⟩ multiplication.

mul·ti|po·lar [mʊltipoˈlaːr] *adj* multipolar. **≈proˈgramm·beˌtrieb** *m Computer*: multiprogram(m)ing. **≈viˌbra·tor** [ˈmʊlti-] *m Radio*: multivibrator.

Mu·mie [ˈmuːmi̯ə] *f* ⟨-; -n⟩ mummy.

ˈ**Mu·mi·en|ˌbild·nis** *n Kunst*: mummy portrait. **≈haft** *adj a. fig.* mummy-like.

Mu·mi·fi|ka·ti·on [mumifikaˈtsi̯oːn] *f* ⟨-; -en⟩ **1.** *rare for* Mumifizierung. **2.** *med.* mummification. **≈ˈzie·ren** [-ˈtsiːrən] **I** *v/t* ⟨*no* ge-, h⟩ mummify. **II** *v/i* ⟨sein⟩ *med. Gewebe*: become mummified, mummify. **~ˈzie·rung** *f* ⟨-; -en⟩ mummification.

Mumm [mʊm] *m* ⟨-s; *no pl*⟩ *colloq.* (*Mut*) pluck, grit, spunk, guts *pl*; (*Schwung*) drive, vim; **k-n ~ in den Knochen haben** have no spunk (*od.* guts). **2. ich habe dazu** (*od.* **zu dieser Arbeit**) **k-n rechten ~** I simply can't summon up the energy to do that job.

ˈ**Mum·melˌgreis** *m colloq.* dodderer, old fogey (*od.* geezer).

ˈ**Müm·melˌmann** *m* ⟨-(e)s; *no pl*⟩ *humor. for* Hase 1.

mum·meln [ˈmʊməln] **I** *v/t* ⟨h⟩ **1.** *colloq.* **j-n in e-e Sache ~** wrap s. o. up in s. th. **II** *v/reflex* **2.** *colloq.* **sich in e-e Sache ~** wrap o.s. up in s.th. **III** *v/i dial.* **3.** mumble, mutter. **4.** → mümmeln 2.

müm·meln [ˈmʏməln] *v/i* ⟨h⟩ **1.** *Hase, Kaninchen*: graze, feed. **2.** *colloq.* nibble, munch.

ˈ**Mum·menˌschanz** *m* ⟨-es; *no pl*⟩ *obs.* **1.** masquerade, mummery. **2.** → Maskenball.

Mumpf [mʊmpf] *m* ⟨-s; *no pl*⟩ *Swiss for* Mumps.

Mum·pitz [ˈmʊmpɪts] *m* ⟨-es; *no pl*⟩ *colloq.* → Quatsch 1, 2.

Mumps [mʊmps] *m, colloq. meist f* ⟨-; *no pl*⟩ *med.* mumps *pl* (*als sg konstruiert*).

Mün·chen [ˈmʏnçən] *n geogr.* Munich.

ˈ**Mün·che·ner** *m* ⟨-s; -⟩ → Münchner I.

Münch·hau·se·nia·de [mʏnçhauzəˈni̯aːdə], **Münch·hau·sia·de** [-ˈzi̯aːdə] *f* ⟨-; -n⟩ tall tale, Munchausen (*od.* cock-and-bull) story. **münchˈhau·sisch** [-zɪʃ] *adj* Munchausen.

Münch·ner [ˈmʏnçnər] **I** *m* ⟨-s; -⟩ native (*od.* inhabitant) of Munich. **II** *adj* (of *od.* relating to) Munich; *hist.* **das ~ Abkommen** the Munich Agreement (*1938*).

Mund [mʊnt] *m* ⟨-(e)s; ⸚er, *rare* -e, ⸚e⟩ **1.** mouth; **sie hat e-n rosigen (süßen) ~** she has rosy (sweet) lips; **den ~ auftun** (*od. colloq.* **aufmachen**) open one's mouth, *fig. meist* speak up; *colloq.* **er riß ~ und Nase** (*od.* **~ und Augen**) **auf** his jaw dropped, he was flabbergasted; **offenen ~es** open-mouthed; **das Glas an den ~ setzen** put the glass to one's mouth; **aus dem ~ riechen** have bad breath; *et.* **in den ~ nehmen** a) put *s. th.* in one's mouth, b) (*Wort*) use *a word*; **sprich nicht mit vollem ~!** don't speak with your mouth full!; *colloq.* **den ~ aufreißen** (*od.* **voll nehmen**) talk big, brag, boast; **halt den ~!** hold your tongue!, shut your mouth!, shut up!; **sie kann (einfach) den ~ nicht halten** a) she never shuts up, b) she (simply) cannot keep her mouth shut; **über e-e Sache reinen ~ halten** keep s.th. under one's hat, keep mum about s. th.; **j-m den ~ öffnen** a) make s. o. speak, b) persuade (*od.* get) s. o. to speak; **e-n losen ~ haben** have a loose tongue; **j-m den ~ stopfen** shut s. o.'s mouth, shut s. o. up, muzzle s. o.; **j-m den ~ verbieten** order (*od.* tell) s. o. to be quiet; **man wird sich den ~ zerreißen** this will set people's tongues wagging; **j-m den ~ wäßrig machen** make s. o.'s mouth water; *Bibl.* **wes das Herz voll ist, des gehet der ~ über** when the heart is full, the tongue will speak. **2.** *mit Präpositionen*: **an j-s ~ hängen** a) hang on s. o.'s lips, b) listen very attentively to s. o.; **er ist nicht auf den ~ gefallen** he has a ready (*od.* glib) tongue, he knows all the answers; **aus j-s ~(e)** from s. o.'s mouth; **wir erfuhren es aus s-m ~(e)** he told us so himself; **du nimmst mir das Wort aus dem ~** you are taking the very words out of my mouth, that's just what I was going to say; **wie aus einem ~e** as one man, as (if) with one voice; **et. (j-n) im ~ führen** talk constantly about s. th. (s. o.), be always on about s. th. (s. o.); *lit.* **in aller ~e sein** be the talk of the town; **j-m Worte in den ~ legen** a) prompt s. o. to say s. th., b) put words into s. o.'s mouth; **mit offenem ~** open-mouthed, agape; **j-m nach dem ~ reden, j-m zum ~ reden** agree with everything s. o. says, toady to s. o., fawn on s. o.; *colloq.* **j-m über den ~ fahren** cut s. o. short, pull s. o. up sharply. **3.** *anat. biol.* mouth, stoma. **4.** *tech.* a) mouth, muzzle, b) (*Luftloch*) vent, c) (*Öffnung*) opening, aperture, d) *e-s Hochofens*: funnel, e) *e-s Trichters*: bell, f) *an Röhren*: snout, spout.

ˈ**Mundˌart** *f ling.* dialect, patois, vernacular. **~ˌdich·tung** *f* dialect literature (*od.* poetry). **~ˌfor·scher** *m* dialectologist. **~ˌfor·schung** *f* dialect research, dialectology.

ˈ**mund,art·lich** *adj ling.* dialect(al), vernacular; ~**er Ausdruck** dialect expression, dialectism.

ˈ**Mund**|,**at·mung** *f med.* mouth-breathing. ~,**du·sche** *f* mouth spray.

Mün·del [ˈmʏndəl] *m, n, jur. only m, Austrian n* <-s; ->, *bei Mädchen: rare f* <-; -n> ward, pupil, charge. ~,**gel·der** *pl econ. jur.* **1.** *e-s Mündels:* (ward's) trust money *sg.* **2.** (*anvertrautes Geld*) trust money *sg.* ♀,**si·cher I** *adj* gilt-edge(d), absolutely safe, eligible for trusts; ~**e Anlage** trustee (*Am.* legal) investment; ~**e Wertpapiere** gilt-edged securities, *Am.* trust (fund) investments. **II** *adv* **Geld ~ anlegen** invest money in trustee (*od.* gilt-edged) securities (*od.* stocks).

mun·den [ˈmʊndən] *v/i* <h> *lit.* taste good, be delicious (*od.* palatable); **j-m ~** be to s. o.'s taste; **es mundet mir** it's delicious, I like it very much; **sich** (*dat*) **den Wein ~ lassen** relish the wine.

mün·den [ˈmʏndən] *v/i* <h> **1.** *Fluß:* (**in** *acc* into) flow, empty; open out; **wo mündet der Fluß?** where is the mouth of the river? **2.** *Straße:* (**in, auf** *acc*) end (in), run (into), lead (in[to]), meet (*acc*). **3.** *Kanal, Leitung etc:* end (**in** *acc* in). **4.** *anat.* (**in** *acc*) open (into), join (*acc*). **5.** *fig. Gespräch etc:* (**in** *acc*) lead up (to), end (in).

ˈ**mund**|,**faul** *adj* → maulfaul. ♀,**fäu·le** *f med.* ulcerative stomatitis. ~,**fer·tig** *adj* **1.** *Nahrung:* ready-cooked. **2.** <*pred*> ready with one's answers, quick-witted; **er ist ~** he always has an answer ready. ♀,**fer·tig·keit** *f* <-; *no pl*> ready tongue, *colloq.* gift of the gab. ♀,**flo·ra** *f med.* bacterial flora of the mouth. ♀,**füh·ler** *m zo.* oral arm. ~**ge**,**recht** *adj* **1.** *Bissen etc:* bite-size(d). **2.** *fig.* **j-m et. ~ machen** make s. th. palatable for s. o. ♀**ge**,**ruch** *m med.* bad breath, halitosis. ♀**har**,**mo·ni·ka** *f mus.* mouth-organ, harmonica. ♀,**höh·le** *f anat. ling.* oral cavity.

mün·dig [ˈmʏndɪç] *jur.* **I** *adj* of (full) age, major; *fig.* mature, emancipated (*citizen, etc*); **~ sein** be of age, be (a) major; **~ werden** come of age, attain majority; **j-n für ~ erklären** declare s. o. of age. **II** ♀**e** *m, f* <-n; -n> major. ♀**keit** *f* <-; *no pl*> full age, majority. ♀**keits**,**al·ter** *n* → Mündigkeit.

ˈ**mün·dig**|,**spre·chen** *v/t* <*irr, sep, -ge-, h*> *jur.* **j-n ~** declare s. o. of age. ♀,**spre·chung** *f* <-; *no pl*> declaration of (s. o.'s) majority. ♀,**wer·den** *n jur.* coming of age, attaining one's majority.

münd·lich [ˈmʏntlɪç] **I** *adj Erklärung, etc:* verbal, *Prüfung, Überlieferung etc:* oral, *jur. Beweis, Erklärung: a.* parol; ~**e Prüfung** oral (*od.* viva voce) examination, *colloq.* oral; *jur.* ~**e Verhandlung** oral hearing; ~**er Vertrag** verbal (*od.* viva voce) agreement; *jur.* **e-e ~e Zeugenaussage machen** give oral testimony (*od.* parol evidence). **II** *adv* orally, verbally, by word of mouth; **j-n ~ prüfen** examine s. o. viva voce; **~ mehr** *am Briefende:* more when we meet (again). **III** ♀**e, das** <-n> *colloq.* the viva voce (*od.* the oral) (examination).

ˈ**Mund**|,**pfle·ge** *f med.* oral hygiene. ~,**ra·chen** *m*, ~,**ra·chen**,**höh·le** *f anat.* oropharynx. ~,**raub** *m jur. obs.* theft of food (for immediate consumption). ~,**schei·be** *f anat. zo.* oral disk (*od.* disc). ~,**schenk** *m* <-en; -en> *hist.* cupbearer; *colloq.* **den ~ spielen** pour out. ~,**schutz** *m* **1.** *med.* mask. **2.** *Boxen:* gumshield. ~,**spal·te** *f anat.* oral fissure, rima oris. ~,**sper·re** *f med.* lockjaw, trismus. ~,**sper·rer** *m* mouth gag (*od.* opener). ~,**stel·lung** *f* position of the mouth. ~,**stück** *n* **1.** *e-r Zigarette:* tip; **mit ~** tipped. **2.** *e-r Pfeife:* mouthpiece, endpiece. **3.** *e-s Blasinstruments:* mouthpiece, embouchure. **4.** *tech.* a) mouthpiece, b) (*Düse*) nozzle, c) *e-s Blasebalgs, Schlauches etc:* nosepiece, d) *e-r Röhre etc:* snout, e) *e-s Brenners:* tip, nozzle. **5.** (*Teil des Zaumzeugs*) bit. ~,**ta·ster** *m zo.* (labial) palp, feeler. ♀,**tot** *adj* **j-n ~ machen** (*Gesprächspartner etc*) silence s. o., squash s. o., (*Opposition, Gegner, Zeitung etc*) *a.* gag (*od.* muzzle) s. o. ~,**tuch** *n* <-(e)s; ⸗er> (table) napkin.

ˈ**Mün·dung** *f* <-; -en> **1.** (*Fluß*♀) mouth, entry, *den Gezeiten unterworfene:* estuary; **zur ~ hin** downstream; **an der ~ des Rheins** at the mouth of the Rhine. **2.** *mil.* muzzle. **3.** *anat. zo., a. tech.* mouth, orifice, aperture.

ˈ**Mün·dungs**|,**arm** *m geogr.* branch (of a delta). ~,**brem·se** *f mil.* muzzle brake. ~,**feu·er** *n* (muzzle) flash. ~**ge**,**biet** *n geogr.* a) estuary, b) delta (area). ~**ge**,**schwin·dig·keit** *f mil.* muzzle velocity. ~,**scho·ner** *m* muzzle protector.

ˈ**Mund**|,**voll** *m* <-; -> mouthful; **ein paar ~ Nahrung** a few mouthfuls of food. ~,**vor**,**rat** *m* provisions *pl*, supplies *pl*, victuals *pl.* ~,**was·ser** *n* <-s; ⸗> mouthwash. ~,**werk** *n* <-(e)s; *no pl*> *fig. colloq.* mouth; **ein gutes ~ haben** have the gift of the gab, have a glib tongue; **ein loses ~ haben** have a loose tongue. ~,**werk**,**zeug** *n meist pl zo.* jaw, mouthpart. ~,**win·kel** *m* corner of the mouth. ~-,**zu**-ˈ~-**Be**,**at·mung** *f med.* mouth-to-mouth resuscitation, *colloq.* kiss of life. ~-,**zu**-ˈ**Na·se-Be**,**at·mung** *f* mouth-to-nose resuscitation.

Mun·go[1] [ˈmʊŋgo] *m* <-s; -s> *zo.* mongoose. ˈ**Mun·go**[2] *m* <-(s); -s> *Textil.* mungo.

Mu·ni[1] [ˈmuːni; ˈmuni] *f* <-; -> *mil. colloq. for* **Munition.**

Mu·ni[2] [ˈmuːni] *m* <-s; -> *Swiss dial.* bull.

Mu·ni·ti·on [muniˈtsĭoːn] *f* <-; *no pl*> *mil.* ammunition, *colloq.* ammo; **scharfe ~** live ammunition.

Mu·ni·tiˈons... *in Zssgn* ammunition (*depot, factory, consumption, etc*). ~**be**,**stand** *m* ammunition on hand. ~,**bun·ker** *m* ammunition storage bunker. ~,**kam·mer** *f bes. mar.* ammunition (storage) room, magazine. ~,**ka·sten** *m* ammunition (*od.* cartridge) box (*od.* chest), caisson. ~,**la·ger** *n* ammunition depot (*im Freien:* dump). ~,**ta·sche** *f* ammunition pouch. ~,**tech·ni·ker** *m* ammunition technician, artificer. ~,**vor**,**rat** *m* (supply of) ammunition. ~,**wa·gen** *m* ammunition wag(g)on (*od.* car).

Mun·keˈlei *f* <-; -en> *colloq.* whisper(s *pl*), *weitS. a.* rumo(u)r(s *pl*), gossip.

mun·keln [ˈmʊŋkəln] **I** *v/i* <h> **1.** whisper (furtively); *humor.* **im Dunkeln ist gut ~** *etwa* night is the friend of lovers (*od.* thieves). **2.** gossip, tittle-tattle. **II** *v/t* **3.** whisper *s. th.* (furtively). **4.** rumo(u)r (*od.* whisper) *s. th.* (about); **es wird gemunkelt, daß** it is rumo(u)red (*od.* whispered) that.

Mün·ster [ˈmʏnstər] *n* <-s; -> cathedral, minster.

mun·ter [ˈmʊntər] **I** *adj* <-er; -st> **1.** (*lebhaft, frisch*) lively, sprightly, vivacious, spirited, brisk, frisky; **ein ~es Kind** a lively child; **e-e ~e Unterhaltung** a lively (*od.* spirited) conversation; ~**e Augen** lively eyes; **ein ~es Lied singen** sing a lively (*od.* cheerful) tune; **endlich wird er ~** at last he is beginning to liven up; *colloq.* **~!** look alive! **2.** (*vergnügt, heiter, fröhlich*) merry, gay, cheerful, jolly, *colloq.* chirpy, *Am.* chipper; **ein ~es** (*a.* **muntres**) **Lächeln** a cheerful smile; ~**e Farben** vivid (*od.* lively, bright) colo(u)rs; *colloq.* **ein ~er Knabe** a jolly fellow; **in ~er Laune** in a cheerful mood, in high spirits. **3.** (*wach*) awake, (*auf*) up and about; **~ bleiben** stay awake; **ist er schon ~?** is he awake already?; **ich werde morgens leicht ~** I wake up easily in the morning; **Kaffee hält mich ~** coffee keeps me awake (*od.* alert). **4.** (*gesund, rüstig*) vigorous, lively, *Am. colloq.* chipper, *ältere Person:* active, sprightly; **der Patient ist heute schon ~er** the patient is a little livelier today; **~ wie ein Fisch im Wasser** (as) fit as a fiddle; → **gesund** 1. **5.** *mus.* allegro, spiritoso. **II** *adv* **6.** in a lively way (*od.* manner), friskily, merrily; **der junge Hund sprang ~ umher** the puppy jumped about merrily (*od.* frisked about). **7.** *mus.* allegro, spiritoso. ♀**keit** *f* <-; *no pl*> **1.** liveliness (*etc*). **2.** (*Heiterkeit*) merriness, gaiety, gayety, cheerfulness, high spirits *pl.* **3.** (*Gesundheit*) vigorousness, liveliness. ♀,**ma·cher** *m humor.* stimulant.

ˈ**Muntz·me**,**tall** [ˈmʊnts-] *n* beta brass, Muntz metal.

ˈ**Münz**|,**amt** *n econ.* mint office. ~,**an**,**stalt** *f* mint. ~**au·to**,**mat** *m* slot-machine, vending machine. ~**de**,**likt** *n jur.* coinage offen/ce (*Am.* -se).

Mün·ze [ˈmʏntsə] *f* <-; -n> **1.** coin; **falsche ~n** false (*od.* counterfeit) coins; ~**n prägen** strike coins; **in klingender** (*od.* **barer**) **~ bezahlen** pay in hard (*od.* ready) cash; *fig.* **j-m mit gleicher ~ heimzahlen** pay s. o. back in his own coin; **et. für bare ~ nehmen** take s. th. at its face value (*od.* for gospel truth). **2.** (*Münzstätte*) mint. **3.** (*Gedenk*♀) commemorative medal.

ˈ**Münz**|,**ein·heit** *f econ.* (monetary) unit, standard of currency. ~,**ein**,**wurf** *m* **1.** insertion of a coin. **2.** (*Schlitz*) (coin) slot.

mün·zen [ˈmʏntsən] *v/t* <h> **1.** mint, stamp, coin. **2.** *fig.* **das war auf ihn gemünzt** that was meant for (*od.* aimed at) him.

ˈ**Mün·zen**|,**samm·ler** *m* collector of coins, numismatist. ~,**samm·lung** *f* collection of coins, numismatic collection.

ˈ**Münz**|,**fäl·scher** *m* counterfeiter. ~,**fäl·schung** *f* counterfeiting of coins. ~,**fern**,**se·hen** *n* pay television. ~,**fern**,**spre·cher** *m* coin-box (telephone), pay phone, *Am.* pay station. ~,**frei·heit** *f hist.* coining prerogative. ~,**fuß** *m* standard (of coinage). ~**ge**,**halt** *m* standard of alloy. ~,**geld** *n* coins *pl*, coinage. ~**ge**,**setz** *n* Coinage Act. ~,**gold** *n* coinage (*od.* mint, standard) gold. ~,**ho·heit** *f* coining prerogative. ~,**kun·de** *f* numismatics *pl* (*als sg konstruiert*). ~,**kun·di·ge** *m, f* <-n; -n> numismatist. ~,**mei·ster** *m* mintmaster. ~**me**,**tall** *n* coinage, alloyage. ~**pa·ri**,**tät** *f* mint par of exchange. ~,**prä·gung** *f* minting. ~,**pro·be** *f* assay of coins. ~,**recht** *n* right of coinage. ~**re**,**gal** *n hist.* sovereign's right of minting coins. ~,**samm·ler** *m* → Münzensammler. ~,**sil·ber** *n* coinage (*od.* standard) silver. ~,**sor·te(n** *pl*) *f* foreign coins *pl.* ~,**stät·te** *f* mint. ~,**stem·pel** *m* coinage die. ~**sy**,**stem** *n* → Münzwesen. ~,**tank(au·to**,**mat)** *m* coin-operated (filling station) pump. ~**ver**,**bre·chen**, ~**ver**,**ge·hen** *n* coinage offen/ce (*Am.* -se). ~,**wechs·ler** *m* change giver. ~,**we·sen** *n* coinage (system), monetary system. ~,**wis·sen·schaft** *f* → Münzkunde. ~,**zei·chen** *n* mint-mark.

Mu·rä·ne [muˈrɛːnə] *f* ⟨-; -n⟩ *ichth.* moray, mur(a)ena.

mür·be [ˈmʏrbə] *adj* ⟨-r; mürbst⟩ **1.** *Gebäck, Teig etc*: short, crisp, friable. **2.** *Fleisch etc*: (*gut durchgekocht*) well--cooked, (*gut durchgebraten*) well-done, rare, (*zart*) tender. **3.** *Holz etc*: rotten, decayed. **4.** *Gestein etc*: friable, crumbly. **5.** *Stoff etc*: tender, friable. **6.** *med. Knochen*: brittle. **7.** (*sehr reif*) mellow. **8.** ⟨*pred*⟩ *fig. colloq.* (*entnervt*) unnerved, dispirited, demoralized; (*erschöpft*) worn down, weary, down and out; j-n ~ machen break s. o.'s resistance, wear s. o. down, *mil.* soften up (*the enemy*); ~ werden give way, give in.

ˈ**Mür·be** *f* ⟨-; *no pl*⟩ → Mürbheit. ~ˌ**bra·ten** *m gastr.* **1.** sirloin. **2.** *von Wild*: undermeat, undercut of venison. ~ˌ**ku·chen** *m* shortbread, shortcake. ~ˌ**teig** *m* short pastry (*od.* dough). ~ˌ**teig·geˌbäck** *n* short pastry.

ˈ**Mürb·heit** *f* ⟨-; *no pl*⟩ **1.** *des Kuchens etc*: crispness, friableness, friability. **2.** *des Fleisches etc*: tenderness. **3.** *des Holzes etc*: rottenness. **4.** *des Gesteins etc*: crumbliness, friableness, friability.

mu·ren [ˈmuːrən] *v/t* ⟨h⟩ *mar.* moor.

Mu·ring [ˈmuːrɪŋ] *f* ⟨-; -e⟩ *mar.* mooring.

Murks [mʊrks] *m* ⟨-es; *no pl*⟩ *colloq.* **1.** botch-up, hash; ~ machen (*od.* bauen) make a mess (*od.* botch-up, hash) of things. **2.** botched-up job (*od.* piece of work). **3.** (*Fehler*) mistake, blunder; (*Unsinn*) rubbish, rot. ˈ**murk·sen** *v/i* ⟨h⟩ **1.** bungle, botch. **2.** (*herumbasteln*) tinker (*od.* mess) about. ˈ**Murk·ser** *m* ⟨-s; -⟩ bungler, botcher.

Mur·mel [ˈmʊrməl] *f* ⟨-; -n⟩ marble; (mit) ~n spielen play (*od.* shoot) (at) marbles.

ˈ**Mur·melˌlaut** *m ling.* neutral vowel, murmur (vowel), schwa.

mur·meln [ˈmʊrməln] **I** *v/i* ⟨h⟩ **1.** murmur (*a. Bach etc*), mutter, mumble. **2.** *Menschenmenge*: hum, buzz. **3.** *poet. Bach etc*: murmur, mutter, babble, prattle. **II** *v/t* **4.** murmur, mutter, mumble. **III** ≈ *n* ⟨-s⟩ **5.** murmuring (*etc*). **6.** murmur (*a. e-s Baches etc*), mutter, mumble.

ˈ**Mur·mel|ˌspiel** *n dial.* marbles *pl* (*als sg konstruiert*), game of marbles. ~ˌ**tier** *n zo.* marmot; *fig. colloq.* wie ein ~ schlafen sleep like a top (*od.* log, dormouse).

Mur·ner [ˈmʊrnər] *m* ⟨-s; *no pl*⟩ *in Fabeln*: tomcat.

mur·ren [ˈmʊrən] **I** *v/i* ⟨h⟩ **1.** (über *acc*) grumble (over, at, about), *colloq.* grouse (about), grouch (at), gripe (about, at); ohne zu ~ without a murmur (*od.* word), uncomplainingly. **II** ≈ *n* ⟨-s⟩ **2.** grumbling (*etc*). **3.** grumble, *colloq.* grouse, gripe; ohne ≈ without a murmur (*od.* word), uncomplainingly.

mür·risch [ˈmʏrɪʃ] *adj* ⟨-er; -st⟩ morose, sullen, glum, surly, grumpy, dour. ≈**keit** *f* ⟨-; *no pl*⟩ moroseness (*etc*), surliness, grumpiness.

Mus [muːs] *n* ⟨-es; -e⟩ *gastr.* **1.** pulp, mash, mush; et. zu ~ kochen (lassen) overcook s. th.; *fig. colloq.* j-n zu ~ hauen beat s. o. to a pulp (*od.* jelly). **2.** (*Frucht*≈) stewed fruit, jam, purée; → Apfelmus *etc.* **3.** *für Babys, Kranke etc*: pap.

ˈ**Musˌap·fel** *m* cooking apple.

Mu·sche [ˈmʊʃə] *f* ⟨-; -n⟩ (*Schönheitspflästerchen*) patch.

Mu·schel [ˈmʊʃəl] *f* ⟨-; -n⟩ **1.** (*Schale*) shell, conch. **2.** *zo.* shell, mussel, clam. **3.** *gastr.* mussel, clam, scallop. **4.** *teleph.* a) earpiece, b) mouthpiece. **5.** → Ohrmuschel *etc.* ≈ˌ**ar·tig** *adj zo.* shell-like. ~ˌ**bank** *f* shell bank (*od.* bed). ~ˌ**er·de** *f geol.* faluns *pl.* ~ˌ**fleisch** *n* mussel-meat. ≈ˌ**för·mig** *adj* shell- (*od.* mussel-) -shaped. ~ˌ**geld** *n anthrop.* shell-money. ~ˌ**gift** *n zo.* mytilotoxin. ~ˌ**gold** *n paint.* ormolu. ~ˌ**horn** *n myth.* conch. ~ˌ**kalk** *m* ⟨-(e)s; *no pl*⟩ **1.** *geol.* Muschelkalk. **2.** → ~ˌ**kalkˌstein** *m geol. min.* shell(y) lime(stone), Bath stone, coquina. ~ˌ**krebs** *m meist pl* ostracod. ~ˌ**kun·de** *f* conchology. ~ˌ**la·ger** *n geol.* mussel bed, stratum of shells. ~ˌ**laich** *m zo.* spat. ~ˌ**sandˌstein** *m geol.* shell sandstone. ~ˌ**scha·le** *f zo.* shell, conch, scallop. ~ˌ**sil·ber** *n tech.* silver for decorating porcelain. ~ˌ**tier** *n* shell(fish), mollusk, mollusc, conchifer. ~**verˌgif·tung** *f med.* mussel (*od.* clam) poisoning, mytilotoxism. ~ˌ**werk** *n Kunst*: shellwork, rocaille.

Mu·schik [ˈmʊʃɪk; -ˈʃɪk] *m* ⟨-s; -s⟩ *obs.* (*russ. Bauer*) mushik.

Mu·se [ˈmuːzə] *f* ⟨-; -n⟩ *myth. u. fig.* Muse; die neun ~n the nine Muses; der Sitz der ~n the abode of the Muses; *humor.* von der ~ geküßt werden be inspired by one's Muse; die leichte ~ light entertainment, the lightly draped Muse.

mu·se·al [muzeˈaːl] *adj* **1.** (*Museums ...*) museum. **2.** *fig.* antiquated, *colloq.* antediluvian.

Mu·sel|man [ˈmuːzəlman] *m* ⟨-en [-maːnən]; -en [-maːnən], ~**ma·nin** [-maːnɪn] *f* ⟨-; -nen⟩ *colloq. od. archaic* Muslim, Moslem, *archaic* Musulman. ≈**ma·nisch** [-maːnɪʃ] *adj* Muslim, Moslem, *archaic* Musulman. ~ˌ**mann** *m* ⟨-(e)s; ⸗er⟩ → Muselman.

ˈ**Mu·sen|ˌal·ma·nach** *m* Musenalmanach. ~ˌ**roß** *n poet.* Pegasus. ~ˌ**sohn** *m obs.* son of the Muses, poet. ~ˌ**tem·pel** *m lit.* temple of the Muses.

Mu·sette [myˈzɛt] (*Fr.*) *f* ⟨-; -s⟩ *mus.* musette.

Mu·se·um [muˈzeːʊm] *n* ⟨-s; Museen⟩ museum.

Muˈse·ums|ˌbau *m* museum (building). ~ˌ**stück** *n* museum piece (*a. fig.*). ~ˌ**wär·ter** *m* museum attendant.

Mu·si·cal [ˈmjuːzɪkəl] (*Engl.*) *n* ⟨-s; -s⟩ musical.

mu·siert [muˈziːrt] *adj Arbeit*: inlaid.

Mu·sik [muˈziːk] *f* ⟨-; *no pl*⟩ **1.** music; ~ hören listen to music; ~ machen make (*od.* play) music; e-n Text in ~ setzen set a text to music; die ~ zu e-r Sache schreiben write the music (*od.* score) for (*od.* to) s. th.; *fig. colloq.* d-e Worte sind (*od.* klingen wie) ~ in m-n Ohren your words are music to my ears; → Ton[2] 3. **2.** *colloq.* (~*kapelle*) band, *mil. a.* music.

Mu·si·ka·li·en [muziˈkaːlɪən] *pl* (printed *od.* written) music *sg.* ~ˌ**händ·ler** *m* music dealer. ~ˌ**hand·lung** *f* music shop (*bes. Am.* store).

mu·si·ka·lisch [muziˈkaːlɪʃ] *adj* **1.** *Mensch, Veranlagung etc*: musical; ~es Talent talent for music; sehr ~ sein be very musical. **2.** *Einlage, Stück etc*: musical; ~e Komödie musical comedy. **3.** *ling.* tonic (*accent*); ~er Tonakzent tonic (*od.* pitch) accent. **Mu·si·ka·li·tät** [muzikaliˈtɛːt] *f* ⟨-; *no pl*⟩ musicality. **Mu·si·kant** [muziˈkant] *m* ⟨-en; -en⟩ *dial. u. colloq.* musician. **Mu·siˈkan·tenˌkno·chen** *m colloq.* funny bone.

Muˈsik|au·toˌmat *m* record-machine, juke-box. ~**bi·blioˌthek** *f* music library. ~ˌ**box** *f* juke-box. ~ˌ**clown** *m* musical clown. ~ˌ**dra·ma** *n* music (*od.* lyric) drama.

Mu·si·ker [ˈmuːzikər] *m* ⟨-s; -⟩ musician.

Muˈsik|erˌzie·hung *f* musical education. ~ˌ**film** *m* musical film. ~ˌ**freund** *m*, ~ˌ**freun·din** *f* lover of music, music lover. ~**geˌlehr·te** *m* musicologist, music scholar. ~**geˌschäft** *n* music shop (*Am.* store). ~**geˌschich·te** *f* history of music. ~ˌ**hal·le** *f* concert hall. ~**hiˌsto·ri·ker** *m* music historian. ~ˌ**hochˌschu·le** *f* conservatoire, *Am.* conservatory. ~**in·struˌment** *n* musical instrument. ~**kaˌpel·le** *f* band. ~**kasˌset·te** *f* musicassette. ~**konˌser·ve** *f colloq.* canned music. ~ˌ**korps** *n mil.* band. ~**kriˌtik** *f* music criticism, (*Zeitungsartikel etc*) *a.* music review. ~ˌ**kri·ti·ker** *m*, ~ˌ**kri·ti·ke·rin** *f* ⟨-; -nen⟩ music critic. ~ˌ**leh·re** *f* musical theory. ~ˌ**leh·rer** *m*, ~ˌ**leh·re·rin** *f* music teacher. ~ˌ**le·xi·kon** *n* dictionary of music. ≈ˌ**lie·bend** *adj* fond of music, music-loving. ~ˌ**liebˌha·ber** *m* → Musikfreund. ~ˌ**mei·ster** *m mil.* bandmaster.

Mu·si·ko|lo·ge [muzikoˈloːgə] *m* ⟨-n; -n⟩ musicologist. ~**loˈgie** [-loˈgiː] *f* ⟨-; *no pl*⟩ musicology.

Muˈsik|ˌpa·vil·lon *m* bandstand, music pavilion, *muschelförmiger*: band--shell. ~ˌ**preis** *m* music award, prize for music. ~ˌ**saal** *m e-r Schule*: music room. ~ˌ**schu·le** *f* school of music, music school. ~ˌ**stück** *n* piece of music, composition. ~**stuˌdent** *m*, ~**stuˌden·tin** *f* student of music, music student. ~ˌ**stun·de** *f* music lesson. ~**theoˌrie** *f* → Musiklehre. ~**the·raˌpie** *f med. psych.* musicotherapy. ~ˌ**tru·he** *f* radiogram, *Am.* radio-phonograph.

Mu·si·kus [ˈmuːzikʊs] *m* ⟨-; -sizi [-tsi]⟩ *humor.* musician.

Muˈsik|verˌein *m* musical society. ~**verˌlag** *m* music publishers *pl*, music-publishing house (*od.* company). ~**verˌle·ger** *m* music publisher. ~ˌ**werk** *n* work of music, composition. ~ˌ**wis·sen·schaft** *f* musicology. ~ˌ**wis·sen·schaft·ler** *m* musicologist. ~ˌ**zug** *m mil.* band.

mu·sisch [ˈmuːzɪʃ] **I** *adj* relating (*od.* pertaining) to the fine arts, fine-arts ..., *Talent etc*: artistic; ~e Erziehung (*od.* Bildung) education in the fine arts; ein ~er Mensch a person appreciative of the fine arts; *ped.* ~es Gymnasium *secondary school emphasizing modern languages and, above all, music*; ~e Fächer fine-arts subjects. **II** *adv* er ist ~ veranlagt he has an artistic (*od.* [a]esthetic) vein.

mu·si·visch [muˈziːvɪʃ] *adj* **1.** *Arbeit etc*: inlaid. **2.** *zo.* mosaic. **Muˈsivˌsil·ber** *n chem.* mosaic silver.

mu·si·zie·ren [muziˈtsiːrən] *v/i* ⟨*no* ge-, h⟩ make music.

Mus·ka·rin [muskaˈriːn] *n* ⟨-s; *no pl*⟩ *chem.* muscarine.

Mus·kat [musˈkaːt] *m* ⟨-(e)s; -e⟩ *bot. gastr.* nutmeg. ~ˌ**baum** *m* nutmeg (tree). ~ˌ**blü·te** *f* **1.** *bot.* flower of the nutmeg tree. **2.** *gastr. pharm.* mace. ~ˌ**but·ter** *f* nutmeg butter.

Mus·ka·tel·ler [muskaˈtɛlər] *m* ⟨-s; -⟩ (*Wein od. Traube*) muscat(el). ~ˌ**bir·ne** *f bot.* musk pear, muscadel. ~ˌ**trau·be** *f* muscat(el) grape. ~ˌ**wein** *m* muscat(el) (wine).

Musˈkatˌnuß *f bot.* nutmeg apple. ~ˌ**baum** *m* → Muskatbaum.

Musˈkatˌwein *m* muscat(el) wine.

Mus·kel [ˈmuskəl] *m* ⟨-s; -n⟩ *anat.* muscle; e-n ~ zerren strain a muscle; s-e ~n spielen lassen flex one's muscles. ~ˌ**anˌstren·gung** *f* muscular effort (*od.* exertion). **~ₗar·beit** *f* muscle work. **~atroₗphie** *f med.* muscular atrophy. **~ₗbau** *m* muscular structure. **2ₗbil·dend** *adj* muscle-forming (*od.* -building). **~ₗbruch** *m* myocele. **~ₗbün·del** *n anat.* muscle bundle. **~-ₗeiₗweiß** *n biol. chem.* myosin. **~ent-ₗzün·dung** *f med.* myositis. **~ₗfa·ser** *f* muscle fib/re (*Am.* -er). **~ₗfa·serₗriß** *m* rupture of a muscle. **~geₗschwulst** *f* myoma. **~ₗhaut, ~ₗhül·le** *f* muscular coat (*od.* sheath), myolemma.

ˈ**mus·ke·lig** *adj* → muskulös.

ˈ**Mus·kel|ₗka·ter** *m colloq.* muscle ache, sore muscles *pl*, *Am.* Charley horse; ~ haben *a.* feel stiff and aching (from muscular exertion), be muscle-bound. **~-ₗkraft** *f* muscular power (*od.* force, strength), *colloq.* muscle, brawn. **~-ₗkrampf** *m med.* muscle cramp (*od.* spasm). **~ₗläh·mung** *f* muscular (*od.* motor) paralysis, myoparalysis. **~-ₗma·gen** *m zo.* muscular stomach, gizzard. **~ₗmensch, ~ₗprotz** *m colloq.* muscleman. **~rheu·maₗtis·mus** *m* muscular rheumatism. **~ₗriß** *m* rupture of a muscle, ruptured muscle. **~-ₗschmerz** *m* muscular pain, myalgia. **~ₗschwä·che** *f* muscular weakness (*od.* debility), myasthenia. **~ₗschwund** *m* → Muskelatrophie. **~ₗspan·nung** *f* muscle tone. **~ₗspiel** *n* play of muscles. **~ₗstar·re** *f* muscular rigidity. **~ver-ₗhär·tung** *f* myogelosis. **~ₗzer·rung** *f* muscular sprain, pulled muscle; **sich** (*dat*) **e-e ~ zuziehen** pull a muscle. **~ₗzucken** (*getr.* -k·k-) *n* muscular twitching, *leichtes*: crispation. **~-ₗzucker** (*getr.* -k·k-) *m* muscle sugar.

Mus·ke·te [musˈkeːtə] *f* ⟨-; -n⟩ *mil. hist.* musket. **Mus·keˈtier** [-keˈtiːr] *m* ⟨-s; -e⟩ *hist.* musketeer.

Mus·ko·vit [muskoˈviːt; -ˈvɪt] *m* ⟨-s; -e⟩ *min.* muscovite.

Mus·ku·la·tur [muskulaˈtuːr] *f* ⟨-; -en⟩ *anat.* muscular apparatus (*od.* system), musculature, muscles *pl*.

mus·ku·lös [muskuˈløːs] *adj* muscular, *colloq.* brawny, beefy; **er ist ~** he is very muscular.

Müs·li [ˈmyːsli] *n* ⟨-s; *no pl*⟩ *Swiss gastr.* Muesli.

Mus·lim [ˈmuslɪm] *m* ⟨-; -e⟩ → **Moslem.**

ˈ**Mus·pelₗheim** [ˈmuːspəl-] *npr n* ⟨-(e)s; *no pl*⟩ *myth.* Muspellsheim.

muß [mus] *1 u. 3 sg pres of* **müssen**[1].

Muß [mus] *n* ⟨-; *no pl*⟩ must, necessity; **das ist ein ~** that is absolutely essential (*od.* vital), *colloq.* that is a must; **wenn nicht das harte ~ dahinterstünde** if grim necessity were not behind it, if one didn't have to. **~beₗstim·mung** *f jur.* mandatory regulation.

Mu·ße [ˈmuːsə] *f* ⟨-; *no pl*⟩ leisure, (*Freizeit*) leisure (*od.* spare) time; **in** (*od.* **mit**) (**aller**) **~** at leisure; **dazu fehlt mir die nötige ~** I don't have the time for that.

ˈ**Mußₗehe** *f colloq.* shotgun wedding (*od.* marriage).

Mus·se·lin [musəˈliːn] *m* ⟨-s; -e⟩ *Textil.* muslin.

müs·sen[1] [ˈmʏsən] **I** *v/aux* ⟨**muß, mußte, müssen, h**⟩ **1.** have to, *colloq.* have got to; **ich muß jetzt gehen** I must be going (*od.* off) now, I have to go now; **es muß (einfach) gehen!** it must be possible!, it (simply) has to work!; **er hat abreisen ~** he had to leave; **wir ~ Ihnen leider mitteilen, daß** we regret to inform you that; **wir ~ alle einmal sterben** we all must die one day; *colloq.* **ich muß schon sagen!** (well,) I say!; **warum mußtest du das (auch) sagen!** why (on earth) did you have to say that!, whatever made you say that!; **das muß erst noch kommen** that is yet to come. **2.** (*gezwungen sein*) be forced (*od.* compelled) to, have to; **er hat es tun ~** he had (*od.* was forced, compelled) to do it; *colloq.* **kein Mensch muß ~** there's no such word as must. **3.** (*nötig sein*) be necessary, have to; **es muß sein** it is necessary (*od.* inevitable); **wenn es unbedingt sein muß** if it can't be helped, if it is absolutely necessary, if it must needs be; **mußte es so weit kommen?** did it have to come to that?; **er muß operiert werden** he has to have an operation; *colloq.* **was sein muß, muß sein** what must be must be. **4.** (*brauchen*) need (to), have to; **das muß nicht wahr sein** that need not (necessarily) be true; **Sie ~ es nicht tun** you need not (*od.* you don't have to, there is no need for you to) do it. **5.** (*sollen*) **du hättest pünktlicher sein ~** you ought to have been more punctual; **Sie ~ nämlich wissen** you ought to know; **er hätte es besser wissen ~** he should have known better; **e-e Frau, wie sie sein muß** a woman as she ought to be, a model woman; **der Zug müßte längst hier sein** the train is long overdue. **6.** (*verpflichtet sein*) be obliged to, have to; **du mußt die Einladung annehmen** you have to (*od.* you cannot but) accept the invitation; **Sie ~ es nicht tun** you are not obliged (*od.* you are under no obligation) to do it. **7.** (*zwangsläufig geschehen*) be bound to, have to; **das mußte mißlingen** that was bound to fail; **das mußte ja so kommen** that was bound to happen, that was to be expected; **es mußte ja regnen!** it would have to rain! **8.** (*nicht umhinkönnen*) **er mußte weinen** he could not help crying; **ich muß lachen, wenn** I cannot help laughing when. **9.** *bei Vermutung od. logischem Schluß*: **sie ~ vergessen haben, uns Bescheid zu geben** they must have forgotten to inform us, apparently they forgot to inform us; **so muß es geschehen sein** it must have happened like that; **du mußt es ja wissen** you ought to (*od.* should) know; **sie ~ bald hier sein** they must (*od.* ought to, are bound to) be here soon; **sie muß (wohl) krank sein** she must be ill, presumably she is ill; **er muß es gewesen sein** it must have been he (*od. colloq.* him). **10.** *konjunktivisch bei Möglichkeit*: **es müßte schon sehr regnen** it would have to rain hard; **er müßte denn krank sein** unless he were ill. **11.** *konjunktivisch*: (*wünschenswert sein*) **es müßte immer so sein** I wish it would always be like that; **das müßte herrlich sein!** it would be marvel(l)ous; **man müßte noch einmal 20 (Jahre alt) sein** one ought to be twenty once more. **12.** *colloq.* **das mußt du nicht tun** you mustn't do that, don't do that; → *a.* **dürfen. 13.** (*wollen*) want to; **er muß immer alles wissen** he always wants (*od.* has) to know everything. **14.** (*die Gewohnheit haben*) be given (*od.* prone) to; **sie muß immer streiten** she is always quarrelling. **II** *v/i* ⟨*pp* **gemußt**⟩ **15. ich muß** I must, I have (got) to; **ich mußte** I had to; **ich werde ~** I shall have to. **16. ich muß in die Stadt (aufs Postamt, zu ihm)** I must (*od.* have to) go into town (to the post office, to him); **der Brief muß zur Post** the letter must be posted (*od.* mailed). **17.** *colloq.* **(mal** *od.* **auf die Toilette) ~** have to go to the toilet.

ˈ**müs·sen**[2] *pp of* **müssen**[1] I.

ˈ**Mu·ßeₗstun·de** *f* leisure (*od.* spare, idle) hour.

ˈ**Mußₗhei·rat** *f colloq.* shotgun marriage.

mü·ßig [ˈmyːsɪç] **I** *adj* **1.** *Person, Leben etc*: idle, of leisure, *Leben*: *a.* inactive, *Person*: *a.* leisured; **ein paar ~e Stunden** a few idle (*od.* relaxing) hours; **~ gehen** be idle; **er war nicht ~** he did not let the grass grow under his feet. **2.** (*nutzlos, sinnlos*) *Versuch etc*: useless, futile, vain, *Hoffnungen, Versprechungen etc*: vain, *Gerede etc*: idle, *Frage, Antwort etc*: pointless; **es ist ~, von ihm Hilfe zu erwarten** it is pointless (*od.* useless) to expect help from him. **II** *adv* **3. ~ dabeistehen** stand idly by. **2ₗgang** *m* ⟨-(e)s; *no pl*⟩ idleness, laziness; **~ ist aller Laster Anfang** idleness is the parent of vice. **2ₗgän·ger** *m* ⟨-s; -⟩ idler, loafer; (*Faulpelz*) lazybones *pl* (*als sg od. pl konstruiert*).

ˈ**Mußₗkaufₗmann** *m* statute trader.

mußt [must] *2 sg pres*, ˈ**muß·te** *1 u. 3 sg pret*, **müß·te** [ˈmʏstə] *1 u. 3 sg pret subj of* **müssen**[1].

ˈ**Muß-ₗVorₗschrift** *f jur.* mandatory regulation.

Mu·stang [ˈmustaŋ] *m* ⟨-s; -s⟩ *zo.* mustang.

Mu·ster [ˈmustər] *n* ⟨-s; -⟩ **1.** a) *auf Stoff, Tapete etc*: pattern, design, b) (*Holz*2, *zufälliges etc*) pattern. **2.** (*Vorlage*) *allg.* pattern, model, (*Schnitt*2, *Strick*2 *etc*) pattern; **nach dem ~ von** on the pattern (*od.* lines) of, model(l)ed after (*od.* on); **nach e-m ~ arbeiten** work from a pattern (*od.* model). **3.** *bes. econ.* (*Waren*2, *Unterschrifts*2) sample, (*Probestück*) *a.* specimen; **unverkäufliches ~** free sample; **~ ohne Wert** sample of no (commercial) value, *auf Brief*: sample; **et. nach ~ bestellen** order s. th. according to sample. **4.** (*Gebrauchs*2) *jur.* registered design. **5.** *psych.* (*Verhaltens*2) pattern. **6.** *fig.* model, example, *bes. iro.* paragon; **sich** (*dat*) **et. zum ~ nehmen** take s. th. as one's model; **sich** (*dat*) **j-n zum ~ nehmen** take s. o. as an example; **sie ist das ~ e-r guten Hausfrau** she is an ideal (*od.* a model) housewife; **er ist ein ~ an Höflichkeit** he is a model (*od.* the pink) of politeness. **~ₗbeiₗspiel** *n* **1.** (**für** of) (typical) example, model. **2.** (*Person*) model (example), exemplar, paragon. **3.** → Musterfall. **~beₗtrieb** *m econ.* model plant (*agr.* farm). **~ₗbild** *n* **1.** (*Probe*) sample. **2.** *fig.* model, ideal. **~ₗbrief** *m* specimen (*od.* model) letter. **~ₗbuch** *n econ.* pattern book. **~exemₗplar** *n* **1.** *econ.* sample, specimen. **2.** *print.* specimen copy. **3.** *fig.* perfect specimen. **~ₗfall** *m bes. jur.* model (*od.* typical) case; (*Präzedenzfall*) precedent. **~ₗgat·te** *m colloq.* model (*od.* perfect, ideal) husband. **2geₗmäß** *adj u. adv econ.* up (*od.* according) to sample. **2ₗgül·tig** *adj*, **2haft** *adj* **1.** exemplary, model; perfect, excellent, ideal; **in ~er Ordnung** in perfect order; *adv* **sich ~ benehmen** behave perfectly, be on one's best behavio(u)r. **~haf·tig·keit** *f* ⟨-; *no pl*⟩ **1.** exemplariness. **2.** perfectness, perfection. **3.** exemplary behavio(u)r. **~ₗhaus** *n arch.* showhouse. **~ₗkar·te** *f* sample (*od.* pattern, show) card. **~ₗkna·be** *m bes. iro.* model boy. **~ₗkof·fer** *m econ.* sample case. **~kol-lek·tiₗon** *f* **1.** *econ.* collection of samples (*od.* patterns), (*Sortiment*) assortment. **2.** *Mode*: collection of models; **die ~ für das Frühjahr** the collection of new spring models. **~ₗla·ger** *n* **1.** *econ.* stock (*od.* store, depot) of samples. **2.** *mil.* model camp. **~ₗmes·se** *f econ.* samples exhibition.

mu·stern [ˈmustərn] **I** *v/t* ⟨h⟩ **1. j-n (et.) ~** look at s. o. (s. th.), study s. o. (s. th.), look s. o. (s. th.) over, *neugierig*: *a.* eye s. o. (s. th.), *abschätzend*: size s. o. (s. th.) up; **j-n von oben bis unten** ~ look s. o. up and down. **2.** *mil.* (*Wehrpflichtige*) a) call up, b) examine; **gemustert werden** be called up, undergo medical examination, *colloq.* have one's medical. **3.** *mil.* (*Truppen*) inspect, review. **4.** *mil. hist.* recruit, muster. **5.** → a) **abmustern** 1, b) **anheuern. 6.** (*Stoff etc*) pattern, figure. **II** ≗ *n* ⟨-s⟩ **7.** looking (*etc*). **8.** → **Musterung.**

'Mu·ster|pro,zeß *m jur.* test case. **~,rol·le** *f mar.* ship's articles *pl.* **~,samm·lung** *f* **1.** *bes. print.* specimen collection. **2.** → **Musterkollektion** 1. **~,schu·le** *f* model school. **~,schü·ler** *m*, **~,schü·le·rin** *f* model (*od.* star) pupil, (*Streber*) swot. **~,schutz** *m econ. jur.* legal protection of designs. **~,sen·dung** *f econ.* supply of samples. **~,stück** *n* **1.** *econ.* sample, specimen. **2.** *fig. meist iro.* → **Musterbeispiel** 1.

'Mu·ste·rung *f* ⟨-; -en⟩ **1.** → **mustern** 7. **2.** *e-s Stoffes etc*: pattern, design. **3.** *fig.* (*genaue Betrachtung*) examination, survey, close inspection (*od.* scrutiny). **4.** *mil.* a) *der Truppe*: review, inspection, b) *der Rekruten*: call-up, **ärztliche**: medical examination.

'Mu·ste·rungs|be,scheid *m mil.* order to report at recruiting station. **~kom·mis·si,on** *f* recruiting (*Am.* draft) board.

'Mu·ster|,werk *n* standard (*od.* classic[al]) work. **~,wirt·schaft** *f agr.* model farm. **~,zeich·ner** *m* designer, pattern-drawer. **~,zeich·nung** *f* design, pattern.

Mut [mu:t] *m* ⟨-(e)s; *no pl*⟩ **1.** courage, heart, spirit; **angetrunkener** ~ Dutch courage; ~ **beweisen** show (*od.* prove) one's courage; ~ **fassen** pluck up courage; ~ **schöpfen** take courage (*od.* heart); **j-m** ~ **machen** a) give s. o. courage, fill (*od.* inspire) s. o. with courage, b) (*ermuntern*) give s. o. encouragement; **j-m den** ~ **nehmen** dishearten s. o., break s. o.'s spirit; **den** ~ **sinken lassen** (*od.* **verlieren**) lose courage (*od.* heart); **den** ~ **nicht sinken lassen** not (*od.* refuse) to lose heart, bear up; **wieder (neuen)** ~ **bekommen** take fresh courage (*od.* new heart); **ihn verließ der** ~ his courage failed him, he lost heart; **sich** (*dat*) ~ **antrinken** give o. s. some Dutch courage (with a drink); **nur** ~! take heart (*od.* courage)!, don't give up!, never say die! **2.** (*Tapferkeit, Beherztheit*) bravery, braveness, valo(u)r; (*Verwegenheit*) boldness, daring(ness); (*Schneid*) pluck, grit, *sl.* guts *pl.* **3.** (*Seelenstärke*) fortitude. **4.** *lit.* (*Gemütszustand, Stimmung*) mood, state (of mind), spirit(s *pl*), humo(u)r; **guten ~es sein** be of good cheer; **frohen ~es sein** be in a happy mood.

mu·ta·bel [mu'ta:bəl] *adj* **1.** (*veränderlich*) mutable. **2.** (*wandelbar*) inconstant, fickle.

mu·ta·gen [muta'ge:n] *adj biol.* mutagenic.

Mu·tant [mu'tant] *m* ⟨-en; -en⟩, *a.* **Mu'tan·te** *f* ⟨-; -n⟩ *biol.* mutant.

Mu·ta·ti·on [muta'tsi̯o:n] *f* ⟨-; -en⟩ **1.** *biol. mus.* mutation, *biol. a.* saltation. **2.** → **Stimmbruch.**

Mu·ta·ti'ons|,art *f biol.* kind of mutation. **≗,fä·hig** *adj* mutable. **~,fä·hig·keit** *f* mutability. **~theo,rie** *f* mutation theory.

Müt·chen ['my:tçən] *n* ⟨-s; *no pl*⟩ *colloq.* **sein** ~ **an j-m kühlen** vent one's anger on s. o., take it out on s. o.

mu·ten ['mu:tən] *v/i* ⟨h⟩ *Bergbau*: **um e-e Grube** ~ apply for permission to work a mine. **'Mu·ter** *m* ⟨-s; -⟩ claimant.

mu·tie·ren [mu'ti:rən] *v/i* ⟨*no* **ge-**, h⟩ **1.** *biol.* mutate. **2.** *Stimme*: break.

'mu·tig *adj* (*beherzt*) courageous, *colloq.* plucky, *colloq.* game; (*tapfer*) gallant, brave, valiant; (*verwegen*) daring, bold; **dem ≗en gehört die Welt** fortune favo(u)rs the bold (*od.* brave).

Mu·ti·la·ti·on [mutila'tsi̯o:n] *f* ⟨-; -en⟩ *med.* mutilation.

Mu·tis·mus [mu'tɪsmʊs] *m* ⟨-; *no pl*⟩ *psych.* mutism.

'mut·los *adj* **1.** discouraged, disheartened; (*niedergeschlagen*) despondent, dejected, downcast; **j-n** ~ **machen** discourage (*od.* dishearten) s. o. **2.** (*furchtsam*) fainthearted, timid. **'Mut·lo·sig·keit** *f* ⟨-; *no pl*⟩ **1.** discouragement, disheartenment. **2.** despondency, dejection. **3.** faintheartedness, timidity.

'mut|,ma·ßen *v/t* ⟨h⟩ presume, surmise, conjecture, speculate, guess. **~,maß·lich** *adj* (*wahrscheinlich*) probable, presumable, (*anzunehmend*) supposed, *bes. jur.* putative; *jur.* **der ~e Täter** the suspect; **der ~e Vater** the putative father; → **Erbe** 1. **≗,ma·ßung** *f* ⟨-; -en⟩ (**über** *acc* about) surmise, conjecture, speculation, guess; **das sind alles nur (bloße) ~en** that is all (mere) guesswork (*od.* speculation); **~en anstellen** engage in speculations (*od.* conjectures).

'Mut,pro·be *f* test (*od.* trial) of courage.

'Mut,schein *m Bergbau*: licen/ce (*Am.* -se) to work a mine.

Mutt·chen ['mʊtçən] *n* ⟨-s; -⟩ *colloq.* **1.** *dim. of* **Mutter**[1] 1. **2.** (*Kosewort*) → **Mutti. 3.** → **Mütterchen** 2.

Mut·ter[1] ['mʊtər] *f* ⟨-; =̈⟩ **1.** mother; **werdende** ~ expectant mother, mother-to-be; ~ **werden** be going to have (*od.* be having) a baby, become a mother; **sie ist** ~ **von 3 Kindern** she is the mother of 3 children; **sich** ~ **fühlen** feel o. s. (*od.* be) with child; *colloq.* **sich wie bei** ~(n) **fühlen** feel (just like) at home; *fig.* **an ~s Rockschoß hängen** be tied to (one's) mother's apron strings; **die** ~ **Gottes** the Mother of God; *poet.* ~ **Erde** mother earth; *humor.* **bei** ~ **Grün übernachten** sleep in the open (air); *mil. humor.* ~ **der Kompanie** company sergeant-major. **2.** → **Muttertier. 3.** → **Muttergesellschaft.**

'Mut·ter[2] *f* ⟨-; -n⟩ *tech.* nut; **Schraube mit** ~ bolt, screw with nut.

'Mut·ter,band *n anat.* uterine ligament.

'Müt·ter·be,ra·tung *f* **1.** → **Mütterberatungsdienst. 2.** *colloq. for* **Mütterberatungsstelle.**

'Müt·ter·be,ra·tungs|,dienst *m med.* infant-welfare service. **~,stel·le** *f* infant-welfare clinic, *Am.* maternity center.

'Mut·ter|,bin·dung *f psych.* mother-tie, *stärker*: mother fixation. **~,bo·den** *m* **1.** *agr.* surface (*od.* tilled) soil, topsoil. **2.** *med.* parent tissue, matrix. **3.** *fig.* native soil (*od.* ground). **~,brust** *f* mother's breast.

'Müt·ter·chen *n* ⟨-s; -⟩ **1.** *dim. of* **Mutter**[1] 1, (*Kosewort*) mam(m)a, *Anrede*: *a.* Mother dear; ~ **Rußland** Mother Russia. **2.** (*alte Frau*) little old woman, *colloq.* gran(ny).

'Mut·ter|,er·de *f* → **Mutterboden** 1, 3. **~,flug,zeug** *n* carrier aircraft. **~,freu·den** *pl* joys of motherhood; ~ **entgegensehen** be expecting a baby.

'Müt·ter|,für,sor·ge *f* maternity welfare. **~ge,ne·sungs,heim** *n home for mothers in need of a rest.* **~ge,ne·sungs,werk** *n welfare service for mothers in need of a rest.*

'Mut·ter|ge,sell·schaft *f econ.* parent company. **~ge,stein** *n geol.* parent rock (*od.* material), bedrock. **~ge,win·de** *n tech.* nut (*od.* female) thread, internal screw thread. **~'got·tes** [,mʊtər-] *f* ⟨-; *no pl*⟩ **1.** *relig.* (the) Mother of God. **2.** → **~'got·tes,bild** [,mʊtər-] *n Kunst*: madonna. **~,harz** *n med. pharm.* galbanum. **~,haus** *n* **1.** *R. C.* mother-house. **2.** school of nursing.

'Müt·ter,heim *n* home for mothers.

'Mut·ter|,herz *n* mother's heart. **~in,stinkt** *m psych.* maternal instinct. **~,kalb** *n agr.* heifer calf. **~,kind** *n* **1.** *child who is excessively attached to its mother.* **2.** *contp.* mother's darling. **~,kir·che** *f* mother-church. **~,kom·paß** *m mar.* master gyrocompass. **~kom,plex** *m* → **Mutterbindung.** **~,korn** *n* ⟨-(e)s; -e⟩ *bot. med. pharm.* ergot (of rye). **~,korn·ver,gif·tung** *f med.* ergotism. **~,ku·chen** *m physiol.* placenta. **~,lamm** *n* ewe-lamb. **~,land** *n* ⟨-(e)s; =̈er⟩ **1.** mother country, motherland, homeland. **2.** *e-s Produktes*: land of origin. **~,lau·ge** *f chem.* mother liquor. **~,leib** *m* womb; **das Kind im** ~ the unborn child; *fig.* **vom ~e an** from (one's) birth.

müt·ter·lich ['mʏtərlɪç] **I** *adj* **1.** motherly, maternal (*love, woman*); one's mother's (*love, words, etc*); **~e Pflichten** the duties of a mother. **2.** (*von der Mutter her*) maternal (*inheritance, etc*); **die ~e Seite (e-r Familie)** the maternal side (of a family). **II** *adv* **3. j-n** ~ **umsorgen** mother s. o. **'müt·ter·li·cher'seits** *adv* (*relatives, etc*) on one's mother's side; **ein Vorfahr** ~ a maternal ancestor. **'Müt·ter·lich·keit** *f* ⟨-; *no pl*⟩ motherliness.

'Mut·ter|,lie·be *f* motherly (*od.* maternal) love. **≗los** *adj* motherless. **~,mal** *n med.* birthmark, *kleines*: mole, n(a)evus. **~,milch** *f* mother's (*od.* breast) milk; **mit** ~ **genährt** breast-fed; *fig.* **et. mit der** ~ **einsaugen** imbibe s. th. from (one's) earliest infancy. **~,mord** *m* matricide. **~,mör·der** *m* matricide. **~,mund** *m anat.* mouth (*od.* orifice) of the uterus, os uteri. **~,pferd** *n agr.* mare. **~,pflan·ze** *f* parent. **~,pflicht** *f* maternal (*od.* mother's) duty. **~,recht** *n* matriarchy. **~,ring** *m med.* (ring) pessary. **~,schaf** *n* ewe. **~schaft** *f* ⟨-; *no pl*⟩ motherhood, maternity. **~,schafts·geld** *n* maternity benefit. **~,schafts·,ur,laub** *m* maternity leave. **~,schiff** *n* mother (*od.* parent) ship; *für Reparatur u. Versorgung*: tender. **~,schlüs·sel** *m* → **Schraubenschlüssel.** **~,schoß** *m* **1.** mother's lap. **2.** (*Mutterleib*) womb. **~,schutz** *m jur.* **1.** protection of mothers. **2.** → **~,schutz·ge,setz** *n law protecting mothers-to-be and nursing mothers.* **~,schwein** *n* sow; **trächtiges** ~ sow in pig. **≗'see·len·al'lein** *adj* ⟨*pred*⟩ *u. adv* all (*od.* utterly) alone. **~,söhn·chen** *n* **1.** mother's boy (*od.* pet, darling). **2.** *contp.* (*Weichling*) mollycoddle, sissy. **~,so·le** *f chem.* bittern, bittering. **~,spie·gel** *m med.* uterine speculum. **~,spra·che** *f* **1.** mother tongue, native language. **2.** (*Landessprache*) vernacular. **~,stel·le** *f* ~ **bei** (*od.* **an**) **j-m vertreten** be like a (second) mother to s. o.

'Müt·ter,sterb·lich·keit *f* maternal mortality.

'Mut·ter|,tag *m* Mother's Day. **~,teil** *n* maternal portion. **~,tier** *n* mother (animal), dam. **~trom,pe·te** *f anat.* Fallopian tube. **~,witz** *m* ⟨-es; *no pl*⟩ mother wit, *colloq.* nous, gumption. **~,zel·le** *f biol.* mother (*od.* parent) cell.

Mut·ti [ˈmuti] *f* ⟨-; **-s**⟩ mum(my), *Am.* mom(my).

ˈ**Mu·tung** *f* ⟨-; **-en**⟩ *Bergbau*: claim, application for a (mining) concession.

ˈ**mut|ˌvoll** *adj* courageous, brave, valiant. ⸞ˌ**wil·le** *m* ⟨**-ns**; *no pl*⟩ **1.** playfulness, sportiveness, frolicsomeness, *stärker*: devilment, devilry; **er ist voller ~n** he is full of devilment. **2.** (*Schelmerei*) mischief, mischievousness, waggery, waggishness; **er hat es aus reinem ~n getan** he did it out of mischief. **3.** (*Bosheit*) wantonness, malice, spite, wickedness. **~ˌwil·lig I** *adj* **1.** playful, sportive, frolicsome. **2.** (*schelmisch*) mischievous, waggish. **3.** (*böswillig*) wanton, wilful, malicious, spiteful, wicked. **II** *adv* **4. et. ~ zerstören** destroy s. th. wantonly; **~ ins Verderben rennen** rush blindly (*od.* headlong) into disaster.

Müt·ze [ˈmʏtsə] *f* ⟨-; **-n**⟩ **1.** cap, (*Pudel*⸞) hat, (*Basken*⸞) beret; **der Berg trägt e-e (weiße) ~** the mountain is snow-capped; **e-e ~ Wind** a capful of wind. **2.** (*Kaffee*⸞) cozy, cosy. ˈ**Müt·zenˌschirm** *m* (cap) peak, visor.

My [myː] *n* ⟨**-(s)**; **-s**⟩ **1.** *ling.* mu. **2.** *phys.* micron.

My·al·gie [myʔalˈgiː] *f* ⟨-; **-n** [-ən]⟩ *med.* muscular pain, myalgia.

My·asthe·nie [myʔasteˈniː] *f* ⟨-; **-n** [-ən]⟩ *med.* myasthenia.

my·ke·nisch [myˈkeːnɪʃ] *adj* Mycenaean.

My·ko|bak·te·rie [mykobakˈteːrĭə] *f biol.* mycobacterium. **~ˈlo·ge** [-ˈloːgə] *m* ⟨**-n**; **-n**⟩ *bot.* mycologist. **~loˈgie** [-loˈgiː] *f* ⟨-; *no pl*⟩ (*Pilzkunde*) mycology.

My·ko·se [myˈkoːzə] *f* ⟨-; **-n**⟩ *med.* fungus infection, mycosis.

Myo·kard [myoˈkart] *n* ⟨**-s**; *no pl*⟩ *anat.* myocardium. **~inˌfarkt** *m* myocardial infarction.

Myo|kar·di·tis [myokarˈdiːtɪs] *f* ⟨-; **-tiden** [-diˈtiːdən]⟩ myocarditis. **~loˈgie** [-loˈgiː] *f* ⟨-; *no pl*⟩ *med.* myology, sarcology.

My·om [myˈoːm] *n* ⟨**-s**; **-e**⟩ *med.* myoma. **myo·maˈtös** [-omaˈtøːs] *adj* myomatous.

my·op [myˈʔoːp] *med.* **I** *adj* myopic. **II** ⸞ *m* ⟨**-en**; **-en**⟩ myope. **My·opie** [-ʔoˈpiː] *f* ⟨-; *no pl*⟩ myopia. **myˈopisch** *adj* myopic.

Myo|sin [myoˈziːn] *n* ⟨**-s**; *no pl*⟩ *biol. chem.* myosin. **~ˈtom** [-ˈtoːm] *n* ⟨**-s**; **-e**⟩ *med.* myotome.

My·ria·de [myˈrĭaːdə] *f* ⟨-; **-n**⟩ *a. fig.* myriad.

Myr·rhe [ˈmʏrə] *f* ⟨-; **-n**⟩ myrrh.

ˈ**Myr·rhen|ˌbaum** *m* myrrh (tree). **~tinkˌtur** *f* tincture of myrrh.

Myr·te [ˈmʏrtə] *f* ⟨-; **-n**⟩ *bot.* myrtle.

ˈ**Myr·ten|ˌbaum** *m* myrtle. **~geˌwäch·se** *pl* myrtaceae. **~ˌkranz** *m* myrtle crown, *e-r Braut*: myrtle headdress.

Myˈste·ri·en|ˌkult *m antiq. relig.* mystery (cult *od.* religion), mysteries *pl.* **~ˌspiel** *n hist.* mystery (play).

my·ste·ri·ös [mʏsteˈrĭøːs] *adj allg.* mysterious. **My·ste·ri·um** [mʏsˈteːrĭʊm] *n* ⟨**-s**; **-rien**⟩ **1.** *relig. etc* mystery. **2.** *pl* → **Mysterienkult, Mysterienspiel.**

My·sti·fi|ka·ti·on [mʏstifikaˈtsĭoːn] *f* ⟨-; **-en**⟩ mystification. ⸞ˈ**zie·ren** [-ˈtsiːrən] *v/t* ⟨*no* **ge-, h**⟩ **1.** shroud *s. th.* in mystery, make a mystery of. **2.** mystify, bewilder, hoax.

My·stik [ˈmʏstɪk] *f* ⟨-; *no pl*⟩ *philos. relig.* mysticism. ˈ**My·sti·ker** [-tikər] *m* ⟨**-s**; **-**⟩, ˈ**My·sti·ke·rin** *f* ⟨-; **-nen**⟩ mystic. ˈ**my·stisch** [-tɪʃ] *adj* **1.** mystic(al); **~es Dunkel** mystical dark(ness). **2.** *philos. relig.* mystic. **3.** *colloq. Person, Geschichte etc*: mysterious, enigmatic. **My·stiˈzis·mus** [-tiˈtsɪsmʊs] *m* ⟨-; **-men**⟩ mysticism.

My·the [ˈmyːtə] *f* ⟨-; **-n**⟩ → **Mythos.**

ˈ**My·then|ˌbil·dung** *f* formation of myths, mythogenesis. ⸞**haft** *adj* → **mythisch.**

ˈ**my·thisch** *adj* mythical, (*sagenhaft*) legendary; *fig.* **e-e ~e Gestalt** a myth.

My·tho|lo·ge [mytoˈloːgə] *m* ⟨**-n**; **-n**⟩ mythologist, mythicist. **~loˈgie** [-loˈgiː] *f* ⟨-; **-n** [-ən]⟩ mythology. ⸞ˈ**lo·gisch** [-ˈloːgɪʃ] *adj* mythological. ⸞**lo·giˈsie·ren** [-logiˈziːrən] *v/t* ⟨*no* **ge-, h**⟩ mythologize.

My·thos [ˈmyːtɔs], ˈ**My·thus** [-tʊs] *m* ⟨-; **-then**⟩ myth (*a. pol. etc*); **von e-m ~ umgeben** surrounded by myth.

Myx·ödem [mʏksøˈdeːm] *n* ⟨**-s**; **-e**⟩ *med.* myx(o)edema.

My·xom [mʏˈksoːm] *n* ⟨**-s**; **-e**⟩ *med.* myxoma. **my·xo·maˈtös** [-ksomaˈtøːs] *adj* myxomatous.

My·zel [myˈtseːl] *n* ⟨**-s**; **-ien**⟩ *biol.* mycelium; **~fäden** *pl* spawn *sg.* **My·ze·li·um** [myˈtseːlĭʊm] *n* ⟨**-s**; **-lien**⟩ *biol.* mycelium.

N

N, n [ɛn] *n* <-; -> N, n (*Buchstabe*).

na [na] *interj colloq.* **1.** *ungeduldig, ärgerlich*: well!; ~, **beeil dich doch!** (well,) do hurry up!; ~ **und?** so what!, what of it? **2.** *zögernd*: ~ **ja!**, ~ **gut!**, ~ **schön!** oh well, all right then; ~ **ja, ich weiß (ja) schon!** oh well, I know. **3.** *beschwichtigend*: ~, ~! there, there!, come, come!; ~, **doch nicht gleich weinen!** there, there, don't cry (now)! **4.** *zweifelnd, ungläubig*: ~, ~! come on!, come now!, come off it!; ~, **wer das glaubt!** come on (*od.* now) who is to believe that! **5.** *erstaunt*: ~, **so (et)was!** well, I never!, I say!, just fancy that!, *Am. colloq.* what do you know! **6.** *verzichtend*: ~, **dann eben nicht!** a) oh well, forget it!, b) all right, have it your way!; ~, **dann laß es (eben) bleiben!** okay then, leave it! **7.** *bestätigend*: ~ **also!** there you are!, I told you so!, you see?; ~ **klar!**, ~ **sicher!** of course!, you bet!; ~ **eben!** exactly!, precisely!, that's what I mean! ~, **hatte ich nicht recht?** well, wasn't I right?, didn't I say so?; ~, **das wär' sowas!** that would be s. th.!; ~, **das könnte dir wohl so passen!** well, that would suit you (just) fine, wouldn't it? **8.** *drohend*: ~, **warte!** a) (well,) you just wait!, b) don't you dare!; ~, **komm du erst mal nach Hause!** just wait till you get home! **9.** ~, **wie geht's?** well, how are you?; ~ **ja, wir werden (schon) sehen!** well (*od.* all right), we'll see; ~, **dann bis morgen!** well, see you tomorrow!

Na·be [ˈnaːbə] *f* <-; -n> *tech.* (*Rad≈*) hub, (*Propeller≈, Kolben≈*) boss, (*Keilwellen≈*) splineway.

Na·bel [ˈnaːbəl] *m* <-s; -> **1.** *anat.* navel, umbilicus, *des Trommelfells*: umbo. **2.** *bot.* umbilicus, hilum. **3.** *her.* nombril. **4.** *fig.* (*Mittelpunkt*) navel, hub (**der Welt** of the world). **~ˌbin·de** *f für Säuglinge*: umbilical band(age). **~ˌbruch** *m med.* umbilical hernia. **≈ˌför·mig** *adj* navel-shaped, umbilicate. **~ˌge·gend** *f* umbilical region. **~ˌher·nie** *f* → **Nabelbruch.** **~ˌkraut** *n bot.* navelwort. **~ˌmie·re** *f* <-; -n> sandwort.

na·beln [ˈnaːbəln] *v/t* <h> → **abnabeln.**

ˈNa·bel|ˌöff·nung *f* **1.** *anat.* umbilical orifice. **2.** *e-s Kuppelgewölbes*: eye. **~·oran·ge** [-ʔoˌrãːʒə] *f bot.* navel (orange). **~ˌpunkt** *m math.* umbilic(al) point, umbilicus. **~ˌschau** *f fig. colloq.* self-contemplation, (self-indulgent) introspection; ~ **betreiben** indulge in self-contemplation, *stärker*: be bound up in o. s.

ˈNa·belˌschnur *f* **1.** *anat.* navel string, umbilical cord. **2.** *Raumfahrt*: umbilical cable. **~ˌumˌschlin·gung** *f* encircling of the f(o)etus by the umbilical cord. **~ˌvorˌfall** *m* prolapse of the umbilical cord.

ˈNa·ben|ˌach·se *f tech.* hub spindle. **~ˌboh·rer** *m* hub (*od.* nave) borer. **~ˌbohr·maˌschi·ne** *f* hub-boring machine. **~ˌbrem·se** *f* hub brake. **~ˌhau·be** *f aer.* spinner. **~ˌkap·pe** *f mot.* hub cap. **~ˌloch** *n* eye (*od.* bore) of the wheel hub. **~ˌstern** *m* hub spider.

Na·bob [ˈnaːbɔp] *m* <-s; -s> *a. fig.* (*reicher Mann*) nabob.

nach [naːx] **I** *prep* <*dat*> **1.** *zu einem Punkt hin*: to, *in Verbindung mit bestimmten Verben*: for, *a.* into; **von Berlin ~ Köln** from Berlin to Cologne; ~ **Hause** home; ~ **Amerika fahren (abreisen)** go to (depart for, leave for, set out for) America; **ist dies der Zug ~ London?** is this the train for London?; **das Schiff fährt ~ Australien** the ship is bound for Australia. **2.** *in Richtung*: toward(s), to; ~ **rechts** to the right; ~ **Süden** to the south, southward(s); ~ **dieser Seite hin** to this side, this way, in this direction; ~ **der Straße** facing the street; ~ **oben** a) up, upward(s), b) upstairs; ~ **oben zu** toward(s) the top; ~ **unten** a) down, downward(s), b) downstairs; ~ **unten zu** toward(s) the bottom; ~ **vorn(e)** a) forward(s), ahead, b) to the front; ~ **vorn(e) zu** toward(s) the front; ~ **hinten** a) backward(s), back, rearward(s), b) to the rear; ~ **hinten zu** toward(s) the back; ~ **außen (innen)** (toward[s] the) outside (inside); **ein ~ hinten (vorn) hinaus gelegenes Zimmer** a back (front) room; ~ **jeder Richtung**, ~ **allen Richtungen** in every direction, in all directions. **3.** (*hinter*) after; **e-r ~ dem anderen** one after the other (*od.* another), *einzeln*: one at a time, one by one; **bitte ~ Ihnen!** after you, please. **4.** *der Reihenfolge nach später*: after, next to; **der Reihe ~** one after the other, in turn; **wer kommt ~ Ihnen dran?** who is next after you? **5.** *zeitlich später*: after; ~ **dem Essen**, ~ **Tisch** after dinner; ~ **drei Jahren** after three years, three years later; ~ **Jahren** after many years. **6.** *von jetzt od. heute an*: in, within; ~ **20 Minuten** in 20 minutes; ~ **30 Jahren** 30 years from now; ~ **e-m halben Jahr** within six months; *econ.* ~ **10 Jahren zahlbar** payable in ten years. **7.** *econ.* ~ **Ablauf der Frist** at the end (*od.* on expiration) of the term; ~ **Sicht** at sight. **8.** *bei Zeitangaben*: past, *bes. Am.* after; **zwanzig Minuten ~ drei** twenty minutes past three. **9.** (*auf Grund, gemäß*) according to, by, from; ~ **dem, was Sie sagen** from what you say; **m-r Ansicht ~** in my opinion (*od.* view); **allem Anschein ~** to all appearances; **s-m Aussehen ~** (to judge) from his appearance; **dem Beruf ~** by profession; **diesem Brief ~** by (*od.* according to) this letter; **dem Schein ~ urteilen** judge by (*od.* from) appearances; **die Uhr ~ dem Radio stellen** set the clock by the radio; **aller Wahrscheinlichkeit ~** in all probability. **10.** (*in Anlehnung an*) after; ~ **der neuesten Mode gekleidet sein** dress after (*od.* in, according to) the latest fashion; ~ **wem ist diese Straße benannt?** who is this street named after?; ~ **Art von** in the manner of; ~ **e-m Roman von Balzac** after a novel by Balzac; ~ **der Natur malen** paint from nature; **frei ~ Schiller** freely adapted from Schiller, *humor.* with apologies to Schiller. **11.** (*entsprechend*) according to, by, from; ~ **Noten** from music; ~ **m-r Uhr** by my watch; ~ **Bedarf** as required; ~ **deutschem Geld** in German money; **et. ~ dem Alphabet ordnen** arrange s. th. alphabetically; ~ **dem Einkommen besteuern** tax according to income; ~ **den bestehenden Gesetzen** under the existing laws. **12.** (*im Einklang mit*) according to, in accordance (*od.* consonance) with, consonant with; ~ **s-n Grundsätzen handeln** act in accordance with one's principles; **wenn es ~ mir ginge** a) if I had my way, b) if I had to choose. **13.** *mit e-r bestimmten Absicht*: for; ~ **Gold graben** dig for gold; ~ **dem Arzt schicken** send for the doctor. **14.** ~ **j-m (et.) schießen** shoot at s. o. (s. th.). **15.** (*bezüglich*) about, *a.* after; **sich ~ e-r Sache erkundigen** inquire about s. th.; ~ **dem Rechten sehen** look after things. **16.** *Maß*: in, by; ~ **dem Gewicht** by the weight; ~ **Litern messen** measure in litres (*od.* by the litre). **17. riechen (schmecken) ~** smell (taste) of. **II** *adv* **18.** after; **mir ~!** after me!, follow me! **19.** *zeitlich*: ~ **und ~** little by little, bit by bit, by and by, gradually, progressively, by degrees, step by step; ~ **wie vor** as before, as ever, now as before, (the same) as usual, still.

ˈNach|ˌach·tung *f* **e-m Gesetz ~ verschaffen** enforce a law. **≈ˌäf·fen** *v/t* <*sep*, -ge-, h> *colloq.* **1.** (*Person, Stimme, Bewegungen etc*) ape, mimic, take off. **2.** (*Mode etc*) copy, ape. **~äf·feˈrei** [ˌnaːx-] *f* <-; *no pl*> *colloq.* aping, apery. **≈ˌah·men** [-ˌʔaːmən] **I** *v/t* <*sep*, -ge-, h> **1.** take off, *a. zo.* imitate, mimic. **2.** (*zum Vorbild nehmen*) imitate, copy, (*nacheifern*) *a.* emulate. **3.** a) (*fälschen*) counterfeit, (*Schecks etc*) forge, b) (*plagiieren*) plagiarize, c) (*Patente*) pirate. **II ≈** *n* <-s> **4.** imitating (*etc*). **5.** → **Nachahmung.** **≈ˌah·mensˌwert** *adj Tat, Beispiel etc*: worthy of imitation, worth imitating, exemplary. **~ˌah·mer** *m* <-s; -> **1.** imitator, (*Anhänger*) *a.* emulator, *contp.* ape, copycat. **2.** a) (*Plagiator*) plagiarist, b) → **Fälscher** 1, 2. **~ah·meˈrei** [ˌnaːx-] *f* <-; *no pl*> *colloq.* **1.** imitation. **2.** → **Nachäfferei.** **~ˌah·mung** *f* <-; -en>

1. (*Vorgang*) imitation, *von Personen etc*: *a.* take-off; **j-m et. zur ~ empfehlen** recommend s. th. to s. o. as worth imitating (*od.* emulating); *jur.* **betrügerische ~** fraudulent imitation; **~ verboten** imitation prohibited!, patent registered. **2.** a) (*Ergebnis*) imitation, b) (*Fälschung*) counterfeit, (*Plagiat*) plagiarism, *e-s Patents*: piracy.

'Nach,ah·mungs|,trieb *m* imitative instinct (*od.* impulse). **≈,wert, ≈,würdig** *adj* → **nachahmenswert.**

'Nach|,an,mel·der *m Patentwesen*: subsequent applicant. **~,an,mel·dung** *f* subsequent application. **~,ar·beit** *f tech.* finishing. **≈,ar·bei·ten I** *v/t* ‹*sep*, **-ge-**, h› **1.** (*nachholen*) make up for; **verlorene Zeit ~** *a.* make up leeway. **2.** (*Muster etc*) copy. **3.** (*überarbeiten*) redo, do *s. th.* over again, touch up. **4.** *tech.* finish. **II** *v/i* **5.** do extra work. **6. j-m ~** take s. o. as a model, copy (*od.* imitate) s. o. **≈,ar·ten** *v/i* ‹*sep*, **-ge-**, sein› **j-m ~** take after s. o.

Nach·bar ['naxba:r] *m* ‹**-n**, *a.* **-s**; **-n**› neighbo(u)r; **die ~n** *a.* the people next door, *weitS.* the neighbo(u)rhood; *iro.* **die lieben ~n** our dear neighbo(u)rs; **was werden die ~n dazu sagen?** *fig. colloq.* what will Mrs. Grundy say?

'Nach·bar... *in Zssgn* neighbo(u)r(ing), adjacent (*district, field, community, etc*). **~ge,biet** *n bes. scient. a.* related field. **~,haus** *n* neighbo(u)ring house, house next door, adjoining (*od.* adjacent) house; **sie wohnen im ~** they live next door.

'Nach·ba·rin *f* ‹-; **-nen**› neighbo(u)r.

'Nach·bar·ka,nal *m Radio TV*: adjacent channel. **~-Se·lek·ti,on, ~,Trenn,schär·fe** *f* adjacent-channel selectivity.

'Nach·bar|,land *n* neighbo(u)ring (*od.* adjoining) country. **≈lich I** *adj* **1.** neighbo(u)rly. **2.** (*benachbart*) neighbo(u)ring, adjacent, adjoining, next-door. **II** *adv* **3. mit j-m ~ verkehren** live on neighbo(u)rly terms with s. o. **~,ort** *m* neighbo(u)ring (*od.* next) place (*od.* locality). **~,recht** *n* law relating to neighbo(u)ring owners. **~schaft** *f* ‹-; *no pl*› **1.** a) (*Nähe*) proximity, b) (*Umgebung*) neighbo(u)rhood, vicinity; **unsere Gärten liegen in unmittelbarer ~** our gardens neighbo(u)r on (*od.* adjoin) each other. **2.** *collect.* neighbo(u)rhood, neighbo(u)rs *pl.* **3.** neighbo(u)rly relations *pl*; **gute ~ halten** be on friendly terms with one's neighbo(u)rs. **~schafts,hil·fe** *f* ‹-; *no pl*› neighbo(u)rly help.

'Nach·bars|,frau *f* a) neighbo(u)r, lady next door, b) neighbo(u)r's wife. **~,kind** *n* neighbo(u)r's child, child next door; **die ~er** *pl* the children of the neighbo(u)rhood. **~,leu·te** *pl* neighbo(u)rs, people next door.

'Nach·bar|,staat *m* neighbo(u)ring (*od.* adjoining, adjacent) state (*od.* country). **~,stu·fe** *f mus.* adjacent degree. **~,zim·mer** *n* adjoining (*od.* adjacent) room.

'Nach|,bau *m tech.* reproduction, imitation, copying; **~ unter Lizenz** construction under licen/ce (*Am.* -se). **≈,bau·en** *v/t* ‹*sep*, **-ge-**, h› reproduce, copy, imitate; **et. unter Lizenz ~** construct (*od.* build) s. th. under licen/ce (*Am.* -se). **≈be,ar·bei·ten I** *v/t* ‹*sep*, *no* **-ge-**, h› **1.** work *s. th.* over again, rework. **2.** *tech.* refinish. **II** ≈ *n* ‹-s› **3.** reworking (*etc*). **4.** → **~be,ar·bei·tung** *f* **1.** → **nachbearbeiten** 3. **2.** *tech. spanlose*: rework. **≈,be·ben** *geol.* **I** *v/i* ‹*sep*, **-ge-**, h› **die Erde bebte nach** there were aftershocks. **II** ≈ *n* ‹-s› aftershock. **III** ≈ *n* ‹-s› **4.** *von Munition*: hangfire. **5.** *aer.* afterburning.

≈be,han·deln *v/t* ‹*sep*, *no* **-ge-**, h› **1. et. ~** give s. th. subsequent (*od.* further) treatment. **2.** *med.* **j-n ~** give s. o. after-treatment. **~be,hand·lung** *f* subsequent (*od.* further) treatment, re-treatment, *med.* after-treatment.

'nach|be,kom·men *v/t* ‹*irr, sep, no* **-ge-**, h› **1.** *später*: receive (*od.* get, obtain) *s. th.* afterward(s) (*od.* subsequently, later). **2.** *zusätzlich*: receive (*od.* get, obtain) *s. th.* in addition (*od.* additionally); **kann ich bitte noch et. ~?** (*Essen etc*) may I have a second helping (*od.* some more), please? **~be,rech·nen** *v/t* ‹*sep*, *no* **-ge-**, h› *econ.* charge *s. o.*, *s. th.* subsequently (*od.* additionally). **~,bes·sern** *v/t* ‹*sep*, **-ge-**, h› **1.** improve (up)on, touch up. **2.** (*ausbessern*) repair, mend. **3.** *phot.* retouch. **~be,stel·len** *v/t* ‹*sep*, *no* **-ge-**, h› *bes. econ.* a) **et. ~** order (some) more (*od.* a further supply) of s. th., reorder s. th., b) order s. th. later. **≈be,stel·lung** *f* additional order, reorder. **~be,steu·ern** *v/t* ‹*sep*, *no* **-ge-**, h› **j-n (et.) ~** impose an additional (*od.* a subsequent) tax on s. o. (s. th.). **≈be,steue·rung** *f* subsequent taxation, additional tax. **~,be·ten** *v/t* ‹*sep*, **-ge-**, h› **1.** *relig.* **j-m et. ~** say (*od.* repeat) s. th. after s. o. **2.** *fig. colloq.* repeat *s. th.* blindly (*od.* mechanically), parrot, echo. **≈,be·ter** *m fig. colloq.* parrot, echo.

'nach|be,wil·li·gen *v/t* ‹*sep*, *no* **-ge-**, h› *econ. pol.* **1.** *nachträglich*: grant (*od.* vote) *s. th.* subsequently (*od.* afterward[s]). **2.** *zusätzlich*: grant (*od.* vote) *s. th.* additionally (*od.* in addition); **das Parlament bewilligte Gelder nach** the parliament granted (*od.* voted) additional funds. **≈be,wil·li·gung** *f* subsequent (*od.* additional) grant. **~be,zah·len** *v/i u. v/t* ‹*sep*, *no* **-ge-**, h› → **nachzahlen. ≈be,zah·lung** *f* → **Nachzahlung. ≈be,zugs,recht** *n e-s Aktionärs*: right to cumulative dividend. **≈,bier** *n* (*Dünnbier*) weak beer, small beer. **≈,bild** *n med. psych.* after-image. **~,bil·den I** *v/t* ‹*sep*, **-ge-**, h› **1.** copy, reproduce; **et. genau** (*od.* **getreu**) **~** make a replica (*od.* an exact) copy of s. th.; **et. der Natur ~** make s. th. from nature. **2.** (*rekonstruieren*) reconstruct, rebuild. **3.** *electr.* (*Schalteranordnung*) imitate, simulate. **II** *v/reflex* ‹h› **sich ~ 4.** *bes. zo.* regenerate, rebuild. **≈,bil·dung** *f* ‹-; **-en**› **1.** (*Kopie*) copy, reproduction, *tech. in natürlicher Größe*: mock-up; **genaue** (*od.* **getreue**) **~** facsimile, replica. **2.** (*Rekonstruktion*) reconstruction. **3.** (*Attrappe*) dummy, sham. **4.** *bes. zo.* regeneration. **5.** *electr. e-s Netzwerks*: equivalent (*od.* balancing) network. **~,blei·ben** *v/i* ‹*irr, sep*, **-ge-**, sein› be left, *Person*: remain (*od.* lag) behind; *ped.* **~ müssen** have to stay in. **~,blicken** (*getr.* **-k·k-**) *v/i* ‹*sep*, **-ge-**, h› **j-m ~** look after s. o., follow s. o. with one's eyes. **≈,blü·te** *f a. fig.* second flowering. **~,blu·ten** *v/i* ‹*sep*, **-ge-**, h› *med.* bleed again (*od.* a second time). **≈,blu·tung** *f* ‹-; **-en**› secondary (*nach Operation*: *a.* post-operative) h(a)emorrhage (*od.* bleeding). **~,boh·ren I** *v/t* ‹*sep*, **-ge-**, h› *tech.* re-bore, (*fertigbohren*) finish-bore. **II** *v/i fig. colloq.* keep (on) asking questions, probe again, go into it again. **≈,bör·se** *f econ.* unlisted securities market. **~,börs·lich** *adj* **~er Kurs** free-market quotation, rate in the outside market, prices *pl* after official (stock exchange) hours. **~,bren·nen I** *v/i* ‹*irr, sep*, **-ge-**, h› **1.** smo(u)lder. **2.** *mil. Schuß*: hang fire. **II** *v/t* **3.** (*Kaffee etc*) roast *s. th.* again (*od.* a second time).

'Nach,bren·ner *m* ‹-s; -› **1.** *mil.* hangfire shell (*od.* cartridge). **2.** *aer.* reheater, afterburner. **~,schub·ver,hält·nis** *n Raumfahrt*: augmented thrust ratio. **~-Tur,bi·nen,strahl,werk** *n aer.* afterburner (*od.* reheat) turbojet engine.

'nach|,brin·gen *v/t* ‹*irr, sep*, **-ge-**, h› (*Fehlendes*) bring *s. th.* later. **~,brum·men** *v/i* ‹*sep*, **-ge-**, h› *colloq. for* **nachsitzen. ≈,brut** *f zo.* later (*od.* second) brood. **~,brü·ten** *v/i* ‹*sep*, **-ge-**, h› *fig.* **über e-e Sache ~** brood (*od.* ponder) over s. th., ruminate on (*od.* over) s. th. **≈,bür·ge** *m*, **≈,bürg·schaft** *f jur.* collateral surety. **~,christ·lich** *adj* post-Christian. **~da,tie·ren** *v/t* ‹*sep*, *no* **-ge-**, h› **1.** (*rückdatieren*) antedate, backdate. **2.** (*vordatieren*) postdate.

,nach'dem *conj* **1.** *zeitlich*: after, when; **~ sie das gesagt hatte** after she had said that, (after) having said that; **unmittelbar ~** directly (*od.* immediately) after, as soon as. **2. je ~** according to, depending on; **kommst du? - je ~** are you coming? it (all) depends. **3.** *obs. od. Southern G.* (*da, weil*) since, as.

'nach|,den·ken I *v/i* ‹*irr, sep*, **-ge-**, h› **1.** (**über** *acc*) think (about), consider (*acc*), think (*s. th.*) over, deliberate (on, upon); **denk mal nach!** think about it!; **laß mich (mal) ~!** let me think!; **sie dachte angestrengt** (*od.* **scharf**) **nach** she thought hard. **2.** (*nachsinnen*) (**über** *acc*) reflect (on), ponder (on, over), meditate (on, upon), muse (on, upon). **II** ≈ *n* ‹-s› **3.** thinking (*etc*). **4.** (*Überlegung*) thought, reflection, consideration, deliberation; **nach angestrengtem ≈** after thinking hard; **nach kurzem ≈** after a moment's thought; **Zeit zum ≈ brauchen** need time to think (*od.* for reflection); **in tiefes ≈ versunken sein** be lost in deep thought, be in a brown study.

'nach,denk·lich I *adj* **1.** *Person etc*: thoughtful, reflective, contemplative, *Miene etc*: *a.* pensive; **j-n ~ stimmen** (*od.* **machen**) a) make s. o. think, b) (*in besinnliche Stimmung versetzen*) put s. o. in a pensive mood, c) (*stutzig machen*) make s. o. wonder. **2.** *obs. lit. Worte etc*: thought-provoking, thoughtful. **II** *adv* **3.** thoughtfully, pensively; **~ gestimmt** in a thoughtful (*od.* pensive) mood. **≈keit** *f* ‹-; *no pl*› thoughtfulness, reflectiveness, pensiveness.

'nach|,dich·ten *v/t* ‹*sep*, **-ge-**, h› (*literarisches Werk*) adapt *s. th.* freely. **≈,dich·tung** *f* ‹-; **-en**› free adaptation. **~,drän·gen** *v/i* ‹*sep*, **-ge-**, h› **1.** press forward, (**j-m**) **~** press in (*od.* out) after s. o. **2.** *mil.* pursue the enemy closely. **~,dre·hen** *v/t* ‹*sep*, **-ge-**, h› *Film, TV*: (*Szene*) reshoot. **~,drin·gen** *v/i* ‹*irr, sep*, **-ge-**, sein› press after, *a. mil.* pursue *s. o.* (closely).

'Nach,druck[1] *m* ‹-(e)s; *no pl*› **1.** (*Betonung, Gewicht*) emphasis, stress, *a.* weight; **e-r Sache ~ verleihen, ~ auf e-e Sache legen** lay emphasis (*od.* stress) on s. th., emphasize (*od.* accentuate, stress) s. th., (*e-m Gesetz, e-r Anordnung etc*) put teeth in(to) s. th., give s. th. teeth; **mit ~** emphatically, firmly. **2.** (*Tatkraft, Energie*) energy, vigo(u)r, force; **et. mit ~ betreiben** pursue s. th. vigorously. **3.** *metr.* (*Betonung*) stress.

'Nach,druck[2] *m* ‹-(e)s; -e› *print.* **1.** ‹*only sg*› reprinting, *unerlaubt*: pirating. **2.** *a*) *e-s Buches, e-r Briefmarke etc*: reprint, reissue, reimpression, reproduction, b) *unerlaubter*: pirated edition; **~ verboten!** all rights reserved!

ˈnachˌdrucken (*getr.* -k·k-) *v/t* <*sep*, -ge-, h> reprint, reissue, *unerlaubt*: pirate.

ˈnachˌdrück·lich I *adj* **1.** *Warnung etc*: emphatic, stern, *Überzeugung etc*: strong; **in ~em Ton** in an emphatic (*od.* a resolute, a firm) tone, emphatically. **2.** *Forderung etc*: forceful, vigorous; **~e Einwände erheben** raise forceful objections. **II** *adv* **3. et. ~ betonen** lay special emphasis on s. th.; **et. ~ empfehlen** recommend s. th. strongly, urge s. th.; **et. ~ verlangen** insist (emphatically) on s. th., make a point of s. th.; **er riet ~ davon ab** he strongly advised against it. **≈keit** *f* <-; *no pl*> → Nachdruck[1].

ˈNachˌdrucksˌrecht *n* right of reproduction.

ˈNach|ˌdruck·verˌfah·ren *n* reprinting process. **≈ˌdun·keln** *v/i* <*sep*, -ge-, h *u.* sein> darken, deepen, become (*od.* grow, get) darker. **~ˌei·fe·rer** *m* emulator. **≈ˌei·fern** *v/i* <*sep*, -ge-, h> **j-m ~** emulate s. o., strive to equal s. o., vie with s. o. **~ˌei·fe·rung** *f* <-; *no pl*> emulation; **j-n zur ~ reizen** spur s. o. on to emulation. **≈ˌei·len** *v/i* <*sep*, -ge-, sein> **1. j-m ~** hasten (*od.* hurry, run, rush) after s. o. **2.** *electr.* lag (in phase). **3.** *metall. Walzen*: creep.

ˌnachˌeinˈan·der *adv* **1.** one after another (*od.* the other), *a.* in turn. **2.** in succession; **drei Siege ~** *a.* three wins in a row; **drei Wochen ~** for three weeks running. **3.** (*abwechselnd*) by turns, alternately.

ˈNach|ˌeisˌzeit *f geol.* post-glacial period. **≈empˌfin·den** *v/t* <*irr*, *sep*, *no* -ge-, h> **1.** → **nachfühlen** I. **2.** (*Dichtung, Lied etc*) have a feeling (*od.* an empathy) for, *gestaltend*: interpret *s. th.* with a sensitive artistic (*od.* an empathetic) understanding. **3.** *fig.* (*nachahmen*) imitate, *iro.* borrow *s. th.* from *s. o.*; *e-m Vorbild* **nachempfunden sein** be model(l)ed on, be an imitation of.

Na·chen [ˈnaːxən] *m* <-s; -> *poet.* boat, bark.

ˈnach|entˌwickeln (*getr.* -k·k-) *v/t* <*sep*, *no* -ge-, h> *phot.* redevelop. **≈ˌer·be** *m jur.* reversionary heir. **≈ˌerb·schaft** *f* inheritance in reversion. **≈ˌern·te** *f* aftercrop, (*Heu*) aftermath. **~erˌzäh·len** *v/t* <*sep*, *no* -ge-, h> **1. et.** (**mit eigenen Worten**) **~** retell s. th. (in one's own words). **2.** rewrite, re-narrate; **et. in gekürzter Form ~** write a précis of s. th.; **aus dem Englischen nacherzählt** adapted (*od.* retold) from the English. **≈erˌzäh·lung** *f* <-; -en> *bes. ped.* re-narration, reproduction, précis. **~ex·erˌzie·ren I** *v/i* <*sep*, *no* -ge-, h> *mil.* do extra drill. **II** ≈ *n* <-s> extra drill. **≈ˌfahr** [-ˌfaːr] *m* <-s; -en>, **≈ˌfah·re** *m* <-n; -n> → Nachkomme. **~ˌfah·ren I** *v/i* <*irr*, *sep*, -ge-, sein> (*dat*) **1.** follow, drive behind (*od.* after). **2.** follow later (*od.* afterward[s]); **j-m mit dem Auto** (**Zug**) **~** follow s. o. in a car (by train). **II** *v/t* <h> **3. j-m et. ~** bring (*od.* transport) s. th. after s. o. (by car).

ˈnach|ˌfär·ben *v/t* <*sep*, -ge-, h> *Textil. etc*: re-dye. **~ˌfas·sen I** *v/i* <*sep*, -ge-, h> **1.** grasp (*od.* grab) again. **2.** *beim Essen*: have some more, get a second helping. **3.** *in der Werbung*: follow up; *econ.* **bei j-m ~** approach s. o. again. **II** *v/t* **4.** (*Essen*) have some more of, get a second helping of. **III** ≈ *n* <-s> **5.** grasping (*etc*). **6.** *in der Werbung*: follow-up.

ˈNachˌfaß|ˌschrei·ben *n econ.* follow-up letter. **~ˌwer·bung** *f* follow-up advertising.

ˈNach|ˌfei·er *f* **1.** after-celebration. **2.** *relig.* octave. **≈ˌfei·ern I** *v/i* <*sep*, -ge-, h> have (*od.* hold) a subsequent (*od.* a later, an extra) celebration. **II** *v/t* celebrate *s. th.* later (*od.* afterward[s]). **≈ˌfei·len** *v/t* <*sep*, -ge-, h> **1.** re-file, file *s. th.* again. **2.** *fig.* give *s. th.* the finishing touches, retouch. **≈ˌflie·ßen** *v/i* <*irr*, *sep*, -ge-, sein> continue to flow.

ˈNachˌfol·ge *f* <-; *no pl*> **1.** succession; **j-s ~ antreten** succeed s. o., become s. o.'s successor; **die ~ regeln** establish the right of succession. **2.** emulation; *relig. Literatur*: **die ~ Christi** the Imitation of Christ. **≈beˌrech·tigt** *adj* entitled to succession. **~geˌsell·schaft** *f econ.* successor company.

ˈnach|ˌfol·gen *v/i* <*sep*, -ge-, sein> (*dat*) **1. j-m** (**e-r Sache**) **~** follow s. o. (s. th.) (later); *fig.* **j-m bald ~** die soon after s. o., follow s. o. (in death). **2. j-m** (**im Amt**) **~** succeed s. o. (in [his] office). **3.** (*später stattfinden*) follow (*od.* take place) later. **4.** *fig.* follow (in the steps of), emulate. **~ˌfol·gend** *adj* **1.** subsequent, following; **im ~en** a) *schriftlich*: below, *bes. jur.* hereinafter, b) *mündlich*: later. **2.** *im Amt etc*: succeeding; **der ~e Präsident** *a.* the incoming president. **3.** (*resultierend*) consequent, ensuing, resulting. **≈ˌfol·gen·de** *m, f* <-n; -n> **1.** follower. **2.** *jur.* person named below.

ˈNachˌfol·ge|ˌord·nung *f* system of succession. **~or·ga·ni·sa·tiˌon** *f* successor organization.

ˈNach|ˌfol·ger *m* <-s; -> **1.** *im Amt etc*: successor; **j-s ~, der ~ für j-n** the successor to s. o., s. o.'s successor. **2.** *fig.* follower. **3.** → Rechtsnachfolger. **~ˌfol·ge·rin** *f* <-; -nen> → Nachfolger. **~ˌfol·geˌstaat** *m meist pl* succession state. **≈ˌfor·dern** *bes. econ.* **I** *v/t* <*sep*, -ge-, h> demand (*od.* charge, claim) *s. th.* in addition (*od.* later). **II** ≈ *n* <-s> demanding *s. th.* in addition (*etc*). **~ˌfor·de·rung** *f* <-; -en> **1.** → nachfordern II. **2.** additional (*od.* further, subsequent) charge (*od.* claim, demand). **~ˌfor·de·rungsˌvorˌla·ge** *f pol.* bill for a supplementary vote. **≈ˌfor·men** *v/t* <*sep*, -ge-, h> **1.** form *s. th.* after a model. **2.** *tech.* copy, profile.

ˈnachˌform|ˌfrä·sen *v/t* <*insep*, -ge-, h> *tech.* copy-mill. **≈ˌfräs·maˌschi·ne** *f* copy- (*od.* profile-)milling machine.

ˈnach|ˌfor·schen I *v/i* <*sep*, -ge-, h> **1.** (*dat*) investigate (*acc*), inquire (*a.* enquire) (into), check (up) (*acc*). **2.** (*offiziell untersuchen*) make (*od.* hold, conduct) an investigation (*od.* inquiry). **II** ≈ *n* <-s> **3.** investigating (*etc*). **≈ˌfor·schung** *f* <-; -en> **1.** → nachforschen 3. **2.** investigation, inquiry, *a.* enquiry; **~en über et. anstellen** *a.* investigate (*od.* inquire into) s. th.

ˈNachˌfra·ge *f* <-; -n> **1.** *econ.* demand, market; **starke ~ nach** *a.* rush for; **Angebot und ~** supply and demand; **die ~ nach e-r Sache befriedigen** meet the demand for s. th.; **dafür besteht k-e ~** there is no market for that. **2.** *lit.* (*Erkundigung*) inquiry, *a.* enquiry; *colloq.* **danke der** (**gütigen**) (*od.* **für die** [**gütige**]) **~** thank you for your kind inquiry. **~beˌle·bung** *f econ.* growth of (*od.* increase in) demand.

ˈnach|ˌfra·gen *v/i* <*sep*, -ge-, h> inquire, *a.* enquire, ask; **fragen Sie morgen wieder nach** call again tomorrow. **≈ˌfrist** *f econ. jur.* extension (of time), respite. **~ˌfüh·len I** *v/t* <*sep*, -ge-, h> **j-m et. ~** feel (*od.* sympathize) with s. o. in s. th., understand s. o.'s feelings about s. th. **II** *v/i mil., a. fig.* probe. **~ˌfüh·lend** *adj* understanding, sympathizing.

ˈNachˌführ|ˌmo·tor *m Raumfahrt*: slaving torque motor. **~syˌstem** *n* slaving system.

ˈnach|ˌfüll·bar *adj* refillable. **~ˌfül·len** *v/t* <*sep*, -ge-, h> **1.** (*Tasse, Tank etc*) refill, fill up, top up. **2.** (*Wasser etc*) add. **≈ˌfül·lung** *f* refill. **~ˌgä·ren** *v/i* <*irr*, *sep*, -ge-, h> ferment again. **≈ˌgä·rung** *f* after-fermentation, secondary fermentation. **~ˌge·ben I** *v/i* <*irr*, *sep*, -ge-, h> **1.** *Boden etc*: give (way), *Tür etc*: yield, *Seil, Griff etc*: slacken; **das Dach gab unter der Last des Schnees nach** the roof sagged under the weight of the snow; → *a.* **dehnen** 12. **2.** *fig.* give in, give way, yield, relent, come round (to *s. o.'s opinion, etc*); **nicht ~ wollen** refuse to give in; **der Versuchung ~** give way (*od.* yield) to temptation; **j-m in allem ~** indulge (*od.* give in to) s. o. in every way; **in s-n Forderungen ~** moderate one's demands; → **Kluge. 3.** *fig.* **j-m in nichts ~** be by no means inferior to s. o. **4.** *Kurse, Preise etc*: decline, give way, go down, fall. **5.** *Jagdhund*: lag on the scent. **II** *v/t* **6.** give some more; **sich** (*dat*) **et. Gemüse ~ lassen** ask for another helping of vegetables. **III** ≈ *n* <-s> **7.** giving way (*etc*); **j-n zum ≈ veranlassen** cause s. o. to relent. **~geˌbo·ren** *adj* **1.** *jur.* a) posthumous, b) born after one's parents' divorce. **2.** (*jünger*) born later. **≈geˌbühr** *f Post*: surcharge, postage due. **≈geˌburt** *f med. zo.* afterbirth.

ˈnach|ˌge·hen *v/i* <*irr*, *sep*, -ge-, sein> **1. j-m ~** follow (*od.* go after) s. o.; **j-m auf Schritt und Tritt ~** be at s. o.'s heels, dog s. o. **2.** *e-m Geräusch, e-r Spur etc*: follow. **3.** *fig. e-m Problem, Vorfall etc*: investigate, inquire (*a.* enquire) into, look (*od.* go) into (*a matter, etc*), follow up (*a rumo[u]r, a lead, etc*), check (up on). **4.** *Geschäften etc*: attend to, pursue; **s-r Arbeit ~** go about (*od.* pursue) one's work. **5.** *s-n Neigungen etc*: indulge in; **dem Vergnügen ~** pursue (*od.* seek) pleasure, be out for a good time. **6.** *Uhr*: lose (time), be (*od.* go) slow. **7.** (*nachwirken*) *Worte, Ereignis etc*: remain in one's mind; **die Sache geht ihm nach** he can't get over it, it preys on his mind. **~geˌlas·sen** *adj Werke etc*: posthumous. **~geˌmacht** *adj* **1.** *Dokumente etc*: false, spurious, sham, fake, *colloq.* phon(e)y, *Geld etc*: counterfeit, forged. **2.** *Leder etc*: artificial, imitated, imitation. **~geˌnannt** *adj* mentioned below, undermentioned. **~geˌord·net** *adj adm. mil.* subordinate.

ˈnach·geˈra·de *adv colloq.* **1.** (*schließlich*) after all, by now, by this time, (*allmählich*) gradually; **das müßtest du ~ wissen** you should know that by now. **2.** (*geradezu*) really, positively.

ˈnach|geˌra·ten *v/i* <*irr*, *sep*, *pp* nachgeraten, sein> **j-m ~** take after s. o. **~geˌschal·tet** *adj tech.* tandem-arranged. **≈geˌschmack** *m* aftertaste; **scharfer ~** tang; **e-n üblen ~ hinterlassen** *a. fig.* leave a bad taste in one's mouth. **~geˌstellt** *adj ling.* post-positive. **~geˌwie·se·nerˈma·ßen** *adv* evidently, as has been proved (*od.* shown).

ˈnachˌgie·big [-ˌgiːbɪç] *adj* **1.** *Boden etc*: yielding, soft, *Material*: *a.* flexible, pliant, pliable, *bes. Leder*: supple, *Metall*: *a.* ductile. **2.** *fig.* yielding, compliant, indulgent, ready to give in, *colloq.* soft, (*langmütig*) forbearing, (*entgegenkommend*) complaisant, accommodating; **zu ~ gegen j-n sein** be too indulgent (*colloq.* soft) with s. o., give in too much to s. o. **3.** *Börse*: declining, soft.

≗**keit** *f* ‹-; *no pl*› **1.** *fig.* yieldingness, yielding nature, indulgence, *colloq.* softness; **zu große ~ zeigen** be too yielding, be too ready to give in, *colloq.* be too soft. **2.** *des Bodens*: yieldingness, *e-s Materials*: flexibility, pliability, *bes. von Leder*: suppleness.

ˈ**nach|ˌgie·ßen I** *v/t* ‹*irr, sep,* **-ge-, h**› **1.** add, pour in more; **soll ich Ihnen noch et. ~?** may I fill up your cup? **2.** *Kunst*: take a cast of (*od.* from), cast from. **II** *v/i* **3.** fill up. ≗ˌ**glanz** *m* afterglow. **~ˌglü·hen I** *v/i* continue to glow, *Kohlen*: *a.* smo(u)lder. **II** *v/t metall.* reanneal, temper. **~ˌgra·ben** *v/i* ‹*irr, sep,* **-ge-, h**› dig (**nach** for). **~ˌgrü·beln** *v/i* ‹*sep,* **-ge-, h**› (**über** *acc*) ponder ([up]on, over), muse ([up]on), brood (over, [up]on), turn *s. th.* over in one's mind, mull (over). **~ˌgucken** (*getr.* **-k·k-**) *v/i* ‹*sep,* **-ge-, h**› *colloq. for* **nachsehen** I. **~ˌha·ken** *v/i* ‹*sep,* **-ge-, h**› a) (**in e-r Sache**) ~ check up (on s. th.), follow (s. th., it) up, b) → **einhaken** 3. ≗ˌ**hall** *m* **1.** *phys.* reverberation. **2.** *fig.* echo, response. ≗ˌ**hall**ˌ**ein**ˌ**rich·tung** *f* artificial echo unit. **~ˌhal·len** *v/i* ‹*sep,* **-ge-, h**› *phys.* reverberate, resound, *a. fig. Warnung etc*: echo.

ˈ**nach**ˌ**hal·tig I** *adj Wirkung etc*: lasting, enduring, *Bemühungen etc*: sustained, persistent, (*wirkungsvoll*) effective, (*stark*) vigorous, strong. **II** *adv* for a long time; **~ wirken** have a lasting effect; **j-n ~ beeinflussen** have a lasting influence on s. o. ≗**keit** *f* ‹-; *no pl*› **1.** lastingness. **2.** vigo(u)r, force. **3.** *Forstwesen*: sustained yield method.

ˈ**nach**ˌ**hän·gen** *v/i* ‹*irr, sep,* **-ge-, h**› **1.** (*dat*) give o. s. up (to), dwell (on); **s-n Gedanken ~** *a.* be lost in thought. **2.** *colloq.* (*zurückbleiben*) hang back, lag (*od.* tag, trail) behind.

ˌ**Nach**ˈ**hau·se**|ˌ**ge·hen** *n* **beim ~** on the way home. **~ˌweg** *m* way home.

ˈ**nach|**ˌ**hel·fen** *v/i* ‹*irr, sep,* **-ge-, h**› **1. j-m ~** a) help s. o., give s. o. a helping hand, b) *beim Klettern*: give s. o. a leg up (*od.* assistance), c) (*antreiben*) push s. o. **2. e-r Sache ~** help matters (*od.* things) along; **der Natur ~** improve on Nature; **j-s Gedächtnis ~** refresh s. o.'s memory; **s-r Schönheit mit** (*od.* **durch**) **Schminke ~** improve one's beauty with make-up; **s-m Glück ~** help one's luck.

nach·her [ˌnaːxˈheːr; ˈnaːxˌheːr] *adv* **1.** (*darauf*) after that, afterward(s), subsequently, (*später*) later (on); **vorher und ~** before and after. **2. bis ~!** see you later!, so long!

ˈ**Nach**ˌ**herbst** *m* → **Spätherbst.**

ˌ**nach**ˈ**he·rig** *adj* subsequent, later, (*folgend*) following, ensuing.

ˈ**Nach**ˌ**hil·fe** *f* **1.** aid, assistance, help. **2.** *colloq. for* **Nachhilfeunterricht.** **~ˌleh·rer** *m* tutor, coach. **~ˌstun·de** *f* **1.** private lesson. **2.** *pl* → **~ˌun·ter**ˌ**richt** *m* private lessons *pl*, coaching; **j-m ~ geben** coach (*od.* tutor) s. o.; **~ nehmen** take private lessons, get extra tuition.

ˈ**nach|hin**ˌ**ein** *adv* **im ~** afterwards, after the event, in retrospect. **~ˌhin·ken** *v/i* ‹*sep,* **-ge-, sein**› **1.** limp (*od.* hobble) after. **2.** *fig.* lag behind (**mit** in). ≗ˌ**hol·be**ˌ**darf** *m* ‹-(e)s; *no pl*› *bes. econ.* backlog (*Am.* pent-up) demand. **~ˌho·len** *v/t* ‹*sep,* **-ge-, h**› **1.** (*wettmachen*) make up for (*lost time, etc*), catch up on, make good, overtake (*arrears of work*); **Versäumtes ~** make up leeway; **Schlaf ~** catch up on one's sleep; *ped.* **e-e Stunde ~** give (*od.* take) a lesson later on; **er hat viel nachzuholen** he has a lot to catch up on. **2.** (*später holen*) collect (*od.* fetch, get, pick up) later (*od.* afterward[s]).

ˈ**Nach**ˌ**hut** *f* ‹-; **-en**› *mil.* rearguard; **die ~ bilden** *a. fig.* bring up the rear. **~ge**ˌ**fecht** *n* rearguard action.

ˈ**nach|**ˌ**imp·fen** *v/t* ‹*sep,* **-ge-, h**› *med.* a) reinoculate, b) *gegen Pocken*: revaccinate. ≗ˌ**imp·fung** *f* a) reinoculation, b) *gegen Pocken*: revaccination. **~in·du·stri**ˌ**ell** *adj* post-industrial. **~ˌja·gen I** *v/i* ‹*sep,* **-ge-, sein**› (*dat*) *hunt.* chase (after), give chase (to) (*beide a. hunt.*), be in pursuit (of), run (after), pursue *s. o.* in hot haste, *Am. colloq.* shag (*acc*); *fig.* **dem Erfolg ~** chase after success; **dem Reichtum (Geld) ~** scramble for wealth (money). **II** *v/t* send after, send in pursuit of; *fig.* **j-m e-e Kugel ~** fire a shot after s. o.; **j-m ein Telegramm ~** send a telegram(me) after s. o. **~ˌjam·mern** *v/i* ‹*sep,* **-ge-, h**› **j-m (e-r Sache) ~** → **nachtrauern.** **~ju**ˌ**stie·ren** *v/t* ‹*sep, no* **-ge-, h**› readjust, correct, reset, true up. ≗**ju**ˌ**stie·rung** *f* ‹-; **-en**› readjustment. ≗ˌ**klang** *m* **1.** lingering sound. **2.** *fig. vergangener Zeiten etc*: echo, reminiscence. **3.** *fig.* (*Nachwirkung*) after-effect, repercussion. ≗ˌ**klas·sik** *f* post-classicism. **~ˌklas·sisch** *adj* post-classical. **~ˌklin·gen** *v/i* ‹*irr, sep,* **-ge-, h**› *Ton etc*: linger (on); *fig.* **in j-m ~** *Worte etc*: linger (on) in s. o.'s mind. ≗ˌ**kom·me** [-ˌkɔmə] *m* ‹-n; -n› (direct) descendant, offspring; **~n** *pl, a. bot. zo.* offspring, progeny *sg, bes. jur.* issue *sg*; **ohne ~n** without issue. **~ˌkom·men** *v/i* ‹*sep,* **-ge-, sein**› **1.** (*später kommen*) follow, come later. **2.** (*folgen*) follow (*od.* come, go, walk) after; **ist dir jemand nachgekommen?** did anyone follow you?; → **Ende** 1. **3.** (*Schritt halten*) keep up (*od.* pace) (**mit** with). **4.** *fig.* (*folgen können*) be able to follow, keep up. **5.** *e-r Bitte, e-m Wunsch etc*: comply with, grant, fall in with, accede to, *Anweisungen etc*: obey, abide by, *e-r Pflicht, e-m Versprechen etc*: fulfil(l), carry out, discharge, *Verbindlichkeiten*: meet, *e-m Versprechen*: keep, *Vorschriften*: observe, adhere to; **e-r Vorladung ~** comply with a summons. ≗ˌ**kom·men·schaft** *f* ‹-; *no pl*› offspring (*als sg od. pl konstruiert*), descendants, progeny, *bes. jur.* issue; **zahlreiche ~ haben** have many descendants. ≗ˌ**kömm·ling** [-ˌkœmlɪŋ] *m* ‹-s; -e› **1.** → **Nachkomme.** **2.** late arrival in the family. ≗**kon**ˌ**trol·le** *f* further check. **~kon·trol**ˌ**lie·ren** *v/t* ‹*sep, no* **-ge-, h**› check again. **~kon·zi·li**ˌ**ar** *adj R. C.* post-conciliar.

ˈ**Nach**ˌ**kriegs...** *in Zssgn* post-war.

ˈ**Nach|**ˌ**kur** *f med.* after-treatment. ≗ˌ**la·den** *v/t* ‹*irr, sep,* **-ge-, h**› **1.** (*Batterie*) recharge. **2.** (*Motor*) boost, supercharge. **3.** *mil.* reload. **~ˌlaß** *m* ‹-sses; -sse *u.* ‑̈sse› **1.** *jur.* estate (of a deceased); **der aktive ~** the assets *pl*; **den ~ verwalten** administer the estate. **2.** *e-r Strafe, Forderung etc*: remission. **3.** (*Preis*≗ *etc*) deduction, rebate, discount, (*Steuer*≗ *etc*) reduction, remission, abatement. **4.** *fig.* remains *pl*; **der literarische ~** *a.* the posthumous works *pl.* **5.** *relig.* (*Sünden*≗) remission.

ˈ**nach**ˌ**las·sen I** *v/i* ‹*irr, sep,* **-ge-, h**› **1.** *Person*: relax one's efforts, let up, slacken off, (*aufhören*) give up, leave off, stop; **nicht ~!** don't let up!, don't give up! **2.** *Person*: a) *gesundheitlich*: become (*od.* grow) weaker, fail, b) *leistungsmäßig*: fall off (in one's work *od.* efficiency), slow up, go off; **er hat sehr nachgelassen** he's gone off considerably. **3.** *Hitze, Kälte etc*: let up, *Regen*: *a.* ease off, *Wind, Sturm*: abate, subside, go (*od.* die) down, drop. **4.** *Schmerzen*: ease, *Fieber, Schwellung*: go down, *Gesundheit, Gedächtnis, Sehkraft etc*: fail, deteriorate, *Reaktionsvermögen*: get slower, slow down, *Kräfte etc*: wane, weaken, decline, fail. **5.** *bes. econ. Aufträge, Einnahmen etc*: decrease, fall (*od.* drop) off, *Angebot, Nachfrage*: fall away, drop (off), *Geschäft etc*: drop (*od.* slacken, ease) off, *Qualität*: fall off, worsen, deteriorate. **6.** *Spannung*: slacken off, ease (off), die down, *Interesse, Eifer*: diminish, fail, flag, wane, *Gefühle*: cool, die down, *Ruhm etc*: wane, dwindle, decline, *Zorn, Furcht*: die down, subside, *Mut*: fail, flag. **7.** *Lärm*: subside, abate, die down, *Tempo*: slacken, slow down, decrease, *Gefahr*: diminish. **II** *v/t* **8.** leave, *testamentarisch*: *a.* devise, bequeath; **nachgelassene Werke** unpublished works. **9.** (*Strafe*) mitigate. **10.** *econ.* **et. vom** (*od.* **im**) **Preis ~** allow (*od.* take, *colloq.* knock) s. th. off the price, allow a discount. **11.** (*Seil etc*) slacken; **die Zügel ~** *a. fig.* slacken the reins. **III** ≗ *n* ‹-s› **12.** letting up (*etc*). **13.** *des Sturms, der Hitze, des Lärms etc*: abatement, *des Regens, der Kälte, der Anstrengung*: let-up, *der Gesundheit, Sehkraft etc*: deterioration, failure; *der Kraft etc*: failure, decline, *des Tempos, des Geschäfts, des Eifers, der Leistung etc*: decrease, *der Spannung etc*: relaxation.

ˈ**Nach**ˌ**laß|ge**ˌ**richt** *n* probate court, *Am.* register's court. **~ˌgläu·bi·ger** *m* creditor to (*od.* of) the estate.

ˈ**nach|**ˌ**läs·sig I** *adj* **1.** (*ohne Sorgfalt*) careless, negligent, neglectful, slack, remiss, (*unaufmerksam*) heedless, (*ungenau*) inaccurate. **2.** (*schlampig*) sloppy, slovenly, slipshod, dowdy, *Am. colloq.* tacky. **3.** (*lässig*) careless, lax, nonchalant, casual. **II** *adv* **4. ~ arbeiten** work carelessly; **er tat es nur ~** he only did it in (*od.* after) a fashion; **sie war sehr ~ gekleidet** she was dressed very sloppily. **~ˌläs·si·ger**ˈ**wei·se** *adv* carelessly enough. ≗ˌ**läs·sig·keit** *f* ‹-; **-en**› (*mangelnde Sorgfalt*) carelessness, negligence, neglect(fulness), slackness, (*Schlampigkeit*) slovenliness, sloppiness, (*Unaufmerksamkeit*) heedlessness, (*Ungenauigkeit*) inaccuracy, (*Lässigkeit*) laxity, nonchalance, casualness.

ˈ**Nach**ˌ**laß|in·ven**ˌ**tar** *n jur.* inventory of the estate. **~ˌpfle·ger** *m* curator (*od.* administrator) of the estate. **~ˌsteu·er** *f* → **Erbschaftssteuer.** **~ver**ˌ**fah·ren** *n* probate procedure (*od.* proceedings *pl*). **~ver**ˌ**wal·ter** *m* → **Nachlaßpfleger.** **~ver**ˌ**wal·tung** *f* administration of the estate. **~ver**ˌ**zeich·nis** *n* → **Nachlaßinventar.**

ˈ**Nach|**ˌ**lauf** *m* **1.** *tech.* (*Rad*) castor, caster. **2.** *chem.* last (*od.* second) runnings *pl.* **3.** *electr.* automatic control. **4.** *aer.* wake. **5.** *des Motors*: after-running. **6.** *Western G.* **~ spielen** (*od. colloq.* **machen**) play tag. ≗ˌ**lau·fen** *v/i* ‹*irr, sep,* **-ge-, sein**› (*dat*) **1.** follow, run after; *fig.* **e-m Mädchen ~** run (*od.* dangle) after a girl; **e-m Trugbild ~** pursue a phantom. **2.** *electr.* lag. **~ˌlaut** *m ling.* transitional sound, off-glide. ≗ˌ**le·ben I** *v/i* ‹*sep,* **-ge-, h**› *e-m Vorbild etc*: live according (*od.* up) to, emulate, follow. **II** ≗ *n* ‹-s› *nach dem Tode*: afterlife. ≗ˌ**le·gen I** *v/t* ‹*sep,* **-ge-, h**› (*Holz, Kohlen etc*) put on (*od.* add) some more. **II** *v/i* put on some more wood (*od.* coal), make up the fire. **~ˌle·se** *f* **1.** *agr.* a) gleaning, b) (*Ertrag*) gleanings *pl*, pickings *pl*; ~ **halten** glean. **2.** *fig.* (*Nachtrag*) further selection (*od.* publication) (**zu, aus** from). ≈ˌ**le·sen I** *v/t* ‹*irr, sep*, -ge-, h› **1.** (*Ähren etc*) glean. **2.** (*sich über et. informieren*) read up, look *s. th.* up. **3.** (*noch einmal lesen*) reread, go over *s. th.* again. **4.** *print.* revise. **II** *v/i* **5.** *agr.* glean. **6. über e-e Sache** ~ read up (*od.* about) s. th., look s. th. up. ≈ˌ**leuch·ten I** *v/i* ‹*sep*, -ge-, h› continue to glow (*od.* shine), *phys.* phosphoresce. **II** ≈ *n* ‹-s› afterglow, *phys.* phosphorescence. ≈ˌ**lie·fern** *v/t* ‹*sep*, -ge-, h› **1.** *später*: supply (*od.* deliver) *s. th.* subsequently (*od.* later). **2.** (*ergänzen*) supply (*od.* deliver) *s. th.* in addition. ~ˌ**lie·fe·rung** *f* subsequent (*od.* additional) delivery (*od.* supply). ≈ˌ**lö·sen** *v/i u. v/t* ‹*sep*, -ge-, h› (**e-e Fahrkarte**) ~ buy (*od.* take) a ticket en route (*zur Weiterfahrt*: a supplementary ticket). ≈ˌ**ma·chen** *v/t* ‹*sep*, -ge-, h› **1.** copy, duplicate, (*künstlich herstellen*) imitate. **2.** (*Vogelstimmen etc*) imitate. **3.** *colloq.* (*nachahmen*) a) (*Stimme, Gang etc*) imitate, mimic, take off, b) (*zum Vorbild nehmen*) imitate, copy, c) do (*od.* repeat) *s. th.* after *s. o.*; **das soll mir erst(mal) einer** ~ I'd like to see anyone equal that (*od.* do as well). **4.** (*Geld, Unterschrift etc*) counterfeit, forge, fake. **5. e-e Prüfung** ~ take an examination later. ~ˌ**mahd** *f agr.* aftermath, second-growth mowing. ≈ˌ**ma·len** *v/t* ‹*sep*, -ge-, h› copy. ≈ˌ**ma·lig** *adj rare* subsequent, later. ≈ˌ**mals** *adv* later, subsequently, afterwards. ≈ˌ**mes·sen** *v/t* ‹*irr, sep*, -ge-, h› measure *s. th.* again, check (the measurements of), resurvey. ~ˌ**mie·ter** *m* next (*od.* subsequent) tenant.

ˈ**Nach|ˌmit·tag** *m* afternoon; **später** ~ late afternoon, early evening; **früh am** ~ early in the afternoon; **heute** ≈ this afternoon, today in the afternoon; **morgen** ≈ tomorrow (in the) afternoon; **(am) Freitag** ≈ (on) Friday afternoon. ≈ˌ**mit·tä·gig** [-ˌmɪtɛːgɪç] *adj* (happening in the) afternoon. ≈ˌ**mit·täg·lich** [-ˌmɪtɛːklɪç] *adj* (happening every) afternoon. ≈ˌ**mit·tags** *adv* **1.** in the afternoon, *jeden Nachmittag*: every afternoon, in the afternoon(s). **2.** *bei Zeitangaben*: in the afternoon, post meridiem, p. m., *sl.* pip emma; **(um) 4 (Uhr)** ~, ~ **um 4 (Uhr)** (at) 4 o'clock in the afternoon, (at) 4 p. m.

ˈ**Nachˌmit·tags|ˌkleid** *n* afternoon (*bes. Am.* cocktail) dress. ~ˌ**vor·ˌstel·lung** *f* afternoon performance, matinée.

ˈ**nach|ˌmit·ter·ˌnächt·lich** *adj* (happening) after midnight. ≈**moˌder·ne** *f* post-modernism.

ˈ**Nachˌnah·me** *f* ‹-; -n› *Post* **1. et. als** (*od.* **mit, per, unter**) ~ **schicken** send s. th. cash (*bes. Am.* collect) on delivery (*od.* C. O. D.); **(Zahlung) gegen** (*od.* **per**) ~ cash (*bes. Am.* collect) on delivery, C. O. D., to be paid for on delivery; **unter** ~ **Ihrer Spesen** carrying your charges forward; **et. durch** ~ **erheben** collect s. th. on delivery. **2.** *colloq. for* **Nachnahmesendung.** ~**geˌbühr** *f* collection fee. ~ˌ**sen·dung** *f* cash- (*bes. Am.* collect-)on-delivery (*od.* C. O. D.) parcel (*od. rail.* consignment). ~**ver·ˌfah·ren** *n* C. O. D. system.

ˈ**Nach|ˌna·me** *m* surname, last (*Am. a.* family) name. ≈ˌ**neh·men** *v/t* ‹*irr, sep*, -ge-, h› *Post*: charge forward, collect on delivery. ~ˌ**nen·nung** *f Sport*: post entry. ≈ˌ**plap·pern** *v/t* ‹*sep*, -ge-, h› *colloq.* repeat *s. th.* mechanically (*od.* automatically), parrot. ≈**poˌlie·ren** *v/t* ‹*sep, no* -ge-, h› *bes. tech.* repolish, redress. ~ˌ**por·to** *n Post*: surcharge, additional charge. ~ˌ**por·toˌmar·ke** *f in USA u. Großbritannien*: postage-due stamp. ≈ˌ**prä·gen** *v/t* ‹*sep*, -ge-, h› recoin, *unerlaubt*: counterfeit, forge. ~ˌ**prä·gung** *f* recoinage, (*Fälschung*) counterfeit, forgery.

ˈ**nachˌprüf·bar** *adj* verifiable. ≈**keit** *f* ‹-; *no pl*› verifiability.

ˈ**nach|ˌprü·fen I** *v/t* ‹*sep*, -ge-, h› **1.** (*Richtigkeit etc*) check (up), make sure (of), verify, (*bes. Wählerstimmen*) scrutinize; **das läßt sich schwer** (*od.* **schlecht**) ~ this is hard to verify. **2.** (*Bremsen, Reifendruck etc*) check (up), inspect. **3.** re-examine, *jur.* (*Urteil*) review; *ped.* **j-n** ~ examine s. o. later. **II** ≈ *n* ‹-s› **4.** checking (*etc*). ≈ˌ**prü·fung** *f* **1.** → **nachprüfen** 4. **2.** verification, check, examination. **3.** *von Bremsen etc*: check, inspection. **4.** re-examination, *jur. a.* review, *ped. a.* later examination. ~ˌ**rech·nen I** *v/i* ‹*sep*, -ge-, h› check (the sum, *etc*), go over the figures again. **II** *v/t* check. **III** ≈ *n* ‹-s› checking (*etc*). ≈ˌ**rech·nung** *f* **1.** → **nachrechnen** III. **2.** check. **3.** *econ.* supplementary invoice (*od.* bill, account). ≈ˌ**re·de** *f* ‹-; *no pl*› **1. üble** ~ a) defamatory statement(s *pl*), vile gossip, *colloq.* backbiting, b) *bes. jur.* defamation, *mündlich*: *a.* slander, *schriftlich*: *a.* libel; **üble** ~ **über j-n verbreiten** (*od.* **führen**) spread vile gossip about s. o. **2.** *jur.* (*Duplik*) rejoinder. **3.** epilog(ue). ~ˌ**re·den** *v/t* ‹*sep*, -ge-, h› **1.** repeat *s. th.* (mechanically), echo, parrot. **2. j-m Übles (Böses)** ~ cast (foul) aspersions (*od.* a slur) on s. o., calumniate (*od.* defame, *colloq.* backbite) s. o. ~ˌ**rei·chen** *v/t* ‹*sep*, -ge-, h› **1.** (*Unterlagen etc*) hand in (*od.* supply, file) *s. th.* later (*od.* subsequently). **2.** (*Speisen*) serve second helpings (*od.* more) of; **darf ich Ihnen noch et. Lachs** ~**?** may I serve you some more salmon? ~ˌ**rei·fen** *v/i* ‹*sep*, -ge-, sein› ripen in storage (*od.* later). ~ˌ**rei·sen** *v/i* ‹*sep*, -ge-, sein› **j-m** ~ travel after s. o., follow s. o. (on his journey). ~ˌ**rei·ten** *v/i* ‹*irr, sep*, -ge-, sein› **j-m** ~ ride after s. o., follow. s. o. on horseback. ~ˌ**ren·nen** *v/i* ‹*irr, sep*, -ge-, sein› **j-m** ~ run (*od.* make) after s. o.

ˈ**Nachˌricht** [-ˌrɪçt] *f* ‹-; -en› **1.** (*Kunde*) news *pl* (*als sg od. pl konstruiert*), *lit.* tiding(s *pl*); **e-e gute (schlechte)** ~ (a piece of) good (bad) news; **von j-m** ~ **haben** a) *direkt*: have heard from s. o., b) *indirekt*: have news of s. o.; ~ **von j-m bekommen** (*od.* **erhalten**) a) *direkt*: hear (*od.* have word) from s. o., b) *indirekt*: hear of (*od.* about) s. o.; **j-m** ~ **geben** give s. o. news, inform (*od.* notify) s. o., let s. o. know; ~ **bekommen, daß** receive news that; **geben Sie uns bitte bald** ~ please let us hear from you soon; **haben Sie schon** ~**(en) erhalten?** have you had any news yet? **2.** *pl Radio, TV*: news *pl* (*als sg od. pl konstruiert*), news report *sg*, newscast *sg*; ~**en hören** listen to the news(cast); **Sie hören (die)** ~**en** here is the news; **et. in den** ~**en hören** hear s. th. on the news. **3.** (*Zeitungs*≈) *pl* news; **vermischte** ~**en** miscellaneous news (*od.* items), miscellany. **4.** (*Mitteilung*) information, notice, advice, *econ. a.* letter, communication, (*Botschaft*) message, note; **j-m von e-r Sache** ~ **geben** notify (*od.* inform, advise) s. o. of s. th.

ˈ**nachˌrich·ten** *v/t* ‹*sep*, -ge-, h› *tech.* readjust, realign.

ˈ**Nachˌrich·ten|ˌabˌtei·lung** *f* **1.** *mil.* a) signal section (*od.* battalion, b) → **Nachrichtendienst** 2. **2.** *Radio etc*: news department. ~**agenˌtur** *f* **1.** news (*od.* press) agency. **2.** telegraph office. ~ˌ**amt** *n* Intelligence Department. ~ˌ**blatt** *n* news-sheet. ~**büˌro** *n* → **Nachrichtenagentur.** ~ˌ**dienst** *m* **1.** *Radio etc*: news (*od.* information) service, *tel.* communication service, (the) communications *pl*. **2.** a) (military) intelligence (service), b) → **Nachrichtentruppe.** ~**ma·gaˌzin** *n* news magazine (*od.* journal). ~**ma·te·riˌal** *n* information, *mil.* intelligence. ~ˌ**netz** *n* communications (*mil.* intelligence) network. ~**of·fiˌzier** *m* intelligence officer, *e-r Fernmeldetruppe*: signal officer. ~**ˌquel·le** *f* source of information. ~**re·dak·tiˌon** *f* newsroom. ~**sa·telˌlit** *m* communications satellite, comsat. ~ˌ**sen·dung** *f Radio, TV*: news broadcast, newscast. ~ˌ**sper·re** *f pol.* news blackout (*od.* ban). ~ˌ**spre·cher** *m* news reader, newscaster. ~**syˌstem** *n* communications (system *od.* network) *pl*. ~ˌ**tech·nik** *f electr.* communication engineering. ~ˌ**trup·pe** *f meist pl mil.* (Corps of) Signals *pl*, *Am.* Signal Corps. ~ˌ**überˌmitt·lung** *f* → **Nachrichtenübertragung.** ~ˌ**überˌsicht** *f* summary of the news, news summary. ~**ˌüberˌtra·gung** *f* transmission of news (*od.* intelligence); ~ **mittels Satelliten** satellite communication. ~**ver·ˌbin·dung** *f* communications *pl*. ~**ˌwe·sen** *n* communications *pl*, communication activities *pl*. ~**zenˌtra·le** *f* communications (*od.* intelligence) cent/re (*Am.* -er).

ˈ**nach|ˌrücken** (*getr.* -k·k-) *v/i* ‹*sep*, -ge-, sein› **1.** (*aufrücken*) move up. **2.** (*befördert werden*) be promoted, be advanced, move up (**in e-e höhere Stelle** into a higher post). **3.** *mil.* march on, follow (closely), close in (up)on. ≈ˌ**ruf** *m* ‹-(e)s; -e› obituary (notice *od.* note, speech). ~ˌ**ru·fen** *v/t* ‹*irr, sep*, -ge-, h› **j-m et.** ~ call (*od.* shout, cry) s. th. after s. o. ≈ˌ**ruhm** *m* posthumous (*od.* lasting) fame. ~ˌ**rüh·men** *v/t* ‹*sep*, -ge-, h› **j-m et.** ~ praise s. o. for s. th. ~ˌ**rü·sten** *v/i* ‹*sep*, -ge-, h› *mil. pol.* close the armament gap, update forces (*od.* armaments). ~ˌ**sa·gen** *v/t* ‹*sep*, -ge-, h› **1. j-m et.** ~ say (*od.* speak) s. th. of s. o., talk s. th. about s. o.; **j-m Schlechtes** (*od.* **Übles**) ~ speak badly of s. o., cast a slur on s. o.; **man kann ihm nur Gutes** ~ one cannot but speak well of him; **man sagt ihm nach, daß** he is said to *be a liar, etc*; **das würde ich mir nicht** ~ **lassen** I wouldn't let that be said of (*od.* about) me. **2.** (*wiederholen*) say *s. th.* after *s. o.*, *gedankenlos*: repeat (mechanically), echo.

ˈ**Nach|ˌsai·son** *f* off-season, low season, after-season. ~ˌ**satz** *m* **1.** *in e-r Rede etc*: addition, added remark, *in e-m Vertrag etc*: additional provision. **2.** *ling.* secondary clause following the main clause. **3.** → **Nachschrift** 1. ≈ˌ**schaf·fen** *v/t* ‹*irr, sep*, -ge-, h› *Kunst etc*: re-create, reproduce. ≈ˌ**schaf·fend** *adj Künstler etc*: reproductive. ≈ˌ**schau·en** *v/i u. v/t* ‹*sep*, -ge-, h› → **nachsehen** 1, 2, 4, 5, **nachschlagen** 1, 2. ≈ˌ**schicken** (*getr.* -k·k-) *v/t* ‹*sep*, -ge-, h› → **nachsenden.** ≈ˌ**schie·ßen I** *v/i* ‹*irr, sep*, -ge-, h› **1.** shoot (*od.* fire, send a bullet) after *s. o.* **2.** *Fußball*: follow up with a shot. **II** *v/t* **3.** (*Geld*) pay an additional sum of, add. ~ˌ**schlag** *m* **1.** *mus.* grace-note. **2.** *colloq. beim Essen*: second helping.

ˈ**Nachˌschla·ge|bi·blioˌthek** *f* reference library. ~ˌ**buch** *n* → **Nachschlagewerk.**

ˈ**nachˌschla·gen I** *v/t* ‹*irr, sep*, -ge-, h›

1. (*Stelle, Wort etc*) look up (in e-m Buch in a book). **II** *v/i* ⟨h *u.* sein⟩ **2.** ⟨h⟩ im Lexikon ~ consult a dictionary. **3.** ⟨sein⟩ *fig. colloq.* j-m ~ take after s. o. **III** ≈ *n* ⟨-s⟩ **4.** looking *s. th.* up (*etc*); beim ≈ im Wörterbuch (up)on consultation of a dictionary.

ˈNachˌschla·geˌwerk *n* work (*od.* book) of reference, reference book (*od.* work).

ˈnach|ˌschlei·chen *v/i* ⟨*irr, sep,* -ge-, sein⟩ j-m ~ sneak (*od.* steal, skulk) after s. o., (*beschatten*) shadow s. o. **~ˌschlei·fen** *v/t* ⟨*irr, sep,* -ge-, h⟩ *tech.* regrind. **~ˌschlep·pen** *v/t* ⟨*sep,* -ge-, h⟩ **1.** lug (*od.* carry) *s. th.* after. **2.** (*Bein etc*) drag. **≈ˌschlüs·sel** *m* false key, (*Dietrich*) skeleton-key. **≈ˌschmer·zen** *pl* after-pains. **~ˌschmie·ren** *v/i u. v/t* ⟨*sep,* -ge-, h⟩ *tech.* relubricate. **≈ˌschöp·fung** *f Kunst etc*: reproduction, free adaptation. **~ˌschrei·ben** *v/t* ⟨*irr, sep,* -ge-, h⟩ copy, *nach Diktat*: write (*od.* take) *s. th.* down, (*Rede, Vorlesung etc*) *a.* take notes of. **≈ˌschrift** *f* **1.** *im Brief etc*: postscript. **2.** (*Abschrift*) copy, transcript(ion). **3.** (*Notizen*) notes *pl*, record. **4.** *ped.* dictation.

ˈNachˌschub *m mil.* **1.** supply, supplies *pl*; ~ **auf dem Luftwege** airborne supply. **2.** (*Verstärkungen*) reinforcements *pl*. **~ˌba·sis** *f* supply base. **~koˌlon·ne** *f* supply column (*od.* train). **~ˌla·ger** *n* supply depot (*od.* dump). **~ˌli·nie** *f*, **~ˌweg** *m* line of communication (*od.* supply).

ˈNachˌschuß *m* **1.** *Fußball*: follow-up shot. **2.** → **Nachschußzahlung.** **≈ˌpflich·tig** *adj* contributory. **~ˌzah·lung** *f* additional (*od.* fresh, supplementary) payment, *bei Darlehen, Effekten etc*: additional margin (*od.* cover).

ˈnach|ˌschüt·ten *v/t* ⟨*sep,* -ge-, h⟩ (*Kohlen etc*) put on more, add. **≈ˌschwa·den** *pl Bergbau*: afterdamp *sg.* **~ˌschwat·zen** *v/t* ⟨*sep,* -ge-, h⟩ repeat *s. th.* mechanically (*od.* by rote), echo, parrot. **≈ˌschwin·dung** *f* ⟨-; *no pl*⟩ *synth.* aftershrinkage. **~ˌse·hen I** *v/i* ⟨*irr, sep,* -ge-, h⟩ **1.** follow *s. o., s. th.* with one's eyes, gaze after. **2.** ~ **ob** (go and) see whether, make sure if. **3.** → **nachschlagen** 2. **II** *v/t* **4.** look up. **5.** look (*od.* go) over (*od.* through), examine, (*Schulhefte etc*) *a.* correct, (*Rechnungsbücher etc*) revise, audit, (*Maschine etc*) overhaul, inspect, check (*the oil, etc*). **6.** j-m et. ~ (*hingehen lassen*) indulge s. o. in s. th.; j-m s-e Fehler ~ overlook (*od.* excuse, close one's eyes to) s. o.'s mistakes. **III** ≈ *n* ⟨-s⟩ **7.** following (*etc*). **8.** *fig.* das ≈ haben be left out (in the cold), go empty-handed; j-m das ≈ geben beat s. o. to it, give s. o. the slip.

ˈNachˌsen·deˌanˌschrift *f Post*: forwarding address.

ˈnach|ˌsen·den *v/t* ⟨*bes. irr, sep,* -ge-, h⟩ **1.** send *s. th.* after, (*weiterleiten*) (*dat* to) send *s. th.* on, forward, (*Briefe*) *a.* redirect; bitte ~! please forward. **2.** send *s. th.* later. **~ˌset·zen I** *v/t* ⟨*sep,* -ge-, h⟩ **1.** → **nachstellen** 1. **2.** *fig.* (*Interessen etc*) put (*od.* consider) *s. th.* last, set aside. **II** *v/i* ⟨sein⟩ **3.** j-m ~ make (*od.* chase) after s. o., pursue s. o., rush (*od.* dash) after s. o. **≈ˌsicht** *f* indulgence, forbearing, (*Milde*) leniency; ~ **üben** be forbearing, be lenient, make allowances, stretch a point; **mit j-m ~ haben, j-n mit ~ behandeln** bear (*od.* be lenient) with s. o., make allowances for s. o., be indulgent towards s. o.; → **Vorsicht.**

ˈnachˌsich·tig I *adj* indulgent, forbearing; ~ **sein gegenüber** (*od.* mit) indulge *s. o.*, make allowances for *s. o.* **II** *adv* j-n ~ **behandeln** treat s. o. with indulgence. **≈keit** *f* ⟨-; *no pl*⟩ → **Nachsicht.**

ˈnachˌsichts|los *adj u. adv* → **unnachsichtig.** **~ˌvoll** *adj u. adv* → **nachsichtig.**

ˌNachˈsichtˌwech·sel *m econ.* after-sight bill (*od.* draft).

ˈNach|ˌsil·be *f ling.* suffix. **≈ˌsin·nen I** *v/i* ⟨*irr, sep,* -ge-, h⟩ (*dat od.* über *acc*) reflect (upon), ponder (*acc od.* on, over), meditate (on, upon), muse (on, upon, over). **II** ≈ *n* ⟨-s⟩ reflection, meditation; **in tiefes ≈ versunken sein** be in a brown study, be lost in thought. **≈ˌsit·zen** *colloq.* **I** *v/i* ⟨*irr, sep,* -ge-, h *u.* sein⟩ ~ (**müssen**) (have to) stay in, be kept in; **e-n Schüler ~ lassen** keep a pupil in, detain a pupil. **II** ≈ *n* ⟨-s⟩ detention. **~ˌsom·mer** *m* late (*od.* Indian) summer. **~ˌsor·ge** *f med.* after-care. **~ˌspei·se** *f* → **Nachtisch.** **~ˌspiel** *n* **1.** *mus.* postlude. **2.** *thea.* epilog(ue). **3.** *beim Geschlechtsverkehr*: afterplay. **4.** *fig.* sequel, consequences *pl*; **gerichtliches ~** sequel in court, law-suit. **≈spioˌnie·ren** *v/i* ⟨*sep, no* -ge-, h⟩ j-m ~ spy (up)on s. o. **≈ˌspre·chen** *v/t* ⟨*irr, sep,* -ge-, h⟩ j-m et. ~ say (*od.* repeat) s. th. after s. o. **≈ˌspü·len** *v/t* ⟨*sep,* -ge-, h⟩ rinse, flush again. **≈ˌspü·ren** *v/i* ⟨*sep,* -ge-, h⟩ trace, track; *fig.* j-m ~ spy (up)on s. o.; e-r Sache ~ investigate (*od.* inquire into, look into) s. th.

nächst [nɛːçst] **I** *sup of* **nahe.** **II** *adj* **1.** *örtlich*: nearest, (*kürzest*) *a.* shortest; **das ~e Haus** a) the nearest house, b) the house next door; **m-e ~en Nachbarn** my nearest (*od.* next-door) neighbo(u)rs; **die ~e Umgebung** the immediate neighbo(u)rhood (*od.* vicinity); **aus ~er Entfernung** at close range, from close by. **2.** *zeitlich*: next, coming, following; **am ~en Tage** (on) the next day, the day after; **in den ~en Tagen** in (*od.* during) the next few days; **~e Woche um diese Zeit** (by) this time next week; **Mittwoch ~er Woche** Wednesday week, a week from Wednesday; **in den ~en Jahren** in the years to come; **in ~er Zeit** in the near future; **bei ~er Gelegenheit** at the first opportunity; **im ~en Augenblick** the next moment, a moment later. **3.** *Reihenfolge*: next, following; **~es Mal** (the) next time; **das ~e Mal als ich ihn wiedersah** when I next saw him; **die ~e Generation** the next (*od.* coming) generation. **4. der (die, das) ~e beste** the next best. **5.** *fig.* nearest, closest; **m-e ~en Verwandten** my nearest relatives (*bes. jur.* next-of-kin). **III ≈e, das** ⟨-n⟩ **6.** *mit Kleinschreibung*: the next (*od.* first) thing; **was kommt als ~es?** what comes next? **IV ≈e, der, die** ⟨-n; -n⟩ **7.** fellow(-man, -being); **jeder ist sich selbst der ≈e** (*Sprichwort*) charity begins at home. **8.** *mit Kleinschreibung*: the next (one). **V** *adv* **9. am ~en** (*dat* to) next, nearest, closest; *fig.* **j-m am ~en stehen** be closest (*od.* dearest) to s. o.; *j-m od. e-r Sache* **am ~en kommen** come nearest (*od.* closest) to. **10. fürs ~e** for the present (*od.* moment), for the time being. **VI** *prep* ⟨*dat*⟩ **11.** *örtlich*: next to, near. **12.** *Reihenfolge*: next to (*od.* after).

ˈnachˌstar·ren *v/i* ⟨*sep,* -ge-, h⟩ stare after.

ˈnächst|ˈbest I *adj* **1.** (*beliebig*) first. **2.** *in Qualität*: next-best, second-best. **II ≈e, das** ⟨-n⟩ **3.** the next best (thing). **≈ˈbe·ste** *m, f* ⟨-n; -n⟩ (*irgend jemand*) (the) next best; **sie fragte den ~n** she asked the first person she came across.

ˈnach|ˌste·hen *v/i* ⟨*irr, sep,* -ge-, h *u.* sein⟩ come after, follow; *fig.* **j-m ~** (in, an *dat* in) be inferior (*od.* second) to s. o.; **j-m in nichts ~** be in no way inferior to s. o.; **j-m ~ müssen** have to take second place after s. o.; **niemandem ~** be second to none. **~ˌste·hend I** *adj Bemerkung etc*: following, (~ *verzeichnet*) *a.* mentioned (*od.* specified, listed) below; **im ~en** → **II** *adv* in the following, below, *bes. jur.* hereinafter. **~ˌstei·gen** *v/i* ⟨*irr, sep,* -ge-, sein⟩ *fig. colloq.* **e-m Mädchen ~** run (*od.* be) after a girl. **~ˌstell·bar** *adj tech.* adjustable. **~ˌstel·len I** *v/t* ⟨*sep,* -ge-, h⟩ **1.** place (*od.* put) *s. th.* behind (*od.* after); **das Verb wird nachgestellt** the verb follows. **2.** (*Uhr*) put back. **3.** *tech.* (re)adjust, reset. **II** *v/i* **4.** j-m ~ a) be after (*od.* chase, pursue) s. o., lay snares (*od.* set traps) for s. o., b) (*schikanieren*) persecute, c) *e-m Mädchen*: → **nachsteigen.**

ˈNachˌstellˌschrau·be *f* adjusting screw.

ˈNachˌstel·lung *f* ⟨-; -en⟩ **1.** *meist pl fig.* persecution. **2.** *tech.* (re)adjustment.

ˈNachˌstellˌvorˌrich·tung *f tech.* (re)adjusting device.

ˈNäch·stenˌlie·be *f* ⟨-; *no pl*⟩ charity, altruism; ~ **predigen (üben)** preach (practice) charity; → **Mantel** 5.

ˈnäch·stens *adv* **1.** (*bald*) before long, (very) soon, in the near future, one of these days. **2.** (*nächstes Mal*) next time.

ˈNäch·ste(r) *m* → **nächst** IV.

ˈNachˌsteu·er *f econ.* additional tax.

ˈnächst|ˌfol·gend *adj* next (in order), (next) following. **~geˌle·gen** *adj* nearest. **~ˈgrö·ßer** *adj* next (*house, town, etc*) in size, next (*person*) in height, (*shoes, etc*) one size larger. **~ˈhö·her** *adj* **1.** next (*house, etc*) in height. **2.** next (*rank, etc*) above, next in rank. **≈ˈhö·he·re** *m, f* ⟨-n; -n⟩ next higher (person), (*Vorgesetzter*) one's immediate superior. **~ˌjäh·rig** *adj* next year's, of next year, of the year to come. **~ˌlie·gend** *adj* nearest (at hand); *fig.* **das ≈e** the (most) obvious thing. **~ˌmög·lich** *adj* next possible (*date, etc*).

ˈNach|ˌstoß *m Fechten*: riposte. **≈ˌsto·ßen** *v/i* ⟨*irr, sep,* -ge-, h *u.* sein⟩ **1.** ⟨h⟩ *Fechten*: riposte. **2.** ⟨sein⟩ *mil.* pursue (the enemy) closely, *a. fig. Talente etc*: follow (up). **≈ˌstre·ben** *v/i* ⟨*sep,* -ge-, h⟩ strive for (*od.* after) *s. th.*; **j-m ~** emulate s. o. **≈ˌströ·men** *v/i* ⟨*sep,* -ge-, sein⟩ *fig.* stream after, follow (in masses).

ˈnächstˌste·hend *adj* standing next (*od.* nearest).

ˈnach|ˌstür·men, ~ˌstür·zen *v/i* ⟨*sep,* -ge-, sein⟩ dash (*od.* rush) after. **~ˌsu·chen I** *v/i* ⟨*sep,* -ge-, h⟩ **1.** search, (have a good) look. **2.** um e-e Sache ~ request (*od.* ask for) (*permission, etc*), seek (*advice, etc*), apply (*od.* make an application) for (*a job, etc*), petition for. **II** *v/t* **3.** look for, look up. **≈ˌsu·chung** *f* ⟨-; -en⟩ **1.** search, (*Untersuchung*) investigation, inquiry. **2.** (*Bitte*) request, (*Antrag*) application, petition. **~syn·chro·niˌsie·ren** *v/t* ⟨*sep, no* -ge-, h⟩ *Film*: post-synchronise.

Nacht [naxt] *f* ⟨-; ⸚e⟩ **1.** night; **gute ~!** *a. iro.* good night!; **j-m e-e gute ~ wünschen** wish (*od.* bid) s. o. good night; **j-m schlaflose Nächte bereiten** *a. fig.* cause s. o. sleepless nights; **die ~ zum Tage machen** (*arbeiten*) turn night into day; **es wird ~** night is coming (*od.* falling); *fig.* **sich** (*dat*) **die ~ um die Ohren schlagen** stay up all night, (*feiern*) make a night of it; **häßlich wie**

die ~ (as) ugly as night (od. sin); verschieden wie Tag und ~ (as) different as chalk and cheese; ~ für ~, jede ~ night after night, every night; bei ~ at night; Tag und ~ day and night; während der ~, lit. des ~s in (od. during) the night, at night; e-s ~s one night; bis spät (od. tief) in die ~, bis in die späte ~ (hinein) until late in the (od. at) night; bis in die sinkende ~ (hinein) to the last of daylight, till nightfall; bei Einbruch der ~, mit einbrechender ~ at nightfall; zu ~ essen have supper; in finstrer ~ in the dark of night; in tief(st)er ~ at dead of night; über ~ overnight (a. fig.); diese ~, in dieser ~ this night; letzte ~, in der letzten ~ last night; die ganze ~ (hindurch od. lang) all night (long); die Heilige ~ Holy Night; jur. hist. das Recht der ersten ~ jus primae noctis, the right of the first night; → Katze 1, Königin. 2. mit Kleinschreibung: heute ~ a) tonight, b) last night; morgen (Dienstag) ~ tomorrow (Tuesday) night. 3. fig. (Dunkelheit) night, darkness; ringsum war schwarze ~ all around it was pitch-dark; im Schutze (od. Dunkel) der ~, colloq. bei ~ und Nebel under the cover of night, weitS. secretly; es wurde ~ vor ihren Augen she fainted, she swooned (away).

'Nachtˌanˌgriff m aer. mil. night attack.

'nachˌtan·ken v/t u. v/i ⟨sep, -ge-, h⟩ refuel.

'Nacht|ˌar·beit f night-work. ~asyl [-ʔaˌzyːl] n shelter for the night. ~ˌaufˌnah·me f night photo(graph), Film: night shot. ~ˌausˌga·be f late-night edition. ~beˌklei·dung f nightwear. ≈ˌblau adj midnight-blue. ≈ˌblind adj night-blind. ~ˌblind·heit f night-blindness. ~ˌcreme f Kosmetik: night cream. ~ˌdienst m von Arzt etc: night duty, e-r Apotheke etc: night service; heute ~ open all night.

'Nach|ˌteil m disadvantage, (Mangel) a. shortcoming, drawback, (Schaden) a. detriment, prejudice, Sport, a. fig. handicap; zum ~ von to the disadvantage (od. detriment) of; ohne ~ für bes. jur. without prejudice to; im ~ sein be handicapped, be at a disadvantage (j-m gegenüber compared with s. o.); et. mit ~ verkaufen sell s. th. at a loss; er hat sich zu s-m ~ verändert he has changed to his disadvantage. ≈ˌtei·lig I adj disadvantageous (position, etc), detrimental, adverse, bad, unfavo(u)rable (influence, etc), bes. jur. prejudicial (für to); ~ sein für be adverse (od. detrimental) to s. o.'s interests, etc; ~ für die Gesundheit detrimental to one's health. II adv ~ behandeln → benachteiligen; sich ~ auswirken für have an adverse (od. a detrimental) effect on, bes. jur. be prejudicial to; ~ beeinflussen prejudice, affect adversely. III ≈e, das ⟨-n⟩ über ihn ist nichts ≈es bekannt nothing is known to his detriment (od. against him).

'Nachtˌeinˌsatz m aer. mil. night mission (od. operation).

'näch·teˌlang adj for nights (together), night after night.

'Nacht|ˌes·sen n Southern G. and Swiss evening meal. ~ˌeu·le f 1. orn. screech owl. 2. → Nachtschwärmer 2. ~ˌfal·ter m zo. moth, miller. ~ˌfernˌrohr n night-glass. ~ˌflug m night flight. ~ˌfrost m night frost. ~geˌbet n evening prayer. ~geˌbühr f econ. night rate. ~geˌfecht n night combat (od. engagement, operation). ~geˌschirr n → Nachttopf. ~geˌwand n humor. nightdress, nightgown. ~ˌglas n opt. night glass, (Fernglas) night binoculars pl. ~ˌglocke (getr. -k·k-) f night bell. ~ˌhemd n für Männer: nightshirt, für Frauen u. Kinder: nightdress, colloq. nightie.

Nach·ti·gall ['naxtɪgal] f ⟨-; -en⟩ orn. nightingale; was dem einen sin Uhl, ist dem anderen sin ~ (Sprichwort) one man's food is another man's poison; humor. ~, ich (od. ick) hör' dir trapsen I see what you're after.

näch·ti·gen ['nɛçtɪgən] v/i ⟨h⟩ lit. pass (od. spend) the night, stay overnight.

'Nachˌtisch m ⟨-(e)s; -e⟩ gastr. dessert, colloq. afters pl, (Süßspeise) a. sweet, pudding.

'Nacht|ˌjä·ger m aer. mil. night fighter (od. interceptor). ~ˌklub m nightclub. ~ˌla·ger n ⟨-s; -⟩ 1. lit. night's lodging, bed. 2. mil. night camp (od. encampment). ~ˌle·ben n night-life.

nächt·lich ['nɛçtlɪç] I adj nocturnal, (of the) night, (bes. all~) nightly, Straßen etc: at (od. by) night. II adv at (od. by) night, (all~) every night. 'nächt·li·cher'wei·le adv at nighttime, in the night.

'Nacht|lo|kal n nightclub, colloq. night spot. ~ˌluft f night air. ~ˌmahl n bes. Austrian for Abendessen. ~ˌmahr m nightmare. ~ˌmarsch m night march. ~ˌmet·te f relig. nocturn. ~muˌsik f serenade.

'nachˌtö·nen[1] v/i ⟨sep, -ge-, h⟩ → nachklingen.

'nachˌtö·nen[2] v/t ⟨sep, -ge-, h⟩ (Haare etc) retint, re-dye.

'Nacht|por·tiˌer m night porter (od. clerk). ~proˌgramm n Radio, TV late-night program(me Br.). ~quarˌtier n night's lodging, accommodation (od. bed) for the night, mil. night quarters pl; j-m ~ geben put s. o. up for the night.

'Nach|ˌtrag [-ˌtraːk] m ⟨-(e)s; ⸚e⟩ supplement, addendum, (Anhang) appendix, annex, im Brief: postscript, zu e-m Testament: codicil, zu e-r Versicherungspolice: additional clause, rider, zum Etat: supplementary estimate. ≈ˌtra·gen v/t ⟨irr, sep, -ge-, h⟩ 1. j-m et. ~ carry s. th. along after s. o. 2. schriftlich: add, append, econ. make a supplementary entry of, (Bücher) post up, bring s. th. up to date. 3. fig. j-m et. ~ bear s. o. a grudge, bear (od. hold) a grudge against s. o. ≈ˌtra·gend, ≈ˌträ·ge·risch [-ˌtrɛːgərɪʃ] adj resentful, unforgiving. ≈ˌträg·lich [-ˌtrɛːklɪç] I adj additional, further, supplementary, (später) later, subsequent, (verspätet) belated. II adv later, afterwards, (verspätet) belatedly; ~ noch alles Gute! belated best wishes! ~ˌtrags·budˌget n additional (od. supplementary) budget.

'nachˌtrau·ern v/i ⟨sep, -ge-, h⟩ 1. j-m ~ mourn (od. grieve for) s. o. 2. e-r Sache ~ mourn s. th., grieve over the loss of s. th.

'Nacht|ˌruf m teleph. night call. ~ˌru·he f night's rest (od. sleep).

nachts adv at (od. by, in the, during the) night, colloq. nights; spät ~ late at night; (um) 2 Uhr ~, ~ um 2 (Uhr) at 2 (o'clock) in the morning; tags und ~ day and night; ~ arbeiten work at night (od. colloq. nights).

'Nachtˌschat·ten m bot. nightshade, solanum. ~geˌwäch·se pl nightshade family sg, Solanaceae.

'Nacht|ˌschicht f night-shift; ~ haben be on night-shift. ≈ˌschla·fend adj colloq. zu (od. bei) ~er Zeit (od. Stunde) in the middle of the night. ~ˌschränk·chen n bedside cabinet. ~ˌschwär·mer m 1. → Schwärmer 6. 2. fig. humor. night-owl, fly-by-night. ~ˌschweiß m med. night sweat. ~ˌschwe·ster f night nurse, bes. Br. night sister. ~ˌsei·te f astr. e-s Planeten, Mondes: nightside. ~ˌsich·tig·keit f day-blindness, nyctalopia. ~ˌsit·zung f all-night sitting. ~ˌstrom m electr. night current. ~ˌstromˌspei·cher m night-storage heater. ~ˌstück n Kunst, mus. nocturne. ~ˌstuhl m med. night-stool.

'nachtsˌüber adv in (od. during) the night, overnight.

'Nacht|taˌrif m night tariff. ~ˌtier n meist pl nocturnal animal. ~ˌtisch m, ~ˌtisch·chen n bedside table. ~ˌtopf m chamber pot. ~treˌsor m night safe.

'nachˌtun v/t ⟨irr, sep, -ge-, h⟩ colloq. es j-m ~ imitate (od. copy, emulate) s. o., follow s. o.'s example.

'Nacht|ˌurˌlaub m mil. night leave. ~ˌvorˌstel·lung f late-night performance. ~ˌwa·che f night-watch, bes. bei Kranken: vigil. ~ˌwäch·ter m 1. night-watchman. 2. colloq. contp. slowcoach, bes. Am. slowpoke. ≈ˌwan·deln I v/i ⟨insep, ge-, sein u. h⟩ sleepwalk, walk in one's sleep. II ≈ n ⟨-s⟩ sleepwalking, somnambulism. ~ˌwand·ler m ⟨-s; -⟩ sleepwalker, somnambulist. ≈ˌwand·le·risch adj sleepwalking, somnambulistic; fig. mit ~er Sicherheit unerringly, with uncanny sureness. ~ˌwind m night wind. ~ˌzeit f night-time. ~ˌzeug n night-clothes pl, (Nachthemd, Seife etc) night things pl. ~ˌzug m night train. ~ˌzuˌschlag m additional (od. extra) pay for nightwork.

'Nach|ˌun·terˌsu·chung f follow-up (od. posttreatment) examination. ~ˌurˌlaub m additional (od. extended) leave (od. holiday). ~verˌbren·nung f aer. tech. reheat, afterburning. ≈ver·lan·gen v/t ⟨sep, no -ge-, h⟩ demand s. th. in addition (od. extra). ≈verˌsi·chern v/t ⟨sep, no -ge-, h⟩ effect an additional insurance for. ~verˌsi·che·rung f additional insurance. ≈ˌvollˌzie·hen v/t ⟨irr, sep, no -ge-, h⟩ (geistig) ~ duplicate, (try to) understand (od. imagine). ≈ˌwach·sen v/i ⟨irr, sep, -ge-, sein⟩ 1. (wieder) ~ grow again. 2. (heranwachsen) grow up. ~ˌwahl f by-election, Am. special election. ~ˌwär·me f nucl. after-heat. ~ˌwe·hen pl med. afterpains, fig. painful consequences, aftermath sg, after-effects. ≈ˌwei·nen I v/i ⟨sep, -ge-, h⟩ 1. shed tears; wir weinen ihm nicht nach we shan't be sorry to see the last of him. 2. → nachtrauern. II v/t 3. → Träne 1. ~ˌweis [-ˌvaɪs] m ⟨-es; -e⟩ 1. proof, (urkundlicher ~ documentary) evidence, (Zeugnis) certificate; ~ der Echtheit proof of authenticity; den ~ liefern, daß prove (od. show, demonstrate, furnish proof) that. 2. chem. med. detection. 3. list, (Bestands≈) a. inventory. 4. (Vermittlungsstelle) agency. ≈ˌweis·bar I adj provable, that can be proved, demonstrable, bes. chem. med. detectable. II adv → nachweislich II. ≈ˌwei·sen v/t ⟨irr, sep, -ge-, h⟩ 1. prove, establish (proof of), furnish proof (od. evidence) of, bes. chem. med. detect; man konnte ihm nichts ~ nothing could be proved against him. 2. (Zimmer etc) give s. o. information about. ≈ˌweis·lich I adj → nachweisbar I. II adv as can be proved (od. shown), demonstrably. ~ˌweisˌpflicht f accountability.

'Nach|ˌwelt f ⟨-; no pl⟩ posterity, future generations pl; et. der ~ überliefern hand s. th. down to posterity. ≈ˌwer·fen v/t ⟨irr, sep, -ge-, h⟩ j-m et. ~ throw

s. th. after s. o.; *colloq.* **et. nachgeworfen kriegen** get s. th. a dime a dozen. **≈ˌwie·gen** *v/t* ⟨*irr, sep,* **-ge-, h**⟩ weigh *s. th.* again, check (the weight of). **≈ˌwin·ken** *v/i* ⟨*sep,* **-ge-, h**⟩ **j-m ~** wave (good-by[e]) to s. o. **~ˌwin·ter** *m* late (*od.* second) winter. **≈ˌwir·ken** *v/i* ⟨*sep,* **-ge-, h**⟩ *Arznei, Ereignis etc*: have an after-effect (*od.* after-effects), *Einfluß etc*: continue to be felt, *Worte etc*: have a lasting effect. **~ˌwir·kung** *f* after-effect, (*Folgen*) hangover, *bes. des Krieges*: aftermath. **~ˌwort** *n* epilog(ue *Br.*), *Am.* afterword.

ˈ**Nachˌwuchs** *m* ⟨**-es;** *no pl*⟩ **1.** rising (*od.* new, younger) generation, (*Berufs≈ etc*) young talent, *colloq.* new blood, *bes. econ.* junior staff, trainees *pl*, (*Polizei≈ etc*) recruits *pl*. **2.** *colloq.* addition to the family, baby. **3.** *zo.* offspring, young. **~ˌau·tor** *m* up-and-coming young author. **~ˌför·de·rung** *f* encouragement of young talent, training of new recruits. **~ˌkraft** *f* junior worker (*od.* employee), *bes. econ.* trainee, *bes. adm.* recruit. **~ˌman·gel** *m* shortage of young people (*od.* young talent, trainees, recruits). **~ˌschauˌspie·ler** *m* talented young actor. **~ˌsor·gen** *pl* **~ haben** have difficulties in finding young talent (*od.* trainees, recruits). **~taˌlent** *n* budding (*od.* promising young) talent.

ˈ**nach|ˌzah·len** *v/t u. v/i* ⟨*sep,* **-ge-, h**⟩ **1.** pay *s. th.* later (*od.* in addition, extra), (*Steuern etc*) pay arrears of, (*Lohn etc*) make a back-payment of, (*Porto etc*) pay a surcharge of; *econ.* **auf Aktien ~** pay a further call on shares. **2.** → **nachlösen.** **~ˌzäh·len** *v/t* ⟨*sep,* **-ge-, h**⟩ recount, count *s. th.* over again, check; **sein Wechselgeld ~** count one's change. **≈ˌzah·lung** *f* ⟨**-; -en**⟩ additional (*od.* extra) payment, (*Lohn≈ etc*) back-payment, (*Steuer≈ etc*) (payment of) arrears *pl*, (*Porto≈ etc*) surcharge. **~ˌzeich·nen** *v/t* ⟨*sep,* **-ge-, h**⟩ draw *s. th.* from a model, (*kopieren*) copy, (*pausen*) trace.

ˈ**nachˌzei·tig** *adj ling.* posterior. **≈keit** *f* ⟨**-;** *no pl*⟩ posteriority.

ˈ**nach|ˌzie·hen I** *v/t* ⟨*irr, sep,* **-ge-, h**⟩ **1.** pull (*od.* draw) *s. th.* along behind one, (*Fuß*) drag. **2.** (*Linie etc*) trace, copy, (*Augenbrauen*) pencil, (*Lippen*) touch up, freshen up. **3.** *tech.* (*festziehen*) tighten (up), (*weiterziehen*) redraw. **II** *v/i* ⟨**sein**⟩ **4.** follow (after), (*e-m Beispiel folgen*) follow suit, *Schach*: move next. **≈ˌzoll** *m* additional duty. **~ˌzot·teln** *v/i* ⟨*sep,* **-ge-, sein**⟩ *colloq.* **j-m ~** lag (*od.* tag along) behind s. o., trot along after s. o. **≈ˌzüg·ler** [-ˌtsy:glər] *m* ⟨**-s; -**⟩ *a. mil.* straggler latecomer, *colloq.* → **Nachkömmling 2.** **≈ˌzugsˌak·tie** *f meist pl econ.* deferred share (*bes. Am.* stock). **≈ˌzün·dung** *f mot.* retarded ignition.

Nacke·dei (*getr.* **-k·k-**) [ˈnakədaı] *m* ⟨**-(e)s; -e** *u.* **-s**⟩ *humor.* naked child, nude (person).

Nacken (*getr.* **-k·k-**) [ˈnakən] *m* ⟨**-s; -**⟩ *anat.* nape, (back of the) neck, nucha (*a. zo.*); **j-n beim ~ packen** seize s. o. by the scruff of the neck; **den Kopf in den ~ werfen** throw one's head back; *fig.* **ein Mann mit e-m starren** (*od.* **störrischen, unbeugsamen**) **~** a stiff-necked (*od.* a stubborn, an obstinate, a headstrong) man; **den ~ beugen** knuckle under, submit, yield; **j-m im ~ sitzen** *Verfolger etc*: be hard on s. o.'s heels, be breathing down s. o.'s neck, *Polizei etc*: be hot on s. o.'s trail, *fig. Angst etc*: be in the clutch of (*fear, etc*); **j-n im ~ haben** have s. o. hard at (*od.* on, upon) one's heels; **die Faust im ~ haben** be in a desperate situation; **j-m den ~ steifen** back s. o. up, give s. o. moral support; **den ~ steifhalten** keep a stiff upper lip; → **Schalk 2.** **~ˌhaar** *n* hair on the nape of the neck. **~ˌhe·bel** *m Ringen*: nelson. **~ˌle·der** *n bes. e-s Helmes*: neck flap (*od.* guard). **~ˌmus·kel** *m anat.* posterior cervical muscle. **~ˌrol·le** *f* (*Kissen*) neckroll. **~ˌschlag** *m* blow on the back of the neck, rabbit-punch, *fig.* (severe) setback, reverse, blow. **~ˌschutz** *m* → **Nackenleder.** **~ˌstüt·ze** *f* neck support. **~ˌwir·bel** *m anat.* cervical vertebra.

nackt [nakt] *adj* **1.** naked, (*ausgezogen*) stripped, (*entblößt*) bare, *bes. Kunst*: nude; **völlig ~** completely (*od. colloq.* stark) naked; **sich ~ ausziehen** take off all one's clothes, strip; **~ baden** swim in the nude; **j-n ~ malen** paint s. o. (in the) nude; **mit ~en Füßen** with bare feet, barefoot(ed); **mit ~em Oberkörper** naked (*od.* bare, stripped) to the waist. **2.** *fig.* (*leer, kahl*) naked, bare (*walls, trees, sword, etc*), *Wahrheit etc*: *a.* plain, unvarnished; **auf dem ~en Boden** on the bare ground (*od.* floor); **~e Armut** unconcealed (*od.* utter) poverty; **~e Gier** naked greed; **~e Tatsachen** hard (*od.* blunt) facts; **~e Wirklichkeit** stark reality; **nur das ~e Leben retten** escape with one's (bare) life. **3.** *electr. Draht*: bare, naked.

ˈ**Nackt|ˌba·deˌstrand** *m* nudist (bathing) beach. **~ˌfilm** *m* nude film, *colloq.* nudie, *sl.* skin-flick. **~ˌfrosch** *m* → **Nackedei.** **~heit** *f* ⟨**-;** *no pl*⟩ nakedness, nudity, *fig.* (*Kahlheit*) bareness, nakedness, plainness. **~kulˌtur** *f* nudism; **Anhänger der ~** nudist. **≈ˌsa·mig** [-ˌza:mıç] *adj bot.* gymnospermous; **~e Pflanze** gymnosperm. **~ˌschnecke** (*getr.* **-k·k-**) *f meist pl zo.* slug. **~ˌtän·ze·rin** *f* nude dancer, stripteaser.

Na·del [ˈna:dəl] *f* ⟨**-; -n**⟩ **1.** *allg., a. bot. med. tech.* (*Kompaß≈, Ätz≈*), *a.* (*Felsspitze*) needle; **e-e ~ einfädeln** thread a needle; *fig.* (**wie**) **auf ~n sitzen** be on tenterhooks, be on pins and needles; **k-e ~ konnte zur Erde fallen** people were packed like sardines. **2.** (*Steck≈, Hut≈, Haar≈, Ansteck≈ etc*) pin, (*Abzeichen*) *a.* badge, button, (*Brosche*) brooch, (*Krawatten≈*) (tie-)pin; **mit e-r ~ feststecken** *a.* pin. **~ˌabˌwei·chung** *f des Kompasses*: magnetic declination. **~ˌar·beit** *f* needlework. **~ˌbaum** *m* conifer(ous tree). **~ˌbrief** *m* packet of needles. **~ˌdü·se** *f mot.* needle jet. **~ˌei·senˌerz** *n* needle iron ore, *Am.* goethite. **~ˌfisch** *m* needlefish, pipefish. **≈ˌför·mig** *adj* needle-shaped, *biol. bot.* acicular, *zo.* spicular, spiculiform. **~ˌgeld** *n obs.* pin-money. **~ˌholz** *n* ⟨**-es; ⸚er**⟩ **1.** coniferous wood, softwood. **2.** *pl Forstwesen*: coniferous trees, conifers. **~ˌkis·sen** *n* pin-cushion. **~ˌkopf** *m* pin-head. **~ˌla·ger** *n tech.* needle (roller) bearing. **~ˌloch** *n* → **Nadelöhr.**

na·deln [ˈna:dəln] *v/i* ⟨**h**⟩ lose (*od.* shed) its needles.

ˈ**Na·del|ˌöhr** *n* eye of a needle. **~ˌspat** *m min.* needle (*od.* Aragon) spar, aragonite. **~ˌspit·ze** *f* **1.** point of a needle, pinpoint. **2.** *Textil.* needlepoint lace. **~ˌstär·ke** *f* needle size. **~ˌstich** *m* pinprick (*a. fig.*), *beim Nähen*: stitch; *fig.* **j-m dauernd ~e versetzen** needle s. o. continually. **~ˌstrei·fen** *m Textil.* pin-stripe; **mit ~** pin-striped (*suit, etc*). **~ˌwald** *m* coniferous wood(s *pl*) (*od.* forest).

Na·dir [naˈdi:r] *m* ⟨**-s;** *no pl*⟩ *astr.* nadir.

Na·gel [ˈna:gəl] *m* ⟨**-s; ⸚**⟩ **1.** *anat.* nail; **sich** (*dat*) **die Nägel schneiden** cut one's nails; **an den Nägeln kauen** bite one's nails; *fig. colloq.* **sich** (*dat*) **et. unter den ~ reißen** swipe (*od.* pinch, lift) s. th., *weitS.* grab s. th., cop s. th.; **die Arbeit brennt mir auf den Nägeln** I am hard pressed (for time), it's a rush job. **2.** *tech.* nail, (*Stift≈*) pin, (*Polster≈*) tack, (*Schienen≈*) spike, (*Holz≈*) peg, (*Zier≈*) stud; **Schuhe mit Nägeln beschlagen** nail shoes; *fig. colloq.* **an den ~ hängen** give (*od.* throw, *colloq.* chuck) up (*a job, etc*); **die Handschuhe an den ~ hängen** *Boxer*: hang up one's gloves; **Nägel mit Köpfen machen** do a good (*od.* proper) job, not to do things by halves; **den ~ auf den Kopf treffen** hit the nail on the head; **er ist ein ~ zu m-m Sarg** he is a nail in (*od.* he drives a nail into) my coffin. **3.** *bot. zo.* claw. **~ˌbett** *n* ⟨**-(e)s; -en,** *a.* **-e**⟩ *anat.* nail bed. **~ˌbett·entˌzün·dung** *f* onychitis. **~ˌboh·rer** *m tech.* gimlet. **~ˌbür·ste** *f* nail-brush. **~ˌfei·le** *f* nail-file. **≈ˌfest** *adj* → **niet- und nagelfest.** **~ˌfe·sti·ger** *m* ⟨**-s; -**⟩ *Kosmetik*: nail hardener. **~ˌhaut** *f,* **~ˌhäut·chen** *n anat.* cuticle. **~ˌhaut·entˌfer·ner** *m* ⟨**-s; -**⟩ *Kosmetik*: cuticle remover.

ˈ**Nä·gelˌkau·en** *n med.* nail-biting.

ˈ**Na·gel|ˌkopf** *m tech.* nail-head. **~ˌlack** *m Kosmetik*: nail varnish (*Am.* enamel). **~ˌlack·entˌfer·ner** *m* ⟨**-s; -**⟩ nail-varnish remover.

na·geln [ˈna:gəln] **I** *v/t* ⟨**h**⟩ **1.** nail (*a. med. fractured bone*); **ein Brett an** (*od.* **auf**) **die Tür ~** nail a board on (*od.* to) the door. **II** *v/i* **2.** knock in a nail (*od.* nails). **3.** *Motor*: knock.

ˈ**Na·gel|ne·cesˌsaire** *n* manicure set. **≈ˈneu** *adj colloq.* brand-new. **~ˌpfle·ge** *f* care of the nails, manicure. **~ˌpro·be** *f* **die ~ machen** prove that one's glass has no heeltaps. **~ˌro·chen** *m ichth.* thornback (ray). **~ˌsche·re** *f* nail-scissors *pl* (*oft als sg konstruiert*). **~ˌschuh** *m meist pl* nailed shoe (*od.* boot), *Sport*: spiked shoe. **~ˌwur·zel** *f anat.* nail root, matrix. **~ˌzan·ge** *f* **1.** *Kosmetik*: nail clippers *pl*. **2.** *tech.* (cutting) nippers *pl*. **~ˌzie·her** *m tech.* nail puller.

na·gen [ˈna:gən] **I** *v/i* ⟨**h**⟩ **1.** gnaw, (*knabbern*) nibble; **~ an** (*dat*) *bes. geol.* erode, *ätzend*: eat into, corrode; **an e-m Knochen ~** gnaw (at) (*od.* pick) a bone; **er nagte an der Unterlippe** he was gnawing (at) (*od.* biting) his lower lip; → **Hungertuch.** **2.** *fig.* (**an** *dat*) *Gram, Haß etc*: gnaw (at), prey (on, upon), rankle (in), *Krankheit etc*: wear down, undermine (*s. o.'s health, etc*). **II** *v/t* **3.** gnaw.

ˈ**na·gend** *adj* **1.** gnawing (*a. fig. doubts, etc*); **ein ~es Hungergefühl** gnawing hunger pains. **2.** *zo.* rodent. ˈ**Na·ger** *m* ⟨**-s; -**⟩ → ˈ**Na·geˌtier** *n* rodent.

nah [na:] **I** *adj* ⟨**⸚er; nächst**⟩ **1.** near, close, (*~gelegen*) nearby; **das ~e Stadion** *a.* the stadium near by; **in der ~en Umgebung** within easy reach; *geogr.* **der ≈e Osten** the Near East, *a.* the Middle East; *fig.* **ein ~er Freund** a close (*od.* an intimate) friend; **ein ~er Verwandter** a near relation; **sie war e-r Ohnmacht ~e** she came near to fainting, she almost fainted; **er war der Verzweiflung ~e** he was close to despair (*od.* nearly desperate); **sie ist dem Tode ~** she is on the point of death; **den Tränen ~ sein** be on the verge of tears. **2.** (*bevorstehend*) near (at hand), impending, approaching, forthcoming, *bes. Gefahr*: imminent; **in ~er Zukunft** in the near future. **II** *adv* **3.** near, close (to *od.* by), nearby; **~e an** (*od.* **bei**) (*dat*) near (to), close to; **~e beieinander liegen** lie close together; **geh nicht zu ~(e) heran** don't go (too) near; **wir sind ~(e) am Ziel** *a. fig.* we've almost made it; **von ~ und fern, von fern und ~** from far and near; **von ~em betrachtet** seen close to. **4.** *fig.* near, close(ly); **er ist ~(e) mit mir verwandt** he is a near relative of mine; **j-m zu ~e treten** offend s. o., hurt s. o.'s feelings; **ich war ~(e) daran, ihm alles zu sagen** I came near to telling him everything; **sie ist ~(e) an die Achtzig** she is nearly (*od. colloq.* getting on for) eighty. **III** *prep* <*dat*> **5.** near, close (to) (*a. fig.*); **der Vollendung ~e** near completion.

'Nah,an,griff *m mil.* close-range attack.

'Näh,ar·beit *f* sewing, (*Handarbeit*) needlework.

'Nah|,auf,klä·rung *f mil.* close (*od.* tactical) reconnaissance. **~,auf,nahme** *f* close-up (photograph *od.* view). **~,bril·le** *f opt.* near(-vision) glasses (*od.* spectacles) *pl.*

'na·he → **nah.**

Nä·he ['nɛːə] *f* <-; *no pl*> **1.** *räumlich*: nearness, closeness, proximity, (*menschliche* ~) presence, nearness, (*Umgebung*) surroundings *pl*, neigbo(u)rhood, vicinity; **aus nächster ~** from close to, at close range; **et. aus der ~ betrachten** examine s. th. closely; **komm nicht in m-e ~!** don't come near me!; **das Geschäft liegt ganz in der ~** the shop is close by; **irgendwo hier in der ~** somewhere around here, hereabouts; **in der ~ der Stadt** near the town; **es war niemand in der ~** there was no one about; **ich möchte in d-r ~ sein** I want to be near you. **2.** *zeitlich*: nearness, proximity, imminence; **in greifbare ~ gerückt** near at hand.

'na·he|'bei *adv* near by, close by. **~,brin·gen** *v/t* <*irr, sep,* **-ge-, h**> *fig.* **j-m et. ~** make s. o. understand s. th., teach s. o. to appreciate s. th.; **Menschen einander ~** *Erlebnis etc*: bring people close together (*od.* to each other). **~,ge·hen** *v/i* <*irr, sep,* **-ge-, sein**> *fig.* **j-m ~** affect s. o. deeply. **~ge,le·gen** *adj* nearby, <*pred*> near by, close by.

'Nah,ein,stel·lung *f phot.* close-up focus(s)ing, *Film*: close-up.

'na·he|,kom·men *v/i* <*irr, sep,* **-ge-, sein**> **1.** *fig. der Wahrheit etc*: come near (*od.* close to); **wir sind uns sehr nahegekommen** we have become very close. **2.** *bes math.* approximate. **~,le·gen** *v/t* <*sep,* **-ge-, h**> *fig.* **j-m et. ~** suggest (*od.* recommend) s. th. to s. o.; **ich habe ihm nahegelegt zu kündigen** I have urged (*od.* advised) him to give notice. **~,lie·gen** *v/i* <*irr, sep,* **-ge-, h** *u.* **sein**> *fig. Vermutung, Erklärung etc*: seem (very) likely, be obvious, *Gedanke etc*: suggest itself, *Verdacht etc*: seem well-grounded (*od.* justified); **die Vermutung liegt nahe, daß** it is fair to assume that. **~,lie·gend** *adj Erklärung etc*: likely, obvious, *Vermutung etc*: *a.* fair, *Verdacht etc*: well-grounded; **aus ~en Gründen** for obvious reasons.

'Nah·emp,fang *m* <-(e)s; *no pl*> *Radio*: short-distance reception.

na·hen ['naːən] **I** *v/i u. v/impers* <**sein**> *Morgen, Unglück etc*: approach, *bes. zeitlich*: draw (*od.* be) near; **es naht Gefahr** danger is approaching. **II** *v/reflex* <**h**> **sich j-m ~** approach s. o.

nä·hen ['nɛːən] **I** *v/t* <**h**> **1.** sew, stitch; (**sich** *dat*) **ein Kleid ~** make a dress (for o. s.). **2.** *med.* (*Wunde*) sew (up), stitch, suture. **II** *v/i* **3.** sew, stitch, do sewing, do needlework; → **doppelt** 8.

'na·hend *adj Gewitter, Unheil etc*: approaching, (*bevorstehend*) *a.* coming, impending.

nä·her ['nɛːər] **I** *comp of* nah. **II** *adj* **1.** nearer, *Entfernung etc*: closer, *Weg*: shorter; **in der ~en Umgebung von** in the vicinity of; *fig.* **~e Beziehungen** closer relations. **2.** (*genauer*) *Angaben etc*: further, more precise (*od.* detailed, specific); **bei ~er Betrachtung** on closer inspection, *fig.* on further consideration. **III** *adv* **3.** nearer, closer; **~ an** (*od.* **bei**) (*dat*) nearer (to), closer to; **ein ~ gelegener Ort** a nearer place; **bitte, kommen** (*od.* **treten**) **Sie ~** please come in; **~ kommen** come (*zeitlich*: draw) nearer, approach. **4.** (*genauer*) more closely; **ich kenne ihn ~** I know him fairly well, I am closely acquainted with him; **ich kenne ihn nicht ~** I don't know him too well; **et. ~ erklären** (*od.* **erläutern**) explain s. th. in greater detail; **et. ~ ausführen** elaborate (*od.* enlarge on) s. th.; **sich mit e-r Sache ~ befassen** look into a matter more closely. **~,brin·gen** *v/t* <*irr, sep,* **-ge-, h**> *fig.* **j-m et. ~** make s. o. understand (*od.* comprehend) s. th. better, give s. o. an understanding of s. th.; **Menschen einander ~** *Erlebnis etc*: bring people closer (to each other); **e-r Lösung ~** bring *s. th.* nearer a solution.

'Nä·here *n* <**-n**; *no pl*> details *pl*, (further) particulars *pl*, (the) circumstances *pl*; **~s** (*od.* **das ~**) **werden Sie noch erfahren** you'll learn (all) the details later.

Nä·he'rei *f* <**-; -en**> sewing, (*Näharbeit*) needlework.

'Nah·er,ho·lungs·ge,biet *n* recreation area in the immediate vicinity.

'Nä·he·rin *f* <**-; -nen**> sewer, seamstress.

'nä·her|,kom·men *v/i* <*irr, sep,* **-ge-, sein**> *fig.* **j-m ~** become closer to s. o.; **sich** (*od.* **einander**) **~** get closer to each other; **e-r Sache ~** (*der Wahrheit etc*) get (*od.* be) nearer (to) s. th., come (*od.* be) closer to s. th.; **jetzt kommen wir der Sache näher** now we're getting somewhere. **~,lie·gen** *v/i* <*irr, sep,* **-ge-, h** *u.* **sein**> *fig.* be more obvious (*od.* likely).

nä·hern ['nɛːərn] **I** *v/reflex* <**h**> **sich ~** (*dat*) **1.** *örtlich*: approach, near, come near(er) (to), come close(r) (to); **wir ~ uns der Stadt** we are approaching the town; **sich j-m ~** a) approach s. o., come (*od.* go) nearer to s. o., b) *drohend*: close in on s. o., c) *belästigend*: molest s. o., make a pass at s. o. **2.** *zeitlich*: approach, draw near; **sich dem Ende ~** a) *Zeitraum etc*: draw to a close, b) *Krieg, Geduld etc*: come to an end, c) *e-r Arbeit etc*: near the end of (*one's work, etc*); **er nähert sich den Fünfzigern** he is approaching (*od. colloq.* getting on for) fifty. **3.** *math.* approach, approximate. **II** *v/t* **4.** (*dat*) bring *s. th.* nearer (*od.* closer) (to), move *s. th.* (towards). **III** ≈ *n* <**-s**> **5.** approaching (*etc*).

'nä·her,tre·ten *v/i* <*irr, sep,* **-ge-, sein**> *fig.* **j-m ~** get to know s. o. better; **e-m Vorschlag ~** examine a proposal.

'Nä·he·rung *f* <**-; -en**> *math.* approximation, approximate value.

'Nä·he·rungs|,for·mel *f math.* approximation (*od.* approximate) formula. **~,wert** *m* approximate value.

'na·he|,ste·hen *v/i* <*irr, sep,* **-ge-, h** *u.* **sein**> *fig.* **j-m ~** be close to s. o., be closely connected (*od.* associated, allied) with s. o.; **e-e den Konservativen ~de Zeitung** a newspaper with conservative sympathies. **~,tre·ten** *v/i* <*irr, sep,* **-ge-, sein**> *fig.* **j-m ~** become familiar with s. o. **~'zu** *adv* almost, nearly, next to *impossible, etc.*

'Näh|,fa·den *m,* **~,garn** *n* sewing thread (*od.* cotton).

'Nah|ge,spräch *n teleph.* toll-call. **~,kampf** *m* **1.** *mil.* close combat, hand-to-hand combat (*od.* fighting). **2.** a) *Fechten*: fighting at close quarters (*od.* range), b) *Boxen*: *a.* infighting. **~,kampf,waf·fe** *f* close-range weapon.

'Näh|,käst·chen *n,* **~,ka·sten** *m* sewing box, workbox. **~,korb** *m,* **~,körb·chen** *n* sewing basket, work-basket. **~,kurs** *m* sewing course (*od.* classes *pl*).

nahm [naːm] *1 u. 3 sg pret of* **nehmen.**

'Näh·ma,schi·ne *f* sewing-machine.

näh·me ['nɛːmə] *1 u. 3 sg pret subj of* **nehmen.**

'Näh,na·del *f* (sewing) needle.

,Nah'ost <*invariable*> *geogr.* (the) Near East, *a.* (the) Middle East.

'Nähr|,bo·den *m* fertile soil, substrate, substratum, *für Bakterien*: culture (*od.* nutrient) medium, *fig. für Gerüchte, Verbrechen etc*: fertile (*od.* breeding) ground, hotbed. **~,creme** *f Kosmetik*: nourishing (*od.* nutrient) cream.

näh·ren ['nɛːrən] **I** *v/t* <**h**> **1.** feed, nourish, nurture, (*Kind*) nurse, (breast-)feed. **2.** *fig.* (*hegen*) nurse, nourish, nurture, foster; **e-e Hoffnung ~** nourish a hope; **e-n Verdacht** (**Argwohn, Zorn**) **~** foster (*od.* harbo[u]r) suspicion (mistrust, anger); → **Schlange** 1. **II** *v/i* **3.** be nourishing, be nutritious. **III** *v/reflex* **4. sich ~** (**von**) live *od.* feed (on); *fig.* **sich von s-r Hände Arbeit ~** earn one's living by the work of one's hands; **bleibe im Lande und nähre dich redlich** (*Sprichwort*) *etwa* seek an honest living at home. **~d** *adj* **1.** → **nahrhaft. 2.** *Mutter*: nursing.

'Nähr|,flüs·sig·keit *f* nutrient (*od.* nutritive) fluid. **~ge,we·be** *n bot.* nutritive tissue.

'nahr|haft *adj* nutritious, nourishing, nutritive, *Mahlzeit etc*: substantial, *stärker*: hearty, *fig. colloq. Gewerbe etc*: lucrative. **≈haf·tig·keit** *f* <-; *no pl*> nutritiousness.

'Nähr|,he·fe *f* nutritive yeast. **~,kraft** *f* → Nährwert. **~,lö·sung** *f* **1.** *biol.* nutrient solution, *für Bakterien*: fluid culture medium. **2.** *med.* nutritive solution (for intravenous feeding). **~,mit·tel** *pl* processed foodstuff *sg*, *weitS.* (*Teigwaren*) paste products. **~prä·pa,rat** *n* patent food, nutrient (*od.* alimentary) preparation. **~,sal·ze** *pl* nutrient salts. **~,stand** *m* <-(e)s; *no pl*> *collect.* farmers *pl* and agricultural workers *pl.* **~,stoff** *m* nutrient. **~,stoff·ge,halt** *m* nutrient content.

Nah·rung ['naːrʊŋ] *f* <-; *no pl*> **1.** food, nourishment, (*Futter*) feed, (*Kost*) diet, fare; **leichte ~** light diet; **pflanzliche** (**tierische**) **~** vegetable (animal) food; **~ und Kleidung** food and clothing; **~ zu sich nehmen** take nourishment (*od.* food), eat; **j-m die ~ entziehen** deprive s. o. of food, starve s. o.; **die ~ verweigern** refuse food; *fig.* **geistige ~** intellectual nourishment, mental pabulum; **neue ~ geben** (*dat*) nourish, increase (*s. o.'s anger, etc*), revive (*s. o.'s hope, etc*), fuel (*the discussion, rumours, etc*). **2.** *fig.* (*Unterhalt*) livelihood, subsistence.

'Nah·rungs|,auf,nah·me *f* food intake, ingestion. **~be,darf** *m* food requirements *pl.* **~,man·gel** *m* lack of food, food shortage.

'Nah·rungs,mit·tel *n* food(stuff), *pl* foodstuffs, food *sg*, foods, provisions, victuals; **hochwertige ~** food of high nutritive value. **∼be·darf** *m* food requirements *pl.* **∼che·mie** *f* food chemistry. **∼ˌche·mi·ker** *m* food chemist. **∼ˌfäl·schung** *f* adulteration of food. **∼in·du·ˌstrie** *f* food(-processing) industry. **∼verˌgif·tung** *f* food poisoning.

ˈNah·rungs|ˌquel·le *f* source of food. **∼ˌsor·gen** *pl* difficulties in getting food. **∼ˌsu·che** *f* auf ∼ gehen go in search of food. **∼verˌwei·ge·rung** *f* refusal of food, *krankhafte*: sitophobia. **∼ˌzu·ˌfuhr** *f* feeding, food intake.

ˈNähr|ˌwert *m* nutritional value. **∼ˌzucker** (*getr.* -k·k-) *m* nutritive sugar.

ˈNah|ˌschnell·verˌkehr *m rail.* short-distance express service. **∼ˌschnell·verˌkehrsˌzug** *m* fast commuter train. **∼ˌschuß** *m* close-range shot. **∼ˌse·hen** *n opt.* near vision.

ˈNähˌsei·de *f* sewing silk.

ˈNah|se·lek·tiˌon *f Radio TV* adjacent channel selectivity. **∼ˌsen·der** *m* short-distance transmitter.

Naht [naːt] *f* ⟨-; ∸e⟩ **1.** seam; **eingefaßte (falsche)** ∼ bound (mock) seam; **e-e** ∼ **auftrennen** undo a seam; **die** ∼ **ist geplatzt** the seam has split (*od.* burst); **aus den** (*od.* **allen**) **Nähten platzen** *a. fig. colloq.* burst at the seams; **j-m auf den Nähten knien, j-m auf die Nähte rücken** (*od.* **gehen**) press s. o. hard; **e-e** ∼ (*viel*) a lot; **e-e tüchtige** (*od.* **kräftige**) ∼ **bekommen** get a (sound) whipping. **2.** *tech.* (*Guß*≈) fin, feather, (*Walz*≈) lap, seam, (*Schweiß*≈) seam, weld. **3.** *anat. bot. med.* suture. **∼ˌband** *n* ⟨-(e)s; ∸er⟩ seam binding.

ˈNäh|ˌtisch *m*, **∼ˌtisch·chen** *n* sewing table, worktable.

ˈnaht|los I *adj* seamless (*a. tech. Rohr etc*), *med.* sutureless, *fig. Übergang*: smooth. **II** *adv tech.* ∼ **gezogenes Rohr** seamless drawn tube; *fig.* **sich** ∼ **einfügen** fit in perfectly (*od.* seamlessly). **∼ˌschwei·ßen** *v/t* ⟨*insep*, -ge-, h⟩ seam-weld. **≈ˌschwei·ßung** *f* seam welding. **≈ˌstel·le** *f a. fig.* seam, *mil.* boundary.

ˈNah·verˌkehr *m* ⟨-s; *no pl*⟩ *rail.* short-distance traffic, suburban (commuter) traffic, *teleph.* local traffic. **ˈNah·verˌkehrsˌzug** *m* commuter train.

ˈNähˌzeug *n* sewing kit (*od.* things *pl*).

ˈNahˌziel *n* immediate objective.

ˈNähˌzwirn *m* strong sewing thread.

na·iv [naˈiːf] **I** *adj* naive, naïve, (*unschuldig*) *a.* ingenuous, innocent, (*ungekünstelt*) *a.* artless, unsophisticated, (*einfältig*) *a.* simple; *thea.* **∼e Rolle** part of the ingénue; **∼e Malerei** naive painting; **∼er Künstler** primitive. **II** *adv* naively, naïvely. **III ≈e, das** ⟨-n⟩ naivety, naïvety, naïveté. **Nai·ve**[1] [naˈiːvə] *m* ⟨-n; -n⟩ naive (*od.* naïve) person; **den ∼n spielen** play the innocent. **Nai·ve**[2] [naˈiːvə] *f* ⟨-n; -n⟩ **1.** → **Naive**[1]. **2.** *thea.* ingénue. **Nai·vi·tät** [naiviˈtɛːt] *f* ⟨-; *no pl*⟩ naivety, naïvety, naïveté. **Naˈiv·ling** *m* ⟨-s; -e⟩ *contp.* simpleton, simple soul.

Na·ja·de [naˈjaːdə] *npr f* ⟨-; -n⟩ *myth.* naiad.

Na·me [ˈnaːmə] *m* ⟨-ns; -n⟩ **1.** name, (*Bezeichnung*) *a.* designation, *ling.* (*Gattungs*≈) appellative, (*Eigen*≈) (proper) name; **Hans mit ∼n** Hans by name; **ohne ∼n** without name, unnamed, anonymous; **den ∼n … tragen** be known as …, go by the name of …; **unter dem ∼n** … under (*od.* by) the name of …; **ein Mann mit ∼n Müller** a man by (*od.* of) the name of Müller, a man named Müller; **j-n nach s-m** (*od.* **dem**) **∼n fragen** ask s. o. his name; **wie ist Ihr ∼?** what is your name?; **mit ∼n** (*od.* **dem ∼n nach**) **kennen** know by name; **s-n ∼n nennen** give (*od.* say) one's name; **nur dem ∼n nach** by name only; **die Rechnung geht auf s-n ∼n** the bill is (to be) made out in his name; *fig.* **et. beim rechten ∼n nennen** call s. th. by its proper name; **et.** (*od.* **die Dinge, das Kind**) **beim** (**rechten**) **∼n nennen** call a spade a spade; *colloq.* **das Kind muß doch e-n ∼n haben** the thing (*od.* matter) must have a name; → **Hase** 2. **2.** (*Ruf, Ansehen*) name, reputation, repute; **ein ehrlicher** ∼ an honest name; **was bedeutet schon ein ∼?,** ∼ **ist Schall und Rauch** what's in a name?; **sich** (*dat*) **e-n ∼n machen** make a name for o. s., make o. s. a name (**als** as; **durch** by); **s-m ∼n alle** (**k-e**) **Ehre machen** (not to) live up to one's reputation; **er ist es s-m ∼n schuldig** he owes it to his reputation. **3.** (*berühmte Person*) (big) name. **4.** (*Auftrag*) name, behalf; **in j-s ∼n handeln** act in s. o.'s name, act on behalf of s. o.; **ich spreche nur in m-m eigenen ∼n** I speak for myself only; **im ∼n des Gesetzes** (**des Volkes, Gottes**) in the name of (the) law (of the people, of God); *colloq.* **nun geh in Gottes ∼n!** go for heaven's sake!; **in des** (*od.* **in drei**) **Teufels ∼n!** hang it (all)!, damn it (all)!

Na·men [ˈnaːmən] *m* ⟨-s; -⟩ *rare for* **Name.** **∼ˌge·bung** *f* naming, (*Taufe*) christening, *wissenschaftliche*: nomenclature. **∼geˌdächt·nis** *n* memory for names. **∼ˌli·ste** *f* **1.** list (*od.* register) of names, *bes. mil. ped.* roll, *von Ärzten, Geschworenen etc*: panel. **2.** *pol.* a) register of voters, b) list of candidates, *Am.* slate. **≈los I** *adj* **1.** nameless, unnamed, (*unbekannt*) unknown, anonymous; **die ∼e Menge** the anonymous mass. **2.** *fig. Leid, Elend etc*: unspeakable, unheard-of, indescribable. **II** *adv* **3.** *fig.* extremely, terribly, immensely. **∼lo·se** *m, f* ⟨-n; -n⟩ nameless (*od.* unnamed) person, (*Unbekannte[r]*) unknown (*od.* anonymous) person. **∼lo·sig·keit** *f* ⟨-; *no pl*⟩ namelessness, anonymity, anonymousness, obscurity. **∼ˌnen·nung** *f* **ohne** ∼ a) without mentioning any name(s), b) anonymous(ly). **∼reˌgi·ster** *n* **1.** register (*od.* index) of names. **2.** nomenclature.

ˈna·mens I *adv* by (the) (*od.* of the) name of, named. **II** *prep* ⟨*gen*⟩ on behalf of, in the name of; *jur.* ∼ **und auftrags** in the name and on behalf of.

ˈNa·mens|ˌak·tie *f econ.* registered share (*Am.* stock). **∼ˌaufˌruf** *m* calling of names, *bes. mil. ped.* roll-call, *parl.* roll-call (of the House). **∼ˌbru·der** *m* namesake. **∼ˌnen·nung** *f* → **Namennennung.** **∼paˌpie·re** *pl econ.* registered securities (*Am.* stock *sg*). **∼ˌschild** *n* nameplate. **∼ˌschwe·ster** *f* namesake. **∼ˌstem·pel** *m* facsimile signature stamp. **∼ˌtag** *m R.C.* name-day. **∼ˌvet·ter** *m* namesake. **∼ˌzug** *m* **1.** signature, (*Schnörkel*) flourish, paraph. **2.** monogram.

ˈna·ment·lich I *adj* **1.** nominal, by name; *parl.* **∼e Abstimmung** roll-call vote. **II** *adv* **2.** by name. **3.** *fig.* mainly, especially, particularly, in particular.

ˈNa·men·verˌzeich·nis *n* **1.** *von Teilnehmern etc*: list of names. **2.** name index.

nam·haft [ˈnaːmhaft] *adj* **1.** (*beträchtlich*) considerable, substantial. **2.** (*berühmt*) well-known, renowned, noted. **3.** ∼ **machen** name, *weitS.* identify.

näm·lich [ˈnɛːmlɪç] **I** *adj* **1.** (very) same. **II** *adv* **2.** namely, that is (to say), *bes. jur. u. iro.* to wit. **3.** *begründend*: for, you see, you know.

Nan·du [ˈnandu] *m* ⟨-s; -s⟩ *orn.* rhea, nandu.

nann·te [ˈnantə] *1 u. 3 sg pret of* **nennen.**

na·nu [naˈnuː] *interj colloq.* well, well!, hey!, I say!

Na·palm [ˈnaːpalm] *n* ⟨-s; *no pl*⟩ *chem. mil.* napalm.

Napf [napf] *m* ⟨-(e)s; ∸e⟩ (*Schale*) bowl, basin, (*Schüsselchen*) dish. **∼ˌku·chen** *m* deep-dish cake. **∼ˌschnecke** (*getr.* -k·k-) *f zo.* limpet.

Naph·tha [ˈnafta] *n* ⟨-s; *no pl*⟩, *f* ⟨-; *no pl*⟩ *chem.* naphtha. **Naph·tha·lin** [naftaˈliːn] *n* ⟨-s; *no pl*⟩ naphtalene.

Na·po·le·on [naˈpoːleɔn] *m* ⟨-s; -s⟩, **∼dor** [-ˈdoːr] *m* ⟨-s; -e⟩ (*altfranz. Goldmünze*) napoleon.

na·po·leo·nisch [napoleˈoːnɪʃ] *adj* Napoleonic.

Nap·pa [ˈnapa] *n* ⟨-; *no pl*⟩, **∼ˌle·der** *n* nap(p)a (leather).

Nar·be [ˈnarbə] *f* ⟨-; -n⟩ **1.** scar, *med. a.* cicatrix, cicatrice, (*Pocken*≈) (pock-)mark, pit; **von ∼n bedeckt, voller ∼n** full of scars, scarred; *fig.* **∼n hinterlassen** leave a scar. **2.** *bot.* stigma. **3.** *agr.* topsoil, (*Grasdecke*) sward, sod. **4.** *metall.* (*Oberflächenfehler*) pit, scar. **ˈnar·ben I** *v/t* ⟨h⟩ (*Leder*) grain. **II** *v/i rare for* **vernarben.**

ˈNar·ben *m* ⟨-s; -⟩ *Leder*: grain side. **∼ˌbil·dung** *f* **1.** *bes. med.* scar formation. **2.** *metall.* pitting. **≈los** *adj* scarless, without a scar, unscarred. **∼ˌsei·te** *f Leder*: grain side.

ˈnar·big *adj* **1.** *med.* scarred, (*pocken*≈) pockmarked, pitted. **2.** *Leder*: grained. **3.** *metall.* pitty, pitted.

Nar·de [ˈnardə] *f* ⟨-; -n⟩ *bot.* (spike)nard.

Nar·ko|lep·sie [narkolɛˈpsiː] *f* ⟨-; -n [-ən]⟩ *med.* narcolepsy. **∼maˈnie** [-maˈniː] *f* ⟨-; *no pl*⟩ drug addiction, narcomania.

Nar·ko·se [narˈkoːzə] *f* ⟨-; -n⟩ *med.* narcosis, (general) an(a)esthesia; **in** ∼ under a general an(a)esthetic. **∼(ˌfach)ˌarzt** *m* an(a)esthetist.

Nar·ko·ti·kum [narˈkoːtikum] *n* ⟨-s; -ka [-ka]⟩, **nar·ko·tisch** [narˈkoːtɪʃ] *adj med.* an(a)esthetic, narcotic.

Nar·ko·ti|seur [narkotiˈzøːr] *m* ⟨-s; -e⟩ *med.* an(a)esthetist. **≈ˈsie·ren** [-ˈziːrən] *v/t* ⟨*no* ge-, h⟩ narcotize, an(a)esthetize.

Narr [nar] *m* ⟨-en; -en⟩ **1.** fool, half-wit, tomfool; **ein alter** ∼ an old fool; **ich bin doch kein** ∼ I am no fool; **du** ∼ (**du**)! you fool!, you idiot!; *colloq.* **e-n ∼en an e-r Sache** (**j-m**) **gefressen haben** be crazy (*sl.* nuts) about s. th. (s. o.); **j-n zum ∼en halten** (*od.* **haben**) make a fool (*od.* an ass) of s. o., pull s. o.'s leg; **sich zum ∼en machen** make a fool of o. s.; **den ∼en spielen** play the fool; **jedem ∼en gefällt s-e Kappe** (*Sprichwort*) every man thinks his own geese swans; → **Kind** 5. **2.** (*Possenreißer*) fool, buffoon, clown, (*Hof*≈) jester. **nar·ren** [ˈnarən] *v/t* ⟨h⟩ **j-n** ∼ fool (*od.* make a fool of, dupe, hoax) s. o., take s. o. in.

ˈNar·ren|ˌfrei·heit *f* jester's licen/ce (*Am.* -se), *im Karneval*: chance to play the fool. **≈haft** *adj* foolish. **∼ˌhän·de** *pl* ∼ **beschmieren Tisch und Wände** (*Sprichwort*) fools when able smear walls and table. **∼ˌhaus** *n* **1.** *fig. colloq.* madhouse. **2.** *obs. for* **Irrenanstalt.** **∼ˌkap·pe** *f* fool's cap. **∼ˌkleid** *n hist.* motley. **≈ˌsi·cher** *adj colloq. Methode, Maschine etc*: foolproof. **∼ˌstreich** *m* tomfoolery.

Nar·re·tei [narəˈtai] *f* ⟨-; -en⟩ *colloq.*, **ˈNarr·heit** *f* ⟨-; -en⟩ **1.** (*dummer od. lustiger Streich*) folly, tomfoolery, buffoonery. **2.** (*Verrücktheit*) foolishness, madness, idiocy.

När·rin [ˈnɛrɪn] *f* ⟨-; -nen⟩ foolish (*od.* silly) woman (*od.* girl). **ˈnär·risch I** *adj* **1.** *Treiben, Zeug etc*: foolish, funny, silly. **2.** *Kauz, Geschichte etc*: odd, strange, funny. **3.** *Einfälle etc*: eccentric, extravagant. **4.** (*verrückt*) *a. fig.* mad, crazy; **vor Freude ~ sein** be mad (*od.* wild) with joy; *fig.* **auf e-e Sache ~ sein** be crazy about s. th. **II** *adv* **5. ~ verliebt** madly in love.

Nar·wal [ˈnarva(ː)l] *m* ⟨-(e)s; -e⟩ *zo.* narwhal.

Nar·ziß [narˈtsɪs] **I** *npr m* ⟨-; *no pl*⟩ *myth.* Narcissus. **II** *m* ⟨- *u.* -sses; -sse⟩ *psych.* narcissist.

Nar·zis·se [narˈtsɪsə] *f* ⟨-; -n⟩ *bot.* narcissus; **Gelbe ~** daffodil.

Nar·zis·mus [narˈtsɪsmʊs] *m* ⟨-; *no pl*⟩ *psych.* narcissism. **Narˈzißt** [-ˈtsɪst] *m* ⟨-en; -en⟩ → Narziß II. **narˈziß·tisch** *adj* narcissistic.

na·sal [naˈzaːl] **I** *adj ling. med.* nasal; *adv* **~ sprechen** → näseln I. **II ᴤ** *m* ⟨-s; -e⟩ *ling.* nasal (sound).

na·sa|lie·ren [nazaˈliːrən] *v/t* ⟨*no* ge-, h⟩ *ling.* nasalize. **ᴤˈlie·rung** *f* ⟨-; -en⟩ nasalization. **ᴤliˈtät** [-liˈtɛːt] *f* ⟨-; *no pl*⟩ nasality.

Naˈsal|laut *m ling.* nasal (sound).

na·schen [ˈnaʃən] **I** *v/i* ⟨h⟩ **1.** nibble (**an** *od.* **von** *dat* at); **sie nascht gern** she has a sweet tooth. **2.** *heimlich*: eat on the sly, snitch eats; **wer hat von dem Kuchen genascht?** who's been at the cake? **II** *v/t* **3.** eat (a little, some), take (some).

ˈNa·scher, Nä·scher [ˈnɛʃər] *m* ⟨-s; -⟩ nibbler, *von Süßem*: sweet tooth.

Na·scheˈrei, Nä·scheˈrei *f* ⟨-; -en⟩ **1.** ⟨*only sg*⟩ nibbling, eating on the sly. **2.** → **Naschwerk.**

ˈnasch|haft *adj* fond of sweet things, sweet-toothed. **ᴤhaf·tig·keit** *f* ⟨-; *no pl*⟩ fondness of sweet things. **ᴤˌkätz·chen** *n*, **ᴤˌkat·ze** *f colloq. for* **Nascher. ᴤˌsucht** *f* ⟨-; *no pl*⟩ craving for (eating) sweets. **~ˌsüch·tig** *adj* craving for sweet things, sweet-toothed. **ᴤˌwerk** *n* titbits *pl*, dainties *pl*, goodies *pl*.

Na·se [ˈnaːzə] *f* ⟨-; -n⟩ **1.** nose; **ihm blutet die ~** his nose is bleeding; **sich** (*dat*) **die ~ putzen** blow (*od.* wipe) one's nose; **der Geruch geht mir in die ~** the smell is filling my nostrils; **auf die ~ fallen** fall flat on one's face, *fig. colloq.* come a cropper; *colloq.* **eins auf die ~ kriegen** get a punch on the nose, *fig.* get a good dressing-down; **durch die ~ sprechen** → **näseln; in der ~ bohren** pick one's nose; **sich** (*dat*) **die ~ zuhalten** hold one's nose; *fig. colloq.* **du brauchst es ihr ja nicht gerade auf die ~ zu binden** you need not tell (it to) her; **e-e ~ bekommen** (*od.* **kriegen**) get a good dressing-down, be hauled over the coals; **er sieht nicht weiter als die eigene ~** he can't see any further than his nose; **j-n an der ~ herumführen** lead s. o. up the garden path; **j-m auf der ~ herumtanzen** do as one pleases (*od.* what one likes) with s. o.; **die ~ hoch tragen** be stuck-up; **auf der ~ liegen** be ill, be laid up; **j-m e-e (lange) ~ machen, j-m e-e ~ drehen** thumb one's nose at s. o., cock a snook at s. o.; **ich sehe es dir an der ~ an, daß du lügst** I can tell by the look on your face that you are lying; **man sieht es ihm an der ~ an** it's written all over his face; **das ist nicht nach s-r ~** that is not to his liking; **immer der ~ nach** follow your nose; **j-m et. unter die ~ reiben** bring s. th. home to s. o.; **es j-m unter die ~ reiben** rub it in; **s-e ~ in alles (hinein)stecken** poke one's nose into everything; **du solltest d-e ~ lieber in d-e Bücher stecken** you'd better stick your nose into (*od.* start reading) your books; **er hat s-e ~ zu tief ins Glas gesteckt** he has had one over the eight; **sich** (*dat*) **die ~ begießen** a) have a drink, wet one's whistle, b) get drunk; **j-n mit der ~ auf e-e Sache stoßen** rub s. o.'s nose in s. th.; **das Angebot sticht mir in die ~** the offer appeals to me; **die ~ voll haben (von e-r Sache)** have had enough (of s. th.), be fed up (with s. th.); **j-m et. aus der ~ ziehen** wheedle (*od.* worm) s. th. out of s. o.; **man muß ihm die Antworten** (*od.* **Wörter,** *sl. a.* **Würmer) (einzeln) aus der ~ ziehen** to get an answer from him is like pulling teeth; **sich** (*dat*) **den Wind um die ~ wehen lassen** see s. th. of the world; **faß dich an deine(r) eigene(n) ~** you're a fine one to talk!; **das Buch liegt (direkt) vor d-r ~** the book is (right) under your nose; **sie haben ihm e-n Jüngeren vor die ~ gesetzt** they promoted a younger man over his head; **j-m die Tür vor der ~ zuschlagen** shut (*od.* slam) the door in s. o.'s face; **sie haben den Wald direkt vor der ~** they have the wood(s) right in front of them (*od.* at their front door); **j-m et. vor der ~ wegschnappen** take s. th. away from under s. o.'s nose; **der Zug fuhr ihm vor der ~ weg** the train went off before his very nose. **2.** *fig. colloq.* (*Kopf*) **pro ~** per head (*od.* person). **3.** (*Geruchssinn*) sense of smell, *bes. zo. u. fig.* nose; *fig.* **für et. e-e gute** (*od.* **feine**) **~ haben** have a good nose for s. th. **4.** *tech. allg.* nose (*a. aer. etc*), (*Ansatz*) *a.* projection, lug, *e-s Dachziegels*: nib, stud.

ˈna·seˌlang *adv colloq.* **alle ~** repeatedly, again and again, (*fortwährend*) continually, constantly, (*in kurzen Abständen*) every few steps (*zeitlich*: minutes).

nä·seln [ˈnɛːzəln] **I** *v/i* ⟨h⟩ speak through one's nose, (speak with a [nasal]) twang, nasalize. **II ᴤ** *n* ⟨-s⟩ (nasal) twang, nasalization. **~d I** *adj* nasal, twangy. **II** *adv* nasally, with a (nasal) twang.

ˈNa·sen|ˌaf·fe *m zo.* nose ape, proboscis monkey. **~ˌbär** *m* coati. **~ˌbein** *n anat.* nasal bone. **~ˌblu·ten** *n med.* nosebleed. **~ˌflü·gel** *m meist pl* side (*od.* wing) of the nose. **~ˌgang** *m anat.* nasal meatus. **~ˌhai** *m ichth.* goblin shark. **~ˌhöh·le** *f anat.* nasal cavity. **~ˌhöh·len·ka·ˌtarrh** *m* head cold, sniffles *pl*, rhinitis. **~ˌke·gel** *m Raumfahrt*: nose cone. **~ˌkeil** *m tech.* gib-head key. **~kor·rek·ˌtur** *f* rhinoplastic surgery, rhinoplasty. **ᴤˌlang** *adv* → **naselang. ~ˌlän·ge** *f fig. colloq.* (length of a) nose; **um e-e ~ gewinnen** win by a whisker (*od.* short head). **~ˌlaut** *m* → **Nasallaut. ~ˌloch** *n* **1.** *anat. zo.* nostril. **2.** *e-s Wals*: spout (hole), blowhole. **~ˌpla·stik** *f med.* rhinoplastic surgery, rhinoplasty. **~poˌlyp** *m med.* nasal polypus, rhinopolypus.

ˈNa·senˈra·chen ... *in Zssgn anat. med.* nasopharyngeal (*canal, catarrh, etc*).

ˈNa·sen|ˌrie·men *m am Zaumzeug*: noseband. **~ˌring** *m* nose-ring. **~ˌrücken** (*getr.* -k·k-) *m anat.* bridge (*od.* dorsum) of the nose. **~ˌschei·deˌwand** *f* nasal septum. **~ˌschleim** *m med.* nasal mucus. **~ˌschleimˌhaut** *f* nasal mucous membrane. **~ˌschmuck** *m* nose ornament. **~spe·ziaˌlist** *m* rhinologist. **~ˌspit·ze** *f* tip (*od.* point) of the nose; *fig. colloq.* **j-m et. an der ~ ansehen** be able to tell s. th. by the expression on s. o.'s face. **~ˌspray** *m, n med. pharm.* nose (*od.* nasal) spray. **~ˌstü·ber** *m colloq.* **1.** fillip on the nose. **2.** *fig.* (*Rüge*) reprimand, rebuke; **j-m e-n ~ versetzen** tell (*od.* tick) s. o. off. **~ˌtrop·fen** *pl med. pharm.* nose drops. **~ˌwur·zel** *f anat.* root of the nose.

ˈna·seˌweis I *adj* ⟨-er; -est⟩ **1.** (*vorlaut*) pert, saucy, cheeky. **2.** knowing all the answers. **II ᴤ** *m* ⟨-es; -e⟩ **3.** pert (*od.* saucy, cheeky) boy (*od.* girl), *bes. Am. colloq.* smart aleck. **4.** young know-all.

ˈnasˌfüh·ren *v/t* ⟨*insep*, ge-, h⟩ **j-n ~** fool (*od.* hoax) s. o., lead s. o. up the garden path.

ˈNasˌhorn *n* ⟨-(e)s; ⸚er⟩ *zo.* rhinoceros, *colloq.* rhino.

ˈnasˌlang *adv* → **naselang.**

naß [nas] **I** *adj* ⟨nasser, *a.* nässer; nassest, *a.* nässest⟩ **1.** wet; **nasse Füße bekommen** get one's feet wet; **sich (das Bett, die Hose) ~ machen** wet o. s. (the bed, one's trousers); **triefend ~** dripping (wet), soaked, soaking (wet), drenched; **durch und durch** (*od.* **bis auf die Haut**) **~ sein** be wet through, be thoroughly drenched, be wet (*od.* soaked) to the skin; *fig. lit.* **ein nasses Grab** a watery grave; *colloq.* **ein nasser Bruder** a tippler, a drunkard; **dastehen wie ein nasser Sack** cut a sorry figure. **2.** (*feucht*) damp, moist, humid; **nasse Augen** moist eyes; **die Wäsche ~ machen** damp (*od.* moisten, wet) the washing. **3.** (*regenreich*) rainy, wet; **wir hatten e-n nassen Sommer** we had a rainy summer. **4.** *Schnee*: wet, cloggy, slushy. **5.** *agr. Boden etc*: sour, dank, wet. **II ᴤ** *n* ⟨Nasses; *no pl*⟩ *poet. od. humor.* **6.** water; **das kühle ᴤ** the cool water. **7.** drink, liquid; **edles ᴤ** noble (*od.* royal) drink.

Nas·sau·er [ˈnasaʊər] *m* ⟨-s; -⟩ **1.** (*Einwohner*) Nassovian. **2.** *fig. colloq.* (*Schmarotzer*) sponger, parasite, *sl.* freeloader. **ˈnas·sau·ern** *v/i* ⟨h⟩ *colloq.* **bei j-m ~** sponge (up)on s. o.

ˈNaß|bat·teˌrie *f electr.* wet battery. **~ˌdampf** *m tech.* wet steam.

Näs·se [ˈnɛsə] *f* ⟨-; *no pl*⟩ **1.** wet(ness). **2.** damp(ness), moisture, humidity; **vor ~ schützen!** keep dry! **näs·seln** [ˈnɛsəln] *v/i* ⟨h⟩ *colloq.* be (*od.* get) slightly wet.

näs·sen [ˈnɛsən] **I** *v/t* ⟨näßt, näßte, genäßt, h⟩ **1.** (make) *s. th.* wet; **das Bett ~** wet the bed. **2.** (*anfeuchten*) moisten. **II** *v/i* **3.** *med. Wunde*: discharge, ooze, *bes. Ekzem*: weep. **4.** *hunt.* urinate, make water. **III** *v/impers* **5. es näßt** it drizzles, it spits.

ˈNaß|ˌfäu·le *f hort.* wet rot. **ᴤˌforsch** *adj colloq.* brash, brazen(-faced). **ᴤˌkalt** *adj* **1.** *Wetter etc*: wet (*od.* damp) and cold, raw. **2.** *Hand etc*: clammy.

ˈnäß·lich *adj* wettish, dampish.

ˈNaß|me·tall·urˌgie *f* hydrometallurgy. **~raˌsur** *f* wet shave. **~ˌschnee** *m* wet (*od.* cloggy) snow. **~ˌwä·sche** *f* wet (*od.* rough-dry) wash (*od.* laundry).

Na·stie [nasˈtiː] *f* ⟨-; *no pl*⟩ *biol. bot.* nastic movement.

nas·zie·rend [nasˈtsiːrənt] *adj chem.* nascent.

Na·ta·li·tät [nataliˈtɛːt] *f* ⟨-; *no pl*⟩ natality, birth-rate.

Na·ti·on [naˈtsĭoːn] *f* ⟨-; -en⟩ nation.

na·tio·nal [natsĭoˈnaːl] **I** *adj* **1.** *Einheit, Kultur etc*: national. **2.** patriotic. **II** *adv* **3. ~ denken (fühlen)** think (feel) in national terms. **~beˌwußt** *adj* proudly conscious of one's nationality, patriotic. **ᴤbeˌwußtˌsein** *n* national consciousness (and pride), patriotism. **ᴤcha·ˌrak·ter** *m* national character. **~chi·ˌne·sisch** *adj* Nationalist Chinese, of (*od.* belonging to) Nationalist China. **ᴤˌdenkˌmal** *n* national monument.

Na·tioˈna·le *n* ⟨-s; -⟩ *Austrian im Paß etc*: personal data (*od.* particulars) *pl*.

Na·tio'nal|ˌelf *f Fußball*: national team. **~ˌfar·ben** *pl* national colo(u)rs. **~ˌfei·erˌtag** *m* national holiday. **~ˌflag·ge** *f* national flag. **~ga·leˌrie** *f Kunst*: national gallery. **~ˌgar·de** *f in USA u. hist.* National Guard. **~geˌfühl** *n* national feeling (*od.* consciousness), patriotism. **~geˌricht** *n gastr.* national dish. **~ˌheld** *m* national hero. **~ˌhym·ne** *f* national anthem.

na·tio·na|li·sie·ren [natsĭonali'ziːrən] *v/t* ⟨*no* **ge-**, **h**⟩ nationalize. **2li'sie·rung** *f* ⟨-; *no pl*⟩ nationalization. **2'lis·mus** [-'lɪsmʊs] *m* ⟨-; -men⟩ nationalism. **2'list** [-'lɪst] *m* ⟨-en; -en⟩ nationalist. **~'li·stisch** *adj* nationalist(ic). **2li'tät** [-li'tɛːt] *f* ⟨-; -en⟩ **1.** nationality. **2.** ethnic group, nationality. **2li'tä·tenˌstaat** *m* state made up of different nationalities (*od.* ethnic groups), multination(al) state. **2li'tätsˌkennˌzei·chen** *n* **1.** *mot.* country's identification sign (*od.* letter), (*Schild*) nationality plate. **2.** *aer.* nationality marking.

Na·tio'nal|ˌkir·che *f* national church, *a.* state church. **~konˌvent** *m pol.* **1.** *in USA*: National Convention. **2.** *hist.* **der ~** *in Frankreich*: the National Convention (*1792–95*). **2li·beˌral** *adj* national liberal. **~ˌli·ga** *f Austrian for* **Bundesliga**. **~li·te·raˌtur** *f* national literature. **~ˌmann·schaft** *f Sport*: national team. **~ökoˌnom** *m* (political) economist. **~öko·noˌmie** *f* political economy. **2ökoˌno·misch** *adj* politico-economic. **~ˌpark** *m* national park. **~ˌpreis** *m DDR* national award. **~ˌrat** *m Austrian and Swiss pol.* **1.** ⟨*only sg*⟩ National Council (*Lower House of Parliament*). **2.** member of the National Council. **~so·ziaˌlis·mus** *m* National Socialism. **~so·ziaˌlist** *m* National Socialist, *contp.* Nazi. **2so·ziaˌli·stisch** *adj* National Socialist. **~ˌspie·ler** *m Sport*: international. **~ˌstaat** *m* nation(al) state. **2ˌstaat·lich** *adj* nation-state. **~ˌstolz** *m* national pride. **~ˌtanz** *m* national dance. **~thea·ter** [-teˌaːtər] *n* national theat/re (*Am.* -er). **~ˌtracht** *f* national costume. **~verˌsamm·lung** *f* national assembly.

na·tiv [na'tiːf] *adj* native, natural.

Na·ti·vis·mus [nati'vɪsmʊs] *m* ⟨-; *no pl*⟩ *philos.* nativism.

Na·tri·um ['naːtrĭʊm] *n* ⟨-s; *no pl*⟩ *chem.* sodium. **~bi·kar·boˌnat** *n* sodium bicarbonate, baking-soda. **~chloˌrid** *n* sodium chloride, kitchen (*od.* common) salt.

Na·tron ['naːtrɔn] *n* ⟨-s; *no pl*⟩ **1.** → **Natriumbikarbonat**. **2.** *gastr.* bicarbonate of soda. **3.** *chem. obs. for* **Natrium**. **~ˌlau·ge** *f chem.* soda lye, caustic soda (solution). **~salˌpe·ter** *m* sodium nitrate, soda (*od.* Chile) nit/re (*Am.* -er).

Nat·ter ['natər] *f* ⟨-; -n⟩ **1.** *zo.* adder, *a.* viper; *fig. colloq.* **wie von e-r ~ gebissen** as if stung by an adder; → *a.* **Ringelnatter**. **2.** *fig. lit.* viper, serpent, snake; **e-e ~ am Busen nähren** nurse a viper in one's bosom.

'Nat·tern|ˌbrut *f fig.*, **~geˌzücht** *n Bibl.* brood of vipers.

Na·tur [na'tuːr] *f* ⟨-; -en⟩ **1.** ⟨*only sg*⟩ nature; **in Gottes freier ~** in the freedom of nature; **in der freien ~ leben** live an outdoor life; **sie ist von der ~ stiefmütterlich behandelt worden** she has been niggardly favo(u)red by nature; **nach der ~ zeichnen** draw from nature (*od.* life); **Eisen kommt in der ~ vor** iron occurs naturally; **zurück zur ~!** back to nature!, *Am. colloq.* let's go native!; *colloq.* **et. ist ~** s. th. is not artificial; **ihr Haar ist ~** her hair is natural(ly curly) (and has its natural colo[u]r). **2.** ⟨*only sg*⟩ (*Beschaffenheit*) nature, character; **es liegt in der ~ der Dinge, daß** it is in the nature of things (*od.* quite natural) that; **es handelt sich um Fragen grundsätzlicher ~** these are fundamental questions; **die Sache ist ernster ~** the matter is of a grave nature. **3.** ⟨*only sg*⟩ (*Veranlagung*) nature, character, disposition, temperament, frame of mind; **die menschliche ~** human nature; **er ist von ~ (aus) schüchtern** he is shy by nature, he is naturally shy; **das geht mir wider die ~** that goes against my nature (*od.* the grain); **das Lügen ist ihm zur zweiten ~ geworden** lying has become his second nature (*od.* second nature with *od.* to him). **4.** ⟨*only sg*⟩ constitution, nature; **er hat e-e gesunde ~** he has a healthy constitution. **5.** character, person; **sie ist e-e schöpferische ~** she is a creative person.

Na·tu'ral·beˌzü·ge [natu'raːl-] *pl* remuneration (*od.* payment) *sg* in kind.

Na·tu·ra·li·en [natu'raːlĭən] *pl* **1.** natural produce *sg*; **in ~ zahlen** pay in kind. **2.** natural history objects (*od.* specimens). **~ka·biˌnett** *n*, **~ˌsamm·lung** *f* natural history collection.

Na·tu·ra·li|sa·ti·on [naturaliza'tsĭoːn] *f* ⟨-; -en⟩ naturalization. **2'sie·ren** [-'ziːrən] **I** *v/t* ⟨*no* **ge-**, **h**⟩ naturalize; **sich ~ lassen** get (*od.* become) naturalized. **II** *v/reflex* **sich ~** *Pflanze, Tier etc*: become naturalized. **~'sie·rung** *f* ⟨-; -en⟩ naturalization.

Na·tu·ra|lis·mus [natura'lɪsmʊs] *m* ⟨-; -men⟩ **1.** ⟨*only sg*⟩ naturalism (*a. relig.*). **2.** naturalism, naturalistic trait. **~'list** [-'lɪst] *m* ⟨-en; -en⟩ naturalist. **2'li·stisch** *adj* naturalist(ic).

Na·tu'ral|ˌlei·stung *f* payment in kind. **~ˌlohn** *m* wage(s *pl*) in kind. **~ˌwert** *m* value in kind. **~ˌwirt·schaft** *f* barter economy. **~ˌzins** *m* rent paid in (farm) produce (*od.* in kind).

Na'tur|ˌanˌla·ge *f* (natural) disposition, temper(ament), nature. **~ˌarzt** *m* naturopath. **~ˌaufˌnah·me** *f Film*: nature-shot. **~beˌobˌach·tung** *f* observation of nature, nature study. **~beˌschrei·bung** *f* description of nature, physiography. **~ˌbur·sche** *m colloq.* child of nature. **~ˌdenkˌmal** *n* natural monument.

Na·tu·rell [natu'rɛl] **I** *n* ⟨-s; -e⟩ disposition, temper(ament), nature; **von lebhaftem ~** vivacious. **II 2** *adj gastr.* au naturel.

Na'tur|erˌeig·nis *n* natural occurrence. **~erˌschei·nung** *f* natural phenomenon. **~erˌzeug·nis** *n* → **Naturprodukt**. **2ˌfar·ben** *adj* natural(-colo[u]red). **~ˌfarbˌstoff** *m chem.* natural dye. **~ˌfa·ser** *f Textil.* natural fib/re (*Am.* -er). **~ˌfor·scher** *m* **1.** naturalist. **2.** (natural) scientist. **~ˌfor·schung** *f* **1.** study of nature. **2.** natural science. **~ˌfreund** *m* nature lover. **~ˌga·be** *f* gift of nature, natural talent. **~ˌgas** *n* natural gas. **~geˌfühl** *n* feeling for nature. **2geˌge·ben** *adj* natural. **2geˌmäß** *adj u. adv* natural(ly), according to nature. **~geˌschich·te** *f* natural history. **2geˌschicht·lich** *adj* of (*od.* relating to) natural history. **~geˌsetz** *n* law of nature, natural law. **2geˌtreu** *adj* true to nature (*od.* life), natural, lifelike. **~geˌwalt** *f meist pl* force of nature. **~ˌgum·mi** *n*, *a. m* → **Naturkautschuk**. **2haft** *adj* natural. **2ˌhart** *adj Stahl*: self-hardening. **~ˌhausˌhalt** *m* economy of nature, ecology. **~ˌheilˌkun·de** *f* naturopathy. **~ˌheilˌkun·di·ge** *m* naturopath. **~ˌheil·verˌfah·ren** *n* treatment with natural remedies, naturopathy. **2hiˌsto·risch** *adj* → **naturgeschichtlich**. **~ka·taˌstro·phe** *f* natural catastrophe (*od.* disaster). **~ˌkau·tschuk** *m* natural rubber, Indian rubber. **~ˌkind** *n* child of nature. **~konˌstan·te** *f meist pl phys.* physical constant. **~ˌkraft** *f meist pl* natural power (*od.* force). **~ˌkun·de** *f* **1.** natural history. **2.** *ped.* nature study, biology. **2ˌkund·lich** [-ˌkʊntlɪç] *adj* of (*od.* relating to) natural history (*od.* biology). **~ˌland·schaft** *f* natural landscape (unspoilt by man). **~ˌleh·re** *f* **1.** physics and chemistry. **2.** (*Lehrfach*) general science. **~ˌlehr·pfad** *m* nature trail.

na·tür·lich [na'tyːrlɪç] **I** *adj* **1.** natural, of (*od.* relating) to nature; *geogr.* **~es Hindernis** natural (*od.* topographical) obstacle (*od.* barrier); **ein ~es Bedürfnis befriedigen** a) satisfy a natural need, b) *euphem.* relieve nature. **2.** (*echt*) real, natural, actual, genuine; **~e Pflanzen** real (*od.* genuine) plants; **~e Größe** real (*od.* actual, full) size. **3.** (*angeboren*) natural, native, innate, (in)born; **~e Anmut** natural charm. **4.** (*normal*) natural, normal, usual; **e-s ~en Todes sterben** die a natural death, *jur.* die of a natural cause; **das geht nicht mit ~en Dingen zu** there is s. th. uncanny (*od.* unnatural) about it. **5.** (*unverbildet*) natural, unaffected, artless; **ein ~es Wesen** a natural way of behaving. **6.** (*selbstverständlich*) natural; **das ist die ~ste Sache von der Welt** it is perfectly (*od.* only) natural; **es ist ganz ~, daß** it stands to reason that. **7.** (*naturgetreu*) natural, true to nature (*od.* life), lifelike; **das Photo ist sehr ~** the photograph looks (*od.* is) very lifelike. **8.** *jur.* natural; **ein ~es Kind** a) one's own (not adopted) child, b) *archaic* a natural (*od.* an illegitimate) child. **9.** *ling. Geschlecht, Zahlen, Logarithmus*: natural. **10.** *tech.* **~er Maßstab** plain scale. **II** *adv* **11.** (*ungekünstelt*) naturally, in a matter-of-course way; **sich ~ geben** act (*od.* behave) naturally; **das geht ganz ~ zu** there is nothing strange about it. **12.** (*selbstverständlich*) naturally, of course, certainly, surely, *Am. colloq.* sure, course (*alle a. interj*). **III 2e, das** ⟨-n⟩ **13.** the naturalness, the unaffectedness. **na'tür·li·cher'wei·se** *adv* (quite) naturally. **Na'tür·lich·keit** *f* ⟨-; *no pl*⟩ **1.** naturalness. **2.** *der Wiedergabe*: faithfulness, realism.

Na'tur|ˌmensch *m* **1.** child of nature. **2.** nature lover. **3.** primitive man. **~ˌnotˌwen·dig·keit** *f* absolute (*od.* physical) necessity. **~ˌpark** *m* wildlife park. **~phi·loˌsoph** *m* natural philosopher. **~phi·lo·soˌphie** *f* natural philosophy. **~proˌdukt** *n econ.* natural product. **~ˌrecht** *n* natural right (*od.* law). **~ˌreich** *n* kingdom of nature. **2ˌrein** *adj* unadulterated, without (chemical) additives. **~re·li·giˌon** *f* natural religion. **~ˌschät·ze** *pl* natural resources. **~ˌschau·spiel** *n* natural phenomenon. **~ˌschön·heit** *f meist pl* beauty of nature; **reich an ~en** scenic. **~ˌschutz** *m* nature protection, nature (*od.* wildlife) conservation; **unter ~ stehen** be protected. **~ˌschüt·zer** *m* conservationist. **~ˌschutz·geˌbiet** *n* national park, wildlife sanctuary, protected area, nature (*od.* wildlife) (p)reserve. **~ˌschutzˌpark** *m* national park. **~ˌschwamm** *m* natural sponge. **~ˌspiel** *n* freak of nature. **~ˌstein** *m* **1.** (natural) stone. **2.** *geol.*

rocks *pl.* **~taˌlent** *n colloq.* (*Person*) natural. **~thea·ter** [-teˌaːtər] *n* open-air (*od.* outdoor) theat/re (*Am.* -er). **~ˌtreue** *f* fidelity (*od.* close resemblance) to nature, lifelikeness, realism. **~ˌtrieb** *m* (natural) urge, instinct. **2verˌbun·den** *adj* close to nature. **~ˌvolk** *n* primitive race (*od.* tribe). **2ˌvoll** *adj* natural. **~ˌwein** *m* pure (*od.* unadulterated) wine. **2ˌwid·rig** *adj* **1.** contrary to nature, unnatural. **2.** abnormal. **~ˌwis·sen·schaft** *f meist pl* (natural) science, hard science. **~ˌwis·sen·schaft·ler** *m* (natural) scientist, hard scientist. **2ˌwis·sen·schaft·lich I** *adj* scientific; **~e Abteilung** department of (natural) science. **II** *adv* scientifically; *ped.* **~ ausgerichtet** stressing the (natural) sciences. **2ˌwüch·sig** [-ˌvyːksɪç] *adj* natural, earthy; → *a.* **urwüchsig**. **~ˌwun·der** *n* **1.** wonder of nature, natural wonder. **2.** (*Person*) prodigy. **~ˌzuˌstand** *m* natural (*od.* original) state, (**im ~** in a) state of nature.

'nauf [nauf] *adv colloq. for* **hinauf**.

'naus [naus] *adv colloq. for* **hinaus**.

Nau·tik [ˈnautɪk] *f* <-; *no pl*> *mar.* navigation, (*Lehrfach*) *a.* nautics *pl* (*als sg konstruiert*), nautical science. **ˈNau·ti·ker** [-tikər] *m* <-s; -> navigator. **nau·tisch** [ˈnautɪʃ] *adj* nautical.

Na·vi·ga·ti·on [navigaˈtsi̯oːn] *f* <-; *no pl*> *aer. mar.* navigation.

Na·vi·ga·tiˈonsǀˌfeh·ler *m aer. mar.* navigational error. **~in·struˌmen·te** *pl* navigation instruments. **~ˌkar·te** *f* navigation(al) chart. **~of·fiˌzier** *m mar.* navigation (*od.* navigating) officer, navigator. **~ˌra·dar** *n* navigational radar. **~ˌraum** *m* chart room (*od.* house). **~sa·telˌlit** *m Raumfahrt*: navigation satellite. **~ˌschu·le** *f mar.* nautical college, navigation school.

Na·viǀga·tor [naviˈgaːtɔr] *m* <-s; -en [-gaˈtoːrən]> *aer.* navigator. **2ˈgie·ren** [-ˈgiːrən] *v/t u. v/i* <*no* **ge-**, **h**> *aer. mar.* navigate.

Na·zi [ˈnaːtsi] *m* <-s; -s> *pol. hist. contp.* Nazi. **Na·zis·mus** [naˈtsɪsmus] *m* <-; *no pl*> Nazism. **naˈzi·stisch** [-tɪʃ] *adj* Nazi.

ˈNa·ziˌzeit *f pol. hist. contp.* Nazi period.

ne [neː] *adv colloq.* no.

'ne [nə] *colloq. for* **eine** (*Artikel*).

Ne·an·der·ta·ler [neˈandərˌtaːlər] *m* <-s; ->, **Neˈan·derˌtalˌmensch** *m anthrop.* Neandert(h)al Man.

Nea·po·liǀta·ner [neapoliˈtaːnər] *m* <-s; -> **1.** Neapolitan, native (*od.* inhabitant) of Naples. **2.** *mus.* Neapolitan sixth chord. **2ˈta·nisch** *adj* Neapolitan, of (*od.* relating to) Naples.

neb·bich [ˈnɛbɪç] **I** *interj colloq.* **1.** too bad! **2.** so what!, who cares! **II** **2** *m* <-s; -e> **3.** nobody.

Ne·bel [ˈneːbəl] *m* <-s; -> **1.** *a. fig.* fog, mist, *leichter*: haze; **dichter** (*od.* **dicker**) **~** thick (*od.* heavy) fog; **leichter** (*od.* **feiner**) **~** light fog, mist; *meteor.* **stellenweise ~** fog in patches; *mar.* **vom ~ behindert** fogbound; **in ~ gehüllt** *a. fig.* shrouded in fog; **der ~ fällt** (*od.* **senkt sich**) the fog is settling; **der ~ hebt sich** the fog is lifting; *fig.* **im ~ der Vergangenheit** in the mists of time; *colloq.* **fällt aus wegen ~** it's off. **2.** *bes. mil.* a) (*Tarn2*) smoke, b) → **Nebelvorhang**. **3.** *astr.* nebula. **~ˌaufˌlö·sung** *f meteor.* fog dispersal. **~ˌbank** *f* fogbank. **~ˌbo·je** *f mar.* fog buoy. **~ˌbom·be** *f* smoke bomb. **~ˌdecke** (*getr.* **-k·k-**) *f meteor.* blanket of fog. **~ˌdü·se** *f tech.* atomizer nozzle. **~ˌfeld** *n meteor.* patch of fog. **2ˌfeucht** *adj* dank. **2haft** *adj* *fig.* nebulous, hazy, dim, vague, obscure, *colloq.* foggy; **noch in ~er Ferne** still in the dim future. **~ˌhorn** *n mar.* foghorn.

ˈne·be·lig *adj* foggy, misty, hazy.

ˈNe·belǀˌkrä·he *f orn.* hooded crow, saddleback. **~ˌlam·pe**, **~ˌleuch·te** *f* → **Nebelscheinwerfer**. **~ˌmo·nat**, **~ˌmond** *m obs. od. poet.* November.

ne·beln [ˈneːbəln] **I** *v/impers* <**h**> **es nebelt** it is foggy (*od.* misty). **II** *v/i agr.* spray (pesticides).

ˈNe·belǀˌre·gen *m* drizzle, drizzling rain (*od.* fog). **~ˌscheinˌwer·fer** *m mot.* fog-lamp. **~ˌschlei·er** *m* veil of fog (*od.* mist). **~ˌschlußˌleuch·te** *f* fog taillight (*od.* rear light), rear foglight. **~ˌschwa·den**, **~ˌstrei·fen** *m meist pl* streak (*od.* swath) of fog. **~ˌtopf** *m mil.* smoke generator. **~ˌvorˌhang** *m mil.* smoke screen. **~ˌwand** *f* **1.** wall of fog. **2.** *mil.* smoke screen. **~ˌwer·fer** *m mil.* **1.** smoke mortar. **2.** → **Mehrfachraketenwerfer**. **~ˌwet·ter** *n* foggy weather.

ne·ben [ˈneːbən] *prep* **1.** <*dat u. acc*> *örtlich*: by, beside, by (*od.* at) the side of, alongside (of), *ganz dicht*: close to, near (to), *unmittelbar*: next to; **ihr Boot legte ~ dem unseren an** their boat docked alongside ours; **setzen Sie sich ~ mich** come and sit beside (*od.* next to) me. **2.** <*dat*> (*außer*) besides, apart from, in addition to, independently of; **~ anderen Dingen** among other things. **3.** <*dat*> (*verglichen mit*) in comparison with, compared with (*od.* to), beside; **~ ihr kannst du nicht bestehen** compared to her you are a cipher. **4.** <*dat*> (*gleichzeitig mit*) simultaneously with, at the same time as.

ˈNe·benǀˌabˌre·de *f jur.* additional (*od.* collateral) agreement (*od.* clause). **~ˌabˌsicht** *f* secondary motive (*od.* purpose). **~akˌzent** *m ling.* secondary (*mus. a.* subordinate) accent. **~ˌamt** *n* **1.** branch (*od.* subsidiary) office. **2.** additional job, *Am. a.* by-job. **3.** *teleph.* branch exchange. **2ˌamt·lich** *adj* in addition to one's regular duties, spare-time. **2ˈan** [ˌneːbən-] *adv* next-door, in the next house (*od.* room). **~ˌanˌschluß** *m teleph.* **1.** extension. **2.** P.B.X., private branch exchange. **~ˌanˌtrieb** *m mot.* auxiliary drive. **~ˌar·beit** *f* **1.** extra (*od.* additional) work; → **Nebenberuf**. **2.** minor work (*od.* job). **~ˌarm** *m geogr.* subsidiary branch. **~ˌausˌga·be** *f* **1.** *pl econ.* extra (*od.* additional, incidental) expenses, incidentals, extras. **2.** *e-r Zeitung*: regional edition of a national paper. **~ˌausˌgang** *m* side exit (*od.* door). **~ˌbahn** *f* branch (*od.* local, secondary) line, *Am.* shortline railroad. **~beˌdeu·tung** *f* connotation, secondary meaning. **2ˈbei** [ˌneːbən-] *adv* **1.** (*außerdem*) besides, in addition, moreover, (along) with it; **sich ~ mit e-r Sache beschäftigen** *aus Liebhaberei*: dabble in s. th. **2.** (*beiläufig*) by the way, by the by(e), incidentally, in passing; **~ bemerkt** (*od.* **gesagt**) incidentally, by the way; **er hat es nur so ganz ~ erwähnt** he just happened to be mentioning it. **3.** *dial. for* **nebenan**. **~beˌruf** *m* secondary occupation, second (*od.* extra) job, sideline; **im ~** → **nebenberuflich** II. **2beˌruf·lich I** *adj* sideline. **II** *adv* as a sideline (*od.* secondary occupation), *colloq.* on the side. **~beˌschäf·ti·gung** *f* → **Nebenberuf**. **~ˌbuch** *n meist pl* *econ.* subsidiary book. **~ˌbuh·ler** *m*, **~ˌbuh·le·rin** *f* rival. **~ˌbür·ge** *m*, **~ˌbürg·schaft** *f jur.* collateral surety. **~ˌdarˌstel·ler** *m thea. Film*: supporting actor. **~ˌding** *n* minor (*od.* unimportant) matter.

ˌne·ben·einˈan·der I *adv* side by side, beside (*od.* next to) one another, abreast, *Rennpferde*: neck and neck (*a. fig.*), *Läufer*: shoulder to shoulder (*a. fig.*); **~ gehen** walk side by side; **~ wohnen** live next door to each other; **~ bestehen** coexist; **nur ~ dahinleben** just live alongside one another. **II** **2** *n* <-s; *no pl*> coexistence. **~ˈher** [ˌneːbənˌʔaɪnandər-] *adv* side by side. **2ˌle·ben** *n* <-s; *no pl*> coexistence. **~ˌle·gen** *v/t* <*sep*, **-ge-**, **h**> put (*od.* lay, place) (*things*) side by side, juxtapose. **~ˌlie·gen** *v/i* <*irr*, *sep*, **-ge-**, **h** *u.* **sein**> lie side by side (*od.* beside each other, together). **~ˌschal·ten** *v/t* <*sep*, **-ge-**, **h**> *electr.* connect in parallel, shunt. **~ˌset·zen I** *v/t* <*sep*, **-ge-**, **h**> **Personen ~** seat persons (*od.* have persons sit) next to each other (*od.* side by side). **II** *v/reflex* **sich ~** sit down next to each other (*od.* side by side). **~ˌsit·zen** *v/i* <*irr*, *sep*, **-ge-**, **h** *u.* **sein**> sit next to each other (*od.* side by side). **~ˌste·hen** *v/i* <*irr*, *sep*, **-ge-**, **h** *u.* **sein**> stand side by side. **~ˌstel·len** *v/t* <*sep*, **-ge-**, **h**> **1.** put (*od.* place) (*things*, *persons*) side by side (*od.* next to each other), arrange (*things*) parallel to each other, juxtapose. **2.** *fig. vergleichend*: compare. **2ˌstel·lung** *f* **1.** juxtaposition. **2.** *fig.* comparison.

ˈNe·benǀˌeinˌgang *m* side entrance. **~ˌeinˌkom·men** *n*, **~ˌeinˌkünf·te** *pl*, **~ˌeinˌnah·men** *pl econ.* supplementary (*od.* additional) income, casual (*od.* incidental) earnings *pl*, perquisites. **~erˌschei·nung** *f* side effect. **~erˌwerb** *m* → **1.** **Nebeneinkommen**. **2.** **Nebenberuf**. **~erˌwerbs·beˌtrieb** *m agr.* smallholding. **~erˌwerbsˌland·wirt** *m* part-time farmer. **~erˌzeug·nis** *n econ.* by-product. **~ˌfach** *n ped.* subsidiary subject, *Am.* minor (subject); **et. im ~ studieren** take s. th. as a subsidiary subject, *Am.* minor in s. th. **~fiˌgur** *f* **1.** *e-s Romans etc*: minor character, *thea. im Drama*: subsidiary character. **2.** *Kunst*: accessory (figure). **3.** *Schach*: minor piece. **4.** *fig.* unimportant person. **~ˌflü·gel** *m arch.* side (*od.* lateral) wing. **~ˌfluß** *m geogr.* tributary, affluent, confluent. **~ˌform** *f* variant. **~ˌfra·ge** *f* question of secondary importance, side-issue. **~ˌfrau** *f* **1.** secondary wife, concubine. **2.** *colloq.* mistress. **~ˌgas·se** *f* by-lane, side lane. **~geˌbäu·de** *n* **1.** next-door (*od.* adjoining) building. **2.** (*Anbau*) annex(e), outbuilding. **~geˌbüh·ren** *pl econ.* incidental (*od.* additional, extra) charges. **~geˌdan·ke** *m* **1.** secondary thought. **2.** → **Nebenabsicht**. **~geˌlei·se** *n* → **Nebengleis**. **~geˌräusch** *n* **1.** ambient noise, *teleph.* extraneous noise. **2.** *med.* secondary murmur. **~geˌricht** *n gastr.* side dish, entremets *pl* (*als sg od. pl konstruiert*). **~geˌschmack** *m* → **Beigeschmack**. **~geˌstein** *n Bergbau*: surrounding strata *pl*, country rock. **~geˌwinn** *m econ.* incidental (*od.* extra, casual) profit. **~ˌgleis** *n rail.* siding; *fig. colloq.* **j-n auf ein ~ schieben** relegate s.o. to the background; **et. auf ein ~ schieben** (*Problem etc*) sideline s. th. **~ˌhand·lung** *f im Roman etc*: subplot, secondary plot. **~ˌhaus** *n* → **1.** **Nachbarhaus**. **2.** **Nebengebäude**.

ˌne·benˈher *adv* **1.** **nebenbei** 1, 2. **2.** by his (*od.* her) side, beside, alongside. **3.** *colloq.* **e-e Freundin ~ haben** *sl.* have a bit of fluff on the side. **~ˌge·hen** *v/i* <*irr*, *sep*, **-ge-**, **sein**> walk beside (*od.* alongside). **~ˌge·hend** *adj* accessory, secondary, additional, extra, minor. **~ˌlau·fen** *v/i* <*irr*, *sep*, **-ge-**, **sein**> walk (*od.* run) beside (*od.* alongside).

ˌne·benˈhin *adv* casually, lightly.

ˈNe·ben|ˌho·den *m anat.* epididymis. **~ˌhöh·le** *f der Nase*: (paranasal) sinus, *des Oberkiefers*: antrum, maxillary sinus, *der Stirn*: frontal sinus. **~ˌhöh·len·kaˌtarrh** *m* sinusitis. **~in·terˌes·se** *n* side (*od.* private, additional) interest. **~in·ter·venˌtion** *f jur.* (third-party) intervention. **~ˌkla·ge** *f jur.* accessory prosecution (*by injured party*). **~ˌklä·ger** *m* accessory (private) prosecutor. **~ˌko·sten** *pl econ.* **1.** additional (*od.* extra, *bes. unvorhergesehene*: incidental) expenses, incidentals, extras. **2.** petty costs (*od.* expenses). **~ˌlei·stung** *f econ.* supplementary (*od.* additional) payment (*od.* delivery). **~ˌli·nie** *f* **1.** *e-s Geschlechtes*: side line, collateral line (*od.* branch). **2.** *rail.* branch line. **~ˌmann** *m* ⟨-(e)s; ⸗er *u.* -leute⟩ neighbo(u)r, *bes. mil.* next man. **~ˌmensch** *m* → Mitmensch. **~ˌmond** *m astr.* mock moon, moon dog, paraselene. **~ˌnie·re** *f anat.* suprarenal body (*od.* gland), adrenal (gland). **~ˌnie·renˌrin·de** *f* adrenal (*od.* suprarenal) cortex. **≈ˌord·nen** *v/t* ⟨*only inf and pp* **nebengeordnet, h**⟩ coordinate. **~paˌtent** *n jur.* collateral patent. **~perˌson** *f* → Nebenfigur 4. **~proˌdukt** *n* **1.** *chem. tech.* by-product. **2.** *fig. e-r Entwicklung etc*: fallout, *der Raumforschung etc*: spin-off. **~ˌpunkt** *m* minor point, side issue. **~ˌraum** *m* **1.** → Nebenzimmer. **2.** (*Abstellraum*) small storeroom. **~ˌrech·te** *pl jur. aus e-m Vertrag*: subsidiary rights. **~ˌrol·le** *f thea. Film*: supporting part; **kleine ~** small (*od.* minor, bit) part; *fig.* **e-e ~ spielen** play a minor part (*od.* a tangential role) (**bei** in). **~ˌsa·che** *f* secondary (*od.* minor, accessory) matter (*od.* consideration); **das ist ~** that's a minor detail, that's quite unimportant (here); **der Preis ist ~** the price is immaterial (*od.* of minor importance).

ˈne·benˌsäch·lich I *adj* unimportant, insignificant, trivial, (*abwegig*) irrelevant; **e-e ~e Rolle spielen** be of minor importance; **es ist völlig ~, ob** it is of no importance (*od.* consequence) whether, it does not matter whether; **wir sprachen über die ~sten Dinge** we talked about trifles. **II ≈e, das** ⟨-n⟩ → Nebensächlichkeit 1. **≈keit** *f* ⟨-; -en⟩ **1.** ⟨*only sg*⟩ unimportance, irrelevance. **2.** matter of secondary importance, trifle, triviality.

ˈNe·ben|ˌsatz *m ling.* subordinate clause. **~ˌschildˌdrü·se** *f anat.* parathyroid (gland).

ˈNe·benˌschluß *m electr.* shunt, bypass. **~ˌmo·tor** *m* shunt motor. **~ˌwi·derˌstand** *m electr.* bleeder (*od.* shunt) resistance.

ˈNe·ben|ˌsen·der *m Radio*: relay (*od.* slave) station; **lokaler ~** regional station. **~ˌsi·cher·heit** *f econ.* collateral (security). **~ˌson·ne** *f astr.* mock sun, sun dog, parhelion. **~ˌspre·chen** *n teleph.* cross talk. **≈ˌste·hend I** *adj* accompanying, *Abbildung etc*: *a.* opposite, *am Rande*: marginal. **II** *adv* opposite. **~ˌstel·le** *f* **1.** (sub)branch office. **2.** (*Vertretung*) agency. **3.** *teleph.* extension. **~ˌstel·lenˌanˌla·ge** *f* → Nebenanschluß 2. **~ˌstra·fe** *f jur.* subsidiary penalty. **~ˌstra·ße** *f* side-street, by-street, minor road, by-road. **~ˌstrecke** (*getr.* -k·k-) *f rail.* branch line. **~ˌtisch** *m* next table. **~ˌton** *m* **1.** *mus.* neighbo(u)ring note (*od.* tone), overtone, *pl* secondary notes (*od.* tones), seconds. **2.** *ling.* secondary accent (*od.* stress). **3.** *teleph.* side-tone. **~ˌtonˌart** *f mus.* attendant key. **~ˌtrep·pe** *f arch.* service stairs *pl*, backstairs *pl* (*beide als sg od. pl konstruiert*). **~ˌtür** *f* **1.** side (*od.* back) door, postern. **2.** (*Nachbartür*) next door. **~ˌumˌstand** *m* **1.** accessory circumstance. **2.** *bes. philos.* adjunct. **~ˌurˌsa·che** *f* secondary cause. **~verˌdienst** *m* additional (*od.* supplementary, extra) earnings *pl*. **~verˌfah·ren** *n jur.* ancillary (*od.* interlocutory) proceedings *pl*. **~verˌsi·che·rung** *f econ.* collateral insurance. **~verˌtrag** *m* collateral agreement, subcontract. **~ˌweg** *m* byway, bypath; **auf ~en** by an indirect route. **~ˌwin·kel** *m math.* adjacent (*od.* supplementary) angle. **~ˌwir·kung** *f* side-effect, by-effect, secondary effect. **~ˌzim·mer** *n* next (*od.* adjoining) room. **~ˌzweck** *m* → Nebenabsicht. **~ˌzweig** *m* **1.** *fig.* lateral branch. **2.** *econ.* sideline.

neb·lig [ˈneːblɪç] *adj* → nebelig.

nebst [neːpst] *prep* ⟨*dat*⟩ (together *od.* along) with, (*einschließlich*) including.

ne·bu·los [nebuˈloːs], **ne·buˈlös** [-ˈløːs] *adj fig. Ideen etc*: nebulous, obscure, hazy, vague, *colloq.* foggy.

Ne·ces·saire [nesɛˈsɛːr] (*Fr.*) *n* ⟨-s; -s⟩ toilet bag (*od.* case), *Am.* travel kit; → Nagelnecessaire, Reisenecessaire.

necken (*getr.* -k·k-) [ˈnɛkən] *v/t* ⟨h⟩ tease, *colloq.* chaff, kid; **j-n ~ mit** tease s. o. with (*od.* about) *s. o., s. th.*; **sich** (*od.* **einander**) **~** tease each other; → lieben 2. **Necke'rei** (*getr.* -k·k-) *f* ⟨-; -en⟩ teasing, banter(ing), *colloq.* chaff(ing), kidding. **ˈneckisch** (*getr.* -k·k-) *adj* **1.** (fond of) teasing. **2.** (*drollig*) droll, *bes. Am.* cute, (*mutwillig*) playful, (*verschmitzt*) roguish, arch, impish, (*kokett*) coquettish.

Neer [neːr] *f* ⟨-; -en⟩, **~ˌstrom** *m mar.* eddy.

Nef·fe [ˈnɛfə] *m* ⟨-n; -n⟩ nephew.

Ne·ga·ti·on [negaˈtsĭoːn] *f* ⟨-; -en⟩ **1.** negation. **2.** *ling.* negative.

ne·ga·tiv [negaˈtiːf; ˈneː-] **I** *adj allg.* negative (*a. electr. math. phys. phot.*), *Kritik*: *a.* destructive, *Aspekt etc*: *a.* unfavo(u)rable; **~er Pol** negative (*od.* minus) pole. **II** *adv* negatively; **er antwortete ~** *a.* he answered in the negative; *electr.* **~ geladen** negative(ly charged).

Ne·ga·tiv [negaˈtiːf; ˈneː-] *n* ⟨-s; -e⟩ *phot.* negative. **~ˌbei·spiel** *n* negative example. **~ˌbild** *n phot.* negative. **~ˌfilm** *m* negative film.

Ne·ga·tron [ˈneːgatrɔn] *n* ⟨-s; -en [negaˈtroːnən]⟩ *phys.* negatron, negative electron.

Ne·ger [ˈneːgər] *m* ⟨-s; -⟩ Negro. **ˈNe·ge·rin** *f* ⟨-; -nen⟩ Negress.

ˈNe·ger|ˌkind *n* Negro child. **~ˌkuß** *m gastr.* cream-filled chocolate cake. **~ˌskla·ve** *m hist.* Negro slave.

ne·gie|ren [neˈgiːrən] *v/t* ⟨*no* **ge-, h**⟩ negate, deny. **≈rung** *f* ⟨-; -en⟩ negation.

Ne·gli·gé [negliˈʒeː] *n* ⟨-s; -s⟩ negligee, dressing (*bes. Am.* morning) gown; **im ~** *oft a.* in a state of undress.

ne·grid [neˈgriːt] *adj*, **Neˈgri·de** *m* ⟨-n; -n⟩, **ne·gro·id** [negroˈiːt] *adj*, **Ne·groi·de** [-ˈiːdə] *m* ⟨-n; -n⟩ Negroid.

neh·men [ˈneːmən] **I** *v/t* ⟨**nimmt, nahm, genommen, h**⟩ **1.** take. **2.** (*in Besitz ~*) take (hold of), seize, grab; **alles ~, was man kriegen kann** take all that one can get. **3. j-m et. ~** take s. th. (away) from s. o. (*a. fig. Angst, Freiheit etc*), *fig.* (*Hemmungen etc*) free s. o. from s. th., (*Rechte etc*) deprive s. o. of s. th., (*Hoffnung, Ruhe etc*) rob s. o. of s. th.; *fig.* **j-m das Brot ~** take away s. o.'s livelihood, deprive s. o. of a living; **j-m jede Gelegenheit ~** rob s. o. of every opportunity; **j-m jeden Zweifel ~** relieve s. o.'s mind of all doubt(s); *lit.* **ihr Sohn ist ihnen genommen worden** their son was taken (away) from them; *fig.* **ich lasse es mir nicht ~** I won't be talked out of it, I insist (upon it). **4.** (*Hindernis etc*) take, clear, *mot.* (*Kurve*) take, negotiate, (*Steigung*) do; **zwei Stufen auf einmal ~** take two steps at a time; *a. fig.* **er nahm alle Hürden** he took all hurdles. **5.** (*stehlen*) take, rob, steal; **der Einbrecher nahm alles, was er fand** the burglar took everything he found. **6.** *bei Tisch*: have, take, help o. s. to; **sie nahm sich** (*dat*) **noch ein Stück Kuchen** she helped herself to another piece of cake; **~ Sie Bier oder Wein?** will you have beer or wine?; **~ Sie Zucker?** do you take sugar? **7.** (*ein~*) take (*a medicine*), *ständig*: be on (*a drug, pill*). **8.** (*benutzen*) take, use; **das Auto** (**ein Taxi, den Zug**) **~** take the car (a taxi, the train). **9.** (*auffassen*) take; **alles in allem genommen** take all in all; **et. buchstäblich** (*od.* **wörtlich**) **~** take s. th. literally; **wenn man's recht** (*od.* **genau**) **nimmt** strictly speaking; **wie man's nimmt** that depends (on one's point of view); **~ wir den Fall, daß** (let us) suppose (*od.* assume) that; **et. wichtig ~** consider s. th. important. **10.** (*akzeptieren*) take, accept. **11.** (*kaufen*) buy, take, purchase. **12.** (*wählen*) take, choose. **13.** (*verlangen*) charge, take, ask, demand; **wieviel ~ Sie?** how much do you charge (*od.* are you asking)? **14.** (*behandeln*) handle, deal with; **er versteht es, die Kunden richtig zu ~** he has a way with the customers. **15.** (*entgegen~*) take, accept; **kein Trinkgeld ~** not to accept tips; **~ Sie m-n herzlichen Dank** please accept my sincere thanks (*od.* gratitude); **Geld ~** a) take money, b) (*bestechlich sein*) take bribes. **16.** *fig.* (*erleichtern*) take away; **die Tablette nimmt den Schmerz** the tablet will take away the pain. **17. sich** (*dat*) **j-n ~** take (*od.* engage, hire) s. o.; **sich e-e Frau ~** take a wife, get married, marry; **sich e-n Anwalt ~** retain a lawyer. **18.** (**sich** *dat*) **Urlaub ~** a) take a holiday, b) take time off; **Stunden ~** take lessons; **sich** (*dat*) **die Zeit für e-e Sache ~** find the time for s. th. **19.** (*Zimmer etc*) take, rent. **20.** *mil.* (*Stellung etc*) take, capture, seize. **21.** *Spiele*: (*Turm, Stich etc*) take. **22.** *gastr.* take; **man nehme 3 Eier** take 3 eggs. **II** *v/i* **23. woher ~, und nicht stehlen?** where do you think I'd get that?; **~ Sie noch!** do have some more!; **er will immer nur ~ und nicht geben** with him it's all take and no give. **III ≈** *n* ⟨-s⟩ **24.** taking (*etc*); → geben V, hart 2.

Verbindungen mit Präpositionen:

et. an sich ~ a) take s. th., *unrechtmäßig*: *a.* misappropriate (*od.* purloin) s. th., b) *auf Zeit*: take care of (*od.* look after) s. th., put s. th. in safekeeping; **et. auf** (*acc*) **sich ~** take s. th. upon o. s., undertake (to do) s. th., take it upon o. s. to do s. th.; **die Folgen auf sich ~** take (*od.* bear) the consequences, *colloq.* face the music; **ein Buch aus dem Regal ~** take a book from the shelf; **wir nahmen sie in die Mitte** we took her in the middle (*od.* between us); **e-e Festung im Sturm ~** take a fortress by storm; **ein Mädchen mit Gewalt ~** violate (*od.* rape, ravish, force) a girl; **j-n zum Gehilfen ~** take (*od.* engage) s. o. as an assistant; **et.** (*od.* **e-e Kleinigkeit**) **zu sich ~** have (*od.* take, help o. s. to) s. th. to eat; **er hat seit Tagen nichts zu sich genommen** he hasn't eaten (*od.* taken any food) for days; **j-n zu sich ~** have s. o. to live with one, take s. o. into one's house; *lit.* **Gott hat ihn zu sich genommen** God has taken him unto himself; **sie nahmen ihn zwischen sich** they took him between them (*od.* in the middle); → **Angriff, Anspruch, Augenschein** (*etc*).

'**Neh·mer** *m* ⟨-s; -⟩ taker, receiver, *econ.* buyer, purchaser.

Neh·rung ['ne:rʊŋ] *f* ⟨-; -en⟩ *geogr.* spit, sand bar.

Neid [naɪt] *m* ⟨-(e)s; *no pl*⟩ envy, enviousness, jealousy; *colloq.* **der blanke** (*od.* **blasse**) ~ sheer envy, (mere) jaundice; **grün** (*od.* **blaß**) **vor** ~ green with envy; **vor ~ platzen** be bursting with envy (*od.* jealousy); **an ihm zehrt** (*od.* **frißt**) **der** ~ he is simply eaten up with envy (*od.* jealousy); **j-s ~ erregen** arouse (*od.* excite) s. o.'s envy (*od.* jealousy), be the envy of s. o.; **aus ~ auf j-n** (**et.**) from envy of s. o. (at s. th. ; **das muß ihm der ~ lassen** you've got to hand it to him; **das ist nur der ~ der Besitzlosen** that's just pure jealousy. **nei·den** ['naɪdən] *v/t* ⟨h⟩ **j-m et.** ~ envy s. o. s. th., (be)grudge s. o. s. th. '**Nei·der** *m* ⟨-s; -⟩ envious (*od.* jealous) person; **er hat viele** ~ there are many who are envious of (*od.* grudge him) his success. '**neid·er,füllt** *adj Blick etc*: filled with envy (*od.* jealousy), envious, jealous. '**Neid·,ham·mel** *m contp.* dog in the manger, (be)grudging person. '**nei·disch I** *adj* envious, jealous (*beide*: **auf** *acc* of), (be)grudging. **II** *adv* enviously, with envy. '**neid·los** *adj* free from (*od.* without) envy (*od.* jealousy).

Nei·ge ['naɪgə] *f* ⟨-; -n⟩ **1.** (*Neigung*) slope, incline, slant; **auf der ~ sein** be inclined, be aslant, (*am Umkippen*) be atilt; *fig.* **auf der ~ stehen** be in the balance. **2.** (*Ende*) decline, close, end; **zur** (*od.* **auf die**) **~ gehen** *Leben etc*: draw to a close (*od.* an end), *Vorräte etc*: run short (*od.* low, out), *Kraft etc*: fade (*od.* ebb) away. **3.** *im Glas etc*: rest, heeltap, dregs *pl*, lees *pl*; **bis zur ~ leeren** drain to the dregs (*od.* lees); *fig.* **bis zur bitteren ~** to the bitter end; → **Kelch** 1.

nei·gen ['naɪgən] **I** *v/t* ⟨h⟩ **1.** bend, incline, *grüßend*: bow, (*Fahne*) dip. **2.** (*kippen*) tilt. **II** *v/reflex* **sich ~ 3.** *Ebene etc*: incline, slant, *Boden*: slope, dip, *Tisch etc*: tilt (over), *Schiff*: list, *Magnetnadel*: dip, *Waagschale*: tip. **4.** *Baum etc*: bend (low). **5.** *Person*: bend (*grüßend*: bow) down; **sich zu j-m ~** bend towards s. o. **6.** *fig. Jahr etc*: draw to a close. **III** *v/i* **7. ~ zu** have a tendency to(wards), incline (*od.* be inclined) to, tend towards, *zur Lüge etc*: have a propensity for, *zu Krankheiten etc*: be prone (*od.* susceptible) to, *zu e-r Partei etc*: have leanings (*od.* incline) towards; **dazu ~, et. zu tun** tend (*od.* be inclined) to do s. th.; **ich neige zu der Ansicht, daß** I tend to the opinion that, I am inclined to think that; **er neigt zu Übertreibungen** he is given to exaggeration; **sie neigt mehr zu klassischer Musik** she has more of an inclination towards classical music. **IV** ♀ *n* ⟨-s⟩ **8.** inclining (*etc*). **9.** → **Neigung.**

'**Nei·gung** *f* ⟨-; -en⟩ **1.** → **neigen** 8. **2.** *allg.* inclination, *des Körpers*: *a.* bow, *e-r Ebene*: slant, *der Straße etc*: slope, incline, gradient, *des Bodens etc*: slope, dip, *e-s Schiffes*: list, *der Magnetnadel*: dip. **3.** *fig.* (*Hang*) (**zu**) inclination (*od.* leaning) (toward[s]), tendency (to[wards]), bent (for), *zum Lügen etc*: propensity (for), *zu e-r Krankheit etc*: proneness (to); **er hat starke künstlerische ~en** he has strong artistic inclinations. **4.** *fig.* (*Vorliebe*) (**zu**) liking (for, of), preference (for, toward[s]), penchant (for), (*Lust*) fancy (*od.* mind) (for, to); **nur geringe ~ zu e-r Sache verspüren** not to fancy (*od.* like) s. th. very much; **wenn Sie ~ dazu haben** if you feel like it, if you are so inclined. **5.** *fig.* (*Zu*♀) (**zu**) affection (for), liking (for), attachment (to), love (for); **e-e ~ zu j-m fassen** form a liking for s. o., take to s. o.; **j-s ~ gewinnen** gain s. o.'s affection; **j-s ~ erwidern** return s. o.'s love. **6.** *econ. pol.* (**zu** toward[s]) tendency, trend.

'**Nei·gungs|,ebe·ne** *f tech.* plane of inclination. **~,ehe** *f* love match. **~,messer** *m* **1.** *surv.* gradiometer, clinometer. **2.** *aer.* inclinometer. **~,win·kel** *m* **1.** *tech.* angle of inclination. **2.** *math.* rake.

nein [naɪn] **I** *adv* **1.** *ablehnend*: no, *bei Abstimmung*: *a.* nay, *Am. colloq. a.* nope; **aber ~!** of course not!, certainly not!, I should say not!; **ach ~!** a) better not!, b) *iro.* you don't say!; **~ doch!** definitely not!, no indeed!; **~ und abermals ~!** no and no again!, a thousand times no!; **~, ich gehe auch nicht** nor do I go; **ich glaube, ~** I think not, I don't think so; **~ sagen** say no, refuse; **er kann nicht ~ sagen** he can't refuse anything. **2.** *berichtigend*: no, wait. **3.** *überrascht*: dear me!, (my) goodness!; **~, wie schön!** my, how beautiful!; **~, so et.!** well, I never!, bless my soul!, I say!; **~, was du nicht sagst!** well, you don't say! **II** ♀ *n* ⟨-s; *no pl*⟩ **4.** no, refusal; **j-m ein entschiedenes ♀ entgegensetzen** oppose s. o. with a decided (*od.* firm) no; **er blieb bei s-m ♀** he had said no, and that was that; **mit ♀ stimmen** vote no (*od.* nay); **mit e-m ♀ antworten** say no, answer in the negative, (*ablehnen*) refuse. **♀,sa·ger** *m* ⟨-s; -⟩ naysayer, no-man. **♀,stim·me** *f bes. parl.* no, nay; **die ~n überwiegen** the no(e)s have it.

Ne·kro|bio·se [nekrobi'o:zə] *f* ⟨-; *no pl*⟩ *med.* necrobiosis. **~'log** [-'lo:k] *m* ⟨-(e)s; -e⟩ obituary (notice), necrology. **~'mant** [-'mant] *m* ⟨-en; -en⟩ necromancer. **~man'tie** [-man'ti:] *f* ⟨-; *no pl*⟩ necromancy. **~phi'lie** [-fi'li:] *f* ⟨-; -n [-ən]⟩ *psych.* necrophilia.

Ne·kro·po·le [nekro'po:lə] *f* ⟨-; -n⟩, **Ne'kro·po·lis** [-'kro:polɪs] *f* ⟨-; -polen [-kro'po:lən]⟩ *antiq. archeol.* necropolis.

Ne·kro·se [ne'kro:zə] *f* ⟨-; -n⟩ *med. vet.* necrosis, gangrene, necrobiosis. **ne'kro·tisch** [-tɪʃ] *adj* necrotic.

Nek·tar ['nɛktar] *m* ⟨-s; *no pl*⟩ nectar.

Nek·ta·ri·ne [nɛkta'ri:nə] *f* ⟨-; -n⟩ *bot.* nectarine.

Nel·ke ['nɛlkə] *f* ⟨-; -n⟩ *bot.* **1.** pink, dianthus, (*Garten*♀) clove pink, carnation. **2.** → **Gewürznelke.**

'**Nel·ken|,öl** *n* clove oil, oil of cloves. **~,pfef·fer** *m bot.* allspice, pimento. **~,strauß** *m* bouquet of pinks (*od.* carnations). **~,wurz** *f bot.* avens. **~,zimt** *m* clove-cassia.

Nel·son ['nɛlzɔn] *m* ⟨-(s); -(s)⟩ *Ringen*: nelson.

Ne·ma·to·de [nema'to:də] *m* ⟨-n; -n⟩ *meist pl* nematode.

Ne·me·sis ['ne:mezɪs] *npr f* ⟨-; *no pl*⟩ *myth.* nemesis.

NE-Me,tall [ɛn'ʔe:-] *n* nonferrous metal.

'**nenn·bar** *adj* mentionable; **nicht ~** that cannot be mentioned (*od.* disclosed).

'**Nenn|be,trag** *m econ. jur.* nominal amount, face (*od.* par) value. **~,drall** *m Raumfahrt*: nominal spin. **~,dreh,zahl** *f electr. tech.* rated speed. **~,durch,mes·ser** *m tech.* nominal diameter.

nen·nen ['nɛnən] **I** *v/t* ⟨nennt, nannte, genannt, h⟩ **1.** name, call, (*betiteln*) *a.* entitle; **er wurde nach s-m Vater genannt** he was named after his father, he was given his father's name; **er heißt Thomas, aber sie ~ ihn Kleiner** his name is Thomas, but they call (*od.* dub) him Shorty; → **Name** 1. **2.** (*bezeichnen, heißen*) call, term, designate; **j-n e-n Lügner ~** call s. o. a liar; **man nannte ihn den Professor** he was called (*od.* known as) the Professor; **wie immer du es ~ willst** by whatever name you want to call it; **was er egoistisch nannte** what he called (*od.* termed) selfish; **das nenne ich nachlässig** I call that careless; **das nenne ich Mut!** that's what I call courage, there's real courage for you; **klug kann man ihn nicht gerade ~** you can't exactly call him clever; → **eigen** 5. **3.** (*angeben*) give (the name of), name, quote, *schriftlich*: *a.* list, (*erwähnen*) mention; **ohne Namen zu ~** without mentioning any names; **um nur einen zu ~** to name (*od.* mention) but one; **kannst du mir s-e Adresse ~?** can you give (*od.* tell) me his address?; **j-d, den ich nicht ~ will** s. o. who shall remain nameless, s. o. whom I wish to remain anonymous; **er nannte einige Beispiele** he gave (*od.* quoted, mentioned) a few examples; → **genannt. 4.** *pol.* (*Kandidaten*) name, nominate, *Am. a.* slate. **5.** (*be~*) name, select, enter; **j-n für e-n Wettbewerb ~** enter s. o. for a competition. **II** *v/reflex* **sich ~ 6.** call o. s., be called, be named; **er nennt sich Harry** he is called (*od.* goes by the name of) Harry. **7.** give one's name; **sich als Verfasser ~** declare (*od.* acknowledge) o. s. (to be) the author; **sich nicht ~** remain anonymous. **8.** *iro.* call o. s.; **und so einer** (*od.* **et.**) **nennt sich Freund** and he calls (*od.* terms) himself a friend, and he is supposed to be a friend. **9.** (*sich ausgeben für od. als*) pretend to be, pass o. s. off as, style o. s.; **er nennt sich Doktor** he calls (*od.* styles) himself a doctor. **III** ♀ *n* ⟨-s⟩ **10.** calling (*etc*). **11.** → **Nennung.** '**nen·nens,wert** *adj* worth mentioning, worth speaking of, considerable, appreciable, significant; **er hat k-e ~en Einnahmen** he has no income to speak of; **k-e ~en Fortschritte** no appreciable progress *sg.*

'**Nen·ner** *m* ⟨-s; -⟩ *math.* denominator; *a. fig.* **et. auf e-n** (**gemeinsamen**) **~ bringen** reduce s. th. to a common denominator.

'**Nenn|,fall** *m ling.* nominative (case). **~,form** *f* infinitive. **~fre,quenz** *f electr.* rated frequency. **~ge,bühr** *f*, **~,geld** *n Sport*: entry fee. **~,kurs** *m* → Nennwert. **~,last** *f tech.* rated load. **~,lei·stung** *f* **1.** *tech.* rated output (*od.* capacity). **2.** *electr.* rated power, *e-s Motors*: rating. **~,li·ste** *f bei Wettbewerben, Rennen etc*: list of entries, entry list. **~,span·nung** *f electr.* rated voltage.

'**Nen·nung** *f* ⟨-; -en⟩ **1.** → **nennen** 10. **2.** ⟨*only sg*⟩ *von Namen etc*: mention, designation, *von Kandidaten*: nomination. **3.** *bei Wettbewerben, Rennen etc*: entry. '**Nen·nungs,schluß** *m Sport*: close of entries.

'**Nenn,wert** *m econ.* nominal (*od.* face, par) value, *bei Banknoten u. Briefmarken*: *a.* denomination; **Aktie ohne ~** no-par (value) share (*bes. Am.* stock); **über dem ~** above par, at a premium; **unter dem ~** below par, at a discount; **zum ~** at par. **♀los** *adj Aktien*: no-par.

Neo ..., neo ... [neo-] *in Zssgn* neo-...

Neo|fa·schis·mus [neofa'ʃɪsmʊs] *m pol.* neo-fascism. **~fa'schist** [-fa'ʃɪst] *m*

<-en; -en>, ∽faˈschi·stisch *adj* neo-fascist. ~ˈli·thi·kum [-ˈliːtikʊm; -ˈlɪtikʊm] *n* <-s; *no pl*> *geol.* Neolithic period. ~loˈgis·mus [-loˈgɪsmʊs] *m* <-; -men> *ling.* neologism.

Ne·on [ˈneːɔn] *n* <-s; *no pl*> *chem.* neon.

Neo|na·zis·mus [neonaˈtsɪsmʊs] *m pol.* neo-Nazism. ∽naˈzi·stisch [-tɪʃ] *adj* neo-Nazi.

ˈNe·on|beˌleuch·tung *f* neon light(ing). ~ˌlam·pe *f* neon lamp. ~ˌlicht *n* neon light. ~reˌkla·me *f* neon lights *pl.* ~ˌröh·re *f* neon tube.

Neo·zoi·kum [neoˈtsoːikʊm] *n* <-s; *no pl*> *geol.* Neozoic period.

Ne·pa|le·se [nepaˈleːzə] *m* <-n; -n>, ~ˈle·sin *f* <-; -nen>, ∽ˈle·sisch *adj* Nepalese.

Ne·phrit [neˈfriːt; -ˈfrɪt] *m* <-s; -e> *min.* jade, jadeite, nephrite.

Ne·phri·tis [neˈfriːtɪs] *f* <-; -tiden [-friˈtiːdən]> *med.* nephritis.

Ne·phro·se [neˈfroːzə] *f* <-; -n> *med.* nephrosis.

Ne·po·tis·mus [nepoˈtɪsmʊs] *m* <-; *no pl*> nepotism.

Nepp [nɛp] *m* <-s; *no pl*> *colloq.* rip-off, massive overcharging, fleecing (racket); das ist ~! that is daylight robbery. **ˈnep·pen** *v/t* <h> fleece, rip off, *Am. a.* gyp. **ˈNepp·loˌkal** *n colloq.* clip (*od.* rip-off, *Am. a.* gyp) joint.

Nep·tun [nɛpˈtuːn] *m* <-s; *no pl*> *astr.* Neptune.

Nerv [nɛrf] *m* <-s; -en [-fən]> **1.** nerve; *fig. colloq.* ich bin mit den ~en (völlig) herunter my nerves are worn to a frazzle; j-m auf die ~en fallen (*od.* gehen) get on s. o.'s nerves; er geht e-m auf die ~en *a.* he's a nuisance, he's a pain in the neck; die ~en behalten keep one's head (*sl.* one's cool); die ~en verlieren lose one's head (*od.* nerve), *im Zorn*: lose one's temper (*sl.* cool), fly off the handle; j-m den ~ rauben rob s. o. of his spirit (*od.* nerve), unnerve s. o.; j-m den ~ töten drive s. o. crazy (*od.* mad); er hat ~en wie Drahtseile he has (got) nerves of steel; der hat vielleicht ~en! he has got a nerve!; s-e ~en waren zum Zerreißen gespannt his nerves were taut as bowstrings; jeder ~ spannte sich every muscle was tense. **2.** *fig.* nerve cent/re (*Am.* -er). **3.** *bot.* (*Blattader*) vein, nerve, nervure. **4.** *zo.* a) *bei Insektenflügeln*: wing vein, b) *zur Reizleitung*: nerve.

ner·val [nɛrˈvaːl] *adj med.* nervous.

Ner·va·tur [nɛrvaˈtuːr] *f* <-; -en> *bot. zo.* nervation, nervature, venation.

ner·ven [ˈnɛrfən] *v/t* <h> *colloq.* bug.

ˈNer·ven|ˌanˌspan·nung *f* nervous strain. ~ˌarzt *m*, ~ˌärz·tin *f* nerve specialist, neurologist. ~ˌast *m anat.* branch of a nerve, ramus. ∽ˌaufˌpeit·schend *adj* highly exciting, stirring. ∽ˌaufˌrei·bend *adj* nerve-racking, trying, *sl.* nervy. ~ˌbahn *f anat.* nerve tract (*od.* path). ~ˌbau *m* nervous structure. ~beˌla·stung *f* nervous strain. ~ˌbün·del *n* **1.** *anat.* nerve bundle (*od.* fascicle). **2.** *fig. colloq.* bundle (*od.* bag) of nerves, nervous wreck. ~ˌdurch·ˌtren·nung *f med.* neurotomy. ~entˌzün·dung *f* neuritis. ~ˌfa·ser *f* nerve fib/re (*Am.* -er). ~ˌgas *n chem. mil.* nerve gas. ~geˌflecht *n anat.* nerve (*od.* nervous) plexus, neuroplexus. ~geˌschwulst *f* neuroma. ~geˌwe·be *n* nerve tissue. ~ˌgift *n* nerve poison, neurotoxin. ~ˌheilˌanˌstalt *f* mental hospital, psychiatric clinic. ~ˌheil·ˌkun·de *f* neurology. ~ˌkit·zel *m fig.* thrill, sensation, *colloq.* kick. ~ˌkli·nik *f* → Nervenheilanstalt. ~ˌkno·ten *m* → Ganglion. ~koˌstüm *n humor.* nerves *pl.* ~ˌkraft *f* nervous strength, mental energy; viel ~ kosten be a strain on one's nerves. ∽ˌkrank *adj* **1.** neuropathic. **2.** *psych.* neurotic. ~ˌkran·ke *m, f* **1.** neuropath. **2.** *psych.* neurotic. ~ˌkrank·heit *f* **1.** nervous disease (*od.* disorder), neuropathy. **2.** *psych.* neurosis. ~ˌkrieg *m fig.* war of nerves. ~ˌkri·se *f med. psych.* nervous attack (*od.* breakdown). ~ˌläh·mung *f med.* neuroparalysis. ~ˌlei·den *n* → Nervenkrankheit 1. ∽ˌlei·dend *adj* → nervenkrank 1. ~ˌlei·den·de *m, f* → Nervenkranke 1. ~ˌmit·tel *n* → Beruhigungsmittel 1. ~ˌpro·be *f fig.* ordeal, trying affair, test (*od.* trial) of nerves. ~ˌreiz *m med.* nervous impulse. ~ˌrei·zung *f* **1.** *krankhafte*: nerve irritation. **2.** *experimentelle*: stimulation of a nerve. ~ˌsä·ge *f fig. colloq.* pain in the neck, (damn) nuisance, bore. ~sa·naˌto·ri·um *n* → Nervenheilanstalt. ~ˌschä·di·gung *f* nervous lesion. ~ˌschei·de *f anat.* nerve sheath. ~ˌschmerz *m* neuralgia, neuralgic (*od.* nerve) pain. ~ˌschnitt *m* neurotomy. ~ˌschock *m* (psychogenic *od.* mental) shock. ∽ˌschwach *adj* nervous, neurasthenic. ~ˌschwä·che *f* nervousness, nervous debility, neurasthenia. ~ˌstamm *m anat.* nerve trunk. ∽ˌstark *adj* strong-nerved, *colloq.* nervy. ~ˌstär·ke *f* **1.** nervous strength. **2.** *fig.* calmness, self-assurance. ∽ˌstär·kend *adj med.* (*a.* ~es Mittel) tonic, nervine. ~ˌstö·rung *f* nervous disturbance. ~ˌstrang *m anat.* (peripheral) nerve. ~syˌstem *n* nervous system; sympathisches (zentrales) ~ sympathetic (central) nervous system; vegetatives ~ autonomic (*od.* autonomous) nervous system. ~ˌüberˌrei·zung *f* nervous strain (*od.* irritation). ~ˌzel·le *f anat.* nerve cell. ~ˌzen·trum *n a. fig.* nerve cent/re (*Am.* -er). ∽zerˌrüt·tend *adj* → nervenaufreibend. ~zerˌrüt·tung *f* nervous breakdown. ~ˌzucken (*getr.* -k·k-) *n med.* nervous twitching, neurospasmus. ~zuˌsam·menˌbruch *m* nervous breakdown, *colloq.* crack-up; e-n ~ haben (*od.* erleiden) have a nervous breakdown, *colloq.* crack up.

ner·vig [ˈnɛrfɪç] *adj* **1.** sinewy, *fig. a.* pithy, vigorous. **2.** *bot. Blätter*: ribbed, veined.

ˈnerv·lich I *adj* nervous; ~e Belastung strain on one's nerves. **II** *adv* ~ bedingt of nervous origin; ~ am Ende sein be at the end of one's tether.

ner·vös [nɛrˈvøːs] **I** *adj* (*leicht erregbar*) nervous, highly strung, (*überreizt*) keyed up, on edge, tense, (*unruhig*) restless, *colloq.* fidgety, jumpy, jittery, nervy, (*reizbar*) *colloq.* uptight; j-n ~ machen make s. o. nervous, get on s. o.'s nerves. **II** *adv* nervously; ~ veranlagt sein have a nervous temperament. **Ner·vo·siˈtät** [-voziˈtɛːt] *f* <-; *no pl*> nervousness, restlessness, nerviness, edginess.

ˈnervˌtö·tend *adj colloq.* nerve-racking.

Nerz [nɛrts] *m* <-es; -e> **1.** *zo.* mink. **2.** → Nerzfell. **3.** *colloq. for* Nerzmantel. ~ˌfarm *f* mink ranch. ~ˌfell *n* mink(skin). ~ˌman·tel *m* mink (coat). ~ˌsto·la *f* mink stole. ~ˌzucht *f* mink breeding.

Nes·sel[1] [ˈnɛsəl] *f* <-; -n> *bot.* nettle; *fig. colloq.* sich in die ~n setzen get o. s. into trouble (*od.* hot water), put one's foot in it.

ˈNes·sel[2] *m* <-s; -> *Textil.* grey (*Am.* gray) cotton cloth.

ˈNes·sel|ˌausˌschlag *m*, ~ˌfie·ber *n med.* nettle rash, urticaria(l rash). ~ˌhaar *n bot.* sting(ing hair). ~ˌqual·le *f zo.* stinging jellyfish, sea nettle. ~ˌsucht *f* → Nesselausschlag.

Nest [nɛst] *n* <-(e)s; -er> **1.** *zo.* nest, (*Horst*) eyrie, (*Schlangen*∽) bed; *fig.* das eigene ~ beschmutzen foul one's own nest; sich ins warme (*od.* gemachte) ~ setzen have it made (for one). **2.** *fig. colloq.* a) (*Heim*) home, nest, b) (*Bett*) bed, c) *contp.* (elendes) ~ awful hole (of a place), dump, *Am. a.* hick town; ins ~ gehen turn in, hit the hay. **3.** *fig. colloq.* (*Schlupfwinkel*) nest, den, hideout; das ~ war leer the bird(s) had flown. **4.** (*Haarknoten*) bun, chignon. **5.** *mil.* (machine-gun) nest. ~ˌbau *m zo.* nest-building. ~beˌschmut·zer *m* <-s; -> *fig.* s. o. who fouls his own nest. ~beˌschmut·zung *f* fouling of the nest. ~ˌei *n* nest-egg.

Ne·stel [ˈnɛstəl] *f* <-; -n> *dial.* lace. **ˈne·steln I** *v/t* <h> tie, bind, lace (up), fasten. **II** *v/i* ~ an (*dat*) fumble (*od.* fiddle about) with.

ˈNest|ˌflüch·ter *m* <-s; -> precocial animal, nidifugous bird. ~ˌhäk·chen *n* nestling, *fig. a.* youngest child, pet. ~ˌhocker (*getr.* -k·k-) *m* altricial animal, nidicolous bird. ~ˌküch·lein, ~ˌkü·ken *n* → Nesthäkchen.

Ne·stor [ˈnɛstɔr] *m* <-s; -en [-ˈtoːrən]> *fig.* Nestor.

ˈnest|ˌwarm *adj Eier*: nest-warm. ∽ˌwär·me *f fig.* love and security, family warmth. ∽ˌwurz *f bot.* bird's nest.

nett [nɛt] **I** *adj* <-er; -est> **1.** nice (*a. iro.*), (*freundlich*) *a.* kind; das ist ~ von Ihnen that is nice of you; sei so ~ und bring mir das Buch mit be so kind as to bring me the book when you come; *iro.* das sind ja ~e Zustände! that's a nice state of affairs; das kann ja ~ werden! that's going to be just nice; das ist ja ganz ~, aber that's not bad but. **2.** (*niedlich, schmuck*) pretty, dainty, *colloq.* dinky, *Am. colloq.* cute. **3.** (*angenehm*) pleasant, nice, fine; ein ~es Wochenende verbringen spend a pleasant weekend. **4.** *colloq.* (*ansehnlich*) handsome, sizeable, fair; ein ~es Sümmchen a tidy sum. **II** *adv* **5.** nicely, neatly, prettily; sie hat sich ~ zurechtgemacht she has made herself up prettily. **6.** *colloq.* (*ziemlich*) fairly, pretty, (*ziemlich gut*) pretty well; er spielt recht ~ Klavier he plays the piano pretty well (*od.* quite nicely). **7.** *iro.* badly, roughly; den haben sie aber ganz ~ zugerichtet they certainly have used him very badly (*od.* handled him very roughly). **ˈNet·tig·keit** *f* <-; -en> **1.** <*only sg*> niceness, pleasantness, kindness. **2.** *meist pl* civilities *pl*; j-m ein paar ~en sagen say a few kind words to s. o.

net·to [ˈnɛto] *adv econ.* net, clear; ~ Kasse net cash; rein ~ pure net; er verdient 800 DM ~ he earns 800 marks net.

ˈNet·to|beˌtrag *m* net amount. ~ˌeinˌkom·men *n* net income. ~ˌeinˌnah·me *f meist pl* net proceeds (*od.* receipts, takings) *pl.* ~erˌtrag *m* net proceeds *pl* (*od.* yield, returns *pl*). ~geˌhalt *n* net salary, take-home pay. ~geˌwicht *n* net weight. ~geˌwinn *m* net gain(s *pl*), net (*od.* clear) profit. ~ˌinˌhalt *m* net contents *pl.* ~ˌlohn *m* net wages *pl*, take-home pay. ~ˌpreis *m* net price. ~ˌraum·geˌhalt *m mar.* net tonnage. ~reˌgi·sterˌton·ne *f* net register(ed) ton. ~so·ziˌal·proˌdukt *n econ.* net national product. ~verˌdienst *m* net earnings *pl* (*od.* income, salary). ~verˌkaufsˌpreis *m* net sales price. ~ˌwert *m* net value.

Netz [nɛts] *n* ‹-es; -e› **1.** (*Fangℒ*) net, (*Fischℒ*) *a.* fishnet, fishing net, trammel (net), (*Jagdℒ*) *a.* hunting net, toil(s *pl*); **Vögel mit dem ~ fangen** catch birds in (*od.* with) a net, net birds; **die ~e auswerfen (einholen)** cast (haul in) the nets; *fig.* **j-n ins ~ locken** lure s. o. into a trap, ensnare s. o.; **sich in j-s ~ fangen, in j-s ~e fallen** be entrapped (*od.* ensnared, caught) in s. o.'s net, walk into the trap; **sich im ~ s-r Lügen verstricken** become entangled in the web of one's own lies; **die Verbrecher gingen der Polizei ins ~** the criminals were caught in the police (drag)net. **2.** (*Einkaufsℒ*) string bag, shopping net. **3.** (*Haarℒ*) (hair)net. **4.** (*Gepäckℒ*) (luggage) rack. **5.** (*Spinnenℒ*) (cob)web, (spider) web. **6.** (*Sicherheitsℒ*) (safety) net; *fig. pol.* **soziales ~** social security; *colloq.* **ohne ~ und doppelten Boden** without tricks and dodges. **7.** *fig.* (*Verkehrsℒ*) network, system. **8.** *Tennis*: net; **ans ~ stürmen** rush up to the net; **am ~ spielen** play from the net; **~!** let! **9.** (*Torℒ*) net; **den Ball ins ~ schießen** hit (*od.* shoot) the ball into the net. **10.** *mil. tech.* (*Fadenkreuz*) reticle, reticule. **11.** (*Gradℒ, Kartengitter*) grid, graticule. **12.** *math.* (*Kurvenℒ etc*) net. **13.** *anat.* a) (*~werk von Zellen*) reticulum, b) *der Nerven*: plexus, c) *des Bauchfells*: omentum. **14.** *electr.* (*Versorgungsℒ*) (power-distribution) network, (*Lichtℒ*) (supply) mains *pl*, (*Verteilungsℒ*) grid; **e-e Wohnung ans ~ anschließen** connect a house with (*od.* to) the supply (*od.* power) mains; **über das ~ betreiben** run *s. th.* off the mains. **15.** *teleph. etc*: network, system. **16.** *astr.* Net, reticle. **17.** *Textil.* netting, mesh. **~anˌode** *f electr.* battery (*od.* B-)eliminator.

ˈ**Netz|anˌschluß** *m electr.* mains (*od.* power) supply, mains connection; **mit ~** with mains cable connection. **~empˌfän·ger** *m* → **Netzempfänger. ~geˌrät** *n* → **Netzgerät.**

ˈ**Netz|anˌten·ne** *f* mains (*od.* socket) aerial (*Am.* antenna), *Am. a.* lightline antenna. **ℒˌar·tig** *adj* net-like, *bes. bot. min. a.* reticulate(d). **~ˌau·ge** *n zo.* compound (*od.* faceted) eye. **~ˌausˌfall** *m electr.* mains (*od.* power) failure. **~ˌball** *m Tennis*: net (*od.* let) (ball). **~ˌbrumm** *m*, **~ˌbrum·men** *n Radio*: mains hum. **~empˌfän·ger** *m* mains receiver.

net·zen [ˈnɛtsən] *v/t* ‹h› wet, moisten, (*besprengen*) sprinkle.

ˈ**Netz|ˌfeh·ler** *m Tennis*: (net) fault. **~ˌflüg·ler** [-ˌfly:glər] *m* ‹-s; -› *meist pl* lacewing fly, neuropteron. **ℒˌför·mig** *adj* net-like, reticular, retiform. **~freˌquenz** *f electr.* power (*od.* mains, industrial) frequency. **~geˌrät** *n electr.* power supply (*od.* unit, pack), mains supply circuit. **ℒgeˌspeist** *adj* mains-operated. **~geˌwöl·be** *n arch.* net vault. **~ˌgleichˌrich·ter** *m electr.* mains (*od.* power) rectifier. **~ˌgrund** *m bei Spitzenstoff*: net ground, reseau.

ˈ**Netzˌhaut** *f anat.* retina. **~ˌabˌlö·sung** *f med.* retina(l) detachment. **~ˌbild** *n* retinal image. **~entˌzün·dung** *f* retinitis.

ˈ**Netz|ˌhemd** *n* (*Unterhemd*) string vest, (*Oberhemd*) cellular shirt. **~ˌka·bel** *n electr.* mains (*od.* power) cable. **~ˌkar·te** *f rail.* area season ticket. **~ˌma·gen** *m zo.* honeycomb stomach, reticulum. **~ˌmit·tel** *n tech.* wetting agent. **~ˌplan** *m*, **~ˌplanˌtech·nik** *f econ.* network planning. **~ˌschal·ter** *m electr.* mains switch. **~ˌschnur** *f* line cord. **~ˌspan·nung** *f* line (*od.* supply) voltage. **~ˌsper·re** *f mar. mil.* net defen/ce (*Am.* -se). **~ˌspiel** *n Tennis*: net play (*od.* game). **~ˌspie·ler** *m* a) *Tennis*: net player, attacker, b) *Volleyball*: front-line player. **~ˌstecker** (*getr.* -k·k-) *m electr.* power (*od.* mains) plug. **~ˌstoff** *m Textil.* cellular cloth, netting. **~ˌstrom** *m electr.* mains (*od.* line) current. **~ˌstrumpf** *m* net (*od.* mesh) stocking. **~ˌteil** *n Radio*: power supply unit, mains supply. **~ˌwerk** *n* **1.** netting, meshes *pl.* **2.** *anat. electr.* network (*a. fig.*).

neu [nɔy] **I** *adj* ‹-er; -(e)st› **1.** *allg.* new, (*frisch*) *a.* fresh; **ganz ~** brand-new; **ziemlich ~** fairly (*od.* rather) new, newish; **noch wie ~** as good as new; *jur.* **~e Beweise** fresh evidence *sg*; **die ~(e)sten Nachrichten** the latest news *pl*; *mil.* **~e Truppen an die Front werfen** send fresh troops to the front. **2.** (*bisher unbekannt*) new, different; **die ℒe Welt** the New World; **vor ihm tat sich e-e ~e Welt auf** a new horizon (*od.* a different world) loomed up before him; **er zeigte e-e ganz ~e Seite s-s Wesens** he revealed a very different side of his nature; **das ist mir ~!** that's new(s) to me, that's a new one on me, I've never heard of such a thing; **mir ist die Sache ~** I'm new (*od.* unused) to it. **3.** (*erneut*) new, fresh; **ein ~er Anfang** a fresh start; **mit ~en Kräften** with fresh (*od.* renewed) energy; **~e Schwierigkeiten** new (*od.* more, further) difficulties; **~es Unglück** fresh misfortune; **~e Unruhen** more disturbances; **ein ~er Versuch** another (*od.* a further) attempt. **4.** (*anders od. besser als früher*) new, different; **e-e ~e Auffassung** a new concept; **~e Sitten** new mores (*od.* morals, ethics); → **Leben** 1, 2, **Mensch** 2, **Wind** 1. **5.** (*modern*) new, recent, modern; **~ere Geschichte** recent history; **~(e)ste Geschichte** contemporary history, history of our days; **die ~ere Theologie** modern (*od.* present-day, current) theology; **der ~(e)ste Stand der Forschung** the most recent (*od.* the latest) state of research; **die ~ere Zeit** modern times *pl*; **in ~erer Zeit** of late years, in recent times; **die ~eren Sprachen** modern languages. **6.** (*~artig*) new, novel; **~e Erfindungen** new inventions; **~e Ideen** novel (*od.* new, original) ideas. **7.** (*eben begonnen*) new; **die ~e Woche** the new week; **j-m ein gutes ~es Jahr** (*od.* **viel Glück im ~en Jahr**) **wünschen** wish s. o. a Happy New Year. **8.** (*kürzlich geschehen*) new, recent; **alle Zeitungen berichten von dem ~en Verbrechen** all newspapers report about the new (*od.* latest) crime. **9.** (*im Entstehen begriffen*) new; **er schreibt an s-m ~en Roman** he is working on his new (*od.* latest) novel; **die ~e Generation** the new (*od.* rising) generation; *colloq.* **sie ist e-e ~e Piaf** she is a second (*od.* another) Piaf. **10.** (*fremd*) new; **er ist noch ~ in dieser Stadt** he is still new (*od.* a newcomer) to this town; **das ist ~ hier** that's (s. th.) new here. **11.** *gastr. Kartoffeln, Wein etc*: new, *Heringe*: fresh. **12.** *relig.* **das ℒe Testament** the New Testament, the Gospel. **13.** *geol.* recent. **14.** *econ.* further, additional (*capital, etc*). **II** *adv* **15.** (*kürzlich*) newly, freshly, recently; **er ist ~ angekommen** he has just arrived; **~ entdeckt** newly discovered, *fig.* new-found. **16.** (*erneut*) anew, afresh, again; **ein Buch ~ bearbeiten** revise (the previous edition of) a book; **~ beleben** revive, bring *s. o., s. th.* to life again; *thea.* **ein Stück ~ besetzen** recast a play; **et. ~ beziehen lassen** have s. th. re-upholstered; **e-n Krieg ~ entfachen** rekindle a war; **~ erbauen** rebuild, reconstruct; **~ eröffnen** reopen; **sich ~ gekräftigt fühlen** feel (o. s.) refortified (*od.* restrengthened); **et. auf ~ herrichten** make s. th. look like new; **~ hinzukommen** join; **~ machen** a) do *s. th.* again, b) renovate, redecorate, repair; **~ ordnen** a) reorganize, rearrange, reorder, b) reform; **~ schreiben** rewrite; **~ überdenken** reconsider; **~ verteilen** redistribute. **III ℒe, das** ‹-n› **17.** (the) new; **das Alte und das ℒe** (the) old and (the) new; **et. ℒes** a) s. th. new, b) a piece of news; **viel ℒes erfahren** hear a lot of new things; **was gibt es ℒes?** what's the news?, what's new?; **das ist mir nichts ℒes** that's nothing new (*od.* no news) to me; **das ℒ(e)ste vom ℒen** the very latest; **et. ganz ℒes** s. th. entirely new, the latest novelty; **et. ganz ℒes unternehmen** break fresh ground; **das ℒe setzt sich durch** the new will prevail; **das ℒe an diesem Verfahren** the new thing about this technique; **diese Kleider sind jetzt das ℒ(e)ste** these dresses are the latest (*od.* last) word in fashion; **weißt du schon das ℒ(e)ste?** have you heard the latest? **18.** *mit Kleinschreibung*: **aufs ~e, von ~em** afresh, anew, (all over) again; **seit ~em** since a short time ago; *colloq.* **auf ein ~es** here we go again.

ˈ**Neu|anˌkömm·ling** *m* newcomer, (*a. colloq. Baby*) new arrival. **~ˌanˌla·ge** *f* **1.** new installation. **2.** *econ.* reinvestment. **~ˌanˌschaf·fung** *f* new purchase (*od.* acquisition), *für Museum, Bibliothek etc*: (recent) accession. **ℒapoˌsto·lisch** *adj relig.* new-apostolic. **ℒˌar·tig** *adj* new (type of), novel. **~ˌaufˌbau** *m* rebuilding, *e-r Organisation etc*: reorganization, reshaping. **~ˌaufˌfüh·rung** *f thea. Film etc*: revival. **ℒˌauf·geˌlegt** *adj Buch etc*: republished, reprinted. **ℒˌauf·geˌstellt** *adj mil.* newly formed (*od.* activated). **~ˌaufˌla·ge** *f* **1.** *print.* a) new edition, republication, re-edition, b) → **Neudruck. 2.** *fig.* new version, copy, revival. **3.** *colloq. bes. Sport*: repetition. **4.** *e-r Schallplatte*: reissue. **~ˌaufˌnah·me** *f* **1.** *Film*: retake. **2.** *von Patienten etc*: new admission. **~ˌausˌga·be** *f* **1.** *econ.* reissue. **2.** → **Neuauflage** 1. **ℒˌbacken** (*getr.* -k·k-) *adj* → **neugebacken** 1. **~baˌrock** *n, a. m* neobaroque. **~ˌbau** *m* ‹-(e)s; -ten› **1.** ‹*only sg*› *a. fig.* reconstruction, rebuilding. **2.** (*Haus*) new house (*od.* building), building under construction; **auf dem ~** on the site of the new building. **3.** *aer. mot.* new version (*od.* model, type). **4.** *tech.* (*Umbau*) redesign. **~ˌbau·er** *m* newly settled farmer. **~ˌbauˌwoh·nung** *f* flat (*Am.* apartment) in a new building. **ℒbeˌar·bei·tet** *adj* revised, *thea. etc* newly adapted. **~beˌar·bei·tung** *f* **1.** revision, revised edition. **2.** *thea. etc* new adaptation. **3.** *mus.* new arrangement. **~beˌginn** *m* new beginning. **~beˌkehr·te** *m, f* ‹-n; -n› new convert, proselyte. **~beˌle·bung** *f* revival. **~beˌset·zung** *f* **1.** filling of a post. **2.** *thea.* new cast. **~beˌwer·tung** *f econ.* revaluation (*of the DM, etc*). **~ˌbil·dung** *f* **1.** (new) formation, reorganization. **2.** *physiol.* regeneration. **3.** *med.* neoplasm, tumo(u)r. **4.** *ling.* neologism. **~ˌdruck** *m* reprint, reimpression.

ˈ**Neue** *m* ‹-n; -n› *colloq.* **1.** new man, newcomer. **2.** *Kunst, Literatur etc*: modernist.

ˈNeu|ˌein|stel·lung *f* **1.** taking on (new) labo(u)r. **2.** new employee. **3.** *tech.* readjustment. **~ˌein·stuˌdie·rung** *f thea.* new production. **≈entˌdeckt** *adj* **1.** recently discovered. **2.** rediscovered. **~entˌdeckung** (*getr.* **-k·k-**) *f* **1.** recent discovery. **2.** rediscovery. **~entˌwick·lung** *f* new development. **≈erˌbaut** *adj* newly constructed (*od.* built).

ˈneu·erˈdings *adv* (*in letzter Zeit*) lately, recently, of late.

ˈNeue·rer *m* ⟨-s; -⟩ innovator.

ˈneu·er·lich I *adj* (*erneut*) repeated, renewed, fresh, new; **nach ~en Versuchen** after repeated attempts. **II** *adv* afresh, anew, (over) again.

ˈneu|erˌöff·net *adj* newly opened, *nach Renovierung etc*: reopened. **≈erˌöff·nung** *f* opening, reopening. **≈erˌschei·nung** *f* new publication, *pl a.* latest arrivals. **~erˌschie·nen** *adj* recent(ly published).

ˈNeue·rung *f* ⟨-; -en⟩ innovation, (*Änderung*) change, (*Besserung*) reform; **~en einführen** introduce innovations. **~sˌsucht** *f* mania (*od.* passion) for innovation(s). **≈sˌsüch·tig** *adj* bent on (making) (*colloq.* crazy to make) innovations.

ˈNeu·erˌwer·bung *f* **1.** → Neuanschaffung. **2.** *Sport*: (new) acquisition.

ˈneue·stens *adv* quite recently, lately, of late.

ˈNeu|ˌfas·sung *f* **1.** revising, revision, *e-s Vertrages etc*: *a.* redrafting. **2.** revised form (*thea. etc* version). **~ˈfundˌlän·der** [ˌnɔʏˈfʊnt-] *m* ⟨-s; -⟩ **1.** *geogr.* Newfoundlander. **2.** *zo.* Newfoundland (dog), Labrador dog. **≈geˌbacken** (*getr.* **-k·k-**) *adj* **1.** freshly (*od.* newly) baked. **2.** *fig. colloq. Eheleute*: newly married, *Arzt etc*: newly qualified. **≈geˌbo·ren I** *adj* newborn; *fig.* **ich fühle mich wie ~** I feel a new person. **II ≈e** *n* ⟨-n; -n⟩ newborn (child). **~geˌburt** *f fig.* rebirth, revival. **≈geˌgrün·det** *adj* newly founded. **≈geˌschaf·fen** *adj* newly created. **~geˌstal·tung** *f* **1.** reformation, reshaping, remodel(l)ing, reorganization. **2.** *tech.* new design. **3.** *e-s Themas etc*: new adaptation, *Film*: remake. **≈geˌwählt** *adj* newly elected.

ˈNeuˌgier, *a.* **ˈNeuˌgier·de** [-ˌgiːrdə] *f* ⟨-; *no pl*⟩ curiosity, inquisitiveness; **aus reiner ~** out of sheer curiosity; **ich brannte vor ~, mich plagte** (*od.* **quälte**) **die ~** I was dying of (*od.* burning with) curiosity. **ˈneuˌgie·rig I** *adj* **1.** (**auf** *acc*) curious (about, of), inquisitive (after, about); **j-n ~ machen** arouse s. o.'s curiosity; **ein ~er Blick** an inquisitive look; **ich bin ~** (**darauf zu erfahren**), **ob er es geschafft hat** I am anxious to learn (*od.* I wonder) whether (*od.* if) he has been successful; **ich bin ~ darauf** I am curious about it; **ich bin ~ auf ihn** I wonder what he will be like. **2.** (*naseweis*) inquisitive, prying, *colloq.* nos(e)y. **II** *adv* **3.** curiously, inquisitively; **j-n ~ ausfragen** *colloq.* pump s. o. **ˈNeuˌgie·ri·ge** *m, f* ⟨-n; -n⟩ curious (*od.* inquisitive) person, *colloq.* Nosy Parker, (*Gaffer*) *a.* gaper, *Am.* rubberneck.

ˈNeu|ˌglie·de·rung *f* reorganization. **~ˌgo·tik** *f arch.* Gothic Revival. **≈ˌgo·tisch** *adj* neo-Gothic. **~ˌgrad** *m math.* grade (*one hundredth of a right angle*).

ˈneu|ˌgrie·chisch I *adj* modern Greek. **II** *ling.* ≈ ⟨*generally undeclined*⟩, **das ≈e** ⟨-n⟩ Modern Greek. **≈ˌgrün·dung** *f* (new) foundation (*od.* establishment). **≈grupˌpie·rung** *f* regrouping, *bes. pol.* reshuffling. **≈ˌhei·den·tum** *n R.C.* neo-paganism.

ˈNeu·heit *f* ⟨-; -en⟩ **1.** ⟨*only sg*⟩ newness, novelty, (*Ursprünglichkeit*) originality; **der Reiz der ~** the attraction of novelty; **die ~ verliert rasch an Reiz** the novelty will soon wear off. **2.** (*Erfindung etc*) novelty, new development (*od.* idea); **die letzte ~** the latest (thing); **~en auf dem Büchermarkt** the latest (*od.* most recent) publications.

ˈneuˌhochˌdeutsch *ling.* **I** *adj,* **II** ≈ ⟨*generally undeclined*⟩, **das ≈e** ⟨-n⟩ New High German.

ˈNeu·ig·keit *f* ⟨-; -en⟩ **1.** news *pl* (*als sg od. pl konstruiert*), piece of news; **j-m e-e ~ berichten** tell s. o. a piece of news; **weißt du ~en?** what's the news? **2.** → Neuheit 2. **~sˌkrä·mer** *m colloq.* newsmonger.

ˈNeu·in·szeˌnie·rung *f thea.* new production (*od.* mise-en-scène).

Neu·jahr [ˈnɔʏˌjaːr; ˌnɔʏˈjaːr] *n* **1.** new year, *a.* New Year; **Prosit ~!** Happy New Year! **2.** (**~stag**) New Year's Day.

ˈNeuˌjahrs|ˌbot·schaft *f* New Year's address (*od.* message). **~empˌfang** *m* New Year's reception. **~ˌfest** *n* **1.** New Year. **2.** New Year's festivities *pl* (*od.* celebration). **~ˌgrü·ße** *pl* New Year's greetings. **~ˌkar·te** *f* New Year's card. **~ˌnacht** *f* New Year's night. **~ˌtag** *m* New Year's Day. **~ˌwunsch** *m meist pl* good wishes *pl* for the New Year.

ˈNeu·kon·struk·tiˌon *f tech.* a) reconstruction, redesign, b) new (*od.* novel) construction (*od.* design).

ˈNeuˌland *n* ⟨-(e)s; *no pl*⟩ new land (*od.* country), virgin soil (*od.* land), *fig.* new territory (*od.* ground); **~ erschließen** a) *a. fig.* break new (*od.* fresh) ground, b) reclaim land; *fig.* **das ist ~ für mich** that is new territory to me. **~geˌwin·nung** *f* reclamation of land.

ˈneu·lich *adv* the other day, recently, lately; **~ abends** the other evening.

ˈNeu·ling *m* ⟨-s; -e⟩ **1.** (*Anfänger*) beginner, newcomer, novice, tiro, *contp.* greenhorn. **2.** *in e-m Kreis*: new man (*od.* woman); **er ist bei uns ein ~** he is new (*od.* a newcomer) here.

ˈneuˌmo·disch *adj meist contp.* fashionable, modern, newfangled.

ˈNeuˌmond *m* ⟨-(e)s; *no pl*⟩ new moon.

neun [nɔʏn] **I** *adj* ⟨*cardinal number*⟩ **1.** nine; **sie sind zu ~en, sie sind ihrer ~** there are nine of them; *Kegeln*: **alle ~(e) werfen** knock down all the pins, score a strike; **alle ~(e)!** strike!, *fig. colloq.* well done! **II ≈** *f* ⟨-; -en⟩ **2.** nine; *colloq.* **ach, du grüne ≈e!** good gracious!, good heavens!, my goodness! **3.** *colloq.* number nine tram (*Am.* streetcar). **≈ˌau·ge** *n ichth.* lamprey. **~ˌbän·dig** [-ˌbɛndɪç] *adj* nine-volume. **≈ˌeck** *n* ⟨-(e)s; -e⟩ *math.* nonagon. **~ˌeckig** (*getr.* **-k·k-**) *adj* nine-cornered (*od.* -sided), nonagonal. **~ein'halb** [ˌnɔʏn-] *adj* nine and a half.

ˈNeu·ner *m* ⟨-s; -⟩ **1.** *colloq.* nine. **2.** (*Kegelwurf*) strike; *colloq.* **e-n ~ schieben** knock down all the pins, score a strike. **≈ˈlei** *adj* ⟨*invariable*⟩ of nine kinds (*od.* sorts, varieties), nine kinds of.

ˈneunˌfach I *adj* ninefold; **die ~e Menge** nine times the amount; **in ~er Ausfertigung** in nine copies; **e-e ~e Vergrößerung** an enlargement nine times the (original) size. **II** *adv* ninefold, nine times; **sich ~ vermehren** increase ninefold. **III ≈e, das** ⟨-n⟩ the ninefold (amount); **um das ≈e** *cf.* II.

ˈneunˈhun·dert *adj* ⟨*cardinal number*⟩ nine hundred. **≈ˈjahrˌfei·er** [ˌnɔʏnˌhʊndərt-] *f* ninth centenary.

ˈneun|ˌjäh·rig I *adj* **1.** of nine years, nine-year-old. **2.** nine-year, of (*od.* lasting) nine years; **nach ~er Pause** after an interval of nine years. **II ≈e** *m, f* ⟨-n; -n⟩ **3.** nine-year-old. **~ˌmal** *adv* nine times. **~ˌma·lig** *adj* done (*od.* repeated) nine times; **nach ~em Versuch** after nine attempts, after the ninth attempt. **~ˌmalˌklug** *iro.* **I** *adj* clever-clever, smart-alecky. **II ≈e** *m, f* ⟨-n; -n⟩ clever Dick, know(-it)-all, wiseacre, smart aleck. **~ˌmo·na·tig** *adj* **1.** of nine months. **2.** of (*od.* lasting) nine months, nine-month. **~ˌmo·nat·lich I** *adj* nine-monthly. **II** *adv* every nine months. **~ˌschwän·zig** [-ʃvɛntsɪç] *adj* **~e Katze** (*Peitsche*) cat-o'-nine-tails. **~ˌsei·tig** *adj* **1.** *math.* nine-sided, nonagonal. **2.** *Brief etc*: nine-page. **~ˌsil·big** [-ˌzɪlbɪç] *adj* of nine syllables, enneasyllabic. **~ˌstel·lig** [-ˌʃtɛlɪç] *adj ganze Zahl*: with nine digits, nine-digit, nine-figure, *Dezimalzahl*: having nine places, nine-place. **~ˌstöckig** (*getr.* **-k·k-**) [-ˌʃtœkɪç] *adj* nine-storeyed (*Am.* -storied), nine-stor(e)y. **~ˌstün·dig** [-ˌʃtʏndɪç] *adj* nine-hour, lasting (*od.* of) nine hours. **~ˌstünd·lich I** *adj* nine-hourly. **II** *adv* every nine hours.

neunt *adj* **1.** ⟨*ordinal number*⟩ ninth. **2. zu ~** (the) nine of us (*od.* you, them); **wir sind zu ~** there are nine of us, we are nine.

ˈneun|ˌtä·gig *adj* nine-day, lasting (*od.* of) nine days. **~ˈtau·send** *adj* ⟨*cardinal number*⟩ nine thousand.

ˈNeun·te *m, f* ⟨-n; -n⟩, *n* ⟨-n; *no pl*⟩ ninth; **der ≈ von rechts** the ninth from the right; *hist.* **Karl IX.** (*od.* **der ~**) **von Frankreich** Charles IX (*od.* the Ninth) of France; *mus.* **„Die ~"** (*von Beethoven*) "The Choral Symphony".

ˈneun·tel I *adj* ninth (part) of. **II ≈** *n, Swiss meist m* ⟨-s; -⟩ ninth (part).

ˈneun·tens *adv* ninth(ly), in the ninth place.

ˈNeunˌtö·ter *m* ⟨-s; -⟩ *orn.* red-backed shrike, flusher.

ˈneun|ˌwö·chig [-ˌvœçɪç] *adj* lasting (*od.* of) nine weeks, nine-week. **~ˌzehn I** *adj* ⟨*cardinal number*⟩ nineteen. **II ≈** *f* ⟨-; -en⟩ (number) nineteen. **~ˌzehnˌjäh·rig** *adj* nineteen-year-old. **~ˌzehnt I** *adj* ⟨*ordinal number*⟩ nineteenth. **II ≈e, der** ⟨-n⟩ the nineteenth. **≈ˌzehn·tel I** *n, Swiss meist m* ⟨-s; -⟩ nineteenth (part). **II ≈** *adj* nineteenth (part) of.

neun·zig [ˈnɔʏntsɪç] **I** *adj* ⟨*cardinal number*⟩ **1.** ninety. **II ≈** *f* ⟨-; -en⟩ **2.** (number) ninety. **3.** ⟨*only sg*⟩ nineties *pl*; **er ist Anfang der ≈** he is in his early nineties. **ˈneun·zi·ger** *adj* ⟨*invariable*⟩ **in den ~ Jahren** in the nineties.

Neun·zi·ger[1] [ˈnɔʏntsɪgər] *m* ⟨-s; -⟩ **1.** man of ninety (*od.* in his nineties), nonagenarian. **2. die ~** *pl* (*Alter*) the nineties; **in den ~n sein** be in one's nineties; **Mitte** (**Ende**) **der ~ sein** be in one's middle (late) nineties.

ˈNeun·zi·ger[2] *f* ⟨-; -⟩ *colloq.* ninety-pfennig stamp.

ˈNeun·zi·ge·rin *f* ⟨-; -nen⟩ woman of ninety (*od.* in her nineties), nonagenarian.

ˈNeun·zi·gerˌjah·re, die the nineties.

ˈneun·zigˌjäh·rig I *adj* **1.** ninety-year-old, of ninety (years). **2.** ninety-year, of (*od.* lasting) ninety years. **II ≈e** *m, f* ⟨-n; -n⟩ ninety-year-old (person).

ˈneun·zigst I *adj* ⟨*ordinal number*⟩ ninetieth. **II ≈e, der** ⟨-n⟩ the ninetieth.

ˈNeu|ˌord·nung *f* reorganization. **~ori·enˌtie·rung** *f* reorientation. **~phi·loˌlo·ge** *m* teacher (*od.* student) of modern languages. **~phi·lo·lo·gie** *f* modern languages *pl* (*als sg od. pl konstruiert*). **~pla·to·ni·ker** *m philos.* neo-Platonist.

Neur·al·gie [nɔyral'giː] *f* <-; -n [-ən]> *med.* neuralgia. **neur'al·gisch** [-gɪʃ] *adj* neuralgic; *fig.* ~er Punkt *e-r Person*: sore point, *des Verkehrs etc*: critical point, *pol.* trouble spot (*od.* area).

Neur·asthe·nie [nɔyraste'niː] *f* <-; -n [-ən]> *psych.* neurasthenia. **Neur·asthe·ni·ker** [-'teːnikər] *m* <-s; ->, **neur·asthe·nisch** [-'teːnɪʃ] *adj* neurasthenic.

'Neu|,re·ge·lung, ~,reg·lung *f* **1.** new regulation(s *pl*). **2.** → Neuordnung. **~,reich I** *adj*, **II ~e** *m, f* <-n; -n> new-rich, upstart.

Neu·ro|chir·urg [nɔyroçi'rʊrk] *m* neurosurgeon. **~chir·ur'gie** [-çirʊr'giː] *f* neurosurgery. **~'gen** [-'geːn] *adj med.* neurogenic, neurogenous. **~'lo·ge** [-'loːgə] *m* <-n; -n> neurologist. **~lo'gie** [-lo'giː] *f* <-; *no pl*> neurology. **~'lo·gisch** [-'loːgɪʃ] *adj* neurological.

'Neu|ro,man·tik *f mus. Literatur*: neo-romanticism. **~ro,man·ti·ker** *m*, **~ro,man·tisch** *adj* neo-romantic.

Neu·ron ['nɔyrɔn] *n* <-s; -en [-'roːnən] *u.* Neuren> *med. zo.* neuron(e).

Neu·ro|pa·thie [nɔyropa'tiː] *f* <-; -n [-ən]> *med.* neuropathy. **~'pa·thisch** [-'paːtɪʃ] *adj* neuropathic. **~pa·tho·lo'gie** [-patolo'giː] *f* neuropathology.

Neu·ro·se [nɔy'roːzə] *f* <-; -n> *med.* neurosis. **Neu'ro·ti·ker** [-tikər] *m* <-s; ->, **neu'ro·tisch** [-tɪʃ] *adj* neurotic.

'Neu|,satz *m print.* reset, recomposition. **~,schät·zung** *f econ.* reassessment. **~,schnee** *m* new- (*od.* fresh-)fallen snow. **~,schöp·fung** *f* **1.** new creation. **2.** *ling.* neologism.

,Neu'see|,län·der *m* <-s; -> New Zealander. **~,län·disch** *adj* New Zealand.

'Neu|,sied·ler *m agr.* new settler, *Am.* pioneer farmer. **~,sil·ber** *n chem.* nickel (*od.* German) silver. **~,sprach·ler** *m* <-s; -> → Neuphilologe. **~,sprach·lich** *adj* modern-language; → Gymnasium 1. **~,stadt** *f* new (part of the) town. **~,stein,zeit** *f* New Stone Age, Neolithic period. **~te·sta,ment·lich** *adj* (of the) New Testament.

neu·tral [nɔy'traːl] **I** *adj* **1.** *allg.* neutral, *chem. phys. a.* indifferent; *pol.* ~ **bleiben** *a.* sit on the fence. **2.** *Briefpapier*: plain. **3.** *ling.* neuter. **II** *adv* **4.** **sich ~ verhalten** remain neutral. **Neu'tra·le** *m* <-n; -n> *pol.* neutral (state).

Neu·tra·li|sa·ti·on [nɔytraliza'tsĭoːn] *f* <-; -en> neutralization. **~sa·ti·'ons,wär·me** *f chem.* heat of neutralization. **~'sie·ren** [-'ziːrən] *v/t* <*no* ge-, h> neutralize. **~'sie·rung** *f* <-; -en> neutralization. **~'tät** [-'tɛːt] *f* <-; *no pl*> *bes. pol.* neutrality.

Neu·tra·li'täts|er,klä·rung *f pol.* declaration of neutrality. **~ver,let·zung** *f* violation of neutrality. **~,zei·chen** *n* indication (*od.* sign) of neutrality.

Neu·tri·no [nɔy'triːno] *n* <-s; -s> *phys.* neutrino.

Neu·tro'dyn,schal·tung [nɔytro'dyːn-] *f electr.* neutrodyne circuit.

Neu·tron ['nɔytrɔn] *n* <-s; -en [-'troːnən]> *phys.* neutron.

Neu'tro·nen... *in Zssgn* neutron (*bomb, density, counter, radiation, etc*). **~be,schuß** *m* neutron bombardment. **~,bom·be** *f* neutron bomb. **~,bün·del** *n* neutron beam. **~,ein,fang** *m* neutron capture. **~,fluß** *m* neutron flux. **~spek·tro,me·ter** *n* neutron spectrometer. **~,strahl** *m meist pl* neutron ray (*od.* beam).

Neu·trum ['nɔytrʊm] *n* <-s; -tra [-tra], *a.* -tren> *ling.* neuter.

'Neu|ver,an,la·gung *f econ.* reassessment. **~ver,fil·mung** *f* remake. **~ver,mählt I** *adj* newly-married. **II ~e** *m, f* <-n; -n> newly-married person; **die ~en** the newly-weds. **~ver,tei·lung** *f* redistribution, reallocation. **~,wahl** *f* new election. **~,wert** *m econ.* value when new, original value, *Versicherung*: replacement value. **~,wer·tig** *adj* as good as new, practically new. **~,wert·ver,si·che·rung** *f* replacement (value) insurance. **~,wort** *n* <-(e)s; ⸗er> new word (*od.* coinage), neologism. **~,zeit** *f* <-; *no pl*> modern times *pl*. **~,zeit·lich** *adj* modern. **~,zu,las·sung** *f mot.* new licen/ce (*Am.* -se).

New·ton ['njuːtən] *n* <-s; -> *phys.* (*Einheit für Kraft*) newton.

NF-... [ɛn'ʔɛf-] → **Niederfrequenz...**

'Ni·be·lun·gen|,hort *m* hoard of the Nibelungs. **~,lied** *n Literatur*: Nibelungenlied. **~,treue** *f fig.* faithfulness until death.

nicht [nɪçt] *adv* **1.** not; **durchaus** (*od.* **überhaupt, ganz und gar, beileibe**) ~ not at all, definitely (*od.* absolutely) not, in no way; ~ **im mindesten** (*od.* **geringsten**), ~ **ein bißchen** not in the slightest, by no means, not in the (very) least, on no account; ~ **ums (liebe) Leben** not for (*od.* on) one's life, not for dear life; → Bohne 4. **2.** *zur Verneinung von Verben*: not; **die Maschine wollte ~ funktionieren** the machine refused to work; **er kam ~** he failed to appear; **ich verstehe ~, warum** I fail to see why; **ich kenne ihn auch ~** I don't know him either; **es ist ~ zu glauben** it is unbelievable (*od.* incredible); **damit ~** lest; **wenn ~** unless; ~ **stürzen (werfen)!** (fragile) handle with care! **3.** *zur Verneinung von nichtverbalen Begriffen*: not, *vor Adjektiven oft*: *a.* in ..., non ..., un ...; ~ **einlösbar** inconvertible; ~ **anziehend** unattractive; ~ **sein Bruder kam, sondern er selbst** it was not his brother who came but he himself; **das ist et. noch ~ Dagewesenes** this is s. th. entirely unprecedented; **es ist mir ~ früher eingefallen** I didn't think of it earlier, it didn't occur to me before; ~ **einmal** not even, not so much as; **er versuchte es gar ~ erst** he didn't even try (*od.* make an attempt); → ohne I. **4.** *im Vergleichssatz*: not; ~ **so schön wie** not as (*od.* so) beautiful as. **5.** *in der Ellipse*: not; ~, **daß ich unhöflich sein will, aber** I don't want to be rude but; **sie sah es ~ und ich auch ~** she did not see it, nor (*od.* neither, no more) did I; ~, **daß ich wüßte; soviel ich weiß, ~** not to my knowledge, not that I know of, not as far as I know; **wie geht es dir? ~ besonders** how are you? not too well (*colloq.* so-so, *humor.* fair to middling); **wer war das? ich ~** who did that? not I (*colloq.* me); **was hältst du von dieser Idee? ~ schlecht** (*colloq.* **übel**) what do you think of this idea? not (half) bad; **nur das ~!** anything but that; **natürlich habe ich diesen Film gesehen – du etwa ~?** naturally I have seen this film – haven't you?; **willst du etwa behaupten, das sei wahr? das ~ (gerade), aber** do you mean to say this is true? not exactly, but; **warum ~?** why not?; **noch ~** not yet; **er ist krank, ~ wahr?** he is ill, isn't he?; **du gehst ~ hin, ~ wahr?** you won't go there, will you? **6.** *abwehrend*: ~! don't!; **(aber) ~ doch!** don't!; **bitte ~!** please don't (*od.* stop)! **7.** *vor Komparativ*: no; ~ **länger** no longer. **8.** ~ **nur** (*od.* **allein**) ..., **sondern auch** ... not only ... but also. **9.** *doppelte Verneinung*: **da ist niemand, der das ~ zugibt** there is no one who does not admit it (*od.* but admits it). **10.** *Aufhebung e-r Verneinung*: **er tat es ~ ungern** he was not reluctant to do it; **er ist ~ ungeschickt dabei** he is rather clever at it; **diese Arbeit ist (gar) ~ ungefährlich** this work is not without its dangers; **er tat es ~ ohne Grund** he had a good reason for doing it; ~ **wenige** quite a few. **11.** *Ausruf*: **was die Einbildung (doch) ~ alles tut!** it's extraordinary what imagination does; **was er ~ alles weiß!** the things he knows!; **ist das ~ ungerecht?** isn't that unfair?; **was man hier ~ alles tun soll!** the things they ask of you here! **12.** *lit.* **er hat ~ Geld noch Gut** he has neither money nor possessions.

'nicht|ab·sor,bie·rend *adj* nonabsorbing. **~,ach·tung** *f* disregard, disrespect, slight. **~,ade·lig, ~,ad·lig I** *adj* nonaristocratic, common. **II ~e** *m, f* <-n; -n> commoner. **~,amt·lich** *adj* unofficial, nonofficial. **~,an·er,ken·nung** *f* nonacknowledg(e)ment, disavowal, *bes. pol.* nonrecognition, *bes. e-r Staatsschuld*: repudiation. **~'an·,griffs,pakt** [,nɪçt-] *m pol.* nonaggression treaty (*od.* pact). **~,an,nah·me** *f bes. econ.* nonacceptance. **~,ari·er** *m*, **~,arisch** *adj NS-Zeit*: non-Aryan. **~,aus,füh·rung** *f e-r Pflicht etc*: nonperformance, nonfulfil(l)ment, *e-s Plans etc*: failure to carry out. **~,aus,übung** *f* **1.** *e-s Berufs*: nonpractising. **2.** *jur. e-s Rechts*: nonuse(r).

'Nicht|be,ach·tung *f* (von *od. gen*) **1.** *e-r Gefahr, Warnung etc*: disregard (of). **2.** *der Vorschriften etc*: failure to observe (*od.* comply [with]), nonobservance (of), noncompliance (with). **~be,fol·gung** *f* → Nichtbeachtung 2. **~be,rech·tigt I** *adj* ineligible, unauthorized, unqualified. **II ~e** *m, f* <-n; -n> *bes. jur.* unauthorized (*od.* ineligible) person, person without a title. **~be,rufs,tä·tig I** *adj* nonworking, not (occupationally *od.* professionally) employed. **II ~e** *m, f* <-n; -n> nonworking person; **die ~en** *pl* those not in employment. **~be,ste·hen** *n* **1.** nonexistence. **2.** *ped.* failure to pass. **~be,tei·li·gung** *f* nonparticipation. **~be,wirt·schaf·tet** *adj bes. econ.* nonrationed, noncontrolled. **~be,zah·lung** *f* nonpayment, *e-s Wechsels etc*: dishono(u)ring. **~,brenn·bar** *adj* noncombustible. **~,christ** *m*, **~,christ·lich** *adj relig.* non-Christian. **~,deutsch I** *adj*, **II ~e** *m, f* <-n; -n> non-German.

Nich·te ['nɪçtə] *f* <-; -n> niece.

'Nicht|,eig·nung *f* **bei ~** in case of nonqualification, if not qualified (*od.* eligible, suitable). **~,ein,hal·tung** *f* → Nichtbeachtung 2. **~,ein,klag·bar** *adj jur.* nonsuable, not enforceable. **~,ein,lös·bar** *adj econ.* **1.** *Währungen*: inconvertible, nonconvertible. **2.** *Wertpapiere*: irredeemable. **~,ein,lö·sung** *f* **1.** nonredemption. **2.** *e-s Wechsels etc*: dishono(u)ring.

'Nicht,ein,mi·schung *f pol.* noninterference, nonintervention. **~s,pakt** *m* nonintervention pact. **~s·po·li,tik** *f* policy of nonintervention.

'Nicht|,ei·sen·me,tall *n* nonferrous metal. **~,erb·lich** *adj Recht, Krankheit etc*: nonhereditary, *Eigentum etc*: nonheritable. **~er,fül·lung** *f* nonperformance, *econ. jur. a.* failure to perform, default. **~er,schei·nen** *n zum Dienst etc*: non-appearance (at), failure to appear (at), absence (from), *bes. vor Gericht*: *a.* default. **∼exi͵stent** *adj* nonexisting. **∼͵fach͵mann** *m* nonexpert, nonprofessional, lay man. **∼flek͵tier·bar** *adj ling.* uninflected. **∼ge͵brauch** *m* bei ∼ when not in use. **∼ge͵fal·len** *n* bei ∼ (Geld zurück) (money back) if not satisfied. **∼ge͵lin·gen** *n* failure. **∼-͵Ich** *n philos.* nonego.

ˈ**nich·tig** *adj* **1.** (*belanglos*) unimportant, insignificant, trivial, trifling; **aus ∼em Anlaß** over a trifle. **2.** (*wertlos*) hollow, vain, empty, idle, *Bibl. Leib*: vile; **ein ∼er Vorwand** a flimsy excuse. **3.** *jur.* void, invalid; **null und** ∼ null and void; **et. für (null und) ∼ erklären** declare s. th. null and void; **null und ∼ machen** nullify, invalidate. **∼keit** *f* ⟨-; -en⟩ **1.** ⟨*only sg*⟩ a) unimportance, insignificance, triviality, vanity, b) *jur.* nullity, invalidity. **2.** trifling matter (*od.* thing), triviality, trifle.

ˈ**Nich·tig·keits|be͵schwer·de** *f jur.* plea of nullity. **∼er͵klä·rung** *f* declaration of nullity, annulment, defeasance, nullification. **∼͵kla·ge** *f* action for annulment, nullity suit. **∼͵klau·sel** *f* defeasance (clause). **∼͵ur·teil** *n* decree of nullity.

ˈ**Nicht|in·ter·ven·ti͵on** *f pol.* nonintervention. **∼͵kämp·fer, ∼kom·bat͵tant** *m mil.* noncombatant. **∼kon·ver͵tier·bar** *adj econ.* inconvertible, nonconvertible. **∼kon·ver͵tier·bar·keit** *f* inconvertibility. **∼͵krieg͵füh·rend** *adj pol.* nonbelligerent. **∼͵lei·tend** *adj electr.* nonconducting. **∼͵lei·ter** *m* nonconductor. **∼͵leuch·tend** *adj* nonluminous. **∼͵lie·fe·rung** *f econ.* nondelivery. **∼ma͵gne·tisch** *adj* nonmagnetic. **∼me͵tall** *n* nonmetal. **∼me͵tal·lisch** *adj* nonmetallic. **∼͵mit͵glied** *n* nonmember. **∼͵öf·fent·lich** *adj* closed, private, nonpublic; **in ∼er Sitzung** in closed session, in chambers, in camera. **∼or·ga·ni͵siert** *adj Arbeiter etc*: nonorganized, nonunion. **∼oxy͵die·rend** *adj chem.* nonoxidizing. **∼͵pakt·ge͵bun·den** *adj pol.* not bound by a (*od.* the) treaty. **∼͵rau·cher** *m* nonsmoker; **er ist** ∼ he doesn't smoke. **∼͵rau·cher͵ab͵teil** *n* nonsmoker, nonsmoking compartment. **∼͵ro·stend** *adj* rustless, rustproof, noncorroding, *Stahl*: stainless.

nichts *indef pron* **1.** *adjektivisch*: nothing, naught, nought, not anything; ∼ **Neues** nothing new; ∼ **anderes als** nothing but; **er redet von ∼ anderem** he talks of nothing else; ∼ **dergleichen** nothing of the kind (*od.* sort), no such thing; **weißt du ∼ Besseres?** don't you know anything better?; **ich weiß ∼ Genaues** (*od.* **Näheres**) I don't know any particulars (*od.* details). **2.** *substantivisch*: nothing, naught, nought, not anything; ∼ **als Ärger** nothing but vexation; *colloq.* ∼ **da!** nothing doing!, that's out!; **ich habe ∼ dagegen (einzuwenden)** I have nothing against it, I have no objections (to raise), I don't object (to it), I don't mind; **an dem Gerücht ist ∼ dran** there is nothing (*od.* no substance) to the rumo(u)r; **es ist ∼ daraus geworden** nothing has come of it, it has come to nothing; ∼ **mehr davon!** no more about that; **mir ∼, dir ∼** a) (*mühelos*) just like that, without further ado, b) (*frech*) as cool as you please, without so much as a "by your leave"; **soviel wie ∼** next to nothing; **weiter ∼?, sonst ∼?** is that all?; *colloq.* ∼ **wie hin!** let's go there!; ∼ **wie raus!** let's get out of here; ∼ **wie ab mit euch!** off with you!; **alles oder ∼** it's all or nothing; ∼ **weniger als** a) anything but, b) nothing less than; **(ganz und) gar ∼** nothing at all, nothing what(so)ever; **fast gar ∼** almost (*od.* next to) nothing, hardly anything; **er hat so gut wie (gar) ∼ gegessen** he ate practically nothing; **ich will mit ihm ∼ mehr zu tun haben** I don't want to have any(thing) more to do with him (*od.* any more dealings with him); **wenn es weiter ∼ ist** if that is all; **es bleibt ihm weiter ∼** (*od.* ∼ **weiter**) **übrig** there is nothing more he can do; **es blieb uns ∼ weiter übrig als zu gehen** there was nothing for us but to go; *colloq.* **sie streiten für** (*od.* **um**) ∼ **und wieder ∼** they quarrel about absolutely nothing (*od.* for no reason at all); **das ist ∼ für mich** that's not for me, that's not (in) my line, *colloq.* that's not my cup of tea; ∼ **für ungut** no offen/ce (*Am.* -se) (*od.* harm) meant, no hard feelings; **ich habe ∼ gegen ihn** I have (got) nothing against him; **um ∼ spielen** play for nothing (*od.* love); **um ∼ in der Welt** not for anything in the world; **ich weiß von ∼** I know of nothing; **er wird es zu ∼ bringen** he will never get anywhere; **das ist zu ∼ zu gebrauchen** that's no (earthly) good (for anything); *colloq.* **du bist aber auch zu ∼ zu gebrauchen** you are no use (*od.* help) at all, you are absolutely useless; **er kommt zu ∼** he never gets round to (doing) anything; ∼ **zu machen!** *colloq.* nothing doing!, *Am. sl.* no soap!; **das** (*od.* **es**) **hat ∼ auf sich, das** (*od.* **es**) **tut ∼ zur Sache, es ist ∼ von Bedeutung** (*od.* **Belang**) that is of no importance (*od.* consequence); **das macht** (*od.* **tut, schadet**) ∼ that does not matter, never mind; **der Hund tut dir ja ∼** the dog won't do you any harm; *colloq.* **auf m-n Freund lasse ich ∼ kommen** I won't have anything said against my friend; **mir liegt ∼ daran** I don't care about (*od.* for) it, I don't want it; **ich habe ∼ davon** I get nothing out of it; **ich will ∼ gesagt haben** don't quote me; **da ist ∼ zu wollen** it's no use trying; ∼ **zu danken!** think nothing of it!, don't mention it!, not at all!, *Am.* you're welcome; **du hast hier ∼ zu suchen** you've (got) no business here; ∼ **hören und ∼ sehen** be oblivious to (*od.* of) everything, be blind and deaf to everything; **aus ∼ wird ∼, von ∼ kommt ∼** nothing comes of nothing; → **Lärm.**

Nichts *n* ⟨-; *no pl*⟩ **1.** *philos.* nothing(ness), nonexistence. **2.** (*Leere*) void, empty space, nothing; **am Anfang war das ∼** in the beginning there was the void; **aus dem ∼ auftauchen** appear from nowhere (*od.* out of the blue); **et. aus dem ∼ aufbauen** build s. th. up from nothing; **vor dem ∼ stehen** be left with nothing, be face to face with ruin; → **auflösen** 13. **3.** (*Geringfügigkeit*) trifling matter, trifle, mere nothing. **4.** (*Person*) nobody, nothing. **∼͵ah·nend** *adj* unsuspecting(ly *adv*).

ˈ**Nicht͵schwim·mer** *m* nonswimmer; **er ist** ∼ he can't swim. **∼͵becken** (*getr.* **-k·k-**) *n* pool for nonswimmers.

ˈ**nichts͵de·sto|ˈtrotz** *adv colloq.*, **∼ˈwe·ni·ger** *adv* nevertheless, none the less, notwithstanding.

ˈ**Nicht͵sein** *n* nonexistence.

ˈ**nicht͵seß·haft** *adj* nomadic.

ˈ**Nichts|͵kön·ner** *m* ⟨-s; -⟩ incompetent (*od.* inefficient) person, *colloq.* duffer. **∼͵nutz** *m* ⟨-es; -e⟩ good-for-nothing, ne'er-do-well. **∼͵nut·zig** *adj* good-for-nothing, worthless. **∼͵nut·zig·keit** *f* ⟨-; *no pl*⟩ worthlessness.

ˈ**nicht·so·zia͵li·stisch** *adj* nonsocialist.

ˈ**nichts͵sa·gend** *adj* **1.** (*ausdruckslos*) inexpressive, vacant, vacuous. **2.** (*bedeutungslos*) meaningless, empty, trivial, pointless, shallow; **∼e Worte** meaningless (*od.* empty) words. **3.** (*unbestimmt*) vague, noncommittal. **4.** (*farblos*) colo(u)rless, dull.

ˈ**nicht͵staat·lich** *adj* **1.** *Organisation etc*: nongovernmental. **2.** *Schule etc*: private.

ˈ**Nichts|͵tu·er** *m* ⟨-s; -⟩ *colloq.* do-nothing, idler, loafer, lazybones *pl* (*als sg od. pl konstruiert*). **∼tueˈrei** [͵nɪçts-] *f* ⟨-; *no pl*⟩ → **Nichtstun.** **∼͵tue·risch** *adj* idle, loafing, lazy. **∼͵tun** *n* idling, idleness, inactivity; **süßes ∼** dolce far niente; **s-e Zeit mit ∼ verbringen** idle away one's time. **∼͵wis·ser** *m* ⟨-s; -⟩ know-nothing, ignoramus. **∼͵wür·dig** *adj* worthless, mean, base, (*verächtlich*) despicable, contemptible, vile. **∼͵wür·dig·keit** *f* ⟨-; *no pl*⟩ worthlessness (*etc*), despicableness, contemptibility, vileness.

ˈ**Nicht|͵tän·zer** *m* nondancer; **ich bin** ∼ I don't dance. **∼͵teil͵nah·me** *f* nonparticipation. **∼͵trop·fend** *adj Kerze etc*: nondrip. **∼͵über͵ein͵stim·mung** *f* disagreement, discrepancy, disharmony. **∼͵über͵trag·bar** *adj* **1.** nontransferable. **2.** *econ.* non-negotiable. **∼ver͵ant͵wort·lich** *adj jur.* irresponsible. **∼ver͵füg·bar·keit** *f* unavailability. **∼ver͵si·chert** *adj* uninsured. **∼͵voll͵streckung** (*getr.* **-k·k-**), **∼͵voll͵zie·hung** *f* nonexecution. **∼͵vor·be͵straf·te** *m, f jur.* person with no police record (*od.* previous conviction), (*Angeklagter*) *a.* first offender. **∼͵vor͵han·den͵sein** *n* nonexistence, absence, lack. **∼͵wäh·ler** *m*, **∼͵wäh·le·rin** *f pol.* nonvoter. **∼͵wei·ter·ver͵brei·tung** *f von Atomwaffen etc*: nonproliferation. **∼͵wis·sen** *n* ignorance. **∼͵wol·len** *n* unwillingness. **∼͵zah·lung** *f econ.* nonpayment; **bei ∼** in default of payment. **∼͵zu͵las·sung** *f* nonadmission. **∼zu͵stan·de͵kom·men** *n e-s Geschäftes etc*: nonconclusion. **∼͵zu͵stän·dig·keit** *f jur.* incompetence. **∼͵zu͵tref·fen·de** *n* ⟨-n; *no pl*⟩ **∼s streichen!** delete where inapplicable.

Nickel[1] (*getr.* **-k·k-**) [ˈnɪkəl] *n* ⟨-s; *no pl*⟩ *chem. min.* nickel.

ˈ**Nickel**[2] (*getr.* **-k·k-**) *m* ⟨-s; -⟩ *obs.* **1.** (∼*geld*) nickel. **2.** → **Nickelmünze.**

ˈ**Nickel|͵blü·te** (*getr.* **-k·k-**) *f min.* nickel bloom. **∼͵ei·sen** *n* nickel-iron. **∼͵erz** *n* nickel ore. **∼͵mün·ze** *f* nickel coin. **∼͵stahl** *m* nickel steel.

nicken (*getr.* **-k·k-**) [ˈnɪkən] *v/i* ⟨h⟩ **1.** nod, *zum Gruß*: give a nod, *als Wink*: beckon; **zustimmend (mit dem Kopf) ∼** nod (one's head) in agreement, nod agreement. **2.** *colloq.* (*schlummern*) snooze, doze, nod. **3.** *Raumfahrt*: pitch.

ˈ**Nicker·chen** (*getr.* **-k·k-**) *n* ⟨-s; -⟩ *colloq.* **ein ∼ machen** have (*od.* take) a nap, have a snooze (*od.* catnap), have (one's) forty winks.

nie [niː] *adv* never, at no time; **fast ∼** hardly ever; ∼ **mehr,** ∼ **wieder** never again; **jetzt oder ∼** (it's) now or never; ∼ **und nimmer** never (in my life); **ich habe noch ∼ erlebt, daß er gedankt hat** I am yet to see the day when he says thank you.

nie·der [ˈniːdər] **I** *adj* **1.** *Rang, Wert etc*: lower; **von ∼er Geburt** of low (*od.* mean) birth; **der ∼e Adel** the gentry, the lower aristocracy. **2.** *Gesinnung etc*: low, base, mean. **3.** → **niedrig** 1, 5–7. **II** *adv* **4.** down; **die Waffen ∼!** lay down your arms!; **er ging im Zimmer auf und ~** he paced (up and down) the room. **III ≈e, das** ‹-n› **5.** base (*od.* vile) things *pl*; **er hat e-n Hang zum ≈en** he has a tendency towards the base (*od.* vile). **≈ˌbay·er** *m*, **~ˌbay(e)·risch** *adj* Lower Bavarian. **~ˌbeu·gen I** *v/t* ‹*sep*, -ge-, h› **1.** bend down, bow. **2.** *fig.* weigh down, depress. **II** *v/reflex* **sich ~ 3.** bend down, bow. **~ˌbie·gen** *v/t* ‹*irr, sep*, -ge-, h› bend down. **~ˌbre·chen I** *v/t* ‹*irr, sep*, -ge-, h› break (*od.* pull) down. **II** *v/i* ‹sein› break down. **~ˌbren·nen I** *v/t* ‹*irr, sep*, -ge-, h› burn *s. th.* down (*od.* to the ground). **II** *v/i* ‹sein› *Kerze, Haus etc*: burn down. **~ˌbrin·gen** *v/t* ‹*irr, sep*, -ge-, h› **e-e Bohrung ~** drill a hole. **~ˌbrül·len** *v/t* ‹*sep*, -ge-, h› shout *s. o.* down. **~ˌdeutsch I** *adj*, **II** *ling.* **≈** ‹*generally undeclined*›, **das ≈e** ‹-n›, **≈ˌdeut·sche** *m, f* Low German. **~ˌdon·nern** *v/i* ‹*sep*, -ge-, sein› *Lawine etc*: come thundering down.

ˈNie·derˌdruck *m* ‹-(e)s; *no pl*› *phys.* low pressure. **~...** *in Zssgn* low-pressure ...

ˈnie·der|ˌdrü·cken (*getr.* -k·k-) *v/t* ‹*sep*, -ge-, h› **1.** (*Hebel, Tasten etc*) depress, press (*od.* push, weigh) down. **2.** *fig.* weigh down, depress, prey (up)on *s. o.'s* mind, oppress; **der Mißerfolg drückt ihn nieder** failure weighs on him. **~ˌdrückend** (*getr.* -k·k-) *adj fig.* depressing. **~ˌfah·ren** *v/i* ‹*irr, sep*, -ge-, sein› **1.** descend. **2.** *Blitz*: flash down. **~ˌfal·len** *v/i* ‹*irr, sep*, -ge-, sein› fall down; **vor j-m (auf die Knie) ~** fall down (on one's knees) before s. o., throw o. s. at s. o.'s feet.

ˈNie·der·freˌquenz ... *electr. in Zssgn* low- (*od.* audio-)frequency ...

ˈNie·derˌgang *m* ‹-(e)s; *no pl*› **1.** *der Gestirne*: setting; **vom Aufgang bis zum ~ der Sonne** from sunrise to sunset. **2.** *fig.* (*Untergang*) fall, decline, decay. **3.** *mar.* ‹*pl* ⸚e› companionway. **4.** *tech. e-s Kolbens*: downstroke.

ˈnie·der·geˌdrückt *adj* → niedergeschlagen.

ˈnie·derˌge·hen *v/i* ‹*irr, sep*, -ge-, sein› **1.** *Regen etc*: fall, *a. Lawine*: come down, *Gewitter*: break, burst. **2.** *thea. Vorhang*: come down, fall, descend, drop. **3.** *aer.* (*landen*) touch down, alight, *Raumfahrt*: come down, *auf dem Wasser*: splash down.

ˈnie·der·geˌschla·gen *adj fig.* depressed, in low spirits, (*mutlos*) dejected, despondent, crestfallen. **≈heit** *f* ‹-; *no pl*› depression, despondency, low-spiritedness.

ˈnie·der|geˌstreckt *adj* prostrate. **~ˌhal·ten** *v/t* ‹*irr, sep*, -ge-, h› **1.** hold (*od.* keep) down. **2.** (*Feuer*) contain, keep under control. **3.** *fig.* (*Aufstand etc*) repress, suppress. **4.** *mil.* pin down. **~ˌhau·en** *v/t* ‹*irr, sep*, -ge-, h› (*a. fig. Gegner*) cut down, fell. **~ˌhocken** (*getr.* -k·k-) *v/reflex* ‹*sep*, -ge-, h› **sich ~** squat (down). **~ˌho·len** *v/t* ‹*sep*, -ge-, h› (*Fahne etc*) lower, haul down. **≈ˌjagd** *f* small-game shooting (*Am.* hunting). **~ˌkämp·fen** *v/t* ‹*sep*, -ge-, h› **1.** overcome, subdue. **2.** *mil.* put *s. o.* out of action, (*feindliches Feuer*) silence. **3.** *fig.* (*Abneigung etc*) fight down, overcome, (*Tränen*) fight back. **~ˌknal·len** *v/t* ‹*sep*, -ge-, h› *colloq.* **j-n ~** shoot s. o. down, *sl.* bump s. o. off. **~ˌknie·en** *v/i* ‹*sep*, -ge-, sein› kneel down. **~ˌknüp·peln** *v/t* ‹*sep*, -ge-, h› bludgeon. **~ˌkom·men** *v/i* ‹*irr, sep*, -ge-, sein› be confined, have a child, give birth (**mit** to).

ˈNie·der|ˌkunft *f* ‹-; ⸚e› childbirth, confinement. **~ˌla·ge**[1] *f mil. Sport, a. fig.* defeat, *colloq.* beating; **e-e schwere ~ erleiden** suffer (*od.* meet with) a heavy defeat, take a heavy beating; **e-e vernichtende ~** a crushing (*od.* devastating) defeat, a rout; **j-m e-e ~ beibringen** inflict (a) defeat (up)on s. o.; *Sport*: **e-e knappe ~** a narrow defeat. **~ˌla·ge**[2] *f econ.* **1.** branch (office). **2.** (*Lager*) warehouse, storehouse, depot. **~ˌlän·der** *m* ‹-s; -› Dutchman, Netherlander. **~ˌlän·de·rin** *f* ‹-; -nen› Dutch woman, Netherlander. **≈ˌlän·disch I** *adj* Dutch, Netherlandish; *Kunst*: **~e Schule** the Dutch school of painting. **II** *ling.* **≈** ‹*generally undeclined*›, **das ≈e** ‹-n› Dutch, the Dutch language.

ˈnie·derˌlas·sen I *v/t* ‹*irr, sep*, -ge-, h› **1.** let down, lower, drop. **II** *v/reflex* **sich ~ 2.** (*sich herunterlassen*) let o. s. down, lower o. s.; **sich auf die Knie ~** go down on one's knees. **3.** sit down, take a seat, settle o. s. **4.** (**auf** *dat od. acc* on) *Vogel*: settle, alight. **5.** (*Wohnsitz nehmen*) settle (down), take up (one's) residence (*lit.* one's abode, domicile), establish o. s.; → **häuslich** 5. **6.** (*Praxis, Geschäft eröffnen*) set up, establish o. s., *colloq.* set up shop (**als** as); **sich als Arzt ~** set up as a doctor.

ˈNie·derˌlas·sung *f* ‹-; -en› **1.** setting up, establishment. **2.** (*Kolonie*) settlement, colony. **3.** *econ.* place of business, (*Filiale*) branch (establishment *od.* office). **~sˌfrei·heit** *f* freedom to choose the place of one's domicile. **~sˌrecht** *n* right of domicile (*od.* establishment).

ˈnie·der|ˌle·gen I *v/t* ‹*sep*, -ge-, h› **1.** put (*od.* lay) down, (*a. weitS. Dokumente etc*) deposit; **die Waffen ~** lay down one's arms; → **Kranz** 1. **2.** *fig.* (*Amt*) lay down, resign; **die Arbeit ~** down tools, (go on) strike, *colloq.* walk out; *jur.* **die Verteidigung ~** abandon the defence of a case; **die Geschäfte ~** retire from the management; **die Regierung ~** resign office; → **Krone** 1, **Mandat** 2. **3.** *et.* (**schriftlich**) **~** set (*od.* put, lay) s. th. down (in writing), write s. th. down, record s. th.; **Regeln ~** lay down rules; **in e-m Bericht niedergelegt sein** be set forth in a report. **4.** put *s. o.* to bed. **5.** → **niederreißen**. **II** *v/reflex* **sich ~ 6.** a) lie down, b) go to bed. **≈ˌle·gung** *f* ‹-; *no pl*› **1.** putting down (*etc*). **2.** *fig. e-s Amtes etc*: resignation, abdication, retirement, *der Verteidigung*: abandonment; **~ der Arbeit** strike, *colloq.* walk-out. **~ˌma·chen** *v/t* ‹*sep*, -ge-, h› → **niedermetzeln**. **~ˌmä·hen** *v/t* ‹*sep*, -ge-, h› *fig.* (*Truppen etc*) mow down. **~ˌmet·zeln** *v/t* ‹*sep*, -ge-, h› massacre, butcher, slaughter. **~ˌpras·seln** *v/i* ‹*sep*, -ge-, sein› **1.** *Hagel, Regen etc*: pelt (*od.* beat) down. **2.** *fig. Beschimpfungen etc*: rain (*od.* hail) down (**auf** *acc* on). **~ˌrau·schen** *v/i* ‹*sep*, -ge-, sein› *Wasser, Regen etc*: rush down. **~ˌrei·ßen** *v/t* ‹*irr, sep*, -ge-, h› **1.** tear (*od.* pull) down, demolish, raze. **2.** *fig.* tear (*od.* break, pull) down, abolish. **~ˌrei·ten** *v/t* ‹*irr, sep*, -ge-, h› ride down. **~ˌrhei·nisch** *adj geogr.* of the Lower Rhine. **~ˌrin·gen** *v/t* ‹*irr, sep*, -ge-, h› overcome, overpower, master; **der Feind wurde niedergerungen** the enemy was overpowered. **≈ˌsach·se** *m*, **~ˌsäch·sisch** *adj* Lower Saxon. **~ˌsau·sen** *v/i* ‹*sep*, -ge-, sein› whiz down. **~ˌschie·ßen I** *v/t* ‹*irr, sep*, -ge-, h› **j-n ~** shoot s. o. down. **II** *v/i* ‹sein› (**auf** *acc* [up]on) *Habicht etc*: swoop down, pounce. **≈ˌschlag** *m* **1.** (*Bodensatz*) sediment, deposit, precipitate, precipitation. **2. radioaktiver ~** fallout. **3.** *meteor.* rain(fall), precipitation; **schwere Niederschläge** heavy rain(fall). **4.** *Boxen*: knockdown, *bis zehn*: knockout. **5.** *mus.* downbeat, thesis. **6.** *fig.* **s-n ~ in e-r Sache finden** be embodied (*od.* reflected) in s. th., find (its) expression in s. th. **~ˌschla·gen I** *v/t* ‹*irr, sep*, -ge-, h› **1. j-n ~** a) knock (*od.* strike) s. o. down, fell s. o., b) *Boxen*: knock s. o. down, floor s. o., *bis zehn*: knock s. o. out. **2.** (*Getreide etc*) beat down. **3.** (*Augen*) cast down, lower. **4.** (*Kragen etc*) turn down. **5.** *fig.* (*Aufstand etc*) put down, suppress, crush, quell, quash. **6.** *jur.* (*Verfahren etc*) quash, (*Kosten etc*) cancel. **7.** *chem.* precipitate, deposit. **8.** *fig.* (*bedrücken*) depress, deject, dishearten. **II** *v/reflex* **sich ~ 9.** *fig.* be reflected (in *dat* in). **10.** *chem.* precipitate, deposit, *Dampf etc*: condense. **III ≈** *n* ‹-s› **11.** knocking down (*etc*). **12.** → **Niederschlagung**.

ˈnie·derˌschlags|ˌarm *adj meteor.* with little rain(fall). **~ˌfrei** *adj* with no rain, dry. **≈ˌhäu·fig·keit** *f* frequency of precipitation (*od.* rainfall). **≈ˌhö·he, ≈ˌmen·ge** *f* amount of precipitation (*od.* rainfall). **≈ˌmes·ser** *m* rain ga(u)ge. **~ˌreich** *adj* with high rainfall, wet, rainy. **≈ˌtä·tig·keit** *f* precipitation activity.

ˈNie·derˌschla·gung *f* ‹-; *no pl*› **1.** → **niederschlagen** 11. **2.** *fig. e-s Aufstandes etc*: suppression. **3.** *jur. e-s Verfahrens etc*: quashing, *von Kosten etc*: cancellation.

ˈnie·der|ˌschmet·tern *v/t* ‹*sep*, -ge-, h› **1.** dash (*od.* knock, throw) down (*od.* to the ground), floor. **2.** *fig.* (*erschüttern*) shatter, crush. **~ˌschmet·ternd** *adj Nachricht etc*: shattering, dismal, appalling. **~ˌschrei·ben** *v/t* ‹*irr, sep*, -ge-, h› write down, record, *jur.* register. **~ˌschrei·en** *v/t* ‹*irr, sep*, -ge-, h› shout (*od.* hoot, howl) *s. o.* down. **≈ˌschrift** *f* **1.** writing down, recording. **2.** (*Aufzeichnung*) notes *pl*, writing, (*Protokoll*) record, minutes *pl*; *jur.* **mündlich zur ~** orally to be recorded. **~ˌset·zen I** *v/t* ‹*sep*, -ge-, h› **1.** put (*od.* set) down. **II** *v/reflex* **sich ~ 2.** sit down. **3.** → **niederlassen** 4. **~ˌsin·ken** *v/i* ‹*irr, sep*, -ge-, sein› sink (down), go down; **ohnmächtig ~** collapse. **≈ˌspan·nung** *f electr.* low voltage (*od.* tension). **~ˌste·chen** *v/t* ‹*irr, sep*, -ge-, h› stab *s. o.* (down). **~ˌstei·gen** *v/i u. v/t* ‹*irr, sep*, -ge-, sein› step (*od.* climb) down, descend. **~ˌstim·men** *v/t* ‹*sep*, -ge-, h› *pol.* vote *s. o., s. th.* down, (*Person*) *a.* outvote. **~ˌsto·ßen I** *v/t* ‹*irr, sep*, -ge-, h› push down. **II** *v/i* ‹sein› *Habicht etc*: swoop down (**auf** *acc* [up]on). **~ˌstrecken** (*getr.* -k·k-) **I** *v/t* ‹*sep*, -ge-, h› **j-n ~** a) *mit Faustschlag*: knock (*od.* strike) s. o. down, fell (*od.* floor) s. o., b) shoot s. o. down. **II** *v/reflex* **sich ~** (*sich hinlegen*) lie down, stretch (o. s.) out. **~ˌstür·zen** *v/i* ‹*sep*, -ge-, sein› fall down, plunge down, *Wasser etc*: rush down. **~ˌtou·rig** [-ˌtuːrɪç] *adj Motor*: low-speed.

ˈNie·derˌtracht *f* ‹-; *no pl*› meanness, baseness, vileness; **aus reiner ~** out of sheer malice.

ˈnie·derˌträch·tig I *adj* **1.** (*gemein*) mean, low, base, vile; **e-e ~e Gesinnung** a base mind; **ein ~er Schurke** (*od.* **Lump**) a vile wretch (*od.* creature); **ein ~er Streich, e-e ~e Gemeinheit** a mean (*od.* dirty, low-down, *sl.* rotten) trick; **das war wirklich ~!** that was really mean! **2.** (*heimtückisch*) insidious, perfidious. **II** *adv* **3. j-n ~ behandeln, mit j-m ~ verfahren** treat s. o. meanly (*od.* vilely). **≈keit** *f* ‹-; -en› **1.** →

Niedertracht. **2.** mean (*od.* base, vile) act (*od.* remark), *colloq.* dirty trick.

'nie·der|ˌtram·peln *v/t* ⟨*sep*, -ge-, h⟩ trample *s. o., s. th.* down. **~ˌtre·ten** *v/t* ⟨*irr, sep*, -ge-, h⟩ **1.** tread *s. th.* (down *od.* underfoot). **2.** (*Schuhabsätze*) run (*od.* wear) *s. th.* down.

'Nie·de·rung *f* ⟨-; -en⟩ **1.** *geogr.* lowland(s *pl*), *im Gelände*: low plain (*od.* ground), valley; **sumpfige ~** marshy lowlands *pl.* **2.** *fig.* morass; **die ~en** *pl* **des Lebens** the darker side *sg* of life.

'Nie·der|ˌwald *m* coppice, copse, brushwood. **≈ˌwärts** *adv* down, downward(s). **≈ˌwer·fen I** *v/t* ⟨*irr, sep*, -ge-, h⟩ **1.** throw (*od.* fling, cast) down; *fig.* **niedergeworfen werden von** *e-r Krankheit etc*: be laid low by. **2.** *Sport*: **j-n ~** bring s. o. down, *Ringen*: throw s. o. **3.** → **niederschlagen** 5. **II** *v/reflex* **4. sich ~** throw o. s. down, prostrate o. s. **III ≈** *n* ⟨-s⟩ **5.** throwing down (*etc*). **~ˌwer·fung** *f* ⟨-; *no pl*⟩ *fig. e-s Aufstandes etc*: suppression. **~ˌwild** *n* small game. **≈ˌzwin·gen** *v/t* ⟨*irr, sep*, -ge-, h⟩ force *s. o.* down, overpower, overcome.

nied·lich ['niːtlıç] **I** *adj* (*hübsch*) pretty, nice, sweet, cute, (*drollig*) droll, (*zierlich*) delicate, dainty; **ein ~es Mädchen** (**Gesicht**) a pretty girl (face); **ein ~es Kätzchen** a sweet little kitten; *colloq. iro.* **du bist ja ~!** you're a fine one!; **das ist ja ~!** that's a nice kettle of fish!; **das kann ja ~ werden!** that will be fun! **II** *adv* prettily, nicely. **≈keit** *f* ⟨-; *no pl*⟩ prettiness (*etc*), (*Zierlichkeit*) delicacy, daintiness.

'Niedˌna·gel ['niːt-] *m med.* hangnail, agnail.

nied·rig ['niːdrıç] **I** *adj* **1.** low; **e-e ~e Hütte** a low(-roofed) hut; **ein ~es Zimmer** a low(-ceilinged) room; **~es Fahrgestell** low(-built) chassis; **Schuhe mit ~en Absätzen** low-heeled shoes; **bei ~em Wasserstand** at low water; **am ~sten Punkt** at the lowest (*od.* lowermost) point. **2.** (*tiefliegend*) low-lying. **3.** *fig.* (*gering*) *allg.* low, *Preis*: *a.* moderate, *Strafe etc*: light; **~ halten** keep down; **~e Löhne** low wages; **e-e ~e Schätzung** a low estimate; *tech.* **ein ~er Gang** a low gear; **um ~e Einsätze spielen** play low (*od.* for low stakes); **zu ~erem Preis** at a lower (*od.* reduced) price; **~st** lowest, (rock-)bottom, minimum (*prices, etc*); **auf dem ~sten Stand** at its lowest. **4.** *fig.* (*minderwertig*) low, inferior, (*primitiv*) low, primitive; **~er Geschmack** bad (*od.* low) taste; **~es geistiges Niveau** low intellectual level. **5.** *fig.* (*untergeordnet*) low, subordinate, inferior; **ein ~er Dienstgrad** a subordinate (*od.* low) rank. **6.** *fig.* (*nicht vornehm*) low(ly), humble, mean, simple; **e-e ~e Kaste** a low caste; **das ~e Volk** the common people; **von ~er Geburt** (**Herkunft**) of low birth (origin); **~e Arbeit** menial work; *humor.* **m-e ~e Hütte** my humble abode. **7.** *fig.* (*gemein, schlecht*) low, base, mean, vile; **~e Gedanken** mean thoughts; **~e Gesinnung** low-mindedness; **die ~sten Instinkte** the basest (*od.* lowest) instincts. **II** *adv* **8.** low; **~ brennen** burn low; **die Sonne steht ~** the sun is low (in the sky); **das Wasser steht ~** the water is low; **et. ~er hängen** a) hang s. th. lower down, b) *fig.* take s. th. down from its pedestal, debunk s. th. **9.** *fig.* (*gering*) low, (*mäßig*) moderately; **zu ~ schätzen** underestimate; **j-n ~ einschätzen** have a low opinion of s. o. **10.** (*nicht vornehm*) low; **~ geboren** of low(ly) (*od.* humble) birth, low-born. **11.** *fig.* (*gemein*) low, basely, meanly, *bes. Am.* mean; **~ gesinnt sein** be low-minded. **≈keit** *f* ⟨-; *no pl*⟩ **1.** *allg.* lowness, *der Preise etc*: *a.* low level, *e-r Strafe etc*: lightness, *der Geburt*: *a.* humbleness. **2.** *fig.* (*Gemeinheit*) baseness, lowness, meanness. **~ˌste·hend** *adj* → **niedrig** 4. **≈ˌwas·ser** *n* ⟨-s; -⟩ *mar.* low water.

'nieˌmals *adv* → **nie.**

nie·mand ['niːmant] **I** *indef pron* ⟨*gen* -(e)s, *dat* -em, *a.* -, *acc* -en, *a.* -⟩ nobody, no one, none, not ... anybody, *colloq.* not a soul; **sonst** (*od.* **weiter**) **~** nobody else; **~ anders als** none other than; **~ Fremdes** no stranger; **~ da?** anybody there?; **auf ~ anderes warten** wait for no one else; **ich habe es ~(em) erzählt** I didn't tell anyone; **ich habe ~(en) gesehen** I didn't see anybody. **II ≈** *m* ⟨-(e)s; *no pl*⟩ **ein ≈** a nobody; **der böse ≈** the devil. **≈sˌland** *n* ⟨-(e)s; *no pl*⟩ no-man's-land.

Nie·re ['niːrə] *f* ⟨-; -n⟩ *anat. zo.* kidney; **künstliche ~** artificial kidney; *fig. colloq.* **das geht ihm an die ~n** that cuts him to the quick, that gets under his skin, that will hit him hard; → **Herz** *Bes. Redewendungen.*

'Nie·renˌbecken (*getr.* -k·k-) *n anat.* renal pelvis, pelvis of the kidney. **~entˌzün·dung** *f* pyelitis, pyelonephritis.

'Nie·ren|entˌzün·dung *f med.* inflammation of the kidneys, nephritis. **~ˌfett** *n gastr.* suet, kidney fat. **≈ˌför·mig** *adj* kidney-shaped, *bes. bot. min.* reniform. **~ˌge·gend** *f anat.* renal region. **~ˌgrieß** *m* renal gravel (*od.* sand). **~ˌko·lik** *f* renal colic. **≈ˌkrank I** *adj* suffering from the kidney(s). **II ≈e** *m, f* ⟨-n; -n⟩ patient suffering from a kidney disease. **~ˌkrank·heit** *f*, **~ˌlei·den** *n* disease of the kidneys, kidney (*od.* renal) disease. **~ˌschlag** *m Boxen*: kidney blow (*od.* punch). **~ˌschwund** *m med.* renal atrophy. **~ˌstein** *m* **1.** *meist pl med.* kidney stone, renal calculus, nephrolith. **2.** *min.* jade, nephrite, spherulite. **~verˌpflan·zung** *f* kidney transplant(ation).

nie·seln ['niːzəln] *v/impers* ⟨h⟩ **es nieselt** it is drizzling. **'Nie·selˌre·gen** *m* drizzle.

nie·sen ['niːzən] **I** *v/i* ⟨h⟩ sneeze. **II** *v/t colloq.* **ich werde dir was ~!** I'll see you further first! You can go to hell!

'Nies|ˌpul·ver *n* sneezing powder. **~ˌreiz** *m* urge to sneeze. **~ˌreizˌschwel·le** *f nucl.* nose-blow triggering level.

'Nieß|ˌbrauch ['niːs-] *m* ⟨-(e)s; *no pl*⟩ *jur.* usufruct (**an** *dat* of). **~ˌbrau·cher** *m* ⟨-s; -⟩ usufructuary. **~ˌnutz** *m* ⟨-(e)s; *no pl*⟩, **~ˌnut·zung** *f* → **Nutznießung.**

'Niesˌwurz *f* ⟨-; -en⟩ *bot.* hellebore.

Niet [niːt] *m, a. n* ⟨-(e)s; -e⟩ *tech.* rivet.

Nie·te ['niːtə] *f* ⟨-; -n⟩ **1.** *beim Los*: blank; **e-e ~ ziehen** draw a blank. **2.** *fig. colloq.* (*Versager*) *sl.* wash-out, dud, bum, *bes. Am. sl.* lemon, (*Reinfall*) failure, flop. **3.** *colloq. for* **Niet.**

nie·ten ['niːtən] *v/t* ⟨h⟩ *tech.* rivet.

'Nie·tenˌho·se *f* (blue) jeans *pl.*

'Nie·ter *m* ⟨-s; -⟩ *tech.* riveter.

'Niet|ˌham·mer *m tech.* riveting hammer. **~ˌkopf** *m* rivet head. **~maˌschi·ne** *f* riveting machine, riveter. **~ˌna·gel** *m* **1.** → **Niednagel.** **2.** → **Niet.** **~ˌnaht** *f* riveted seam.

'niet- ˌund 'na·gelˌfest *adj* ⟨*pred*⟩ *colloq.* **alles, was nicht ~ war** everything that wasn't nailed down.

'Nie·tung *f* ⟨-; -en⟩, **'Niet·verˌbin·dung** *f tech.* rivet joint, riveting.

Ni·hi|lis·mus [nihiˈlısmus] *m* ⟨-; *no pl*⟩ *philos. pol.* nihilism. **~'list** [-ˈlıst] *m* ⟨-en; -en⟩ nihilist. **≈'li·stisch** *adj* nihilist(ic).

Ni·ko·laus ['niːkolaus] *m* ⟨-; -e, *humor.* ≈e⟩ Santa Claus. **~ˌtag** *m* St. Nicholas' Day.

Ni·ko·tin [nikoˈtiːn] *n* ⟨-s; *no pl*⟩ *chem.* nicotine. **≈ˌarm** *adj* with (a) low nicotine content. **≈ˌfrei** *adj* nicotine-free. **~geˌhalt** *m* nicotine content. **≈ˌhal·tig** *adj* containing nicotine, nicotinic. **~ˌsäu·re** *f* nicotinic acid, niacin. **≈ˌsüch·tig** *adj* addicted to smoking. **~verˌgif·tung** *f med.* nicotine poisoning, nicotinism.

'Nil|ˌdel·ta *n geogr.* delta of the Nile. **~ˌpferd** *n zo.* hippopotamus.

Nim·bus ['nımbus] *m* ⟨-; *rare* -se⟩ **1.** *Kunst*: (*Heiligenschein*) nimbus, halo, aureole, glory. **2.** *fig.* aura, halo, reputation, prestige; **er hat den** (*od.* **steht im**) **~ der Unbesiegbarkeit** he has an aura of invincibility about him; **s-n ~ einbüßen** lose one's halo; **j-n s-s ~ entkleiden** shatter s. o.'s reputation, debunk s. o. **~ˌwol·ke** *f* nimbus (cloud).

nimm [nım] *imp sg of* **nehmen.**

nim·mer ['nımər] *adv* **1.** never (again); **nie und ~!** never (ever)!; **das hat er nie und ~ getan** he never did that; → *a.* **nie.** **2.** *dial.* no longer, no more, not ... any more; **ich halt' das ~ aus** I can't bear it any longer. **≈leinsˌtag** *m humor.* **am ~** never, at the Greek calends. **~ˌmehr** *adv* **1.** never again, *lit.* nevermore; **nun und ~** never. **2.** (*keinesfalls*) by no means, on no account, never. **~'mü·de** *adj* untiring, indefatigable. **~ˌsatt I** *adj* **1.** *a. fig.* insatiable, greedy. **II ≈** *m* ⟨- *u.* -(e)s; -e⟩ **2.** *a. fig.* glutton. **3.** *orn.* wood ibis. **≈'wie·derˌse·hen** [ˌnımər-] *n colloq.* **auf ~!** good riddance!; **auf ~ verschwinden** disappear never to be seen again, leave for good.

nimmst [nımst] *2 sg*, **nimmt** [nımt] *3 sg pres of* **nehmen.**

Nip·pel ['nıpəl] *m* ⟨-s; -⟩ *tech.* nipple.

nip·pen ['nıpən] *v/i u. v/t* ⟨h⟩ (take a) sip; **~ an** (*dat*) take (*od.* have) a sip of (*od.* from), sip (at) (*a drink*).

Nip·pes ['nıpəs; nıps; nıp] *pl* knick-knacks, bric-a-brac *sg*, bibelots.

'Nippˌsa·chen *pl* → **Nippes.**

nir·gend ['nırgənt] *adv rare for* **nirgends.**

'nir·gends *adv* nowhere, not anywhere; **sonst ~** nowhere else; **er ist überall und ~ zu Hause** his home is where he makes it. **~ˌher** *adv* from nowhere. **~ˌwo** *adv* → **nirgends.** **~woˌhin** *adv* nowhere, not anywhere.

'nir·gend|ˌwo *adv* → **nirgends.** **~woˌhin** *adv* → **nirgendswohin.**

Nir·wa·na [nırˈvaːna] *n* ⟨-(s); *no pl*⟩ *a. fig.* Nirvana; **ins ~ eingehen** die.

Ni·sche ['niːʃə] *f* ⟨-; -n⟩ niche, (*Eß≈ etc*) recess, (*Bett≈*) alcove.

Nis·se ['nısə] *f* ⟨-; -n⟩ *zo.* nit.

'Nis·senˌhüt·te ['nısən-] *f* (*Wellblechbaracke*) Nissen hut, *Am.* Quonset (hut).

'nis·sig *adj* nitty, full of nits.

ni·sten ['nıstən] *v/i* ⟨h⟩ (build a) nest.

'Nist|ˌka·sten *m* nest(ing) box. **~ˌplatz** *m* nesting (*od.* breeding) place, *der Seevögel u. Robben etc*: *a.* rookery. **~ˌzeit** *f* breeding time.

Ni·trat [niˈtraːt] *n* ⟨-(e)s; -e⟩ *chem.* nitrate.

Ni·trid [niˈriːt] *n* ⟨-(e)s; -e⟩ *chem.* nitride.

Ni'trierˌanˌla·ge *f* nitrating plant.

ni·trie·ren [niˈtriːrən] *v/t* ⟨*no* ge-, h⟩ **1.** *metall.* nitride. **2.** *chem.* nitrate.

Ni'trier|ˌhär·tung *f* nitrogen (*od.* nitride) hardening, nitriding. **~ˌstahl** *m* nitriding steel.

Ni'trie·rung *f* ⟨-; -en⟩ **1.** *chem.* nitration. **2.** *metall.* nitriding, nitrogen case hardening.

Ni·trit [niˈtriːt; -ˈtrɪt] *n* ⟨-s; -e⟩ *chem.* nitrite.

Ni·tro|ben·zol [nitrobɛnˈtsoːl] *n* ⟨-s; *no pl*⟩ *chem.* nitrobenzene. **~ˌfarbˌstoff** [ˈniːtro-] *m* nitro dye. **~gly·ze·rin** [nitroglytseˈriːn] *n chem.* nitroglycerine.

ni·tros [niˈtroːs] *adj chem. Gase:* nitrous.

ˈNi·troˌsprengˌstoff [ˈniːtro-] *m chem.* nitroexplosive.

Ni·tro·zel·lu·lo·se [nitrotsɛluˈloːzə] *f chem.* cellulose nitrate, nitrocellulose. **~ˌlack** *m* nitrocellulose (*od.* pyroxylin) lacquer.

Ni·veau [niˈvoː] *n* ⟨-s; -s⟩ **1.** (*ebene Fläche*) (horizontal) plane, level. **2.** (*Höhenstufe*) level, altitude; **auf gleichem ~ mit** on the same level as; **das ~ des Sees ist 500 m über dem Meeresspiegel** the lake lies 500 met/res (*Am.* -ers) above sea level. **3.** *fig.* level, standard, *e-s Ortes etc:* tone; **kulturelles (wirtschaftliches) ~** cultural (economic) level; **gesellschaftliches ~** a) social level, b) *e-r Person:* social position (*od.* standing); **geistiges ~** level of intelligence; **über (unter) dem allgemeinen ~ liegen** be above (be below *od.* not to be up to) the general standard; **das Niveau** (*gen*) **senken** (*od.* **drücken**) lower the standard (of), *e-s Ortes etc:* lower the tone (of); *colloq.* **das ist über m-m ~** that's above my head, I'm out of my depth here; **das ist unter m-m ~** that's beneath me. **4.** *fig.* **~ haben** have class (*od.* style), be a person of culture, *Film etc:* be of a high standard, *Diskussion etc:* a. be very intelligent (*od.* sophisticated). **5.** *nucl.* **quasistatisches ~** virtual level. **~ˌflä·che** *f phys.* equipotential surface. **≗los** *adj fig.* indifferent, mediocre, lowbrow, of a loco standard, having no style. **~ˌüberˌgang** *m rail.* level (*Am.* grade) crossing.

Ni·vel·le·ment [nivɛl(ə)ˈmãː] *n* ⟨-s; -s⟩ *tech.* level(l)ing. **ni·vel·lie·ren** [nivɛˈliːrən] *v/t* ⟨*no* ge-, h⟩ *tech.* level, *fig.* (*Unterschiede etc*) *a.* even out.

Ni·velˈlier|geˌrät, ~in·struˌment *n surv.* level(l)ing instrument. **~ˌlat·te** *f* level(l)ing rod. **~ˌwaa·ge** *f* spirit level.

nix [nɪks] *indef pron colloq.* nothing, *bes. Am. sl.* nix.

Nix *m* ⟨-es; -e⟩ *myth.* water sprite, merman, nix. **Ni·xe** [ˈnɪksə] *f* ⟨-; -n⟩ nix, nixie, water nymph, mermaid.

no·bel [ˈnoːbəl] **I** *adj* ⟨nobler; -st⟩ **1.** (*edel*) noble(-minded). **2.** *colloq.* (*großzügig*) generous, liberal, freehanded, *Geschenk etc:* handsome, lavish. **3.** *colloq.* (*elegant, vornehm*) elegant, stylish, posh, *sl.* nobby; **noble Passionen** fashionable foibles (*od.* vices). **II** *adv* **4. sich ~ zeigen** show o. s. to be generous.

ˈNo·bel *m* ⟨-s; *no pl*⟩ *in der Tierfabel:* lion.

Noˈbel|ˌpreis [noˈbɛl-] *m* Nobel prize. **~ˌpreisˌträ·ger** *m* Nobel prize winner, Nobel prizeman (*od.* laureate). **~ˌstif·tung** *f* ⟨-; *no pl*⟩ Nobel foundation.

noch [nɔx] **I** *adv* **1.** still, *mit Negation:* yet; **~ immer** still; **~ nicht (nichts)** not (nothing) yet; **das ist ~ nie vorgekommen** that has never happened before; **ein ~ nie dagewesener Fall** an unprecedented case; **solange ~ Zeit ist** while there is still time; **wird es ~ lange dauern?** will it take much longer?; **ist ~ et. übrig?** is there still some(thing) left?, is there any(thing) left?; **er hat nur ~ 10 Mark** he has only 10 marks left. **2.** (*außerdem*) besides, in addition (to that), further; **sonst ~ etwas?** anything else?, *iro.* what next?; **möchten Sie ~ et. (Fleisch)?** would you like some more (meat)?; **~ dazu** over and above that, (and) what is more, in addition (to that); **~ einer** one more, yet (*od.* still) another; **~ einmal so viel** as much again, twice as much; **~ einmal so alt wie er** double his age; **~ eins will ich dir sagen** I will tell you one more thing; **Herr Ober, ~ ein Bier** waiter, another (*od.* one more) beer; **ich wartete ~ zwei Stunden** I waited for another two hours; **~ ein paar Jahre** another year or so; **~ zwei Minuten** two minutes to go (*od.* more); **was sagten Sie ~?** what else did you say?; **wer war denn ~ da?** who else was there?; **was willst du ~?** what more do you want?; *colloq.* **auch das ~!** that's about the limit!, that crowns (it) all!; **und was sonst ~ alles** and all the rest of it, and what else besides; **drei Dollar und ~ ein paar Cents** three dollars and a few odd cents; **es war kalt, und außerdem regnete es ~** it was cold and it was raining into the bargain (*od.* besides). **3.** (*irgendwann*) yet, some time; **er wird schon ~ kommen** I'm sure he will come yet; **das Beste kommt ~** the best is yet (*od.* still) to come; **sie wird es dir ~ selbst sagen** she will tell you herself some time; **du wirst es ~ bereuen** you will (live to) regret it, you will regret it one day; **das bleibt ~ abzuwarten** that remains to be seen. **4.** *beim Komparativ:* still, even, yet; **es war ~ schlimmer als ich dachte** it was even worse than I imagined (it to be); **das wäre ~ besser** that would be better still; **du machst alles nur ~ schlimmer** you'll only make things even worse. **5.** as recently as, only; **~ gestern** only yesterday; **~ vor einer Woche** only (*od.* as little as) a week ago; **~ bis vor ganz kurzer Zeit** until very recently. **6.** *zur Betonung:* **~ am gleichen Tag** on the very same day; **es muß ~ heute gemacht werden** it must be done this very day (*od.* before the day is out); **~ lange nachher** for a long time after(wards); *colloq.* **er hat Bücher ~ und ~** he has ever so many books; **er kann reden ~ und ~** he can talk without end; **er hat Geld ~ und ~** he has money to burn. **7. ~ so** however, *colloq.* ever so; **sei es auch ~ so wenig** however (*od.* no matter how) little it may be; **Sie mögen ~ so viel reden** say what you like, however much you may talk; **und wenn er sich ~ so sehr bemüht** no matter how hard he may try. **8.** (*eben, gerade*) just; **er erreichte den Zug gerade ~** he caught the train just in time; **das mag ~ hingehen** that may just do (*od.* work). **9.** (*bis zum*) as late as; **~ im 11. Jahrhundert** as late as the eleventh century. **II** *conj* **10. weder** (*lit.* **nicht**) **… ~** neither … nor, *nach Negation:* either … or.

ˈNoch|geˌschäft *n Börse:* option to double, put of more. **≗ˌma·lig** *adj* repeated, further, renewed; **nach ~er Durchsicht** after renewed examination; **~e Überprüfung** countercheck; **~e Zählung** re-count; **~e Prüfung** re-examination; **~e Verhandlung** re-hearing, new trial; **bei ~er Überlegung** on second thought. **≗ˌmals** *adv* (over) again, once more (*od.* again), a second time; **~ anfangen** recommence; **~ überdenken, ~ überlegen** reconsider; **~ prüfen** re-examine, recheck.

Nock [nɔk] *m* ⟨-(e)s; -e⟩, *a. f* ⟨-; -en⟩ *mar.* yardarm.

Nocken (*getr.* **-k·k-**) [ˈnɔkən] *m* ⟨-s; -⟩ *tech.* cam. **~ˌanˌtrieb** *m* cam drive. **~ˌschei·be** *f* cam disc. **~ˌsteue·rung** *f* cam control. **~ˌwel·le** *f* camshaft.

Nockerl (*getr.* **-k·k-**) [ˈnɔkərl] *n* ⟨-s; -n⟩ *Bavarian and Austrian gastr.* small (semolina) dumpling.

Noc·turne [nɔkˈtyrn] *n* ⟨-s; -s⟩, *f* ⟨-; -s⟩, **Nok·tur·ne** [nɔkˈturnə] *f* ⟨-; -n⟩ *mus.* nocturne.

no·lens vo·lens [ˈnoːlɛns ˈvoːlɛns] *adv* perforce, willy-nilly, like it or not.

No·ma·de [noˈmaːdə] *m* ⟨-n; -n⟩ nomad. **noˈma·den·haft** *adj* nomad(ic).

Noˈma·den|ˌle·ben *n fig.* nomadic (*od.* unsettled) life. **~ˌstamm** *m* nomadic (*od.* wandering) tribe. **~tum** *n* ⟨-s; *no pl*⟩ nomadism. **~ˌvolk** *n* nomadic people (*od.* tribe).

noˈma·disch *adj* → **nomadenhaft. no·ma·di·sie·ren** [nomadiˈziːrən] *v/i* ⟨*no* ge-, h⟩ nomadize, *fig.* lead a nomadic (*od.* wandering) life.

No·men [ˈnoːmən] *n* ⟨-s; **Nomina** [-mina]⟩ *ling.* **1.** noun, substantive. **2.** adjective.

No·men·kla·tur [nomənklaˈtuːr] *f* ⟨-; -en⟩ nomenclature.

ˈNo·men ˈpro·pri·um [ˈproːprium] *n* ⟨--; **Nomina propria** [-mina -pria]⟩ proper name.

no·mi·nal [nomiˈnaːl] *adj* nominal. **≗beˌtrag** *m econ.* nominal amount. **≗ˌeinˌkom·men** *n* nominal income.

No·mi·na·lis·mus [nominaˈlɪsmus] *m* ⟨-; *no pl*⟩ *philos.* nominalism.

No·miˈnal|ˌlohn *m econ.* money wage(s *pl*). **~ˌstil** *m ling.* substantival style. **~ˌwert** *m* nominal (*od.* face) value, nominal par.

No·mi·na·tiv [ˈnoːminatiːf; nominaˈtiːf] *m* ⟨-s; -e⟩ *ling.* nominative (case).

no·mi·nell [nomiˈnɛl] *adj* nominal, by (*od.* in) name, titular.

no·mi·nie|ren [nomiˈniːrən] *v/t* ⟨*no* ge-, h⟩ nominate, name. **≗rung** *f* ⟨-; -en⟩ nomination.

No·mo|gramm [nomoˈgram] *n* ⟨-s; -e⟩ *math.* nomogram. **~graˈphie** [-graˈfiː] *f* ⟨-; *no pl*⟩ nomography.

No·na·gon [nonaˈgoːn] *n* ⟨-s; -e⟩ *math.* nonagon.

Non·cha|lance [nõʃaˈlãːs] (*Fr.*) *f* ⟨-; *no pl*⟩ nonchalance. **≗ˈlant** [-ˈlãː; *flektiert* -e -lantə] *adj* nonchalant.

No·ne [ˈnoːnə] *f* ⟨-; -n⟩ **1.** *mus.* ninth. **2.** *relig.* nones *pl* (*als sg od. pl konstruiert*).

Non·kon·for|mis·mus [nɔnkɔnfɔrˈmɪsmus] *m* nonconformity, nonconformism. **~ˈmist** [-ˈmɪst] *m* **1.** nonconformist. **2.** → **Dissenter. ≗ˈmi·stisch** *adj* nonconformist, nonconforming.

Non·ne [ˈnɔnə] *f* ⟨-; -n⟩ **1.** *relig.* nun; **~ werden** become a nun, take the veil, enter a convent. **2.** *zo.* nun(moth).

ˈNon·nen|ˌhau·be *f* coif. **~ˌklo·ster** *n* convent, nunnery. **~ˌor·den** *m* order of nuns.

Non·plus·ul·tra [nɔnplusˈʔultra] *n* ⟨-; *no pl*⟩ ultimate (*in luxury, etc*).

Non·sens [ˈnɔnzɛns] *m* ⟨- *u.* -es; *no pl*⟩ nonsense.

Nonˈstop… [nɔnˈstɔp-] *in Zssgn* nonstop … (*flight, etc*).

Nop·pe [ˈnɔpə] *f* ⟨-; -n⟩ *Textil.* **1.** *im Garn:* knop, burl. **2.** (*Teppich≗*) tuft, *aufgeschnitten:* nap. **ˈnop·pen** *v/t* ⟨h⟩ **1.** nap. **2.** (*rauhen*) burl. **ˈNop·penˌgarn** *n* knop yarn.

Nord[1] [nɔrt] ⟨*invariable*⟩ **1.** (*Himmelsrichtung*) north; *mar.* **~ zu Ost** north by east. **2.** (*Landstrich*) North.

Nord[2] *m* ⟨-(e)s; *rare* -e⟩ *lit.* (**~wind**) north(erly) wind.

ˈNord|afriˈka·ner *m*, **~afriˈka·ne·rin** *f*, **≗afriˈka·nisch** *adj* North African. **~ame·riˈka·ner** *m*, **~ame-**

ri'ka·ne·rin *f*, ≈ame·ri'ka·nisch *adj* North American.
'**Nord·at'lan·tik** *m geogr.* North Atlantic. ~ˌ**pakt** *m pol.* North Atlantic Treaty. ~ˌ**pakt·or·ga·ni·sa·tiˌon** *f* North Atlantic Treaty Organization, NATO.
'**nord**|ˌ**deutsch** *adj*, ≈ˌ**deut·sche** *m, f* North(ern) German.
Nor·den ['nɔrdən] *m* ⟨-s; *no pl*⟩ **1.** (*Himmelsrichtung*) north; im ~ in the north; nach ~ towards the north, northward; ein Flug in Richtung ~ a northbound flight; das Fenster geht nach (*poet.* gen) ~ the window faces north. **2.** (*Landstrich*) North, *a.* north; der kalte (hohe) ~ the cold (far) North.
'**nor·den** *v/t* ⟨h⟩ (*Landkarte*) orient to the north.
'**Nord**|**eu·ro'pä·er** *m*, ~**eu·ro'pä·e·rin** *f* North European. ≈**eu·ro'pä·isch** *adj* North(ern) European.
nor·disch ['nɔrdɪʃ] *adj Rasse, Typ etc*: Nordic, *Länder etc*: Northern, Scandinavian, *Sagen etc*: Norse; *Sport*: ~e Kombination Nordic Combined; ~e Sprachen Scandinavian languages.
Nor·dist [nɔr'dɪst] *m* ⟨-en; -en⟩ specialist in Scandinavian languages, literature, and civilization.
'**Nord**|**ko·rea·ner** [-kore'a:nər] *m*, ~**ko·rea·ne·rin** [-kore'a:nərɪn] *f*, ≈**ko·rea·nisch** [-kore'a:nɪʃ] *adj* North Korean. ~ˌ**kü·ste** *f* north(ern) coast. ~ˌ**land** *n poet.* northland, norland. ~ˌ**län·der** *m* ⟨-s; -⟩, ~ˌ**län·de·rin** *f* ⟨-; -nen⟩ Nordic. ≈ˌ**län·disch** *adj* Northern.
nörd·lich ['nœrtlɪç] **I** *adj* **1.** *Landesteil etc*: north(ern); ~st northernmost; ~e Breite north(ern) latitude; die ~e Halbkugel the northern hemisphere. **2.** *Wind, Richtung*: north(erly); ~er Kurs northerly course; Wind aus ~en Richtungen northerly wind. **3.** (*arktisch*) arctic; das ≈e Eismeer the Arctic Ocean. **II** *adv* **4.** north, northward(s); ~ von Berlin (to the) north of Berlin. **III** *prep* ⟨*gen*⟩ **5.** (to the) north of.
'**Nord**|ˌ**licht** *n* **1.** *meteor.* aurora borealis, northern (*od.* polar) lights *pl.* **2.** *contp. pol.* (*Norddeutscher*) Northerner. ~ˌ**meer** *n* (the) Arctic Ocean.
ˌ**Nord**ˌ**nord**|'**ost**[1] ⟨*invariable*⟩ north-north-east. ~'**ost**[2] *m* ⟨-(e)s; -e⟩ → Nordnordostwind. ~'**osten** *m* north-northeast. ≈'**öst·lich** *adj* north-northeastern. ~'**ost**ˌ**wind** *m* north-northeast wind, north-northeasterly. ~'**west**[1] ⟨*invariable*⟩ north-northwest. ~'**west**[2] *m* ⟨-(e)s; -e⟩ → Nordnordwestwind. ~'**we·sten** *m* north-northwest. ≈'**west·lich** *adj* north-northwestern. ~'**west**ˌ**wind** *m* north-northwest wind, north-northwesterly.
ˌ**Nord**|'**ost**[1] ⟨*invariable*⟩ northeast. ~'**ost**[2] *m* ⟨-(e)s; -e⟩ → Nordostwind. ~'**osten** *m* northeast. ≈'**öst·lich I** *adj* **1.** *Landes-, Stadtteil etc*: northeast(ern). **2.** *Wind, Richtung*: northeasterly. **II** *adv* **3.** northeast(ward[s]), (to the) northeast. **III** *prep* ⟨*gen*⟩ **4.** (to the) northeast of. ~'**ost·pas**ˌ**sat** *m* northeast trade wind. ≈'**ost**ˌ**wärts** *adv* northeastward(s), (to the) northeast. ~'**ost**ˌ**wind** *m* northeast (wind), northeasterly, *stürmischer*: northeaster.
'**Nord**ˌ**pol** *m* ⟨-s; *no pl*⟩ north pole, North Pole; magnetischer ~ north magnetic pole.
'**Nord·po·lar**|**ge**ˌ**biet** *n* (the) Arctic (region). ~ˌ**kreis** *m* (the) Arctic Circle. ~ˌ**meer** *n* (the) Arctic Ocean.
'**Nord**ˌ**pol·ex·pe·di·ti**ˌ**on** *f* arctic expedition.
'**Nord**|ˌ**sei·te** *f* north side. ~ˌ**spit·ze** *f geogr.* northern tip. ~ˌ**staa·ten, die** *pl der USA*: the Northern States. ~ˌ**stern** *m astr.* North star, polestar. ~**vi·et·na'me·se** *m*, ~**vi·et·na'me·sin** *f*, ≈**vi·et·na'me·sisch** *adj* North Vietnamese. ≈ˌ**wärts** *adv* northward(s), (to the) north.
ˌ**Nord**|'**west**[1] ⟨*invariable*⟩ northwest. ~'**west**[2] *m* ⟨-(e)s; -e⟩ → Nordwestwind. ~'**we·sten** *m* ⟨-s; *no pl*⟩ northwest. ≈'**west·lich I** *adj* **1.** *Landesteil etc*: northwest(ern). **2.** *Wind, Richtung*: northwesterly. **II** *adv* **3.** northwest(ward[s]), northwesterly; ~ von Berlin (to the) northwest of Berlin. **III** *prep* ⟨*gen*⟩ **4.** (to the) northwest of. ≈'**west**ˌ**wärts** *adv* northwestward(s), (to the) northwest. ~'**west**ˌ**wind** *m* northwest (wind), northwesterly, *stürmischer*: northwester. ~ˌ**wind** ['nɔrt-] *m* north(erly) wind.
Nör·ge'lei *f* ⟨-; -en⟩ **1.** nagging, carping, crabbing, faultfinding. **2.** (*ständiges Klagen*) grumbling, grousing, grouching.
'**Nör·gel**ˌ**frit·ze** *m colloq. for* Nörgler. '**nör·ge·lig** *adj* **1.** nagging, naggy, carping, faultfinding, crabbing. **2.** (*stets unzufrieden*) grumbling, querulous, peevish, grousing. **nör·geln** ['nœrgəln] *v/i* ⟨h⟩ (an *dat*, über *acc*) **1.** nag (at), carp (at), find fault (with), crab (about). **2.** (*meckern*) grumble, grouse, gripe, crab (*alle*: about). '**Nörg·ler** *m* ⟨-s; -⟩, '**Nörg·le·rin** *f* ⟨-; -nen⟩ **1.** nagger, carper, faultfinder. **2.** grumbler, grouser. '**nörg·lig** *adj* → nörgelig.
Norm [nɔrm] *f* ⟨-; -en⟩ **1.** *a. tech.* norm, standard, (*Regel*) *a.* rule; *tech.* ~en *pl* standard specifications; als ~ gelten (*od.* dienen) serve as a norm (*od.* standard). **2.** (*Leistungs*≈) standard, (*Arbeits*≈, *Produktions*≈) norm, quota; s-e ~ erfüllen fulfil one's norm (*od.* quota); e-e ~ aufstellen set a norm. **3.** *print.* signature.
nor·mal [nɔr'ma:l] **I** *adj allg.* normal, *Maße etc*: *a.* standard, *Benzin*: regular (grade); unter ~en Verhältnissen → normalerweise; *colloq.* er ist nicht ganz ~ he's not quite right in the head; kein ~er Mensch würde das tun nobody in his right mind would do that; *colloq.* er war wieder ganz ~ he was quite himself again. **II** ≈**e, das** ⟨-n⟩ the normal (thing).
Nor'mal *n* ⟨-s; -e⟩ **1.** *tech.* comparison standard. **2.** → Normalbenzin. ~ˌ**aus**ˌ**füh·rung** *f* standard design (*od.* model). ~ˌ**aus**ˌ**rü·stung**, ~ˌ**aus**ˌ**stat·tung** *f* standard equipment. ~**be·la·stung** *f* normal load. ~**ben**ˌ**zin** *n* regular (grade) petrol (*Am.* gasoline). ~ˌ**bür·ger** *m colloq.* average citizen, *Br. a.* the man on the Clapham omnibus.
Nor'ma·le *f* ⟨-; -n⟩ *math.* normal (line), perpendicular.
nor'ma·lerˌ**wei·se** *adv* normally, as a rule, usually, generally.
Nor'mal|ˌ**fall** *m* normal case; im ~ normally, as a rule. ~ˌ**film** *m phot.* standard film. ~**for**ˌ**mat** *n bes. print.* standard size. ~**fre**ˌ**quenz** *f electr.* standard frequency. ~**ge**ˌ**schwin·dig·keit** *f mot.* normal speed. ~**ge**ˌ**wicht** *n* standard weight, *e-r Person*: normal (*od.* average) weight. ~ˌ**grö·ße** *f* normal size, *e-r Person*: normal (*od.* average) height.
Nor·ma·li·en [nɔr'ma:lɪən] *pl tech.* standards.
nor·ma·li|**sie·ren** [nɔrmali'zi:rən] **I** *v/t* ⟨*no* ge-, h⟩ normalize; *bes. pol.* die Beziehungen zu … ~ normalize relations with … **II** *v/reflex* sich ~ return to normal(cy). ≈'**sie·rung** *f* ⟨-; *no pl*⟩ normalization. ≈'**tät** [-'tɛ:t] *f* ⟨-; *no pl*⟩ normality, normalcy, normalness.
Nor'mal|ˌ**kurs** *m* → Normalsatz. ~ˌ**län·ge** *f* standard (*od.* normal) length. ~ˌ**leh·re** *f tech.* standard ga(u)ge. ~ˌ**lei·stung** *f* **1.** *econ.* normal output. **2.** *tech.* standard capacity. ~ˌ**lö·sung** *f chem.* standard (*od.* normal) solution. ~ˌ**maß** *n tech.* standard measure. ~ˌ**null** *n* ⟨-s; *no pl*⟩ *phys.* mean sea level. ~ˌ**satz** *m econ.* standard rate.
nor'malˌ**sich·tig** *adj med.* having normal sight, normal-sighted, emmetropic. ≈**keit** *f* ⟨-; *no pl*⟩ normal sight, emmetropia.
Nor'mal|ˌ**spur …**, ≈ˌ**spu·rig** *adj rail.* standard-ga(u)ge … ~ˌ**ton** *m mus.* standard (*od.* chamber, concert) pitch. ~ˌ**uhr** *f* master (*od.* standard) clock. ~**ver**ˌ**brauch** *m econ.* ordinary consumption. ~**ver**ˌ**brau·cher** *m humor.* ordinary (*od.* average) consumer; geistiger ~ average person, man in the street, middlebrow. ~ˌ**wert** *m* **1.** standard (value). **2.** *med. meteor.* normal (value). ~ˌ**wi·der**ˌ**stand** *m electr.* standard resistance. ~ˌ**zeit** *f* standard (*od.* mean) time. ~ˌ**zu**ˌ**stand** *m* normal condition (*od.* state), normality, normal(cy). ~ˌ**zu**ˌ**tei·lung** *f* normal (*od.* standard) ration.
Nor·man·ne [nɔr'manə] *m* ⟨-n; -n⟩, **nor'man·nisch** *adj hist.* Norman.
nor·ma|**tiv** [nɔrma'ti:f] *adj* normative. ≈'**ti·ve** [-'ti:və] *f* ⟨-; -n⟩ **1.** general rule. **2.** guiding principle.
'**Norm**ˌ**blatt** *n* **1.** standard sheet. **2.** *tech.* list of standard specifications.
nor·men ['nɔrmən] *v/t* ⟨h⟩ *tech.* standardize.
'**Nor·men**|ˌ**aus**ˌ**schuß** *m* standard committee. ~**kol·li·si**ˌ**on** *f jur.* conflict of law. ~**kon**ˌ**trol·le** *f* judicial review of a legal norm. ~**kon**ˌ**troll**ˌ**kla·ge** *f* petition for a review of a legal norm, test of constitutionality.
'**norm**|**ent**ˌ**spre·chend** *adj* (in accordance with *od.* conforming to the) standard. ~ˌ**ge·bend** *adj* normative. ~**ge**ˌ**recht** *adj* conforming to standard.
nor·mie·ren [nɔr'mi:rən] *v/t* ⟨*no* ge-, h⟩ → normen.
Nor'mie·rung *f* ⟨-; -en⟩ standardization. ~**s**ˌ**aus**ˌ**schuß** *m* committee for the establishment of (international) norms (*od.* standards).
'**Norm**ˌ**teil** *n, m* standard part.
'**Nor·mung** *f* ⟨-; -en⟩ standardization.
'**Norm**|**ver**ˌ**brauch** *m mot.* fuel consumption under standard conditions. ≈-ˌ**wid·rig** *adj* **1.** *tech. etc* nonstandard. **2.** nonconformist, abnormal.
Nor·ne ['nɔrnə] *f* ⟨-; -n⟩ *meist pl myth.* Norn.
Nor·we·ger ['nɔrve:gər] *m* ⟨-s; -⟩, '**Nor·we·ge·rin** *f* ⟨-; -nen⟩, '**nor·we·gisch I** *adj*, **II** *ling.* das ≈e ⟨-n⟩ Norwegian.
'**No-**ˌ**Spiel** ['no:-] *n thea.* No Play.
Nost·al·gie [nɔstal'gi:] *f* ⟨-; *no pl*⟩ nostalgia. **nost'al·gisch** [-gɪʃ] *adj* nostalgic.
no·stri·fi·zie·ren [nɔstrifi'tsi:rən] *v/t* ⟨*no* ge-, h⟩ **1.** → einbürgern 1. **2.** *ped.* recognize.
not [no:t] *adj* ⟨*pred*⟩ *u. adv* es ist (*od.* tut) ~ it is necessary (*lit.* needful); Eile tut ~ speed is essential.
Not *f* ⟨-; ⸚e⟩ **1.** ⟨*only sg*⟩ *allg.* need, (*Mangel*) *a.* want, (*Armut*) poverty, destitution, (*Hungers*≈) famine, (*Elend, Leid*) hardship, misery; ~ leiden a) suffer want (*od.* privation), b) suffer hardship; in ~ geraten become destitute, fall on evil days (*od.* hard times) (*cf.*

3); **in ~ sein** be in need (*cf.* 3); **in der Stunde der ~** in the hour of need; **die ~ fernhalten** keep the wolf from the door; **Freunde in der ~ gehen hundert** (*od.* **tausend**) **auf ein Lot** (*Sprichwort*) a friend in need is a friend indeed. **2.** ⟨*only sg*⟩ (*Notwendigkeit*) necessity; **zur ~** if need be, if necessary, at a pinch; **wenn ~ am Mann ist** if need be, if the worst comes to the worst, in the last resort; **ohne ~** a) without necessity, b) without difficulty, easily; **aus der ~ e-e Tugend machen** make a virtue of necessity; **~ macht erfinderisch** (*Sprichwort*) necessity knows no law; **in der ~ frißt der Teufel Fliegen** (*Sprichwort*) any port in a storm. **3.** (*Bedrängnis*) difficulty, trouble, problem, (*Sorge*) anxiety, worry, (*Notlage*) emergency, predicament, plight; **die Nöte des Alltags** the difficulties (*od.* troubles) of everyday life; **die Nöte des Alters** the inconveniences of old age; **in ~ sein (geraten)** be in (get into) trouble (*od.* difficulties) (*cf.* 1); **in höchster ~ sein, in tausend Nöten sein** a) be in dire need, be in a desperate situation (*od.* in bad trouble, b) be greatly worried, be full of anxiety; **mit knapper ~ davonkommen** have a narrow escape, have a close shave (*Am.* call), escape by the skin of one's teeth. **4.** ⟨*only sg*⟩ (*Mühe*) trouble, difficulty, bother; **mit ~** with great difficulty, barely; *colloq.* **s-e liebe ~ mit j-m (e-r Sache) haben** have no end of trouble with s. o. (s. th.); **damit hat's k-e ~** a) that's not difficult at all, b) that's enough and to spare, c) there's no hurry; → **Mühe.**

No·ta [ˈnoːta] *f* ⟨-; -s⟩ *econ.* **1.** note, memorandum, *colloq.* memo. **2.** bill, invoice.

no·ta·be·ne [notaˈbeːnə] **I** *adv* **1.** (*wohlgemerkt*) nota bene. **2.** (*übrigens*) by the way. **II** ♀ *n* ⟨-(s); -(s)⟩ **3.** (*Merkzeichen*) reminder. **4.** (*Denkzettel*) lesson.

ˈNot|ab·itur [-ʔabiˌtuːr] *n ped. wartime "Abitur" taken earlier than usual.* **~ˌab·sprung** *m aer.* bailout. **~ˌab·wurf** *m aer. von Lasten*: emergency drop, jettison(ing), *von Bomben*: emergency release. **~adres·se** [-ʔaˌdrɛsə] *f*, *a.* **~adresˌsat** *m econ. bei Wechseln*: address (*od.* reference) in case of need, substitute acceptor. **~ˌan·ker** *m a. fig.* sheet anchor.

No·tar [noˈtaːr] *m* ⟨-s; -e⟩ *jur. etwa*: notary (public), *bei Grundstücksübertragungen*: conveyancer. **No·ta·ri·at** [notaˈrĭaːt] *n* ⟨-(e)s; -e⟩ notary's office.

No·ta·riˈats|ˌan·geˌstell·te *m, f* notary's clerk. **~geˌbühr** *f meist pl* notary's (*od.* notarial) fees *pl.* **~kanzˌlei** *f* → **Notariat.**

no·ta·ri·ell [notaˈrĭɛl] *adj jur.* notarial, (*a. adv* **~ beglaubigt**) attested (*od.* authenticated, certified) by a notary (public), *Am.* notarized; **~e Beglaubigung** (*od.* **Beurkundung**) authentication by a notary (public), *Am.* notarization.

ˈNotˌarzt *m* doctor on emergency call, *Am.* physician on emergency duty. **~ˌwa·gen** *m* emergency ambulance, clinicar.

No·ta·ti·on [notaˈtsĭoːn] *f* ⟨-; -en⟩ (musical) notation.

ˈNotˌaufˌnah·me *f* **1.** *von Flüchtlingen*: provisional (*od.* provisionary) accommodation. **2.** *im Krankenhaus*: a) emergency admission, b) emergency ward. **~ˌla·ger** *n für Flüchtlinge*: transit camp.

ˈNot|ˌausˌgang *m* emergency exit (*od.* door). **~ˌausˌrü·stung** *f* emergency equipment. **~ˌausˌstieg** *m* escape (*od.* emergency) hatch, *in Bussen, U-Bahnen etc*: emergency exit (*od.* window). **~beˌhelf** *m* makeshift, stopgap, (temporary) expedient. **~beˌleuch·tung** *f* emergency lighting. **~ˌbett** *n in Hotels etc*: emergency bed. **~ˌbrem·se** *f tech.* emergency brake; **die ~ ziehen** a) apply the emergency brake, *rail.* pull the communication cord, b) *colloq.* get the hell out of it, *Fußball*: bring (s. o.) down as a last resort. **~ˌdienst** *m* emergency service (*od.* duty); **~ haben** be on emergency duty. **~ˌdurft** [-ˌdʊrft] *f* ⟨-; *no pl*⟩ **1.** call of nature; **s-e ~ verrichten** relieve nature (*od.* o. s.). **2.** *archaic* (*Bedarf*) needs *pl*, want, necessaries *pl.*

ˈnotˌdürf·tig I *adj* **1.** (*unzureichend*) scanty; **ein ~es Auskommen haben** make a meagre living. **2.** (*behelfsmäßig*) temporary, makeshift, rough-and-ready. **II** *adv* **3. et. ~ reparieren** repair s. th. temporarily, patch s. th. up; **~ bekleidet sein** be scantily dressed. ♀**keit** *f* ⟨-; *no pl*⟩ **1.** scantiness, meagreness. **2.** temporary (*od.* makeshift) character.

No·te [ˈnoːtə] *f* ⟨-; -n⟩ **1.** *mus.* note, *pl* music *sg*; **ganze ~** semibreve, *Am.* whole note; **halbe ~** minim, *Am.* half note; **erhöhte (erniedrigte) ~** sharp (flat) note; **nach ~n singen** sing at sight (*od.* from music); **in ~n setzen** set *s. th.* to music; *fig. colloq.* **j-n nach ~n verprügeln** give s. o. a sound thrashing; **das geht ja wie nach ~n!** it's going without a hitch (*od.* like clockwork). **2.** *ped.* mark (*a. Sport*), grade; **gute (schlechte) ~n haben (bekommen)** have got (be given, receive) good (poor *od.* bad) marks. **3.** *pol.* (diplomatic) note, memorandum; **e-e ~ überreichen** hand over a note. **4.** (*Bank*♀) (bank) note, *bes. Am.* bill. **5.** *fig.* (*Eigenart*) character, touch, note, mark, stamp; **e-r Sache e-e besondere ~ geben** (*od.* **verleihen**) give (*od.* lend) a distinctive character to s. th.; **das ist s-e persönliche ~** that is his personal note; **e-e heitere ~ in e-e Sache bringen** bring a cheerful (*od.* gay) note into s. th. **6.** → **Nota. 7.** (*Anmerkung*) (foot)note, annotation.

ˈNo·ten|ˌausˌtausch *m* → **Notenwechsel. ~ˌbal·ken** *m mus.* note bar. **~ˌbank** *f econ.* bank of issue, issuing (*od.* central) bank. **~ˌblatt** *n* (sheet of) music. **~ˌbuch** *n* (book of) music, *a.* songbook. **~ˌbüch·lein** *n ped.* mark(s) (*od.* grade[s]) book. **~ˌdeckung** (*getr.* **-k·k-**) *f econ.* cover of (bank) notes, note cover. **~ˌdruck** *m* **1.** printing of music. **2.** printing of (bank) notes (*bes. Am.* bills). **~ˌdurchˌschnitt** *m ped. Sport*: average mark. **~emis·siˌon** *f* issue of (bank) notes. **~ˌfähn·chen** *n mus.* flag, hook. **~ˌge·bung** *f ped.* marking, grading. **~ˌhals** *m* tail, stem (of a note). **~ˌhal·ter** *m* music lyre. **~ˌheft** *n* **1.** music notebook. **2.** → **Notenbuch. ~kon·feˌrenz** *f* → **Zeugniskonferenz. ~ˌkopf** *m mus.* note head, head of a note. **~ˌkrieg** *m pol.* war of notes. **~ˌle·sen** *n* music-reading. **~ˌli·nie** *f mus.* staff (*od.* stave) line; **die (5) ~n** the staff *sg*, the stave *sg.* **~paˌpier** *n* music-paper. **~ˌpult** *n* music stand. **~ˌsatz** *m print.* setting of music. **~ˌschlüs·sel** *m mus.* clef. **~ˌschrank** *m* music cabinet. **~ˌschrei·ber** *m* music copyist. **~ˌschrift** *f* (musical) notation. **~ˌstän·der** *m* music stand. **~ˌste·cher** *m print.* music engraver. **~syˌstem** *n mus.* system of notation. **~ˌumˌlauf** *m econ.* a) circulation of (bank) notes, b) notes *pl* in circulation. **~ˌwech·sel** *m pol.* exchange of notes. **~ˌwert** *m mus.* time value (*od.* duration) (of the note), note value.

ˈNot|ˌfall *m* **1.** emergency (case), case of emergency; **im (äußersten) ~** in an emergency. **2.** (*Notwendigkeit*) case of need (*od.* necessity), exigency; **im ~** in case of need (*od.* necessity), if need be, if necessary. ♀**ˌfalls** *adv* **1.** in case of emergency, in an emergency. **2.** → **nötigenfalls. ~ˌfeu·er** *n* signal fire. **~ˌflag·ge** *f* **1.** *mar.* distress flag. **2.** *rail.* red flag. **~freˌquenz** *f* emergency radio channel, distress frequency. **~ˌfrist** *f jur.* peremptory period. ♀**geˌdrun·gen I** *adj* (en)forced, compulsory. **II** *adv* (out) of (*od.* driven by) necessity, perforce, willy-nilly; **ich muß es ~ tun** I have no choice but to do it, I found myself compelled to do it. **~ˌgeld** *n econ.* emergency money, scrip money. **~geˌmein·schaft** *f pol.* association for mutual assistance in emergencies. **~geˌsetz** *n* **1.** *jur.* emergency law. **2.** → a) **Notverordnung,** b) **Notstandsgesetz. ~geˌsetzˌge·bung** *f* emergency legislation. **~ˌgro·schen** *m* money saved for an emergency, savings *pl* for a rainy day, nest egg; **(sich** *dat***) e-n ~ zurücklegen** put a bit by for a rainy day. **~ˌha·fen** *m mar.* port of refuge (*od.* distress). **~ˌhel·fer** *m* helper in time of need (*od.* distress); *R. C.* **die vierzehn ~** the fourteen auxiliary saints. **~ˌhil·fe** *f* **1.** help (*od.* aid) in need (*od.* distress). **2.** *med.* first aid. **3.** *jur.* emergency protective measures *pl.* **4.** *tech.* emergency assistance; **Technische ~** Organization for the Maintenance of Supplies, Emergency Men *pl.*

no·tie·ren [noˈtiːrən] **I** *v/t* ⟨*no* ge-, h⟩ **1.** (*aufschreiben*) note (down), make a note (*od.* memorandum) of, mark (*od.* put, take, *flüchtig*: jot) *s. th.* down; *Sport*: **e-n Spieler ~** book a player. **2.** (*vormerken*) book, order *s. th.* in advance, place an advance order for. **3.** *econ.* (*Waren, Preise etc*) mark, price, quote, (*Aktienkurse etc*) (**mit** at) quote, *bes. Am.* list. **4.** *mus.* a) notate, b) set *s. th.* down in notes. **II** *v/i* **5.** quote, rule; **die Kurse ~ höher** prices quote (*od.* are quoted, listed) higher. **noˈtiert** *adj econ.* quoted; **mit 4% ~e Wertpapiere** securities quoted at (*od.* ruling) 4 p. c.; **nicht ~** unquoted. **NoˈtieˑrungGROUP** *f* ⟨-; -en⟩ **1.** noting. **2.** notation, note. **3.** *Börse*: quotation, listing. **4.** → **Notation.**

nö·tig [ˈnøːtɪç] **I** *adj* **1.** necessary, required, requisite; **mit dem ~en Respekt** with due respect; **es ist ~, daß ich es tue** it is necessary for me to do it; **du bist hier (sehr) ~** you are (very much) needed here; **wenn ~** if necessary; **unbedingt ~** very necessary, absolutely essential, indispensable, imperative; **die ~sten Dinge zum Leben** the bare necessities of life. **2. et. (unbedingt, dringend, bitter) ~ haben** need (*od.* want) s. th. (badly *od.* urgently); **er hatte es nicht ~ zu arbeiten** he didn't need (*od.* have) to work; *fig.* **das habe ich (doch) nicht ~!** I won't stand for (*od.* put up) with that!; *iro.* **das hast du gerade ~!** why, you of all people! **II** *adv* **3. ~ brauchen** need *s. o.* (*s. th.*) badly (*od.* urgently), be in (dire) need of; *fig. colloq.* **ich muß (so) ~** I need to go to the lavatory (*od.* loo), I have to make an urgent call. **III** ♀**e, das** ⟨-n⟩ **4. ich werde das** ♀**e tun (veranlassen)** I shall do (arrange) what is necessary (*od.* required, needed, requisite); **es fehlt am** ♀**sten** (even) the essentials are lacking.

nö·ti·gen [ˈnøːtɪgən] *v/t* ⟨h⟩ **1.** (*zwingen*) coerce, force, compel, constrain; **j-n ~, et. zu tun** force s. o. to do s. th.; **sich genötigt sehen zu** *inf* feel (*od.* find o. s.)

compelled to *inf.* **2.** (*dringend bitten*) urge, press, twist *s. o.'s* arm; **wir ließen uns nicht lange ~** we did not wait to be asked, we did not need much pressing, we didn't stand (up)on ceremony; **lassen Sie sich nicht ~!** *bei Tisch*: help yourself!

ˈ**nö·ti·genˈfalls** *adv* if necessary, in case of need, if need be, if the need arises.

ˈ**Nö·ti·gung** *f* ‹-; *no pl*› **1.** coercion, compulsion, constraint. **2.** *jur.* intimidation, duress. **~sˌnotˌstand** *m jur.* necessity arising from intimidation.

No·tiz [noˈtiːts] *f* ‹-; -en› **1.** (*Vermerk*) note, memorandum, *colloq.* memo; **flüchtige ~** jotting; **sich** (*dat*) **~en machen** take (*od.* jot down) notes. **2.** (*Zeitungs≈*) notice, news item. **3. ~ nehmen (von)** (*beachten*) take notice (of), note (*acc*), pay attention (to); **k-e ~ nehmen** *a.* ignore. **~ˌblock** *m* note-pad, scribbling-pad, *colloq.* memo (*od.* scratch) pad. **~ˌbuch** *n* notebook. **~ˌzet·tel** *m* note (*od.* memorandum, *colloq.* memo) sheet.

ˈ**Not|ˌjahr** *n* year of scarcity (*od.* distress), lean year. **~ˌklau·sel** *f jur.* escape (*od.* emergency) clause. **~ˌla·ge** *f* **1.** plight, predicament, emergency, distress; **sich in e-r ~ befinden** be in a plight (*od.* difficult position). **2.** *finanzielle*: difficulties *pl*, embarrassment, *colloq.* tight spot, fix. **~ˌla·ger** *n* shakedown, improvised bed. **≈ˌlan·den** *v/i* ‹*insep*, **-ge-, sein**› make an emergency (*od.* a forced) landing, (*a.* **~ müssen**) be forced down. **~ˌlan·deˌplatz** *m* emergency landing field (*od.* ground). **~ˌlan·dung** *f* emergency (*od.* forced) landing.

ˈ**notˌlei·dend I** *adj* **1.** *Bevölkerung etc*: needy, indigent, destitute. **2.** *econ. Industrie etc*: distressed, ailing, *Wechsel*: dishono(u)red, *Währung*: depreciated, *Sendung*: unclaimed; **~e Obligationen** overdue (*bes. Am.* defaulted) bonds; **~e Gesellschaften** companies in default. **II ≈e** *m, f* ‹-n; -n› **3.** needy (*od.* indigent, destitute) person; **die ≈en** the needy (*als pl konstruiert*).

ˈ**Notˌlei·ne** *f mar.* jury-rope. **~ˌlö·sung** *f* temporary (*od.* makeshift) solution, (temporary) expedient. **~ˌlü·ge** *f* white lie. **~ˌmaßˌnah·me** *f* emergency (*od.* stopgap) measure. **~ˌmast** *m mar.* jury-mast. **~ˌna·gel** *m* → **Lückenbüßer** 1. **~ope·ra·tiˌon** *f med.* emergency operation. **~ˌop·fer** *n* emergency relief tax.

no·to·risch [noˈtoːrɪʃ] *adj* **1.** *Lügner, Trinker etc*: notorious, arrant. **2. das ist doch ~** that is common knowledge.

ˈ**Not|ˌpfen·nig** *m* → **Notgroschen.** **~quarˌtier** *n* temporary (*od.* emergency, makeshift) accommodation. **≈ˌreif** *adj Korn etc*: prematurely ripe. **~ˌru·der** *n mar.* jury-rudder. **~ˌruf** *m* **1.** → **Notschrei. 2.** *teleph.* a) emergency (*od.* distress) call, b) emergency number. **~ˌrufˌsäu·le** *f teleph.* call box. **~ˌrut·sche** *f aer.* escape chute. **~ˌschal·ter** *m electr.* emergency switch. **≈ˌschlach·ten** *v/t* ‹*insep*, **-ge-, h**› **ein Tier ~** slaughter an animal out of (*od.* by) necessity. **~ˌschlach·tung** *f* emergency (*od.* forced) slaughter. **~ˌschrei** *m* **1.** cry of distress, cry for help (*a. fig.*). **2.** *zo.* distress call. **~ˌse·gel** *n mar.* makeshift sail, jury-rig. **~ˌsen·der** *m Radio*: emergency transmitter. **~siˌgnal** *n* distress signal. **~ˌsitz** *m* emergency seat, *mot. a.* dick(e)y (seat), *Am.* rumble seat, *zusammenlegbarer, in Auto od. Flugzeug*: *a.* bucket seat. **~ˌstand** *m* **1.** *jur. pol.* state of emergency; **den nationalen ~ verkünden** (*od.* **erklären, ausrufen**) proclaim (*od.* declare) a state of national emergency. **2.** → **Notlage** 1. **3.** *jur.* (state of) necessity.

ˈ**Notˌstands|ˌar·bei·ten** *pl* relief work for the unemployed. **~geˌbiet** *n* distressed (*od.* depressed) area, *bei Naturkatastrophen*: disaster area. **~geˌsetz** *n pol.* emergency law, emergency powers act. **~geˌsetzˌge·bung** *f* emergency legislation. **~kreˌdit** *m econ.* relief loan. **~ˌmaßˌnah·me** *f jur. pol.* emergency measure.

ˈ**Not|ˌsteue·rungsˌvorˌrich·tung** *f* **1.** *rail.* dead-man control. **2.** *mar.* emergency steering gear. **~ˌstrom** *m electr.* emergency power. **~ˌstrom·ag·greˌgat** *n* emergency generator (set), stand-by set. **~ˌtau·fe** *f* emergency baptism. **≈ˌtau·fen** *v/t* ‹*insep*, **-ge-, h**› **ein Kind ~** baptize a child in an emergency (*od.* in extremis). **~ˌtrau·ung** *f* emergency marriage. **~ˌtrep·pe** *f* fire escape. **~ˌtür** *f* emergency door (*od.* exit).

Not·tur·no [nɔˈturno] *n* ‹-s; -s *u.* -ni [-ni]› *mus.* notturno.

ˈ**Not|ˌun·terˌkunft** *f* emergency accommodation. **~verˌband** *m* **1.** *med.* emergency (*od.* first-aid, temporary) dressing. **2.** → **Notgemeinschaft.** **~verˌkauf** *m econ.* forced sale (*od.* selling). **~verˌord·nung** *f pol.* emergency decree. **≈ˌwas·sern** *v/i* ‹*insep*, **-ge-, sein** *u.* **h**› *aer.* ditch.

ˈ**Notˌwehr** *f* self defen/ce (*Am.* -se); **aus** (*od.* **in**) **~ handeln** *a.* act in defence of (one's) life; **er hat ihn in** (*od.* **aus**) **~ erschossen** *a.* he shot him in defending his life.

ˈ**notˌwen·dig I** *adj* **1.** necessary, required, requisite; **e-e ~e Voraussetzung (für** for) a necessary qualification, a basic requirement, a sine qua non; **es ist ~, daß du gehst** it is necessary for you to go; (*e-e Reparatur etc*) **~ machen** necessitate; **dringend** (*od.* **unbedingt**) **~** a) (*unerläßlich*) absolutely necessary, essential, imperative, indispensable, b) (*k-n Aufschub duldend*) urgently necessary, extremely urgent. **2.** (*wesentlich*) essential. **3.** (*unvermeidlich*) necessary, inevitable; **ein ~es Übel** a necessary evil. **4.** (*natürlich*) logical; **die ~e Folge** the logical consequence. **5.** *ling.* **~er Relativsatz** restrictive clause. **II** *adv* **6. et. ~ brauchen** need s. th. badly (*od.* urgently); → **notwendigerweise. III ≈e, das** ‹-n› **7.** the necessary (things *pl*), whatever is necessary (*od.* needed); **das ≈e veranlassen** make the necessary arrangements; **das ≈ste** a) the most essential things *pl*, the absolutely necessary, the essentials *pl*, b) the necessities *pl* of life. ˈ**notˌwen·di·gerˈwei·se** *adv* necessarily, of necessity. ˈ**Notˌwen·dig·keit** *f* ‹-; *no pl*› **1.** necessity, need; **e-e absolute ~** a must; **es besteht k-e ~, m-e Ansicht zu ändern** there is no need for me to change my opinion. **2.** (*Dringlichkeit*) urgency.

ˈ**Not|ˌwoh·nung** *f* temporary (*od.* emergency) accommodation. **~ˌzei·chen** *n* → **Notsignal.** **~ˌzeit** *f* time of need. **~ˌzucht** *f* ‹-; *no pl*› *jur.* rape; **~ begehen an** (*dat*) commit rape (up)on. **≈ˌzüch·ti·gen** *v/t* ‹*insep*, **ge-, h**› rape, violate. **~ˌzüch·ti·gung** *f* → **Notzucht.** **~ˌzuˌstand** *m* → **Notlage** 1.

Nou·gat [ˈnuːgat; nuˈgaː] *m, a. n* ‹-s; -s› *gastr.* nougat.

No·va [ˈnoːva] *f* ‹-; -vä [-vɛ]› *astr.* nova.

No·vel·le [noˈvɛlə] *f* ‹-; -n› **1.** *Literatur*: novella. **2.** (*Nachtragsgesetz*) amendment, supplementary (*od.* amending) bill, rider. **No·vel·let·te** [novɛˈlɛtə] *f* ‹-; -n› short novella.

no·vel·lie·ren [novɛˈliːrən] *v/t* ‹*no* **ge-, h**› (*Gesetze*) amend.

No·vel|list [novɛˈlɪst] *m* ‹-en; -en›, **~ˈli·stin** *f* ‹-; -nen› writer of novellas. **~ˈli·stik** [-tɪk] *f* ‹-; *no pl*› **1.** art of the novella. **2. die ~** (*Gattung*) the novella. **≈ˈli·stisch** *adj* **1.** in the form of a novella. **2.** novella-like.

No·vem·ber [noˈvɛmbər] *m* ‹-s; *rare* -› November; **im (Monat) ~** in (the month of) November.

No·ve·ne [noˈveːnə] *f* ‹-; -n› *R. C.* novena.

No·vi·tät [noviˈtɛːt] *f* ‹-; -en› **1.** *Mode*: novelty, new (*od.* latest) fashion. **2.** *print.* new (*od.* latest) publication (*od.* title). **3.** *thea. Film*: new play (*od.* film).

No·vi·ze[1] [noˈviːtsə] *m* ‹-n; -n› *R. C. u. fig.* novice. **Noˈvi·ze**[2] *f* ‹-; -n› → **Novizin.** **Noˈvi·zenˌhaus** *n R. C.* novitiate. **No·vi·zi·at** [noviˈtsi̯aːt] *n* ‹-(e)s; -e› *R. C.* novitiate. **Noˈvi·zin** *f* ‹-; -nen› *R. C. u. fig.* novice.

No·vum [ˈnoːvum] *n* ‹-s; -va [-va]› s. th. new (*od.* unprecedented), novelty, unheard-of fact.

NS-ˌZeit [ɛnˈʔɛs-] *f pol. hist.* Nazi period (*1933–45*).

Nu *m* **im Nu** in an instant, in no time, in the twinkling of an eye, *colloq.* in a jiffy.

Nu·an·ce [nyˈãːsə] *f* ‹-; -n› nuance, shade, subtle distinction (*in meaning, etc*), (*Feinheit*) *a.* nicety; **um e-e ~ zu hell** a shade (*od.* a little) too light; **sich in ~n unterscheiden** differ only slightly. **nuˈan·cenˌreich** *adj* rich in nuances (*od.* subtle distinctions). **nu·an·cie·ren** [nyãˈsiːrən] *v/t* ‹*no* **ge-, h**› give nuances to, nuance.

nüch·tern [ˈnʏçtərn] **I** *adj* ‹-er; -st› **1.** *Magen*: empty, *bes. Patient*: with an empty stomach; **et. auf ~en Magen einnehmen** take s.th. on an empty stomach; *fig. colloq.* **das war ein Schreck auf ~en Magen!** that was a fright (*od.* shock) and a half! **2.** (*nicht betrunken*) sober; **wieder ~ werden** sober up; **j-n ~ machen** sober s. o. up. **3.** *fig.* (*sachlich*) sober, matter-of-fact, dispassionate (*report, view, etc*), plain (*fact, truth, etc*), *Person*: sober(-minded), down-to-earth; → **Verstand. 4.** (*phantasielos*) unimaginative, pedestrian, jejune, dull, dry, prosaic (*person, style, etc*). **5.** (*schmucklos*) austere, plain. **6.** (*geschmacklos*) tasteless, insipid (*food, etc*). **II** *adv* **7. et. ~ betrachten (beurteilen)** consider (*od.* look at) (judge) s. th. soberly (*od.* matter-of-factly); **~ betrachtet** in sober fact, realistically speaking. **≈heit** *f* ‹-; *no pl*› **1.** emptiness (of the stomach). **2.** soberness, sobriety. **3.** *fig. der Denkweise etc*: sobriety, *e-r Person*: *a.* down-to-earth attitude, *e-s Berichts etc*: *a.* matter-of-factness. **4.** (*Phantasielosigkeit*) unimaginativeness, dullness, dryness. **5.** (*Einfachheit*) austerity, plainness. **6.** tastelessness, insipidness (*of food, etc*).

Nuckel (*getr.* **-k·k-**) [ˈnʊkəl] *m* ‹-s; -› *colloq.* dummy, *Am.* pacifier. ˈ**nuckeln** (*getr.* **-k·k-**) *v/i* ‹h› suck.

ˈ**Nuckelˌpin·ne** (*getr.* **-k·k-**) *f* ‹-; -n› *colloq.* rattletrap, jalopy.

Nu·del [ˈnuːdəl] *f* ‹-; -n› **1.** *gastr.* noodle. **2.** ‹*meist sg*› *fig. colloq.* **e-e komische ~** a funny character (*od.* bird), a joker; **e-e dicke ~** a fat one (*od.* number). **3.** *agr.* fattening ball. **~ˌbrett** *n* pastry-board. **≈ˈdick** *adj fig. colloq.* (as) round as a barrel. **~ˌholz** *n* rolling pin.

nu·deln [ˈnuːdəln] *v/t* ‹h› **1.** (*Federvieh*) cram, fatten. **2.** *fig.* cram *s. o.* with food; **(wie) genudelt sein** be full up.

Nu·dis·mus [nuˈdɪsmʊs] *m* ‹-; *no pl*› nudism. **Nuˈdist** [-ˈdɪst] *m* ‹-en; -en›, **nuˈdi·stisch** *adj* nudist.

Nu·gat [ˈnuːgat; nuˈgaːr] *m, a. n* <-s; -s> → Nougat.

nu·kle·ar [nukleˈaːr] *adj* nuclear. **≈ˌfor·schung** *f* nuclear research. **≈me·diˌzin** *f* nuclear medicine. **≈phyˌsik** *f* nuclear physics *pl* (*meist als sg konstruiert*). **≈ˌteil·chen** *n* subatomic particle.

Nu·klea·se [nukleˈaːzə] *f* <-; -n> *biol. chem.* nuclease.

Nu·kleˈinˌsäu·re [nukleˈiːn-] *f biol. chem.* nucleic acid.

Nu·kleo·lus [nuˈkleːolʊs] *m* <-; -li [-li] *u.* -len [-kleˈoːlən]> *biol.* nucleolus.

Nu·kle·on [ˈnuːkleɔn] *n* <-s; -en [-kleˈoːnən]> *phys.* nucleon.

Nu·kle·us [ˈnuːkleʊs] *m* <-; -klei [-klei]> *biol.* nucleus.

null [nʊl] *adj* **1.** nought, *bes. phys. tech.* zero, *teleph.* 0 (*Aussprache*: əʊ); ~ **Komma drei (0,3)** nought (*od.* zero, 0) point three; ~ **Grad** zero degrees; ~ **Uhr zehn** ten minutes past midnight; *ped.* ~ **Fehler haben** have no mistakes. **2.** *Sport*: nil, *bes. Am.* nothing, *Tennis*: love; **es steht eins (zu)** ~ (*od.* **1:0**) the score is one (goal to) nil (*od.* one nothing, 1–0); *Tennis*: **dreißig-~** thirty-love. **3.** → **nichtig** 3.

Null[1] *f* <-; -en> **1.** nought, cipher, zero, *teleph.* 0 (*Aussprache*: əʊ); **die Stunde ~** *mil.* zero hour, *fig.* point zero, new (*od.* fresh) start; *colloq.* **in ~ Komma nichts** in no time at all, in a flash. **2.** zero, freezing point; **auf ~ stehen** *Thermometer*: stand at (*od.* read) zero; **zehn Grad unter ~** ten degrees below freezing; **unter ~ sinken** *Stimmung etc*: have reached zero level (*od.* rock bottom); *colloq.* **j-n auf ~ bringen** settle s. o.'s hash. **3. gleich ~ sein** *Chancen etc*: be nil. **4.** *colloq.* (*Person*) nobody, cipher, zero, nonentity.

Null[2] *m, a. n* <-(s); -s> *Skatspiel*: null(o).

ˈNull|ˌabˌgleich *m* → Nulleinstellung. **~ˌach·se** *f* **1.** *math.* coordinate axis. **2.** *tech.* neutral axis. **≈ˌacht·ˈfuffˌzehn** [ˌnʊlˀaxtˈfʊf-] *adj* <*meist pred*> *colloq.* run-of-the-mill, routine … **~am·pliˌtu·de** *f electr.* zero carrier. **~diˌät** *f* starvation diet. **~efˌfekt** *m phys.* background counting rate. **~ˌein·ˌstel·lung** *f tech.* zero adjustment (*od.* setting).

ˈNullei·ter (*getr.* -llˌl-) *m electr.* neutral conductor.

nul·len [ˈnʊlən] *v/t* <h> **1.** *electr.* neutralize. **2.** *Computer*: reset. **≈ˌzir·kel** *m* bow compass(es *pl*).

ˈNulli·nie (*getr.* -llˌl-) *f math. phys. tech.* neutral line (*od.* axis), zero (*od.* base) line, *surv.* reference line.

ˈNull|in·struˌment *n electr.* null detector. **~ˌmen·ge** *f Mengenlehre*: null set. **~me·ri·diˌan** *m geogr.* prime (*od.* zero) meridian.

Null ou·vert [nʊl ˀuˈvɛːr] *m, a. n* <--; --s> *Skatspiel*: open null(o).

ˈNull|ˌpunkt *m* **1.** *tech. e-r Skaleneinteilung*: zero point, *e-s Diagramms*: initial point. **2.** *electr.* neutral point. **3.** *phys.* zero (point), (*Gefrierpunkt*) *a.* freezing point; **absoluter ~** absolute zero; *fig.* **auf dem ~ sein** *Stimmung etc*: have reached zero level (*od.* rock bottom). **~ˌse·rie** *f tech.* pilot lot (*od.* production). **~ˌspan·nung** *f electr.* zero voltage, no-voltage. **~ˌspiel** *n* → Null². **~ˌstel·lung** *f tech.* **1.** zero adjustment. **2.** zero position, *e-s Schalters*: off-position, *e-r Steuerung*: neutral position. **~ˌstrich** *m* zero mark (*od.* line).

nullt *adj* zeroth.

ˈNull·taˌrif *m* free use of (public) services, *bes.* free fare(s *pl*); **zum ~** free (of charge).

ˈNul·lung *f* <-; -en> *electr.* earthing, *bes. Am.* grounding.

ˈNull|ˌwachs·tum *n* zero growth. **≈ˌwer·tig** *adj* nonvalent, zero-valent.

Nul·pe [ˈnʊlpə] *f* <-; -n> *colloq.* blockhead, idiot, twit.

Nu·me·ra·le [numeˈraːlə] *n* <-s; -lien [-lĭən] *od.* -lia [-lĭa]> *ling.* numeral.

nu·me|rie·ren [numeˈriːrən] *v/t* <no ge-, h> number. **~ˈriert** *adj* numbered; **nicht ~** unnumbered. **≈ˈrie·rung** *f* <-; -en> numbering, numbers *pl.*

nu·me·risch [nuˈmeːrɪʃ] *adj* numerical.

Nu·me·rus [ˈnuːmerʊs] *m* <-; -ri [-ri]> **1.** *ling.* number. **2.** *math.* antilog(arithm). **~ˈclau·sus** [ˈklaʊzʊs] *m* <--; *no pl*> restricted admission (to university, *etc*).

Nu·mis|ma·tik [numɪsˈmaːtɪk] *f* <-; *no pl*> numismatics *pl* (*als sg konstruiert*), numismatology. **~ˈma·ti·ker** [-ˈmaːtikər] *m* <-s; -> numismatist. **≈ˈma·tisch** [-ˈmaːtɪʃ] *adj* numismatic(al).

Num·mer [ˈnʊmər] *f* <-; -n> **1.** (*Kennzahl*) number; **laufende ~** serial (*od.* consecutive) number; **nach laufenden ~n geordnet** arranged in numerical order. **2.** (*Haus≈, Telephon≈*) number; **sie wohnen in ~ sieben** they live at number seven; *teleph.* **welche ~ haben Sie?** what is your number? **3.** *e-r Zeitung etc*: issue, copy, number; **alte ~n** back numbers. **4.** (*Größe etc*) size, number; **welche ~ haben Sie?** what size do you wear (*od.* take)? **5.** (*Programm≈*) number, routine, (*Zirkus≈*) *a.* act; **die große ~** the star attraction; *fig. colloq.* **e-e tolle ~ abziehen** put on quite an act. **6.** *colloq.* (*Person*) character, (*Mann*) *a.* fellow, bloke; **ulkige** (*od.* **komische**) **~** *a.* joker; **er ist e-e ~ für sich** he's quite a character; **e-e tolle ~** a) a live wire, b) a great (*od.* smashing) fellow (*od.* girl, woman), c) (*Frau*) a raver, a bit of hot stuff; **e-e große ~** a big shot (*od.* noise); **e-e (ganz) kleine ~** an underling, a sub. **7.** *colloq.* **auf ~ Sicher sein** (*od.* **sitzen**) be in clink, be behind bars; **auf ~ Sicher gehen** play safe; **bei j-m e-e gute ~ haben** be in s. o.'s good books. **8.** *vulg.* (*Koitus*) *sl.* trick, lay; **e-e ~ machen** (*od.* **schieben**) (have a) screw.

ˈNum·mern|ˌfol·ge *f* numerical order. **~ˌkon·to** *n* numbered account. **~ˌschei·be** *f teleph.* dial. **~ˌschild** *n mot.* number (*Am.* license) plate. **≈ˌwei·se** *adv* by numbers.

nun [nuːn] **I** *adv* **1.** (*jetzt*) now; **~ aber genug!** I've just about had enough; **von ~ an** from now on, henceforth, in the future; **~ erst** only now; **was ~?** what now (*od.* next)? **2.** (*seitdem*) from then on, (since) then, from that time on, henceforth. **3.** (*unter den Umständen*) as things now stand, as things are (now), as it is (now). **4.** (*also*) well; **~ gut** all right; **~ ja** well, *gleichmütig*: oh, well; never mind; **~ denn** come on, then; let's get started; **~, ~!** *beschwichtigend*: there, there!, *zweifelnd*: come now!, come off it!; **~ wenn schon** so what; **er mag ~ kommen oder nicht** whether he comes or not; **~ sag bloß, daß du es vergessen hast** you don't mean to say that you have forgotten it?; **da es ~ einmal so ist** since that's the way it is. **5.** *fragend*: well?, how (*od.* what) now?; **~, was schadet es?** well (*od.* so, why), what is the harm?; **wenn es ~ regnet?** what (*od.* but) if it rains? **II** *conj rare* **6.** now that, since. **~ˈmehr** *adv u. conj* (*jetzt*) now, by this time, (*von jetzt ab*) from now on, from this time on, henceforth. **~ˈmeh·rig** *adj* → **jetzig.**

Nun·tia·tur [nʊntsĭaˈtuːr] *f* <-; -en> *R. C.* nunciature. **Nun·ti·us** [ˈnʊntsĭʊs] *m* <-; ien> nuncio; **päpstlicher ~** papal legate; → **apostolisch.**

nur [nuːr] **I** *adv* **1.** only, just, solely, merely, simply, (*nichts als*) nothing but; **~ zehn Leute** only (*od.* just, as few as) ten persons; **er tut ~ so** he's just pretending; **~ noch** (*dial.* **~ mehr**) **zwei Jahre** just two more years; **~ einmal** just (*lit.* but) once; **~ aus Spaß** out of fun; **ohne auch ~ zu lächeln** without so much as a smile; **~ ein wenig** (*od.* **bißchen**) **Geduld** just (*lit.* but) a little patience; **nicht ~, sondern auch** not only but also; **~ ich** I alone, no one but me; **er liebt ~ dich** you are the only one he loves; **ich höre ~ Gutes über ihn** I hear nothing but good about him; **man kommt ~ mit dem Wagen hin** you can't get there other than by car. **2.** *auffordernd, fragend etc*: **geh ~!** go, by all means!; **mach ~ weiter so!** (you) just go on like that!; **stell dir ~ vor!** just imagine!; **~ zu!** go on!, go ahead!; **~ sachte!** come, come!, come now!, take it easy!; **sieh ~!** just look (at that)!; **warte ~!** just (you) wait!; **verkaufe es ~ ja nicht!** don't sell it on any account!; **wie ist er ~ hereingekommen?** just how (*colloq.* how on earth) did he get in here?, how did he ever get in here?; **was hat er ~?** I wonder what's wrong with him; **was meint sie ~?** whatever (*od.* just what) does she mean?; **wenn er ~ käme!** if only he would come! **3. soviel ich ~ kann** as much as I possibly (*od.* ever) can; **die Prüfung war so schwierig, wie sie ~ sein konnte** the examination was as difficult as it could (possibly) be. **II** *conj* **4.** (*allerdings*) but, however, only; **alles, ~ das nicht!** anything but that!; **alle kamen, ~ er nicht** they all came but (*od.* except) (for) him.

ˈNurˌflü·gelˌflugˌzeug *n* all-wing type (*od.* tailless) airplane, flying wing.

ˈNurˌhausˌfrau *f* nonworking housewife.

Nürn·ber·ger [ˈnʏrnˌbɛrgər] **I** *m* <-s; -> native (*od.* inhabitant) of Nürnberg (*od.* Nuremberg). **II** *adj* (of) Nuremberg, (of) Nürnberg; *hist.* **die ~ Gesetze (Prozesse)** the Nuremberg Laws (Trials); → **Trichter** 2.

nu·scheln [ˈnʊʃəln] *v/i* <h> *colloq.* mumble, mutter.

Nuß [nʊs] *f* <-; Nüsse> **1.** nut, (*Wal≈*) walnut, (*Hasel≈*) hazelnut; **e-e hohle** (*od.* **leere, taube**) **~** a hollow nut. **2.** *fig.* nut, problem; **e-e harte ~** a hard (*od.* tough) nut (to crack); **j-m e-e harte ~ zu knacken geben** give s. o. a hard nut to crack. **3.** *fig. colloq.* (*Kopf*) nut, bean; → **Kopfnuß. 4.** *gastr.* tender piece of leg of veal, *etc.* **~ˌbaum** *m* **1.** (wal)nut tree. **2.** → **~ˌbaumˌholz** *n* walnut, nutwood. **≈ˌbraun** *adj* nut-brown, *bes. Haar*: auburn, *bes. Augen*: hazel. **~ˌbut·ter** *f* nut butter. **~ˌkern** *m* nut kernel, kernel of a nut. **~ˌknacker** (*getr.* -k·k-) *m* nutcracker. **~ˌkoh·le** *f* nut coal, nuts *pl.* **~ˌscha·le** *f* nutshell (*a. fig. kleines Boot*).

Nü·ster [ˈnʏstər; ˈnyːstər] *f* <-; -n> *meist pl zo.* nostril.

Nut [nuːt] *f* <-; -en>, **ˈNu·te** *f* <-; -n> *tech.* groove, (*Lang≈*) slot, (*Kerb≈*) V-notch, (*Spann-Nut*) T-slot, (*Keil≈*) keyway, keyseat, *Zimmerei*: groove, mortise; **~ und Feder** *in Holz*: tongue and groove, *in Metall*: slot and key.

Nu·tria [ˈnuːtria] *f* <-; -s> *zo.* coyp(o)u, *a.* (*Fell*) nutria.

Nut·te [ˈnʊtə] *f* <-; -n> *colloq.* whore, prostitute, *sl.* tart, *Am. sl.* hooker.

nutz [nʊts] *adj* <*pred*> → **nütze.**

Nutz *m* <-es; *no pl*> *obs. for* **Nutzen** 1; **zu**

j-s ~ **und Frommen** for s. o.'s benefit. **~ˌanˌwen·dung** *f* **1.** (practical) application, utilization. **2.** *e-r Fabel*: moral (application). **≗bar** *adj Land etc*: cultivable, arable, *Rohstoffe etc*: usable, *Erfindung etc*: utilizable, *bes. tech. a.* effective; **sich** (*dat*) **et. ~ machen** utilize s. th., turn s. th. to (one's) advantage, (*Naturkräfte*) harness s. th. **~bar·keit** *f* ‹-; *no pl*› usability, usefulness. **~barˌma·chung** *f* ‹-; *no pl*› utilization, exploitation, *von Naturkräften etc*: *a.* harnessing. **~beˌanˌspru·chung** *f* working stress. **~ˌbrem·sung** *f electr.* regenerative braking. **≗ˌbrin·gend I** *adj* profitable, useful, lucrative, advantageous. **II** *adv* usefully, profitably; **et. ~ anwenden** turn s. th. to good account.

nüt·ze [ˈnʏtsə] *adj* ‹*pred*› useful, of use; **zu nichts ~ sein** be (of) no use, *a. Person*: be good for nothing.

ˈNutz·efˌfekt *m* use, efficiency.

Nut·zen [ˈnʊtsən] *m* ‹-s; *no pl*› **1.** use, benefit, advantage (**nicht**) **von ~ sein** be of (no) use, (not to) be useful; **~ ziehen aus** benefit (*od.* profit) from (*od.* by), *fig. a.* make capital out of, cash in on, exploit; **zum ~ von** for the benefit of; **persönlicher** (**praktischer**) **~** personal (practical) advantage. **2.** *econ.* utility, (*Gewinn*) profit, (*Ertrag*) yield, returns *pl.*

ˈnut·zen, nüt·zen [ˈnʏtsən] **I** *v/i* ‹h› **1.** be of use (*od.* help), be useful, be helpful, avail; **das nützt nichts** that's useless, that's of no use (*od.* avail, help); **was nützt es, daß du dir Sorgen machst?** what is the good (*od.* use) of your worrying?; **was nützt das?** what is the good of that? what good will that do?; **j-m ~** be of use (*od.* advantage) to s. o., benefit s. o. **2.** yield (*od.* show) profit; **wem nützt das?** who will profit by that? **II** *v/t* **3.** use, make use of; **die Gelegenheit ~** make use of (*od.* seize, avail o. s. of) the opportunity. **4.** turn (*od.* put) *s. th.* to good account, use *s. th.* profitably.

ˈNutz|ˌfahrˌzeug *n* commercial (*od.* utility) vehicle. **~ˌfak·tor** *m* utilization factor. **~ˌflä·che** *f* **1.** usable space (*od.* area). **2.** agricultural acreage. **3.** floor space. **~ˌgar·ten** *m* kitchen garden. **~geˌwächs** *n* → Nutzpflanze. **~ˌholz** *n* (commercial) timber, *bes. Am.* lumber. **~ˌla·deˌfä·hig·keit** *f* useful load. **~ˌlast** *f* payload. **~ˌlei·stung** *f* useful output (*od.* power, effect).

ˈnütz·lich I *adj* **1.** useful, helpful, serviceable, of use (*pred*); **j-m zu** (*od.* **bei, in**) **e-r Sache ~ sein** be useful to s. o. in s. th.; **sich ~ machen** *cf.* 3. **2.** (*vorteilhaft*) advantageous, beneficial, of advantage (*pred*), profitable. **II** *adv* **3. sich ~ betätigen** make o. s. useful. **III ≗e, das** ‹-n› **4. das Angenehme mit dem ≗en verbinden** combine business with pleasure. **≗keit** *f* ‹-; *no pl*› usefulness, utility, advantage, profitableness, benefit.

ˈNütz·lich·keits ... *in Zssgn* utilitarian. **~ˌleh·re, ~phi·lo·soˌphie** *f* utilitarianism.

ˈnutz|los I *adj* useless, futile, vain, of no use (*pred*), (*unnötig*) unnecessary, needless, (*verschwendet*) wasted. **II** *adv* uselessly, unnecessarily. **≗lo·sig·keit** *f* ‹-; *no pl*› uselessness, futility. **≗ˌmas·se** *f Raumfahrt*: payload. **≗ˌnie·ßer** [-ˌniːsər] *m* ‹-s; -›, **≗ˌnie·ße·rin** *f* ‹-; -nen› beneficiary, *contp.* profiteer, *jur.* usufructuary. **~ˌnie·ße·risch** *adj jur.* usufructuary. **≗ˌnie·ßung** *f* ‹-; *no pl*› usufruct; **~ auf Lebenszeit** life interest; **die ~ haben** enjoy the usufruct (**von** of). **≗ˌpflan·ze** *f* useful plant. **≗siˌgnal** *n Computer*: information signal. **≗ˌspannung** *f electr.* useful voltage. **≗ˌstrom** *m* useful (*od.* active) current.

ˈNut·zung *f* ‹-; *no pl*› **1.** use, utilization, exploitation; **alleinige ~** exclusive use; **ungestörte ~** quiet enjoyment. **2.** (*Ertrag*) yield, revenue, *jur.* fruits *pl.* **3.** → Nutznießung.

ˈNut·zungs|ˌdau·er *f* **1.** *jur.* period of usufruct. **2.** *tech.* service (*od.* useful) life. **~entˌgelt** *n* rental fee, compensation for use. **~ˌrecht** *n jur.* (right of) user (*od.* usufruct), use.

ˈNutz|ˌvieh *n agr.* domestic cattle. **~ˌwas·ser** *n* water for industrial purposes. **~ˌwert** *m* utility value.

Ny·lon [ˈnaɪlɔn] (*TM*) *n* ‹-s; -s› **1.** ‹*only sg*› *chem.* nylon. **2.** *pl* → **~ˌstrümp·fe** *pl* (**ein Paar ~** a pair of) nylon stockings (*od.* nylons). **≗verˌstärkt** *adj* nylon-reinforced.

Nym·phe [ˈnʏmfə] *f* ‹-; -n› *myth. zo.* nymph.

nym·pho|man [nʏmfoˈmaːn] *adj psych.* nymphomaniac. **≗maˈnie** [-maˈniː] *f* ‹-; *no pl*› nymphomania. **≗ˈmanin** [-ˈmaːnɪn] *f* ‹-; -nen› nymphomaniac.

O

O, o[1] [oː] *n* ⟨-; -⟩ O, o (*Buchstabe*).

o[2] *interj* O, oh; **o ja!** O yes!, yes indeed!, by all means!; **o nein!** O no!, no indeed!, certainly not!, not by any means!; **o doch!** O certainly!, *colloq.* sure!; **o weh!** oh dear (me)!; **o Gott!** oh goodness!, oh good heavens!

Ö, ö [øː] *n* ⟨-; -⟩ O (*od.* o) modified, O (*od.* o) umlaut.

Oa·se [oˈaːzə] *f* ⟨-; -n⟩ oasis (*a. fig. of peace, etc*).

ob[1] [ɔp] *conj* **1.** *fragend*: whether, if, *zweifelnd*: *a.* that; **die Frage, ~** the question as to whether; **er fragte mich, ~ ich nicht wüßte, wie** he asked me whether (*od.* if) I knew how; **ich bin nicht sicher, ~ er dort sein wird** I'm not sure that he will be there; **~ er wohl kommt?** will he come?, I wonder if he'll come. **2. als ~** as if, as though, *Am. colloq. od. dial.* like; **es sieht so aus, als ~ es regnen wollte** it looks as if it would (*od.* is going to) rain, it looks like rain. **3. ~ …, ~ …; ~ … oder** whether … or; **~ jung, ~ alt** whether (*od.* be he) young or old, young and old alike; **~ er will oder nicht, er muß sich fügen** he cannot choose but give in. **4.** *colloq.* **(na) und ~!** of course!, certainly!, rather!, and how!, you bet!, *sl.* not half!; **kennst du ihn? Und ~ (ich ihn kenne)!** do you know him? I should think (*od.* I'll say) I do!

ob[2] *prep* **1.** ⟨*gen, a. dat*⟩ *lit.* (*wegen*) because of. **2.** ⟨*dat*⟩ *obs.* (*oberhalb*) (up)on; **Rothenburg ~ der Tauber** Rothenburg on the Tauber.

Ob·acht [ˈoːbaxt] *f* ⟨-; *no pl*⟩ heed, attention; **~ geben auf** (*acc*) a) pay attention to, b) look after, take care of, watch (over); **(gib) ~!** look out!, (be) careful!, watch out!

ˈOb‚dach *n* ⟨-(e)s; *no pl*⟩ shelter, lodging; **kein ~ haben** *a.* be homeless, have no place (*od.* nowhere) to go; **j-m ~ gewähren** shelter s. o., give shelter to s. o. **≈los** *adj* homeless, without shelter; **~ werden** be left (*od.* made) homeless. **~lo·se** *m, f* ⟨-n; -n⟩ homeless person. **~lo·sen·asyl** [-ˀaˌzyːl], **~lo·sen‚heim** *n* hostel for the homeless. **~lo·sig·keit** *f* ⟨-; *no pl*⟩ homelessness, houselessness.

Ob·duk·ti·on [ɔpdʊkˈtsi̯oːn] *f* ⟨-; -en⟩ autopsy, post-mortem (examination). **ob·du·zie·ren** [ɔpduˈtsiːrən] *v/t* ⟨*no* **ge-**, *h*⟩ perform an autopsy (*od.* a post-mortem [examination]) on, autopsy, post-mortem (*a body*).

ˈO-‚Bei·ne *pl* bandy legs, bow-legs. **ˈO-‚bei·nig** *adj* bow-legged, bandy(-legged).

Obe·lisk [obeˈlɪsk] *m* ⟨-en; -en⟩ obelisk.

oben [ˈoːbən] *adv* above, overhead, (*in der Höhe*) up, (*~auf*) on (the) top, *an e-m Gegenstand*: at the top, *an der Oberfläche*: on the surface, *am Himmel*: above, aloft, overhead, *im Hause*: upstairs; **~ auf** a) *e-m Gegenstand*: on (the) top of, b) *a.* up on (*a hill, etc*); **~ an** at the top of; **~!** *Aufschrift*: this side up!; **da** (*od.* **dort**) **~** up there; **ganz ~** uppermost, right on top; **hoch** (*od.* **weit**) **~** high (*od.* far) above; **nach ~** a) to the top, b) (*aufwärts*) upward(s); **Tendenz nach ~** upward tendency (*od.* trend); *a. fig.* **von ~** from above, *Anweisung etc*: *a.* from the top; *fig.* **j-n von ~ herab behandeln** treat s. o. haughtily (*od.* condescendingly); **weiter ~** a) further (*od.* higher) up, b) *auf e-r Seite*: above; **~ in der Luft** up in the air; **~ und unten** above and below; **~ bleiben** a) stay up (there) (*od.* upstairs), b) *auf dem Wasser*: keep (o. s.) afloat, float, c) *fig.* keep o. s. on top, have (*od.* keep) the upper hand; **~ im Kasten** uppermost in the box; *fig. colloq.* **mir steht es bis hier ~** I am sick and tired of it, I am disgusted (*sl.* fed up) with it, I have it up to here; **man wußte kaum noch, wo** (*od.* **was**) **~ und unten war** one couldn't tell up from down (*od.* heads from tails); **von hier ~ (aus)** from up here; **von ~ bis unten** a) from top to bottom, b) *bei Personen*: from top to toe; **links ~** left above, at (*od.* on) the upper left; **die Schublade links ~** the top drawer on the left; **j-s Glas bis ~ füllen** fill s. o.'s glass brimful (*od.* to the brim); **wir wohnen ganz ~** we live right at the top (*od.* on the top floor); **nun sind wir ~** now we've reached the top; *fig.* **ganz ~ sein** be right at the top of the ladder (*od.* tree); **siehe ~** see above; **wie ~ angeführt** (*od.* **angegeben**) as stated above; **Paragraph 24 ~** section 24 above; **das ~ Erwähnte** the above-mentioned, the aforementioned, the above mention.

ˈoben|ˈan *adv* at the top (*a. of the table, etc*); **ganz ~ (auf der Liste) stehen** be at the very top of the list, be first on the list, head the list; *fig.* **~ stehen (bei)** hold (the) first place (with), rank first (with), matter most (to). **~ˈauf** *adv* (*zuoberst*) on (the) top, uppermost, *auf der Oberfläche*: on the surface; *fig. colloq.* **~ sein** be fit and well, be in good health and high spirits, be on top of the world. **~ˈdrauf** *adv colloq.* on (the) top. **~ˈdrein** *adv colloq.* over and above, besides, in addition, *nachgestellt*: into the bargain, at that, to boot. **~er‚wähnt** *adj* above(-mentioned), aforementioned. **≈er‚wähn·te** *m, f* ⟨-n; -n⟩ above-mentioned person. **~ge‚nannt** *adj* → **obenerwähnt**. **~ge‚steu·ert** *adj* **~er Motor** valve-in-head engine; **~es Ventil** overhead valve. **~ˈhin** *adv* superficially, perfunctorily, casually, without care; **~ bemerken** say *s. th.* casually (*od.* lightly); **ich sage das nicht ~** I really mean it; **et. ~ abtun** pass over s. th. (lightly). **~hinˈaus** *adv fig. colloq.* **~ wollen** be ambitious, be aiming high.

ˈOben-ˈoh·ne… *in Zssgn* topless (*dress, etc*).

ˈoben‚ste·hend *adj* → **obenerwähnt**.

ober [ˈoːbər] **I** *adj* ⟨*sup* **-st**⟩ **1.** upper, top; **die ~e Seite** *a.* the top, the upside; **die rechte ~e Schublade** the right upper drawer, the top drawer on the right; **ein Zimmer im ~en Stockwerk** an upstairs room. **2.** *fig.* (*höherstehend*) upper, higher, (*ranghöher*) *a.* superior; **die ~en Zehntausend** the upper classes, the upper ten (thousand). **II** *prep* ⟨*dat*⟩ **3.** *Austrian* above. **III ≈e, das** ⟨-n⟩ **4.** the upper part.

ˈOber *m* ⟨-s; -⟩ **1.** (head)waiter; **(Herr) ~, bitte zahlen!** waiter, the bill (*Am.* check), please! **2.** (*Spielkarte*) queen.

ˈOber|‚arm *m* upper (part of the) arm. **~‚arzt** *m*, **~‚ärz·tin** *f* assistant medical director. **~‚auf‚se·her** *m* superintendent, chief inspector (*od.* supervisor). **~‚auf‚sicht** *f* superintendence, (general) inspection (*od.* supervision); **die ~ haben über** (*acc*) superintend, supervise. **~‚bau** *m* superstructure (*a. fig.*), *e-r Straße*: surface, *rail.* permanent way. **~‚bauch** *m* epigastrium. **~be‚fehl** *m mil.* high (*od.* supreme) command (**über** *acc* of); **den ~ führen** (*od.* **haben**) be commander in chief. **~be‚fehls‚ha·ber** *m* commander in chief. **~be‚griff** *m* **1.** general (*od.* generic) term, head(ing). **2.** *Patentrecht*: preamble. **~be‚klei·dung** *f* outer garments *pl*, outerwear. **~‚bett** *n* (*Bettdecke*) eiderdown, quilt. **~be‚wußt‚sein** *n psych.* consciousness, conscious (self). **~‚bun·des‚an‚walt** *m* Federal Chief Attorney, Solicitor-general. **~‚bür·ger‚mei·ster** *m* chief burgomaster, Lord Mayor, *Am.* Mayor. **~‚deck** *n mar.* upper deck, *im Bus*: top deck.

ˈober|‚deutsch I *adj* Upper (*od.* Southern) German. **II** *ling.* **≈** ⟨*generally undeclined*⟩, **das ≈e** ⟨-n⟩ Upper (*od.* Southern) German. **≈‚deut·sche** *m, f* ⟨-n; -n⟩ South German.

ˈObe·re *m* ⟨-n; -n⟩ *R. C.* superior.

ˈober|‚faul *adj colloq.* (very) fishy, shady, funny. **≈‚feld‚we·bel** *m* colour sergeant, *Am.* sergeant 1st class, *aer.* flight sergeant (*Am.* master). **≈‚flä·che** *f* **1.** *e-r Flüssigkeit*, *a. fig.* surface; **an (unter) der ~** on (below) the surface; **an die ~ kommen** come (*od.* rise) to the surface, (appear at the) surface, *fig. a.* crop up (*od.* out), outcrop; **auf (od. an) der ~ schwimmen** a) float (on the surface), b) *fig.* be superficial. **2.** (*Flächeninhalt*) (superficial) area, surface, superficies. **3.** *tech.* (surface) finish, surface.

ˈ**Ober|flä·chen...** *in Zssgn* surface. **~ge|stalt** *f* shape of surface, *geogr. geol.* relief, physical features *pl.* **~|här·tung** *f metall.* (sur)face hardening. **~struk|tur** *f ling.* surface structure.

ˈ**ober|fläch·lich I** *adj* **1.** (*nachlässig, seicht, flüchtig etc*) superficial, cursory, perfunctory, *stärker*: slapdash (*work, etc*); **bei ~er Prüfung** on superficial (*od.* surface) inspection; **ein ~er Blick** a quick (*od.* hasty) glance; **e-e ~e Schätzung** a rough estimate; **e-e ~e Bekanntschaft** a casual (*od.* nodding) acquaintance; **~e Gefühle** facile emotions; **~e Kenntnisse haben** have a superficial (*od.* slight) knowledge, have a (mere) smattering; **ein ~er Mensch** a shallow character, a trifler, a superficialist. **2.** *med.* (*äußerlich*) superficial, external, surface, *Atmung, Geschwür*: shallow. **II** *adv* **3.** *fig.* superficially, cursorily; **et. ~ durchgehen** go over (*od.* through) s. th. in a cursory manner, run over s. th., skip through s. th., skim (over) s. th.; **ich kenne ihn nur ~** I know him only slightly; **~ betrachtet** on the face of it. **♀keit** *f* ⟨-; *no pl*⟩ superficiality, cursoriness, perfunctoriness, hastiness, slapdash (manner), slapdashness.

ˈ**Ober|ˌför·ster** *m etwa* head forester. **♀|gä·rig** [-ˌgɛːrɪç] *adj Bier*: top-fermented. **~ge|frei·te** *m* lance corporal, *Am.* private 1st class, *aer.* leading aircraftman, *Am.* airman 2nd class. **~ge|schoß** *n* upper floor, upper stor(e)y. **~ge|senk** *n tech.* upper die. **~ge|walt** *f* supreme power (*od.* authority), supremacy. **~|gren·ze** *f* upper limit, *von Preisen, Löhnen etc*: ceiling. **~|gut|ach·ten** *n* counterexpertise, opinion of a chief consultant (*od.* expert). **~|gut|ach·ter** *m* chief consultant (*od.* expert).

ˈ**ober|halb I** *prep* ⟨*gen*⟩ above (*the clouds, the village, fig. the average, etc*), *am Oberlauf e-s Flusses*: *a.* upstream from. **II** *adv* (**weiter**) **~** higher (*od.* further) up.

ˈ**Ober|ˌhand** *f* ⟨-; *no pl*⟩ **die ~ behalten** (*od.* **behaupten**) keep the upper hand, carry the day; **die ~ gewinnen** gain (*od.* get) the upper hand (**über** *acc* of), predominate, prevail, gain, *Humor etc*: come on top again, *Gefühl etc*: win out (**über** *acc* over); **die ~ über j-n gewinnen** (*od.* **bekommen, erringen**) *a.* get the better (*od.* the best) of s. o., get the whip hand over s. o.; **die ~ haben** (**über** *acc*) have the upper hand (over), be in control (of), *colloq.* be on top (of). **~|haupt** *n* head, chief, leader. **~|haus** *n pol.* upper (*od.* second) chamber, *in Großbritannien*: House of Lords, Upper House, (the) Lords *pl*, *in USA*: Senate. **~|haut** *f* cuticle, epiderm(is). **~|hemd** *n* shirt. **~|herr** *m* sovereign, supreme lord, *a. hist.* overlord. **♀|herr·lich** *adj* sovereign, *hist.* seigniorial. **~|herr·schaft** *f* superiority (*a. hist.*), supremacy, sovereignty. **~|hir·te** *m relig.* bishop, (*Papst*) pope. **~|ho·heit** *f* sovereignty.

ˈ**Obe·rin** *f* ⟨-; -nen⟩ **1.** *R.C.* Mother Superior. **2.** *im Krankenhaus etc*: matron.

ˈ**Ober|in|spek·tor** *m* chief inspector. **♀|ir·disch** *adj* **1.** *Keller etc*: surface, aboveground, overground. **2.** *electr.* overhead (*od.* aerial) (*line, etc*). **~|kan·te** *f* upper edge. **~|kell·ner** *m* headwaiter, maître d'hôtel. **~|kie·fer** *m anat.* upper jaw, maxilla. **~|kir·chen|rat** *m evangelische Kirche*: **1.** High Consistory. **2.** member of the High Consistory. **~|klas·se** *f ped.* top (*od.* upper) form, *bes. Am.* senior class. **~kom|man·do** *n* → **Oberbefehl.** **~|kör·per** *m* upper part of the body, (*Brustkorb*) chest. **~|land** *n* ⟨-(e)s; *no pl*⟩ upland, highland. **~ˈlan·des·ge|richt** *n* (Higher) Regional Court of Appeal, Supreme Court (*of a Land*). **~|län·ge** *f e-s Buchstabens*: ascender. **♀|la·stig** [-ˌlastɪç] *adj* top-heavy. **~|lauf** *m e-s Flusses*: upper course. **~|le·der** *n der Schuhe*: upper. **~|leh·rer** *m* senior master (*Am. a.* teacher). **~|leh·re·rin** *f* senior mistress (*Am. a.* teacher). **~|lei·tung** *f* **1.** chief (*od.* top) management, overall control. **2.** *electr.* overhead wires *pl.*

ˈ**Ober|lei·tungs|ˌbus** *m* trolleybus. **~|netz** *n* overhead system.

ˈ**Ober|ˌleut·nant** *m* (*Am.* first) lieutenant. **~|licht** *n* ⟨-(e)s; -er *u.* -e⟩ **1.** ⟨*only sg*⟩ (*Licht von oben*) light from above, top light. **2.** *arch.* a) skylight (in a roof), b) *über e-r Tür*: fanlight, *Am.* transom (window). **3.** ⟨*only sg*⟩ *Film*: headlight. **~|lid** *n* upper eyelid. **~|li·ga** *f Sport*: **1.** Second League. **2.** *DDR Fußball*: (Upper League) First Division. **~|lip·pe** *f* upper lip. **~|maat** *m* chief petty officer, warrant (officer). **~|mie·mer, ~|motz** *m colloq.* big boss, top dog; **er ist hier der ~** he's top dog around here. **~ˈpost·di·rek·ti|on** *f* Post-Office Divisional Administration. **~|prie·ster** *m* high priest. **~|pri·ma** *f ped.* top form (*Am.* grade), *bes. Br.* upper VI. **~pri|ma·ner** *m*, **~pri|ma·ne·rin** *f pupil of an "Oberprima".* **~reˈgie·rungs|rat** *m etwa* senior executive officer. **♀|rhei·nisch** *adj* of the Upper Rhine.

ˈ**Obers** *n* ⟨-; *no pl*⟩ *Austrian gastr.* cream.

ˈ**Ober|satz** *m philos.* major premise.

ˈ**Ober|schen·kel** *m* thigh. **~|bruch** *m* fracture of the thigh, femoral fracture. **~|hals** *m* neck of the femur. **~|kno·chen** *m* thigh(bone), femur.

ˈ**Ober|ˌschicht** *f* top (layer), upper stratum, *geol. etc a.* superstratum, *bes. sociol.* upper class(es *pl*), *colloq.* upper crust; **die geistige ~** the intelligentsia, *colloq.* the eggheads *pl.* **♀|schläch·tig** [-ˌʃlɛçtɪç] *adj tech.* overshot. **♀|schlau** *adj colloq.* overwise, smart-alecky. **~|schu·le** *f* secondary school, *Am.* high school. **~|schü·ler** *m*, **~|schü·le·rin** *f pupil* (*od. student*) *at an "Oberschule".* **~|schwel·le** *f arch.* lintel. **~|schwe·ster** *f* charge nurse. **~|schwin·gung** *f phys.* harmonic (oscillation *od.* vibration). **~|sei·te** *f* upper (*od.* top) side, top, *Textil.* right side.

oberst I *sup of* **ober** I. **II** *adj* **1.** uppermost, top(most), (*höchst*) *a.* highest; **die ~e Schublade** the top drawer. **2.** *rangmäßig*: highest, supreme; **♀es Gericht** Supreme Court (of Judicature). **3.** (*maximal*) highest, maximum, ceiling, top. **4.** (*wichtigst*) chief, principal, leading, first; **~er Grundsatz** *a.* ruling (*od.* guiding) principle. **III ♀e, das** ⟨-n⟩ **5.** the uppermost part, the top; *colloq.* **das ♀e zuunterst kehren** turn everything upside down.

ˈ**Oberst** *m* ⟨-en *u.* -s; -en⟩ colonel.

ˈ**Ober|ˈstaats|an|walt** *m* senior public prosecutor at the *Landgericht.* **~ˈstabs|arzt** *m* major (Medical Corps). **~|stadt** *f* uptown. **♀|stän·dig** *adj bot.* superior.

ˈ**Ober·ste** *m, f* ⟨-n; -n⟩ boss, chief, head.

ˈ**Ober|ˌstei·ger** *m Bergbau*: senior overman. **~|steu·er|mann** *m* first mate. **~|stim·me** *f mus.* upper (*od.* top) part, treble.

ˌ**Oberstˈleut·nant** *m* lieutenant colonel.

ˈ**Ober|ˌstock** *m* ⟨-(e)s; *no pl*⟩ upper floor (*od.* stor[e]y). **~|stüb·chen** *n colloq.* **nicht richtig im ~ sein** not to be quite right in the head (*od.* upper stor[e]y).

ˈ**Oberˈstu·di·en|di|rek·tor** *m* headmaster, *Am.* principal. **~di·rek|to·rin** *f* headmistress, *Am.* (woman) principal. **~|rat** *m* senior master. **~|rä·tin** *f* senior mistress.

ˈ**Ober|ˌstu·fe** *f ped.* upper school, senior forms *pl*, *Am.* upper (*od.* higher) grades *pl.* **~|tas·se** *f* cup. **~|teil** *n, m* upper (*od.* top) part (*od.* side), *a. e-s Kleidungsstückes*: top. **~|ton** *m meist pl mus. phys.* upper partial, harmonic (tone), *a. fig.* overtone. **~|ton|rei·he** *f* overtone series (*od.* row), harmonic series. **~verˈwal·tungs·ge|richt** *n* Higher Administrative Court. **~|was·ser** *n* ⟨-s; *no pl*⟩ **1.** *e-r Mühle*: overshot water, *e-r Schleuse*: upper water. **2.** *fig. colloq.* **~ bekommen** (**haben**) get (have) the whip hand, come to the top (be on top). **~|wei·te** *f* (*Maß*) bust size. **~|welt** *f* upper world. **~|zahn** *m meist pl* upper (tooth), maxillary (tooth).

ˌ**obˈgleich** *conj* (al)though, in spite of the fact that.

ˈ**Ob|hut** *f* ⟨-; *no pl*⟩ **1.** (*Fürsorge*) care, charge, guardianship, protection; **in** (*od.* **unter**) **s-e ~ nehmen** take charge (*od.* care) of, take *s. o.* under one's wings; **sich j-s ~ anvertrauen, sich in j-s ~ begeben** entrust (*od.* commit, consign) o. s. to s. o.'s care. **2.** (*Verwahrung*) safe-keeping, custody.

obig [ˈoːbɪç] *adj* above(-said, -mentioned), foregoing.

Ob·jekt [ɔpˈjɛkt] *n* ⟨-(e)s; -e⟩ **1.** object, thing. **2.** (*Ziel e-r Bemühung*) object(ive), subject (*of an investigation, etc*). **3.** *ling. philos.* object. **4.** *econ.* a) (*Vermögensgegenstand, Grundstück*) property, object, b) (*Bauvorhaben*) project, c) (*Transaktion*) transaction. **5.** *mil.* target, objective. **6.** *DDR*: state-run establishment. **7.** *Kunst*: a) objet (d'art), b) (*Exponat*) exhibit, c) (*Materialbild etc*) object. **~|bin·dung** *f psych.* fixation (to a person *od.* object).

ob·jek·tiv [ɔpjɛkˈtiːf] **I** *adj* ⟨*colloq.* **-er; -st**⟩ *allg., a. philos.* objective (*analysis, reality, etc*), (*vorurteilslos, unparteiisch*) *a.* impartial, unbias(s)ed (*view, judgement, etc*), (*sachlich*) *a.* factual (*report, etc*), (*tatsächlich*) *a.* actual (*situation, etc*); → **Tatbestand** 2. **II** *adv* **~** (**betrachtet**) objectively (speaking); **et. ~ betrachten** view s. th. objectively, take an objective view of s. th.; **~ richtig** (**falsch**) factually correct (wrong).

Ob·jekˈtiv *n* ⟨-s; -e⟩ objective, object glass (*od.* lens), *phot.* lens. **~|fas·sung** *f* lens mount.

ob·jek·ti·vie|ren [ɔpjɛktiˈviːrən] *v/t* ⟨*no* **ge-, h**⟩ objectify, objectivize. **♀rung** *f* ⟨-; *no pl*⟩ objectification, objectivation.

Ob·jek·ti·vis·mus [ɔpjɛktiˈvɪsmʊs] *m* ⟨-; *no pl*⟩ objectivism.

Ob·jek·ti·vi·tät [ɔpjɛktiviˈtɛːt] *f* ⟨-; *no pl*⟩ objectivity, objectiveness, (*bes. Unparteilichkeit*) impartiality, disinterestedness, detachment, detachedness, (*bes. Tatsächlichkeit*) factuality, factualness, facticity.

Ob·jekˈtiv|ˌlin·se *f* objective (lens). **~|öff·nung** *f* lens aperture.

Obˈjekt|ˌsatz *m ling.* objective clause. **~|schutz** *m durch Polizei*: guarding (of a building, *etc*). **~|su·cher** *m phot.* object-finder. **~|trä·ger** *m des Mikroskops*: microscopic(al) (*od.* object) slide, mount, specimen holder. **~ˌtrieb** *m psych.* sexual drive (*od.* instinct). **~ˌwahl** *f* object (*od.* mate) selection.

Ob·la·te[1] [oˈbla:tə] *f* ⟨-; -n⟩ **1.** a) *für Lebkuchen etc*: wafer, b) (*Gebäck*) wafer cake; **Karlsbader ~n** Karlsbad wafers. **2.** (*Arzneikapsel*) wafer. **3.** *relig.* wafer; **geweihte ~** host.

Obˈla·te[2] *m* ⟨-n; -n⟩ *relig.* oblate.

ˈobˌlie·gen[1] *v/i* ⟨*irr, insep, a. sep,* **-ge-, h**⟩, **ˌobˈlie·gen**[2] *v/i* ⟨*irr, insep,* **-ge-, h**⟩ *lit.* **1. et. obliegt j-m** s. th. is incumbent (up)on s. o. (*a. jur.*), s. th. is s. o.'s duty, s. th. devolves on (*od.* falls to) s. o.; **diese Aufgabe obliegt Herrn X** this task is Mr X's duty; **die ihm ~den Angelegenheiten** the affairs incumbent (up)on him; *jur.* **die Beweislast obliegt dem Kläger** the onus of proof is incumbent on (*od.* lies on, rests with) the plaintiff. **2.** *obs.* **e-r Sache ~** apply (*od.* devote) o. s. to s. th., attend to s. th., occupy o. s. with s. th. **2heit** *f* ⟨-; -en⟩ *lit.* obligation, duty, function, incumbency; **es gehört zu s-n ~en** one of his duties is *to fetch the mail.*

ob·li·gat [obliˈga:t] *adj* **1.** (*unerläßlich*) indispensable, (*unvermeidlich*) inevitable. **2.** *mus.* ob(b)ligato; **mit ~er Violine** with violin obbligato. **3.** *Austrian for* **obligatorisch.**

Ob·li·ga·ti·on [obligaˈtsĭo:n] *f* ⟨-; -en⟩ **1.** *jur.* obligation, liability. **2.** *econ.* bond, debenture (bond).

Ob·li·ga·tiˈons|ˌgläu·bi·ger *m* bondholder, debenture holder. **~ˌinˌha·ber** *m* bondholder. **~ˌschuld** *f* bond(ed) debt.

ob·li·ga·to|risch [obligaˈto:rɪʃ] *adj* (**für**) obligatory (on, upon), compulsory (for), mandatory (for), of obligation (for). **2ri·um** [-rĭum] *n* ⟨-s; -rien⟩ *Swiss ped.* compulsory subject.

Ob·li·go [ˈo:bligo] *n* ⟨-s; -s⟩ liability, engagement; **ohne ~** a) (*ohne Gewähr*) without guaranty (*od.* engagement), b) *Wechsel*: without recourse.

ˈObˌmann *m* ⟨-(e)s; ⸚er *u.* **Obleute**⟩ **1.** (*Vorsitzender*) chief, chairman, president (of the jury). **2.** (*Vertrauensmann*) a) shop steward, b) (*Betriebs2*) spokesman. **3.** *jur.* a) *e-s Schiedsgerichts*: umpire, b) *der Geschworenen*: foreman.

Oboe [oˈbo:ə] *f* ⟨-; -n⟩ oboe. **Obo·ist** [oboˈɪst] *m* ⟨-en; -en⟩ oboist.

Obo·lus [ˈo:bolus] *m* ⟨-; - *u.* -se⟩ *fig.* mite, contribution; **s-n ~ entrichten** (*od.* **beisteuern**) pay (*od.* offer, give) one's mite, pay one's share.

Ob·rig·keit [ˈo:brɪçkaɪt] *f* ⟨-; -en⟩ authorities *pl*, magistracy, government. **2lich I** *adj* magisterial, official, governmental, *Staatsform etc*: authoritarian; **~e Verordnung** regulation (*od.* decree) issued by the authorities. **II** *adv* by authority.

ˈOb·rig·keits|ˌden·ken *n* submissiveness to authority, authority-orient(at)ed mentality. **~ˌstaat** *m* authoritarian (*od.* totalitarian) state.

Ob·rist [oˈbrɪst] *m* ⟨-en; -en⟩ colonel.

ˌobˈschon *conj* → **obgleich.**

Ob·se·qui·en [ɔpˈze:kvĭən] *pl R.C.* exequies.

Ob·ser·vanz [ɔpzɛrˈvants] *f* ⟨-; -en⟩ **1.** *relig.* observance. **2.** *jur.* customary law. **3.** *fig.* kind, type.

Ob·ser·va·to·ri·um [ɔpzɛrvaˈto:rĭum] *n* ⟨-s; -rien⟩ observatory.

ˈobˌsie·gen[1] *v/i* ⟨*insep, a. sep,* **-ge-, h**⟩, **ˌobˈsie·gen**[2] *v/i* ⟨*insep, no* **-ge-, h**⟩ *lit.* (**über** *acc* over) prevail, be victorious, triumph.

ob·skur [ɔpsˈku:r] *adj* ⟨-er; -st⟩ **1.** (*unklar*) obscure, dark, (*bes. versteckt*) hidden. **2.** (*unbekannt*) obscure, unknown, nameless. **3.** (*zweifelhaft*) suspicious, doubtful, dubious, *colloq.* fishy, funny, shady, (*anrüchig*) *a.* disreputable, discreditable.

Ob·sku·ran·tis·mus [ɔpskuranˈtɪsmus] *m* ⟨-; *no pl*⟩ obscurantism.

Ob·sku·ri·tät [ɔpskuriˈtɛ:t] *f* ⟨-; *no pl*⟩ **1.** obscurity. **2.** dubiousness.

ˈObˌsor·ge *f* ⟨-; *no pl*⟩ *Austrian* (*Fürsorge, Aufsicht*) care, supervision.

Obst [o:pst] *n* ⟨-(e)s; *no pl*⟩ fruit; **eingemachtes** (**frisches, gedörrtes**) **~** preserved (fresh, dried) fruit; *colloq. iro.* **danke für ~** (**und Südfrüchte**) no thank you, you can have it!, count me out! **~ˌbau** *m* fruit growing (*od.* farming). **~ˌbau·er** *m* fruit farmer (*od.* grower, cultivator). **~ˌbaum** *m* fruit tree, *pl collect.* orchard; **tragender ~** fruiter. **~ˌbaumˌzucht** *f* → **Obstbau. ~beˌsteck** *n* fruit knife and fork. **~ˌblü·te** *f* **1.** *a. collect.* (fruit) blossom, bloom. **2.** (*Blütezeit*) flowering season. **~ˌbranntˌwein** *m* fruit brandy, schnapps. **~ˌdar·re** *f* fruit kiln. **~diˌät** *f* fruit diet.

ob·sten [ˈo:pstən] *v/i* ⟨h⟩ gather (*od.* pick) fruit.

ˈObst|ˌern·te *f* **1.** fruit harvesting (*od.* picking). **2.** (*Ertrag*) fruit crop. **3.** (*Zeit*) fruit-harvesting season. **~ˌes·sig** *m* fruit vinegar. **~ˌfäu·le** *f* fruit rot. **~ˌfleck** *m* fruit stain. **~ˌfrau** *f colloq. for* **Obsthändlerin. ~ˌgar·ten** *m* orchard. **~ˌhänd·ler** *m*, **~ˌhänd·le·rin** *f* fruit dealer, *bes. Br.* fruiterer. **~ˌhand·lung** *f* fruiterer's (shop), *Am.* fruit store.

ob·sti·nat [ɔpstiˈna:t] *adj* obstinate.

Ob·sti·pa·ti·on [ɔpstipaˈtsĭo:n] *f* ⟨-; -en⟩ *med.* (severe) constipation, obstipation.

ˈObst|ˌjahr *n* **ein gutes ~** a good year for fruit. **~ˌkel·ter** *f* fruit press. **~ˌkern** *m* kernel, stone, *Am. a.* pit, *kleinerer*: pip, seed. **~konˌser·ve** *f meist pl* canned (*Br. a.* tinned) fruit, (*Eingemachtes*) preserved fruit. **~ˌkorb** *m* fruit basket. **~ˌku·chen** *m* fruit tart. **~kulˌtur** *f* **1.** → **Obstbau. 2.** *pl* fruit plantations. **~ˌla·den** *m colloq. for* **Obsthandlung.**

ˈObst·ler, Öbst·ler [ˈø:pstlər] *m* ⟨-s; -⟩ fruit brandy.

ˈObst|ˌmarkt *m* fruit market. **~ˌmes·ser** *n* fruit knife. **~ˌpflan·zung, ~planˌta·ge** *f* fruit plantation. **~ˌpres·se** *f* fruit press. **2ˌreich** *adj* rich in fruit.

Ob·struk·ti·on [ɔpstrukˈtsĭo:n] *f* ⟨-; -en⟩ **1.** obstruction. **2.** *pol.* obstruction(ism), *Br. a.* stonewalling, *Am. a.* filibuster(ing); **~ treiben** obstruct, *Br. a.* stonewall, *Am. a.* filibuster. **Ob·struk·tio·nist** [ɔpstruktsĭoˈnɪst] *m* ⟨-en; -en⟩ → **Obstruktionspolitiker.**

Ob·struk·tiˈons|po·liˌtik *f* → **Obstruktion** 2. **~poˌli·ti·ker** *m* obstructionist, *Br. a.* stonewaller, *Am. a.* filibuster.

ob·struk·tiv [ɔpstrukˈti:f] *adj* obstructive.

ˈObst|ˌsaft *m* (fruit) juice. **~saˌlat** *m* fruit salad. **~ˌschäd·ling** *m meist pl* fruit pest. **~ˌscha·le** *f* **1.** (*Gefäß*) fruit bowl (*od.* dish). **2.** *meist pl* peel (*od.* skin) of fruit, peeling(s *pl*). **3.** → **Kaltschale. ~ˌschaumˌwein** *m* → **Obstsekt. ~ˌschnaps** *m* → **Obstbranntwein. ~ˌsekt** *m* sparkling fruit wine. **~ˌsi·rup** *m* fruit syrup. **~ˌsor·te** *f* (kind of) fruit. **~ˌstand** *m* fruit stand (*od.* stall). **~ˌtag** *m* fruit diet day. **~ˌtört·chen** *n* fruit tart(let). **~ˌtor·te** *f* fruit flan (*Am.* pie). **2ˌtra·gend** *adj* fruit-bearing. **~ˌwein** *m* fruit wine, *aus Äpfeln*: cider, *aus Birnen*: perry. **~ˌzeit** *f* fruit season. **~ˌzüch·ter** *m* → **Obstbauer.**

ob·szön [ɔpsˈtsø:n] *adj* ⟨-er; -st⟩ obscene, foul, dirty, smutty, indecent. **Ob·szö·niˈtät** [-tsøniˈtɛ:t] *f* ⟨-; -en⟩ **1.** ⟨*only sg*⟩ (*obszöne Art*) obscenity. **2.** *meist pl* (*obszöne Bemerkungen etc*) obscene (*od.* dirty, *etc*) remark, obscenity, indecency.

Obus [ˈo:ˌbus] *m* ⟨-ses; -se⟩ troll(e)y bus.

ˈobˌwal·ten[1] *v/i* ⟨*sep,* **-ge-, h**⟩, **ˌobˈwal·ten**[2] *v/i* ⟨*insep,* **-ge-, h**⟩ *lit.* **1.** *obs.* (*herrschen*) rule (**j-m** over s. o.), reign. **2.** (*bestehen*) exist, prevail; **unter** (*od.* **bei**) **den ~den Umständen** under (*od.* in) the given (*od.* prevailing) circumstances, as things are (*od.* stand), things being as they are.

ˌob|ˈwohl *conj*, **~ˈzwar** *conj lit.* (al-) though.

och [ɔx] *interj colloq.* oh; **~, das ist nicht so schlimm** oh, that's not as bad as all that.

Och·lo·kra·tie [ɔxlokraˈti:] *f* ⟨-; -n [-ən]⟩ ochlocracy, mob rule, mobocracy.

Och·se [ˈɔksə] *m* ⟨-n; -n⟩ **1.** ox, bullock; **junger ~** steer, bullock. **2.** *fig.* **dastehen** (*od.* **sich vorkommen**) **wie der ~ vorm Berg** be completely out of one's depth, be nonplussed, *colloq.* be stumped; **den ~n hinter den Pflug spannen** put the cart before the horse; *Bibl.* **du sollst dem ~n, der da drischt, das Maul nicht verbinden** we must not muzzle the ox that treads corn. **3.** *fig.* (*dummer Mensch*) blockhead.

och·sen [ˈɔksən] *colloq.* **I** *v/i* ⟨h⟩ study hard, cram, grind, *Br. sl.* swot, mug, *bes. Am. sl.* bone. **II** *v/t* cram (*Latin, etc*), grind away at, *Br. sl.* swot (up), mug (up), *bes. Am. sl.* bone up on. **III 2** *n* ⟨-s⟩ cramming (*etc*).

ˈOch·sen|ˌau·ge *n* **1.** *dial.* fried egg. **2.** *arch.* œil-de-bœuf, bull's-eye (window). **~ˌfleisch** *n* beef. **~ˌfrosch** *m* bullfrog. **~geˌspann** *n* team (*bes. Am.* span) of oxen, oxteam. **~ˌhaut** *f* oxhide. **~ˌher·de** *f* herd (*od.* drove) of oxen. **~ˌle·der** *n* oxhide. **~ˌmaul·saˌlat** *m gastr.* ox-muzzle salad. **~ˌschwanz·ˌsup·pe** *f* oxtail soup. **~ˌstall** *m* ox stable. **~ˌzie·mer** *m agr.* (horse)whip, cowhide. **~ˌzun·ge** *f* **1.** tongue of an ox. **2.** *gastr.* ox-tongue.

Och·seˈrei *f* ⟨-; *no pl*⟩ → **ochsen** III.

Öchs·le [ˈœkslə] *n* ⟨-s; -⟩, **~ˌgrad** *m* Oechsle degree.

Ocker (*getr.* **-k·k-**) [ˈɔkər] *m, n* ⟨-s; -⟩ *min. paint.* och/re (*Am.* -er). **2ˌfar·ben, 2ˌfar·big** *adj* ochreous, ochre-coloured, *Am.* ocher-colored. **2ˌgelb** *adj* yellow-och/re (*Am.* -er), och/re (*Am.* -er) yellow.

Oda·lis·ke [odaˈlɪskə] *f* ⟨-; -n⟩ odalisque, odalisk.

Ode [ˈo:də] *f* ⟨-; -n⟩ *Literatur*: ode.

öde [ˈø:də] **I** *adj* ⟨-r; -st⟩ **1.** (*verlassen*) deserted, desolate, solitary; **alles war öd(e) und leer** everything was deserted and bare. **2.** (*unfruchtbar*) barren, waste, desert, bleak, (*bes. unbebaut*) uncultivated; **~ liegen** lie waste. **3.** *fig.* (*eintönig*) monotonous, tedious, humdrum, dull, dreary, drab, (*langweilig*) boring, (*leer*) empty, void, (*freudlos*) bleak; **das ~ Einerlei des Alltags** the tedious monotony of everyday life; **~ Büroarbeit** *a.* business routine. **4.** (*flau*) empty, hollow; **ein ~s Gefühl** a hollow feeling (*in the stomach*). **II** *adv* **5.** in a dull (*od.* boring) way.

ˈÖde *f* ⟨-; -n⟩ **1.** (*Ein2*) waste(land), desert, wilderness. **2.** *fig.* (*Trostlosigkeit*) desolation, desolateness, dreariness,

(*Eintönigkeit, Langweiligkeit*) boredom, tedium, monotony, dullness, (*Leere*) emptiness, void.

Odem [ˈoːdəm] *m* ‹-s; *no pl*› *lit. poet.* breath.

Ödem [øˈdeːm] *n* ‹-s; -e› (o)edema. **öde·ma·tös** [ødemaˈtøːs] *adj* (o)edematous.

Ode·on [oˈdeːɔn] *n* ‹-s; -s› odeon.

oder [ˈoːdər] *conj* **1.** *beiordnend*: or; **heute ~ morgen** today or tomorrow (*whenever you like*). **2.** *ausschließend*: (*entweder ...~*) (either ...) or, (*~ aber*) or else, (*sonst*) or (else), else, otherwise; **~ (aber erst) nächste Woche** or else next week; **man muß sich an die Anweisungen halten, ~ man hat Unannehmlichkeiten** you have to comply with the instructions or else (*od.* otherwise) you are in trouble. **3.** (*~ vielmehr*) or rather; **das ist falsch ~ übertrieben** that's wrong or rather exaggerated. **4.** *colloq.* **~ so** (*ungefähr*) or so; **vor 300 Jahren ~ so** 300 years ago or so. **5.** *colloq. fragend*: or am I mistaken?; **da hast du dich nicht sehr angestrengt, ~?** you haven't exactly strained yourself, have you?

Odeur [oˈdøːr] *n* ‹-s; -s *u.* -e› scent, perfume.

ˈÖdˌfeld *n* barren (*od.* untilled) field.

ˈÖd·heit, ˈÖdig·keit *f* ‹-; *no pl*› → **Öde** 2.

Odin [ˈoːdɪn] *npr m* ‹-s; *no pl*› *myth.* Odin.

ödi·pal [ødiˈpaːl] *adj psych.* oedipal.

ˈÖdi·pus·komˌplex [ˈøːdipus-] *m* ‹-es; *no pl*› *psych.* Oedipus complex.

Odi·um [ˈoːdĭum] *n* ‹-s; *no pl*› odium, stigma, (*schlechter Beigeschmack*) *a.* smack.

ˈÖdˌland *n* ‹-(e)s; **Ödländereien**› waste(land), wild, desert.

Odont·al·gie [odɔntalˈgiː] *f* ‹-; -n [-ən]› *med.* odontalgia, toothache.

Odon·to|lo·ge [odɔntoˈloːgə] *m* ‹-n; -n› odontologist. **~loˈgie** [-loˈgiː] *f* ‹-; *no pl*› odontology, dentistry.

Odys·see [odʏˈseː] *f* ‹-; -n [-ən]› **1.** ‹*only sg*› *Literatur*: Odyssey. **2.** *fig.* (*Irrfahrt*) odyssey. **Odys·seus** [oˈdʏsɔʏs] *npr m* ‹-; *no pl*› *myth.* Odysseus, Ulysses.

Öf·chen [ˈøːfçən] *n* ‹-s; -› *dim. of* Ofen.

Ofen [ˈoːfən] *m* ‹-s; ⸚› **1.** (*Heiz≈*) stove; **~ mit Ölfeuerung** oil burner (*od.* heater); **e-n ~ anheizen** light a stove; **e-n ~ setzen** put in (*od.* fit) a stove; **am** (*od.* **beim**) **~ sitzen** sit by (*od.* near) the stove; *fig.* **hinterm ~ hocken, nicht hinterm ~ vorkommen** be a stay-at--home; *fig. colloq.* **jetzt ist der ~ aber aus** that's the limit (*od.* last straw); *fig. colloq.* **für** (*od.* **bei**) **j-m ist der ~ aus** it's curtains for s. o. **2.** (*Koch≈*) cookstove, cooker, (*Back≈*) oven. **3.** *tech.* (*Schmelz≈, Hoch≈*) furnace, (*Dörr≈, Brenn≈*) kiln; **den ~ beschicken (entleeren)** charge (discharge) the furnace. **4.** *colloq.* **heißer ~** (motor) bike. **~ˌbank** *f* bench by the stove. **~ˌdar·re** *f* (drying) kiln. **≈ˌfrisch** *adj gastr.* fresh from the oven. **~ˌfül·lung** *f* oven charge, *tech.* furnace charge. **~ˌfut·ter** *n* furnace lining. **~ˌguß** *m* stove castings *pl.* **~ˌhei·zung** *f* heating by stove. **~ˌhocker** (*getr.* -k·k-) *m fig.* stay-at--home. **~ˌka·chel** *f* stove tile. **~ˌlack** *m* stove enamel (*od.* varnish). **~ˌloch** *n* oven (*od.* stove) mouth, stokehole. **~ˌplat·te** *f* stove plate. **~ˌrohr** *n* stovepipe. **~ˌröh·re** *f* (*Backröhre*) (kitchen) oven. **~ˌrost** *m* stove grate, *tech.* furnace grate. **~ˌschirm** *m* fire screen. **~ˌschlacke** (*getr.* -k·k-) *f metall.* furnace cinder (*od.* slag). **~ˌschwär·ze** *f* black lead, stove polish. **~ˌset·zer** *m* stove fitter. **≈ˌtrocken** (*getr.* -k·k-) *adj* oven- (*od.* kiln-)dried. **~ˌtrock·nung** *f* oven- (*od.* kiln-)drying, kilning. **~ˌtür** *f* oven (*od.* stove, *tech.* furnace) door, fire door. **~ˌzug** *m* **1.** furnace draught (*Am.* draft). **2.** (*Bauteil*) flue.

of·fen [ˈɔfən] **I** *adj* ‹off(e)ner; -st› **1.** *allg. u. fig.* open (*a. Geschäft etc*), (*nicht ge- od. verschlossen*) *a.* unshut, unclosed; **halb ~ sein** be half open, be ajar; **(sperrangel)weit ~ sein** be wide open; **bei ~em Fenster** with the window open; **~er Wagen** open car; **auf ~em Feuer** over an open fire; **mit ~er Brust** with one's chest bare (*od.* exposed); *a. fig.* **ein ~es Buch** an open book; **auf die ~e See** into the open (sea); **auf ~er See** on the open sea; **~es Gelände** open country; **auf ~em Feld** in the open; **auf ~er Strecke** a) on the open road, b) *rail.* between stations; **auf ~er Straße** right in the street, *fig.* in broad daylight; *thea.* **auf ~er Szene** (*od.* **Bühne**) during the action; *mil.* **~e Stadt** open (*od.* unfortified) town. **2.** (*unbesetzt, leer*) open, vacant; **~e Stelle** vacant situation (*od.* post), vacancy, opening. **3.** *fig.* (*ungeklärt*) open, unsettled (*questions, etc*). **4.** *fig.* (*frei, zugänglich, großzügig*) open; **Politik der ~en Tür** open-door policy; **ein Tag der ~en Tür** an Open Day, *Am.* open house; **e-n ~en Brief an j-n richten** address an open letter to s. o.; **~ sein für** be open to (*new ideas, etc*); **ein ~es Haus halten** (*od.* **haben, führen**) keep open house; **e-e ~e Hand haben** be open-handed, be generous; **mit ~en Augen** (*od.* **Sinnen**) **durch die Welt gehen** go through life with one's eyes open; → **Mund** 3, **Ohr** 3. **5.** *fig.* (*~kundig*) open (*breach, break, etc*), overt (*hostility, etc*), manifest. **6.** *fig.* (*ehrlich, aufrichtig*) open (*manner, etc*), frank, sincere, plain, straightforward (*answer, etc*), candid (*opinion, etc*), outspoken; *colloq.* **ein ehrlicher und ~er Kerl** a straight honest fellow; **ein ~es Wort mit j-m sprechen** speak openly (*od.* frankly) with s. o.; **ich will ~ (und ehrlich) mit dir sein** I'll be frank (and honest) (*od.* open) with you. **7.** *gastr.* **~er Wein** wine served by the glass. **8.** *med.* open (*tuberculosis, bowels, etc*), *Wunde*: *a.* raw; **~e Beine** varicose ulcers. **9.** *ling.* open (*vowel, syllable*). **10.** a) *Kredit, Konto etc*: open, b) *Rechnung*: outstanding, unsettled, c) *Versicherungspolice*: floating. **11.** *jur.* open, *Akt*: *a.* overt. **12.** *hunt.* open (*season*). **13.** *electr.* open (*circuit, installation*); **~e Leitung** open-ended line. **14.** *arch.* **~e Bauweise** detached building. **15.** *Sport*: a) *Spielweise*: open, *bes. Br.* loose, b) (*ausgeglichen*) *Runde etc*: even; **das Spiel ~ gestalten** hold one's own in the match. **II** *adv* **16.** *fig.* (*ehrlich*) openly, frankly, freely, readily; **~ gesagt, ~ gestanden** frankly speaking; **darf ich ~ m-e Meinung sagen?** may I speak my mind freely?

ˈof·fenˈbar I *adj* (*offensichtlich, deutlich*) obvious (*mistake, etc*), (*offenkundig*) *a.* manifest, evident, apparent, overt, (*klar*) clear; **~ werden** a) become apparent, b) become known (*od.* public). **II** *adv* (*anscheinend*) obviously, apparently, evidently; **er kommt ~ später** *a.* it looks as if he'll be coming later; **~ weiß niemand, daß** it seems that no one knows that; **er ist ~ sehr geschickt** he seems (to be) very clever.

ˌof·fen|ˈba·ren ‹*insep, pp* **offenbart,** *relig. obs.* **geoffenbart,** h› **I** *v/t* **1.** (*Geheimnis etc*) reveal, disclose, (*zeigen*) show, manifest, (*enthüllen*) unveil. **II** *v/reflex* **sich ~ 2.** (**j-m** to s. o.) open one's heart, *lit.* unbosom o. s. **3.** *Dinge*: become evident (*od.* manifest), manifest itself. **4.** *relig.* reveal o. s. (*to man*). **≈ˈba·rung** *f* ‹-; -en› **1.** revelation (*a. fig. colloq.*), disclosure, manifestation. **2.** *Bibl.* **die (Geheime) ~ des Johannes** the Revelation of St. John the Divine.

ˌOf·fenˈba·rungsˌeid *m* insolvent debtor's oath, oath of manifestation (*od.* disclosure); **den ~ leisten** swear an insolvent debtor's oath.

ˈof·fen|ˌblei·ben *v/i* ‹*irr, sep,* **-ge-,** **sein**› remain (*od.* stay, be kept) open, *fig. Frage etc*: remain (*od.* be left) undecided (*od.* open). **~ˌhal·ten I** *v/t* ‹*irr, sep,* **-ge-, h**› **1.** (*aufhalten*) hold *s. th.* open (**j-m** for s. o.). **2.** (*offenlassen*) keep (*one's eyes, etc*) open. **3.** (*vorbehalten*) leave *s. th.* open, keep *s. th.* in reserve. **II** *v/i* **4.** *Gasthaus etc*: keep (*od.* stay, be) open.

ˈOf·fen·heit *f* ‹-; *no pl*› (*Ehrlichkeit*) openness, frankness.

ˈof·fenˌher·zig *adj* **1.** open-hearted, frank, candid, outspoken; **du bist viel zu ~** *a.* you mustn't wear your heart (up)on your sleeve. **2.** *colloq. Kleid etc*: low-neck(ed), revealing. **≈keit** *f* ‹-; *no pl*› open-heartedness, frankness, cando(u)r.

ˈof·fenˌkun·dig *adj* **1.** *Irrtum, Lüge etc*: obvious, manifest, evident, apparent, patent, *stärker*: blatant, flagrant, *Feindseligkeit, Beweise*: overt, (*klar*) *a.* plain, clear. **2.** (*bekannt*) notorious, commonly known, well-known. **≈keit** *f* ‹-; *no pl*› obviousness, manifestness, (*Bekanntsein*) notoriety.

ˈof·fen|ˌlas·sen *v/t* ‹*irr, sep,* **-ge-, h**› (*Tür etc*) leave *s. th.* open, *fig.* (*Frage etc*) leave *s. th.* undecided (*od.* open). **~ˌle·gen** *v/t* ‹*sep,* **-ge-, h**› *fig. lit.* (*Geheimnis etc*) reveal, disclose, lay *s. th.* bare. **≈ˈmarkt·po·liˌtik** *f* open-market policy (*od.* operations *pl*). **~ˈsicht·lich** *adj u. adv* → **offenbar.**

of·fen·siv [ɔfənˈziːf] **I** *adj* offensive. **II** *adv Sport*: **~ spielen** attack.

Of·fen·si·ve [ɔfənˈziːvə] *f* ‹-; -n› offensive; **die ~ ergreifen (zur ~ übergehen)** take (go over to) the offensive.

Of·fenˈsiv|ˌkrieg *m* offensive war. **~ˌspiel** *n Sport*: attacking (*od.* offensive) play.

ˈof·fenˌste·hen *v/i* ‹*irr, sep,* **-ge-, h** *u.* **sein**› **1.** be open, stand open, *Kragen etc*: *a.* be unbuttoned. **2.** *fig.* be open; **dir stehen alle Wege offen** all roads are open to you; **mir steht die ganze Welt offen** the whole world lies open before me; **es steht Ihnen offen zu gehen** you are free (*od.* at liberty) to go. **3.** *econ.* be due (*od.* unsettled, outstanding, unpaid). **~d** *adj* **1.** *allg.* open. **2.** *econ. Forderung etc*: outstanding, unsettled.

öf·fent·lich [ˈœfəntlɪç] **I** *adj allg. u. adm. jur.* public; **~e Abgaben** rates and taxes, (taxes and) dues; **~e Anlagen** public gardens; **~e Betriebe** public utilities and services; **~er Dienst** a) public service (*od.* sector), b) (*Staatsdienst*) civil service; **Beschäftigter des ~en Dienstes** public-sector worker; **in ~em Eigentum (befindlich)** publicly-owned; **~e Einfahrt (Durchfahrt)** public entrance (thoroughfare); **~e Einrichtungen** public facilities; **~e Gelder** (*od.* **Mittel**) public funds; **~es Haus** brothel; **im ~en Leben** in public life; **die ~e Ordnung** public order, law and order; **~e Schulen** state schools, *Am.* public schools; **in ~er Sitzung** (*od.* **Verhandlung**) in open court; **~e Verkehrsmittel** public transport (*bes. Am.* transportation) *sg*; **das ∼e Wohl** the public good, *lit.* the common weal; *sociol.* **die ∼e Wohlfahrt** public welfare; **∼es Ärgernis erregen** cause (*od.* commit, create) a public nuisance; → **Hand** 4. **II** *adv* publicly, in public; **∼ auftreten** appear in public, make a public appearance; **et. ∼ bekanntgeben** (*od.* **bekanntmachen**) announce s. th. in public, make s. th. public, give public notice of s. th., (*Gesetz etc*) *a.* promulgate; **∼ bekannt** a) known to the public, b) (*berüchtigt*) notorious; **∼ versteigern** sell *s. th.* by public auction; *jur.* **über e-e Sache ∼ verhandeln** try a case in open court. **≈keit** *f* ⟨-; *no pl*⟩ (*Allgemeinheit, Bevölkerung*) public, (*Zugänglichkeit, Bekanntsein, a. jur.*) publicity, (*öffentliche Meinung*) public opinion; **die breite ∼** the (general) public; **in aller ∼** in public, openly, publicly; **an** (*od.* **in**) **die ∼ dringen** leak out, transpire, get abroad; **sich an die ∼ wenden** go public; **an die ∼ treten** appear before the public (*od.* publicly), make a public appearance; **an die ∼ bringen** bring before the public, bring into the open, come out with *s. th.*; **im Lichte der ∼** in the public eye, in the limelight; **(sich) in die ∼ flüchten** resort to publicity; **die ∼ ausschließen** exclude the public; **unter Ausschluß der ∼** in closed session, in camera, behind closed doors. **≈keits¦ar·beit** *f* public relations *pl.*

ˈöf·fent·lich-ˈrecht·lich *adj* under public law; **∼e Anstalt** public institution.

of·fe·rie·ren [ɔfeˈriːrən] *v/t* ⟨*no* **ge-, h**⟩ offer, *econ. a.* tender, bid. **Of·fer·te** [ɔˈfɛrtə] *f* ⟨-; **-n**⟩ offer, *Ausschreibung*: *a.* tender, bid; **e-e ∼ machen** offer, quote, make an offer, *etc.*

Of·fi·ziˈal·ver¦tei·di·ger [ɔfiˈtsĭaːl-] *m* counsel (*Am.* attorney) for the defen/ce (*Am.* -se) appointed by the court, assigned counsel.

of·fi·zi·ell [ɔfiˈtsĭɛl] *adj* **1.** *Meldung, Erklärung, Vertreter, Besuch, Empfang etc*: official; **∼e Kreise** official quarters; **∼en Charakters** of an official nature; **nicht ∼** *a.* unofficial. **2.** *Text, Version etc*: accepted.

Of·fi·zier [ɔfiˈtsiːr] *m* ⟨**-s**; **-e**⟩ **1.** (commissioned) officer; *mar.* **erster ∼** a) second-in-command, b) *Handelsmarine*: first mate (*od.* officer); **zum ∼ ernannt werden** receive one's commission, be commissioned. **2.** *Schach*: piece, *pl a.* noblemen. **3.** *e-s Ordens*: officer.

Of·fiˈzier(s)|¦an¦wär·ter *m* officer candidate (*od.* cadet), cadet. **∼¦bur·sche** *m* orderly, batman. **∼ka¦si·no** *n* officers' mess. **∼¦korps** *n* (the) officers *pl.* **∼¦mes·se** *f* officers' messroom. **∼pa¦tent** *n* commission; **j-m ein ∼ verleihen** commission s. o. **∼¦rang** *m* officer's rank, officership. **∼¦schu·le** *f* officers' school.

of·fi·zi·nal [ɔfitsiˈnaːl], **of·fi·ziˈnell** [-ˈnɛl] *adj* medicinal, officinal.

of·fi·zi·ös [ɔfiˈtsĭøːs] *adj* semi-official.

öff·nen [ˈœfnən] **I** *v/t* ⟨**h**⟩ **1.** *allg.* open, (*Knoten etc lösen*) *a.* undo, untie, unfasten, (*aufknöpfen*) *a.* unbutton, (*Faust*) unclench, (*Geschwür*) lance, (*Flasche*) uncork, (*Deckel etc aufstemmen*) prize (*od.* pry) open; **der Laden wird um acht Uhr geöffnet** the shop opens at eight (o'clock); **et. halb ∼** half-open s. th., open s. th. halfway; *fig.* **er hat mir die Augen geöffnet** he opened my eyes, he gave me an eye-opener; **sie hat mir den Blick** (*od.* **das Verständnis**) **dafür geöffnet** she has made me aware of things like that; **sie öffneten der Korruption Tür und Tor** they opened the door to corruption. **2.** *med.* (*e-e Leiche*) autopsy; → *a.* **obduzieren.** **II** *v/reflex* **sich ∼ 3.** open, (*sich entfalten*) *a.* unfold. **III** *v/i* **4.** open (**j-m** for s. o.), *auf Klingeln*: answer (the door). **IV ≈** *n* ⟨**-s**⟩ **5.** opening (*etc*).

ˈÖff·ner *m* ⟨**-s**; **-**⟩ opener.

ˈÖff·nung *f* ⟨**-**; **-en**⟩ **1.** → **öffnen** 5. **2.** *allg.* opening, (*Loch*) hole, (*Lücke*) gap, (*Schlitz*) slit, slot, *tech.* (*Abzug*) vent, *bes. für Licht*: aperture, (*Mündung*) mouth, *e-r Höhle etc* (*a. Leibes≈*) orifice, (*Einlaß*) inlet, (*Auslaß*) outlet, (*Durchlaß*) passage. **3.** *fig.* **∼ nach Osten** *etc* opening to the East, *etc.*

ˈÖff·nungs¦zei·ten *pl* **1.** hours of opening. **2.** (*Geschäftszeit*) business (*od.* office) hours.

ˈOff·set|¦druck [ˈɔfsɛt-] *m* ⟨**-(e)s**; **-e**⟩ offset(printing). **∼¦druck·ver¦fah·ren** *n* offset printing process. **∼ma¦schi·ne** *f* offset (printing) machine.

ˈO-¦för·mig *adj* o-shaped.

oft [ɔft] *adv* ⟨**≈er**; **≈est**⟩ often, (*wiederholt*) frequently, many a time, many times; **ziemlich ∼** *a.* more often than not, not infrequently; **nur zu ∼** much too often; **noch ∼** many a time yet; **soundso ∼** time and (time) again, *colloq.* ever so often.

öf·ter [ˈœftər] **I** *comp of* **oft.** **II** *adv* **1.** more frequently, more often. **2.** (*häufig*) repeatedly, frequently, (*zu wiederholten Malen*) *a.* **des ∼en, ∼s** several (*od.* a number of) times, quite often; **wir werden dich noch ∼ sehen** we'll see more of you; **je ∼ ich das Stück sehe, desto mehr gefällt es mir** the more (often) I see the play the more I like it. **III** *adj* **3.** *colloq. Besuche etc*: repeated, (more) frequent; **bei ∼em Hinschauen** after looking at it repeatedly. **ˈöf·ters** *adv* → **öfter** 2. **ˈöf·test** *adv* **am ∼en** most frequently, most often.

ˈoft|¦ma·lig *adj* repeated, frequent, reiterated. **∼¦mals** *adv* → **oft.**

oh [oː] *interj* → **o**².

Oheim [ˈoːhaɪm] *m* ⟨**-s**; **-e**⟩ *obs. for* **Onkel.**

Ohm¹ [oːm] *n* ⟨**-(s)**; **-**⟩ *electr.* ohm.

Ohm² *m* ⟨**-(e)s**; **-e**⟩ *obs. for* **Onkel.**

ˈOhm¦me·ter *n* ⟨**-s**; **-**⟩ *electr.* ohmmeter.

ohmsch *adj electr.* ohmic; **das ≈e Gesetz** Ohm's law.

ˈOhm¦zahl *f electr.* ohmage.

oh·ne [ˈoːnə] **I** *prep* ⟨*acc*⟩ without, (*abzüglich*) *a.* minus, (*nicht eingerechnet*) *a.* not counting, excluding, (*ermangelnd*) devoid of, lacking in; **Töpfe ∼ Henkel** pots without handles; **∼ Absicht** not intentionally, not on purpose, unintentionally; **∼ Arbeit** without work (*od.* a job), jobless, out of work; **(alle) ∼ Ausnahme** (all) without exception; **Fragen ∼ Bedeutung** questions lacking in (*od.* devoid of) importance, unimportant (*od.* insignificant) questions; **∼ Geld** *a.* out of money (*od.* funds); **∼ s-e Schuld** through no fault of his; **∼ s-e Hilfe wäre sie verloren gewesen** but for his help she would have been lost; **∼ mich!** count me out!, not me!; *colloq.* **das ist nicht (ganz) ∼** (*nicht übel*) there is s. th. to it, that's not half bad; **der Kerl ist (gar) nicht (so) ∼** he is quite a fellow, *Am. a.* some guy, isn't he!; **(ganz) ∼** (*nackt*) with nothing on, au naturel. **II** *conj* without; **∼ ein Wort zu sagen** without saying a word; **∼ daß ich ihn eingeladen hatte** without my having invited him; **∼ auch nur zu lächeln** without so much as a smile.

¦oh·ne|ˈdem, ∼ˈdies *adv* → **ohnehin.** **∼¦einˈan·der** *adv* without each other. **∼ˈglei·chen** *adj* **1.** unequal(l)ed, unrival(l)ed, matchless, peerless, without a rival. **2.** (*beispiellos*) unexampled, without (a) parallel, unparalleled, unprecedented, (*einzigartig*) unique, (*unerhört*) unheard-of; **e-e Frechheit ∼** the height of impudence. **∼ˈhin** *adv* anyhow, anyway, at any rate, in any case; **das ist ∼ wenig** that's little enough, anyhow. **∼ˈwei·ters** *adv Austrian* (*ohne weiteres*) → **weiter** 8.

ˈOhn|¦macht *f* ⟨**-**; **-en**⟩ **1.** (*Bewußtlosigkeit*) unconsciousness, faint(ing fit), swoon, *kurze*: *a.* blackout, *schwere*: *a.* coma; **in ∼ fallen** (*od.* **sinken**) faint, *colloq.* pass out; **aus der ∼ erwachen** come round, come to, regain (*od.* recover) consciousness. **2.** ⟨*only sg*⟩ *fig.* (*Machtlosigkeit*) powerlessness, helplessness, impotence. **≈¦mäch·tig** *adj* **1.** (*bewußtlos*) unconscious, in a faint (*od.* swoon), fainting, swooning; **∼ werden** faint, become unconscious, (fall into a) swoon, pass out, black out. **2.** *fig.* (*machtlos*) powerless, helpless, impotent. **∼¦machts¦an¦fall** *m* fainting spell, swoon, syncopal attack, syncope.

oho [oˈhoː] *interj* (h)oho; *colloq.* **klein aber ∼!** small but a bit of all right!, *Am.* small but oh boy!

Ohr [oːr] *n* ⟨**-(e)s**; **-en**⟩ **1.** (*Gehörsinn*) ear; **gute (schlechte) ∼en haben** have good (bad) ears (*od.* hearing); **die ∼en sausen mir** my ears are singing (*od.* buzzing); **ein scharfes** (*od.* **feines**) **∼ haben** have a sharp (*od.* keen) ear, have keen hearing; **m-e ∼en sind zu** my ears are deaf; **dem ∼ wehtun** grate on the ear; **ans ∼ schlagen** *Töne etc*: catch (*od.* strike) the ear; **die ∼en spitzen** a) *a. fig.* prick (up) one's ears, b) *fig., a.* **die ∼en aufmachen** listen attentively (*od.* carefully); **auf einem ∼ taub sein** be deaf in one ear. **2.** (*∼muschel*) ear; **äußeres ∼** external (*od.* outer) ear, auricle; **große (abstehende) ∼en** large (*od.* big) (protruding) ears; **sich** (*dat*) **die ∼en zuhalten** hold one's hands over one's ears; **j-n am ∼** (*od.* **an, bei den ∼en**) **ziehen,** *colloq.* **j-m die ∼en langziehen** a) pull s. o.'s ear(s), pull s. o. by the ear(s), b) *fig.* teach s. o. manners; *colloq.* **j-m eins** (*od.* **ein paar**) **hinter die ∼en geben** box s. o.'s ears; **von einem ∼ zum anderen grinsen** grin from ear to ear; **sich hinter den ∼en kratzen** scratch one's head; **j-m et. ins ∼ flüstern** whisper s. th. in(to) s. o.'s ear. **3.** *fig.* ear; **ein ∼ für Musik haben** have an ear (*od.* a good ear) for music; **leicht ins ∼ gehen** *Melodie etc*: be catchy; **ich traute m-n ∼en nicht** I couldn't believe my ears; *colloq.* **die ∼en hängenlassen** be downcast, be down in the mouth, look crestfallen; **die ∼en steifhalten** keep a stiff upper lip, keep one's chin (*od. sl.* pecker) up; **die ∼en offenhalten** have (*od.* keep) an ear to the ground; **tauben ∼en predigen** preach to deaf ears; **auf taube ∼en stoßen** fall on deaf ears; **ein offenes ∼ haben für** listen readily to, lend a ready ear to; **ganz ∼ sein** be all ears; **ich habe es mit eigenen ∼en gehört** I heard it with my own ears; **die Wände haben ∼en** the walls have ears; **ein geneigtes** (*od.* **williges**) **∼ finden** find a willing ear; **das schmeichelt s-m ∼** that is music in his ear; **taube ∼en haben für** turn a deaf ear to; **nur mit halbem ∼ hinhören** listen with half an ear, half-listen; **viel um die ∼en haben** be swamped with work, have a lot on one's plate; **bis über die ∼en** up to one's (*od.*

the) ears *in work, etc,* over head and ears *in debt, etc;* **bis über die** (*od.* **beide**) **~en verliebt sein** *a.* be head over heels in love; **es ist mir zu ~en gekommen** it has come to my ears (*od.* attention), I have been told; **das ist nichts für zarte ~en** that's for men's ears only; *colloq.* **auf s-n ~en sitzen** be (as) deaf as a post; **noch feucht** (*od.* **naß, nicht trocken**) **hinter den ~en sein** be (still) wet behind the ears; **schreib dir das hinter die ~en** now don't you forget that, put that in your pipe and smoke it!; **j-m in den ~en liegen** pester (*od.* plague) s. o.; **sich aufs ~ legen** take (*od.* have) a nap (*od.* shut-eye); **übers ~ hauen** swindle, cheat, *sl.* do *s. o.* (in the eye), con; **zu einem ~ hinein- und zum anderen** (**wieder**) **hinausgehen** go in (at) one ear and out (at) the other; *colloq. humor.* **auf diesem ~ hört er schlecht** he's deaf to that, he doesn't want to hear about that.

Öhr [øːr] *n* ‹-(e)s; -e› eye(let).

Öhr·chen [ˈøːrçən] *n* ‹-s; -› *dim. of* Ohr.

ˈOh·ren|ˌarzt *m*, **~ˌärz·tin** *f* ear specialist, otologist. **~ˌbeich·te** *f R. C.* auricular confession. **2be·ˌtäu·bend** *adj* deafening. **~ent·ˌzün·dung** *f* inflammation of the ear(s), otitis. **~ˌheil·ˌkun·de** *f* otology. **~ˌhöh·ler** [-ˌhøːlər] *m* ‹-s; -› *zo.* earwig. **~ˌklap·pe** *f* earflap. **~ˌklin·gen** *n med.* ringing in the ears, tinnitus. **~ˌkrank·heit** *f* ear disease. **~ˌlei·den** *n* ear complaint (*od.* trouble). **~ˌsau·sen** *n* buzzing in the ears. **~ˌschmalz** *n* ear-wax, cerumen. **~ˌschmaus** *m colloq.* feast (*od.* treat) for the ears. **~ˌschmerz** *m meist pl* earache, otalgia. **~ˌschnecke** (*getr.* **-k·k-**) *f anat.* cochlea. **~ˌschüt·zer** *m* ear muff(s *pl*), earflap(s *pl*). **~ˌses·sel** *m* wing chair. **~ˌspie·gel** *m* ear speculum, otoscope. **~ˌsprit·ze** *f* ear syringe. **2zer·ˌrei·ßend** *adj* ear-splitting, ear-rending. **~ˌzeu·ge** *m* earwitness, auricular witness.

ˈOhrˌfei·ge *f* slap (in the face), box on the ears, *fig.* slap in the face; **j-m e-e ~ geben** → **ˈohrˌfei·gen** *v/t* ‹h› **j-n ~** slap s. o.'s face, box (*od.* cuff) s. o.'s ears; **ich könnte mich ~** I feel like kicking myself. **ˈOhrˌfei·gen·ge·ˌsicht** *n colloq.* fish face; **ein richtiges ~ haben** *a.* have exactly the sort of face you'd like to punch.

ˈohrˌför·mig *adj* ear-shaped, auriform.

ˈOhr|ge·ˌhän·ge *n* ear-drop, (ear) pendant. **~ˌklips** *m* earclip. **~ˌläpp·chen** *n anat.* ear lob. **~ˌmar·ke** *f für Tiere:* earmark, ear tag. **~ˌmu·schel** *f anat.* external (*od.* outer) ear, auricle. **~ˌring** *m* earring. **~ˌschmuck** *m* → Ohrgehänge, Ohrring. **~ˌspei·chel·ˌdrü·se** *f* parotid gland. **~ˌtrom·mel** *f anat.* eardrum, tympanic membrane. **~ˌwurm** *m* **1.** *zo.* earwig. **2.** *vet.* otitis. **3.** *fig. colloq.* haunting tune.

oje(·mi·ne) [oˈjeː(mine)] *interj* dear me!, good gracious!

ok·kult [ɔˈkʊlt] *adj* occult. **Ok·kulˈtis·mus** [-ˈtɪsmʊs] *m* ‹-; *no pl*› occultism. **ok·kulˈti·stisch** *adj* occultist.

Ok·ku|pant [ɔkuˈpant] *m* ‹-en; -en› occupier. **~pa·tiˈon** [-paˈtsǐoːn] *f* ‹-; -en› occupation. **2ˈpie·ren** [-ˈpiːrən] *v/t* ‹*no* ge-, h› occupy.

Öko|lo·ge [økoˈloːgə] *m* ‹-n; -n› (o)ecologist. **~loˈgie** [-loˈgiː] *f* ‹-; *no pl*› (o)ecology. **2ˈlo·gisch** [-ˈloːgɪʃ] *adj* (o)ecological; **~es Gleichgewicht** (o)ecological balance. **~ˈnom** [-ˈnoːm] *m* ‹-en; -en› (*Landwirt*) farmer, agriculturist. **~noˈmie** [-noˈmiː] *f* ‹-; -n [-ən]› **1.** ‹*only sg*› (*Sparsamkeit*) *a. fig.* economy, thrift. **2.** ‹*only sg*› (*Wissenschaft*) economics *pl* (*als sg konstruiert*). **3.** *Southern G.* farm. **2ˈno·misch** [-ˈnoːmɪʃ] **I** *adj* **1.** (*sparsam*) economical, thrifty. **2.** economic. **II** *adv* **3.** economically; **~ umgehen mit** use *s. th.* economically (*od.* sparingly), husband *s. th.* **~syˌstem** [ˈøːko-] *n* (o)ecological system.

Ok·ta·eder [ɔktaˈˀeːdər] *n* ‹-s; -› octahedron.

Ok·tan [ɔkˈtaːn] *n* ‹-s; *no pl*› *chem.* octane.

Ok·tant [ɔkˈtant] *m* ‹-en; -en› octant.

Okˈtanˌzahl *f* octane number (*od.* rating).

Ok·tav[1] [ɔkˈtaːf] *n* ‹-s; -e› *print.* octavo.

Okˈtav[2] *f* ‹-; -en› *mus.* octave.

Okˈtavˌband *m print.* octavo (volume).

Ok·ta·ve [ɔkˈtaːvə] *f* ‹-; -n› *mus.* octave.

Okˈtav·forˌmat *n print.* octavo.

Ok·tett [ɔkˈtɛt] *n* ‹-(e)s; -e› octet(te).

Ok·to·ber [ɔkˈtoːbər] *m* ‹-(s); -› October. **~re·vo·lu·tiˌon** *f hist.* October Revolution.

Ok·to|gon [ɔktoˈgoːn] *n* ‹-s; -e› octagon. **2goˈnal** [-goˈnaːl] *adj* octagonal.

Oku·lar [okuˈlaːr] *n* ‹-s; -e› eyepiece, ocular.

Oku|la·ti·on [okulaˈtsǐoːn] *f* ‹-; -en› *hort.* budding. **2ˈlie·ren** [-ˈliːrən] *v/t* ‹*no* ge-, h› (*Baum, Strauch*) bud.

Okuˈlier|ˌmes·ser *n* budding knife. **~ˌreis** *n* graft(ing twig).

Öku|me·ne [økuˈmeːnə] *f* ‹-; *no pl*› (o)ecumene. **2ˈme·nisch** *adj* (o)ecumenical; *relig.* **~es Konzil** (o)ecumenical council.

Ok·zi|dent [ˈɔktsidɛnt; -ˈdɛnt] *m* ‹-s; *no pl*› (the) Occident, (the) West. **2denˈtal** [-dɛnˈtaːl] *adj* occidental, western.

Öl [øːl] *n* ‹-(e)s; -e› oil, (*Erd2*) *a.* petroleum, mineral oil, (*Heiz2*) *a.* fuel oil; **ätherische ~e** essential (*od.* volatile) oils; **gehärtetes ~** fixed (*od.* hydrogenated) oil; **kaltgepreßtes ~** cold-drawn (*od.* virgin) oil; **pflanzliches** (**tierisches**) **~** vegetable (animal) oil; *R. C.* **geweihtes ~** consecrated oil; **mit ~ tränken** soak in (*od.* impregnate with) oil; *mot.* **~ wechseln** change the oil; **auf ~ stoßen** strike oil; *Kunst:* **in ~ malen** paint in oils; *fig.* **~ ins Feuer gießen** add fuel to the flames, pour oil on the flame(s); **~ auf die Wogen gießen** (*od.* **schütten**) pour oil on troubled waters; *fig. colloq.* **das geht runter wie ~** that's music to my, *etc* ears. **~ˌabˌschei·der** *m* oil separator (*od.* trap).

ola·la [olaˈlaː] *interj* vow!, whew!

ˈÖl|ˌanˌstrich *m* (coat of) oil paint. **~ˌanˌzug** *m* oilskins *pl.* **2ˌar·tig** *adj* oily, oleaginous. **~ˌbad** *n* oil bath. **~ˌbadˌschmie·rung** *f tech.* oil-bath lubrication. **~ˌbaum** *m* olive tree. **~be·ˌhäl·ter** *m* oil container (*od.* tank, reservoir). **~ˌberg, der** *Bibl.* the Mount of Olives. **~ˌbild** *n* oil painting. **~ˌboh·rung** *f* oil drilling. **~ˌbren·ner** *m tech.* oil burner. **~ˌdruck**[1] *m* ‹-(e)s; *no pl*› *tech.* oil pressure. **~ˌdruck**[2] *m* ‹-(e)s; -e› *print.* **1.** (*Bild*) oleograph, oil print. **2.** (*Verfahren*) oleography, oil printing.

ˈÖlˌdruck|ˌanˌzei·ger *m* oil-pressure ga(u)ge. **~ˌbrem·se** *f mot.* (oil-) -hydraulic brake. **~ˌschmie·rung** *f* oil-pressure lubrication.

Old·ti·mer [ˈəʊldˌtaɪmə] (*Engl.*) *m* ‹-s; -› *mot.* vintage car.

Ole·an·der [oleˈandər] *m* ‹-s; -› oleander.

Ole·in [oleˈiːn] *n* ‹-s; -e› olein(e).

ˈÖl|ˌeinˌfüllˌstut·zen *m* oil-filler neck. **~emˌbar·go** *n* oil embargo.

ölen [ˈøːlən] *v/t* ‹h› oil, (*bes. schmieren*) *a.* lubricate, *relig.* (*salben*) anoint *s. o.* with oil.

ˈÖl|ˌfar·be *f* oil paint, *bes. Kunst:* oil colo(u)r; **mit ~n malen** *a.* paint in oils. **~ˌfeld** *n* oil field. **~ˌfeue·rung** *f* oil firing. **~ˌfilm** *m* oil film. **~ˌfil·ter** *n, m* oil filter. **~ˌfläsch·chen** *n* oil cruet. **~ˌfleck, ~ˌflecken** (*getr.* **-k·k-**) *m* oil stain, *auf Wasser:* (oil) slick. **~ˌför·derˌland** *n* oil-producing country. **~ˌfrucht** *f* oleaginous fruit. **2ˌfüh·rend** *adj* oil-bearing. **~ˌfund** *m* oil find. **2ˌfün·dig** *adj* **die Bohrung ist ~** (**geworden**) the drilling has struck oil. **~ˌgas** *n* oil gas. **2geˌhär·tet** *adj metall.* oil-hardened. **2geˌheizt** *adj* oil-heated. **~geˌmäl·de** *n* oil painting. **~ge·ˌsell·schaft** *f* petroleum (*od.* oil) company. **2geˌtränkt** *adj* oil-impregnated, oil-soaked. **~geˌwin·nung** *f von Erdöl:* oil production, *aus Samen etc:* oil extraction. **~ˌgöt·ze** *m colloq.* **wie ein ~** like a stuffed dummy. **~ˌha·fen** *m* oil tanker terminal. **~ˌhahn** *m* oil tap; **den ~ zudrehen** *a. fig.* turn off the oil tap, **e-r Nation:** starve a nation of oil. **2ˌhal·tig** *adj* containing oil, oily, *bot.* oleiferous, oleaginous. **~ˌhan·del** *m* oil trade. **~ˌhär·tung** *f metall.* oil hardening. **~ˌhaut** *f* oilskin. **~ˌhei·zung** *f* oil heating. **2ˌhöf·fig** [-ˌhœfɪç] *adj* promising rich oil deposits.

ˈölig *adj allg. u. fig.* oily, (*bes. schmierig*) greasy, *bes. fig. a.* unctuous, oleaginous.

Olig|ar·chie [oligarˈçiː] *f* ‹-; -n [-ən]› oligarchy. **2ˈar·chisch** *adj* oligarchic(al), oligarchal.

ˈÖl·in·duˌstrie *f* oil (*od.* petroleum) industry.

oliv [oˈliːf] *adj* → **olivenfarbig.**

Oli·ve [oˈliːvə] *f* ‹-; -n› (*a.* **~nbaum**) olive.

Oli·ven|ˌbaum [oˈliːvən-] *m* olive tree. **~ˌfar·be** *f* olive colo(u)r. **2ˌfar·ben, 2ˌfar·big** *adj* olive(-colo[u]red). **~ˌhain** *m* olive grove. **~ˌholz** *n* olive wood. **~ˌkern** *m* olive kernel. **~ˌöl** *n* olive oil.

olivˌgrün [oˈliːf-] *adj* olive(-green *od.* -drab).

ˈÖl|ka·ni·ster *m* oil can. **~ˌkänn·chen** *n* small oil can, hand oiler. **~ˌkan·ne** *f* oil can, oiler. **~ˌkri·se** *f* oil crisis. **~ˌku·chen** *m* oil cake. **~ˌla·che** *f auf Wasser:* oil slick. **~ˌlack** *m* oil varnish. **~ˌlam·pe** *f* oil lamp. **~ˌland** *n* oil-producing country.

Ol·le [ˈɔlə] *m, f* ‹-n; -n› *Northern G. colloq.* **1.** (*Ehemann u. Vater*) (the) old man. **2.** a) (*Ehefrau*) missus, (the) old woman, b) (*Mutter*) (the) old lady.

ˈÖlˌlei·tung *f* **1.** *über Land:* oil (pipe)line. **2.** *tech.* oil pipe (*od.* feed, lead).

Olm [ɔlm] *m* ‹-(e)s; -e› *zo.* proteus, olm.

ˈÖl|ma·le·ˌrei *f* oil painting, painting in oil(s). **~ˌmeßˌstab** *m mot.* (oil level) dipstick. **~ˌmüh·le** *f* oil mill. **~ˌne·bel** *m* oil mist. **~ˌofen** *m* oil stove, *tech.* oil-fired furnace. **~ˌpal·me** *f* oil palm. **~paˌpier** *n* oil paper. **~ˌpe·gel** *m* oil level. **~ˌpest** *f* oil pollution. **~ˌpflan·ze** *f* oil (*od.* oleiferous) plant. **~ˌpres·se** *f* oil press. **2pro·du·ˌzie·rend** *adj* oil-producing. **~ˌpum·pe** *f* oil (circulation) pump. **~ˌquel·le** *f* oil well, oil spring. **~raf·fi·neˌrie** *f* oil refinery. **~ˌringˌschmie·rung** *f* oil ring lubrication. **~ˌrückˌstand** *m* oil residue. **~ˌsaa·ten** *pl* oil-bearing seeds. **~sarˌdi·ne** *f* sardine in oil. **~ˌsäu·re** *f* oleic acid. **~ˌscheich** *m* oil sheik(h). **~ˌschicht** *f* oil layer. **~ˌschie·fer** *m geol.* oil shale. **~ˌschmierˌpum·pe** *f* lubricating oil pump. **~ˌschmie·rung** *f* oil lubrication. ~ˌ**sieb** *n* oil strainer. ~ˌ**sper·re** *f* oil embargo. ~ˌ**stab** *m* → Ölmeßstab. ~ˌ**stand** *m* oil level. ~ˌ**stand**ˌ**an**ˌ**zei·ger** *m* oil level ga(u)ge. ~ˌ**stel·le** *f* oiling point. ~ˌ**stoß**ˌ**dämp·fer** *m* hydraulic shock absorber. ~ˌ**tank** *m* oil tank. ~ˌ**tan·ker** *m mar.* (oil) tanker, oiler. ~ˌ**tep·pich** *m* oil slick. ~ˌ**tuch** *n* oilcloth. ~ˌ**um**ˌ**lauf**ˌ**schmie·rung** *f* pressure (*od.* oil circuit) lubrication.

ˈ**Ölung** *f* ⟨-; -en⟩ **1.** oiling, (*bes. Schmierung*) lubrication. **2.** *R. C.* **die Letzte** ~ the Extreme Unction, the last sacrament. **3.** *hist.* (*Salbung*) anointment.

ˈ**Öl|ver**ˌ**brauch** *m* oil consumption; **e-n großen** ~ **haben** *a.* consume (*od.* use) a great deal of oil. ~**ver**ˌ**schmut·zung** *f* oil pollution. ~ˌ**vor**ˌ**kom·men** *n* **1.** oil reserves (*od.* resources) *pl.* **2.** oil field. ~ˌ**wan·ne** *f* oil sump (*od.* trough, pan). ~ˌ**wech·sel** *m mot.* oil change; **e-n** ~ **machen lassen** have the oil changed.

Olymp [oˈlʏmp] **I** *npr m* ⟨-s; *no pl*⟩ *geogr. myth.* Olympus. **II** *m* ⟨-s; *no pl*⟩ *thea. colloq. humor.* (the) Gods *pl*, *Am. sl.* nigger heaven.

Olym·pia·de [olʏmˈpĭaːdə] *f* ⟨-; -n⟩ **1.** (*Zeitraum*) Olympiad. **2.** (*Olympische Spiele*) Olympic Games *pl*, Olympics *pl*.

Olym·pia|ˌ**fahr**ˌ**kar·te** [oˈlʏmpĭa-] *f colloq.* permission to participate in the Olympic Games. ~ˌ**mann·schaft** *f* Olympic team. ~**me**ˌ**dail·le** *f* Olympic medal. ~ˌ**norm** *f* Olympic qualifying standard. ~ˌ**sieg** *m* Olympic victory. ~ˌ**sie·ger** *m*, ~ˌ**sie·ge·rin** *f* Olympic champion. ~ˌ**sta·di·on** *n* Olympic stadium. ~ˌ**teil**ˌ**neh·mer** *m* Olympic competitor.

Olym·pi·er [oˈlʏmpĭər] *m* ⟨-s; -⟩ *a. fig.* Olympian.

Olym·pio·ni·ke [olʏmpĭoˈniːkə] *m* ⟨-n; -n⟩, **Olym·pio**ˈ**ni·kin** *f* ⟨-; -nen⟩ **1.** Olympic champion. **2.** Olympic competitor.

olym·pisch [oˈlʏmpɪʃ] *adj* **1.** *myth. u. fig.* Olympian. **2.** *Sport*: Olympic; ²**e Spiele** → **Olympiade** 2; ~**er Lorbeer** (**Eid**) Olympic laurels *pl* (oath); ~**es Dorf** (**Feuer, Komitee**) Olympic village (flame, Committee).

ˈ**Öl|**ˌ**zeug** *n* oilskin(s *pl*). ~ˌ**zu**ˌ**fuhr**, ~ˌ**zu**ˌ**füh·rung** *f tech.* oil feed. ~ˌ**zweig** *m bot. u. fig.* olive branch.

Oma [ˈoːma] *f* ⟨-; -s⟩, ˈ**Oma·ma** [-ma] *f* ⟨-; -s⟩ *colloq.* granny, grandma.

Ome·ga [ˈoːmega] *n* ⟨-(s); -s⟩ omega; **das Alpha und** (**das**) ~ (the) alpha and omega.

Ome·lett [ɔm(ə)ˈlɛt] *n* ⟨-(e)s; -e *u.* -s⟩, **Ome**ˈ**let·te** *f* ⟨-; -n⟩ omelet(te).

Omen [ˈoːmən] *n* ⟨-s; - *u.* Omina [-mina]⟩ omen; **ein gutes** (**schlechtes**) ~ a good (bad *od.* an ill) omen; **ein gutes** (**schlechtes**) ~ **sein** (**für**) *a.* augur well (ill) (for).

Omi [ˈoːmi] *f* ⟨-; -s⟩ → **Oma**.

omi·nös [omiˈnøːs] *adj* **1.** (*unheilvoll*) ominous, threatening. **2.** (*anrüchig, verdächtig*) suspicious, dubious, shady.

Om·ni·bus [ˈɔmnibus] *m* ⟨-ses; -se⟩ (omni)bus, (*bes. Reise*²) (motor) coach; **mit dem** ~ **fahren** go by bus, take a bus, ride on a bus. ~ˌ**bahn**ˌ**hof** *m* bus station (*od.* terminal). ~ˌ**fah·rer** *m* bus driver, busman. ~ˌ**fahrt** *f* bus ride, *über Land*: *a.* coach journey. ~ˌ**hal·te**ˌ**stel·le** *f* bus stop. ~ˌ**li·nie** *f* bus line. ~**ver**ˌ**kehr** *m* bus service.

om·ni·po|tent [ɔmnipoˈtɛnt] *adj* omnipotent. ²ˈ**tenz** [-ˈtɛnts] *f* ⟨-; *no pl*⟩ omnipotence.

Ona|nie [onaˈniː] *f* ⟨-; *no pl*⟩ masturbation, onanism. ²ˈ**nie·ren** [-ˈniːrən] *v/i* ⟨*no* ge-, h⟩ masturbate. ~ˈ**nist** [-ˈnɪst] *m* ⟨-en; -en⟩ masturbator, onanist.

On·dit [õˈdiː] *n* ⟨-; -s⟩ on-dit, rumo(u)r; **e-m** ~ **zufolge** according to a rumo(u)r.

On·du|la·ti·on [ɔndulaˈtsĭoːn] *f* ⟨-; -en⟩ **1.** (*Vorgang*) marcel waving, marcelling. **2.** (*Wellung*) wave, waving. ²ˈ**lie·ren** [-ˈliːrən] *v/t* ⟨*no* ge-, h⟩ wave, marcel. ~ˈ**lie·rung** *f* ⟨-; -en⟩ → **Ondulation**.

On·kel [ˈɔŋkəl] *m* ⟨-s; -⟩ uncle (*a. Kindersprache*: *bekannter Erwachsener*). ²**haft** *adj* (*gönnerhaft*) patronizing, (*bes. gutmütig*) avuncular.

ono·ma·to|poe·tisch [onomatopoˈeːtɪʃ] *adj ling.* onomatopoe(t)ic. ²**pö**ˈ**ie** [-pøˈiː] *f* ⟨-; -n [-ən]⟩ (*Vorgang u. Wort*) onomatopoeia.

On·to|lo·gie [ɔntoloˈgiː] *f* ⟨-; *no pl*⟩ ontology. ²ˈ**lo·gisch** [-ˈloːgɪʃ] *adj* ontological; ~**er Gottesbeweis** ontological argument.

Onyx [ˈoːnʏks] *m* ⟨-(es); -e⟩ *min.* onyx.

Opa [ˈoːpa] *m* ⟨-s; -s⟩ *colloq.* grandpa, granddad(dy).

opak [oˈpaːk] *adj Glas*: opaque.

Opal [oˈpaːl] *m* ⟨-s; -e⟩ opal. ~ˌ**blau** *n* opal blue. ~ˌ**glas** *n* opal glass.

opa·li·sie·ren [opaliˈziːrən] *v/i* ⟨*no* ge-, h⟩ opalesce. ~**d** *adj* opalescent.

Opa·pa [ˈoːpapa] *m* ⟨-s; -s⟩ → **Opa**.

Opa·zi·tät [opatsiˈtɛːt] *f* ⟨-; *no pl*⟩ opacity.

Oper [ˈoːpər] *f* ⟨-; -n⟩ (*Musikwerk, Institution, Genre*) opera, (~*nvorstellung*) opera (performance), (~*nhaus*) opera (house), (~*nensemble*) opera (company); **große** (**leichte, komische**) ~ grand (light, comic) opera; **in die** ~ **gehen** go to the opera; *fig.* **zur** ~ **gehen** become an opera singer.

ope·ra·bel [opeˈraːbəl] *adj med.* operable.

Ope·rand [opeˈrant] *m* ⟨-en; -en⟩ *Computer*: operand.

Ope·ran·den ... *in Zssgn* operand.

Ope·ra·teur [operaˈtøːr] *m* ⟨-s; -e⟩ **1.** (operating) surgeon. **2.** *obs.* projectionist.

Ope·ra·ti·on [operaˈtsĭoːn] *f* ⟨-; -en⟩ *math. med. mil. u. fig.* operation (**e-s** *od.* **bei e-m Patienten** on a patient); *med.* **sich e-r** ~ **unterziehen** undergo (*od.* submit to) an operation, *colloq.* go under the knife; **e-e** ~ **vornehmen** perform (*od.* carry out) an operation; *fig.* **e-e schwierige** ~ a difficult thing to do.

Ope·ra·tiˈ**ons|as·si**ˌ**stent** *m* assisting surgeon. ~ˌ**ba·sis** *f* base (of operations). ~**be**ˌ**fund** *m med.* operation report. ~**be**ˌ**reich** *m* → **Operationsgebiet**. ~**be**ˌ**steck** *n* surgical kit (*od.* instruments *pl*). ²ˌ**fä·hig** *adj* operable. ~ˌ**feld** *n* **1.** → **Operationsgebiet**. **2.** *med.* operative field, operating area. ~**ge**ˌ**biet** *n mil.* theat/re (*Am.* -er) of operations. ~ˌ**hand**ˌ**schuh** *m meist pl* surgical glove. ~ˌ**kit·tel** *m* (operation) overall, gown. ~ˌ**mas·ke** *f* surgeon's face mask. ~ˌ**mes·ser** *n* scalpel, operating knife. ~ˌ**nar·be** *f* post-operative scar. ~ˌ**plan** *m mil.* plan of operations. ~ˌ**ra·di·us** *m* operating radius, range. ~ˌ**saal** *m* operating theatre (*Am.* room). ~ˌ**schwe·ster** *f* theatre sister, *Am.* operating-room nurse. ~ˌ**stuhl** *m Zahnarzt*: (dental) operating chair. ~ˌ**tisch** *m* operating table. ~ˌ**ziel** *n mil.* tactical objective.

ope·ra·tiv [operaˈtiːf] **I** *adj* **1.** *med.* operative, surgical; ~**er Eingriff** operation. **2.** *mil.* operational, strategic. **II** *adv* **3.** et. ~ **entfernen** remove s. th. surgically.

Ope·ret·te [opeˈrɛtə] *f* ⟨-; -n⟩ operetta; *fig. contp.* ~**n ...** musical-comedy (*officer, etc*); → *a.* **ope**ˈ**ret·ten·haft** *adj* operettalike, *contp.* comic-opera (*behaviour, etc*).

opeˈ**rier·bar** *adj med.* operable.

ope·rie·ren [opeˈriːrən] **I** *v/t* ⟨*no* ge-, h⟩ **1.** j-n ~ operate (*od.* perform an operation) on s. o.; **operiert werden** be operated on; **am Magen** *etc* **operiert werden** have a stomach *etc* operation; **am Blinddarm operiert werden** have an appendectomy, have one's appendix removed; **sich** (**am Fuß** *etc*) ~ **lassen** undergo an operation (on one's foot, *etc*). **II** *v/i* **2.** *mil.* operate. **3.** (*handeln*) operate, proceed (*carefully, etc*). **4.** *fig.* ~ **mit** (*gebrauchen*) operate with, work with, use (*foreign words, etc*).

opeˈ**rier**ˌ**fä·hig** *adj Person*: well (*od.* fit) enough to be operated on.

ˈ**Opern|**ˌ**arie** *f* operatic aria, aria from an opera. ~ˌ**ball** *m* opera ball. ~ˌ**füh·rer** *m* opera guidebook. ~ˌ**glas** *n*, ~ˌ**gucker** (*getr.* -**k·k**-) *m* opera glass(es *pl*). ²**haft** *adj* operalike, *a. fig. contp.* operatic. ~ˌ**haus** *n* opera (house). ~**kom·po**ˌ**nist** *m* opera composer, composer of operas. ~**mu**ˌ**sik** *f* opera(tic) music. ~ˌ**sän·ger** *m*, ~ˌ**sän·ge·rin** *f* opera singer. ~ˌ**text** *m* opera libretto.

Op·fer [ˈɔpfər] *n* ⟨-s; -⟩ **1.** (*Vorgang, [Gegenstand von] Verzicht u. Entbehrung*) sacrifice, (~*ung*, ~*gabe*) *a.* offering, *bes. relig.* oblation; **e-m Gott ein** ~ **bringen** (make a) sacrifice to a god; *bes. fig.* ~ **bringen** make sacrifices; (**j-m**) **sein Leben zum** ~ **bringen** give one's life as a sacrifice (for s. o.) (→ *a.* **opfern** I); **viele** ~ **an Geld** *etc* **bringen** sacrifice a good deal (*od.* a lot) of money, *etc*; **kein** ~ **scheuen** spare no sacrifice; **unter schweren** ~**n** at a great cost (*an in human lives, etc*); **ein vergebliches** ~ *a.* a wasted effort. **2.** (~ *mißlicher Umstände etc, Unfall*², *a.* ~*tier*) victim, *e-s Raubtiers u. fig.* prey, (*Geopfertes, a. beim Schach*) sacrifice, *pl* (*bes. Todes*² *a.* death) toll *sg*, casualties; **e-m Verbrechen zum** ~ **fallen**, ~ **e-s Verbrechens werden** fall a victim (*od.* prey) to a crime; **ein** ~ **der Umstände sein** be a victim of circumstances; **Zweifeln zum** ~ **fallen** fall (*od.* be) a prey to doubts; **e-m Betrüger zum** ~ **fallen** *a.* be victimized (*od.* duped) by a swindler; **ein** ~ **der Flammen werden** *Person*: die in the flames, *Sache*: be destroyed by the flames; **zahlreiche** ~ **fordern** *Katastrophe*: claim a heavy death toll, claim heavy casualties.

ˈ**Op·fer|al**ˌ**tar** *m* sacrificial altar. ²**be**ˌ**reit** *adj* willing (*od.* ready) to make sacrifices. ~**be**ˌ**reit·schaft** *f* willingness (*od.* readiness) to make sacrifices. ~ˌ**ga·be** *f* offering, (*Almosen*) alms *pl*, *relig. a.* oblation. ~ˌ**gang** *m fig.* self-sacrifice. ~ˌ**ka·sten** *m* → **Opferstock**. ~ˌ**lamm** *n relig. u. fig.* sacrificial lamb. ~ˌ**mahl** *n* sacrificial feast (*od.* meal, repast). ~ˌ**mut** *m* spirit of sacrifice.

op·fern [ˈɔpfərn] **I** *v/t* ⟨h⟩ *allg., a. relig. u. Schach*: sacrifice, (*bes. Tiere*) immolate; et. (**sich**) ~ **für** (*od. dat*) sacrifice s. th. (o. s.) for (*od.* to *a good cause, etc*); **sein Leben** ~ sacrifice (*od.* give, lay down) one's life, make the supreme sacrifice. **II** *v/i* sacrifice, offer, make a sacrifice (*od.* sacrifices) (*dat* to). **III** ² *n* ⟨-s⟩ sacrifice, *bes. von Tieren*: immolation, *von Gaben*: offering, *relig.* offertory.

ˈ**Op·fer|**ˌ**prie·ster** *m* sacrificing priest, sacrificer. ~ˌ**scha·le** *f* sacrificial bowl. ~ˌ**stät·te** *f* place of sacrifice. ~ˌ**stein** *m* → **Opferaltar**. ~ˌ**stock** *m* offertory box, alms box. ~ˌ**tier** *n* victim, sacrificial animal. **~ˌtod** *m* sacrifice of one's life, extreme sacrifice, *relig. a.* expiatory death. **~ˌtrank** *m* libation.

ˈOp·fe·rung *f* ⟨-; *no pl*⟩ → Opfer 1, opfern III.

Oph·thal|mie [ɔftalˈmiː] *f* ⟨-; -n [-ən]⟩ ophthalmia. **~moˈlo·ge** [-moˈloːgə] *m* ⟨-n; -n⟩ ophthalmologist. **~mo·loˈgie** [-moloˈgiː] *f* ⟨-; *no pl*⟩ ophthalmology. **²moˈlo·gisch** [-moˈloːgɪʃ] *adj* ophthalmologic(al).

Opi·at [oˈpi̯aːt] *n* ⟨-(e)s; -e⟩ opiate.

Opi·um [ˈoːpi̯ʊm] *n* ⟨-s; *no pl*⟩ **1.** *med. pharm.* opium. **2.** *fig.* opiate (**fürs Volk** for the people). **~ˌes·ser** *m* opium eater. **²ˌhal·tig** *adj* containing opium, opiate(d); **~es Mittel** opiate. **~ˌhan·del** *m* opium trade. **~ˌhöh·le** *f* opium den. **~ˌpfei·fe** *f* opium pipe. **~prä·paˌrat** *n meist pl* opiate. **~ˌrau·cher** *m* opium smoker. **~ˌrausch** *m* opium intoxication. **~ˌsucht** *f* addiction to opium, opiumism, opiomania. **²ˌsüch·tig** *adj* addicted to opium. **~ˌsüch·ti·ge** *m, f* opium addict, opiomaniac.

Opos·sum [oˈpɔsʊm] *n* ⟨-s; -s⟩ opossum, (*Pelz*) opossum (fur).

Op·po|nent [ɔpoˈnɛnt] *m* ⟨-en; -en⟩ opponent. **²ˈnie·ren** [-ˈniːrən] *v/i* ⟨*no* ge-, h⟩ (**gegen**) oppose (*s. th., s. o.*), resist (*s. th., s. o.*), be in (*od.* offer) opposition (to), object (to).

op·por|tun [ɔpɔrˈtuːn] *adj* ⟨-er; -st⟩ opportune. **²tuˈnis·mus** [-tuˈnɪsmʊs] *m* ⟨-; *no pl*⟩ opportunism. **²tuˈnist** [-tuˈnɪst] *m* ⟨-en; -en⟩ opportunist, timeserver. **~tuˈni·stisch** [-tuˈnɪstɪʃ] *adj* opportunistic, time-serving. **²tu·niˈtät** [-tuniˈtɛːt] *f* ⟨-; -en⟩ opportunity.

Op·po·si|ti·on [ɔpoziˈtsi̯oːn] *f* ⟨-; -en⟩ *astr. pol., a. fig. u. Schach*: opposition (**gegen** to); **in ~ stehen** (**zu**) be in opposition (to); **~ machen** (**gegen**) → **opponieren**; **in ~ treten**, *pol.* **in die ~ gehen** go into opposition; **auf** (**harte**) **~ stoßen** meet with (stiff) opposition. **²tioˈnell** [-tsi̯oˈnɛl] *adj* opposition (*party, etc*), opposing, oppositional.

Op·po·si·tiˈonsˌ|füh·rer *m* opposition leader. **~parˌtei** *f* opposition (party).

Op·ta·tiv [ˈɔptatiːf; -ˈtiːf] *ling.* **I** *m* ⟨-s; -e⟩ optative (mood). **II ²** *adj* optative.

op·tie·ren [ɔpˈtiːrən] *v/i* ⟨*no* ge-, h⟩ (**für**) opt (for), decide (for), choose (*acc*).

Op·tik [ˈɔptɪk] *f* ⟨-; *rare* -en⟩ **1.** ⟨*only sg*⟩ (*Lehre*) optics *pl* (*meist als sg konstruiert*). **2.** (*Apparatur*) optics *pl*, optical system. **3.** ⟨*only sg*⟩ *fig.* (*Blickwinkel, Standpunkt*) angle of view, standpoint; **m-e ~ hat sich verschoben** I look at things from a different angle now. **ˈOp·ti·ker** [-tɪkər] *m* ⟨-s; -⟩ optician.

op·ti·mal [ɔptiˈmaːl] **I** *adj* **1.** optimum (*conditions, etc*), most favo(u)rable, optimal, best, highest (*od.* best) possible. **2.** *Computerprogramm*: optimally coded. **II** *adv* **3.** optimally, in the best possible way. **²ˌlei·stung** *f e-r Maschine*: optimum capacity, *e-s Motors*: optimum power output.

op·ti·mie·ren [ɔptiˈmiːrən] *v/t* ⟨*no* ge-, h⟩ optim(al)ize.

Op·ti|mis·mus [ɔptiˈmɪsmʊs] *m* ⟨-; *no pl*⟩ optimism; **vorsichtiger ~** guarded optimism. **~ˈmist** [-ˈmɪst] *m* ⟨-en; -en⟩ optimist; **unverbesserlicher ~** incurable optimist. **²ˈmi·stisch I** *adj* optimistic(al). **II** *adv* optimistically; **sich ~ äußern** *a.* give an optimistic view (**über** *acc* of).

Op·ti·mum [ˈɔptimʊm] *n* ⟨-s; -ma⟩ optimum, best.

Op·ti·on [ɔpˈtsi̯oːn] *f* ⟨-; -en⟩ **1.** *pol.* option for (*od.* right to choose) a particular citizenship. **2.** *bes. econ.* option.

Op·tiˈons|beˌrech·tig·te *m, f* holder (*od.* owner) of an option. **~ˌrecht** *n* (right of) option.

op·tisch [ˈɔptɪʃ] **I** *adj* optical, (*das Sehen betreffend*) *a.* optic; **~e Achse** optic axis; **~e Brechung** refraction; **~e Täuschung** optical illusion; **~e Hilfsmittel** visual aids; **~e Erzeugnisse** products of the optical industry; **~e Geräte** optical instruments; **~e Telegraphie** (visual) signal(l)ing; *fig.* **aus ~en Gründen** for the optical effect, for cosmetic reasons. **II** *adv* **~ wahrnehmen** perceive *s. th.* optically (*od.* with the eye, visually); *fig.* **~ gut wirken** have a good optical effect.

opu·lent [opuˈlɛnt] *adj* opulent, *bes. Mahlzeit*: sumptuous. **Opuˈlenz** [-ˈlɛnts] *f* ⟨-; *no pl*⟩ opulence, sumptuousness.

Opus [ˈoːpʊs] *n* ⟨-; **Opera** [-pera]⟩ opus, work; *mus.* **~ 12** (*abbr.* **op. 12**) opus 12 (op 12); **~ post(h)umum** posthumous work.

Ora·kel [oˈraːkəl] *n* ⟨-s; -⟩ oracle; **das Delphische ~** the Delphic Oracle; **das ~ befragen** consult the oracle; *fig.* **er spricht in ~n** → **orakelhaft** II. **²haft I** *adj* oracular. **II** *adv* **~ sprechen** speak in oracles, talk like an oracle.

ora·keln [oˈraːkəln] *v/i* ⟨*no* ge-, h⟩ make oracular utterances.

Ora·kelˌspruch [oˈraːkəl-] *m* oracle, oracular utterance.

oral [oˈraːl] *med.* **I** *adj* oral; **auf ~em Wege** by mouth, orally; *psych.* **~e Phase** oral stage. **II** *adv* orally, by mouth.

Oran·ge[1] [oˈrãːʒə] **I** *n* ⟨-s; *no pl*⟩ orange colo(u)r. **II ²** *adj* → **orangefarben.**

Oran·ge[2] [oˈrãːʒə] *f* ⟨-; -n⟩ *bot.* orange.

Oran·gea·de [orãˈʒaːdə] *f* ⟨-; -n⟩ *gastr.* orangeade.

Oran·geat [orãˈʒaːt] *n* ⟨-s; -e⟩ *gastr.* candied orange peel.

oran·ge|ˌfar·ben [oˈrãːʒə-], **~ˌfar·big** *adj* orange-colo(u)red.

Oran·gen|ˌbaum [oˈrãːʒən-] *m* orange (tree). **~mar·meˌla·de** *f* (orange) marmalade. **~ˌsaft** *m* orange juice. **~ˌscha·le** *f* orange peel.

Oran·ge·rie [orãʒəˈriː] *f* ⟨-; -n [-ən]⟩ orangery, orangerie.

Orang-Utan [ˈoːraŋˈʔuːtan] *m* ⟨-s; -s⟩ *zo.* orang(o)utan, o(u)rangoutang, orangutan.

Ora·ni·en [oˈraːni̯ən] *npr n* ⟨-s; *no pl*⟩ *hist.* (*Fürstengeschlecht*) Orange.

ora·to·risch [oraˈtoːrɪʃ] *adj* oratoric(al).

Ora·to·ri·um [oraˈtoːri̯ʊm] *n* ⟨-s; -rien⟩ **1.** *mus.* oratorio. **2.** *relig.* oratory.

Or·bit [ˈɔrbɪt] *m* ⟨-s; -s⟩ *phys.* orbit. **Or·biˈtal·sta·tiˌon** [ɔrbiˈtaːl-] *f Raumfahrt*: (**bemannte ~** manned) orbital station.

Or·che·ster [ɔrˈkɛstər] *n* ⟨-s; -⟩ orchestra, (*Kapelle*) *a.* band; **großes ~** full orchestra. **~beˌglei·tung** *f* orchestral accompaniment. **~ˌgra·ben** *m* (orchestra) pit. **~konˌzert** *n* orchestra(l) concert. **~muˌsik** *f* orchestral music. **~ˌpa·vil·lon** *m* bandstand. **~ˌpro·be** *f* orchestral rehearsal. **~ˌraum** *m* (orchestra) pit. **~ˌses·sel** *m thea.* stall, *Am.* orchestra seat. **~ˌwart** *m* orchestral librarian.

or·che|stral [ɔrkɛsˈtraːl] *adj* orchestral. **~ˈstrie·ren** [-ˈtriːrən] *v/t* ⟨*no* ge-, h⟩ orchestrate. **²ˈstrie·rung** *f* ⟨-; -en⟩ orchestration.

Or·che·stri·on [ɔrˈçɛstri̯ɔn] *n* ⟨-s; -strien⟩ *mus. hist.* orchestrion.

Or·chi·dee [ɔrçiˈdeːə] *f* ⟨-; -n⟩ *bot.* orchid.

Or·chis [ˈɔrçɪs] *f* ⟨-; -⟩ *bot.* orchis, wild orchid.

Or·den[1] [ˈɔrdən] *m* ⟨-s; -⟩ *relig.* (*a. Ritter² etc*) order; **in e-n ~ eintreten, e-m ~ beitreten** a) *allg.* join an order, b) *Mönch*: take one's holy orders, *Nonne*: take the veil.

ˈOr·den[2] *m* ⟨-s; -⟩ (*Auszeichnung*) order, decoration, medal, distinction; **e-n ~ erhalten** receive a distinction; **j-m e-n ~ verleihen** confer (*od.* bestow) an order on s. o., award s. o. an order. **²geˌschmückt** *adj* bemedal(l)ed.

ˈOr·dens|ˌband *n* ⟨-(e)s; ⸚er⟩ ribbon (of an order), medal ribbon. **~ˌbru·der** *m* member of an order, *relig. a.* friar, monk. **~ˌfrau** *f obs.* nun. **~ˌgeist·li·che** *m* member of the regular clergy, regular. **~ˌgeist·lich·keit** *f* regular clergy. **~geˌlüb·de** *n* (monastic) vow; **die ~ ablegen** take the vows. **~ˌkleid** *n* dress (*od.* habit) of an order, frock. **~ˌmei·ster** *m hist.* master (*od.* head) of an order. **~ˌre·gel** *f* rule (*od.* statute) of an order, observance. **~ˌrit·ter** *m hist.* knight of an order. **~ˌschwe·ster** *f relig.* nun, sister. **~ˌstern** *m* star-shaped order. **~ˌtracht** *f* → **Ordenskleid.** **~ˌträ·ger** *m* holder of an order. **~verˌlei·hung** *f* conferring (*od.* bestowal) of an order. **~ˌzucht** *f relig.* monastic discipline.

or·dent·lich [ˈɔrdəntlɪç] **I** *adj* **1.** (*aufgeräumt, sauber*) tidy, neat, shipshape, trim; **ein ~es Zimmer** a tidy room. **2.** (*geordnet, geregelt*) orderly, well-kept, well-managed; **ein ~er Haushalt** an orderly household; **ein ~es Leben führen** lead an orderly life; **in ~em Zustand** in good order; **die Sache geht ihren ~en Gang** the matter is taking its regular course. **3.** (*ordnungsliebend*) orderly, accurate, exact. **4.** (*achtbar*) decent, honest, respectable; **~e Leute** decent (*od.* respectable) people; **ein ~er junger Mann** a steady young man. **5.** (*planmäßig*) ordinary, regular; **durch ein ~es Gerichtsverfahren** by due process of law; **~er Professor** full professor; **e-e ~e Sitzung** a regular session (*od.* meeting); **e-e ~e Versammlung** a statutory meeting; **ein ~es Mitglied** a regular member; → **Gericht**[2] 1. **6.** (*tüchtig, gut, kräftig, gehörig*) good, sound, real, proper, decent; **e-e ~e Leistung** a fine job; **e-e ~e Ausbildung** a regular (*od.* proper) training; *colloq.* **ein ~er Schluck aus der Flasche** a good pull at the bottle; **das war ein ~er Schrecken für mich** that was a real (*od.* quite a) scare for me; **e-e ~e Tracht Prügel** a sound thrashing, a proper licking; **e-e ~e Zigarre** a decent cigar. **7. ganz** (*od.* **recht**) **~** quite good. **II** *adv* **8.** (*säuberlich*) tidily, neatly, (*geordnet*) in good order, (*richtig*) properly, well, the right way, the way it, *etc* should, (*gründlich*) thoroughly, accurately; **er hat s-e Sache** (*od.* **Arbeit**) **~ gemacht** he has done a good job. **9.** *colloq.* (*mächtig, richtig, tüchtig*) properly, soundly, mighty; **sich ~ ausschlafen** have one's sleep-out, have a good lie-in; **j-m ~ die Meinung sagen** give s. o. a good piece of one's mind; **ich hab's ihm ~ gegeben** I really let him have it (*od.* paid him out); **ich war ~ froh** I was awfully glad; **es ist ~ kalt** it is pretty cold. **III ²e, das** ⟨-n⟩ **10. et. ²es zu essen** s. th. decent to eat, a decent meal; **er hat nichts ²es gelernt** he never had any regular training; **er wollte et. ²es für sein Geld haben** he wanted his money's worth. **²keit** *f* ⟨-; *no pl*⟩ **1.** (*Sauberkeit*) tidiness, neatness, (*geordneter Zustand*) orderliness, good (*od.* proper) order. **2.** (*Ordnungsliebe*) orderliness, love of order, (*Genauigkeit*) thoroughness, accurateness.

Or·der [ˈɔrdər] *f* ⟨-; -s *u.* -n⟩ **1.** *obs.* (*Befehl*) order(s *pl*); ~ **erteilen** give orders. **2.** *econ.* order; **unbefristete** ~ open order; **an die** ~ **von** to the order of; **auf** ~ **von** by order of; **Ihrer** ~ **gemäß** in conformity with your commission.

Or·diˈnal,zahl [ɔrdiˈnaːl-] *f* ordinal (number).

or·di·när [ɔrdiˈnɛːr] **I** *adj* **1.** (*alltäglich*) common, ordinary. **2.** (*unanständig*) vulgar, common, coarse, low; **sie ist sehr** ~ she is very common; **ein** ~**er Witz** a vulgar joke. **II** *adv* **3. sich** ~ **benehmen** behave in a rather vulgar manner; **sich** ~ **ausdrücken** use vulgar language.

Or·di·na·ri·at [ɔrdinaˈrĭaːt] *n* ⟨-(e)s; -e⟩ **1.** *univ.* (full) professorship. **2.** *R.C.* diocesan authorities *pl.* **Or·di·na·ri·us** [ɔrdiˈnaːrĭus] *m* ⟨-; -rien⟩ *univ.* full professor.

Or·diˈnär,preis *m Buchhandel*: publisher's price.

Or·di·na·te [ɔrdiˈnaːtə] *f* ⟨-; -n⟩ ordinate. **Or·diˈna·ten,ach·se** *f* axis of ordinates.

Or·di·na·ti·on [ɔrdinaˈtsĭoːn] *f* ⟨-; -en⟩ **1.** *R.C.* ordination. **2.** → **Sprechstunde, Sprechzimmer.**

or·di·nie·ren [ɔrdiˈniːrən] *v/t* ⟨*no* **ge-**, **h**⟩ *R.C.* ordain; **j-n zum Priester** ~ ordain s. o. priest, priest s. o.

ord·nen [ˈɔrdnən] **I** *v/t* ⟨**h**⟩ (*aufräumen*) put (*od.* set) *s. th.* in order, tidy (up), straighten (up), put *s. th.* straight; (*ein*~, *sortieren, klassifizieren*) arrange, sort (out), grade, classify, (*entwirren*) disentangle, unravel, (*Dokumente*) file, (*Gedanken, Fakten etc*) marshal; **sich** (*dat*) **das Haar** ~ tidy (*od.* arrange) one's hair; **Blumen zu e-m Strauß** ~ arrange flowers into a bouquet; **et. der Größe nach** ~ arrange s. th. according to size; **et. alphabetisch** (*od.* **nach dem Alphabet**) ~ arrange s. th. alphabetically (*od.* in alphabetic order); **s-e Angelegenheiten** ~ settle one's affairs. **II** *v/reflex* **sich** ~ form (up) (**zu** into *groups, etc*; **nach** according to *size, etc*).

ˈOrd·ner *m* ⟨-s; -⟩ **1.** *bei Versammlungen etc*: steward, (*Saal*2) usher. **2.** (*Akten*2 *etc*) file.

ˈOrd·nung *f* ⟨-; -en⟩ **1.** (*Vorgang*) putting in order (*etc*); → **ordnen. 2.** *allg.* order, (*geregelte Lebensweise*) *a.* orderliness, steadiness, regular way of life, (*gewohnter Verlauf*) routine, (*Zucht*) discipline, (*Sauberkeit, Ordentlichkeit*) neatness, tidiness, cleanliness, order(liness), (*Vorschriften, Satzungen*) rules *pl*, regulations *pl*; **bürgerliche** (**soziale, öffentliche**) ~ civil (social, public) order; *pol.* **Ruhe** (**Gesetz**) **und** ~ peace (law) and order; (**in**) ~ **halten** keep (in) order; ~ **herstellen, für** ~ **sorgen** establish order; **in** ~ **bringen** *allg.* put in (good) order, *a. fig.* put (*od.* set) right (*a. Person*), put straight, (*Zimmer etc*) *a.* tidy up, (*Haar etc*) *a.* tidy, arrange; **wieder in** ~ **bringen** *a.* repair, *colloq.* fix up, *bes. fig. a.* straighten out; **in** ~ **sein** a) *allg. u. fig.* be all right, *colloq.* be okay, be OK, b) be correct, c) (*geordnet sein*) be in good order, d) *tech. etc* be in running (*od.* working) order; *colloq.* **sie** *etc* **ist schwer in** ~ she *etc* is a decent sort (*sl.* real cool); **in schönster** ~ in apple-pie order; **in bester** ~ in perfect order; **ich finde das ganz in** ~ I find it (*od.* I think it is) quite right (*od.* right enough); **nicht in** ~ **sein** a) *allg. u. fig. a.* be wrong, be amiss, b) (*durcheinander sein*) be out of order, be upset, c) *gesundheitlich*: be out of sorts, not to be up to the mark; *colloq.* **das geht in** ~ a) (*paßt mir*) it's all right (*od.* okay, *sl.* cool) with me, that suits me fine, b) (*wird gemacht*) that's all right (*od.* okay); *parl.* **zur** ~ **rufen** call to order; **der** ~ **halber** → **ordnungshalber. 3.** (*An*2) arrangement, disposition, (*Reihenfolge*) order, succession, (*System*) system, frame, pattern, *colloq.* set-up; **alphabetische** ~ alphabetical order. **4.** (*Rang, Klasse, Kategorie*) class, order, rank, category; **Straßen erster** ~ primary (*od.* main, first-class) roads; **ein Bürger zweiter** ~ a second-class citizen; *math.* **Kurven erster** ~ curves of first order; *biol.* **in** ~**en einteilen** divide into orders.

ˈOrd·nungs|,amt *n* Municipal (Public Affairs) Office. ~**,dienst** *m* organization for the maintenance of public order. 2**ge,mäß I** *adj* correct, regular, (*gesetzmäßig*) lawful, legal. **II** *adv* in (due) order, duly. 2**,hal·ber** *adv* for regularity's sake, for the sake of order (*od.* form). ~**,lie·be** *f* love (*od.* sense) of order, orderliness. 2**,lie·bend** *adj* orderly, tidy, fond of order. 2**,mä·ßig** *adj u. adv* → **ordnungsgemäß.** ~**prin,zip** *n* order (*od.* organizing) principle. ~**,ruf** *m parl.* call to order. ~**,sinn** *m* sense of order. ~**,stra·fe** *f jur.* **1.** fine, penalty; **j-n mit e-r** ~ **belegen** fine s. o. **2.** (*Disziplinarstrafe*) disciplinary penalty. 2**,wid·rig** *adj* **1.** unlawful, illegal, disorderly; ~**es Verhalten** disorderly conduct. **2.** (*regelwidrig*) contrary to (*od.* against) the rules, irregular. ~**,wid·rig·keit** *f* breach of the rules (*od.* regulations), irregularity. ~**,zahl** *f* **1.** *math.* ordinal (number). **2.** *phys.* atomic number.

Or·don·nanz [ɔrdɔˈnants] *f* ⟨-; -en⟩ orderly.

Or·gan [ɔrˈgaːn] *n* ⟨-s; -e⟩ **1.** *anat. biol.* organ. **2.** (*Stimme*) voice, organ; **klangvolles** ~ sonorous voice. **3.** *fig.* (*Verständnis etc*) (**für**) sense (of), feeling (for). **4.** (*Zeitschrift etc*) organ, mouthpiece. **5.** (*Amt, Stelle*) institution, organ, authority; **ausführendes** ~ executive body. ~**,bank** *f* ⟨-; -en⟩ *med.* organ bank.

Or·gan·dy [ɔrˈgandi] *m* ⟨-s; *no pl*⟩ *Textil.* organdy, organdie.

Orˈgan|emp,fän·ger *m med.* organ receiver. ~**er,kran·kung** *f* organic disease.

Or·ga·ni·sa·ti·on [ɔrganizaˈtsĭoːn] *f* ⟨-; -en⟩ organization.

Or·ga·ni·sa·tiˈons|,feh·ler *m* faulty organization. ~**ko·mi,tee** *n* organizing committee. ~**ta,lent** *n* organizing ability.

Or·ga·ni|sa·tor [ɔrganiˈzaːtɔr] *m* ⟨-s; -en [-zaˈtoːrən]⟩ organizer. 2**sa·ˈto·risch** [-zaˈtoːrɪʃ] *adj* organizational (*problem, etc*), organizing (*ability, etc*).

orˈga·nisch I *adj a. fig.* organic; ~**e Krankheit** organic (*od.* structural) disease; ~**e Chemie** organic chemistry; **ein** ~**es Ganzes** an organic whole. **II** *adv* organically (*sound, connected, etc*); ~ **gewachsen** resulting from natural growth.

or·ga·ni|sie·ren [ɔrganiˈziːrən] **I** *v/t* ⟨*no* **ge-**, **h**⟩ **1.** organize. **2.** *colloq.* (*sich beschaffen*) get (hold of) *s. th.* (somehow or other), rustle *s. th.* up, *Am. sl. a.* finagle. **II** *v/reflex* **3. sich** (**gewerkschaftlich**) ~ organize, unionize. ~**ˈsiert** *adj* organized, (*bes.* **gewerkschaftlich** ~) *a.* unionized; ~**e Arbeiterschaft** organized labo(u)r; ~**er Arbeiter** unionist; **nicht** ~ *a.* non-union (*worker*).

Or·ga·nis·mus [ɔrgaˈnɪsmus] *m* ⟨-; -nismen⟩ *biol. u. fig.* organism.

Or·ga·nist [ɔrgaˈnɪst] *m* ⟨-en; -en⟩, **Or·gaˈni·stin** *f* ⟨-; -nen⟩ *mus.* organist.

Orˈgan|kon,ser·ve *f med.* banked (*od.* stored) organ. ~**kon·ser,vie·rung** *f* banking (*od.* storing) of organs. ~**,spen·der** *m* organ donor. ~**,über,tra·gung,** ~**ver,pflan·zung** *f* organ transplantation.

Or·gan·za [ɔrˈgantsa] *m* ⟨-s; *no pl*⟩ *Textil.* organza.

Or·gas·mus [ɔrˈgasmus] *m* ⟨-; -gasmen⟩ orgasm. **orˈga·stisch** [-tɪʃ] *adj* orgastic.

Or·gel [ˈɔrgəl] *f* ⟨-; -n⟩ organ. ~**,bau·er** *m* organ builder. ~**,chor** *m*, ~**em,po·re** *f* organ loft (*od.* gallery). ~**ge,häu·se** *n* (organ) case. ~**kon,zert** *n* **1.** (*Musikwerk*) organ concerto. **2.** (*Aufführung*) organ recital.

or·geln [ˈɔrgəln] *v/i* ⟨**h**⟩ **1.** *mus.* play the organ. **2.** *fig. Sturm, Wind etc*: roar, howl.

ˈOr·gel|,pfei·fe *f mus.* organ pipe; **die** ~**n** the pipework *sg*; *fig.* **wie die** ~**n** like a row of organ pipes. ~**pro,spekt** *m* organ front. ~**,punkt** *m* pedal (*od.* organ) point, pedal note. ~**re,gi·ster** *n* organ stop, register, voice.

Or·gi·as·mus [ɔrˈgĭasmus] *m* ⟨-; -asmen⟩ orgy. **or·gia·stisch** [-ˈgĭastɪʃ] *adj* orgiastic.

Or·gie [ˈɔrgĭə] *f* ⟨-; -n⟩ orgy (*a. antiq.*); **wilde** ~**n feiern** indulge in wild orgies.

Ori·ent [ˈoːrĭɛnt; oˈrĭɛnt] *m* ⟨-s; *no pl*⟩ East, Orient; **der Vordere** ~ the Near East, *pol. a.* the Middle East.

Ori·en·ta·le [orĭɛnˈtaːlə] *m* ⟨-n; -n⟩, **Ori·enˈta·lin** *f* ⟨-; -nen⟩ Oriental, Eastern. **ori·enˈta·lisch** *adj* oriental, eastern.

Ori·en·ta|list [orĭɛntaˈlɪst] *m* ⟨-en; -en⟩ orientalist. ~**ˈli·stik** [-ˈlɪstɪk] *f* ⟨-; *no pl*⟩ orientalism.

ˈOri·ent·ex,preß *m rail.* Orient express.

ori·en|tie·ren [orĭɛnˈtiːrən] **I** *v/t* ⟨*no* **ge-**, **h**⟩ **1.** (*informieren*) (**über**) inform (about), instruct (about), brief (on). **2.** (*ausrichten*) orient(ate) (**nach** according to). **II** *v/reflex* **sich** ~ **3.** orient(ate) o. s., take one's bearings (*a. fig.*) (*beide*: **nach** by *the sun, etc*), (*sich zurechtfinden*) find one's way; **ich muß mich erst** ~ I must first see where I am; **sich nicht mehr** ~ **können** have lost one's way (*od.* bearings), be out of one's bearings, be lost. **4.** (*sich erkundigen*) (**über**) inform o. s. (of, about), gather information, inquire, make inquiries, find out (*alle*: about). **5.** *fig.* **sich** (*geistig*) ~ **an** orientate o. s. by *s. o.* ~**ˈtiert** *adj* **1. geistig** (**religiös** *etc*) ~ (*ausgerichtet*) intellectually (religiously, *etc*) orient(at)ed. **2.** (*informiert*) informed; ~ **sein über e-e Sache** *a.* be familiar with s. th. 2**ˈtie·rung** *f* ⟨-; *no pl*⟩ orientation, bearing(s *pl*) (*a. fig.*), (*Information*) information, instruction, *fig.* (*Ausrichtung*) *a.* tendency; **die** ~ **verlieren** lose one's bearing(s); **zu Ihrer** ~ for your guidance.

Ori·enˈtie·rungs|,da·ten *pl econ.* guidance data, guidelines. ~**,hil·fe** *f* guide(line). ~**,punkt** *m* landmark, (*Bezugspunkt*) reference point. ~**,sinn** *m* orientation, (sense of) direction, bump of locality, *orn.* homing instinct. ~**,stu·fe** *f ped. term used to denote the 5th and 6th years at German secondary schools, in which pupils are promoted according to their individual ability.*

Ori·ga·no [oˈriːgano] *m* ⟨-; *no pl*⟩ *gastr.* oregano.

ˈOri·ent,tep·pich *m* oriental carpet (*od.* rug).

ori·gi·nal [origiˈnaːl] **I** *adj* original. **II** *adv* ~ **französisch**, *etc* genuine French *perfume, etc*; ~ **übertragen** (*Sendung*) broadcast (*od.* carry) live.

Ori·giˈnal *n* ‹-s; -e› **1.** original; **ein Buch im ~ lesen** read a book in the original. **2.** *colloq.* (*Sonderling*) eccentric, character; **er ist ein wahres ~** he is quite a character. **~ˌabˌfül·lung** *f* estate-bottled wine. **~ˌausˌga·be** *f* original (*od.* first) edition. **~ˌfas·sung** *f* original version. **~geˌmäl·de** *n* original (painting). **²geˌtreu** *adj* faithful, in accordance with the original. **~ˌhand-ˌschrift** *f* autograph.

Ori·gi·na·li·tät [originaliˈtɛːt] *f* ‹-; *no pl*› originality (*a. fig.*).

Ori·giˈnal|ko̦pie *f* *Kunst*: replica, *Film*: master copy. **~ma·nuˌskript** *n* original manuscript. **~ˌpackung** (*getr.* -k·k-) *f* → **Originalverpackung.** **~ˌtext** *m* original text. **~ˌüberˌtra-gung** *f* live broadcast (*od.* program[me *Br.*]). **~ˌurˌkun·de** *f* original document, authentic deed. **~verˌpackung** (*getr.* -k·k-) *f* original packing (*od.* packaging); **in ~** *a.* factory-packed.

ori·gi·när [origiˈnɛːr] *adj* original.

ori·gi·nell [origiˈnɛl] *adj* original, (*einfallsreich*) *a.* ingenious, novel, (*komisch*) funny, amusing.

Or·kan [ɔrˈkaːn] *m* ‹-(e)s; -e› hurricane, *fig. a.* roar, thunder, storm. **²ˌar·tig** *adj* *Sturm etc*: violent, *fig. Beifall etc*: thunderous, frenzied. **~ˌstär·ke** *f* gale force.

Or·kus [ˈɔrkʊs] *m* ‹-; *no pl*› *myth.* Orcus.

Or·na|ment [ɔrnaˈmɛnt] *n* ‹-(e)s; -e› *Kunst, mus., a. fig.* ornament; **mit ~en verziert** ornamented. **²menˈtal** [-mɛnˈtaːl] *adj* ornamental, decorative. **²menˈtie·ren** [-mɛnˈtiːrən] *v/t* ‹*no* ge-, h› ornament, decorate. **~ˈmen·tik** [-ˈmɛntɪk] *f* ‹-; *no pl*› **1.** ornamental (*od.* decorating) art. **2.** *collect.* ornament(ation).

Or·nat [ɔrˈnaːt] *m* ‹-(e)s; -e› *allg.* robes *pl*, *bes. relig.* (ceremonial, papal, *etc*) vestments *pl*, *jur. univ. a.* gown; **in vollem ~** in full array.

Or·ni·tho|lo·ge [ɔrnitoˈloːgə] *m* ‹-n; -n› ornithologist. **~loˈgie** [-loˈgiː] *f* ‹-; *no pl*› ornithology. **²ˈlo·gisch** *adj* ornithologic(al).

Oro·gra·phie [orograˈfiː] *f* ‹-; -n [-ən]› orography. **oroˈgra·phisch** [-ˈgraːfɪʃ] *adj* orographic.

Or·phik [ˈɔrfɪk] *f* ‹-; *no pl*› *antiq.* Orph(ic)ism. **ˈor·phisch** [-fɪʃ] *adj* **1.** *antiq.* Orphic; **~e Mysterien** Orphic Rites. **2.** *fig.* orphic, (*geheimnisvoll, dunkel*) *a.* enigmatic, oracular, (*zauberisch*) *a.* entrancing.

Ort[1] [ɔrt] *m* ‹-(e)s; -e› **1.** (*Platz, Stelle*) place, locality, spot, (*Szene, Schauplatz*) scene, locale, site; **schattiger ~** shady place, shade; **ein sicherer ~** a safe place; **ein stiller ~** a quiet spot; **an allen ~en** everywhere, in every place; **an k-m ~** nowhere; **am angegebenen ~** *in Büchern*: in the place cited, in loco citato; **an e-m dritten ~ zs.-kommen** meet somewhere else (*od.* on neutral ground); **bin ich hier am rechten ~?** am I in the right place (*od.* spot) here?; **an ~ und Stelle** a) on the spot, b) *econ. jur.* on the premises, in situ; **an ~ und Stelle gelangen** reach one's destination, arrive; **et. an ~ und Stelle bringen** put s. th. where it belongs (*od.* into position); **Untersuchungen an ~ und Stelle** on-the-spot investigations; **~ und Zeit** (*od.* **Stunde**) time and place; **et. an s-m ~ lassen** leave s. th. in its place; **hier ist nicht der ~ für** this is not the (proper) place for *considerations like this, etc*; **~ der Handlung** scene of action; **an den ~ des Verbrechens zurückkehren** go back to the scene (*od.* locale) of the crime; *thea.* **Einheit von ~ und Zeit** unity of time and place; *jur.* **~ der Ausstellung (Ausfertigung)** place of issue (execution); **ein gewisser ~** → **Örtchen** 2. **2.** (*~schaft*) place, (*Stadt*) *a.* town, (*Dorf*) *a.* village; **ein vielbesuchter ~** a much-frequented place; **von ~ zu ~ reisen** (*od.* **ziehen**) travel from place to place; **hier am ~** here in this place; **sich an e-m ~ niederlassen** settle (down) in a place; **am ~e wohnend** resident; **er kommt aus m-m ~** he comes from the same place I do (*bes. Am.* from my hometown); *fig.* **der ganze ~ spricht davon** it's the talk of the town. **3.** (*Behörde*) authority; **es ist höheren ~(e)s genehmigt** it is approved by a higher authority (*od.* at high quarters). **4.** ‹-(e)s; Örter› *math.* **(geometrischer) ~** (geometric) locus. **5.** ‹-(e)s; Örter› *astr. mar.* position.

Ort[2] *n* ‹-(e)s; ¨-er› *Bergbau*: (coal *od.* mining, winning) face; **vor ~** a) at the (pit) face, b) *fig.* on the spot (*od.* job).

Ört·chen [ˈœrtçən] *n* ‹-s; -› **1.** *dim. of* **Ort[1]**. **2.** *colloq. euphem.* **(stilles, verschwiegenes) ~** lavatory, toilet, *bes. Br.* loo, *bes. Am.* john.

or·ten [ˈɔrtən] *v/t* ‹h› locate, find (*od.* fix) the position of, *mit Funk*: radiolocate, *colloq. a.* spot. **ˈOr·ter** *m* ‹-s; -› navigator, *Funk*: radiolocator, *Radar*: observer.

or·tho|dox [ɔrtoˈdɔks] *adj relig. u. fig.* orthodox; **die ²e Kirche** the Orthodox Church. **²ˈdo·xe** *m* ‹-n; -n› Orthodox. **²doˈxie** [-dɔˈksiː] *f* ‹-; *no pl*› orthodoxy.

Or·tho|epie [ortoˀeˈpiː] *f* ‹-; *no pl*› *ling.* orthoepy, standard pronunciation. **~ˈgon** [-ˈgoːn] *n* ‹-s; -e› *math.* rectangle. **²goˈnal** [-goˈnaːl] *adj* orthogonal, rectangular. **~graˈphie** [-graˈfiː] *f* ‹-; -n [-ən]› *ling.* orthography, (correct) spelling. **²ˈgra·phisch** [-ˈgraːfɪʃ] **I** *adj* orthographic(al). **II** *adv* **~ richtig schreiben** spell correctly. **~ˈpä·de** [-ˈpɛːdə] *m* ‹-n; -n› *med.* orthop(a)edist. **~päˈdie** [-pɛˈdiː] *f* ‹-; *no pl*› orthop(a)edics *pl* (*als sg od. pl konstruiert*). **²ˈpä·disch** [-ˈpɛːdɪʃ] *adj* orthop(a)edic.

ört·lich [ˈœrtlɪç] **I** *adj* **1.** local, regional (*peculiarities, customs, etc*); **~e Selbstverwaltung** local self-government. **2.** *med.* local (*inflammation, etc*) topical (*remedy, etc*); **~e Betäubung** local (*od.* topical) an(a)esthetic (*od.* an[a]esthesia). **3.** *meteor.* **~e** (*od. adv* **~**) **Nebelbildung (Regenschauer)** patchy fog (isolated rainshowers). **II** *adv* **4.** locally; **das ist ~ verschieden** that varies from place to place; **~ begrenzen** localize; *med.* **~ betäuben** an(a)esthetize locally, give a local an(a)esthetic; **~ anzuwenden** topical (*remedy*). **²keit** *f* ‹-; -en› place, locality, (*Schauplatz*) scene, locale; *euphem.* **e-e gewisse ~** → **Örtchen** 2.

ˈOrts|ad̦verb *n* adverb of place. **~-ˌamt** *n teleph.* local exchange. **~ˌan-ˌga·be** *f* indication (*od.* statement) of place, (*Adresse*) address, name of place, *auf der Landkarte*: (map) reference. **²ˌanˌsäs·sig** *adj* local, resident. **~-ˌanˌsäs·si·ge** *m, f* local, resident, residentiary. **~ˌanˌsäs·sig·keit** *f* ‹-; *no pl*› residence. **²ˌanˌwe·send** *adj* present. **~beˌhör·de** *f* local authorities *pl*, local government body. **~beˌschrei·bung** *f* *geogr.* topography. **~beˌsich·ti·gung** *f* *jur.* local inspection. **~beˌstim·mung** *f* **1.** *geogr.* determination of the geographical position. **2.** *aer. mar.* location, fixing of position, position-finding. **3.** *ling.* adverb of place. **²beˌweg·lich** *adj* mobile, movable, (*tragbar*) portable. **~beˌwoh·ner** *m* inhabitant, local, resident, *pl* local people, inhabitants. **~beˌzeich·nung** *f* name of a place (*od.* village, town).

ˈOrt·schaft *f* ‹-; -en› small town, (*Dorf*) village, *allg.* place; **geschlossene ~** (*Verkehrszeichen*) built-up area.

ˈOrtˌscheit *n tech.* swingletree.

ˈOrts|empˌfang *m Radio, TV* local (*od.* short-distance) reception. **~ˌfern-ˌsprechˌnetz** *n* local exchange network. **²ˌfremd** *adj* nonlocal, nonresident; **ich bin hier ~** I am a stranger to this place. **²geˌbun·den** *adj* **1.** *Person*: attached (*od.* tied) to a certain place, *Sache*: stationary, permanent; **nicht ~** mobile. **2.** *econ. Industrie*: resources-bound. **~geˌdächt·nis** *n* (good) memory for places. **~geˌschich-te** *f* local history. **~geˌspräch** *n teleph.* local call. **~ˌkennt·nis** *f* knowledge of (*od.* familiarity with) a place; **~ besitzen** (*od.* **haben**) know a place. **~-ˌkran·kenˌkas·se, ˈAll·geˌmei·ne** *f* General Sick-Fund. **²ˌkun·dig** *adj* familiar with a place (*od.* locality); **~ sein** know a place. **~ˌna·me** *m* place name.

ˈOrtsˌnetz *n* **1.** local exchange (*od.* telephone) network. **2.** *electr.* local network. **~beˌreich** *m teleph.* local service area. **~-ˌKennˌzahl** *f* → **Vorwählnummer.**

ˈOrts|po·liˌzei *f* local police. **~ˌschild** *n* place-name sign. **~ˌsen·der** *m Radio TV* local transmitter. **~ˌsinn** *m* sense (*od.* bump) of locality. **~ˌta·fel** *f* → **Ortsschild.** **~ˌteilˌneh·mer** *m teleph.* local subscriber. **²ˌüb·lich** *adj* customary at (*od.* in) a place. **~ˌumˌge-hung** *f* by-pass. **~verˌän·de·rung** *f* change of place (*od.* scenery). **~verˌkehr** *m* local traffic (*a. teleph.*). **~ˌwech·sel** *m* → **Ortsveränderung.** **~ˌzeit** *f* local time. **~ˌzuˌla·ge** *f*, **~ˌzuˌschlag** *m* *econ.* local bonus. **~ˌzuˌstel·lung** *f Post*: local delivery.

ˈOr·tung *f* ‹-; -en› location, position finding (*od.* fixing), *Funk*: radiolocation.

ˈOr·tungs|geˌrät *n* locator, position fixer (*od.* finder). **~ˌpunkt** *m* location (*od.* reference) point.

Öse [ˈøːzə] *f* ‹-; -n› eye, *eingefaßte*: eyelet, (*Ring*) ring, (*Schlaufe*) loop; **Haken und ~n** hooks and eyes. **ˈÖsen-ˌha·ken** *m* eyehook.

Os·kar [ˈɔskar] *m* ‹-s; *no pl*› *colloq.* **frech wie ~** (as) bold as brass.

Os·ma·ne [ɔsˈmaːnə] *m* ‹-n; -n› Ottoman, Osmanli. **osˈma·nisch** *adj* Osmanli, Ottoman; **das ²e Reich** the Ottoman Empire.

Os·mo·se [ɔsˈmoːzə] *f* ‹-; *no pl*› osmosis. **osˈmo·tisch** [-tɪʃ] *adj* osmotic.

Ost [ɔst] **I** ‹*invariable*› east, *pol.* East; **von ~ nach West** from east to west; *mar.* **~ zu Nord** east by north; **München** *etc* **~** Munich, *etc* East; *pol.* **die Spannungen zwischen ~ und West** the tension(s) between East and West. **II** *m* ‹-(e)s; *rare* -e› east(erly) wind. **²afri-ˈka·nisch** *adj* East African. **~asia·te** [-ˀaˈzi̯aːtə] *m*, **²asia·tisch** [-ˀaˈzi̯aːtɪʃ] *adj* East Asian, Oriental. **~-Berˌlin** *n* ‹-s› East Berlin. **~ˌblock** *m pol.* East(ern) Bloc. **~ˌblockˌstaat** *m* East(ern) Bloc state. **²ˌdeutsch** *adj* East German. **~ˌdeut·sche** *m, f* East German.

Osten [ˈɔstən] *m* ‹-s; *no pl*› **1.** east; **im ~** in the east; **nach ~** (to the) east, eastward(s), towards the east; **von ~, aus ~** *Wind*: easterly; **genau nach ~** due east; **das Zimmer geht** (*od.* **liegt**) **nach ~** the room faces east. **2.** *geogr. pol.* East, *e-s Landes etc*: *a.* eastern part (*od.*

region); **im ~ e-r Stadt** in the East End (*Am. a.* Side) of a town. **3.** *colloq. for* **Ostblock.**

ˈosten *v/t* ‹h› *arch.* (*Kirche etc*) orient.

osten·ta·tiv [ɔstɛntaˈtiːf] **I** *adj* demonstrative, (*betont, absichtlich*) *a.* studied (*insult, politeness, etc*), pointed (*remark, etc*), marked (*silence, indifference, etc*), (*herausfordernd*) *a.* provoking, (*ausdrücklich*) *a.* express; **~er Beifall** demonstrative applause; **~e Gelassenheit** studied unconcern. **II** *adv* in a marked manner, in a manner that leaves no doubt about my (her, his, *etc*) feelings (*od.* intentions); **sich ~ verneigen** make a studied bow; **j-n ~ übersehen** (*od.* **schneiden**) cut s. o. dead; **et. ~ zur Schau tragen** parade s. th.

Osteo|blast [ɔsteoˈblast] *m* ‹-en; -en› *biol.* osteoblast. **~mye'li·tis** [-myeˈliːtɪs] *f* ‹-; *no pl*› *med.* osteomyelitis.

ˈOster|ˌblu·me *f gelbe*: daffodil, Easter lily, *weiße*: wood anemone. **~ˌei** *n* Easter egg. **~ˌfei·erˌtag** *m* Easter (holi)day. **~ˌfe·ri·en** *pl* Easter holidays (*Am.* vacation *sg*). **~ˌfest** *n* Easter. **~ˌglocke** (*getr.* **-k·k-**) *f bot.* daffodil. **~ˌha·se** *m* Easter rabbit (*od.* bunny); *colloq.* **zum ~n** (*als Geschenk*) as an Easter present. **~ˌlamm** *n* paschal lamb.

öster·lich [ˈøːstərlɪç] *adj* Easter, paschal; **~e Zeit** Easter time.

ˈOster|ˌmahl *n relig.* paschal (supper). **~ˌmarsch** *m pol.* Easter protest march. **~ˌmo·nat** *m* Easter month, April. **~ˈmon·tag** *m* Easter Monday.

Ostern [ˈoːstərn] *n* ‹-; -› Easter, *jüdisch*: passover; **zu** (*od.* **an**) **~** at Easter; **Weiße ~** (*mit Schnee*) white Easter *sg*; **frohe** (*od.* **fröhliche**) **~!** Happy Easter!; **~ fällt diesmal** (*od.* **diese ~ fallen**) **spät** Easter is late this year.

ˈOster|ˌnacht *f* Easter Eve. **~ˌnest** *n* nest for Easter eggs.

Öster·rei·cher [ˈøːstəraɪçər] *m* ‹-s; -›, **ˈÖster·rei·che·rin** *f* ‹-; -nen›, **ˈöster·rei·chisch** *adj* Austrian.

ˈöster·rei·chisch-ˈun·ga·risch *adj hist.* Austro-Hungarian. **ˈÖster·reich-ˈUn·garn** *n* ‹-s; *no pl*› *hist.* Austria-Hungary.

ˈOster|ˈsamsˌtag *m* Easter Eve, Holy Saturday. **~ˈsonnˌtag** *m* Easter Sunday, Easter day. **~ˌwo·che** *f* Easter week. **~ˌzeit** *f* Easter time (*od.* tide).

ˈOst|eu·roˈpä·er *m* East European. **≈eu·roˈpä·isch** *adj* East(ern) European; **~e Zeit** Eastern Time. **~ˌflücht·ling** *m pol.* refugee from former East German territories. **~ˌfront** *f mil. hist.* east(ern) front. **~ge|bie·te** *pl pol.* Eastern territories (of Germany). **~ˌgeld** *n* → **Ostmark²**. **≈ger·ˌma·nisch** *adj* East Germanic. **~ˌgo·te** *m hist.* Ostrogoth. **~ˌgren·ze** *f pol.* Eastern frontier (*od.* border).

osti·nat [ɔstiˈnaːt], **ostiˈna·to** [-to] *adv u. adj*, **Ostiˈna·to** *n, m mus.* ostinato.

ˈostˈin·disch *adj* (East) Indian; *hist.* **≈e Gesellschaft** East India Company.

ˈostisch *adj anthrop. Rasse*: Alpine.

ˈOst|ˌju·de *m* Eastern Jew, Ashkenazi. **~ˌkir·che** *f* Orthodox Church.

öst·lich [ˈœstlɪç] **I** *adj* **1.** *Landesteil etc*: east(ern), *Richtung etc*: easterly; **~st** easternmost; **~e Länge** longitude east; **in ~er Richtung** (toward[s] the) east, eastward(s); **Wind aus ~en Richtungen** easterly wind. **2.** (*morgenländisch*) Eastern, eastern, Oriental, oriental. **II** *prep* ‹*gen*› **3.** (*adv* **~ von**) (to the) east of.

ˈOstˌmark¹ *f hist.* a) Austria, b) Eastern march (*od.* borderland), c) Ostmark.

ˈOstˌmark² *f econ.* East German mark.

ˌOstˌnord|ˈost ‹*invariable*›, **~ˈosten** *m* east-northeast.

ˈOst|po·liˌtik *f* Ostpolitik. **~ˌpreu·ße** *m*, **~ˌpreu·ßin** *f*, **≈ˌpreu·ßisch** *adj* East Prussian. **~ˌpunkt** *m astr.* east point, due east.

Ostra·zis·mus [ɔstraˈtsɪsmʊs] *m* ‹-; *no pl*› *antiq.* ostracism.

Östro·gen [œstroˈgeːn] *n* ‹-s; -e› *biol.* (o)estrogen.

ˈOst|ˌrom *n* ‹-s; *no pl*› *hist.* the Eastern Roman (*od.* Byzantine) Empire. **≈ˌrö·misch** *adj* Eastern Roman, Byzantine; **das ≈e Reich** → **Ostrom.** **~ˌsei·te** *f* east side. **~ˌsek·tor** *m pol.* East Sector.

ˌOstˌsüd|ˈost ‹*invariable*›, **~ˈosten** *m* east-southeast.

ˈOst|verˌträ·ge *pl pol.* treaties with Eastern Bloc (*od.* Warsaw Pact) states. **≈ˌwärts** *adv* eastward(s), (to the) east.

ˈOst-ˈWest|-BeˌzieHun·gen *pl* East-West relations. **~-ˌHan·del** *m* East-West trade.

ˈOst|ˌwind *m* east wind. **≈zoˌnal** *adj* (relating to the) Eastern Zone. **~ˌzo·ne** *f* Eastern Zone.

Os·zil|la·ti·on [ɔstsɪlaˈtsɪ̆oːn] *f* ‹-; -en› oscillation, swing. **~ˈla·tor** [-ˈlaːtɔr] *m* ‹-s; -en [-laˈtoːrən]› oscillator. **≈ˈlie·ren** [-ˈliːrən] *v/i* ‹*no* **ge-**, **h**› oscillate, swing.

Os·zil·lo|gramm [ɔstsɪloˈgram] *n* ‹-s; -e› oscillogram. **~ˈgraph** [-ˈgraːf] *m* ‹-en; -en› oscillograph, oscilloscope.

Ot·al·gie [otalˈgiː] *f* ‹-; **-n** [-ən]› (*Ohrenschmerz*) otalgia.

Oti·tis [oˈtiːtɪs] *f* ‹-; **-tiden** [otiˈtiːdən]› *med.* otitis, inflammation of the ear.

Oto·lo·gie [otoloˈgiː] *f* ‹-; *no pl*› *med.* otology.

Ot·ter¹ [ˈɔtər] *m* ‹-s; -› *zo.* otter.

ˈOt·ter² *f* ‹-; -n› *zo.* adder, viper.

Ot·to·ma·ne [ɔtoˈmaːnə] *f* ‹-; -n› → **Sofa.**

ot·toˈma·nisch *adj* → **osmanisch.**

ˈOt·toˌmo·tor [ˈɔto-] *m* Otto (internal-combustion) engine.

Ot·to·ne [ɔˈtoːnə] *m* ‹-n; -n› *hist.* Ottonian.

Ou·ver·tü·re [uvɛrˈtyːrə] *f* ‹-; -n› *mus. u. fig.* overture (**zu** to).

oval [oˈvaːl] **I** *adj* oval. **II ≈** *n* ‹-s; -e› oval (form *od.* shape).

Ov·al·bu·min [ovalbuˈmiːn] *n* ‹-s; *no pl*› *biol. chem.* ovalbumin, egg albumin.

Ova·ti·on [ovaˈtsɪ̆oːn] *f* ‹-; -en› ovation; **j-m e-e ~ darbringen** (*od.* **bereiten**) give s. o. an ovation, ovation s. o.

Over·all [ˈoːvəroːl; ˈəʊvərɔːl] (*Engl.*) *m* ‹-s; -s› overalls *pl*, boiler suit.

ovi·par [oviˈpaːr] *adj biol. zo.* oviparous.

Ovu·la·ti·on [ovulaˈtsɪ̆oːn] *f* ‹-; -en› *biol.* ovulation. **Ovu·la·tiˈons|ˌhem·mer** *m* ‹-s; -› *meist pl* ovulation inhibitor.

Oxalˌsäu·re [ɔˈksaːl-] *f* ‹-; *no pl*› *chem.* oxalic acid.

ˈOx·ford-BeˌwE·gung [ˈɔksfɔrt-] *f relig.* Oxford Movement.

Ox·for·der [ˈɔksfɔrdər] **I** *m* ‹-s; -› Oxonian, Oxfordian (*a.* = student *od.* graduate of Oxford University). **II** *adj* Oxonian, Oxfordian, (of) Oxford.

Oxid [ɔˈksiːt] *n* ‹-(e)s; -e›, **Oxyd** [ɔˈksyːt] *n* ‹-(e)s; -e› *chem.* oxide.

Oxy·da·ti·on [ɔksydaˈtsɪ̆oːn] *f* ‹-; -en› *chem.* oxidation.

oxy·da·tiˈons|ˌfä·hig *adj* oxidizable. **~ˌfest** *adj* non(-)oxidizable. **≈ˌmit·tel** *n* oxidizing agent, oxidizer, oxidant.

oxyˈdier·bar *adj* oxidizable. **oxyˈdie·ren** [ɔksyˈdiːrən] *v/t u. v/i* ‹*no* **ge-**, **h**› oxidize. **Oxyˈdie·rung** *f* ‹-; -en› oxid(iz)ation.

Oxy·dul [ɔksyˈduːl] *n* ‹-s; *no pl*› *chem.* suboxide, lower oxide, protoxide.

Oxy·gen [ɔksyˈgeːn] *n* ‹-s; *no pl*› *chem.* oxygen. **~ˌgas** *n* oxygen gas.

Ozaˈlid|ˌlichtˌpau·se [otsaˈliːt-] *f tech.* Ozalid print. **~verˌfah·ren** *n* Ozalid printing process.

Oze·an [ˈoːtseaːn; otseˈaːn] *m* ‹-s; -e› ocean, sea; **Großer** (*od.* **Stiller, Pazifischer**) **~** Pacific (Ocean); **Atlantischer** (**Indischer**) **~** Atlantic (Indian) Ocean. **~ˌdampf·er** *m* (ocean) liner, ocean-going (*od.* transoceanic) steamer. **~ˌflug** *m* a) transoceanic flight, b) transatlantic flight.

Ozea·ni·er [otseˈaːnɪ̆ər] *m* ‹-s; -› *geogr.* Oceanian. **ozea·nisch** [otseˈaːnɪʃ] *adj* oceanic, *geogr. a.* Oceanian.

Ozea·no·gra·phie [otseanograˈfiː] *f* ‹-; *no pl*› oceanography.

ˈOze·anˌrie·se *m colloq.* huge ocean liner.

Oze·lot [ˈoːtsəlɔt] *m* ‹-s; -e› *zo.* ocelot, (*Pelz*) ocelot (fur).

Ozon [oˈtsoːn] *n, colloq. m* ‹-s; *no pl*› *chem.* ozone. **~geˌhalt** *m* ‹-(e)s; *no pl*› ozone concentration (*od.* content). **≈ˌhal·tig** *adj* ozonic, containing ozone.

ozo·ni·sie·ren [otsoniˈziːrən] *v/t* ‹*no* **ge-**, **h**› ozonize, ozonate.

Ozo·no·sphä·re [otsonoˈsfɛːrə] *f meteor.* ozonosphere.

ozon|ˌreich [oˈtsoːn-] *adj* rich in ozone. **≈ˌschicht** *f* ozone layer, ozonosphere.

P

P, p [peː] *n* ‹-; -› P, p (*Buchstabe*).
Pä·an [pɛˈaːn] *m* ‹-s; -e› *antiq.* paean.
paar [paːr] **I** *indef pron* ‹*undeclined*› **1.** **ein ~** (*einige*) a few, some, *colloq.* a couple of; **ein ~ hundert** several (*od.* a few) hundred; **die ~ Mark!** the couple of marks!, the odd mark or two!; **vor ein ~ Tagen** a few days ago, the other day; **mit ein ~ Worten** in a few words, in a nutshell; **schreiben Sie mir ein ~ Zeilen?** drop me a line!; **sich mit ein ~ Zeilen bedanken** write a few words of thank; *colloq.* **du kriegst gleich ein ~!** I'll land you one in a minute; **ein ~ dutzendmal** dozens (and dozens) of times, time and again; **ein ~ Male** → **paarmal.** **II** *adj* **2.** *Blätter, Flossen etc*: paired. **3.** *Zahl*: even; **~ oder unpaar** even or odd (*od.* uneven).
Paar *n* ‹-(e)s; -e, *nach Zahlenangabe*: -› **1.** (*zwei gleiche, zs.-gehörige Dinge*) pair; **ein ~ neue** (*rare* **neuer**) **Schuhe** a pair of new shoes; **ein ~ Hosen** (*e-e Hose*) a pair of trousers. **2.** (*Mann u. Frau*) pair, couple, two, *poet.* twain; **in** (*od.* **zu**) **~en** in pairs, in couples, two by two, in twos; **das neuvermählte ~** the newly-married couple, the newly-weds *pl*; **sie sind** (*od.* **bilden**) **ein ungleiches ~** they are (*od.* make) a poorly matched couple; **ein ~ werden** become man and wife; *iro.* **sie sind ein würdiges ~** they are a fine pair! **3.** (*Zweigespann*) *von Zugtieren*: pair, yoke, *von Hunden, a. hunt.* brace, pair, couple. **4.** *Kartenspiel*: pair. **5.** *phys. tech.* (*Kräfte♀*) pair, couple. **6.** *fig. obs.* **zu ~en treiben** put (*enemy*) to flight, rout. **~ˌbil·dung** *f nucl.* pair production.
paa·ren [ˈpaːrən] **I** *v/t* ‹h› **1.** pair (*people, animals*) (off), *Sport*: draw (*teams, competitors*) against each other, *tech.* mount *s. th.* in pairs, pair. **2.** *biol.* mate. **3.** *fig.* combine; **Mut mit Vorsicht ~** combine courage and (*od.* with) caution. **II** *v/reflex* **sich ~** **4.** pair off (**mit j-m** with s. o.). **5.** *biol.* a) *höheres Tier*: mate, b) *niedere Tiere, Einzeller*: copulate, couple, *bes. Zellen*: conjugate. **6.** *math. phys.* conjugate, unite. **7.** *fig.* combine. **III ♀** *n* ‹-s› **8.** pairing (*etc*). **9.** → Paarung.
ˈPaarˌhu·fer [-ˌhuːfər] *m* ‹-s; -› cloven-hoofed animal, artiodactyl.
ˈpaa·rig *adj bot. etc* in pairs, paired.
ˈPaar|ˌlauf *m*, **~ˌlau·fen** *n Eiskunstlauf*: pair skating. **~ˌläu·fer** *m*, **~ˌläu·fe·rin** *f* pair skater. **♀ˌmal** *adv* **ein ~**, *colloq.* **~** a few (*od.* several) times, once or twice, *colloq.* a couple of times. **~ˌreim** *m metr.* consecutive (*od.* adjacent) rhyme.
ˈPaa·rung *f* ‹-; -en› **1.** → **paaren** 8. **2.** *biol.* (*Hochzeit*) mating, (*Akt*) copulation. **3.** *Sport*: matching. **4.** *TV* (line) pairing.
ˈPaa·rungs|ˌtrieb *m biol.* mating urge. **~ˌzeit** *f zo.* mating (*od.* pairing, rutting) season (*od.* time).
ˈPaar|verˌnich·tung *f nucl.* pair annihilation. **♀ˌwei·se I** *adv* **1.** in pairs, in twos, two at a time; **~ antreten** line up two by two, *bes. mil.* draw up in double file. **2.** *bot.* (*a.* **~ stehend**) conjugate. **II** *adj* **3.** *Anordnung etc*: in pairs, in twos.
Pacht [paxt] ‹-; -en› *econ.* **1.** lease; **in ~ geben** (**haben, nehmen**) let (hold, take) *s. th.* on lease. **2.** (*~besitz*) leasehold (property), tenure by lease. **3.** (*~geld*) rent. **~beˌsitz** *m* → Pacht 2. **~beˌtrieb** *m* **1.** *agr.* farm held on lease, leasehold estate (*od.* farm), tenant farm. **2.** *econ.* enterprise (*od.* plant) held on lease. **~ˌbrief** *m* → **Pachtvertrag.** **~ˌdau·er** *f* tenancy, duration of a lease.
pach·ten [ˈpaxtən] *v/t* ‹h› (*Grundstück etc*) (take *s. th.* on) lease; *fig. colloq.* **sie tut, als ob sie dich gepachtet hätte** she acts (*od.* behaves) as if she had a monopoly of you; **er tut, als ob er die Weisheit (allein) gepachtet hätte** he thinks he knows everything. **Päch·ter** [ˈpɛçtər] *m* ‹-s; -› leaseholder, lessee, *e-s Hofes*: tenant (farmer).
ˈPacht|erˌtrag *m* rental (received). **♀ˌfrei** *adj* rent-free. **~ˌge·genˌstand** *m* object of lease (contract). **~ˌgeld** *n* rent. **~ˌgrundˌstück** *n* leasehold (property), (lease-)holding (of land). **~ˌgut** *n* leasehold property (*od.* estate). **~ˌherr** *m* lessor, *e-s Hofes etc*: landlord, owner (of a farm). **~ˌhof** *m* leased (*od.* rented, tenant) farm. **~ˌjahr** *n* leasehold (*od.* tenancy) year. **~ˌland** *n* leasehold land. **~ˌsum·me** *f* rent(al). **~-ˌund-ˈLeih·geˌsetz** *n* U. S. Lend-Lease Act (*1941*). **~-ˌund-ˈLeih·verˌtrag** *m* lend-lease (contract). **~ˌurˌkun·de** *f* (instrument of) lease. **~verˌhält·nis** *n* tenancy. **~verˌtrag** *m* (contract *od.* indenture of) lease. **♀ˌwei·se** *adv* on lease, by (way of) lease. **~ˌwert** *m* rental value. **~ˌzeit** *f* (term of) lease, tenure. **~ˌzins** *m* rent.
Pack[1] [pak] *m* ‹-(e)s; -e *u.* ⸚e› *Bücher, Wäsche etc*: pack, (*Paket*) package, packet, (*Bündel*) bundle, (*Stapel*) pile, stack, heap, (*Ballen*) bale; *fig.* **mit Sack und ~** bag and baggage.
Pack[2] *n* ‹-(e)s; *no pl*› *colloq. contp.* lot, pack, (*Gesindel*) rabble, riffraff; **ein faules ~** a lazy lot; **~ schlägt sich, ~ verträgt sich** (*Sprichwort*) *etwa* the rabble are foes one minute, friends the next.
Päck·chen [ˈpɛkçən] *n* ‹-s; -› **1.** small parcel, packet (*Am.* pack) (*of cigarettes*), pack (*bes. Am.*) deck (*of cards*). **2.** *fig.* (*Bürde*) burden, worries *pl*, troubles *pl*; **jeder hat sein ~ zu tragen** everyone has his burden to bear. **3.** *mar. colloq.* overall.
ˈPackˌeis *n* pack-ice.
packen (*getr.* **-k·k-**) [ˈpakən] **I** *v/t* ‹h› **1.** (*ein~*) pack (up), do up (in parcels), wrap up; *colloq.* **j-n ins Bett ~** pack s. o. off to bed; **j-n in e-e Decke ~** wrap s. o. up in a blanket; **s-e Koffer ~** a) pack one's things, b) *fig. colloq.* pack up, clear out. **2.** (*ergreifen*) grab, seize, grip, catch hold of, grasp, clutch; **j-n am Kragen ~** collar s. o., seize s. o. by the scruff of the neck; *fig.* **das Entsetzen packte ihn** he was seized with (*od.* overcome by) horror; *fig. colloq.* **diesmal hat es mich gepackt** (*ich bin krank od. verliebt*) I've got it badly this time; → **Gelegenheit** 1. **3.** *fig.* grip, thrill, hold *s. o.* spellbound; **er versteht es, s-e Zuhörer zu ~** he knows how to grip (*od.* hold) his audience. **4.** *fig. colloq.* **es ~** a) (*fertigbringen*) make it, do it, b) (*zurechtkommen*) cope (with it), c) (*besiegen, a. weitS. fertigwerden mit*) lick it, d) (*verstehen*) get it. **II** *v/i* **5.** pack. **III** *v/reflex* **sich ~** **6.** *fig. colloq.* make (*od.* be) off, clear out, decamp; **pack dich!** beat it!
ˈPacken (*getr.* **-k·k-**) *m* ‹-s; -› pack, large packet (*od.* parcel, bundle), (*Haufen*) stack, pile, (*Ballen*) bale.
ˈpackend (*getr.* **-k·k-**) *adj Rede etc*: gripping, enthralling, (intensely) absorbing, *Film etc*: thrilling, exciting, breathtaking.
ˈPacker (*getr.* **-k·k-**) *m* ‹-s; -› **1.** packer, (*Möbel♀*) removal man. **2.** (*Hetzhund*) boar hound, coursing dog. **Pa·ckeˈrei** (*getr.* **-k·k-**) *f* ‹-; -en› **1.** ‹*only sg*› *colloq.* (constant) packing. **2.** packing room (*od.* department). **ˈPacke·rin** (*getr.* **-k·k-**) *f* ‹-; -nen› woman packer.
ˈPack|ˌesel *m* pack-mule, sumpter-mule, *fig.* drudge. **~ˌfilm** *m* film pack. **~ˌkorb** *m* basket, hamper, *für Lasttiere*: pannier. **~ˌla·ge** *f civ.eng.* (sub)base, bottoming. **~ˌlei·nen** *n*, **~ˌleinˌwand** *f* packcloth, sackcloth, packing cloth. **~ˌli·ste** *f* packing list. **~maˌschi·ne** *f* **1.** packing (*od.* casing) machine, packer. **2.** → Packpresse. **~ma·te·riˌal** *n* → **Verpackungsmaterial.** **~paˌpier** *n* packing (*od.* wrapping) paper, *als Papiersorte*: brown paper, *starkes*: kraft (paper). **~ˌpferd** *n* pack-horse, sumpter-horse. **~ˌpres·se** *f tech.* packing (*od.* bundle) press. **~ˌraum** *m* packing room (*od.* department). **~ˌsat·tel** *m* pack-saddle. **~ˌschnur** *f* (packing) string (*od.* cord). **~ˌstra·ße** *f* packaging line. **~ˌtier** *n* pack animal.
ˈPackung (*getr.* **-k·k-**) *f* ‹-; -en› **1.** package, pack(et *Br.*) (*of cigarettes*), box (*of chocolate*). **2.** (*Ver♀*) package, wrapping, wrapper. **3.** (*Umschlag*) pack(ing), compress, (*Gesichts♀*) (facial) pack. **4.** *tech.* (*Dichtung*) packing, gasket. **5.** → **Packlage.**

'Packungs|,an,teil (*getr.* -k·k-) *m nucl.* packing fraction. **~,bei,la·ge** *f pharm.* package insert.

'Pack|,wa·gen *m* **1.** *mil.* baggage van. **2.** → **Gepäckwagen.** **~,zet·tel** *m* packing list, list of goods contained, (*Kontrollschein*) packing label (*od.* slip), docket.

Päd·ago·ge [pɛda'go:gə] *m* ‹-n; -n› **1.** (*Lehrer*) teacher. **2.** (*Erziehungswissenschaftler*) education(al)ist, educator. **Päd·ago·gik** [-'go:gɪk] *f* ‹-; *no pl*› pedagogics *pl* (*als sg konstruiert*), p(a)edagogy, (theory of) education. **päd·ago·gisch** [-'go:gɪʃ] *adj* educational, p(a)edagogic(al); **~e Hochschule** college of education.

Pad·del ['padəl] *n* ‹-s; -› (*Doppel*≗ double-bladed) paddle. **~,boot** *n* canoe.

pad·deln¹ ['padəln] *v/i* ‹**sein**› *u. v/t* ‹**h**› paddle, canoe.

'pad·deln² *v/i* ‹**h**› *colloq.* dog-paddle.

'Padd·ler *m* ‹-s; -› canoeist, paddler.

Päd·erast [pɛde'rast] *m* ‹-en; -en› p(a)ederast. **Päd·era'stie** [-'ti:] *f* ‹-; *no pl*› p(a)ederasty.

Päd·ia·trie [pɛdĭa'tri:] *f* ‹-; *no pl*› (*Kinderheilkunde*) p(a)ediatrics *pl* (*als sg od. pl konstruiert*).

paff [paf] *interj* crack!, bang!

paf·fen ['pafən] **I** *v/t* ‹**h**› *colloq. oft contp.* smoke, (*bes. Pfeife*) puff (away) at. **II** *v/i* smoke, puff one's pipe.

Pa·ge ['pa:ʒə] *m* ‹-n; -n› **1.** *hist.* page. **2.** page-boy, *Am.* bellboy.

'Pa·gen|fri,sur *f*, **~,kopf** *m* bob(bed hair).

pa·gi·nie·ren [pagi'ni:rən] *v/t* ‹*no* **ge-**, **h**› *print.* paginate, page, number.

Pa·go·de [pa'go:də] *f* ‹-; -n› *arch.* pagoda.

pah [pa:] *interj* pah!, pooh!, pshaw!

Pail·let·te [pa'jɛtə] *f* ‹-; -n› *meist pl* paillette, sequin.

Pair [pɛ:r] (*Fr.*) *m* ‹-s; -s› *hist.* peer.

Pak [pak] *f* ‹-; -(s)› *mil. short for* **Panzerabwehrkanone.**

Pa·ket [pa'ke:t] *n* ‹-(e)s; -e› **1.** package (*a. pol.*), *kleines*: packet, (*Bündel*) bundle, pile; **ein ~ Waschmittel** a package of detergent; **ein ~ Aktien** a parcel (*od.* block) of shares. **2.** *Post*: parcel. **3.** *tech.* fag(g)ot, pile, truss, bundle. **4.** *print.* packet. **~adres·se** [-ˀa,drɛsə] *f* → **Paketaufschrift.** **~,an,nah·me(,stel·le)** *f* parcel counter, receiving office. **~,auf,schrift** *f* parcel address. **~,aus,ga·be(,stel·le)** *f* parcel delivery. **~,bom·be** *f* parcel bomb. **~,kar·te** *f* parcel bill, *für Auslandspakete*: dispatch note. **~,post** *f* parcel post (*Am.* mail). **~,schal·ter** *m* parcel counter. **~,zu,stel·ler** *m* parcel delivery man. **~,zu,stel·lung** *f* parcel delivery.

'Pak·ge,schütz *n* anti-tank gun.

Pa·ki·sta·ner [pakɪs'ta:nər] *m* ‹-s; -›, **Pa·ki'sta·ni** [-'ta:ni] *m* ‹-s; -› Pakistani, inhabitant (*od.* native) of Pakistan. **pa·ki'sta·nisch** [-'ta:nɪʃ] *adj* Pakistan(i).

Pakt [pakt] *m* ‹-(e)s; -e› *bes. pol.* pact. **pak·tie·ren** [pak'ti:rən] *v/i* ‹*no* **ge-**, **h**› **mit j-m ~** make a pact (*od.* a deal, an agreement) with s. o., come to terms with s. o.

Pa·lais [pa'lɛ:] *n* ‹- [-'lɛ:(s)]; - [-'lɛ:s]› palace.

Pa·läo ..., pa·läo ... *in Zssgn* pal(a)eo ...

Pa·läo·bio·lo·gie [palɛobiolo'gi:] *f etc* pal(a)eobiology, *etc.*

Pa·läo·gen [palɛo'ge:n] *n* ‹-s; *no pl*› *geol.* Pal(a)eogene.

Pa·läo|graph [palɛo'gra:f] *m* ‹-en; -en› (*Kenner alter Handschriften*) pal(a)eographer. **~gra'phie** [-gra'fi:] *f* ‹-; *no pl*› pal(a)eography. **~'lith** [-'li:t; -'lɪt] *m* ‹-en; -en› *archeol.* pal(a)eolith. **~'li·thi·ker** [-'li:tikər; -'lɪtikər] *m* ‹-s; *no pl*› *anthrop.* Pal(a)eolithic man. **~'li·thi·kum** [-'li:tikum; -'lɪtikum] *n* ‹-s; *no pl*› *geol.* Pal(a)eolithic period. **≗'li·thisch** [-tɪʃ] *adj* Pal(a)eolithic. **~lo'gie** [-lo'gi:] *f* ‹-; *no pl*› pal(a)eology.

Pa·lä·on·to·lo·gie [palɛontolo'gi:] *f* ‹-; *no pl*› pal(a)eontology.

Pa·läo|zoi·kum [palɛo'tso:ikum] *n* ‹-s; *no pl*› *geol.* Pal(a)eozoic (age *od.* era). **≗'zo·isch** [-'tso:ɪʃ] *adj* Pal(a)eozoic.

Pa·last [pa'last] *m* ‹-(e)s; Paläste› palace. **≗,ar·tig** *adj* palacelike, like a palace, palatial.

Pa·lä·sti·nen·ser [palɛsti'nɛnzər] *m* ‹-s; -›. **pa·lä·sti'nen·sisch** [-zɪʃ], **pa·lä'sti·nisch** [-'ti:nɪʃ] *adj* Palestinian.

Pa'last·re·vo·lu·ti,on *f a. fig.* palace revolution.

pa·la·tal [pala'ta:l] *ling.* **I** *adj* palatal. **II** ≗ *m* ‹-s; -e› → **≗,laut** *m* palatal (sound).

Pa·la·tin¹ [pala'ti:n], **der** ‹-s› the Palatine (Hill) (*in Rome*).

Pa·la'tin² *m* ‹-s; -e› *hist.* **1.** → **Pfalzgraf.** **2.** *in Ungarn*: palatine.

pa·la'ti·nisch *adj* **1.** *hist.* (*pfälzisch*) palatine. **2. der ≗e Hügel** (*in Rom*) the Palatine (Hill).

Pa·la·tschin·ke [pala'tʃɪŋkə] *f* ‹-; -n› *meist pl gastr. Austrian* thin pancake filled with jam.

Pa·la·ver [pa'la:vər] *n* ‹-s; -› palaver (*a. fig. colloq.*). **pa'la·vern** *v/i* ‹*no* **ge-**, **h**› palaver, blather, chatter.

Pal·eo·zän [paleo'tsɛ:n] *n* ‹-s; *no pl*› *geol.* Paleocene.

Pa·le·tot ['paləto; palə'to:] *m* ‹-s; -s› *obs.* paletot, overcoat, greatcoat, topcoat.

Pa·let·te [pa'lɛtə] *f* ‹-; -n› **1.** *Kunst*: palette; *fig.* **e-e breite ~ von** a wide range (*od.* selection) of. **2.** *tech.* pallet.

Pa·li·sa·de [pali'za:də] *f* ‹-; -n› *mil. hist.* palisade.

Pa·li·san·der [pali'zandər] *m* ‹-s; -›, **~,holz** *n* (Brazilian) rosewood, palisander.

pal·lia|tiv [palĭa'ti:f] **I** *adj* palliative. **II** ≗ *n* ‹-s; -e›, *a.* **≗'ti·vum** [-'ti:vum] *n* ‹-s; -va› palliative.

Pal·ma·rum [pal'ma:rum] *n* ‹*undeclined*› → **Palmsonntag.**

'Palm|,baum *m* palm tree. **~,blatt** *n* palm leaf. **~,but·ter** *f* → **Palmfett.**

Pal·me ['palmə] *f* ‹-; -n› *bot.* (*a. fig. Sieges*≗) palm; *fig. colloq.* **j-n auf die ~ bringen** get (*od.* put) s. o.'s monkey up, get s. o.'s goat; **die ~ erringen** carry off (*od.* win) the palm.

'Pal·men|,blatt·ka·pi,tell *n arch.* palm capital. **~,boh·rer** *m zo.* palm weevil. **~,hain** *m* palm grove.

'Palm,fett *n* palm butter.

Pal·mi·tin [palmi'ti:n] *n* ‹-s; *no pl*› *chem.* palmitin. **~,säu·re** *f* palmitic acid.

'Palm|,kätz·chen *n meist pl bot.* (willow) catkin. **~,kern** *m* palm kernel (*od.* nut). **~,öl** *n* palm oil. **~,sonn,tag** *m relig.* Palm Sunday. **~,we·del** *m* palm branch (*od.* leaf). **~,wein** *m* palm wine.

Pal·pi·ta·ti·on [palpita'tsĭo:n] *f* ‹-; -en› (*Herzklopfen*) palpitation. **pal·pi'tie·ren** [-'ti:rən] *v/i* ‹*no* **ge-**, **h**› palpitate.

Pam·pa ['pampa] *f* ‹-; -s› *geogr.* pampas *pl, rare* pampa.

'Pam·pas|,gras *n* pampas grass. **~,ha·se** *m* Patagonian cavy, mara.

Pam·pe ['pampə] *f* ‹-; *no pl*› *colloq.* (thick) mud, *fig. contp.* (*Essen*) mush, pap.

Pam·pel·mu·se ['pampəlmu:zə; ,pampəl'mu:zə] *f* ‹-; -n› *bot.* grapefruit.

Pam·phlet [pam'fle:t] *n* ‹-(e)s; -e› pamphlet. **Pam·phle'tist** [-fle'tɪst] *m* ‹-en; -en› pamphleteer.

pam·pig ['pampɪç] *adj* **1.** *colloq.* impudent, cheeky, snotty. **2.** *dial.* pappy, pulpy.

Pan [pa:n] *npr m* ‹-s; *no pl*› *myth.* Pan.

Pan ..., pan ... *in Zssgn* Pan ..., pan ...

pan·af·ri·ka·nisch [panˀafri'ka:nɪʃ] *adj* Pan-African.

'Pa·na·ma(,hut) ['pa(:)nama-] *m* panama (*od.* Panama) (hat).

'Pa·na·ma,rin·de *f med. pharm.* soap bark.

pa·na·schie·ren [pana'ʃi:rən] **I** *v/i* ‹*no* **ge-**, **h**› **1.** variegate, mottle. **2.** *pol.* split one's vote (*Am. a.* ticket). **II** ≗ *n* ‹-s› **3.** variegating (*etc*). **4.** *pol.* preferential (*Am.* split) voting.

Pan·azee [pana'tse:(ə)] *f* ‹-; -n [-'tse:ən]› (*Allheilmittel*) panacea, cure-all.

pan·chro·ma·tisch [pankro'ma:tɪʃ] *adj phot.* panchromatic.

Pan·da ['panda] *m* ‹-s; -› *zo.* panda.

Pan·do·ra [pan'do:ra] *npr f* ‹-; *no pl*› *myth.* Pandora; **die Büchse der ~** Pandora's box.

Pa·neel [pa'ne:l] *n* ‹-s; -e› *arch.* (*Täfelung*) panel (*a. einzelnes Fach*), panel(l)ing, wainscot(ing). **pa·nee'lie·ren** [pane'li:rən] *v/t* ‹*no* **ge-**, **h**› panel, wainscot.

Pan·egy·ri·ker [pane'gy:rikər] *m* ‹-s; -› panegyrist. **pan·egy·risch** [-'gy:rɪʃ] *adj* panegyric(al) (*poem, etc*).

Pa·nel ['pɛnəl; pænl] (*Engl.*) *n* ‹-s; -s› *Meinungsforschung, Werbung*: panel.

'Pan,flö·te *f* panpipe, pandean pipe.

päng [pɛŋ] *interj* bang!

Pa·nier [pa'ni:r] *n* ‹-s; -e› **1.** *obs.* banner. **2.** *fig.* motto, watchword.

pa·nie·ren [pa'ni:rən] *v/t* ‹*no* **ge-**, **h**› *gastr.* cover *s. th.* with (egg and) breadcrumbs.

Pa'nier,mehl *n gastr.* breadcrumbs *pl.*

pa·niert [pa'ni:rt] *adj* breaded.

Pa·nik ['pa:nɪk] *f* ‹-; -en› panic, scare, *von Vieh, Menschenmassen*: stampede; **in ~ geraten** (get into a) panic; **in ~ versetzen** panic, strike with terror, stampede; **von (e-r) ~ erfaßt werden** (be seized with) panic; **(nur) keine ~!** don't panic! **≗,ar·tig I** *adj* panic-like, panicky. **II** *adv* **~ fliehen** flee in panic-like fear. **~,ma·che** *f* ‹-; *no pl*› *colloq.* scaremongering. **~,ma·cher** *m* panicmonger. **~,stim·mung** *f* (atmosphere of) panic; **in (e-e) ~ geraten** (get into a) panic.

'pa·nisch *adj Furcht etc*: panic; **von ~er Angst ergriffen** panic-stricken, panic-struck, seized with panic.

Pan·kre·as ['pankreas] *n* ‹-; **-kreaten** [-'a:tən]› *anat.* pancreas.

Pan·ne ['panə] *f* ‹-; -n› **1.** breakdown, *mot. a.* engine trouble (*od.* failure), (*Reifen*≗) flat tyre (*Am.* tire), puncture, blow-out; **e-e ~ haben** *a.* break down. **2.** *fig.* (*Mißgeschick*) mishap, (*Schnitzer*) gaffe, slip-up.

'Pan·nen|,hil·fe *f mot.* breakdown service. **≗,si·cher** *adj* foolproof, failsafe.

Pan·op·ti·kum [pa'nɔptikum] *n* ‹-s; -tiken› waxworks *pl* (*als sg od. pl konstruiert*).

Pan·ora·ma [pano'ra:ma] *n* ‹-s; -ramen› panorama. **~,auf,nah·me** *f* panorama (*od.* panoramic) photograph. **~,bild** *n* panoramic picture (*od.* view). **~,kar·te** *f geogr.* panoramic map. **~,kopf** *m Film*: panoramic head, panhead. **~,schei·be** *f* panorama (*od.* wrap-around) window, *mot.* panoramic windscreen (*Am.* windshield). **~ˌschwenk** *m Film*: pan(orama) shot, movie panning. **~ˌspie·gel** *m mot.* panoramic rear-view mirror. **~ˌstra·ße** *f* scenic road.

pa·no·ra·mie·ren [panoraˈmiːrən] *v/i* ⟨*no* ge-, h⟩ *phot. Film*: pan.

pan·schen [ˈpanʃən] *colloq.* **I** *v/t* ⟨h⟩ (*Wein, Milch etc*) adulterate, water (down). **II** *v/i* → **planschen.** **ˈPan·scher** *m* ⟨-s; -⟩ *colloq.* adulterator.

Pan·sen [ˈpanzən] *m* ⟨-s; -⟩ *zo.* paunch, rumen.

Pan·sla·wis·mus [panslaˈvɪsmʊs] *m* ⟨-; *no pl*⟩ *pol.* Pan-Slavism. **pan·slaˈwi·stisch** *adj* Pan-Slav.

Pan·the·is·mus [panteˈɪsmʊs] *m* ⟨-; *no pl*⟩ *philos.* pantheism. **Pan·theˈist** [-ˈɪst] *m* ⟨-en; -en⟩ pantheist. **pan·theˈistisch** *adj* pantheistic.

Pan·ther [ˈpantər] *m* ⟨-s; -⟩ *zo.* panther.

Pan·ti·ne [panˈtiːnə] *f* ⟨-; -n⟩ *meist pl Northern G. for* Pantoffel; → **kippen** 1.

Pan·tof·fel [panˈtɔfəl] *m* ⟨-s; -n⟩ slipper, mule; *fig. colloq.* **unter dem ~ stehen** be henpecked; **sie hat ihn unter dem ~** she has him under her thumb, she wears the trousers (*od.* pants). **~ˌblu·me** *f* slipperwort, calceolaria. **~ˌheld** *m colloq.* henpecked husband. **~ˌki·no** *n colloq.* telly, goggle-box. **~ˌtier·chen** *n zo.* slipper animalcule, param(o)ecium.

Pan·to|mi·me[1] [pantoˈmiːmə] *f* ⟨-; -n⟩ *thea.* dumb show, (panto)mime. **~ˈmi·me**[2] *m* ⟨-n; -n⟩ pantomimist. **≈ˈmi·misch** *adj* pantomimic, pantomime; *adv* **~ darstellen** act out in dumb show, pantomime.

pant·schen [ˈpantʃən] *v/t u. v/i* ⟨h⟩ → **panschen** I, **planschen.**

Pan·zer [ˈpantsər] *m* ⟨-s; -⟩ **1.** *mil.* (battle) tank. **2.** *mil. hist.* (*Rüstung*) (suit of) armo(u)r, (*Ketten*≈) chain mail, (*Harnisch*) cuirass; *fig.* **ein ~ aus Gleichgültigkeit** an armo(u)r (*od.* a wall) of indifference. **3.** *tech.* armo(u)r(-plating). **4.** *zo.* shell, shield, armo(u)r. **~ˌabˌwehr** *f* anti-tank defen/ce (*Am.* -se). **~ˌabˌwehr·kaˌno·ne** *f* anti-tank gun. **~ˌabˌwehr·raˌke·te** *f* anti-tank rocket. **~ˌanˌgriff** *m* armo(u)red (*od.* tank) attack. **~ˌau·to** *n* armo(u)red car. **~ba·tailˌlon** *n* armo(u)red (*od.* tank) battalion. **~beˌsat·zung** *f* tank crew. **≈ˌbre·chend** *adj Munition etc*: armo(u)r-piercing. **~briˌga·de** *f* armo(u)red (*od.* tank) brigade. **~di·vi·siˌon** *f* armo(u)red division. **~ˌdrehˌturm** *m* revolving armo(u)red turret. **~ˌech·se** *f* → **Krokodil** 1. **~ˌfahrˌzeug** *n* armo(u)red vehicle. **~ˌfal·le** *f* tank trap. **~ˌfaust** *f* (recoilless) anti-tank grenade launcher. **~ˌglas** *n* bullet-proof glass. **~ˌgra·ben** *m* anti-tank ditch. **~gre·naˌdier** *m* armo(u)red infantryman. **~ˌhandˌschuh** *m mil. hist.* ga(u)ntlet. **~ˌhemd** *n* shirt (*od.* coat) of mail. **~ˌjä·ger** *m* anti-tank gunner, *pl* tank destroyer troops. **~ˌkampfˌwa·gen** *m* armo(u)red fighting vehicle. **~kaˌno·ne** *f* tank gun. **~ˌket·te** *f* tank track. **~ˌknacker** (*getr.* -k·k-) *m colloq.* **1.** *mil.* tank buster (*od.* killer). **2.** safecracker. **~kom·manˌdant** *m* tank commander. **~ˌkorps** *n* armo(u)red corps. **~ˌkräf·te** *pl* armo(u)red forces (*od.* units). **~ˌkreu·zer** *m mar.* battle cruiser. **~ˌkup·pel** *f* armo(u)red cupola. **~ˌmi·ne** *f* anti-tank mine. **~mu·ni·tiˌon** *f* armo(u)r-piercing ammunition.

pan·zern [ˈpantsərn] **I** *v/t* ⟨h⟩ *mil. tech.* armo(u)r. **II** *v/reflex fig.* **sich ~ (gegen)** arm o.s. (against). **III** ≈ *n* ⟨-s⟩ armo(u)ring.

ˈPan·zer|ˌplat·te *f* armo(u)r-plate. **~re·giˌment** *n* armo(u)red (*od.* tank) regiment. **~ˌschiff** *n* armo(u)red naval vessel, ironclad. **~ˌschlacht** *f* tank battle. **~ˌschrank** *m* safe. **~ˌschüt·ze** *m* tank gunner. **~ˌspähˌwa·gen** *m* armo(u)red scout car. **~ˌsper·re** *f* anti-tank obstacle. **~ˌspit·ze** *f* armo(u)red spearhead. **~ˌtrup·pen** *pl* armo(u)red troops (*od.* forces), tank corps *sg.* **~ˌturm** *m* **1.** armo(u)red turret. **2.** *e-s Panzers*: tank turret.

ˈPan·ze·rung *f* ⟨-; -en⟩ **1.** → **panzern** III. **2.** armo(u)r(-plating). **3.** *zo.* armo(u)r, shell, shield.

ˈPan·zer|ˌun·terˌstüt·zung *f* armo(u)red (*od.* tank) support. **~verˌbän·de** *pl* armo(u)red units (*od.* forces). **~ˌwaf·fe** *f* armo(u)red (*od.* tank) force. **~ˌwa·gen** *m* armo(u)red car.

Päo·nie [pɛˈoːnĭə] *f* ⟨-; -n⟩ → **Pfingstrose.**

Pa·pa [paˈpaː; *colloq. a.* ˈpapa] *m* ⟨-s; -s⟩ dad(dy), pa(pa), *Am. a.* pop(pa).

Pa·pa·gei [papaˈgaɪ] *m* ⟨-s *u.* -en; -en, *rare* -e⟩ *orn., a. fig. contp.* parrot.

pa·paˈgei·en|haft I *adj* parrot-like. **II** *adv* **~ nachplappern** repeat *s. th.* like a parrot. **≈ˌkrank·heit** *f* psittacosis.

Pa·pat [paˈpaːt] *m, a. n* ⟨-(e)s; *no pl*⟩ *R. C.* papacy.

Pa·per·back [ˈpeɪpəˌbæk] (*Engl.*) *n* ⟨-s; -s⟩ *print.* paperback.

Pa·pi [ˈpapi] *m* ⟨-s; -s⟩ → **Papa.**

Pa·pier [paˈpiːr] *n* ⟨-s; -e⟩ **1.** ⟨*only sg*⟩ paper; **et. zu ~ bringen** write s. th. down, commit s. th. to paper; **nur auf dem ~ stehen** exist on paper only; *fig. colloq.* **~ ist geduldig** paper won't blush. **2.** *meist pl* (*Ausweis*) (identity *od.* identification) paper, (*Urkunde*) paper, document, instrument. **3.** *pl* (*Wertpapiere etc*) securities, (*Dividendenpapiere*) shares, *bes. Am.* stocks; **festverzinsliche ~e** fixed-interest(-bearing) securities. **4.** *pl* (*Arbeitspapiere*) working papers; **s-e ~e bekommen** *bei Entlassung*: get one's cards. **5.** (*Arbeits*~, *Aufsatz etc*) paper. **~ˌabˌfäl·le** *pl* waste paper *sg.* **~ˌbahn** *f* (paper-)web. **~ˌbeu·tel** *m* paper bag. **~ˌblatt** *n*, **~ˌbo·gen** *m* sheet of paper. **~ˌbrei** *m tech.* (paper) pulp. **~ˌdeutsch** *n* bookish (*od.* stilted) German.

paˈpie·ren *adj* **1.** (of) paper. **2.** *fig.* lifeless, stiff; **~er Stil** prosy (*od.* bookish) style.

Paˈpier|faˌbrik *f* paper-mill. **~fa·bri·ka·tiˌon** *f* paper manufacture, papermaking. **~ˌfet·zen** *m* scrap of paper. **~ˌfil·ter** *n, m* paper filter. **~ˌform** *f Sport*: **der ~ nach** on paper. **~forˌmat** *n* size (of paper), paper (*od.* sheet) size. **~ˌgarn** *n* pulp yarn. **~ˌgeld** *n* ⟨-(e)s; *no pl*⟩ paper money, banknotes *pl*, *Am.* bills *pl.* **~geˌschäft** *n* stationer's (*od.* stationery) shop (*bes. Am.* store). **~geˌwicht** *n*, **~geˌwicht·ler** *m* ⟨-s; -⟩ *Sport*: paperweight. **~ˌhan·del** *m* paper trade. **~ˌhänd·ler** *m* stationer. **~ˌhandˌtuch** *n* paper towel. **~in·du·ˌstrie** *f* paper industry. **~ˌkle·ber** *m* adhesive for paper, paste. **~ˌkorb** *m* wastepaper basket, *bes. Am. a.* wastebasket. **~ˌkram** *m colloq.* paperwork, red tape. **~ˌkrieg** *m colloq. u. contp.* (battle with) red tape, paper warfare. **~laˌter·ne** *f* Chinese lantern.

Pa·pier·ma·ché [papĭemaˈʃeː] *n* ⟨-s; -s⟩ papier mâché.

Paˈpier|ˌmes·ser *n* paper knife. **~ˌmüh·le** *f* paper-mill. **~ˌrol·le** *f* roll of paper. **~ˌsack** *m* paper bag. **~ˌsche·re** *f* paper scissors *pl* (*oft als sg konstruiert*). **~ˌschlan·ge** *f* (paper) streamer. **~ˌschnit·zel** *n, m meist pl* paper shred (*od.* scrap, shaving). **~ˌschnur** *f* paper string (*od.* twine). **~ser·viˌet·te** *f* paper napkin. **~ˌstrei·fen** *m* **1.** paper strip. **2.** (*Lochstreifen*) paper tape. **~ˌta·schenˌtuch** *n* paper handkerchief, (paper) tissue. **~ˌtü·te** *f* paper bag, *spitze*: cornet. **≈verˌar·bei·tend** *adj* **~e Industrie** paper-processing industry. **~ˌwäh·rung** *f* paper currency.

Paˈpierˌwa·ren *pl* stationery *sg.* **~ˌhänd·ler** *m* stationer. **~ˌhand·lung** *f* stationer's (*od.* stationery) shop (*bes. Am.* store).

Paˈpier|ˌwin·del *f* paper napkin (*colloq.* nappy, *Am.* diaper). **~ˌwisch** *m* scrap of paper. **~ˌwolf** *m tech.* paper shredder (*od.* shredding machine).

Pa·pis·mus [paˈpɪsmʊs] *m* ⟨-; *no pl*⟩ *contp.* papistry, papism, popery. **PaˈPist** [-ˈpɪst] *m* ⟨-en; -en⟩, **paˈpi·stisch** *adj* papist.

Papp *m* ⟨-(e)s; -e⟩ *colloq. dial.* **1.** (*Milchbrei*) pap, *contp.* (*Essen*) mush. **2.** (*Kleister*) glue, paste. **~ˌband** *m* ⟨-(e)s; ¨-e⟩ *print.* paperback. **~ˌbe·cher** *m* paper cup. **~ˌdach** *n* felt roof. **~ˌdeckel** (*getr.* -k·k-) *m* (card)board, pasteboard.

Pap·pe [ˈpapə] *f* ⟨-; -n⟩ (card)board, pasteboard; **in ~ gebunden** bound in boards; *fig. colloq.* **nicht von ~ sein** a) *Aufgabe etc*: be pretty stiff, take some doing, b) *Getränk, Rede etc*: be pretty strong stuff, c) *Preis etc*: be pretty steep, d) *Leistung etc*: be quite something, *s. th.* not to be sneezed at, e) *Person*: be quite formidable (*od.* not to be trifled with).

ˈPappˌeinˌband *m print.* paperback.

Pap·pel [ˈpapəl] *f* ⟨-; -n⟩ *bot.* poplar (tree). **~ˌholz** *n* poplar (wood).

päp·peln [ˈpɛpəln] *v/t* ⟨h⟩ **1.** (*auf*~) feed *s. o.* up. **2.** *fig.* pamper, cosset, coddle.

pap·pen [ˈpapən] *colloq.* **I** *v/t* ⟨h⟩ glue, paste, stick. **II** *v/i* stick, *Schnee etc*: *a.* clog.

Pap·pen|hei·mer [ˈpapənˌhaɪmər] *m* ⟨-s; -⟩ *colloq.* **ich kenne m-e ~** I know my men. **~ˌstiel** *m* ⟨-(e)s; *no pl*⟩ *fig. colloq.* straw, trifle; **für e-n ~** for a song, dirt-cheap; **das ist k-n ~ wert** that's not worth tuppence; **das ist kein ~** that's no small matter, *von Geld*: that's no(t) chickenfeed.

pap·per·la·papp [ˌpapərlaˈpap] *interj colloq.* fiddlesticks!, nonsense!

ˈpap·pig *adj colloq.* sticky, pappy, stodgy.

ˈPapp|ka·meˌrad *m mil. colloq.* silhouette target. **~karˌton** *m* → **Pappschachtel.**

Papp·ma·ché [papmaˈʃeː] *n* ⟨-s; -s⟩ → **Papiermaché.**

ˈPapp|ˌna·se *f* false nose. **~ˌschach·tel** *f* carton, cardboard box. **~ˌschnee** *m* sticky snow. **~ˌtel·ler** *m* paper plate.

Pa·pri·ka [ˈpaprika] *m* ⟨-s; -s⟩ *bot.* (red) pepper, paprika (*a. Gewürz*); *gastr.* **gefüllter ~** stuffed peppers *pl.* **~ˌscho·te** *f* pepper pod.

Papst [paːpst] *m* ⟨-es; ¨-e⟩ **1.** *R. C.* pope. **2.** *fig.* supreme authority. **≈ˌfeind·lich** *adj* antipapal. **~ˌkro·ne** *f* papal (*od.* triple) crown, tiara.

päpst·lich [ˈpɛːpstlɪç] *adj* papal, apostolic, pontifical; **~er Gesandter** nuncio; **~es Amt** papacy, pontificate; **≈er Stuhl** Apostolic (*od.* Holy) See; *fig. colloq.* **~er sein als der Papst** be more catholic than the pope.

ˈPapst|tum *n* ⟨-s; *no pl*⟩ *R. C.* papacy. **~ˌwahl** *f* election of a pope. **~ˌwür·de** *f* papal dignity, papacy.

Pa·pua ['pa:pŭa; pa'pu:a] *m* ⟨-(s); -(s)⟩, **~ˌne·ger** *m*, **pa·pua·nisch** [pa-'pŭa:nɪʃ] *adj* Papuan.
Pa·py·rus [pa'py:rʊs] *m* ⟨-; -ri [-ri]⟩ *bot.* papyrus (*a. Schreibmaterial*). **~ˌrol·le** *f* papyrus (roll *od.* scroll). **~ˌstau·de** *f bot.* papyrus.
Para ..., para ... *in Zssgn* par(a) ...
Pa·ra·bel [pa'ra:bəl] *f* ⟨-; -n⟩ **1.** *Literatur*: parable. **2.** *math.* parabola. **~ˌkur·ve** *f math.* parabolic curve.
Pa·ra'bol·anˌten·ne [para'bo:l-] *f electr.* parabolic reflector aerial (*Am.* antenna).
pa·ra'bo·lisch *adj math. u. Literatur*: parabolic.
Pa·ra·bo·lo·id [parabolo'i:t] *n* ⟨-(e)s; -e⟩ *math.* paraboloid.
Pa·ra'bolˌspie·gel *m opt.* parabolic mirror.
Pa·ra·de [pa'ra:də] *f* ⟨-; -n⟩ **1.** *mil.* parade, march-past, (*Fahrzeug*♀) drive-past, (*Flugzeug*♀) fly-past; **e-e ~ abnehmen** review the troops; **die ~ abnehmen** hold a review; *fig. colloq.* **j-m in die ~ fahren** cut s.o. short, *weitS.* spike s.o.'s guns. **2.** *Sport*: a) *Fechten, Boxen etc*: parry, b) *des Tormanns*: save, c) *Reiten*: halt. **~ˌanˌzug** *m mil.* full dress, *colloq.* best suit. **~ˌbeiˌspiel** *n* perfect example. **~ˌbett** *n* bed of state. **~ˌflug** *m* fly-past.
Pa·ra·dei·ser [para'daɪzər] *m* ⟨-s; -⟩ *Austrian for* **Tomate.**
Pa'ra·deˌmarsch *m* march in review.
Pa·ra·den|ti·tis [paradɛn'ti:tɪs] *f* ⟨-; -titiden [-ti'ti:dən]⟩ → **Parodontitis. ~'to·se** [-'to:zə] *f* ⟨-; -n⟩ → **Parodontose.**
Pa'ra·de|ˌpferd *n* **1.** parade horse. **2.** *fig. colloq.* (*Sache*) showpiece, (*Person*) star. **~ˌplatz** *m* parade-ground. **~ˌrol·le** *f thea.* star part (*od.* rôle). **~ˌschritt** *m* parade (*od.* drill) step, goose step. **~ˌstück** *n* showpiece. **~uniˌform** *f* full dress, dress uniform.
pa·ra·die·ren [para'di:rən] *v/i* ⟨*no* **ge-**, **h**⟩ *mil.* parade; *fig.* **mit e-r Sache ~** *a.* show off (with) s.th., make a parade of s.th.
Pa·ra·dies [para'di:s] *n* ⟨-es; -e⟩ *Bibl.* Paradise, *relig. u. fig.* paradise, heaven; **wie im ~** like paradise; **das ~ auf Erden** paradise (*od.* heaven) on earth. **~ˌap·fel** *m* **1.** Paradise (apple). **2.** *dial. obs. for* **Tomate. ~ˌfei·ge** *f* plantain. **~ˌgar·ten** *m* (the) Garden of Eden, Paradise.
pa·ra·die·sisch [para'di:zɪʃ] *adj* paradisiacal, *fig. a.* heavenly, delightful; **e-e Zeit ~en Glücks** a period (*od.* an age) of perfect (*od.* blissful) happiness.
Pa·ra'diesˌvo·gel *m* bird of paradise.
Pa·ra|dig·ma [para'dɪgma] *n* ⟨-s; -men, *a.* -mata [-ta]⟩ *ling.* paradigm. **♀dig'ma·tisch** [-'ma:tɪʃ] *adj* paradigmatic. **♀'dox** [-'dɔks] **I** *adj* paradoxical. **II ♀** *n* ⟨-es; -e⟩ → **Paradoxon. ♀'do·xer'wei·se** *adv* paradoxically. **~do'xie** [-dɔ'ksi:] *f* ⟨-; -n [-ən]⟩ paradoxy, paradoxicality.
Pa·ra·do·xon [pa'ra(:)dɔksɔn] *n* ⟨-s; -xa [-ksa]⟩ *ling. philos.* paradox.
Pa·raf·fin [para'fi:n] *n* ⟨-s; -e⟩ **1.** *chem.* paraffin. **2.** → **Paraffinwachs. ~ˌker·ze** *f* paraffin candle. **~ˌöl** *n chem. med.* paraffin oil, liquid paraffin. **~ˌwachs** *n* paraffin (wax).
'Pa·ra|geˌstein ['pa:ra-] *n meist pl geol.* para-rock. **~ˌglei·ter** *m Raumfahrt*: hypersonic glider.
Pa·ra·graph [para'gra:f] *m* ⟨-en, *a.* -s; -en⟩ (*Absatz*) paragraph, *jur.* section, article.
Pa·ra'gra·phen|ˌrei·ter *m* ⟨-s; -⟩ *colloq. contp.* pedant, stickler, legalist. **~ˌzei·chen** *n* section mark.
pa·ra·gra·phie·ren [paragra'fi:rən] *v/t* ⟨*no* **ge-**, **h**⟩ paragraph.
'Pa·ra|ˌgum·mi ['pa:ra-] *n, m,* **~ˌkau·tschuk** *m* Pará (*od.* Para, para) rubber.
par·al|lak·tisch [para'laktɪʃ] *adj astr. phys.* parallactic. **♀'la·xe** [-'laksə] *f* ⟨-; -n⟩ *astr. phot.* parallax; **tägliche ~** diurnal (*od.* geocentric) parallax; **jährliche ~** annual (*od.* heliocentric) parallax.
par·al·lel [para'le:l] **I** *adj* **1.** *electr. math. etc* parallel. **2.** *mus.* consecutive, *Am. a.* parallel. **3.** *fig. Entwicklung etc*: parallel, analogous, similar. **II** *adv* **4.** (in) parallel; *electr.* **~ geschaltet** paralleled; **~ verlaufen** *Linien, Entwicklung etc*: run parallel.
Par·al'le·le *f* ⟨-; -n⟩ **1.** *math.* parallel (line); **e-e ~ ziehen (zu)** draw a parallel (to). **2.** *fig.* parallel; **e-e ~ bilden** form a parallel (case); **e-e ~ ziehen (zu, zwischen** *dat*) draw a parallel (to, between).
Par·al'lel|ˌfall *m* parallel case. **~ˌflach** *n* ⟨-(e)s; -e⟩ *math.* parallelepiped.
par·al·le|li·sie·ren [paraleli'zi:rən] *v/t* ⟨*no* **ge-**, **h**⟩ parallelize. **♀'lis·mus** [-'lɪsmʊs] *m* ⟨-; -lismen⟩ parallelism. **♀li'tät** [-li'tɛ:t] *f* ⟨-; *no pl*⟩ *math. u. fig.* parallelism.
Par·al·le·lo·gramm [paralelo'gram] *n* ⟨-s; -e⟩ *math. phys. tech.* parallelogram.
Par·al'lel|ˌschal·tung *f electr.* parallel (*od.* shunt) connection. **~ˌschwung** *m Skilauf*: parallel turn (*od.* swing). **~ˌstra·ße** *f* parallel street. **~ˌtonˌart** *f mus.* parallel key. **~verˌlauf** *m* parallelism, parallel process (*od.* course). **~verˌsamm·lung** *f* overflow meeting. **~verˌschie·bung** *f math.* parallel translation (*od.* displacement, shift).
Pa·ra·lo·gis·mus [paralo'gɪsmʊs] *m* ⟨-; -gismen⟩ *philos.* paralogism.
Pa·ra|ly·se [para'ly:zə] *f* ⟨-; -n⟩ *med.* paralysis. **♀ly'sie·ren** [-ly'zi:rən] *v/t* ⟨*no* **ge-**, **h**⟩ *med. u. fig.* paralyze. **~'ly·ti·ker** [-'ly:tikər] *m* ⟨-s; -⟩ paralytic (patient). **♀'ly·tisch** [-'ly:tɪʃ] *adj* paralytic, paralyzed.
Pa·ra·me·ter [pa'ra(:)metər] *m* ⟨-s; -⟩ *math.* parameter.
'pa·ra·mi·liˌtä·risch ['pa:ra-] *adj* paramilitary.
Pa·ra|noia [para'nɔʏa] *f* ⟨-; *no pl*⟩ *psych.* paranoia. **♀no'id** [-no'i:t] *adj* paranoid. **~'noi·ker** [-'no:ikər] *m* ⟨-s; -⟩, **♀'no·isch** [-'no:ɪʃ] *adj* paranoi(a)c.
'Pa·raˌnuß ['pa:ra-] *f bot.* **1.** Brazil nut (tree). **2.** (*Frucht*) Brazil (*od.* Para, cream) nut.
Pa·ra·phe [pa'ra:fə] *f* ⟨-; -n⟩ paraph, initials *pl*, signature. **pa·ra'phie·ren** [-ra'fi:rən] *v/t* ⟨*no* **ge-**, **h**⟩ (*Vertrag etc*) initial.
Pa·ra|phra·se [para'fra:zə] *f* ⟨-; -n⟩, **♀phra'sie·ren** [-fra'zi:rən] *v/t* ⟨*no* **ge-**, **h**⟩ *mus. Literatur*: paraphrase. **~psy·cho'lo·ge** [-psyço'lo:gə] *m* parapsychologist. **~psy·cho·lo'gie** [-lo'gi:] *f* parapsychology.
Pa·ra|sit [para'zi:t] *m* ⟨-en; -en⟩ **1.** *biol. med. zo., a. fig.* parasite. **2.** *geol.* parasitic crater. **♀si'tär** [-zi'tɛ:r] *adj* → **parasitisch.**
Pa·ra'si·ten|beˌfall *m* parasitic infestation. **♀beˌfal·len** *adj* parasitized. **~tum** *n* ⟨-s; *no pl*⟩ parasitism.
pa·ra|si·tisch [para'zi:tɪʃ] *adj biol. med. zo., a. fig.* parasitic. **♀si'tis·mus** [-zi'tɪsmʊs] *m* ⟨-; *no pl*⟩ parasitism. **♀si·to·lo'gie** [-zitolo'gi:] *f* ⟨-; *no pl*⟩ parasitology.
Pa·ra·sol [para'zo:l] *m* ⟨-s; -e *u.* -s⟩, **~ˌpilz** *m* parasol mushroom.
pa·rat [pa'ra:t] *adj* ⟨*pred*⟩ ready (to use), on hand; *Kenntnisse etc* **stets ~ haben** have at one's fingers' ends; **e-e Antwort ~ haben** have an answer pat.
Pa·ra·ta·xe [para'taksə] *f* ⟨-; -n⟩ *ling. psych.* parataxis.
'Pa·raˌty·phus ['pa:ra-] *m* ⟨-s; *no pl*⟩ *med.* paratyphoid (fever).
Pär·chen ['pɛ:rçən] *n* ⟨-s; -⟩ **1.** (*Liebes*♀) (loving *od.* courting) couple, pair, (*Zwillings*♀) pigeon pair. **2.** *zo.* pair.
Par·cours [par'ku:r] *m* ⟨- [-'ku:r(s)]; - [-'ku:rs]⟩ *Reiten etc*: course.
par dis·tance [pardis'tã:s] (*Fr.*) *adv* from a distance; **mit j-m ~ verkehren** keep s.o. at arm's length (*od.* at a distance).
par·don [par'dõ:] *interj* (I) beg your pardon, pardon (me), (I'm) sorry, excuse me.
Par·don [par'dõ:; par'do:n] *m* ⟨-s; *no pl*⟩ pardon; **j-n um ~ bitten** ask s.o.'s pardon; **j-m ~ geben** pardon s.o.; **k-n ~ geben** give no quarter.
Par·en|chym [parɛn'çy:m] *n* ⟨-s; -e⟩ *biol.* parenchyma. **~'the·se** [-'te:zə] *f* ⟨-; -n⟩ **1.** *ling.* parenthesis; **in ~** by way of parenthesis. **2.** *math. print.* a) brackets *pl*, parentheses *pl*, b) dashes *pl*.
Par'force|ˌjagd [par'fɔrs-] *f* coursing, hunting on horseback. **~ˌlei·stung** *f* tour de force. **~ˌmarsch** *m* forced march. **~ˌritt** *m* ride at full speed.
Par·fum [par'fœ̃:] *n* ⟨-s; -s⟩ → **Parfüm.**
Par·füm [par'fy:m] *n* ⟨-s; -e *u.* -s⟩ perfume, scent. **Par·fü·me'rie** [-fymə'ri:] *f* ⟨-; -n [-ən]⟩ **1.** perfumery, scent shop. **2.** *pl* perfumes, scents.
Par'fümˌfläsch·chen *n* scent bottle.
par·fü·mie·ren [parfy'mi:rən] **I** *v/t* ⟨*no* **ge-**, **h**⟩ perfume. **II** *v/reflex* **sich ~** put on (*od.* wear, use) perfume.
Par'füm|ˌstoff *m* scent. **~zerˌstäu·ber** *m* perfume (*od.* scent) spray, perfume atomizer.
Pa·ri ['pa:ri] *n* ⟨-s; *no pl*⟩ **1.** par (value), face value. **2.** *mit Kleinschreibung*: **über ♀** at a premium, above par; **unter ♀** at a discount, below par; **auf ♀** at par.
Pa·ria ['pa:rĭa] *m* ⟨-s; -s⟩ (*kastenloser Inder*) pariah, *fig. a.* outcast.
pa·rie·ren [pa'ri:rən] **I** *v/i* ⟨*no* **ge-**, **h**⟩ **1.** *fenc.* parry, *fig. a.* counter (**mit** with). **2.** *colloq.* obey, knuckle under, *bes. pol.* toe the line. **II** *v/t* **3.** (*Stoß, Schlag, a. fig. Einwand etc*) parry, (*Schuß, Wurf*) save. **4.** (*Pferd*) pull up. **III ♀** *n* ⟨-s⟩ **5.** parrying (*etc*). **6.** parry.
'Pa·riˌkurs *m* **1.** (*Währungen*) par (of exchange). **2.** (*Wertpapiere*) parity (*od.* par value) price.
Pa·ri·ser [pa'ri:zər] **I** *m* ⟨-s; -⟩ **1.** Parisian. **2.** *colloq.* (*Kondom*) French letter. **II** *adj* ⟨*invariable*⟩ **3.** Parisian, (of) Paris; **die ~ Mode** Paris fashions *pl*; *print.* **~ Schrift** ruby, *Am.* agate. **pa'ri·se·risch** *adj* Parisian.
'Pa·risˌur·teil ['pa:rɪs-] *n myth.* judg(e)ment of Paris.
Pa·ri·tät [pari'tɛ:t] *f* ⟨-; *no pl*⟩ parity, equality, equal representation. **pa·ri'tä·tisch I** *adj* **1.** in equal numbers, on equal terms, with equal representation; **~e Lohn- und Preiskommission** Joint Commission on Wages and Prices; **~e Mitbestimmung** parity co-determination. **2.** *relig.* **~e Schule** non-denominational school. **3.** *econ.* at par(ity). **II** *adv* **4.** on an equal footing, in equal numbers; **~ besetzt** with equal representation.
'Pa·ri|ˌwech·sel *m econ.* bill at par. **~ˌwert** *m* value at par, par value.
Park [park] *m* ⟨-s; -s, *a.* -e⟩ **1.** park. **2.** *bes. mil.* park, (base) depot, (*Fahrzeug*♀) fleet; → **Maschinenpark. ~ˌanˌla·ge** *f* park (grounds *pl*). **~ˌbahn** *f Raumfahrt*: parking orbit. **~ˌbucht** *f mot.* lay-by.

par·ken [ˈparkən] **I** *v/t u. v/i* ⟨h⟩ **1.** (*Auto etc*) park; **in zweiter Reihe ~** double-park; **schräg ~** angle-park. **II 2** *n* ⟨-s⟩ **2.** parking; **2 verboten!** No Parking!; **wildes 2** unauthorized parking. **3.** → **Parkstudium.** **~d** *adj Auto*: parked.

Par·kett [parˈkɛt] *n* ⟨-s; -e⟩ **1.** (*Fußboden*) parquet; **mit ~ auslegen** → **parkettieren**; *fig.* **sich auf dem ~ bewegen können** be perfectly at ease in the best circles. **2.** *thea.* pit, stalls *pl*, *Am.* parquet. **3.** (*Tanz2*) dance-floor. **~(ˌfuß)ˌbo·den** *m* parquet floor.

par·ket·tie·ren [parkɛˈtiːrən] *v/t* ⟨*no* **ge-**, h⟩ parquet.

Parˈkett|ˌle·ger *m* parquet layer. **~ˌplatz, ~ˌsitz** *m thea.* seat in the stalls (*Am.* parquet). **~ˌstab** *m* parquet block.

ˈPark|ˌflä·che *f* parking. **~gaˌra·ge** *f* → **Park(hoch)haus.** **~geˌbüh·ren** *pl* parking fees (*od.* charges). **~geˌle·gen·heit** *f* parking space, place to park. **~(ˌhoch)ˌhaus** *n* multi-storey car park, *Am.* parking garage.

par·kie·ren [parˈkiːrən] *v/t u. v/i* ⟨*no* **ge-**, h⟩ *Swiss for* **parken.**

Par·kin·so·nis·mus [parkɪnzoˈnɪsmʊs] *m* ⟨-; *no pl*⟩, **ˈPar·kin·son·sche ˈKrank·heit** [ˈparkɪnzɔnʃə] *f* Parkinson's disease.

ˈPark|ˌleuch·te *f*, **~ˌlicht** *n* parking light. **~ˌlücke** (*getr.* **-k·k-**) *f* parking space.

Par·ko·me·ter [parkoˈmeːtər] *n* ⟨-s; -⟩ → **Parkuhr.**

ˈParkˌplatz *m* parking space, *öffentlicher*: car park, *Am.* parking lot. **~ˌwäch·ter** *m* car-park attendant.

ˈPark|proˌblem *n* car parking problem. **~ˌraum** *m* parking space. **~ˌraumˌnot** *f* shortage of parking space. **~ˌschei·be** *f* parking disc. **~ˌstrei·fen** *m* lay-by. **~ˌstu·di·um** *n colloq. univ.* **ein ~ absolvieren** do a seat-warming course, be marking time (*in theology, etc*) while waiting for a place (*in medicine, etc*). **~ˌsün·der** *m* parking offender. **~ˌuhr** *f* parking meter. **~verˌbot** *n* parking prohibition, (**~sschild**) "no parking" (sign), (**~szone**) "no parking" zone. **~verˌge·hen** *n* parking violation. **~ˌwäch·ter** *m* **1.** park keeper (*od.* guardian). **2.** → **Parkplatzwächter.**

Par·la·ment [parlaˈmɛnt] *n* ⟨-(e)s; -e⟩ *pol.* parliament; **im ~ sitzen** be (*od.* sit) in parliament.

Par·la·men·tär [parlamɛnˈtɛːr] *m* ⟨-s; -e⟩ *mil.* parlementaire, parley (*od.* truce) delegate. **~ˌflag·ge** *f mil.* white flag of truce.

Par·la·men|ta·ri·er [parlamɛnˈtaːrɪər] *m* ⟨-s; -⟩ *pol.* parliamentarian, member of parliament. **2ˈta·risch** [-ˈtaːrɪʃ] *adj* parliamentary; **~er Geschäftsführer** parliamentary manager. **~taˈris·mus** [-taˈrɪsmʊs] *m* ⟨-; *no pl*⟩ parliamentary system, parliamentarianism. **2ˈtie·ren** [-ˈtiːrən] *v/i* ⟨*no* **ge-**, h⟩ **1.** *obs.* parley (**mit** with). **2.** *fig. colloq. od. dial.* argue, wrangle (**über** *acc* over, about).

Par·laˈments|ˌab·geˌord·ne·te *m* member of parliament. **~ˌak·te** *f* **1.** *pol.* act of parliament. **2.** *jur. pol.* statute. **~ˌausˌschuß** *m* parliamentary committee. **~beˌschluß** *m* **1.** act of parliament. **2.** decision by vote of parliament. **~ˌfe·ri·en** *pl* parliamentary recess *sg*; **in die ~ gehen** rise for the recess. **~frak·tiˌon** *f* parliamentary group (*od.* faction). **~geˌbäu·de** *n* a) parliament (building[s *pl*]), b) *in Großbritannien*: Houses *pl* of Parliament. **~ˌmitˌglied** *n* member of parliament. **~ˌre·de** *f* parliamentary speech. **~ˌsit·zung** *f* sitting of parliament. **~ˌwah·len** *pl* parliamentary elections.

par·lie·ren [parˈliːrən] *v/i u. v/t* ⟨*no* **ge-**, h⟩ parley, *colloq. humor.* parley-voo.

Par·me·san [parmeˈzaːn] *m* ⟨-(s); *no pl*⟩, **~ˌkä·se** *m gastr.* Parmesan (cheese).

Par·naß [parˈnas] *m* ⟨-sses; *no pl*⟩ *antiq. geogr. myth.* (Mount) Parnassus.

parˈnas·sisch *adj* Parnassian.

par·ochi·al [parɔˈxɪaːl] *adj relig.* parochial, parish. **2ˌkir·che** *f* parish church.

Par|odie [paroˈdiː] *f* ⟨-; -n [-ən]⟩ *mus. Literatur*: parody (**auf** *acc* on, of), *colloq.* send-up. **2odie·ren** [-ˈdiːrən] *v/t* ⟨*no* **ge-**, h⟩ parody, *colloq.* send *s.o., s.th.* up. **~odist** [-ˈdɪst] *m* ⟨-en; -en⟩ parodist. **2odi·stisch** [-ˈdɪstɪʃ] *adj* parodistic.

Par·odon|ti·tis [parodɔnˈtiːtɪs] *f* ⟨-; -titiden [-tiˈtiːdən]⟩ *med.* parodontitis. **~ˈto·se** [-ˈtoːzə] *f* ⟨-; -n⟩ parodontosis.

Pa·ro·le [paˈroːlə] *f* ⟨-; -n⟩ **1.** *mil.* password. **2.** *fig.* watchword, *pol. a.* slogan.

Pa·ro·li [ˈpaːroli; paˈroːli] *n* ⟨-s; -s⟩ (double) stakes *pl*; *fig.* **j-m ~ bieten** defy s. o., stand (*od.* stick) up to s. o., spike s. o.'s guns.

Par·oxys·mus [parɔˈksɪsmʊs] *m* ⟨-; -men⟩ *geol. med.* paroxysm.

Part [part] *m* ⟨-s; -e⟩ **1.** *bes. mar.* part, share. **2.** *mus. thea.* part.

Par·te [ˈpartə] *f* ⟨-; -n⟩ *Austrian for* **Todesanzeige.**

Par·tei [parˈtaɪ] *f* ⟨-; -en⟩ **1.** *a. pol.* party; **die ~ wechseln** change sides (*od.* one's party), go over to the other side; **über den ~en stehen** be above party politics; *fig.* **für (gegen) j-n ~ nehmen** take sides with (against) s. o.; **es mit k-r ~ halten** remain neutral, sit (*od.* be) on the fence; **du bist hier ~** you are an interested party, you are bias(s)ed in this matter. **2.** *jur.* party, litigator, litigant, side, contestant; **beklagte ~** defendant, defending party; **klagende ~** plaintiff; **nicht erschienene ~, säumige** (*od.* **ausgebliebene**) **~** party in default; **gegnerische ~** opposing party; **vertragschließende ~en** contracting parties; **Antrag e-r ~** ex parte application. **3.** (*Miets2*) household, tenant(s *pl*), party. **4.** *Sport*: team, side; **gegnerische ~** opposite side. **~ˌabˌzei·chen** *n* party badge. **~akˌtiv** *n DDR pol.* collective of party activists. **2ˌamt·lich** *adj* (issued by the) party; **~e Zeitung** official party newspaper. **~ˌanˌhän·ger** *m* party supporter. **~ap·paˌrat** *m* party apparatus. **~ˌausˌschuß** *m* party committee. **~ˌbon·ze** *m contp.* party bigwig. **~ˌbuch** *n* party membership book (*od.* card). **~chiˌne·sisch** *n* ⟨*generally undeclined*⟩ *contp.* party lingo. **~dis·ziˌplin** *f* party discipline; **sich der ~ beugen** follow the party line, toe the line. **~ˌfreund** *m* party colleague. **~ˌfüh·rer** *m* party leader. **~ˌfüh·rung** *f* **1.** party leadership. **2.** *collect.* party leaders *pl*. **~ˌgän·ger** *m* ⟨-s; -⟩ partisan, party man, *Am. a.* party-liner. **2geˌbun·den** *adj* determined (*od.* conditioned) by party policy; **nicht ~e Wählerschaft** floating voters *pl*, (the) floating vote. **~ˌgeist** *m* party (*od.* partisan) spirit. **~geˌnos·se** *m*, **~geˌnos·sin** *f bes. in NS-Zeit*: (party) comrade, fellow party member. **~ˌgrup·pe** *f* party group, (*Splitterpartei*) faction.

parˈtei·isch *adj* partial (**für** to), bias(s)ed, prejudiced (**für** in favo[u]r of, **gegen** against), one-sided, unfair.

Parˈtei|konˌgreß *m* → **Parteitag.** **~konˌvent** *m* party convention. **~ˌlei·tung** *f* → **Parteiführung.**

parˈtei·lich *adj* **1.** *pol.* party. **2.** → **parteiisch.** **2keit** *f* ⟨-; *no pl*⟩ partiality, (*Voreingenommenheit*) bias, prejudice.

Parˈtei|ˌli·nie *f* party line. **2los** *adj* independent, non-party. **~ˌlo·se** *m, f* ⟨-n; -n⟩ independent, non-party member. **~lo·sig·keit** *f* ⟨-; *no pl*⟩ independence. **~ˌmann** *m* party man. **~ˌmitˌglied** *n* party member. **~ˌnah·me** *f* (**für**) partisanship (for), siding (with), support (of). **~orˌgan** *n* party organ. **~or·ga·ni·sa·tiˌon** *f* party organization. **~po·liˌtik** *f* party politics *pl* (*meist als sg konstruiert*). **~poˌli·ti·ker** *m* party politician. **2poˌli·tisch** *adj* party-political. **~proˌgramm** *n* (party) platform. **~ˌsat·zung** *f* statutes *pl* of the party. **2ˌschä·di·gend** *adj Verhalten*: detrimental to the party. **~se·kreˌtär** *m* party secretary. **~ˌtag** *m* party conference (*od.* congress). **~verˌkehr** *m* office hours *pl*. **~verˌsamm·lung** *f* party meeting (*od.* rally). **~ˌvorˌbrin·gen** *n jur.* pleadings *pl*. **~ˌvorˌsit·zen·de** *m* chairman of the party. **~ˌvorˌstand** *m* executive committee of the party. **~zenˌtra·le** *f* party headquarters *pl*. **~ˌzu·geˌhö·rig·keit** *f* party membership (*od.* affiliation).

Par·ter·re [parˈtɛr; -ˈtɛrə] **I** *n* ⟨-s; -s⟩ **1.** ground floor, *Am.* first floor. **2.** *thea.* (rear) stalls *pl*, pit, *Am.* parterre. **3.** (*Zierbeet*) parterre. **II 2** *adv* **4. ~ wohnen** live on the ground (*Am.* first) floor. **~akroˌbat** *m Zirkus*: (floor) acrobat. **~ˌwohˌnung** *f* ground-floor flat, *Am.* first-floor apartment.

Par·the·non, der [ˈpartenɔn] ⟨-s⟩ *antiq.* the Parthenon.

Par·ti·al... [parˈtsɪaːl] *in Zssgn* partial. **~ˌdruck** *m* ⟨-(e)s; -e⟩ *phys.* partial pressure.

Par·tie [parˈtiː] *f* ⟨-; -n [-ən]⟩ **1.** (*Teil, Abschnitt*) part, *mus. Literatur*: *a.* passage. **2.** game, *Sport*: *a.* match; **e-e ~ Schach spielen** play (*od.* have) a game of chess. **3.** *thea.* part, rôle. **4.** *econ.* (*Posten*) parcel, lot. **5.** *med.* area, region. **6.** *colloq.* (*Heirat*) match; **sie ist e-e gute ~** she is a good match (*colloq.* catch), she is quite a parti; **e-e gute ~ machen** *a.* marry a fortune. **7.** *dial.* (*Ausflug*) outing, excursion, trip; *colloq.* **mit von der ~ sein** be (*od.* make) one of the party (*od.* crowd); **ich bin mit von der ~** count me in, I am on. **8.** *Austrian* gang, crew. **~ˌfüh·rer** *m Austrian* foreman.

par·ti·ell [parˈtsɪɛl] *adj* partial.

parˈti·enˌwei·se *adv econ.* in lots, in parcels.

Parˈtieˌwa·re *f econ.* job lot, goods *pl* bought in one lot, sub-standard goods *pl*.

Par·ti·kel [parˈtiːkəl] *f* ⟨-; -n⟩ *ling. phys. relig.* particle.

par·ti·ku·lar [partikuˈlaːr], **par·ti·kuˈlär** [-ˈlɛːr] *adj* individual, single, separate.

Par·ti·ku·la|ris·mus [partikulaˈrɪsmʊs] *m* ⟨-; *no pl*⟩ particularism. **2ˈri·stisch** [-ˈrɪstɪʃ] *adj* particularist(ic).

Par·ti·san [partiˈzaːn] *m* ⟨-s *u.* -en; -en⟩ *mil.* partisan, guerilla. **Par·tiˈsa·nenˌkrieg** *m* partisan (*od.* guerilla) warfare.

Par·ti·ta [parˈtiːta] *f* ⟨-; -titen⟩ *mus.* partita.

par·ti·tiv [partiˈtiːf] *adj ling.* partitive.

Par·ti·tur [partiˈtuːr] *f* ⟨-; -en⟩ *mus.* score.

Par·ti·zip [partiˈtsiːp] *n* ⟨-s; -ien [-pɪən]⟩ *ling.* participle; **~ Präsens** present participle; **~ Perfekt** past participle.

Par·ti·zi·pa·tiˈons·geˌschäft [partitsipaˈtsĭoːns-] *n econ.* business for (*od.* on) joint account.

par·ti·zi·pi·al [partitsiˈpĭaːl] *adj ling.* participial, participle. **≈kon·struk·ti͵on** *f* participle construction.

par·ti·zi·pie·ren [partitsiˈpiːrən] *v/i* ‹*no* ge-, h› *lit.* **1.** (an *dat* in) take part, participate. **2.** (an *dat* in, of) have a share (*od.* part).

Part·ner [ˈpartnər] *m* ‹-s; -›, **ˈPart·ne·rin** *f* ‹-; -nen› *allg.* partner, *Sport*: *a.* opponent, *thea. a.* co-star, (*Gesprächs≈*) interlocutor, (*Vertrags≈*) party; **als ~ von X spielen** be partnered with X, play opposite X. **~schaft** *f* ‹-; *no pl*› partnership. **~͵stadt** *f* twin town. **~͵tausch** *m* partner (*od.* wife) swapping. **~͵wahl** *f* choosing a partner.

par·tout [parˈtuː; parˈtu] (*Fr.*) *adv colloq.* absolutely, by all means.

Par·ty [ˈpaːrti; ˈpɑːtɪ] (*Engl.*) *f* ‹-; -s *u.* Parties [-tiːs; -tɪz]› party; **auf e-e ~ gehen** go to a party. **~͵girl** *n* party girl.

Par·ve·nü [parvəˈnyː] *m* ‹-s; -s› **1.** parvenu, upstart. **2.** new-rich, nouveau riche.

Par·ze [ˈpartsə] *npr f* ‹-; -n› *myth.* Fatal Sister; **die ~n** the Three Fates, the Destinies.

Par·zel·le [parˈtsɛlə] *f* ‹-; -n› plot (of land), parcel, allotment. **par·zel'lie·ren** [-ˈliːrən] *v/t* ‹*no* ge-, h› (*Land*) lot (out), parcel (out), divide into lots.

Par·zi·val [ˈpartsifal] *npr m* ‹-s; *no pl*› *myth.* Percival.

Pa·scha [ˈpaʃa] *m* ‹-s; -s› pasha; *fig.* **sich wie ein ~ bedienen lassen** let o.s. be waited on hand and foot. **~al͵lü·ren** *pl* ways of a lord and master.

pa·schen [ˈpaʃən] *v/t u. v/i* ‹h› *colloq.* smuggle. **ˈPa·scher** *m* ‹-s; -› smuggler.

Pas·pel [ˈpaspəl] *f* ‹-; -n›, *selten m* ‹-s; -› piping, edging, braid. **pas·pe'lie·ren** [-ˈliːrən] *v/t* ‹*no* ge-, h›, **ˈpas·peln** *v/t* ‹h› pipe, trim *s. th.* with piping, edge, braid.

Paß [pas] *m* ‹Passes; Pässe› **1.** (*Reise≈*) passport; **s-n ~ verlängern lassen** have one's passport renewed; **die Pässe kontrollieren** inspect the passports. **2.** (*Gebirgs≈*) pass. **3.** *Reitsport*: amble. **4.** *Sport*: pass; **flacher (steiler) ~** ground (through) pass.

pas·sa·bel [paˈsaːbəl] **I** *adj* ‹-bler; -st› passable, tolerable, reasonable, *colloq.* so-so, middling; **das Essen war (ganz) ~** the food was passable. **II** *adv* passably, fairly well, tolerably, *colloq.* so-so; **es geht ihm ganz ~** he is reasonably well.

ˈPaß͵ab͵fer·ti·gung *f* inspection of passports.

Pas·sa·ge [paˈsaːʒə] *f* ‹-; -n› **1.** (*Durchgang*) passage(way). **2.** *mar.* crossing, passage. **3.** *mus., a. e-s Buches etc*: passage, strain, *Film*: sequence. **4.** *Reitsport*: passage.

Pas·sa·gier [pasaˈʒiːr] *m* ‹-s; -e› passenger; **blinder ~** stowaway. **~͵damp·fer** *m* passenger steamer (*od.* liner). **~͵flug͵zeug** *n* passenger plane (*od.* aircraft). **~͵gut** *n rail.* passengers' luggage (*bes. Am.* baggage). **~͵li·ste** *f aer. mar.* passenger list. **~͵schiff** *n* passenger ship (*od.* liner).

Pas·sah [ˈpasa] *n* ‹-s; *no pl*›, **~͵fest** *n relig.* Passover.

ˈPaß͵amt *n* passport office.

Pas·sant [paˈsant] *m* ‹-en; -en›, **Pas'san·tin** *f* ‹-; -nen› passer-by; **einige ~en** some passers-by.

Pas·sat [paˈsaːt] *m* ‹-(e)s; -e›, **~͵wind** *m meteor.* trade wind.

ˈPaß͵bild *n* passport(-size) photograph.

Pas·se [ˈpasə] *f* ‹-; -n› *Mode*: yoke.

pas·sé [paˈseː] *adj* ‹*pred*› *colloq.* **das ist ~** a) (*vorbei*) that's over (and done with), b) (*überlebt*) that's out of date (*od.* fashion).

pas·sen [ˈpasən] **I** *v/i* ‹h› **1.** fit (j-m s. o.; **auf** *acc*, **für, zu** *dat* s. th.), (*kleidsam sein*) become (j-m s. o.); **j-m gut (nicht) ~** *a.* be a good (poor) fit; *fig.* **wie angegossen ~** fit like a glove. **2.** (*harmonieren*) fit, match, suit, go with, tally, harmonize; **der Teppich paßt gut zur Tapete** the carpet matches (*od.* goes well) with the wallpaper; **die beiden ~ gut zueinander** they are well matched (*od.* suited); **die Beschreibung paßt haargenau auf ihn** the description fits him perfectly (*od.* to a T); **das paßt nicht hierher** that is entirely out of place here; **das paßt nicht zu ihm** that's not his style (*od.* like him); → **Faust** 2. **3. j-m ~** (*zusagen*) suit s. o., be suitable (*od.* convenient) for s. o.; **am Montag paßt es mir nicht** Monday is a bit awkward (for me); **wann paßt es dir?** what time would suit you?; **paßt es dir heute abend?** would this evening be all right (with you)?; **das paßt mir großartig** that suits me fine; **das paßt in m-n** (*od.* **zu m-m**) **Plan** that fits in with my plan; *colloq.* **das paßt mir gar nicht in den Kram** I don't feel like it at all; **das würde dir so ~!** what next?, you'd like that, wouldn't you? **4.** (*geeignet sein*) suit, be suited, be fit; **er paßt nicht für diese Arbeit** he is not suited (*od.* cut out, the man) for this job. **5.** (*schicklich sein*) be fit (*od.* proper, appropriate, seemly). **6.** *Kartenspiel, Sport*: pass; **ich passe!** no bid! **7. auf j-n (e-e Sache) ~** *bes. Austrian dial.* wait (*od.* watch, lie in wait) for s. o. (s. th.). **II** *v/reflex* **sich ~ 8.** be right (*od.* fitting, proper, seemly, becoming); **das paßt sich nicht** that is not the proper thing to do, it is not done, it is not good form; **das paßt sich nicht für dich** *a.* it ill becomes you. **III** *v/t* **9.** → **einpassen** I.

ˈpas·send I *adj* **1.** *Kleidung, Schlüssel etc*: fitting; **ein (gut) ~er Schuh** *a.* a shoe that fits; **et. ~ machen** make s. th. fit. **2.** *farblich etc*: matching, to match (*nachgestellt*). **3.** (*kleidsam*) becoming. **4.** *Bemerkung etc*: fit(ting), suitable, appropriate, apt; **die ~en Worte** the right words; **sie gab ihm e-e ~e Antwort** she gave him a good answer; **bei ~er Gelegenheit** at the right (*od.* proper) moment; **bei jeder ~en und unpassenden Gelegenheit** on every possible occasion. **5.** *Zeitpunkt etc*: suitable, convenient, seasonable, opportune. **6.** (*entsprechend*) corresponding, (*geziemend*) fit, befitting, becoming, seemly, proper. **II ≈e, das** ‹-n› **7.** s. th. suitable, the right thing.

Passe·par·tout [pasparˈtuː] *n, Swiss m* ‹-s; -s› **1.** (*Wechselrahmen*) mount, passe-partout. **2.** *obs.* (*Hauptschlüssel*) master key. **3.** *obs. od. Swiss* (*Dauerkarte*) season ticket.

ˈPaß|͵form *f von Kleidung*: fit. **~͵fo·to** *n* → **Paßbild.** **~͵gang** *m des Pferdes etc*: amble. **~ge͵setz** *n* passport law. **~͵hö·he** *f geogr.* height (*od.* head) of a pass.

pas'sier·bar *adj Fluß, Weg, Brücke etc*: passable, practicable.

pas·sie·ren [paˈsiːrən] **I** *v/t* ‹*no* ge-, h› **1.** (*vorbeigehen, -fahren*) pass (through), (*durch-, überqueren*) pass (over), cross, (*e-n bestimmten Punkt*) *a. Sport, mar.* clear; **den Zoll ~** pass through (the) customs, clear (the) customs. **2.** *gastr.* pass *s. th.* through a sieve, strain, sift. **II** *v/i* ‹sein› **3.** *colloq.* (*geschehen*) happen, occur, take place, (come to) pass; **ist es dir schon passiert, daß?** has it ever happened to you that?, did you ever happen to *inf*?; **es soll nicht wieder ~** it won't happen again; **das mußte mir ja ~!** just my luck!; **das kann jedem mal ~** that can happen to anyone; **jetzt ist es passiert!** the fat is in the fire now!; **wenn mir et. ~ sollte** should anything happen to me, if I should have (*od.* meet with) an accident.

Pas'sier|͵schein *m* pass, permit, *econ.* passport. **~͵schein͵ab͵kom·men** *n pol.* agreement on the issue of frontier-crossing permits. **~͵schlag** *m Tennis*: passing shot. **~͵sieb** *n* sieve.

Pas·si·on [paˈsĭoːn] *f* ‹-; -en› **1.** (*Leidenschaft*) passion, (*Steckenpferd*) hobby; **Jäger aus** (*od.* **von**) **~ sein** *a.* be passionately fond of hunting. **2.** *mus. relig. Kunst*: Passion. **pas·sio'niert** *adj Jäger, Sammler etc*: ardent, enthusiastic, impassioned, passionate.

Pas·si'ons|ge͵schich·te *f relig.* (account of the) Passion. **~͵sonn͵tag** *m* Passion Sunday. **~͵spiel** *n* Passion (play). **~͵weg** *m* Stations *pl* of the Cross. **~͵wo·che** *f* Passion Week. **~͵zeit** *f* Passiontide.

pas·siv [ˈpasiːf; paˈsiːf] **I** *adj* **1.** *allg.* passive; **~e Bilanz** debit (*od.* passive) balance; **~es Wahlrecht** eligibility; **~er Widerstand** passive resistance; **~er Wortschatz** recognition vocabulary, reading knowledge; **sich ~ verhalten** remain passive, maintain a passive attitude. **2.** → **passivisch. II ≈** *n* ‹-s; *rare* -e› **3.** *ling.* passive (voice).

Pas·si·va [paˈsiːva] *pl econ.* liabilities.

ˈPas·siv|bi͵lanz *f* unfavo(u)rable (*od.* adverse) balance. **~͵bil·dung** *f ling.* forming of the passive (voice).

pas·si·vie·ren [pasiˈviːrən] **I** *v/t* ‹*no* ge-, h› **1.** *econ.* **e-n Betrag ~** enter an amount on the debit side. **2.** *chem.* (*Metalle*) passivate. **II** *v/reflex* **sich ~ 3.** *econ.* become adverse.

pas·si·visch [ˈpasiːvɪʃ; paˈsiːvɪʃ] *adj ling. Konstruktion etc*: passive.

Pas·si·vi·tät [pasiviˈtɛːt] *f* ‹-; *no pl*› passivity (*a. chem.*), passiveness.

ˈPas·siv|͵mas·se *f econ.* liabilities *pl.* **~͵po·sten** *m* debit item. **~͵sal·do** *m, n* debit balance, *Handelsbilanz*: deficit (*od.* adverse) balance. **~͵sei·te** *f e-r Bilanz etc*: debit (*od.* liabilities) side.

Pas·si·vum [paˈsiːvʊm] *n* ‹-s; *rare* -siva [-va]› → **passiv** 3.

ˈPaß|kon͵trol·le *f* passport inspection (*od.* control). **~͵pho·to** *n* → **Paßbild.** **~͵sitz** *m tech.* snug fit. **~͵stel·le** *f* passport office. **~͵stra·ße** *f* pass. **~͵stück** *n*, **~͵teil** *m, a. n tech.* fitting (*od.* matching) part (*od.* piece), adapter.

ˈPas·sung *f* ‹-; -en› *tech.* fit.

Pas·sus [ˈpasʊs] *m* ‹-; -› passage, *lit.* passus.

ˈPaß|͵we·sen *n* passport matters (*od.* regulations) *pl.* **~͵zwang** *m* obligation to carry a (valid) passport.

Pa·sta [ˈpasta] *f* ‹-; Pasten›, **Pa·ste** [ˈpastə] *f* ‹-; -n› *gastr. med. pharm.* paste.

Pa·stell [pasˈtɛl] *n* ‹-(e)s; -e› (*Bild, Farbe, Malerei*) pastel. **~͵far·be** *f* pastel colo(u)r. **~͵ma·ler** *m* pastel(l)ist. **~ma·le͵rei** *f* pastel (painting). **~͵stift** *m* pastel pencil (*od.* crayon). **~͵zeich·nung** *f* pastel (drawing).

Pa·ste·te [pasˈteːtə] *f* ‹-; -n› *gastr.* pie, (*Gänseleber≈ etc*) pâté, (*Blätterteig≈*) vol-au-vent. **Pa'ste·ten͵bäcker** (*getr.* -k·k-) *m* pastry cook.

Pa·steu|ri·sa·ti·on [pastøriza'tsĭoːn] *f* ‹-; -en› pasteurization. **~ri'sier·ap·pa͵rat** *m* pasteurizer. **≈ri'sie·ren** [-riˈziːrən] *v/t* ‹*no* ge-, h› pasteurize.

Pa·stil·le [pasˈtɪlə] *f* ‹-; -n› *med. pharm.* lozenge, pastil(l)e.

ˈPast͵milch [ˈpast-] *f Swiss* pasteurized milk.

Pa·stor [ˈpastɔr; pasˈtoːr] *m* ⟨-s; -en [-ˈtoːrən], *Northern G. a.* -e [-ˈtoːrə], *dial. a.* ¨e [-ˈtøːrə]⟩ **1.** clergyman, minister, pastor, *bes. anglikanischer*: vicar. **2.** *rare* priest.

pa·sto·ral [pastoˈraːl] *adj* **1.** *allg.* pastoral. **2.** (*feierlich*) solemn. **≈ˌbrief** *m Bibl.* Pastoral (Epistle).

Pa·stoˈra·le *n* ⟨-s; -s⟩, *f* ⟨-; -n⟩ *mus.* pastorale; „**die ~**" "The Pastoral Symphony".

Pa·sto·rat [pastoˈraːt] *n* ⟨-(e)s; -e⟩ **1.** pastorate, ministry, *bes. anglikanisches*: vicarage. **2.** *rare for* Pfarramt, Pfarrbezirk. **Pa·sto·rin** [pasˈtoːrɪn] *f* ⟨-; -nen⟩ **1.** (woman) minister (*od.* pastor). **2.** → **ˈPa·storsˌfrau** *f* clergyman's wife.

pa·stös [pasˈtøːs] *adj med.* swollen, puffy.

Pa·te[1] [ˈpaːtə] *m* ⟨-n; -n⟩ **1.** (*Taufzeuge*) godfather, sponsor; **~ stehen** (*od.* **sein**) be (*od.* stand) godfather (*od.* sponsor) (bei to); *fig.* **bei e-r Sache ~ stehen** help to bring s. th. into being. **2.** godson, godchild.

ˈPa·te[2] *f* ⟨-; -n⟩ **1.** (*Taufzeugin*) godmother, sponsor. **2.** goddaughter, godchild.

Pa·tel·la [paˈtɛla] *f* ⟨-; -tellen⟩ *anat.* kneecap, kneepan, patella.

Pa·te·ne [paˈteːnə] *f* ⟨-; -n⟩ *relig.* paten.

ˈPa·ten|geˌschenk *n* (godparent's) christening present. **~ˌkind** *n* godchild. **~ˌon·kel** *m* → Pate[1] 1. **~schaft** *f* ⟨-; -en⟩ sponsorship, godparenthood; *fig.* **die ~ für e-e Stadt übernehmen** adopt a town (as a twin town). **~ˌsohn** *m* godson. **~ˌstel·le** *f* sponsorship; **bei e-m Kind ~ vertreten** act as godfather to a child.

pa·tent [paˈtɛnt] *adj colloq.* clever, ingenious, bright, smart, *Br.* patent; **ein ~er Kerl** a fine (*od.* splendid) fellow.

Paˈtent *n* ⟨-(e)s; -e⟩ **1.** patent (**auf** *acc* for); **älteres ~** prior (*od.* senior) patent; **jüngeres ~** subsequent patent; **ein ~ anmelden** apply for a patent; **ein ~ erteilen** grant (*od.* issue) a patent; **zum ~ angemeldet** patent applied for, patent pending. **2.** (*Ernennungsurkunde*) (letters *pl*) patent, *mil.* commission. **3.** *fig. colloq.* ingenious device. **~ˌamt** *n* patent office. **~ˌanˌmel·der** *m* patent applicant. **~ˌanˌmel·dung** *f* patent application. **~ˌanˌspruch** *m* patent claim.

ˈPa·tenˌtan·te *f* → Pate[2] 1.

Paˈtent|ˌanˌwalt *m* patent agent. **~beˌrüh·mung** *f* patent advertising. **~beˌschrei·bung** *f* patent specification (and drawings). **~ˌdiebˌstahl** *m* piracy (*od.* infringement) of a patent. **~ˌeinˌspruch** *m* opposition (to a patent). **~erˌtei·lung** *f* grant(ing) (*od.* issue) of a patent. **≈ˌfä·hig** *adj* patentable. **~ˌge·ber** *m* patentor. **~geˌbühr** *f* patent fee. **~ˌge·genˌstand** *m* object (matter) of a patent. **~geˌsetz** *n* patent act. **~geˌsuch** *n* → **Patentanmeldung.**

pa·tenˈtier·bar *adj jur.* patentable.

pa·ten·tie·ren [patɛnˈtiːrən] *v/t* ⟨*no* **ge-**, **h**⟩ **1.** *jur.* patent, grant (*od.* issue) a patent for (*od.* on); (**sich** *dat*) **et. ~ lassen** take out a patent for (*od.* on) s. th. **2.** *metall.* (*Draht*) patent.

Paˈtent|ˌinˌha·ber *m* patentee, patent holder. **~ˌlö·sung** *f colloq.* ingenious solution. **~ˌrecht** *n* **1.** patent law. **2.** patent right(s *pl*). **≈ˌrecht·lich** *adj u. adv* under patent law; **~ geschützt** patented, protected (by patent). **~reˌzept** *n fig.* panacea, magic formula. **~ˌrol·le** *f* patent register. **~ˌsa·che** *f* patent matter. **~ˌschrift** *f* patent specification. **~ˌschutz** *m* protection by (letters) patent, patent coverage. **~ˌschutz·geˌsetz** *n* patent act. **~ˌüber·ˌtra·gung** *f* assignment of a patent. **~ˌurˌkun·de** *f* (letters *pl*) patent. **~verˌlet·zung** *f* patent infringement, piracy. **~verˌschluß** *m tech.* patent stopper. **~verˌwer·tung** *f jur.* patent exploitation.

Pa·ter [ˈpaːtər] *m* ⟨-s; - *u.* **Patres** [-trɛs]⟩ *R. C.* father, padre.

Pa·ter·no·ster[1] [patərˈnɔstər] *n* ⟨-s; -⟩ paternoster, Lord's prayer.

Pa·terˈno·ster[2] *m* ⟨-s; -⟩, **~ˌaufˌzug** *m* paternoster (lift).

pa·the·tisch [paˈteːtɪʃ] *adj* impassioned, passionate, emotional, lofty, *contp.* over-emotional, high-sounding, pompous, unctuous.

pa·tho|gen [patoˈgeːn] *adj med.* pathogenic. **≈ˈlo·ge** [-ˈloːgə] *m* ⟨-n; -n⟩ pathologist. **≈loˈgie** [-loˈgiː] *f* ⟨-; *no pl*⟩ pathology. **~ˈlo·gisch** [-ˈloːgɪʃ] *adj* pathologic(al).

Pa·thos [ˈpaːtɔs] *n* ⟨-; *no pl*⟩ (passionate) emotion, emotional style (*od.* tone), ardo(u)r; *contp.* **hohles** (*od.* **falsches**) **~** cheap display of emotion, bathos.

Pa·ti·ence [paˈsĩãːs] *f* ⟨-; -n [-sən]⟩ patience; **e-e ~ legen** play patience.

Pa·ti·ent [paˈtsĩɛnt] *m* ⟨-en; -en⟩, **Pa·tiˈen·tin** *f* ⟨-; -nen⟩ *med.* patient; **ambulanter ~** out-patient; **stationärer ~** in-patient.

ˈPa·tin *f* ⟨-; -nen⟩ godmother, (woman) sponsor.

Pa·ti·na [ˈpaːtina] *f* ⟨-; *no pl*⟩ patina (*a. fig.*), verd antique; **~ ansetzen** *a. fig.* gather patina. **pa·ti·nie·ren** [patiˈniːrən] *v/t* ⟨*no* **ge-**, **h**⟩ *chem.* patinate.

Pa·tri|arch [patriˈarç] *m* ⟨-en; -en⟩ *relig.* patriarch. **≈arˈcha·lisch** [-arˈçaːlɪʃ] *adj* patriarchal. **~arˈchat** [-arˈçaːt] *n* ⟨-(e)s; -e⟩ *relig. sociol.* patriarchate. **≈ˈar·chisch** [-ˈarçɪʃ] *adj* → **patriarchalisch.**

Pa·tri·mo·ni·um [patriˈmoːnĭʊm] *n* ⟨-s; -nien⟩ *jur.* patrimony.

Pa·tri·ot [patriˈoːt] *m* ⟨-en; -en⟩, **Pa·triˈotin** *f* ⟨-; -nen⟩ patriot. **pa·trio·tisch** [-ˈoːtɪʃ] *adj* patriotic. **Pa·trioˈtis·mus** [-oˈtɪsmʊs] *m* ⟨-; *no pl*⟩ patriotism.

Pa·tri·ze [paˈtriːtsə] *f* ⟨-; -n⟩ counter die, punch, patrix.

Pa·tri·zi·at [patriˈtsĭaːt] *n* ⟨-(e)s; -e⟩ *hist.* patriciate, patricians *pl.*

Pa·tri·zi·er [paˈtriːtsĭər] *m* ⟨-s; -⟩ *hist.* patrician. **~faˌmi·lie** *f* patrician family. **~ˌhaus** *n* patrician house. **~ˌherr·schaft** *f hist.* patrician rule.

pa·tri·zisch [paˈtriːtsɪʃ] *adj* **1.** *hist.* patrician. **2.** *fig.* a) noble, b) wealthy.

Pa·tron [paˈtroːn] *m* ⟨-s; -e⟩ **1.** patron, (*Schutzheiliger*) *a.* patron saint. **2.** *colloq. contp.* (*Bursche*) fellow, bloke, *bes. Am.* customer.

Pa·tro·nat [patroˈnaːt] *n* ⟨-(e)s; -e⟩ *allg.* patronage; **unter dem ~ von** under the patronage (*od.* auspices) of.

Pa·troˈnats|ˌfest *n* feast of the patron saint of a church. **~ˌherr** *m* advowee, patron.

Pa·tro·ne [paˈtroːnə] *f* ⟨-; -n⟩ *mil. phot. tech.* cartridge.

Paˈtro·nen|ˌausˌwer·fer *m mil.* ejector. **~ˌgurt, ~ˌgür·tel** *m mil.* **1.** cartridge (*od.* ammunition) belt. **2.** (*Bandelier*) bandoleer. **~ˌhül·se** *f* cartridge case. **~ˌrah·men** *m* charger, clip. **~ˌsi·che·rung** *f electr.* cartridge fuse. **~ˌta·sche** *f* ammunition pocket, pouch.

Paˈtro·nin *f* ⟨-; -nen⟩ **1.** *R. C.* (female) patron saint. **2.** *obs.* patroness, protectress.

Pa·trouil·le [paˈtrʊljə] *f* ⟨-; -n⟩ *bes. mil.* patrol; **~ gehen** patrol.

Paˈtrouil·len|ˌboot *n* patrol boat. **~ˌgang** *m* patrol.

pa·trouil·lie·ren [patrʊlˈjiːrən] *v/i* ⟨*no* **ge-**, **sein** *u.* **h**⟩ *bes. mil.* patrol.

patsch [patʃ] *interj* splash!, smack!, slap!

Pat·sche [ˈpatʃə] *f* ⟨-; -n⟩ *colloq.* **1.** (*Händchen*) little hand (*od.* paw). **2.** *zum Schlagen*: swat(ter). **3.** ⟨*only sg*⟩ *fig.* scrape, fix, spot, pickle, jam; **in der ~ sitzen** be in a tight corner (*od.* spot), be in the soup, be in a nice mess; **in die ~ geraten** get into hot water (*od.* a fix); **sich aus der ~ ziehen** get o. s. out of a fix; **j-n in der ~ lassen** leave s. o. in the lurch; **j-m aus der ~ helfen** help s. o. out of a scrape. **ˈpat·schen** *v/i* ⟨**h** *u.* **sein**⟩ *colloq.* **1.** ⟨**h**⟩ (s)plash; **in die Hände ~** *Kind*: clap one's hands. **2.** ⟨**sein**⟩ (s)plash; **durch die Pfützen ~** splash through the puddles.

ˈpat·scheˈnaß *adj* → **patschnaß.**

ˈPatsch|ˌhand *f*, **~ˌhänd·chen** *n colloq.* chubby (little) hand. **≈ˈnaß** *adj* sopping (*od.* soaking, dripping, wringing) wet, wet through, soaked to the skin.

Pat·schu·li [ˈpatʃuli] *n* ⟨-s; -s⟩ *bot.* patchouli. **~ˌöl** *n* patchouli oil.

patt [pat] *Schach* **I** *adj* stalemate; **j-n ~ machen** (*od.* **setzen**) stalemate s. o. **II ≈** *n* ⟨-s; -s⟩ stalemate, *fig. a.* deadlock.

Pat·te [ˈpatə] *f* ⟨-; -n⟩ pocket flap, cuff, facing.

pat·zen [ˈpatsən] *v/i* ⟨**h**⟩ *colloq.* **1.** blunder, boob, *Am. a.* goof, *bes. thea. Sport*: fluff. **2.** (*klecksen*) blot, make blots. **ˈPat·zer** *m* ⟨-s; -⟩ **1.** (*Person*) blunderer, bungler. **2.** (*Fehler*) blunder, boob, *bes. thea. Sport*: fluff. **Pat·zeˈrei** *f* ⟨-; -en⟩ blundering, bungling.

ˈpat·zig *adj colloq. Antwort, Benehmen etc*: impudent, rude, snotty, (*schroff*) curt, gruff; **j-n ~ anfahren** snap at s. o. **≈keit** *f* ⟨-; *no pl*⟩ impudence, insolence, gruffness.

Pau·ke [ˈpaukə] *f* ⟨-; -n⟩ **1.** *mus.* a) bass drum, tamburone, b) (*Kessel≈*) kettledrum; *fig.* **mit ~n und Trompeten** *durchfallen etc fail, etc* utterly, miserably, *iro.* gloriously; (**kräftig**) **auf die ~ hauen** a) (*sich amüsieren*) paint the town red, *sl.* make whoopee, (*weitS. mächtig rangehen*) go to town, b) (*angeben*) boast, brag, c) (*Reklame machen*) bang the big drum. **2.** → **Paukenhöhle.** **ˈpau·ken I** *v/i* ⟨**h**⟩ **1.** *mus.* play (*od.* beat) the (kettle-) drum. **2.** *ped. colloq.* (*lernen*) cram, grind, *bes. Br.* swot, *bes. Am.* bone. **3.** *univ. colloq.* **mit j-m ~** (fight a) duel with s. o. **II** *v/t* **4.** *colloq.* (*Vokabeln etc*) cram (up), *bes. Br.* swot (up), *bes. Am.* bone (up on).

ˈPau·ken|ˌfell *n* **1.** *mus.* drum head (*od.* skin), vellum. **2.** *anat.* tympanic membrane. **~ˌhöh·le** *f anat.* tympanic cavity, tympanum. **~ˌschlag** *m* beat of the (kettle)drum. **~ˌschlä·ger** *m* → **Pauker** 1. **~ˌschle·gel** *m meist pl* kettledrum (*od.* timpani) stick. **~ˌwir·bel** *m* (kettle)drum roll.

ˈPau·ker *m* ⟨-s; -⟩ **1.** *mus.* timpanist, (kettle)drummer. **2.** *ped. colloq.* crammer, teacher. **Pau·keˈrei** *f* ⟨-; *no pl*⟩ *ped. colloq.* cramming, grinding, swot.

pau·li·nisch [paʊˈliːnɪʃ] *adj Bibl.* Pauline.

ˈPaus|ˌback [ˈpaʊs-] *m* ⟨-(e)s; -e⟩ *colloq.* (*bes. Kind*) chubby face. **~ˌbacken** (*getr.* **-k·k-**) *pl* chubby cheeks. **≈ˌbackig, ≈ˌbäckig** (*getr.* **-k·k-**) [-ˌbɛkɪç] *adj* chubby-faced (*od.* -cheeked).

pau·schal [paʊˈʃaːl] **I** *adj* **1.** *Zahlung etc*: lump-sum, *Preis etc*: all-in, inclusive of everything (*od.* all), *Preissenkung, etc*: general, overall. **2.** *fig. Urteil etc*: generalized, sweeping. **II** *adv* **3.** in a lump sum.

4. *fig.* altogether, wholesale. **Ձˌab·ˌfin·dung** *f* lump-sum (*od.* over-all) compensation. **Ձbeˌtrag** *m* → Pauschale.

Pauˈscha·le *f* ‹-; -n›, *a. n* ‹-s; -lien [-lǐən]› *econ.* **1.** lump sum, global amount, flat charge (rate). **2.** *im Hotel etc*: all-inclusive price, *Am.* American plan.

Pauˈschal|geˌbühr *f* flat rate. **~ˌpreis** *m* lump-sum (*od.* comprehensive) price. **~ˌrei·se** *f* all-in (*od.* package) tour. **~ˌsatz** *m* flat (*od.* blanket) rate. **~ˌsteu·er** *f* comprehensive tax. **~ˌsum·me** *f* → Pauschale. **~taˌrif** *m* flat-rate tariff. **~ˌur·laub** *m* inclusive holiday. **~ˌur·teil** *n* sweeping judg(e)ment. **~verˌsi·che·rung** *f econ.* blanket insurance. **~ˌwert** *m* lump-sum value. **~ˌzah·lung** *f* (*Ablösung*) composition payment.

Pau·se[1] [ˈpauzə] *f* ‹-; -n› (*Ruhe*Ձ) rest (*a. mus.*), (*Arbeits*Ձ, *Schul*Ձ) break, *Am.* recess, *bes. thea. Sport*: interval, *Am.* intermission, (*Gesprächs*Ձ *etc*) pause, (*Nachlassen*) lull; **e-e ~ einlegen** (*od.* **machen**) → **pausieren.**

ˈPau·se[2] *f* ‹-; -n› *tech.* tracing, (*Licht*Ձ) copy, (*Blau*Ձ) blueprint. **ˈpau·sen** *v/t* ‹h› (*durchzeichnen*) trace, (*licht*~) print, photostat.

ˈpau·sen|los I *adj* uninterrupted, incessant, ceaseless, nonstop. **II** *adv* incessantly, nonstop, without pause (*od. colloq.* let-up). **Ձˌzei·chen** *n Radio*: interval signal, *mus.* rest (mark), *in der Schule*: bell.

pau·sie·ren [pauˈziːrən] *v/i* ‹*no* ge-, h› (*ausruhen*) have (*od.* take) a rest (*od.* break), (*innehalten*) (make a) pause.

ˈPaus·paˌpier *n* tracing paper.

Pa·vi·an [ˈpaːvǐaːn] *m* ‹-s; -e› *zo.* baboon.

Pa·vil·lon [ˈpavɪljõ] *m* ‹-s; -s› **1.** pavilion, (*Musik*Ձ) *a.* bandstand. **2.** → **Messehalle.**

pa·zi·fisch [paˈtsiːfɪʃ] *adj geogr.* Pacific; **der Ձe Ozean** the Pacific (Ocean).

Pa·zi|fis·mus [patsiˈfɪsmʊs] *m* ‹-; *no pl*› *pol.* pacifism. **~ˈfist** [-ˈfɪst] *m* ‹-en; -en›, **~ˈfi·stin** *f* ‹-; -nen›, **Ձˈfi·stisch** *adj* pacifist. **Ձfiˈzie·ren** [-fiˈtsiːrən] *v/t* ‹*no* ge-, h› pacify. **~fiˈzie·rung** *f* ‹-; *no pl*› pacification.

Pech [pɛç] *n* ‹-s, *rare* -es; -e› **1.** pitch, (*Schuster*Ձ) cobbler's wax; **schwarz wie ~** pitch-black; *fig. colloq.* **zs.-halten wie ~ und Schwefel** stick together, be inseparable, be as thick as thieves. **2.** ‹*only sg*› *fig. colloq.* (*Mißgeschick*) bad (*od.* hard, ill, tough) luck, hard lines *pl*; **~ haben** have bad luck (**bei** with), be down on one's luck; **er hat immer ~** he's always unlucky, luck has passed him by; **so ein ~!** hard luck!; *iro.* (**das ist eben**) **~!** (that's just) too bad! **~ˌblen·de** *f min.* pitchblende, uraninite. **~ˌfackel** (*getr.* -k·k-) *f* (pitch) torch. **Ձˈfin·ster** *adj colloq.* pitch-dark, pitch-black.

ˈpe·chig *adj* pitchy.

ˈPech|ˌkie·fer *f bot.* pitch (*od.* torch, sap) pine. **~ˌkoh·le** *f* pitch (*od.* bituminous, brown) coal. **~ˌnel·ke** *f bot.* catchfly. **Ձ(ˈra·ben)ˈschwarz** *adj colloq.* **1.** *Augen etc*: jet-black, *Hände etc*: black with dirt, coal-black. **2.** → **pechfinster.** **~ˌsträh·ne** *f colloq.* run (*bes. Am.* streak) of bad luck; **e-e ~ haben** strike a bad patch, be down on one's luck; **s-e ~ riß nicht ab** his run of bad luck never ended. **~ˌvo·gel** *m fig. colloq.* unlucky fellow (*od.* devil).

Pe·dal [peˈdaːl] *n* ‹-s; -e› **1.** pedal (*a. mus.*); **in die ~e treten** *Radfahrer*: pedal hard (*od.* away); *mus.* **das ~ treten** (*od.* **spielen**) (use *od.* work the) pedal. **2.** *pl colloq.* (*Füße*) trotters. **~ˌhar·fe** *f* pedal harp. **~kla·viaˌtur** *f* pedal (key)board.

Pe·dant [peˈdant] *m* ‹-en; -en› pedant, stickler for precision, *colloq.* fusspot. **Pe·dan·teˈrie** [-təˈriː] *f* ‹-; -n [-ən]› pedantry, fussiness. **Peˈdan·tin** *f* ‹-; -nen› → **Pedant.** **peˈdan·tisch I** *adj* pedantic, fussy, meticulous, *colloq.* pernickety. **II** *adv* pedantically; **~ genau** (**sauber**) meticulously exact (clean).

ˈPed·digˌrohr [ˈpɛdɪç-] *n collect.* rat(t)an (cane).

Pe·dell [peˈdɛl] *m* ‹-s, *bes. Austrian* -en; -e, *bes. Austrian* -en› **1.** *colloq.* a) *ped.* caretaker, janitor, b) *univ.* porter. **2.** *obs. for* **Gerichtsdiener.**

Pe·di·kü·re [pediˈkyːrə] *f* ‹-; -n› **1.** ‹*only sg*› chiropody, pedicure. **2.** (*Fußpflegerin*) chiropodist. **pe·diˈkü·ren** *v/t* ‹h› (give *s. o.* a) pedicure.

Peer [piːr; pɪə] (*Engl.*) *m* ‹-s; -s› peer. **ˈPeersˌwür·de** *f* peerage.

Pe·ga·sus [ˈpeːgazʊs] *npr m* ‹-; *no pl*› *myth.* Pegasus; *fig. humor.* **den ~ reiten** write poetry.

Pe·gel [ˈpeːgəl] *m* ‹-s; -› *tech. u. fig.* level, (*Instrument*) level indicator (*od.* recorder), tide-ga(u)ge. **~ˌhö·he** *f* → **Pegelstand.** **~ˌstab** *m* level rod, dipstick. **~ˌstand** *m* water level.

ˈPeil|ˌan·la·ge *f aer. mar.* direction-finding (*abbr.* DF) equipment (*od.* system). **~anˌten·ne** *f* direction-finding aerial (*Am.* antenna). **~ˌba·ke** *f* radio beacon. **~ˌboot** *n* surveying (*od.* sounding) boat. **~empˌfän·ger** *m* direction-finding receiver.

pei·len [ˈpaɪlən] **I** *v/t* ‹h› **1.** (*Sender*) take a bearing on, (*Richtung*) determine the direction, take the bearing of, (*Standort*) fix, (*Wassertiefe*) sound; → **Daumen** 1, **Lage** 3. **II** *v/i* **2.** take the bearings, fix the position. **III** Ձ *n* ‹-s› **3.** taking the bearings (*etc*). **4.** → **Peilung.** **ˈPei·ler** *m* ‹-s; -› direction finder.

ˈPeil|ˌfeh·ler *m* bearing error. **~ˌfunk** *m* (wireless) direction finding. **~ˌfunk·geˌrät** *n* radio direction finder. **~ˌfunk·sta·tiˌon,** **~ˌfunkˌstel·le** *f* direction-finding station. **~geˌrät** *n* radar (*od.* direction-finding) equipment, direction finder. **~ˌkom·paß** *m mar.* bearing compass. **~ˌli·nie** *f aer. mar.* bearing line. **~ˌlot** *n mar.* (sounding) lead. **~ˌrah·men** *m* loop aerial (*Am.* antenna). **~ˌsen·der** *m* bearing transmitter. **~sta·tiˌon** *f* → **Peilfunkstation.** **~ˌstrahl** *m* radio beam.

ˈPei·lung *f* ‹-; -en› taking (one's) bearings, *aer. Radio*: direction finding, radio bearing, (*Resultat*) bearing(s *pl*).

ˈPeilˌzei·chen *n Radio*: directional (*od.* direction-finding, bearing) signal.

Pein [paɪn] *f* ‹-; *no pl*› *lit.* pain, suffering, torment, agony, *bes. seelische*: anguish, distress; *relig.* **die ewige ~** everlasting punishment (*od.* torments *pl*).

pei·ni·gen [ˈpaɪnɪgən] *v/t* ‹h› torment, plague, (*foltern*) torture; *fig.* **er wurde von Furcht gepeinigt** he was tormented by (*od.* with) fear. **ˈPei·ni·ger** *m* ‹-s; -› tormentor. **ˈPei·ni·gung** *f* ‹-; -en› torment, torture, affliction.

ˈpein·lich I *adj* **1.** painful (*dat* for), (*unangenehm*) awkward, embarrassing; **es ist mir höchst ~, Ihnen sagen zu müssen** I hate to have to tell you. **2.** (*übergenau*) meticulous, scrupulous, painstaking; **~e Sauberkeit** scrupulous cleanliness, *colloq.* spit and polish. **3.** *hist. jur.* capital, penal, criminal; **~e Gerichtsbarkeit** criminal jurisdiction; **~e Befragung** (interrogation under) torture. **II** *adv* **4. j-n ~ berühren** embarrass (*od.* distress) s. o.; **~ berührt** *blicken etc look, etc* pained; **~ genau** painfully (*od.* painstakingly) exact, meticulously; **~ sauber** scrupulously clean; **er vermied es ~(st), davon zu sprechen** he carefully avoided talking about it. **Ձkeit** *f* ‹-; -en› **1.** ‹*only sg*› awkwardness, embarrassment. **2.** ‹*only sg*› scrupulousness, scrupulous care, meticulousness. **3.** awkward situation (*od.* remark).

Peit·sche [ˈpaɪtʃə] *f* ‹-; -n› whip; **mit der ~ knallen** crack the whip; → **Zuckerbrot.** **ˈpeit·schen I** *v/t* ‹h› whip, flog, *a. fig. Regen, Wellen etc*: lash. **II** *v/i fig. Regen, Sturm etc*: lash, whip; **der Regen peitschte ans Fenster** the rain lashed against the window.

ˈPeit·schen|geˌknall *n* cracking of a whip (*od.* of whips). **~ˌhieb** *m* lash (*od.* cut) of (*od.* with) the whip; *fig.* **ihre Worte trafen ihn wie ein ~** her words cut him to the bone. **~ˌknall** *m* crack of a whip, whipcrack. **~ˌrie·men** *m* (whip)lash. **~ˌschlagˌtrau·ma** *n* whiplash injury. **~ˌschnur** *f* whipcord. **~ˌstiel, ~ˌstock** *m* whipstock.

pe·jo·ra|tiv [pejoraˈtiːf] *adj*, **Ձˈti·vum** [-ˈtiːvʊm] *n* ‹-s; -tiva [-va]› pejorative.

Pe·ki·ne·se [pekiˈneːzə] *m* ‹-n; -n› (*Hunderasse*) Pekin(g)ese.

Pe·koe [ˈpeːko] *m* ‹-(s); *no pl*›, **~ˌtee** *m* pekoe.

Pek·tin [pɛkˈtiːn] *n* ‹-s; -e› *bot. chem.* pectin.

pek·to·ral [pɛktoˈraːl] *adj anat.* pectoral.

pe·ku·ni·är [pekuˈnǐɛːr] **I** *adj* pecuniary, financial; **aus ~en Gründen** for financial reasons. **II** *adv* **~ geht es ihm gut** he is well off (financially).

Pe·lar·go·nie [pelarˈgoːnǐə] *f* ‹-; -n› *bot.* pelargonium, storksbill, geranium.

Pe·le·ri·ne [peləˈriːnə] *f* ‹-; -n› (*Umhang*) cape, pelerine.

Pe·li·kan [ˈpeːlikaːn] *m* ‹-s; -e› *orn.* pelican.

Pel·la·gra [ˈpɛlagra] *n* ‹-; *no pl*› *med.* pellagra.

Pel·le [ˈpɛlə] *f* ‹-; -n› *bes. Northern G.* (*Wursthaut etc*) skin, (*Kartoffelschale etc*) *a.* peel; **Kartoffeln in der ~ kochen** boil potatoes in their jackets; *fig. colloq.* **j-m auf die ~ rücken** pester s. o., keep on (*od.* get at) s. o. (**mit** with); **j-m nicht von der ~ rücken** (*od.* **gehen**), **j-m** (**dauernd**) **auf der ~ sitzen** pester (*od.* plague, harass) s. o., dog s. o.'s footsteps. **ˈpel·len I** *v/t* ‹h› (*Kartoffeln etc*) peel, skin, (*Ei*) shell. **II** *v/reflex colloq.* **sich ~** *Haut etc*: peel (off), come off. **ˈPell·karˌtof·feln** *pl* potatoes (boiled) in their skins (*od.* jackets).

Pelz [pɛlts] *m* ‹-es; -e› **1.** fur (*a. Kleidungsstück*), *weitS.* skin, hide, pelt; *fig. colloq.* **j-m eins auf den ~ brennen** put a bullet into s. o.; **j-m auf den ~ rücken** a) (*bedrohen*) come at s. o., b) (*bedrängen*) press s. o. hard; **sich die Sonne auf den ~ brennen lassen** bask in the sun. **2.** *bes. der Raupen*: wool. **3.** *Textil.* fleece. **~beˌsatz** *m* fur trimming. **Ձbeˌsetzt** *adj* fur-trimmed. **~ˌfut·ter** *n* fur lining. **~gar·niˌtur** *f* fur accessories *pl.* **Ձgeˌfüt·tert** *adj* fur-lined. **~geˌschäft** *n* **1.** fur(rier's) shop (*bes. Am.* store). **2.** → **~ˌhan·del** *m* fur trade (*od.* business). **~ˌhänd·ler** *m* fur trader, furrier. **~ˌhandˌschuh** *m meist pl* fur glove.

ˈpel·zig *adj* **1.** (*haarig*) furry, furred. **2.** *med.* a) *Zunge*: furred, coated, b) *Gefühl, Glieder etc*: numb. **3.** *bot.* a) (*flaumig*) downy, b) *Rettich*: stringy, c) (*schwammig*) spongy.

ˈPelz|ˌjacke (*getr.* -k·k-) *f* fur jacket. **~ˌjä·ger** *m* (fur) trapper, fur hunter.

~ˌkap·pe *f* fur hat. **~kol·liˌer** *n* fur cape (*od.* tippet). **~ˌkra·gen** *m* fur collar. **~ˌman·tel** *m* fur (coat). **~ˌmüt·ze** *f* fur hat. **~ˌrob·be** *f zo.* fur seal. **~ˌstie·fel** *pl* fur boots. **~ˌsto·la** *f* fur stole.

ˈPelzˌtier *n* fur-bearing animal, fur-bearer; die ~e *collect.* fur(s). **~ˌfarm** *f* fur farm. **~ˌjä·ger** *m* trapper. **~ˌzucht** *f* fur farming.

ˈpelz|ver|brämt *adj* → pelzbesetzt. **≈ˌwa·re** *f*, **≈ˌwerk** *n* ⟨-(e)s; *no pl*⟩ furs *pl*, skins *pl*, peltry, pelts *pl*.

Pen·dant [pãˈdãː] *n* ⟨-s; -s⟩ **1.** (*Ergänzung, Gegenstück*) pendant, companion piece, match, counterpart. **2.** (*Entsprechung, a. Person*) opposite number.

Pen·del [ˈpɛndəl] *n* ⟨-s; -⟩ pendulum (*a. fig.*). **~ˌach·se** *f mot.* swing axle. **~ˌausˌschlag** *m* (amplitude of) pendulum swing. **~beˌwe·gung** *f* **1.** pendulum (*od.* oscillating, swinging) movement (*od.* motion). **2.** *fig.* pendulum. **~ˌdienst** *m* → Pendelverkehr 1. **~ˌleuch·te** *f* droplight, pendant (lamp).

pen·deln [ˈpɛndəln] *v/i* ⟨h *u.* sein⟩ **1.** ⟨h⟩ swing (to and fro), oscillate; mit dem Oberkörper ~ sway, *Boxer*: weave (about). **2.** ⟨sein⟩ *Verkehrsmittel*: shuttle, *Person*: commute.

ˈPen·del|ˌschlag *m*, **~ˌschwin·gung** *f* swing (*od.* oscillation) of the pendulum. **~ˌstaf·fel** *f Sport*: shuttle relay. **~ˌtür** *f* swinging door. **~ˌuhr** *f* pendulum clock. **~verˌkehr** *m* **1.** *rail. etc* shuttle service. **2.** commuter traffic. **~ˌzug** *m rail.* commuter train.

Pend·ler [ˈpɛndlər] *m* ⟨-s; -⟩ commuter. **~ˌvor·stadt** *f* commuterville. **~ˌzug** *m* commuter train.

pe·ne|trant [peneˈtrant] **I** *adj* **1.** *Geruch etc*: penetrating, *Geräusch, Stimme etc*: *a.* piercing. **2.** *fig. colloq.* awful, *Art etc*: self-important, obtrusive, importunate; ~er Kerl pest. **II** *adv* **3.** es riecht hier ~ nach Fisch there is a strong smell of fish here. **≈ˈtranz** [-ˈtrants] *f* ⟨-; -en⟩ **1.** penetration, piercing (*od.* penetrative) power. **2.** obtrusiveness, importunateness. **3.** *Erblehre*: penetrance.

peng [pɛŋ] *interj* bang!

pe·ni·bel [peˈniːbəl] *adj* **1.** *colloq. Art, Person etc*: fastidious, finicky, fussy, pernickety, *Hausfrau*: *a.* house-proud, *Arbeit etc*: painstaking. **2.** *dial.* embarrassing, awkward.

Pe·ni·cil·li·um [peniˈtsɪlǐum] *n* ⟨-s; *no pl*⟩ *bot.* penicillium.

Pe·nis [ˈpeːnɪs] *m* ⟨-; -se *u.* Penes [-nɛs]⟩ *anat.* penis. **~ˌneid** *m psych.* penis envy.

Pe·ni·zil·lin [penitsɪˈliːn] *n* ⟨-s; -e⟩ *med. pharm.* penicillin. **~beˌhand·lung** *f* penicillin treatment. **~re·siˌstenz** *f der Bakterien*: penicillin-resistance. **~ˌsprit·ze** *f* penicillin injection.

Pen·nä·ler [pɛˈnɛːlər] *m* ⟨-s; -⟩ *colloq. for* Oberschüler, Gymnasiast. **~ˌlie·be** *f colloq.* calf (*od.* puppy) love.

ˈPennˌbru·der *m colloq.* **1.** *contp.* tramp, dosser, *Am.* hobo, *Am. sl.* bum. **2.** *humor.* late sleeper. **Pen·ne** [ˈpɛnə] *f* ⟨-; -n⟩ *colloq.* **1.** school. **2.** doss house, *Am. sl.* flophouse. **ˈpen·nen** *v/i* ⟨h⟩ *colloq.* sleep (*a. fig.*), kip, *sl.* doss. **ˈPen·ner** *m* ⟨-s; -⟩ → Pennbruder.

penn·syl·va·nisch [pɛnzylˈvaːnɪʃ] *adj* Pennsylvanian.

Pen·si·on [pãˈzǐoːn; pãˈsǐoːn; pɛnˈzǐoːn] *f* ⟨-; -en⟩ **1.** ⟨*only sg*⟩ (*Ruhestand*) retirement; in ~ gehen *a.* retire; in ~ sein be retired, be (*od.* live) in retirement. **2.** (*Ruhegeld*) (old-age) pension, superannuation, retirement allowance, *bes. mil.* retired pay; e-e ~ beziehen draw a pension; mit ~ verabschiedet pensioned-off. **3.** (*Fremdenheim*) boarding-house, private hotel, guest-house, *bes. auf dem Kontinent*: pension, *ohne Verpflegung*: lodging (*Am.* rooming) house. **4.** (*Unterkunft u. Verpflegung*) room and board, board and lodging, *bes. auf dem Kontinent*: pension; bei j-m in ~ sein board with s. o.; j-n in ~ nehmen take s. o. in to board (*od.* as a boarder); volle ~ full board. **Pen·sio·när** [pãzǐoˈnɛːr; pãsǐo-; pɛnzǐo-] *m* ⟨-s; -e⟩, **Pen·sioˈnä·rin** *f* ⟨-; -nen⟩ **1.** pensionary, pensioner. **2.** *bes. Swiss* boarder, lodger. **Pen·sio·nat** [pãzǐoˈnaːt; pãsǐo-; pɛnzǐo-] *n* ⟨-(e)s; -e⟩ *ped.* (*bes. Mädchen≈*) boarding school.

pen·sio|nie·ren [pãzǐoˈniːrən; pãsǐo-; pɛnzǐo-] **I** *v/t* ⟨*no* ge-, h⟩ **1.** pension (off), retire, *aus Altersgründen*: superannuate, *bes. mil.* put *s. o.* on the retired list; sich ~ lassen retire (on a pension). **II ≈** *n* ⟨-s⟩ **2.** retiring (*etc*). **3.** → Pensionierung. **~ˈniert** *adj* retired, in retirement, pensioned-off. **≈ˈnie·rung** *f* ⟨-; -en⟩ **1.** → pensionieren 2. **2.** retirement; ~ wegen Erreichung der Altersgrenze superannuation; vorzeitige ~ early retirement.

Pen·sio·nist [pãzǐoˈnɪst; pãsǐo-; pɛnzǐo-] *m* ⟨-en; -en⟩, **Pen·sioˈni·stin** *f* ⟨-; -nen⟩ *Austrian for* Pensionär(in).

Pen·siˈons|ˌal·ter *n* retirement (*od.* retiring, pension[able]) age. **~ˌanˌspruch** *m* → Pensionsberechtigung. **~ˌbeiˌtrag** *m* contribution to the pension scheme. **≈beˌrech·tigt** *adj* pensionable, entitled to (*od.* eligible for) a pension. **~beˌrech·tig·te** *m, f* person entitled to (*od.* eligible for) a pension. **~beˌrech·ti·gung** *f* right (*od.* entitlement) to a pension. **~empˌfän·ger** *m*, **~empˌfän·ge·rin** *f* → Pensionär(in) 1. **~ˌfonds** *m* → Pensionskasse. **~ˌgast** *m* boarder. **~ˌkas·se** *f* pension (*od.* retirement, superannuation) fund. **~ˌpreis** *m* (charge for) board and lodging. **≈ˌreif** *adj colloq.* due for retirement.

Pen·sum [ˈpɛnzum] *n* ⟨-s; Pensen *u.* Pensa [-za]⟩ **1.** allotted task (*od.* work), stint, quota; sein tägliches ~ erledigen (*od.* bewältigen) do one's daily stint. **2.** *ped.* (assigned) task, work, (*Lehrplan*) syllabus, curriculum.

Pen·ta·de [pɛnˈtaːdə] *f* ⟨-; -n⟩ *meteor.* pentad.

Pen·ta·eder [pɛntaˈʔeːdər] *n* ⟨-s; -⟩ *math.* pentahedron.

Pen·ta·gon[1] [pɛntaˈgoːn] *n* ⟨-s; -e⟩ *math.* pentagon.

Pen·ta·gon[2], **das** [ˈpɛntagɔn] ⟨-s⟩ (*amer. Verteidigungsministerium*) the Pentagon.

Pen·ta·gramm [pɛntaˈgram] *n* ⟨-s; -e⟩ pentacle, pentagram, pentalpha, pentangle.

Pen·ta·me·ter [pɛnˈtaːmetər] *m* ⟨-s; -⟩ *metr.* pentameter.

ˈPentˌhaus [ˈpɛnt-] *n* penthouse.

Pent·ode [pɛnˈtoːdə] *f* ⟨-; -n⟩ *electr.* pentode.

Pe·pe·ro·ni [pepeˈroːni] *pl gastr.* red (*od.* hot) peppers.

Pe·pi·ta [peˈpiːta] *m, n* ⟨-s; -s⟩ *Textil.* small hound's-tooth check.

Pep·sin [pɛˈpsiːn] *n* ⟨-s; -e⟩ *chem. med.* pepsin. **~ˌdrü·se** *f anat.* peptic gland.

Pep·tid [pɛpˈtiːt] *n* ⟨-(e)s; -e⟩ *chem.* peptide. **ˈpep·tisch** [-tɪʃ] *adj med.* peptic, pepsic.

Pep·ton [pɛpˈtoːn] *n* ⟨-s; -e⟩ *chem.* peptone.

per [pɛr] *prep* ⟨*acc*⟩ **1.** (*durch, mittels*) per, by; ~ Achse by road, *colloq.* by car; ~ Bahn by rail, by train; ~ Post by post, *Am.* by mail; *colloq.* ~ pedes on foot; → Anhalter. **2.** (*pro*) per; ~ Jahr per year, per annum; ~ Stück apiece. **3.** *econ.* per, (due) on; ~ sofort gesucht required (*od.* wanted) immediately; ~ procura by (*od.* per) procuration, by proxy; ~ cassa for cash. **4.** sie sind ~ du they are on familiar terms; j-n ~ Sie anreden be on formals terms with s. o.

per·en·nie·rend [perɛˈniːrənt] *adj bot.* perennial.

per·fekt [pɛrˈfɛkt] **I** *adj* ⟨-er; -est⟩ **1.** (*vollkommen*) perfect, excellent, accomplished, consummate. **2.** ⟨*pred*⟩ (*abgeschlossen*) settled, concluded, *colloq.* in the bag; e-e Sache ~ machen clinch a deal. **II** *adv* **3.** perfectly, excellently; er spricht ~ Französisch his French is perfect, he has a perfect command of French.

Per·fekt [ˈpɛrfɛkt; -ˈfɛkt] *n* ⟨-(e)s; -e⟩ *ling.* perfect (tense).

Per·fek·ti·on [pɛrfɛkˈtsǐoːn] *f* ⟨-; -en⟩ perfection; es zur ~ bringen attain perfection.

per·fek·tio|nie·ren [pɛrfɛktsǐoˈniːrən] *v/t* ⟨*no* ge-, h⟩ perfect; technisch perfektioniert of technical perfection, technically perfect. **≈ˈnis·mus** [-ˈnɪsmus] *m* ⟨-; *no pl*⟩ *a. philos.* perfectionism, perfectibilism. **≈ˈnist** [-ˈnɪst] *m* ⟨-en; -en⟩ perfectionist. **~ˈni·stisch** *adj* perfectionist(ic).

per·fek·tiv [ˈpɛrfɛktiːf; -ˈtiːf] *adj ling.* ~e Aktionsart perfective (aspect). **per·fek·ti·visch** [pɛrfɛkˈtiːvɪʃ] *adj* **1.** of (*od.* in) the perfect. **2.** → perfektiv. **Per·fek·tum** [pɛrˈfɛktum] *n* ⟨-s; -fekta [-ta]⟩ → Perfekt.

per·fid [pɛrˈfiːt], **perˈfi·de** [-də] *adj* perfidious. **Per·fiˈdie** [-fiˈdiː] *f* ⟨-; -n [-ən]⟩, **Per·fi·diˈtät** [-fidiˈtɛːt] *f* perfidy, perfidiousness.

Per·fo|ra·ti·on [pɛrforaˈtsǐoːn] *f* ⟨-; -en⟩ perforation. **≈ˈrie·ren** [-ˈriːrən] *v/t* ⟨*no* ge-, h⟩ perforate. **~ˈrier·maˌschi·ne** *f* perforating machine, perforator. **~ˈrie·rung** *f* ⟨-; -en⟩ perforation.

Per·ga·ment [pɛrgaˈmɛnt] *n* ⟨-(e)s; -e⟩ parchment (*a.* ~urkunde), (*Kalbs≈, Schreib≈*) vellum. **≈ˌähn·lich, ≈ˌar·tig** parchment-like. **~ˌband** *m* parchment-bound volume. **~ˌblatt** *n* leaf of parchment.

per·gaˈmen·ten *adj* (made of) parchment.

Per·gaˈment|paˌpier *n* parchment paper, vegetable parchment, (*Butterbrotpapier*) greaseproof paper. **~ˌrol·le** *f* roll (*od.* scroll) of parchment.

Per·go·la [ˈpɛrgola] *f* ⟨-; -golen [-ˈgoːlən]⟩ *arch.* pergola.

Pe·ri ..., pe·ri ... *in Zssgn* peri ... **Pe·riˈanth** [peˈrǐant] *n* ⟨-s; -e⟩, **Pe·riˈan·thi·um** [-tǐum] *n* ⟨-s; -thien⟩ *bot.* floral envelope, perianth(ium).

Pe·ri|gä·um [periˈgɛːum] *n* ⟨-s; -gäen⟩ *astr.* perigee. **~ˈhel** [-ˈheːl] *n* ⟨-s; -e⟩, **~ˈhe·li·um** [-ˈheːlǐum] *n* ⟨-s; -lien⟩ *astr.* perihelium. **~ˈkard** [-ˈkart] *n* ⟨-(e)s; -e⟩, **~ˈkar·di·um** [-ˈkardǐum] *n* ⟨-s; -dien⟩ *anat.* pericardium. **~ˈkarp** [-ˈkarp] *n* ⟨-(e)s; -e⟩ *bot.* pericarp.

pe·ri·kle·isch [periˈkleːɪʃ] *adj* Periclean.

Pe·ri·me·ter [peˈriːmetər] *n* ⟨-s; -⟩ *med.* perimeter.

Pe·ri·ode [peˈrǐoːdə] *f* ⟨-; -n⟩ **1.** (*Zeitabschnitt*) period, *bes. meteor. a.* spell. **2.** *geol. hist. archeol.* period, epoch, era, age, date; Skulpturen aus e-r frühen ~ sculptures (dating) from an early age. **3.** *physiol.* (menstrual) period, menstruation. **4.** *electr.* period, *a.* (complete) cycle; ~n je Sekunde cycles (per second). **5.** *math.* repetend, period, recurring figure(s *pl*) (of a decimal). **6.** *mus.* sentence, period. **7.** *astr.* (*Kreislauf, Umlaufzeit*) period. **8.** *ling.* (*Satzgefüge*) period.

Pe·ri'oden|syˌstem *n chem.* periodic system (*od.* table). **~ˌumˌfor·mer** *m electr.* frequency changer (*od.* converter). **~ˌzahl** *f* frequency, number of cycles.

pe·ri'odisch I *adj* periodic(al); *chem.* ~es System periodic system; ~er Dezimalbruch recurring (*od.* periodic, repeating, circulating) decimal; ~e Veröffentlichung periodical publication. **II** *adv* periodically, recurrently, at regular intervals of time; ~ wiederkehren (*od.* vorkommen) recur periodically (*od.* at regular intervals); ~ erscheinende Zeitschrift periodical (magazine).

Pe·ri·odi·zi·tät [perĭoditsi'tɛːt] *f* <-; *no pl*> periodicity.

Pe·ri·pe·tie [peripe'tiː] *f* <-; -n [-ən]> *thea. etc* peripet(e)ia.

pe·ri·pher [peri'feːr] *adj* **1.** peripheral, *a.* peripheric; ~es Nervensystem peripheral nervous system; *Computer*: ~e Einheit peripheral unit; ~e Geräte *pl* peripheral equipment *sg.* **2.** *fig. Probleme etc*: subordinate, minor, irrelevant.

Pe·ri·phe·rie [perife'riː] *f* <-; -n [-ən]> **1.** *math.* circumference, periphery. **2.** (*Stadtrand*) outskirts *pl*, periphery. **~ˌwin·kel** *m math.* angle at the circumference.

Pe·ri|phra·se [peri'fraːzə] *f* <-; -n> *ling.* periphrasis, periphrase. **≈phra'sie·ren** [-fra'ziːrən] *v/t* <*no* ge-, h> periphrase. **~'skop** [-'skoːp] *n* <-s; -e> *mar. opt.* periscope. **≈'sko·pisch** [-'skoːpɪʃ] *adj* periscopic. **~'stal·tik** [-'staltɪk] *f* <-; *no pl*> *physiol.* peristalsis. **≈'stal·tisch** *adj* peristaltic. **~to'ni·tis** [-to'niːtɪs] *f* <-; -nitiden [-ni'tiːdən]> *med.* peritonitis.

Per·ko·lat [pɛrko'laːt] *n* <-(e)s; -e> *med. pharm.* percolate. **Per·ko'la·tor** [-tɔr] *m* <-s; -en [-la'toːrən]> percolator.

Per·kus·si·on [pɛrku'sĭoːn] *f* <-; -en> *med. mil. mus.* percussion. **per·kus'so·risch** [-'soːrɪʃ] *adj* percussion, percussory.

per·ku·tan [pɛrku'taːn] *adj med.* percutaneous.

Perl [pɛrl] *f* <-; *no pl*> *print.* pearl.

Per·le ['pɛrlə] *f* <-; -n> **1.** pearl, (*Glas≈ etc*) bead; echte ~n real (*od.* genuine, natural) pearls; sie hat Zähne wie ~n her teeth are like pearls; ~n bedeuten Tränen pearls mean tears; *fig.* ~n vor die Säue werfen cast pearls before swine; *fig. colloq.* es wird dir (dabei) schon keine ~ aus der Krone fallen it won't hurt you. **2.** *fig.* (*Person u. Sache*) gem, jewel; unsere ~ (*Hausmädchen*) our maid. **3.** (*Tropfen*) bead, drop, (*Bläschen*) bubble; der Schweiß stand ihm in ~n auf der Stirn beads of sweat stood on his forehead. **4.** *pharm.* perle.

'per·len^1 *adj* pearl, (made) of pearls, pearly.

'per·len^2 *v/i* <h> **1.** *Sekt etc*: sparkle, bubble. **2.** *Wasser, Schweiß etc*: pearl, bead; der Schweiß perlte auf s-r Stirn sweat beaded his forehead; Tränen perlten über ihr Gesicht tears rolled down her cheeks.

'Per·len|ˌau·ster *f* → Perlmuschel. **~ˌfi·scher** *m* pearl fisher. **~(ˌhals)ˌket·te** *f* string of pearls (*od.* beads), pearl (*od.* bead) necklace. **~ˌschmuck** *m* pearl jewel(le)ry. **~ˌschnur** *f* string of pearls (*od.* beads). **~sticke·rei** (*getr.* -k·k-) *f* embroidery in pearls, beadwork. **~ˌtau·cher** *m* pearl diver.

'Perl|ˌgarn *n* bead yarn. **~ˌgrau·pen** *pl gastr.* pearl barley *sg.* **~ˌhuhn** *n* guinea fowl.

'per·lig *adj* **1.** pearl-shaped. **2.** (*mattglänzend*) pearly.

Per·lit [pɛr'liːt; -'lɪt] *m* <-s; -e> **1.** *min.* pearlstone, pe(a)rlite. **2.** *chem.* pearlite.

'Perl|ˌkorn *n am Gewehr*: bead sight. **~ˌmu·schel** *f* pearl oyster (*od.* mussel). **~ˌmutt** [-ˌmʊt] *n* <-s; *no pl*>, **~ˌmut·ter** *f* <-; *no pl*>, *n* <-s; *no pl*> mother-of-pearl, nacre. **~ˌmuttˌknopf** *m* (mother-of-) pearl button.

Per·lon ['pɛrlɔn] (*TM*) *n* <-s; *no pl*> (*Kunstfaser*) Perlon (*TM*). **~ˌstrumpf** *m* Perlon stocking. **≈verˌstärkt** *adj* Perlon-reinforced.

'Perl|ˌschrift *f print.* pearl. **~ˌstich** *m* tent-stitch, petit point (stitch). **~ˌwein** *m* sparkling wine. **≈ˌweiß** *adj* pearl-white. **~ˌzwie·bel** *f* pearl onion.

Perm [pɛrm] *n* <-s; *no pl*> *geol.* Permian (period).

per·ma|nent [pɛrma'nɛnt] **I** *adj* permanent, perpetual, constant. **II** *adv* sich ~ weigern refuse obstinately. **≈'nenz** [-'nɛnts] *f* <-; *no pl*> permanence, permanency; in ~ permanently, continuously; sich in ~ erklären *Ausschuß etc*: declare o. s. (to be) in permanent session.

Per·man·ga·nat [pɛrmaŋga'naːt] *n* <-(e)s; -e> *chem.* permanganate.

per·mea·bel [pɛrme'aːbəl] *adj phys.* permeable, pervious.

per·misch ['pɛrmɪʃ] *adj geol.* Permian.

per·mu|ta·bel [pɛrmu'taːbəl] *adj math.* permutable. **≈ta·ti'on** [-ta'tsĭoːn] *f* <-; -en> permutation. **~'tie·ren** [-'tiːrən] *v/t* <*no* ge-, h> permute.

per·ni·zi·ös [pɛrni'tsĭøːs] *adj med.* pernicious.

per·oral [pɛrˀo'raːl] *adj med.* peroral.

Per·oxid [pɛrˀɔ'ksiːt; 'pɛr-], **Per·oxyd** [pɛrˀɔ'ksyːt; 'pɛr-] *n* <-(e)s; -e> *chem.* peroxide.

Per·pen|di·kel [pɛrpɛn'diːkəl] *n, m* <-s; -> **1.** *e-r Uhr*: pendulum. **2.** *math., a. pl mar. tech.* perpendicular (line). **≈di·ku'lar** [-diku'laːr], **≈di·ku'lär** [-diku'lɛːr] *adj bes. math.* perpendicular.

Per·pe·tu·um mo·bi·le [pɛr'peːtuum 'moːbile] *n* <--; --(s) *u.* -tua -bilia [-tŭa mo'biːlĭa]> **1.** *phys.* perpetual motion machine. **2.** *mus.* perpetuum mobile.

per·plex [pɛr'plɛks] *adj* <-er; -est> perplexed, bewildered, baffled, puzzled, confounded, *colloq.* dumbfounded, flabbergasted. **Per·ple·xi'tät** [-ksi'tɛːt] *f* <-; *no pl*> perplexity, bewilderment, bafflement.

Per·ron [pɛ'rõː] *m* <-s; -s> *obs. and Swiss for* Bahnsteig.

per se [pɛr 'zeː] *adv* per se, by (*od.* of, in) itself; das versteht sich ~ that goes without saying.

Per·sen·ning [pɛr'zɛnɪŋ] *f* <-; -e(n)> *bes. mar.* tarpaulin.

Per·ser ['pɛrzər] *m* <-s; -> **1.** Persian, Iranian. **2.** → Perserteppich. **'Per·se·rin** *f* <-; -nen> Persian (*od.* Iranian) (woman *od.* girl).

'Per·serˌtep·pich *m* Persian carpet.

Per·sia·ner [pɛr'zĭaːnər] *m* <-s; -> **1.** (*Pelz*) Persian lamb(skin). **2.** → **~ˌman·tel** *m* Persian lamb coat.

Per·si|fla·ge [pɛrzi'flaːʒə] *f* <-; -n> persiflage. **≈'flie·ren** [-'fliːrən] *v/t* <*no* ge-, h> ridicule, deride, satirize.

'per·sisch I *adj* Persian, Iranian. **II** *ling.* ≈ <*generally undeclined*>, das ≈e <-n> Persian, the Persian language.

per·si|stent [pɛrzɪs'tɛnt] *adj* persistent. **≈'stenz** [-'tɛnts] *f* <-; -en> persistence.

Per·son [pɛr'zoːn] *f* <-; -en> **1.** person (*a. jur. ling.*), (*Einzelwesen*) *a.* individual, (*das Ich*) *a.* self; e-e Familie mit fünf ~en a family of five; wir sind drei ~en there are three of us; alles in einer ~ all rolled in one; ~en sind bei dem Brand nicht umgekommen no lives were lost in the fire; ich für m-e ~ (I) for my part, I for one (*od.* myself), as for me, as far as I am concerned, personally; er hält viel auf s-e ~ he thinks a lot of himself; die wichtigste ~ in unserer Firma the most important person (*od.* figure) in our firm; so e-e (ordinäre) ~! what an ordinary creature!; *fig.* der Teufel in ~ the devil incarnate; sie ist die Gutmütigkeit in ~ she is good nature personified (*od.* itself); → juristisch. **2.** (*Persönlichkeit*) person (of importance), personality, somebody, figure, personage; ohne Ansehen der ~ without respect of persons. **3.** (*Identität*) identity; sich in der ~ irren mistake s. o.'s identity; *jur.* von ~ bekannt of known identity; j-n zur ~ vernehmen question s. o. concerning his identity (*od.* particulars). **4.** *meist pl lit. thea. etc* person, character, *im Programm*: *a.* persona; die ~en (der Handlung) dramatis personae, (list of) characters.

Per·so·na in·gra·ta [pɛr'zoːna ɪn'graːta] *f* <--; *no pl*> *pol.* persona non grata.

Per·so·nal [pɛrzo'naːl] *n* <-s; *no pl*> **1.** personnel, employees *pl*, staff; fliegendes ~ flying personnel, air crews *pl*; ständiges ~ permanent staff; geschultes ~ skilled (*od.* trained) personnel (*od.* staff); unser ~ reicht nicht aus we are understaffed (*od.* short-staffed). **2.** (*Dienerschaft*) domestic staff, servants *pl*, attendants *pl*. **~ˌabˌbau** *m* personnel (*od.* staff) reduction. **~ˌabˌtei·lung** *f* personnel department (*od.* division). **~ˌak·te** *f* personal file. **~ˌanˌga·ben** *pl* personal data, personalia. **~ˌausˌweis** *m* identity (*od.* identification) card. **~beˌstand** *m* **1.** *econ.* (number of) personnel. **2.** *mil.* personnel (*od.* effective) strength. **~büˌro** *n* personnel office. **~ˌchef** *m* personnel (*od.* staff) manager (*od.* director). **~ˌen·dung** *f ling.* personal suffix. **~geˌsell·schaft** *f econ.* partnership. **~ˌho·heit** *f im Völkerrecht*: personal sovereignty.

Per·so·na·li·en [pɛrzo'naːlĭən] *pl* personal data, particulars; s-e ~ angeben give (*od.* furnish) one's personal data; j-s ~ aufnehmen obtain the particulars of s. o.

per·so'nal·in·tenˌsiv *adj* personnel-intensive.

Per·so·na·li·tät [pɛrzonali'tɛːt] *f* <-; *no pl*> → Persönlichkeit 1.

Per·so'nal|karˌtei *f* personnel index. **~ˌko·sten** *pl* personnel expenditure *sg.* **~kreˌdit** *m* personal loan (*od.* credit). **~ˌlei·ter** *m* → Personalchef. **~ˌman·gel** *m* shortage of personnel; an ~ leiden *a.* be understaffed. **~po·liˌtik** *f* personnel policy. **~proˌno·men** *n ling.* personal pronoun. **~staˌtut** *n* staff regulations *pl.* **~ˌsteu·er** *f* personal tax. **~uniˌon** *f pol.* personal union. **~verˌtre·tung** *f* representation of the personnel (*od.* staff). **~verˌzeich·nis** *n* staff list, list (*od.* register) of employe(e)s. **~ˌwech·sel** *m* turnover (*od.* change, shift) in the personnel (*od.* staff).

Per·sön·chen [pɛr'zøːnçən] *n* <-s; -> *dim. of* Person; sie ist ein hübsches ~ she's a pretty little thing.

per·so·nell [pɛrzo'nɛl] *adj* **1.** personal. **2.** of (*od.* in) personnel.

Per'so·nen|ˌaufˌzug *m* passenger lift (*Am.* elevator). **~ˌau·to** *n* → Personenkraftwagen. **~beˌför·de·rung** *f* conveyance (*od.* transport) of passengers, passenger transport. **~be|schrei·bung** *f* (personal) description. **~ge|dächt·nis** *n* memory for faces (*od.* people). **~ge|sell·schaft** *f* → Personalgesellschaft. **~|kenn|zahl** *f* identity number, computer code. **~|kraft|wa·gen** *m* passenger (*od.* private) car, (motor)car, *bes. Am.* automobile. **~|kreis** *m* **1.** (*Kategorie*) group (*od.* category, class) of persons. **2.** (*Interessengruppe*) circle (*od.* set, group) (of persons). **~|kult** *m* personality cult. **~|na·me** *m* (personal) name. **~|scha·den** *m* injury to persons, personal injury. **~|stand** *m* personal (*od.* civil) status. **~|stands·re|gi·ster** *n* register of births, marriages and deaths (*Am.* burials). **~ta|rif** *m* passenger tariff (*od.* fares *pl*). **~ver|ei·ni·gung** *f* association. **~ver|kehr** *m* passenger traffic. **~ver|si·che·rung** *f* insurance of persons. **~ver|wechs·lung** *f* (case of) mistaken identity. **~ver|zeich·nis** *n* list (*od.* register) of persons, *thea.* (list of) characters *pl*, dramatis personae *pl*, cast. **~|waa·ge** *f* (bathroom) scales *pl*. **~|wa·gen** *m* **1.** → Personenkraftwagen. **2.** *rail.* passenger carriage (*od.* coach, *Am.* car). **~|zahl** *f* number of persons. **~|zug** *m* passenger train, (*Bummelzug*) slow (*od.* stopping, *bes. Am.* local) train.

Per·so·ni·fi|ka·ti·on [pɛrzonifika'tsĭo:n] *f* ⟨-; -en⟩ personification. **≈'zie·ren** [-'tsi:rən] *v/t* ⟨*no* ge-, h⟩ personify. **≈'ziert** *adj* personified, incarnate; **sie ist die ~e Unschuld** she is innocence incarnate (*od.* itself, personified). **~'zie·rung** *f* ⟨-; -en⟩ personification.

per·sön·lich [pɛr'zø:nlıç] **I** *adj* **1.** (*privat*) *Eigentum, Meinung etc*: personal, private, (*individuell*) individual; **~e Freiheit** personal (*od.* individual) freedom; **aus ~en Gründen** for personal reasons; **~e Auslagen** out-of-pocket expenses; **~!** *auf Briefen*: confidential!, personal!; *colloq.* **er wird immer gleich ~** he is always getting personal. **2.** (*in Person*) personal; **j-s ~e Bekanntschaft machen** make s. o.'s (personal) acquaintance. **3.** *ling.* **~es Fürwort** personal pronoun. **4.** *astr.* **~er Fehler** personal error. **II** *adv* **5.** (*selbst*) personally, in person; **~ haften** be personally liable (*od.* responsible); **ich kenne ihn ~** I know him personally; **et. ~ nehmen** (*auf sich beziehen*) take s. th. personally. **III ≈e, das** ⟨-n⟩ **6.** (the) personal (*od.* private) things (*od.* belongings) *pl*; **das ≈e interessiert mich nicht** I am not interested in personal matters. **7. ≈es** *in der Zeitung*: Personal Column. **≈keit** *f* ⟨-; -en⟩ **1.** ⟨*only sg*⟩ (*Wesensart*) personality; **die freie Entfaltung der ~** the free development of personality. **2.** (*Mensch eigener Prägung*) personality; **er ist e-e ~** he has personality, he is quite a personality; **sie ist die richtige ~ dazu** she is the right person for it. **2.** (*bedeutender Mensch*) (leading) personality, personage, figure, notoriety; **e-e führende ~** a leading figure; **~en des öffentlichen Lebens** public figures, notables.

Per'sön·lich·keits|,bil·dung *f* personality (*od.* character) formation. **~ent|fal·tung** *f* development of personality. **~|kult** *m* personality cult. **~|recht** *n* personal (*od.* individual) right. **~|spal·tung** *f psych.* dual (*od.* split) personality. **~|test** *m* personality test. **~|wahl** *f pol.* voting for a candidate.

Per·spek|ti·ve [pɛrspɛk'ti:və] *f* ⟨-; -n⟩ **1.** *math. opt. Kunst*: perspective; **in richtiger ~** in true (*od.* correct) perspective. **2.** *fig.* (*Ausblick*) perspective, prospect, vista; **das eröffnet neue ~n** that opens up new prospects. **3.** *fig.* (*Standpunkt*) point of view; **et. aus der richtigen ~ betrachten** see s. th. in perspective. **≈'ti·visch** [-'ti:vıʃ] **I** *adj* perspective. **II** *adv* perspectively, in perspective; **e-e Strecke ~ verkürzen** foreshorten a line.

Per·spi·ra·ti·on [pɛrspira'tsĭo:n] *f* ⟨-; *no pl*⟩ *med.* perspiration.

Pe·rua·ner [pe'rŭa:nər] *m* ⟨-s; -⟩, **Pe·rua·ne·rin** [-'rŭa:nərın] *f* ⟨-; -nen⟩, **pe·rua·nisch** [-'rŭa:nıʃ] *adj* Peruvian.

Pe·rücke (*getr.* **-k·k-**) [pe'rʏkə] *f* ⟨-; -n⟩ wig; **e-e ~ tragen** wear a wig.

Pe'ru|rin·de *f med. pharm.* Peruvian bark, Jesuits' bark, cinchona.

per·vers [pɛr'vɛrs] *adj* ⟨-er; -est⟩ **1.** *med. psych.* perverted, perverse, abnormal, (*abartig*) *colloq.* kinky; **ein ~er Mensch** a pervert. **2.** homosexual. **Per·ver·si'on** [-'zĭo:n] *f* ⟨-; -en⟩ perversion, abnormality. **Per·ver·si'tät** [-zi'tɛ:t] *f* ⟨-; *no pl*⟩ perversity, (sexual) perversion, perverseness. **per·ver'tie·ren** [-'ti:rən] *v/t* ⟨h⟩ (*verderben*) pervert, deprave.

Per·zep·ti·on [pɛrtsɛp'tsĭo:n] *f* ⟨-; -en⟩ *philos. psych.* (*Wahrnehmung*) perception.

pe·sen ['pe:zən] *v/i* ⟨sein⟩ *colloq.* rush, dash.

Pe·se·ta [pe'ze:ta] *f* ⟨-; -seten⟩ (*span. Münzeinheit*) peseta.

Pe·so ['pe:zo] *m* ⟨-(s); -(s)⟩ (*südamer. Münzeinheit*) peso.

Pes·sar [pɛ'sa:r] *n* ⟨-s; -e⟩ *med.* pessary, diaphragm.

Pes·si|mis·mus [pɛsi'mısmus] *m* ⟨-; *no pl*⟩ pessimism. **~'mist** [-'mıst] *m* ⟨-en; -en⟩, **~'mi·stin** *f* ⟨-; -nen⟩ pessimist. **≈'mi·stisch I** *adj* pessimistic. **II** *adv* pessimistically.

Pest [pɛst] *f* ⟨-; *no pl*⟩ **1.** *med.* plague, pestilence; *fig. colloq.* **j-m die ~ an den Hals wünschen** wish s. o. everything evil; **wie die ~ meiden** avoid *s. th., s. o.* like the plague; **wie die ~ hassen** hate *s. o., s. th.* like poison, loathe, detest; **das stinkt (ja) wie die ~!** that stinks to high heaven! **2.** (*Rinder≈*) cattle plague, rinderpest. **≈|ar·tig** *adj* plague-like, *Gestank etc*: pestilential. **~|beu·le** *f* **1.** *med.* bubo. **2.** *fig.* (*Schandfleck*) plague spot, canker. **~ge|ruch, ~ge|stank, ~|hauch** *m* pestilential smell (*od.* stench), miasma.

Pe·sti|lenz [pɛsti'lɛnts] *f* ⟨-; -en⟩ plague, pestilence. **≈len'zia·lisch** [-'tsĭa:lıʃ] *adj* pestilential.

'Pest|,kran·ke *m, f* ⟨-n; -n⟩ plague-infected (*od.* -stricken) person. **~|säu·le** *f* plague monument (*od.* column).

Pe·ter ['pe:tər] *m* ⟨-s; -⟩ **1. Schwarzer ~ spielen** *etwa* play old maid; *fig.* **j-m den Schwarzen ~ zuschieben** (*od.* **zuspielen**) a) (*die Schuld*) lay (*od.* put) the blame for s. th. on s. o., blame s. o. for s. th., pass the buck to s. o., b) (*e-e unangenehme Aufgabe*) let s. o. do the dirty work. **2.** *mar.* **Blauer ~** Blue Peter.

Pe·ter·si·lie [pe:tər'zi:lĭə] *f* ⟨-; -n⟩ *bot.* parsley; *fig. colloq.* **ihm ist die ~ verhagelt** he is down in the dumps.

'Pe·ters|kir·che, die ⟨-⟩ *in Rom*: St. Peter's (Church).

'Pe·ter|wa·gen *m Northern G.* radio patrol car.

Pe·tit [pə'ti:; -'tıt] *f* ⟨-; *no pl*⟩ *print.* brevier.

Pe·ti·ti·on [peti'tsĭo:n] *f* ⟨-; -en⟩ petition. **pe·ti·tio'nie·ren** [-'ni:rən] *v/i* ⟨*no* ge-, h⟩ (make *od.* present, submit a) petition (**um** for).

Pe·ti·ti'ons|,recht *n* right of petitioning. **~|weg** *m* **auf dem ~(e)** by way of (*od.* through a) petition.

Pe'tit|schrift *f* → Petit.

Pe·tre·fakt [petre'fakt] *n* ⟨-(e)s; -e(n)⟩, **Pe·tri·fi·ka·ti·on** [petrifika'tsĭo:n] *f* ⟨-; -en⟩ *geol.* petrifaction. **pe·tri·fi'zie·ren** [-'tsi:rən] *v/t* ⟨*no* ge-, h⟩ petrify.

'Pe·tri|jün·ger ['pe:tri-] *m humor.* angler.

Pe·tro|che·mie [petroçe'mi:] *f* ⟨-; *no pl*⟩ petrochemistry. **~gra'phie** [-gra'fi:] *f* ⟨-; *no pl*⟩ petrography. **≈'gra·phisch** *adj* petrographic(al).

Pe·trol [pe'tro:l] *n* ⟨-s; *no pl*⟩ *Swiss for* Petroleum. **~|äther** *m* petroleum ether.

Pe·tro·le·um [pe'tro:leum] *n* ⟨-s; *no pl*⟩ **1.** (*Erdöl*) petroleum, (mineral, crude, rock, stone, coal, fossil) oil. **2.** *für Heiz- u. Leuchtzwecke*: paraffin (oil), kerosine. **~ge|sell·schaft** *f* oil (*od.* petroleum) company. **≈|hal·tig** *adj* oil-bearing, containing petroleum. **~|ko·cher** *m* oil-stove, petroleum stove. **~|lam·pe** *f* oil (*od.* petroleum, paraffin, kerosine) lamp. **~|quel·le** *f* oil well.

Pe·trus ['pe:trus] *npr m* ⟨-; *no pl*⟩ *Bibl.* Peter. **~|brief** *m* Epistle of St. Peter.

Pet·schaft ['pɛtʃaft] *n* ⟨-s; -e⟩ seal, signet. **pet·schie·ren** [pɛt'ʃi:rən] *v/t* ⟨*no* ge-, h⟩ (*Briefe etc*) seal.

Pet·ting ['pɛtıŋ] (*Engl.*) *n* ⟨-s; -s⟩ petting.

Pe·tu·nie [pe'tu:nĭə] *f* ⟨-; -n⟩ *bot.* petunia.

Petz [pɛts] *m* ⟨-es; -e⟩ bear; **Meister ~** *in der Fabel*: (Master) Bruin.

'Pet·ze *f* ⟨-; -n⟩ → Petzer(in).

pet·zen ['pɛtsən] *colloq.* **I** *v/i* ⟨h⟩ peach, *bes. Br.* sneak, *bes. ped.* tell teacher. **II** *v/t* (*et.*) blab (out). **'Pet·zer** *m* ⟨-s; -⟩, **'Pet·ze·rin** *f* ⟨-; -nen⟩ *colloq.* tell-tale, *bes. Br.* sneak.

peu à peu [pøa'pø] (*Fr.*) *adv colloq.* little by little, gradually, by degrees.

Pfad [pfa:t] *m* ⟨-(e)s; -e⟩ path(way), footpath, *bes. durch Wildnis etc*: trail, track; *fig.* **auf ausgetretenen ~en wandeln** keep to the beaten track; **ein dorniger ~** a stony (*od.* thorny) path; **unsere ~e kreuzten sich** our paths crossed. **~|fin·der** *m* **1.** (*Mitglied*) boy scout, *pl* (*Bewegung*) Boy Scouts. **2.** *aer.* pathfinder. **~|fin·der·be|we·gung** *f* Boy Scout movement. **~|fin·de·rin** *f* (*Mitglied*) girl guide, *Am.* girl scout, *pl* (*Bewegung*) Girl Guides, *Am.* Girl Scouts. **≈los** *adj Wildnis etc*: pathless, wayless.

Pfaf·fe ['pfafə] *m* ⟨-n; -n⟩ **1.** *contp.* priest, parson, *bes. Am.* sky pilot. **2.** *in der Gießerei*: hob.

'Pfaf·fen|,herr·schaft *f contp.* dominion of the priests. **~tum** *n* ⟨-s; *no pl*⟩ *contp.* **1.** → Pfaffenherrschaft. **2.** *collect.* (*Priesterschaft*) priesthood, parsons *pl*, priests *pl*.

pfäf·fisch ['pfɛfıʃ] *adj contp.* priestly.

Pfahl [pfa:l] *m* ⟨-(e)s; ≈e⟩ **1.** stake, (*Pfosten*) post, (*Mast*) pole, *civ. eng.* pile, (*Stütze*) prop; **e-n ~ (in die Erde) einschlagen** (*od.* **eintreiben, einrammen**) drive a stake in(to the ground); *fig. colloq.* **in** (*od.* **zwischen**) **s-n vier Pfählen** within one's own four walls; → Fleisch 1. **2.** (*Marter≈*) stake, *jur. hist.* (*Schand≈*) pillory. **~|bau** *m* ⟨-(e)s; -ten⟩ **1.** *meist pl archeol.* lake (*od.* pile, lacustrian) dwelling. **2.** *civ. eng.* pilework, pile foundation structure. **~|bau·er** *m archeol.* lake (*od.* pile) dweller. **~|bür·ger** *m* → **Spießer** 1.

~ˌdorf *n archeol.* pile village, lake village (*od.* settlement).

pfäh·len [ˈpfɛːlən] *v/t* ⟨h⟩ **1.** (*Bäume*) prop up, (*Reben etc*) stake. **2.** *jur. hist.* impale.

ˈPfahl|ˌmu·schel *f* → Miesmuschel. **~ˌram·me** *f civ. eng.* pile-driver. **~ˌrost** *m* pile grating (*od.* frame, framing). **~ˌwerk** *n* **1.** *civ. eng.* paling, pilework. **2.** *mil. hist.* palisade. **~ˌwur·zel** *f bot.* tap root. **~ˌzaun** *m* paling, palisade.

Pfalz [pfalts] *f* ⟨-; -en⟩ **1.** *hist.* a) (*Schloß*) (imperial) palace, b) (*Lehensland*) palatinate, county palatine. **2.** *geogr.* die ~ the Palatinate.

Pfäl·zer [ˈpfɛltsər] **I** *m* ⟨-s; -⟩ *geogr.* (inhabitant of the) Palatinate, Palatine. **II** *adj* (of the) Palatinate; ~ Wein Palatinate wine.

ˈPfalzˌgraf *m hist.* count palatine, pal(s)grave. **~schaft** *f* palatinate, county palatine.

ˈpfäl·zisch *adj* → Pfälzer II.

Pfand [pfant] *n* ⟨-(e)s; =er⟩ **1.** (*Sicherheit*) security, pledge; et. als ~ für e-e Sache geben give s. th. as security for s. th., put s. th. in pledge for (*od.* of) s. th.; Geld gegen (*od.* auf) ~ ausleihen lend money on security. **2.** (*Gegenstand*) a) *gepfändeter*: distrained article, distress, (*bes. Lohn etc*) attached article, b) *verpfändeter*: pawn, pledge; ein ~ einlösen (*od.* auslösen) redeem a pawn (*od.* pledge). **3.** (*Flaschen*2 *etc*) deposit. **4.** *beim Pfänderspiel*: forfeit; ein ~ zahlen (*od.* hergeben) pay a forfeit. **5.** *fig.* (*Unter*2) token, pledge; als (ein) ~ s-r Liebe as a token of one's love; zum ~e setzen pledge, stake. **~ˌanˌstalt** *f* → Leihhaus.

ˈpfänd·bar *adj jur.* distrainable, attachable.

ˈPfandˌbrief *m econ.* mortgage debenture (*od.* bond). **~ˌanˌlei·he** *f* loan on mortgage. **~ˌanˌstalt, ~ˌbank** *f* mortgage bank.

pfän·den [ˈpfɛndən] *jur.* **I** *v/t* ⟨h⟩ **1.** et. ~ distrain (upon) s. th., take s. th. in execution, attach s. th., (*Forderungen beim Drittschuldner*) garnish s. th.; ein Konto ~ garnish an account. **2.** j-n ~ levy a distress upon s. o. **II** 2 *n* ⟨-s⟩ **3.** distraining (*etc*). **4.** → Pfändung.

ˈPfän·der *m* ⟨-s; -⟩ *Southern G. for* Gerichtsvollzieher. **~ˌspiel** *n* (game of) forfeits *pl* (*als sg konstruiert*); ein ~ machen play forfeits.

ˈPfand|ˌfreiˌga·be *f jur.* replevin. **~ˌge·ber** *m* → Pfandschuldner. **~ˌge·genˌstand** *m* → Pfand 2. **~ˌgläu·bi·ger** *m* pledgee, pawnee, lienor, mortgagee. **~ˌhaus** *n* pawnshop, pawnbroker's shop; et. ins ~ tragen pawn (*od. sl.* hock) s. th. **~ˌleihˌanˌstalt** *f* → Leihhaus. **~ˌlei·he** *f* **1.** pawnbroking. **2.** pawnshop. **~ˌlei·her** *m* ⟨-s; -⟩ pawnbroker. **~ˌneh·mer** *m* → Pfandgläubiger. **~obˌjekt** *n* → Pfand 2. **~ˌrecht** *n* *objektives*: law of liens and pledges, *subjektives*: lien (an *dat* on), *vertragliches*: contractual lien, pledge. **~ˌsa·che** *f* → Pfand 2. **~ˌschein** *m* pawn ticket. **~ˌschuld·ner** *m* pledger, pawner, lienor.

ˈPfän·dung *f* ⟨-; -en⟩ *jur.* **1.** → pfänden 3. **2.** seizure, distraint, distress, (*Lohn*2) attachment; ~ e-r Geldforderung garnishment; e-e ~ vornehmen lassen (bei) levy a distress (on), distrain ([up]on).

ˈPfän·dungs|beˌfehl *m jur.* warrant of distress. **~beˌschluß** *m* order of attachment. **~ˌrecht** *n* right of distress (*od.* attachment). **~verˌfah·ren** *n* attachment proceedings *pl*.

ˈPfandˌzet·tel *m* → Pfandschein.

Pfänn·chen [ˈpfɛnçən] *n* ⟨-s; -⟩ *dim. of* Pfanne.

Pfan·ne [ˈpfanə] *f* ⟨-; -n⟩ **1.** (*Brat*2 *etc*) (frying) pan; Eier in die ~ schlagen break eggs into the pan; e-e ~ (voll) Bratkartoffeln a panful of fried potatoes; *fig. colloq.* j-n in die ~ hauen (*vernichten*) beat s. o. hollow, make mincemeat of s. o., *durch Kritik*: give s. o. a roasting; da wird doch der Hund in der ~ verrückt! well, I never (did)!, did you ever!, blow me down!; et. auf der ~ haben have s. th. up one's sleeve. **2.** *e-r Waagschale*: scale(pan), pan, tray. **3.** (*Dach*2) pantile. **4.** *tech.* pan, (*Gieß*2) ladle. **5.** (brewing) copper. **6.** *anat.* pan, (*Gelenk*2) socket, (*Hüftgelenk*2) acetabulum, *an der Schulter*: glenoid cavity. **7.** *mil. hist.* (*Zünd*2) (powder) pan.

ˈPfannˌku·chen *m* ⟨-s; -⟩ *gastr.* pancake, *bes. Am.* flapjack; Berliner ~ doughnut; *fig. colloq.* aufgehen (*od.* auseinandergehen) wie ein ~ swell up like a balloon.

ˈPfarr|ˌamt *n* **1.** clergyman's office. **2.** → Pfarrstelle. **2ˌamt·lich** *adj* parochial. **~beˌzirk** *m* parish. **~ˌbuch** *n* parish register.

Pfar·re [ˈpfarə] *f* ⟨-; -n⟩, **Pfarˈrei** *f* ⟨-; -en⟩ → Pfarramt, Pfarrbezirk, Pfarrhaus.

Pfar·rer [ˈpfarər] *m* ⟨-s; -⟩ *katholischer*: priest, *evangelischer*: pastor, *anglikanischer*: vicar, *bes. der Dissidenten*: minister. **ˈPfar·re·rin** *f* ⟨-; -nen⟩ *evangelische*: woman pastor. **ˈPfar·rersˌtoch·ter** *f* clergyman's (*od.* parson's) daughter; *colloq. humor.* unter uns (katholischen) Pfarrerstöchtern between you and me and the lamppost.

ˈPfarr|ˌfrau *f* clergyman's (*od.* parson's) wife. **~geˌhil·fe** *m* curate. **~geˌmein·de** *f* **1.** (*Bezirk*) parish. **2.** (*Mitglieder*) parishioners *pl*. **~ˌhaus** *n* parsonage, *e-s anglikanischen Pfarrers*: rectory, vicarage. **~ˌhel·fer** *m* curate intern. **~ˌkind** *n* parishioner. **~ˌkir·che** *f* parish church. **~ˌschu·le** *f* parish school. **~ˌstel·le** *f* ecclesiastical post (*od.* benefice), *anglikanische*: *a.* vicarship, rectorship, *evangelische*: *a.* pastorate. **~viˌkar** *m* → Pfarrhelfer. **~viˌka·rin** *f* woman assistant minister.

Pfau [pfaʊ] *m* ⟨-(e)s *od.* -en; -(e)n, *Austrian a.* -e⟩ *orn.* peacock, peafowl; *fig. colloq.* einherstolzieren wie ein ~ strut like a peacock; stolz (eitel) wie ein ~ (as) proud (vain) as a peacock; sich spreizen wie ein ~ plume o. s., swell (*od.* be puffed up) with pride.

ˈPfau·en|ˌau·ge *n* **1.** eye in a peacock's feather. **2.** *zo.* peacock (butterfly). **2ˌblau** *adj* peacock-blue. **~ˌfe·der** *f* peacock's feather. **~ˌrad** *n* peacock's fan. **~ˌthron** *m in Persien*: Peacock Throne.

ˈPfau|ˌhahn *m orn.* peacock. **~ˌhen·ne** *f* peahen.

Pfef·fer [ˈpfɛfər] *m* ⟨-s; -⟩ **1.** *bot. gastr.* pepper; Spanischer ~ (Spanish) paprika (*od.* pepper), capsicum; Roter ~ red (*od.* Cayenne, hot) pepper; *fig. colloq.* das ist starker ~ that's a bit thick (*od.* much); j-n dahin wünschen, wo der ~ wächst wish s. o. at the bottom of the sea (*od.* at the other end of the world, a thousand miles away); → Hase 2. **2.** *fig. colloq.* (*Schwung, Würze*) pepper, pep. **3.** *Textil.* ~ und Salz (*Muster*) pepper-and-salt. **~ˌbaum** *m* pepper shrub (*od.* tree). **~ˌbüch·se** *f* → Pfefferstreuer. **~ˌfres·ser** *m orn.* pepper bird, toucan. **~ˌgur·ke** *f gastr.* gherkin.

ˈpfef·fe·rig *adj* peppery.

ˈPfef·fer|ˌkorn *n bot.* peppercorn, grain of pepper. **~ˌkraut** *n* → Bohnenkraut. **~ˌku·chen** *m gastr.* gingerbread. **~ˌminz** *n* ⟨-es; -e⟩, **~ˌminzˌbonˌbon** *m, n* peppermint drop (*od.* lozenge, *Am.* candy). **~ˌmin·ze** *f* ⟨-; *no pl*⟩ *bot.* peppermint. **~ˌminzˌöl** *n med. pharm.* peppermint oil. **~ˌminzˌtee** *m* peppermint tea. **~ˌmüh·le** *f* pepper mill.

ˈpfef·fern *v/t* ⟨h⟩ **1.** *gastr.* pepper; die Soße ist zu stark gepfeffert there is too much pepper in the sauce; → *a.* gepfeffert. **2.** *fig. colloq.* (*werfen*) fling, chuck.

ˈPfef·fer|ˌnuß *f gastr.* ginger(bread) nut. **~ˌsack** *m fig. contp.* moneybags *pl* (*als sg od. pl konstruiert*). **~ˌscho·te** *f bot.* pepper pod. **~ˌstrauch** *m* pepper bush. **~ˌstreu·er** *m* pepper-pot, pepper-box, *Am.* pepper-shaker.

Pfei·fe [ˈpfaɪfə] *f* ⟨-; -n⟩ **1.** whistle; *fig. colloq.* es muß alles nach s-r ~ tanzen everybody has to dance to his tune. **2.** *mus.* (*Quer*2) fife, (*Orgel*2) (organ) pipe; gedackte ~ gedac(k)t (*od.* gedeckt, stopped) pipe. **3.** (*Tabak*2) (tobacco) pipe; (sich *dat*) e-e ~ stopfen stuff (*od.* fill) a pipe; er klopfte s-e ~ aus he knocked the ashes out of his pipe. **4.** *tech.* pipe, *Glasbläserei*: blowpipe, blowing tube. **5.** *fig. colloq.* (*Idiot*) half-wit, twit. **6.** *hunt.* birdcall.

pfei·fen [ˈpfaɪfən] **I** *v/t* ⟨pfeift, pfiff, gepfiffen, h⟩ **1.** (*Melodie etc*) whistle; *fig. colloq.* ich pfeife ihm was I'll do nothing of the sort, I'll see him further first, he can whistle for it; *Sport*: ein Spiel ~ referee a match; → Spatz 1. **II** *v/i* **2.** *Person, a. Kessel, Lok, Wind etc*: whistle, *aus Mißfallen*: *a.* hiss, hoot, catcall; j-m ~ whistle to s. o.; als sie vorbeiging, pfiff er bewundernd as she passed he gave a wolf whistle; *fig. colloq.* ich pfeife auf s-e Einladung I don't give (*od.* care) a damn (*od.* two hoots) about his invitation; also daher pfeift der Wind? so that's the way the wind blows?; → Loch 1. **3.** *mus.* (play the) pipe. **4.** *Sport*: (blow one's) whistle, (*Schiedsrichter sein*) (be the) referee. **5.** *Geschoß etc*: whistle (*od.* whiz[z]) (past). **6.** *beim Atmen*: a) *med.* wheeze, whistle, b) *vet.* roar. **7.** *zo.* whistle, pipe, *hunt.* (give a warning) call. **8.** *Radio etc*: whistle, sing. **9.** *colloq.* (*alles verraten*) grass, squeal, squeak. **III** 2 *n* ⟨-s⟩ **10.** whistling (*etc*), whistle.

ˈPfei·fen|ˌanˌzün·der *m* pipe light(er). **~beˌsteck** *n* pipe tool. **~ˌkopf** *m* **1.** (pipe) bowl. **2.** *colloq.* half-wit, twit. **~ˌrau·cher** *m* pipe smoker. **~ˌrei·ni·ger** *m* pipe-cleaner. **~ˌstän·der** *m* pipe-rack. **~ˌstiel** *m* pipe-stem. **~ˌstop·fer** *m* tobacco stopper (*od.* tamper). **~ˌta·bak** *m* pipe tobacco. **~ˌton** *m min.* pipeclay. **~ˌwerk** *n e-r Orgel*: pipework.

ˈPfei·fer *m* ⟨-s; -⟩ **1.** whistler. **2.** *mus.* piper, fife player, fifer. **Pfei·feˈrei** *f* ⟨-; *no pl*⟩ *contp.* (continuous) whistling.

ˈPfeif|ˌkes·sel *m* whistling kettle. **~konˌzert** *n fig.* chorus of whistles (*od.* boos), catcalling. **~siˌgnal** *n* whistle (signal). **~ˌton** *m* whistling sound, whistle, *beim Atmen*: wheezing sound.

Pfeil [pfaɪl] *m* ⟨-(e)s; -e⟩ arrow, (*Wurf*2, *Blas*2) dart; mit ~ und Bogen with bow and arrow; *fig.* wie ein ~ davonschießen dart off; alle s-e ~e verschossen haben have shot one's (last) bolt; *fig.* ~e des Spotts barbs of mockery, darts of sarcasm.

ˈPfei·ler *m* ⟨-s; -⟩ pillar (*a. fig.*), (*Brücken*2) pier, (*Stütz*2) support, (*Säu-*

le) column. **~ˌbo·gen** *m arch.* pilaster arch. **~ˌspie·gel** *m* pier glass.

ˈPfeil|ˌflü·gel *m aer.* swept-back wing. **~ˌform** *f* **1.** *der Tragflächen*: sweep-back. **2.** *mil.* arrow (*od.* wedge) formation. **⁀ˌför·mig** *adj* arrow-shaped, *bes. bot.* sagittate, *aer.* swept-back. **⁀geˈra·de I** *adj* (as) straight as an arrow (*od.* a die). **II** *adv* straight; **~ auf j-n zukommen** *a.* make a beeline for s. o. **⁀geˈschwind** *adj* (as) swift as an arrow. **~ˌgift** *n* arrow poison, curare. **~ˌha·gel** *m* shower of arrows. **~ˌhö·he** *f e-s Bogens, Gewölbes*: rise. **⁀ˈschnell** *adj* → **pfeilgeschwind.** **~ˌschuß** *m* bowshot, arrowshot. **~ˌschüt·ze** *m* bowman, archer. **~ˌspit·ze** *f* **1.** arrowhead. **2.** *her.* pheon. **~verˌzah·nung** *f tech.* herringbone gearing. **~ˌwurfˌspiel** *n* darts *pl* (*als sg konstruiert*). **~ˌwurz** *f bot.* arrowroot (plant), maranta.

Pfen·nig [ˈpfɛnɪç] *m* ‹-(e)s; -e› **1.** pfennig; **e-e Briefmarke zu 20 ~** a 20-pfennig stamp. **2.** *fig.* penny, *a.* tuppence, *Am.* cent; **sie hat k-n ~** she hasn't a penny (to her name); **ohne einen ~** flat broke, stony-broke, *Am.* stone-broke; **mit dem ~ rechnen, jeden ~ umdrehen** watch every penny, scrimp and save; *fig.* **er dreht jeden ~ zehnmal um** (*ist geizig*) he is very tight-fisted (about money); **wer den ~ nicht ehrt, ist des Talers nicht wert** (*Sprichwort*) who needs not a penny will never have many, look after the pennies and the pounds will look after themselves; → **Heller** 2. **~ˌabˌsatz** *m Mode*: stiletto (*od.* spike) heel. **~ˌfuch·ser** *m* ‹-s; -› *colloq.* skinflint, miser, penny-pincher. **~fuch·seˈrei** [ˌpfɛnɪç-] *f* ‹-; -en› *colloq.* penny-pinching. **⁀ˌgroß** *adj* of the size of a pfennig. **~ˌstück** *n* pfennig piece (*od.* coin). **⁀ˌwei·se** *adv* by pennyworths, in driblets.

Pferch [pfɛrç] *m* ‹-(e)s; -e› *agr.* pen, fold. **ˈpfer·chen** *v/t* ‹h› pen, fold, *fig. colloq.* cram, stuff.

Pferd [pfeːrt] *n* ‹-(e)s; -e› **1.** horse; **sich aufs ~ setzen** mount a horse; **vom ~ steigen** dismount (from one's horse); **auf ein ~ wetten** (*od.* **setzen**) back a horse; **zu ~e** on horseback, *Truppen etc*: mounted; *fig.* **schuften** (*od.* **arbeiten**) **wie ein ~** work like a horse; *colloq.* **auf das falsche ~ setzen** back the wrong horse; **sich aufs hohe ~ setzen** get on one's high horse; **er ist das beste ~ im Stall** he is the number one man; **das ~ beim Schwanz aufzäumen** put the cart before the horse; **mich brächten k-e zehn ~e dazu** wild horses would not drag me to it; **mit ihm kann man ~e stehlen** he is a good sport, he is game for anything; **ihm gingen die ~e durch** he flew off the handle; **das hält kein ~ aus** that is beyond endurance, nobody would stand that; **mach mir nicht die ~e scheu!** don't put me off!, don't try to frighten me!; **immer sachte mit den jungen ~en!** not so fast!, steady, steady! **2.** *gym.* (box) horse, (*Längs⁀*) vaulting (*bes. Am.* long) horse, (*Seit⁀*) side (*od.* pommel) horse. **3.** *Schach*: knight.

ˈPfer·de|ˌap·fel *m colloq.* horse dung, horse droppings *pl.* **~ˌbahn** *f hist.* horse tram (*Am.* streetcar). **~ˌbur·sche** *m* groom. **~ˌdecke** (*getr.* **-k·k-**) *f* horse-blanket (*od.* -rug). **~ˌdieb** *m* horse-thief. **~dresˌsur** *f* breaking in of a horse. **~ˌfleisch** *n* horseflesh, horsemeat. **~ˌfuhrˌwerk** *n* horsedrawn vehicle. **~ˌfuß** *m fig. colloq. des Teufels*: hoof, cloven foot, (*Nachteil*) drawback, snag; **die Sache hat e-n ~** there is just one snag, there is a catch to it; **da schaut der ~ hervor** there's (*od.* that's) the nigger in the woodpile. **~ˌfut·ter** *n* fodder (*od.* forage) for horses. **~geˌbiß** *n colloq.* teeth *pl* like a horse. **~geˌschirr** *n* (horse's) harness. **~geˌspann** *n* **1.** team of horses. **2.** → **Pferdewagen.** **~geˌtrap·pel** *n* horses' hoofbeats *pl*, (the) clattering of horses' hooves. **~ˌhaar** *n meist pl* → **Roßhaar.** **~ˌhänd·ler** *m* horse dealer (*Am.* trader). **~ˌhirsch** *m zo.* sambar. **~ˌhuf** *m* horse's hoof. **~ˌjun·ge** *m* stable-boy (*od.* -lad). **~ˌken·ner** *m* good judge of horses, horseman. **~ˌknecht** *m* groom. **~ˌkop·pel** *f* paddock. **~ˌkut·sche** *f* horse-drawn carriage. **~ˌlän·ge** *f Sport*: length; **er gewann um 2 ~n** he won by two lengths. **~ˌliebˌha·ber** *m* horse lover. **~ˌmäh·ne** *f* horse's mane. **~ˌmarkt** *m* horse fair (*od.* market). **~ˌmist** *m* horse-dung (*od.* -droppings *pl*). **~ˌnarr** *m colloq.* horsey man. **⁀ˌnär·risch** *adj* horsey, crazy about horses. **~naˌtur** *f fig. colloq.* **e-e ~ haben** have an iron constitution. **~ˌpeit·sche** *f* horsewhip. **~ˌras·se** *f* breed of horse. **~ˌrennˌbahn** *f* racecourse. **~ˌren·nen** *n* horse-racing, horse-race. **~ˌrennˌsport** *m* horse-racing, (the) turf. **~ˌrücken** (*getr.* **-k·k-**) *m* horseback. **~ˌschlach·ter** *m* horse butcher. **~ˌschlit·ten** *m* (horse) sleigh. **~ˌschwanz** *m* horsetail, horse's tail, *fig. colloq.* (*Frisur*) ponytail. **~ˌschwem·me** *f* horse-pond. **~ˌsport** *m* equestrian sport(s *pl*). **~ˌstall** *m* (horse) stable. **~ˌstär·ke** *f phys.* horsepower. **~ˌstrie·gel** *m* horse comb, curry comb. **~ˌwa·gen** *m* horsedrawn vehicle. **~ˌzaum** *m* bridle. **~ˌzucht** *f* horse breeding, horse husbandry. **~ˌzüch·ter** *m* horse breeder.

ˈPferdˌsprung *m* ‹-(e)s; *no pl*› *gym.* (horse) vault.

Pfet·te [ˈpfɛtə] *f* ‹-; -n› *arch.* purlin.

pfiff [pfɪf] *1 u. 3 sg pret of* **pfeifen.**

Pfiff *m* ‹-(e)s; -e› **1.** whistle. **2.** *fig. colloq.* knack, trick, (*Schwung*) ginger, pepper; **er kannte den ~, er hatte den ~ heraus** he knew the trick, he had the knack of it; **mit allerlei Kniffen und ~en** with all sorts of tricks and dodges; *Kochen, Salate etc* **mit ~** with a difference; **das Kleid hat ~** that dress has got that extra something; **e-r Sache den richtigen ~ geben** ginger s. th. up, give s. th. the right twist (*od.* final touch).

Pfif·fer·ling [ˈpfɪfərlɪŋ] *m* ‹-s; -e› *bot.* chanterelle; *fig. colloq.* **ich gebe k-n ~ dafür** I wouldn't give (you) tuppence for it; **das ist k-n ~ wert** that's not worth a penny (*od.* brass farthing); **sich k-n ~ kümmern (um)** not to care a damn (about).

ˈpfif·fig *adj colloq.* smart, clever, adroit, cunning, crafty, (*spitzbübisch*) roguish, impish. **⁀keit** *f* ‹-; *no pl*› smartness, cunning(ness), cleverness, roguishness, impishness.

Pfif·fi·kus [ˈpfɪfikus] *m* ‹- *u.* -ses; -se› *colloq.* smart fellow, slyboots *pl* (*als sg konstruiert*).

Pfing·sten [ˈpfɪŋstən] *n* ‹-; *dial. in Wunschformeln od. Austrian and Swiss only* -› Whitsun, *bes. Am. u. relig.* Pentecost; **zu** (*Southern G.* **an**) **~** at Whitsun.

ˈPfingst|ˌfest *n* Whitsun, *bes. Am. u. relig.* (feast of) Pentecost. **~ˈmonˌtag** *m* Whit Monday. **~ˌoch·se** *m colloq.* **er war geputzt** (*od.* **geschmückt**) **wie ein ~, er sah aus wie ein ~** he was dressed up to the nines. **~ˌro·se** *f bot.* peony. **~ˈsonnˌtag** *m* Whit Sunday, *bes. Am.* Pentecost. **~ˌwo·che** *f* Whit(sun) week. **~ˌzeit** *f* Whitsun(tide), *bes. Am.* (season of) Pentecost.

Pfir·sich [ˈpfɪrzɪç] *m* ‹-s; -e› **1.** (*Frucht*) peach; *gastr.* **~ Melba** pêche (*od.* peach) Melba. **2.** → **~ˌbaum** *m* peach (tree). **~ˌblü·te** *f* peach blossom. **~ˌbow·le** *f gastr.* peach cup. **~ˌeis** *n* peach ice(-cream). **⁀ˌfar·ben, ⁀ˌfar·big** *adj* peach-colo(u)red. **~ˌhaut** *f fig.* skin like peaches and cream, peachy skin. **~ˌkern** *m* peach stone (*Am.* pit).

Pflänz·chen [ˈpflɛntsçən] *n* ‹-s; -› **1.** *dim. of* **Pflanze.** **2.** *bot.* young plant, seedling, plantlet. **3.** *fig. colloq.* **ein nettes ~** a brat, an ill-bred young girl (*od.* boy).

Pflan·ze [ˈpflantsə] *f* ‹-; -n› **1.** *bot.* plant; **~n ziehen** cultivate plants. **2.** *fig. colloq.* (*Type*) type; **das ist vielleicht e-e ~** that's a pert (*od.* cocky) one (*od.* thing); *humor.* **e-e Berliner ~** a trueborn Berlin girl (*od.* boy). **ˈpflanˌzen I** *v/t* ‹h› **1.** (*Bäume, Blumen etc*) plant, set, grow; **in e-n Topf ~** pot; *poet.* **j-m et. ins Herz ~, et. in j-s Herz ~** implant s. th. in s. o. **2.** *fig.* (*Banner etc*) plant (**auf** *acc* on). **II** *v/reflex* **sich ~ 3.** *fig. colloq.* (*sich hinlümmeln*) plant o. s. (**auf e-n Stuhl** *etc* on a chair, *etc*). **III ⁀** *n* ‹-s› **4.** planting (*etc*).

ˈPflan·zen|ana·toˌmie *f* phytotomy. **~ˌart** *f* species of plant. **⁀ˌar·tig** *adj* plant-like. **~ˌbau** *m* ‹-(e)s; *no pl*› (plant) cultivation, crop farming. **~beˌschrei·bung** *f* phytography. **~beˌstim·mung** *f* determination (*od.* identification) of plants. **~ˌbut·ter** *f gastr.* vegetable butter. **~cheˌmie** *f* phytochemistry. **~ˌdecke** (*getr.* **-k·k-**) *f* cover(ing) of vegetation, plant cover(ing) (*od.* soil). **~ˌdün·ger** *m* (plant) fertilizer. **~ˌeiˌweiß** *n* vegetable albumin. **~ˌer·de** *f* garden mo(u)ld. **~exˌtrakt** *m* plant (*od.* vegetable) extract. **~ˌfarbˌstoff** *m* plant pigment. **~ˌfa·ser** *f* vegetable (*od.* plant) fib/re (*Am.* -er). **~ˌfett** *n* vegetable fat. **⁀ˌfres·send** *adj bes. Säugetiere*: herbivorous, *bes. Insekten*: phytophagous. **~ˌfres·ser** *m* (*bes. Säugetier*) herbivore, (*bes. Insekt*) phytophagan. **~ˌgat·tung** *f* genus of plants. **~geo·graˌphie** *f* botanic(al) geography, phytogeography. **~ˌgrün** *n* → **Chlorophyll.** **~ˌheilˌkun·de** *f* phytotherapy. **~ˌken·ner** *m* botanist. **~ˌkost** *f* vegetarian (*od.* vegetable) diet, vegetable food. **~ˌkun·de** *f* botany. **~ˌle·ben** *n* plant (*od.* vegetable) life. **~ˌleh·re** *f* → **Pflanzenkunde.** **~ˌöl** *n gastr.* vegetable oil. **~phy·sio·loˌgie** *f* plant physiology. **~ˌreich** *n* vegetable kingdom, flora. **~ˌsaft** *m* sap. **~ˌsamm·lung** *f* herbarium, collection of plants. **~ˌschäd·ling** *m* plant pest. **~ˌschleim** *m* mucilage. **~ˌschutz** *m* plant protection. **~ˌschutzˌmit·tel** *n* (plant) protectant, pesticide, plant-protective agent. **~syˌstem** *n* (botanical) plant system; **das Linnesche ~** the Linn(a)ean system. **~verˌstei·ne·rung** *f* fossil plant. **~ˌwelt** *f* flora, vegetable kingdom. **~ˌwuchs** *m* plant growth, vegetation. **~ˌzel·le** *f* plant cell. **~ˌzellˌstoff** *m* cellulose. **~ˌzucht** *f* → **Pflanzenzüchtung.** **~ˌzüch·ter** *m* plant breeder. **~ˌzüch·tung** *f* plant breeding.

ˈPflan·zer *m* ‹-s; -› planter.

ˈPflanz|ˌgar·ten *m Forstwesen, hort.* nursery. **~ˌholz** *n* planter. **~karˌtof·fel** *f meist pl* seed potato.

ˈpflanz·lich *adj* vegetable, plant.

Pflänz·ling [ˈpflɛntslɪŋ] *m* ‹-s; -e› *agr.* seedling, young plant.

ˈPflanz|ˌreis *n* scion. **~ˌschu·le** *f* **1.**

agr. nursery. **2.** → **~ˌstät·te** *f fig.* nursery, seminary.

ˈPflan·zung *f* ‹-; -en› **1.** → pflanzen 4. **2.** (*Plantage*) plantation.

Pfla·ster [ˈpflastər] *n* ‹-s; -› **1.** *med. pharm.* (sticking) plaster. **2.** *fig. colloq.* (*Trost*⁓) salve; **als ~ für ihre Enttäuschung** *a.* to make up for her disappointment. **3.** (*Straßen*⁓) pavement, paving; *colloq.* **~ treten** walk (aimlessly) about a town, loaf; *fig. colloq.* **ein teures ~** an expensive place (to live in); **ihm wurde das ~ unter den Füßen zu heiß** the place got too hot for him. **~ˌar·beit** *f civ. eng.* paving.

ˈPfla·ste·rer *m* ‹-s; -› pavio(u)r, paver.

ˈPfla·ster|ˌma·ler *m* pavement (*Am.* sidewalk) artist. **⁓ˌmü·de** *adj colloq.* weary from walking on asphalt (*od.* around town).

pfla·stern [ˈpflastərn] *v/t* ‹h› **1.** (*Straße etc*) pave; → **Hölle. 2.** (*Wunde etc*) put plaster on.

ˈPfla·ster|ˌset·zer *m* → **Pflasterer. ~ˌstein** *m* paving stone. **~ˌstra·ße** *f* paved road (*od.* street). **~ˌtest** *m med.* patch test. **~ˌtre·ter** *m colloq.* loafer.

Pflau·me [ˈpflaumə] *f* ‹-; -n› **1.** *bot.* a) plum, b) → **Pflaumenbaum; gedörrte** (*od.* **getrocknete**) **~** prune. **2.** *fig. colloq.* a) (*Dummkopf*) nitwit, twit, b) (*boshafte Bemerkung*) spiteful (*od.* nasty) remark.

ˈpflau·men *v/i u. v/t* ‹h› *colloq.* chaff.

ˈPflau·men|ˌbaum *m* plum tree. **~ˌku·chen** *m* plum flan (*od.* tart). **~ˌmus** *n* plum jam, *steifes*: damson cheese. **~ˌstein** *m* plum stone. **⁓ˈweich** *adj* **1.** (as) soft as a plum; **~ gekochte Eier** soft-boiled eggs. **2.** *fig.* of weak character, weak(-kneed).

Pfle·ge [ˈpfle:gə] *f* ‹-; -n› **1.** *allg.* care (*a. des Körpers, der Wohnung etc*), *des Äußeren*: *a.* grooming, *von Kindern, Kranken etc*: nursing, (*Obhut*) care, charge, *tech.* maintenance, service; **j-m gute ~ angedeihen lassen** take good care of s. o., look after s. o. well; *Kind etc* **in ~ geben** have (*a child*) fostered, farm out; **in ~ nehmen** foster, look after; *tech.* **Wartung und ~** servicing and maintenance. **2.** *e-s Gartens, fig. der Künste, von Beziehungen etc*: cultivation. **~ˌan·ˌlei·tung** *f für Textilien etc*: cleaning instructions *pl*. **~ˌanˌstalt** *f med.* home. **⁓beˌdürf·tig** *adj* in need of (*od.* nursing) care. **~beˌfoh·le·ne** *m, f* ‹-n; -n› **1.** charge. **2.** (*Mündel*) ward. **~ˌdienst** *m* **1.** *med.* hospital (*od.* nursing) service. **2.** *mot.* maintenance service. **~ˌel·tern** *pl* foster parents. **~ˌfall** *m* person in need of nursing. **~ˌgeld** *n* nursing allowance. **~ˌheim** *n med.* nursing home. **~ˌkind** *n* foster child. **~ˌko·sten** *pl* nursing fees. **⁓ˌleicht** *adj* wash-and-wear, easy-care. **~ˌmit·tel** *n* cosmetic, *für Auto etc*: preservative (agent). **~ˌmut·ter** *f* foster mother.

pfle·gen [ˈpfle:gən] **I** *v/t* ‹h› **1.** look after, care for, attend to, (*bes. Kranke, Kinder*) nurse, tend, (*sein Äußeres*) groom, (*Straßen, Auto etc*) keep (*od.* maintain) *s. th.* in good condition; **j-n gesund ~** nurse s. o. back to health. **2.** *fig.* (*Künste, Beziehungen etc*) cultivate, (*alte Bräuche etc*) keep up, preserve; → **Umgang** 1. **3. et. zu tun ~** be in the habit of (*od.* be used to) doing s. th., *lit.* be wont to do s. th.; **er pflegt mittags zu schlafen** he usually sleeps in the afternoon; **wie sein Vater zu sagen pflegte** as his father used to (*od.* would) say; **wie es so zu geschehen pflegt** as (it) usually happens, as is usually the case; **so pflegt es zu gehen** that's the way it goes; **wie man zu sagen pflegt** as the saying goes. **II** *v/reflex* **sich ~ 4.** a) look after o. s., b) groom o. s., c) *colloq.* take it easy. **III** *v/i* ‹pflegt, pflog, gepflogen, h› **5.** *archaic* **der Ruhe ~** take a rest; **Rat(s) ~** deliberate, confer.

ˈPfle·ge·per·soˌnal *n med.* nursing staff.

ˈPfle·ger *m* ‹-s; -› **1.** *med.* male nurse. **2.** *jur.* a) (*Vormund*) guardian, b) (*Vermögensverwalter*) curator. **3.** (*Denkmals*⁓) conservator. **ˈPfle·ge·rin** *f* ‹-; -nen› (sick) nurse. **ˈpfle·ge·risch** *adj Berufe, Neigungen etc*: nursing.

ˈPfle·ge|ˌsatz *m der Krankenversicherung*: hospital allowance. **~ˌschwe·ster** *f* visiting (*od.* attending) nurse. **~ˌsohn** *m* foster son. **~sta·tiˌon** *f im Altenheim etc*: sick ward. **~ˌstel·le** *f für Kleinkinder*: nursing place. **~ˌtoch·ter** *f* foster daughter. **~ˌva·ter** *m* foster father.

pfleg·lich [ˈpfle:klıç] **I** *adj Behandlung etc*: careful. **II** *adv* **~ mit e-r Sache umgehen, et. ~ behandeln** handle s. th. carefully, take good care of s. th.

Pfleg·ling [ˈpfle:klıŋ] *m* ‹-s; -e› **1.** → **Pflegekind. 2.** (*Mündel*) ward. **3.** (*Schützling*) charge.

ˈPfleg·schaft *f* ‹-; -en› *jur.* guardianship, *für Entmündigte*: curatorship, (*Vermögens*⁓) trust(eeship).

Pflicht [pflıçt] *f* ‹-; -en› **1.** duty, (*Verpflichtung*) obligation, liability, (*Verantwortung*) responsibility, (*Amt*) office, function; **s-e ~ tun** do one's duty (**an j-m** by s. o.), *colloq.* do one's bit; **j-m et. zur ~ machen** enjoin s. th. on s. o.; **ich habe es mir zur ~ gemacht, jeden Tag spazierenzugehen** I have made it my duty (*od.* I have resolved) to go for a walk every day; **es ist s-e** (*colloq.* **verdammte**) **~ und Schuldigkeit** it is his bounden duty; **j-n in die ~ nehmen** bind s. o. (*to do s. th.*); **in die ~ genommen sein** be in duty bound; *ped. colloq.* **Mathe ist ~** math is compulsory. **2.** *Sport*: a) *Turnen*: compulsory exercises *pl*, b) *Eiskunstlauf etc*: compulsory exercises *pl*, c) *Wasserspringen*: compulsory dives *pl*. **~ˌaufˌfas·sung** *f* sense of duty. **⁓beˌwußt** *adj* dutiful, conscientious; **~ sein** *a.* have a strong sense of duty. **~beˌwußtˌsein** *n* sense of duty. **~ˌei·fer** *m* zeal. **⁓ˌeif·rig** *adj* zealous.

ˈPflich·tenˌkreis *m* duties *pl*, responsibilities *pl*, sphere of responsibility.

ˈPflicht|er|ˌfül·lung *f* performance of one's duty. **~ˌfach** *n ped.* compulsory subject. **~fiˌgur** *f Eiskunstlauf etc*: compulsory figure. **~geˌfühl** *n* sense of duty. **⁓geˌmäß I** *adj* dutiful, due. **II** *adv* dutifully, duly, as is one's duty. **⁓geˌtreu I** *adj* → a) **pflichtgemäß** I, b) **pflichttreu. II** *adv* → **pflichtgemäß** II. **~ˌgren·ze** *f Krankenversicherung*: income limit for compulsory (insurance) contribution. **~lekˌtü·re** *f ped.* required reading, set book(s *pl*). **⁓ˌmä·ßig, ⁓ˌschul·dig** *adj u. adv* → **pflichtgemäß. ~ˌsprung** *m Wasserspringen*: compulsory dive. **~ˌstun·denˌzahl** *f ped.* obligatory number of lessons, teaching load. **~ˌteil** *m, n jur.* legitimate (*od.* minimum) portion. **⁓ˌtreu** *adj* dutiful, *lit.* duteous. **~ˌtreue** *f* dutifulness, *lit.* duteousness. **~ˌübung** *f* **1.** *Sport*: compulsory (*od.* set) exercise. **2.** *fig.* obligatory act. **⁓verˌges·sen I** *adj* neglectful (*od.* negligent) (of one's duty), undutiful, *bes. Am.* derelict (in one's duty). **II** *adv* **~ handeln** neglect one's duty. **~verˌges·sen·heit** *f* dereliction (*od.* neglect) of one's duty. **~ver·ˌlet·zung** *f* violation of one's duty, breach of duty. **~verˌsäum·nis** *n a. jur.* neglect (*od.* dereliction) (of duty); **grobes ~** gross neglect. **⁓verˌsi·chert** *adj econ.* compulsorily insured. **~ver·ˌsi·che·rung** *f* compulsory insurance. **~verˌtei·di·ger** *m jur.* assigned (*od.* court-appointed) counsel. **⁓ˌwid·rig I** *adj* contrary to (one's) duty, undutiful, disloyal. **II** *adv* **~ handeln** act contrary to (one's) duty.

Pflock [pflɔk] *m* ‹-(e)s; ⸚e› (*Zelt*⁓ *etc*) peg, pin, (*Zaun*⁓) picket, stake, post, (*Stöpsel, Dübel*) plug; *fig. colloq.* **er steht wie ein ~ da** he is standing there as stiff as a ramrod; **einen ~** (*od.* **einige, ein paar Pflöcke**) **zurückstecken müssen** have to come down a peg or two.

pflöcken (*getr.* **-k·k-**) [ˈpflœkən] *v/t* ‹h› (fasten *s. th.* with a) peg.

pflog [pflo:k] *1 u. 3 sg pret,* **pflö·ge** [ˈpflø:gə] *1 u. 3 pret subj of* **pflegen** III.

pflücken (*getr.* **-k·k-**) [ˈpflʏkən] *v/t* ‹h› (*Hopfen, Obst, Blumen etc*) pick, gather. **ˈPflücker** (*getr.* **-k·k-**) *m* ‹-s; -›, **ˈPflücke·rin** (*getr.* **-k·k-**) *f* ‹-; -nen› picker.

ˈPflück|maˌschi·ne *f agr.* picker. **~saˌlat** *m* leaf lettuce.

Pflug [pflu:k] *m* ‹-(e)s; ⸚e› plough, *Am.* plow; **unter den ~ nehmen** put (*fields*) to the plough. **ˈpflüg·bar** *adj* ploughable, *Am.* plowable. **pflü·gen** [ˈpfly:gən] **I** *v/t* ‹h› (*Feld etc*) plough, *Am.* plow (*a. fig.*); *fig.* **das Schiff pflügt die Wellen** the ship ploughs the waves. **II** *v/i* plough, *Am.* plow (**mit dem Traktor** with the tractor). **ˈPflü·ger** *m* ‹-s; -› ploughman, *Am.* plowman.

ˈPflug|ˌland *n* ploughland, *Am.* plowland, arable land. **~ˌmes·ser** *n* co(u)lter. **~ˌschar** *f* ‹-; -en›, *agr. a. n* ‹-(e)s; -e› ploughshare, *Am.* plowshare.

ˈPfortˌader *f anat.* portal vein.

Pfört·chen [ˈpfœrtçən] *n* ‹-s; -› *dim. of* **Pforte.**

Pfor·te [ˈpfɔrtə] *f* ‹-; -n› **1.** gate, door, entrance, *fig.* gate(way), *in Krankenhäusern etc*: reception (office). **2.** *anat.* a) orifice, entrance, b) (*Öffnung*) opening, c) (*Gefäß*) hilum. **3.** *mar.* port.

Pfört·ner [ˈpfœrtnər] *m* ‹-s; -› **1.** doorkeeper, doorman, porter, *in Parks etc*: gate-keeper, (*Hausmeister*) janitor. **2.** *anat.* pylorus. **~ˌhaus** *n* lodge.

ˈPfört·ne·rin *f* ‹-; -nen› port(e)ress, janitress.

ˈPfört·nerˌlo·ge *f* (porter's) lodge (*od.* office), *a.* reception.

Pfo·sten [ˈpfɔstən] *m* ‹-s; -› post, (*Tür*⁓, *Fenster*⁓) jamb, (*Ständer*) standard; *Fußball*: **X schoß am ~ vorbei** X's shot went wide, X shot wide. **~ˌschuß** *m Fußball etc*: shot against (*od.* that hits) the post.

Pföt·chen [ˈpfø:tçən] *n* ‹-s; -› *dim. of* **Pfote;** *fig. colloq.* **gib ~!** give me your paw!

Pfo·te [ˈpfo:tə] *f* ‹-; -n› **1.** paw (*a. fig. colloq.*); *fig. colloq.* **j-m et.** (*od.* **eins**) **auf die ~n geben, j-m auf die ~n klopfen** give s. o. a rap on (*od.* over) the knuckles, rap s. o.'s fingers (*od.* knuckles); **schmutzige ~n haben** have dirty hands (*od.* paws); **sich** (*dat*) **die ~n verbrennen** burn one's fingers. **2.** *fig. colloq.* (*schlechte Handschrift*) scrawl, scribble.

Pfriem [pfri:m] *m* ‹-(e)s; -e› *tech.* awl.

Pfropf [pfrɔpf] *m* ‹-(e)s; -e› → **Pfropfen.**

Pfrop·fen [ˈpfrɔpfən] **I** *m* ‹-s; -› **1.** stopper, (*Kork*⁓) cork, (*Stöpsel*) plug; *fig. colloq.* **ein dicker ~** a fatty. **2.** *hort.* graft, scion. **3.** *med.* a) *im Furunkel*: core, b) *in e-m Gefäß*: embolus, blood clot, thrombus, c) (*Watte*⁓ *etc*) plug, tampon, d) (*Ohrenschmalz*) ceruminal plug. **II** ≈ *v/t* ⟨h⟩ **4.** (*zustöpseln*) stopper, cork (up), (*Loch etc*) plug (up). **5.** *hort.* graft. **6.** *colloq.* (*stopfen, zwängen*) cram, stuff (in *acc* into); **gepfropft voll** crammed full.

Pfröpf·ling [ˈpfrœpflɪŋ] *m* ⟨-s; -e⟩ → Pfropfreis.

ˈ**Pfropf|ˌmes·ser** *n hort.* grafter, grafting knife. **~ˌreis** *n* graft, scion. **~ˌwachs** *n* grafting wax.

Pfrün·de [ˈpfrʏndə] *f* ⟨-; -n⟩ **1.** *R.C.* prebend, benefice, (church) living. **2.** *fig. colloq.* sinecure. ˈ**Pfründ·ner** *m* ⟨-s; -⟩ *R.C.* prebendary, beneficiary.

Pfuhl [pfuːl] *m* ⟨-(e)s; -e⟩ muddy pool (*od.* puddle), *fig.* sink, cesspool, slough; **der ~ der Sünde** the cesspool (*od.* slough) of sin (*od.* iniquity).

Pfühl [pfyːl] *m, n* ⟨-(e)s; -e⟩ *obs. u. poet.* **1.** pillow. **2.** couch, bed.

pfui [pfʊɪ] **I** *interj* fie!, phew!, (for) shame!, *angeekelt*: ugh!; **~ rufen** *Zuschauer*: boo; **das ist ~** *zu Kindern, Hunden*: that's nasty! **II** ≈ *n* ⟨-s; -s⟩ → ≈ˌ**ruf** *m meist pl* boo.

Pfund [pfʊnt] *n* ⟨-(e)s; -e, *nach Zahlen* -⟩ **1.** pound (*abbr.* lb., *pl* lbs.); **zwei ~ Fleisch** two pounds of meat. **2.** *econ.* (*brit. Währungseinheit*) pound (*abbr.* £); 10 ~ **(Sterling)** 10 pounds (sterling), *sl.* 10 quid (*od.* smackers). **3.** *fig. lit.* **mit s-m ~e wuchern** make the most of one's talents, turn one's talents to good account. ˈ**pfun·dig** *adj colloq.* great, grand, smashing, *bes. Am.* swell; **ein ~er Kerl** → **Pfundskerl**; **(das ist ja) ~!** (that's) great!

ˈ**Pfunds|idee** [-ʔiˈdeː] *f colloq.* capital idea, brain wave, *bes. Am.* brainstorm. **~ˈkerl** *m colloq.* great bloke (*Am.* guy). **~ˈsa·che** *f colloq.* great thing, smasher, humdinger.

ˈ**pfund|ˌwei·se** *adj u. adv* by the pound.

Pfusch [pfʊʃ] *m* ⟨-(e)s; *no pl*⟩, **~ˌar·beit** *f* → Pfuscherei.

pfu·schen [ˈpfʊʃən] *v/i* ⟨h⟩ *colloq.* botch things, bungle; → **Handwerk** 1. ˈ**Pfu·scher** *m* ⟨-s; -⟩ botcher, bungler. **Pfu·scheˈrei** *f* ⟨-; -en⟩ (*Pfuscharbeit*) shoddy (*od.* botched) piece of work, botch(ed) job. ˈ**pfu·scher·haft** *adj Arbeit etc*: botched, bungling.

Pfüt·ze [ˈpfʏtsə] *f* ⟨-; -n⟩ puddle, pool.

Pha·go|zy·te [fagoˈtsyːtə] *f* ⟨-; -n⟩ *meist pl biol. med.* phagocyte. ≈**zyˈtär** [-tsyˈtɛːr] *adj* phagocytic, cytophagous.

Pha·lanx [ˈfaːlaŋks] *f* ⟨-; -langen [faˈlaŋən]⟩ *mil. hist., a. fig.* phalanx.

phal·lisch [ˈfalɪʃ] *adj* phallic; *psych.* **~e Phase** phallic stage; **~er Kult** phallic cult.

Phal·lus [ˈfalʊs] *m* ⟨-; **Phalli** [-li], **Phallen**, *a.* -se⟩ phallus. **~sym|bol** *n* phallic symbol.

Phä·no|lo·gie [fɛnoloˈgiː] *f* ⟨-; *no pl*⟩ *biol.* phenology. **~ˈmen** [-ˈmeːn] *n* ⟨-s; -e⟩ *a. fig.* phenomenon. ≈**meˈnal** [-meˈnaːl] *adj a. fig.* phenomenal. **~me·no·loˈgie** [-menoloˈgiː] *f* ⟨-; *no pl*⟩ *philos.* phenomenology. ≈ˈ**ty·pisch** [-ˈtyːpɪʃ] *adj biol.* phenotypic. **~ˈty·pus** [-ˈtyːpʊs] *m* ⟨-; -typen⟩ phenotype.

Phan·ta·sie [fantaˈziː] *f* ⟨-; -n [-ən]⟩ **1.** ⟨*only sg*⟩ imagination, *bes. überspannte*: fantasy; **e-e schmutzige ~** a dirty mind; **das ist reine ~** that is sheer imagination (*od.* fantasy); **du hast aber ~!** you certainly have imagination!; **die ~ geht mit ihm durch** his imagination runs wild (*od.* gets the better of him). **2.** *pl* fantasies, daydreams, reverie *sg*, (*Wahnvorstellungen*) hallucinations. **3.** *mus.* fantasia, fantasy. ≈ˌ**arm** *adj* lacking (in) imagination. **~ˌbild** *n* fantastic image, fantasy. **~ˌblu·me** *f* fanciful flower. **~ge|ˌbil·de** *n* fantasy, figment (of the imagination). ≈**los** *adj* unimaginative, dull. **~lo·sig·keit** *f* ⟨-; *no pl*⟩ unimaginativeness, dul(l)ness. **~ˌpreis** *m* fancy price. ≈ˌ**reich** *adj* imaginative, fanciful. **~ˌreich·tum** *m* imaginativeness.

phan·ta·sie·ren [fantaˈziːrən] *v/i* ⟨*no* ge-, h⟩ **1.** indulge in fantasies (*od.* daydreams). **2.** *bes. med.* be(come) delirious, rave (*od.* ramble) in delirium. **3.** *colloq.* talk nonsense, rave. **4.** *mus.* improvise, extemporize.

phan·taˈsie|ˌvoll *adj* imaginative. ≈ˌ**welt** *f* fantasy world.

Phan·tas·ma [fanˈtasma] *n* ⟨-s; -men⟩ *med.* fantasm, phantom.

Phan·tast [fanˈtast] *m* ⟨-en; -en⟩ visionary, dreamer, castle-builder, fantast.

Phan·ta·steˈrei *f* ⟨-; -en⟩ (*Träumerei*) daydreaming, (*Überspanntheit*) fantasy, fantastic ideas *pl*, imagination run wild.

phanˈta·stisch *adj* **1.** *Erzählung, Ideen etc*: fantastic, (*überspannt*) *a.* extravagant, wild, (*seltsam, gespenstisch*) *a.* strange, weird. **2.** *colloq.* (*großartig*) fantastic, marvel(l)ous, fabulous, (*unglaublich*) *a.* incredible.

Phan·tom [fanˈtoːm] *n* ⟨-s; -e⟩ **1.** *bes. psych.* (*Trugbild*) phantom, illusion, phantasm; *fig.* **e-m ~ nachjagen** chase an illusion. **2.** (*Gespenst*) phantom, spect/re (*Am.* -er). **3.** *med.* anatomical model, manikin. **~ˌbild** *n* identikit (picture). **~ˌschmerz** *m med.* phantom limb pain.

Pha·rao [ˈfaːrao] *m* ⟨-s; -nen [faraˈoːnən]⟩ *hist.* Pharaoh. **pha·rao·nisch** [faraˈoːnɪʃ] *adj* Pharaonic.

Pha·ri·sä·er [fariˈzɛːər] *m* ⟨-s; -⟩ **1.** *Bibl.* Pharisee. **2.** *fig.* pharisee, hypocrite. **~tum** *n* ⟨-s; *no pl*⟩ **1.** Pharisaism. **2.** *fig.* pharisaism, hypocrisy.

pha·riˈsä·isch *adj* **1.** *relig.* Pharisaic. **2.** *fig.* pharisaic(al), sanctimonious, self-righteous, hypocritical.

Phar·ma|ko·lo·ge [farmakoˈloːgə] *m* ⟨-n; -n⟩ pharmacologist. **~ko·loˈgie** [-koloˈgiː] *f* ⟨-; *no pl*⟩ pharmacology. ≈**koˈlo·gisch** *adj* pharmacologic(al). **~koˈpöe** [-koˈpøː] *f* ⟨-; -n [-ən]⟩ pharmacop(o)eia. **~ˈzeut** [-ˈtsɔʏt] *m* ⟨-en; -en⟩ pharmacist, pharmaceutist. **~ˈzeu·tik** [-ˈtsɔʏtɪk] *f* ⟨-; *no pl*⟩ pharmaceutics *pl* (*als sg konstruiert*). ≈ˈ**zeu·tisch** *adj* pharmaceutic(al). **~ˈzie** [-ˈtsiː] *f* ⟨-; *no pl*⟩ pharmacy.

Pha·rynx [ˈfaːrʏŋks] *m* ⟨-; -ryngen [faˈrʏŋən]⟩ *anat.* pharynx.

Pha·se [ˈfaːzə] *f* ⟨-; -n⟩ *allg.* phase (*a. astr. electr. phys.*), *fig. a.* stadium, stage; **in e-e entscheidende ~ treten** *Verhandlungen etc*: enter a decisive stage.

ˈ**Pha·sen|dia|ˌgramm** *n* phase pattern. ≈ˌ**gleich** *adj* (coincident) in phase. **~kon|ˌtrast·mi·kro|ˌskop** *n* phase-difference microscope. **~ˌschie·ber** *m* phase converter (*od.* changer, shifter). **~ˌspan·nung** *f* star (*od.* "Y") voltage. **~ˌsprung** *m* phase jump (*od.* shift). **~ver|ˌschie·bung** *f* phase displacement (*od.* shift[ing]). **~ver|ˌzö·ge·rung** *f* phase lag(ging). **~ˌzahl** *f* number of phases.

Phe·nol [feˈnoːl] *n* ⟨-s; *no pl*⟩ *chem.* phenol, carbolic acid. **~ˌharz** *n synth.* phenolic resin, phenoplast.

Phe·nyl [feˈnyːl] *n* ⟨-s; *no pl*⟩ *chem.* phenyl.

Phi [fiː] *n* ⟨-(s); -s⟩ (*Greek letter*) phi.

Phil·an|throp [filanˈtroːp] *m* ⟨-en; -en⟩ philanthropist, altruist, humanitarian. **~throˈpie** [-troˈpiː] *f* ⟨-; *no pl*⟩ philanthropy, philanthropism. ≈ˈ**thro·pisch** *adj* philanthropic.

Phil·ate|lie [filateˈliː] *f* ⟨-; *no pl*⟩ philately. **~ˈlist** [-ˈlɪst] *m* ⟨-en; -en⟩ philatelist. ≈ˈ**li·stisch** *adj* philatelic.

Phil·har|mo·nie [filharmoˈniː] *f* ⟨-; -n [-ən]⟩ *mus.* philharmonic (orchestra *od.* concert hall *od.* society). **~ˈmo·ni·ker** [-ˈmoːnɪkər] *m* ⟨-s; -⟩ member of a philharmonic orchestra; **die Berliner (Wiener) ~** *pl* the Berlin (Vienna) Philharmonic Orchestra *sg.* ≈ˈ**mo·nisch** [-ˈmoːnɪʃ] *adj* philharmonic.

Phil·ip·per|ˌbrief, der [fiˈlɪpər-] *Bibl.* the Epistle (of St. Paul) to the Philippians, Philippians *pl* (*als sg konstruiert*).

Phil·ip·pi·ka [fiˈlɪpika] *f* ⟨-; -ken⟩ *fig.* (*Strafrede*) philippic.

Phi·li·ster [fiˈlɪstər] *m* ⟨-s; -⟩ *relig. hist.* Philistine, *fig. contp. a.* philistine, petty bourgeois, *sl.* square. ≈**haft** *adj fig. contp.* philistine, bourgeois, narrow-minded. **~tum** *n* ⟨-s; *no pl*⟩ *fig. contp.* philistinism.

Phi·lo|lo·ge [filoˈloːgə] *m* ⟨-n; -n⟩ a) teacher (*od.* student) of language and literature, b) *ling.* philologist. **~loˈgie** [-loˈgiː] *f* ⟨-; -n [-ən]⟩ a) study (*od.* science) of language and literature, b) *ling.* philology. **~ˈlo·gin** *f* ⟨-; -nen⟩ → Philologe. ≈ˈ**lo·gisch** *adj* a) of (*od.* relating to) language and literature, b) *ling.* philological. **~ˈsoph** [-ˈzoːf] *m* ⟨-en; -en⟩ philosopher. **~soˈphie** [-zoˈfiː] *f* ⟨-; -n [-ən]⟩ philosophy. ≈**soˈphie·ren** [-zoˈfiːrən] *v/i* ⟨*no* ge-, h⟩ philosophize (**über** *acc* on). ≈ˈ**so·phisch** [-ˈzoːfɪʃ] **I** *adj* philosophic(al); **~e Fakultät** faculty of arts (*od.* humanities), arts faculty. **II** *adv* philosophically.

Phi·mo·se [fiˈmoːzə] *f* ⟨-; -n⟩ *med.* phimosis.

Phio·le [ˈfɪoːlə] *f* ⟨-; -n⟩ phial.

Phleg·ma [ˈflɛgma] *n* ⟨-s; *no pl*⟩ *physiol. u. fig.* phlegm, *fig. a.* phlegmatic nature, impassivity, stolidity, lethargy. **Phlegˈma·ti·ker** [-ˈgmaːtikər] *m* ⟨-s; -⟩, **Phlegˈma·ti·ke·rin** *f* ⟨-; -nen⟩ phlegmatic person. **phlegˈma·tisch** [-ˈgmaːtɪʃ] *adj* stolid, phlegmatic, lethargic.

Pho·bie [foˈbiː] *f* ⟨-; -n [-ən]⟩ *med. psych.* phobia, morbid dread (*od.* fear).

Phon [foːn] *n* ⟨-s; -s⟩ *phys.* phon.

Pho·nem [foˈneːm] *n* ⟨-s; -e⟩ *ling. psych.* phoneme. **Pho·neˈma·tik** [-neˈmaːtɪk] *f* ⟨-; *no pl*⟩ *ling.* phonemics *pl* (*als sg konstruiert*). **pho·neˈma·tisch** [-neˈmaːtɪʃ], **phoˈne·misch** *adj* phonemic.

Pho·ne·tik [foˈneːtɪk] *f* ⟨-; *no pl*⟩ *ling.* phonetics *pl* (*als sg konstruiert*). **Phoˈne·ti·ker** [-tikər] *m* ⟨-s; -⟩ phonetician, phoneticist. **phoˈne·tisch** [-tɪʃ] **I** *adj* phonetic; **~e Umschrift** phonetic transcription. **II** *adv* phonetically; **~ darstellen** phoneticize.

Phö·nix [ˈføːnɪks] *m* ⟨-(es); -e⟩ *myth.* phoenix; *fig.* **wie ein ~ aus der Asche steigen** rise like a phoenix from the ashes.

Phö·ni·zi·er [føˈniːtsɪər] *m* ⟨-s; -⟩, **phöˈni·zisch** [-tsɪʃ] *adj antiq.* Phoenician.

ˈ**Pho·no·ge|ˌrät** [ˈfoːno-] *n electr.* phono equipment.

Pho·no|gramm [fonoˈgram] *n* ⟨-s; -e⟩ *electr.* phonogram. ≈ˈ**gra·phisch** [-ˈgraːfɪʃ] *adj* phonographic.

ˈ**Pho·no|ˌkof·fer** *m electr.* portable record player.

Pho·no|lo·gie [fonoloˈgiː] *f* ⟨-; *no pl*⟩ *ling.* phonology. ≈ˈ**lo·gisch** [-ˈloːgɪʃ] *adj* phonologic. **~ˈme·ter** [-ˈmeːtər] *n* ⟨-s; -⟩ *phys.* phonometer. **~ˈthek** [-ˈteːk] *f* ⟨-; -en⟩ *a. ling.* phonotheque. **~ty-**

ˈ**pi·stin** [-tyˈpɪstɪn] *f* ⟨-; -nen⟩ audiotypist.

ˈ**Phonˌzahl** *f phys.* number of phons.

Phos·phat [fɔsˈfaːt] *n* ⟨-(e)s; -e⟩ *chem.* phosphate. **~ˌdün·ger** *m* phosphate fertilizer.

Phos·phor [ˈfɔsfɔr] *m* ⟨-s; *no pl*⟩ *chem.* phosphorus. **~(ˌbrand)ˌbom·be** *f mil.* phosphorus (incendiary) bomb.

Phos·pho·res|zenz [fɔsforɛsˈtsɛnts] *f* ⟨-; *no pl*⟩ *chem. phys.* phosphorescence. **Ձˈzie·ren** [-ˈtsiːrən] *v/i* ⟨*no* **ge-**, h⟩ phosphoresce; **~d** phosphorescent.

ˈ**phos·phorˌhal·tig, phos·pho·rig** [ˈfɔsforɪç], ˈ**phos·phorˌsau·er** *adj chem.* phosphoric.

ˈ**Phos·phor|ˌsäu·re** *f* phosphoric acid. **~verˌgif·tung** *f med.* phosphorus poisoning, phosphorism. **~ˌwas·serˌstoff** *m chem.* phosphine, hydrogen phosphide.

Phot [foːt] *n* ⟨-s; -⟩ *phys.* phot.

Pho·to [ˈfoːto] *n* ⟨-s; -s⟩, *Swiss only f* ⟨-; -s⟩ *colloq.* photo. **~ˌal·bum** *n* photo album. **~ap·paˌrat** *m* camera. **~ˌausˌrü·stung** *f* photographic equipment (*od.* outfit).

Pho·to|che·mie [fotoçeˈmiː] *f* photochemistry. **Ձelek·trisch** [-ˀeˈlɛktrɪʃ] *adj* photoelectric.

ˈ**Pho·to·eleˌment** *n* → **Photozelle.**

pho·to|gen [fotoˈgeːn] *adj* ⟨-er; -st⟩ photogenic. **Ձgramme'trie** (*getr.* **-mm·m-**) [-grameˈtriː] *f* ⟨-; *no pl*⟩ photogrammetry. **~gramme·trisch** (*getr.* **-mm·m-**) [-graˈmeːtrɪʃ] *adj* photogrammetric. **Ձˈgraph** [-ˈgraːf] *m* ⟨-en; -en⟩ photographer. **Ձgraˈphie** [-graˈfiː] *f* ⟨-; -n [-ən]⟩ **1.** photography, *Film: a.* camerawork. **2.** (*Bild*) photograph, picture, *colloq.* shot, photo; **e-e ~ machen** take a picture. **~graˈphie·ren** [-graˈfiːrən] **I** *v/t* ⟨*no* **ge-**, h⟩ photograph, take a picture (*od. colloq.* a shot) of, *Film: a.* shoot; **ich habe mich ~ lassen** I have had my picture taken; **er läßt sich gut ~** he photographs well. **II** *v/i* photograph, take pictures (*od.* a picture). **~ˈgra·phisch** [-ˈgraːfɪʃ] **I** *adj* photographic; *fig.* **ein ~es Gedächtnis** a photographic memory. **II** *adv* photographically. **Ձgraˈvü·re** [-graˈvyːrə] *f* → **Heliogravüre.**

ˈ**Pho·toˌhänd·ler** *m* photo(graphic) dealer.

Pho·to|ko·pie [fotokoˈpiː] *f* photostat (*TM*), photocopy. **Ձkoˈpie·ren** [-koˈpiːrən] *v/t* ⟨*no* **ge-**, h⟩ photocopy. **~koˈpie·rer** *m* photocopier.

ˈ**Pho·to·laˌbor** *n* photographic laboratory.

Pho·to|ly·se [fotoˈlyːzə] *f* ⟨-; -n⟩ *chem.* photolysis. **Ձmeˈcha·nisch** [-meˈçaːnɪʃ] *adj print.* photomechanical. **~ˈme·ter** [-ˈmeːtər] *n* ⟨-s; -⟩ *phys.* photometer, light meter. **~meˈtrie** [-meˈtriː] *f* ⟨-; *no pl*⟩ photometry. **Ձˈme·trisch** [-ˈmeːtrɪʃ] *adj* photometric.

ˈ**Pho·to|moˌdell** *n* (photographer's) model. **~monˌta·ge** *f* photomontage.

Pho·ton [ˈfoːtɔn; foˈtoːn] *n* ⟨-s; -en [foˈtoːnən]⟩ *phys.* photon, light quantum.

Phoˈto·nenˌanˌtrieb *m Raumfahrt:* photon propulsion.

ˈ**Pho·to|reaˌlis·mus** *m Kunst:* photorealism. **~reaˌlist** *m* photorealist. **~re·porˌta·ge** *f* photographic reportage. **~saˌfa·ri** *f* photo safari. **~ˌsatz** *m print.* photo-composition; **im ~ herstellen** photo-compose.

Pho·to|sphä·re [fotoˈsfɛːrə] *f* ⟨-; *no pl*⟩ *astr.* photosphere. **~synˈthe·se** [-zʏnˈteːzə] *f biol.* photosynthesis. **~ˈthek** [-ˈteːk] *f* ⟨-; -en⟩ photograph collection. **~the·raˈpie** [-teraˈpiː] *f* ⟨-; *no pl*⟩ *med.* phototherapy. **~troˈpis·mus** [-troˈpɪsmʊs] *m* ⟨-; -men⟩ *bot.* phototropism. **~tyˈpie** [-tyˈpiː] *f* ⟨-; -n [-ən]⟩ phototype.

ˈ**Pho·to|verˌvielˌfa·cher** *m nucl.* photomultiplier. **~ˌzel·le** *f electr.* photocell, photoelectric (*od.* selenium) cell, electric eye. **~ˌzu·beˌhör** *n* photographic accessories *pl.*

Phra·se [ˈfraːzə] *f* ⟨-; -n⟩ phrase (*a. mus.*), (*leere Redensart*) *a.* cliché; *contp.* (**leere**) **~n** empty talk, claptrap; *colloq.* **~n dreschen** indulge in windy rhetoric.

ˈ**Phra·sen|ˌdre·scher** *m* ⟨-s; -⟩ *contp.* phrasemonger. **~dre·scheˈrei** [ˌfraːzən-] *f* ⟨-; -en⟩ phrasemongering. **Ձhaft** *adj* empty, meaningless, windy.

Phra·seo|lo·gie [frazeoloˈgiː] *f* ⟨-; -n [-ən]⟩ *ling.* phraseology. **Ձˈlo·gisch** [-ˈloːgɪʃ] *adj* phraseological.

phra·sie·ren [fraˈziːrən] *v/t* ⟨*no* **ge-**, h⟩ *mus.* phrase.

phre·ne·tisch [freˈneːtɪʃ] *adj* phrenetic.

Phre·no|lo·ge [frenoˈloːgə] *m* ⟨-n; -n⟩ *med.* phrenologist. **~loˈgie** [-loˈgiː] *f* ⟨-; *no pl*⟩ phrenology. **Ձˈlo·gisch** *adj* phrenological.

Phry·ger [ˈfryːgər], ˈ**Phry·gi·er** [-gǐər] *m* ⟨-s; -⟩, ˈ**phry·gisch** [-gɪʃ] *adj* Phrygian.

Phtha·lat [ftaˈlaːt] *n* ⟨-(e)s; -e⟩ *chem.* phthalate.

ˈ**Phthalˌsäu·re** [ˈftaːl-] *f chem.* phthalic acid.

Phthi·se [ˈftiːzə] *f* ⟨-; -n⟩, ˈ**Phthi·sis** [-zɪs] *f* ⟨-; -sen⟩ *med.* phthisis, consumption.

pH-ˌWert [peːˈhaː-] *m chem.* pH (value).

Phy·lo|ge·ne·se [fylogeˈneːzə] *f* ⟨-; -n⟩ *biol.* phylogenesis. **Ձgeˈne·tisch** [-geˈneːtɪʃ] *adj* phylogenetic.

Phy·sik [fyˈziːk] *f* ⟨-; *no pl*⟩ physics *pl* (*meist als sg konstruiert*).

phy·si·ka·lisch [fyziˈkaːlɪʃ] *adj* physical. **~-ˈche·misch** *adj* physiochemical.

Phy·si·ker [ˈfyːzikər] *m* ⟨-s; -⟩, ˈ**Phy·si·ke·rin** *f* ⟨-; -nen⟩ physicist.

Phy·si·kum [ˈfyːzikʊm] *n* ⟨-s; -ka [-ka]⟩ *intermediary preclinical examination for students of medicine.*

Phyˈsikˌun·terˌricht *m* instruction in physics, physics lessons *pl.*

Phy·sio|gno·mie [fyzǐognoˈmiː] *f* ⟨-; -n [-ən]⟩ physiognomy. **Ձˈgno·misch** [-ˈgnoːmɪʃ] *adj* physiognomic(al). **~kraˈtis·mus** [-kraˈtɪsmʊs] *m* ⟨-; *no pl*⟩ *econ.* physiocracy, physiocratism. **~ˈlo·ge** [-ˈloːgə] *m* ⟨-n; -n⟩ *med.* physiologist. **~loˈgie** [-loˈgiː] *f* ⟨-; *no pl*⟩ physiology. **Ձˈlo·gisch** [-ˈloːgɪʃ] *adj* physiologic(al). **~the·raˈpeut** *m* physiotherapist. **~the·raˈpie** [-teraˈpiː] *f* physical therapy, physiotherapy.

Phy·sis [ˈfyːzɪs] *f* ⟨-; *no pl*⟩ physique.

ˈ**phy·sisch** *adj* physical.

Phy·to ..., phy·to ... *in Zssgn* phyto.

Phy·to·geo·gra·phie [fytogeograˈfiː] *f bot.* phytogeography.

Pi [piː] *n* ⟨-(s); -s⟩ (*Greek letter*) pi.

Pi·af·fe [ˈpǐafə] *f* ⟨-; -n⟩, **pi·afˈfie·ren** [-ˈfiːrən] *v/i* ⟨*no* **ge-**, h⟩ *Dressurreiten:* piaffe.

Pia·ni·no [pǐaˈniːno] *n* ⟨-s; -s⟩ *mus.* upright piano, pianino, cottage piano.

pia·nis·si·mo [pǐaˈnɪsimo] *mus.* **I** *adv u. adj* pianissimo. **II** Ձ *n* ⟨-s; -s *u.* -nissimi [-mi]⟩ pianissimo.

Pia·nist [pǐaˈnɪst] *m* ⟨-en; -en⟩, **Piaˈni·stin** *f* ⟨-; -nen⟩ *mus.* pianist. **piaˈni·stisch** *adj* pianistic.

pia·no [ˈpǐaːno] *adv u. adj mus.* piano.

Pia·no[1] [ˈpǐaːno] *n* ⟨-s; -s *u.* -ni⟩ *mus.* piano.

Pia·no[2] [ˈpǐaːno] *n* ⟨-s; -s⟩, **~for·te** [pǐanoˈfɔrtə] *n* ⟨-s; -s⟩ *mus.* piano(forte).

pi·cheln [ˈpɪçəln] *v/i* ⟨h⟩ *colloq.* tipple, booze.

Pi·chel·stei·ner [ˈpɪçəlˌʃtaɪnər] *n* ⟨-; *no pl*⟩, **~** ˈ**Fleisch** *n gastr.* meat and vegetable stew.

pi·chen [ˈpɪçən] *v/t* ⟨h⟩ *dial.* pitch, tar.

Picke (*getr.* **-k·k-**) [ˈpɪkə] *f* ⟨-; -n⟩ pick(axe).

Pickel[1] (*getr.* **-k·k-**) [ˈpɪkəl] *m* ⟨-s; -⟩ pick(axe), (*Eis*Ձ) ice-axe.

ˈ**Pickel**[2] (*getr.* **-k·k-**) *m* ⟨-s; -⟩ *med.* pimple, pustule.

ˈ**Pickelˌhau·be** (*getr.* **-k·k-**) *f colloq.* spiked helmet, pickelhaube.

ˈ**picke·lig** (*getr.* **-k·k-**) *adj med.* pimpled, pimply.

picken (*getr.* **-k·k-**) [ˈpɪkən] *v/t u. v/i* ⟨h⟩ peck, pick.

Pick·les [ˈpɪkəls; pɪklz] (*Engl.*) *pl* (mixed) pickles.

ˈ**pick·lig** *adj* → **pickelig.**

Pick·nick [ˈpɪknɪk] *n* ⟨-s; -e *u.* -s⟩ picnic; **ein ~ machen** → ˈ**pick·nicken** (*getr.* **-k·k-**) *v/i* ⟨h⟩ (have *od.* go for a) picnic. ˈ**Pick·nickˌkof·fer** *m* picnic case.

Pick-up [pɪkˈˀap; ˈpɪkʌp] (*Engl.*) *m* ⟨-s; -s⟩ → **Tonabnehmer, Tonarm.**

pi·co·bel·lo [ˈpiːkoˈbɛlo] *adj* ⟨*pred*⟩ *colloq.* very neat (*od.* trim), *Kleidung etc: a.* natty; → *a.* **piekfein, pieksauber.**

Pie·de·stal [pǐedɛsˈtaːl] *n* ⟨-s; -e⟩ *arch.* pedestal.

Piek [piːk] *f* ⟨-; -en⟩ *mar.* peak.

pie·ken [ˈpiːkən] *v/t u. v/i* ⟨h⟩ *colloq.* prick, sting, stick (**in** *acc* into); **sich** (*dat*) **in den Finger ~** prick one's finger.

ˈ**piek|ˈfein** *adj colloq.* smart, spruce, posh, natty. **~ˈsau·ber** *adj* spotlessly clean, spick-and-span.

piep [piːp] **I** *interj* **1.** tweet, chirp. **II** Ձ *m* ⟨-s; *no pl*⟩ **2.** → **Pieps** 1. **3.** *fig. colloq.* **sie sagte k-n** Ձ she didn't say (*od.* utter) a word, she didn't say boo; **er tat k-n** Ձ **mehr** he was out for the count; **e-n** Ձ **haben** have a screw loose.

pie·pe [ˈpiːpə] *adj colloq.* **es ist mir völlig ~** I couldn't care less, I don't give a damn.

ˈ**piep·egal** [-ˀeˈgaːl] *adj colloq.* → **piepe.**

pie·pen [ˈpiːpən] **I** *v/i* ⟨h⟩ *Vögel etc:* chirp, cheep, *Maus:* peep, squeak, *Funksignale:* bleep; *fig. colloq.* **bei dir piept's wohl?** have you gone crackers? **II** Ձ *n* ⟨-s⟩ chirping (*etc*); *fig. colloq.* **er** (**es**) **war zum** Ձ he (it) was a (perfect) scream.

ˈ**Pie·pen** *pl colloq.* money *sg*, *sl.* dough *sg*, lolly *sg*; **100 ~** 100 marks.

ˈ**Piepˌmatz** *m* ⟨-es; -e *u.* ⸚e⟩ *colloq.* dickey(-bird); *fig. colloq.* **du hast wohl e-n ~?** you must be crazy, are you daft?

Pieps [piːps] *m* ⟨-es; -e⟩ **1.** cheep, chirp, tweet. **2.** → **Piep** 3. ˈ**piep·sen** *v/i* ⟨h⟩ → **piepen.** ˈ**piep·sig** *adj colloq. Stimme:* squeaky, thin, reedy.

ˈ**Piepˌvo·gel** *m* → **Piepmatz.**

Pier [piːr] *m* ⟨-s; -e *u.* -s⟩, *mar. a. f* ⟨-; -s⟩ pier, wharf, quay.

pie·sacken (*getr.* **-k·k-**) [ˈpiːzakən] *v/t* ⟨h⟩ *colloq.* torment, pester, badger, plague.

Pie·tät [pieˈtɛːt] *f* ⟨-; *no pl*⟩ **1.** (*Frömmigkeit*) piety, piousness. **2.** (*Ehrfurcht*) (**gegen** for) reverence, respect. **Ձlos** *adj* **1.** impious. **2.** irreverent, disrespectful. **~lo·sig·keit** *f* ⟨-; *no pl*⟩ **1.** impiety, impiousness. **2.** irreverence, disrespect. **Ձˌvoll** *adj* **1.** pious. **2.** reverent, respectful, regardful.

Pie·tis·mus [pieˈtɪsmʊs] *m* ⟨-; *no pl*⟩ *relig. hist.* Pietism. **Pieˈtist** [-ˈtɪst] *m* ⟨-en; -en⟩ Pietist. **pieˈti·stisch** *adj* pietistic(al).

Pig·ment [pɪˈgmɛnt] *n* ⟨-(e)s; -e⟩ *biol. paint.* pigment.

Pig·men·ta·ti·on [pɪgmɛntaˈtsĭoːn] *f* ⟨-; -en⟩ *biol.* pigmentation.
Pigˈment|ˌbil·dung *f biol.* formation of pigment, chromogenesis. **~ˌfarb·ˌstoff** *m chem.* pigment. **~ˌfleck** *m med.* stain, pigmental mole, soft n(a)evus.
pig·men·tie|ren [pɪgmɛnˈtiːrən] **I** *v/t* ⟨*no* ge-, h⟩ pigment. **II** *v/reflex* **sich ~** become pigmented. **Ձrung** *f* ⟨-; -en⟩ pigmentation.
Pik[1] [piːk] *m* ⟨-s; -e⟩ *colloq.* pique, (secret) grudge; **e-n ~ auf j-n haben** have a grudge against s. o.
Pik[2] *m* ⟨-s; -e *u.* -s⟩ (mountain) peak.
Pik[3] *n* ⟨-s; -s⟩, *Austrian a. f* ⟨-; -⟩ *Kartenspiel*: spade(s *pl*); **~ ist Trumpf** spades are trumps.
pi·kant [piˈkant] *adj allg.* piquant, spicy, *gastr. a.* zesty, *Witz etc*: *a.* risqué, suggestive, *bes. Am.* off-colo(u)r, *Abenteuer*: amorous. **Pi·kan·teˈrie** [-təˈriː] *f* ⟨-; -n [-ən]⟩ **1.** ⟨*only sg*⟩ piquancy, spiciness. **2.** spicy remark, risqué joke.
ˌPik-ˈAs *n* (*Spielkarte*) ace of spades.
Pi·ke [ˈpiːkə] *f* ⟨-; -n⟩ *mil. hist.* pike; *fig. colloq.* **von der ~ auf dienen** rise from the ranks.
Pi·kee [piˈkeː] *m*, *Austrian a. n* ⟨-s; -s⟩ *Textil.* piqué.
pi·kie·ren [piˈkiːrən] *v/t* ⟨*no* ge-, h⟩ (*junge Pflanzen*) transplant. **piˈkiert** *adj fig.* piqued, nettled, peeved.
Pik·ko·lo[1] [ˈpɪkolo] *m* ⟨-s; -s⟩ apprentice waiter.
ˈPik·ko·lo[2] *m*, *a. n* ⟨-s; -s⟩, **~ˌflö·te** *f* piccolo (flute).
Piˈkrinˌsäu·re [piˈkriːn-] *f* ⟨-; *no pl*⟩ *chem.* picric acid.
Pik·to·gramm [pɪktoˈgram] *n* ⟨-s; -e⟩ pictograph.
Pi·la·tus [piˈlaːtʊs] *npr m* ⟨-; *no pl*⟩ *Bibl.* Pilate; *fig. colloq.* **j-n von Pontius zu ~ schicken** send s. o. on a wild-goose chase; **von Pontius zu ~ laufen** (*od.* **rennen**) run from pillar to post.
Pil·ger [ˈpɪlgər] *m* ⟨-s; -⟩ *relig.* pilgrim. **~ˌfahrt** *f* pilgrimage.
ˈPil·ge·rin *f* ⟨-; -nen⟩ (woman) pilgrim.
pil·gern [ˈpɪlgərn] *v/i* ⟨sein⟩ make (*od.* go on) a pilgrimage, *colloq. weitS.* wander, stroll.
ˈPil·ger|schaft *f* ⟨-; *no pl*⟩ pilgrimage. **~ˌschar** *f* group of pilgrims. **~ˌvä·ter, die** *pl hist.* the Pilgrim Fathers. **~ˌzug** *m* **1.** (*Sonderzug*) pilgrim train. **2.** → **Pilgerschar.**
Pil·le [ˈpɪlə] *f* ⟨-; -n⟩ *med. pharm.* pill; *colloq.* **die ~** the (contraceptive *od.* birth-control) pill; **die ~ nehmen** be on (*od.* take) the pill; *fig. colloq.* **e-e** (*od.* **die**) **bittere ~ schlucken müssen** have to swallow a (*od.* the) bitter pill; **j-m die bittere ~ versüßen** sugar the pill (*od.* soften the blow) for s. o.
ˈPil·len|ˌdre·her *m* **1.** *zo.* tumblebug, bullcomber. **2.** *humor.* (*Apotheker*) pillroller. **~ˌknick** *m* sudden drop in birthrates caused by the pill. **~ˌschach·tel** *f* pill box.
Pi·lot [piˈloːt] *m* ⟨-en; -en⟩ **1.** pilot (*a. mar. Lotse*), (*Rennfahrer*) driver; *aer.* **automatischer ~** automatic pilot. **2.** *Textil.* pilot cloth. **~ˌan|ˌla·ge** *f* pilot plant. **~balˌlon** *m* pilot (*od.* sounding) balloon. **~proˌjekt** *n* pilot project. **~ˌstu·die** *f* pilot study.
Pi·lo·te [piˈloːtə] *f* ⟨-; -n⟩ *civ. eng.* pile.
Piˈlo·ten|ˌkan·zel *f aer.* cockpit. **~ˌkap·sel** *f Raumfahrt*: command capsule.
pi·lo·tie·ren [piloˈtiːrən] *v/t* ⟨*no* ge-, h⟩ *civ. eng.* (*Pfahl*) drive (in).
Piˈlot|ˌsen·dung *f TV etc* pilot program(me *Br.*). **~ˌton** *m Film*: pilot tone.

Pilz [pɪlts] *m* ⟨-es; -e⟩ fungus (*a. med.*), *eßbarer*: mushroom, *giftiger*: toadstool; *colloq.* **in die ~e gehen** go mushrooming; *fig.* **wie ~e aus dem Boden** (*od.* **der Erde**) **schießen** shoot up like mushrooms, mushroom (up). **Ձ-ˌför·mig** *adj* mushroom-shaped, fungiform. **~geˌflecht** *n bot.* mycelium.
ˈpil·zig *adj* mushroomlike, fungous, fungal.
ˈPilz|isoˌla·tor *m electr.* mushroom insulator. **~kon·struk·tiˌon** *f arch.* mushroom construction. **~ˌkrank·heit** *f* mycosis. **~ˌkun·de** *f bot.* mycology. **Ձˌtö·tend** *adj* fungicidal; **~es Mittel** fungicide. **~verˌgif·tung** *f* mushroom poisoning, mycetism. **~ˌwol·ke** *f mil.* mushroom cloud.
Pi·ment [piˈmɛnt] *m*, *n* ⟨-(e)s; -e⟩ *gastr.* allspice, pimento.
Pim·mel [ˈpɪməl] *m* ⟨-s; -⟩ *colloq.* penis, *sl.* prick, cock.
ˈpim·pe·lig *adj colloq.* sissy.
ˈPim·pelˌlie·se *f* ⟨-; -n⟩ *colloq.* sissy, cry-baby.
pim·pern [ˈpɪmpərn] *v/t u. v/i* ⟨h⟩ → **vögeln.**
Pimpf [pɪmpf] *m* ⟨-(e)s; -e⟩ **1.** *colloq.* (**kleiner**) **~** little rascal, imp. **2.** *hist. NS-Zeit*: *member of the Hitler Youth.*
Pi·na·ko·thek [pinakoˈteːk] *f* ⟨-; -en⟩ picture gallery, pinacotheca.
pin·ge·lig [ˈpɪŋəlɪç] *adj colloq.* (*übergenau*) fussy, fastidious, pernickety.
Ping·pong [ˈpɪŋˌpɔŋ] *n* ⟨-s; -s⟩ *colloq.* ping-pong, table tennis.
Pin·gu·in [ˈpɪŋgŭiːn; *rare* pɪŋguˈiːn] *m* ⟨-s; -e⟩ *orn.* penguin.
Pi·nie [ˈpiːnĭə] *f* ⟨-; -n⟩ *bot.* stone (*od.* nut, parasol) pine.
ˈPi·ni·en|ˌkern *m*, **~ˌnuß** *f* pine-nut. **~ˌwald** *m* stone pine forest, pinewood(s *pl*).
Pin·ke [ˈpɪŋkə] *f* ⟨-; *no pl*⟩ *colloq.* money, *sl.* dough, brass, lolly.
Pin·kel [ˈpɪŋkəl] *m* ⟨-s; -⟩ *colloq.* **feiner** (*od.* **vornehmer**) **~** dandy, toff, swell.
pin·keln [ˈpɪŋkəln] *v/i* ⟨h⟩ *colloq.* (have *od.* go for a) pee, piddle.
ˈPin·kelˌpau·se *f colloq.* break for a pee.
ˈPin·keˈpin·ke *f* ⟨-; *no pl*⟩ → **Pinke.**
Pin·ne [ˈpɪnə] *f* ⟨-; -n⟩ **1.** (*Zwecke*) pin, (*spitzer Stift*) peg, tack. **2.** (*HammerՁ*) pane, peen, (*KompaßՁ*) pivot. **3.** *mar.* (*RuderՁ*) tiller, helm. **ˈpin·nen** *v/t* ⟨h⟩ *dial.* pin.
Pin·scher [ˈpɪnʃər] *m* ⟨-s; -⟩ *zo.* pinscher; *colloq. contp.* **kleiner ~** (*Person*) nobody, conceited ass.
Pin·sel [ˈpɪnzəl] *m* ⟨-s; -⟩ **1.** (paint)brush. **2.** *vulg.* penis, prick, cock. **3.** *colloq. contp.* nincompoop, blockhead, ninny. **~ˌäff·chen** *n* true marmoset.
Pin·seˈlei *f* ⟨-; -en⟩ *contp.* **1.** ⟨*only sg*⟩ daubing. **2.** daub, (piece of) daubing.
ˈPin·se·ler *m* ⟨-s; -⟩ *contp.* dauber.
ˈPin·selˌfüh·rung *f Kunst*: touch, brushwork.
ˈpin·se·lig *adj u. adv colloq.* pedantic, fussy.
pin·seln [ˈpɪnzəln] **I** *v/i* ⟨h⟩ *colloq.* **1.** paint, daub. **2.** write carefully (*od.* laboriously). **II** *v/t* **3.** *a. med.* paint. **4.** write *s. th.* carefully (*od.* laboriously).
ˈPin·sel|ˌschim·mel *m bot.* penicillium. **~ˌstiel** *m* brush handle. **~ˌstrich** *m Kunst*: brushstroke, brushwork.
Pin·te [ˈpɪntə] *f* ⟨-; -n⟩ **1.** → **Kneipe** 1. **2.** *Swiss for* **Blechkanne.**
Pin-ˈup-ˌgirl [pɪnˈʔap-] *n* ⟨-s; -s⟩ pinup (girl).
Pin·zet·te [pɪnˈtsɛtə] *f* ⟨-; -n⟩ tweezers *pl*, *med.* forceps.

Pio·nier [pĭoˈniːr] *m* ⟨-s; -e⟩ **1.** *mil.* engineer, pioneer, sapper. **2.** *fig.* (*Wegbereiter*) pioneer, trailblazer. **3.** *DDR*: **Junge ~e** Young Pioneers. **~ˌar·beit** *f mil.* pioneer work, *fig. a.* spadework; *fig.* **~ leisten** *a.* pioneer, blaze the trail. **~ba·taiˌlon** *n mil.* engineer battalion. **~ˌkorps** *n* corps of engineers. **~ˌtrup·pe** *f* engineers *pl*, engineer troops *pl.*
Pipe·line [ˈpaɪplaɪn] (*Engl.*) *f* ⟨-; -s⟩ *für Öl etc*: pipeline.
Pi·pet·te [piˈpɛtə] *f* ⟨-; -n⟩, **pi·petˈtie·ren** [-ˈtiːrən] *v/t* ⟨*no* ge-, h⟩ *chem.* pipette.
Pi·pi [piˈpiː] *n* ⟨-s; *no pl*⟩ *colloq.* wee-wee; **~ machen** wee-wee, do number one.
Pips [pɪps] *m* ⟨-es; *no pl*⟩ *vet.* pip.
Pi·rat [piˈraːt] *m* ⟨-en; -en⟩ pirate.
Piˈra·ten|ˌflag·ge *f* Jolly Roger. **~ˌsen·der** *m*, **~sta·tiˌon** *f* pirate radio station.
Pi·ra·te·rie [piratəˈriː] *f* ⟨-; -n [-ən]⟩ piracy.
Pi·ro·ge [piˈroːgə] *f* ⟨-; -n⟩ (*südamer. Boot*) piragua, pirogue.
Pi·rol [piˈroːl] *m* ⟨-s; -e⟩ *orn.* (golden) oriole, loriot.
Pi·rou·et·te [piˈrŭɛtə] *f* ⟨-; -n⟩ *Sport*: a) *Dressur*: pirouette, b) *Eiskunstlauf etc*: spin; **e-e ~ drehen** (turn a) pirouette.
pi·rou·etˈtie·ren [-ˈtiːrən] *v/i* ⟨*no* ge-, h⟩ pirouette, spin.
Pirsch [pɪrʃ] *f* ⟨-; *no pl*⟩ stalk (hunt), (deer)stalking, *Am.* still-hunting; **auf die ~ gehen** → **ˈpir·schen** *v/i* ⟨h⟩ go deer-stalking, hunt, stalk, *Am.* still-hunt.
ˈPirsch|ˌgang *m*, **~ˌjagd** *f* → **Pirsch.** **~ˌjä·ger** *m* deer stalker, *Am.* still-hunter.
Piˈseeˌbau [piˈzeː-] *m* ⟨-(e)s; *no pl*⟩ *arch.* pisé de terre.
Piß [pɪs] *m* ⟨-sses; *no pl*⟩, **ˈPis·se** *f* ⟨-; *no pl*⟩ *vulg.* piss. **ˈpis·sen** *v/i* ⟨h⟩ piss.
Pis·soir [pɪˈsŏaːr] *n* ⟨-s; -e *u.* -s⟩ public urinal.
Pi·sta·zie [pɪsˈtaːtsĭə] *f* ⟨-; -n⟩ **1.** (*Baum*) pistachio (tree), pistache. **2.** (*Frucht*) pistachio nut.
Pi·ste [ˈpɪstə] *f* ⟨-; -n⟩ **1.** (*SkiՁ*) course, piste, run, (*RadrennՁ*) track. **2.** *aer.* runway. **3.** *im Zirkus*: ring fence.
Pi·still [pɪsˈtɪl] *n* ⟨-s; -e⟩ **1.** *e-s Mörsers*: pestle. **2.** *bot.* (*Stempel*) pistil.
Pi·sto·le [pɪsˈtoːlə] *f* ⟨-; -n⟩ pistol, gun, *Am. sl.* rod; **mit vorgehaltener ~** at gunpoint; *fig.* **wie aus der ~ geschossen** like a shot; **j-m die ~ auf die Brust setzen** hold a pistol to s. o.'s head.
Piˈsto·len|du|ˌell *n* duel (fought) with pistols, pistol duel. **~ˌgriff** *m* pistol-grip. **~ˌschuß** *m* pistol-shot. **~ˌschüt·ze** *m* pistoleer, *Am.* pistol shot. **~ˌta·sche** *f* (pistol) holster.
ˈpitschˈnaß [ˈpɪtʃ-] *adj colloq.* soaking wet, drenched, wet (*od.* soaked) to the skin.
pitsch, patsch [ˈpɪtʃ ˈpatʃ] *interj* (s)plash!
pit·to·resk [pɪtoˈrɛsk] *adj* picturesque.
Piz·za [ˈpɪtsa] *f* ⟨-; -s⟩ *gastr.* pizza (pie).
Piz·zeˈria [-tseˈriːa] *f* ⟨-; -s⟩ pizzeria.
piz·zi·ca·to [pɪtsiˈkaːto] *mus.* **I** *adv u. adj* pizzicato. **II Ձ** *n* ⟨-s; -s *u.* -kati [-ti]⟩ pizzicato.
Pla·ce·bo [plaˈtseːbo] *n* ⟨-s; -s⟩ *med. pharm.* placebo. **~efˌfekt** *m* placebo effect.
pla·cie·ren [plaˈtsiːrən; -ˈsiːrən] **I** *v/t* ⟨*no* ge-, h⟩ **1.** place. **2.** *econ.* (*Wertpapiere*) place, (*Wechsel*) negotiate, (*Kapital*) invest, (*Waren*) find a market for, sell. **3.** *Sport*: (*Ball*) place, (*Schlag*) land; (**gut**) **placiert** well-placed. **II** *v/reflex* **sich ~** **4.** *colloq.* place (*od.* plant, position) o. s. **5.** *Sport*: be placed (**als Dritter** third). **III Ձ** *n* ⟨-s⟩ **6.** placing (*etc*).

Plaˈcie·rung *f* ⟨-; -en⟩ **1.** → placieren 6. **2.** *econ.* placement, investment. **3.** *Sport*: placing, place, position.

placken (*getr.* **-k·k-**) [ˈplakən] *v/reflex* ⟨h⟩ *colloq.* **sich ~** slave. **Plackeˈrei** (*getr.* **-k·k-**) *f* ⟨-; -en⟩ *colloq.* drudgery, slavery, grind.

plad·dern [ˈpladərn] *v/i* ⟨h⟩ *Low G. Regen*: pelt, patter.

plä·die·ren [plɛˈdiːrən] *v/i* ⟨*no* **ge-**, **h**⟩ **1.** *jur.* plead (**auf** *acc s. th.*); **für schuldig** (**auf Freispruch**) ~ plead guilty (acquittal). **2.** *fig.* **für e-e Sache ~** plead for (*od.* advocate) s. th. **Plä·doy·er** [plɛdo̯aˈjeː] *n* ⟨-s; -s⟩ *jur.* final speech, pleading.

Pla·fond [plaˈfõː] *m* ⟨-s; -s⟩ **1.** *obs. od. Austrian and Swiss* ceiling. **2.** *econ.* (*Kredit*⁓ credit) ceiling, upper limit.

Pla·ge [ˈplaːgə] *f* ⟨-; -n⟩ (*Last, Qual*) trouble, misery, *stärker*: torture, agony, (*Strafe*) plague (*a. Bibl.*), (*Schinderei*) toil, arduous (*od.* uphill) work, *colloq.* grind, (*Ärgernis*) bother, nuisance, *stärker*: pest; **j-m das Leben zur ~ machen** make s. o.'s life a misery; **man hat s-e ~ mit dir!** you are hopeless!; **es ist e-e ~ mit ...** it's no end of bother with ...; **man hat schon s-e ~** life is not all beer and skittles. **~ˌgeist** *m* ⟨-(e)s; -er⟩ *colloq.* pest.

pla·gen [ˈplaːgən] **I** *v/t* ⟨h⟩ **1.** trouble, worry, *stärker*: torture, torment, *Angst, Zweifel etc*: *a.* haunt, prey upon *s. o.*('*s mind*); *fig.* **ihn plagt der Teufel** the devil rides him. **2.** (*belästigen*) bother, vex, harass, *stärker*: pester, plague; **geplagt** harassed; **von Krankheit geplagt** troubled (*od.* afflicted) with illness. **II** *v/reflex* **sich ~ 3.** toil, drudge, slave, (*sich abmühen*) take trouble (*od.* pains) (**mit** about, with); **sich ~ mit** *e-r Erkältung etc* suffer from (*od.* be troubled with) *a cold, etc.*

Pla·gi·at [plaˈgi̯aːt] *n* ⟨-(e)s; -e⟩ plagiarism; **ein ~ begehen** plagiarize. **Pla·gia·tor** [plaˈgi̯aːtɔr] *m* ⟨-s; -en [-gi̯aˈtoːrən]⟩ plagiarist. **pla·gi·ie·ren** [plagiˈiːrən] *v/t u. v/i* ⟨*no* **ge-**, **h**⟩ plagiarize.

Plaid [pleːt; pleɪd] (*Engl.*) *m, n* ⟨-s; -s⟩ **1.** (*Reisedecke*) travel(l)ing rug. **2.** (*Umhangtuch*) plaid, tartan.

Pla·kat [plaˈkaːt] *n* ⟨-(e)s; -e⟩ placard, bill, poster; **~e ankleben verboten!** stick no bills. **~ˌanˌkle·ber** *m* billposter, billsticker. **~ˌanˌschlag** *m* → Plakat. **~ˌfar·be** *f* lithographic (*od.* poster, placard) colo(u)r, poster paint.

pla·ka·tie·ren [plakaˈtiːrən] **I** *v/t* ⟨*no* **ge-**, **h**⟩ advertise *s. th.* by placards (*od.* posters), *fig.* (*Nachricht etc*) splash. **II** *v/i* put up posters (*od.* bills).

pla·ka·tiv [plakaˈtiːf] *adj fig.* graphic (and forceful), slogan-like, placard-style.

Plaˈkat|ˌma·ler *m* poster artist (*od.* designer). **~ma·leˌrei** *f* poster-painting (*od.* designing). **~ˌsäu·le** *f* advertising pillar. **~ˌschrift** *f* poster type. **~ˌträ·ger** *m* sandwich man. **~ˌwer·bung** *f* advertising with posters (*od.* bills). **~ˌzeich·ner** *m* → Plakatmaler.

Pla·ket·te [plaˈkɛtə] *f* ⟨-; -n⟩ **1.** (*Reliefplatte*) plaquette. **2.** (*Abzeichen*) plaque, badge, medal.

plan [plaːn] *adj* ⟨-er; -st⟩ (*eben, flach*) level, even, plane, (*flach*) flat, (*glatt*) smooth.

Plan[1] *m* ⟨-(e)s; ⸚e⟩ **1.** plan, (*Vorhaben*) *a.* project, scheme, (*Absicht*) *a.* intention, design, *b.s.* (*Anschlag*) plot, scheme; **Pläne machen** (*od.* **schmieden, fassen**) make (*od.* hatch) plans; **sich** (*dat*) **e-n ~ zurechtlegen** work out a plan; **j-s Pläne durchkreuzen** thwart s. o.'s intentions. **2.** (*Entwurf*) plan, layout, (*Zeichnung*) *a.* drawing, draft, design, (*graphische Darstellung*) diagram, (*Blaupause*) blueprint. **3.** (*Zeit*⁓, *Finanz*⁓ *etc*) plan, schedule, program(me *Br.*). **4.** (*Karte*) map, (*Stadt*⁓, *Lage*⁓ *etc*) *a.* plan, (*Fahr*⁓) timetable.

Plan[2] *m* ⟨-(e)s; ⸚e⟩ *obs.* **1.** (*Ebene*) plain, level ground, *math. etc* plane. **2.** (*Kampfplatz*) (battle-)ground, arena; *fig.* **auf dem ~ erscheinen** appear on the scene, *colloq.* bob up, (*eingreifen*) step in, intervene; **j-n auf den ~ rufen** call s. o. to the scene (*od.* into action).

ˈplan|ˌdre·hen *v/t* ⟨*sep*, **-ge-**, **h**⟩ *tech.* face. **⁓ˌdreh·maˌschi·ne** *f* face (*od.* facing) lathe.

Pla·ne [ˈplaːnə] *f* ⟨-; -n⟩ awning, tarpaulin, (canvas) cover.

ˈPlä·neˌma·cher *m* ⟨-s; -⟩ schemer.

pla·nen [ˈplaːnən] **I** *v/t* ⟨h⟩ **1.** (*Urlaub etc*) plan, make plans for, *zeitlich*: *a.* schedule, time, (*vorhaben*) intend, propose, (*im Auge haben*) envisage. **2.** (*entwerfen*) plan, project, *zeichnerisch*: *a.* draft, design. **II** ⁓ *n* ⟨-s⟩ **3.** planning (*etc*). **ˈPla·ner** *m* ⟨-s; -⟩ planner.

Plä·ner [ˈplɛːnər] *m* ⟨-s; *no pl*⟩ *min.* rag(stone).

ˈPlan·erˌfül·lung *f DDR econ.* fulfil(l)ment of quotas (*od.* targets, objectives).

ˈPlä·neˌschmied *m* schemer.

Pla·net [plaˈneːt] *m* ⟨-en; -en⟩ *astr.* planet, *kleiner*: asteroid. **pla·ne·tar** [planeˈtaːr], **pla·neˈta·risch** [-rɪʃ] *adj* planetary. **Pla·neˈta·ri·um** [-rĭʊm] *n* ⟨-s; -rien⟩ planetarium.

Plaˈne·ten|ˌbahn *f astr.* orbit of a planet, planetary orbit. **~geˌtrie·be** *n tech.* planet(ary) (*od.* epicyclic gear(ing). **~ˌson·de** *f Raumfahrt*: planetary probe.

Pla·ne·to·id [planetoˈiːd] *m* ⟨-en; -en⟩ *astr.* planetoid, asteroid, minor planet.

ˈPlan|ˌfilm *m phot.* cut (*od.* flat, sheet) film. **~ˌfrä·sen** *n tech.* face milling. **~ˌfrä·ser** *m* face mill(ing cutter). **⁓geˌmäß** *adj u. adv* according to plan (*od.* schedule). **~ˌglas** *n* optical flat, plane glass disk (*od.* disc).

pla·nie·ren [plaˈniːrən] *v/t* ⟨*no* **ge-**, **h**⟩ **1.** *civ. eng.* level, plane, grade. **2.** *metall.* planish.

Plaˈnier|maˌschi·ne, ~ˌrau·pe *f civ. eng.* grader, bulldozer.

Pla·ni·fi·ka·ti·on [planifikaˈtsi̯oːn] *f* ⟨-; -en⟩ *econ.* (national [economic]) planning.

Pla·ni|glob [planiˈgloːp] *n* ⟨-s; -en⟩, **~ˈglo·bi·um** [-ˈgloːbĭʊm] *n* ⟨-s; -bien⟩ *astr. geogr.* planisphere. **~ˈme·ter** [-ˈmeːtər] *n* ⟨-s; -⟩ *tech.* planimeter. **~meˈtrie** [-meˈtriː] *f* ⟨-; *no pl*⟩ *math.* plane geometry, planimetry. **⁓ˈme·trisch** [-ˈmeːtrɪʃ] *adj* planimetric.

Plan·ke [ˈplaŋkə] *f* ⟨-; -n⟩ plank, (thick) board.

Plän·keˈlei *f* ⟨-; -en⟩ *mil., a. fig.* skirmish(ing). **plän·keln** [ˈplɛŋkəln] *v/i* ⟨h⟩ (engage in a) skirmish.

ˈPlan·kenˌgang *m mar.* strake.

ˈPlan·kom·mis·siˌon *f DDR econ.* state commission for economic planning and control.

ˈplan|konˈkav *adj opt.* plano-concave. **~konˈvex** *adj* plano-convex.

Plank·ton [ˈplaŋktɔn] *n* ⟨-s; *no pl*⟩ *biol.* plankton.

ˈplan|los I *adj Vorgehen etc*: without plan, unsystematic, unmethodical, (*ziellos*) aimless. **II** *adv* without plan, unsystematically, unmethodically, at random, at haphazard; **~ umherlaufen** wander about aimlessly. **⁓lo·sig·keit** *f* ⟨-; *no pl*⟩ lack of plan (*od.* method, system), aimlessness. **~ˌmä·ßig I** *adj* **1.** (well-)planned, systematic, methodical. **2.** *Zug etc*: scheduled, regular. **3.** *Beamtenstelle etc*: regular. **II** *adv* **4.** according to plan (*od.* schedule), as planned, (*pünktlich*) on time, as scheduled.

pla·no [ˈplaːno] *adv print.* unfolded.

ˈplan|par·alˈlel *adj math. opt.* plane-parallel. **⁓ˌpau·se** *f print.* overlay, traced map, (*Blaupause*) blueprint. **⁓qua·ˌdrat** *n bes. auf Landkarten*: grid (*od.* map) square.

ˈPlanschˌbecken (*getr.* **-k·k-**) *n* paddling pool.

ˈPlanˌschei·be *f tech.* faceplate.

plan·schen [ˈplanʃən] *v/i* ⟨h⟩ paddle, splash.

ˈPlan|ˌschie·ßen *n mil.* (unobserved) map fire. **~ˌschlei·fen** *n tech.* face grinding. **~ˌskiz·ze** *f* sketch. **~ˌsoll** *n DDR econ.* planned quota (*od.* target). **~ˌspie·gel** *m tech.* plane mirror. **~ˌspiel** *n* **1.** *mil.* map exercise. **2.** *econ.* planning game. **~ˌstär·ke** *f* planned strength. **~ˌstel·le** *f* permanent (*od.* established) post.

Plan·ta·ge [planˈtaːʒə] *f* ⟨-; -n⟩ plantation. **Planˈta·gen·beˌsit·zer** *m* planter.

plant·schen [ˈplantʃən] *v/i* ⟨h⟩ → planschen.

ˈPla·nung *f* ⟨-; -en⟩ planning.

ˈPla·nungs|ˌamt *n* planning board. **~bü̦ro** *n* planning office. **~ˌfor·schung** *f* operations research. **~in·ge·niˌeur** *m* production (*od.* planning) engineer. **~ˌsta·di·um** *n* planning (*od.* blueprint) stage.

ˈplan|ˌvoll *adj* **1.** well-planned, carefully planned. **2.** methodical, systematic. **⁓ˌwa·gen** *m* covered waggon. **⁓ˌwirt·schaft** *f* planned economy. **~ˌwirt·schaft·lich** *adj* planned-economy (*attrib.*) **⁓ˌzeich·nen** *n tech.* plan drawing. **⁓ˌziel** *n econ.* planned target (*od.* quota); **das ~ nicht erreichen** remain below plan. **⁓ˌzif·fer** *f* planned figure.

Plap·peˈrei *f* ⟨-; *no pl*⟩ *colloq. bes. von Kindern*: babbling, prattling, chattering.

ˈPlap·per|ˌmaul, ~ˌmäul·chen *n colloq.* little chatterbox.

plap·pern [ˈplapərn] *v/i* ⟨h⟩ *colloq.* babble, prattle, chatter.

plär·ren [ˈplɛrən] *v/i* ⟨h⟩ *colloq. Kind*: blubber, cry, *stärker*: bawl, *Sänger*: bawl, wail, *Radio*: blare.

Plä·sier [plɛˈziːr] *n* ⟨-s; -e⟩ *obs. u. humor.* pleasure, amusement. **~chen** *n* ⟨-s; -⟩ *dim. of* Pläsier; *colloq. humor.* **jedem Tierchen sein ~** every man to his taste, each to his own.

Plas·ma [ˈplasma] *n* ⟨-s; Plasmen⟩ *physiol.* plasm(a). **~ˌanˌtrieb** *m Raumfahrt*: plasma propulsion. **~ˌphy·si·ker** *m* plasma physicist.

Plas·mo·di·um [plasˈmoːdĭʊm] *n* ⟨-s; -dien⟩ *biol. med.* plasmodium.

Plast [plast] *m* ⟨-(e)s; -e⟩ *meist pl synth.* plastic(s *pl als sg konstruiert*).

Pla·stik[1] [ˈplastɪk] *f* ⟨-; -en⟩ **1.** ⟨*only sg*⟩ plastic art, sculpture. **2.** (*Bildwerk*) sculpture. **3.** *med.* plastic surgery. **4.** → Plastizität 2.

ˈPla·stik[2] *n* ⟨-s; -s⟩, *a. f* ⟨-; -en⟩ *synth.* plastic.

ˈPla·stik|ˌbeu·tel *m* plastic bag. **~ˌbom·be** *f* plastic bomb. **~ˌfo·lie** *f* plastic foil. **~ˌtü·te** *f* plastic bag.

ˈPla·sti·ker *m* ⟨-s; -⟩ sculptor.

Pla·sti·lin [plastiˈliːn] *n* ⟨-s; *no pl*⟩ (*Knetmasse*) Plasticine (*TM*).

ˈpla·stisch I *adj* **1.** plastic, *Figur etc*: three-dimensional. **2.** *fig.* (*anschaulich*) graphic (*description*), vivid. **3.** *med.* **~e Chirurgie** plastic surgery; **Facharzt für ~e Chirurgie** plastic surgeon. **II** *adv* **4.**

Dinge ~ **sehen** (*dreidimensional*) see things as solids. **5.** *fig.* et. ~ (*anschaulich*) **darstellen** describe s. th. vividly.

Pla·sti·zi·tät [plastitsiˈtɛːt] *f* ⟨-; *no pl*⟩ **1.** plasticity. **2.** *fig.* (*Anschaulichkeit*) vividness, graphic quality.

Pla·ta·ne [plaˈtaːnə] *f* ⟨-; -n⟩ plane (tree).

Pla·teau [plaˈtoː] *n* ⟨-s; -s⟩ *geogr.* plateau, tableland.

Pla·tin [ˈplaːtiːn; plaˈtiːn] *n* ⟨-s; *no pl*⟩ *chem.* platinum. **~ˌblon·de** *f* platinum blonde.

Pla·ti·ne [plaˈtiːnə] *f* ⟨-; -n⟩ **1.** *metall.* mill (*od.* rough, sheet) bar. **2.** *Textil.* hook, lifter.

pla·ti·nie·ren [platiˈniːrən] *v/t* ⟨*no* **ge-**, **h**⟩ *metall.* platinize.

Pla·ti·tü·de [platiˈtyːdə] *f* ⟨-; -n⟩ *contp.* platitude.

Pla·to·ni·ker [plaˈtoːnikər] *m* ⟨-s; -⟩ *philos.* Platonist. **plaˈto·nisch** [-nɪʃ] *adj* Platonic; ~**e Liebe** Platonic love.

platsch [platʃ] *interj* splash! **ˈplat·schen** *v/i* ⟨**h** *u.* **sein**⟩ splash.

plät·schern [ˈplɛtʃərn] *v/i* ⟨**h**⟩ **1.** *Wasser etc*: ripple, *Wellen*: lap, *Bach etc*: babble, murmur; **im Wasser** ~ paddle (*od.* splash about) in the water. **2.** *fig.* *Gespräch*: run on (meaninglessly); **an der Oberfläche** ~ not to go beyond the surface.

platt [plat] **I** *adj* ⟨-er; -est⟩ **1.** (*flach*) flat, (*eben*) level, even, (*abgeplattet*) flattened (out); (*niedrig*) low; ~ **drücken** flatten; **auf dem ~en Lande** in the country; *fig.* *colloq.* ~ **wie ein Brett** (*flachbrüstig*) (as) flat as a board. **2.** *fig.* trivial, trite, commonplace, shallow, insipid. **3.** ⟨*pred*⟩ *fig.* *colloq.* (*erstaunt*) dum(b)founded, flabbergasted, taken aback; **ich war einfach** ~ *a.* you could have knocked me down with a feather. **II** *adv* **4.** ~ **auf der Erde liegen** lie flat on the ground. **III** 2**e** *m* ⟨-n; *no pl*⟩ **5.** *colloq.* flat tyre; **e-n** 2**en haben** have a flat.

Platt *n* ⟨-(s); *no pl*⟩ *ling.* Low German.

ˈPlättˌbrett *n* ironing-board.

Plätt·chen [ˈplɛtçən] *n* ⟨-s; -⟩ **1.** *dim. of* Platte. **2.** small flat piece (*od.* disc). **3.** (*Zünd*2) cap. **4.** *bot.* lamella. **5.** *zo.* a) lamina, leaf, b) (*Knochen*2, *Schuppen*2) scale. **6.** *anat. zo.* (*Blut*2) platelet.

ˈplattˌdeutsch *ling.* **I** *adj* Low German. **II** 2 ⟨*generally undeclined*⟩, **das** 2**e** ⟨-n⟩ Low German.

Plat·te [ˈplatə] *f* ⟨-; -n⟩ **1.** (*Metall*2, *Glas*2 *etc*) sheet, plate, (*Stein*2, *Marmor*2 *etc*) slab, (*Pflaster*2) paving-stone, flagstone, (*Fliese*) tile, (*Holz*2 *etc*) board, *der Täfelung*: panel. **2.** (*Tisch*2) a) (table)top, b) (*Auszieh*2) leaf. **3.** (*Felsen*2) ledge, shelf, (*Plateau*) plateau, tableland. **4.** (*Schall*2) record, disk; *fig.* *colloq.* **er läßt ständig die gleiche** ~ **laufen** he's always on about the same old thing; **leg' mal 'ne neue** ~ **auf!** the needle's stuck!; **die** ~ **kenn' ich schon!** I know all about that; **die tugendhafte** ~ **auflegen** pull out the virtuous stop. **5.** *phot. print.* plate; **j-n auf die** ~ **bannen** take a photograph of s. o. **6.** *Kunst*: (*Schmuck*2) plaque. **7.** (*großer Teller*) (serving) dish, (*Fleisch*2) platter, (*Präsentierteller*) salver; **kalte** ~ plate of cold meats (*Am.* cold cuts). **8.** (*Koch*2) hot-plate. **9.** *med.* (dental) plate. **10.** *colloq.* a) (*Kopf*) head, b) (*Glatze*) bald head (*od.* pate). **11.** *fig.* *colloq.* (*Geschwätz*) line, routine, *Am. a.* spiel.

Plät·te [ˈplɛtə] *f* ⟨-; -n⟩ *dial.* iron.

ˈPlättˌei·sen *n* iron.

plät·ten [ˈplɛtən] *v/t* ⟨**h**⟩ **1.** *Northern G.* iron. **2.** (*platt machen*) make *s. th.* flat (*od.* level, even), flatten.

ˈPlat·ten|arˌchiv *n* record archives *pl* (*od.* library). **~ˌbauˌwei·se** *f* *civ. eng.* (large-)panel construction (*od.* system). **~ˌdruck** *m* ⟨-(e)s; *no pl*⟩ stereotype (printing), stereotypy. **~ˌjockei** (*getr.* **-k·k-**) *m* disk (*od.* disc) jockey. **~ˌka·me·ra** *f* plate-back camera. **~kasˌset·te** *f* **1.** (record) album. **2.** *phot.* plateholder. **~kon·denˌsa·tor** *m* *electr.* plate condenser (*od.* capacitor). **~ˌle·ger** *m* tile-layer, paver. **~ˌspei·cher** *m* *Computer*: disk (*od.* disc) memory (*od.* storage). **~ˌspie·ler** *m* record player. **~ˌtel·ler** *m* turntable. **~ˌwechs·ler** *m* (automatic) record changer, autochanger.

ˈPlattˌerb·se *f* *bot.* vetchling, meadow pea.

ˈplat·terˈdings *adv* absolutely, entirely, utterly, downright.

Plät·teˈrei *f* ⟨-; -en⟩ → Bügelanstalt.

ˈPlät·te·rin *f* ⟨-; -nen⟩ → Büglerin.

ˈPlatt|ˌform *f* platform, *fig. a.* basis. **~ˌfuß** *m* **1.** *med.* flatfoot. **2.** *fig.* *colloq.* flat (tyre). **~ˌfußˌeinˌla·ge** *f* *med.* arch support, instep raiser. 2**ˌfü·ßig** *adj* flat-footed. **~heit** *f* ⟨-; -en⟩ **1.** ⟨*only sg*⟩ flatness. **2.** ⟨*only sg*⟩ (*Geistlosigkeit*) triviality, triteness, shallowness. **3.** (*Floskel*) platitude, banality, *Am.* *colloq.* bromide, insipidity.

plat·tie·ren [plaˈtiːrən] *v/t* ⟨*no* **ge-**, **h**⟩ **1.** *metall.* clad. **2.** *Textil.* plate, plait.

ˈplatt|ˌna·sig [-ˌnaːzɪç] *adj* flat-nosed. 2**ˌstich** *m* satin stitch. 2**sti·ckeˌrei** (*getr.* **-k·k-**) *f* satin stitch embroidery.

ˈPlattˌwurm *m* *zo.* flatworm.

Platz [plats] *m* ⟨-es; ⸚e⟩ **1.** (*Ort, Stelle*) place, spot, (*Lage, Standort*) *a.* location, (*Bau*2, *Zelt*2, *Lager*2 *etc*) site; **ein stiller** ~ *a.* quiet spot; *fig.* **am ~e sein** be in place (*od.* order); **nicht** (*od.* **fehl**) **am ~e sein** be out of place, be uncalled for; **s-n** ~ **behaupten** hold one's own, stand one's ground. **2.** *öffentlicher*: public place, *bes. mit Anlagen*: square, *runder*: circus. **3.** *mil.* (*Parade*2 parade-)ground; **fester** ~ stronghold, fortress. **4.** (*Stadt*) place, town, (*Handels*2) trading cent/re (*Am.* -er); *econ.* *das beste Geschäft* **am** ~ here, in the town; **auf ausländischen Plätzen** on places abroad; **am dortigen** (**hiesigen**) ~ in your (this) place. **5.** (*verfügbarer Raum*) space, room; ~ **sparen** save room (*od.* space); ~ **schaffen für** make room (*od.* space) for; **j-m** ~ **machen** make way for s. o., *fig. a.* give way to s. o.; **es ist kein** ~ **mehr** there is no room left; **der Saal bietet 90 Personen** ~ the hall holds (*od.* accommodates, has room for, has a seating capacity of) 90 people; *fig.* ~ **greifen** spread, gain ground; ~ **da!** out of the way! **6.** (*Sitz*2) seat; ~ **nehmen** take a seat, sit down; ~ **behalten** keep one's seat, remain (*od.* stay) seated; **ist hier noch ~?** is there any room (*od.* a seat free) here? (*cf. a.* 5); **j-m s-n** ~ **anweisen** show s. o. to his seat; **bis auf den letzten** ~ **gefüllt** packed to capacity; **erster** (**zweiter, dritter**) ~ *im Kino*: rear (front) stalls *pl*; ~**!** *zum Hund*: sit!; → **belegen** 3, **besetzen** 2, **freihalten** 2. **7.** (*Arbeits*2) job; **zu wenig Plätze für junge Leute** too few jobs for young people. **8.** (*Fußball*2 *etc*) pitch, field, ground, (*Tennis*2 *etc*) court, (*Golf*2) course, (*Eishockey*2) rink; **auf eigenem** (**gegnerischem**) ~ **spielen** play at home (away); **j-n vom** ~ **stellen** send s. o. off (the field); *colloq.* **j-n vom** ~ **fegen** play s. o. into the ground. **9.** *Sport etc*: place; **den ersten** ~ **belegen** *Läufer*: be (*od.* finish) first, *Mannschaft in Tabelle*: be in first place; **auf die Plätze! Fertig! Los!** on your marks! get set! go!; *Pferderennen*: **auf** ~ **wetten** have (*od.* put on) a place bet. **~ˌangst** *f* *med. psych.* agoraphobia, *colloq.* claustrophobia. **~ˌanˌwei·ser** *m* ⟨-s; -⟩ usher, attendant. **~ˌanˌwei·se·rin** *f* ⟨-; -nen⟩ usherette. **~beˌdarf** *m* **1.** (floor) space required. **2.** *econ.* local requirements *pl.* **~beˌstel·lung** *f* reservation of a seat (*od.* seats). **~ˌdeck·chen** *n* table mat.

Plätz·chen [ˈplɛtsçən] *n* ⟨-s; -⟩ **1.** (little) place (*od.* spot), patch (**im Schatten** of shade). **2.** (*Gebäck*) biscuit, *Am.* cookie.

Plat·ze [ˈplatsə] *f* *colloq.* **da kann man ja die** ~ **kriegen!** it is driving me crazy (*od.* mad, *sl.* nuts)!

plat·zen [ˈplatsən] **I** *v/i* ⟨**sein**⟩ **1.** *allg.* burst, *Bombe etc*: *a.* explode, blow up, (*reißen*) *a.* crack, split, *med. a.* rupture; **uns ist der Reifen geplatzt** we had a flat tyre (*od.* a puncture); **ihm ist e-e Ader geplatzt** he ruptured (*od.* burst) a blood vessel; *fig.* **ins Zimmer** ~ burst into the room; → **Bombe** 1, **Naht. 2.** *fig.* *colloq.* burst (**vor** with); **vor Wut** ~ explode (with rage), blow up; **vor Lachen** ~ split one's sides with laughter. **3.** *fig.* *colloq.* a) (*scheitern*) come to nothing, not to come off, *Versammlung etc*: be dissolved, b) (*aufgedeckt werden*) blow up; **der Wechsel ist geplatzt** the bill was dishono(u)red (*od.* has bounced); **der Spionagering platzte** the spy ring was cracked (*od.* *sl.* busted); ~ **lassen** (*Plan etc*) thwart, upset, (*Theorie etc*) explode, (*Freundschaft etc*) break (*od.* bust) up. **II** *v/reflex* ⟨**h**⟩ **sich** ~ **4.** *colloq.* *humor.* sit down, seat o. s. **III** 2 *n* ⟨-s⟩ **5.** bursting (*etc*); **zum** 2 **voll** full to burst.

ˈPlatz|erˌspar·nis *f* **aus Gründen der** ~ in order to save space. **~ˌfeu·er** *n* airport (*od.* airfield) lighting (*od.* lights *pl*). **~ˌflug** *m* local flight. **~geˌschäft** *n* *econ.* local transaction (*od.* dealings *pl*). **~ˌhal·ter** *m* stand-in. **~ˌher·ren** *pl* *Sport*: home team (*od.* side) *sg.* **~ˌhirsch** *m* *strongest stag of a rutting place.* **~ˌkar·te** *f* *rail.* seat reservation ticket. **~konˌzert** *n* open-air concert. **~ˌman·gel** *m* lack of room (*od.* space). **~ˌmei·ster** *m* *Sport*: groundsman. **~ˌnum·mer** *f* *thea. etc* seat number, *Bücherei*: shelf number. **~paˌtro·ne** *f* blank (cartridge). 2**ˌrau·bend** *adj* taking up too much room, bulky, *weitS.* space-consuming. **~ˌre·gen** *m* downpour, pelting rain. **~re·serˌvie·rung** *f* seat reservation. **~ˌrun·de** *f* *aer.* **e-e** ~ **fliegen** do (*od.* fly) a circle. 2**ˌspa·rend** *adj* space-saving. **~verˌtre·ter** *m* *econ.* local agent. **~verˌweis** *m* *Sport*: sending-off; **e-n** ~ **erhalten** be sent off. **~ˌvorˌteil** *m* home advantage. **~ˌwart** *m* *Sport*: groundsman. **~ˌwech·sel** *m* **1.** change of place (*od.* seat, *Sport*: ends). **2.** *econ.* local (*od.* town) bill. **~ˌwet·te** *f* *Pferderennen*: place bet. **~ˌwun·de** *f* laceration. **~ˌzahl, ~ˌzif·fer** *f* *Eiskunstlauf etc*: place number.

Plau·deˈrei *f* ⟨-; -en⟩ chat, *im Radio*: (informal) talk, *in e-r Zeitung*: informal article, *a.* causerie. **ˈPlau·de·rer** *m* ⟨-s; -⟩, **ˈPlau·de·rin** *f* ⟨-; -nen⟩ conversationalist, good talker, *contp.* gossip(er).

plau·dern [ˈplaudərn] *v/i* ⟨**h**⟩ **1.** (have a) chat (**mit j-m** with s. o.). **2.** (*Geheimnisse verraten*) blab, gossip; → **Schule** 2.

ˈPlau·der|ˌstünd·chen *n* chat. **~ˌta·sche** *f* *colloq.* a) chatterbox, b) gossip(er). **~ˌton** *m* casual (*od.* chatty, conversational) tone.

Plausch [plauʃ] *m* ⟨-(e)s; -e⟩, **ˈplau·schen** *v/i* ⟨**h**⟩ *colloq.* chat.

plau·si·bel [plauˈziːbəl] *adj* plausible, comprehensible; ~ **sein** *a.* make sense; **j-m et.** ~ **machen** make s. th. clear, to s. o., explain s. th. to s. o.

Plau·ze [ˈplautsə] *f* ⟨-; -n⟩ *colloq.* **auf der** ~ **liegen** be laid up.

Play·back [ˈpleːˌbɛk; ˈpleɪˌbæk] (*Engl.*) *n* ⟨-; -s⟩ *Film, TV* playback.

Pla·zen·ta [plaˈtsɛnta] *f* ⟨-; -s *u.* -zen-ten⟩ *med. zo.* afterbirth, placenta. **pla·zenˈtal** [-ˈtaːl], **pla·zenˈtar** [-ˈtaːr] *adj* placental.

Pla·zet [ˈplaːtsɛt] *n* ⟨-s; -s⟩ **sein** ~ **geben** give one's consent (*od.* approval).

pla·zie·ren [plaˈtsiːrən] *v/t u.* **sich** ~ *v/reflex* ⟨*no* **ge-, h**⟩ → **placieren.**

Ple·be·jer [pleˈbeːjər] *m* ⟨-s; -⟩ *antiq.* plebeian, *fig. sl. a.* pleb. **pleˈbe·jisch** *adj* pleb(e)ian.

Ple·bis|zit [plebɪsˈtsiːt] *n* ⟨-(e)s; -e⟩ *pol.* plebiscite. **Ձziˈtär** [-tsiˈtɛːr] *adj* plebiscitary.

Plebs[1] [plɛps] *f* ⟨-; *no pl*⟩ *antiq.* plebs.

Plebs[2] ⟨-es; *no pl*⟩ *contp.* **der** ~ the masses *pl*, the hoi polloi *pl*, the rabble.

Plei·sto·zän [plaɪstoˈtsɛːn] *geol.* **I** *n* ⟨-s; *no pl*⟩ Pleistocene. **II** Ձ *adj* Pleistocene.

plei·te [ˈplaɪtə] *colloq.* **I** *adj* ⟨*pred*⟩ **1.** bankrupt, (dead) broke, *sl.* bust; **ich bin** ~ *a.* I'm on the rocks. **II** Ձ *f* ⟨-; -n⟩ **2.** bankruptcy, smash(-up); Ձ **machen** go bankrupt (*od.* broke, *sl.* bust), smash (up). **3.** *fig.* (*Reinfall*) failure, *sl.* flop, washout, frost; **so 'ne** Ձ! what a frost! Ձˌ**gei·er** *m colloq.* threat of bankruptcy, (the) wolves *pl* (at the door).

Ple·ja·den [pleˈjaːdən] *npr pl myth.* Pleiades (*a. astr.*).

plem·plem [plɛmˈplɛm] *adj* ⟨*pred*⟩ *colloq.* crazy, *sl.* nuts, crackers.

Pleˈnar|ˌsaal [pleˈnaːr-] *m pol.* plenary (assembly) hall. ~ˌ**sit·zung** *f* plenary session. ~**verˌsamm·lung** *f* plenary (*od.* general) assembly.

Ple·num [ˈpleːnum] *n* ⟨-s; *no pl*⟩ *jur. pol.* plenum.

Pleo·nas·mus [pleoˈnasmus] *m* ⟨-; -nasmen⟩ *ling.* pleonasm. **pleo-ˈna·stisch** [-tɪʃ] *adj* pleonastic.

Ple·thi [ˈpleːti] → **Krethi und Plethi.**

Pleu·el [ˈplɔyəl] *m* ⟨-s; -⟩, ~ˌ**stan·ge** *f tech.* connecting (*od.* piston) rod.

Pleu·ra [ˈplɔyra] *f* ⟨-; Pleuren⟩ *anat.* pleura.

Pleu·reu·se [pløˈrøːzə] *f* ⟨-; -n⟩ *Mode*: **1.** ostrich plume. **2.** *obs.* mourning band.

Pleu·ri·tis [plɔyˈriːtɪs] *f* ⟨-; -ritiden [-riˈtiːdən]⟩ *med.* pleurisy, pleuritis.

Ple·xus [ˈplɛksus] *m* ⟨-; -⟩ *anat.* plexus.

Plicht [plɪçt] *f* ⟨-; -en⟩ *mar.* cockpit.

Plin·se [ˈplɪnzə] *f* ⟨-; -n⟩ *dial.* pancake.

Plin·the [ˈplɪntə] *f* ⟨-; -n⟩ *arch.* plinth.

Plio·zän [plioˈtsɛːn] *n* ⟨-s; *no pl*⟩ *geol.* Pliocene.

Plis·see [plɪˈseː] *n* ⟨-s; -s⟩ plissé, plissee, pleating. ~ˌ**rock** *m* pleated skirt.

plis·sie·ren [plɪˈsiːrən] *v/t* ⟨*no* **ge-, h**⟩ pleat.

Plom·be [ˈplɔmbə] *f* ⟨-; -n⟩ **1.** (metal) seal. **2.** (*Zahn*Ձ) filling. **plomˈbie·ren** [-ˈbiːrən] *v/t* ⟨*no* **ge-, h**⟩ **1.** seal. **2.** (*Zähne*) fill.

Plöt·ze [ˈplœtsə] *f* ⟨-; -n⟩ *ichth.* roach.

plötz·lich [ˈplœtslɪç] **I** *adj* sudden, (*unerwartet*) unexpected, (*jäh, abrupt*) sharp, abrupt. **II** *adv* suddenly; **ganz** ~ *a.* all of a sudden; *colloq.* **es kommt mir so** ~ it is all so sudden; **et.** (*od.* **ein bißchen**) ~! get a move on!, make it snappy!; **nicht so** ~! hang on!, *Am.* hold your horses! Ձ**keit** *f* ⟨-; *no pl*⟩ suddenness, unexpectedness, abruptness.

ˈPlu·derˌho·se *f* wide breeches *pl.*

plu·dern [ˈpluːdərn] *v/i* ⟨h⟩ *Hose etc*: bag, be baggy.

Plu·meau [plyˈmoː] *n* ⟨-s; -s⟩ eiderdown.

plump [plump] *adj* ⟨-er; -st⟩ **1.** (*unbeholfen*) clumsy, awkward, ungainly, (*dicklich*) podgy, plump. **2.** *fig.* (*ungeschickt*) clumsy, awkward, heavy-handed, (*unfein*) coarse, crude, (*taktlos*) blunt, tactless, *Lüge, Schmeichelei etc*: gross, blatant; ~**-vertraulich** chummy. Ձ**heit** *f* ⟨-; *no pl*⟩ plumpness, *fig. a.* clumsiness, awkwardness, *e-s Witzes etc*: crudeness, (*Taktlosigkeit*) bluntness.

plumps [plumps] *colloq.* **I** *interj* thud!, bump!, *bes. im Wasser*: plop!, flop! **II** Ձ *m* ⟨-es; -e⟩ thud, bump, *bes. im Wasser*: plop, flop. **ˈplump·sen** *v/i* ⟨sein⟩ thud, *im Wasser*: flop, plop.

Plum·pud·ding [ˈplʌmˈpudɪŋ] (*Engl.*) *m gastr.* plum (*od.* Christmas) pudding.

Plun·der [ˈplundər] *m* ⟨-s; *no pl*⟩ *colloq.* trash, rubbish, junk, stuff, (*Lumpen*) rags *pl*; **der ganze** ~ the whole lot (*od.* bag of tricks).

Plün·deˈrei *f* ⟨-; -en⟩ → **Plünderung.** **ˈPlün·de·rer** *m* ⟨-s; -⟩ *bes. mil.* looter, pillager, plunderer.

ˈPlun·der·geˌbäck *n gastr.* puff pastry.

plün·dern [ˈplyndərn] **I** *v/t* ⟨h⟩ *bes. mil.* plunder, (*Stadt*) pillage, sack, loot, *weitS.* (*aus*~) rob, strip, rifle, ransack; *fig.* **die Speisekammer** ~ raid the pantry; **den Weihnachtsbaum** ~ strip the Christmas tree. **II** Ձ *n* ⟨-s⟩ plundering (*etc*). **ˈPlün·de·rung** *f* ⟨-; -en⟩ **1.** → **plündern** II. **2.** *bes. mil.* plunder(ing), looting, sack(ing), pillage.

Plu·ral [ˈpluːraːl; pluˈraːl] *m* ⟨-s; -e⟩ *ling.* plural. **Plu·ra·le·tan·tum** [pluraleˈtantum] *n* ⟨-s; -s *u.* Pluraliatantum [pluraˈliːa-]⟩ word existing only in the plural. **plu·ra·lisch** [pluˈraːlɪʃ] *adj* plural.

Plu·ra·lis ma·je·sta·tis [pluˈraːlɪs majɛsˈtaːtɪs] *m* ⟨-; -rales [-leːs]⟩ *ling.* royal plural.

Plu·ra|lis·mus [pluraˈlɪsmus] *m* ⟨-; *no pl*⟩ *philos. sociol.* pluralism. ~ˈ**list** [-ˈlɪst] *m* ⟨-en; -en⟩ pluralist. Ձˈ**li·stisch** *adj* pluralist(ic); ~**e Gesellschaft** pluralist society. ~**liˈtät** [-liˈtɛːt] *f* ⟨-; *no pl*⟩ plurality.

plus [plus] **I** *adv* **1.** *electr. math.* plus. **2.** *meteor.* above; **drei Grad** ~ three degrees above zero. **II** *prep* ⟨*gen*⟩ **3.** *bes. econ.* plus. **III** Ձ *n* ⟨-; -⟩ **4.** *math.* plus sign. **5.** *econ.* surplus, profit, (*Zuwachs*) *a.* increase. **6.** *fig.* asset, advantage.

Plüsch [plyːʃ; plyʃ] *m* ⟨-(e)s; -e⟩ *Textil.* plush. Ձˌ**ar·tig** *adj* plushy, plushlike.

ˈPlus|ˌlei·tung *f electr.* plus wire. ~ˌ**pol** *m* positive (*od.* plus) pole, anode. ~ˌ**punkt** *m bes. Sport*: point won (*od.* gained), *fig.* → **plus** 6.

Plus·quam·per·fekt [ˈpluskvamperfɛkt; -ˈfɛkt] *n* ⟨-s; -e⟩ *ling.* pluperfect (tense), past perfect.

plu·stern [ˈpluːstərn] *v/t u.* **sich** ~ *v/reflex* ⟨h⟩ → **aufplustern.**

ˈPlusˌzei·chen *n math.* plus sign.

Plu·to|kra·tie [plutokraˈtiː] *f* ⟨-; -n [-ən]⟩ plutocracy. Ձˈ**kra·tisch** [-ˈkraːtɪʃ] *adj* plutocratic.

plu·to·nisch [pluˈtoːnɪʃ] *adj geol.* plutonic, Huttonian.

Plu·to·ni·um [pluˈtoːnĭum] *n* ⟨-s; *no pl*⟩ *chem.* plutonium. ~**reˌak·tor** *m* plutonium(-producing) reactor.

Pneu [pnɔy] *m* ⟨-s; -s⟩ *short for* **Pneumatik**[2].

Pneu·ma·tik[1] [pnɔyˈmaːtɪk] *f* ⟨-; *no pl*⟩ **1.** *phys.* pneumatics *pl* (*als sg konstruiert*), pneumatic system. **2.** *mus.* pneumatic action.

Pneuˈma·tik[2] *m* ⟨-s; -s⟩, *Austrian f* ⟨-; -en⟩ (pneumatic) tyre (*Am.* tire).

pneu·ma·tisch [pnɔyˈmaːtɪʃ] *adj* pneumatic(al).

Pneu·mo·nie [pnɔymoˈniː] *f* ⟨-; -n [-ən]⟩ *med.* pneumonia.

Po [poː] *m* ⟨-s; -s⟩ *colloq.* bottom, behind.

Pö·bel [ˈpøːbəl] *m* ⟨-s; *no pl*⟩ rabble, riffraff, mob. **Pö·beˈlei** *f* ⟨-; -en⟩ rude (*od.* abusive) behavio(u)r, abuse. **ˈpö·bel·haft** *adj* rude, vulgar, common, coarse, plebeian. **ˈPö·bel·haf·tig·keit** *f* ⟨-; *no pl*⟩ rudeness, vulgarity, commonness, coarseness. **ˈPö·belˌherr·schaft** *f* mob rule, mobocracy. **ˈpö·beln** *v/i* ⟨h⟩ use coarse (*od.* bad) language.

po·chen [ˈpɔxən] **I** *v/i* ⟨h⟩ **1.** (**an** *acc* at) knock, rap, *leicht*: tap. **2.** *Herz*: beat, throb, *laut*: thump, pound. **3.** *fig.* **auf e-e Sache** ~ a) (*bestehen auf*) insist (*od.* stand) (up)on s. th., b) (*prahlen*) boast of s. th., c) (*sich anmaßen*) presume (up)on s. th.: **auf sein gutes Recht** ~ stand on one's rights. **II** *v/impers* **4. es pocht** there is a knock at the door. **III** *v/t* **5.** (*Erze*) stamp, pound, crush. **IV** Ձ *n* ⟨-s⟩ **6.** knocking (*etc*). **7.** *an der Tür etc*: knock, rap, *leichtes*: tap. **8.** *des Herzens*: palpitation.

ˈPochˌerz *n* milling ore.

po·chie·ren [pɔˈʃiːrən] *v/t* ⟨*no* **ge-, h**⟩ *gastr.* (*Eier*) poach.

ˈPoch|ˌham·mer *m* ore-hammer. ~ˌ**werk** *n tech.* stamp mill.

Pocke (*getr.* **-k·k-**) [ˈpɔkə] *f* ⟨-; -n⟩ **1.** pustule, pock. **2.** *pl med.* smallpox *sg*, variola *sg.*

ˈPocken|ˌimp·fung (*getr.* **-k·k-**) *f* smallpox vaccination. ~ˌ**nar·be** *f* pockmark. Ձˌ**nar·big** *adj* pockmarked.

ˈpockig (*getr.* **-k·k-**) *adj* → **pockennarbig.**

Po·dest [poˈdɛst] *n, m* ⟨-(e)s; -e⟩ **1.** (*Treppenabsatz*) landing. **2.** (*Redner*Ձ *etc*) rostrum, platform, pedestal; *fig.* **j-n auf ein** ~ **setzen** set s. o. on a pedestal, iconize s. o.; **j-n vom** ~ **holen** knock s. o. off his pedestal, debunk s. o.

Po·dex [ˈpoːdɛks] *m* ⟨-(es); -e⟩ *colloq. humor.* bottom, behind.

Po·di·um [ˈpoːdĭum] *n* ⟨-s; -dien⟩ (*Redner*Ձ *etc*) podium, (raised) platform, dais, (*Bühne*) stage, *bes. Sport*: (*Sieger*Ձ) rostrum, *fig.* (*Diskussionsteilnehmer*) panel(ists *pl*).

ˈPo·di·ums|dis·kus·siˌon *f*, ~**geˌspräch** *n* panel discussion.

Po·em [poˈeːm] *n* ⟨-s; -e⟩ poem.

Poe·sie [poeˈziː] *f* ⟨-; -n [-ən]⟩ poetry, *fig. a.* poetic charm. ~ˌ**al·bum** *n an album for (edifying) poems from friends and relatives.* Ձ**los** *adj* **1.** unpoetic(al). **2.** *fig.* (*nüchtern*) prosy, prosaic(al), pedestrian, matter-of-fact.

Po·et [poˈeːt] *m* ⟨-en; -en⟩ poet.

Poe·ta lau·rea·tus [poˈeːta laureˈaːtus] *m* ⟨-; Poetae laureati [-tɛ -ti]⟩ poet laureate.

Poe·tik [poˈeːtɪk] *f* ⟨-; -en⟩ poetics *pl* (*meist als sg konstruiert*). **Poe·tin** [poˈeːtɪn] *f* ⟨-; -nen⟩ (female) poet, poetess. **poe·tisch** [poˈeːtɪʃ] *adj* poetic(al); *fig. colloq.* **e-e** ~**e Ader haben** have a poetical streak in one. **poe·ti·sie·ren** [poetiˈziːrən] *v/t* ⟨*no* **ge-, h**⟩ poeticize.

Po·grom [poˈgroːm] *m* ⟨-s; -e⟩ *pol.* pogrom.

Point [pŏɛ̃ː] *m* ⟨-s; -s⟩ *Börse, Spiele*: point.

Poin·te [ˈpŏɛ̃ːtə] *f* ⟨-; -n⟩ point, punch line, *Am. colloq.* nub; **wo bleibt denn die** ~? where's the joke?

Poin·ter [ˈpɔyntər] *m* ⟨-s; -⟩ *zo.* pointer, tracking dog.

poin·tie·ren [pŏɛ̃ˈtiːrən] *v/t* ⟨*no* **ge-, h**⟩

emphasize, point up. **poin'tiert** *adj Bemerkung etc*: pointed.

Poin·til·lis·mus [pɔ̃ɛ̃ti'jɪsmʊs; -'lɪsmʊs] *m* ⟨-; *no pl*⟩ *Kunst*: pointillism.

Po·kal [po'ka:l] *m* ⟨-s; -e⟩ **1.** goblet, tankard. **2.** *Sport*: cup. **~ˌendˌspiel** *n Sport*: cup final. **~ˌrun·de** *f* cup round. **~ˌsie·ger** *m* cup winner. **~ˌspiel** *n* cup tie.

Pö·kel ['pø:kəl] *m* ⟨-s; -⟩ *gastr.* brine, pickle. **~ˌfaß** *n* salt(ing) tub. **~ˌfleisch** *n* salt meat. **~ˌhe·ring** *m* salt herring. **~ˌla·ke** *f* → Pökel.

pö·keln ['pø:kəln] *v/t* ⟨h⟩ *gastr.* salt, cure by salting.

Po·ker ['po:kər] *n* ⟨-s; *no pl*⟩ (*Glücksspiel*) poker. **~geˌsicht** *n* poker face.

'po·kern *v/i* ⟨h⟩ play poker.

Pol[1] [po:l] *m* ⟨-s; -e⟩ *allg.* pole, *electr. a.* terminal; **positiver ~** positive pole, anode; **negativer ~** negative pole, cathode; *fig.* **der ruhende ~** the stabilizing influence.

Pol[2] *m* ⟨-s; -e⟩ *Textil.* (*Haardecke*) pile.

po·lar [po'la:r] *adj* polar; **~e Kaltluft** polar air (masses *pl*); *fig.* **in ~em Gegensatz** diametrically opposed; **~e Gegensätze trennen uns** we are poles apart.

Po'lar|ˌach·se *f geogr. math.* polar axis. **~ˌbahn** *f Raumfahrt*: polar orbit. **~ˌbär** *m* → Eisbär. **~ˌeis** *n* polar ice. **~ex·pe·di·tiˌon, ~ˌfahrt** *f* polar expedition. **~ˌflug** *m* transpolar flight. **~ˌfor·scher** *m* polar explorer. **~ˌfor·schung** *f* exploration of the polar regions. **~ˌfront** *f meteor.* polar front. **~ˌfuchs** *m* arctic (*od.* ice, polar, stone) fox. **~geˌbiet** *n*, **~ˌge·gend** *f* polar region(s *pl*). **~ˌhund** *m* Eskimo dog, husky.

Po·la·ri·me·ter [polari'me:tər] *n* ⟨-s; -⟩ polarimeter.

Po·la·ri·sa·ti·on [polariza'tsĭo:n] *f* ⟨-; -en⟩ *electr. phys.* polarization (*a. fig.*).

Po·la·ri·sa·ti'ons|ˌbril·le *f opt.* polarization (*od.* anti-dazzle) spectacles *pl.* **~ˌfil·ter** *n, m phot.* polarizing filter.

po·la·ri|sie·ren [polari'zi:rən] *v/t* ⟨*no* ge-, h⟩ *phys. u. fig.* polarize; **sich ~** *a.* be(come) polarized. **≈'sie·rung** *f* ⟨-; -en⟩ polarization. **≈'tät** [-'tɛ:t] *f* ⟨-; -en⟩ *electr. phys.* polarity (*a. fig.*).

Po'lar|ˌkap·pe *f geogr.* (polar) icecap. **~ˌkreis** *m* polar circle; **nördlicher (südlicher) ~** Arctic (Antarctic) Circle. **~ˌlicht** *n meteor.* polar lights *pl*, aurora. **~ˌluft** *f* polar air. **~ˌmeer** *n geogr.* polar sea; **Nördliches (Südliches) ~** Arctic (Antarctic) Ocean. **~ˌnacht** *f* polar night. **~ˌrou·te** *f aer.* transpolar route. **~ˌstern** *m* polestar, North star. **~ˌtag** *m* polar day. **~ˌzo·ne** *f geogr.* polar (*od.* frigid) zone.

Pol·der ['pɔldər] *m* ⟨-s; -⟩ polder.

Po·le ['po:lə] *m* ⟨-n; -n⟩ Pole.

Po·le·mik [po'le:mɪk] *f* ⟨-; -en⟩ (*Meinungsstreit*) dispute, controversy, polemic, (*das Polemisieren*) polemics *pl* (*als sg konstruiert*). **Po'le·mi·ker** [-mikər] *m* ⟨-s; -⟩ polemicist. **po'le·misch** [-mɪʃ] *adj* polemic(al), controversial. **po·le·mi'sie·ren** [-mi'zi:rən] *v/i* ⟨*no* ge-, h⟩ polemize, carry on a controversy.

po·len ['po:lən] *v/t* ⟨h⟩ *electr.* connect terminals.

Po·len·te [po'lɛntə] *f* ⟨-; *no pl*⟩ *colloq.* (the) police, *sl.* (the) cops (*od.* bulls) *pl*, (the) fuzz.

'Pol|ˌhö·he *f astr. geogr.* altitude (*od.* elevation) of the pole, latitude.

Po·li·ce [po'li:sə] *f* ⟨-; -n⟩ *econ.* (insurance) policy; **offene ~** open (*Am.* unvalued) policy; **e-e ~ ausstellen (nehmen)** issue (take out) a policy.

Po·lier [po'li:r] *m* ⟨-s; -e⟩ *civ. eng.* foreman.

po·lie·ren [po'li:rən] *v/t* ⟨*no* ge-, h⟩ **1.** (*Schuhe, Möbel, a. fig. Aufsatz etc*) polish. **2.** *tech.* polish, (*polierdrücken*) burnish, (*Walzgut*) planish. **Po'lie·rer** *m* ⟨-s; -⟩ *tech.* polisher, burnisher.

Po'lier|ˌfei·le *f tech.* polishing file. **~ˌle·der** *n* chamois (leather). **~ˌmit·tel** *n* polishing material (*od.* agent, compound, abrasive). **~ˌschei·be** *f* polishing wheel. **~ˌstahl** *m* burnishing tool. **~ˌtuch** *n* ⟨-(e)s; ⸚er⟩ polishing cloth.

'Po·liˌkli·nik ['po:li-] *f* outpatients' department, polyclinic.

'Po·lin *f* ⟨-; -nen⟩ Pole, Polish woman (*od.* girl).

Po·lio ['po:lĭo] *f* ⟨-; *no pl*⟩ *med. colloq.* polio. **~ˌimpfˌstoff** *m* poliomyelitis vaccine. **~ˌimp·fung** *f* polio inoculation.

Po·lio·mye·li·tis [polĭomye'li:tɪs] *f* ⟨-; -litiden [-li'ti:dən]⟩ *med.* poliomyelitis.

Po'lit·büˌro [po'li:t-; po'lɪt-] *n* politburo.

Po·li·tes·se [poli'tɛsə] *f* ⟨-; -n⟩ (female) traffic warden, *colloq.* meter maid, *Am.* skirt cop.

Po·li·tik [poli'ti:k] *f* ⟨-; *rare* -en⟩ **1.** politics *pl* (*als sg od. pl konstruiert*); **in der ~** in politics; **in die ~ gehen, sich der ~ widmen** go into politics; **über ~ sprechen** talk politics; *colloq.* **in ~ machen** dabble in politics. **2.** (*Taktik*) policy; **~ der starken Hand** show of strength, *colloq.* get-tough (*od.* big stick) policy; **~ der offenen Tür** open-door policy. **Po·li·ti·ker** [po'li:tikər] *m* ⟨-s; -⟩ politician. **Po'li·ti·ke·rin** *f* ⟨-; -nen⟩ (female) politician. **Po'li·ti·kum** [-kʊm] *n* ⟨-s; -tika [-ka]⟩ political issue (*od.* factor).

Po·li'tikˌwis·sen·schaft *f* political science.

po·li·tisch [po'li:tɪʃ] **I** *adj Partei, Prozeß, Verbrechen etc*: political, *fig.* (*klug*) politic, judicious; **die ~e Laufbahn einschlagen** go into politics. **II** *adv* politically; **er ist ~ tätig** he is in politics; **~ denken** consider things from a political point of view; **~ interessiert** politically minded; **wie ist er ~ eingestellt?** what are his politics?

po·li·ti·sie|ren [politi'zi:rən] **I** *v/i* ⟨*no* ge-, h⟩ talk politics, politicize. **II** *v/t* (*et., ein Thema etc*) politicize, (*Person*) make *s. o.* politically conscious. **≈rung** *f* ⟨-; *no pl*⟩ politicalization.

Po·li·to|lo·ge [polito'lo:gə] *m* ⟨-n; -n⟩ political scientist. **~lo'gie** [-lo'gi:] *f* ⟨-; *no pl*⟩ → **Politikwissenschaft.** **≈'lo·gisch** *adj* concerning political science.

Po·li·tur [poli'tu:r] *f* ⟨-; -en⟩ **1.** (*Glanz*) polish. **2.** → **Poliermittel. 3.** ⟨*only sg*⟩ *fig.* (*Schliff*) polish, *contp.* veneer.

Po·li·zei [poli'tsaɪ] *f* ⟨-; *rare* -en⟩ **1.** (*Behörde*) police; **j-n bei der ~ anzeigen** report s. o. to the police; *fig. colloq.* **er ist dümmer, als es die ~ erlaubt** he is incredibly stupid. **2.** (*die Polizisten*) police (*als pl konstruiert*); **von der ~ gesucht** wanted by the police; **die ~ anrufen** (*od.* **verständigen, holen**) call the police. **3.** (*~truppe*) police (force), constabulary (force), force. **4.** → **Polizeirevier** 1. **~ak·tiˌon** *f* police operation, (*Razzia*) (police) raid. **~ˌauf·geˌbot** *n* police detachment. **~ˌaufˌsicht** *f* (**unter ~** under) police supervision, (under) surveillance. **~beˌam·te** *m* police officer, policeman. **~beˌhör·de** *f* police (authorities *pl*). **~ˌdienst** *m* police (service). **~di·rek·tiˌon** *f* police headquarters *pl* (*oft als sg konstruiert*). **~ˌfunk** *m* police radio. **~geˌfäng·nis** *n* police jail. **~geˌricht** *n* police court. **~geˌwahr·sam** *m* police custody. **~geˌwalt** *f* police power(s *pl*). **~ˌgür·tel** *m* police cordon. **~ˌhaft** *f* police custody. **~ˌhund** *m* police dog. **~ˌknüp·pel** *m* truncheon, *Am.* club, *colloq.* billy. **~kom·misˌsar** *m* police superintendent. **~korˌdon** *m* police cordon.

po·li'zei·lich I *adj* (by *od.* of the) police; **~e Meldepflicht** obligatory registration with the police; **unter ~er Bewachung** under police surveillance (*od.* escort). **II** *adv* by the police.

Po·li'zei|ˌmacht *f* police force. **~ˌord·nung** *f* police regulations *pl.* **~ˌpo·sten** *m* police guard. **~prä·siˌdent** *m* chief constable. **~prä·si·di·um** *n* police headquarters *pl* (*oft als sg konstruiert*). **~reˌvier** *n* **1.** police station. **2.** (*Bereich*) (police) precinct (*od.* district). **~ˌschutz** *m* police protection (*od.* guard). **~spiˌon, ~ˌspit·zel** *m* police informer (*od.* spy), *bes. Am.* stool pigeon. **~ˌstaat** *m* police state. **~ˌstrei·fe** *f* police patrol. **~ˌstrei·fenˌwa·gen** *m* → Streifenwagen. **~ˌstun·de** *f* (legal) closing time (*od.* hours *pl*); **~!** time! **~ˌtrupp** *m* police squad (*od.* detachment). **~ˌtrup·pe** *f* police (force), constabulary (force), force. **~verˌord·nung** *f* police regulation(s *pl*). **~ˌwa·che** *f* police station. **~ˌwachtˌmei·ster** *m* constable, *Am.* patrolman. **~ˌwe·sen** *n* police system. **≈ˌwid·rig I** *adj* illegal, contrary to police regulations. **II** *adv fig. colloq.* **~ dumm** incredibly stupid.

Po·li·zist [poli'tsɪst] *m* ⟨-en; -en⟩ policeman, (police) officer (*od.* constable), *Br. colloq.* bobby, *in Zivil*: plainclothesman, detective. **Po·li'zi·stin** *f* ⟨-; -nen⟩ policewoman.

Pol·ka ['pɔlka] *f* ⟨-; -s⟩ *mus.* polka.

'Polˌklem·me *f electr.* (pole) terminal.

Pol·len ['pɔlən] *m* ⟨-s; -⟩ *bot.* pollen. **~ˌsack** *m* pollen sac. **~ˌschlauch** *m* pollen tube.

Pol·ler ['pɔlər] *m* ⟨-s; -⟩ *mar. am Kai*: bollard, *an Bord*: bitt.

Pol·lu·ti·on [pɔlu'tsĭo:n] *f* ⟨-; -en⟩ *med.* nocturnal emission, *colloq.* wet dream.

pol·nisch ['pɔlnɪʃ] **I** *adj* Polish; *fig. colloq.* **~e Wirtschaft** shambles *pl* (*als sg konstruiert*), awful mess. **II** *ling.* **≈** ⟨*generally undeclined*⟩, **das ≈e** ⟨-n⟩ Polish, the Polish language.

Po·lo ['po:lo] *n* ⟨-s; -s⟩ *Sport*: polo. **~ˌfeld** *n* polo ground. **~ˌhemd** *n Mode*: polo shirt. **~ˌschlä·ger** *m Sport*: polo stick, *Am.* mallet. **~ˌspie·ler** *m* poloist.

'Pol|ˌschuh *m electr.* pole shoe (*od.* piece). **~ˌstär·ke** *f* pole strength.

Pol·ster ['pɔlstər] *n, Austrian m* ⟨-s; -, *Austrian a.* ⸚⟩ pad, (*Kissen*) cushion, bolster (*a. fig.*), (*Wattierung*) padding, (*Füllhaar*) stuffing; → *a.* **Polstermaterial, Fettpolster.** **~ˌar·beit** *f* upholstery.

'Pol·ste·rer *m* ⟨-s; -⟩ upholsterer.

'Pol·ster|gar·niˌtur *f* upholstered (*od.* lounge) suite. **~ma·te·riˌal** *n tech.* upholstery (material), pad(ding), stuffing. **~ˌmö·bel** *pl* upholstered furniture *sg*.

pol·stern ['pɔlstərn] *v/t* ⟨h⟩ (*Sessel etc*) upholster, stuff, (*wattieren*) wad, *a. tech.* pad.

'Pol·ster|ˌpflan·zen *pl* cushion plants. **~ˌschon·beˌzug** *m bes. mot.* slipcover, car seat cover. **~ˌses·sel** *m* easy chair, armchair. **~ˌstuhl** *m* upholstered chair. **~ˌtür** *f* padded door.

ˈ**Pol·ste·rung** *f* ⟨-; -en⟩ upholstery, padding.

ˈ**Pol·ter‚abend** *m* eve-of-the-wedding (party).

ˈ**Pol·te·rer** *m* ⟨-s; -⟩ blusterer. **pol·tern** [ˈpɔltərn] *v/i* ⟨*h u.* sein⟩ **1.** ⟨sein⟩ rumble (along). **2.** ⟨h⟩ crash about. **3.** ⟨h⟩ bluster. **4.** ⟨h⟩ celebrate a "Polterabend".

ˈ**Pol‚wechs·ler** *m electr.* pole changer, pole-changing switch.

Po·ly|amid [polyʔaˈmiːt] *n synth.* polyamide. **~anˈdrie** [-ʔanˈdriː] *f* ⟨-; *no pl*⟩ (*Vielmännerei*) polyandry. **≈ˈandrisch** [-ˈʔandrɪʃ] *adj* polyandrous. **~äthyˈlen** [-ʔɛtyˈleːn] *n chem.* polyethylene. **≈ˈchrom** [-ˈkroːm] *adj* polychrome, polychrom(at)ic. **~chroˈmie** [-kroˈmiː] *f* ⟨-; -n [-ən]⟩ *Kunst*: polychromy. **~ˈeder** [-ˈʔeːdər] *n* ⟨-s; -⟩ *math.* polyhedron. **≈ˈedrisch** [-ˈʔeːdrɪʃ] *adj* polyhedral. **~ˈester** [-ˈʔɛstər] *m* ⟨-s; -⟩ *chem.* polyester.

po·ly|gam [polyˈgaːm] *adj* polygamous. **≈gaˈmie** [-gaˈmiː] *f* ⟨-; *no pl*⟩ *bot. zo.* polygamy. **≈gaˈmist** [-gaˈmɪst] *m* ⟨-en; -en⟩ polygamist. **~ˈgen** [-ˈgeːn] *adj biol. geol.* polygen(et)ic. **~ˈglott** [-ˈglɔt] *adj ling.* polyglot, multilingual. **≈ˈglot·te** *m, f* ⟨-n; -n⟩ polyglot.

Po·ly|gon [polyˈgoːn] *n* ⟨-s; -e⟩ *math.* polygon. **≈goˈnal** [-goˈnaːl] *adj* polygonal. **~ˈgraph** [-ˈgraːf] *m* ⟨-en; -en⟩ *DDR*: printer. **~graˈphie** [-graˈfiː] *f* ⟨-; *no pl*⟩ printing trade. **~gyˈnie** [-gyˈniː] *f* ⟨-; *no pl*⟩ (*Vielweiberei*) polygyny. **≈hyˈbrid** [-hyˈbriːt] *adj*, **~hyˈbri·de** [-hyˈbriːdə] *m* ⟨-n; -n⟩ *biol.* polyhybrid. **≈ˈkarp** [-ˈkarp], **≈ˈkar·pisch** *adj bot.* polycarpic, polycarpous.

Po·ly·mer [polyˈmeːr] *chem.* **I** *n* ⟨-s; -e⟩ *meist pl* polymer. **II** ≈ *adj* polymeric. **~ben‚zin** *n* polymerization petrol (*Am.* gasoline).

Po·ly|me·re [polyˈmeːrə] *n* ⟨-n; -n⟩ *meist pl* → Polymer. **~me·ri·sa·tiˈon** [-merizaˈtsĭoːn] *f* ⟨-; -en⟩ polymerization. **≈me·riˈsie·ren** [-meriˈziːrən] *v/t* ⟨*no* ge-, h⟩ polymerize. **≈ˈmorph** [-ˈmɔrf] *adj bes. biol. min.* polymorphic, polymorphous.

Po·ly|ne·si·er [polyˈneːzĭər] *m* ⟨-s; -⟩, **≈ˈne·sisch** [-ˈzɪʃ] *adj* Polynesian.

Po·lyp [poˈlyːp] *m* ⟨-en; -en⟩ **1.** *zo.* polyp. **2.** *med.* a) polyp(us), b) *pl* adenoids. **3.** *colloq. contp.* (*Polizist*) *sl.* cop(per), fuzz, *Am.* bull. **4.** *obs. od. colloq.* octopod.

po·ly|phon [polyˈfoːn] *adj mus.* polyphonic. **≈phoˈnie** [-foˈniː] *f* ⟨-; *no pl*⟩ polyphony. **≈styˈrol** [-styˈroːl] *n* ⟨-s; -e⟩ *chem.* polystyrene, styrene resin. **≈synˈthe·se** [-zynˈteːzə] *f ling.* polysynthesis. **~synˈthe·tisch** [-tɪʃ] *adj* polysynthetic. **≈ˈtech·ni·kum** [-ˈtɛçnikum] *n* polytechnic (school). **≈theˈis·mus** [-teˈɪsmʊs] *m relig.* polytheism. **~toˈnal** [-toˈnaːl] *adj mus.* polytonal. **~ˈtrop** [-ˈtroːp] *adj biol.* polytropic. **~va‚lent** *adj* polyvalent. **≈viˈnyl** [-viˈnyːl] *n chem.* polyvinyl.

Po·ma·de [poˈmaːdə] *f* ⟨-; -n⟩ *Kosmetik*: pomade, pomatum. **poˈma·dig** *adj* **1.** *Haar*: greasy. **2.** *colloq.* (*träge*) sluggish, indolent, slow, lazy.

Po·me·ran·ze [poməˈrantsə] *f* ⟨-; -n⟩ *bot.* sour (*od.* bitter, Seville) orange. **Po·meˈran·zen‚öl** *n Kosmetik etc*: bitter orange oil.

Pom·mer [ˈpɔmər] *m* ⟨-n; -n⟩, ˈ**pom·me·risch,** ˈ**pom·mersch** *adj* Pomeranian.

Pommes| chips [pɔmˈtʃɪps] *pl gastr.* potato crisps. **~ frites** [-ˈfrit] *pl* French fried potatoes, *colloq.* French fries, chips.

Pomp [pɔmp] *m* ⟨-(e)s; *no pl*⟩ pomp, magnificent (*contp.* ostentatious) display, pageantry.

pom·pe·ja·nisch [pɔmpeˈjaːnɪʃ], **pomˈpe·jisch** [-ˈpeːjɪʃ] *adj* Pompeian.

ˈ**pomp|haft** *adj* pompous. **≈haf·tig·keit** *f* ⟨-; *no pl*⟩ → Pomp.

pom·pös [pɔmˈpøːs] *adj* pompous, splendid, gorgeous, *contp.* ostentatious.

Pond [pɔnt] *n* ⟨-s; -⟩ *phys.* gram(me *Br.*)-force.

Pö·ni·tent [pøniˈtɛnt] *m* ⟨-en; -en⟩ *R. C.* penitent.

Pon·ti·fex [ˈpɔntifɛks] *m* ⟨-; -tifizes [-ˈtiːfitseːs]⟩ *antiq. relig.* pontifex, pontiff.

pon·ti·fi·kal [pɔntifiˈkaːl] *adj R. C.* pontifical. **≈‚amt** *n*, **≈‚mes·se** *f* Pontifical Mass.

Pon·ti·fi·kat [pɔntifiˈkaːt] *n, m* ⟨-(e)s; -e⟩ *R. C.* pontificate.

Pon·ti·us [ˈpɔntsĭʊs] *npr m* ⟨-; *no pl*⟩ *Bibl.* Pontius; → Pilatus.

Pon·ton [põˈtõː; pɔn-] *m* ⟨-s; -s⟩ *civ. eng.* pontoon. **~‚brücke** (*getr.* -k·k-) *f bes. mil.* pontoon (*od.* boat) bridge. **~‚kran** *m* floating crane.

Po·ny[1] [ˈpɔni; *rare* ˈpoːni] *n* ⟨-s; -s⟩ *zo.* pony.

ˈ**Po·ny**[2] *m* ⟨-s; -s⟩, **~fri‚sur** *f* fringe, *Am.* bang(s *pl*).

Pop [pɔp] (*Engl.*) *m* ⟨-(s); *no pl*⟩ **1.** *allg.* pop. **2.** *mus.* pop (music).

Po·panz [ˈpoːpants] *m* ⟨-es; -e⟩ **1.** (*Schreckgespenst*) bugbear, bogey. **2.** *fig.* (*Marionette*) puppet.

Po·pe [ˈpoːpə] *m* ⟨-n; -n⟩ pope (of Orthodox Russian Church).

Po·pel [ˈpoːpəl] *m* ⟨-s; -⟩ *colloq.* **1.** clot (*od.* stick) of snot. **2.** snotty-nosed child. **3.** *fig.* nincompoop. ˈ**po·pe·lig** *adj colloq.* miserable, meag/re (*Am.* -er), piffling.

Po·pe·lin [popəˈliːn] *m* ⟨-s; -e⟩, **Po·peˈli·ne** *f* ⟨-; -⟩ *Textil.* poplin.

po·peln [ˈpoːpəln] *v/i* ⟨h⟩ *colloq.* pick one's nose.

ˈ**Pop‚grup·pe** *f mus.* pop group.

ˈ**pop·lig** *adj* → popelig.

ˈ**Pop·mu‚sik** *f* pop music.

Po·po [poˈpoː] *m* ⟨-s; -s⟩ *colloq.* bottom.

po·pu·lär [popuˈlɛːr] *adj* popular; ~ machen *a.* popularize; sich ~ machen *a.* win popularity; e-e ~e Schreibweise a popular style.

po·pu·la·ri|sie·ren [populariˈziːrən] *v/t* ⟨*no* ge-, h⟩ popularize, make *s. th.* popular. **≈ˈsie·rung** *f* ⟨-; *no pl*⟩ popularization. **≈ˈtät** [-ˈtɛːt] *f* ⟨-; *no pl*⟩ popularity. **≈ˈtäts‚sucht** *f* craving (*od.* thirst, mania) for popularity.

po·puˈlär-‚wis·sen·schaft·lich *adj* popular-science *journal, etc*, popularized.

Po·pu·la·ti·on [populaˈtsĭoːn] *f* ⟨-; -en⟩ *bes. astr. biol.* population.

Po·re [ˈpoːrə] *f* ⟨-; -n⟩ pore.

ˈ**po·rig** *adj* porous.

Por·no [ˈpɔrno] *m* ⟨-s; -s⟩ → a) Pornofilm, b) Pornoroman. **~‚film** *m colloq.* porn(ographic)film, porn(o).

Por·no|gra·phie [pɔrnograˈfiː] *f* ⟨-; *no pl*⟩ pornography. **≈ˈgra·phisch** [-ˈgraːfɪʃ] *adj* pornographic, porn(o).

ˈ**Por·no|ro‚man** *m colloq.* pornographic novel. **~‚wel·le** *f colloq.* pornographic wave.

po·rös [poˈrøːs] *adj* ⟨-er; -est⟩ porous. **Po·ro·siˈtät** [-roziˈtɛːt] *f* ⟨-; *no pl*⟩ porosity.

Por·phyr [ˈpɔrfyr; -ˈfyːr] *m* ⟨-s; -e⟩ *min.* porphyry. **~ge‚stein** *n* porphyritic rock.

Por·phy·rit [pɔrfyˈriːt; -ˈrɪt] *m* ⟨-s; -e⟩ *min.* porphyrite.

Por·ree [ˈpɔre] *m* ⟨-s; -s⟩ *bot. gastr.* leek.

Por·ta·ble [ˈpɔːtəbl] (*Engl.*) *m, n* ⟨-s; -s⟩ portable (television set).

Por·tal [pɔrˈtaːl] *n* ⟨-s; -e⟩ portal. **~‚kran** *m mar.* gantry crane.

Porte|feuille [pɔrtˈføːj] *n* ⟨-s; -s⟩ *parl.* portfolio; Minister ohne ~ minister without portfolio. **~monˈnaie** [-mɔˈnɛː; -ˈneː] *n* ⟨-s; -s⟩ purse.

Port·epee [pɔrteˈpeː] *n* ⟨-s; -s⟩ *mil.* swordknot.

Por·ti·er [pɔrˈtĭeː; *Austrian a.* -ˈtiːr] *m* ⟨-s; -s, *Austrian a.* -e [-ˈtiːrə]⟩ (*Hotel*≈ *etc*) doorman, commissionaire, porter, receptionist, desk clerk, (*Hauswart*) caretaker, janitor.

Por·tie·re [pɔrˈtĭɛːrə] *f* ⟨-; -n⟩ (door) curtain.

Por·tiˈer‚lo·ge *f* (porter's) lodge.

Por·ti·on [pɔrˈtsĭoːn] *f* ⟨-; -en⟩ (*Anteil*) portion, share, part, *bei Tisch*: helping, serving, *Tee, Kaffee*: pot; drei ~en Eiskrem three ice-creams; zwei ~en Kaffee coffee for two; *fig. colloq.* e-e große (*od.* tüchtige, gehörige) ~ Frechheit *etc* a good dose (*od.* deal) of impudence, *etc*; *contp.* e-e halbe ~ a shrimp. **por·tiˈons‚wei·se** *adv* in portions.

Por·to [ˈpɔrto] *n* ⟨-s; -s *u.* Porti [-ti]⟩ postage, postal rate. **~‚aus‚la·gen** *pl econ.* postage expenses. **~‚buch** *n* postage book. **≈‚frei** *adj* postage-free, (*im voraus bezahlt*) prepaid, *bes. Am.* postpaid, *auf Paket*: carriage paid. **~‚kas·se** *f econ.* petty cash. **~‚mar·ke** *f im Ausland*: postage due stamp. **≈‚pflich·tig** *adj* liable to postal charges.

Por·trait [pɔrˈtrɛː] *n* ⟨-s; -s⟩ → Porträt.

Por·trät [pɔrˈtrɛː; -ˈtrɛːt] *n* ⟨-s [-ˈtrɛːs; -ˈtrɛːts] *od.* -es [-ˈtrɛːtəs]; -s [-ˈtrɛːs] *od.* -e [-ˈtrɛːtə]⟩ portrait. **por·trä·tie·ren** [pɔrtrɛˈtiːrən] *v/t* ⟨*no* ge-, h⟩ paint (*phot.* take) a portrait of.

Porˈträt|‚ma·ler *m* portraitist, portrait painter. **~ma·le‚rei** *f*, **~pho·to·gra‚phie** *f* portraiture. **~‚pho·to** *n* portrait photograph.

Por·tu·gie·se [pɔrtuˈgiːzə] *m* ⟨-n; -n⟩ Portuguese. **por·tuˈgie·sisch** **I** *adj* Portuguese. **II** *ling.* ≈ ⟨*generally undeclined*⟩, **das ≈e** ⟨-n⟩ Portuguese, the Portuguese language.

ˈ**Port‚wein** *m gastr.* port (wine).

Por·zel·lan [pɔrtsɛˈlaːn] *n* ⟨-s; -e⟩ porcelain, china, *unechtes*: earthenware, common china, *dünnes, durchsichtiges*: egg-shell china; *fig. colloq.* unnötig ~ zerschlagen do a lot of unnecessary damage. **~‚blüm·chen** *n bot.* London pride, none-so-pretty. **~email·le** [-ʔeˌmaljə] *f* vitreous (*od.* porcelain) enamel.

por·zelˈla·nen *adj* (made of) porcelain (*od.* china).

Por·zelˈlan|‚er·de *f* china clay, kaolin. **~‚fül·lung** *f* (*Zahnfüllung*) porcelain filling. **~ge‚schirr** *n* china (*od.* porcelain) (tableware). **~in·du‚strie** *f* porcelain (*od.* china) industry. **~‚ki·ste** *f* crate of porcelain (*od.* china); → Vorsicht. **~‚la·den** *m* china (*od.* porcelain) shop (*bes. Am.* store); *fig.* wie der Elefant im ~ like a bull in a china shop. **~‚mas·se** *f tech.* porcelain body. **~‚schnecke** (*getr.* -k·k-) *f zo.* cowry. **~ser‚vice** *n* set (*od.* service) of china (*od.* porcelain). **~‚wa·ren** *pl* chinaware *sg*, porcelain ware *sg*.

Po·sa·ment [pozaˈmɛnt] *n* ⟨-(e)s; -en⟩ *meist pl*, **Po·sa·menˈtier‚wa·ren** *pl Textil.* passementerie *sg*, trimmings.

Po·sau·ne [poˈzaunə] *f* ⟨-; -n⟩ trombone, *fig.* trumpet; *Bibl.* die ~n des Jüngsten Gerichts the last trump(et) *sg*, the trump *sg* of doom. **poˈsau·nen I**

v/i <*no* **ge-**, **h**> blow (*od.* play) the trombone. **II** *v/t fig. colloq.* **et. in die Welt ~** broadcast s. th., advertise s. th.
Po'sau·nen|blä·ser *m*, **Po·sau·nist** [pozaʊ'nɪst] *m* <-en; -en> trombonist, trombone player.
Po·se ['po:zə] *f* <-; -n> pose, attitude, *fig. a.* air, preten/ce (*Am.* -se), front; **e-e ~ einnehmen** (*od.* **annehmen**) (assume a) pose, *fig.* strike an attitude. **Po·seur** [po'zø:r] *m* <-s; -e> poseur, attitudinizer. **po'sie·ren** *v/i* <*no* **ge-**, **h**> **1.** pose (**als** as). **2.** *fig.* (strike a) pose, attitudinize.
Po·si·ti·on [pozi'tsĭo:n] *f* <-; -en> **1.** *allg.* position (*a. aer. astr. mar., a. fig.*), (*berufliche Stellung*) *a.* post, job, (*Rang*) *a.* (social) standing, status; **sich j-m gegenüber in e-r starken ~ befinden** be in a strong position with regard to s. o. **2.** *econ.* item.
Po·si·ti'ons|an|zei·ger *m aer. mar.* position indicator. **~|lam·pe** *f mar.* running (*od.* navigation, position) light (*od.* lamp). **~|leuch·te** *f*, **~|licht** *n* **1.** → **Positionslampe**. **2.** *mot.* side light. **3.** *aer.* navigation light. **~|mel·dung** *f aer. mar.* position report.
po·si·tiv ['po:ziti:f; pozi'ti:f] **I** *adj* **1.** *allg.* positive (*a. electr. jur. math. med. phot. phys.*), (*bejahend*) *a.* affirmative, (*günstig*) *a.* favo(u)rable, *colloq.* (*gewiß*) *a.* definitive; **~e Einstellung** positive outlook. **II** *adv* **2.** positively, affirmatively; **er hat sich ~ geäußert** he expressed a positive opinion. **3.** (*bestimmt*) positively, certainly, for certain, definitely; **das weiß ich ~** I know that for certain. **4.** *electr. phys.* **~ geladen** positive(ly charged). **III ≈e, das** <-n> **5.** the positive thing (**an der Sache** about it); **sie wissen nichts ≈es** they know nothing positive.
Po·si·tiv[1] ['po:ziti:f; pozi'ti:f] *n* <-s; -e> **1.** *phot.* positive (print), print. **2.** *mus.* choir (*od.* positive) organ, positive.
Po·si·tiv[2] ['po:ziti:f; pozi'ti:f] *m* <-s; -e> *ling.* positive (degree).
'**po·si·tiv·elek·trisch** [-ʔeˌlɛktrɪʃ] *adj* positively electric(al).
Po·si·ti|vis·mus [poziti'vɪsmus] *m* <-; *no pl*> *philos.* positivism. **≈'vi·stisch** *adj* positivist(ic).
Po·si·tron ['po:zitrɔn] *n* <-s; -en [pozi'tro:nən]> *phys.* positron.
Po·si·tur [pozi'tu:r] *f* <-; -en> posture, pose, position, attitude; **sich in ~ stellen** (*od.* **setzen, werfen**) (strike a) pose, attitudinize.
Pos·se ['pɔsə] *f* <-; -n> *thea. u. fig.* farce, burlesque.
Pos·sen ['pɔsən] *m* <-s; -> (*Streich, Schabernack*) trick, prank, practical joke, (*Spaß*) fun, *colloq.* lark, *pl a.* antics, (*Albernheit*) clowning, buffoonery; **j-m e-n ~ spielen** play s. o. a trick; **j-m et. zum ~ tun** do s.th. to spite (*od.* annoy) s.o.; **~ reißen** clown about, cut capers, play the fool. **~|dich·ter** *m* writer of farces. **≈haft** *adj* farcical, buffoonish, clownish, burlesque. **~|ma·cher, ~|rei·ßer** *m* <-s; -> joker, wag, buffoon, clown. **~rei·ße'rei** [ˌpɔsən-] *f* <-; -en> tomfoolery, clownery. **~|spiel** *n* → **Posse**.
pos·ses·siv ['pɔsɛsi:f; -'si:f] *adj ling.* possessive. **Pos·ses·siv** ['pɔsɛsi:f; -'si:f] *n* <-s; -e>, '**Pos·ses·siv·pro|no·men** *n*, **Pos·ses'si·vum** [-'si:vum] *n* <-s; -siva [-va]> possessive pronoun (*od.* adjective).
pos·sier·lich [pɔ'si:rlɪç] *adj* droll, funny. **≈keit** *f* <-; *no pl*> drollness, funniness.
Post [pɔst] *f* <-; *no pl*> **1.** post, *bes. Am.* mail, (*~sendung*) letters *pl*, mail, (*~dienst*) postal service, *Am. a.* (the) mails *pl*, (*~amt*) post office, (*~zustellung*) delivery; **mit der** (*od.* **durch die**) **~** by post, *Am.* by mail; **mit heutiger ~** by today's mail; **mit gewöhnlicher ~** by surface mail; **mit gleicher** (*od.* **getrennter**) **~** under separate cover; **mit umgehender ~** by return (of post), *Am.* by return mail; **zur** (*od.* **auf die**) **~ geben, mit der ~ schicken** post, *Am.* mail; **ist ~ für mich da?** are there any letters for me?; **die ~ kommt heute nicht** there is no delivery today; **er arbeitet** (*od. colloq.* **ist**) **bei der ~** he works for the post office. **2.** a) (*~auto*) post bus, b) *hist.* (*~kutsche*) mail coach, stage-coach; *fig. colloq.* **ab geht die ~** off we go. **3.** *obs.* (*Nachricht*) news *pl* (*als sg konstruiert*).
po·sta·lisch [pɔs'ta:lɪʃ] *adj* postal.
Po·sta·ment [pɔsta'mɛnt] *n* <-(e)s; -e> *arch.* pedestal.
'**Post|amt** *n* post office. **~|an·ge|stell·te** *m, f* post-office employee (*od.* clerk). **~|an|schrift** *f* postal (*od.* mailing) address. **~|ant|wort|schein** *m bes.* **internationaler ~** international reply coupon. **~|an|wei·sung** *f* money (*od.* postal) order. **~|auf|trag** *m* postal collection order. **~|aus|ga·be** *f* (mail) delivery at the counter. **~|au·to** *n* **1.** post-office van. **2.** → **Postbus**. **~be|am·te** *m* post-office (*Am.* postal) clerk. **~be|för·de·rung** *f* conveyance of mail, postal (*od.* mail) transport. **~be|hör·de** *f* postal authorities *pl*. **~be|zirk** *m* postal district. **~be|zug** *m* **1.** *für Zeitungen etc*: postal subscription. **2.** *econ.* mail ordering. **~|bo·te** *m* postman, *Am.* mailman. **~|bus** *m* post bus. **~|dienst** *m* postal service. **~|ein|gang** *m* incoming mail.
Po·sten ['pɔstən] *m* <-s; -> **1.** (*Platz*) post, place, station. **2.** (*Anstellung*) post, job, position; **e-n guten ~ haben** have a good job. **3.** *mil.* a) post, station, b) sentry, guard; **vorgeschobener ~** outpost; (**auf**) **~ stehen** be on guard, stand sentry; **auf ~ ziehen** mount sentry; *fig.* **auf verlorenem ~ kämpfen** (*od.* **stehen**) fight a losing battle; *fig. colloq.* **auf dem ~ sein** a) *gesundheitlich*: be (*od.* feel) fine (*od.* well), b) be on the alert, be on one's toes; **nicht recht auf dem ~ sein** not to be quite up to the mark. **4.** *econ.* a) (*Rechnungs≈*) item, b) (*Betrag*) amount, sum, c) (*Eintrag*) entry; **ein ~ ist noch offen** one item is still uncovered. **5.** *econ.* (*Partie*) lot, parcel. **6.** *tech.* (*Schub*) batch. **7.** *hunt.* buckshot. **~|ab|lö·sung** *f mil.* changing of the guards. **~|dienst** *m* guard (duty), sentry duty. **~|jä·ger** *m* place-hunter. **~|ket·te, ~|li·nie** *f* chain of guards, line of sentries, cordon. **≈|wei·se** *adv econ.* in (*od.* by) lots, by items.
Po·ster ['pɔstər, 'pəʊstə] *n, m* <-s; - *u.* (*bei engl. Aussprache*) -s> poster.
'**Post|fach** *n* post-office box (*abbrev.* P.O.B.), P. O. box. **~|fach|num·mer** *f* box-number. **~|flug|zeug** *n* mail plane. **≈|frisch** *adj philat.* in mint condition. **~ge|bühr** *f* postage, *pl* postal charges (*od.* rates). **~ge|heim·nis** *n* secrecy of the post (*Am.* mail). **~|horn** *n mus.* post horn.
post·hum [pɔs'tu:m] *adj u. adv* → **postum**.
po·stie·ren [pɔs'ti:rən] **I** *v/t* <*no* **ge-**, **h**> *bes. mil.* post, station, position, (*Geschütz etc*) place, set up. **II** *v/reflex* **sich ~** position (*od.* station) o. s.
Po·stil·le [pɔs'tɪlə] *f* <-; -n> *relig.* devotional book.
Po·stil·li·on [pɔstɪl'jo:n; 'pɔs-] *m* <-s; -e> *hist.* mail-coach driver.
'**Post|kar·te** *f* postcard, *Am. mit Markenaufdruck*: postal card, (*Ansichts≈*) picture postcard, (*Antwort≈*) reply paid postcard. **~|ka·sten** *m* letter-box, *Am.* mailbox. **~|kut·sche** *f hist.* mail-coach, stage-coach. **~|kut·scher** *m* → **Postillion**. **≈|la·gernd** *adj* poste restante. **~|leit|zahl** *f* post(al) code, *Am.* zip code number. **~|leit|zo·ne** *f* postal zone, *Am.* zip area. **~mi|ni·ster** *m* Postmaster General. **~mi·ni|ste·ri·um** *n* Post Office Department.
post nu·me·ran·do [pɔstnume'rando] *adv econ.* **et. ~ bezahlen** a) pay s. th. after receipt, b) pay (*od.* settle) s. th. at the end of an accounting period.
'**Post|om·ni·bus** *m* → **Postbus**. **~pa|ket** *n* (postal) parcel. **~|raub** *m* mail robbery. **~re|kla·me** *f* junk mail. **~|sa·che** *f* post(al) matter, mail. **~|sack** *m* mail-bag, post-bag, *für Pakete*: (postal parcel) sack. **~|schal·ter** *m* post-office counter (*od.* window).
'**Post|scheck** *m econ.* postal cheque (*Am.* check). **~|amt** *n* giro centre, *Am.* postal check office. **~|dienst** *m* postal giro service, *Am.* postal check service. **~|kon·to** *n* postal giro (*Am.* check) account. **~ver|kehr** *m* postal giro (*Am.* check) service.
'**Post|schiff** *n* mail boat. **~|schließ|fach** *n* → **Postfach**.
Post·skript [pɔst'skrɪpt] *n* <-(e)s; -e>, **Post'skrip·tum** [-tum] *n* <-s; -skripta [-ta]> postscript(um).
'**Post|spar|buch** *n* post-office savings book. **~|spa·rer** *m* post-office (*Am.* postal) saver. **~|spar|gut|ha·ben** *n* post-office savings *pl*. **~|spar|kas·se** *f* post-office savings bank, *Am.* postal savings office. **~|spar|kon·to** *n* post-office (*Am.* postal) savings account. **~|stem·pel** *m* postmark, *Am.* mail stamp; **Datum des ~s** date as per postmark. **~|tag** *m* mail day. **~ta|rif** *m* postal rates *pl*. **~|ta·sche** *f des Briefträgers*: delivery pouch (*od.* bag). **~|über|wei·sung** *f* postal giro (*Am.* check) transfer.
Po·stu|lat [pɔstu'la:t] *n* <-(e)s; -e> **1.** demand, claim, *philos.* postulate. **2.** *R. C.* (*Probezeit*) postulancy. **≈'lie·ren** [-'li:rən] *v/t* <*no* **ge-**, **h**> demand, claim, *philos.* postulate.
po·stum [pɔs'tu:m] *adj u. adv* posthumous(ly).
'**Post- und** '**Fern|mel·de|ge|heim·nis** *n* secrecy of posts and telecommunications. **~|we·sen** *n* <-s; *no pl*> posts and telecommunications *pl*.
'**Post|ver|bin·dung** *f* postal connection (*od.* communication). **~ver|ein** *m* postal union. **~ver|kehr** *m* postal traffic (*od.* service), mail service. **~ver|sand·ge|schäft, ~ver|sand|haus** *n* mail-order house (*od.* firm). **~ver|wal·tung** *f* post-office (*od.* postal) administration. **~|voll|macht** *f* postal procuration (*od.* power of attorney). **~|wa·gen** *m rail.* mail van, *Am.* postal car. **≈|wen·dend** *adv* **1.** by return (of post), *Am.* by return mail. **2.** *fig. colloq.* at once, immediately. **~|wert|sen·dung** *f* insured item. **~|wert|zei·chen** *n* (postage) stamp. **~|we·sen** *n* <-s; *no pl*> postal system. **~|wurf|sen·dung** *f Br.* direct mail, *Am.* junk mail. **~|zei·tungs|dienst, ~|zei·tungs·ver|trieb** *m* postal newspaper service. **~zen|sur** *f* postal (*od.* mail) censorship. **~|zug** *m* mail train. **~|zu|stel·lung** *f* postal (*od.* mail) delivery.
po·tent [po'tɛnt] *adj med.* potent, *fig. a.* powerful.
Po·ten·tat [potɛn'ta:t] *m* <-en; -en> potentate, ruler.

Po·ten·ti·al [potɛnˈtsĭaːl] *n* ⟨-s; -e⟩ *allg.* potential. (*Menschen*♀) *a.* manpower. **~ge,fäl·le** *n electr.* potential drop.
Po·ten·tia·lis [potɛnˈtsĭaːlɪs] *m* ⟨-; -tiales [-leːs]⟩ *ling.* potential.
po·ten·ti·ell [potɛnˈtsĭɛl] *adj* potential.
Po·tenz [poˈtɛnts] *f* ⟨-; -en⟩ **1.** ⟨*only sg*⟩ (sexual) potency, virile power. **2.** *math.* power; **zweite ~** square; **dritte ~** cube; **zehn zur vierten ~** ten to the power of four; **et. zur zweiten ~ erheben** raise s. th. to the second power; *fig. colloq.* **in höchster ~** of the first order (*od.* water), downright. **3.** *med. pharm.* (*Grad der Verdünnung*) potency. **po·tenˈzie·ren** [-ˈtsiːrən] *v/t* ⟨*no* **ge-, h**⟩ **1.** strengthen, intensify, increase the strength (*od.* potency, potential) of. **2.** *math.* raise *s. th.* to a power. **3.** *med. pharm.* potentiate.
Poˈtenz|,schwä·che *f med.* impaired potency. **~,stö·rung** *f* disturbance of potency.
Pot·pour·ri [ˈpɔtpuri] *n* ⟨-s; -s⟩ *mus. u. fig.* potpourri, medley.
Pott [pɔt] *m* ⟨-(e)s; ⸚e⟩ *Low G.* **1.** (*Topf*) pot, saucepan. **2.** *colloq.* (*Schiff*) tub. **~,asche** *f chem.* potash, potassium carbonate. **~,wal** *m zo.* sperm whale.
potz| Blitz, ~ˈtau·send [pɔts] *interj* goodness!, heavens!, good gracious (me)!
Pou·let [puˈleː] *n* ⟨-s; -s⟩ young chicken.
pous·sie·ren [puˈsiːrən] *colloq.* **I** *v/i* ⟨*no* **ge-, h**⟩ **1.** flirt (**mit** with). **II** *v/t* **2.** flirt with, court. **3.** (*schmeicheln*) flatter, butter *s. o.* up, soft-soap.
Prä [prɛː] *n colloq.* **das ~ haben** come first, have priority.
Prä ..., prä ... *in Zssgn* pre ... **Prä·am·bel** [prɛˈʔambəl] *f* ⟨-; -n⟩ *jur. pol.* (*Einleitung*) preamble.
Prä·ben·de [prɛˈbɛndə] *f* ⟨-; -n⟩ *relig.* prebend.
Pracht [praxt] *f* ⟨-; *no pl*⟩ magnificence, splendo(u)r, *von Farben etc*: brilliance, richness, *verschwenderische*: luxury, *feierliche*: pomp, *übertriebene*: display, ostentation; *fig. colloq.* **es war e-e wahre ~** it was just great. **~,aus,ga·be** *f print.* de luxe edition. **~,bau** *m* ⟨-(e)s; -ten⟩ magnificent (*od.* splendid) building. **~ent,fal·tung** *f* display of splendo(u)r. **~ex·em,plar** *n* splendid (*od.* excellent) specimen, showpiece, (*Person*) → *a.* **Prachtkerl.**
präch·tig [ˈprɛçtɪç] **I** *adj* **1.** magnificent, splendid, (*kostbar*) luxurious, sumptuous, (*prunkvoll*) pompous. **2.** *fig. colloq.* (*großartig*) great, super, grand, splendid; **~es Wetter** glorious weather. **II** *adv* **3.** *colloq.* splendidly, magnificently; **das hat er ~ gemacht** *a.* good work (*od.* show, job).
ˈPracht|,kerl *m colloq.* splendid fellow, *bes. Am.* great guy. **♀,lie·bend** *adj* loving (*od.* fond of) splendo(u)r (*od.* magnificence, sumptuousness). **~,mäd·chen, ~,mä·del** *n colloq.* splendid girl, *sl.* brick (*od.* peach) (of a girl). **~,mensch** *m* → **Prachtkerl.** **~,stra·ße** *f* boulevard, *bes. Am.* avenue. **~,stück** *n* → **Prachtexemplar.** **♀,voll** *adj u. adv* → **prächtig.**
Prä·de·sti|na·ti·on [prɛdɛstinaˈtsĭoːn] *f* ⟨-; *no pl*⟩ *philos. relig.* predestination. **♀ˈnie·ren** [-ˈniːrən] *v/t* ⟨*no* **ge-, h**⟩ predestinate, (pre)destine, foreordain; **zu** (*od.* **für**) **et. prädestiniert sein** be destined (*od. colloq.* cut out) for s. th.
Prä·di·kat [prɛdiˈkaːt] *n* ⟨-(e)s; -e⟩ **1.** *ling.* predicate. **2.** (*Bewertung*) rating, grading, marks *pl*; **der Film erhielt das ~ „(besonders) wertvoll"** the film was (highly) commended, the film was rated "(highly) commendable"; *ped.* **mit ~ bestehen** pass *an examination, etc* with hono(u)rs (*od.* distinction). **3.** title.
prä·di·ka·tiv [prɛdikaˈtiːf] *ling.* **I** *adj* predicative. **II** ♀ *n* ⟨-s; -e⟩ predicative (component *od.* part).
Prä·diˈkats|ex,amen *n* hono(u)rs degree. **~,no·men** *n ling.* predicate complement. **~,wein** *m* vintage wine.
prä·dis·po·nie·ren [prɛdɪspoˈniːrən] *v/t* ⟨*no* **ge-, h**⟩ *bes. med.* predispose (**für** to).
prä·do·mi·nie·ren [prɛdomiˈniːrən] *v/i* ⟨*no* **ge-, h**⟩ (**über** *acc* over) predominate, prevail.
Prä·exi·stenz [prɛʔɛksɪsˈtɛnts] *f* ⟨-; *no pl*⟩ *philos. relig.* pre-existence.
Prä·fekt [prɛˈfɛkt] *m* ⟨-en; -en⟩ prefect; *relig.* **Apostolischer ~** prefect apostolic. **Prä·fekˈtur** [-ˈtuːr] *f* ⟨-; -en⟩ prefecture.
Prä·fe·renz [prɛfeˈrɛnts] *f* ⟨-; -en⟩ *econ.* preference, (*Steuer*♀) preferential treatment. **~,zoll** *m* preferential duty (*od.* tariff).
Prä·fix [prɛˈfɪks; ˈprɛːfɪks] *n* ⟨-es; -e⟩ *ling.* prefix.
Prä·for|ma·ti·on [prɛfɔrmaˈtsĭoːn] *f* ⟨-; -en⟩ *biol.* preformation. **♀ˈmie·ren** [-ˈmiːrən] *v/t* ⟨*no* **ge-, h**⟩ preform.
Prä·ge [ˈprɛːgə] *f* ⟨-; -n⟩, **~,an,stalt** *f* mint. **~,druck** *m* ⟨-(e)s; -e⟩ relief (*od.* raised) print(ing). **~,ei·sen** *n* → **Prägestempel** 1. **~,form** *f* matrix.
prä·gen [ˈprɛːgən] **I** *v/t* ⟨h⟩ **1.** stamp, (*Münzen*) mint, strike, (*Metall*) coin, (*Leder*) emboss; **Silber zu Münzen ~** mint silver into coins; **neu geprägt** newly struck; **et. auf e-e Sache ~** stamp (*od.* impress) s. th. on s. th. **2.** *fig.* (*Wörter etc*) coin, mint. **3.** *fig.* (*formen*) shape, form, mo(u)ld, determine. **4.** *print.* (*Matern etc*) press, cut. **II** *v/reflex* **sich ~ 5.** *fig.* **sich j-m ins Gedächtnis ~, sich in j-s Gedächtnis ~** imprint (*od.* impress, engrave) itself on s. o.'s memory. **III** ♀ *n* ⟨-s⟩ **6.** coining (*etc*). **7.** *a. fig.* coinage, mintage.
ˈPrä·ge|,pres·se *f* embossing (*od.* stamping) press. **~,stem·pel** *m* **1.** coining (*od.* embossing) die. **2.** *auf Urkunden*: raised seal. **~,stock** *m* ⟨-(e)s; ⸚e⟩ *tech.* matrix, die.
Prag·ma·ti·ker [praˈgmaːtikər] *m* ⟨-s; -⟩ pragmatist. **pragˈma·tisch** [-tɪʃ] *adj* pragmatic(al). **Prag·maˈtis·mus** [-gmaˈtɪsmʊs] *m* ⟨-; *no pl*⟩ pragmatism.
prä·gnant [prɛˈgnant] *adj* (*knapp, treffend*) concise, terse, pithy, succinct, (*genau*) exact, precise. **Präˈgnanz** [-ˈgnants] *f* ⟨-; *no pl*⟩ conciseness, terseness, pithiness, succinctness.
ˈPrä·gung *f* ⟨-; -en⟩ **1.** → **prägen** 6. **2.** *a. fig.* (*Geprägtes*) coinage, mintage. **3.** *fig.* (*Eigenart*) type, style, *e-r Person*: *a.* character, *lit.* stamp; **e-e Demokratie englischer ~** a democracy of the English type (*od.* pattern). **4.** *psych.* imprinting, conditioning.
prä·hi·sto·risch [prɛhɪsˈtoːrɪʃ; ˈprɛː-] *adj* prehistoric.
prah·len [ˈpraːlən] *v/i* ⟨h⟩ boast, brag, talk big, bluster, swagger, show off; **mit e-r Sache ~** boast (*od.* brag) about s. th., show off (with) s. th. **ˈPrah·ler** *m* ⟨-s; -⟩ boaster, braggart, show-off, swaggerer. **Prah·leˈrei** *f* ⟨-; -en⟩ (*Prahlen*) boasting, bragging, showing-off, swaggering, (*prahlende Äußerung*) boast, brag. **ˈprah·le·risch** *adj* boastful, boasting, bragging, (*ruhmredig*) vainglorious, (*prunkend*) ostentatious, showy.
ˈPrahl|,hans [-,hans] *m* ⟨-es; ⸚e⟩ → **Prahler.** **~,sucht** *f* ⟨-; *no pl*⟩ **1.** (*Großsprecherei*) boastfulness. **2.** (*Prunksucht*) ostentatiousness, passion for showing off.
Prahm [praːm] *m* ⟨-(e)s; -e⟩ *mar.* pra(a)m, barge, lighter.
Prä·ju·diz [prɛjuˈdiːts] *n* ⟨-es; -e *u.* -ien [-tsĭən]⟩ *jur.* precedent.
Prak·tik [ˈpraktɪk] *f* ⟨-; -en⟩ **1.** (*Verfahrensweise*) practice, method, procedure. **2.** *meist pl* (*Gepflogenheiten*) practice, habit, custom, convention, *contp.* (*Kniffe*) (sharp) practices *pl*, trick, dodge, machination.
prak·ti·ka·bel [praktiˈkaːbəl] *adj* **1.** (*brauchbar*) practicable, feasible. **2.** *thea. Dekorationsteile*: practicable, practical.
Prak·ti·kant [praktiˈkant] *m* ⟨-en; -en⟩ person undergoing practical training, trainee.
Prak·ti·ker [ˈpraktikər] *m* ⟨-s; -⟩ practician, practical man; *colloq.* **er ist ein alter ~** *a.* he is an old hand, he knows the ropes (*od.* all the ins and outs).
ˈPrak·ti·kum [-kʊm] *n* ⟨-s; -tika [-tika] *u.* -tiken⟩ practical training (course), *univ.* practical work (*od.* studies *pl*), *colloq.* practical; **sein ~ machen** (*od.* **absolvieren**) do one's practical (training). **ˈPrak·ti·kus** [-kʊs] *m* ⟨-; -se⟩ *colloq.* **1.** practical man, handyman; **alter ~** old hand. **2.** *med.* (general) practitioner.
prak·tisch [ˈpraktɪʃ] **I** *adj* **1.** practical; **~e Ausbildung** practical (*od.* on-the-job) training; **~er Arzt** (general) practitioner; **~er Versuch** *bes. tech.* field (*od.* service) test; **~es Jahr** one year's practical training; **~er Unterricht** object lesson(s *pl*); **~e Erfahrung in e-r Sache haben** have practical experience of (*od.* in) s. th.; **ein ~es Beispiel** a practical (*od.* working) example; *tech.* **~e Gebrauchseigenschaften** behavio(u)r *sg* under practical service conditions. **2.** (*zweckmäßig*) practical, useful, handy, serviceable, expedient, *Gerät*: *a.* easy-to-use. **3.** (**~** *veranlagt*) practical (-minded), handy, (*geübt*) practised, (*nüchtern*) matter-of-fact, down-to-earth. **4.** (*angewandt*) applied (*psychology, etc*). **II** *adv* **5.** practically, in practice; **~ durchführbar** practicable, feasible; **~ veranlagt** practical(ly)-minded. **6.** (*so gut wie*) virtually, practically, to all practical purposes, as good as. **III ♀e, das** ⟨-n⟩ **7. j-m et. ♀es schenken** give s. o. a useful present.
prak·ti·zie·ren [praktiˈtsiːrən] **I** *v/i* ⟨*no* **ge-, h**⟩ **1.** *Arzt, Anwalt etc*: practise; **~der Katholik** practising Catholic. **2.** *med.* have one's consultation hours. **II** *v/t* **3.** practise, exercise, employ, apply, use. **4.** *colloq.* (*wohin tun*) **sie praktizierte ihm e-n Brief in die Tasche** she slipped a letter into his pocket.
Prä·lat [prɛˈlaːt] *m* ⟨-en; -en⟩ *bes. R. C.* prelate.
Prä·li·mi·na·ri·en [prɛlimiˈnaːrĭən] *pl a. fig.* preliminaries.
Pra·li·ne [praˈliːnə] *f* ⟨-; -n⟩ chocolate (cream); **e-e Schachtel ~n** a box of chocolates.
Pra·li·né [praliˈneː], **Pra·liˈnee** [-ˈneː] *n* ⟨-s; -s⟩ *obs. od. Austrian and Swiss for* **Praline.**
prall [pral] **I** *adj* ⟨-er; -st⟩ **1.** (*straff*) tight, taught, *Segel*: filled-out, *Geldbörse, Muskeln etc*: bulging, (*voll u. rund*) bursting, plump, full, *Schenkel, Brüste etc*: *a.* firm(ly-rounded), well-rounded, *Backen*: chubby, puffed-out. **2.** *Sonne*: blazing. **II** *adv* **3. ~ gefüllt** filled (*od.* full) to bursting, cram-full; **ihr Pullover saß ~** her jumper was tightly fitting. **4. ~ scheinen** *Sonne*: blaze (*od.* beat) down.
Prall *m* ⟨-(e)s; -e⟩ impact, shock. **~,blech** *n* baffle plate.

pral·len [ˈpralən] *v/i* ⟨h *u.* sein⟩ **1.** ⟨sein⟩ **gegen** (*od.* **an**) **e-e Sache ~** bounce against s. th., (*stoßen*) bump (*od.* knock) against s. th., crash (*od.* smash, bump) into s. th.; **er prallte mit dem Kopf gegen die Wand** he hit his head on the wall; **gegen j-n ~** bump (*od.* knock, run) into s. o. **2.** ⟨h⟩ *Sonne*: blaze (*od.* beat) down (**auf** *acc* on).

ˈ**Prall**|ˌ**tril·ler** *m mus.* inverted (*od.* upper) mordent, pralltriller. **2**ˈ**voll** *adj* full (*od.* filled) to bursting, cram-full, chock-full.

prä·lu·die·ren [prɛluˈdiːrən] *v/i* ⟨*no* ge-, h⟩ *mus.* prelude. **Prä·lu·di·um** [prɛˈluːdĭʊm] *n* ⟨-s; -dien⟩ *a. fig.* prelude.

prä·men·stru·ell [prɛmɛnstruˈɛl] *adj med.* premenstrual.

Prä·mie [ˈprɛːmĭə] *f* ⟨-; -n⟩ **1.** (*Belohnung*) premium, reward, (*Preis*) prize, award, (*Dividende, Gratifikation, Leistungs*2 *etc*) bonus (*a. Sport*), (*Zusatzlohn*) *a.* extra (*Am.* premium) pay, (*Ausfuhr*2, *Förderungs*2) bounty, *Prämiensparen*: premium. **2.** (*Versicherungs*2) (insurance) premium (*od.* contribution). **3.** *Börse*: premium, option money.

ˈ**prä·mi·en**|**be**ˌ**gün·stigt** *adj* bonus-linked, eligible for a bonus; **~es Sparen** → **Prämiensparen.** 2**ge**ˌ**schäft** *n* premium (transaction), option bargain. 2**-**ˌ**satz** *m* **1.** *Börse*: option rate. **2.** *Versicherung*: rate (of premium *od.* contribution). 2ˌ**schein** *m* premium bond. 2**-**ˌ**spa·ren** *n* saving under the (Federal) bonus system. 2ˌ**spar·ver**ˌ**trag** *m* premium-linked savings agreement. 2**sy-**ˌ**stem** *n* **1.** *Börse*: bonus system. **2.** *zur Leistungssteigerung*: incentive pay (*od.* premium, bonus) system. 2ˌ**zu**ˌ**schlag** *m Versicherung*: extra premium.

prä·mie·ren [prɛˈmiːrən], **prä·mi·ie·ren** [prɛmiˈiːrən] *v/t* ⟨*no* ge-, h⟩ award a prize to, award a bonus (*od.* premium) for; **prämiiert** prize-winning. **Prä·mi**ˈ**ie·rung** *f* ⟨-; -en⟩ (presentation of a) prize, award.

Prä·mis·se [prɛˈmɪsə] *f* ⟨-; -n⟩ *philos.* premise.

prä·na·tal [prɛnaˈtaːl] *adj med.* prenatal.

pran·gen [ˈpraŋən] *v/i* ⟨h⟩ be resplendent, shine, glitter, *weitS.* be displayed.

Pran·ger [ˈpraŋər] *m* ⟨-s; -⟩ *hist.* pillory; **an den ~ stellen** (put in the) pillory, *fig. a.* expose (publicly).

Pran·ke [ˈpraŋkə] *f* ⟨-; -n⟩ paw.

prä·nu·me·ran·do [prɛnumeˈrando] *adv econ.* in advance, beforehand.

Prä·pa·rat [prɛpaˈraːt] *n* ⟨-(e)s; -e⟩ **1.** *med. pharm. etc* preparation. **2.** *zum Mikroskopieren*: (slide) preparation. **3.** *bot. zo.* preserved specimen. **Prä·pa·ra·tor** [prɛpaˈraːtɔr] *m* ⟨-s; -en [-raˈtoːrən]⟩ preparator, (*Tierausstopfer*) taxidermist, *med.* dissector.

Prä·paˈ**rier·be**ˌ**steck** *n bot. med. zo.* dissecting instruments *pl* (*od.* case).

prä·pa·rie·ren [prɛpaˈriːrən] **I** *v/t* ⟨*no* ge-, h⟩ **1.** *allg.* prepare. **2.** *bot. med. zo.* a) (*zerlegen*) dissect, b) (*konservieren*) preserve, c) *mikroskopisch*: mount, fix, d) (*ausstopfen*) stuff, e) (*Skelett etc*) mount. **3.** *phot.* (*lichtempfindlich machen*) sensitize. **II** *v/reflex* **4. sich ~ auf e-e Sache** prepare (for) s. th. **III** 2 *n* ⟨-s⟩ **5.** preparation. **6.** *bot. med. zo.* a) dissection, b) preservation, c) (*Ausstopfen*) taxidermy. **7.** *phot.* sensitization.

Prä·paˈ**rier**|ˌ**kurs** *m med.* dissecting (*od.* dissection) course. **~**ˌ**saal** *m* dissecting (*od.* pathological) room.

Prä·po·si·ti·on [prɛpoziˈtsĭoːn] *f* ⟨-; -en⟩ *ling.* preposition. **prä·po·si·tio·nal** [prɛpozitsĭoˈnaːl] *adj* prepositional.

Prä·raf·fae·lit [prɛrafaeˈliːt] *m* ⟨-en; -en⟩ *Kunst*: Pre-Raphaelite.

Prä·rie [prɛˈriː] *f* ⟨-; -n [-ən]⟩ prairie. **~**ˌ**au·ster** *f gastr.* prairie oyster. **~**ˌ**hund** *m* prairie dog. **~**ˌ**wolf** *m* coyote, prairie wolf.

Prä·ro·ga·tiv [prɛrogaˈtiːf] *n* ⟨-s; -e⟩, **Prä·ro·ga**ˈ**ti·ve** [-və] *f* ⟨-; -n⟩ *pol.* prerogative.

Prä·sens [ˈprɛːzɛns] *n* ⟨-; -sentia [prɛˈzɛntsĭa] *u.* -senzien [prɛˈzɛntsĭən]⟩ *ling.* present (tense).

prä·sent [prɛˈzɛnt] *adj* ⟨*pred*⟩ **1.** (*anwesend*) present; *fig.* **das ist mir im Augenblick nicht ~** I don't remember (*od.* I can't think of) it at the moment. **2.** (*zur Hand*) on hand.

Präˈ**sent** *n* ⟨-s; -e⟩ gift, present, token.

Prä·sen|**ta·ti·on** [prɛzɛntaˈtsĭoːn] *f* ⟨-; -en⟩ **1.** *e-s Wechsels etc*: presentation, presentment; **bei ~** on presentation. **2.** *bes. relig.* presentation, nomination. 2ˈ**tie·ren** [-ˈtiːrən] **I** *v/t* ⟨*no* ge-, h⟩ present, offer; **j-m die Rechnung ~** a) present s. o. with the bill, b) *fig.* make s. o. pay for it; *mil.* **präsentiert das Gewehr!** present arms! **II** *v/reflex* **sich ~** present o. s., appear.

Prä·senˈ**tier**ˌ**tel·ler** *m* salver; *fig. colloq.* **auf dem ~ sitzen** be in full view.

Prä·senˈ**tie·rung** *f* ⟨-; *no pl*⟩ presentation, *bes. econ.* presentment.

prä·sen·tisch [prɛˈzɛntɪʃ] *ling.* **I** *adj* present. **II** *adv* in the present tense.

Prä·senz [prɛˈzɛnts] *f* ⟨-; *no pl*⟩ presence. **~bi·blio**ˌ**thek, ~bü·che**ˌ**rei** *f* reference library. **~**ˌ**li·ste** *f* → **Anwesenheitsliste. ~**ˌ**stär·ke** *f mil.* actual (*od.* effective) strength.

Prä·ser·va·tiv [prɛzɛrvaˈtiːf] *n* ⟨-s; -e, *rare* -s⟩ condom, sheath.

prä·ser·vie·ren [prɛzɛrˈviːrən] *v/t* ⟨*no* ge-, h⟩ preserve.

Prä·ses [ˈprɛːzɛs] *m* ⟨-; Präsides [-zidɛs] *u.* Präsiden [prɛˈziːdən]⟩ *relig.* head of a church assembly (*od.* a synod).

Prä·si·dent [preziˈdɛnt] *m* ⟨-en; -en⟩ *allg.* president, (*Vorsitzender*) *a.* chairman, (*Parlaments*2) Speaker, (*Bank*2) governor, *jur.* presiding judge.

Prä·siˈ**den·ten**|ˌ**stuhl** *m* presidential chair; *fig.* **den ~ besteigen** take the chair. **~**ˌ**wahl** *f* **1.** *pol.* presidential election(s *pl*). **2.** election of a chairman (*od.* president, Speaker).

Prä·siˈ**dent·schaft** *f* ⟨-; *no pl*⟩ presidency, chairmanship.

Prä·siˈ**dent·schafts·kan·di**ˌ**dat** *m pol.* presidential candidate, candidate for the presidency.

Prä·si·diˈ**al**|**ge**ˌ**walt** [prɛziˈdĭaːl-] *f pol.* presidential power (*od.* authority). **~sy**ˌ**stem** *n* presidential system.

prä·si·die·ren [prɛziˈdiːrən] *v/i* ⟨*no* ge-, h⟩ preside, be in (*od.* hold) the chair, officiate (*od.* act) as chairman; (**in**) **e-r Versammlung ~** preside over (*od.* at) a meeting.

Prä·si·di·um [prɛˈziːdĭʊm] *n* ⟨-s; -dien⟩ **1.** (*Vorsitz*) presidency, chairmanship; **das ~ übernehmen** take the chair. **2.** (*Vorstand*) presiding (*od.* managing) committee. **3.** → **Polizeipräsidium.**

pras·seln [ˈprasəln] *v/i* ⟨h *u.* sein⟩ **1.** ⟨h⟩ *Feuer*: crackle, *Regen etc*: patter, beat (*od.* lash) down, *Hagel etc*: rattle; *fig.* **~der Beifall** thunderous (*od.* thundering) applause. **2.** ⟨sein⟩ (*nieder*~) *Geschosse etc*: hail, rain; *fig.* **Schimpfworte prasselten auf uns** (**nieder**) we were showered with abuse.

pras·sen [ˈprasən] *v/i* ⟨h⟩ feast, carouse, (*fressen*) gorge, *weitS.* live high (*od.* in luxury), *colloq.* live it up, *mit Geld*: squander one's money. ˈ**Pras·ser** *m* ⟨-s; -⟩ person who lives it up, (*Verschwender*) spendthrift, squanderer, (*Fresser*) glutton. **Pras·se**ˈ**rei** *f* ⟨-; *no pl*⟩ feast(ing), carousing, (*Fresserei*) gorging, *weitS.* high living, *mit Geld*: squandering.

prä·sum·tiv [prɛzumˈtiːf] *adj* presumptive.

Prä·ten·dent [prɛtɛnˈdɛnt] *m* ⟨-en; -en⟩ claimant, (*Thron*2) pretender (**auf** *acc* to). **Prä·ten·ti**ˈ**on** [-ˈtsĭoːn] *f* ⟨-; -en⟩ claim, pretension. **prä·ten·ti**ˈ**ös** [-ˈtsĭøːs] *adj* pretentious.

Prä·te·ri·tum [prɛˈteːritum] *n* ⟨-s; -rita [-ta]⟩ *ling.* preterit(e) (tense).

Prä·tor [ˈprɛːtɔr] *m* ⟨-s; -en [prɛˈtoːrən]⟩ *antiq.* pr(a)etor.

Prat·ze [ˈpratsə] *f* ⟨-; -n⟩ (*a. colloq. Hand*) paw.

Prä·ven·ti·on [prɛvɛnˈtsĭoːn] *f* ⟨-; *no pl*⟩ *bes. jur.* **1.** (*Vorbeugung*) prevention. **2.** (*Abschreckung*) deterrence.

prä·ven·tiv [prɛvɛnˈtiːf] *adj bes. med.* preventive, prophylactic, (*empfängnisverhütend*) contraceptive. 2ˌ**krieg** *m* preventive war. 2ˌ**maß**ˌ**nah·me** *f* preventive measure. 2ˌ**schlag** *m mil.* pre-emptive strike.

Pra·xis [ˈpraksɪs] *f* ⟨-; Praxen⟩ **1.** ⟨*only sg*⟩ practice, (*Erfahrung*) *a.* experience, (*Brauch*) *a.* usage, custom, (*Geschick*) skill; **in** (**der**) **~** a) in (general) practice, b) *tech.* in action, in practical operation; **ein Mann der ~** a practical(-minded) man; **et. in die ~ umsetzen** put s. th. into practice; **in der ~ bestehen können** stand the test; **das wird die ~ lehren** practice will show; **langjährige ~ besitzen** have long years of (practical) experience. **2.** ⟨*only sg*⟩ (*Berufsausübung*) practice, *med. colloq.* (*Sprechstunde*) *a.* consulting (*od.* consultation) hours *pl*, surgery; **ärztliche ~** medical practice; **juristische ~** legal (*od.* law) practice; **er hat e-e große ~** he has a large practice; *colloq.* **heute ist k-e ~!** no consultation hours today. **3.** (*~räume*) practice, consulting room(s *pl*), *med. a.* surgery. **4.** *psych. sociol.* (*Realität*) field. 2**be**ˌ**zo·gen,** 2**ori·en**ˌ**tiert,** 2ˌ**nah** *adj* practice-orient(at)ed. **~ver**ˌ**tre·ter** *m med.* locum tenens.

Prä·zeˈ**denz**ˌ**fall** [prɛtseˈdɛnts-] *m* precedent, *jur. a.* leading case; **e-n ~ schaffen** set (*od.* create) a precedent.

prä·zis [prɛˈtsiːs], **prä**ˈ**zi·se** [-zə] *adj* precise, exact, accurate. **prä·zi·sie·ren** [prɛtsiˈziːrən] *v/t* ⟨*no* ge-, h⟩ specify, define, put *s. th.* more precisely (*od.* exactly). **Prä·zi·si**ˈ**on** [-ˈzĭoːn] *f* ⟨-; *no pl*⟩ precision, preciseness, exactness; **mit der ~ e-s Uhrwerks** with clocklike precision.

Prä·zi·siˈ**ons**|**ar·beit** *f* precision work. **~in·stru**ˌ**ment** *n* precision instrument. **~**ˌ**schie·ßen** *n mil.* precision fire. **~**ˌ**uhr** *f* chronometer. **~**ˌ**waa·ge** *f* precision balance.

pre·di·gen [ˈpreːdɪgən] *relig.* **I** *v/i* ⟨h⟩ *a. fig.* preach, *fig. contp. a.* sermonize; **tauben Ohren ~** preach to deaf ears (*od.* to the winds). **II** *v/t a. fig.* preach (*charity, etc*).

ˈ**Pre·di·ger** *m* ⟨-s; -⟩ *relig., a. fig.* preacher, *fig. contp. a.* sermonizer, moralizer; *fig.* **der ~ in der Wüste** the voice in the wilderness.

Pre·digt [ˈpreːdɪçt] *f* ⟨-; -en⟩ *relig.* sermon (*a. fig.*), homily; **e-e ~ halten** preach a sermon; *fig.* **j-m e-e ~ halten** give s. o. a lecture, lecture (*od.* sermonize, preach at) s. o. **~**ˌ**amt** *n* ministry, clerical profession.

Preis [praɪs] *m* ⟨-es; -e⟩ **1.** *allg.* price, (*Kosten*) *a.* cost, (*Gebühr etc*) *a.* fee, charge(s *pl*), (*Tarif*) *a.* rate, (*Fahr*≗) fare; **zum ~e von** at a price of; **äußerster ~** lowest (*od.* keenest) price, *colloq.* rock-bottom price; **gegenwärtiger ~** ruling price; **im ~ steigen (fallen)** rise (fall) in price, go up (drop); **mit dem ~ heruntergehen** reduce the price; **die ~e halten** maintain prices, keep prices steady; **~e vergleichen** compare prices, shop around; **wie hoch ist der ~?** what (is the) price?; *fig.* **um jeden ~** at any price (*od.* cost), at all costs, by all means; **um k-n ~** not at any price, not for (anything in) the world; *fig.* **um e-n hohen ~** at a heavy price; **e-n guten ~ erzielen** secure (*od.* get, fetch) a good price; **der ~ spielt k-e Rolle** it's not a question of price (*od.* money), money is no object. **2.** *im Wettbewerb*: prize, *Film etc*: award; *Rennsport*: **Großer ~** Grand Prix; *Reitsport*: **~ der Nationen** Prix des Nations; **den ~ erringen** win (*od.* take) the prize. **3.** (*Belohnung*) price, reward; **e-n ~ auf j-s Kopf aussetzen** put a price on s. o.'s head. **4.** (*Lob*) *poet.* praise, *relig. a.* glory. **~ˌabˌkom·men** *n*, **~ˌabˌma·chung** *f*, **~ˌabˌre·de** *f*, **~ˌabˌspra·che** *f* price agreement; **Preisabsprachen treffen** *colloq.* gang up on prices. **~ˌän·de·rung** *f* change in price(s); **~en vorbehalten** prices are subject to change without notice. **~ˌanˌga·be** *f* quotation (of prices); **ohne ~** unmarked, unpriced. **~ˌan·geˌbot** *n* **1.** (*Verkaufsangebot*) quotation (of price); **ein ~ machen** quote a price. **2.** (*Kaufangebot*) bid. **~ˌanˌstieg** *m* rise in prices, upward price movement. **~ˌaufˌga·be** *f* (subject set for a) competition, prize question. **~ˌaufˌschlag** *m* addition to the price, (price) mark-up, additional (*od.* extra, supplementary) charge, surcharge. **~ˌaufˌtrieb** *m* upward trend of prices. **~ˌausˌschrei·ben** *n* (prize) competition. **~ˌausˌzeich·nung** *f* **1.** pricing, price-marking. **2.** → **Preisschild 1.** **~beˌhör·de** *f* price(-control) board (*od.* authority). **≗beˌstim·mend** *adj* price-determining. **~beˌwe·gung** *f* price movement, movement of prices. **≗beˌwußt** *adj* price-conscious; **~es Einkaufen** comparison shopping. **~ˌbil·dung** *f* price formation (*od.* fixing). **~ˌbin·dung** *f* (**der zweiten Hand** resale) price maintenance. **~ˌbo·xer** *m* prizefighter. **~ˌbre·cher** *m* *econ.* price-cutter. **~ˌdruck** *m* ⟨-(e)s; *no pl*⟩ downward pressure on prices. **~ˌeinˌbruch** *m* → **Preissturz.**

ˈ**Prei·selˌbee·re** [ˈpraizəl-] *f* (mountain) cranberry, red whortleberry (*od.* bilberry).

ˈ**Preis·empˌfeh·lung** *f* recommended price; **unverbindliche ~** suggested retail price.

prei·sen [ˈpraɪzən] **I** *v/t* ⟨**preist, pries, gepriesen,** h⟩ praise, laud, extol, *bes. relig.* glorify, magnify; **j-n glücklich ~** call s. o. lucky. **II** *v/reflex* **sich glücklich ~** call o. s. lucky, thank (*od.* bless) one's lucky stars.

ˈ**Preis|entˌwick·lung** *f* price trend, trend in (*od.* of) prices; **die ~ geht nach oben** there is an upward trend in prices. **~erˌhö·hung** *f* **1.** → **Preisanstieg. 2.** raising of prices. **~erˌmä·ßi·gung** *f* reduction in price, (*Rabatt*) *a.* discount. **~ˌfra·ge** *f* **1.** → **Preisaufgabe. 2.** *fig. colloq.* puzzler, *bes. Am. colloq.* 64-dollar question. **3.** *colloq.* matter (*od.* question) of price. **~ˌfront** *f* price front.

ˈ**Preis|ˌga·be** *f* (*Aufgabe*) abandonment, (*Verzicht*) *a.* renunciation, (*Herausgabe*) surrender, (*Opfern*) sacrifice, *von Geheimnissen etc*: disclosure, revelation. **≗ˌge·ben** *v/t* ⟨*irr, sep,* -ge-, h⟩ **1.** abandon, give up, (*herausgeben*) surrender, relinquish, (*opfern*) sacrifice, (*Geheimnis*) reveal, give away, betray. **2.** *fig.* expose (*dat* to); **j-n dem Elend ~** leave s. o. in dire poverty; *e-r Sache* (**hilflos**) **preisgegeben** at the mercy of, a prey of, exposed to; → **Lächerlichkeit.**

ˈ**preis·geˌbun·den** *adj econ.* price-controlled, price-maintained.

ˈ**Preis|geˌfäl·le** *n* price differential, disparity in prices. **~geˌfü·ge** *n* price structure. **≗geˌkrönt** *adj Film, Roman etc*: prize-winning. **~geˌricht** *n* jury. **~geˌstal·tung** *f* → **1. Preispolitik. 2. Preisbildung.** **~ˌgleitˌklau·sel** *f* price variation (*Am.* escalator) clause. **~ˌgren·ze** *f* price limit; **obere ~** price ceiling; **untere ~** minimum (price), bottom price. **≗ˌgün·stig** *adj* → **preiswert 2.** **~ˌin·dex** *m* price index. **~kal·ku·la·ti·on** *f* price calculation. **~karˌtell** *n* price cartel. **~ˌklas·se** *f* price category (*od.* class, range). **~konˌtrol·le** *f* price control. **~kor·rekˌtur** *f* adjustment of prices. **~ˌla·ge** *f* price range; **in jeder ~** at all prices; **in mittlerer ~** medium-priced; *fig. colloq.* **in dieser ~** of this sort. **~laˌwi·ne** *f* price avalanche. **~ˌlen·kung** *f* control of prices.

ˈ**preis·lich** *adj u. adv* in price.

ˈ**Preis|ˌli·ste** *f* price list. **~ˌnachˌlaß** *m* price reduction (*od.* deduction), reduction in (*od.* of) price(s), discount, *bei Mängelrügen*: allowance. **~niˌveau** *n* price level. **~noˌtie·rung** *f* *Börse*: (price) quotation. **~po·liˌtik** *f* price policy. **~ˌrät·sel** *n* competition (crossword) puzzle. **~ˌrich·ter** *m* (competition) judge, adjudicator. **~ˌrückˌgang** *m* fall (*od.* decline, drop, recession) in prices, price recession. **~ˌsche·re** *f* price scissors *pl* (*meist als sg konstruiert*), price gap. **~ˌschie·ßen** *n* rifle (*od.* shooting) competition (*od.* match). **~ˌschild** *n* **1.** price tag (*od.* ticket, label). **2.** → **Preistafel.** **~ˌschla·ger** *m* (price) sensation. **~schleu·deˈrei** [ˌpraɪs-] *f* ⟨-; -en⟩ reckless undercutting (of prices), price-slashing. **~ˌschrau·be** *f* price spiral. **~ˌschwan·kung** *f meist pl* price fluctuation. **≗ˌsen·kend** *adj* price-reducing. **~ˌsen·kung** *f* reduction in (*od.* of) prices, price reduction, price cut(ting). **~ˌska·la** *f* price scale; **gleitende ~** sliding scale of prices. **~ˌspan·ne** *f* price margin, (price) spread. **~spiˌra·le** *f* price spiral. **~sta·bi·liˌtät** *f* price stability. **~ˌstei·ge·rung** *f* rise (*od.* increase, advance) in prices, price increase (*od.* rise), *pl a.* rising prices. **~ˌstopp** *m* price stop (*od.* freeze); **e-n ~ durchführen** freeze prices. **~strukˌtur** *f* → **Preisgefüge.** **~ˌsturz** *m* (sharp *od.* sudden) fall (*od.* decline) in (*od.* of) prices, slump (in prices). **~ˌstüt·zung** *f* price support(ing). **~ˌta·fel** *f vor Geschäften etc*: price board. **~ˌträ·ger** *m*, **~ˌträ·ge·rin** *f* ⟨-; -nen⟩ prizewinner. **≗ˌtrei·bend** *adj* price-raising. **~ˌtrei·ber** *m* inflater. **~trei·beˈrei** [ˌpraɪs-] *f* ⟨-; -en⟩ forcing up of prices (*od.* the market), *Am. a.* gouging. **~ˌüberˌhö·hung** *f* excessive prices *pl*. **~ˌüberˌwa·chung** *f* price control. **~ˌüberˌwa·chungsˌstel·le** *f* → **Preisbehörde.** **~ˌun·terˌbie·tung** *f* underselling, *auf Auslandsmärkten*: dumping. **~ˌun·terˌschied** *m* price difference. **~verˌband** *m* price combine, cartel. **~verˌeinˌba·rung** *f* → **Preisabkommen.** **~verˌlei·hung** *f* awarding (*od.* presentation) of a prize. **~verˌtei·lung** *f* distribution of prizes. **~verˌzeich·nis** *n* → **Preisliste.**

ˈ**preisˌwert I** *adj* **1.** worth the money (*od.* price); **~ sein** *a.* be good value. **2.** (*billig*) low-priced, economy-priced, reasonable, inexpensive, cheap; **~es Angebot** *a.* bargain. **II** *adv* **3.** at a fair (*od.* reasonable) price, reasonably, cheap(ly).

ˈ**Preis|ˌwu·cher** *m* charging exorbitant prices. **≗ˌwür·dig** *adj* → **1. lobenswert. 2. preiswert.** **~ˌwür·dig·keit** *f* fairness of price, reasonable (*od.* moderate) price, good value, cheapness. **~ˌzuˌschlag** *m* additional charge.

pre·kär [prɛˈkɛːr] *adj* ⟨-er; -st⟩ precarious, delicate, critical.

ˈ**Prellˌbock** *m* **1.** *rail.* buffer (stop), buffers *pl*. **2.** *fig. colloq.* scapegoat.

prel·len [ˈprɛlən] **I** *v/t* ⟨h⟩ **1.** bounce; **j-n ~** *in e-r Decke*: toss s. o. (up) (in a blanket). **2. sich** (*dat*) **et. ~** (*Knie etc*) bruise (*od.* contuse) s. th. **3.** *fig. colloq.* (*betrügen*) cheat, swindle, trick, *sl.* bamboozle, con (*alle*: **um e-e Sache** out of s. th.). **II** *v/i* ⟨**sein**⟩ **4.** *bes. Sport*: **nach vorn ~** dash (*od.* rush) forward.

ˈ**Prel·ler** *m* ⟨-s; -⟩ **1.** (*Betrüger*) swindler, fraud, cheat. **2.** → **Prellschuß.**

Prel·leˈrei *f* ⟨-; -en⟩ swindle, fraud, cheat(ing).

ˈ**Prell|ˌschuß** *m* rebounding shot, ricochet (shot). **~ˌstein** *m an Häusern etc*: kerbstone, *Am.* curbstone.

ˈ**Prel·lung** *f* ⟨-; -en⟩ *med.* bruise, contusion.

Pre·mi·er [prəˈmɪeː; pre-] *m* ⟨-s; -s⟩ → **Premierminister.**

Pre·mie·re [prəˈmɪɛːrə; pre-] *f* ⟨-; -n⟩ *thea. Film*: first night (*od.* performance), première.

Pre·mie·ren|ˌabend [prəˈmɪɛːrən-; pre-] *m* first night (*od.* première) performance. **~beˌsu·cher** *m* first-nighter. **~ˌki·no** *n* first-run cinema.

Pre·miˈer·miˌni·ster *m* prime minister, premier.

Pres·by·ter [ˈprɛsbytər] *m* ⟨-s; -⟩ *relig.* presbyter. **Pres·by·te·ria·ner** [prɛsbyteˈrɪaːnər] *m* ⟨-s; -⟩ Presbyterian. **Pres·byˈte·ri·um** [-ˈteːrɪum] *n* ⟨-s; -rien⟩ presbytery.

pre·schen [ˈprɛʃən] *v/i* ⟨sein⟩ *colloq.* rush, dash, shoot, tear.

pres·sant [prɛˈsant] *adj dial.* urgent.

Pres·se[1] [ˈprɛsə] *f* **1.** *print. tech.* press, (*Frucht*≗) *a.* squeezer. **2.** ⟨*only sg*⟩ *Textil.* press, calender. **3.** *colloq. contp.* (*Privatschule*) cramming establishment.

ˈ**Pres·se**[2] *f* ⟨-; *no pl*⟩ (*Zeitungswesen*) press, (*Gesamtheit der Zeitungen*) *a.* newspapers *pl*, (*~leute*) *a.* (news) reporters *pl*, newspapermen *pl*, pressmen *pl*, journalists *pl*, (*~kritik*) *a.* reviews *pl*; **er ist bei der ~** he is a journalist; **die inländische (ausländische) ~** the national (foreign) press; **e-e gute (schlechte) ~ haben** have a good (bad) press. **~agent** [-ˀaˌgɛnt] *m* press agent. **~agenˌtur** *f* press agency. **~ˌamt** *n* press (and information) office. **~ˌausˌweis** *m* press card. **~beˌricht** *m* press (*od.* newspaper) report. **~beˌricht·erˌstat·ter** *m* press (*od.* news) correspondent. **~büˌro** *n* → **Presseagentur.** **~ˌchef** *m* chief press officer. **~ˌdienst** *m* news (*od.* press) service (*od.* agency). **~erˌklä·rung** *f* handout; **e-e ~ abgeben** make a statement to the press. **~ˌfeldˌzug** *m* press campaign. **~ˌfrei·heit** *f* freedom of the press, press freedom. **~geˌsetz** *n* press law. **~kom·menˌtar** *m* press comment(ary). **~kon·feˌrenz** *f* press (*od.*

news) conference. **~kor·re·spon|dent** *m* press correspondent. **~kri|tik** *f* press, review, *lobende*: *a. colloq.* write-up. **~|mel·dung** *f* **1.** press report. **2.** news item. **~|mit|tei·lung** *f* **1.** → Pressemeldung. **2.** *an die Presse*: press release; **e-e amtliche ~** an official press release, a (press) handout.

pres·sen [ˈprɛsən] **I** *v/t* ⟨h⟩ **1.** *allg.* press (*a. tech.*), (*ausquetschen*) *a.* squeeze, (*seihen*) strain, (*zs.-drücken*) *a.* compress, squeeze, (*zwängen*) *a.* force, (*drängen*) *a.* urge, (*bedrücken*) oppress, (*gewaltsam anwerben*) (im)press, *mar. sl.* shanghai; **j-m die Hand ~** squeeze s. o.'s hand; **er preßte sie (eng) an sich** he pressed her close to him; *fig.* **gepreßt voll** crammed (full), jammed; **gepreßtes Lachen** forced laugh; **mit gepreßter Stimme** in a choked voice. **2.** *tech.* press, mo(u)ld, (*Hut*) block, (*Leder*) emboss, (*glanz~*) gloss, (*strang~*) extrude; **heiß ~** (*Tuch*) hot-press. **3.** (*Stroh etc*) bale, bundle. **4.** *mar.* **Segel ~** press (*od.* crowd) sail (*od.* all sails). **II** *v/i* **5.** *beim Stuhlgang*: press, strain, *bei der Geburt*: push, bear down. **III** *v/reflex* **sich ~ 6.** press o. s. (**gegen** *od.* **an** *acc* against), (*sich zwängen*) squeeze (*od.* cram, press) (o. s.) (**in** *acc* into).

ˈPres·se|no|tiz *f* news (*od.* press) item, (press) notice. **~|pho·to** *n* news picture. **~pho·to|graph** *m* press photographer. **~re·fe|rent** *m* press and public relations officer. **~|schau** *f* (press *od.* newspaper) review. **~|spie·gel** *m* press review. **~|spre·cher** *m* press spokesman. **~|stel·le** *f* → Presseamt. **~|stim·men** *pl* press reviews (*od.* commentaries). **~tri|bü·ne** *f bes. Sport*: press gallery, press box. **~ver|band** *m* press association. **~ver|ge·hen** *n* offen/ce (*Am.* -se) against the press laws. **~ver|laut|ba·rung** *f* press release. **~ver|tre·ter** *m* (news) reporter, newspaperman, pressman. **~|we·sen** *n* press, journalism. **~zen|sur** *f* censorship of the press. **~|zen·trum** *n* press cent/re (*Am.* -er).

ˈPreß||form *f* **1.** *tech.* press(ing) mo(u)ld. **2.** *metall.* extrusion die. **3.** *synth.* compression mo(u)ld. **~|gas** *n* (high-)pressure (*od.* compressed) gas. **~|glas** *n* press(ed) glass. **~|guß** *m*, **~|guß|teil** *n* pressure die casting. **~|holz** *n* laminated wood. **~|holz|plat·te** *f* wood fib/re (*Am.* -er) board, pulp board.

pres·sie·ren [prɛˈsiːrən] *v/impers* ⟨*no* ge-, h⟩ *bes. Southern G. colloq.* **es pressiert** it is urgent; **es pressiert mir** I am in a hurry; **es pressiert nicht** there is no hurry.

Pres·si·on [prɛˈsĭoːn] *f* ⟨-; -en⟩ pressure, compulsion, coercive measure.

ˈPreß||koh·le *f collect.* briquettes *pl*, compressed fuel. **~|kopf** *m gastr.* brawn, *bes. Am.* headcheese.

ˈPreß·ling *m* ⟨-s; -e⟩ *tech.* die-pressed (*od.* die-formed) part, mo(u)lding.

ˈPreß|luft *f tech.* **1.** compressed air. **2.** → Druckluft. **≈be|tä·tigt** *adj* air-operated. **~|boh·rer** *m* pneumatic (*od.* air, road) drill. **~|fla·sche** *f* compressed-air cylinder (*od.* bottle). **~|ham·mer** *m* pneumatic (*od.* air) hammer. **~ven|til** *n* air valve.

ˈPreß||mas·se *f* **1.** *tech.* mo(u)lding compound (*od.* composition). **2.** → Formmasse. **~|mus·kel** *m anat.* compressor. **~|öl** *n* hydraulic oil. **~|öler** *m* ⟨-s; -⟩ pressure (*od.* force-feed) oiler. **~|pas·sung** *f* force (*od.* press) fit. **~|sack** *m* → Preßkopf. **~|span** *m* pressboard. **~|stoff** *m* plastic material, (plastic) mo(u)lding compound. **~|stroh** *n* baled (pressed) straw. **~|stück, ~|teil** *n* → Preßling.

ˈPres·sung *f* ⟨-; -en⟩ pressing, compression.

ˈPreß|we·hen *pl med.* bearing-down pains.

Pre·sti·ge [prɛsˈtiːʒə] *n* ⟨-s; *no pl*⟩ prestige, *gesellschaftliches*: *a.* status. **~|den·ken** *n* thinking in terms of prestige, prestige (*od.* status) thinking, prestige-oriented mentality. **~|fra·ge** *f* question of prestige. **~ge|winn** *m* gain in prestige. **~|grün·de** *pl* **aus ~n** for reasons of prestige. **~ver|lust** *m* loss of prestige (*od.* face).

pre·stis·si·mo [prɛsˈtɪsimo] *mus.* **I** *adj u. adv* prestissimo. **II ≈** *n* ⟨-s; -s *u.* -simi [-mi]⟩ prestissimo.

pre·sto [ˈprɛsto] *mus.* **I** *adj u. adv* presto. **II ≈** *n* ⟨-s; -s *u.* Presti [-ti]⟩ presto.

Preu·ße [ˈprɔʏsə] *m* ⟨-n; -n⟩ Prussian; *fig. colloq.* **so schnell schießen die ~n nicht!** you can't rush things. **ˈPreu·ßen·tum** *n* ⟨-s; *no pl*⟩ Prussianism. **ˈPreu·ßin** *f* ⟨-; -nen⟩ Prussian (woman).

ˈpreu·ßisch *adj* Prussian. **≈|blau** *n* Prussian (*od.* Berlin, Paris) blue.

pre·zi·ös [preˈtsĭøːs] *adj* precious, affected, *Stil*: *a.* stilted, highflown.

ˈpricke·lig (*getr.* -k·k-) *adj* → prickelnd 1.

prickeln (*getr.* -k·k-) [ˈprɪkəln] **I** *v/i* ⟨h⟩ **1.** *Hände, Füße etc*: tingle, *Sekt etc*: prickle, tickle (**auf der Zunge** the palate), (*jucken*) itch. **II** *v/impers* **2. es prickelt mir in allen Fingerspitzen** a) my fingers are tingling, I've got pins and needles in my fingers, b) *fig.* I'm itching to do s. th. **III ≈** *n* ⟨-s⟩ **3.** *in Händen u. Füßen*: tingling sensation, pins and needles *pl*, *von Sekt etc*: prickle, tickle. **4.** *fig.* thrill. **ˈprickelnd** (*getr.* -k·k-) *adj* **1.** *Gefühl etc*: tingling, prickling, (*pikant*) pungent, sharp. **2.** *fig.* (*spannend*) thrilling, (*sinnlich erregend*) *a.* titillating, (*pikant*) piquant, spicy.

ˈprick·lig *adj* → prickelnd 1.

Priel [priːl] *m* ⟨-(e)s; -e⟩ *Northern G.* tideway, tidal gully.

Priem [priːm] *m* ⟨-(e)s; -e⟩ plug, quid. **ˈprie·men** *v/i* ⟨h⟩ chew tobacco.

pries [priːs] *1 u. 3 sg pret of* **preisen.**

Prie·ster [ˈpriːstər] *m* ⟨-s; -⟩ priest; **j-n zum ~ weihen** ordain s. o. priest. **~|amt** *n* priesthood, priestly office, ministry. **~|ehe** *f* marriage of priests (*od.* of the clergy). **~ge|wand** *n* priestly vestments (*od.* robes) *pl*, (*Soutane*) cassock.

ˈPrie·ste·rin *f* ⟨-; -nen⟩ *relig. antiq.* priestess.

ˈprie·ster·lich *adj relig.* priestly, sacerdotal.

ˈPrie·ster||rock *m* cassock. **~schaft** *f* ⟨-; *no pl*⟩ **1.** (body of) priests *pl*, priesthood. **2.** → Priesteramt. **~se·mi|nar** *n* college (*od.* seminary) for Roman Catholic priests. **~tum** *n* ⟨-s; *no pl*⟩ → **1.** Priesterwürde 1. **2.** Priesteramt. **~|wei·he** *f* ordination (of a priest); **die ~ empfangen** be ordained, take holy orders. **~|wür·de** *f* **1.** priestly dignity. **2.** → Priesteramt.

Prim [priːm] *f* ⟨-; -en⟩ *mus., relig., Fechten*: prime.

Pri·ma [ˈpriːma] *f* ⟨-; Primen⟩ *ped.* *eighth and ninth year* (*od. form*) *of a German secondary school.*

ˈpri·ma I *adj* ⟨*invariable*⟩ **1.** first-class, first-rate, *econ. a.* prime. **2.** *colloq.* great, tremendous, marvel(l)ous, swell, smashing, groovy; **er ist ein ~ Kerl** he is a grand fellow, *Am.* he is a swell guy; (**das ist ja**) **~!** (that's) great! **II** *adv colloq.* **3.** marvel(l)ously, fantastically; **er kann ~ tanzen** he is a marvel(l)ous dancer; **es ist alles ~ gegangen** everything went off very well (*od.* fine, without a hitch).

Pri·ma|bal·le·ri·na [primabaleˈriːna] *f* ⟨-; -rinen⟩ prima ballerina. **~ˈdon·na** [-ˈdɔna] *f* ⟨-; -donnen⟩ *thea., a. fig.* prima donna.

Pri·ma·ner [priˈmaːnər] *m* ⟨-s; -⟩, **Priˈma·ne·rin** *f* ⟨-; -nen⟩ *pupil of a "Prima"*. **Priˈma·ner|lie·be** *f* schoolboy romance.

Pri·mar [priˈmaːr] *m* ⟨-s; -e⟩ *Austrian for* Chefarzt.

pri·mär [priˈmɛːr] **I** *adj* primary. **II** *adv* (*in erster Linie*) primarily. **≈ener|gie** *f* primary energy. **≈|far·be** *f* primary colo(u)r. **≈ge|stein** *n* primary rock. **≈|herd** *m med.* primary focus. **≈li·te·ra|tur** *f* primary literature, sources *pl*.

Priˈmar|schu·le *f Swiss* preparatory (*od.* primary, *bes. Am.* elementary) school.

Pri·mas[1] [ˈpriːmas] *m* ⟨-; -se, *a.* -maten [priˈmaːtən]⟩ *R. C.* primate.

ˈPri·mas[2] *m* ⟨-; -se⟩ *e-r Zigeunerkapelle*: primas.

Pri·mat[1] [priˈmaːt] *m, n* ⟨-(e)s; -e⟩ **1.** (*Vorrang*) primacy, priority (**über** *acc*, **vor** *dat* over). **2.** *R. C.* primacy.

Priˈmat[2] *m* ⟨-en; -en⟩ *meist pl zo.* Primate.

pri·ma vi·sta [ˈpriːma ˈvɪsta] *adv mus.* (*vom Blatt*) at sight.

ˈPri·ma|wech·sel *m econ.* first of exchange.

Pri·me [ˈpriːmə] *f* ⟨-; -n⟩ **1.** → Prim. **2.** *print.* first form (*od.* page).

Pri·mel [ˈpriːməl] *f* ⟨-; -n⟩ *bot.* primrose; *fig. colloq.* **eingehen wie e-e ~** die on the vine, *Sportler etc*: go under.

ˈPrim|fak·tor *m math.* prime (factor).

pri·mi·tiv [primiˈtiːf] **I** *adj* ⟨-er; -st⟩ *allg.* primitive (*a. biol. math. mus.*), (*roh*) *a.* uncouth, crude, coarse, (*behelfsmäßig*) *a.* rough(-and-ready), poor, wretched, (*einfach*) simple, elementary. **II** *adv* primitively; **~ leben** live in primitive conditions. **Pri·miˈti·ve** *m, f* ⟨-n; -n⟩ *meist pl* primitive. **Pri·mi·tiˈvis·mus** [-tiˈvɪsmʊs] *m* ⟨-; *no pl*⟩ *Kunst*: primitivism. **Pri·mi·ti·viˈtät** [-tiviˈtɛːt] *f* ⟨-; *no pl*⟩ primitive nature, primitiveness, (*Roheit*) roughness, coarseness, (*Einfachheit*) simplicity. **Pri·miˈtiv·ling** *m* ⟨-s; -e⟩ *colloq. contp.* primitive.

Pri·miz [priˈmiːts] *f* ⟨-; -en⟩, **~|fei·er** *f* *R. C.* first mass (of a newly ordained priest).

Pri·mus [ˈpriːmʊs] *m* ⟨-; Primi [-mi] *u.* -se⟩ *ped.* top (*od.* head) boy.

ˈPrim|zahl *f math.* prime (number).

Prinz [prɪnts] *m* ⟨-en; -en⟩ prince. **Prinˈzes·sin** *f* ⟨-; -nen⟩ princess. **Prinˈzeß|kleid** *n Mode*: princess(-line) dress. **ˈPrinz·ge|mahl** *m* prince consort.

Prin·zip [prɪnˈtsiːp] *n* ⟨-s; -zipien [-pĭən]⟩ principle; **im ~** in principle, basically; **aus ~** on principle; **sich** (*dat*) **et. zum ~ machen** make s. th. a matter of principle, make a point of s. th.; **s-n ~ien treu bleiben** stick (*od.* remain true) to one's principles; *tech.* **auf e-m einfachen ~ beruhen** work on a simple principle.

Prin·zi·pal[1] [prɪntsiˈpaːl] *m* ⟨-s; -e⟩ *obs. for* a) Geschäftsinhaber, b) Lehrherr.

Prin·ziˈpal[2] *n* ⟨-s; -e⟩ *der Orgel*: principal (stop).

prin·zi·pi·ell [prɪntsiˈpĭɛl] *adj u. adv* in (*od.* on) principle, *adv a.* as a matter of principle.

Prinˈzi·pi·en|ˌfra·ge *f* question of principle. **~ˌrei·ter** *m colloq. contp.* stickler for principles, dogmatist. **~ˌstreit** *m* dispute about principles. **♀ˌtreu** *adj* true (*od.* loyal) to one's principles.

ˈprinz·lich *adj* princely.

ˈPrinz·reˌgent *m* prince regent.

Pri·or [ˈpriːɔr] *m* <-s; -en [priˈoːrən]> *relig.* prior. **Prio·rat** [prioˈraːt] *n* <-(e)s; -e> priorate, priory, priorship. **Prio·rin** [priˈoːrɪn] *f* <-; -nen> prioress.

Prio·ri|tät [prioriˈtɛːt] *f* <-; -en> **1.** (*Vorrang*) *a. econ. jur.* priority (**vor** *dat* over); **~en setzen** set priorities; **e-r Sache ~ einräumen** give priority to s.th. **2.** *pl* → **Prioritätsobligation.** **~ˈtä·tenˌli·ste** *f* list of priorities.

Prio·riˈtäts|ˌak·tie *f* → **Vorzugsaktie.** **~ˌanˌlei·he** *f* preference bond. **~ˌanˌspruch** *m* priority claim. **~ˌgläu·bi·ger** *m* preferential (*od.* privileged, preferred) creditor. **~ob·li·ga·tiˌon** *f* priority (*od.* preference) bond.

Pri·se [ˈpriːzə] *f* <-; -n> **1. e-e ~ Salz** (**Tabak**) a pinch of salt (snuff). **2.** *mar.* prize; **e-e ~ machen** (*od.* **einbringen**) make prize of a ship, take a prize.

ˈPri·sen|ˌgeld *n meist pl mar.* prize money. **~geˌricht** *n* prize court. **~komˌman·do** *n* prize crew. **~ˌrecht** *n* law of prize.

Pris·ma [ˈprɪsma] *n* <-s; Prismen> **1.** *opt. phys.* prism. **2.** *meist pl an Kronleuchtern etc*: drop. **prisˈma·tisch** [-ˈmaːtɪʃ] *adj* prismatic. **Pris·ma·toˈid** [-matoˈiːt] *n* <-(e)s; -e> *math.* prismatoid.

ˈPris·men|ˌbril·le *f opt.* prismatic spectacles *pl*. **~ˌglas** *n* prism binocular(s *pl meist als sg konstruiert*). **~ˌsu·cher** *m phot.* prismatic viewfinder.

Prit·sche [ˈprɪtʃə] *f* <-; -n> **1.** bat, (*Narren♀*) slapstick. **2.** plank bed. **3.** *mot.* (*Ladefläche*) platform. **ˈprit·schen I** *v/t* <h> *obs. od. dial.* **j-n ~** beat s.o. with a slapstick. **II** *v/i Volleyball*: play the ball on with one's palms. **ˈPrit·schenˌwa·gen** *m mot.* platform van (*Am.* truck).

pri·vat [priˈvaːt] **I** *adj* **1.** *allg.* private, (*vertraulich*) *a.* confidential, (*persönlich*) *a.* personal, (*in Privatbesitz*) *a.* privately owned; **in j-s ~e Sphäre eindringen** intrude on s.o.'s privacy; **ein ~es Gespräch** a confidential conversation, a talk in private. **II** *adv* **2.** privately, in private, (*persönlich*) *a.* personally, (*vertraulich*) *a.* confidentially; **mit j-m ~ sprechen** talk to s.o. about a personal matter; **~ wohnen** (*nicht im Hotel*) live in a private house; **~ versichert sein** be privately insured. **3.** (*im ♀leben*) in private life. **III ♀** <*invariable*> **4.** *econ.* **Verkauf auch an ♀** we also sell to private customers; **Ankauf von ♀** private purchase.

Priˈvat|adres·se [-ʔaˌdrɛsə] *f* private (*od.* home) address. **~ˌan·geˌle·gen·heit** *f* personal matter, private affair (*od.* concern). **~ˌarzt** *m* private doctor. **~au·diˌenz** *f* private audience. **~ˌbank** *f* <-; -en> private bank. **~ˌbett** *n med.* pay bed. **~de·tekˌtiv** *m* private detective (*colloq.* eye). **~doˌzent** *m univ.* (unsalaried) private lecturer, privat-dozent. **~ˌei·gen·tum** *n* private property (*od.* ownership); **in ~** in private ownership, privately owned; **in ~ übergehen** pass into private hands. **~ˌeinˌkom·men** *n* private (*od.* personal) income. **~ˌfah·rer** *m Rennsport*: private entrant. **~geˌbrauch** *m* private (*od.* personal, own) use. **~geˌlehr·te** *m* private scholar. **~geˌspräch** *n* private conversation (*od.* talk, *teleph.* call). **~ˌhand** *f* **in ~** in private hands, privately owned.

Pri·va·ti·er [privaˈtĭeː] *m* <-s; -s> person who lives on private means.

pri·va·tim [priˈvaːtɪm] *adv* privately.

Priˈvat|in·duˌstrie *f* private industry. **~i·ni·tiaˌti·ve** *f* private initiative. **~in·terˌes·se** *n* private interest.

pri·va·ti·sie·ren [privatiˈziːrən] **I** *v/i* <*no* ge-, h> **1.** live on one's own (*od.* private) means. **2.** *colloq.* have retired. **II** *v/t* **3.** (*staatliche Betriebe etc*) put (*od.* transfer) *s.th.* into private ownership (*od.* hands), (*re~*) denationalize.

pri·va·tis·si|me [privaˈtɪsime] *adv* strictly confidentially. **♀mum** [-mum] *n* <-s; -sima [-ma]> *univ. etwa* exclusive tutorial.

Priˈvat|ˌkas·se *f* private health-insurance fund. **~ˌkla·ge** *f jur.* private action. **~ˌklä·ger** *m* private (criminal) complainant. **~ˌkli·nik** *f* private clinic (*od.* hospital), nursing home. **~ˌkon·to** *n* private account. **~kor·re·sponˌdenz** *f* personal (*od.* private) correspondence. **~ˌle·ben** *n* <-s; *no pl*> private (*od.* personal) life; **im ~** in private (life); **das Recht auf ein ~** the right to privacy. **~ˌleh·rer** *m* private teacher (*od.* tutor). **~lekˌtü·re** *f* private reading. **~ˌmann** *m* <-(e)s; ⸗er *od.* **Privatleute**> **1.** private person. **2.** → **Privatier.** **~pa·tiˌent** *m*, **~pa·tiˌen·tin** *f* private patient; **Behandlung als ~** private treatment. **~perˌson** *f* private person; **als ~** *a.* privately, in one's private capacity. **~quarˌtier** *n* private accommodation. **~ˌrecht** *n* private (*od.* civil) law. **♀ˌrecht·lich** *adj* under private (*od.* civil) law, private-law; **~e Körperschaft** *f* private company. **~ˌsa·che** *f* → **Privatangelegenheit.** **~ˌschu·le** *f* private school. **~se·kreˌtär** *m*, **~se·kreˌtä·rin** *f* private secretary. **~ˌsphä·re** *f* privacy, private life; **Eingriff in die ~** invasion of privacy. **~sta·tiˌon** *f med.* private ward. **~ˌstra·ße** *f* private road. **~ˌstun·de** *f* private lesson. **~ˌun·terˌneh·men** *n* private enterprise (*od.* undertaking). **~ˌun·terˌneh·mer** *m* private contractor. **~ˌun·terˌricht** *m* private lessons *pl* (*od.* tuition, instruction). **~verˌbrauch** *m* private (*od.* personal) consumption. **~verˌmö·gen** *n* private (*od.* personal) property (*od.* capital, means *pl*, assets *pl*). **~verˌsi·che·rer** *m* private underwriter (*od.* insurer). **~verˌsi·che·rung** *f* private insurance. **~ˌwa·gen** *m* private car. **~ˌweg** *m* private path (*od.* road). **~ˌwirt·schaft** *f* private economy, (the) private sector. **♀ˌwirt·schaft·lich** *adj* private-sector (*od.* -enterprise). **~ˌwoh·nung** *f* private residence. **~ˌzweck** *m* **für ~e** for private use.

Pri·vi|leg [priviˈleːk] *n* <-(e)s; -ien [-gĭən], *a.* -e> privilege. **♀leˈgie·ren** [-leˈgiːrən] *v/t* <*no* ge-, h> privilege, grant a privilege to. **♀leˈgiert** *adj* privileged; **~e Forderung** *bei Konkurs*: privileged (*od.* preferred, preferential) claim (*od.* debt).

pro [proː] **I** *prep* <*acc*> per; **~ Jahr** per year (*od.* annum), annually; **2 Mark ~ Stück** 2 marks apiece (*od.* each); **5 Einwohner ~ qkm** 5 inhabitants to the square kilomet/re (*Am.* -er); → **Kopf** 4, **Nase** 2. **II ♀** *n* <-; *no pl*> **das ♀ und Kontra** the pros and cons *pl*.

pro·bat [proˈbaːt] *adj* (*bewährt*) (ap)proved, proven, established.

Pro·be [ˈproːbə] *f* <-; -n> **1.** (*Versuch*) experiment, (*Erprobung*) trial, test, try-out, (*Beweis, a. math.*) proof, (*Eignungs♀, Bewährungs♀*) probation, (*Überprüfung*) check; **auf ~** on probation, on trial, *Warensendung*: on approval (*od.* trial); **Angestellter auf ~** probationer; **auf die ~ stellen** (put to the) test; **auf e-e harte ~ stellen** put to a severe test, (*Geduld etc*) *a.* tax, try; **die ~ bestehen** stand (*od.* pass) the test; *math.* **die ~ machen** check; → **Exempel. 2.** (*Muster*) sample, pattern, (*Prüfstück, Gesteins♀, Gewebe♀ etc*) specimen, *metall.* assay, *iro.* (*Kost♀*) taste; *tech.* **~n nehmen** take samples; **e-e ~** *s-s Könnens, s-s Mutes* **ablegen** give a sample (*iro.* taste) of, give proof of, prove. **3.** *thea. etc* rehearsal, (*Gesangs♀, Sprech♀*) audition; **~n (ab)halten** have rehearsals, rehearse. **~ˌabˌdruck, ~ˌabˌzug** *m phot. print.* proof. **~alarm** [-ʔaˌlarm] *m* test alarm, fire drill. **~ˌar·beit** *f* **1.** specimen (of one's work). **2.** *ped.* test (paper). **~ˌaufˌnah·me** *f* **1.** *Film*: screen test; **~n von** (*od.* **mit**) **j-m machen** screen-test s.o. **2.** *für e-e Schallplatte*: test recording. **~ˌaufˌtrag** *m econ.* trial order. **~beˌla·stung** *f tech.* test load. **~beˌstel·lung** *f econ.* trial order. **~ˌbild** *n TV* test chart. **~ˌbo·gen** *m print.* proof(-sheet). **~ˌboh·rung** *f Bergbau*: test drilling. **~entˌnah·me** *f* sampling. **~ex·emˌplar** *n print. etc* specimen. **♀ˌfah·ren I** *v/t* <*only inf u. pp* **probegefahren**, h> (*Wagen*) test-drive. **II** *v/i* <sein> take a test-drive. **~ˌfahrt** *f* test-drive, *e-s Schiffes*: trial run. **~ˌfall** *m* test case. **~ˌfilm** *m* test film, screen test. **~ˌflug** *m* test (*od.* trial) flight. **~ˌheft** *n print.* specimen copy (*od.* issue). **~ˌjahr** *n* year of probation. **~kan·diˌdat** *m* probationer. **~ˌlauf** *m tech.* test (*od.* trial) run. **~lek·tiˌon** *f ped.* trial lesson.

pro·ben [ˈproːbən] *v/t u. v/i* <h> *thea. etc* rehearse.

ˈPro·beˌnah·me *f* <-; -n> sampling.

ˈPro·benˌar·beit *f thea. etc* rehearsing.

ˈPro·be|ˌnum·mer *f print.* specimen copy. **~ˌpackung** (*getr.* -k·k-) *f* trial package. **~ˌschie·ßen** *n mil.* trial (*od.* test) firing. **~ˌschuß** *m mil.* trial (*od.* test) shot, *zur Visierkontrolle*: sighting shot. **~ˌsei·te** *f print.* specimen page. **~ˌsen·dung** *f econ.* sample sent on approval. **~ˌse·rie** *f* trial (*od.* test) series. **~ˌstrei·fen** *m phot.* test strip. **~ˌstück** *n* **1.** specimen, sample. **2.** *tech.* (test) specimen, test piece. **♀ˌwei·se** *adv* on (*od.* by way of) trial, *Person*: *a.* on probation, *Warensendung*: on approval. **~ˌzeit** *f* time of probation, qualifying period, trial (*od.* try-out) period; **nach e-r ~ von 3 Monaten** at the end of three months' probation.

pro·bie·ren [proˈbiːrən] **I** *v/t* <*no* ge-, h> (*prüfen*) test, (*kosten*) taste, sample, try; **et. (zu tun) ~** try (to do *od.* doing) s.th.; **es ~ mit** try *s.o., s.th.*, have a try at *s.th.*; **probier's doch!** just try!; **probier's noch mal!** try it again!; **~ wir's doch mal!** *colloq.* let's have a stab at it!; *colloq.* **es bei j-m ~** *sl.* try it on with s.o.; → **anprobieren. II ♀** *n* <-s> trying (*etc*), (*empirisches Verfahren*) trial and error method; **♀ geht über Studieren** (*Sprichwort*) the proof of the pudding is in the eating, an ounce of practice is worth a pound of theory.

Proˈbier|ˌglas *n* **1.** taster. **2.** *chem.* test tube. **~ˌstein** *m* touchstone. **~ˌstu·be** *f* wine bar.

Pro·blem [proˈbleːm] *n* <-s; -e> problem; **das stellt mich vor ein ~** that poses a problem for me; *colloq.* (**das ist doch**) **kein ~!** (that's) no problem at all! **Pro·ble·ma·tik** [probleˈmaːtɪk] *f* <-; *no pl*> problematical nature, problems *pl*, difficulties *pl*. **pro·bleˈma·tisch** *adj* problematic(al).

Proˈblem|ˌdra·ma *n* → Problemstück. **~ˌkreis** *m* complex of problems. **2los** *adj u. adv* without any difficulties (*od.* problems). **2ori·enˌtiert** *adj Computer*: problem-oriented. **~ˌstel·lung** *f* **1.** formulation of a problem. **2.** problem, task. **~ˌstück** *n thea.* problem (*od.* thesis) play.

ˈPro·deˌkan *m univ.* vice-dean.

pro do·mo [proː ˈdoːmo] on one's own behalf, for oneself.

Pro·dukt [proˈdʊkt] *n* ⟨-(e)s; -e⟩ **1.** product, (*Natur*2) produce. **2.** (*Ergebnis*) outcome, *a. math.* product, result; *fig.* **er ist ein ~ s-r Zeit** he is a product of his time.

Proˈduk·ten|ˌbör·se *f econ.* commodity (*od.* goods, produce) exchange. **~ˌhan·del** *m* trade in agricultural produce. **~ˌmarkt** *m* produce market.

Pro·duk·ti·on [produkˈtsĭoːn] *f* ⟨-; -en⟩ **1.** (*Herstellung*) production; **in ~ gehen (nehmen)** go (put) into production; **in der ~ arbeiten** (*od.* **stehen**) work in the production end (*od.* on the factory floor). **2.** ⟨*only sg*⟩ (*Menge*) production, output, (*Ertrag*) yield.

Pro·duk·tiˈons|ˌanˌla·ge *f* production plant (*od.* facilities *pl*). **~ˌanˌstieg** *m* increase in production (*od.* output). **~as·siˌstent** *m Film*: assistant executive producer. **~ˌausˌfall** *m* loss of production. **~ˌausˌwei·tung** *f* expansion of production. **~beˌreich** *m* producing (*od.* production) line (*od.* sector). **~beˌschrän·kung** *f* restriction (*od.* limitation) of production, output restriction. **~beˌtrieb** *m* producing firm. **~ˌeinˌrich·tun·gen** *pl* production facilities (*od.* equipment *sg*). **~ˌeinˌstel·lung** *f* stoppage (*od.* standstill) of production. **~erˌhö·hung** *f* → Produktionssteigerung. **~ˌgang** *m* process (*od.* phase) of production, production process. **~geˌnos·sen·schaft** *f* producers' co-operative. **~ˌgü·ter** *pl* producer (*od.* production) goods. **~ka·pa·ziˌtät** *f* production (*od.* productive) capacity. **~ˌko·sten** *pl* cost *sg* of production, production costs. **~ˌkraft** *f* productive power. **~ˌlei·stung** *f* production capacity. **~ˌlei·ter** *m* **1.** *econ.* production manager. **2.** *Film*: executive producer, head of production. **~ˌlei·tung** *f* **1.** *econ.* production (*od.* plant) management. **2.** *Film*: production, producers *pl*. **~ˌmen·ge** *f* production, output, *bes. agr.* yield, crop. **~meˌtho·de** *f* production method. **~ˌmit·tel** *pl* means of production, production equipment *sg*. **2ˌreif** *adj* ready for production. **~ˌrückˌgang** *m* fall (*od.* decrease) in production (*od.* output), falling off in production. **~ˌsen·kung** *f* → Produktionsbeschränkung. **~ˌsoll** *n* production quota (*od.* target). **~ˌstand** *m* level of production (*od.* output). **~ˌstät·te** *f* manufacturing (*od.* production) plant. **~ˌstei·ge·rung** *f* increase in (*od.* expansion of) production, *kräftige*: hike in production. **~ˌstra·ße** *f* production line. **~ˌtech·nik** *f* production engineering. **~ˌumˌfang** *m*, **~voˌlu·men** *n* volume of production. **~ˌwirt·schaft** *f* producing industry (*od.* industries *pl*). **~ˌziel** *n* production target. **~ˌzif·fer** *f* production (*od.* output) figure (*od.* rate). **~ˌzweig** *m* branch of production, industry.

pro·duk·tiv [produkˈtiːf] *adj* productive, *Schriftsteller etc*: *a.* prolific. **Pro·duk·ti·viˈtät** [-tiviˈtɛːt] *f* ⟨-; *no pl*⟩ productivity, *fig. a.* prolificacy.

Pro·duk·ti·viˈtäts|ˌgren·ze *f* productivity limit (*od.* ceiling). **~ˌstei·ge·rung** *f*, **~ˌzuˌwachs** *m* increase in productivity.

Pro·du|zent [produˈtsɛnt] *m* ⟨-en; -en⟩ (*Industrie*2, *Film*2) producer, (*Hersteller*) *a.* manufacturer, maker, *agr. a.* grower. **2ˈzie·ren** [-ˈtsiːrən] **I** *v/t* ⟨*no* **ge-**, **h**⟩ **1.** (*Waren, Film etc*) produce, (*herstellen*) *a.* manufacture, make, *agr. a.* grow. **2.** (*Beweismaterial etc*) produce, furnish. **II** *v/i* **3.** produce (*od.* manufacture) goods. **III** *v/reflex* **sich ~ 4.** (*auftreten*) show o. s., perform, *contp.* show off, make an exhibition of o. s.

pro·fan [proˈfaːn] *adj* **1.** (*weltlich*) profane, secular. **2.** (*alltäglich*) everyday, common, trivial. **2ˌbau** *m* secular building.

pro·fa·nie·ren [profaˈniːrən] **I** *v/t* ⟨*no* **ge-**, **h**⟩ profane, desecrate. **II** 2 *n* ⟨-s⟩, **Pro·faˈnie·rung** *f* ⟨-; -en⟩ profanation, desecration. **Pro·fa·niˈtät** [-niˈtɛːt] *f* ⟨-; *no pl*⟩ profanity, profaneness, secularity.

Pro·fes·si·on [profɛˈsĭoːn] *f* ⟨-; -en⟩ trade, vocation, (*höherer Beruf*) profession. **Pro·fes·sio·naˈlis·mus** [-sĭonaˈlɪsmʊs] *m* ⟨-; *no pl*⟩ professionalism. **pro·fes·sioˈnell** [-ˈnɛl] *adj* professional.

Pro·fes·sor [proˈfɛsɔr] *m* ⟨-s; -en [-ˈsoːrən]⟩ **1.** professor; **ordentlicher ~** full professor; **außerordentlicher ~** reader, *Am.* associate professor. **2.** *Bavarian and Austrian for* **Gymnasiallehrer**. **pro·fes·soˈral** [-soˈraːl] *adj* professorial.

pro·fesˈso·ren|haft *adj* professorial. **2schaft** *f* ⟨-; *no pl*⟩ professoriat(e), professorate.

Pro·fesˈso·rin *f* ⟨-; -nen⟩ (woman) professor.

Pro·fes·sur [profɛˈsuːr] *f* ⟨-; -en⟩ professorship, (professor's *od.* professorial) chair; **e-e ~ innehaben** hold a (professor's) chair.

Pro·fi [ˈproːfi] *m* ⟨-s; -s⟩ *Sport u. fig.*: pro(fessional). **~...** *in Zssgn* professional (*boxing, boxer, etc*).

Pro·fil [proˈfiːl] *n* ⟨-s; -e⟩ **1.** profile, side (*od.* half) face; **ein markantes ~** a striking profile; **im ~** in profile; *fig.* **~ haben** have personality (*od.* character). **2.** profile, *tech. a.* section, shape, *aer.* wing section (*od.* profile), (*Reifen*2) tread (pattern). **~ˌabˌrieb** *m mot.* tread abrasion (*od.* wearout). **~ˌdraht** *m* section(al) (*od.* profiled) wire. **~ˌei·sen** *n* sectional iron, *pl* sections. **~ˌfrä·ser** *m* profile cutter.

pro·fi·lie·ren [profiˈliːrən] **I** *v/t* ⟨*no* **ge-**, **h**⟩ **1.** (draw *s. o., s. th.* in) profile. **2.** *tech.* profile, shape, *weitS.* streamline. **3.** *fig.* present *s. th.* in clear outline. **II** *v/reflex* **sich ~ 4.** *Politiker etc*: distinguish o. s., acquire status (*od.* a strong image). **pro·fiˈliert** *adj* **1.** *Persönlichkeit etc*: distinguished, outstanding. **2.** (*scharf umrissen*) clear-cut, clearly defined, salient.

Proˈfil|neuˌro·se *f fig. colloq.* image neurosis. **~ˌrei·fen** *m* non-skid tyre (*Am.* tire). **~ˌsoh·le** *f* profiled sole. **~ˌstahl** *m* section(al) (*od.* structural) steel. **~ˌträ·ger** *m tech.* structural (*od.* sectional) girder.

Pro·fit [proˈfiːt] *m* ⟨-(e)s; -e⟩ profit, gain; **sehr auf ~ bedacht sein** (*colloq.* **aussein**) be out for (one's own) profit; → *a.* Gewinn 1. **pro·fi·ta·bel** [profiˈtaːbəl], **proˈfitˌbrin·gend** *adj* profitable, *stärker*: lucrative.

Proˈfit|ˌgei·er *m colloq.* profiteer. **~ˌgier** *f* greed for profit. **2ˌgie·rig** *adj* profit-seeking, money-grubbing.

pro·fi·tie·ren [profiˈtiːrən] *v/i u. v/t* ⟨*no* **ge-**, **h**⟩ **von** (*od.* **bei**) **e-r Sache ~** profit from (*od.* by) s. th., benefit from s. th., capitalize on s. th.; **dabei kann er nur ~** he has everything to gain, he only stands to gain.

Proˈfit|ˌjä·ger, **~ˌma·cher** *m contp.* profiteer. **~ma·cheˈrei** [proˌfiːt-] *f* ⟨-; *no pl*⟩ profiteering.

pro for·ma [proː ˈfɔrma] *adv* pro forma, as a matter of form.

Proˈfor·ma|ˌrech·nung [proˈfɔrma-] *f econ.* pro forma invoice. **~ˌwech·sel** *m* pro forma (*od.* accommodation) bill.

pro·fund [proˈfʊnt] *adj Wissen etc*: profound.

pro·fus [proˈfuːs] *adj bes. med.* profuse.

Pro·gno·se [proˈgnoːzə] *f* ⟨-; -n⟩ forecast, prevision, *bes. med.* prognosis; **e-e ~ stellen** make a prognosis. **proˈgno·stisch** [-ˈgnɔstɪʃ] *adj* prognostic(al). **pro·gno·stiˈzie·ren** [-tiˈtsiːrən] *v/t u. v/i* ⟨*no* **ge-**, **h**⟩ prognosticate.

Pro·gramm [proˈgram] *n* ⟨-s; -e⟩ **1.** *allg.* program(me *Br.*), *thea. a.* playbill, (*Zeitplan*) *a.* schedule; **buntes ~** varied program(me); **ein ~ machen** (*od.* **aufstellen**) draw up a program(me); **aufs ~ setzen** program(me), put *s. th.* on; **vom ~ absetzen** take *s. th.* off (the program[me]); *fig. colloq.* **das paßt gar nicht in mein ~** that doesn't suit me at all; **was steht heute auf dem ~?** what's the program(me) for today?; *fig. colloq.* **volles ~** the full treatment; **(ganz) nach ~** (*verlaufen*) → **programmgemäß**. **2.** *pol.* program(me), platform. **3.** *TV* (*Kanal*) channel, program(me). **4.** *e-r Waschmaschine etc*: cycle. **5.** *Computer*: program. **~ˌanˌsa·ge** *f Radio TV* program(me) announcement.

pro·gram·ma·tisch [prograˈmaːtɪʃ] *adj* programmatic.

Proˈgramm|ˌausˌwahl *f TV* viewing choice. **~ˌbeiˌrat** *m Radio TV* program(me) committee. **~diˌrek·tor** *m* program(me) director. **~ˌdurchˌlauf** *m Computer*: program run. **~ˌeinˌblen·dung** *f TV* program(me) insert. **~eleˌment** *n Computer*: program item. **~ˌfol·ge** *f Computer*: program sequence. **2geˌmäß** *adv* according to plan (*od.* schedule), *colloq.* without a hitch. **~geˌstal·tung** *f* program(m)ing. **2geˌsteu·ert** *adj Computer*: program-controlled. **~ˌheft** *n thea. etc* program(me).

pro·gramˈmier|ˌbar *adj bes. Computer, a. fig.*: program(m)able. **2ˌeinˌrich·tung** *f Computer*: program(m)ing device.

pro·gram·mie·ren [prograˈmiːrən] *Computer* **I** *v/t* ⟨*no* **ge-**, **h**⟩ program, *fig. a.* condition (**auf** *acc* to); *fig.* **auf et. programmiert sein** *a.* be geared (*od.* keyed) to s. th. **II** 2 *n* ⟨-s⟩ program(m)ing. **Pro·gramˈmie·rer** *m* ⟨-s; -⟩ program(m)er.

Pro·gramˈmier|ˌspra·che *f* program(m)ing language. **~syˌstem** *n* program(m)ing system.

pro·gramˈmiert *adj Stopp, Prüfung etc*: program(m)ed; **~er Unterricht** program(m)ed instruction.

Pro·gramˈmie·rung *f* ⟨-; -en⟩ program(m)ing.

Proˈgramm|ˌlei·ter *m* → Programmdirektor. **~ˌpunkt** *m* item, *pol. a.* plank. **~ˌschlei·fe** *f Computer*: program loop. **~ˌschritt** *m* program stop. **~ˌspei·cher** *m* program store. **~ˌsteue·rung** *f* program control. **~ˌta·ste** *f* **1.** *TV* channel selector. **2.** *e-s Geschirrspülers etc*: cycle setting button.

Proˈgrammuˌsik (*getr.* **-mm·m-**) *f* program(me) music.

Proˈgramm|ˌvorˌschau *f* program(me) round-up, *Film*: trailer(s *pl*). **~ˌwahl** *f TV* channel selection, *e-r Waschmaschine etc*: cycle selection. **~ˌwäh·ler** *m Radio TV* program(me) selector. **~ˌwech·sel** *m* change of program(me).

Pro·gres·si·on [progrɛˈsĭoːn] *f* <-; -en> *bes. math.* progression. **Pro·gresˈsist** [-ˈsɪst] *m* <-en; -en> *pol.* progressive, progressionist.

pro·gres·siv [progrɛˈsiːf] *adj a. econ. med. pol.* progressive. **²ˌlohn** *m* progressive wage rate. **²ˌsteu·er** *f* progressive tax.

Pro·hi·bi·ti·on [prohibiˈtsĭoːn] *f* <-; -en> prohibition. **Pro·hi·bi·tioˈnist** [-bitsĭoˈnɪst] *m* <-en; -en> prohibitionist.

Pro·hi·biˈtiv|ˌsteu·er *f* prohibitive tax. **~ˌzoll** *m* prohibitive duty.

Pro·jekt [proˈjɛkt] *n* <-(e)s; -e> project. **~ˌgrup·pe** *f* project team, task force.

pro·jek·tie·ren [projɛkˈtiːrən] *v/t* <*no* ge-, h> project, plan.

Pro·jek·til [projɛkˈtiːl] *n* <-s; -e> *mil.* projectile.

Proˈjekt·in·ge·niˌeur *m* project engineer.

Pro·jek·ti·on [projɛkˈtsĭoːn] *f* <-; -en> *math. opt. psych. etc* projection.

Pro·jek·tiˈons|ap·paˌrat *m opt.* projector. **~ˌbild** *n* projection, projected image, (*Diapositiv*) slide. **~ˌebe·ne** *f bes. math.* projection plane. **~ˌflä·che** *f phot. Film*: projection area (*od.* screen). **~ˌlam·pe** *f* projection lamp. **~ˌraum** *m* projection room. **~ˌröh·re** *f TV* projection tube. **~ˌschirm** *m* (projection) screen. **~ˌtech·nik** *f psych.* projective technique. **~ˌwand** *f Film*: (projection) screen.

Proˈjektˌlei·ter *m* project leader (*od.* manager, director).

Pro·jek·tor [proˈjɛktɔr] *m* <-s; -en [-ˈtoːrən]> *phot. Film*: projector.

pro·ji·zie·ren [projiˈtsiːrən] *v/t* <*no* ge-, h> *math. opt. psych.* project.

Pro·kla|ma·ti·on [proklamaˈtsĭoːn] *f* <-; -en> proclamation. **²ˈmie·ren** [-ˈmiːrən] *v/t* <*no* ge-, h> proclaim.

pro·kli·tisch [proˈkliːtɪʃ] *adj ling.* proclitic.

ˈProˌkon·sul *m hist.* proconsul.

Pro-ˈKopf|-ˌEinˌkom·men [pro-] *n* income per head (*od.* person, capita), per capita income. **~-Verˌbrauch** *m* per capita consumption.

Proˈkru·stesˌbett [proˈkrustɛs-] *n myth. a. fig.* Procrustean bed.

Pro·ku·ra [proˈkuːra] *f* <-; -kuren> power to act and sign on behalf of the firm. **Pro·ku·rist** [prokuˈrɪst] *m* <-en; -en> officer authorized to act and sign on behalf of the firm, confidential (*od.* managing) clerk, *Am.* executive secretary.

Pro·let [proˈleːt] *m* <-en; -en> *colloq. contp.* prole, pleb, cad. **Pro·le·ta·riˈat** [-letaˈrĭaːt] *n* <-(e)s; -e> proletariat(e); geistiges ~ white-collar proletariat(e). **Pro·leˈta·ri·er** [-leˈtaːrĭər] *m* <-s; ->, **pro·leˈta·risch** [-leˈtaːrɪʃ] *adj* proletarian. **pro·le·ta·riˈsie·ren** [-letariˈziːrən] *v/t* <*no* ge-, h> proletarianize.

proˈle·ten·haft *adj contp.* plebeian, caddish.

pro·li·fe·rie·ren [prolifeˈriːrən] *v/i* <*no* ge-, sein> *biol. med.* proliferate.

Pro·log [proˈloːk] *m* <-(e)s; -e> prologue.

Pro·lon·ga·ti·on [prolɔŋgaˈtsĭoːn] *f* <-; -en> **1.** a) *e-s Wechsels etc*: prolongation, b) *Börse*: carry-over, continuation, c) (*Kreditverlängerung*) extension. **2.** *e-s Films*: extended run.

Pro·lon·ga·tiˈons|geˌbühr *f econ.* continuation (*od.* contango) rate. **~geˌschäft** *n* contango business. **~ˌwech·sel** *m* prolongation (*od.* renewal) bill.

pro·lon·gie·ren [prolɔŋˈgiːrən] *v/t* <*no* ge-, h> *econ.* (*Wechsel*) prolong, renew, *Börse*: carry over, continue, (*Kredit*) extend.

Pro·me·na·de [promeˈnaːdə] *f* <-; -n> promenade, *Br.* prom, (*Spaziergang*) *a.* walk, stroll.

Pro·meˈna·den|ˌdeck *n mar.* promenade (deck). **~ˌmi·schung** *f colloq.* mongrel. **~ˌweg** *m* promenade.

pro·me·nie·ren [promeˈniːrən] *v/i* <*no* ge-, h *u.* sein> *lit.* promenade, (take a) walk.

Pro·mes·se [proˈmɛsə] *f* <-; -n> *econ. jur.* promissory note.

Pro·me·theus [proˈmeːtɔʏs] *npr m* <-; *no pl*> *myth.* Prometheus.

Pro·mil·le [proˈmɪlə] *n* <-(s); -> per thousand, per mill(e); *colloq.* ~ (Blutalkohol) blood alcohol standard (*od.* concentration); 2 ~ 2 parts by weight of alcohol to each 1,000 parts of blood. **~geˌhalt** *m* per mill(e) blood-alcohol concentration. **~ˌgren·ze** *f* legal limit of blood-alcohol, (blood) alcohol limit. **~ˌsün·der** *m colloq.* person driving under the influence (of alcohol).

pro·mi·nent [promiˈnɛnt] *adj* prominent. **Pro·miˈnen·te** *m, f* <-n; -n> prominent person, public figure, notable, celebrity, *gesellschaftlich*: *Am.* socialite. **Pro·miˈnenz** [-ˈnɛnts] *f* <-; *no pl*> prominent personages *pl*, notables *pl*, celebrities *pl*, high society.

Pro·mis·kui·tät [promɪskuiˈtɛːt] *f* <-; *no pl*> (sexual) promiscuity.

Pro·mo·ti·on [promoˈtsĭoːn] *f* <-; -en> *univ.* obtaining (*od.* conferring) of a doctorate. **pro·mo·vie·ren** [promoˈviːrən] **I** *v/i* <*no* ge-, h> take one's (doctor's) degree. **II** *v/t* confer a (doctor's) degree (up)on.

prompt [prɔmpt] *adj Erledigung etc*: prompt, *Antwort etc*: *a.* quick. **²heit** *f* <-; *no pl*> promptness, promptitude, *e-r Antwort*: readiness.

Pro·no·men [proˈnoːmən] *n* <-s; - *u.* -nomina [-mina]> *ling.* pronoun. **pro·no·mi·nal** [pronomiˈnaːl] *adj* pronominal.

pro·non·ciert [pronõˈsiːrt] *adj* pronounced, marked, clear.

Pro·pä·deu·tik [propɛˈdɔʏtɪk] *f* <-; *no pl*> propaedeutics *pl* (*als sg konstruiert*).

Pro·pa·gan·da [propaˈganda] *f* <-; *no pl*> propaganda, (*Werbung*) publicity; ~ machen für → propagieren. **~ˌfeldˌzug** *m* propaganda (*od.* publicity) campaign. **~ˌrum·mel** *m colloq.* noisy propaganda (*od.* publicity), ballyhoo. **~ˌschrift** *f* propaganda pamphlet (*od.* sheet).

Pro·pa·gan|dist [propaganˈdɪst] *m* <-en; -en> *bes. pol.* propagandist. **²ˈdi·stisch** *adj* propagandistic.

pro·pa·gie·ren [propaˈgiːrən] *v/t* <*no* ge-, h> make propaganda for, propagandize, propagate, spread.

Pro·pan [proˈpaːn] *n* <-s; *no pl*>, **~ˌgas** *n* propane.

Pro·pel·ler [proˈpɛlər] *m* <-s; -> propeller, airscrew, *colloq.* prop. **~ˌblatt** *n*, **~ˌflü·gel** *m* propeller (*od.* airscrew) blade. **~ˌflugˌzeug** *n*, **~maˌschi·ne** *f* propeller plane. **~ˌna·be** *f* propeller boss. **~ˌschub** *m tech.* propeller thrust. **~turˌbi·ne** *f*, **~turˌbi·nenˌwerk** *n aer.* propeller turbine engine, turbo-propeller (*od.* turbo-prop) engine.

pro·per [ˈprɔpər] *adj colloq.* tidy, neat.

Pro·phet [proˈfeːt] *m* <-en; -en> prophet; → Bart 1, gelten 2. **Proˈphe·tenˌga·be** *f* gift of prophecy. **Pro·phe·tie** [profeˈtiː] *f* <-; -n [-ən]> prophecy. **Proˈphe·tin** *f* <-; -nen> prophetess. **proˈphe·tisch** *adj* prophetic.

pro·phe·zei|en [profeˈtsaɪən] *v/t* <*no* ge-, h> prophesy, *weitS.* predict, foretell. **²ung** *f* <-; -en> prophecy, prediction.

pro·phy|lak·tisch [profyˈlaktɪʃ] *adj* prophylactic, preventive. **²ˈla·xe** [-ˈlaksə] *f* <-; -n> prophylaxis, prevention.

Pro·por|ti·on [propɔrˈtsĭoːn] *f* <-; -en> proportion; *fig. colloq.* gute ~en haben (*e-e gute Figur*) be well proportioned. **²tioˈnal** [-tsĭoˈnaːl] **I** *adj* proportional; umgekehrt ~ zu inversely proportional to, in inverse ratio to. **II** *adv* proportionally, in proportion. **~tioˈna·le** *f* <-; -n> *math.* proportional; mittlere ~ mean proportional, geometric mean. **~tio·na·liˈtät** [-tsĭonaliˈtɛːt] *f* <-; *no pl*> proportionality. **²tioˈniert** [-tsĭoˈniːrt] *adj* (gut ~ well-)proportioned.

Pro·porz [proˈpɔrts] *m* <-es; -e> **1.** proportional representation. **2.** *Austrian* → Verhältniswahl(system).

ˈprop·penˈvoll [ˈprɔpən-] *adj colloq.* packed, cram-full.

Propst [proːpst] *m* <-(e)s; ⸗e> *relig.* provost.

Pro·py·lä·en [propyˈlɛːən] *pl arch.* propylaea.

Pro·py·len [propyˈleːn] *n* <-s; *no pl*> *chem.* propylene, propene.

ˈProˌrek·tor *m univ.* vice-chancellor, *Am.* prorector.

Pro·sa [ˈproːza] *f* <-; *no pl*> **1.** prose; Poesie und ~ poetry and prose. **2.** *fig.* (*Nüchternheit*) matter-of-factness, prosaic nature. **Pro·sai·ker** [proˈzaːikər] *m* <-s; -> **1.** → Prosaist. **2.** *fig.* prosaic person. **pro·sa·isch** [proˈzaːɪʃ] *adj* **1.** (*in Prosa*) prose. **2.** *fig.* prosaic, prosy, matter-of-fact. **Pro·sa·ist** [prozaˈɪst] *m* <-en; -en> prose writer.

Pro·se·lyt [prozeˈlyːt] *m* <-en; -en> *relig.* proselyte. **Pro·seˈlyˌten·ˌma·cher** *m contp.* proselytizer.

ˈPro·se·miˌnar *n univ.* proseminar.

pro·sit [ˈproːzɪt] **I** *interj* **1.** *beim Trinken*: cheers!, your (very good) health!, here's luck and here's to you!, *sl.* (here's) mud in your eye!; ~ allerseits! cheers to everybody!; ~ Neujahr! happy New Year!; *fig. colloq. iro.* ~ Mahlzeit! that's a fine mess! **2.** *beim Niesen*: bless you! **II** **²** *n* <-s; -s> **3.** cheers *pl*, toast; ein **²** dem Gastgeber! (there's) to the host!

Pros·odie [prozoˈdiː] *f* <-; -n [-ən]> *metr. mus.* prosody. **prosˈodisch** [-ˈzoːdɪʃ] *adj* prosodic.

Pro·spekt [proˈspɛkt] *m* <-(e)s; -e> **1.** (*Ansicht*) prospect. **2.** (*Werbe²*) prospectus, (*Reise² etc*) brochure, leaflet, pamphlet, folder. **3.** *der Orgel*: front. **4.** *thea.* backdrop, backcloth. **~ma·te·riˌal** *n* advertising literature.

pro·spe·rie·ren [prospeˈriːrən] *v/i* <*no* ge-, h> prosper. **Pro·spe·riˈtät** [-riˈtɛːt] *f* <-; *no pl*> prosperity.

prost [proːst] *interj* → prosit.

Pro·sta·ta [ˈprɔstata] *f* <-; *no pl*> *anat.* prostate (gland).

pro·sti·tu|ie·ren [prostituˈiːrən] **I** *v/reflex* <*no* ge-, h> sich ~ *a. fig.* prostitute o. s. **II** *v/t* (*Talent etc*) prostitute, debase. **²ˈier·te** *f* <-n; -n> prostitute, streetwalker. **²tiˈon** [-ˈtsĭoːn] *f* <-; *no pl*> prostitution.

Pro·sze·ni·um [proˈstseːnĭʊm] *n* ⟨-s; -nien⟩ *thea.* proscenium. **Proˈsze·ni·umsˌlo·ge** *f* proscenium (*od.* stage) box.

Prot·ago·nist [protagoˈnɪst] *m* ⟨-en; -en⟩ *antiq. thea. u. fig.* protagonist.

Pro·te·gé [proteˈʒeː] *m* ⟨-s; -s⟩ protégé. **pro·teˈgie·ren** [-ˈʒiːrən] *v/t* ⟨*no* ge-, h⟩ patronize, sponsor, take *s. o.* under one's wings.

Pro·te·id [proteˈiːt] *n* ⟨-(e)s; -e⟩ *biol. chem.* proteid(e), albuminoid.

Pro·te·in [proteˈiːn] *n* ⟨-s; -e⟩ *biol. chem.* protein. **~ˌlücke** (*getr.* -k·k-) *f* protein deficiency.

Pro·tek|ti·on [protɛkˈtsĭoːn] *f* ⟨-; -en⟩ patronage, (*Schirmherrschaft*) *a.* sponsorship, auspices *pl*, *lit.* aegis, *contp.* favo(u)ritism. **~tioˈnis·mus** [-tsĭoˈnɪsmʊs] *m* ⟨-; *no pl*⟩ *econ.* protectionism. **2tioˈni·stisch** *adj* protectionist.

Pro·tek·tiˈons|ˌkind *n contp. for* Protegé. **~ˌwirt·schaft** *f* → Protektionismus.

Pro·tek·tor [proˈtɛktɔr] *m* ⟨-s; -en [-ˈtoːrən]⟩ protector, (*Gönner*) patron, (*Schirmherr*) sponsor. **Pro·tek·toˈrat** [-toˈraːt] *n* ⟨-(e)s; -e⟩ protectorate, protected territory, (*Schirmherrschaft*) sponsorship, patronage; **unter dem ~ von** (*od. gen*) under the auspices of.

Pro·test [proˈtɛst] *m* ⟨-(e)s; -e⟩ protest; **aus ~** as a protest, in protest, **gegen:** in protest at; **unter ~** under protest; **~ gegen e-e Sache erheben** (*od.* **einlegen**) (make a) protest against s. th.; *econ.* **~ mangels Annahme** protest for non-acceptance; **e-n Wechsel zu ~ gehen lassen** protest a bill. **~ak·tiˌon** *f* protest action (*od.* campaign).

Pro·te·stant [protɛsˈtant] *m* ⟨-en; -en⟩, **Pro·teˈstan·tin** *f* ⟨-; -nen⟩, **pro·teˈstan·tisch** *adj relig.* Protestant. **Pro·te·stanˈtis·mus** [-ˈtɪsmʊs] *m* ⟨-; *no pl*⟩ Protestantism.

Proˈtest|ˌanˌzei·ge *f econ. jur.* notice of dishono(u)r. **~de·mon·stra·tiˌon** *f* protest demonstration. **2ˌfä·hig** *adj econ.* protestable. **~ˌflag·ge** *f Segeln*: protest flag. **~ˌfrist** *f* **1.** *Sport*: term for protest. **2.** *econ.* time in which a bill has to be protested. **~geˌbühr** *f* protest fee.

pro·te·stie·ren [protɛsˈtiːrən] **I** *v/i* ⟨*no* ge-, h⟩ protest (**gegen** against *s. th.*, *Am. a. s. th.*). **II** *v/t econ.* (*Wechsel*) protest; *Sport*: **Handspiel** *etc* **~** claim for hands, *etc.* **Pro·teˈstie·ren·de** *m, f* ⟨-n; -n⟩ protester.

Proˈtest|ˌkundˌge·bung *f* protest rally. **~ˌmarsch** *m* protest march. **~ˌno·te** *f pol.* note of protest. **~ˌschrei·ben** *n* letter of protest, written protest. **~ˌstreik** *m* protest strike. **~ˌsturm** *m* storm of protest, outcry. **~ˌurˌkun·de** *f econ. jur.* protest certificate, *Am.* deed of protest. **~verˌsamm·lung** *f* protest meeting.

Pro·teus [ˈproːtɔʏs] *npr m* ⟨-; *no pl*⟩ *myth.* Proteus.

Pro·the·se [proˈteːzə] *f* ⟨-; -n⟩ **1.** *med.* artificial limb, prosthesis, (*Zahn2*) denture(s *pl*), false teeth *pl.* **2.** *ling.* prosthesis. **Proˈthe·senˌträ·ger** *m person who wears an artificial limb* (*od. dentures*). **Proˈthe·tik** [-tɪk] *f* ⟨-; *no pl*⟩ *med.* (dental) prosthetics *pl* (*als sg od. pl konstruiert*), prosthetic surgery (*od.* dentistry).

Pro·to·koll [protoˈkɔl] *n* ⟨-s; -e⟩ **1.** (*Verhandlungs2, Sitzungs2*) record, minutes *pl*, proceedings *pl*, protocol; **das ~ aufnehmen, (das) ~ führen** → protokollieren II; **~ führen über** → protokollieren I; *jur.* **zu ~ geben** make a statement, state (in evidence), depose, put on record; **zu ~ nehmen** take down, record (in protocol). **2.** (*diplomatisches ~*) protocol; **Chef des ~s** Chief of Protocol. **3.** *colloq.* (*Strafzettel*) ticket. **Pro·to·kolˈlant** [-ˈlant] *m* ⟨-en; -en⟩ → Protokollführer. **pro·to·kolˈla·risch** [-ˈlaːrɪʃ] **I** *adj* **1.** entered in the minutes, minuted, *jur.* recorded, taken down (in evidence). **2.** *pol.* (of) protocol. **II** *adv* **3. et. ~ festhalten** record (*od.* enter) s. th. in the minutes, minute s. th., *jur.* take s. th. down (in evidence), put s. th. on record.

Pro·toˈkoll|ˌaufˌnah·me *f* recording (of the proceedings), entry in the minutes, *jur.* taking down (of evidence). **~ˌbuch** *n* minute book. **~ˌchef** *m pol.* Chief of Protocol. **~ˌeinˌtrag** *m* entry in the minutes (*od.* record). **~ˌfüh·rer** *m* **1.** *bei Sitzungen etc*: keeper of the minutes, (*Schriftführer*) secretary. **2.** *jur. bei Polizeiverhören*: recording clerk, *bei Gerichtsverhandlungen*: clerk of the court.

pro·to·kol·lie·ren [protokɔˈliːrən] **I** *v/t* ⟨*no* ge-, h⟩ record, (make and) keep a record of, enter in the minutes, keep the minutes of, take down (on record). **II** *v/i* keep (*od.* take, draw up) the minutes, keep a record (of the proceedings).

Pro·ton [ˈproːtɔn] *n* ⟨-s; -en [proˈtoːnən]⟩ *phys.* proton.

Proˈto·nen|ˌbahn *f nucl.* proton path. **~beˌschleu·ni·ger** *m phys.* proton accelerator. **~beˌschuß** *m* proton bombardment. **~mi·kroˌskop** *n* proton microscope. **~-ˌSyn·chro·tron** *n nucl.* proton-synchrotron.

Pro·to|plas·ma [protoˈplasma] *n* ⟨-s; *no pl*⟩ *biol.* protoplasm. **~ˈtyp** [-ˈtyːp] *m* ⟨-s; -en⟩ *allg.* prototype, *fig.* (*Inbegriff*) *a.* archetype, perfect example. **2ˈty·pisch** *adj* prototypic, prototypal. **~ˈzo·on** [-ˈtsoːɔn] *n* ⟨-s; -zoen⟩ *meist pl zo.* protozoon.

Pro·tu·be·ranz [protubeˈrants] *f* ⟨-; -en⟩ **1.** *astr.* prominence. **2.** *med. an Knochen etc*: protuberance.

Protz [prɔts] *m* ⟨-en *u.* -es; -e(n)⟩ *colloq.* show-off, swankpot.

prot·zen [ˈprɔtsən] *v/i* ⟨h⟩ *colloq.* **~ (mit)** brag (*od.* boast) (about), (*zeigen*) show off (*od.* parade, swank) (*s. th.*). **~haft** *adj* → protzig. **2tum** *n* ⟨-s; *no pl*⟩ → Protzerei.

Prot·zeˈrei *f* ⟨-; -en⟩ *colloq.* boasting, bragging, ostentation, showing-off, swank. **ˈprot·zig** *adj colloq.* ostentatious, showy, flashy, swank(y), garish.

Pro·ve·ni·enz [proveˈnĭɛnts] *f* ⟨-; -en⟩ provenance, origin.

Pro·vi·ant [proˈvĭant] *m* ⟨-s; *rare* -e⟩ provisions *pl*, victuals *pl*, food, *bes. mil.* supplies *pl*, rations *pl*; **mit ~ versorgen** supply with provisions, provision, victual. **~ˌausˌga·be** *f* issue of rations. **~ˌla·ger, ~ma·gaˌzin** *n* supply depot. **~ˌschiff** *n* supply-ship. **~ˌzug** *m* supply-train.

Pro·vinz [proˈvɪnts] *f* ⟨-; -en⟩ **1.** province. **2.** ⟨*only sg*⟩ (*Ggs. Hauptstadt*) country, provinces *pl*, *fig. contp.* backwoods *pl*, *Am. a.* boondocks *pl* (*als sg od. pl konstruiert*), backwater. **~ˌausˌga·be** *f e-r Zeitung*: regional edition. **~ˌblatt** *n* provincial (*od.* backwoods) paper. **~ˌbüh·ne** *f* → Provinztheater.

pro·vin·zi·al [provɪnˈtsĭaːl] *adj* → provinziell. **Pro·vin·ziaˈlis·mus** [-tsĭaˈlɪsmʊs] *m* ⟨-; -lismen⟩ *allg.* provincialism. **pro·vin·ziˈell** [-ˈtsĭɛl] *adj a. ling.* provincial, *fig. contp.* (*rückständig*) *a.* backward.

Proˈvinz·ler *m* ⟨-s; -⟩, **proˈvinz·le·risch** *adj contp.* provincial.

Proˈvinz|ˌnest *n contp.* one-horse town. **~ˌstadt** *f* provincial (*od.* country) town. **~thea·ter** [-teˌaːtər] *n* provincial theat/re (*Am.* -er). **~ˌzei·tung** *f* → Provinzblatt.

Pro·vi·si·on [proviˈzĭoːn] *f* ⟨-; -en⟩ *econ.* commission, *e-s Maklers*: brokerage; **mit e-r ~ von 20%** on a 20 per cent commission.

Pro·vi·siˈons|ˌba·sis *f econ.* **auf ~** on a commission basis, on commission. **2ˌfrei** *adj* free of commission. **2ˌpflich·tig** *adj* subject to (a) commission. **~ˌsatz** *m* commission rate.

pro·vi·so·risch [proviˈzoːrɪʃ] *adj* provisional, temporary, (*behelfsmäßig*) makeshift, stopgap; **~e Regierung** caretaker government. **Pro·viˈso·ri·um** [-ˈzoːrĭʊm] *n* ⟨-s; -rien⟩ **1.** provisional (*od.* temporary, interim) solution (*od.* arrangement). **2.** (*Notbehelf*) makeshift *od.* stopgap (solution).

Pro·vo|ka·teur [provokaˈtøːr] *m* ⟨-s; -e⟩ agent provocateur, troublemaker. **~ka·tiˈon** [-kaˈtsĭoːn] *f* ⟨-; -en⟩ provocation, coat-trailing. **2kaˈto·risch** [-kaˈtoːrɪʃ] *adj* provocative. **2ˈzie·ren** [-ˈtsiːrən] **I** *v/t* ⟨*no* ge-, h⟩ provoke (*a. med.*), (*hervorrufen*) *a.* cause, trigger off; **e-n Streit ~** provoke (*od.* pick) a quarrel. **II** *v/i* **er will nur ~** he is just trying to provoke people; **~d wirken** be provoking (*od.* provocative). **~ˈzie·rung** *f* ⟨-; *no pl*⟩ provocation.

Pro·ze·dur [protseˈduːr] *f* ⟨-; -en⟩ procedure, process, business, *unangenehme*: bother, ordeal, *ewig gleiche*: ritual.

Pro·zent [proˈtsɛnt] *n* ⟨-(e)s; -e, *nach Zahlen* -⟩ **1.** per cent, *Am.* percent; **zu fünf ~** at five per cent; **zu wieviel ~?** at what percentage?, at how much per cent?; **zuzüglich 10 ~ Bedienung** plus 10 per cent service charge; **zu hohen ~en** *Zins*: at a high rate of interest; *colloq.* **zu 50 ~ hast du recht** half of what you say is right. **2.** *pl colloq.* a) (*Rabatt*) rebate *sg*, discount *sg*, b) (*Gewinnanteil*) percentage.

... pro·zen·tig *in Zssgn* per cent.

Proˈzent|ˌrech·nung *f* percentage calculation; **~en machen** do percentages. **~ˌsatz** *m* percentage.

pro·zen·tu·al [protsɛnˈtŭaːl] **I** *adj* percental, proportional; **~er Anteil** percentage. **II** *adv* in per cent, in terms of percentage; **er ist ~ am Gewinn beteiligt** he receives a percentage of the profit.

Proˈzentˌzei·chen *n* percentage sign.

Pro·zeß [proˈtsɛs] *m* ⟨-sses; -sse⟩ **1.** *allg.* (*Vorgang, Verfahren*) process. **2.** *jur.* (*Klage*) action, (*Rechtsstreit*) lawsuit, case, (*Rechtsgang*) (legal) proceedings *pl*, (*Straf2*) trial; **e-n ~ gewinnen** (**verlieren**) win (lose) a case; **e-n ~ mit j-m führen, in e-m ~ mit j-m liegen** be engaged in a lawsuit with s. o.; **e-n ~ gegen j-n anstrengen** institute legal proceedings against s. o., bring an action against s. o., sue s. o.; **j-m den ~ machen** put s. o. on trial, try s. o.; *fig. colloq.* **mit j-m kurzen ~ machen** give s. o. short shrift. **~ˌak·ten** *pl* case files (*od.* records), minutes of a case, (*vorbereitende Schriftsätze*) pleadings. **~beˌvollˌmäch·tig·te** *m, f* authorized proxy (*od.* agent, attorney). **2ˌfä·hig** *adj* capable to sue and be sued. **~ˌfä·hig·keit** *f* **aktive ~** capacity to sue; **passive ~** capacity to be sued. **~ˌfüh·rer** *m* **1.** *für den Beklagten*: counsel (*bes. Am.* attorney) for the defen/ce (*Am.* -se). **2.** *für den Kläger*: counsel (*bes. Am.* attorney) for the plaintiff. **3.** → Prozeßpartei. **~ˌfüh·rung** *f* conduct of a case. **~ˌgeˌgenˌstand** *m* subject of an action.

~ˌgeg·ner *m* opposing party. **2ˌhin·dernd** *adj* ~e Einrede plea in bar, demurrer. **~ˌhin·der·nis** *n* bar to action.

pro·zes·sie·ren [protsɛˈsiːrən] *v/i* ⟨*no* ge-, h⟩ *jur.* gegen j-n ~ a) take action against s. o., b) be engaged in a lawsuit with s. o.

Pro·zes·si·on [protsɛˈsĭoːn] *f* ⟨-; -en⟩ *relig. etc* procession.

Proˈzeß|ˌko·sten *pl* costs (of an action *od.* a lawsuit). **~ˌord·nung** *f* rules *pl* (*od.* code) of procedure, court rules *pl.* **~parˌtei** *f* party (to an action). **~ˌrech·ner** *m* process computer. **~ˌrecht** *n* law of practice (*od.* procedure), procedural (*od.* adjective) law. **~ˌsa·che** *f* legal matter, case. **~ˌsucht** *f* litigiousness.

pro·zes·su·al [protsɛˈsŭaːl] *adj jur.* procedural.

proˈzeß|ˌunˌfä·hig *adj* incapable of suing. **2ˌunˌfä·hig·keit** *f* incapacity to sue. **2verˌschlep·pung** *f* protraction of a lawsuit. **2ˌvollˌmacht** *f* power of attorney, retainer, (legal) mandate.

prü·de [ˈpryːdə] *adj* ⟨-r; -st⟩ *contp.* prudish, strait-laced, prim; ich bin nicht ~ I'm no prude. **2ˈrie** [-ˈriː] *f* ⟨-; -n [-ən]⟩ prudery, prudishness, primness.

ˈPrüf|ˌanˌstalt *f* testing institute. **~beˌfund** *m* test result. **~ˌein·ˌrich·tung** *f* testing outfit (*od.* equipment).

prü·fen [ˈpryːfən] **I** *v/t* ⟨h⟩ **1.** *ped. univ.* examine, test, *mit Testfragen*: quiz; j-n in Mathematik ~ examine s. o. in mathematics; geprüft *bei Berufsbezeichnungen*: diplomaed, qualified. **2.** (*nach~*) (*Rechnung, Aussage etc*) check, verify, *econ.* (*Bücher etc*) audit, *jur.* (*Entscheidung etc*) review, (*Vorfall etc*) investigate, inquire (*od.* look) into, (*über~, a. tech.*) inspect, *stärker*: scrutinize, *auf politische Zuverlässigkeit*: screen, *colloq.* vet; *fig.* j-n ~ (*forschend betrachten*) examine (*od.* scrutinize) s. o., *colloq.* size s. o. up, eye s. o. **3.** (*erproben*) (*Material etc*) test, (*Lebensmittel*) control the standard of, (*Tee etc*) sample, taste, (*Erz etc*) assay, test. **4.** (*erwägen*) consider, examine, (*Möglichkeiten etc*) *a.* sound out; der Vorschlag wird geprüft the proposal is being considered (*od.* is under consideration). **5.** (*heimsuchen*) afflict, try; er ist vom Schicksal schwer geprüft he has been sorely tried by fate. **II** *v/reflex* sich ~ **6.** examine o. s., *lit.* search one's heart. **III** 2 *n* ⟨-s⟩ **7.** examining (*etc*). **8.** → Prüfung. **ˈprü·fend** *adj Blick etc*: searching, speculative. **ˈPrü·fer** *m* ⟨-s; -⟩ examiner, *bes. tech.* (*Über2*) tester, checker, *zur Abnahme*: inspector, *metall.* assayer, (*Wirtschafts2*) auditor, *von Tee etc*: taster.

ˈPrüf|erˌgeb·nis *n* → Prüfungsergebnis. **~ˌfeld** *n* test(ing) floor (*od.* shop), trial station. **~ˌfeld·in·ge·niˌeur** *m* test engineer. **~geˌrät** *n* testing apparatus (*od.* equipment, instrument). **~ˌlam·pe** *f electr.* test lamp. **~ˌleh·re** *f* master ga(u)ge.

ˈPrüf·ling *m* ⟨-s; -e⟩ **1.** *ped. univ.* candidate, examinee. **2.** *tech.* (test) specimen, test piece.

ˈPrüf|proˌgramm *n Computer*: test routine. **~ˌspan·nung** *f electr.* test voltage. **~ˌstand** *m* test stand (*od.* bench), *mot. a.* test block; *fig. Demokratie etc* auf dem ~ being put to the (acid) test. **~ˌstand·konˌtrol·le** *f* test-floor inspection. **~ˌstand·verˌsuch** *m mot.* bench (*od.* block) test. **~ˌstein** *m fig.* touchstone. **~ˌstel·le** *f* inspection office. **~ˌstück** *n* test piece (*od.* specimen).

ˈPrü·fung *f* ⟨-; -en⟩ **1.** → prüfen 7. **2.** *ped. univ.* (mündliche oral, schriftliche written) examination, *colloq.* exam, test, *mit Testfragen*: quiz; s-e ~ machen take one's examination; → ablegen 7, bestehen 6 *etc.* **3.** (*Nach2, Über2*) check(ing), verification, *tech.* inspection, checkup, (*Betriebs2*) test, *econ.* (*Buch2*) audit, *jur.* review. **4.** (*genaue Untersuchung*) scrutiny, examination, investigation, analysis, consideration, studies *pl.* **5.** (*Erprobung*) test, trial; jeder ~ standhalten stand any test. **6.** (*Heimsuchung*) trial, ordeal, affliction, tribulation. **7.** *Sport*: event.

ˈPrü·fungs|ˌamt *n* examination office. **~ˌanˌfor·de·run·gen** *pl* examination requirements (*od.* standards). **~ˌangst** *f* examination phobia. **~ˌar·beit** *f* examination (*od.* test) paper. **~ˌausˌschuß** *m ped. univ.* board of examiners, examining board. **~beˌricht** *m* statement of results, test report, survey, analysis, *econ.* auditor's report. **~beˌschei·ni·gung** *f ped.* examination certificate. **~ˌbo·gen** *m* examination (*od.* test) paper. **~erˌgeb·nis** *n* **1.** *ped.* examination results *pl.* **2.** *tech.* test result. **~ˌfach** *n ped.* examination subject. **~ˌfra·ge** *f* examination question. **~geˌbühr** *f meist pl* examination fee. **~kan·diˌdat** *m* (examination) candidate, examinee. **~kom·mis·siˌon** *f* → Prüfungsausschuß. **~ˌord·nung** *f ped.* examination regulations (*od.* rules) *pl.* **~verˌfah·ren** *n* examination procedure. **~ˌzeug·nis** *n* certificate, diploma.

ˈPrüf|verˌfah·ren *n tech.* test(ing) method (*od.* procedure). **~ˌvorˌrich·tung** *f* testing outfit. **~ˌzei·chen** *n* test mark. **~ˌzei·le** *f TV* test line.

Prü·gel [ˈpryːgəl] *m* ⟨-s; -⟩ **1.** stick, cudgel, club. **2.** *pl fig.* (*a.* Tracht ~) (*colloq.* awful) beating (*od.* hiding) *sg*, (sound) thrashing *sg*, *mit dem Rohrstock*: *a.* caning; j-m e-e Tracht ~ verabreichen *a. colloq.* beat the daylights out of s. o.; (e-e Tracht) ~ beziehen get a thrashing (*od.* beating). **Prü·geˈlei** *f* ⟨-; -en⟩ *colloq.* brawl, fight. **ˈPrü·gelˌkna·be** *m* scapegoat, whipping boy. **ˈprü·geln** *v/t* ⟨h⟩ *colloq. mit Knüppel etc*: clobber, beat, *ped.* flog, cane, *allg.* (*ver~*) beat (up), thrash, give *s. o.* a thrashing; sich ~ (have a) fight, come to blows. **ˈPrü·gelˌstra·fe** *f* corporal punishment, *ped. a.* caning.

Prü·nel·le [pryˈnɛlə] *f* ⟨-; -n⟩ (*Frucht u. Likör*) prunelle.

Prunk [prʊŋk] *m* ⟨-(e)s; *no pl*⟩ (*Pracht*) magnificence, splendo(u)r, luxury, (*Gepränge*) pageantry, splendid (*od.* gorgeous) display, pomp. **~ˌbett** *n* bed of state.

prun·ken [ˈprʊŋkən] *v/i* ⟨h⟩ *lit.* **1.** display great magnificence. **2.** mit e-r Sache ~ parade (*od.* flaunt) s. th., show off with s. th.

ˈPrunk|geˌmach *n* state-room. **2haft** *adj* **1.** → prunkvoll. **2.** ostentatious, showy, flamboyant. **~kaˌros·se** *f* state carriage. **~ˌlie·be** *f* love of ostentation. **2ˌlie·bend** *adj* fond of ostentation. **2los** *adj* unostentatious, plain, without pomp. **~ˌstück** *n colloq.* show-piece. **~ˌsucht** *f* → Prunkliebe. **2ˌsüch·tig** *adj* → prunkliebend. **2ˌvoll** *adj* gorgeous, sumptuous, splendid, magnificent. **~ˌzim·mer** *n* state-room, apartment of state.

pru·sten [ˈpruːstən] *v/i* ⟨h⟩ (*keuchen, schnauben*) puff (and blow), pant, snort; vor Lachen ~ burst out laughing.

Psalm [psalm] *m* ⟨-s; -en⟩ *Bibl.* psalm. **Psalˈmist** [-ˈmɪst] *m* ⟨-en; -en⟩ psalmist.

Psalm|odie [psalmoˈdiː] *f* ⟨-; -n [-ən]⟩ *mus. relig.* psalmody. **2odie·ren** [-ˈdiːrən] *v/i* ⟨*no* ge-, h⟩ psalmodize. **2ˈodisch** [-ˈmoːdɪʃ] *adj* psalmodic.

Psal·ter [ˈpsaltər] *m* ⟨-s; -⟩ **1.** ⟨*only sg*⟩ *Bibl.* (Book of) Psalms *pl*, Psalter. **2.** *mus.* (*Saiteninstrument*) psaltery, psalterion. **3.** → Blättermagen.

Pseu·do·nym [psɔydoˈnyːm] **I** *n* ⟨-s; -e⟩ pseudonym, assumed name, *e-s Autors*: *a.* pen name, nom de plume. **II** 2 *adj* pseudonymous.

ˈpseu·doˌwis·sen·schaft·lich [ˈpsɔydo-] *adj* pseudo-scientific.

Psi [psiː] *n* ⟨-s; -s⟩ (*griech. Buchstabe*) psi. **~-Phä·noˌmen** *n psych.* psi phenomenon.

pst [pst] *interj* (*horch*) ps(s)t!, (*still*) hush!, shush!

Psy·che [ˈpsyːçə] *f* ⟨-; -n⟩ **1.** (*Seele*) psyche. **2.** *Austrian* dressing table.

psy·che·de·lisch [psyçeˈdeːlɪʃ] *adj psych.* psychedelic.

Psych·ia|ter [psyçiˈaːtər] *m* ⟨-s; -⟩ psychiatrist. **~ˈtrie** [-aˈtriː] *f* ⟨-; *no pl*⟩ **1.** psychiatry. **2.** *colloq.* (*Abteilung e-s Krankenhauses*) psychiatric ward. **2trisch** [-ˈaːtrɪʃ] *adj* psychiatric.

ˈpsy·chisch *adj* psychic(al).

Psy·cho|ana·ly·se [psyçoˀanaˈlyːzə] *f* psycho-analysis. **~ana'ly·ti·ker** [-tikər] *m* psycho-analyst. **2ana'ly·tisch** [-tɪʃ] *adj* psycho-analytic(al); *adv* j-n ~ behandeln psycho-analyze s. o. **~-chir·urˈgie** [-çɪrʊrˈgiː] *f* psycho-surgery. **~diaˈgno·stik** [-diaˈgnɔstɪk] *f* psycho-diagnostics *pl* (*als sg konstruiert*). **~ˈdra·ma** [-ˈdraːma] *n* psychodrama. **2ˈgen** [-ˈgeːn] *adj* psychogenic. **~geˈne·se** [-geˈneːzə], **~ˈge·ne·sis** [-ˈgeːnezɪs] *f* psychogenesis. **~ˈgramm** [-ˈgram] *n* ⟨-s; -e⟩ psychogram, psychograph, (psychic) profile. **~ˈlo·ge** [-ˈloːgə] *m* ⟨-n; -n⟩ *a. fig.* psychologist. **~loˈgie** [-loˈgiː] *f* ⟨-; *no pl*⟩ psychology. **2ˈlo·gisch** [-ˈloːgɪʃ] *adj* psychological; (*adv*) *colloq.* j-n ~ fertigmachen psyche s. o. out. **~loˈgis·mus** [-loˈgɪsmʊs] *m* psychologism. **~moˈto·rik** [-moˈtoːrɪk] *f* psychomotility, psychomotion. **2moˈto·risch** *adj* psychomotor. **~neuˈro·se** [-nɔyˈroːzə] *f* psychoneurosis. **2neuˈro·tisch** [-nɔyˈroːtɪʃ] *adj* psychoneurotic. **~ˈpath** [-ˈpaːt] *m* ⟨-en; -en⟩ psychopath. **~paˈthie** [-paˈtiː] *f* psychopathy. **2ˈpa·thisch** [-ˈpaːtɪʃ] *adj* psychopathic. **~pa·tho·loˈgie** [-patoloˈgiː] *f* psychopathology, mental pathology. **2pa·thoˈlo·gisch** [-patoˈloːgɪʃ] *adj* psychopathologic(al). **~ˈphar·ma·kon** [-ˈfarmakɔn] *n* ⟨-s; -ka [-ka]⟩ *med.* psychopharmacological (*od.* psychotropic, psychoactive) drug, psychochemical.

Psy·cho·se [psyˈçoːzə] *f* ⟨-; -n⟩ psychosis.

Psy·cho|so·ma·tik [psyçosoˈmaːtɪk] *f* ⟨-; *no pl*⟩ psychosomatics *pl* (*als sg konstruiert*), psychosomatic medicine. **2soˈma·tisch** [-soˈmaːtɪʃ] *adj* psychosomatic. **~ˈtech·nik** [-ˈtɛçnɪk] *f* psychotechnology. **~the·raˈpeut** [-teraˈpɔyt] *m* psychotherapist. **~the·raˈpeu·tik** [-teraˈpɔytɪk] *f* psychotherapeutics *pl* (*als sg konstruiert*). **2the·raˈpeu·tisch** [-teraˈpɔytɪʃ] *adj* psychotherapeutic. **~the·raˈpie** [-teraˈpiː] *f* psychotherapy.

psy·cho·tisch [psyˈçoːtɪʃ] *adj* psychotic.

Psy·chro·me·ter [psyçroˈmeːtər; psykro-] *n meteor.* psychrometer.

Pu·ber·tät [pubərˈtɛːt] *f* ⟨-; *no pl*⟩ puberty; in die ~ kommen reach puberty.

Pu·berˈtäts|ˌal·ter *n*, **~ˌjah·re** *pl*, **~ˌzeit** *f* age of puberty.

pu·ber·tie·ren [pubərˈtiːrən] *v/i* ⟨*no* ge-, h⟩ go through puberty.

pu·blik [puˈbliːk] *adj* ⟨*pred*⟩ public, generally known; **et. ~ machen** *a.* publicize s. th.; **es ist ~ geworden, daß** it has become public knowledge that.
Pu·bli·ka·ti·on [publikaˈtsĭoːn] *f* ⟨-; -en⟩ publication.
Pu·bli·kum [ˈpuːblikum] *n* ⟨-s; *no pl*⟩ **1.** (*Öffentlichkeit*) public; **das breite ~** the general public, the public at large. **2.** *thea. Film etc*: audience, *TV a.* viewers *pl*, *Radio*: *a.* listeners *pl*, *bes. Sport*: crowd, spectators *pl*, onlookers *pl*, (*Leserschaft*) readers *pl*, readership, *e-s Restaurants etc*: clientele, customers *pl*, *e-r Ausstellung etc*: visitors *pl*.
ˈ**Pu·bli·kums|er|folg** *m* success with the public; → *a.* Kassenerfolg. **~ge|schmack** *m* public taste. **~in·ter|es·se** *n* (general) interest. **~|lieb·ling** *m* idol of the public, *Sport*: crowd's favo(u)rite. **~ver|kehr** *m adm.* office hours *pl*. **≗|wirk·sam** *adj Film, Stück etc*: attractive, popular.
pu·bli·zie·ren [publiˈtsiːrən] *v/t* ⟨*no* ge-, h⟩ **1.** publish. **2.** *rare* (*publik machen*) publicize, make *s. th.* public.
Pu·bli·zist [publiˈtsɪst] *m* ⟨-en; -en⟩ publicist, journalist. **Pu·bliˈzi·stik** [-tɪk] *f* ⟨-; *no pl*⟩ journalism. **pu·bliˈzi·stisch** *adj* journalistic. **Pu·bli·ziˈtät** [-tsiˈtɛːt] *f* ⟨-; *no pl*⟩ publicity.
Puck [pʊk; pʌk] (*Engl.*) *m* ⟨-s; -s⟩ **1.** (hob)goblin. **2.** *Eishockey*: puck.
ˈ**Pud·del|ei·sen** *n metall.* puddle iron.
pud·deln [ˈpʊdəln] *v/i* ⟨h⟩ *metall.* puddle.
ˈ**Pud·del||ofen** *m metall.* puddling furnace. **~|stahl** *m* puddle(d) steel.
Pud·ding [ˈpʊdɪŋ] *m* ⟨-s; -e *u.* -s⟩ *gastr.* blancmange, pudding. **~|pul·ver** *n* blancmange powder.
Pu·del [ˈpuːdəl] *m* ⟨-s; -⟩ **1.** *zo.* poodle; *fig. colloq.* **wie ein begossener ~ dastehen** stand aghast, look crestfallen; **wie ein begossener ~ abziehen** (*od.* **davonschleichen**) go (*od.* slink) off with one's tail between one's legs; **des ~s Kern** the essence (*od.* gist) of the matter; **das also ist des ~s Kern!** there's the rub! **2.** *colloq.* (*Fehler*) blunder, *beim Kegeln*: miss; **e-n ~ schieben** score a miss. **~|müt·ze** *f* bobble hat. **≗ˈnackt** *adj colloq.* mother-naked, stark naked. **≗ˈwohl** *adv colloq.* **sich ~ fühlen** feel great, feel as snug as a bug in a rug, *Am.* feel like a million dollars.
Pu·der [ˈpuːdər] *m*, *colloq. n* ⟨-s; -⟩ powder. **~|do·se** *f* powder box (*od.* tin), (*Kompakt≗*) (powder) compact.
ˈ**pu·de·rig** *adj* powdery.
pu·dern [ˈpuːdərn] **I** *v/t* ⟨h⟩ powder. **II** *v/reflex* **sich ~** powder o. s.
ˈ**Pu·der||qua·ste** *f* (powder) puff. **~|zucker** (*getr.* -k·k-) *m* icing (*Am.* confectioner's) sugar.
pue·ril [pŭeˈriːl] *adj* puerile, childish, immature.
Pu·er·to|ri·ca·ner [pŭertoriˈkaːnər] *m* ⟨-s; -⟩, **≗riˈca·nisch** *adj* Puerto Rican.
puff [pʊf] *interj* puff!, chuff!
Puff[1] *m* ⟨-(e)s; ⸚e, *rare* -e⟩ *colloq.* (*Stoß*) cuff, thump, *in die Rippen*: poke, dig (in the ribs), *leichter, vertraulicher*: nudge, (*Knall*) bang, pop, report; **er kann (schon) e-n ~ vertragen** he can stand a knock, he can take a lot.
Puff[2] *m* ⟨-(e)s; -e⟩ **1.** dirty linen (*od.* laundry) basket (*od.* box). **2.** pouffe.
Puff[3] *m*, *a. n* ⟨-s; -s⟩ *colloq.* (*Bordell*) whorehouse, *Br. sl.* knocking shop, *Am. sl.* hookshop.
ˈ**Puff||är·mel** *m Mode*: puff(ed) sleeve. **~|boh·ne** *f* broad (*od.* Windsor) bean.
puf·fen [ˈpʊfən] **I** *v/t* ⟨h⟩ **1.** cuff, thump, jostle, *vertraulich*: poke *s.o.* in the ribs, nudge. **II** *v/i* **2.** *rail.* puff, chug. **3.** (*knallen*) puff, pop.
ˈ**Puf·fer** *m* ⟨-s; -⟩ **1.** *rail. etc, a. fig.* buffer, *Am.* bumper. **2.** *chem.* buffer. **3.** → Kartoffelpuffer. **~bat·te|rie** *f electr.* buffer battery. **~|lö·sung** *f chem.* buffer solution. **~|spei·cher** *m Computer*: buffer store. **~|staat** *m* buffer state.
ˈ**Puf·fe·rung** *f* ⟨-; -en⟩ *allg.* buffering, buffer action.
ˈ**Puf·fer||wir·kung** *f chem.* buffer effect (*od.* action). **~|zo·ne** *f pol.* buffer zone.
ˈ**Puff||mais** *m* popcorn. **~|mut·ter** *f colloq.* madam. **~|ot·ter** *f zo.* puff adder. **~|reis** *m* puffed rice.
puh [puː] *interj voll Abscheu*: ugh!, *verächtlich*: pooh!, *erleichtert*: phew!
Pulk [pʊlk] *m* ⟨-(e)s; -s, *rare* -e⟩ *aer. mil.* group, formation, *bes. Sport*: bunch.
Pul·le [ˈpʊlə] *f* ⟨-; -n⟩ *colloq.* bottle; *fig.* **volle ~** *fahren etc* at top speed, flat out, *et. tun*: all out, hell for leather.
pul·len [ˈpʊlən] *v/i* ⟨h⟩ **1.** *Pferd*: pull, bore. **2.** *mar.* row, pull. **3.** *vulg.* piddle.
Pul·li [ˈpʊli] *m* ⟨-s; -s⟩ *colloq.* (*leichter Pullover*) jersey, jumper.
Pull·over [pʊˈloːvər] *m* ⟨-s; -⟩ pullover, sweater.
pul·mo·nal [pʊlmoˈnaːl] *adj med.* pulmonary, pulmonic.
Pulp [pʊlp] *m* ⟨-s; -en⟩ fruit pulp.
Pul·pa [ˈpʊlpa] *f* ⟨-; -pae [-pɛ]⟩ *anat.* pulp.
Pul·pe [ˈpʊlpə], **Pül·pe** [ˈpʏlpə] *f* ⟨-; -n⟩ → **Pulp.**
Puls [pʊls] *m* ⟨-es; -e⟩ **1.** *a. fig.* pulse; **j-m den ~ fühlen** *a. fig. colloq.* feel s. o.'s pulse. **2.** *electr.* (im)pulse. **~|ader** *f anat.* artery. **~am·pli|tu·de** *f electr.* pulse amplitude. **~|an|stieg** *m*, **~be|schleu·ni·gung** *f med.* quickened pulse, tachycardia.
pul·sen [ˈpʊlzən] *v/i* ⟨h⟩ → **pulsieren.**
ˈ**Puls|er|hö·hung** *f med.* raised pulse rate. **~|fol·ge, ~fre|quenz** *f* pulse rate.
pul·sie·ren [pʊlˈziːrən] *v/i* ⟨*no* ge-, h⟩ **1.** *med.* pulsate, throb, beat; **~de Schmerzen** throbbing pains. **2.** *fig.* pulsate, pulse, be vibrant (**von** with).
ˈ**Pul·so|trieb|werk** [ˈpʊlzo-] *n aer.* pulse-jet engine.
ˈ**Puls||schlag** *m* pulsation, (pulse) beat. **~ver|lang·sa·mung** *f* slowing of the pulse rate, bradysphygmia. **~|wär·mer** *m* wristlet. **~|wel·le** *f med.* pulse wave. **~|zahl** *f* pulse rate.
Pult [pʊlt] *n* ⟨-(e)s; -e⟩ **1.** desk, (*Kirchen≗*) lectern. **2.** music desk (*od.* stand); **am ~ XY** X Y conducting; **erstes ~** first desk. **~|dach** *n arch.* penthouse roof, shed roof.
Pul·ver [ˈpʊlfər; -vər] *n* ⟨-s; -⟩ **1.** *allg.* powder, (*Schieß≗*) (gun)powder; *fig. colloq.* **er ist k-n Schuß ~ wert** he is not worth powder and shot; **das ist k-n Schuß ~ wert** it isn't worth a rap, it's no good; **er hat sein ~ schon verschossen** he has shot his bolt; **er hat das ~ nicht erfunden** he is no great light (*od. sl.* shakes), he won't set the Thames on fire. **2.** *fig. colloq.* (*Geld*) cash, brass, *sl.* dough, lolly. **≗|ar·tig** *adj* → **pulverig.** **~|dampf** *m* gun smoke. **~|faß** *n a. fig.* powder keg; *fig.* **(wie) auf e-m** (*od.* **dem**) **~ sitzen** be sitting on top of a volcano. **~|form** *f* **in ~** powdered.
ˈ**pul·ve·rig** *adj* powdery.
Pul·ve·ri|sa·tor [pʊlveriˈzaːtɔr] *m* ⟨-s; -en [-zaˈtoːrən]⟩ *tech.* pulverizer. **≗ˈsie·ren** [-ˈziːrən] *v/t* ⟨*no* ge-, h⟩ pulverize. **~ˈsie·rung** *f* ⟨-; *no pl*⟩ pulverization.
ˈ**Pul·ver||kaf·fee** *m* instant coffee. **~|la·dung** *f* powder charge. **~|rauch** *m* gun smoke. **~|schnee** *m* powder snow.
Pu·ma [ˈpuːma] *m* ⟨-s; -s⟩ *zo.* puma.
Pum·mel [ˈpʊməl] *m* ⟨-s; -⟩, ˈ**Pum·mel·chen** *n* ⟨-s; -⟩ *colloq.* podge. ˈ**pum·me·lig** *adj* podgy, tubby.
Pump [pʊmp] *m* ⟨-(e)s; -e⟩ *colloq.* credit, tick; **et. auf ~ kaufen** buy s. th. on tick (*od.* on the never-never, *Am. a.* on the cuff).
Pum·pe [ˈpʊmpə] *f* ⟨-; -n⟩ *tech.* pump.
ˈ**pum·pen I** *v/t* ⟨h⟩ **1.** pump. **2.** *colloq.* (*entleihen*) borrow; **sich** (*dat*) **et. von j-m ~** borrow s. th. from s. o., (*Geld*) *a.* touch s. o. for s. th. **3.** *colloq.* (*verleihen*) lend, *Am.* loan. **II** *v/i* **4.** pump.
ˈ**Pum·pen||haus** *n* pump house, pumping station. **~|hub** *m* pump lift. **~|kol·ben** *m* pump plunger (*od.* piston). **~|schwen·gel** *m* pump handle.
pum·pern [ˈpʊmpərn] *v/i* ⟨h⟩ *colloq.* thump, pound, *Herz*: *a.* throb, (*rumpeln*) rumble.
ˈ**Pum·per|nickel** (*getr.* -k·k-) *m* ⟨-s; -⟩ *gastr.* pumpernickel.
ˈ**Pump|ho·se** *f Mode*: knickerbockers *pl*, plus-fours *pl*.
Pumps [pœmps; pʌmps] (*Engl.*) *m* ⟨-; -⟩ *meist pl* court shoe, *Am.* pump.
ˈ**Pump||spei·cher|werk** *n tech.* pumped storage power station. **~ven|til** *n mus.* piston valve.
ˈ**Pun·ching|ball** [ˈpantʃɪŋ-] *m Boxen*: punch-ball, *Am.* punching-bag.
Punkt [pʊŋkt] *m* ⟨-(e)s; -e⟩ **1.** (*Tupfen, kleiner Fleck*) dot, speck; **ein Kleid mit ~en** a dress with polka dots, a polka-dot dress. **2.** *ling.* full stop, *bes. Am.* period, *print.* point, (*Tüpfelchen, a. Morsealphabet*) dot; **~e und Striche** dots and dashes; *fig. colloq.* **nun mach mal e-n ~!** come off it!, that's enough!; **ohne ~ und Komma reden** talk nineteen to the dozen; **(bis) auf den ~** exactly, to a hair; → **i. 3.** *math.* point. **4.** (*Ort, Stelle*) spot, place, point; **günstiger ~** vantage point; **höchster ~** highest pitch, climax; *fig.* **bis zu e-m gewissen ~** up to a point; **schwacher ~** weak point, weakness; **wunder ~** sore point. **5.** **(um) ~** (*Austrian u. Swiss* **punkt**) **zehn Uhr** on the dot of ten; → **tot** 8. **6.** (*Einzelheit, ~ der Tagesordnung*) item, point, (*Thema*) subject, topic, point, *jur. der Anklage*: count, charge, (*Vertrags≗*) article, clause; **in vielen ~en** in many respects, on many points; **~ für ~** point by point, in detail, *colloq.* blow by blow; *fig.* **der springende ~** the crux (of the matter), *colloq.* the (whole) point; **dunkler ~** shady point, *in e-r Familie*: skeleton in the cupboard, blot on the family escutcheon. **7.** (*Bewertungseinheit*) point, (*Rationierungs≗*) coupon; *Sport*: **Sieg nach ~en** points win; **nach ~en siegen** win on points, win a decision; **j-n nach ~en schlagen** (*od.* **besiegen**), **mehr ~e erzielen als j-d** outpoint s. o.; **nach ~en verlieren** lose on points, be outpointed; **nach ~en führen** lead by points; **~e sammeln** pile up points, score. **8.** *Boxen*: (*Kinnspitze*) point, *colloq.* button. **9.** *TV* dot, spot.
punkt *adv Austrian and Swiss* → **Punkt** 5.
Punk·ta·ti·on [pʊŋktaˈtsĭoːn] *f* ⟨-; -en⟩ **1.** *jur.* punctation. **2.** *ling.* punctuation.
ˈ**Punkt|ball** *m Boxen*: punch-ball.
Pünkt·chen [ˈpʏŋktçən] *n* ⟨-s; -⟩ small dot.
punk·ten [ˈpʊŋktən] **I** *v/t* ⟨h⟩ dot. **II** *v/i Sport*: collect points, score.
ˈ**Punkt||feu·er** *n* **1.** *mil.* precision fire, *von Maschinengewehr*: single rounds *pl*.

2. *zur Flugsicherung*: point light. **≈ˌför·mig** *adj* point-like, dot-like, punctate; ~**e Lichtquelle** point of light. **≈ˌgleich** *adj Sport*: equal on points. **~ˌgleich·heit** *f Sport*: tie (on points), draw.

punk·tie·ren [pʊŋkˈtiːrən] *v/t* ⟨*no* **ge-**, **h**⟩ **1.** *a. mus.* dot; **punktierte Linie** dotted line. **2.** *med.* puncture. **3.** *Kunst*: stipple.

Punkˈtier|ˌkunst *f* geomancy. **~ma·ˌnier** *f* ⟨-; *no pl*⟩ *Kunst*: stipple engraving. **~ˌna·del** *f* **1.** *Kunst*: stippler. **2.** *med.* puncture needle.

Punkˈtie·rung *f* ⟨-; **-en**⟩ **1.** dotting, dotted line. **2.** → **Punktion. 3.** *Kunst*: stipple.

Punk·ti·on [pʊŋkˈtsĭoːn] *f* ⟨-; **-en**⟩ *med.* puncture.

ˈPunktˌlan·dung *f Raumfahrt*: precision (*od.* point) landing.

pünkt·lich [ˈpʏŋktlɪç] **I** *adj* punctual, prompt, (*gewissenhaft, genau*) accurate, exact, precise, conscientious; ~ **(da) sein** be on time. **II** *adv* punctually, on time, on schedule. **≈keit** *f* ⟨-; *no pl*⟩ punctuality, (*Sorgfalt*) diligence, conscientiousness, precision.

ˈPunkt|ˌli·nie *f* dotted line. **~ˌmu·ster** *n* polka dots *pl*. **~ˌnie·derˌla·ge** *f Sport*: defeat on points. **~ˌrich·ter** *m Sport*: judge. **~ˌschrift** *f* → **Blindenschrift. ≈ˌschwei·ßen** *v/t* ⟨*only inf and pp* **punktgeschweißt**, **h**⟩ *tech.* spot-weld. **~ˌschwei·ßung** *f* spot welding. **~ˌsieg** *m Sport*: win(ning) on points, points win (*od.* decision). **~ˌsie·ger** *m* winner on points. **~ˌspiel** *n* league game (*od.* match). **~ˌstreik** *m* selective strike. **~syˌstem** *n* points system.

punk·tu·ell [pʊŋkˈtŭɛl] *adj* at a certain point, at certain points, *Streik etc*: selective.

Punk·tum [ˈpʊŋktʊm] *colloq.* **(und damit)** ~! and that's the end of it!, and that's that!, that's flat!

Punk·tur [pʊŋkˈtuːr] *f* ⟨-; **-en**⟩ → **Punktion.**

ˈPunkt|verˌlust *m Sport*: loss of a point (*od.* of points). **~ˌvorˌsprung** *m* lead on points. **≈ˌwei·se** *adv* point by point. **~ˌwer·tung** *f* **1.** awarding of points. **2.** → **~ˌzahl** *f* score. **~ˌzet·tel** *m Boxen etc*: scorecard. **~ˌziel** *n mil.* pin-point target.

Punsch [pʊnʃ] *m* ⟨-(e)s; -e⟩ *gastr.* punch. **~ˌbow·le** *f* **1.** (*Getränk*) negus, bowl of punch. **2.** punch bowl.

ˈPunzˌar·beit *f* embossing work.

Pun·ze [ˈpʊntsə] *f* ⟨-; **-n**⟩ *tech.* punch. **ˈpun·zen** *v/t* ⟨**h**⟩ (*bossieren, treiben*) emboss, (*ziselieren*) chase, engrave.

Pup [puːp] *m* ⟨-(e)s; -e⟩, **ˈpu·pen** *v/i* ⟨**h**⟩ *vulg.* fart.

pu·pil·lar [pupɪˈlaːr] *adj jur. med.* pupillary.

Pu·pil·le [puˈpɪlə] *f* ⟨-; **-n**⟩ *anat.* pupil.

Puˈpil·len|ˌabˌstand *m* pupillary distance. **~erˌwei·te·rung** *f* dilatation of the pupil, mydriasis. **~ˌstar·re** *f* iridoplegia. **~verˌen·gung** *f* contraction of the pupil, miosis.

pu·pi·par [pupiˈpaːr] *adj Insekten*: pupiparous.

Püpp·chen [ˈpʏpçən] *n* ⟨-s; -⟩ little doll, (*hübsches Mädchen*) doll, *als Kosewort*: *a.* poppet, popsy(-wopsy), pet, sweetie.

Pup·pe [ˈpʊpə] *f* ⟨-; **-n**⟩ **1.** doll, (*Marionette, a. fig.*) puppet, marionette, (*Schneider≈, mil. Übungs≈, fig. Strohmann*) dummy; *fig. colloq.* **die ~n tanzen lassen** a) (*toll feiern*) go to town, paint the town red, b) (*Krach schlagen*) raise merry hell; **bis in die ~n schlafen** sleep till all hours. **2.** *colloq.* (*hübsches Mädchen*) doll, *Br. a.* bird, *Am. a.* chick. **3.** *zo.* pupa, chrysalis. **4.** (*Getreide≈*) shock, stook.

ˈPup·pen|ge|ˌsicht *n a. fig.* doll's face. **≈haft** *adj* doll-like, *contp.* dollish. **~ˌhaus** *n* doll's house, *Am.* dollhouse. **~ˌkü·che** *f* doll's kitchen. **~ˌmö·bel** *pl* doll's house furniture *sg*. **~ˌspiel** *n* puppet (*od.* marionette) show. **~ˌspie·ler** *m*, **~ˌspie·le·rin** *f* puppet player, puppeteer, puppet master. **~ˌstu·be** *f* doll's house, *Am.* dollhouse. **~thea·ter** [-teˌaːtər] *n* **1.** puppet theat/re (*Am.* -er). **2.** → **Puppenspiel. ~ˌwa·gen** *m* doll's pram, *Am.* doll carriage. **~ˌwoh·nung** *f fig.* neat little house (*od.* flat, *Am.* apartment).

pup·pern [ˈpʊpərn] *v/i* ⟨**h**⟩ *colloq. Herz*: pound, (*zittern*) tremble, shake.

pur [puːr] *adj* ⟨**-er**; **-st**⟩ pure, (*bloß*) *a.* sheer; **s-n Whisky ~ trinken** drink one's whisk(e)y straight (*od.* neat); *fig.* **~er Unsinn** pure nonsense; **aus ~er Neugierde** out of sheer curiosity.

Pü·ree [pyˈreː] *n* ⟨**-s**; **-s**⟩ *gastr.* purée, mash, (*Kartoffel≈*) mashed potatoes *pl*.

pur·ga·tiv [purgaˈtiːf] *adj* purgative, aperient, laxative.

Pur·ga·to·ri·um [purgaˈtoːrĭʊm] *n* ⟨**-s**; *no pl*⟩ *relig.* purgatory.

pur·gie·ren [purˈgiːrən] *v/i* ⟨*no* **ge-**, **h**⟩ *med.* purge.

Pu·ris·mus [puˈrɪsmʊs] *m* ⟨-; *no pl*⟩ *Kunst etc*: purism. **Puˈrist** [-ˈrɪst] *m* ⟨**-en**; **-en**⟩ purist. **puˈri·stisch** *adj* purist(ic).

Pu·ri·ta·ner [puriˈtaːnər] *m* ⟨-s; -⟩, **Pu·riˈta·ne·rin** *f* ⟨-; **-nen**⟩ **1.** *relig. hist.* Puritan. **2.** *fig.* puritan, prude. **pu·riˈta·nisch** *adj* **1.** *relig. hist.* Puritan. **2.** *fig.* puritanical. **Pu·ri·taˈnis·mus** [-taˈnɪsmʊs] *m* ⟨-; *no pl*⟩ **1.** *relig. hist.* Puritanism. **2.** *fig.* puritanism.

Pur·pur [ˈpurpur] *m* ⟨**-s**; *no pl*⟩ **1.** purple (red). **2.** (*Gewand*) purple (gown *od.* robe). **~ˌfar·be** *f* → **Purpur** 1. **≈ˌfar·ben, ≈ˌfar·big** *adj* purple (red). **~geˌwand** *n* → **Purpur** 2.

ˈpur·purn *adj* purple (red).

ˈPur·pur|ˌrot I *n* → **Purpur** 1. **II ≈** *adj* purple (red). **~ˌschnecke** (*getr.* **-k·k-**) *f zo.* murex (*od.* rock) shell.

Pur·zel [ˈpurtsəl] *m* ⟨-s; -⟩ *colloq.* (*kleiner Kerl*) little thing, mite.

Pür·zel [ˈpʏrtsəl] *m* ⟨-s; -⟩ *hunt.* tail.

ˈPur·zelˌbaum *m* roll; **e-n ~ machen** (*od.* **schlagen, schießen**) turn head over heels.

pur·zeln [ˈpurtsəln] *v/i* ⟨**sein**⟩ **1.** *a. fig.* tumble, topple. **2. über e-e Sache ~** trip over s. th.

ˈpus·se·lig *adj colloq. Person*: finicky, fussy, *Arbeit etc*: fiddly. **pus·seln** [ˈpʊsəln] *v/i* ⟨**h**⟩ potter (about). **ˈPus·selˌspiel** *n a. fig.* puzzle.

Puß·ta [ˈpʊsta] *f* ⟨-; **Pußten**⟩ *geogr.* puszta.

Pu·ste [ˈpuːstə] *f* ⟨-; *no pl*⟩ *colloq.* breath, puff; **aus der ~ sein** *a.* be puffed; *fig.* **jetzt halt mal die ~ an!** come off it!; → **ausgehen. ~ˌblu·me** *f dial. for* **Löwenzahn. ~ˌku·chen** (**ja,**) **~!** certainly not!, nothing doing!, some hope!

Pu·stel [ˈpʊstəl] *f* ⟨-; **-n**⟩ *med.* pustule.

pu·sten [ˈpuːstən] *v/i* ⟨**h**⟩ (*keuchen*) pant, puff, (*blasen*) blow.

pu·ta·tiv [putaˈtiːf] *adj jur.* putative.

Pu·te [ˈpuːtə] *f* ⟨-; **-n**⟩ *zo.* turkey(-hen); *fig. colloq.* **dumme ~** silly goose; **eingebildete ~** stuck-up bitch. **ˈPu·ter** *m* ⟨-s; -⟩ turkey(-cock), gobbler. **ˈpu·terˈrot** *adj* (as) red as a lobster; **~ werden** turn crimson.

put, put [ˈputˈput] *interj* (*Lockruf für Hühner*) chick, chick!

Putsch [pʊtʃ] *m* ⟨-(e)s; -e⟩ **1.** *pol.* putsch, coup (d'état), revolt. **2.** *Swiss dial. for* **Stoß** 1. **ˈput·schen** *v/i* ⟨**h**⟩ (raise a) revolt, make (*od.* organize) a putsch (*od.* coup d'état). **Putˈschist** [-ˈtʃɪst] *m* ⟨**-en**; **-en**⟩ putschist, insurgent.

Put·te [ˈpʊtə] *f* ⟨-; **-n**⟩ *Kunst*: putto.

put·ten [ˈpʊtən] *v/i u. v/t* ⟨**h**⟩ *Golf*: putt.

Putz [pʊts] *m* ⟨**-es**; *no pl*⟩ **1.** (*~waren*) millinery, articles *pl* of dress, apparel, (*feine Kleidung*) finery, (elegant) toilet, (*Schmuck*) ornaments *pl*, (*Besatz*) trimming(s *pl*). **2.** (*Mauer≈*) plaster(ing); *electr.* **unter ~ (verlegt)** concealed; *fig. colloq.* **auf den ~ hauen** *allg.* go to town, (*sich vergnügen*) *a.* whoop it up, paint the town red, (*protzen*) show off, (*massiv werden*) let fly, cut up rough.

put·zen [ˈpʊtsən] **I** *v/t* ⟨**h**⟩ **1.** clean, cleanse, (*Schuhe*) *a.* polish, *Am.* shine, (*scheuern*) scour, scrub, (*wischen*) wipe, (*polieren*) polish, burnish, *metall.* dress, fettle, (*Lampe, Docht etc*) trim, (*Docht*) *a.* snuff; **sich** (*dat*) **die Nase ~** blow (*od.* wipe) one's nose; **sich** (*dat*) **die Zähne ~** brush one's teeth. **2.** (*schmücken*) decorate, adorn; → *a.* **herausputzen** 1. **3.** *Austrian* dry-clean. **4.** *Sport colloq.*: (*besiegen*) clobber. **II** *v/i* **5.** do the cleaning; **~ (gehen)** work as a cleaner, char. **6.** (*zieren*) be very decorative. **III** *v/reflex* **sich ~ 7.** dress (*od. colloq.* spruce, rig) o. s. up. **8.** *Tier*: preen itself, *Vogel*: *a.* plume itself, *Katze*: wash itself. **ˈPut·zer** *m* ⟨-s; -⟩ cleaner, *mil.* batman.

Put·zeˈrei *f* ⟨-; **-en**⟩ **1.** ⟨*only sg*⟩ a) cleaning, b) *contp.* cleaning mania. **2.** *Austrian* dry-cleaning shop, (dry) cleaners *pl*.

ˈPutzˌfrau *f* cleaner, charwoman, *colloq.* char.

ˈput·zig *adj* droll, quaint, funny, *Am.* cute.

Putz|ˌlap·pen *m* cleaning rag (*od.* cloth). **~ˌle·der** *n* chamois (*od.* shammy) (leather). **~ˌma·che·rin** *f* ⟨-; **-nen**⟩ milliner. **~ˌmit·tel** *n* **1.** cleaning (*od.* cleansing) agent (*od.* material). **2.** polish(ing agent). **≈ˈmun·ter** *adj colloq.* (*wach*) wide-awake, (*vergnügt*) quite cheerful, perky, *Am.* chippers. **~ˌsche·re** *f* snuffers *pl* (*als sg od. pl konstruiert*). **~ˌsucht** *f* **1.** passion for finery, dressiness. **2.** *e-r Hausfrau*: cleaning mania. **≈ˌsüch·tig** *adj* **1.** overfond of finery, dressy. **2.** excessively houseproud. **~ˌteu·fel** *m colloq.* excessively houseproud woman; **den ~ haben** have a mania for cleaning. **~ˌträ·ger** *m civ. eng.* plaster base. **~ˌtuch** *n* **1.** polishing cloth, wiper. **2.** → **Putzlappen. ~ˌwa·ren** *pl* articles of dress, trimmings. **~ˌwol·le** *f tech.* cotton (waste), waste wool. **~ˌzeug** *n* cleaning utensils *pl*.

Puz·zle [ˈpazəl; ˈpʌzl] (*Engl.*) *n* ⟨**-s**; **-s**⟩, **~ˌspiel** *n a. fig.* puzzle.

Pyg·mäe [pʏˈgmɛːə] *m* ⟨**-n**; **-n**⟩ *anthrop.* pygmy. **pygˈmä·en·haft, pygˈmä·isch** *adj a. fig.* pygmy, pygm(a)ean.

Py·ja·ma [pyˈdʒaːma; pyˈʒaːma; piˈdʒaːma; piˈʒaːma; pyˈjaːma] *m*, *Austrian and Swiss a. n* ⟨**-s**; **-s**⟩ (pair of) pyjamas (*Am.* pajamas).

Pyk·ni·ker [ˈpʏknikər] *m* ⟨-s; -⟩, **ˈpyk·nisch** [-nɪʃ] *adj anthrop.* pyknic.

Py·lon [pyˈloːn] *m* ⟨**-en**; **-en**⟩, **Pyˈlo·ne** *f* ⟨-; **-n**⟩ *civ. eng.* pylon.

Py·lo·rus [pyˈloːrʊs] *m* ⟨-; **-loren**⟩ *anat.* pylorus. **~verˌen·ge·rung** *f med.* pyloric stricture.

py·ra·mi·dal [pyramiˈdaːl] *adj* **1.** *math.* pyramidal. **2.** *fig. colloq.* huge, enormous, imposing. **Py·ra'mi·de** [-ˈmiːdə] *f* ⟨-; -n⟩ *a. math. med. min.* pyramid (*a. fig.*), (*Gewehr*2) stack (of arms); **Gewehre in ~n setzen** stack rifles.

Py·ra'mi·den|ˌbahn *f anat.* pyramidal (*od.* corticospinal) tract. **2ˌför·mig** *adj* pyramid-shaped, pyramidal. **~ˌstumpf** *m math.* frustum of a pyramid.

Py·re'nä·enˌhalbˌin·sel [pyreˈnɛːən-] *f geogr.* Iberian Peninsula. **py·re'nä·isch** *adj* Pyrenean.

Py·rit [pyˈriːt; -ˈrɪt] *m* ⟨-s; -e⟩ *min.* pyrite, fool's gold, firestone.

py·ro|gen [pyroˈgeːn] *adj geol. med.* pyrogenic. **2gra'phie** [-graˈfiː] *f* ⟨-; -n [-ən]⟩ pyrography. **2'ly·se** [-ˈlyːzə] *f* ⟨-; -n⟩ *chem.* pyrolysis. **~'ly·tisch** [-ˈlyːtɪʃ] *adj* pyrolytic. **2'ma·ne** [-ˈmaːnə] *m* ⟨-n; -n⟩ *psych.* pyromaniac. **2ma'nie** [-maˈniː] *f* ⟨-; *no pl*⟩ pyromania, incendiarism. **2man'tie** [-manˈtiː] *f* ⟨-; *no pl*⟩ *antiq. relig.* pyromancy. **2me·tall·ur'gie** [-metalʊrˈgiː] *f* pyrometallurgy. **2'me·ter** [-ˈmeːtər] *n* ⟨-s; -⟩ *phys.* pyrometer. **2me'trie** [-meˈtriː] *f* ⟨-; *no pl*⟩ pyrometry. **2mor'phit** [-mɔrˈfiːt; -ˈfɪt] *m* ⟨-s; -e⟩ *min.* pyromorphite, green lead ore. **2pho'bie** [-foˈbiː] *f* ⟨-; *no pl*⟩ *psych.* pyrophobia. **~'phor** [-ˈfoːr] *chem.* **I** *adj* pyrophoric. **II** 2 *m* ⟨-s; -e⟩ pyrophorus.

Py·ro·sis [pyˈroːzɪs] *f* ⟨-; *no pl*⟩ *med.* (*Sodbrennen*) pyrosis, heartburn.

Py·ro|tech·nik [pyroˈtɛçnɪk] *f* pyrotechnics *pl* (*als sg od. pl konstruiert*), pyrotechny. **~'tech·ni·ker** [-ˈtɛçnɪkər] *m* pyrotechnist, pyrotechnician. **2'tech·nisch** [-ˈtɛçnɪʃ] *adj* pyrotechnic(al).

'Pyr·rhusˌsieg [ˈpyrʊs-] *m fig.* Pyrrhic victory.

Py·tha·go|re·er [pytagoˈreːər] *m* ⟨-s; -⟩ *philos.* Pythagorean. **2're·isch** [-ˈreːɪʃ] *adj* Pythagorean; *math.* **~er Lehrsatz** Pythagorean proposition (*od.* theorem).

Py·thon [ˈpyːtɔn] *m* ⟨-s; -s *u.* -en [pyˈtoːnən]⟩. **~ˌschlan·ge** *f zo.* python.

Q

Q, q [ku:] *n* ⟨-; -⟩ **1.** (*Buchstabe*) Q, q. **2.** Q, q (*Ladung des Elektrons*) e. **3.** Q (*Elektrizitätsmenge*) Q.

quab·be·lig ['kvabəlıç] *adj* **1.** (*fett, weich*) flabby, wobbly, wobbling. **2.** *mooriger Boden*: quaggy. **quab·beln** ['kvabəln] *v/i* ⟨h⟩ *Pudding etc*: wobble, *Muskeln etc*: be flabby.

'Quack,sal·ber ['kvak-] *m* ⟨-s; -⟩ *colloq.* quack (doctor). **,Quack·sal·be'rei** *f* ⟨-; -en⟩ quackery, charlatanry. **'quack,sal·be·risch** *adj* quack. **'Quack,sal·ber,mit·tel** *n* quack remedy (*od.* medicine). **'quack,sal·bern** [-,zalbərn] *v/i* ⟨h⟩ (play the) quack.

Quad·del ['kvadəl] *f* ⟨-; -n⟩ *med.* w(h)eal.

Qua·der ['kva:dər] *m* ⟨-s; -⟩, *a. f* ⟨-; -n⟩, *Austrian only m* ⟨-s; -n⟩ **1.** *math.* right (*od.* rectangular) parallelepiped. **2.** *civ. eng.* ashlar, cut (*od.* square) stone, freestone. **~,stein** *m* → Quader 2.

Qua·dra·ge·si·ma [kvadra'ge:zima] *f* ⟨-; *no pl*⟩ *relig.* **1.** (**Sonntag ~**) Quadragesima. **2.** (*Fastenzeit*) forty days *pl* of Lent.

Qua·drant [kva'drant] *m* ⟨-en; -en⟩ *astr. mar. math.* quadrant.

Qua·drat[1] [kva'dra:t] *n* ⟨-(e)s; -e⟩ *math.* **1.** square (*a. in Zssgn*: square *mile, etc*); **zwei Meter im ~** two metres square. **2.** (*2. Potenz*) square, power of two; **ins ~ erheben** square, raise (*a number*) to the power of two; **5 (im) ~ ist 25** 5 squared (*od.* 5 to the power of two) equals 25.

Qua'drat[2] *n* ⟨-(e)s; -e(n)⟩ *print.* quad(rat).

qua'dra·tisch *adj* **1.** *Platz, Hof etc*: square, quadrate. **2.** *bes. math.* quadratic; **e-e ~e Gleichung** a quadratic (equation); **~er Mittelwert** root-mean-square.

Qua'drat|ki·lo,me·ter *m* square kilomet/re (*Am.* -er). **~,lat·schen** *pl colloq.* beetle-crushers. **~,me·ter** *m, n* square met/re (*Am.* -er). **~,netz** *n Kartographie*: graticule, square grid. **~,schä·del** *m colloq.* **1.** square head. **2.** *fig.* pigheaded person.

Qua·dra·tur [kvadra'tu:r] *f* ⟨-; -en⟩ quadrature (*a. fig.* **des Kreises** of the circle), squaring.

Qua'drat|,wur·zel *f math.* square root. **~,zahl** *f* square (number). **~zen·ti,me·ter** *m, n* square centimet/re (*Am.* -er).

qua·drie·ren [kva'dri:rən] *v/t* ⟨*no* **ge-**, h⟩ *math.* square, raise (*a number*) to the power of two.

Qua·dri·ga [kva'dri:ga] *f* ⟨-; -drigen⟩ *antiq. Kunst*: quadriga.

Qua·dril·le [k(v)a'drılјə] *f* ⟨-; -n⟩ (*Tanz*) quadrille.

Qua·dril·li·on [kvadrı'lĭo:n] *f* ⟨-; -en⟩ quadrillion, *Am.* septillion.

Qua·dro|pho·nie [kvadrofo'ni:] *f* ⟨-; *no pl*⟩ *Radio etc*: quadrophony. **≗'pho·nisch** [-'fo:nıʃ] *adj* quadrophonic.

Qua·dru·pe·de [kvadru'pe:də] *m* ⟨-n; -n⟩ *meist pl* (*Vierfüßler*) quadruped.

quak [kva:k] *interj Ente*: quack!, *Frosch*: croak! **'qua·ken** *v/i* ⟨h⟩ *Frosch*: croak, *Ente*: quack.

quä·ken ['kvɛ:kən] *v/t u. v/i* ⟨h⟩ squeak, whine.

'Quä·ker *m* ⟨-s; -⟩ *relig.* Quaker; **die ~** the Quakers, the (Society *sg* of) Friends. **'Quä·ke·rin** *f* ⟨-; -nen⟩ Quaker(ess). **'Quä·ker·tum** *n* ⟨-s; *no pl*⟩ Quakerism.

Qual [kva:l] *f* ⟨-; -en⟩ (great *od.* excruciating) pain, torment, agony, torture, *seelische*: *a.* (mental) anguish (*od.* agony, suffering), martyrdom (*alle a.* ~en), (*Sorge*) tribulation, worry, distress, (*hartes Los, Nervenprobe*) ordeal, (*Mühsal*) drudgery; **unter ~en** in (great) pain, *fig.* with great difficulty; **~en erleiden** (*od.* **ertragen**) endure (*od.* suffer) great pain (*od.* agony); **die ~en des Hungers** the agonies of hunger; *fig.* **die ~en des Gewissens (der Reue)** the pangs of conscience (remorse); *colloq.* **das war vielleicht 'ne ~!** it was sheer torture (*od.* hell).

quä·len ['kvɛ:lən] **I** *v/t* ⟨h⟩ **1.** torment (*a. fig.*), (*foltern*) *a. fig.* torture, rack, *Schmerzen*: *a.* agonize, *seelisch*: *a.* harrow, distress, agonize, (*bedrücken*) haunt, prey on *s. o.'s* mind, *fig.* (*plagen*) harass, torment, *mit Bitten, Fragen etc*: *a.* pester, *colloq.* plague, bother, (*necken*) tease; **von Schmerzen (Hunger, Reue) gequält** tormented by (*od.* tortured with) pain (hunger, remorse); *fig.* **gequält** *Lächeln etc*: forced, wry; **ein Tier ~** torment (*od.* be cruel to) an animal; **j-n zu Tode ~** torture s. o. to death; **von starkem Husten gequält werden** be troubled by a bad cough. **II** *v/reflex* **sich ~ 2.** suffer (great pain), *seelisch*: torment (*od.* torture) o. s. (**mit** with), worry (o. s.) (**mit** about); **sich zu Tode ~** worry o. s. to death. **3.** (*sich abmühen*) drudge, labo(u)r (**mit** at, over), slave away (**mit** at), sweat and strain, struggle (**mit** with); **sich umsonst ~** labo(u)r in vain. **'quä·lend** *adj Schmerz*: excruciating, racking, *Husten etc*: painful, *Hunger*: gnawing, *Durst*: raging, *fig. Gedanke, Ungewißheit etc*: tormenting, agonizing, harrowing.

'Quä·ler *m* ⟨-s; -⟩ tormentor, torturer.

Quä·le'rei *f* ⟨-; -en⟩ **1.** torment(ing), torture, cruelty, *fig.* vexation, worrying, *mit Bitten, Fragen etc*: pestering, molestation, (*Necken*) teasing. **2.** (*Mühsal, Arbeit*) drudgery. **3.** *colloq.* torture, hell.

'quä·le·risch *adj* tormenting, agonizing. **'Quäl,geist** *m* ⟨-(e)s; -er⟩ *colloq.* nuisance, pest, plague.

Qua·li·fi·ka·ti·on [kvalifika'tsĭo:n] *f* ⟨-; -en⟩ **1.** (**für, zu** for) qualification (*a. Sport*), (*Eignung*) *a.* eligibility; **~ zum Richteramt** qualification to hold judicial office. **2.** *Sport*: qualifying competition (*od.* round).

Qua·li·fi·ka·ti'ons|,kampf *m Sport*: qualifying contest. **~,spiel** *n* qualifying match (*od.* game). **~,wett·be,werb** *m* qualifying event.

qua·li·fi|zie·ren [kvalifi'tsi:rən] **I** *v/t* ⟨*no* **ge-**, h⟩ **1.** (*einschränken*) qualify. **2.** (*charakterisieren*) qualify, describe, characterize (**als** as). **3.** (*befähigen*) qualify (**zu, für** for *an office, etc*). **II** *v/reflex* **sich ~ 4.** qualify (**zu, für** for). **~'ziert** *adj allg.* qualified, (*geeignet*) qualified, eligible, *Fachmann*: qualified, highly trained, skilled; *pol.* **~e Mehrheit** qualified majority. **≗'zie·rung** *f* ⟨-; -en⟩ *rare for* **Qualifikation**.

Qua·li·tät [kvali'tɛ:t] *f* ⟨-; -en⟩ **1.** (*Art*) quality, *bes. econ.* (*Güteklasse*) *a.* grade, (*Sorte*) kind, sort, description; **erster ~** first-class, first-rate, high-grade, of prime quality, grade A, A 1; **mittlere ~en** medium grades; **schlechte ~** poor quality (*od.* workmanship); **das ist ~!** that's quality (for you)!; *fig.* **~ des Lebens** quality of life. **2.** *meist pl* (*gute Eigenschaft, Fähigkeit*) quality; **auch er hat s-e ~en** he, too, has his qualities (*od.* good points). **3.** *ling.* quality.

qua·li·ta·tiv [kvalita'ti:f] **I** *adj* qualitative; **ein ~er Unterschied** *a.* a difference in quality. **II** *adv* qualitatively, in quality; **~ besser** better in quality, of a better quality.

Qua·li'täts|,ar·beit *f* **1.** high-quality work, superior workmanship. **2.** → **~ar,ti·kel** *m*, **~er,zeug·nis** *n econ.* high-quality article (*od.* product). **~,mar·ke** *f* quality mark, brand. **~,min·de·rung** *f* deterioration in quality. **~,mu·ster** *n* representative sample. **~,prü·fung** *f e-r Ware*: quality test (*od.* inspection). **~,stahl** *m* high-grade (*od.* -quality) steel. **~,über,wa·chung** *f* quality control. **~,un·ter,schied** *m* difference in quality. **~,wa·re** *f* high-quality (*od.* -class) product (*od.* article); **~n** quality (*od.* choice) goods. **~,zei·chen** *n* **1.** sign of quality. **2.** → **Qualitätsmarke**. **~zer·ti·fi,kat** *n* certificate of quality.

Qual·le ['kvalə] *f* ⟨-; -n⟩ *zo.* jellyfish. **'qual·lig** *adj* jellylike.

Qualm [kvalm] *m* ⟨-(e)s; *no pl*⟩ (dense) smoke, *über e-r Stadt etc*: *a.* smog, (*Dämpfe*) fumes *pl*; *fig. colloq.* **mach nicht so viel ~!** don't make such a fuss!

'qual·men I *v/i* ⟨h⟩ smoke, emit vapo(u)r (*od.* fumes), *colloq. Raucher*: smoke (**wie ein Schlot** like a chimney); *impers* **in der Küche qualmt es** the kitchen is full of smoke; *fig. colloq.* **sonst**

qualmt's! *drohend*: or else! **II** *v/t colloq.* (*Zigarre etc*) smoke, puff at. **ˈQual·mer** *m* ⟨-s; -⟩ *colloq.* heavy (*od.* inveterate) smoker. **ˈqual·mig** *adj* smoky, full of smoke.

ˈqualˌvoll *adj* very painful, *Schmerzen*: excruciating, racking, *seelisch*: agonizing, harrowing; **es war ~ anzusehen** it was painful (*od.* torture) to watch.

Quant [kvant] *n* ⟨-s; -en⟩ *phys.* quantum. **ˈquan·teln** *v/t* ⟨h⟩ quantize. **ˈQuan·te·lung** *f* ⟨-; *no pl*⟩ quantization.

ˈQuan·ten|bio·loˌgie *f* quantum biology. **~meˌcha·nik** *f* quantum mechanics *pl* (*als sg od. pl konstruiert*). **~phyˌsik** *f* quantum physics (*als sg od. pl konstruiert*). **~theoˌrie** *f* ⟨-; *no pl*⟩ quantum theory. **~ˌzahl** *f* quantum number.

quan·ti|fi·zie·ren [kvantifiˈtsiːrən] *v/t* ⟨*no* ge-, h⟩ quantify. **⁓fiˈzie·rung** *f* ⟨-; -en⟩ quantification. **⁓ˈtät** [-ˈtɛːt] *f* ⟨-; -en⟩ *a. ling. philos.* quantity. **~taˈtiv** [-taˈtiːf] **I** *adj* quantitative; **~er Unterschied** *a.* difference in quantity. **II** *adv* quantitatively, in quantity. **~ˈtie·ren** [-ˈtiːrən] *v/t* ⟨*no* ge-, h⟩ *metr.* (*Silben*) quantify.

Quan·tum [ˈkvantʊm] *n* ⟨-s; Quanten⟩ quantity, amount, quantum, (*Anteil*) portion, share; *colloq.* **tägliches ~** daily ration.

Quap·pe [ˈkvapə] *f* ⟨-; -n⟩ **1.** *ichth.* eel-pout, burbot. **2.** → **Kaulquappe.**

Qua·ran·tä·ne [karanˈtɛːnə; karã-] *f* ⟨-; -n⟩ quarantine; **in ~ legen, unter ~ stellen** (put in) quarantine; **die ~ aufheben** lift the quarantine. **~ˌflag·ge** *f mar.* yellow (*od.* sick, quarantine) flag. **~sta·tiˌon** *f med.* quarantine ward.

Quark [kvark] *m* ⟨-s; *no pl*⟩ **1.** *gastr.* curd(s *pl*), (*~käse*) cottage (*od.* curd) cheese. **2.** *fig. colloq.* → **Quatsch** 1; **das geht dich e-n ~ an** that's none of your business. **~ˌkä·se** *m* → **Quark** 1. **~ˌku·chen** *m* cheesecake.

quar·ren [ˈkvarən] *v/i* ⟨h⟩ whine, grumble.

Quart[1] [kvart] *n* ⟨-s; *no pl*⟩ *print.* quarto.
Quart[2] *f* ⟨-; -en⟩ **1.** *fenc.* quarte. **2.** *mus.* fourth.

Quar·ta [ˈkvarta] *f* ⟨-; Quarten⟩ *ped. third year* (*od. form*) *at a German grammar school.*

Quar·tal [kvarˈtaːl] *n* ⟨-s; -e⟩ quarter (of a year), (*Schul⁓*) term, (*Zahltag des ~s*) quarter-day.

Quarˈtals|abˌrech·nung *f*, **~ˌabˌschluß** *m econ.* quarterly statement (of accounts). **~ˌen·de** *n* end of the quarter; **zum ~ kündigen** give notice for the end of the quarter. **~ˌsäu·fer** *m* periodic drunkard, dipsomaniac. **~ˌtag** *m* quarter-day. **⁓ˌwei·se** *adj u. adv* quarterly. **~ˌzah·lung** *f* quarterly payment, *von Dividenden, Zinsen etc*: quarterly disbursement.

Quar·ta·ner [kvarˈtaːnər] *m* ⟨-s; -⟩, **Quarˈta·ne·rin** *f* ⟨-; -nen⟩ *pupil of a "Quarta".*

Quar·tär [kvarˈtɛːr] *n* ⟨-s; *no pl*⟩ *geol.* Quaternary (period). **~for·ma·tiˌon** *f* Quaternary formation. **~strukˌtur** *f biol. chem.* quaternary structure.

ˈQuart|ˌband *m* ⟨-(e)s; ⸚e⟩ *print.* quarto volume. **~ˌblatt** *n* quarto page.

Quar·te [ˈkvartə] *f* ⟨-; -n⟩ → **Quart**[2] 2.

Quar·tett [kvarˈtɛt] *n* ⟨-(e)s; -e⟩ **1.** *mus.* quartet(te). **2.** (*Kartenspiel*) *etwa* Happy Families *pl* (*als sg konstruiert*).

ˈQuart·forˌmat *n* → **Quart**[1].

Quar·tier [kvarˈtiːr] *n* ⟨-s; -e⟩ **1.** (*Unterkunft*) accommodation, lodging(s *pl*); **ein ~ suchen** look for accommodation; **bei j-m ~ beziehen** put up (*od.* stay) with s. o. **2.** *mil.* quarters *pl*, billet(s *pl*); **~ beziehen (machen)** take up (prepare) quarters; **in ~ legen bei** billet (up)on (*od.* with); **in ~ liegen bei** be quartered (*od.* billeted) (up)on (*od.* with). **3.** *Billard*: balk. **4.** *her.* quarter, canton. **5.** *Swiss and Austrian* district, quarter. **~ˌamt** *n mil.* billeting office. **~ˌma·cher** *m* billeting officer. **~ˌmei·ster** *m* quartermaster. **~ˌschein, ~ˌzet·tel** *m* billeting slip.

Quar·to [ˈkvarto] *n* ⟨-; *no pl*⟩ → **Quart**[1].

ˈQuart|ˌsei·te *f print.* quarto page. **~ˈsext·akˌkord** [ˌkvart-] *m mus.* six-four-chord.

Quarz [kvaːrts] *m* ⟨-es; -e⟩ **1.** *min.* quartz. **2.** *electr.* (quartz) crystal. **~ˌfa·den** *m electr.* quartz filament. **~geˌstein** *n* quartz rock. **⁓geˌsteu·ert** *adj electr.* crystal- (*od.* quartz-) controlled. **~ˌglas** *n tech.* quartz glass, vitreous silica.

Quar·zit [kvarˈtsiːt; -ˈtsɪt] *m* ⟨-s; -e⟩ *min.* quartzite.

ˈQuarz|ˌlam·pe *f* quartz lamp. **~ˌrohr** *n* quartz tube. **~ˌsand** *m* silica (*od.* glass) sand, arenaceous quartz. **~ˌsteue·rung** *f* crystal control. **~ˌuhr** *f* quartz(-crystal) clock (*od.* watch).

Qua·sar [kvaˈzaːr] *m* ⟨-s; -e⟩ *astr.* quasar.

qua·si [ˈkvaːzi] *adv* more or less, quasi.

Qua·si·mo·do·ge·ni·ti [kvazimodoˈgeːniti] *m* ⟨*undeclined*⟩ *relig.* (**der Sonntag**) ~ Low Sunday, Quasimodo.

Quas·seˈlei *f* ⟨-; -en⟩ *colloq.* (constant *od.* continuous) blether (*od.* blather). **ˈQuas·se·ler** *m* ⟨-s; -⟩, **ˈQuas·selˌfrit·ze** *m*, **ˈQuas·selˌkopf** *m* bletherer, bletherskite. **quas·seln** [ˈkvasəln] *v/i* ⟨h⟩ blether, blather.

Quast [kvast] *m* ⟨-(e)s; -e⟩ **1.** (*Maler⁓*) (wall) brush. **2.** → **ˈQua·ste** *f* ⟨-; -n⟩ **1.** (*Troddel*) tassel. **2.** (*Büschel*) tuft. **3.** (*Puder⁓*) (powder) puff.

Quä·stor [ˈkvɛstɔr] *m* ⟨-s; -en [-ˈtoːrən]⟩ **1.** *univ.* bursar. **2.** *antiq.* qu(a)estor. **Quä·stur** [kvɛsˈtuːr] *f* ⟨-; -en⟩ **1.** *univ.* bursar's office. **2.** *antiq.* qu(a)estorship.

Quatsch [kvatʃ] *m* ⟨-es; *no pl*⟩ *colloq.* **1.** (*dummes Gerede*) nonsense, *sl.* rot, rubbish, fudge, hooey, balderdash, bilge, bull(shit), crap, balls *pl*, *Am. a.* baloney; **~ (mit Soße)!** rubbish!; **red k-n ~!** don't talk rubbish!, *weitS.* good Lord, is that true! **2.** (*dumme Späße*) tomfoolery, fooling around; **~ machen** fool around, clown about; **laß den ~!** stop it!, cut it out! **3.** (*unkluge Handlung*) stupidity, foolishness; **mach k-n ~!** don't do anything stupid!

quatsch *interj* squelch!, squilch!

quat·schen[1] [ˈkvatʃən] *colloq.* **I** *v/i* ⟨h⟩ **1.** (*Unsinn reden*) talk nonsense (*od. sl.* rot, rubbish), twaddle, drivel, blether. **2.** (*reden*) talk, (have a) chat. **3.** (*Geheimnisse ausplaudern*) blab, sneak, *Gangster*: grass, squeak. **II** *v/t* **4. dummes Zeug ~** talk nonsense, drivel, blether.

ˈquat·schen[2] *colloq.* *v/i* ⟨h *u.* sein⟩ squelch, slosh.

Quat·scheˈrei *f* ⟨-; -en⟩ *colloq.* **1.** (endless) talk(ing). **2.** drivel, *sl.* rubbish.

ˈquat·schig *adj colloq.* squelchy, sloshy.

ˈQuatsch|ˌkopf *m colloq.* drivel(l)er, bletherskite, twaddler, (*Blödian*) silly fool (*od.* ass), idiot. **~ˌtan·te** *f* chatterbox.

Quecke (*getr.* -k·k-) [ˈkvɛkə] *f* ⟨-; -n⟩ *bot.* couch-grass, twitch-grass.

ˈQueckˌsil·ber [ˈkvɛk-] *n chem.* mercury, quicksilver; *fig. colloq.* **sie hat ~ im Leib** she has got ants in her pants; **sie ist das reinste ~** she is like quicksilver (*od.* a real live wire). **~ba·roˌme·ter** *n* mercury barometer. **~ˌdampf** *m* mercury vapo(u)r. **~ˌdampfˌgleichˌrich·ter** *m electr.* mercury-vapo(u)r rectifier. **⁓ˌhal·tig** *adj* mercurial.

ˈqueckˌsil·be·rig *adj* → **quecksilbrig.**

ˈQueckˌsil·ber|joˌdid *n chem.* (red) mercury iodide, mercuric iodide. **~leˌgie·rung** *f* amalgam. **~oxid** [-ˀɔˌksiːt] *n* mercury oxide. **~ˌsal·be** *f* mercurial ointment. **~ˌsäu·le** *f meteor. phys.* mercury (column). **~ther·moˌme·ter** *n* mercury thermometer. **~verˌgif·tung** *f* mercury (*od.* mercurial) poisoning.

ˈqueckˌsil·brig *adj fig.* mercurial, sprightly, lively.

Quell [kvɛl] *m* ⟨-(e)s; -e⟩ *poet. for* Quelle 1, 2. **~ˌader** *f* vein of a spring.

Quel·le [ˈkvɛlə] *f* ⟨-; -n⟩ **1.** spring, (*Fluß⁓*) source, head (spring), (*Öl⁓ etc, a. Brunnen*) well, (*Spring⁓*) fountain(-head); **warme ~n** hot (*od.* thermal) springs. **2.** *fig.* (*Ursprung*) source, origin, *literarische*: *a.* authority, (*Gewährsmann*) *a.* informant; **~ des Lebens** fount(ain) (*od.* source) of life; **e-e ~ des Vergnügens** a source of amusement; **aus guter** (*od.* **sicherer**) **~** from a reliable source, on good authority; *colloq.* **an der ~ sitzen** a) *für Informationen etc*: be on the inside, hear the news straight from the horse's mouth, b) *für Waren etc*: be on the spot, have (direct) access; *lit.* **die ~n angeben** give one's sources. **3.** *econ.* (*Hilfsmittel*) resource; **neue ~n erschließen** *a. fig.* tap new resources.

quel·len [ˈkvɛlən] **I** *v/i* ⟨quillt, quoll, gequollen, sein⟩ **1.** (**aus** from) flow, stream, pour, *Wasser, Blut etc*: well (up), *stärker*: gush (forth), *Rauch*: billow, *Duft*: waft; **aus den Höhlen ~** *Augen*: bulge (*od.* start) from their sockets; *fig.* **die Menschen quollen aus dem Kino** the people poured out of the cinema. **2.** *fig.* (*s-n Ursprung haben*) (**in** *dat* from) originate, emanate, arise. **3.** (*anschwellen*) *Erbsen etc*: swell (up). **II** *v/t* ⟨quellt, quellte, gequellt, h⟩ **4.** (*Erbsen, Flachs etc*) soak, steep.

ˈQuel·len|ˌanˌga·be *f* **1.** *in der Fußnote*: reference. **2.** → **Quellenverzeichnis.** **~ˌfor·schung** *f* → **Quellenstudium.** **~kriˌtik** *f* criticism of sources. **~ma·te·riˌal** *n* source material. **~ˌnachˌweis** *m* → **Quellenangabe** 1, **Quellenverzeichnis.** **~ˌstu·di·um** *n* study of (*od.* research into) (literary *od.* historical) sources. **~verˌzeich·nis** *n* bibliography, list of works consulted, (list of) references *pl*, acknowledgements *pl*.

ˈQuell|ˌfluß *m geogr.* headstream, source. **~geˌbiet** *n* headwater region. **~ˌnym·phe** *f myth.* naiad. **~ˌsalz** *n* spring salt. **~ˌwas·ser** *n* ⟨-s; -⟩ springwater. **~ˌwi·derˌstand** *m electr.* source impedance. **~ˌwol·ke** *f* cumulus (cloud).

Quen·geˈlei *f* ⟨-; -en⟩ *colloq.* whining, grumbling, *sl.* grousing, (*Krittelei*) fault-finding, carping, nagging. **ˈQuen·gelˌfrit·ze** *m* → **Quengler.** **ˈquen·ge·lig** *adj bes. Kind*: whining, (*nörgelig*) grumbling, nagging. **ˈQuen·gelˌlie·se** *f* → **Quenglerin.** **quen·geln** [ˈkvɛŋəln] *v/i* ⟨h⟩ *bes. Kind*: whine, (*nörgeln*) grumble, *sl.* grouse, *Am.* crab; **er quengelte so lange, bis ich nachgab** he pestered me until I finally gave in. **ˈQueng·ler** *m* ⟨-s; -⟩, **ˈQueng·le·rin** *f* ⟨-; -nen⟩ (*bes. Kind*) whiner, pest, (*Nörgler*) grumbler, nagger.

Quent·chen [ˈkvɛntçən] *n* ⟨-s; -⟩ **ein ~** a little bit, a pinch, *bes. fig.* a grain, an ounce. **⁓ˌwei·se** *adv* in dribs and drabs.

quer [kveːr] *adv* (*der Breite nach*) widthwise, across, (*rechtwinklig*) at right angles, across, crosswise, (*schräg*) at an angle, diagonally; ~ **zu** at right angles to; ~ **über** (*acc*), ~ **hinüber**, ~ **herüber**, ~ **durch** across; ~ **über die Straße gehen** go across the street, cross the street; ~ **durchsägen** saw directly across; ~ **übereinanderlegen** put crossways, cross; **den Stoff** ~ **nehmen** use the material widthwise; *fig.* ~ **durch die Parteien** right across (*od.* through) the parties; *colloq.* ~ **gehen** go wrong; → **kreuz und quer.** ~ˈ**ab** [ˌkveːr-] *adv mar.* abeam.

ˈ**Quer|ˌach·se** *f* **1.** *math.* transverse (*od.* lateral) axis. **2.** *tech.* transverse axle. ~ˌ**bal·ken** *m* **1.** crossbeam, *e-r Tür etc*: transom. **2.** *her.* bar, fess. **3.** *mus.* bind, crossbar, beam. ~**beˌwe·gung** *f* transverse motion. ~ˌ**bin·der** *m* bow tie.

ˌ**querˈdurch** *adv* right (*od.* straight) across (*od.* through).

ˈ**Querˌdurchˌmes·ser** *m* transverse diameter.

ˈ**Que·re** *f* ‹-; *no pl*› transverse (*od.* cross) direction, (*Breite*) width, breadth; **in die** ~, **der** ~ **nach** crossways, across, widthwise; *fig. colloq.* **j-m in die** ~ **kommen** upset (*od.* foil, thwart) s. o.'s plans, get in s. o.'s way, ba(u)lk s. o., queer s. o.'s pitch; **es ist ihm et. in die** ~ **gekommen** s. th. has gone wrong with him.

Que·re·len [kveˈreːlən] *pl* quarrel(s), squabbling(s).

que·ren [ˈkveːrən] *v/t* ‹h› cross.

ˌ**querˌfeldˈein** *adv* across country. ≈ˌ**lauf** *m* cross-country run. ≈ˌ**ren·nen** *n Radsport*: cyclo-cross race. ≈ˌ**ritt** *m* cross-country ride. ≈ˌ**strecke** (*getr.* -k·k-) *f* cross-country course.

ˈ**Quer|ˌflö·te** *f* transverse (*od.* cross, German) flute. ~**forˌmat** *n print.* oblong (*od.* landscape) format. ~ˌ**fra·ge** *f* cross-question. ~ˌ**fu·ge** *f civ. eng.* transverse (*od.* cross) joint. ~ˌ**gang** *m* **1.** *geol.* cross lode. **2.** *Bergsport*: traverse. ~**geˌfäl·le** *n e-r Straße*: crossfall. ≈ˌ**ge·hen** *v/i* ‹*irr, sep,* -ge-, sein› *colloq.* go wrong. ≈**geˌstreift** *adj* horizontally striped, *Muskel*: striped, striated. ~ˌ**holz** *n* **1.** → Querbalken. **2.** *mar.* toggle. ~ˌ**kopf** *m colloq.* wrongheaded (*od.* pigheaded) person. ≈ˌ**köp·fig** [-ˌkœpfɪç] *adj colloq.* wrongheaded, pigheaded, bloody-minded. ~ˌ**la·ge** *f* **1.** *med.* transverse (*od.* torso) presentation. **2.** *aer.* bank. ~ˌ**la·ger** *n tech.* radial bearing. ~ˌ**lat·te** *f Fußball*: crossbar. ≈ˌ**lau·fend** *adj* traverse, transverse. ~ˌ**li·nie** *f* **1.** crossline, transverse line. **2.** *print.* space rule. ~ˌ**mo·tor** *m* transverse engine. ~ˌ**paß** *m Fußball etc*: cross pass. ~ˌ**pfei·fe** *f mus.* fife. ~ˌ**pfei·fer** *m* fifer. ~**proˌfil** *n tech.* cross section. ~ˌ**rich·tung** *f* transverse direction. ~ˌ**ru·der** *n aer.* aileron. ~ˌ**schal·tung** *f electr.* cross connection. ≈ˌ**schie·ßen** *v/i* ‹*irr, sep,* -ge-, h› *fig. colloq.* make trouble, throw a spanner in(to) the works. ~ˌ**schiff** *n arch.* transept. ≈ˌ**schiffs** [-ˌʃɪfs] *adv mar.* (a)thwartships. ~ˌ**schlag** *m Bergbau*: crosscut. ~ˌ**schlä·ger** *m mil.* ricochet. ~ˌ**schnitt** *m* **1.** *math. tech.* cross-section, (*Ansicht*) *a.* sectional view, (*Fläche*) *a.* sectional area. **2.** *fig.* cross-section (**durch** of); **musikalischer** ~ medley.

ˈ**querˌschnitt(s)|geˌlähmt** *adj*, ≈**ge·ˌlähm·te** *m, f* ‹-n; -n› paraplegic. ≈ˌ**läh·mung** *f* paraplegia (through transverse lesion of the cord).

ˈ**Quer|ˌschnittˌzeich·nung** *f tech.* sectional drawing. ~ˌ**schott** *n mar.* cross (*od.* transverse) bulkhead. ≈ˌ**schrei·ben** *v/t* ‹*irr, sep,* -ge-, h› *econ.* (*Wechsel, Scheck etc*) accept. ~ˌ**schuß** *m fig. colloq.* spanner in the works. ~ˌ**stra·ße** *f* cross-road, cross-street; **zweite** ~ **rechts** second turning on (*od.* to) the right; **zwei** ~**n von hier** (**entfernt**) two blocks from here. ~ˌ**stre·be** *f tech.* cross-girth, cross-rib. ~ˌ**strei·fen** *m* cross (*od.* horizontal) stripe. ~ˌ**strich** *m* horizontal line (*od.* stroke), (*Gedankenstrich*) dash, *bei Buchstaben*: cross-bar, cross-stroke; *fig. colloq.* **e-n** ~ **durch e-e Sache machen** put paid to s. th. ~ˌ**sum·me** *f math.* sum of the digits, cross sum. ~**supˌport** *m tech.* cross-slide rest. ~ˌ**trä·ger** *m civ. eng.* transverse (*od.* cross) girder, *tech.* cross-member, cross-beam. ~ˌ**trei·ber** *m colloq.* intriguer, obstructionist. ~**trei·beˈrei** [ˌkveːr-] *f* ‹-; -en› intriguing, obstruction(ism). ≈ˈ**über** [ˌkveːr-] *adv* (right *od.* almost) opposite.

Que·ru|lant [kveruˈlant] *m* ‹-en; -en› querulous person, troublemaker, *sl.* grouser, *Am. sl.* griper. ≈ˈ**lie·ren** [-ˈliːrən] *v/i* ‹*no* ge-, h› grumble, be querulous, *sl.* grouse, *Am. sl.* gripe.

ˈ**Quer|verˌbin·dung** *f* **1.** *civ. eng. tech.* (cross-)connection. **2.** *fig. zwischen Behörden etc*: inter-connection, *zwischen Themen, Fächern etc*: correlation. ~**ver·ˌstei·fung** *f tech.* transverse (*od.* cross) bracing. ~**verˌstre·bung** *f* cross bracing. ~**verˌweis** *m* cross reference. ~ˌ**wand** *f* partition (wall). ~ˌ**weg** *m* cross-road.

Quet·sche[1] [ˈkvɛtʃə] *f* ‹-; -n› *dial.* plum, *gedörrte*: prune.

ˈ**Quet·sche**[2] *f* ‹-; -n› **1.** *Küche*: masher. **2.** *colloq.* → a) **Kaff,** b) **Klitsche. 3.** → **Quetschkommode.**

quet·schen [ˈkvɛtʃən] **I** *v/t* ‹h› **1.** (*drücken*) squeeze, (*rein*~) *a.* jam, cram, (*zer*~) crush, mash, squash, *med.* bruise, contuse; **j-n an die Wand** ~ squash s. o. against the wall; **sich** (*dat*) **den Finger in der Tür** ~ get one's finger caught (*od.* squashed, jammed) in the door. **II** *v/reflex* **sich** ~ **2.** (*zs.-drängen*) squeeze (in *acc* into). **3.** (*verletzen*) bruise o. s., get a bruise.

ˈ**Quetsch|ˌfal·te** *f Mode*: box-pleat. ≈ˌ**fest** *adj* crushproof. ~**karˌtof·feln** *pl gastr.* mashed (*od.* creamed) potatoes. ~**komˌmo·de** *f colloq.* (*Ziehharmonika*) squeeze-box.

ˈ**Quet·schung** *f* ‹-; -en› *med.* bruise, contusion.

ˈ**Quetschˌwun·de** *f* contused wound.

Queue [køː] *n, Austrian a. m* ‹-s; -s› *Billard*: cue.

quick [kvɪk] *adj dial.* lively, brisk. ~**leˈben·dig** *adj colloq.* lively, vivacious, spirited, full of life (*od. sl.* pep). ≈ˌ**sand** *m* quicksand.

quiek [kviːk] *interj* squeak! ˈ**quie·ken, quiek·sen** [ˈkviːksən] *v/i* ‹h›, ˈ**Quiek·ser** *m* ‹-s; -› squeal, squeak.

Quie·tis·mus [kvieˈtɪsmʊs] *m* ‹-; *no pl*› *relig.* quietism. **Quieˈtist** [-ˈtɪst] *m* ‹-en; -en› quietist.

quiet·schen [ˈkviːtʃən] *v/i* ‹h› *Tür, Schuhe etc*: squeak, creak, *Bremsen*: squeal, screech; **vor Vergnügen** ~ squeal with delight.

ˈ**quietsch·verˈgnügt** *adj colloq.* chirpy, (as) merry as a cricket.

quillst [kvɪlst] *2 sg pres,* **quillt** [kvɪlt] *3 sg pres of* **quellen** I.

Quin·qua·ge·si·ma [kvɪŋkvaˈgeːzima] *f* ‹*undeclined*› *relig.* (**der Sonntag**) ~ Quinquagesima (Sunday), Shrove Sunday.

Quint [kvɪnt] *f* ‹-; -en› **1.** *mus.* fifth. **2.** *fenc.* quinte.

Quin·ta [ˈkvɪnta] *f* ‹-; Quinten› *second year* (*od. form*) *at a German grammar school.* **Quinˈta·ner** [-ˈtaːnər] *m* ‹-s; -›, **Quinˈta·ne·rin** *f* ‹-; -nen› *pupil of a "Quinta".*

Quin·te [ˈkvɪntə] *f* ‹-; -n› → Quint 1.

ˈ**Quint·esˌsenz** *f* ‹-; -en› quintessence (*a. philos.*), (*Wesen*) essence, (*Kern*) gist.

Quin·tett [kvɪnˈtɛt] *n* ‹-(e)s; -e› *mus.* quintet(te).

Quin·til·li·on [kvɪntɪˈlǐoːn] *f* ‹-; -en› quintillion, *Am.* nonillion.

Qui·pro·quo [kviproˈkvoː] *n* ‹-s; -s› case of mistaken identity.

Quirl [kvɪrl] *m* ‹-(e)s; -e› **1.** *antiquated kitchen utensil for mixing.* **2.** *bot.* whorl, verticil. **3.** *fig.* mercurial person, quicksilver. ˈ**quir·len I** *v/t* ‹h› twirl round, (*Eier*) whisk, beat. **II** *v/i* ‹h *u.* sein› *Wasser etc*: swirl. ˈ**quir·lig** *adj fig.* mercurial, (*ruhelos*) fidgety.

Quis·ling [ˈkvɪslɪŋ] *m* ‹-s; -e› *pol. contp.* quisling, collaborator (with the enemy).

quitt [kvɪt] *adj* ‹*pred*› *colloq.* **mit j-m** ~ **sein** a) be quits (*od.* even) with s. o., b) be finished (*bes. Am.* through, done) with s. o.; **mit j-m** ~ **werden** get quits with s. o.; **jetzt sind wir** ~ now we are quits, that leaves us even (*alle a. fig.*).

Quit·te [ˈkvɪtə] *f* ‹-; -n› *bot.* quince.

ˈ**Quit·ten|ˌbaum** *m* quince tree. ≈ˌ**gelb** *adj* quince-yellow.

quit·tie·ren [kvɪˈtiːrən] *v/t* ‹*no* ge-, h› **1.** receipt, give a receipt for, discharge, sign for; **doppelt für einfach** ~ receipt in duplicate; **den Empfang** ~ **von** acknowledge receipt of. **2.** (*aufgeben*) quit, abandon, (*Eigentum*) sign away; **den Dienst** ~ tender one's resignation, resign, retire. **3.** *fig.* answer, take, meet, counter; **e-e Beleidigung mit e-m Lächeln** ~ meet an insult with a smile.

Quit·tung [ˈkvɪtʊŋ] *f* ‹-; -en› **1.** receipt, acquittance, (*Beleg*) voucher; **e-e** ~ **ausstellen** give a receipt (**über** *acc* for); **gegen** ~ against receipt. **2.** *fig.* penalty, answer (**für** for); **das ist die** ~ **für** *s-n Leichtsinn etc* that's what he got for ...; **er hat die** ~ **bekommen** he got what he deserved.

ˈ**Quit·tungs|ˌblock** *m*, ~ˌ**buch** *n* receipt book, book of blank receipts. ~**du·pliˌkat** *n* duplicate receipt. ~**for·mu·ˌlar** *n* receipt form. ~ˌ**stem·pel** *m* receipt stamp.

Qui·vive [kiˈviːv] (*Fr.*) *colloq.* **auf dem** ~ **sein** be on the qui vive (*od.* alert, lookout).

Quiz [kvɪs; kwɪz] (*Engl.*) *n* ‹-; -› quiz. ~ˌ**ma·ster** [-ˌmaːstər; -ˌmɑːstə] (*Engl.*) *m* ‹-s; -› quizmaster. ~ˌ**sen·dung** *f TV etc*: quiz program(me *Br.*) (*od.* show).

quoll [kvɔl] *1 u. 3 sg pret,* **quöl·le** [ˈkvœlə] *1 u. 3 sg pret subj of* **quellen** I.

Quo·te [ˈkvoːtə] *f* ‹-; -n› quota, (*Anteil*) share, (pro)portion, (*Verhältnisziffer*) rate, *bei Konkursverfahren*: quota, dividend, (*Gewinn*≈) sum paid out, *im Toto*: *a.* dividend.

ˈ**Quo·ten|ˌak·tie** *f* no-par share. ~**ˌstichˌpro·be** *f Statistik*: quota sample. ~**verˌtrag** *m Versicherung*: quota-share reinsurance.

Quo·ti·ent [kvoˈtsǐɛnt] *m* ‹-en; -en› *bes. math.* quotient.

quo·tie·ren [kvoˈtiːrən] *v/t* ‹*no* ge-, h› (*Kurs, Preise*) quote. **Quoˈtie·rung** *f* ‹-; -en› quotation.

R

R, r [ɛr] *n* ‹-; -› R, r (*Buchstabe*).
Ra·batt [raˈbat] *m* ‹-(e)s; -e› *econ.* discount, deduction, rebate, *colloq.* cut, (*Mengen*≈) quantity discount, (*Händler*≈) wholesale discount; **e-n ~ geben** (*od.* **gewähren**) (**auf e-e Sache**) give (*od.* allow, grant) a discount, *etc* (on s. th.); **mit 3 Prozent ~ verkaufen** sell at a 3 percent discount, sell at a reduction of 3 percent.
Ra·bat·te [raˈbatə] *f* ‹-; -n› (*Randbeet*) border, (*Beet*) bed.
Raˈbatt|mar·ke *f* trading stamp.
Ra·batz [raˈbats] *m* ‹-es; *no pl*› *colloq.* racket, din, row; **schwer ~ machen** make a hell of a racket.
Ra·bau·ke [raˈbaukə] *m* ‹-n; -n› rowdy.
Rab·bi [ˈrabi] *m* ‹-(s); -nen [-ˈbiːnən], *a.* -s› rabbi. **Rab·bi·nat** [rabiˈnaːt] *n* ‹-(e)s; -e› rabbinate. **Rab·bi·ner** [raˈbiːnər] *m* ‹-s; -› rabbi. **rabˈbi·nisch** *adj* rabbinic(al).
Ra·be [ˈraːbə] *m* ‹-n; -n› *orn.* raven; *fig.* **ein weißer ~** a black swan; *colloq.* **stehlen wie ein ~** steal like a magpie.
ˈRa·ben|aas *n colloq.* (*Frau*) bitch, bag, (*Mann*) cad, *Am. a.* heel. **~el·tern** *pl colloq.* cruel parents. **~krä·he** *f orn.* carrion crow. **~mut·ter** *f colloq.* cruel mother. **≈ˈschwarz** *adj colloq.* raven(-black), jet-black, pitch-black. **~va·ter** *m colloq.* cruel father. **~vö·gel** *pl* crows.
ra·bi·at [raˈbi̯aːt] *adj* **1.** (*wütend*) furious, raving mad. **2.** (*grob, roh*) rough, rude; **ein ~er Bursche** a rough (*od.* tough, dangerous) customer.
Ra·bu·list [rabuˈlɪst] *m* ‹-en; -en› pettifogger, (*Haarspalter*) hairsplitter, quibbler. **ra·buˈli·stisch** *adj* pettifogging, hairsplitting, quibbling.
Ra·che [ˈraxə] *f* ‹-; *no pl*› revenge, vengeance, (*bes. Vergeltung*) retaliation, (*bes. Strafe*) retribution; **der Tag der ~** the day of reckoning; **aus ~ (für e-e Sache)** in (*od.* out of) revenge (for s. th.), out of vengeance (for s. th.); **an j-m (für e-e Sache) ~ nehmen** (*od.* **üben**) take (*od.* have, get) (one's) revenge (up)on s. o. (for s. th.), take (*od. lit.* wreak, visit) vengeance (up)on s. o. (for s. th.), avenge o. s. (up)on s. o. (for s. th.); **nach ~ dürsten** thirst for revenge; **~ brüten, auf ~ sinnen** brood vengeance; **j-m ~ schwören** swear (*od.* vow) vengeance on s. o.; **~ ist süß** (*Sprichwort*), *colloq. humor.* **~ ist Blutwurst** revenge is sweet. **~akt** *m* act of revenge. **~durst** *m* → Rachgier. **≈dur·stig** *adj* → **rachgierig**. **~en·gel** *m* avenging angel. **~ge·fühl** *n* feeling of revenge, vindictive feeling. **~göt·tin** *f myth.* Fury.
Ra·chen [ˈraxən] *m* ‹-s; -› **1.** *anat.* throat, (*~höhle*) pharynx. **2.** (*Maul u. fig.*) mouth, maw, jaws *pl*, *fig.* (*Abgrund*) *a.* (yawning) abyss; *lit.* **der ~ des Todes** the jaws of death; *fig. colloq.* **er kann den ~ nicht voll kriegen** he can't get enough; **j-m et. in den ~ werfen** cast s. th. into s. o.'s hungry maw; **j-m den ~ stopfen** silence s. o., stop s. o.'s mouth.
rä·chen [ˈrɛçən] **I** *v/t* ‹h› **1.** avenge, (*bes. Person*) revenge; **j-s Tod ~** avenge s. o.'s death, take revenge for s. o.'s death. **II** *v/reflex* **sich ~ 2.** (**an j-m** [up]on s. o., **für** *od.* **wegen et.** for s. th.) avenge (*od.* revenge) o. s., take revenge (*od.* vengeance), take (*od.* have, get) one's revenge; **es rächte sich an ihm** he suffered for it, it came home to him, he had to pay for it; **das wird sich noch einmal ~** *a.* this will take it's toll one day; *poet.* **alle Schuld rächt sich auf Erden** all guilt comes home on earth. **3.** (*sich revanchieren*) get one's own back, get quits (*od.* even) with s. o., get back at s. o.
ˈRa·chen||ab|strich *m med.* throat swab. **~ent|zün·dung** *f* pharyngitis. **~höh·le** *f anat.* (cavity of the) pharynx. **~ka|tarrh** *m* pharyngeal catarrh. **~put·zer** *m colloq.* (*Schnaps*) rotgut.
ˈRä·cher *m* ‹-s; -›, **ˈRä·che·rin** *f* ‹-; -nen› avenger, (re)venger.
ˈra·che|schnau·bend *adj u. adv* breathing revenge.
ˈRach||gier *f* thirst for revenge, vindictiveness. **≈gie·rig** *adj* thirsting for revenge, vindictive.
Ra·chi·tis [raˈxiːtɪs] *f* ‹-; *no pl*› rickets *pl* (*als sg konstruiert*), rachitis. **raˈchi·tisch** *adj* rickety, rachitic.
ˈRach||sucht *f* ‹-; *no pl*› → **Rachgier**. **≈süch·tig** *adj* → **rachgierig**.
Racker (*getr.* **-k·k-**) [ˈrakər] *m* ‹-s; -› *colloq.* (little) rascal, scamp.
rackern (*getr.* **-k·k-**) [ˈrakərn] *v/i u.* **sich ~** *v/reflex* ‹h› *colloq.* toil (and moil), drudge, slave; **sich zu Tode ~** slave o. s. to death.
Rad [raːt] *n* ‹-(e)s; ¨-er› **1.** wheel, (*Zahn*≈) gear (wheel), (*Treib*≈) impeller, *gym.* cartwheel, Catherine wheel; *tech.* **die Räder (e-r Maschine)** the gearing *sg*, the gear mechanism *sg*; *fig.* **das fünfte ~ am Wagen sein** be the fifth wheel; **unter die Räder kommen** go to the dogs; **ein ~ schlagen** a) *Pfau*: spread (*od.* fan) its tail, b) *gym.* turn a (cart)wheel. **2.** *colloq.* bike; → **radfahren** 1. **~ab|stand** *m tech.* wheelbase. **~ach·se** *f* axle(tree), wheel axle. **~an|trieb** *m* wheel drive.
Ra·dar [raˈdaːr; ˈraːdar] *m, n* ‹-s; *no pl*› radar; **mit ~ ausgerüstet** radar-equipped. **~an|flug** *m* radar approach. **~an|la·ge** *f* radar installation. **~an|ten·ne** *f* radar aerial (*Am.* antenna). **~be|reich** *m* radar coverage. **~bild** *n* (plan position indicator) prediction, blip. **~bild|schirm** *m* radar screen (*od.* scope). **~blind|lan·dung** *f* radar-controlled blind landing. **~echo** *n* radar echo (*od.* response). **~emp|fän·ger** *m* receiver radar, radar receiver. **~er|fas·sung** *f* radar detection. **~er|ken·nung** *f* radar identification (*od.* recognition). **~fal·le** *f mot.* radar trap. **≈ge|lenkt** *adj* radar-controlled (*od.* -guided). **~ge|rät** *n* radar (equipment); **mit dem ~ erfassen** pick up (by radar). **≈ge|rich·tet, ≈ge|steu·ert** *adj* → radargelenkt. **~kon|trol·le** *f mot.* police radar control. **~lan·de·ge|rät** *n* approach control radar. **~lot·se** *m* radar controller. **~or·tung** *f* radiolocation. **~reich|wei·te** *f* range of radar. **~schirm** *m* radar screen. **~sen·der** *m* radar transmitter unit. **≈si·cher** *adj* radar-proof. **~sicht** *f* radar visibility. **~sta·ti|on** *f* radar station. **~steue·rung** *f* radar guidance, radar control. **~stö·rung** *f* radar jamming (*od.* interference). **~strahl** *m* radar beam. **~su·cher** *m*, **~such·ge|rät** *n* search-radar set. **~tech·nik** *f* radar engineering. **~tech·ni·ker** *m* radar operator, radarman. **~turm** *m* radar tower. **~zei·chen** *n* radar trace, blip. **~zeich·nung** *f* radar plotting.
Ra·dau [raˈdau] *m* ‹-s; *no pl*› *colloq.* row, din, racket; **~ machen** kick up a row. **~bru·der** *m colloq.* rowdy, ruffian, tough.
ˈRad||auf|hän·gung *f* wheel suspension. **~aus|flug** *m* bicycle tour (*od.* excursion). **~brem·se** *f* wheel brake (*od.* lock).
Räd·chen [ˈrɛːtçən] *n* ‹-s; -› small wheel, *an Möbeln*: castor, *an Sporen etc*: rowel, *Schneiderei*: dot-wheel; *fig.* **ein ~ im Getriebe** a cog in the machine.
ˈRad|damp·fer *m* paddle steamer, *Am. a.* side-wheeler.
Ra·de [ˈraːdə] *f* ‹-; -n› *bot.* corn cockle.
ˈra·de|bre·chen *v/t* ‹**radebrecht, radebrechte, geradebrecht,** h› (*Sprache*) murder, mangle; **englisch ~** *a.* speak broken English, fumble around in English.
ra·deln [ˈraːdəln] *v/i* ‹sein› *colloq. for* radfahren 1.
ˈRä·dels||füh·rer [ˈrɛːdəls-] *m*, **~füh·re·rin** *f* ‹-; -nen› ringleader, instigator.
ˈRä·der||fahr|zeug *n* wheeled vehicle. **~ge|trie·be** *n* wheel gear(ing). **~ket·ten|fahr|zeug** *n* half-track vehicle.
rä·dern [ˈrɛːdərn] *v/t* ‹h› *hist.* **j-n ~** break s. o. (up)on the wheel.
ˈRä·der||tier·chen *n* wheel animalcule, rotifer. **~über|set·zung** *f tech.* gear ratio. **~un·ter|set·zung** *f* gear reduction. **~werk** *n* wheel (*od.* gear) mech-

anism, gearing, *e-r Uhr*: clockwork, *a. fig.* machinery, wheels *pl*; *fig.* **in das ~ der Bürokratie geraten** be caught (up) in the machinery of bureaucracy.

ˈrad|fah·ren *v/i* ‹fährt Rad, fuhr Rad, radgefahren, sein› **1.** cycle, ride on a bicycle, go by bicycle, pedal, *colloq.* bike. **2.** *fig. colloq.* toady, *Am. sl.* apple-polish, brownnose; **bei j-m ~** toady to s. o.

ˈRad|ˌfah·rer *m*, **~ˌfah·re·rin** *f* **1.** cyclist, bicycle rider. **2.** *fig. colloq.* toady, *Am. sl.* apple-polisher, brownnose(r). **~ˌfahrˌweg** *m* → Radweg. **~ˌfel·ge** *f* wheel rim. **~ˌflansch** *m* wheel flange. **2ˌför·mig** *adj* wheel-shaped, wheel-like, radial. **~ˌga·bel** *f* wheel fork.

Ra·di [ˈraːdi] *m* ‹-s; -› *Bavarian and Austrian* radish.

ra·di·al [raˈdǐaːl] *adj* radial. **2ˌbohr·maˌschi·ne** *f* radial drill(ing machine).

ra·die·ren [raˈdiːrən] *v/i u. v/t* ‹*no* ge-, h› **1.** erase, rub *s. th.* out. **2.** *Kunst*: etch. **Raˈdie·rer** *m* ‹-s; -› **1.** *Kunst*: etcher. **2.** → Radiergummi.

Raˈdier|ˌgum·mi *m* eraser, *bes. Br.* (India-)rubber. **~ˌmes·ser** *n* eraser, erasing knife. **~ˌna·del** *f Kunst*: etching needle.

Raˈdie·rung *f* ‹-; -en› **1.** *Kunst*: (*Vorgang u. Bild*) etching. **2.** *im Geschriebenen*: erasure.

Ra·dies·chen [raˈdiːsçən] *n* ‹-s; -› (red) radish; *fig. colloq.* **(sich** *dat*) **die ~ von unten ansehen** (*od.* **begucken**) push up the daisies.

ra·di·kal [radiˈkaːl] **I** *adj* radical, complete, fundamental, (*rücksichtslos*) extreme, thoroughgoing, drastic. **II** *adv* radically, ruthlessly; **et. ~ ändern** make a drastic change in s. th.; **~ durchgreifen** take drastic measures; **et. ~ beseitigen** eradicate (*od.* eliminate) s. th. **III 2** *n* ‹-s; -e› radical. **Ra·diˈka·le** *m* ‹-n; -n› *pol.* radical. **Ra·diˈka·len·erˌlaß** *m pol.* radicals decree. **ra·di·ka·li·sie·ren** [radikaliˈziːrən] *v/t* ‹*no* ge-, h› radicalize. **Ra·di·ka·liˈsie·rung** *f* ‹-; -en› radicalization. **Ra·di·ka·lis·mus** [radikaˈlɪsmʊs] *m* ‹-; -lismen› radicalism, extremism.

Ra·diˈkalˌkur *f* radical (*od.* drastic) cure (*a. fig.*).

Ra·dio [ˈraːdǐo] *n*, *colloq. a. m* ‹-s; -s› (*Gerät*) radio (set), *Br. a.* wireless (set), (*Rundfunk*) (radio, *Br. a.* wireless) broadcasting, radio (service); **das ~ einschalten (ausschalten** *od.* **abstellen)** turn on (turn off) the radio; **das ~ einstellen** tune in the radio; **das ~ spielt** the radio is on; **im ~** on the air (*od.* radio); **im ~ sprechen** speak over the radio, go on the air; **~ hören** listen to the radio, listen in (to a broadcast); **~ Madrid** Radio Madrid, the Madrid Radio (*od.* broadcasting service); **im ~ übertragen** broadcast.

ra·dio|ak·tiv [radǐoˀakˈtiːf] *adj* radioactive; **~er Niederschlag** (radioactive) fallout; **~er Abfall** radioactive debris, *sl.* hot waste; **~e Strahlung** radioactive radiation; **~e Verseuchung** radioactive contamination; **~er Zerfall, ~e Spaltung** radioactive decay (*od.* disintegration); **~e Zerfallsreihe** radioactive series; **~ machen** radioactivate. **2ak·ti·viˈtät** [-tiviˈtɛːt] *f* ‹-; *no pl*› radioactivity.

ˈRa·dio|amaˌteur *m* radio amateur, *sl.* (radio) ham. **~ap·paˌrat** *m* radio (set), *Br. a.* wireless (set).

Ra·dio·astro·no·mie [radǐoˀastronoˈmiː] *f* radio astronomy.

ˈRa·dioˌbast·ler *m* radio amateur.

Ra·dio·che·mie [radǐoçeˈmiː] *f* radiochemistry.

ˈRa·dioˌdurchˌsa·ge *f* special announcement, flash. **~geˌrät** *n* → Radioapparat. **~geˌschäft** *n* radio shop (*bes. Am.* store).

Ra·dio|gramm [radǐoˈgram] *n* ‹-s; -e› **1.** *med.* radiograph. **2.** *tel.* radiogram. **~graˈphie** [-graˈfiː] *f* ‹-; *no pl*› radiography.

ˈRa·dioˌhänd·ler *m* radio dealer.

Ra·dio·karˈbon·meˌtho·de [radǐokarˈboːn-], **ˈRa·dioˌkoh·lenˌstoff-Daˌtie·rung** [ˈraːdǐo-] *f* radiocarbon dating.

ˈRa·dioˌkom·paß *m* radio compass.

Ra·dio|lo·ge [radǐoˈloːgə] *m* ‹-n; -n› *med.* radiologist. **~loˈgie** [-loˈgiː] *f* ‹-; *no pl*› radiology.

ˈRa·dio·meˌcha·ni·ker *m* radio mechanic (*od.* technician), *bes. Am.* radiotrician.

Ra·dio|me·trie [radǐomeˈtriː] *f* ‹-; *no pl*› radiometry. **~na·vi·ga·tiˈon** [-navigaˈtsǐoːn] *f* radio navigation.

ˈRa·dio|ˌpeil·geˌrät *n* radio direction finder. **~ˌpei·lung** *f* radio bearing, beam approach.

Ra·dio·pho·nie [radǐofoˈniː] *f* ‹-; *no pl*› radiophony, radiotelephony.

ˈRa·dio|reˌkla·me *f* radio advertising, commercials *pl.* **~ˌröh·re** *f electr.* radio valve (*Am.* tube). **~ˌsen·der** *m* **1.** (*Gerät*) radio transmitter. **2.** (*Station*) radio (*od.* broadcasting) station. **~ˌsen·dung** *f* **1.** radio transmission. **2.** (*Programm*) broadcast, (radio) program(me *Br.*).

Ra·dio·skop [radǐoˈskoːp] *n* ‹-s; -e› radioscope.

ˈRa·dio|ˌson·de *f meteor.* radiosonde. **~ˌtech·nik** *f* radio engineering. **~ˌtech·ni·ker** *m* radio technician (*od.* engineer), (*Funkingenieur*) radioman.

Ra·dio|te·le·gramm [radǐoteleˈgram] *n* radio(tele)gram. **~te·le·graˈphie** [-telegraˈfiː] *f* radiotelegraphy, *Br. a.* wireless telegraphy. **~te·leˈphon** [-teleˈfoːn] *n* radio(tele)phone. **~te·le·phoˈnie** [-telefoˈniː] *f* radio(tele)phony. **~te·leˈskop** [-teleˈskoːp] *n astr.* radio telescope. **~the·raˈpie** [-teraˈpiː] *f* radiotherapy.

ˈRa·dio|ˌüberˌtra·gung *f* → Radiosendung 2. **~ˌwecker** (*getr.* -k·k-) *m* clock radio. **~ˌzei·tung** *f* radio magazine.

Ra·di·um [ˈraːdǐʊm] *n* ‹-s; *no pl*› radium. **~beˌhand·lung, ~beˌstrah·lung** *f* radium (radiation) treatment. **~ˌstrah·len** *pl* radium rays, radium radiation *sg.*

Ra·di·us [ˈraːdǐʊs] *m* ‹-; -dien› radius.

ra·di·zie·ren [radiˈtsiːrən] *v/t* ‹*no* ge-, h› extract (*od.* calculate) the root of.

ˈRad|ˌkap·pe *f mot.* hubcap. **~ˌka·sten** *m* wheelhouse. **~ˌkranz** *m* (wheel) rim.

ˈRad·ler *m* ‹-s; -›, **ˈRad·le·rin** *f* ‹-; -nen› *colloq. for* Radfahrer(in) 1.

ˈRad·lerˌmaß *f bes. Bavarian* shandy (gaff).

ˈRad|ˌna·be *f* (wheel) hub. **~ˌrei·fen** *m* (wheel) tyre (*Am.* tire). **~ˌrennˌbahn** *f* cycling (*od.* cycle) track. **~ˌren·nen** *n* cycle race. **~ˌrennˌfah·rer** *m* racing cyclist. **~ˌschau·fel** *f* **1.** *mar.* paddle board. **2.** *tech.* wheel blade. **2ˌschla·gen** *v/i* ‹schlägt Rad, schlug Rad, radgeschlagen, h› *gym.* turn (*od.* do) cartwheels, cartwheel. **~ˌspei·che** *f* (wheel) spoke. **~ˌsport** *m* cycling. **~ˌsport·ler** *m* cyclist. **~ˌspur** *f* **1.** rut. **2.** *mot.* wheel track (*od.* mark). **~ˌstand** *m* wheelbase. **~ˌsturz** *m* wheel camber. **~ˌtour, ~ˌwan·de·rung** *f* bicycle tour (*od.* excursion). **~ˌwech·sel** *m mot.* change (*od.* changing) of a wheel. **~ˌweg** *m* cycle track, *Am. a.* bikeway. **~ˌwel·le** *f* gear shaft.

raf·fen [ˈrafən] *v/t* ‹h› **1.** snatch (up), gather (up), (*a.* **an sich ~**) grab. **2.** (*Geld etc*) amass, hoard. **3.** (*Kleid etc*) take (*od.* gather) up. **4.** *fig.* (*Handlung*) concentrate, condense.

ˈRaff|ˌgier *f* greed, rapacity. **2ˌgie·rig** *adj* greedy, grasping, rapacious.

Raf·fi·na·de [rafiˈnaːdə] *f* ‹-; -n›, **~ˌzucker** (*getr.* -k·k-) *m* refined sugar.

Raf·fi·ne·ment [rafinəˈmãː] *n* ‹-s; -s› refinement.

Raf·fi·ne·rie [rafinəˈriː] *f* ‹-; -n [-ən]› *chem. metall.* refinery, finery.

Raf·fi·nes·se [rafiˈnɛsə] *f* ‹-; -n› (*Schlauheit*) shrewdness, cunning, craftiness, slyness, artfulness, (*Geschick*) finesse, smartness, (*Feinheit*) subtlety, sophistication, *des Geschmacks etc*: refinement, exquisiteness; **mit allen ~n** *Auto etc*: with all the trappings, with every refinement.

raf·fi·nie·ren [rafiˈniːrən] *v/t* ‹*no* ge-, h› refine, purify.

Raf·fiˈnierˌofen *m* refining furnace.

raf·fiˈniert *adj* **1.** *chem. metall.* refined, purified; **nicht ~** unrefined. **2.** *fig.* (*schlau*) shrewd, cunning, crafty, sly, wily, artful, (*geschickt*) smart, clever, (*ausgeklügelt*) ingenious, well-devised, (*verfeinert*) subtle, refined, sophisticated. **2heit** *f* ‹-; *no pl*› → Raffinesse.

Raf·fi·no·se [rafiˈnoːzə] *f* ‹-; *no pl*› *chem.* raffinose, melitose.

Raff·ke [ˈrafkə] *m* ‹-s; -s› *colloq.* (money-)grabber, profiteer.

ˈRaf·fung *f* ‹-; -en› **1.** *beim Nähen*: gather(s *pl*). **2.** *fig. der Handlung*: concentration, condensation.

ˈRaffˌzahn *m fig. colloq.* greedy woman.

Ra·ge [ˈraːʒə] *f* ‹-; *no pl*› *colloq.* rage, fury; **in ~ kommen** fly into a temper; **j-n in ~ bringen** make s. o. furious.

ra·gen [ˈraːgən] *v/i* ‹h› tower (up), loom (up), rise (high), (*vorspringen*) project.

Ra·glan [ˈragla(ː)n; ˈrɛglən] *m* ‹-s; -s› raglan. **~ˌär·mel** *m* raglan sleeve.

Ra·gout [raˈguː] *n* ‹-s; -s› ragout, stew, *a. fig.* hotchpotch.

Rah [raː] *f* ‹-; -en›, **ˈRa·he** *f* ‹-; -n› *mar.* yard; **Große ~** main yard.

Rahm [raːm] *m* ‹-s, *a.* -es; *no pl*› cream; **den ~ abschöpfen** a) skim (the cream off *od.* from) the milk, b) *fig. colloq.* skim the cream, take the pickings. **~ˌbut·ter** *f* cream butter.

rah·men¹ [ˈraːmən] *v/t* ‹h› (*Milch*) skim, cream.

ˈrah·men² *v/t* ‹h› (put *s. th.* into a) frame, *phot.* (*Dia*) mount.

ˈRah·men *m* ‹-s; -› **1.** *allg., a. tech. u. fig.* frame, (*Fenster2 etc*) window *etc* frame, *bes. mot.* chassis, (*Rand*) border, edge, *von Schuhen*: welt. **2.** *fig.* (*Umgebung*) environment, situation, circumstance, (*Gefüge*) framework, structure, (*Bereich*) scope, (*Hintergrund*) setting, background, (*Grenzen*) limits *pl*, bounds *pl*; **e-r Sache e-n würdigen ~ geben** lend a dignified atmosphere to s. th.; **e-n schönen ~ abgeben für** be a fine background (*od.* setting) for; **im ~ des Möglichen** within the bounds of possibility; **aus dem ~ fallen** a) (*sich schlecht benehmen*) misbehave, b) *a.* **den ~ des Üblichen sprengen** go out of the ordinary, be off the beaten track; **den ~ e-r Sache sprengen, über den ~ e-r Sache hinausgehen** go beyond the scope of, exceed; **in engem ~** within a close compass; **im ~ von** within the scope (*od.* framework, limits) of; **im ~ des Festes** in the course of the celebration; **im ~ der Ausstellung werden ... gezeigt** the exhibition includes ...; **im ~ des üblichen Ge-**

schäftsverkehrs in the ordinary course of business; **in kleinerem (größerem) ~** on a small (large) scale.
'Rah·men|ˌab|kom·men *n* skeleton agreement. **~anˌten·ne** *f* frame aerial (*Am.* antenna). **~beˌstim·mung** *f* basic rule (*od.* regulation). **~erˌzäh·lung** *f* frame, link and frame (*od.* framework) story. **~geˌsetz** *n* framework (*od.* skeleton) law. **~ˌhand·lung** *f* frame (story). **~ˌkampf** *m Boxen*: supporting fight. **~or·ga·ni·sa·tiˌon** *f* skeleton (*od.* framework) organization. **~ˌsu·cher** *m phot.* frame finder. **~taˌrif** *m* framework (*od.* skeleton) wage scale. **~taˌrif·verˌtrag** *m* skeleton wage agreement. **~verˌtrag** *m* skeleton contract. **~ˌvorˌschrift** *f* general regulation(s *pl*).
'rah·mig *adj* creamy.
'Rahm|ˌkä·se *m* cream cheese. **~ˌsau·ce** *f* cream sauce. **~ˌschnit·zel** *n* cutlet in a cream sauce.
'Rahˌse·gel *n mar.* square sail.
'Raiffˌei·sen|ˌbank ['raɪf-], **~ˌkas·se** *f* agricultural credit cooperative, farmers' cooperative bank.
Rain [raɪn] *m* ⟨-(e)s; -e⟩ (boundary) balk.
rä·keln ['rɛːkəln] *v/reflex* ⟨h⟩ **sich ~** → rekeln.
Ra·ke·te [ra'keːtə] *f* ⟨-; -n⟩ **1.** *Raumfahrt*: rocket; **e-e zweistufige (mehrstufige) ~** a two-stage (multistage) rocket; **e-e ~ abschießen** (*od.* **abfeuern**) launch a rocket. **2.** *mil. für Erdziele*: rocket, (*Flugkörper*) missile; **ferngelenkte ~** guided missile. **3.** (*Feuerwerkskörper*) (sky-)rocket, shell, *kleinerer*: (fire)cracker, squib; **e-e ~ abbrennen** let off a rocket; *fig.* **wie e-e ~** like a flash; **wie e-e ~ in die Luft gehen** explode, fly off the handle.
Ra'ke·tenˌabˌschuß|ˌba·sis *f* rocket launching site (*od.* base). **~ˌram·pe** *f* rocket launching pad.
Ra'ke·tenˌabˌwehr *f* antiballistic missile defen/ce (*Am.* -se). **~raˌke·te** *f* antimissile missile.
Ra'ke·ten|ˌanˌtrieb *m* rocket propulsion; **mit ~** rocket-propelled (*od.* -powered). **~beˌschuß** *m* rocket fire. **~ˌbrennˌkam·mer** *f* rocket combustion chamber. **~ˌflugˌzeug** *n* rocket(-propelled) aircraft. **~ˌfor·scher** *m* rocket research scientist, rockete(e)r. **~ˌfor·schung** *f* rocketry, rocket research. **~ˌkopf** *m* rocket head. **~ˌson·de** *f* high-altitude probe, rocket sonde. **~ˌstart** *m* **1.** take-off (*od.* lift-off) (of a rocket). **2.** *e-s Flugzeugs etc*: jet-assisted take-off, jato. **~ˌstartˌhil·fe** *f* jato unit. **~ˌstel·lung** *f mil.* missile site. **~ˌstu·fe** *f* rocket stage; **ausgebrannte ~** spent rocket stage. **~ˌstützˌpunkt** *m mil.* missile site. **~ˌtech·nik** *f* rocket technology, rocketry. **~ˌträ·ger** *m mil.* missile carrier. **~ˌtreibˌstoff** *m* rocket propellant (*od.* fuel). **~ˌtriebˌwerk** *n* rocket engine. **~ˌwaf·fen** *pl* (rocket) missiles, missilery *sg.* **~ˌwer·fer** *m mil.* rocket launcher (*od.* projector).
Ral·le ['ralə] *f* ⟨-; -n⟩ *orn.* rail.
Ral·lye ['rali; 'rælɪ] (*Engl.*) *f* ⟨-; -s⟩, *Swiss n* ⟨-s; -s⟩ *Sport*: rally(e).
Ram·me ['ramə] *f* ⟨-; -n⟩ *civ. eng.* ram(mer), *für Pfähle*: pile driver.
ram·meln ['raməln] *v/i* ⟨h⟩ **1.** *colloq.* **an der Tür ~** rattle (at) the door. **2.** *colloq.* (*a.* **sich ~**) *Kinder*: tumble about, romp, fight. **3.** (*kopulieren*) a) *Hasen etc*: mate, rut, b) *vulg. Menschen*: screw.
ram·men ['ramən] *v/t* ⟨h⟩ **1. et. in** *den Boden* **~** ram (*od.* drive) s. th. into *the ground, etc.* **2.** (*Beton etc*) tamp, ram. **3.** (*zs.-stoßen mit*) ram, collide with, bump into (*od.* against).
'Ramm|ˌham·mer *m* ram hammer. **~ˌklotz** *m* → Ramme.
'Ramm·ler *m* ⟨-s; -⟩ *zo.* (*Hase*) buck, (*Schafbock*) ram.
Ram·pe ['rampə] *f* ⟨-; -n⟩ **1.** ramp, (*Verlade*≈) loading ramp (*od.* platform), *mar.* wharf. **2.** *thea.* apron, forestage, front of the stage.
'Ram·penˌlicht *n* **1.** *thea.* footlights *pl*, floats *pl.* **2.** *fig.* limelight, publicity; **im ~ der Öffentlichkeit stehen** be in the limelight; **das ~ der Öffentlichkeit scheuen** avoid (*od.* shun) the limelight.
ram·po·nie·ren [rampo'niːrən] *v/t* ⟨*no* **ge-**, h⟩ *colloq.* damage, batter, mar, spoil, ruin, (*zerknittern*) crease, crumple, (*bes. Frisur*) dishevel; **ramponiert aussehen** *a.* look the worse for wear.
Ramsch [ramʃ] *m* ⟨-(e)s; *rare* -e⟩ **1.** (*Plunder*) junk, trash, rubbish. **2.** *econ.* **im ~ kaufen** buy in (job) lots; **im ~ verkaufen** sell as a job lot.
'Ramsch|ˌhänd·ler *m*, **~ˌhänd·le·rin** *f* junk dealer. **~ˌla·den** *m colloq.* junk shop. **~ˌwa·re** *f econ.* job goods *pl*, *bes. fig.* cheap stuff.
ran [ran] *interj colloq.* go it!, (*gib's ihm*) let him have it!, (*los*) let's go!
ran... [ran] → heran ...
Rand [rant] *m* ⟨-(e)s; ⸗er⟩ **1.** edge, border, (*Umkreis*) *e-r Stadt etc*: fringe, outskirts *pl*, periphery, *e-s Abgrunds etc*: brink, *e-s Tellers, e-r Brille etc*: rim, *e-s Hutes, Glases*: brim, *e-r Seite etc*: margin, (*Umsäumung*) *a.* edging, *e-r Wunde*: lip; **Ränder** *pl* a) *unter den Augen*: (dark) rings, circles, b) (*Schmutzstellen*) marks; **am ~e des Waldes** on the edge of the wood, on the woodside; **bis an den ~, voll bis zum ~** full to the brim, brimful; **bis an den ~ füllen** fill to the brim; **e-n Fehler am ~e** *e-r Seite* **anstreichen** mark a mistake in the margin; **Briefpapier mit schwarzem ~** black-edged notepaper; *fig.* **das versteht sich am ~e** that goes without saying, that's understood (*od.* a matter of course); **am ~e bemerken** remark in passing; **am ~e bemerkt** by the way, incidentally; **am ~e s-r Kräfte sein** be near exhaustion; **am ~e der Verzweiflung sein** be on the verge (*od.* brink) of despair; **er hat mich an den ~ der Verzweiflung gebracht** (*od.* **getrieben**) he nearly drove me to distraction; **am ~e des Grabes stehen** be at death's door, be near one's end; **j-n an den ~ des Abgrunds (Ruins) bringen** bring s. o. to the verge (*od.* brink) of destruction (ruin). **2.** *colloq.* **außer ~ und Band geraten** be beside o. s. (**vor Freude** with joy), go wild (*od.* crazy) (**wegen** over); **die Kinder waren außer ~ und Band** the children were completely out of hand. **3.** *fig. colloq.* **zu ~e kommen mit** manage (*acc*), (be able to) cope with, get on with, make a good job (*od.* a go) of. **4.** *colloq.* **halt den ~!** shut up!, shut your trap!
ran·da·lie·ren [randa'liːrən] *v/i* ⟨*no* **ge-**, h⟩ kick up a racket (*od.* row). **Ran·da'lie·rer** *m* ⟨-s; -⟩ rowdy, brawler.
'Rand|be·mer·kung *f* **1.** marginal note; **~en machen** (*od.* **anbringen**) make notes in the margin. **2.** *fig.* comment; **~en machen zu** comment (up)on, gloss. **~beˌsatz** *m Mode*: trimming. **~beˌvöl·ke·rung** *f* fringe population. **~beˌzirk** *m* → Randgebiet. **~ˌeinˌstel·ler** *m e-r Schreibmaschine*: margin stop.
rän·deln ['rɛndəln] *v/t* ⟨h⟩ knurl, (*Münzen*) mill. **'Rän·de·lung** *f* ⟨-; -en⟩ knurling, *bei Münzen*: milled edge.
rän·dern ['rɛndərn] *v/t* ⟨h⟩ → rändeln.
'Rand|erˌschei·nung *f* side issue. **~fiˌgur** *f* peripheral figure. **~geˌbiet** *n e-s Staates*: border (*od.* frontier) area, borderland (*a. fig. of science, etc*), fringe(s *pl*), *e-r Stadt*: outskirts *pl.* **~ˌglos·se** *f* → Randbemerkung 2. **~ˌgrup·pe** *f sociol.* fringe group. **≈los** *adj Brille*: rimless. **~noˌtiz** *f* → Randbemerkung 1. **~proˌblem** *n* side issue. **~ˌschär·fe** *f opt. phot.* marginal sharpness. **~ˌsied·lung** *f* suburban housing estate, *Am.* suburban settlement. **~ˌstaat** *m* border state. **~ˌstein** *m* kerb(stone), *Am.* curb(stone). **~ˌstel·ler** *m e-r Schreibmaschine*: margin stop. **~ˌstrei·fen** *m e-r Straße*: shoulder; **„~ nicht befahrbar"** "Do not drive on hard shoulder". **~verˌmerk** *m* → Randbemerkung 1. **≈ˌvoll** *adj* brimful, full to the brim. **~ˌzo·ne** *f* → Randgebiet.
rang [raŋ] *1 u. 3 sg pret of* **ringen.**
Rang *m* ⟨-(e)s; ⸗e⟩ **1.** (*Stellung*) position, station, rank, (*Stand*) class, (social) status, standing, (*Güte*) quality, class, order, rate; **e-n hohen ~ bekleiden** (*od.* **innehaben**) hold a high position, occupy a high rank; **j-m den ~ streitig machen** compete (*od.* vie) with s. o.; **j-m den ~ ablaufen** get the better (*od.* start) of s. o., outstrip s. o., steal a march on s. o.; **e-e Persönlichkeit von hohem ~** a personality of high rank, a high-ranking personality; **den ersten ~ einnehmen unter** rank foremost among; **ein Mann ohne ~ und Namen** one of the rank and file; **alles, was ~ und Namen hat** all the notables, *colloq.* all the V.I.P.'s; **ersten ~es** first-rate, first-class, of the first order; **ein Hotel ersten ~es** a first-class hotel; **e-e Fachkraft** *etc* **ersten ~es** a first-rate specialist, *etc*, *allg.* a first-rater; **ein Problem zweiten ~es** a problem of secondary (*od.* minor) importance. **2.** (*Dienstgrad*) rank, *Am. besoldungsmäßig*: grade, *a. mar.* rating; **j-m unmittelbar im ~ folgen** rank next to s. o. **3.** *thea.* **erster ~** dress circle, *Am.* first balcony; **zweiter ~** upper circle, amphitheat/re (*Am.* -er), *Am.* second balcony; **dritter ~** gallery. **4.** *pl* (*Zuschauerränge*) *Sport*: terraces. **5.** (lottery *od.* dividend) class; → *a.* **Gewinnklasse. ~ˌabˌzei·chen** *n mil.* badge of rank, *pl* insignia(s) of rank. **~ˌäl·te·ste** *m* superior, senior, *mil.* senior (officer).
Ran·ge ['raŋə] *m* ⟨-n; -n⟩, *f* ⟨-; -n⟩ *dial.* little rascal, scamp, (*Mädchen*) tomboy.
rän·ge ['rɛŋə] *1 u. 3 sg pret subj of* **ringen.**
'ranˌge·hen *v/i* ⟨*irr, sep,* **-ge-**, sein⟩ *colloq.* go it; **~ an e-e Sache** tackle s. th.; **mächtig ~** put one's back into it; **hart ~** (*verhandeln*) drive a hard bargain; **~ wie Blücher** go really hard at it.
ran·geln ['raŋəln] *colloq. v/i* ⟨h⟩ (*sich balgen*) tussle, fight.
'Rang|ˌfol·ge *f* order of rank (*od.* priority). **≈ˌhöchst** *adj* highest-ranking. **≈ˌhö·her** *adj* senior.
Ran'gierˌbahnˌhof *m* marshalling yard, *Am.* switchyard.
ran·gie·ren [rã'ʒiːrən] **I** *v/i* ⟨*no* **ge-**, h⟩ rank, be classed; **vor (hinter) j-m ~** rank before (behind) s. o.; **an erster Stelle ~** rank foremost. **II** *v/t rail.* shunt, *Am.* switch, *mot.* manoeuvre, *Am.* maneuver. **Ran'gie·rer** *m* ⟨-s; -⟩ *rail.* shunter, *Am.* switchman.
Ran'gier|ˌgleis *n rail.* siding (track), shunting (*Am.* switching) track. **~lo·ko·moˌti·ve, ~maˌschi·ne** *f* shunting engine, *Am.* switcher (engine).
'Rang|ˌli·ste *f* **1.** *Sport etc*: ranking list, rankings *pl.* **2.** *mil.* army (navy, air force) list (*bes. Am.* register). **≈ˌmä·ßig** *adj u.*

adv according to rank. 2ˌ**nied·rigst** *adj* lowest-ranking. **~ˌord·nung** *f* order of precedence (*od.* rank), ranking, hierarchy. **~ˌstreit** *m*, **~ˌstrei·tig·keit** *f* dispute (*od.* quarrel) about rank (*od.* precedence). **~ˌstu·fe** *f* (degree of) rank; **e-e ~ höher** one step further (*od.* up).
ˈranˌhal·ten *v/reflex* ‹*irr, sep*, **-ge-**, h› *colloq.* **sich ~** go it, get going, (*sich beeilen*) *sl.* get a move on, *beim Arbeiten*: knuckle down to it, *beim Essen*: tuck in.
rank [raŋk] *adj* ‹**-er; -est**› *lit.* slim, slender, lissom; **~ und schlank** slim and slender.
Ran·ke [ˈraŋkə] *f* ‹**-; -n**› *bot.* tendril.
Rän·ke [ˈrɛŋkə] *pl* intrigues, schemes; **~ schmieden** intrigue, plot and scheme.
ran·ken [ˈraŋkən] **I** *v/reflex* ‹h› **1. sich an e-r Sache in die Höhe ~** climb up s. th. **2. sich um e-e Sache ~** wind (*od.* curl, twine, climb) (a)round s. th.; *fig.* **um dieses Ereignis ~ sich viele Geschichten** many stories are cent(e)red around this event. **II** *v/i* ‹h *u.* sein› **3.** creep, run, climb, *Pflanze*: send out tendrils. **~ˌar·tig** *adj* tendril-shaped. 2**geˌwächs** *n* creeper, climber, vine runner.
ˈRän·ke|ˌschmied *m* intriguer, plotter, schemer. **~ˌspiel** *n* intrigue(s *pl*). 2ˌ**voll** *adj* intriguing, plotting, scheming.
ˈran·kig *adj* creeping, with tendrils.
Ran·kü·ne [raŋˈkyːnə] *f* ‹**-; -n**› ranco(u)r, ill-will.
ˈranˌlas·sen *v/t* ‹h› *colloq.* **j-n an e-e Sache ~** let s. o. at s. th.; **laß mich mal ran!** let me have a go!; **sie ließ ihn nicht ran** she kept him at arm's length.
rann [ran] *3 sg pret*, **rän·ne** [ˈrɛnə] *3 sg pret subj of* **rinnen**.
ˈranˌneh·men *v/t* ‹h› *colloq.* **j-n ~** put s. o. through his paces, *b. s.* let s. o. have it.
rann·te [ˈrantə] *1 u. 3 sg pret of* **rennen**.
Ra·nun·kel [raˈnuŋkəl] *f* ‹**-; -n**› *bot.* buttercup, ranunculus.
Ränz·chen [ˈrɛntsçən] *n* ‹**-s; -**› *dim. of* Ranzen.
Rän·zel [ˈrɛntsəl] *n, Northern G. auch m* ‹**-s; -**› → **Ranzen** 1.
Ran·zen [ˈrantsən] *m* ‹**-s; -**› **1.** knapsack, (travel[l]ing) bag, (*Schul*2) satchel. **2.** *colloq.* a) (*Bauch*) paunch, potbelly, b) (*Buckel*) hump, hunch; **sich** (*dat*) **den ~ vollschlagen** fill one's belly, eat one's fill.
ˈran·zen *v/i* ‹h› *hunt.* **1.** be in heat. **2.** mate.
ˈran·zig *adj* rancid, rank. 2**keit** *f* ‹**-;** *no pl*› rancidity, rancidness.
ra·pid [raˈpiːt], **raˈpi·de** [-də] **I** *adj* rapid. **II** *adv* rapidly; *fig.* **~ abwärtsgehen** *a.* be in rapid decline. **Ra·pi·diˈtät** [-pidiˈtɛːt] *f* ‹**-;** *no pl*› rapidity.
Ra·pier [raˈpiːr] *n* ‹**-s; -e**› *fenc.* rapier.
Rap·pe [ˈrapə] *m* ‹**-n; -n**› black (horse); *fig.* **auf Schusters ~n reiten** go on Shank's mare, *colloq.* foot (*od.* hoof) it.
Rap·pel [ˈrapəl] *m* ‹**-s; -**› *colloq.* tantrum, (fit of) madness, craze, fad; **e-n ~ bekommen** flip one's lid; **e-n ~ haben** be nuts, *bes. Br.* be crackers; **er hat wieder einmal s-n ~** he is having another of his tantrums. **ˈrap·pe·lig** *adj colloq.* irritable, nervous, (*aufgedreht*) wound-up, worked-up.
ˈRap·pel|ˌkopf *m colloq.* hothead, irritable person. 2ˌ**köp·fig** [-ˌkœpfıç] *adj colloq.* hotheaded, (*verrückt*) crazy, nutty, (*stur*) pigheaded.
rap·peln [ˈrapəln] **I** *v/i* ‹h› (*klappern*) rattle, clatter; *fig. colloq.* **bei dir rappelt's wohl** you must be nuts. **II** *v/reflex* **sich (wieder) in die Höhe ~** get back on to one's feet (again), pick o. s. up.
Rap·port [raˈpɔrt] *m* ‹**-(e)s; -e**› report; *bes. mil.* **sich bei j-m zum ~ melden** report to s. o.
Raps [raps] *m* ‹**-es; -e**› *bot.* rape, colza. **~ˌöl** *n* rape (*od.* colza) oil.
Ra·pun·zel [raˈpuntsəl] *f* ‹**-; -n**› *bot.* lamb's-lettuce, corn salad.
rar [raːr] *adj* ‹**-er; -st**› rare (*a. fig. exquisit*), scarce; *colloq.* **sich ~ machen** make o. s. scarce.
Ra·ri·tät [rariˈtɛːt] *f* ‹**-; -en**› **1.** rarity, scarcity. **2.** (*seltenes Stück*) rarity, curio, curiosity, rare specimen.
Ra·riˈtä·ten|ˌhänd·ler *m* curio dealer. **~ka·biˌnett** *n* cabinet of curiosities.
ra·sant [raˈzant] **I** *adj* **1.** *Tempo*: breakneck, wild, fast. **2.** *colloq.* (*toll*) dashing, racy, stylish, *sl.* smashing, snazzy. **3.** *Flugbahn*: flat. **II** *adv* **4. ~ fahren** drive at (a) breakneck speed. **Raˈsanz** [-ˈzants] *f* ‹**-;** *no pl*› **1.** *colloq.* breakneck speed. **2.** *e-r Flugbahn*: flatness.
rasch [raʃ] **I** *adj* ‹**-er; -est**› quick, swift, fast, brisk, *Aktion*: *a.* speedy, *Erledigung*: *a.* prompt, (*vorschnell*) rash, hasty; **e-e ~e Auffassungsgabe haben** have quick (*od.* keen) perception; **in ~er Folge** in quick (*od.* close) succession. **II** *adv* **~!** hurry up, *sl.* make it snappy!; **komm ~!** come quickly!; **e-n Auftrag ~ erledigen** meet an order promptly; **~ vorwärtskommen** (*od.* **vorankommen**) make good time (*od.* progress).
ra·scheln [ˈraʃəln] **I** *v/i* ‹h› rustle, *Seide etc*: swish, crinkle; **~ mit et.** rustle s. th. **II** 2 *n* ‹**-s**› rustle, rustling, swish(ing).
ˈRasch·heit *f* ‹**-;** *no pl*› quickness, swiftness, briskness, *e-r Aktion*: *a.* speediness, *e-r Erledigung*: *a.* promptness, (*Vorschnellheit*) hastiness, rashness.
ra·sen [ˈraːzən] *v/i* ‹h *u.* sein› **1.** ‹sein› (*schnell fahren od. laufen*) race, shoot, speed, tear, sweep, *colloq.* whizz, scorch. **2.** ‹h› *vor Zorn*: rage, foam, storm, *im Fieber, Wahnsinn*: be raving, rave, *Sturm*: rage; **vor Begeisterung ~** roar (*od.* be wild) with enthusiasm.
ˈRa·sen *m* ‹**-s; -**› lawn, grass; *fig.* **unterm (grünen) ~** under the sward (*od.* sod). 2**beˌdeckt** *adj* lawn-covered.
ˈra·send **I** *adj* **1.** *Tempo*: breakneck, *colloq.* scorching. **2.** (*wütend*) mad, raging, frenzied, *Wut*: towering, *Schmerz*: agonizing, searing, *bes. Kopfschmerzen*: splitting, *Angst etc*: desperate, *Hunger*: ravenous, *Durst*: raging, *Beifall*: roaring, thunderous; **~ werden** go mad, go out of one's head, go wild, see red; **j-n ~ machen** drive s. o. mad (*od.* crazy, wild). **II** *adv* **3.** *colloq.* (*sehr*) extremely, terribly; **das tu ich ~ gern** I adore that; **~ verliebt sein in j-n** be madly in love with s. o., be crazy about s. o.
ˈRa·senˌdecke (*getr.* **-k·k-**) *f* grass(y) cover, turf.
ˈRa·sendˌwer·den *n* **es ist zum ~** it's enough to drive you mad, it's maddening.
ˈRa·sen|ˌflä·che *f* lawn, grassplot. **~ˌhockey** (*getr.* **-k·k-**) *n* field hockey. **~ˌmä·her** *m*, **~ˌmäh·ma·ˌschi·ne** *f* lawn mower. **~ˌplatz** *m* grassplot, lawn. **~ˌspie·le** *pl* lawn games. **~ˌsport** *m* lawn sport. **~ˌspren·ger** *m* (lawn) sprinkler. **~ˌstück** *n* sod, turf. **~ˌten·nis** *n* lawn tennis. **~ˌtep·pich** *m* carpet of grass (*od.* lawn).
Ra·seˈrei *f* ‹**-;** *no pl*› **1.** racing (*etc*), → **rasen** 1, *mot. a.* reckless driving. **2.** (*Wut*) frenzied (*od.* towering) rage, (*Wahnsinn*) frenzy, madness; **in ~ geraten** → **rasend** 2.
Raˈsier|ap·paˌrat *m* safety razor; **elektrischer ~** electric (*od.* dry) razor (*od.* shaver). **~ˌcreme** *f* shaving cream.
ra·sie·ren [raˈziːrən] **I** *v/reflex* ‹*no* **ge-**, h› **sich ~** (have a) shave; **sich naß (trocken) ~** shave with a safety razor (dry). **II** *v/t* shave; **sich ~ lassen** get shaved, get (*od.* have) a shave; **~, bitte!** a shave, please! **III** 2 *n* ‹**-s**› shave.
Raˈsier|ˌklin·ge *f* razor blade. **~ˌkrem** *f* shaving cream. **~ˌmes·ser** *n* (straight) razor. **~ˌnapf** *m* shaving mug. **~ˌpin·sel** *m* shaving brush. **~ˌschaum** *m* shaving lather. **~ˌsei·fe** *f* shaving soap. **~ˌspie·gel** *m* shaving mirror. **~ˌwas·ser** *n* ‹**-s;** *- od.* **=**› **1.** a) pre-shave (lotion), b) after-shave (lotion). **2.** shaving water. **~ˌzeug** *n* shaving things *pl*.
Rä·son [rɛˈzõː] *f* ‹**-;** *no pl*› *obs.* reason; **j-n zur ~ bringen** bring s. o. to his senses; **~ annehmen** listen to (*od.* see) reason. **rä·soˈnie·ren** [-zoˈniːrən] *v/i* ‹*no* **ge-**, h› *colloq.* (*schimpfen*) argue, cavil, grouse.
Ras·pel [ˈraspəl] *f* ‹**-; -n**› *tech.* rasp, *im Haushalt*: grater. **ˈras·peln** *v/t* ‹h› **1.** *tech.* rasp. **2.** *gastr.* grate; → **Süßholz**.
Ras·se [ˈrasə] *f* ‹**-; -n**› **1.** *anthrop.* race. **2.** *biol.* subspecies. **3.** *zo.* (*Zucht*) breed, stock; **dieses Pferd hat ~** this horse is well bred (*od.* has a good pedigree). **4.** *colloq.* class. **~ˌhund** *m* pedigree dog.
Ras·sel [ˈrasəl] *f* ‹**-; -n**› rattle. **~ˌban·de** *f colloq.* band (*od.* pack) of rascals, noisy lot.
ras·seln [ˈrasəln] *v/i* ‹h *u.* sein› **1.** ‹h› rattle, clank, clatter, jangle; **mit den Ketten ~** rattle (*etc*) the chains; → **Säbel**. **2.** ‹sein› *fig. colloq.* **durch e-e Prüfung** (*od.* **ein Examen**) **~** *Br. sl.* get ploughed in an exam, *Am. sl.* flunk an exam.
ˈRas·sen|dis·kri·miˌnie·rung *f* racial discrimination. **~faˌna·ti·ker** *m* racialist, racist. **~fa·naˌtis·mus** *m* racialism. **~ˌfra·ge** *f* racial issue. **~geˌmisch** *n* mixture of races, mixed race. **~ˌgleich·heit** *f* racial equality. **~ˌhaß** *m* racial hatred, racism, racialism. **~hyˌgie·ne** [-hyˌgieːnə] *f biol.* eugenics *pl* (*meist als sg konstruiert*). **~ˌkampf** *m pol.* racial conflict. **~konˌflikt** *m* race (*od.* racial) conflict. **~kraˌwall** *m* race riot. **~ˌkreu·zung** *f zo.* crossbreeding. **~ˌkun·de** *f* ‹**-;** *no pl*› ethnology, racial anthropology. **~ˌmerkˌmal** *n* racial characteristic. **~ˌmi·schung** *f* **1.** mixture of races (*bei Tieren*: of breeds). **2.** mixing of races (*bei Tieren*: of breeds), interbreeding of races. **~po·liˌtik** *f* racial policy, racism, racialism. **~proˌblem** *n* colo(u)r problem. **~ˌschan·de** *f* racial disgrace. **~ˌschran·ke** *f* racial barrier, colo(u)r bar. **~ˌstolz** *m* racial pride. **~ˌtren·nung** *f* racial segregation, *in Südafrika*: apartheid. **~ˌunˌru·hen** *pl* racial disturbances (*od.* unrest *sg*). **~ˌun·terˌdrückung** *f* (*getr.* **-k·k-**) racial oppression. **~verˌfol·gung** *f* racial persecution. **~ˌvorˌur·teil** *n* racial (*od.* colour) prejudice.
ˈRas·se|ˌpferd *n* thoroughbred (horse). 2ˌ**rein** *adj Tier*: purebred. **~ˌrein·heit** *f* pedigree. **~ˌvieh** *n* registered (*od.* pedigree) cattle.
ˈras·sig *adj zo. u. fig.* thoroughbred, *fig. a.* racy, classy.
ˈras·sisch *adj biol. Merkmal etc*: racial.
Rasˈsis·mus *m* ‹**-;** *no pl*› racism. **Rasˈsist** *m* ‹**-en; -en**›, **rasˈsi·stisch** *adj* racist.
Rast [rast] *f* ‹**-;** *no pl*› rest, (*Pause*) *a.* break, pause, halt, stop; **e-e ~ einlegen** (*od.* **machen**) have (*od.* take) a break, (make a) halt (*od.* stop); **ohne ~ und Ruh** without rest or repose, restless(ly).

Ra·ste [ˈrastə] *f* ⟨-; -n⟩ **1.** *tech.* notch, slot, catch. **2.** (*Fuß*2) foot rest.
ra·sten [ˈrastən] *v/i* ⟨h⟩ rest, (*Pause machen*) have (*od.* take) a break, have a rest, (have a) pause, (make a) halt (*od.* stop).
Ra·ster [ˈrastər] *m, TV n* ⟨-s; -⟩ *phot. print.* screen, *TV a.* raster. **~ˌbild** *n TV* frame, field. **~ˌdruck** *m* ⟨-(e)s; -e⟩ *print.* autotype.
ra·stern [ˈrastərn] *v/t* ⟨h⟩ **1.** *phot. print.* screen. **2.** *TV* scan.
ˈRastˌhaus *n* roadhouse, rest house, *Br. a.* (motorway) service area.
ˈrast|los *adj* restless, (*unermüdlich*) indefatigable. **2lo·sig·keit** *f* ⟨-; *no pl*⟩ restlessness, indefatigability.
ˈRast|ˌplatz *m* resting (*od.* stopping) place, *an der Autobahn*: *Br.* lay-by. **~ˌstät·te** *f* → Rasthaus.
Ra·sur [raˈzuːr] *f* ⟨-; -en⟩ shave.
Rat[1] [raːt] *m* ⟨-(e)s; Ratschläge⟩ **1.** (piece of) advice, *lit.* counsel, (*Vorschlag*) suggestion, proposal, (*Empfehlung*) recommendation, (*Ausweg*) way out, (ways and) means *pl*, expedient; **guter (wohlgemeinter) ~** good (well-meant) advice; **j-m e-n ~ geben** (*od.* **erteilen**) give s. o. some (*od.* a piece of, a word of) advice; **j-s ~ befolgen** take (*od.* follow, listen to) s. o.'s advice; **j-n um ~ fragen, bei j-m ~ holen** ask s. o. for advice, ask s. o.'s advice; **zu ~e ziehen** consult, (*Person*) *a.* call *s. o.* in; **auf j-s ~ hin** on s. o.'s advice; **~ schaffen** find a way out (*od.* ways and means); **k-n ~ mehr wissen** be at a loss (what to do), be at one's wits end; **nun ist guter ~ teuer** now we are really in a fix; **guter ~ kommt über Nacht** (*Sprichwort*) night is the mother of counsel; **kommt Zeit, kommt ~** (*Sprichwort*) time will bring an answer. **2.** ⟨*only sg*⟩ (*Beratung*) deliberation, consultation; **~ halten** hold (*od.* take) counsel, *colloq.* go into a huddle; **mit sich (selbst) zu ~e gehen** ponder, think things over. **3.** → Ratschluß.
Rat[2] *m* ⟨-(e)s; ⸚e⟩ **1.** (*Ratsversammlung*) council, board. **2.** (*Person*) council(l)or.
rät [rɛːt] *3 sg pres of* **raten.**
Ra·te [ˈraːtə] *f* ⟨-; -n⟩ **1.** *econ.* instal(l)ment; **et. auf ~n kaufen** buy s. th. by instal(l)ments, buy s. th. on the instal(l)ment system (*Am.* plan); **in ~n zahlen** pay by (*od.* in) instal(l)ments; **mit e-r ~ im Rückstand** (*od.* **Verzug**) **sein** be one payment behind. **2.** rate (*of growth, mortality, etc*).
ra·ten [ˈraːtən] **I** *v/i* ⟨**rät, riet, geraten,** h⟩ **1. j-m (zu e-r Sache) ~** a) advise (*od.* counsel) s. o. (to do s. th.), b) (*empfehlen*) recommend s. th. to s. o.; **sich** (*dat*) **(nicht) ~ lassen** (not to) take advice, (not to) listen to reason; **man hat ihm dazu geraten** he was advised to do it; **laß dir (von mir) ~** take my advice; **tu es nicht, ich rate dir gut!** don't do it, that's well-meant advice! **2.** guess; **rate mal!** have a guess!; **gut geraten!** good guess!; **falsch geraten!** guessed wrong! **II** *v/t* **3. j-m et. ~** advise (*od.* counsel) s. o. to do s. th.; **das würde ich dir nicht ~** I wouldn't advise you to do that; **laß dir das geraten sein!** let that be a warning to you!; **das will ich dir auch (nicht) geraten haben** you had better (not), it's well (*od.* a good thing, *bes. Br.* a good job) you did (didn't). **4.** (*er*~) guess, divine, (*Rätsel*) solve. **III 2** *n* ⟨-s⟩ **5. ich gebe das 2 auf** I'll stop guessing.
ˈRa·ten|ˌkauf *m* hire purchase, *Am.* installment purchase (*od.* buying). **2ˌwei·se** *adv* by (*od.* in) instal(l)ments. **~ˌzah·lung** *f* payment by instal(l)ments; **et. auf ~ kaufen** buy s. th. on the hire purchase system (*od. colloq.* on the HP, *humor.* on the never-never), *Am.* buy s. th. on the installment plan. **~ˌzah·lungs·syˌstem** *n* hire purchase system, *Am.* installment plan.
ˈRä·te·reˌgie·rung *f* soviet government.
ˈRa·teˌspiel *n TV, radio*: panel game.
ˈRat|ˌge·ber *m* adviser, counsel(l)or. **~ˌhaus** *n* town (*Am. a.* city) hall.
Ra·ti·fi|ka·ti·on [ratifikaˈtsĭoːn] *f* ⟨-; -en⟩ *pol.* ratification. **2ˈzie·ren** [-ˈtsiːrən] *v/t* ⟨*no* **ge-,** h⟩ ratify. **~ˈzie·rung** *f* ⟨-; -en⟩ ratification.
Ra·tio [ˈraːtsĭo] *f* ⟨-; *no pl*⟩ reason.
Ra·ti·on [raˈtsĭoːn] *f* ⟨-; -en⟩ **1.** ration; *mil.* **eiserne ~** emergency (*od.* iron) ration. **2.** (*Anteil*) portion, share, allowance.
ra·tio·nal [ratsĭoˈnaːl] *adj* rational.
ra·tio·na·li·sie|ren [ratsĭonaliˈziːrən] *v/t* ⟨*no* **ge-,** h⟩ rationalize, streamline. **2rung** *f* ⟨-; -en⟩ rationalization.
Ra·tio·na·liˈsie·rungs|ˌfachˌmann *m econ.* efficiency (*od.* rationalization) expert. **~ˌmaßˌnah·me** *f* rationalization measure.
Ra·tio·na|lis·mus [ratsĭonaˈlɪsmus] *m* ⟨-; *no pl*⟩ *philos.* rationalism. **2ˈli·stisch** *adj* rationalist(ic).
ra·tio·nell [ratsĭoˈnɛl] **I** *adj* (*wirtschaftlich*) efficient, (*sparsam*) economical, thrifty. **II** *adv* **~ verfahren mit, ~ einteilen** husband (*one's resources, etc*); **~ gestalten** rationalize.
ra·tio·nie|ren [ratsĭoˈniːrən] *v/t* ⟨*no* **ge-,** h⟩ ration. **2rung** *f* ⟨-; -en⟩ rationing; **die ~ von et. aufheben** decontrol s. th.
ˈrat|los *adj* (completely) at a loss, helpless, perplexed, (all) at sea. **2lo·sig·keit** *f* ⟨-; *no pl*⟩ helplessness, perplexity.
Rä·to·ro·ma·ne [rɛtoroˈmaːnə] *m* ⟨-n; -n⟩ *geogr.* Rhaeto-Roman. **rä·to·roˈma·nisch I** *adj* Rhaeto-Romanic. **II** *ling.* **2** ⟨*generally undeclined*⟩, **das 2e** ⟨-n⟩ Rhaeto-Romanic, Rhaeto-Romansh.
ˈrat·sam *adj* ⟨*pred*⟩ advisable, expedient, (*klug*) wise, prudent, (*empfehlenswert*) recommendable, (*angezeigt*) indicated; **es für ~ halten** think (*od.* consider) it advisable (*od.* good policy) *to do s. th.*
ratsch [ratʃ] *interj* → **ritsch.**
Rat·sche [ˈraːtʃə; ˈratʃə] *f* ⟨-; -n⟩ *dial.* **1.** rattle, ratchet. **2.** *colloq.* chatterbox, gossip. **ˈrat·schen** *v/i* ⟨h⟩ *dial.* **1.** rattle. **2.** *colloq.* chatter, gab.
ˈRat|ˌschlag *m* (piece of) advice, counsel; **er hat mir einige gute Ratschläge erteilt** (*od.* **gegeben**) he gave me some good advice; → *a.* Rat 1. **2ˌschla·gen** *v/i* ⟨**ratschlagt, ratschlagte, geratschlagt,** h⟩ (**über** *acc*) confer (about), deliberate ([up]on, over), take counsel (on). **~ˌschluß** *m* resolution, decision, decree; **nach Gottes unerforschlichem ~** according to God's inscrutable ways.
Rät·sel [ˈrɛːtsəl] *n* ⟨-s; -⟩ riddle, puzzle, (*Geheimnis*) *a.* mystery, enigma, (*Problem*) problem; **ein ~ lösen (raten)** solve (guess) a riddle; **j-m ein ~ aufgeben** a) ask s. o. a riddle, b) *fig.* puzzle (*od.* baffle) s. o.; **in ~n sprechen** speak in riddles; **das ist des ~s Lösung** that is the answer to the riddle, that's it!; **das ist mir ein ~, ich stehe vor e-m ~** it's a mystery to me, it puzzles (*od.* beats) me; **sie ist mir ein ~** she is an enigma to me, I can't make her out. **~ˌecke** (*getr.* **-k·k-**) *f e-r Zeitung*: puzzle corner (*od.* column). **~ˌfra·ge** *f* **1.** puzzling question. **2.** (*Scherzrätsel*) conundrum. **2haft** *adj* (*unerklärlich*) puzzling, baffling, (*geheimnisvoll*) enigmatic(al), mysterious, cryptic; **es ist mir ~, wie so et. geschehen konnte** it baffles me (*od.* it is a complete mystery to me) how such a thing could happen; **j-m ~ vorkommen** be a mystery to s. o. **2haf·terˈwei·se** *adv* mysteriously. **~ˌheft** *n* puzzle book.
rät·seln [ˈrɛːtsəln] *v/i* ⟨h⟩ (**über** *acc* over, about) puzzle, rack one's brain.
ˈRät·selˌra·ten *n* **1.** guessing (*od.* doing [of]) riddles. **2.** *fig.* (*Vermutungen*) speculation, guesswork; **großes ~ auslösen** cause wild speculations.
ˈRats|ˌherr *m hist.* council(l)or, alderman. **~ˌkel·ler** *m* cellar (*od.* restaurant) of a town (*od.* city) hall, *Am.* rathskeller. **~ˌschrei·ber** *m hist.* town clerk. **~ˌsit·zung** *f* council meeting (*od.* session).
rätst [rɛːtst] *2 sg pres of* **raten.**
ˈRats·verˌsamm·lung *f* → Ratssitzung.
Rat·te [ˈratə] *f* ⟨-; -n⟩ *zo.* rat; *fig.* **wie e-e ~ schlafen** sleep like a top (*od.* log); **die ~n verlassen das sinkende Schiff** the rats desert the sinking ship.
ˈRat·ten|beˌkämp·fung *f* → Rattenvertilgung. **~ˌfal·le** *f* rat-trap. **~ˌfän·ger** *m* **1.** rat-catcher, (*bes. Hund*) ratter. **2.** *fig. colloq.* con-man; **der ~ von Hameln** the Pied Piper of Hamelin. **~ˌgift** *n* rat poison, ratsbane. **~ˌschwanz** *m* **1.** *zo.* rat's tail. **2.** *tech.* (*Feile*) rat-tail file. **3.** *fig. colloq.* string; **ein ganzer ~ von** *a.* no end of. **~verˌtil·gung** *f* extermination of rats, *bes. Am.* deratization. **~verˌtil·gungsˌmit·tel** *n* rat poison, raticide.
rat·tern [ˈratərn] *v/i* ⟨h *u.* sein⟩ rattle, clatter, *Maschine etc*: *a.* chatter.
Ratz [rats] *m* ⟨-es; -e⟩ *Southern G. and Austrian for* Ratte. **ˈrat·zen** *v/i* ⟨h⟩ *colloq. for* **schlafen.**
Raub [raup] *m* ⟨-(e)s; *no pl*⟩ **1.** robbery, robbing, (*Menschen*2) kidnap(p)ing, (*Entführung*) abduction, *von geistigem Eigentum*: plagiarism, piracy, (*Straßen*2) highway robbery, hijacking, (*Plünderung*) pillaging. **2.** (*Beute*) loot, booty, (*Kriegsbeute*) *a.* plunder, pillage, spoil(s *pl*), *von Tieren u. fig.* (*Opfer*) prey; **ein ~ der Flammen werden** fall a prey to the flames; **auf ~ ausgehen** go on the prowl. **~ˌadel** *m hist.* robber barons *pl.* **~ˌbau** *m* ⟨-(e)s; *no pl*⟩ wasteful (*od.* destructive, ruinous) exploitation, over-exploitation, exhaustion; **~ treiben mit** exploit ruthlessly; *fig.* **mit s-r Gesundheit ~ treiben** ruin one's health, burn the candle at both ends. **~ˌdruck** *m* ⟨-(e)s; -e⟩ *print.* piracy, pirated edition.
rau·ben [ˈraubən] **I** *v/t* ⟨h⟩ rob, take *s. th.* (by force), (*stehlen*) steal, (*Menschen*) kidnap, (*entführen*) abduct; **j-m et. ~** rob (*od.* deprive) s. o. of s. th.; *fig.* **die Sorge raubte ihm allen Schlaf** the worry robbed him of his sleep; **es raubt mir den Atem** it takes my breath away; **es raubt mir zu viel Zeit** it takes up too much of my time. **II 2** *n* ⟨-s⟩ robbing (*etc*); → *a.* Raub 1.
Räu·ber [ˈrɔybər] *m* ⟨-s; -⟩ **1.** robber, *Am. a.* holdup man, (*Straßen*2) highwayman, brigand, hijacker, *sl.* stickup (man), *geistigen Eigentums*: pirate; **unter die ~ geraten** fall among thieves; **~ und Gendarm spielen** play cops and robbers. **2.** predatory animal. **~ˌban·de** *f* band of robbers (*od.* thieves, brigands), *Am.* holdup gang. **~ˌbraut** *f sl.* (gangster's *od.* gun) moll.
Räu·beˈrei *f* ⟨-; -en⟩ *colloq. for* **Raub 1.**
ˈRäu·ber|geˌschich·te *f* **1.** tale of rob-

bers. **2.** *fig. colloq.* cock-and-bull story, tall story. **~ˌhauptˌmann** *m* gang-leader, robber (*od.* bandit) chief. **~ˌhöhle** *f* robbers' (*od.* thieves') den.

'räu·be·risch *adj* rapacious, predatory, *zo. a.* predacious; **~e Methoden** predatory practices; **~er Überfall** (armed) robbery, raid.

räu·bern ['rɔybərn] *v/i* ⟨h⟩ raid, maraud, plunder, pillage.

'Räu·ber|piˌsto·le *f colloq.* → Räubergeschichte. **~ziˌvil** *n colloq.* casual get-up.

'Raub|ˌfisch *m* predatory fish. **~geˌsin·del** *n* pack of robbers (*od.* thieves). **~ˌgier** *f* rapacity, predaciousness. **♀ˌgie·rig** *adj* rapacious, predacious. **~ˌgut** *n* stolen goods *pl*, (*Beute*) booty. **~ˌkat·ze** *f* cat (of prey). **~ˌkrieg** *m* predatory war. **~ˌlust** *f* → Raubgier. **~ˌmord** *m* murder (attended) with robbery, *Am. a.* holdup murder. **~ˌmör·der** *m* robber and murderer. **~ˌrit·ter** *m hist.* robber baron. **~ˌtier** *n* beast of prey, predator(y animal); *fig.* **wie ein ~** like a tiger. **~ˌtierˌhaus** *n* house for beasts of prey. **~ˌtierˌkä·fig** *m* wild animal cage. **~ˌüberˌfall** *m* robbery, raid, holdup; **bewaffneter ~** armed robbery. **~ˌvo·gel** *m* bird of prey, predatory bird. **~ˌwild** *n* beasts of prey (*pl*). **~ˌzeug** *n* ⟨-(e)s; *no pl*⟩ *hunt.* predatory animals *pl*, *Br. a.* vermin. **~ˌzug** *m* foray, raid (for spoils).

Rauch [raux] *m* ⟨-(e)s; *no pl*⟩ smoke, *chem. etc* fume; **in ~ aufgehen** *a. fig.* go up in smoke; *fig.* **sich in ~ auflösen** come to nothing, end up in smoke; **kein ~ ohne Feuer** (*Sprichwort*) there's no smoke without a fire; → **Name** 2. **~ˌabˌzug** *m* chimney, smoke outlet, flue. **~beˌkämp·fung** *f* smoke abatement. **~beˌlä·sti·gung** *f* smoke nuisance.

rau·chen ['rauxən] **I** *v/i* ⟨h⟩ smoke, *chem. etc* fume; **darf ich ~?** may I (have a) smoke?; *colloq.* **~ wie ein Schlot** smoke like a chimney; *fig. colloq.* **mir raucht der Kopf** my head is near splitting. **II** *v/t* smoke. **III** *v/impers fig. colloq.* **paß auf oder es raucht** be careful or else!, you'd better cut that out!; **arbeiten, daß es nur so raucht** work with a vengeance, *Am.* work to beat the band. **IV ♀** *n* ⟨-s⟩ smoking (*etc*); **♀ verboten** no smoking; **das ♀ aufgeben** stop smoking.

'Rauch·entˌwick·lung *f* formation of smoke.

'Rau·cher *m* ⟨-s; -⟩ **1.** smoker; **ein starker ~** a heavy smoker. **2.** *rail.* (*~abteil*) smoking car (*od.* carriage, compartment), smoker; **~** (*Aufschrift*) smoking.

'Räu·cherˌaal *m gastr.* smoked eel.

'Rau·cherˌabˌteil *n* → Raucher 2.

'Räu·cher|ˌfaß *n* → Rauchfaß. **~ˌfisch** *m gastr.* smoked fish. **~ˌhe·ring** *m* red (*od.* smoked) herring, kipper, bloater.

'Rau·cherˌhu·sten *m med.* smoker's cough.

'Räu·cher|ˌkam·mer *f* smoking room, smokehouse. **~ˌker·ze** *f* fumigating candle.

räu·chern ['rɔyçərn] **I** *v/t* ⟨h⟩ **1.** (*Fleisch, Fisch etc*) smoke(-dry), cure. **2.** (*desinfizieren*) fumigate. **II** *v/i* **3.** burn incense.

'Räu·cher|ˌspeck *m* smoked (*od.* cured) bacon. **~ˌstäb·chen** *n* joss stick. **~ˌwa·re** *f meist pl* smoked meat (*od.* fish). **~ˌwerk** *n* incense.

'Rauch|ˌfah·ne *f* trail of smoke. **~ˌfang** *m* **1.** chimney (hood), flue. **2.** *bes. Austrian* chimney. **~ˌfangˌkeh·rer** *m* ⟨-s; -⟩ *bes. Austrian* chimney sweep. **♀ˌfar·ben, ♀ˌfar·big** *adj* smoke-colo(u)red. **~ˌfaß** *n relig.* censer, thurible. **~ˌfleisch** *n* smoked meat. **♀geˌschwärzt** *adj* smoke-stained, smoke-blackened. **~ˌglas** *n* smoke-tinted glass.

'rau·chig *adj* smoky (*a. Stimme*).

'rauch·los *adj* smokeless.

'Rauch|ˌop·fer *n relig.* incense offering. **~ˌquarz** *m min.* cairngorm, smoky quartz. **~saˌlon** *m* smoking room. **~ˌsäu·le** *f* column (*od.* pillar) of smoke. **~ˌschicht** *f* layer of smoke. **~ˌschlei·er** *m* smoky haze, weft of smoke. **♀ˌschwach** *adj* smokeless. **~ˌschwa·den** *pl* billows of smoke. **~ˌschwal·be** *f orn.* (barn) swallow. **~siˌgnal** *n* smoke signal. **~ˌta·bak** *m* smoking tobacco. **~ˌtisch** *m* smoking table. **~toˌpas** *m min.* smoky topaz. **~verˌbot** *n* ban on smoking; **~!** (*Aufschrift*) no smoking. **~verˌgif·tung** *f* smoke poisoning. **~verˌzeh·rer** *m* smoke consumer. **~ˌvorˌhang** *m mil.* smoke screen. **~ˌwa·ren**[1] *pl* tobacco products. **~ˌwa·ren**[2] *pl*, **~ˌwerk** *n* ⟨-(e)s; *no pl*⟩ (*Pelze*) furs, peltry *sg*. **~ˌwol·ke** *f* cloud of smoke. **~ˌzei·chen** *n* smoke signal. **~ˌzim·mer** *n* smoking room.

Räu·de ['rɔydə] *f* ⟨-; -n⟩ *vet.* mange, scabies. **'räu·dig** *adj* mangy, scabby; *fig.* **ein ~es Schaf** a black sheep.

rauf… ['rauf-] *colloq. for* herauf…, hinauf…

'Raufˌbold [-ˌbɔlt] *m* ⟨-(e)s; -e⟩ ruffian, brawler, rowdy, tough.

Rau·fe ['raufə] *f* ⟨-; -n⟩ (hay)rack.

rau·fen ['raufən] **I** *v/t* ⟨h⟩ (*rupfen*) pull, pluck; **sich** (*dat*) **die Haare ~** tear one's hair. **II** *v/i u. v/reflex* **sich ~** (*sich balgen*) (**sich**) **mit j-m um e-e Sache ~** tussle (*od.* scuffle, fight, *sl.* scrap) with s. o. for s. th. **'Rau·fer** *m* ⟨-s; -⟩ → Raufbold. **Rau·fe'rei** *f* ⟨-; -en⟩ fight, brawl, *sl.* roughhouse, scrap.

'Rauf|ˌhan·del *m* → Rauferei. **~ˌlust** *f* ⟨-; *no pl*⟩ pugnacity. **♀ˌlu·stig** *adj* pugnacious, *sl.* scrappy.

rauh [rau] **I** *adj* ⟨-er; -(e)st⟩ **1.** *allg.* rough (*a. Fell etc*), (*grob*) coarse, (*uneben*) *a.* uneven, rugged, *Oberfläche*: unsmooth, *Hände*: chapped, *Gegend*: wild, bleak, uninviting, *mar. See*: stormy, boisterous; **sich ~ anfühlen** be rough to the touch. **2.** *Klima*: rough, harsh, raw, inclement, *Wind*: biting, *Winter*: severe, hard. **3.** *Stimme*: rough, harsh, raucous, (*heiser*) hoarse, husky. **4.** *Hals etc*: sore, hoarse, raw. **5.** *fig.* (*ungehobelt*) rough, coarse-grained, rude, uncouth, (*schroff*) blunt, gruff, crusty; **~e Behandlung** rough handling, harsh treatment; **~es Leben** rugged life; **~e Tatsachen** hard facts; **~e Wirklichkeit** harsh reality; **~e Worte** harsh words; **~er Ton** rough tone; **~e Sitten** rough practices; **~es Willkommen** rough welcome; **~ aber herzlich** pretty rough; **e-e ~e Schale haben** be a rough diamond. **II** *adv* **6. ~ anfassen, ~ anpacken, ~ umgehen mit** treat *s. o.* roughly, not to handle *s. o.* with kid gloves.

'Rauh|ˌbauz [-ˌbauts] *m* ⟨-es; -e⟩ *colloq.* gruff person. **♀ˌbau·zig** *adj* gruff. **~ˌbein** *n colloq.* **1.** (*rauher, aber gutmütiger Mensch*) rough diamond. **2.** (*Grobian*) rough customer. **♀ˌbei·nig** *adj* crusty, gruff, rough.

Rau·heit ['rauhait] *f* ⟨-; *no pl*⟩ **1.** *allg.* roughness, (*Grobheit*) coarseness, (*Unebenheit*) ruggedness, unevenness, *der Stimme*: *a.* harshness, raucousness, huskiness, hoarseness, *e-r Gegend*: *a.* bleakness, wildness. **2.** *des Klimas etc*: harshness, rawness, inclemency. **3.** *fig.* (*Ungeschliffenheit*) churlishness, rudeness, coarseness, uncouthness, (*Schroffheit*) harshness, bluntness, roughness, gruffness, crustiness.

rau·hen ['rauən] *v/t* ⟨h⟩ (*Tuch*) nap, tease(l).

'Rauh|ˌfa·ser·taˌpe·te *f* oatmeal wallpaper. **~ˌfut·ter** *n agr.* roughage. **~ˌhaarˌdackel** (*getr.* -k·k-) *m* wire-haired (*od.* rough-haired) dachshund. **♀ˌhaa·rig** *adj bot. zo.* wire-haired, shaggy.

'Rauh|ˌnäch·te, die *pl* the twelve nights between Christmas and Epiphany. **~ˌputz** *m civ. eng.* roughcast plastering. **~ˌreif** *m meteor.* white frost, hoar (-frost), rime(frost). **~verˌputz** *m* → Rauhputz.

Raum [raum] *m* ⟨-(e)s; ⸚e⟩ **1.** (*umschlossener ~*) (*Zimmer*) room, (*Kammer*) chamber, (*Abteil*) compartment, *mar.* (*Lade♀*) (cargo) hold. **2.** (*Gebiet, Gegend*) area, region, zone, territory, *fig. a.* realm, domain, sphere; **im ~** (**von**) **München** in the Munich area; **der mitteleuropäische ~** the Central European region; *fig.* **im politischen ~** in the realm of politics, in the political sphere. **3.** (*Ausdehnung*) width, expanse, expansion; **gewaltige Räume unerschlossenen Landes** a tremendous expanse of unexplored territory; **der weite ~ des Pazifischen Ozeans** the broad expanse of the Pacific Ocean. **4.** *math. philos. phys.* a) *allg.* space, b) (*~inhalt*) volume, capacity, c) (*Welt♀*) (outer) space; **Zeit und ~** time and space; (**luft**)**leerer ~** vacuum; **dreidimensionaler ~** three-dimensional space. **5.** *allg.* (*Platz*) room, space, (*Möglichkeit, Spiel♀*) *a.* scope, opportunity, (*Unterbringungsmöglichkeit*) accommodation; **viel ~ einnehmen** take up (*od.* require) a lot of room (*od.* space); **~ lassen für** leave room for *s. th.*, (*e-e Unterschrift etc*) *a.* leave a blank for; **~ sparen** save space; **~ bieten für** (*od. dat*) admit, accommodate, hold, *Saal etc*: *a.* seat (*2,000 people, etc*); **auf engstem** (*od.* **kleinstem**) **~** on a minimum of space; **~ ist in der kleinsten Hütte** there's room for all and room to spare; **~ geben, ~ gewähren** (*e-m Gedanken*) give way to, (*e-r Hoffnung*) indulge in, (*e-r Bitte*) grant, yield to; **~ zur geistigen Entfaltung** scope (*od.* opportunity, latitude) for intellectual development. **6.** *Sport*: **freier ~** open space; **Spiel in den freien ~** running passes *pl*.

'Raum|akuˌstik [-ʔaˌkʊstɪk] *f* room acoustics *pl*, stereo-acoustics *pl* (*alle als sg konstruiert*). **~ˌanˌord·nung** *f* layout of rooms. **~ˌanˌzug** *m der Astronauten*: space suit. **~ˌaufˌtei·lung** *f* → Raumanordnung. **~ˌausˌnut·zung** *f* economy of space. **~beˌdarf** *m* space required. **♀beˌstän·dig** *adj chem. phys.* constant-volume. **~ˌbild** *n opt.* **1.** stereoscopic picture. **2.** space diagram.

'Räumˌboot *n mil.* (mine)sweeper.

'Raum|ˌdeckung (*getr.* -k·k-) *f Sport*: zone defen/ce (*Am.* -se). **~ˌdich·te** *f phys.* volume (*od.* volumetric) density. **~ˌeinˌheit** *f phys.* spatial unit.

räu·men ['rɔymən] *v/t* ⟨h⟩ **1.** (*verlassen*) quit, leave, (*Raum etc*) *a.* clear, vacate, (*aufgeben*) give up, abandon, withdraw from, *bes. mil.* (*Stellung*) evacuate; *fig.* **das Feld ~** (*dat*) give way (to), make way (for). **2.** (*leer machen*) a) *econ.* (*Lager etc*) sell off, clear (out), b) (*Weg etc*) *a. fig.* clear (*od.* sweep) (**von** of); **et. von Schutt ~** remove the rubble from s. th. **3.** (*aus~, reinigen*) sweep (out), clean (up), (*bes. Gewässer etc*) dredge, *tech.* (*Bohrungen*) broach. **4.** *mit prep*: **das Geschirr**

vom Tisch ~ clear (the dishes from) the table; **aus dem Weg** ~ *allg.* remove, clear away, put away, *bes. fig.* (*a. Gegner etc*) dispose of, get rid of, put *s. o.*, *s. th.* out of the way, (*Problem etc*) *a.* take care of.

ˈRaum|erˌspar·nis *f* saving (in) space; **der ~ wegen, zwecks ~** in order to save space. **~ˌfah·rer** *m* astronaut, spaceman.

ˈRaumˌfahrt *f* **1.** (*Wissenschaft*) astronautics *pl* (*als sg konstruiert*). **2.** (**bemannte** ~ manned) space travel (*od.* flight). **~in·duˌstrie** *f* aerospace industry. **~me·diˌzin** *f* space medicine. **~proˌjekt** *n* space project. **~ˌtech·nik** *f* space technology. **~ˌun·terˌneh·men** *n* space venture. **~ˌzeitˌal·ter** *n* space age. **~ˌzen·trum** *n* spaceport.

ˈRaum|ˌfahrˌzeug *n* spacecraft, spaceship. **~ˌflug** *m* space flight. **~ˌflug·ˌtech·nik** *f* space technology. **~ˌfor·scher** *m* space research expert. **~ˌfor·schung** *f* space research. **~geˌhalt** *m mar.* tonnage, capacity. **~geˌstal·ter** *m* interior designer (*od.* decorator). **~geˌstal·tung** *f* interior design (*od.* decoration). **~ˌglei·ter** *m Raumfahrt*: space shuttle, hypersonic glider. **~ˌin·ˌhalt** *m math. phys.* cubic contents *pl*, volume, cubic capacity. **~ˌkap·sel** *f Raumfahrt*: space capsule. **~ˌkrüm·mung** *f phys.* space curvature. **~laˌbor** *n Raumfahrt*: space laboratory, skylab, spacelab. **~ˌleh·re** *f* geometry.

ˈräum·lich I *adj* **1.** spatial, of (*od.* relating to) space, three-dimensional. **2.** *math.* cubic, *Geometrie*: solid. **3.** *opt.* stereoscopic, *Akustik*: stereophonic. **II** *adv* **4.** ~ **beengt** close-quartered, cramped (for space); ~ **getrennt** separate. **≈keit** *f* ⟨-; -en⟩ **1.** spatiality. **2.** *pl* (*Räume*) premises.

ˈRaum|ˌman·gel *m* lack of room (*od.* space). **~ˌmaß** *n* cubic measure. **~ˌmes·sung** *f* stereometry. **~ˌme·ter** *m, n* cubic met/re (*Am.* -er) of stacked wood. **~ˌpfle·ge·rin** *f* cleaner, cleaning woman.

ˈRäumˌpflug *m* bulldozer.

ˈRaum|piˌlot *m* space pilot, astronaut. **~ˌpla·nung** *f pol.* area planning. **~ˌschiff** *n* spaceship, spacecraft. **~ˌson·de** *f* space probe. **≈ˌspa·rend** *adj* space-saving. **~sta·tiˌon** *f* space station (*od.* platform). **~tem·pe·raˌtur** *f* room (*od.* ambient) temperature. **~ˌtie·fe** *f* depth. **~ˌton** *m Radio*: stereophonic sound.

ˈRäu·mung *f* ⟨-; -en⟩ **1.** *e-s Saales etc*: clearance. **2.** *von Gewässern*: cleaning (up), dredging. **3.** *econ. des Lagers*: clearance, selling off. **4.** *jur. zwangsweise*: eviction, ejection, ejectment; **auf ~ klagen** sue for eviction, *Am.* take legal proceedings for ejectment. **5.** *mil. e-r Stadt etc*: evacuation.

ˈRäu·mungs|ˌaus·verˌkauf *m* clearance sale. **~beˌfehl** *m jur.* eviction notice, *Am.* writ of ejectment. **~ˌkla·ge** *f* action for eviction (*Am.* ejectment). **~ˌur·teil** *n* eviction order. **~verˌkauf** *m* clearance sale, *bei Geschäftsauflösung*: closing-down sale.

ˈRaum|verˌschwen·dung *f* waste of space. **~ˌwir·kung** *f* three-dimensional (*od.* plastic, stereoscopic) effect, *mus.* stereophonic effect. **≈ˌzeit·lich** *adj* spatiotemporal.

rau·nen [ˈraunən] **I** *v/t u. v/i* ⟨h⟩ whisper, murmur; **man raunt, daß** rumo(u)r has it that. **II** ≈ *n* ⟨-s⟩ whisper(ing), murmur(ing).

raun·zen [ˈrauntsən] *v/i* ⟨h⟩ *dial.* grumble, complain.

Rau·pe [ˈraupə] *f* ⟨-; -n⟩ **1.** *zo.* caterpillar; *fig. colloq.* **~n im Kopf haben** have maggots in one's head. **2.** *tech.* a) track (chain), b) → **Raupenfahrzeug.**

ˈRau·pen|ˌanˌtrieb *m tech.* tracklaying drive. **~ˌfahrˌzeug** *n* tracklaying (*od.* crawler-type) vehicle. **~ˌfraß** *m* damage done by caterpillars. **~ˌket·te** *f tech.* track (chain). **~ˌschlep·per** *m* crawler tractor.

raus... [ˈraus-] *colloq. for* **heraus ..., hinaus ...**

raus [raus] *interj* get out!, *sl.* scram!, beat it!

Rausch [rauʃ] *m* ⟨-(e)s; ⸚e⟩ **1.** drunkenness, intoxication, inebriation, *leichter*: *colloq.* tipsiness; **e-n ~ haben** be drunk, *stärker*: be in one's cups (*od. colloq.* tight, half-seas over, boozed [up]); **sich** (*dat*) **e-n ~ antrinken** (*od.* **holen**) (go and) get drunk; *colloq.* **j-m e-n ~ anhängen** make s. o. drunk; **s-n ~ ausschlafen** sleep o. s. sober, sleep it off; **im ~** in a state of drunkenness, under the influence (of alcohol). **2.** *fig.* a) rapture, ecstasy, frenzy, transport, intoxication, b) *von Blüten, Farben etc*: profusion, (over)abundance; **~ der Begeisterung** frenzy of enthusiasm. **3.** *med.* (*kurze Narkose*) light ether an(a)esthesia, rausch.

ˈrauschˌarm *adj tech.* low-noise.

rau·schen [ˈrauʃən] **I** *v/i* ⟨h *u.* sein⟩ **1.** ⟨h⟩ *Wind, Wasser*: rush, *Bach*: murmur, *Brandung, Sturm, Beifall*: roar, thunder, *Blätter*: rustle, whisper, *Gefieder, Seide*: swish, *Mikrophon, Schallplatte etc*: be noisy. **2.** ⟨sein⟩ *fig. colloq.* sweep, sail; **sie rauschte aus dem Zimmer** she swept out of the room. **II** ≈ *n* ⟨-s⟩ **3.** rushing (*etc*). **4.** murmur, roar, thunder, rustle, whisper, *Radio*: noise, *Schallplatte*: surface noise. **~d** *adj Beifall*: thundering, *fig. Fest etc*: sumptuous, gorgeous.

ˈRau·scher *m* ⟨-s; *no pl*⟩ new wine.

ˈRauschˌfak·tor *m Radio*: noise factor.

ˈRauschˌgift *n* (narcotic) drug, *sl.* dope, junk, *bes. Am.* narcotic; **unter ~ setzen** drug, *sl.* dope; **mit ~ betäubt** drugged. **~de·zerˌnat** *n* drug department. **~ˌhan·del** *m* drug trafficking (*od.* peddling). **~ˌhänd·ler** *m* narcotics (*od. sl.* dope) trafficker, *sl.* dealer, *Am. sl.* pusher. **~ˌring** *m* drugs ring. **~ˌschmug·gel** *m* drug smuggling (*od.* running). **~ˌschmugg·ler** *m* drug smuggler. **~ˌsucht** *f* drug addiction (*od.* habit). **≈ˌsüch·tig** *adj* drug-addicted; ~ **sein** *a.* be on drugs, *sl.* be hooked. **~ˌsüch·ti·ge** *m, f* drug (*od.* narcotic) addict, *sl.* dope fiend, junkie.

ˈRausch|ˌgold *n* tinsel, Dutch gold. **≈haft** *adj fig.* ecstatic.

Räus·pe·rer [ˈrɔyspərər] *m* ⟨-s; -⟩ hem.

ˈräus·pern *v/reflex* ⟨h⟩ **sich ~** clear one's throat, *verlegen*: give a (little) cough.

ˈraus|ˌschmei·ßen *v/t* ⟨*irr, sep,* -ge-, h⟩ *colloq.* throw (*od.* kick, chuck) *s. o.* out, *sl.* bounce, give *s. o.* the bounce (*od.* bum's rush), (*entlassen*) *a.* fire, sack, give *s. o.* the sack. **≈ˌschmei·ßer** *m* ⟨-s; -⟩ *colloq.* **1.** *in Lokalen*: chucker-out, *sl.* bouncer. **2.** (*letzter Tanz*) last dance. **≈ˌschmiß** *m* ⟨-sses; -sse⟩ *colloq.* chuck, (*Entlassung*) *a.* sack, push.

Rau·te[1] [ˈrautə] *f* ⟨-; -n⟩ lozenge (*a. her.*), diamond, *math.* rhomb(us).

ˈRau·te[2] *f* ⟨-; -n⟩ *bot.* ruewort, rue.

ˈRau·ten|ˌflä·che *f* facet. **≈ˌför·mig** *adj* lozenge- (*od.* diamond-)shaped, *math.* rhombic.

Raz·zia [ˈratsǐa] *f* ⟨-; Razzien, *a.* -s⟩ (police) raid (*od.* round-up, swoop); **e-e ~ machen** make a raid (**auf** *acc* on), raid.

Re [reː] *n* ⟨-s; -s⟩ ~ **geben,** ~ **sagen** redouble.

Rea·genz [reˀaˈgɛnts] *n* ⟨-es; -ien [-tsǐən]⟩ *chem.* reagent. **~ˌglas** *n* test tube. **~ˌlö·sung** *f* test solution. **~pa·ˌpier** *n* test (*od.* litmus) paper.

rea·gie·ren [reˀaˈgiːrən] *v/i* ⟨*no* ge-, h⟩ **1.** *chem.* react (**auf** *acc* on, **mit** with), show (*an alkaline, acid*) reaction. **2.** *med. tech. etc, a. fig.* (**auf** *acc* to) react, respond, answer, be responsive; **auf e-e Sache nicht ~** *fig. a.* take no notice of s. th., ignore s. th.; **er reagierte darauf mit e-m Lächeln** he answered with a smile; *colloq.* **auf e-e Sache sauer ~** take s. th. in bad part, be peeved at s. th.

Re·ak·tanz [reˀakˈtants] *f* ⟨-; -en⟩ *electr.* (inductive and capacitive) reactance.

Re·ak·ti·on [reˀakˈtsǐoːn] *f* ⟨-; -en⟩ **1.** *chem. pol.* reaction. **2.** *med. tech., a. fig.* (**auf** *acc* to) reaction, response.

re·ak·tio·när [reˀaktsǐoˈnɛːr] **I** *adj* reactionary. **II** ≈ *m* ⟨-s; -e⟩ reactionary, reactionist.

re·ak·tiˈons·fä·hig *adj* responsive, capable of reaction, *a. chem.* reactive. **≈keit** *f* ⟨-; *no pl*⟩ responsiveness, (powers *pl* of) reaction, *a. chem.* reactivity.

Re·ak·tiˈons|geˌschwin·dig·keit *f* rate (*od.* speed) of reaction, *fig.* speed of response. **~ˌket·te** *f* chain (*od.* series) of reactions. **≈los** *adj* without reaction, reactionless. **≈ˌschnell** *adj* quick (to react). **~ˌträg·heit** *f* inactivity, inertness, inertia. **~ˌwär·me** *f* heat of reaction. **~ˌzeit** *f* reaction time.

re·ak·tiv [reˀakˈtiːf] *adj* reactive.

re·ak·ti·vie·ren [reˀaktiˈviːrən] *v/t* ⟨*no* ge-, h⟩ **1.** *a. chem.* reactivate. **2.** *med.* (*Muskeln etc*) rehabilitate. **3.** (*Person*) recall (to service).

Re·ak·tor [reˈˀaktɔr] *m* ⟨-s; -en [-ˈtoːrən]⟩ (nuclear *od.* atomic) reactor.

re·al [reˈaːl] *adj* **1.** (*wirklich*) real, actual. **2.** (*dinglich*) material, substantial, corporeal. **3.** (*konkret*) concrete, tangible, palpable. **4.** *econ. jur.* corporeal, tangible; **~e Vermögensgüter** tangible assets; **~es Wachstum** increase in real terms. **≈ˌeinˌkom·men** *n* real income (*od.* revenue). **≈gymˌna·si·um** *n obs.* secondary school emphasizing modern languages.

Rea·li·en [reˈaːlǐən] *pl* **1.** real (*od.* actual) facts, realities. **2.** *ped.* humanities and natural sciences.

Reˈal·inˌju·rie *f* ⟨-; -n⟩ *jur.* (*tätliche Beleidigung*) assault and battery.

rea·liˈsier·bar *adj* realizable (*a. econ.*), *Pläne etc*: *a.* practicable; *econ.* (**nicht**) **~e Werte** liquid (frozen) assets.

rea·li·sie|ren [realiˈziːrən] *v/t* ⟨*no* ge-, h⟩ **1.** (*verwirklichen*) materialize, realize, put into practice. **2.** *econ.* a) realize, convert *s. th.* into money (*od.* cash), b) (*abstoßen*) dispose of. **≈rung** *f* ⟨-; *no pl*⟩ materialization, *a. econ.* realization.

Rea·lis·mus [reaˈlɪsmus] *m* ⟨-; *no pl*⟩ realism. **Reaˈlist** [-ˈlɪst] *m* ⟨-en; -en⟩, **Reaˈli·stin** *f* ⟨-; -nen⟩ realist. **reaˈli·stisch I** *adj* **1.** realistic (*a. Kunst*), matter-of-fact, down-to-earth (*person, etc*). **2.** *philos.* realist(ic). **II** *adv* **3.** realistically; **ein ~ denkender Mensch** a down-to-earth person; **et. ~ gestalten** lend realism to s. th.

Rea·li·tät [realiˈtɛːt] *f* ⟨-; -en⟩ **1.** (*Wirklichkeit*) reality. **2.** (*Gegebenheit*) fact. **3.** *pl bes. Austrian econ. for* **Immobilien** 2.

Reˈal|ˌla·sten *pl* recurrent charges on real estate. **~ˌle·xi·kon** *n* encyclop(a)edia. **~ˌlohn** *m econ.* real wages *pl.* **~po·liˌtik** *f* realpolitik. **~ˌschu·le** *f* secondary school, *Am.* high school.

~ₗschü·ler *m*, **~ₗschü·le·rin** *f* pupil (*od.* student) at a "Realschule". **~ₗwert** *m* real value.
re·ama·teu·ri·sie·ren [reˀamatøriˈziːrən] *v/t* ⟨*no* **ge-**, **h**⟩ *Sport*: reinstate *s. o.* as an amateur.
Reb·bach [ˈrɛbax] *m* ⟨-**s**; *no pl*⟩ *colloq.* (*Gewinn*) profit(s *pl*); **s-n ~ machen** make one's pile.
Re·be [ˈreːbə] *f* ⟨-; -**n**⟩ (*Weinstock*) vine, (*Weinranke*) tendril, shoot.
Re·bell [reˈbɛl] *m* ⟨-**en**; -**en**⟩ (*Aufrührer*) rebel, insurgent. **re·bel'lie·ren** [-ˈliːrən] *v/i* ⟨*no* **ge-**, **h**⟩ (**gegen** against) rebel (*a. fig. Magen etc*), rise (in rebellion). **Re'bel·lin** *f* ⟨-; -**nen**⟩ → Rebell. **Re·bel·li·on** [rebɛˈli̯oːn] *f* ⟨-; -**en**⟩ rebellion, revolt, insurrection. **re'bel·lisch** *adj allg., a. fig.* rebellious, (*aufständisch*) insurgent, *fig. colloq.* up in arms, wild, in an uproar; *fig. colloq.* **~ machen** have *s. o., s. th.* up in arms, put in an uproar.
'Re·ben|ₗblatt *n* vine leaf. **~ₗlaub** *n* vine leaves *pl* (*od.* foliage). **~ₗsaft** *m* ⟨-(**e**)**s**; *no pl*⟩ *poet.* juice of the grape.
'Reb|ₗhuhn *n orn.* (grey) partridge. **~ₗlaus** *f zo.* phylloxera. **~ₗstock** *m bot.* vine.
Re·bus [ˈreːbʊs] *m, n* ⟨-; -**se**⟩ rebus.
Re·chaud [reˈʃoː] *m, n* ⟨-**s**; -**s**⟩ *Southern G. and Austrian* **1.** small portable stove, spirit lamp (*od.* stove). **2.** hot plate, dish-warmer.
re·chen [ˈrɛçən] **I** *v/t* ⟨**h**⟩ rake. **II** ℒ *m* ⟨-**s**; -⟩ rake, *an Abwässeranlagen etc*: grid.
'Re·chen|ₗan|ₗla·ge *f* computer. **~ₗauf|ₗga·be** *f* arithmetical problem, *colloq.* sum; **e-e ~ lösen** work out (*od.* solve) a problem, *colloq.* do a sum. **~au·to|ₗmat** *m* computer. **~ₗbuch** *n* arithmetic book. **~ex|ₗem·pel** *n* → Rechenaufgabe; *fig.* **das ist ein ganz einfaches ~** that's a matter of simple arithmetic. **~ₗfeh·ler** *m* miscalculation, error in calculation, arithmetical error (*od.* mistake). **~ge|ₗrät** *n* **1.** calculator. **2.** computer. **~ₗgrö·ße** *f Computer*: operand. **~ₗheft** *n* sum book, arithmetic book. **~ma|ₗschi·ne** *f* calculating machine, calculator, (**elektronische ~**) computer.
'Re·chen·schaft *f* ⟨-; *no pl*⟩ account; **~ ablegen** (*od.* **geben**) **von** (*od.* **über** *acc*) account (*od.* answer) for, give (*od.* render) (an) account of; **j-n für e-e Sache zur ~ ziehen** call s. o. to account for s. th., bring s. o. to book for s. th.; **j-m ~ schuldig sein** (*od.* **schulden, geben müssen**) **über e-e Sache** be accountable (*od.* answerable) to s. o. for s. th.; **ich bin dir darüber k-e ~ schuldig** I am not answerable to you for that, I owe you no explanation for that; **von j-m ~ fordern** (*od.* **verlangen**) demand an explanation from s. o.
'Re·chen·schafts·be|ₗricht *m* **1.** account, statement of accounts. **2.** report (of activities). **3.** *econ.* accounts *pl* rendered.
'Re·chen|ₗschie·ber, ~ₗstab *m* slide rule. **~ta|ₗbel·le** *f* **1.** *math.* multiplication table. **2.** *für Währungen etc*: ready reckoner, calculation chart. **~ₗzen·trum** *n* computing cent/re (*Am.* -er).
Re·cher·che [reˈʃɛrʃə] *f* ⟨-; -**n**⟩ *meist pl* → Nachforschung. **re·cher'chie·ren** [-ˈʃiːrən] *v/i* ⟨*no* **ge-**, **h**⟩ → **nachforschen**.
rech·nen [ˈrɛçnən] **I** *v/i* ⟨**h**⟩ **1.** calculate, reckon, (*Rechenaufgabe machen*) do arithmetic, *colloq.* do sums; **im Kopf ~** reckon (*od.* calculate) in one's head; **falsch ~** miscalculate; **mit Zahlen ~** reckon in figures; **gut ~ können** be good at figures. **2.** (*zählen*) count; **nach Stunden (Einheiten) ~** count by the hour (unit); **von heute an gerechnet** (as) from today. **3.** (*kalkulieren, schätzen*) calculate, reckon, estimate; **ich rechne 20 Mark pro Tag für** … I reckon 20 marks a day for …; **rechne nicht zu knapp** don't cut it too fine; **knapp gerechnet** at the lowest; **gut gerechnet 150 km** a good 150 kilometres. **4. ~ zu** be counted (*od.* count, rank, number) among. **5. ~ mit, ~ auf** (*acc*) a) (*erwarten*) expect *s. th.*, reckon with, b) (*hoffen auf*) hope for, c) (*bauen auf*) count (*od.* rely) on, d) (*berücksichtigen*) take *s. th.* into account, reckon with; **mit dem Schlimmsten ~** reckon with (*od.* be prepared for) the worst; **es ist damit zu ~, daß er** … he is expected (*od.* likely) to …; **damit hatte ich nicht gerechnet** I didn't bargain for that; **ich rechne mit d-r Hilfe** I am counting on your help; **mit mir kannst du nicht ~!** count me out!; **mit ihm muß man ~** he is a man to be reckoned with. **6.** *fig.* (*sparsam sein*) economize, be economical, be careful with one's money; **mit jedem Pfennig ~** count every penny. **II** *v/t* **7.** (*Aufgabe, Gleichung etc*) work out, calculate, reckon, do (*a sum*). **8.** (*zählen*) calculate; **die Entfernung nach** (*od.* **in**) **Lichtjahren ~** calculate the distance in light years; **eins zum andern ~** add one thing to another; *fig.* **alles in allem gerechnet** all in all, as a whole, altogether. **9. j-n (et.) ~ zu** count (*od.* number, rate, rank) s. o. (s. th.) among; **man rechnet ihn zu unseren besten Schriftstellern** he ranks among our best writers. **10.** (*berücksichtigen*) count, take *s. th.* into account, allow for; **die Nebenkosten nicht gerechnet** not counting (*od.* allowing for) the incidentals. **11. es sich** (*dat*) **zur Ehre ~, j-m zu helfen** count (*od.* consider, *lit.* deem) it an hono(u)r to help s. o. **III** ℒ *n* ⟨-**s**⟩ **12.** counting (*etc*). **13.** *ped.* arithmetic; **er ist gut im** ℒ he is good in arithmetic (*od.* at figures); **kaufmännisches** ℒ commercial arithmetic. **14.** calculation; **elektronisches** ℒ electronic calculation (*od.* computation).
'Rech·ner *m* ⟨-**s**; -⟩ **1.** calculator, arithmetician; **er ist ein guter ~** a) he is good (*od.* quick) at figures, b) *fig.* he is very economical. **2.** *tech.* computer.
'rech·ne·risch I *adj* arithmetic(al), mathematic(al). **II** *adv* mathematically, by way of calculation; **et. ~ ermitteln** work s. th. out mathematically.
'Rech·nung *f* ⟨-; -**en**⟩ **1.** (*Be*ℒ) calculation, reckoning, computation, (*Aufgabe*) problem; **s-e ~ geht nicht auf** a) his calculation doesn't work out, b) *fig. colloq.* things are not working out the way he had planned; **nach m-r ~** according to my calculation, as far as I can make out; *fig.* **die ~ ohne den Wirt machen** reckon without one's host; *fig. colloq.* **j-m e-n Strich durch die ~ machen** upset (*od.* thwart, foil) s. o.'s plans. **2.** *econ.* account, (*Waren*ℒ) invoice, *Am. a.* bill, *im Restaurant*: bill, *Am.* check; **e-e ~ bezahlen** (*od.* **begleichen**) pay (*od.* settle, square [up]) a bill; **die ~ macht** (*od.* **beträgt, beläuft sich auf**) **20 Mark** the bill is for (*od.* comes to, amounts to) 20 marks; *fig. colloq.* **mit j-m e-e alte ~ zu begleichen haben** have an old account (*od.* score) to settle with s. o.; **j-m die ~ präsentieren** a) present s. o. with the bill, b) *fig.* make s. o. pay for it; **die ~, bitte** may I have the bill, please; **die nächste Runde geht auf m-e ~** the next round is my treat (*od.* on me); **trinken Sie ein Bier auf m-e ~** let me stand you (*od.* treat you to) a beer; **laufende ~** account current; **e-e ~ über 500 Mark ausstellen** make out an invoice for 500 marks; **laut ~** as per invoice; **auf ~** on account; **auf gemeinschaftliche (eigene) ~** on (*od.* for) joint (one's own) account; **~ führen (über** *acc*) keep accounts (of); **über e-e Sache ~ legen** render (an) account of (*od.* for) s. th.; **j-m et. in ~ stellen** charge (*od.* place, put, debit) s. th. to s. o.'s account, charge s. o. with s. th.; **et. in ~ gestellt bekommen** be charged with s. th.; **auf s-e ~ kommen** a) cover one's expenses, cover o. s., b) *fig. colloq.* get one's money's worth; **et. auf ~ kaufen** buy s. th. on credit; *fig.* **et. in ~ ziehen** (*od.* **stellen**), **e-r Sache ~ tragen** take s. th. into account (*od.* consideration), make allowance for s. th.; **et. nicht in ~ ziehen** *a.* leave s. th. out of account.
'Rech·nungs|ₗab|ₗgren·zung *f econ.* apportionment between (*od.* of) accounting periods. **~ₗab|ₗgren·zungs|ₗposten** *m* accounting apportionment item. **~ₗab|ₗschluß** *m* **1.** statement of account. **2.** closing of accounts. **~ₗart** *f math.* method of calculation; **die vier ~en** the four rules. **~ₗauf|ₗstel·lung** *f* accounting statement. **~ₗaus|ₗschuß** *m* audit committee. **~be|ₗtrag** *m* amount of invoice (*od.* invoiced). **~ₗbuch** *n* invoice book, book of accounts. **~ₗein·heit** *f econ.* accounting unit. **~ₗfüh·rer** *m econ.* accountant. **~ₗfüh·rung** *f* accountancy. **~ₗhof** *m*, **~ₗkam·mer** *f* audit office. **~ₗle·gung** *f* rendering (of) accounts. **~pe·ri|ₗode** *f* accounting period. **~ₗpo·sten** *m* item of (a) bill, invoice item. **~ₗprü·fer** *m* auditor. **~ₗprü·fung** *f* audit(ing). **~ₗsal·do** *m* balance (of an invoice). **~ₗwe·sen** *n* ⟨-**s**; *no pl*⟩ accountancy, accounting.
recht [rɛçt] **I** *adj* **1.** right(-hand); **die ~e Hand (Seite)** the right hand (side); **~er Hand** on the right(-hand side); → **Hand**[1] *Verbindungen mit Adjektiven.* **2.** *pol. Partei etc*: right-wing, rightist; **dem ~en Flügel angehören** be a rightist, be a right-winger. **3.** *math.* **~er Winkel** right angle. **4.** (*wirklich*) real, regular; **ein ~er Narr** a regular (*od.* downright) fool; **ich habe k-e ~e Lust zum Arbeiten** I don't really feel like working; **das Buch hatte k-n ~en Erfolg** the book was not much of a success. **5.** (*richtig, passend, gut, geeignet*) right, fitting, suitable, good, proper, (*gerecht*) right, just, fair; **so ist es ~** that's it, that's all right, that's okay, that will do, *sl.* that's the stuff; **das ist ~** that's right (*od.* good); **ganz ~** quite right; **schon ~!** never mind!, it's all right!, it's okay!; **der ~e Mann am ~en Ort** the right man in the right place, the right man for the job; **an den ~en Mann** (*od.* **die ~e Adresse**) **geraten** (*od.* **kommen**) come (*od.* get) to the very man (*od.* person); **auf dem ~en Weg sein** *a. fig.* be on the right road; *fig.* **das Kind beim ~en Namen nennen** call a spade a spade; **das war nicht ~ von dir** that was not right of you; **das ist nur ~ und billig** it's only right (*od.* fair) (and proper); **was dem einen ~ ist, ist dem andern billig** (what is) sauce for the goose is sauce for the gander; *colloq.* **alles was ~ ist!** (let's) be sensible; come, come; **mir ist es ~** it is all right with me, it suits me fine, I don't mind; **mir ist alles ~** (*gleichgültig*) I don't care, it's all the same to me; **ihm ist jedes Mittel ~** he stops (*colloq.* sticks) at nothing; → *a.* Zeit 2. **6.** *substantiviert mit Kleinschreibung*: **~ haben** be right; **~ behalten** be

right in the end; **j-m ~ geben** agree with s. o., admit that s. o. is right; **die Ergebnisse gaben ihm ~** he was borne out by the results. **II** *adv* **7.** (*richtig, gut*) right(ly), well, correctly, the right way, properly, (*sehr*) very, (*wirklich*) really, (*gehörig*) soundly, thoroughly, (*ziemlich*) quite, rather; **~ herzlichen Dank** thank you so (*od.* very) much; **ein ~ tüchtiger Arzt** quite a good doctor; **~ gut** quite good (*od.* well), not (at all) bad; **(das ist) alles ~ schön und gut, aber** that's all very fine (*od.* well) but; **ich habe ihn ~ gern** I like him quite well; **~ gern** gladly, with pleasure; **du weißt ~ gut, daß** you know very well that; **ich weiß nicht ~** I wonder, I'm not so sure; **du kommst mir gerade ~** *a. iro.* you are (just) the very person I was looking for, *iro.* you are all I wanted; **das kommt mir gerade ~** that comes in handy; **gehe ich ~ in der Annahme daß** am I right in thinking that; **das geschieht ihm ganz ~** that serves him right; **~ handeln** do right; **~ daran tun zu ...** do right to ...; *colloq.* **ich höre wohl nicht ~!** I beg your pardon!, pardon me!; **es allen ~ machen wollen** want to please everybody; **wenn ich es ~ überlege** (*od.* **bedenke**) when I come to think about it, now that I think of it, on second thoughts; **wenn ich Sie ~ verstehe** if I understand (*od. colloq.* get) you right; **(nun) erst ~** all the more, now with a vengeance; **jetzt erst ~ nicht!** now even less; **nicht (so) ~ glücklich** *etc* not any (*od.* none) too happy, *etc*; **es gefällt mir nicht so ~** *a.* I don't like it any too well; **es klappt nicht so ~** it doesn't work the way it should; → **schlecht** 12. **III ≈e, das** ⟨-n⟩ **8.** the right (*od.* very) thing; **nicht das ≈e, nichts ≈es** not the real thing; *iro.* **das ist was ≈es** it's nothing to write home about, it's not so wonderful; **das ≈e treffen** hit it all right; **nichts ≈es gelernt haben** have had no proper training; **nach dem ≈en sehen** see to (*od.* look after) things.

Recht *n* ⟨-(e)s; -e⟩ **1.** (*Gesetz*) law, (*Gerechtigkeit*) justice; **formelles (materielles) ~** adjective (substantive) law; **bürgerliches (öffentliches, bestehendes) ~** civil (public *od.* constitutional, established) law; **nach geltendem ~** under law in force; **nach deutschem ~** under German law; **gleiches ~** equal rights *pl*; **gleiche ~e, gleiche Pflichten** equal rights, equal duties; **von ~s wegen** by operation of law, de jure, *fig.* by rights; **Doktor der ~e** Doctor of Laws; **Student der ~e** student of law, law student; **das ~ des Stärkeren** the law of the strongest; **das ~ brechen** violate (*od.* infringe [upon]) the law; **~ sprechen** administer justice; **die ~e studieren** study (*bes. Br.* read) law; *fig.* **das ~ mit Füßen treten** fly in the face of law; **das Gericht erkennt für ~** the court adjudges, decrees and determines; **für ~ befinden** find, hold; **das ~ auf s-r Seite haben** have justice on one's side; **im ~ sein** be in the right, be within one's rights; **sich (*dat*) selbst ~ verschaffen** take the law into one's own hands. **2.** *allg.* (*Berechtigung*) right, (*Anspruch*) *a.* claim, (*Anrecht*) *a.* title (*alle*: **auf** *acc* to), (*Vor≈*) privilege, (*Befugnis*) *a.* power, authority; **angestammtes ~** birthright; **~ auf Arbeit** right to work; **~ auf Selbstbestimmung** right of self-determination; **~ über Leben und Tod** right over life and death; **ältere ~e** senior (*od.* prior) rights; **alle ~e vorbehalten** all rights reserved; **~e und Pflichten aus e-m Vertrag** rights and obligations arising under a contract; **ein ~ haben auf (*acc*)** have a right (*od.* claim) to, be entitled to, be eligible for; **das ~ haben, et. zu tun** have the right (*od.* be entitled, be eligible) to do s. th.; **auf s-m ~ bestehen, sein ~ geltend machen** assert (*od.* insist on, stand on) one's right; **sein ~ verlangen** demand (*od.* claim) one's right (*od. fig.* due); **j-m sein ~ streitig machen** dispute (*od.* contest) s. o.'s right; **ein ~ ausüben** exercise a power; **zu s-m ~ kommen** *a. fig.* come into one's own, get one's due; **~ muß ~ bleiben** fair is fair; **das ist mein gutes ~** that's my due; **mit welchem ~ tust du das?** what right have you to do that?; **zu ~ bestehen** be legally founded (*od.* valid, justified); **mit ~** rightly, with good reason; **et. mit (vollem) ~ tun** be (perfectly) right to do (*od.* in doing) s. th.; **und das mit (vollem) ~** and rightly so.

ˈ**Rech·te**[1] *m* ⟨-n; -n⟩ **1.** right (*od.* very) person (*od.* man); *colloq. iro.* **du bist mir der ~!** you are a nice one!, a fine fellow you are!; *iro.* **an den ~n kommen** (*od.* **geraten**) go to the wrong person (*od. colloq.* shop), pick the wrong man. **2.** *pol.* rightist, *colloq.* right-winger.

ˈ**Rech·te**[2] *f* ⟨-n; -n⟩ **1.** right (*od.* very) person (*od.* woman). **2.** (*rechte Seite*) right (hand *od.* side); **zu (*od.* an) s-r ~n** at (*od.* on, to) his right(-hand side). **3.** *pol.* Right, right wing. **4.** *Boxen*: right; **Schlag mit der ~n** right-hander.

ˈ**Recht|ˌeck** *n math.* rectangle. **≈ˌeckig** (*getr.* **-k·k-**) *adj* rectangular, orthogonal.

rech·ten [ˈrɛçtən] *v/i* ⟨h⟩ argue, dispute.

ˈ**Rech·tens** *only in* **das (*od.* es) ist ~** it is lawful (*od.* legitimate, legal).

ˈ**rech·tens** *adv* lawfully, legally, legitimately.

ˈ**recht|ˌfer·ti·gen** *v/t* ⟨h⟩ justify, warrant, (*verteidigen*) *a.* defend, vindicate; **sein Benehmen (sich) vor j-m ~** justify one's behavio(u)r (oneself) to s. o.; **ist das zu ~?** is that justifiable? **≈ˌfer·ti·gung** *f* ⟨-; -en⟩ justification, vindication, defen/ce (*Am.* -se); **zu m-r ~** in my defence, in justice to myself. **≈ˌfer·ti·gungsˌgrund** *m* excuse, (legal) justification, defen/ce (*Am.* -se). **~ˌgläu·big** *adj* orthodox; **nicht ~** unorthodox. **≈ˌgläu·big·keit** *f* ⟨-; *no pl*⟩ orthodoxy. **≈ˌha·ber** [-ˌhaːbər] *m* ⟨-s; -⟩ dogmatic person, know-all. **≈ha·beˈrei** [ˌrɛçt-] *f* ⟨-; *no pl*⟩ dogmatism, know-all attitude (*od.* behavio[u]r). **~ˌha·be·risch** *adj* dogmatic, know-all, (*stur*) stubborn, opinionated, pigheaded; **er ist sehr ~** he never admits he's wrong.

ˈ**recht·lich I** *adj* **1.** legal; *jur.* **~es Gehör** due process of law. **2.** (*rechtmäßig*) lawful, legitimate. **3.** (*redlich*) honest, upright, righteous. **II** *adv* **4.** legally; **~ erheblich** relevant in law (*od.* to the legal issue); **~ verpflichtet** bound by law. **5. ~ denkend** honest, upright. **≈keit** *f* ⟨-; *no pl*⟩ **1.** legality. **2.** lawfulness, legitimacy.

ˈ**recht|los** *adj jur.* without rights, rightless, (*vogelfrei*) outlawed, outcast. **≈lo·se** *m, f* ⟨-n; -n⟩ outlaw, outcast. **≈lo·sig·keit** *f* ⟨-; *no pl*⟩ rightlessness, lawlessness, (*Vogelfreiheit*) outlawry.

ˈ**rechtˌmä·ßig** *jur.* **I** *adj* lawful, *Erbe, Anspruch, Besitz*: legitimate, rightful, (*gesetzmäßig*) legal; **für ~ erklären** legitimate, legalize. **II** *adv* **~ erworben** rightfully obtained. **≈keit** *f* ⟨-; *no pl*⟩ lawfulness, rightfulness, legality, legitimacy.

rechts I *adv* on (*od.* at) the right(-hand side), right; **von ~ (her)** from the right; **nach ~ (hin)** to the right; **von ~ nach links** from right to left; **~ abbiegen** turn right, take a right turn; **~ heranfahren** draw in (*od.* pull) to the right; **~ fahren, sich ~ halten** keep (to the) right; **dritter Stock ~** third floor on the right; **die erste Straße ~** the first turn(ing) to the right; **nach ~ und links schauen** look right and left; **~ von mir** on my right; *pol.* **~ stehen** be a rightist, *colloq.* be a right-winger; **zwei ~, zwei links** *beim Stricken*: two plain, two purl; *mil.* **(die) Augen ~!** eyes right! **II** *prep* ⟨*gen*⟩ on (*od.* at) the right(-hand side) of; **~ des Rheins** on the right bank of the Rhine.

ˈ**Rechts|ˌabˌbie·gen** *n im Verkehr*: **~ verboten** no right turn. **~ˌabˌbie·ger** *m* vehicle turning right, *pl* traffic *sg* turning right. **~ˌabˌtei·lung** *f econ. jur.* law department. **~ˌan·geˌle·gen·heit** *f jur.* legal matter. **~ˌanˌspruch** *m* legal (*od.* legitimate) claim, title. **~ˌanˌwalt** *m allg.* lawyer, *plädierender*: barrister(-at-law), counsel, *vor niederen Gerichten*: solicitor, *USA*: lawyer, *plädierender*: attorney (-at-law). **~ˌanˌwalt·schaft** *f* bar.

ˈ**Rechtsˌanˌwaltsˌgeˌbühren** *pl* lawyer's fees. **~ˌkam·mer** *f für Barristers*: Bar Council, *für Solicitors*: Law Society, *Am.* Bar Association. **~kanzˌlei** *f* lawyer's office.

ˈ**Rechts|ˌaufˌfas·sung** *f* conception (*od.* interpretation) of the law. **~ˌausˌfüh·run·gen** *pl* legal arguments. **~ˌausˌkunft** *f* legal advice. **~ˌausˌleger** *m Boxen*: southpaw. **~ˌausˌlegung** *f* interpretation of the law. **~ˌausschuß** *m* committee on legal affairs.

ˌ**Rechtsˈau·ßen** *m* ⟨-; -⟩ **1.** *Sport*: outside right. **2.** *pol. colloq.* extreme rightist.

ˈ**Rechts|beˌfug·nis** *f* competence. **~beˌgeh·ren** *n* relief sought, petition, statement of claim. **~beˌhelf** *m* (legal) remedy, relief. **~ˌbeiˌstand** *m* legal adviser, *vor Gericht*: counsel(lor). **~beˌleh·rung** *f* legal instruction (*od.* information), *an die Geschworenen*: directions *pl*, *Am.* instruction. **~beˌra·ter** *m* legal adviser (*od.* consultant). **~beˌra·tung** *f* legal advice. **~beˌratungsˌstel·le** *f* legal advisory board, legal aid office. **~ˌbeu·gung** *f* perversion of justice. **~ˌbre·cher** *m* lawbreaker. **~ˌbruch** *m* infringement, breach of the law.

ˈ**rechtˌschaf·fen I** *adj* **1.** *Person*: honest, upright, righteous. **2.** *colloq.* **ich habe e-n ~en Hunger** I am awfully hungry. **II** *adv* **3. ~ leben** live straight, lead an honest life. **4.** *colloq.* **~ müde** *etc* pretty (*od.* awfully, mighty, *bes. Br.* jolly) tired, *etc*; **sich ~ plagen** struggle hard. **≈heit** *f* ⟨-; *no pl*⟩ honesty, uprightness, righteousness.

ˈ**recht|ˌschrei·ben I** *v/i* ⟨*only inf*⟩ spell (correctly). **II ≈** *n* ⟨-s⟩ spelling (correctly), orthography. **≈ˌschreibˌfehler** *m* spelling mistake. **≈ˌschrei·bung** *f* ⟨-; *no pl*⟩ orthography, spelling.

ˈ**Rechts|ˌdrall** *m* **1.** right-hand twist. **2.** *pol. colloq.* rightist bias (*od.* tendency). **≈ˌdre·hend** *adj* dextrorotary, dextrogyrate. **~ˌdre·hung** *f* clockwise rotation. **~ˌeinˌwand** *m jur.* demurrer, objection. **~empˌfin·den** *n* sense of justice. **≈erˌheb·lich** *adj* relevant (in law). **~ex·treˌmist** *m pol.* right-extremist. **≈ˌfä·hig** *adj jur.* having legal capacity (*od.* status); **~er Verein** incorporated society. **~ˌfall** *m* (law) case, cause. **~ˌfin·dung** *f* finding of justice. **~ˌfol·ge** *f* legal consequence (*od.* effect). **~ˌform** *f* legal form. **~ˌfra·ge** *f* question (*od.* point, issue) of law. **~gaˌlopp** *m* canter right.

ˈ**Rechtsˌgang**[1] *m* course of law, (legal) procedure; **ordnungsgemäßer ~** due course (*Am. a.* process) of law.

ˈ**Rechts|ˌgang**² *m tech.* right-hand(ed) rotation (*od.* action, motion). Ꝯ-**ˌgän·gig** *adj tech.* right-hand(ed).

ˈ**Rechts|geˌfühl** *n* sense of justice. ~**geˌlehr·sam·keit** *f* jurisprudence. ~**geˌlehr·te** *m obs.* lawyer, jurist. ~**ge-ˌschäft** *n* legal transaction (*od.* act). ~**geˌschich·te** *f* history of law. ~**ge-ˌwin·de** *n tech.* right-hand thread. ~-**ˌgrund** *m* legal ground (*od.* argument). ~**ˌgrundˌla·ge** *f* legal basis (*od.* grounds *pl*). ~**ˌgrundˌsatz** *m* principle of law. Ꝯ**ˌgül·tig** *adj* **1.** good (*od.* valid) in law, *USA*: entitled to full faith and credit. **2.** → **rechtskräftig.** ~**ˌgül-tig·keit** *f* validity, legality. ~**ˌgut-ˌach·ten** *n* (legal) opinion, counsel's opinion. ~**ˌha·ken** *m Boxen*: right hook. ~**ˌhan·del** *m* → **Rechtsstreit.** ~**ˌhän·der** [-ˌhɛndər] *m* ⟨-s; -⟩, ~**ˌhän·de·rin** *f* ⟨-; -nen⟩ right-handed person, right-hander; **er ist Rechtshänder** he is right-handed. Ꝯ**ˌhän·dig** *adj* right-handed. ~**ˌhand·lung** *f* legal act. Ꝯ**ˌhän·gig** *adj jur.* pending, sub judice. ~**ˌhän·gig·keit** *f* ⟨-; *no pl*⟩ pendency, litispendence.

ˈ**rechts·herˌum** *adv* to the right, clockwise.

ˈ**Rechts|ˌhil·fe** *f* legal assistance. ~**ˌhil·fe·erˌsu·chen** *n* letters *pl* rogatory. ~**ˌirr·tum** *n* mistake (*od.* error) in law. ~**ˌkraft** *f* ⟨-; *no pl*⟩ legal force, (legal) validity; ~ **erlangen** become effective (*od.* final), enter into effect; ~ **verleihen** render (*a law*) effective. Ꝯ**ˌkräf·tig** *adj* valid, legal(ly binding), *Urteil*: final, non-appealable; ~ **werden** become final (*od.* effective), enter into effect; ~**es Scheidungsurteil** decree final. Ꝯ**ˌkun·dig** *adj* legally trained. ~**ˌkur·ve** *f* right turn, *e-r Straße*: right--hand curve (*od.* bend). ~**ˌla·ge** *f jur.* legal situation (*od.* position, status). Ꝯ**ˌläu·fig** *adj tech.* clockwise. ~**ˌleh·re** *f* jurisprudence. ~**ˌlen·ker** *m mot.* vehicle with right-hand steering. ~**ˌman-gel** *m jur.* defect in title. ~**ˌmit·tel** *n jur.* legal remedy, relief, (right of) appeal; ~ **einlegen** lodge (*od.* take) an appeal. ~**ˌmit·tel·beˌleh·rung** *f* instructions *pl* on s. o.'s right of appeal, caution. ~**ˌnachˌfol·ge** *f jur.* succession. ~-**ˌnachˌfol·ger** *m* assign, (legal) successor, successor in interest. ~**ˌnorm** *f* legal norm, established law. ~**ˌord-nung** *f* legal system (*od.* order). Ꝯ-**ori·enˌtiert** *adj pol.* rightist, right-wing (*party, etc*). ~**parˌtei** *f* right-wing party. ~**perˌsön·lich·keit** *f* legal personality (*od.* status). ~**ˌpfle·ge** *f* (administration of) justice, judicature. ~**ˌpfle·ger** *m* judicial officer. ~**phi·lo·soˌphie** *f* legal philosophy.

ˈ**Rechtˌspre·chung** [-ˌʃprɛçʊŋ] *f* ⟨-; -en⟩ jurisdiction, administration of justice.

ˈ**rechts|ra·diˌkal** *adj pol.* extreme right-wing (*od.* rightist) (*politician, etc*). Ꝯ**ra·diˌka·le** *m, f* ⟨-n; -n⟩ right-wing extremist.

ˈ**Rechts|ˌruck** *m pol.* swing (*od.* shift) to the right. ~**ˌsa·che** *f jur.* legal matter, (*Streitsache*) (legal) case. ~**ˌschutz** *m* legal protection, relief. ~**ˌschwen-kung** *f* → **Rechtsruck.** Ꝯ**ˌsei·tig** *adj u. adv* on the right(-hand side). ~**ˌsi·cher-heit** *f* legal certainty, undisputed legal position. ~**ˌspra·che** *f* legal terminology. ~**ˌspruch** *m Strafrecht*: sentence, *Zivilrecht*: judg(e)ment, *von Geschworenen*: verdict. ~**ˌstaat** *m* constitutional state. Ꝯ**ˌstaat·lich** *adj* constitutional, in conformity with the rule of the law. ~-**ˌstaat·lich·keit** *f* ⟨-; *no pl*⟩ constitutionality, rule (*od.* reign) of law. ~**ˌstel·lung** *f* (legal) status (*od.* position). ~**ˌsteue·rung** *f mot.* right-hand drive. ~**ˌstreit** *m jur.* lawsuit, action, litigation. ~**syˌstem** *n* system of justice. ~**ˌti·tel** *m* legal title. ~**ˌträ·ger** *m* legal entity.

ˌ**rechtsˈum** *adv mil.* ~! right turn!, *Am.* right face!

ˈ**rechts|ˌunˌfä·hig** *adj jur.* having no legal status. Ꝯ**ˌunˌfä·hig·keit** *f* ⟨-; *no pl*⟩ legal incapacity. ~**ˌunˌgül·tig** *adj* invalid. Ꝯ**ˌunˌsi·cher·heit** *f* legal uncertainty. ~**ˌunˌwirk·sam** *adj* ineffective, without legal force, invalid. Ꝯ-**ˌunˌwirk·sam·keit** *f* ineffectiveness. ~**verˌbind·lich** *adj* legally binding (**für** [up]on). Ꝯ**verˌdre·her** *m* ⟨-s; -⟩ *contp.* pettifogger. Ꝯ**verˌfah·ren** *n* legal procedure, (*Prozeß*) legal action (*od.* proceedings *pl*). Ꝯ**verˌfas·sung** *f* judicial system, judiciary. Ꝯ**verˌglei·chung** *f* comparative law.

ˈ**Rechts·verˌkehr** *m* right-hand traffic.

ˈ**Rechts|verˌlet·zung** *f jur.* infringement (of a right *od.* law). ~**ver-ˌord·nung** *f* (legal) regulation. ~**ver-ˌtre·ter** *m* legal representative, authorized agent; → *a.* **Rechtsanwalt.** ~**ˌweg** *m* course of law; **auf dem** ~ in court, by a court, by legal process; **den** ~ **beschreiten** take legal action (*od.* steps, measures), go to law (*od.* court); **unter Ausschluß des** ~**es** eliminating legal proceedings. ~**ˌwen·dung** *f* right turn. Ꝯ**ˌwid·rig** *adj* illegal, unlawful, illegitimate, wrongful, contrary to the law. ~-**ˌwid·rig·keit** *f* **1.** illegality, unlawfulness. **2.** unlawful act. Ꝯ**ˌwirk·sam** *adj* → **rechtskräftig.** ~**ˌwirk·sam·keit** *f* → **Rechtskraft.** ~**ˌwis·sen·schaft** *f* jurisprudence, (science of) law.

ˈ**recht|ˌwin·ke·lig,** ~**ˌwink·lig I** *adj* right-angled, rectangular, *Projektion*: orthogonal, orthographic. **II** *adv* ~ **zu** at right angles to. ~**ˌzei·tig I** *adj* **1.** punctual; **um** ~**es Erscheinen wird gebeten** you are requested to be punctual. **II** *adv* **2.** in time; **ich kam gerade noch** ~ I was just in time. **3.** (*pünktlich*) on time, punctually, (*früh genug*) in good time.

Reck [rɛk] *n* ⟨-(e)s; -e⟩ *Sport*: horizontal bar.

Recke (*getr.* **-k·k-**) [ˈrɛkə] *m* ⟨-n; -n⟩ *lit. u. humor.* warrior, hero.

recken (*getr.* **-k·k-**) [ˈrɛkən] **I** *v/t* ⟨h⟩ (*Glieder*) stretch, *tech. etc a.* draw, extend, strain; **den Hals (nach e-r Sache)** ~ crane one's neck (to see s. th.). **II** *v/reflex* **sich** ~ **(und strecken)** stretch o. s., stretch one's limbs, have a good stretch.

Re·dak·teur [redakˈtøːr] *m* ⟨-s; -e⟩ (sub)editor, *des lokalen Teils*: local news editor, *Am.* city editor, *des Finanzteils*: city (*Am.* financial) editor, *TV* producer. **Re·dakˈteu·rin** *f* ⟨-; -nen⟩ (woman) (sub)editor, (sub)editress. **Re·dak-tiˈon** [-ˈtsĭoːn] *f* ⟨-; -en⟩ **1.** (*Tätigkeit*) editing, editorial work, *TV* production. **2.** (*Personal*) editors *pl*, editorial staff. **3.** (*Büro*) editorial (*TV* production) office (*od.* department). **re·dak·tioˈnell** [-tsĭoˈnɛl] *adj* editorial.

Re·dak·tiˈons|kon·feˌrenz *f* editorial conference. ~**ˌschluß** *m* copy deadline; **nach** ~ **eingegangene Nachrichten** stop-press news.

Re·de [ˈreːdə] *f* ⟨-; -n⟩ **1.** (*Ansprache*) speech, address, *feierliche*: *a.* oration, *ermahnende etc*: *a.* allocution; **e-e** ~ **halten** make (*od.* deliver) a speech; ~ **an die Nation** address to the nation; *colloq.* **e-e** ~ **schwingen** orate, speechify, hold forth; **(große)** ~**n halten** (*od.* **schwingen**) talk big, *sl.* spiel. **2.** (*das Reden*) talk(ing), speech, (*Gespräch*) talk, conversation, *längere*: discourse, (*Äußerungen*) remarks *pl*, utterances *pl*; **j-m in die** ~ **fallen** cut s. o. short, interrupt s. o.; **die** ~ **kam auf ihn** the conversation (*od.* talk) turned (up)on him; **wenn die** ~ **darauf kommen sollte** should the subject come up (*od.* be mentioned); **davon kann k-e** ~ **sein** that is out of the question, *colloq.* nothing of the sort, nothing doing; *colloq.* **(aber) k-e** ~! by no means; **wovon ist die** ~? what are you (*od.* they) talking about?; **davon ist nicht die** ~ that is not the point; **in** ~ **stehen** be under discussion; **die in** ~ **stehende Person** the person in question; **der langen** ~ **kurzer Sinn** the long and the short of it, in a word; **es ist nicht der** ~ **wert** it is not worth mentioning (*od.* talking about); *colloq.* **nicht der** ~ **wert** a) don't mention it, you're welcome, b) (*macht nichts*) never mind, it's all right, it's okay; **j-n zur** ~ **stellen** call s. o. to account, take s. o. to task, bring s. o. to book; **(j-m)** ~ **(und Antwort) stehen** explain o. s. (to s. o.); **(j-m)** ~ **und Antwort stehen für et.** explain s. th. (to s. o.), account (to s. o.) for s. th.; **seltsame** ~**n führen** make odd remarks; **s-n** ~**n nach** according to what he says; *colloq.* **m-e** ~! here (*od.* there) you are!, I told you so! **3.** (*Gerücht*) talk, rumo(u)r; **es geht die** ~, **daß** it is rumo(u)red (that), people (*od.* they) say (that); **es ist die** ~ **(davon), daß er kommt** there is talk about his coming. **4.** (~*weise*) (**gehobene** ~ elevated) language. **5.** *ling.* speech; **direkte (indirekte)** ~ direct (indirect *od.* reported) speech.

ˈ**Re·de|ˌdau·er** *f parl.* speaking time. ~**fiˌgur** *f ling.* figure of speech. ~**ˌfluß** *m* ⟨-sses; *no pl*⟩ flow of words (*od.* speech). ~**ˌfrei·heit** *f* ⟨-; *no pl*⟩ freedom of speech, free speech. ~**ˌga·be** *f* ⟨-; *no pl*⟩ eloquence, *colloq.* gift of the gab. Ꝯ**geˌwandt** *adj* eloquent, fluent, *contp.* glib. ~**geˌwandt·heit** *f* ⟨-; *no pl*⟩ eloquence, fluency, *contp.* glibness. ~-**ˌkunst** *f* rhetoric.

re·den [ˈreːdən] **I** *v/i* ⟨h⟩ (**mit**) talk (to, *selten* with), (*sprechen*) speak (to, *selten* with), (*plaudern*) chat (with), (*e-e Unterhaltung führen*) converse (with); ~ **über** (*acc*) talk (*od.* speak) about (*od.* of), *ausführlich*: discourse upon, (*erörtern*) discuss *s. th.*; **über Politik** ~ talk politics; **du hast gut** ~! it's easy (*od.* all very well) for you to talk; ~ **wir nicht mehr davon!** let's forget (about) it!; ~ **wir von etwas anderem!** let's change the subject!; **laß ihn doch** ~! let him talk!; **mit sich selbst** ~ talk to o. s.; **im Schlaf** ~ talk in one's sleep; **vernünftig** ~ talk sense; **sie** ~ **nicht mehr miteinander** they are not on speaking terms any longer; **offen** ~ speak out (*od.* one's mind); **nicht zu** ~ **von** to say nothing of; **von diesem und jenem** ~ chatter about this and that; **darüber läßt sich** ~ that sounds reasonable, that could be done; **mit sich** ~ **lassen** listen (*od.* be open) to reason; **sie läßt nicht mit sich** ~ she won't listen to (*od.* hear) reason. **II** *v/reflex* **sich heiser** ~ talk o. s. hoarse; **sich in Hitze** ~ get (all) worked up; **sich in Wut** ~ talk o. s. into a rage. **III** *v/t* speak, talk; **Gutes (Böses) über j-n** ~ speak well (ill) of s. o.; **ein paar Worte mit j-m** ~ speak a word or two with s. o.; *colloq.* **ich habe ein Wörtchen mit dir zu** ~ I want to have a word with you; **Unsinn** ~ talk nonsense; **das Wort** ~ (*dat*) hold a brief for, argue (*od.* speak) in support of, back (up), defend; **viel von**

sich ~ machen get o. s. much talked about. **IV** ≗*n* ⟨-s⟩ talking (*etc*); j-n zum ≗ bringen get s. o. to talk; das ≗ wird ihm schwer he finds it difficult to talk; viel ≗s von e-r Sache machen make a fuss about s. th.; ≗ ist Silber, Schweigen ist Gold (*Sprichwort*) speech is silver, (but) silence is golden.

'Re·dens,art *f* **1.** phrase, expression, (*höfliche Floskel*) compliment; allgemeine ~ common saying (*od.* phrase); stehende ~ set (*od.* stock) phrase; nichtssagende ~ banality; leere ~en, nichts als ~en pure (*od.* empty) talk, mere words, empty phrases. **2.** (*Spracheigenheit*) idiom.

Re·de'rei *f* ⟨-; -en⟩ *colloq.* chatter, idle talk, prattle; → *a.* Gerede 1, 2.

're·de,scheu *adj* tongue-tied.

'Re·de|,schwall, ~,strom *m* torrent (*od.* exuberance, flood) of words. **~ver,bot** *n* ban on talking (*od.* speaking). **~,wei·se** *f* manner of speech (*od.* speaking), mode of expression, language. **~,wen·dung** *f ling.* figure of speech, expression, phrase, *idiomatische*: idiom; feststehende ~ set (*od.* stock) phrase.

re·di·gie·ren [redi'gi:rən] *v/t* ⟨*no* ge-, h⟩ edit, (*Text*) *a.* redact.

Re·dis·kont [redɪs'kɔnt] *m econ.* rediscount. **≗,fä·hig** *adj* eligible for rediscount.

re·dis·kon·tie·ren [redɪskɔn'ti:rən] *v/t* ⟨*no* ge-, h⟩ *econ.* rediscount.

Re·dis'kont,satz *m econ.* rediscount rate.

red·lich ['re:tlɪç] **I** *adj* upright, honest, square, fair, (*aufrichtig*) sincere, candid; sich (*dat*) ~e Mühe geben, *adv* sich (*dat*) ~ Mühe geben, sich ~ bemühen take great pains, do one's (very *od.* level) best, do one's utmost. **II** *adv* → rechtschaffen 4; et. ~ teilen divide s. th. fairly; du hast das ~ verdient you thoroughly deserve it. **≗keit** *f* ⟨-; *no pl*⟩ uprightness, honesty, probity, squareness, fairness, (*Aufrichtigkeit*) sincerity, candidness.

Red·ner ['re:dnər] *m* ⟨-s; -⟩ speaker, orator. **~,büh·ne** *f* platform, rostrum, speaker's stand; die ~ besteigen take the floor. **~,ga·be** *f* oratorical (*od.* rhetorical) gift, eloquence.

'Red·ne·rin *f* ⟨-; -nen⟩ speaker.

'red·ne·risch *adj* rhetorical, oratorical.

'Red·ner,pult *n* speaker's desk.

Re·dou·te [re'du:tə] *f* ⟨-; -n⟩ (fancy-dress) ball.

'red,se·lig *adj* talkative, garrulous, chatty. **≗keit** *f* ⟨-; *no pl*⟩ talkativeness, garrulousness, chattiness.

Re·duk·ti·on [redʊk'tsĭo:n] *f* ⟨-; -en⟩ reduction, *von Preisen*: *a.* cut.

Re·duk·ti'ons|ge,trie·be *n tech.* (speed) reduction gear. **~,tei·lung** *f biol.* reduction division.

Re·dun·danz [redʊn'dants] *f* ⟨-; *no pl*⟩ *bes. e-r Information etc*: redundancy.

Re·du·pli·ka·ti·on [reduplika'tsĭo:n] *f* ⟨-; -en⟩ *ling.* reduplication.

re·du·pli'zie·ren [-'tsi:rən] *v/t u. v/i* ⟨*no* ge-, h⟩ reduplicate.

re·du'zier·bar *adj* reducible.

re·du·zie·ren [redu'tsi:rən] **I** *v/t* ⟨*no* ge-, h⟩ (auf *acc* to) reduce (*a. chem.*), (*senken*) *a.* lower, (*Preise, Ausgaben, Personal etc*) reduce, cut (down), scale down. **II** *v/reflex* sich ~ diminish, decrease, go down. **re·du'ziert** *adj fig. colloq.* ~ aussehen look worn (*od.* seedy). **Re·du'zie·rung** *f* ⟨-; -en⟩ **1.** reducing (*etc*). **2.** reduction.

Re·du'zier·ven,til *n tech.* reducing valve.

Ree·de ['re:də] *f* ⟨-; -n⟩ *mar.* road(s *pl*), roadstead. **'Ree·der** *m* ⟨-s; -⟩ shipowner.

Ree·de'rei *f* ⟨-; -en⟩ shipping company. **~,flag·ge** *f* house flag.

re·ell [re'ɛl] **I** *adj* ⟨-er; -st⟩ **1.** (*ehrlich, anständig*) honest, respectable, solid, straight, *Firma*: *a.* sound, *Preis, Angebot etc*: fair, *Ware*: good, *Gewinn*: clear, solid. **2.** (*echt*) *Chance etc*: real, genuine. **3.** *math. Zahl*: real. **II** *adv* **4.** ~ bedient werden get (good) value for one's money. **III** **≗e, das** ⟨-n⟩ **5.** et. ≗es something decent, *colloq.* the genuine article.

Reep [re:p] *n* ⟨-(e)s; -e⟩ *mar.* rope.

'REFA-,Mann ['re:fa-] *m* time-and--methods study man.

Re·fek·to·ri·um [refɛk'to:rĭʊm] *n* ⟨-s; -rien⟩ *in Klöstern*: refectory.

Re·fe·rat [refe'ra:t] *n* ⟨-(e)s; -e⟩ **1.** report, (*Vortrag*) lecture, paper; ein ~ halten → referieren. **2.** (*Dienststelle*) (departmental) section.

Re·fe·ren·dar [referɛn'da:r] *m* ⟨-s; -e⟩ **1.** *candidate for higher civil service after passing his first state examination.* **2.** → Studienreferendar.

Re·fe·ren·dum [refe'rɛndʊm] *n* ⟨-s; -renden *u.* -renda [-da]⟩ *pol.* referendum.

Re·fe·rent [refe'rɛnt] *m* ⟨-en; -en⟩ **1.** reporter, speaker, *bes. ped.* reader of a paper. **2.** *adm.* official responsible (for a subject or department); persönlicher ~ personal assistant (*gen* to).

Re·fe·renz [refe'rɛnts] *f* ⟨-; -en⟩ reference, information, (*Empfehlung*) *a.* recommendation; ~en über j-n einholen ask for references on s. o.

re·fe·rie·ren [refe'ri:rən] *v/i* ⟨*no* ge-, h⟩ (über *acc* on) report, (*Vortrag halten*) give a lecture, *ped.* read a paper.

Reff [rɛf] *n* ⟨-(e)s; -e⟩ *mar.* (*Segel*) reef.

re·fi·nan·zie·ren [refinan'tsi:rən] *v/t* ⟨*no* ge-, h⟩ *econ.* **1.** refinance. **2.** rediscount.

Re·flek·tant [reflɛk'tant] *m* ⟨-en; -en⟩ *econ.* prospect(ive buyer).

re·flek·tie·ren [reflɛk'ti:rən] **I** *v/t* ⟨*no* ge-, h⟩ **1.** *phys.* (*Strahlen etc*) reflect, reverberate. **II** *v/i* **2.** *fig. colloq.* auf e-e Sache ~ be interested in s. th., have one's eye on s. th. **3.** *fig.* über e-e Sache ~ (*nachsinnen*) reflect (up)on s. th.

Re·flek·tor [re'flɛktɔr] *m* ⟨-s; -en [-'to:rən]⟩ *electr. phys. etc* reflector.

re·flek·to·risch [reflɛk'to:rɪʃ] *adj* reflex (*action, movement, etc*).

Re·flex [re'flɛks] *m* ⟨-es; -e⟩ **1.** *phys.* reflex, reflection. **2.** *med.* reflex, response; (un)bedingter ~ (un)conditional reflex. **~be,we·gung** *f* reflex movement. **~,hand·lung** *f* reflex action.

Re·fle·xi·on [reflɛ'ksĭo:n] *f* ⟨-; -en⟩ **1.** *phys. etc* reflection, reverberation. **2.** *fig. meist pl* reflections *pl* (über *acc* on); ~en anstellen über (*acc*) reflect (*od.* meditate) (up)on.

Re·fle·xi'ons,win·kel *m* angle of reflection.

re·fle·xiv [reflɛ'ksi:f] *adj ling.* reflexive. **≗pro,no·men** *n* reflexive pronoun.

Re·fle·xi·vum [reflɛ'ksi:vʊm] *n* ⟨-s; -xiva [-va]⟩ *ling.* reflexive pronoun.

Re·form [re'fɔrm] *f* ⟨-; -en⟩ reform.

Re·for·ma·ti·on [refɔrma'tsĭo:n] *f* ⟨-; -en⟩ **1.** ⟨*only sg*⟩ *relig. hist.* die ~ the Reformation. **2.** reformation.

Re·for·ma·ti'ons|,fest *n* ⟨-es; *no pl*⟩, **~,tag** *m* ⟨-(e)s; *no pl*⟩ Reformation Day. **~,zeit** *f hist.* Reformation period.

Re·for|ma·tor [refɔr'ma:tɔr] *m* ⟨-s; -en [-ma'to:rən]⟩ Reformer. **≗ma'to·risch** [-ma'to:rɪʃ] *adj* **1.** reformatory, reformative (*measures, etc*). **2.** *relig.* Reformation (*movement, etc*).

re'form|be,dürf·tig *adj* in need of reform(s). **≗be,stre·bun·gen** *pl* reformatory efforts.

Re'for·mer *m* ⟨-s; -⟩ reformer.

re'form|,freu·dig *adj* reform-minded. **≗,haus** *n* health (food) shop (*bes. Am.* store).

re·for|mie·ren [refɔr'mi:rən] *v/t* ⟨*no* ge-, h⟩ reform. **~'miert** *adj* die ~e Kirche the Reformed Church. **≗'mier·te** *m, f* ⟨-n; -n⟩ member of the Reformed Church. **≗'mie·rung** *f* ⟨-; *no pl*⟩ reforming, reformation. **≗'mis·mus** [-'mɪsmʊs] *m* ⟨-; *no pl*⟩ *pol.* reformism. **≗'mist** [-'mɪst] *m* ⟨-en; -en⟩ reformist, reformer. **~'mi·stisch** *adj* reformist(ic).

Re'form|,kost *f* health food. **~,maß,nah·men** *pl* reformatory measures.

Re·frain [rə'frɛ̃:; re-] *m* ⟨-s; -s⟩ refrain, *lit.* burden, chorus (*of a song*).

re·frak·tär [refrak'tɛ:r] *adj med.* refractory.

Re·frak·ti·on [refrak'tsĭo:n] *f* ⟨-; -en⟩ *phys.* refraction.

Re·frak|tor [re'fraktɔr] *m* ⟨-s; -en [-'to:rən]⟩ *astr.* refractor. **≗'to·risch** [-'to:rɪʃ] *adj med.* refractory.

Re·fu·gi·um [re'fu:gĭʊm] *n* ⟨-s; -gien [-gĭən]⟩ refuge.

Re·gal[1] [re'ga:l] *n* ⟨-s; -e⟩ **1.** shelf (unit), shelves *pl.* **2.** *print.* (case) stand.

Re'gal[2] *n* ⟨-s; -galien [-lĭən]⟩ *hist.* (*Hoheitsrecht*) regale, *pl* regalia.

Re'gal,wand *f* wall lined with shelf units.

Re·gat·ta [re'gata] *f* ⟨-; -gatten⟩ *Sport*: regatta. **~,strecke** (*getr.* -k·k-) *f* (regatta) course.

re·ge ['re:gə] *adj* ⟨-r; regst⟩ (*lebhaft*) lively, (*beweglich, flink*) nimble, (*regsam, betriebsam*) active, busy, bustling, (*wach, auf den Beinen*) up and about; ~ Diskussion lively (*od.* animated) discussion; ~r Briefwechsel lively correspondence; ~s Interesse keen interest; ~ Phantasie vivid imagination; ~ Nachfrage keen (*od.* brisk) demand; ~r Verkehr (Handel) busy traffic (trade); ~ Beteiligung good attendance, large turnout; körperlich (geistig) ~ physically (mentally) active; ~ machen stir up, (a)rouse, stimulate, liven up; ~ werden *allg. u. fig.* stir, *fig.* (*erwachen*) awake(n), *Gefühl etc*: *a.* be aroused, be stirred up; auf der Straße herrscht ~s Leben the street is very busy, the street is bustling (*od.* astir, alive) with activity; e-e ~ Tätigkeit entfalten display great activity, make a great hustle and bustle.

Re·gel ['re:gəl] *f* ⟨-; -n⟩ **1.** (*Vorschrift, Bestimmung, a. relig. u. math.*) rule, (*Richtlinie*) (guiding) rule (*od.* principle), (*Gewohnheit*) *a.* habit; praktische ~ rule of thumb; gegen die ~ against (*od.* contrary to) the rules, *weitS. a.* unorthodox; sich streng an die ~n halten stick (*od.* adhere, keep) closely to the rules; nach allen ~n der Kunst with a vengeance; e-e unumstößliche ~ an ironclad rule; k-e ~ ohne Ausnahme (*Sprichwort*) there is an exception to every rule; die Ausnahme bestätigt die ~ (*Sprichwort*) the exception proves the rule; e-e ~ aufstellen lay down (*od.* set up) a rule; in der ~ as a rule, usually, more often than not; es ist ihm zur ~ geworden it has become a habit (*od.* the rule) with him, his rule is …; es sich zur ~ machen, zu … make it a rule to *do s. th.* **2.** *physiol.* (*Menstruation*) (menstrual) period, menstruation, menses *pl* (*sg od. pl konstruiert*); sie hat die ~ she has her period; ihre ~ ist ausgeblieben she has missed a period. **∼ˌausˌfüh·rung** *f tech.* standard design (*od.* type). **2bar** *adj* (*einstellbar*) adjustable, (*variabel*) variable, (*steuerbar*) controllable. **∼ˌblu·tung** *f* → Regel 2.

ˌRe·gel·deˈtri [-deˈtriː] *f* ⟨-; *no pl*⟩ *math. obs. for* Dreisatz.

ˈRe·gel|ˌfall *m* normal case; **im ∼** as a rule, normally. **∼geˌtrie·be** *n tech.* variable- (*od.* adjustable-)speed transmission; **stufenloses ∼** infinitely variable speed transmission. **∼ˌkreis** *m Kybernetik*: feedback control system. **2los** *adj* **1.** ruleless. **2.** (*unregelmäßig*) irregular, erratic, uneven. **3.** (*ungeregelt, unordentlich*) disorderly; **ein ∼es Leben führen** lead a disorderly life; **∼e Flucht** rout, stampede. **∼lo·sig·keit** *f* ⟨-; *no pl*⟩ **1.** lack of rules. **2.** (*Unregelmäßigkeit*) irregularity. **3.** (*Unordentlichkeit*) disorder(liness).

ˈre·gelˌmä·ßig I *adj* **1.** *Briefwechsel, Gesichtszüge, Puls, Schwingung etc, a. ling. Verben*: regular, (*ebenmäßig*) *a.* even; **in ∼en Zeitabständen** at regular intervals, periodically; **∼e Überprüfung** routine check. **2.** (*geordnet, geregelt*) regular, regulated, normal, orderly; **ein ∼es Leben führen** lead a regular life. **II** *adv* **3.** regularly; **∼ wiederkehrend** recurrent; **er kommt ∼ zu spät** he is always late. **2keit** *f* ⟨-; *no pl*⟩ **1.** regularity, (*Ebenmaß*) *a.* evenness; *iro.* **mit schöner ∼** with infallible regularity. **2.** (*Geregeltsein*) regularity, orderliness.

re·geln [ˈreːgəln] **I** *v/t* ⟨h⟩ **1.** *allg.* regulate. **2.** (*Verkehr*) *Polizist*: direct. **3.** (*Angelegenheiten, Finanzen etc*) settle, put in order, see to; **ich werde das mit ihm schon ∼** I'll settle that with him, *colloq.* I'll fix it up with him. **4.** *durch Vorschriften etc*: determine, lay down (the) rules for, regularize. **5.** *tech.* (*einstellen*) adjust, vary, regulate, (*steuern*) govern, control. **II** *v/reflex* **sich ∼ 6.** *colloq.* **das wird sich von selbst ∼** that will take care of itself; **das wird sich schon ∼** it will come right.

ˈre·gelˌrecht I *adj* **1.** proper, correct, regular. **2.** *colloq.* (*ausgesprochen*) regular, real, downright. **II** *adv* **3.** properly, correctly. **4.** *colloq.* (*ausgesprochen*) downright, positively; **er war ∼ unverschämt zu mir** he was downright (*od.* plain) rude to me.

ˈRe·gel|ˌschal·ter *m electr.* regulating switch. **∼ˌschal·tung** *f* control circuit. **∼ˌspan·nung** *f* control voltage. **∼ˌstö·rung** *f med.* menstrual irregularity (*od.* disorder). **∼ˌstu·dienˌzeit** *f* time limit for a course of study. **∼ˌtech·nik** *f* control engineering. **∼trans·forˌma·tor** *m electr.* variable (ratio *od.* voltage) transformer.

ˈRe·ge·lung *f* ⟨-; -en⟩ **1.** *allg.* regulation. **2.** *von Angelegenheiten etc*: settlement. **3.** *durch Vorschriften etc*: determination, regularization. **4.** *vertragliche, gesetzliche*: provision, (*Vorschriften*) regulation(s *pl*), rules *pl*, ruling. **5.** *tech.* (*Einstellung*) adjustment, regulation, (*Steuerung*) control.

ˈRe·ge·lungsˌtech·nik *f* control engineering.

ˈRe·gel|venˌtil *n* control valve. **∼verˌstoß** *m* infringement of a rule (*od.* of the rules), irregularity. **∼ˌwi·derˌstand** *m electr.* **1.** regulating (*od.* variable) resistance. **2.** rheostat.

ˈre·gelˌwid·rig *adj* **1.** against (*od.* contrary to) the rule(s), irregular. **2.** (*unfair*) foul, unfair. **2keit** *f* ⟨-; -en⟩ **1.** → Regelverstoß. **2.** *bes. Sport*: foul, unfair (*od.* foul, *colloq.* dirty) play.

re·gen [ˈreːgən] **I** *v/t* ⟨h⟩ **1.** move, stir. **II** *v/reflex* **sich ∼ 2.** (*sich bewegen*) move, stir, budge, *lit.* be astir; *colloq.* **er regt (und rührt) sich nicht** he doesn't stir; **es regte sich kein Lüftchen** there was not the slightest breath of air. **3.** (*tätig sein*) be active, be busy, bestir o. s.; **reg dich!** get a move on!, stir your stumps! **4.** *fig. Gefühl, Zweifel etc*: arise, be roused, be stirred up, *lit.* well up, (*sich fühlbar machen*) *Hunger etc*: make itself felt.

ˈRe·gen *m* ⟨-s; -⟩ **1.** rain; **feiner ∼** drizzle; **starker ∼** heavy rain, downpour; **bei ∼ fahren wir nicht** we won't go if it rains; **bei** (*od.* **in**) **strömendem ∼** in (the) pouring rain; **in den ∼ kommen** be caught in the rain; **es sieht nach ∼ aus** it looks like rain; *fig. colloq.* **vom ∼ in die Traufe kommen** jump out of the frying pan into the fire; **auf ∼ folgt Sonnenschein** (*Sprichwort*) after black clouds, clear weather; every cloud has a silver lining. **2.** *fig. von Blüten, Geschenken etc*: shower, rain, *von Schimpfwörtern etc*: hail, volley; **ein ∼ von Vorwürfen prasselte auf ihn herab** reproaches hailed (*od.* poured) down on him, he was showered with reproaches. **2ˌarm** *adj* with low (*od.* little) rainfall. **∼ˌbö** *f* rainsquall.

ˈRe·genˌbo·gen *m* rainbow. **∼ˌfar·ben** *pl* colo(u)rs of the rainbow; **in allen ∼ schillern** iridesce. **2ˌfar·ben, 2ˌfar·big** *adj* rainbow-colo(u)red, iridescent. **∼foˌrel·le** *f ichth.* rainbow trout. **∼ˌhaut** *f anat.* iris. **∼ˌpres·se** *f* rainbow press.

ˈRe·gen|ˌcape *n* rain cape. **2ˌdicht** *adj* rainproof, raintight.

Re·ge·ne·ra·ti·on [regeneraˈtsĭoːn] *f* ⟨-; -en⟩ *biol. chem. u. fig.* regeneration.

Re·ge·ne·ra·tiˈonsˌfä·hig·keit *f* regenerative power.

re·ge·ne·rie|ren [regeneˈriːrən] **I** *v/t* ⟨*no* ge-, h⟩ regenerate, (*Körperteile, Gewebe etc*) *a.* reproduce. **II** *v/reflex* **sich ∼** regenerate, (*sich erholen*) *a.* recover, *Körperteil etc*: *a.* be reproduced. **2rung** *f* ⟨-; *no pl*⟩ regeneration.

ˈRe·gen|ˌfall *m* rainfall; **heftige Regenfälle** heavy rain(fall) *sg*, rainstorms. **∼ˌflut** *f* flood of rain, deluge. **2ˌfrei** *adj* rainless. **∼ˌfront** *f meteor.* belt of rain. **2ˌglatt** *adj Straße*: slippery with rain. **∼ˌguß** *m* (heavy) shower, downpour. **∼ˌhaut** (*TM*) *f* plastic raincoat. **∼ˌklei·dung** *f* rainwear. **2los** *adj* rainless. **∼ˌman·gel** *m* lack of rain. **∼ˌman·tel** *m* raincoat, mackintosh, *colloq.* mac. **∼ˌmen·ge** *f meteor.* (amount of) rainfall. **∼ˌmes·ser** *m* ⟨-s; -⟩ rain ga(u)ge. **2ˌnaß** *adj* wet with rain. **∼pe·riˌode** *f* rainy period (*od.* spell). **∼ˌpfei·fer** *m orn.* plover. **2ˌreich** *adj* with high rainfall, rainy. **∼ˌrin·ne** *f* (eaves) gutter. **∼ˌschau·er** *m* shower (of rain), rainshower. **∼ˌschirm** *m* umbrella, *colloq.* brolly; **den ∼ aufspannen** put up (*od.* open) one's umbrella; *colloq.* **gespannt sein wie ein ∼** be all agog. **2ˌschwer** *adj Wolken*: heavy (with rain). **∼ˌsturm** *m* rainstorm.

Re·gent [reˈgɛnt] *m* ⟨-en; -en⟩ sovereign, ruler, *stellvertretender*: regent.

ˈRe·genˌtag *m* rainy (*od.* wet) day.

Reˈgen·tin *f* ⟨-; -nen⟩ → Regent.

ˈRe·gen|ˌton·ne *f* rain barrel, water butt. **∼ˌtrop·fen** *m* rain drop.

Reˈgent·schaft *f* ⟨-; -en⟩ regency.

ˈRe·gen|verˌsi·che·rung *f* rain insurance. **∼ˌwald** *m* rain forest. **∼ˌwas·ser** *n* rainwater. **∼ˌwet·ter** *n* rainy weather; **bei ∼ bleiben wir zu Hause** we'll stay at home if it rains; *fig. colloq.* **ein Gesicht wie drei Tage ∼** a face as long as a wet week. **∼ˌwol·ke** *f* rain cloud. **∼ˌwurm** *m* earthworm. **∼ˌzeit** *f* rainy (*od.* wet) season, *kurze*: rain spell; **die ∼ in den Tropen**: the Rains *pl*.

Re·gie [reˈʒiː] *f* ⟨-; -n [-ən]⟩ **1.** *Film, TV etc*: direction, *thea.* production, stage direction; (**die**) **∼ führen** (**bei**) a) (**e-m Film**) direct (a film), be the director *od.* have the direction (of a film), b) *fig. colloq.* stage-manage *s. th.*; **unter der ∼ von** directed by, under the direction of. **2.** (*Leitung, Verwaltung*) administration, management; **et. in eigener ∼ führen** a) manage s. th. (by) o. s. (*od.* on one's own), b) (*auf eigene Kosten*) manage s. th. at one's own expense (*od.* on one's own account). **3.** (*Staatsmonopol*) state (*od.* government) monopoly, regie. **∼ˌanˌwei·sung** *f thea.* stage direction. **∼as·siˌstent** *m Film*: assistant director, *thea.* assistant producer. **∼ˌfeh·ler** *m fig.* mistake in the arrangement(s), blunder. **∼ˌko·sten** *pl econ.* overhead (expenses) *sg*. **∼ˌpult** *n* control desk. **∼ˌraum** *m* control room.

re·gie·ren [reˈgiːrən] **I** *v/t* ⟨*no* ge-, h⟩ **1.** govern, rule (over), *Fürst etc*: reign over; **ein Land schlecht ∼** *a.* misrule (*od.* misgovern) a country; **Geld regiert die Welt** (*Sprichwort*) money rules the world. **2.** *ling.* (*Kasus*) govern, take. **3.** (*Pferd etc*) manage. **II** *v/i* **4.** reign, rule, *fig. Vernunft, Korruption etc*: *a.* prevail, predominate. **5. ∼ über** (*acc*) → 1.

reˈgie·rend *adj* governing, ruling, *Fürst etc*: *a.* reigning, regnant, (*amtierend*) officiating; **der ∼e Bürgermeister von Berlin** the officiating burgomaster (*od.* the mayor in office) of Berlin.

Reˈgie·ren·de *m, f* ⟨-n; -n⟩ ruler.

Reˈgie·rung *f* ⟨-; -en⟩ **1.** government, rule, *von Fürsten etc*: *a.* reign; **unter der ∼ von** (*od. gen*) under the government of, in (*od.* under) the reign of; **an der ∼ sein** be in office, be at the helm, be in power, *Fürst etc*: be on the throne; **an die ∼ kommen, zur ∼ gelangen** take office, take over, come into power, *Fürst etc*: come to the throne. **2.** (*Amtszeit*) government, administration. **3.** (*Kabinett*) government; **e-e ∼ bilden** form a government.

Reˈgie·rungs|ˌabˌkom·men *n* intergovernmental agreement. **∼ˌanˌlei·he** *f econ.* government loan. **∼ˌanˌtritt** *m* accession to (*od.* coming into) power, take-over, *e-s Fürsten*: accession to the throne. **∼ap·paˌrat** *m* machinery of government. **∼beˌam·te** *m* government official. **∼beˌzirk** *m* administrative district. **∼ˌbil·dung** *f* formation of the government. **∼ˌchef** *m* head of the government. **∼ˌebe·ne** *f* **auf ∼** at a government level. **∼erˌklä·rung** *f* statement of policy, policy statement. **2ˌfä·hig** *adj* working (*majority, etc*). **2ˌfeind·lich** *adj* oppositional, anti-government(al). **∼ˌform** *f* (form of) government, regime. **2ˌfreund·lich** *adj* pro-government. **∼geˌbäu·de** *n* government building. **∼geˌwalt** *f* governmental power. **∼ko·ali·tiˌon** *f* governmental coalition. **∼ˌkrei·se** *pl* government(al) circles. **∼ˌkri·se** *f* government(al) crisis. **∼ˌmann·schaft** *f* government team. **∼parˌtei** *f* party in power, governing (*od.* government) party. **∼prä·siˌdent** *m* district president. **∼proˌgramm** *m* government program(me *Br.*). **∼ˌrat** *m* ⟨-(e)s; ⸚e⟩ senior executive officer. **∼ˌsitz** *m* seat of the government. **∼ˌspre·cher** *m* government spokesman. **∼ˌstel·le** *f* government agency. **∼syˌstem** *n* system of government. **∼ˌumˌbil·dung** *f* (government) reshuffle. **∼ˌvier·tel** *n e-r*

Hauptstadt: government sector. ~ˌ**vor·ˌla·ge** *f* government bill. ~ˌ**wech·sel** *m* change of government. ~ˌ**zeit** *f* → Regierung 1, 2, *bes.* (*Amtszeit*) term of office.

Re·gi·me [reˈʒiːm] *n* ⟨-(s); - [-mǝl]⟩ regime, régime. ~ˌ**kri·ti·ker** *m* dissident.

Re·gi·ment [regiˈmɛnt] *n* ⟨-(e)s; -e, *mil.* -er⟩ **1.** (*Herrschaft*) rule, government, *bes. fig.* reign; **ein strenges** (*od.* **straffes**) ~ **führen** be very strict, rule with a rod of iron; **sie führt das** ~ **im Hause** she rules the roost, she wears the trousers (*od.* breeches, pants). **2.** *mil.* regiment. **Re·giˈments·kom·man·ˌdeur** *m mil.* regimental commander.

Re·gi·on [reˈgĭoːn] *f* ⟨-; -en⟩ region; *fig.* **in höheren** ~**en schweben** live in the clouds. **re·gio·nal** [regĭoˈnaːl] *adj* regional. **Re·gioˈnalˌfonds** *m der EG*: regional fund. **Re·gio·na·lis·mus** [regĭonaˈlɪsmʊs] *m* ⟨-; *no pl*⟩ regionalism.

Re·gis·seur [reʒɪˈsøːr] *m* ⟨-s; -e⟩ *Film*: director, *thea.* stage manager, producer, *Am.* (stage) director.

Re·gi·ster [reˈgɪstǝr] *n* ⟨-s; -⟩ **1.** (*Verzeichnis*) register, *in Büchern*: index; **ins** ~ **eintragen** (enter *s. th.* in the) register. **2.** *mus.* register, stop; **ein** ~ **ziehen** pull a stop; *fig. colloq.* **alle** ~ **ziehen** pull all the stops, go all out, go it strong; **andere** ~ **ziehen** cut up rough. ~ˌ**ton·ne** *f mar.* register ton.

Re·gi·stra·tor [regɪsˈtraːtɔr] *m* ⟨-s; -en [-traˈtoːrǝn]⟩ registrar, recorder. **Re·gi·stra·tur** [regɪstraˈtuːr] *f* ⟨-; -en⟩ filing department, registry, record office.

Re·giˈstrier·balˌlon *m* meteorological (*od.* sounding) balloon.

re·gi·strie·ren [regɪsˈtriːrǝn] **I** *v/t* ⟨*no* **ge-**, **h**⟩ **1.** (*eintragen u. messen*) register (*a. fig.*), record. **2.** (*bemerken, zur Kenntnis nehmen*) notice, note, take note of. **II** *v/i* **3.** *mus.* register.

Re·giˈstrier|geˌrät *n* recording instrument. ~ˌ**kas·se** *f* cash register. ~ˌ**num·mer** *f* registration number. ~ˌ**stel·le** *f* register office.

Re·giˈstrie·rung *f* ⟨-; -en⟩ registration.

Re·gle·ment [reglǝˈmãː] *n* ⟨-s; -s⟩ regulations *pl.* **re·gle·menˈta·risch** [-glemɛnˈtaːrɪʃ] *adj* according to (the) regulations. **re·gle·menˈtie·ren** [-glemɛnˈtiːrǝn] *v/t* ⟨*no* **ge-**, **h**⟩ (*Dienst, Arbeit*) regularize (*a. fig.*), (*Personen*) regiment. **Re·gle·menˈtie·rung** *f* ⟨-; -en⟩ regimentation, (*Regelung*) regularization.

Reg·ler [ˈreːglǝr] *m* ⟨-s; -⟩ **1.** *phys. tech.* regulator, governor, (automatic) control(l)er, (~*ventil*) governor valve, *Wärmetechnik*: thermostat, *Akustik*: tone control(l)er, *electr.* control. **2.** (*Schalter, Knopf*) control (knob).

Re·glet·te [reˈglɛtǝ] *f* ⟨-; -n⟩ *meist pl print.* reglet, slug, lead.

ˈ**reg·los** *adj* → **regungslos**.

reg·nen [ˈreːgnǝn] **I** *v/impers* ⟨**h**⟩ rain, *fein*: drizzle; **es regnet** it is raining; **es regnet stark** (*od.* **in Strömen**) it pours (with rain); *fig.* **es regnete Steine** there was a shower of stones; **es regnete Anfragen** there was a deluge of inquiries. **II** *v/i* ⟨**sein**⟩ *fig.* rain, *stärker*: hail; **Blüten regneten von den Bäumen** blossoms rained (down) from the trees. ˈ**reg·ne·risch** *adj Sommer, Tag etc*: rainy.

Re·greß [reˈgrɛs] *m* ⟨-sses; -sse⟩ *econ. jur.* recourse; **gegen j-n** ~ **nehmen** have recourse to s. o.; (**für mich**) **ohne** ~ without recourse (to me). ~ˌ**anˌspruch** *m* right of recourse; **mit** (**ohne**) ~ with (without) recourse.

Re·gres·si·on [regrɛˈsĭoːn] *f* ⟨-; -en⟩ regression. **re·gresˈsiv** [-ˈsiːf] *adj* regressive.

Reˈgreß|ˌpflicht *f* liability to recourse. 2ˌ**pflich·tig** *adj* liable to recourse; **j-n** ~ **machen** have recourse to s. o. ~ˌ**recht** *n* right of recourse.

ˈ**reg·sam** *adj* active (*mind*), keen (*intellect*), (*aufgeweckt*) alert, quick, (*behend*) agile. 2**keit** *f* ⟨-; *no pl*⟩ activity, alertness, quickness, agility.

re·gu·lär [reguˈlɛːr] *adj Markt, Truppen etc*: regular, (*normal*) normal, (*üblich*) usual, (*gewöhnlich*) ordinary.

re·gu·la·tiv [regulaˈtiːf] **I** *adj* regulative, regulating. **II** 2 *n* ⟨-s; -e⟩ regulative.

Re·gu·la·tor [reguˈlaːtɔr] *m* ⟨-s; -en [-laˈtoːrǝn]⟩ **1.** → **Regler**. **2.** (*Wanduhr*) regulator, wall clock.

re·guˈlier·bar *adj* → **regelbar**.

re·gu·lie·ren [reguˈliːrǝn] *v/t* ⟨*no* **ge-**, **h**⟩ **1.** *allg. u. tech.* regulate, (*steuern*) control, govern, *bes. tech.* → *a.* **regeln** 5. **2.** *econ.* (*Forderung etc*) settle.

Re·guˈlierˌschrau·be *f* adjusting screw, (*Stellschraube*) set screw.

Re·guˈlie·rung *f* ⟨-; -en⟩ **1.** regulation, *bes. tech.* → *a.* **Regelung** 5. **2.** *econ.* settlement.

Re·guˈlier·venˌtil *n* control valve.

ˈ**Re·gung** *f* ⟨-; -en⟩ **1.** movement, motion, stir; **ohne** (**jede**) ~ motionless. **2.** (*Gefühls*2) emotion, feeling, sentiment, *plötzliche*: impulse; **k-r menschlichen** ~ **fähig** devoid of any human feeling(s); **e-r plötzlichen** ~ **folgen** follow an (*od.* a sudden) impulse.

ˈ**re·gungs|los** *adj* motionless, (stock-)still. 2**lo·sig·keit** *f* ⟨-; *no pl*⟩ motionlessness, stillness.

Reh [reː] *n* ⟨-(e)s; -e⟩ (roe) deer, roe; **junges** ~ fawn; **männliches** ~ → **Rehbock**; **weibliches** ~ doe, roe; *fig.* **schlank wie ein** ~ (as) slender as a willow.

Re·ha·bi·li|ta·ti·on [rehabilitaˈtsĭoːn] *f* ⟨-; -en⟩ rehabilitation (*a. med. u. sociol.*). 2ˈ**tie·ren** [-ˈtiːrǝn] **I** *v/t* ⟨*no* **ge-**, **h**⟩ rehabilitate (*a. med. u. sociol.*). **II** *v/reflex* **sich** ~ rehabilitate o. s., clear o. s. (*od.* one's name). ~ˈ**tie·rung** *f* ⟨-; -en⟩ rehabilitation.

ˈ**Reh|ˌbock** *m* (roe)buck. ~ˌ**bra·ten** *m* roast venison. 2ˌ**braun,** 2ˌ**far·ben** *adj* fawn(-colo[u]red). ~ˌ**geiß** *f* doe. ~ˌ**kalb** *n* roe, fawn. ~ˌ**keu·le** *f gastr.* leg (*od.* haunch) of venison. ~ˌ**kitz** *n* fawn.

Reh·ling [ˈreːlɪŋ] *m* ⟨-s; -e⟩ *bot.* chanterelle.

ˈ**Reh|ˌpo·sten** *m* buckshot. ~ˌ**rücken** (*getr.* **-k·k-**) *m gastr.* loin (*od.* saddle) of venison. ~ˌ**schle·gel** *m* → **Rehkeule**. ~ˌ**wild** *n* (roe) deer. ~ˌ**zie·mer** *m* → **Rehrücken**.

Rei·bach [ˈraɪbax] *m* ⟨-s; *no pl*⟩ → **Rebbach**.

ˈ**Reib|ˌah·le** *f tech.* reamer. ~ˌ**anˌtrieb** *m* friction drive.

ˈ**Rei·be** *f* ⟨-; -n⟩ grater, rasp.

ˈ**Reibˌei·sen** *n* grater, rasp; *fig. colloq.* **Hände wie ein** ~ hands like sandpaper; **e-e Stimme wie ein** ~ a voice like a (wood)rasp.

ˈ**Rei·be|ˌku·chen** *m gastr.* potato pancake. ~ˌ**laut** *m ling.* fricative, spirant.

rei·ben [ˈraɪbǝn] **I** *v/t* ⟨**reibt, rieb, gerieben, h**⟩ **1.** rub, give *s. th.* a rub, (*kratzen*) scratch, (*massieren*) massage, (*ab*~, *abwischen*) scour, wipe, (*Streichholz*) strike; **sich** (*dat*) **die Augen** ~ rub one's eyes; **sich** (*dat*) **vergnügt die Hände** ~ rub one's hands in glee; *fig.* **sich** (*dat*) **den Schlaf aus den Augen** ~ rub the sleep out of one's eyes; **sich** (*dat*) **den Fuß wund** ~ get sores on one's foot; **sich** (*dat*) **den Rücken** ~ scratch one's back. **2.** (*zer*~, *zerkleinern*) grate, grind, *fein od. zu Pulver*: pulverize, *bes. pharm.* triturate. **II** *v/i* **3.** (*scheuern*) *Kragen etc*: chafe, scratch, rub. **III** *v/reflex* **sich** ~ **4.** (*sich kratzen*) rub (*od.* scratch) o. s. (**an e-r Sache** against s. th.); **sich am Fuß wund** ~ chafe one's foot. **5.** *fig.* **sich** ~ *Farben, Töne etc*: jar, *a. Meinungen etc*: clash; *colloq.* **sich an j-m** ~ pick a quarrel with s. o. **IV** 2 *n* ⟨-s⟩ **6.** rubbing (*etc*). **7.** → **Reibung**.

ˈ**Rei·ber** *m* ⟨-s; -⟩ grater, grinder.

Rei·beˈrei *f* ⟨-; -en⟩ *meist pl fig. colloq.* (constant) friction, tiff, squabbling.

ˈ**Reib|ˌfe·stig·keit** *f tech.* resistance to friction. ~ˌ**flä·che** *f* friction surface, *für Zündhölzer*: *a.* striking surface.

ˈ**Rei·bung** *f* ⟨-; -en⟩ **1.** → **reiben** 6. **2.** *med. tech.* friction. **3.** *fig.* (*Streit*) friction, tiff, clash.

ˈ**Rei·bungs|elek·tri·ziˌtät** *f* frictional electricity. ~ˌ**flä·che** *f* **1.** friction(al) surface; → *a.* **Reibfläche**. **2.** *electr.* (*Kontaktfläche*) surface of contact. 2ˌ**frei** *adj tech.* frictionless. ~**ko·ef·fi·ziˌent** *m phys.* coefficient of friction. ~ˌ**kupp·lung** *f* friction clutch. 2**los I** *adj* **1.** frictionless. **2.** *fig.* smooth. **II** *adv* **3.** *fig.* smoothly, without a hitch. ~ˌ**punkt** *m* **1.** *tech.* cent/re (*Am.* -er) of friction. **2.** *fig.* cause of friction. ~**verˌlust** *m tech.* frictional loss. ~ˌ**wär·me** *f* frictional heat. ~ˌ**wi·derˌstand** *m* frictional resistance.

reich [raɪç] **I** *adj* ⟨-er; -st⟩ **1.** (*wohlhabend, besitzend*) rich, wealthy, (very) well-off, well-to-do, moneyed, *Gesellschaft*: affluent; **arm und** ~ rich and poor; ~**e Leute** rich (*od.* moneyed) people; **aus** ~**em Hause stammen** (*od.* **kommen**) come from a rich (*od.* wealthy) house; **e-e** ~**e Erbschaft machen** inherit a fortune; ~ **heiraten, e-e** ~**e Partie machen** marry money; *fig.* **um e-e Erfahrung** ~**er** having learnt s. th. new. **2.** (*reichlich, üppig*) rich, abundant, plentiful, copious, *bes. Mahlzeit*: sumptuous, (*kostbar*) rich, precious, (*teuer*) expensive, (*umfangreich*) *a.* wide, large, ample; ~**e Ernte** rich (*od.* abundant) crop, plentiful (*od.* bounteous) harvest; ~**er Fang** big catch, rich haul; ~**e Auswahl** wide (*od.* good) selection (**an** *dat*, **von** of); ~**e Jahre** years of plenty, fat years; **in** ~**em Maß** richly, abundantly, copiously. **3.** ~ **an** (*dat*) rich (*od.* abundant, abounding, wealthy) in; **er ist** ~ **an Ideen** he is rich in ideas, he has a wealth of ideas; **das Land ist** ~ **an Mineralquellen** the country is rich (*od.* abounds) in mineral resources. **4.** *geol. Erz*: rich, high-grade (*ore*), *Ölquellen, Kraftstoffgemisch*: rich, *Boden*: fertile, mellow, rich. **II** *adv* **5.** richly, copiously; ~ **ausgestattet** *Wohnung etc*: richly furnished; **j-n** ~ **beschenken** shower presents on s. o.; ~ **beschenkt** loaded with gifts.

Reich *n* ⟨-(e)s; -e⟩ **1.** *pol. hist.* (*Großstaat*) empire; **das** (**Deutsche**) ~ the German Reich (*od.* Empire); **das Heilige Römische** ~ **Deutscher Nation** the Holy Roman Empire of the German Nation, the Empire; **das Dritte** ~ the Third Reich. **2.** *fig.* (*Bereich*) kingdom; **das** ~ **der Pflanzen** (**Tiere**) the vegetable (animal) kingdom. **3.** *fig. der Kunst, Träume, Schatten etc*: realm (*of art, dreams, shades, etc*), world, domain, region; **das** ~ **der Frau** the domain (*od.* world, realm) of women. **4.** *relig.* **das himmlische** ~ the celestial empire, the Kingdom of Heaven; **das** ~ **Gottes** the kingdom of God; **Dein** ~ **komme!** Thy kingdom come!

ˈ**reich|beˌbil·dert** *adj* richly (*od.* copiously) illustrated. **~beˌgü·tert** *adj* wealthy, rich, propertied.
ˈ**Rei·che**¹ *m* ‹-n; -n› rich man (*od.* person); **die ~n** the rich.
ˈ**Rei·che**² *f* ‹-n; -n› rich woman.
rei·chen [ˈraɪçən] **I** *v/t* ‹h› **1.** (*geben*) *allg.* reach, pass, hand, give, (*hinhalten*) hold (*od.* reach) out, (*anbieten*) offer, present, (*servieren*) serve, *relig.* (*Sakramente*) administer; **j-m et. zu trinken ~** give s. o. s. th. to drink; **würden Sie mir bitte das Salz ~?** would you pass (*od.* hand) me the salt, please?, may I trouble you for the salt?; **j-m den Arm ~** offer (*od.* hold out, reach out) one's arm to s. o., offer s. o. one's arm; **man reichte Erfrischungen** cold drinks were served (*od.* passed around); → **Hand**¹ *Verbindungen mit Verben*, **Wasser** 2. **II** *v/i* **2.** (*genügen*) suffice, do, hold out, last (out); **~ mit** manage (*od.* make do) with; **das Brot muß für uns beide ~** the bread has to do for both of us; **das Brot reicht nicht** there isn't enough bread; **das reicht uns bis morgen** that will last (us) till tomorrow; **reicht das?** is that enough?, will that do?; **es reicht für alle** there is enough of it to go round; **solange der Vorrat reicht** till stocks are exhausted; *colloq.* **bei ihnen reicht es hinten und vorne nicht** they can't make both ends meet; **jetzt reicht mir's!** I have had enough, I am fed up to here; **jetzt reicht es aber!** that does it! **3. ~ bis zu** (*od.* **an** *acc*) reach (*od.* extend, go, stretch, spread) to (*od.* as far as), (*er~*) reach *s. th.*, (*berühren*) touch *s. th.*, *aufwärts*: *a.* come (*od.* go) up to, *abwärts*: *a.* go down to, descend to; **er reicht mir bis ans Kinn** he comes up to my chin; **soweit das Auge reicht** as far as the eye can reach.
ˈ**reichˌhal·tig** *adj allg.* rich, copious, abundant, plentiful, *bes. Mahlzeit*: sumptuous, *Bibliothek etc*: extensive, *Auswahl etc*: wide, *Buch etc*: very informative, containing a wealth of information. **♀keit** *f* ‹-; *no pl*› richness, sumptuousness, extensiveness, copiousness, abundance, wide variety.
ˈ**reich·lich I** *adj* **1.** → **reich** 2. **2.** (*mehr als genug*) plenty (of); **wir haben ~ Zeit** we have plenty of time; **ich habe ~ davon** I have plenty of it, I have enough and to spare. **II** *adv* **3. ~ viel** (**groß**) rather a lot (large); **~ langweilig** rather (*od. colloq.* awfully, terribly) boring; **~ zwei Pfund** a good two pounds; **~ die Hälfte davon** a good half of it; **seit ~ einem Jahr** for well over a year; **~ e-e Stunde** (for) more than an hour; **wir haben ~ zu essen, wir sind aufs ~ste mit Essen versorgt** we have food galore; **~ schenken, ~ geben** give generously; **mehr als ~** more than ample; **~ zu tun haben** have a great deal to do; *colloq.* **ich habe den Anzug et. ~ genommen** I took the suit rather on the large side. **♀keit** *f* ‹-; *no pl*› abundance, copiousness, plentifulness.
ˈ**Reichs|ˌacht** *f hist.* ban of the Empire; **über j-n die ~ verhängen** put s. o. under the ban of the Empire. **~ˌadel** *m* nobility of the Empire. **~ˌad·ler** *m* Imperial eagle. **~ˌap·fel** *m* Imperial orb. **~ˌar·beitsˌdienst** *m NS-Zeit*: National Labo(u)r Service. **~ˌbahn** *f* ‹-; *no pl*› *hist. u. DDR* German National Railways *pl.* **~ˌbank** *f* National Bank of the (German) Reich. **~ˌdeut·sche** *m, f hist. vor 1938*: person under the jurisdiction of the (German) Reich. **~geˌbiet** *n hist.* territory of the (German) Reich. **~geˌricht** *n* supreme court of the (German) Reich, Reichsgericht. **~ˌhauptˌstadt** *f hist.* capital of the (German) Reich, German capital. **~inˌsi·gni·en** *pl* Imperial crown jewels. **~kanzˌlei** *f* Chancellery of the (German) Reich. **~ˌkanz·ler** *m* Chancellor of the (German) Reich. **~ˌklein·odi·en** *pl* → **Reichsinsignien**. **~ˌmark** *f* reichsmark. **♀ˌmit·tel·bar** *adj hist.* mediatized, mediate. **~präˌsiˌdent** *m* President of the (German) Reich. **~reˌgie·rung** *f* government of the (German) Reich. **~ˌstadt** *f* (**freie**) **~** free imperial town (*od.* city). **~ˌstand** *m meist pl* estate of the Empire. **~ˌtag** *m* **1.** *im alten deutschen Reich*: Imperial Diet. **2.** *1871–1945*: (German) Reichstag. **~ˌtagsˌbrand** *m 1933*: Reichstag fire. **♀ˌunˌmit·tel·bar** *adj hist.* immediate. **~ˌunˌmit·tel·bar·keit** *f* ‹-; *no pl*› immediacy. **~verˌfas·sung** *f* constitution of the (German) Reich.
ˈ**Reich·tum** *m* ‹-s; ⸚er› riches *pl*, wealth (*a. fig.*), opulence, affluence, (*Vermögen*) fortune, (*Fülle, Überfluß*) richness, abundance (**an** *dat* of), (*Vielfalt*) (great) variety; **Reichtümer erwerben** gather wealth, make a fortune; **Reichtümer e-s Landes** resources of a country.
ˈ**reich·verˌziert** *adj* richly decorated (*od.* ornamented).
ˈ**Reichˌwei·te** *f* ‹-; -n› **1.** *allg.* reach (*a. Boxen*), (*Hör-, Sichtweite etc*) range (*of a voice, etc*) (*beide a. fig.*); **in** (**bequemer**) **~** within (easy) reach, (near) at hand, within (easy) reaching distance; **außerhalb m-r ~** out of my reach, *fig.* beyond my reach. **2.** *von Geschütz, Rakete etc*: (firing) range; **große** (**mittlere**) **~** long (medium) range; **an ~ übertreffen** outrange. **3.** (*Aktionsradius*) a) *mar.* cruising radius (*od.* range), radius of action, b) *aer.* (flying) range. **4.** *Radio*: range, coverage.
reif [raɪf] *adj* ‹-er; -st› **1.** *allg., a. fig. Persönlichkeit, Schönheit etc*: ripe, mature, (*voll entwickelt*) *a.* full-blown (*charms, etc*), fully developed; **~es Obst** (**~er Wein**) ripe (*od.* mature, mellow) fruit (wine). **2.** (*älter*) mature, older; *humor.* **die ~ere Jugend** the older set; **die ~eren Jahre** the ripe(r) years, the ripe age, the age of discretion; **ein Mann in den ~en** (*od.* **~eren**) **Jahren** *a.* a middle-aged man. **3.** (*fällig*) ripe, ready (**für** for); **die Zeit ist ~** time is ripe; *colloq.* **er ist ~** *a.* his number is up.
Reif¹ *m* ‹-(e)s; *no pl*› hoar(frost), rime.
Reif² *m* ‹-(e)s; -e› *poet.* (*Ring*) ring, (*Stirn♀*) circlet, (*Arm♀*) bracelet.
ˈ**Rei·fe** *f* ‹-; *no pl*› **1.** *allg. von Obst, Wein etc, a. fig. des Urteils, Alters etc*: ripeness, maturity; **zur ~ bringen** → **reifen**¹ II; **zur ~ kommen** → **reifen**¹ I; (**mangelnde**) **sittliche ~** (lack of) maturity of character. **2.** *ped.* **höhere ~** matriculation standard, *Br. etwa*: A-levels (GCE) standard; **mittlere ~** intermediate high school certificate, *Br. etwa*: O-levels (GCE) standard; → *a.* **Abitur**.
rei·fen¹ [ˈraɪfən] **I** *v/i* ‹sein› *Obst, Wein etc, a. fig. Persönlichkeit etc*: ripen, mature, grow ripe, (*sich entwickeln*) develop (**zu** into), (*Gestalt annehmen*) (take) shape, *med. Geschwür etc*: gather, come to a head; **~ lassen** *a. fig.* mature; **zum Mann ~** attain manhood. **II** *v/t* ‹h› (*Obst, Wein, Käse etc*) ripen, mature, mellow, bring *s. th.* to maturity. **III ♀** *n* ‹-s› ripening, maturation; **viel Sonne zum ♀ brauchen** need much sun to ripen.
ˈ**rei·fen**² *v/impers* ‹h› **es reift** there is a hoarfrost (*od.* white frost).
ˈ**Rei·fen** *m* ‹-s; -› **1.** (*Faß♀, Spielzeug♀ etc*) hoop; **Fässer mit ~ beschlagen** hoop casks. **2.** (*Auto♀, Fahrrad♀ etc*) tyre, *Am.* tire; **die ~ wechseln** change tyres. **~ˌbrem·se** *f am Fahrrad*: tyre (*Am.* tire) brake(s *pl*). **~ˌdecke** (*getr.* **-k·k-**) *f mot.* outer tyre (*Am.* tire) cover (*od.* casing). **~deˌfekt** *m* puncture, blowout, *bes. Am.* flat. **~ˌdruck** *m* tyre (*Am.* tire) pressure. **~ˌdruckˌmes·ser, ~ˌdruckˌprü·fer** *m* tyre (*Am.* tire) ga(u)ge. **~ˌhe·ber** *m* tyre (*Am.* tire) lever (*od.* remover). **~ˌman·tel** *m* → **Reifendecke**. **~ˌpan·ne** *f* → **Reifendefekt**. **~proˌfil** *n* tyre (*Am.* tire) tread. **~ˌscha·den** *m* → **Reifendefekt**. **~ˌwech·sel** *m* tyre (*Am.* tire) change. **~ˌwulst** *m, f* bead (of a tyre [*Am.* tire]).
ˈ**Rei·fe|ˌprü·fung** *f* → **Abitur**. **~ˌtei·lung** *f biol.* maturation division. **~ˌzeit** *f* time of ripening, ripening period. **~ˌzeug·nis** *n* → **Abiturzeugnis**.
ˈ**reif·lich I** *adj* mature, careful; **nach ~er Überlegung** (up)on careful (*od.* mature) consideration (*od.* reflection). **II** *adv* **das würde ich mir ~ überlegen** I'd think it over (very) carefully, I would think twice about it.
ˈ**Reifˌrock** *m* farthingale, crinoline.
ˈ**Rei·fung** *f* ‹-; -en› → **reifen**¹ III.
Rei·gen [ˈraɪgən] *m* ‹-s; -› (*Tanz*) round dance, *fig.* (*Reihe, Folge*) series, sequence; **den ~ eröffnen** *a. fig.* open the dance (*od.* ball), lead off; **den ~ beschließen** *a. fig.* conclude (*od.* end) the dance, *fig.* come last. **~ˌtanz** *m* round dance.
Rei·he [ˈraɪə] *f* ‹-; -n› **1.** *allg.* line, row, *a. mil. hintereinander*: file, *nebeneinander*: rank, (*Menschenschlange*) line, queue, *von Hügeln*: *a.* range, *von Zimmern*: suite, (*Sitz♀*) *a.* tier, *beim Stricken*: row (of stitches); **in e-e ~ stellen** put in (*od.* get into) a line, (*a.* **sich in e-e ~ stellen**) line up; **in e-r ~ zu vieren gehen** walk four abreast; **ein Buch aus der obersten ~** a book from the top row (*od.* shelf); **in der ersten ~ sitzen** have a seat in the first (*od.* front) row (*od.* tier); *fig.* **aus der ~ tanzen** have it one's own way; → **bunt** 5. **2.** *pl* (*Personengruppe*) ranks; **aus den ~n der ...** from among the ...; **Verräter in den eigenen ~n haben** have traitors in one's own ranks (*od.* among one's own friends). **3.** (*Folge*) line, succession (*of kings, etc*), (*Anzahl*) number (*of years, etc*), series (*of accidents, experiments, etc*); *colloq.* **e-e** (**ganze**) **~** (**von**) *a.* several, a long line (*od.* row, string) of, no end of; **er eröffnete die ~ der Ansprachen** he made the first speech. **4.** (*Zeitschriften♀, Buch♀*) series, serial, run, set. **5.** (*~nfolge*) turn; **ich bin an der ~, ich komme an die ~** it's my turn (now); **der ~ nach** one after the other, in turn, by turns; **außer der ~** out of turn; **warten, bis man an die ~ kommt** wait one's turn. **6.** *fig. colloq.* **aus der ~ bringen** (**kommen**) (be) upset, (be) put out; **wieder in die ~ bringen** (**kommen**) put (*od.* set) right (*od.* straight) (come right), *für beide*: straighten out. **7.** *math.* **geometrische** (**arithmetische**) **~** geometric (arithmetic) progression; (**un**)**endliche ~** (in)finite series. **8.** *biol.* (*Kategorie*) order. **9.** *electr.* **in ~ schalten** connect (*od.* join) in series; **in ~ geschaltet** series-connected.
rei·hen [ˈraɪən] **I** *v/t* ‹h› **1.** put *s. th.* in a row (*od.* line). **2. auf e-e Schnur etc ~** string (*pearls, etc*). **3.** (*heften*) baste, tack. **II** *v/reflex* **sich ~ 4.** form a row, line up; *fig.* **eins reiht sich ans andere** one thing follows the other.

ˈRei·hen *m* ⟨-s; -⟩ round dance.
ˈRei·hen|ˌan|ord·nung *f tech.* tandem arrangement, bank. **~ˌbau** *m* ⟨-(e)s; -ten⟩ *civ. eng.* serial house; **~ längs der Landstraße** ribbon development, *bes. Br.* ribbon building. **~ˌdorf** *m* linear village. **~ˌfer·ti·gung** *f tech.* series production. **~ˌfol·ge** *f* order, succession, sequence; **in alphabetischer (zeitlicher) ~** in alphabetical (chronological) order; **in umgekehrter ~** in reverse (*od.* retrograde) order; **in der richtigen ~** in the right order, in due (*od.* proper) succession. **~ˌhaus** *n Br.* terrace(d) house, *Am.* row house, attached house. **~ˌmo·tor** *m* **1.** *tech.* in-line (*od.* straight) engine. **2.** *electr.* series-wound motor. **~ˌschal·tung** *f electr.* series (connection). **~ˌschluß|ˌmo·tor** *m electr.* series-wound motor. **~ˌun·ter|ˌsu·chung** *f med.* mass (*od.* serial) examination. **≈ˌwei·se** *adv* **1.** (*in Reihen*) in rows, in lines. **2.** *colloq.* (*in großer Zahl*) in great number, in large numbers.
Rei·her [ˈraɪər] *m* ⟨-s; -⟩ *orn.* heron; → **kotzen** 1. **~ˌfe·der** *f* heron('s) feather.
rei·hern [ˈraɪərn] *v/i* ⟨h⟩ *colloq.* puke.
ˌreihˈum *adj* **1.** (*nacheinander*) in turn, by turns. **2.** (*rundherum*) round; **~ gehen** be passed (*od.* go) round; **et. ~ gehen lassen** pass s. th. round.
Reim [raɪm] *m* ⟨-(e)s; -e⟩ *metr.* rhyme, *Am. a.* rime; **klingender** (*od.* **weiblicher**) **~** female (*od.* feminine) rhyme; **stumpfer** (*od.* **männlicher**) **~** male (*od.* masculine) rhyme; **~e bilden** (*od.* **schmieden**) make rhymes, rhyme; *fig. colloq.* **ich kann mir darauf k-n ~ machen** it doesn't make sense to me, I can't make head or tail of it; **sich** (*dat*) **s-n ~ auf e-e Sache machen** know what to think (*od.* make) of s. th.
rei·men [ˈraɪmən] *metr.* **I** *v/t* ⟨h⟩ **1.** rhyme, *Am. a.* rime (**auf** *acc* with, to, **mit** with). **2.** *fig.* (*in Einklang bringen*) reconcile (**mit** with). **II** *v/reflex* **sich ~ 3.** rhyme, *Am. a.* rime, be in rhyme; **„mein" reimt sich auf „dein"** "mein" rhymes with "dein". **4.** *fig.* (*übereinstimmen*) tally, agree (**mit** with), make sense, *colloq.* add up.
ˈRei·mer *m* ⟨-s; -⟩ → **Reimschmied.**
ˈreim·los *adj* rhymeless, rimeless, unrhymed.
ˈReim|ˌpaar *n* rhyming couplet. **~ˌschmied** *m* rhymester, versifier, poetaster. **~ˌwort** *n* ⟨-(e)s; ⸚er⟩ rhyme (word). **~ˌwör·ter|ˌbuch** *n* rhyming dictionary.
rein [raɪn] **I** *adj* ⟨-er; -st⟩ **1.** (*sauber*) clean, tidy, neat, *Haut, fig. Gewissen*: clear; **et. ~ machen** clean (*od.* tidy) s. th. (up); **et. ~ halten** keep s. th. clean (*od.* tidy); *fig.* **~en Tisch machen** make a clean sweep (of it); → **Mund** 1. **2.** (*unverfälscht, unvermischt*) pure, (*unverdünnt*) *a.* undiluted, neat, straight, (*ohne Zusätze*) *a.* unadulterated, *Metalle etc*: *a.* unalloyed, *Alkohol*: *a.* absolute, *Wein etc*: *a.* natural, *Klang, Ton*: clear, pure; **ein Pferd von ~(st)er Abstammung** a horse of pure(st) race, a thoroughbred; **ein Diamant** (*fig.* **ein Pedant**) **~sten Wassers** (*od.* **von ~stem Wasser**) a diamond (fusspot) of the first water; **die ~e Wahrheit sagen** tell the plain (*od.* unvarnished) truth; **e-e ~e Freude** a real pleasure (*od.* treat); **~es Deutsch sprechen** speak pure German; **~e Liebe** pure (*od.* innocent) love; **~en Herzens sein** be pure in heart; **ein chemisch ~er Stoff** a chemically pure (*od.* homogenous) matter (*od.* substance). **3.** (*theoretisch*) pure (*mathematics, etc*). **4.** *fig.* (*unberührt*) virgin, pure, (*leer, unbeschrieben*) blank, (*makellos, unbefleckt*) immaculate, (*keusch*) chaste, (*unschuldig*) innocent; **~ von** free of (*guilt*), clear of (*suspicion*). **5.** *econ. Gewinn*: net, clear (*profit*). **6.** *verstärkend*: (*richtig, nichts anderes als, regelrecht*) **~es Glück** pure luck; **~er Blödsinn** pure (*od.* utter, downright, sheer) nonsense; **aus ~em Mitleid** out of sheer (*od.* mere) pity; **e-e ~e Formalität** a mere formality; **ein ~es Vorurteil** nothing but prejudice; **das ist (ja) der ~ste Roman!** that's a regular novel!; **das ist die ~ste Zauberei** that is little short of black magic. **II** *adv* **7.** (*ausschließlich*) purely, strictly; **vom ~ juristischen Standpunkt (aus)** from a purely legal point of view; **~ pflanzlich** all vegetable; **~ Seide** pure silk; **~ zufällig** a) *treffen etc*: by pure accident, by sheer chance, b) *Zs.-treffen etc*: purely accidental; **e-e ~ persönliche Angelegenheit** a purely personal matter. **8.** *colloq.* (*völlig, ganz*) quite, completely, entirely, totally, absolutely, perfectly, downright; **das ist ~ unmöglich** that's quite impossible, that's definitely out; **~ gar nichts** nothing at all, a mere nothing. **III ≈e, das** ⟨-n⟩ **9.** *poet.* the pure. **10.** *mit Kleinschreibung*: **et. ins ~e bringen** settle s. th., put s. th. in order, put (*od.* set) s. th. right (*od.* to rights), straighten s. th. out; **mit j-m ins ~e kommen** come to terms (*od.* an understanding) with s. o.; **mit sich über e-e Sache ins ~e kommen** make up one's mind about s. th.; **mit j-m im ~en sein** (*quitt sein*) be even (*od.* square) with s. o.; **et. ins ~e schreiben** make a fair copy of s. th.
rein ... [ˈraɪn-] *colloq. for* **herein ..., hinein ...**
ˈRein|ˌdruck *m print.* fair proof.
Rei·ne·clau·de [rɛːnəˈkloːdə] *f* ⟨-; -n⟩ *hort.* greengage.
ˈRein|ˌein|ˌnah·me *f meist pl* → **Reinertrag.**
ˈRei·ne·ke ˈFuchs [ˈraɪnəkə] *npr m* ⟨-; *no pl*⟩ *in der Tierfabel*: Reynard the Fox.
ˈRei·ne|ˌma·che|ˌfrau *f* cleaner, cleaning woman, charwoman, *colloq.* char. **~ˌma·chen** *n* (house)cleaning, *fig.* cleanout, cleanup.
ˈrein|ˌer·big [-ˌʔɛrbɪç] *adj biol.* homozygot.
ˈRein|er|ˌhal·tung *f* → **Reinhaltung.** **~er|ˌlös** *n econ.* net proceeds *pl.* **~erˌtrag** *m* (net) profit(s *pl*), clear profit, net yield.
ˈRein|ˌfall *m colloq.* (*Mißerfolg*) failure, fiasco, fizzle, washout, frost, *bes. thea.* flop, (*Enttäuschung*) let-down, disappointment, (*Versager*) dead loss, (*Betrug*) hoax, take-in, sell. **ˈrein|ˌfal·len** *v/i* ⟨*irr, sep,* -ge-, sein⟩ *colloq.* → **hereinfallen.**
ˈRein|ge|ˌwicht *n econ.* net (weight). **~geˌwinn** *m* → **Reinertrag.** **~ˌhal·tung** *f* keeping clean, *der Luft etc*: prevention of pollution, *e-r Sprache etc*: preservation.
ˈrein|ˌhän·gen *colloq.* **I** *v/t* ⟨*sep,* -ge-, h⟩ **1.** hang *s. th.* in, *in e-n Innenraum*: hang *s. th.* inside. **2.** *fig.* **j-n ~** get s. o. in a mess (*od.* a bad fix). **II** *v/reflex* **3. sich ~** (*sich anstrengen*) buckle down to it (**in** *acc* **et.** to s. th.).
ˈrein|ˌhau·en *colloq.* **I** *v/i* ⟨*irr, sep,* -ge-, h⟩ *beim Essen*: tuck in (**in** *acc* in[to]). **II** *v/t* **j-m e-e ~** slap s. o.'s face, land (*od.* swipe) s. o. one.
ˈRein·heit *f* ⟨-; *no pl*⟩ **1.** (*Sauberkeit, Reinlichkeit*) cleanness, cleanliness, tidiness, *der Haut*: clearness. **2.** *der Luft, Abstammung, Sprache, von Metallen etc*: purity, pureness, *der Form, des Klanges etc*: clearness, clarity, *fig. des Herzens, der Absichten*: purity (*of the heart, of one's intentions*). **3.** (*Unberührtheit*) virginity, purity, (*Unbeflecktheit, Makellosigkeit*) immaculateness, (*Keuschheit*) chasteness, (*Unschuld*) innocence.
ˈRein·heits|ˌgrad *m* ⟨-(e)s; -e⟩ *chem.* degree of purity (*od.* fineness).
rei·ni·gen [ˈraɪnɪɡən] **I** *v/t* ⟨h⟩ **1.** (*Wohnung, Kleider, Schuhe etc*) clean, (*waschen*) wash, (*spülen*) rinse, *gründlich*: *a.* cleanse (**von** of); **s-e Schuhe von Schmutz ~** clean the dirt off one's shoes; **Kleider chemisch ~ lassen** have clothes (dry-) -cleaned. **2.** (*Luft, Abwässer etc, a. fig.*) clear, (*Sprache, Blut, Gase*) purify (**von** of), (*Metalle*) refine, (*Kanal, Brunnen etc*) clear, clean out; *fig.* **die Atmosphäre ~** clear the air. **3.** (*Texte, Bücher etc*) purge, expurgate. **4.** (*Darm*) purge, cleanse. **5.** *fig.* **von Verbrechern** *etc* **~** purge (*od.* clear) (*a town, etc*) of (*od.* from) criminals, *etc*; **von Sünden ~** cleanse (*od.* purify, purge) (*one's soul*) of (*od.* from) sins; **j-n (sich) von e-m Verdacht ~** clear s. o. (o. s.) of suspicion. **II ≈** *n* ⟨-s⟩ **6.** cleaning (*etc*). **7.** → **Reinigung.** **ˈrei·ni·gend** *adj* **1.** (*säubernd*) cleansing, detergent; **~es Mittel** clean(s)ing agent, detergent. **2.** purifying (*a. fig.*). **ˈRei·ni·gung** *f* ⟨-; -en⟩ **1.** → **reinigen** 6. **2.** a) *von Kleidern*: dry cleaning, b) *colloq.* (**~sanstalt**) (dry) cleaners *pl*; **Kleider zur** (*od.* **in die**) **~ geben** (*od.* **bringen**) take (*od.* send) clothes to the cleaners. **3.** *von Kanälen etc*: clearance, *von Metallen etc*: refinement, *von Blut etc, bes. a. fig.* purification. **4.** *fig. pol. etc* purge.
ˈRei·ni·gungs|ˌan|ˌla·ge *f tech.* purification plant. **~ˌan|ˌstalt** *f* (dry) cleaners *pl.* **~ˌbad** *n* cleaning solution. **~ben|ˌzin** *n* benzine. **~ˌcreme** *f* cleansing cream. **~ˌmit·tel** *n* detergent, clean(s)ing agent, clean(s)er. **~proˌzeß** *m tech.* cleansing process.
Re·in·kar·na·ti·on [reʔɪnkarnaˈtsi̯oːn] *f* ⟨-; -en⟩ *relig.* reincarnation.
ˈRein·kul|ˌtur *f* ⟨-; -en⟩ *biol.* pure culture; *fig. colloq.* **in ~** unadulterated, sheer, downright (*kitsch, etc*).
ˈrein|ˌle·gen *v/t* ⟨*sep,* -ge-, h⟩ *colloq. for* **hereinlegen, hineinlegen** 1.
ˈrein|ˌlei·nen *adj* pure-linen, (of) pure linen.
ˈrein·lich I *adj* **1.** (*sauber*) clean, tidy. **2.** (*die Sauberkeit liebend*) clean(ly). **3.** *fig.* (*deutlich*) clear. **II** *adv* **4. sie ist ~ gekleidet** she wears clean clothes. **≈keit** *f* ⟨-; *no pl*⟩ **1.** cleanness, tidiness. **2.** cleanliness. **3.** *fig.* clearness.
ˈRein|ˌma·che|ˌfrau *f* → **Reinemachefrau.** **~ˌma·chen** *n* → **Reinemachen.** **≈ˌras·sig** *adj Mensch*: pure-blooded, *Tier*: purebred. **≈ˌschaf·fen** *v/reflex* **sich ~** ⟨*sep,* -ge-, h⟩ *colloq.* → **reinhängen** II. **~ˌschrift** *f* fair copy. **≈ˌschrift·lich** *adj* in fair copy. **≈ˌsei·den** *adj* pure-silk, (of) pure silk. **~verˌlust** *m econ.* net loss. **~verˌmö·gen** *n* net assets *pl.* **≈ˌwa·schen** *v/t* ⟨*irr, sep,* -ge-, h⟩ **j-n (sich) ~** (**von Verdächtigungen** *etc*) clear s. o. (o. s.) (of suspicion, *etc*); **sich ~** *a.* clear one's name. **≈ˈweg** [-ˈvɛk] *adv colloq.* **1.** absolutely, altogether; **das ist ~ zum Wahnsinnigwerden** that's enough to drive you crazy. **2. ~ ablehnen** refuse (*od.* turn down) point-blank (*od.* flatly). **≈ˌwol·len** *adj* pure-wool, (of) pure wool.
Reis[1] [raɪs] *m* ⟨-es; *no pl*⟩ *bot. gastr.* rice; (**un**)**polierter ~**, (**un**)**geschälter ~** (un)polished rice.
Reis[2] *n* ⟨-es; -er⟩ (*junger Zweig*) shoot, twig, spray; → *a.* **Pfropfreis.**

ˈReis|ˌaufˌlauf *m gastr.* baked rice pudding with eggs. **~ˌbau** *m* ‹-(e)s; *no pl*› *agr.* rice cultivation. **~ˌbrei** *m* rice pudding.

Rei·se [ˈraɪzə] *f* ‹-; -n› *zu Lande*: journey, trip (**nach** to), (*See*≈) voyage, *ausgedehnte(re)*: *bes. pl* travel(s *pl*), (*Rund*≈) tour (**in** *dat*, **nach** of), round trip, *fig. colloq. unter Rauschgifteinfluß*: trip; **e-e ~ ins Ausland** a journey *etc* abroad; **e-e ~ im Auto** a motoring tour; **e-e ~ um die Welt** a trip (*od.* tour) (a)round the world, a (round-the-)world trip; **s-e ~n durch ...** his travels through ...; **e-e ~ antreten** start (*od.* set out, set off) on a journey; **auf ~n gehen (sein)** go (be) travel([l]ing, go (be) on a journey; **e-e ~ machen** (*od.* **unternehmen**) make a journey, take a trip, travel; **glückliche ~!** have a good journey!, have a nice trip!, bon voyage!; **wohin geht die ~?** where are you going (to) (*od.* bound for, off to)? **~ˌanˌden·ken** *n* travel([l]ing) souvenir. **~apoˌthe·ke** *f* portable medicine case. **~ˌau·toˌbus** *m* tourist (*od.* motor) coach, touring bus. **~beˌdarf** *m* travel([l]ing) necessaries *pl.* **~beˌglei·ter** *m,* **~beˌglei·te·rin** *f* travel companion. **~beˌkannt·schaft** *f* travel([l]ing) acquaintance. **~beˌschrei·bung** *f* description of a journey, (*Vortrag etc*) travelog(ue *Br.*), (*Buch*) book of travels. **~büˌro** *n* travel agency (*od.* bureau), tourist office (*od.* agency). **~ˌbus** *m* → Reiseautobus. **~ˌdecke** (*getr.* **-k·k-**) *f* travel(l)ing rug, lap robe. **~ˌeinˌdrücke** (*getr.* **-k·k-**) *pl* travel(l)ing impressions. **~erˌin·ne·run·gen** *pl* reminiscences of one's travels. **≈ˌfer·tig** *adj* ready to start (*od.* leave, depart). **~ˌfie·ber** *n* excitement before a journey. **~ˌfüh·rer** *m* **1.** (*Buch*) (travel) guide(book) (**von** to *a country, etc*). **2.** (*Person*) guide. **~geˌfähr·te** *m,* **~geˌfähr·tin** *f* travel companion, (*Mitreisender*) fellow passenger. **~geˌpäck** *n* luggage, *bes. Am.* baggage. **~geˌpäck·verˌsi·che·rung** *f* luggage (*bes. Am.* baggage) insurance. **~geˌschwin·dig·keit** *f* cruising speed. **~geˌsell·schaft** *f* tourist party, party of tourists. **~ˌkleid** *n* travel(l)ing dress. **~ˌklei·dung** *f* travel(l)ing clothes *pl.* **~ˌkof·fer** *m kleiner*: (suit)case, *großer*: trunk. **~ˌko·sten** *pl* travel([l]ing) expenses. **~ˌkrank·heit** *f* travel sickness. **~ˌland** *n* tourist country. **~ˌlei·ter** *m* courier (*gen* to *a party*), tourists' guide, tour manager. **~lekˌtü·re** *f* reading matter for a journey. **~li·te·raˌtur** *f* travel books *pl* (*od.* literature). **~ˌlust** *f* fondness of travel. **≈ˌlu·stig** *adj* fond of travel(l)ing. **≈ˌmü·de** *adj* travel-weary.

rei·sen [ˈraɪzən] **I** *v/i* ‹sein› **1.** (**nach** to) travel, (make a) journey, make a trip, (*unterwegs sein*) *a.* be touring, be on tour; **~ nach** *allg. a.* go to, (*unterwegs sein nach*) *a.* be bound for; **~ in** (*dat*) (*od.* **durch**) *a.* travel (*od.* tour, journey) in (*od.* through, over) (*a country*), cover (*colloq.* do) (*a country*); **von A über B nach C ~** go (*od.* travel) from A to C by (way of) (*od.* via) B; **mit dem** (*od.* **per**) **Auto** *etc* **~** travel (*od.* go) by car, *etc*, motor; **zu Wasser ~** travel by sea, voyage; **ins Ausland ~** go abroad; **geschäftlich ~** travel on business, *engS.* be on a business trip; **er reist viel** he does a lot of travel(l)ing, he travels a lot; **er reist sehr gern** he is very fond of travel, he adores travel(l)ing. **2.** (*ab*~) (**nach** for) leave, set out, start, depart. **3.** *econ.* **~ in** (*dat*) travel in (*vacuum cleaners, etc*) (**für** for *a firm*). **4.** *fig. colloq.* **~ auf** (*acc*) trade on; → **Tour 4. II** ≈ *n* ‹-s› **5.** travel, travel(l)ing (*etc*).

ˈRei·sen·de *m, f* ‹-n; -n› travel(l)er, (*See*≈) voyager, (*Tourist*) tourist, (*Fahrgast*) passenger; **~r erster Klasse** first-class passenger.

ˈRei·se|ne·cesˌsaire *n* toilet (*od.* dressing) case. **~ˌom·ni·bus** *m* → Reiseautobus. **~ˌpaß** *m* passport. **~proˌspekt** *m* (travel) brochure (*od.* folder). **~pro·viˌant** *m* provisions *pl* for the (*od.* a) journey. **~ˌrou·te** *f* (travel) route, itinerary. **~ˌscheck** *m econ.* travel(l)er's cheque (*Am.* check). **~ˌschreib·ma·ˌschi·ne** *f* portable (typewriter). **~ˌschriftˌstel·ler** *m* travel writer. **~ˌspe·sen** *pl* travel(l)ing expenses (*od.* charges). **~ˌta·geˌbuch** *n* travel diary. **~ˌta·sche** *f* travel(l)ing (*od.* overnight) bag, holdall, *Am. a.* grip(sack). **~ˌun·terˌla·gen** *pl* travel documents. **~verˌanˌstal·ter** *m* tour operator (*od.* company). **~verˌkehr** *m* tourist (*od.* holiday) traffic. **~verˌpfle·gung** *f* → Reiseproviant. **~ˌwecker** (*getr.* **-k·k-**) *m* travel(l)ing (alarm) clock. **~ˌweg** *m* route, itinerary. **~ˌwet·ter·beˌricht** *m* weather report (and forecast) for holiday areas. **~ˌzeit** *f* travel (*od.* tourist) season. **~ˌziel** *n* destination; **mein ~ ist** *a.* I am bound for.

ˈReis|ˌfeld *n* rice field, paddy (field). **~ˌfink** *m orn.* Java sparrow.

Rei·sig [ˈraɪzɪç] *n* ‹-s; *no pl*› brushwood. **~ˌbe·sen** *m* birch broom. **~ˌbün·del** *n* bundle of brushwood.

Rei·si·ge [ˈraɪzɪgə] *m* ‹-n; -n› *mil. hist.* mounted knight (*od.* mercenary).

ˈReis|ˌkorn *n* ‹-(e)s; ⸚er› grain of rice, rice grain. **~ˌmehl** *n* rice flour (*od.* meal). **~paˌpier** *n* rice paper. **~ˌpu·der** *m* rice powder.

ˌReißˈaus *m colloq.* **~ nehmen** take to one's heels, make (*od.* clear) off.

ˈReiß|ˌblei *n min.* black lead. **~ˌbrett** *n* drawing board; *fig.* **et. ist noch auf dem ~** s. th. is still on the drawing board.

ˈReisˌschnaps *m* rice spirit, sake.

rei·ßen [ˈraɪsən] **I** *v/t* ‹reißt, riß, gerissen, h› **1.** (*zer*~) tear (up), rip (up), rend (in two), (*ein Loch etc*) tear, rend; **sie riß sich** (*dat*) **ein Loch in den Strumpf** she tore a hole in her stocking, she ripped her stocking; **in Stücke ~** *a. fig.* tear to pieces (*od.* shreds, bits); *fig.* **ich lasse mich lieber in Stücke ~ als** I'd sooner be hanged than; **sich in Stücke ~ lassen für** go through fire and water for; **die Reise riß ein großes Loch in s-e Kasse** the journey made a large hole in his purse (*od.* pocket). **2. ~ von, ~ aus** (*dat*) (*weg*~, *ab*~, *fort*~, *fortzerren*) tear (*od.* pull, rip, snatch, yank) off (*od.* from, out of) *s. th.*; **j-m et. aus den Händen ~** snatch (*od.* wrest, wrench) s. th. out of (*od.* from) s. o.'s hands; **sich aus der Umklammerung** *etc* **~** tear o. s. out of the clinch, *etc*; **j-m die Kleider vom Leib ~** rip (*od.* strip) the clothes off (*od.* from) s. o.'s body, strip s. o. of his (her) clothes; **zu Boden ~** *a.* pull down, floor; **das Steuer scharf nach rechts ~** jerk (*od.* yank) the wheel to the right; **sich** (*dat*) **e-n Zahn ~ lassen** have a tooth out; **mit sich ~** *a. fig.* tear (*od.* drag) along (with one); **ins Verderben ~** drag into ruin; **j-n aus s-n Illusionen ~** rouse s. o. out of his (her) illusions, disillusion s. o.; **j-n aus s-r Umgebung ~** take s.o. out of (*od.* tear s. o. away from) his (her) environment; **die Zuhörer von den Sitzen ~** sweep the audience off their feet. **3. an** (*acc*) **sich ~** grasp, lay hold of, seize, snatch, (*Macht etc*) *a.* usurp, (*Gespräch*) monopolize; **die Führung an sich ~** *pol. a.* seize power, *Sport*: take (*od.* snatch) the lead. **4.** *colloq.* (*Witze*) crack; → **Possen, Zote. 5.** *Raubtier*: kill (*a sheep, etc*). **6.** *Sport*: a) (*Latte etc*) knock down, dislodge, b) *Gewichtheben*: snatch. **II** *v/i* **7.** ‹sein› *Stoff, Papier etc*: tear, *Faden, Kette, Saite etc*: snap, break, *Kleidungsstücke etc*: rip (open), split, get torn, come apart, *Haut, Lippen*: chap, *Mauerwerk etc*: crack, *Blutgefäß, Membran etc*: rupture, (*bersten*) burst, (*unterbrochen werden*) be cut off, be disconnected. **8.** ‹h› **~ an** (*dat*) tug (*od.* tear, pull, *stärker*: strain) at. **9.** ‹h› *fig. colloq.* **ins Geld ~** make a hole in one's purse (*od.* pocket), run into money. **III** *v/reflex* **sich ~** ‹h› **10.** (*sich verletzen*) scratch o. s. (**an** *dat* on). **11.** *colloq.* **sich ~ um** scramble for (*od.* to get), fight for (*od.* over), be keen (*od.* hot) on (*od.* to get), be after; **sich darum ~, et. zu tun** be keen (*od.* hot) on doing s. th., be dying to do s. th.; **man riß sich um die billigen Kleider** there was a scramble (*od.* rush) for (*od.* run on) the cheap dresses; **ich reiße mich nicht darum** *a.* I don't care for it, I sure can do without (it). **IV** *v/impers* ‹h› **12. es reißt mir in allen Gliedern** my limbs are all aching. **V** ≈ *n* ‹-s› **13.** tearing, rending, bursting (*etc*). **14.** *colloq.* (*Glieder*≈) rheumatic (*od.* racking) pains *pl.* **15.** *Gewichtheben*: (**beidarmiges ~** two-hands) snatch.

ˈrei·ßend *adj* **1.** *Tier*: rapacious. **2.** (*ungestüm*) impetuous, raging, *bes. Strömung etc*: torrential. **3.** *Schmerz*: racking, searing, violent. **4.** *econ.* **~en Absatz finden,** *adv* **~ weggehen** sell quickly (*colloq.* like hot cakes), be up in no time.

ˈRei·ßer *m* ‹-s; -› *colloq.* **1.** (*spannender Film, Roman etc*) thriller. **2.** (*Erfolgsstück, -film etc*) hit, box-office success, big draw. **ˈrei·ße·risch** *colloq.* **I** *adj* sensational, loud, *Titel etc*: catchpenny (*title, etc*); **~e Werbung** *a.* ballyhoo. **II** *adv* **~ anpreisen** ballyhoo.

ˈReiß|ˌfe·der *f* drawing pen. **≈ˌfest** *adj Stoff etc*: tear-resistant, *Faden etc*: unbreakable. **~ˌfe·stig·keit** *f tech.* tensile (*od.* breaking) strength. **~ˌlei·ne** *f aer.* rip cord. **~ˌli·nie** *f tech.* perforated line. **~ˌna·del** *f* scribe(r). **~ˌna·gel** *m* → Reißzwecke. **~ˌschie·ne** *f tech.* T (*od.* tee) square. **~verˌschluß** *m* zip-fastener, *colloq.* zip, *Am.* zipper; **den ~ e-r Jacke zumachen (aufmachen)** *a.* zip up (unzip) a jacket. **~ˌwolf** *m* shredder. **~ˌzahn** *m zo.* fang. **~ˌzeug** *n* ‹-(e)s; -e› *tech.* drawing instruments *pl* (*od.* set). **~ˌzir·kel** *m* drawing compasses *pl.* **~ˌzwecke** (*getr.* **-k·k-**) *f* drawing pin, *Am.* thumbtack.

ˈReisˌwein *m* rice wine, sake.

ˈReit|ˌanˌzug *m* → Reitdreß. **~ˌbahn** *f* riding course. **~ˌdreß** *m* riding habit (*od.* costume).

rei·ten [ˈraɪtən] **I** *v/i* ‹reitet, ritt, geritten, sein, *a.* h› ride, go on horseback; **auf e-m Pferd** *etc* **~** ride on a horse, *etc* (*od.* on horseback), ride a horse, *etc*; **gut (schlecht) ~** be a good (bad) rider; **viel ~** *a.* do a lot of riding; **im Schritt (Trab, Galopp) ~** ride at a walking pace (*od.* an amble) (trot, gallop); **spazieren ~** go for (*od.* take) a ride; **~ lernen** take riding lessons; **geritten kommen** come riding along (*od.* up). **II** *v/t* ‹h› ride (*a horse, a race*); **j-n über den Haufen ~** ride s. o. down, *fig. a.* ride roughshod over s. o.; **zu Tode ~** *a. fig.* ride to death, flog; **sich wund ~** get saddlesore; *fig.* **Prinzipien ~** be a stickler for principles; **vom Wahn** *etc* **geritten** ridden by madness, *etc.* **III**

≗ *n* ⟨-s⟩ riding, equitation. **ˈrei·tend** *adj* riding, mounted, on horseback. **ˈRei·ter** *m* ⟨-s; -⟩ **1.** rider, horseman. **2.** *tech.* rider, *auf Karteikarten*: *a.* tab. **Rei·teˈrei** *f* ⟨-; -en⟩ → Kavallerie. **ˈRei·te·rin** *f* ⟨-; -nen⟩ rider, horsewoman. **ˈRei·tersˌmann** *m* ⟨-(e)s; ⸚er⟩ *lit.* horseman, rider.

ˈRei·ter|ˌstandˌbild *n*, **~ˌsta·tue** *f* equestrian statue.

ˈReit|ˌger·te *f* riding whip. **~ˌhal·le** *f* indoor riding arena. **~ˌhandˌschuh** *m* riding glove. **~ˌho·se** *f* riding breeches *pl*. **~ˌjagd** *f* hunt (*od.* chase) (on horseback). **~ˌkleid** *n* (riding) habit. **~ˌklub** *m* riding club. **~ˌkunst** *f* art of riding, horsemanship, equitation. **~ˌleh·rer** *m* riding instructor. **~ˌpeit·sche** *f* riding whip, horsewhip. **~ˌpferd** *n* saddle (*od.* riding) horse. **~ˌschu·le** *f* riding school (*Am.* academy), manège. **~ˌsitz** *m* im ~ astride. **~ˌsport** *m* riding, equestrian sport, equitation. **~ˌstall** *m* riding stable, stable (for saddle horses). **~ˌstie·fel** *m meist pl* riding boot. **~ˌstock** *m tech.* tailstock. **~ˌstun·de** *f* riding lesson. **~ˌtier** *n* animal used for riding, mount. **~turˌnier** *n* horse show, riding competition. **~ˌun·terˌricht** *m* instruction in riding, riding lesson(s *pl*). **~verˌein** *m* → Reitklub. **~ˌweg** *m* bridle path. **~ˌzeug** *n* ⟨-(e)s; *no pl*⟩ riding equipment (*od.* outfit, things *pl*).

Reiz [raɪts] *m* ⟨-es; -e⟩ **1.** *med. psych. etc* stimulus (*pl* stimuli). **2.** (*Reizung, Juck≗ etc*) irritation. **3.** (*An≗*) incentive, stimulus. **4.** (*Zauber*) charm, fascination, (*Anziehung*) appeal, attraction, (*Verlockung*) lure, temptation, (*erregender Kitzel*) thrill, tickle; **weibliche ~e** feminine charms; **sie zeigt ihre ~e, sie läßt ihre ~e spielen** she displays her charms; **der ~ des Verbotenen** the lure of forbidden fruit; **der ~ der Neuheit** the attraction of novelty; **das hat k-n ~ für mich, ich kann der Sache k-n ~ abgewinnen** it holds no fascination for me, it does not appeal to me; **es hat so s-e ~e** it has its points; **der ~ (daran) liegt in ...** the attraction (of it) lies in ...; **darin liegt gerade der ~** that's exactly the fun of it; **(für j-n) den ~ verlieren** lose its attraction(s) (for s. o.), pall (on s. o.).

ˈreiz·bar *adj* irritable, excitable, (over)sensitive (*a. med.*), (*weitS. ungeduldig, leicht beleidigt etc*) *a.* touchy, testy, edgy, (*jähzornig*) irascible. **≗keit** *f* ⟨-; *no pl*⟩ irritability, excitability, (over)sensitiveness (*a. med.*), (*weitS. Ungeduldigkeit etc*) *a.* touchiness, testiness, edginess, (*Jähzorn*) irascibility.

ˈreiz·empˌfind·lich *adj bes. med.* susceptible to stimuli.

rei·zen [ˈraɪtsən] **I** *v/t* ⟨h⟩ **1.** (*irritieren, a. med. physiol. etc*) irritate (*skin, etc*), (*anregen*) stimulate (*nerve, appetite, etc*), (*Appetit*) *a.* whet, sharpen, (*Gaumen*) *a.* tickle. **2.** (*ärgern*) anger, irritate, annoy, nettle, *colloq.* rub *s.o.* the wrong way, (*erregen*) excite, rouse, stir, (*herausfordern*) provoke, pique, *colloq.* needle, (*wildes Tier, a. fig. hänseln, aufziehen*) bait, tease; **j-n bis aufs äußerste ~** try s. o. to the limit; **er reizte ihn bis aufs Blut** (*od. colloq.* **zur Weißglut**) he made his blood boil, *Br.* he made him livid; **zum Widerspruch ~** provoke contradiction. **3.** (*verlocken*) tempt, entice, (al)lure, (*anziehen, begeistern*) attract, fascinate, thrill; **alles Neue reizt ihn** he is attracted by anything (that is) new; **die Aufgabe reizte ihn** the task was a challenge to him, he was itching (*od.* eager, anxious) to do the job; **es würde mich ~, zu ...** I feel tempted to ..., I have half a mind to ...; **die Gefahr reizte ihn** the danger (of it) lured him; *colloq.* **das kann mich nicht ~** that leaves me cold, that is not exactly what I am after (*od.* out for). **II** *v/i* **4.** *beim Skat*: bid; **zu hoch ~** *a. fig.* overplay one's hand. **ˈrei·zend** *adj* charming, delightful, nice, pretty, lovely, (*allerliebst*) sweet, *Am. colloq.* cute; **wie ~ von Ihnen!** how charming (*od.* nice, sweet) of you!; *colloq. iro.* **das kann ja ~ werden!** nice outlook, I say!; **e-e ~e Bescherung!** what a pretty (*od.* fine) kettle of fish!

ˈreiz|er|ˌre·gend *adj* irritative. **≗ˌhu·sten** *m* dry cough.

Reiz·ker [ˈraɪtskər] *m* ⟨-s; -⟩ *bot.* lactarius.

ˈReiz|ˌkli·ma *n* stimulating climate. **~ˌkör·per** *m med.* stimulator, irritant. **~ˌlei·tung** *f med.* **1.** conduction (*od.* transmission) of impulses. **2.** *a.* **~ˌlei·tungs·syˌstem** *n* conduction system. **≗ˌlin·dernd** *adj* → reizmildernd. **≗los** *adj* **1.** charmless, without (*od.* lacking, devoid of) charm, unattractive, *Mädchen*: *a.* plain, uncomely, (*fade*) insipid, (*uninteressant*) uninteresting, (*langweilig*) boring. **2.** *med.* bland. **~lo·sig·keit** *f* ⟨-; *no pl*⟩ lack of charm, unattractiveness, (*Fadheit*) insipidness, insipidity. **≗ˌmil·dernd** *adj* soothing, lessening irritation. **~ˌmit·tel** *n zur Anregung*: stimulant (*a. fig. Anreiz*), *zur Reizung*: irritant, *bes. fig.* incentive. **~ˌschwel·le** *f psych.* stimulus threshold. **~ˌstoff** *m* stimulant, *störender*: irritant (agent). **~the·raˌpie** *f* irritation (*od.* stimulation) therapy. **~ˌüber·ˌflu·tung** *f* ⟨-; *no pl*⟩ overstimulation.

ˈRei·zung *f* ⟨-; -en⟩ stimulating (*etc*), *a. med.* (*Anregung*) stimulation, *a. der Haut etc*: irritation, *weitS.* → *a.* Reiz.

ˈreiz|ˌvoll *adj* charming, attractive, (*interessant*) fascinating, (*begeisternd*) thrilling, exciting, (*verlockend*) tempting, (*verführerisch*) seductive; **das ≗e an der Sache** the fascinating part of it, *colloq.* the fun of it; **~e Aufgabe** fascinating (*od.* rewarding, interesting) task, challenge. **≗ˌwä·sche** *f* sexy underwear, *colloq.* flimsies *pl*. **≗ˌwir·kung** *f* irritant (*anregend*: stimulating) effect. **≗ˌwort** *n* emotive term (*od.* word), stimulus word.

Re·ka·pi·tu|la·ti·on [rekapitulaˈtsĭoːn] *f* ⟨-; -en⟩ recapitulation. **≗ˈlie·ren** [-ˈliːrən] *v/t* ⟨*no* ge-, h⟩ recapitulate.

re·keln [ˈreːkəln] *v/reflex* ⟨h⟩ **sich ~ 1.** (*sich hinlümmeln*) lounge (around), sprawl (around), loll (about). **2.** (*a. v/t* **s-e Glieder ~**) stretch o. s., stretch one's limbs.

Re·kla·ma·ti·on [reklamaˈtsĭoːn] *f* ⟨-; -en⟩ (*Beanstandung*) complaint, (*Einspruch*) protest, objection.

Re·kla·me [reˈklaːmə] *f* ⟨-; -n⟩ *econ.* **1.** (*Werbung*) advertising, publicity, (*Verkaufsförderung*) (sales) promotion; **~ machen für** advertise, make publicity for, publicize, promote; **gute ~ für e-e Sache machen** give s. th. good publicity (*od.* a good boost); *fig.* **das ist k-e gute ~ für ihn** that's not going to help his reputation, that is no recommendation for him. **2.** (*Anzeige*) advertisement, *colloq.* ad; → *a.* Reklamesendung. **~arˌti·kel** *m* advertising gift (*od.* novelty). **~ˌbeiˌla·ge** *f* advertising supplement, *Am. colloq.* stuffer. **~ˌchef** *m* advertising (*od.* publicity) manager. **~ˌfachˌmann** *m* advertising (*od.* publicity, promotion) expert (*od.* man), *colloq.* adman. **~ˌfeldˌzug** *m* advertising campaign, (publicity) drive. **~ˌfilm** *m* advertising (*od.* publicity) film. **~ˌflä·che** *f* **1.** advertising space. **2.** *an Hauswänden etc*: billboard, *Br. a.* hoarding(s *pl*). **~ˌfo·to** *n* publicity photo. **~ˌko·sten** *pl* advertising (*od.* publicity) cost *sg* (*od.* expenses). **~ma·te·riˌal** *n* advertising material (*od.* matter). **~plaˌkat** *n* → Werbeplakat. **~ˌrum·mel** *m colloq.* ballyhoo, puffing-up, *weitS., a. pol. etc* build-up. **~ˌschild** *n* advertising board (*od.* sign), signboard, *zum Umhängen*: sandwich board. **~ˌsen·dung** *f Radio, TV* commercial, spot. **~ˌtrom·mel** *f colloq.* **die ~ rühren (für)** make a big sales drive (*od.* publicity campaign) (for), make a ballyhoo (about), ballyhoo *s. th.* **~ˌwe·sen** *n* ⟨-s; *no pl*⟩ advertising. **~ˌzet·tel** *m* advertising leaflet, handbill.

re·kla·mie·ren [reklaˈmiːrən] **I** *v/i* ⟨*no* ge-, h⟩ **1.** *econ.* (**wegen e-r Sache** *of od.* about s. th.) complain, lodge a complaint. **2.** *jur.* (**gegen e-e Sache**) object (to s. th.), protest (against s. th.). **3.** *Sport, beim Schiedsrichter*: complain. **II** *v/t* **4.** *econ.* (*Ware etc*) complain of (*od.* about), lodge a complaint about. **5.** (*zurückfordern*) reclaim, claim back. **6.** *Sport*: (make an) appeal for.

re·ko·gnos·zie·ren [rekɔgnɔsˈtsiːrən] *v/t* ⟨*no* ge-, h⟩ reconnoit/re (*Am.* -er).

re·kon·stru·ie·ren [rekɔnstruˈiːrən] *v/t* ⟨*no* ge-, h⟩ (*Bauten etc, a. fig. Tathergang etc*) reconstruct. **Re·kon·struk·ti·on** [rekɔnstrukˈtsĭoːn] *f* ⟨-; -en⟩ (*Wiederherstellung, a. fig. rückblickende Wiedergabe*) reconstruction.

re·kon·va·les·zent [rekɔnvalɛsˈtsɛnt] *adj*, **Re·kon·va·lesˈzent** *m* ⟨-en; -en⟩, **Re·kon·va·lesˈzen·tin** *f* ⟨-; -nen⟩ convalescent. **Re·kon·va·lesˈzenz** [-ˈtsɛnts] *f* ⟨-; *no pl*⟩ convalescence.

Re·kord [reˈkɔrt] *m* ⟨-(e)s; -e⟩ record, *weitS. a.* all-time high; **e-n ~ aufstellen** set (up) (*od.* establish) a record; **e-n ~ brechen** (*od.* **unterbieten**) break (*od.* beat, smash) a record; **e-n ~ halten** (*od.* **innehaben**) hold a record; **e-n ~ verbessern** improve (*od.* better) a record; **auf ~ laufen** attack (*od.* attempt) a record; *bes. fig.* **alle ~e schlagen** beat all records, reach an all-time high.

Re·kord... *in Zssgn allg.* record(-breaking) ... **~ˌbre·cher** *m Sport*: record breaker (*od.* smasher). **~ˌern·te** *f* record (*od. colloq.* bumper) crop. **~ˌhal·ter** *m*, **~ˌhal·te·rin** *f* ⟨-; -nen⟩, **~ˌinˌha·ber** *m*, **~ˌinˌha·be·rin** *f* record holder. **~ˌlauf** *m* record run. **~verˌsuch** *m* attempt upon a record, record-breaking attempt. **~ˌzeit** *f* record time.

Re·krut [reˈkruːt] *m* ⟨-en; -en⟩ recruit. **Reˈkru·tenˌausˌbil·dung** *f* initial (*od.* basic) training.

re·kru·tie|ren [rekruˈtiːrən] **I** *v/t* ⟨*no* ge-, h⟩ recruit. **II** *v/reflex* **sich ~ aus** be recruited from, be composed (*od.* made up) of. **≗rung** *f* ⟨-; -en⟩ recruitment.

ˈRek·ta|in·dos·saˌment [ˈrɛkta-] *n econ.* restrictive endorsement (*od.* indorsement). **~ˌklau·sel** *f beim Wechsel*: restrictive clause.

rek·tal [rɛkˈtaːl] *adj* rectal.

ˈRek·ta|paˌpie·re *pl econ.* **1.** non-negotiable instruments. **2.** (*Effekten*) registered securities. **~ˌwech·sel** *m* non-negotiable bill of exchange.

Rek·ti·fi|ka·ti·on [rɛktifikaˈtsĭoːn] *f* ⟨-; -en⟩ *chem. math.* rectification. **≗ˈzie·ren** [-ˈtsiːrən] *v/t* ⟨*no* ge-, h⟩ rectify. **~ˈzie·rung** *f* ⟨-; -en⟩ rectification.

Rek·ti·on [rɛkˈtsĭoːn] *f* ⟨-; -en⟩ *ling.* government, regimen, rection; **die ~ e-s Verbs** the case governed by a verb.

Rek·to [ˈrɛkto] *n* ⟨-s; -s⟩ (*Buch-, Blattvorderseite*) recto, front cover.
Rek·tor [ˈrɛktɔr] *m* ⟨-s; -en [-ˈtoːrən]⟩ **1.** *ped.* headmaster, *Am.* principal. **2.** *univ.* rector, *geschäftsführender*: vice-chancellor, *Am.* president. **Rek·to·rat** [rɛktoˈraːt] *n* ⟨-(e)s; -e⟩ headmastership, *univ.* rectorship, *Am.* presidency, (*Büro*) office of headmaster, *etc.* **Rek·to·rin** [rɛkˈtoːrɪn] *f* ⟨-; -nen⟩ headmistress, *Am.* superintendent.
Rek·to|skop [rɛktoˈskoːp] *n* ⟨-s; -e⟩ *med.* rectoscope, proctoscope. **~sko·ˈpie** [-skoˈpiː] *f* ⟨-; -n [-ən]⟩ rectoscopy.
Rek·tum [ˈrɛktum] *n* ⟨-s; Rekta [-ta]⟩ *anat.* rectum.
re·kur·siv [rekurˈziːf] *adj math.* recurrent.
Re·lais [rəˈlɛː] *n* ⟨- [-ˈlɛː(s)]; - [-ˈlɛːs]⟩ *electr.* relay; **durch** (*od.* **mit**) **~ steuern** relay-control.
Reˈlais... *in Zssgn* relay (*satellite, connection, station, control, etc*).
Re·la·ti·on [relaˈtsĭoːn] *f* ⟨-; -en⟩ **1.** (*Beziehung*) relation(ship). **2.** (*Verhältnis*) proportion, ratio.
re·la·tiv [relaˈtiːf] **I** *adj* relative (**zu** to). **II** *adv* (*verhältnismäßig*) relatively, comparatively. **III** ≈ *n* ⟨-s; -e⟩ → **Relativpronomen.** **≈ad|verb** *n* relative adverb.
re·la·ti|vie·ren [relatiˈviːrən] *v/t* ⟨*no* **ge-**, **h**⟩ **1.** relativize. **2.** (*einschränken*) qualify. **≈ˈvis·mus** [-ˈvɪsmus] *m* ⟨-; *no pl*⟩ relativism. **~ˈvi·stisch** [-ˈvɪstɪʃ] *adj* relativistic. **≈viˈtät** [-viˈtɛːt] *f* ⟨-; *no pl*⟩ *a. philos. phys. etc* relativity.
Re·la·ti·viˈtäts|prin|zip *n* principle of relativity. **~theo|rie** *f* theory of relativity, relativity theory.
Re·laˈtiv|pro|no·men *n* relative (pronoun). **~|satz** *m* relative clause.
Re·la·ti·vum [relaˈtiːvum] *n* ⟨-s; -tiva [-va]⟩ → **Relativpronomen.**
Re·le|ga·ti·on [relegaˈtsĭoːn] *f* ⟨-; -en⟩ *ped.* expulsion; **zeitweilige ~** rustication. **≈ˈgie·ren** [-ˈgiːrən] *v/t* ⟨*no* **ge-**, **h**⟩ expel, *Br.* (*Studenten*) *a.* send down; **zeitweilig ~** rusticate.
re·le|vant [releˈvant] *adj* **1.** (*erheblich, zutreffend*) (**für** to) relevant, pertinent. **2.** (*wichtig*) important, significant. **≈ˈvanz** [-ˈvants] *f* ⟨-; -en⟩ **1.** (*Erheblichkeit*) relevance, pertinence. **2.** (*Wichtigkeit*) importance, significance.
Re·li·ef [reˈlĭɛf] *n* ⟨-s; -s *u.* -e⟩ *geogr. Kunst*: relief; **erhabenes** (**versenktes**) **~** high (low) relief. **~|druck** *m* ⟨-(e)s; -e⟩ relief (printing). **~|kar·te** *f* relief map.
Re·li·gi·on [reliˈgĭoːn] *f* ⟨-; -en⟩ **1.** religion, (*Glaube*) faith, belief; **er hat k-e** (*od.* **ist ohne**) **~** he has no religion (*od.* faith). **2.** *ped.* scripture, religious instruction.
Re·li·giˈons|aus|übung *f* worship, religious observance; **freie ~** freedom of worship. **~|ei·fer** *m* religious zeal. **≈|feind·lich** *adj* antireligious, hostile (*od.* opposed) to religion. **~|frei·heit** *f* religious freedom. **~ge|mein·schaft** *f* religion, confession, denomination. **~ge|schich·te** *f* history of religion. **~|krieg** *m* religious war. **~|leh·re** *f* → **Religionsunterricht** 1. **~|leh·rer** *m* teacher of religious education, R. E. (*od.* scripture) teacher. **≈los** *adj* **1.** *Person*: unreligious, irreligious. **2.** *Erziehung etc*: unreligious, non-religious. **~lo·sig·keit** *f* ⟨-; *no pl*⟩ unreligiousness, irreligion. **~phi·lo·so|phie** *f* philosophy of religion. **~|stif·ter** *m* founder of a religion. **~|streit** *m* religious dispute (*od.* controversy). **~|stun·de** *f* scripture (lesson). **~|un·ter|richt** *m* **1.** religious instruction (*od.* education). **2.** (*Stunde*) scripture lesson. **~|wis·sen·schaft** *f* scientific study of religion; **vergleichende ~** comparative religion. **~|zu·ge|hö·rig·keit** *f* religious affiliation.
re·li·gi·ös [reliˈgĭøːs] *adj* religious, *Kunst*: *a.* sacred, (*fromm*) *a.* pious, godly; **streng ~** devout; **~er Eiferer** fanatic; **~er Wahnsinn** religious mania; **~** (**eingestellt**) **sein** be religious(-minded). **Re·li·gio·si·tät** [religĭoziˈtɛːt] *f* ⟨-; *no pl*⟩ religiousness.
Re·likt [reˈlɪkt] *n* ⟨-(e)s; -e⟩ **1.** *allg., ling. etc* relic. **2.** *bes. biol.* relict.
Re·ling [ˈreːlɪŋ] *f* ⟨-; -s, *rare* -e⟩ *mar.* rail.
Re·li·qui·ar [reliˈkvĭaːr] *n* ⟨-s; -e⟩ *relig.* reliquary.
Re·li·quie [reˈliːkvĭə] *f* ⟨-; -n⟩ relic.
Reˈli·qui·en|kult *m* worship of relics. **~|schrein** *m* reliquary. **~ver|eh·rung** *f* veneration of relics.
Rem, rem [reːm] *n* ⟨-; -⟩ *nucl.* rem (= *roentgen equivalent man*).
re·ma·nent [remaˈnɛnt] *adj phys.* remanent.
Re·ma·nenz [remaˈnɛnts] *f* ⟨-; *no pl*⟩ *phys.* remanence, remanent magnetism. **~|span·nung** *f electr.* residual voltage.
Rem·bours [rãˈbuːr] *m* ⟨-[-ˈbuːr(s)]; -[-ˈbuːrs]⟩ (*Rückerstattung*) reimbursement.
re·mi·li·ta·ri·sie|ren [remilitariˈziːrən] *v/t* ⟨*no* **ge-**, **h**⟩ remilitarize. **≈rung** *f* ⟨-; *no pl*⟩ remilitarization.
Re·mi·nis·zenz [reminɪsˈtsɛnts] *f* ⟨-; -en⟩ reminiscence.
re·mis [rəˈmiː] **I** *adj* ⟨*pred*⟩ *u. adv* drawn; **~ sein** (**enden**) *Spiel*: *a.* be (end in) a draw; **~ spielen** draw. **II** ≈ *n* ⟨-[-ˈmiː(s)]; -[-ˈmiːs]⟩ drawn game, draw.
Re·mi·se [reˈmiːzə] *f* ⟨-; -n⟩ *obs.* **1.** coach house. **2.** (tool) shed.
Re·mit·ten·de [remɪˈtɛndə] *f* ⟨-; -n⟩ *meist pl im Buchhandel*: return (*od.* unsold) copy, returned book; **~n** *pl* returns.
Re·mit·tent [remɪˈtɛnt] *m* ⟨-en; -en⟩ *econ.* payee (of a bill of exchange). **re·mitˈtie·ren** [-ˈtiːrən] **I** *v/t* ⟨*no* **ge-**, **h**⟩ send *s. th.* back, return. **II** *v/i med.* (*nachlassen*) remit.
Rem·mi·dem·mi [rɛmiˈdɛmi] *n* ⟨-s; *no pl*⟩ *colloq.* (*Lärm*) (big) noise, din, (*Party etc*) noisy party, binge, *weitS.* (*Getue*) fuss, hullabaloo (**um** over, about).
Re·mou·la·de [remuˈlaːdə] *f* ⟨-; -n⟩ (*Kräutermayonnaise*) remoulade.
Rem·peˈlei *f* ⟨-; -en⟩ jostle, *colloq.* barging, *Sport*: *a.* charge. **rem·peln** [ˈrɛmpəln] *v/t* ⟨**h**⟩ jostle (against), bump (*od. colloq.* barge) into (*od.* against), *Sport*: *a.* charge.
Ren [rɛn; reːn] *n* ⟨-s [rɛns; reːns]; -s [rɛns; reːns], -e [ˈreːnə]⟩ *zo.* reindeer.
Re·nais·sance [rənɛˈsãːs] *f* ⟨-; -n [-sən]⟩ **1.** *hist. u. Kunst*: Renaissance (period). **2.** *fig.* (*Wiederaufleben*) renaissance, revival. **~|mensch** *m* Renaissance man. **~|zeit** *f* → **Renaissance** 1.
re·nal [reˈnaːl] *adj med.* renal.
Ren·dez·vous [rãdeˈvuː] *n* ⟨-[-ˈvuː(s)]; -[-ˈvuːs]⟩ **1.** rendezvous, date, (*allg. Verabredung*) appointment; **ein ~ mit e-m Mädchen verabreden** (*od.* **vereinbaren**) arrange a rendezvous (*od.* make a date) with a girl, *colloq.* date a girl; **nicht zum ~ kommen** not to keep one's date, *colloq.* stand s. o. up; *bes. weitS.* **sich ein ~ geben** (*zs.-kommen*) rendezvous. **2.** *Raumfahrt*: rendezvous. **~ma|nö·ver** *n Raumfahrt*: rendezvous (*od.* docking) manoeuvre (*Am.* maneuver).
Ren·di·te [rɛnˈdiːtə] *f* ⟨-; -n⟩ *econ.* (net) yield, effective interest. **Renˈdi·ten|haus** *n Swiss for* **Mietshaus.**
Re·ne·gat [reneˈgaːt] *m* ⟨-en; -en⟩, **Re·neˈga·tin** *f* ⟨-; -nen⟩ *pol. relig.* renegade.
Re·ne·klo·de [rɛːnəˈkloːdə] *f* ⟨-; -n⟩ (*Pflaumenart*) greengage.
Re·net·te [reˈnɛtə] *f* ⟨-; -n⟩ (*Apfelsorte*) rennet.
re·ni·tent [reniˈtɛnt] *adj* refractory. **Re·niˈtenz** [-ˈtɛnts] *f* ⟨-; *no pl*⟩ refractoriness.
Ren·ke [ˈrɛŋkə] *f* ⟨-; -n⟩, **ˈRen·ken** *m* ⟨-s; -⟩ *ichth.* whitefish.
ˈRenn||bahn *f für Pferderennen*: (race)course, (race)track, turf, *für Autorennen*: racing course, *bes. Am.* speedway, *für Radrennen*: cycling track, *Laufsport*: track. **~|boot** *n* racing boat, speedboat.
ren·nen [ˈrɛnən] **I** *v/i* ⟨**rennt, rannte,** *rare* **rennte, gerannt, sein**⟩ **1.** run, rush, dash, tear; **auf und davon ~** take to one's heels, make off; **schneller ~ als** outrun *s. o.*; **gerannt kommen** run up, come running up; **um die Wette ~** race each other, run a race; *fig. colloq.* **mit dem Kopf durch die Wand ~** knock one's head against a (brick) wall; *fig.* **in sein** (*od.* **ins**) **Verderben ~** be headed for disaster, run headlong into disaster; **j-m in die Arme ~** run (*od.* bump) into s. o.; *fig. colloq.* **sie rennt wegen jeder Kleinigkeit zum Arzt** she runs to (*od.* sees) her doctor for any minor complaint. **2.** (**gegen** against) run, knock, bump, bang; **er rannte mit dem Kopf gegen die Wand** he bumped his head against the wall; *fig.* **mit dem Kopf gegen die Wand ~** run one's head against a wall. **II** *v/t* ⟨**h**⟩ **3.** (*stoßen*) run; **j-m das Messer in die Brust ~** run (*od.* stick) a knife into s. o.'s chest, knife (*od.* stab) s. o. in the chest; **sich** (*dat*) **ein Loch in den Kopf ~** knock a hole in one's head; **j-n über den Haufen ~** run (*od.* knock) s. o. down (*od.* over). **III** ≈ *n* ⟨-s⟩ **4.** running (*etc*); **beim ≈ außer Atem kommen** run o. s. out of breath.
ˈRen·nen *n* ⟨-s; -⟩ *Sport u. fig.* race, (*Einzel*≈) heat; **totes ~** dead heat; **ein ~ besuchen** go to a race, (*Pferderennen*) go to the races; **ein ~ fahren** (drive in a) race; **aus dem ~ sein** *a. fig.* be out of the running; **das ~ machen** win (the race), come in first, *bes. fig.* make the running; **das ~ aufgeben** give up (the race), *fig. a.* throw up (*od.* in) the sponge; (*fig.* **noch**) **gut im ~ liegen** be well placed (in the race), (*fig.* be still going strong); *fig.* **das ~ ist gelaufen** it's all over, *erfolgreich*: it's all in the bag.
ˈRen·ner *m* ⟨-s; -⟩ **1.** → **Rennpferd. 2.** *colloq.* (*Erfolg*) hit, money-spinner, *thea. etc a.* draw.
Ren·neˈrei *f* ⟨-; -en⟩ *colloq.* running around, legwork.
ˈRenn||fah·rer *m*, **~|fah·re·rin** *f Motorsport*: racing (*od.* race) driver, racer, racing motorcyclist, *Radsport*: racing cyclist, *Skisport*: ski racer. **~|for·mel** *f Motorsport*: racing formula. **~|läu·fer** *m*, **~|läu·fe·rin** *f* ski racer. **~|lei·tung** *f* race committee, stewards *pl.* **~ma|schi·ne** *f Motorsport*: racing machine, racer. **~|pferd** *n* racehorse, racer. **~|rad** *n* racing bicycle, racer. **~|ro·del** *m* toboggan. **~|schu·he** *pl* track shoes. **~|sport** *m* (motor, *etc*) racing; → *a.* **Pferderennsport.** **~|stall** *m* **1.** (racing) stable. **2.** *colloq. Motorsport etc*: racing team. **~|strecke** (*getr.* **-k·k-**) *f* **1.** → **Rennbahn. 2.** distance to be covered. **~|wa·gen** *m* racing car, racer.
Re·nom|mee [renɔˈmeː] *n* ⟨-s; -s⟩ reputation, repute, renown; **ein gutes ~ haben, in gutem ~ stehen** *a.* be in good

repute, be held in high repute. **≈ˈmie·ren** [-ˈmiːrən] *v/i* ⟨*no* **ge-**, **h**⟩ (**mit**) boast (of), brag (about), talk big (about), swagger (about), (*angeben mit*) show *s. th.* off, show off (with). **≈ˈmiert** *adj* (**wegen** for) noted, renowned, reputed; **e-e ~e Firma** a firm of high repute. **~ˈmist** [-ˈmɪst] *m* ⟨**-en; -en**⟩ boaster, braggart, show-off.

re·no·vie|ren [renoˈviːrən] *v/t* ⟨*no* **ge-**, **h**⟩ renovate, *colloq.* do up, (*Innenraum*) redecorate. **≈rung** *f* renovation, *von Innenräumen*: redecoration.

ren·ta·bel [rɛnˈtaːbəl] *adj* profitable, paying, (*wirtschaftlich*) economic. **Ren·ta·bi·li·tät** [rɛntabiliˈtɛːt] *f* ⟨**-;** *no pl*⟩ profitability, profitableness.

Ren·ta·bi·liˈtäts|ˌgren·ze *f* limit of profitability, break-even point. **~ˌrech·nung** *f* profitability calculation. **~ˌschwel·le** *f* marginal profit, break-even point.

Ren·te [ˈrɛntə] *f* ⟨**-; -n**⟩ *econ.* **1.** (*Alters≈*) (old age *od.* retirement) pension; **in (die) ~ gehen** retire, be superannuated. **2.** *aus der Sozialversicherung*: (social insurance, *Am.* Social Security) pension; **dynamische ~** index-linked pension. **3.** (*Jahres≈*) (**lebenslängliche ~** life) annuity. **4.** (*Ertrag*) yield, (*Pacht*) rent, (*Zins*) interest. **5.** *pl* (*Staatsanleihen*) government stocks (*bes. Am.* bonds).

ˈRen·ten|ˌal·ter *n* pension (*od.* retirement) age. **~ˌan|ˌlei·he** *f* perpetual bonds *pl*. **~ˌan|ˌpas·sung** *f* adjustment of pensions to price movements. **~ˌbank** *f* ⟨**-; -en**⟩ public mortgage bank. **~ˌba·sis** *f* basis of annuity payments. **~beˌmes·sungsˌgrundˌla·ge** *f* pension claim basis, scale for fixing the amount of (retirement) pension(s). **~beˌzü·ge** *pl* pensions. **~empˌfän·ger** *m*, **~empˌfän·ge·rin** *f* → Rentner(in). **~erˌhö·hung** *f* increase (*od.* rise) in pensions. **~ˌmarkt** *m* bond market. **~ˌnachˌzah·lung** *f* supplementary pension payment. **~paˌpie·re** *pl* fixed-interest (bearing) securities, bonds. **~reˌform** *f* reform of old age pensions. **~ˌträ·ger** *m* pension-paying institution. **~verˌsi·che·rung** *f* social insurance (*od.* security) pension fund. **~verˌsi·che·rungsˌanˌstalt** *f* social insurance (*od.* security) board (*od.* institute).

ˈRenˌtier[1] *n* → Ren.

Ren·ti·er[2] [rɛnˈtĭeː] *m* ⟨**-s; -s**⟩ (*Privatier*) man of private means, rentier.

ren·tie·ren [rɛnˈtiːrən] *v/reflex* ⟨*no* **ge-**, **h**⟩ **sich ~** pay (its way), be profitable, be economic; *colloq.* **es rentiert sich nicht** *a.* it isn't worthwhile.

ˈRenˌtierˌflech·te *f bot.* reindeer moss.

Rent·ner [ˈrɛntnər] *m* ⟨**-s; -**⟩, **ˈRent·ne·rin** *f* ⟨**-; -nen**⟩ pensioner, recipient of a pension, *e-r Jahresrente*: *a.* annuitant.

Re·ok·ku|pa·ti·on [reˀɔkupaˈtsĭoːn] *f* ⟨**-; -en**⟩ *mil.* reoccupation. **≈ˈpie·ren** [-ˈpiːrən] *v/t* ⟨*no* **ge-**, **h**⟩ reoccupy.

Re·or·ga·ni|sa·ti·on [reˀɔrganizaˈtsĭoːn] *f* ⟨**-; -en**⟩ reorganization. **≈ˈsie·ren** [-ˈziːrən] *v/t* ⟨*no* **ge-**, **h**⟩ reorganize. **~ˈsie·rung** *f* ⟨**-; -en**⟩ reorganization.

re·pa·ra·bel [repaˈraːbəl] *adj Schaden etc*: reparable, repairable.

Re·pa·ra·tio·nen [reparaˈtsĭoːnən] *pl* (**~ leisten** *od.* **zahlen** make) reparations.

Re·pa·ra·tiˈons|ˌfor·de·rung *f* reparation claim(s *pl*). **~ˌzah·lung** *f* reparation payment.

Re·pa·ra·tur [reparaˈtuːr] *f* ⟨**-; -en**⟩ **1.** (*Tätigkeit*) repair(ing), mending. **2.** repair(s *pl*); **in ~** under repair, repairing; **et. in ~ geben** have (*od.* get) s. th. repaired; **~en vornehmen** (*od.* **ausführen**) make repairs (**an** *dat* to). **~ˌar·bei·ten** *pl* repair work *sg*. **≈beˌdürf·tig** *adj* in need (*od.* want) of repair, out of repair; **~ sein** *a.* need (*od.* want) repairing. **≈ˌfä·hig** *adj* repairable. **~ˌko·sten** *pl* (cost *sg* of) repair(s), repairing expenses. **~ˌwerkˌstatt, ~ˌwerkˌstät·te** *f* repair (work)shop, *mot.* repair shop, service station, garage.

re·pa·rie·ren [repaˈriːrən] *v/t* ⟨*no* **ge-**, **h**⟩ repair, mend, *colloq.* fix; **die Uhr kann nicht mehr repariert werden** the watch is beyond repair; **der Schaden läßt sich nicht mehr ~** the damage is irreparable.

re·pa·tri|ie·ren [repatriˈiːrən] *v/t* ⟨*no* **ge-**, **h**⟩ *pol.* repatriate. **≈ˈier·te** *m, f* ⟨**-n; -n**⟩ repatriate. **≈ˈie·rung** *f* ⟨**-; -en**⟩ repatriation.

Re·per·toire [repɛrˈtŏaːr] *n* ⟨**-s; -s**⟩ repertoire, repertory, *fig. a.* stock, fund. **~ˌstück** *n* repertory (*od.* stock) play. **~thea·ter** [-teˌaːtər] *n* repertory (theatre, *Am.* -er).

Re·pe·tent [repeˈtɛnt] *m* ⟨**-en; -en**⟩, **Re·peˈten·tin** *f* ⟨**-; -nen**⟩ *ped. obs.* repeater. **re·peˈtie·ren** [-ˈtiːrən] **I** *v/t* ⟨*no* **ge-**, **h**⟩ (*Lehrstoff etc*) repeat, revise. **II** *v/i* repeat a class (*Am.* grade).

Re·peˈtier·geˌwehr *n* magazine rifle, repeater.

Re·pe·ti·ti·on [repetiˈtsĭoːn] *f* ⟨**-; -en**⟩ repetition. **Re·peˈti·tor** [-ˈtiːtɔr] *m* ⟨**-s; -en** [-tiˈtoːrən]⟩ *ped.* coach. **Re·pe·tiˈto·ri·um** [-ˈtoːrĭʊm] *n* ⟨**-s; -rien**⟩ *ped.* **1.** refresher course. **2.** revision manual.

Re·plik [reˈpliːk] *f* ⟨**-; -en**⟩ **1.** reply (*a. jur.*). **2.** *Kunst*: replica.

Re·port [reˈpɔrt] *m* ⟨**-(e)s; -e**⟩ **1.** report. **2.** *Börse*: contango (rate).

Re·por·ta·ge [repɔrˈtaːʒə] *f* ⟨**-; -n**⟩ (*Bericht*) report(age), *vom Schauplatz*: *a.* on-the-spot report, running commentary (*alle*: **über** *acc* on), coverage (**über** *acc* of). **Re·por·ter** [reˈpɔrtər] *m* ⟨**-s; -**⟩, **Reˈpor·te·rin** *f* ⟨**-; -nen**⟩ reporter, *am Schauplatz*: commentator.

Reˈport·geˌschäft *n* contango (business).

re·prä·sen·ta·bel [reprɛzɛnˈtaːbəl] *adj* **1.** (*gesellschaftsfähig*) presentable. **2.** (*eindrucksvoll*) imposing, impressive.

Re·prä·sen·tant [reprɛzɛnˈtant] *m* ⟨**-en; -en**⟩ *econ. pol. etc* representative, *weitS. e-r Kunstrichtung etc*: *a.* exponent.

Re·prä·senˈtan·tenˌhaus *n pol. Am.* House of Representatives.

Re·prä·senˈtan·tin *f* ⟨**-; -nen**⟩ → Repräsentant.

Re·prä·sen·ta·ti·on [reprɛzɛntaˈtsĭoːn] *f* ⟨**-; -en**⟩ **1.** *econ. pol.* representation. **2.** style of life appropriate to s. o.'s status; **nur der ~ dienen** be a mere status symbol, be merely for status (*od.* prestige).

Re·prä·sen·ta·tiˈons|ˌbau *m* prestige building. **~fiˌgur** *f* figurehead. **~ˌgel·der** *pl*, **~ˌko·sten** *pl econ.* (official) entertainment allowance *sg* (*od.* expenses). **~ˌpflich·ten** *pl* social duties. **~ˌwa·gen** *m* prestige car.

re·prä·sen·ta·tiv [reprɛzɛntaˈtiːf] *adj* **1.** (*würdig, eindrucksvoll*) imposing, impressive, stately; **nur zu ~en Zwecken gebraucht werden** be used only on formal occasions. **2.** (*typisch*) (**für** of) representative, characteristic, typical; **als ~ gelten** be regarded as representative. **3.** *pol.* **~e Demokratie** representative democracy. **≈beˌfra·gung** *f Meinungsforschung*: sample inquiry. **≈erˌhe·bung** *f* statistical sampling. **≈staˌti·stik** *f* sample statistics *pl* (*als sg od. pl konstruiert*).

re·prä·sen·tie·ren [reprɛzɛnˈtiːrən] **I** *v/t* ⟨*no* **ge-**, **h**⟩ *allg., econ. pol. u. fig.* represent, (*darstellen*) *a.* stand for, (*Wert*) *a.* constitute. **II** *v/i* (**gut**) **~ können** cut a fine figure (*od.* have a good presence) in society; **sie muß viel ~** she has to entertain a lot, she has a lot of social duties.

Re·pres·sa·lie [reprɛˈsaːlĭə] *f* ⟨**-; -n**⟩ *meist pl* reprisal, (*Vergeltung*) *a.* (act of) retaliation; **~n anwenden** (*od.* **ergreifen**) make (*od.* take) reprisals (**gegen** on *od.* against).

re·pres·siv [reprɛˈsiːf] *adj* repressive.

Re·pri·se [reˈpriːzə] *f* ⟨**-; -n**⟩ **1.** *thea.* re-staging, re-enactment, *weitS. a.* revival, *Film, Schallplatte etc*: reissue. **2.** *mus. im Sonatensatz*: recapitulation. **3.** *econ.* recovery.

re·pri·va·ti·sie|ren [reprivatiˈziːrən] *v/t* ⟨*no* **ge-**, **h**⟩ *econ.* denationalize. **≈rung** *f* ⟨**-; -en**⟩ denationalization.

Re·pro·duk·ti·on [reprodukˈtsĭoːn] *f* ⟨**-; -en**⟩ reproduction.

Re·pro·duk·tiˈons|ˌka·me·ra *f* process (*od.* copying) camera. **~pho·toˌgraˌphie** *f* process photography. **~ˌtech·nik** *f* reproduction method. **~verˌfah·ren** *n* reproduction process.

re·pro·duk·tiv [reprodukˈtiːf] *adj* reproductive. **re·pro·duˈzier·bar** *adj* reproducible. **Re·pro·duˈzier·bar·keit** *f* reproducibility. **re·pro·du·zie·ren** [reproduˈtsiːrən] *v/t* ⟨*no* **ge-**, **h**⟩ reproduce, *print.* (*mechanisch vervielfältigen*) *a.* process.

Re·pro·gra·phie [reprograˈfiː] *f* ⟨**-; -n** [-ən]⟩ *print.* reprography.

Rep·til [rɛpˈtiːl] *n* ⟨**-s; -ien** [-lĭən], *rare* **-e**⟩ *zo.* reptile.

Repˈti·li·enˌfonds *m pol.* secret funds *pl*.

Re·pu·blik [repuˈbliːk] *f* ⟨**-; -en**⟩ republic.

Re·pu·bli|ka·ner [republiˈkaːnər] *m* ⟨**-s; -**⟩, **~ˈka·ne·rin** *f* ⟨**-; -nen**⟩, **≈ˈka·nisch** *adj* republican, *in USA*: Republican.

Re·puˈblikˌflucht *f DDR*: absconding (*od.* escaping) from the German Democratic Republic.

Re·pul·si·on [repulˈzĭoːn] *f* ⟨**-; -en**⟩ repulsion. **Re·pul·siˈonsˌmo·tor** *m* repulsion motor.

Re·pu·ta·ti·on [reputaˈtsĭoːn] *f* ⟨**-;** *no pl*⟩ (good *od.* high) reputation, (high) repute.

Re·qui·em [ˈreːkvĭɛm] *n* ⟨**-s; -s** *u.* **-quien** [-kvĭən]⟩ *mus.* requiem, Requiem.

re·qui·rie·ren [rekviˈriːrən] *v/t* ⟨*no* **ge-**, **h**⟩ requisition, commandeer, seize.

Re·qui·sit [rekviˈziːt] *n* ⟨**-(e)s; -en**⟩ **1.** *meist pl thea.* (stage) properties *pl*, *colloq.* props *pl*. **2.** *fig.* essential (*od.* indispensable) thing (*od.* part, tool, *etc*). **Re·quiˈsi·tenˌkam·mer** *f thea.* property room. **Re·qui·siˈteur** [-ziˈtøːr] *m* ⟨**-s; -e**⟩ *thea.* property man.

Re·qui·si·ti·on [rekviziˈtsĭoːn] *f* ⟨**-; -en**⟩ *jur. mil.* requisition.

resch [rɛʃ] *adj* ⟨**-er; -est**⟩ *Southern G. and Austrian Brot etc*: crusty, crisp, *Wein*: tart, sharp, *fig. Mädchen*: sprightly, strapping.

Re·se·da [reˈzeːda] *f* ⟨**-; -s**⟩, **Reˈse·de** *f* ⟨**-; -n**⟩ *bot.* mignonette.

Re·sek·ti·on [rezɛkˈtsĭoːn] *f* ⟨**-; -en**⟩ *med.* resection.

Re·ser·vat [rezɛrˈvaːt] *n* ⟨**-(e)s; -e**⟩ **1.** *für Wild etc*: reserve. **2.** → **Re·ser·va·ti·on** [rezɛrvaˈtsĭoːn] *f* ⟨**-; -en**⟩ *der Indianer*: reservation.

Re·ser·ve [reˈzɛrvə] *f* ⟨-; -n⟩ **1.** (*Vorrat etc*) reserve(s *pl*) (*a. fig. u. econ.*), reserve supply (*od.* supplies *pl*); **in ~ haben (halten)** have (hold *od.* keep) in reserve, *fig.* have in store (*od.* up one's sleeve); *econ.* **stille ~** hidden reserves *pl*; **auf die ~n zurückgreifen, die ~n angreifen** fall back on (*od.* draw on, break into) one's reserves. **2.** ⟨*only sg*⟩ (*Zurückhaltung*) reserve, reticence; **sich** (*dat*) **~ auferlegen** be reserved; **sich** (*dat*) **k-e ~ auferlegen** be forward; **j-n aus s-r ~ herausholen** (*od.* **herauslocken**) bring s. o. out of himself (*od.* his shell, his reserve), break through s. o.'s reserve; **aus s-r ~ herauskommen** *a.* open up. **3.** *mil. im Frieden*: reserve, *im Krieg*: reserves *pl*. **~bat·te͵rie** *f electr.* spare battery. **~͵fonds** *m econ.* reserve (*od.* surplus) fund. **~ka͵ni·ster** *m* spare can. **~ka·pi͵tal** *n econ.* reserve capital. **~͵mann·schaft** *f* reserve team. **~of·fi͵zier** *m* reserve officer. **~͵rad** *n* spare wheel. **~͵rei·fen** *m* spare tyre (*Am.* tire). **~͵spei·cher** *m Computer*: stand-by store. **~͵tank** *m* reserve tank. **~͵teil** *m, n* spare (part). **~͵trup·pen** *pl* reserves.

re·ser·vie·ren [rezɛrˈviːrən] *v/t* ⟨*no* **ge-**, **h**⟩ (*zurück-, bereitlegen*) reserve, hold, save, (*Karte, Platz etc*) *a.* **~ lassen** reserve, book, make a reservation for; **für j-n e-n Platz ~** keep (*od.* save) a seat for s. o., keep s. o. a seat.

re·serˈviert *adj Tisch etc*: reserved (*a. fig. zurückhaltend* **gegenüber** towards); **sich ~ verhalten** *a.* hold (*od.* keep) aloof; **~ gegenüberstehen** (*dat*) have reservations about; *adv* **~ behandeln** treat with reserve. **2heit** *f* ⟨-; *no pl*⟩ reserve.

Re·serˈvie·rung *f* ⟨-; -en⟩ reservation.

Re·ser·vist [rezɛrˈvɪst] *m* ⟨-en; -en⟩ *mil.* reservist.

Re·ser·voir [rezɛrˈvŏaːr] *n* ⟨-s; -e⟩ *tech. u. fig.* reservoir.

re·se·zie·ren [rezeˈtsiːrən] *v/t* ⟨*no* **ge-**, **h**⟩ *med.* resect.

Re·si·denz [reziˈdɛnts] *f* ⟨-; -en⟩ residence. **~͵stadt** *f* capital, seat of a court.

re·si·die·ren [reziˈdiːrən] *v/i* ⟨*no* **ge-**, **h**⟩ *Fürst*: reside.

re·si·du·al [reziˈdŭaːl] *adj,* **Re·si·duˈal...** *in Zssgn* residual. **Re·si·du·um** [reˈziduum] *n* ⟨-s; -duen [-dŭən]⟩ residue, residuum.

Re·si·gna·ti·on [rezɪgnaˈtsĭoːn] *f* ⟨-; *no pl*⟩ resignation. **re·si·gnie·ren** [rezɪˈgniːrən] *v/i* ⟨*no* **ge-**, **h**⟩ give up, resign o. s. to one's fate (*od.* to the circumstances). **re·siˈgniert I** *adj* resigned (*smile, etc*). **II** *adv* resignedly, *weitS. a.* with resignation.

Ré·si·stance [rezɪsˈtãːs] *f* ⟨-; *no pl*⟩ *pol. hist.* (the) Resistance.

re·si·stent [rezɪsˈtɛnt] *adj* resistant (**gegen to**). **Re·siˈstenz** [-ˈtɛnts] *f* ⟨-; -en⟩ resistance (**gegen** to).

re·so·lut [rezoˈluːt] *adj* ⟨**-er; -est**⟩ resolute, determined.

Re·so·lu·ti·on [rezoluˈtsĭoːn] *f* ⟨-; -en⟩ resolution.

Re·so·nanz [rezoˈnants] *f* ⟨-; -en⟩ **1.** *phys.* resonance. **2.** *fig.* response (**auf** *acc* to); **~ finden, auf ~ stoßen** meet with response; **~ finden bei** find favo(u)r with, appeal to. **~͵bo·den** *m mus.* soundboard, sounding board. **~fre͵quenz** *f phys.* resonance frequency. **~͵kör·per** *m mus.* sound box.

re·sorˈbier·bar *adj* absorbable. **re·sor·bie·ren** [rezɔrˈbiːrən] *v/t* ⟨*no* **ge-**, **h**⟩ (re)absorb, resorb. **Re·sorp·ti·on** [rezɔrpˈtsĭoːn] *f* ⟨-; -en⟩ (re)absorption, resorption.

re·so·zia·li·sie|ren [rezotsĭaliˈziːrən] *v/t* ⟨*no* **ge-**, **h**⟩ rehabilitate. **2rung** *f* ⟨-; -en⟩ rehabilitation.

Re·spekt [reˈspɛkt; rɛsˈpɛkt] *m* ⟨-(e)s; *no pl*⟩ respect, regard; **~ haben vor** respect *s. o., s. th.,* have (*od.* show) respect for, *stärker*: stand in awe of; **~ zollen** pay (*od.* show) respect to, *weitS. a.* pay tribute to; **sich** (*dat*) **~ verschaffen** make o. s. respected; *colloq.* (**allen**) **~!** hats off!; **bei allem ~, mit ~** (**zu sagen**) with all (due) respect. **re·spek·ta·bel** [respɛkˈtaːbəl; rɛs-] *adj* respectable (*a. fig. colloq. beachtlich*).

reˈspekt͵ein͵flö·ßend *adj* commanding respect, who commands respect.

re·spek·tie·ren [respɛkˈtiːrən; rɛs-] *v/t* ⟨*no* **ge-**, **h**⟩ respect (*a. Meinung, Wunsch etc*), have respect for.

re·spekˈtier·lich *adj* respectable.

re·spek·ti·ve [respɛkˈtiːve; rɛs-] *conj* or ... respectively; **mit dem Auto ~ mit der Bahn** by car or train respectively.

reˈspekt|los *adj* disrespectful, irreverent, *Bemerkung*: *a.* flippant. **2lo·sig·keit** *f* ⟨-; -en⟩ **1.** ⟨*only sg*⟩ disrespect, want (*od.* lack) of respect, irreverence, flippancy. **2.** disrespectful (*od.* irreverent, flippant) remark (*od.* behavio[u]r).

Reˈspekts·per͵son *f* person held in (*od.* commanding) respect.

reˈspekt|͵voll *adj* respectful. **~͵wid·rig** *adj* disrespectful.

Re·spi·ra·ti·on [respiraˈtsĭoːn; rɛs-] *f* ⟨-; *no pl*⟩ breathing, respiration. **Re·spi·ra·tiˈons·ap·pa͵rat** *m* respiratory apparatus.

re·spi·ra·to·risch [respiraˈtoːrɪʃ; rɛs-] *adj* respiratory.

Re·spons [reˈspɔns; rɛs-] *m* ⟨-es; -e⟩ response (**auf** *acc* to).

Res·sen·ti·ment [rɛsãtiˈmãː] *n* ⟨-s; -s⟩ (feeling of) resentment, hard (*od.* ill) feeling, grudge, (*Vorurteil*) prejudice.

Res·sort [rɛˈsoːr] *n* ⟨-s; -s⟩ **1.** (*Bereich*) province, department, sphere, field, (*Amtsbereich*) *a.* competence, (*Verantwortlichkeit*) responsibility; **das ist nicht** (*od.* **gehört nicht in, fällt nicht in**) **mein ~** that's not my department, that does not come (*od.* fall) within my province. **2.** *pol.* (*Ministerium*) department, ministry. **~mi͵ni·ster** *m* departmental minister.

Rest [rɛst] *m* ⟨-(e)s; -e⟩ **1.** *des Abends, des Geldes, der Leute etc*: rest, remainder; **das ist der ganze ~** (**m-s Geldes**) that's all (the money) I have left; *colloq.* **gegen den ~ der Welt** against the rest of the world. **2.** *pl* (*Überreste, a. fig. Überbleibsel*) relics, remains, remnants, *meist pl e-r Mahlzeit etc*: leftover *sg*, leavings, ends, scraps; **ein Essen aus** (**lauter**) **~en** a meal of leftovers, a scrap meal; **die sterblichen ~e** the mortal remains; **trauriger** (**schäbiger**) **~** sad (sorry) remnants *pl*. **3.** *fig.* (*Spur*) trace, spark, shred, vestige; **wenn du nur e-n ~ von Anständigkeit besäßest** if you only had a spark (*od.* shred) of decency in you. **4.** *fig. colloq.* **das gab ihm den ~** that finished him (off), that did (it) for him, that was the last straw. **5.** *meist pl* ⟨**-e**, *econ. a.* **-er** *u. Swiss* **-en**⟩ *e-r Ware, bes. e-s Stoffes*: remnant. **6.** *math.* remainder, *a. chem.* residue. **7.** *econ.* (*Lieferrückstand, Zahlungs2, Saldo*) balance. **~͵auf͵la·ge** *f print.* remainder.

Re·stau·rant [rɛstoˈrãː] *n* ⟨-s; -s⟩ restaurant, *e-s Hotels*: *a.* dining-room.

Re·stau·ra·ti·on¹ [restauraˈtsĭoːn; rɛs-] *f* ⟨-; -en⟩ **1.** *Kunst*: restoration, renovation. **2.** *pol.* restoration. **3.** *hist.* (the) Restoration.

Re·stau·ra·ti·on² [rɛstoraˈtsĭoːn] *f* ⟨-; -en⟩ *obs. od. Austrian for* **Restaurant**.

Re·stau·ra·tor [restauˈraːtɔr; rɛs-] *m* ⟨-s; -en [-raˈtoːrən]⟩ *Kunst*: restorer (of paintings).

re·stau·rie|ren [restauˈriːrən; rɛs-] *v/t* ⟨*no* **ge-**, **h**⟩ restore, renovate. **2rung** *f* ⟨-; -en⟩ restoration, renovation.

ˈRest|be͵stand *m* remaining stock, remainder, *an Geld*: → **~be͵trag** *m* remainder.

ˈRest·chen *n* ⟨-s; -⟩ (*dim. of* **Rest**) (small) bit, scrap; **das letzte ~ Mut** the last bit (*od.* shred) of courage.

ˈRe·ste·ver͵kauf *m* sale of remnants.

ˈRest|͵for·de·rung *f econ.* residual claim. **~͵gut͵ha·ben** *n* remaining balance.

re·sti·tu|ie·ren [restituˈiːrən; rɛs-] *v/t* ⟨*no* **ge-**, **h**⟩ *biol. jur.* restore. **2tiˈon** [-ˈtsĭoːn] *f* ⟨-; -en⟩ restoration (*a. biol.*), restitution.

Re·sti·tu·tiˈons͵kla·ge *f jur.* action for restitution.

ˈrest·lich *adj* remaining, *bes. chem. jur. math.* residual; **die ~e Zeit** *a.* the rest (*od.* remainder) of the time.

ˈrest·los I *adj* complete, perfect, (*rückhaltlos*) *a.* utter, absolute, *colloq.* all-out (*devotion*). **II** *adv* completely, perfectly, altogether; **~ glücklich** perfectly happy; *colloq.* **~ erledigt** all in, done in, fagged out, dead beat.

ˈRest͵po·sten *m econ.* **1.** *Buchführung*: residual item. **2.** (*Waren*) remainders *pl*, end-of-line items *pl*.

Re·strik|ti·on [restrɪkˈtsĭoːn; rɛs-] *f* ⟨-; -en⟩ restriction. **2ˈtiv** [-ˈtiːf] *adj* restrictive.

ˈRest|͵sum·me *f* → **Restbetrag**. **~͵wert** *m math.* residual amount. **~͵zah·lung** *f* payment of the balance.

Re·sul·tan·te [rezʊlˈtantə] *f* ⟨-; -n⟩ *math. phys.* resultant.

Re·sul·tat [rezʊlˈtaːt] *n* ⟨-(e)s; -e⟩ result (*a. math.*), outcome, upshot; **gute ~e erzielen mit** obtain good results from. **2los** *adj* without result, resultless, (*erfolglos*) ineffective, fruitless.

re·sul|tie·ren [rezʊlˈtiːrən] *v/i* ⟨*no* **ge-**, **h**⟩ result (**aus** *dat* from). **~ˈtie·rend** *adj* resulting, *bes. aus zwei Gegensätzen*: resultant. **2ˈtie·ren·de** *f* ⟨-n; -n⟩ resultant.

Re·sü·mee [rezyˈmeː], **Re·suˈmé** [-ˈmeː] *n* ⟨-s; -s⟩ **1.** (*Zs.-fassung*) summary, résumé. **2.** (*Ergebnis, Fazit*) result, total; **das ~ ziehen** total up. **re·süˈmie·ren** [-ˈmiːrən] *v/t* ⟨*no* **ge-**, **h**⟩ sum up, recapitulate.

Re·ta·bel [reˈtaːbəl] *n* ⟨-s; -⟩ *Kunst*: retable.

re·tar|die·ren [retarˈdiːrən] *v/t* ⟨*no* **ge-**, **h**⟩ retard. **~ˈdie·rend** *adj* retarding, retardative, retardatory. **2ˈdie·rung** *f* ⟨-; -en⟩ retardation.

Re·ten·ti·on [retɛnˈtsĭoːn] *f* ⟨-; -en⟩ *jur. med. psych.* retention. **Re·ten·tiˈons͵recht** *n* right of retention, lien.

re·ti·ku·lär [retikuˈlɛːr] *adj* reticular.

Re·ti·na [ˈreːtina] *f* ⟨-; -nae [-nɛ]⟩ *anat.* retina.

Re·tor·te [reˈtɔrtə] *f* ⟨-; -n⟩ *chem.* retort; **aus der ~** laboratory (*product*), *humor.* test-tube (*babies*).

re·tour [reˈtuːr] *adv obs. and dial.* back.

Reˈtour... *in Zssgn* → **Rück...** **~bil͵lett** *n Swiss for* **Rückfahrkarte**. **~͵kut·sche** *f fig. colloq.* **e-e ~** tit for tat.

re·tour·nie·ren [returˈniːrən] *v/t* ⟨*no* **ge-**, **h**⟩ return.

Re·tro..., re·tro... *in Zssgn* retro (*rocket, etc*). **re·tro·spek·tiv** [retrospɛkˈtiːf] *adj,* **Re·tro·spekˈti·ve** [-ˈtiːvə] *f* ⟨-; -n⟩ retrospective.

ret·ten [ˈrɛtən] **I** *v/t* ⟨**h**⟩ (**aus, vor** *dat* from) **1.** (*bewahren*) save, rescue; **j-n vor**

dem Ertrinken ~ save s. o. from drowning; j-m das Leben ~ save s. o.'s life; er hat kaum das nackte Leben gerettet he just barely saved his skin (*od.* his life); s-e Ehre ~ save (*od.* vindicate) one's hono(u)r; sie ist nicht mehr zu ~ she is beyond hope; *fig. colloq.* die ist nicht mehr zu ~ she must be out of her mind; der Abend war gerettet the evening was saved. **2.** (*Güter etc*) retrieve, rescue, recover, salvage. **3.** (*befreien*) free, liberate, redeem, deliver. **II** *v/reflex* sich ~ (vor *dat* from) **4.** (*entkommen*) save o. s., (make one's) escape; rette sich, wer kann! every man for himself!; sich nicht mehr ~ können vor be swamped (*od.* snowed under) with (*work, etc.*). **5.** (*sich in Sicherheit bringen*) take shelter. **III** *v/i* **6.** *Sport*: save.

ˈret·tend *adj* ~e Idee saving idea, solution. **ˈRet·ter** *m* ⟨-s; -⟩, **ˈRet·te·rin** *f* ⟨-; -nen⟩ rescuer, saver.

Ret·tich [ˈrɛtɪç] *m* ⟨-s; -e⟩ *bot.* radish.

ˈRet·tung *f* ⟨-; *no pl*⟩ (aus, vor *dat* from) rescue, *a. relig.* salvation, *von Gütern*: salvage, (*Befreiung*) deliverance, (*Hoffnung*) hope, (*Hilfe*) help, succo(u)r; ~ bringen (*dat*) save, rescue; es gab k-e ~ für ihn he was beyond hope; das war s-e ~ that saved him; das war s-e letzte ~ that was his last resort (*od.* his sheet anchor).

ˈRet·tungs|ak·tiˌon *f* rescue operation. **~ˌan·ker** *m a. fig.* sheet anchor. **~ˌar·bei·ten** *pl* rescue work (*od.* operation) *sg.* **~ˌbo·je** *f* life buoy. **~ˌboot** *n* lifeboat. **~ˌdienst** *m* lifesaving (*od.* rescue) service. **~ˌfloß** *n* life raft. **~ˌgür·tel** *m* life belt (*od.* preserver). **~ˌhubˌschrau·ber** *m* rescue helicopter. **~ˌlei·ne** *f* lifeline. **2los I** *adj* irredeemable, hopeless. **II** *adv* ~ verloren beyond help (*od.* hope); *colloq.* ~ verfahren in a hopeless mess; ~ verliebt hopelessly (*od.* desperately) in love. **~ˌmann·schaft** *f* rescue party. **~meˌdail·le** *f* lifesaving medal. **~ˌring** *m* lifebelt, life preserver. **~ˌschiff** *n* rescue ship. **~ˌschwim·men** *n* lifesaving. **~ˌschwim·mer** *m* lifeguard, lifesaver. **~sta·tiˌon** *f* first-aid station. **~ˌtrupp** *m* rescue party. **~verˌsuch** *m* rescue attempt. **~ˌwa·gen** *m* ambulance (car), *auf e-m Flugplatz*: crash car.

Re·tu·sche [reˈtuʃə] *f* ⟨-; -n⟩ retouch(ing). **re·tuˈschie·ren** [-ˈʃiːrən] *v/t* ⟨*no* ge-, h⟩ retouch (*a. fig.*).

Reue [ˈrɔʏə] *f* ⟨-; *no pl*⟩ **1.** (über *e-e Sache* for) remorse, repentance, penitence; *jur.* tätige ~ voluntary averting of the effect of one's own wrongful act. **2.** *relig.* (*Bereuen*) contrition, sorrow. **~geˌfühl** *n* (feeling of) remorse.

reu·en [ˈrɔʏən] **I** *v/t* ⟨h⟩ et. reut j-n s. o. regrets (*od.* has regrets about, feels remorse for, is filled with remorse for, is sorry about) s. th.; s-e Tat reute ihn he regretted (*od.* repented of) what he had done; das wird Sie noch ~ you'll live to regret it, some day you'll regret that; das Geld reut ihn he dislikes spending the money. **II** *v/impers* es reut mich, daß I regret (*od.* I am sorry) that (*I have done it*), I regret (*having done it*).

ˈreueˌvoll *adj* → reuig.

ˈReuˌgeld *n econ. jur.* forfeit (money).

ˈreu·ig, ˈreuˌmü·tig *adj* **1.** repentant, remorseful, regretful, (*zerknirscht*) contrite, sorrowful, (*bußfertig*) penitent (*sinner*). **2.** (*entschuldigend*) apologetic (*smile*).

Reu·se [ˈrɔʏzə] *f* ⟨-; -n⟩ fish trap (*od.* basket, pot).

re·üs·sie·ren [reˀʏˈsiːrən] *v/i* ⟨*no* ge-, h⟩ *lit.* succeed, have success, be successful.

re·va·lo·ri·sie|ren [revaloriˈziːrən] *v/t* ⟨*no* ge-, h⟩ *econ.* revalorize. **2rung** *f* ⟨-; -en⟩ revalorization.

Re·van·che [reˈvɑ̃ːʃə] *f* ⟨-; -n⟩ revenge, *Sport*: *a.* return match (*od.* game); (an j-m) ~ nehmen take (*od.* have, get) (one's) revenge (on s. o.) (für for); j-m ~ geben give s. o. his revenge. **~parˌtie** *f*, **~ˌspiel** *n* return match (*od.* game).

re·van·chie·ren [revɑ̃ˈʃiːrən] *v/reflex* ⟨*no* ge-, h⟩ sich ~ **1.** (*sich rächen*) (an j-m on s. o.; für for) revenge o. s., avenge o. s., be revenged, take (*od.* have, get) (one's) revenge, *colloq.* get one's own back. **2.** (*sich erkenntlich zeigen*) make it up (bei j-m für e-e Sache to s. o. for s. th.), reciprocate; sich bei j-m für s-e Freundlichkeit ~ *a.* return (*od.* reciprocate, repay) s. o.'s kindness, reciprocate (*od.* repay) s. o. for his (her) kindness; sich bei j-m für e-n Gefallen ~ do s. o. a favo(u)r in return.

Re·van|chis·mus [revɑ̃ˈʃɪsmus] *m* ⟨-; *no pl*⟩ revanchism. **~ˈchist** [-ˈʃɪst] *m* ⟨-en; -en⟩, **2ˈchi·stisch** *adj* revanchist.

Re·ve·renz [reveˈrɛnts] *f* ⟨-; -en⟩ *lit.* reverence; j-m s-e ~ erweisen pay (*od.* show) reverence to s. o.; s-e ~ machen vor (*sich verbeugen*) make one's reverence to, bow to.

Re·vers[1] [reˈvɛːr; rə-] *n, m* ⟨- [-ˈvɛːr(s)]; - [-ˈvɛːrs]⟩ (*Rockaufschlag*) lapel, revers.

Re·vers[2] [reˈvɛrs] *m* ⟨-es; -e⟩ acknowledgement.

re·ver·si·bel [reverˈziːbəl] *adj* reversible.

re·vi·die·ren [reviˈdiːrən] *v/t* ⟨*no* ge-, h⟩ **1.** (*überprüfen*) check, examine, go over, *econ.* (*Bücher, Rechnungen*) audit. **2.** (*ändern*) revise (*opinion, policy, boundaries, etc, a. jur. decision*). **re·viˈdiert** *adj Ausgabe e-s Buches*: revised.

Re·vier [reˈviːr] *n* ⟨-s; -e⟩ **1.** (*Bezirk, Gebiet*) district, quarter, area, *e-s Polizeibeamten etc*: beat, *e-s Briefträgers*: round, *e-s Kellners*: station, *von Tieren*: territory. **2.** (*Polizeibezirk*) district, ward, *Am. a.* precinct. **3.** *e-s Försters*: ranger's (*od.* forester's) district, forest range, (*Jagd2*) shooting area. **4.** *Bergbau*: (*Abbaugebiet*) exploitation (*od.* coal-mining) area, (*Grubenteilgebiet*) district. **~ˌför·ster** *m* district ranger (*od.* forester), *Am.* forest ranger. **2ˌkrank** *adj mil.* in the sick bay. **~ˌstu·be** *f mil.* sick bay, sickroom.

Re·vi·re·ment [revirəˈmɑ̃ː] *n* ⟨-s; -s⟩ *pol.* (personnel) shake-up, reshuffle.

Re·vi·si·on [reviˈzi̯oːn] *f* ⟨-; -en⟩ **1.** (*Überprüfung*) check(ing), examination, *econ. Buchhaltung*: audit(ing). **2.** (*Änderung*) revision (*of opinion, boundaries, etc*). **3.** *jur.* appeal; ~ einlegen (*od.* beantragen) lodge an appeal (on a question of law) (bei with); die ~ verwerfen (*od.* zurückweisen) reject (*od.* dismiss) the appeal; der ~ stattgeben allow (*od.* grant, uphold) the appeal.

Re·vi·sio|nis·mus [revizi̯oˈnɪsmus] *m* ⟨-; *no pl*⟩ revisionism. **~ˈnist** [-ˈnɪst] *m* ⟨-en; -en⟩, **2ˈni·stisch** *adj* revisionist.

Re·vi·siˈons|beˌklag·te *m, f jur.* respondent. **~verˌfah·ren** *n* appeal procedure (*od.* proceedings *pl*).

Re·vi·sor [reˈviːzɔr] *m* ⟨-s; -en [-viˈzoːrən]⟩ *econ.* auditor.

Re·vol·te [reˈvɔltə] *f* ⟨-; -n⟩ revolt; e-e ~ niederschlagen crush (*od.* suppress, put down, quell) a revolt. **re·volˈtie·ren** [-ˈtiːrən] *v/i* ⟨*no* ge-, h⟩ revolt (*a. fig. Magen etc*).

Re·vo·lu·ti·on [revoluˈtsi̯oːn] *f* ⟨-; -en⟩ **1.** *pol. u. fig.* revolution; die ~ bricht aus (ist gescheitert) the revolution breaks out (has failed *od.* has been suppressed); *fig.* e-e ~ in der Mode a revolution in fashion; die industrielle ~ the industrial revolution. **2.** *astr.* revolution.

re·vo·lu·tio|när [revolutsi̯oˈnɛːr] **I** *adj pol. u. fig.* revolutionary. **II** **2** *m* ⟨-s; -e⟩ revolutionary, revolutionist; ein ~ auf dem Gebiet der modernen Kunst a revolutionist in the field of modern art. **~ˈnie·ren** [-ˈniːrən] *v/t* ⟨*no* ge-, h⟩ revolutionize.

Re·vo·lu·tiˈons·kaˌlen·der *m hist.* Revolutionary calendar.

Re·vo·luz·zer [revoˈlutsər] *m* ⟨-s; -⟩ (would-be) revolutionary.

Re·vol·ver [reˈvɔlvər] *m* ⟨-s; -⟩ revolver, *colloq.* gun. **~ˌblatt** *n colloq.* (gutter) rag, scandal sheet, yellow (news)paper. **~ˌdrehˌbank** *f tech.* turret lathe. **~ˌheld** *m* gunman. **~ˌkopf** *m tech.* turret(head), turret block. **~ˌpres·se** *f colloq.* scandal (*od.* yellow) press. **~ˌschnau·ze** *f colloq.* (*a. Person*) big (*od.* loud) mouth.

Re·vue [rəˈvyː] *f* ⟨-; -n [-ən]⟩ **1.** (*Show*) (musical) show. **2.** (*Zeitschrift*) review, periodical. **3.** *fig.* ~ passieren lassen (pass in) review. **~ˌfilm** *m* musical (*od.* dance) film. **~ˌgirl** *n* show (*od.* chorus) girl.

Re·zen|sent [retsɛnˈzɛnt] *m* ⟨-en; -en⟩ reviewer, critic. **2ˈsie·ren** [-ˈziːrən] *v/t* ⟨*no* ge-, h⟩ review. **~siˈon** [-ˈzi̯oːn] *f* ⟨-; -en⟩ review.

Re·zen·siˈons·ex·emˌplar *n bei Büchern*: reviewer's (*od.* review) copy.

Re·zept [reˈtsɛpt] *n* ⟨-(e)s; -e⟩ **1.** *med. pharm.* prescription; ein ~ ausstellen write out a prescription; ein ~ anfertigen make up a prescription. **2.** (*Anleitung zur Zubereitung*) formula, (*Koch2*) recipe. **3.** *fig.* (*Mittel*) (gegen) remedy (for), cure (against), recipe (against), formula (for); dafür gibt es kein allgemeines ~ there's no general rule for that. **~ˌblock** *m med.* prescription pad. **~ˌfor·mel** *f* prescription formula. **2ˌfrei** *adj* available without prescription. **~geˌbühr** *f* prescription charge.

re·zep·tie·ren [retsɛpˈtiːrən] *v/t u. v/i* ⟨*no* ge-, h⟩ *med. pharm.* prescribe.

Re·zep·ti·on [retsɛpˈtsi̯oːn] *f* ⟨-; -en⟩ **1.** *im Hotel*: reception (office *od.* desk). **2.** *fig.* (*Übernahme*) adoption.

re·zep·tiv [retsɛpˈtiːf] *adj* receptive, (*empfänglich*) *a.* susceptible, susceptive. **Re·zep·ti·viˈtät** [-tiviˈtɛːt] *f* ⟨-; *no pl*⟩ receptivity, receptiveness, susceptibility, susceptiveness.

Re·zep·tor [reˈtsɛptɔr] *m* ⟨-s; -en [-ˈtoːrən]⟩ *meist pl biol. med.* receptor.

reˈzeptˌpflich·tig *adj* available only on prescription, prescription (*drug*).

Re·zep·tur [retsɛpˈtuːr] *f* ⟨-; -en⟩ *med. pharm.* dispensing (*od.* making up, preparing) of prescriptions (*od.* medicines).

Re·zes|si·on [retsɛˈsi̯oːn] *f* ⟨-; -en⟩ *econ.* recession. **2ˈsiv** [-ˈsiːf] *adj biol.* recessive.

Re·zi·div [retsiˈdiːf] *n* ⟨-s; -e⟩ *med.* relapse. **re·zi·diˈvie·rend** [-diˈviːrənt] *adj* recurrent.

Re·zi|pi·ent [retsiˈpi̯ɛnt] *m* ⟨-en; -en⟩ receiver. **2ˈpie·ren** [-ˈpiːrən] *v/t* ⟨*no* ge-, h⟩ adopt, take over, (*aufnehmen*) admit.

re·zi·prok [retsiˈproːk] *adj* reciprocal. **Re·zi·pro·ziˈtät** [-protsiˈtɛːt] *f* ⟨-; *no pl*⟩ reciprocity.

Re·zi·ta·ti·on [retsitaˈtsi̯oːn] *f* ⟨-; -en⟩ recitation, (*Lesung*) reading. **Re·zi·taˈtiv** [-ˈtiːf] *n* ⟨-s; -e⟩ *mus.* recitative, recitativo. **Re·ziˈta·tor** [-ˈtaːtɔr] *m* ⟨-s; -en [-taˈtoːrən]⟩ reciter, *bei Lesungen*:

reader. **re·zi'tie·ren** [-'ti:rən] *v/t u. v/i* ⟨*no* ge-, h⟩ recite, *in e-r Lesung*: read.

R-Ge,spräch ['ɛr-] *n teleph.* collect-call.

Rha·bar·ber [ra'barbər] *m* ⟨-s; *no pl*⟩ *bot.* rhubarb (*a. fig. colloq. allgemeines Gemurmel*). **~kom,pott** *n gastr.* stewed rhubarb.

Rhap·so·de [ra'pso:də; rap'zo:də] *m* ⟨-n; -n⟩ *antiq.* rhapsode. **Rhap·so·die** [rapso'di:; rapzo-] *f* ⟨-; -n [-ən]⟩ rhapsody. **rhap'so·disch** [-'pso:dɪʃ; -'zo:dɪʃ] *adj* rhapsodic(al).

'Rhein|,bund ['raɪn-] *m hist.* Confederation of the Rhine. **~,fall** *m* (the) Rhine Falls *pl.* **≗,frän·kisch** *adj* Rheno-Franconian.

'rhei·nisch *adj* Rhenish, of the Rhine(land).

'Rhein|,län·der *m* ⟨-s; -⟩ **1.** Rhinelander. **2.** (*Tanz*) *etwa*: schottische. **~,län·de·rin** *f* ⟨-; -nen⟩ Rhinelander. **≗,län·disch** *adj* → rheinisch. **~,tal** *n* valley of the Rhine. **~,wein** *m* Rhine wine, *weißer*: hock.

rhe·na·nisch [re'na:nɪʃ] *adj* → rheinisch.

Rheo·stat [reo'sta:t] *m* ⟨-(e)s; -e⟩ *electr.* rheostat.

Rhe·sus ['re:zus] *m* ⟨-; -⟩, **~,af·fe** *m* rhesus (monkey). **~,fak·tor** *m med.* rhesus (*od.* Rh) factor. **≗ne·ga,tiv** *adj* Rh-negative. **≗po·si,tiv** *adj* Rh-positive.

Rhe·to·rik [re'to:rɪk] *f* ⟨-; *no pl*⟩ rhetoric. **Rhe'to·ri·ker** *m* ⟨-s; -⟩ rhetorician. **rhe·to·risch** [-rɪʃ] *adj* rhetorical; ~e **Figur** (rhetorical) figure of speech; ~e **Frage** rhetorical question.

Rheu·ma ['rɔyma] *n* ⟨-s; *no pl*⟩ → Rheumatismus. **Rheu·ma·ti·ker** [rɔy'ma:tikər] *m* ⟨-s; -⟩ rheumatic, person suffering from rheumatism. **rheu'ma·tisch** [-'ma:tɪʃ] *adj* rheumatic; ~er **Schmerz** *a.* rheumatalgia. **Rheu·ma'tis·mus** [-ma'tɪsmus] *m* ⟨-; -men⟩ rheumatism.

Rh-,Fak·tor [ɛr'ha:-] *m med.* Rh factor.

Rhi·no|lo·gie [rinolo'gi:] *f* ⟨-; *no pl*⟩ *med.* rhinology. **~'skop** [-'sko:p] *n* ⟨-s; -e⟩ nose speculum, rhinoscope.

Rhi·no·ze·ros [ri'no:tserɔs] *n* ⟨- *u.* -ses; -se⟩ *zo.* rhinoceros.

Rho·de·si·er [ro'de:zĭər] *m* ⟨-s; -⟩, **rho'de·sisch** [-zɪʃ] *adj* Rhodesian.

Rho·do·den·dron [rodo'dɛndrɔn] *n, a. m* ⟨-s; -dren⟩ *bot.* rhododendron.

rhom·bisch ['rɔmbɪʃ] *adj* rhombic.

Rhom·bo·eder [rɔmbo'ˀe:dər] *n* ⟨-s; -⟩ *math.* rhombohedron. **Rhom·bo'id** [-'i:t] *n* ⟨-(e)s; -e⟩ rhomboid. **Rhom·bus** ['rɔmbus] *m* ⟨-; -ben⟩ rhomb(us), diamond, lozenge.

'Rhön,rad ['rø:n-] *n Sport*: gyro-wheel.

Rhyth|mik ['rʏtmɪk] *f* ⟨-; *no pl*⟩ **1.** rhythmics *pl* (*meist als sg konstruiert*), rhythmic. **2.** *e-s Musikstücks, Gedichtes etc*: rhythm. **~mi·ker** [-mikər] *m* ⟨-s; -⟩ *mus.* rhythmist; **er ist ein guter ~** he has got (a sense of) rhythm. **≗misch** [-mɪʃ] **I** *adj* rhythmical (*scheme, etc*), rhythmic (*exercise*), *Puls etc*: *a.* regular. **II** *adv* rhythmically. **≗mi'sie·ren** [-mi'zi:rən] *v/t* ⟨*no* ge-, h⟩ rhythmize.

Rhyth·mus ['rʏtmus] *m* ⟨-; -men⟩ *mus. u. fig.* rhythm; **~ haben** have (a sense of) rhythm. **~,grup·pe** *f* rhythm (section). **~in·stru,ment** *n* rhythm instrument.

'rib·bel,fest *adj Stoff*: ravel-proof.

rib·beln ['rɪbəln] *v/i* ⟨h⟩ *dial.* rub.

Ri·bi·sel ['ri:bi:zəl] *f* ⟨-; -n⟩ *Austrian for* Johannisbeere.

Ri·bo·fla·vin [riboflaʼvi:n] *n* ⟨-s; -e⟩ *chem.* riboflavin, lactoflavin, vitamin B_2.

'Richt|an,ten·ne *f* directional aerial (*Am.* antenna). **~,blei** *n civ. eng.* plummet. **~cha·rak·te,ri·stik** *f electr.* directional pattern.

rich·ten[1] ['rɪçtən] **I** *v/t* ⟨h⟩ **1.** (*her~*) get *s. th.* ready (*od.* fixed up), arrange, fix (up), (*vorbereiten*) prepare, make preparations for (*a festivity*), (*zubereiten*) prepare, make, *colloq.* fix (*a meal*), *allg. a.* do. **2.** (*instand setzen*) *allg.* do up, fix (up), (*in Ordnung bringen*) put *s. th.* in order, set *s. th.* right, (*saubermachen*) tidy *s. th.* (up), put *s. th.* straight, (*reparieren*) repair, mend (*shoes, etc*), darn (*stockings*), (*renovieren*) renovate, ([*neu*] *tünchen, tapezieren etc*) (re)decorate, (*geradebiegen, a. fig.*) straighten out, (*Bleche*) level, (*aus~*) align, (*zu~*) dress, (*einstellen*) adjust, (*Uhr*) set (**nach** by); **sich** (*dat*) **das Haar ~** do (*od.* fix) one's hair; **die Zimmer ~** do the rooms; **sich** (*dat*) **die Zähne ~ lassen** have one's teeth done; **das läßt sich ~** that can be arranged (*od.* done). **3.** *civ. eng.* roof, put the roof on (*a building*). **4.** (*lenken, wenden*) *mit Präpositionen*: **~ an** (*acc*) (*Bitte, Brief, Rede, Frage, Beschwerde etc*) address to; **e-e Frage an j-n ~** *a.* put a question to s. o., ask s. o. a question; **das Wort an j-n ~** address s. o.; **e-e Bitte an j-n ~** *a.* ask s. o. a favo(u)r, ask a favo(u)r of s. o. **~ auf** (*acc*) a) (*allg. Aufmerksamkeit, Energie, Bemühungen, Blick, Schritte, Kurs*) direct (*od.* turn) to (*od.* toward[s]), b) (*Energie, Aufmerksamkeit etc*) *a.* turn on, *stärker*: focus (*od.* concentrate, fix) on, c) (*Waffe, Fernrohr, Kamera etc*) level (*od.* point, aim, direct) at, d) (*Angriff*) direct against; **den Blick ~ auf** *a.* turn one's eyes on (*od.* toward, in the direction of). **~ ge·gen** a) (*allg., a. Angriff, Politik etc*) direct against, (*Kritik etc*) *a.* level against, (*Bosheiten etc*) *a.* aim at, b) (*Waffe etc*) → **richten auf** c; **das war gegen dich gerichtet** that was meant for (*od.* aimed at) you. **~ in** (*acc*) **den Blick in die Ferne ~** gaze into the distance; **in die Höhe ~** raise, lift up. **~ nach** (*Pläne etc*) arrange (*od.* make) according to; *mar.* **die Segel nach dem Wind ~** trim the sails (to the wind); **den Kurs nach Norden ~** direct one's course northward(s). **II** *v/reflex* **sich ~ 5.** (*sich zurechtmachen*) get (o. s.) ready. **6. sich ~ an** (*acc*) address o. s. to; **sich ~ auf** (*acc*) (**gegen**) be directed to (against, at); **sich ~ nach** (*Regeln, j-s Wünschen*) comply with, conform to, act according to, act in accordance with, (*Vorschriften*) keep to, adhere to, (*j-s Plänen*) fit in with, (*j-s Urteil*) go by, (*der Mode etc*) follow, (*e-m Vorbild*) follow the example of, (*abhängen von*) depend on, be determined by, (*sich orientieren an*) orient(ate) o. s. by, be guided by, (*übereinstimmen mit*) agree with; **ich richte mich ganz nach Ihnen!** I leave it to you; **~ Sie sich danach!** act accordingly!, *warnend*: keep that in mind! **III ≗** *n* ⟨-s⟩ **7.** arranging, arrangement, doing up, fixing (*etc*), (*Reparatur*) *a.* repair.

'rich·ten[2] *v/t u. v/i* ⟨h⟩ **1.** (*Gericht halten*) (**über j-n**) sit in judg(e)ment (over *od.* upon s. o.), (*a. allg. urteilen*) judge (s. o.); *Bibl.* **richtet nicht, auf daß ihr nicht gerichtet werdet** judge not, that ye not be judged. **2.** *obs.* (*hin~*) put *s. o.* to death, execute; **sich selbst ~** take one's own life.

'Rich·ter *m* ⟨-s; -⟩ *jur.* **1.** judge; **Oberster ~** supreme judge; **Herr ~!** Your Lordship!, *Am.* Your Honor!; **er ist ~** *a.* he is on the bench; **j-n zum ~ ernennen** (*od.* **bestellen**) *a.* call s. o. to the bench; **j-n vor den ~ bringen** (*od. colloq.* **schleppen**) bring s. o. to justice (*od.* before the court); **sich zum ~ aufwerfen** (*od. colloq.* **machen**) **über** (*acc*) set o. s. up as judge over; *fig.* **der höchste** (*od.* **letzte**) **~** the Supreme (*od.* Last, Final) Judge. **2.** *pl collect.* (body *sg* of) judges, judiciary *sg*, judicature *sg*, (the) bench *sg*. **~,amt** *n* judicial office. **~kol,le·gi·um** *n* (body of) judges *pl*, (the) bench.

'rich·ter·lich *adj jur.* judicial, judge's, of a judge; ~e **Gewalt** judicial power (*od.* authority), judiciary.

'Rich·ter|schaft *f* → Richter 2.

~-,Ska·la *f geol.* Richter scale. **~,spruch** *m* judge's verdict. **~,stand** *m* → Richter 2. **~,stuhl** *m* judge's seat; *fig.* **Gottes ~** God's judg(e)ment seat.

'Richt|,fern,rohr *n* telescopic sight. **~,fest** *n* topping-out (*od.* roofing) ceremony. **~,funk** *m* directional radio. **~,funk,ba·ke** *f* directive radio beacon. **~ge,schwin·dig·keit** *f mot.* recommended speed. **~,grö·ße** *f phys.* approximate (*od.* reference) size, *a. fig.* criterion.

'rich·tig I *adj* **1.** (*nicht falsch, korrekt*) right, correct, (*wahr*) true; ~e **Adresse** (**Zeit**) right (*od.* proper) address (time); ~e **Aussprache** correct (*od.* proper) pronunciation; **auf dem ~en Weg sein** be on the right road (*od.* way, *fig. a.* track); **so viel ist ~, daß** this much is true (*od.* has been proved) that; (**sehr**) **~!** right (you are)!, exactly!, just so!, quite (so)!; *colloq.* **so ist's ~!** that's the stuff!, *iro.* I like that; **der ist ~!** he is all right; **mit der Sache ist et. nicht ~** there is s. th. queer (*od.* wrong, fishy) about it; **et. ist zwischen** (*od.* **bei**) **ihnen nicht ~** there's s. th. wrong between them. **2.** (*passend, geeignet, angemessen*) right, proper, appropriate, suitable, (*ratsam*) advisable, (*gehörig*) due, (*gerecht*) just, fair, right; **der ~e Mann am ~en Platz** the right man in the right place; **das ~e Maß** the happy medium; **et. für ~ halten** (*od.* **befinden**) think (*od.* deem) s. th. right; **es für ~ halten, zu ...** think it right to ..., think (*od.* see) fit to ...; **es war ~ von dir** (**,daß**), **es war ~** (**, daß du**) you were right (to *od.* in *doing s. th.*), it was right of you (to), you have done right (to); **es ist am ~sten, wir warten noch** it would be best to wait somewhat longer; **im ~en Augenblick kommen,** *adv* **gerade ~ kommen** come at the right moment; *fig.* **auf der ~en Seite stehen** be on the right side of the fence; *iro.* **sie gab ihm die ~e Antwort** she gave him a good answer (*od.* the answer he deserved). **3.** (*eigentlich, tatsächlich*) actual, real, regular, (*echt, wirklich*) genuine, real; **der ~e Betriebsleiter** the actual manager, the manager himself; **sein ~er Name** his real (*od.* actual) name; **s-e ~e Mutter** his real (*od.* own) mother; **um ~es Geld spielen** play for real money. **4.** (*echt, typisch*) true, real, (*regelrecht, a. fig. colloq.*) regular, (*ordentlich*) proper, regular, *fig. colloq. a.* good; **ein ~er Engländer** a real (old) (*od.* trueborn, typical) Englishman, an Englishman born and bred; **ein ~er Mann** a real man, a he-man; **ein ~er Beruf** a regular occupation; **wir hatten dieses Jahr k-n ~en Sommer** we didn't have a real (*od.* proper) summer this year; **e-e ~e Hexe** a regular (*od.* downright, right) witch (*colloq.* bitch); **e-e ~e Tracht Prügel** a good hiding (*od.* tanning), a sound thrashing (*od.* flogging); **ein ~er Schluck** a good mouthful. **II** *adv* **5.** (*nicht falsch, korrekt*) correctly, right, (in) the right way, properly, (*genau*) accurately; **du hast ~ gerechnet** you calculated correctly, your calculation is correct; ~ **aussprechen** pronounce correctly (*od.* the right way); ~**raten** guess right; **geht d-e Uhr ~?** is your watch right?; **et. wieder ~ hinstellen** put s. th. back in (its proper) place; **du hast mich nicht ~ verstanden** you misunderstood me, *colloq.* you got me wrong; **(nicht) ~ singen** sing in (out of) tune; **habe ich ~ gehört?** did I hear (you) right?, do you really mean (to say) that?, I beg your pardon?; ~**er gesagt** rather, properly speaking; *fig.* **du hast es ~ gemacht** you have done (all) right, *colloq.* you've done o. k.; **e-e Sache ~ anfassen** (*od.* **anpacken**) set (*od.* go) about (*od.* tackle) s. th. the right way; **sitzt das Kleid ~?** does the dress fit properly?, is the dress a good fit?; **er kann nicht ~ tanzen** he can't dance properly. **6.** (*in Wirklichkeit, eigentlich*) really; **wie heißt er ~?** what's his real (*od.* actual) name? **7.** *colloq.* (*tüchtig, gehörig*) soundly, thoroughly, (*völlig, ganz u. gar*) completely, real(ly), (*ausgesprochen, sehr*) real(ly); ~ **nett** really (*colloq.* real) nice; **es tut mir ~ leid** I am really (*colloq.* real) sorry; **sie war ~ verlegen** *a.* she was all embarrassed, she was all embarrassment; **ich hab's ihm ~ gegeben** I really let him have it; **ich hab mich ~ gefreut** I was right glad; **nicht (so) ~ glücklich** *etc* not any (*od.* none) too happy, *etc*; **es gefiel ihr nicht so ~** *a.* she didn't like it any too well; → *a.* **recht** 7. **8.** *colloq.* (*wirklich, tatsächlich*) actually, sure enough; **und ~, da kam er auch schon herein!** and sure enough, he came walking in. **9.** (*rechtzeitig*) at the right moment; *fig. colloq.* **du kommst mir gerade ~!** you are the very man I need, *iro.* you were all I wanted. **III ≈e, das** ⟨-n⟩ **10.** the right (*od.* very) thing; **das ≈e treffen** hit upon the right thing. **11.** *mit Kleinschreibung*: **das ist das ~e** that's the (real) thing (*colloq.* the stuff, the real McCoy), that's quite the thing (to do), that's it; **das ist genau das ~e für mich** *colloq. a.* that is just up my street (*od.* alley); **das ist nicht ganz das ~e (für dich)** *a.* that's not quite the thing (for you) (to do).

ˈRich·tig·beˌfund *m econ.* verification; **nach ~** *a.* if found correct.

ˈRich·ti·ge[1] *m* ⟨-n; -n⟩ **1.** right person, *colloq.* Mr. Right; *colloq. iro.* **an den ~n geraten** come to the right person; **du bist mir der ~!** you are a good (*od.* the right, a fine) one! **2.** *pl colloq. im Lotto, Toto etc*: right tips; **6den** have 6 right.

ˈRich·ti·ge[2] *f* ⟨-n; -n⟩ right woman (*od.* girl), *colloq.* Mrs. Right.

ˈrich·tigˌge·hend I *adj* **1.** *Uhr etc*: keeping good time, accurate. **2.** → **richtig** 4. **II** *adv* **3.** → **richtig** 7.

ˈRich·tig·keit *f* ⟨-; *no pl*⟩ **1.** correctness, rightness, (*Wahrheit*) truth; **die ~ s-r Angaben beweisen** prove one's statements to be true (*od.* correct); **die ~ e-r Sache nachweisen** verify s. th.; **damit hat es s-e ~** that's correct (*od.* all right), *weitS.* that's a fact. **2.** (*Ratsamkeit, Angemessenheit*) rightness, advisability, appropriateness, soundness; **ich bezweifle die ~ d-r Entscheidung** I doubt if your decision is right. **3.** (*Ordnung*) order, regularity; **damit alles s-e ~ hat** for regularity's sake.

ˈrich·tig|ˌlie·gen *v/i* ⟨*irr, sep,* -ge-, h *u.* sein⟩ *colloq.* be on the right line; **bei mir liegen Sie richtig!** you have come to the right person. ~**ˌstel·len** *v/t* ⟨*sep,* -ge-, h⟩ correct, rectify, right, put (*od.* set) *s. th.* right, straighten *s. th.* (out). ≈**ˌstel·lung** *f* ⟨-; -en⟩ correction, rectification.

ˈRicht|ˌkraft *f electr.* restoring force. ~**ˌli·nie** *f meist pl* guiding rule (*od.* principle), guidelines *pl,* (*Anweisung*) (general) instructions *pl,* directions *pl.* ~**ˌmaß** *n tech.* standard (of measure). ~**mi·kroˌphon** *n* directional microphone. ~**ˌplat·te** *f tech.* level(l)ing plate. ~**ˌplatz** *m hist.* place of execution. ~**ˌpreis** *m econ.* guidance (*od.* guide) price; **unverbindlicher ~** recommended price. ~**ˌpunkt** *m* **1.** *mil.* (*Zielpunkt*) aiming point. **2.** *Vermessungswesen*: bearing point. ~**ˌsatz** *m econ.* standard (*od.* guiding) rate. ~**ˌscheit** *n civ.eng.* level, straightedge. ~**ˌschnur** *f* ⟨-; -en⟩ **1.** ⟨*only sg*⟩ *fig.* (*Grundsatz, Prinzip*) guiding rule (*od.* principle), guideline; **sich** (*dat*) **et. zur ~ machen** (*od.* **nehmen**) make s. th. one's principle (*od.* guiding rule), be guided by s. th., follow s. th. **2.** *civ. eng.* plumb line. ~**ˌschwert** *n hist.* executioner's sword. ~**ˌsen·der** *m* directional (*od.* beam) transmitter. ~**ˌstatt,** ~**ˌstät·te** *f* → Richtplatz. ~**ˌstrahl** *m* (directional *od.* radio) beam. ~**ˌstrahl·anˌten·ne** *f,* ~**ˌstrah·ler** *m* directional (*od.* beam) aerial (*Am.* antenna).

ˈRich·tung *f* ⟨-; -en⟩ **1.** direction, (*Verlauf, a. mar. Kurs*) course; **in ~ auf** (*acc*) (*od.* **nach**) in the direction of, toward(s); **in gerader ~** straight on (*od.* ahead), *a. weitS.* in a straight line; **in dieser ~** in this direction (*a. fig.*), this way, *fig.* along (*od.* in) that line; **in umgekehrter** (*od.* **entgegengesetzter**) ~ in the opposite direction; **nach (aus) allen ~en** in (from) all directions; **die Züge in (aus) ~ München** the trains to (from) Munich; **e-e ~ einschlagen** take (*od.* go in) a direction, *fig. a.* take a course; **die ~ nach Norden einschlagen** turn northward(s), head north; **die ~ verlieren** lose one's bearings. **2.** *fig.* (*literarische etc Bewegung*) movement, (*Schule*) school, (*Denkweise*) lines *pl* (of thought), (*Einstellung, Ansicht*) orientation, views *pl,* line; **e-e bestimmte politische ~ vertreten** hold certain political views. ≈**ˌge·bend** *adj* directive, guiding, showing the way, trend-setting, signpost (*events*), landmark (*speech, etc*).

ˈRich·tungs|ˌän·de·rung *f* change in direction, *plötzliche*: *a.* swerve, swing. ~**ˌanˌzei·ger** *m bes. mot.* direction indicator (*od.* signal), trafficator. ~**beˌstim·mung** *f Radio*: direction finding. ≈**los** *adj* aimless, planless. ~**ˌpfeil** *m* (direction[al]) arrow. ~**ˌwech·sel** *m* → Richtungsänderung.

ˈrich·tungˌwei·send *adj* → richtunggebend.

ˈRicht|ˌwaa·ge *f tech.* (spirit) level. ~**ˌwert** *m econ.* **1.** (*Näherungswert*) approximate value. **2.** → ~**ˌzahl** *f* index (number *od.* figure), guiding figure.

Ricke (*getr.* -**k·k**-) [ˈrɪkə] *f* ⟨-; -n⟩ *hunt.* doe.

rieb [riːp] *1 u. 3 sg pret of* **reiben.**

ˈriech·bar *adj* smellable.

rie·chen [ˈriːçən] **I** *v/i* ⟨riecht, roch, gerochen, h⟩ **1.** (**nach** of) smell, have a smell (*od.* scent); **gut (süß, stark, angebrannt** *etc*) ~ smell good (sweet, strong, burnt, *etc*), have a good (sweet, strong, burnt, *etc*) smell; **übel** (*od.* **unangenehm, schlecht**) ~ smell (bad), have a (bad *od.* unpleasant) smell, *stärker*: reek, be rank, be smelly; **nach Knoblauch** *etc* ~ smell (*od.* reek, have a smell) of garlic, *etc*; **aus dem Mund** (*colloq.* **Hals**) ~ have bad breath; **es riecht nach Gas** there is a smell of gas; **zu ~ beginnen** *Lebensmittel etc*: begin to smell (high *od.* tainted), get high. **2. ~ an** (*dat*) smell (*od.* sniff) at, take (*od.* have) a smell (*od.* a sniff) at, smell *s. th.*; *fig. colloq.* **du kannst** (*od.* **darfst**) **mal dran ~!** you can have a sniff of it. **3.** *fig.* ~ **nach** smack (*od.* reek, scent) of, have a smack of (*treachery, etc*). **II** *v/t* **4.** smell; **ich rieche das Parfüm gern** I like (*od.* love, adore) the smell of that perfume; **ich kann Fisch nicht ~** I cannot bear (*od.* stand, *colloq.* I hate) (the smell of) fish; *fig. colloq.* **ich kann ihn nicht ~** I can't stand (*od.* bear) (the sight of) him, I hate his guts. **5.** (*wittern*) scent, *fig. colloq.* (*ahnen, herausfinden*) smell *s. th.* out, get wind of; **er hat es gerochen** *a.* he rumbled it; **das kann ich doch nicht ~!, wie soll ich das ~?** how was I to know!, how can I know (that)? **ˈriechend** *adj* (**nach** of) smelling, odorous, *bes. fig.* redolent. **ˈRie·cher** *m* ⟨-s; -⟩ *colloq.* nose; *fig.* **e-n guten** (*od.* **den richtigen**) ~ **haben** have a good nose (**für** for).

ˈRiech|ˌfläsch·chen *n* smelling (*od.* scent) bottle. ~**ˌkol·ben** *m colloq.* nose, *sl.* conk. ~**ˌnerv** *m* olfactory nerve. ~**orˌgan** *n* **1.** olfactory organ. **2.** *colloq.* nose. ~**ˌsalz** *n med.* smelling salts *pl.* ~**ˌstoff** *m meist pl* olfactory substance. ~**ˌzen·trum** *n biol.* olfactory cent/re (*Am.* -er).

Ried [riːt] *n* ⟨-(e)s; -e⟩ **1.** (*Röhricht, Schilf*) reed. **2.** marsh(-land). ~**ˌbock** *m zo.* reedbuck. ~**ˌgras** *n* sedge.

rief [riːf] *1 u. 3 sg pret of* **rufen.**

Rie·fe [ˈriːfə] *f* ⟨-; -n⟩ groove, flute. **ˈrie·feln** [-fəln] *v/t* ⟨h⟩ groove, flute. **ˈRie·fe·lung** *f* ⟨-; -en⟩ grooves *pl,* flutes *pl.* **ˈrie·fen** *v/t* ⟨h⟩ → **riefeln.** **ˈrie·fig** *adj* grooved, fluted.

Rie·ge [ˈriːgə] *f* ⟨-; -n⟩ (*Turnabteilung*) gym team, section, *bes. Am.* squad.

Rie·gel [ˈriːgəl] *m* ⟨-s; -⟩ **1.** *zum Vorschieben*: bolt, (*Quer≈, Verschlußstange*) (cross)bar, *am Schloß*: (key *od.* catch) bolt; **den ~ vorschieben** shoot the bolt; **mit e-m ~ verschließen** bolt; *fig.* **e-r Sache e-n ~ vorschieben** put a stop (*od.* an end) to s. th. **2.** (*~ Schokolade*) bar, strip, (*~ Seife etc*) cake, bar. **3.** *arch.* (*Holz≈*) nogging piece, nog.

rie·geln [ˈriːgəln] *v/t* ⟨h⟩ bar, bolt.

ˈRie·gelˌschloß *n tech.* deadlock, bolt (*od.* stock) lock.

ˈRie·genˌfüh·rer *m* gym (team) leader, team (*bes. Am.* squad) leader.

Rie·men[1] [ˈriːmən] *m* ⟨-s; -⟩ strap (*Leib≈, tech. Treib≈*) belt, (*Gewehr≈*) sling, (*Schnür≈*) lace, (*Streich≈*) strop; *fig.* **den ~ enger schnallen** tighten one's belt; **sich am ~ reißen** pull o. s. together.

ˈRie·men[2] *m* ⟨-s; -⟩ (*Ruder*) oar; *fig.* **sich in die ~ legen** put one's back into it, *colloq.* work flat out.

ˈRie·men|ˌschei·be *f* pulley. ~**ˌschuh** *m meist pl* open (*od.* thonged) sandal. ~**ˌspan·ner** *m* belt tightener. ~**ˌtrieb** *m* belt drive.

Ries [riːs] *n* ⟨-es; -e, *nach Zahlen* -⟩ **10 ~ Papier** ten reams of paper.

Rie·se [ˈriːzə] *m* ⟨-n; -n⟩ giant (*a. fig.*), *böser, menschenfressender*: ogre; *Bibl.* **der ~ Goliath** the giant Goliath.

ˈRie·sel|ˌanˌla·ge *f* sewage irrigation plant. ~**ˌfel·der** *pl agr.* sewage farm *sg.*

rie·seln [ˈriːzəln] **I** *v/i* ⟨sein⟩ trickle, run, *Bach*: ripple, purl, *Regen*: drizzle; (**leise**) ~ *Schnee*: fall gently; **Sand durch die Finger ~ lassen** let sand run through one's fingers; **von den Wän-**

den rieselt der Kalk chalk is trickling off (*od.* from) the walls; *fig.* **ein Schauer rieselte mir über den Rücken**, *impers* **es rieselte mir kalt über den Rücken** a shudder ran down my spine. **II** *v/impers* ⟨h⟩ **es rieselt** it is drizzling. **III** ♀ *n* ⟨-s⟩ trickle, ripple, *des Regens*: drizzle.

'Rie·sen... *in Zssgn meist* giant, gigantic, great, *fig. a.* tremendous, enormous, huge. **~'ar·beit** *f colloq.* gigantic (*od.* Herculean) task. **~ˌda·me** *f auf Jahrmärkten*: fat lady (*colloq.* Molly). **~'dumm·heit** *f colloq.* colossal blunder (*od.* mistake). **~er'folg** *m colloq.* tremendous (*od.* smash[ing]) success, *thea.*, *Schallplatte*: *a.* smash hit, smasher. **~ˌfel·ge** *f gym.* giant swing (*bes. Am.* circle). **~geˌschlecht** *n myth.* race (*od.* family) of giants, titanic race. **~geˌstalt** *f* **1.** gigantic (*od.* colossal, huge) figure (*od.* form). **2.** (*Person*) giant (of a person). ♀**'groß** *adj* → riesig I. **~ˌgrö·ße** *f* → Riesenhaftigkeit.

'rie·sen|haft *adj* → riesig I. ♀**haf·tig·keit** *f* ⟨-; *no pl*⟩ enormousness, tremendousness, hugeness, enormous size.

'Rie·sen|ˌhai *m* basking shark. **~'hun·ger** *m* enormous appetite; **ich habe e-n ~** I'm starving (*od.* ravenous, famished). **~ˌkerl** *m colloq.* great big (*od.* huge, husky, hefty) fellow. **~konˌzern** *m* mammoth concern. **~ˌkraft** *f* tremendous (*od.* Herculean) strength; **Riesenkräfte haben** *a. colloq.* be (as) strong as an ox. **~ˌmen·ge** *f* **1.** (*Leute*) huge (*od.* mammoth) crowd. **2.** (*Dinge u. allg.*) enormous amount, *colloq.* heaps of, oodles of. **~ˌrad** *n* Ferris (*od.* big) wheel. **~ˌroß** *n colloq.* nincompoop, simpleton. **~ˌschildˌkrö·te** *f* giant (*od.* elephant) tortoise. **~ˌschlan·ge** *f* giant boa, giant python. **~'schritt** *m* giant step; **mit ~en** by leaps and bounds. **~ˌschwung** *m* → Riesenfelge. **~ˌsla·lom** *m Skilauf*: giant slalom. **~'spaß** *m colloq.* tremendous fun; **wir hatten e-n ~** we had a terrific time. ♀**'stark** *adj colloq.* tremendously strong. **~ˌstär·ke** *f* → Riesenkraft. **~ˌun·terˌneh·men** *n* mammoth enterprise. **~ˌweib** *n* → Riesin. **~ˌwel·le** *f* → Riesenfelge. **~ˌwuchs** *m* gi(g)antism, macrosomia.

'rie·sig I *adj a. fig.* enormous, tremendous, huge, gigantic, giant, colossal, immense, *colloq.* whopping, *bes. Br.* whacking. **II** *adv colloq.* enormously, tremendously, terribly, awfully (*etc*).

'Rie·sin *f* ⟨-; -nen⟩ giantess (*a. fig.*).

Ries·ling ['riːslɪŋ] *m* ⟨-s; -e⟩ (*Rebsorte*) Riesling.

riet [riːt] *1 u. 3 sg pret of* **raten**.

Riff [rɪf] *n* ⟨-(e)s; -e⟩ reef.

rif·feln ['rɪfəln] *v/t* ⟨h⟩ **1.** (*Oberfläche*) groove, ripple, *bes. tech.* flute, channel, corrugate. **2.** (*Flachs*) ripple, peel. **'Rif·fe·lung** *f* ⟨-; -en⟩ grooves *pl*, *bes. tech.* fluting, corrugation.

Rig·gung ['rɪgʊŋ] *f* ⟨-; -en⟩ *mar.* rigging.

ri·gid [ri'giːt], **ri'gi·de** [-də] *adj* rigid. **Ri·gi·di'tät** [-gidi'tɛːt] *f* ⟨-; *no pl*⟩ rigidity.

Ri·go·le [ri'goːlə] *f* ⟨-; -n⟩ *agr.* (drainage) ditch. **ri'go·len** *v/t* ⟨*no* ge-, h⟩ *agr.* trench(-plough, *bes. Am.* -plow).

Ri·go|ris·mus [rigo'rɪsmʊs] *m* ⟨-; *no pl*⟩ rigorism. ♀**'ri·stisch** [-tɪʃ] *adj* rigorist(ic). ♀**'ros** [-'roːs] **I** *adj* rigorous, (*streng, hart*) *a.* strict, severe, (*unbarmherzig*) *a.* relentless, inexorable, (*rücksichtslos*) *a.* ruthless. **II** *adv* **~ durchgreifen** take rigorous action, act rigorously. **~ro·si'tät** [-rozi'tɛːt] *f* ⟨-; *no pl*⟩ rigorousness, (*Strenge, Härte*) *a.* strictness, severity, (*Unbarmherzigkeit*) *a.* relentlessness, inexorability, (*Rücksichtslosigkeit*) *a.* ruthlessness. **~'ro·sum** [-'roːzʊm] *n* ⟨-s; -rosa [-za]⟩ oral examination (*od.* viva voce) (for the doctorate).

Rik·scha ['rɪkʃa] *f* ⟨-; -s⟩ ricksha(w).

Ril·le ['rɪlə] *f* ⟨-; -n⟩ groove (*a. in Schallplatten etc*), (*Furche*) furrow, (*Saatfurche*) drill. **'ril·len** *v/t* ⟨h⟩ groove, flute, (*furchen*) furrow.

'ril·lig *adj* grooved, fluted, serrated.

Ri·mes·se [ri'mɛsə] *f* ⟨-; -n⟩ *econ.* remittance.

rin [rɪn] *adv Northern G. colloq. short for* **herein(...)**, **hinein(...)**; **(immer) ~ in die gute Stube!** come right in!; **~ ins Vergnügen!** (let's) have a ball!

Rind [rɪnt] *n* ⟨-(e)s; -er⟩ **1.** ox, cow; **~er** (horned) cattle *sg* (*meist als pl konstruiert*); **50 ~er** 50 (head of) cattle. **2.** *als Schlachtvieh*: beef. **3.** *zo.* bovine animal.

Rin·de ['rɪndə] *f* ⟨-; -n⟩ (*Baum*♀) bark, (*Brot*♀, *Erd*♀, *Kruste*) crust, (*Käse*♀, *Speck*♀ *etc*) rind, *anat. e-s Organs*: cortex.

'Rin·den|ˌbil·dung *f bot.* cortication. ♀**los** *adj* barkless (*tree*), crustless (*bread*), rindless (*cheese*). **~ˌschä·ler** *m* **1.** barking machine, (de)barker. **2.** (*Messer*) barking iron.

'Rin·der|beˌstand *m* number of cattle. **~ˌbra·ten** *m* roast beef. **~ˌbrem·se** *f zo.* gadfly. **~fiˌlet** *n* fillet of beef. **~ˌher·de** *f* herd of cattle. **~ˌhirt** *m* herdsman, cowherd. **~ˌpest** *f* rinderpest, cattle plague. **~ˌschmorˌbra·ten** *m* braised beef, pot roast of beef. **~ˌstall** *m* cowshed, *bes. Br.* cowhouse. **~tu·ber·kuˌlo·se** *f* bovine tuberculosis. **~ˌzucht** *f* cattle breeding. **~ˌzun·ge** *f gastr.* ox tongue.

'Rindˌfleisch *n gastr.* beef. **~ˌbrü·he** *f* beef broth (*od.* tea).

'rin·dig *adj bot.* barky, covered with bark.

'Rind|ˌle·der *n* → Rindsleder. ♀**ˌle·dern** *adj* → rindsledern.

'Rinds|ˌbra·ten *m bes. Southern G. for* Rinderbraten. **~ˌgu·lasch** *n, a. m* beef goulash. **~ˌkeu·le** *f* round of beef. **~ˌle·der** *n* cowhide, neat leather. ♀**ˌle·dern** *adj* ([made] of) cowhide (*od.* neat leather). **~ˌlen·de** *f* → Rinderfilet. **~rouˌla·de** *f* roulade (of beef), collared beef.

'Rindˌvieh *n* ⟨-(e)s; *colloq.* -viecher⟩ **1.** ⟨*only sg*⟩ *collect.* cattle *sg* (*meist als pl konstruiert*). **2.** *colloq. contp.* (stupid) ass, oaf, halfwit, idiot.

Ring [rɪŋ] *m* ⟨-(e)s; -e⟩ **1.** *allg.* ring, (*Schmuckstück, Ehe*♀, *Verlobungs*♀ *etc*) (wedding, engagement, *etc*) ring, (*Arm*♀, *Hals*♀) circlet, (*Arm*♀, *Fuß*♀) bangle; **die ~e wechseln** exchange rings; **den ~ (vom Finger) abstreifen** take (*od.* slip) one's ring off (one's finger). **2.** (*Schlüssel*♀, *Servietten*♀ *etc*) (key, napkin, *etc*) ring, (*Öse*) hoop, loop, (*Kettenglied*) link, (*Dichtungs*♀) washer, *tech. bei Röhren, Wellen etc*: collar; **Turnen an den ~en** gymnastics on the rings; **e-n ~ legen um e-e Sache, et. mit e-m ~ versehen** *a.* ring s. th. **3.** (*ring- od. kreisförmiges Gebilde*) ring, circle, *um ein Gestirn*: *a.* halo, corona, *des Saturns*: ring, *bot.* (*Jahres*♀) (annual) ring, annulus, *Schießsport*: (*erzielter ~*) point; **die olympischen ~e** the Olympic rings; **~e auf dem Wasser** rings (*od.* circles) in the water; **dunkle ~e unter den** (*od.* **um die**) **Augen** dark circles under (*od.* [a]round) the eyes; **e-n ~ bilden um** form a circle (a)round, encircle, surround; **~e in die Luft blasen** blow smoke rings in(to) the air. **4.** (*~straße*) ring-road. **5.** (*Box*♀) (prize) ring; **in den ~ klettern** enter the ring, climb through the ropes; **~ frei!** clear the ring!; *fig.* **der ~ ist frei für ...** the way is clear for ... **6.** (*Vereinigung, Zs.-schluß*) *allg.* ring, circle, (*Verein*) association, (*Interessengemeinschaft*) ring, pool, trust; **ein ~ von Rauschgifthändlern** a dope ring; **sich zu e-m ~ zs.-schließen** form a ring, pool (up); **e-n ~ auffliegen lassen** (*od.* **zerschlagen**) break up a ring. **7.** (*~ von Ereignissen, der Jahreszeiten etc, Vorgang*) circle, cycle; **der ~ hat sich geschlossen** the circle has come full wheel, the cycle is complete.

'ringˌar·tig *adj* ringlike, circular, annular.

'Ring|ˌarzt *m beim Boxkampf*: ringside doctor. **~ˌbahn** *f* **1.** circular railway, *bes. Am.* belt line. **2.** (*Untergrund-, Straßenbahn*) circular line. **~beˌschleu·ni·ger** *m nucl.* cyclic accelerator. **~ˌbuch** *n* ring binder.

Rin·gel ['rɪŋəl] *m* ⟨-s; -⟩ **1.** ringlet, circlet. **2.** → Ringellocke. **~ˌblu·me** *f* (pot) marigold.

'rin·ge·lig *adj* curly.

'Rin·gel|ˌlöck·chen *n*, **~ˌlocke** (*getr.* -k·k-) *f* ringlet, *kurze*: curl.

rin·geln ['rɪŋəln] **I** *v/t* ⟨h⟩ **1.** (*Haar, Schwanz etc*) curl, (*wickeln*) *a.* coil (**um** [a]round). **2.** (*Obstbäume etc*) ring(bark), girdle. **II** *v/reflex* **sich ~ 3.** *Locke, Band, Schwanz etc*: curl, *Schlange etc*: coil (itself) (**um** [a]round), *Würmer*: wriggle, *Bäche, Flüsse etc*: wind, meander.

'Rin·gel|ˌnat·ter *f zo.* ring(ed) snake, grass snake. **~ˌpietz** [-ˌpiːts] *m* ⟨-es; -e⟩ *colloq. humor.* **~ (mit Anfassen)** hop, knees-up. **~ˌrei·hen** *m* ring-a-ring-a-roses, *bes. Am.* ring(-around-)a-rosy. **~ˌschwanz** *m* curly tail. **~ˌsocke** (*getr.* -k·k-) *f*, **~ˌsöck·chen** *n* striped sock. **~ˌspiel** *n Austrian* merry-go-round. **~ˌtau·be** *f* wood pigeon, ringdove. **~ˌwurm** *m* annelid.

rin·gen ['rɪŋən] **I** *v/i* ⟨ringt, rang, gerungen, h⟩ **1.** *bes. Sport*: wrestle (**mit j-m** [with] s. o.); **die Jungen ~ miteinander** the boys are wrestling (with) each other. **2.** *fig.* **~ mit (um)** wrestle (*od.* struggle, fight, strive) with (*a question, temptation, etc*) (for *recognition, success, etc, to find a solution, etc*); **mit e-m Problem ~** *a.* grapple with a problem; **mit sich ~** wrestle (*od.* struggle) with o. s.; **ich habe lange mit mir gerungen, ob** *a.* I had a long struggle with myself as to whether; **mit dem Tode ~** *a.* be in the throes (*od.* grip) of death; **nach Atem** (*od.* **Luft**) **~** struggle (*od.* gasp, fight) for breath; **nach Worten ~** struggle for words; **nach Fassung ~** struggle to recover o. s. (*od.* one's composure). **II** *v/t* **3. j-n zu Boden ~** wrestle s. o. to the ground; **die Hände ~** wring one's hands; **j-m et. aus der Hand** (*od.* **den Händen**) **~** wrench (*od.* wrest) s. th. from s. o.'s hands. **III** *v/reflex* **4.** *lit.* **sich aus** *der Brust ~ Seufzer*: be wrung from. **IV** ♀ *n* ⟨-s⟩ **5.** *Sport*: wrestling; **griechisch-römisches ♀** Gr(a)eco-Roman wrestling. **6.** *fig.* wrestle, struggle (**nach, um** for).

'Rin·ger *m* ⟨-s; -⟩ *bes. Sport*: wrestler.

'Ring·erˌfah·rung *f Boxen*: ringcraft, ring routine.

'Rin·gerˌgriff *m Sport*: hold in wrestling.

'Ring|ˌfe·der *f tech.* annular spring. **~ˌfin·ger** *m* ring finger, annulary. ♀**ˌför·mig** *adj* ringlike, circular, annular. **~ˌkampf** *m* wrestling, (*Einzelkampf*) wrestling match (*od.* bout).

~ˌkämp·fer *m* wrestler. **~ˌknor·pel** *m anat.* cricoid cartilage. **~ˌmau·er** *f* ring (*od.* circular) wall. **~ˌmus·kel** *m anat.* sphincter (muscle). **~pesˌsar** *n med.* ring pessary. **~ˌplatz** *m Boxen*: ringside seat. **~ˌrich·ter** *m Boxen*: referee.

rings *adv* (all) (a)round, round about; ~ **von Wald umgeben** surrounded by woods on all sides; **sich ~ im Kreis umsehen** look around.

ˈRing|ˌschlüs·sel *m tech.* ring spanner (*Am.* wrench). **~ˌschrau·be** *f* eye-bolt. **~ˌsen·dung** *f Radio*: hook-up (*od.* link-up) (transmission).

ˈrings·herˈum *adv* → ringsum.

ˈRing|ˌsport *m* wrestling. **~ˌspu·le** *f electr.* toroidal coil. **~ˌstra·ße** *f* ring-road.

ˈrings|ˈum, ~ˌumˈher *adv* **1.** (*rundherum*) all (a)round, all the way round. **2.** (*überall*) everywhere, on all sides; **ich konnte ~ nichts entdecken** I couldn't see anything anywhere.

ˈRing|ˌtausch *m* **1.** *bei der Trauung*: exchange of rings. **2.** multilateral exchange of flats (*Am.* apartments). **~verˌbin·dung** *f* **1.** *tech.* thimble joint. **2.** *chem.* ring (*od.* cyclic) compound.

Rin·ne [ˈrɪnə] *f* ⟨-; -n⟩ (*Rille*) groove (*a. anat. bot.*), channel, (*Rinnstein, Dach*♀) gutter, (*Wasserabzugs*♀) gully, (*Leitungs*♀) conduit, duct, (*Rutsche*) chute, (*Kanal*) canal, (*Furche*) furrow.

rin·nen [ˈrɪnən] *v/i* ⟨**rinnt, rann, geronnen, sein**⟩ **1.** run, roll, pour, (*strömen*) flow, stream, (*tröpfeln*) trickle, drip, *Körner, Sand*: trickle, *fig. Schauder etc*: run, *fig. Zeit*: pass (by); **der Schweiß rann ihm von der Stirn** sweat ran down his forehead; **Tränen rannen ihr übers Gesicht** tears ran down her cheeks; *fig.* **das Geld rinnt ihm nur so durch die Finger** money just slips through his fingers. **2.** (*lecken*) leak, be leaky, be leaking.

ˈRinn·sal *n* ⟨-(e)s; -e⟩ *allg.* trickle, (*Bächlein*) *a.* rivulet, streamlet.

ˈRinnˌstein *m* gutter; *fig.* **im ~ enden** end (*od.* finish) up in the gutter.

ˈRipp·chen *n* ⟨-s; -⟩ *gastr.* chop from a cured loin of pork.

Rip·pe [ˈrɪpə] *f* ⟨-; -n⟩ **1.** rib; *anat.* **falsche ~** floating rib; **j-m** (*od.* **j-n**) **in die ~n stoßen** give s. o. a nudge (*od.* punch, dig) in the ribs; *colloq.* **bei dir kann man ja die** (*od.* **alle**) **~n zählen** you are nothing but skin and bone, a bag of bones you are; **nichts auf den ~n haben** be as thin as a rake; **ich kann es mir doch nicht aus den ~n schneiden** (*od.* **schwitzen**)! I can't conjure it up out of thin air!; **ich muß jetzt was zwischen die ~n kriegen** I must have a bite now. **2.** *e-s Blattes, Stoffes, Gewölbes, tech. allg.* rib (*a. e-r Tragfläche, e-s Schiffsrumpfes*), *e-s Heizkörpers, Kühlers*: *a.* gill, fin. **3.** *Schokolade*: strip, bar.

rip·peln [ˈrɪpəln] *v/t* ⟨h⟩ (*Oberfläche*) ripple, groove.

rip·pen [ˈrɪpən] *v/t* ⟨h⟩ rib.

ˈRip·pen|ˌbo·gen *m anat.* costal arch. **~ˌbruch** *m med.* fracture of ribs (*od.* a rib), rib fracture. **~ˌfell** *n* ⟨-(e)s; *no pl*⟩ *anat.* (costal) pleura. **~ˌfell·entˌzün·dung** *f med.* pleurisy. **~ˌge·gend** *f anat.* costal region. **~geˌwöl·be** *n arch.* ribbed vault. **~ˌknor·pel** *m anat.* costal cartilage, costicartilage. **~ˌküh·ler** *m tech.* fin-tube (*od.* gilled) radiator. **~ˌspeer** *m, n* ⟨-(e)s; *no pl*⟩ *gastr.* boned, pickled loin of pork; → **Kasseler.** **~ˌstoß** *m* **j-m e-n ~ geben** (*od.* **versetzen**) give s. o. a nudge (*od.* punch, dig) in the ribs. **~ˌstück** *n gastr.* (piece of) rib, rib cut.

Rips [rɪps] *m* ⟨-es; -e⟩ (*Stoff*) rep(p).

Ri·si·bi·si [riziˈbiːzi] *n* ⟨-(s); -⟩ → Risi-Pisi.

Ri·si·ko [ˈriːziko] *n* ⟨-s; -s *u.* **-siken,** *Austrian a.* **Risken** [ˈrɪskən]⟩ **1.** (*Gefahr*) risk, danger; **auf eigenes ~** at one's own risk; **ein ~ eingehen** take (*od.* run, incur) a risk; **kein ~ scheuen** take every risk; **ohne ~** without risk, safely. **2.** (*Wagnis, unsichere Sache*) risk, venture, *colloq.* risky job; **das Unternehmen ist ein einziges ~** the enterprise is nothing but a risk (*od.* is a pure venture). **3.** *econ.* (*Geschäfts*♀) (business *od.* commercial) risk, (*Versicherungs*♀) risk, hazard; **ausgeschlossenes ~** risk excluded, excluded risk; **wir übernehmen kein ~** we do not (under)take any risk. **♀ˌfrei** *adj* free of (*od.* without) risk, riskless, safe. **♀ˌfreu·dig** *adj* prepared to take a risk, venturesome. **♀los** *adj* → risikofrei. **~ˌprä·mie** *f* risk premium. **~ˌsum·me** *f* (amount at) risk. **~ˌstreu·ung** *f* spreading of the risk. **~ˌträ·ger** *m* risk bearer.

Ri·si-Pi·si [riziˈpiːzi], **Ri·siˈpi·si** *n* ⟨-(s); -⟩ *gastr.* rice and peas cooked in meat stock.

ris·kant [rɪsˈkant] *adj* risky, hazardous, *colloq.* chancy, (*gefährlich*) dangerous, perilous, (*heikel*) delicate, precarious; **das ist sehr ~** that is quite a risk, *colloq.* that's a chancy business.

ris·kie·ren [rɪsˈkiːrən] *v/t* ⟨*no* **ge-, h**⟩ **1.** (*bereit sein, zu gefährden od. zu verlieren*) risk, hazard, venture (*one's life, fortune, etc*); **viel ~** risk a lot, take quite a risk, *Br. colloq.* chance one's arm; **alles ~** *a.* stake everything on one chance; *fig.* **et. ~** take risks, run a risk; **nichts ~** *a.* play it safe. **2.** (*sich auf et. Unsicheres einlassen, wagen*) risk, venture on (*a journey, an enterprise*), *colloq.* chance; *fig.* **e-e Frage** (**Bemerkung** *etc*) **~** venture (*od.* hazard) a question (remark, *etc*); **er riskierte es, näher zu kommen** he ventured nearer, he risked coming nearer; **es mit ... ~** take a chance on ..., give ... a chance; **~ wir's!** let's chance it! **3.** (*bereit sein, et. Unangenehmes auf sich zu nehmen, mit et. rechnen müssen*) risk, take (*od.* run) the risk(s) (*od.* chance) of (*an accident, etc*); **e-n Mißerfolg ~** risk failure; **e-e Niederlage ~** chance defeat; **~, erwischt zu werden** risk getting caught, take (*od.* run) the risk of being caught; **wir ~ nichts dabei** *a.* it's absolutely safe.

Ri·sot·to [riˈzɔto] *m* ⟨-(s); -(s)⟩, *Austrian colloq. a. n* ⟨-s; -(s)⟩ *gastr.* risotto, rizotto.

Ris·pe [ˈrɪspə] *f* ⟨-; -n⟩ *bot.* panicle.

ˈris·pen|ˌför·mig *adj bot.* panicled. **♀ˌgras** *n* meadow grass.

riß [rɪs] *1 u. 3 sg pret of* **reißen.**

Riß[1] *m* ⟨-sses; -sse⟩ **1.** *in Gewebe, Papier etc*: tear, rent, split, rip, *in der Haut*: chap, *in hartem Material*: crack, cleft, rent, fissure, chink, *a. fig.* split, rift (*in friendship, in a party, etc*); **e-n ~** (*od.* **Risse**) **bekommen** tear, split, crack, develop a crack (*od.* cracks), *etc*; *fig.* **ein tiefer ~ geht durch die Partei** there is a deep rift in the party; **zwischen unseren Anschauungen klafft ein tiefer ~** there is a deep gulf between our views, our views are unbridgeable. **2.** (*Entzweireißen*) tearing, rending, ripping. **3.** *fig.* (*seelische Erschütterung*) (staggering) blow, (deep) shock; **diese Antwort gab ihm e-n ~** *a.* this reply really staggered (*od.* shocked, jarred) him, he was really staggered, *etc* by (*od.* to hear) this reply.

Riß[2] *m* ⟨-sses; -sse⟩ *arch. tech.* draft, sketch; → **Aufriß 1, Grundriß 1, Seitenriß.**

ˈRißˌbil·dung *f bes. tech.* formation of cracks, cracking.

ˈRiß-ˌEisˌzeit *f geol.* Riss.

ˈris·sig *adj* full of tears (*od.* rents, cracks, *etc*), *Haut*: chappy, chapped, *bes. hartes Material*: cracky, cracked, fissured, chinky; **~ werden** become (*od.* get) cracky, *etc*, crack, develop tears (*od.* cracks, *etc*), *Haut*: chap.

ˈRißˌwun·de *f* laceration, lacerated wound.

Rist [rɪst] *m* ⟨-es; -e⟩ **1.** (*Fußrücken*) instep. **2.** (*Handrücken*) back of the hand. **3.** *beim Pferd etc*: withers *pl.* **~ˌgriff** *m gym.* ordinary grip.

ri·stor·nie·ren [rɪstɔrˈniːrən] *v/t* ⟨*no* **ge-, h**⟩ → **stornieren** 1. **Riˈstor·no** [-no] *m, n* ⟨-s; -s⟩ *econ.* (*Rückbuchung*) reverse transfer of accounts.

ri·tar·dan·do [ritarˈdando] *mus.* **I** *adv u. adj,* **II ♀** *n* ⟨-s; -s *u.* **-dandi** [-di]⟩ ritardando.

ri·te [ˈriːte] *adv Doktorprüfung*: rite (*Lat.*), with a pass.

ri·te·nu·to [riteˈnuːto] *mus.* **I** *adv u. adj,* **II ♀** *n* ⟨-s; -s *u.* **-nuti** [-ti]⟩ ritenuto.

Ri·tor·nell [ritɔrˈnɛl] *n* ⟨-s; -e⟩ *mus.* ritornello, ritornel(le).

ritsch, ratsch [ˈrɪtʃ ˈratʃ] *interj* rip, strip!

ritt [rɪt] *1 u. 3 sg pret of* **reiten.**

Ritt *m* ⟨-(e)s; -e⟩ ride (on horseback); **sie jagten in scharfem ~ über die Felder** they rode hard (*od.* at a swift pace) across the fields; **e-n ~ machen** take (*od.* go for) a ride.

ˈRit·ter *m* ⟨-s; -⟩ **1.** knight (*a. Ordensträger*); **ein fahrender ~** a knight-errant; **j-n zum ~ schlagen** knight s. o., dub s. o. a knight; **die ~ des deutschen Ordens** the Knights of the Teutonic Order; **~ des Hosenbandordens** Knight of the Garter; *fig.* **ein ~ ohne Furcht und Tadel** a knight without fear or reproach; **der ~ von der traurigen Gestalt** the Knight of the rueful countenance. **2.** *archaic* (*Kavalier*) cavalier, gallant. **3.** *gastr.* **arme ~** *pl* fritters. **~ˌburg** *f* (knight's) castle. **~ˌdienst** *m fig.* chivalrous act, act of chivalry. **~ˌgut** *n hist.* **1.** knight's estate, manor. **2.** *bes. in Preußen*: Junker's estate. **~ˌgutsbeˌsit·zer** *m* **1.** owner of a knight's estate (*od.* manor). **2.** *bes. in Preußen*: Junker. **~ˌkreuz** *n mil.* Knight's Cross (of the Iron Cross). **~ˌkreuzˌträ·ger** *m* Knight of the Iron Cross.

ˈrit·ter·lich I *adj* **1.** *fig.* chivalrous, gallant, gentlemanly; **~es Benehmen** chivalry. **2.** *hist.* knightly. **II** *adv* **3.** *fig.* chivalrously, gallantly; **sich den Damen gegenüber ~ benehmen** *a.* be chivalrous to(ward[s]) ladies. **♀keit** *f* ⟨-; *no pl*⟩ chivalry, gallantry.

ˈRit·ter|ˌor·den *m hist.* order (of knighthood). **~roˌman** *m* romance of chivalry. **~ˌrü·stung** *f* knight's armo(u)r. **~schaft** *f* ⟨-; -en⟩ **1.** *hist. collect.* knighthood, knights *pl.* **2.** ⟨*only sg*⟩ (*Ritterwürde*) knighthood. **~ˌschlag** *m hist.* knighting, dubbing; **den ~ empfangen** be knighted, be dubbed a knight. **~ˌsitz** *m* → Ritterburg.

ˈRit·tersˌmann *m* ⟨-(e)s; -leute⟩ → Ritter 1.

ˈRit·ter|ˌspiel *n meist pl hist.* joust, tournament. **~ˌsporn** *m bot.* larkspur, delphinium. **~ˌstand** *m hist.* knighthood; **j-n in den ~ erheben** knight s. o. **~tum** *n* ⟨-(e)s; *no pl*⟩ *hist.* **1.** knighthood, chivalry. **2.** → Ritterschaft 1. **~ˌwe·sen** *n hist.* chivalry. **~ˌzeit** *f* age of chivalry.

ˈritt·lings *adv* astride, astraddle; **~ auf e-m Stuhl sitzen** sit astride a chair.

ˈRittˌmei·ster *m mil. hist.* (cavalry) captain.

Ri·tu·al [ri'tŭa:l] *n* <-s; -e *u.* -ien [-lĭən]> ritual.
Ri·tua·lis·mus [ritŭa'lɪsmʊs] *m* <-; *no pl*> ritualism.
Ri·tu'al,mord *m* ritual murder.
ri·tu·ell [ri'tŭɛl] *adj* ritual.
Ri·tus ['ri:tʊs] *m* <-; Riten> rite.
Ritz [rɪts] *m* <-es; -e> → Ritze.
Rit·ze ['rɪtsə] *f* <-; -n> **1.** (*kleiner Riß, Sprung*) crack, chink, crevice, cleft. **2.** (*Lücke, Spalte*) gap, cleft. **3.** (*Kratzer, Schramme*) scratch.
Rit·zel ['rɪtsəl] *n* <-s; -> *tech.* pinion. **~,an,trieb** *m* pinion drive. **~,wel·le** *f* pinion shaft.
rit·zen ['rɪtsən] *v/t* <h> **1.** (*kratzen*) scratch; **sich (an e-m Nagel)** ~ scratch o. s. (on a nail); **sich (mit e-m Nagel) an der Hand** (*od.* **die Hand**) ~ scratch one's hand (on a nail). **2.** (*ein~*) carve, cut; **s-n Namen in e-e Bank** ~ cut (*od.* carve) one's name on a bench. **3.** *colloq.* **die Sache** (*od.* **der Fall**) **ist geritzt** a) it's all right, it's okay, b) (*sicher, erledigt*) it's in the bag.
Ri·va·le [ri'va:lə] *m* <-n; -n>, **Ri'va·lin** *f* <-; -nen> rival, competitor; **ohne ~n** (*od.* **Rivalinnen**) *a.* unrival(l)ed. **ri·va·li·sie·ren** [rivali'zi:rən] *v/i* <*no* **ge-**, h> rival, be rivals, compete; **mit j-m** ~ rival s. o., compete (*od.* vie) with s. o. **ri·va·li'sie·rend** *adj* rival (*groups, etc*), competing, rival(l)ing. **Ri·va·li·tät** [rivali'tɛ:t] *f* <-; -en> rivalry; **in ~ mit j-m stehen** rival s. o.
'Ri·zi·nus,öl ['ri:tsinʊs-] *n* castor oil.
Roast·beef ['ro:stbi:f] *n* <-s; -s> *gastr.* roast beef (*od.* sirloin).
Rob·be ['rɔbə] *f* <-; -n> *zo.* seal.
rob·ben ['rɔbən] *v/i* <sein *u.* h> (move on the) belly, crawl, creep.
'Rob·ben\|,fang *m* sealing. **~,fän·ger** *m* sealer. **~,jagd** *f* sealing. **~,jä·ger** *m* sealer.
Ro·be ['ro:bə] *f* <-; -n> **1.** (*Abendkleid*) robe, (evening-)gown. **2.** (*Amtstracht*) robe, gown.
Ro·bi·nie [ro'bi:nĭə] *f* <-; -n> *bot.* robinia.
Ro·bin·so·na·de [robɪnzo'na:də] *f* <-; -n> **1.** robinsonade. **2.** *Sport*: full-length save.
'Ro·bin·son,spiel,platz ['ro:bɪnzɔn-] *m* adventure playground.
ro·bo·ten ['rɔbɔtən; ro'bɔtən] *v/i* <*pp* **gerobotet** [gə'rɔbɔtət], *a.* **robotet** [ro'bɔtət], h> *colloq.* drudge, toil, slave, fag, sweat. **Ro·bo·ter** ['rɔbɔtər; ro'bɔtər] *m* <-s; -> **1.** *tech.* robot. **2.** *fig. colloq.* robot, drudge.
ro·bust [ro'bʊst] *adj Körperbau, Konstruktion etc*: robust, sturdy, strong, *Gesundheit, Natur etc*: robust, hardy, tough, *Gebrauchsgegenstand*: stout, sturdily built (*od.* made). **2heit** *f* <-; *no pl*> robustness, sturdiness, strength, hardiness, toughness, stoutness.
roch [rɔx] *1 u. 3 sg pret of* **riechen.**
Ro·cha·de [rɔ'xa:də; -'ʃa:də] *f* <-; -n> *Schach*: castling (*od.* turning) of the king.
rö·che ['rœçə] *1 u. 3 sg pret subj of* **riechen.**
rö·cheln ['rœçəln] **I** *v/i* <h> wheeze, rattle (in one's throat). **II** *v/t* gasp (out) (*words*). **III 2** *n* <-s> rattle.
Ro·chen ['rɔxən] *m* <-s; -> *ichth.* ray.
ro·chie·ren [rɔ'xi:rən; -'ʃi:rən] *v/i* <*no* **ge-**, h> **1.** *Schach*: castle. **2.** *Sport, Stürmer*: change positions.
Ro·chus ['rɔxʊs] *m colloq.* **e-n ~ auf j-n haben** be angry (*od.* mad) with s. o.
Rock [rɔk] *m* <-(e)s; ⸚e> **1.** (*Damen2*) skirt. **2.** *obs.* (*Herrenjackett*) jacket, (*Geh2 etc*) (frock) coat. **~,auf,schlag** *m am Jackett*: lapel.
Röck·chen ['rœkçən] *n* <-s; -> *dim. of* Rock 1.
Rocken (*getr.* **-k·k-**) ['rɔkən] *m* <-s; -> (*Spinngerät*) distaff.
Rocker (*getr.* **-k·k-**) ['rɔkər] *m* <-s; -> rocker. **~,ban·de** *f* gang of rockers.
'Rock\|,fal·te *f* skirt pleat (*Am. a.* fold). **~,schoß** *m obs. an Herrenjacken*: coat-tail. **~,zip·fel** *m fig. colloq.* **an Mutters ~ hängen** be tied to one's mother's apron strings.
'Ro·de,hacke (*getr.* **-k·k-**) *f agr.* grub(bing) hoe.
Ro·del ['ro:dəl] *m* <-s; ->, *Bavarian and Austrian f* <-; -n> → **Rodelschlitten.**
'Ro·de,land *n* cleared (wood)land, clearing.
'Ro·del,bahn *f Sport*: toboggan run.
ro·deln ['ro:dəln] **I** *v/i* <h *u.* sein> sled, *bes. Br.* sledge, *Am. a.* coast, *Sport*: toboggan. **II 2** *n* <-s> sledding (*etc*), *Sport*: tobogganing.
'Ro·del\|par,tie *f* sled (*bes. Br.* sledge) ride. **~,schlit·ten** *m* sled, *bes. Br.* sledge, *Am. a.* coaster, *Sport*: toboggan. **~,sport** *m* → rodeln II.
'Ro·de·ma,schi·ne *f agr.* stump grubber, uprooting machine.
ro·den ['ro:dən] *v/t* <h> **1.** (*Gebiet, Land etc*) cultivate, clear. **2.** (*Bäume, Wurzelstöcke*) root out, stub (up). **3.** (*Kartoffeln etc*) dig (up), lift.
'Rod·ler *m* <-s; ->, **'Rod·le·rin** *f* <-; -nen> sledder, *bes. Br.* sledger, *Am. a.* coaster, *Sport*: tobogganer.
'Ro·dung *f* <-; -en> **1.** cultivating, clearing (*etc*), → **roden. 2.** → **Rodeland.**
Ro·gen ['ro:gən] *m* <-s; -> **1.** *ichth.* roe. **2.** *gastr.* hard roe. **'Ro·ge·ner** *m* <-s; -> **1.** *ichth.* spawner. **2.** *gastr.* hard-roed fish.
Rog·gen ['rɔgən] *m* <-s; *agr.* -> *agr. bot.* rye. **~,brot** *n* rye bread. **~,feld** *n* rye field. **~,mehl** *n* rye flour.
'Rog·ner *m* <-s; -> → **Rogener.**
roh [ro:] **I** *adj* **1.** (*unbearbeitet, im Naturzustand*) *allg.* raw, *Nahrungsmittel*: raw, uncooked, *Material allg., Fasern, Seide, Leder, Häute*: raw, *Öl, Erz etc*: crude, (*nicht raffiniert*) *Zucker etc*: *a.* unrefined, (*ungegerbt*) *a.* untanned, (*ungebleicht*) *a.* unbleached, *Stein, Holz etc*: rough, undressed, unfinished, (*unbehauen*) unhewn, (*ungeschliffen*) *Edelstein*: rough, uncut; **et. ~ essen** eat s. th. raw; **aus dem ~en arbeiten** work from the rough. **2.** (*oberflächlich bearbeitet, unfertig, grob*) *a. fig. Fassung, Entwurf etc*: rough, rude (*draft*), (*ungefähr*) *Schätzung etc*: rough (*estimate*); **im ~en fertig sein** a) *Gegenstand*: be finished in the rough, b) *Geschriebenes*: be finished in rough. **3.** (*wund, offen*) *Fleisch*: raw (*flesh*). **4.** *econ.* (*brutto*) *Betrag*: gross (*amount*). **5.** *fig.* (*ungehobelt, ungesittet*) rude, rough, *Benehmen, Ausdrucksweise*: *a.* gross, (*brutal*) brutal, (*tierisch*) brutish, (*gefühllos*) callous, *Behandlung*: *a.* harsh; **~er Mensch** *a.* brute; **mit ~er Gewalt** with brute force. **II** *adv* **6.** (*oberflächlich, grob, a. fig. ungefähr*) roughly, rudely; **ein ~ gearbeiteter Tisch** a roughly made table; **ein ~ behauener Stein** a roughhewn stone; *fig.* **~ geschätzt** roughly estimated. **7.** *fig.* (*brutal*) roughly, rudely, brutally; **~ behandeln** *a.* manhandle, *colloq.* give *s. o.* a raw deal, rough *s. o.* up.
'Roh ... *in Zssgn oft* raw, crude, natural: **~ana,ly·se** *f* rough analysis. **~,bau** *m* <-(e)s; -ten> shell (of a *od.* the house, *etc*); *a. fig.* **im ~ (fertig** *etc* finished, *etc*) in the rough. **~,baum,wol·le** *f* raw (*od.* grey) cotton. **~bi,lanz** *f econ.* gross (*od.* trial) balance. **~,ein,künf·te, ~,ein,nah·men** *pl* gross receipts. **~,ei·sen** *n* pig iron.
Ro·heit ['ro:haɪt] *f* <-; -en> **1.** <*only sg*> *fig. des Benehmens etc*: roughness, rudeness, grossness, *stärker*: brutality. **2.** *fig.* (*rohe Handlung*) brutal act, brutality.
'Roh\|er,trag *m econ.* gross profit (*od.* yield). **~,erz** *n* crude (*od.* raw, mine) ore. **~er,zeug·nis** *n* raw product. **~,fa·ser** *f* crude (*od.* raw) fibre (*Am.* fiber). **~,fas·sung** *f e-s Buchs, Films etc*: rough draft. **~ge,wicht** *n* **1.** (*Materialgewicht*) weight of unfinished product. **2.** *econ.* gross weight. **~ge,winn** *m* gross profit(s *pl*). **~,glas** *n* roughcast glass. **~,gum·mi** *n, a. m* crude rubber. **~,guß** *m metall.* unfinished castings *pl*. **~,kost** *f gastr.* raw (*od.* uncooked) (vegetarian) food, raw diet (*od.* vegetables *pl*). **~,kost,kur** *f* vegetarian (*od.* vegetable) cure. **~,köst·ler** [-,kœstlər] *m* <-s; -> vegetarian. **~,kost,plat·te** *f gastr.* raw vegetable salad. **~,le·der** *n* untanned (*od.* raw) leather, rawhide.
'Roh·ling *m* <-s; -e> **1.** (*Person*) brute, ruffian, brutal fellow. **2.** *metall.* blank. **3.** rough wood.
'Roh\|ma·te·ri,al *n tech. u. fig.* raw material. **~me,tall** *n* crude metal. **~,öl** *n* crude oil. **~,öl,mo·tor** *m* crude-oil engine. **~pro,dukt** *n* raw product.
Rohr[1] [ro:r] *n* <-(e)s; -e> **1.** *tech.* (*Röhre*) pipe, (*Leitungs2*) line pipe, *Gattungsbegriff*: piping, tubing; **~e (ver)legen** lay pipes (*od.* tubes). **2.** (*Kanal2*) duct, channel, canal, (*Abzugs2*) flue. **3.** (*Geschütz2*) (gun) barrel, tube; **aus allen ~en feuern** let go with all one has. **4.** *dial.* (*Backröhre*) oven.
Rohr[2] *n* <-(e)s; -e> **1.** *bot.* (*Schilf2*) reed, (*Zucker2, Bambus2 etc*) (sugar, bamboo, *etc*) cane; *fig.* **er schwankt wie ein ~ im Wind** he is like a reed before the wind. **2.** *collect.* reeds *pl*. **3.** *mus. der Oboe*: double reed (mouthpiece).
'Rohr\|,ab,schnei·der *m tech.* pipe (*od.* tube) cutter. **~,am·mer** *f orn.* reed bunting. **~,an,schluß** *m tech.* pipe connection. **~,blatt** *n mus. von Holzblasinstrumenten*: reed. **~,bruch** *m tech.* pipe burst.
Röhr·chen ['rø:rçən] *n* <-s; -> **1.** *dim. of* Rohr[1], Röhre. **2.** *med.* small tube, tubule. **3.** *chem.* test tube.
'Rohr\|,dach *n* reed (*od.* thatched) roof. **~,dom·mel** [-,dɔməl] *f orn.* <-; -n> (**Große ~** common) bittern.
Röh·re ['rø:rə] *f* <-; -n> **1.** (*Rohr*) pipe, tube. **2.** (*Brat2*) oven; *fig. colloq.* **in die ~ gucken** (*leer ausgehen*) not to get a damn thing (*cf. a.* 5). **3.** *hunt. e-s Baus*: gallery. **4.** *von Pilzen*: tube. **5.** *Radio, TV* valve, *bes. Am.* tube; *colloq.* **in die ~ gucken** (*fernsehen*) sit before the goggle-box (*cf. a.* 2); → *a.* **Leuchtröhre.**
röh·ren ['rø:rən] *v/i* <h> *Hirsch*: bell.
'Röh·ren\|elek,tro·de *f* electrode of an electron tube. **~emp,fän·ger** *m Radio*: valve (*Am. a.* tube) receiver (*od.* set). **2,för·mig** *adj* tubular, tubiform. **~,gleich,rich·ter** *m Radio*: valve (*Am.* vacuum-tube) rectifier. **~,kno·chen** *m* long (*od.* hollow, tubular) bone. **~,lam·pe** *f* tubular (*od.* tube) lamp. **~,lei·tung** *f* → **Rohrleitung. ~,pilz** *m* → **Röhrling. ~sy,stem** *n* **1.** *tech.* piping, pip(e)age. **2.** *electr.* valve (*bes. Am.* tube) system. **~,walz,werk** *n* tube-rolling mill.
'Rohr\|,flö·te *f* reed pipe. **2,för·mig** *adj* → röhrenförmig. **~,form,stück** *n tech.* pipe fitting. **~ge,flecht** *n* canework. **~ge,win·de** *n tech.* pipe thread.
'Röh·richt *n* <-s; -e> reed bank, reeds *pl*.

ˈ**Rohr|ˌkol·ben** *m bot.* reed mace, cat's-tail. **~kreˌpie·rer** *m* ⟨-s; -⟩ *mil.* barrel burst. **~ˌkrüm·mer** *m tech.* pipe bend, elbow. **~ˌlei·tung** *f* **1.** conduit, duct, pipe, tube. **2.** (*Anlage*) tubing, piping; ~en *in e-m Gebäude*: plumbing *sg.* **3.** (*Fernleitung*) pipeline. **4.** (*Versorgungsnetz*) mains *pl.*

ˈ**Röhr·ling** *m* ⟨-s; -e⟩ *bot.* (*Röhrenpilz*) boletus.

ˈ**Rohr|ˌman·tel** *m* jacket. **~ˌmast** *m tech.* tubular mast (*od.* pole). **~ˌmat·te** *f* reed mat. **~ˌmö·bel** *pl* cane (*od.* wicker) furniture *sg.* **~ˌmuf·fe** *f tech.* pipe socket. **~ˌnetz** *n für Wasser, Gas etc*: mains *pl.* **~ˌnu·del** *f gastr.* yeast dumpling (baked in the oven). **~ˌpost** *f* pneumatic dispatch. **~ˌpostˌsen·dung** *f* item conveyed by tube. **~ˌrah·men** *m mot.* tubular frame. **~ˌrückˌlauf** *m* ⟨-(e)s; *no pl*⟩ *mil.* (gun *od.* barrel) recoil. **~ˌsän·ger** *m orn.* reed warbler. **~ˌschel·le** *f tech.* pipe clip (*od.* clamp). **~ˌschilf** *n* reed. **~ˌspatz** *m orn.* reed bunting; *fig. colloq.* **schimpfen wie ein ~** scold like a fishwife. **~ˌstock** *m* cane. **~ˌstuhl** *m* cane chair. **~ˌstut·zen** *m tech.* pipe socket. **~verˌbin·dung** *f* pipe connection. **~ˌwei·he** *f orn.* marsh harrier. **~ˌzan·ge** *f tech.* pipe wrench. **~ˌzucker** (*getr.* -k·k-) *m* cane sugar.

ˈ**Roh|ˌsei·de** *f* raw silk. **Ꝛˌsei·den** *adj* of raw silk, raw-silk. **~ˌstahl** *m* raw (*od.* crude) steel.

ˈ**Rohˌstoff** *m econ.* raw material. **Ꝛˌarm** *adj* with few raw material resources. **~ˌman·gel** *m* raw material shortage. **~verˌar·bei·tung, ~verˌede·lung** *f* processing of raw materials.

ˈ**Roh|ˌwol·le** *f* raw wool. **~ˌzucker** (*getr.* -k·k-) *m* crude (*od.* unrefined, raw) sugar. **~ˌzuˌstand** *m* **1.** *von Metallen, Öl etc*: crude (*od.* raw) state; **im ~** in the crude (*od.* raw) state. **2.** *fig.* rough (state); **im ~** in (the) rough.

ro·jen [ˈroːjən] *v/t u. v/i* ⟨h⟩ *mar.* row, pull.

Ro·ko·ko [ˈrɔkoko; rokoˈkoː] *n* ⟨-s; *no pl*⟩ rococo. **~ˌstil** *m* rococo style.

ˈ**Ro·landsˌlied, das** [ˈroːlants-] *Literatur*: la Chanson de Roland.

ˈ**Rollˌach·se** *f Raumfahrt*: roll axis.

ˈ**Rolla·den** (*getr.* -ll|l-) *m* ⟨-s; Rollläden, *a.* -⟩ **1.** *am Fenster*: roller blind. **2.** *am Schreibtisch*: roll-up desk front, roll front.

ˈ**Roll|ˌbahn** *f* **1.** *aer.* a) taxi strip, taxiway, b) → **Landebahn, Startbahn.** **2.** *tech. allg.* slide, (*Gleitbahn*) rollway, *e-s Lagers*: raceway. **~ˌbandˌmaß** *n tech.* roller tape measure. **~ˌbett** *n* wheel (*od.* trundle) bed. **~ˌbra·ten** *m gastr. piece of meat rolled and tied close, Br. a.* collar.

Rol·le[1] [ˈrɔlə] *f* ⟨-; -n⟩ **1.** (*Gerolltes*) *allg., bes. Papier, Stoff, Geld, Tabak etc*: roll, *Garn, Film etc*: spool, reel, *Tau, Draht etc*: coil, reel; **e-e ~ Garn** a reel of cotton, *Am.* a spool of thread; **e-e ~ Stoff** *a.* a bolt of cloth. **2.** (*Walze*) roller, roll, cylinder, (*Mangel*) mangle, *für Tüche*: calender. **3.** (*GleitꝚ*) *allg.* wheel, (*SeilꝚ*) sheave, *am Flaschenzug etc*: pulley, *unter Möbeln*: castor, caster. **4.** *zum Aufwickeln*: spool, reel, bobbin. **5.** (*Register*) roll, register, *hist.* (*SchriftꝚ*) roll, scroll. **6.** *Turnen, Kunstflug*: roll.

ˈ**Rol·le**[2] *f* ⟨-; -n⟩ **1.** *thea. u. fig.* part, role, rôle; **führende ~** lead, *a. fig.* leading role; **die ~ des Hamlet spielen** play the part of Hamlet; **s-e ~ beherrschen** know one's part, be word-perfect; **s-e ~ gut spielen** act one's part well (*od.* all right); **die ~n besetzen** cast the parts; **j-m die ~ des ... zuweisen** cast s. o. for the part of ...; *fig.* **die ~ des (e-s) ... spielen** (*fungieren als*) act as (a) ...; *a. fig.* **e-e ~ spielen (bei, in** *dat* **in)** play a part (*od.* role), *fig. a.* be a factor, be of importance; **e-e große ~ spielen** play a big (*od.* an important) part (*od.* role), figure large, be instrumental; **(nur) e-e kleine** (*od.* **unbedeutende**) **~ spielen** play (*od.* have) a small (*od.* minor) part, be unimportant, **(im Vergleich zu)** *a.* play second fiddle (to); **e-e jämmerliche** (*od.* **klägliche**) **~ spielen** cut a poor figure; **das spielt k-e ~** that doesn't matter, that makes no difference; **Geld (Zeit** *etc*) **spielt (bei ihm) k-e ~** money (time, *etc*) is no object (with him); **es hat auch e-e ~ gespielt, daß** another reason (*od.* factor) was that; **aus der ~ fallen** forget o. s., misbehave, *Br. colloq. a.* drop a brick; **die ~n vertauschen (mit)** trade (*od.* switch) roles (with), *fig. a.* turn the tables (on). **2.** *psych. sociol.* (*Verhaltensweise*) role, rôle.

rol·len [ˈrɔlən] **I** *v/i* ⟨sein⟩ **1.** *Ball, Kugel, Rad etc, a. Lawine, See, Tränen*: roll, *auf Rädern*: *a.* wheel, *Flugzeug*: taxi; **Tränen ~ ihr über die** (*od.* **über ihre**) **Wangen** tears roll down her cheeks; **mit den Augen ~** (*a. v/t* **die Augen ~**) roll one's eyes; *fig. colloq.* **die Sache rollt** it's under way; *lit.* **in s-n Adern rollt blaues Blut** blue blood runs in his veins. **II** *v/t* ⟨h⟩ **2.** (*Bälle, Fässer etc wälzen*) roll, (*auf Rädern schieben*) *a.* wheel; **et. zur Seite ~** roll s. th. aside (*od.* on one side). **3.** (*Teppich, Papier zs.-~*) roll up, (*wickeln*) roll, coil (up), (*Locken etc*) curl. **4. das R ~** roll (*od.* trill) one's r's. **5.** (*Teig auswalzen*) roll. **III** *v/reflex* **sich ~** **6.** *Personen etc*: roll (*in the sand, etc*). **7.** *Papier, Locken, Film etc*: curl (up), *Schlange*: coil (itself) up. **IV** Ꝛ *n* ⟨-s⟩ **8.** *allg.* rolling; **ins Ꝛ bringen** start, start (*od.* set) rolling (*od.* going), set (*od.* put) in motion (*alle a. fig.*); **den Stein** (*od.* **die Sache**) **ins Ꝛ bringen** set (*od.* start) the ball rolling, get things going; **ins Ꝛ kommen** start (*od.* begin) to roll (*od.* rolling), *fig.* get under way. **9.** *fig. des Donners etc*: roll, rumble, roar. **10.** *der See*: heavy swell. **11.** *e-s Schiffes*: roll(ing), (*Schlingern*) lurch.

ˈ**Rol·len·beˌset·zung** *f* **1.** (*Rollenverteilung*) casting. **2.** (*Darstellerliste*) cast.

ˈ**rol·lend** *adj* rolling; **~es Material** rolling stock; *mil.* **~er Angriff** relay attack, attack in waves.

ˈ**Rol·len|ˌfach** *n thea.* type part, type of role (*od.* character). **Ꝛˌför·mig** *adj* roll-shaped, cylindrical. **Ꝛgeˌla·gert** *adj tech.* mounted on roller bearings. **~ˌla·ger** *n* roller bearing. **~ˌstu·di·um** *n thea.* study of one's part. **~ˌtausch** *m fig.* exchange of roles. **~verˌtei·lung** *f thea.* casting.

ˈ**Rol·ler** *m* ⟨-s; -⟩ **1.** (*TretꝚ*) scooter. **2.** (*MotorꝚ*) (motor) scooter. **3.** *mar.* (*Welle*) roller. **4.** *colloq. Fußball*: daisy cutter. **5.** *orn.* **Harzer ~** (*Kanarienvogel*) roller. **~ˌfah·rer** *m* scooterist.

rol·lern [ˈrɔlərn] *v/i* ⟨sein⟩ scooter.

ˈ**Roll|ˌfeld** *n* → **Rollbahn** 1. **~ˌfilm** *m* roll film. **~ˌfuhrˌdienst** *m* collection and delivery service. **~ˌfuhrˌun·terˌneh·men** *n* road haulage undertaking (*od.* business). **~ˌgeld** *n* carriage. **~ˌger·ste** *f agr.* pot-barley. **~ˌgut** *n* carted goods *pl.* **~ˌhandˌtuch** *n* roller (*od.* endless) towel. **~ja·louˌsie** *f* roller blind. **~komˌman·do** *n* raiding squad. **~ˌkra·gen** *m* roll neck, turtleneck (collar). **~ˌkra·gen·pullˌover** *m* roll-neck(ed) (*od.* turtleneck[ed]) sweater, turtleneck. **~ˌkunstˌlauf** *m* roller-skating. **~ˌmops** *m gastr.* rolled pickled herring, *Am.* rollmops.

Rol·lo [ˈrɔlo; rɔˈloː] *n* ⟨-s; -s⟩ → **Rouleau.**

ˈ**Roll|ˌpult** *n* roll-top desk. **~ˌschin·ken** *m gastr.* rolled ham. **~ˌschrank** *m* roll-front cabinet.

ˈ**Rollˌschuh** *m* roller skate; **~ fahren** (*od.* **laufen**) roller-skate. **~ˌbahn** *f* roller-skating rink. **~ˌlau·fen** *n* roller-skating. **~ˌläu·fer** *m,* **~ˌläu·fe·rin** *f* roller skater. **~ˌsport** *m* roller-skating.

ˈ**Roll|ˌsitz** *m in Ruderbooten*: sliding seat, slide. **~ˌsplitt** *m civ.eng.* loose chippings *pl.* **~ˌsteig** *m* speedwalk, pedestrian conveyor. **~ˌstem·pel** *m* **1.** *Post etc*: roller stamp. **2.** *tech.* roller dies *pl.* **~ˌstuhl** *m* wheelchair. **~ˌta·bak** *m* roll (*od.* twisted) tobacco. **~ˌtrep·pe** *f* escalator, moving staircase. **~ˌwa·gen** *m* **1.** truck, *bes. Br.* lorry. **2.** (*Teewagen etc*) trolley. **~ˌwand** *f* sash screen.

Rom [roːm] *npr n* ⟨-s; *no pl*⟩ **1.** *geogr.* Rome; **alle Wege führen nach ~** (*Sprichwort*) all roads lead to Rome; **~ ist (auch) nicht an einem Tag erbaut worden** (*Sprichwort*) Rome was not built in a day; **das sind ja Zustände wie im alten ~!** a) *moralisch*: that's like Sodom and Gomorrha!, b) *in e-r Wohnung etc*: that's straight from the ark! **2.** *hist.* (*römisches Reich*) Rome, the Roman Empire.

Ro·ma·dur [ˈroːmaduːr; romaˈduːr] *m* ⟨-(s); *no pl*⟩ (*Käse*) Romadur.

Ro·man [roˈmaːn] *m* ⟨-s; -e⟩ **1.** novel; *fig. colloq.* **erzähl (doch) k-n ~!** a) (*mach's kurz*) cut it short!, b) (*lüg nicht*) tell that to the marines! **2.** (*Gattung*) fiction. **Ꝛˌar·tig** *adj* novelistic, novel-like.

Ro·man·ci·er [romãˈsi̯eː] *m* ⟨-s; -s⟩ novelist.

Ro·ma·ne [roˈmaːnə] *m* ⟨-n; -n⟩ Neo-Latin; **die ~n** *pl* the Romance peoples (*od.* nations).

Roˈ**man|ˌfol·ge** *f* series (*od.* cycle) of novels. **Ꝛhaft** *adj* **1.** (*erdacht*) fictitious. **2.** (*abenteuerlich*) romantic, romanesque. **~ˌheld** *m* hero of a novel.

Ro·ma·nik [roˈmaːnɪk] *f* ⟨-; *no pl*⟩ **1.** (*Stil*) Romanesque (style). **2.** (*Zeit*) Romanesque period. **ro**ˈ**ma·nisch** *adj* **1.** Romance (*language, people, etc*). **2.** *arch. Kunst*: Romanesque; **~er Stil** Romanesque (style).

ro·ma·ni·sie|ren [romaniˈziːrən] *v/t* ⟨*no* ge-, h⟩ romanize. **Ꝛrung** *f* ⟨-; *no pl*⟩ romanization.

Ro·ma·nist [romaˈnɪst] *m* ⟨-en; -en⟩ teacher (*od.* student) of Romance languages and literatures. **Ro·ma**ˈ**ni·stik** [-ˈnɪstɪk] *f* ⟨-; *no pl*⟩ study of Romance languages and literatures. **ro·ma**ˈ**ni·stisch** *adj* concerning the study of Romance languages and literatures.

Roˈ**man|ˌle·ser** *m* novel reader. **~li·te·raˌtur** *f* **1.** (works *pl* of) fiction. **2.** (genre of the) novel. **~ˌschriftˌstel·ler** *m* novelist, writer. **~ˌtech·nik** *f* novel-writing technique.

Ro·man·tik [roˈmantɪk] *f* ⟨-; *no pl*⟩ **1.** *Literatur, Kunst etc*: a) Romanticism, b) (*Zeit der ~*) Romantic era (*od.* period), c) (*die romantische Bewegung*) Romantic movement. **2.** *fig.* romantic character, romance (*of a landscape, etc*); **er hat k-n Sinn für ~** he has no sense of romance, he has no romanticism. **Ro**ˈ**man·ti·ker** [-tikər] *m* ⟨-s; -⟩ **1.** *Literatur, Kunst etc*: Romantic, Romanticist. **2.** *fig.* (*Schwärmer*) romantic, romanticist.

roˈ**man·tisch** [-tɪʃ] *adj* **1.** *Literatur,*

Kunst etc: Romantic. **2.** *Wesen, Landschaft, Kleidung etc*: romantic(al). **ro·man·ti·sie·ren** [romantiˈziːrən] *v/t* <*no* ge-, h> romanticize. **Ro·man·tiˈzis·mus** [-ˈtsɪsmus] *m* <-; *no pl*> Romanticism.

ro·mantsch [roˈmantʃ] *ling.* **I** *adj* → rätoromanisch I. **II** Ƨ → rätoromanisch II.

Ro·man·ze [roˈmantsə] *f* <-; -n> *Literatur, mus. u. fig.* romance, *fig. a.* love affair.

Roˈmanˌzy·klus *m* cycle of novels, (*bes. Familienroman*) roman-fleuve.

Rö·mer¹ [ˈrøːmər] *m* <-s; -> Roman.

ˈRö·mer² *m* <-s; -> (*Weißweinglas*) rummer.

ˈRö·merˌbrief, der *Bibl.* the Epistle (of St. Paul) to the Romans.

ˈRö·me·rin *f* <-; -nen> Roman (woman *od.* girl).

ˈRö·mer|ˌstra·ße *f hist.* Roman road. **~ˌtopf** *m gastr.* Roman pot. **~tum** *n* <-s; *no pl*> *antiq.* Romanism, Romanity.

ˈRomˌfah·rer *m* travel(l)er (*R.C. a.* pilgrim) to Rome.

rö·misch [ˈrøːmɪʃ] *adj* Roman (*Empire, emperor, etc*), of Rome; **~es Bad** Roman (*od.* hot-air) bath; **das Ƨe Reich** the Roman Empire; **das Heilige Ƨe Reich (Deutscher Nation)** the Holy Roman Empire; **~e Zahl** (*od.* **Ziffer**) Roman numeral; *pol.* **die ~en Verträge** the Rome Treaties; **~es Recht** Roman law. **~-kaˈtho·lisch** *adj* Roman Catholic; **die ~e Kirche** the Roman Catholic Church, the Church of Rome.

Rom·mé [rɔˈmeː; ˈrɔme] *n* <-s; -s> (*Kartenspiel*) rummy.

ro·montsch [roˈmɔntʃ] *adj* → rätoromanisch I.

ˈRomˌrei·se *f* journey (*od.* trip) to Rome.

Ron·de [ˈrɔndə; ˈrõːdə] *f* <-; -n> **1.** *tech.* round blank. **2.** *mil. obs.* round.

Ron·dell [rɔnˈdɛl] *n* <-s; -e> (*Rundbeet*) circular flower bed.

Ron·do [ˈrɔndo] *n* <-s; -s> *mus.* rondo.

rön·ne [ˈrœnə] *1 u. 3 sg pret subj of* rinnen.

rönt·gen [ˈrœntgən] *med.* **I** *v/t* <h> X-ray, radiograph. **II** Ƨ *n* <-s> X-ray examination, radiography.

ˈRönt·gen|ap·paˌrat *m* X-ray apparatus. **~ˌarzt** *m* roentgenologist. **~as·siˌstent** *m*, **~as·siˌsten·tin** *f* X-ray assistant. **~ˌaufˌnah·me** *f* X ray (photograph *od.* picture), radiograph. **~ˌau·gen** *pl colloq.* penetrating eyes. **~beˌfund** *m* X-ray findings *pl.* **~beˌhand·lung, ~beˌstrah·lung** *f* X-ray treatment, radiotherapy. **~ˌbild** *n* → Röntgenaufnahme. **~diaˌgno·se** *f* radiodiagnosis. **~diaˌgno·stik** *f* X-ray diagnostics *pl.* **~ˌdurchˌleuch·tung** *f* radioscopy, X-ray examination. **~ˌein·heit** *f* roentgen (unit).

rönt·ge·ni·sie·ren [rœntgeniˈziːrən] *v/t* <*no* ge-, h> *Austrian for* **röntgen**.

Rönt·ge·no|gramm [rœntgenoˈgram] *n* <-s; -e> → Röntgenaufnahme. **~graˈphie** [-graˈfiː] *f* <-; *no pl*> roentgenography, radiography. **~ˈlo·ge** [-ˈloːgə] *m* <-n; -n> roentgenologist. **~loˈgie** [-loˈgiː] *f* <-; *no pl*> roentgenology. **Ƨˈlo·gisch** [-ˈloːgɪʃ] *adj* roentgenologic(al).

ˈRönt·gen|ˌröh·re *f phys.* X-ray (*od.* roentgen) tube. **~ˌschirm** *m* (fluorescent) screen. **~ˌstrah·len** *pl phys.* X rays, roentgen rays. **~the·raˌpie** *f* X-ray therapy, radiotherapy. **~ˌtie·fen·beˌstrah·lung** *f* deep X-ray therapy. **~ˌun·terˌsu·chung** *f* X-ray examination.

Roque·fort [rɔkˈfɔːr] (*Fr.*) *m* <-s; -s> (*Käse*) Roquefort.

ro·sa [ˈroːza] **I** *adj* pink, (*rosenfarbig*) rose-colo(u)red, rosy, roseate; *fig.* → rosarot I. **II** Ƨ *n* <-s; *colloq.* -s> pink (colo[u]r). **~ˌfar·ben, ~ˌfar·big** *adj* → rosa I.

ˈro·saˌrot I *adj* rose-pink; *fig.* **die Welt durch e-e ~e Brille** (*od.* **in ~em Licht**) **sehen** see things (*od.* look at the world) through rose-colo(u)red spectacles (*od.* glasses). **II** Ƨ *n* <-s; *colloq.* -s> rose pink.

Rös·chen [ˈrøːsçən] *n* <-s; -> *dim. of* Rose 1.

Ro·se [ˈroːzə] *f* <-; -n> **1.** *bot.* a) rose, b) (*~nstock*) rosebush, rose tree; **wilde ~** wild rose, briar, dog rose; *fig.* **k-e ~ ohne Dornen** no rose without a thorn; **er ist (nicht) auf ~n gebettet** his life is a (is no) bed of roses. **2. die ~ von ...** (*das schönste Mädchen*) the rose of ... **3.** *arch.* (*FensterƧ*) rose (window). **4.** *e-s Kompasses*: compass rose (*od.* card). **5.** *med.* erysipelas. **6.** *hunt.* (*Geweihansatz*) bur(r). **7.** (*Edelsteinschliff*) rose (cut).

ro·sé [roˈzeː] **I** *adj* → **rosa** I. **II** Ƨ *n* <-s; -, *colloq.* -s> → **rosa** II.

Roˈsé *m* <-s; -s> (*Wein*) rosé.

ˈRo·sen|ˌbeet *n* bed of roses. **~ˌblatt** *n* rose leaf. **~ˌbusch** *m* rose bush. **~ˌduft** *m* fragrance (*od.* perfume) of roses. **~ˌfar·be** *f* colo(u)r of roses. **Ƨˌfar·ben, Ƨˌfar·big** *adj* rose-colo(u)red, roseate. **Ƨˌfin·ge·rig** [-ˌfɪŋərɪç] **Ƨˌfing·rig** [-ˌfɪŋrɪç] *adj poet.* rosy-fingered. **~ˌgar·ten** *m* rose garden, rosary. **~geˌwäch·se** *pl* rose family *sg*, rosaceae. **~ˌholz** *n* rosewood. **~ˌkä·fer** *m zo.* rose chafer (*od.* bug). **~ˌknos·pe** *f* rosebud. **~ˌkohl** *m* Brussels sprouts *pl.* **~ˌkranz** *m* **1.** garland (*od.* wreath) of roses. **2.** *R.C.* (*Kette u. Gebet*) rosary; **freudenreicher (glorreicher, schmerzhafter) ~** joyful (glorious, sorrowful) Rosary; **den ~ beten** say the rosary. **~ˌkreu(t)·zer** *m* <-s; -> *relig. hist.* Rosicrucian. **~ˌkrie·ge** *pl hist.* Wars of the Roses (*1455–85*). **~ˌmo·nat** *m poet.* month of roses, June.

ˌRo·senˈmonˌtag *m* Monday before Lent.

ˈRo·sen|ˌöl *n* rose oil, attar of roses. **~ˌquarz** *m min.* rose quartz. **Ƨˌrot I** *adj* rose-red. **II** Ƨ *n* <-s; -, *colloq.* -s> rose red. **~ˌstock, ~ˌstrauch** *m* rose bush (*od.* tree). **~ˌwas·ser** *n* <-s; *no pl*> rose-water. **~ˌzucht** *f* rose growing (*od.* cultivation). **~ˌzüch·ter** *m* rose grower (*od.* fancier, cultivator).

Ro·seo·le [rozeˈoːlə] *f* <-; -n> (*Hautausschlag*) roseola, rose rash.

Ro·set·te [roˈzɛtə] *f* <-; -n> *allg.* (*Schleife*), *arch. bot. etc* rosette, *Edelstein*: *a.* rose (cut), *arch.* rose (window).

ˈro·sig *adj* **1.** (*leichtgerötet*) rosy (*cheeks, complexion, etc*). **2.** (*gut, erfreulich, heiter*) rosy, cheerful; **(in) ~(st)er Laune sein, in der ~sten Laune sein** be in the happiest mood; **alles andere als ~** anything but rosy; **es** (*od.* **die Lage**) **sieht nicht sehr ~ aus** things don't look too rosy; **es geht ihm nicht gerade ~** he isn't doing too well, he is going through a bad patch; **stell dir das nicht zu ~ vor** don't be too optimistic (about that). **3.** (*optimistisch*) **et. (die Dinge) in ~em Licht sehen** see the bright side of s. th. (things), take a rosy view of s. th. (things); **et. in den ~sten Farben schildern** paint s. th. in its brightest colo(u)rs. **4.** (*verheißungsvoll*) rosy, bright (*future*); *iro.* **das sind ja ~e Aussichten!** (those are) fine prospects!

Ro·si·nan·te [roziˈnantə] **I** *npr f* <-; *no pl*> Rosinante. **II** *f* <-; -n> nag, rosinante.

Ro·si·ne [roˈziːnə] *f* <-; -n> **1.** *gastr.* raisin, *kleine*: currant, *kernlose*: sultana. **2.** *fig. colloq.* (*et. Besonderes*) tidbit; **(sich** *dat*) **die ~n aus dem Kuchen picken** (*od.* **klauben**) take the pickings, take the pick of the bunch. **3.** *fig. colloq.* **große ~n im Kopf haben** have high-flown (*od.* big) ideas, fly high.

Roˈsi·nen|ˌbrot *n* fruit (*od.* currant) bread. **~ˌku·chen** *m* fruitcake, plum-cake.

Rös·lein [ˈrøːslaɪn] *n* <-s; -> → **Röschen.**

Ros·ma·rin [ˈroːsmariːn; roːsmaˈriːn] *m* <-s; *no pl*> *bot. gastr.* rosemary.

Roß [rɔs] *n* <-sses; -sse, *dial.* Rösser> *lit. and Southern G. dial.* horse; **edles ~** noble steed (*od.* charger); **hoch zu ~ sitzen** be mounted on horseback; *fig.* **sich aufs hohe ~ setzen** mount the (*od.* get on one's) high horse; **auf dem hohen ~ sitzen** be on one's high horse; **komm von d-m hohen ~ herunter** come off your high horse (*od.* your perch); **~** *... in Zssgn* → **Pferd(e)** ... **~ˌbrei·ten** *pl geogr.* horse latitudes.

Rös·sel [ˈrœsəl] *n* <-s; -> **1.** *Southern G. dial.* little horse. **2.** *Schach*: knight. **~ˌsprung** *m* **1.** *Schach*: knight's move. **2.** (*Rätsel*) problem on the knight's moves.

ros·sen [ˈrɔsən] *v/i* <h> *Stute*: be in (*od.* on) heat.

ˈRoß|ˌhaar *n* horsehair. **~ˌhaar·maˌtrat·ze** *f* (horse)hair mattress. **~ˌhänd·ler** *m* horse dealer.

ˈros·sig *adj Stute*: in (*od.* on) heat.

ˈRoß|kaˌsta·nie *f* (*Baum u. Frucht*) horse chestnut. **~ˌkur** *f colloq.* drastic treatment (*od.* cure).

ˈRöß·liˌspiel [ˈrœsli-] *n Swiss for* **Karussel** 1.

ˈRoß|ˌtäu·scher *m fig. colloq.* crook. **~täu·scheˈrei** [ˌrɔs-] *f* con game, racket.

Rost¹ [rɔst] *m* <-(e)s; -e> **1.** *tech.* (*FeuerƧ, KesselƧ*) grate, (*LaufƧ, GitterƧ, Unterlage*) grating. **2.** (*BratƧ*) grid(iron), grill, roaster; **auf dem ~ braten** grill, roast; **vom ~** grilled (*meat*).

Rost² *m* <-(e)s; *no pl*> **1.** *auf Eisen u. fig.* rust; **~ ansetzen** gather (*od.* form) rust, become (*od.* grow) rusty, rust (up) (*a. fig.*); **vom ~ zerfressen** rust-eaten. **2.** *bot.* rust (disease).

ˈRost|ˌanˌsatz *m* (first signs *pl* of) rust. **ƧbeˌStän·dig** *adj* → **rostfrei** 2. **~beˌstän·dig·keit** *f* <-; *no pl*> resistance to rust (*od.* corrosion). **~ˌbil·dung** *f* rust formation. **~ˌbra·ten** *m* **1.** roast (of beef). **2.** pan-fried sirloin steak.

ˈrostˌbraun I *adj* rusty, rust-brown, russet. **II** Ƨ *n* <-s; -, *colloq.* -s> rust(y) brown.

ˈRöstˌbrot *n* toasted bread, toast.

Rö·ste [ˈrøːstə; ˈrœstə] *f* <-; -n> **1.** *allg.* roasting grid, roaster. **2.** *metall.* roasting (*od.* calcining) (process).

ro·sten [ˈrɔstən] **I** *v/i* <sein, *a.* h> rust (up); **nicht ~d** → **rostfrei** 2; **wer rastet, der rostet** (*Sprichwort*) idleness rusts the mind. **II** Ƨ *n* <-s> corrosion.

rö·sten [ˈrøːstən; ˈrœstən] **I** *v/t u. v/i* <h> *allg.* (*Fleisch, Kaffee etc*) roast (*a. colloq. Menschen in der Sonne*), *am Grill*: grill, broil, (*Kartoffeln*) fry, (*Brot*) toast, (*Erze etc*) roast, calcine, (*Flachs, Hanf etc*) ret, steep. **II** Ƨ *n* <-s> roasting (*etc*), *metall.* calcination.

ˈRost|entˌfer·ner [-ˀɛntˌfɛrnər] *m* <-s; ->, **~entˌfer·nungsˌmit·tel** *n* rust remover.

ˈRö·ster *m* <-s; -> *für Kaffee*: roaster, *für Brot*: toaster.

Rö·steˈrei *f* <-; -en> *für Kaffee etc*: roasting establishment.

ˈrost|ˌfar·ben, ~ˌfar·big *adj* → rostbraun I. **∾ˌfleck** *m* rust stain. **~ˌfleckig** (*getr.* **-k·k-**) *adj* rust-stained. **∾ˌfraß** *m* pitting, corrosion. **~ˌfrei** *adj* **1.** (*ohne Rost*) rustless, stainless. **2.** (*rostbeständig*) rustproof, rust-resistant, (*korrosionsfest*) stainless (*steel*).

ˈröstˌfrisch *adj Kaffee*: fresh(ly) roasted.

Rö·sti [ˈrøːsti] *f* ⟨-; *no pl*⟩ *Swiss gastr.* fried potato cake.

ˈro·stig *adj* rusty.

ˈRöst|karˌtof·feln *pl gastr.* fried potatoes. **~ˌofen** *m metall.* roasting (*od.* calcining) kiln. **~ˌpfan·ne** *f* frying pan.

ˈRost|ˌpilz *m bot.* rust (fungus). **∾ˌrot** *adj* → rostbraun I.

ˈRostˌschutz *m* rust protection. **~ˌfar·be** *f* anticorrosive paint. **~ˌmit·tel** *n* antirust (*od.* anticorrosive) agent.

ˈrostˌsi·cher *adj* → rostfrei 2.

ˈRö·stung *f* ⟨-; -en⟩ → rösten II.

rot [roːt] **I** *adj* ⟨¨er; ¨est; *bes. fig. a.* -er; -est⟩ **1.** red, *Wangen*: *a.* ruddy, *Lippen*: *a.* ruby, (*tief*~) crimson; **brennend** (*od.* **leuchtend**) ~ scarlet, bright (*od.* brilliant) red; *gastr.* **~es Fleisch** red meat; *meist fig.* **~er Teppich** red carpet; **~e Haare** (*od.* **~es Haar**) **haben** *a.* be red-haired; ~ **vor Zorn** red with anger; **sie hatte ~e Augen vom Weinen** her eyes were red from weeping; ~ **werden** *allg.* become (*od.* turn, go, grow) red, redden, *fig.* (*a.* ~ **anlaufen, e-n ~en Kopf bekommen**) *vor Zorn*: *a.* flush (up), flush crimson, *vor Verlegenheit*: *a.* blush, colo(u)r (up); **bis über beide Ohren ~ werden** blush right up to one's ears; **e-n Tag im Kalender ~ anstreichen** mark a day (in) red on the calendar; *econ.* **in den ~en Zahlen stehen** be in the red; **in die ~en Zahlen kommen** get into the red; **aus den ~en Zahlen sein** (**herauskommen**) be (get) out of the red. **2.** *pol.* (*kommunistisch, sozialistisch, sowjetisch*) Red; **der ∾e Stern** the Red Star; **die ∾e Armee** the Red Army; **die ~ Gefahr** the Communist menace; **die ~ Internationale** the Communist Internationale; **der ∾e Platz** the Red Square. **3. der ~e Mann** (*Indianer*) the Red Man (*od.* Indian); **die ~e Rasse** the Red Indians. **4. das ∾e Kreuz** the Red Cross; **der ∾e Halbmond** the Red Crescent. **II** ∾ *n* ⟨-s; -, *colloq.* -s⟩ **5.** red, red colo(u)r; **ganz in ∾ gekleidet** dressed all in red; **die Ampel steht auf ∾** the (traffic) lights are (at) red (*od.* against us); **die Straße bei ∾ überqueren** cross the street at red; **bei ∾ über die Kreuzung fahren** go through red lights, jump the lights. **6.** *Kosmetik*: rouge; **∾ auflegen** (*od.* **auftragen**) put on rouge, (**auf** *acc*) apply rouge (to), rouge (*one's cheeks*). **7.** *Kartenspiel*: red suit (*od.* point, colo[u]r), *Roulette*: red.

ˈRotˌal·ge *f bot.* red alga.

Ro·ta·print [rotaˈprɪnt] (*TM*) *f* ⟨-; *no pl*⟩ rotaprint press.

Ro·ta·ri·er [roˈtaːrĭər] *m* ⟨-s; -⟩ Rotarian.

ˈRot·arˌmist [-ˀarˌmɪst] *m* ⟨-en; -en⟩ soldier of the Red (*od.* Soviet) Army.

Ro·ta·ti·on [rotaˈtsĭoːn] *f* ⟨-; -en⟩ rotation.

Ro·ta·tiˈons... *in Zssgn meist* rotary (*motion, etc*). **~ˌach·se** *f tech.* axis of revolution (*od.* rotation). **~maˌschi·ne, ~ˌpres·se** *f* rotary (printing) press (*od.* machine). **~ˌtiefˌdruck** *m* ⟨-(e)s; -e⟩ rotogravure.

ˈRot|ˌau·ge *n ichth.* roach. **∾ˌbackig** (*getr.* **-k·k-**) [-ˌbakɪç], **∾ˌbäckig** (*getr.* **-k·k-**) [-ˌbɛkɪç] *adj* red-cheeked, rosy-cheeked, ruddy. **~ˌbarsch** *m* rosefish, redfish, Norway haddock, *Am. a.* Ocean perch. **~ˌbart** *m* (person with a) red beard; *hist.* **Kaiser ~** Frederick Barbarossa. **∾ˌbär·tig** *adj* red-bearded. **∾ˌblind** *adj* red-blind, protanopic. **~ˌblind·heit** *f* red blindness, protanopia. **∾ˌblond** *adj* **1.** *Haar etc*: sandy. **2.** *Person*: sandy-haired. **∾ˌbraun I** *adj* red(dish)-brown, russet. **II** ∾ *n* ⟨-s; -, *colloq.* -s⟩ red(dish) brown, russet, *von Pferden*: bay, sorrel. **∾ˌbrü·chig** *adj metall.* red-short. **~ˌbu·che** *f bot.* red beech. **~ˌchi·na** *n pol.* Red (*od.* Communist) China. **~ˌdorn** *m bot.* pink hawthorn.

ˈRo·te *m* ⟨-n; -n⟩ *colloq.* **1.** (*rothaarige Person*) redhead. **2.** *pol.* Red. **3.** (*Rotwein*) red.

Rö·te [ˈrøːtə] *f* ⟨-; *no pl*⟩ *allg.* red, red colo(u)r, redness, *des Himmels*: *a.* glow, *der Wangen*: *a.* ruddiness, *des Zorns etc*: flush, *der Verlegenheit, Scham*: blush; **die ~ stieg ihr ins Gesicht** her face turned red, *vor Ärger etc*: *a.* she flushed (up *od.* crimson), *vor Verlegenheit etc*: *a.* she blushed, she colo(u)red (up).

ˌRo·te-ˈKreuz-ˌSchwe·ster *f* Red Cross nurse.

Rö·tel [ˈrøːtəl] *m* ⟨-s; -⟩ red chalk, ruddle, reddle.

ˈRö·teln *pl med.* German measles *pl* (*als sg konstruiert*), rubella *sg.*

ˈRö·tel|ˌstift *m* → Rötel. **~ˌzeich·nung** *f* drawing in red chalk (*od.* ruddle).

rö·ten [ˈrøːtən] **I** *v/t* ⟨h⟩ colo(u)r (*od.* make, turn) *s. th.* red, redden. **II** *v/reflex* **sich ~** redden, turn (*od.* become, go, grow) red, *Gesicht, vor Zorn*: *a.* flush (up *od.* crimson), *vor Verlegenheit etc*: *a.* blush, colo(u)r (up).

ˈRot|ˌfil·ter *n, m phot.* red filter. **~ˌfuchs** *m* **1.** red fox. **2.** (*Pferd*) bay (*od.* sorrel, chestnut) (horse). **∾geˌfleckt** *adj* red-spotted. **∾ˌgelb I** *adj* reddish-yellow. **II** ∾ *n* ⟨-s; -, *colloq.* -s⟩ reddish yellow. **∾geˌrän·dert** *adj* red-rimmed. **∾geˌstreift** *adj* red-striped. **~ˌgie·ßer** *m metall.* copper (*od.* bronze) founder. **∾ˌglü·hend** *adj* red-hot. **~ˌglut** *f* red heat. **~ˌguß** *m metall.* red (*od.* low) brass. **∾ˌhaa·rig** *adj* red-haired. **~ˌhaa·ri·ge** *m, f* ⟨-n; -n⟩ red-haired person, redhead. **~ˌhaut** *f* (*Indianer*) redskin. **~ˌhirsch** *m* red deer.

ro·tie·ren [roˈtiːrən] *v/i* ⟨*no* **ge-**, h⟩ **1.** rotate, *bes. um die eigene Achse*: revolve. **2.** *fig. colloq.* be at panic stations; **ins ∾ kommen** get into a (flat) spin. **~d** *adj* rotating, revolving, rota(to)ry.

ˈRot|ˌka·bis *m Swiss for* Rotkohl. **„~ˌkäpp·chen"** *n* "(Little) Red Riding Hood". **~ˌkap·pe** *f* (*Eßpilz*) red boletus. **~ˌkehl·chen** *n* ⟨-s; -⟩ *orn.* robin. **~ˌkohl** *m*, **~ˌkraut** *n* ⟨-(e)s; *no pl*⟩ red cabbage.

ˌRotˈkreuzˌschwe·ster *f* → Rote-Kreuz-Schwester.

ˈRotˌlauf *m* ⟨-(e)s; *no pl*⟩ *med.* erysipeloid, *vet.* (swine) erysipelas.

röt·lich [ˈrøːtlɪç] *adj* **1.** reddish, *Gesichtsfarbe*: *a.* ruddy. **2.** *colloq. pol.* (*a.* **~ angehaucht**) pink.

ˈRotˌlicht *n a. phot.* red light; **bei ~** *im Verkehr*: when the traffic lights are (at) red, at red; → *a.* **rot** 5.

ˈrotˌna·sig [-ˌnaːzɪç] *adj* red-nosed.

Ro·tor [ˈroːtɔr] *m* ⟨-s; -en [roˈtoːrən]⟩ rotor.

ˈRot|ˌschim·mel *m* roan (horse). **~ˌschwanz** *m*, **~ˌschwänz·chen** *n orn.* redstart. **∾ˌse·hen** *v/i* ⟨*irr, sep,* **-ge-**, h⟩ *colloq.* see red. **~ˌstein** *m* → Rötel. **~ˌstift** *m* red pencil (*od.* crayon); **mit dem ~ anstreichen** *a.* mark in red (*a. fig.*); *fig.* **den ~ ansetzen** (**bei**) make cuts (in), red-pencil (*od.* blue-pencil) (*s. th.*); **dem ~ zum Opfer fallen** be red- (*od.* blue-)pencil(l)ed. **~ˌtan·ne** *f bot.* common spruce.

Rot·te [ˈrɔtə] *f* ⟨-; -n⟩ **1.** *von Arbeitern*: gang, crew, party. **2.** *contp. Halbstarke, Pöbel*: mob, crowd, bunch, band, pack, gang, horde, lot. **3.** *aer. mil.* (*Verbandsflug*) two-ship formation (*od.* element), group of two aircraft, subflight. **4.** *hunt. Wölfe etc*: pack.

ˈRot·ten|ˌfüh·rer *m* (*Vorarbeiter*) gang foreman. **∾ˌwei·se** *adv* in gangs (*od.* crews, *etc, cf.* Rotte).

Rott·wei·ler [ˈrɔtˌvaɪlər] *m* ⟨-s; -⟩ (*Hunderasse*) Rottweiler (dog).

ˈrotˌumˌrän·dert *adj* red-rimmed.

Ro·tun·de [roˈtʊndə] *f* ⟨-; -n⟩ *arch.* rotunda.

ˈRö·tung *f* ⟨-; -en⟩ redness, reddening (*a. med.*), → *a.* Röte.

ˈrot|ˌun·terˌlau·fen *adj* bloodshot (*eyes*). **∾verˌschie·bung** *f astr. phys.* red shift (of the spectrum). **~ˌwan·gig** [-ˌvaŋɪç] *adj* → **rotbackig**. **∾ˌwein** *m* red wine. **∾ˌwelsch** ⟨*generally undeclined*⟩, **das ∾e** ⟨-n⟩ thieves' Latin (*od.* cant, slang). **∾ˌwild** *n* (red) deer. **∾ˌwurst** *f* black pudding.

Rotz [rɔts] *m* ⟨-es; *no pl*⟩ **1.** *vulg.* snot; *fig. colloq.* **~ und Wasser heulen** weep barrels; **frech wie ~** (as) bold as brass. **2.** *vet.* glanders *pl* (*als sg od. pl konstruiert*). **~ˌben·gel** *m colloq. contp.* cheeky brat, saucy (*Am.* fresh) youngster.

rot·zen [ˈrɔtsən] *v/i* ⟨h⟩ *vulg.* **1.** have a snotty nose. **2.** snot one's nose.

ˈRotzˌfah·ne *f vulg.* snot-rag.

ˈrot·zig *adj* **1.** *vulg. Nase etc*: snotty. **2.** *fig. colloq.* (*frech*) saucy, cheeky, *Am.* fresh. **3.** *vet.* glandered.

ˈRotz|ˌjun·ge *m* → Rotzbengel. **∾ˌkrank** *adj* → rotzig 3. **~ˌkrank·heit** *f* → Rotz 2. **~ˌlöf·fel** *m* → Rotzbengel. **~ˌna·se** *f* **1.** *vulg.* snotty nose. **2.** (*Kind*) cheeky brat. **∾ˌnä·sig** [-ˌnɛːzɪç] *adj* → rotzig 2.

ˈRotˌzun·ge *f ichth.* witch.

Rouge [ruːʒ] (*Fr.*) *n* ⟨-s [ruːʒ]; -s [ruːʒ]⟩ *Kosmetik*: rouge; → *a.* **rot** 6.

Rou·la·de [ruˈlaːdə] *f* ⟨-; -n⟩ *gastr.* a) *aus Fleisch, Fisch*: roulade, roll, b) (*Gebäck*) jelly roll, *bes. Br.* Swiss roll.

Rou·leau [ruˈloː] *n* ⟨-s; -s⟩ (roller) blind, *Am. a.* (window) shade.

Rou·lett [ruˈlɛt] *n* ⟨-(e)s; -e *u.* -s⟩ (**russisches ~** Russian) roulette.

Rou·let·te [ruˈlɛtə] *f* ⟨-; -n⟩ **1.** *rare for* Roulett. **2.** *tech.* roulette, ring-roll mill.

Rou·te [ˈruːtə] *f* ⟨-; -n⟩ route.

Rou·ti·ne [ruˈtiːnə] *f* ⟨-; *no pl*⟩ (*Praxis*) practice, (*Geschicklichkeit*) skill, craft, (*Erfahrung*) experience, (*Gewohnheit*) (matter of) routine; **zur ~ werden** become routine. **~ˌan·geˌle·gen·heit** *f* routine (matter), matter of routine. **∾ˌmä·ßig I** *adj* routine (*check-up, session, etc*). **II** *adv* as a matter of routine. **~ˌsa·che** *f* **1.** → **Routineangelegenheit**. **2.** (*Übungssache*) (**das ist alles ~** that's a) question of practice (*od.* experience).

Rou·ti·ni·er [rutiˈnĭeː] *m* ⟨-s; -s⟩ experienced person, old hand. **rou·tiˈniert** [-ˈniːrt] *adj* experienced, practiced, seasoned, expert, (*geschickt*) clever; **er ist ein ~er Boxer** *a.* he is an old hand at boxing.

Row·dy [ˈraudi] *m* ⟨-s; -s, *a.* -dies [-diːs]⟩ rowdy, hooligan. **~tum** *n* ⟨-s; *no pl*⟩ rowdyism, hooliganism.

Roya|lis·mus [rŏajaˈlɪsmʊs] *m* ⟨-; *no pl*⟩ royalism. **~ˈlist** [-ˈlɪst] *m* ⟨-en; -en⟩, **~ˈli·stin** *f* ⟨-; -nen⟩ royalist. **∾ˈli·stisch** *adj* royalist(ic).

ru·ba·to [ruˈbaːto] *mus.* **I** *adv u. adj*. **II** ≈ *n* ‹-s; -s *u.* -bati [-ti]› rubato.
rub·beln [ˈrubəln] *v/t u. v/i* ‹h› *dial.* rub.
Rü·be [ˈryːbə] *f* ‹-; -n› **1.** *bot.* beet, (*Futter*≈) turnip; **Gelbe** ~ carrot; **Rote** ~ red beet, beetroot; **Weiße** ~ turnip. **2.** *fig. colloq.* (*Kopf*) pate, nut; **eins auf die ~ kriegen** get a crack on the nut. **3.** *fig. colloq.* **freche** ~ cheeky person.
Ru·bel [ˈruːbəl] *m* ‹-s; -› **1.** rouble. **2.** *fig. colloq.* money; **der ~ muß rollen** money is for spending; **jetzt rollt der** ~, **der ~ rollt** the money is rolling in; **(dort,) wo der ~ rollt** where one can make money.
ˈ**Rü·ben|ˌacker** (*getr.* -k·k-) *m agr.* beet (*od.* turnip) field. ~ˌ**kraut** *n bot.* beet (*od.* turnip) tops *pl.* ~ˌ**saft** *m* beet juice. ~ˌ**zucker** (*getr.* -k·k-) *m* beet sugar.
Ru·beo·la [ruˈbeːola] *f* ‹-; -lae [-lɛ]› *meist pl* → **Röteln.**
rü·ber [ˈryːbər] *adv colloq. for* **herüber, hinüber.**
Ru·bi·kon [ˈruːbikɔn] *npr m* ‹-(s); *no pl*› **den ~ überschreiten** cross the Rubicon.
Ru·bin [ruˈbiːn] *m* ‹-s; -e› ruby; **e-e Uhr mit 15 ~en** a watch with 15 rubies (*od.* stones, jewels). ~ˌ**glas** *n tech.* ruby glass. ≈ˌ**rot** *adj* ruby(-red), ruby-colo(u)red.
ˈ**Rüb|ˌkohl** *m Swiss gastr.* kohlrabi. ~ˌ**öl** *n* rape(-seed) (*od.* colza) oil.
Ru·brik [ruˈbriːk] *f* ‹-; -en› **1.** (*Überschrift*) heading, *bes. in e-r Zeitung*: section, (*Spalte*) column. **2.** *fig.* (*Klasse*) class, category; **unter die ~ ... fallen** come under the heading (of) ... **3.** *print. relig.* rubric. **ru·bri·zie·ren** [rubriˈtsiːrən] *v/t* ‹*no* ge-, h› **1.** (*einordnen*) classify, class. **2.** (*mit Titeln versehen*) head, provide *s. th.* with headings. **3.** *Kunst*: rubricate.
ˈ**Rüb|ˌsaat** *f*, ~ˌ**sa·me(n)** *m* ‹-mens; -samen› *agr.* beet (*od.* turnip) seed.
Ruch [ruːx; rux] *m* ‹-(e)s; *rare* ⸚e› **1.** *poet.* odo(u)r, scent. **2.** *rare* reputation. ≈**bar** [ˈruːx-] *adj* ~ **werden** become known; **et. ~ machen** make s. th. known. ≈**los** [ˈruːx-] *adj lit.* wicked. ~**lo·sig·keit** *f* ‹-; -en› *lit.* wickedness.
ruck [rʊk] *interj* **hau** (*od.* **ho**) ~! heave (ho)!; *colloq.* ~ **zuck!** in a jiffy; **(jetzt) aber ~ zuck!** make it snappy!
Ruck *m* ‹-(e)s; -e› jerk, jolt, start, (*Stoß*) *a.* push, (*Zerren, Zug*) tug, (sharp) pull, yank; **ein jäher** (*od.* **plötzlicher**) ~ a sudden start; **mit e-m ~** with a jerk (*od.* start); *fig.* **ein starker ~ nach links** a strong swing to the left; **sich** (*dat*) **e-n ~ geben** pull o. s. together; **in einem** (*od.* **auf einen**) ~ (*auf einmal*) at one go.
ˈ**Rück|ˌan|ˌsicht** *f* back (*od.* rear) view. ~ˌ**an|ˌspruch** *m econ. jur.* counter claim (*od.* demand), recourse. ~ˌ**ant|ˌwort** *f* reply.
ˈ**ruck|ˌar·tig I** *adj* **1.** jerky, jolting. **II** *adv* **2.** jerkily, joltingly. **3.** (*plötzlich*) abruptly.
ˈ**Rück|ˌäu·ße·rung** *f* reply. ~**be·ˌru·fung** *f* recall. ~**be|ˌwe·gung** *f* backward (*od.* return) movement (*od.* motion, stroke). ≈**be|ˌzüg·lich** *adj ling.* reflexive. ~ˌ**bil·dung** *f* **1.** *biol. med.* a) retrogression, retrogressive metamorphosis, b) *altersbedingte*: involution, c) (*Degeneration*) degeneration, d) *e-r Krankheit, e-s Tumors etc*: regression, e) *bes. von Gewebe*: retroplasia. **2.** *ling.* back formation. ~ˌ**blen·de** *f Film, TV, fig.* flashback, cutback (**auf** *acc* to). ≈ˌ**blen·den** *v/i* ‹*only inf u. pp* **rückgeblendet,** h› flash back, cut back. ~ˌ**blen·dung** *f* → **Rückblende.** ~ˌ**blick** *m fig.* (**auf** *acc*) review (of), look back (on, to, at); **im ~** in retrospect; **im ~ auf** (*acc*) looking back on (*od.* to, at); **e-n ~ werfen auf** (*acc*) look back on (*od.* to, at), pass *s. th.* in review. ≈ˌ**blickend** (*getr.* -k·k-) **I** *adj* retrospective. **II** *adv* in retrospect, retrospectively. ≈ˌ**bu·chen** *v/t* ‹*only inf u. pp* **rückgebucht,** h› *econ.* reverse, carry back. ~ˌ**bu·chung** *f* reverse transfer of accounts, carry-back. ~ˌ**bür·ge** *m*, ~ˌ**bürg·schaft** *f* countersecurity, countersurety. ≈**da|ˌtie·ren** *v/t* ‹*only inf u. pp* **rückdatiert,** h› antedate, backdate. ~**da|ˌtie·rung** *f* antedating, backdating. ~ˌ**ein|ˌfuhr** *f* reimportation.
rucken (*getr.* -k·k-) [ˈrʊkən] *v/i* ‹h› **1.** *Zug etc*: (give a) jerk, (give a) jolt. **2.** *Tauben*: coo.
rücken (*getr.* -k·k-) [ˈrʏkən] **I** *v/t* ‹h› move, shift, push; **et. näher ~** move (*od.* bring) s. th. nearer, (*heranziehen*) pull s. th. up; **den Topf vom Feuer ~** take the pot from the heat. **II** *v/i* ‹sein› (*sich bewegen*) move, shift, (*Platz machen*) move (along *od.* up, over), make room, *colloq.* shove up; **zur Seite ~** move to one side; **näher ~** *örtlich u. zeitlich*: draw near, approach; **j-m immer näher ~** edge up to s. o.; **nicht von der Stelle ~** not to budge (*od.* stir) an inch; *fig.* **höher ~** move up, rise in rank; **an j-s Stelle ~** take s. o.'s place.
ˈ**Rücken** (*getr.* -k·k-) *m* ‹-s; -› **1.** *allg., a. e-s Buches, Messers etc*: back; **~ an ~** back to back; **auf dem ~** (*lie, swim, etc*) on one's back; **die Hände auf dem ~** with one's hands behind one's back; **er hat e-n breiten ~** he has a broad back, *fig. colloq.* he can take a lot, his back is broad; **auf den ~ fallen** fall on one's back, *fig. colloq.* be taken aback, be dum(b)founded; *fig.* **den ~ kehren** (*dat*) turn one's back on; **e-n krummen ~ machen vor j-m** cringe to (*od.* fawn upon) s. o., bow and scrape to s. o.; **j-m den ~ steifen** (*od.* **stärken**) back s. o. (up), stiffen s. o.'s back(bone), give s. o. support; **j-m den ~ decken** give s. o. cover; **sich** (*dat*) **den ~ freihalten** make sure of a way out (*od.* a loophole); **den Wind im ~ haben** have the wind in one's back (*od.* behind one); **im ~ haben** *j-s Unterstützung etc*: have at one's back; **hinter j-s ~** (*negotiate, etc*) behind s. o.'s back; **j-m in den ~ fallen** attack s. o. from behind, stab s. o. in the back; **mit dem ~ zur Wand** with one's back to the wall; *fig.* **mit dem ~ zur Wand stehen** have one's back to the wall. **2.** *gastr.* saddle, chine; → *a.* **Rückenstück.** ~ˌ**aus|ˌschnitt** *m am Kleid*: low back. ~ˌ**deckung** (*getr.* -k·k-) *f* ‹-; *no pl*› *fig.* backing, support; **sich** (*dat*) **~ bei j-m verschaffen** get s. o.'s backing (*od.* support). ~ˌ**flos·se** *f ichth.* back fin, dorsal (fin). ≈ˌ**frei** *adj Kleid*: backless, low-backed. ~ˌ**gurt** *m am Mantel etc*: half-belt. ~ˌ**kraul** *n Schwimmen*: back (*od.* dorsal) crawl. ~ˌ**la·ge** *f* **1. in der ~** lying on the (*od.* one's) back. **2.** *med. des Fetus*: dorsal presentation. ~ˌ**leh·ne** *f* back of a chair, back(rest); **Sitz mit verstellbarer ~** *a.* lean-back seat. ~ˌ**mark** *n anat.* spinal cord, (spinal) marrow.
ˈ**Rücken|ˌmarks...** (*getr.* -k·k-) *in Zssgn* spinal (*paralysis, nerve, etc*). ~**ent|ˌzün·dung** *f* spinitis, myelitis. ~**ver|ˌlet·zung** *f* spinal cord injury.
ˈ**Rücken|ˌmus·kel** (*getr.* -k·k-) *m anat.* back muscle. ~ˌ**num·mer** *f Sport*: (player's) number. ~ˌ**schild** *m des Insekts*: clypeus, *der Schildkröte, des Krebses etc*: (back) shield, shell, carapace. ~ˌ**schmerz** *m meist pl* backache, pain in the back, lumbago. ~ˌ**schwim·men** *n* backstroke. ~ˌ**schwim·mer** *m* backstroker. ~ˌ**stär·kung** *f fig.* (moral) support, encouragement, backing up; **j-m ~ geben** give s. o. moral support, back s. o. up, support s. o. ~ˌ**stoß** *m* blow from behind. ~ˌ**stück** *n gastr.* chine, *vom Wild, Hammel*: saddle. ~ˌ**ti·tel** *m e-s Buches*: title on the spine (*od.* back).
ˈ**Rück·ent|ˌwick·lung** *f* → **Rückbildung 1.**
ˈ**Rücken|ˌwen·de** (*getr.* -k·k-) *f Schwimmen*: backstroke turn. ~ˌ**wind** *m a. Sport*: following (*od.* tail) wind; **er lief mit ~** he ran with the wind behind him (*od.* in his back). ~ˌ**wir·bel** *m anat.* dorsal vertebra.
ˈ**Rück|er|ˌin·ne·rung** *f* reminiscence. ~**er|ˌobe·rung** *f* reconquest, recapture. ≈**er|ˌstat·ten** *v/t* ‹*only inf u. pp* **rückerstattet,** h› *econ.* **1.** (*Gegenstände*) return, restore, make restitution of. **2.** (*Geld*) repay, pay *s. th.* back, refund, (*Auslagen etc*) → *a.* **zurückerstatten.** ~**er·ˌstat·tung** *f* **1.** (*Rückgabe*) restitution, restoration, return; **Klage auf ~** action for restitution. **2.** (*Rückzahlung*) refund(ment), repayment, reimbursement. ~ˌ**fahr|ˌkar·te** *f*, ~ˌ**fahr·ˌschein** *m* return ticket, *Am. a.* round-trip ticket. ~ˌ**fahrt** *f* return journey (*od.* trip); **auf der ~** *a.* on the way back.
ˈ**Rück|ˌfall** *m* **1.** (*Wiederauftreten*) *bes. med.* relapse, recurrence; **e-n ~ (von Grippe) erleiden** (*od.* **haben**) have a relapse (of influenza). **2.** (*in e-n früheren Zustand etc*) relapse (into), backslide (into), return (to), (*Rückschritt, -entwicklung*) *a.* regress, retrogression. **3.** *jur.* (*Wiederholung e-s Delikts*) (case of) recidivism; **Diebstahl im (zweiten) ~** relapse into larceny (third conviction for larceny). **4.** *jur.* (*Heimfall*) reversion. ~ˌ**fie·ber** *n* relapsing (*od.* recurrent) fever.
ˈ**rück|ˌfäl·lig** *adj* **1.** relapsing (*patient, etc*), recidivous (*criminal*); **~ werden** (have a) relapse, *bes. moralisch etc*: backslide (into bad ways, *etc*), *Krimineller*: *a.* become recidivous. **2.** *jur. bei Heimfall*: revertible (*goods, etc*). ˈ**Rück|ˌfäl·li·ge** *m, f* ‹-n; -n› **1.** relapser, backslider, recidivist. **2.** *med.* relapsing patient. ˈ**Rück|ˌfäl·lig·keit** *f* ‹-; *no pl*› *jur.* recidivism.
ˈ**Rück|ˌfen·ster** *n* rear window. ~ˌ**flug** *m* return flight, flight back. ~ˌ**fluß** *m* **1.** reflux, backward flow, backflow. **2.** *von Kapital etc*: reflux. ~ˌ**flut·ver|ˌkehr** *m* homebound traffic. ~ˌ**for·de·rung** *f econ.* claiming back, reclamation. ~ˌ**fracht** *f* return (*od.* inward) freight. ~ˌ**fra·ge** *f* further inquiry, request for further particulars, checkback; **~ halten** → ≈ˌ**fra·gen** *v/i* ‹*only inf u. pp* **rückgefragt,** h› (**bei**) inquire (of), check (with), ask (*s. o.*) for further particulars. ≈ˌ**füh·ren** *v/t* ‹*only inf u. pp* **rückgeführt,** h› **1.** *pol.* repatriate. **2.** *econ.* (*Güter*) return. ~ˌ**füh·rung** *f* **1.** *pol.* repatriation. **2.** *econ. von Gütern*: return.
ˈ**Rück|ˌga·be** *f* return, restitution, restoration, redelivery; **bei der ~** when returning *s. th.*; **gegen ~ der Eintrittskarte** on return of the ticket; **mit der Bitte um ~** with the request to return *s. th.*; *jur.* **Klage auf ~** action for restitution. ~ˌ**pflicht** *f jur.* obligation to (make) return. ~ˌ**recht** *n* right of return.
ˈ**Rück|ˌgang** *m* (*gen*) drop, decrease, decline, fall (*in prices, etc*), drop, fall (in *the temperature*), drop, decrease, fall(ing)-off (in *imports, sales, production, intensity, etc*), drop, decline (in

demand, turnover), decline (in *prosperity, popularity*), abatement (of *inundation, illness, fever, etc*), (*rückläufige Entwicklung*) downward movement, retrogression; **scharfer** (*od.* **empfindlicher**) ~ *a.* slump (*in prices, trade, activity*); **wirtschaftlicher** ~ (economic) recession; **kultureller** ~ decline of civilization; ~ **der Arbeitslosigkeit** drop in the unemployment rate; ~ **der Geburtenziffer** (**der Verkaufsziffern**) *a.* declining birthrate (sales); **e-n leichten** ~ **verzeichnen** show a slight falling-off; **im** ~ **begriffen sein** be on the decrease, be dropping, *etc.*

ˈrück|ˌgän·gig *adj* **1.** → **rückläufig** I. **2.** ~ **machen** a) (*Kauf, Auftrag etc*) cancel, (*Bestellung*) *a.* withdraw, countermand, (*Vertrag*) rescind, annul, (*Versprechen, Entscheidung etc*) go back on, (*Verlobung*) break off, b) (*absagen*) cancel, call off, c) (*ungeschehen machen*) make undone. **~geˌführt** *adj pol.* repatriated. **~geˌwin·nen** *v/t* ⟨*only inf u. pp* **rückgewonnen**, **h**⟩ recover, reclaim. **≈geˌwin·nung** *f* **1.** winning back. **2.** *tech.* recovery, reclamation. **3.** *agr.* (*Urbarmachung*) reclamation. **~ˌglie·dern** *v/t* ⟨*only inf u. pp* **rückgegliedert**, **h**⟩ reincorporate, reintegrate. **≈ˌglie·de·rung** *f* reincorporation, reintegration.

ˈRückˌgrat *n* ⟨-(e)s; -e⟩ **1.** *anat. zo.* vertebral (*od.* spinal) column, spine, backbone. **2.** *fig.* backbone, spine; **j-m das** ~ **brechen** break s.o.'s back; **j-m das** ~ **stärken** (*od.* **steifen**) back s.o. up, stiffen s.o.'s backbone; **er hat** ~ he's got (plenty of) backbone (*od.* guts); **er hat** (*od.* **besitzt**) **kein** ~ *a.* he is completely spineless. **3.** *fig.* (*Stütze der Wirtschaft etc*) backbone, mainstay. **≈los** *adj fig.* spineless. **~verˌkrüm·mung** *f med.* spinal curvature, *krankhafte*: deformity of the spine. **~verˌstei·fung** *f* stiff back, stiffness of the spine.

ˈRückˌgriff *m* **1.** *jur.* recourse (**gegen** against). **2.** resort (**auf** *acc* to). **ˈRückˌgriffsˌrecht** *n* right of recourse.

ˈRückˌhalt *m* **1.** (*Unterstützung*) support, backing, stay; **e-n** ~ **an** (*od.* **in**) **j-m haben** have s.o. to fall back (up)on, (*unterstützt werden*) have s.o. at one's back, be backed (up) by s.o.; **er hat keinerlei finanziellen** ~ he has no resources to fall back on; **innerer** ~ inner certainty (*od.* reserves). **2. ohne** ~ → **≈los I** *adj* unreserved, wholehearted, without reserve (*od.* restraint). **II** *adv* without reserve (*od.* restraint), (*mit ganzem Herzen*) *a.* whole-heartedly; **et.** ~ **zugeben** admit s. th. freely.

ˈRückˌhand *f* ⟨-; *no pl*⟩ *Tennis etc*: backhand. **~ˌschlag** *m* backhand (stroke), backhander.

ˈRück|ˌhol|ˌta·ste *f am Tonbandgerät*: back-spacing control. **~ˌhub** *m tech.* return stroke, backstroke. **~ˌkampf** *m Sport*: return match, *Boxen*: return bout (*od.* fight). **~ˌkauf** *m* **1.** repurchase. **2.** (*Einlösung*) redemption. **≈ˌkau·fen** *v/t* ⟨*only inf u. pp* **rückgekauft**, **h**⟩ **1.** repurchase, buy *s. th.* back (*od.* in). **2.** (*einlösen*) redeem. **≈ˌkäuf·lich** *adj* **1.** repurchasable. **2.** redeemable; **nicht** ~ irredeemable.

ˈRückˌkaufs|ˌrecht *n* right of repurchase (*od.* redemption). **~ˌwert** *m* **1.** repurchase (*od.* redemption) value. **2.** *e-r Versicherungspolice*: surrender (*od.* cash) value.

ˈRückˌkehr *f* ⟨-; *no pl*⟩ return (**nach, zu** to); **bei m-r** ~ on my return; **nach ihrer** ~ **in die Heimat** after returning home; **wann dürfen** (*od.* **können**) **wir d-e** ~ **erwarten** (*od.* **mit d-r** ~ **rechnen**)? when may we expect you back?

ˈrück|ˌkop·peln *v/t* ⟨*insep*, **-ge-**, **h**⟩ *Elektronik etc*: couple (*od.* feed) back. **≈ˌkop·pe·lung**, **≈ˌkopp·lung** *f* positive feedback, back-coupling, regeneration.

ˈRückˌkopp·lungs... *in Zssgn* feedback ...

ˈRück|ˌkreu·zung *f biol.* backcross. **~ˌkunft** *f* ⟨-; *no pl*⟩ → **Rückkehr**. **~ˌla·dung** *f econ.* return shipment (*od.* cargo). **~ˌla·ge** *f meist pl econ.* reserve fund, reserve(s *pl*), (*Ersparnisse*) savings *pl*; **freie ~n** free (*od.* voluntary, contingency) reserves; **gesetzliche ~n** legal (*od.* statutory) reserves; **stille ~n** undisclosed (*od.* hidden, secret) reserve *sg*; **~n angreifen** draw on reserves. **~ˌlauf** *m* **1.** *von Flüssigkeiten*: flowing back, reflux, return, *von Schmierstoffen etc*: *a.* recirculation. **2.** *tech.* a) return motion (*od.* travel), *e-s Kolbens*: *a.* return stroke, b) *bei Kamera, Tonbandgerät*: rewind, c) *TV etc*: retrace, return trace, kickback, flyback. **3.** *e-s Geschützes*: recoil(ing). **4.** *astr.* retrograde motion. **≈ˌläu·fig I** *adj* dropping, declining, falling, receding, retrogressive, *a. astr. biol. med. etc* retrograde; **~e Bewegung** downward movement; **~e Konjunktur** declining economy; **e-e ~e Tendenz zeigen** show a downward tendency (*od.* trend). **II** *adv* **sich** ~ **bewegen** retrograde. **~ˌlaufˌta·ste** *f e-s Tonbandgeräts*: rewind key. **~ˌlei·tung** *f tech.* **1.** return conduction. **2.** (*System*) return pipe, *bes. electr.* return line. **~ˌlicht** *n* ⟨-(e)s; -er⟩ *mot.* taillight, rear light. **~ˌlie·fe·rung** *f* **1.** return delivery, redelivery. **2.** (*zurückgesandte Ware*) returns *pl*, returned goods *pl*.

ˈrück·lings *adv* **1.** (*nach hinten*) backward(s); ~ **hinfallen** fall (over) backward(s). **2.** (*von hinten*) from behind (*a. fig.*). **3.** (*auf dem Rücken*) on one's back.

ˈRück|ˌmarsch *m* **1.** march back (*od.* home). **2.** (*Rückzug*) retreat. **~ˌmel·dung** *f* **1.** reporting back (*a. mil.*). **2.** *teleph.* reply, back signal. **3.** *Elektronik*: feedback (information). **~ˌnah·me** *f* ⟨-; *no pl*⟩ **1.** taking back, repurchase. **2.** *jur. e-r Klage etc*: abandonment, withdrawal. **~ˌpor·to** *n* return postage. **~ˌprall** *m* rebound. **~ˌprä·mie** *f* put (premium *od.* option), seller's option; **die** ~ **kaufen** take for the put. **~ˌrei·se** *f* return journey (*od.* trip), journey (*od.* trip) home (*od.* back), *zur See*: return voyage, voyage back (*od.* home); **auf der** ~ on the (*od.* one's) way home; **auf der** ~ **befindlich** (*od.* **begriffen**) homeward(s) bound, homebound. **~ˌrei·se·verˌkehr** *m* homebound traffic. **~ˌruf** *m bes. teleph.* return call, ring-back. **~ˌrun·de** *f Sport*: second half of the season.

ˈRuckˌsack *m* knapsack, rucksack.

ˈRück|ˌschau *f* review (**auf** *acc* of); ~ **halten auf e-e Sache** pass things (*od.* s. th.) in review, review s. th., take a review of s. th. **≈ˌschau·end** *adv* in retrospect. **~ˌschei·be** *f mot.* rear window. **~ˌschlag** *m* **1.** backstroke, rebound, backkick, *e-r Schußwaffe*: recoil, kick, *e-s Motors*: kickback. **2.** *fig.* setback, backset, reverse, throwback, (*Rückfall*) relapse; **e-n** ~ **erleiden** suffer (*od.* have) a setback, *etc.* **3.** *biol.* atavism, throwback. **~ˌschlä·ger** *m Tennis etc*: receiver, striker-out. **~ˌschluß** *m* conclusion, inference; **Rückschlüsse aus e-r Sache ziehen** draw conclusions from s. th.; **er zog den** ~ **daraus, daß** he gathered (*od.* inferred) from it that. **~ˌschrei·ben** *n* reply (letter), answer. **≈ˌschrei·tend** *adj* retrogressive, retrograde, backward. **~ˌschritt** *m* step back, step backward(s), retrogressive (*od.* retrograde) step, regression, regress, retrogression. **≈ˌschritt·lich** *adj pol.* reactionary. **~ˌsei·te** *f allg.* back, *e-s Gebäudes etc*: *a.* rear, *e-s Blattes, e-r Münze*: reverse (side), *mus. e-r Schallplatte*: *colloq.* flip side, *e-r Münze*: *a.* tail, *e-s Stoffes*: wrong side; **siehe** ~ please turn over, p. t. o., see overleaf.

ruck·sen [ˈrʊksən] *v/i* ⟨**h**⟩ *Taube*: coo.

ˈrück|ˌsen·den *v/t* ⟨*only inf u. pp* **rückgesandt, rückgesendet**, **h**⟩ send *s. th.* back, return. **≈ˌsen·dung** *f* **1.** sending back, return(ing). **2.** (*Rückgesandtes*) return(s *pl*), reconsignment.

ˈRückˌsicht *f* ⟨-; -en⟩ **1.** ⟨*only sg*⟩ consideration, regard, (*Respekt*) respect; **mit** (*od.* **aus**) ~ **auf e-e Sache** (**j-n**) out of consideration (*od.* regard) for s. th. (s. o.); **mit** ~ **auf e-e Sache** (*in Anbetracht*) in (*od.* with) regard (*od.* respect) to s. th., in consideration of s. th., considering s. th., allowing for s. th., in view of s. th., taking s. th. into account (*od.* consideration); **mit** ~ **darauf, daß** considering that; **ohne** ~ **auf e-e Sache** without regard to (*od.* for) s. th., regardless (*od.* irrespective) of s. th., notwithstanding s. th.; **ohne** ~ **auf j-n** without (showing) any consideration (*od.* regard) for s. o.; *fig. colloq.* **ohne** ~ **auf Verluste** regardless of (*od.* without regard to) loss(es), at all costs; ~ **nehmen auf** (*acc*) (*respektieren*) have regard for, show consideration for, respect, (*in Betracht ziehen*) take into account (*od.* consideration), consider, allow for, make allowance(s) for; **er nahm wenig** ~ **auf sie** he showed little consideration for her (feelings); **k-e** ~ **nehmen auf e-e Sache** (*mißachten*) pay no heed to s. th., disregard s. th.; **darauf kann ich k-e** ~ **nehmen** I can't take this into consideration. **2.** (*Grund*) consideration, reason; **aus geschäftlichen ~en** for business reasons. **3.** ⟨*only sg*⟩ *mot.* (*Sicht nach hinten*) rear view. **~ˌnah·me** *f* ⟨-; *no pl*⟩ → **Rücksicht** 1.

ˈrückˌsichts|los I *adj* **1.** (**gegen** of) *Mensch, Benehmen etc*: inconsiderate, thoughtless, (*achtlos*) *a.* careless, heedless; **sei nicht so** ~! *a.* show more consideration!; **~es Fahren** reckless driving; **ein ~er Fahrer** a reckless driver, a road hog. **2.** (*schonungslos, brutal*) *Vorgehen, Ausbeutung etc*: ruthless, brutal. **II** *adv* **3.** inconsiderately, without consideration; ~ **fahren** drive recklessly (*od.* without consideration for others). **4.** (*schonungslos*) ruthlessly, brutally; ~ **vorgehen** (*od.* **handeln**) take ruthless action; ~ **einschreiten** *a.* resort to drastic measures. **≈lo·sig·keit** *f* ⟨-; -en⟩ **1.** ⟨*only sg*⟩ inconsiderateness, lack of consideration, thoughtlessness, (*Achtlosigkeit*) *a.* carelessness, heedlessness, recklessness. **2.** ⟨*only sg*⟩ (*Schonungslosigkeit*) ruthlessness. **3.** inconsiderate act. **~voll I** *adj* (**gegen**) considerate (to, toward[s]), regardful (of), full of consideration (*od.* regard) (for); **~es Verhalten** consideration, thoughtfulness. **II** *adv* considerately; **j-n** (**sehr**) ~ **behandeln** treat s. o. with (utmost) consideration; **sich** ~ **verhalten** show consideration.

ˈRück|ˌsied·ler *m pol.* repatriate. **~ˌsitz** *m mot.* back (*od.* rear) seat. **~ˌspie·gel** *m* rear-view mirror. **~ˌspiel**

n return match (*od.* game). **~ˌspra·che** *f* consultation; **nach ~ mit** on consultation with; **mit j-m ~ nehmen** (*od.* **halten**) confer with s. o., consult (with) s. o. **≈ˌspu·len** *v/t* <*only inf u. pp* **rückgespult**, h> (*Film, Tonband*) rewind.

ˈRückˌstand *m* <-(e)s; ⸚e> **1.** *chem. etc* residue, (*Bodensatz*) sediment, (*Spuren*) traces *pl.* **2.** (*ausstehende, nachzuholende Leistung*) arrears *pl* (*of correspondence, wages, rent, work, etc*), (*Arbeits≈, Liefer≈*) *a.* backlog; **e-n ~** (*od.* **Rückstände**) **in s-r Arbeit aufholen** (*od.* **aufarbeiten**) make up arrears in (*od.* get up-to-date with) one's work, catch up on a backlog of work; **Rückstände eintreiben** collect outstandings (*od.* arrears, outstanding debts). **3.** (*Abstand zu gewünschter Leistung od. gewünschtem Zustand*) (*cultural, intellectual*) lag; **im ~ sein** lag behind; **in ~ geraten** fall behind; **im ~ sein (in ~ geraten) mit** be (get) in arrears (*od.* back) with, be (get) behind(hand) with (*od.* in) (*one's rent, work, etc*); **ich bin mit der Arbeit im ~** *a.* I have a backlog of work; **mit einem Tor in ~ liegen** be one goal down; **s-n ~ aufholen** (*od.* **wettmachen**) catch up (**gegenüber** with), make up leeway; **e-n ~ von zwei Toren wettmachen** pull back two goals.

ˈrückˌstän·dig *adj* **1.** (*unzeitgemäß*) antiquated, outdated, backward, <*pred*> behind the times; **~ sein** *colloq. a.* be a back number. **2.** *Land etc*: backward, underdeveloped. **3.** *Person*: (**mit** *Zahlungen, Arbeit etc*) in arrears (with), behind(hand) (with *od.* in). **4.** *Gelder etc*: in arrear(s), outstanding, (over)due; **~e Beträge** *a.* outstandings; **~e Miete** rent in arrear, arrears *pl* of rent. **≈keit** *f* <-; *no pl*> backwardness.

ˈRück|ˌstau *m* **1.** *mar.* backwater. **2.** *im Verkehr*: hold-up, bank-up. **~ˌstel·lung** *f econ.* **1.** transfer to reserve (fund). **2.** (*Betrag*) reserve (fund).

ˈRückˌstoß *m* repulsion, rebound, *von Schußwaffen*, recoil, kick, *e-s Motors*: kickback, *nucl.* recoil, *e-r Rakete*: reaction. **~ˌanˌtrieb** *m* reaction propulsion. **≈ˌfrei** *adj tech.* dead-stroke, *Schußwaffe*: recoilless. **~-ˈTriebˌwerk** *n aer.* reaction engine.

ˈRück|ˌstrah·ler *m* rear reflector. **~ˌstrah·lung** *f phys.* reflection. **~ˌstrom** *m* **1.** *von Menschen*: backflow. **2.** *electr.* reverse current. **3.** *tech. von Flüssigkeiten*: reflux, return flow. **~ˌstu·fung** *f bei Gehalt, Steuer etc*: retrogression, downward adjustment. **~ˌta·ste** *f* **1.** *an der Schreibmaschine*: backspacer. **2.** *am Tonbandgerät*: rewind key. **~transˌport** *m* return transport.

ˈRückˌtritt *m* **1.** (*Ausscheiden*) resignation, retirement from office; **s-n ~ erklären** announce one's resignation; **s-n ~ einreichen** hand in (*od.* tender) one's resignation. **2.** *jur.* a) *von e-m Vertrag*: rescission (of), withdrawal (from), b) **~ vom Versuch** desisting from the attempt. **3.** *colloq.* → **~ˌbrem·se** *f e-s Fahrrades*: backpedal (*od.* backpedal[l]ing, *Am.* coaster) brake.

ˈRückˌtritts|erˌklä·rung *f* **1.** (letter of) resignation. **2.** *jur. von e-m Vertrag*: declaration of rescission. **~geˌsuch** *n* (letter *od.* tender of) resignation. **~ˌklau·sel** *f* cancellation clause. **~ˌrecht** *n jur. von e-m Vertrag*: right of rescission.

ˈrück|ˌüberˌset·zen *v/t* <*only inf u. pp* **rückübersetzt**, h> translate back, retranslate. **≈ˌüberˌset·zung** *f* retranslation. **~verˌgü·ten** *v/t* <*only inf u. pp* **rückvergütet**, h> *econ.* reimburse, repay, refund. **≈verˌgü·tung** *f* reimbursement, repayment, refund(ment). **≈verˌsi·che·rer** *m* **1.** *econ.* reinsurer. **2.** *fig. colloq.* cautious old fox; **er ist ein (alter) ~** he always plays (it) safe. **~verˌsi·chern I** *v/t* <*insep, no* **-ge-**, h> **1.** *econ.* reinsure. **II** *v/reflex* **sich ~ 2.** *econ.* reinsure o. s. **3.** *fig.* reassure o. s. (*gen* of). **4.** *fig. colloq.* play (it) safe. **≈verˌsi·che·rung** *f econ.* reinsurance.

ˈRück|verˌsi·che·rungs·geˌsell·schaft *f* reinsurance company. **~ˌwand** *f* back (*od.* rear) wall. **~ˌwan·de·rer** *m* returning emigrant, remigrant. **~ˌwan·de·rung** *f* remigration.

ˈrückˌwär·tig [-ˌvɛrtɪç] *adj* **1.** back (*room, etc*), (*room, etc*) at the back. **2.** *mil.* rear(ward); **~e Dienste** services behind the lines; **~es Gebiet** rear area.

ˈrückˌwärts *adv* **1.** backward(s), rearward(s); **~ gehen** go (*od.* walk) backward(s), back (up); **~ aus der (in die) Garage fahren** back out of (into) the garage; **weder vorwärts noch ~ können** *a. fig.* not to be able to move backward(s) or forward(s); *fig.* **et. vorwärts und ~ aufsagen können** know s. th. backward(s); **Salto ~** backward somersault; *fig.* **das bedeutet e-n Schritt ~** that's a step backward(s); **ein Blick ~** a look back(ward[s]). **2.** (*hinten*) at the back (*od.* rear); **~ am Hause** at the back of the house; **ein Zimmer (nach) ~** a room at the back (of the house); **von ~** from behind. **≈beˌwe·gung** *f* backward (*od.* retrograde) movement (*od.* motion). **≈ˌfah·ren** *n* <-s> backing, reversing. **≈ˌgang** *m* **1.** *mot.* reverse (gear); **im ~ fahren** reverse; **den ~ einschalten** put the car (*od.* go) into reverse. **2.** *tech.* reverse (motion). **~ˌge·hen** *v/i u. v/impers* <*irr, sep,* **-ge-**, sein> *fig.* deteriorate, go down(hill), decline, fall off.

ˈRück|ˌwech·sel *m econ.* redraft, re-exchange. **~ˌweg** *m* way back (*od.* home), return, *längerer*: return route; **den ~ antreten, sich auf den ~ machen** set out for home, return; **auf dem ~** on the (*od.* one's) way back.

ˈruckˌwei·se *adv* jerkily, jerkingly, joltingly, by fits (and starts), in jerks.

ˈrück|ˌwir·kend I *adj jur.* retroactive, retrospective, having retrospective effect; **mit ~er Kraft** with (a) retroactive effect (*od.* force), retroactive. **II** *adv* retroactively; **dieses Gesetz tritt ~ vom 1. 1. 1970 in Kraft, dieses Gesetz gilt ~ vom 1. 1. 1970** this law takes effect retroactively as from 1–1–1970. **≈ˌwir·kung** *f* **1.** (*Auswirkung*) (**auf** *acc* [up]on) reaction, repercussion; **~en haben auf** (*acc*) *a.* react (up)on. **2.** *jur.* retroaction, retroactive effect, retrospectiveness; **mit ~ vom** with retroactive effect (*od.* retroactively) from. **~ˌzahl·bar** *adj Schulden etc*: repayable, returnable, *bes. Auslagen etc*: reimbursable, *Darlehen etc*: redeemable. **≈ˌzah·lung** *f von Schulden etc*: repayment, return, *bes. von Auslagen etc*: reimbursement, refund, *bes. von Darlehen etc*: redemption.

ˈRückˌzah·lungs|beˌdin·gun·gen *pl econ.* conditions of repayment. **~terˌmin** *m* date of repayment.

ˈRückˌzie·her *m* <-s; -> **1.** *colloq.* **e-n ~ machen** (*zurückstecken*) back (*od.* climb) down, (*sich anders entscheiden*) back out (**bei, von** of). **2.** *Fußball*: overhead kick.

ˈRückˌzoll *m* → **Zollrückerstattung.**

ruckˈzuck *adv colloq.* in a flash, in a jiff(y).

ˈRückˌzug *m bes. mil.* retreat, withdrawal, retirement; **ein geordneter (überstürzter) ~** an orderly (a hasty) retreat; **den ~ antreten** *a. fig.* (beat a) retreat; **sich** (*dat*) **den ~ decken** (*od.* **sichern**) *a. fig.* secure (*od.* cover) one's retreat; **zum ~ blasen** sound the retreat.

ˈRückˌzugs|geˌfecht *n* running fight, *a. fig.* rearguard action. **~ˌli·nie** *f* line of retreat.

ˈRückˌzün·dung *f* backfire, *electr. a.* arc-back.

rü·de [ˈryːdə] *adj* rude, rough, coarse.

ˈRü·de *m* <-n; -n> *zo.* a) male dog, b) male wolf, c) male fox, d) male marten.

Ru·del [ˈruːdəl] *n* <-s; -> **1.** *zo.* a) *Hunde, Wölfe etc*: pack, b) *bes. Wildschweine*: party, c) *bes. Löwen*: pride, d) *Rehe, Hirsche etc*: herd. **2.** *fig. humor.* bunch, swarm, pack. **≈ˌwei·se** *adv* in packs (*etc*); → **Rudel.**

Ru·der [ˈruːdər] *n* <-s; -> **1.** *mar.* a) (*Blatt*) rudder, b) (*Steuerung*) helm, wheel; **das ~ führen, am ~ stehen** be at the helm. **2.** *aer.* rudder, control surface. **3.** *fig. colloq.* (*Macht, Führung*) helm, power, control; **j-n ans ~ bringen** put s. o. into power; **ans ~ kommen** (*od.* **gelangen**) take the helm, take over, come into power; **das ~ fest in der Hand haben** be well in command (*od.* control) of the situation; **am ~ sein** be at the helm, be in power. **4.** (*Riemen*) oar, *langes*: sweep, *kurzes*: skull; **die ~ auslegen (einziehen)** put out (take in) the oars; *fig. colloq.* **sich kräftig ins ~ legen** put one's shoulder to the wheel, put one's best foot forward. **5.** *zo.* (*Fuß des Schwanes*) webbed foot.

ˈRu·der|ˌbank *f* <-; ⸚e> oarsman's (*od.* rower's) seat, thwart. **~ˌblatt** *n* oar blade. **~ˌboot** *n* rowing boat, *Am. a.* rowboat, (*Skullboot*) sculler.

ˈRu·de·rer *m* <-s; -> oarsman, rower.

ˈRu·der|ˌgän·ger *m* <-s; ->, **~ˌgast** *m mar.* helmsman, steersman. **~ˌhaus** *n* pilot-house, wheelhouse. **~ˌklub** *m* rowing club.

ru·dern [ˈruːdərn] **I** *v/i* <h *u.* sein> **1.** <h *u.* sein> row, pull; **~ gehen** go rowing, go for a row; **gut ~** *a.* pull a good oar, be a good oarsman; **ans Ufer ~** *a.* pull for the shore; **Oxford rudert morgen gegen Cambridge** Oxford rows Cambridge tomorrow. **2.** <h> *fig.* **mit den Füßen ~** paddle (with) one's feet; **mit den Armen ~** flail (*od.* wave, swing, thrash) one's arms. **II** *v/t* <h> **3.** row (*a race*), row, pull (*a boat*); **j-n über den Fluß ~** row s. o. across the river.

ˈRu·der|ˌpin·ne *f mar.* tiller. **~reˌgat·ta** *f* rowing regatta. **~ˌschlag** *m* oar stroke. **~ˌsport** *m* rowing.

Ru·di·ment [rudiˈmɛnt] *n* <-(e)s; -e> **1.** (*Rest*) rest, remainder. **2.** *pl* (*Grundlagen*) rudiments. **3.** *biol.* (*verkümmertes Organ*) rudiment, vestige. **ru·di·menˈtär** [-ˈtɛːr] *adj* (*unentwickelt*) rudimentary, rudimental, embryonic, *biol.* (*verkümmert*) *a.* vestigial.

Ruf [ruːf] *m* <-(e)s; -e> **1.** *allg.* call (*a. von Tieren etc, a. fig.*, **nach** for), (*Schrei*) shout, cry; **auf s-n ~ (hin)** at his call; **ein anfeuernder ~** a shout of encouragement, a cheer; **ein ~ ertönt** (*od.* **erschallt**) a shout rings out. **2.** <*only sg*> *fig.* **der ~ der Natur** (**Wildnis**) the call of nature (the wild); **der ~ zu den Waffen** the call to arms; **dem ~ des Gewissens (Herzens) folgen** (*od.* **gehorchen**) obey the voice of one's conscience (heart). **3.** *univ.* call, invitation; **Professor S. erhielt e-n** (*od.* **an Professor S. erging ein**) **~ an die Universität B.** Professor S. received a call to (*od.* was offered a professorship *od.* a chair at) the university of B. **4.** <*only sg*> (*Fernsprechnummer*) telephone (*od. colloq.* phone) number. **5.** <*only sg*> reputation, repute, name, standing, *e-r Firma*: *a.* credit, goodwill; **e-n guten ~ haben** (*od.* **genießen**), **sich e-s guten ~es erfreuen** enjoy (*od.* have) a good reputation, have a good name; **er steht im ~ e-s guten Arztes, ihm geht der ~ e-s guten Arztes voraus** he enjoys the reputation of a good doctor, he is said to be a good doctor; **ein Wissenschaftler von ~** a scientist of repute (*od.* renown, high standing), a noted scientist; **sich** (*dat*) **e-n ~**

erwerben (*od.* **schaffen**) (**als**) make (*od.* win) a name for o. s. (as a), build up a reputation (as a); **s-m ~ gerecht werden** live up to one's reputation; **e-n ~ zu verlieren haben** have a reputation to lose; **schlechter ~** bad reputation, disrepute; **von schlechtem ~** of evil (*od.* ill) repute, disreputable; **in schlechtem** (*od.* **üblem**) **~ stehen** be in evil repute; **im** (**schlechten**) **~ e-s ... stehen** be notorious as a ...; **sie ist besser als ihr ~** she is better than she is reputed (*od.* said) to be; **j-n bei j-m in schlechten ~ bringen** bring s. o. into bad repute (*od.* into disrepute) with s. o., discredit s. o. with s. o.

ˈRuf|an|la·ge *f* staff locator (system).

ru·fen [ˈruːfən] **I** *v/i* ⟨**ruft, rief, gerufen, h**⟩ **1.** *allg.* call (*a. Tiere etc, a. fig.*), (*schreien*) shout, cry; **nach j-m ~, j-n ~** call for s. o., call s. o.; *fig.* **~ nach** call for (*s. o., s. th.*), clamo(u)r for (*war, etc*); **um Hilfe ~** call for help; **zum Essen ~** call to dinner; *fig.* **die Pflicht ruft** duty calls; **das Vaterland ruft!** your country needs you. **II** *v/t* **2.** call (*s. o., s. th.*), (*aus~*) exclaim, cry, (*herein~*) call in, (*beordern*) summon; **~ lassen** send for; **j-n zu sich ~** call s. o. to one, summon s. o.; **j-n zu Hilfe ~** call to s. o. for help; **e-n Arzt ~** call (in) (*od.* send for) a doctor; **j-n vor Gericht ~** summon s. o. to appear in court; **zu den Waffen ~** call to arms; *fig.* **wichtige Geschäfte riefen ihn nach Berlin** important business affairs called him to Berlin; **j-m et. ins Gedächtnis ~** remind s. o. of s. th.; **sich** (*dat*) **et. ins Gedächtnis ~** call s. th. to mind; **j-n wieder ins Leben ~** bring s. o. to life again, resuscitate s. o.; **ins Leben ~** call into being. **3.** (*nennen*) call; **man ruft ihn Hans** they call him Jack.

ˈRu·fer *m* ⟨-s; -⟩ caller; *fig.* **der ~ in der Wüste** the voice crying in the wilderness.

Rüf·fel [ˈrʏfəl] *m* ⟨-s; -⟩ *colloq.* (**wegen, für** for) rebuke, reprimand, telling-off, dressing-down, *bes. Br.* wigging; **j-m e-n ~ erteilen** → **ˈrüf·feln** *v/t* ⟨h⟩ *colloq.* **j-n ~** rebuke s. o., give s. o. a good telling-off (*od.* dressing-down, *bes. Br.* wigging).

ˈRuf|,mord *m* character assassination. **~,na·me** *m* **1.** name by which a person is called. **2.** (*Vorname*) Christian name, first name, forename. **~,num·mer** *f* telephone (*od. colloq.* phone) number. **~,säu·le** *f* (*Not*≈) call box, *für Taxifahrer*: telephone. **≈,schä·di·gend** *adj* detrimental to one's reputation. **~,schä·di·gung** *f* damage to one's reputation. **~,wei·te** *f* **in** (**außer**) **~** within (out of) call (*od.* calling distance, shouting distance). **~,zei·chen** *n teleph.* ringing tone.

Rug·by [ˈrakbi; ˈrʌgbɪ] (*Engl.*) *n* ⟨-; *no pl*⟩ rugby (football), *colloq.* rugger.

Rü·ge [ˈryːgə] *f* ⟨-; -n⟩ (**wegen, für** for) reproof, reproach, reprimand, rebuke; **j-m e-e ~ erteilen** → **rügen**; **e-e ~ erhalten, sich** (*dat*) **e-e ~ zuziehen** be reproved (*od.* rebuked, reprimanded, reproached); **öffentliche ~** censure. **ˈrü·gen** *v/t* ⟨h⟩ (**für, wegen** for) reprove, reproach, reprimand, rebuke; **j-n wegen s-r Nachlässigkeit ~, j-s Nachlässigkeit ~** rebuke s. o. for his carelessness.

Ru·he [ˈruːə] *f* ⟨-; *no pl*⟩ **1.** (*Stillstand, a. phys., Untätigkeit, Bett*≈) rest, (*Erholung*) rest, *lit.* repose, (*Muße*) leisure, (*Frieden*) peace, rest, quiet; **in ~** (*im ~zustand*) at rest; **zur ~ kommen** come to rest; **zur ~ bringen** set (*od.* put) at rest (*a. fig. Gedanken etc*), (*zum Schweigen*) silence, hush, (*ins Bett*) put *s. o.* to bed, put *s. o.* down; **j-m k-e ~ gönnen** give s. o. no rest, *colloq.* keep s. o. on the go; **er gönnt sich k-e Minute ~** he doesn't allow himself a minute's rest (*od.* respite); **j-n in ~ lassen** leave s. o. in peace (*od.* alone), let s. o. alone, let s. o. be; **k-e ~ finden** *innerlich*: find no peace of mind; **dieser Gedanke ließ mir k-e ~** the thought haunted me; **das Kind ließ mir k-e ~, bis** the child gave me no peace (*od.* kept on and on at me) until; **laß mich in ~!** leave me alone (*od.* in peace)!, stop bothering me!; **laß mich damit in ~!** don't bother me with that; **ich möchte m-e ~ haben** I want to be left in peace (and quiet); **~ haben vor** be no longer bothered by; **ich habe vor ihm k-e ~** *a.* he never leaves me in peace; **gib ~!** keep quiet!, give me a bit of peace!; **j-s ~ stören** disturb s. o.'s peace; **in aller ~** (*ohne Aufregung*) very calmly, (*still*) quietly, (*ungestört*) at peace, (*mit Muße*) at one's leisure, in one's own time, (*gemütlich, beschaulich*) leisurely; **überlege es dir in aller ~** take your time about it, think it over calmly; *fig.* **j-n in ~ wiegen** lull s. o. into a (false) sense of security; **in ~ und Frieden leben** live in peace and quiet; **sich zur ~ begeben** (*od.* **legen**), **zur ~ gehen** go to bed, retire, *colloq.* go to roost; **angenehme ~!** good night and sleep well!; **sich zur ~ setzen** go into retirement, retire (from business); **die ewige** (*od.* **letzte**) **~ finden** find eternal peace; **j-n zur letzten ~ betten** lay s. o. to eternal rest. **2.** (*Stille*) calm, stillness, quiet, tranquil(l)ity, *poet.* still, (*Stillschweigen*) silence; **die ~ in der Natur** the stillness of nature; **die ~ vor dem Sturm** *a. fig.* the calm (*od.* lull) before the storm; **unheimliche ~** uneasy calm; **~, bitte!** silence (*od.* quiet), please!; **gib ~!, gebt ~!, ~ halten!** (be) quiet!, silence! **3.** (*Gemüts*≈) calm(ness), composure, (*Beschaulichkeit*) leisureliness; **er ist die ~ selbst** he is calmness itself; **er strahlt ~ aus** he radiates calmness; **s-e ~ bewahren** keep calm, keep (one's) cool, *colloq.* play it cool; **s-e ~ verlieren** (**wiederfinden**) lose (regain) one's composure; **sich leicht aus der ~ bringen lassen** be easily disconcerted (*od.* ruffled, put out, upset), ruffle easily; *colloq.* **immer mit der ~!, nur die ~ kann es machen!** take it easy!, easy does it!, (*reg dich nicht auf*) keep your hair on!, keep (your) cool!; **er hat die ~ weg** he is (as) cool as a cucumber, he is as calm as can be.

ˈRu·he|,bank *f* bench, settle. **≈be,dürf·tig** *adj* in need of (a) rest. **~,bett** *n obs.* couch, sofa, daybed. **~ge,halt** *n* retirement pension, retired pay (*od.* pension), (old-age) pension. **~ge,halts·emp,fän·ger** *m* (old-age) pensioner. **~,kis·sen** *n* pillow. **~,la·ge** *f* **1.** *e-s Menschen*: reclining (*od.* resting) position, rest. **2.** *tech.* a) rest(ing) position, b) (*Ruhezustand*) position at rest, c) (*Nulllage e-s Zeigers*) neutral position. **≈,lie·bend** *adj* → **friedfertig.** **≈los I** *adj* restless, (*zappelig*) *a.* fidgety, (*hektisch*) *a.* hectic, bustling. **II** *adv* restlessly, without rest. **~lo·sig·keit** *f* ⟨-; *no pl*⟩ restlessness.

ru·hen [ˈruːən] **I** *v/i* ⟨h⟩ **1.** *allg.* rest, *lit.* repose, (*aus~*) (take *od.* have a) rest (**von** from *one's work, etc*), (*liegen*) lie, (*schlafen*) sleep, (*stillstehen*) *phys. etc* be at rest, *Verkehr, Arbeit, Verhandlungen etc*: be at a standstill, have been stopped, be suspended, *Vertrag etc*: be in abeyance, not to be in force, be suspended, *Acker*: rest, lie fallow, *Kapital*: be dormant, *Feindseligkeiten etc*: have ceased, *Natur*: lie asleep; **~ lassen** (*Körper, Geist etc*) rest (up), give a rest, (*Teig etc*) allow to rest; **es ruht sich gut auf** (*dat*) ... ... is good to rest on; **der Gedanke ließ ihn nicht ~** the thought haunted him (*od.* would give him no peace); **er ruhte** (**u. rastete**) **nicht bis ...** he never rested until ...; (**ich**) **wünsche wohl zu ~** I wish you a good night's rest; **haben Sie gut geruht?** did you sleep well?; **hier ruht** (**in Gott**) ... here lies ...; **er ruhe in Frieden** may he rest in peace; **still ruht der See** the lake lies quiet and still. **2. ~ auf** (*dat*) (*liegen auf*) *Last, Verantwortung, Blick, Schatten*: rest on, *lit.* repose on, (*gestützt od. getragen werden von*) *a.* be supported by, be based (*od.* founded) on; **s-e Augen ~ lassen auf** (*dat*) let one's eyes rest on; **~ an** (*dat*) (*lehnen an*) rest on; *fig.* **in sich ~** *Kunstwerk*: be well-balanced, *Mensch*: be at peace with o. s. **II ≈** *n* ⟨-s⟩ **3.** rest(ing), reposing, repose. **4.** (*Unterbrechung*) *jur.* suspension, abeyance, (*Stillstand*) standstill. **ˈru·hend** *adj allg.* resting, (*bewegungslos*) at rest, in repose, *Skulptur etc*: reclining, reposing, *Kapital*: dormant; **~e Belastung** steady load; **~er Verkehr** stationary vehicles *pl.*

ˈru·hen|las·sen *v/t* ⟨*irr, sep, bes. no* -ge-, h⟩ **1.** (*Angelegenheit*) let rest, (*Vertrag etc*) suspend. **2.** *jur.* (*Prozeß etc*) rest, stay.

ˈRu·he|,pau·se *f* **1.** pause (for rest), *kürzere*: break, breather; **e-e ~ machen** (*od.* **einlegen**) (make a) pause, take (*od.* have) a break (*od.* breather). **2.** (*ruhige Zeit*) lull, slack. **~,platz** *m*, **~,plätz·chen** *n* resting-place, place of rest. **~,po·sten** *m colloq.* (*müheloses Amt*) sinecure. **~,punkt** *m* resting-point, point of rest. **~,ses·sel** *m* easy (*od.* lounge) chair. **~,sitz** *m* retirement residence. **~,stand** *m* ⟨-(e)s; *no pl*⟩ retirement; **in den ~ gehen** (*od.* **treten**) go into retirement, retire (on a pension); **in den ~ versetzt werden** be superannuated (*od.* pensioned [off], retired), *bes. mar. mil.* be put on the retired list. **~,stät·te** *f*, *a.* **~,statt** *f* ⟨-; ¨en⟩ *lit.* **1.** (*Grab*) (last) resting-place, last home; **die letzte ~ finden** be laid to rest. **2.** (*Ruheplatz*) resting-place. **~,stel·lung** *f* **1.** *des Körpers*: resting (*od.* relaxed) position. **2.** → **Ruhelage 2.** **≈,stö·rend** *adj* disturbing the peace; *jur.* **~er Lärm** disturbing noise. **~,stö·rer** *m* **1.** (*Lärmer*) noisy person, *stärker*: brawler, rioter. **2.** *bes. jur.* disturber of the peace, peacebreaker. **~,stö·rung** *f* **1.** (*Lärmen*) noisemaking, *stärker*: brawling, riot(ing). **2.** *bes. jur.* disturbance (of the peace), breach of (the) peace. **~,strom** *m electr.* closed-circuit current. **~,stun·de** *f* hour of rest. **~,tag** *m* **1.** day of rest; **e-n ~ einlegen** have a day's rest. **2.** *e-s Lokals, Geschäfts etc*: **Sonntag ~** closed on Sundays; **~ haben** be closed. **≈,voll** *adj* quiet, peaceful, restful. **~,zeit** *f* **1.** time of rest (*od.* repose). **2.** (*stille Saison*) off-season. **~,zu,stand** *m* state of rest; **im ~** *phys. etc* at rest, *Maschine etc*: *a.* at standstill.

ˈru·hig I *adj* **1.** *Leben, Zeit, Gegend, Gemüt, Kind, Abend, Urlaub, Farbe, Geschäft, Markt, Wasser etc*: quiet, (*still*) still, (*leise*) silent, (*glatt*) smooth, *See, Wetter, Atem, Charakter etc*: calm, (*friedlich*) peaceful, tranquil, (*gelassen*) calm, tranquil, composed, collected, (*beruhigt*) reassured, *Nerven, Hand etc*: steady, (*schweigsam*) silent, quiet, (*störungsfrei*) smooth, easy, unperturbed; **ein ~es Plätzchen** a quiet little corner; **sich ~ verhalten** keep quiet, hold one's peace; **~ (da)liegen** lie (quiet and) still; **sei(d) ~!** be (*od.* keep) quiet!; **es war ganz ~** it was absolutely silent; **k-e ~e Minute**

haben not to have a moment's peace; **ein ~es Wort mit j-m reden** speak calmly to s. o., have a quiet word with s. o.; **bei ~er Überlegung** upon calm consideration; **~ bleiben** (*sich still verhalten*) keep still, (*Ruhe bewahren*) keep calm, keep one's temper, keep (one's) cool, *colloq.* play it cool; **~ werden** calm (*od.* simmer) down; **seien Sie (sei, seid) ganz ~!, (nur) ~ Blut!** don't you worry (*od.* fret)!; *tech. u. fig.* **~er Gang** smooth running; **e-n ~en Verlauf nehmen** go off smoothly; **~e Tage** *a.* halcyon days; **sich ein paar ~e Tage machen** have an easy time for some days; *colloq.* **~e Sache** soft job. **II** *adv* **2.** quiet(ly), calmly, smoothly (*etc*); **~ schlafen** sleep easy, *in Frieden*: sleep in peace; **das Haus liegt ~** the house is in a quiet area; **der Gefahr ~ ins Auge sehen** meet a danger calmly. **3.** *colloq.* (*ohne weiteres*) safely, easily, very well; **du kannst ~ hereinkommen** I don't mind (*od.* it's all right) if you come in; **man kann ~ behaupten, daß** it is safe to say that; **das können Sie ~ tun** you are perfectly free (*od.* welcome) to do that, go right ahead; **man kann ~ über diese Dinge sprechen** why shouldn't one talk about these things; **du könntest mir ~ ein bißchen helfen!** you might as well (*od.* you could do worse than) give me a hand!

'ru·hig|,stel·len *v/t* ⟨*sep*, -ge-, h⟩ fix, immobilize. **≈,stel·lung** *f* ⟨-; *no pl*⟩ immobilization.

Ruhm [ru:m] *m* ⟨-(e)s; *no pl*⟩ **1.** fame, renown, glory; **~ erlangen** win fame, acquire renown; **sich mit ~ bedecken** cover o. s. with glory; *colloq. iro.* **er hat sich nicht gerade mit ~ bekleckert** he hasn't exactly covered himself with glory; **auf der Höhe** (*od.* **dem Gipfel**) **s-s ~es angelangt** at the peak of one's fame. **2.** (*Preis, Lob*) praise; **die Zeitungen sind s-s ~es voll** the press is full of praise for him. **≈be,deckt** *adj* covered with fame (*od.* glory). **~be,gier(·de)** *f* love of glory (*od.* fame), thirst for glory (*od.* fame). **≈be,gie·rig** *adj* thirsting for glory (*od.* fame).

rüh·men ['ry:mən] **I** *v/t* ⟨h⟩ **1.** (*loben, preisen*) (**wegen**) praise (for), commend (upon), *stärker*: sing the praises of, celebrate, speak highly of, extol; **j-s Mut ~, j-n wegen s-s Mutes ~, an j-m s-n Mut ~** praise s. o.'s courage, praise s. o. for his (her) courage; **j-n als mutig ~** praise s. o. as being courageous. **II** *v/reflex* **2. sich selbst ~** (*loben*) praise o. s., sing one's own praises, boast; **ohne mich ~ zu wollen** without boasting, though I say it myself. **3. sich ~** (*gen od. inf*) (*gebührend hervorheben*) boast of, glory in, (*stolz sein auf*) be proud of, take pride in, pride o. s. on, (*prahlen mit*) brag of; **er rühmt sich, der beste Spieler zu sein** he boasts himself (to be) the best player, he boasts of playing best; **er hat sich nie gerühmt, ein guter Spieler zu sein** (*hat nie behauptet ...*) he has never laid claim to being a good player, he has never claimed to be a good player (*od.* to play well). **4. sich ~ können** (*od.* **dürfen**) (*gen od. inf*) (*mit Recht stolz sein auf, aufzuweisen haben*) **er kann sich dieser Erfindung ~** he has this invention to his credit, he can take credit (to himself) for this invention; **sich e-r glänzenden Vergangenheit ~** (**dürfen**) boast a splendid past; **sie darf sich e-r gewissen Popularität ~** she can claim (*od.* lay claim to) a certain popularity; **jemand kann** (*od.* **darf**) **sich ~, et. getan zu haben** (**et. zu sein**) s. o. can boast of (*od.* lay claim to) having done s. th. (being ...), s. o. can claim to have done s. th. (to be ...). **III ≈** *n* ⟨-s⟩ **5.** praise(s *pl*); **viel ≈s machen von** sing the praises of, speak in praises of; **er macht nicht viel ≈s davon** he doesn't make much fuss about it. **'rüh·mend I** *adj* **~e Worte** words of praise. **II** *adv* **~ erwähnen** (*od.* **hervorheben**) make hono(u)rable mention of (*s. th.*, **daß** of the fact that). **'rüh·mens,wert** *adj* praiseworthy, commendable, laudable.

'Ruh·mes|,blatt *n fig.* page of glory, glorious page; **das ist kein ~ für ihn** that doesn't do him credit, that's not to his credit. **~,hal·le** *f* pantheon, *bes. Am.* Hall of Fame. **~,tag** *m* glorious day. **~,tat** *f* glorious deed.

'rühm·lich I *adj* **1.** (*lobenswert*) laudable, praiseworthy, commendable; **e-e ~e Ausnahme** a laudable (*od.* noteworthy) exception. **2.** (*ruhmvoll*) glorious; **ein ~es Ende nehmen** (*od.* **finden**) a) die a glorious death, b) *fig.* come to a glorious end; **das war nicht sehr ~ für ihn** that was not very creditable to him, that was not to his credit. **II** *adv* **3. sich ~ hervortun** bring credit to o. s.

'ruhm|los *adj* inglorious; **ein ~es Ende nehmen** (*od.* **finden**) a) die an inglorious death, b) *fig.* come to an inglorious end. **≈lo·sig·keit** *f* ⟨-; *no pl*⟩ ingloriousness. **~,re·dig** [-,re:dɪç] *adj* vainglorious, boastful. **~,reich** *adj* → **ruhmvoll**. **≈,sucht** *f* ⟨-; *no pl*⟩ thirst for glory (*od.* fame). **~,süch·tig** *adj* greedy of (*od.* thirsting for) glory (*od.* fame). **~,voll** *adj* glorious.

Ruhr [ru:r] *f* ⟨-; *rare* -en⟩ *med.* dysentery.

'Rühr|ap·pa,rat *m* mixer. **~,ei** *n gastr. meist pl* scrambled egg.

rüh·ren ['ry:rən] **I** *v/t* ⟨h⟩ **1.** (*Brei, Teig etc*) stir. **2.** (*bewegen*) stir, move; **kein Glied mehr ~ können** be unable to move a limb; *fig.* **er hat k-n Finger gerührt** he did not lift (*od.* stir) a finger. **3.** *fig. innerlich*: move, touch, affect, stir; **j-m das Herz ~** stir s. o.'s heart; **j-n zu Tränen ~** move s. o. to tears; **es hat ihn tief gerührt** he was deeply moved; **das rührt ihn gar nicht** (*od.* **wenig**) that leaves him cold. **4.** *colloq.* strike; **ihn hat der Schlag gerührt** a) he has had a(n apoplectic) stroke, b) *fig.* he was dum(b)founded (*od.* stunned, staggered); **ich dachte** (*od.* **glaubte**), **mich rührt der Schlag** I nearly dropped dead, you could have knocked me down with a feather; → **Donner** 1. **5.** (*Trommel*) beat. **II** *v/i* **6.** (*um~*) stir (**in s-m Kaffee** *etc* one's coffee, *etc*). **7. an e-e Sache ~** a) touch s. th., b) *fig.* (*erwähnen*) touch (up)on s. th.; **rühre nicht daran!** a) don't touch (it)!, b) *fig.* let sleeping dogs lie!; **an schmerzliche Dinge** (**e-n wunden Punkt, e-e schwache Stelle**) **~** touch on painful matters (on a sore point, on a tender place). **8. von e-r Sache ~** (*her~*) come (*od.* originate, stem, spring) from s. th.; **das rührt daher, daß** that comes from (*od.* is due to) the fact that. **III** *v/reflex* **sich ~ 9.** (*sich bewegen*) move, stir; **sich nicht ~ können** be unable to move (a muscle); **sich nicht von der Stelle ~** not to move from the spot, not to budge an inch; **ich habe mich den ganzen Tag nicht aus dem Haus gerührt** I haven't stirred out all day; **kein Blatt rührte sich** not a leaf was stirring; **nichts rührte sich** everything was quiet. **10.** (*emsig sein*) do s. th., be active, be busy, (be)stir o. s.; **rühr dich ein bißchen!** do s. th.!, *sl.* get a move on!, stir your stumps! **11.** (*sich bemerkbar machen*) say s. th., speak up, *Gefühl etc*: stir; **warum hast du dich denn nicht gerührt?** why on earth didn't you say s. th.?; **sie hat sich noch nicht gerührt** (*nicht geschrieben*) she hasn't written a word yet. **12.** *mil.* **rührt euch!** (stand) at ease!, *Br. a.* stand easy! **13.** *colloq.* (*sich ereignen*) be going on; **hier rührt sich immer was** there is always s. th. going on (*od.* doing) here; **auf der Party hat sich nicht viel gerührt** *a.* the party was a slow show. **IV ≈** *n* ⟨-s⟩ **14. ein menschliches ≈ fühlen** a) feel a touch of sympathy, b) *colloq. humor.* feel the call of nature, c) *colloq. humor.* feel a little hungry.

'rüh·rend I *adj* **1.** *Bild, Szene, Geschichte, Abschied etc*: touching, moving. **2.** (*liebevoll*) kind, sweet (**von j-m** of s. o.; **zu j-m** to s. o.); **in ~er Weise** (*od. adv* ~) **um j-n besorgt sein** be touching in one's concern (*od.* be touchingly concerned) about s. o. **II** *adv* **3.** touchingly, movingly, pathetically (*helpless, etc*). **4.** in the kindest (*od.* sweetest) way.

'rüh·rig *adj* busy, active, (*geschäftig*) bustling, brisk. **≈keit** *f* ⟨-; *no pl*⟩ (busy) activity, bustle, briskness.

'ruhr,krank *adj med.* suffering from dysentery, dysenteric.

'Rühr|,löf·fel *m* stirring spoon. **~,mich,nicht,an** *n* ⟨-; -⟩ *bot.* touch-me-not (*a. fig. Mädchen*). **~,schüs·sel** *f* mixing bowl.

'rühr,se·lig *adj* sentimental, maudlin, mawkish; **~e Geschichte** *colloq.* sob story, tearjerker; **~es Zeug** *colloq.* sob stuff. **≈keit** *f* ⟨-; *no pl*⟩ sentimentality, mawkishness.

'Rühr,stück *n thea.* sentimental play, *colloq.* tearjerker.

'Rüh·rung *f* ⟨-; *no pl*⟩ **1.** emotion; **ohne ~** *a.* unmoved; **aus** (*od.* **vor**) **~ weinen** cry with emotion; **er wurde von ~ ergriffen, ihn überkam** (*od.* **übermannte**) **die ~** he was seized with (*od.* overcome by) emotion; **er konnte vor ~ nicht sprechen** he was too deeply moved to speak, he was choked with emotion. **2.** (*Mitgefühl*) sympathy, compassion. **'rüh·rungs·los** *adj* unmoved.

Ru·in [ru'i:n] *m* ⟨-s; *no pl*⟩ (*Zs.-bruch*) ruin, (*Sturz*) (down)fall; **vor dem ~ stehen** be on the brink (*od.* verge) of ruin; **dem ~ entgegengehen** be on the way to (wreck and) ruin; *colloq.* **das Auto ist noch sein ~** the car will be his undoing; **du bist noch mein ~** you'll be the ruin (*od.* death) of me.

Rui·ne [ru'i:nə] *f* ⟨-; -n⟩ ruin, *pl* (*Trümmer*) ruins, debris *sg*; **von dem Haus steht nur noch e-e ~** a ruin is all that is left of the house; *colloq.* **sie ist nur noch e-e ~** she is a mere wreck of her former self, she is a total wreck.

rui·nie·ren [rui'ni:rən] **I** *v/t* ⟨*no* ge-, h⟩ *allg.* ruin, (*sein Leben*) *a.* wreck, (*s-e Gesundheit*) *a.* undermine, (*s-n Ruf*) *a.* mar, (*Kleidung*) *a.* spoil. **II** *v/reflex* **sich ~** ruin o. s., *bes. gesundheitlich*: *a.* burn (o. s.) out. **rui'niert** *adj* ruined, (*bankrott*) *a.* bankrupt, *colloq.* broke.

rui·nös [rui'nø:s] *adj* destructive, ruinous.

Rülps [rʏlps] *m* ⟨-es; -e⟩ *colloq.* belch, burp. **'rülp·sen** *colloq.* **I** *v/i* ⟨h⟩ belch, burp. **II ≈** *n* ⟨-s⟩ belching, burping. **'Rülp·ser** *m* ⟨-s; -⟩ *colloq.* belch, burp.

rum [rʊm] *adv colloq. for* herum.

Rum [rʊm; ru:m] *m* ⟨-s; -s⟩ rum.

Ru·mä·ne [ru'mɛ:nə] *m* ⟨-n; -n⟩, **Ru'mä·nin** *f* ⟨-; -nen⟩ Romanian, R(o)umanian. **ru'mä·nisch I** *adj* Romanian, R(o)umanian. **II** *ling.* **≈** ⟨*gen-*

erally undeclined〉, **das** ∿**e** 〈-n〉 Romanian, R(o)umanian.

Rum·ba [ˈrumba] *f* 〈-; -s〉, *m* 〈-s; -s〉 (*Tanz*) rumba.

Rum·mel [ˈrʊməl] *m* 〈-s; *no pl*〉 *colloq.* **1.** (*geschäftiges Treiben*) (hustle and) bustle, (*Trubel*) commotion, fuss, turmoil, (*Tumult*) hubbub, racket, hurly-burly, (*Aufsehen*) stir, to-do, *colloq.* (*a. Reklame*∿) ballyhoo; **e-n großen** ~ **machen um** make a big fuss (*od.* to-do) about (*s. o.*); **den** ~ **kennen** know what's what, know the ropes. **2.** (*Plunder*) stuff, lumber, junk. **3.** *econ.* **im** ~ in the lump (*od.* bulk). ~ˌ**platz** *m colloq.* amusement park, fairground, *bes. Br.* fun fair.

ru·mo·ren [ruˈmoːrən] *colloq.* **I** *v/i u. v/impers* 〈*no* ge-, h〉 **1.** rumble (*od.* fumble) around, *geschäftig*: potter (about); **es rumort in m-m Magen** my stomach is rumbling. **2.** *fig.* **in j-s Kopf** ~ *Ideen etc*: simmer (*od.* be present) in s. o.'s mind. **3.** *fig.* (*gären*) **es rumorte im Volk** there was (a) growing unrest among the people. **II** ∿ *n* 〈-s〉 **4.** rumbling (*etc*). **5.** rumble.

ˈ**rum·pe·lig** *adj* bumpy.

ˈ**Rum·pel**|ˌ**kam·mer** *f* lumber room, *a. fig.* junk room. ~ˌ**ka·sten** *m colloq.* rattletrap.

rum·peln [ˈrʊmpəln] *colloq.* **I** *v/i* 〈h *u.* sein〉 **1.** 〈h〉 (*Geräusch machen*) rumble; *v/impers* **es rumpelt in m-m Magen** my stomach is rumbling. **2.** 〈sein〉 *Gefährt*: rumble, jolt, lumber. **II** ∿ *n* 〈-s〉 **3.** rumbling (*etc*). **4.** rumble.

Rumpf [rʊmpf] *m* 〈-(e)s; ⸚e〉 *anat.* trunk, body, *e-r Statue*: torso, *e-s ausgeweideten Tieres*: carcass, *mar.* hull, *aer.* fuselage. ~ˌ**beu·ge** *f gym.* trunk bend(ing).

rümp·fen [ˈrʏmpfən] *v/t* 〈h〉 **die Nase** ~ **über** (*acc*) turn up one's nose at, sneer at.

ˈ**Rumpˌsteak** [ˈrʊmp-] *n* 〈-s; -s〉 *gastr.* rump steak.

ˈ**Rum**|ˌ**topf** *m* **1.** *gastr. fruits preserved in rum.* **2.** *pot for* 1. ~**ver**ˌ**schnitt** *m* rum blended and diluted.

rund [rʊnt] **I** *adj* **1.** *allg.* round; **Gespräche am** ~**en Tisch** round-table conferences; ~**e Augen machen** make big eyes, open one's eyes wide; ~ **machen** round (off *od.* out), make round. **2.** *Gesicht, Arme etc*: round, plump; ~**(er) werden** grow plump(er) (*od.* stout[er]), fill out; **sich dick und** ~ **essen** eat one's fill (and put on weight). **3.** (*voll, ganz*) **ein** ~**es Dutzend** (**Jahr**) a round (*od.* good, full) dozen (year). **4.** *Summe, Zahl, Anzahl, Maß etc*: a) (*auf-, abgerundet*) round (*number, figure, etc*), b) (*beträchtlich, stattlich*) **e-e** ~**e Summe, ein** ~**es Sümmchen** a good round sum, a tidy sum; **die** ~**e Summe von** a round (sum of) …, a cool …, c) (*ungefähr*) ~**e 1000 Mark** about (*od.* approximately) 1,000 marks, a round 1,000 marks. **5.** (*vollkommen*) perfect; **e-e** ~**e Leistung** a perfect (*od.* finished, round) performance; *colloq.* **e-e** ~**e Sache** a good (*od.* fine, nice) job, (*Erfolg*) a great (*od.* perfect) success. **6.** *fig. Geschmack, Klang, Stimme etc*: full, rich, round, mellow. **II** *adv* **7.** ~ **um** (a)round; ~ **um die ganze Welt** *travel* all (a)round (*od.* all the way round) the world. **8.** (*ungefähr*) about, approximately; ~ **1000 Mark** → 4 c; ~ **gerechnet** in round figures; ~ **geschätzt** at a rough estimate. **III** ∿**e, das** 〈-n〉 **9.** roundness.

Rund *n* 〈-(e)s; -e〉 *lit.* round.

ˈ**rund**ˌ**bäckig** (*getr.* -**k·k**-) [-ˌbɛkɪç] *adj* chubby-cheeked.

ˈ**Rund**|ˌ**bank** *f* 〈-; ⸚e〉 round bench. ~ˌ**bau** *m* 〈-(e)s; -ten〉 circular building, rotunda. ~ˌ**blick** *m* panorama, panoramic view. ~ˌ**bo·gen** *m arch.* round arch. ~ˌ**brief** *m* circular (letter).

Run·de [ˈrʊndə] *f* 〈-; -n〉 **1.** (*Rundgang, Rundfahrt etc*) round; **s-e** ~ **machen** *Postbote, Wächter etc*: go the round(s), make the rounds, (**in** *dat*, **bei** of) do (*od.* make) one's rounds, *bes. Polizist*: be on (*od.* do) one's beat; *fig.* **die** ~ **machen** (*herumgereicht od. -erzählt werden*) go the round(s) (**in** *dat of the neighbourhood, etc*), circle (*od.* be passed) (a)round, circulate; **e-e** ~ **(im) Karussell fahren** have a round (*od.* ride) on the roundabout (*od.* merry-go-round); **s-e** ~**n ziehen** (*od.* **fahren**) *Rennfahrer etc*: do one's laps; **e-e** ~ **durch den Garten machen** (*od. colloq.* **drehen**) take a stroll round (*od.* walk round, do a round of) the garden; **e-e** ~ **durch die Lokale machen** do a round of the pubs, go on a pub crawl; **die Gastgeberin macht die** ~ **unter den Gästen** the hostess goes round (*od.* does the round[s] of, circulates among) the guests; **diese Mode machte die** ~ **um die Welt** this fashion spread all over (*od.* throughout) the world. **2.** (*Gesellschaft*) group, party, company; **in fröhlicher** ~ **beisammensitzen** sit in a circle of merry friends, sit in merry company. **3.** (*Lage*) round; **e-e** ~ **Bier ausgeben** (*od.* **spendieren**, *colloq.* **schmeißen**) stand (*od.* pay for) a round of beer. **4.** (*Verhandlungs*∿ *etc*) round. **5.** *Sport*: *allg.* round, *beim Laufen, Rennsport etc*: lap; **k. o. in der dritten** ~ knockout in the third round; **noch zwei** ~**n zu laufen** two more laps to go; **in der letzten** ~ **ausscheiden** (**überholen**) drop out (overtake) on the last lap; **über die** ~**n kommen** *Sport*: go the distance, *Boxer*: *a.* remain on one's feet, *fig.* make it, scrape by; *fig. colloq.* (*et. od. j-n*) **über die** ~**n bringen**, (*j-m*) **über die** ~**n helfen** see (*s. th.*) through (in the end), see (*s. o.*) through (a bad patch), *weitS.* get (*s. th.*) done. **6.** *Kartenspiel*: round. **7. in die** ~, **in der** ~ around; **es gibt kein Dorf in der ganzen** ~ there is no village (for miles) around.

ˈ**Rund**ˌ**ei·sen** *n* round iron, rod.

run·den [ˈrʊndən] **I** *v/t* 〈h〉 **1.** (make *s. th.*) round. **2.** *fig.* (*ab*~) round off (*od.* out). **II** *v/reflex* **sich** ~ **3.** (*rund werden*) (become *od.* grow, get) round, (*sich füllen*) round out, fill out; *fig.* **sich zu s-r endgültigen Gestalt** *etc* ~ round into (its) final shape, *etc.* **4.** *Jahr etc*: come full circle.

ˈ**Run·den·re**ˌ**kord** *m Sport*: lap record.

ˈ**Rund**|**er**ˌ**laß** *m* circular (order *od.* regulation). ∿**er**ˌ**neu·ern** *v/t* 〈*only inf u. pp* **runderneuert**, h〉 (*Reifen*) retread. ~**er**ˌ**neue·rung** *f von Reifen*: retread(ing). ~ˌ**fahrt** *f* **1.** drive (around a town, *etc*), (sightseeing) tour; **e-e** ~ **durch die Stadt machen** drive round (*od.* do a tour of) the city. **2.** → Rundreise. ~ˌ**fei·le** *f tech.* round file. ~ˌ**fen·ster** *n* round window. ~ˌ**flug** *m* **1.** sightseeing flight. **2.** circuit flight. ~ˌ**fra·ge** *f* (general) inquiry. ~ˌ**fräs·ma**ˌ**schi·ne** *f* circular miller (*od.* milling machine).

ˈ**Rund**ˌ**funk** *m* 〈-(e)s; *no pl*〉 **1.** radio, *Br. a.* wireless, broadcast(ing); **im** (*od.* **durch**) ~ on the radio (*od.* air); **im** ~ **sprechen** speak over the radio, go on the air; **im** (*od.* **durch**) ~ **übertragen** broadcast; *in Zssgn* → *a.* **Funk** …, **Radio** … **2.** (*technische Einrichtung*) radio network, broadcasting (system). **3.** (*Gesellschaft*) broadcasting corporation (*od.* company); **der Bayerische** ~ the Bavarian Broadcasting Corporation. ~**ama**ˌ**teur** *m* radio amateur, *sl.* ham. ~ˌ**an**ˌ**sa·ger** *m* (radio) announcer, broadcaster. ~ˌ**an**ˌ**spra·che** *f* radio address. ~ˌ**an**ˌ**stalt** *f* broadcasting (*od.* radio) corporation (*od.* company, station). ~ˌ**durch**ˌ**sa·ge** *f* special announcement. ~**emp**ˌ**fang** *m* radio (*od.* broadcast) reception. ~**emp**ˌ**fän·ger** *m* → Rundfunkgerät. ~**ge**ˌ**bühr** *f* radio licen/ce (*Am.* -se) fees *pl.* ~**ge**ˌ**neh·mi·gung** *f* radio licen/ce (*Am.* -se). ~**ge**ˌ**rät** *n* radio (*Br. a.* wireless) set. ~**ge**ˌ**sell·schaft** *f* broadcasting (*od.* radio) company (*od.* corporation). ~ˌ**hö·rer** *m* (radio) listener; **die** ~ *a.* the radio audience *sg.* ~**in·du**ˌ**strie** *f* radio (industry). ~**kom·men**ˌ**tar** *m* radio commentary. ~**kom·men**ˌ**ta·tor** *m* radio commentator. ~ˌ**mel·dung** *f* radio news *pl* (*als sg od. pl konstruiert*). ~ˌ**nach**ˌ**rich·ten** *pl* **1.** radio news, news bulletin *sg.* **2.** (*Sendung*) newscast *sg*, news broadcast *sg.* ~ˌ**netz** *n* radio network. ~**pro**ˌ**gramm** *n* (radio) program(me *Br.*). ~**re**ˌ**kla·me** *f* **1.** radio advertising. **2.** (*Sendung*) (radio) advertisement broadcast, commercials *pl.* ~ˌ**sen·der** *m* **1.** radio transmitter. **2.** broadcasting (*od.* radio) station. ~ˌ**sen·dung** *f* radio program(me *Br.*) (*od.* broadcast). ~ˌ**spre·cher** *m* (radio) announcer. ~**sta·ti**ˌ**on** *f* radio (*od.* broadcasting) station. ~ˌ**tech·nik** *f* radio engineering. ~ˌ**tech·ni·ker** *m* radio engineer. ~ˌ**teil**ˌ**neh·mer** *m* radio listener. ~ˌ**über**ˌ**tra·gung** *f* radio transmission, broadcasting. ~ˌ**wer·bung** *f* → Rundfunkreklame 1. ~ˌ**zeit**ˌ**schrift**, ~ˌ**zei·tung** *f* radio journal.

ˈ**Rund**|ˌ**gang** *m* (*Prüfgang*) round(s *pl*), (*Besichtigung*) tour (**durch, in** *dat* of); → *a.* Runde 1. ∿ˌ**ge·hen** *v/impers* 〈*irr, sep,* -ge-, sein〉 *colloq.* go full tilt; **heute geht es wieder einmal rund** things are going full tilt today. ~**ge**ˌ**sang** *m mus.* round, catch. ~**ge**ˌ**spräch** *n* panel.

ˈ**Rund·heit** *f* 〈-; *no pl*〉 roundness.

ˈ**rund**|**her**ˈ**aus** *adv* plainly, in plain terms, bluntly, roundly, flatly, point-blank, in so many words. ~**her**ˈ**um** *adv* **1.** round; **immer** ~ round and round. **2.** (*ringsum*) all around. **3.** *colloq.* (*ganz, völlig*) absolutely, completely.

ˈ**Rund**|ˌ**holz** *n* round timber, log, *mar. der Takelung*: spar. ~ˌ**köp·fe** *pl hist.* (the) Roundheads. ~ˌ**kopf**ˌ**schrau·be** *f tech.* roundhead screw. ~ˌ**lauf** *m* **1.** (*Turngerät*) giant stride. **2.** *tech.* concentric (*od.* true) running.

rund·lich [ˈrʊntlɪç] *adj* **1.** roundish. **2.** *Menschen*: plump, chubby, podgy. ∿**keit** *f* 〈-; *no pl*〉 **1.** roundishness. **2.** *von Menschen*: plumpness, chubbiness.

Rund·ling [ˈrʊntlɪŋ] *m* 〈-s; -e〉 (*Runddorf*) radial village.

ˈ**Rund**|ˌ**mei·ßel** *m tech.* round-nose tool. ~ˌ**rei·se** *f* circular tour. ~ˌ**rei·se**ˌ**fahr**ˌ**schein** *m*, ~ˌ**rei·se**ˌ**kar·te** *f* circular-tour ticket. ~ˌ**schä·del** *m* roundhead, brachycephalic skull. ~ˌ**schau** *f* 〈-; -en〉 **1.** → Rundblick. **2.** (*Zeitungsartikel u. -titel*) review, survey. ~ˌ**schild** *m hist.* round buckler (*od.* shield). ∿ˌ**schlei·fen I** *v/t* 〈*irr, sep,* -ge-, h〉 grind *s. th.* cylindrical. **II** ∿ *n* 〈-s〉 cylindrical (*od.* plain) grinding. ~ˌ**schleif·ma**ˌ**schi·ne** *f* cylindrical grinding machine. ~ˌ**schrei·ben** *n* circular (letter). ~ˌ**sicht** *f* panorama. ~ˌ**sicht**ˌ**schei·be** *f* panoramic (*od.* wraparound) window. ~ˌ**spruch** *m* 〈-(e)s; *no pl*〉 *Swiss for* **Rundfunk**. ~ˌ**stab** *m* round bar, rod. ~ˌ**stahl** *m* round bar steel. ~ˌ**strahl·an**ˌ**ten·ne** *f*, ~ˌ**strah·ler** *m electr.* omnidirectional aerial (*Am.* antenna). **~ˌstrick·maˌschi·ne** *f* circular knitting machine. **~ˌstrickˌna·del** *f* circular knitting needle. **~ˌtanz** *m* round (dance).

ˈrund|ˈum *adv* → rundumher. **⁓-um--die-ˈWelt...** *adj* round-the-world (*trip, etc*). **~umˈher** *adv* round (about), all (a)round.

ˈRun·dung *f* ‹-; -en› **1.** roundness. **2.** *e-s Gewölbes, Bogens etc*: curvature, round form. **3.** *des Körpers*: curve; *colloq.* ~en *e-r Frau*: curves.

ˈrund|ˈweg [-ˈvɛk] *adv* (~ **ablehnen** *etc* refuse, *etc*) point-blank, flatly. **⁓ˌzan·ge** *f tech.* (a pair of) roundnose(d) pliers *pl* (*als sg od. pl konstruiert*).

Ru·ne [ˈruːnə] *f* ‹-; -n› rune.

ˈRu·nen|al·phaˌbet *n* runic alphabet, futhark. **~ˌinˌschrift** *f* runic inscription. **~ˌschrift** *f* runic writing. **~ˌstab** *m* runic staff. **~ˌstein** *m* rune stone. **~ˌzei·chen** *n* → Rune.

Run·ge [ˈrʊŋə] *f* ‹-; -n› *e-s Transportfahrzeugs*: stake, stanchion. **ˈRun·genˌwa·gen** *m rail.* side stanchion wag(g)on, *Am.* flatcar.

ˈRun·kelˌrü·be [ˈrʊŋkəl-] *f bot.* beet(root).

run·ter [ˈrʊntər] *adv colloq. for* **herunter, hinunter.**

Run·zel [ˈrʊntsəl] *f* ‹-; -n› wrinkle; ~**n bekommen** wrinkle, get wrinkles. **ˈrun·ze·lig** *adj* wrinkled, wrinkly; ~ **werden** wrinkle, get (*od.* become) wrinkled. **ˈrun·zeln I** *v/t* ‹h› wrinkle; **die Stirn** ~ frown; **die Brauen** ~ knit one's brows. **II** *v/reflex* **sich** ~ *Haut, Obstschale etc*: wrinkle, get (*od.* become) wrinkled, develop wrinkles. **ˈrunz·lig** *adj* → **runzelig.**

Rü·pel [ˈryːpəl] *m* ‹-s; -› *contp.* lout, boor, rude. **Rü·peˈlei** *f* ‹-; -en› loutishness, boorishness, rudeness. **ˈrü·pel·haft** *adj* loutish, boorish, rude. **ˈRü·pel·haf·tig·keit** *f* ‹-; *no pl*› → Rüpelei.

rup·fen [ˈrʊpfən] *v/t* ‹h› **1.** (*Geflügel etc*) pluck; *fig. colloq.* **j-n** ~ fleece (*od.* skin, *sl.* pluck) s. o. **2.** (*Unkraut, Haar etc aus*~) pull (out).

ˈRup·fen *m* ‹-s; -› *Textil.* burlap, sackcloth.

Ru·pie [ˈruːpĭə] *f* ‹-; -n› *econ.* rupee.

rup·pig [ˈrʊpɪç] *adj* **1.** *Antworten, Benehmen etc*: gruff, abrupt, sharp. **2.** *Aussehen*: shaggy, ragged, scrubby, scruffy. **3.** *Northern G. Wetter, Klima*: rough. **⁓keit** *f* ‹-; *no pl*› **1.** *des Benehmens etc*: gruffness, abruptness, sharpness. **2.** *des Aussehens*: shagginess, raggedness, scrubbiness, scruffiness.

Ru·precht [ˈruːprɛçt] *npr m* ‹-(e)s; *no pl*› **Knecht** ~ *attendant of Santa Claus or Father Christmas.*

Rup·tur [rʊpˈtuːr] *f* ‹-; -en› rupture.

Rü·sche [ˈryːʃə] *f* ‹-; -n› ruche, ruching, frill, ruffle.

ru·sche·lig [ˈrʊʃəlɪç] *adj dial.* (*hastig, schlampig*) slapdash, careless.

Ruß [ruːs] *m* ‹-es; *no pl*› soot, (*Lampen*⁓) lampblack. **⁓beˌschmutzt** *adj* sooty, soot-stained.

Rus·se[1] [ˈrʊsə] *m* ‹-n; -n› Russian.

ˈRus·se[2] *m* ‹-n; -n› *dial. for* **Schabe**[1] 1.

Rüs·sel [ˈrʏsəl] *m* ‹-s; -› **1.** a) *des Elefanten*: trunk, proboscis, b) *des Schweins*: snout, c) *der Insekten*: rostrum, proboscis. **2.** *fig. colloq.* (*Nase*) conk. **⁓ˌför·mig** *adj* trunk-shaped. **~ˌkä·fer** *m zo.* weevil, curculio(nid). **~ˌrob·be** *f* sea elephant. **~ˌtier** *n* proboscidian.

ru·ßen [ˈruːsən] *v/i* ‹h› **1.** *Kerze etc*: smoke. **2.** *Ofen etc*: form soot. **~d** *adj* sooty.

ˈRus·senˌkit·tel *m Mode*: Russian smock frock (*od.* blouse).

ˈruß|ˌfar·ben, ~ˌfar·big *adj* soot-colo(u)red. **⁓ˌfleck** *m* soot stain (*od.* mark). **⁓ˌflocke** (*getr.* **-k·k-**) *f* smut, soot particle.

ˈru·ßig *adj* sooty.

ˈRus·sin *f* ‹-; -nen› Russian (woman *od.* girl).

ˈrus·sisch I *adj* Russian, of Russia; *gastr.* ~**e Eier** Russian eggs. **II** *ling.* ⁓ ‹*generally undeclined*›, **das** ⁓**e** ‹-n› Russian, the Russian language. **~-ˈdeutsch** *adj bes. pol. Beziehungen etc*: Russo-German.

ˈrußˌschwarz *adj* sooty black, soot.

ˈRüst|ˌbal·ken, ~ˌbaum *m e-s Gerüsts*: scaffold pole (*od.* beam).

Rü·ste [ˈrʏstə] *f* ‹-; *no pl*› *poet.* **zur** ~ **gehen** *Tag, Leben etc*: decline, *Sonne*: set.

rü·sten [ˈrʏstən] **I** *v/t* ‹h› **1.** (*Fest, Mahl etc*) prepare, make (ready). **2.** *civ. eng.* (*Haus*) scaffold. **3.** *tech.* set up. **II** *v/i* **4.** *mil.* (*auf*~) arm (**zum Krieg** for war); **um die Wette** ~ compete in an (*od.* the) arms race. **5.** (**zu, für** for) prepare, get ready; **zum Aufbruch** ~ get ready to leave. **III** *v/reflex* **sich** ~ **6.** (*sich vorbereiten*) prepare (**für** for *a task*, **zu** for *a festival*); **sich zur Abreise** ~ get ready to leave; **sich zum Kampf** ~ prepare (*od.* make ready, get ready) for action. **7.** (*sich wappnen*) (**gegen** for *an attack*) arm o. s., prepare (o. s.). **IV** ⁓ *n* ‹-s› **8.** preparing (*etc*). **9.** *mil.* armament. **10.** *e-s Festes, Mahls etc*: preparation.

Rü·ster [ˈryːstər] *f* ‹-; -n› **1.** *bot.* (*Ulme*) elm. **2.** → **~ˌholz** *n* elm(wood).

ˈrü·stern *adj* (made of) elm(wood).

ˈRüstˌholz *n civ. eng.* scaffold timber.

rü·stig [ˈrʏstɪç] **I** *adj* hale and hearty, vigorous, sprightly; **er ist für sein Alter noch sehr** ~ he is exceptionally fit for his age. **II** *adv* ~ **ausschreiten** walk with a sprightly step; ~ **arbeiten** work vigorously (*od.* energetically). **⁓keit** *f* ‹-; *no pl*› vigo(u)r, haleness (and heartiness), sprightliness.

Ru·sti·ka [ˈrʊstika] *f* ‹-; *no pl*› *arch.* rustication.

ru·sti·kal [rʊstiˈkaːl] *adj* ‹-er; -st› *Einrichtung, Mode, Sitten etc*: rustic; ~**er Stil** rustic (*od.* country) style.

ˈRüst|ˌkam·mer *f mil. hist.* armo(u)ry. **~ma·te·riˌal** *n civ. eng.* scaffolding (equipment). **~ˌstan·ge** *f* scaffold(ing) pole. **~ˌtag** *m relig.* **1.** *bei den Juden*: eve (of a feast). **2.** *pl evangelische Kirche*: days of preparation.

ˈRü·stung *f* ‹-; -en› **1.** ‹*only sg*› *mil. pol.* armament; **die** ~ **beschränken** limit (*od.* cut down) armament(s). **2.** (*Ritter*⁓) (knight's) armo(u)r. **3.** *rare* (*Vorbereitung*) preparation. **4.** *civ. eng.* (*Gerüst*) scaffold(ing).

ˈRü·stungs|ˌabˌkom·men *n pol.* armament agreement. **~ˌausˌga·ben** *pl* defen/ce (*Am.* -se) expenditure *sg.* **~beˌgren·zung, ~beˌschrän·kung** *f* arms limitation, limitation of armament(s). **~beˌtrieb** *m,* **~faˌbrik** *f* armament (*od.* war) plant (*od.* factory). **~in·duˌstrie** *f* armament(s) industry. **~konˌtrol·le** *f pol.* armament control. **~ˌstand** *m* level of armaments. **~ˌwettˌlauf** *m* arms (*od.* armament) race.

ˈRüst|ˌzeit *f* → **Rüsttag** 2. **~ˌzeug** *n* (*Fähigkeiten, Voraussetzungen*) capacity, qualifications *pl*, equipment; **er hat nicht das nötige** ~ **für diesen Posten** *a.* he isn't equipped (*od.* qualified) for the job.

Ru·te [ˈruːtə] *f* ‹-; -n› **1.** (*Gerte*) rod, switch; *fig.* **j-m die** ~ (**zu spüren**) **geben** give s. o. the rod, birch s. o.; **sich unter die** ~ **beugen** kiss the rod. **2.** (*Angel*⁓) fishing rod. **3.** *hunt.* (*Schwanz*) tail. **4.** *zo.* (*männliches Glied*) penis.

ˈRu·ten|ˌbün·del *n antiq. der Liktoren*: fasces *pl.* **~ˌgän·ger** *m* ‹-s; -› diviner, dowser.

Ru·the·ne [ruˈteːnə] *m* ‹-n; -n› Ruthenian, Ruthene. **ruˈthe·nisch** *adj* Ruthenian.

Ru·the·ni·um [ruˈteːnĭʊm] *n* ‹-s; *no pl*› *chem.* ruthenium.

ˈRüt·liˌschwur [ˈryːtli-] *m* ‹-s; *no pl*› **1.** *hist.* Oath on the Rütli, Rütli Oath. **2.** *colloq.* (solemn) promise to stick together.

Rutsch [rʊtʃ] *m* ‹-(e)s; -e› **1.** (*Rutschen*) slide, slip; *fig. colloq.* **guten** ~ (**ins neue Jahr**)! Happy New Year! **2.** (*Erd*⁓, *Stein*⁓) landslide, landslip. **3.** *fig. colloq.* (*Spritztour*) (short) trip, run; **auf einen** ~ **nach ... fahren** pop over to ... **4.** *fig. colloq.* **in einem** ~ at (*od.* in) one go. **~ˌbahn** *f* **1.** *auf dem Eis etc*: slide. **2.** *auf Kinderspielplätzen*: (playground) slide, chute, *in Vergnügungsparks*: toboggan slide, chute-the-chute(s), *in Schwimmbädern*: water chute, slide.

Rut·sche [ˈrʊtʃə] *f* ‹-; -n› **1.** → Rutschbahn. **2.** *tech.* (*Gleitbahn*) chute, slide(way), shoot.

rut·schen [ˈrʊtʃən] **I** *v/i* ‹sein› **1.** *allg.* slip, slide, (*gleiten*) glide, (*aus*~) slip, (*schlittern*) slither, *auf dem Eis*: slide, *auf der Rutschbahn*: slide, chute (the chutes), *Fahrzeug*: skid, slip, *Kupplung*: slip; **seitwärts** ~ sideslip; **vom Stuhl** ~ slip (*od.* slide) off (*od.* from) the chair; **aus den Händen** ~ slip out of one's hands; **die Brille rutschte ihm von der Nase** the glasses slipped down his nose; **der Rock rutscht (dauernd)** the skirt keeps slipping; **mit dem Stuhl** ~ move one's chair; **auf den Knien (auf dem Boden)** ~ crawl on one's knees (on the floor); *fig.* **vor j-m auf den Knien** (*od.* **auf dem Bauch**) ~ grovel before s. o., cringe to (*od.* before) s. o. **2.** *colloq.* (*rücken, Platz machen*) move up (*od.* along), shove up. **3.** *colloq.* ~ **nach** (*e-e Spritztour machen*) pop over to. **II** *v/t* ‹h› **4.** (*Möbelstück etc*) slide, shift, push. **III** ⁓ *n* ‹-s› **5.** sliding, slipping (*etc*); **ins** ⁓ **kommen** (*od.* **geraten**) slip, start (*od.* begin) to slip (*od.* slipping), *Auto etc*: (start to) skid, go into a skid.

ˈrutsch|ˌfest *adj* → **rutschsicher.** **⁓ˌfe·stig·keit** *f* → **Rutschsicherheit.** **⁓geˌfahr** *f* **1.** danger of skidding. **2.** ~! *Verkehrszeichen*: danger!, slippery when wet!, slippery road!

ˈrut·schig *adj* slippery, slippy.

ˈRutsch|parˌtie *f colloq.* **1.** slide, *auf der Rutschbahn*: *a.* chute. **2.** *unfreiwillige*: slip; **e-e** ~ **machen** slip, *mit dem Auto*: (have a) skid. **3.** → **Rutsch** 3. **⁓ˌsi·cher** *adj* non-slip, *Reifen etc*: non-skid, skid-proof, antiskid. **~ˌsi·cher·heit** *f* ‹-; *no pl*› antiskid (*od.* non-skid) property.

ˈRüt·tel·beˌton *m civ. eng.* vibrated concrete.

rüt·teln [ˈrʏtəln] **I** *v/t* ‹h› **1.** shake; **j-n an der Schulter** ~ shake s. o. by the shoulder; **j-n aus dem Schlaf** ~ shake s. o. out of his sleep, shake (*od.* rattle) s. o. up. **2.** *tech.* shake, (*Beton*) vibrate. **II** *v/i* **3.** *Fahrzeug*: jolt, jounce, joggle, shake. **4. an der Haustür** *etc* ~ rattle (at) the front door, *etc*; *fig.* **an e-r Sache** ~ (*in Frage stellen*) question s. th., (*ins Wanken bringen*) shake (*od.* rock) s. th.; **an den Grundfesten von et.** ~ shake s. th. to its foundations; *fig. colloq.* **daran ist nicht** (*od.* **gibt es nichts**) **zu** ~ that's a fact; **daran ist nicht** (*od.* **gibt es nichts**) **mehr zu** ~ that's final, that cannot be altered. **5.** *Raubvogel*: hover.

ˈRüt·telˌsieb *n tech.* shaking screen, oscillating riddle.

ˈRütt·ler *m* ‹-s; -› *tech.* vibrator.

S

S, s [ɛs] *n* ‹-; -› **1.** S, s (*Buchstabe*). **2.** **S** (*Schwefel*) S. **3.** **S** (*Siemens*) mho. **4.** **S** (*Süden*) S, s. **5.** **S** (*Schilling, österr. Währungseinheit*) S. **6.** a) **S** (*Subjekt*) S, b) **s** (*sächlich*) n, nt.

Saal [zaːl] *m* ‹-(e)s; Säle› hall, (*Fabrik≈*) *a.* shop; → **Operationssaal** *etc.* **~ˌord·ner** *m* steward. **~ˌschlacht** *f* fighting (*od.* brawl) in a public hall. **~ˌtoch·ter** *f Swiss* waitress.

'saarˌlän·disch *adj* of (*od.* relating to) (the) Saarland.

Saat [zaːt] *f* ‹-; -en› **1.** ‹*only sg*› (*Säen*) sowing, seeding. **2.** (*~gut*) seed(s *pl*) (*a. fig.*); **die ~ geht auf** the seed is coming up (*od.* sprouting), *fig.* the seed is bearing fruit, the results are beginning to show; **die ~ der Zwietracht** the seeds of discord. **3.** crop(s *pl*); **die ~ steht gut** the crop looks good. **~ˌbeet** *n* seed-bed, seed-plot. **~beˌstel·lung** *f* sowing, seeding. **~ˌflä·che** *f* seeded land. **~geˌtrei·de** *n* seed-corn. **~ˌgut** *n* → **Saat** 2. **~karˌtof·fel** *f* seed-potato. **~ˌkorn** *n* seed-corn. **~ˌkrä·he** *f orn.* rook. **~ˌzeit** *f* seed-time, sowing season (*od.* time). **~ˌzucht** *f* seed growing (*od.* cultivation, production).

Sab·bat ['zabat] *m* ‹-s; -e› *relig.* sabbath; **den ~ (ent)heiligen** keep (break) the sabbath. **~ˌfei·er** *f* observance of the sabbath. **~ˌjahr** *n* sabbatical year. **~ˌru·he** *f* sabbatical rest. **~ˌschän·der** *m* sabbathbreaker. **~ˌschän·dung** *f* breaking (*od.* desecration) of the sabbath.

Sab·ber ['zabər] *m* ‹-s; *no pl*› *dial.* slobber, slaver, drivel. **~ˌlätz·chen** *n colloq.* bib, *Br. a.* feeder.

sab·bern ['zabərn] *v/i* ‹h› *colloq.* **1.** slobber, drivel, slaver. **2.** *fig. contp.* (*schwatzen*) drivel.

Sä·bel ['zɛːbəl] *m* ‹-s; -› sabre, *Am.* saber (*a. fenc.*), sword, (*Krumm≈*) scimitar; *fig.* **mit dem ~ rasseln** rattle the sabre. **~ˌbei·ne** *pl colloq.* bow-legs, bandy legs. **≈ˌbei·nig** *adj colloq.* bow-legged, bandy(-legged). **~ˌfech·ten** *n* sabre (*Am.* saber) fencing. **~ˌhieb** *m* sabre (*Am.* saber) cut.

sä·beln ['zɛːbəln] *v/t u. v/i* ‹h› (cut with a) sabre (*Am.* saber), *weitS.* cut, hack.

'Sä·bel|ˌras·seln *n fig.* sabre (*Am.* saber) rattling. **~ˌraß·ler** *m* ‹-s; -› *fig.* sabre (*Am.* saber) rattler, chauvinist.

Sa·bo·ta·ge [zabo'taːʒə] *f* ‹-; -n› sabotage. **~ˌakt** *m* act of sabotage.

Sa·bo·teur [zabo'tøːr] *m* ‹-s; -e› saboteur. **sa·bo'tie·ren** [-'tiːrən] *v/t* ‹*no* ge-, h› sabotage, *fig. a.* torpedo, thwart.

Sac·cha|rin [zaxa'riːn] *n* ‹-s; *no pl*› *chem.* saccharin. **~'ro·se** [-'roːzə] *f* ‹-; *no pl*› saccharose, sucrose.

'Sach|ˌanˌla·ge·verˌmö·gen *n* tangible (fixed) assets *pl.* **~beˌar·bei·ter** *m* person (*od.* official) in charge (**für** of), specialist (adviser), *Sozialpflege*: case worker. **~beˌschä·di·gung** *f bes. jur.* damage to property. **~beˌweis** *m jur.* material evidence. **≈beˌzo·gen** *adj* relevant, pertinent, factual, issue-related. **~beˌzü·ge** *pl econ.* remuneration *sg* in kind. **~ˌbuch** *n* specialized (*od.* nonfiction) book; **Sachbücher** *pl* (*Ggs. Romane*) nonfiction *sg.* **~darˌstel·lung** *f jur.* statement of facts. **≈ˌdien·lich** *adj* relevant, pertinent, (*nützlich*) useful, helpful; **~e Hinweise** relevant information.

Sa·che ['zaxə] *f* ‹-; -n› **1.** (*Gegenstand*) thing, object, article; *colloq.* **~n** *pl allg.* things, (*Habseligkeiten*) *a.* effects, belongings, goods and chattels, (*Kleider*) *a.* clothes, (*Speisen*) *a.* food *sg*, (*Möbel*) furniture *sg*, (*Gepäck*) luggage *sg*, *Am.* baggage *sg*; **gute ~n (zu essen)** delicacies, goodies; **scharfe ~n** a) (*Getränke*) strong drinks, b) *fig.* hot stuff *sg*; **(das ist) ~!** that's great (stuff)!; *mot.* **mit 100 ~n** *in die Kurve etc* with 60 miles per hour; **s-e besten ~n anziehen** put on one's best (*od.* Sunday) clothes; **das ist das Beste an der ~** that is the best (thing) about it; **das ist k-e große ~** this is nothing much; **das ist nicht jedermanns ~** a) (*Geschmack*) that is not everybody's taste (*colloq.* cup of tea), b) (*das kann nicht jeder*) that is not in everybody's line; (*cf. a.* 6). **2.** (*Angelegenheit*) matter, business, affair, concern, (*Tat≈*) fact, (*Umstand*) circumstance, (*Punkt*) point, (*Frage*) question, problem, issue, (*Ereignis*) event; **wie die ~ steht** as things are, as matters stand, in the circumstances; **e-e heikle ~** a ticklish matter; **es ist ~ der Erziehung (des Vertrauens** *etc*) it is a matter (*od.* question) of education (confidence, *etc*); **die ~ ist die, daß** the point is that; **die ~ verhält sich** (*od.* **liegt**) **so** things are (*od.* the situation is) as follows; **die ~ steht gut (schlecht)** things are going well (badly); **sich** (*dat*) **s-r ~ sicher sein** be sure of one's ground; **in welcher ~ wollten Sie mich sprechen?** what did you want to speak to me about?; **das ist e-e ~ für sich** that is a matter apart; *colloq.* **das ist so e-e ~** this is a difficult (*od.* an awkward) matter (*od.* business); **das ist d-e ~** that's your business (*od.* concern, look-out, *colloq.* baby); → **Grund** 8. **3.** (*Aufgabe, Arbeit*) task, job; **s-e ~ gut (schlecht) machen** acquit o.s. well (ill), do one's job well (badly); **er versteht s-e** (*od.* **die, et. von der**) **~** he knows his job (*od.* the ropes, *colloq.* what he is about); **es ist ~ des Gerichts zu entscheiden ob** it is for the court to decide whether. **4.** (*Anliegen*) cause; **der ~ zuliebe** for the love of it; **in eigener ~ sprechen** speak on one's own behalf; **s-e ~ vorbringen** state one's case; **gemeinsame ~ machen mit** make common cause with; **j-n für s-e ~ gewinnen** win s.o. to one's (own) cause; → **Dienst** 1. **5.** (*Vorhaben*) matter, plan, enterprise; **beschlossene** (*colloq.* **abgekartete**) **~** foregone conclusion, prearranged (*colloq.* put-up) job; *colloq.* **wir haben e-e große ~ vor** we have big plans, we have planned s.th. really big; *fig. colloq.* **die ~ soll morgen steigen** things will start rolling (*od.* will get going) tomorrow, tomorrow is D-day. **6.** *pl colloq.* (*Vorkommnisse*) things, stories; *iro.* **das sind ja schöne** (*od.* **nette**) **~n, die ich da über dich höre** I've been hearing fine (*od.* nice) things about you; **mach k-e ~n!** a) *erstaunt*: you don't say so, b) *warnend*: don't do anything stupid!; **du machst vielleicht ~n!** the things you get up to! **7.** (*Thema*) point, subject; **zur ~!** a) keep to the point!, b) *bes. parl.* (the) question!, to the subject!; **zur ~ kommen** come to the point, *weitS.* get down to business (*od. sl.* brass tacks); **das gehört nicht zur ~** this is irrelevant, this is off the point; **sich zur ~ äußern** a) express one's views on the subject (*od.* point), b) *jur.* refer to the merits (of the case); **bei der ~ sein** be attentive, *weitS.* **ganz**: be heart and soul in it, *colloq.* be on the job; **er war nicht bei der ~** he was absentminded (*od.* inattentive), his mind was elsewhere; **um die ~ herumreden** beat about the bush. **8.** *jur.* (*Ggs. Person*) thing, (*Rechtsstreit*) (legal) matter, case, action, (*Haupt≈ des Verfahrens*) merits *pl* (of the case); **(un)bewegliche ~n** (im-)movables; **in ~n A gegen B** in the matter of (*od.* in re) A versus B; **j-n zur ~ vernehmen** question s.o. concerning the circumstances of the case.

'Sachˌeinˌla·ge *f econ.* contribution in kind.

'Sa·chenˌrecht *n* law of things (*od.* property).

'Sach|entˌschei·dung *f jur.* decision on the merits. **~erˌklä·rung** *f* definition (of a subject). **~ˌfeh·ler** *m in e-m Buch etc*: factual error. **~ˌfeld** *n ling.* field of subject matter. **~ˌfra·ge** *f* factual issue. **≈ˌfremd** *adj* irrelevant, extraneous. **~geˌbiet** *n* (specialized) subject (*od.* field), (*Aufgabenbereich*) scope (of duties), functions *pl*, sphere (of activity). **≈geˌmäß, ≈geˌrecht** *adj* proper, correct. **~ˌgrup·pe** *f* (subject) category. **~ˌgü·ter** *pl jur.* material goods. **~kaˌpiˌtal** *n econ.* real capital. **~ka·taˌlog** *m* subject(-matter) catalog(ue *Br.*). **~ˌken·ner** *m* person familiar with (*od.* well-informed on) the subject, expert, authority. **~ˌkennt·nis** *f* expert (*od.* special) knowledge, expertise, experience.

~ˌkon·to *n* real account. **~ˌko·sten** *pl* nonpersonnel costs. **~ˌkun·de** *f* ‹-; *no pl*› **1.** → Sachkenntnis. **2.** *ped.* elementary science. **≈ˌkun·dig** *adj* expert, knowledgeable, (well-)informed, competent, (*erfahren*) skilled; ~ in (*od.* auf) e-m Gebiet *a.* versed in (*od.* conversant with, well-informed on) a subject; ~e Antwort informed answer. **~ˌkun·di·ge** *m, f* ‹-n; -n› → Sachkenner. **~ˌla·ge** *f* state of affairs, position, facts *pl*; bei dieser ~ *a.* as matters stand, under these circumstances. **~ˌlei·stung** *f* performance (*od.* payment) in kind.

ˈsach·lich I *adj* **1.** real, (*einschlägig*) relevant, pertinent, material, ‹*pred*› *a.* to the point, (*sachbezogen*) factual, technical, (*wesentlich*) essential; aus ~en Gründen for practical (*od.* technical) reasons, on material grounds. **2.** (*nüchtern*) matter-of-fact, businesslike, realistic, (*praktisch denkend*) practical (-minded), (*zweckbetont, a. tech.*) functional (*furniture, etc*). **3.** (*Ggs. subjektiv*) objective, (*unparteiisch*) unbias(s)ed, impartial, detached, dispassionate. **II** *adv* **4.** factually, technically; ~ einwandfrei (*od.* richtig) factually correct, correct in essentials. **5.** objectively, dispassionately, matter-of-factly, in a businesslike manner.

säch·lich [ˈzɛçlɪç] *adj ling.* neuter.

ˈSach·lich·keit *f* ‹-; *no pl*› **1.** relevance. **2.** objectivity, impartiality, realism, matter-of-factness; *bes. arch.* (die neue ~ the new) functionalism; *Literatur*: Neue ~ new realism, neo-realism.

ˈSach|ˌmän·gel *pl* material defects. **~reˌgi·ster** *n* subject index. **~ˌscha·den** *m* damage (to property), material damage.

Sach·se [ˈzaksə] *m* ‹-n; -n› Saxon. **säch·seln** [ˈzɛksəln] *v/i* ‹h› speak with a Saxon accent. **Säch·sin** [ˈzɛksɪn] *f* ‹-; -nen› Saxon (woman *od.* girl). **säch·sisch** [ˈzɛksɪʃ] **I** *adj* Saxon. **II** *ling.* ≈ ‹*generally undeclined*›, das ≈e ‹-n› Saxon, the Saxon dialect.

ˈSachˌspen·de *f* gift (in kind), donation of food, clothes, *etc.*

sacht [zaxt] **I** *adj* ‹-er; -est› **1.** soft, gentle. **2.** (*vorsichtig*) cautious, gingerly. **II** *adv* **3.** → **ˈsach·te** *adv* gently, softly, (*vorsichtig*) gingerly, cautiously, (*allmählich*) gradually, little by little, (*langsam*) slowly; *colloq.* immer ~!, man ~! take it easy!, easy does it!

ˈSach|verˌhalt *m* ‹-(e)s; -e› circumstances *pl*, facts *pl* (of the case); den ~ darlegen state (*od.* give) the facts. **~verˌmö·gen** *n* tangible property (*od.* assets *pl*), tangibles *pl*. **~verˌsi·che·rung** *f* property insurance. **~verˌstand** *m* expert knowledge, expertise, know-how. **≈verˌstän·dig** *adj* → sachkundig. **~verˌstän·di·ge** *m, f* ‹-n; -n› (in *dat*, für) expert (on, in), authority (on), specialist (in, for), *jur.* expert witness. **~verˌstän·di·genˌgutˌach·ten** *n* expert opinion. **~verˌzeich·nis** *n* subject index. **~ˌwal·ter** [-ˌvaltər] *m* ‹-s; -› (*Anwalt*) solicitor, counsel, (*Verwalter*) administrator, (*Treuhänder*) trustee, (*Vertreter*) agent, attorney, *fig.* (*Fürsprecher*) advocate. **~ˌwert** *m* real (*od.* actual) value; ~e *pl* tangible (*od.* material) property *sg*, tangibles. **~ˌwör·terˌbuch** *n* technical (*od.* specialized) dictionary; ~ für Chemie chemical dictionary. **~ˌzwän·ge** *pl* inherent necessities.

Sack [zak] *m* ‹-(e)s; ¨-e, *nach Zahlenangaben* -› **1.** sack, bag; ein ~ voll Äpfel *etc* a sackful (*od.* bagful) of apples, *etc*, *fig. colloq. Neuigkeiten etc* plenty (*od.* lots *pl*) of *news, etc*; *fig. colloq.* j-n in den ~ stecken get the better of s.o., outwit s.o., knock spots off s.o.; in den ~ hauen chuck up, pack (it) in; er schläft wie ein ~ he sleeps like a log; er fiel um wie ein (nasser) ~ he slumped to the ground like a sack of potatoes; habt ihr (bei euch zu Hause) Säcke vor den Türen? were you born in a field?; → Floh 2, Katze 1, Pack[1] 1. **2.** (*~leinen*) sackcloth, sacking; *fig.* in ~ und Asche gehen repent (*od.* mourn) in sackcloth and ashes. **3.** *fig. colloq. contp.* (*Kerl*) bastard; fauler (blöder) ~ lazy (stupid) bastard. **4.** *anat. bot. zo.* (*a. Tinten*≈) sac. **5.** *vulg.* (*Hoden*≈) balls *pl*, *Am.* nuts *pl*. **6.** *dial.* (*Hosentasche*) pocket, (*Geldbeutel*) moneybag.

Säckel (*getr.* -k·k-) [ˈzɛkəl] *m* ‹-s; -› *dial.* (*Geld*≈) purse; tief in den ~ greifen müssen (have to) pay through the nose; in s-n eigenen ~ arbeiten line one's pockets, feather one's nest; → Staatssäckel.

sacken[1] (*getr.* -k·k-) [ˈzakən] *v/i* ‹sein› **1.** → absacken 1, 2. **2.** *fig.* immer tiefer ~ sink lower and lower; er sackte in die Knie he sagged to his knees, his knees gave way; zu Boden ~ slump to the ground.

ˈsacken[2] (*getr.* -k·k-) *v/t* ‹h› *dial.* sack, bag (up), put *s.th.* in(to) sacks (*od.* bags).

ˈsackˌför·mig *adj* sack-shaped, bag-shaped, baggy, *anat. bot. zo.* saclike, saccate(d).

ˈSack|ˌgarn *n* sack thread (*od.* twine). **~ˌgas·se** *f* blind alley, cul-de-sac, impasse, *Am. a.* dead end (road) (*alle a. fig.*); *fig.* in e-e ~ geraten reach deadlock (*od.* an impasse), hit a dead end, be in a blind alley; in e-r ~ stecken have reached an impasse (*etc*); beruflich steckt er in e-r ~ his job is a dead end, he has a dead-end job; *fig.* e-n Ausweg aus der ~ finden break the impasse. **≈ˌgrob** *adj fig. colloq.* very rude. **~ˌhüp·fen** *n* sack race. **~ˌkleid** *n Mode*: sack (dress). **~ˌlei·nen** *n*, **~ˌleinˌwand** *f* sackcloth, sacking, *gröber*: burlap. **~ˌpfei·fe** *f mus.* bagpipe. **~ˌtuch**[1] *n* ‹-(e)s; -e› → Sackleinen. **~ˌtuch**[2] *n* ‹-(e)s; ¨-er› *dial.* (pocket-)handkerchief. **≈ˌwei·se** *adv* by the sack (*od.* bag), in sackfuls, in bagfuls.

Sa·dis·mus [zaˈdɪsmʊs] *m* ‹-; *no pl*› *bes. psych.* sadism. **Sa·dist** [zaˈdɪst] *m* ‹-en; -en›, **Saˈdi·stin** *f* ‹-; -en› sadist. **saˈdi·stisch I** *adj* sadistic. **II** *adv* sadistically; ~ veranlagt sein have sadistic tendencies.

Sa·do·ma·so|chis·mus [zadomazoˈxɪsmʊs] *m psych.* sadomasochism. **≈ˈchi·stisch** [-tɪʃ] *adj* sadomasochistic.

sä·en [ˈzɛːən] *v/t u. v/i* ‹h› sow (*a. fig.*), seed; *fig.* Haß ~ sow the seed of hatred; dünn gesät sein be few and far between; wer Wind sät, wird Sturm ernten (*Sprichwort*) sow the wind and reap the whirlwind. **ˈSä·er** *m* ‹-s; -› sower.

Sa·fa·ri [zaˈfaːri] *f* ‹-; -s› safari.

Safe [zeːf; seɪf] (*Engl.*) *m, a. n* ‹-s; -s› safe, (*Banktresor*) *a.* safe-deposit box. **~ˌknacker** (*getr.* -k·k-) *m colloq.* safecracker, cracksman.

Saf·fi·an [ˈzafia(ː)n] *m* ‹-s; *no pl*›, **~ˌle·der** *n* morocco (leather), saffian leather.

Sa·fran [ˈzafra(ː)n] *m* ‹-s; -e› **1.** *bot.* (Echter) ~ saffron (crocus). **2.** ‹*only sg*› (*Gewürz etc*) saffron. **≈ˌgelb** *adj* saffron(-yellow).

Saft [zaft] *m* ‹-(e)s; ¨-e› **1.** *in Bäumen etc*: sap, (*Obst*≈, *Fleisch*≈, *a. physiol. Magen*≈ *etc*) juice, (*Braten*≈) gravy; Säfte des Körpers body juices, *hist.* humo(u)rs of the body; im ~ stehen be in sap; *fig.* ~ und Kraft vim, juice; ohne ~ und Kraft → saft- und kraftlos; *fig. colloq.* j-n im (*od.* in s-m) eigenen ~ schmoren lassen let s.o. stew in his own juice. **2.** *pharm.* draught, liquor, (*Husten*≈ *etc*) syrup, mixture. **3.** *colloq.* (*Strom, Benzin*) juice. **~ˌbra·ten** *m* braised beef.

saf·ten [ˈzaftən] **I** *v/t* ‹h› **1.** → entsaften. **II** *v/i* **2.** *Obst*: be very juicy. **3.** *Bäume*: be in sap.

ˈsaftˌgrün *adj* sap-green.

ˈsaf·tig *adj* **1.** *Obst, Fleisch etc*: juicy, succulent, *Baum, Pflanze*: sappy, *Wiese etc*: lush. **2.** *fig. colloq.* vigorous, sappy, forceful, *Witz etc*: juicy, racy, spicy, *Preise, Rechnung*: steep, stiff; e-e ~e Antwort a withering (*od.* crushing) reply; ~e Niederlage crushing defeat; ~e Ohrfeige resounding slap. **≈keit** *f* ‹-; *no pl*› **1.** juiciness, succulence, lushness. **2.** *fig. colloq.* spiciness, raciness.

ˈSaft|ˌkur *f* juice diet. **~ˌla·den** *m colloq. contp.* crummy place, lousy outfit. **≈los** *adj Obst, Fleisch, a. fig.* juiceless, sapless, (*trocken*) dry; → *a.* saft- und kraftlos. **~ˌpres·se** *f* (fruit) juice extractor, squeezer. **≈ˌreich** *adj* → saftig 1. **≈- ˌund ˈkraft·los** *adj fig.* sapless, lame, weak, without vim and vigo(u)r, *Stil etc*: wishy-washy.

Sa·ga [ˈza(ː)ga] *f* ‹-; -s› *Literatur*: saga.

Sa·ge [ˈzaːgə] *f* ‹-; -n› **1.** legend, myth (*a. fig.*), (*Helden*≈) *a.* saga; es geht die ~, daß legend has it (*fig.* the story goes, rumo[u]r has it) that; der ~ nach according to legend. **2.** (*Gerücht*) rumo(u)r.

Sä·ge [ˈzɛːgə] *f* ‹-; -n› saw. **~ˌblatt** *n tech.* saw-blade. **~ˌbock** *m* saw-horse, *Am.* sawbuck. **~ˌbü·gel** *m* saw-frame. **~ˌdach** *n arch.* sawtooth roof. **~ˌfisch** *m* sawfish. **≈ˌför·mig** *adj* sawlike, saw-shaped, serrate(d). **~ˌgat·ter** *n* **1.** (*Gestell*) saw-frame. **2.** (*Maschine*) sawmill. **~maˌschi·ne** *f* machine (*od.* power) saw, sawing machine. **~ˌmehl** *n* sawdust. **~ˌmes·ser** *n* serrated knife, saw (-tooth) knife. **~ˌmüh·le** *f* → Sägewerk.

sa·gen [ˈzaːgən] **I** *v/t* ‹h› **1.** say, (*voraus*~) *a.* (fore)tell, (*zugeben*) *a.* admit, (*verraten*) *a.* let (*od.* blab) *s.th.* out; was werden die Leute ~? what will people say?; das ~ Sie (*od.* das sagt sich) so (leicht) you can talk; das sagst du doch nur so you are only saying that, you don't mean it; damit wäre alles gesagt that is all there is to say; das würde (*od.* möchte) ich nicht ~ I wouldn't say so; das muß man schon ~ you have to grant that; das sagt man nicht that's not the proper thing to say; das kann man wohl ~ you may well say so, *Am.* you can say that again; ich weiß nicht, was ich ~ soll I don't know what to say, I'm at a loss for words; (das ist) schwer zu ~ that's hard to say (*od.* difficult to tell); wie man so sagt as the saying (*od.* phrase) goes; wie gesagt as I said (*od.* was saying); gesagt, getan no sooner said than done; et. vor sich hin ~ say (*od.* mutter, mumble) s.th. to o.s.; dasselbe kann ich von mir ~ the same goes for (*od.* applies to) me; was sagst du zu ihm? what do you think of him?; was ~ Sie zu ...? what do you say to ...?, (*wie wäre es mit?*) how about ...?; wie sagt man ... auf Englisch? what is the English for ...?; unter uns gesagt between you and me (*humor.* and the bedpost); es ist nicht zu ~ it is incredible (*od.* unbelievable), it is too dreadful for words; um es ganz klar zu ~ to put it quite clearly; wenn ich so ~ darf if I may say so; *colloq.* ich muß schon ~ come on now!, really!; was ich noch ~

wollte by the way, apropos; ~ wir *zehn Stück* (let's) say, suppose; sage und schreibe believe it or not, no less than, as much as, to the tune of; sage und schreibe e-e Stunde lang for a solid hour; → leicht 15. 2. j-m et. ~ tell s.o. s.th., say s.th. to s.o.; ~ Sie ihm, er soll kommen tell him to come; ich habe mir ~ lassen, daß I have been told that; sie läßt dir ~, daß she asked me to tell you that, she sends you word that; das ließ er sich nicht zweimal ~ he did not need to be told (that) twice; ich muß mir immer viel ~ lassen I have to put up with much nagging; er läßt sich (ja) nichts ~! he won't listen to reason!; laß dir von mir ~, daß (you can) take it from me that, let me tell you that; *colloq.* laß dir das (ein für allemal) gesagt sein! let that be a warning to you (once and for all)!, put that in your pipe and smoke it!; ich habe es dir ja gleich gesagt! I told you so!; das mußt du mir gerade ~! you're a fine one to talk!; wem sagst du das? you are telling me!; das hättest du dir selbst ~ können you should have thought of that yourself; Dank ~ (*dat*) express one's thanks to, (*bes. Gott*) give thanks to; → Meinung 1, Wahrheit 1. 3. (*darlegen*) give, state, make *s.th.* known, express; ~ Sie Ihre Gründe give your reasons; er sagt, wie es ist he speaks his mind (freely), he calls a spade a spade. 4. (*behaupten*) say, claim, declare, assert; er sagt, er sei unschuldig he claims to be innocent; man sagt, er sei tot they say he is dead, he is said to be dead; sag das nicht! I'm not so sure!, don't say that!; das ~ Sie (, nicht ich)! that's what you say!, that's your opinion (, not mine)!; was Sie nicht ~! you don't say!, is that so?; das kann man wohl ~! you can say that again!, you've said it! 5. (*bedeuten*) mean, say; sagt dir das et.? does that mean anything to you?; *das Buch etc* sagt mir nichts *this book, etc* doesn't mean a thing to me; damit ist noch nicht gesagt, daß this does not necessarily mean that; was wollen Sie damit ~? what do you mean (to say) by that?; das will schon et. ~ that is saying s.th. (*od. colloq.* a lot); das hat nichts zu ~ it doesn't matter, it makes no difference, never mind. 6. (*befehlen*) order, command, say; et. (nichts) zu ~ haben (bei) have a (have no) say (in); *colloq.* du hast mir gar nichts zu ~ I won't be ordered about (*od.* pushed around) by you. II ≗ *n* ⟨-s⟩ 7. say; das ≗ haben be in charge, *colloq.* call the shots, be the boss, bei (*od.* in) e-r Sache: have the final say in s.th.

sä·gen [ˈzɛːgən] I *v/t* ⟨h⟩ saw. II *v/i* saw, *fig. colloq.* (*schnarchen*) saw wood.

ˈSa·gen|buch *n* book of legends (*od.* myths). **≗haft** *adj* 1. legendary, mythical. 2. *colloq.* (*unglaublich, toll*) incredible, fabulous, fantastic, terrific. **~ˌkreis** *m* cycle of legends (*od.* myths). **~ˌschatz** *m* store (*od.* treasury) of legends (*od.* myths). **≗umˌwo·ben** *adj* steeped in legends, legendary. **~ˌwelt** *f* realm of legend (*od.* myth).

ˈSä·ger *m* ⟨-s; -⟩ 1. sawyer, sawer. 2. *orn.* merganser.

ˈSä·ge|spä·ne *pl* sawdust *sg.* **~ˌwerk** *n* sawmill, timber mill. **~ˌzahn** *m tech.* sawtooth. **~ˌzahn...** *in Zssgn a. electr. TV* sawtooth (*current, generator, etc*).

sa·git·tal [zagɪˈtaːl] *adj anat. biol.* sagittal.

Sa·go [ˈzaːgo] *m, Austrian meist n* ⟨-s; *no pl*⟩ sago. **~ˌbaum** *m,* **~ˌpal·me** *f* sago (palm).

sah [zaː] *1 u. 3 sg pret of* sehen.

sä·he [ˈzɛːə] *1 u. 3 sg pret subj of* sehen.

Sah·ne [ˈzaːnə] *f* ⟨-; *no pl*⟩ *gastr.* (geschlagene ~ whipped) cream. **≗ˌar·tig** *adj* creamy. **~bonˌbon** *m, n* cream toffee (*od.* caramel). **~ˌbut·ter** *f* creamery butter. **~ˌeis** *n* icecream. **~ˌgie·ßer** *m,* **~ˌkänn·chen** *n* cream jug. **~ˌkä·se** *m* cream cheese. **~ˌquark** *m* junket. **~ˌtor·te** *f* (whipped-)cream gateau.

ˈsah·nig *adj* creamy.

Sai·son [zɛˈzõː] *f* ⟨-; -s⟩ season; *econ.* die tote (*od.* stille) ~ the dull season, the off-season; die ~ ist eröffnet the season has begun. **sai·so·nal** [zɛzoˈnaːl] *adj* seasonal.

Saiˈson|ˌar·beit *f* seasonal work. **~ˌar·bei·ter** *m* seasonal worker. **~ˌaus·verˌkauf** *m* end-of-season sale. **≗beˌdingt** *adj Arbeitslosigkeit etc*: seasonal. **~beˌschäf·ti·gung** *f* seasonal employment. **≗ˌmä·ßig** *adj* seasonal. **~ˌschluß·verˌkauf** *m* → Saisonausverkauf. **~ˌschwan·kun·gen** *pl* seasonal fluctuations.

Sai·te [ˈzaɪtə] *f* ⟨-; -n⟩ string, chord (*a. fig.*); mit ~n bespannen string; *fig.* bei j-m (*od.* in j-s Herz) e-e ~ anschlagen (*od.* zum Klingen bringen) a) touch s.o.'s heart-strings, b) strike a responsive chord in s.o.; andere ~n aufziehen change one's tune, get tough.

ˈSai·ten|be|zug *m mus.* set of strings. **~ˌhal·ter** *m* tailpiece, *bei Zupfinstrumenten*: bridge. **~in·struˌment** *n* string(ed) instrument; die ~e *im Orchester*: the strings. **~ˌspiel** *n* 1. string music. 2. *poet. for* a) Leierspiel, b) Lautenspiel, c) Harfenspiel.

Sa·ke [ˈzaːkə] *m* ⟨-; *no pl*⟩ (*jap. Reiswein*) sake, saké, saki.

Sak·ko [ˈzako] *m, Austrian only n* ⟨-s; -s⟩ (lounge *od.* sports) jacket, *Am.* sack coat.

sa·kra [ˈzakra] *interj colloq.* damn!

sa·kral [zaˈkraːl] *adj* 1. *relig.* sacral, holy, sacred, ecclesiastical. 2. *anat.* sacral. **≗ˌbau** *m* ⟨-(e)s; -bauten⟩ ecclesiastical (*od.* church, sacred) building. **≗ˌge·gend** *f anat.* sacral region. **≗ˌnerv** *m* sacral nerve.

Sa·kra·ment [zakraˈmɛnt] I *n* ⟨-(e)s; -e⟩ *relig.* sacrament; das heilige ~, das ~ des Abendmahls the Holy Sacrament, the Eucharist, the Lord's Supper; ein ~ austeilen (empfangen) administer (receive) a sacrament. II *interj colloq.* damn! **sa·kra·men·ˈtal** [-ˈtaːl] *adj* sacramental, (*heilig*) *a.* holy, sacred.

Sa·kri|leg [zakriˈleːk] *n* ⟨-s; -e⟩ *relig. u. fig.* sacrilege; ein ~ begehen commit a sacrilege. **≗ˈle·gisch** [-gɪʃ] *adj* sacrilegious. **~ˈle·gi·um** [-gĭum] *n* ⟨-s; -gien⟩ → Sakrileg.

sa·krisch [ˈzakrɪʃ] *adj u. adv dial. colloq.* damned.

Sa·kri·stan [zakrɪsˈtaːn] *m* ⟨-s; -e⟩ *relig.* verger, sacristan, sexton. **Sa·kri·stei** [zakrɪsˈtaɪ] *f* ⟨-; -en⟩ vestry, sacristy.

sa·kro·sankt [zakroˈzaŋkt] *adj* sacrosanct, sacred, inviolable.

sä·ku·lar [zɛkuˈlaːr] *adj* secular. **≗ˌfei·er** *f* centenary.

Sä·ku·la·ri|sa·ti·on [zɛkulariza'tsĭoːn] *f* ⟨-; -en⟩ *relig.* secularization. **≗ˈsie·ren** [-ˈziːrən] *v/t* ⟨*no* ge-, h⟩ secularize.

Sä·ku·lum [ˈzɛːkulum] *n* ⟨-s; -kula [-la]⟩ century, (*Zeitalter*) age, epoch.

Sa·la·man·der [zalaˈmandər] *m* ⟨-s; -⟩ *zo.* salamander.

Sa·la·mi [zaˈlaːmi] *f* ⟨-; -(s)⟩, *Swiss a. m* ⟨-s; -⟩ *gastr.* salami. **~ˌtak·tik** *f bes. pol.* salami (*od.* piecemeal) tactics *pl* (*als sg konstruiert*).

Sa·lär [zaˈlɛːr] *n* ⟨-s; -e⟩ *Swiss for* Gehalt¹ 1, Lohn 1–4. **sa·laˈrie·ren** [-laˈriːrən] *v/t* ⟨*no* ge-, h⟩ *Swiss for* besolden, entlohnen.

Sa·lat [zaˈlaːt] *m* ⟨-(e)s; -e⟩ 1. salad, (*Pflanze*) *a.* lettuce; grüner ~ green (*od.* lettuce) salad; den ~ (mit Essig und Öl) abschmecken dress the salad (with vinegar and oil). 2. *fig. colloq.* mess(-up), chaos; da haben wir den ~! there we are!; ich habe den ganzen ~ satt I'm fed up with the whole business. **~beˌsteck** *n* salad servers *pl.* **~ˌkopf** *m* head of lettuce. **~ˌöl** *n* salad oil. **~ˌpflan·ze** *f* salad. **~ˌplat·te** *f gastr.* dish of mixed salads. **~ˌschüs·sel** *f* salad bowl. **~ˌso·ße** *f* salad dressing.

Sal·ba·de·rei [zalbaːdəˈraɪ] *f* ⟨-; -en⟩ *contp.* boring sanctimonious talk, cant. **salˈba·dern** *v/i* ⟨*no* ge-, h⟩ twaddle, prate, *frömmlerisch*: cant.

ˈSalˌband [ˈzaːl-] *n* ⟨-(e)s; ¨-er⟩ 1. *geol.* wall (of a lode). 2. → Salkante.

Sal·be [ˈzalbə] *f* ⟨-; -n⟩ *med. pharm.* ointment, *bes. fig. u. in Zssgn* salve.

Sal·bei [ˈzalbaɪ; zalˈbaɪ] *m* ⟨-s; *no pl*⟩, *f* ⟨-; *no pl*⟩ *bot.* sage. **~ˌtee** *m* sage tea.

sal·ben [ˈzalbən] *v/t* ⟨h⟩ 1. (*weihen*) anoint; j-n zum König ~ anoint s.o. king. 2. rub *s.o., s.th.* with ointment, apply ointment to. 3. (*einbalsamieren*) embalm.

ˈSalbˌöl *n relig.* chrism, consecrated oil.

ˈSal·bung *f* ⟨-; *no pl*⟩ anointing, *a. fig.* unction. **ˈsal·bungsˌvoll** *adj* unctuous.

sal·die·ren [zalˈdiːrən] *v/t* ⟨*no* ge-, h⟩ *econ.* 1. (*ausgleichen*) balance, settle, square, *im Clearingverkehr*: clear, (*Überschuß ausbezahlen*) pay the balance of; A mit B ~ set off A against B. 2. *Austrian for* quittieren 1. **Salˈdie·rung** *f* ⟨-; -en⟩ balancing, settlement, clearance.

Sal·do [ˈzaldo] *m* ⟨-s; Salden, -s, Saldi [-di]⟩ *econ.* balance; e-n ~ abdecken (*od.* ausgleichen) balance an account; e-n ~ ausweisen show a balance; e-n ~ ziehen (*od.* aufstellen) strike (*od.* draw) a balance, cast accounts; ~ zu Ihren Lasten your debit balance; per ~ on balance, *fig. colloq. a.* in the final analysis; per ~ quittieren receipt in full; im ~ bleiben (*od.* sein) be in debt. **~ˌausˌgleich** *m* settlement of accounts. **~ˌüberˌtrag,** **~ˌvorˌtrag** *m* 1. carrying forward a balance. 2. balance carried forward. **~ˌwech·sel** *m* draft for the balance.

Sa·li·ne [zaˈliːnə] *f* ⟨-; -n⟩ *tech.* saltworks *pl* (*als sg konstruiert*), saltern. **saˈli·nisch** [-nɪʃ] *adj* saline.

sa·lisch [ˈzaːlɪʃ] *adj hist.* Salian, Salic.

Sa·li·va [zaˈliːva] *f* ⟨-; *no pl*⟩ *med.* saliva.

Sa·liˈzylˌsäu·re [saliˈtsyːl-] *f chem.* salicylic acid.

ˈSal|kan·te, **~lei·ste** *f Textil.* border, selvage, selvedge.

Salm¹ [zalm] *m* ⟨-(e)s; -e⟩ → Lachs.

Salm² *m* ⟨-s; *rare* -e⟩ *colloq.* (*Gerede*) rig(a)marole.

Sal·mi·ak [zalˈmĭak; ˈzal-] *m, a. n* ⟨-s; *no pl*⟩ *chem.* sal ammoniac, ammonium chloride. **~ˌgeist** *m* ammonia solution (*od.* water), liquid ammonia.

Sal·mo·nel·le [zalmoˈnɛlə] *f* ⟨-; -n⟩ *meist pl biol. med.* salmonella. **Sal·moˈnel·len·erˌkran·kung** *f,* **Sal·moˈnelˈlo·se** [-nɛˈloːzə] *f* ⟨-; -n⟩ salmonellosis.

Sa·lo·mo(n) [ˈzaːlomo (-mɔn)] *npr m* ⟨-s *u.* -monis [zaloˈmoːnɪs]; *no pl*⟩ *Bibl.* Solomon; → Hohelied. **sa·lo·mo·nisch** [zaloˈmoːnɪʃ] *adj a. fig.* Solomonic.

Sa·lon [zaˈlõː] *m* ⟨-s; -s⟩ 1. drawing-room, *Am.* parlor, *aer. mar. rail. etc* saloon, (*Mode≗, Frisier≗ etc*) salon, (*Kosmetik≗*) *a.* parlo(u)r; ~ für Schönheitspflege beauty parlo(u)r. 2. (*bes. Kunstausstellung, a. schöngeistiger* ~) salon.

~bol·scheˌwik, ~bol·scheˌwist *m* drawing-room Bolshevik (*od.* red), *Am.* parlor red, pink. ~ˌda·me *f thea.* grande dame. 2ˌfä·hig *adj* presentable, fit for good society (*a. Witz etc*); nicht ~ *Witz etc*: blue, risqué, *Am.* off-color. ~ko·ˌmö·die *f thea.* drawing-room comedy. ~ˌlö·we *m colloq.* social lion, *bes. Am.* carpet-knight. ~muˌsik *f* salon music. ~ˌwa·gen *m rail.* saloon car, *bes. Am.* Pullman car.

sa·lopp [zaˈlɔp] *adj* **1.** (*ungezwungen*) casual, informal, nonchalant, *Stil etc*: *a.* off--hand. **2.** *contp.* (*nachlässig*) sloppy, careless, slipshod.

Sal·pe·ter [zalˈpeːtər] *m* <-s; *no pl*> *chem.* saltpet/re (*Am.* -er), nitre, *Am.* niter. ~ˌbil·dung *f* nitrification. ~ˌdün·ger *m* nitrate fertilizer. ~ˌer·de *f* nitrous earth. ~ˌgru·be *f* saltpet/re (*Am.* -er) mine. 2ˌhal·tig *adj* nitrous. 2ˌsau·er *adj* nitric; salpetersaures Salz nitrate. ~ˌsäu·re *f* nitric acid.

sal·pe·trig [zalˈpeːtrɪç] *adj chem.* nitrous.

Sal·to [ˈzalto] *m* <-s; -s *u.* -ti [-ti]> *Sport*: somersault (*a. fig.*); ~ mortale death--defying leap.

Sa·lut [zaˈluːt] *m* <-(e)s; -e> *mar. mil.* salute (von 7 Schuß of seven guns); ~ schießen fire salutes. **sa·lu·tie·ren** [zaluˈtiːrən] *v/i bes. mil.* (give a) salute; vor j-m ~ salute s.o. **Saˈlutˌschuß** *m mil.* gun, salute.

Sal·ve [ˈzalvə] *f* <-; -n> **1.** *mil.* salvo, volley, *Artillerie*: round, *mar.* broadside, (*Ehren*2) salute; e-e ~ abgeben fire a volley (*etc*). **2.** *fig.* (*Beifalls*2) salvo, volley, round, (*Lach*2) burst of laughter.

sal·ve [ˈzalve] *interj* hail!

ˈSal·venˌfeu·er *n mil.* volley fire, *mar.* salvo fire.

ˈSalˌwei·de [ˈzaːl-] *f* <-; -n> *bot.* sallow.

Salz [zalts] *n* <-es; -e> **1.** *a. fig.* salt; et. in ~ legen salt s.th. (down); *fig.* er hat nicht (einmal) das ~ zur Suppe (*od.* zum Brot) he has next to nothing; *Bibl.* ihr seid das ~ der Erde ye are the salt of the earth; *colloq.* das ist das ~ in der Suppe that's what gives spice to it. **2.** *chem.* sal, salt; ~(e) bilden salify. ~ab·ˌla·ge·rung *f* saline deposit. ~ˌader *f Bergbau*: salt vein. 2ˌarm *adj* ~e Kost low-salt diet. 2ˌar·tig *adj* salty. ~ˌbad *n* **1.** sea-water (*od.* brine) bath. **2.** *tech.* salt bath. ~beˌdarf *m* salt requirement. ~ˌbergˌwerk *n* salt-mine. 2ˌbil·dend *adj* forming salts, saliferous. ~ˌbild·ner *m chem.* salt-former, halogen. ~bil·dung *f* salt formation, halogenation. ~ˌblu·men *pl chem.* efflorescence *sg* of salt. ~ˌbrü·he *f* brine, pickle.

ˈSalzˌbur·ger [-ˌbʊrgər] **I** *m* <-s; -> native (*od.* inhabitant) of Salzburg. **II** *adj* <*invariable*> (of) Salzburg; ~ Festspiele Salzburg Festival *sg.*

sal·zen [ˈzaltsən] *v/t* <*pp* gesalzen, *rare* gesalzt, h> *a. fig.* salt, season; → gesalzen.

ˈSalz|ˌfäß·chen *n* salt-cellar (*a. anat. colloq.*), *Am.* salt-shaker. ~ˌfleisch *n* salt(ed) (*od.* corned) meat, salt beef, *mar. a.* salt horse. 2ˌfrei *adj Kost*: salt-free. ~ˌgar·ten *m* saltern. ~geˌhalt *m* salt content, salinity. ~geˌschmack *m* salt(y) taste. ~geˌwin·nung *f* salt production. ~ˌgur·ke *f* cucumber (*od.* gherkin) pickled in brine. 2ˌhal·tig *adj* salty, briny, saline, saliferous. ~ˌhe·ring *m* salted (*od.* pickled) herring.

ˈsal·zig *adj* salty, briny, (*gesalzen*) salted, salty. 2keit *f* <-; *no pl*> salt(i)ness, salinity, brininess.

ˈSalz|karˌtof·fel *f meist pl gastr.* boiled potato. ~ˌkorn *n* grain of salt. ~ˌla·ger·ˌstät·te *f* salt (*od.* saline) deposit. ~ˌla·ke, ~ˌlau·ge *f* brine, souse. ~ˌlecke (*getr.* -k·k-) *f* <-; -n> *hunt.* salt-lick. 2los *adj Kost*: saltless, salt-free. ~ˌlö·sung *f* saline (solution), salt solution. ~ˌman·del *f gastr.* salted almond. ~ˌnapf *m* → Salzfäßchen. ~ˌpfan·ne *f geol. tech.* salt-pan. ~ˌpflan·ze *f* saline plant, halophyte. ~ˌquel·le *f* salt spring, saline. 2ˌsau·er *adj chem.* hydrochloric, muriatic; salzsaures Salz hydrochloride. ~ˌsäu·le *f* zur ~ erstarren *Bibl.* become a pillar of salt, *fig. colloq.* stand rooted to the spot, stand there petrified. ~ˌsäu·re *f chem.* hydrochloric (*od.* muriatic) acid. ~ˌsee *m* salt lake. ~ˌsie·der *m* saltmaker. ~sie·deˌrei *f* saltworks *pl* (*als sg od. pl konstruiert*). ~ˌso·le *f* **1.** salt water, brine. **2.** → Salzquelle. ~ˌstan·ge *f gastr.* salt(ed) stick. ~ˌstep·pe *f* salt steppe. ~ˌstock *m geol.* salt dome. ~ˌstreu·er *m* salt-cellar, *Am.* salt-shaker. ~ˌsumpf *m* salt-marsh. ~ˌwas·ser *n* salt (*od.* sea) water, brine. ~ˌwas·ser·ˌfisch *m meist pl* salt-water fish. ~ˌwerk *n* → Saline. ~ˌwer·ker *m* <-s; -> saltmaker. ~ˌwü·ste *f* salt desert.

SA-ˌMann [ɛsˈʔaː-] *m hist. NS-Zeit*: storm trooper, brownshirt.

ˈSäˌmann *m* <-(e)s; ⸚er> *agr.* sower.

Sa·ma·ri·ter [zamaˈriːtər] *m* <-s; -> *Bibl. u. fig.* barmherziger ~ good Samaritan. ~ˌdienst *m fig.* compassionate deed, Samaritan help, (*erste Hilfe*) first aid; ~e leisten give Samaritan help.

ˈSä·maˌschi·ne *f agr.* **1.** seeding machine, seeder, sower. **2.** (*Drillmaschine*) seed drill(ing machine).

Sa·me [ˈzaːmə] *m* <-ns; -n> *lit. for* Samen.

Sa·men [ˈzaːmən] *m* <-s; -> **1.** *agr. bot.* seed; die ~ the seed(s); in ~ schießen go (*od.* run) to seed; ~ streuen seed, sow. **2.** *physiol.* sperm, semen. **3.** *fig.* seed, germ; den ~ der Zwietracht säen sow the seed(s) of discord. **4.** *Bibl.* seed, progeny, offspring. ~anˌla·ge *f bot.* ovule, ovulum. ~ˌbank *f biol.* sperm bank. ~ˌbeet *n* seed-bed. ~beˌhäl·ter *m zo.* seminal vesicle, spermatophore. ~ˌbil·dung *f* seeding, *physiol.* spermatogenesis. ~ˌbla·se *f*, ~ˌbläs·chen *n anat. zo.* seminal vesicle, spermatocyst. ~ˌblatt, ~ˌblätt·chen *n* → Keimblatt 2. ~ˌdrü·se *f anat. zo.* spermatic gland, testicle, testis. ~erˌgie·ßung *f* <-; -en>, ~erˌguß *m* (seminal) emission, ejaculation; nächtlicher ~ nocturnal emission. ~ˌfa·den *m* spermatic filament. ~ˌflüs·sig·keit *f* seminal fluid. ~ˌgang *m anat.* seminal (*od.* spermatic) duct, spermaduct. ~geˌfäß *n* spermatic (*od.* seminal) vessel. ~ˌhand·lung *f* seed shop (*Am.* store). ~ˌhaut *f bot.* seed coat, tunic, integument (of a seed). ~ˌhül·le *f* episperm, spermoderm. ~ˌhül·se *f* pod, husk, shell, hull. ~kaˌnal *m anat.* spermatic (canal) duct. ~ˌkap·sel *f bot.* seed (*od.* seminal) capsule, seedcase. ~ˌkern *m biol.* sperm nucleus. ~ˌkorn *n* seed--corn. ~ˌkör·per·chen *n biol.* spermatozoid. ~ˌlei·ter *m* → Samengang. 2los *adj bot.* seedless, aspermous. ~ˌman·tel *m* seed-cover, aril. ~ˌpflan·ze *f* **1.** *bot.* seed plant, spermatophyte. **2.** *agr.* seedling. ~ˌscha·le *f* seed coat, testa. ~ˌstrang *m anat. zo.* spermatic cord. ~ˌstrangˌun·terˌbin·dung *f* vasoligature, vasectomy. ~ˌtier·chen *n* → Spermatozoon. 2ˌtö·tend *adj* spermatocidal, spermicidal. 2ˌtra·gend *adj bot.* seed-bearing. ~ˌträ·ger *m bot.* seed plant. ~ˌüber·tra·gung *f* **1.** *biol.* insemination. **2.** *bot.* pollination. ~ˌwol·le *f bot.* coma. ~ˌzel·le *f biol.* sperm cell. ~ˌzwie·bel *f* seed onion, *für Blumen*: seed bulb.

Sä·me·rei·en [zɛːməˈraɪən] *pl* seeds.

sä·mig [ˈzɛːmɪç] *adj* thickened, creamy.

ˈsä·misch|ˌgar [ˈzɛːmɪʃ-] *adj Leder*: chamois, oil-tanned. ~geˌgerbt *adj* chamois-dressed. 2ˌle·der *n* oil-dressed leather, chamois (leather).

Säm·ling [ˈzɛːmlɪŋ] *m* <-s; -e> *bot.* seedling.

ˈSam·mel|ak·tiˌon *f für Geld*: fund--raising campaign (*od.* drive), *für Kleidung etc*: house-to-house collection. ~ˌal·bum *n* collector's album. ~anˌlei·he *f econ.* joint loan. ~anˌschluß *m teleph.* private branch exchange (*PBX system with several central office trunks*). ~aufˌtrag *m* → Sammeldauerauftrag. ~ˌband *m* <-(e)s; ⸚e> anthology, miscellany, omnibus (book), contributed work. ~ˌbecken (*getr.* -k·k-) *n* **1.** *geol.* catchment area (*od.* basin). **2.** *tech.* → Sammelbehälter. **3.** *fig.* (*Partei etc*) reservoir. ~beˌgriff *m* general term (*od.* name), catch-all (term). ~beˌhäl·ter *m tech.* collecting basin (*od.* tank), reservoir, sump. ~beˌstel·lung *f econ.* collective order. ~beˌzeich·nung *f* collective (*od.* general) name (*od.* term), general heading, generic term. ~ˌbüch·se *f* collecting (*od.* charity) box. ~ˌdau·er·ˌaufˌtrag *m econ.* collective giro (*od.* bank) standing order. ~deˌpot *n für Wertpapiere*: collective securities deposit. ~elekˌtro·de *f electr.* collector. ~ˌfahrˌschein *m* group (*od.* collective) ticket. ~ˌfrucht *f bot.* multiple fruit. ~geˌbiet *n* **1.** *geol.* catchment area (*od.* basin). **2.** collector's field of interest. ~geˌspräch *n teleph.* conference talk (*od.* call). ~ˌgut *n econ.* collective (*od.* consolidated) consignment (*od.* shipment). ~ˌhei·zung *f* district heating system. ~ˌkas·se *f bes. in Warenhäusern*: general pay desk. ~ˌkon·to *n* collective account. ~ˌla·dung *f* → Sammelgut. ~ˌla·ger *n* **1.** *für Flüchtlinge etc*: assembly camp. **2.** *mil.* depot. ~ˌlei·den·schaft *f* collecting mania. ~ˌlei·tung *f tech.* collecting main, manifold. ~ˌlin·se *f opt.* convex (*od.* converging) lens. ~ˌli·ste *f* list of contributors. ~ˌmap·pe *f* folder, file, portfolio.

sam·meln [ˈzaməln] **I** *v/t* <h> **1.** *allg.* (*Briefmarken, Bilder etc*), *a. tech.* collect, (*Beeren, Pilze etc*) gather, (*Ähren*) glean, (*Blumen*) pick, (*Kunden, Stimmen etc*) canvass (for); Pilze ~ gehen *colloq. a.* go mushrooming. **2.** (*anhäufen*) accumulate, amass, heap (*od.* pile) up; Reichtümer ~ accumulate riches. **3.** *fig.* (*Erfahrungen, Kräfte, Stoff etc*) gather, (*Informationen*) *a.* collect, (*Kenntnisse*) accumulate, (*Mut etc*) summon (up), muster (up), (*Gedanken*) collect, concentrate. **4.** (*ver~*) gather, assemble, *bes. mil.* concentrate, *wieder*: rally. **5.** *opt.* concentrate, focus. **II** *v/i* **6.** (für for) collect money, make (*od.* take up) a collection, *colloq.* pass the hat round. **7.** collect; er sammelt leidenschaftlich gern he is a passionate collector. **III** *v/reflex* sich ~ **8.** (*sich ver~*) assemble, gather, flock together, meet; sich wieder ~ reassemble, rally; sich um j-n ~ gather (*od.* cluster) round s.o. **9.** (*sich anhäufen*) accumulate, amass, pile up. **10.** *fig.* (*sich konzentrieren*) concentrate, collect one's thoughts, (*sich fassen*) compose o.s. **11.** *opt.* converge, focus. **IV** 2 *n* <-s> **12.** collecting (*etc*); *mil.* Signal zum 2 recall, rally(ing sign); zum 2 blasen sound the recall.

ˈSam·mel|ˌna·me *m* **1.** *ling.* collective (noun). **2.** → Sammelbegriff. ~ˌnum-

mer *f teleph.* collective (*od.* main) number. **~ˈobˌjekt** *n* collectible. **~ˌpaß** *m* collective passport. **~ˌplatz** *m* (*Treffpunkt*) meeting place, *bes. mil.* rendezvous, rallying point, (*Lager*) collecting point, *bes. mil.* depot, dump. **~ˌpunkt** *m* **1.** → Sammelplatz. **2.** *fig.* centre, *Am.* center, focus. **~ˌruf** *m* **1.** *im Sprachlabor*: collective call. **2.** → Sammelnummer. **~ˌschie·ne** *f electr.* (omni)bus bar, current collector. **~ˌsen·dung** *f* → Sammelgut. **~ˌstel·le** *f* collecting point, (central) depot.

Sam·mel·su·ri·um [zaməlˈzuːrɪʊm] *n* ⟨-s; -surien⟩ *colloq.* hotchpotch, omnium-gatherum, medley.

ˈSam·mel|transˌport *m* collective transport (*od.* shipment). **~ˌvi·sum** *n* group visa. **~ˌwerk** *n* collected edition. **~ˌwort** *n ling.* collective (noun). **~ˌwut** *f colloq.* collecting mania.

Sam·met [ˈzamət] *m* ⟨-s; -e⟩ *obs. for* Samt.

ˈSamm·ler *m* ⟨-s; -⟩ **1.** (*Briefmarken*2 *etc*) collector, (*Pilz*2 *etc*) gatherer. **2.** *tech.* collector, (*Verteilerkopf*) header. **~ˌstück** *n* collector's piece (*od.* item).

ˈSamm·lung *f* ⟨-; -en⟩ **1.** collecting. **2.** *von Geld etc*: collection (**zu** *wohltätigen Zwecken etc* for). **3.** (*Gesammeltes*) collection, (*Gedicht*2, *Text*2 *etc*) *a.* anthology, (*Gesetzes*2) *a.* digest, (*Auswahl*) selection, digest, (*Zs.-stellung*) compilation. **4.** *fig.* (*innerliche* ~) collection, (*Fassung, Ruhe*) collectedness, composure, calm(ness), (*Aufmerksamkeit*) concentration. **5.** (*Kunst*2) gallery.

Sa·mo·war [zamoˈvaːr] *m* ⟨-s; -e⟩ samovar.

ˈSamsˌtag [ˈzams-] *m* ⟨-(e)s; -e⟩ *bes. Southern G., Austrian, Swiss* Saturday; **am** ~ on Saturday; *econ.* **langer** ~ Saturday on which the shops are open longer than usual. **~ˈabend** *m* Saturday evening (*od.* night). **~ˈmor·gen** *m* Saturday morning.

ˈsamsˌtags *adv* on Saturdays, every (*od.* each) Saturday, *bes. Am.* Saturdays; ~ **abends** (on) Saturday evenings (*od.* nights).

samt [zamt] **I** *adv* ~ **und sonders** each and all, all (of them), all and sundry, *colloq.* the (whole) lot. **II** *prep* ⟨*dat*⟩ (together) with, along with, including.

Samt *m* ⟨-(e)s; -e⟩ *Textil.* velvet, (*Baumwoll*2) velveteen; **wie** ~ like velvet; **in** ~ **und Seide gekleidet** dressed in silks and satins. **2ar·tig** *adj* velvety, velvet-like. **~ˌband** *n* velvet ribbon.

ˈsam·ten *adj* velvet, *fig.* velvety.

ˈSamtˌhandˌschuh *m* velvet glove; *fig. colloq.* j-n **mit ~en anfassen** handle s.o. with kid gloves.

ˈsam·tig *adj* velvety.

ˈSamt|kleid *n* velvet dress. **~ˌkra·gen** *m* velvet collar.

sämt·lich [ˈzɛmtlɪç] **I** *adj* **1.** **~e** *pl* (*alle*) all, (*vollständig*) complete; **~e Anwesende(n)** all persons present; **Shakespeares ~e Werke** the complete work of Shakespeare. **2.** (*ganz*) whole, entire; **~er Schmuck war gestohlen** the whole jewel(le)ry had been stolen. **II** *adv* **3.** all (of them), every one (of them), (*geschlossen*) in a body, to a man.

ˈSamt|pföt·chen *n fig.* velvet paw; ~ **machen** draw in the claws. **~ˌstof·fe** *pl* pile fabric *sg.* **2ˈweich** *adj* (as) soft as velvet, velvety.

Sa·mum [zaˈmuːm] *m* ⟨-s; -s *u.* -e⟩ (*heißer Wüstenwind*) simoom.

San [zan] → Sankt.

Sa·na·to·ri·um [zanaˈtoːrɪʊm] *n* ⟨-s; -rien⟩ sanatorium, *Am.* sanitarium.

Sand [zant] *m* ⟨-(e)s; ⸚e⟩ **1.** sand, *grober*: *a.* grit, (*Scheuer*2) scouring powder; *tech.* et. **in ~ gießen** sandcast s.th.; **mit ~ bestreuen** (strew with) sand; **mit ~ scheuern** sand; **im ~ verlaufen** a) *Fluß etc*: disappear in the sand(s), b) *fig.* come to nothing, fizzle out, peter out; *fig.* **auf ~ bauen** build on sand; j-m ~ **in die Augen streuen** throw dust in s.o.'s eyes; j-m ~ **ins Getriebe streuen** throw a spanner (*Am.* monkey wrench) in s.o.'s works; **da ist ~ im Getriebe** there's a hitch (*od.* snag) somewhere, s.th. has gone wrong; → Kopf 1. **2.** → Sandbank.

San·da·le [zanˈdaːlə] *f* ⟨-; -n⟩ *meist pl* sandal.

San·da·let·te [zandaˈlɛtə] *f* ⟨-; -n⟩ *meist pl* high-heeled sandal.

ˈSand|ˌbahn *f Sport*: dirt-track. **~ˌbank** *f* ⟨-; ⸚e⟩ *mar.* sandbank, sands *pl*; **auf e-e ~ geraten** strike the sands. **~ˌblatt** *n der Zigarre*: (lower) shrub leaf. **~ˌbo·den** *m* sandy soil. **~ˌburg** *f* sandcastle. **~ˌdorn** *m* ⟨-(e)s; -e⟩ *bot.* sea buckthorn, sallow thorn.

ˈSan·delˌholz [ˈzandəl-] *n* ⟨-es; *no pl*⟩ sandalwood. **~ˌbaum** *m* sandal-tree. **~ˌöl** *n* sandalwood oil.

ˈsand|ˌfar·ben, ~ˌfar·big *adj* sand-colo(u)red.

ˈSand|ˌflie·ge *f* sand fly. **~ˌfloh** *m* sand flea. **~ˌform** *f metall., a. für Kinder*: sand mo(u)ld. **~geˌblä·se** *n* → Sandstrahlgebläse. **~ˌgras** *n* → Strandhafer. **~ˌgrieß** *m* coarse sand, grit. **~ˌgru·be** *f* **1.** sandpit. **2.** *Golf*: (sand) bunker. **~ˌguß** *m metall.* sandcasting. **~ˌhau·fen** *m* heap (*od.* pile) of sand. **~ˌho·se** *f meteor.* sand-spout.

san·dig [ˈzandɪç] *adj* sandy, full of sand, (*grob~*) gritty.

ˈSand|ˌka·sten *m* sandbox, *für Kinder*: *a.* sandpit, *mil.* sand table. **~ˌka·sten·ˌspiel** *n mil.* sand-table exercise. **~ˌkorn, ~ˌkörn·chen** *n* grain of sand. **~ˌku·chen** *m* **1.** *gastr.* plain cake. **2.** *im Sandkasten*: sand (*od.* mud) pie. **~ˌmann** *m* ⟨-(e)s; *no pl*⟩, **~ˌmänn·chen** *n* ⟨-s; *no pl*⟩ *fig.* sandman. **~ˌmeer** *n fig.* sea of sand. **~ˌpaˌpier** *n tech.* sandpaper; et. **mit ~ abschleifen** sandpaper s.th. **~ˌplatz** *m* sand lot. **~ˌsack** *m* **1.** sandbag. **2.** *Boxen*: heavy (punch-)bag. **~ˌschicht** *f* layer of sand. **~ˌsieb** *n* sand screen. **~ˌstein** *m* sandstone. **~ˌstrahl** *m tech.* sandblast. **2ˌstrah·len** *v/t* ⟨*insep*, ge-, *tech.* -ge-, h⟩ sandblast. **~ˌstrahl·geˌblä·se** *n* sandblast unit. **~ˌstrand** *m* sandy beach. **~ˌstreu·er** *m*, **~ˌstreuˌfahrˌzeug** *n* sander, gritting lorry. **~ˌsturm** *m* sandstorm.

sand·te [ˈzantə] *1 u. 3 sg pret of* **senden**[1].

ˈSand|ˌtor·te *f* Madeira cake. **~ˌuhr** *f* sandglass, hourglass. **~verˌwe·hung** *f* sand drift. **~ˌweg** *m* sandy path.

Sand·wich [ˈzɛntvɪtʃ; ˈsænwɪdʒ] (*Engl.*) *m, n* ⟨-s *od.* -(es); -s *od.* -es, *a.* -e⟩ sandwich. **~ˌbauˌwei·se** *f* sandwich construction.

ˈSand|ˌwurm *m* lugworm, sandworm. **~ˌwü·ste** *f* sandy desert.

sanft [zanft] **I** *adj* ⟨-er; -est⟩ **1.** *Stimme, Berührung etc*: gentle, soft, (*leicht*) *a.* light, (*mild*) *a.* mild, balmy; **mit ~er Hand** *a. fig.* with a gentle hand, gently. **2.** (*~mütig*) meek, good-natured, *Charakter etc*: gentle, mild, sweet, (*lieblich*) lovely, (*zärtlich*) soft. **3.** *fig. Gewalt, Druck etc*: gentle, *Farbe*: soft, *Tod*: easy, *Bewegung etc*: smooth; **~en Druck ausüben** apply gentle pressure; **mit ~er Gewalt** with gentle force. **II** *adv* **4.** gently, (*ruhig*) peacefully; ~ **und selig schlafen** sleep peacefully (*od.* blissfully); **er ist ~ entschlafen** (*gestorben*) he passed away peacefully; **ruhe ~** (*Grabinschrift*) rest in peace.

Sänf·te [ˈzɛnftə] *f* ⟨-; -n⟩ sedan (chair), litter.

ˈSanft|heit *f* ⟨-; *no pl*⟩ **1.** *der Stimme, Berührung etc*: softness, gentleness, (*Milde*) *a.* balminess, mildness. **2.** *des Charakters etc*: gentleness, mildness, leniency. **3.** *fig. des Drucks, des Schlafes, e-r Steigung etc*: gentleness, *der Bewegung*: *a.* smoothness. **~ˌmut** *f* ⟨-; *no pl*⟩ gentleness, gentle nature, pleasant temper, (*Demut*) meekness, (*Milde*) leniency. **2ˌmü·tig** *adj* gentle, mild, lenient, (*demütig*) meek.

sang [zaŋ] *1 u. 3 sg pret of* **singen.**

Sang *m* ⟨-(e)s; ⸚e⟩ singing, chant, song; **mit ~ und Klang** with singing and bands playing. **2bar** *adj* singable, suitable for singing.

sän·ge [ˈzɛŋə] *1 u. 3 sg pret subj of* **singen.**

Sän·ger [ˈzɛŋər] *m* ⟨-s; -⟩ **1.** singer, vocalist; *hist.* **die fahrenden ~** the (strolling) minstrels, the troubadours. **2.** (*Vogel*) songster, warbler. **3.** *poet.* (*Dichter*) songster, poet, bard; → Höflichkeit 1. **~ˌbund** *m* choral society. **~ˌfest** *n* singing (*od.* choir) festival.

ˈSän·ge·rin *f* ⟨-; -nen⟩ (female) singer, vocalist.

ˈSän·ger|ˌkna·be *m* (cathedral) choirboy. **~schaft** *f* ⟨-; -en⟩ singers *pl*, choir.

ˈSan·ges|ˌbru·der *m colloq.* **1.** fellow singer. **2.** *humor.* songster. **2ˌfreu·dig, 2ˌlu·stig** *adj* fond of singing.

San·gui·ni·ker [zaŋˈɡŭiːnikər] *m* ⟨-s; -⟩ *psych.* sanguine person (*od.* type). **san·gui·nisch** [-ˈɡŭiːnɪʃ] *adj* sanguine.

ˈsang- ˌund ˈklang·los *adv fig.* unwept and unsung, silently, (*unrühmlich*) ingloriously.

Sa·ni [ˈzani] *m* ⟨-s; -s⟩ *mil. colloq. for* Sanitäter 2.

sa·nie|ren [zaˈniːrən] **I** *v/t* ⟨*no* ge-, h⟩ **1.** *med.* cure, (*Herd etc*) eradicate. **2.** a) (*Betrieb, Wirtschaft etc*) rehabilitate, stabilize, (*Firma*) *a.* reorganize, put (*a company*) (back) on its feet again, b) (*Stadtteile, Haus etc*) redevelop, rehabilitate, (*Slums*) *a.* clear. **II** *v/reflex* **sich ~** **3.** *econ.* rehabilitate o.s. **4.** *fig. colloq.* make a packet, make one's pile. **2rung** *f* ⟨-; -en⟩ **1.** rehabilitation, redevelopment, clearing. **2.** reorganization, stabilization.

Saˈnie·rungs|geˌbiet *n e-r Stadt etc*: redevelopment area. **~ˌmaßˌnah·me** *f meist pl* **1.** *med.* hygienic (*od.* sanitary) measure. **2.** a) *econ.* reorganization (*od.* rehabilitation) measure, b) *bei Stadtteilen, Häusern etc*: redevelopment (*od.* rehabilitation) measure.

sa·ni·tär [zaniˈtɛːr] *adj* sanitary, hygienic; **~e Einrichtungen** sanitary facilities, sanitation *sg*, plumbing *sg*.

Sa·ni·tä·ter [zaniˈtɛːtər] *m* ⟨-s; -⟩ **1.** first-aid attendant, *im Krankenwagen*: ambulance man. **2.** *mil.* medical orderly, *a.* stretcher-bearer.

Sa·niˈtäts|ˌau·to *n* ambulance. **~beˌdarf** *m* medical supplies *pl*. **~beˌhör·de** *f* public health authority. **~ˌdienst** *m* medical service. **~ˌflugˌzeug** *n* **1.** *ziviles*: air ambulance, *a.* flying-doctor's aircraft. **2.** *mil.* medical aircraft. **~ˌhund** *m* ambulance dog. **~ˌka·sten** *m* first-aid box. **~ˌkorps** *n* medical corps. **~of·fiˌzier** *m* medical officer. **~perˌsoˌnal** *n* medical personnel. **~ˌta·sche** *f* first-aid kit. **~ˌtrup·pe** *f* → Sanitätskorps. **~ˌwa·che** *f* ambulance station, first-aid post. **~ˌwa·gen** *m* ambulance. **~ˌwe·sen** *n* public hygiene (*od.* health), *bes. mil.* medical service. **~ˌzelt** *n* hospital tent. **~ˌzug** *m* → Lazarettzug.

sank [zaŋk] *1 u. 3 sg pret*, **sän·ke** [ˈzɛŋkə]

1 u. 3 sg pret subj of **sinken.**

Sankt [zaŋkt] *adj* (*vor Eigennamen, meist abgekürzt St.*) Saint.

Sank·ti·on [zaŋkˈtsĭoːn] *f* ⟨-; -en⟩ *bes. pol.* **1.** (*Billigung*) sanction. **2.** *pl* (*Zwangsmaßnahmen*) sanctions; **~en verhängen gegen** impose sanctions against. **sank·tio·nie·ren** [zaŋktsĭoˈniːrən] *v/t* ⟨*no* **ge-**, **h**⟩ (*billigen*) sanction. **Sank·tioˈnie·rung** *f* ⟨-; *no pl*⟩ → Sanktion 1.

Sank·tua·ri·um [zaŋkˈtŭaːrĭʊm] *n* ⟨-s; -rien⟩ *relig.* sanctuary.

sann [zan] *1 u. 3 sg pret*, **sän·ne** [ˈzɛnə] *1 u. 3 sg pret subj of* **sinnen.**

Sans·krit [ˈzanskrɪt] *n* ⟨-s; *no pl*⟩ (*altind. Gelehrtensprache*). **sans·kri·tisch** [zansˈkriːtɪʃ] *adj* Sanskrit. **Sans·kri·tist** [zanskriˈtɪst] *m* ⟨-en; -en⟩ Sanskritist.

Sa·phir [ˈzaːfɪr; ˈzaːfiːr; zaˈfiːr] *m* ⟨-s; -e [ˈzaːfiːrə; zaˈfiːrə]⟩ **1.** *min.* sapphire. **2.** → Saphirnadel. **2blau** *adj* sapphirine, sapphire. **~ˌna·del** *f des Plattenspielers etc*: sapphire stylus (*od.* needle).

sap·per|lot [zapərˈloːt], **~ˈment** [-ˈmɛnt] *interj colloq. zornig*: damn!, *Am. a.* doggone!, *überrascht*: gosh!, gee!, wow!

sap·phisch [ˈza(p)fɪʃ] *adj Vers etc*: sapphic.

sa·pro|gen [zaproˈgeːn] *adj* saprogenic, saprogenous. **2ˈphyt** [-ˈfyːt] *m* ⟨-en; -en⟩ saprophyte.

Sa·ra·ze·ne [zaraˈtseːnə] *m* ⟨-n; -n⟩ Saracen. **sa·raˈze·nisch** *adj* Saracen(ic).

Sar·de [ˈzardə] *m* ⟨-n; -n⟩ → Sardinier.

Sar·del·le [zarˈdɛlə] *f* ⟨-; -n⟩ anchovy. **Sarˈdel·lenˌpa·ste** *f* anchovy paste.

Sar·di·ne [zarˈdiːnə] *f* ⟨-; -n⟩ *ichth.* sardine, pilchard. **Sarˈdi·nenˌbüch·se** *f* sardine tin (*Am.* can); *fig. colloq.* **zs.-gepfercht wie in e-r ~** packed like sardines.

Sar·di·ni·er [zarˈdiːnĭər] *m* ⟨-s; -⟩, **Sarˈdi·nie·rin** *f* ⟨-; -nen⟩, **sarˈdi·nisch** [-nɪʃ] *adj* Sardinian.

ˈsar·disch I *adj*, **II** *ling.* **2** ⟨*generally undeclined*⟩, **das 2e** ⟨-n⟩ Sardinian.

sar·do·nisch [zarˈdoːnɪʃ] *adj* sardonic.

Sarg [zark] *m* ⟨-(e)s; ⸚e⟩ coffin, *Am. a.* casket; → **Nagel** 2. **~ˌdeckel** (*getr.* **-k·k-**) *m* coffin lid. **~ˌna·gel** *m fig. colloq.* (*Zigarette*) coffin nail, cancer stick. **~ˌtisch·ler** *m* coffin maker. **~ˌträ·ger** *m* pallbearer. **~ˌtuch** *n* pall.

Sa·ri [ˈzaːri] *m* ⟨-(s); -s⟩ (*Gewand der Inderin*) sari, saree.

Sar·kas·mus [zarˈkasmʊs] *m* ⟨-; -kasmen⟩ **1.** ⟨*only sg*⟩ (*Eigenschaft*) sarcasm. **2.** (*Bemerkung*) sarcasm, sarcastic remark. **sarˈkas·tisch** [-tɪʃ] *adj* sarcastic, *colloq.* sarky.

Sar·kom [zarˈkoːm] *n* ⟨-s; -e⟩, **Sarˈkoma** [-ma] *n* ⟨-s; -ta [-ta]⟩ *med.* sarcoma.

Sar·ko·phag [zarkoˈfaːk] *m* ⟨-s; -e⟩ sarcophagus.

Sa·rong [ˈzaːrɔŋ] *m* ⟨-(s); -s⟩ sarong.

saß [zaːs] *1 u. 3 sg pret*, **sä·ße** [ˈzɛːsə] *1 u. 3 sg pret subj of* **sitzen.**

Sa·tan [ˈzaːtan] *m* ⟨-s; -e⟩ *Bibl.* Satan, (the) Devil, (the) Fiend, *fig.* satan, fiend, (*Frau*) *a.* (she-)devil, hell-cat. **sa·ta·nisch** [zaˈtaːnɪʃ] *adj* (*böse*) satanic, diabolic(al), fiendish.

ˈSa·tans|ˌbra·ten *m colloq. humor.* cheeky devil, limb of Satan, rascal. **~ˌkerl** *m colloq.* devil of a fellow. **~ˌpilz** *m* Satan's mushroom. **~ˌweib** *n colloq.* devil in petticoats.

Sa·tel·lit [zateˈliːt] *m* ⟨-en; -en⟩ satellite.

Sa·telˈli·ten... *in Zssgn* satellite (*computer, picture, television, etc*). **~ˌstaat** *m pol. contp.* satellite nation (*od.* state). **~ˌstadt** *f* satellite town (*od.* city), new town. **~ˌüberˌtra·gung** *f Radio, TV* satellite transmission.

Sa·tin [zaˈtɛ̃ː] *m* ⟨-s; -s⟩ *Textil.* satin, (*Baumwoll2*) sateen. **2ˌar·tig** *adj* satin-like, satiny. **~ˌholz** *n* satinwood.

sa·ti·nie·ren [zatiˈniːrən] *v/t* ⟨*no* **ge-**, **h**⟩ **1.** *Papier, Textil.* satin, glaze, calender. **2.** (*Glühbirnen*) satin-frost.

Sa·tiˈnier·maˌschi·ne *f* calender, glazing machine.

Saˈtin·paˌpier *n* satin (*od.* glazed) paper.

Sa·ti·re [zaˈtiːrə] *f* ⟨-; -n⟩ satire (**auf** *acc* on). **Saˈti·ri·ker** [-rikər] *m* ⟨-s; -⟩ satirist. **saˈti·risch** *adj* satiric(al).

Sa·tis·fak·ti·on [zatɪsfakˈtsĭoːn] *f* ⟨-; -en⟩ satisfaction; **von j-m ~ fordern** demand satisfaction of (*od.* from) s.o.; **j-m ~ geben** give s.o. satisfaction. **2sˌfä·hig** *adj* qualified to give satisfaction (*od.* to fight a duel).

satt [zat] **I** *adj* ⟨-er; -est⟩ **1.** replete, satisfied, *colloq.* full (up), *weitS.* (*wohlgenährt*) well-fed, (*übersättigt*) satiate(d), *lit.* sated; **ich bin ~** I have had sufficient (*od.* enough), *colloq.* I am full (up); **sich (an e-r Sache) ~ essen** eat one's fill (of s.th.); **das macht ~!** that's very filling!; *fig.* **sich an e-r Sache nicht ~ sehen (hören) können** not to be able to see (to hear) enough of s.th., not to tire of seeing (hearing) s.th.; *fig. colloq.* **et. (j-n) ~ haben** (*od.* **sein**) be tired (*od.* weary, *colloq.* sick) of s.th. (s.o.), have had enough of s.th. (s.o.), be fed up with s.th. (s.o.); **et. (gründlich) ~ bekommen** (*colloq.* **kriegen**) get sick and tired of s.th., get fed up with s.th.; **das Leben ~ haben** be disgusted with life. **2.** *chem.* saturated, *Farben etc*: *a.* rich, mellow, deep. **3.** *fig.* (*selbstzufrieden*) complacent, smug. **4.** *sl.* (*großartig*) terrific, smashing, *Schuß, Schlag etc*: powerful. **II** *adv* **5. nicht ~ zu essen haben** not to have enough to eat; **~ lächeln** smile complacently. **~ˌblau** *adj* deep-blue. **2ˌdampf** *m tech.* saturated steam.

Sat·tel [ˈzatəl] *m* ⟨-s; ⸚⟩ **1.** (*a. Fahrrad2 u. am Turnpferd etc*) saddle; **ohne ~ reiten** ride bareback(ed); **sich im ~ halten** *a. fig.* stay in the saddle; **j-n in den ~ heben, j-m in den ~ helfen** a) help s.o. (up) into the saddle, give s.o. a leg up (*a. fig.*), b) *fig.* set s.o. on his feet, *pol.* help s.o. to get into power; **fest im ~ sitzen** a) sit one's horse well, have a firm seat, b) *fig.* be firm in one's saddle, be firmly established; *fig.* **in allen Sätteln gerecht sein** be an all-round man (*od.* all-rounder), be able to turn one's hand to anything. **2.** (*Berg2*) col, saddle. **3.** (*Nasen2*) bridge. **4.** *e-r Geige*: nut. **5.** *Mode*: yoke. **~ˌanˌhän·ger** *m mot.* semitrailer. **~ˌdach** *n arch.* gable roof. **~ˌdecke** (*getr.* **-k·k-**) *f* saddle-cloth. **2ˌfest** *adj* firm in the saddle; **er ist ~** he sits his horse well, he has a good (*od.* safe) seat; *fig. colloq.* **in e-r Sache ~ sein** be well versed (*od.* well up) in s.th. **~ˌgurt** *m* girth, belly-band. **~ˌknopf** *m* pommel.

sat·teln [ˈzatəln] **I** *v/t* ⟨**h**⟩ saddle, put the saddle on. **II** *v/reflex fig.* **sich (für et.) ~** prepare o.s. (*od.* get ready) (for s.th.).

ˈSat·tel|ˌna·se *f med.* saddle-nose. **~ˌpferd** *n* leader, nearsider. **~ˌplatz** *m auf Rennplätzen*: paddock. **~ˌschlep·per** *m mot.* **1.** road (*Am.* truck) tractor. **2.** (**~zug**) semitrailer truck. **~ˌschlep·perˌanˌhän·ger** *m* semitrailer. **~ˌta·sche** *f* saddle-bag. **~ˌzeug** *n* saddlery, saddle and harness. **~ˌzug·maˌschi·ne** *f* → Sattelschlepper 1.

ˈsattˌgrün *adj* deep-green, lush-green.

ˈSatt·heit *f* ⟨-; *no pl*⟩ **1.** repleteness, fullness, satisfaction, (*Übersättigung*) satiety. **2.** *der Farbe etc*: richness, deepness. **3.** *fig.* (*Selbstzufriedenheit*) complacency.

sät·ti·gen [ˈzɛtɪgən] **I** *v/t* ⟨**h**⟩ **1.** satisfy, satiate, sate, *Essen*: be substantial, be filling; **nicht zu ~** → **unersättlich. 2.** *fig.* (*Neugier etc*) gratify, satiate, sate, appease. **3.** *chem.* (*Lösung*) saturate. **4.** *econ.* (*Markt*) saturate, (*über~*) glut. **II** *v/i* **5.** be substantial, be filling. **III** *v/reflex* **sich ~ 6.** eat one's fill (**an** *dat*, **mit, von** of). **7.** *chem.* get (*od.* become) saturated. **ˈSät·ti·gung** *f* ⟨-; *no pl*⟩ **1.** repleteness, repletion, fullness, (*Über2*) satiety. **2.** *fig.* gratification, satisfaction. **3.** *chem. econ.* saturation. **ˈSät·ti·gungsˌpunkt** *m bes. chem. econ.* saturation point.

ˈSatt·ler *m* ⟨-s; -⟩ saddler, *a.* leather-worker, (*Geschirrmacher*) harnessmaker, (*Polsterer*) upholsterer. **~ˌar·beit** *f* saddler's work.

Satt·leˈrei *f* ⟨-; -en⟩ **1.** saddlery, saddler's workshop. **2.** ⟨*only sg*⟩ → **Sattlerhandwerk.**

ˈSatt·ler|ˌhandˌwerk *n* saddlery, saddler's trade. **~ˌwerkˌstatt** *f* → Sattlerei 1.

ˈsatt·sam *adv* **es ist ~ bekannt, daß** it is only all too well known that, *he* (*she, it*) is notorious for.

Sa·tu|ra·ti·on [zaturaˈtsĭoːn] *f* ⟨-; *no pl*⟩ *bes. chem.* saturation. **2ˈrie·ren** [-ˈriːrən] *v/t* ⟨*no* **ge-**, **h**⟩ saturate. **2ˈriert** *adj fig.* complacent, smug, sated.

Sa·turn [zaˈtʊrn] *m* ⟨-s; *no pl*⟩ *astr.* Saturn.

Sa·tur·na·li·en [zatʊrˈnaːlĭən] *pl antiq.* Saturnalia.

Sa·tyr [ˈzaːtyr] *m* ⟨-s *u.* -n; -n *u.* -e⟩ *myth. u. fig.* satyr.

Sa·ty·ria·sis [zatyˈriːazɪs] *f* ⟨-; *no pl*⟩ *med.* satyriasis.

ˈSa·tyrˌspiel *n antiq.* satyr play.

Satz[1] [zats] *m* ⟨-es; ⸚e⟩ **1.** *ling.* sentence, (*Neben2*) clause, (**~gefüge**) complex sentence, period; *fig.* **in abgerissenen Sätzen reden** speak in broken sentences. **2.** (*Lehr2*) theorem, proposition, (*Leit2*) principle, maxim, (*Glaubens2*) dogma, doctrine, (*Gesetz*) law; **der ~ des Euklid** Euclid's theorem. **3.** *print.* setting(-up), composition, (*das Gesetzte*) (set) matter; **in ~ geben (gehen)** give (go) to the typesetters; **das Buch ist im ~** the book is being set (up). **4.** (*Boden2*) sediment, (*Gärungs2*) *a.* lees *pl*, dregs *pl*, *chem.* precipitate, (*Kaffee2*) grounds *pl*. **5.** (*Tarif2, Preis*) rate, (*Norm*) quota; **zum ~ von** at a rate of. **6.** *mus.* a) *e-r Symphonie etc*: movement, b) **strenger (freier) ~** strict (free) style, c) (*Instrumental2, Klavier2 etc*) *instrumental, piano, etc* setting, d) (*Harmonisierung*) harmonization; **zwei(drei-, vier)stimmiger ~** two-(three-, four-)part harmony; **e-n ~ schreiben zu e-r Melodie** harmonize a melody. **7.** *Tennis*: set. **8.** (*zs.-gehörige Dinge*) set, *ineinanderpassend*: nest, (*Sortiment*) assortment, selection; **ein ~ Teller (Gewichte)** a set of plates (weights). **9.** *tech.* (*Schub*) batch. **10.** *hunt.* (*Wurf von Hasen etc*) nest, litter, (*eingesetzte Fischbrut*) fry. **11.** (*Ein2*) stake.

Satz[2] *m* ⟨-es; ⸚e⟩ (*Sprung*) leap, bound, jump; **e-n ~ machen** take a leap (*od.* jump), leap, jump; **mit ˈeinem ~** with (*od.* in) one leap.

ˈSatz|ak·zent *m ling.* sentence accent (*od.* stress). **~ˌanˌwei·sung** *f* instructions *pl* for the compositor. **~ˌausˌsa·ge** *f* predicate. **~ˌball** *m Tennis*: set point. **~ˌband** *n* ⟨-(e)s; ⸚er⟩ *ling.* copula. **~ˌbau** *m* ⟨-(e)s; *no pl*⟩ syntax, construction (of a sentence). **~be·to·nung** *f* → Satzakzent. **~erˌgän·zung** *f* object, complement. ~ₗ**feh·ler** *m* (printer's *od.* typographical) error, misprint. ≗ₗ**fer·tig** *adj print.* ready for composition. ~**ge**ₗ**fü·ge** *n ling.* period, complex sentence. ~ₗ**ge·gen**ₗ**stand** *m* subject. ~ₗ**glied** *n* → Satzteil. ~**kon·struk·ti**ₗ**on** *f* construction (*od.* structure) of a sentence. ~ₗ**ko·sten** *pl print.* cost *sg* of composition. ~ₗ**kunst** *f mus.* art of composition. ~ₗ**leh·re** *f ling.* syntax. ~**me·lo**ₗ**die** *f* intonation (of a sentence). ≗ₗ**reif** *adj Manuskript*: ready for setting. ~ₗ**spie·gel** *m print.* type area. ~ₗ**teil** *m* part of a sentence.

ˈ**Sat·zung** *f* ⟨-; -en⟩ statute, by-law, (*feste Regel*) standing rule; ~**en** *e-r Gesellschaft, e-s Vereins etc*: articles of association, statutes and articles, *von Körperschaften*: *a.* by-laws, *Börse*: rules.

ˈ**Sat·zungs**|ₗ**än·de·rung** *f* amendment (*od.* alteration) of the statute(s). ≗**ge**ₗ**mäß** *adj* statutory, *a. adv* according to (*od.* in accordance with) the statutes (*etc*). ≗ₗ**wid·rig** *adj u. adv* in violation of the statutes (*etc*).

ˈ**Satz**|**ver**ₗ**bin·dung,** ~**ver**ₗ**knüp·fung** *f ling.* compound sentence. ~ₗ**vor**ₗ**la·ge** *f print.* copy, manuscript. ≗ₗ**wei·se** *adv* **1.** *ling.* sentence by sentence. **2.** by the set, in sets. ~ₗ**zei·chen** *n ling.* punctuation mark. ~**zu**ₗ**sam·men**ₗ**hang** *m* context.

Sau [zaʊ] *f* ⟨-; ⸗e; *hunt.* -en⟩ **1.** (*Mutterschwein*) sow, *hunt.* wild sow, hog; **e-e trächtige ~** a sow in pig; *vulg.* **bluten wie e-e ~** bleed like a pig; **wie e-e gesengte ~** at a mad speed; **unter aller ~** *sl.* lousy, rotten, bloody awful; **zur ~ machen** *colloq.* a) blast *od.* wreck *s.th.*, b) let *s.o.* have it, *sl.* give *s.o.* the works; → Perle 1. **2.** *vulg.* dirty (*od.* filthy) swine, pig, (*Frau*) slut. **3.** *colloq. for* **Klecks** 1. **4.** *metall.* (furnace) sow, salamander. ~ₗ**ar·beit** *f colloq.* dirty work, (*schwere Arbeit*) hellish (*od.* fiendish) job, (*schlechte Arbeit*) *sl.* lousy (*od.* rotten) job.

sau·ber [ˈzaʊbər] **I** *adj* ⟨saub(e)rer; -st⟩ **1.** clean, (*reinlich*) cleanly, (*ordentlich*) neat (*a. Äußeres, Arbeit, Handschrift etc*), (*aufgeräumt*) tidy, neat, shipshape. **2.** (*anständig*) clean, decent; **Aktion „≗e Leinwand"** clean-up-the-cinema campaign. **3.** (*nicht verunreinigt*) pure, unpolluted, *Atombombe*: clean (*a. colloq. waffenlos, ohne Schmuggelware etc*). **4.** *dial.* (*hübsch*) pretty, nice, fine (*girl, etc*). **5.** *colloq. iro.* (*miserabel*) nice, fine; **du bist mir ja ein ~er Freund!** a nice friend you are!; ~, ~! that's a nice mess!, you're a fine one! **6.** *colloq.* **nicht ganz ~** not quite right (in the head). **7.** *mus. Anschlag, Ton*: clean, *Intonation*: just. **8.** *Sport*: *Schlag etc*: clean. **II** *adv* **9.** neatly, tidily; **er hat ~ gearbeitet** he did very neat work. **10.** *colloq. iro.* nicely; **dich haben sie ~ reingelegt** you've been well and truly had. ~ₗ**hal·ten I** *v/t* ⟨*irr, sep,* -ge-, h⟩ keep *s.th.* clean (*od.* tidy, neat, shipshape). **II** *v/reflex* **sich ~** *a. fig.* keep o.s. clean.

ˈ**Sau·ber·keit** *f* ⟨-; *no pl*⟩ **1.** cleanness, (*Reinlichkeit*) cleanliness, (*Sorgfalt*) neatness, (*Ordnung*) *a.* tidiness; **auf ~ achten** set great store by cleanliness. **2.** (*Anständigkeit*) cleanness, decency, integrity. **3.** *des Wassers, der Luft etc, a. mus.* cleanness, purity.

ˈ**säu·ber·lich** *adv* neatly, tidily, (*mit Sorgfalt*) carefully, with (great) care, meticulously; **et. (fein) ~ abschreiben** *a.* copy s.th. painstakingly.

ˈ**sau·ber**|ₗ**ma·chen** *v/t u. v/i* ⟨*sep,* -ge-, h⟩ clean (*od.* tidy) (up). ≗ₗ**mann** *m fig. colloq.* **Herr und Frau ~** "Mr. and Mrs. Clean"; **der ~ der Politik** the Mr. Clean of Politics.

säu·bern [ˈzɔʏbərn] **I** *v/t* ⟨h⟩ **1.** (*Zimmer etc*) clean (up), tidy (up), (*Wunde etc*) clean(se). **2.** (*befreien*) clear (**von** of), *mil. a.* mop up, *pol. u. fig.* purge (**von** of); **ein Buch von anstößigen Stellen ~** expurgate a book. **3.** (*Gewässer*) scour. **II** *v/reflex* **sich ~ 4.** clean (o.s.) up, have a wash. **III** ≗ *n* ⟨-s⟩ **5.** cleaning (*etc*).

ˈ**Säu·be·rung** *f* ⟨-; -en⟩ **1.** → säubern 5. **2.** *fig. e-r Partei etc*: purge, *von Texten etc*: expurgation.

ˈ**Säu·be·rungs·ak·ti**ₗ**on** *f* **1.** *pol.* purge. **2.** *mil.* mopping-up operation. **3.** *colloq.* clean-up.

ˈ**sau**ˈ**blöd,** ˈ**sau**ˈ**blö·de** *adj colloq. Person*: hopelessly (*od.* damned) stupid, *Situation etc*: damned awkward.

ˈ**Sau**ₗ**boh·ne** *f bot.* broad bean.

Sau·ce [ˈzoːsə] *f* ⟨-; -n⟩ → Soße 1, 3.

Sau·cie·re [zoˈsi̯ɛːrə] (*Fr.*) *f* ⟨-; -n⟩ *gastr.* sauceboat, gravy boat.

ˈ**Sau·di**|ₗ**ara·ber** [ˈzaʊdi-] *m,* ≗**ara·bisch** [-aˌraːbɪʃ] *adj* Saudi Arabian.

ˈ**sau**ˈ**dumm** *adj* → saublöd(e).

sau·en [ˈzaʊən] *v/i* ⟨h⟩ **1.** (*Junge werfen*) farrow, pig. **2.** *colloq.* make a mess. **3.** *vulg.* talk smut. **4.** *dial.* run, dash.

sau·er [ˈzaʊər] **I** *adj* ⟨saurer; -st⟩ **1.** *allg.* sour (*a. Boden, Geruch, Milch*), (*herb*) tart, acrid, *Drops*: acid, *Gurke etc*: pickled, *Heilquelle*: acidulous; **~ werden** a) turn sour (*od.* acid), *Milch*: turn (sour), curdle, b) *fig. colloq. Motor etc*: go sour. **2.** *chem.* acid; **~ machen** acidify. **3.** *fig.* (*mürrisch*) sour, cross, *colloq.* sore, *sl.* browned off; *colloq.* **auf j-n ~ sein** be cross with (*od.* mad at) s.o.; **ein saures Gesicht (zu e-r Sache) machen** make a wry face (over s.th.). **4.** *fig.* (*beschwerlich*) laborious, hard, *colloq.* tough, hellish; **sich** (*dat*) **et. ~ werden lassen** take great pains over s.th.; **j-m das Leben ~ machen** make life miserable for s.o.; **es ist schon ein saures Brot** it is a hard grind. **II** *adv* **5.** sour(ly), *fig.* (*mühsam*) hard; **~ reagieren** a) *chem.* react sour, b) *fig. colloq.* be peeved, **auf e-e Sache**: take s.th. in bad part, react harshly to s.th.; *fig. colloq.* **es kam ihn ~ an** he found it trying, *seelisch*: it went hard with him (*od.* against his grain); **das wird ihm noch ~ aufstoßen** he will pay for this yet; **sich** (*dat*) **et. ~ erworben haben** have earned (*od.* acquired) s.th. the hard way.

ˈ**Sau·er**|ₗ**amp·fer** *m bot.* sorrel. ~ₗ**bra·ten** *m* oven- (*od.* pot-)roasted pickled beef, *bes. Am.* sauerbraten. ~ₗ**brun·nen** *m* **1.** mineral spring. **2.** → **Mineralwasser.**

Saueˈ**rei** *f* ⟨-; -en⟩ → **Schweinerei.**

ˈ**Sau·er**|ₗ**fut·ter** *n agr.* (en)silage. ~ₗ**kir·sche** *f bot.* sour cherry. ~ₗ**klee** *m* common (*od.* cuckoo) sorrel. ~ₗ**kraut** *n* sauerkraut.

ˈ**säu·er·lich I** *adj* **1.** sourish, slightly sour, *Drops etc*: acidy, *bes. chem.* acidulous, subacid. **2.** *fig. Lächeln, Miene etc*: sour, wintry, wry. **II** *adv* **3.** **~ lächeln** give a wintry smile.

ˈ**Säu·er·ling** *m* ⟨-s; -e⟩ **1.** → **Mineralwasser. 2.** *bot.* mountain sorrel.

ˈ**Sau·er**ₗ**milch** *f* sour (*od.* curdled) milk.

säu·ern [ˈzɔʏərn] **I** *v/t* ⟨h⟩ **1.** sour, make *s.th.* sour (*od.* acid), (*Teig etc*) leaven. **2.** *chem.* acidify, acidulate. **II** *v/i* **3.** turn (*od.* go) sour.

ˈ**Sau·er**ₗ**stoff** *m* ⟨-(e)s; *no pl*⟩ *chem.* oxygen; **et. mit ~ verbinden** oxidize (*od.* oxygenate, oxygenize) s.th. ~**ap·pa**ₗ**rat** *m* → **Sauerstoffgerät.** ≗ₗ**arm** *adj* lacking (*od.* poor) in oxygen. ~ₗ**auf**ₗ**nah·me** *f chem.* oxygen absorption. ~ₗ**bad** *n med.* oxygen bath. ~**be**ₗ**häl·ter** *m* oxygen container (*od.* tank). ~**ent**ₗ**zug** *m chem.* deoxygenation. ~ₗ**fla·sche** *f* oxygen cylinder (*od.* flask). ~ₗ**gas** *n* oxygen gas. ~**ge**ₗ**blä·se** *n metall.* oxygen blower. ~**ge**ₗ**halt** *m* oxygen content. ~**ge**ₗ**misch** *n* oxygen mixture. ~**ge**ₗ**rät** *n med.* oxygen (breathing) apparatus. ≗ₗ**hal·tig** *adj* containing oxygen, oxygenic, oxygenous. ~ₗ**man·gel** *m* ⟨-s; *no pl*⟩ lack of oxygen, *med. a.* anox(a)emia. ~ₗ**mas·ke** *f* oxygen mask. ~ₗ**trä·ger** *m nucl.* oxidizer. ~ₗ**über**ₗ**trä·ger** *m chem.* oxygen carrier. ~**ver**ₗ**bin·dung** *f chem.* oxygen compound. ~ₗ**vor**ₗ**rat** *m* oxygen reserve. ~ₗ**zelt** *n med.* oxygen tent. ~ₗ**zu**ₗ**fuhr** *f* oxygen supply.

ˈ**sau·er**|ˈ**süß** *adj a. fig.* sour-sweet. ≗ₗ**teig** *m* leaven, *Am. a.* sourdough. ≗ₗ**topf** *m fig. colloq.* sourpuss, grumpy fellow. ~ₗ**töp·fisch** [-ˌtœpfɪʃ] *adj* surly, peevish, morose, sour.

ˈ**Säue·rung** *f* ⟨-; *no pl*⟩ **1.** *von Brot etc*: leavening. **2.** *chem.* acidification, acidulation. ~**s**ₗ**grad** *m* degree of acidity.

ˈ**Sau·er**ₗ**was·ser** *n* ⟨-s; -⟩ acidulous (mineral) water.

ˈ**Sauf**|ₗ**abend** *m colloq.* booze-up, binge, *sl.* soak. ~ₗ**aus** *m* ⟨-; -⟩, ~ₗ**bold** [-ˌbɔlt] *m* ⟨-(e)s; -e⟩ *colloq.* boozer, *sl.* soak. ~ₗ**bru·der** *m colloq.* **1.** boozer, tippler. **2.** → **Saufkumpan.**

sau·fen [ˈzaʊfən] **I** *v/t* ⟨säuft, soff, gesoffen, h⟩ **1.** *Tier*: drink, lap up; **dem Pferd Wasser zu ~ geben** water the horse. **2.** *vulg. Person*: drink, guzzle, pour down, swig, knock *s.th.* back; *colloq.* **j-n unter den Tisch ~** drink s.o. under the table. **II** *v/i* **3.** *Tier*: drink. **4.** *vulg. Person*: booze, guzzle, have a booze-up, *gewohnheitsmäßig*: be a drunkard, be on the bottle (*od.* booze), hit the bottle; **~ wie ein Loch** drink like a fish. **III** *v/reflex* **5.** *colloq.* **er wird sich noch zu Tode ~** he will drink himself to death yet. **IV** ≗ *n* ⟨-s; *no pl*⟩ **6.** *vulg.* heavy drinking, boozing, guzzling.

Säu·fer [ˈzɔʏfər] *m* ⟨-s; -⟩ *colloq.* drunkard, alcoholic, dipsomaniac, boozer, guzzler, *sl.* soak.

Sau·feˈ**rei** *f* ⟨-; -en⟩ *vulg.* **1.** excessive (*od.* heavy) drinking. **2.** → **Saufgelage.**

ˈ**Säu·fe·rin** *f* ⟨-; -nen⟩ → **Säufer.**

ˈ**Säu·fer**|ₗ**le·ber** *f med.* hobnail(ed) liver. ~ₗ**na·se** *f colloq.* grog blossom. ~ₗ**wahn**ₗ**sinn** *m med.* delirium tremens, *colloq.* (the) horrors *pl*, *sl.* (the) jim-jams *pl*.

ˈ**Sauf**|**ge**ₗ**la·ge** *n colloq.* drinking bout, booze-up, binge, *sl.* soak. ~**ge**ₗ**nos·se,** ~**kum**ₗ**pan** *m colloq.* drinking mate. ~ₗ**or·gie** *f colloq.* drinking orgy.

ˈ**Sau**ₗ**fraß** *m vulg.* muck, awful grub, hogwash.

säufst [zɔʏfst] *2 sg,* **säuft** [zɔʏft] *3 sg pres of* **saufen.**

ˈ**Sauf**ₗ**tour** *f colloq.* binge, bust, booze-up, *Br. a.* pubcrawl; **e-e ~ machen** go on a binge (*etc*).

ˈ**Saug**|**ap·pa**ₗ**rat** *m med. tech.* suction apparatus. ~ₗ**bag·ger** *m tech.* suction dredge(r). ~ₗ**dü·se** *f* suction nozzle.

sau·gen [ˈzaʊgən] **I** *v/t* ⟨saugt, sog *od.* saugte, gesogen *od.* gesaugt, *tech.* saugte, gesaugt, h⟩ **1.** suck, (*auf~*) suck up, absorb, soak *s.th.* (up *od.* in), imbibe; **die Feuchtigkeit aus dem Boden ~** *Pflanzen etc*: absorb the moisture from the soil; → **Finger** *Bes. Redewendungen.* **2.** (*Zimmer, Teppich etc*) vacuum(-clean), *colloq.* hoover; **hast du schon Staub gesaugt?** have you hoovered yet? **3.** *phys.* (*ab~*) siphon. **II** *v/reflex* **4. sich voll Wasser ~** *Schwamm etc*: become soaked with water, soak. **III** *v/i* **5. an e-r**

Sache ~ suck (at) s.th.; **am Daumen** ~ suck one's thumb; **an der Pfeife** ~ suck at one's pipe. **6.** (*staub*~) vacuum(-clean), *colloq.* hoover. **IV** Ꝛ *n* ‹-s› **7.** sucking (*etc*). **8.** *tech.* suction.

säu·gen [ˈzɔʏgən] *v/t* ‹h› **1.** (*Kind*) suckle, breast-feed, nurse, give the breast to. **2.** (*Tier*) suckle.

ˈ**Sau·ger** *m* ‹-s; -› **1.** *des Babys*: dummy, comforter, *an der Flasche*: teat. **2.** *zo.* suckling. **3.** → a) **Saugapparat**, b) **Staubsauger**.

ˈ**Säu·ger** *m* ‹-s; -› → **Säugetier**.

ˈ**Säu·ge**|ˌ**tier** *n* mammal, sucking animal. ~ˌ**zeit** *f* suckling period, lactation (period).

ˈ**saugˌfä·hig** *adj Material etc*: absorbent. Ꝛ**keit** *f* ‹-; *no pl*› absorbency.

ˈ**Saug**|ˌ**fla·sche** *f* feeding-bottle. ~**ge·ˌblä·se** *n* suction fan, exhauster. ~**ˌhe·ber** *m phys.* siphon. ~ˌ**hö·he** *f mot.* suction head. ~ˌ**hub** *m* suction stroke. ~ˌ**kol·ben** *m e-r Pumpe*: valve piston. ~ˌ**kraft** *f* **1.** → **Saugfähigkeit**. **2.** *tech.* suction pressure. ~ˌ**kreis** *m electr.* spark absorber. ~ˌ**lei·tung** *f* suction pipe (-line).

Säug·ling [ˈzɔʏklɪŋ] *m* ‹-s; -e› baby, (suckling *od.* nursing) infant, newborn.

ˈ**Säug·lings**|ˌ**al·ter** *n* (early) infancy, babyhood. ~ˌ**ausˌstat·tung** *f* layette. ~ˌ**fürˌsor·ge** *f* infant welfare (work). ~ˌ**heim** *n* (baby) nursery, crèche. ~**ˌnah·rung** *f* baby food(s *pl*). ~ˌ**pfle·ge** *f* baby (*od.* infant) care. ~ˌ**pfle·ge·rin,** ~ˌ**schwe·ster** *f* dry (*od.* baby) nurse. ~ˌ**sterb·lich·keit** *f* infant(ile) mortality. ~ˌ**waa·ge** *f* baby scales *pl* (*oft als sg konstruiert*).

ˈ**Saugˌluft** *f tech.* suction air. ~ˌ**bremse** *f mot.* vacuum brake.

ˈ**Saug**|ˌ**napf** *m* **1.** *tech.* sucker. **2.** *zo.* sucker (disc). ~**orˌgan** *n zo.* suctorial organ. ~**paˌpier** *n*, ~ˌ**post** *f*, ~ˌ**post·paˌpier** *n* absorbent paper. ~ˌ**pum·pe** *f tech.* suction pump.

ˈ**sau**ˈ**grob** *adj colloq.* damned (*vulg.* bloody) rude.

ˈ**Saug**|ˌ**rohr** *n tech.* suction pipe. ~ˌ**röh·re** *f der Insekten*: feeding-tube. ~ˌ**rüs·sel** *m bes. der Insekten*: proboscis, sucker. ~**venˌtil** *n* suction valve. ~**ˌwir·kung** *f tech.* sucking (action), suction (effect).

ˈ**Sau**|ˌ**hatz** *f* boar (*od.* hog) hunt(ing). ~ˌ**hau·fen** *m colloq. contp.* lousy outfit. ~ˌ**hirt** *m* swineherd. ~ˌ**igel** *m vulg.* filthy (*od.* smutty) fellow. Ꝛˌ**igeln** *v/i* ‹h› *vulg.* talk smut.

säu·isch [ˈzɔʏɪʃ] *adj vulg. Benehmen etc*: swinish, piggish, *Witze etc*: filthy, dirty, smutty, coarse, rude.

ˈ**sau**|ˈ**kalt** *adj colloq.* damned (*vulg.* bloody) cold. Ꝛˈ**käl·te** *f* damned cold. Ꝛˌ**kerl** *m* → **Scheißkerl**.

Säu·le [ˈzɔʏlə] *f* ‹-; -n› **1.** column (*a. Quecksilber*Ꝛ *etc, Rauch*Ꝛ, *Heeres*Ꝛ, *Wirbel*Ꝛ), (*Pfeiler*) pillar, (*Pfosten*) post; *fig.* e-e ~ **der Gesellschaft** (**Wissenschaft**) a pillar of society (science). **2.** *electr. phys.* pile; **galvanische** (*od.* **Voltasche**) ~ voltaic (*od.* Volta's) pile.

ˈ**Säu·len**|ˌ**bau** *m* **1.** construction of a column. **2.** building supported by columns. Ꝛˌ**för·mig** *adj* column-shaped, columnar. ~ˌ**fuß** *m arch.* column base. ~ˌ**gang** *m* colonnade. ~ˌ**hal·le** *f* columned hall. ~ˌ**hei·li·ge** *m relig. hist.* stylite, pillar saint, *fig. a.* plaster saint. ~ˌ**hof** *m* colonnaded court. ~ˌ**knauf,** ~ˌ**knopf** *m* capital. ~ˌ**ord·nung** *f* order (of columns), columniation; **ionische** *etc* ~ Ionic, *etc* order. ~ˌ**schaft** *m* column shaft. ~ˌ**stän·der** *m e-r Maschine*: upright, post, pillar. ~ˌ**vorˌbau** *m* portico.

Saum [zaʊm] *m* ‹-(e)s; ⸚e› **1.** hem(line), (*Naht*) seam, (*Besatz*) edging, border, trimming, (*Webkante*) selvage. **2.** *fig. lit.* (*Rand*) border(s *pl*), edge.

ˈ**sauˌmä·ßig** *colloq.* **I** *adj* awful, beastly, filthy, vile, *sl.* lousy, rotten; *fig.* (**ein**) ~**es Glück haben** be damn(ed) lucky. **II** *adv* awfully; **j-n** ~ **behandeln** treat s.o. like dirt; **et.** ~ **machen** make a mess of s.th.

säu·men[1] [ˈzɔʏmən] *v/t* ‹h› **1.** (*um*~) hem, (*besetzen, einfassen*) edge, border, trim. **2.** *fig.* line, skirt, border; **die Straßen** ~ line (*od.* skirt) the streets.

ˈ**säu·men**[2] *poet.* **I** *v/i* ‹h› **1.** (*zögern*) hesitate, tarry, delay, (*trödeln*) dawdle, dally. **II** Ꝛ *n* ‹-s› **2.** hesitating (*etc*). **3.** hesitation, delay.

ˈ**Saumˌesel** *m* sumpter (*od.* pack) mule.

ˈ**säu·mig** *adj* **1.** *bes. econ.* (*in Verzug*) defaulting, (*unpünktlich*) dilatory, slow; **mit e-r Sache** ~ **sein** be behind(hand) (*od.* be lagging behind, be in arrears) with s.th. **2.** *Gäste etc*: belated. **3.** → **saumselig**.

ˈ**Säum·nis** *f* ‹-; -se›, *n* ‹-ses; -se› dilatoriness, (*Verzug*) delay, (*Nichterfüllung*) default; **bei** ~ **des Schuldners** in case of default of the debtor. ~ˌ**ur·teil** *n jur.* default judg(e)ment. ~ˌ**zuˌschlag** *m econ.* extra charge for overdue payment (*od.* for arrears).

ˈ**Saum**|ˌ**pfad** *m* mule-track, *Am. a.* mountain-trail. ~ˌ**pferd** *n* pack-horse.

ˈ**saumˌse·lig** *adj lit.* **1.** (*langsam*) slow, tardy, sluggish, (*hinhaltend*) dilatory, (*trödelnd*) dawdling. **2.** (*nachlässig*) negligent, careless, slack. Ꝛ**keit** *f* ‹-; *no pl*› **1.** tardiness, sluggishness, slowness. **2.** negligence, carelessness, slackness.

ˈ**Saumˌtier** *n* pack-animal, sumpter.

Sau·na [ˈzaʊna] *f* ‹-; -s *u.* -nen› sauna.

ˈ**Sau·re** *n fig. colloq.* **gib ihm** ~**s!** let him have it!

Säu·re [ˈzɔʏrə] *f* ‹-; -n› **1.** sourness, acidity (*a. des Magens*), acidness. **2.** *chem.* acid. ~ˌ**bad** *n chem.* acid bath. Ꝛ**beˌstän·dig** *adj* acidproof, acid-resisting, acid-fast. Ꝛˌ**bil·dend** *adj chem.* acidic. ~ˌ**bil·dung** *f* acidification. Ꝛˌ**echt** *adj Farbe*: acidproof, acid-fast. Ꝛ**empˌfind·lich** *adj* sensitive to acids. Ꝛˌ**fest** *adj* → **säurebeständig**. Ꝛˌ**frei** *adj* free from acid, nonacid. ~**geˌhalt** *m chem.* acid content, acidity. ~ˌ**grad** *m* (degree of) acidity.

ˌ**Sau·re**ˈ**gur·kenˌzeit** *f colloq.* silly season.

ˈ**säu·re**|ˌ**hal·tig** *adj chem.* (containing) acid, acidic. ~ˌ**lös·lich** *adj* acid-soluble. Ꝛˌ**mes·ser** *m* acidimeter. ~ˌ**reich** *adj* rich in acid, acidic. Ꝛˌ**rest** *m* acid residue (*od.* radical). Ꝛˌ**schutzˌfett** *n* acidproof grease. Ꝛˌ**überˌschuß** *m* excess of acid, *med.* hyperacidity. Ꝛ**verˌgif·tung** *f* acid poisoning. ~ˌ**wid·rig** *adj chem. med.* antacid.

Sau·ri·er [ˈzaʊrɪər] *m* ‹-s; -› *meist pl zo.* saurian.

Saus [zaʊs] *m colloq.* **in** ~ **und Braus leben** live (*od.* be) in the lap of luxury, live high, live off the fat of the land.

säu·seln [ˈzɔʏzəln] **I** *v/i* ‹h› **1.** *poet. Wind*: sigh, murmur, *Blätter*: rustle, whisper. **2.** *colloq. Person*: whisper, murmur, *iro.* purr. **II** *v/t* **3.** *colloq.* whisper, murmur, *iro.* purr. **III** Ꝛ *n* ‹-s› **4.** *poet.* whispering (*etc*), susurration.

sau·sen [ˈzaʊzən] **I** *v/i* ‹h *u.* sein› **1.** ‹sein› *Geschoß etc*: whiz(z), whistle, buzz, whir. **2.** ‹h› *Wind etc*: rush, whistle, *stärker*: roar, howl. **3.** ‹h› (*summen*) buzz, sing, hum; **die Ohren** ~ **mir** my ears are buzzing. **4.** ‹sein› *colloq.* whiz(z), rush, dash, shoot, tear, flit. **5.** *fig.* ~ **lassen** a) (*et.*) pass up, miss out on (*a chance, etc*), give *s.th.* a miss, drop (*a plan*), b) (*j-n*) let *s.o.* go (to hell), drop *s.o.* **II** Ꝛ *n* ‹-s› **6.** rush(ing), sough(ing), buzz (-ing), singing (in the ears).

ˈ**Sau**ˌ**stall** *m* **1.** pigsty (*a. fig.*). **2.** *fig. colloq.* (*Unordnung*) awful mess. **3.** → **Sauwirtschaft** 1.

sau·tie·ren [zoˈtiːrən] *v/t* ‹*no* **ge-**, **h**› *gastr.* sauté.

ˈ**Sau**|ˌ**trog** *m* pig (*od.* hog) trough. ~**ˌwet·ter** *n colloq.* filthy (*od.* lousy) weather. ~ˌ**wirt·schaft** *f* **1.** *colloq.* complete chaos, muddle, chaotic set-up. **2.** → **Saustall** 2. Ꝛˈ**wohl** *adj* ‹*pred*› *u. adv colloq.* **ich fühle mich** ~ I couldn't feel better, I feel as snug as a bug in a rug, *Am.* I feel like a million dollars.

Sa·van·ne [zaˈvanə] *f* ‹-; -n› *geogr.* savanna(h).

Sa·xo·phon [zaksoˈfoːn] *n* ‹-s; -e› *mus.* saxophone, *colloq.* sax. **Sa·xo·pho·ˈnist** [-foˈnɪst] *m* ‹-en; -en› saxophonist, sax(ophone) player.

ˈ**Säˌzeit** *f agr.* sowing time (*od.* period).

S-ˌBahn [ˈɛs-] *f* suburban fast train.

sch [ʃ] *interj* **1.** (*schweig*) (s)sh!, hush!, st!, (*kein Wort darüber*) mum('s the word)! **2.** (*weg*) shoo!

Scha·be[1] [ˈʃaːbə] *f* ‹-; -n› *zo.* **1.** cockroach, blackbeetle. **2.** *dial.* moth.

ˈ**Scha·be**[2] *f* ‹-; -n› → **Schabeisen** 1.

ˈ**Scha·beˌfleisch** *n* mince(d meat), *Am. a.* mincemeat, ground (*od.* hamburger) meat.

ˈ**Schabˌei·sen** *n tech.* **1.** scraper, scraping tool. **2.** → **Schabmesser**.

scha·ben [ˈʃaːbən] *v/t* ‹h› **1.** (*Möhren etc*) scrape, (*Fleisch*) mince, *auf dem Reibeisen*: grate, rasp. **2.** (*ab*~) scrape (off) (**von** from), (*Felle*) shave, flesh. **3.** *Kunst*: (engrave *s.th.* in) mezzotint. **4.** *colloq.* **sich** (*dat*) **den Bart** ~ shave. ˈ**Scha·ber** *m* ‹-s; -› *tech.* scraper.

Scha·ber·nack [ˈʃaːbərˌnak] *m* ‹-(e)s; -e› **1.** prank, practical joke, (mischievous *od. colloq.* monkey) trick, *Am. colloq.* monkey business, monkeyshines *pl*, (*Täuschung*) hoax; ~ **treiben** (*od.* **machen**) fool about; **j-m e-n** ~ **spielen** play a trick (*od.* a practical joke) on s.o. **2.** (*übermütiges Kind*) little monkey.

schä·big [ˈʃɛːbɪç] **I** *adj* **1.** shabby, threadbare, *colloq.* seedy, tacky, (*heruntergekommen*) shabby, sleazy. **2.** *fig. Geschenk, Summe etc*: paltry, beggarly, *Person*: mean, stingy, tightfisted. **3.** *fig. Verhalten etc*: mean, nasty, rotten, *Streich etc*: *a.* dirty, shabby; **das war** ~ **von dir** that was mean (*od.* nasty) of you. **II** *adv* **4.** shabbily, dowdily (*dressed, etc*). **5.** *fig.* (*gemein*) meanly, shabbily; **sich** ~ **vorkommen** feel mean. Ꝛ**keit** *f* ‹-; *no pl*› **1.** shabbiness, dowdiness, threadbareness, wretched appearance, seediness. **2.** *fig.* a) (*Geiz*) stinginess, niggardliness, b) (*schäbiges Benehmen*) meanness, shabbiness, nasty thing to say (*od.* do).

ˈ**Schabˌkunst** *f* ‹-; *no pl*› mezzotint(o) (engraving).

Scha·blo·ne [ʃaˈbloːnə] *f* ‹-; -n› **1.** pattern, model, (*Maß*Ꝛ) stencil, *tech.* template. **2.** *fig.* set (*od.* fixed) pattern, routine, stereotyped methods *pl*, *in der Rede, Kunst etc*: cliché, stereotype; **nach der** ~ according to pattern, in a routine (*od.* stereotyped) manner.

Schaˈ**blo·nen**|ˌ**den·ken** *n* stereotyped thinking. ~ˌ**dreh·maˌschi·ne** *f* copying lathe. ~**for·meˌrei** *f metall.* template mo(u)lding. Ꝛ**haft I** *adj* **1.** after a certain pattern. **2.** *fig.* stereotyped, mechanical, routine. **II** *adv* **3.** *fig.* in a stereotyped way, to a set (*od.* fixed) pattern, routinely. ~**paˌpier** *n* stencil (*od.* pattern) paper. ~ˌ**zeich·nung** *f* stencil drawing.

scha·blo·nie·ren [ʃabloˈniːrən] **I** *v/t* ⟨*no* **ge-, h**⟩ **1.** stencil. **2.** *fig.* generalize, press *s.o., s.th.* into a stereotyped pattern. **II** *v/i* **3.** *fig.* generalize, form mental stereotypes. **scha·blo·ni·sie·ren** [ʃabloniˈziːrən] *v/t u. v/i* ⟨*no* **ge-, h**⟩ → **schablonieren.**

ˈSchabˌmes·ser *n* scraping knife, scraper, *für Leder*: fleshing knife.

Scha·bracke (*getr.* **-k·k-**) [ʃaˈbrakə] *f* ⟨**-; -n**⟩ **1.** *mil. hist.* shabrack. **2.** *colloq. contp.* a) (*altes Pferd*) jade, hack, nag, b) (*altes Auto*) rattletrap, jalopy, c) (*altes Weib*) old hag.

Schab·sel [ˈʃaːpsəl] *n* ⟨**-s; -**⟩ *meist pl* scraping.

ˈSchabˌwerkˌzeug *n* scraping tool, scraper.

Schach [ʃax] *n* ⟨**-s; -s**⟩ **1.** ⟨*only sg*⟩ (**~***spiel*) chess; **~ spielen** play (at) chess; **e-e Partie ~** a game of chess. **2.** (**~***stellung*) check; **~ (dem König)!** check!; **~ und matt!** checkmate!; **im ~ stehen** (*od.* **sein**) be in check; **~ bieten** give check; **j-m ~ bieten** check s.o.'s king, *fig.* defy s.o., stand up to s.o.; *fig.* **j-n in** (*od.* **im**) **~ halten** a) keep (*od.* hold) s.o. in check (*od.* at bay), *mit der Pistole etc*: cover s.o., b) (*in Trab halten*) keep s.o. on the go. **~ˌaufˌga·be** *f* chess problem.

ˈSchachˌbrett *n* chessboard. **≗ˌar·tig I** *adj* checkered, chequered. **II** *adv* like a chessboard; **~ verzieren** checker, chequer. **~ˌfries** *m arch.* billet frieze. **~ˌmu·ster** *n* checker (*od.* chequer) pattern.

ˈSchach·comˌpu·ter *m* chess computer.

Scha·cher [ˈʃaxər] *m* ⟨**-s;** *no pl*⟩ haggling, *bes. pol.* horse-trading, jobbery; **mit e-r Sache ~ treiben** haggle over s.th., *colloq.* dicker for s.th.

Schä·cher [ˈʃɛçər] *m* ⟨**-s; -**⟩ *Bibl.* thief (am Kreuz on the cross).

Scha·cheˈrei *f* ⟨**-; -en**⟩ → **Schacher.** **ˈScha·che·rer** *m* ⟨**-s; -**⟩ haggler. **scha·chern** [ˈʃaxərn] *v/i* ⟨**h**⟩ (*feilschen*) (**um**) (higgle and) haggle (over), *colloq.* dicker (for).

ˈSchach|ˌfeld *n* (chessboard) square. **~ˌfiˌgur** *f* chessman, (chess) piece; *fig.* **er ist nur e-e ~** he is a mere pawn. **~ˌklub** *m* chess club. **≗ˈmatt** *adj* ⟨*meist pred*⟩ **1.** *im Spiel*: checkmate; **j-n ~ setzen** *a. fig.* checkmate s.o. **2.** *fig. colloq.* completely exhausted, worn (*od.* fagged) out, dead-beat. **~ˌmei·ster** *m* chess champion. **~parˌtie** *f* game of chess. **~ˌspiel** *n* **1.** game of chess. **2.** ⟨*only sg*⟩ chess. **3.** chessboard and men. **~ˌspie·ler** *m* chess player. **~ˌstel·lung** *f* check.

Schacht [ʃaxt] *m* ⟨**-(e)s; ⸚e**⟩ **1.** *allg.* shaft, *Bergbau*: *a.* pit, (*Licht≗ etc*) *a.* well, (*Einstiegs≗*) manhole. **2.** *metall. tech.* stack, fireroom. **3.** *aer.* (*Bomben≗*) (bomb-)bay. **~ar·bei·ter** *m* **1.** *Bergbau*: pitman. **2.** *civ.eng.* a) navvy, b) sewerman. **~ausˌbau** *m* shaft lining. **~ˌbrun·nen** *m* dug well. **~ˌdeckel** (*getr.* **-k·k-**) *m* manhole cover.

Schach·tel [ˈʃaxtəl] *f* ⟨**-; -n**⟩ **1.** box, (*Papp≗*) *a.* carton; **e-e ~ Zigaretten** a packet (*bes. Am.* pack) of cigarettes. **2.** *colloq.* **alte ~** old hag, old frump. **~ˌhalm** *m bot.* horsetail. **~ˌsatz** *m ling.* involved period.

schäch·ten [ˈʃɛçtən] *v/t* ⟨**h**⟩ kill (*od.* slaughter) (*an animal*) according to Jewish rites. **ˈSchäch·ter** *m* ⟨**-s; -**⟩ Jewish (*od.* kosher) butcher.

ˈSchachˌtisch *m* chess-table.

ˈSchacht|ˌofen *m metall.* shaft furnace. **~ˌöff·nung** *f Bergbau*: pithead. **~ˌsohle** *f* shaft-bottom.

ˈSchach|turˌnier *n* chess tournament. **~ˌuhr** *f* chess clock. **~ˌzug** *m* **1.** move (at chess). **2.** *fig.* move, manœuvre, *Am.* maneuver; **ein kluger ~** a clever move.

scha·de [ˈʃaːdə] *adj* ⟨*pred*⟩ **das ist (sehr) ~!** that's a (great) pity!; **(wie) ~!** what a pity!, what a shame!, how unfortunate!; **(es ist) ~, daß** it's a pity (*od.* shame, too bad) that; **es ist zu ~ (ewig ~), daß** it's too bad (a thousand pities) that; **es ist nur ~, daß** the pity of it is that; **es wäre ~ um jeden Pfennig** it would be a waste of money; **darum ist es nicht (weiter) ~** that doesn't matter, that's no great loss; **es ist ~ um ihn** a) it's a pity (*od.* shame) about him, b) he's a real loss; **um den ist es nicht ~** he's no great loss; **dafür ist er (es) zu ~** he (it) is too good for that.

ˈScha·de *m* ⟨**-ns; ⸚n**⟩ → **Schaden.**

Schä·del [ˈʃɛːdəl] *m* ⟨**-s; -**⟩ **1.** *anat.* skull, cranium. **2.** *colloq.* head; **j-m den ~ einschlagen** knock s.o.'s brains out, beat (*od.* bash) s.o.'s skull in; **sich** (*dat*) **den ~ einrennen** a) crack one's skull, b) *fig.* run (*od.* beat) one's head against a brick wall; *fig.* **e-n harten** (*od.* **dicken**) **~ haben** be stubborn, be pigheaded; → *a.* **Kopf. ~ˌba·sis** *f anat.* base of the skull, skull-base. **~ˌba·sisˌbruch** *m med.* fracture of the skull-base. **~ˌboh·rer** *m* trepan, trephine. **~ˌbruch** *m* fractured skull, fracture of the skull. **~ˌbrum·men** *n colloq.* headache. **~ˌdach** *n,* **~ˌdecke** (*getr.* **-k·k-**) *f anat.* skullcap, cranium. **~ˌhaut** *f* scalp, pericranium. **~ˌhöh·le** *f* brain (*od.* cranial) cavity. **~ˌkno·chen** *m* brain (*od.* cranial) bone. **~ˌla·ge** *f des Fetus*: vertex presentation. **~ˌleh·re** *f* craniology. **~ˌmes·sung** *f* craniometry, cephalometry. **~ˌnaht** *f* cranial suture. **~ope·ra·tiˌon** *f* cranial operation. **~ˌstät·te** *f Bibl.* (Mount) Calvary, Golgotha.

scha·den [ˈʃaːdən] **I** *v/i* ⟨**h**⟩ (*dat*) do damage (*od.* harm) (to), *j-m, e-r Sache*: damage, injure, be injurious (to), harm, hurt, *der Gesundheit*: be detrimental (to), impair, (*nachteilig sein*) prejudice, be prejudicial (*od.* detrimental) (to); **es kann nicht ~** it can't do any harm; **ein Versuch kann nicht ~** there is no harm in trying; **ein „bitte" hätte nicht ~ können** a "please" might not have come amiss; *iro.* **ein Bad könnte ihm nicht ~** a bath wouldn't hurt him, he'd be none the worse for a bath; **das schadet ihm gar nichts** that serves him right, that's good for him; **das schadet mehr, als es nützt** it does more harm than good. **II** *v/t* matter; **das schadet nichts!** that doesn't matter!, never mind!, that makes no difference! **III** *v/impers* **was schadet es (schon), wenn** what does it matter if; **es kann nicht ~ zu** *inf* there is no harm in *doing.*

ˈScha·den *m* ⟨**-s; ⸚**⟩ **1.** damage (**an** *dat* to), (*Verheerung*) havoc, ravage(s *pl*), *bes. tech.* trouble, defect; **~ durch Wasser (Feuer** *od.* **Brand)** damage caused by water (fire); **Schäden größeren Ausmaßes** extensive damage *sg*; **~ nehmen** be (*od.* get) damaged, suffer damage; **~ anrichten** (*od.* **verursachen**) cause damage. **2.** ⟨*only sg*⟩ (*Nachteil*) disadvantage, detriment; **ohne ~ für j-n** without detriment to s.o.; **zu j-s ~** to s.o.'s disadvantage, at s.o.'s expense; **es soll Ihr ~ nicht sein** you will not regret it; **wer den ~ hat, braucht für den Spott nicht zu sorgen** the laugh is always on the loser; **durch ~ wird man klug** once bitten twice shy. **3.** (*körperlicher ~*) damage, injury, (*Gebrechen*) defect; **niemand kam bei dem Unfall zu ~** nobody was injured in the accident; **gesundheitliche Schäden davontragen** suffer damage to one's health, *colloq.* suffer healthwise. **4.** ⟨*only sg*⟩ (*Böses, Leid*) harm, wrong; **j-m ~ zufügen** do s.o. harm, harm s.o. **5.** *econ.* a) (*finanzieller ~*) loss, b) (*Versicherungsanspruch*) claim; **e-n ~ decken** cover a loss; **für den ~ haften** be liable for the loss; **et. mit ~ verkaufen** sell s.th. at a loss; **e-n ~ regulieren** settle a claim; *colloq.* **fort mit ~!** good riddance!

ˈScha·den·erˌsatz *m* (payment *od.* recovery of) damages *pl*, indemnity, indemnification, compensation, amends *pl* (*meist als sg konstruiert*); **~ fordern** claim (*od.* demand) damages; **auf ~ klagen** sue for damages; **~ leisten** pay (*od.* make payment for) damages; **j-n auf ~ verklagen** sue s.o. for damages. **~ˌanˌspruch** *m,* **~ˌfor·de·rung** *f* claim for damages. **~ˌkla·ge** *f* action (*od.* suit) for damages. **~ˌpflicht** *f* liability for damages. **≗ˌpflich·tig** *adj* liable for damages.

ˈScha·den|ˌfestˌstel·lung *f* assessment of damage. **~ˌfeu·er** *n* destructive (*od.* hostile) fire. **≗ˌfrei** *adj Fahren etc*: without an accident; **Prämie für ~es Fahren** → **~ˌfrei·heits·raˌbatt** *m* no claims bonus (*od.* discount). **~ˌfreu·de** *f* malicious joy (*od.* glee), schadenfreude; **voller ~** gloatingly; **voller ~ betrachten** *etc* gloat over. **≗ˌfroh I** *adj* **~ sein** delight in other's misfortunes, be full of malicious glee. **II** *adv* gloatingly, gleefully. **~re·guˌlie·rung** *f* settlement of a claim (for damages).

ˈScha·dens|abˌtei·lung *f econ.* claims department (*od.* office). **~ˌfall** *m* **1.** case of damage; **im ~(e)** in the event (*od.* in case) of damage. **2.** (case of) loss. **~verˌsi·che·rung** *f* insurance against damage, indemnity (*Am.* casualty) insurance.

ˈScha·den- und ˈUnˌfall·verˌsi·che·rung *f* accident insurance.

ˈschad·haft *adj* damaged, (*mangelhaft*) defective, faulty, (*abgenutzt*) worn-out, *Gebäude etc*: dilapidated, out of (*od.* in poor) repair, *Rohre etc*: leaky, leaking, *Zähne*: decayed, carious; **der Mantel hat einige ~e Stellen** the coat is worn out in places. **ˈSchad·haf·tig·keit** *f* ⟨**-;** *no pl*⟩ damaged (*od.* defective, worn-out, dilapidated) state (*od.* condition), defectiveness.

schä·di·gen [ˈʃɛːdɪgən] *v/t* ⟨**h**⟩ **1.** harm, damage, do harm (*od.* damage) to, impair, injure, be detrimental (*od.* injurious) to; **j-s Ansehen (Interessen) ~** harm s.o.'s reputation (interests). **2.** *finanziell*: cause loss(es) to; **wir sind schwer geschädigt worden** we have suffered great losses. **3.** *gesundheitlich*: injure, damage, affect, impair. **ˈSchä·di·gung** *f* ⟨**-; -en**⟩ **1.** harm, damage, *a. gesundheitliche*: impairment, injury. **2.** *finanzielle*: loss(es *pl*).

schäd·lich [ˈʃɛːtlɪç] *adj* harmful, damaging, (*nachteilig*) (*dat,* **für** to) injurious, prejudicial, detrimental, (*gesundheits~*) *a.* unwholesome, noxious, (*verderblich*) pernicious, (*schlecht*) bad (*influence, etc*); **~e Folgen** detrimental consequences; **starkes Rauchen ist für die Gesundheit ~** heavy smoking is injurious to (*od.* bad for) the health; **das ist nicht ~** that does no harm. **≗keit** *f* ⟨**-;** *no pl*⟩ harmfulness, injuriousness (*etc*).

Schäd·ling [ˈʃɛːtlɪŋ] *m* ⟨**-s; -e**⟩ **1.** *bot. zo.* pest, parasite. **2.** (*Person*) *contp.* parasite; **~e** *pl a.* vermin.

ˈSchäd·lings|beˌfall *m* pest infestation. **~beˌkämp·fung** *f* pest control. **~beˌkämp·fungsˌmit·tel** *n* pesticide, insecticide.

ˈ**schad·los** *adj* j-n ~ **halten (für)** compensate (*od.* indemnify, recoup) s.o. (for), *jur. a.* hold s.o. harmless (against); **sich für e-e Sache ~ halten** recoup o.s. for s.th., **an j-m**: recover one's losses from s.o. **≈ˌhal·tung** *f* ‹-; *no pl*› indemnification, recoupment.

ˈ**Schadˌstoff** *m bes. chem. phys.* harmful substance, *in Luft, Flüssen etc*: pollutant.

Schaf [ʃaːf] *n* ‹-(e)s; -e› **1.** sheep; **ein verirrtes ~** *a. fig.* a stray(ing) sheep; *fig. colloq.* **das schwarze ~ (in) der Familie** the black sheep of the family; *Bibl. u. fig.* **die ~e von den Böcken sondern** separate the sheep from the goats. **2.** *fig.* (*Dummkopf*) fathead, ninny. **~ˌbock** *m* ram, (*Hammel*) wether.

Schäf·chen [ˈʃɛːfçən] *n* ‹-s; -› **1.** little sheep, (*Lamm*) lamb(kin); *fig. colloq.* **sein ~ scheren, sein ~ ins** (*od.* **aufs**) **trockene bringen** feather one's (own) nest, make one's pile. **2.** *fig. colloq.* (*Dummerchen*) (little) silly. **3.** *pl* → **~ˌwol·ken** *pl* fleecy clouds, cirrocumuli; **Himmel mit ~** mackerel sky *sg.*

Schä·fer [ˈʃɛːfər] *m* ‹-s; -› shepherd. **~ˌdich·tung** *f* pastoral (*od.* bucolic) poetry (*od.* writing). **~geˌdicht** *n* pastoral (poem). **~ˌhund** *m* sheepdog, shepherd dog; **Deutscher ~** (*Rasse*) Alsatian, German shepherd dog; **Schottischer ~** collie.

ˈ**Schä·fe·rin** *f* ‹-; -nen› shepherdess.

ˈ**Schä·fer‖spiel** *n thea.* pastoral (play). **~ˌstünd·chen** *n* amorous tête-à-tête.

Schaff [ʃaf] *n* ‹-(e)s; -e› *dial.* tub.

ˈ**Schaf‖farm** *f* sheep-farm. **~ˌfell** *n* sheepskin, fleece.

schaf·fen¹ [ˈʃafən] **I** *v/t* ‹schafft, schuf, geschaffen, h› **1.** (*er~*) (*Kunstwerk etc, a. Bedingungen etc*) create, (*Gesetze etc*) *a.* make, (*Organisation etc*) *a.* found, establish, bring *s.th.* into being, set up, (*Methoden etc*) develop; **Gott schuf den Menschen** God created man; **er stand da wie Gott ihn geschaffen hatte** he stood there in his birthday suit; **er ist für diese Arbeit wie geschaffen** he is cut out for this job; **er ist zum Lehrer wie geschaffen** he has all the makings of a good teacher, he is a born teacher; → **Abhilfe, Rat**¹ 1. **2.** *fig.* (*Ärger, Verdruß etc bereiten*) cause, give. **II ≈** *n* ‹-s› **3.** creating (*etc*). **4.** work, (creative) activity. **5.** (*Werke*) work(s *pl*).

ˈ**schaf·fen**² **I** *v/t* ‹h› **1.** (*be~*) get, procure, provide, find, (*Geld*) *a.* raise. **2.** *colloq.* (*erreichen*) (*Bus, Zug etc*) catch, (*Rekord etc*) reach, (*bewältigen*) manage, get *s.th.* done, (*Problem etc*) (be able to) cope with, master, handle, (*Lektüre etc*) get through; **es ~** a) *zeitlich*: make it, get there in time, b) *arbeitsmäßig*: manage, get along, cope, c) (*Erfolg haben*) succeed, make it (*od.* out), get somewhere; **viel ~** a) get through a lot of work, b) achieve a great deal; **es bis zum Ufer ~** make the shore; **er schaffte e-e Meile in Rekordzeit** he did a mile in record time; **(das hätten wir) geschafft!** we've done (*od.* made) it!; **gleich haben wir's geschafft** we've just about made it, we are almost there; *colloq.* **schaffst du noch e-n Teller?** can you handle another plateful? **3.** (*bringen*) take, put; **ein Paket auf die Post ~** take a parcel to the post office; **die Kinder ins Bett ~** put the children to bed; **j-n ins Krankenhaus ~** take s.o. to hospital, hospitalize s.o.; → **Hals**¹ 2, **Seite** 1 (*etc*). **4.** (*tun*) do; **et. zu ~ haben mit** have s.th. to do with; **was hast du hier zu ~?** what do you want here?; **was habe ich damit zu ~?** why should that concern me?; **ich habe damit nichts zu ~** that's no business of mine, *iro.* I wash my hands of it; **mit ihm will ich nichts zu ~ haben** I want no truck with him; **er hat hier nichts zu ~** he has no business to be here. **5.** *colloq.* **j-n ~** (*fertigmachen, erschöpfen*) get s.o. down, finish s.o.; **er (es) schafft mich!** *a.* he (it) will kill me yet; **jetzt bin ich (aber) geschafft!** I've had it! **II** *v/i* **6.** *bes. dial.* (*arbeiten*) work. **7.** (*emsig sein*) be busy. **8. j-m (viel) zu ~ machen** give (*od.* cause) s.o. (no end of) trouble, *Rheumatismus etc*: *a.* play s.o. up. **9. sich** (*dat*) **zu ~ machen** *im Haus etc*: potter about, **an e-r Sache**: busy o.s. (*od.* be busy) with s.th., *unbefugt od. unsachgemäß*: tamper (*colloq.* monkey) with s.th.

ˈ**schaf·fend** *adj* (*schöpferisch*) creative, (*produktiv*) productive, (*arbeitend*) working.

ˈ**Schaf·fens‖drang** *m* creative urge (*od.* zest), (*Arbeitslust*) eagerness to work. **~ˌkraft** *f* ‹-; *no pl*› creative (*od.* productive) power, creativity.

ˈ**Schaf·fer** *m* ‹-s; -› *colloq.* hardworking man, slogger.

Schaff·ner [ˈʃafnər] *m* ‹-s; -› **1.** (*Bus≈, Straßenbahn≈*) conductor, (*Zug≈*) guard, ticket inspector, (*Schlafwagen≈*) attendant. **2.** *obs.* (*Verwalter*) steward. ˈ**Schaff·ne·rin** *f* ‹-; -nen› conductress.

ˈ**Schaf·fung** *f* ‹-; *no pl*› **1.** creating. **2.** creation, (*Einrichtung*) establishment, setting-up, (*Gründung*) foundation, (*Entwicklung*) development; → **schaffen**¹ 1.

ˈ**Schaf‖gar·be** *f bot.* yarrow. **~ˌher·de** *f* flock of sheep. **~ˌhirt, ~ˌhir·te** *m* shepherd. **~ˌhür·de** *f* sheepfold, pen. **~ˌkä·se** *m* sheep's (*od.* ewe's) milk cheese. **~ˌkopf** *m* (*Kartenspiel*) sheep(s)head, schaf(s)kopf. **~ˌle·der** *n* sheepskin. **≈ˌle·dern** *adj* (of) sheepskin.

Schäf·lein [ˈʃɛːflaɪn] *n* ‹-s; -› **1.** little sheep, lamb(kin). **2.** *fig.* **s-e ~** *pl* his charges, *relig.* his flock *sg.*

ˈ**Schafˌmilch** *f* ewe's milk.

Scha·fott [ʃaˈfɔt] *n* ‹-(e)s; -e› scaffold; **das ~ besteigen** mount the scaffold.

ˈ**Schaf‖pelz** *m* sheepskin (coat *od.* jacket); *fig.* **ein Wolf im ~** a wolf in sheep's clothing. **~ˌpocken** (*getr.* -k·k-) *pl vet.* sheep-pox *sg.* **~ˌschur** *f* sheep-shearing.

ˈ**Schafsˌkopf** *m* **1.** sheep's head. **2.** *fig. colloq.* blockhead, num(b)skull, fathead.

ˈ**Schafˌstall** *m* shed for sheep.

Schaft [ʃaft] *m* ‹-(e)s; ⸚e› *allg. e-r Lanze, Säule, Feder, e-s Werkzeugs etc*: shaft, (*Griff*) *a.* handle, *e-s Schlüssels, Ankers etc*: *a.* shank, *e-s Gewehrs, Ruders etc*: stock, *e-r Blume*: stalk, peduncle, *e-s Stiefels*: leg.

schäf·ten [ˈʃɛftən] *v/t* ‹h› provide *s.th.* with a shaft (*od.* shank, handle), (*Gewehr*) stock, mount, (*Stiefel*) leg.

ˈ**Schaftˌstie·fel** *m meist pl* knee boot.

ˈ**Schaf‖wei·de** *f* sheep-walk, sheep-run. **~ˌwol·le** *f* sheep's wool. **~ˌzucht** *f* sheep-breeding (*od.* -raising, -farming). **~ˌzüch·ter** *m* sheep farmer.

Schah [ʃaː] *m* ‹-s; -s› (*pers. Herrschertitel*) shah, Shah.

Scha·kal [ʃaˈkaːl] *m* ‹-s; -e› *zo.* jackal.

Schä·kel [ˈʃɛːkəl] *m* ‹-s; -›, ˈ**schä·keln** *v/t* ‹h› *tech.* shackle.

Schä·ker [ˈʃɛːkər] *m* ‹-s; -› (*Schalk*) rogue, wag, (*Kokettierer*) flirt, *stärker*: philander(er). **Schä·keˈrei** *f* ‹-; -en› (*Neckerei*) chaff, banter, (*Flirten*) flirtation, coquetry. ˈ**schä·kern** *v/i* ‹h› (*scherzen*) joke, make fun, (*flirten*) flirt, philander, (*necken*) tease, banter, chaff.

schal [ʃaːl] *adj* ‹-er; -st› *Bier, Wein etc, a. fig.* flat, stale, insipid, vapid; **~ werden** go (*od.* become) flat, (go) stale; *fig.* **das Leben dünkte ihn** (*od.* **ihm**) **~** life seemed empty (*od.* meaningless) to him.

Schal *m* ‹-s; -e *u.* -s› scarf, *wollener*: *a.* muffler, (*Umschlagtuch*) shawl.

Scha·le¹ [ˈʃaːlə] *f* ‹-; -n› **1.** (*Obst≈, Kartoffel≈ etc*) peel, skin, *abgeschälte*: paring, (*bes. Kartoffel≈*) peeling, (*Nuß≈, Eier≈ etc*) shell, (*Hülse*) husk, hull, (*Schote*) pod, *e-r Kastanie*: *a.* burr, (*Rinde*) bark, rind; **Kartoffeln mit** (*od.* **in**) **der ~ kochen** boil potatoes in their skins (*od.* jackets); **in e-r rauhen ~ steckt oft ein süßer Kern** (*Sprichwort*) a rough exterior often conceals a heart of gold. **2.** *zo.* shell, crust, carapace, (*Muschel≈ etc*) valve. **3.** *fig.* clothing, (*Äußeres*) outside; *colloq.* **sich in ~ werfen** dress up (to the nines), spruce (*od.* doll) o.s. up, don one's glad rags. **4.** *aer. phys.* shell. **5.** *meist pl hunt.* (*Huf*) hoof. **6.** → **Verschalung.**

ˈ**Scha·le**² *f* ‹-; -n› **1.** (*Gefäß*) bowl, basin, vessel, dish, *flache*: pan, tray; *Bibl. u. fig.* **die ~n des Zorns ausgießen über j-m** pour out the vials of wrath upon s.o. **2.** *tech.* (*Lager≈*) bush(ing), (*Waag≈*) scale.

schä·len [ˈʃɛːlən] **I** *v/t* ‹h› **1.** (*Obst, Kartoffeln etc*) peel, pare, (*Nüsse, Eier etc*) shell, (*Hülsenfrüchte*) hull, husk, (*Mandeln*) blanch, (*Bäume*) (de)bark, *bes. hunt.* strip. **2.** *tech.* preturn, roughturn. **II** *v/reflex* **sich ~ 3.** *Haut etc*: peel, come off. **4.** *Baum*: shed the bark, exfoliate. **5.** *colloq.* **sich aus den Kleidern ~** peel off one's clothes, strip.

ˈ**Scha·len‖bau** *m*, **~ˌbauˌwei·se** *f* monocoque construction. **~ˌguß** *m metall.* chill(ed) casting. **~ˌkupp·lung** *f* split (*od.* clamp) coupling. **~ˌsitz** *m mot.* integral mo(u)lded seat. **~ˌtier** *n* shellfish, crustacean. **~ˌwild** *n* hoofed game.

ˈ**Schal·heit** *f* ‹-; *no pl*› **1.** *a. fig.* staleness, flatness, insipidity. **2.** *fig.* (*Leere*) vapidness, emptiness.

ˈ**Schälˌhengst** *m* stallion, stud-horse.

Schalk [ʃalk] *m* ‹-(e)s; -e *u.* ⸚e› **1.** wag, wit, joker, (*Kind*) scamp, rascal, imp, rogue. **2.** ‹*only sg*› (*Schalkhaftigkeit*) waggishness, roguishness; **der ~ sitzt ihm im Nacken** he is a bit of a wag. **≈haft** *adj* waggish, roguish. **~haf·tigkeit, ~heit** *f* ‹-; *no pl*› → **Schalk** 2.

ˈ**Schalˌkra·gen** *m* shawl collar.

Schall [ʃal] *m* ‹-(e)s; *rare* -e *u.* ⸚e› sound, (*Lärm*) *a.* noise, *von Glocken*: *a.* ringing, pealing, (*metallischer Klang*) clang(ing), (*Widerhall*) echo, reverberation, resonance; *phys.* **die Lehre vom ~** the theory of sound, acoustics *pl*; **schneller als der ~** faster than sound, supersonic; *fig.* **leerer ~ sein** mean nothing, be meaningless (*od.* empty, idle); **Name ist ~ und Rauch** what's in a name? **~arˌchiv** *n* sound archives *pl.* **~ˌaufˌzeich·nung** *f* sound recording. **~ˌbo·den** *m* sound(ing)-board. **~ˌbrett** *n arch.* louv/re (*Am.* -er) board. **~ˌdäm·mung** *f* sound insulation. **≈ˌdämp·fend** *adj* sound-absorbing, sound-deadening. **~ˌdämp·fer** *m tech.* sound absorber, *mot.* silencer, *Am.* muffler, *an Schußwaffe*: silencer. **~ˌdämp·fung** *f* sound absorption, *mot.* silencing, *Am.* muffling; **mit ~** sound-proofed. **≈ˌdicht** *adj* (*a.* **~ machen**) soundproof. **~ˌdich·te** *f* sound density. **~ˌdo·se** *f* soundbox, mechanical pickup. **~ˌdruck** *m* ‹-(e)s; *no pl*› sound pressure.

ˈ**Schalleh·re** (*getr.* -llˌl-) *f* ‹-; *no pl*› → **Akustik** 1.

schal·len [ˈʃalən] *v/i, oft v/impers* ‹schallt, schallte, *rare* scholl, geschallt, h› *Stimme, Lachen, Schuß etc*: ring out, *Glocken etc*: sound, ring, (*dröhnen*) peal, boom, *metallisch*: clang, (*widerhallen*) re-echo, resound, reverberate. **~d I** *adj Stimme, Gelächter etc*: ringing,

Ohrfeige, Beifall etc: resounding; **~es Gelächter** *a.* peals *pl* of laughter, guffaw(s *pl*); **mit ~er Stimme** at the top of one's voice. **II** *adv* **~ lachen** guffaw.

ˈSchall|geˌschwin·dig·keit *f* sound velocity, sonic speed. **ℒisoˌlie·ren** *v/t* ⟨*no* -ge-, h⟩ soundproof. **~ˌmau·er** *f* (**die ~ durchbrechen** break the) sound (*od.* sonic) barrier. **~ˌmes·sung** *f* sound ranging.

ˈSchalloch (*getr.* -ll,l-) *n* **1.** *mus.* soundhole. **2.** *arch.* louv/re (*Am.* -er).

ˈSchall|ˌpe·gel *m* sound level (*od.* volume). **~ˌpe·gelˌmes·ser** *m* phonometer. **~ˌplat·te** *f* (gramophone *od.* phonographic) record, disc; **et. auf ~ aufnehmen** record s.th.

ˈSchallˌplat·ten|ˌal·bum *n* record album. **~ˌaufˌnah·me** *f* disc recording, record; **e-e ~ machen** (*gen od.* **von**) *a.* record *s.th.* **~ˌin·duˌstrie** *f* record industry. **~kasˌset·te** *f* multi-record set, (multi-record) box. **~ka·taˌlog** *m* record index. **~ˌklub** *m* record club. **~muˌsik** *f* recorded (*sl.* canned) music; **~ senden** *Radio*: broadcast records. **~ˌsen·dung** *f* record roundup, album program(me *Br.*).

ˈSchall|ˌquel·le *f* source of sound. **ℒschluckend** (*getr.* -k·k-) *adj* sound-absorbing, sound-deadening. **~ˌschutz** *m* **1.** sound insulation. **2.** noise control, noise abatement measures *pl.* **~ˌschutzˌwand** *f* noise barrier, *auf Flughäfen*: detuner. **~ˌschwin·gung** *f* sound vibration. **~siˌgnal** *n* sound signal. **~ˌstär·ke** *f* sound intensity. **ℒˌtot** *adj Raum*: anechoic. **~ˌtrich·ter** *m* **1.** *am Lautsprecher*: horn, trumpet, *mus.* bell. **2.** megaphone. **~ˌwand** *f* (acoustic) baffle. **~ˌwel·le** *f* sound wave. **~ˌwort** *n* ⟨-(e)s; ⸗er⟩ onomatopoeic word.

Schal·mei [ʃalˈmaɪ] *f* ⟨-; -en⟩ *mus.* shawm.

Scha·lot·te [ʃaˈlɔtə] *f* ⟨-; -n⟩ *bot.* shallot.

schalt [ʃalt] *1 u. 3 sg pret of* **schelten.**

ˈSchalt|ˌanˌla·ge *f* switchboard plant. **~au·toˌma·tik** *f mot.* automatic gear change. **~ˌbild** *n electr.* wiring diagram. **~ˌbrett** *n* → **Schalttafel.** **~el·eˌment** *n* **1.** *zur Steuerung*: control element. **2.** *electr.* circuitry unit.

schal·ten [ˈʃaltən] **I** *v/t* ⟨h⟩ **1.** (*ein~, um~*) switch, turn, (*Maschine etc*) operate, (*Hebel etc*) shift, move. **2.** (*Stromkreis etc*) connect, (*ver~*) wire; **in Reihe ~** connect *s.th.* in series. **3.** *mot.* (*Kupplung*) engage, (*aus~*) disengage, (*Gang*) change, *Am.* shift. **II** *v/i* **4. ~ (und walten)** be in charge, give the orders, rule, command, (*wirtschaften*) manage, work; **j-n ~ und walten lassen** let s.o. do as he pleases, give s.o. a free hand. **5.** operate a switch (*od.* the controls). **6.** *mot.* change (*bes. Am.* shift) gear, engage gear; **in den dritten Gang ~** change (*od.* shift) into third (gear); **hart ~** clash gears. **7.** *fig. colloq.* do some quick thinking, (*begreifen*) get it, get the idea (*od.* picture), (*reagieren*) react quickly; **schnell ~** be fast in the uptake; **er schaltete schnell** *a.* he cottoned on quickly; **da habe ich falsch geschaltet** I got that wrong. **III** **ℒ** *n* ⟨-s⟩ **8.** switching (*etc*). **9.** (*Ein~, Um~*) switch, *e-r Maschine etc*: operation, *e-s Hebels etc*: shift, (*Bedienung*) control. **10.** *mot.* gear change, gear-changing, *Am.* gear-shifting. **11.** *electr.* connection, (*Ver~*) wiring. **12.** *fig. colloq.* **schnelles ℒ** quick thinking. **13.** **ℒ (und Walten)** work(ing), managing (*etc*), *cf.* 4.

ˈSchal·ter¹ *m* ⟨-s; -⟩ *electr.* (*Einℒ, Ausℒ, Umℒ*) switch, (*Trennℒ*) circuit-breaker.

ˈSchal·ter² *m* (*Postℒ, Bankℒ etc*) counter, window, (*Fahrkartenℒ*) booking-office (window), *bes. Am.* ticket office.

ˈSchal·ter|beˌam·te *m* counter (*od.* booking) clerk. **~ˌdienst** *m* counter service; **~ haben** be on counter duty. **~ˌfen·ster** *n* counter window. **~ˌhal·le** *f* central (*od.* main) hall, *rail. a.* booking (*Am.* ticket) hall. **~ˌstun·den** *pl* service (*od.* business) hours.

ˈSchalt|geˌtrie·be *n* range (*od.* shift) transmission. **~ˌhe·bel** *m* **1.** *tech.* control lever; *fig.* **die ~ der Macht** the levers of power; **an den ~n der Macht sitzen** be at the controls. **2.** *electr.* (*Einℒ, Ausℒ, Umℒ*) switch lever. **3.** *mot.* gear (*Am.* gearshift) lever. **~ˌjahr** *n* leap year. **~ˌka·sten** *m electr.* switchbox. **~ˌkreis** *m electr.* circuit. **~ˌplan** *m* wiring diagram. **~ˌpult** *n* control desk. **~ˌraum** *m electr.* switch room. **~ˌschrank** *m* switch cabinet (*od.* cupboard). **~sta·tiˌon** *f* **1.** *electr.* substation. **2.** *Fußball*: *fig.* hub (of the team), pivot. **~ˌta·fel** *f electr.* switchboard, (electrical) control panel. **~ˌtag** *m* leap day. **~ˌuhr** *f* time switch.

ˈSchal·tung *f* ⟨-; -en⟩ **1.** switching (*etc*). **2.** *mot.* gearshift. **3.** *electr.* connection, circuit, wiring, *weitS.* wiring diagram; **gedruckte (logische) ~** printed (logic) circuit. **4.** (*Bedienung*) control. **~sˌaufˌbau** *m electr.* circuitry.

ˈSchalt|venˌtil *n* pilot valve. **~zenˌtra·le** *f* central control (*od.* switching) station.

ˈScha·lung *f* ⟨-; -en⟩ *civ.eng.* form (-work), shuttering.

Scha·lup·pe [ʃaˈlʊpə] *f* ⟨-; -n⟩ *mar.* sloop.

Scham [ʃaːm] *f* ⟨-; *no pl*⟩ **1.** shame; **ohne jede** (*lit.* **bar jeder**) **~** quite without shame, shameless(ly *adv*); **aus ~ vor** (*dat*) from shame of; *colloq.* **hast du denn gar k-e ~ (im Leibe)?** have you no sense of shame?; **nur k-e falsche ~!** no false shame! **2.** → **Schamhaftigkeit.** **3.** → **Schamteile**; **(weibliche) ~** pudenda *pl.* **4.** *Bibl.* nakedness.

Scha·ma·ne [ʃaˈmaːnə] *m* ⟨-n; -n⟩ *relig.* shaman.

ˈScham|ˌbein *n anat.* pubic bone. **~ˌbeinˌfu·ge** *f* symphysis pubis. **~ˌberg** *m* mons pubis (*od.* veneris). **~ˌbo·gen** *m* pubic arch.

schä·men [ˈʃɛːmən] *v/reflex* ⟨h⟩ **sich ~** be (*od.* feel) ashamed (*gen,* **wegen, über** *acc* of); **ich schäme mich nicht zuzugeben, daß** I am not ashamed of admitting (*od.* to admit) that; *colloq.* **pfui, schäm dich!, du solltest dich (was) ~!** (why,) you ought to be ashamed of yourself!, shame on you!; **sie schämte sich in Grund und Boden** she wanted to sink through the floor with shame.

ˈScham|geˌfühl *n* sense of shame. **~ˌge·gend** *f anat.* pubic (*od.* pudendal) region. **~ˌhaa·re** *pl* pubic hair(s *pl*). **ℒhaft** **I** *adj* bashful, shy, modest, chaste, (*verschämt*) blushing, shamefaced, (*spröde*) coy, prim, (*prüde*) prudish. **II** *adv* **~ lächeln** smile bashfully (*od.* modestly); **sie hatte es ~ verschwiegen** she did not mention it out of modesty (*od.* bashfulness). **~haf·tig·keit** *f* ⟨-; *no pl*⟩ bashfulness, modesty, chasteness, shamefacedness, coyness, prudishness. **~ˌhü·gel** *m* → **Schamberg.** **~ˌlip·pe** *f anat.* lip (*od.* wing) of the vulva, labium. **ℒlos** *adj* **1.** shameless, unashamed. **2.** (*unzüchtig*) indecent, obscene. **3.** (*unverschämt*) shameless, barefaced, brazen(-faced). **~lo·sig·keit** *f* ⟨-; -en⟩ **1.** ⟨*only sg*⟩ shamelessness. **2.** indecency, obscenity. **3.** shamelessness, brazenness.

Scha·mott [ʃaˈmɔt] *m* ⟨-s; *no pl*⟩ *colloq.* (*wertloses Zeug*) junk, rubbish.

Scha·mot·te [ʃaˈmɔtə] *f* ⟨-; *no pl*⟩ fire-clay. **~ˌstein, ~ˌzie·gel** *m* fire-brick.

Scham·pun [ʃamˈpuːn] *n* ⟨-s; *no pl*⟩, **scham·puˈnie·ren** [-puˈniːrən] *v/t* ⟨*no* ge-, h⟩ shampoo.

Scham·pus [ˈʃampʊs] *m* ⟨-; *no pl*⟩ *colloq.* (*Sekt*) bubbly, fizz.

ˈScham|ˌrit·ze *f anat.* pudendal cleft. **ℒˌrot** *adj* blushing (with shame); **~ werden** blush (*od.* go red) with (*od.* for) shame. **~ˌrö·te** *f* blush (of shame); **j-m die ~ ins Gesicht treiben** make s.o. blush all over (with shame). **~ˌtei·le** *pl* private (*od.* privy) parts, genitals.

ˈschand·bar *adj u. adv* → **schändlich.**

Schan·de [ˈʃandə] *f* ⟨-; *no pl*⟩ *allg.* shame, (*Unehre*) *a.* disgrace, discredit, (*Schmach*) ignominy, infamy; **es ist e-e (wahre) ~, daß** a) it is a(n absolute) disgrace that, b) *colloq.* (*es ist schade*) it is a crying shame that; *j-m od. e-r Sache* **~ machen** (*od.* **bereiten**) bring discredit (*od.* shame) upon, be a disgrace to, disgrace; **zu m-r ~ muß ich gestehen** I am ashamed to admit; *colloq.* **ach, du ~!** blast (*od.* damn) it!, hell!; **~ über dich!** shame on you!

schän·den [ˈʃɛndən] *v/t* ⟨h⟩ **1.** (*entehren*) dishono(u)r, disgrace, (*besudeln*) soil, sully, (*entweihen*) desecrate. **2.** (*verunstalten*) mar, spoil, disfigure. **3.** (*vergewaltigen*) rape, ravish, abuse, violate. **ˈSchän·der** *m* ⟨-s; -⟩ **1.** desecrator, profaner, defiler. **2.** rapist, violator.

ˈSchand|ˌfleck *m* **1.** (*Schande*) disgrace, *auf j-s Ehre etc*: stain, taint, blemish, blot(ch). **2.** (*häßlicher Anblick*) eyesore. **~ˌgeld** *n* ridiculously low (*od.* high) price, scandalous (*od.* outrageous) price; **für ein ~** for a song, dirt cheap.

schänd·lich [ˈʃɛntlɪç] **I** *adj* **1.** shameful, infamous, disgraceful, (*schimpflich*) ignominious, (*abscheulich*) *Verbrechen, a. fig. colloq. Wetter*: foul, vile, base, abominable; **e-e ~e Lüge** a shameless (*od.* an outrageous) lie. **II** *adv* **2.** shamefully (*etc*). **3.** *colloq.* (*ungemein*) terribly, dreadfully. **ℒkeit** *f* ⟨-; *no pl*⟩ **1.** shamefulness, disgrace(fulness), infamy, baseness, vileness. **2.** → **Schandtat.**

ˈSchand|ˌmal *n* ⟨-(e)s; -e *u.* ⸗er⟩ mark (*od.* brand) of infamy, stigma, brand. **~ˌmaul** *n colloq. contp.* **1.** wicked (*od.* malicious) tongue. **2.** (*Person*) malicious (*od.* wicked) gossip, scandalmonger. **~ˌpfahl** *m hist.* pillory. **~ˌpreis** *m* → **Schandgeld.** **~ˌschnau·ze** *f* → **Schandmaul.** **~ˌtat** *f* vile deed, abomination; *colloq.* **zu jeder ~ bereit sein** be game for anything.

ˈSchän·dung *f* ⟨-; -en⟩ **1.** → **schänden.** **2.** disgrace (*gen* to), *e-r Kirche etc*: desecration, defilement. **3.** *e-r Frau*: rape, violation, abuse.

schang·hai·en [ʃaŋˈhaɪən; ˈʃaŋ-] *v/t* ⟨*no* ge-, h⟩ *mar. colloq.* shanghai.

ˈSchankˌbier *n* draught (*bes. Am.* draft) beer, beer on draught (*od.* tap).

Schan·ker [ˈʃaŋkər] *m* ⟨-s; -⟩ *med.* chancre.

ˈSchank|er‚laub·nis, ~kon·zes·siˌon *f* publican's license, *Am.* excise licence. **~ˌraum** *m,* **~ˌstu·be** *f* taproom. **~ˌtisch** *m* → **Theke.** **~ˌwirt** *m* publican, *Am.* saloonkeeper, *jur.* licen/sed (*Am.* -ced) victual(l)er. **~ˌwirt·schaft** *f* public house, *colloq.* pub, *Am.* saloon.

ˈSchanz|ˌar·beit *f,* **~ˌbau** *m* ⟨-(e)s; -ten⟩ *meist pl mil.* earthworks *pl,* work on entrenchments.

Schan·ze [ˈʃantsə] *f* ⟨-; -n⟩ **1.** *mil.* earthwork. **2.** *Sport*: (*Sprungℒ*) ski-jump. **3.** *mar.* quarterdeck. **4.** *fig. lit.* **sein Leben für j-n (et.) in die ~ schlagen** risk one's life for s.o. (s.th.). **ˈschan·zen** *v/i* ⟨h⟩ **1.** *mil.* construct (*od.* put up) entrenchments. **2.** *fig. colloq.* (*schuften*) work hard, drudge, toil.

ˈSchan·zen|reˌkord *m Skispringen*: hill record. **~ˌtisch** *m* takeoff platform.

ˈSchanz|geˌrät *n* → Schanzzeug. **~ˌkleid** *n mar.* bulwark(s *pl*). **~ˌwerk** *n* entrenchment. **~ˌzeug** *n* entrenching tools *pl.*

Schar[1] [ʃaːr] *f* ⟨-; -en⟩ **1.** troop, band, (*Gruppe*) group, party, *colloq.* bunch, *a. b.s.* gang, (*Menge*) crowd, swarm (*of people*), (*Haufe*) posse, *b.s.* horde; **e-e ~ lärmender Kinder** a horde (*od.* mob) of boisterous children; **e-e ~ schöner Mädchen** a bevy (*od.* gaggle) of beautiful girls; **in ~en** → **scharenweise**. **2.** *von Vögeln*: flight, flock, *bes. von Wachteln*: bevy, *von Rebhühnern*: covey. **3.** *math. von Geraden etc*: system, bundle, *von Kurven*: family.

Schar[2] *f* ⟨-; -en⟩, *agr. a. n* ⟨-(e)s; -e⟩ (*Pflug*≈) ploughshare, *Am.* plowshare.

Scha·ra·de [ʃaˈraːdə] *f* ⟨-; -n⟩ charade.

ˈSchar·bocksˌkraut [ˈʃaːrbɔks-] *n* ⟨-(e)s; *no pl*⟩ *bot.* (lesser) celandine, pilewort.

Schä·re [ˈʃɛːrə] *f* ⟨-; -n⟩ *meist pl geogr.* skerry.

scha·ren [ˈʃaːrən] **I** *v/t* ⟨h⟩ **Menschen um sich ~** gather (*od.* rally) people round one. **II** *v/reflex* **sich um j-n (et.) ~** gather (*od.* rally) round s.o. (s.th.).

ˈscha·renˌwei·se *adv* in crowds (*od.* droves, flocks, swarms).

scharf [ʃarf] **I** *adj* ⟨≃er; ≃st⟩ **1.** *allg.* sharp (*knife, teeth, a. fig. curve, etc*), (*spitz*) *a.* (sharp-)pointed, acute; **~ machen** → **schärfen** 1; **~es Auge, ~er Blick** sharp (*od.* keen) eye; **~er Beobachter** keen observer; **~e Brille** strong glasses *pl*; **~es Fernglas** powerful binoculars *pl*; **~es Gehör, ~e Ohren** sharp ears, a quick ear; *Sport*: **~er Schuß** powerful shot; **~es Tempo** sharp (*od.* hard) pace; **~er Verstand** keen (*od.* sharp) mind (→ *a.* **Scharfsinn**); **~er Winkel** sharp (*od.* acute) angle. **2.** (*rauh, herb*) sharp, harsh, *Geruch, Geschmack*: *a.* acrid, pungent, (~ *gewürzt*) hot(-flavo[u]red), highly seasoned, *Essig*: strong, *Schnaps etc*: hard, strong, (*ätzend*) caustic, mordant, sharp, *fig. Spott etc*: *a.* biting; **~e Kälte** biting cold, sharp frost; **~er Wind** sharp (*od.* cutting) wind, stiff breeze; **~e Zunge** sharp tongue. **3.** (*durchdringend*) sharp, piercing (*cry, etc*), *Stimme, Ton*: *a.* strident, *Licht*: *a.* glaring, stabbing, *fig. Schmerz*: *a.* shooting, acute. **4.** (*jäh*) abrupt, sharp (*braking, etc*). **5.** (*genau*) sharp, close, keen (*check, control, calculation*). **6.** (*deutlich, klar*) sharp (*contrast, etc*), *phot. a.* sharply defined, (*betont, ausgesprochen*) marked, pronounced; **~e Gesichtszüge** sharp(-cut) features; **~e Umrisse** sharp(ly defined) outlines; **~e Logik** clear-cut (*od.* razor-sharp) logic. **7.** (*streng*) sharp, severe, (*hart*) *a.* strict, hard, rigorous, drastic (*action, measures, etc*), (*heftig*) sharp, fierce, grim, tough (*fight, etc*); **~e Bewachung** close guard (-ing), *Sport*: close marking; **~e Disziplin, ~e Zucht** strict (*od.* rigorous, iron) discipline; **ein ~er Hund** a savage dog, a dog that bites, *fig. colloq.* a real slave-driver; **~e Konkurrenz** stiff (*od.* fierce) competition; **~e Kritik** sharp (*od.* trenchant) criticism; **~er Protest** sharp protest; **mit ~er Stimme** sharply, in a sharp voice; **~er Tadel, ~er Verweis** sharp rebuke, severe reprimand. **8.** *colloq.* (*geil*) hot, sexy (*girl, film, etc*). **9.** *colloq.* **~ sein auf** (*acc*) be keen (*od.* hellbent, *sl.* nuts, hot) on, be crazy (*od.* wild) about, *sexuell*: *a.* be lech after, have hot pants for (*a girl*); **ich bin nicht (besonders) ~ darauf** I am not (all that) keen on it. **10.** *Munition*: live, *Bombe, Mine etc*: armed. **11.** *ling.* sharp (*consonant*). **II** *adv* **12.** sharply, keenly (*etc*), sharp; **~ gewürzt** hot, highly flavo(u)red; **~ nach rechts abbiegen** turn sharp right; **j-n ~ anfassen** be very strict (*od.* sharp) with s.o.; **~ aufpassen** pay close attention, prick one's ears, *beobachtend*: watch closely (*od.* like a hawk), *vorsichtig*: watch out; **~ bremsen** brake sharply (*od.* abruptly); **~ nachdenken** think hard; **~ reiten** ride hard; **~ schießen** shoot with live ammunition, *Sport*: shoot sharply, *fig.* pull no punches, shoot from the hip; **~ umreißen** outline clearly (→ *a.* **umrissen**); **es roch ~ nach Essig** there was a sharp smell of vinegar.

ˈScharf|ˌabˌstim·mung *f Radio*: sharp tuning, *selbsttätige*: automatic tuning control. **~ˌblick** *m fig.* (*Scharfsinn*) keen perception, perspicacity. **≈ˌblickend** (*getr.* -k·k-) *adj* → **scharfsichtig** 2.

Schär·fe [ˈʃɛrfə] *f* ⟨-; -n⟩ **1.** *allg.* sharpness (*of knife, etc, fig. of answer, eyes, protest, etc*), *fig. des Verstandes etc*: *a.* keenness, acuteness (→ *a.* **Scharfsinn**), *e-r Maßnahme, Zurechtweisung etc*: *a.* severity, harshness, *der Disziplin, Kontrolle etc*: strictness, rigorousness, *der Stimme etc*: *a.* stridency, *der Kritik etc*: *a.* trenchancy, *e-r Auseinandersetzung etc*: fierceness, vehemence; *fig.* **~n** *pl* sharp (*od.* harsh) words; *Sport*: **~ e-s Schusses** power of a shot; *fig.* **in aller ~** (very) severely, heatedly; **ohne jede ~** without animosity; **e-r Sache ~ verleihen** put an edge to s.th.; **e-r Sache die ~ nehmen** take the edge off s.th. **2.** *e-r Speise, von Senf etc*: hotness, spiciness, *des Geschmacks, Geruchs*: sharpness, pungency. **3.** *chem. e-r Säure etc*: causticity, *a. fig. e-r Bemerkung etc*: mordancy. **4.** *phot. etc* sharpness, definition. **5.** *opt. e-r Brille*: strength, *e-s Fernrohrs etc*: *a.* power. **6.** *Radio*: sharpness, selectivity.

ˈScharfˌeinˌstel·lung *f opt.* focus(s)ing.

schär·fen [ˈʃɛrfən] **I** *v/t* ⟨h⟩ **1.** sharpen, put an edge to (*a. fig.*), (*wetzen*) whet, (*schleifen*) grind, (*spitzen*) point. **2.** *fig.* (*Sinne, Verstand etc*) sharpen, (*Gedächtnis*) strengthen, (*verbessern*) improve, heighten. **3.** (*Sprengkörper*) arm, prime. **II** *v/reflex* **sich ~ 4.** *fig. Sinne, Verstand etc*: sharpen, become keen(er).

ˈSchär·fenˌtie·fe *f opt.* depth of focus.

ˈscharf|ˌkan·tig *adj* sharp-edged, angular. **~ˌma·chen** *v/t* ⟨*sep*, -ge-, h⟩ **1.** (*aufhetzen*) incite, stir up; **j-n ~ gegen** set s.o. against. **2.** *sexuell*: *sl.* turn *s.o.* on. **≈ˌma·cher** *m pol.* firebrand, agitator, *colloq.* ginger man; **Gruppe von ~n** *colloq.* ginger group. **≈ˌrich·ter** *m* executioner. **≈ˌschie·ßen** *n* live shooting (*od.* firing). **≈ˌschüt·ze** *m* sharpshooter, marksman, sniper. **≈ˌsicht** *f* → **Scharfblick**. **~ˌsich·tig** *adj* **1.** sharp-sighted, keen-sighted. **2.** *fig.* perspicacious, penetrating, clear-sighted. **≈ˌsinn** *m* ⟨-(e)s; *no pl*⟩ acumen, keen perception, perspicacity, acuteness, astuteness. **~ˌsin·nig** *adj* sharp-witted, keen-witted, penetrating, shrewd, acute, astute. **~ˌwin·ke·lig, ~ˌwink·lig** *adj* acute-angled. **~ˌzün·gig** [-ˌtsʏŋɪç] *adj fig.* sharp-tongued.

Schar·lach[1] [ˈʃarlax] *m* ⟨-s; -e⟩ (*~rot*) scarlet (red).

ˈSchar·lach[2] *m* ⟨-s; *no pl*⟩ *med.* (*~fieber*) scarlet fever.

ˈSchar·lach|ˌausˌschlag *m med.* scarlet rash. **~ˌkraut** *n bot.* clary. **≈ˌrot** *adj* scarlet(-red).

Schar·la·tan [ˈʃarlatan] *m* ⟨-s; -e⟩ charlatan, mountebank, *colloq.* fraud, con man, (*Quacksalber*) *a.* quack (doctor).

Schar·la·ta·neˈrie *f* [-nəˈriː] ⟨-; -n [-ən]⟩ charlatanism, charlatanry.

Scharm [ʃarm] *m* ⟨-s; *no pl*⟩ → Charme.

Schar·müt·zel [ʃarˈmʏtsəl] *n* ⟨-s; -⟩, **scharˈmüt·zeln** *v/i* ⟨*no* ge-, h⟩ *mil.* skirmish.

Schar·nier [ʃarˈniːr] *n* ⟨-s; -e⟩ *tech.* hinge; **mit ~en (versehen)** hinged. **~ˌband** *n* hinge (*od.* joint) frame. **~ˌdeckel** (*getr.* -k·k-) *m* hinged lid (*od.* cover). **~geˌlenk** *n anat.* hinge(d) joint. **~ˌstift** *m* hinge pin. **~venˌtil** *n* flap valve.

Schär·pe [ˈʃɛrpə] *f* ⟨-; -n⟩ sash, scarf.

Schar·pie [ʃarˈpiː] *f* ⟨-; *no pl*⟩ *med.* lint.

Schar·re [ˈʃarə] *f* ⟨-; -n⟩, **ˈScharr·ˌei·sen** *n tech.* scraper.

schar·ren [ˈʃarən] **I** *v/i* ⟨h⟩ **1.** scrape, scratch, *Pferd*: paw (the ground); **im Sand ~ nach** scratch the sand for; (*bes. univ. mißbilligend*) **mit den Füßen ~** shuffle one's feet. **II** *v/t* **2.** scratch, scrape; **ein Loch (in die Erde) ~** scrape a hole in the ground; **den Boden (mit den Hufen) ~** paw the ground. **3.** (*ver~*) bury.

Schar·te [ˈʃartə] *f* ⟨-; -n⟩ **1.** (*Kerbe*) notch, nick, (*Riß*) crack, fissure; *fig. colloq.* **e-e ~ (wieder) auswetzen** make amends, repair a mistake (*od.* fault). **2.** → **Hasenscharte**. **3.** → **Schießscharte**. **4.** *geogr.* wind (*od.* air) gap.

Schar·te·ke [ʃarˈteːkə] *f* ⟨-; -n⟩ **1.** old volume, trashy old book. **2.** *colloq. contp.* (*Frau*) old frump.

ˈschar·tig *adj* notched, nicked, jagged.

schar·wen·zeln [ʃarˈvɛntsəln] *v/i* ⟨*no* ge-, h, *a.* sein⟩ *colloq.* **um j-n ~** dance attendance on s.o.

Schasch·lik [ˈʃaʃlɪk] *m, n* ⟨-s; -s⟩ *gastr.* shashlik.

schas·sen [ˈʃasən] *v/t* ⟨h⟩ *colloq.* fire, sack.

Schat·ten [ˈʃatən] *m* ⟨-s; -⟩ **1.** shadow; *poet.* **die ~ der Nacht** (*Dunkelheit*) the shadow of night; **huschender ~** blur; **e-n ~ werfen auf** (*acc*) *a. fig.* cast a shadow upon, *fig.* reflect upon; *fig.* **nicht der ~ e-s Verdachts** not the shadow of a (*od.* not the slightest) suspicion; **er ist nur noch ein ~ s-r selbst** he is but a shadow of his former self; **man kann nicht über s-n ~ springen** the leopard cannot change his spots; **in j-s ~ stehen** be overshadowed by s.o., be in s.o.'s shadow; **e-m ~ nachjagen** catch at shadows; **kommende Ereignisse werfen ihre ~ voraus** coming events cast their shadows before them; → **Licht** 1. **2.** ⟨*only sg*⟩ shade; **Licht und ~** light and shade; **im ~ e-s Baumes** in the shade of a tree; **30 Grad im ~** 30 degrees in the shade; **in den ~ stellen** put into the shade, *fig. a.* outshine, eclipse, (*Erwartungen*) exceed, (*Person*) be head and shoulders above *s.o.* **3.** *fig.* (*Totenseele*) shadow, shade, ghost; *myth.* **das Reich der ~** the realm of shades. **4.** *fig.* (*ständiger Begleiter, a. Sport*: *Bewacher*) shadow; **j-m wie ein ~ folgen** *a.* shadow s.o. **5.** *med. im Röntgenbild*: shadow(ed area). **~ˌbild** *n* silhouette. **~ˌbo·xen** *n a. fig.* shadow-boxing. **~ˌdaˌsein** *n* shadowy existence; **ein ~ führen** *a.* live in the shadow. **~ˌge·bung** *f Kunst*: shading. **~geˌstalt** *f* shadow(y figure), phantom. **≈haft** *adj* shadowy, (*verschwommen*) blurred, *fig. a.* vague, indistinct. **~ka·biˌnett** *n pol.* shadow cabinet. **~ˌkö·nig** *m* mock king. **≈los**

adj shadowless, shadeless. **~miˌni·ster** *m* shadow minister. **~moˌrel·le** *f bot.* morello (cherry). **~pflan·ze** *f* heliophobous plant. **≈ˌreich** *adj* shady, *lit.* umbrageous. **~ˌreich** *n myth.* realm of shades. **~ˌriß** *m* silhouette. **~ˌsei·te** *f* **1.** shady side; *fig.* **auf der ~ des Lebens stehen** be on the darker side of life. **2.** *fig.* (*Nachteil*) drawback, disadvantage. **≈ˌspen·dend** *adj* shady, *lit.* umbrageous. **~ˌspiel** *n* **1.** shadow play. **2.** *Kunst*: (play of) lights and shades *pl.*

schat·tie|ren [ʃaˈtiːrən] *v/t* ⟨*no* **ge-**, **h**⟩ shade (off). **≈rung** *f* ⟨-; -en⟩ **1.** shading. **2.** (*Farbton*) shade, nuance, hue, tint, tone; *fig.* **aller (politischen) ~en** of all (political) colo(u)rs (*od.* persuasions).

ˈschat·tig *adj* shady, shadowy, *lit.* umbrageous; **ein ~es Plätzchen** *a.* a nice spot in the shade.

Scha·tul·le [ʃaˈtʊlə] *f* ⟨-; -n⟩ **1.** (*Schmuck≈*) casket, (*Geld≈*) cashbox. **2.** *obs.* (*Privatkasse e-s Fürsten etc*) privy purse.

Schatz [ʃats] *m* ⟨-es; ⸚e⟩ **1.** treasure, *a. fig. an Erfahrung etc*: hoard, rich store, wealth (**an** *dat* of), *an Märchen etc*: treasury; **nicht für alle Schätze der Welt** not for all the money in the world. **2.** *pl* (*Bodenschätze*) resources. **3.** *colloq.* sweetheart, love; **mein ~!** my darling (*od.* dear, deary, *a.* dearie)!, *bes. Am.* honey!; **du bist ein ~!** you're a dear (*od.* an angel)! **~ˌamt** *n pol.* Exchequer, Treasury, *Am.* Treasury Department. **~ˌanˌwei·sung** *f econ.* treasury warrant, *langfristige*: exchequer bond, *Am.* treasury certificate, *langfristige*: bond.

ˈschätz·bar *adj* rat(e)able, assessable. **≈keit** *f* ⟨-; *no pl*⟩ rat(e)ability, assessability.

Schätz·chen [ˈʃɛtsçən] *n* ⟨-s; -⟩ → Schatz 3.

schät·zen [ˈʃɛtsən] **I** *v/t* ⟨**h**⟩ **1.** *allg.* estimate, (*Wert*) *a.* value, estimate the value of, (*Schaden etc*) assess, appraise, *zur Steuer*: assess; **wie alt ~ Sie ihn?** how old would you estimate him (*od.* say he is)? **2.** *colloq.* (*vermuten, annehmen*) reckon, suppose, *Am.* figure, guess. **3.** (*hoch~*) (hold *s.o.* in high) esteem, think highly of, value, have a high opinion of, (*würdigen, a. zu ~ wissen*) appreciate. **4. et. nicht ~** (*mögen*) not to like s.th., not to think much of s.th. **II** *v/reflex* **5. sich glücklich ~** count (*od.* consider) o.s. lucky. **~ˌler·nen** *v/t* ⟨*sep*, **-ge-**, **h**⟩ come to respect *s.o.* (*od.* appreciate *s.th.*).

ˈschät·zensˌwert *adj* estimable, commendable.

ˈSchät·zer *m* ⟨-s; -⟩ (*Taxator*) valuer, *Versicherung*: appraiser.

ˈSchatz|ˌfund *m jur.* treasure-trove. **~ˌgrä·ber** *m* treasure-digger. **~ˌhaus** *n* treasury, treasure-house. **~ˌkam·mer** *f* **1.** treasury (*a. als Amt*). **2.** treasure-vault. **~ˌkanz·ler** *m* Chancellor of the Exchequer. **~ˌkäst·chen, ~ˌkäst·lein** [-ˌkɛstlaɪn] *n* ⟨-s; -⟩ **1.** casket. **2.** *fig.* (*a. Buchtitel*) treasury. **~ˌmei·ster** *m e-s Vereins etc*: treasurer, bursar.

ˈSchätzˌpreis *m* estimated (*od.* assessed, valuation) price.

ˈSchät·zung *f* ⟨-; -en⟩ **1.** estimate, *des Wertes*: *a.* valuation, appraisal, rating, *bes. zur Steuer*: assessment; **bei** (*od.* **nach**) **grober ~** at a rough estimate. **2.** (*Hochachtung*) esteem, estimation, high opinion, (*Würdigung*) appreciation.

ˈschät·zungsˌwei·se *adv* **1.** (*ungefähr*) on estimate, approximately, roughly. **2.** (*vermutlich*) one can assume (*od.* it is to be expected) that.

ˈSchatzˌwech·sel *m econ.* treasury bill.

ˈSchätzˌwert *m* estimated (*Steuer*: assessed, *Versicherung*: appraised) value.

Schau [ʃaʊ] *f* ⟨-; *rare* -en⟩ **1.** (*Ausstellung*) show, exhibition, fair; **zur ~ stellen** show, display, *fig.* parade, make a parade of, show *s.th.* off; *fig.* **sich zur ~ stellen** make a show of o.s.; **zur ~ tragen** display, parade, sport, *fig.* show, assume an air of, (*Lächeln etc*) wear; *fig. colloq.* (**j-m**) **die ~ stehlen** steal (s.o.) the show. **2.** (*Revue etc*) show; *fig. colloq.* **e-e (große) ~ abziehen** put on a show; **mach k-e ~!** stop showing off!, come off it!; **das ist e-e ~!** that's super (*od.* a wow)! **3.** (*Blickwinkel*) (point of) view, angle; **aus der ~ e-s Dichters** *etc a.* as seen by a poet, *etc.* **4.** (*Truppen≈*) parade, (military) review. **~ˌbild** *n* chart, graph, diagram, curve. **~ˌbu·de** *f* (fairground) booth. **~ˌbu·den·beˌsit·zer** *m* proprietor of a booth, showman. **~ˌbüh·ne** *f* **1.** *obs.* theat/re (*Am.* -er). **2.** *fig.* **die ~ des Lebens** the human stage; **die politische ~** the political scene.

Schau·der [ˈʃaʊdər] *m* ⟨-s; -⟩ → Schauer[1] 2. **≈bar** *adj humor.* → **schauderhaft** 2. **≈erˌre·gend** *adj* spine-chilling, bloodcurdling, hair-raising. **~geˌschich·te** *f* → Schauergeschichte. **≈haft I** *adj* **1.** horrible, horrifying, ghastly, dreadful, *Verbrechen*: *a.* atrocious, heinous. **2.** *colloq.* awful, ghastly, dreadful. **II** *adv* **3.** *colloq.* (*sehr*) awfully, terribly, dreadfully.

schau·dern [ˈʃaʊdərn] **I** *v/i* ⟨**h**⟩ (**vor** *dat* with) shudder, shiver; **sein Anblick machte mich ~** his sight made me shudder (*colloq.* gave me the creeps); **bei e-m Anblick ~** shudder at the sight of. **II** *v/impers* **es schaudert mich, mich** (*od.* **mir**) **schaudert** I shudder, my flesh creeps; **mich** (*od.* **mir**) **schaudert bei dem bloßen Gedanken daran** the mere (*od.* very) thought of it makes me shudder (*colloq.* makes my flesh creep).

ˈschau·derˌvoll *adj* → **schaudererregend**.

schau·en [ˈʃaʊən] **I** *v/i* ⟨**h**⟩ **1.** look; *colloq.* **schau, schau!, da schau her!, schau einer an!** well, well!, look at that!, what do you know!; **schau mal, wer da ist!** look who's here!; **der wird vielleicht ~!** that will make him look!; **auf j-n ~** look (*od.* gaze) at s.o., *fig. als Vorbild*: look upon (*od.* take) s.o. as a model. **2. auf e-e Sache ~** (*sich kümmern um*) look after s.th., take care of s.th.; **nach j-m ~** a) (*suchen*) look for s.o., b) (*sich kümmern*) look after s.o.; **schau, daß** see (to it) that; *colloq.* **schau, daß du weiterkommst!** off with you! **II** *v/t* **3.** see, *lit.* behold, (*betrachten*) view.

Schau·er[1] [ˈʃaʊər] *m* ⟨-s; -⟩ **1.** (*Regen≈, Hagel≈ etc*) shower. **2.** *des Entsetzens etc*: shudder, shiver; **frommer ~** tremor of awe; **wohliger ~** thrill; **ein kalter ~ durchlief ihn** a shiver ran down his spine.

ˈSchau·er[2] *m* ⟨-s; -⟩ → **Schauermann**.

ˈSchau·er|ˌdra·ma *n* blood-and--thunder (*od.* horror) drama, bloodcurdling thriller. **~geˌschich·te** *f* **1.** horror story, tale of horror. **2.** *meist pl* → **Schauermärchen**.

ˈschau·er·lich *adj* **1.** *Anblick, Schrei etc*: horrible, hideous, ghastly, gruesome. **2.** *Erzählung, Ereignis etc*: bloodcurdling, hair-raising. **3.** → **schauderhaft** 2. **≈keit** *f* ⟨-; *no pl*⟩ **1.** horribleness, hideousness, ghastliness, gruesomeness. **2.** bloodcurdling (*od.* hair-raising) effect.

ˈSchau·er|ˌmann *m* ⟨-(e)s; -leute⟩ *mar.* stevedore, docker, *Am.* longshoreman. **~ˌmär·chen** *n meist pl* old wives' tale.

schau·ern [ˈʃaʊərn] **I** *v/i* ⟨**h**⟩ **1.** → **schaudern** I. **II** *v/impers* **2.** → **schaudern** II. **3.** → **hageln**.

ˈSchau·er|roˌman *m* lurid novel, penny dreadful, shocker. **≈ˌvoll** *adj* → **schauerlich** 1, 2, **schauderhaft** I. **~ˌwet·ter** *n* showery weather. **~ˌwol·ke** *f* shower cloud.

Schau·fel [ˈʃaʊfəl] *f* ⟨-; -n⟩ **1.** shovel, scoop, (*Kehricht≈*) dustpan; **zwei ~n (voll) Kohle** two shovels (*od.* shovelfuls) of coal. **2.** *tech.* (*Turbinen≈*) blade, bucket, (*Rad≈*) paddle, vane. **3.** *hunt.* (*Geweih*) palm(ated antler). **~ˌbag·ger** *m* shovel dredger, *bes. Am.* dredging shovel. **~geˌweih** *n* palmate(d) antlers *pl.* **~ˌla·der** *m* shovel dozer.

schau·feln [ˈʃaʊfəln] *v/t* ⟨**h**⟩ **1.** shovel, scoop (out), (*Grab, Loch etc*) dig; → Grab 4. **2.** (*Kohlen etc*) shovel, (*Mehl etc*) scoop (up).

ˈSchau·felˌrad *n tech.* bucket wheel, *e-r Turbine*: blade wheel. **~ˌbag·ger** *m* rotary bucket excavator.

ˈSchauˌfen·ster *n* shop window, *bes. Am. u. fig.* show-window, *fig. a.* showcase; (**die**) **~ ansehen (gehen)** go window-shopping. **~ˌausˌla·ge** *f* window display. **~ˌbum·mel** *m* **e-n ~ machen** go window-shopping. **~de·ko·raˌteur** *m* window dresser (*Am. a.* trimmer). **~de·ko·ra·tiˌon** *f* window dressing. **~ˌeinˌbruch** *m* shop-window breaking, smash-and-grab raid. **~ˌpup·pe** *f* dummy. **~reˌkla·me** *f* shop-window advertising.

ˈSchauf·ler *m* ⟨-s; -⟩ **1.** shovel(l)er. **2.** *hunt.* stag (*od.* elk) with palmate(d) antlers.

ˈSchau|ˌflie·gen *n*, **~ˌflug** *m* flying (*od.* air) display. **~geˌschäft** *n* ⟨-(e)s; *no pl*⟩ show business, *colloq.* showbiz. **~ˌglas** *n tech.* inspection (*od.* sight) glass. **~ˌkampf** *m Boxen*: exhibition bout (*od.* fight). **~ˌka·sten** *m* showcase, display case.

Schau·kel [ˈʃaʊkəl] *f* ⟨-; -n⟩ **1.** swing. **2.** (*Wipp≈*) seesaw. **~beˌwe·gung** *f* seesaw (*od.* rocking) motion. **~ˌbrett** *n* seat of a swing, (seesaw) board.

Schau·keˈlei *f* ⟨-; -en⟩ *colloq. e-s Schiffes*: pitching and rolling, *e-s Wagens*: bouncing.

ˈschau·ke·lig *adj colloq.* rocky.

schau·keln [ˈʃaʊkəln] **I** *v/i* ⟨**h**⟩ swing (back and forth), have a go on the swing, (*wippen*) seesaw, *im Schaukelstuhl*: rock (back and forth), (*schwingen*) sway (back and forth), *Ohrringe*: dangle, *Boot, Wiege etc*: rock, (*schlingern*) (pitch and) roll, *Wagen etc*: jolt, bump. **II** *v/t* swing, give *s.o.* a swing, (*wiegen*) rock; *fig. colloq.* **wir werden die Sache** (*od.* **das Ding, das Kind**) **schon ~** we'll manage (*sl.* wangle, *Am.* swing) it somehow. **III** *v/impers* **hinten im Bus hat es furchtbar geschaukelt** it was terribly jolty in the back of the bus. **IV ≈** *n* ⟨-s; *no pl*⟩ swinging (*etc*).

ˈSchau·kel|ˌpferd *n* rocking horse. **~po·liˌtik** *f* seesaw policy. **~ˌreck** *n* trapeze. **~ˌrin·ge** *pl gym.* (flying *od.* swinging) rings. **~ˌstuhl** *m* rocking chair.

ˈSchau|ˌlau·fen *n* exhibition skating. **~ˌloch** *n tech.* inspection hole. **~ˌlust** *f* ⟨-; *no pl*⟩ curiosity (to see what is happening). **≈ˌlu·stig** *adj* curious; **e-e ~e Menge** a crowd of curious onlookers. **~ˌlu·sti·ge** *m, f* ⟨-n; -n⟩ curious onlooker (*od.* bystander), *Am. colloq.* rubberneck.

Schaum [ʃaʊm] *m* ⟨-(e)s; ⸚e⟩ **1.** foam (*a. tech., Kunststoff*), (*Seifen≈*) lather, *auf Getränken*: froth, *auf Bier*: *a.* head, (*Gischt*) spray, (*Blasen*) froth, bubbles,

(*AbՁ*) scum, (*Geifer*) froth, foam; **Eiweiß zu ~ schlagen** beat the egg-whites until stiff; **~ vor dem Mund haben** foam at the mouth; *fig.* **~ schlagen** boast, brag, lay it on thick. **2.** *fig.* (*trügerischer Schein*) illusion; **zu ~ werden** come to nothing, vanish into thin air; **Träume sind Schäume** dreams never come true, dreams are like bubbles. **~ˌbad** *n* **1.** bubble (*od.* foam) bath. **2.** (*Flüssigkeit*) bath foam. **Ձbeˌdeckt** *adj* foam-covered, foamy, frothy. **~beˌton** *m* aerated concrete. **~ˌbläs·chen** *n*, **~ˌbla·se** *f* bubble, *pl a.* froth *sg.*

schäu·men [ˈʃɔymən] *v/i* ‹h› **1.** *Wasser, Wellen etc*: foam, froth, *Seife etc*: lather, *Sekt etc*: bubble (up), effervesce, fizz, *Bier*: foam, *Wein*: sparkle. **2.** *fig. colloq.* foam, fume, boil, seethe; **vor Wut ~** foam with rage. **~d** *adj See, Wellen etc*: foaming, foamy, frothy, *Gischt*: spumy, *Bier*: frothy, *Wein etc*: sparkling, effervescent, *Seife etc*: lathery, sudsy; **stark ~e Seife** soap with a rich lather, soap which lathers well.

ˈSchaum|ˌfeu·erˌlö·scher *m* foam (fire) extinguisher. **~geˌbäck** *n* meringue(s *pl*). **Ձgeˌbremst** *adj* **~es Waschmittel** low-sud detergent. **~ˌgold** *n* Dutch metal. **~ˌgum·mi** *n, m* foam rubber. **~ˌgum·mi·maˌtrat·ze** *f* foam-rubber mattress.

ˈschau·mig *adj* **1.** foamy, frothy; *gastr.* **et. ~ rühren** beat s.th. (until) frothy, cream s.th. **2.** → **schäumend.**

ˈSchaum|ˌkamm *m meist pl* → Schaumkrone. **~ˌkel·le** *f* skimmer. **~ˌkro·ne** *f meist pl* white-cap, white horse. **~ˌlöf·fel** *m* skimmer. **Ձlos** *adj* without foam (*od.* froth), foamless, *Bier*: without a head, flat. **~ˌlö·scher** *m*, **~ˌlösch·geˌrät** *n* → Schaumfeuerlöscher. **~ˌschlä·ger** *m* **1.** whisk, egg-beater. **2.** *fig.* big-mouth, *humor.* hot-air artist, (*Blender*) fraud, humbug. **~schlä·geˈrei** [ˌʃaum-] *f fig.* boasting, bragging, swaggering talk, humbug. **~ˌstoff** *m tech.* foamed (*od.* expanded) plastics *pl* (*als sg konstruiert*). **~ˌtep·pich** *m aer.* foam carpet.

ˈSchauˌmün·ze *f* commemorative coin (*od.* medal).

ˈSchaumˌwein *m* sparkling wine.

ˈSchau|ˌnum·mer *f fig.* stunt. **~ˌpackung** (*getr.* **-k·k-**) *f econ.* sham package, dummy. **~ˌplatz** *m* scene, *Sport*: venue; → **Kriegsschauplatz.** **~proˌzeß** *m* show trial.

schau·rig [ˈʃaurɪç] *adj* **1.** (*unheimlich*) creepy, weird, hair-raising, eerie. **2.** (*schrecklich*) horrible, terrible, horrifying, gruesome. **Ձkeit** *f* ‹-; *no pl*› **1.** creepiness, weirdness, eeriness. **2.** horribleness, terribleness, gruesomeness. **ˈ~ˈschön** *adj* nice and eerie, *iro. a.* (pretty) weird.

ˈSchauˌsei·te *f* best side.

ˈSchauˌspiel *n* **1.** *thea.* stage play, drama. **2.** *fig.* spectacle, scene, sight; **ein trauriges ~** a sorry sight; **ein klägliches ~** a pitiful scene. **~ˌdich·ter** *m* playwright, dramatist. **~ˌdich·tung** *f* drama(tic literature).

ˈSchauˌspie·ler *m* **1.** *thea.* actor, player, (theatrical) performer, (dramatic) artist, *pl* (*Besetzung*) (the) cast *sg*; **~ sein (werden)** *a.* be (go) on the stage. **2.** *fig. contp.* play-actor, ham. **ˌSchau·spie·leˈrei** *f* ‹-; *no pl*› **1.** *colloq.* acting (profession). **2.** *fig.* play-acting, (*Pose*) *colloq.* act. **ˈSchauˌspie·le·rin** *f* actress (*etc*; → Schauspieler). **ˈschauˌspie·le·risch** **I** *adj Talent, Leistung etc*: acting (*talent, etc*), theatrical, histrionic. **II** *adv* as regards (the) acting. **ˈschauˌspie·lern** *v/i* ‹h› **1.** act, be an actor (*od.* actress). **2.** *fig.* play-act; **er kann gut ~** he is a good play-actor.

ˈSchauˌspiel|ˌhaus *n* playhouse, theat/re (*Am.* -er). **~ˌkunst** *f* (art of) acting, dramatic art. **~ˌschu·le** *f* drama school, theatre (*Am.* theater) school. **~ˌschü·ler** *m*, **~ˌschü·le·rin** *f* drama student, student actor. **~ˌtrup·pe** *f* company of actors. **~ˌun·terˌricht** *m* **1.** drama classes *pl.* **2.** lessons *pl* in dramatic art.

ˈSchau|ˌstel·ler *m* ‹-s; -› *auf Jahrmärkten etc*: showman, *auf Messen etc*: exhibitor. **~ˌstel·lung** *f* (public) exhibition (*od.* show). **~ˌstück** *n* showpiece, exhibit. **~ˌta·fel** *f* **1.** → Schaubild. **2.** noticeboard. **~ˌtanz** *m* exhibition dance. **~ˌtur·nen** *n* gymnastic display.

Scheck [ʃɛk] *m* ‹-s; -s, *a.* -e› *econ.* cheque, *Am.* check; **ein ~ auf** (*od.* **über**) **500 Mark** a cheque for 500 marks. **~ˌabˌrech·nung** *f* clearing of cheques (*Am.* checks). **~beˌtrug** *m* cheque (*Am.* check) fraud. **~beˌtrü·ger** *m* person issuing bad cheques (*Am.* checks). **~ˌbuch** *n* chequebook, *Am.* checkbook.

Schecke (*getr.* **-k·k-**) [ˈʃɛkə] *m* ‹-n; -n› dappled horse, piebald (horse).

ˈScheck|ˌfä·hig·keit *f* capacity to draw (*passiv*: to be the drawee of) cheques (*Am.* checks). **~ˌfäl·scher** *m* cheque (*Am.* check) forger. **~ˌfäl·schung** *f* forgery of a cheque (*Am.* check). **~for·muˌlar** *n* cheque (*Am.* check) form (*od.* blank). **~ˌheft** *n* → **Scheckbuch.**

ˈscheckig (*getr.* **-k·k-**) *adj* spotted, speckled, mottled, *bes. Pferd*: piebald, dappled; *fig. colloq.* **er ist bekannt wie ein ~er Hund** he is known far and wide; **sich ~ lachen** laugh o.s. silly.

ˈScheck|ˌinˌha·ber *m econ.* bearer of a cheque (*Am.* check). **~inˌkas·so** *n* collection of cheques (*Am.* checks). **~ˌkon·to** *n* cheque account, *Am.* checking account. **~verˌkehr** *m* cheque (*Am.* check) transactions *pl.* **~ˌzah·lung** *f* payment by cheque (*Am.* check).

scheel [ʃeːl] **I** *adj* (*schielend*) squint-eyed (*a. fig.*). **II** *adv* **j-n ~ ansehen** *argwöhnisch*: look askance at s.o., *bösartig*: give s.o. a squint-eyed look, *neidisch*: look at s.o. enviously (*od.* grudgingly). **~ˌäu·gig, ~ˌblickend** (*getr.* **-k·k-**) *adj* → scheel I. **Ձˌsucht** *f* ‹-; *no pl*› *fig.* envy, jealousy. **~ˌsüch·tig** *adj* envious, jealous.

Schef·fel [ˈʃɛfəl] *m* ‹-s; -› bushel; *fig.* **er stellt sein Licht nicht unter den ~** he does not hide his light under a bushel, he does not belittle himself. **ˈschef·feln** *v/t* ‹h› (*Geld, Reichtümer etc*) amass, rake in; **Geld ~** *a.* rake it in, make a pile. **ˈschef·felˌwei·se** *adv fig.* in large quantities, in stacks, in loads.

Schei·be [ˈʃaɪbə] *f* ‹-; -n› **1.** *bes. tech.* disc, disk (*a. anat., a. des Mondes etc*), (*Platte*) plate, (*UnterlegՁ*) washer. **2.** *Brot, Wurst etc*: slice, (*OrangenՁ*) segment, (*HonigՁ*) honeycomb; **in ~n schneiden** cut *s.th.* into slices, slice *s.th.* (up); *fig. colloq.* **da(von) kannst du dir e-e ~ abschneiden** you can learn a lot from him (her, *etc*), you can take a leaf out of his (her, *etc*) book; *colloq.* **~!** damn (it all)!, blast (it)!; **ja, ~!** some hope!, my foot! **3.** (*FensterՁ, GlasՁ*) pane; → **Windschutzscheibe. 4.** (*HockeyՁ*) puck, disc. **5.** (*SchießՁ*) target. **6.** *colloq.* (*Schallplatte*) record, disc, disk.

ˈSchei·ben|ˌblü·te *f* disc flower. **~ˌbrem·se** *f mot.* disc brake. **~eg·ge** *f agr.* disc harrow. **Ձˌför·mig** *adj* disc-shaped. **~garˌdi·ne** *f* net curtain. **~ˌglas** *n tech.* sheet (*od.* window) glass. **~ˌhaus** *n arch.* slab block. **~ˌho·nig** *m* **1.** comb honey, honey in the comb. **2.** → **~ˌklei·ster** *m colloq.* hell of a nuisance, damned nuisance; **~!** damn it!, blast it! **~ˌkupp·lung** *f* flange coupling, disc clutch. **~piˌsto·le** *f* target pistol. **~ˌrad** *n mot.* disc wheel. **~ˌschie·ßen** *n* target shooting (*od.* practice). **~ˌschüt·ze** *m* target shot (*od.* shooter), marksman. **~ˌstand** *m* shooting-range, butts *pl.* **~ˌwaschˌanˌla·ge** *f*, **~ˌwa·scher** *m* ‹-s; -› *mot.* windscreen (*Am.* windshield) washer. **Ձˌwei·se** *adv* in slices. **~ˌwi·scher** *m mot.* windscreen (*Am.* windshield) wiper.

Scheich [ʃaɪç] *m* ‹-s; -e *u.* -s› **1.** sheik(h). **2.** *colloq.* a) boyfriend, *Am.* sheik(h), b) bugger, twerp. **~tum** *n* ‹-s; ¨-er› sheik(h)dom.

Schei·de [ˈʃaɪdə] *f* ‹-; -n› **1.** (*Futteral*) sheath (*a. bot.*), (*SäbelՁ etc*) *a.* scabbard; **das Schwert aus der ~ ziehen** draw (*od.* unsheath) one's sword. **2.** *anat.* vagina, sheath. **3.** (*Grenze*) boundary (line), borderline, dividing line. **~anˌstalt** *f metall.* refinery. **~ˌbad** *n chem.* separating bath. **~ˌbrief** *m lit.* farewell letter. **~ˌerz** *n* picked (*od.* screened) ore. **~ˌgold** *n* parting gold. **~ˌgruß** *m poet.* last farewell. **~ˌli·nie** *f* **1.** separating line. **2.** (*Grenzlinie*) borderline. **3.** *print.* separatrix. **~ˌmit·tel** *n chem.* parting (*od.* separating) agent. **~ˌmün·ze** *f* divisional coin.

schei·den [ˈʃaɪdən] **I** *v/t* ‹**scheidet, schied, geschieden,** h› (**von** from) **1.** separate, part (*a. tech.*), *chem. a.* refine (*gold, etc*), *gewaltsam*: sever; → **Bock**[1] 1. **2.** *jur.* (*Ehe*) dissolve, (*Ehepaar*) divorce; **sich ~ lassen** seek a divorce, divorce one's wife (*od.* husband); **geschieden werden** get (*od.* obtain, be granted) a divorce. **II** *v/i* ‹**sein**› *lit.* **3.** (*weggehen*) (**aus, von**) depart (from), leave (*acc*), *aus e-r Firma etc*: resign (from), *aus e-m Amt etc*: retire (from); **voneinander ~** part (from one another), separate, take leave of one another; **aus dem Leben ~** depart this life; **er entschloß sich, aus dem Leben zu ~** he decided to take his life. **III** *v/reflex* ‹h› **sich ~ 4.** (*sich trennen*) divide, part, separate; **hier ~ sich die Geister** (*od.* **Meinungen**) here the roads part, that's where opinions differ. **IV Ձ** *n* ‹-s› **5.** separating (*etc*); **Ձ tut weh** it is sad to have to part; **vor s-m Ձ** before he left, previous to his departure. **6.** → **Scheidung.**

ˈSchei·denˌabˌstrich *m med.* vaginal smear.

ˈschei·dend *adj poet.* **das ~e Jahr** the closing (*od.* dying) year; **die ~e Sonne** the setting (*od.* departing) sun; **der ~e Präsident** the outgoing president.

ˈSchei·den|entˌzün·dung *f med.* vaginitis. **~ˌring** *m* → **Pessar. ~ˌspe·ku·lum** *n*, **~ˌspie·gel** *m* vaginal mirror (*od.* speculum). **~ˌvorˌfall** *m* prolapse of the vagina.

ˈSchei·deˌpunkt *m* point of divergence (*od.* separation).

ˈSchei·der *m* ‹-s; -› → **Separator.**

ˈSchei·de|ˌwand *f* **1.** *anat. bot.* septum. **2.** *civ.eng.* partition (wall). **3.** *fig.* barrier. **~ˌwas·ser** *n chem.* aquafortis, nitric acid. **~ˌweg** *m fig.* **am ~ stehen** be at the crossroads, be at the parting of the ways.

ˈSchei·dung *f* ‹-; -en› **1.** → **scheiden** 5. **2.** *jur. e-r Ehe*: dissolution, *e-s Ehepaares*: divorce (**von** from); **die ~ beantragen** (*od.* **einreichen**) file a petition for divorce; **auf ~ klagen** sue for (*od.* petition for, seek) a divorce; **sie leben** (*od.* **liegen**) **in ~** they are being divorced.

3. (*Trennung*) separation, *Bergbau*: spalling, *chem.* analysis, *tech. von Zucker*: defecation.

ˈ**Schei·dungs|ˌanˌwalt** *m* divorce lawyer. **~beˌgeh·ren** *n jur.* petition for (a) divorce. **~ˌgrund** *m* ground for (a) divorce. **~ˌkla·ge** *f* divorce suit; **die ~ einreichen** file a petition for divorce. **~proˌzeß** *m* divorce proceedings *pl* (*od.* suit, action). **~ˌrecht** *n* law of divorce, divorce law(s *pl*), divorce legislation. **~ˌurˌkun·de** *f* divorce certificate. **~ˌur·teil** *n* (judicial) decree of divorce, divorce decree; **vorläufiges ~** decree nisi (of divorce); **endgültiges** (*od.* **rechtskräftiges**) **~** decree absolute (of divorce). **~verˌtrag** *m* divorce (*od.* separation) agreement.

Schein¹ [ʃaɪn] *m* ⟨-(e)s; *no pl*⟩ **1.** (*Licht≈, Lampen≈ etc*) light, *rötlicher*: glow, (*Feuer≈*) blaze, (*Schimmer*) gleam, (*Lichtstrahl*) flash; **beim ~ e-r Kerze** by the light of a candle, by candlelight. **2.** (*Glanz*) sheen, lustre, *Am.* luster.

Schein² *m* ⟨-(e)s; *no pl*⟩ **1.** (*An≈*) appearance(s *pl*), semblance; **~ und Sein** appearance(s *pl*) and reality, the seeming and the real; **schöner ~** mere illusion; **der ~ trügt** appearances are deceptive; **den (äußeren) ~ wahren** (*od.* **aufrechterhalten**) keep up appearances; **dem (äußeren) ~ nach zu urteilen** judging by outward appearances, on the face of it; **der ~ ist** (*od.* **spricht**) **gegen ihn** appearances are against him. **2.** (*Vortäuschung*) sham, show, make-believe; **(nur) zum ~** a) (just) in pretence, b) (*der Form halber*) (just) as a matter of form, only pro forma; **ich ging nur zum ~ auf s-n Vorschlag ein** I only pretended to accept his proposal.

Schein³ *m* ⟨-(e)s; -e⟩ **1.** (*Formular*) form, *Am.* blank, (*Bescheinigung*) certificate, (*Stück Papier*) paper. **2.** (*Geld≈*) (bank)note, *Am.* bill. **3.** *univ.* (*Übungs≈, Seminar≈*) certificate; **~e machen** collect certificates (of attended seminars, *etc*).

ˈ**Schein|amaˌteur** *m Sport*: shamateur. **~ˌanˌgriff** *m a. fig., Sport etc*: feint (attack), mock attack. **~ar·guˌment** *n* spurious (*od.* specious) argument, sophism.

ˈ**schein·bar I** *adj* **1.** (*vermeintlich*) apparent, seeming. **2.** (*vorgetäuscht*) feigned, ostensible, pretended, make-believe. **II** *adv* **3.** (*dem Schein nach*) apparently, seemingly, to (*od.* by) all appearances; **die Sonne dreht sich ~ um die Erde** the sun seems (*od.* appears) to rotate around (*od.* about) the earth. **4.** (*zum Schein*) ostensibly; **er gab nur ~ nach** he merely pretended to give in. **5.** *fälschlich oft für* **anscheinend**.

ˈ**Schein|beˌweis** *m* specious argument. **~ˌbild** *n* illusion, phantasm. **~ˌblü·te** *f econ.* specious prosperity, sham boom. **~ˌdaˌsein** *n* shadow existence. **~ˌehe** *f* fictitious marriage.

schei·nen¹ [ˈʃaɪnən] *v/i* ⟨**scheint, schien, geschienen,** h⟩ shine, (*glänzen*) *a.* gleam, (*schimmern*) glimmer; **die Lampe schien hell** the lamp shone brightly (*od.* with a bright light); **der Mond scheint** the moon is shining.

ˈ**schei·nen**² *v/i u. v/impers* ⟨**scheint, schien, geschienen,** h⟩ (*den Anschein haben*) appear, seem; **wie es scheint** as it seems; **es scheint nur so** it only seems to be like that (*od.* to be that way); **es scheint mir** it seems (*od.* appears) to me; **sie ~ reich zu sein** they seem to be rich; **Sie ~ Angst zu haben; es scheint, Sie haben Angst,** *colloq.* **Sie haben scheint's Angst** you seem to be afraid, it seems (that) you are afraid.

ˈ**Schein|ˌfir·ma** *f* bogus (*od.* sham) firm. **~ˌfrie·de** *m* sham (*od.* hollow) peace. **~ˌfrucht** *f bot.* pseudocarp. **~geˌfecht** *n* mock (*od.* sham, pillow) fight. **~geˌschäft** *n* sham (*od.* fictitious, bogus, pro forma) transaction (*od.* bargain), *colloq.* phon(e)y deal. **~ˌgrund** *m* apparent reason, (*Vorwand*) pretext. **≈ˌhei·lig** *adj* sanctimonious, canting, (*heuchlerisch*) hypocritical, insincere, false, (*gespielt unschuldig*) innocent; **tu nicht so ~!** don't try to look (*Am.* don't act) so innocent! **~ˌhei·li·ge** *m, f* sanctimonious person, (*Heuchler*) hypocrite, insincere (*od.* false) person. **~ˌhei·lig·keit** *f* sanctimoniousness, hypocrisy, falseness, insincerity. **~ˌkauf** *m* sham (*od.* fictitious, pro forma) purchase. **~ˌkö·nig** *m* mock king. **~kon·junkˌtur** *f* sham boom, specious prosperity. **~ˌlei·stung** *f electr.* apparent output (*od.* power). **~ˌlö·sung** *f* apparent (*od.* deceptive, fictitious, phon[e]y) solution. **~maˌnö·ver** *n mil. u. fig.* feint. **~proˌzeß** *m* mock trial. **~ˌschwan·ger·schaft** *f* false pregnancy, pseudopregnancy. **~ˌtod** *m* apparent death, suspended animation. **≈ˌtot** *adj* apparently (*od.* seemingly) dead, in a state of suspended animation. **~verˌkauf** *m* fictitious (*od.* pro forma) sale. **~verˌtrag** *m* fictitious contract (*pol.* treaty). **~ˌwelt** *f* ⟨-; *no pl*⟩ illusory world, world of illusion.

ˈ**Scheinˌwer·fer** *m* ⟨-s; -⟩ **1.** *mot.* headlight, headlamp. **2.** (*Such≈*) searchlight. **3.** (*Flutlicht≈*) floodlight (projector); **mit ~n anstrahlen** floodlight. **4.** *thea. Film*: spotlight. **~ˌlam·pe** *f* **1.** projector lamp. **2.** *mot.* reflector. **~ˌlicht** *n* **1.** *mot.* headlight. **2.** floodlight. **3.** *thea. Film*: spotlight. **4.** *fig.* limelight.

ˈ**Scheinˌwi·derˌstand** *m electr.* apparent resistance, (apparent) impedance.

Scheiß [ʃaɪs] *m vulg.* **1.** → **Scheiße** 2. **2.** **~ reden** (talk) bullshit. **Scheiß...** *in Zssgn vulg.* damn, bloody, fucking, shit(ty), (*miserabel*) *sl.* rotten, lousy. **~ˌangst** *f vulg.* **e-e ~ haben** be in a blue funk, be scared shitless. **~ˌdreck** *m vulg.* **1.** → **Scheiße** 1. **2.** *fig.* **das geht dich e-n ~ an** that's none of your bloody business; **ich scher' mich e-n ~ drum** I don't care (*od.* give) a fuck.

Schei·ße [ˈʃaɪsə] *f* ⟨-; *no pl*⟩ *vulg.* **1.** (*Kot*) shit, crap. **2.** *fig.* (*Mist*) shit, crap, rot, (*unangenehme Lage etc*) (awful) mess, bloody thing; **~ machen** (*od.* **bauen**) *colloq.* make a mess of things, fuck (*Am. a.* foul) up; **in der ~ sitzen** *colloq.* be in the shit (*od.* soup); **(so e-e) ~!** shit!, damn!

ˈ**scheiß·egal** [-ʔeˈgaːl] *adj vulg.* **das ist mir ~** *colloq.* I don't give a damn (*od.* shit).

schei·ßen [ˈʃaɪsən] *v/i* ⟨**scheißt, schiß, geschissen,** h⟩ *vulg.* shit, crap; *fig.* **~ auf** (*acc*) shit on, give a damn for (*od.* about); **ach, scheiß drauf!** to hell with it! ˈ**Schei·ßer** *m* ⟨-s; -⟩ *fig.* **1.** *vulg.* → **Scheißkerl. 2.** *vulg.* coward, chicken. **3.** *colloq.* **kleiner ~** little bugger (*od.* shit).

Schei·ßeˈrei *f* ⟨-; *no pl*⟩ *vulg.* (the) trots *pl*, (the) shits *pl* (*beide sg od. pl konstruiert*); **die ~ haben** have the trots.

ˈ**scheiß|ˈfreund·lich** *adj colloq.* bloody friendly, honeyed. **≈ˌhaus** *n vulg.* shithouse, crapper, bog, *Am.* john. **≈ˌhausˌwitz** *m vulg.* lavatory joke. **≈ˌkerl** *m vulg.* swine, sod, bastard, son of a bitch, motherfucker.

Scheit [ʃaɪt] *n* ⟨-(e)s; -e⟩ **~ Holz** piece of wood, *großes*: log, billet.

Schei·tel [ˈʃaɪtəl] *m* ⟨-s; -⟩ **1.** crown (*od.* top) of the head; **vom ~ bis zur Sohle** from top to toe, from head to foot; → **Kavalier** 1. **2.** (*Haar≈*) parting; **e-n ~ ziehen** part one's hair; **er trägt den ~ links** he parts his hair on the left. **3.** *fig.* (*höchster Punkt*) summit, peak, (*~punkt*) apex, vertex (*a. math.*). **4.** *poet.* (*Kopf*) head, crown. **~ˌbein** *n anat.* parietal bone. **~ˌfak·tor** *m electr.* crest (*od.* peak) factor. **~ˌhö·he** *f tech.* crown height. **~ˌkäpp·chen** *n* skullcap. **~ˌkreis** *m astr.* vertical circle.

schei·teln [ˈʃaɪtəln] *v/t* ⟨h⟩ **(sich** *dat*) **das Haar ~** part one's hair (*in the middle, etc*).

ˈ**Schei·tel|ˌnaht** *f anat.* parietal suture. **~ˌpunkt** *m* **1.** *math.* apex, vertex, *e-r Kurve*: summit. **2.** *astr.* zenith. **3.** *fig.* summit, zenith, peak, pinnacle, acme. **~ˌwert** *m electr.* peak (value). **~ˌwin·kel** *m math.* vertical and opposite angle.

ˈ**Schei·terˌhau·fen** *m* **1.** pyre. **2.** *hist.* stake; **sie wurde zum Tod auf dem ~ verurteilt** she was condemned to (be burned at) the stake.

schei·tern [ˈʃaɪtərn] **I** *v/i* ⟨sein⟩ **1.** (**an** *dat* because of, through) *fig.* fail, be unsuccessful, founder, *Versuch etc*: *a.* prove abortive, come to nothing, *Plan*: *a.* miscarry, go wrong, *Verhandlungen*: *a.* break down; **et. ~ lassen** wreck s.th., (*Plan etc*) *a.* make s.th. fall through, (*Vertrag*) *a.* sink s.th.; **~ an** (*dat*) *a.* be frustrated (*od.* thwarted) by, *bes. Sport*: be stopped by; **daran ist er gescheitert** that was his undoing. **2.** *mar.* run aground, be (ship)wrecked. **II ≈** *n* ⟨-s⟩ **3.** failing (*etc*). **4.** *fig.* failure; **zum ≈ verurteilt sein** be doomed to failure; **zum ≈ bringen** *a.* frustrate, thwart, wreck, be the undoing of *s.th.* **5.** *mar.* (ship)wreck.

Schelf [ʃɛlf] *m, n* ⟨-s; -e⟩ *geol.* shelf.

Schel·lack [ˈʃɛlak] *m* ⟨-(e)s; -e⟩ shellac.

Schel·le [ˈʃɛlə] *f* ⟨-; -n⟩ **1.** (*Glöckchen*) (small) bell; *fig.* **der Katze die ~ umhängen** bell the cat. **2.** *pl* → **Handschellen. 3.** *tech.* clamp, clip, strap. **4.** (*Maul≈*) slap (in the face), box on the ear. **5.** *pl Kartenspiel*: diamonds (*a. als sg konstruiert*). ˈ**schel·len I** *v/i* ⟨h⟩ ring (the bell); **bei j-m ~** ring at s.o.'s (door). **II** *v/impers* **es hat geschellt** the bell has rung (*od.* gone).

ˈ**Schel·len|ˌbaum** *m mil. mus.* (Turkish) crescent. **~ˌbu·be** *m Kartenspiel*: jack (*od.* knave) of diamonds. **~geˌläut** *n* **1.** jingle (*od.* tinkle) of bells. **2.** (set of) bells *pl*, *am Schlitten*: sleigh-bells *pl*. **~ˌkap·pe** *f* fool's cap. **~ˌkö·nig** *m Kartenspiel*: king of diamonds; *fig. colloq.* **j-n über den ~ loben** praise s.o. to the skies. **~ˌtrom·mel** *f* tambourine.

ˈ**Schellˌfisch** *m* haddock.

Schelm [ʃɛlm] *m* ⟨-(e)s; -e⟩ **1.** *obs.* (*Schurke*) rogue, knave. **2.** (*Schalk*) joker, wag; **du kleiner ~!** you little rogue (*od.* rascal, devil)!; **armer ~** poor wretch; → *a.* **Schalk. 3.** *Literatur*: picaroon, rogue.

ˈ**Schel·men|roˌman** *m Literatur*: picaresque novel. **~ˌstreich** *m*, **~ˌstück** *n* roguish prank, *obs.* (*Schurkerei*) knavery, villainy.

Schel·meˈrei *f* ⟨-; -en⟩ → **Schelmenstreich.**

ˈ**schel·misch** *adj* roguish, arch, impish.

Schel·te [ˈʃɛltə] *f* ⟨-; -n⟩ scolding, chiding, *colloq.* telling-off, *stärker*: dressing-down; **~ bekommen** *a.* be scolded. ˈ**schel·ten I** *v/t* ⟨**schilt, schalt, gescholten,** h⟩ **1.** *lit.* (**wegen** for) scold, chide. **2.** *lit.* **j-n et. ~** call s.o. s.th. **II** *v/i* **3.** scold (**über** *od.* **auf** *acc* about). ˈ**Scheltˌwort** *n* ⟨-(e)s; ≈er *u.* -e⟩ abusive word, invective; **~e** *pl* abusive language *sg.*

Sche·ma [ˈʃeːma] *n* ⟨-s; -s *u.* -ta [-ta], *a.* Schemen⟩ **1.** (*Muster, Rahmen*) pattern, framework, model, system, *bes. philos.* schema; **nach e-m ~** on a pattern, schematically; **in ein ~ pressen** press *s.th.* into a framework; *fig. colloq.* **nach ~ F** by rote, in a routine (*od.* stereotyped) manner, in the same old way. **2.** (*~zeichnung*) diagram, scheme. **~ˌbrief** *m econ.* form letter.

sche·ma·tisch [ʃeˈmaːtɪʃ] **I** *adj* **1.** schematic, diagrammatic; **~e Darstellung** schematic (representation), diagram. **2.** *Arbeit etc*: routine, stereotyped, mechanical. **II** *adv* **3.** schematically, diagrammatically. **4.** in a routine (*od.* stereotyped) manner, mechanically.

sche·ma|ti·sie·ren [ʃematiˈziːrən] *v/t* ⟨*no* ge-, h⟩ **1.** system(at)ize, schematize. **2.** diagrammatize, schematize. **2ˈtis·mus** [-ˈtɪsmʊs] *m* ⟨-; *no pl*⟩ *bes. philos.* schematism.

Sche·mel [ˈʃeːməl] *m* ⟨-s; -⟩ (foot)stool.

Sche·men [ˈʃeːmən] *m* ⟨-s; -⟩ **1.** blur, shadowy (*od.* ghostly) figure (*od.* silhouette). **2.** (*Gespenst*) apparition, phantom. **2haft** *adj u. adv* blurred, shadowy, ghostly.

Schenk [ʃɛŋk] *m* ⟨-en; -en⟩ → **Mundschenk, Schankwirt.** **~...** *in Zssgn* → **Schank...** ˈ**Schen·ke** *f* ⟨-; -n⟩ → **Schankwirtschaft.**

Schen·kel [ˈʃɛŋkəl] *m* ⟨-s; -⟩ **1.** *anat.* (*Ober2*) thigh, femur, (*Unter2*) shank, (lower) leg; **sich** (*dat*) **auf die ~ schlagen** slap one's thighs. **2.** *math.* (lateral) side, leg. **3.** *e-s Zirkels*: leg. **~ˌbruch** *m med.* **1.** fracture of the thigh (*od.* femur). **2.** → **Schenkelhernie.** **~ˌdruck** *m* ⟨-(e)s; ⸗e⟩ *Reitsport*: leg (*od.* knee) pressure. **~ˌhals** *m anat.* neck of the femur. **~ˌher·nie** *f med.* femoral hernia. **~ˌhil·fe** *f Reitsport*: leg aid. **~ˌkno·chen** *m anat.* (*Ober2*) thighbone, femur, (*Unter2*) tibia, fibula. **~ˌrohr** *n tech.* elbow pipe, V-tube.

schen·ken[1] [ˈʃɛŋkən] **I** *v/t* ⟨h⟩ **1.** give *s.th.* (as a present), make a present (*od.* gift) of, present, (*stiften*) donate; **j-m et. zum Geburtstag ~** give s.o. s.th. as a birthday present (*od.* for his birthday), present s.o. with s.th. for his birthday; *fig.* **j-m** *e-e Strafe etc* **~** acquit s.o. of, release (*od.* absolve) s.o. from, let s.o. off from; **sich** (*dat*) **(gegenseitig) et. ~** *a.* exchange gifts (*od.* presents); **et. geschenkt bekommen** get s.th. (for a gift *od.* present), be given s.th.; *fig. colloq.* **es ist (fast) geschenkt** it is practically a gift, it's dirt cheap; **das möchte ich nicht (einmal) geschenkt haben** I would not have it as a gift; → **Aufmerksamkeit** 1, **Gehör** 2 (*etc*). **2.** *fig.* **sich** (*dat*) **et. ~** (*weglassen*) skip, omit; *colloq.* **das kannst du dir ~** you can skip that; **den Film kannst du dir ~** no need to see that film; → **geschenkt.** **II** *v/i* **3.** give presents. **III** *v/reflex* **4.** *lit.* **sich j-m ~** *Frau*: give o.s. (*od.* yield) to s.o. **IV 2** *n* ⟨-s⟩ **5.** giving *s.th.* away (as a present) (*etc*). **6.** → **Schenkung.**

ˈ**schen·ken**[2] *v/t* ⟨h⟩ (*Getränk*) pour (in *acc* into); → *a.* **ausschenken.**

ˈ**Schen·ker** *m* ⟨-s; -⟩, ˈ**Schen·ke·rin** *f* ⟨-; -nen⟩ *bes. jur.* donor, donator, giver. ˈ**Schen·kung** *f* ⟨-; -en⟩ *bes. jur.* donation, gift.

ˈ**Schen·kungs|ˌbrief** *m*, **~ˌur·ˌkun·de** *f jur.* deed of donation (*od.* gift). **~ˌsteu·er** *f* donation tax. **2ˌwei·se** *adv* by way of donation, as a gift.

schep·pern [ˈʃɛpərn] *dial.* **I** *v/i* ⟨h⟩ rattle, clank, *Geschirr*: clatter. **II** *v/impers* **jetzt hat es gescheppert** a) s.th. has been smashed, b) *mot.* there has been a crash, c) *fig.* he (*od.* she) caught (*sl.* copped) it.

Scher·be [ˈʃɛrbə] *f* ⟨-; -n⟩ **1.** (broken) piece, fragment, *bes. archeol.* potsherd, (*Ton2*) crock; **in ~n gehen** *a. fig.* go to pieces; **die ~n zusammenkehren** *a. fig.* pick up the (broken) pieces (*od.* bits). **2.** *colloq.* monocle.

ˈ**Scher·be·ˌan·ˌspru·chung** *f tech.* shear(ing) stress.

Scher·ben [ˈʃɛrbən] *m* ⟨-s; -⟩ **1.** (*gebrannter Ton*) body. **2.** *obs.* flowerpot. **3.** *dial.* → **Scherbe** 1. **~geˌricht** *n antiq.* ostracism; **durch ein ~ verbannen** ostracize. **~ˌhau·fen** *m* **1.** heap of broken pieces. **2.** *fig.* shambles *pl* (*meist als sg konstruiert*).

Scher·bett [ʃɛrˈbɛt] *m, n* ⟨-s; -s⟩ *gastr.* sherbet.

ˈ**Scherˌblatt** *n tech.* shear(ing) blade.

Sche·re [ˈʃeːrə] *f* ⟨-; -n⟩ **1.** (e-e **~** a pair of) scissors *pl* (*oft als sg konstruiert*), *große*: (a pair of) shears *pl*, (*Blech2*) plate shears *pl*. **2.** *zo.* (*Krebs2 etc*) claw. **3.** *gym.* scissors *pl* (*meist als sg konstruiert*), *Ringen*: *a.* scissors hold.

sche·ren[1] [ˈʃeːrən] *v/t* ⟨**schert, schor,** *rare* **scherte, geschoren,** *rare* **geschert,** h⟩ **1.** (*Schafe*) shear, clip, cut, (*Hunde*) trim, clip, crop, (*Hecke*) clip, cut, prune, (*Rasen*) cut, clip, (*mähen*) mow, (*Haare etc*) cut, *vollständig*: shave (off); → **Kamm** 2. **2.** *Textil.* cut, shear, crop.

ˈ**sche·ren**[2] **I** *v/i* ⟨h⟩ **1.** *colloq.* **das schert mich nicht** I don't care (about it); **was schert das mich?** why should I care (*od.* worry, bother) about that?, so what? **II** *v/reflex* **sich ~** *colloq.* **2. sich nicht um e-e Sache ~** not to bother (*od.* care) about s.th.; **ich schere mich den Teufel d(a)rum!** I don't care (*od.* give) a damn, I couldn't care less, I don't care two hoots. **3. er soll sich zum Teufel ~** he can go to hell.

ˈ**Sche·ren|be·ˌwe·gung** *f econ.* scissor movement. **~ˌfernˌrohr** *n* shear-jointed telescope. **~ˌgit·ter** *n* concertina barrier. **~ˌschlag** *m Fußball, Schwimmen*: scissors kick. **~ˌschlei·fer** *m* scissors grinder. **~ˌschnitt** *m* silhouette.

Sche·reˈrei *f* ⟨-; -en⟩ *colloq. meist pl* trouble, bother; **j-m viel ~en machen** cause s.o. no end of trouble.

ˈ**Scherˌfe·stig·keit** *f tech.* shear(ing) strength.

Scherf·lein [ˈʃɛrflaɪn] *n* ⟨-s; -⟩ **sein ~ beitragen** contribute one's mite, *weitS.* do one's bit.

Scher·ge [ˈʃɛrgə] *m* ⟨-n; -n⟩ **1.** *obs.* (*Häscher*) catchpole, minion (of the law), (*Henkersknecht*) hangman('s assistant). **2.** *bes. pol.* henchman, myrmidon.

ˈ**Scher|ˌkopf** *m am Rasierapparat etc*: shaving head. **~ˌkraft** *f* shearing force. **~maˌschi·ne** *f* shearing machine. **~ˌmes·ser** *n* shaving (*od.* shearing) blade. **~verˌsuch** *m* shear(ing) test.

scher·wen·zeln [ʃɛrˈvɛntsəln] *v/i* ⟨*no* ge-, h⟩ → **scharwenzeln.**

Scherz [ʃɛrts] *m* ⟨-es; -e⟩ joke, jest, pleasantry, (*Neckerei*) banter, (*Spaß*) fun, *colloq.* lark, (*Witzelei*) witticism, *colloq.* wisecrack, *humor.* (*Sache, Veranstaltung etc*) caper, frolic; **grober ~** practical joke; **schlechter** (*od.* **übler**) **~** nasty trick, bad joke; **aus ~, im ~, zum ~** for (*od.* in) fun, for a joke; **~ beiseite** joking apart; **mach k-e ~e!** don't say that!; **(s-n) ~ treiben mit** make fun of, poke fun at; **er versteht k-n ~** he can't take (*od.* see) a joke; *fig. colloq.* **und ähnliche ~e** and what have you; **und all diese ~e** and all that jazz. **~arˌti·kel** *m meist pl* joke (article).

scher·zen [ˈʃɛrtsən] **I** *v/i* ⟨h⟩ (**über** *acc*) jest (at), joke (at), make fun (of), make merry (with), (*Witze machen*) crack jokes (at), *geistreich*: quip; **mit** *j-m* **~** have fun with, *tändelnd*: banter with, *leichtfertig*: trifle with; **Sie ~ (wohl)!** you are only joking!, you don't mean it!; **mit ihm ist nicht zu ~** he is not to be trifled with. **II 2** *n* ⟨-s⟩ **ich bin nicht zum 2 aufgelegt** I'm in no joking mood.

ˈ**Scherz|ˌfra·ge** *f* humorous (*od.* jocular) question, conundrum. **~geˌdicht** *n* comic poem. **2haft I** *adj* joking, humorous, *Art etc*: *a.* jocose, jocular, (*neckisch*) teasing, playful. **II** *adv* **~ gemeint** meant as a joke, said for fun. **~ˌna·me** *m* nickname.

Scher·zo [ˈskɛrtso] *n* ⟨-s; -s *u.* Scherzi [-tsi]⟩ *mus.* scherzo.

ˈ**Scherz|ˌrät·sel** *n* conundrum. **2ˌwei·se** *adv* as a joke, for (*od.* in) fun. **~ˌwort** *n* ⟨-(e)s; -e⟩ joking (*od.* humorous, teasing) remark, witticism, quip.

scheu [ʃɔʏ] *adj* ⟨-er; -(e)st⟩ **1.** *allg.* shy, (*schüchtern*) bashful, *junges Mädchen*: *a.* coy, (*zaghaft*) timid, nervous, (*zurückhaltend*) reserved, (*ungesellig*) unsociable, farouche. **2.** *Pferd*: shy, skittish; **ein Tier ~ machen** startle (*od.* frighten) an animal; **scheu werden** → **scheuen** 3; *fig. colloq.* **mach mal die Pferde nicht ~!** just keep calm!

Scheu *f* ⟨-; *no pl*⟩ **1.** shyness, timidity, nervousness, reserve; **ohne jede ~** without the least fear, quite uninhibitedly. **2.** (*Abneigung*) aversion (**vor** *dat* to). **3.** (*Ehrfurcht*) awe; *fig.* **e-e heilige ~ haben vor** (*dat*) stand in awe of, *colloq.* have a holy dread of. **4.** *bei Tieren*: shyness, *bes. bei Pferden*: skittishness.

Scheu·che [ˈʃɔʏçə] *f* ⟨-; -n⟩ → **Vogelscheuche.** ˈ**scheu·chen** *v/t* ⟨h⟩ scare (*od.* frighten) *s.o., s.th.* (away), (*wegjagen*) chase away, (*Vögel, Kinder*) shoo (away).

scheu·en [ˈʃɔʏən] **I** *v/t* ⟨h⟩ **1.** shrink from, shun, shy away from; **k-e Kosten (Mühe) ~** spare no expenses (pains). **2.** be afraid of, fear, dread; **tue recht und scheue niemand** do (what is) right and fear nobody. **II** *v/i* **3.** *Pferd*: (**vor** *dat* at) shy, take fright, skit. **III** *v/reflex* **sich ~** **4.** be shy, be timid; **sich ~, et. zu tun** shrink from doing s.th., be afraid (*od.* reluctant) to do s.th.; **sich nicht ~ zu** *inf* not to be afraid to *inf*, *b.s.* dare (to) *inf*, *colloq.* have the nerve to *inf*.

Scheu·er [ˈʃɔʏər] *f* ⟨-; -n⟩ *dial.* barn.

ˈ**Scheu·er|ˌbür·ste** *f* scrubbing brush. **~ˌei·mer** *m* bucket, pail. **2ˌfest** *adj Textil.* abrasion-resistant. **~ˌfrau** *f* charwoman, *colloq.* char. **~ˌlap·pen** *m* → **Scheuertuch.** **~ˌlei·ste** *f* skirting (-board). **~ˌmit·tel** *n* scouring agent.

scheu·ern [ˈʃɔʏərn] **I** *v/t* ⟨h⟩ **1.** scrub, scour. **2.** (*wund reiben*) rub, chafe. **3.** *colloq.* **j-m e-e ~** paste s.o. one. **II** *v/i* **4.** *Kragen, Tau etc*: chafe.

ˈ**Scheu·erˌtuch** *n* scouring cloth.

ˈ**Scheuˌklap·pe** *f meist pl, a. fig.* blinker, *bes. Am.* blinder.

Scheu·ne [ˈʃɔʏnə] *f* ⟨-; -n⟩ barn (*a. fig. colloq. Gebäude*).

ˈ**Scheu·nen|ˌdre·scher** *m colloq.* **essen** (*od.* **fressen**) **wie ein ~** eat like a horse (*od.* wolf). **~ˌtor** *n* barn door.

ˈ**Scheu·sal** *n* ⟨-s; -e, *colloq.* Scheusäler⟩ monster, *humor.* (*Person*) *a.* pest, horror, beast, holy terror, (*häßliche Person*) ugly mug, freak.

scheuß·lich [ˈʃɔʏslɪç] *adj* **1.** *Anblick, Ungeheuer, Grausamkeit etc*: horrible, *Verbrechen etc*: *a.* heinous, atrocious, hideous, *Anblick etc*: *a.* gruesome, (*äußerst häßlich*) hideous, ghastly, monstrous, (*abstoßend*) revolting. **2.** *colloq. Wetter etc*: horrible, dreadful, frightful, awful, abominable, vile, filthy; (**einfach**) **~!** how awful! **≈keit** *f* ⟨-; -en⟩ **1.** ⟨*only sg*⟩ hideousness (*etc*), monstrosity, atrocity. **2.** (*Untat*) atrocity, heinous deed, horror. **3.** (*Gegenstand*) monstrosity, ghastly thing.

Schi [ʃiː] *m* ⟨-s; -er⟩ ski. **Schi...** → **Ski...**

Schicht [ʃɪçt] *f* ⟨-; -en⟩ **1.** *allg.* layer, *geol. a.* stratum (*pl* strata), bed, seam, (*Farb≈ etc*) coat(ing), (*dünne ~*) film, *phot.* emulsion, (*dünne Lage*) lamination, (*Lage Steine*) course of bricks, row. **2.** *tech.* (*Satz*) batch. **3.** *sociol.* class, (social) stratum, *engS.* section; **aus allen ~en** from all walks of life; **breite ~en (der Bevölkerung)** wide sections (of the population). **4.** (*Arbeitszeit od. Arbeiter*) shift; **in ~en** in shifts; *colloq.* **~ machen** knock off. **~ˌar·beit** *f* shift (work). **~ˌar·bei·ter** *m* shift worker.

schich·ten [ˈʃɪçtən] **I** *v/t* ⟨h⟩ **1.** arrange (*od.* put) *s.th.* in layers, pile up, (*Holz etc*) stack, *mar.* (*Ladung*) stow. **2.** *geol.* stratify. **3.** *tech.* laminate. **4.** *metall.* charge (*the furnace*). **II** *v/i* **5.** *dial.* work in shifts, be on shifts. **≈ˌbil·dung** *f geol.* stratification. **≈ˌfol·ge** *f* series of strata. **~ˌwei·se** *adv* → **schichtweise**.

ˈSchicht|geˌstein *n* stratified rock. **~ˌglas** *n* laminated glass. **~ˌholz** *n* **1.** stacked wood. **2.** *tech.* laminated wood, plywood.

ˈschich·tig *adj* lamellar.

ˈSchicht|ˌlei·stung *f* output per (man-) shift. **~ˌli·nie** *f auf Landkarten*: contour line. **~ˌlohn** *m* pay for shift work, pay per shift. **~ˌmei·ster** *m* overseer. **~ˌsei·te** *f phot.* emulsion side. **~ˌstoff** *m tech.* laminate(d plastic). **~ˌtor·te** *f* layer cake. **~ˌträ·ger** *m phot.* emulsion carrier.

ˈSchich·tung *f* ⟨-; -en⟩ **1.** (*Aufbau*) layers *pl.* **2.** *geol. sociol.* stratification. **3.** *tech.* lamination.

ˈSchicht|un·terˌricht *m ped.* instruction in shifts. **~ˌwech·sel** *m* change of shifts. **≈ˌwei·se** *adv* **1.** in layers. **2.** in shifts. **~ˌwol·ke** *f* stratus cloud. **~ˌzu·ˌschlag** *m* shift allowance.

schick [ʃɪk] **I** *adj* ⟨-er; -st⟩ **1.** *Kleid etc*: smart, chic, stylish, *colloq.* natty, *a. Hotel etc*: posh, swank(y), flash, *sl.* ritzy, (*modern*) *colloq.* trendy; **sich ~ anziehen** dress smartly (*colloq.* nattily). **2.** (*klasse, dufte*) *colloq.* dishy (*girl, man*), yummy, (*prima*) *colloq.* super, great, *sl.* groovy. **II ≈** *m* ⟨-(e)s; *no pl*⟩ **3.** smartness, chic, style, elegance; **≈ haben** have style, be elegant; **e-r Sache den richtigen ≈ geben** give s.th. that extra something.

schicken (*getr.* **-k·k-**) [ˈʃɪkən] **I** *v/t* ⟨h⟩ **1.** *allg.* send (**zu, nach** to), (*Waren etc*) *a.* dispatch, forward, consign; **j-m Geld ~** send s.o. money, *per Überweisung*: remit money to s.o.; **j-n ins Bett (zur Schule) ~** send s.o. to bed (school); → **April, Wüste**. **II** *v/i* **2. nach j-m ~** send for s.o. **III** *v/reflex* **sich ~ 3.** (*sich gehören*) be fitting, be good form, be seemly (*od.* proper, right); **das schickt sich nicht** it's not done (*od.* the done thing, good form), **für dich**: it doesn't befit you. **4. sich ~ in** (*acc*) resign o.s. to, submit to, acquiesce in, (*sich anpassen*) adapt o.s. to; **sich in die Zeit ~** go with the times. **5.** *dial.* (*sich beeilen*) hurry (up). **IV** *v/impers* **6. es schickt sich (nicht)** it's (not) fitting, it's good (bad) form, it's (un)seemly. **7.** (*sich fügen*) happen, come about; **es schickte sich, daß** luck would have it that.

Schicke·ria (*getr.* **-k·k-**) [ʃɪkəˈriːa] *f* ⟨-; *no pl*⟩ *the* chic set, *the* beautiful people *pl, Am. a. the* glitterati *pl.*

ˈschick·lich *adj* **1.** (*geziemend*) fitting, proper; **das ist nicht ~** it's not done, it's not good form. **2.** (*geeignet*) suitable, convenient. **≈keit** *f* ⟨-; *no pl*⟩ decorum, propriety, good form. **≈keits·geˌfühl** *n* sense of decorum (*od.* propriety).

ˈSchick·sal *n* ⟨-s; -e⟩ **1.** fate, destiny; **die Macht des ~s** the force of destiny; **das ~ herausfordern** tempt providence, court disaster; **das ~ ereilte ihn** he met his fate; **durch ein gütiges ~** by a merciful stroke of fate. **2.** (*Los*) fate, lot; **ein schweres ~** a hard fate (*od.* lot); **sich in sein ~ fügen** resign o.s. to one's fate (*od.* lot); **es war sein ~ zu** *inf* he was fated to *inf*; **sein ~ ist besiegelt** *a. humor.* his fate is sealed; **das gleiche ~ erfahren** suffer the same fate. **≈haft** *adj* fateful.

ˈschick·sals·erˌge·ben *adj* resigned (to one's fate).

ˈSchick·sals|ˌfra·ge *f* fateful (*od.* vital) question. **~ˌfü·gung** *f* act of providence, stroke of fate. **~geˌfähr·te** *m meist pl* companion in misfortune, fellow sufferer. **~geˌmein·schaft** *f* community of fate. **~geˌnos·se** *m* → **Schicksalsgefährte**. **~ˌglau·be** *m* fatalism. **~ˌgöt·tin·nen, die** *pl myth.* the (three) Fates, the (three) Fatal Sisters. **~ˌli·nie** *f in der Hand*: line of fate. **~ˌprü·fung** *f* trial of fate. **~ˌschlag** *m* blow, reverse (of fortune). **≈ˌschwer** *adj lit.* fateful. **~ˌstun·de** *f* fateful hour. **~traˌgö·die** *f Literatur*: tragedy of fate. **≈verˌbun·den** *adj* united by a common fate.

ˈSchickung (*getr.* **-k·k-**) *f* ⟨-; -en⟩ → **Schicksalsfügung**.

ˈSchie·be|ˌdach *n mot.* sliding (*od.* sunshine) roof. **~ˌdeckel** (*getr.* **-k·k-**) *m* sliding lid. **~ˌfen·ster** *n* sliding window, *nach oben*: sash window.

schie·ben [ˈʃiːbən] **I** *v/t* ⟨**schiebt, schob, geschoben**, h⟩ **1.** push, shove, (*Fahrrad etc*) *a.* wheel, (*gleiten lassen*) slip; **j-n ~** push s.o., *fig.* **in e-e** *Position etc*: manœuvre (*Am.* maneuver) s.o. (into); **den Riegel vor die Tür ~** push (*od.* slide) the bolt across the door; **s-e Hände in die Taschen ~** put (*od.* slip) one's hands in(to) one's pockets; **e-n Kuchen in den Ofen ~** put a cake in(to) the oven; *fig.* **e-n Gedanken von sich ~** put a thought aside, dismiss a thought; **et. von e-m Tag auf den anderen ~** put s.th. off from one day to the next; → **Knast** 1, **Kugel** 8 (*etc*). **2.** *hunt.* (*Geweih etc*) sprout. **II** *v/i* **3.** push, shove. **4.** (*schlurfen*) shuffle. **5.** *colloq. contp.* cheat, *sl.* wangle, (*unsaubere Geschäfte machen*) (**mit**) profiteer (*od.* racketeer) (with), carry on (an) illicit trade (*od.* traffic) (in). **III** *v/reflex* **sich ~ 6.** push, move; **sich durch die Menge ~** push (*od.* elbow, shove) one's way through the crowd; *Sport*: **sich nach vorn ~** move up to the front.

ˈSchie·ber *m* ⟨-s; -⟩ **1.** *tech. allg.* slide (*a. am Rechenschieber, Reißverschluß etc*), (*Absperr≈*) slide gate (*od.* valve), (*Rauch≈*) damper, (*Riegel*) bolt, bar. **2.** (*Eßgerät für Kinder*) pusher. **3.** bedpan. **4.** *colloq.* (*Geschäftemacher*) profiteer, racketeer, *sl.* spiv, (*Schwarzhändler*) black marketeer. **5.** *colloq.* (*Tanz*) onestep.

ˈSchie·beˌre·gler *m tech.* slide control.

ˈSchie·ber|geˌschäft *n colloq.* profiteering (job), racket; **~e machen** profiteer, racketeer. **~ˌmo·tor** *m* sleeve valve engine. **~ˌmüt·ze** *f* peaked cap. **~ven·ˌtil** *n* sliding valve.

ˈSchie·be|ˌschal·ter *m electr.* slide switch. **~ˌsitz** *m mot.* sliding seat. **~ˌtür** *f* sliding door. **~ˌwind** *m aer.* tail wind.

ˈSchieb|ˌkar·re *f*, **~ˌkar·ren** *m* → **Schubkarre**. **~ˌleh·re** *f tech.* sliding cal(l)iper.

ˈSchie·bung *f* ⟨-; -en⟩ *fig. colloq.* **1.** manipulation, swindle, *sl.* wangle, *a. Sport*: rig(ged affair), put-up job, *sl.* fix; **~!** fix! **2.** → **Schiebergeschäft**.

schied [ʃiːt] *1 u. 3 sg pret of* **scheiden**.

schied·lich [ˈʃiːtlɪç] *adv* by arbitration.

ˈSchieds|geˌricht *n* **1.** *jur.* arbitration court, court of arbitration, arbitral body (*od.* court, tribunal); **dem ~ unterbreiten** submit s.th. to arbitration; **durch ein ~ beigelegt werden** be settled by arbitration. **2.** *Sport*: jury, (the) judges *pl.* **≈geˌricht·lich** *adj* arbitral, *a. adv* by arbitration. **~geˌrichts·bar·keit** *f* arbitral jurisdiction. **~(geˌrichts)ˌhof** *m* → **Schiedsgericht**; → **Haager, ständig** 3. **~ˌklau·sel** *f* arbitration clause. **~ˌmann** *m econ.* arbitrator, referee. **~ˌrich·ter** *m* **1.** *jur.* arbiter, arbitrator. **2.** a) *bei Wettbewerben, a. Sport*: judge, *pl oft* jury *sg*, b) *Fußball etc*: referee, *Tennis etc*: umpire; **als ~ fungieren** referee (*od.* umpire) (a match). **~ˌrich·terˌball** *m Fußball*: dropped ball. **≈ˌrich·ter·lich I** *adj* **1.** arbitral, arbitration, arbitrator's; **~e Entscheidung** arbitral award, arbitration. **2.** *bes. Sport*: *decision, etc* by the referee (*od.* umpire, judge), referee's (*od.* umpire's, judge's) (*decision, etc*). **II** *adv* **3.** by arbitration; **~ entscheiden** *a.* arbitrate. **≈ˌrich·tern** *v/i* ⟨h⟩ **1.** *jur.* arbitrate. **2.** *Sport*: referee, umpire. **~ˌrich·terˌstuhl** *m Tennis*: umpire's chair. **~ˌsa·che** *f jur.* arbitration case. **~ˌspruch** *m*, **~ˌur·teil** *n* (arbitral) award, arbitration; **e-n Schiedsspruch fällen** make an award; **sich e-m ~ unterwerfen** submit to an award. **~ˌstel·le** *f* arbitration board. **~verˌfah·ren** *n* arbitration (procedure, *konkret*: proceedings *pl*). **~verˌtrag** *m* arbitration agreement; **e-n ~ schließen** *a.* agree to submit to arbitration.

schief [ʃiːf] **I** *adj* ⟨-er; -st⟩ **1.** (*schräg*) oblique (*a. math.*), inclined, slanting, sloping, skew, *Turm etc*: leaning, (*nach e-r Seite hängend*) lopsided, *sl.* cock-eyed, (*krumm*) crooked, *Mund, Gesicht*: wry; **die Wand ist ~** *a.* the wall is out of line; **~e Absätze** worn-down heels; **~e Nase** crooked (*od.* bent) nose; *fig.* **e-n ~en Mund machen** (*od.* **ziehen**) pull (*od.* make) a wry face. **2.** *fig.* (*falsch*) false, wrong, (*verdreht*) distorted, *Urteil*: warped; **ein ~es Bild** a false (*od.* distorted) picture, a lopsided view; **~er Vergleich** false analogy; **in ein ~es Licht geraten** be placed in a bad light; → **Bahn²** 1, **Ebene** 3, **Lage** 3. **II** *adv* **3.** obliquely, at an angle, aslant, askew, awry; *den Hut etc* **~ aufsetzen** tilt, cock, wear at an angle; **~ halten** tilt, incline; **den Kopf ~ halten** cock one's head (to one side); **das Bild hängt ~** the picture hangs crooked (*od.* askew, *sl.* cockeyed); **der Schrank steht ~** the cupboard is out of line; **der Baum ist ~ gewachsen** the tree has grown crooked; *fig.* **j-n ~ ansehen** look askance at s.o.; → **Haussegen, schiefgehen**. **4.** *fig.* distortedly; **et. ~ darstellen** give a distorted account of s.th. **ˈSchie·fe** *f* ⟨-; *no pl*⟩ **1.** obliqueness, obliquity, slant(ingness), skewness, crookedness, (*Neigung*) slope, inclination, gradient. **2.** *fig.* falseness, perversity.

Schie·fer [ˈʃiːfər] *m* ⟨-s; -⟩ **1.** *geol. min.* slate, schist, shale. **2.** *dial.* (*Splitter*) splinter. **≈ˌblau** *adj* slate-blue. **~ˌbo·den** *m* slaty soil. **~ˌbruch** *m* slate quarry. **~ˌdach** *n* slate(d) roof. **~ˌdecker** (*getr.* **-k·k-**) *m* slater. **≈ˌfar-**

ben, ≈ˌfar·big *adj* slate(-colo[u]red). **≈ˌgrau** *adj* slate-grey (*Am.* -gray). **≈ˌhal·tig** *adj* slat(e)y, schistose.

schie·fern [ˈʃiːfərn] *v/i* ⟨h *u.* sein⟩ *bes. geol.* scale off, (ex)foliate.

ˈSchie·fer|ˌöl *n* shale oil. **~ˌplat·te** *f* (slab *od.* leaf *od.* plate of) slate. **~ˌstein** *m* slate (stone). **~ˌstift** *m* slate pencil. **~ˌta·fel** *f* slate.

ˈschief|ˌge·hen *v/i* ⟨*irr, sep,* -ge-, sein⟩ *fig. colloq.* go wrong, go awry, turn out badly; *humor.* **nur Mut, die Sache wird schon ~!** buck up, things will turn out all right! **~geˌwickelt** (*getr.* -k·k-) *adj fig. colloq.* **~ sein** be very much mistaken, be on the wrong track. **≈heit** *f* ⟨-; *no pl*⟩ → Schiefe. **~ˌla·chen** *v/reflex* ⟨*sep,* -ge-, h⟩ *fig. colloq.* **sich ~** laugh one's head off. **~ˌlie·gen** *v/i* ⟨*irr, sep,* -ge-, h *u.* sein⟩ *fig. colloq.* be (all) wrong. **~ˌmäu·lig** [-ˌmɔʏlɪç] *adj* **1.** wry-mouthed. **2.** *fig. colloq.* envious, jealous, grudging. **~ˌtre·ten** *v/t* ⟨*irr, sep,* -ge-, h⟩ (*Absätze etc*) wear *s.th.* down. **~ˌwin·ke·lig, ~ˌwink·lig** *adj math.* oblique-angled.

ˈSchiel|ˌau·ge *n* squinting eye, *sl.* cockeye. **≈ˌäu·gig** *adj* squinting. **~ˌbril·le** *f* strabismus spectacles *pl.*

schie·len [ˈʃiːlən] **I** *v/i* ⟨h⟩ (have a) squint, be cross-eyed; **auf einem Auge ~** *a.* squint with one eye; *fig.* **~ auf** (*acc*) (*od.* **nach**) squint at, steal a (sidelong) glance at, *begehrlich*: have an eye to. **II ≈** *n* ⟨-s⟩ squint(ing), *med.* strabismus. **ˈschie·lend** *adj* squinting, cross-eyed, squint-eyed. **ˈSchie·ler** *m* ⟨-s; -⟩ squinter.

schien [ʃiːn] *1 u. 3 sg pret of* **scheinen**[1] *u.* [2].

ˈSchienˌbein *n anat.* shinbone, tibia. **~ˌschutz, ~ˌschüt·zer** *m Sport*: shin-guard, shin-pad.

Schie·ne [ˈʃiːnə] *f* ⟨-; -n⟩ **1.** *rail. einzelne*: rail, *pl* rails, metals, (**~nstrang**) track *sg*; **aus den ~n springen** run off (*Am.* jump) the rails, be derailed. **2.** *electr.* bar, (*Sammel≈*) bus bar. **3.** *tech.* (*Lasche*) fishplate. **4.** *med.* splint; **e-n Arm in der ~ haben** have one's arm in splints. **ˈschie·nen** *v/t* ⟨h⟩ *med.* splint, put *s.th.* in splints.

ˈSchie·nen|ˌbahn *f* track railway. **~ˌbus** *m* rail car. **~ˌfahrˌzeug** *n* rail(-borne) vehicle; **~e** *pl collect.* rolling stock *sg.* **≈geˌbun·den** *adj* rail-borne. **≈ˌgleich** *adj* **~er Bahnübergang** level (*Am.* grade) crossing. **~ˌnetz** *n* railway (*Am.* railroad) system (*od.* network). **~ˌräu·mer** *m* rail guard, track clearer, *Am.* pilot, cowcatcher. **~ˌstoß** *m* rail joint. **~ˌstrang** *m* track(age), railway line. **~transˌport** *m* rail transport. **~verˌkehr** *m* rail traffic. **~ˌweg** *m* railway (*Am.* railroad) (line); **auf dem ~(e)** by rail.

schier[1] [ʃiːr] *adj dial.* sheer, pure.

schier[2] *adv* almost, nearly, *bei Verneinung*: *a.* next to.

Schier·ling [ˈʃiːrlɪŋ] *m* ⟨-s; -e⟩ *bot.* hemlock. **~sˌbe·cher** *m hist.* (cup of) hemlock; **den ~ trinken** (*od.* **nehmen**) drink the hemlock, poison o.s.

ˈSchieß|ˌar·beit *f Bergbau*: blasting. **~ˌausˌbil·dung** *f mil.* rifle training, *Artillerie*: gunnery drill. **~ˌbahn** *f* rifle-range. **~ˌbaumˌwol·le** *f* gun-cotton. **~beˌfehl** *m* firing order. **~ˌbu·de** *f* shooting gallery. **~ˌbu·den·fiˌgur** *f* **1.** (shooting-gallery) target. **2.** *fig. colloq.* freak, clown. **~ˌei·sen** *n colloq.* shooter, *Am. sl.* rod, (shooting) iron.

schie·ßen [ˈʃiːsən] **I** *v/i* ⟨schießt, schoß, geschossen, h *u.* sein⟩ **1.** ⟨h⟩ shoot (*a. Sport*), fire (a shot), (*das Feuer eröffnen*) open fire; **~ auf** (*acc*) shoot (*od.* fire, take a shot) at; **gut ~** *Waffe*: shoot well, *Person*: be a good shot; **aus dem Hinterhalt ~** snipe; **hier wird scharf geschossen!** *mil.* live shooting (*od.* firing)!, *fig.* things are very heated here; *fig. colloq.* **~ Sie los!** fire away!, *Am.* shoot! **2.** ⟨sein⟩ *Flüssigkeiten*: gush, spout, spurt; **das Blut schoß aus der Wunde** blood gushed from (*od.* out of) the wound; **das Blut schoß ihr ins Gesicht** blood rushed to her face. **3.** ⟨sein⟩ (*sausen*) (**durch** through) shoot, rush, dash, dart, streak, *a. fig. Gedanke etc*: flash (*through one's mind*). **4.** ⟨sein⟩ *Pflanzen etc*: shoot (*od.* spring, sprout) up, *Salat*: bolt to seed, *Kind etc*: shoot up; → **Kraut** 1, **Pilz**, **Samen** 1. **5.** ⟨h⟩ *sl.* (*Rauschgift spritzen*) shoot, mainline. **II** *v/t* ⟨h⟩ **6.** shoot, fire; **j-n ins Herz ~** shoot s.o. in (*od.* through) the heart; *colloq.* **j-n über den Haufen ~** shoot s.o. down; *fig.* **e-n wütenden Blick auf j-n ~** look daggers at s.o. **7.** *Raumfahrt*: shoot, launch. **8.** *Sport*: shoot; **den Ball ins Netz ~** *a.* net the ball; **ein Tor ~** score a goal; **den Ausgleich ~** equalize. **9.** *colloq.* **ein Bild ~ (von)** shoot *s.o., s.th.*, take (*od.* make) a snapshot (of). **10.** *phys.* (*Strahlen*) shoot. **11.** *mar.* (*messen*) shoot (*the sun, etc*). **12.** *Bergbau*: (*sprengen*) blast. **III** *v/reflex* ⟨h⟩ **sich ~ 13. sich mit j-m ~** fight a pistol duel with s.o. **IV ≈** *n* ⟨-s⟩ **14.** shooting, firing, (*Schüsse*) shots *pl*, gunfire; *mil.* **gefechtsmäßiges ≈** combat practice firing. **15.** (*Wett≈*) shooting-match. **16.** *Bergbau*: blasting. **17.** *fig. colloq.* **es (er) ist zum ≈!** it (he) is a (perfect) scream. **~ˌlas·sen** *v/t* ⟨*irr, sep, no* -ge-, h⟩ *colloq.* (*aufgeben*) give up, drop.

ˈSchie·ßer *m* ⟨-s; -⟩ (*Drogensüchtiger*) *sl.* junkie, mainliner.

Schie·ßeˈrei *f* ⟨-; -en⟩ **1.** (continual) shooting. **2.** gunfight, gun battle, *colloq.* shoot-out.

ˈSchieß|geˌwehr *n colloq. humor.* gun, rifle. **~ˌhund** *m fig. colloq.* **aufpassen wie ein ~** keep one's eyes peeled, keep one's weather eye open. **~ˌkrieg** *m* shooting war. **~ˌkunst** *f* marksmanship. **~ˌleh·re** *f* → **Ballistik**. **~ˌmei·ster** *m* blaster. **~ˌplatz** *m* (shooting-)range. **~ˌprü·gel** *m humor.* gun, shooter, *bes. Am. sl.* (shooting) iron. **~ˌpul·ver** *n* gunpowder. **~ˌschar·te** *f* embrasure. **~ˌschei·be** *f* target. **~ˌsport** *m* shooting. **~ˌstand** *m* (rifle-)range. **~ˌübung** *f* shooting (*od.* firing, target) practice. **≈ˌwü·tig** *adj colloq.* trigger-happy.

Schiet [ʃiːt] *m, n* ⟨-s; *no pl*⟩ *dial. for* **Scheiße**.

Schiff [ʃɪf] *n* ⟨-(e)s; -e⟩ **1.** ship, vessel, *kleineres*: craft, boat; **~e** *pl collect. a.* shipping *sg*; **auf dem ~** on board (of the) ship; **das ~ aufgeben** (*od.* **verlassen**) abandon ship; **~ voraus!** ship ahead!; *fig.* **das ~ des Staates lenken** be at the helm; **das ~ der Wüste** (*Kamel*) the ship of the desert; → **Ratte**. **2.** *arch.* (*Kirchen≈*) nave. **3.** *print.* galley.

ˈSchiffahrt (*getr.* -ff|f-) *f* ⟨-; *no pl*⟩ shipping, navigation.

ˈSchiffahrts|beˌhör·de *f* shipping authorities *pl.* **~geˌsell·schaft** *f* shipping company (*od.* line). **~kaˌnal** *m* ship-canal. **~ˌkun·de** *f* → **Nautik**. **~ˌliˌnie** *f* **1.** shipping line. **2.** → **Schiffahrtsweg**. **~po·liˌzei** *f* shipping police. **~ˌrecht** *n* right of navigation. **~ˌstra·ße** *f*, **~ˌweg** *m* **1.** shipping route (*od.* lane), (*Seeweg*) sea route. **2.** (*Fluß, Kanal*) (navigable) waterway. **~ˌzei·chen** *n* shipping sign.

ˈschiffahrtˌtrei·bend (*getr.* -ff|f-) *adj* seafaring.

ˈschiff·bar *adj* navigable; **~ machen** *a.* canalize. **≈keit** *f* ⟨-; *no pl*⟩ navigability.

ˈSchiff|ˌbau *m* ⟨-(e)s; *no pl*⟩ shipbuilding. **~ˌbau·er** *m* shipbuilder, shipwright. **~ˌbau·in·geˌnieur** *m* shipbuilding engineer. **~ˌbruch** *m* (ship-)wreck; **~ erleiden** be (ship)wrecked, suffer shipwreck, *fig. a.* founder, *finanziell*: go bankrupt, be ruined; **er hat mit s-n Plänen ~ erlitten** his plans failed (*colloq.* flopped). **≈ˌbrü·chig** *adj* shipwrecked, *Person*: *a.* castaway. **~ˌbrü·chi·ge** *m, f* ⟨-n; -n⟩ shipwrecked person, castaway. **~ˌbrücke** (*getr.* -k·k-) *f* floating (*od.* pontoon) bridge.

ˈSchiff·chen *n* ⟨-s; -⟩ **1.** small ship (*od.* boat). **2.** *tech.* shuttle. **3.** *bot.* carina. **4.** *mil.* forage-cap.

schif·fen [ˈʃɪfən] **I** *v/i* ⟨h⟩ *vulg.* piss, *Br. a.* have a slash. **II** *v/t* → **verschiffen**. **III** *v/impers vulg. humor.* **es schifft** it's pouring (with rain).

ˈSchif·fer *m* ⟨-s; -⟩ bargee, *Am.* bargeman, *engS.* barge captain (*od.* master). **~klaˌvier** *n colloq.* (keyboard) accordion. **~ˌkno·ten** *m* sailor's knot. **~ˌmüt·ze** *f* sailor's cap. **~paˌtent** *n* → **Kapitänspatent**.

ˈSchiffs|apoˌthe·ke *f* ship's dispensary. **~ar·til·leˌrie** *f* naval artillery (*od.* ordnance). **~ˌarzt** *m* ship's doctor (*od.* surgeon). **~beˌsat·zung** *f* (ship's) crew. **~ˌbo·den** *m* (ship's) bottom. **~ˌbrei·te** *f* breadth (of a ship), *größte*: beam. **~ˌbrücke** (*getr.* -k·k-) *f* (captain's) bridge.

ˈSchiffˌschau·kel *f* swingboat.

ˈSchiffs|ˌei·gen·tü·mer, ~ˌeig·ner *m* shipowner. **~ˌflag·ge** *f* (ship's) flag, (ship's) colo(u)rs *pl.* **~ˌfrachtˌbrief** *m* bill of lading. **~ˌfüh·rer** *m* (ship's) captain, master (mariner), *colloq.* skipper. **~ˌfüh·rung** *f* **1.** navigation of a ship. **2.** ship's management, conduct of a ship. **~ˌhal·ter** *m ichth.* sucker(fish). **~ˌhänd·ler** *m* ship(')s chandler. **~ˌhe·beˌwerk** *n* ship canal lift. **~ˌjun·ge** *m* ship's boy, shipboy. **~ka·piˌtän** *m* (ship's) captain, master, *colloq.* skipper. **~ˌklas·se** *f* rating. **~ˌkoch** *m* ship's cook. **~ˌkrei·sel** *m* gyrostabilizer. **~ˌkü·che** *f* → **Kombüse**. **~ˌla·dung** *f* shipload, cargo. **~laˌter·ne** *f* ship's lantern (*od.* light). **~la·zaˌrett** *n* sick-bay, ship's hospital. **~ˌmak·ler** *m* shipbroker. **~ˌmann·schaft** *f* (ship's) crew. **~paˌpie·re** *pl* ship's papers. **~ˌraum** *m* (ship's) hold (*od.* space), (*Rauminhalt*) tonnage. **~reˌgi·ster** *n* (ship's) register. **~ˌrei·se** *f* → **Seereise**. **~ˌrou·te** *f* → **Schiffahrtsweg** 1. **~ˌrumpf** *m* (ship's) hull. **~ˌschna·bel** *m mar.* **1.** prow (of a ship). **2.** *antiq.* rostrum. **~ˌschrau·be** *f* (ship's) propeller, screw. **~ˌta·geˌbuch** *n* → **Logbuch**. **~ˌtau·fe** *f* christening of a ship. **~verˌkehr** *m* shipping (traffic). **~ˌwa·che** *f* (ship's) watch. **~ˌwerft** *f* shipyard, shipbuilding yard, dockyard. **~ˌwrack** *n* (ship)wreck. **~ˌzim·merˌmann** *m* shipwright, *an Bord*: ship's carpenter. **~ˌzwieˌback** *m* ship(')s biscuit, hard tack.

schif·ten [ˈʃɪftən] *v/t u. v/i* ⟨h⟩ *mar.* shift.

Schi·ka·ne [ʃiˈkaːnə] *f* ⟨-; -n⟩ **1.** *jur.* chicane(ry). **2.** spite, malice, nasty (*od.* dirty) trick, harassment; *fig. colloq.* **mit allen ~n** with every refinement, with all the trimmings. **3.** *Rennsport*: chicane.

Schi·ka|neur [ʃikaˈnøːr] *m* ⟨-s; -e⟩ bully. **≈ˈnie·ren** [-ˈniːrən] *v/t* ⟨*no* ge-, h⟩ persecute, torment, harass, bully. **≈ˈnös** [-ˈnøːs] *adj* **1.** *bes. jur.* vexatious. **2.** spiteful, harassing, bullying.

Schild[1] [ʃɪlt] *n* ⟨-(e)s; -er⟩ (*Namens≈, Firmen≈, Nummern≈ etc*) plate, (*Firmen≈*) *a.* facia, (*Straßen≈, Verkehrs≈ etc*) sign,

(*Wegweiser*) signpost, (*Abzeichen*) badge, (*Preis*Ƨ *etc*) tag, ticket, (*Etikett*) label, *Am.* sticker, (*Plakat*) placard, *am Schalter, auf Schreibtisch*: (desk) plaque.

Schild[2] *m* ⟨-(e)s; -e⟩ **1.** *mil. hist.* shield; *fig.* **j-n auf den ~ (er)heben** choose s.o. (as) leader. **2.** *her.* shield, (e)scutcheon, coat of arms; **e-n Löwen im ~e führen** have (*od.* bear) a lion on one's coat of arms; *fig. colloq.* **et. im ~e führen** be up to s.th., **gegen j-n:** have designs upon (*od.* against) s.o., scheme against s.o. **3.** *zo.* (*Horn*Ƨ *etc*) shield, plate, carapace. **4.** *nucl.* shield. **5.** (*Mützen*Ƨ) peak, visor.

ˈSchildˌbür·ger *m fig.* Gothamite, *weitS.* simpleton, fool. **~ˌstreich** *m* folly, imbecility, foolish action.

ˈSchild·chen *n* ⟨-s; -⟩ small sign (*etc*); → Schild[1].

ˈSchildˌdrü·se *f anat.* thyroid (gland).

ˈSchildˌdrü·sen|horˌmon *n med.* thyroid hormone. **~über·funk·tiˌon** *f* hyperthyroidism. **~un·ter·funk·tiˌon** *f* hypothyrosis.

ˈSchil·de·rer *m* ⟨-s; -⟩ describer, portrayer, (*Erzähler*) narrator.

ˈSchil·der|ˌhaus, ~ˌhäus·chen *n mil.* sentry box. **~ˌma·ler** *m* sign painter.

schil·dern [ˈʃɪldərn] *v/t* ⟨h⟩ *allg.* describe, (*genau darstellen*) delineate, characterize, *anschaulich, a. im Film etc*: depict, portray, paint a picture of, *in kurzen Zügen*: outline, sketch, *im einzelnen*: give an account of, (*erzählen*) relate, narrate, tell; **nicht** (*od.* **kaum**) **zu ~ sein** defy description; **et. in düsteren Farben ~** paint s.th. in gloomy colo(u)rs, paint a gloomy picture of s.th.; **et. anschaulich ~** give a graphic picture of s.th. **ˈSchil·de·rung** *f* ⟨-; -en⟩ (*Beschreibung*) description, depiction, portrayal, picture, *genaue*: delineation, (*Skizze*) outline, sketch, (*Erzählung*) relation, narration, narrative, *bes. jur.* (*Bericht, Darstellung des Sachverhalts*) recital (of facts), account.

ˈSchil·derˌwald *m humor.* jungle of (traffic) signs.

ˈSchild|ˌfarn *m bot.* shield-fern. **Ƨˌför·mig** *adj bot. zo.* scutiform. **~ˌknap·pe** *m hist.* shield-bearer. **~ˌknor·pel** *m anat.* thyroid cartilage. **~ˌkrö·te** *f zo.* (*bes. See*Ƨ) turtle, (*bes. Land*Ƨ) tortoise.

ˈSchildˌkrö·ten|ˌpan·zer *m,* **~ˌscha·le** *f* tortoise-shell, turtle-shell. **~ˌsup·pe** *f* turtle soup; **falsche ~** mock turtle soup.

ˈSchild|ˌlaus *f zo.* scale insect. **~ˌpatt** *n* ⟨-(e)s; *no pl*⟩ *zo.* tortoise-shell. **~ˌwa·che** *f mil. obs.* **1.** (*Wachposten*) sentinel, sentry. **2.** (*Wachdienst*) watch, guard, sentry; **~ stehen** *a. fig.* be on sentry-go.

Schilf [ʃɪlf] *n* ⟨-(e)s; -e⟩ *bot.* reed, *collect.* (*am Wasser od. als Werkstoff*) reed(s *pl*), rush(es *pl*).

ˈschil·fe·rig *adj med. Haut*: scaling, exfoliative.

schil·fern [ˈʃɪlfərn] **I** *v/t* ⟨h⟩ peel, shell. **II** *v/i med. Haut etc*: peel (off), shell (off), exfoliate.

ˈSchilfˌgras *n bot.* reed.

ˈschil·fig *adj* reedy, reeded, overgrown (*od.* covered) with reeds.

ˈSchilf|ˌmat·te *f* reed (*od.* rush) mat. **~rohr** *n bot.* reed. **~ˌrohrˌsän·ger** *m orn.* marsh warbler.

Schil·ler [ˈʃɪlər] *m* ⟨-s; -⟩ play of colo(u)rs, iridescence, opalescence. **~ˌfal·ter** *m zo.* purple emperor. **~ˌglanz** *m min.* schiller. **~ˌlocke** (*getr.* **-k·k-**) *f gastr.* **1.** *a puff pastry cone filled with whipped cream.* **2.** *a strip of smoked haddock fillet.*

schil·lern [ˈʃɪlərn] **I** *v/i* ⟨h⟩ change colo(u)r, shine in various colo(u)rs, *in Regenbogenfarben*: iridesce, *matt*: shimmer; **in allen Farben ~** shine (*od.* sparkle) in all colo(u)rs; **ins Rötliche ~** have a reddish tinge (*od.* tint). **II** Ƨ *n* ⟨-s⟩ play of colo(u)rs, iridescence, opalescence, iridescent lust/re (*Am.* -er). **~d** *adj* iridescent, opalescent, versicolo(u)red, *bes. Stoff*: shot, (*glänzend*) sparkling, glittering, scintillating, *fig.* dazzling, dubious (*character, etc*).

Schil·ling [ˈʃɪlɪŋ] *m* ⟨-s; -e⟩ *econ.* schilling.

schil·pen [ˈʃɪlpən] *v/i* ⟨h⟩ *Spatz*: twitter, chirp.

schilt [ʃɪlt] *3 sg pres,* **schiltst** [ʃɪltst] *2 sg pres of* **schelten.**

Schi·mä·re [ʃiˈmɛːrə] *f* ⟨-; -n⟩ *lit.* chim(a)era. **schiˈmä·risch** *adj* chimerical.

Schim·mel[1] [ˈʃɪməl] *m* ⟨-s; *no pl*⟩ **1.** *an Nahrungsmitteln etc*: (blue) mo(u)ld, *an Leder, Papier, der Wand etc*: mildew. **2.** → **Schimmelgeruch.**

ˈSchim·mel[2] *m* ⟨-s; -⟩ white horse.

ˈSchim·mel|ˌfleck *m* mo(u)ld (*od.* mildew) stain. **~geˌruch** *m* mo(u)ldy (*od.* musty, fusty) smell, mustiness.

ˈschim·me·lig I *adj Brot etc*: mo(u)ldy, *Leder, Papier, Wand etc*: mildewy, mildewed, *bes. Geruch*: musty, fusty; **~ werden → schimmeln. II** *adv* **~ riechen** have a mo(u)ldy (*od.* musty) smell, smell mo(u)ldy.

schim·meln [ˈʃɪməln] *v/i* ⟨h *od.* sein⟩ mo(u)ld, mildew, go (*od.* become) mo(u)ldy (*od.* musty).

ˈSchim·melˌpilz *m bot.* mo(u)ld fungus.

Schim·mer [ˈʃɪmər] *m* ⟨-s; -⟩ **1.** gleam, glimmer, shimmer, (*warmes Licht*) glow, (*fahles Licht*) pale (*od.* dim) light, *von Perlen, Seide etc*: sheen, lust/re (*Am.* -er), *von Metall*: glint, gleam, (*Färbung*) tinge; **beim ~ des Mondes** in the pale moonlight; **ein rötlicher ~** a reddish tinge, a touch of red. **2.** *fig.* (*Spur*) glimmer, trace, touch, tinge, hint; **der ~ e-s Lächelns** the trace (*od.* hint, suspicion) of a smile; **ein ~ von Hoffnung** a glimmer (*od.* ray, gleam, flicker) of hope; **kein ~ von** not the slightest trace of. **3.** *fig. colloq.* (*Ahnung*) notion, idea, clue, inkling; **ich habe k-n (blassen) ~** ask me another!, search me!; **k-n blassen ~ von e-r Sache haben** not to have the foggiest idea of s.th., not to know the first thing about s.th.

schim·mern [ˈʃɪmərn] *v/i* ⟨h⟩ shimmer, glimmer, gleam, *Metall etc*: glint, gleam, (*warm leuchten*) glow, (*fahl leuchten*) shed (*od.* cast) a dim (*od.* pale) light, (*glänzen*) sparkle, glisten; **Licht schimmerte durch die Bäume** light shone through the trees; **rötlich ~** have a reddish tinge, have a tinge of red. **~d** *adj Perlen, Seide etc*: shiny, lustrous.

Schim·pan·se [ʃɪmˈpanzə] *m* ⟨-n; -n⟩ *zo.* chimpanzee.

Schimpf [ʃɪmpf] *m* ⟨-(e)s; *no pl*⟩ affront, insult, *stärker*: outrage, (*Schande*) disgrace; **j-m e-n ~ antun** insult s.o.; **mit ~ und Schande** ignominiously.

schimp·fen [ˈʃɪmpfən] **I** *v/i* ⟨h⟩ **1.** scold, (*keifen*) nag; **mit j-m ~** scold s.o., nag at s.o.; → **Rohrspatz. 2.** (*murren*) (**über** *acc*) complain (of, about), rail (at, against), grumble (at, about, over), *colloq.* grouse (*od.* grouch) (about), *sl.* gripe (at, about), (*fluchen*) swear (at). **II** *v/t* **3.** scold, dress *s.o.* down, tick *s.o.* off, nag (at). **4.** (*nennen*) call; **j-n e-n Lügner ~** call s.o. a liar; *colloq.* **... und so et. schimpft sich Schnellzug** and they call this an express train. **III** Ƨ *n* ⟨-s; *no pl*⟩ **5.** scolding (*etc*); → *a.* **Schimpferei.**

ˈSchimp·fer *m* ⟨-s; -⟩ *colloq.* scolder, (*Nörgler*) grumbler, grouser. **Schimp·feˈrei** *f* ⟨-; -en⟩ *colloq.* (continual) scolding, (*Keiferei*) (persistent) nagging, (*Murren*) grumbling, (*Fluchen*) swearing.

ˈschimpf·lich *adj* (*beleidigend*) *Behandlung etc*: shameful, disgraceful, insulting, abusive, (*schmachvoll*) *Niederlage etc*: ignominious, inglorious, dishono(u)rable. **Ƨkeit** *f* ⟨-; *no pl*⟩ shamefulness, disgrace, ignominy.

ˈSchimpf|na·me *m* abusive name; **j-m ~n geben** call s.o. names. **~ˌwort** *n* ⟨-(e)s; -e *od.* ⸚er⟩ swearword, term of abuse, invective, abusive word, *pl collect.* abuse *sg*, bad language *sg*; **j-n mit e-r Flut von Schimpfwörtern überschütten** shower abuse on s.o.

ˈSchindˌan·ger *m rare* knacker's yard.

Schin·del [ˈʃɪndəl] *f* ⟨-; -n⟩ **1.** *arch.* shingle; **mit ~n gedeckt** shingle-roofed. **2.** *her.* billet. **~ˌdach** *n* shingle roof.

schin·deln [ˈʃɪndəln] *v/t* ⟨h⟩ (*Dach*) shingle.

schin·den [ˈʃɪndən] **I** *v/t* ⟨schindet, *rare* schindete, *a.* **schund, geschunden,** h⟩ **1.** (*Tier, Gefangenen etc*) maltreat, ill-treat, (*Arbeiter etc*) *a.* slave-drive, sweat. **2.** (*tote Tiere*) skin, flay. **3.** *colloq.* (*heraus*~) scrounge, *sl.* wangle; **das Fahrgeld ~** dodge (*Am.* duck paying) the fare; (**bei j-m**) **Mitleid ~** try to arouse (s.o.'s) sympathy; **Zeilen ~** pad one's lines; **Zeit ~** temporize, *Sport*: play for time; → **Eindruck**[1] 1. **II** *v/reflex* **4. sich ~ (und plagen)** drudge, slave away, toil and moil. **ˈSchin·der** *m* ⟨-s; -⟩ **1.** knacker. **2.** *fig.* slave-driver. **Schin·deˈrei** *f* ⟨-; *no pl*⟩ *fig. colloq.* drudgery, toil, grind.

ˈSchin·derˌkar·ren *m obs.* knacker's cart.

ˈSchind|ˌlu·der *n colloq.* **mit j-m ~ treiben** play fast and loose with s.o. **~ˌmäh·re** *f contp.* hack, jade, nag.

Schin·ken [ˈʃɪŋkən] *m* ⟨-s; -⟩ **1.** *gastr.* ham; **Eier mit ~** ham and eggs; *fig. colloq.* **mit der Wurst nach dem ~ werfen** throw out a sprat to catch a mackerel. **2.** *humor.* (*dickes Buch*) fat book, (*riesiges Gemälde*) outsize(d) daub, (*seichter Film*) trivial (*od.* slushy) film. **3.** *fig. colloq.* (*Gesäß*) buttocks *pl*, backside. **~ˌbrot** *n* ham sandwich. **~ˌbröt·chen** *n* ham roll. **~ˌklop·fen** *n* (*Kinderspiel*) hot cockles *pl* (*als sg konstruiert*). **~ˌspeck** *m* streaky bacon.

Schin·to·is·mus [ʃɪntoˈɪsmʊs] *m* ⟨-; *no pl*⟩ *relig.* Shinto(ism).

Schip·pe [ˈʃɪpə] *f* ⟨-; -n⟩ *bes. dial.* **1.** (*Schaufel*) shovel, *kleinere*: scoop, (*Spaten*) spade, (*Kehricht*Ƨ) dustpan; *fig. colloq.* **j-n auf die ~ nehmen** pull s.o.'s leg; **dem Tod von der ~ springen** escape from the jaws of death. **2.** *humor.* (*Schmollmund*) **e-e ~ ziehen** (*od.* **machen**) pout. **3.** *dial. Kartenspiel*: spades *pl*. **ˈschip·pen** *bes. dial.* **I** *v/t* ⟨h⟩ (*Schnee, Sand etc*) shovel, clear *s.th.* away. **II** *v/i* shovel.

Schirm [ʃɪrm] *m* ⟨-(e)s; -e⟩ **1.** (*Regen*Ƨ) umbrella, *Br. sl.* brolly, (*Sonnen*Ƨ) parasol, sunshade, (*Lampen*Ƨ) (lamp-)shade, (*Mützen*Ƨ) peak, visor, (*Wand*Ƨ, *Schutz*Ƨ *etc*) screen. **2.** *electr. TV etc* screen. **3.** (*Fall*Ƨ) parachute. **4.** *e-s Pilzes*: pileus. **5.** *fig.* (*Schutz*) shield, protection. **~anˌten·ne** *f Radio*: umbrella aerial (*Am.* antenna). **~ˌbild** *n* **1.** *Radar, Computer*: display. **2.** *TV* screen picture (*od.* image). **~ˌbild·geˌrät** *n* radar screen. **~ˌbildˌun·terˌsu·chung** *f* → **Röntgenuntersuchung.**

schir·men [ˈʃɪrmən] *v/t* ⟨h⟩ *lit.* (*schützen*) (**vor** *dat*) protect (from), shield (from), (safe)guard (against).

ˈ**Schirm|ˌgit·ter** *n electr.* screen grid. **~ˌgit·terˌröh·re** *f* screen-grid valve (*Am.* tube). **~ˌherr** *m* protector, *e-r Veranstaltung*: patron, sponsor. **~ˌherr·schaft** *f* patronage, sponsorship; unter der ~ von *a.* under the auspices of. **~ˌhül·le** *f* umbrella case. **~ˌmüt·ze** *f* peaked cap. **~ˌpilz** *m* parasol mushroom. **~ˌqual·le** *f zo.* umbrella jellyfish. **~ˌstän·der** *m* umbrella stand.

Schi·rok·ko [ʃiˈrɔko] *m* <-s; -s> sirocco.

schir·ren [ˈʃɪrən] *v/t* <h> → anschirren.

ˈ**Schirrˌmei·ster** *m* **1.** *mil.* motor transport sergeant. **2.** *obs.* ostler.

Schis·ma [ˈʃɪsma; ˈsçɪs-] *n* <-s; Schismen *u.* -ta [-ta]> *bes. relig.* schism. **Schisˈma·ti·ker** [-ˈmaːtikər] *m* <-s; ->, **schisˈma·tisch** [-ˈmaːtɪʃ] *adj* schismatic.

schiß [ʃɪs] *1 u. 3 sg pret of* scheißen.

Schiß *m* <-sses; *no pl*> *vulg.* shit, crap; *fig.* ~ haben (vor *of*) be in a blue funk, be scared stiff; ~ kriegen get cold feet, get into a (blue) funk, *sl.* chicken out.

Schi·wa [ˈʃiːva] *npr m* <-s; *no pl*> (*indische Gottheit*) Shiva, Siva.

schi·zo|gen [ʃitsoˈgeːn; sçi-] *adj biol.* schizogenic. **~ˈid** [-ˈiːt] *adj med. psych.* schizoid. **2myˈzet** [-myˈtseːt] *m* <-en; -en> *meist pl biol.* schizomycete. **~ˈphren** [-ˈfreːn] *adj med. psych.* schizophrenic. **2ˈphre·ne** *m, f* <-n; -n> schizophrenic. **2phreˈnie** [-freˈniː] *f* <-; -n [-ən]> schizophrenia. **2ˈphy·ten** [-ˈfyːtən] *pl biol.* schizophytes. **~ˈthym** [-ˈtyːm] *adj* schizothymic.

ˈ**schlab·be·rig** *adj* **1.** *Suppe etc*: watery. **2.** (*feucht u. weich*) jellylike.

schlab·bern [ˈʃlabərn] *colloq.* **I** *v/t* <h> **1.** lap *s.th.* up. **2.** *fig.* (*Unsinn etc*) jabber (out), babble. **II** *v/i* **3.** (*sabbern*) slobber, slaver. **4.** (*schlürfen*) slop, lap. **5.** *fig.* (*schwätzen*) jabber (away), drivel, babble.

Schlacht [ʃlaxt] *f* <-; -en> battle (bei of *Hastings, etc, zur See*: off *Trafalgar, etc*); e-e ~ liefern (*od.* schlagen) fight a battle, give battle (*dat* to); die ~ gewinnen have (*od.* win) the battle, carry the day; *a. fig.* in die ~ ziehen go into battle (*od.* action); es kam zur ~ a battle began (*od.* was fought). **~ˌbank** *f* <-; =e> slaughtering block; *fig.* j-n (wie ein Lamm) zur ~ führen lead s.o. (like a lamb) to the slaughter. **~ˌbeil** *n* **1.** butcher's axe (*od.* cleaver). **2.** → Streitaxt.

schlach·ten [ˈʃlaxtən] **I** *v/t* <h> (*Vieh etc*) slaughter, kill, butcher. **II** *v/i* slaughter an animal (*od.* animals).

ˈ**Schlach·ten|ˌbumm·ler** *m Sport colloq.* follower, supporter, fan. **~ˌglück** *n* fortune(s *pl*) of (*od.* in) war. **~ˌma·ler** *m* painter of battle scenes.

ˈ**Schlach·ter** *m* <-s; -> **1.** slaughterer, slaughterman. **2.** *dial.* (*Fleischer*) butcher.

Schläch·ter [ˈʃlɛçtər] *m* <-s; -> **1.** → Schlachter. **2.** *fig.* butcher, slaughterer.

Schlach·teˈrei *f* <-; -en> *dial.* **1.** butcher's shop. **2.** <*only sg*> butcher's trade.

Schläch·teˈrei *f* <-; -en> **1.** → Schlachterei. **2.** <*only sg*> *fig.* (*Blutbad*) slaughter, massacre, carnage.

ˈ**Schlacht|ˌfeld** *n* battleground, battlefield; *colloq.* sein Zimmer sah aus wie ein ~ his room was a shambles. **~ˌfest** *n home slaughtering* (*followed by a meal of fresh pork, home-made sausages, etc*). **~ˌflie·ger** *m* → Jagdbomber. **~ˌflot·te** *f mar. mil.* battle fleet. **~geˌschrei** *n* battle cry. **~geˌtüm·mel, ~geˌwühl** *n a. fig.* turmoil of battle, mêlée; mitten im ~ in the thick of the battle. **~ˌhaus** *n*, **~ˌhof** *m* slaughterhouse, abattoir. **~ˌli·nie** *f mil.* line of battle. **~ˌmes·ser** *n* butcher's knife. **~ˌop·fer** *n* **1.** *bes. relig.* (*Handlung*) sacrifice. **2.** (*Opfertier*) victim. **~ˌord·nung** *f* battle order (*od.* array); in ~ aufstellen draw up in battle array, array for battle. **~ˌplan** *m* plan of action (*a. fig.*), campaign plan. **2ˌreif** *adj Vieh*: ready for slaughtering (*od.* killing), in prime of grease. **~ˌrei·he** *f mil. hist.* line of battle. **~ˌroß** *n mil. hist.* warhorse, charger. **~ˌruf** *m* battle cry, war cry. **~ˌschiff** *n mil.* battleship.

ˈ**Schlach·tung** *f* <-; -en> slaughter(ing).

ˈ**Schlachtˌvieh** *n* animals *pl* for slaughter, meat stock, (*Rinder*) beef cattle (*meist als pl konstruiert*).

Schlacke (*getr.* -k·k-) [ˈʃlakə] *f* <-; -n> **1.** cinders *pl*, *bes. metall.* slag, dross, scoria. **2.** *pl med.* waste products, *Diät*: roughage *sg*. **3.** *geol.* (volcanic) slag (*od.* clinker, scoria). ˈ**schlacken** (*getr.* -k·k-) *v/i* <h> (form) slag.

ˈ**Schlacken|ˌabˌstich** (*getr.* -k·k-) *m metall.* **1.** tapping of the slag. **2.** → **~ˌabˌstichˌloch** *n* slag (*od.* cinder) hole. **~ˌbahn** *f Sport*: cinder track. **~beˌton** *m* slag concrete. **2ˌfrei** *adj Kohle, Eisen etc*: slagless. **~ˌkost** *f med.* (diet of) roughage. **~ˌstein** *m* slag brick, cinder block. **~ˌwol·le** *f* slag (*od.* mineral) wool, cinder hair.

schlackern (*getr.* -k·k-) [ˈʃlakərn] *v/i* <h> hang loose(ly), flap, (*wackeln*) wobble; *fig. colloq.* mit ~den Knien (with) wobbling (knees); mit den Ohren ~ be flabbergasted, be dum(b)founded.

ˈ**schlackig** (*getr.* -k·k-) *adj* **1.** *metall.* slaggy, drossy. **2.** *colloq. Wetter etc*: sleety, slushy.

ˈ**Schlackˌwurst** *f dial. for* Zervelatwurst.

Schlaf [ʃlaːf] *m* <-(e)s; *no pl*> sleep; *psych.* orthodoxer (paradoxer) ~ orthodox (paradoxical *od.* REM) sleep; e-n leichten (festen *od.* gesunden, guten) ~ haben be a light (sound) sleeper; ~ vor Mitternacht sleep before midnight, beauty sleep; in tiefem ~ liegen be fast (*od.* sound) asleep; in ~ sinken fall asleep, drop off; j-n in den ~ singen (wiegen) sing (rock) s.o. to sleep; j-n in ~ versetzen put s.o. to sleep; gegen den ~ ankämpfen fight off sleep; vom ~ übermannt overcome by sleep; *fig.* den ewigen (*od.* letzten) ~ tun (*od.* halten, schlafen) sleep the eternal (*od.* one's last) sleep; halb im ~ half asleep; sich (*dat*) den ~ aus den Augen reiben rub the sleep out of one's eyes; *fig. colloq.* et. im ~ tun (können) (be able to) do s.th. blindfold (*od.* on one's head); ich kann das Gedicht im ~ I know the poem off backward(s); *colloq.* (das) fällt mir nicht im ~ ein! I don't dream of doing that!, I won't do anything of the sort!; den Seinen gibt's der Herr im ~ fortune favo(u)rs fools. **~ˌabˌteil** *n* → Schlafwagenabteil. **~ˌanˌzug** *m* pyjamas *pl*, *Am.* pajamas *pl*, (*bes. Kinder2*) sleeping suit, *Am.* sleeper.

Schläf·chen [ˈʃlɛːfçən] *n* <-s; -> nap, *colloq.* snooze; ein ~ machen (*od.* halten) take a nap, *colloq.* (have a) snooze, have forty winks, have some shut-eye.

ˈ**Schlaf|ˌcouch** *f* studio (*od.* bed) couch, bedsettee. **~ˌdecke** (*getr.* -k·k-) *f* blanket.

Schlä·fe [ˈʃlɛːfə] *f* <-; -n> temple; graue ~n greying (*Am.* graying) temples.

schla·fen [ˈʃlaːfən] **I** *v/i* <schläft, schlief, geschlafen, h> **1.** sleep, be asleep; tief (*od.* fest, tief und fest) ~ be fast asleep, sleep soundly; gut (schlecht) ~ sleep well (badly), *immer*: be a good (poor) sleeper; schlaf(e) gut! sleep well (*colloq.* tight)!; zu lange ~ oversleep; länger ~ sleep late, *colloq.* have a lie-in; bis (weit) in den Tag hinein ~, *colloq.* bis in die Puppen ~ sleep till all hours; ich kann nicht ~ I cannot (get to) sleep; ich habe zu wenig geschlafen I have had too little sleep; ~ gehen, sich ~ legen go to bed, retire, *colloq.* turn in; ein Kind ~ legen put a child to sleep (*od.* bed); im Stehen ~ sleep on one's feet; *fig.* mit offenen Augen ~ daydream; sie ~ getrennt they sleep apart, they do not sleep together; sich gesund ~ sleep o.s. back to health; wer schläft, sündigt nicht (*Sprichwort*) he who sleeps does not sin; *fig.* sein Ehrgeiz ließ ihn nicht ~ his ambition gave him no rest (*od.* peace); ~ Sie (einmal) darüber! sleep on (*od.* over) it! **2.** (*übernachten*) sleep, spend (*colloq.* stay) the night. **3.** mit j-m ~ (*Geschlechtsverkehr haben*) sleep with s.o. **4.** *fig. colloq.* (*nicht aufpassen*) sleep, daydream, be woolgathering; schlaf nicht! don't sleep!, wake up! **II** *v/t* **5.** → Schlaf.

ˈ**Schlä·fen|ˌbein** *n anat.* temporal bone. **~geˌgend** *f* temporal region.

ˈ**Schla·fenˌge·hen** *n* vor dem (beim) ~ before (when, on) going to bed.

ˈ**Schla·fensˌzeit** *f* <-; *no pl*> bedtime; es ist ~ *a.* it is time to go to bed.

Schlä·fer [ˈʃlɛːfər] *m* <-s; ->, ˈ**Schlä·fe·rin** *f* <-; -nen> sleeper. ˈ**schlä·fern** *v/impers* <h> mich schläfert, es schläfert mich I am (*od.* feel) sleepy (*od.* drowsy).

ˈ**schlaf|erˌre·gend, ~erˌzeu·gend** *adj pharm.* sleep-inducing.

schlaff [ʃlaf] **I** *adj* <-er; -(e)st> **1.** *Segel, Seil etc*: slack, *Haut, Muskeln, Person*: flabby, (*kraftlos*) limp (*handshake, limbs, person*), *Bewegungen, Person*: *a.* listless, (*müde*) tired; ~ werden slacken, *a. Person*: go limp, *äußerlich*: become flabby; sich ~ fühlen feel (all) limp (*od.* listless). **2.** *fig. Grundsätze, Moral etc*: lax, loose, (*charakterlich* ~) weak(-kneed), spineless, (*weich*) soft, (*feige*) cowardly, (*nachlässig, lasch*) slack, *econ.* dull, slack. **3.** *fig. colloq.* (*lahm, schlecht*) lame, poor (*show, etc*); ~e Leistung slack performance, poor showing; ~er Kerl, ~er Typ lame fellow. **II** *adv* **4.** slack, flabbily, limply (*etc*); ~ herabhängen hang down limp (-ly). **2heit** *f* <-; *no pl*> slackness, flabbiness, limpness (*etc*).

ˈ**Schlaf|ˌgast** *m* overnight guest. **~geˌfähr·te** *m*, **~geˌfähr·tin** *f obs.* bedmate, bedfellow. **~geˌle·gen·heit** *f* sleeping accommodation; ~ bieten für (*od. dat*) *Zimmer*: sleep (*od.* accommodate) (*three persons, etc*). **~geˌmach** *n lit.* bedroom, bedchamber. **~geˌnos·se** *m* → Schlafgefährte.

Schla·fitt·chen [ʃlaˈfɪtçən] *n* <-s; *no pl*> *colloq.* j-n beim ~ kriegen (*od.* nehmen, packen) seize s.o. by the collar, collar s.o., *fig.* (*zurechtweisen*) take s.o. to task.

ˈ**Schlaf|ka|bi·ne** *f* sleeping cabin. **~ˌkam·mer** *f* small bedroom. **~ˌko·je** *f mar. rail. etc* (sleeping) berth, bunk. **~komˌfort** *m* nocturnal comfort. **~ˌkrank·heit** *f* <-; *no pl*> sleeping sickness. **~ˌkur** *f* sleeping cure, hypnotherapy. **~ˌlern·meˌtho·de** *f* sleep learning, hypnop(a)edia. **~ˌlied** *n* lullaby. **2los** *adj* sleepless; ~ liegen lie awake. **~lo·sig·keit** *f* <-; *no pl*> sleeplessness, insomnia. **~ˌlust** *f* <-; *no pl*> sleepiness, drowsiness. **~ˌman·gel** *m* lack of sleep. **~ˌmit·tel** *n pharm.* sleeping drug (*od.* pill), soporific, *fig. colloq.* soporific, bore, *sl.* drag. **~ˌmit·tel·verˌgif·tung** *f* barbiturate poisoning. **~ˌmüt·ze** *f* **1.**

nightcap. **2.** *fig. colloq.* sleepyhead, slowcoach, *Am.* slowpoke. **≈müt·zig** *adj fig. colloq.* sleepyheaded, dozy. **~ˌpul·ver** *n* sleeping powder. **~ˌrat·te** *f humor.* lie-abed. **~ˌraum** *m* → Schlafsaal, Schlafzimmer.

schläf·rig [ˈʃlɛːfrɪç] *adj* **1.** sleepy, drowsy. **2.** *fig.* a) (*einschläfernd*) sleepy, *lit.* somnolent, (*Stimme*) *a.* drowsing, b) (*träge*) sleepy(-headed), sluggish. **≈keit** *f* <-; *no pl*> sleepiness, *a. fig. lit.* somnolence, (*Trägheit*) sluggishness.

ˈSchlaf|ˌrock *m* dressing-gown. **~ˌsaal** *m* dormitory. **~ˌsack** *m* sleeping-bag. **~ˌso·fa** *n* sofa bed, bed couch.

schläfst [ʃlɛːfst] *2 sg pres of* schlafen.

ˈSchlaf|ˌstadt *f* dormitory (*Am.* bedroom) town, bedroom suburb. **~ˌstel·le** *f* (overnight) accommodation, night's lodging, bed. **~ˌstö·run·gen** *pl med.* disturbed (*od.* troubled) sleep *sg.* **~ˌstu·be** *f* → Schlafzimmer. **~ˌsucht** *f* <-; *no pl*> sleepy sickness, narcolepsy.

schläft [ʃlɛːft] *3 sg pres of* schlafen.

ˈSchlaf|ta|ˌblet·te *f* sleeping-pill. **~ˌtrunk** *m* **1.** sleeping-draught. **2.** *humor.* (*Schnäpschen*) nightcap. **≈ˌtrun·ken** *adj* drugged with sleep, (very) drowsy, *lit.* somnolent. **~ˌwa·gen** *m rail.* sleeping-car, sleeper. **~ˌwa·genˌabˌteil** *n* sleeping-car compartment, sleeper section. **≈ˌwan·deln I** *v/i* <*insep*, ge-, h, *a.* sein> walk in one's sleep, somnambulate. **II ≈** *n* <-s> sleepwalking, somnambulism. **~ˌwand·ler** *m* <-s; ->, **~ˌwand·le·rin** *f* <-; -nen> sleepwalker, somnambulist. **≈ˌwand·le·risch** *adj* somnambulistic; *fig.* **mit ~er Sicherheit** with uncanny sureness, unerringly. **~ˌzim·mer** *n* bedroom, *Am. a.* sleeping-room. **~ˌzim·merˌau·gen** *pl*, **~ˌzim·merˌblick** *m colloq.* bedroom eyes.

Schlag [ʃlaːk] *m* <-(e)s; ⸚e> **1.** *allg.* blow (*a. fig.*), *mit der Faust*: *a.* punch, *sl.* sock, biff, *mit der flachen Hand*: smack, slap, *mit dem Stock*: *a.* whack, *mit der Peitsche*: cut, lash, *mit dem Schwert, der Axt etc*: *a.* stroke, cut, *heftiger*: bash, *leichter*: tap, pat, *mit dem Fuß od. Pferdehuf*: *kick*; *a. fig.* **e-n ~ führen gegen** strike a blow at; **j-m e-n ~ versetzen** deal s.o. a blow, *colloq.* land s.o. one; **mit ˈeinem ~, auf ˈeinen ~** a) at one blow (*colloq.* go), b) → **schlagartig** II; *a. fig.* **zum entscheidenden ~ ausholen** get ready for the finishing blow, move in for the kill; **ein ~ ins Gesicht** a slap in the face, *fig. a.* a blow (**für** to); *fig.* **das war ein schwerer ~ (für ihn)** that was a bad blow (for him); **~ auf ~** in quick (*od.* rapid) succession; **dann ging es ~ auf ~** then things were happening fast; **j-m e-n ~ auf die Schulter geben** slap s.o. on the shoulder; *fig. colloq.* **ein ~ ins Wasser** a failure, a flop; **k-n ~ tun** not to lift a finger; **ich hab' noch k-n ~ getan** I haven't done a stroke of work yet; → **Kontor** 1. **2.** (*Ruder≈, Schwimm≈*) beat, stroke, *Fußball*: kick, shot, *Golf, Tennis etc*: shot, stroke, *Boxen*: punch, blow; **er hat k-n ~** he has no punch. **3.** *pl* (*Prügel*) beating *sg*, thrashing *sg*, hiding *sg*, spanking *sg*. **4.** (*Ton*) *e-r Uhr, Glocke etc*: stroke, sound, *e-s Hammers etc*: blow, *von Hufen*: beat, clatter, *e-r Trommel etc*: beat, *der Nachtigall etc*: song, *dumpfer*: thump, thud; **~ zwei Uhr** on the stroke (*colloq.* dot) of two (o'clock). **5.** (*Herz≈, Puls≈*) beat; *poet.* **zwei Herzen und ein ~** two hearts beating in unison. **6.** (*Donner≈*) clap (*od.* stroke) (of thunder), (*Blitz≈*) stroke (of lightning); *fig.* **ein ~ aus heiterem Himmel** a bolt from the blue. **7.** (electric) shock; **e-n ~ bekommen** get a shock. **8.** *med.* (*~anfall*) stroke, apoplexy; **der ~ hat ihn getroffen** he had a stroke; → **rühren** 4. **9.** *Forstwesen*: a) felling (of trees), b) felling area. **10.** *agr.* field (under cultivation), (plough-)land. **11.** (*Ver≈*) shed, shack; → *a.* **Taubenschlag** (*etc*). **12.** (*Wagen≈*) (coach-, carriage-)door. **13.** *colloq.* (*Portion Essen*) helping; **zwei Schläge Suppe** two helpings of soup. **14.** *mar.* tack. **15.** *tech.* a) shock, percussion, (*Auf≈*) impact, b) (*Unrundheit*) runout; **e-n ~ haben** *Rad*: run untrue. **16.** *fig.* (*Art*) race, stock, breed (*alle a. zo.*), kind, type, sort; **Leute s-s ~es** men of his stamp (*od.* kind, sort); **Männer vom gleichen ~e** men of the same stamp, *contp.* birds of a feather; **vom alten ~e** of the old school; **er ist vom richtigen ~** he is of the right kidney.

ˈSchlag|ˌabˌtausch *m Boxen*: exchange (of blows); *fig.* **(offener) ~** (fierce) exchange, infight(ing). **~ˌader** *f* artery. **~ˌanˌfall** *m med.* (apoplectic) stroke, apoplexy; **e-n ~ bekommen** have a stroke. **≈ˌar·tig I** *adj* sudden, abrupt. **II** *adv* all of a sudden, abruptly, from one moment to the other; **er wurde ~ berühmt** he became famous overnight. **~ˌball** *m* **1.** (*Lederball*) baseball. **2.** → **~ˌballˌspiel** *n* rounders *pl* (*als sg konstruiert*). **≈bar** *adj* **1.** *Gegner etc*: beatable. **2.** *Holz*: mature. **~ˌbaum** *m* toll bar, turnpike. **~beˌanˌspru·chung** *f*, **~ˌbie·geˌfe·stig·keit** *f tech.* impact strength. **~ˌbie·ge·verˌsuch** *m* impact bending test. **~ˌboh·rer** *m*, **~ˌbohr·maˌschi·ne** *f* percussion (*od.* hammer) drill. **~ˌbol·zen** *m e-s Gewehrs*: firing pin, striker, *e-r Mine*: firing bolt.

Schlä·gel [ˈʃlɛːgəl] *m* <-s; -> *Bergbau*: mallet, hammer.

schla·gen [ˈʃlaːgən] **I** *v/t* <**schlägt, schlug, geschlagen, h**> **1.** strike, hit, knock (*alle a. Sport, den Ball etc*), (*a. wiederholt, a. prügeln*) beat, *mit der Faust*: *a.* punch, *mit der flachen Hand*: slap, cuff, smack, *mit dem Fuß od. Huf*: kick, *mit dem Stock*: *a.* cane, whack, *mit der Peitsche*: *a.* whip, lash, *Sport*: *mit dem Schlagholz*: bat; **j-n ins Gesicht ~** strike (*od.* slap, smack) s.o. in the face; **j-m ein Loch in den Kopf ~** knock a hole in s.o.'s head; **j-m et. aus der Hand ~** strike (*od.* knock) s.th. from s.o.'s hand; **j-n zu Boden ~** knock s.o. down, fell (*od.* floor) s.o. **2. ~ an** (*acc*) fasten (*od.* nail, fix) *s.th.* to; **e-e Notiz ans schwarze Brett ~** stick up a notice on the notice board; **e-n Nagel in die Wand ~** hammer (*od.* knock, drive) a nail into the wall; → **Kreuz** 1. **3. sich ~** hit one another, (have a) fight, come to blows, (*sich duellieren*) fight a duel; **sich um et. ~** fight over s.th.; → **Pack**[2]. **4.** (*besiegen*) *a. Sport*: beat, defeat, *colloq.* lick; **sich geschlagen geben** admit (one's) defeat, give up, throw in the sponge, **j-m**: bow to s.o.; *Sport*: **überlegen ~** trounce, whip; **j-n nach Punkten ~** beat s.o. on points; *fig.* **j-n mit s-n eigenen Waffen ~** beat s.o. at his own game; → **Feld** 9. **5.** (*bestrafen*) punish, strike, *Bibl. lit.* smite. **6.** (*Trommel etc*) beat, (*Laute, Harfe etc*) strike, play, (*Saiten*) hammer, strike; **den Takt ~** beat time; **e-n Wirbel auf e-r Trommel ~** beat a roll on (*od.* roll) a drum. **7.** (*Uhrzeit*) strike, toll, chime; **die Uhr schlug Mitternacht** the clock struck midnight. **8. et. in Papier ~** (*ein~*) wrap s.th. in paper; **sich** (*dat*) **e-n Schal um die Schultern ~** wrap (*od.* throw) a shawl round one's shoulders. **9.** *bes. econ.* **auf den Preis etc ~** put (*colloq.* clap) *s.th.* on; → **Zins**[1]. **10.** *in Verbindung mit bestimmten Substantiven*: **sich** (*dat*) **et. aus dem Kopf** (*od.* **Sinn**) **~** put s.th. out of one's mind, dismiss s.th. from one's thoughts; → **Alarm** 1, **Blindheit**, **Brücke** 1, 2, **Haken** 8 *etc*. **11.** *gastr.* (*Sahne, Eier etc*) beat, whip, whisk; **Eier zu Schnee ~** beat eggs to a froth; → **Schaum** 1. **12.** (*Schlacht*) fight. **13.** (*Bäume*) fell, cut (down). **14.** *Spiele*: (*Figur des Gegners*) take. **15.** (*Münzen etc*) coin, mint, strike. **16.** *hunt.* (*Beute*) strike. **II** *v/i* <h *u.* **sein**> **17.** <h> strike, hit, knock, *mit der flachen Hand*: *a.* slap, clap, *wiederholt*: beat, hammer, *Pferd*: kick, lash out; **e-m Kind auf die Finger ~** rap a child's knuckles; **er versuchte nach mir zu ~** he tried to strike (*od.* lash out) at me; **j-m auf die Schulter ~** slap s.o. on the shoulder; **sich** (*dat od. acc*) **an die Stirn ~** strike one's forehead; **auf die Tasten ~** hammer at the keys; **um sich ~** lash out, lay about one; **hart ~** *Boxer*: pack a hard (*od.* heavy) punch; → **Strang** 2. **18.** <sein> hit, knock, bump, bang; **mit dem Kopf an** (*od.* **gegen**) **die Wand ~** hit (*od.* bang, bump) one's head against the wall; **zu Boden ~** fall heavily to the ground. **19.** <h> (*flattern*) flap, (*klappern*) *Fensterladen etc*: bang (in the wind); **mit den Flügeln ~** flap (*od.* beat) its wings. **20.** <h> **~ gegen** *Regen etc*: beat (*od.* patter) against (*the windows, etc*), *Wellen*: beat (*od.* dash, wash) against (*the shore, etc*). **21.** <sein> **an j-s Ohr ~** *Töne, Stimmen etc*: strike s.o.'s ear. **22.** <h> (*ein~*) strike; **der Blitz schlug in den Baum** lightning struck the tree. **23.** <h> *Uhr etc*: strike, toll; *fig.* **für jeden schlägt einmal die Stunde** everyone's hour (*od.* turn) comes. **24.** <h> *Herz etc*: beat, *heftig*: throb, pound, thump, pulsate, palpitate; → **Gewissen**. **25.** <sein> **~ aus** (*dat*) *Flammen*: leap out of, *Rauch*: pour out of. **26.** <h> *Nachtigall etc*: sing, warble, jug. **27.** <sein> **~ nach** (*geraten*) take after (*one's father, etc*); → **Art** 6. **28.** <h> **in j-s Fach ~** be (in) s.o.'s line, fall in s.o.'s field of knowledge. **29.** <sein> **voll Wasser ~** *Boot etc*: be filling with water. **30.** <h> *tech. Rad*: run untrue. **III** *v/reflex* <h> **31. sich tapfer** (*od.* **gut**) **~** stand one's ground, hold one's own, *fig. a.* make a good showing. **32. sich zu j-m** (*od.* **auf j-s Seite**) **~** side (*od.* take sides) with s.o., go over to s.o.; **sich durch die feindlichen Linien ~** fight one's way through the enemy lines. **33.** *die Erkältung etc* **hat sich auf den Magen geschlagen** *the cold, etc* settled on (*od.* affected) the stomach. **IV ≈** *n* <-s> **34.** beating (*etc*). **35.** *des Herzens etc*: beat(ing), throb, pulsation. **36.** *e-r Brücke*: construction.

ˈschla·gend *adj* **1.** *fig. allg.* convincing, *Beweis*: *a.* conclusive, clinching, *Argument, Grund etc*: *a.* cogent, *Worte etc*: *a.* forcible, *Beispiel*: striking, *Antwort*: effective, telling. **2.** *Bergbau*: **~e Wetter** *pl* firedamp (explosion) *sg*. **3.** *univ.* **(nicht-) ~e Verbindung** (non)duel(l)ing students' society.

ˈSchla·ger *m* <-s; -> **1.** hit (song *od.* tune), pop(ular) song (*od.* tune). **2.** *thea. Film*: box-office success (*od.* hit), smash hit, *sl.* blockbuster. **3.** *colloq.* (*tolle Sache*) (big *od.* great) hit, sensation, *sl.* wow, humdinger. **4.** (*Verkaufs≈*) (sales) hit, moneymaker, (*Buch≈*) best seller.

Schlä·ger [ˈʃlɛːgər] *m* <-s; -> **1.** (*Raufbold*) ruffian, thug, *colloq.* tough, *Boxen*: *colloq.* slugger. **2.** (*Pferd*) kicker. **3.** (*Tennis≈ etc*) racket, (*Kricket≈ etc*) bat, (*Golf≈*) club, *für Hochbälle*: lofter, *zum Einlochen*: putter, (*Hockey≈*) stick, (*Polo≈*) mallet, *fenc.* rapier. **4.** *Kricket*: batsman.

5. *gastr.* (egg) beater, (egg) whisk.

Schlä·ge'rei *f* ⟨-; -en⟩ (fist) fight, brawl, *colloq.* scrap, roughhouse, *Boxen*: slugging, *Am. a.* slugfest; **allgemeine** ~ *colloq.* free fight, free-for-all, (major) punch-up.

'Schla·ger|,fe·sti·val *n* pop-song festival. ~**kom·po,nist** *m* pop-song writer. ~**me·lo,die** *f* melody of a pop tune. ~**pa,ra·de** *f* hit parade. ~**,sän·ger** *m*, ~**,sän·ge·rin** *f* pop singer. ~**,spiel** *n Sport*: super-match. ~**,wett·be,werb** *m* song contest.

'schlag,fer·tig I *adj* quick(-witted), ready-witted; **er ist sehr** ~ he is very good at repartee, he is very quick on the trigger; **e-e** ~**e Antwort** *a.* a repartee, *Am. sl.* a snappy comeback. **II** *adv* quick-wittedly. ≈**keit** *f* ⟨-; -en⟩ **1.** ⟨*only sg*⟩ quick-wittedness, quickness (of repartee), quick wits *pl.* **2.** repartee, quick (-witted) answer.

'Schlag|,fe·stig·keit *f* resistance to shock (*od.* impact). ~**,fluß** *m obs. for* Schlaganfall. ~**,holz** *n Sport etc*: bat. ~**in·stru,ment** *n mus.* percussion instrument; **die** ~**e** the percussion (section) *sg.* ~**,kraft** *f* **1.** *mil.* striking (*od.* fighting) power, combat effectiveness. **2.** *Boxen*: punch(ing power). **3.** *tech.* power of impact. **4.** *fig. e-s Arguments etc*: conclusiveness, cogency. ≈**,kräf·tig** *adj* **1.** *mil.* strong, efficient, powerful. **2.** → **schlagstark**. **3.** *fig. Argument etc*: convincing, conclusive, strong. ~**,licht** *n Kunst*: highlight; *fig.* **ein** ~ **werfen auf** (*acc*) highlight, spotlight, point up. ~**,loch** *n* pothole, hole in the road. ~**,mann** *m* ⟨-(e)s; ⸚er⟩ **1.** *Rudern*: stroke. **2.** *Kricket etc*: batsman. ~**,müh·le** *f tech.* beater mill. ~**,obers** *n Austrian, ~***,rahm** *m gastr. for* Schlagsahne. ~**,ring** *m* **1.** (*Waffe*) knuckle-duster, *Am.* brass knuckles *pl.* **2.** *mus. Zither*: plectrum, ring, *colloq.* pick. ~**,sah·ne** *f* whipping (*geschlagene*: whipped) cream. ~**,schat·ten** *m phot. Kunst*: hard (*od.* cast) shadow. ~**,schrau·be** *f* drive screw. ~**,sei·te** *f mar.* list; **das Schiff hat** ~ *a.* the ship is listing; *fig. colloq.* ~ **haben, mit** ~ **gehen** be half-seas over. ~**,se·rie** *f Boxen*: series of blows.

schlägst [ʃlɛːkst] *2 sg pres of* **schlagen**.

'schlag|,stark *adj Boxer etc*: hard-punching, hard-hitting; **(sehr)** ~ **sein** pack a powerful punch. ≈**,stock** *m* baton, *der Polizei*: *Br. a.* truncheon, riot stick, *Am. a.* billy (club).

schlägt [ʃlɛːkt] *3 sg pres of* **schlagen**.

'Schlag|,uhr *f* striking clock. ~**,waf·fe** *f* striking weapon. ~**,wech·sel** *m Boxen*: exchange of blows. ~**,werk** *n e-r Uhr*: striking mechanism. ~**,wet·ter** *n Bergbau*: firedamp (explosion). ≈**,wet·ter·ge,schützt** *adj* firedamp-proof. ~**,wort** *n* ⟨-(e)s; -e, *a.* ⸚er⟩ **1.** catchword, catchphrase, *weitS.* slogan, *pl contp.* platitudes, *pl contp. colloq.* claptrap *sg.* **2.** ⟨*pl* ⸚er⟩ (*Stichwort*) catchword, key word. ~**,wort·ka·ta,log** *m* subject catalog(ue *Br.*). ~**,zei·le** *f* headline, head(ing); *fig.* ~**n machen** make (*od.* be in) the headlines. ~**,zeug** *n mus.* drums *pl*, *im großen Orchester*: percussion (section). ~**,zeu·ger** *m* ⟨-s; -⟩ drummer, *im großen Orchester*: percussionist. ~**,zün·der** *m* percussion fuse.

Schlaks [ʃlaːks] *m* ⟨-es; -e⟩ *bes. dial.* gangling (*od.* lanky) fellow. **'schlak·sig** *adj* gangling, lanky; ~ **sein** *a.* be all (arms and) legs.

Schla·mas·sel [ʃla'masəl] *m, a. n* ⟨-s; -⟩ *colloq.* **1.** tight corner, fix, pickle, jam; **schön im** ~ **sitzen** be in a nice pickle. **2.** (*Durcheinander*) mess, muddle. **3.** (*Krempel*) junk; **der ganze** ~ *sl.* the whole caboodle.

Schlamm [ʃlam] *m* ⟨-(e)s; *rare* -e *u.* ⸚e⟩ mud (*a. med.*), mire (*a. fig.*), *schleimiger*: slime, sludge, ooze, *sandiger*: silt, *Keramik*: slip. ~**ab,la·ge·rung** *f* accumulation of mud (*etc*), *mot.* sludge. ~**,bad** *n med.* mud bath. ~**,bo·den** *m* muddy (*od.* miry) soil.

schläm·men ['ʃlɛmən] *v/t* ⟨h⟩ **1.** (*Gewässer etc*) dredge, clear *s.th.* of mud, scour. **2.** *chem. tech.* elutriate, wash. **3.** (*tünchen*) whitewash.

'schlam·mig *adj* muddy, miry, (*schlikkig*) slimy, sludgy, oozy.

'Schlämm,krei·de *f tech.* whit(en)ing, Spanish white.

'Schlamm,packung (*getr.* -k·k-) *f med.* mud pack.

'Schlämm,putz *m tech.* limewash.

Schlam·pe ['ʃlampə] *f* ⟨-; -n⟩ *colloq. contp.* slut, slattern, trollop. **'schlam·pen** *v/i* ⟨h⟩ *colloq. contp.* be slovenly, be sloppy, (*schlampig arbeiten*) *a.* work slovenly, scamp one's work. **'Schlam·per** *m* ⟨-s; -⟩ *colloq. contp.* sloven, sloppy fellow. **Schlam·pe'rei** *f* ⟨-; -en⟩ *colloq. contp.* **1.** ⟨*only sg*⟩ (*Nachlässigkeit*) slovenliness, sloppiness. **2.** (*nachlässige Arbeit*) slipshod work, sloppy job, botch. **3.** (*Unordnung*) mess, muddle. **'schlam·pig** *colloq. contp.* **I** *adj* slovenly, sloppy, *Arbeit*: *a.* slipshod, *äußerlich*: *a.* untidy, unkempt, *Frau*: *a.* slatternly, frowzy. **II** *adv* slovenly, sloppily, untidily, (*schnell*) slapdash. **'Schlam·pig·keit** *f* ⟨-; *no pl*⟩ → **Schlamperei** 1.

schlang [ʃlaŋ] *1 u. 3 sg pret of* **schlingen**[1] *u.* [2].

Schlan·ge ['ʃlaŋə] *f* ⟨-; -n⟩ **1.** *zo.* snake, *bes. große*: serpent; *fig.* **(falsche)** ~ serpent, viper, snake in the grass; **e-e** ~ **am Busen nähren** cherish a snake in one's bosom. **2.** (*Menschen*≈, *Auto*≈ *etc*) queue, *Am.* line; *fig. colloq.* ~ **stehen (nach** for) stand in queue, queue up, *Am.* stand in line, line up; ~ **fahren** *mot.* drive in queue (*Am.* line). **3.** *astr.* Serpens, Serpent.

schlän·ge ['ʃlɛŋə] *1 u. 3 sg pret subj of* **schlingen**[1] *u.* [2].

schlän·geln ['ʃlɛŋəln] **I** *v/reflex* ⟨h⟩ **sich** ~ wind, *zuckend, hin u. her*: wriggle, *Weg, Fluß etc*: wind (its way) (**durch** through), meander, turn and twist; **sich** ~ **in (durch** *e-e Menge etc*) worm (one's way *od.* o.s.) into (through *a crowd, etc*); **sich** ~**d** meandering, winding, snaky, *Linie etc a.* sinuous, serpentine. **II** *v/t* **e-e Linie** ~ draw a wavy line.

'schlan·gen|,ähn·lich, ~**,ar·tig** *adj* snakelike, snaky, serpentine.

'Schlan·gen|be,schwö·rer *m* snake charmer. ~**,biß** *m* snakebite. ~**,boh·rer** *m tech.* auger (bit). ~**,brut** *f* **1.** *zo.* brood of snakes. **2.** *fig. contp.* generation of vipers. ~**,fraß** *m colloq. contp.* muck, awful grub. ~**,gift** *n* snake poison (*od.* venom). ~**,gru·be** *f* snake pit (*a. fig.*). ~**,haupt** *n myth.* Medusa (*od.* Gorgon) head. ~**,haut** *f* snake skin, *abgestreifte*: slough. ~**,küh·ler** *m tech.* coil (*od.* spiral) condenser. ~**,le·der** *n* snakeskin. ~**,li·nie** *f* wavy (*od.* sinuous) line, serpentine; **sich in** ~**n winden** *Fluß etc*: wind its way in twists and turns, meander. ~**,mensch** *m* (*Artist*) contortionist. ~**,rohr** *n* spiral pipe (*od.* tube). ~**,se·rum** *n med.* snake antiserum.

schlank [ʃlaŋk] *adj* ⟨-er; -(e)st⟩ **1.** slender, slim; **von** ~**em Wuchs** of slender build, slender(-built); *colloq.* ~ **wie e-e Tanne** slim and willowy; ~ **machen** *Obst etc*: make (*s.o.*) slim, *Kleid etc*: make *s.o.* look slim; → **Linie** 3, **rank**. **2. in** ~**em Trabe** at a fast trot. ≈**heit** *f* ⟨-; *no pl*⟩ slenderness, slimness. ≈**heits,kur** *f* **1.** slimming (cure); **e-e** ~ **machen** follow (*od.* be on) a slimming diet, slim. **2.** *fig. colloq. econ.* slimdown. ≈**heits,pil·le** *f* diet pill. ~**,ma·chend** *adj* slimming. ~**,weg** [-,vɛk] *adv* → **rundweg**.

schlapp [ʃlap] *adj* ⟨-er; -(e)st⟩ → **schlaff** 1.

Schlap·pe ['ʃlapə] *f* ⟨-; -n⟩ *colloq.* (*Niederlage*) defeat, beating, (*Mißerfolg*) failure, fiasco, flop; **e-e** ~ **erleiden (***od.* **einstecken müssen)** suffer a defeat, take a beating; **j-m e-e** ~ **beibringen** defeat s.o.

schlap·pen ['ʃlapən] **I** *v/i* ⟨h *u.* **sein**⟩ **1.** ⟨h⟩ *Segel, Schuhe etc*: flap. **2.** ⟨**sein**⟩ (*schlurfen*) shuffle (along). **II** *v/t* ⟨h⟩ **3.** (*trinken*) lap. **III** ≈ *m* ⟨-s; -⟩ **4.** *meist pl colloq.* slipper.

'Schlapp|heit *f* ⟨-; *no pl*⟩ → **Schlaffheit**. ~**,hut** *m* slouch hat. ≈**,ma·chen** *v/i* ⟨*sep*, -ge-, h⟩ *colloq.* (*zs.-brechen*) break down, wilt, (*ohnmächtig werden*) faint, pass out, (*aufgeben*) give in (*od.* up); **nur nicht** ~! never say die! ~**,ma·cher** *m* ⟨-s; -⟩ quitter. ~**,ohr** *n* **1.** *zo.* floppy ear; **mit** ~**en** flop-eared. **2.** *humor. for* **Hase**. ~**,schuh** *m meist pl* slipper. ~**,schwanz** *m colloq. contp.* weakling, softie, sissy, (*Feigling*) coward.

Schla'raf·fen,land [ʃla'rafən-] *n* ⟨-(e)s; *no pl*⟩ land of milk and honey, Cockaigne.

schlau [ʃlaʊ] **I** *adj* ⟨-er; -(e)st⟩ (*klug, gewitzt*) clever, shrewd, smart, bright, (*listig*) sly, cunning, artful, wily, crafty, foxy; **er ist** ~**er als alle** *colloq.* he outsmarts everybody; **ich kann aus ihm (daraus) nicht** ~ **werden** I don't know what to make of him (it); **wirst du daraus** ~? can you make any sense of it?; **er wird nie** ~ he will never learn; *colloq.* ~**er Job**, ~**er Posten** cushy (*od.* soft) job; **ein** ~**es Buch** a clever book. **II** *adv* **et.** ~ **anfangen** (*colloq.* **anstellen**) tackle (*od.* go about) s.th. cleverly; **das hat er sich** ~ **ausgedacht!** very clever (of him)! ≈**ber·ger** [-,bɛrgər] *m* ⟨-s; -⟩ *colloq.* smart boy, smart aleck, *Am. a.* smartie.

Schlauch [ʃlaʊx] *m* ⟨-(e)s; ⸚e⟩ **1.** flexible tube, (*Garten*≈ *etc*) hose. **2.** (*Fahrrad*≈ *etc*) (inner) tube. **3.** *für Wein, Öl etc*: skin bag. **4.** *fig. colloq.* long and narrow room. **5.** *fig. colloq.* (*Strapaze*) strain, fag, *colloq.* hard slog; **ein** ~ **sein** *a.* be gruel(l)ing, be tough. **6.** *bot. zo.* utricle. ≈**,ar·tig** *adj bot. zo.* utricular. ~**,boot** *n* rubber boat (*od.* dinghy), life raft.

schlau·chen ['ʃlaʊxən] *v/t* ⟨h⟩ **1.** *tech.* hose. **2.** *fig. colloq.* (*anstrengen*) punish, take it out of *s.o.*, tell on *s.o.*, wear *s.o.* out, *seelisch*: *a.* go hard with *s.o.*; **das hat ihn sehr geschlaucht** that really took it out of him. **3.** → **schleifen**[1] 3.

'Schlauch|,kupp·lung *f* hose coupling. ~**,lei·tung** *f* hose pipe. ≈**los** *adj Reifen*: tubeless. ~**,trom·mel** *f* hose reel. ~**ven,til** *n* inner tube valve. ~**ver,bin·dung** *f* hose coupling. ~**,wa·gen** *m* hose carriage.

'Schlaue *m, f* ⟨-n; -n⟩ clever (*od.* shrewd) person; *iro.* **ein ganz** ~**r** → **Schlauberger**.

Schläue ['ʃlɔʏə] *f* ⟨-; *no pl*⟩ → **Schlauheit**.

'schlau·er'wei·se *adv* **1.** cleverly, shrewdly, (*wohlweislich*) wisely. **2.** *iro.* (*dummerweise*) stupidly enough; ~ *habe ich etc* I was so smart as to *inf.*

Schlau·fe ['ʃlaʊfə] *f* ⟨-; -n⟩ loop, strap, (*Schlinge*) noose.

'Schlau|heit *f* ⟨-; *no pl*⟩ cleverness,

shrewdness, smartness, (*Listigkeit*) slyness, cunning(ness), artfulness, wiliness, craftiness, foxiness. **~ˌkopf, ~ˌmei·er** *m* → Schlauberger.

Schla·wi·ner [ʃlaˈviːnər] *m* ⟨-s; -⟩ *colloq.* rascal, rogue.

schlecht [ʃlɛçt] **I** *adj* ⟨-er; -est⟩ **1.** *allg.* bad, poor, *colloq.* lousy, rotten; **~e Qualität** bad (*od.* inferior) quality; **man hat heute e-e ~e Sicht** (the) visibility is poor today; **das ist ~es Deutsch** that is poor German; **~er werden** get worse, worsen; **et. für ~ halten** think (*od.* consider) s.th. bad (*od.* a bad idea, a bad thing); *colloq.* **er hat heute s-n ~en Tag** a) (*ist schlecht gelaunt*) he is in one of his tempers today, b) (*bringt nichts zuwege*) it's not his day (today); **(das ist) (gar) nicht ~!** (that's) not (at all, *colloq.* half) bad!; **das wäre nicht ~** (*od.* **nicht das ~este**)! that's not a bad idea (at all)!; → **Eltern. 2.** (*unzulänglich*) bad, poor, incompetent; **~ in Mathematik** poor at (*od.* in) mathematics; **ich war in der Schule immer sehr ~** I was always a very poor pupil; **ihre Leistungen werden immer ~er** her work is going from bad to worse; **e-e ~e Regierung** (*Amtsführung*) misgovernment. **3.** (*ungünstig*) bad, poor; **das ist ein ~es Zeichen** that is a bad sign (*od.* omen); **~e Aussichten** poor (*colloq.* lousy) prospects; **~e Zeiten** bad (*od.* hard) times; **j-m e-n ~en Dienst erweisen** do s.o. an ill turn; **e-n ~en Eindruck machen** make a bad impression. **4.** (*unvorteilhaft*) bad, disadvantageous, unfavo(u)rable; **~er Absatz** little (*od.* poor) demand (*od.* sale), poor sales figures *pl*; **ein ~es Geschäft machen** make (*od.* strike) a bad bargain. **5.** (*unbefriedigend*) poor; **~e Leistung** poor performance (*od.* effort); **~e Bezahlung** poor (*od.* bad) pay(ment); **e-e ~e Entschuldigung** a poor (*od.* lame) excuse; **ein ~er Trost** (a) poor consolation, *colloq.* cold comfort. **6.** (*schädlich*) bad; **~e Gesellschaft** bad company. **7.** (*geschädigt*) bad, poor, impaired; **~e Gesundheit** poor health; → **aussehen** 1. **8.** (*böse*) bad, wicked, evil; **er ist ein ~er Mensch** he is a bad lot; *colloq.* **er ist kein ~er Kerl** he is not a bad sort. **9.** (*unmoralisch*) bad, dirty, nasty; **~e Witze erzählen** tell dirty jokes. **10. mir ist ~** I feel sick (*od.* ill), I don't feel well; *fig. colloq.* **bei diesem Anblick kann einem ~ werden** the sight of it makes you sick (*od.* turns your stomach). **11.** (*verbraucht*) bad, stale (*air*), (*verdorben*) bad, tainted (*meat, etc*); **das Fleisch ist ~** *a.* the meat has gone (*od.* is) off. **II** *adv* **12.** badly, ill; **~ vorbereitet** ill-prepared; **et. ~ machen** do s.th. badly, *colloq.* make a bad job of s.th.; **~ beraten sein** be ill-advised; **~ und recht** somehow, after a fashion; **~ sehen** have poor (*od.* bad) eyes (*od.* sight); **du hörst wohl ~!** are you deaf?; **~ reden von** speak ill of, run *s.o.* down; **es steht ~ um ihn, es sieht ~ für ihn aus, er ist ~ daran** (*colloq.* **dran**) he is in a bad way, things are not going well with him; **das Essen ist ihm ~ bekommen** the meal did not agree with him; *fig.* **das wird** (*od.* **soll**) **ihm ~ bekommen!** he will pay for that!; **es steht ihm ~ an** it ill becomes him; **auf j-n ~ zu sprechen sein** be ill-disposed toward(s) s.o., *colloq.* have it in for s.o.; **heute geht es ~** (*paßt es nicht*) it's a bit awkward today; *fig. colloq.* **ich bin ~ dabei gefahren** (*od.* **weggekommen**) I fared badly in this matter; **er staunte nicht ~** he wasn't half surprised; → **aussehen** 1. **13.** (*schwerlich*) not very well, hardly. **III ≈e, das** ⟨-n⟩ **14.** *an e-r Sache*: the bad thing(s *pl*), *im Menschen, in der Welt etc*: the evil; **sich zum ≈en wenden** take a turn for the worse; **nur ≈es sagen von** (*od.* **über** *acc*) not to have a good word to say about.

ˈschlech·terˈdings *adv* **1.** absolutely, positively, utterly. **2.** (*geradezu*) almost, virtually. **≈ˌstel·lung** *f* ⟨-; *no pl*⟩ **das bedeutet e-e (finanzielle) ~ für ihn** that means that he is (financially) worse off than he was before.

ˈschlechtǀˌge·hen *v/impers* ⟨*irr, sep, -ge-, sein*⟩ **es geht j-m schlecht** *gesundheitlich u. finanziell*: s.o. is in a bad way. **~geˌlaunt** *adj* in a bad mood (*od.* temper), ill-humo(u)red, cross. **~geˌstellt** *adj* badly off. **≈heit** *f* ⟨-; -en⟩ *rare for* **Schlechtigkeit.** **~ˈhin** *adv* (*überhaupt*) purely and simply, to all intents and purposes, absolute (*nachgestellt*), (*als solche[r]*) as such, per se; **der Dramatiker ~** the dramatist absolute.

ˈSchlech·tig·keit *f* ⟨-; -en⟩ **1.** ⟨*only sg*⟩ *allg.* badness, (*Minderwertigkeit*) *a.* poorness, inferior quality, worthlessness, (*Bosheit*) *a.* wickedness, evilness, depravity. **2.** (*böse Tat*) bad (*od.* wicked, evil) deed.

ˈschlechtǀˌma·chen *v/t* ⟨*sep*, -ge-, h⟩ run *s.o., s.th.* down, *sl.* knock, *Am. colloq.* badmouth, dump on, (*verleumden*) backbite. **~ˌsit·zend** *adj Anzug etc*: badly-fitting. **~ˌweg** [-ˌvɛk] *adv* → **schlechthin.**

ˌSchlechtˈwet·terǀˌflug·beˌtrieb *m* all-weather operation. **~ˌfront** *f meteor.* bad-weather front. **~pe·riˌode** *f* spell of bad weather.

schlecken (*getr.* -k·k-) [ˈʃlɛkən] **I** *v/t* ⟨h⟩ (*Eis etc*) lick (at), (*Bonbons etc*) suck, (*auf~*) lap (*od.* lick) (up). **II** *v/i* nibble sweet things; **gern ~** have a sweet tooth; **~ an** (*dat*) lick at. **ˈSchlecker** (*getr.* -k·k-) *m* ⟨-s; -⟩ → **Leckermaul.** **Schleckeˈrei** (*getr.* -k·k-) *f* sweets *pl*, titbit, *Am.* tidbit. **ˈSchleckerˌmaul** (*getr.* -k·k-) *n* → **Leckermaul** 1.

Schle·gel [ˈʃleːgəl] *m* ⟨-s; -⟩ **1.** *tech.* mallet, *schwerer*: maul, beetle. **2.** (*Trommel≈ etc*) stick, *für Xylophon etc*: mallet. **3.** *dial. gastr.* leg.

ˈSchlehˌdorn *m* ⟨-(e)s; -e⟩ → **Schlehe** 1.

Schle·he [ˈʃleːə] *f* ⟨-; -n⟩ *bot.* **1.** (*Strauch*) blackthorn. **2.** (*Frucht*) sloe (plum).

schlei·chen [ˈʃlaɪçən] **I** *v/i* ⟨**schleicht, schlich, geschlichen, sein**⟩ **1.** creep, slink, sneak, steal; **wie e-e Katze ~** *colloq.* pussyfoot; **auf Zehenspitzen ~** tiptoe; **ums Haus ~** prowl around the house. **2.** *fig.* (*kriechen*) drag o.s. along, crawl (along), *Zeit etc*: creep, crawl (by). **II** *v/reflex* ⟨h⟩ **3. sich ~ in** (*acc*) (**aus, an** *acc*) slink (*od.* sneak, steal, creep) into (out of, [up] to); *fig.* **sich in j-s Vertrauen ~** worm one's way into s.o.'s confidence. **ˈschlei·chend** *adj* **1.** creeping, sneaking (*a. fig. contp.*). **2.** *fig. Fieber*: slow, *Gift*: slow(-acting), *Inflation*: creeping, *Krankheit*: lingering, (*tückisch*) insidious. **ˈSchlei·cher** *m* ⟨-s; -⟩ *fig. colloq. contp.* sneak, *Am. a.* pussyfooter, (*Intrigant*) intriguer, (*Heuchler*) hypocrite.

ˈSchleichǀˌhan·del *m* illicit (*od.* clandestine) trade, (*Schwarzhandel*) black-marketeering, (*Schmuggel*) smuggling. **~ˌhänd·ler** *m* clandestine (*od.* illicit) trader (*od.* dealer), smuggler, (*Schwarzhändler*) black marketeer. **~ˌweg** *m* **1.** hidden (*od.* secret) path. **2.** *fig.* secret means *pl* (*als sg od. pl konstruiert*), *colloq.* dodge; **auf ~en** *a.* surreptitiously. **~ˌwer·bung** *f* masked advertising.

Schleie [ˈʃlaɪə] *f* ⟨-; -n⟩ *ichth.* tench.

Schlei·er [ˈʃlaɪər] *m* ⟨-s; -⟩ **1.** veil; *fig.* **den ~ nehmen** (*ins Kloster gehen*) take the veil; **den ~ des Geheimnisses lüften** lift (*od.* raise) the veil of secrecy. **2.** (*Nebel≈, Rauch≈ etc*) veil, (*Dunst≈*) haze, mist (*a. auf Glas*). **3.** *phot.* veil, fog. **4.** *vor den Augen*: blur, film, haze; **et. wie durch e-n ~ sehen** see s.th. through a haze. **5.** *mil.* (*Rauch≈*) (smoke-)screen. **6.** *an Hutpilzen*: velum, veil. **~ˌeu·le** *f orn.* barn owl. **≈haft** *adj* ⟨*meist pred*⟩ *fig. colloq.* mysterious, puzzling, baffling; **es ist mir (völlig) ~** it is a (complete) mystery to me. **~ˌtanz** *m* veil dance. **~ˌwol·ke** *f* veil cloud, cirrostratus.

ˈSchleifǀˌar·beit *f tech.* grinding (operation). **~ˌbock** *m* wheel stand.

Schlei·fe[1] [ˈʃlaɪfə] *f* ⟨-; -n⟩ **1.** bow, (*Haar≈*) *a.* ribbon, (*Kranz≈*) inscribed ribbon; **e-e ~ binden** tie a bow. **2.** (*Schlinge*) loop, noose, *unerwünschte*: kink. **3.** *electr. tech.* loop. **4.** (*Windung, Kehre*) (U-)turn, (*Fluß≈*) loop, meander. **5.** → **Looping.**

ˈSchlei·fe[2] *f* ⟨-; -n⟩ **1.** (*Rutschbahn*) slide. **2.** *tech.* sledge.

schlei·fen[1] [ˈʃlaɪfən] *v/t* ⟨**schleift, schliff, geschliffen,** h⟩ **1.** (*schärfen*) grind, sharpen, (*wetzen*) *a.* whet. **2.** *tech. allg.* grind, (*fein~*) smooth, (*ab~*) abrade, (*Holz*) sand, (*Edelsteine, Glas*) cut, (*zieh~*) hone. **3.** *fig. colloq. bes. mil.* **j-n ~** drill s.o. hard, give s.o. hell (*Am. sl.* chicken).

ˈschlei·fen[2] **I** *v/t* ⟨h⟩ **1.** drag *s.o., s.th.* (along), (*Rock, Schleppe etc*) trail, *durch den Schmutz*: *a.* draggle; *humor.* **j-n zu e-r Party ~** drag s.o. off to a party. **2.** *mar.* **den Anker über den Grund ~** club (down). **3.** *ling. mus.* (*Töne*) slur. **4.** *electr.* (*e-e Leitung*) loop. **II** *v/i* ⟨h *u.* **sein**⟩ **5.** drag (along), *Kleid, Schleppe etc*: trail (along), *durch den Schmutz*: *a.* draggle; **~ lassen** drag, **die Füße**: *a.* shuffle (one's feet); → **Zügel** 2. **6.** ⟨h⟩ **~ an** (*dat*) rub (on). **7.** ⟨h⟩ *electr. mot.* slip; **die Kupplung ~ lassen** let the clutch slip.

ˈschlei·fen[3] *v/t* ⟨h⟩ (*e-e Festung etc*) raze (to the ground), pull *s.th.* down.

ˈSchlei·fenǀˌflug *m* (inside) loop. **≈ˌför·mig** *adj* loop-shaped. **~ˌli·nie** *f math.* lemniscate. **~ˌschal·tung** *f electr.* loop connection. **~ˌwick·lung** *f electr.* lap (*od.* multiple-circuit) winding.

ˈSchlei·fer *m* ⟨-s; -⟩ **1.** *tech.* grinder, (*Edelstein≈, Glas≈*) cutter. **2.** *bes. mil. colloq.* martinet, slave driver. **3.** *mus.* (*Verzierung*) slide. **Schlei·feˈrei** *f* ⟨-; -en⟩ *tech.* grinding shop.

ˈSchleifǀˌkonˌtakt *m electr.* sliding contact, slide. **~ˌlack** *m* flatting varnish. **~ˌlackˌausˌfüh·rung** *f* egg-shell finish. **~ˌmaˌschi·ne** *f* grinder, grinding machine. **~ˌmit·tel** *n* abrasive. **~paˌpier** *n* abrasive (*od.* emery) paper. **~ˌring** *m electr.* slip (*od.* collector) ring. **~ˌsand** *m* grinding sand. **~ˌschei·be** *f* grinding wheel, *für Holz*: sanding disc (*Am.* disk). **~ˌschritt** *m Tanz*: sliding (*od.* shuffling) step, glissade. **~ˌstein** *m* whetstone, grindstone; *fig. colloq.* **wie der Affe auf dem ~** like a monkey on a stick.

Schleim [ʃlaɪm] *m* ⟨-(e)s; -e⟩ **1.** slime, *bot. a.* mucilage, *physiol.* mucus, *med.* phlegm. **2.** *gastr.* (*~suppe*) gruel. **≈abˌson·dernd** *adj* mucigenous. **~abˌson·de·rung** *f* mucous secretion. **≈ˌar·tig** *adj* slimy, *med.* mucous. **~ˌausˌwurf** *m* expectoration (of phlegm). **~ˌbeu·tel** *m anat.* bursa. **~ˌbeu·tel·entˌzün·dung** *f* bursitis. **~ˌdrü·se** *f anat. zo.* mucous gland.

schlei·men [ˈʃlaɪmən] *v/i* ⟨h⟩ **1.** secrete slime (*od.* mucus). **2.** *fig. colloq. contp.*

talk unctuously, (*schmeicheln*) toady.

ˈSchlei·mer *m* ⟨-s; -⟩ *colloq. contp.* slimy (*öliger*: smarmy *od.* unctious) fellow.

ˈSchleim|ˌfluß *m med.* blennorrh(o)ea. **~ˌhaut** *f* mucous membrane.

ˈschlei·mig *adj* slimy (*a. fig. contp.*), *med. a.* mucous, *bot. a.* mucilaginous.

ˈschleim|ˌlö·send *adj* (*a.* **~es Mittel**) *med.* expectorant. **≈ˌpfropf** *m* mucous plug. **≈ˌschei·ßer** *m vulg.* slimy creature, bootlicker, *Am.* bumsucker. **≈ˌstoff** *m biol.* mucin. **≈ˌsup·pe** *f* gruel.

Schle·mihl [ʃleˈmiːl] *m* ⟨-s; -e⟩ *colloq.* (*Pechvogel*) unlucky devil, *Am.* schlemiel.

Schlemm [ʃlɛm] **I** ⟨-s; -e⟩ *Bridge etc*: slam. **II ≈** *adj* **≈ machen** make a slam.

ˈSchlemm|ˌbo·den *m geol.* diluvial soil.

schlem·men [ˈʃlɛmən] *v/i* ⟨h⟩ feast, gormandize, gorge, (*üppig leben*) live high, live on the fat of the land. **ˈSchlem·mer** *m* ⟨-s; -⟩ (*Feinschmecker*) gourmet, (*Fresser*) gourmand, glutton, *weitS.* pleasure-lover. **Schlem·meˈrei** *f* ⟨-; -en⟩ **1.** gourmandizing, (*Völlerei*) gluttony. **2.** (*Gelage*) feast, banquet.

ˈschlem·mer·haft *adj* gormandizing, *Mahl etc*: opulent, sumptuous, delicious.

schlen·dern [ˈʃlɛndərn] *v/i* ⟨sein⟩ saunter, stroll, amble.

Schlen·dri·an [ˈʃlɛndriaːn] *m* ⟨-(e)s; *no pl*⟩ *colloq.* (*Bummelei*) dawdling, muddling along, (*alter Trott*) jogtrot, rut, groove; **im alten ~ weitermachen** jog along in the same old way; **aus dem ~ herauskommen** get out of the rut; **in den alten ~ zurückfallen** slide back into the old rut, backslide.

Schlen·ker [ˈʃlɛŋkər] *m* ⟨-s; -⟩ **1.** swerve; **e-n ~ nach rechts machen** swerve to the right. **2.** *fig. colloq.* (**kühner**) **~** (bold) swerve; **e-n ~ machen** go off at a tangent; **mit e-m ~** at a tangent.

ˈschlen·kern I *v/i* ⟨h *u.* sein⟩ **1.** ⟨h⟩ dangle, swing (**mit den Armen** one's arms). **2.** ⟨sein⟩ swerve. **II** *v/t* ⟨h⟩ **3.** (*die Arme, Beine etc*) dangle, swing. **4. et. ~ von** (*abschütteln*) flip (*od.* jerk) s.th. off.

schlen·zen [ˈʃlɛntsən] *v/t* ⟨h⟩ *Hockey etc*: lob, scoop.

Schlepp [ʃlɛp] *m* ⟨-(e)s; -e⟩ **ein Schiff** (*colloq.* **j-n**) **in ~ nehmen** (**im ~ haben**) take (have) a ship (s.o.) in tow. **~ˌan·gel** *f* troll. **~ˌan·ker** *m* drag anchor. **~ˌanˌten·ne** *f* trailing (*od.* reel) aerial (*Am.* antenna). **~ˌdampf·fer** *m* → Schlepper 2.

Schlep·pe [ˈʃlɛpə] *f* ⟨-; -n⟩ **1.** *e-s Kleides*: train, trail. **2.** *hunt.* drag.

schlep·pen [ˈʃlɛpən] **I** *v/t* ⟨h⟩ **1.** (*schwer tragen an*) drag (*od.* lug) (along), haul, *colloq.* tote, (*hinter sich her* ~) trail, drag; *fig. colloq.* **j-n ins Kino ~** drag s.o. off to the cinema. **2.** *mot.* tow, *mar. a.* tug, (*Anker*) drag. **3.** *colloq.* (*Kleidungsstück*) wear and wear. **4.** *colloq.* **Kunden ~** tout (for). **II** *v/i* **5. ~ an** (*dat*) struggle with, *fig. an e-r Bürde*: be weighed down with. **6.** *Kleid etc*: trail, drag (along). **7.** *Anker*: drag. **III** *v/reflex* **sich ~ 8.** drag o.s. (*od.* struggle, trudge) (along). **9.** (*sich hinziehen*) drag on, go on and on. **10. sich ~ mit** *Gepäck etc*: struggle under (*od.* with), be burdened with, *fig. e-r Sorge etc*: be weighed down with, *colloq. e-r Erkältung etc*: suffer from, be troubled by, go around with; *colloq.* **mit der Kiste habe ich mich halb zu Tode geschleppt** I nearly killed myself dragging that box. **ˈschlep·pend** *adj* **1.** (*langsam, träge*) dragging, sluggish, slow, *Verhandlungen etc*: *a.* lengthy, *a. Krankheit*: protracted, *Gang*: shuffling, *Redeweise etc*: drawling, halting; **er ging mit ~en Schritten** he shuffled along; **e-e ~e Redeweise haben** *a.* (speak with a) drawl; (*adv*) **nur ~ in Gang kommen** start sluggishly. **2.** *econ. Absatz, Nachfrage etc*: sluggish, dull, slack.

ˈSchlep·pen|ˌkleid *n* dress with a train. **~ˌträ·ger** *m* train bearer.

ˈSchlep·per *m* ⟨-s; -⟩ **1.** *tech.* (motor) tractor. **2.** *mar.* tug(boat), towboat. **3.** *colloq.* (*Kundenwerber*) tout.

ˈSchlepp|ˌflug *m* aerotow, towed flight. **~ˌflugˌzeug** *n* tow(ing) (air)plane, glider tug. **~ˌjagd** *f* drag-hunt. **~ˌkahn** *m* barge. **~ˌlei·ne** *f* → Schleppseil. **~ˌlift** *m* (*Skilift*) ski tow.

ˈSchleppˌnetz *n mar.* dragnet, (*Grund≈*) trawl(-net). **~ˌfi·scher** *m* trawler. **~fi·scheˌrei** *f* trawling (fishery).

ˈSchlepp|ˌsä·bel *m mil. hist.* long sword. **~ˌschei·be** *f aer. mil.* towed target. **~ˌschiff** *n* → Schlepper 2. **~ˌseil** *n* towrope, towline, *aer. a.* tow-cable. **~ˌstart** *m aer.* towed takeoff. **~ˌtau** *n* → Schleppseil; **im ~ haben** have (*a ship*) in tow; **ins ~ nehmen** *a. fig. colloq.* take *s.o., s.th.* in tow. **~ˌtros·se** *f mar.* towing hawser. **~ˌzug** *m* **1.** *mar.* train of barges. **2.** *mot.* semitrailer truck, tractor-trailer train.

Schle·si·er [ˈʃleːziər] *m* ⟨-s; -⟩, **ˈschle·sisch** [-zɪʃ] *adj* Silesian.

Schleu·der [ˈʃlɔydər] *f* ⟨-; -n⟩ **1.** catapult (*a. aer. u. mil. hist.*), *Am.* slingshot. **2.** *tech.* centrifuge, (*Wäsche≈*) spin dryer, (*Milch≈*) separator. **~arˌti·kel** *m econ.* catchpenny (article), *im Außenhandel*: dumping goods *pl.* **~ˌausˌfuhr** *f* dumping. **~ˌball** *m Sport*: sling ball. **~ˌflugˌzeug** *n* catapult (air)plane. **~ˌgang** *m* ⟨-(e)s; ⸗e⟩ *der Waschmaschine*: spin gear. **~geˌfahr** *f* danger of swerving; **~!** (*Verkehrszeichen*) slippery road. **~ˌho·nig** *m* strained (*od.* extracted) honey. **~ˌkraft** *f* centrifugal force. **~maˌschi·ne** *f* → Schleuder 2.

schleu·dern [ˈʃlɔydərn] **I** *v/t* ⟨h⟩ **1.** throw, fling, hurl, *mit e-r Schleuder*: catapult; **j-m et. ins Gesicht** (**an den Kopf**) **~** fling s.th. in s.o.'s face (at s.o.'s head), *fig.* (*Antwort, Beleidigung etc*) fling (*od.* hurl) s.th. at s.o. **2.** *tech.* centrifuge, (*Wäsche*) spin-dry, (*Honig*) strain, extract. **II** *v/i* ⟨h *u.* sein⟩ **3.** *Auto etc*: swerve, skid, sideslip; **um die eigene Achse ~** spin (round). **4.** ⟨h⟩ *Wäscheschleuder*: spin-dry. **III ≈** *n* ⟨-s⟩ **5.** flinging (*etc*). **6.** *mot.* swerve, skid(ding); **ins ≈ kommen** (*od.* **geraten**) go into a skid, *fig. colloq. a.* get rattled (*od.* flustered). **7.** *tech.* centrifuging, (hydro)extraction, separation.

ˈSchleu·der|ˌpreis *m* cut-rate (*od.* giveaway, throwaway) price; **zu ~en verkaufen** *a.* sell *s.th.* dirt cheap, *ins Ausland*: dump. **~ˌpum·pe** *f* centrifugal pump. **~ˌsitz** *m aer.* catapult (*od.* ejector, *bes. Am.* ejection) seat. **~ˌspur** *f mot.* skid marks *pl.* **~ˌstart** *m aer.* catapult takeoff. **~ˌtrom·mel** *f tech.* centrifugal drum. **~verˌkauf** *m* underselling, *ins Ausland*: dumping. **~ˌwa·re** *f* catchpenny article(s *pl*).

schleu·nig [ˈʃlɔynɪç] *adj* prompt, immediate, speedy. **~st** *adv* immediately, instantly, as quickly as possible; *colloq.* **aber ~!** and be quick about it!

Schleu·se [ˈʃlɔyzə] *f* ⟨-; -n⟩ sluice(-gate), floodgate (*a. fig.*), (*Kanal≈*) lock; *fig.* **die ~n** *der Beredsamkeit, des Himmels etc* **öffneten sich** the floodgates (*od.* sluices) *of s.th.* opened; **der Himmel öffnete s-e ~n** the heavens opened.

ˈschleu·sen *v/t* ⟨h⟩ **1.** (*ein Schiff*) lock. **2.** *fig.* (*et.*) channel, (*j-n*) *a.* steer, (*Spion*) infiltrate (**in** *acc* into); **j-n über die Grenze ~** get (*od.* smuggle) s.o. across the border.

ˈSchleu·sen|geˌbühr *f*, **~ˌgeld** *n* lockage, lock dues (*od.* charges) *pl.* **~ˌkam·mer** *f* lock (chamber). **~ˌtor** *n* floodgate, lockgate. **~ˌtrep·pe** *f* flight of locks. **~ˌwär·ter** *m* lock-keeper. **~ˌwehr** *n* lock weir.

schlich [ʃlɪç] *1 u. 3 sg pret of* **schleichen**.

Schli·che [ˈʃlɪçə] *pl colloq.* tricks, wiles, dodges; **j-m auf die ~ kommen, hinter j-s ~ kommen** find s.o. out, rumble s.o.; **ich kenne s-e ~** I am up to all his tricks.

schlicht [ʃlɪçt] *adj* ⟨-er; -est⟩ *allg.* simple, plain, *Mahlzeit*: *a.* frugal, (*bescheiden*) *Person, Art etc*: *a.* unassuming, unpresuming, *Sache*: *a.* unpretentious, unadorned, (*ungekünstelt*) unaffected, straightforward. **≈ar·beit** *f tech.* finish machining. **~ˌdre·hen** *v/t* ⟨*sep*, -ge-, h⟩ finish-turn.

Schlich·te [ˈʃlɪçtə] *f* ⟨-; -n⟩ **1.** *metall.* blackening. **2.** *Weberei*: size.

schlich·ten [ˈʃlɪçtən] *v/t* ⟨h⟩ **1.** *fig.* (*Streit etc*) settle, adjust, arrange, *durch Schiedsspruch*: settle *s.th.* by arbitration, arbitrate. **2.** *tech.* (*eben machen*) level, plane, (*glätten*) smooth, finish, sleek, *metall.* black(wash), *Textil.* dress, size. **3.** (*ordnen*) arrange. **ˈschlich·tend** *adv* **~ eingreifen** be (*od.* intervene as) mediator, mediate. **ˈSchlich·ter** *m* ⟨-s; -⟩, **ˈSchlich·te·rin** *f* ⟨-; -nen⟩ mediator, troubleshooter, *durch Schiedsspruch*: arbitrator.

ˈSchlicht|ˌfei·le *f tech.* bastard file. **~heit** *f* ⟨-; *no pl*⟩ *allg.* simplicity, plainness, *e-r Sache*: *a.* unpretentiousness, (*Bescheidenheit*) unassuming character, artlessness, modesty, (*Offenheit*) straightforwardness, matter-of-factness. **~ˌho·bel** *m* smoothing plane. **~ˌleim** *m* size. **~maˌschi·ne** *f* sizing machine.

ˈSchlich·tung *f* ⟨-; *no pl*⟩ *e-s Streits etc*: settlement, *bes. jur. pol.* conciliation, mediation; **~ durch Schiedsspruch** arbitration.

ˈSchlich·tungs|ˌausˌschuß *m* mediation committee. **~verˌein·ba·rung** *f* amicable agreement. **~verˌfah·ren** *n* arbitration proceedings *pl.* **~verˌsuch** *m* attempt at conciliation (*od.* mediation).

Schlick [ʃlɪk] *m* ⟨-(e)s; -e⟩ mud, slime, ooze, (**~sand**) silt. **~ˌbank** *f* ⟨-; ⸗e⟩ *geol.* mud bank. **~ˌwatt** *n* mud flat(s *pl*).

schlief [ʃliːf] *1 u. 3 sg pret of* **schlafen**.

Schlie·re [ˈʃliːrə] *f* ⟨-; -n⟩ *im Glas*: streak, ream, *pl min. phys.* schlieren, striae. **ˈschlie·ren** *v/i* ⟨h⟩ *mar.* slide. **ˈschlie·rig** *adj Glas*: streaky, striated, *min. phys. a.* schlieric.

ˈSchließˌband *n* ⟨-(e)s; ⸗er⟩ hasp.

Schlie·ße [ˈʃliːsə] *f* ⟨-; -n⟩ fastener, fastening (device), *am Buch, Kleid, an der Handtasche*: clasp, (*Gürtel≈*) clasp, buckle, (*Schnappschloß*) catch, latch.

schlie·ßen [ˈʃliːsən] **I** *v/t* ⟨**schließt, schloß, geschlossen**, h⟩ **1.** (*zumachen*) close, shut, (*ver~*) lock, *mit Riegel*: bolt, (*Geschäft, Kino etc*) close, *langfristig od. für immer*: close (*od.* shut) down; **die Augen ~** close one's eyes. **2.** (*sicher verwahren*) lock (*od.* shut) *s.th.* up (*od.* away); **ein Fahrrad an e-n Zaun ~** chain (up) a bicycle to a fence; **e-n Gefangenen in e-e Zelle ~** lock (*od.* shut) a prisoner up in a cell. **3.** (*beenden*) close, conclude, end, finish, terminate, (*Rede etc*) close, conclude, wind up (**mit den Worten** with the words, by saying), *parl.* (*Debatte*) close, *auf Antrag*: closure, *Am.* cloture, (*Sitzung etc*) close, break up, (*Brief etc*) bring *s.th.* to a close. **4.** (*ab~*)

fig. (*Vertrag etc*) form, enter into, sign, finalize, (*Frieden*) make, (*Geschäft etc*) conclude, settle, (*Handel*) strike (*od.* close (*a bargain*), make (*a deal*), (*Vergleich etc*) come to (*od.* reach, arrive at) (*an agreement, etc*); → Bund¹ 1, 2, Ehe 1. **5.** j-n in s-e Arme ~ clasp (*od.* take) s.o. in one's arms; → Herz *bes. Redew.* **6.** et. ~ aus (*dat*) (*folgern*) conclude (*od.* infer, deduce) s.th. from, draw a conclusion from. **7.** et. in sich ~ (*enthalten*) contain (*od.* comprise, include) s.th., *sinngemäß*: imply (*od.* implicate, connote) s.th.; s-e Frage schloß schon die Antwort in sich his question implied the answer. **8.** *fig.* et. an e-e Sache ~ (*hinzufügen*) add s.th. to s.th.; daran schloß er die Bemerkung, daß to this he added the remark that. **9.** *mil.* die Reihen ~ close the ranks. **10.** (*Stromkreis*) close. **11.** *print.* (*den Satz*) lock up, (*Druckform*) quoin (up). **12.** *mus.* (*Griffloch*) stop. **II** *v/i* **13.** shut, close; die Tür schließt von selbst the door closes by itself (*od.* automatically); der Schlüssel schließt nicht the key doesn't fit; dicht ~ close tight. **14.** a) (*zumachen*) close, b) *endgültig, Betrieb etc*: close down, shut down, *colloq.* fold up. **15.** (*enden*) *Versammlung etc*: (come to an) end, finish, (come to a) close; ~ mit *Bericht, Erzählung etc*: end with, break off at, *Veranstaltung, Rede etc*: conclude with, end with; die Schule schließt am 10. Juli school breaks up on July 10th; ich muß jetzt ~ *im Brief*: I must close (*od.* conclude) (my letter) now. **16.** auf e-e Sache ~ aus infer (*od.* gather, deduce, conclude) s.th. from, judge s.th. by (*od.* from); von der Ursache auf die Wirkung ~ infer the effect from the cause; s-m Aussehen nach zu ~ a) judging by the look on his face, b) judging by his appearance; von sich auf andere ~ judge others by o.s.; auf e-e Sache ~ lassen suggest (*od.* point to, indicate) s.th. **17.** *untere u. obere Zähne*: occlude. **III** *v/reflex* sich ~ **18.** close, shut; die Kette schloß sich um sein Handgelenk the chain closed (up-) on his wrist; *fig.* der Kreis schließt sich things have come full circle. **19.** et. schließt sich an e-e Sache s.th. is followed by s.th. **20.** *med. Wunde*: close, heal up, *Schließmuskel*: contract. **IV** 2 *n* ‹-s› **21.** closing (*etc*). **22.** *e-s Vertrages etc*: conclusion. **23.** *bes. philos.* conclusion, inference, deduction, ratiocination.

'Schlie·ßer *m* ‹-s; -› **1.** (*Pförtner*) doorkeeper, *im Gefängnis*: jailer, *thea.* (*Logen*2) usher. **2.** *tech.* (*Tür*2) latch, catch. **3.** → Schließmuskel.

'Schließ|ˌfach *n* **1.** → Postfach. **2.** (*Bank*2) safe-deposit box. **3.** (*Gepäck*2) luggage (*bes. Am.* baggage) locker, pay locker. **~ˌkorb** *m* (lockable) hamper.

'schließ·lich *adv* **1.** (*am Schluß*) finally, eventually. **2.** (*auf die Dauer*) in the long run. **3.** (*zu guter Letzt*) in the end, ultimately, at (long) last; er wurde ~ ein reicher Mann he became a rich man in the end, he ended up a rich man. **4.** (*im Grunde*) all things considered, after all, in the last analysis; *colloq.* ~ und endlich after all, when all is said and done.

'Schließˌmus·kel *m anat.* sphincter.

'Schlie·ßung *f* ‹-; -en› **1.** → schließen 21. **2.** *e-s Betriebes etc*: closing, closure, (*Stillegung*) *a.* shutdown. **3.** *parl. e-r Debatte auf Antrag*: closure, *Am.* cloture. **4.** *e-r Ehe, e-s Vertrages etc*: contraction.

schliff [ʃlɪf] *1 u. 3 sg pret of* schleifen¹.

Schliff *m* ‹-(e)s; -e› **1.** ‹*only sg*› (*Schleifen*) grinding, (*Schärfen*) *a.* sharpening. **2.** *e-s Edelsteins, Glases etc*: cut; e-n schönen ~ haben be beautifully cut. **3.** *tech.* (*geschliffene Fläche*) ground section, *der Oberfläche*: smoothness, polish. **4.** (*Holz*2) wood (*od.* ground) pulp. **5.** *pl geol. des Gletschers*: striae, striations. **6.** ‹*only sg*› *fig. colloq.* a) (*Lebensart*) polish, b) *mil.* hard drill; er hat k-n ~ he lacks polish; e-r Sache den letzten ~ geben put the finishing touch(es) to s.th.

schlimm [ʃlɪm] **I** *adj* ‹-er; -st› **1.** *allg.* bad, *Nachricht, Fehler etc*: *a.* grave, *Unfall, Unrecht etc*: *a.* grievous, *Krankheit etc*: *a.* serious, *Schmerz etc*: *a.* severe, *Wunde*: *a.* ugly, nasty, *Sturm, Streit etc*: *a.* violent, fierce, *Zustände etc*: *a.* grim, miserable; *colloq.* es ist schon ~ genug it's bad enough as it is; das ist nicht (*od.* halb) so ~, so ~ ist es doch gar nicht it's not as bad as all that, *tröstend*: it doesn't matter, never mind; e-e ~e Sache (*od.* Geschichte) a bad thing (*colloq.* job); ~e Zeit hard times *pl*; *colloq.* ~ daran sein be in a bad way; das ist ~ that's bad; das ist ~ für ihn that is hard (*bes. Am.* tough) on him; es sieht ~ aus für ihn it looks bad (*od.* black) for him; *colloq.* ist es ~, wenn ich nicht komme? do you mind very much (*od.* terribly) if I do not come? **2.** *Person, Tat, Gedanken etc*: bad, evil, wicked, nasty, *Kind*: naughty. **3.** *colloq.* (*wund*) bad, sore, inflamed; ~er Finger (Hals) sore finger (throat). **II** *adv* **4.** badly; die Sache ging ~ aus the affair had a bad (*od.* nasty) end; es ~ treiben lead a dissipated life, carry on (like mad), go the pace. **III** 2e, das ‹-n› **5.** das 2e an der Sache ist the bad thing about it is; ich finde nichts 2es dabei I don't see anything wrong in it; es war Gott sei Dank nichts 2es it was nothing serious, thank goodness; sich zum 2en wenden take a turn for the worse. **'Schlim·me** *m, f* ‹-n; -n› bad one; du ~r! naughty, naughty!, you rascal!; *humor.* Sie ~r! you naughty boy! **'schlim·mer I** *comp of* schlimm. **II** *adj* worse; et. ~ machen *a.* aggravate s.th.; ~ werden *a.* worsen; es wird immer ~ things are going from bad to worse; (das ist) umso (*od.* desto) ~ (this is) even (*od.* so much the) worse; das macht die Sache nur noch ~ that makes things only worse, *a.* this is just adding fuel to the fire. **III** *adv* worse; es hätte ihm noch ~ ergehen können he might have fared worse. **IV** 2e, das ‹-n› the worse thing; es gibt 2es als das there are worse things than that.

schlimmst I *sup of* schlimm. **II** *adj* **1.** worst; im ~en Falle → schlimmstenfalls. **III** *adv* **2.** am ~en (the) worst, worst of all. **IV** 2e, das ‹-n› **3.** the worst; *colloq.* das ist noch lange nicht das 2e there are worse things than that; ich fürchte das 2e I fear the worst; das 2e haben wir noch vor uns the worst is still to come; wenn es zum 2en kommt if the worst comes to the worst; auf das 2e gefaßt sein be prepared for the worst. **4.** *mit Kleinschreibung*: the worst; das ~e ist, daß the worst of it is that.

'Schlimm·ste *m, f* ‹-n; -n› the worst (*od.* naughtiest) (of all). **'schlimm·stenˌfalls** *adv* at (the) worst, if the worst comes to the worst.

Schlin·ge ['ʃlɪŋə] *f* ‹-; -n› **1.** loop, *zs.-ziehbare*: noose; die ~ zuziehen *a. fig.* tighten the noose; *fig.* sich (*od.* den Kopf) aus der ~ ziehen slip (one's head out of) the noose, wriggle out of it. **2.** *e-s Netzes*: mesh (loop); *fig.* die ~n des Gesetzes the meshes of the law. **3.** (*Trag*2, *a. med.*) sling; den Arm in der ~ tragen wear one's arm in a sling. **4.** *hunt.* snare, trap, springe, (*Draht*2) wire; ~n legen lay (*od.* set) snares (*od.* a trap); *fig.* j-m in die ~ gehen walk into s.o.'s trap.

Schlin·gel ['ʃlɪŋəl] *m* ‹-s; -› *colloq.* **1.** (*kleiner Schelm*) little rascal, cheeky little devil (*od.* thing). **2.** *humor.* (*frecher Kerl*) rogue, scoundrel, (*Tunichtgut*) good-for--nothing, ne'er-do-well.

schlin·gen¹ ['ʃlɪŋən] **I** *v/t* ‹schlingt, schlang, geschlungen, h› (*winden*) wind, twist, coil, (en)twine, (*binden*) tie, (*flechten*) plait, braid; e-n Schal um den Hals ~ wrap a scarf (a)round one's neck; das Haar zu e-m Knoten ~ tie one's hair into a knot; *fig.* sie schlang die Arme um s-n Hals she twined (*od.* wrapped) her arms (a)round his neck; sie schlang die Arme um ihre Knie she hugged her knees. **II** *v/reflex* sich um et. ~ a) *Efeu etc*: wind (*od.* climb, twine, creep) (a)round s.th., b) *Schlange*: wind (*od.* coil, twist) (itself) (a)round s.th.

'schlin·gen² **I** *v/i* ‹schlingt, schlang, geschlungen, h› bolt (*od.* wolf, gobble) one's food, gorge (o.s.). **II** *v/t* ‹ver~› bolt (*od.* wolf) *s.th.* down, gobble *s.th.* up.

'Schlin·gen|ˌle·ger, ~ˌstel·ler *m* snarer.

'Schlin·ger|beˌwe·gung *f* rolling (motion). **~ˌkiel** *m* bilge (*od.* drift) keel.

schlin·gern ['ʃlɪŋərn] **I** *v/i* ‹h› *bes. mar.* roll, *mot. rail. etc* lurch; das Schiff schlingert und stampft the ship pitches and tosses.

'Schlin·gerˌtank *m mar.* antiroll(ing) (*od.* stabilizing) tank.

'Schling|geˌwächs *n*, **~ˌpflan·ze** *f* climbing plant, creeper, climber.

Schlipp [ʃlɪp] *m* ‹-(e)s; -e› *mar.* slip (-way).

Schlips [ʃlɪps] *m* ‹-es; -e› (neck)tie; *fig. colloq.* j-m auf den ~ treten tread on s.o.'s toes; sich auf den ~ getreten fühlen be offended, be huffed. **~ˌnadel** *f* tiepin.

Schlit·ten ['ʃlɪtən] *m* ‹-s; -› **1.** (*Rodel*2) sledge, sled, (*Pferde*2) sleigh, (*Rodel*) toboggan; ~ fahren (go on a) sledge, go sledging, toboggan; *fig. colloq.* mit j-m ~ fahren a) (*scharf zurechtweisen*) haul s.o. over the coals, give s.o. hell, b) (*rücksichtslos behandeln*) ride roughshod over s.o., mop the floor with s.o.; unter den ~ kommen (*verkommen*) go to the dogs. **2.** *tech.* (sliding) carriage, saddle, slide, cradle (*a. mar. zum Stapellauf*), *e-r Schreibmaschine*: carriage, (*Säge*2) chariot. **3.** *fig. colloq.* (*Auto*) car; alter ~ (old) crate, jalopy, rattletrap; toller ~ fabulous car. **~ˌbahn** *f* **1.** sledge-run, toboggan-run. **2.** *tech.* sliding ways *pl*, guideways *pl*. **~ˌfah·rer** *m* tobogganist. **~ˌfahrt** *f* sledge ride, *im Pferdeschlitten*: sleigh ride (*od.* drive). **~ˌhund** *m* sledge dog. **~ˌku·fe** *f* **1.** sledge (*od.* sleigh) runner. **2.** *aer.* skid. **~ˌpferd** *n* sleigh--horse.

'Schlit·terˌbahn *f* slide.

schlit·tern ['ʃlɪtərn] *v/i* ‹h *u.* sein› **1.** *Kinder*: slide. **2.** ‹sein› (*ausgleiten*) slip, slither. **3.** *Auto*: skid. **4.** → hineinschlittern.

'Schlittˌschuh *m* (ice) skate; ~ laufen (*od.* fahren) (ice-)skate. **~ˌbahn** *f* (skating-)rink. **~ˌlau·fen** *n* (ice-)skating. **~ˌläu·fer** *m*, **~ˌläu·fe·rin** *f* (ice-)skater. **~ˌstie·fel** *m meist pl* skating boot.

Schlitz [ʃlɪts] *m* ‹-es; -e› **1.** (*schmale Öffnung, a. Seh*2) slit, chink, aperture, (*Spalt*) rift, cleft, (*Riß*) crack, fissure, (*Einwurf*2) slot. **2.** *Mode*: slit, slash, placket(-hole); → Hosenschlitz. **3.** *tech.* slot, groove, (*Falz*) nick, notch. **4.** *mot. im Zylinder*: port, *auf der Kühlerhaube*: louv/re (*Am.* -er). **5.** *med.* cleft, fissure, rima. **6.** *im Kohlenflöz*: cut, slot. **7.** *vulg.* crack, cunt. **~ˌau·ge** *n* **1.** *meist pl* slit eye; **~n haben** be slit-eyed. **2.** *contp.* (*Asiate*) slit-eye, (*Chinese*) *a.* Chink. **≈äu·gig** *adj* slit-eyed. **~ˌblen·de** *f phot.* slit diaphragm.

schlit·zen [ˈʃlɪtsən] *v/t* ⟨h⟩ slit, slash, *tech.* slot, groove, notch; → **aufschlitzen.**

ˈSchlitz|ˌflü·gel *m aer.* slot(ted) wing. **~ˌohr** *n fig. colloq.* sly dog, (*Betrüger*) trickster, cheat. **≈ˌoh·rig** *adj* crafty, wily, sly. **~verˌschluß** *m phot.* focal-plane shutter.

ˈschlohˈweiß [ˈʃloː-] *adj Haar*: snow-white.

schloß [ʃlɔs] *1 u. 3 sg pret of* **schließen.**

Schloß[1] *n* ⟨-sses; ⸗sser⟩ **1.** (*Tür≈, Flinten≈ etc*) lock, (*Hänge≈*) padlock, (*Koppel≈, Gürtel≈*) (belt) buckle, *an e-m Buch, e-r Handtasche*: clasp, *am Halsband*: clasp, snap; **der Schlüssel steckt im ~** the key is in the door; **die Tür fiel ins ~** the door slammed shut; *fig.* **unter ~ und Riegel** under lock and key; **hinter ~ und Riegel** behind bars. **2.** *print.* iron frame.

Schloß[2] *n* ⟨-sses; ⸗sser⟩ castle, (*Residenz, Palast*) palace, (*Herrenhaus*) manor house, country seat, *auf dem Kontinent*: château (*Fr.*); **das ~ von** (*od.* **zu, in**) **Versailles** the palace of Versailles; *fig.* **ein ~ im Mond** a castle in the air (*od.* in Spain), *colloq.* (a) pie in the sky.

Schlöß·chen [ˈʃlœsçən] *n* ⟨-s; -⟩ small castle (*od.* palace), (*Jagd≈*) seat, lodge, (*Land≈, auf dem Kontinent*) château (*Fr.*).

Schlo·ße [ˈʃloːsə] *f* ⟨-; -n⟩ (large) hailstone.

schlös·se [ˈʃlœsə] *1 u. 3 sg pret subj of* **schließen.**

schlo·ßen [ˈʃloːsən] *v/impers* ⟨h⟩ hail.

Schlos·ser [ˈʃlɔsər] *m* ⟨-s; -⟩ (*Kunst≈*) artistic) locksmith, (*Auto≈*) (car) mechanic, (*Maschinen≈*) fitter, mechanic, (*Werkzeug≈*) toolmaker. **~ˌar·beit** *f* locksmith's work.

Schlos·seˈrei *f* ⟨-; -en⟩ **1.** ⟨*only sg*⟩ locksmith's *etc* trade. **2.** locksmith's *etc* shop.

ˈSchlos·ser|ˌhandˌwerk *n* locksmith's *etc* craft. **~ˌmei·ster** *m* master locksmith.

schlos·sern [ˈʃlɔsərn] *v/i* ⟨h⟩ be (*od.* work as) a locksmith, *etc*; → **Schlosser.**

ˈSchlos·serˌwerkˌstatt *f* → **Schlosserei 2.**

ˈSchloß|ˌfrei·heit *f* precinct of a castle. **~ˌgar·ten** *m* palace garden(s *pl*). **~ˌherr** *m* lord (*od.* owner) of the castle. **~ˌher·rin** *f* lady of the castle. **~ˌhof** *m* castle (*od.* palace) court(yard). **~ˌhund** *m obs. for* **Kettenhund**; *fig. colloq.* **heulen wie ein ~** wail and blubber, weep barrels. **~ˌkir·che** *f* castle (*od.* palace) church. **~ˌpark** *m* → **Schloßgarten.** **~ruˌine** *f* ruined castle. **~ˌturm** *m* castle tower. **~verˌwal·ter,** *hist.* **~ˌvogt** *m* governor of a castle, *hist.* castellan. **~ˌwa·che** *f* castle guard.

Schlot [ʃloːt] *m* ⟨-(e)s; -e, *rare* ⸗e⟩ **1.** chimney, (*hoher Fabrik≈*) smokestack, (*Abzugsröhre*) flue, *mar. rail.* smokestack, *Am.* funnel; *fig. colloq.* **rauchen wie ein ~** smoke like a chimney. **2.** *geol.* (*Vulkan≈*) chimney, conduit. **3.** *colloq.* good-for-nothing, (*Flegel*) lout. **~baˌron** *m contp.* magnate, tycoon, *bes. Am.* (business) baron. **~ˌfe·ger** *m* chimneysweep.

ˈschlot·te·rig *adj* → **schlottrig.**

schlot·tern [ˈʃlɔtərn] *v/i* ⟨h⟩ **1.** shake, tremble; **vor Kälte ~** shake (*od.* shiver) with cold; **ihm ~ die Glieder** he shakes in every limb; **vor Angst ~** tremble with fear. **2.** *Kleidungsstück*: hang loosely ([a]round one), *colloq.* bag. **~d** *adj* shaking; **mit ~en Knien** with shaking knees, with knees knocking, fearfully.

ˈschlott·rig *adj* **1.** (*zitternd*) shaky; **~e Knie** shaky (*od.* wobbly, knocking) knees. **2.** (*schlaff*) flabby, limp, (*lose*) *Kleidung*: loose, flapping, *colloq.* baggy, (*nachlässig*) sloppy.

Schlucht [ʃlʊxt] *f* ⟨-; -en⟩ (mountain) gorge, ravine, *Am.* canyon, *kleine*: glen, (*Abgrund*) abyss, chasm, (*Hohlweg*) defile.

schluch·zen [ˈʃlʊxtsən] **I** *v/i* ⟨h⟩ sob (*a. fig. Geige*). **II ≈** *n* ⟨-s⟩ sobbing; **sie brach in heftiges ≈ aus** she burst into violent sobs. **~d I** *adj* sobbing. **II** *adv* sobbingly, with sobs; **~ sagte sie, daß** she sobbed out that.

ˈSchluch·zer *m* ⟨-s; -⟩ sob.

Schluck [ʃlʊk] *m* ⟨-(e)s; -e, *rare* ⸗e⟩ draught, *Am.* draft, swallow, *kleiner*: sip, *großer*: gulp, *tüchtiger, bes. von Alkohol*: *sl.* swig; **ein ~ Kaffee (Wein)** a little coffee (wine); **e-n ~ trinken** a) drink a little, have s.th. to drink, b) have a drop, wet one's whistle; **gern e-n ~ trinken** (*Alkohol*) be fond of a dram. **~ˌauf** *m* ⟨-s; *no pl*⟩ hiccup(s *pl*), hiccough(s *pl*) (*meist als sg konstruiert*); **(den** *od.* **e-n) ~ haben** have the hiccups. **~beˌschwer·den** *pl med.* difficulty *sg* in swallowing.

Schlück·chen [ˈʃlʏkçən] *n* ⟨-s; -⟩ sip, drop.

schlucken (*getr.* **-k·k-**) [ˈʃlʊkən] **I** *v/t* ⟨h⟩ **1.** swallow; **s-e Arznei ~** take one's medicine; **Staub ~** breathe dust. **2.** (*hinunterschlingen*) gulp (down), gorge (o.s.) on, bolt, wolf (down). **3.** *fig.* (*Schall, Lärm etc*) absorb, (*Geld etc*) swallow (up). **4.** *fig. colloq.* (*leichtgläubig akzeptieren*) swallow *s.th.* (whole), gulp down (*od.* back), (*Beleidigung, Tadel etc*) swallow, put up with, stomach. **II** *v/i* **5.** swallow; *fig. colloq.* **ich mußte erst einmal ~, als ich das hörte** I had to swallow hard (*od.* I gulped) when I heard it; **an e-r Sache ~** (*od.* **zu ~ haben**) take a long time to get over s.th. **ˈSchlucken** (*getr.* **-k·k-**) *m* ⟨-s; *no pl*⟩ → **Schluckauf.** **ˈSchlucker** (*getr.* **-k·k-**) *m* ⟨-s; -⟩ *colloq.* **armer ~** poor wretch (*od.* devil).

ˈSchluck|ˌimp·fung *f med.* oral vaccination. **~ˌläh·mung** *f* inability to swallow.

schluck·sen [ˈʃlʊksən] *v/i* ⟨h⟩ have the hiccups (*od.* hiccoughs).

ˈschluckˌwei·se *adv* in mouthfuls, in sips.

ˈschlu·de·rig I *adj* **1.** *Arbeit*: slapdash, slipshod, botched, sloppy. **2.** *Person*: slovenly, sloppy. **II** *adv* **3. ~ arbeiten** → **schlu·dern** [ˈʃluːdərn] *v/i* ⟨h⟩ work slovenly, scamp things (*od.* one's work). **ˈschlud·rig** *adj u. adv* → **schluderig.**

schlug [ʃluːk] *1 u. 3 sg pret,* **schlü·ge** [ˈʃlyːgə] *1 u. 3 sg pret subj of* **schlagen.**

Schlum·mer [ˈʃlʊmər] *m* ⟨-s; *no pl*⟩ slumber, (light) sleep. **~ˌlied** *n* lullaby.

schlum·mern [ˈʃlʊmərn] *v/i* ⟨h⟩ lie asleep, sleep (lightly), *bes. poet.* slumber (*a. fig.*), *fig. Fähigkeiten etc*: lie dormant (**in** *dat* in). **~d** *adj fig. Kräfte, Talente etc*: dormant (*a. med. Infektion etc*), latent, undeveloped; **~e Kräfte** *a.* potentialities.

Schlum·pe [ˈʃlʊmpə] *f* ⟨-; -n⟩ → **Schlampe.** **ˈschlum·pen** *v/i* ⟨h⟩ → **schlampen.**

Schlund [ʃlʊnt] *m* ⟨-(e)s; ⸗e⟩ **1.** *anat.* pharynx, throat, gorge; *colloq.* **durch den ~ jagen** (*Bier etc*) gulp down, knock back, (*sein Geld*) squander (*one's money*) on drink. **2.** *fig. e-r Kanone etc*: mouth, (*Abgrund*) abyss, chasm; **der ~ der Hölle** the jaws *pl* of hell.

Schlupf [ʃlʊpf] *m* ⟨-(e)s; ⸗e *u.* -e⟩ **1.** *tech.* slip(ping), slippage. **2.** *Computer*: slack.

schlüp·fen [ˈʃlʏpfən] **I** *v/i* ⟨sein⟩ slip, slide; **aus dem (in das) Kleid ~** slip off (into, on) the dress; → **Ei 1, Finger** *bes. Redew.*

ˈSchlüp·fer *m* ⟨-s; -⟩ (ladies') knickers *pl*, (*Slip*) panties *pl*, briefs *pl*, *mit längerem Bein*: *Am.* bloomers *pl*.

ˈSchlupf|ˌloch *n* **1.** *im Zaun etc*: hole, gap. **2.** *fig.* way out. **3.** → **Schlupfwinkel.** **~ˌmo·tor** *m electr.* cumulative compound motor.

schlüpf·rig [ˈʃlʏpfrɪç] *adj* slippery (*a. fig.*), *fig. Witz etc*: risqué (*Fr.*), lewd, blue, off-colo(u)r. **≈keit** *f* ⟨-; -en⟩ **1.** ⟨*only sg*⟩ slipperiness, *fig. e-s Witzes etc*: risqué (*etc*) nature, lewdness. **2.** *meist pl fig.* (*Zote*) risqué (*od.* blue) joke.

ˈSchlupf|ˌwes·pe *f zo.* ichneumon (fly). **~ˌwin·kel** *m* hiding-place, den, *colloq.* hideaway, *Am.* hideout.

schlur·fen [ˈʃlʊrfən] **I** *v/i* ⟨sein⟩ shuffle (along), drag one's feet. **II ≈** *n* ⟨-s⟩ shuffling, shuffle.

schlür·fen[1] [ˈʃlʏrfən] **I** *v/t* ⟨h⟩ **1.** drink *s.th.* noisily, slurp. **2.** drink *s.th.* with relish. **3.** (*Eier etc*) suck. **II** *v/i* **4.** drink noisily, slurp.

ˈschlür·fen[2] *v/i* ⟨sein⟩ *dial. for* **schlurfen.**

Schluß [ʃlʊs] *m* ⟨-sses; ⸗sse⟩ **1.** close, end, (*Ab≈*) conclusion, termination, windup, *e-s Romans etc*: ending; **~!** finished!, done!, that's all!; **~ folgt** to be concluded; *pol.* **~ e-r Debatte** closing (*od.* close, end) of a debate, *auf Antrag*: closure (*Am.* cloture) (of a debate); **~ der Debatte!** time!, the debate is closed!; *colloq.* **~ machen** a) *mit der Arbeit etc*: finish, call it a day, knock off (work), b) *fig.* (*Selbstmord begehen*) put an end to o.s., c) (*Freundschaft kündigen*) break it off; **(wir machen) ~ für heute!** let's call it a day!, that's it for today!; **mit e-r Sache ~ machen** stop s.th.; **mit j-m ~ machen** break (it off) with s.o.; **nach ~ der Vorstellung** after the performance (had ended *od.* was over); **zum ~** a) (*schließlich*) in the end, finally, ultimately, eventually, b) *abschließend*: in conclusion, finally; **ganz bis zum ~** to the very end (*od.* last); **den ~ bilden** *e-r Marschkolonne etc, a. fig.* bring up the rear; **den ~ e-r Rede (e-s Programms** *etc*) **bilden** conclude (*od.* wind up) a speech (program, *etc*); **~ (jetzt)!, ~ damit!** that's enough of that!, stop it!, *colloq.* cut it out!; **~ mit ...!** *a. als Schlagwort*: stop ...!, no more ...!, put an end to ...! **2.** (*~folgerung*) conclusion, deduction, inference, *philos.* syllogism; **e-n ~ ziehen aus** draw a conclusion (*od.* an inference) from, conclude (*od.* infer) from; **zu dem ~ kommen** (*od.* **gelangen**), **daß** arrive at (*od.* come to, reach) the conclusion that; **übereilte** (*od.* **voreilige**) **Schlüsse ziehen** jump to conclusions; *iro.* **das ist noch nicht der Weisheit letzter ~** that's not the perfect solution either. **3.** *tech.* **e-n guten ~ haben** *Tür, Fenster etc*: shut tight (*od.* well). **4.** *Reiten*: seat; **e-n (k-n) guten ~ haben** have a good (no) seat. **5.** (*Mindestmenge bei Börsengeschäften*) trade unit, *Am.* full lot. **~ˌabˌrech·nung** *f* final account. **~ˌabˌstim·mung** *f parl. pol.* final vote. **~akˌkord** *m mus.* final chord. **~ˌakt** *m thea. u. fig.* final (*od.* last act). **~ˌanˌspra·che** *f* final (*od.* closing) address. **~ˌanˌtrag** *m jur.* closing argument. **~ˌball** *m e-r Tanzstunde etc*: final ball. **~beˌmer·kung** *f* final (*od.* last) remark. **~beˌspre·chung** *f* final (*od.* concluding) discussion. **~biˌlanz** *f econ.* (annual) balance sheet.

Schlüs·sel [ˈʃlysəl] *m* ‹-s; -› **1.** key: **der ~ zur** (*od.* **für die**) **Haustür** the key to the front door; **der ~ steckt** the key is in the door (*od.* lock). **2.** → **Nachschlüssel**. **3.** *tech.* (*Schrauben2*) spanner, *Am.* wrench. **4.** *fig.* (**zu, für** to) key, clue. **5.** *fig. zu Übungsbüchern*: key, (*Chiffre2 etc*) key (to a cipher *od.* code), *econ.* (*Verteiler2*) ratio (system), ratio of distribution, distributive formula. **6.** *mus.* (*Noten2*) clef. **~ˌbart** *m* key-bit. **~ˌbein** *n anat.* collarbone, clavicle. **~ˌblu·me** *f* cowslip, primrose. **~ˌbrett** *m* keyboard. **~ˌbund** *m, n* ‹-(e)s; -e› bunch of keys. **~ˌdra·ma** *n* drame à clef. **~erˌleb·nis** *n* crucial (*od.* key) experience. **2ˌfer·tig** *adj Gebäude etc*: ready for (immediate) occupancy; **~er Bau** turnkey building job. **~fiˌgur** *f fig.* key figure, key man. **~geˌrät** *n Funk*: crypto-equipment. **~geˌwalt** *f* ‹-; *no pl*› **1.** *jur. der Ehefrau*: wife's agency (in domestic matters). **2.** *R.C.* power of the keys. **~in·duˌstrie** *f* key industry. **~ˌkind** *n colloq.* latchkey child. **~ˌkraft** *f fig.* key man. **~ˌloch** *n* keyhole. **~maˌschi·ne** *f* code converter, cipher machine.

schlüs·seln [ˈʃlysəln] *v/t* ‹h› allot *s.th.* pro rata.

ˈ**Schlüs·sel|po·si·ti·on** *f* → **Schlüsselstellung**. **~ˌring** *m* key ring. **~ˌrohling** *m* key blank. **~roˌman** *m Literatur*: roman à clef. **~ˌstel·lung** *f* key position (*a. mil.*); **Beamter** *etc* **in e-r ~** key official, *etc.* **~ˌsze·ne** *f* key scene. **~ˌta·sche** *f* key-case. **~ˌtext** *m* code text, cryptotext. **~ˌwort** *n* ‹-(e)s; ⸚er› *für e-n Code*: keyword, *Computer*: *a.* password, *für e-n Safe*: combination. **~ˌzahl** *f* **1.** *meist pl e-s Safes etc*: combination (number). **2.** *econ. für Warenverteilung etc*: key (number), code number.

ˈ**Schluß|erˌgeb·nis** *n* final result, outcome, issue, (the) upshot. **~ˌfei·er** *f* closing ceremony, *ped.* end-of-term ceremony, *mit Preisverteilung*: speech-day, *bes. Am.* commencement. **2ˌfol·gern** *v/i* ‹*insep, no* **ge-**, **h**› **~ aus** conclude (*od.* infer, deduct) from; **daraus schlußfolgert, daß** thus it follows that. **~ˌfol·ge·rung** *f* ‹-; -en› **1.** (line of) argument (*od.* reasoning). **2.** → **Schluß** 2. **~ˌfor·mel** *f e-s Briefes*: complimentary close.

schlüs·sig [ˈʃlysɪç] *adj* **1.** (*folgerichtig*) conclusive, logical; **~er Beweis** conclusive evidence. **2. sich ~ werden** make up one's mind (**über** *acc* about); **sich (noch nicht) ~ sein** be (not yet) decided, have (not yet) made up one's mind.

ˈ**Schluß|kaˌpi·tel** *n e-s Buches etc*: closing (*od.* last) chapter. **~ˌkurs** *m Börse*: closing price. **~ˌläu·fer** *m e-r Staffel*: last runner, anchor man; **als ~ laufen** run the last leg. **~ˌlicht** *n* **1.** *mot.* taillight, rear light. **2.** *fig. colloq.* tail ender, *bes. Sport, e-r Tabelle*: bottom-of-the-table team; **das ~ bilden** *a.* bring up the rear. **~ˌmann** *m* ‹-(e)s; ⸚er› **1.** → **Schlußläufer**. **2.** *Fußball etc*: goalkeeper, *colloq.* goalie. **3.** *Rugby*: fullback. **~ˌno·te** *f econ.* broker's note. **~ˌpfiff** *m Sport*: final whistle. **~ˌpha·se** *f* final stages *pl.* **~plä·doyˌer** *n jur.* final speech. **~ˌprü·fung** *f* final examination, finals *pl.* **~ˌpunkt** *m fig.* **e-n ~ unter e-e Sache setzen** end (*od.* settle) s.th. **~ˌrech·nung** *f* **1.** *econ.* final account. **2.** *math.* rule of three. **~ˌre·de** *f* closing speech, *thea.* epilog(ue *Br.*). **~ˌrun·de** *f Boxen*: final (*od.* last) round; → *a.* **Endrunde**. **~ˌsatz** *m* **1.** *e-r Rede etc*: concluding (*od.* closing) sentence. **2.** *mus.* last movement, finale. **3.** *Tennis*: final set. **~ˌstand** *m Sport*: final score. **~ˌstein** *m arch.* keystone, *fig.* copestone. **~ˌstrich** *m* **1.** final stroke; *fig.* **e-n ~ ziehen unter** (*acc*) put an end to. **2.** *meist pl mus.* double bar. **~ˌsze·ne** *f thea.* final (*od.* closing, last) scene. **~verˌkauf** *m* (end-of-)season sale(s *pl*). **~ˌwort** *n* ‹-(e)s; -e› **1.** last word, final remark. **2.** (*Zs.-fassung*) summary. **3.** → **Schlußrede**. **4.** → **Nachwort**. **~ˌzei·chen** *n teleph.* clearing (*od.* clear-back) signal. **~ze·re·moˌnie** *f bes. Sport*: closing ceremony.

Schmach [ʃmaːx] *f* ‹-; *no pl*› *lit.* disgrace, shame, (*Schandfleck*) blemish, (*Beleidigung*) insult, affront, *stärker*: outrage, (*Demütigung*) humiliation; **~ und Schande über dich!** shame on you!

schmach·ten [ˈʃmaxtən] *v/i* ‹h› *lit.* **1.** languish, suffer; **im Kerker ~** languish (*od.* waste away) in prison; **vor Durst ~** be parched with thirst; **vor Hunger ~** be famished. **2.** (*sich sehnen*) (**nach** for) languish, yearn, pine, long, sigh; **j-n ~ lassen** tantalize s.o. **~d** *adj* yearning, languishing.

ˈ**Schmachtˌfet·zen** *m* → **Schnulze**.

schmäch·tig [ˈʃmɛçtɪç] *adj* (*dünn*) slight, thin (and small), *colloq.* weedy, (*schwächlich*) frail, delicate, puny; **ein ~er Junge** a slip of a boy. **2keit** *f* ‹-; *no pl*› slightness (*etc*).

ˈ**Schmacht|lap·pen** *m colloq.* **1.** mawkish fellow. **2.** weakling, softie. **~ˌlocke** (*getr.* **-k·k-**) *f colloq.* kiss-curl, *obs.* lovelock.

ˈ**schmachˌvoll** *adj* disgraceful, shameful, ignominious, (*demütigend*) humiliating, mortifying.

schmack·haft [ˈʃmakhaft] *adj* tasty, palatable, toothsome, savo(u)ry, (*appetitanregend*) appetizing; *fig.* **j-m et. ~ machen** make s.th. palatable to s.o.

ˈ**Schmack·haf·tig·keit** *f* ‹-; *no pl*› fine taste, delicious flavo(u)r, savo(u)riness.

Schmäh [ʃmɛː] *m* ‹-s; -(s)› *Austrian colloq.* **1.** trick, dodge. **2.** ‹*only sg*› (*Lügen*) lies *pl*, a pack of lies. **3.** ‹*only sg*› a) (*Schmeicheleien*) soft soap, blarney, b) (*Witzeleien*) (wise)cracks *pl.*

ˈ**Schmähˌbrief** *m* insulting letter.

schmä·hen [ˈʃmɛːən] *v/t* ‹h› decry, disparage, *colloq.* run *s.o., s.th.* down, (*beschimpfen*) abuse, revile, (*verleumden*) defame, calumniate, vilify. ˈ**schmä·hend** *adj* disparaging, (*beleidigend*) abusive, (*verleumderisch*) defamatory, slanderous. ˈ**schmäh·lich** *lit.* **I** *adj* **1.** → **schmachvoll**. **2.** (*kläglich*) miserable, lamentable, wretched; *fig.* **ein ~es Ende nehmen** come to a sorry end, *Pläne etc*: *a.* fail miserably. **II** *adv* **3.** shamefully, disgracefully; **j-n ~ im Stich lassen** leave s.o. in the lurch. **4.** (*kläglich*) miserably, wretchedly.

ˈ**Schmäh|ˌre·de** *f* abusive speech, abuse, invective, diatribe. **~ˌschrift** *f* diatribe, libel(l)ous pamphlet, *bes. satirische*: lampoon.

ˈ**Schmä·hung** *f* ‹-; -en› abusive remark (*od.* statement), abuse, invective, vituperation, (*Verleumdung*) calumny.

ˈ**Schmähˌwort** *n* ‹-(e)s; -e› abusive (*od.* invective, defamatory) word, *pl* invective.

schmal [ʃmaːl] *adj* ‹-er *od.* ⸚er; -st, *a.* ⸚st› **1.** *Weg, Leiste etc, a. med. Becken etc*: narrow, *Buch, Figur etc*: thin, slender, *Gesicht*: narrow, thin, (*spitz, kränklich*) peaked; **~er werden** narrow; **~ werden** grow slimmer (*od.* thinner). **2.** *fig. Einkommen etc*: slender, meag/re (*Am.* -er), paltry; → **Kost** 1. **3.** *print.* lean. **~ˌbrü·stig** [-ˌbrʏstɪç] *adj* narrow-chested.

schmä·lern [ˈʃmɛːlərn] *v/t* ‹h› (*Einkünfte, Gewinn etc*) curtail, cut down, (*Rechte, Befugnisse etc*) restrict, limit, impair, (*Ansehen, Verdienste etc*) detract from.

ˈ**Schmä·le·rung** *f* ‹-; -en› (**von**) curtailment (of), *von Rechten etc*: *a.* impairment (of), *von Verdiensten etc*: detraction (from).

ˈ**Schmal|ˌfilm** *m* cinefilm, (double-)8 film. **~ˌfilmˌka·me·ra** *f* cinecamera, amateur film camera. **2geˌsich·tig** [-gəˌzɪçtɪç] *adj* thin-faced, narrow-faced. **~ˌhans** *m colloq.* **bei ihnen ist ~ Küchenmeister** they are on short commons. **2ˌhüf·tig** [-ˌhʏftɪç] *adj* with slim (*od.* slender, *bes. med.* narrow) hips. **2ˌlip·pig** [-ˌlɪpɪç] *adj* thin-lipped. **~ˌreh** *n* two-year-old doe. **~ˌsei·te** *f* narrow side, *e-s Bretts etc*: narrow edge, *e-s Hauses*: gabled end. **~ˌspur** *f rail.* narrow ga(u)ge. **~ˌspur...** *in Zssgn fig. colloq.* small-time ..., half-baked (*scientist, etc*). **~ˌspurˌbahn** *f* narrow-ga(u)ge railway (*od.* track). **2ˌspu·rig** [-ˌʃpuːrɪç] *adj* narrow-ga(u)ge(d).

Schmalz[1] [ʃmalts] *n* ‹-es; -e› fat, grease, (*Schweine2*) lard; **in ~ backen** deep fry.

Schmalz[2] *m* ‹-es; *no pl*› *fig. colloq.* a) *in der Stimme*: sentimental tremor, (*Öligkeit*) unction, b) (*übertriebenes Gefühl*) schmal(t)z, slush, sentimentality, c) (*Schlager, Gedicht etc*) sentimental (*od.* sloppy) trash, schmal(t)z, sobstuff.

ˈ**Schmalz·geˌbacke·ne** (*getr.* **-k·k-**) *n* deep-fried pastry.

ˈ**schmal·zig** *adj* **1.** lardy, greasy. **2.** *fig. colloq. Lied, Stimme etc*: sentimental, schmal(t)zy, mawkish, maudlin, sloppy, (*salbungsvoll*) unctious.

schma·rot·zen [ʃmaˈrɔtsən] *v/i* ‹*no* **ge-**, **h**› *biol.* be parasitic; *fig. colloq.* **bei j-m ~** *Person*: sponge on (*od.* from) s.o.

Schmaˈrot·zer *m* ‹-s; -› *biol.* parasite, *fig. colloq.* (*Person*) *a.* sponger, freeloader. **schmaˈrot·zer·haft, schmaˈrot·ze·risch** *adj biol.* parasitic, *fig. colloq. a.* sponging, freeloading.

Schmaˈrot·zer|ˌle·ben *n biol. u. fig.* parasitic existence. **~tum** *n* ‹-s; *no pl*› *biol. u. fig.* parasitism.

Schmar·re [ˈʃmarə] *f* ‹-; -n› slash, gash, cut, (*Narbe*) scar.

Schmar·ren [ˈʃmarən], **Schmarrn** [ʃmarn] *m* ‹-s; -› *dial.* **1.** *gastr.* pancake torn in small pieces. **2.** *fig. colloq.* rubbish, trash; **das geht dich e-n ~ an!** that's none of your business!

Schmatz [ʃmats] *m* ‹-es; -e› *colloq.* smack(er). ˈ**schmat·zen I** *v/i* ‹h› **1.** eat noisily, smack (**mit den Lippen** one's lips). **2.** *beim Küssen*: smack. **II** *v/t* **3.** (*küssen*) kiss *s.o.* heartily (*od.* noisily); **j-m e-n Kuß auf die Wange ~** give s.o. a (hearty) smack on his cheek. **III 2** *n* ‹-s; *no pl*› **4.** smacking (*etc*).

schmau·chen [ˈʃmaʊxən] *v/t u. v/i* ‹h› smoke (leisurely), puff (happily) away at (*a cigar, etc*).

Schmaus [ʃmaʊs] *m* ‹-es; ⸚e› **1.** feast, banquet, *colloq.* spread, tuck-in. **2.** *fig.* (*Hochgenuß*) treat. ˈ**schmau·sen** [-zən] **I** *v/i* ‹h› a) feast, banquet, b) eat heartily, munch (with relish). **II** *v/t* eat *s.th.* heartily, tuck into, munch.

schmecken (*getr.* **-k·k-**) [ˈʃmɛkən] **I** *v/i* ‹h› **1.** taste; **gut** (**schlecht**) **~** taste good (bad); **bitter ~** taste bitter, have a bitter taste, *fig. Erkenntnis etc*: be bitter, be galling; **wenn es am besten**

schmeckt, soll man aufhören one should leave off with an appetite; **wie schmeckt dir der Wein?** how do you like the wine?; *fig.* **wie schmeckt (Ihnen) die Arbeit?** how do you like your work?; ∼ **nach** taste (*od.* smack) of, *fig.* *nach Verrat etc*: savo(u)r (*od.* smack) of; **es schmeckt nach nichts** it has no taste whatever; → **mehr** 1. **2.** (*gut* ∼) taste good (*od.* fine), be much to one's taste; **schmeckt's?, schmeckt es Ihnen?** do you like it?, are you enjoying your meal?; **das schmeckt!** that's delicious!; **das schmeckt mir nicht** *a. fig.* I don't like that (at all)!; **es will mir heute nicht (so) recht** ∼ I don't feel like eating today; **sich** (*dat*) **et. (gut)** ∼ **lassen** relish (*od.* enjoy) s.th., eat s.th. with relish; **laßt es euch (gut)** ∼! (I hope you) enjoy your meal! **II** *v/t* **3.** taste; **ich schmecke nichts** I can't (*od.* don't) taste anything. **4.** (*kosten*) taste, try, sample; *fig.* **die Peitsche zu** ∼ **bekommen** be given a taste of the whip.

ˈ**Schmecker** (*getr.* **-k·k-**) *m* ⟨-s; -⟩ **1.** (*Koster*) taster. **2.** *hunt.* mouth.

Schmei·cheˈ**lei** *f* ⟨-; -en⟩ **1.** → **schmeicheln** V. **2.** *meist pl* flattery, (flattering) compliment, *bittende*: cajolery, blandishment, *kriecherische*: adulation, fawning, *colloq.* soft soap; **j-m** ∼**en sagen** *a.* flatter s.o.

ˈ**schmei·chel|haft** *adj* complimentary, flattering (**für** to, for). ≈ˌ**kätz·chen** *n*, ≈ˌ**kat·ze** *f fig. colloq.* (*Mädchen, Kind*) little cajoler.

schmei·cheln [ˈʃmaɪçəln] **I** *v/i* ⟨h⟩ **1.** **j-m** ∼ flatter s.o., *bittend*: coax (*od.* cajole) s.o., *kriecherisch*: fawn upon (*od.* play up to) s.o., *colloq.* soft-soap s.o.; **das Bild ist sehr geschmeichelt** the picture is very flattering (*od.* flatters him, *etc* a lot). **2.** **mit j-m** ∼ caress s.o. **3.** **ich schmeich(e)le mir, ein guter Tänzer zu sein** I flatter myself (*od.* I like to think) that I am a good dancer. **II** *v/reflex* **sich** ∼ **4.** **sich in die Ohren** ∼ *Melodie etc*: be pleasing to the ear. **III** *v/impers* **5.** **es schmeichelt mir, daß** I am flattered to think that. **IV** ≈ *n* ⟨-s⟩ **6.** flattering (*etc*).

ˈ**Schmei·chel|ˌre·de** *f* flattering words *pl*, blarney, *colloq.* soft soap. ∼ˌ**wort** *n* ⟨-(e)s; -e⟩ flattering (*od.* honeyed) word.

ˈ**Schmeich·ler** *m* ⟨-s; -⟩ flatterer, (*Kriecher*) adulator, toady, sycophant. ˈ**schmeich·le·risch** *adj* flattering, (*bittend*) coaxing, cajoling, (*kriecherisch*) fawning, adulatory, toadying, *colloq.* smarmy.

schmei·ßen [ˈʃmaɪsən] *colloq.* **I** *v/t* ⟨**schmeißt, schmiß, schmisse, geschmissen, h**⟩ throw, fling, hurl, dash, chuck, (*knallen*) slam, bang; *fig.* **e-e Lage** (*od.* **Runde**) ∼ stand (*od.* pay for) a round of drinks; **den Laden** ∼ run the show; **die Sache** ∼ manage, cope, pull (*od.* bring) it off, swing it; *thea.* **die Vorstellung** ∼ muff it, turn the performance into a flop; **die Szene** ∼ muff (*od.* fluff) the scene. **II** *v/i* **mit Steinen (nach j-m)** ∼ throw stones (at s.o.); *fig.* **er schmeißt mit Geld (nur so) um sich** he really throws his money about; **er schmeißt mit Fremdwörtern (nur so) um sich** he makes great play with (*od.* bandies about, trots out) foreign words. **III** *v/reflex* **sich** ∼ *fig.* **sie hat sich ihm förmlich an den Hals geschmissen** she literally threw herself at him.

ˈ**Schmeiß|ˌflie·ge** *f* blowfly, bluebottle.

Schmelz [ʃmɛlts] *m* ⟨-es; -e⟩ **1.** enamel (*a. Zahn*≈), (*Glasur*) glaze. **2.** *fig.* ⟨*only sg*⟩ mellowness, *e-r Farbe*: *a.* velvety lust/re (*Am.* -er), *e-r Stimme*: *a.* velvety tone, *der Musik*: *a.* melting sweetness, mellifluousness, *der Jugend*: (delicate) bloom.

ˈ**schmelz·bar** *adj* fusible, meltable. ≈**keit** *f* ⟨-; *no pl*⟩ fusibility, meltability.

ˈ**Schmel·ze** *f* ⟨-; -n⟩ **1.** → **schmelzen** 6. **2.** *tech.* melted (*od.* molten) mass, (*Glas*≈) melting, *metall.* melting charge. **3.** → **Schmelzerei**. **4.** → **Schneeschmelze**.

schmel·zen [ˈʃmɛltsən] **I** *v/i* ⟨**schmilzt, schmolz, geschmolzen, sein**⟩ **1.** melt, *Schnee*: *a.* thaw, *in Flüssigkeiten*: *a.* dissolve, (*flüssig werden*) liquefy, *metall.* smelt, *electr. Sicherung*: blow. **2.** *fig.* (*weich werden*) melt, soften; **vor Mitleid** ∼ melt with pity. **3.** *fig.* (*schwinden*) *Geld, Vorräte etc*: dwindle, *Furcht etc*: melt away. **II** *v/t* ⟨h⟩ **4.** melt, (*Schnee*) *a.* thaw, *in Flüssigkeiten*: *a.* dissolve, (*flüssig machen*) liquefy, *metall.* (s)melt, fuse. **5.** *fig. lit.* **sie schmolz sein Herz** she softened his heart, she made his heart melt. **III** ≈ *n* ⟨-s⟩ **6.** melting (*etc*). **7.** → **Schmelzung** 2, 3. ˈ**schmel·zend** *adj* **1.** *Gesang etc*: mellow, melodious, mellifluous, sweet. **2.** *fig.* (*schmachtend*) languishing.

ˈ**Schmel·zer** *m* ⟨-s; -⟩ *metall.* (s)melter.

Schmel·zeˈ**rei** *f* ⟨-; -en⟩ (s)melting house, smeltery.

ˈ**Schmelz|ˌfar·be** *f* vitrifiable pigment. ≈ˌ**flüs·sig** *adj* fused, fusible, molten. ∼ˌ**kä·se** *m* cheese spread, soft cheese. ∼ˌ**ofen** *m metall.* (s)melting furnace. ∼ˌ**punkt** *m* melting point. ∼ˌ**schwei·ßung** *f* fusion welding. ∼ˌ**si·che·rung** *f electr.* fuse, fusible cutout. ∼ˌ**tie·gel** *m chem. metall.* (melting) crucible, *a. fig.* melting-pot.

ˈ**Schmel·zung** *f* ⟨-; -en⟩ **1.** → **schmelzen** 6. **2.** (*Verflüssigung*) liquefaction. **3.** *metall.* melt, heat, fusion.

ˈ**Schmelz|ˌwas·ser** *n* snow water, melted snow and ice. ∼ˌ**zeit** *f electr. e-r Sicherung*: fusing time.

Schmer [ʃmeːr] *m, n* ⟨-s; *no pl*⟩ lard. ∼ˌ**bauch** *m colloq.* potbelly, paunch.

Schmer·le [ˈʃmɛrlə] *f* ⟨-; -n⟩ *ichth.* loach.

Schmerz [ʃmɛrts] *m* ⟨-es; -en⟩ **1.** (physical) pain, ache, *kolikartiger*: gripe(s *pl*), *stechender*: shooting pain, twinge, stab, pang, *brennender*: sting, smart, *unerträglicher*: agony; **von** ∼**en** (*od.* **vom** ∼) **gepeinigt** racked with pain; ∼**en haben** be in pain, have (a) pain; ∼**en im Kreuz haben** have a pain in one's back, have (a) backache; **unter großen** ∼**en** in great pain; **vor** ∼**(en)** with pain; *iro.* **haben Sie sonst noch** ∼**en?** anything else? **2.** *seelischer*: pain, (mental) suffering, (*Kummer*) grief, sorrow, (*Qual*) anguish; **tiefen** ∼ **empfinden über** (*acc*) be deeply grieved over (*od.* about); *fig.* **mit** ∼**en** anxiously, impatiently; **geteilter** ∼ **ist halber** ∼ two in distress makes sorrow less. ∼**beˌkämp·fung** *f* alleviation of pain. ∼**empˌfin·den** *n* sense of pain, pain sensation. ≈**empˌfind·lich** *adj* sensitive to pain.

schmer·zen [ˈʃmɛrtsən] **I** *v/i* ⟨h⟩ **1.** (cause *od.* give) pain, hurt, ache, *brennend*: smart; **mir schmerzt der Kopf** my head is aching; **das schmerzt** *a. fig.* that hurts. **II** *v/t* **2.** hurt, pain; **mein Bein schmerzt mich wieder** my leg is hurting (me) again. **3.** *fig. seelisch*: grieve, hurt, pain, distress.

ˈ**Schmer·zens|ˌgeld** *n jur.* compensation for personal suffering, *Am.* smart-money. ∼ˌ**kind** *n* → **Sorgenkind** 1. ∼ˌ**la·ger** *n* ⟨-s; -⟩ *lit.* sickbed. ∼ˌ**mann** *m* ⟨-(e)s; *no pl*⟩ *relig.* Man of Sorrows. ∼ˌ**mut·ter** *f R.C.* Our Lady of Sorrows. ≈ˌ**reich** *adj* grief-stricken, woeful; **Maria, die** ≈**e** → **Schmerzensmutter**. ∼ˌ**schrei** *m* wail, cry of pain.

ˈ**schmerz|er|ˌfüllt** *adj lit.* deeply grieved (*od.* afflicted), grief-stricken. ∼**erˌregend** *adj* producing (*od.* causing) pain. ∼ˌ**frei** *adj* free from pain, without pain. ≈**geˌfühl** *n* feeling (*od.* sensation) of pain. ∼**haft** *adj* **1.** painful, *Stelle*: sore, sensitive, tender; **die Behandlung ist nicht** ∼ *a.* the treatment does not hurt. **2.** *fig.* painful, distressing, *stärker*: grievous. ≈**haf·tig·keit** *f* ⟨-; *no pl*⟩ painfulness, soreness.

ˈ**schmerz·lich** **I** *adj fig. Erinnerung, Pflicht etc*: sad, *Erfahrung, Enttäuschung etc*: bitter, *Ausdruck etc*: grieved; ∼**er Verlust** grievous loss, *durch Tod*: bereavement; ∼**es Verlangen** (bitter) yearning; ∼**e Trennung** wrench. **II** *adv* (*sehr*) sadly, badly; **j-n** ∼ **berühren** pain s.o.; **sich** (*dat*) **e-r Sache** ∼ **bewußt sein** be painfully aware of s.th.

ˈ**schmerz|ˌlin·dernd** *adj* alleviating (*od.* relieving) pain, analgesic; ∼**es Mittel** → **Schmerzmittel**. ≈ˌ**lin·de·rung** *f* relief (from pain), alleviation (of pain). ∼**los** **I** *adj* painless. **II** *adv colloq.* **kurz und** ∼ quickly, smoothly; **mach es kurz und** ∼ be quick about it, get it over with. ≈**lo·sig·keit** *f* ⟨-; *no pl*⟩ painlessness, analgesia. ≈ˌ**mit·tel** *n* painkiller, analgesic, anodyne. ≈ˌ**schwel·le** *f* pain threshold. ∼ˌ**stil·lend** *adj* pain-relieving, painkilling, (*a.* ∼**es Mittel**) anodyne, analgesic. ≈**taˌblet·te** *f* painkiller, analgesic tablet. ∼**verˌzerrt** *adj Gesicht*: distorted (*od.* drawn) with pain, tormented. ∼ˌ**voll** *adj* → **schmerzlich**.

ˈ**Schmet·terˌball** *m Tennis etc*: smash, *Volleyball*: spike.

Schmet·ter·ling [ˈʃmɛtərlɪŋ] *m* ⟨-s; -e⟩ *zo.* butterfly.

ˈ**Schmet·ter·lings|ˌblüt·ler** [-ˌblyːtlər] *pl bot.* papilionaceous plants. ∼ˌ**netz** *n* butterfly (*od.* sweep) net. ∼ˌ**schwim·men** *n*, ∼ˌ**stil** *m* ⟨-(e)s; *no pl*⟩ butterfly (stroke).

schmet·tern [ˈʃmɛtərn] **I** *v/t* ⟨h⟩ **1.** dash, smash (**zu Boden** to the ground, **in Stücke** to pieces); **die Tür ins Schloß** ∼ slam (*od.* bang) the door shut. **2.** *Tennis etc*: smash, *Volleyball*: spike. **3.** (*Lied etc*) sing (*a song*) loudly (*od.* lustily), *colloq.* belt *s.th.* out. **4.** *fig. colloq.* **einen** ∼ (*trinken*) bend the elbow, hoist one. **II** *v/i* **5.** (*erklingen*) resound, ring forth, *Trompeten etc*: blare (away), *Singvögel*: warble. **6.** a) swim butterfly, b) *Tennis*: smash. **7.** (*krachen*) crash, slam, bang. **III** ≈ *n* ⟨-s; *no pl*⟩ **8.** dashing, *etc.*

ˈ**Schmet·terˌschlag** *m Tennis etc*: smash, *Volleyball*: spike.

Schmied [ʃmiːt] *m* ⟨-(e)s; -e⟩ smith, (*Grob*≈, *Huf*≈) blacksmith; → **Glück** 1.

ˈ**schmied·bar** *adj tech.* forgeable, malleable. ≈**keit** *f* ⟨-; *no pl*⟩ forgeability, malleability.

Schmie·de [ˈʃmiːdə] *f* ⟨-; -n⟩ smithy, forge (shop), blacksmith's workshop; *fig.* **vor die rechte** ∼ **kommen** come to the right address (*od.* person). ∼ˌ**ei·sen** *n* forging-grade steel, wrought iron. ≈ˌ**ei·sern** *adj* wrought-iron (*gate, etc*). ∼ˌ**es·se** *f* smith's hearth. ∼**geˌsenk** *n* forging die. ∼ˌ**ham·mer** *m* blacksmith's (*od.* forge) hammer. ∼ˌ**handˌwerk** *n* (black)smith's trade, smithery.

schmie·den [ˈʃmiːdən] *v/t* ⟨h⟩ **1.** forge; **j-n in Ketten** ∼ put s.o. in chains; → **Eisen** 7. **2.** *fig.* (*ersinnen*) hammer out (*policies, etc*), (*Pläne etc*) make, devise, frame, (*Ränke etc*) hatch, plot, concoct; → **Vers**.

ˈ**Schmie·de|ˌpres·se** *f* forging press. ∼ˌ**stahl** *m* forge(d) (*od.* wrought) steel.

~ˌstück *n* forging.
Schmie·ge [ˈʃmiːgə] *f* ⟨-; -n⟩ *tech.* bevel.
schmie·gen [ˈʃmiːgən] **I** *v/reflex* ⟨h⟩ **1.** sich ~ an (*acc*) *Person*: press o.s. close to, *zärtlich*: nestle (close) to, cuddle (*od.* snuggle) up to; sich an *die Haut*, um *den Körper* ~ *Kleidungsstück*: cling to, fit *s.th.* snugly. **II** *v/t* **2.** den Kopf an j-s Brust ~ snuggle one's head against s.o.'s chest; das Kinn in die Hand ~ cup one's chin in one's hand. **3.** *tech.* bevel.
ˈschmieg·sam *adj tech. u. fig.* flexible, pliant. **≈keit** *f* ⟨-; *no pl*⟩ flexibility, pliancy.
ˈSchmier|ˌblock *m* scribbling-pad, jotter. **~ˌbüch·se** *f tech.* grease cup.
Schmie·re[1] [ˈʃmiːrə] *f* ⟨-; -n⟩ **1.** *tech.* grease, lubricant. **2.** *colloq.* (*Salbe*) ointment, salve, (*Schuh≈*) polish. **3.** *colloq.* (*klebriger Schmutz*) slime, ooze, goo, (*Öl≈*) greasy patch. **4.** *colloq.* (*Brotaufstrich*) spread. **5.** *fig. colloq.* ~ kriegen (*Prügel*) get a hiding (*od.* thrashing). **6.** *fig. colloq.* a) cheap provincial theat/re (*Am.* -er), (penny) gaff, (*Wander≈*) barnstormers *pl*, b) (*schlechtes Schauspielern*) ham-acting, hamming (it up).
ˈSchmie·re[2] *f* ⟨-; *no pl*⟩ *colloq.* ~ stehen keep a lookout, be lookout man, act as lookout.
schmie·ren [ˈʃmiːrən] **I** *v/t* ⟨h⟩ **1.** spread; Marmelade aufs Brot ~ spread jam on a slice of bread; Brot mit Butter ~ butter bread; Salbe auf die Wunde ~ put ointment on the wound; Krem auf die Haut ~ rub cream into one's skin; → Butterbrot. **2.** *tech.* grease, (*ölen*) lubricate, oil; *fig. colloq.* wie geschmiert without a hitch, like clockwork; *fig. colloq.* j-n ~ grease (*od.* oil) s.o.'s palm; j-m e-e ~ paste s.o. one. **3.** *colloq.* scrawl (*od.* scribble) *s.th.* (in *acc* in, auf *acc* on), (*malen*) daub *s.th.* (an *acc* on[to]). **II** *v/i* **4.** (*unsauber schreiben*) scribble, scrawl, (*klecksen*) daub. **5.** *Feder, Bleistift etc*: smudge. **III ≈** *n* ⟨-s⟩ **6.** *tech.* greasing, lubrication. **7.** *fig. colloq.* bribery. **≈ko·mö·diˌant** *m* ham (actor), barnstormer.
ˈSchmie·rer *m* ⟨-s; -⟩ *contp.* **1.** → Schmierfink. **2.** (*schlechter Maler*) daub(st)er. **Schmie·reˈrei** *f* ⟨-; -en⟩ *contp.* **1.** (*Kritzeln*) scribbling, scrawling, (*Klecksen*) daubing. **2.** (*Gekritzel*) scribble, scrawl, (*schlechte Malerei*) daub, *an Wänden etc*: graffiti *pl*.
ˈSchmie·reˌste·her *m colloq.* lookout (man).
ˈSchmier|ˌfä·hig·keit *f tech.* lubricity. **~ˌfett** *n* lubricating grease. **~ˌfink** *m colloq.* **1.** (*bes. Kind*) scribbler, scrawler. **2.** messy fellow, pig. **~ˌgeld** *n meist pl* bribe(-money), *colloq.* palm-oil, payoff, boodle, *pol. Am.* slush money; j-m ~er geben grease (*od.* oil) s.o.'s palm. **~ˌheft** *n* rough notebook, jotter.
ˈschmie·rig *adj* **1.** (*fettig*) greasy, smeary, (*ölig*) oily, (*klebrig*) sticky, (*schmutzig*) dirty, grimy, messy. **2.** *fig.* (*gemein*) sordid, mean, (*unanständig*) filthy, smutty, (*kriecherisch, ölig*) *colloq.* smarmy (*fellow, etc*). **≈keit** *f* ⟨-; *no pl*⟩ greasiness, oiliness (*a. fig.*), griminess.
ˈSchmier|ˌkan·ne *f tech.* oil can. **~ˌkä·se** *m* cheesespread. **~ˌma·xe** [-ˌmaksə] *m* ⟨-n; -n⟩ *colloq.* (*Mechaniker*) *sl.* grease monkey. **~ˌmit·tel** *n* lubricant. **~ˌnip·pel** *m* lubricating (*od.* grease) nipple. **~ˌöl** *n* ⟨-(e)s; -e⟩ lubricating oil. **~paˌpier** *n* ⟨-s; *no pl*⟩ scribbling-paper. **~piˌsto·le** *f tech.* grease-gun. **~ˌplan** *m* lubrication chart. **~ˌsei·fe** *f* soft soap; grüne ~ green soap. **~ˌstoff** *m meist pl tech.* lubricant.
ˈSchmie·rung *f* ⟨-; -en⟩ *tech.* lubrication.
ˈSchmierˌzet·tel *m* slip (of paper) for scribbling.
schmilz [ʃmɪlts] *imp*, **schmilzt** [ʃmɪltst] *2 u. 3 sg pres of* schmelzen.
Schmin·ke [ˈʃmɪŋkə] *f* ⟨-; -n⟩ **1.** make-up, *rote*: rouge, *weiße*: ceruse, *thea. a.* grease-paint; ~ auflegen apply (*od.* put on) make-up. **2.** *fig.* veneer. **ˈschmin·ken I** *v/t* ⟨h⟩ **1.** *a. thea.* make *s.o.* up; sich (*dat*) das Gesicht ~ make one's face up, *colloq.* put one's face on; sich (*dat*) die Lippen ~ put on lipstick. **2.** *fig.* (*Bericht etc*) varnish. **II** *v/reflex* sich ~ **3.** *a. thea.* make (o.s.) up, put on (*od.* apply) make-up.
ˈSchmink|ˌmei·ster *m thea.* make-up artist. **~ˌstift** *m* (grease-)paint stick; → *a.* Lippenstift. **~ˌtopf** *m* make-up jar (*od.* pot), paintpot.
Schmir·gel [ˈʃmɪrgəl] *m* ⟨-s; *no pl*⟩ *min. tech.* emery. **~ˌlei·nen** *n*, **~ˌleinˌwand** *f* emery cloth.
schmir·geln [ˈʃmɪrgəln] *v/t* ⟨h⟩ rub (*od.* grind, polish) *s.th.* with emery, emery.
ˈSchmir·gel|paˌpier *n* emery paper. **~ˌpa·ste** *f* emery paste. **~ˌschei·be** *f* emery wheel.
schmiß [ʃmɪs] *1 u. 3 sg pret of* schmeißen.
Schmiß *m* ⟨-sses; -sse⟩ *colloq.* **1.** (*Hiebwunde*) cut, *stärker*: gash, (*Narbe*) (duel[l]ing) scar. **2.** ⟨*only sg*⟩ (*Schwung*) *fig.* vim, go, zip, pep. **ˈschmis·sig** *adj colloq.* racy, zippy, full of go (*od.* pep).
Schmitz [ʃmɪts] *m* ⟨-es; -e⟩, **ˈschmit·zen** *v/i* ⟨h⟩ *print.* slur, mackle.
Schmö·ker [ˈʃmøːkər] *m* ⟨-s; -⟩ *colloq.* old book (*od.* volume), (*Schundroman*) trashy novel; dicker ~ fat tome. **ˈschmö·kern** *v/i* ⟨h⟩ *colloq.* read (leisurely), *oberflächlich*: browse.
schmol·len [ˈʃmɔlən] *v/i* ⟨h⟩ sulk, be sulky, be in the (*od.* have) the sulks, pout.
ˈSchmoll|ˌmund *m* pout; e-n ~ machen pout (one's lips), make a moue. **~ˌwin·kel** *m fig.* im ~ sitzen be sulking.
schmolz [ʃmɔlts] *1 u. 3 sg pret*, **schmöl·ze** [ˈʃmœltsə] *1 u. 3 sg pret subj of* schmelzen.
Schmon·zes [ˈʃmɔntsəs] *m* ⟨-; *no pl*⟩ *colloq.* (*Geschwätz*) rubbish, hooey, bilge.
ˈSchmorˌbra·ten *m* pot roast, braised meat, (*z.B. Rinder≈*) braised beef.
schmo·ren [ˈʃmoːrən] **I** *v/t* ⟨h⟩ **1.** *gastr.* braise, stew, pot-roast. **II** *v/i* **2.** *Braten etc*: be braised, stew, be pot-roasted. **3.** *electr. Drähte*: scorch. **4.** *fig. colloq. in der Hitze*: stew, roast; j-n ~ lassen let s.o. stew (in his own juice).
ˈSchmor|ˌfleisch *n* pot roast. **~ˌpfan·ne** *f* stewpan.
Schmu [ʃmuː] *m* ⟨-s; *no pl*⟩ *colloq.* (*Schwindel*) cheat, trick, *sl.* con, (*abgekartete Sache*) put-up job; ~ machen cheat.
schmuck [ʃmʊk] *adj* ⟨-er; -(e)st⟩ neat, trim, fine, (*hübsch*) pretty, (*gepflegt*) *Person*: smart, spruce, *colloq.* natty; ~er Bursche dashing young man.
Schmuck *m* ⟨-(e)s; *rare* -e⟩ **1.** (*Zierde*) decoration(s *pl*), ornament(s *pl*), adornment(s *pl*), embellishment(s *pl*), trappings *pl*; die Straßen im ~ der Fahnen the streets adorned with flags. **2.** (~*stücke*) jewels *pl*, jewel(le)ry; unechter ~ trinkets *pl*. **~ˌblatte·leˌgramm** (*getr.* -ttˌt-) *n* de luxe telegram.
schmücken (*getr.* -k·k-) [ˈʃmʏkən] **I** *v/t* ⟨h⟩ **1.** decorate, adorn, deck out, (*verzieren*) *a.* ornament, (*verschönern*) embellish, *weitS.* (*zieren*) *Sache*: adorn, grace (*the wall, etc*). **2.** *fig.* (*Rede etc*) (mit with) embellish, embroider. **II** *v/reflex* sich ~ **3.** smarten (*od.* spruce) o.s. up, dress up; → Feder 2. **~d** *adj* decorative, ornamental, embellishing; → Beiwort 2.
ˈSchmuck|ge·genˌstand *m* ornament, piece of decoration. **~geˌschäft** *n* jewel(l)er's shop (*bes. Am.* store). **~ˌhänd·ler** *m* jewel(l)er. **~kasˌset·te** *f*, **~ˌkäst·chen** *n* jewel(lery, *Am.* jewelry) case, (jewel) casket; *fig.* ein (wahres) Schmuckkästchen von e-m Haus a real gem of a house. **~ˌka·sten** *m* jewel case. **≈los** *adj* **1.** unadorned, plain, (*schlicht*) simple, (*nüchtern, a. fig.*) austere, severe. **2.** *fig. Bericht etc*: unadorned, sober. **~lo·sig·keit** *f* ⟨-; *no pl*⟩ **1.** lack of adornment, plainness, austerity. **2.** *fig.* unadorned nature, sobriety, severity. **~ˌna·del** *f* (decorative) pin. **~ˌsa·chen** *pl* (articles of) jewel(le)ry *sg*, jewels. **~ˌstein** *m* gem(stone), semiprecious stone. **~ˌstück** *n* **1.** piece (*od.* article) of jewel(le)ry. **2.** → Schmuckgegenstand. **3.** *fig. e-r Sammlung etc*: gem, showpiece. **~ˌwa·ren** *pl* jewel(le)ry *sg*.
schmud·de·lig [ˈʃmʊdəlɪç] *adj colloq.* (*unsauber*) dingy, grimy, *sl.* crummy.
ˈschmud·deln *v/i* ⟨h⟩ mess about.
ˈschmudd·lig *adj* → schmuddelig.
Schmug·gel [ˈʃmʊgəl] *m* ⟨-s; *no pl*⟩ smuggling, *von Waffen*: *a.* gunrunning, *von Alkohol*: *a.* bootlegging, (*Schleichhandel*) traffic(king); ~ treiben smuggle. **Schmug·geˈlei** *f* ⟨-; -en⟩ → Schmuggel. **ˈSchmug·gelˌgut** *n* → Schmuggelware.
schmug·geln [ˈʃmʊgəln] **I** *v/t* ⟨h⟩ smuggle; Alkohol ~ *a.* bootleg. **II** *v/i* smuggle, run contraband (goods), traffic(k), *mit Alkohol*: bootleg; mit Rauschgift ~ traffic in drugs.
ˈSchmug·gelˌwa·re *f* smuggled goods *pl*, contraband (goods *pl*).
ˈSchmugg·ler *m* ⟨-s; -⟩ smuggler, (*Waffen≈*) *a.* gunrunner, (*Alkohol≈*) *a.* bootlegger. **~ˌban·de** *f* gang (*od.* ring) of smugglers. **~ˌnest** *n colloq.* nest (*od.* den) of smugglers. **~ˌschiff** *n* smuggler (ship).
schmun·zeln [ˈʃmʊntsəln] **I** *v/i* ⟨h⟩ smile (amusedly, *zufrieden*: contentedly, *verschmitzt*: roguishly). **II ≈** *n* ⟨-s⟩ smiling, amused (*od.* roguish, contented) smile.
Schmus [ʃmuːs] *m* ⟨-es; *no pl*⟩ *colloq.* flattery, blarney, soft soap (*od.* sawder); ~ machen blarney. **ˈschmu·sen** *v/i* ⟨h⟩ *colloq.* **1.** (*zärtlich sein*) (hug and) cuddle (mit *acc*), *Liebespaar*: smooch, bill and coo, pet, neck. **2.** (*schöntun*) flatter, blarney; mit j-m ~ butter s.o. up, soft-soap s.o. **ˈSchmu·ser** *m* ⟨-s; -⟩ *colloq.* **1.** cuddlesome child, (*Erwachsener*) flirt, smoocher. **2.** (*Schmeichler*) flatterer. **Schmu·seˈrei** *f* ⟨-; -en⟩ *colloq.* **1.** (hugging and) cuddling, smooching, billing and cooing, necking. **2.** flattering talk, blarney.
Schmutz [ʃmʊts] *m* ⟨-es; *no pl*⟩ **1.** dirt, (*Schlamm*) mud, mire, slush, (*Unrat*) filth, muck, (~*schicht*) grime; mit ~ bespritzen bespatter; ~ und Armut der Elendsviertel the squalor (*od.* grime and poverty) of the slums; *fig.* j-n mit ~ bewerfen sling (*od.* fling, throw) mud (*od.* dirt) at s.o.; j-n in den ~ ziehen (*od.* zerren, treten) drag s.o. through the mud. **2.** *fig.* (*Unflätigkeit*) smut, obscenity, filth; → Schund. **≈ˌabˌwei·send** *adj Gewebe etc*: stain-resistant. **~ˌblatt** *n print.* flyleaf. **~ˌblech** *n* mudguard. **~ˌbür·ste** *f* cleaning brush.
schmut·zen [ˈʃmʊtsən] *v/i* ⟨h⟩ **1.** (get) dirty, soil, stain. **2.** (sehr) ~ make (a lot of) dirt.

ˈSchmutz|ˌfän·ger *m* **1.** *mot.* mud (*Am.* fender) flap. **2.** *fig.* (*leicht schmutzender Gegenstand*) dust-trap. **∽ˌfar·ben** *adj* drab, dingy. **~ˌfink** *m colloq.* mudlark, messy creature, pig. **~ˌfleck** *m* dirt mark, smudge.

ˈschmut·zig *adj* **1.** *allg.* dirty, (*verschmutzt*) soiled, *stärker*: filthy, mucky, grubby(-looking), (*~grau*) dingy, (*klebrig~*) grimy, (*schlammig, kotig*) muddy, slushy, (*armselig*) squalid; **~es Blau** murky blue; **~e Elendsviertel** squalid slums; **~e Arbeit verrichten** do dirty work; **~ werden** get dirty (*od.* soiled); **sich ~ machen** soil (*od.* dirty) o.s., get (*od.* make o.s.) dirty; *iro.* **du machst dich wohl nicht gern ~?** are you afraid of getting your fingers dirty?; *fig. colloq.* **~e Wäsche waschen** wash one's dirty linen in public. **2.** *fig.* (*unsauber*) dirty, sordid, immoral, (*gemein*) mean, base, vile, nasty, dirty, (*geizig*) mean, stingy, (*schäbig*) shabby; **~es Geschäft (Handwerk)** dirty business (trade). **3.** *fig.* (*unanständig*) dirty, smutty, filthy, foul, obscene; **~e Witze** smutty (*od.* dirty) jokes; **~e Worte**, **~e Redensarten** foul language; **er hat e-e ~e Phantasie** he has a dirty (*od.* nasty) mind. **4.** *Atombombe*: dirty. **5.** *print. Abzug*: foul. **~ˌgrau** *adj Farbe*: dull-grey (*Am.* -gray), *Häuser etc*: dirty-grey (*Am.* -gray), dingy.

ˈSchmut·zig·keit *f* ⟨-; *no pl*⟩ dirtiness, filthiness (*beide a. fig.*), *fig.* (*Gemeinheit*) meanness, sordidness, (*Unanständigkeit*) obscenity.

ˈschmut·zigˌweiß *adj* off-white.

ˈSchmutz|kon·kurˌrenz *f econ.* unfair competition. **~ˌkru·ste** *f* crust of dirt. **~li·te·raˌtur** *f* pornography, smut, obscene literature. **~ˌpres·se** *f* gutter press. **~ˌschicht** *f* layer of dirt, grime. **~ˌstoff** *m* pollutant. **~ˌti·tel** *m print.* bastard title, half-title. **~ˌwä·sche** *f* soiled (*od.* dirty) linen (*od.* clothes *pl*). **~ˌwas·ser** *n* dirty water, slops *pl*, (*Abwasser*) sewage. **~ˌzuˌla·ge** *f* dirty-work allowance, dirt money.

Schna·bel [ˈʃnaːbəl] *m* ⟨-s; =⟩ **1.** *orn.* bill, *bes. gekrümmter*: beak; **mit dem ~ picken** (*od.* **hacken**) **(nach** at) pick, peck; **den ~ weit aufreißen** (*od.* **aufsperren**) gape (*a. fig.*), *fig.* be (*od.* stand) open-mouthed, gawk. **2.** *fig. colloq.* (*Mund*) mouth, *sl.* gob, trap; **halt den** (*od.* **d-n**) **~!** shut up!, belt up!, shut your trap!; **j-m den ~ stopfen** shut s.o. up; **reden, wie e-m der ~ gewachsen ist** talk freely, speak one's mind, *weitS.* not to mince matters, call a spade a spade; **mach doch den ~ auf!** say s.th., for heaven's sake! **3.** *e-r Kanne*: spout, (*Mundstück*) snout, nozzle, (*Spitze*) nib. **4.** *mar.* prow. **5.** *e-r Klarinette*: beak. **6.** *anat.* rostrum.

Schnä·beˈlei *f* ⟨-; -en⟩ *fig. colloq.* (*Gekose*) billing and cooing, kissing.

ˈschna·bel|ˌför·mig *adj* beak-shaped, beaked, *anat. zo.* rostral, rostriform. **∽ˌhieb** *m* peck, blow (*od.* cut) with the beak. **∽ˌkan·ne** *f* beaked can.

schnä·beln [ˈʃnɛːbəln] *v/i* ⟨h⟩ **1.** *Tauben*: bill. **2.** *fig. colloq.* bill and coo, kiss.

ˈSchna·bel|ˌschuh *m meist pl hist.* shoe with a turned-up toe. **~ˌtas·se** *f* feeding cup. **~ˌtier** *n* duckbill, platypus. **~ˌwal** *m zo.* bottlehead.

schna·bu·lie·ren [ʃnabuˈliːrən] *v/t* ⟨*no* ge-, h⟩ *colloq.* feast on, eat *s.th.* with relish.

Schnack [ʃnak] *m* ⟨-s; *no pl*⟩ *dial. colloq.* (chit-)chat, silly talk. **ˈschnacken** (*getr.* -k·k-) *v/i* ⟨h⟩ (have a) chat, talk.

Schna·da·hüp·fel [ˈʃnaːdaˌhʏpfəl] *n* ⟨-s; -(n)⟩ Alpine ditty.

Schna·ke [ˈʃnaːkə] *f* ⟨-; -n⟩ *colloq.* gnat, mosquito.

Schnal·le [ˈʃnalə] *f* ⟨-; -n⟩ **1.** (*Gürtel∽*) buckle, *an der Handtasche etc*: clasp. **2.** *dial.* (*Türklinke*) doorhandle. **3.** *colloq. contp.* a) (*Weibsbild*) cow, b) → **Nutte**. **ˈschnal·len I** *v/t* ⟨h⟩ buckle, fasten; **den Gürtel enger ~** tighten the belt; **et. ~ an** (*acc*) strap s.th. (on) to. **II** *v/reflex* **sich ~ an** (*acc*) to; strap (*od.* fasten) o.s. (on) to; **ich schnallte mich an den Sitz** *a.* I fastened my seat belt.

ˈSchnal·lenˌschuh *m meist pl* buckled shoe.

schnal·zen [ˈʃnaltsən] *v/i* ⟨h⟩ **mit den Fingern ~** snap one's fingers; **mit der Zunge ~** click one's tongue; **mit der Peitsche ~** crack one's whip.

ˈSchnalzˌlaut *m ling.* click.

schnapp [ʃnap] *interj* snap.

ˈSchnappˌdeckel (*getr.* -k·k-) *m* sprung lid.

schnap·pen [ˈʃnapən] **I** *v/i* ⟨h *u.* sein⟩ **1.** ⟨h⟩ **(nach)** *Tier*: snap (at), *fig. Person*: *a.* grab (at), snatch (*acc*), catch (*acc*). **2.** ⟨h⟩ **nach Luft ~** gasp for breath, *fig.* be speechless, *colloq.* be flabbergasted. **3.** ⟨sein⟩ *Schloß*: snap, click; **die Tür schnappte ins Schloß** the door snapped shut. **4.** ⟨sein⟩ **in die Höhe ~** spring (*od.* shoot) up. **II** *v/t* **5.** ⟨h⟩ *colloq.* (*fangen*) catch; **j-n ~** catch (*od.* get hold of) s.o., (*Dieb etc*) arrest (*colloq.* nab) s.o. **6.** ⟨h⟩ *colloq.* **(sich** *dat*) **et. ~** grab (*od.* snatch) s.th.; *fig.* **ich muß noch ein wenig frische Luft ~** I am going to take a breath of fresh air. **III** *v/impers* **7.** ⟨h⟩ *fig. colloq.* **jetzt hat es aber geschnappt!** that tears it!, enough is enough!

Schnäp·per [ˈʃnɛpər] *m* ⟨-s; -⟩ **1.** *med.* blood (*od.* spring) lancet. **2.** → **Fliegenschnäpper**. **3.** (*Tür∽ etc*) latch. **4.** *Billard*: sidehit.

ˈSchnapp|ˌfe·der *f* catch spring. **~ˌmes·ser** *n* →**Klappmesser**. **~ˌschal·ter** *m* snap(-action) switch. **~ˌschloß** *n tech.* spring lock, *an Halsketten etc*: spring catch. **~ˌschuß** *m phot.* snapshot, *heimlicher*: candid shot; **e-n ~ machen (von)** take a snapshot (of), **von:** *a.* snap *s.o., s.th.* **~verˌschluß** *m* spring catch.

Schnaps [ʃnaps] *m* ⟨-es; =e⟩ hard liquor, spirit(s *pl*), brandy, *klarer*: *a.* schnapps, (*Wacholder∽*) gin, *weitS. colloq.* (*Alkohol*) booze, *Am. a.* juice; *colloq.* **Dienst ist Dienst, und ~ ist ~** duty is one thing and pleasure is another. **~ˌbren·ner** *m* distiller. **~bren·neˈrei** *f* distillery. **~ˌbru·der** *m colloq.* boozer. **~ˌbu·de** *f colloq.* pub, boozer.

ˈSchnäps·chen *n* ⟨-s; -⟩ *colloq.* snifter, quick one.

schnäp·seln [ˈʃnɛpsəln], **schnap·sen** [ˈʃnapsən] *v/i* ⟨h⟩ *colloq.* drink hard liquor, (be on the) booze.

ˈSchnaps|ˌfah·ne *f fig. colloq.* reek of brandy; **e-e ~ haben** reek of the bottle. **~ˌfla·sche** *f* bottle of brandy, *etc*, *leere*: brandy-bottle. **~ˌglas** *n* brandy (*od.* gin) glass. **~idee** [-ʔiˌdeː] *f colloq.* crazy idea. **~ˌna·se** *f colloq.* boozer's conk.

schnar·chen [ˈʃnarçən] *v/i* ⟨h⟩ **1.** snore. **2.** *tech. Pumpe*: snort. **ˈschnar·chend** *adj* snoring; *med.* **~er Atem** stertorous breathing. **ˈSchnar·cher** *m* ⟨-s; -⟩ snorer.

ˈSchnarch|konˌzert *n colloq.* chorus of snores. **~ˌlaut, ~ˌton** *m* snoring sound.

Schnar·re [ˈʃnarə] *f* ⟨-; -n⟩ rattle. **ˈschnar·ren I** *v/i* **1.** *Wecker etc*: rattle, *Klingel, Telephon etc*: buzz. **2.** *Grillen etc*: stridulate, *Raben etc*: croak. **3.** *mus. Saite*: jar. **4.** *Stimme*: rasp. **II** *v/t* **5.** (*Befehl etc*) rasp out, growl; **das R ~** roll one's r's.

ˈSchnarr|ˌsai·te *f mus.* snare. **~ˌwerk** *n e-r Orgel*: reed (stops *pl*).

ˈSchnat·terˌgans *f fig. colloq.* chatterbox.

schnat·tern [ˈʃnatərn] **I** *v/i* ⟨h⟩ **1.** *Gänse*: cackle, *Enten*: quack, *Affen*: chatter (*od.* jabber) away. **2.** *fig. colloq.* chatter, gabble. **3.** *dial.* (*mit den Zähnen klappern*) chatter (**vor Kälte** with cold). **II** ∽ *n* ⟨-s⟩ **4.** chattering (*etc*). **5.** *der Gänse*: cackle, *der Enten*: quack, *der Affen*: chatter, jabber. **6.** *fig. colloq.* chatter, gabble.

schnau·ben [ˈʃnaubən] **I** *v/i* ⟨*obs. u. lit.* schnob, geschnoben, h⟩ **1.** *Tier*: snort; *fig.* **vor Wut ~** fume (with rage); **nach Rache ~** breathe revenge. **2.** *fig. colloq. Dampflokomotive*: snort, puff and blow. **3.** → **schnaufen** 1. **II** *v/t* **4.** **(sich** *dat*) **die Nase ~** blow one's nose. **5.** (*Rache*) breathe. **6.** (*Befehl etc*) snort. **III** *v/reflex* **sich ~** **7.** *bes. dial.* blow one's nose.

schnau·fen [ˈʃnaufən] *v/i* ⟨h⟩ **1.** (*keuchen*) breathe heavily (*od.* hard), puff (and blow), pant, *pfeifend*: wheeze, *fig. colloq. Auto etc*: puff (*od.* pant, chug) (along). **2.** *dial.* (*atmen*) breathe. **ˈSchnau·fer** *m* ⟨-s; -⟩ *colloq.* breath; **den letzten ~ tun** breathe one's last.

Schnau·ferl [ˈʃnaufərl] *n* ⟨-s; -, *Austrian* -n⟩ *colloq.* veteran car.

Schnauz [ʃnauts] *m* ⟨-es; -e⟩ *bes. Swiss for* **Schnurrbart**. **~ˌbart** *m* walrus (*od.* handlebar) m(o)ustache. **∽ˌbär·tig** *adj* wearing (*od.* with) a walrus m(o)ustache.

Schnäuz·chen [ˈʃnɔʏtsçən] *n* ⟨-s; -⟩ **1.** *dim. of* **Schnauze** 1. **2.** *fig. humor.* little mouth; **ein ~ machen** pout, make a moue.

Schnau·ze [ˈʃnautsə] *f* ⟨-; -n⟩ **1.** *von Tieren*: snout, mouth, *bes. e-s Hundes etc*: muzzle, nose; **mit der ~ im Boden wühlen** nuzzle the ground. **2.** ⟨*only sg*⟩ *vulg.* (*Mund*) *sl.* gob, trap, kisser; **(halt die) ~!** shut up!, belt up!; **die ~ voll haben (von)** be fed up (to the teeth) (with), be sick (and tired) (of); **j-m eins auf die ~ hauen** sock s.o. in the kisser; **der mit s-r großen ~** him and his big mouth!; **auf die ~ fallen** *a. fig.* fall flat on one's face, come a cropper; **frei nach ~** off the cuff, freely; **das mache ich frei nach ~** I just follow my nose. **3.** *e-r Kanne etc*: spout, nozzle, lip, *tech.* (*Mundstück*) snout. **4.** *colloq. aer. mot.* nose. **ˈschnau·zen** *v/i* ⟨h⟩ *colloq.* snap, bark. **ˈSchnau·zer** *m* ⟨-s; -⟩ **1.** (*Hund*) schnauzer. **2.** → **Schnauzbart**.

Schnecke (*getr.* -k·k-) [ˈʃnɛkə] *f* ⟨-; -n⟩ **1.** *zo.* snail, (*Nackt∽*) slug; *fig. colloq.* **er ist langsam wie e-e ~** a) he walks at a snail's pace, b) he is an awful slowcoach; **j-n zur ~ machen** let s.o. have it, blow s.o. up. **2.** *gastr.* escargot. **3.** (*Spirale*) spiral. **4.** *anat.* cochlea. **5.** *e-r Violine*: scroll. **6.** *arch.* scroll, volute, helix. **7.** *pl* (*Frisur*) earphones. **8.** *e-r Uhr*: fusee. **9.** *tech.* worm. **10.** (*Gebäck*) (piece of) Danish pastry (shaped like a helix).

ˈSchnecken|anˌtrieb (*getr.* -k·k-) *m tech.* worm drive. **~ˌboh·rer** *m* spiral drill. **~ˌför·de·rer** *m* screw (*od.* worm, spiral) conveyor. **∽ˌför·mig** *adj* spiral, helical, winding, *arch.* voluted. **~ˌfraß** *m hort.* damage done by snails (*od.* slugs). **~geˌwöl·be** *n arch.* spiral vault. **~ˌhaus** *n* **1.** *zo.* (snail) shell; *fig. colloq.* **sich in sein** (*od.* **ins**) **~ zurückziehen** retire into one's shell. **2.** *anat. im Innenohr*: cochlea. **~ˌli·nie** *f* spiral, helix. **~ˌpost** *f humor.* **mit der ~** at a snail's pace. **~ˌrad** *n tech.* worm gear (*od.* wheel). **~ˌscha·le** *f* snail shell. **~ˌtem·po** *n fig.* (**im ~** at a) snail's pace. **~-**

ˌ**win·dung** *f* **1.** *tech.* spiral, volution, *arch.* volute. **2.** *anat. im Innenohr*: cochlear turn.

Schnee [ʃneː] *m* ‹-s; *no pl*› **1.** snow; **ewiger ~** eternal (*od.* perpetual, perennial) snow; **das Dorf lag in tiefem ~** the village was deep in snow; **es war viel ~ gefallen** there had been a heavy snowfall; **vom ~ eingeschlossen** snowbound, snowed-up; *fig.* **wie ~ an der Sonne schmelzen** *Vorräte etc*: disappear like a snowball in hell; *colloq.* **das ist ~ von gestern** that's water under the bridge; *humor.* **und wenn der ganze ~ verbrennt** (, **die Asche bleibt uns doch**) no matter what happens. **2.** *gastr.* (*Ei≈*) beaten white of egg; **Eiweiß zu ~ schlagen** beat white of egg until stiff. **3.** *TV* snow. **4.** *colloq.* (*Kokain*) snow. **~ˌball** *m* snowball (*a. bot.*); **mit Schneebällen (nach j-m) werfen** *a.* snowball (s.o.). **≈ˌbal·len I** *v/i* ‹*only inf u. pp* **geschneeballt**, **h**› throw snowballs, snowball. **II** *v/t* **sich ~** snowball each other (*od.* one another). **~ˌball·schlacht** *f* snowball fight. **~ˌball·syˌstem** *n* snowball system. **≈beˌdeckt** *adj* snow-covered, snowy, *Berge*: *a.* snow-capped. **~ˌbe·sen** *m Küche*: egg-beater, (egg) whisk. **≈ˌblind** *adj med.* snow-blind. **~ˌblind·heit** *f* snow blindness. **~ˌbrett** *n meteor.* windslab. **~ˌbril·le** *f* snow goggles *pl.* **~ˌdecke** (*getr.* -k·k-) *f* (blanket of) snow. **~ˌfall** *m meteor.* snowfall, (fall of) snow; **heftige Schneefälle** heavy snowfall *sg.* **~ˌfeld** *n*, **~ˌflä·che** *f* snowfield. **~ˌflocke** (*getr.* -k·k-) *f* snowflake. **~ˌfrä·se** *f* rotary snow plough (*Am.* plow). **≈ˌfrei** *adj* free (*od.* clear) of snow, snowless. **~geˌstö·ber** *n* flurry of snow, *starkes*: snowstorm. **~ˌgit·ter** *n* snow fence (*od.* guard). **≈ˌglatt** *adj Fahrbahn*: slippery with snow, snowy. **~ˌglät·te** *f* black ice, snowy roads *pl.* **~ˌglöck·chen** *n bot.* snowdrop. **~ˌgren·ze** *f* snowline. **~ˌhö·he** *f* depth of snow. **~ˌhuhn** *n orn.* snow grouse. **~ˌhüt·te** *f* igloo.

ˈ**schnee·ig** *adj* **1.** → schneebedeckt. **2.** *fig.* snowy.

ˈ**Schnee|ˌket·te** *f mot.* snow chain, nonskid chain. **~ˌkö·nig** *m fig. colloq.* **sich freuen wie ein ~** be (as) pleased as Punch, be tickled pink. **~ˌland·schaft** *f* snowy landscape, snowscape; **e-e zauberhafte ~** a snowy wonderland. **~ˌlast** *f* weight of snow. **~laˌwi·ne** *f* avalanche, snow-slip. **≈los** *adj* snowless. **~ˌluft** *f* snowy air. **~ˌmann** *m* ‹-(e)s; ¨-er› snowman; **e-n ~ bauen** put up (*od.* build) a snowman. **~ˌmatsch** *m* slush. **~ˌmensch** *m* (*Yeti*) Abominable Snowman, yeti. **~ˌpflug** *m* snowplough, *Am.* snowplow. **~ˌräu·mer** *m*, **~ˌräum·geˌrät** *n*, **~ˌräum·maˌschi·ne** *f* snow sweeper (*od.* remover). **~ˌräu·mung** *f* snow removal (*od.* clearance). **~ˌre·gen** *m* sleet. **~re·giˌon** *f* region of snow, snow zone. **~ˌrei·fen** *m mot.* (mud and) snow tyre (*Am.* tire). **~ˌro·se** *f* → Christrose. **~ˌschau·er** *m meteor.* snow shower. **~ˌschip·per** *m colloq.* snow shovel(l)er. **~ˌschlä·ger** *m* → Schneebesen. **~ˌschleu·der** *f* snow blower. **~ˌschmel·ze** *f* snow melting, snowbreak, thaw. **~ˌschuh** *m* snowshoe. **≈ˌsi·cher** *adj Gebiet etc*: with good snow conditions (guaranteed). **~ˌsturm** *m* snowstorm, blizzard. **~ˌtel·ler** *m am Skistock*: disc, disk, ring. **~ˌtrei·ben** *n* → Schneegestöber. **~verˌhält·nis·se** *pl* snow conditions. **≈verˌweht** *adj* snowbound. **~verˌwe·hung** *f* snowdrift, snowbank. **~ˌwäch·te** *f* snow cornice, overhanging snow. **~ˌwas·ser** *n* snow-water. **~ˌwe·he** *f* snowdrift. **≈ˈweiß** *adj* snow-white, (as) white as snow, snowy, *im Gesicht, vor Angst*: deathly pale, as white as a sheet. **~witt·chen** [ˌʃneːˈvɪtçən] *npr n* ‹-s; *no pl*› Snow White. **~ˌwü·ste** *f* snowy waste. **~ˌzaun** *m* snow-fence.

Schneid [ʃnaɪt] *m* ‹-(e)s; *no pl*›, *dial.* *f* ‹-; *no pl*› *colloq.* (*Mut*) pluck, grit, guts *pl*, spunk, (*Unternehmungsgeist*) dash, vim, go; **j-m den ~ abkaufen** rob s.o. of his nerve, unnerve s.o.

ˈ**Schneid|ˌbren·nen** *n tech.* torch cutting. **~ˌbren·ner** *m* cutting torch.

Schnei·de [ˈʃnaɪdə] *f* ‹-; -n› edge, *tech.* cutting edge, cutter, (*Bohr≈*) bit; **scharfe (stumpfe) ~** sharp (blunt) edge; → Messer[1] 1. **~ˌbrett** *n Küche*: chopping-board. **~maˌschi·ne** *f* **1.** *Küche*: slicer. **2.** *tech.* cutting-machine, cutter. **~ˌmüh·le** *f* sawmill.

schnei·den [ˈʃnaɪdən] **I** *v/t* ‹**schneidet, schnitt, geschnitten**, **h**› **1.** cut, (*auf~*) carve, (*würfeln*) dice, (*schnitzeln*) shred, (*hacken*) chop, mince; **in Scheiben ~** cut *s.th.* into slices, slice. **2.** (*be~, kürzen*) (*Haar, Bart etc*) cut, trim, clip, (*Nägel*) cut, pare, *hort. allg.* cut back, (*Baum etc*) *a.* prune, (*Äste etc*) *a.* lop off, (*Hecke*) clip, trim. **3.** *s-n Namen etc* **~ in** (*acc*) carve *s.th.* in(to), (*Muster, Figur etc*) *a.* engrave *s.th.* on. **4. j-n ~** a) (*verletzen*) cut s.o., b) *fig.* (*nicht beachten*) cut s.o. (dead), c) *mot. beim Überholen*: cut in on s.o., d) *Läufer*: run across s.o. **5.** *bes. mot.* (*Kurve*) cut. **6.** (*kreuzen*) intersect, cross. **7. Grimassen** (*od.* **Gesichter, Fratzen**) **~** make (*od.* pull) faces (*od.* grimaces), *sl.* mug. **8.** *tech.* cut, shear, (*be~*) trim, *mit der Schere*: scissor, (*Gewinde*) cut, mill. **9.** *Sport*: (*Ball*) slice, put spin on. **10.** (*Film, Tonband etc*) cut, edit; → *a.* **mitschneiden**. **11.** *Mode*: (*Stoff etc*) cut, fashion, shape. **12.** *med.* (*operieren*) operate on, (*Finger etc*) cut, (*Abszeß etc*) open, lance. **13.** (*Karten*) finesse. **II** *v/i* **14.** cut; **das Messer schneidet nicht** *a.* the knife has no edge; **ich habe mir in den Daumen geschnitten** I cut my thumb; *fig.* **ihre Worte schnitten ihm ins Herz** (*od.* **in die Seele**) her words cut him to the quick (*od.* heart). **15.** *fig. Wind, Kälte etc*: bite, chill. **III** *v/reflex* **sich ~ 16.** cut o.s.; **sich (in den Finger) ~** a) cut one's finger, b) *fig. colloq.* (*sich täuschen*) be mistaken; **da hast du dich aber gewaltig geschnitten!** you are greatly mistaken (*od.* all wrong) there! **IV** *v/impers* **17.** *colloq.* **es schneidet mir im Leib** I have the colic (*od.* gripes). **V ≈** *n* ‹-s› **18.** cutting (*etc*); *colloq.* **hier ist e-e Luft zum ≈!** the air in here is so thick you could cut it (with a knife)! **19.** *Kartenspiel*: finesse. ˈ**schnei·dend I** *adj* **1.** cutting, sharp, edged. **2.** *fig. Kälte, Wind etc*: biting, piercing, bitter, nipping, cutting. **3.** *fig. Stimme, Ton etc*: sharp, strident. **4.** *fig. Schmerz etc*: sharp, cutting. **5.** *fig. Hohn, Spott etc*: caustic, cutting. **6.** *bes. math.* secant, intersecting. **II** *adv* **7.** bitterly, piercingly; **~ kalt** bitter(ly) cold.

ˈ**Schnei·der** *m* ‹-s; -› **1.** tailor, (*Damen≈*) ladies' tailor, dressmaker; **vom ~ angefertigt** tailor-made; **aus dem ~ (heraus) sein** *Kartenspiel*: have scored more than 30 points, *fig. colloq.* a) be out of the wood, b) be on the wrong side of thirty. **2.** *tech.* cutter. **3.** *colloq.* (*Spinne*) daddy-long-legs *pl* (*als sg od. pl konstruiert*). **Schnei·deˈrei** *f* ‹-; -en› **1.** ‹*only sg*› tailoring, tailor's business, *für Damen*: *a.* dressmaking, couture. **2.** → Schneiderwerkstatt.

ˈ**Schnei·der|geˌsel·le** *m* journeyman tailor. **~ˌhandˌwerk** *n* tailor's trade, tailoring.

ˈ**Schnei·de·rin** *f* ‹-; -nen› dressmaker, tailoress, ladies' tailor.

ˈ**Schnei·der|ˌkleid** *n* tailor-made dress. **~koˌstüm** *n* tailor-made (*od.* tailored) suit. **~ˌkrei·de** *f* tailor's chalk. **~ˌmei·ster** *m* master tailor.

schnei·dern [ˈʃnaɪdərn] **I** *v/t* ‹**h**› tailor, make, sew. **II** *v/i* tailor, do tailoring (*od.* dressmaking).

ˈ**Schnei·der|ˌpup·pe** *f* tailor's dummy. **~ˌsitz** *m* **im ~ sitzen** sit tailor-fashion, sit cross-legged. **~ˌwerkˌstatt** *f* tailor's (*od.* dressmaker's) shop.

ˈ**Schnei·de|ˌtisch** *m Film*: editing table. **~ˌzahn** *m* incisor (tooth).

schnei·dig [ˈʃnaɪdɪç] *adj fig.* (*mutig*) plucky, spirited, (*forsch*) *Tempo, Auftreten etc*: brisk, *Person*: *a.* dashing, (*entschlossen*) resolute, (*stramm*) snappy, (*schick*) smart, dashing, snappy, *Stimme, Ton*: crisp, (*scharf*) terse, strident, *Musik etc*: racy; → *a.* **schnittig**. **≈keit** *f* ‹-; *no pl*› → **Schneid**.

ˈ**Schneid|ˌstahl** *m* cutting tooth. **~ˌsti·chel** *m* recording (*od.* cutting) stylus. **~ˌwerkˌzeug** *n* cutting (*od.* edge) tool.

schnei·en [ˈʃnaɪən] **I** *v/impers* ‹**h**› snow; **es schneit** it snows, it is snowing, snow is falling. **II** *v/i* ‹**sein**› rain, (fall like) snow; *fig. colloq.* **j-m ins Haus ~** (*od.* **geschneit kommen**) drop in on s.o. (unexpectedly), blow in.

Schnei·se [ˈʃnaɪzə] *f* ‹-; -n› **1.** *Forstwesen*: (forest-)aisle, (*Feuer≈*) firebreak. **2.** → **Einflugschneise**.

schnell [ʃnɛl] **I** *adj* ‹-er; -st› **1.** quick, fast, (*rasend ~*) rapid; **in ~er Folge** in quick (*od.* rapid) succession; **ein ~er Entschluß** a quick decision; **~er Puls (-schlag)** rapid (*od.* accelerated) pulse; **~e Erholung** speedy recovery; *nucl.* **~er Brüter** fast breeder; **die ~ste Verbindung** the quickest route; **auf dem ~sten Wege** as quickly as possible. **2.** (*umgehend*) quick, speedy, *bes. econ. Antwort, Zahlung etc*: *a.* prompt, *Verkauf*: brisk, ready, *Umsatz*: quick; **~e Bedienung** quick service; **die Situation erforderte ~es Handeln** the situation called for prompt action. **3.** *Fahrzeug etc*: fast, high-speed; **~er Wagen** fast car; **~er als der Schall** faster than sound; **~er werden** pick up speed. **4.** (*behende*) quick, swift, nimble, *lit.* fleet; **ein ~es Pferd** a swift horse; **ein ~er Ober** a quick waiter. **5.** (*hastig*) hasty, hurried; **ein ~er Aufbruch** a hasty departure; *colloq.* **auf die ~e** a) in a hurry, pretty damn quick, (*schlampig*) slapdash, b) (*kurzfristig*) at short notice. **6.** (*plötzlich*) sudden, abrupt, swift, snappy; **ein ~er Wechsel** a sudden change. **7.** *mil.* **~e Truppe(n** *pl*) mobile troops *pl.* **8.** *mus.* veloce. **9.** *Rennbahn, Tennisplatz etc*: fast. **II** *adv* **10.** quick(ly), fast, *stärker*: rapidly; **~ fahren** drive fast (*od.* at high speed); **~ sprechen** talk fast (*od.* quickly); **das geht ~** it won't take long; **das ist ~ gegangen** that was quick; **~er ging es nicht** I couldn't do it any faster; **~ zum Bäcker gehen** pop over to the baker's; **ihr Puls geht zu ~** her pulse is too rapid; **sie ist immer ~ fertig mit allem** she has everything finished (*od.* done) in no time; **~ beleidigt sein** be quick to take offence; **ich muß noch ~ et. erledigen** I have to see to s.th. first; **wie ~ doch die Zeit vergeht!** how time flies! **11.** (*umgehend*) quickly, promptly, speedily, without delay; **~ handeln** act quickly (*od.* promptly, without delay); **wir wurden ~ bedient** we got quick service. **12.** (*behende*) quickly, swiftly, nimbly, nippily.

13. (*hastig*) hastily, hurriedly, in a hurry; ~ **essen** eat fast (*od.* hurriedly), gobble one's food; (**mach**) ~!; ~!, ~! be quick (about it)!, hurry up!, look sharp!, step on it!, make it snappy!; **nicht so** ~! gently!, hold on!, hold your horses!, steady on!; **nun aber** ~! come on!, quickly now! **14.** (*plötzlich*) suddenly, abruptly, swiftly, snappily. **15.** (*bald*) quickly, soon; *colloq.* **das macht er so** ~ **nicht wieder** he won't do that again in a hurry. **16.** *mus.* veloce.

'**Schnell,ab,schal·tung** *f* → Schnellschluß.

'**Schnellauf** (*getr.* -ll,l-) *m* **1.** *Sport*: run(ning), sprint, (*Eis*≈) speed skating. **2.** *tech.* high speed. '**schnellau·fend** (*getr.* -ll,l-) *adj tech.* high-speed. '**Schnelläu·fer** (*getr.* -ll,l-) *m* **1.** *Sport*: runner, sprinter, (*Eis*≈) speed skater. **2.** *tech.* high-speed engine (*od.* machine). **3.** *pl astr.* high-velocity stars.

'**Schnell|,auf,zug** *m phot.* lever wind. ~,**aus,bil·dung** *f* intensive (*od.* crash) courses *pl.* ~,**aus,lö·ser** *m electr.* high-speed circuit-breaker. ~,**aus,lö·sung** *f* rapid (*od.* quick) release. ~,**bahn** *f* → S-Bahn. ~,**bau,wei·se** *f* system-building, industrialized building. ~,**boot** *n* speedboat, *mil.* motor torpedo-boat. ~,**brü·ter** *m nucl.* fast breeder. ~,**damp·fer** *m* express liner. ~,**dienst** *m* express service. ~,**drucker** (*getr.* -k·k-) *m Computer*: high-speed printer.

'**Schnel·le**[1] *f* ⟨-; *no pl*⟩ → Schnelligkeit.

'**Schnel·le**[2] *f* ⟨-; -n⟩ → Stromschnelle.

'**schnelle·big** (*getr.* -ll,l-) [-,le:bɪç] *adj Zeit*: fast-moving.

schnel·len ['ʃnɛlən] **I** *v/t* ⟨h⟩ (*Steine etc*) toss, jerk, (*schnipsen*) snap, flick. **II** *v/i* ⟨h *u.* **sein**⟩ jerk, shoot, whip, bound, bounce, pop, (*schnipsen*) snap; → *a.* hochschnellen.

'**Schnelle·ser** (*getr.* -ll,l-) *m Computer*: high-speed reader.

'**Schnell,feu·er** *n mil.* quick (*od.* rapid) fire. ~**ge,schütz** *n* automatic gun. ~,**waf·fe** *f* automatic weapon.

'**Schnell,fil·ter** *n, m tech.* quick-run (*od.* rapid) filter.

'**schnell,fü·ßig** [-,fy:sɪç] *adj lit.* fleet (-footed), swift.

'**Schnell|,gang** *m* **1.** *mot.* overdrive. **2.** *tech.* rapid motion (*od.* movement). ~,**gast,stät·te** *f* fast-food restaurant, cafeteria, quick-service restaurant. ~**ge,richt**[1] *n jur.* summary court. ~**ge,richt**[2] *n* quickly served meal, snack; → *a.* Fertiggericht. ≈,**här·tend** *adj synth.* quick-curing. ~,**hef·ter** *m* letter (*od.* document) file.

'**Schnel·lig·keit** *f* ⟨-; *no pl*⟩ **1.** quickness, *stärker*: rapidity, *im Handeln etc*: *a.* promptitude, promptness, speed, (*Behendigkeit*) *a.* swiftness, nimbleness, (*Hast*) *a.* haste, hurry. **2.** (*Tempo*) speed, pace, rate. **3.** *phys.* velocity. ~**s·re,kord** *m* speed record.

'**Schnell|,im·biß** *m* **1.** snack. **2.** → ~,**im·biß,stu·be** *f* snack bar, fast-food restaurant. ~,**koch,plat·te** *f* fast-heating plate. ~,**koch,topf** *m* pressure-cooker. ~,**kraft** *f* springiness, elasticity, resilience. ~,**kurs** *m* crash course. ~**pa,ket** *n* express parcel. ~**pho·to·gra,phie** *f* instantaneous photography. ~,**pres·se** *f* high-speed printing machine. ~,**rei·ni·gung** *f* express dry-cleaning (*als Firma*: cleaners *pl*). ~,**rich·ter** *m jur.* magistrate (sitting in summary proceedings). ~,**rück,lauf** *m am Tonbandgerät*: fast rewind. ~,**schal·ter** *m electr.* quick-break switch. ~,**schluß** *m nucl.* scram, emergency shutdown. ~,**schrift** *f* → Stenographie. ~,**stahl** *m* high-speed steel.

'**schnell·stens** *adv* as quick(ly) as possible.

'**schnellst'mög·lich I** *adj* quickest possible. **II** *adv* as quick(ly) as possible.

'**Schnell|,stopp** *m am Tonbandgerät*: temporary stop. ~,**stra·ße** *f* urban motorway, *Am.* expressway. ~,**trieb,wa·gen** *m* fast rail car. ≈,**trock·nend** *adj* quick-drying. ~**ver,band** *m med.* first-aid dressing. ~**ver,fah·ren** *n* **1.** *jur.* summary procedure (*konkret*: proceedings *pl*); **im** ~ **aburteilen** sentence *s.o.* summarily. **2.** *tech.* rapid method. ~**ver,kehr** *m* **1.** rapid (*od.* express) traffic. **2.** *tel.* no-delay service. ~,**vor,lauf** *m am Tonbandgerät*: fast wind. ~**wä·sche,rei** *f* launderette, *Am.* laundromat. ≈,**wüch·sig** [-,vy:ksɪç] *adj hort.* rapidly growing. ~,**zeich·ner** *m* lightning sketcher. ~,**zug** *m* fast train, express (train).

Schnep·fe ['ʃnɛpfə] *f* ⟨-; -n⟩ **1.** *orn.* snipe, longbill. **2.** *colloq.* streetwalker, tart.

Schnep·pe ['ʃnɛpə] *f* ⟨-; -n⟩ **1.** *dial.* spout. **2.** → Schnepfe.

schnet·zeln ['ʃnɛtsəln] *v/t* ⟨h⟩ *bes. Swiss* chop *s.th.* up.

schneu·zen ['ʃnɔʏtsən] **I** *v/t* ⟨h⟩ **1.** (**sich** *dat*) **die Nase** ~ *cf.* 3. **2.** *obs.* **ein Licht** ~ snuff a candle. **II** *v/reflex* **sich** ~ **3.** blow one's nose.

schnicken (*getr.* -k·k-) ['ʃnɪkən] *v/i* ⟨h⟩ *dial.* **mit den Fingern** ~ snap one's fingers.

'**Schnick,schnack** *colloq.* **I** *m* ⟨-(e)s; *no pl*⟩ chitchat. **II** *interj* rubbish!, fiddlesticks!

schnie·geln ['ʃni:gəln] *v/t u. v/reflex* **sich** ~ ⟨h⟩ dress (*od.* spruce, smarten) (o.s.) up; → **geschniegelt**.

Schnipp·chen ['ʃnɪpçən] *n* ⟨-s; -⟩ *fig. colloq.* **j-m ein** ~ **schlagen** outwit (*od.* fool, outfox) s.o., (*der Polizei etc*) *a.* give s.o. the slip.

Schnip·pel ['ʃnɪpəl] *m, n* ⟨-s; -⟩ → Schnipsel. '**schnip·peln** *v/t u. v/i* ⟨h⟩ snip.

schnip·pen ['ʃnɪpən] **I** *v/i* ⟨h⟩ snap (**mit den Fingern** one's fingers). **II** *v/t* → schnellen I.

'**schnip·pisch** *adj* pert, saucy, cheeky, (*verächtlich*) sniffy.

Schnip·sel ['ʃnɪpsəl] *m, n* ⟨-s; -⟩ *colloq.* bit, scrap, shred. '**schnip·seln** *v/t u. v/i* ⟨h⟩ snip.

schnip·sen ['ʃnɪpsən] *v/i* ⟨h⟩ *colloq.* → schnippen I.

schnitt [ʃnɪt] *1 u. 3 sg pret of* **schneiden**.

Schnitt [ʃnɪt] *m* ⟨-(e)s; -e⟩ **1.** ⟨*only sg*⟩ (*Schneiden*) cutting (*a. hort.*), *Film*: cutting and editing. **2.** (*Ein*≈) cut, *großer*: clash, gash, (*Kerbe*) notch, *med.* cut, incision, section; **harter** ~ *Film*: jump cut. **3.** (*Form*) cut (*a. e-s Edelsteins, a. Gesichts*≈ *etc*), shape, form, *e-s Kleides etc*: *a.* style, fashion. **4.** (~*muster*) (dress *od.* paper) pattern. **5.** *math.* a) (~*punkt*) intersection, b) → Schnittfläche 1; *a. Kunst*: **der Goldene** ~ the golden section. **6.** *agr.* cut, crop, harvest; *fig. colloq.* **e-n guten** ~ **machen** make a nice profit, make a packet (*od.* one's pile). **7.** *print.* cut, (*Rand des Buches*) edge, (*Schriftbild*) face. **8.** *arch. tech.* section(al drawing *od.* view). **9.** *colloq.* (*Durch*≈) average; **im** ~ on an (*od.* the) average; *mot.* **e-n guten** ~ **fahren** make good time. **10.** *colloq.* small glass of beer (*od.* wine). **11.** → Holzschnitt, Linolschnitt. ~,**an,sicht** *f tech.* section(al view). ~,**blu·men** *pl* cut flowers, *im Garten*: flowers for cutting. ~,**boh·nen** *pl* French (*od.* runner, *Am.* string) beans.

Schnit·te ['ʃnɪtə] *f* ⟨-; -n⟩ **1.** (*Brot*≈, *Fleisch*≈) slice, (*Speck*≈) rasher. **2.** (*belegtes Brot*) (open *od.* Danish) sandwich.

'**Schnit·ter** *m* ⟨-s; -⟩ reaper, mower, harvester; *fig.* **der** ~ **Tod** the Grim Reaper.

'**schnitt|,fest** *adj bes. Tomaten*: firm. ≈,**flä·che** *f* **1.** *math.* (surface of) intersection. **2.** *tech.* (surface of) cut. ≈,**holz** *n* sawn timber.

'**schnit·tig** *adj fig.* racy, stylish, *Schiff*: *a.* rakish, *Auto etc*: *a.* streamlined.

'**Schnitt|,lauch** *m bot.* chive(s *pl*). ~,**li·nie** *f math.* (line of) intersection, *am Kreis*: secant. ~**mo,dell** *n tech.* cutaway model. ~,**mu·ster** *n* dress (*od.* paper) pattern. ~,**mu·ster,bo·gen** *m* pattern sheet. ~,**punkt** *m* (point of) intersection. ~,**stel·le** *f* **1.** *Computer*: interface. **2.** *Film*: cut. ~,**wa·ren** *pl Textil.* drapery *sg*, *Am.* dry goods. ~,**win·kel** *m* **1.** *math.* angle of intersection. **2.** *tech.* cutting angle. ~,**wun·de** *f* cut, *tiefe*: gash, slash. ~,**zeich·nung** *f* sectional drawing.

'**Schnitz|,ar·beit** *f* (wood) carving, carved work. ~,**bank** *f* ⟨-; ≈e⟩ carver's bench.

Schnit·zel[1] ['ʃnɪtsəl] *n* ⟨-s; -⟩ escalope (of veal *od.* pork), (*Kalbs*≈) schnitzel; **Wiener** ~ Wiener (*od.* Vienna) schnitzel.

'**Schnit·zel**[2] *n, m* ⟨-s; -⟩ chip, shred, (*Papier*≈) scrap, *pl* (*Abfälle*) *tech.* parings, shavings, *von Papier*: scrap *sg*, clippings.

'**Schnit·zel|,jagd** *f* paper chase, hare and hounds. ~**ma,schi·ne** *f* slicing machine, slicer.

schnit·zeln ['ʃnɪtsəln] *v/t u. v/i* ⟨h⟩ chip, shred (*a. gastr.*), whittle.

schnit·zen ['ʃnɪtsən] *v/t u. v/i* ⟨h⟩ carve, cut (in wood), whittle; → Holz 5.

'**Schnit·zer** *m* ⟨-s; -⟩ **1.** (wood) carver. **2.** *fig. colloq.* blunder, slip(-up), *sl.* boob, *Am. a.* boner; **grober** ~ howler.

Schnit·ze'rei *f* ⟨-; -en⟩ **1.** carved work (*od.* article), (wood) carving. **2.** carver's workshop. **3.** ⟨*only sg*⟩ → Schnitzkunst.

'**Schnitz|,kunst** *f* (art of) carving. ~,**mes·ser** *n* carver's (*od.* carving) knife. ~,**werk** *n* (rich) carving; **mit reichem** ~ richly carved; → *a.* Schnitzerei 1.

schnob [ʃno:p] *obs. 1 u. 3 sg pret*, **schnö·be** ['ʃnø:bə] *obs. 1 u. 3 sg pret subj of* **schnauben**.

schno·bern ['ʃno:bərn] *v/i* ⟨h⟩ sniff, snuffle.

schnod·de·rig ['ʃnɔdərɪç], '**schnodd·rig** *adj colloq. Antwort, Ton, Benehmen etc*: flippant, brash, brazen, snotty. ≈**keit** *f* ⟨-; *no pl*⟩ *colloq.* brashness, flippancy, snottiness.

schnö·de ['ʃnø:də] *lit.* **I** *adj* ⟨-r; -st⟩ (*gemein*) mean, vile, base, (*verächtlich*) contemptuous, disdainful, (*schändlich*) shameless, disgraceful; ~**r Gewinn** vile profit; ~**r Mammon** filthy lucre; ~**r Geiz** base avarice; ~ **Selbstsucht** contemptible egotism; ~**r Undank** black ingratitude; ~**r Verrat** shameless betrayal. **II** *adv* **j-n** ~ **behandeln** be mean (*od.* vile) to s.o., use s.o. badly.

Schnor·chel ['ʃnɔrçəl] *m* ⟨-s; -⟩ **1.** *mar.* snort, snorkel. **2.** *Sporttauchen*: snorkel (mask).

Schnör·kel ['ʃnœrkəl] *m* ⟨-s; -⟩ **1.** *arch.* scroll, spiral ornament. **2.** *der Schrift*: flourish, twirl, curlicue, (*Krakel*) squiggle. **3.** *fig. stilistischer*: flourish, *pl* (*unnötiger Zierat*) frills; **ohne** ~ without frills.

'**schnör·kel·haft,** '**schnör·ke·lig** *adj* flourishy, twirly, curlicued, ornate.

'**Schnör·kel,kram** *m fig. colloq.* frills *pl.* '**schnör·keln** *v/i* ⟨h⟩ make flourishes (*od.* squiggles).

schnor·ren ['ʃnɔrən] *colloq.* **I** *v/t* ⟨h⟩ cadge, sponge, scrounge; **et. von j-m** ~

cadge (*od.* sponge) s.th. from s.o. **II** *v/i* (**bei**) cadge (*od.* sponge) (from), *ständig*: sponge (on). **'Schnor·rer** *m* ⟨-s; -⟩ *colloq.* cadger, sponger, scrounger.

Schnö·sel ['ʃnøːzəl] *m* ⟨-s; -⟩ *colloq.* lout, snot(-nose); **eingebildeter** ~ conceited ass.

Schnuckel·chen (*getr.* -k·k-) ['ʃnʊkəl-çən] *n* ⟨-s; -⟩ *colloq.* sweetie, ducky. **'schnucke·lig** (*getr.* -k·k-) [-kəlɪç] *adj colloq.* cuddlesome, cuddly.

Schnüf·fe'lei *f* ⟨-; -en⟩ *fig. colloq.* snooping. **schnüf·feln** ['ʃnʏfəln] **I** *v/i* ⟨h⟩ **1.** (*schnuppern*) sniff (**an** *dat* at). **2.** *colloq.* (*die Nase hochziehen*) sniffle, snuffle, snivel. **3.** *fig. colloq.* nose (*od.* snoop, poke) (around *od.* about). **II** ≈ *n* ⟨-s; *no pl*⟩ **4.** sniffing (*etc*); → *a.* Schnüffelei. **'Schnüff·ler** *m* ⟨-s; -⟩ *fig. colloq.* snoop(er), (*Detektiv*) *a.* sleuth.

Schnul·ler ['ʃnʊlər] *m* ⟨-s; -⟩ dummy, *Am.* pacifier.

Schnul·ze ['ʃnʊltsə] *f* ⟨-; -n⟩ *colloq.* schmaltzy song, (*bes. Buch, Film etc*) sob story, weepie, heart-tugger, tearjerker. **'Schnul·zenˌsän·ger** *m colloq.* crooner. **'schnul·zig** *adj colloq.* schmal(t)zy, slushy.

schnup·fen ['ʃnʊpfən] *v/i* ⟨h⟩ (take) snuff.

'Schnup·fen *m* ⟨-s; -⟩ cold (in the head), *colloq.* running (*od.* runny) nose, the sniffles *pl*; (**e-n**) ~ **bekommen, sich** (*dat*) **e-n** ~ **holen** catch (a) cold.

'Schnup·fer *m* ⟨-s; -⟩ snuff-taker, snuffer.

'Schnupf|ˌta·bak *m* snuff. **~ˌtuch** *n obs.* (pocket-)handkerchief.

schnup·pe ['ʃnʊpə] *adj* ⟨*pred*⟩ *colloq.* **das ist mir (völlig)** ~ I don't care (twopence, *sl.* a hoot), I couldn't care less.

schnup·pern ['ʃnʊpərn] *v/i* ⟨h⟩ → schnüffeln 1.

Schnur [ʃnuːr] *f* ⟨-; ⸗e, *rare* -en⟩ **1.** cord, (*Bindfaden*) string, twine, (*Leine*) line; *fig. colloq.* **über die** ~ **hauen** a) overdo it, b) go on a binge. **2.** (*Litze*) cording, braid, piping. **3.** (*Perlen*≈ *etc*) string; **Perlen an e-r** ~ **aufreihen** string pearls. **4.** *electr.* flex, (flexible) cord.

'Schnürˌbo·den *m* **1.** *mar.* drawing loft. **2.** *thea.* gridiron.

Schnür·chen ['ʃnyːrçən] *n* ⟨-s; -⟩ *dim. of* Schnur; *fig. colloq.* **das** (*od.* **es**) **geht** (*od.* **läuft, klappt**) **wie am** ~ it is going like clockwork (*od.* without a hitch); **et. wie am** ~ **hersagen** rattle s.th. off like nothing.

schnü·ren ['ʃnyːrən] **I** *v/t* ⟨h⟩ **1.** lace (up), tie *s.th.* up (with string *od.* cord), cord *s.th.* up; → **Bündel** 1. **II** *v/i* ⟨h *u.* sein⟩ **2.** ⟨h⟩ *colloq.* be too tight, constrict. **3.** ⟨sein⟩ *Fuchs etc*: move (*od.* run) in a straight line. **III** *v/reflex* **sich** ~ ⟨h⟩ **4.** lace o.s. up, wear stays.

'schnur|ge'ra·de I *adj* (as) straight as an arrow (*od.* a die). **II** *adv colloq.* dead straight, *a. fig.* (*geradewegs*) straight, direct(ly); ~ **auf j-n zusteuern** *a.* make a beeline for s.o.; *fig.* ~ **auf ein Ziel zusteuern** aim straight (*od.* directly) at (*od.* for) a goal. ≈**ke·ra·mik** *f archeol.* string ceramics *pl* (*meist als sg konstruiert*).

'Schnür|loch *n* eyelet. **~na·del** *f* bodkin.

'Schnurr|bart *m* m(o)ustache; **sich** (*dat*) **e-n** ~ **wachsen** (*od.* **stehen**) **lassen** grow a m(o)ustache. ≈**bär·tig** *adj* m(o)ustached.

Schnur·re ['ʃnʊrə] *f* ⟨-; -n⟩ droll (*od.* amusing) story, drollery, (*Witz*) joke, (*Posse*) farce.

schnur·ren ['ʃnʊrən] **I** *v/i* ⟨h⟩ *Katze, Stimme, Motor etc*: purr, (*summen*) buzz, hum, *Rad*: whir(r). **II** ≈ *n* ⟨-s⟩ purring (*etc*).

'Schnurrˌhaa·re *pl* whiskers.

'Schnürˌrie·men *m* strap; → *a.* Schnürsenkel.

'schnur·rig *adj* **1.** droll, amusing (*story, etc*). **2.** (*wunderlich*) quaint, odd, queer.

'Schnurˌschal·ter *m electr.* pendant (*od.* cord) switch.

'Schnür|schuh *m meist pl* laced (*od.* lace-up) shoe. **~ˌsen·kel** *m* shoelace, bootlace, *Am.* shoestring. **~ˌstie·fel** *m meist pl* laced boot.

'schnur'stracks *adv* **1.** (*geradewegs*) *a. fig.* straight, direct(ly); ~ **auf j-n zugehen** *a.* make a beeline for s.o. **2.** (*sofort*) straight (*od.* right) away, immediately.

schnurz [ʃnʊrts] *adj* ⟨*pred*⟩ → schnuppe.

Schnu·te ['ʃnuːtə] *f* ⟨-; -n⟩ *colloq.* mouth; *fig.* **e-e** ~ **ziehen** (*od.* **machen**) pout, make a face (*od.* moue).

schob [ʃoːp] *1 u. 3 sg pret*, **schö·be** ['ʃøːbə] *1 u. 3 sg pret subj of* **schieben.**

Scho·ber ['ʃoːbər] *m* ⟨-s; -⟩ stack, rick, *überdachter*: field barn. **'scho·bern** *v/t* ⟨h⟩ stack, rick.

Schock[1] [ʃɔk] *n* ⟨-(e)s; -e, *nach Zahlenangaben* -⟩ **1.** (*60 Stück*) sixty, threescore, five dozen. **2.** *fig.* great number, dozens *pl*, lot(s *pl*).

Schock[2] *m* ⟨-(e)s; -s, *rare* -e⟩ shock, *fig.* (*a.* **e-n** ~ **versetzen**) *a.* jolt; **seelischer** ~ psychic (*od.* mental) shock; **e-n** ~ **haben** be in (a state of) shock.

'Schock|beˌhand·lung *f* → Schocktherapie. **~ˌeinˌwir·kung** *f* **unter** ~ **stehen** be in (a state of) shock.

schocken (*getr.* -k·k-) ['ʃɔkən] *v/t* ⟨h⟩ **1.** *med.* shock, give *s.o.* (electric) shock treatment. **2.** *colloq.* a) shock *s.o.*, jolt, dismay, b) → **schockieren.** **'Schocker** (*getr.* -k·k-) *m* ⟨-s; -⟩ *colloq.* (*Schauerfilm etc*) shocker.

'Schock|ˌfar·be *f* blaze (*od.* electric) colo(u)r. ≈**ˌfar·ben** *adj* blaze-colo(u)red.

schockie·ren (*getr.* -k·k-) [ʃɔ'kiːrən] *v/t* ⟨*no* ge-, h⟩ shock, *stärker*: scandalize. **~d** *adj* shocking, *stärker*: scandalizing.

'Schock|ˌläh·mung *f* paralysis caused by (a) shock; **e-e** ~ **erleiden** be paralyzed by shock. **~re·ak·tiˌon** *f* → Schockwirkung. **~the·raˌpie** *f* shock therapy (*od.* treatment). **~ˌwir·kung** *f* shock (effect).

scho·fel ['ʃoːfəl], **'scho·fe·lig** *adj colloq.* **1.** (*gemein*) mean, shabby, (*geizig*) *a.* stingy. **2.** (*erbärmlich*) shabby, dingy.

Schöf·fe ['ʃœfə] *m* ⟨-n; -n⟩ *jur.* lay assessor. **~n·geˌricht** *n* court of lay assessors.

Scho·ko·la·de [ʃoko'laːdə] *f* ⟨-; -n⟩ **1.** (**e-e Tafel** ~ a bar of) chocolate; **gefüllte** ~ chocolate with a filling. **2.** (*Trink*≈) (drinking) chocolate.

scho·ko'la·den *adj* (of) chocolate.

scho·ko'la·de(n)|braun *adj* chocolate(-brown). ≈**eis** *n* chocolate ice cream. ≈**guß** *m* chocolate coating (*od.* icing). ≈**sei·te** *f* ⟨-; *no pl*⟩ *fig. colloq.* better profile. ≈**spei·se** *f* chocolate dessert. ≈**streu·sel** *pl* chocolate flakes. ≈**ta·fel** *f* bar of chocolate. **~überˌzo·gen** *adj* chocolate-coated.

Scho·lar [ʃo'laːr] *m* ⟨-en; -en⟩ *hist.* (itinerant) scholar.

Scho·la·stik [ʃo'lastɪk] *f* ⟨-; *no pl*⟩ *philos.* scholasticism. **Scho'la·sti·ker** *m* ⟨-s; -⟩, **scho'la·stisch** [-tɪʃ] *adj* scholastic.

scholl [ʃɔl] *rare 1 u. 3 sg pret of* **schallen.**

Schol·le[1] ['ʃɔlə] *f* ⟨-; -n⟩ **1.** (*Erd*≈) clod, lump. **2.** (*Eis*≈) (ice) floe. **3.** ⟨*only sg*⟩ *fig.* (*Heimat*) soil; **an die** ~ **gebunden sein** cling to the (*od.* one's native) soil; **auf eigener** ~ **sitzen** have one's own piece of ground. **4.** *geol. des Gesteins*: block, *der Erdrinde*: massif; **die hangende** ~ the upthrow side.

'Schol·le[2] *f* ⟨-; -n⟩ *ichth.* (**Gemeine** ~) plaice, *Am.* summer flounder.

'Schöllˌkraut ['ʃœl-] *n bot.* common celandine.

schöl·te ['ʃœltə] *1 u. 3 sg pret subj of* **schelten.**

schon [ʃoːn] *adv* **1.** (*bereits*) already, *in Fragesätzen meist*: yet, (*jemals*) ever, (*zu e-m bestimmten Zeitpunkt*) as early as, already, (*sogar*) even; **er war** ~ **weg** he had already gone; **er ist** ~ **wieder da** he is back already, (*wieder zurück*) he is back again; ~ **zweimal** already twice; ~ **immer** always, all along; ~ **am nächsten Tag** next day already, the very next day; ~ **damals (jetzt)** even then (now); ~ **frühzeitig** early on; ~ **früher** before (this); ~ **von Anfang an** from the very beginning; ~ **oft** often (enough), many times (before); **ist sie** ~ **da?** has she come (*od.* is she back) yet?, (*früher als erwartet*) is she here already?; **hast du das Buch** ~ **ausgelesen?** have you finished the book yet?; **sind Sie** ~ (**einmal**) **in England gewesen?** have you ever been to England?; **hast du** ~ **mit ihm gesprochen?** have you talked to him yet?; **hast du** ~ (**einmal**) **Volleyball gespielt?** have you ever played volleyball?; ~ **um 8 Uhr** as early as (*od.* already at) 8 o'clock; ~ **1914** as early (*od.* as far back, as long ago) as 1914; **wie lange warten Sie** ~? how long have you been waiting?; **seit wann weißt du das** ~? since when have you known that?; ~ **seit 5 Jahren** as long as five years, these five years; **er liegt** ~ **seit drei Wochen im Krankenhaus** he's been in hospital for three weeks now; **wir haben uns** ~ **einmal gesehen** we have met before; **ich habe es** ~ **lange** (*od.* **längst**) **gewußt** I have known it all along (*od.* all the time). **2.** (*gerade*) **ich wollte** ~ **sagen, daß** I was just about to say that; **er wollte** ~ **gehen, als** he was just about to leave when. **3.** (*allein, nur*) merely, only, just; ~ **der Anblick (Name)** the mere (*od.* bare, very) sight (name); ~ **der Gedanke** the very idea, the mere thought; ~ **deswegen** for that reason alone, if only for that reason; ~ **wegen** if only because of; ~ **der Höflichkeit wegen** out of mere courtesy; ~ **weil** if only because; ~ **dich zu sehen** even to see you, the mere sight of you. **4.** *tröstend, besänftigend*: all right, surely; **er wird** ~ **kommen** he will come all right, don't worry (*od.* not to worry, no fear) he will come; **es wird** ~ **gehen** it will be all right (*colloq.* OK, okay), I (*etc*) shall manage (somehow); *colloq.* **das wird** ~ **stimmen** I'm sure that's right; **er wird es** ~ **machen** *a. fig.* he will do it all right, leave it to him; ~ **gut!** a) never mind!, (that's) all right!, okay!, b) (*ich brauche nichts mehr*) that will do. **5.** *bekräftigend*: all right, indeed; **er ist** ~ **ein komischer Kauz** he's a funny bird all right; **er weiß** ~ **warum** he knows very (*od.* perfectly) well why; **ich komme** ~! (I'm) coming!; **da sind** (*od.* **wären**) **wir ja** ~! here we are! **6.** *einräumend*: **das ist** ~ **möglich** that's quite possible; ~ (*od.* **das ist** ~ **wahr**), **aber** that is true (enough), but; that is all very well, but; **das wäre mir** ~ **recht, aber** that would suit me all right, but; that would be all right with me, but. **7.** (*allerdings*) really; **sie müßte sich** ~ **et. mehr**

anstrengen she really ought to work a bit harder; colloq. also, ich muß ~ sagen well really, I must say; ich gebe ~ zu, daß I do admit that; das ist ~ e-e Frechheit! some cheek!; das ist ~ etwas! that's something!; colloq. (na,) wenn ~! what of it!, so what!; es ist ~ so a) that's how (od. the way) it is, b) (du kannst mir glauben) that's true all right, that's a fact; du wirst ~ sehen you'll see. 8. (ohnehin) as it is, anyway; das ist ~ teuer genug that is dear enough as it is; wenn du ~ beim Aufräumen bist since you're tidying up anyway. 9. ~ gar nicht even less, (am allerwenigsten) least of all; er hat nicht einmal Geld für ein Auto, ~ gar nicht für ein Haus let alone for a house; morgen ~ gar nicht tomorrow least of all. 10. ungeduldig: nun rede doch ~! for heaven's sake speak up (, will you)!; colloq. (nun) mach ~! come on!, hurry up!, get a move on!; ich komme ja ~ I'm coming, for God's sake. 11. wenn ~, denn ~ a) (dann richtig) if we do it at all, let's do it properly, b) I (od. we) may as well be hanged for a sheep as for a lamb!

schön [ʃøːn] I adj ⟨-er; -st⟩ 1. allg. beautiful, Frau: a. fair, lovely, (hübsch) pretty, nice, (gutaussehend) bes. Mann: a. handsome, good-looking; ~es Wetter beautiful (od. fine, fair) weather; sie ist ungewöhnlich ~ a. she is a ravishing beauty; das ~e Geschlecht the fair sex; iro. alles andere als ~, ~ ist anders anything but beautiful; → Kunst 1, Literatur 1. 2. (angenehm) pleasant, nice, fine, lovely; war es ~? did you have a nice time?; e-s ~en Tages one fine day, zukünftig: one of these days; ~er Tod easy death; ~es Wochenende! have a pleasant (od. nice) weekend!; colloq. du hast's (vielleicht) ~! you are lucky!; das riecht ~ that smells wonderful. 3. (gut, erfreulich) good, fine, (prächtig) excellent, colloq. splendid, marvel(l)ous, beautiful, great; e-e ~e Gelegenheit a good opportunity; ein ~er Erfolg a fine (colloq. splendid) success; das ist alles recht ~, aber that is all very well but; in ~ster Ordnung in perfect (colloq. apple-pie) order; colloq. das wäre ja zu ~! that would be just lovely!; zu ~, um wahr zu sein too good to be true; wie ~ von ihm! how nice (od. kind) of him!; das war nicht ~ von dir! that was not nice of you! 4. colloq. iro. nice, fine; e-e ~e Bescherung a nice mess, a fine business; ein ~er Trottel quite a fool; das sind mir ~e Sachen pretty doings, indeed; du bist mir ein ~er Freund! a fine friend you are!; es kommt noch ~er there is (even) more to come; das wäre ja noch ~er! certainly not! 5. fig. colloq. (beträchtlich) fair, pretty, handsome; e-e ~e Summe a nice (od. handsome) sum. 6. ~, ich bin einverstanden all right (colloq. OK, okay), I agree; (na) ~, dann eben nicht! all right, have it your way!; j-m e-n ~en Gruß bestellen give s.o. one's kind regards. II adv 7. beautifully, nicely; sich ~ anziehen dress up; ~ braun sein have a beautiful (od. lovely) tan; ~ singen (schreiben) a. have a beautiful voice (handwriting); ~ daherreden colloq. talk a lot of hot air. 8. (angenehm) pleasantly, beautifully; sich ~ anfühlen be pleasant to the touch; es verlief alles auf das ~ste everything went off very smoothly (od. perfectly). 9. colloq. (ganz) ~ (ziemlich) pretty (much), rather, awfully, mighty (cold, stupid, etc); da wärst du ~ dumm you would be a (damn) fool; du hast mich ~ erschreckt you gave me quite a start; ich habe mich ~ gelangweilt I was bored stiff; ganz ~ arbeiten müssen have to work pretty hard. 10. sei ~ brav! be a good boy (girl)!, behave nicely!; bleib du nur ~ zu Hause! you be sensible and stay at home!; immer ~ ruhig bleiben! a) just be (od. keep) nice and quiet!, b) take it easy!, cool it!; das werde ich ~ bleibenlassen! I'll do nothing of the kind!, catch me doing that!; er läßt Sie ~ grüßen he sends you his kind regards (od. his love). III ≈e, das ⟨-n⟩ 11. the beautiful; das ≈e daran ist, daß the nice thing about it is that; das Schönste dabei war the beauty of it was; et. ≈es a thing of beauty; es gibt nichts ≈eres als there is nothing nicer (od. better) than; iro. da hast du (ja) (et)was ≈es angerichtet! a nice mess that!; sie werden et. ≈es von mir denken they'll have a nice opinion of me.

'Schon·be,zug m seat cover, für Möbel: slipcover.

'Schö·ne f ⟨-n; -n⟩ beautiful girl (od. woman), beauty, belle.

schö·nen ['ʃøːnən] v/t ⟨h⟩ 1. (Farben) brighten. 2. (Flüssigkeit) clarify, clear, (bes. Wein) fine. 3. (Lebensmittel) improve, a. colo(u)r, treat with colo(u)r additives.

scho·nen ['ʃoːnən] I v/t ⟨h⟩ 1. (ver~) spare (j-n s.o., j-s Leben s.o.'s life). 2. (pfleglich behandeln) take care of, treat s.th. gently, (Maschine etc) a. go easy on, (Augen etc) save, be easy (od. gentle) on; diese Politur schont den Lack this polish is easy on the varnish; s-e Gesundheit ~ take care of (od. watch) one's health; j-s Gefühle ~ spare s.o.'s feelings; fig. colloq. er schont s-n Kopf he is saving his brains. 3. j-n ~ (nachsichtig behandeln) treat s.o. with indulgence. 4. (Rechte, Eigentum etc) respect. 5. (haushalten mit) save, conserve, husband, colloq. go easy on; fig. colloq. sein Geld ~ be very sparing with one's money. II v/reflex sich ~ 6. take care of (od. look after) o.s. (od. one's health), mind one's health, (sich Ruhe gönnen) (take a) rest, take it easy, relax, kräftemäßig: save (od. spare, conserve, husband) one's energy (od. strength), spare o.s.; sich nicht ~ a. not to spare o.s., gesundheitlich: burn the candle at both ends. III ≈ n ⟨-s⟩ 7. sparing (etc). 8. → Schonung. **'scho·nend** I adj 1. Behandlung etc: careful, gentle, (rücksichtsvoll) considerate, (nachsichtig) indulgent; auf möglichst ~e Weise as gently as possible. 2. Waschmittel etc: mild, gentle. II adv 3. j-m et. ~ beibringen break s.th. gently to s.o.; ~ umgehen mit take (good) care of, save, colloq. go easy on, (sparsam) use s.th. sparingly; j-n ~ behandeln treat s.o. with indulgence.

'Scho·ner¹ m ⟨-s; -⟩ 1. auf Polstermöbeln: cover, antimacassar. 2. → Schonbezug.

'Scho·ner² m ⟨-s; -⟩ mar. schooner.

'schön,fär·ben v/t ⟨sep, -ge-, h⟩ fig. varnish (od. gloss) s.th. over, palliate. **,Schön·fär·be'rei** f fig. palliation.

'Schon|,frist f econ. (period of) grace. **~,gang** m mot. overdrive.

'Schön|,geist m ⟨-(e)s; -er⟩ (a)esthete, bel esprit, belletrist. **≈,gei·stig** adj (a)esthetic(al); ~e Literatur belletristic writing (od. literature), belles lettres pl (als sg konstruiert).

'Schön·heit f ⟨-; -en⟩ 1. ⟨only sg⟩ beauty, loveliness, bes. lit. pulchritude; in s-r etc vollen ~ in full glory. 2. beautiful woman, beauty, belle. 3. e-r Landschaft etc: beauty; die ~en der Natur the beauties of nature.

'Schön·heits|chir·ur,gie f cosmetic surgery. **~,creme** f beauty cream. **~,feh·ler** m blemish, e-s Gegenstands: a. flaw (beide a. fig.). **~,fleck** m beauty spot. **~ide,al** n beau ideal, reigning beauty. **~,kö·ni·gin** f beauty queen, Miss America (etc). **~,mit·tel** n cosmetic, beauty aid. **~ope·ra·ti,on** f cosmetic operation. **~,pfle·ge** f ⟨-; no pl⟩ beauty care. **~sa,lon** m beauty parlo(u)r (od. salon). **~,sinn** m ⟨-(e)s; no pl⟩ sense of beauty, (a)esthetic sense. **~,tän·ze·rin** f cabaret dancer, weitS. stripteaser. **~,wett·be,werb** m beauty contest.

'Schon|,kli·ma n mild (od. relaxing) climate. **~,kost** f bland diet (od. food).

'Schön·ling m ⟨-s; -e⟩ contp. beau.

'schön|,ma·chen I v/i ⟨sep, -ge-, h⟩ Hund: sit up (and beg). II v/reflex sich ~ smarten (od. spruce) o.s. up. **≈re·de'rei** [,ʃøːn-] f ⟨-; no pl⟩ contp. rhetoric, flattery, colloq. soft soap. **≈,red·ner** m contp. rhetorician, (Schmeichler) flatterer. **~,schrei·ben** v/i ⟨irr, sep, -ge-, h⟩ write calligraphy, ped. do (exercises in) neat handwriting. **≈,schrift** f calligraphy, ped. (exercises pl in) neat handwriting.

'schön·stens adv 1. (freundlichst) kindly, respectfully. 2. (bestens) very well, (reibungslos) very (colloq. pretty) smoothly, without a hitch.

'Schön|,tu·er m ⟨-s; -⟩ flatterer. **~tue'rei** [,ʃøːn-] f ⟨-; no pl⟩ flattery, blandishment, colloq. soft soap. **≈,tun** v/i ⟨irr, sep, -ge-, h⟩ (j-m) ~ flatter (s.o.); (mit) j-m ~ a. colloq. soft-soap s.o., play up to s.o.; mit j-m ~ (schäkern) flirt with s.o.

'Scho·nung¹ f ⟨-; no pl⟩ 1. → schonen 7. 2. bes. med. (good) care, nach e-r Krankheit: a. convalescent treatment, (Ruhe) rest, (Entspannung) relaxation; ~ der Gesundheit preservation of one's health; zur ~ der Augen to save one's eyes, to preserve one's eyesight; sich (dat) ~ auferlegen take a rest, relax, take it easy. 3. (pflegliche Behandlung) (good) care, careful treatment, (Erhaltung) preservation, protection; zur ~ des Fußbodenbelags (in order) to preserve the floor-covering; mit ~ → schonend II. 4. (Nachsicht) indulgence, leniency, (Gnade) mercy, bes. mil. (Pardon) quarter; ohne ~ verfahren act mercilessly (od. relentlessly).

'Scho·nung² f ⟨-; -en⟩ 1. young forest plantation. 2. hunt. preserve.

'scho·nungs|be,dürf·tig adj convalescent, in need of rest. **~los** adj unsparing (gegen of), (erbarmungslos) relentless, pitiless, weitS. a. brutal; mit ~er Offenheit with brutal frankness, bluntly.

'Schön,wet·ter,wol·ke f fair-weather cloud, cumulus.

'Schon,zeit f hunt. close season.

Schopf [ʃɔpf] m ⟨-(e)s; ⸚e⟩ 1. (mop of) hair, wirrer: a. shock (od. mat) of hair, (Haar≈) tuft; fig. die Gelegenheit beim ~(e) fassen (od. packen) seize the opportunity, jump at the chance. 2. orn. tuft, crest. 3. e-s Baums: top, crown.

'Schöpf,brun·nen m draw well.

schöp·fen ['ʃœpfən] I v/t ⟨h⟩ 1. scoop, mit e-m Löffel etc: ladle, (Wasser) aus e-m Brunnen: draw, aus e-m Boot: bail; (frische) Luft ~ take the air, get a breath of fresh air; wieder Luft ~ recover one's breath. 2. fig. (Erfahrungen etc) gain, obtain, derive; → Atem 1, Hoffnung 1, Mut 1, Verdacht (etc). II v/i 3. hunt. drink. 4. fig. ~ aus (dat) draw on (experience, resources, etc); jur. geschöpftes Recht judge-made law; **aus dem vollen ~** draw on unlimited resources.

ˈSchöp·fer[1] *m* ⟨-s; -⟩ → Schöpfgefäß.

ˈSchöp·fer[2] *m* ⟨-s; -⟩ **1.** creator, maker, originator, inventor. **2.** (*Gott*) Creator, Maker; **der ~ aller Dinge** the Creator of all things.

ˈSchöp·fer|ˌgeist *m* ⟨-(e)s; *no pl*⟩ creative genius (*od.* spirit). **~ˌhand** *f* ⟨-; *no pl*⟩ *fig.* hand of the creator, creative touch.

ˈSchöp·fe·rin *f* ⟨-; -nen⟩ creatress, author(ess).

ˈschöp·fe·risch I *adj* creative, productive; **e-e ~e Pause einlegen** *a. iro.* pause for inspiration. **II** *adv* **~ veranlagt sein** have creative talent, be creative.

ˈSchöp·ferˌkraft *f* ⟨-; *no pl*⟩ creative power, genius.

ˈSchöpf|geˌfäß *n* scoop. **~ˌkel·le** *f*, **~ˌlöf·fel** *m* ladle, *tech. a.* scoop. **~ˌrad** *n* bucket (*od.* scoop) wheel.

ˈSchöp·fung *f* ⟨-; -en⟩ **1.** (*Werk*) creation, product(ion), work, (*Geistesprodukt*) *colloq.* brainchild. **2.** ⟨*only sg*⟩ a) *Bibl.* Creation, b) (*Welt*) creation, universe, world; *iro.* **die Herren der ~** the lords of creation; → **Krone** 3. **3.** *Mode*: creation, model, design. **~sˌakt** *m* act of creation. **~s·geˌschich·te** *f relig.* history of creation, Genesis. **~sˌtag** *m* day of the Creation.

ˈSchöpfˌwerk *n tech.* bucket elevator.

Schop·pen [ˈʃɔpən] *m* ⟨-s; -⟩ *German liquid measure equal to approximately one pint, in some regions half a pint*; **e-n ~ Wein trinken** have a glass of wine. **~ˌwein** *m* open wine.

Schöps [ʃœps] *m* ⟨-es; -e⟩ *dial. for* **Hammel.**

schor [ʃoːr] *1 u. 3 sg pret*, **schö·re** [ˈʃøːrə] *1 u. 3 sg pret subj of* **scheren**[1].

Schorf [ʃɔrf] *m* ⟨-(e)s; -e⟩ scurf, (*Wund≈*) scab, crust. **ˈschor·fig** *adj* scurfy, scabby.

Schor·le [ˈʃɔrlə] *f* ⟨-; -n⟩, *a. n* ⟨-s; -s⟩ mixed drink of wine and soda water.

ˈSchornˌstein [ˈʃɔrn-] *m* ⟨-s; -e⟩ **1.** chimney, (*hoher Fabrik≈*) smokestack; *fig.* **die ~e rauchen wieder** work has started again; *colloq.* **rauchen wie ein ~** smoke like a chimney; **et. in den ~ schreiben** write s.th. off (as a dead loss); **sein Geld zum ~ hinausjagen** throw one's money down the drain. **2.** *mar. rail.* funnel, smokestack. **~aufˌsatz** *m* chimneypot. **~ˌfe·ger, ~ˌkeh·rer** *m* chimneysweep(er).

Scho·se [ˈʃoːzə] *f* ⟨-; -n⟩ *colloq.* business, affair; **da haben wir die ~!** there we are!

schoß [ʃɔs] *1 u. 3 sg pret of* **schießen.**

Schoß[1] [ʃoːs] *m* ⟨-es; ⸚e⟩ **1.** lap, (*Mutterleib*) womb, *poet.* (*Pudenda*) (*a woman's*) loins *pl* (*od.* sex), *fig. der Familie etc*: fold; **auf j-s ~ sitzen** sit on s.o.'s lap; *fig.* **im ~(e) des Glücks** in Fortune's lap; **im ~(e) der Familie** in the bosom of one's family; **in den ~ der Kirche** *etc* **zurückkehren** return to the fold; **j-m in den ~ fallen** *Erfolg etc*: come easily to s.o., fall right into s.o.'s lap; *fig.* **das ruht im ~(e) der Zukunft** that lies in the womb of time; **das ruht (noch) im ~(e) der Götter** that is (still) in the lap of the Gods, only time will tell; → **Hand** *Verbindungen mit Verben.* **2.** (*Rock≈*) coat-tail, (*Frack≈*) (coat-)tails *pl*, *an Jacken etc*: flounce, peplum.

Schoß[2] [ʃɔs] *m* ⟨-sses; -sse⟩ → **Schößling.**

schös·se [ˈʃœsə] *1 u. 3 sg pret subj of* **schießen.**

ˈSchoß|ˌhund *m*, **~ˌhünd·chen** *n* lapdog. **~ˌkind** *n* pampered child, pet; **ein ~ des Glücks** Fortune's favo(u)rite.

Schöß·ling [ˈʃœslɪŋ] *m* ⟨-s; -e⟩ (off-)shoot, sprout, sapling; **~e treiben** sprout.

Schot [ʃoːt] *f* ⟨-; -en⟩ *mar.* sheet.

Scho·te [ˈʃoːtə] *f* ⟨-; -n⟩ pod, husk, shell; *gastr.* **~n** green peas.

Schott [ʃɔt] *n* ⟨-(e)s; -e⟩ *mar.* bulkhead; **~en dicht!** close the bulkheads!

Schot·te[1] [ˈʃɔtə] *m* ⟨-n; -n⟩ Scot(sman), Scotchman; **die ~n** the Scotch, the Scots.

ˈSchot·te[2] *f* ⟨-; -n⟩ → **Schott.**

ˈSchot·ten *m* ⟨-s; -⟩ *Textil.* tartan. **~ˌka·ro, ~ˌmu·ster** *n* tartan (check). **~ˌrock** *m* **1.** (Scottish) kilt. **2.** tartan (*od.* plaid) skirt.

Schot·ter [ˈʃɔtər] *m* ⟨-s; -⟩ **1.** *civ.eng.* broken (*od.* crushed) stone (*od.* rock), gravel, (*bes. Straßen≈*) (road) metal, *rail.* ballast. **2.** *geol.* pebbles *pl*, boulders *pl*. **~ˌdecke** (*getr.* **-k·k-**) *f e-r Straße etc*: road-metal surface, macadam (pavement).

schot·tern [ˈʃɔtərn] *v/t* ⟨h⟩ (*Straße*) metal, gravel, *rail.* ballast.

ˈSchot·terˌstra·ße *f* metal(l)ed (*od.* gravel) road.

ˈSchot·tin *f* ⟨-; -nen⟩ Scotchwoman, Scotswoman. **ˈschot·tisch I** *adj* Scottish, Scots, Scotch; **~er Whisky** Scotch (whisky). **II** *ling.* **≈** ⟨*generally undeclined*⟩, **das ≈e** ⟨-n⟩ Scottish, Scots.

schraf·fie|ren [ʃraˈfiːrən] *v/t* ⟨*no* **ge-**, h⟩ (**kreuzweise ~** cross)hatch, *Kartographie*: hachure. **≈rung** *f* ⟨-; -en⟩ hatching, hatches *pl*, hachures *pl*.

schräg [ʃrɛːk] **I** *adj* ⟨-er; -st⟩ **1.** slanting, (*~ abfallend*) *a.* inclined, (*abschüssig*) sloping, (*~ verlaufend*) diagonal, *tech.* (*abgeschrägt*) bevel(l)ed, chamfered, (*winklig*) angular, (*~winklig*) oblique (*a. math.*), (*verdreht*) skew. **2.** *fig. colloq.* **ein ~er Vogel** a queer bird, a weirdo; **~e Musik** hot music. **II** *adv* **3.** at a slant, at an angle, slantwise; **~ gegenüber** diagonally opposite; **sich** (*dat*) **den Hut ~ aufsetzen** *a.* put one's hat on askew; **~ über die Straße gehen** cross the road diagonally; **den Kopf ~ halten** tilt one's head; **~ geschnittene Augen** slanting eyes; **~ vor der** (*od.* **die**) **Wand** at an angle to the wall; **er stand ~ hinter ihr** he stood behind her to the side; **~ parken** angle-park; **Stoff ~ (zum Fadenlauf) zuschneiden** cut the cloth on the bias; *tech.* **~ abschneiden** bevel; *cf.* **schief** II (*ansehen etc*). **≈ˌanˌsicht** *f* oblique view. **≈ˌaufˌzug** *m tech.* (inclined) hoist. **≈ˌbal·ken** *m her.* bend.

Schrä·ge [ˈʃrɛːgə] *f* ⟨-; -n⟩ **1.** ⟨*only sg*⟩ → **Schrägheit. 2.** slant, slope, incline, gradient. **3.** *tech.* bevel. **ˈschrä·gen** *v/t* ⟨h⟩ *tech.* bevel, chamfer.

ˈSchräg·heit *f* ⟨-; *no pl*⟩ **1.** slant(ingness). **2.** *math.* obliquity, obliqueness.

ˈSchräg|ˌla·ge *f* **1.** slant, tilt, angular (*od.* oblique) position. **2.** *aer.* bank(ing); **in ~ bringen** bank. **3.** *med. des Fetus*: oblique presentation. **≈ˌlau·fend** *adj* slanting, diagonal, oblique. **~ˌpar·ken** *n mot.* angle-parking. **~ˌpaß** *m Fußball*: cross. **~ˌschnitt** *m tech.* diagonal (*od.* bevel) cut(ting). **~ˌschrift** *f* slanting hand(writing), *print.* italics *pl*. **~ˌschuß** *m Fußball*: diagonal shot. **≈ˌstel·len** *v/t* ⟨h⟩ incline, tilt. **~ˌstrei·fen** *m* **1.** diagonal stripe. **2.** bias (band). **~ˌstrich** *m* oblique (stroke), *Am. a.* diagonal, slash (mark). **≈ˈüber** [ˌʃrɛːk-] *adv* diagonally opposite.

Schram [ʃraːm] *m* ⟨-(e)s; ⸚e⟩, **schrä·men** [ˈʃrɛːmən] *v/t* ⟨h⟩ *Bergbau*: cut.

Schram·me [ˈʃramə] *f* ⟨-; -n⟩ **1.** scratch (*a. auf Möbeln*), (*Schürfwunde*) *a.* abrasion, (*Narbe*) scar. **2.** *meist pl geol. im Gletscher*: stria. **ˈschram·men I** *v/t* ⟨h⟩ (*Haut, a. Möbel etc*) scratch, (*abschürfen*) scrape, graze. **II** *v/i* ⟨sein⟩ **~ an** (*acc*), **~ gegen** scratch (*od.* scrape) against. **III** *v/reflex* **sich ~** ⟨h⟩ scratch (*od.* graze) o.s. **ˈschram·mig** *adj* full of scratches, scratched, (*abgeschürft*) grazed, (*narbig*) scarred, marred.

Schrank [ʃraŋk] *m* ⟨-(e)s; ⸚e⟩ **1.** cupboard, *bes. Am.* closet, (*Kleider≈*) wardrobe, (*Bücher≈*) bookcase, (*Spind*) locker, (*Wäsche≈*) (linen-)press, (*Vitrine, Akten≈, Musik≈ etc*) cabinet, (*Geld≈*) safe; → **Tasse. 2.** *tech.* cabinet, (*Gehäuse*) case. **3.** *fig. colloq.* **ein ~ von e-m Mann** a (great) hulk of a man, a hulking fellow. **~ˌbett** *n* cupboard (*od.* foldaway) bed.

Schränk·chen [ˈʃrɛŋkçən] *n* ⟨-s; -⟩ small cupboard, *etc.*

Schran·ke [ˈʃraŋkə] *f* ⟨-; -n⟩ **1.** *rail.* barrier, gate. **2.** (*Zoll≈*) (customs) barrier(s *pl*), (*Maut≈*) tollgate, turnpike. **3.** *math.* limit. **4.** (*Absperrung*) barrier, *meist pl jur.* bar; **vor den ~n des Gerichts erscheinen** appear in court; **e-e ~ aufrichten** (*od.* **errichten**) *a. fig.* set up a barrier. **5.** *pl fig. soziale, wirtschaftliche etc*: barriers, (*Grenzen*) limits, bounds; **innerhalb der ~n des Gesetzes** within the bounds (*od.* pale) of the law; **~n setzen** (*dat*) put (*od.* set) bounds to, put a check on; **(sich) in ~n halten** keep within bounds, restrain (o.s.); **j-n in s-e ~n weisen** put s.o. in his place, *colloq.* cut s.o. down to size. **6.** *pl hist.* (*Kampfplatz*) lists *pl* (*als sg od. pl konstruiert*); **in die ~n fordern** challenge, throw down the gauntlet to; *fig.* **in die ~n treten für** stand up for, support, back.

schrän·ken [ˈʃrɛŋkən] *v/t* ⟨h⟩ **1.** put crosswise, (*a. Beine*) cross, (*Arme*) fold. **2.** *tech.* (*Sägezähne*) set.

ˈschran·ken|los *adj* **1.** → **unbeschrankt. 2.** *fig.* (*unbeschränkt*) boundless, unlimited, (*zügellos*) unbounded, unrestrained, unbridled. **≈lo·sig·keit** *f* ⟨-; *no pl*⟩ *fig.* boundlessness, unboundedness, unrestraint.

ˈSchran·kenˌwär·ter *m rail.* gatekeeper.

ˈSchrank|ˌfach *n* compartment, shelf, *für Briefe etc*: pigeonhole. **≈ˌfer·tig** *adj Wäsche*: washed and ironed. **~ˌkof·fer** *m* wardrobe trunk. **~ˌwand** *f* wall-to-wall cupboard units *pl*.

Schran·ze [ˈʃrantsə] *m* ⟨-n; -n⟩, *f* ⟨-; -n⟩ *contp.* toady; → *a.* **Hofschranze.**

Schrap·nell [ʃrapˈnɛl] *n* ⟨-s; -e *u.* -s⟩ *mil. hist.* shrapnel.

schrap·pen [ˈʃrapən] *v/t u. v/i* ⟨h⟩ scrape. **ˈSchrap·pen** *m* ⟨-s; -⟩ scraper, scraping tool.

ˈSchraubˌdeckel (*getr.* **-k·k-**) *m* screw cap.

Schrau·be [ˈʃraubə] *f* ⟨-; -n⟩ **1.** *tech.* screw, *mit Mutter*: bolt; **~ ohne Ende** a) perpetual screw, b) *fig.* vicious circle; **~ und Mutter** bolt and nut; **e-e ~ anziehen** tighten a screw; *fig.* **die ~ anziehen** put on the screw; *fig. colloq.* **bei ihm ist e-e ~ locker** he has a screw loose; **alte ~** old frump. **2.** *aer. mar.* propeller, screw. **3.** *Sport*: twist.

ˈschrau·ben I *v/t* ⟨h⟩ screw; **et. fester ~** tighten the screw(s) of s.th.; *fig.* **der Skispringer schraubte den Rekord auf 120 Meter** the ski jumper pushed the record up to 120 metres; *fig.* **in die Höhe ~** → **hochschrauben; niedriger ~** lower, scale down; → **geschraubt. II** *v/i* screw. **III** *v/reflex* **sich in die Höhe** (*od.* **höher**) **~** wind its way up, *Flugzeug etc*: circle its way up, spiral up.

ˈ**Schrau·ben|ˌbol·zen** *m* screw bolt. **~ˌdre·her** *m* screwdriver. **~ˌfe·der** *f* coil spring. **~ˌflä·che** *f math.* helicoid. **Ձˌför·mig** *adj* screw-shaped, helical, helicoid(al). **~geˌwin·de** *n* screw thread. **~ˌkopf** *m* bolt head, screw head. **~ˌmut·ter** *f* (screw) nut. **~ˌsal·to** *m Sport*: somersault with twist. **~ˌschlüs·sel** *m* spanner, wrench. **~verˌbin·dung** *f* bolt(ed) connection. **~ˌwel·le** *f* propeller (*od.* screw, tail) shaft. **~ˌwin·de** *f* screw jack. **~ˌzie·her** *m* → Schraubendreher.

ˈ**Schraub|ˌfas·sung** *f electr*: screw(ed) lampholder. **~ˌglas** *n* screw-cap jar. **~ˌkap·pe** *f* screw cap. **~ˌstock** *m* vice, *Am.* vise; *fig.* **wie ein ~** *Griff etc*: like a vice. **~verˌbin·dung** *f* screw(ed) connection. **~verˌschluß** *m* screw cap. **~ˌzwin·ge** *f* screw clamp.

ˈ**Schre·berˌgar·ten** [ˈʃreːbər-] *m* allotment (garden).

Schreck [ʃrɛk] *m* ‹-(e)s; *rare* -e› fright, scare, shock; **j-m e-n ~ einjagen** give s.o. a fright, scare s.o.; **e-n furchtbaren ~ bekommen** (*colloq.* **kriegen**) get an awful fright; **sie waren vor ~ wie gelähmt, sie waren starr** (*od.* **steif) vor ~** they were paralyzed with fright, *colloq.* they were scared stiff; **du hast mir e-n schönen ~ eingejagt!** you gave me quite a fright!; → *a.* **einjagen**; **vor ~ davonlaufen** run off in fright; *colloq.* **ach, du ~!** good heavens!, dear me! **~ˌbild** *n* **1.** ghastly sight. **2.** → Schreckgespenst 1.

Schrecken (*getr.* -k·k-) [ˈʃrɛkən] *m* ‹-s; -› **1.** fright, scare, shock, terror, (*Aufregung*) alarm, dismay, *stärker*: panic; **~ hervorrufen** cause alarm; **von ~ ergriffen** terrified, terror-stricken; **mit ~ erfüllen, in ~ versetzen** frighten, scare, terrify; **Furcht und ~ verbreiten unter** spread fear and terror among; **j-m e-n heiligen ~ einjagen** put the fear of God into s.o.; **mit dem ~ davonkommen** escape with a fright; **lieber ein Ende mit ~ als ein ~ ohne Ende** rather a calamitous end than an endless calamity. **2.** (*Bestürzung*) dismay, consternation; **zu m-m ~** to my dismay. **3.** (*Greuel*) horror, terrors *pl*; **die ~ des Krieges** the horrors of war; **ein Bild des ~s** a scene of horror, a horrifying scene. **4.** (*Schrecknis*) terror, horror; **er war der ~ der ganzen Nachbarschaft** he was the terror of the whole neighbo(u)rhood.

ˈ**schrecken** (*getr.* -k·k-) *v/t* ‹h› frighten, scare, *stärker*: terrify, (*auf~*) alarm, startle, *stärker*: panic, (*ab~*) deter, put *s.o.* off; **j-n aus dem Schlaf ~** startle s.o. out of his sleep. **~erˌre·gend** *adj* frightening, terrifying, *Nachricht etc*: alarming, dire; → *a.* **schrecklich**.

ˈ**Schreckens|ˌbild** (*getr.* -k·k-) *n* dreadful (*od.* horrible) sight. **Ձˈblaß, Ձˈbleich** *adj* pale with fright. **~ˌbot·schaft** *f* alarming (*od.* terrible, dire) news *pl* (*als sg od. pl konstruiert*). **~ˌherr·schaft** *f* (reign of) terror. **~ˌnachˌricht** *f* → Schreckensbotschaft. **~ˌnacht** *f* night of horrors, dreadful night. **~ˌschrei** *m* cry of dismay, shriek of terror. **~ˌtat** *f* atrocious (*od.* horrible, heinous) deed, atrocity.

ˈ**Schreck|geˌspenst** *n fig.* **1.** nightmare, spect/re (*Am.* -er), dreadful vision. **2.** (*Popanz*) bog(e)yman, bugbear, bugaboo. **3.** *colloq.* (*Person*) fright. **Ձhaft** *adj* easily frightened, fearful, timid, nervous, panicky. **~haf·tig·keit** *f* ‹-; *no pl*› timidity, nervousness.

ˈ**schreck·lich I** *adj* terrible, horrible, frightful, fearful, awful, dreadful, horrid, ghastly (*alle a. fig. colloq.*), *Verbrechen etc*: *a.* atrocious, heinous, appalling, (*schlimm*) dire, grim, (*katastrophal*) disastrous; → **Angst** 1. **II** *adv colloq.* (*ungemein*) awfully, terribly, frightfully (**enttäuscht, erfreut** *etc* disappointed, glad, *etc*), (*verzweifelt*) desperately; **es dauerte ~ lange, bis er kam** it took him awfully long (*od.* ages) to come; **das kostet ~ viel Geld** that costs an awful lot of money; **wir haben ~ gelacht** we laughed our heads off; **es tut mir ~ leid** I'm awfully sorry. **Ձkeit** *f* ‹-; *no pl*› terribleness, frightfulness, dreadfulness, horribleness, atrocity.

ˈ**Schreck·nis** *n* ‹-ses; -se› horror, terror.

ˈ**Schreck|ˌschuß** *m* **1.** shot fired in the air, warning shot. **2.** *fig.* false alarm. **~ˌschuß·piˌsto·le** *f* blank cartridge pistol. **~seˌkun·de** *f* reaction time.

Schrei [ʃraɪ] *m* ‹-(e)s; -e› **1.** cry, *lauter*: shout, *gellender*: yell, scream, *spitzer*: shriek, screech, *klagender*: wail, (*BrüllՁ*) roar; **~ der Entrüstung** cry of indignation, *fig.* outcry; **die ~e der Zuschauer** the shouts (*od.* roar) of the crowd. **2.** *zo.* cry, *der Eule etc*: screech, hoot, *e-s Esels*: bray, *e-s Hahns*: crow. **3.** *fig.* (*Verlangen*) cry, call (**nach Rache** for revenge). **4.** *fig. colloq.* **der letzte ~** (*Modeneuheit*) the latest rage (*od.* craze, fashion), the dernier cri.

ˈ**Schreib|ˌanˌwei·sung** *f Computer*: write statement. **~ˌar·beit** *f* clerical (*od.* desk) work, *bes. lästige*: paperwork. **~ˌart** *f* style. **~beˌdarf** *m* writing materials *pl*, stationery. **~ˌblock** *m* ‹-(e)s; -s› writing-pad. **~büˌro** *n* writing office, *innerbetriebliches*: typing pool. **~ˌda·me** *f* typist.

schrei·ben [ˈʃraɪbən] **I** *v/t* ‹**schreibt, schrieb, geschrieben,** h› **1.** write, (*Rechnungen etc*) *a.* write (*od.* make) out, (*Musik*) *a.* compose, (*notieren*) *a.* write (*od.* take, note) down, *tech. Instrument*: record; **j-m et. ~** write to s.o. about s.th., inform s.o. of s.th.; **et. mit Kreide an die Tafel ~** chalk (up) s.th. on the blackboard; **man schrieb das Jahr 1925** it was in 1925; **den wievielten ~ wir heute?** what date is it today?; **et. mit** (*od.* **auf) der Schreibmaschine ~** write s.th. with a typewriter, type(write) s.th.; **et. noch einmal ~** rewrite s.th.; **man schreibt uns aus Hamburg** we hear from Hamburg; **die Zeitung schreibt darüber folgendes** the newspaper says the following about it; → **Handschrift** 4, **Leib** 1 (*etc*). **2.** (*orthographisch richtig ~*) write, spell; **et. groß (klein) ~** write s.th. with a capital (small) letter; **et. richtig ~** spell s.th. correctly; **et. falsch ~** misspell s.th.; **wie schreibt man „Fuchs"?** how do you spell "Fuchs"? **II** *v/i* **3.** write, (*schriftstellern*) *a.* be a writer; **an j-n ~** write (to) s.o.; **schreib mir mal!** drop me a line!; **mit Bleistift ~** write in pencil; **~ Sie!** *beim Diktat*: take the dictation!, take a letter!; **gut ~** a) have a good handwriting, b) have a good style, be a good writer; **mit** (*od.* **auf) der (Schreib)Maschine ~** type(write); **für e-e Zeitung ~** write for a newspaper, write newspaper articles; **an e-r Sache ~** be writing (at) s.th., be working (*od.* at work) on s.th.; **sich** (*dat*) (*od.* **einander) ~** write to each other, correspond (with each other), be in correspondence; **er kann nicht richtig ~** he is a bad speller; **wie die Zeitungen ~** according to the newspapers; → **sagen** 1. **III** *v/reflex* **sich ~ 4.** be written, be spelt; **wie ~ Sie sich?** how do you spell your name?; **sich mit j-m ~** be in correspondence (*od.* correspond) with s.o. **IV** *v/impers* **5. wie schreibt es sich mit d-m neuen Füllhalter?** what is writing like with your new pen? **V Ձ** *n* ‹-s› **6.** writing (*etc*); **et. zum Ձ** s.th. to write with. **7.** (*Schriftstück*) writing, (*Brief*) letter, (*Notiz*) note, memorandum; **Ihr Ձ vom** your letter of, *im Briefkopf*: Your Ref. (= reference).

ˈ**Schrei·ber** *m* ‹-s; -› **1.** writer, (*Angestellter*) clerk, (*Sekretär, Protokollführer*) secretary, (*AbՁ*) copyist, *hist.* scribe; **der ~** (*Verfasser* = **ich**) the writer, the author, *e-s Zeitungsartikels*: this correspondent, the writer, *e-s Briefes*: the undersigned. **2.** *tech.* (*Instrument*) recorder, (*Stift*) (recording) stylus.

Schrei·beˈrei *f* ‹-; -en› *colloq.* **1.** (endless) writing. **2.** *meist pl* (plenty of) writing (*od.* paperwork). **3.** *contp.* (*Geschreibsel*) scribbling. ˈ**Schrei·ber·ling** *m* ‹-s; -e› *colloq.* **1.** *contp.* scribbler, ink-slinger. **2.** (*kleiner Büroangestellter*) pen pusher. ˈ**Schrei·berˌsee·le** *f colloq.* narrow-minded person.

ˈ**schreibˌfaul** *adj* **~ sein** be lazy about (letter) writing, be a bad (*od.* poor) correspondent. **Ձheit** *f* ‹-; *no pl*› laziness about (letter) writing.

ˈ**Schreib|ˌfe·der** *f* pen, *obs.* quill. **~ˌfeh·ler** *m* spelling mistake, slip of the pen, clerical error; → *a.* **Tippfehler**. **~geˌbühr** *f* copying fee. **~geˌrät** *n* **1.** writing utensil. **2.** *tech.* recording instrument, recorder. **~ˌheft** *n* exercise book, (*SchönՁ*) copybook. **~ˌkopf** *m* **1.** *Schreibmaschine*: golf ball. **2.** *Computer*: record(ing) head. **~ˌkraft** *f* (shorthand *od.* copy) typist, secretarial help. **~ˌkrampf** *m* writer's cramp. **~ˌkunst** *f* art of writing, penmanship. **~ˌmap·pe** *f* writing-case. **~maˌschi·ne** *f* typewriter; **mit der ~ geschrieben** typewritten, typed, in typescript.

ˈ**Schreib·maˌschi·nen|paˌpier** *n* typewriting paper. **~ˌschrift** *f* typewriting. **~ˌta·ste** *f* typewriter key.

ˈ**Schreib|ma·te·riˌal** *n* stationery. **~paˌpier** *n* writing-paper. **~ˌpult** *n* (writing-)desk, escritoire. **~ˌsaal** *m* typing pool. **~ˌschrift** *f* script. **~ˌstift** *m tech.* recording stylus. **~ˌstu·be** *f mil.* orderly room. **~ˌta·fel** *f hist.* tablet.

ˈ**Schreibˌtisch** *m* writing-table, desk. **~ˌar·beit** *f* desk work. **~ˌlam·pe** *f* desk lamp. **~ˌrech·ner** *m* desk(top) computer. **~ˌses·sel** *m* desk chair. **~ˌtä·ter** *m fig.* armchair culprit.

ˈ**Schreibˌtrom·mel** *f tech.* recording drum.

ˈ**Schrei·bung** *f* ‹-; -en› spelling; **falsche ~** misspelling.

ˈ**schreibˌunˌkun·dig** *adj* unable to write.

ˈ**Schreib|ˌun·terˌla·ge** *f* blotting-pad. **~verˌbot** *m* ban on writing; **~ erhalten** be under an official ban as a writer. **~ˌwal·ze** *f tech.* platen, roller. **~ˌwa·ren** *pl* stationery *sg.* **~ˌwa·renˌhänd·ler** *m* stationer. **~ˌwa·renˌhand·lung** *f* stationer's (shop). **~ˌwei·se** *f* **1.** style. **2.** *e-s Wortes*: spelling. **3.** *Computer*: notation. **~ˌzeug** *n* writing things *pl*. **~ˌzim·mer** *n* writing room.

schrei·en [ˈʃraɪən] **I** *v/i u. v/t* ‹**schreit, schrie, geschrie(e)n,** h› **1.** cry (out), *lauter*: shout, *gellend*: yell, screech, *kreischend*: scream, shriek, *quietschend*: squeal, *jammernd*: wail, *freudig*: whoop, (*brüllen*) roar, brawl, vociferate; **vor Schmerz ~** cry (out) with pain; **vor Wut (Entsetzen) ~** cry out in anger (terror); **vor Lachen ~** roar (*od.* scream) with laughter; **~ nach** *fig. a. Sache*: cry out for, *Menge etc*: clamo(u)r for; **nach j-m ~** shout (*flehentlich*: cry out) for s.o.; **j-m in die Ohren ~** din into s.o.'s ears; →

Hals[1] 4, **Hilfe** 1 (*etc*). **2.** *Baby*: cry, scream, squall, bawl, howl. **3.** *zo.* cry, *Eule etc*: hoot, screech, *Esel*: bray, *Hahn*: crow. **II** *v/reflex* **4. sich heiser ~** shout o.s. hoarse. **III ≈** *n* ‹-s› **5.** crying (*etc*); *colloq.* **es ist zum ≈** it is a (perfect) scream; → *a.* **Geschrei** 1. **ˈschrei·end** *adj* **1.** shouting (*etc*), clamorous; **~ s-e Waren anpreisen** shout one's wares. **2.** *fig. Farben*: loud, garish, glaring. **3.** *fig.* (*himmel~*) crying (*shame*); **~es Unrecht** flagrant injustice; **in ~em Gegensatz** in glaring contrast. **ˈSchrei·er** *m* ‹-s; -› **1.** → **Schreihals** 1. **2.** (*Krakeeler*) brawler, *meist pl* (*Nörgler*) complainer, grumbler. **Schreieˈrei** *f* ‹-; *no pl*› *colloq. for* **Geschrei**.

ˈSchrei‖hals *m* **1.** squaller, crybaby, noisy brat. **2.** → **Schreier** 2. **~krampf** *m med.* crying (*od.* screaming) fit.

Schrein [ʃraɪn] *m* ‹-(e)s; -e› **1.** shrine (*a. fig. der Seele etc*), (*Reliquien≈*) *a.* reliquary. **2.** *obs. for* **Sarg**, **Schrank** 1.

ˈSchrei·ner *m* ‹-s; -› *dial.* joiner, (*Kunst≈*) cabinet-maker. **Schrei·neˈrei** *f* ‹-; -en› *dial.* joiner's workshop. **ˈschrei·nern** *v/i* ‹h› *dial.* work as a joiner.

schrei·ten [ˈʃraɪtən] *v/i* ‹**schreitet, schritt, geschritten, sein**› *lit.* walk, *mit langen Schritten*: stride (along), (*stolzieren*) strut (along); **im Zimmer auf und ab ~** pace the room (*od.* floor), stride up and down the room; *fig.* **zu e-r Sache ~** proceed to (do) s.th.; **zur Abstimmung ~** (come to the) vote; **zum Äußersten ~** take extreme measures; **zur Tat** (*od.* **zu Taten**) **~** set to work.

schrie [ʃriː] *1 u. 3 sg pret of* **schreien**.

schrieb [ʃriːp] *1 u. 3 sg pret of* **schreiben**.

Schrieb *m* ‹-s; -e› *colloq.* (piece of) writing, (*bes.* official) letter.

Schrift [ʃrɪft] *f* ‹-; -en› **1.** writing, characters *pl*, script, *print.* type, (*Hand≈*) handwriting, hand; **in lateinischer ~** in Roman characters; **in deutscher ~** in Gothic (*od.* German) script; **e-e Sprache in Wort und ~ beherrschen** be able to speak and write a language well; **sie hat e-e schöne ~** *a.* she writes a beautiful hand; → **Kopf** 7. **2.** (*~stück*) writing, document, (*a. Abhandlung*) paper, (*Veröffentlichung*) publication, (*Werk*) work, (*Broschüre*) pamphlet, booklet, brochure, (*Bitt≈*) petition, appeal, (*In≈*) inscription, legend; **sämtliche ~en Kants** the complete works of Kant, a complete edition of Kant('s works); *relig.* **die (Heilige) ~** the (Holy) Scriptures *pl*. **~art** *f print.* (kind of) type. **~ausˌle·gung** *f relig.* exegesis. **~bild** *n print.* (type)face. **~deutsch** ‹*generally undeclined*›, **das ~deut·sche** ‹-n› literary (*od.* standard) German. **~fäl·schung** *f* forgery of handwriting. **~ˌform** *f jur.* writing. **~füh·rer** *m* secretary, *amtlicher*: recording clerk. **~geˌlehr·te** *m Bibl.* scribe. **~gie·ßer** *m print.* typefounder. **~gie·ßeˌrei** *f* typefoundry. **~grad** *m*, **~grö·ße** *f* type size. **~guß** *m* typecasting. **~hö·he** *f* type height, height to paper; **in ~** type-high. **~ka·sten** *m* (type) case. **~lei·ter** *m* editor. **~lei·tung** *f* → **Redaktion**.

ˈschrift·lich I *adj* **1.** written, *nachgestellt*: in writing, (*brieflich*) *a.* by letter; **~e Prüfung** written examination; **~e Prüfungsarbeit** examination paper, script; *jur.* **~er Beweis** evidence in writing; *jur.* **~e Vorladung** letters *pl* citatory. **II** *adv* **2.** in writing, in black and white, on paper, (*brieflich*) by letter, by correspondence; *fig. colloq.* **das kann ich dir ~ geben!** I can guarantee you that!, you can bet your life on that!; → **niederlegen** 3. **III ≈e, das** ‹-n› **3. ich habe nichts ≈es** I have nothing in writing; **et. ≈es zu erledigen haben** have some writing (*od.* paperwork) to do. **4.** *colloq.* (*~e Prüfung*) written exam, paper.

ˈSchrift‖meˌtall *n* type (*od.* printer's) metal. **~pro·be** *f* **1.** specimen of (s.o.'s) handwriting. **2.** *print.* specimen of type. **~rol·le** *f hist.* scroll. **~sach·verˌstän·di·ge** *m, f* handwriting expert. **~satz** *m* **1.** *print.* type matter. **2.** *jur.* (set of) documents *pl*, file, (*Erklärung*) written statement. **~set·zen** *n* typesetting, composition. **~set·zer** *m* typesetter, compositor. **~spra·che** *f* literary (*od.* standard) language.

ˈSchriftˌstel·ler *m* ‹-s; -› author, writer. **~beˌruf** *m* writer's profession.

ˌSchrift·stel·leˈrei *f* ‹-; *no pl*› writing.

ˈSchrift‖stel·le·rin *f* ‹-; -nen› author(ess), (woman) writer. **≈stel·lerisch I** *adj* literary. **II** *adv* as a writer, as an author. **≈stel·lern** *v/i* ‹*insep*, **ge-**, **h**› write, do literary work, be a writer, be an author. **~stel·lerˌna·me** *m* pen name, nom de plume, pseudonym. **~ˌstel·ler·verˌband** *m* writers' union.

ˈSchrift‖stück *n* writing, (official) document (*od.* paper), deed. **~tum** *n* ‹-s; *no pl*› literature. **~verˌkehr, ~wech·sel** *m* correspondence, exchange of letters. **~zei·chen** *n* character, letter. **~zug** *m* **1.** stroke, character. **2.** (*Unterschrift*) signature. **3.** *pl* (*Handschrift*) hand(writing) *sg*.

schrill [ʃrɪl] *adj* ‹-er; -st› *Stimme, Ton etc*: shrill (*a. fig.*), piercing. **ˈschril·len** *v/i* ‹h› shrill; **das Telephon schrillte** the telephone rang shrilly.

Schrip·pe [ˈʃrɪpə] *f* ‹-; -n› *colloq.* roll.

schritt [ʃrɪt] *1 u. 3 sg pret of* **schreiten**.

Schritt *m* ‹-(e)s; -e, *bei Maßangaben* -› **1.** step (*a. Tanz≈, a. mus. u. tech.*), pace, *langer*: stride, *hörbarer*: (foot)step, footfall, tread; **es sind nur ein paar ~e bis zu** it is but a step to; **mit schnellen ~en** at a brisk pace, with vigorous strides; **er kam mit großen ~en auf sie zu** he strode up to her; **leichten ~es** with light steps; **e-n ~ zurücktreten** (take a) step back; **treten Sie bitte e-n ~ näher** please come (*od.* go) a bit closer; **s-e ~e wenden** (*od.* **lenken**) **nach** (*od.* **zu**) turn one's steps toward(s); **den ~ wechseln** change step; **aus dem ~ kommen** break (*od.* get out of) step; **er hat e-n schnellen ~** he walks at a fast pace; **~ halten mit** keep pace (*od.* step, keep up) with, *fig. a.* keep abreast of, *Sache*: be in phase with; **~ für ~** step by step, *fig. a.* little by little; **auf ~ und Tritt** (*ständig*) constantly, (*überall*) at every turn, everywhere; **j-m auf ~ und Tritt folgen** dog s.o.('s every footstep), *heimlich*: shadow s.o.; → **Essen** 7. **2.** *Reiten etc*: walk; **(im) ~ reiten** (ride at a) walk, walk one's horse; *mot.* **im ~ fahren** drive at a walking speed; **(im) ~ fahren!** dead slow! **3.** (*Maßangabe*) step, pace; **in etwa 20 ~ Entfernung** approximately 20 paces (*od.* steps, yards) away. **4.** *fig.* step, (*Maßnahme*) *a.* measure, move; *pol.* **ein diplomatischer ~** a diplomatic move, a démarche; **Politik der kleinen ~e** policy of gradualism; **der erste ~ zur Besserung** a first step towards improvement; **mit großen ~en** with giant strides (*od.* steps); **ein großer (erster) ~ zu** a long (first) step towards; **den ersten ~ tun** take the initiative; **~e tun, ~e unternehmen** take steps; **den entscheidenden ~ tun** (*od.* **wagen**) take the (final) plunge; **den zweiten ~ vor dem ersten tun** put the cart before the horse; **ich ging noch e-n ~ weiter** I went one step further; **wir sind k-n ~ weitergekommen** we haven't made the slightest progress (*od.* headway) yet. **5.** *tech. allg., a. Computer*: step, *math. phys.* increment, *teleph.* element, unit. **6.** *der Hose*: crotch.

ˈSchrittˌma·cher *m* **1.** *Sport*: pacemaker, pacer, *Am.* pacesetter. **2.** *med.* (*Herz≈*) pacemaker. **3.** *fig.* (*Pionier*) pacemaker, pioneer, *Am.* pacesetter, *bes. in der Mode*: *colloq.* trendsetter. **~dien·ste** *pl Sport u. fig.* pacemaking *sg*, *Am.* pacesetting *sg*; **j-m ~ leisten** pace s.o., do the pace for s.o.; *fig.* **~ leisten** pave the way (**für** for). **~maˌschi·ne** *f Radsport*: pacing motorcycle, motor pacer.

ˈSchritt‖schal·ter *m tech.* step-by-step switch. **~wech·sel** *m* change of step. **≈wei·se** *a. fig.* **I** *adj* gradual, progressive, stepwise, step-by-step, *mil. pol. etc* phased (*withdrawal, etc*). **II** *adv* step by step, by steps, gradually, progressively. **~wei·te** *f der Hose*: length of crotch. **~zäh·ler** *m* **1.** pedometer. **2.** *Computer*: step counter.

schroff [ʃrɔf] **I** *adj* ‹-er; -(e)st› **1.** (*steil*) *Berge, Felsen etc*: steep, precipitous, (*zerklüftet*) jagged. **2.** *fig.* (*barsch*) *Antwort etc*: curt, brusque, gruff, (*unvermittelt*) *Wechsel etc*: abrupt, (*kraß*) *Gegensatz etc*: sharp, glaring; **~e Ablehnung** flat refusal, *weitS.* harsh rejection; **in ~em Gegensatz stehen zu** contrast sharply with. **II** *adv* **3. ~ abfallend** precipitous, steep. **4.** *fig.* bluntly; **et. ~ ablehnen** refuse s.th. flatly (*od.* bluntly). **≈heit** *f* ‹-; *no pl*› **1.** (*Steilheit*) precipitousness, steepness, (*Zerklüftung*) jaggedness. **2.** *fig.* gruffness, brusqueness, curtness, abruptness.

schröp·fen [ˈʃrœpfən] *v/t* ‹h› **1.** *med.* bleed, cup. **2.** *fig. colloq.* bleed, fleece, milk, soak. **3.** *hort.* tap. **ˈSchröpfˌkopf** *m* cup(ping glass).

Schrot [froːt] *m, n* ‹-(e)s; -e› **1.** (*grobgemahlenes Getreide*) bruised grain, coarse meal, (*Malz≈*) grist. **2.** (small) shot; **grober ~** buckshot. **3.** *e-r Münze*: (alloy) weight; *fig.* **ein Mann von echtem** (*od.* **altem**) **~ und Korn** a real man, a man of the old stamp. **~brot** *n* wholemeal bread. **~büch·se** *f* shotgun. **~efˌfekt** *m TV* shot effect.

schro·ten [ˈʃroːtən] *v/t* ‹h› **1.** (*Getreide, Malz*) crush, bruise, rough-grind, shred. **2.** *Schmiedekunst*: chisel. **3.** (*Fässer etc*) roll (along *od.* away), parbuckle.

ˈSchrotˌflin·te *f* shotgun.

ˈSchrothˌkur [ˈʃroːt-] *f med.* Schroth's treatment, dry diet.

ˈSchrot‖korn *n*, **~ku·gel** *f* (grain of) shot, pellet. **~la·dung** *f* charge of shot. **~mehl** *n* (coarse) meal. **~mei·ßel** *m* cutting chisel. **~müh·le** *f* bruising (*od.* rough-grinding) mill. **~paˌtro·ne** *f* shot cartridge.

Schrott [ʃrɔt] *m* ‹-(e)s; -e› **1.** scrap (iron). **2.** *fig. colloq.* trash, junk, (*Blödsinn*) rot, rubbish. **~au·to** *n* car wreck, wrecked car. **~händ·ler** *m* scrap dealer. **~hau·fen** *m* scrap heap (*a. fig.*). **~la·ger** *n*, **~platz** *m* scrap-yard. **~ˌpres·se** *f* junk press. **≈reif** *adj* fit for the scrap heap; **ein Auto ~ fahren** smash up a car completely. **~wert** *m* scrap value.

schrub·ben [ˈʃrʊbən] *v/t* ‹h› scrub, scour; *colloq.* **sich ~** scrub o.s.

ˈSchrub·ber *m* ‹-s; -› long-handled scrubbing brush (*Am.* scrub brush).

Schrul·le [ˈʃrʊlə] *f* ‹-; -n› **1.** whim, whims(e)y, crotchet, maggot, kink; **sie hat den Kopf voller ~n, sie hat nichts als ~n im Kopf** her head is full of odd notions. **2.** *colloq.* **(alte) ~** crotchety hag, old frump. '**schrul·len·haft,** '**schrul·lig** *adj* whimsical, crotchety, cranky, faddish, faddy.

schrum·pe·lig ['ʃrʊmpəlɪç] *adj dial.* wrinkled, shrivel(l)ed, wizened. '**schrum·peln** *v/i* <sein> → schrumpfen 1.

'**schrumpf|ˌfest,** **~ˌfrei** *adj* shrinkproof.

schrump·fen ['ʃrʊmpfən] **I** *v/i* <sein> **1.** shrink (*a. med. tech.*), (*sich zs.-ziehen*) *a.* contract, (*schrumpeln*) shrivel (up), become wrinkled (*od.* wizened). **2.** *fig.* (*weniger werden*) shrink, dwindle. **II** 2 *n* <-s> **3.** shrinking (*etc*). **4.** → Schrumpfung 2.

'**Schrumpf|ˌkopf** *m* shrunken head. **~ˌle·ber** *f* (**~ˌnie·re** *f*) *med.* cirrhosis of the liver (kidney). **~ˌring** *m tech.* shrunk-on ring (*od.* collar). **~ˌsitz** *m* shrink(age) fit.

'**Schrump·fung** *f* <-; -en> **1.** → schrumpfen 3. **2.** shrinkage (*a. med. tech.*), *med.* atrophy, (*Zs.-ziehung*) contraction.

Schrund [ʃrʊnt] *m* <-(e)s; ⸚e>, '**Schrun·de** *f* <-; -n> **1.** *im Fels etc*: crack, fissure, crevice, cleft. **2.** *auf der Haut*: fissure, crack, chap. '**schrun·dig** *adj* fissured, cracked, *med. a.* chapped.

schrup·pen ['ʃrʊpən] *v/t* <h> *tech.* rough (down).

'**Schrupp|ˌfei·le** *f* rough file. **~ˌho·bel** *m* jack plane.

Schub [ʃuːp] *m* <-(e)s; ⸚e> **1.** (*Stoß*) push, shove. **2.** *aer.* thrust. **3.** *tech.* shearing force. **4.** (*Menge*) *Brot etc, fig. Briefe, Menschen etc*: batch, lot. **5.** *Kegeln*: throw. **6.** *polizeilich*: compulsory conveyance (of tramps, *etc*). **7.** *med.* episode, (*Anfall*) attack; **in Schüben verlaufend** intermittent. **8.** (*Preis2, Kosten2 etc*) sudden rise, *colloq.* jump (*in prices, etc*). **9.** *colloq. for* Schubfach, Schublade. **~beˌanˌspru·chung** *f tech.* shear(ing) stress. **~ˌdü·se** *f* propelling nozzle.

Schu·ber ['ʃuːbər] *m* <-s; -> *für Bücher*: cardboard sleeve.

'**Schub|ˌfach** *n* drawer. **~ˌfe·stig·keit** *f* shear(ing) strength. **~ˌkar·re** *f*, **~ˌkar·ren** *m* wheelbarrow, pushcart. **~ˌka·sten** *m* drawer. **~ˌkraft** *f* **1.** *aer.* thrust. **2.** *tech.* shearing force. **~ˌla·de** *f* drawer. **~ˌleh·re** *f* sliding cal(l)iper. **~ˌrie·gel** *m* sliding bolt.

Schubs [ʃʊps] *m* <-es; -e> *colloq.* push, shove; **j-m e-n ~ geben** *a.* push (*od.* shove) s.o., *fig.* (*ermuntern*) push s.o., give s.o. a push.

'**Schubˌschiff** *n* push boat (*od.* tug).

'**schub·sen** *v/t* <h> push, shove.

'**Schub|ˌumˌkeh·rer,** **~ˌumˌlen·ker** *m aer.* thrust reverser. **~ˌumˌlen·kung** *f* thrust reversal. **~verˌar·bei·tung** *f Computer*: batch processing. **2ˌwei·se** *adv* **1.** in batches. **2.** (*nach u. nach*) gradually, by degrees.

schüch·tern ['ʃʏçtərn] *adj* shy, (*verschämt*) bashful, blushing, coy, (*zaghaft*) timid, (*unsicher*) diffident; **ein ~er Versuch** a feeble attempt. **2heit** *f* <-; *no pl*> shyness, bashfulness, coyness, timidity.

schuf [ʃuːf] *1 u. 3 sg pret*, **schü·fe** ['ʃyːfə] *1 u. 3 sg pret subj of* **schaffen**¹.

Schuft [ʃʊft] *m* <-(e)s; -e> scoundrel, rascal, blackguard, *a. thea.* villain, *sl.* bastard.

schuf·ten ['ʃʊftən] *v/i* <h> *colloq.* toil (away), drudge, slave away, *Br. a.* beaver. **Schuf·te'rei** *f* <-; *no pl*> *colloq.* drudgery, slavery, grind.

'**schuf·tig** *adj* rascally, villainous, mean, low, nasty. **2keit** *f* <-; *no pl*> perfidy, lowness, villainy.

Schuh [ʃuː] *m* <-(e)s; -e> **1.** shoe (*a. tech.*); **hohe (flache) ~e** high-heeled (low-heeled) shoes; *fig. colloq.* **wissen, wo j-n der ~ drückt** know where the shoe pinches; **j-m die Schuld in die ~e schieben** lay (*od.* put) the blame on s.o.; **ich möchte nicht in s-n ~en stecken** I should not like to be in his shoes; **sich** (*dat*) **et. längst an den ~en abgelaufen haben** know s.th. inside out; **umgekehrt wird ein ~ draus!** the boot is on the other leg (*od.* foot)!; **wem der ~ paßt, der zieht** (*od.* **ziehe**) **ihn sich an!** if the shoe (*od.* cap) fits wear it! **2.** *e-s Pfahls etc*: ferrule. **3.** → Hufeisen. **4.** *obs.* (*Längenmaß*) foot. **~ˌabˌsatz** *m* heel. **~ˌanˌzie·her** *m* shoehorn. **~ˌbür·ste** *f* shoe brush. **~ˌcreme** *f* shoe polish. **~geˌschäft** *n* shoe shop (*Am.* store). **~ˌgrö·ße** *f* size (of shoe), shoe size; **er trägt ~ 40** he takes size 40. **~karˌton** *m* shoe box. **~ˌle·der** *n* shoe leather. **~ˌlöf·fel** *m* shoehorn. **~ˌma·cher** *m* shoemaker. **~ma·che'rei** [-ʃuː-] *f* <-; -en> shoemaker's shop. **~ˌna·gel** *m* hobnail. **~ˌnum·mer** *f* → Schuhgröße. **~ˌput·zer** *m* bootblack, shoeblack; *fig. colloq.* **j-n wie e-n ~ behandeln** treat s.o. like dirt; **ich bin doch nicht dein ~!** I'm not your slave. **~ˌsoh·le** *f* sole (of a shoe); *fig. colloq.* **sich** (*dat*) **die ~n nach e-r Sache ablaufen** run one's legs off trying to get s.th. **~ˌspan·ner** *m* shoe tree. **~ˌwa·ren** *pl*, **~ˌwerk** *n* footwear *sg*, footgear *sg*, boots and shoes. **~ˌwich·se** *f colloq. for* Schuhcreme. **~ˌzeug** *n colloq. for* Schuhwerk.

'**Schu·koˌstecker** (*getr.* -k·k-) *m electr.* shock-proof plug.

'**Schul|ˌabˌgang** *m* school-leaving. **~ˌabˌgän·ger** *m* school-leaver. **~ˌamt** *n* supervisory school authority. **~ˌanˌfang** *m* beginning of school. **~ˌar·beit** *f meist pl* homework, schoolwork, lesson; **~en machen** do one's homework. **~ˌarzt** *m* school medical officer. **~ˌaufˌga·be** *f* **1.** → Schularbeit. **2.** → Klassenarbeit. **~ˌaufˌsichts·beˌhör·de** *f* → Schulamt. **~ˌausˌflug** *m* school excursion (*od.* outing). **~ˌbank** *f* <-; ⸚e> form, school bench; *fig. colloq.* **die ~ drücken** go to school. **~ˌbeiˌspiel** *n* (**für** of) typical (*od.* perfect) example, test case, case in point. **~beˌsuch** *m* school attendance. **~beˌzirk** *m* school district. **~ˌbil·dung** *f* (school) education; **höhere ~** secondary (school) education; **e-e gute ~ haben** be well educated. **~ˌbuch** *n* textbook, school-book. **~ˌbuch·verˌlag** *m* educational publishers *pl*. **~ˌbus** *m* school bus.

Schuld [ʃʊlt] *f* <-; -en> **1.** <*only sg*> (*Verantwortung für Böses*) guilt, (*Fehler*) fault, blame, (*Ursache*) cause, (*Sünde*) sin, (*Unrecht*) wrong, *stärker*: crime; **wen trifft die ~?** whose fault is it?, who is to blame for it?; **durch m-e ~** through a fault of mine; **j-m die ~ für et. geben** blame s.o. for s.th.; **die ~ auf j-n schieben, j-m die ~ zuschieben** put (*od.* lay) the blame on s.o.; **dich trifft k-e ~** you are not to blame; **die ~ für et. auf sich nehmen** take (*od.* bear) the blame for s.th.; **ein Gefühl tiefer ~** a feeling of deep guilt; **~ und Sühne** sin and atonement; *Bibl.* **vergib uns unsere ~** forgive us our trespasses; **e-e ~ auf sich laden** make o.s. guilty (of a wrong *od.* crime); **sich k-r ~ bewußt sein** feel quite innocent; **e-e ~ wiedergutmachen** right a wrong. **2.** <*only sg*> *jur. strafrechtliche*: guilt, *zivilrechtliche*: fault, responsibility; **s-e ~ bekennen** (*od.* **zugeben, eingestehen**) confess one's guilt, plead guilty. **3.** *econ.* (*Geld2*) debt, (*Verbindlichkeit*) liability, obligation, (*Hypotheken2*) mortgage debt, encumbrance; **~en haben** be in debt, be in the red; **~en bei j-m haben** owe s.o. money, be indebted to s.o.; **~en machen** contract (*od.* incur) debts, run into debt(s), run up bills; **bis über die Ohren in ~en stecken** be up to one's ears in debt; **das Haus ist noch nicht frei von ~en** the house is not yet free from encumbrances. **4.** <*only sg*> *fig.* indebtedness, obligation; **tief in j-s ~ stehen** be greatly indebted (*od.* much obliged) to s.o. **5.** *mit Kleinschreibung*: **wer hat 2?** whose fault is it?, who is to blame (for it)?; **j-m 2 geben** blame s.o.; *jur.* **2 haben** be at fault.

schuld *adj* <*pred*> **wer ist ~?** whose fault is it?, who is to blame (for it)?; **die Verhältnisse sind ~ daran** the circumstances are to blame (for it).

'**Schuld|ˌan·erˌkennt·nis** *n* acknowledgement of (a) debt, *vor Gericht*: recognizance. **~beˌkennt·nis** *n* confession of one's guilt, *jur.* plea of guilty. **2beˌla·den** *adj* laden (*od.* burdened) with guilt. **~beˌweis** *m jur.* proof (*od.* evidence) of (s.o.'s) guilt. **2beˌwußt** *adj* conscious of one's guilt, *Miene etc*: guilty. **~beˌwußtˌsein** *n* guilty conscience. **~ˌbuch** *n econ.* debt register. **~ˌbuch·for·de·rung** *f* book debt (due).

schul·den ['ʃʊldən] *v/t* <h> **j-m et. ~** *a. fig.* owe s.o. s.th.; → Dank 2. **~ˌfrei** *adj* free from debt, clear of debt, *Haus etc*: unencumbered, unmortgaged; **~ sein** *a.* have no debts. **~ˌhal·ber** *adv* owing to (*od.* on account of) debts.

'**Schul·den|ˌlast** *f* burden of debts, liabilities *pl*, *auf Grundstücken etc*: encumbrance(s *pl*). **~ˌma·cher** *m colloq.* s.o. who is running into debt(s) (*od.* running up bills) everywhere. **~ˌmas·se** *f* (aggregate) liabilities *pl*. **~ˌtil·gung** *f* liquidation of debts. **~ˌtil·gungsˌfonds** *m* sinking fund.

'**Schuld|erˌlaß** *m*, **~erˌlas·sung** *f* remission of (a) debt. **~ˌfä·hig·keit** *f jur.* criminal responsibility. **~ˌfor·de·rung** *f* claim, (active *od.* due) debt. **~ˌfra·ge** *f* question of guilt. **~geˌfäng·nis** *n obs.* debtors' prison. **~geˌfühl** *n* feeling (*od.* sense) of guilt, guilty conscience. **2haft** *adj jur.* culpable.

'**Schulˌdienst** *m* <-(e)s; *no pl*> **im ~ (tätig) sein** be in the teaching profession, be a teacher.

'**schul·dig** *adj* **1.** (*gen od.* **an** *dat*) responsible (for), to blame (for), *bes. jur.* guilty (of), *Zivilrecht*: *meist* at fault, responsible (for); *jur.* **für ~ befinden** find (*od.* rule) *s.o.* guilty (**e-s Verbrechens** of a crime, **e-r Anklage** on a charge); **j-n ~ sprechen** pronounce s.o. guilty, *zivilrechtlich*: *a.* pronounce judg(e)ment against s.o.; **sich ~ fühlen** feel guilty, have a guilty conscience; **sich ~ bekennen** plead guilty (**e-s Verbrechens** to [committing] a crime); **das Gericht erkannte auf ~** the court brought in a verdict of guilty; **die Geschworenen haben ihn des Mordes für ~ erklärt** the jury convicted him on a charge of murder; *obs.* **~ geschieden** divorced as the guilty party. **2. j-m et. ~ sein** *a. fig.* owe s.o. s.th.; **j-m nichts mehr ~ sein** be quits (*od.* square) with s.o.; **was bin ich (Ihnen) ~?** how much do I owe you?; *fig.* **j-m e-e Erklärung ~ sein** owe s.o. an explanation; **ich bin ihm großen Dank ~** I owe him a deep debt of gratitude, I am much obliged (*od.* greatly indebted) to him; **das bist du ihm schon ~** you owe that to him; **sie blieb ihm die Antwort nicht ~** she gave him tit for tat; **er bleibt k-e Antwort ~** he is never at a loss for an answer; j-m nichts ~ bleiben pay s.o. back in his own coin. **3.** (*gebührend*) due (*respect, etc*). **4.** *poet.* des Todes ~ sein deserve death. **ˈSchul·di·ge** *m, f* ‹-n; -n› culprit, *bes. jur.* guilty person (*od.* party), party at fault. **ˈSchul·di·ger** *m* ‹-s; -› *Bibl.* wie wir vergeben unseren ~n as we forgive them that trespass against us. **ˈSchul·dig·keit** *f* ‹-; *no pl*› duty, obligation; s-e ~ tun do one's duty; → Pflicht 1. **ˈSchul·digˌspre·chung** *f* conviction, condemnation, verdict of guilty.

ˈSchul|diˌrek·tor *m* headmaster, *Am.* principal. **~di·rekˌto·rin** *f* headmistress, *Am.* (woman) principal.

ˈSchuld||kla·ge *f jur.* action for debt. **~komˌplex** *m psych.* guilt complex. **2-los** *adj* not responsible, not to blame, *bes. jur.* guiltless, not guilty, without (*od.* free from) guilt, innocent; *obs.* ~ geschieden divorced through no fault of one's own. **~lo·sig·keit** *f* ‹-; *no pl*› guiltlessness, innocence.

Schuld·ner [ˈʃʊldnər] *m* ‹-s; -› debtor (*a. fig.*); *fig.* ich werde immer Ihr ~ sein (*od.* bleiben) *a.* I shall always be in your debt. **~ˌland** *n* debtor country (*od.* nation).

ˈSchuld||po·sten *m econ.* debit item. **~ˌrecht** *n* law of obligations. **~ˌschein** *m* promissory note, IOU. **~ˌspruch** *m jur.* verdict of guilty, conviction. **~ˌti·tel** *m* instrument of indebtedness. **~ˌturm** *m hist.* debtors' prison. **~ˌüberˌnah·me** *f* assumption of a debt. **~verˌhält·nis** *n* obligation. **~verˌschrei·bung** *f* (debenture) bond, (industrial) obligation, *hypothekarisch gesicherte*: mortgage bond.

Schu·le [ˈʃuːlə] *f* ‹-; -n› **1.** (*Gebäude*) school (building), schoolhouse. **2.** (*Lehranstalt*) school, educational establishment; höhere ~ secondary school; ~ mit Internat boarding school; ~ ohne Internat day school; öffentliche ~ state (*Am.* public) school; sie geht noch zur (*od.* in die, auf die) ~ she is still at school; *colloq.* die ganze ~ (*alle Lehrer u. Schüler*) the whole school; *fig.* die ~ des Lebens the school of life; durch e-e harte ~ gehen pass through a severe school (*od.* test), learn it the hard way; ~ machen find adherents, spread, be imitated; er ist bei den Klassikern in die ~ gegangen he is a classicist; ein Kavalier der alten ~ a gentleman of the old school; aus der ~ plaudern tell tales out of school, blab. **3.** (*Unterricht*) school, classes *pl*, lessons *pl*; heute ist (*od.* haben wir) k-e ~ there is no school today; nach der ~ after school (hours); was macht die ~? how are you getting on at school? **4.** (*Lehrmeinung, Kunstrichtung*) school; die florentinische ~ the Florentine school. **5.** *Reitsport*: Hohe ~ haute école; (die) Hohe ~ reiten put a horse through its paces; *fig.* die Hohe ~ des ... the art of ... **6.** (*Lehrbuch*) textbook, manual.

schu·len [ˈʃuːlən] **I** *v/t* ‹h› **1.** train (*a. Auge, Gedächtnis etc*), school, teach, instruct, *pol.* indoctrinate; → geschult. **2.** (*Hunde etc*) train, (*Pferde*) *a.* break in. **II** *v/reflex* sich ~ **3.** train o.s., undergo training.

ˈSchul||eng·lisch *n* school English. **~entˌlas·se·ne** *m, f* school-leaver. **~entˌlas·sungsˌfei·er** *f* school-leaving celebrations *pl.* **2entˌwach·sen** *adj Jugendlicher*: too old for school, over school age.

Schü·ler [ˈʃyːlər] *m* ‹-s; -› **1.** schoolboy, pupil, *höherer*: student. **2.** *fig.* (*Jünger*) disciple, follower. **3.** *fig.* (*Anfänger*) novice, tyro, tiro. **~ˌausˌschuß** *m* pupils' committee (*od.* council). **~ˌausˌtausch** *m* exchange of pupils (*od.* students). **~ˌausˌweis** *m* pupil's card (*od.* pass). **2haft** *adj* (school)boyish, *fig.* (*unreif*) immature, unripe, *colloq.* half-baked.

ˈSchü·le·rin *f* ‹-; -nen› **1.** schoolgirl, pupil. **2.** → Schüler 2, 3. **3.** → Lernschwester.

ˈSchü·ler||lot·se *m* school crossing (*od.* school safety) patrol. **~schaft** *f* ‹-; *no pl*› die ~ the pupils *pl*, the students *pl*, the student body. **~ˌspra·che** *f* school (-boy) slang. **~verˌtre·tung** *f* pupils' representation. **~ˌzei·tung** *f* school magazine.

ˈSchul|erˌzie·hung *f* schooling, school education. **~ˌfach** *n* subject. **~ˌfall** *m* → Schulbeispiel. **~ˌfe·ri·en** *pl* (school) holidays (*Am.* vacation *sg*). **~ˌfernˌse·hen** *n* school (*od.* educational) television. **~ˌfest** *n* school fete. **~ˌflugˌzeug** *n* training aircraft, trainer. **2frei** *adj* ~ haben have a holiday; ~er Nachmittag half-holiday; heute ist ~ there is no school today. **~ˌfreund** *m*, **~ˌfreun·din** *f* schoolmate, schoolfellow, school friend. **~ˌfunk** *m* school broadcasting (*od.* radio program[me]). **~geˌbäu·de** *n* school (building), schoolhouse. **~geˌbrauch** *m* für den ~ for (use in) schools. **~geˌlän·de** *n* school grounds *pl, bes. Am.* campus. **~ˌgeld** *n* school fee(s *pl*); *humor.* du solltest dir dein (*od.* das) ~ wiedergeben lassen you haven't benefit(t)ed much from your schooling. **~geˌsetz** *n* Education Act. **~ˌhaus** *n* school building, schoolhouse. **~ˌheft** *n* exercise-book. **~ˌhof** *m* school yard, (school) playground.

ˈschu·lisch *adj* educational, school (*affairs, etc*); ~e Leistungen scholastic achievements (*od.* attainments), success *sg* (*od.* progress *sg*) at school, school performance *sg.*

ˈSchul||jahr *n* school year; auf s-e ~e zurückblicken look back (up)on one's school days. **~ˌjun·ge** *m* schoolboy. **~ka·meˌrad** *m*, **~ka·meˌra·din** *f* → Schulfreund(in). **~ˌkennt·nis·se** *pl* school knowledge *sg.* **~ˌkind** *n* schoolchild. **~ˌklas·se** *f* class, form, *Am.* grade. **~ˌlandˌheim** *n* school hostel in the country. **~ˌleh·rer** *m* schoolmaster, schoolteacher. **~ˌleh·re·rin** *f* schoolmistress, schoolteacher. **~ˌlei·ter** *m* headmaster, *Am.* principal. **~ˌlei·te·rin** *f* headmistress, *Am.* principal. **~lekˌtü·re** *f* school reading. **~ˌmäd·chen** *n* schoolgirl. **~ˌmap·pe** *f* schoolbag, satchel. **2mä·ßig** *adj* orthodox, copybook. **~me·diˌzin** *f* classical medicine. **~mei·nung** *f* orthodox opinion (*od.* doctrine), received opinion. **~ˌmei·ster** *m* schoolmaster, *fig. contp. a.* pedant. **2mei·ster·lich** *adj fig. contp.* schoolmasterly, pedantic. **2mei·stern** *v/t* ‹*insep*, ge-, h› *fig. contp.* schoolmaster. **~ˌmu·si·ker** *m* teacher of music. **~ˌord·nung** *f* school regulations *pl.* **~ˌpflicht** *f* (allgemeine) ~ compulsory education. **2pflich·tig** *adj* of school age; ~es Alter school age; ~e Kinder school-age children. **~po·liˌtik** *f* educational policy. **2psy·choˌlo·gisch** *adj* ~e Beratungsstelle child guidance clinic. **~ˌran·zen** *m* satchel. **~ˌrat** *m* ‹-(e)s; ⸚e› school-inspector, *Am.* school supervisor. **~ˌraum** *m* classroom, schoolroom. **~ˌraumˌnot** *f* (dire) lack of schoolrooms. **~ˌrei·fe** *f* maturity to attend school. **~ˌschiff** *n* school (*od.* training) ship. **~ˌschluß** *m* end of school, break-up; wann haben wir heute ~? when does school end today?; Freitag ist ~ *vor den Ferien*: school ends (*od.* breaks up) on Friday. **~ˌschwän·zer** *m* truant. **~ˌspei·sung** *f* school meals (*od.* lunches) *pl.* **~ˌsportˌfest** *n* sport(s) (*Am.* field) day. **~ˌstun·de** *f* lesson, period, class. **~ˌta·sche** *f* schoolbag, satchel.

Schul·ter [ˈʃʊltər] *f* ‹-; -n› shoulder; ~ an ~ shoulder to shoulder (*a. fig.*), *Sport*: neck and neck; breite ~n haben be broad-shouldered; mit den ~n zucken shrug (one's shoulders); j-m auf die ~ klopfen slap s.o. on the back; den Sieger auf den ~n vom Platz tragen chair the winner off the field; *Ringen*: den Gegner auf die ~n zwingen force the opponent onto his shoulders; j-n an den ~n fassen (*od.* packen) grab s.o. by the shoulder; sie reicht ihm nur bis zur (*od.* an die) ~ she only comes up to his shoulder; j-n um die ~ fassen put one's arm (a)round s.o.'s shoulders; sie hängte sich die Tasche über die ~ she slung the bag over her shoulder; *fig.* j-n über die ~ ansehen look down one's nose at s.o.; mit hängenden ~n (*enttäuscht*) with shoulders drooping; j-m die kalte ~ zeigen give s.o. the cold shoulder, cold-shoulder s.o.; et. auf die leichte ~ nehmen make light of s.th., pooh-pooh s.th.; auf beiden ~n Wasser tragen be a time-server, favo(u)r both sides. **~ˌblatt** *n anat.* shoulder blade, scapula. **~ˌbrei·te** *f* width of (the) shoulders. **2frei** *adj Kleid etc*: strapless. **~geˌlenk** *n anat.* shoulder joint. **~ˌgurt** *m* shoulder strap. **~ˌhö·he** *f* (in ~ at) shoulder level. **~ˌklap·pe** *f bes. mil.* shoulder strap, epaulet(te). **2lang** *adj* ~e Haare shoulder-length hair *sg.* **~ˌmus·kel** *m* humeral muscle.

schul·tern [ˈʃʊltərn] *v/t* ‹h› shoulder.

ˈSchul·ter||pol·ster *n* shoulder pad (-ding). **~ˌrie·men** *m* shoulder strap. **~ˌschwung** *m Ringen*: shoulder throw. **~ˌsieg** *m* win by a fall. **~ˌstand** *m gym.* shoulder stand. **~ˌstück** *n mil.* shoulder strap, epaulet(te), *e-s Gewehrs*: shoulder piece. **~ˌta·sche** *f* shoulder bag. **~ˌtuch** *n* (square) scarf.

ˈSchu·lung *f* ‹-; -en› training, instruction, schooling, (*Übung*) practice, (*Erziehung*) education, *pol.* indoctrination. **~sˌkurs, ~sˌkur·sus** *m* training course. **~sˌla·ger** *n* training camp.

ˈSchul||un·terˌricht *m* school(ing), school instruction, lessons *pl*, classes *pl.* **~verˌfas·sung** *f* school statutes *pl.* **~verˌsäum·nis** *n* absence from (*od.* nonattendance at) school. **~verˌwal·tung** *f* school administration. **~ˌweg** *m* way to school. **~ˌweis·heit** *f contp.* book learning. **~ˌwe·sen** *n* ‹-s; *no pl*› education(al system). **~ˌwör·terˌbuch** *n* collegiate dictionary. **~ˌzeit** *f* school time, *rückblickend*: school days *pl.* **~zeug·nis** *n* school (*od.* end-of-term) report, *Am.* report card. **~ˌzim·mer** *n* classroom, schoolroom.

schum·meln [ˈʃʊməln] *v/i* ‹h› *colloq.* cheat.

Schum·mer [ˈʃʊmər] *m* ‹-s; *no pl*› *dial.* twilight. **ˈschum·me·rig** *adj dial.* dusky. **ˈschum·mern** *v/impers dial.* es schummert it is growing dark, dusk is falling. **ˈSchum·merˌstun·de** *f dial.* in der ~ at dusk, at twilight.

ˈSchumm·ler *m* ‹-s; -› *colloq.* cheat (-er).

Schund [ʃʊnt] *m* ‹-(e)s; *no pl*› *contp.* trash, rubbish (*beide a. fig.*); ~ und Schmutz trash and smut, *jur.* harmful publications *pl.* **~li·te·raˌtur** *f* trashy literature. **~roˌman** *m* trashy novel, penny dreadful, *Am.* dime novel. **~ˌwa-**

re *f* trash(y goods *pl*), catchpenny stuff.

schun·keln [ˈʃʊŋkəln] *v/i* <h> sway rhythmically (with arms linked).

Schu·po¹ [ˈʃuːpo] *m* <-s; -s> *colloq.* policeman, cop(per), bobby.

ˈ**Schu·po**² *f* <-; *no pl*> *colloq.* (uniformed) police.

Schup·pe [ˈʃʊpə] *f* <-; -n> **1.** *bot. zo.* scale, squama; *fig. colloq.* **es fiel mir wie ~n von den Augen** the scales fell from my eyes. **2.** *der Haut*: scale; **~n** *pl* dandruff *sg.* **3.** *hist. e-s Schuppenpanzers*: lame.

schup·pen [ˈʃʊpən] **I** *v/t* <h> (*Fisch*) (un)scale. **II** *v/reflex* **sich ~** *Haut etc*: scale (off), peel (off), desquamate.

ˈ**Schup·pen** *m* <-s; -> *allg.* shed, (*Flugzeug*≈) *a.* hangar, (*Scheune*) barn, *weitS. colloq. contp.* hut, hovel, shack, *humor.* (*Lokal, Hotel etc*) shop, joint.

ˈ**Schup·pen|ˌflech·te** *f med.* psoriasis. **~ˌpan·zer** *m* scale armo(u)r.

ˈ**schup·pig** *adj* **1.** *bot. med. zo.* scaly, squamous, *Kopfhaut*: dandruffy. **2.** *metall.* flaky.

Schur [ʃuːr] *f* <-; -en> **1.** *agr.* a) shearing, clip(ping), b) (*Ertrag*) fleece, clip. **2.** *e-r Hecke etc*: trim(ming), clip(ping).

ˈ**Schürˌei·sen** *n* poker.

schü·ren [ˈʃyːrən] *v/t* <h> **1.** (*Feuer*) poke (up), stir (up), *tech.* stoke. **2.** *fig.* (*Eifersucht, Haß, Neid etc*) stir up, fan, foment, add fuel to; *fig.* **das Feuer ~** fan the flame(s).

schür·fen [ˈʃʏrfən] **I** *v/i* <h> **1.** (**nach** for) prospect, explore, dig, search. **2.** *fig.* (*gründlich forschen*) investigate the matter, (re)search (thoroughly); **tief ~** go to the bottom of it; **tiefer ~** go more deeply into s.th., dig below the surface. **II** *v/t* **3.** (*Erze etc*) prospect (*od.* explore, dig) for. **4. sich** (*dat*) **die Haut ~** graze (*od.* scratch) one's skin. ˈ**Schür·fer** *m* <-s; -> prospector.

ˈ**Schürf|ˌpro·be** *f* assay. **~ˌrecht** *n* right to prospect. **~ˌstel·le** *f* area (*od.* place) of prospection.

ˈ**Schür·fung** *f* <-; -en> **1.** prospection, exploration. **2.** → *a.* ˈ**Schürfˌwun·de** *f* graze, abrasion.

ˈ**Schürˌha·ken** *m* poker.

schu·ri·geln [ˈʃuːriːgəln] *v/t* <h> *colloq.* harass, torment, bully.

Schur·ke [ˈʃʊrkə] *m* <-n; -n> blackguard, scoundrel, rascal, *a. thea.* villain. ˈ**Schur·kenˌstreich** *m*, ˈ**Schur·kenˌtat** *f*, **Schur·keˈrei** *f* <-; -en> villainy, villainous (*od.* mean, nasty) trick. ˈ**schur·kisch** *adj* blackguardly, scoundrelly, villainous.

ˈ**Schurˌwol·le** *f* virgin wool; **100% reine ~** 100% pure new wool.

Schurz [ʃʊrts] *m* <-es; -e> apron, (*Lenden*≈) loincloth.

Schür·ze [ˈʃʏrtsə] *f* <-; -n> apron, *für Kinder*: pinafore; *fig. colloq.* **er ist hinter jeder ~ her, er läuft jeder ~ nach** he runs after every skirt; → **Schürzenband.** ˈ**schür·zen I** *v/t* <h> **1.** (*Rock etc*) gather up. **2.** (*Knoten*) tie; → **Knoten** 2. **3.** (*Lippen*) pout. **II** *v/reflex* **sich ~ 4.** gather up one's skirt(s). **5.** → **Knoten** 2.

ˈ**Schür·zen|ˌband** *n* apron string; *fig. colloq.* **an Mutters ~ hängen** be tied to one's mother's apron strings. **~ˌjä·ger** *m colloq.* philanderer, womanizer. **~ˌkleid** *n* pinafore dress.

ˈ**Schurzˌfell** *n* leather apron.

Schuß [ʃʊs] *m* <-sses; ≈sse, *bei Zahlenangaben* -> **1.** shot (*a. phot. u. Sport*), (*Munition*) round, (*Knall*) report; **ein ~ vor den Bug** *a. fig.* a warning shot; **ein ~ ins Schwarze** *a. fig.* a bull's-eye; **e-n ~ abgeben** (*od.* **abfeuern**) fire (a shot), shoot, *Fußball*: hit (*od.* take) a shot; **plötzlich fielen Schüsse** suddenly shots were fired (*od.* heard); *hunt.* **vor den ~ kommen** come within shot; **dieser ~ hat getroffen** (*colloq.* **gesessen**)! that shot hit (the mark) (*od.* went home), *fig.* that hit home!; *fig. colloq.* **weit vom ~ sein** a) be well out of harm's way, b) be away from the scene of events; **der ~ ging nach hinten los** the plan backfired; **er kam mir zufällig vor den ~** I happened to bump into him; → **Blaue**¹, **Bug** 1, **Pulver** 1. **2.** → **Schußverletzung. 3.** *Skisport*: (*a.* **im ~ fahren**) schuss. **4.** *bot.* (*Trieb*) shoot: **die Pflanze ist im ~** the plant is shooting up; *fig. colloq.* **e-n ~ tun** shoot up. **5.** (*Portion*) dash; **Tee mit e-m ~ Milch** tea with a dash of milk; **e-e Cola mit ~** (*mit Alkohol*) a spiked coke; ... **mit einem ~ Kognak** laced with brandy; *fig.* **sie hat e-n ~ Leichtsinn im Blut** there's a streak of recklessness in her character. **6.** *fig. colloq.* **in** (*od.* **im**) **~ sein** *Sache*: be in good order, be running smoothly, *Person*: be in good shape (*od.* trim, form); **in ~ bringen** get *s.th.* into working order, (*in Gang setzen*) get *s.th.* going, (j-n) bring s.o. up to the mark; **in ~ halten** (*Sache*) keep *s.th.* in good repair (*od.* condition), (*Organisation*) keep the wheels of (*an organization*) well oiled; **in ~ kommen** get under way, *a. Person*: get into one's stride. **7.** *Bergbau*: shot, single explosive charge. **8.** *Textil.* (*Querfäden*) weft, woof; → **Kette** 10. **9.** batch (of bread). **10.** *sl.* (*Drogen*≈) shot, fix, hit; **sich** (*dat*) **e-n ~ setzen** give o.s. a fix, main(line). **~ˌbahn** *f* line of fire, (*Flugbahn*) trajectory. **~beˌreich** *m* (effective) range, (*Feuerzone*) zone of fire; **im ~** within range. **≈beˌreit** *adj* ready to fire, *a. colloq. phot.* ready to shoot, *Waffe*: *a.* at the ready.

Schus·sel [ˈʃʊsəl] *m* <-s; ->, *f* <-; -n> *colloq.* (*fahrige, vergeßliche Person*) scatterbrain, (*Tolpatsch*) clumsy oaf, *Am. sl.* klutz.

Schüs·sel [ˈʃʏsəl] *f* <-; -n> **1.** basin, bowl, (*Speisen*≈) dish (*a.* = *Gericht*), (*Saucen*≈) gravy boat, sauce-boat, (*Suppen*≈) tureen; *fig. colloq.* **vor leeren ~n sitzen** live at hunger's door. **2.** (*Bett*≈) bedpan. **3.** *geogr.* (*Mulde*) punch bowl.

ˈ**schus·se·lig** *adj colloq.* scatterbrained, (*tolpatschig*) clumsy. **schus·seln** [ˈʃʊsəln] *v/i* <h> *colloq.* **bei e-r Sache ~** do s.th. slapdash, scamp s.th.

ˈ**Schuß|ˌfa·den** *m Textil.* (thread of the) weft (*od.* woof). **~ˌfahrt** *f Skisport*: schuss. **~ˌfeld** *n* field of fire. **≈ˌfer·tig** *adj* → **schußbereit.** **≈ˌfest** *adj* shotproof, bulletproof, shellproof. **~ˌfol·ge** *f* rate of fire. **~ˌgar·be** *f* cone of fire. **≈geˌrecht** *adj hunt.* within (gun)shot (*od.* range). **~kaˌnal** *m bes. med.* track (*od.* path) of bullet (*od.* projectile). **~ˌkraft** *f Sport*: shooting power. **~ˌkreis** *m Handball*: goal circle. **~ˌli·nie** *f* line of fire; *fig.* **in die ~ (e-r Person) geraten** come under fire (from s.o.). **~ˌloch** *n* bullet hole. **~ˌnä·he** *f hunt.* **auf ~ herankommen** come within range (of fire). **~ˌrich·tung** *f* firing direction. **≈ˌsi·cher** *adj* → **schußfest.** **~verˌlet·zung** *f* (gun)shot (*od.* bullet) wound. **~ˌwaf·fe** *f* firearm. **~ˌwei·te** *f* range (of fire), firing range, carry; **außer (in) ~** *a. fig.* out of (within) range. **~ˌwin·kel** *m* angle of firing. **~ˌwun·de** *f* → **Schußverletzung.** **~ˌzahl** *f* number of rounds. **~ˌzeit** *f* hunting (*od.* shooting) season.

Schu·ster [ˈʃuːstər] *m* <-s; -> **1.** shoemaker, (*Flick*≈) cobbler; **~, bleib bei d-m Leisten!** (*Sprichwort*) cobbler stick to your last; → **Rappe. 2.** *fig. colloq. contp.* (*Pfuscher*) cobbler, botcher, bungler. **~ˌjun·ge, ~ˌlehr·ling** *m* shoemaker's apprentice.

schu·stern [ˈʃuːstərn] *v/i* <h> **1.** be (*od.* work as) a shoemaker (*od.* cobbler). **2.** *fig. colloq.* (*pfuschen*) botch (things up).

ˈ**Schu·sterˌpech** *n tech.* (shoemaker's) wax.

Schu·te [ˈʃuːtə] *f* <-; -n> **1.** *mar.* barge, lighter. **2.** (*Hut*) poke bonnet.

Schutt [ʃʊt] *m* <-(e)s; *no pl*> **1.** (*Abfall*) refuse, rubbish, *bes. Am.* garbage, waste, (*Bau*≈) rubble, debris, (*Trümmer*) ruins *pl*; **~ abladen verboten!** no dumping (*od.* tipping) here!; **in ~ und Asche legen** raze *s.th.* (to the ground), lay *s.th.* in ruins; **in ~ und Asche liegen** be in ruins; **in ~ und Asche sinken** be reduced to rubble. **2.** *geol.* debris, detritus, waste. **~ˌabˌla·deˌplatz** *m* (rubbish, *Am.* garbage) dump, refuse tip. **~ˌabˌla·ge·rung** *f geol.* detritus (deposit).

ˈ**Schütt|beˌton** *m* heaped concrete. **~ˌbo·den** *m agr.* granary, cornloft.

Schüt·te [ˈʃʏtə] *f* <-; -n> **1.** (*Behälter*) drawer container. **2.** (*Müll*≈ *etc*) refuse container. **3.** bundle (*od.* truss) of straw.

ˈ**Schüt·tel|ˌbe·cher** *m* shaker. **~ˌfrost** *m med.* chill, shivering fit, *colloq.* the shivers (*od.* shakes) *pl.* **~ˌläh·mung** *f* shaking palsy, Parkinson's disease.

schüt·teln [ˈʃʏtəln] **I** *v/t* <h> shake, *tech. a.* agitate, vibrate; **den Kopf ~** shake one's head; **j-m die Hand ~** shake hands with s.o., shake s.o.'s hand; **j-n vor Wut ~** shake s.o. in anger; → **Ärmel, Handgelenk. II** *v/i Wagen etc*: jolt, shake, shudder, *tech.* vibrate. **III** *v/impers* **es schüttelte ihn vor Ekel (Lachen)** he shuddered with disgust (he shook with laughter); **es schüttelt mich bei dem Gedanken, daß** I shudder to think that. **IV** *v/reflex* **sich ~** shake o.s., **vor** (*Kälte, Ekel etc*) shake (*od.* shudder) with.

ˈ**Schüt·tel|ˌreim** *m* spoonerism. **~ˌrost** *m tech.* shaking grate. **~ˌrut·sche** *f* shaking chute. **~ˌsieb** *n* vibrating screen, riddle. **~ˌtisch** *m* vibrator table.

schüt·ten [ˈʃʏtən] **I** *v/t* pour, (*werfen*) throw, (*ver~*) spill, *civ.eng.* (*an~*) fill; **auf e-n Haufen ~** pile (*od.* heap) *s.th.* up; **j-m ein Glas Bier ins Gesicht ~** throw a glass of beer in s.o.'s face. **II** *v/i agr.* yield well. **III** *v/impers colloq.* **es schüttet** it is pouring (with rain).

schüt·ter [ˈʃʏtər] *adj Haare etc*: thin, sparse.

schüt·tern [ˈʃʏtərn] *v/i* <h> shake, tremble, quake.

ˈ**Schütt|geˌwicht** *n* bulk weight. **~ˌgut** *n* bulk goods *pl.*

ˈ**Schutt|ˌhal·de** *f* **1.** dump. **2.** *geol.* talus (slope), scree. **~ˌhau·fen** *m* rubbish heap, (*Trümmerhaufen*) rubble heap; *fig.* **et. in e-n ~ verwandeln** turn s.th. into a heap of rubble, raze s.th. (to the ground), lay s.th. in ruins. **~ˌke·gel** *m geol.* debris (*od.* talus) cone.

ˈ**Schütt|ˌla·dung** *f* bulk cargo. **~ˌwurf** *m aer. mil.* salvo bombing.

Schutz [ʃʊts] *m* <-es; *no pl*> **1.** *allg.* protection, (*Obdach*) *a.* shelter, refuge, (*Obhut*) care, (*Deckung*) cover, (*Abwehr, Verteidigung*) defen/ce (*Am.* -se), (*bes. rechtliche Sicherung*) safeguard, (*Abschirmung*) shield, screen; **gesetzlicher ~** legal protection; **sich j-s ~ anvertrauen** entrust o.s. to s.o.'s protection (*od.* care); **in ~ nehmen** defend, stand up for; **da muß ich ihn aber in ~ nehmen!** I really must take his side (in this matter)!; **unter j-s ~ stehen** be protected by s.o., be under s.o.'s protection; **~ suchen** take shelter, **bei j-m**: seek refuge with s.o.; **im ~(e) der Dunkelheit** under cover of darkness. **2.** (*Fürsprache*) patronage; **j-s ~ genießen** be under the patronage of s.o. **3.** *bes. mil.* (*Geleitℒ*) escort; → *a.* **Feuerschutz** 2.

Schütz [ʃʏts] *n* <-es; -e> **1.** *electr.* contactor. **2.** *e-r Schleuse*: sluice-gate.

ˈSchutz|anˌstrich *m* protective coat(-ing), (*Tarnung*) *mil.* camouflage paint (-ing), *mar.* dazzle paint. **~ˌanˌzug** *m* protective suit. **~ˌaufˌsicht** *f jur.* supervision (of morally endangered minors) (by the Youth Welfare Office). **ℒbeˌdürf·tig** *adj* in need (*od.* want) of protection. **~beˌfoh·le·ne** *m, f* <-n; -n> charge, (*Mündel*) ward. **~beˌhaup·tung** *f jur.* evasive defen/ce (*Am.* -se), trumped-up allegation. **~beˌlag** *m* protective covering. **~beˌreich** *m mil.* restricted area. **~ˌblech** *n* **1.** *tech.* guard plate. **2.** *mot. etc* mudguard, *Am.* fender, *am Fahrrad*: splasher. **~ˌbril·le** *f* (safety) goggles *pl.* **~ˌbund** *m*, **~ˌbünd·nis** *n pol.* defensive alliance. **~ˌcreme** *f* barrier cream. **~ˌdach** *n* shelter(ing roof), (*Markise*) awning.

Schüt·ze[1] [ˈʃʏtsə] *m* <-n; -n> **1.** (*good, etc*) marksman (*od.* shot), (*Bogenℒ*) archer, bowman, (*Jäger*) hunter, huntsman. **2.** *mil.* rifleman, *am Maschinengewehr*: (machine) gunner, *im Schießstand*: firer, *beim Angriff*: skirmisher, *als Dienstgrad*: private. **3.** *Sport* (*Torℒ*) scorer. **4.** *astr.* Archer, Sagittarius.

ˈSchüt·ze[2] *f* <-; -n> → **Schütz** 2.

schüt·zen [ˈʃʏtsən] **I** *v/t* <h> **1.** protect, *bes. jur. a.* safeguard, (*sichern*) secure, guard, (*bewahren*) keep (**vor** from), **vor** (*Witterung etc*) shelter from, *Kleidung etc*: protect (**vor** from), (*verteidigen*) defend, (*abschirmen*) shield, screen, *bes. mil.* (*decken*) cover; **rechtlich ~** protect legally; **urheberrechtlich ~** copyright; **patentrechtlich ~** patent; **j-n vor Gefahr ~** protect (*od.* guard) s.o. from (*od.* against) danger; **Gott schütze dich!** God keep you!; **e-n Film vor dem Licht ~** protect a film from the light; **vor Nässe ~!** keep dry! **2.** (*erhalten*) preserve. **II** *v/i* **3.** (**vor** *dat*) give protection (from *the cold, etc*), *vor Wind, Regen etc*: give (*od.* provide) shelter (from), *vor Krankheiten etc*: give protection (against), (safe)guard (against); → **Alter** 2, **Unkenntnis**. **III** *v/reflex* **sich ~ 4.** (**vor** *Gefahren, Krankheiten etc*) guard (against), protect o.s. (from, against), (*Vorsorge treffen*) provide (against); **sich vor Ansteckung ~** guard against infection. **ˈschüt·zend** *adj* protective, *vor Regen, Wind etc*: sheltering; *fig.* **s-e ~e Hand über j-n halten** take s.o. under one's wing.

ˈSchüt·zenˌfest *n* riflemen's meeting, rifle match, *colloq. Fußball*: goal spree; *fig. colloq.* **der Rest vom ~** all that's left.

ˈSchutzˌen·gel *m* guardian angel.

ˈSchüt·zen|ˌgil·de *f* rifle club. **~ˌgra·ben** *m mil.* trench. **~ˌgrup·pe** *f* rifle section (*Am.* squad). **~ˌhaus** *n* marksmen's clubhouse. **~ˌhil·fe** *f fig.* **j-m ~ geben** back s.o. up, support s.o. **~ˌket·te** *f mil.* skirmish line. **~ˌkö·nig** *m* **1.** champion marksman. **2.** *Fußball etc*: leading (*od.* top) scorer. **~ˌloch** *n mil.* foxhole, rifle pit. **~ˌpan·zerˌwa·gen** *m* armo(u)red personnel carrier. **~ˌrei·he** *f* file of riflemen. **~ˌstand** *m aer.* turret. **~ˌsteue·rung** *f electr.* contactor control. **~verˌein** *m* marksmen's association. **~ˌzug** *m mil.* rifle platoon.

ˈSchüt·zer *m* <-s; -> **1.** protector; → *a.* **Beschützer**. **2.** → **Knieschützer, Ohrenschützer** *etc.*

ˈSchutz|ˌer·dung *f electr.* protective earth(ing). **ℒˌfä·hig** *adj jur. Buch*: capable of being copyrighted, *Erfindung*: patentable. **~ˌfar·be** *f* protective paint, *mil.* camouflage paint(ing). **~ˌfär·bung** *f zo.* protective colo(u)ring. **~ˌfilm** *m tech.* protective film. **~ˌfrist** *f jur.* term of copyright. **~ˌgas** *n tech.* inert gas. **~geˌbiet** *n* **1.** *pol.* protectorate, *hist.* colony. **2.** → **Naturschutzgebiet**. **~geˌbühr** *f* (nominal) charge (*od.* fee). **~ˌgeist** *m* <-(e)s; -er> tutelary spirit, genius. **~geˌlän·der** *n* guard rail. **~geˌleit** *n* **1.** safe-conduct. **2.** → **Geleitschutz**. **~ˌgit·ter** *n tech.* protective grid (*od.* shutter), *mot.* (radiator) grille, *electr.* screen grid. **~ˌgott** *m myth.* tutelary god. **~ˌgöt·tin** *f* tutelary goddess. **~ˌgür·tel** *m mil.* defen/ce (*Am.* -se) belt. **~ˌha·fen** *m* harbo(u)r of refuge. **~ˌhaft** *f jur.* protective custody. **~ˌhandˌschuh** *m* protective glove. **~ˌhau·be** *f* protection hood. **~ˌhei·li·ge** *m, f* <-n; -n> patron (saint). **~ˌhelm** *m* **1.** safety helmet, *bes. von Bauarbeitern*: hard hat. **2.** *electr.* protective helmet. **~ˌherr** *m* protector, patron. **~ˌher·rin** *f* protectress, patroness. **~ˌherr·schaft** *f* **1.** *bes. pol.* protectorate, protectorship. **2.** *fig.* (a)egis, patronage, auspices *pl.* **~ˌhül·le** *f* protective cover(ing) (*od.* sheathing), *für Bücher*: dust cover (*od.* jacket). **~ˌhüt·te** *f* (mountain) hut, refuge. **ℒˌimp·fen** *v/t* <insep, -ge-, h> *med.* inoculate, vaccinate, immunize. **~ˌimp·fung** *f* protective inoculation, immunization, *gegen Pocken*: vaccination. **~ˌin·sel** *f* traffic island. **~ˌkap·pe** *f* protecting cap, *phot.* lens cover. **~ˌklau·sel** *f* protective clause. **~ˌklei·dung** *f* protective clothing. **~konˌtakt** *m* earthing contact. **~konˌtaktˌstecker** (*getr.* -k·k-) *m* → **Schukostecker**. **~ˌlack** *m* protective lacquer. **~ˌlei·ste** *f* guard strip. **~ˌlei·ter** *m electr.* nonfused earth conductor.

ˈSchütz·ling *m* <-s; -e> charge, (*Günstling*) protégé(e *f*).

ˈschutz|los *adj* unprotected, without protection, defen/celess (*Am.* -se-); **j-m ~ preisgegeben sein** be at the mercy of s.o.; **dem Unwetter ~ preisgegeben sein** be left without shelter in the storm. **ℒlo·sig·keit** *f* <-; *no pl*> defen/celessness (*Am.* -se-).

ˈSchutz|ˌmacht *f pol.* protecting power. **~ˌmann** *m* <-(e)s; -leute *u.* -männer> → **Polizist**. **~ˌmann·schaft** *f* (police) escort. **~ˌman·tel** *m tech.* protective jacket (*od.* case, covering). **~ˌmar·ke** *f econ.* (**eingetragene ~** registered) trademark, brand; **mit ~ versehene Waren** branded (*od.* trademarked) goods. **~ˌmas·ke** *f* protecting mask, face guard. **~ˌmaßˌnah·me** *f meist pl* protective (*od.* safety) measure, precaution(ary measure). **~ˌmau·er** *f* protecting (*od.* screen) wall, *mil. u. fig.* rampart, bulwark. **~me·chaˌnis·mus** *m med.* protective mechanism. **~ˌmit·tel** *n* means *pl* of protection (**gegen** against, from), *med.* prophylactic. **~paˌtron** *m*, **~paˌtro·nin** *f* → **Schutzheilige**. **~po·liˌzei** *f* (uniformed) police. **~po·liˌzist** *m* (uniformed) policeman. **~ˌraum** *m* (*Luftℒ* air-raid) shelter. **~ˌrech·te** *pl econ. jur.* **1.** patent (*od.* protective, property) rights. **2.** trademark rights. **~ˌschal·ter** *m electr.* protective (*od.* safety) switch. **~ˌschal·tung** *f* protective circuit (*od.* system). **~ˌschicht** *f* protective layer. **~ˌschild** *m* protective shield, *bes. bei Schweißarbeiten*: face shield. **~ˌstoff** *m med.* antibody, vaccine, immunizing substance. **~ˌtrup·pe** *f mil. hist.* colonial force (*od.* troops *pl*). **~ˌumˌschlag** *m e-s Buches*: dust cover, (dust) jacket, wrapper. **~verˌband** *m* **1.** *med.* protective bandage (*od.* dressing). **2.** → **~verˌei·ni·gung** *f* association for the protection of (vested) interest. **~vorˌrich·tung** *f* safety device, guard. **~ˌwa·che** *f* guard, escort. **~ˌwall** *m* → **Schutzmauer**. **~ˌwand** *f* protective wall, screen. **~ˌwi·derˌstand** *m electr.* protective resistor. **~ˌwir·kung** *f* protective effect. **ℒˌwür·dig** *adj* worth being protected. **~ˌzoll** *m* protective duty. **~ˌzöll·ner**, **~ˌzoll·poˌli·ti·ker** *m* protectionist. **~ˌzoll·po·liˌtik** *f*, **~ˌzoll·syˌstem** *n* protectionism.

ˈschwab·be·lig *adj colloq.* **1.** *Gesicht etc*: flabby, flaccid. **2.** *Pudding etc*: wobbly.

schwab·beln [ˈʃvabəln] **I** *v/i* <h *u.* sein> **1.** <h> wobble. **2.** *Wasser etc*: swash, (*überschwappen*) slop (over), spill (over). **3.** <h> *colloq.* (*schwatzen*) babble, twaddle. **II** *v/t* <h> **4.** *tech.* buff.

ˈSchwab·belˌschei·be *f tech.* buff(ing wheel).

Schwa·be[1] [ˈʃvaːbə] *m* <-n; -n> *geogr.* Swabian.

ˈSchwa·be[2] *f* <-; -n> *zo.* cockroach.

schwä·beln [ˈʃvɛːbəln] *v/i* <h> speak Swabian dialect.

ˈSchwa·benˌstreich *m* folly, foolish action.

Schwä·bin [ˈʃvɛːbɪn] *f* <-; -nen> *geogr.* Swabian girl (*od.* woman). **schwä·bisch** [ˈʃvɛːbɪʃ] **I** *adj.* **II** *ling.* **ℒ** <*generally undeclined*>, **das ℒe** <-n> Swabian.

schwach [ʃvax] **I** *adj* <⸚er; ⸚st> **1.** (*kraftlos*) weak, feeble, (*zart*) delicate, frail, (*gebrechlich*) infirm, (*alters~*) decrepit, (*matt*) faint, weary; **~ vor Hunger** faint with hunger; **~e Gesundheit** weak (*od.* frail, delicate) health; **mit ~er Stimme** faintly, feebly; **~ auf den Beinen sein** be weak in the legs, be shaky on one's legs; **schwächer werden** weaken, grow weak, lose in strength (*od.* intensity), fall off, lessen, *Sehkraft etc*: fail, *Atem, Puls etc*: grow weak, *Licht*: fade, wane, grow dim, *Ton*: fade, die away, *Patient*: sink, *econ. Nachfrage*: fall off, decline, slacken; **mir wird ~** I feel faint; *fig. colloq.* **nur nicht ~ werden!** don't give in!; **er macht mich (noch) ~!** he drives me up the wall (*od.* round the bend); **mach mich nicht ~!** you don't mean that!; *humor.* **das ~e Geschlecht** the weaker (*od.* fair) sex; **~er Versuch** feeble attempt; **in e-r ~en Stunde** in a moment of weakness; → **Geist**[1] 1. **2.** (*leistungs~*) *Mannschaft, Regierung, Mauer, Nerven, Magen etc*: weak, *Augen, Leistung etc*: *a.* poor, *Motor etc*: low-powered, *Batterie*: low; **~e Leistung** poor performance; **~es Gedächtnis** weak memory; **~es Gehör** poor (*od.* weak) hearing; **ein ~er Schüler** a weak pupil; **~ von Begriff** slow on the uptake; **Latein ist m-e ~e Seite** Latin is my weak point (*od.* subject), I'm weak in Latin; **~e Seite** → **Schwäche** 4. **3.** (*gering, klein*) faint, dim, dull; **ein ~er Ton** a faint sound; **~er Schein** faint glimmer, gleam; **e-e ~e Ähnlichkeit** a faint (*od.* slight, remote) resemblance; **e-e ~e Erinnerung** a faint (*od.* dim, vague) recollection; **e-e ~e Vorstellung** a faint (*od.* remote) idea; **~e Hoffnung** faint (*od.* slight, slender) hope; **ein ~es Lächeln** a faint (*od.* feeble) smile; **~er Trost** cold (*od.* slender) comfort, poor consolation; **ich will tun, was (*od.* soviel) in m-n ~en Kräften steht** I will do my little best. **4.** (*nicht zahlreich*) sparse (*population, etc*), meag/re (*Am.* -er); **~er Besuch** poor attendance. **5.** (*gehaltlos*) weak, poor; **~er Tee** weak (*od.* thin, watery) tea; *med.* **~e Dosis** small dose; *fig.* **~e Argumente** poor arguments; **e-e ~e Aus-**

rede a poor (*od.* feeble) excuse; *colloq.* das Fernsehprogramm war ~ the television program(me) was pretty poor. **6.** *ling. Verb, Flexion etc*: weak. **7.** *econ.* slack, dull, weak; die Börse war ~ the market was slack (*od.* weak); ~e Nachfrage little (*od.* poor) demand (*cf.* 1, schwächer werden). **8.** *chem. Lösung etc*: weak, dilute. **9.** *hunt. Rehbock etc*: not fully grown. **II** *adv* **10.** der Wind bläst ~ the wind blows lightly; die Vorstellung war ~ besucht the performance was poorly attended; ~ bevölkert sparsely populated; ~ bemannt sein *Schiff etc*: be undermanned (*od.* shorthanded); *ling.* dieses Verb wird ~ gebeugt this verb is conjugated weakly; *thea.* das Stück ist ~ besetzt the play has a weak (*od.* poor) cast; *chem.* ~ basisch weak-alkaline; ~ angesäuert acidulated; *econ.* das Geschäft geht ~ business is dull (*od.* slack, poor). **~ˌat·mig** [-ˌʔaːtmɪç] *adj* short of breath. **~beˌgabt** *adj* poorly gifted. **~beˌtont** *adj ling.* weakly stressed. **~beˌvöl·kert** *adj* sparsely populated. **~beˌwegt** *adj See etc*: moderate.

ˈSchwa·che *m, f* <-n; -n> weak (*od.* feeble) person; die wirtschaftlich ~n *pl* the low-income class (*od.* group, bracket) *sg.*

Schwä·che [ˈʃvɛçə] *f* <-; -n> **1.** weakness, feebleness, frailty, (~*zustand*) faintness, (*Erschöpfung*) exhaustion, (*Alters*2) infirmity, decrepitude. **2.** *e-s Brettes, e-r Mauer etc*: thinness, weakness. **3.** *von Licht, e-s Tons etc*: faintness, dimness, dul(l)ness. **4.** (*Charakter*2) weakness, fault, failing, foible; menschliche ~n human frailties; ein Zeichen von ~ a sign of weakness; jeder Mensch hat s-e ~n we all have our little failings; j-s ~n ausnutzen exploit s.o.'s weaknesses; du darfst (jetzt) k-e ~ zeigen pull yourself together. **5.** <*only sg*> *fig. colloq.* (*Vorliebe*) weakness, soft spot; er hat e-e ~ für Blondinen he is partial to (*od.* has a soft spot for) blondes. **6.** *fig.* (*Unvollkommenheit*) weakness, poorness, weak point (*od.* side), (*Nachteil*) drawback, (*Mangel*) shortcoming; das war e-e ~ des Systems that was one of the drawbacks of the system. **~ˌanˌfall** *m* attack (*od.* fit) of weakness (*od.* fatigue); e-n ~ haben *a.* feel faint. **~geˌfühl** *n* feeling of weakness, *bes. vor Hunger*: sinking feeling.

schwä·chen [ˈʃvɛçən] *v/t* <h> **1.** *allg.* weaken (*a. fig.*), (*entkräften*) enfeeble, debilitate, (*vermindern*) diminish, lessen, (*Gesundheit*) undermine, sap, (*a. Sehkraft etc*) impair. **2.** (*ab*~) (*Farbe*) tone *s.th.* down, soften. **3.** *electr.* attenuate.

ˈSchwä·che·re *m, f* <-n; -n> weaker person, (*Unterlegene*) underdog.

ˈSchwä·cheˌzuˌstand *m med.* weak (*od.* feeble) condition, debility, asthenia.

ˈschwach|gläu·big *adj relig.* of weak (*od.* little) faith. **2heit** *f* <-; -en> **1.** <*only sg*> → Schwäche 1, 3. **2.** *fig. colloq.* bilde dir nur k-e ~en ein! don't fool yourself! **2ˌkopf** *m colloq.* imbecile, idiot, nincompoop, half-wit. **~ˌköp·fig** [-ˌkœpfɪç] *adj* weak-headed, brainless, stupid.

schwäch·lich [ˈʃvɛçlɪç] *adj* **1.** weakly, feeble, puny, (*zart*) delicate, frail, (*kränklich*) sickly, ailing, infirm. **2.** *fig.* weak(-kneed). **2keit** *f* <-; *no pl*> weak(li)ness, delicacy, frailty, sickliness, infirmity.

ˈSchwäch·ling *m* <-s; -e>, **Schwach·ma·ti·kus** [ʃvaxˈmaːtikus] *m* <-; -se *u.* -matiker> *colloq. humor.* weakling, *fig. a.* softie, softy, sissy.

ˈSchwach|ˌpunkt *m* → Schwachstelle. **2ˌsich·tig** *adj* weak-sighted. **~ˌsich·tig·keit** *f* <-; *no pl*> weak-sightedness. **~ˌsinn** *m* <-(e)s; *no pl*> **1.** *psych.* feeblemindedness, mental deficiency, imbecility. **2.** *colloq.* idiocy, (*Unsinn*) rubbish, *sl.* rot. **2ˌsin·nig** *adj* feebleminded, *a. colloq.* imbecile, half-witted. **~ˌsin·ni·ge** *m, f* <-n; -n> feebleminded person, *a. colloq.* imbecile, half-wit, moron. **~ˌstel·le** *f fig.* weak point, weakness.

ˈSchwachˌstrom *m electr.* weak (*od.* light, low-voltage) current. **~ˌtech·nik** *f* weak-current engineering; → *a.* Nachrichtentechnik.

ˈSchwä·chung *f* <-; -en> weakening, (*Entkräftung*) enfeeblement, debilitation, *der Gesundheit, a. fig. des Ansehens*: impairment.

Schwa·den[1] [ˈʃvaːdən] *m* <-s; -> *agr.* swath(e), wind-row.

ˈSchwa·den[2] *m* <-s; -> vapo(u)r, fume(s *pl*), (*Nebel*2) patch, billow, (*Rauch*2) cloud (*od.* billow) (of smoke), *Bergbau*: damp, dead air.

Schwa·dron [ʃvaˈdroːn] *f* <-; -en> *mil.* squadron.

Schwa·dro|neur [ʃvadroˈnøːr] *m* <-s; -e> *colloq.* swaggerer, blusterer. **2ˈnie·ren** [-ˈniːrən] **I** *v/i* <*no* ge-, h> *colloq.* swagger, bluster. **II** 2 *n* <-s> swagger (-ing).

Schwa·feˈlei *f* <-; -en>, **schwa·feln** [ˈʃvaːfəln] *v/i* <h> *colloq. contp.* twaddle, babble.

Schwa·ger [ˈʃvaːgər] *m* <-s; ⸚> **1.** brother-in-law. **2.** *obs.* postil(l)ion.

Schwä·ge·rin [ˈʃvɛːgərɪn] *f* <-; -nen> sister-in-law.

Schwä·ger·schaft [ˈʃvɛgərʃaft] *f* <-; *no pl*> *jur.* relationship by marriage, relatives *pl* by marriage, *colloq.* in-laws *pl.*

Schwal·be [ˈʃvalbə] *f* <-; -n> *orn.* swallow; eine ~ macht noch k-n Sommer one swallow does not make a summer; *Fußball*: *sl.* e-e ~ machen take a "dive".

ˈSchwal·ben|ˌnest *n* swallow's nest (*a. gastr.*). **~ˌschwanz** *m* **1.** *zo.* swallowtail (butterfly). **2.** *colloq. humor.* (*Frack*) swallowtail (coat), *pl* (*Frackschöße*) (coat-)tails. **3.** *tech.* dovetail. **~ˌschwanz·verˌbin·dung** *f tech.* dovetailing. **~ˌsprung** *m Sport*: swallow dive.

Schwall [ʃval] *m* <-(e)s; -e> **1.** *von Wasser etc*: gush, stream, (*Woge*) surge, swell. **2.** *fig. von Worten etc*: gush, torrent, *von Fragen*: volley, deluge.

ˈschwallˌwas·ser·geˌschützt *adj electr.* splashproof.

schwamm [ʃvam] *1 u. 3 sg pret of* schwimmen.

Schwamm *m* <-(e)s; ⸚e> **1.** *zo. u. weitS.* sponge; mit e-m ~ abwaschen sponge; *fig. colloq.* ~ d(a)rüber! let bygones be bygones!, (let's) forget it! **2.** *bot.* fungus, (*Haus*2) dry rot. **3.** → Blutschwamm. **4.** *vet.* spavin. **5.** *dial. for* Pilz.

schwäm·me [ˈʃvɛmə] *rare 1 u. 3 sg pret subj of* schwimmen.

Schwam·merl [ˈʃvamərl] *n* <-s; -(n)> *dial. for* Pilz.

ˈSchwamm|fi·scheˌrei *f* sponge fishery (*od.* fishing). **~ˌgum·mi** *n, a. m* sponge rubber.

ˈschwam·mig *adj* **1.** spongelike, spongy, porous, *Boden*: quaggy, soft. **2.** fungous, fungoid. **3.** *fig.* (*aufgedunsen*) bloated, puffy, (*schlaff*) flabby, flaccid. **2keit** *f* <-; *no pl*> **1.** sponginess, porousness. **2.** *fig.* bloatedness, puffiness, flabbiness.

ˈSchwamm|ˌtau·cher *m* sponge diver. **~ˌtuch** *n* sponge cloth.

Schwan [ʃvaːn] *m* <-(e)s; ⸚e> **1.** *orn.* swan; *fig. colloq.* mein lieber ~! *überrascht*: by gum!, *bes. Am.* vow!, *leicht drohend*: just you wait! **2.** *astr.* Swan.

schwand [ʃvant] *1 u. 3 sg pret*, **schwän·de** [ˈʃvɛndə] *1 u. 3 sg pret subj of* schwinden.

schwa·nen [ˈʃvaːnən] *v/i u. v/impers* <h> *colloq.* mir schwant (*od.* es schwant mir) nichts Gutes I have dark forebodings, I fear the worst; mir schwant, es schwant mir I have a presentiment (*od.* feeling), s.th. tells me, I suspect (daß that).

ˈSchwa·nen|geˌsang *m myth. u. fig. lit.* swan song. **~ˌhals** *m* **1.** swan's neck. **2.** *tech.* swan-neck. **~ˌjungˌfrau** *f myth.* swan maiden. **~ˌrit·ter** *m myth.* Knight of the Swan, Lohengrin. **~ˌteich** *m* swannery. **2ˌweiß** *adj poet.* (as) white as a swan, lily-white.

schwang [ʃvaŋ] *1 u. 3 sg pret of* schwingen.

Schwang *m colloq.* im ~(e) sein be customary, be a tradition, (*Mode sein*) be the fashion, be in fashion (*od.* vogue); in ~ kommen come into fashion (*od.* vogue).

schwän·ge [ˈʃvɛŋə] *1 u. 3 sg pret subj of* schwingen.

schwan·ger [ˈʃvaŋər] *adj* pregnant; ~ sein *a.* be with child, be expecting, expect a baby, *colloq.* be in the family way; im siebten Monat ~ seven months pregnant (*colloq.* gone); *fig. colloq.* mit großen Plänen ~ gehen be full of (*od.* be hatching) great projects. **ˈSchwan·ge·re** *f* <-n; -n> pregnant woman, woman with child, expectant mother.

ˈSchwan·ge·ren|be|ra·tungsˌstel·le *f* maternity cent/re (*Am.* -er). **~ˌfür·ˌsor·ge** *f* maternity (*od.* prenatal) care.

schwän·gern [ˈʃvɛŋərn] *v/t* <h> make (*od.* get) *s.o.* pregnant, *lit.* get *s.o.* with child, impregnate (*a. fig.*), *sl.* knock up; *fig.* geschwängert von *Luft*: filled (*od.* saturated) with.

ˈSchwan·ger·schaft *f* <-; -en> pregnancy; die ~ unterbrechen terminate (*od.* interrupt) pregnancy.

ˈSchwan·ger·schafts|ˌabˌbruch *m* → Schwangerschaftsunterbrechung. **~erˌbre·chen** *n* morning sickness. **~psyˌcho·se** *f* gestational psychosis. **~ˌstrei·fen** *pl* striae. **~ˌtest** *m* pregnancy test. **~ˌun·terˌbre·chung** *f* termination (*od.* interruption) of pregnancy, (induced) abortion. **2verˌhü·tend** *adj* contraceptive. **~verˌhü·tung** *f* contraception, prevention of pregnancy.

ˈSchwän·ge·rung *f* <-; -en> **1.** getting *s.o.* with child, impregnation (*a. fig.*). **2.** *chem.* saturation.

ˈSchwan·gerˌwer·den *n* <-s> *med.* conception.

Schwank [ʃvaŋk] *m* <-(e)s; ⸚e> **1.** (*Streich*) prank, lark. **2.** merry tale, droll story, anecdote. **3.** *thea.* farce.

schwank *adj poet.* **1.** (*biegsam*) pliable, supple; ein ~es Rohr im Wind *a. fig.* a reed before the wind. **2.** (*dünn*) frail, slender. **3.** (*unsicher*) shaky, unsteady, *Schritte*: faltering. **4.** *Seil*: loose. **5.** *fig.* fickle, volatile.

schwan·ken [ˈʃvaŋkən] **I** *v/i* <h *u.* sein> **1.** <h> *Zweige etc*: swing (*od.* wave) to and fro, sway, *Boden, Boot etc*: rock, (*wackeln*) wobble, (*beben*) shake, tremble, (*schlingern*) roll; der Boden schwankte unter m-n Füßen the ground shook beneath my feet. **2.** *im Stehen*: sway, (*torkeln*) stagger, reel, totter. **3.** <h> *fig. Preise, Kurse, Meßwerte etc*: fluctuate, vary; die Temperaturen ~ zwischen 20 und 40 Grad temperatures vary between 20 and 40 degrees, temperatures range from 20 to 40 degrees. 4. <h> *fig.* (*zögern*) falter, hesitate, (*unentschlossen sein*) vacillate, shilly-shally, waver, be undecided, (*wechseln*) *Stimmung*: vary, alternate; **ich schwanke noch, ob** I am still undecided whether; **zwischen e-m Haus und e-m Wagen ~** waver between a house and a car; **die Meinungen über ihn ~** opinion on him is divided; **zwischen Verzweiflung und Hoffnung ~** vacillate (*od.* fluctuate) between despair and hope. 5. <h> *Barometer, Magnetnadel etc*: oscillate, flicker. II Ձ *n* <-s> 6. swaying, waving, rocking (*etc*); *fig.* **mein Vertrauen ist ins Ձ gekommen** my confidence has been shaken. 7. tottering, stagger(ing) (*etc*). 8. *fig. der Preise, Kurse etc*: fluctuation, variation. 9. *fig.* (*Zögern*) hesitation, (*Unentschlossenheit*) vacillation, indecision, shilly-shally. 10. *phys.* oscillation. **ˈschwan·kend** *adj* 1. waving, swaying, rocking (*etc*). 2. tottering, staggering (*etc*). 3. *fig.* (*zögernd*) hesitant, faltering, (*unentschlossen*) irresolute, undecided, wavering, vacillating; **~ in s-n Ansichten** uncertain in one's views; **nichts kann ihn ~ machen** nothing can sway him. 4. *fig.* (*veränderlich*) unstable, changeable, uncertain, (*unbeständig*) unreliable, fickle; **s-e Stimmung ist ~** his mood varies. 5. *fig. Preise, Kurse etc*: fluctuating, unstable, variable, varying. 6. *Gesundheit*: precarious, *Puls*: intermittent. **ˈSchwan·kung** *f* <-; -en> 1. → **schwanken** 6. 2. *fig.* change, *a. econ.* variation, fluctuation; **häufige ~en in der Stimmung** frequent changes of mood; **~en der Temperatur** variations of (*od.* in) temperature; **~en in der Konjunktur** fluctuations of the market. 3. *astr. phys.* (*Abweichung*) deviation, *der Erdachse*: nutation. 4. *math. e-r Funktion*: difference variation. **ˈSchwan·kungs·beˌreich** *m* range (of variations).

Schwanz [ʃvants] *m* <-es; ¨e> 1. *zo.* tail (*a. aer. astr.*), (*Fuchs*Ձ) *a.* brush, *e-s Pfaus*: *a.* train; **mit dem ~ wippen** *Vogel*: wag(gle) its tail; **den ~ einziehen** *Hund*: put its tail between its legs, *fig. colloq. a.* climb down, knuckle under; **den ~ hängenlassen** be downcast (*od.* despondent, dispirited); **j-m auf den ~ treten** tread on s.o.'s toes (*od.* corns); **kein ~** nobody, no one, not a (living) soul; *univ.* **e-n ~ bauen** (*od.* **machen**) fail in one subject; → **Pferd** 1. 2. *fig.* (*Schluß*) (tail) end. 3. <*only sg*> *fig. colloq.* a) (*Gefolge*) retinue, train, (*lange Reihe Menschen*) string, b) (*Nachspiel*) sequel. 4. (*Haar*Ձ) ponytail. 5. *des Flugzeugs*: empennage, tail section. 6. *fig. colloq.* (*Schnörkel*) flourish. 7. *vulg.* (*Penis*) cock, prick. **~ˌbein** *n anat.* tailbone, coccyx.

schwän·zeln [ˈʃvɛntsəln] *v/i* <h *u.* sein> 1. <h> *Hund*: wag its tail. 2. <h> *Autoanhänger etc*: fishtail, shimmy. 3. <sein> **um j-n ~** fawn (up)on s.o., *fig. a.* toady to s.o. 4. <sein> *fig.* (*affektiert gehen*) mince (along).

schwän·zen [ˈʃvɛntsən] *colloq.* I *v/t* <h> (*Stunde, Vorlesung etc*) skip, cut; **die Schule ~** → II *v/i* play truant, *Am. sl.* play hook(e)y.

ˈSchwanzˌen·de *n* 1. end (*od.* tip) of the tail. 2. *fig. colloq.* tail end.

ˈSchwän·zer *m* <-s; -> *ped. colloq.* truant, *Am. sl.* hook(e)y.

ˈSchwanz|ˌfe·der *f* tail feather. **~ˌflos·se** *f ichth.* tail fin (*a. aer.*). **Ձˌla·stig** [-ˌlastɪç] *adj aer.* tail-heavy. **Ձlos** *adj zo.* tailless (*a. aer.*). **~ˌrie·men** *m am Pferdegeschirr*: crupper. **~ˌrü·be** *f zo.* dock. **~ˌsporn** *m* 1. *aer.* tail skid. 2. *mil. am Geschütz*: trail spade. **~ˌsteu·er** *n aer.* tail control. **~ˌstum·mel** *m zo.* dock. **~ˌwir·bel** *m anat.* caudal vertebra.

schwapp [ʃvap] *interj* swash!, splash!, slap! **ˈschwap·pen** *v/i* <h *u.* sein> *colloq.* 1. <h> swash, slosh. 2. <sein> (*über*~) slop, spill.

Schwarm¹ [ʃvarm] *m* <-(e)s; ¨e> 1. troop, band, (*Gruppe*) group, party, *colloq.* bunch, *a. b.s.* gang, (*Menge*) crowd, swarm (*of people*), *b.s.* horde; **ein ~ lärmender Kinder** a swarm (*od.* horde, mob) of boisterous children; **Schwärme von Touristen** droves of tourists; **ein ~ schöner Mädchen** a bevy of beautiful girls. 2. *Vögel*: flight, flock, *a. Bienen*: swarm, *Rebhühner*: covey, *Fische*: shoal, school. 3. *aer.* flight. 4. *astr.* swarm (*of stars, etc*).

Schwarm² *m* <-(e)s; *no pl*> *colloq.* 1. idol, hero, crush, (*Angebetete*) flame, (*Angebeteter*) heartthrob; **sein neuester ~** his latest crush; **sie ist sein ~** he has a crush (*od.* he is gone) on her. 2. (*Vorliebe*) enthusiasm, *stärker*: passion, craze, (*sehnlicher Wunsch*) fancy, dream; **ihr ~ ist ein Haus am Meer** her dream is (*od.* she fancies) a house at the seaside.

schwär·men¹ [ˈʃvɛrmən] I *v/i* <h *u.* sein> 1. *Bienen, Vögel etc*: swarm. 2. <sein> *Personen*: flock, swarm. 3. <h> revel, make a night of it. 4. <h> *fig. Geist, Phantasie etc*: roam, wander. 5. <sein> a) *Jagdhund*: skirt, run about aimlessly, b) → **ausschwärmen** 2. II *v/impers* <h> 6. **es schwärmte von Menschen auf den Straßen** the streets were swarming (*od.* thronged) with people.

ˈschwär·men² I *v/i* <h> *colloq.* 1. **für et. ~** (*et. sehnlich wünschen*) dream of (*od.* about) s.th., fancy s.th., (*e-e Vorliebe für et. haben*) fancy (*od.* have a fancy for) s.th., be enthusiastic about s.th., be a ... fan, be a ... aficionado, *stärker*: have a passion (*od.* craze) for s.th.; **für die Bühne ~** be stage-struck. 2. **für j-n ~** adore (*od.* worship) s.o., *verliebt*: have a crush (*od.* be gone) on s.o., be crazy about s.o. 3. **~ von** (*begeistert erzählen*) enthuse about (*od.* over), rave (*od.* gush) about, go (off) into raptures about. II Ձ *n* <-s> 4. **ins Ձ geraten** go into raptures, get carried away.

ˈSchwär·mer *m* <-s; -> 1. (*Träumer*) (day)dreamer, visionary. 2. (*Begeisterter*) enthusiast, *colloq.* fan, *überschwenglicher*: gusher. 3. (*Eiferer*) zealot, fanatic. 4. → **Nachtschwärmer** 2. 5. (*Feuerwerkskörper*) (fire)cracker. 6. *zo.* hawkmoth, sphinx moth. 7. *hunt.* skirter.

Schwär·meˈrei *f* <-; -en> 1. (**für**) enthusiasm (for), *mit Worten*: raving (*colloq.* gushing) (about), (*Vergötterung*) idolization (of), worship (of), (*Verliebtheit*) *colloq.* crush (on). 2. (*Träumerei*) daydreaming, *weitS.* visionary idea(s *pl*). 3. *fanatische*: fanaticism, zealotry.

ˈSchwär·me·rin *f* <-; -nen> → Schwärmer 1–4. **ˈschwär·me·risch** I *adj* (*begeistert*) enthusiastic, (*überschwenglich*) effusive, raving, *colloq.* gushing, (*verzückt*) entranced, enraptured, (*anbetend*) adoring, (*überspannt*) fanciful, eccentric, visionary, (*fanatisiert*) fanatic(al). II *adv* **j-n ~ verehren** be filled with ardent admiration for s.o.; **~ sprechen von → schwärmen**² 3.

ˈSchwarmˌgeist *m* <-(e)s; -er> → Schwärmer 3.

ˈSchwärm|ˌspo·re *f biol.* swarm spore (*od.* cell). **~ˌzeit** *f der Bienen*: swarming time.

Schwar·te [ˈʃvartə] *f* <-; -n> 1. (*Schweine*Ձ) rind, *a. zo.* skin. 2. (*Speck*Ձ) (bacon) rind, *gebratene*: crackling. 3. *fig. colloq.* (*Haut*) hide; **arbeiten, daß** (*od.* **bis**) **die ~ kracht** work like blazes, work o.s. to the bone; **j-m die ~ gerben** give s.o. a good tanning. 4. *fig. colloq.* old tome (*od.* volume), *weitS.* trashy old book; **e-e dicke ~** a heavy tome. 5. *anat.* thick skin, (*Kopf*Ձ) scalp. 6. (*Schalbrett*) slab. **ˈSchwar·tenˌma·gen** *m gastr.* collared brawn. **ˈschwar·tig** *adj* 1. thick-skinned. 2. *Speck*: with the rind (on).

schwarz [ʃvarts] I *adj* <¨er; ¨est> 1. *allg.* black (*a. Kaffee, Tee, Hände etc*), *colloq.* (*schmutzig*) *a.* dirty, (*geschwärzt*) blackened, (*rußig*) sooty, smutty; **sich ~ kleiden** dress in (*od.* wear) black; **~er Kaffee (Tee)** black coffee (tea); **~es Brot** brown bread; *fig.* **~e Diamanten** (*Kohle*) black diamonds; **der Ձe Erdteil** (*Afrika*) the black (*od.* dark) Continent; **~er Humor** black humo(u)r, *thea.* Black Comedy; *adm.* **~er Kreis** rent-controlled district; **das Ձe Meer** the Black Sea; **~e Wolken** black (*od.* dark, lowering) clouds; *phys.* **~er Körper** black body; **~ wie die Nacht** (as) black as night; **~ auf weiß** in black and white, *gedruckt*: *a.* in cold print; **~ werden** become (*od.* go) black, *Silber*: *a.* stain, tarnish; **ihm wurde ~ vor den Augen** everything went black, he had a blackout, he blacked out; *fig. colloq.* **da kannst du warten, bis du ~ wirst** you can wait until you are blue in the face; **sich ~ ärgern** be seething with anger, fret and fume; *fig.* **~ von Menschen** black (*od.* swarming) with people; **er will aus ~ weiß machen** he wants to call black white; → **Brett** 2, **Kunst** 1, **Liste** 1 (*etc*). 2. *colloq.* (*dunkelhäutig*) dark(-complexioned), swarthy, black, (*sonnenverbrannt*) deeply tanned; **~ wie ein Neger** (as) brown as a berry. 3. *fig.* (*verhängnisvoll*) black, fatal, fateful, (*düster*) dark, gloomy, somb/re (*Am.* -er), (*böse*) black, dark, wicked, evil; *econ. hist.* **der Ձe Freitag** (the) Black Friday; **et. in den schwärzesten Farben malen** paint the gloomiest possible picture of s.th.; **~e Gedanken** black (*od.* gloomy) thoughts; *meist humor.* **e-e ~e Seele** a black soul. 4. *fig. colloq.* (*ungesetzlich*) black, illicit, illegal; **der ~e Markt** the black market; **ein ~es Geschäft** an illegal transaction; **~e Ware** illicit goods *pl.* 5. *fig. colloq. contp.* (*katholisch*) papistic(al), *pol.* Catholic(-Conservative). II **Ձe, das** <-n> 6. the black (mark *od.* spot); *fig. colloq.* **er gönnt ihm nicht das Ձe unter den Nägeln** he (be-)grudges him the least little thing. 7. *der Zielscheibe*: the bull's-eye; **ins Ձe treffen** *a. fig.* hit the bull's-eye.

Schwarz *n* <-es; *no pl*> 1. black; **in ~ gehen** be dressed in black (*zur Trauer*: *a.* in mourning). 2. *bei Schach, Dame etc*: black, *Kartenspiel*: black (card); **~ ausspielen** lead black; **~ ist am Zug, ~ zieht** black is to move, it's black's move. **~ˌaf·ri·ka** *n* black Africa. **Ձaf·riˌka·nisch** *adj* black African. **~ˌar·beit** *f colloq.* illicit work (done on the side with no taxes paid), *colloq.* moonlighting. **Ձˌar·bei·ten** *v/i* <*sep*, -ge-, h> *colloq.* do illicit work, work on the side, *colloq.* moonlight. **~ˌar·bei·ter** *m* employee doing work on the side, *colloq.* moonlighter. **Ձˌäu·gig** *adj* black-eyed. **Ձˌblau** *adj* blackish-blue. **~ˌblech** *n* black plate (*od.* sheet). **Ձˌbraun** *adj* 1. blackish-brown. 2. (*sonnenverbrannt*) deeply tanned. **Ձˌbren·nen** *v/t u. v/i* <*irr, sep*, -ge-, h> distil(l) (*s.th.*) illegally (*od.* illicitly), *Am.* moonshine. **~ˌbren·ner** *m* illegal (*od.* illicit) distil(l)er, *Am.* moonshiner. **~ˌbrot** *n* brown bread, (dark) rye bread, pumpernickel. **~ˌdecke** (*getr.* **-k·k-**) *f civ.eng.* black top, asphalt pavement. **~ˌdorn** *m* → **Schlehe** 1. **~ˌdros·sel** *f* → **Amsel** 1.

'Schwar·ze¹ *m* ⟨-n; -n⟩ **1.** (*Neger*) black (man *od.* boy), Negro. **2.** *colloq.* black-haired man (*od.* boy). **3.** ⟨*only sg*⟩ *colloq.* **der ~** (*der Teufel*) the devil, Old Nick, Old Harry. **4.** *fig. colloq. contp.* (*Katholik*) papist, *pol.* Catholic(-Conservative), (*Geistlicher*) parson.

'Schwar·ze² *f* ⟨-n; -n⟩ **1.** black (woman *od.* girl), Negress. **2.** *colloq.* black-haired woman (*od.* girl).

'Schwar·ze³ *n* ⟨-n; -n⟩ **1.** black dress (*colloq.* number). **2.** → **schwarz** 7.

Schwär·ze ['ʃvɛrtsə] *f* ⟨-; -n⟩ **1.** ⟨*only sg*⟩ *der Augen, Haare etc, a. fig. der Nacht etc*: blackness, *des Teints*: swarthiness, *fig. des Himmels etc*: dark(ness), gloom(iness). **2.** (*Ofen*≈) black(ening), (*Drucker*≈) printer's (*od.* printing) ink, *metall.* black wash. **3.** → **Schwarzfäule.**

'schwär·zen *v/t* ⟨h⟩ **1.** black(en) (*a. tech.*), make *s.th.* black, *durch Ruß etc*: *a.* soot, smut. **2.** *print.* ink. **3.** *phot.* blacken, darken. **4.** *dial. for* a) **schmuggeln** I, b) **hintergehen²**.

'schwarz|ˌfah·ren *v/i* ⟨*irr, sep,* -ge-, sein⟩ *colloq.* **1.** *im Bus etc*: travel without a ticket (*od.* without paying), dodge the fare, steal a ride. **2.** *ohne Führerschein*: drive without a licen/ce (*Am.* -se). **≈ˌfah·rer** *m colloq.* **1.** *im Bus etc*: fare dodger, deadhead. **2.** *mot.* one who drives without a licen/ce (*Am.* -se). **≈ˌfäu·le** *f bot.* black rot. **~geˌrän·dert** *adj Karte etc*: black-edged. **~geˌstreift** *adj* with black stripes. **~ˌgrau** *adj* blackish-grey (*Am.* -gray). **≈ˌguß** *m metall.* all-black malleable cast iron. **~ˌhaa·rig** *adj* black-haired. **≈ˌhan·del** *m econ.* black marketeering; **~ treiben** be a black-market operator, black-marketeer; **im ~** on the black market. **≈ˌhänd·ler** *m* **1.** black-market dealer (*od.* operator), black marketeer. **2.** (*Karten*≈) (ticket) tout. **≈ˌhem·den** *pl pol. hist.* (*ital. Faschisten*) Blackshirts. **≈ˌhö·rer** *m colloq.* (radio) licen/ce (*Am.* -se) dodger.

'schwärz·lich *adj* blackish, darkish, dusky, *Teint*: swarthy.

'Schwarz|ˌmarkt *m econ.* black market. **~ˌmarktˌhänd·ler** *m* black marketeer. **~ˌpe·gel** *m TV* black level. **~ˌpul·ver** *n* black powder. **~ˌrock** *m colloq. contp.* parson. **≈ˌrot** *adj* blackish-red. **≈'rot'gol·den** *adj* black-red-and-gold. **≈ˌschlach·ten** *v/t u. v/i* ⟨*sep,* -ge-, *h*⟩ *colloq.* slaughter (*od.* kill, butcher) (animals) illicitly. **≈ˌse·hen** *v/i* ⟨*irr, sep,* -ge-, h⟩ *colloq.* **1.** *fig.* be pessimistic (**für** about), take a dim view of things, *immer*: *a.* always see the dark side of things; **ich sehe schwarz für dich** things look black (*od.* bad) for you. **2.** watch television without paying one's licen/ce (*Am.* -se). **~ˌse·her** *m colloq.* **1.** pessimist, alarmist, prophet of doom, *bes. Am.* calamity howler, *pol.* defeatist. **2.** *TV* pirate viewer, (television) licen/ce (*Am.* -se) dodger. **~se·he'rei** [ˌʃvarts-] *f* ⟨-; *no pl*⟩ *colloq.* persistent pessimism, alarmism, *pol.* defeatism. **≈ˌse·herisch** *adj colloq.* pessimistic, alarmist, *pol.* defeatist. **~ˌsen·der** *m* pirate (radio) station.

'Schwär·zung *f* ⟨-; -en⟩ blackening, *phot. a.* density. **~sˌmes·ser** *m phot.* densitometer.

'Schwarz|ˌwäl·der [-ˌvɛldər] **I** *m* ⟨-s; -⟩ inhabitant of the Black Forest. **II** *adj* (of the) Black Forest. **~ˌwas·serˌfie·ber** *n med.* blackwater fever. **≈'weiß I** *adj* black-and-white. **II** *adv* **~ gestreift** black-and-white striped, with black and white stripes. **≈'weiß...** *in Zssgn* black-and-white (*od.* monochrome) (*film, television set, etc*). **~ˌwild** *n* wild boars *pl.* **~ˌwurz** *f* ⟨-; *no pl*⟩ *bot.* comfrey. **~ˌwur·zel** *f* black salsify.

Schwatz [ʃvats] *m* ⟨-es; -e⟩ *colloq.* (**e-n ~ halten** have a) chat (**mit** with). **~ˌba·se** *f colloq.* chatterbox.

schwat·zen ['ʃvatsən], *dial.* **schwät·zen** ['ʃvɛtsən] **I** *v/i* ⟨h⟩ **1.** (*plaudern*) (have a) chat, talk. **2.** *colloq.* (*schnattern*) chatter (*od.* natter, blather) (away). **3.** (*et. ausplaudern*) blab. **II** *v/t* **4.** *colloq.* **dummes Zeug ~** talk rubbish (*od.* hot air, *sl.* rot). **'Schwät·zer** *m* ⟨-s; -⟩ **1.** (*Vielredner*) chatterbox, babbler, *colloq.* gasbag, (*dummer* ~) blatherskite. **2.** (*Aufschneider*) braggart, boaster. **3.** blab(ber), (*Klatschmaul*) gossip(monger).

Schwat·ze'rei, Schwät·ze'rei *f* ⟨-; -en⟩ **1.** babbling, prattle, gabble. **2.** *colloq.* (*Geschwätz*) chatter(ing), jabber(-ing), drivel([l]ing). **3.** (*Klatsch*) gossip, wagging of tongues. **'Schwät·ze·rin** *f* ⟨-; -nen⟩ → **Schwätzer.** **'schwatz·haft** *adj* talkative, garrulous, loquacious, chatty. **'Schwatz·haf·tig·keit** *f* ⟨-; *no pl*⟩ talkativeness, garrulousness, loquacity, chattiness.

Schwe·be ['ʃveːbə] *f* ⟨-; *no pl*⟩ **sich in der ~ halten** *Luftballon etc*: hover, *Turner*: hold o.s. in the balance; *fig.* **in der ~ sein** be undecided (*od.* in the balance, unsettled, unresolved), *bes. jur. Verfahren etc*: be pending, be in suspense, *gesetzliche Regelung*: be in abeyance; **et. in der ~ lassen** leave s.th. undecided (*od.* open). **~ˌbahn** *f* suspension railway, aerial cableway. **~ˌbal·ken** *m gym.* balance beam. **~ˌflug** *m Hubschrauber etc*: hovering, hover flight, *Segelflug*: soaring (flight).

schwe·ben ['ʃveːbən] *v/i* ⟨h *u.* sein⟩ **1.** ⟨h⟩ be suspended, be poised, hang (in the air *od.* in midair), *über e-r Stelle*: hover, *durch die Luft, in e-r Flüssigkeit*: float (*a. fig.*), *fig. Ton etc*: linger (on); **der Adler schwebte hoch in den Lüften** the eagle was hovering high in the sky; **über dem Abgrund ~** be suspended in midair over the abyss; **ihm war, als ob er schwebte** he felt as if he were walking on air; *fig.* **ein Lächeln schwebte auf ihren Lippen** a smile hovered about her lips; **in Gefahr ~** be in danger; **in Ungewißheit ~** be (kept) in suspense; **zwischen Leben und Tod ~** hover between life and death; **sie schwebte zwischen Furcht und Hoffnung** she hovered between fear and hope; **über den Wolken** (*od.* **in höheren Regionen**) **~** live in the clouds; **das Wort schwebt mir auf der Zunge** the word is on the tip of my tongue; *j-m* **vor Augen ~** → **vorschweben**; → **Himmel** 1. **2.** ⟨sein⟩ **(durch die Luft) ~** float, sail, glide (*alle a. fig. leichtfüßig schreiten*), (*hoch*~) soar; *fig.* **die Tänzer schwebten über das Parkett** the dancers floated across the dance floor. **3.** ⟨h⟩ *jur. Prozeß, Verfahren etc*: be pending, *gesetzliche Regelung*: be in abeyance.

'schwe·bend *adj* **1.** suspended in midair, hovering, *chem.* suspended, floating, in suspension. **2.** *fig. Schritt etc*: floating, gliding. **3.** *fig.* (*unentschieden*) undecided, unsettled, *bes. jur. Verfahren etc*: pending, *gesetzliche Regelung*: (*a.* **~ unwirksam**) in abeyance. **4.** *econ. Schuld*: floating, *Geschäft etc*: pending, in suspense. **5.** *ling.* **~e Betonung** level stress; *metr.* **~er Akzent** hovering accent. **6.** *rail.* **~er Stoß** suspended joint.

'Schwe·be|ˌreck *n gym.* trapeze. **~ˌteil·chen** *n meist pl* suspended (*od.* floating) particle. **~ˌzuˌstand** *m* **1.** *bes. phys.* state of suspension. **2.** *fig.* in-between state, (*Ungewißheit*) (state of) suspense.

'Schwe·bung *f* ⟨-; -en⟩ **1.** *Radio*: beat. **2.** *mus. bei der Orgel*: tremulant (stop), *in der Ornamentik*: close shake. **~s·freˌquenz** *f* beat frequency.

Schwe·de ['ʃveːdə] *m* ⟨-n; -n⟩ Swede; **die ~n** the Swedes, the Swedish; *fig. colloq.* **alter ~!** old man! **'Schwe·din** *f* ⟨-; -nen⟩ Swede. **'schwe·disch I** *adj* Swedish; → **Gardine.** **II** *ling.* ≈ ⟨*generally undeclined*⟩, **das** ≈**e** ⟨-n⟩ Swedish, the Swedish language.

Schwe·fel ['ʃveːfəl] *m* ⟨-s; *no pl*⟩ *chem. min.* sulphur, *Am.* sulfur, brimstone; → **Pech.** **≈ˌarm** *adj* low-sulphur (*Am.* -f-). **≈ˌar·tig** *adj* sulphur(e)ous (*Am.* -f-). **~ˌäther** *m* (di)ethyl (*od.* sulphuric [*Am.* -f-]) ether. **~ˌbad** *n* **1.** *chem. etc* sulphur (*Am.* -f-) bath. **2.** (*Badeort*) spa with sulphur (*Am.* -f-) springs. **~ˌblu·me, ~ˌblü·te** *f chem.* flowers *pl* of (*od.* sublimed) sulphur (*Am.* -f-). **~ˌdampf** *m* sulphur vapour, *Am.* sulfur vapor. **~di·oxid** [-diʔɔˌksiːt], **~di·oxyd** [-diʔɔˌksyːt] *n* sulphur (*Am.* -f-) dioxide. **~ˌei·sen** *n* iron (*od.* ferrous) sulphide (*Am.* -f-). **≈ˌgelb** *adj* sulphur-yellow (*Am.* -f-). **≈ˌhal·tig** *adj* containing sulphur (*Am.* -f-), sulphur(e)ous (*Am.* -f-). **~ˌholz, ~ˌhölz·chen** *n obs. for* **Streichholz.**

'schwe·fe·lig *adj chem.* sulphur(e)ous (*Am.* -f-). **~ˌsau·er** *adj* sulphitic (*Am.* -f-).

'Schwe·fel|ˌkies *m min.* iron pyrites *pl*, pyrite. **~'koh·lenˌstoff** *m chem.* carbon disulphide (*Am.* -f-).

schwe·feln ['ʃveːfəln] *v/t* ⟨h⟩ **1.** *chem.* sulphurate (*Am.* -f-), *a. tech.* sulphurize (*Am.* -f-). **2.** (*aus*~) (fumigate *s.th.* with) sulphur (*Am.* -f-). **3.** *Textil.* stove.

'Schwe·fel|ˌpu·der *m pharm.* sulphur (*Am.* -f-) powder. **~ˌquel·le** *f* sulphur (*Am.* -f-) spring. **≈ˌsau·er** *adj chem.* sulphuric (*Am.* -f-), sulphate (*Am.* -f-) of; **schwefelsaures Ammonium** ammonium sulphate. **~ˌsäu·re** *f* sulphuric (*Am.* -f-) acid. **~verˌbin·dung** *f* sulphur (*Am.* -f-) compound. **~ˌwas·serˌstoff** *m* hydrogen sulphide (*Am.* -f-), sulphuretted (*Am.* -f-) hydrogen.

'schwef·lig *adj* → **schwefelig.**

Schweif [ʃvaɪf] *m* ⟨-(e)s; -e⟩ tail (*a. astr., a. fig. Gefolge etc*), (*Schleppe*) train.

schwei·fen ['ʃvaɪfən] **I** *v/i* ⟨sein⟩ **1.** ramble, stray, wander, range, roam, rove; *fig.* **den Blick ~ lassen** let the eye wander (*od.* rove); **sein Blick schweifte durchs Zimmer** his eye ranged the room; **s-e Gedanken schweiften in die Vergangenheit** his thoughts roamed (over) the past. **II** *v/t* ⟨h⟩ **2.** *tech.* curve, sweep, (*ausbogen*) scallop. **3.** (*spülen*) rinse.

'Schweifˌsä·ge *f* turning saw.

'Schwei·fung *f* ⟨-; -en⟩ *tech.* curve, sweeping.

'schweifˌwe·deln *v/i* ⟨*insep,* ge-, h⟩ → **schwänzeln** 1, 3.

'Schwei·ge|ˌgeld *n* hush money. **~ˌke·gel** *m Radar*: cone of silence. **~miˌnu·te** *f* minute's silence (**zu Ehren** *gen* in memory of). **~ˌmarsch** *m* silent protest march.

schwei·gen ['ʃvaɪgən] **I** *v/i* ⟨**schweigt, schwieg, geschwiegen,** h⟩ **1.** be silent, keep silence, keep mum, (*verschwiegen sein*) *a.* be discreet, (*nicht antworten*) say nothing, make no reply, give no answer, offer (*od.* make) no comment; **zu e-r Sache ~** *a.* pass s.th. over in silence;

ganz zu ~ von not to mention, let alone, not to speak of; *fig.* **darüber schweigt das Gesetz** the law says nothing about that; **kannst du ~?** can you keep a secret?; **~ wie ein Grab** be (as) silent as the tomb (*od.* grave); **schweig!** be silent!, hold your tongue!, *sl.* shut up! **2.** (*aufhören*) *Lärm etc*: cease, (come to a) stop. **II ≈** *n* ⟨-s⟩ **3.** being silent (*etc*). **4.** silence; **ein vielsagendes** (*od.* **beredtes**) **≈** a significant (*od.* an eloquent) silence; **eisiges ≈** stony silence; **≈ bewahren** keep silence (*od.* silent), *colloq.* keep mum; **≈ gebieten** command silence, **j-m**: order s.o. to be silent, impose silence upon s.o.; **das ≈ brechen** break the silence (*a. fig.*); **mit ≈ übergehen** pass s.th. over (in silence); **zum ≈ bringen** (reduce to) silence (*a. fig.*); → **reden** IV. ˈ**schwei·gend I** *adj* silent; → **Mehrheit. II** *adv* in silence, silently; **~ über e-e Sache hinweggehen** pass s.th. over (in silence).

ˈ**Schwei·geˌpflicht** *f* professional secrecy (*od.* discretion).

ˈ**Schwei·ger** *m* ⟨-s; -⟩ taciturn (*od.* reticent) person, man of few words.

ˈ**schweig·sam I** *adj allg.* silent, quiet, (*wortkarg*) *a.* taciturn, (*verschwiegen*) discreet. **II** *adv* silently, in silence, without speaking. **≈keit** *f* ⟨-; *no pl*⟩ silence, taciturnity, discretion.

Schwein [ʃvaɪn] *n* ⟨-(e)s; -e⟩ **1.** swine (*a. pl coll.*), pig, *kastriertes u. Am.* hog, (*Sau*) sow; *fig. colloq.* **haben wir etwa zusammen ~e gehütet?** none of your familiarities, please; → **Wildschwein. 2.** *gastr.* (*~efleisch*) pork. **3.** *fig. colloq. contp.* (*schmutziger od. unanständiger Kerl*) (dirty) pig, (*Lump*) swine, bastard, *sl.* louse, rat. **4.** *fig. colloq.* (*Glück*) good luck, stroke of luck, fluke; **~ haben** be lucky, be in luck, be a lucky dog. **5.** *fig. colloq.* person, soul; **so ein armes ~!** poor wretch!, poor devil!; **kein ~** nobody. **~chen** *n* ⟨-s; -⟩ piglet, *Kindersprache*: piggy.

ˈ**Schwei·ne|ˌbra·ten** *m* roast pork. **~ˌfett** *n* lard, *ausgelassenes*: dripping. **~ˌfleisch** *n* pork. **~ˌfraß** *m*, **~ˌfut·ter** *n* pig swill (*od.* food), *fig. colloq. contp.* muck, hogwash. **~ˌgeld** *n colloq.* pots (*od.* piles) *pl* of money, *a* packet. **~ˌhirt** *m* swineherd. **~ˌhund** *m fig. colloq.* (filthy) swine, bastard, *sl.* son of a bitch, louse, rat; **der innere ~** one's baser instincts *pl*, *bes.* cowardice; **den inneren ~ überwinden** conquer one's weaker self. **~ˌko·ben, ~ˌko·fen** [-ˌkoːfən] *m* ⟨-s; -⟩ pigsty. **~mä·steˈrei** *f* ⟨-; -en⟩ pig fattening station. **~ˌpest** *f vet.* hog cholera, swine fever.

Schwei·neˈrei *f* ⟨-; -en⟩ *colloq.* **1.** filth, muck, mucky (*od.* awful) mess. **2.** *fig.* (*Gemeinheit*) dirty (*od.* nasty) trick, (*Schande*) crying shame, (*Unanständigkeit*) obscenity, (*Zote*) smut(ty joke), filth.

ˈ**Schwei·ne|ˌschmalz** *n* lard. **~ˌschnit·zel** *n gastr.* escalope of pork, pork cutlet. **~ˌstall** *m* pigsty (*a. fig.*), pigpen, *Am.* hogpen. **~ˌtrog** *m* pig's trough. **~ˌzucht** *f* pig breeding, *Am.* hog raising. **~ˌzüch·ter** *m* pig breeder, *Am.* hog raiser (*od.* farmer).

ˈ**Schwein|ˌigel** *m colloq. contp.* dirty pig, filthy (*od.* smutty) fellow, obscene talker. **~igeˈlei** [ˌʃvaɪn-] *f* ⟨-; -en⟩ smutty joke, obscenity. **≈ˌigeln** *v/i* ⟨*insep*, **ge-**, h⟩ **1.** make a mess, mess about. **2.** talk smut.

ˈ**schwei·nisch** *adj colloq. contp.* **1.** (*schmutzig*) messy, filthy, mucky. **2.** *fig.* (*gemein*) swinish, piggish, (*zotig*) smutty, obscene.

ˈ**Schweins|ˌbor·ste** *f* hog's bristle. **~ˌga·lopp** *m colloq.* **im ~** at a gallop, posthaste. **~ˌhach·se,** *dial.* **~ˌha·xe** *f gastr.* knuckle of pork. **~ˌkopf** *m* (**gefüllter ~** stuffed) pig's head. **~ˌle·der** *n* pigskin. **≈ˌle·dern** *adj* (of) pigskin. **~ˌohr** *n gastr.* (piece of) puff-pastry. **~ˌrüs·sel** *m* pig's snout.

Schweiß [ʃvaɪs] *m* ⟨-es; -e⟩ **1.** sweat, perspiration; **kalter ~** cold sweat; **in ~ geraten** get into a sweat; **in ~ gebadet** → **schweißgebadet**; **er arbeitete im ~e s-s Angesichts** he worked in the sweat of his brow; *Bibl.* **im ~e d-s Angesichts** in the sweat of thy face; *fig.* **das hat viel ~ gekostet** that was hard work; **die Früchte s-s ~es ernten** reap the reward of one's work. **2.** *hunt.* blood. **3.** (*Woll≈*) suint, yolk; **Wolle im ~** wool in the greasy state. **≈abˌson·dernd** *adj Drüse*: secreting sweat, sudoriferous. **~ag·greˌgat** *n*, **~ap·paˌrat** *m tech.* welding set. **~ˌar·beit** *f* welding (job). **~ˌausˌbruch** *m* profuse perspiration, sweat(s *pl*). **~ˌband** *n im Hut*: sweatband. **≈bar** *adj tech.* weldable; **~er Stahl** welding steel. **≈beˌdeckt** *adj* → **schweißgebadet. ~ˌbläs·chen** *pl med.* miliaria. **~ˌblatt** *n im Kleid*: (dress) shield. **~ˌbren·ner** *m tech.* blowpipe, welding torch. **~ˌdrü·se** *f anat.* perspiratory (*od.* sweat, sudoriferous) gland. **≈ˌecht** *adj Textil.* fast to perspiration. **~ˌei·sen** *n* wrought iron.

schwei·ßen [ˈʃvaɪsən] **I** *v/t* ⟨h⟩ **1.** *tech.* weld. **II** *v/i* **2.** *tech.* weld. **3.** *hunt.* bleed. **III ≈** *n* ⟨-s⟩ **4.** *tech.* welding. ˈ**Schwei·ßer** *m* ⟨-s; -⟩ welder. **Schwei·ßeˈrei** *f* ⟨-; -en⟩ welding shop.

ˈ**Schweiß|ˌfähr·te** *f hunt.* blood (*od.* red) track. **~ˌfü·ße** *pl med.* sweaty (*colloq.* smelly) feet. **≈geˌba·det** *adj* bathed in perspiration, dripping with sweat, sweating profusely. **~geˌruch** *m* smell of perspiration. **≈ˌhär·ten** *v/t* ⟨*insep*, -ge-, h⟩ weld-harden. **~ˌhund** *m hunt.* bloodhound.

ˈ**schwei·ßig** *adj* **1.** sweaty, wet (*od.* damp) with perspiration, *bes. Hände*: clammy. **2.** *hunt.* bloody. **3.** *Wolle*: yolky, greasy.

ˈ**Schweiß|ˌle·der** *n im Hut*: sweatband. **~ˌlichtˌbo·gen** *m tech.* welding arc. **~ˌnaht** *f* weld (seam). **~ˌper·le** *f* bead of sweat (*od.* perspiration). **~ˌpo·re** *f der Haut*: sweat pore. **~ˌstahl** *m* weld (*od.* wrought) steel. **~ˌstel·le** *f* weld(ed joint). **~ˌtech·nik** *f* welding engineering. **≈ˌtrei·bend** *adj* (*a.* **~es Mittel**) sudorific. **≈ˌtrie·fend** *adj* → **schweißgebadet. ~ˌtrop·fen** *m* drop (*od.* bead) of sweat (*od.* perspiration).

ˈ**Schwei·ßung** *f* ⟨-; -en⟩ *tech.* welding, (*Ergebnis*) weld.

ˈ**Schweiß|ˌwas·ser** *n* condensed water, condensation. **~ˌwol·le** *f* unscoured wool, wool in the grease (*od.* yolk). **~ˌzan·ge** *f* electrode holder.

Schwei·zer [ˈʃvaɪtsər] **I** *m* ⟨-s; -⟩ **1.** Swiss; **die ~** the Swiss. **2.** *agr.* milker, dairyman. **3.** member of the Swiss Guard. **II** *adj* **4.** Swiss; **~ Käse** Swiss (cheese). **≈ˌdeutsch** *ling.* **I** *adj.* **II ≈** ⟨*generally undeclined*⟩, **das ≈e** ⟨-n⟩ Swiss German. **~ˌgar·de** *f im Vatikan*: Swiss Guard. **~ˌhaus** *n* Swiss cottage (*od.* chalet).

ˈ**Schwei·ze·rin** *f* ⟨-; -nen⟩ Swiss (woman *od.* girl). ˈ**schwei·ze·risch** *adj* Swiss.

ˈ**Schwelˌbrand** *m* smo(u)ldering fire.

schwe·len [ˈʃveːlən] **I** *v/i* ⟨h⟩ smo(u)lder (*a. fig. Haß etc*), *fig. a.* rankle. **II** *v/t tech.* burn *s.th.* slowly (*od.* by a slow fire), (*Kohle*) carbonize *s.th.* at low temperatures, (*Teer*) distil(l). **~d** *adj Feuer, Haß etc*: smo(u)ldering.

schwel·gen [ˈʃvɛlgən] *v/i* ⟨h⟩ live in luxury, live on the fat of the land, (*prassen*) revel, feast, carouse; *fig.* **~ in** (*dat*) revel (*od.* luxuriate, *gröber*: wallow) in; **in Erinnerungen ~** reminisce fondly (about the past). ˈ**Schwel·ger** *m* ⟨-s; -⟩ revel(l)er, gourmand, glutton, (*Genießer*) epicure, (*Feinschmecker*) gourmet. **Schwel·geˈrei** *f* ⟨-; -en⟩ luxury, high living, (*Prasserei*) revelry, gluttony, feasting, (*Ausschweifung*) debauch(ery). ˈ**schwel·ge·risch** *adj* luxurious, voluptuous.

Schwel·le [ˈʃvɛlə] *f* ⟨-; -n⟩ **1.** (*Tür≈*) threshold (*a. psych. u. fig.*), doorstep; **j-s ~ betreten** (*od.* **überschreiten**) cross s.o.'s threshold; *fig.* **an der ~ e-r neuen Zeit** on the threshold of a new age; **an der ~ des Grabes** (*od.* **Todes**) on the brink of the grave, at death's door; *psych.* **~ des Bewußtseins** threshold of consciousness. **2.** *rail.* sleeper, *bes. Am.* (cross)tie.

schwel·len [ˈʃvɛlən] **I** *v/i* ⟨**schwillt, schwoll, geschwollen, sein**⟩ swell (*a. fig.*), *Wasser, Lärm etc*: *a.* rise, *Segel*: *a.* fill (*od.* belly) out; *fig.* **das Herz schwoll ihm vor Stolz** his heart swelled with pride; → *a.* **anschwellen, geschwollen** 1, 2. **II** *v/t* ⟨**schwellt, schwellte, geschwellt**, h⟩ swell (*a. fig.*), (*Segel*) *a.* fill, belly (out); *fig.* **Stolz schwellte s-e Brust** pride swelled (*od.* filled) his bosom. **~d** *adj* swelling, *Lippen, Brüste*: full, *Kissen etc*: bulging, *Rasen*: lush, luxuriant.

ˈ**Schwel·len|ˌreiz** *m med.* threshold stimulus. **~ˌwert** *m phys.* threshold (*od.* liminal) value.

ˈ**Schwel·ler** *m mus.* swell.

ˈ**Schwell|geˌwe·be** *n anat.* erectile tissue. **~ˌkör·per** *m* erectile body. **~ˌton** *m* swell, crescendo.

ˈ**Schwel·lung** *f* ⟨-; -en⟩ **1.** swelling, *med. a.* tumefaction. **2.** *des Bodens*: swell.

ˈ**Schwe·lung** *f* ⟨-; *no pl*⟩ *tech.* low-temperature carbonization.

ˈ**Schwemm|ˌbo·den** *m geol.* alluvial soil. **~ˌdel·ta** *n* fan delta.

Schwem·me [ˈʃvɛmə] *f* ⟨-; -n⟩ **1.** watering-place, (*Pferde≈*) *a.* horsepond; **ein Pferd in die ~ reiten** take (*od.* ride) a horse to water, water a horse. **2.** *fig. colloq.* (*Bier≈*) tavern, taproom. **3.** *econ.* (*Überangebot*) (**an** *dat* of) glut, oversupply. ˈ**schwem·men** *v/t* ⟨h⟩ **1.** sweep, wash; **an Land ~** wash ashore. **2.** (*Vieh*) water. **3.** (*Holz*) float. **4.** (*Häute*) soak.

ˈ**Schwemm|ˌland** *n* ⟨-(e)s; *no pl*⟩ alluvial (*od.* bottom) land. **~ˌsand** *m* alluvial sand.

Schwen·gel [ˈʃvɛŋəl] *m* ⟨-s; -⟩ (*Wagen≈*) swing-bar, (*Glocken≈*) clapper, (*Pumpen≈*) handle.

Schwenk [ʃvɛŋk] *m* ⟨-(e)s; -s, *rare* -e⟩ *Film*: pan shot; **e-n ~ machen** pan. **~ˌach·se** *f* swivel(l)ing axis. **~ˌarm** *m* swivel (*od.* swinging, rocker) arm. **≈bar** *adj tech.* swivel([l]ing), pivoted, hinged, rotatable, (**~ gelagert**) swivel-mounted (*a. Maschinengewehr*), *Kran etc*: slewing, sluable, *mil. Geschütz*: traversable; **~e Rolle** castor, caster.

schwen·ken [ˈʃvɛŋkən] **I** *v/t* ⟨h⟩ **1.** swing (*a. j-n beim Tanz*), (*Hut, Fahne etc*) wave, (*Stock etc*) flourish, brandish. **2.** (*Filmkamera*) pan. **3.** *tech.* swing, swivel, pivot, tilt, turn. **4.** (*ausspülen*) rinse. **5.** *gastr.* **Kartoffeln in Butter ~** toss potatoes in butter. **II** *v/i* ⟨**sein**⟩ **6.** turn, swing (about *od.* around), *mil.* wheel (about); *mil.* **links schwenkt, marsch!** left wheel, march!, *Am.* column left, march!; *fig. pol.* **ins andere Lager ~** change over, change sides. **7.** *tech.* swing, swivel, rotate, slew (*Am.* slue) round. **8.** *Filmkamera*: pan. **III** ≈ *n* ‹-s› **9.** swinging (*etc*). **10.** → Schwenkung.

'Schwenk|ˌglas *n für Kognak*: brandy balloon, *Am.* snifter. **~ˌkran** *m* slewing crane. **~ˌrad** *n* tumbler gear. **~ˌrohr** *n* flushing pipe.

'Schwen·kung *f* ‹-; -en› **1.** → schwenken 9. **2.** turn(ing movement), *mil.* wheeling (round), *taktische*: wheeling manœuvre (*Am.* maneuver); e-e ~ machen turn (*od.* wheel) (round). **3.** *tech.* swivel(l)ing (motion), rotation, *e-s Krans*: slewing. **4.** *e-r Filmkamera*: pan (-ning). **5.** *fig.* change of mind, *pol.* change of front (*od.* sides), (*Umkehr*) about-face; e-e ~ machen change one's mind, *pol.* change sides, turn one's coat.

schwer [ʃveːr] **I** *adj* ‹-er; -st› **1.** *allg.* heavy (*load, stone, bones, silk, etc, a. fig. burden, cloud, head, sleep, step, tongue, etc*), (*gewichtig*) *a.* weighty (*bag, etc*), *fig.* (*drückend*) *a.* oppressive (*air, etc*); 2 Pfund ~ weighing two pounds, two pounds in weight; wie ~ bist du? what weight are you?, what (*od.* how much) do you weigh?; *mil.* ~e Artillerie (~er Bomber, ~er Kreuzer) heavy artillery (bomber, cruiser); *chem.* ~es Wasser heavy water, deuterium oxide; ~er Wasserstoff heavy hydrogen, deuterium; ~es Heizöl heavy fuel oil; aus ~em Gold (of) massive (*od.* solid) gold; ~er Boden *agr.* heavy (*od.* rich) soil, *Sport*: heavy ground; *fig.* ein ~es Amt a) an onerous office, a position of great responsibility, b) *a.* e-e ~e Aufgabe an onerous task, a difficult job, c) *a.* e-e ~e Verantwortung a great responsibility, a heavy burden; ein ~er Seufzer a heavy (*od.* deep) sigh; ~en Herzens with a heavy heart, (*nur zögernd*) *a.* very reluctantly; ~e Literatur serious (*od.* demanding, *iro.* heavy) literature; → Begriff 4, Geschütz, Junge[1] 2; → *a.* schwerfällig. **2.** (*heftig*) heavy (*blow, fall, rains, sea, etc*), *a.* violent (*conflict, storm, etc*), *a.* severe (*punishment, etc*), (*hart, ernst, schlimm*) *a.* hard, bad, grave, serious (*illness, etc*); ~er Angriff (~es Feuer) heavy attack (fire); ~e Arbeit hard work, *colloq.* tough job; ~e Beleidigung gross insult (*od.* offence), affront; *jur.* ~er Diebstahl aggravated larceny (→ *a.* Körperverletzung); ~e Entscheidung hard (*schwierige*: difficult) decision; ~e Erkältung bad (*od.* heavy) cold; ~er Fehler (Irrtum) gross (*od.* bad, *stärker*: fatal) mistake; ein ~er Gegner a formidable opponent; ein ~er (*a. innerlicher*) Kampf a hard struggle; e-e ~e (Belastungs)Probe a severe test; ein ~es Schicksal a hard lot; ~er Schaden, *a.* ~e Schäden *pl* serious (*od.* grave) damage *sg*; e-e ~e Schuld a grave wrong; e-e ~e Stunde a grave hour, an hour of trial; ein ~er Tag a hard day; ~er Unfall (~e Verwundung) serious (*od.* bad) accident (wound); ~er Verlust bad (*od.* sad) loss; *bes. mil.* ~e Verluste heavy losses; ~e Zeit(en) hard times *pl*; er hat es ~ he is having a bad time; er hat viel ≈es durchgemacht he has been through (*od.* has had) a hard time. **3.** (*schwierig*) hard, difficult, tough (*problem, task, etc*); → *a.* schwierig 1. **4.** a) (*stark*) heavy, strong (*beer, cigar, perfume, etc*), *Wein*: *a.* heady, b) (*nahrhaft, fett*) rich (*food, etc*), c) (~ *verdaulich*) heavy, stodgy (*meal, etc*). **5.** *colloq.* (*viel*) a lot of; e-e ~e Menge a lot, a heap; das muß ~es Geld gekostet haben that must have cost a pretty penny (*od.* a tidy sum, a packet); ~es Geld verdienen make big money (*od.* a packet); er ist 4 Millionen ~ he is worth 4 million; ~e Angst ausstehen be scared stiff, be frightened to death. **II** *adv* **6.** heavily; ~ beladen heavily laden; sie hat ~ zu tragen she has a heavy load to carry; sein Urteil wiegt ~ his judgement carries (much) weight; ~ arbeiten work hard; → belasten 3, lasten 1, tragen 18; → *a.* schwerbewaffnet. **7.** (*schwierig*) das ist ~ zu sagen (zu bekommen) that's hard to say (get); ~ zu verstehen hard (*od.* difficult) to understand; s-e Haltung ist mir (nur) ~ verständlich I find it difficult to understand his attitude; das kann ich (nur) ~ glauben I can hardly believe that; ~ verkäuflich hard to sell, a drug in (*od.* on) the market; → ankommen 11, eingehen 5, hören 1 (*etc*); → *a.* schwerfallen, -halten, -machen, -tun (*etc*). **8.** (*schlimm*) badly, gravely, seriously (*ill, wounded, etc*); ~ stürzen have a bad fall, fall heavily; j-n ~ beleidigen offend s.o. deeply, insult s.o. badly; j-n ~ bestrafen punish s.o. severely; dafür mußt du ~ büßen you'll have to pay dearly for that; das hat ihn ~ getroffen that hit him hard; ~ enttäuscht badly (*od.* cruelly) disappointed; → *a.* schwerbeschädigt. **9.** *colloq.* (*sehr*) awfully, very much; ~ in Bedrängnis in bad trouble, up against it; ~ reich awfully (*od.* stinking) rich, loaded (with money); ~ aufpassen be damn careful, watch (out) like hell; da täuschen Sie sich ~! you are badly mistaken there!, that's where you make your big mistake!; das macht ihr ~ zu schaffen that's giving her a lot of trouble; → betrunken II, Druck[1] 5, Fahrt 10, Irrtum 1, Ordnung 2.

'Schwer|ˌar·beit *f* heavy work (*od.* labo[u]r). **~ˌar·bei·ter** *m* heavy worker. **~ˌar·bei·terˌzuˌla·ge** *f* bonus for heavy work. **~athˌlet** *m* heavy athlete. **~athˌle·tik** *f* heavy athletics *pl* (*oft als sg konstruiert*). **≈ˌat·mend** *adj* breathing heavily, *med.* asthmatic. **≈beˌladen** *adj* heavily laden (*od.* loaded), heavy-laden. **~benˌzin** *n* heavy petrol (*Am.* gasoline). **≈beˌschä·digt** *adj* **1.** *Person*: seriously disabled. **2.** *Sache*: heavily damaged. **~beˌschä·dig·te** *m, f* ‹-n; -n› seriously disabled person; die ~n the seriously disabled; → *a.* Schwerkriegsbeschädigte. **~beˌton** *m* heavy (-aggregate) concrete. **≈beˌwaff·net** *adj* heavily armed. **≈ˌblü·tig** [-ˌblyːtɪç] *adj* ponderous, stolid, phlegmatic. **~ˌblü·tig·keit** *f* ‹-; *no pl*› ponderousness, stolidity. **~che·miˌka·li·en** *pl* heavy chemicals.

'Schwe·re *f* ‹-; *no pl*› **1.** weight, (*Schwerfälligkeit, a. fig. des Stils etc*) heaviness, ponderousness, ponderosity; e-e bleierne ~ lag mir in den Gliedern my limbs felt (as) heavy as lead, my limbs were quite leaden. **2.** *phys.* gravity. **3.** *fig.* (*Gewichtigkeit*) weight, import, *e-s Verbrechens etc*: seriousness, gravity, *des Gesetzes, e-r Strafe, Krankheit etc*: severity; die ganze ~ der Verantwortung the full weight of the responsibility; die ~ s-r Worte the import of his words. **4.** *von Speisen, e-s Parfüms etc*: heaviness, *des Weins*: *a.* headiness, body. **~ˌfeld** *n phys.* gravitation(al) field. **≈los** *adj* weightless. **~lo·sig·keit** *f* ‹-; *no pl*› weightlessness. **~ˌmes·ser** *m phys.* gravimeter.

'Schwe·reˌnö·ter [-ˌnøːtər] *m* ‹-s; -› *humor.* philanderer, gay Lothario.

'schwer|erˌkämpft, ~erˌrun·gen *adj Sieg etc*: hard-won. **~erˌzieh·bar** *adj* difficult (to educate), recalcitrant, maladjusted; ~es Kind *a.* problem child. **~ˌfal·len** *v/i* ‹*irr, sep, -ge-, sein*› (*dat* for) be difficult, be hard; es fällt ihm schwer *a.* he finds it hard, it goes hard with him, *seelisch*: it is hard on him, it is painful for him; Englisch fällt ihm schwer *a.* English does not come easily to him; es wäre ihm schwergefallen zu erklären, warum ... he would have been at a loss to explain why ...

'schwerˌfäl·lig I *adj* **1.** heavy, ponderous (*a. fig. Stil etc*), *Stil, Humor etc*: *a.* heavy-handed, *geistig*: *a.* slow(-witted), (*unbeholfen*) awkward, clumsy, lumbering. **2.** (*unhandlich*) unwieldy, cumbersome. **II** *adv* **3.** heavily, ponderously, clumsily. **≈keit** *f* ‹-; *no pl*› **1.** heaviness, ponderousness (*etc*). **2.** cumbersomeness, unwieldiness.

'schwer|ˌflüch·tig *adj chem.* nonvolatile. **~ˌflüs·sig** *adj* viscous, viscid. **≈geˌwicht** *n* **1.** *Boxen etc*: heavyweight (*a. colloq. schwere Person od. Sache*). **2.** *fig.* (*Nachdruck*) (main) emphasis (*od.* stress); das ~ verlagern shift the emphasis. **≈geˌwicht·ler** *m* ‹-s; -› *Sport*: heavyweight. **≈geˌwichts...** *in Zssgn* heavyweight (*class, champion[ship], etc*). **≈ˌgut** *n mar.* heavy lift. **~ˌhal·ten** *v/impers* ‹*irr, sep, -ge-, h*› es hält schwer it is difficult; es wird ~ it will be difficult (*od.* hard), it will not be easy.

'schwerˌhö·rig *adj* hard of hearing, cloth-eared; ~ sein *a.* have cloth ears; *colloq.* bist du ~? are you deaf? **≈keit** *f* ‹-; *no pl*› hardness of (*od.* defective) hearing, (partial) deafness.

'Schwer|in·duˌstrie *f* heavy industry; Aktien der ~ heavy industrials. **~ˌkraft** *f phys.* gravitation (force), (force of) gravity. **~ˌkraft·beˌschleu·ni·gung** *f* gravitational acceleration. **≈ˌkrank** *adj* seriously (*od.* dangerously) ill. **~ˌkran·ke** *m, f* ‹-n; -n› seriously (*od.* dangerously) ill person. **≈ˌkriegs·beˌschä·digt** *adj* seriously disabled (in the war). **~ˌkriegs·beˌschä·dig·te** *m, f* ‹-n; -n› person seriously disabled (in the war). **~ˌlastˌwa·gen** *m* heavy(-duty) lorry (*Am.* truck).

'schwer·lich *adv* hardly, scarcely.

'schwer|ˌlös·lich *adj* of low solubility. **~ˌma·chen** *v/t* ‹*sep, -ge-, h*› j-m et. ~ make s.th. difficult (*od.* hard) for s.o.; j-m das Leben ~ make life difficult for s.o.; j-m das Herz ~ make s.o.'s heart sad, sadden (*od.* grieve) s.o.; es sich (*dat*) ~ a) make things difficult for o.s., b) (*sich Mühe geben*) go to great pains. **≈meˌtall** *n* heavy metal. **≈ˌmut** *f* ‹-; *no pl*› melancholia, melancholy, dejection, *colloq.* (the) blues *pl* (*oft als sg konstruiert*). **~ˌmü·tig** *adj* melancholic, melancholy, dejected, gloomy, *colloq.* blue; ~ sein *a. colloq.* have the blues, be (down) in the dumps. **≈ˌmü·tig·keit** *f* ‹-; *no pl*› *obs. for* Schwermut. **~ˌneh·men** *v/t* ‹*irr, sep, -ge-, h*› et. ~ take s.th. hard (*od.* to heart). **≈ˌöl** *n* heavy oil.

'Schwerˌpunkt *m* **1.** *phys.* cent/re (*Am.* -er) of gravity. **2.** *fig.* main field, crucial (*od.* focal) point, (*Nachdruck*) emphasis, (main) stress, (*Vorrangigkeit*) priority; (neue) ~e bilden set up (new) priorities, concentrate on (new) points of emphasis; mit ~ auf (*dat*) with the main emphasis on. **3.** *mil.* point of main effort. **4.** *Radar*: cent/re (*Am.* -er) target. **~ˌbil·dung** *f* **1.** concentration on points of emphasis. **2.** *mil.* massing, concentration (of forces). **~in·duˌstrie** *f* basic (*od.* key) industry. **~proˌgramm** *n bes. econ. pol.* point-of-main-effort program(me *Br.*). **~ˌstreik** *m* pinpoint (*od.* selective) strike. **~verˌla·ge·rung** *f* **1.**

phys. displacement of the cent/re (*Am.* -er) of gravity. **2.** *Sport*: weight transfer. **3.** *fig.* shift(ing) of emphasis.
ˈ**schwer**ˌ**reich** *adj colloq.* exceedingly (*od.* awfully, stinking) rich.
ˈ**Schwer**ˌ**spat** *m min.* heavy spar, barite.
ˈ**Schwerst**|ˌ**ar·bei·ter** *m* heavy labo(u)rer. **~be**ˌ**hin·der·te** *m, f* extremely handicapped person.
Schwert [ʃveːrt] *n* ⟨-(e)s; -er⟩ **1.** sword; **das ~ ziehen** (*od.* **zücken**), **zum ~ greifen** draw the (*od.* one's) sword; **das ~ in die Scheide stecken** sheathe the sword (*a. fig.*); → **Damoklesschwert, zweischneidig. 2.** *mar.* centreboard, *Am.* centerboard, (*Seiten*2) leeboard, (*Kimm*2) bilgeboard.
ˈ**Schwer·ter**|**ge**ˌ**klirr** *n* clash(ing) of swords. **~**ˌ**tanz** *m* sword dance.
ˈ**Schwert**|ˌ**fe·ger** *m hist.* armo(u)rer. **~**ˌ**fisch** *m* swordfish. **2**ˌ**för·mig** *adj* sword-shaped, *bes. anat. bot.* ensiform. **~**ˌ**fort**ˌ**satz** *m anat.* ensiform (*od.* xiphoid) process. **~**ˌ**griff** *m* (sword) hilt. **~**ˌ**hieb** *m* stroke (*od.* blow) of the sword. **~**ˌ**lei·te** [-ˌlaɪtə] *f* ⟨-; -n⟩ *hist.* accolade. **~**ˌ**li·lie** *f bot.* iris, sword flag. **~**ˌ**schlucker** *m* (*getr.* **-k·k-**) sword-swallower. **~**ˌ**streich** *m* → Schwerthieb; *fig.* **ohne ~** without a fight.
ˈ**schwer**ˌ**tun** *v/i, a. v/reflex* ⟨*irr, sep,* **-ge-, h**⟩ **sich mit e-r Sache ~** find it difficult (*od.* hard) to do s.th., have (a lot of) difficulties in doing (*od.* to do) s.th., (*a.* **mit j-m**) make heavy weather of s.th. (s.o.), have a great deal of trouble with s.th. (s.o.).
ˈ**Schwert**ˌ**wal** *m ichth.* **Großer ~** killer whale; **Kleiner ~** false killer whale.
ˈ**Schwer**|**ver**ˌ**bre·cher** *m,* **~ver**ˌ**bre·che·rin** *f* dangerous criminal, *jur.* felon, *weitS.* gangster. **2ver**ˌ**dau·lich** *adj a. fig.* heavy, indigestible, stodgy. **2ver**ˌ**dient** *adj Geld etc*: hard-earned. **2ver**ˌ**letzt** *adj* seriously (*od.* badly) injured. **~ver**ˌ**letz·te** *m, f* seriously (*od.* badly) injured person, serious casualty. **2ver**ˌ**ständ·lich** *adj* difficult (*od.* hard) to understand. **2ver**ˌ**träg·lich** *adj* heavy, indigestible. **2ver**ˌ**wun·det** *adj* seriously (*od.* badly) wounded. **~ver**ˌ**wun·de·te** *m, f* seriously wounded person, major casualty; **die ~n** *pl* the seriously wounded. **~**ˌ**was·ser** *n chem. nucl.* heavy water. **~**ˌ**was·ser·re**ˌ**ak·tor** *m* heavy-water reactor. **2**ˌ**wie·gend** *adj fig.* serious, grave, weighty.
Schwe·ster [ˈʃvɛstər] *f* ⟨-; -n⟩ **1.** sister. **2.** (*Kranken*2) nurse, (*Ober*2) sister. **3.** (*Ordens*2) sister, nun; **Barmherzige ~** Sister of Charity (*od.* Mercy). **4.** *colloq. for* **Schwesterfirma. ~chen** *n* ⟨-s; -⟩ little (*od.* baby) sister. **~**ˌ**fir·ma** *f* affiliated (*od.* associated, sister) company, *colloq.* sister. **~**ˌ**kind** *n* sister's child. **~lein** *n* ⟨-s; -⟩ *poet. od. dial. for* **Schwesterchen. 2lich** *adj* sisterly. **~lich·keit** *f* ⟨-; *no pl*⟩ sisterliness. **~**ˌ**lie·be** *f* sisterly love.
ˈ**Schwe·stern**|**di**ˌ**plom** *n* diploma of nursing. **~**ˌ**hau·be** *f* nurse's cap. **~**ˌ**hel·fe·rin** *f* assistant nurse, *Am.* nurse's aid. **~**ˌ**lie·be** *f* sisterly love, love among sisters. **~**ˌ**or·den** *m relig.* sisterhood. **~**ˌ**paar** *n* two sisters *pl.* **~schaft** *f* ⟨-; -en⟩ **1.** *a. relig.* sisterhood. **2.** *e-s Krankenhauses*: nursing staff. **~**ˌ**schü·le·rin** *f* → **Lernschwester. ~**ˌ**tracht** *f* **1.** nurse's uniform. **2.** *relig.* (sister's) habit. **~**ˌ**wohn**ˌ**heim** *n* **1.** nurses' home (*od.* hostel). **2.** *relig.* convent.
ˈ**Schwe·ster**|**par**ˌ**tei** *f pol.* sister party. **~**ˌ**schiff** *n* sister ship. **~**ˌ**stadt** *f* twin town. **~**ˌ**un·ter**ˌ**neh·men** *n* → **Schwesterfirma.**
ˈ**Schwib**ˌ**bo·gen** [ˈʃvɪp-] *m arch.* flying buttress.
schwieg [ʃviːk] *1 u. 3 sg pret of* **schweigen.**
ˈ**Schwie·ger**|ˌ**el·tern** [ˈʃviːgər-] *pl* parents-in-law. **~**ˌ**mut·ter** *f* mother-in-law. **~**ˌ**sohn** *m* son-in-law. **~**ˌ**toch·ter** *f* daughter-in-law. **~**ˌ**va·ter** *m* father-in-law.
Schwie·le [ˈʃviːlə] *f* ⟨-; -n⟩ callus, horny skin, callosity, (*Strieme*) welt, weal. ˈ**schwie·lig** *adj Hände etc*: horny, callused.
schwie·rig [ˈʃviːrɪç] **I** *adj* **1.** *allg.* difficult, *Arbeit, Aufgabe*: *a.* hard, arduous, stiff, *Frage, Problem etc*: *a.* intricate, complicated, troublesome, *colloq.* tricky, *Lage, Stadium etc*: *a.* critical; **ein ~es Gelände** a difficult terrain; **~e Frage** difficult (*od.* puzzling, vexed) question, poser, *bes. Am. colloq.* sixty-four-dollar question; **ein ~es Problem** a difficult (*od.* thorny, knotty) problem; **~e Sache** hard nut to crack; **~e Verhältnisse** trying circumstances; **et. ~ machen** make (*od.* render) s.th. difficult, impede s.th.; **das macht alles noch ~er** that complicates matters even further. **2.** (*peinlich*) difficult, awkward, delicate, ticklish; **~e Lage** difficult situation, predicament, *colloq.* fix. **3.** *Person*: difficult (to get on with), hard to please, *Kind*: difficult (to educate); **ein ~es Kind** a difficult (*od.* a problem) child. **II 2e, das** ⟨-n⟩ **4.** the difficult thing (*od.* part); **das 2ste haben wir hinter uns** the worst is over, we are over the hump, we are out of the wood(s). **2keit** *f* ⟨-; -en⟩ **1.** *allg.* difficulty, (*Verwicklung*) *a.* intricacy, (*Problem*) problem, (*Hindernis*) obstacle, *colloq.* hitch, snag; **mit ~en kämpfen** contend (*od.* wrestle) with difficulties; **e-e ~ überwinden** surmount (*od.* overcome) a difficulty, clear an obstacle; **da liegt die ~** that's where the difficulty is, *colloq.* that's (*od.* there's) the snag, there's the rub; **(j-m) ~en machen** *Sache*: present difficulties (to s.o.), be (*od.* raise) a problem (for s.o.), **j-m**: *a.* put obstacles in s.o.'s way, *Person*: make (*od.* raise) difficulties (for s.o.), *stärker*: make trouble (for s.o.), (*Einwände machen*) raise objections, argue (*cf.* 2); **ohne ~en** without any difficulty (*od.* difficulties), *colloq.* without a hitch; **er macht unnötige ~en** he complicates matters unnecessarily; **das bereitete ihm keinerlei ~en** he found it quite easy, he took it in his stride, that was no trouble to him at all. **2.** *pl* (*schwierige Lage*) trouble *sg,* difficulties, predicament *sg,* dilemma *sg, colloq.* fix *sg*; **~en bekommen** get into (*od.* find o.s. in) trouble; **in ~en geraten** get into difficulties (*od.* trouble, *colloq.* hot water); **sich in großen ~en befinden** be (*od.* find o.s.) in serious trouble (*od.* difficulties), be in a serious predicament, *colloq.* be in a fix; **er macht mir immer ~en** he is always making trouble (*od.* things difficult) for me. **3.** (*Peinlichkeit*) *e-r Lage etc*: difficulty, awkwardness. **2keits**ˌ**grad** *m a. Sport*: degree (*Am. a.* level) of difficulty.
schwill [ʃvɪl] *imp,* **schwillst** [ʃvɪlst] *2 sg pres,* **schwillt** [ʃvɪlt] *3 sg pres of* **schwellen I.**
ˈ**Schwimm**|ˌ**an**ˌ**zug** *m* swimsuit. **~**ˌ**art** *f* → **Schwimmstil. ~**ˌ**bad** *n* swimming pool, *Am. a.* swim pool, (*Hallenbad*) swimming bath, indoor pool. **~**ˌ**bag·ger** *m* floating dredger. **~**ˌ**bahn** *f Sport*: (swimming) lane. **~bas**ˌ**sin, ~**ˌ**becken** (*getr.* **-k·k-**) *n* (swimming) pool. **~be**ˌ**we·gung** *f* swimming stroke. **~**ˌ**bla·se** *f der Fische*: air (*od.* swimming) bladder, *bei wirbellosen Wassertieren*: float. **~**ˌ**dock** *n* floating dock.
ˈ**Schwimmei·ster** (*getr.* **-mm**ˌ**m-**) *m* **1.** swimming instructor. **2.** → **Bademeister.** ˈ**Schwimmei·ster·schaft** (*getr.* **-mm**ˌ**m-**) *f* swimming championship.
schwim·men [ˈʃvɪmən] **I** *v/i* ⟨**schwimmt, schwamm, geschwommen, sein,** *a.* **h**⟩ **1.** *Person*: swim; **ans Ufer ~, ans Land ~** swim to the shore, swim ashore; **durch e-n Fluß ~** swim (across) a river; **über den Kanal ~** swim the Channel; **wir waren** (*od.* **gingen**) **gestern ~** we went swimming (*od.* for a swim) yesterday; *fig.* **in s-m Blute ~** swim (*od.* welter) in one's (own) blood; **er schwimmt obenauf** he is at the top of the ladder; **sie schwimmt in Glück** she is riding on air, she is blissfully happy; **alles schwamm mir vor den Augen** everything swam in front of my eyes, my head was swimming; → **Ente** 1, **Geld** 1 (*etc*). **2.** *Gegenstand*: float, drift, *Schiff*: *a.* be afloat; **die Kinder ließen ihre Schiffe auf dem Wasser ~** the children floated their boats on the water. **3.** *fig. colloq. Zimmer etc*: be swimming (with water), be flooded; *lit.* **ihre Augen schwammen in Tränen** her eyes were swimming with tears. **4.** *fig. colloq.* (*unsicher sein*) be (all) at sea, flounder, *Sport*: *a.* be (clearly) rattled. **II** *v/t* ⟨**h** *u.* **sein**⟩ **5.** (*Rekord, Strecke etc*) swim. **III 2** *n* ⟨-s⟩ **6.** swimming (*etc*); **zum 2 gehen** go swimming, go for a swim; *fig. colloq.* **ins 2 kommen** (begin to) flounder. **~d I** *adj* **1.** *Hotel etc*: floating, (*nicht sinkend*) buoyant, (*treibend*) adrift (*pred*), (*über Wasser*) afloat (*pred*); *econ.* **~e Waren** floating goods. **2.** *gastr.* **~es Fett** deep fat; **in ~em Fett braten** deep-fry. **II** *adv* **3. sich ~ (ans Ufer) retten** swim (ashore) to safety.
ˈ**Schwim·mer** *m* ⟨-s; -⟩ **1.** (*Person*) swimmer. **2.** *Angeln, a. aer. mot. tech.* float. **3.** floating (*od.* natant) plant. **~**ˌ**becken** (*getr.* **-k·k-**) *n* swimmers' pool.
ˈ**Schwim·me·rin** *f* ⟨-; -nen⟩ swimmer.
ˈ**Schwim·mer**|ˌ**na·del** *f mot.* float needle. **~**ˌ**schal·ter** *m electr.* float(er) switch. **~ven**ˌ**til** *n tech.* float valve.
ˈ**schwimm**ˌ**fä·hig** *adj* able to float, floatable, *Schiff*: buoyant. **2keit** *f* ⟨-; *no pl*⟩ *mar.* buoyancy.
ˈ**Schwimm**|ˌ**fahr**ˌ**zeug** *n* amphibian vehicle. **~**ˌ**fest** *n* swimming gala, aquatic show. **~**ˌ**flos·se** *f der Fische*: fin, *e-s Seehunds etc*: flipper. **~**ˌ**fuß** *m zo.* webfoot, webbed foot, *bei Krebsen*: swimmeret. **~**ˌ**fü·ßer** *m* ⟨-s; -⟩ **1.** pinniped. **2.** swimming bird. **~**ˌ**gür·tel** *m* **1.** swimming belt, cork jacket. **2.** (*Rettungsgürtel*) lifebelt. **~**ˌ**hal·le** *f* indoor (swimming) pool. **~**ˌ**haut** *f zo.* web. **~**ˌ**ho·se** *f* → **Badehose. ~**ˌ**kä·fer** *pl zo.* swimmers, diving beetles. **~**ˌ**kap·pe** *f* → **Badekappe. ~**ˌ**klub** *m* swimming club. **~**ˌ**kör·per** *m phys.* float(ing body). **~**ˌ**kraft** *f* buoyancy. **~**ˌ**kran** *m tech.* floating crane. **~**ˌ**leh·rer** *m* swimming instructor. **~**ˌ**pan·zer** *m mil.* amphibious tank. **~**ˌ**sand** *m geol.* quicksand. **~**ˌ**sport** *m* swimming. **~**ˌ**sta·di·on** *n* swimming stadium. **~**ˌ**stil** *m* swimming style, stroke. **~**ˌ**stoß** *m* stroke. **~**ˌ**tech·nik** *f* swimming technique. **~**ˌ**un·ter**ˌ**richt** *m* swimming instruction (*od.* lessons *pl*). **~ver**ˌ**ein** *m* swimming club. **~**ˌ**vo·gel** *m* swimming bird. **~**ˌ**wa·gen** *m mil.* amphibious car. **~**ˌ**we·ste** *f* life (*od.* air) jacket, *bes. Am.* life preserver (*od.* vest). **~**ˌ**wett**ˌ**kampf** *m* swimming competition (*od.* contest).

Schwin·del [ˈʃvɪndəl] *m* ⟨-s; *no pl*⟩ **1.** *med.* a) giddiness, dizziness, vertigo, b) → Schwindelanfall, -gefühl; **an** (*od.* **unter**) **~ leiden** suffer from giddiness. **2.** *bei Rindern*: staggers *pl* (*meist als sg konstruiert*). **3.** *fig.* (*Betrug*) swindle, fraud, *humor.* skul(l)duggery, *sl.* con, (*fauler Zauber*) eyewash, humbug, flimflam, (*Ulk*) hoax, (*Lüge*) lie, fib; **damit wird viel ~ getrieben** a lot of cheating goes on with that; **du bist auf e-n ~ hereingefallen** you've been taken in (*od.* swindled), *sl.* you've been had; *colloq.* **den ~ kenne ich** I know that trick, I'm up to that dodge; *weitS.* **ich will von dem ganzen ~ nichts wissen** I'll have nothing to do with the whole affair; **der ganze ~** (*Kram*) the whole lot (*sl.* caboodle, *Am. a.* shebang). **~an|fall** *m med.* attack of dizziness (*od.* vertigo), dizzy spell.

Schwin·de'lei *f* ⟨-; -en⟩ *colloq.* **1.** ⟨*only sg*⟩ swindling, cheating, (*Lügen*) (constant) lying (*od.* fibbing). **2.** → Schwindel 3.

'schwin·del|er|re·gend *adj* **1.** causing dizziness (*od.* giddiness), *Höhe etc*: dizzy, giddy, vertiginous. **2.** *fig. Erfolg, Preis etc*: staggering. **2fir·ma** *f* bogus firm (*od.* company). **~frei** *adj* free from (*od.* not liable to) dizziness (*od.* giddiness), *Kletterer etc*: with a good head for heights; **(völlig) ~ sein** *meist* have a (good) head for heights; **er ist nicht ~** he can't stand heights. **2ge|fühl** *n med.* (feeling *od.* sensation of) dizziness (*od.* giddiness), vertigo. **~haft** *adj* **1.** → schwindelerregend. **2.** *fig.* (*betrügerisch*) swindling, cheating, fraudulent, bogus.

'schwin·de·lig *adj* → schwindlig.

schwin·deln [ˈʃvɪndəln] **I** *v/impers u. v/i* ⟨h⟩ **1. mir** (*rare* **mich**) **schwindelt, es schwindelt mir** I feel dizzy (*od.* giddy); **sein Kopf schwindelte, ihm schwindelte der Kopf** his head was swimming (*od.* reeling); **ihm schwindelte bei dem Gedanken an** (*acc*) his mind reeled (*od.* turned) at the thought of. **II** *v/i* **2.** (*flunkern*) fib, tell fibs (*od.* stories). **3.** *beim Spiel etc*: cheat, swindle. **III** *v/reflex* **4. sich ~ durch** (**in** *acc*) wangle (*sl.* con) one's way through (into). **IV** *v/t* **5.** (*flunkern*) make *s.th.* up; **das ist alles geschwindelt** it's all (a pack of) lies. **~d** *adj* dizzy, giddy, vertiginous; **in ~er Höhe** at a dizzy height; **mit ~em Kopf hörten wir zu** our heads reeled as we listened.

'Schwin·del|preis *m colloq.* fraudulent (*od.* scandalous) price. **~un·ter|neh·men** *n* → Schwindelfirma.

schwin·den [ˈʃvɪndən] **I** *v/i* ⟨**schwindet, schwand, geschwunden, sein**⟩ **1.** (*abnehmen*) *allg.* dwindle, *Vorräte etc*: *a.* shrink, run low, *Kräfte etc*: *a.* fail, decline, *Kaufkraft, Nachfrage etc*: decrease, fall off, *Einfluß, Macht, Popularität etc*: *a.* (be on the) wane, *Angst, Hoffnung*: *a.* vanish, evaporate, *Zorn etc*: *a.* subside, *Mut, Eifer etc*: *a.* flag, fail, *Leben, Zeit*: fade (away), ebb (away), *Farbe, Ton, Licht, fig. Schönheit*: fade (away); **~de Hoffnung (Kräfte)** dwindling hope (strength *sg*); **ihm schwand der Mut** his courage failed him, his heart sank; **ihm schwanden die Sinne** he fainted; **mein Vertrauen zu ihm ist völlig geschwunden** I have lost all confidence in him. **2.** (**j-m**) **aus den Augen ~** fade (*od.* vanish) from sight; (**j-m**) **aus dem Gedächtnis ~** fade from (s.o.'s) memory. **3.** *tech.* shrink, *erstarrter Guß*: contract. **4.** *med. Muskeln*: atrophy, *Geschwulst*: shrink, go down, *Immunität, Wirkung*: wear off. **II 2** *n* ⟨-s⟩ **5.** dwindling (*etc*, → *a.* Schwund); **s-e Macht war im 2** (**begriffen**) his power was dwindling (*od.* on the wane).

'Schwind·ler *m* ⟨-s; -⟩ (*Betrüger*) swindler, crook, (*Hochstapler*) impostor, confidence man, *sl.* con man, (*Mogler*) cheat, (*Lügner*) liar, fibber, *weitS.* fraud.

'schwind·ler·haft, 'schwind·le·risch *adj* **1.** fraudulent, swindling, cheating. **2.** (*verlogen*) (given to) lying, untruthful.

'schwind·lig *adj* (**von, vor** *dat* with) dizzy, giddy, vertiginous, *fig. Höhe etc*: *a.* staggering; **mir ist** (*od.* **ich fühle mich**) **ganz ~** I feel quite dizzy, my head is swimming.

'Schwind|sucht *f* ⟨-; *no pl*⟩ *med. obs.* consumption. **2süch·tig** *adj*, **~süch·ti·ge** *m, f obs.* consumptive.

'Schwing|ach·se *f mot.* floating (*od.* independent) axle. **~be|reich** *m e-s Oszillators*: frequency range. **~be|we·gung** *f* swinging (*tech.* oscillatory) motion (*od.* movement). **~bo·den** *m Sport*: elastic floor. **~durch|mes·ser** *m tech.* swing.

Schwin·ge [ˈʃvɪŋə] *f* ⟨-; -n⟩ **1.** *meist pl lit.* (*Flügel*) wing (*a. fig. des Geistes, Todes etc, a. aer. mil. am Kragenspiegel*), pinion. **2.** (*Getreide2*) winnow, (*Flachs2*) swingle. **3.** *tech.* rocker (arm), *am Webstuhl*: sword.

Schwin·gel [ˈʃvɪŋəl] *m* ⟨-s; -⟩, **~gras** *n* fescue (grass).

schwin·gen [ˈʃvɪŋən] **I** *v/t* ⟨**schwingt, schwang, geschwungen, h**⟩ **1.** (*Arme, Stock, Zauberstab etc, a. j-n beim Tanz*) swing, (*Hut, Fahne etc*) wave (about), *drohend*: *a.* brandish (*a weapon, etc*), (*handhaben*) (*Feder, Pinsel, Skalpell etc*) wield; (**sich** *dat*) **e-e Last auf die Schulter ~** swing a load onto one's shoulders; *humor.* **den Becher ~** quaff, raise the elbow; **den Besen ~** be cleaning up, *colloq.* be clearing the decks; **den Pantoffel ~** wear the trousers, henpeck one's husband; → **Rede** 1, **Tanzbein**. **2.** a) *tech.* centrifuge, b) (*Getreide*) winnow, (*Flachs*) swingle. **II** *v/i* **3.** *Schaukel, a. Artist etc*: swing, *phys. tech. Pendel etc*: oscillate, *Blechteil, Brücke, Saite etc*: vibrate, (*nachklingen*) linger on. **4.** (*mit~*) (**von** with) ring, be resonant, vibrate; *fig.* **ein vorwurfsvoller Ton schwang in ihrer Stimme** there was a note of reproach in her voice. **5.** *Turner, Skiläufer*: swing. **III** *v/reflex* **sich ~ 6. sich auf** (*acc*) (**in** *acc*) **et. ~** swing (o.s.) (*od.* vault) onto (into) s.th.; **er schwang sich auf sein Fahrrad** he swung himself (*od.* jumped) on his bicycle; **der Affe schwang sich von Ast zu Ast** the monkey swung (itself) from branch to branch; **er schwang sich über die Mauer** he vaulted over the wall. **7.** *Küste etc*: sweep (**nach Norden** northward), *Brücke*: *a.* span (**über den Fluß** the river). **IV 2** *n* ⟨-s⟩ **8.** swinging (*etc*). **9.** swing, *phys. tech.* oscillation, vibration; **et. zum 2 bringen** vibrate s.th., *a. fig.* set s.th. vibrating. **'schwin·gend** *adj* swinging, *phys. tech.* oscillatory, vibrating, (*wippend*) rocking.

'Schwin·ger *m* ⟨-s; -⟩ **1.** *Boxen*: swing, *wilder*: haymaker. **2.** *phys.* oscillator, *electr. a.* resonator.

'Schwing|för·de·rer *m tech.* vibrator conveyor. **~fre|quenz** *f phys.* oscillation (*od.* vibration) frequency. **~he·bel** *m tech.* rocker arm, oscillatory lever. **~kreis** *m electr.* oscillating circuit. **~me|tall** *n* rubber-bonded metal. **~pflug** *m* swing plough (*Am.* plow). **~quarz** *m electr.* piezoelectric crystal, quartz resonator. **~sieb** *n tech.* vibrating screen. **~spu·le** *f electr.* moving coil. **~tür** *f* swinging door.

'Schwin·gung *f* ⟨-; -en⟩ **1.** → schwingen 8. **2.** *phys. tech.* a) oscillation, b) vibration (*a. fig.*); **in ~ versetzen** oscillate (*a pendulum, etc*), *a. fig.* vibrate, set *s.th.* vibrating; **(un)gedämpfte ~en** (un)damped oscillations; **(sub)harmonische ~** (sub)harmonics *pl.* **3.** *des Mondes*: libration.

'Schwin·gungs|am·pli|tu·de *f phys.* (oscillation *od.* vibration) amplitude. **2|arm** *adj tech.* vibration-free. **~aus|schlag** *m phys.* amplitude. **~bauch** *m* oscillation loop. **~be|an|spru·chung** *f Werkstoffprüfung*: cyclic stress, vibration stressing. **~dämp·fer** *m* **1.** *mot.* shock absorber. **2.** *tech.* vibration damper. **~dau·er** *f phys.* (oscillation) period. **~ener|gie** *f* oscillation energy. **2er|zeu·gend** *adj* vibration-generating. **~er|zeu·ger** *m electr. phys.* oscillation (*od.* vibration) generator, vibrator. **2|fä·hig** *adj* **1.** *phys.* vibratory. **2.** *electr.* oscillatory. **2|fest** *adj Gußstück etc*: vibration-resisting. **~fe·stig·keit** *f Werkstoffprüfung*: endurance limit. **2|frei** *adj* vibration-free. **~glei·chung** *f math.* oscillation equation. **~kno·ten** *m phys.* nodal point of vibration. **~kreis** *m* → Schwingkreis. **~wei·te** *f* → Schwingungsamplitude. **~zahl** *f* frequency of oscillations (*od.* vibrations).

'Schwipp|schwa·ger [ˈʃvɪp-] *m colloq.* **1.** brother of one's brother-(*od.* sister-) -in-law. **2.** husband of one's sister-in-law. **~schwä·ge·rin** *f* **1.** sister of one's brother-(*od.* sister-)in-law. **2.** wife of one's brother-in-law.

Schwips [ʃvɪps] *m* ⟨-es; -e⟩ *colloq.* tipsiness; **e-n ~ haben (bekommen)** be (get) tipsy.

schwir·ren [ˈʃvɪrən] **I** *v/i* ⟨**h** *u.* **sein**⟩ **1.** ⟨**sein**⟩ *Pfeil, Kugel etc*: whirr, *a. Person*: whizz, *bes. Insekt*: *a.* buzz; *fig.* **aufgeregt durchs Zimmer ~** buzz (*od.* rush) about the room excitedly; **Fragen schwirrten durch den Saal** the hall was buzzing with questions, questions were fired from all directions; **Zahlen schwirrten ihm durch den Kopf** figures were going round in (*od.* flashing through) his mind; **Gerüchte ~ durch die Stadt** the town is buzzing (*od.* rife) with rumo(u)rs. **2.** ⟨**h**⟩ *fig.* **mir schwirrt der Kopf** my head is buzzing (*od.* in a whirl). **3.** ⟨**h**⟩ *med. Herztöne*: thrill, *Ohr*: buzz, sing. **II 2** *n* ⟨-s⟩ **4.** whirr(ing), buzz(ing) (*etc*). **5.** whirr(ing sound), whizz, buzz, *med.* thrill, fremitus.

'Schwitz|bad *n med.* sweating-bath, Turkish bath.

Schwit·ze [ˈʃvɪtsə] *f* ⟨-; -n⟩ **1.** *gastr.* roux. **2.** *Gerberei*: sweat(ing).

schwit·zen [ˈʃvɪtsən] **I** *v/i* ⟨h⟩ **1.** sweat, *feiner*: perspire (*a. bot.*); **er schwitzt an den Händen** his hands are sweating; **vor Angst ~** sweat with fear; **am ganzen Körper ~** be bathed in sweat, be all of a sweat; *fig.* **j-n ~ lassen** keep s.o. on tenterhooks, let s.o. stew (for a bit), *sl.* sweat s.o. **2.** (*sich anstrengen*) sweat, work hard. **3.** (*beschlagen*) sweat, *bes. Fensterscheiben etc*: steam up, become fogged, *bes. Mauern etc*: become damp. **4.** *Gerberei*: **Häute ~ lassen** sweat hides. **II** *v/reflex* **5. sich ganz naß ~** get soaked with (*od.* bathed in) sweat. **III** *v/t* **6.** *bot.* sweat (out); *fig. colloq.* **Blut (und Wasser) ~** sweat blood. **IV 2** *n* ⟨-s⟩ **7.** sweating (*etc*); **ins 2 kommen** start sweating, *a. fig.* get into a sweat.

ˈSchwitz|ˌka·sten *m* **1.** sweatbox. **2.** *Ringen*: **j-n in den ~ nehmen** put a headlock on s.o. **~ˌkur** *f med.* sweat(-ing) cure. **~ˌmit·tel** *n* sudorific. **~ˌpackung** (*getr.* **-k·k-**) *f* hot pack. **~ˌwas·ser** *n tech.* condensation (*od.* condensed) moisture (*od.* water).

Schwof [ʃvoːf] *m* ⟨-(e)s; -e⟩ *colloq.* hop, shindig, (public) dance; **auf den ~ gehen** go to a hop. **ˈschwo·fen** *v/i* ⟨h⟩ hop, shake a leg, dance.

schwoi·en [ˈʃvɔʏən], **schwo·jen** [ˈʃvoːjən] *v/i* ⟨h⟩ *mar.* swing (round).

schwoll [ʃvɔl] *1 u. 3 sg pret*, **schwöl·le** [ˈʃvœlə] *1 u. 3 pret subj of* **schwellen** I.

schwöm·me [ˈʃvœmə] *1 u. 3 sg pret subj of* **schwimmen**.

schwor [ʃvoːr] *1 u. 3 sg pret*, **schwö·re** [ˈʃvøːrə] *1 u. 3 pret subj of* **schwören**.

schwö·ren [ˈʃvøːrən] **I** *v/t* ⟨schwört, schwor, *obs.* schwur, geschworen, h⟩ **1.** swear, vow; **e-n Eid ~** swear (*od.* take) an oath; *jur.* **ich schwöre, die reine Wahrheit zu sagen, nichts zu verschweigen und nichts hinzuzufügen** I solemnly swear to tell the truth, the whole truth, and nothing but the truth; *fig. colloq.* **ich hätte ~ können** (*od.* **ich hätte geschworen**), **daß** I could have sworn that; **ich schwöre dir, es war nicht m-e Schuld** I swear (to you) it was not my fault; *et.* **bei allen Heiligen** (**bei s-r Ehre**) **~** swear s.th. by all the saints (by one's hono[u]r). **2.** (*feierlich versprechen*) swear, vow; **sie schworen sich** (*dat*) (*od.* **einander**) **ewige Treue** they swore to be forever faithful to each other; **ich habe mir geschworen, nie wieder zu** *inf* I have sworn to myself never again to *inf.* **II** *v/i* **3.** swear (an oath), take an oath; **auf die Bibel ~** swear on the Bible (*od.* on the Book); **falsch ~** swear falsely, *jur.* commit perjury, perjure o.s.; *jur.* **j-n ~ lassen** swear s.o. in, put s.o. on his oath; *fig. colloq.* **ich könnte darauf ~** I could swear it. **4. ~ auf** (*acc*) (*vertrauen*) have absolute confidence in, *colloq.* swear by, be sold on.

schwul [ʃvuːl] *adj* ⟨-er; -st⟩ *colloq.* gay, queer, homosexual.

schwül [ʃvyːl] *adj* ⟨-er; -st⟩ **1.** *Luft, Wetter*: sultry, oppressive, close, *colloq.* muggy, sticky. **2.** *fig.* (*sinnlich*) sultry (*music, etc*), lascivious, languorous, sensuous. **3.** *fig.* (*unbehaglich*) uneasy, *Atmosphäre*: *a.* oppressive; **ihm wurde ganz ~** (**zumute**) he began to sweat, he felt quite weak at the knees.

ˈSchwu·le *m* ⟨-n; -n⟩ *colloq.* homo, pansy, queer, *Br. a.* poof.

Schwü·le [ˈʃvyːlə] *f* ⟨-; *no pl*⟩ **1.** sultriness, closeness, sultry (*od.* oppressive) weather (*od.* heat), *colloq. a.* mugginess. **2.** *fig.* (*Sinnlichkeit*) sultriness, sensuousness. **3.** *fig.* uneasiness, oppressive mood (*od.* atmosphere).

ˈSchwu·len... *colloq. in Zssgn* gay (*bar, scene, etc*).

Schwu·li·tät [ʃvuliˈtɛːt] *f* ⟨-; -en⟩ *meist pl colloq.* fix, scrape, trouble; **in ~en geraten** get into trouble (*od.* hot water); **j-n in ~en bringen** get s.o. into trouble (*od.* a fix, *etc*).

Schwulst [ʃvʊlst] *m* ⟨-(e)s; *no pl*⟩ *der Sprache, des Stils*: bombast (*a. Kunst*), pomposity.

schwül·stig [ˈʃvʏlstɪç] *adj* **1.** *Rede, Stil etc*: bombastic, turgid, pompous. **2.** *arch.* bombastic, ornate, florid. **≈keit** *f* ⟨-; *no pl*⟩ bombastic style, grandiloquence.

schwum·me·rig [ˈʃvʊmərɪç], **ˈschwumm·rig** *adj colloq.* funny.

Schwund [ʃvʊnt] *m* ⟨-(e)s; *no pl*⟩ **1.** *allg.* dwindling, decrease, (*Zuschauer≈ etc*) drop (*in attendance, etc*). **2.** *econ.* loss(es *pl*), *durch Schrumpfen, a. tech.* shrinkage, (*Sickerverlust*) leakage. **3.** *med.* atrophy; → *a.* **Gedächtnisschwund, Haarausfall**. **4.** *electr. Radio, a. mot.* fading. **~ˌausˌgleich** *m Radio*: (automatic) antifading (*od.* gain) control. **≈ˌmin·dernd** *adj electr.* antifading. **~ˌre·ge·lung** *f* → **Schwundausgleich**. **~ˌreg·ler** *m* automatic fading (*od.* volume, gain) control circuit. **~ˌstu·fe** *f e-s Vokals*: zero (*od.* vanishing) grade. **~ˌzo·ne** *f Radio*: fading (*od.* wipe-out) area.

Schwung [ʃvʊŋ] *m* ⟨-(e)s; ¨e⟩ **1.** swing (*a. gym., Skilauf etc*), *bes. phys. u. fig.* momentum, (*Tempo*) *a.* speed, pace, (*Antrieb*) impetus (*a. fig.*); *a. fig.* **an ~ verlieren** lose momentum, be slowing down; **der Schaukel e-n ~ geben** give the swing a push; **~ holen** work up momentum, whip up (some) speed; **in vollem ~** (*Tempo*) (at) full speed; **in ~ bringen** set *s.th.* going (*od.* in motion), *fig. allg.* get *s.o., s.th.* going (*od.* under way), (*Party etc*) *a.* liven *s.th.* up, (*Aktion, Darbietung etc*) pep (*od.* ginger) *s.th.* up; *colloq.* **j-n in ~ bringen** (*antreiben*) make s.o. get a move on, *weitS.* bring s.o. up to the mark, (*aufmuntern*) pep s.o. up, *sexuell etc*: turn s.o. on; **~ in die Sache** (*colloq.* **den Laden**) **bringen** liven things up, *bei der Arbeit etc*: make things hum; **in ~ kommen** *allg., a. fig. Person und Sache*: get going, get under way, *Sache*: *a.* gain momentum, *Person, Unternehmen etc*: *a.* get into one's (its) stride, *sexuell etc*: get turned on; **es** (*od.* **die Sache**) **kommt in ~** things are starting to hum; **in ~ sein** *Schlitten etc*: be going full speed, *fig. colloq. Party, Produktion etc*: be in full swing, *Maschine etc, a. fig.* be running smoothly (*cf. a.* **Schuß** 6); *fig. colloq.* (**gut**) **in ~ sein** *Person*: be going it strong, (*in Form, Stimmung*) be in good shape (high spirits); **wenn er erst mal in ~ ist** when he really gets going. **2.** *fig.* (*Elan*) *e-r Person, Darbietung, Rede etc*: verve, zest, *colloq.* vim, pep, punch, (*Energie*) drive, vigo(u)r, (*Begeisterung*) enthusiasm, *der Phantasie*: flight; **e-r Sache** (**neuen**) **~ verleihen** give (a fresh) impetus to s.th.; **ihm fehlt** (**jeder**) **~** he lacks drive, he has no go in him; **sie ist voller ~** she is full of life, (*Energie*) she has plenty of drive (→ *a.* **schwungvoll**); **ohne ~** → **schwunglos**. **3.** (*Linienführung*) (**eleganter, kühner**) **~** (elegant, bold) sweep (*of a bridge, etc*). **4.** *colloq.* (*Menge, Schub*) batch, bunch (*of things or persons*).

ˈSchwung|ˌarm *m gym.* swinging arm. **~bein** *n* swinging leg. **~ˌfe·der** *f orn.* wing (*od.* flight) feather, primary (quill), pinion. **≈haft I** *adj Handel*: roaring, brisk, flourishing. **II** *adv* **sich ~ entwickeln** develop by leaps and bounds. **~ˌkip·pe** *f gym.* long upstart. **~ˌkraft** *f* ⟨-; *no pl*⟩ **1.** *phys.* a) momentum, b) → Fliehkraft. **2.** → Schwung 2. **~ˌkraft·ˌanˌlas·ser** *m mot.* inertia starter. **≈los** *adj* lacking verve (*etc, cf.* **Schwung** 2), spiritless, lifeless, slow, (*matt*) listless, *Sache*: *a.* uninspired. **~ˌmas·se** *f tech.* flywheel (*od.* inertia) mass. **~moˌment** *n phys.* flywheel effect, moment of inertia. **~ˌrad** *n* **1.** *tech.* flywheel. **2.** *e-r Uhr*: balance wheel. **~ˌradˌanˌtrieb** *m tech.* flywheel drive. **≈ˌvoll I** *adj* full of verve (*etc, cf.* **Schwung** 2), *Person, Angriff, Darbietung etc*: *a.* spirited, *Person*: *a.* vivacious, buoyant, *Rede etc*: *a.* rousing, *Melodie etc*: racy, *Geste etc*: sweeping, *a. Entwurf, Handschrift etc*: bold. **II** *adv* **~ vonstatten gehen** go with a swing.

ˈschwupp|(ˌdich) [ˈʃvʊp(-)] *interj colloq.* wopp!, whoosh! **~diˈwupp** [-diˈvʊp] *colloq.* **I** *interj* → **schwupp(dich)**. **II** *adv* (*im Nu*) in a flash.

schwups [ʃvʊps] *interj* → **schwupp** (-dich).

schwur [ʃvuːr] *obs. 1 u. 3 sg pret of* **schwören**.

Schwur [ʃvuːr] *m* ⟨-(e)s; ¨e⟩ **1.** (*Eid*) oath; **e-n ~ leisten** (*od.* **ablegen**) take (*od.* make, swear) an oath. **2.** (*Gelöbnis*) vow; **e-n ~ tun** make a vow.

schwü·re [ˈʃvyːrə] *obs. 1 u. 3 sg pret subj of* **schwören**.

ˈSchwurˌfin·ger *pl* three fingers raised in taking an oath.

ˈSchwur·geˌricht *n* jury court. **~s·proˌzeß** *m*, **~s·verˌfah·ren** *n* trial by jury.

Schwy·zer|dütsch [ˈʃviːtsərˌdyːtʃ], **~ˌtütsch** [-ˌtyːtʃ] ⟨*generally undeclined*⟩, **das ~ˌdüt·sche** ⟨-n⟩ *dial.* Swiss German.

Sci·ence-fic·tion [ˈsaɪənsˈfɪkʃən; -ˈfɪkʃn] (*Engl.*) *f* ⟨-; -s⟩ science fiction, *colloq.* sci-fi.

ˈScotchˌter·ri·er [ˈskɔtʃ-] *m* ⟨-s; -⟩ Scotch terrier, *colloq.* Scottie.

Scrip [skrɪp] *m* ⟨-s; -s⟩ *econ.* scrip.

Seal [ziːl; siːl] (*Engl.*) *m, n* ⟨-s; -s⟩ seal(-skin). **~ˌman·tel** *m* sealskin (coat), seal coat. **~ˌskin** [-ˌskɪn] *m, n* ⟨-s; -s⟩ seal(skin).

Sé·ance [zeˈãːs] *f* ⟨-; -n [-sən]⟩ (*spiritistische Sitzung*) séance.

ˈSec·co·ma·leˌrei [ˈzɛko-] *f Kunst*: secco.

sechs [zɛks] *adj* ⟨*cardinal number*⟩ six; **~ Richtige** (**im Lotto**) **haben** have six numbers right, *etwa*: scoop the pools.

Sechs *f* ⟨-; -en⟩ **1.** (number) six. **2.** *auf Würfel, Spielkarte etc*: six. **3.** *ped.* very poor (mark). **4.** *colloq.* (tram, *Am.* streetcar) number six. **≈ato·mig** [-ʔaˌtoːmɪç] *adj chem.* hexatomic. **≈ˌblät·te·rig, ≈ˌblätt·rig** *adj* six-leaved, six-leafed, hexaphyllous.

ˈsech·se *adj colloq. for* **sechs**.

ˈSechs|eck *n* ⟨-(e)s; -e⟩ *math.* hexagon. **≈eckig** (*getr.* **-k·k-**) *adj* hexagonal. **~ˌen·der** [-ˌʔɛndər] *m* ⟨-s; -⟩ stag (*od.* deer) with six tines, six-pointer.

ˈSech·ser *m* ⟨-s; -⟩ **1.** *colloq. for* **Sechs**. **2.** *obs.* six-pfennig piece; *fig. colloq.* **er hat nicht für e-n ~ Verstand** he hasn't a scrap of sense. **≈lei** *adj* ⟨*invariable*⟩ of six (different) kinds (*od.* sorts), six kinds of. **~ˌrei·he** *f* row of six.

ˈsechs|ˌfach I *adj* sixfold, sextuple; **in ~er Ausfertigung** in six copies. **II** *adv* sixfold, six times. **III ≈e, das** ⟨-n⟩ the sixfold (amount), six times the amount. **≈flach** *n* ⟨-(e)s; -e⟩, **≈ˌfläch·ner** [-ˌflɛçnər] *m* ⟨-s; -⟩ *math.* hexahedron. **≈ˌfü·ßer** [-ˌfyːsər] *pl zo.* hexapods. **~ˌfü·ßig** [-ˌfyːsɪç] *adj* **1.** *zo.* six-footed, hexapod(ous). **2.** *metr.* hexameter. **~ˈhun·dert** *adj* ⟨*cardinal number*⟩ six hundred. **≈ˈjah·resˌplan** [ˌzɛks-] *m econ. pol.* six-year plan. **~ˌjäh·rig** *adj* **1.** *Kind etc*: six-year-old, of six (years). **2.** *Amtszeit etc*: six-year, of (*od.* lasting) six years, sexennial. **≈ˌkant** *n, m* ⟨-(e)s; -e⟩ *math.* hexagon. **~ˌkan·tig** *adj* hexagonal.

ˈSechsˌkant|ˌmut·ter *f* ⟨-; -n⟩ *tech.* hexagon nut. **~ˌschrau·be** *f* hexagon head screw (*mit Mutter*: bolt).

ˈsechs|ˌköp·fig [-ˌkœpfɪç] *adj* **1.** *Familie, Ausschuß etc*: of six. **2.** *Ungeheuer etc*: six-headed. **~ˌmal** *adv* six times. **~ˌma·lig** *adj* repeated six times (*od.* for the sixth time), six times over; **nach ~em Versuch** after six attempts. **≈ˈmei·lenˌzo·ne** [ˌzɛks-] *f mar.* six-mile limit. **~ˌmo·na·tig** [-ˌmoːnatɪç] *adj* **1.** *Kind etc*: six-month-old, of six months.

2. *Aufenthalt etc*: six-month, of (*od.* lasting) six months. **~ˌmo·nat·lich I** *adj* six-monthly. **II** *adv* every six months. **≈ˌpolˌröh·re** *f electr.* hexode. **~pro·ˌzen·tig** [-proˌtsɛntɪç] *adj* six-per-cent, *Am.* six percent. **~ˌschüs·sig** [-ˌʃʏsɪç] *adj* six-chambered; **~er Revolver** *a.* six-shooter. **~ˌsei·tig** [-ˌzaɪtɪç] *adj* **1.** *bes. math.* six-sided, hexagonal. **2.** of six pages, six-page(d). **~ˌsil·big** [-ˌzɪlbɪç] *adj metr.* six-syllable, hexasyllabic. **~ˌsit·zig** [-ˌzɪtsɪç] *adj* having (*od.* with) six seats. **≈ˌspän·ner** [-ˌʃpɛnər] *m* ‹-s; -› six-horse coach, carriage and six. **~ˌspän·nig** [-ˌʃpɛnɪç] **I** *adj Kutsche etc*: with (*od.* drawn by) six horses, six-horse. **II** *adv* **~ fahren** go in a six-horse coach. **~ˌspu·rig** [-ˌʃpuːrɪç] *adj Fahrbahn etc*: six-lane(d). **~ˌstel·lig** [-ˌʃtɛlɪç] *adj Zahl*: six-figure, six-digit. **~ˌstöckig** (*getr.* -k·k-) [-ˌʃtœkɪç] *adj Gebäude etc*: six-storey(ed), *Am.* six-storied, six-story. **~ˌstün·dig** [-ˌʃtʏndɪç] *adj* six-hour, of (*od.* lasting) six hours. **~ˌstünd·lich** *adv* every six hours.

sechst *adj* **1.** ‹*ordinal number*› sixth; *fig.* **den** (*od.* **e-n**) **~en Sinn für et. haben** have a sixth sense for s.th.; → *a.* **acht. 2. sie waren zu ~** there were six of them; **wir kamen zu ~** the six of us came.

ˌSechsˈta·geˌfah·rer *m Radsport*: six-day rider. **~ˌren·nen** *n* six-day (bicycle) race, six days *pl.* **~ˌwo·che** *f econ.* six-day week.

ˈsechsˌtä·gig *adj* six-day, of (*od.* lasting) six days. **~ˈtau·send** *adj* ‹*cardinal number*› six thousand.

ˈSech·ste *m, f* ‹-n; -n›, *n* ‹-n; *no pl*› **1.** (the) sixth. **2.** *mit Kleinschreibung*: sixth; **die ~ von rechts** the sixth from the right. **3.** *hist.* **Karl der ~, Karl VI.** Charles the Sixth, Charles VI.

ˈsechsˌtei·lig *adj* having (*od.* consisting of) six parts, six-part, *Geschirr etc*: six-piece, of six pieces, *Roman etc*: in six volumes, six-volume, *mus. Werk etc*: in six parts.

ˈSech·stel I *n, Swiss meist m* ‹-s; -› sixth (part); **fünf ~** five sixths. **II ≈** *adj* sixth (part) of.

ˈsech·stens *adv* sixth(ly), in (the) sixth place.

ˈSechsˌundˈsech·zig *n* ‹-; *no pl*› (*Kartenspiel*) sixty-six. **≈ˌwer·tig** *adj chem.* hexavalent. **≈ˌwin·ke·lig, ≈ˌwink·lig** *adj math.* hexagonal, six-angled. **≈ˌwö·chent·lich** *adv* every six weeks, every sixth week. **≈ˌwö·chig** [-ˌvœçɪç] *adj* **1.** *Kind etc*: six-week-old, of six weeks. **2.** *Aufenthalt etc*: six-week, of (*od.* lasting) six weeks. **~ˌzei·ler** [-ˌtsaɪlər] *m* ‹-s; -› *metr.* six-line poem. **≈ˌzei·lig** [-ˌtsaɪlɪç] *adj* six-line, of six lines; **~e Strophe** six-line stanza, sextain. **~zyˌlin·derˌmo·tor** *m* six-cylinder engine.

sech·zehn [ˈzɛçtseːn] **I** *adj* ‹*cardinal number*› sixteen; **~ Uhr** 4 p.m. **II ≈** *f* ‹-; -en› (number) sixteen. **≈en·der** [-ˌʔɛndər] *m* ‹-s; -› stag (*od.* deer) with sixteen tines, sixteen-pointer. **~ˌfach** *adj* sixteenfold. **~ˌjäh·rig I** *adj* **1.** sixteen-year-old, of sixteen (years). **2.** sixteen-year, of (*od.* lasting) sixteen years. **II ≈e** *m, f* ‹-n; -n› **3.** sixteen-year-old.

ˈsech·zehnt I *adj* ‹*ordinal number*› **1.** sixteenth. **II ≈e,** *m, f* ‹-n; -n›, *n* ‹-n; *no pl*› **2.** (the) sixteenth. **3.** *hist.* **Ludwig der ≈e, Ludwig XVI.** Louis the Sixteenth, Louis XVI, Louis Seize.

ˈSech·zehn·tel I *n, Swiss meist m* ‹-s; -› **1.** sixteenth (part). **2.** → a) **Sechzehntelnote,** b) **Sechzehntelpause. II ≈** *adj* **3.** sixteenth (part) of. **~ˌno·te** *f mus.* semiquaver, *bes. Am.* sixteenth (note). **~ˌpau·se** *f* semiquaver rest, *bes. Am.* sixteenth rest.

ˈsech·zehn·tens *adv* sixteenth(ly), in the sixteenth place.

sech·zig [ˈzɛçtsɪç] **I** *adj* ‹*cardinal number*› **1.** sixty. **II ≈** *f* ‹-; -en› **2.** (number) sixty. **3.** ‹*only sg*› sixties *pl*; **sie ist Anfang (der) ≈** she is in her early sixties.

ˈsech·zi·ger *adj* ‹*invariable*› **die ~ Jahre** (*e-s Jahrhunderts*) the sixties.

ˈSech·zi·ger *m* ‹-s; -› **1.** man in his sixties, sexagenarian. **2.** man of sixty. **3. die ~** *pl* (*Alter*) the sixties; **Mitte (Ende) der ~ sein** be in one's middle (late) sixties. **ˈSech·zi·ge·rin** *f* ‹-; -nen› **1.** woman in her sixties, sexagenarian. **2.** woman of sixty. **ˈSech·zi·gerˌjah·re, die** *pl* (*des Lebens*) the sixties.

ˈsech·zigˌjäh·rig I *adj* **1.** sixty-year-old. **2.** sixty-year, of (*od.* lasting) sixty years. **II ≈e** *m, f* ‹-n; -n› **3.** sixty-year-old.

ˈsech·zigst I *adj* ‹*ordinal number*› sixtieth. **II ≈e** *m, f* ‹-n; -n›, *n* ‹-n; *no pl*› (the) sixtieth.

ˈSech·zig·stel I *n, Swiss meist m* ‹-s; -› sixtieth (part); **fünf ~** five sixtieths. **II ≈** *adj* sixtieth (part) of.

se·da·tiv [zedaˈtiːf] *pharm.* **I** *adj* sedative, tranquil(l)izing. **II ≈** *n* ‹-s; -e› → **Se·daˈti·vum** [-vʊm] *n* ‹-s; -va [-va]› sedative, tranquil(l)izer.

SeˈdezˌforˌMat [zeˈdeːts-] *n print.* sixteenmo, sextodecimo.

Se·di·ment [zediˈmɛnt] *n* ‹-(e)s; -e› *chem. geol.* sediment. **~ˌabˌla·ge·rung** *f* sedimentation.

se·di·menˈtär [zedimɛnˈtɛːr] *adj bes. geol.* sedimentary. **≈ta·tiˈon** [-taˈtsioːn] *f* ‹-; -en› sedimentation.

Se·diˈment·geˌstein *n* sedimentary rock.

se·di·men·tie·ren [zedimɛnˈtiːrən] *v/i* ‹*no* ge-, h› *geol. etc* settle, be deposited, sediment.

See[1] [zeː] *m* ‹-s; -n [-ən]› **1.** (*Binnen≈*) lake, (*Teich*) pond. **2.** *colloq.* **(kleiner) ~** (*Pfütze*) puddle.

See[2] *f* ‹-; -n› **1.** ‹*only sg*› sea; **in ~ gehen** (*od.* **stechen**) put to sea, *Segler*: set sail; **Handel zur ~** → **Seehandel; auf ~** at sea; **auf hoher ~** on the high seas; **auf offener ~** on the open sea; **zur ~ gehen** (*od.* **fahren**) go to sea; **schwere ~** heavy (*od.* rough) sea; **an der ~** at (*od.* by) the sea(side); **an die ~ gehen** (*od.* **fahren**) go to the seaside (*Am.* seashore *od.* beach). **2.** *meist pl* wave, *sehr große*: surge, (*Brecher*) heavy sea, breaker; **e-e ~ übernehmen** ship a sea.

ˈSeeˌaal *m* conger (eel), *econ.* dogfish. **~ˌad·ler** *m orn.* sea eagle, ern(e). **~ˌamt** *n* Court of Inquiry, Maritime Board. **~aneˌmo·ne** *f zo.* (sea) anemone. **~ˌbad** *n* seaside resort. **~ˌbär** *m* **1.** *zo.* sea bear. **2.** *fig. colloq.* **(alter) ~** (old) salt, sea dog. **~ˌbe·ben** *n geol.* seaquake. **≈be·ˌschä·digt** *adj mar.* damaged at sea. **~blocka·de** (*getr.* -kˌk-) *f* naval blockade. **~ˌdra·chen** *m ichth.* ratfish, chimaera. **~-EleˌFant** *m* elephant seal, sea elephant. **≈ˌfä·hig** *adj* → **seetüchtig. ≈ˌfah·rend** *adj Nation etc*: seafaring. **~ˌfah·rer** *m lit.* seafarer. **~ˌfähr·ˌschiff** *n* (seagoing) ferry(boat), train ferry.

ˈSeeˌfahrt *f* **1.** (sea) voyage, cruise. **2.** *mar.* navigation (at sea), seafaring. **~ˌbuch** *n* discharge book, *Am.* seaman's passport. **~ˌschu·le** *f* navigation school, nautical college.

ˈseeˌfest *adj* **1.** *Schiff etc*: seaworthy. **2. (nicht) ~ sein** *Person*: be a good (bad) sailor. **3.** secured for sea transport.

ˈSeeˌfisch *m* saltwater fish. **~fi·sche·ˌrei** *f* (deep-)sea fishing. **~ˌflie·ger** *m* naval (*od.* seaplane) pilot. **~ˌflugˌha·fen** *m* seadrome. **~ˌflugˌzeug** *n* seaplane. **~foˌrel·le** *f ichth.* lake (*od.* salmon) trout. **~ˌfracht** *f* sea (*bes. Am.* ocean) freight. **~ˌfrachtˌbrief** *m* → **Konnossement. ~ˌfunk(ˌdienst)** *m* marine radio (service). **~ˌgang** *m* sea waves *pl*; **~ kommt auf** the sea is getting up; **bei schwerem ~** with a heavy (*od.* rough) sea; **zunehmender ~** rising sea. **~geˌbiet** *n* **1.** sea territory. **2.** territorial waters *pl.* **~geˌfahr** *f econ.* maritime (*od.* sea) risk. **~geˌfecht** *n* naval battle (*od.* engagement). **~ˌgel·tung** *f pol.* naval prestige. **~geˌmäl·de** *n* → **Seestück. ~ˌgras** *n* **1.** *bot.* eelgrass. **2.** *zum Polstern*: sea grass. **~ˌgren·ze** *f* sea frontier. **≈ˌgrün** *adj* sea-green. **~ˌgur·ke** *f zo.* sea cucumber. **~ˌha·fen** *m* seaport. **~ˌhan·del** *m* sea(borne) (*od.* maritime) trade.

ˈSeeˌhan·delsˌgeˌsell·schaft *f* sea trading company. **~ˌgü·ter** *pl* seaborne goods. **~ˌrecht** *n* merchant shipping law.

ˈSeeˌhecht *m ichth.* hake. **~ˌherr·schaft** *f pol.* naval supremacy, control of the seas. **~ˌhö·he** *f* → **Meereshöhe. ~ˌhund** *m* seal.

ˈSeeˌhundsˌfang *m* seal-fishery. **~ˌfän·ger** *m* sealer. **~ˌfell** *n* sealskin.

ˈSeeˌigel *m zo.* sea urchin. **~ˌjung·fer** *f* **1.** *zo.* dragonfly. **2.** → **~ˌjungˌfrau** *f myth.* mermaid. **~ˌka·bel** *n* submarine cable. **~kaˌdett** *m mar.* naval cadet. **~ˌkar·te** *f* nautical (*od.* sea) chart. **≈ˌklar** *adj* ready for sea, ready to sail. **~ˌkli·ma** *n* sea (*od.* maritime) climate. **≈ˌkrank** *adj* seasick; **ich werde leicht ~ a.** I am a bad sailor. **~ˌkrank·heit** *f* seasickness. **~ˌkrieg** *m* naval (*od.* maritime) war(fare), war at sea. **~ˌkrieg·ˌfüh·rung** *f* naval war(fare). **~ˌkriegs·ˌrecht** *n* law(s *pl*) of naval warfare. **~ˌkuh** *f zo.* sea-cow, sirenian. **~ˌkun·de** *f* → **Nautik. ~ˌlachs** *m ichth.* pollack; → *a.* **Lachsersatz.**

See·le [ˈzeːlə] *f* ‹-; -n› **1.** ‹*only sg*› (*Wesenskern*) soul; **e-e edle (reine, schwarze) ~** a noble (an innocent, a black) soul; **bei m-r ~!** upon my soul!; *fig.* **ihrem Gesang fehlt die ~** her singing lacks soul; **zwei ~n wohnen in s-r Brust** two souls dwell in his breast; **zwei ~n und ein Gedanke** twin souls with but a single thought; *colloq.* **j-m et. auf die ~ binden** impress s.th. on s.o.; **j-m auf der ~ knien** press s.o. hard, work on s.o.; → **sprechen** 5. **2.** (*Geist, Intellekt*) mind; **j-m schwer auf der ~ liegen** prey (*od.* weigh heavily) on s.o.'s mind; → **Herz** *Besondere Redewendungen.* **3.** (*Herz*) heart; **sich** (*dat*) **die ~ aus dem Leib weinen** cry one's heart out; **sich** (*dat*) **die ~ aus dem Leib schreien** shout o.s. hoarse; **du hast mir aus der ~ gesprochen!** that's just how I feel!, you express my sentiments exactly!; **aus tiefster** (*od.* **voller, ganzer**) **~** *beistimmen, wünschen*: with all one's heart, *danken*: from the bottom of one's heart; **aus tiefster ~ hassen** hate *s.o., s.th.* like poison; **in tiefster ~ ergriffen sein** be deeply moved; **es tut mir in der ~ leid, daß** I am deeply (*od.* terribly) sorry that; **s-e Bemerkung tat mir in der ~ weh** his remark cut me to the quick; **ich mußte mir das einmal von der ~ reden** I simply had to get it off my chest; → **Leib** 1. **4.** *relig.* **die (unsterbliche) ~** the (immortal) soul; *fig. colloq.* **nun hat die liebe** (*od.* **arme**) **~ Ruh!** now we'll have some peace at last!; **er ist hinter dem Geld her wie der Teufel hinter der armen ~** he is after money like the devil after the soul; *Bibl.* Schaden an s-r ~ nehmen lose one's soul. **5.** *fig.* (*Triebkraft, Mittelpunkt*) er ist die ~ des Ganzen he is the life and soul of it all; er ist die ~ des Betriebes he is the soul of the firm. **6.** *fig.* (*Mensch*) soul; ein Dorf mit (*od.* von) etwa 300 ~n a village of about 300 souls; *colloq.* er ist e-e gute ~, er ist e-e ~ von Mensch he is a good soul, he is an absolute dear; sie ist e-e treue alte ~ she is a faithful (old) soul; verwandte (*od.* gleichgestimmte) ~n kindred souls, soul mates; es ist k-e (menschliche) ~ hier there's not a (living) soul here. **7.** *e-r Schußwaffe*: bore, *e-r Violine etc*: sound post, *e-s Taues, Drahtseils etc*: core, *e-s Spiralbohrers*: cent/re (*Am.* -er) web.

ˈ**See·len|ach·se** *f tech.* axis of the bore. **~adel** *m* nobility of mind. **~amt** *n R.C.* requiem (mass), office for the dead. **~angst** *f* extreme anxiety, (mental) anguish. **~arzt** *m colloq.* mind doctor. **~blind·heit** *f psych.* soul (*od.* psychic) blindness. **~bund** *m lit.* union of kindred souls. **~dra·ma** *n* psychological drama. **~fang** *m iro.* auf ~ ausgehen go out proselytizing. **~for·scher** *m* psychologist. **~freund** *m,* **~freun·din** *f* soul mate, bosom friend. **~frie·de(n)** *m* peace of mind. **~ge·mein·schaft** *f* → Seelenbund. **~grö·ße** *f* ‹-; *no pl*› greatness of mind, magnanimity. **≈gut** *adj* (very) kind-hearted. **~gü·te** *f* kind-heartedness. **~heil** *n* salvation (of one's soul). **~heil·kun·de** *f* **1.** psychiatry. **2.** psychotherapy. **~hirt, ~hir·te** *m* → Seelsorger. **~kampf,** *bes. psych.* **~kon·flikt** *m* mental conflict, inner struggle. **~kraft** *f* → Seelenstärke. **~krank·heit** *f* psychological illness. **~kun·de** *f* ‹-; *no pl*› *obs.* psychology. **~la·ge** *f* → Seelenzustand. **~le·ben** *n* inner (*od.* emotional) life. **~leh·re** *f* → Seelenkunde. **~lei·den** *n* mental suffering (*od.* anguish). **≈los** *adj a. fig.* soulless. **~mas·sa·ge** *f* ‹-; *no pl*› *colloq.* j-m e-e ~ verabreichen give s.o. a pep talk. **~mes·se** *f* → Seelenamt. **~not, ~pein, ~qual** *f* (mental) agony (*od.* anguish), anguish (of mind). **~re·gung** *f* emotion. **~ru·he** *f* **1.** peace of mind, calmness, *weitS.* placidity. **2.** in (aller) ~ a) (*gemütlich*) at leisure, b) (*kaltblütig*) calmly, as cool as you please. **≈ru·hig** *adv* coolly, calmly. **~schmalz** *n iro.* slush, schmal(t)z. **~stär·ke** *f* fortitude, strength of mind. **~taub·heit** *f psych.* psychic deafness. **≈tö·tend** *adj* soul-destroying. **~trö·ster** *m humor.* (*Schnaps*) pick-me-up, bracer. **≈verˈgnügt** *adj colloq.* merry, cheerful, blithe. **~ver·käu·fer** *m mar. contp.* death trap. **≈ver·wandt** *adj* congenial, kindred (in spirit); ~ sein be soul mates, be kindred souls. **~ver·wandt·schaft** *f* congeniality (*od.* affinity) (of nature). **≈voll** *adj* soulful. **~wan·de·rung** *f* transmigration of souls, metempsychosis. **~wär·mer** *m humor.* **1.** (*Wollschal*) comforter, (*Wolljacke*) wool(l)en jacket. **2.** → Seelentröster. **~zu·stand** *m* state (*od.* frame) of mind, mental state.

ˈ**See|leo·pard** *m* sea leopard. **~leu·te** *pl of* Seemann. **~li·lie** *f zo.* sea lily.

ˈ**see·lisch I** *adj* mental, psychological, psychical, inner, (*Gemüts...*) emotional, *Bedürfnisse, Leben etc, a. relig.* spiritual; *bes. jur.* ~e Grausamkeit mental cruelty; j-n aus dem ~en Gleichgewicht bringen upset s.o.'s mental equilibrium (*od.* s.o.'s balance of mind); ~e Größe → Seelengröße; ~er Konflikt → Seelenkonflikt; ~er Zustand → Seelenzustand *etc.* **II** *adv* mentally (*etc*); ~ krank mentally ill; e-e ~ bedingte Krankheit a disease with mental causes, a psychosomatic disease.

ˈ**See·lö·we** *m* sea lion.

ˈ**Seel|sor·ge** *f* ‹-; *no pl*› pastoral care, spiritual guidance, cure of souls. **~sor·ger** *m* ‹-s; -› spiritual adviser, pastor, minister. **≈sor·ge·risch, ≈sorg·lich** *adj* pastoral; ~e Betreuung → Seelsorge.

ˈ**See|luft** *f* sea air. **~macht** *f* naval (*od.* maritime, sea) power. **~mann** *m* ‹-(e)s; -leute› seaman, sailor, *lit.* mariner. **≈män·nisch** [-ˌmɛnɪʃ] *adj* seamanlike, seamanly, sailorly, of a sailor, *Ausdruck, Fertigkeiten etc*: nautical. **~manns·amt** *n* shipping office. **~manns·aus·druck** *m* sea(man's) (*od.* nautical) term. **~mann·schaft** *f* ‹-; *no pl*› seamanship.

ˈ**See·manns|gang** *m* sailor's walk (*od.* gait). **~garn** *n* ‹-(e)s; *no pl*› *humor.* yarn(s *pl*); ~ spinnen spin a yarn. **~heim** *n* sailors' home. **~le·ben** *n* seaman's (*od.* sailor's) life, seafaring life. **~lied** *n* sailor's song, shanty. **~los** *n* seaman's (*od.* sailor's) lot. **~tod** *m* seaman's (*od.* sailor's) death.

ˈ**see·mä·ßig I** *adj Verpackung etc*: seaworthy, seaproof. **II** *adv* ~ verpackt seaworthy-packed, packed seaworthy.

ˈ**See|mei·le** *f* nautical (*od.* sea) mile, (*pro Stunde = Knoten*) knot. **~mi·ne** *f* sea (*od.* naval) mine. **~mö·we** *f orn.* (sea-) gull. **~mu·schel** *f zo.* seashell. **~ne·bel** *m* sea fog.

ˈ**Se·en|ge·biet** *n* area with many lakes, lake district. **~kun·de** *f* ‹-; *no pl*› limnology.

ˈ**See·not** *f* ‹-; *no pl*› distress (at sea); in ~ sein (geraten) be in (get into) distress. **~(ret·tungs)dienst** *m* sea rescue service. **~(ret·tungs)flug·zeug** *n* sea rescue aircraft. **~(ret·tungs-)kreu·zer** *m* (motor) lifeboat. **~ruf** *m* distress call, SOS. **~wel·le** *f Radio*: distress frequency (*od.* wave[length]). **~zei·chen** *n* distress signal.

ˈ**See|of·fi·zier** *m* naval officer. **~ot·ter** *m zo.* sea otter. **~pfand·recht** *n* maritime lien. **~pferd·chen** *n* ‹-s; -› *ichth.* seahorse. **~pro·test** *m jur. mar.* sea protest. **~raub** *m* piracy. **~räu·ber** *m* pirate, *hist. a.* corsair, buccaneer. **~räu·beˈrei** [ze:-] *f* piracy. **~räu·ber·ge·schich·te** *f* pirate tale. **≈räu·be·risch** *adj* piratic(al). **~räu·ber·schiff** *n* pirate ship. **~räu·ber·tum** *n* ‹-s; *no pl*› piracy. **~recht** *n* maritime (*od.* sea) law, law of the sea. **≈recht·lich** *adj u. adv* under maritime law. **~rei·se** *f* (sea) voyage, cruise, (*Überfahrt*) (sea) crossing, (sea) passage; e-e ~ machen go on a voyage. **~rei·sen·de** *m, f* (sea) voyager. **~ro·se** *f* **1.** *bot.* water (*od.* pond) lily. **2.** → Seeanemone. **~rou·te** *f* sea route. **~sack** *m* seabag. **~sand** *m* sea sand.

ˈ**See·scha·den** *m mar. jur.* sea damage, loss suffered at sea, (*Havarie*) average. **~be·rech·nung, ~re·gu·lie·rung** *f* adjustment of average.

ˈ**See|schiff** *n* seagoing vessel, sea-boat. **~schiffahrt** (*getr.* -ff·f-) *f* sea (*od.* ocean) shipping (*od.* navigation). **~schlacht** *f* naval (*od.* sea) battle. **~schlan·ge** *f a. myth.* sea serpent. **~schlep·per** *m* seagoing tug. **~schleu·se** *f* sea lock. **~schwal·be** *f orn.* sea swallow, tern. **~sieg** *m* naval victory. **~sper·re** *f* naval blockade. **~spin·ne** *f zo.* sea spider, spider crab. **~stadt** *f* seaside town, (*Seehafen*) seaport. **~stern** *m zo.* starfish, sea star. **~stra·ße** *f* sea-lane. **~stra·ßen·ord·nung** *f* international regulations *pl* for preventing collisions at sea, rules *pl* of the road at sea. **~streit·kräf·te** *pl* naval forces, navy *sg.* **~stück** *n Kunst*: seascape, seapiece. **~stütz·punkt** *m* naval base. **~tang** *m bot.* seaweed.

ˈ**See·trans·port** *m* sea transport, *econ.* shipment by sea; See- und Landtransport sea and land carriage, carriage by land and sea. **~ver·si·che·rung** *f* → Seeversicherung.

ˈ**see·tüch·tig** *adj* seaworthy. **≈keit** *f* seaworthiness.

ˈ**See|ufer** *n* shore (*od.* banks *pl*) of a (*od.* the) lake, lakeside, lakeshore. **~un·fall** *m* sea accident, accident at sea. **~un·ge·heu·er** *n myth.* sea monster.

ˈ**see·un·tüch·tig** *adj* unseaworthy. **≈keit** *f* unseaworthiness.

ˈ**See|ver·bin·dung** *f* sea route. **~ver·kehr** *m* sea (*od.* maritime) traffic. **~ver·mes·sung** *f* hydrographic survey. **~ver·si·che·rer** *m* (*Am.* ocean) marine insurer. **~ver·si·che·rung** *f* (*Am.* ocean) marine insurance.

ˈ**See·ver·si·che·rungs|ge·sell·schaft** *f* (*Am.* ocean) marine insurance company. **~po·li·ce** *f* (*Am.* ocean) marine (insurance) policy.

ˈ**See|vo·gel** *m* seabird, seafowl. **~volk** *n* maritime nation, seafaring people. **~wal·ze** *f* → Seegurke. **~war·te** *f* naval (*od.* marine) observatory. **≈wärts** *adv* seaward(s). **~was·ser** *n* seawater, salt water. **~weg** *m* sea (*od.* ocean, maritime) route, sea-lane; *econ.* auf dem ~ by sea; auf dem ~ befördert seaborne, carried by sea; Beförderung auf dem ~ → Seetransport. **~we·sen** *n* ‹-s; *no pl*› maritime (*od.* naval) affairs *pl.* **~wet·ter·be·richt** *m* shipping forecast. **~wet·ter·dienst** *m* marine weather service. **~wind** *m* sea-breeze, onshore wind. **~wolf** *m ichth.* sea-wolf. **~wurf** *m mar.* **1.** jetsam. **2.** jettison. **~zei·chen** *n* sea-mark. **~zoll·gren·ze** *f* maritime customs border. **~zoll·ha·fen** *m* port of entry, port within customs territory. **~zun·ge** *f ichth.* sole.

Se·gel [ˈze:gəl] *n* ‹-s; -› sail; mit vollen ~n in full sail, *fig.* full tilt; unter ~ under sail; unter ~ gehen sail, set sail, put to sea; die ~ hissen hoist (*od.* haul up) sail; die ~ streichen strike sail, *fig. colloq.* give in, throw up the sponge; *fig.* j-m den Wind aus den ~n nehmen take the wind out of (*od.* from) s.o.'s sails. **~an·wei·sung** *f* sailing directions *pl* (*od.* instruction). **~boot** *n* **1.** sailing boat, *Am.* sailboat. **2.** → Segeljacht. **~fahrt** *f* a) sail(ing trip), b) sailing voyage. **≈fer·tig** *adj* ready to sail. **~fisch** *m* sailor fish. **~flie·gen I** *n* ‹-s› gliding, glider flying, sailplaning, soaring. **II** ≈ *v/i* ‹*only inf*› fly in a glider (*od.* sailplane), glide, soar. **~flie·ger** *m* **1.** glider (*od.* sailplane) pilot. **2.** → Segelflugzeug. **~flie·geˈrei** *f* → Segelfliegen I. **~flie·ger·schein** *m* glider pilot's licen/ce (*Am.* -se).

ˈ**Se·gel·flug** *m* **1.** → Segelfliegen I. **2.** *einzelner*: gliding flight. **~dau·er·re·kord** *m* endurance record for sailplanes. **~platz** *m* gliding field. **~sport** *m* gliding. **~zeug** *n* glider, sailplane.

ˈ**Se·gel|jacht** *f* sailing (*bes. Am.* sail) yacht. **~kar·te** *f* sailing (*od.* track) chart. **≈klar** *adj* ready to sail. **~klub** *m* yacht(ing) club, sailing club. **~kurs** *m* sailing course. **~ma·cher** *m* sailmaker.

se·geln [ˈze:gəln] **I** *v/i* ‹sein *u.* h› **1.** sail, *Sport*: *a.* yacht, go yachting; beim (*od.* dicht am) Wind ~ sail close to the wind; um ein Kap ~ sail round (*od.* double) a cape; ~ **gehen** go for a sail. **2.** *aer.* glide, sail(plane), soar. **3.** ⟨sein⟩ *fig. Vögel*: soar, glide, sail, *Wolken etc*: float, *colloq. Person*: sail (*into the room, etc*); *colloq.* **durchs Examen** ~ fail (in) (*Am.* flunk) the examination. **II** *v/t* ⟨h *u.* sein⟩ **4.** (*Segelboot, Kurs, Route etc*) sail. **III** ≈ *n* ⟨-s⟩ **5.** sailing, *Sport*: *a.* yachting.

ˈSe·gel|reˌgat·ta *f* sailing regatta. **~ˌschiff** *n* sailing ship, *Am.* sailship. **~ˌschiffahrt** (*getr.* -ffˌf-) *f* sail navigation; **die Zeit der** ~ the age of sail. **~ˌschlit·ten** *m* → Eisjacht. **~ˌschu·le** *f* sailing school. **~ˌschulˌschiff** *m* (sailing) schoolship. **~ˌsport** *m* yachting, sailing. **~ˌtuch** *n* canvas (*a. econ.*), sailcloth, duck. **~ˌtuchˌho·se** *f* ducks *pl.* **~ˌtuchˌpla·ne** *f* canvas, *geteerte*: tarpaulin. **~ˌtuchˌschu·he** *pl* canvas shoes, plimsolls, *bes. Am.* sneakers. **~ˌyacht** *f* → Segeljacht.

Se·gen [ˈzeːgən] *m* ⟨-s; -⟩ **1.** blessing, benediction; **(j-m) den** ~ **erteilen** (*od.* **spenden, geben**) give (s.o.) one's blessing (*od.* benediction); *a. fig. colloq.* **j-m (et.) s-n** ~ **geben** give s.o. (s.th.) one's blessing; **ich gebe m-n** ~ **dazu** I give it my blessing; *iro.* **m-n** ~ **hat er** he has my blessing; **sich regen bringt** ~ (*Sprichwort*) hard work brings its own reward. **2.** (*bes. Tischgebet*) prayer(s *pl*); **vor der Mahlzeit den** ~ **sprechen** say a prayer (*od.* say grace) before the meal. **3.** *fig.* (*Glück*) luck, (*Wohltat*) blessing, boon, godsend; **ein** ~ **für** a boon to; **zum** ~ **der Menschheit** for the benefit of mankind; **auf s-r Arbeit ruht kein** ~ he has no luck with his work; **(j-m)** ~ **bringen** bring (s.o.) good luck; **das bringt k-n** ~ no good will come of it; **ein wahrer** ~ a real blessing, a great boon, a perfect godsend; *iro.* **es ist ein (wahrer)** ~, **daß** *sie nicht kommt etc* it is (quite) a mercy that; **im Grunde war es ein** ~ it was a blessing in disguise. **4.** (*Ertrag*) (rich) yield, (*Reichtum*) riches *pl* (*of the earth, etc*), abundance, (*Gedeihen*) prosperity; **ich wünsche dir Glück und** ~ I wish you happiness and prosperity. **5.** *fig. colloq.* **der ganze** ~ the whole lot. **6.** → Segnung. **≈ˌbrin·gend** *adj* beneficial. **~erˌtei·lung** *f relig.* benediction. **≈ˌspen·dend** *adj* → segenbringend.

ˈse·gens|ˌreich *adj* beneficial, beneficent, (*fruchtbar*) fruitful, prosperous. **≈ˌspruch** *m* benedicite, blessing. **≈ˌwunsch** *m* benediction, *pl* good wishes.

Seg·ge [ˈzɛgə] *f* ⟨-; -n⟩ *bot.* sedge.

ˈSeg·ler *m* ⟨-s; -⟩ **1.** *Sport*: yachtsman. **2.** → a) Segelschiff, b) Segelflugzeug.

ˈSeg·le·rin *f* ⟨-; -nen⟩ yachtswoman.

Seg·ment [zɛˈgmɛnt] *n* ⟨-(e)s; -e⟩ *allg.* segment. **seg·men·tal** [zɛgmɛnˈtaːl], **seg·men·tär** [zɛgmɛnˈtɛːr] *adj* segmental, segmentary. **Seg·men·ta·ti·on** [zɛgmɛntaˈtsi̯oːn] *f* ⟨-; -en⟩ segmentation. **Segˈmentˌbo·gen** *m arch.* segmental arch.

seg·men·tie|ren [zɛgmɛnˈtiːrən] *v/t* ⟨*no* ge-, h⟩ segment. **≈rung** *f* ⟨-; -en⟩ segmentation.

seg·nen [ˈzeːgnən] *v/t* ⟨h⟩ bless, give *s.o., s.th.* one's blessing; **Gott segne dich!** God bless you!; *fig.* **ich segne den** (*od.* **gesegnet sei der**) **Tag, an dem** I bless the day when; **das Zeitliche** ~ depart this life; **gesegnet mit** blessed (*od.* endowed) with; *lit.* **gesegneten Leibes sein** be great with child; **mit vielen Kindern gesegnet** blessed with a large offspring; *colloq.* **gesegneter Appetit** healthy appetite. **ˈSeg·nung** *f* ⟨-; -en⟩ blessing, benediction; *fig.* **die ~en der Zivilisation** the blessings of civilization.

ˈSeh|ˌach·se *f med.* visual axis. **≈beˌhin·dert** *adj* partially sighted (*od.* blind). **~beˌhin·der·te** *m, f* ⟨-n; -n⟩ partially sighted (*od.* blind) person. **~beˌreich** *m* visual range.

se·hen [ˈzeːən] **I** *v/t* ⟨**sieht, sah, gesehen,** h⟩ **1.** *allg.* see, *poet.* behold, (*bemerken*) notice, (*beobachten*) watch, observe, (*ausmachen*) make out, distinguish, (*erspähen*) spy, *colloq.* spot, *fig.* (*erkennen*) see, realize, (*merken*) see, find out; **siehst du mich?** can you see me?; **er sieht aber auch alles!** he doesn't miss a thing!; **die Sonne aufgehen** ~ see the sun rise; **das habe ich kommen** ~ I saw that coming, I knew that would happen; *colloq.* **ich kann ihn (es) nicht mehr** ~ I can't stand (*od.* bear) the sight of him (it) anymore, I am sick (and tired) of him (it); **man sieht dich zur Zeit selten** one sees very little of you these days, you are quite a stranger; **ich sehe ihn (in der Erinnerung) noch vor mir** I (can) still see him in my mind's eye; *fig.* **et. nicht** ~ **wollen** shut one's eyes to s.th.; **hat man so (et)was schon gesehen?** have you ever seen anything like it?, *colloq.* well, did you ever?; **das wird man erst** ~! that remains to be seen!; **das werden wir bald** ~! we'll soon find out!; **da sieht man's wieder!** there you are!, that's typical!; **Sie** ~ **jetzt ein Fernsehspiel** we now bring you (*od.* present) a television play; **das muß man gesehen haben!** it has to be seen to be believed!; **sieht man das?** does it show?; **das sieht man** you (*od.* I) can see that. **2.** (*betrachten*) see, (have a) look at, (*Fernsehsendung etc*) *a.* watch; **darf ich (das) mal** ~? may I have a look (at it)?; **in dieser Stadt ist** (*od.* **gibt es**) **nicht viel zu** ~ there is not much to see in this town; *fig.* **es kommt darauf an, wie man die Dinge sieht** it depends on how you look at things; **ich sehe die Dinge, wie sie sind** I see things as they are; **ich sehe die Sache anders** I see (*od.* look at) it differently; **wie** ~ **Sie die Lage?** how do you see the situation?; **du siehst das falsch!** you have got it wrong! **3. zu** ~ **sein** be to be seen, be visible, be in sight, (*hervorschauen*) show, be showing, peep out, (*ausgestellt sein*) be on exhibition (*od.* show); **es war** (*od.* **gab**) **nichts zu** ~ there was nothing to be seen; **davon ist nichts mehr zu** ~ there is no trace (*od.* nothing) left of it; **niemand war zu** ~ nobody was in sight. **4.** *et.* **(un)gern** ~ (not to) like, (dis)like; **er sieht es gern, wenn man ihn fragt** he likes being (*od.* to be) asked; **er sieht es nicht gern, wenn man zu spät kommt** he doesn't like people to be late; **man sieht das dort nicht gern** that is frowned upon there. **5. et.** ~ **lassen** (*zeigen*) show s.th., let s.th. be seen, (*zur Schau stellen*) display (*od.* exhibit) s.th. **6. sich (bei j-m)** ~ **lassen** let o.s. be seen, show o.s., appear, put in an appearance; **sich (kurz)** ~ **lassen** *aus Höflichkeit etc*: *colloq.* show the flag; **er hat sich lange nicht mehr** ~ **lassen** he hasn't shown himself (*od.* his face) for a long time; **laß dich (bald) mal wieder** ~! do come again (soon)!; **du könntest dich ruhig et. öfter** ~ **lassen** you could show yourself (*colloq.* show up) a little more often; **laß dich hier nie wieder** ~! don't you dare to show your face here again!; **das kann sich** ~ **lassen** that's not bad at all, *colloq.* that's not half bad; **sie kann sich** ~ **lassen** she's a good-looking girl (*od.* woman). **7.** (*treffen*) see, meet; **sie** ~ **sich recht häufig** they see quite a bit of each other, they meet (each other) quite frequently; **wann** ~ **wir uns wieder?** when shall we meet (*od.* see each other) again? **8.** *fig.* ~, **daß** (*versuchen*) try to, (*dafür sorgen*) see (to it) that, take care that, make sure that; **ich will** ~, **daß ich das Buch für dich besorgen kann** I'll try to (*od.* I'll see if I can) get the book for you. **II** *v/reflex* **sich** ~ **9.** see o.s. (*in the mirror, etc*); *fig.* **sie sieht sich schon als Filmstar** she already sees (*od.* pictures) herself as a film star; **sich gezwungen** (*od.* **genötigt, veranlaßt**) ~, **et. zu tun** find o.s. (*od.* feel) compelled to do s.th., have no choice but to do s.th.; **sich betrogen** ~ find o.s. deceived. **III** *v/i* **10.** see; **gut** ~ (be able to) see well, (*gute Augen haben*) have good eyes (*od.* sight); **schlecht** ~ *im Dunkeln etc*: see badly, (*schlechte Augen haben*) have bad (*od.* poor, weak) eyes (*od.* sight); **er kann nicht** ~ a) he can't see, b) he is blind; **wie ich sehe, bist du beschäftigt** I (can) see you are busy; **ich sehe schon, Sie wollen nicht!** I can see you don't want to!; **laß mich (mal)** ~ let me see; **siehe da!** lo and behold!; **sehe ich recht?** do my eyes deceive me?; **siehe oben (unten)** see above (below); **siehe Seite 20** see page 20; **wir werden ja** ~ well, we shall see; **wie Sie** ~, **habe ich recht behalten** you see I was right; **siehst du** (*colloq.* **siehste**) **(wohl), ich hatte doch recht** (you) see I was right after all; **na, siehst du!** there you are!, see?, didn't I tell you?; **und hast du** (*colloq.* **haste**) **nicht gesehen** in a flash, before you could say Jack Robinson. **11.** (*schauen, blicken*) look; **zu Boden** ~ look down, lower one's eyes; **sieh nur!, sieh doch!, sieh mal!** (just) look!, look here!; *colloq.* **sieh (mal) einer an!** I say!, look at that!; **und siehe da, er kam doch** and what do you know he came after all; *fig.* **(selbst)** ~, **wo man bleibt** (*od.* **wie man zurechtkommt**) look after o.s.; **du mußt selbst** ~, **wie du das Geld zs.-bringst** you must see for yourself where you'll get the money, you must find the money for it yourself. **12. die Fenster (Zimmer)** ~ **auf die** (*od.* **nach der**) **Straße** the windows (rooms) look on to (*od.* out on) the street, the windows (rooms) open on to (*od.* face) the street. **13.** ~ **auf** (*acc*) (*achten*) be particular about, set great store by; **sie sieht sehr auf Sauberkeit** she is very particular about cleanliness; **sie sieht sehr aufs Geld** a) she is very careful with (her) money, b) she is a real money-grubber; **heute wollen wir nicht auf den Preis** ~ let's forget about the price today. **14. darauf** ~, **daß** take care (*od.* see to it, mind, make sure) that. **15. nach j-m (et.)** ~ look after (*od.* take care of) s.o. (s.th.); **nach dem Kranken** ~ look after the patient; **nach der Suppe** ~ have a look at the soup. **16.** ~ **aus** (*dat*) (*herausragen*) stick (*od.* stand) out of, (*hervorlugen*) peep out of. **IV** ≈ *n* ⟨-s⟩ **17.** seeing (*etc*). **18.** sight; **ich kenne sie (nur) vom** ≈ I (only) know her by sight; → **hören** 17. **19.** vision; **plastisches** ≈ three-dimensional vision. **ˈse·hend** *adj* **wieder** ~ **werden** regain (*od.* recover) one's sight; **j-n** ~ **machen** restore s.o.'s sight, *fig.* open s.o.'s eyes; *fig.* **~en Auges** with open eyes. **ˈSe·hen·de** *m, f* ⟨-n; -n⟩ sighted person.

ˈse·hens|ˌwert, ~ˌwür·dig *adj* (well) worth seeing, worthwhile, remarkable. **≈ˌwür·dig·keit** *f* ⟨-; -en⟩ sight, place (*od.* thing) worth seeing, object (*od.* place) of interest, *bes. iro.* curiosity; **die ~en e-r Stadt** the sights of a town; **~en besichtigen (gehen)** go sightseeing, (go to) see the sights; **die ~en e-r Stadt besichtigen** *a. colloq.* do a town.

ˈSe·her *m* ⟨-s; -⟩ **1.** seer, prophet, visionary. **2.** *hunt.* eye. **~ˌblick** *m* ⟨-(e)s; *no pl*⟩ prophetic (*od.* visionary, mantic) eye. **~ˌga·be** *f* ⟨-; *no pl*⟩ prophetic (*od.* visionary, mantic) gift, vision(ary power).

ˈSe·he·rin *f* ⟨-; -nen⟩ seeress, prophetess, visionary.

ˈse·he·risch *adj* prophetic, visionary, mantic.

ˈSeh‖feh·ler *m* sight defect, defect of vision. **~ˌfeld** *n opt.* field of vision. **~ˌhil·fe** *f* vision aid, aid to vision. **~ˌkraft** *f* → Sehvermögen. **~ˌkreis** *m* circle of vision. **~ˌlei·stung** *f* visual performance. **~ˌloch** *n* pupil.

Seh·ne [ˈzeːnə] *f* ⟨-; -n⟩ **1.** *anat.* sinew, tendon; **sich** (*dat*) **e-e ~ zerren** strain a sinew. **2.** *math.* (*Kreis≈*) chord. **3.** (*Bogen≈*) string.

seh·nen [ˈzeːnən] **I** *v/reflex* ⟨h⟩ **sich ~ nach** long for, *stärker*: hanker after, yearn for, crave for, *schmachtend*: pine (*od.* languish) for; **er sehnte sich danach, zu** *inf* he was longing to *inf.* **II** ≈ *n* ⟨-s⟩ → **Sehnsucht.**

ˈSeh·nen‖band *n anat.* (tendinous) ligament. **~entˌzün·dung** *f* tendinitis. **~ˌfa·ser** *f* tendinous fibre (*Am.* fiber). **~ˌmaß** *n arch. math.* chordal dimension. **~reˌflex** *m med.* tendon jerk (*od.* reflex, reaction). **~ˌschei·de** *f anat.* tendon (*od.* synovial) sheath. **~ˌschei·den·entˌzün·dung** *f* tendovaginitis, tenosynovitis. **~verˌkür·zung** *f* shortening of a tendon. **~ˌzer·rung** *f* strained (*od.* pulled) tendon.

ˈSehˌnerv *m anat.* optic nerve.

ˈseh·nig *adj* **1.** *Fleisch*: stringy, sinewy. **2.** *Arm, Person etc*: sinewy, wiry.

ˈsehn·lich I *adj Wunsch etc*: ardent, fond, keen, *Erwartung etc*: anxious; **ihr ~ster Wunsch** her fondest (*od.* dearest) wish. **II** *adv* **et. ~ herbeiwünschen** wish for s.th. with all one's heart; **j-n ~(st) erwarten** await s.o. anxiously.

ˈSehnˌsucht *f* ⟨-; ¨-e⟩ longing, *stärker*: yearning, hankering, *schmachtende*: pining, languishing, *nach Vergangenem, Verlorenem*: nostalgia; **~ haben nach** be longing for; **wir haben dich schon mit ~ erwartet** we have been longing to see you; **vor ~ vergehen** pine away.

ˈsehn‖süch·tig, ~suchtsˌvoll I *adj* longing, *stärker*: yearning, hankering, *schmachtend*: pining, languishing, *wehmütig, verlangend*: wistful, nostalgic. **II** *adv* longingly (*etc*); **j-n ~ erwarten** be longing to see s.o.; **et. ~ erhoffen** hope for s.th. ardently; **der ~ erhoffte Erfolg** the much longed-for (*od.* the keenly desired) success.

ˈSeh|orˌgan *n* organ of sight (*od.* vision). **~ˌpro·be, ~ˌprü·fung** *f* sight test. **~ˌpro·benˌta·fel, ~ˌprüfˌta·fel** *f* sight testing chart, test chart (*Am.* card). **~ˌpur·pur** *m anat.* visual purple.

sehr [zeːr] *adv* **1.** *vor adj u. adv*: very; **~ bald** very soon; **~ gern** with pleasure, (most) gladly (*od.* willingly); **~ gut** *anerkennend*: very good, not bad at all, well done, *colloq.* jolly good, *zustimmend*: very well, *ped.* very good, a(lpha); **du weißt ~ gut, daß** you know very well that; **~ oft** very often, more often than not; **~ viel** *vor dem Komparativ*: (very) much, a good (*od.* great) deal, far, *colloq.* a lot (*better, etc*), *vor Substantiven*: plenty (*colloq.* a lot) of, a good (*od.* great) deal of; **~ viele** a great many; **er weiß ~ wohl, daß** he knows very (*od.* perfectly) well that. **2.** *vor adj u. adv*: (*höchst, äußerst*) most, highly, greatly, extremely; **das ist ~ bedauerlich** it is most regrettable; **es ist ~ wahrscheinlich** it is highly probable. **3.** *in Verbindung mit Verben*: (very) much, greatly, highly, *colloq.* awfully; **~ vermissen** miss badly; **~ vermissen lassen** be sadly lacking in; *hat es dir gefallen?* **ja, ~!** yes, very much (so)!; **er übertrieb so ~, daß** he exaggerated to such a degree that; **sie wünschte es sich** (*dat*) **so ~** she wanted it so badly; **wie ~ auch immer** however much, much as. **4. ~ geehrter Herr!** dear Sir!; **~ geehrter Herr X!** dear Mr X; **~ verehrte Anwesende!** Ladies and Gentlemen.

ˈSeh‖rohr *n e-s U-Boots*: periscope. **~ˌschär·fe** *f* **1.** *med.* visual acuity, sharpness (*od.* acuity) of vision. **2. die ~ e-s Mikroskops einstellen** focus a microscope, bring a microscope into focus. **~ˌschlitz** *m bes. mil.* observation slit. **≈ˌschwach** *adj med.* weak-sighted. **~ˌschwä·che** *f* weak sight. **~ˌschwin·del** *m* vertigo caused by double vision. **~ˌstäb·chen** *n anat.* rod (cell). **~ˌstö·rung** *f* impaired (*od.* defective) vision. **~ˌta·fel** *f* → Sehprobentafel. **~ˌtest** *m* sight test. **~verˌmö·gen** *n* ⟨-s; *no pl*⟩ sight, visual faculty, (strength of) vision; **~ bei Nacht** vision at night. **~ˌwei·te** *f* visual distance, range of vision; **in (außer) ~** → **Sichtweite** 1. **~ˌwerkˌzeug** *n* → **Sehorgan.** **~ˌwin·kel** *m opt.* visual angle. **~ˌzen·trum** *n* visual cent/re (*Am.* -er).

sei [zaɪ] *imp sg u. 1 u. 3 sg pres subj of* **sein**[1]; **~ brav!** be good!; **~ glücklich!** be happy!

Seich [zaɪç] *m* ⟨-(e)s; *no pl*⟩, **ˈSei·che** *f* ⟨-; *no pl*⟩ **1.** *vulg.* (*Harn*) piss. **2.** *fig. colloq.* a) (*dummes Geschwätz*) drivel, blah(blah), b) (*schales Getränk*) slop(s *pl*), dishwater. **ˈsei·chen** *v/i* ⟨h⟩ **1.** *vulg.* piss. **2.** *fig. colloq.* babble, blabber.

seicht [zaɪçt] *adj* ⟨-er; -est⟩ **1.** *Wasser etc*: shallow. **2.** *fig. allg.* shallow, superficial, *Buch etc*: *a.* jejune, *Gerede etc*: *a.* empty, trivial, insipid, *Komödie etc*: *a.* fluffy; **~e Redensarten** banalities, platitudes. **ˈSeicht·heit, ˈSeich·tig·keit** *f* ⟨-; *no pl*⟩ shallowness, *fig. a.* banality, insipidity.

seid [zaɪt] *imp pl u. 2 pl pres of* **sein**[1].

Sei·de [ˈzaɪdə] *f* ⟨-; -n⟩ **1.** silk; **reine (echte) ~** pure (real) silk; **rohe ~** raw (*od.* ecru) silk; **ein Halstuch aus ~** a silk necktie, a necktie (made) of silk; *fig.* **Haare wie ~** hair like silk, silken hair. **2.** *bot.* dodder, love vine.

Sei·del [ˈzaɪdəl] *n* ⟨-s; -⟩ (beer) mug, stein.

ˈSei·delˌbast *m bot.* (common) daphne, spurge laurel.

ˈsei·den *adj* **1.** (made of) silk, of silk, *lit.* silken; → **Faden** 2. **2.** → **seidig** I.

ˈSei·den... *in Zssgn meist* silk (*damask, industry, ribbon, trade, yarn, etc*). **~ˌaf·fe** *m* guereza. **≈ˌar·tig** *adj* silklike, silky. **~asˌbest** *m synth.* silky asbestos. **~ˌat·las** *m Textil.* silk satin. **~ˌbast** *m* silk gum, sericin. **~ˌbau** *m* ⟨-(e)s; *no pl*⟩ → **Seidenraupenzucht.** **~ˌdraht** *m* silk-covered wire. **~ˌern·te** *f* silk crop. **~ˌflor** *m* silk gauze, tiffany. **~geˌspinst** *n zo.* cocoon (of the silkworm). **~geˌwe·be** *n* silk fabric. **~geˌwin·nung** *f* silk production. **~ˌglanz** *m* silk(y) (*od.* satiny, *lit.* silken) lust/re (*Am.* -er) (*od.* sheen, gloss); **Webwaren mit ~** fabrics with a silky sheen, silk-finished fabrics. **~ˌhaar** *n* **1.** silky (*lit.* silken) hair. **2.** → **Seidenflor.** **≈ˌhaa·rig** *adj* silken-haired. **~ˌhänd·ler** *m* silk dealer (*od.* merchant). **~ˌholz** *n* → **Atlasholz.** **~ˌkrepp** *m Textil.* crêpe de Chine. **~paˌpier** *n* tissue (paper). **~ˌrau·pe** *f zo.* silkworm.

ˈSei·denˌrau·pen‖haus *n* silkworm nursery, cocoonery. **~ˌzucht** *f* silkworm-breeding, sericulture. **~ˌzüch·ter** *m* silkgrower, sericulturist.

ˈSei·den‖siebˌdruck *m print.* silk-screen printing. **~ˌspin·ner** *m* **1.** *zo.* silk(worm) moth. **2.** *Textil.* silk spinner. **~spin·neˌrei** *f* **1.** ⟨*only sg*⟩ silk spinning. **2.** silkmill, silk spinning mill. **~ˌspu·le** *f* silk reel. **~stickeˌrei** (*getr.* -k·k-) *f* silk embroidery. **~ˌstoff** *m* silk (fabric *od.* cloth). **~ˌstrumpf** *m* silk stocking. **≈ˌumˌspon·nen** *adj* silk-covered. **~ˌwa·ren** *pl* silk goods, silks, (silk) mercery *sg.* **~we·beˌrei** *f* **1.** ⟨*only sg*⟩ silk weaving. **2.** silk weaving mill. **≈ˈweich** *adj* (as) soft as silk, silky, *lit.* silken. **~ˌwurm** *m* → **Seidenraupe.**

ˈsei·dig I *adj a. fig.* silky, *lit.* silken. **II** *adv* **~ glänzend** *cf.* I.

Sei·fe [ˈzaɪfə] *f* ⟨-; -n⟩ **1.** soap; **flüssige (parfümierte) ~** liquid (scented) soap; **grüne ~** → **Schmierseife**; **ein Stück (Riegel) ~** a piece (bar) of soap. **2.** *geol.* alluvial deposit. **ˈsei·fen** *v/t* ⟨h⟩ soap, *schaumig*: lather. **ˈsei·fenˌar·tig** *adj* → **seifig.**

ˈSei·fen‖bad *n* soap bath. **~beˌhäl·ter** *m* → a) **Seifenschale,** b) **Seifendose.** **~ˌbil·dung** *f chem.* saponification. **~ˌbla·se** *f* soap bubble; **~n machen** blow soap bubbles. **~ˌbrü·he** *f* → **Seifenlauge.** **~ˌdo·se** *f* soap container. **~ˌer·de** *f min.* fuller's earth. **~ˌerz** *n geol.* alluvial (*od.* placer) ore. **~ˌflocken** (*getr.* -k·k-) *pl* soap flakes. **~ˌgold** *n min.* alluvial (*od.* placer) gold. **~ˌhal·ter** *m* soap dish. **~herˌstel·lung** *f* soapmaking, soap manufacture. **~ˌki·ste** *f* soapbox. **~ˌki·stenˌren·nen** *n* soapbox derby. **~ˌlau·ge** *f* soapsuds *pl* (*als sg od. pl konstruiert*). **~ˌnapf** *m* soap dish, *zur Naßrasur*: shaving bowl. **~ˌpul·ver** *n* soap powder. **~ˌscha·le** *f* soap dish. **~ˌschaum** *m* lather. **~ˌsie·der** *m* soap-boiler; *fig. colloq.* **da ging mir ein ~ auf** the scales fell from my eyes, it dawned on me. **~sie·deˌrei** *f* soap factory. **~ˌspen·der** *m* soap dispenser. **~ˌstein** *m min.* soapstone. **~ˌwas·ser** *n* **1.** soapy water. **2.** → **Seifenlauge.** **~ˌzäpf·chen** *n pharm.* soap suppository.

ˈsei·fig *adj* soapy, saponaceous.

sei·ger [ˈzaɪgər] *adj Bergbau*: perpendicular.

sei·gern [ˈzaɪgərn] *v/i* ⟨h⟩ *Eisenmetalle*: segregate, *Nichteisenmetalle*: liquate, *Zinn*: sweat out.

ˈSei·ger‖ofen *m metall.* liquating furnace. **~ˌschacht** *m Bergbau*: vertical (*od.* perpendicular) shaft. **~ˌsprung** *m geol.* vertical fault.

ˈSei·ge·rung *f* ⟨-; -en⟩ *metall.* segregation, liquation.

Sei·he [ˈzaɪə] *f* ⟨-; -n⟩ *dial.* **1.** sieve. **2.** (*Rückstand*) residue. **ˈsei·hen** *v/t* ⟨h⟩ *dial.* **1.** (*Mehl, Sand etc*) sieve, sift. **2.** filter off, strain. **ˈSei·her** *m* ⟨-s; -⟩ *dial.* strainer. **ˈSeihˌtuch** *n* ⟨-(e)s; ¨-er⟩ *dial.* straining cloth.

Seil [zaɪl] *n* ⟨-(e)s; -e⟩ *allg.* rope, (*Draht≈*) *a.* cable, *mar. a* hawser, *im Zirkus*: (tight)rope; *Boxen*: **in den ~en hängen** be on the ropes; **auf dem ~ tanzen** do a tightrope act. **~ˌanˌtrieb** *m* rope drive. **~ˌbahn** *f* (aerial) ropeway, cable railway. **~ˌbrem·se** *f* rope brake. **~ˌbrücke** (*getr.* -k·k-) *f* rope bridge. **~ˌeck** *n* ⟨-(e)s; -e⟩ *math.* link polygon.

ˈSei·ler *m* ⟨-s; -⟩ ropemaker, roper. **~ˌbahn** *f* ropewalk.

Sei·leˈrei *f* ⟨-; -en⟩ **1.** rope-yard, ropery. **2.** ⟨*only sg*⟩ a) ropemaking, cordmaking, manufacture of ropes (*od.*

cords), b) → Seilerhandwerk.
ˈSei·ler|ˌhand|ˌwerk *n* ropemaker's trade. **~ˌwa·ren** *pl* cordage *sg*.
ˈSeil|ˌfäh·re *f* rope (*od.* cable) ferry. **~ˌför·de·rung** *f* rope haulage. **~ge·ˌfähr·te** *m Bergsteigen*: co-climber, rope-mate. **~ˌhüp·fen I** *n* ⟨-s⟩ skipping. **II** ℒ *v/i* ⟨*bes. inf u. pp* **seilgehüpft, sein**⟩ skip (the rope). **~ˌrol·le** *f* rope pulley. **~schaft** *f* ⟨-; -en⟩ *Bergsteigen*: rope party. **~ˌschei·be** *f tech.* sheave, rope pulley. **~ˌschwe·be|ˌbahn** *f* cable railway. **~ˌsprin·gen I** *n* ⟨-s⟩ *u.* **II** ℒ *v/i* ⟨*bes. inf u. pp* **seilgesprungen, sein**⟩ → **Seilhüpfen** (*etc*). **~ˌstart** *m Segelfliegen*: towed takeoff. **~ˌtan·zen I** *n* ⟨-s⟩ rope-dancing. **II** ℒ *v/i* ⟨*bes. inf u. pp* **seilgetanzt, sein**⟩ dance on the (tight-)rope. **~ˌtän·zer** *m*, **~ˌtän·ze·rin** *f* rope-dancer. **~ˌtrick** *m* rope trick. **~ˌtrom·mel** *f* rope (*od.* cable) drum. **~ˌwin·de** *f* rope (*od.* cable) winch. **~ˌzie·hen** *n* → **Tauziehen**. **~ˌzug|ˌbrem·se** *f mot.* cable(-operated) brake.

Seim [zaɪm] *m* ⟨-(e)s; -e⟩ **1.** *rare for* **Honig** 1. **2.** *bot.* mucilage. **3.** *colloq.* sticky juice, goo. **ˈsei·mig** *adj* viscous, mucilaginous.

sein[1] [zaɪn] **I** *v/i* ⟨**ist, war, gewesen, sein**⟩ **1.** *allg.* be, (*bestehen, vorhanden sein*) exist, be (there), (*leben, wohnen*) live, be, (*sich aufhalten*) be, stay, (*stattfinden, geschehen*) be, take place, occur, happen; **der Garten ist schön** the garden is beautiful; **sei nicht dumm!** don't be silly!; **sei er auch noch so reich** no matter how rich he is, however rich he may be; **wie ist das Essen (der Wein)?** what's the food (the wine) like?; **seien Sie bitte so gut** (*od.* **freundlich, nett**) **und helfen Sie mir dabei** (would you) be so kind as to help me with it; *colloq.* **das wär's** that's all!, that's the lot!; **und das wäre?** and what would that be?; **was ist er (von Beruf)?** what does he do (for a living)?; **er ist Arzt** he is a doctor; **ich bin Deutscher** I am (a) German; **wenn ich du wäre** if I were you; **bist du es?** is that you?; **ich bin's** it is I, *colloq.* it's me; **er war es nicht** it wasn't he (*colloq.* him); **(ja,) so ist er** that's just like him; **wie ist es** (*od.* **das**) **mit Walter, kommt er, oder nicht?** what about Walter, is he coming or not?; **er ist im Ausland (in München)** he is (staying) abroad (in Munich); **morgen sind wir im Büro** we'll be in the office tomorrow; *colloq.* **er ist nach Paris** he has gone to Paris; **sie ist nicht zu Hause** she is not at home, she is not in; **wir sind seit zwei Jahren in dieser Wohnung** we have been living in this flat for two years; **ich denke, also bin ich** I think, therefore I am; **dort ist nicht einmal ein Krankenhaus** there is not even a hospital there; **wenn du nicht gewesen wärst** if it had not been for you, but for you; **sie ist nicht mehr** (*ist tot*) she is no more; **es war einmal e-e Prinzessin** once upon a time there was a princess; **hier ist gut ~** life is good here; **das kann nicht ~** that can't be; **das darf nicht ~** that is not allowed (*od.* permitted); **das muß nicht ~** a) (*ist nicht nötig*) that need not be, that is not necessary, b) (*ist nicht notwendigerweise so*) that is not necessarily so; **muß das ~?** is that necessary?; *colloq.* **kann** (*od.* **mag**) **~** maybe, could be, that's possible; **das kann doch nicht ~!** that can't be (true)!, that's impossible!; **was ~ muß, muß ~** what has to be, has to be; *colloq.* **ist nicht!** nothing doing!; **(ja,) so ist es** that's how (*od.* that's the way) it is; **(ja,) wenn das** (*od.* **dem**) **so ist** (well,) if that's the way it is, if that is so, in that case; **nun** (*od.* **na**)**, wie ist es?** well, how about it?, what do you think (*od.* say)?; *colloq.* **was ist (mit dir)?** what's the matter (with you)?; **ist was?** is something the matter?, anything wrong?; **wie wäre es mit e-r Partie Schach?** how (*od.* what) about a game of chess?; *colloq.* **(na,) wie wär's mit uns zwei(en)?** how about a twosome?; **wie wär's, wenn Sie die Arbeit machten?** how about you(r) doing the work?; **und selbst wenn es so wäre** even if it were like that; **es sei denn, daß er kommt** unless he comes; **sei es nun, daß er kein Geld oder k-e Lust hat** whether he lacks the money or the inclination; *colloq.* **sei's drum!** no matter!; **es ist nichts mehr mit (dem) Skifahren** skiing is out (*od.* over) now; **wann ist die Hochzeit?** when is the wedding?, when will the wedding take place?; **es hat nicht ~ sollen** it was not (meant) to be; → **seinlassen**; → *a. Verbindungen mit Adverbien u. Präpositionen* (**ab, an, aus, für** *etc*). **2.** (*sich fühlen*) feel, have the feeling; **mir ist übel** (*od.* **nicht gut**) I feel sick (I don't feel well); **ihr ist kalt** she is (*od.* feels) cold; **was ist dir?** what's the matter (*od.* what's wrong) with you?; *colloq.* **mir ist nicht nach Arbeiten** I don't feel like working, I am not in the mood for work; **mir ist, als hätte ich ihn schon einmal gesehen** I have the feeling (that) I have seen him before; **mir ist, als wäre ich zehn Jahre jünger** I feel ten years younger. **3.** *mit Zeitangabe*: be; **es ist Abend** it is evening; **heute ist Mittwoch, der 1. Januar** this is Wednesday, January 1; it is Wednesday, January 1, today; **es ist ein Jahr (her), seit** it is now a year since; **gestern war es ein Jahr (her), daß** it was a year ago yesterday that. **4.** *mit zu u. inf*: a) *Notwendigkeit*: be (*od.* have) to (*with passive*), b) *Möglichkeit*: be able to (*with passive*); **die Waren sind zu schicken an** the goods are to be sent to; **Hunde sind an der Leine zu führen** dogs must be kept on the lead; **es ist zu hoffen (erwarten), daß** it is to be hoped (expected) that; **das Buch ist nicht zu ersetzen** the book cannot be replaced (*od.* is irreplaceable). **5.** (*bedeuten*) be, mean; **was soll das ~?** *von abstrakten Gemälden etc*: what is that supposed to be?, *von unverständlichen Wörtern*: what does that mean?, *tadelnd*: what's that meant to be?; **soll das ein Witz ~?** is that meant (*od.* supposed) to be a joke?; **50 Mark – was ist das schon!** 50 marks – what's that?; **ich bin's nicht gewesen** I didn't do it!; **keiner will es gewesen ~** no one will admit to having done it. **6.** *bes. math.* (*ergeben*) be, equal; **2 und 2 ist 4** 2 and 2 are (*od.* is, make[s]) 4; **3 mal 3 ist 9** three times 3 is (*od.* are) 9, three threes are nine; **1000 Meter sind 1 Kilometer** 1,000 metres are (equal to) (*od.* make) 1 kilometre; **x sei 3** let x be (*od.* equal) 3. **II** *v/aux* **7.** have; **ich bin beim Arzt gewesen** I have been to (see) the doctor; **ich bin ihm begegnet** I (have) met him; **wir waren nach Hause gegangen** we had gone home; **die Sonne ist untergegangen** the sun has (*lit. a.* is) set; **er ist beschuldigt worden** he has been accused. **III** ℒ *n* ⟨-s⟩ **8.** *allg.* being, (*Dasein*) *a.* existence, *philos.* (*Wesenheit*) *a.* entity; ℒ **oder Nichtsein** to be or not to be; ℒ **und Schein** appearance and reality; **mit allen Fasern s-s** ℒ**s** with his whole being.

sein[2] **I** *possess pron* **1.** ⟨*used as adj*⟩ his, *bei Mädchen*: her, *bei Kindern, Tieren, Sachen etc*: its, *bei Schiffen, Ländern, Mond*: its, her, *bei männlichen Haustieren*: his, its, *unbestimmt*: one's; **m-e und ~e Freundin** my girlfriend and his; **er soll ~ bißchen Geld behalten** let him keep what little money he has; *colloq.* **der Pelzmantel wird ~e 5000 Mark gekostet haben** the fur coat will have cost easily (*od.* a good) 5,000 marks; **alles zu ~er Zeit** everything in its own good time, all in due course; ℒ**e Königliche Hoheit** His Royal Highness; ℒ**e Heiligkeit** His Holiness; *poet.* **sie wurde ~** she became his; **die Mutter ~** his mother; **der mit ~en Briefmarken** he (*colloq.* him) and his stamps. **2.** ⟨*used as pred*⟩ **~er, ~e, ~(e)s; der, die, das ~e** a) his, *bei Mädchen*: hers, *bei Kindern, Tieren*: its, b) ⟨*undeclined*⟩ his, hers; **das Haus des Nachbarn ist größer als ~es** the neighbo(u)r's house is bigger than his; **alles was ~ ist, hat er mitgenommen** he took everything that was his with him. **3.** ⟨*used as noun*⟩ **der, die, das** ℒ**e** his (own), *bei Mädchen*: hers, her own, *bei Kindern*: its (own); **die Sein(ig)e** his wife; **er hat das Sein(ig)e dazu beigetragen** he has made his contribution, *colloq.* he has done his bit; **die Sein(ig)en** his family, his people, *colloq.* his folks; **jedem das** ℒ**e!** to each his own thing. **II** *pers pron* **4.** ⟨*gen of* **er** *u.* **es**⟩ *poet. od. archaic* (of) him, *bei Mädchen*: (of) her, *bei Kindern, Tieren*: (of) it; **wir werden ~ nicht vergessen** we won't forget him.

ˈsei·ner *pers pron* ⟨*gen of* **er** *u.* **es**⟩ (of) him, *bei Mädchen*: (of) her, *bei Kindern, Tieren, Sachen*: (of) it, *bei Ländern, Schiffen, Mond*: (of) it, *lit.* (of) her; **als ich ~ ansichtig wurde** when I caught sight of him; **sie erinnerte sich ~ nicht** she could not remember him; **er war ~ (selbst) nicht mehr mächtig** he had completely lost control over himself. **~ˈseits** *adv* **1.** for (*od.* on) his (her, its) part, as far as he (she, it) is concerned; **ein Fehler ~** a mistake on his part. **2.** *unbestimmt*: for (*od.* on) one's (*od.* your) own part, as far as oneself is (*od.* was) concerned. **~ˌzeit** *adv* (*damals*) at that time, then, in those days. **~ˌzei·tig** *adj* of that time, of those days, then.

ˈsei·nesˈglei·chen *indef pron* ⟨*undeclined*⟩ his (*bei Mädchen*: her, *unbestimmt*: one's) equals (*od.* peers) *pl*, people like himself (herself, oneself), (of) his (her, one's) own kind (*od.* calib/re, *Am.* -er); **er (es) hat nicht ~** there is no one (nothing) like him (it); *contp.* **er und ~** he and the likes of him; **dieser Wein sucht ~** this wine stands alone (*od.* is unrival[l]ed, unparalleled); **j-n wie ~ behandeln** treat s.o. as one's equal.

ˈsei·net|ˈhal·ben *adv lit.*, **~ˈwe·gen** *adv* **1.** (*ihm zuliebe*) for his (her, its) sake. **2.** (*durch s-e Schuld*) on his (her, its) account, because of him (her, it). **3.** (*in s-m Interesse*) on his (her, its) behalf. **4.** (*was ihn betrifft*) as far as he is concerned, *contp.* for all he cares. **~ˈwil·len** *adv* **um ~** → **seinetwegen** 1.

ˈsei·nig *possess pron* **I der, die, das ~e** → **sein**[2] 2 a. **II der, die, das** ℒ**e** → **sein**[2] 3.

ˈsein|ˌlas·sen *v/t* ⟨*irr, sep, pp* **seinlassen, h**⟩ **et. ~** stop (doing) s.th., *für immer*: give s.th. up; **laß das sein!** stop that!, don't (do that)!, *bes. Am.* quit that!; **laß es sein!** let it go!, don't bother!, leave it alone!

Seis·mik [ˈzaɪsmɪk] *f* ⟨-; *no pl*⟩ seismology. **ˈseis·misch** *adj* seismic(al).

Seis·mo|gramm [zaɪsmoˈgram] *n* ⟨-s; -e⟩ seismogram. **~ˈgraph** [-ˈgraːf] *m* ⟨-en; -en⟩ seismograph. **~ˈlo·ge** [-ˈloːgə] *m* ⟨-n; -n⟩ seismologist, seismographer.

~loˈgie [-loˈgiː] *f* <-; *no pl*> seismology. **~ˈme·ter** [-ˈmeːtər] *n* <-s; -> seismometer. **≈ˈme·trisch** [-ˈmeːtrɪʃ] *adj* seismometric(al).

seit [zaɪt] **I** *prep* <*dat*> **1.** (*von ... an*) since; ~ **wann ist er dort?** since when has he been there?; ~ **gestern** since yesterday; ~ **wann hast du nichts mehr gegessen?** *a.* how long has it been since you last ate?; **erst ~ heute weiß ich, daß** I only heard today that; ~ **damals** since then; **es ist nicht erst ~ heute so** this is not the first day it has been like that; ~ **alters,** ~ **undenklichen Zeiten** from time immemorial, from time out of mind. **2.** (*während*) for; **ich kenne ihn ~ etwa einem Jahr** I have known him for about a year; ~ **kurzem** for a short time; ~ **langem** for a long time, *colloq.* for ages; ~ **einigen Tagen** for some days; ~ **einiger Zeit** for some time; **zum ersten Mal ~ Jahren** for the first time in years. **II** *conj* **3.** since. **ˌseitˈdem** [-ˈdeːm] **I** *adv* → **seither** 1. **II** *conj* since.

Sei·te [ˈzaɪtə] *f* <-; -n> **1.** *allg.* side, (*Stirn≈*) face, (*Flanke, a. mil. u. arch.*) flank; **rechte (linke) ~ des Stoffes** right (wrong, reverse) side of the fabric; **die vordere (hintere) ~ e-s Hauses** the front (side) (the back) of a house; *mil.* **von der ~ (her) angreifen** attack from the flank; *Sport*: **die ~n wechseln** change ends; **sich auf die ~ legen** *Schiff*: heel over; **auf die (*od.* zur) ~** aside; **auf die ~ gehen** (*od.* **treten**) step aside, make room; **zur ~ rücken** move aside, make room; **j-n auf die ~ nehmen** take s.o. aside; **et. auf die ~ legen** put s.th. aside, *fig.* (*sparen*) put s.th. by (for a rainy day); *colloq.* **auf die ~ schaffen** a) (**et.**) put (*od.* lay) s.th. aside, put s.th. out of the way, *heimlich*: walk off with (*od.* pocket, pinch) s.th., (*unterschlagen*) embezzle s.th., b) (**j-n**) get rid of s.o., kill s.o., do away with s.o.; *thea.* **zur ~ sprechen** make an aside. **2.** *e-s Buches etc*: page; **e-e neue ~ aufschlagen** turn to a new page, *fig.* make a fresh start, turn over a new leaf. **3.** (*Körper≈*) side; **sich** (*dat*) **vor Lachen die ~n halten** split one's sides with laughter; ~ **an ~ stehen (kämpfen)** stand (fight) side by side; *colloq.* **komm (und setz dich) an m-e grüne ~!** come (and sit) at my left side!; **sie ging an s-r ~** she walked at (*od.* by) his side; **er saß an m-r rechten ~** he sat on my right (side); **halt dich an m-r ~!** keep by my side!; *fig.* **man kann ihn niemandem an die ~ stellen** he is equal(l)ed by no one, he is incomparable; **auf der ~ liegen (schlafen)** lie (sleep) on one's side; **auf der ~ schwimmen** swim on one's side, (swim) sidestroke; **auf einer ~ gelähmt** paralysed on one side; **sich auf die andere ~ drehen** turn over; **die Arme in die ~n gestemmt** arms akimbo; **j-m nicht von der ~ gehen** not to leave s.o.'s side; *fig.* **j-m zur ~ stehen** stand by s.o., help (*od.* assist) s.o.; **das Vergnügen war ganz auf m-r ~** the pleasure was (entirely) mine. **4.** *fig.* (*Charakterzug*) side, feature, (*Stärke, Schwäche*) point; **sein Charakter hat viele ~n** there are many (different) sides to his character; **(ganz) neue ~n an j-m entdecken** discover new sides to s.o.'s character; **von der ~ kenne ich dich (ja) noch gar nicht!** I don't know that side of you at all!; **sich von s-r besten ~ zeigen** *Person*: show the best side of one's character, be on one's best behavio(u)r, *Landschaft etc*: show itself at its best; **das ist m-e starke (schwache) ~** this is my strong (weak) point; **Mathematik ist s-e starke ~** *a.* mathematics is his forte. **5.** (*Abstammung*) side; **m-e Großtante auf der mütterlichen ~** my great-aunt on my mother's side. **6.** *fig.* (*Gruppe, Partei*) side; **beiden ~n gerecht werden** be fair to both sides; **die gegnerische ~** the other side; **auf j-s ~ stehen** be on s.o.'s side, side with s.o.; **auf j-s ~ treten, sich auf j-s ~ stellen** take sides with s.o., side with s.o.; **sich auf j-s ~ schlagen** go over to s.o.'s side; **er schlägt sich immer auf die ~ des Gewinners** he always joins the winning side; **von amtlicher ~ hören wir** we hear from official sources (*od.* quarters); **wie von deutscher ~ verlautet** according to German sources; **von s-r ~ (aus) bestehen k-e Bedenken** for (*od.* on) his part (*od.* as far as he is concerned) there are no objections. **7.** *fig.* (*Aspekt*) side, aspect; **die politische (menschliche) ~ des Konflikts** the political (human) side (*od.* aspect) of the conflict; **alles** (*od.* **ein jedes Ding**) **hat (s-e) zwei ~n** there are two sides to everything; **allem die beste ~ abgewinnen** make the best of everything; **auf der einen ~ ... auf der anderen ~** on the one hand ... on the other (hand); **er nimmt das Leben von der angenehmen ~** he looks on the bright side of life; **von dieser ~ (aus) betrachtet** from that point of view, seen from that angle (*od.* in that light). **8.** (*Richtung*) side, direction; **nach allen ~n** in all directions; **von allen ~n** from all sides, from every side; **sich nach allen ~n umsehen** look in all directions, take a good look round; **j-n von der ~ ansehen** give s.o. a sidelong glance, *fig. mißtrauisch etc*: look askance at s.o.; *fig. colloq.* **komm mir nicht von der ~!** don't try that one on me!; **et. von allen ~n betrachten** study s.th. from all sides, *fig.* study all sides (*od.* aspects) of s.th. **9.** *e-s Dreiecks etc*: side, *e-r Gleichung*: member; **linke (rechte) ~** first (second) member.

ˈSei·ten|ˌabˌstand *m* lateral interval (*od.* distance). **~ˌabˌwei·chung** *f Ballistik*: lateral deviation. **~alˌtar** *m* side altar. **~ˌanˌga·be** *f* page reference. **~ˌanˌsicht** *f* **1.** side (*od.* lateral) view, profile. **2.** *im Schnitt*: side elevation. **~ˌarm** *m e-s Flusses*: subsidiary branch. **~ˌaufˌriß** *m arch. tech.* side elevation. **~ˌaus** *n Fußball etc*: **im ~** in touch. **~ˌausˌgang** *m* side exit. **~ˌausˌli·nie** *f* → **Seitenlinie** 1. **~ˌband** *n Radio*: side band. **~beˌgren·zer** *m print.* traversing stop. **~beˌwe·gung** *f* lateral movement, *aer. mar.* yawing. **~ˌblick** *m* (**j-m e-n ~ zuwerfen, e-n ~ auf j-n werfen** give s.o. a) sidelong glance. **~ˌbordˌmo·tor** *m* → **Außenbordmotor.** **~ˌeinˌgang** *m* side entrance. **~er·be** *m* collateral heir. **~ˌfach** *n* side compartment. **~ˌfen·ster** *n* side window. **~ˌflä·che** *f* lateral face. **~ˌflos·se** *f aer.* (vertical) fin. **~ˌflü·gel** *m e-s Gebäudes*: (lateral) wing, *e-s Fensters, Altars etc*: side panel. **~ˌfront** *f arch.* lateral (*od.* side) face. **~ˌgang** *m* side corridor (*a. rail.*), *e-r Kirche*: side aisle. **~ˌgas·se** *f* side street (*od.* alley). **~geˌwehr** *n* bayonet. **~ˌgleis** *n* → **Nebengleis.** **~halˌbie·ren·de** *f* <-n; -n> *math.* median (line). **~ˌhieb** *m* **1.** *Fechten*: side cut. **2.** *fig.* (**gegen, auf** *acc* at) sideswipe, dig; **j-m e-n ~ versetzen** take a dig (*od.* sideswipe) at s.o. **~kaˌnal** *m* lateral (*od.* side) canal. **~kaˌpel·le** *f* side-chapel. **~ˌket·te** *f chem.* side chain. **~ˌkip·per** *m* side dump truck (*od.* tipper). **~kuˌlis·se** *f thea.* wing. **~ˌla·ge** *f* side position; **in ~ schwimmen (schlafen)** swim (sleep) on one's side. **~ˌläh·mung** *f* hemiplegia. **≈ˌlang I** *adj* several pages long, pages and pages of. **II** *adv write, etc* for pages (and pages). **~ˌlän·ge** *f* lateral (*od.* side) length. **~ˌleh·ne** *f* arm-rest. **~ˌleitˌwerk** *n aer.* rudder assembly. **~ˌleuch·te** *f mot.* side(-marker) lamp. **~ˌlicht** *n aer. mar. phot.* sidelight. **~ˌli·nie** *f* **1.** *Sport*: sideline, *bes. Fußball*: touch-line. **2.** *rail.* branch line. **3.** *e-s Geschlechts*: collateral line. **~ˌlo·ge** *f thea.* side-box. **~nu·meˌrie·rung** *f* pagination, paging. **~ˌpfad** *m* bypath. **~ˌrand** *m print.* margin. **~ˌriß** *m* (*Zeichnung*) side elevation. **~ˌru·der** *n aer.* rudder; **~ geben** move the rudder over.

ˈsei·tens *prep* <*gen*> on the part of, (*von*) by.

ˈSei·ten|ˌschei·tel *m* side parting (*Am.* part). **~ˌschiff** *n arch.* (side) aisle. **~ˌschnei·der** *m tech.* diagonal cutter, side-cutting pliers *pl* (*als sg od. pl konstruiert*). **~ˌschritt** *m* side step. **~ˌschwim·men** *n* sidestroke. **~ˌsprung** *m fig.* (little) infidelity, *colloq.* a bit on the side. **~ˌste·chen** *n* <-s; *no pl*> **~ haben** have stitches in one's side. **~ˌsteu·er** *n* → **Seitenruder.** **~ˌsti·che** *pl* → **Seitenstechen.** **~ˌstra·ße** *f* side street, byroad, side road. **~ˌstrei·fen** *m e-r Straße*: hard shoulder. **~ˌstück** *n* → **Gegenstück** 1. **~ˌtal** *n* side (*od.* lateral) valley. **~ˌta·sche** *f* side pocket. **~ˌteil** *n* side (part). **~ˌtrieb** *m bot.* side shoot. **~ˌtür** *f* side door. **~ˌüberˌschrift** *f bes. print.* headline. **≈verˌkehrt** *adj* laterally inverted. **~verˌschie·bung** *f* lateral deviation. **~verˌwand·te** *m, f* collateral relative. **~ˌwa·gen** *m e-s Motorrads*: sidecar. **~ˌwahl** *f Sport*: choice of ends. **~ˌwand** *f* sidewall, *e-s Lastwagens*: side gate (*od.* board). **~ˌwech·sel** *m Sport*: change of ends. **~ˌweg** *m* byway, bypath; *fig.* **~e gehen** engage in secret (*od.* illicit) activities. **~ˌwind** *m* side wind, crosswind. **~ˌwin·kel** *m Ballistik*: bearing, *Navigation, Radar*: azimuth (angle). **~ˌzahl** *f* **1.** number of pages. **2.** page number, number of the page, *bes. print.* folio (number); **mit ~en versehen** paginate. **3.** *math.* number of sides. **~ˌzweig** *m* → **Seitenlinie** 3.

ˌseit|ˈher *adv* **1.** since then, since that time, from that time on; **ich habe ihn ~ nicht gesehen** I haven't seen him since. **2.** (*bisher*) till (*od.* up to) now. **~ˈhe·rig** *adj* **1.** (*frühere*) former. **2.** (*jetzige*) present.

ˈseit·lich I *adj* lateral, side..., at the side(s), *Bewegung*: sideways, *Blick*: sidelong. **II** *adv* at the side(s), (*zur Seite*) to the side, laterally; *aer.* **~ abrutschen** sideslip. **III** *prep* <*gen*> at the side of, next to, beside, alongside of.

ˈSeitˌpferd *n gym.* side horse.

ˈseitˌwärts *adv* **1.** at the side(s), laterally; **~ befindlich** lateral. **2.** sideways, sideward(s), to the side, laterally; → **Busch** 7. **3. ~ zu** sideways to, with one's side to.

Se·kan·te [zeˈkantə] *f* <-; -n> *math.* secant.

sek·kie·ren [zɛˈkiːrən] *v/t* <*no* **ge-**, h> *bes. Austrian* **1.** (*plagen*) pester. **2.** (*hänseln*) tease, rag.

Se·kond [zeˈkɔnt] *f* <-; *no pl*>. **~ˌhieb** *m Fechten*: second(e).

Se·kret [zeˈkreːt] *n* <-(e)s; -e> *physiol.* secretion.

Se·kre·tär [zekreˈtɛːr] *m* <-s; -e> **1.** *adm. econ., a. pol.* secretary. **2.** (*Schreibtisch*) secretary bureau. **3.** *orn.* secretary (bird). **Se·kre·ta·ri·at** [zekretaˈriaːt] *n* <-(e)s; -e> secretariat. **Se·kreˈtä·rin** *f* <-; -nen> secretary.

se·kre·tie·ren [zekreˈtiːrən] *v/t* <*no* **ge-**, h> *physiol.* secrete.

Se·kre·ti·on [zekre'tsĭo:n] *f* ‹-; *no pl*› *geol. physiol.* secretion. **∼s·orˌgan** *n* gland, secretory organ. **∼sˌstoff** *m* secretion.

se·kre·to·risch [zekre'to:rɪʃ] *adj physiol.* secretory.

Sekt [zɛkt] *m* ‹-(e)s; -e› sparkling wine, champagne, *colloq.* champers, fizz.

Sek·te ['zɛktə] *f* ‹-; -n› *relig. etc* sect. **'Sek·tenˌwe·sen** *n* sectarianism.

'Sekt|ˌfla·sche *f* champagne bottle. **∼ˌglas** *n* champagne glass.

Sek·tie·rer [zɛk'ti:rər] *m* ‹-s; -›. **sek·'tie·re·risch** *adj* sectarian. **Sek'tie·rer·tum** *n* ‹-s; *no pl*› sectarianism.

Sek·ti·on [zɛk'tsĭo:n] *f* ‹-; -en› **1.** *adm. pol. etc* section, division, *e-s Vereins, e-r Gesellschaft etc*: branch. **2.** *med.* dissection, (*Obduktion*) post-mortem (examination), autopsy.

Sek·ti'ons|beˌfund *m med.* post-mortem findings *pl.* **∼ˌchef** *m* section (*od.* divisional) head. **∼ˌraum, ∼ˌsaal** *m* **1.** *Pathologie*: post-mortem (*od.* autopsy) room. **2.** *Anatomie*: dissecting (*od.* dissection) room. **∼ˌtisch** *m* autopsy (*od.* dissection) table.

'Sekt|ˌkelch *m* champagne glass. **∼kel·leˌrei** *f* champagne cellar(s *pl*). **∼ˌkor·ken** *m* champagne cork. **∼ˌkü·bel, ∼ˌküh·ler** *m* champagne cooler. **∼ˌlau·ne** *f humor.* **in e-r ∼** *et. tun od. sagen* in one's cups.

Sek·tor ['zɛktɔr] *m* ‹-s; -en [-'to:rən]› **1.** *adm. math. pol.* sector. **2.** *fig.* (*Bereich*) field, realm, domain.

Sek'to·ren|ˌgren·ze *f mil. pol.* sector boundary. **∼ˌüberˌgang** *m in Berlin*: checkpoint.

'Sekt|ˌquirl *m* swizzle-stick. **∼ˌscha·le** *f* (shallow) champagne glass.

Se·kun·da [ze'kʊnda] *f* ‹-; -den› *sixth and seventh year of a German secondary school.*

Se'kund·akˌkord *m mus.* four-two chord, third inversion of the seventh chord.

Se·kun·da·ner [zekʊn'da:nər] *m* ‹-s; -›, **Se·kun'da·ne·rin** *f* ‹-; -nen› *pupil of a "Sekunda".*

Se·kun·dant [zekʊn'dant] *m* ‹-en; -en› *beim Duell od. Boxen*: second.

se·kun·där [zekʊn'dɛ:r] *adj* secondary, ‹*pred*› of secondary importance. **♀...** *in Zssgn* secondary (*electron, infection, disease, etc*). **♀ˌkreis** *m electr.* secondary (circuit). **♀li·te·raˌtur** *f* secondary literature. **♀ˌspan·nung** *f electr.* induced (*od.* secondary) voltage.

Se·kun'darˌstu·fe *f* secondary school (level).

Se'kun·daˌwech·sel *m econ.* second of exchange.

Se·kun·de [ze'kʊndə] *f* ‹-; -n› *a. math. mus.* second; **auf die ∼** (*pünktlich*) (punctual) to the second; **im Bruchteil e-r ∼** in a split second; **(eine) ∼!** just a second (*colloq.* sec)!; *mus.* **große (kleine) ∼** major (minor) second.

Se'kun·den|ˌbruchˌteil *m* fraction of a second, split second. **∼geˌschwin·dig·keit** *f* speed per second. **♀ˌlang I** *adj* lasting (a few) seconds. **II** *adv* for (a few) seconds. **∼ˌschnel·le** *f* **in ∼** in a second (*od.* flash). **∼ˌzei·ger** *m* second hand.

se·kun·die·ren [zekʊn'di:rən] *v/i* ‹*no* ge-, h› **j-m ∼** *im Duell, beim Boxkampf etc*: second s.o. (*a. fig.*), act as a second to s.o.

se·kund·lich [ze'kʊntlɪç], **se'künd·lich** [-'kʏntlɪç] *adv* every second.

Se·ku'rit|ˌglas [zeku'ri:t-; -'rɪt-] *n*, **∼ˌschei·be** *f* (*TM*) safety glass.

selb [zɛlp] *adj* same; **zur ∼en Stunde** *a.* at that very hour. **selb·an·der** [ˌzɛlp-'ʔandər; zɛl'bandər] *adv obs.* the two of us, we two. **ˌselb'dritt** *adv* **1.** *obs.* the three of us. **2.** *Kunst*: (Hl.) **Anna ♀** St. Anne with Mary and the child Jesus.

sel·ber ['zɛlbər] *demonstrative pron* ‹*invariable*› → **selbst** I. **♀ˌma·chen** *n* ‹-s› **∼ macht Freude** it's fun to do it yourself; **Möbel** *etc* **zum ∼** do-it-yourself furniture *sg, etc.*

sel·big ['zɛlbɪç] *adj obs. for* **selb.**

selbst [zɛlpst] **I** *demonstrative pron* ‹*invariable*› **1. ich ∼** (I) myself; **wir ∼** (we) ourselves; **sie ist nicht mehr sie ∼** she is not herself anymore, she is not her old self, (*sie ist außer sich*) she is quite beside herself; **Mitleid mit sich ∼** self-pity; **Zweifel an sich ∼** self-doubt; **er ist** (*od.* **hat**) **∼ schuld** he has only himself to blame, it's his own fault; **das muß ich ∼ sehen!** I have to see that for myself!; *colloq. du bist ein Idiot!* **♀ einer!** same to you with knobs on!; **das spricht für sich ∼** that speaks for itself; **mit sich** (*dat*) **∼ reden** talk to o.s.; **tu es um d-r ∼ willen** do it for your own sake!; **∼ ist der Mann!** do it yourself!; **ich komme kaum noch zu mir ∼** I have hardly a minute of peace; → **nächst** 7, **richten**[2] 2. **2.** (*in eigener Person*) in person, personally; **können Sie nicht ∼ kommen?** can't you come yourself (*od.* personally)? **3.** (*personifiziert*) in person, personified (*nachgestellt*); **er ist die Großmut ∼** he is generosity itself. **4.** (*allein*) (by) oneself, without help (*od.* assistance); **das Kind kann sich ∼ anziehen** the child can now dress by itself. **5. von ∼** (*automatisch*) (by) itself, automatically, (*von allein*) of one's own accord (*od.* free will); **die Tür schließt von ∼** the door shuts by itself (*od.* automatically); *fig.* **das geht** (*od.* **läuft**) **ja wie von ∼** it goes like clockwork; **die Sache läuft jetzt von ∼** the matter will take care of itself; **sein Erfolg kam nicht ganz von ∼** his success is not just chance (*od.* is no accident); **et. von ∼ tun** do s.th. of one's own accord (*od.* free will); **das weiß ich von ∼** I know that myself; **bist du (ganz) von ∼ auf die Idee gekommen?** did you hit (up)on the idea all by yourself?; **das versteht sich von ∼!** that goes without saying! **II** *adv* **6.** (*sogar*) even; **∼ er** even he; **∼ wenn** even when, even though. **III ♀** *n* ‹-; *no pl*› **7.** self, ego; **sie war wieder ihr altes, fröhliches ♀** she was her gay old self again. **♀ˌach·tung** *f* self-esteem, self-respect. **♀ana·ˌly·se** *f psych.* self-analysis.

'selbˌstän·dig I *adj* **1.** *allg.* independent (*a. Beruf, Charakter, Person, Nation, Handeln etc*), (*selbstsicher*) *a.* self-reliant, *finanziell*: *a.* self-supporting, (*autark*) *a.* self-sufficient, *Gewerbetreibender etc*: self-employed, *Journalist, Graphiker etc*: free-lance; **an ∼es Arbeiten gewöhnt** used to responsible work; **sich ∼ machen** *beruflich*: set up on one's own, *fig. humor.* (*verlorengehen*) grow legs, get lost, *Ski, Rad etc*: take off on its own, *Person, Gruppe*: go off on one's own, *Fahrzeug etc*: get out of control; **Fahrzeug, das sich ∼ gemacht hat** runaway vehicle. **2.** (*getrennt*) separate, *Maschine*: self-contained (*unit*). **II** *adv* **3.** independently, (*ohne Hilfe*) *a.* unaided, without assistance, on one's own; **∼ denken** think for o.s., do one's own thinking; **∼ handeln** act independently, act on one's own. **'Selbˌstän·di·ge** *m, f* ‹-n; -n› **1.** (*Geschäftsmann*) self-employed (person). **2.** (*Freiberufliche*) free lance, free-lancer. **'Selbˌstän·dig·keit** *f* ‹-; *no pl*› **1.** independence, *econ. pol. a.* self-government, autonomy. **2.** *im Beruf*: self-employment.

'Selbst|ˌanˌkla·ge *f* self-accusation, *bes. jur.* self-incrimination. **∼ˌanˌlas·ser** *m mot.* self-starter, automatic starter. **♀ˌanˌlau·fend** *adj* self-starting, starting automatically. **∼ˌanˌschluß** *m* automatic (dial) telephone (system). **∼ˌanˌschlußˌamt** *n* automatic (telephone) exchange. **∼ˌanˌsteckung** (*getr.* -k·k-) *f* self-infection. **∼ˌanˌzei·ge** *f jur.* self-denunciation. **♀ˌanˌzei·gend** *adj tech.* self-registering. **∼ˌaufˌga·be** *f* giving o.s. up (for lost). **∼ˌaufˌop·fe·rung** *f* self-sacrifice. **∼ˌaufˌzug** *m der Uhr*: self-winding mechanism. **∼ˌausˌlö·ser** *m phot.* automatic (*od.* delayed-action shutter) release, self-timer. **∼ˌausˌschal·ter** *m electr.* automatic cutout. **∼beˌdarf** *m* → **Eigenbedarf.**

'Selbst·beˌdie·nung *f* self-service. **∼sˌla·den** *m* self-service shop (*bes. Am.* store). **∼s·re·stauˌrant** *n* self-service restaurant, cafeteria.

'Selbst|beˌeinˌflus·sung *f* self-suggestion. **∼beˌfleckung** (*getr.* -k·k-) *f* self-pollution, self-abuse, masturbation. **∼beˌfrie·di·gung** *f* masturbation, *fig.* self-gratification. **∼beˌfruch·tung** *f* self-fertilization. **∼beˌhaup·tung** *f* self-assertion. **♀beˌherrscht** *adj* self-controlled. **∼beˌherr·schung** *f* self-control; **die ∼ verlieren** *a.* lose one's temper. **∼beˌkennt·nis** *n* self-confession, avowal. **∼beˌmitˌlei·dung** *f* self-pity. **∼beˌob·ach·tung** *f* self-observation. **∼beˌschei·dung, ∼beˌschrän·kung** *f* (self-imposed) moderation. **∼beˌsin·nung** *f* taking stock of o.s., reflection. **∼beˌspie·ge·lung** *f psych.* self-admiration, narcissism. **∼beˌstä·ti·gung** *f* boost to one's ego, ego-boost; **zu s-r ∼** to prove himself. **∼beˌstäu·bung** *f bot.* self-pollination.

'Selbst·beˌstim·mung *f pol.* self-determination. **∼sˌrecht** *n* ‹-(e)s; *no pl*› *e-s Volkes etc*: right of self-determination.

'Selbst|beˌtei·li·gung *f Versicherung*: percentage excess, own participation. **∼beˌtrach·tung** *f* self-contemplation. **∼beˌtrug** *m* self-deception. **∼beˌweihˌräu·che·rung** *f* self-adulation. **∼beˌwirt·schaf·tung** *f e-s Hofes etc*: self-management. **∼beˌwun·de·rung** *f* self-admiration, self-glorification. **♀beˌwußt** *adj* **1.** (self-)confident, self-assured. **2.** *philos.* self-conscious, self-aware. **∼beˌwußtˌsein** *n* **1.** self-confidence, self-assurance. **2.** *philos.* self-consciousness. **∼beˌzich·ti·gung** *f* → **Selbstanklage.** **∼beˌzo·gen·heit** *f psych.* self-absorption, autism. **∼ˌbild** *n* self-image. **∼ˌbild·nis** *n* self-portrait. **∼ˌbin·der** *m* **1.** (*Krawatte*) tie. **2.** *agr.* (reaper-)binder. **∼bio·gra·ˌphie** *f* autobiography. **∼ˌdarˌstel·ler** *m contp.* posturer, showman. **∼ˌdarˌstel·lung** *f* **1.** a) self-portrayal, b) self-portrait. **2.** *fig.* (public) image promoted of o.s., *contp.* showmanship. **♀ˌdich·tend** *adj tech.* self-sealing. **∼dis·zi·ˌplin** *f* self-discipline. **∼ˌeinˌschal·tung** *f tech.* automatic starting. **∼ˌeinˌschät·zung, ∼ˌeinˌstu·fung** *f* self-assessment (*a. der Steuern etc*). **∼entˌäu·ße·rung** *f* self-denial. **∼entˌfal·tung** *f* self-development, self-fulfil(l)ment. **∼entˌfrem·dung** *f philos.* self-alienation. **∼entˌla·der** *m tech.* automatic tipping car (*od.* tipper). **∼entˌla·dung** *f electr.* self-discharge. **♀entˌzünd·lich** *adj tech.* self-ignitable, self-inflammable. **∼entˌzün·dung** *f* spontaneous combustion, autoignition, *Raumfahrt*: self-ignition.

'Selbst·erˌhal·tung *f* self-preservation. **~sˌtrieb** *m* instinct of self-preservation, survival instinct.

ˈSelbst|erˌkennt·nis *f* self-knowledge; ~ **ist der erste Schritt zur Besserung** (*Sprichwort*) self-knowledge is the first step towards self-improvement. **~erˌnied·ri·gung** *f* self-abasement. **≈erˌre·gend** *adj aer.* **~er Schwingkreis** autodyne circuit. **~erˌre·gung** *f* **1.** *electr.* self-excitation, *physiol. a.* auto-stimulation. **2.** *Radio*: feedback. **~erˌzie·hung** *f* self-education, *a.* teaching o.s. (*to be diligent, etc*). **~ˌfah·rer** *m* **1.** (*Autofahrer*) one's own driver, owner-driver. **2.** (*Rollstuhl*) self-propelling (wheel)chair. **~ˌfah·rerˌdienst** *m* self-drive service. **~ˌfahr·laˌfet·te** *f* self-propelled mount; **Geschütz auf** ~ self-propelled gun. **~fi·nanˌzie·rung** *f* self-financing, (*a.* **in** ~) financing out of one's own capital. **≈geˌbacken** (*getr.* -k·k-) *adj* homemade, homebaked. **≈geˌba·stelt** *adj a. fig. iro.* homemade. **≈geˌbraut** *adj* homebrewed. **≈geˌdreht** *adj Zigarette*: roll-up; *colloq.* **≈e rauchen** roll one's own. **≈geˌfäl·lig** *adj* (self-)complacent, self-satisfied, smug. **~geˌfäl·lig·keit** *f* (self-)complacency, self-satisfaction, smugness. **~geˌfühl** *n* ⟨-(e)s; *no pl*⟩ pride in o.s., self-esteem, (*Eigenliebe*) amour-propre; **ein übersteigertes ~ besitzen** *colloq.* have an oversized ego; → *a.* **Selbstbewußtsein**. **≈geˌmacht** *adj* homemade, self-made. **≈geˌnüg·sam** *adj* self-sufficient. **~geˌnüg·sam·keit** *f* self-sufficiency. **≈geˌrecht** *adj* self-righteous, holier-than-thou. **~geˌrech·tig·keit** *f* self-righteousness, holier-than-thou attitude. **≈geˌschrie·ben** *adj* **1.** (*selbstverfaßt*) written by o.s. **2.** (*handschriftlich*) handwritten. **≈geˌspon·nen** *adj* homespun. **~geˌspräch** *n* soliloquy, *thea. a.* monolog(ue *Br.*); **~e führen** talk to o.s. **≈geˌstrickt** *adj* knit(ted) by me (*etc*), *fig. humor.* homespun. **≈geˌwählt** *adj* self-chosen, *Aufgabe etc*: *a.* self-imposed, self-appointed. **≈geˌzo·gen** *adj Obst etc*: homegrown. **≈ˌhaf·tend** *adj* **1.** *jur.* individually liable. **2.** self-fixing. **≈ˌhär·tend** *adj* **1.** *metall.* self-hardening. **2.** *Klebstoff*: self-curing. **~ˌhaß** *m* self-hate. **≈ˌhei·lend** *adj* self-healing. **≈ˌherr·lich** *adj* high-handed, arbitrary, (*überheblich*) overbearing. **~ˌherr·lich·keit** *f* ⟨-; *no pl*⟩ high-handedness, arbitrariness, overbearingness. **~ˌherr·schaft** *f pol.* autocracy. **~ˌherr·scher** *m* autocrat. **~ˌhil·fe** *f a. jur.* self-help, *econ. a.* self-redress; **zur ~ schreiten** take matters (*od.* the law) into one's own hands. **~ˌhil·feˌgrup·pe** *f* self-help group. **~hypˌno·se** *f* self-hypnosis. **~in·dukˌti·on** *electr.* self-induction. **~iroˌnie** *f* self-irony.

ˈselb·stisch *adj* selfish, self-seeking.

ˈSelbst|juˌstiz *f* ~ **üben** take the law into one's own hands. **~ˌkle·beˌfo·lie** *f* adhesive film. **≈ˌkle·bend** *adj* self-adhesive, gummed. **~ˌkle·beˌumˌschlag** *m* self-seal envelope. **~konˌtrol·le** *f* **1.** self-control; **zur ~** to keep a check on o.s. **2.** *Computer*: automatic checking.

ˈSelbstˌko·sten *pl* prime cost *sg.* **~ˌpreis** *m* cost price; **zum ~** at cost (price). **~ˌrech·nung** *f* prime cost calculation.

ˈSelbst|kriˌtik *f* self-criticism. **≈ˌkriˌtisch** *adj* self-critical. **~ˌküh·lung** *f tech.* natural cooling. **~ˌla·de·geˌwehr** *n* semiautomatic rifle. **≈ˌla·dend** *adi* self-loading. **~ˌla·de·pi·sto·le** *f* automatic (pistol). **~ˌla·der** *m colloq.* automatic weapon. **~ˌlaut** *m* vowel. **≈ˌlau·tend** *adj* vocalic. **≈ˌleuch·tend** *adj* phosphorescent, luminescent. **~ˌlie·be** *f* self-love, narcissism. **~ˌlob** *n* self-praise. **≈los** *adj* unselfish, selfless, disinterested, (*aufopfernd*) self-sacrificing. **~lo·sig·keit** *f* ⟨-; *no pl*⟩ unselfishness, selflessness, (spirit of) self-sacrifice. **~ˌmitˌleid** *n* self-pity. **~ˌmord** *m a. fig.* suicide; ~ **begehen** (*od.* **verüben**) commit suicide. **~ˌmör·der** *m* (person committing) suicide. **≈ˌmör·de·risch** *adj* suicidal, *weitS. a.* breakneck (*speed, etc*); **~e Absichten haben** contemplate suicide, be suicidal; **in ~er Absicht** with the intention of committing suicide.

ˈSelbstˌmord|geˌdan·ken *pl* suicidal thoughts; **sich mit ~ tragen** contemplate suicide. **~kan·diˌdat** *m* prospective (*od.* potential) suicide. **~ˌnei·gung** *f* suicidal tendency. **~verˌsuch** *m* attempted suicide, suicide attempt; **e-n ~ unternehmen** make a suicide attempt, attempt suicide.

ˈSelbst|porˌträt *n* self-portrait. **~ˌprü·fung** *f* self-examination. **~quä·leˌrei** *f* self-torture. **≈ˌquä·le·risch** *adj* self-tormenting. **~ˌrechtˌfer·ti·gung** *f* self-justification. **≈ˌre·dend** *adv colloq.* of course, certainly. **≈ˌre·gelnd** *adj tech.* self-regulating. **~reˌgie·rung** *f* self-government. **~ˌreg·ler** *m tech.* automatic regulator. **≈ˌrei·ni·gend** *adj* self-cleaning. **~ˌschal·ter** *m electr.* automatic circuit-breaker (*od.* cutout). **≈ˌschlie·ßend** *adj Tür etc*: self-closing. **~ˌschlie·ßer** *m* automatic door closer. **≈ˌschmie·rend** *adj tech.* self-lubricating. **~ˌschrei·ber** *m* self-recording instrument. **~ˌschuld·ner** *m econ. jur.* principal debtor. **≈ˌschuld·ne·risch** *adj* directly liable. **~ˌschuß·anˌla·ge** *f* self-firing device. **~ˌschutz** *m* self-protection. **≈ˌsi·cher** *adj* self-confident, self-assured. **~ˌsi·cher·heit** *f* self-confidence, self-assurance. **≈ˌsper·rend** *adj tech.* self-locking.

ˈSelbstˌsteu·er|ˌanˌla·ge *f aer. mar.* automatic control system. **~geˌrät** *n* automatic control apparatus, automatic pilot.

ˈSelbst|ˌsteue·rung *f* **1.** *biol.* self-regulation. **2.** *aer. mar.* automatic control. **3.** → **Selbststeueranlage**. **~ˌstu·di·um** *n* self-instruction, study at home. **~ˌsucht** *f* ⟨-; *no pl*⟩ selfishness, ego(t)ism, self-seeking. **≈ˌsüch·tig** *adj* selfish, ego(t)istic(al), self-seeking. **≈ˌtä·tig** *adj* automatic, *tech. a.* self-acting. **~ˌtäu·schung** *f* self-deception, self-delusion. **~ˌtor** *n Sport*: own goal. **≈ˌtra·gend** *adj tech.* self-supporting, *Karosserie*: *a.* integral. **~ˌüberˌhe·bung** *f* (self-)conceit, arrogance, exaggerated opinion of o.s. **~ˌüberˌschät·zung** *f* overestimation of one's own capacities. **~ˌüberˌwin·dung** *f* → **Überwindung** 2. **~ˌun·terˌricht** *m* self-instruction; **Handbuch für den ~** self-instructional manual. **~verˌach·tung** *f* self-contempt. **~verˌbren·nung** *f* suicide by burning o.s. (to death). **≈verˌges·sen** *adj* oblivious to everything around one, lost in thought. **~verˌherr·li·chung** *f* self-aggrandizement. **~verˌlag** *m* **im ~ (erschienen)** published by the author, author's edition. **~verˌle·ger** *m* author and publisher, publisher of one's own works. **~verˌleug·nung** *f* self-abnegation. **~verˌliebt·heit** *f* self-love, narcissism. **~verˌnich·tung** *f* self-destruction. **~verˌpfle·gung** *f* self-catering; **Urlaub mit ~** self-catering holidays *pl.* **~verˌschluß** *m* automatic lock; **mit ~** self-locking. **≈verˌschul·det** *adj Unfall etc*: brought about by o.s., *Verlust etc*: arising through one's own fault. **~verˌsi·che·rer** *m* self-insurer, one's own insurance (*od.* assurance). **~verˌsor·ger** *m* ⟨-s; -⟩ self-supporter, self-supplier. **~verˌsor·gung** *f* self-support, self-supply.

ˈselbst·verˌständ·lich I *adj* self-evident, obvious, natural, matter-of-course, ⟨*pred*⟩ a matter of course; **es ist ~, daß** *a.* it stands to reason that; **das ist doch ~!** that goes without saying!, of course!, don't mention it!, it was nothing!; **et. als ~ betrachten, et. für ~ halten** take s.th. for granted. **II** *adv* (as a matter) of course, surely, naturally, certainly; **~!** *a.* by all means! **≈keit** *f* self-evident truth (*od.* fact), (*Binsenwahrheit*) truism, (*Gegebenheit*) matter of course, foregone conclusion; **aber das war doch e-e ~!** *Antwort auf e-n Dank*: not at all!, it was nothing!

ˈSelbst|verˌständ·nis *n* conception of o.s., the way *a person, party, etc* sees himself (*od.* herself, itself), self-image. **~verˌstüm·me·lung** *f bes. mil.* self-mutilation, self-inflicted wound(s *pl*). **~verˌsuch** *m med.* experiment on o.s. **~verˌtei·di·gung** *f* self-defen/ce (*Am.* -se). **~verˌtrau·en** *n* (self-)confidence, self-assurance. **~verˌwal·tung** *f* self-government, autonomy. **~verˌwal·tungsˌrecht** *n* right to autonomy. **~verˌwirk·li·chung** *f* self-realization. **~ˌvorˌwurf** *m* self-reproach. **~ˌwähl·beˌtrieb** *m teleph.* automatic dial(l)ing (system). **~ˌwäh·ler** *m* automatic (dial[l]ing) telephone. **~ˌwählˌfernˌdienst, ~ˌwählˌfern·verˌkehr** *m* automatic long-distance dial(l)ing service. **~ˌwert·geˌfühl** *n psych.* sense of self-worth, *weitS.* ego. **~zerˌflei·schung** *f fig.* self-laceration. **~zerˌstö·rung** *f* self-destruction. **~ˌzucht** *f* (self-)discipline. **≈zuˌfrie·den** *adj* self-satisfied, complacent, smug. **~zuˌfrie·den·heit** *f* self-satisfaction. **≈ˌzün·dend** *adj tech.* self-igniting. **~ˌzün·dung** *f* self-ignition, *mot.* autoignition. **~ˌzweck** *m* ⟨-(e)s; *no pl*⟩ (**als ~** as an) end in itself.

sel·chen [ˈzɛlçən] *v/t* ⟨h⟩ *dial.* smoke, cure. **ˈSelchˌfleisch** *n* smoked (*od.* cured) meat.

se·lek·tie·ren [zelɛkˈtiːrən] *v/t* ⟨*no* **ge-**, **h**⟩ select.

Se·lek·ti·on [zelɛkˈtsĭoːn] *f* ⟨-; **-en**⟩ **1.** *biol.* selection (*a. ling.*). **2.** *Radio*: selectivity. **~sˌleh·re, ~s·theoˌrie** *f biol.* (Darwin's) theory of natural selection.

se·lek·tiv [zelɛkˈtiːf] *adj* selective. **Se·lek·ti·vi'tät** [-tiviˈtɛːt] *f* ⟨-; *no pl*⟩ *Radio*: selectivity.

Se·len [zeˈleːn] *n* ⟨**-s**; *no pl*⟩ *chem.* selenium. **~gleichˌrich·ter** *m electr.* selenium rectifier.

seˈle·nig *adj chem.* selenious.

Se·le·no·lo·gie [zelenoloˈgiː] *f* ⟨-; *no pl*⟩ *astr.* selenology.

Seˈlen|ˌsäu·re *f chem.* selenic acid. **~ˌzel·le** *f electr. phot.* selenium cell.

se·lig [ˈzeːlɪç] **I** *adj relig.* blessed (*a. fig.*), *R.C.* (*~gesprochen*) *a.* beatified, *fig.* (*überglücklich*) blissful (*person, hours, time, etc*), *Person*: *a.* overjoyed, radiant(ly happy), *Lächeln*: *a.* radiant, happy, *colloq.* (*beschwipst*) happy, tipsy; **Gott hab sie ~!** God rest her soul!; **bis an mein ~es Ende** until I die; *Bibl.* ~ **sind die ...** blessed are the ...; → **Angedenken, Fasson** 2, **geben** 40, **Glaube** 4. **II** *adv* ~ **entschlafen** pass away peacefully. **ˈSe·li·ge** *m, f* ⟨**-n**; **-n**⟩ **1.** *relig.* beatified (person). **2.** (*Verstorbene*) deceased (*od.* departed) (person). **ˈSe·lig·keit** *f* ⟨-; **-en**⟩ **1.** ⟨*only sg*⟩ *relig.* bliss, blessedness; **ewige ~** eternal bliss (*od.* salvation); **in die ewige ~ eingehen** enter (the Kingdom of) Heaven. **2.** *fig.* supreme (*od.* blissful) happiness, bliss, ecstasy, delirious joy.

ˈse·lig|ˌma·chend *adj relig.* beatific, beatifying; **~e Gnade** saving grace; **die allein ~e Kirche** the only true church. **~ˌprei·sen** *v/t* ⟨*irr, sep*, **-ge-, h**⟩ *lit.* **j-n ~** call s.o. fortunate. **∽ˌprei·sung** *f* ⟨-; -en⟩ *Bibl.* Beatitude. **~ˌspre·chen** *v/t* ⟨*irr, sep*, **-ge-, h**⟩ *R.C.* beatify. **∽ˌspre·chung** *f* ⟨-; -en⟩ beatification.

Sel·le·rie [ˈzɛləri] *m* ⟨-s; -(s)⟩, *Austrian* [zɛləˈriː] *f* ⟨-; -n [-ən]⟩ *bot.* celeriac, (*Stangen∽*) celery. **~ˌknol·le** *f* celery root. **~ˌsaˌlat** *m* celery (*od.* celeriac) salad. **~ˌsalz** *n* celery salt.

sel·ten [ˈzɛltən] **I** *adj* ⟨-er; -st⟩ **1.** rare (*animals, books, coins, etc*), (*nicht oft vorkommend*) *a.* infrequent, *fig.* (*außergewöhnlich*) *a.* exceptional, singular, *colloq.* (*sonderbar*) odd, strange; *chem.* **~e Erden** rare earths; **von ~er Schönheit** of rare beauty; **ein Künstler von ~er Begabung** an artist of exceptional talent; *colloq.* **er hat e-e ~e Begabung, immer das Falsche zu sagen** he has a rare talent for always saying the wrong thing; **diese Krankheit ist hier ~** this disease is rarely encountered here; **sie hat geweint, was bei ihr sehr ~ ist** she cried which is a very rare thing with her; **ehrliche Leute sind heute ~** honest people are rare (*od.* few and far between) nowadays; *colloq.* **ein ~er Vogel** a rare bird (*a. fig.*), *fig.* a funny bird, a queer fish; → **Gast**[1] 1. **II** *adv* **2.** rarely, seldom, infrequently; **wir sehen ihn nur noch ~** we don't see much of him these days; **das ist ~ der Fall, das geschieht ~** that is rarely the case, that rarely happens; **nicht (eben) ~** not infrequently, pretty (*od.* fairly) often; **höchst ~** hardly ever, once in a blue moon; **er ist ein Arzt, wie man ihn nur ~ findet** he is the sort of doctor that one does not find every day; *colloq. iro.* **~ so gelacht!** what a laugh! **3.** *colloq.* (*außergewöhnlich*) exceptionally, outstandingly, singularly, uncommonly, unusually.

ˈSel·ten·heit *f* ⟨-; -en⟩ **1.** ⟨*only sg*⟩ a) *von Pflanzen, Tieren etc*: rarity, rareness, b) (*seltenes Vorkommnis*) rarity, rare occurrence (*od.* thing); **das ist k-e ~ bei ihm** that's nothing unusual with him. **2.** (*seltenes Stück*) rarity, rare specimen. **~sˌwert** *m* rarity value.

Sel·ters [ˈzɛltərs] *n* ⟨-; *no pl*⟩ *colloq. for* **ˈSel·ter(s)ˌwas·ser** *n* ⟨-s; -wässer⟩ seltzer (water), soda water.

selt·sam [ˈzɛltzaːm] **I** *adj* (*sonderbar*) strange, odd, peculiar, queer, funny (*person, thing, behavio[u]r, etc*), (*besonder*) particular, peculiar, special, strange; **ich hatte ein ~es Gefühl, mir war ~ zumute** I had a strange feeling, *im Magen*: I felt funny (*colloq.* queer); **du bist heute recht ~** you are odd (*od.* funny) today; **e-n ~en Reiz ausüben** have (*od.* hold) a strange attraction (*od.* fascination). **II** *adv* **sich ~ betragen** behave strangely (*od.* oddly); **so ~ es klingt** strange to say; → **berühren** 5. **III ∽e, das** ⟨-n⟩ **ich habe et. ∽es erlebt** a strange thing happened to me; **das ∽e daran** (*od.* **dabei**) **ist, daß** the strange (*od.* odd) thing about it is that. **ˈselt·sa·mer·ˈwei·se** *adv* strange to say, oddly (*od.* strangely) enough. **ˈSelt·sam·keit** *f* ⟨-; -en⟩ **1.** ⟨*only sg*⟩ strangeness, oddness, peculiarity. **2.** (*Sache*) oddity, curiosity.

Se·man·tik [zeˈmantɪk] *f* ⟨-; *no pl*⟩ semantics *pl* (*meist als sg konstruiert*). **seˈman·tisch** [-tɪʃ] *adj* semantic.

Se·ma·phor [zemaˈfoːr] *n, a. m* ⟨-s; -e⟩ *mar. rail.* semaphore.

Se·meio·tik [zemaɪˈoːtɪk] *f* ⟨-; *no pl*⟩ *ling.* semiotics *pl* (*als sg od. pl konstruiert*).

Se·me·ster [zeˈmɛstər] *n* ⟨-s; -⟩ **1.** half-year, term, *Am.* semester; **er ist** (*od.* **steht**) **im fünften ~** he is in his fifth half year; **sie hat 8 ~ studiert** she has studied for 4 years. **2.** *fig. colloq.* student; **ein niedriges** (*od.* **jüngeres**) **~** a freshman, a fresher; **höhere ~** senior students; **er ist auch schon ein älteres ~** a) he has been studying for years, b) he's getting on (in years), he is an old boy. **~ˌabˌschlußˌprü·fung** *f* end-of-term examination. **~ˌfe·ri·en** *pl* holiday(s *pl*), *Am.* vacation *sg*. **~ˌprü·fung** *f* end-of-term examination. **~ˌschluß** *m* end of a term (*Am.* semester).

ˈSe·mi·fiˌna·le [ˈzeːmi-] *n Sport*: semifinal (round).

Se·mi·ko·lon [zemiˈkoːlɔn] *n* ⟨-s; -s *od.* -kola [-la]⟩ *ling.* semicolon.

Se·mi·nar [zemiˈnaːr] *n* ⟨-s; -e, *Austrian a.* -ien [-rĭən]⟩ **1.** *univ.* a) (*~übung*) seminar, b) institute, department. **2.** (*Lehrer∽*) (teacher) training college, (*Priester∽*) seminary. **~ˌar·beit** *f univ.* seminar paper.

Se·mi·na·rist [zeminaˈrɪst] *m* ⟨-en; -en⟩ **1.** student (at a teacher training college). **2.** *R.C.* seminarist.

Se·miˈnar|ˌlei·ter *m* **1.** leader of a seminar. **2.** head of a department (*od.* an institute). **~ˌübung** *f univ.* seminar.

Se·mit [zeˈmiːt] *m* ⟨-en; -en⟩, **Seˈmi·tin** *f* ⟨-; -nen⟩ Semite. **seˈmi·tisch I** *adj* Semitic; **die ~en Sprachen** the Semitic languages. **II** *ling.* **∽** ⟨*generally undeclined*⟩, **das ∽e** ⟨-n⟩ Semitic.

Sem·mel [ˈzɛməl] *f* ⟨-; -n⟩ *dial.* (bread) roll, *Am. a.* semmel; *colloq.* **weggehen wie warme** (*od.* **frische**) **~n** sell like hot cakes. **∽ˌblond** *adj* **1.** *Haar*: flaxen, very fair. **2.** *Person*: flaxen-haired. **~ˌbrö·sel** *pl* bread crumbs. **~ˌknö·del** *m* white bread dumpling. **~ˌmehl** *n* → **Semmelbrösel**.

Sen [zɛn] *m* ⟨-(s); -(s)⟩ (*jap. Münze*) sen.

Se·nat [zeˈnaːt] *m* ⟨-(e)s; -e⟩ **1.** *antiq. adm. pol.* senate. **2.** *jur.* division(al court).

Se·na·tor [zeˈnaːtɔr] *m* ⟨-s; -en [-naˈtoːrən]⟩ *antiq. pol.* senator. **Se·naˈto·renˌwür·de** *f* senatorship.

se·na·to·risch [zenaˈtoːrɪʃ] *adj* senatorial.

Seˈnats|ˌausˌschuß *m adm. pol.* senate committee. **~ˌbeˌschluß** *m* decree of the senate, *antiq. a.* senatus consultum. **~ˌmitˌglied** *n* senator, member of (the) senate. **~ˌpräˌsiˌdent** *m* **1.** *pol.* president of the senate. **2.** *jur.* presiding judge (of a division of the court of appeal).

ˈSend|ˌbo·te *m* messenger, envoy, emissary. **~ˌbrief** *m* **1.** *Bibl.* epistle. **2.** (*Rundschreiben*) circular letter.

ˈSen·de|ˌanˌla·ge *f Radio, TV* transmitter (unit *od.* installation), transmitting station. **~ˌanˌstalt** *f* broadcasting station. **~ˌanˌten·ne** *f* transmitting aerial (*Am.* antenna). **~ˌbeˌreich** *m* transmission range (*od.* area). **∽beˌreit** *adj* standing by, standby; **~ sein** stand by. **~ˌEmpˌfän·ger** *m* transceiver. **~ˌEmpˌfangs...** *in Zssgn* transmitting-receiving. **~ˌfol·ge** *f* program(me *Br.*). **~ˌfreˌquenz** *f* transmitter frequency. **~ˌlei·stung** *f* transmitting power. **~ˌlei·ter** *m* producer, production director.

sen·den[1] [ˈzɛndən] **I** *v/t* ⟨**sendet, sandte,** *rare* **sendete, gesandt,** *rare* **gesendet, h**⟩ **1.** (*dat od.* **an** *acc* to) send, despatch, dispatch, (*Geld*) send, remit; *lit.* **j-m et. ~** send s.o. s.th., send s.th. to s.o.; **et. mit der Post ~** send s.th. by post (*Am.* mail); **ich sandte die Unterlagen an die Gemeinde** I sent (*od.* submitted) the documents to the local authorities; **er wurde nach Paris gesandt** he was sent to Paris (*on a special mission, etc*). **2.** *lit.* (*ausstrahlen*) send forth (*rays, etc*). **II** *v/i* **3. nach j-m ~** send for s.o. **III ∽** *n* ⟨-s⟩ **4.** *von Waren etc*: dispatch, despatch, consignment, *bes. Am.* shipment, *von Geld*: remittance.

ˈsen·den[2] **I** *v/t* ⟨**sendet, sendete, gesendet, h**⟩ **1.** *Radio*: broadcast, transmit, go on the air with, present, *TV a.* telecast. **2.** *Funk*: transmit, send (out). **II** *v/i* **3.** *Radio*: broadcast, be on the air, *TV a.* telecast, televise. **4.** *Funk*: transmit, send. **III ∽** *n* ⟨-s⟩ **5.** broadcasting (*etc*).

ˈSen·de|ˌpau·se *f Radio, TV* interval, *bes. Am.* intermission; *colloq.* **jetzt hast du ~!** you just pipe down! **~ˌplan** *m* schedule of transmission. **~ˌproˌgramm** *n* broadcasting program(me *Br.*).

ˈSen·der *m* ⟨-s; -⟩ **1.** a) radio (*od.* broadcasting) station, b) television (broadcasting) station; **und die angeschlossenen ~ ...** and stations linked to this broadcast. **2.** → **Sendeanlage**.

ˈSen·de|raum *m Radio, TV* (broadcasting) studio. **~ˌrei·he** *f* (radio *od.* television) series.

ˈSen·der|ˌeinˌstel·lung *f* station selector. **~ˌEmpˌfän·ger** *m* transceiver. **~ˌnetz** *n* (broadcast) network.

ˈSen·de|ˌröh·re *f* transmitting valve (*Am.* tube). **~ˌsaal** *m* studio. **~ˌschluß** *m* close-down, *bes. TV* sign-off. **~ˌstär·ke** *f* → **Sendeleistung**. **~ˌsta·tiˌon, ~ˌstel·le** *f* broadcasting (*od.* transmitting) station. **~ˌturm** *m Radio, TV* transmitting tower. **~ˌzei·chen** *n Radio*: call sign. **~ˌzeit** *f* broadcasting time; **beste ~** prime time.

ˈSendˌschrei·ben *n* → **Sendbrief**.

ˈSen·dung[1] *f* ⟨-; -en⟩ **1.** → **senden**[1] 4. **2.** (*Waren∽*) consignment, *bes. Am.* shipment, (*Geld∽*) remittance, (*Post∽*) parcel, packet. **3.** ⟨*only sg*⟩ *lit.* (*Auftrag*) mission; **e-e göttliche (politische) ~** a divine (political) mission.

ˈSen·dung[2] *f* ⟨-; -en⟩ *Radio* **1.** → **senden**[2] 5. **2.** a) (radio) broadcast, program(me *Br.*), b) television (*od.* TV) broadcast (*od.* program[me *Br.*]), telecast; **auf ~ sein** be on the air, *vor der Kamera*: be on camera; **wir beginnen unsere ~en täglich um ...** we go on the air at ... every day.

ˈSen·dungs·beˌwußtˌsein *n* missionary zeal, sense of mission.

Se·ne·ga|le·se [zenegaˈleːzə] *m* ⟨-n; -n⟩, **~ˈle·sin** *f* ⟨-; -nen⟩, **∽ˈle·sisch** *adj* Senegalese.

Senf [zɛnf] *m* ⟨-(e)s; -e⟩ mustard; *fig. colloq.* **s-n ~ dazugeben** chip in, have one's say; **mach k-n langen ~!** cut it short! **∽ˌfar·ben, ∽ˌfar·big** *adj* mustard-gold. **~ˌgas** *n chem. mil.* mustard gas. **~ˌgur·ke** *f gastr.* gherkin pickled with mustard seeds. **~ˌkorn** *n* mustard seed. **~ˌmehl** *n gastr.* flour of mustard. **~ˌpackung** (*getr.* **-k·k-**) *f med.* mustard fomentation. **~ˌpfla·ster** *n* mustard plaster. **~ˌtopf** *m* mustard pot.

Sen·ge [ˈzɛŋə] *pl dial. colloq.* **~ beziehen, ~ kriegen** get a good hiding (*od.* drubbing).

sen·gen [ˈzɛŋən] **I** *v/t* ⟨**h**⟩ **1.** (*Geflügel etc*) singe. **II** *v/i* **2.** *Sonne*: be scorching (hot). **3.** *lit.* **~ und brennen** *Kriegshorden*: burn and pillage. **~d I** *adj Sonne etc*: scorching, blazing; **~e Hitze** parching heat. **II** *adv lit.* **sie zogen ~ und bren-**

nend durch das Land they burned and pillaged everything in their path.

se·nil [ze'niːl] *adj* senile. **Se·ni·li'tät** [-nili'tɛːt] *f* ⟨-; *no pl*⟩ senility, dotage.

Se·ni·or ['zeːnĭɔr] **I** *m* ⟨-s; -en [ze'nĭoː-rən]⟩ **1.** → Seniorchef. **2.** the (*od.* one's) father. **3.** *Sport*: (*von 18–23 Jahren*) senior (player, *etc*), (*älterer, erfahrener Spieler*) senior, veteran, (*alter Spieler*) veteran, oldster. **4.** chairman (by seniority). **5.** (*Ältester e-s Kreises*) senior. **6.** *pl collect.* senior citizens. **II** ≈ *adj* ⟨*invariable*⟩ **7.** *nachgestellt*: Senior; **Herr Müller** ≈ Mr. Müller Senior (*od.* Sen., Sr.). **~ˌchef** *m* senior director (*od.* partner).

Se·nio·ren|ˌheim [ze'nĭoːrən-] *n* (first-class) home for the aged. **~ˌkar·te** *f* → Seniorenpaß. **~ˌklas·se** *f Sport*: a) senior class, b) class for oldsters (*od.* veterans). **~ˌmann·schaft** *f* senior team. **~ˌpaß** *m* senior citizen's pass (for reduced fares). **~ˌwohnˌheim** *n* home for senior citizens.

'Senk|ˌblei *n* plumb (bob), plummet, *an der Angelschnur*: sinker. **~ˌbrun·nen** *m* sunk well.

Sen·ke ['zɛŋkə] *f* ⟨-; -n⟩ *geol.* depression, hollow, dip.

Sen·kel ['zɛŋkəl] *m* ⟨-s; -⟩ *colloq.* shoelace; *fig.* **j-n in den ~ stellen** blow s.o. up.

sen·ken ['zɛŋkən] **I** *v/t* ⟨h⟩ **1.** *allg.* lower (*a burden, the curtain, one's sword, etc*), (*die Arme, Stimme*) *a.* drop (*one's arms, voice*), (*die Augen, den Blick*) *a.* cast down (*one's eyes*), (*den Kopf*) *a.* bow (*one's head*), (*Preise, Kosten etc*) *a.* reduce, cut, (*Blutdruck, Fieber*) *a.* bring down, *phys.* (*Druck, Temperatur etc*) *a.* reduce, (*Fahne, Flagge*) dip; **den Sarg in die Erde ~** lower the coffin into the ground; **die Stimme zu e-m Flüstern ~** drop one's voice to a whisper; *lit.* **j-m den Keim des Bösen ins Herz ~** sow the seeds of evil into s.o.'s heart; **mit gesenktem Blick** with downcast eyes; → *a.* **gesenkt** 1. **2.** *tech.* (*Loch, Schraube, Schacht*) sink. **3.** (*Schößlinge*) plant, *Baum*: (*die Wurzeln*) sink (*its roots into the ground*). **II** *v/reflex* **sich ~ 4.** *allg. Schranke, Vorhang, Wasserspiegel, fig. Kosten etc*: go (*od.* come) down, drop, sink, *Preise*: *a.* fall, *Boden, Haus, Mauer etc*: sag, subside, *Fundament*: settle, *Decke, Äste etc*: (*durchhängen*) sag, *Straße, Gelände*: dip, slope (down), fall away, *Flugzeug*: descend, *kurz*: dip (*a. Waagschale*), *med. Organ*: drop, sag, *Stimme*: drop; **sein Blick** (**s-e Stimme**) **senkte sich** he lowered his eyes (his voice). **5.** *lit. Dunkelheit, Nacht, Stille etc*: descend (**auf** *od.* **über** *acc* upon). **III** ≈ *n* ⟨-s⟩ **6.** lowering (*etc*). **7.** → **Senkung.**

'Sen·ker *m* ⟨-s; -⟩ **1.** *Bergbau*: sinker. **2.** *tech.* (*Spiral*≈) core drill, (*Spitz*≈) countersink, (*Hals*≈) counterbore, (*Zapfen*≈) spotfacer. **3.** *am Fischnetz*: sinker, bob.

'Senkˌfuß *m med.* flat food, fallen arch. **~ein|ˌla·ge** *f* arch support, instep raiser.

'Senk|ˌgru·be *f* cesspit, cesspool. **~ˌka·sten** *m civ.eng.* caisson. **~ˌkopf-ˌschrau·be** *f* countersunk (head) screw. **~ˌlot** *n* → Senkblei. **~ˌniet** *m tech.* countersunk (head) rivet.

'senkˌrecht I *adj* vertical, *math. a.* perpendicular, *bes. civ.eng. a.* plumb; **nicht ~** *a.* out of plumb; **~ zu** (*dat*) perpendicular to; *colloq.* **bleib ~!** stay on your feet!; **immer schön ~ bleiben!** a) don't panic!, pull yourself together!, b) come off it! **II** *adv* vertically; **~ abfallen** *Fels*: drop sheer; **~ in die Höhe steigen** *Rauch etc*: rise straight up in the air, *Flugzeug etc*: climb vertically. **III** ≈**e, das** ⟨-n⟩ *fig. colloq.* **das ist das einzig** ≈**e!** that is the only thing to do. **'Senkˌrech·te** *f* ⟨-n; -n⟩ vertical, *bes. math.* perpendicular (line), normal (line).

'Senkˌrecht|ˌstart *m aer.* vertical takeoff. **~ˌstar·ter** *m* **1.** *aer.* vertical takeoff (*od.* VTO) plane, verti-plane. **2.** *fig. colloq.* high-flier, whizz kid.

'Senk|ˌschnur *f* plumb-line. **~ˌschrau·be** *f* countersunk screw.

'Sen·kung *f* ⟨-; -en⟩ **1.** → **senken** 6. **2.** *von Löhnen, Preisen etc*: lowering, reduction, cut. **3.** *von Gebäuden etc*: subsidence, *von Decke, Mauer etc*: sag(ging), *des Fundaments*: set(ting). **4.** (*Neigung*) incline, inclination, slope, declivity, dip. **5.** *med.* a) *von Organen*: descent, dropping, *des Fiebers, Blutdrucks*: reduction, b) (*Blut*≈) sedimentation. **6.** *metr.* unstressed syllable, thesis (*a. mus.*). **7.** → Senke. **~s·geˌschwin·dig·keit** *f med.* sedimentation rate.

'Senkˌwaa·ge *f* areometer, hydrometer.

Senn [zɛn] *m* ⟨-(e)s; -e⟩ *dial.* Alpine dairyman.

Sen·ne[1] ['zɛnə] *m* ⟨-n; -n⟩ → Senn.

'Sen·ne[2] *f* ⟨-; -n⟩ *dial.* Alpine pasture.

'Sen·ner *m* ⟨-s; -⟩ → Senn. **Sen·ne'rei** *f* ⟨-; -en⟩ *dial.* **1.** Alpine dairy farming. **2.** → Almhütte. **'Sen·ne·rin** *f* ⟨-; -nen⟩ Alpine dairymaid.

'Sen·nesˌblät·ter ['zɛnəs-] *pl pharm.* senna *sg*, senna leaves.

Sen·sa·ti·on [zɛnza'tsĭoːn] *f* ⟨-; -en⟩ sensation (*a. physiol.*), (*Kunststück*) stunt; **~ machen** (*od.* **erregen, hervorrufen**) create (*od.* cause) a sensation (*od.* stir); **auf ~en aus sein** be on the lookout (*od.* hunt) for sensations. **sen·sa·tio·nell** [zɛnzatsĭo'nɛl] **I** *adj* **1.** sensational, *Erfolg, Wende etc*: *a.* spectacular, dramatic. **II** *adv* **2.** sensationally; **~ aufgemacht** *Artikel etc*: sensationalized. **3.** *colloq.* (*außerordentlich gut*) fantastically (well), sensationally.

Sen·sa·ti'ons|beˌdürf·nis *n* → Sensationsgier. **~ˌblatt** *n contp.* sensational paper (*od.* rag). **~ˌgier** *f* craving (*od.* hunger) for sensation. **~ha·sche'rei** [zɛnzaˌtsĭoːns-] *f contp.* sensationalism, sensation-seeking. **~ˌhun·ger** *m*, **~ˌlust** *f* → Sensationsgier. ≈**ˌlüs·tern,** ≈**ˌlu·stig** *adj* sensationalistic, sensation-seeking. **~ˌma·che** *f contp.* sensation-mongering, sensationalism. **~ˌmel·dung** *f* sensational news *pl* (*als sg od. pl konstruiert*), sensational report, (*Erstmeldung*) scoop. **~ˌpres·se** *f* yellow press, sensational papers *pl*. **~proˌzeß** *m* sensational trial. **~ˌstück** *n thea.* sensational play. **~ˌsucht** *f* → Sensationsgier.

Sen·se ['zɛnzə] *f* ⟨-; -n⟩ scythe; *fig. poet.* **von der ~ des Todes dahingemäht werden** be snatched away by death; *colloq.* **(jetzt ist aber) ~!** that'll do!, that's enough of that!; **damit ist es jetzt ~!** that's out!; **da war es ~ für ihn** it was curtains for him. **~nˌmann** *m* ⟨-(e)s; *no pl*⟩ *fig.* (the) Grim Reaper, Death.

sen·si·bel [zɛn'ziːbəl] *adj* **1.** sensitive. **2.** *anat. Nerv*: sensory.

Sen·si·bi·li|sa·tor [zɛnzibili'zaːtɔr] *m* ⟨-s; -en [-za'toːrən]⟩ *phot.* sensitizer. ≈**'sie·ren** [-'ziːrən] *v/t* ⟨*no* **ge-**, **h**⟩ *med. phot.* sensitize. **~'sie·rung** *f* ⟨-; -en⟩ sensitizing, sensitization. **~'tät** [-'tɛːt] *f* ⟨-; *no pl*⟩ sensitivity (*a. med. phot.*), sensitiveness.

Sen·sil·le [zɛn'zɪlə] *f* ⟨-; -n⟩ *biol.* sensory cell.

sen·si|tiv [zɛnzi'tiːf] *adj* sensitive. ≈**ti·vi'tät** [-tivi'tɛːt] *f* ⟨-; *no pl*⟩ sensitivity. ≈**to'me·ter** [-to'meːtər] *n* ⟨-s; -⟩ *phot. phys.* sensitometer.

Sen·sor ['zɛnzɔr] *m* ⟨-s; -en [zɛn'zoː-rən]⟩ *tech.* sensor.

sen·so·risch [zɛn'zoːrɪʃ] *adj physiol.* sensorial, sensory. **~mo'to·risch** *adj* sensorimotor.

Sen·so·ri·um [zɛn'zoːrĭʊm] *n* ⟨-s; -rien⟩ *physiol.* sensorium (*pl* -ia).

Sen·sua|lis·mus [zɛnzŭa'lɪsmʊs] *m* ⟨-; *no pl*⟩ *philos.* sensualism. **~'list** [-'lɪst] *m* ⟨-en; -en⟩ sensualist. ≈**'li·stisch** *adj* sensual(istic). **~li'tät** [-li'tɛːt] *f* ⟨-; *no pl*⟩ *physiol.* sensuality.

sen·su·ell [zɛn'zŭɛl] *adj med. psych.* sensory, sensual.

Sen·tenz [zɛn'tɛnts] *f* ⟨-; -en⟩ aphorism, maxim, sentence. **sen·ten·zi·ös** [zɛntɛn'tsĭøːs], **sen'tenzˌreich** *adj* sententious.

Sen·ti·ment [zɑ̃ti'mɑ̃ː; sɑ̃ti'mɑ̃] (*Fr.*) *n* ⟨-s; -s⟩ sentiment, feeling.

sen·ti·men|tal [zɛntimɛn'taːl] **I** *adj* sentimental, mawkish, maudlin, *colloq.* soppy, mushy, slushy; **~es Zeug** *colloq.* a lot of mush (*od.* slush); **~ werden bei** (*od.* **über** *dat*) become sentimental over. **II** *adv* sentimentally, with sentimentality, in a sentimental (*colloq.* soppy, mushy) manner. ≈**'ta·le** *f* ⟨-n; -n⟩ *thea.* sentimental heroine. **~'ta·lisch** *adj* **naive und ~e Dichtung** naive and sentimental (*od.* reflective) literature. ≈**ta·li'tät** [-tali'tɛːt] *f* ⟨-; -en⟩ sentimentality, mawkishness, *colloq.* mush(iness), slush(-iness).

se·pa·rat [zepa'raːt] **I** *adj* separate, *Haus, Garage*: *a.* detached, *Eingang etc*: *a.* private, *Wohnung*: *a.* self-contained. **II** *adv* separately; **er wohnt ~** he has a self-contained flat; **das kommt noch ~ dazu** that's extra (*od.* separate).

Se·pa·ra·ti·on [zepara'tsĭoːn] *f* ⟨-; -en⟩ *bes. pol.* separation.

Se·pa·ra|tis·mus [zepara'tɪsmʊs] *m* ⟨-; *no pl*⟩ *pol.* separatism. **~'tist** [-'tɪst] *m* ⟨-en; -en⟩, ≈**'ti·stisch** *adj* separatist.

Se·pa'rat|verˌtrag *m pol.* special agreement, separate treaty. **~ˌzim·mer** *n* separate (*od.* private) room, *in sich abgeschlossen*: self-contained room.

se·pa·rie·ren [zepa'riːrən] *v/t* ⟨*no* **ge-**, **h**⟩ separate.

Se·pia ['zeːpĭa] *f* ⟨-; -pien⟩ **1.** *zo.* sepia, cuttlefish. **2.** ⟨*only sg*⟩ (*Farbstoff*) sepia. **~ˌzeich·nung** *f* sepia drawing.

'Sepplˌho·se ['zɛpl-] *f* leather shorts *pl*, lederhosen *pl*.

Sep·sis ['zɛpsɪs] *f* ⟨-; -psen⟩ *med.* sepsis, septic disease.

'Sept·akˌkord ['zɛpt-] *m* ⟨-s; -e⟩ *mus.* seventh chord.

Sep·tem·ber [zɛp'tɛmbər] *m* ⟨-(s); *rare* -⟩ (**im ~** in) September.

Sep·tett [zɛp'tɛt] *n* ⟨-(e)s; -e⟩ *mus.* septet(te).

Sep·tim [zɛp'tiːm] *f* ⟨-; -en⟩ **1.** *mus.* (**große, kleine ~** major, minor) seventh. **2.** *Fechten*: septime.

Sep'ti·me *f* ⟨-; -n⟩ → Septim 1.

Sep'ti·men·akˌkord *m* → Septakkord.

sep·tisch ['zɛptɪʃ] *adj med.* septic.

Sep·to·le [zɛp'toːlə] *f* ⟨-; -n⟩ *mus.* septuplet.

Sep·tua·ge·si·ma [zɛptŭa'geːzima] *f* ⟨*undeclined*⟩ *relig.* **der Sonntag ~** (*od.* Septuagesimä [-mɛ]) Septuagesima (Sunday).

Sep·tua·gin·ta [zɛptŭa'gɪnta] *f* ⟨-; *no pl*⟩ (*griech. Bibelübersetzung*) Septuagint.

Sep·tum ['zɛptʊm] *n* ⟨-s; **Septa** [-ta] *od.* Septen⟩ *anat.* septum.

Se·quenz [ze'kvɛnts] *f* ⟨-; -en⟩ *allg.* sequence.

Se·que·ster [ze'kvɛstər] *n* ⟨-s; -⟩ *jur.* sequestration. **se·que'strie·ren** [-'triː-rən] *v/t* ⟨*no* **ge-**, **h**⟩ sequester, sequestrate.

Se·rail [zeˈraɪ; -ˈraɪl] *n* ‹-s; -s› *hist.* seraglio.

Se·raph [ˈze:raf] *m* ‹-s; -e *od.* -im [-fi:m]› *relig.* seraph. **se·ra·phisch** [zeˈra:fɪʃ] *adj lit.* seraphic.

Ser·be [ˈzɛrbə] *m* ‹-n; -n›, **ˈSer·bin** *f* ‹-; -nen› Serb(ian). **ˈser·bisch I** *adj*, **II** *ling.* ≈ ‹*generally undeclined*›, **das** ≈**e** ‹-n› Serb(ian).

ser·bo·kroa·tisch [zɛrbokroˈa:tɪʃ] **I** *adj*, **II** *ling.* ≈ ‹*generally undeclined*›, **das** ≈**e** ‹-n› Serbo-Croat(ian).

Se·re·na·de [zereˈna:də] *f* ‹-; -n› *mus.* serenade.

Ser·geant [zɛrˈʒant] *m* ‹-en; -en› *mil.* sergeant.

Se·rie [ˈze:rĭə] *f* ‹-; -n› **1.** *allg.* series (*of books, accidents, etc*), *Radio, TV*: *a.* serial, (*Satz*) set, *Kartenspiel*: sequence, run, *Billard*: break; **das Buch ist innerhalb** (*od.* **in**) **e-r** ~ **erschienen** the book forms part of a series; **das Gesetz der** ~ the law of averages; *electr.* **in** ~ **schalten** connect in series. **2.** *econ. von Artikeln*: series, (*bestimmte Menge*) batch, lot, (*Produktion*) run; **e-e** ~ **von** (*Waren*) a range (*od.* line) of; **et. in** ~ **herstellen** produce s.th. in series; **in** ~ **gehen** go into production. **3.** *von Wertpapieren etc*: issue(s *pl*), set of issues.

se·ri·ell [zeˈrĭɛl] *adj* **1.** *mus. poet.* serial. **2.** → **serienmäßig**.

ˈSe·ri·en|ar·beit *f* serial work. ~**ar·ti·kel** *m* mass-produced (*od.* series-produced, series-manufactured) article. ~**aus·stat·tung** *f* standard equipment. ~**bau** *m* ‹-(e)s; *no pl*› → **Serienfabrikation**. ~**bil·der** *pl beim Röntgen*: serial films. ~**er·zeug·nis** *n* series product. ~**fa·bri·ka·ti·on**, ~**fer·ti·gung** *f* series (*od.* multiple, quantity) production. ~**ge·rät** *n* standard set. ~**gü·ter** *pl* series-produced goods. ~**haus** *n* prefabricated house, *colloq.* prefab. ~**her·stel·lung** *f* → **Serienfabrikation**. ≈**mä·ßig I** *adj Herstellung*: series, multiple, quantity, *Modell etc*: production-line, series-produced, *Ausstattung etc*: standard. **II** *adv* (**et.** ~ **herstellen** produce s.th.) in series. ~**num·mer** *f* serial number. ~**pro·dukt** *n* series product. ~**pro·duk·ti·on** *f* → **Serienfabrikation**. ~**rech·ner** *m* serial computer. ≈**reif** *adj* ready to go into production. ~**schal·ter** *m* multi-circuit switch. ~**schal·tung** *f* series connection. ~**teil** *n* standard part. ~**wa·gen** *m mot.* standard-type (*od.* production) car. ≈**wei·se** *adv* in series.

se·ri·ös [zeˈrĭø:s] *adj* (*ernsthaft*) serious (*applicants, intentions, offer, etc*), (*ehrlich*) honest, (*achtbar*) respectable (*gentleman, company, etc*), (*zuverlässig*) reliable, trustworthy (*businessman, etc*), *econ. a.* well-reputed, (financially) sound (*firm*).

Se·rio·si·tät [zerĭoziˈtɛ:t] *f* ‹-; *no pl*› respectability, reliability.

Ser·mon [zɛrˈmo:n] *m* ‹-s; -e› **1.** *relig. obs.* sermon. **2.** *colloq. contp.* sermon, lecture.

Se·ro|lo·ge [zeroˈlo:gə] *m* ‹-n; -n› *biol. med.* serologist. ~**lo'gie** [-loˈgi:] *f* ‹-; *no pl*› serology. ≈**ˈlo·gisch** *adj* serological). ~**the·ra'pie** [-teraˈpi:] *f med.* serotherapy.

Ser·pen·tin [zɛrpɛnˈti:n] *m* ‹-s; -e› *min.* serpentine.

Ser·pen·ti·ne [zɛrpɛnˈti:nə] *f* ‹-; -n› winding road (*od.* path), (*Kurve*) double bend; **die Straße führt in** ~**n hinauf** the road winds (*od.* zigzags) its way up (the mountain).

Se·rum [ˈze:rʊm] *n* ‹-s; **Seren** *u.* **Sera** [-ra]› serum. ~**al·ler·gie** *f med.* serum intoxication (*od.* sickness). ~**be·hand·lung** *f* → **Serotherapie**. ~**kon·ser·ve** *f* stored serum.

Ser·vice¹ [zɛrˈvi:s; sɛrˈvis] (*Fr.*) *n* ‹- *u.* -s [-ˈvi:s; -ˈvis]; - [-ˈvi:s(ə)]› (*Eß*≈, *Tee*≈ *etc*) service, (*Gläser*≈ *etc*) set.

Ser·vice² [ˈzœrvɪs; ˈsɜ:vɪs] (*Engl.*) *m, n* ‹-; -s [-vɪs]› *meist sg* **1.** a) (*Bedienung*) service, b) (*Bedienungszuschlag*) service charge. **2.** *mot.* a) (*Kundendienst*) maintenance service, b) (*Werkstatt*) service station. **3.** *Tennis etc*: service, serve.

Serˈvier|brett *n* tray.

ser·vie·ren [zɛrˈvi:rən] **I** *v/t* ‹*no* **ge-**, **h**› **1.** *gastr.* serve; **j-m et.** ~ serve s.o. s.th., serve s.th. to s.o.; **es ist serviert!** dinner (*od.* supper) is served!; **man servierte uns den Tee im Garten** tea was served in the garden. **2.** *Tennis etc*: serve; *colloq. Fußball*: **j-m den Ball** ~ pass the ball to s.o. **3.** *fig. colloq.* (*Lügen etc*) serve up, dish out. **II** *v/i* **4.** (*bedienen*) serve (at table).

Serˈvie·re·rin *f* ‹-; -nen›, **Serˈvier·mäd·chen** *n* waitress.

Serˈvier|schür·ze *f* waiter's (*od.* waitress's) apron. ~**ta·blett** *n* tray. ~**tel·ler** *m* serving tray. ~**tisch** *m* sideboard, *beweglicher*: serving table. ~**toch·ter** *f Swiss* waitress. ~**wa·gen** *m* serving trolley, dinner-wag(g)on.

Ser·vi·et·te [zɛrˈvĭɛtə] *f* ‹-; -n› (table) napkin.

Ser·viˈet·ten|ring *m* napkin-ring. ~**ta·sche** *f* napkin-case.

ser·vil [zɛrˈvi:l] *adj* servile, obsequious, cringing. **Ser·vi·liˈtät** [-viliˈtɛ:t] *f* ‹-; *no pl*› servility.

Ser·vi·tut [zɛrviˈtu:t] *n* ‹-(e)s; -e›, *Austrian and Swiss a. f* ‹-; -en› *jur.* servitude, easement.

ˈSer·vo|brem·se [ˈzɛrvo-] *f* servo (*od.* power) brake. ~**len·kung** *f* **1.** servo-steering, power(-assisted) steering. **2.** (*Bauteil*) servo-assisted steering mechanism. ~**mo·tor** *m* servo-motor. ~**steue·rung** *f bes. aer.* servo(-control).

Ser·vus [ˈzɛrvʊs] *interj dial. colloq.* hello!, hi!, *beim Abschied*: so long!, cheerio!, good-by(e)!

Se·sam¹ [ˈze:zam] *m* ‹-s; -s› *bot.* sesame.

ˈSe·sam² *m* ‹-s; -s› ~, **öffne dich** (*Zauberspruch*) open, sesame!

ˈSe·sam|bein, ~**knö·chel·chen** *n anat.* sesamoid (bone *od.* cartilage). ~**öl** *n* sesame oil.

Ses·sel [ˈzɛsəl] *m* ‹-s; -› **1.** armchair, easy chair, *thea. etc* seat. **2.** *fig. colloq.* (*Minister*≈ *etc*) post. ~**bahn** *f*, ~**lift** *m* chair-lift.

seß·haft [ˈzɛshaft] *adj* **1.** sedentary (*a. zo.*); ~ **werden**, **sich** ~ **machen** settle (in a place), *Person*: *a.* establish o.s., take up one's residence (*od.* abode), *Firma*: set up in a place; *humor.* **er ist (wieder mal) recht** ~ he's outstaying his welcome (again). **2.** *Kampfstoff, Gas*: persistent. **ˈSeß·haf·tig·keit** *f* ‹-; *no pl*› settled way of life, being settled, sedentariness (*a. zo.*).

Se·sti·ne [zɛsˈti:nə] *f* ‹-; -n› *metr.* sestina.

Set [zɛt; set] (*Engl.*) *n, m* ‹-(s); -s› **1.** (*Satz, Garnitur*) set, *Mode*: *a.* twinset, dress and coat to match. **2.** place (*od.* table) mat.

Set·ter [ˈzɛtər] *m* ‹-s; -› (*Hund*) setter.

ˈSetz|an·gel *f* ‹-; -n› trimmer (hook). ~**com·pu·ter** *m* ‹-s; -› *print.* typesetting computer. ~**ei** *n meist pl gastr.* fried egg.

set·zen [ˈzɛtsən] **I** *v/t* ‹**h**› **1.** (*hin*~, *hintun*) *allg.* put, set, place, (*j-n*) *a.* sit, seat (*s.o. on a chair, etc*), (*stapeln*) stack (*wood, etc*), (*Stein, Figur bei Brettspielen*) move, *tech.* (*Ofen*) put in, fix, (*Flagge*) hoist, raise; (**die**) **Segel** ~ set sail; ~ **an** (*acc*) put (*od.* set, place) against (*od.* to, near); **das Glas (die Trompete) an die Lippen** ~ put (*od.* raise) the glass (trumpet) to one's lips; **j-n an e-e Arbeit** ~ set s.o. to do s.th., assign a task to s.o.; *fig.* **alles an et.** ~ do (*od.* try) everything for s.th. (→ *a.* **daransetzen** 1); **sein Leben an et.** ~ risk one's life for s.th.; **j-n auf e-e Liste** ~ put (*od.* place) s.o. on a list, put (down) s.o.'s name on a list; *thea.* **ein Stück auf den Spielplan** ~ put on a play; **et. auf j-s Rechnung** ~ charge s.th. to s.o.'s account; **et. auf die Rechnung (Speisekarte)** ~ put s.th. on the bill (menu); **den Fall** ~, **daß** assume (*od.* suppose) (that) (→ *a.* **Fall**² 2); *fig.* **j-n über andere** ~ put s.o. above others; **j-n über den Fluß** ~ take s.o. across the river; **s-e Unterschrift unter et.** ~ put one's signature to s.th., sign s.th.; → **Betrieb** 5, **Bild** 11, **Denkmal**, **Druck**¹ 2, 4, **Freiheit** 1, **Fuß** 1, 2, **Gang**¹ 8, 9, **Gefecht** 1, 2, **Hoffnung** 1, **Kopf** *Bes. Redewendungen*, **Kraft** 5 *etc.* **2.** (*pflanzen*) set, plant (*potatoes, trees, etc*); **Fische in e-n Teich** ~ stock a pond with fish. **3.** *zo.* **Junge** ~ bear (*od.* have) young. **4.** *Sport*: seed (*a player, team*); **gesetzter Spieler** seed(ed player). **5.** (*Satzzeichen*) put, make (*comma, etc*); → **Akzent** 1. **6.** *print.* set *s.th.* (up in type). **7. et. in Musik** ~ set s.th. to music. **8.** (*Norm, Termin etc*) set, fix; → **Frist** 2, **Grenze** 3, **Ziel** 3. **9.** *beim Wetten, Glücksspiel etc*: (**auf** *acc* on) stake, bet, wager; → **Karte** 11. **II** *v/i* **10. über e-n Graben (ein Hindernis** *etc*) ~ jump (over) (*od.* clear, *Sport*: *a.* take) a ditch (hurdle, obstacle, *etc*); *bes. mil.* **über e-n Fluß** ~ cross a river. **11.** *beim Wetten etc*: place one's bet; ~ **auf** (*acc*) bet on, back, *a. beim Glücksspiel, Roulette*: put one's stake on (*black, etc*), *fig.* back *s.o., s.th.*, bank (*od.* pin one's hopes) on. **12.** *hunt.* have (*od.* bear) young. **III** *v/reflex* **sich** ~ **13.** (**auf** *acc* on) sit down, take a seat, *Vogel*: sit (down), perch, *Fliegen etc*: settle; **setz dich!**, ~ **Sie sich!** sit down!, take (*Am. a.* have) a seat!; **sich an die Arbeit** ~ sit down to work; **sich aufs Pferd (Fahrrad** *etc*) ~ get on (*od.* mount) one's horse (bicycle, *etc*); **sich in den Schatten** ~ sit in the shade; **sich ins Auto** ~ get into the car; **sich zu j-m** ~ sit down beside s.o., sit with s.o.; **darf ich mich zu Ihnen** ~? may I join you?; **sich (mit dem Auto) vor j-n** ~ put one's car in front of s.o. **14.** *Erdreich, Haus*: settle, (*absacken*) sag. **15.** *Kaffee, Staub, chem. Lösung, a. Wein etc*: settle. **16.** *fig. Erlebnis, Wissen etc*: sink in; **der Schock muß sich erst einmal** ~ I have to get over the shock first. **17.** *Geruch, Staub in Kleider etc*: (**in** *acc*) get (*od.* settle) (in), cling (to). **IV** *v/impers* **18.** *colloq.* **es wird et.** ~ there will be trouble (*od.* hell to pay); **laß das, oder es setzt was!** stop it, or you'll catch it!; **es wird Schläge** ~ we are in for a beating (*od.* a fight).

ˈSet·zer *m* ‹-s; -› *print.* compositor, typesetter. **Set·zeˈrei** *f* ‹-; -en› **1.** composing (*od.* case) room, typesetting room. **2.** *collect.* compositors *pl.*

ˈSetz|feh·ler *m* typographical (*od.* printer's) error, misprint. ~**ha·se** *m hunt.* female (*od.* doe) hare. ~**holz** *n hort.* planting pin (*od.* peg), dibble. ~**ka·sten** *m* **1.** *print.* (type)case. **2.** *hort.* seedling box. ~**kopf** *m e-s Niets*: die (*od.* primary, set) head. ~**ko·sten** *pl* printing cost(s).

ˈSetz·ling *m* ‹-s; -e› **1.** *hort.* seedling, (*junger Baum*) sapling. **2.** *pl Fischzucht*: fry *sg*, spawn *sg*.

ˈSetz|ma·schi·ne *f print.* typesetting (*od.* composing) machine, typesetter. ~**reis** *n* → **Setzling** 1. ~**stück** *n der Bühnendekoration*: set piece. ~**teich** *m* fish breeding pond. **~ˌwaa·ge** *f* → Wasserwaage. **~ˌzwie·bel** *f hort.* bulb (for planting).

Seu·che [ˈzɔʏçə] *f* ‹-; -n› *a. fig.* epidemic. **ˈseu·chenˌar·tig** *adj* epidemic.

ˈSeu·chen|beˌkämp·fung *f* control of epidemics. **~geˌbiet** *n* infested area. **~geˌfahr** *f* danger of an epidemic. **~ˌherd** *m* cent/re (*Am.* -er) of an epidemic. **~ˌkran·kenˌhaus, ~la·zaˌrett** *n* isolation hospital.

seuf·zen [ˈzɔʏftsən] *v/i* ‹h› **1.** (**über** *acc* at, **vor** *dat* with) (give a) sigh, (*stöhnen*) groan, moan; **tief ~** heave a sigh. **2.** *fig. Wind etc*: sigh. **~d I** *adj* sighing. **II** *adv* with a sigh, sighingly.

ˈSeuf·zer *m* ‹-s; -› sigh, (*Stöhnen*) groan, moan; **e-n ~ der Erleichterung ausstoßen** heave a sigh of relief; *fig.* **s-n letzten ~ tun** breathe one's last (breath). **~ˌbrücke** (*getr.* -k·k-), **die** *in Venedig*: the Bridge of Sighs.

Sex [zɛks] *m* ‹-(e)s; *no pl*› *colloq.* **1.** sex; **~ machen, ~ haben** have sex, make love. **2.** → Sex-Appeal.

Se·xa·ge·si·ma [zɛksaˈgeːzima] *f* ‹*undeclined*› *relig.* **der Sonntag ~** (*od.* Sexagesimä [-mɛ]) Sexagesima (Sunday).

Sex|-Ap·peal [ˈzɛksˀaˌpiːl; ˈseksəˌpiːl] (*Engl.*) *m* ‹-s; *no pl*› sex appeal, sex, *sl.* oomph; *colloq.* **sie hat viel ~** she has a lot of sex appeal, she has got what it takes. **~ˌbom·be** *f colloq.* sex bomb, *sl.* sexpot. **~bouˌtique** *f* sex shop. **♀ˌfeind·lich** *adj* antisex(ual). **~ˌfeind·lich·keit** *f* antisexuality. **~ˌfilm** *m* sex film (*Am. a.* movie), *sl.* skin flick.

Se·xis·mus [zɛˈksɪsmʊs] *m* ‹-; *no pl*› sexism. **Seˈxist** [-ˈksɪst] *m* ‹-en; -en› sexist.

ˈSex|konˌtrol·le *f Sport*: sex test. **~ˌmuf·fel** *m colloq.* sexless sod.

Se·xo|lo·ge [zɛksoˈloːgə] *m* ‹-n; -n› sexologist. **~loˈgie** [-loˈgiː] *f* ‹-; *no pl*› sexology.

ˈSex|ˌprotz *m colloq.* sex boast, *sl.* sexpot. **~ˌshop** *m* sex shop.

Sext [zɛkst] *f* ‹-; -en› **1.** *mus.* (**große, kleine ~**) major, minor) sixth. **2.** *Fechten*: sixte.

Sex·ta [ˈzɛksta] *f* ‹-; Sexten› *first year of a German secondary school.*

ˈSext·akˌkord *m mus.* chord of the sixth, sixth chord.

Sex·ta·ner [zɛksˈtaːnər] *m* ‹-s; -›, **Sex·ˈta·ne·rin** *f* ‹-; -nen› *pupil of a "Sexta"*.

Sex·tant [zɛksˈtant] *m* ‹-en; -en› *astr. mar.* sextant.

Sex·te [ˈzɛkstə] *f* ‹-; -n› → **Sext** 1.

Sex·tett [zɛksˈtɛt] *n* ‹-(e)s; -e› *mus.* sextet(te).

Sex·to·le [zɛksˈtoːlə] *f* ‹-; -n› *mus.* sextuplet.

se·xu·al [zɛˈksŭaːl] *adj* → **sexuell**.

Se·xuˈal... *in Zssgn* sex, sexual. **~deˌlikt** *n jur.* (indictable) sex offen/ce (*Am.* -se). **~erˌzie·hung** *f* sex(ual) education. **~ˌfor·scher** *m* sexual researcher, sexologist. **~ˌfor·schung** *f* sexual research, sexology. **~horˌmon** *n* sex hormone. **~inˌstinkt** *m* sex(ual) instinct.

se·xua·li|sie·ren [zɛksŭaliˈziːrən] *v/t* ‹*no* ge-, h› sexualize. **♀ˈtät** [-ˈtɛːt] *f* ‹-; *no pl*› sexuality.

Se·xuˈal|ˌkun·de *f* sexology, *bes. ped.* sex(ual) education. **~ˌkun·deˌat·las** *m* ‹- *u.* -ses; *no pl*› handbook of sex education for schools. **~ˌle·ben** *n* sex(ual) life. **~ˌmord** *m* sex murder. **~ˌmör·der** *m* sex killer (*od.* murderer). **~neuˌro·se** *f* sexual neurosis (*od.* disorder). **~obˌjekt** *n* sex object. **~orˌgan** *n* → Geschlechtsorgan. **~päd·ago·gik** [-pɛdaˌgoːgɪk] *f* sex(ual) education. **~psy·cho·loˌgie** *f* psychology of sexual behavio(u)r. **~ˌtä·ter** *m* sex offender. **~ˌtrieb** *m* sexual drive (*od.* instinct); **mit übersteigertem ~** *a.* oversexed. **~verˌbre·chen** *n* sex crime. **~verˌbre·cher** *m* sex offender. **~verˌge·hen** *n* → Sexualdelikt. **~verˌhal·ten** *n* sexual behavio(u)r. **~ˌwis·sen·schaft** *f* sexology. **~ˌwis·sen·schaft·ler** *m* sexologist.

se·xu·ell [zɛˈksŭɛl] *adj* sexual; **j-n ~ aufklären** instruct s.o. in sexual matters, *colloq.* explain the facts of life to s.o.

Se·xus [ˈzɛksʊs] *m* ‹-; -› *psych.* sex.

se·xy [ˈzɛksi; ˈseksɪ] (*Engl.*) *adj* ‹*invariable*› *colloq.* sexy.

Se·zes·si·on [zetsɛˈsĭoːn] *f* ‹-; -en› secession. **Se·zes·sioˈnist** [-sĭoˈnɪst] *m* ‹-en; -en› secessionist. **Se·zes·si·ˈonsˌkrieg** *m hist.* War of Secession (*1861–65*).

Seˈzier·beˌsteck *n med.* (case of) dissecting instruments *pl.*

se·zie·ren [zeˈtsiːrən] **I** *v/t* ‹*no* ge-, h› **1.** *med.* dissect; **j-n ~** perform an autopsy (*od.* a postmortem [examination]) on s.o. **2.** *fig.* dissect, analyse. **II ♀** ‹-s› **3.** dissection, (*Autopsie*) postmortem (examination), autopsy. **4.** *fig.* dissection, analysis.

Seˈzier|ˌmes·ser *n* dissecting knife. **~ˌsaal** *m* dissecting room.

Seˈzie·rung *f* ‹-; -en› → **sezieren** II.

S-ˌför·mig [ˈɛs-] *adj* S-shaped, sigmoid.

Sgraf·fi·to [sgraˈfiːto] *n* ‹-s; -s *u.* -fiti [-ti]› (s)graffito, scratchwork.

Shag [ʃɛk; ʃæg] (*Engl.*) *m* ‹-s; -s› (*~tabak*) shag (tobacco). **~ˌpfei·fe** *f* shag pipe.

Shake[1] [ʃeːk; ʃeɪk] (*Engl.*) *m* ‹-s; -s› (*Mixgetränk u. Modetanz*) shake.

Shake[2] *n* ‹-s; -s› *Jazz*: shake.

Sha·ker [ˈʃeːkər; ˈʃeɪkə] (*Engl.*) *m* ‹-s; -› (*Mixbecher*) shaker.

shake·spea·risch [ˈʃeːkspiːrɪʃ] *adj* Shak(e)spe(a)rian.

Sham·poo [ʃamˈpuː; ʃæmˈpuː] (*Engl.*) *n* ‹-s; -s›, *Austrian* **Sham·poon** [ʃamˈpoːn] *n* ‹-s; -s› shampoo.

ˈShet·land|ˌpo·ny [ˈʃɛtlant-; -ˈʃetlənd-] (*Engl.*) *n* Shetland pony, shelty. **~ˌwol·le** *f* ‹-; *no pl*› Shetland wool.

Show [ʃoː; ʃəʊ] (*Engl.*) *f* ‹-; -s› show. **~ˌbusi·neß** [-ˌbɪsnɪs; -ˌbɪznɪs] *n* ‹-; *no pl*›, **~geˌschäft** *n* show business. **~ˌma·ster** [-ˌmaːstər] *m* ‹-s; -› *TV* presenter, host.

Shunt [ʃant; ʃʌnt] (*Engl.*) *m* ‹-s; -s› *electr. med.* shunt.

Sia·me·se [zĭaˈmeːzə] *m* ‹-n; -n›, **Siaˈme·sin** *f* ‹-; -nen› Siamese. **siaˈme·sisch I** *adj* Siamese; **~e Zwillinge** Siamese twins. **II** *ling.* **♀** ‹*generally undeclined*›, **das ♀e** ‹-n› Siamese.

ˈSi·amˌkat·ze [ˈziːam-] *f* Siamese (cat).

Si·bi·ri·er [ziˈbiːrĭər] *m* ‹-s; -›, **siˈbi·risch** [-rɪʃ] *adj* Siberian.

Si·byl·le [ziˈbʏlə] *f* ‹-; -n› *antiq.* sibyl. **si·bylˈli·nisch** [-ˈliːnɪʃ] *adj* Sibylline.

sich [zɪç] **I** *reflex pron* **1.** oneself, (*3 sg*) himself, herself, itself, (*3 pl*) themselves, *auffordernd*: yourself, yourselves; **er wäscht ~** he washes (himself); *colloq.* **hier lebt sich's gut** life is good here; **sie kämpften ~ durch die Menge** they fought their way through the crowd. **II** *pers pron* **2. er wäscht ~** (*dat*) **gerade die Hände** he is (just) washing his hands; **sie wird ~** (*dat*) **schon zu helfen wissen** she'll be able to look after herself. **3.** *nach Präpositionen*: him, her, it, *pl* them; **es gibt Menschen, die nur an** (*acc*) **~ denken** there are people who only think of themselves; **er hat (so) et. an** (*dat*) **~** there is s.th. about him; **er ist gern für ~** he likes to be by himself; **er untersuchte jedes Teil für ~** he inspected each part separately; **sie sah nicht hinter** (*acc*) **~** she didn't look behind her; *fig. colloq.* **der Schnaps hat es in ~** that's quite strong liquor; **sie setzte das Kind neben** (*acc*) **~** she set the child (down) beside her; **sie blickte um ~** she looked about her; **er hätte es von ~ aus tun müssen** he should have done it himself (*od.* on his own initiative); **sie bat ihn zu ~** she asked him to come and see her; → **an** 12, **auf** 5, **bei** 4, **für** 15, **Sache** 2. **III** *reciprocal pron* **4.** each (*od.* one) another; **sie kennen ~ nicht** they don't know each other.

Si·chel [ˈzɪçəl] *f* ‹-; -n› **1.** *agr.* sickle. **2.** *fig.* (*Mond♀*) crescent. **♀ˌför·mig** *adj* sickle-(*od.* crescent-)shaped.

si·cheln [ˈzɪçəln] *v/t* ‹h› (cut *s.th.* with a) sickle.

si·cher [ˈzɪçər] **I** *adj* ‹-er; -st› **1.** a) (*ungefährdet, geschützt*) (**vor** *dat*) safe (from), secure (from), (*gefeit*) immune (from), proof (against), b) (*gefahrlos, gesichert*) safe (*place, machine, etc*); **~e Geldanlage** safe (*od.* secure) investment; **~es Anlagepapier** *a.* gilt-edge(d) security; **~es Einkommen** (**~e Existenz, ~e Stellung**) secure(d) income (existence, post); **~ sein vor** (*dat*) be safe from; **sich ~ fühlen** (**vor** *dat*) feel safe (*od.* secure) (from); **in ~em Abstand** at a safe distance; **~ ist ~!** better to play safe (*od.* to be on the safe side)!; **das ist das ♀ste, was du tun kannst** that's the safest thing you can do; **e-e ~e Sache** a sure thing, a safe bet, *Am. colloq.* a cinch; → **Geleit** 1. **2.** (*zuverlässig*) reliable, sure (*judgement, taste, etc*), (*unfehlbar*) *a.* unfailing, (*fest*) firm; **~e Methode** *a.* safe (*od.* sure-fire) method; **~er Fahrer** safe (*weitS.* competent, good) driver; **~e Grundlage** firm basis; **e-e ~e Hand** a steady (*od.* sure) hand; **ein ~er Schütze** a sure shot; **mit ~em Blick (Griff)** with a sure (*od.* practiced) eye (hand); **mit ~em Instinkt** with a sure instinct; **in e-r Sache** (*der Rechtschreibung, e-r Sprache etc*) **~ sein** be good (*od.* sure of o.s.) in s.th., **nicht**: be shaky in s.th.; **nicht ~ auf den Beinen** not steady on one's feet, shaky; → **Amen** II, **Nummer** 7, **Quelle** 2. **3.** (*gewiß*) certain, sure (*death, victory, etc*); **sich** (*dat*) **e-r Sache ~ sein** be sure (*od.* certain) of s.th.; (**sich** *dat*) **s-r Sache ~ sein** be sure (of one's ground), be sure of one's facts, know what one is doing; **sind Sie (sich dessen) ~?** are you sure (of that)?; **sich j-s (s-r selbst) ~ sein** be sure of s.o. (o.s.); **sich s-s Sieges ~ sein** be sure of winning; **das ist ~** that is certain (*od.* a certainty, *colloq.* a sure thing, *Br. sl.* a cert); **das ist noch nicht ganz ~** it is not quite sure as yet; **soviel** (*od.* **eins**) **ist ~** one thing (*od.* this much) is certain; *colloq.* **das ist so ~ wie nur was** it is as sure as anything (*od.* as I am standing here); **das Geld ist uns ~** we are sure to get the money; **e-e Geldstrafe ist ihm ~** he is sure to get a fine (*od.* to be fined); *oft humor.* **man ist dort s-s Lebens nicht (mehr) ~** one is not safe there. **4.** ‹*pred*› (*überzeugt*) sure, certain, positive, convinced, (*zuversichtlich*) confident; **ich bin ~, daß er kommt** I am sure (*od.* positive) that he'll come; **du kannst ~ sein (, daß)** you can be sure (*od.* rest assured) (that), *colloq.* you bet (that); **ich bin mir (dessen) ganz ~** I am quite sure (*od.* certain, positive) of that. **5.** (*untrüglich, bestimmt*) sure, definite; **ein ~es Zeichen** a sure sign; **ein ~er Beweis s-r Schuld** sure (*od.* positive) proof of his guilt; **~e Zusage** firm (*od.* definite) promise; **man**

weiß noch nichts ≈es nothing certain (*od.* definite) is known. **6.** (*selbst~*) (self-)assured, ⟨*pred*⟩ sure of o.s.; **ein ~es Auftreten haben** have a confident manner, have poise, *lit.* have aplomb. **II** *adv* **7.** securely, safely; **~ fahren** be a safe (*od.* good) driver; **~ ankommen** arrive safely (*od.* safe and sound). **8.** (*gewiß, bestimmt*) surely, (*zweifellos*) *a.* undoubtedly, doubtless(ly), (*unbedingt*) definitely, certainly, absolutely; **du hast ~ kein Geld bei dir** I am sure you have no money on you; **er wird ~ Erfolg haben** he is sure to succeed, I am sure he will succeed; **ich weiß es** (*od.* **ich bin mir [dessen]**) **ganz ~, daß** I know it for sure that, I am quite positive that; **ich kann Ihnen nicht ~ sagen, wann** I can't tell you definitely when; **du hast dich ~ geirrt** you must have made a mistake. **9.** (**aber**) **~!** (why,) certainly!, (but) of course!, *bes. Am. colloq.* sure (thing)!, you bet!

ˈsi·cherˌge·hen *v/i* ⟨*irr, sep,* **-ge-, sein**⟩ *fig.* be sure, play (it) safe; **um sicherzugehen** to make (*od.* be) sure, to be on the safe side; **er wollte ganz ~** he wanted to be absolutely sure.

ˈSi·cher·heit *f* ⟨**-; -en**⟩ **1.** ⟨*only sg*⟩ (*Geborgenheit, Schutz*) security (*a. mil. pol.*), *bes. körperliche*: safety (*a. tech.*); **öffentliche** (**soziale,** *pol.* **innere**) **~** public (social, internal) security; *tech.* **~ im Betrieb** safety (of operation); **~ des (Straßen)Verkehrs** traffic (*od.* road) safety; **~ im Flugverkehr** safety in flying, air safety; **j-n (et.) in ~ bringen** get s.o. (s.th.) to safety (*od.* out of harm's way); **sich in ~ bringen** get to safety, get out of harm's way, *colloq.* save one's bacon, **durch einen Sprung**: jump to safety; **in ~ sein** be safe; **j-n (sich) in ~ wiegen (wähnen)** lull s.o. (o.s.) into a false sense of security (think s.o. [o.s.] safe); **der ~ halber** → **sicherheitshalber** 1; **als ~ gegen** as a safeguard (*od.* precaution) against; → **Arbeitsplatz** 1. **2.** ⟨*only sg*⟩ (*objektive u. subjektive Gewißheit*) certainty; **mit ~** for certain, certainly, definitely (*right, the best, etc*); **ich kann Ihnen nicht mit ~ sagen, wann** I can't tell you with certainty (*od.* definitely, for sure) when; **man kann mit ~ behaupten, daß** it is safe to say that; **mit einiger ~** with a degree of certainty; **das läßt sich nicht mit ~ beweisen** that can't be said with any degree of certainty; **mit an ~ grenzender Wahrscheinlichkeit** in all probability. **3.** ⟨*only sg*⟩ *des Geschmacks, Instinkts, Urteilsvermögens etc*: reliability, sureness. **4.** ⟨*only sg*⟩ (*sicheres Können*) competence, (*Zuverlässigkeit*) reliability, (*sicheres Anpacken*) sure-footed approach, (*Geübtheit*) experience, practice; **s-e ~ im (Auto)Fahren** his accomplished (*od.* competent) driving; **mit tödlicher ~** with deadly accuracy. **5.** ⟨*only sg*⟩ (*Selbst≈*) (self-)confidence, (self-)assurance, (self-)assuredness; **mit großer ~ auftreten** have a very self-confident (*od.* self-assured) manner, have great poise (*lit.* aplomb). **6.** *econ. jur.* (*Garantie, Bürgschaft, Pfand*) security, surety, *durch Deckung*: cover, (*Sicherungsgegenstand*) collateral, (*Kaution*) bail; **~ leisten** (*od.* **stellen, geben**) **für** (*Kredit, Anleihe etc*) give (*od.* furnish) security for, secure (*a loan*); **Geld gegen ~ leihen** lend (*bes. Am.* loan) money against (*od.* on) security; **~ leisten** give (*od.* stand) bail, *Am. a.* post bond; **e-m Gläubiger ~ bieten** secure a creditor. **7.** ⟨*only sg*⟩ (*~sbeamte, Werkspolizei etc*) Security.

ˈSi·cher·heits|ˌabˌstand *m* safe distance. **~ˌausˌschuß** *m pol.* committee for public safety, *bes. Am.* vigilance committee. **~ˌau·to** *n* safe car. **~beˌam·te** *m* security officer (*od.* official, *pol. a.* agent, man), *pl a.* Security *sg.* **~beˌaufˌtrag·te** *m econ. tech.* safety inspector. **~beˌhör·de** *f meist pl* (*Polizei, Spionageabwehr etc*) security board (*od.* agency), *pl a.* security organs. **~beˌra·ter** *m* security adviser. **~beˌstim·mun·gen** *pl* safety regulations. **~beˌstre·bun·gen** *pl pol.* efforts to ensure (*od.* insure) safety. **~ˌbin·dung** *f am Ski*: safety binding. **~ˌdienst** *m pol.* secret service. **~ˌfak·tor** *m* safety (*weitS.* security) factor. **~ˌfar·be** *f* warning colo(u)r. **~ˌfilm** *m phot.* safety film. **~ˌfonds** *m econ.* guarantee fund. **~ga·ranˌtie** *f pol.* security guarantee. **~ˌglas** *n* ⟨**-es; ¨er**⟩ *tech.* safety glass. **~ˌgrün·de** *pl* safety reasons; **aus ~n** *a.* for reasons of safety. **~ˌgurt** *m aer.* seat belt, *mot. a.* safety belt, *für Kinder*: security harness. **≈ˌhal·ber** *adv* **1.** (*um sicherzugehen*) to be (*od.* make) sure, to be on the safe side. **2.** → **Sicherheitsgründe**. **~ˌket·te** *f* safety chain. **~ˌklau·sel** *f econ. jur.* safeguard, escape clause. **~ˌkupp·lung** *f tech.* safety clutch. **~ˌlam·pe** *f* safety (*od.* miner's) lamp. **~ˌlei·stung** *f econ. jur.* **1.** furnishing of (a) security. **2.** → **Sicherheit** 6. **~ˌmaßˌnah·me, ~ˌmaßˌre·gel** *f* safety measure, precaution. **~ˌna·del** *f* safety pin. **~orˌga·ne** *pl* security organs. **~ˌpakt** *m pol.* security pact. **~po·liˌzei** *f* security police. **~ˌrat** *m der Vereinten Nationen*: Security Council. **~ˌri·si·ko** *n pol.* (*a. Person*) security risk. **~ˌrückˌla·ge** *f econ.* contingency reserve. **~ˌschal·ter** *m electr.* safety switch. **~ˌschloß** *n* safety lock. **~ˌschlüs·sel** *m* safety key. **~ˌspan·ne** *f econ.* safety margin. **~ˌstab** *m im Reaktor*: scram rod. **~syˌstem** *n* **1.** *tech.* safety system. **2.** *pol.* **kollektives ~** collective security system. **~ˌüberˌprü·fung** *f* **1.** *pol.* security check. **2.** *tech.* safety check. **~venˌtil** *n* safety valve. **~verˌschluß** *m an Broschen etc*: safety clasp. **~ˌvorˌkeh·rung** *f* safety precaution, *pol. etc* security precaution. **~ˌvorˌrich·tung** *f tech.* safety device. **~ˌvorˌschrif·ten** *pl* safety regulations. **~ˌwech·sel** *m econ.* bill (of exchange) serving as collateral security. **~ˌzündˌholz** *n* safety match.

ˈsi·cher·lich *adv* → **sicher** 8, 9.

si·chern [ˈzɪçərn] **I** *v/t* ⟨**h**⟩ **1.** (**vor** *dat* from, against) *allg.* secure (*a. fig.*), (*schützen*) protect, *mil. taktisch*: *a.* cover, *fig. a.* (safe)guard, (*Erfolg, Freiheit etc*) *a.* guarantee, ensure, assure, (*in Sicherheit bringen*) get *s.o., s.th.* to safety (*od.* out of harm's way); **den Frieden ~** safeguard (*od.* preserve) peace; **s-e Zukunft ist gesichert** his future is assured. **2. j-m et. ~** secure (*od.* get) s.th. for s.o.; **sich** (*dat*) *e-n Anteil, e-e Eintrittskarte, e-n Vorsprung etc* **~** secure *s.th.* for o.s., get, obtain, make sure of getting *s.th.* **3.** *a. tech.* (*befestigen*) secure, (*verschließen, sperren*) *a.* lock, (*Schußwaffe*) put at safe. **4.** (*Bergsteiger etc*) secure, belay. **5.** (*Fingerabdrücke, Spuren, Beweise*) secure, *jur. a.* perpetuate. **6.** *durch Pfand etc*: secure (*a debt, loan, etc*), give security for, *durch Deckung*: cover, (*gewährleisten*) guarantee; **e-n Gläubiger ~** secure a creditor. **II** *v/reflex* **sich ~** **7.** *Bergsteiger etc*: secure (*od.* belay) o.s. **8.** **sich ~ gegen** (*od.* **vor** *dat*) secure (*od.* protect, safeguard, cover) o.s. against (*od.* from), guard (*od.* provide) against; **sich nach allen Seiten (hin) ~** cover every eventuality. **III** *v/i* **9.** *Wild*: stop and test the wind, scent. **IV** **≈** *n* ⟨**-s**⟩ **10.** securing (*etc*); → *a.* **Sicherung** 1.

ˈsi·cherˌstel|len *v/t* ⟨*sep,* **-ge-, h**⟩ **1.** (*Fingerabdrücke, Beweise, Diebesgut*) secure, (*beschlagnahmen*) seize. **2.** (*in Gewahrsam geben od. nehmen*) put *s.th.* in safekeeping. **3.** (*gewährleisten*) guarantee, *weitS. a.* ensure, assure. **≈lung** *f* ⟨**-;** *no pl*⟩ **1.** securing (*etc*). **2.** (*Gewährleistung*) guarantee. **3.** (*Sicherheitsleistung*) security, guaranty, *durch Deckung*: cover.

ˈSi·che·rung *f* ⟨**-; -en**⟩ **1.** ⟨*only sg*⟩ a) (*Sichern*) securing (*a. tech.*), safeguarding, b) (*~smaßregel*) protection, safeguard, security; **zur ~ des Friedens** (in order) to safeguard (*od.* preserve) peace. **2.** *electr.* fuse; **die ~ ist durchgebrannt** the fuse has blown; *colloq.* (**bei**) **ihm ist die ~ durchgebrannt** he's blown a fuse. **3.** *tech.* safety device (*od.* catch, lock), *e-r Schußwaffe*: safety catch. **4.** *für Bergsteiger*: belay. **5.** ⟨*only sg*⟩ → **Sicherstellung**.

ˈSi·che·rungs|ˌabˌtre·tung *f* assignment by way of security. **~beˌschlagˌnah·me** *f jur.* attachment by way of security. **~ˌbol·zen** *m tech.* locking (*od.* safety) bolt. **~ˌdraht** *m electr.* fuse wire. **~ˌfonds** *m econ.* safety (*od.* guarantee) fund. **~ˌge·ber** *m* party furnishing (a) security. **~ˌge·genˌstand** *m* collateral. **~ˌgrup·pe** *f Polizei*: Security Department. **~hy·poˌthek** *f* cautionary mortgage. **~ˌka·sten** *m electr.* fuse-box. **~ˌklau·sel** *f* → **Sicherheitsklausel**. **~paˌtro·ne** *f electr.* fuse cartridge. **~ˌstift** *m tech.* safety (*od.* locking) pin. **~ˌta·fel** *f electr.* fuse panel. **~ˌtrup·pen** *pl* security forces. **~ˌüberˌeig·nung** *f jur.* protective conveyance. **~verˌwah·rung** *f* preventive detention.

ˈsi·cherˌwir·kend *adj* reliable, sure.

ˌSichˈge·henˌlas·sen *n* letting o.s. go.

Sicht [zɪçt] *f* ⟨**-;** *no pl*⟩ **1.** sight, view, (*Aus≈*) view, outlook, (*~verhältnisse*) visibility; **gute** (*od.* **klare**) **~** good (*od.* high) visibility; **schlechte ~** poor (*od.* low) visibility; **bei schlechter ~** when visibility is poor; **außer ~** out of sight (*od.* view); **in ~** in view, *a. fig.* in sight, *fig.* in the offing, near; **e-e Änderung ist in ~** *a.* there is a prospect of (a) change; **in ~ kommen** come (*humor.* heave) in(to) sight (*od.* view); **von hier hat man e-e gute ~** (from) here you have a good view; **j-m die ~ nehmen** obstruct s.o.'s view; *fig.* **auf lange ~** a) *geplant etc*: on a long-term basis, b) (*auf die Dauer*) in the long run; **e-e Politik auf weite** (*od.* **lange**) **~** a long-range policy; **auf kurze ~** a) on a short-term basis, b) over the short term (*cf.* 3). **2.** *fig.* point of view, aspect, angle; **aus dieser ~** from this angle; **aus m-r ~** from my point of view, as I see it. **3.** *bei Wechsel*: sight; **fällig bei ~** due at sight; **auf kurze (lange) ~** at short (long) sight, short-dated (long-dated) (*cf.* 1); **zahlbar 30 Tage nach ~** payable 30 days after sight, pay at 30 days' sight; → *a.* **Sichtvermerk** 2.

ˈsicht·bar I *adj* **1.** visible; **die ~e Welt** *cf.* 3; **et. ~ machen** *a.* show s.th.; **~ werden** *a.* come into view, appear, show, *unheimlich, gewaltig*: loom (into view); **et. ~ anbringen** put (*od.* fix) s.th. in a conspicuous place; **als ~es Zeichen m-r Anerkennung** as a token of my appreciation. **2.** → **sichtlich** I. **II ≈e, das** ⟨**-n**⟩ **3.** the visible (world), things *pl* visible.

ˈSicht·bar·keit *f* ⟨**-;** *no pl*⟩ visibleness, visibility. **~sˌgren·ze** *f* → **Sichtgrenze**.

ˈ**sicht·bar·lich** *adj lit.* → sichtlich.

ˈ**Sicht·bar|ˌma·chung** *f* ‹-; *no pl*› showing, visualization. **~ˌwer·den** *n* appearance, showing, becoming apparent (*od.* visible), *undeutliches*: looming (into view).

ˈ**Sicht|be|hin·de·rung** *f* obstruction of (s.o.'s) view, *mot. etc durch Nebel etc*: obstruction of visibility. **~beˌreich** *m* field of vision. **~beˌton** *m* fair-faced concrete. **~de·poˌsi·ten, ~ˌeinˌla·gen** *pl econ.* sight deposits.

sich·ten [ˈzɪçtən] *v/t* ‹h› **1.** (*Schiff, Land etc*) sight, (*Person*) *a.* spot. **2.** *fig.* (*durchsehen*) examine, sift (through), sieve, screen, (*sortieren*) sort (out).

ˈ**Sicht|ˌfeld** *n* field of vision. **~ˌflug** *m* contact flight. **~geˌrät** *n Computer*: (visual) display unit. **~ˌgren·ze** *f* visibility limit. **~ˌgutˌha·ben** *n* sight deposits *pl*, credit balance payable on demand. **~ˌhö·he** *f opt.* height of eye.

ˈ**sich·tig** *adj* **1.** *mar.* clear. **2.** *meteor.* visible.

ˈ**sicht·lich I** *adj* (*offenkundig*) visible, obvious, evident, (*spürbar*) marked, appreciable. **II** *adv* visibly (*etc*).

ˈ**Sicht|karˌtei** *f* visible card index. **~ˌmau·erˌwerk** *n* face masonry. **~ˌmes·ser** *m* visibility meter. **~ˌta·ge** *pl econ.* days of grace. **~ˌtrat·te** *f* sight draft. **~verˌbind·lich·kei·ten** *pl* sight liabilities. **~verˌbin·dung** *f aer. mil.* visual contact. **~verˌhält·nis·se** *pl meteor.* visibility *sg*. **~verˌmerk** *m* **1.** *im Paß*: visa. **2.** *econ. etc* endorsement; **e-n Wechsel mit e-m ~ versehen** endorse (*od.* sight) a bill. **~ˌwech·sel** *m* bill payable on demand, sight bill. **~ˌwei·te** *f* **1.** range of vision (*od.* sight), visual range; **in ~** (with)in sight; **außer ~** out of sight (*od.* eyeshot). **2.** *meteor.* (range of) visibility. **~ˌwer·bung** *f* visual advertising. **~ˌwin·kel** *m* angle of sight.

Sicke (*getr.* -k·k-) [ˈzɪkə] *f* ‹-; -n›. ˈ**sicken** (*getr.* -k·k-) *v/t* ‹h› *tech.* crimp, bead.

ˈ**Sicker|ˌblu·tung** (*getr.* -k·k-) *f med.* seeping h(a)emorrhage. **~ˌgru·be** *f*, **~ˌloch** *n* soakaway, soaking pit.

sickern (*getr.* -k·k-) [ˈzɪkərn] *v/i* ‹sein› trickle, (*tropfen*) drip, *Schlamm etc*: ooze, (*aus~, a. fig. durch~*) seep, leak (out); *fig.* **in die Presse ~** be leaked to the press. ˈ**Sicke·rung** (*getr.* -k·k-) *f* ‹-; *no pl*› seepage, leakage. ˈ**Sickerˌwas·ser** (*getr.* -k·k-) *n* ‹-s; ≈› **1.** seepage water. **2.** water seeping into the ground.

si·de·risch [ziˈdeːrɪʃ] *adj astr.* sidereal.

Si·de·ro·se [zideˈroːzə] *f* ‹-; *no pl*› *med.* siderosis.

sie [ziː] *pers pron* **I** *3 sg* **1.** *von Personen*: she; **er und ~** he and she, *colloq.* him and her. **2.** *von Dingen, Tieren etc*: it. **3.** *von weiblichen Haustieren*: she, it. **4.** *von der Sonne*: it, he, *von Schiffen*: she, it, *von Ländern*: it, she. **II** *pl* **5.** *allg.* they, (*acc*) them; **ich habe ~ alle gefragt** I asked them all; *colloq.* **~ haben ihn gefragt, ob** they have asked him (*od.* he has been asked) whether. **6.** *jur.* the same.

Sie[1] *pers pron* **I** (*Höflichkeitsanrede od. Anruf*) *sg u. pl* you; **kommen ~!** come!; **sind ~ es, Herr X?** is it you, Mr. X?; **gestatten ~** excuse me!, allow me!; *colloq.* **hallo, ~ da!, he, ~!** hello (*od.* hey) there! **II** *obs.* (*Anredeform 3 sg für weibliche Personen*) you; **folge ~ mir!** follow me! **III** *n* ‹-s; *no pl*› *German formal term of address*; **das steife ~** the formal term of address, the formal "Sie"; **sie sind noch per ~** they still address each other as "Sie".

Sie[2] *f* ‹-; -s› *colloq.* she, female; **ein Er und e-e ~** a he and a she, a male and a female.

Sieb [ziːp] *n* ‹-(e)s; -e› **1.** sieve, (*Tee≈ etc*) strainer, (*Durchschlag≈, Gemüse≈*) colander; **et. durch ein ~ rühren** pass s.th. through a sieve; *fig. colloq.* **ein Gedächtnis wie ein ~ haben** have a memory (*od.* head) like a sieve; **wie ein ~ durchlöchern** riddle *s.o., s.th.* with holes. **2.** *electr.* filter. **~ˌbein** *n anat.* ethmoid bone. **~ˌdruck** *m* ‹-(e)s; -e› **1.** (silk-)screen print. **2.** → **~ˌdruck·ver·ˌfah·ren** *n* (silk-)screen printing.

sie·ben[1] [ˈziːbən] **I** *v/t* ‹h› **1.** (pass *s.th.* through a) sieve, strain, (*Sand, Kohle etc*) screen, riddle, sift, *auf Korngröße*: size. **2.** *fig.* (*Dokumente etc*) sift through, sieve, (*Kandidaten etc*) sieve, *bes. pol.* screen. **II** *v/i* **3. unter den Bewerbern wurde sehr gesiebt** they rejected (*od.* weeded out) a lot of the applicants.

ˈ**sie·ben**[2] **I** *adj* ‹*cardinal number*› seven; **die ~ Weisen** the Seven Sages; **die ~ Wochentage** the seven days of the week; → **fett** 5. **II** ≈ *f* ‹-; -, *a.* -en› (number) seven; → **böse** 1, 3.

ˌ**Sie·benˈbür·ger** *m* ‹-s; -›, ˌ**sie·ben·ˈbür·gisch** *adj* Transylvanian.

ˈ**Sie·ben|ˌeck** *n* ‹-(e)s; -e› *math.* heptagon. **≈ˌeckig** (*getr.* -k·k-) *adj* heptagonal.

ˈ**Sie·be·ner** *m* ‹-s; -› *colloq. for* **sieben**[2] II. **≈ˈlei** *adj* ‹*invariable*› of seven (different) kinds, seven sorts of; **auf ~ Art** in seven different ways.

ˈ**sie·ben|ˌfach I** *adj* sevenfold, septuple. **II** *adv* sevenfold, seven times. **III ≈e, das** ‹-n› the sevenfold amount, seven times as much (*od.* the amount). **≈ˌflach** *n* ‹-(e)s; -e›, **≈ˌfläch·ner** [-ˌflɛçnər] *m* ‹-s; -› *math.* heptahedron. **~ˌfü·ßig** *adj metr.* septenary. **~geˌscheit** *adj colloq.* too clever (by half). **≈geˌschei·te** *m, f* ‹-n; -n› *colloq.* wiseacre, know-it-all, *m a.* wise guy. **≈geˌstirn** *n* Pleiades *pl*, Seven Sisters *pl*. **≈ˈhü·gelˌstadt, die** [ˌziːbən-] the City of the Seven Hills, Rome. **~ˈhun·dert** *adj* seven hundred. **≈ˌhun·dertˈjahrˌfei·er** [ˌziːbən-] *f* septicentennial. **~ˌjäh·rig** *adj* **1.** seven-year-old, of seven (years). **2.** *Amtszeit etc*: seven-year, of (*od.* lasting) seven years; *hist.* **der ≈e Krieg** the Seven Years' War (*1756–63*). **~ˌköp·fig** [-ˌkœpfɪç] *adj Familie, Ausschuß etc*: of seven. **~ˌmal** *adv* seven times. **~ˌma·lig** *adj* repeated seven times, seven ... **≈ˈmei·lenˌstie·fel** [ˌziːbən-] *pl im Märchen*: seven-league boots. **≈ˈme·ter** [ˌziːbən-] *m* ‹-s; -› a) *Hockey*: penalty (shot), b) *Handball*: penalty (throw). **~ˌmo·na·tig** [-ˌmoːnatɪç] *adj* **1.** *Kind etc*: seven-month-old, of seven months. **2.** *Aufenthalt etc*: seven-month, of (*od.* lasting) seven months. **≈ˈmo·natsˌkind** [ˌziːbən-] *n med.* seven-month baby. **~proˌzen·tig** [-proˌtsɛntɪç] *adj* seven per cent. **≈ˈsa·chen** *pl colloq.* things, belongings, goods and chattels; **s-e ~ packen** pack up. **≈ˌschlä·fer** *m* **1.** *zo.* (fat) dormouse. **2. der ~** the 27th of June (*day popularly believed to determine the weather for the following seven weeks*). **~ˌstel·lig** [-ˌʃtɛlɪç] *adj Zahl*: seven-figure. **~ˌstün·dig** [-ˌʃtʏndɪç] *adj* seven-hour, of (*od.* lasting) seven hours.

ˈ**sie·bent** *adj* ‹*ordinal number*› seventh; **am** (*od.* **den**) **~en Mai** (on) the seventh of May; **den ~en Mai** (on) May the seventh; → **Himmel** 5.

ˈ**sie·ben|ˌtä·gig** *adj* seven-day, of (*od.* lasting) seven days. **~ˈtau·send** *adj* seven thousand.

ˈ**Sie·ben·te** *m, f* ‹-n; -n›, *n* ‹-n; *no pl*› **1.** (the) seventh. **2.** *mit Kleinschreibung*: **der ≈ von rechts** *etc* the seventh from the right, *etc*. **3.** *hist.* **Heinrich der ~** (*od.* VII.) Henry the Seventh, Henry VII.

ˈ**Sie·ben·tel I** *n*, *Swiss meist m* ‹-s; -› seventh (part). **II ≈** *adj* seventh (part) of.

ˈ**sie·ben·tens** *adv* seventh(ly), in (the) seventh place.

ˈ**sie·benˌwer·tig** *adj chem.* heptavalent.

ˈ**Sieb|ˌfil·ter** *n, m tech.* filtering screen. **≈ˌför·mig** *adj* cribriform. **~ˌket·te** *f electr.* filter. **~ˌkreis** *m* filtering circuit.

siebt [ziːpt] *adj* → **siebent**. ˈ**Sieb·te** *m, f* ‹-n; -n›, *n* ‹-n; *no pl*› → **Siebente**. ˈ**Sieb·tel I** *n*, *Swiss meist m* ‹-s; -› → **Siebentel** I. **II ≈** *adj* → **Siebentel** II.

ˈ**Sieb|ˌtrom·mel** *f tech.* rotary screen, sieve (*od.* sizing) drum. **~ˌtuch** *n* straining cloth. **~ˌwal·ze** *f Papier*: dandy roll(er).

sieb·zehn [ˈziːptseːn] **I** *adj* ‹*cardinal number*› seventeen. **II ≈** *f* ‹-; -en› (number) seventeen. ˈ**sieb·zehnˌjäh·rig I** *adj* **1.** seventeen-year-old, of seventeen. **2.** seventeen-year, of (*od.* lasting) seventeen years. **II ≈e** *m, f* ‹-n; -n› **3.** seventeen-year-old. ˈ**sieb·zehnt I** *adj* ‹*ordinal number*› seventeenth. **II ≈e** *m, f* ‹-n; -n›, *n* ‹-n; *no pl*› (the) seventeenth. ˈ**Sieb·zehn·tel I** *n*, *Swiss meist m* ‹-s; -› seventeenth (part). **II ≈** *adj* seventeenth (part) of. ˈ**sieb·zehn·tens** *adv* seventeenth(ly), in (the) seventeenth place.

sieb·zig [ˈziːptsɪç] **I** *adj* ‹*cardinal number*› **1.** seventy; **~ (Jahre alt) sein** be seventy (years old). **II ≈** *f* ‹-; -en› **2.** (number) seventy. **3.** ‹*only sg*› seventies *pl*; **er ist Anfang (der) ≈** he is in his early seventies; **der Mensch über ≈** people *pl* (of) over seventy. ˈ**sieb·zi·ger** *adj* ‹*invariable*› **die ~ Jahre** *e-s Menschen*: the seventies. ˈ**Sieb·zi·ger** *m* ‹-s; -› **1.** man in his seventies, septuagenarian. **2.** man of seventy. **3. die ~** (*Alter*) the seventies; **in den ~n sein** be in one's seventies. ˈ**Sieb·zi·ge·rin** *f* ‹-; -nen› **1.** woman in her seventies, septuagenarian. **2.** woman of seventy. ˈ**Sieb·zi·gerˌjah·re, die** *pl e-s Jahrhunderts*: the seventies. ˈ**sieb·zigˌjäh·rig I** *adj* **1.** seventy-year-old. **2.** seventy-year, of (*od.* lasting) seventy years. **II ≈e** *m, f* ‹-n; -n› **3.** seventy-year-old. ˈ**sieb·zigst I** *adj* ‹*ordinal number*› seventieth. **II ≈e** *m, f* ‹-n; -n›, *n* ‹-n; *no pl*› (the) seventieth. ˈ**Sieb·zig·stel I** *n*, *Swiss meist m* ‹-s; -› seventieth (part). **II ≈** *adj* seventieth (part) of.

siech [ziːç] *adj* ‹-er; -est› *archaic* ailing, invalid. ˈ**sie·chen** *v/i* ‹sein› *archaic* → **dahinsiechen**. ˈ**Sie·chenˌhaus** *n obs.* hospital for infirm old people. ˈ**Siech·tum** *n* ‹-s; *no pl*› infirmity, lingering illness.

ˈ**Sie·de|ˌgrad** *m* → **Siedepunkt**. **~ˌgren·ze** *f* boiling range (*od.* limit). **≈ˈheiß** *adj* boiling (*od.* scalding, seething) hot. **~ˌhit·ze** *f* **1.** boiling heat. **2.** *Wetter*: scorching heat. **~ˌkes·sel** *m* boiler, *Brauerei*: copper.

sie·deln [ˈziːdəln] *v/i* ‹h› settle (down).

ˈ**Sie·de·lung(s...)** → **Siedlung(s...)**.

sie·den [ˈziːdən] **I** *v/t* ‹**siedet, sott** *u.* **siedete, gesotten** *u.* **gesiedet**, h› **1.** (allow *s.th.* to) simmer, boil *s.th.* gently; **et. in Öl ~** simmer s.th. in oil. **2.** *obs.* (*Seife, Salz, Leim etc*) boil. **II** *v/i* **3.** simmer, boil (gently); **Wasser siedet bei 100° C** water boils at 100 degrees centigrade; *fig.* **da siedet mir das Blut** it makes my blood boil; **in ihm siedete es** he was seething (with rage).

ˈ**sie·dend** *adj* boiling, *fig. a.* sweltering (*heat, etc*). **~ˈheiß I** *adj* boiling (*od.* scalding, seething) hot, *Suppe etc*: piping hot. **II** *adv fig. colloq.* **da fiel mir ~ ein, daß** I remembered with a shock that; **es**

überlief ihn ~ he turned hot and cold.
'Sie·de,punkt *m* boiling point; *fig.* **den ~ erreichen** reach boiling point. **~er,hö·hung** *f chem.* boiling-point elevation.
'Sie·der *m* <-s; -> *tech.* boiler.
'Sied·ler *m* <-s; -> settler, *in Übersee*: *a.* colonist, *auf e-r Siedlerstelle*: homesteader. **~,stel·le** *f* **1.** settler's holding. **2.** homestead.
'Sied·lung *f* <-; -en> **1.** settlement, *in Übersee*: *a.* colony; **städtische ~** urban settlement. **2.** (*Wohn*~) housing development (*od.* estate).
'Sied·lungs|,bau *m* <-(e)s; -ten> housing development (*od.* estate). **~ge,biet** *n* **1.** settlement area. **2.** → **~ge,län·de** *n* housing development area. **~geo·gra,phie** *f* geography as applied to human settlements. **~ge,sell·schaft** *f* housing (*od.* building) society. **~,haus** *n* development house. **~kre,dit** *m* land settlement loan. **~po·li,tik** *f* land settlement policy. **~pro,gramm** *n* land settlement scheme. **~,raum** *m* settlement area.
Sieg [zi:k] *m* <-(e)s; -e> (**über** *acc* over) victory, triumph, *pol. Sport*: *a.* win; **ein schwererkämpfter (knapper) ~** a hard-won (narrow) victory; **ein leichter ~** an easy victory, *bes. Sport*: *colloq.* a walkover; **ein glatter ~** a straight win, a clean sweep; **den ~ erringen** (*od.* **davontragen**) → **siegen**; **e-r Sache zum ~ verhelfen** help s.th. to triumph; **der ~ des Guten (über das Böse)** the triumph of good over evil.
Sie·gel ['zi:gəl] *n* <-s; -> seal (*a. fig.*), (*privates, Unterschrifts*~) signet; *fig.* **j-m et. unter dem ~ der Verschwiegenheit erzählen** tell s.o. s.th. under seal of secrecy; → **Brief** 2, **Buch** 1. **~,ab,druck** *m* impress(ion) of a seal, seal. **~be,wah·rer** *m hist.* Keeper of the Seal. **~,lack** *m* sealing wax.
sie·geln ['zi:gəln] *v/t* <h> (*Brief etc*) seal, affix a seal to.
'Sie·gel|,ring *m* signet-ring. **~,wachs** *n* sealing wax.
sie·gen ['zi:gən] *v/i* <h> **1.** win, be victorious, gain the victory, win the battle, carry the day, *Sport*: win, be the winner; **über j-n ~** triumph (*od.* gain the victory) over s.o.; **im Streit ~** come off best in a quarrel; **~ oder sterben** win (*od.* do) or die; *Sport*: **in e-m Rennen ~** win in a race; **in e-m Spiel ~** win a match; *fig.* **auf der ganzen Linie ~** carry all before one, make a clean sweep. **2.** *fig. Neugier, Vernunft, etc*: (**über** *acc* over) triumph, prevail; **~ über** (*acc*) *a.* get the better of.
'Sie·ger *m* <-s; -> **1.** victor, (*a. fig. Erfolgstyp*) winner; **~ bleiben, als ~ hervorgehen** remain (*od.* emerge) victorious (*od.* triumphant), hold the field. **2.** *Sport*: winner, champion; **zweiter ~** runner-up, second; **er wurde ~ im Schwergewicht** he won the heavyweight championship; **er blieb ~ über alle anderen Teilnehmer** he held the field against all other participants. **~,eh·rung** *f* presentation ceremony.
'Sie·ge·rin *f* <-; -nen> **1.** *lit.* victress. **2.** → **Sieger** 2.
'Sie·ger|,kranz *m* **1.** victor's laurels *pl.* **2.** *Sport*: winner's wreath. **~,macht** *f pol.* victorious power. **~,mann·schaft** *f Sport*: winning team. **~,mie·ne** *f* triumphant expression. **~na·ti,on** *f* → **Siegerstaat**. **~po,dest** *n Sport*: (victory) rostrum. **~po,kal** *m* winner's (*od.* winners') cup. **~,staat** *m* victor(ious) nation. **~,stolz** *m* victor's pride. **~,ur,kun·de** *f* (winner's) diploma.
'Sie·ges|,beu·te *f* spoils *pl* of victory. **~be,wußt** *adj* → **siegessicher**. **~,chan·ce** *f* chance of winning. **~,denk,mal** *n* victory monument. **~,fei·er** *f*, **~,fest** *n* victory celebrations *pl* (*Sport*: celebration). **~ge,schrei** *n* shouts *pl* of victory, triumphant shouts *pl*. **~ge,wiß** *adj* → **siegessicher**. **~ge,wiß·heit** *f* confidence (*od.* certainty) of victory. **~,göt·tin** *f myth.* goddess of victory. **~,hym·ne** *f* hymn of triumph (*od.* victory). **~,lauf** *m* <-(e)s; *no pl*> → **Siegeszug** 2. **~,lied** *n* triumphal song. **~,nach,richt** *f* news *pl* (*als sg konstruiert*) of victory. **~,pal·me** *f* palm (of victory); **die ~ erringen** win (*od.* carry off) the palm. **~,preis** *m* prize (of victory). **~,rausch** *m* flush of victory; **im ~** intoxicated with victory. **~,säu·le** *f* triumphal column. **~,si·cher** *adj* certain (*od.* sure, confident) of victory, *fig.* sure of one's success, self-assured. **~,tau·mel** *m* → **Siegesrausch**. **~,trun·ken** *adj lit.* intoxicated (*od.* flushed, drunk) with victory. **~,wil·le(n)** *m* will to win. **~,zei·chen** *n* **1.** sign of victory. **2.** (*Trophäe*) trophy. **~,zug** *m* **1.** → **Triumphzug**. **2.** *fig.* triumphant march (*od.* advance).
'sieg|ge,krönt *adj* crowned with victory, triumphant. **~ge,wohnt** *adj* accustomed to victory (*od.* winning). **~haft** *adj Lächeln*: triumphant. **~,reich** *adj Heer*: victorious, triumphant, *bes. Sport*: winning (*team, etc*); **~ sein** win, score a win.
sieh [zi:], **sie·he** ['zi:ə] *imp sg*, **siehst** [zi:st] *2 sg pres*, **sieht** [zi:t] *3 sg pres of* **sehen**.
Siel [zi:l] *m, n* <-(e)s; -e> *civ.eng.* **1.** floodgate, sluice (gate). **2.** gully-hole.
Sie·le ['zi:lə] *f* <-; -n> *e-s Zugtiers*: (breast-)plate; *fig.* **in den ~n sterben** die in harness.
Sie·mens-Mar·tin... ['zi:məns-'marti:n-] *in Zssgn* Siemens-Martin (*furnace, process, steel, etc*).
Sie·sta ['zĭesta] *f* <-; -s *u.* **Siesten**> *oft humor.* (**~ halten** have a) siesta.
sie·zen ['zi:tsən] *v/t u. v/reflex* <h> **j-n** (*od.* **sich mit j-m**) **~** address s.o. as "Sie", be on formal terms with s.o.
Si·gel ['zi:gəl] *n* <-s; -> *Kurzschrift*: grammalog(ue *Br.*).
Sig·ma ['zɪgma] *n* <-(s); -s> (*griech. Buchstabe*) sigma.
Si·gnal [zɪ'gna:l] *n* <-s; -e> signal (*a. rail. etc u. fig.*), (*Trompeten*~ *etc*) call, (*Pfeifen*~) whistle; **ein ~ geben** (give a) signal, *mot.* sound the horn; **das ~ zum Aufbruch** the signal to leave; *mil.* **das ~ zum Angriff (Rückzug)** the signal for advance (retreat); *rail.* **ein ~ beachten (überfahren)** obey (pass) a signal; *fig.* **~e setzen** give new impulses. **~an,la·ge** *f* signal(l)ing system. **~,arm** *m rail.* signal (*od.* semaphore) arm. **~,ball** *m mar.* signal ball.
Si·gna·le·ment [zɪgnalə'mã:; *Swiss a.* -'mɛnt] *n* <-s; -s, *Swiss a.* -e [-'mɛntə]> *bes. Swiss* personal description.
Si'gnal|,feu·er *n* signal fire, balefire. **~,flag·ge** *f* signal flag. **~,gast** *m* <-(e)s; -en> *mar.* signalman. **~,horn** *n* **1.** bugle. **2.** *mot.* horn.
si·gna·li·sie·ren [zɪgnali'zi:rən] *v/t* <*no* ge-, h> *allg., a. fig.* signal, *mit Flaggen*: *a.* wigwag.
Si'gnal|,lam·pe, ~,leuch·te *f* signal lamp. **~,licht** *n* signal (*od.* warning) light. **~,mast** *m* semaphore. **~,pfei·fe** *f* signal(l)ing whistle. **~ra,ke·te** *f* signal rocket. **~,schei·be** *f rail.* signal disc. **~,schein,wer·fer** *m* signal(l)ing searchlight. **~,schuß** *m* (signal) shot. **~,stab** *m rail.* signal(l)ing disc. **~,tech·nik** *f* signal(l)ing. **~,tuch** *n aer.* signal panel.
Si·gna'tar|,macht [zɪgna'ta:r-] *f pol.* signatory (power) (**e-s Vertrages** to a treaty). **~,staat** *m* signatory (state).
Si·gna·tur [zɪgna'tu:r] *f* <-; -en> **1.** (*Unterschrift, Zeichen*) signature, *mit Anfangsbuchstaben*: initials *pl*, *bes. Kunst*: monogram. **2.** *Bücherei*: shelf-mark, *Am.* call number. **3.** *print.* a) signature, b) (*Kerbe an Drucktype*) nick. **4.** *pharm.* signature, *weitS.* label. **5.** → **Kartenzeichen**.
Si·gnet [zɪ'gne:t; zɪn'je:] *n* <-s; -s *od.* -e [-'gne:tə]> **1.** printer's (*od.* publisher's) mark. **2.** *obs.* signet, seal.
si·gnie·ren [zɪ'gni:rən] *v/t* <*no* ge-, h> sign, *mit Anfangsbuchstaben*: initial, (*Buch*) *als Autor*: autograph.
si·gni·fi|kant [zɪgnifi'kant] *adj* significant. **~'kanz** [-'kants] *f* <-; *no pl*> significance.
Si·gnum ['zɪgnʊm] *n* <-s; Signa [-gna]> **1.** → **Signatur** 1. **2.** *med.* symptom. **3.** *fig.* sign, mark.
Sikh [zi:k] *m* <-(s); -s> *relig.* Sikh.
Sik·ka·tiv [zɪka'ti:f] *n* <-s; -e> siccative.
Si·la·ge [zi'la:ʒə] *f* <-; *no pl*> *agr.* silage.
Sil·be ['zɪlbə] *f* <-; -n> syllable; *fig.* **k-e ~** not a word, nothing; **sie hat mir k-e ~ davon gesagt** she didn't breathe a word of it to me; **ich verstehe k-e ~** a) I can't hear a word (*od.* thing), b) it's all Greek to me.
'Sil·ben|,maß *n* → **Versmaß**. **~rät·sel** *n puzzle in which syllables must be combined into words according to a clue.* **~,schrift** *f* syllabary. **~,tren·nung** *f* syllabi(fi)cation. **~,wei·se** *adv* by (*od.* in) syllables.
Sil·ber ['zɪlbər] *n* <-s; *no pl*> **1.** *chem.* silver; **mit ~ überziehen** silver(-plate); **ein Becher aus ~** a silver beaker; *fig. poet.* **das ~ des Mondlichtes** the silvery moonlight; **das ~ ihres Haares** her silver(y) hair; → **reden** IV. **2.** (*Tafel*~) silver (plate), silver(ware); **auf** (*od.* **von**) **~ speisen** (*od.* **essen**) dine (*od.* eat) off silver (plate). **3.** (*~geld*) silver; **mit** (*od.* **in**) **~ bezahlen** pay in silver. **4.** *her.* argent. **~ar·beit** *f* silverwork. **~auf,la·ge** *f* layer (*od.* plating) of silver. **~,bad** *n phot.* silver-bath. **~,bar·ren** *m* silver bar (*od.* ingot). **~,berg,werk** *n* silver mine. **~be,schlag** *m* silver mounting. **~be,schla·gen** *adj* silver-mounted. **~be,steck** *n* a) silver knife, fork and spoon, b) (set of) silver cutlery, silverware. **~,blick** *m colloq.* squint. **~chlo,rid** *n chem.* silver chloride. **~,di·stel** *f bot.* carline thistle. **~,draht** *m* silver wire. **~,erz** *n* silver ore. **~,fa·den** *m* **1.** silver thread. **2.** *fig. im Haar*: silver strand. **~,far·be** *f* **1.** silver colo(u)r. **2.** silver paint. **~,far·ben, ~,far·big** *adj* silver-colo(u)red, silver(y). **~,fisch·chen** *n* (*Insekt*) silverfish. **~,fo·lie** *f* silver foil. **~,fuchs** *m* silver fox. **~ge,halt** *m von Münzen etc*: silver content. **~,geld** *n* <-(e)s; *no pl*> silver (money *od.* coins *pl*). **~ge,rät, ~ge,schirr** *n* silver (-ware). **~,glanz** *m* **1.** silvery lust/re (*Am.* -er). **2.** *chem. min.* argentite, silver glance. **~,glän·zend** *adj* silvery. **~,grau** *adj* silver-grey (*Am.* -gray). **~,haar** *n poet.* silvery hair. **~,hal·tig** *adj* containing silver, silver-bearing, argentiferous. **~,hell** *adj Ton, Stimme etc*: silvery. **~,hoch,zeit** *f* silver wedding.
'sil·be·rig *adj u. adv* → **silbrig**.
'Sil·ber·ling *m* <-s; -e> *Bibl.* piece of silver.
'Sil·ber|,lö·we *m zo.* puma. **~me,dail·le** *f bes. Sport*: silver medal. **~me,dail·len·ge,win·ner** *m* silver medal(l)ist, silver medal winner. **~,mö·we** *f orn.* silver (*od.* herring) gull. **~,mün·ze**

f silver coin.
ˈ**sil·bern** *adj* **1.** (made of) silver. **2.** *fig. Stimme, Haar, Licht etc*: silver(y); ~**e Hochzeit** silver wedding; **das ≈e Zeitalter** the Silver Age.
ˈ**Sil·ber|ni|trat** *n chem.* silver nitrate. ~**pa|pier** *n* silver paper, tin foil. ~**ˌpap·pel** *f bot.* white poplar. ≈**platˌtiert** *adj tech.* silver-plated. ~**ˌputzˌmit·tel** *n* silver polish. ~**ˌrei·her** *m orn.* great white heron. ~**ˌsa·chen** *pl* silver *sg.* ~**ˌsalz** *n* **1.** *chem.* silver (*od.* argentic) salt. **2.** *phot.* salt of silver, silver bromide. ~**ˌschaum** *m chem.* foliated silver. ~**ˌschei·be** *f poet. des Mondes*: silver(y) disc. ~**ˌschmied** *m* silversmith. ~**ˌspie·gel** *m* silver-coated mirror. ~**ˌstahl** *m* silver steel. ~**sticke|rei** (*getr.* -k·k-) *f* embroidery in silver. ~**ˌstift(ˌzeich·nung** *f*) *m* silver-paint. ~**ˌstoff** *m* silver cloth (*od.* brocade). ~**ˌstrei·fen** *m fig.* ~ **am Horizont** silver lining, glimmer of hope. ~**ˌstück** *n* piece of silver. ~**ˌtan·ne** *f bot.* silver (*od.* noble) fir. ~**ˌwäh·rung** *f* silver standard. ~**ˌwa·ren** *pl* silverware *sg.* ≈**ˌweiß** *adj* silver-white, silvery white. ~**ˌzeug** *n colloq.* silver(ware). ~**ˌzun·ge** *f fig. iro.* silver tongue.
ˈ**sil·bisch** *adj ling.* syllabic.
ˈ**sil·brig I** *adj Glanz etc*: silver(y). **II** *adv* ~ **glänzen** have a silvery lust/re (*Am.* -er).
Si·len·ti·um [ziˈlɛntsiʊm] *n* ⟨-s; *no pl*⟩ silence; ~! silence!, (be) quiet!
Sil·hou·et·te [ziˈlŭɛtə] *f* ⟨-; -n⟩ silhouette, *e-r Stadt*: *a.* skyline.
Si·li·ci·um [ziˈliːtsiʊm] *n* ⟨-s; *no pl*⟩ *chem.* silicon. ~**ˌgleich|rich·ter** *m Computer*: silicon rectifier.
Si·li|kat [ziliˈkaːt] *n* ⟨-(e)s; -e⟩ *chem.* silicate. ~ˈ**kon** [-ˈkoːn] *n* ⟨-s; -e⟩ *synth.* silicone. ~ˈ**ko·se** [-ˈkoːzə] *f* ⟨-; -n⟩ *med.* silicosis.
Si·lo [ˈziːlo] *m, a. n* ⟨-s; -s⟩ *allg.* silo, (*Getreide*≈) *a.* granary, storehouse, *Am.* (grain) elevator. ~**ˌfut·ter** *n* silage.
Si·lur [ziˈluːr] *n* ⟨-s; *no pl*⟩, ~**ˌzeit** *f geol. hist.* Silurian (time *od.* period).
Sil·ve·ster [zɪlˈvɛstər] *n* ⟨-s; -⟩, ~**ˌabend** *m* New Year's Eve. ~**ˌnacht** *f* night of New Year's Eve.
Si·mi·li [ˈziːmili] *n, m* ⟨-s; -s⟩ *von Edelsteinen*: imitation. ~**ˌstein** *m* paste (stone), strass.
sim·pel [ˈzɪmpəl] *adj* ⟨-pler; -pelst⟩ *allg.* simple, (*leicht*) *a.* easy, *Stil etc*: *a.* plain, *Person*: *a.* simple-minded.
ˈ**Sim·pel** *m* ⟨-s; -⟩ *colloq.* simpleton, fool, ninny, nitwit. ~**ˌfran·sen** *pl colloq.* fringe *sg*, bangs.
Sim·plex [ˈzɪmplɛks] *n* ⟨-; -e *u.* -plizia [-ˈpliːtsĭa]⟩ *ling.* simplex.
ˈ**Sim·plex...**, ˈ**sim·plex...** *electr. in Zssgn* simplex (*circuit, operation, etc*).
Sim·pli|fi·ka·ti·on [zɪmplifikaˈtsĭoːn] *f* ⟨-; -en⟩ *rare* simplification. ≈**fiˈzie·ren** [-fiˈtsiːrən] *v/t* ⟨*no* **ge-**, h⟩ simplify. ~**ziˈtät** [-tsiˈtɛːt] *f* ⟨-; *no pl*⟩ simplicity.
Sims [zɪms] *m, n* ⟨-es; -e⟩ **1.** *arch.* ledge, mo(u)lding, cornice. **2.** window-sill. **3.** (*Kamin*≈) mantelpiece.
sim·sa·la·bim [zɪmzalaˈbɪm] *interj beim Zaubern*: hey-presto!
ˈ**Sims|stein** *m arch.* cornice stone.
Si·mu|lant [zimuˈlant] *m* ⟨-en; -en⟩ malingerer. ~**la·tiˈon** [-laˈtsĭoːn] *f* ⟨-; -en⟩ simulation. ~ˈ**la·tor** [-ˈlaːtɔr] *m* ⟨-s; -en [-laˈtoːrən]⟩ *aer. tech.* simulator. ≈ˈ**lie·ren** [-ˈliːrən] **I** *v/t* ⟨*no* **ge-**, h⟩ **1.** simulate (*a. aer. mil. tech.*), sham, feign. **II** *v/i* **2.** feign illness, malinger; **er simuliert nur** he is only shamming. **3.** *colloq.* (*grübeln*) (**über** *acc* over) ruminate, muse.

si·mul·tan [zimʊlˈtaːn] **I** *adj* simultaneous. **II** *adv* simultaneously, at the same time. ≈**be|trieb** *m bes. teleph.* simultaneous working (*od.* operation). ≈**ˌbüh·ne** *f thea.* simultaneous stage. ≈**ˌdol·met·schen** *n* simultaneous interpreting. ≈**ˌdol·met·scher** *m* simultaneous interpreter. ≈**ˌkir·che** *f* nondenominational church. ≈**ˌrech·ner** *m* simultaneous computer. ≈**ˌschal·tung** *f electr.* composite circuit. ≈**ˌschu·le** *f* nondenominational school. ≈**ˌspiel** *n Schach*: simultaneous game. ≈**ver|ar·bei·tung** *f Computer*: multiprocessing.
sind [zɪnt] *1 u. 3 pl pres of* **sein**[1].
Si·ne·ku·re [zineˈkuːrə] *f* ⟨-; -n⟩ *relig. u. fig.* sinecure.
Sin·fo·nie [zɪnfoˈniː] *f* ⟨-; -n [-ən]⟩ *mus.* symphony. ~**kon|zert** *n* symphony concert. ~**or|che·ster** *n* symphony orchestra.
Sin·fo·ni·ker [zɪnˈfoːnikər] *m* ⟨-s; -⟩ **1.** composer of symphonies, symphonist. **2.** member of a symphony orchestra, *collect.* symphony orchestra. **sinˈfo·nisch** [-ˈfoːnɪʃ] *adj* symphonic; ~**e Dichtung** symphonic poem.
ˈ**Sing·aka·de|mie** *f* choral society.
ˈ**sing·bar** *adj* singable.
ˈ**Sing|dros·sel** *f orn.* song thrush.
sin·gen [ˈzɪŋən] **I** *v/i* ⟨singt, sang, gesungen, h⟩ **1.** sing (*a. fig.*), *fröhlich, a. Vogel*: carol, warble, *feierlich*: chant; **richtig** ~ sing in tune; **falsch** ~ sing out of tune, sing off the note; **sie kann gut** ~ she sings well, she is a good singer; **nach Noten** ~ sing from music; **vom Blatt** ~ sing at sight; **nach dem Gehör** ~ sing by ear; **zur Gitarre** ~ sing to the guitar; **leise vor sich hin** ~ sing softly to o.s. **2.** *lit.* (*erzählen*) sing (*od.* tell) (**von** of). **3.** *colloq.* (*aussagen*) sing, talk. **II** *v/t* **4.** (*Lied etc*) sing; *fig. colloq.* **das kann ich schon** ~ I know that (one) backwards; → **Lied** 5, **Lob** 1, **Schlaf, Wiege. 5.** *lit.* (*be*~, *rühmen*) sing of. **III** *v/reflex* **6. sich heiser** ~ sing o.s. hoarse. ˈ**sin·gend** *adj* singing; ~**er Tonfall** singing tone of voice, lilt(ing accent). **Sin·geˈrei** *f* ⟨-; *no pl*⟩ *colloq. contp.* perpetual (*od.* constant) singing.
Sin·gha·le·se [zɪŋgaˈleːzə] *m* ⟨-n; -n⟩, **sin·ghaˈle·sisch I** *adj*, **II** *ling.* ≈ ⟨*generally undeclined*⟩, **das** ≈**e** ⟨-n⟩ Sin(g)halese.
Sin·gle[1] [ˈzɪŋəl; ˈsɪŋgl] (*Engl.*) *f* ⟨-; -(s)⟩ (*Schallplatte*) single.
ˈ**Sin·gle**[2] *n* ⟨-; -(s)⟩ *Tennis pl*: singles *pl.*
ˈ**Sin·gle**[3] *m* ⟨-(s); -(s)⟩ (*alleinlebende Person*) single.
ˈ**Sing||sang** *m* ⟨-(e)s; *no pl*⟩ *colloq.* singsong. ~**ˌschu·le** *f* singing school. ~**ˌspiel** *n mus.* Singspiel (*type of comic opera*). ~**ˌstim·me** *f* **1.** singing voice. **2.** *e-s Musikstücks etc*: vocal part, voice. ~**ˌstun·de** *f* singing lesson.
Sin·gu|lar [ˈzɪŋgulaːr; -ˈlaːr] *m* ⟨-s; -e⟩ *ling.* singular (number); **im** ~ (**stehen**) (be) in the singular. ≈ˈ**lär** [-ˈlɛːr] *adj* **1.** (*vereinzelt*) singular, isolated, rare. **2.** (*einzigartig*) singular, unique. ≈ˈ**la·risch** *ling.* **I** *adj* singular. **II** *adv* in the singular (number). ~**la·riˈtät** [-lariˈtɛːt] *f* ⟨-; -en⟩ *meist pl* singularity.
ˈ**Sing||vo·gel** *m* songbird, singing bird, songster. ~**ˌwei·se** *f* **1.** style of singing. **2.** (*Melodie*) air, tune, melody.
sin·ken [ˈzɪŋkən] **I** *v/i* ⟨sinkt, sank, gesunken, sein⟩ **1.** *allg.* sink, *Schiff*: *a.* go down, *Sonne*: *a.* set, go down, *Hochwasser, Wasserspiegel*: *a.* fall, *Nebel etc*: come down, *phys. Druck, Temperatur etc*: drop, fall, *Boden etc*: sink, subside, (*ab*~) sag, *Stimme*: sink (to a whisper); **ins Bett** ~ fall into bed; **auf e-n Stuhl** (**in e-n Sessel**) ~ sink onto a chair (into an easy chair); **auf die Knie** ~ drop to one's knees; **die Arme** ~ **lassen** let one's arms drop, drop one's arms; **den Kopf** ~ **lassen** hang one's head; → **Arm** 1, **Boden** 2, **Grab** 4, **Ohnmacht** 1, **Schutt** 1. **2.** *Aktien, Kurse, Preise*: fall, drop, go down, *Wert etc*: *a.* decrease, decline, depreciate, *Umsatz etc*: fall off, drop; → **Wert** 1. **3.** *fig. Ansehen, Vertrauen etc*: diminish, decline, *Einfluß*: *a.* wane, *Person, moralisch*: sink, come down; **er ist tief gesunken** he has sunk very low; → **Achtung** 1, **Mut** 1. **II** ≈ *n* ⟨-s⟩ **4.** sinking (*etc*); **ein Schiff zum** ≈ **bringen** sink a ship. **5.** *der Temperatur etc, a. der Preise etc*: drop, fall, *des Wertes*: decline, depreciation. **6.** *fig.* decline, *des Niveaus*: *a.* lowering; → **Stern** 1. ˈ**sin·kend** *adj* **1.** *Preise, Temperatur etc*: dropping, falling; *fig.* **mit** ~**em Herzen** with a sinking heart. **2.** *Sonne, Nacht etc*: sinking; **bis in die** ~**e Nacht** till nightfall.
Sinn [zɪn] *m* ⟨-(e)s; -e⟩ **1.** (*Wahrnehmungsfähigkeit*) sense; **die fünf** ~**e** the five senses (*cf. a.* 2); **er hat e-n sechsten** ~ he has a sixth sense; **das erregte s-e** ~**e, dabei erwachten s-e** ~**e** *erotisch*: that aroused him (*od.* his lust, his desire). **2.** *pl* (*Verstand*) mind *sg*, (*Bewußtsein*) consciousness *sg*; *colloq.* **er hat s-e fünf** ~**e (nicht) beisammen** he has his wits about him (he's not all there); **nimm d-e fünf** ~**e zusammen!** pull yourself together!, use your brains!; **du bist wohl nicht (recht) bei** ~**en?** you must be out of your mind!; **wie von** ~**en** like one demented; **sie war wie von** ~**en vor Angst** she was quite beside herself with fear; **ihr schwanden** (*od.* **vergingen**) **die** ~**e** she fainted; → **mächtig** 6. **3.** ⟨*only sg*⟩ (*Gedanken, Kopf*) mind, head; **es kam mir in den** ~ (, **daß**, **zu** *inf*) it occurred to me (that, to *inf*); **sich** (*dat*) **et. aus dem** ~ **schlagen** put s.th. out of one's mind; **das will mir nicht aus dem** ~ I can't get it out of my mind (*od.* head); **das will mir nicht in den** ~ I (simply) can't understand it, it's beyond me; **et. im** ~ **haben** have s.th. in mind, intend (*od.* mean) (to do) s.th.; **was hat er jetzt wieder im** ~? what is he up to now?; **Böses im** ~ **haben** have evil intentions; **sein** ~ **steht nach größeren Dingen** he has greater things in mind; **man hatte ihn im** ~ they had him in mind, they thought of him; *contp.* **damit (mit ihm) habe ich nichts im** ~ I don't want any of that (of him), I have no time for that (him); **so et. würde mir nie in den** ~ **kommen** such a thing would never enter my head, I would never think (*od.* dream) of (doing) such a thing; **ganz wie es ihm in den** ~ **kam** just as the fancy took him, just as he pleased. **4.** ⟨*only sg*⟩ (*Verständnis, Gefühl*) (**für**) sense (of), feeling (for), appreciation (of), (*Geschmack, Gefallen*) (**für** for) taste, liking; ~ **für Gerechtigkeit (Humor)** sense of justice (humo[u]r); ~ **für Höheres haben** have a mind for higher things; **e-n praktischen** ~ **haben** be practically-minded; ~ **für Musik haben** have an ear for music, be musical(ly-minded); ~ **für das Schöne haben** have a feeling (*od.* an eye) for beauty; **sein wacher** ~ **für das Schöne** *etc* his keen sense of beauty, *etc*; *contp.* **nur** ~ **für Geld haben** be only interested in money; **er hat k-n** ~ **für Partys** he doesn't like parties (so much); **das ist so recht nach s-m** ~ that's just what he likes. **5.** ⟨*only sg*⟩ (*Meinung*) mind, opinion; **anderen** ~**es werden, s-n** ~ **ändern** change one's mind; **mit j-m e-s**

~**es sein** be of one mind with s.o., see eye to eye with s.o. **6.** ‹*only sg*› (*Absicht*) **in j-s** ~(**e**) in accordance with s.o.'s wishes, (just) as s.o. would have wished; **das war ganz in m-m** ~(**e**) that was exactly what I would have done; *colloq.* **das war nicht im** ~**e des Erfinders** that was not the idea (at all)! **7.** ‹*only sg*› (*Gesinnung, Gemüt*) (*noble, open, etc*) mind; **e-n aufrechten** (*od.* **ehrlichen**) ~ **haben** be an upright (*od.* honest) person; **mir steht der** ~ **nicht danach** I don't feel like it; **ein harter** ~ a hard heart, an unbending spirit; **leichten** ~**es sein** be lighthearted. **8.** ‹*only sg*› (*Bedeutung*) sense, meaning (*of sentence, word, action, etc*), significance, (*Grundgedanke, -inhalt*) (basic) idea, gist, tenor; **eigentlicher** (*od.* **wörtlicher**) ~ literal sense; **übertragener** (*od.* **bildlicher**) ~ figurative sense; **im weiteren (engeren)** ~(**e**) in a wider (*od.* broader) (narrower) sense; **im wahrsten** ~(**e**) **des Wortes** in the true sense of the word; **im strengen** ~**e** strictly speaking; **in gewissem** ~**e** in a sense (*od.* way); **der** ~ **des Lebens** the meaning of life; **e-r Sache e-n (neuen)** ~ **geben** give a (new) meaning to s.th.; **das ergibt k-n** ~ that makes no sense; **et. dem** ~(**e**) **nach wiedergeben** give the gist (*od.* the general sense) of s.th.; **er äußerte sich in diesem** ~(**e**) he expressed himself to this effect (*od.* along these lines); **ohne** ~ **und Verstand** without rhyme or reason, making no sense at all, *arbeiten etc*: (quite) brainlessly; **im** ~**e des Gesetzes (Paragraphen** *etc*) within the meaning of (*od.* for the purposes of, as defined by) the law (section, *etc*). **9.** ‹*only sg*› (*Zweck*) sense, use, point, purpose; ~ **und Zweck e-r Sache** aim and object of s.th.; **das hat k-n** ~ it is no use, there is no point in it; **es hat k-n** ~ **zu** *inf* there is no point in *ger*, it's useless (*od.* pointless) to *inf*; **was hat es für e-n** ~ **zu streiten?** what is the use (*od.* good) of arguing?, what is the point of (*od.* in) arguing?; **das ist (nicht) der** ~ **der Sache** that's (not) the point (*od.* idea). **10.** ‹*only sg*› (*Dreh*ℒ, *Richtung*) sense, direction; → **Uhrzeigersinn**.

ˈ**Sinn|beˌto·nung** *f ling.* value stress. ℒ**beˌtö·rend** *adj Duft, Musik etc*: bewitching, intoxicating. ~ˌ**bild** *n* symbol, *bes. Kunst*: allegory. ℒˌ**bild·lich** *adj* symbolic(al), *Kunst*: allegorical.

sin·nen [ˈzɪnən] **I** *v/i* ‹sinnt, sann, gesonnen, h› **1.** (*nachdenken*) (**über** *acc*) meditate (*od.* reflect, muse) ([up]on), think (about), ponder (*acc*), brood (over). **2.** ~ **auf** (*acc*) contemplate, meditate, think of, (*aushecken*) plot, scheme; **auf Mittel und Wege** ~ devise ways and means; **auf Rache** ~ plot one's revenge. **II** *v/t* **3.** (*planen*) scheme, plot; **Böses** ~ harbo(u)r evil designs. **III** ℒ *n* ‹-s› **4.** thinking (*etc*). **5.** meditation(s *pl*), thought(s *pl*), reflection(s *pl*); **all sein** ℒ **und Trachten** his every thought and wish. ˈ**sin·nend** *adj* pensive, thoughtful, musing.

ˈ**Sin·nen|ˌfreu·de** *f* sensuality, enjoyment of the pleasures of life. ℒˌ**freu·dig,** ℒˌ**froh** *adj* sensuous, voluptuous. ~**geˌnuß** *m*, ~ˌ**lust** *f* sensual pleasure. ~ˌ**mensch** *m* sensuous person. ~ˌ**rausch** *m* intoxication (*od.* orgy) of the senses. ~ˌ**reiz** *m* sensual stimulus. ~ˌ**tau·mel** *m* → Sinnenrausch.

ˈ**sinn|entˌleert** *adj* meaningless, hollow. ~**entˌstel·lend** *adj* distorting (the meaning). ℒ**entˌstel·lung** *f* sense-distortion.

ˈ**Sin·nenˌwelt** *f* ‹-; *no pl*› *philos.* material world.

ˈ**Sin·nes|ˌän·de·rung** *f* change of mind. ~**ap·paˌrat** *m physiol.* sensorium, sensory apparatus. ~ˌ**art** *f* (*Natur*) disposition, mentality, (*Denkweise*) way of thinking, (mental) attitude. ~ˌ**einˌdruck** *m psych.* sensation, *subjektiver*: sense-datum. ~ˌ**haar** *n zo.* sensory hair. ~ˌ**nerv** *m anat.* sensory nerve. ~**orˌgan** *n* sense (*od.* sensory) organ. ~ˌ**reiz** *m* sense stimulus. ~ˌ**schwel·le** *f psych.* sensory threshold. ~ˌ**stö·rung** *f* sensory disorder. ~ˌ**täu·schung** *f* delusion, trick played on the senses. ~ˌ**wahrˌneh·mung** *f* sensory perception. ~ˌ**wan·del** *m* change of mind. ~ˌ**werkˌzeug** *n* → Sinnesorgan. ~ˌ**zen·trum** *n* sensory cent/re (*Am.* -er).

ˈ**sinnˌfäl·lig** *adj* obvious, evident. ℒ**keit** *f* ‹-; *no pl*› obviousness, evidence.

ˈ**Sinn|ˌge·bung** *f* **1.** giving (a) meaning (*to s.th.*), interpretation. **2.** → Sinngehalt. ~**geˌdicht** *n* epigram. ~**geˌhalt** *m* thought-content, (inner) meaning. ℒ**geˌmäß I** *adj* giving the gist (of s.th.), conveying the general sense (*od.* meaning) (of s.th.). **II** *adv* **et.** ~ **wiedergeben** give the gist of s.th.; **et.** ~ **übersetzen** give the general meaning (*od.* sense) of s.th.; **j-s Worte** ~ **wiederholen** repeat the drift of what s.o. said; *bes. jur.* ~ **Anwendung finden** apply analogously (*od.* mutatis mutandis). ℒ**geˌtreu** *adj* faithful. ~ˌ**grup·pe** *f beim Sprechen*: sense group.

sin·nie·ren [zɪˈniːrən] *v/i* ‹*no* ge-, h› *colloq.* (**über** *acc*) ponder (over), ruminate (about), muse ([up]on), *a. depressiv*: brood (over). **Sinˈnie·rer** *m* ‹-s; -› ponderer, brooder.

ˈ**sin·nig** *adj meist iro.* **1.** (*durchdacht*) clever, ingenious. **2.** (*passend*) suitable, appropriate. **3.** (*aufmerksam*) thoughtful.

ˈ**sinn·lich** *adj* **1.** *Eindrücke etc*: sensual, sensory, sensorial; ~**e Wahrnehmung** sensory (*od.* sense) perception; **die** ~**e Welt** the material world. **2.** *Begierden etc*: sensual, *a. Person, Musik etc*: sensuous, erotic, *Gedanken, Lippen etc*: *a.* voluptuous, *colloq.* sexy. ℒ**keit** *f* ‹-; *no pl*› sensuality, sensuousness, sexiness.

ˈ**sinn·los I** *adj* **1.** (*ohne Sinn*) senseless, meaningless; **alles ist so** ~ it's all so meaningless (*od.* futile). **2.** (*unsinnig*) senseless, nonsensical, absurd; **dieser Satz ist völlig** ~ this sentence makes no sense at all. **3.** (*zwecklos*) useless, pointless, futile; **es ist** ~, **länger zu warten** there is no point in waiting any longer, it is useless (*od.* pointless) to wait any longer. **4.** (*maßlos*) ~**e Wut** blind rage. **II** *adv* **5.** senselessly; ~ **betrunken** blind (*od.* dead) drunk. ˈ**Sinn·lo·sig·keit** *f* ‹-; *no pl*› **1.** senselessness, meaninglessness. **2.** (*Unsinnigkeit*) senselessness, absurdity. **3.** (*Zwecklosigkeit*) uselessness, pointlessness, futility (*of plan, life, etc*).

ˈ**sinn|ˌreich** *adj* → sinnvoll. ℒˌ**spruch** *m* maxim, aphorism, motto. ~**verˌwandt** *adj ling.* synonymous. ℒ**verˌwandt·schaft** *f* synonymity. ~**verˌwir·rend** *adj* bewildering. ~ˌ**voll** *adj* **1.** meaningful, significant, fraught with meaning. **2.** (*zweckdienlich*) useful, appropriate, (*klug*) wise, intelligent, ‹*pred*› good policy, (*vernünftig*) sensible; **es ist wenig** ~ **zu** *inf* there is no point in *ger*, it is rather pointless to *inf*; ~**e Nutzung** intelligent use (*of the material, etc*). **3.** *Konstruktion etc*: ingenious, clever, highly functional, efficient. ~ˌ**wid·rig** *adj* absurd, preposterous. ℒˌ**wid·rig·keit** *f* ‹-; *no pl*› absurdity, preposterousness.

Si·no|lo·ge [zinoˈloːgə] *m* ‹-n; -n› sinologist. ~**loˈgie** [-loˈgiː] *f* ‹-; *no pl*› sinology. ℒˈ**lo·gisch** *adj* sinologic(al).

ˈ**sin·teˈmal** [ˈzɪntə-], ˈ**sin·teˈma·len** *conj archaic od. humor.* because, since.

Sin·ter [ˈzɪntər] *m* ‹-s; -› *geol.* sinter, *metall. a.* (anvil) dross. ~ˌ**anˌla·ge** *f metall.* sintering plant. ~ˌ**hart·meˌtall** *n* sintered carbide (metal). ~**karˌbid** *n* cemented carbide. ~ˌ**koh·le** *f* sinter(ing) coal. ~**meˌtall** *n* sintered-powder metal. ~**me·tall·urˌgie** *f* powder metallurgy.

sin·tern [ˈzɪntərn] **I** *v/t* ‹h› **1.** (*Erz*) sinter. **II** *v/i* **2.** clinker, bake, sinter. **3.** *Wasser*: form deposits.

ˈ**Sin·ter|ˌofen** *m metall.* sintering furnace. ~ˌ**schlacke** (*getr.* -**k·k**-) *f* clinker. ~ˌ**stahl** *m* sintered steel.

ˈ**Sintˌflut** [ˈzɪnt-] *f* ‹-; *no pl*› **1.** *Bibl.* **die** ~ the Flood, the Deluge. **2.** *fig.* flood, deluge; *colloq.* **nach mir (uns) die** ~! après moi (nous) le déluge! ℒˌ**ar·tig** *adj Regenfälle etc*: torrential.

Si·nus [ˈziːnʊs] *m* ‹-; - *u.* -se› **1.** *math.* sine. **2.** *anat.* sinus. ℒˌ**för·mig** *adj math.* sine-shaped, sinusoidal. ~**funk·tiˌon** *f* sine function.

Si·nu·si·tis [zinuˈziːtɪs] *f* ‹-; -sitiden [-ziˈtiːdən]› *med.* sinusitis.

ˈ**Si·nus|ˌklap·pe** *f anat.* sinus valve. ~ˌ**kur·ve** *f math.* sine curve. ~ˌ**satz** *m* sine theorem. ~ˌ**wel·le** *f phys.* sine wave.

Si·oux [ˈziːʊks] *m* ‹-; -›, ~**in·dia·ner** [-ˀɪnˌdĭaːnər] *m* Sioux.

Si·phon [ˈziːfõ; ziˈfõː; *Austrian* ziˈfoːn] *m* ‹-s; -s› **1.** siphon(-bottle). **2.** *tech.* (*Geruchverschluß*) siphon trap. **3.** *Austrian colloq. for* **Sodawasser**.

Sip·pe [ˈzɪpə] *f* ‹-; -n› **1.** kinship (group), clan, relatives *pl*, family; **mit der ganzen** ~ with kith and kin. **2.** *fig. colloq. contp.* crew, clan, tribe, gang, lot. **3.** *bot. zo.* tribe; **verwandte** ~ ally.

ˈ**Sip·pen|ˌfor·scher** *m* genealogist. ~ˌ**for·schung** *f* genealogy, genealogical research. ~ˌ**haft,** ~ˌ**haf·tung** *f penal liability of the* (*whole*) *family for* (*political*) *crimes or actions of one of its members.* ~ˌ**kun·de** *f* genealogy.

ˈ**Sipp·schaft** *f* ‹-; -en› *colloq. contp. for* Sippe 1, 2.

Si·re·ne [ziˈreːnə] *f* ‹-; -n› **1.** *myth. u. tech.* siren. **2.** *zo.* sirenian.

Siˈre·nen|geˌheul *n* wail(ing) of sirens. ~**geˌsang** *m* ‹-(e)s; *no pl*› *a. fig.* siren song. ℒ**haft** *adj fig.* siren(-like), seductive, bewitching.

Si·ri·us [ˈziːrĭʊs] *m* ‹-; *no pl*› *astr.* Sirius.

sir·ren [ˈzɪrən] *v/i* ‹h› → **surren**.

Si·rup [ˈziːrʊp] *m* ‹-s; -e› treacle, molasses *sg*, (*Frucht*ℒ) syrup, *Am.* sirup. ℒˌ**ar·tig** *adj* syrupy, sirupy.

Si·sal [ˈziːzal] *m* ‹-s; *no pl*› sisal. ~**aga·ve** [-ˀaˌgaːvə] *f bot.* sisal. ~ˌ**hanf** *m* sisal (hemp). ~ˌ**tep·pich** *m* sisal carpet (*od.* mat).

si·stie|ren [zɪsˈtiːrən] *v/t* ‹*no* ge-, h› **1.** j-n ~ arrest (*od.* detain) s.o., take s.o. in(to) (police) custody. **2.** *jur.* (*ein Verfahren etc*) suspend, stay. **3.** *med.* stop, interrupt. ℒ**rung** *f* ‹-; -en› **1.** arrest, detention. **2.** *jur.* suspension, stay. **3.** *med.* stoppage, interruption.

ˈ**Si·sy·phusˌar·beit** [ˈziːzyfʊs-] *f* ‹-; *no pl*› Sisyphean task.

Sit·te [ˈzɪtə] *f* ‹-; -n› **1.** *pl collect. e-s Volkes, e-r Epoche etc*: customs, manners, tradition(s *pl*); ~**n und Gebräuche** manners and customs; **andere Länder, andere** ~**n** (*Sprichwort*) other countries, other customs. **2.** (*Gepflogenheit*) custom, practice, usage, habit, way; **e-e alte** (*od.* **althergebrachte**) ~ an old (*od.* a long-standing) custom; **das ist hier so (hier nicht)** ~ that's (not) the custom here; *iro.* **schöne ~n sind das!** nice doings!; → **rauh** 5. **3.** *pl* (*Benehmen*) manners, behavio(u)r; **gegen die guten ~n verstoßen** forget one's manners; **er hat gute (schlechte) ~n** he has good (bad) manners, he is well-mannered (ill-*od.* bad-mannered). **4.** *pl* (*Moral*) morals, morality *sg*, propriety *sg*; **lockere** (*od.* **lose**) **~n** loose morals; **gegen die guten ~n** → **sittenwidrig**. **5.** ‹*only sg*› *colloq. for* **Sittenpolizei**.

'Sit·ten|,bild *n* → **Sittengemälde**. **~de·zer,nat** *n der Polizei*: vice squad. **~ge,mäl·de** *n* **1.** *Literatur*: portrayal of the customs and manners of an epoch. **2.** *Kunst*: genre-picture. **~ge,schich·te** *f* ‹-; *no pl*› history of customs and manners. **~ge,setz** *n philos.* moral law. **~,ko·dex** *m* moral code. **~,leh·re** *f bes. philos.* (doctrine of) ethics *pl* (*meist als sg konstruiert*), moral philosophy. **≈los** *adj* immoral, licentious, dissolute. **~lo·sig·keit** *f* ‹-; *no pl*› immorality, licentiousness, licen/ce (*Am.* -se), dissolution. **~po·li,zei** *f* vice squad. **~,pre·di·ger** *m contp.* moralizer, sermonizer. **≈,rein** *adj* morally uncorrupted (*od.* pure), virtuous. **~,rich·ter** *m fig. contp.* (**sich zum ~ aufwerfen** *od.* **machen** set o.s. up as a) moral censor. **~ro,man** *m* novel of manners. **~,schil·de·rung** *f* → **Sittengemälde** 1. **≈,streng** *adj* morally strict, austere, puritanical. **~,stren·ge** *f* moral strictness (*od.* rigorism), austerity. **~,strolch** *m colloq.* sex fiend. **≈ver,der·bend** *adj Einflüsse etc*: morally corrupting. **~ver,derb·nis** *f* ‹-; *no pl*› corruption (of morals). **~ver,fall** *m* decline in moral standards, moral decline. **~,wäch·ter** *m iro.* guardian of public morals. **≈,wid·rig** *adj* **1.** immoral, offending (against) good morals. **2.** *jur.* immoral, contra bonos mores, conflicting with national policy and public morals.

Sit·tich ['zɪtɪç] *m* ‹-s; -e› *orn.* par(r)akeet.

'sit·tig *adj obs. for* **sittsam**.

'sitt·lich *adj* **1.** *Maßstäbe, Werte etc*: moral, ethic(al). **2.** *Empfinden etc*: moral, *Lebenswandel etc*: decent, respectable; **~er Verfall** moral decline; **k-n ~en Halt haben** be morally unstable; **voller ~er Entrüstung** full of moral indignation. **≈keit** *f* ‹-; *no pl*› morality, (*a.* public) morals *pl*.

'Sitt·lich·keits|de,likt *n jur.* sex(ual) offen/ce (*Am.* -se). **~ge,fühl** *n* sense of propriety (*od.* morality). **~ver,bre·chen** *n* sex(ual) crime. **~ver,bre·cher** *m* sex offender.

'sitt·sam *adj* **1.** (*züchtig*) demure, modest, *iro. a.* coy. **2.** (*wohlerzogen*) well-behaved, good. **≈keit** *f* ‹-; *no pl*› **1.** demureness, modesty. **2.** good behavio(u)r.

Si·tua·ti·on [zitŭa'tsĭo:n] *f* ‹-; -en› situation, *bes. finanzielle etc*: position; **e-e unangenehme (verfängliche) ~** an unpleasant (embarrassing) situation; **die augenblickliche politische ~** the present political situation (*od.* state of affairs); **die ~ retten** save the situation; **sich der ~ gewachsen zeigen** rise to (*od.* be equal to, master) the situation; → *a.* **Lage** 3. **~s,ko·mik** *f* comicality of the situation. **~s·ko,mö·die** *f thea.* situation comedy, *colloq.* sitcom. **~s,plan** *m civ.eng.* site plan, layout.

Sitz [zɪts] *m* ‹-es; -e› **1.** *allg., a. mot. thea.* seat, (*Stuhl, Sessel*) *a.* chair; **e-n Stuhl mit e-m (neuen) ~ versehen** (re)seat a chair; *fig.* **die Zuschauer von den ~en reißen** electrify the audience; *humor.* **das reißt e-n nicht vom ~!** that's not so hot (either)!; *colloq.* **auf 'einen ~** in one go, at a sitting; → *a.* **Sitzplatz**. **2.** (*~haltung*) *gym. etc* sitting (position), *Reiten*: seat; **er hat e-n guten ~** he sits his horse well. **3.** *e-s Kleidungsstücks etc, a. tech.* sit, *größenmäßig*: fit; **e-n guten** *etc* **~ haben** → **sitzen** 6; **den ~ s-r Frisur (Krawatte) prüfen** check whether one's hair is in place (one's tie is straight). **4.** *parl. etc* seat; **~ und Stimme haben** have a seat and a vote; **e-n ~ haben in** *e-m Ausschuß etc* → **sitzen** 4. **5.** (*Amts≈, Bischofs≈, Regierungs≈ etc*) seat, (*Wohn≈, Fürsten≈ etc*) *a.* residence, (*e-r Organisation etc, Geschäfts≈*) *a.* headquarters *pl*, *e-r Firma*: *a.* place of business, *e-r Industrie*: *a.* site, location, *fig. e-r Krankheit etc*: seat, cent/re (*Am.* -er); **mit ~ in London** having its seat in London, London-based (*firm, etc*). **6.** (*Heimat*) seat, home, *lit.* abode (*of the gods, etc*), *e-s Volksstamms etc*: home, territory. **7.** (*Hosenboden*) seat. **~an,ord·nung** *f* arrangement of (the) seats. **~,bad** *n, a.* **~,ba·de,wan·ne** *f* hip (*od.* sitz) bath. **~,bank** *f* bench, *im Auto*: bench seat. **~,bein** *n anat.* ischium.

sit·zen ['zɪtsən] **I** *v/i* ‹sitzt, saß, gesessen, h *u.* sein› **1.** sit, be seated; **bei Tisch ~** sit at table; **beim Essen ~** be having one's meal (*od.* lunch, *etc*); **an e-r Aufgabe (beim Wein) ~** sit over a task (a glass of wine); **über den Büchern ~** be sitting (*od.* poring) over one's books; **(hoch oben) ~ auf** (*dat*) *Vogel, a. Person*: perch (*od.* be perched) on (*a tree, etc*); **(auf den Eiern) ~** *Henne*: sit, brood; **(sehr) viel ~** lead a sedentary life; **bequem ~** be comfortable; **sitz still!** sit still!; **sitz!** *zum Hund*: sit (down)!; **(e-m Maler) für ein Porträt ~** sit (to a painter) for a portrait; **~ bleiben** keep one's seat, remain seated, not to get up, *Mädchen beim Tanz*: be left out (*od.* sitting); → *a.* **sitzenbleiben**; **laß ihn doch ~** a) let him sit (*od.* stay) there!, b) let him sit down!, give him your seat!; → *a.* **sitzenlassen**; *fig. colloq.* **auf s-m Geld ~** not to part with one's money, be tight-fisted; → **Patsche** 3. **2.** (*sich befinden*) *allg.* be, (*stecken*) *a.* be stuck, *colloq.* (*wohnen, leben*) *a.* live, *fig. Krankheit etc*: be (located) (*in the chest, etc*); **mir sitzt ein Splitter unter dem Nagel** there is a splinter (stuck) under my nail; **fest ~** *Nagel, Brett etc*: be firm, *Deckel*: be on tightly, *Schraube*: be in tightly; **der Haken sitzt fest in der Wand** the hook is firmly fixed in the wall; *colloq.* **er sitzt in Rio** he is (*od.* lives) in Rio, *b.s.* he is stuck (*od.* stranded) in Rio; **er sitzt (arbeitet) im Finanzamt** he works for (*od.* he has a job in) the revenue office; *fig.* **hier sitzt das Übel!** so that's where the trouble lies; **der Haß sitzt tief in ihr** (the) hatred lies deep down in her. **3.** (**in** *dat* in, at) *Regierung, Behörde etc*: be, have its seat, *Organisation etc*: *a.* have its headquarters, *Firma*: *a.* have its place of business. **4.** (**in** *e-m Ausschuß etc*) sit (*od.* be) (on), be a member (of) (*a committee, etc*); **er sitzt im Parlament** he has a seat in (*od.* he is a Member of) Parliament. **5.** (*e-e Sitzung abhalten*) sit, be in session (*od.* conference). **6.** (*passen*) sit, fit; **die Bluse sitzt gut** the blouse fits well (*od.* is a good fit); **der Mantel sitzt schlecht an den Schultern** the coat sits badly across the shoulders. **7.** *Frisur, Haare etc*: be in place; **d-e Krawatte sitzt nicht (richtig)** your tie isn't straight. **8.** *colloq.* **(im Gefängnis) ~** be in jail, be inside, do time; **er hat 3 Jahre (wegen Diebstahl) gesessen** *a.* he did a three-year stretch (for theft). **9.** *colloq. Schlag etc, a. fig. Bemerkung etc*: hit (*od.* strike) home; **das hat gesessen!** that hit home! **10.** *colloq.* (*im Gedächtnis haften*) stick, have sunk in; **die Vokabeln ~ (bei ihm)** he has got the words off pat. **11.** *fig. colloq.* **e-n ~ haben** have had one too many, be tight. **II** *v/impers* **12. am Kamin sitzt es sich so gut** it's so cosy by the fireside. **III ≈** *n* ‹-s› **13.** sitting (*etc*), *bes. gym. a.* sitting position; **das viele ≈ schadet der Gesundheit** too much sitting is bad for one's health; **im ≈** sitting (down); **j-n zum ≈ nötigen** urge s.o. to sit down.

'sit·zen|,blei·ben *v/i* ‹*irr, sep*, -ge-, sein› *fig. colloq.* **1.** *in der Schule*: stay down, have to repeat a year. **2.** (*nicht geheiratet werden*) be left on the shelf. **3. ~ auf** (*dat*) (*od.* **mit**) *e-r Ware etc*: be left (*od.* be saddled) with. **4. der Kuchen ist sitzengeblieben** the cake has not risen. **5.** → **sitzen** 1. **≈,blei·ber** [-,blaɪbər] *m* ‹-s; -› *ped. colloq.* repeater.

'sit·zend I *adj Person, Haltung etc*: sitting, *Beschäftigung, Lebensweise etc*: sedentary. **II** *adv* **e-e Arbeit ~ machen** do a job sitting (down).

'sit·zen,las·sen *v/t* ‹*irr, sep, pp* **sitzenlassen**, *a.* **sitzengelassen**, h› *fig. colloq.* **1. j-n ~** a) (*im Stich lassen*) leave s.o. in the lurch, let s.o. down, b) (*versetzen*) stand s.o. up, c) (*den Laufpaß geben*) jilt s.o., d) (*verlassen*) leave s.o. (high and dry), walk out on s.o., e) (*Schüler*) make s.o. repeat a year. **2. et. auf** (*dat*) **sich ~** (*unwidersprochen hinnehmen*) put up with s.th., swallow (*od.* pocket) s.th.; **das lasse ich nicht auf mir sitzen** I won't stand for that. **3.** → **sitzen** 1.

'Sitz|,flä·che *f* **1.** seat. **2.** *tech.* bearing surface, *e-s Ventils*: valve seat(ing). **3.** *colloq.* sit-upon, buttocks *pl*. **~,fleisch** *n fig. colloq.* **er hat kein ~** he can't sit still, he is fidgety, *bei der Arbeit*: he has no perseverance. **~ge,le·gen·heit** *f* seat, *bes. pl a.* seating; **~ bieten für** → **Sitzplatz**. **~,grup·pe** *f* (*Möbel*) suite of armchairs and a settee. **~,hal·tung** *f* sitting posture, *beim Reiten etc*: seat. **~,kis·sen** *n* (seat-)cushion. **~kom,fort** *m* seating comfort. **~,mö·bel** *pl* seating furniture *sg*. **~,ord·nung** *f* seating plan (*od.* arrangement[s *pl*]). **~pi·rou,et·te** *f Eiskunstlauf etc*: sit spin. **~,plan** *m* seating plan. **~,platz** *m* seat; **das Theater hat 500 Sitzplätze** the theatre has a seating capacity of (*od.* seats) 500 persons. **~,pol·ster** *n, Austrian m e-s Stuhls*: upholstered seat, seat pad. **~re·dak,teur** *m iro.* prison editor. **~,rei·he** *f* row (of seats), *thea. a.* tier. **~,rie·se** *m humor.* short person who looks tall when seated. **~,stan·ge** *f für Vögel*: perch. **~,streik** *m* sit-down strike.

'Sit·zung *f* ‹-; -en› **1.** *des Parlaments etc*: session, sitting, meeting; **~ des Gerichts** court session (*od.* hearing); **e-e ~ anberaumen** appoint a day (*od.* fix a date) for a meeting, fix (*bes. Am.* schedule) a meeting; **die ~ eröffnen (schließen, aufheben)** open (close, conclude) the meeting (*od.* sitting); **e-e ~ (ab)halten** *Parlament etc*: meet, sit, be in session, *Gericht*: hold a hearing, sit; *fig. colloq.* **das war gestern abend e-e lange ~** (*Zecherei etc*) we had quite a session last night; *colloq.* **~ haben, ~ halten** be on the toilet. **2.** (*Besprechung*) meeting, conference; **er war bei e-r ~** he was at (*od.* in) a conference. **3.** → **Sitzungsperiode**. **4.** *spiritistische*: séance. **5.** *für ein Porträt*: sitting.

ˈ**Sit·zungs|beˌricht** *m* minutes *pl* (*od.* report) of proceedings (*od.* the meeting). **~ˌgeld** *n parl.* attendance allowance. **~ˌort** *m* place of meeting. **~pe·riˌode** *f* session, *bei Gericht*: *a.* term. **~pro·toˌkoll** *n* minutes *pl* of proceedings. **~ˌraum, ~ˌsaal** *m* conference room (*od.* hall), assembly hall, *des Parlaments*: chamber. **~terˌmin** *m* date fixed for a meeting (*od.* conference). **~ˌzim·mer** *n* conference room.

ˈ**Sitz|verˌstel·ler** *m mot.* seat adjuster. **~verˌtei·lung** *f parl.* distribution of seats. **~ˌwel·le** *f gym.* double knee circle.

Six·ti·nisch [zɪksˈtiːnɪʃ] *adj* Sistine (*Chapel, Madonna*).

Si·zi·lia·ner [zitsiˈliaːnər] *m* ⟨-s; -⟩ Sicilian. **Si·zi·lia·ne·rin** [-ˈliaːnərɪn] *f* ⟨-; -nen⟩ Sicilian (woman *od.* girl). **si·zi·lia·nisch** [-ˈliaːnɪʃ] *adj* Sicilian.

Si·zi·li·er [ziˈtsiːliər] *m* ⟨-s; -⟩, **Siˈzi·lie·rin** *f* ⟨-; -nen⟩ → Sizilianer(in). **siˈzi·lisch** [-lɪʃ] *adj* Sicilian.

Ska·la [ˈskaːla] *f* ⟨-; Skalen *u.* Skalas⟩ **1.** *tech.* scale, graduation, *in Kreisform*: (dial) scale. **2.** (*Stufenleiter, a. fig.*) range; *fig.* **die ganze ~ der Gefühle** the whole gamut of feelings. **3.** *mus.* (*Tonleiter*) scale.

ska·lar [skaˈlaːr] *math. phys.* **I** *adj*, **II** ≈ *m* ⟨-s; -e⟩ scalar.

Skal·de [ˈskaldə] *m* ⟨-n; -n⟩ *Literatur*: scald, skald.

ˈ**Ska·len|ˌabˌle·sung** *f tech.* scale (*od.* direct) reading. **~ˌeinˌtei·lung** *f* graduation (of scale). **~ˌfak·tor** *m Computer*: scale factor. **~ˌmeß·geˌrät** *n* direct-reading instrument. **~ˌrei·ter** *m Radio*: station marker. **~ˌschei·be** *f tech.* dial (plate), graduated dial disc.

Skalp [skalp] *m* ⟨-s; -e⟩ scalp.

Skal·pell [skalˈpɛl] *n* ⟨-s; -e⟩ *med.* scalpel.

skal·pie·ren [skalˈpiːrən] *v/t* ⟨*no* ge-, h⟩ **j-n ~** scalp s.o.

Skan·dal [skanˈdaːl] *m* ⟨-s; -e⟩ **1.** scandal, (*Schande*) *a.* disgrace, shame; **e-n ~ erregen** cause a scandal; **das ist (ja) ein ~!** that's a scandal!, that's scandalous (*od.* outrageous)! **2.** *colloq.* (*Krach*) noise, racket, row; **e-n ~ machen** kick up a row. **~afˌfä·re** *f* scandal(ous affair). **~ˌblatt** *n* (*Zeitung*) *contp.* scandal sheet. **~ˌchro·nik** *f* chronique scandaleuse. **~geˌschich·te** *f* (piece of) scandal (*od.* gossip). **~ˌnu·del** *f fig. colloq.* woman surrounded by (*od.* soaked in) scandal.

skan·da·lös [skandaˈløːs] *adj* scandalous, (*empörend*) *a.* outrageous, shocking, disgraceful.

Skanˈdal|ˌpres·se *f print.* gutter press. **≈ˌsüch·tig** *adj* scandal-loving, *Presse etc*: scandalmongering. **≈ˌumˌwit·tert** *adj Person*: surrounded by (*od.* soaked in) scandal.

skan·die·ren [skanˈdiːrən] *v/t u. v/i* ⟨*no* ge-, h⟩ scan.

Skan·di|na·ve [skandiˈnaːvə] *m* ⟨-n; -n⟩, **~ˈna·vi·er** [-viər] *m* ⟨-s; -⟩ Scandinavian. **~ˈna·vie·rin** *f* ⟨-; -nen⟩ Scandinavian (woman *od.* girl). **≈ˈna·visch** [-vɪʃ] **I** *adj*, **II** *ling.* ≈ ⟨*generally undeclined*⟩, **das ≈e** ⟨-n⟩ Scandinavian.

Ska·ra·bä·us [skaraˈbɛːʊs] *m* ⟨-; -bäen⟩ (*Käfer u. Amulett*) scarab.

Skat [skaːt] *m* ⟨-(e)s; -e *u.* -s⟩ **1.** ⟨*only sg*⟩ (*Kartenspiel*) skat; **~ spielen**, *colloq.* **~ dreschen, ~ klopfen** play skat. **2.** (*Karten*) discard. **~ˌbru·der** *m colloq.* skat mate.

ska·ten [ˈskaːtən] *v/i* ⟨h⟩ *colloq.* play skat. ˈ**Ska·ter** *m* ⟨-s; -⟩ skat player.

ˈ**Skat|ˌspiel** *n* **1.** game of skat. **2.** pack of skat cards. **~ˌspie·ler** *m* skat player.

Ske·le·ton [ˈskɛlətən; ˈskɛlətən] *m* ⟨-s; -s⟩ (*Rennschlitten*) skeleton.

Ske·lett [skeˈlɛt] *n* ⟨-(e)s; -e⟩ *anat.* skeleton, *civ.eng. a.* framework; *fig. colloq.* **er ist das reinste ~, er ist zum ~ abgemagert** he is nothing but skin and bone. **~ˌbau** *m* ⟨-(e)s; *no pl*⟩, **~ˌbau·ˌwei·se** *f civ.eng.* skeleton construction.

ske·let·tie·ren [skelɛˈtiːrən] *v/t* ⟨*no* ge-, h⟩ *med.* skeletonize.

Skeˈlett|mus·ku·laˌtur *f* skeletal muscles *pl.* **~ˌschrift** *f print.* skeleton-face type.

Skep·sis [ˈskɛpsɪs] *f* ⟨-; *no pl*⟩ scepticism, *Am.* skepticism, *philos.* scepsis, *Am.* skepsis, *relig. a.* unbelief; **et. mit ~ behandeln** treat s.th. with scepticism, be sceptical about s.th. ˈ**Skep·ti·ker** [-tikər] *m* ⟨-s; -⟩ sceptic, *Am.* skeptic. ˈ**skep·tisch** [-tɪʃ] **I** *adj* sceptical, *Am.* skeptical, incredulous; **er machte ein ~es Gesicht** he looked sceptical. **II** *adv* sceptically; **e-r Sache ~ gegenüberstehen, e-e Sache ~ betrachten** be sceptical about (*od.* of) s.th., take a sceptical view of s.th. **Skep·tiˈzis·mus** [-tiˈtsɪsmʊs] *m* ⟨-; *no pl*⟩ *philos.* scepsis, *Am.* skepsis.

Ski [ʃiː] *m* ⟨-s; -er, *rare* -⟩ ski; **~ fahren, ~ laufen** ski; **auf ~ern** on ski(s). **~ˌanˌzug** *m* ski suit. **~ˌausˌrü·stung** *f* ski outfit, (set of) skiing gear. **~ˌbin·dung** *f* ski binding. **~ˌbob** *m* skibob. **~ˌbobˌfah·rer** *m* ski bobber. **~ˌfah·ren** *n* skiing. **~ˌfah·rer** *m*, **~ˌfah·re·rin** *f* skier.

Skiff [skɪf] *n* ⟨-(e)s; -e⟩ *Rudern*: skiff.

ˈ**Ski|ˌflie·gen** *n* → Skiflug. **~ˌflie·ger** *m* ski flier. **~ˌflug** *m* ski flying (competition). **~ˌflugˌschan·ze** *f* ski-flying hill. **~geˌbiet** *n* ski(ing) area. **~geˌlän·de** *n* **1.** → Skigebiet. **2.** (ski) slope(s *pl*). **~ˌhang** *m* ski run, ski slope. **~ˌha·serl** [-ˌhaːzərl] *n* ⟨-s; -(n)⟩ *colloq.* ski bunny. **~ˌho·se** *f* ski(ing) pants *pl.* **~ˌhüt·te** *f* ski hut, *bes. Am.* ski lodge. **~ˌkjö·ring** [-ˌjøːrɪŋ] *n* ⟨-s; -s⟩ *Sport*: skijoring. **~ˌklub** *m* skiing club. **~ˌkurs, ~ˌkur·sus** *m* ski(ing) course. **~ˌlangˌlauf** *m* cross-country skiing. **~ˌlangˌläu·fer** *m*, **~ˌlangˌläu·fe·rin** *f* cross-country skier. **~ˌleh·rer** *m* ski(ing) instructor. **~ˌlift** *m* ski lift. **~ˌmei·ster·schaft** *f meist pl* ski championship. **~ˌpaß** *m* ski pass. **~ˌren·nen** *n* **1.** ski racing. **2.** ski race. **~ˌrennˌfah·rer** *m*, **~ˌrennˌfah·re·rin** *f* ski racer. **~ˌschuh** *m meist pl* ski boot. **~ˌschu·le** *f* ski(ing) school. **~ˌspit·ze** *f* ski tip. **~ˌsport** *m* skiing. **~ˌsprin·gen** *n*, **~ˌsprung** *m* ski jumping (competition). **~ˌsprin·ger** *m* ski jumper. **~ˌspur** *f* ski track. **~ˌstie·fel** *m meist pl* ski boot. **~ˌstock** *m meist pl* ski stick, *Am.* ski pole. **~ˌun·terˌricht** *m* skiing instruction (*od.* lessons *pl*). **~ˌur·laub** *m* skiing holiday (*Am.* vacation). **~ˌwachs** *n* ski wax. **~ˌwan·de·rung** *f* ski tour.

Skiz·ze [ˈskɪtsə] *f* ⟨-; -n⟩ sketch (*a. mus. u. Literatur*), rough drawing (*od.* draft), (*Karten*≈) sketch-map; **flüchtige ~** rough (*od.* freehand) sketch; **e-e ~ machen von** *a.* sketch *s.th.*

ˈ**Skiz·zen|ˌblock** *m* ⟨-(e)s; -s⟩ sketchblock. **~ˌbuch** *n* sketchbook. **≈haft** *adj* sketchy, in rough outlines. **~ˌmap·pe** *f* sketchbook.

skiz·zie·ren [skɪˈtsiːrən] *v/t* ⟨*no* ge-, h⟩ sketch, make a sketch of, rough-draw, *fig.* outline, sketch; **et. in groben Umrissen ~** make a rough sketch of s.th.

Skla·ve [ˈsklaːvə; ˈsklaːfə] *m* ⟨-n; -n⟩ *a. fig.* slave; **j-n zum ~n machen** make a slave of s.o., enslave s.o.; **er ist ein ~ s-r Gewohnheiten** he is a slave to (*od.* of) his habits.

ˈ**Skla·ven|ˌar·beit** *f* slave labo(u)r, *fig. a.* slavery, drudgery. **~ˌaufˌse·her** *m* slave-driver. **~beˌfrei·ung** *f* liberation of slaves. **~ˌdienst** *m* slavery. **~ˌhal·ter** *m* **1.** *hist.* slave-holder, slave-owner. **2.** *pl* (*Ameisen*) slave-making ants, slave-makers. **~ˌhan·del** *m* slave trade. **~ˌhänd·ler** *m* slave trader, slaver. **~ˌkrieg** *m antiq.* servile war. **~ˌkü·ste** *f hist.* Slave Coast. **~ˌmarkt** *m* slave market. **~moˌral** *f contp.* slave morality. **~ˌschiff** *n hist.* slave ship, slaver. **~ˌsee·le** *f contp.* slavish (*od.* servile) mind (*od.* person). **~ˌstaa·ten** *pl Am. hist.* slave states. **~tum** *n* ⟨-s; *no pl*⟩ → Sklaverei.

Skla·veˈrei *f* ⟨-; *no pl*⟩ *a. fig.* slavery; **in ~ geraten** fall into slavery; **j-n in die ~ führen** lead s.o. into slavery, make s.o. a slave, enslave s.o.

ˈ**Skla·vin** *f* ⟨-; -nen⟩ (female) slave.

ˈ**skla·visch** *adj* slavish, servile; *fig.* **~e Abhängigkeit (Nachahmung)** slavish dependence (imitation); **~e Gesinnung** servility.

Skle·ra [ˈskleːra] *f* ⟨-; -ren⟩ *anat.* sclerotic, sclera. **Skle·ri·tis** [skleˈriːtɪs] *f* ⟨-; -tiden [-riˈtiːdən]⟩ *med.* scleritis.

Skle·ro·se [skleˈroːzə] *f* ⟨-; -n⟩ *med.* (**multiple ~** multiple) sclerosis. **skleˈro·tisch** [-tɪʃ] *adj* sclerotic.

Sko·lio·se [skoˈlioːzə] *f* ⟨-; -n⟩ *med.* scoliosis.

skon·tie·ren [skɔnˈtiːrən] *v/t* ⟨*no* ge-, h⟩ give (*od.* allow, grant) a (cash) discount on (*a bill, an article, etc*); **e-e Rechnung mit zwei Prozent ~** give (*etc*) a discount of two percent (*od.* a two-percent discount) on a bill.

Skon·to [ˈskɔnto] *m, n* ⟨-s; -s, *rare* Skonti⟩ (cash) discount; **~ einräumen** (*od.* **gewähren**) allow (*od.* grant) a (cash) discount (**auf** *acc* on); **abzüglich ~** less (*od.* minus) cash discount. **~ˌabˌzug** *m* (cash) discount. **~geˌwäh·rung** *f* discount, granting (*od.* allowance) of a discount.

skon·trie·ren [skɔnˈtriːrən] *v/i* ⟨*no* ge-, h⟩ **1.** make adjusting entries in a stock book (*od.* list). **2.** clear. ˈ**Skon·tro** [-tro] *n* ⟨-s; Skontren⟩ stock book (*list of incomings and outgoings of effects, foreign currency, stocks, etc*).

Skor·but [skɔrˈbuːt] *m* ⟨-(e)s; *no pl*⟩ *med.* scurvy. **skorˈbu·tisch** *adj* scorbutic. **Skorˈbutˌkran·ke** *m, f* patient with scurvy, scorbutic.

Skor·pi·on [skɔrˈpioːn] *m* ⟨-s; -e⟩ **1.** *zo.* scorpion. **2.** a) ⟨*only sg*⟩ *astr.* Scorpio(n), b) *Astrologie*: (*Person*) Scorpion.

Skri·bent [skriˈbɛnt] *m* ⟨-en; -en⟩ *contp.* scribbler.

Skript[1] [skrɪpt] *n* ⟨-(e)s; -e⟩ *Film etc*: script.

Skript[2] *n* ⟨-(e)s; -en⟩ *ped.* lecture notes *pl*, transcript.

ˈ**Scriptˌgirl** *n Film*: script (*od.* continuity) girl.

Skro·feln [ˈskroːfəln] *pl med.* scrofula *sg.* **skro·fu·lös** [skrofuˈløːs] *adj* scrofulous. **Skro·fu·lo·se** [skrofuˈloːzə] *f* ⟨-; -n⟩ scrofula, king's evil.

Skro·tum [ˈskroːtʊm] *n* ⟨-s; Skrota [-ta]⟩ *anat.* scrotum.

Skru·pel [ˈskruːpəl] *m* ⟨-s; -⟩ *meist pl* scruple, qualm; **~ haben, et. zu tun** have scruples about doing s.th.; **k-e ~ kennen** have (*od.* know) no scruples; **es kamen ihm ~** he began to have scruples (*od.* qualms). **≈los** *adj* unscrupulous. **~lo·sig·keit** *f* ⟨-; *no pl*⟩ unscrupulousness.

Skull [skʊl] *n* ⟨-s; -s⟩ *meist pl* (*Ruder*)

scull. **~boot** *n* sculler, sculling boat. **ˈskul·len** *v/t u. v/i* ⟨h⟩ scull. **ˈSkul·ler** *m* ⟨-s; -⟩ **1.** → Skullboot. **2.** (*Person*) sculler.

skulp·tie·ren [skʊlpˈtiːrən] *v/t* ⟨*no* ge-, h⟩ *Kunst*: sculpt(ure). **Skulpˈtur** [-ˈtuːr] *f* ⟨-; -en⟩ (piece of) sculpture.

Skunk[1] [skʊŋk] *m* ⟨-s; -e, *a.* -s⟩ *zo.* skunk.

Skunk[2] *m* ⟨-s; -s⟩ (*Pelz*) skunk.

skur·ril [skʊˈriːl] *adj* bizarre, eccentric, grotesque. **Skur·ri·liˈtät** [-riliˈtɛːt] *f* ⟨-; -en⟩ eccentricity, bizarreness.

S-ˌKur·ve [ˈɛs-] *f* S-bend, *bes. Am.* S-curve.

Sky·the [ˈskyːtə] *m* ⟨-n; -n⟩ Scythian.

Sla·lom [ˈslaːlɔm] *m* ⟨-s; -s⟩ *Sport*: slalom. **~läu·fer** *m*, **~läu·fe·rin** *f Skilauf*: slalom racer. **~stan·ge** *f* slalom pole. **~strecke** (*getr.* -k·k-) *f* slalom course. **~tor** *n* slalom gate.

Sla·we [ˈslaːvə] *m* ⟨-n; -n⟩ Slav. **ˈSla·wen·tum** *n* ⟨-s; *no pl*⟩ Slavdom. **ˈSla·win** *f* ⟨-; -nen⟩ Slav (woman *od.* girl). **ˈsla·wisch I** *adj*. **II** *ling*. Ձ ⟨*generally undeclined*⟩, **das** Ձ**e** ⟨-n⟩ Slavic, Slavonic. **sla·wi·sie·ren** [slaviˈziːrən] *v/t* ⟨*no* ge-, h⟩ slavicize. **Sla·wis·mus** [slaˈvɪsmʊs] *m* ⟨-; -men⟩ *ling*. (*slawische Spracheigentümlichkeit*) Slavism, Slavicism. **Sla·wist** [slaˈvɪst] *m* ⟨-en; -en⟩ **1.** Slavist, Slavicist. **2.** student of Slavic (*od.* Slavonic) languages and literatures. **Sla·wi·stik** [slaˈvɪstɪk] *f* ⟨-; *no pl*⟩ *ling*. study of Slavic (*od.* Slavonic) languages and literatures.

Sli·bo·witz [ˈsliːbovɪts] *m* ⟨-(e)s; -e⟩ (*Pflaumenschnaps*) slivovitz.

Slip [slɪp] *m* ⟨-s; -s⟩ **1.** (*Hose*) (pair of) briefs *pl*. **2.** *Bank, Börse*: slip. **3.** → Schlipp. **4.** *aer*. (side)slip.

Slip·per [ˈslɪpər] *m* ⟨-s; -⟩ slip-on (shoe), slipper.

Slo·wa·ke [sloˈvaːkə] *m* ⟨-n; -n⟩ Slovak. **sloˈwa·kisch I** *adj* Slovak(ian). **II** *ling*. Ձ ⟨*generally undeclined*⟩, **das** Ձ**e** ⟨-n⟩ Slovak.

Slo·we·ne [sloˈveːnə] *m* ⟨-n; -n⟩, **Sloˈwe·ni·er** [-nĭər] *m* ⟨-s; -⟩ Slovene. **sloˈwe·nisch** [-nɪʃ] **I** *adj*, **II** *ling*. Ձ ⟨*generally undeclined*⟩, **das** Ձ**e** ⟨-n⟩ Slovene, Slovenian.

Slow·fox [ˈsloːˌfɔks; ˈsləʊfɒks] (*Engl.*) *m* ⟨-(es); -e⟩ (*Tanz*) slow foxtrot.

ˈSlum·beˌwoh·ner [ˈslam-; ˈslʌm-] (*Engl.*) *m* slumdweller.

Sma·ragd [smaˈrakt] *m* ⟨-(e)s; -e⟩ *min*. emerald, smaragd. **smaˈrag·den** [-dən] *adj* **1.** (of) emerald. **2.** emerald (green).

smaˈragd‖far·ben *adj* emerald (-green). **~grün I** *adj* emerald(-green). **II** Ձ *n* emerald (green).

Smog·alarm [ˈsmɔkˀaˌlarm; ˈsmɒgəˈlaːm] (*Engl.*) *m* smog alarm.

Smo·king [ˈsmoːkɪŋ] *m* ⟨-s; -s, *Austrian a.* -e⟩ dinner jacket, *Am.* tuxedo.

Smut·je [ˈsmʊtjə] *m* ⟨-s; -s⟩ ship's cook.

Snob [snɔp; snɒb] (*Engl.*) *m* ⟨-s; -s⟩ *contp*. snob. **Sno·bis·mus** [snoˈbɪsmʊs] *m* ⟨-; -men⟩ snobbery, snobbishness. **sno·bi·stisch** [snoˈbɪstɪʃ] *adj* snobbish, snobby.

so [zoː] **I** *adv* **1.** (*auf diese Art u. Weise*) so, like this (*od.* that), (in) this way, that way, thus; **bald ~, bald ~, einmal ~, einmal ~**, *colloq*. **mal ~, mal ~** first one thing and then another; **es mal ~ und mal ~ machen** do s.th. first one way and then another; **~ oder ~!** one way or another!, by hook or (by) crook!; **man kann die Aufgabe ~ oder ~ lösen** one can solve the problem either way, one can solve the problem either this way or that (*od.* the other); **ich werde ihn ~ oder ~ noch sehen** I'll see him anyway (*od.* in any case, at any rate); **ich habe es auch nicht ~ aufgefaßt** I didn't take it that way (either); **darüber denke ich ~ wie du** I feel the same way about it as you (do), I think so too; **ja, ~ geht es** (*colloq*. **geht's**)! a) (*so funktioniert es*) that way it will work (all right), b) (*so geht es an*) it will (have to) do (like that), c) (*so geht es im Leben*) such is life!; **~ ist's besser!** that's better!; *colloq*. **er kommt überall ~ herein** (*umsonst*) he gets in everywhere without paying; **und ~ kam es, daß** and it so (*od.* thus) happened that; **wie du mir, ~ ich dir** tit for tat; **das macht man ~!, ~ wird das gemacht!** that's the way to do it!, that's how it's done!; **spricht man ~ mit s-m eigenen Vater?** is that the way to speak to one's own father?; **~ gefällst du mir** I like you like that; *das ist ein übler Bursche!* – **~ sieht er auch aus!** he looks (like) it, too!; **da das ~ ist** that being so; **~ (und nicht anders)** exactly like this; **ich habe auch ~ schon genug zu tun!** I've enough to do as it is!; **ich habe alles ~ gelassen, wie es war** I left everything just (*od.* exactly) as (*od.* the way) it was; **(das ist) gut (recht) ~!, ~ ist es gut (recht)!** (that's) good (right)!; *sie sind nicht mehr befreundet*, **und das ist auch gut ~** and it's just as well; **~ ist das also!, also ~ ist das!** so that's how (*od.* the way) it is!; **ja, wenn das ~ ist** if that's how (*od.* the way) it is; **es war ~, wie er gesagt hatte** it was just (*od.* exactly) as he had said; **er ist nun einmal ~** that's just how (*od.* the way) he is; **sei doch nicht ~!** a) don't be that way!, b) (come on,) be a sport (*od.* have a heart); **der eine sagt ~, der andere ~** one says this, the other that. **2.** (*folgendermaßen*) as follows, like this, thus; *wir sind ihm schon mal begegnet*, **und das kam ~** this is how (*od.* the way) it happened, it happened like this; **die Sache verhält sich ~** the facts are as follows. **3.** (*in solchem Maße, sehr*) so, as ... as (all) that; **~ bald wird er wohl nicht zurück sein** he won't be back as soon as (all) that; **~ und ~ oft** ever so often, time and again; **können Sie noch ~ lange warten, bis er zurückkommt?** can you wait (a while) until he comes back?; **~ schlimm wird es schon nicht werden** it won't be as bad as that, it won't be that bad; **~ et. Schönes habe ich noch nie gesehen!** I've never seen anything so beautiful; **ich wußte nicht, daß es schon ~ spät ist** I didn't know that it was so (*colloq*. that) late (*od.* as late as that) already; *colloq*. **gar nicht ~ übel** a) (*nicht so schlecht, wie behauptet wird*) not as bad as all that, b) (*recht gut*) not half bad, not bad at all; **ich mache mir nicht ~ viel aus ihm** I don't care for him very much; **ich kann mich noch ~ (sehr) anstrengen, der Erfolg bleibt aus** no matter how hard I try, I don't succeed; **wir haben ~ (sehr) gelacht!** we laughed so much!, we had such fun!; → **weit** 8. **4. ~ ... wie** as ... as; **nicht ~ ... wie** not as (*od.* so) ... as; **das Fenster ist ~ breit wie hoch** the window is as broad as it is high; **~ früh wie** (*od.* **als**) **möglich** as early as possible; **e-e ~ bekannte Persönlichkeit wie er** a person as well known as he is. **5. ~ (sehr) ..., ~ ...** as much as; **~ gerne ich ihn habe, ~ wenig gefällt mir s-e Frau** I dislike his wife just as much as I like him; → **gut** 23, **um** 9. **II** *demonstrative pron* ⟨*invariable*⟩ **6.** (*solch, derartig*) such, like this (*od.* that), of this (*od.* that) kind (*od.* sort); **~ ein Mensch (wie er)** a man like him, such a man, *colloq*. that kind of man; *colloq*. **~ einer bist du also!** so that's the sort you are!; **nein, ~ etwas!**, *colloq*. **na, ~ was!** well, I never!, would you believe it!, dear me!; *er ist Computerfachmann* **oder ~ etwas (Ähnliches)** or something like that. **7.** (*welch*) what; *colloq*. **~ ein Trottel!** what a fool!; **~ etwas Dummes!** what a stupid thing to do!, how silly of me! **8. ~?** really?, is that so?, indeed?; **er ist hier – ~?** he is here – is he?; **ich sah dich gestern in der Stadt – ~?** I saw you in town yesterday – did you? **III** *particle* **9.** (*nun*) well; **~, m-e Herren, wer ist der Nächste?** well, gentlemen, who's next? **10. ~ hör (komm) doch!** (will you) listen (come)!; **~ gehen Sie doch** (*od.* **schon**) **endlich!** for heaven's sake, go; why don't you go? **11.** (*also*) so, then; **~ ist es wahr, was ich gehört habe?** so (*od.* then) it's true what I've heard? **12.** (*ungefähr*) about; **~ gegen 8 Uhr** at 8 o'clock (or so); **sie muß schon ~ um die 60 herum sein!** she must be about 60 or so! **13. ~ mancher** many a man, many men; **~ e-e Art** a sort (*od.* kind) of; *colloq*. **~ mir nichts, dir nichts** just like that; **ich habe ~ das Gefühl** (*od.* **mir ist ~**), **als** I have the feeling that; **er hat ~ s-e Stimmungen** he has his little moods; **der Wind fegte nur ~ um unser Zelt** the wind was just (*od.* simply) raging round our tent; **ich habe das (doch) nur ~ gesagt!** a) (*ohne besondere Bedeutung*) it was just a thought!, b) (*ich habe es nicht so gemeint*) I didn't mean it!; *weshalb tust du das?* – **(ach,) nur ~!** well just so!; *warum fragst du?* – **(ach,) nur ~!** it just struck me!, it just occurred to me! **IV** *conj* **14.** (*dann*) and; *Bibl*. **suchet, ~ werdet Ihr finden** seek and ye shall find; **wenig fehlte, ~ hätte ich ihn geschlagen!** I came very near to hitting him, I very nearly hit him. **15.** (*da, als*) when; *kaum war der Besuch gegangen*, **~ läutete es (schon) wieder** when the bell rang again. **16.** (*folglich*) so, therefore, thus, hence; **~ daß** so that. **17. ~ ... (auch)** (*obwohl, wie sehr*) much as, however; **~ gut das Essen hier (auch) ist** however (*od.* no matter how) delicious the food may be here; **~ leid es mir (auch) tut, ~ sehr ich es (auch) bedauere** much as I regret it. **18.** *lit*. (*wenn, vorausgesetzt*) if, provided that; **ich werde kommen, ~ ich kann** I'll come if I can. **V** *interj* **~! 19.** that's that!; **ach ~!** (oh,) I see!, so that's it! **20.** *am Schluß des Satzes, emphatisch*: so there!

soˈbald [zo-] *conj* as soon as, the moment *he arrived, etc*; **~ es Ihnen möglich ist** as soon as possible, *a. econ*. at your earliest convenience.

Söck·chen [ˈzœkçən] *n* ⟨-s; -⟩ *meist pl* ankle sock, *Am. a.* anklet.

Socke (*getr.* -k·k-) [ˈzɔkə] *f meist pl* sock; *fig. colloq*. **sich auf die ~n machen** make (*od.* buzz) off; **jetzt muß ich mich auf die ~n machen** I must be off now; **von den ~n sein** be flabbergasted, be dum(b)founded.

Sockel (*getr.* -k·k-) [ˈzɔkəl] *m* ⟨-s; -⟩ **1.** *e-r Statue, Säule etc*: pedestal, base, *a. e-r Mauer*: socle, (*ÖR*) *e-r Wand*: (oil-painted) dado. **2.** *geogr*. (continental) shelf. **3.** *electr. e-r Röhre*: base, *e-r Lampe*: *a.* cap, *e-r Glühlampe etc*: holder, socket. **4.** *econ. colloq*. → **~beˌtrag** *m e-r Lohnerhöhung*: basic rate. **~geˌsims** *n arch*. base mo(u)lding.

Socken (*getr.* -k·k-) [ˈzɔkən] *m* ⟨-s; -⟩ *dial. and Austrian for* **Socke**. **~hal·ter** *m meist pl* (sock) suspender, *Am.* garter.

So·da[1] [ˈzoːda] *f* ⟨-; *no pl*⟩, *n* ⟨-s; *no pl*⟩

chem. (carbonate of) soda, sodium carbonate.

ˈSo·da² *n* <-s; -s> soda (water); **Whisky (mit) ~** whisk(e)y and soda.

soˈdann [zo-] *adv* then, after that.

ˈSo·da|ˌsalz *n chem.* sodium carbonate. **~ˌwas·ser** *n* soda (water).

ˈSodˌbren·nen [ˈzoːt-] *n* <-s; *no pl*> *med.* heartburn.

So·de [ˈzoːdə] *f* <-; -n> sod, (piece of) turf.

So·dom [ˈzoːdɔm] *npr n* <-s; *no pl*> *Bibl.* **~ und Gomorr(h)a** Sodom and Gomorrah.

So·do·mie [zodoˈmiː] *f* <-; -n [-ən]> bestiality, buggery. **So·doˈmit** [-ˈmiːt] *m* <-en; -en> sodomite, bugger. **so·doˈmi·tisch** *adj* bestial.

soˈeben [zo-] *adv* just (now), this very moment, a moment (*od.* minute) ago; **~ erschienen** *Buch etc*: just published, *colloq.* just out.

So·fa [ˈzoːfa] *n* <-s; -s> sofa, lounge, *kleines*: settee. **~ˌecke** (*getr.* **-k·k-**) *f* sofa corner. **~ˌkis·sen** *n* sofa cushion. **~ˌleh·ne** *f* back (of a sofa).

soˈfern [zo-] *conj* if, in case, (in) so far as, inasmuch as, (*wenn nur*) provided that; **~ nur irgend möglich** if at all possible; **~ nicht** unless.

soff [zɔf] *1 u. 3 sg pret*, **söf·fe** [ˈzœfə] *1 u. 3 sg pret subj of* **saufen**.

Sof·fit·te [zɔˈfɪtə] *f* <-; -n> **1.** *meist pl thea.* border. **2.** → **Soffittenlampe**. **~n·beˌleuch·tung** *f* tubular-lamp (*od.* strip-, festoon) lighting. **~nˌlam·pe** *f* tubular lamp.

soˈfort [zo-] *adv* at once, immediately, directly, instantly, forthwith, straightaway, instantaneously, on the spot, then and there, right away; **(ich) komme ~!** (I'm) coming straightaway!, I'll be right with you!; **komm her, aber ~!** come here this instant!; **bist du fertig? – ~!** are you ready? – just a minute (*od.* moment)!; **~ nach der Schule** straight (*od.* immediately) after school!; **er war ~ tot** he died instantaneously, death was instantaneous; **ab ~** a) as of now, b) *a.* **(ab) ~ gültig** (*od.* **wirksam**) effective immediately; **das Medikament wirkt ~** the drug acts instantaneously; **~ lieferbarer Weizen** spot wheat; **~ zahlbar** spot cash; **für** (*od.* **ab**) **~ wird e-e Putzfrau gesucht** wanted: a charwoman for immediate employment.

Soˈfort|ˌbild *n phot.* instant picture. **~ˌbildˌka·me·ra** *f* instant camera. **~ˌhil·fe** *f* immediate aid. **~ˌhil·fe·proˌgramm** *n* immediate-aid (*od.* emergency-aid) program(me *Br.*).

soˈfor·tig *adj* immediate, prompt, instant(aneous); **~e Lieferung (Bezahlung)** immediate (*od.* prompt, spot) delivery (payment); **~e Kasse** spot cash; **mit ~er Wirkung in Kraft treten** become immediately effective (*od.* operative).

Soˈfort|maßˌnah·me *f meist pl* immediate measure. **~proˌgramm** *n* crash program(me *Br.*).

ˈSoft-ˌEis [ˈzɔft-] *n* soft ice (cream).

sog [zoːk] *1 u. 3 sg pret of* **saugen**.

Sog *m* <-(e)s; -e> **1.** *aer. mar.* suction, wake. **2.** *fig.* wake, (*Anziehungskraft*) pull, attraction, (*Strudel*) maelstrom, whirlpool. **3.** (*Unterströmung*) undertow.

soˈgar [zo-] *adv* even, (*ja*, **~**) nay, what is more; **~ er konnte sie nicht beruhigen** not even he could (*od.* even he couldn't) calm her; **e-e ~ noch schwerere Aufgabe** an even (*od.* a yet) more difficult problem, a problem (that is) even more difficult; **hübsch, ~ schön** pretty, nay, beautiful; **es war ~ so kalt, daß** it was so cold in fact that.

sö·ge [ˈzøːgə] *1 u. 3 sg pret subj of* **saugen**.

ˈso·geˌnannt *adj* so-called; **e-e ~e Wissenschaft** *a.* a would-be science.

soˈgleich [zo-] *adv* → **sofort**.

Soh·le [ˈzoːlə] *f* <-; -n> **1.** (*Fuß*~) sole; → **leise** 1. **2.** (*Schuh*~) sole; *fig. colloq.* **das haben wir uns (längst) an den ~n abgelaufen** that's nothing new to us; **e-e flotte** (*od.* **kesse**) **~ aufs Parkett legen** shake a leg, trip the light fantastic; **es brennt mir unter den ~n** I'm in an awful hurry. **3.** (*Tal*~, *Graben*~ *etc*) bottom. **4.** *Bergbau*: (mine) level, floor.

soh·len [ˈzoːlən] *v/t* <h> (*Schuhe*) (re)sole.

ˈSoh·len|ˌgän·ger *m* <-s; -> *zo.* plantigrade. **~ˌle·der** *n* sole leather. **~reˌflex** *m med.* plantar reflex.

ˈSohl|ˌle·der *n* sole leather. **~ˌplat·te** *f tech.* sole plate.

Sohn [zoːn] *m* <-(e)s; ¨-e> son (*a. fig. der Wüste, e-r Stadt etc*); **er ist ganz der ~ s-s Vaters** he is his father's son, *colloq.* he is a chip of the old block; **Firma X und ~** Messrs. X and Son; → **Vater** 1.

Söhn·chen [ˈzøːnçən] *n* <-s; -> little son, *als Anrede*: sonny.

ˈSoh·nes|ˌlie·be *f* filial love. **~ˌpflicht** *f* filial duty.

soi·gniert [zŏanˈjiːrt] *adj lit.* soigné(e).

Soi·ree [zŏaˈreː] *f* <-; -n [-ən]> *lit.* **1.** evening party, soirée. **2.** *thea. etc* evening performance.

So·ja [ˈzoːja] *f* <-; Sojen>. **~ˌboh·ne** *f* soybean, soya (bean). **~ˌmehl** *n* **1.** *agr.* soybean (oil) meal. **2.** *gastr.* soybean (*od.* soya) flour. **~ˌöl** *n* <-(e)s; *no pl*> soybean (*od.* soya-bean) oil.

So·kra·ti·ker [zoˈkraːtikər] *m* <-s; ->. **soˈkra·tisch** [-tɪʃ] *adj* Socratic.

Sol [zoːl] *n* <-s; -e> *chem.* (*kolloide Lösung*) sol.

soˈlang [zo-], **soˈlan·ge** [zo-] *conj* as long as, while, whilst.

so·lar [zoˈlaːr] *adj astr.* solar. **~bat·teˌrie** *f Raumfahrt*: solar battery. **~enerˌgie** *f* solar energy.

So·la·ri·sa·ti·on [zolarizaˈtsĭoːn] *f* <-; -en> *phot.* solarization.

So·la·ri·um [zoˈlaːrĭʊm] *n* <-s; -rien> solarium.

Soˈlar|ˌjahr *n astr.* solar (*od.* tropical) year. **~konˌstan·te** *f meteor.* solar constant. **~ˌkraftˌwerk** *n* solar plant. **~ˌple·xus** *m anat.* solar plexus. **~ˌzel·le** *f Raumfahrt*: solar cell.

ˈSo·laˌwech·sel [ˈzoːla-] *m econ.* sole bill (of exchange), promissory note.

ˈSolˌbad *n* saltwater (*od.* brine) bath (*Kurort*: spa).

solch [zɔlç] *demonstrative pron u. adj* **1.** such, such as this (*od.* that); **~ ein Mann, ein ~er Mann** such a man (as this), a man like (*od.* such as) this; **~e Leute** such people, people such as these; **~ ein Wetter, ein ~es Wetter** such weather; **ein ~es** (*od.* **~ ein**) **Leben wie er könnte ich nicht führen** I couldn't lead a life like his, I couldn't lead such a life as his; **und ~e, die es werden wollen** and those who wish to become such; *colloq.* **es muß auch ~e geben!, es gibt eben ~e und ~e!** it takes all sorts (to make a world)!; **unter** (*od.* **bei**) **diesen Läden gibt es (auch) ~e und ~e!** there are shops and shops! **2. als ~er** (**~e, ~es**) as such; **Geld als ~es** money as such, money qua money; **er ist leitender Direktor und als ~er verantwortlich für den Betrieb** he is managing director and as such (*od.* in that capacity) responsible for the firm. **3.** (*so groß*) such; **er hatte e-n ~en** (*od.* **~ e-n**) **Erfolg, daß** he had such a success that, he was so successful that; **es herrschte e-e ~e** (*od.* **~ e-e**) **Kälte, daß** it was so cold that; *colloq.* **ich habe ~e Kopfschmerzen!** I've such a headache; **wir haben ~en Hunger (Durst)!** we are so hungry (thirsty).

ˈsol·cher|ˈart I *adv* (in) this (*od.* that) way, in such a way (*od.* manner). **II** *adj* <*invariable*> such, of this (*od.* that) kind. **~geˈstalt** *adv* in such a way. **~ˈlei** *adj* <*invariable*> of such a kind (*od.* sort), such. **~ˈma·ßen, ~ˈwei·se** *adv obs.* in such a way (*od.* manner).

Sold [zɔlt] *m* <-(e)s; -e> **1.** (soldier's) pay. **2.** *lit.* employ, pay; *a. contp.* **in j-s ~ stehen** be in s.o.'s pay, *contp.* be one of s.o.'s hirelings.

Sol·dat [zɔlˈdaːt] *m* <-en; -en> soldier (*a. weitS. Offizier, Feldherr, a. zo. Ameise*), *engS. a.* serviceman; **gedienter ~, entlassener ~** ex-serviceman, ex-soldier, *Am.* veteran; **~ werden, zu den ~en gehen** enter the army, join the forces, enlist, join up; *colloq.* **er ist bei den ~en** he is (*od.* serves) with the forces, he is a serviceman; **die Kinder spielen ~(en)** the children play (at) soldiers; **das Grabmal des Unbekannten ~en** the tomb of the Unknown Soldier (*od.* Warrior).

Solˈda·ten|ˌbund *m* ex-servicemen's (*Am.* veterans') organization. **~ˌeid** *m* military oath. **~ˌfriedˌhof** *m* war (*od.* military) cemetery. **~ˌgrab** *n* war (*od.* soldier's) grave, grave of a soldier. **~ˌheim** *n* **1.** leave centre, *Am.* recreation center. **2.** (*Wohnheim*) soldiers' hostel. **~ˌkö·nig, der** *hist.* (*Friedrich Wilhelm I.*) the Soldier King. **~ˌle·ben** *n* soldier's life. **~ˌlied** *n* soldiers' song. **~ˌrat** *m* <-(e)s; ¨-e> *hist.* **Arbeiter- und ~** Workers' and Soldiers' Council. **~ˌrock** *m* soldier's coat, uniform. **~ˌspra·che** *f* army language (*od.* slang), soldiers' slang, military jargon. **~ˌstand** *m* <-(e)s; *no pl*> military profession. **~tum** *n* <-s; *no pl*> **1.** soldiership. **2.** military tradition.

Sol·da·tes·ka [zɔldaˈtɛska] *f* <-; -ken> (wild *od.* undisciplined) soldiery, rabble of soldiers.

solˈda·tisch *adj* soldierly, military.

ˈSoldˌbuch *n* (soldier's) paybook.

Söld·ling [ˈzœltlɪŋ] *m* <-s; -e> *contp.* mercenary, hireling.

Söld·ner [ˈzœltnər] *m* <-s; -> mercenary. **~ˌheer** *n* army of mercenaries. **~ˌtrup·pen** *pl* mercenary troops, mercenaries.

So·le [ˈzoːlə] *f* <-; -n> salt water, brine.

ˈSolˌei *n* hard-boiled egg pickled in brine.

so·lid [zoˈliːt] *adj u. adv* → **solide**.

So·liˈdar|ˌbür·ge [zoliˈdaːr-] *m econ.* joint (*od.* collective) surety. **~ˌbürg·schaft** *f* joint (and several) surety (*od.* guarantee). **~ˌhaf·tung** *f* joint (and several) liability.

so·liˈda·risch I *adj* **1.** *Handlung etc*: solidary; **sich mit j-m ~ erklären** declare one's solidarity with s.o., identify (o.s.) with s.o., be solidly behind s.o. **2.** *econ. jur.* joint (and several). **II** *adv* **3.** in solidarity, solidarily. **4.** *econ. jur.* jointly (and severally).

so·li·da·ri·sie·ren [zolidariˈziːrən] *v/reflex* <*no* ge-, h> **sich ~ (mit with)** → **solidarisch** 1.

So·li·da·ri·tät [zolidariˈtɛːt] *f* <-; *no pl*> solidarity (**mit** with). **~s·erˌklä·rung** *f* declaration of solidarity. **~s·geˌfühl** *n* feeling of solidarity. **~sˌstreik** *m* solidarity strike.

So·liˈdar|ˌschuld *f econ.* joint (and several) debt. **~ˌschuld·ner** *m* joint (and several) debtor.

so·li·de [zoˈliːdə] **I** *adj* **1.** (*haltbar*) solid, durable, sturdy, *Stoff, Teppich etc*: *a.* hard-wearing. **2.** *fig. Arbeit, Kenntnisse*,

Verhältnisse etc: solid, sound, *Firma, Kaufmann etc*: *a.* respectable, reliable, *Preise*: reasonable, fair, *Beruf*: good, proper; ~ **finanzielle Grundlage** sound financial footing. **3.** *fig. Person, Lebensweise*: steady, solid, respectable; ~ **werden** steady down. **II** *adv* **4.** solidly (*etc*); ~ **gebaut** solid(ly built); ~ **leben** lead a steady life.

So·li·di·tät [zolidiˈtɛːt] *f* ⟨-; *no pl*⟩ solidness (*etc*; *cf.* **solide**), soundness, respectability, reliability, *e-r Firma*: *a.* good standing (*od.* repute), *e-r Person*: steadiness.

So·ling [ˈzoːlɪŋ] *n, m* ⟨-**s**; -**s**⟩ *Segeln*: Soling.

Sol·ip·sis·mus [zolɪˈpsɪsmʊs] *m* ⟨-; *no pl*⟩ *philos.* solipsism.

So·list [zoˈlɪst] *m* ⟨-**en**; -**en**⟩ *mus.* soloist, (*Sänger*) *a.* solo singer, (*Instrumentalist*) *a.* solo player. **Soˈli·stin** *f* ⟨-; -**nen**⟩ lady soloist. **soˈli·stisch** *adj* soloistic.

So·li·tär [zoliˈtɛːr] *m* ⟨-**s**; -**e**⟩ (*Spiel u. Diamant*) solitaire.

soll [zɔl] *1 u. 3 sg pres of* **sollen**[1].

Soll *n* ⟨-(**s**); -(**s**)⟩ **1.** *Buchhaltung*: debit (side); ~ **und Haben** debit and credit, assets and liabilities *pl.* **2.** (*Plan*~, *Leistungs*~) target, quota; **der Umsatz blieb hinter dem ~ zurück** the turnover fell short of the target; **sein ~ erfüllen** reach one's (*od.* the) target (*od.* quota), *fig. colloq.* do one's bit (*od.* duty). ~ˌ**auf**ˌ**kom·men** *n econ.* target yield. ~-ˌ**Aus·ga·ben** *pl* estimated (*od.* expected) expenditure *sg.* ~-**Be**ˌ**stand** *m* **1.** *an Werten, Wertpapieren etc*: authorized supplies (*od.* stocks) *pl.* **2.** → **Soll-Stärke.** ~ˌ**durch**ˌ**mes·ser** *m* nominal diameter. ~-ˌ**Ein**ˌ**nah·men** *pl* estimated receipts.

sol·len[1] [ˈzɔlən] **I** *v/aux* ⟨**soll, sollte, sollen, h**⟩ **1.** *auffordernd*: be to; **er soll kommen** tell him to come; **ich soll dir ausrichten, daß** I am to tell you that; **du sollst damit sofort aufhören** (you are to) stop that at once; **du solltest jetzt lieber gehen** you had better go now; → **töten** 5. **2.** *Zweifel bezeichnend*: be to; **was soll ich (damit) tun?** what am I to do (with it)?; **was soll man (da) machen?** what can one do (about it)?; **was soll ich Ihnen sagen?** how should I put it?, how should I say?; *er wußte nicht*, **ob er lachen oder weinen sollte** whether to laugh or to cry. **3.** ⟨*subj*⟩ *innere Verpflichtung bezeichnend*: **ich hätte hingehen ~** I ought to have gone; **das hättest du nicht tun ~** you ought not to (*od.* you should not) have done that; **man sollte es ihm sagen** he ought to be told; **du solltest es eigentlich besser wissen** you really ought to know better. **4.** ⟨*subj*⟩ *e-e Schlußfolgerung bezeichnend*: **man sollte doch meinen, daß er daraus gelernt hat** one should think that he has learned by (*od.* through) that; **ich hätte es wissen ~** I should (*od.* ought to) have known. **5.** ⟨*subj*⟩ *e-e Möglichkeit bezeichnend*: **sollte er es gewesen sein?** could it have been him?; **sollte das sein Ernst sein?** does he really mean it?; **sollte es wahr sein, was die Leute erzählen?** could it be true what people say? **6.** *Absicht, Zusicherung, Drohung bezeichnend*: **es soll alles nach Ihren Wünschen geschehen** everything shall be done as you wish; **es soll nicht wieder vorkommen** it won't (*od.* shan't) happen again; **ihr sollt still sein!** be quiet, will you?; **das soll uns nicht stören** that shan't (*od.* must not) bother us; **das sollst du mir büßen!** I'll make you pay for that!, you'll regret it! **7.** *einräumend*: **also gut, du sollst d-n Willen haben** all right, have it your own way; **du sollst meinetwegen recht haben** all right, you win; all right, whatever you say. **8.** *Absicht bezeichnend*: be to, be planned; **hier soll ein Schwimmbad entstehen** a swimming pool is to be built here; **die Straße soll verbreitert werden** it is planned to widen the road; **er soll morgen eintreffen** he is (due) to arrive tomorrow. **9.** *nicht verwirklichte Absicht bezeichnend*: be supposed, be meant, be intended; **das sollte ein Witz sein** that was supposed to be a joke; **was das wohl sein soll?** what on earth is that supposed to be? **10.** *emphatisch*: be supposed; **soll ich das etwa essen?** am I supposed to eat that?; **was soll das heißen?** what is that supposed to mean? **11.** *ein Gerücht etc wiedergebend*: be supposed, be said; **er soll sehr reich sein** he is supposed (*od.* said) to be very rich, they say he is very rich; **die Rebellen ~ die Macht übernommen haben** the rebels are reported to have seized power. **12.** *e-e Prophezeiung, ein Schicksal bezeichnend*: be to; **er sollte nie mehr zurückkehren** he was never to return again; **er sollte ein großer Künstler werden** he was destined to be (*od.* he was to become) a great artist; **er sollte jung sterben** he was (fated) to die young; **ein Jahr sollte verstreichen, bis** a year was to pass till; *colloq.* **es hat nicht ~ sein** it was not to be. **13.** *konditional*: **falls er kommen sollte** in case he should come; **wenn Sie ihn sehen sollten** if you should meet him. **14.** *herausfordernd*: **der soll nur kommen!** just let him come!; *colloq.* **soll er doch!** (just) let him!; **der soll mir nur unter die Finger kommen!** just let me get my hands on him! **15.** *e-n Wunsch bezeichnend*: **Sie hätten nur sehen ~, wie** you should have seen how; **das sollte mich wirklich freuen** I should (*od.* I would) really be delighted. **II** *v/t* ⟨*pp* **gesollt**⟩ **16. du sollst das nicht!** you must not do that. **III** *v/i* ⟨*pp* **gesollt**⟩ **17.** *elliptisch*: **ich weiß nicht, ob ich sollte** I don't know whether I should; **was soll ich hier?** what am I here for?, what am I supposed to do here?; **weshalb sollte ich (auch)?** why should I?; **der Brief sollte auf die Post** the letter is to be posted (*bes. Am.* mailed). **18. was soll das?** a) (*bedeuten*) what's the meaning of this?, what's the idea?, b) (*nützen*) what's the good of it?, what's the use?, c) *colloq. a.* **was soll's?** so what?; **was soll denn das?** a) *erstaunt, skeptisch*: what's that supposed to mean?, b) *drohend*: what do you think you are doing?; **was soll mir das Geld jetzt noch?** what good is the money to me now?; **was soll das Weinen?** what's the good of crying?; **was soll der Lärm?** what's all the noise about?

ˈ**sol·len**[2] *pp of* **sollen**[1] I.

ˈ**sol·lend** *adj* **e-e witzig sein ~e Bemerkung** a remark that is (*od.* was) intended to be witty, a would-be witty remark.

Söl·ler [ˈzœlər] *m* ⟨-**s**; -⟩ *archaic od. dial.* **1.** balcony. **2.** (*Speicher*) loft, garret.

ˈ**Soll**|-**Er**ˌ**fül·lung** *f DDR econ.* achievement of targets. ~-**Fre**ˌ**quenz** *f electr.* nominal frequency. ~-ˌ**Lei·stung** *f* nominal (*od.* rated) output, (fixed) target. ~-ˌ**Sei·te** *f econ.* debit side. ~-ˌ**Stär·ke** *f mil.* authorized (*od.* required) strength. ~-ˌ**Wert** *m* nominal (*od.* rated, desired) value, *Regeltechnik*: set point.

sol·mi·sie·ren [zɔlmiˈziːrən] *v/i* ⟨*no* **ge-, h**⟩ *mus.* solmizate, sol-fa.

so·lo [ˈzoːlo] *adj* ⟨*pred*⟩ *bes. mus.* solo, *colloq. a.* alone.

ˈ**So·lo** *n* ⟨-**s**; -**s** *u.* **Soli** [-li]⟩ *allg.* solo, *Fußball etc*: solo attempt (*od.* run). ~**ge**ˌ**sang** *m* solo (song), solo singing. ~**ma**ˌ**schi·ne** *f* motorcycle (without sidecar). ~ˌ**part** *m*, ~**par**ˌ**tie** *f mus.* solo (part). ~ˌ**sän·ger** *m*, ~ˌ**sän·ge·rin** *f* solo singer, soloist. ~ˌ**spie·ler** *m*, ~ˌ**spie·le·rin** *f* **1.** *mus.* soloist. **2.** *Spiele*: solo player. ~ˌ**stim·me** *f mus.* **1.** solo voice. **2.** → **Solopart.** ~ˌ**stück** *n* solo. ~ˌ**tanz** *m* solo dance. ~ˌ**tän·zer** *m* **1.** solo dancer, dance soloist. **2.** principal (*od.* first) dancer, principal. ~ˌ**tän·ze·rin** *f* **1.** → **Solotänzer. 2.** prima ballerina.

ˈ**Sol**|ˌ**quel·le** *f* salt well. ~ˌ**salz** *n* brine salt.

Sol·vens [ˈzɔlvɛns] *n* ⟨-; -**venzien** [-ˈvɛntsɪən] *u.* -**ventia** [-ˈvɛntsɪa]⟩ **1.** *pharm.* expectorant. **2.** *chem.* solvent.

sol·vent [zɔlˈvɛnt] *adj econ.* solvent. **Solˈvenz** [-ˈvɛnts] *f* ⟨-; -**en**⟩ solvency.

ˈ**Sol**ˌ**was·ser** *n* ⟨-**s**; ¨-**er**⟩ salt water, brine.

So·ma [ˈzoːma] *n* ⟨-**s**; -**ta** [-ta]⟩ *biol.* soma, body. **so·ma·tisch** [zoˈmaːtɪʃ] *adj* somatic. **so·ma·to·gen** [zomatoˈgeːn] *adj* somatogenic. **So·ma·to·lo·gie** [zomatoloˈgiː] *f* ⟨-; *no pl*⟩ somatology.

soˈmit [zo-] *adv* thus, so, consequently, therefore, hence.

Som·mer [ˈzɔmər] *m* ⟨-**s**; -⟩ summer; **im ~** in (the) summer(time); **im nächsten ~** next summer; **im ~ (des Jahres) 1975** in the summer of 1975; **es wird dieses Jahr spät ~** summer is late this year. ~ˌ**abend** *m* summer('s) evening. ~ˌ**anˌfang** *m* beginning of summer. ~ˌ**aufˌentˌhalt** *m* summer stay. ~ˌ**fä·den** *pl* gossamer *sg.* ~ˌ**fahr**ˌ**plan** *m* summer timetable. ~ˌ**fell** *n zo.* summer coat. ~ˌ**fe·ri·en** *pl* summer holidays (*Am.* vacation *sg*), *jur. parl.* summer recess *sg.* ~ˌ**fri·sche** *f* ⟨-; -**n**⟩ **1.** summer holidays *pl* (*Am.* vacation). **2.** summer resort. ~ˌ**frisch·ler** *m* ⟨-**s**; -⟩ summer holidaymaker (*Am.* vacationist). ~ˌ**ger·ste** *f* spring barley. ~**ge**ˌ**trei·de** *n* summer (*od.* spring) grain (*od.* corn). ~**ge**ˌ**wächs** *n* annual, summer plant. ~ˌ**halb**ˌ**jahr** *n* summer half-year, *ped.* summer semester (*od.* term). ~ˌ**haus** *n* summer house. ~ˌ**kleid** *n* **1.** summer dress. **2.** a) *zo.* → **Sommerfell**, b) *orn.* summer plumage. ~ˌ**klei·dung** *f* summer clothes *pl* (*od.* clothing), *bes. econ.* summer wear. ~**kol·lek·ti**ˌ**on** *f Mode*: summer collection.

ˈ**som·mer·lich I** *adj* summer(like), summer(l)y. **II** *adv* ~ **warm** warm as if it were summer, *colloq.* warm like in summer; **sich ~ kleiden** wear summer clothes.

ˈ**Som·mer**|ˌ**man·tel** *m* summer coat. ~ˌ**mo·nat** *m* summer month. ~ˌ**mor·gen** *m* summer('s) morning.

ˈ**som·mern**[1] *v/t* ⟨**h**⟩ *dial.* **1.** (*sonnen*) sun, air. **2.** (*Vieh*) summer.

ˈ**som·mern**[2] *v/t* ⟨**h**⟩ (*Reifen*) retread.

ˈ**Som·mer**|ˌ**nacht** *f* summer('s) night. ~**olym·pia·de** [-ˀolymˌpɪaːdə] *f* Summer (Olympic) Games *pl.* ~ˌ**pau·se** *f Sport etc*: summer break, *jur. parl.* summer recess. ~ˌ**pelz** *m zo.* summer coat. ~ˌ**rei·fen** *m mot.* normal tyre (*Am.* tire).

ˈ**som·mers** *adv* in (the) summer; ~ **wie winters** summer and winter.

ˈ**Som·mer**|ˌ**saat** *f* spring corn (*od.* seeds *pl*). ~ˌ**sa·chen** *pl* summer clothes (*od.* things). ~**sai**ˌ**son** *f* summer season. ~ˌ**schlaf** *m zo.* (a)estivation. ~ˌ**schluß·ver**ˌ**kauf** *m* summer sale. ~**se**ˌ**me·ster** *n ped.* summer semester (*od.* term).

~ˌsitz *m* summer residence. **~ˌson·nenˌwen·de** *f astr.* (summer) solstice. **~ˌspie·le** *pl* → Sommerolympiade. **~ˌspros·se** *f meist pl* freckle, sunspot. **♀ˌspros·sig** *adj* freckled, freckly.

ˈsom·mersˈüber *adv* during (the) summer.

ˈSom·mersˌzeit *f* ‹-; *no pl*› (zur ~ in) summer(time).

ˈSom·mer|ˌtag *m* summer('s) day. **~ˌthea·ter** [-teˌaːtər] *n* open-air theat/re (*Am.* -er). **~ˌurˌlaub** *m* summer leave (*od.* holidays *pl*, *Am.* vacation). **~ˌweg** *m* summer path (*od.* road). **~ˌwei·zen** *m* summer (*od.* spring) wheat. **~ˌwet·ter** *n*, **~ˌwit·te·rung** *f* summer(y) weather. **~ˌwoh·nung** *f* summer flat (*Am.* apartment). **~ˌzeit** *f* ‹-; *no pl*› **1.** (*vorverlegte Zeit*) summer time, daylight saving time. **2.** → Sommerszeit.

som·nam|bul [zɔmnamˈbuːl] *adj med.* somnambulant. **♀ˈbu·le** *m, f* ‹-n; -n› sleepwalker, somnambulist. **♀buˈlis·mus** [-buˈlɪsmʊs] *m* ‹-; *no pl*› sleepwalking, somnambulism.

soˈnach [zo-] *adv* → somit.

So·nant [zoˈnant] *m* ‹-en; -en›, **soˈnan·tisch** *adj ling.* syllabic.

So·na·te [zoˈnaːtə] *f* ‹-; -n› *mus.* sonata. **So·naˈti·ne** [-naˈtiːnə] *f* ‹-; -n› sonatina.

Son·de [ˈzɔndə] *f* ‹-; -n› **1.** *med.* probe (*a. fig.*), sound, *zur Ernährung*: (stomach) tube. **2.** *Raumfahrt*: probe. **3.** *meteor.* sonde; → *a.* Sondierballon. **4.** *Bergbau*: exploratory bore-hole. **ˈSon·den·erˌnäh·rung** *f med.* gavage, feeding by a stomach tube.

son·der [ˈzɔndər] *prep* ‹*acc*› *obs. od. lit.* (*ohne*) without.

ˈSon·der... *in Zssgn* special, separate, extraordinary. **~ˌabˌdruck** *m* ‹-(e)s; -e› offprint. **~ˌabˌga·be** *f* **1.** special levy (*od.* assessment). **2.** *der Kommunalsteuern*: special rate. **~ˌabˌkom·men** *n* special agreement. **~ˌanˌfer·ti·gung** *f* special model (*od.* design); **dieser Tisch ist e-e ~** this table was made to specification (*od.* is custom-made). **~ˌan·geˌbot** *n* special (offer), bargain. **~ˌaufˌtrag** *m* **1.** *mil. pol.* special mission. **2.** *econ.* special order. **~ˌausˌbil·dung** *f* special training. **~ˌausˌfüh·rung** *f* → Sonderanfertigung. **~ˌausˌga·be** *f* **1.** special edition. **2.** *meist pl* extra (*od.* special) expenditure, extra. **~ˌausˌschuß** *m pol.* select committee. **~ˌausˌstat·tung** *f mot.* special (*od.* extra) equipment, extras *pl*. **~ˌausˌweis** *m* special pass.

ˈson·der·bar I *adj* strange, odd, peculiar, queer, *colloq.* funny, (*ungewöhnlich*) *a.* extraordinary. **II** *adv* **sich ~ benehmen** behave strangely; **mir ist ~ zumute** a) I have a strange (*od.* funny) feeling, b) (*ich fühle mich schlecht*) I feel funny. **III ♀e, das** ‹-n› **das ♀e (an der Sache) war, daß** the strange (*od.* odd, curious) thing (about it) was that. **ˈson·der·ba·rerˈwei·se** *adv* strangely (*od.* oddly) enough, strange to say. **ˈSon·der·bar·keit** *f* ‹-; -en› **1.** ‹*only sg*› strangeness, oddness, peculiarity. **2.** curiosity, curio.

ˈSon·der|beˌaufˌtrag·te *m* special representative (*od.* commissioner). **~beˌfehl** *m mil.* special order. **~beˌga·bung** *f* **1.** particular (*od.* extraordinary) ability (*od.* aptitude, talent). **2.** person of particular (*od.* extraordinary) talent. **~beˌhand·lung** *f* special treatment. **~ˌbeiˌla·ge** *f e-r Zeitung etc*: (special) supplement. **~beˌrech·nung** *f* (gegen ~ at an) extra charge. **~beˌricht** *m* special report. **~beˌricht·erˌstat·ter** *m* special correspondent. **~beˌstim·mung** *f* **1.** special rule. **2.** *jur.* special provision (*od.* stipulation, condition, clause). **~beˌvollˌmäch·tig·te** *m* **1.** *pol.* plenipotentiary. **2.** *jur.* special agent. **~ˌbot·schaf·ter** *m pol.* ambassador extraordinary, ambassador-at-large. **~ˌbus** *m* special (*od.* extra) bus (*od.* coach). **~ˌdruck** *m* ‹-(e)s; -e› **1.** → Sonderabdruck. **2.** → Sonderausgabe 1. **~ˌein·heit** *f mil. etc* special unit, *mit bestimmtem Auftrag*: task force. **~ˌeinˌnah·men, ~ˌeinˌkünf·te** *pl* extraordinary receipts, *im Staatshaushalt*: special revenue *sg*. **~erˌlaub·nis** *f* → Sondergenehmigung. **~erˌmä·ßi·gung** *f* special (price) reduction. **~ˌfahrt** *f* **1.** *rail. etc* special (*od.* extra) trip (*od.* run). **2.** (*Ausflugsfahrt*) excursion, tour. **~ˌfahrˌzeug** *n* special-purpose vehicle. **~ˌfall** *m* special case, exception(al case). **~ˌflug** *m* special flight. **~ˌform** *f* special variety. **~ˌfrie·de(n)** *m pol.* separate peace. **~geˌneh·mi·gung** *f* special permission (*od.* authorization), *schriftlich*: special licen/ce (*Am.* -se) (*od.* permit). **~geˌricht** *n jur.* special court. **~geˌsetz** *n* special law.

ˈson·derˈgleich·chen *adj* → ohnegleichen 2.

ˈSon·der|ˌheft *n* **1.** → Sondernummer. **2.** → Sonderbeilage. **~in·terˌes·se** *n* special (*od.* private) interest. **~ˌklas·se** *f* **1.** *ped.* special class. **2.** *Segeln*: sonderclass. **~ˌkon·to** *n* special (*od.* separate) account. **~kor·re·sponˌdent** *m* special correspondent. **~ˌkin·derˌgar·ten** *m* kindergarten for retarded or handicapped children. **~ˌkos·ten** *pl* special (*od.* extra) charges (*od.* cost *sg*). **~ˌlei·stung** *f* **1.** *meist pl* special service (*od.* contribution); **soziale ~en** fringe benefits. **2.** outstanding performance (*od.* feat).

ˈson·der·lich I *adj* **1.** ‹*nur verneint*› particular, special, great; **er hat kein ~es Interesse für Autos** he isn't particularly interested in cars; **kein ~es Vergnügen** not much of a treat, no great pleasure. **2.** → sonderbar I. **II** *adv* **3. nicht ~** not particularly (*od.* much, very). **III ♀e, das** ‹-n› **4. nichts ♀es** nothing particular (*od.* unusual, remarkable, special).

ˈSon·der·ling *m* ‹-s; -e› eccentric (person), crank.

ˈSon·der|ˌmar·ke *f* special issue (stamp). **~maˌschi·ne** *f* special aircraft (*od.* plane). **~ˌmel·dung** *f* special announcement. **~miˌni·ster** *m* minister without portfolio.

son·dern[1] [ˈzɔndərn] *conj* but; **nicht nur ..., ~ auch ...** not only ..., but also ...

ˈson·dern[2] *v/t* ‹h› separate, isolate (**von** from); → **aussondern** 1.

ˈSon·der|ˌnum·mer *f* special (edition *od.* issue). **~ˌpreis** *m* special (*od.* preferential) price. **~raˌbatt** *m* special (*od.* extra) discount. **~ˌrecht** *n* (special) privilege. **~re·feˌrat** *n adm.* special branch. **~ˌre·ge·lung, ~ˌreg·lung** *f* **1.** *gesonderte*: separate settlement. **2.** *besondere*: special arrangement.

ˈson·ders *adv* → samt I.

ˈSon·der|ˌschicht *f econ.* extra shift. **~ˌschu·le** *f* special school. **~ˌschü·ler** *m*, **~ˌschü·le·rin** *f* pupil of a "Sonderschule". **~ˌschulˌleh·rer** *m*, **~ˌschulˌleh·re·rin** *f* teacher at a "Sonderschule". **~ˌsit·zung** *f* special session. **~ˌspra·che** *f* jargon. **~ˌstahl** *m* special alloy steel. **~ˌstel·lung** *f* special (*od.* privileged) position. **~ˌstem·pel** *m* special postmark. **~ˌsteu·er** *f* special tax. **~taˌrif** *m* special (*od.* preferential) tariff. **~ˌurˌlaub** *m* special (*od.* extra) leave, *bei Trauerfällen etc*: compassionate leave. **~verˌein·ba·rung** *f* special (*od.* separate) agreement. **~verˌgü·tung** *f* special (*od.* extra) allowance, bonus. **~verˌmö·gen** *n jur.* separate property. **~verˌpfle·gung** *f mil.* special rations *pl*. **~verˌtrag** *m* **1.** separate contract. **2.** *im Völkerrecht*: separate treaty. **~ˌvollˌmacht** *f* special power, *jur.* special power of attorney. **~ˌvorˌstel·lung** *f thea. etc* special performance. **~ˌwunsch** *m meist pl* special wish. **~ˌzie·hungsˌrecht** *n meist pl des Internationalen Währungsfonds*: special drawing right. **~ˌzug** *m* special (train); **e-n ~ einsetzen** run (*od.* put on) a special train. **~ˌzuˌla·ge** *f* special bonus. **~ˌzuˌschlag** *m* extra charge, surcharge, *zum Fahrpreis*: special excess fare. **~ˌzuˌtei·lung** *f* **1.** → Sonderzulage. **2.** → Sonderverpflegung. **~ˌzweck** *m* special (*od.* specific) purpose.

SonˈdierˈbalˌIon *m meteor.* sounding balloon.

son·die·ren [zɔnˈdiːrən] **I** *v/t* ‹*no* ge-, h› **1.** *med. u. fig.* sound, probe; *fig.* **~ ob** probe (*od.* try to find out) whether. **2.** *bes. mil.* reconnoit/re (*Am.* -er), spy out. **II** *v/i* **3.** *bes. mil.* reconnoit/re (*Am.* -er). **4.** *fig.* probe, spy out the land, put out feelers. **Sonˈdie·rungs·geˌspräch** *n pol.* exploratory talk.

So·nett [zoˈnɛt] *n* ‹-(e)s; -e› sonnet.

ˈSonnˌabend *m* ‹-s; -e› *dial. for* Samstag. **♀s** *adv* → samstags.

Son·ne [ˈzɔnə] *f* ‹-; -n› **1.** ‹*only sg*› a) sun (*a. fig.*), b) (*~nschein*) sun(shine); **die ~ steht hoch (tief) (am Himmel)** the sun is high (low) (in the sky); **strahlende ~** radiant sun(light); *fig.* **ein Platz an der ~** a place in the sun; *colloq.* **geh mir aus der ~!** get out of my light!; **sich von der ~ bescheinen lassen** → **sonnen** II; **von der ~ verbrannt** sunburnt; **die ~ bringt es an den Tag** (*Sprichwort*) truth (*od.* murder) will out. **2.** → a) Heizsonne, b) Höhensonne 2. **3.** (*Feuerwerkskörper*) Catherine wheel.

sön·ne [ˈzœnə] *obs. 1 u. 3 sg pret subj of* **sinnen**.

son·nen [ˈzɔnən] **I** *v/t* ‹h› expose *s.th.* to the sun, air. **II** *v/reflex* **sich ~** sun o.s., sunbathe, bask in the sun; *fig.* **er sonnte sich in s-m Glück** he basked in his good fortune.

ˈSon·nen|ˌanˌbe·ter *m relig. u. humor.* sun worshipper. **~ˌanˌbe·tung** *f* sun worship, heliolatry. **~ˌaufˌgang** *m* (bei ~ at) sunrise. **~ˌbad** *n* sunbath; **ein ~ nehmen** → **♀ˌba·den** *v/i* ‹*only inf u. pp* sonnengebadet, h› sunbathe, take a sunbath. **~bat·teˌrie** *f Raumfahrt*: solar battery; **mit ~n gespeist** solar-powered. **♀beˌschie·nen** *adj* sunlit, sunny. **~beˌstrah·lung** *f* **1.** → Sonnenstrahlung. **2.** *bes. med.* exposure to the sun, insolation. **~ˌblen·de** *f* **1.** *phot.* lens hood (*od.* shade). **2.** *mot.* (sun) visor (*a.* vizor). **~ˌblendˌschei·be** *f mot.* antidazzle windscreen (*Am.* windshield). **~ˌblu·me** *f* sunflower. **~ˌbrand** *m* sunburn; **sich** (*dat*) **e-n ~ holen** get a sunburn, get sunburnt. **~ˌbräu·ne** *f* suntan. **~ˌbril·le** *f* sunglasses *pl*. **~ˌcreme** *f* sun(tan) cream. **~ˌdach** *n* **1.** (window) awning, sunblind, sunshade. **2.** *mot.* sunshine (*od.* sliding) roof. **~ˌdeck** *n mar.* sundeck. **~ˌeinˌstrah·lung** *f* ‹-; *no pl*› solar radiation. **~enerˌgie** *f* solar energy. **~ˌfer·ne** *f astr.* aphelion. **~ˌfin·ster·nis** *f* solar eclipse, eclipse of the sun. **~ˌfleck** *m astr.* sunspot. **♀geˌbräunt** *adj* suntanned. **~geˌflecht** *n anat.* solar plexus. **♀geˌreift** *adj* ripened in the sun. **~ˌglut** *f* (blazing) heat of the sun. ~ˌ**gott** *m* sun god. ~ˌ**hei·zung** *f* solar heating. ≈ˌ**hell** *adj* sunlit, sunny. ~ˌ**hit·ze** *f* sun heat. ~ˌ**hut** *m* sun hat. ~ˌ**jahr** *n astr.* solar year. ≈ˈ**klar** *adj fig. colloq.* **das ist (doch) ~!** a) (*offensichtlich*) that's (as) clear as day(light)!, b) (*selbstverständlich*) that goes without saying!; **es ist doch ~, daß ich dir helfe!** of course I'll help you! ~ˌ**kö·nig, der** *hist.* (*Ludwig XIV.*) the Sun King. ~ˌ**kraftˌwerk** *n* solar power plant (*od.* station). ~ˌ**kult** *m relig.* sun cult. ~ˌ**licht** *n* <-(e)s; *no pl*> sunlight. ~ˌ**mes·ser** *m* <-s; -> *astr.* heliometer. ~ˌ**mo·nat** *m* solar month. ~ˌ**nä·he** *f* perihelion. ~ˌ**öl** *n* suntan lotion (*od.* oil). ~ˌ**rad** *n tech.* sun gear. ~ˌ**schein** *m* sunshine (*a. fig. Kind etc*), sun, sunlight. ~ˌ**schirm** *m* parasol, *auf Balkon etc*: sunshade, *am Strand*: *a.* beach parasol.

ˈ**Son·nenˌschutz** *m* **1.** protection against the sun. **2.** (*Vorrichtung*) sunshade. ~ˌ**creme** *f* sun(tan) cream. ~ˌ**glas** *n* **1.** *opt.* sun-protective plano lens, dark (*od.* smoked) glass. **2.** → **Sonnenbrille.** ~ˌ**mit·tel** *n* suntan preparation.

ˈ**Son·nen|ˌse·gel** *n* **1.** *mar.* awning. **2.** *Raumfahrt*: solar sail. ~ˌ**sei·te** *f* sunny side, *fig. a.* bright side. ~ˌ**spek·trum** *n phys.* solar spectrum. ~ˌ**stand** *m* position of the sun. ~ˌ**stich** *m med.* sunstroke, heatstroke, *leichter*: touch of the sun; **e-n ~ haben** have a sunstroke (*etc*), *fig. colloq.* be touched (in the head). ~ˌ**strahl** *m* sunbeam, ray of sunshine. ~ˌ**strah·lung** *f* solar radiation. ~**sy·ˌstem** *n* solar system. ~ˌ**tag** *m* **1.** sunny day. **2.** *astr.* solar day. ~ˌ**tau** *m bot.* sundew, drosera. ~**terˌras·se** *f* sun terrace. ~ˌ**tier·chen** *n* sun animalcule, heliozoan. ≈ˌ**überˌflu·tet** *adj* sun-splashed, flooded with sunlight. ~ˌ**uhr** *f* sundial, sun clock. ~ˌ**un·terˌgang** *m* (**bei ~** at) sunset, sundown. ≈**ver·ˌbrannt** *adj* sunburnt, sunburned, suntanned. ~ˌ**wär·me** *f* solar heat. ~ˌ**wen·de** *f astr.* solstice. ~ˌ**zeit** *f* solar time; **mittlere ~** solar mean time. ~ˌ**zel·le** *f* solar battery.

ˈ**son·nig** *adj* sunny (*a. fig.*); *iro.* **du hast ja ein ~es Gemüt!** you've got a nerve!

ˈ**Sonnˌtag** *m* <-(e)s; -e> Sunday; **am ~** on Sunday; *lit.* **des ~s** on (*od.* of) a Sunday; *relig.* **weißer ~** Low Sunday. ~ˈ**abend** *m* Sunday evening (*od.* night).

ˈ**sonnˌtä·gig** *adj* (on) Sunday.

ˈ**sonnˌtäg·lich I** *adj* Sunday('s), on Sunday(s). **II** *adv* as on a Sunday, (*jeden Sonntag*) every Sunday; **~ gekleidet** dressed in one's Sunday best.

ˈ**Sonnˌtagˈmor·gen** *m* Sunday morning.

ˈ**sonnˌtags** *adv* on Sunday(s), on a Sunday.

ˈ**Sonnˌtags|ˌanˌzug** *m* Sunday suit, *colloq.* Sunday best. ~ˌ**ar·beit** *f* Sunday work. ~ˌ**ausˌflüg·ler** *m* Sunday tripper (*od.* excursionist). ~ˌ**ausˌga·be** *f e-r Zeitung*: Sunday issue. ~ˌ**beiˌla·ge** *f e-r Zeitung*: Sunday supplement. ~ˌ**blatt** *n* Sunday paper. ~ˌ**christ** *m contp.* Sunday saint. ~ˌ**dienst** *m* **~ haben** be on Sunday duty, *Apotheke etc*: be open on Sunday(s). ~ˌ**fah·rer** *m contp.* Sunday (*od.* weekend) driver. ~ˌ**kind** *n* **1.** Sunday child. **2.** *fig.* lucky fellow (*od.* girl); **ein ~ sein** be born lucky (*od.* under a lucky star). ~ˌ**kleid** *n* Sunday dress, *colloq.* Sunday best. ~ˌ**ma·ler** *m* Sunday painter. ~ˌ**rückˌfahrˌkar·te** *f rail.* weekend ticket. ~ˌ**ru·he** *f* Sunday peace. ~ˌ**schu·le** *f relig.* Sunday school. ~**ˌstaat** *m* <-(e)s; *no pl*> (**in vollem ~** in one's) Sunday best. ~ˌ**zei·tung** *f* Sunday paper.

ˈ**Sonn- ˌund ˈFei·erˌta·ge** *pl* Sundays and holidays. ˈ**sonn- ˌund ˈfei·er·ˌtags** *adv* on Sundays and holidays.

ˈ**sonn·verˌbrannt** *adj* sunburnt, suntanned.

ˈ**Sonnˌwend|ˌfei·er** *f* midsummer (*od.* midwinter) festival (*od.* celebration). ~**ˌfeu·er** *n* bonfire lit to celebrate the summer (*od.* winter) solstice.

so·nor [zoˈnoːr] *adj* sonorous. ≈ˌ**laut** *m meist pl ling.* sonorant.

sonst [zɔnst] *adv* **1.** (*außerdem*) else, more; **wer ~?** who else?; **~ nirgends** nowhere else; **~ (noch) jemand?** anyone else?; **~ k-e Post** *etc?* no other mail, *etc?*; *a. iro.* **~ noch etwas?** anything else?, will that be all?; **danke, ~ nichts!** nothing else (*od.* that's all), thank you!; **wenn es ~ nichts ist!** if it's nothing more than that, if that is all; **hast du mir ~ nichts zu sagen?** have you nothing more (*od.* else) to say for yourself?; **~ tut dir nichts weh?** there is nothing else troubling you, is there?, *fig. colloq.* are you sure you are feeling all right?; *colloq.* **und wer weiß was ~ noch alles** and goodness (*od.* God) knows what (else), and what-have-you; → *a.* **sonstwas** (*etc*). **2.** (*andernfalls*) (for) otherwise, or, (or) else; **~ komme ich zu spät** or I'll be late; **komm sofort her, ~ setzt es was!** come here at once or else! **3.** (*wenn nicht*) otherwise, if not, (or) else; **magst du Spinat? ≈ kannst du (auch) Erbsen bekommen** do you like spinach? Otherwise you may have peas. **4.** (*im allgemeinen*) normally, usually, as a rule, otherwise; **du bist doch ~ nicht so schüchtern!** you aren't normally so shy, you're not so shy otherwise; **dieses ~ so ausgezeichnete Buch** this otherwise excellent book; **es ist doch alles wie ~ (auch)** it's just the way it always is. **5. ~ (einmal)** some other time. **6.** (*früher immer*) formerly, always; **~ stand hier doch ein Haus** there used to be a house here; **nichts war mehr wie ~** nothing was as it used to be. **7.** (*im übrigen*) otherwise, in other respects, apart from that; **~ ist sie (ja) recht vernünftig** she is quite sensible otherwise; *colloq.* **wie geht's ~?** how are things otherwise?; *iro.* **~ geht's dir gut?** are you feeling all right?, are you in your right mind? **8.** (*anderweitig*) in other respects (*od.* matters); **kann ich Ihnen ~ (noch) behilflich sein?** may I assist you in any (*od.* some) other way? **9.** *colloq.* **~ noch** (*darüber hinaus*) besides. ~ˌ**ei·ner** *indef pron* → **sonstwer** 1.

ˈ**son·stig I** *adj* **1.** (*ander*) other; **~e Unkosten** other expenses. **2.** (*gewöhnlich*) normal, usual. **3.** (*ehemalig*) former. **II ≈e, das** <-n> **4.** other matters (*od.* things) *pl*; *econ.* **≈es** other expenses *pl*.

ˈ**sonst|ˌje·mand** *indef pron* → **sonstwer.** ~ˌ**was** *indef pron colloq.* **1.** anything (*od.* something) else; *iro.* **fast hätte ich ~ gesagt!** I very nearly said s.th. **2.** I don't know (*od.* God knows) what; **er denkt er sei ~** *cf.* **sonstwer** 2. **3.** whatever you like. ~ˌ**wer** *indef pron colloq.* **1.** anybody (*od.* somebody) else, (*jeder beliebige*) anybody (you like); **es könnte ja ~ sein** who knows who it might be; **das kannst du sonstwem erzählen!** tell that to the marines! **2.** (*j-d Besonderes*) some one special, *contp.* God knows who; **er denkt, er sei ~** he thinks he is God knows who (*od.* what). ~ˌ**wie** *adv colloq.* (in) some other way, any way you like (*etc*). ~ˌ**wo** *adv colloq.* **1.** (*irgendwo*) somewhere, goodness (*od.* God) knows where. **2.** (*woanders*) elsewhere, anywhere else, somewhere else; **der kann mich doch (mal) ~!** he can go to hell! **3.** (*überall sonst*) everywhere(else). **4.** (*weit voraus*) miles ahead. ~**woˌher** *adv colloq.* from somewhere (*etc*; *cf.* **sonstwo**). ~**woˌhin** *adv colloq.* somewhere (*etc*; *cf.* **sonstwo**).

soˈoft *conj* whenever (*he comes, etc*), (*egal wie oft*) *a.* no matter how often; **~ Sie wollen** as often as (*od.* whenever) you like.

So·phis·mus [zoˈfɪsmʊs] *m* <-; -phismen> *philos.* sophism, sophistry. **So·ˈphist** [-ˈfɪst] *m* <-en; -en> *a. fig.* sophist. **So·phi·steˈrei** [-təˈraɪ] *f* <-; -en> *fig.* sophistry. **Soˈphi·stik** [-ˈfɪstɪk] *f* <-; *no pl*> *philos.* sophistry. **soˈphi·stisch** *adj a. fig.* sophistic(al).

so·pho·kle·isch [zofoˈkleːɪʃ] *adj* Sophoclean.

So·pran [zoˈpraːn] *m* <-s; -e> *mus.* **1.** soprano. **2.** → **Sopranist(in). So·pra·nist** [zopraˈnɪst] *m* <-en; -en> soprano (singer), male soprano, sopranist. **So·praˈni·stin** *f* <-; -nen> soprano (singer), sopranist.

Soˈpran|parˌtie *f e-r Oper etc*: soprano part. ~ˌ**stim·me** *f* **1.** → **Sopran** 1. **2.** *im gemischten Satz*: treble, soprano.

Sor·be [ˈzɔrbə] *m* <-n; -n> Sorb.

Sorˈbinˌsäu·re [zɔrˈbiːn-] *f chem.* sorbic acid.

Sor·bit [zɔrˈbiːt; -ˈbɪt] *m* <-s; *no pl*> *chem.* sorbitol.

Sor·ge [ˈzɔrgə] *f* <-; -n> **1.** *meist pl* worry, concern, care, (*Kummer*) sorrow, distress, (*Ärger*) trouble; **ich habe große (*od.* schwere, ernste) ~n** I have serious worries; **finanzielle (berufliche) ~n** financial (professional) worries (*od.* problems); **hast du ~n?** is s.th. troubling (*od.* worrying) you?; **sich** (*dat*) **~n machen (um** about) worry, be worried (*od.* concerned); **j-m große ~n machen** cause (*od.* give) s.o. a lot of worry, cause s.o. great concern; **~n mit j-m haben** a) have trouble with s.o., b) be concerned (*od.* worried) about s.o.; **mach dir (darüber** *od.* **darum, deshalb) k-e ~n!** don't worry yourself about that!; **ich habe k-e ~, daß er die Prüfung besteht** I am not worried about him passing the exam; **k-e ~!, sei ohne ~!** don't (you) worry!; **m-e größte ~ beim Autofahren ist, daß** my greatest worry (*od.* what I fear most) when driving is that; **lassen Sie das m-e ~ sein!** a) let me worry about that!, don't worry!, that's my problem (*sl.* headache)!, b) that's none of your business!; **j-m e-e ~ abnehmen** take a worry (*od.* a load) off s.o.'s mind; *colloq.* **die ~ bin ich (endlich** *od.* **glücklich) los** that's one worry less!, that's that load off my mind!; **ich habe andere ~n!** I have other worries!, I have other fish to fry!; *iro.* **du hast vielleicht ~n!, d-e ~n möchte ich haben!** is that all you have to worry about? **2.** (*Für≈*) care, solicitude; **dafür ~ tragen, daß** → **sorgen** 3; **für et. (j-n) ~ tragen** take care of (*od.* look after) s.th. (s.o.). **3.** → **Sorgerecht.** ~**beˌrech·tig·te** *m, f* <-n; -n> *jur.* person having the care and custody (*gen* of).

sor·gen [ˈzɔrgən] **I** *v/i* <h> **1. für j-n ~** a) provide for s.o., support s.o., b) look after (*od.* take care of, care for) s.o.; **für s-e Familie ~** provide for one's family; **für sich selbst ~** *a.* fend for o.s.; **für ihn ist gesorgt** he is provided for. **2. für et. ~** a) (*liefern, sich kümmern um*) see to (*od.* provide, look after, take care of) s.th., b) (*bewirken*) cause (*od.* give rise to) s.th.; **für Besserung ~** cause (*od.* bring about) an improvement; **für Unruhe ~** cause (*od.* give rise to) unrest; **für**

ein Zimmer (Taxi) ~ find (*od.* get) a room (taxi); für e-e gute Ausbildung der Kinder ~ see to it (*od.* ensure) that the children are given a good education; *colloq.* er sorgt immer für Abwechslung there's never a dull moment when he's around. **3.** dafür ~, daß take care that, see (to it) that, be responsible for seeing that; dafür ist gesorgt that's taken care of. **II** *v/reflex* sich ~ **4.** worry, be worried, be concerned, be anxious.

'Sor·gen|,bre·cher *m humor.* care-expeller, pick-me-up. **~,fal·ten** *pl* lines of worry. **≗,frei** *adj* carefree, free from care. **~,kind** *n* **1.** problem child. **2.** *fig.* problem, *colloq.* headache. **~,last** *f* load (*od.* burden) of worries (*lit.* cares). **≗los** *adj* → sorgenfrei. **≗,schwer** *adj lit.* full of worries (*od.* troubles, cares), *Gesicht*: careworn, worried. **≗,voll I** *adj Leben etc*: full of worries (*od.* troubles, *lit.* cares), *Gesicht etc*: worried, troubled, anxious. **II** *adv* worriedly, anxiously.

'Sor·ge|,pflicht *f* <-; *no pl*> *jur. der Eltern*: duty to care for one's children. **~,recht** *n* <-(e)s; *no pl*> care and custody (für [to the person] of).

'Sorg,falt [-,falt] *f* <-; *no pl*> **1.** care, attention, (*Genauigkeit*) meticulousness, (*Gewissenhaftigkeit*) conscientiousness; peinliche ~ painstaking (*od.* meticulous) care; mit großer ~ with great care, very carefully (*od.* conscientiously); ohne ~ in a careless (*od.* slovenly, slipshod) manner; große ~ verwenden auf (*acc*) bestow great care (up)on, take great pain with (*od.* to do), auf sein Äußeres: pay careful attention to one's outward appearance. **2.** *econ. jur.* diligence, care; (verkehrsübliche *od.* angemessene, gehörige) ~ ordinary (*od.* reasonable, due) care; mit der ~ e-s ordentlichen Geschäftsmanns exercising the ordinary diligence of a businessman.

'sorg,fäl·tig [-,fɛltɪç] **I** *adj* careful, *stärker*: painstaking, meticulous, thorough, (*gewissenhaft*) conscientious, (*behutsam*) cautious; bei ~er Behandlung if treated (*od.* handled) with care. **II** *adv* carefully (*etc*), with care. **≗keit** *f* <-; *no pl*> → Sorgfalt.

'Sorg,falts,pflicht *f jur.* obligation to exercise due care.

sorg·lich ['zɔrklɪç] *adj u. adv* → sorgsam 2.

'sorg·los *adj* **1.** (*sorgenfrei*) carefree, free from care. **2.** (*heiter*) lighthearted, (*unbekümmert*) unconcerned, nonchalant, (*nachlässig, leichtfertig*) careless, negligent, heedless, *stärker*: reckless, devil--may-care. **3.** (*vertrauensselig*) trusting, credulous. **'Sorg·lo·sig·keit** *f* <-; *no pl*> **1.** carefreeness, freedom from care. **2.** lightheartedness, unconcern, carelessness, negligence, nonchalance, heedlessness. **3.** trustingness.

'sorg·sam I *adj* **1.** → sorgfältig I. **2.** (*fürsorglich*) solicitous, considerate. **II** *adv* **3.** → sorgfältig II; ~ darauf bedacht sein zu *inf* be anxious to *inf.*

Sor·te ['zɔrtə] *f* <-; -n> **1.** (*Art*) sort, kind, type (*alle a. colloq. Mensch*), variety, *econ.* (*Qualität*) quality, grade, (*Marke*) brand, make; erste (*od.* feinste, beste) ~ first(-class) (*od.* finest, best, prime, superior) quality, grade A; andere ~n (von) Käse other kinds of cheese, different cheeses; nach ~n einteilen grade; *colloq.* er ist e-e seltsame ~ Mensch he's a peculiar kind of person, he's an odd sort; *ein Schwindler etc* übelster ~ of the worst kind (*od.* sort). **2.** *pl* foreign notes and coins, foreign currency (*od.* money) *sg.*

'Sor·ten|,ab,tei·lung *f Bank*: foreign money department. **~ge,schäft** *f* transactions *pl* in foreign coin and paper money. **~,kur·se** *pl* foreign currency rates. **~,zet·tel** *m* bill of specie.

sor·tie·ren [zɔr'tiːrən] **I** *v/t* <*no* ge-, h> **1.** sort (out); nach Größen ~ *a.* size; nach Qualität ~ *a.* grade; nach Klassen ~ classify; ein gut sortiertes Lager a good stock (an *dat* of), a well-stocked store. **2.** (*Wolle*) sort, (*Baumwolle etc*) staple. **II ≗** *n* <-s> **3.** sorting (*etc*). **4.** → Sortierung 2. **Sor'tie·rer** *m* <-s; -> **1.** (*Person*) sorter. **2.** → Sortiermaschine. **Sor'tie·re·rin** *f* <-; -nen> → Sortierer 1. **Sor'tier·ma,schi·ne** *f* sorting machine, sorter. **Sor'tie·rung** *f* <-; *no pl*> **1.** → sortieren 3. **2.** *nach Qualität*: classification, grading, *nach Größe*: sizing.

Sor·ti·ment [zɔrti'mɛnt] *n* <-(e)s; -e> **1.** (an *dat* of) assortment, variety. **2.** → Sortimentsbuchhandel. **Sor·ti'men·ter** *m* <-s; -> → Sortimentsbuchhändler.

Sor·ti'ments|,buch,han·del *m* retail book trade. **~,buch,händ·ler** *m* retail bookseller. **~,buch,hand·lung** *f* retail bookshop (*bes. Am.* bookstore).

SOS [ɛsʔoː'ʔɛs] *n* <-; *no pl*> *mar.* (~ funken send out an) SOS.

so'sehr [zo-] *conj* ~ (auch) however much, no matter how (much), much as.

SOS-,Kin·der,dorf [ɛsʔoː'ʔɛs-] *n* SOS-Children's Village.

so'so [zo-] **I** *interj* **1.** (*sieh mal einer an*) well, well! **2.** (*was du nicht sagst*) you don't say!, really? **II** *adv* **3.** *colloq.* ~ (lala)! so--so!, middling!

SOS-,Ruf [ɛsʔoː'ʔɛs-] *m mar. u. fig.* SOS (*od.* distress) call.

So·ße ['zoːsə] *f* <-; -n> **1.** *gastr.* sauce, (*Braten≗*) gravy, (*Salat≗*) dressing. **2.** *fig. colloq.* (*Brühe*) juice, goo, mess. **3.** (*Tabakbeize*) sauce. **~n,löf·fel** *m* sauce ladle (*od.* spoon). **~n,schüs·sel** *f* sauceboat, gravy boat.

sott [zɔt] *1 u. 3 sg pret of* sieden.

Sou·bret·te [zu'brɛtə] *f* <-; -n> *thea.* soubrette.

Souf·flé [zu'fleː] *n* <-s; -s> *gastr.* soufflé.

Souf·fleur [zu'fløːr] *m* <-s; -e> *thea.* prompter. **~,ka·sten** *m* prompt-box.

Souf·fleu·se [zu'fløːzə] *f* <-; -n> *thea.* prompter. **souf·flie·ren** [zu'fliːrən] *thea.* **I** *v/t* <*no* ge-, h> *a. fig.* j-m (den Text) ~ prompt s.o. **II** *v/i* act as (a) prompter, prompt.

'so,und'so *colloq.* **I** *adv* **1.** so and so, such and such; ~ groß so and so big, (of) such and such a size; ~ viel so much, a certain amount; ~ viele Leute a) such and such a number of people, b) (*ein paar einzelne*) so many odd. **2.** ~ oft (ever) so often, time and again, *colloq.* umpteen times. **II** *adj* **3.** <*nachgestellt*> (Paragraph, Seite, Nummer *etc* ~ section, page, number, *etc*) so-and-so. **III ≗** *m, f* <-; -s> **4.** Herr ≗ a) Mr. so-and-so, b) Mr. what's-his-name.

'so,und·so'vielt [-zo'fiːlt] *colloq.* **I** *adj* **1.** such and such; am ~en Mai on such and such a date in May. **2.** (*x-te*) umpteenth, umptieth; zum ~en Male for the umpteenth time. **II ≗e** *m, f* <-n; -n>, *n* <-n; *no pl*> **3.** der ≗e a) such and such a day (*od.* date), b) (*der X-te*) the umpteenth (*od.* umptieth) person (*etc*).

Sou·per [zu'peː] *n* <-s; -s> (ceremonial) dinner. **sou'pie·ren** [-'piːrən] *v/i* <*no* ge-, h> (bei j-m at s.o.'s) have dinner (*od.* a festive evening meal), dine.

Sou·ta·ne [zu'taːnə] *f* <-; -n> *R.C.* soutane, cassock.

Sou·ter·rain [zutɛ'rɛ̃ː; 'zuːtɛrɛ̃] *n* <-s; -s> basement. **~,woh·nung** *f* basement flat (*Am.* apartment).

Sou·ve·nir [zuvə'niːr] *n* <-s; -s> souvenir. **~,jä·ger** *m* souvenir hunter. **~,la·den** *m* souvenir shop.

sou·ve·rän [zuvə'rɛːn] **I** *adj* **1.** *pol.* sovereign. **2.** *fig.* (*überlegen*) superior (*mind, play, style, etc*), brilliant, *Person*: *a.* (supremely) confident, sure-footed, cool. **II** *adv* **3.** *fig.* in superior style, brilliantly, coolly; die Situation ~ beherrschen be in full command of the situation.

Sou·ve·rä·ni·tät [zuvərɛni'tɛːt] *f* <-; *no pl*> **1.** *pol.* sovereignty, independence. **2.** *fig.* superior style. **~s,rech·te** *pl* rights of sovereignty, sovereign rights. **~s·ver,let·zung** *f* infringement of sovereignty.

so'viel [zo-] **I** *adv* **1.** so much. **2.** ~ wie a) as much as, b) (*so gut wie*) as good as, practically; doppelt ~ twice as much; zehnmal ~ *a.* ten times the number; ~ wie möglich as much as possible; das war ~ wie gar nichts that was next to (*od.* practically) nothing; das war ~ wie ein Versprechen that was as good as a promise. **3.** noch ~ no matter how (much); und wenn du noch ~ arbeitest *a.* work as you may. **4.** ~ für heute so much for today; ~ ist gewiß one thing is certain. **II** *conj* **5.** as far as; ~ ich weiß as far (*od.* for all) I know, to (the best of) my knowledge; ~ ich gehört habe from what I've heard, I understand. **6.** ~ ... auch (immer) no matter how much, however much, much as. **~,mal** *adv* so often, so many times, time and again.

Sow·chos ['zɔfçɔs; -xɔs] *m, n* <-; -e [zɔf'çoːzə; -'xoːzə]>, **Sow·cho·se** [zɔf'çoːzə; -'xoːzə] *f* <-; -n> (*Staatsgut in der UdSSR*) sovkhoz.

so'weit [zo-] **I** *adv* **1.** ~ sein be ready. **2.** es ist ~ a) it is time, *lit.* the time has come, b) here goes!, this is it! **3.** ~ wie, ~ als as far as. **4.** on the whole, by and large, taken all round. **II** *conj* **5.** as far as. **6.** → sofern.

so'we·nig [zo-] **I** *adv* **1.** ~ wie, ~ als a) as little as, no more than, b) not any better than; ~ als möglich as little as possible. **2.** noch ~ no matter how little. **II** *conj* **3.** no matter how little, however little, little as; ~ ich einsehen kann, warum little as I can see why, even if (*od.* though) I cannot see why.

so'wie [zo-] *conj* **1.** as soon as, (just) as, the moment. **2.** as well as, and ... as well; er, s-e Schwester ~ s-e Mutter he, his sister, and his mother as well.

so·wie'so [zovi-] **I** *adv* **1.** anyway, anyhow, in any case; er kommt ~ nicht he won't come (*od.* he's not coming) anyway. **2.** *colloq.* (das) ~! of course!, certainly!, obviously! **II ≗** *m, f* <-; -s> **3.** → soundso 4.

So·wjet [zɔ'vjɛt; 'zɔvjɛt] *m* <-s; -s> **1.** *pol.* soviet; Oberster ~ Supreme Soviet. **2.** *pl colloq.* (*Einwohner*) Soviets. **~ar,mee** *f* Soviet army. **~,bür·ger** *m* Soviet citizen. **≗,feind·lich** *adj* anti-Soviet.

so·wje·tisch [zɔ'vjɛtɪʃ] *adj* Soviet.

so·wje·ti·sie|ren [zɔvjɛti'ziːrən] *v/t* <*no* ge-, h> *pol.* sovietize. **≗rung** *f* <-; *no pl*> sovietization.

So'wjet|re,gie·rung *f* Soviet government. **~re·pu,blik** *f* Soviet republic. **~,rus·se** *m* Soviet Russian. **≗,rus·sisch** *adj* Soviet(-Russian). **~,ruß,land** *n* Soviet Russia. **~,stern** *m* Soviet star. **~uni,on** *f* Soviet Union. **~,zo·ne** *f colloq. hist.* Soviet-occupied zone.

so'wohl [zo-] *conj* ~ ... als (auch), ~ ... wie (auch) as well as, both ... and. **≗-,Als-'auch** *n* <-; *no pl*> (attitude of) compromise.

So·zi [ˈzoːtsi] *m* ⟨-s; -s⟩ *colloq. contp.* Socialist.
so·zia·bel [ˈzoˈtsĭaːbəl] *adj* sociable.
so·zi·al [zoˈtsĭaːl] **I** *adj* **1.** social; ~er Beruf → Sozialberuf; ~e Einrichtungen → Sozialeinrichtungen; ~er Wohnungsbau publicly assisted house-building; auf ~em Gebiet in the social field; in ~er Hinsicht socially; nicht ~ unsocial. **2.** social, in society; ~e Stellung social rank, rank in society, (social) status. **3.** → sozialdenkend. **II** *adv* **4.** socially; ~ denken, ~ gesinnt sein be social-minded, be socially conscious.
So·ziˈal|ab̩ga·ben, ~ab̩zü·ge *pl* social contributions, welfare charges. **~ˌamt** *n* social welfare (*od.* assistance) office. **~ar·beit** *f* social (*od.* welfare) work. **~ar·bei·ter** *m,* **~ar·bei·te·rin** *f* social (*od.* welfare) worker. **~aufˌwand** *m,* **~aufˌwen·dun·gen** *pl,* **~ˌausˌga·ben** *pl* social expenditure *sg.* **~ausˌschuß** *m pol.* social committee. **~beiˌtrag** *m* social insurance contribution. **~beˌruf** *m* occupation in social work; e-n ~ ergreifen go into social work. **~bin·dung** *f* ties *pl* with one's social environment. **~de·moˌkrat** *m* Social Democrat. **~de·mo·kraˌtie** *f* social democracy. **2de·moˌkra·tisch** *adj* Social Democratic. **2ˌden·kend** *adj* social-minded, public-spirited. **~ein·ˌkom·men** *n* income from public sources. **~einˌrich·tun·gen** *pl* social services, social (*od.* welfare) institutions. **~ethik** *f* social ethics *pl* (*meist als sg konstruiert*). **~fürˌsor·ge** *f* social welfare. **~geˌricht** *n* Social Court. **~ge·ˌrichts·bar·keit** *f* social jurisdiction. **~geˌsetzˌge·bung** *f* social legislation. **~ˌhil·fe** *f* social assistance, welfare; von der ~ leben be on welfare. **~hil·fe·empˌfän·ger** *m* welfare recipient, welfarite. **~hy·gie·ne** [-hyˌgĭeːnə] *f* social hygiene. **~in·di·ka·tiˌon** *f bei Schwangerschaftsabbruch*: social indication.
so·zia·li·sie|ren [zotsĭaliˈziːrən] *v/t* ⟨*no* ge-, h⟩ (*Betriebe etc*) nationalize, *Am. a.* socialize. **2rung** *f* ⟨-; *no pl*⟩ nationalization, *Am. a.* socialization.
So·zia·lis·mus [zotsĭaˈlɪsmʊs] *m* ⟨-; *no pl*⟩ socialism. **So·zia·list** [zotsĭaˈlɪst] *m* ⟨-en; -en⟩ socialist. **So·ziaˈli·sten·geˌsetz** *n hist.* (Bismarck's) law against socialists. **So·ziaˈli·stin** *f* ⟨-; -nen⟩ socialist. **so·ziaˈli·stisch** *adj* socialist(ic).
So·ziˈal|ko·sten *pl* social costs (*od.* expenditure *sg*). **~kri·tik** *f* social criticism. **2ˌkri·tisch** *adj* sociocritical. **~ˌkun·de** *f ped.* social studies *pl.* **~ˌla·sten** *pl* social expenditure *sg.* **~ˌleh·re** *f* social teaching (*od.* doctrine). **~lei·stun·gen** *pl* **1.** social expenditure *sg, e-r Firma*: fringe benefits. **2.** *staatliche*: social services. **~lohn** *m* social wages *pl.* **~me·diˌzin** *f* social medicine. **~öko·noˌmie** *f* social economics *pl* (*meist als sg konstruiert*). **~ord·nung** *f* social order (*od.* system). **~päd·ago·gik** [-pɛdaˌgoːgɪk] *f* social p(a)edagogics *pl* (*als sg konstruiert*), social p(a)edagogy. **~part·ner** *pl* employers and employees, *the* two sides of industry. **~phi·lo·soˌphie** *f* social philosophy. **~po·li·ˌtik** *f* social policy. **2poˌli·tisch** *adj* sociopolitical. **~preˌsti·ge** *n* social prestige. **~proˌdukt** *n* national product. **~psy·cho·loˌgie** *f* social psychology. **~ˌrecht** *n* social law. **2ˌrecht·lich** *adj u. adv* with regard to (*od.* in the field of) social law. **~reˌform** *f* social reform. **~reˌfor·mer** *m* social reformer. **~ˌren·te** *f* social insurance (*Br.* National Insurance, *Am.* Social Security) pension. **~ˌrent·ner** *m,* **~ˌrent·ne·rin** *f* social insurance (*Br.* National Insurance, *Am.* Social Security) pensioner. **~ˌstaat** *m* ⟨-(e)s; -en⟩ welfare state. **~strukˌtur** *f* social structure. **~ver·ˌhal·ten** *n* social behavio(u)r. **~ver·ˌsi·che·rung** *f* **1.** social insurance, *Br.* National Insurance, *Am.* Social Security; Leistungen aus der ~ social insurance benefits. **2.** → Sozialversicherungsbeitrag.
So·ziˈal·verˌsi·che·rungs|beiˌtrag *m* social insurance (*Br.* National Insurance, *Am.* Social Security) contribution. **~frei·heit** *f* exemption from social insurance. **~gren·ze** *f* (income) limit for social insurance. **~pflicht** *f* obligation to pay social insurance contributions. **~trä·ger** *m meist pl* social insurance institution.
so·ziˈal|wirt·schaft·lich *adj* socioeconomic. **2ˌwis·sen·schaft** *f* social science, sociology. **2ˌwis·sen·schaft·ler** *m* social scientist, sociologist. **~ˌwis·sen·schaft·lich** *adj* sociological(al). **2ˌwoh·nung** *f* publicly financed flat (*Am.* apartment), council flat. **2zu·ˌla·ge** *f* welfare (*od.* government) allowance.
ˈSo·zio|bio·loˌgie [ˈzoːtsĭo-] *f* sociobiology. **~ˌdra·ma** [ˈzoːtsĭo-] *n psych.* sociodrama.
So·zio|gramm [zotsĭoˈgram] *n* ⟨-(e)s; -e⟩ sociogram(me *Br.*). **~graˈphie** [-graˈfiː] *f* ⟨-; *no pl*⟩ sociography. **~ˈlekt** [-ˈlɛkt] *m* ⟨-(e)s; -e⟩ *ling.* social variety. **~ˈlo·ge** [-ˈloːgə] *m* ⟨-n; -n⟩ sociologist. **~loˈgie** [-loˈgiː] *f* ⟨-; *no pl*⟩ sociology. **2ˈlo·gisch** [-ˈloːgɪʃ] *adj* sociologic(al). **~ˈpath** [-ˈpaːt] *m* sociopath, misfit.
So·zi·us [ˈzoːtsĭʊs] *m* ⟨-; -se⟩ **1.** *econ.* partner. **2.** *Motorrad*: pillion rider (*od.* passenger). **~sitz** *m* pillion seat.
ˈso·zuˈsa·gen [-tsu-] *adv* so to speak, as it were, in a way.
Spach·tel [ˈʃpaxtəl] *m* ⟨-s; -⟩, *f* ⟨-; -n⟩ **1.** *für Glaser*: putty knife, *für Anstreicher*: paint scraper, *für Maurer*: trowel, *Kunst*: palette knife, *med.* spatula. **2.** *a.* **~mas·se** *f* surfacer, filler, stopper, (*Haftgrund*) primer. **~mes·ser** *n* putty knife.
spach·teln [ˈʃpaxtəln] **I** *v/t* ⟨h⟩ prime, (*Oberfläche*) smooth, surface, (*Risse etc*) fill, stop. **II** *v/i colloq.* (*tüchtig essen*) tuck (*od.* dig) in.
Spa·gat [ʃpaˈgaːt] *m, n* ⟨-(e)s; -e⟩ *gym.* (~ machen do the) splits *pl.*
Spa·ghet·ti [ʃpaˈgɛti] *pl gastr.* spaghetti.
spä·hen [ˈʃpɛːən] *v/i* ⟨h⟩ peer, peep, *bes. Am.* peek; ~ nach look out (*od.* keep a lookout) for.
ˈSpä·her *m* ⟨-s; -⟩ *mil.* scout, (*Ausguckposten*) *a.* lookout. **~au·ge** *n,* **~blick** *m* scrutinizing (*od.* searching) eye (*od.* look).
ˈSpähˌtrupp *m mil.* reconnaissance (*od.* scout[ing]) patrol (*od.* party). **~füh·rer** *m* (reconnaissance) patrol leader. **~tä·tig·keit** *f,* **~un·terˌneh·men** *n* (reconnaissance) patrol activity, patrol(l)ing.
ˈSpähˌwa·gen *m* reconnaissance (*od.* scout, patrol) car.
Spa·lier [ʃpaˈliːr] *n* ⟨-s; -e⟩ **1.** (*Ehrengasse*) lane, (*Reihe*) rows *pl*; ~ bilden form (*od.* make) a lane, *Absperrmannschaften*: form a cordon; ein ~ von Neugierigen rows of curious onlookers. **2.** *hort.* espalier. **~baum** *m* espalier (tree), *engS. a.* wall tree. **~obst** *n* espalier (*od.* wall) fruit.
Spalt [ʃpalt] *m* ⟨-(e)s; -e⟩ **1.** *allg.* crack, gap, (*Lücke*) opening, (*Ritze*) chink, (*Riß*) cleft, rift, split, *bes. tech.* fissure, crevice, (*Schlitz*) slit, *tech. a.* slot; die Tür e-n ~ offen lassen leave the door open a crack. **2.** *fig.* gulf, chasm, rift. **2bar** *adj* **1.** cleavable. **2.** *nucl.* fissile, fissionable. **~ˌbreit** *m* ⟨-; *no pl*⟩ er öffnete die Augen e-n ~ he opened his eyes a slit.
Spal·te [ˈʃpaltə] *f* ⟨-; -n⟩ **1.** → Spalt 1. **2.** (*Fels2 etc*) cleft, fissure, crevice, *tiefe*: rift, chasm, (*Gletscher2*) crevasse. **3.** *print.* column; *fig.* ~n füllen pad (out) the lines. **4.** *vulg.* crack, cunt.
spal·ten [ˈʃpaltən] **I** *v/t* ⟨*pp* gespaltet *od.* gespalten, h⟩ **1.** *allg.* split, cleave, (*Holz*) *a.* chop, (*Leder*) *a.* skive; et. in zwei Teile ~ split s.th. in two; *fig.* (in feindliche Lager) ~ split (*od.* divide) (into rival factions); → gespalten. **2.** *chem.* break down, (*Schweröl*) crack. **3.** *nucl.* split, fission. **4.** *med.* (*Abszeß etc*) lance, cut. **II** *v/reflex* sich ~ **5.** *allg., a. Atom, Haar, fig. Bewußtsein*: split; *fig.* sich (in Gruppen) ~ split (up) (*od.* divide) (into groups). **6.** *chem.* break down. **III** 2 *n* ⟨-s⟩ **7.** splitting (*etc*). **8.** → Spaltung 2.
ˈSpal·ten|brei·te *f print.* width of column; in doppelter ~ two columns wide. **2lang** *adj* covering several columns. **~schrei·ber** *m* columnist. **~stel·ler** *m der Schreibmaschine*: tabulator. **2ˌwei·se** *adv* in columns.
ˈSpalt|flü·gel *m aer.* slotted wing. **~ˌfrucht** *f bot.* schizocarp. **~fuß** *m med.* cleft foot. **~fü·ßer** *m* ⟨-s; -⟩ *meist pl zo.* fissiped. **~gas** *n chem.* cracked gas. **~ˌglim·mer** *m min.* muscovite. **~holz** *n* firewood. **~le·der** *n* skiver. **~ma·te·riˌal** *n nucl.* fissile (*od.* fissionable) material, nuclear fuel, *nach der Spaltung*: fission product. **~pilz** *m fig.* (*Zwietracht*) (spirit of) discord. **~proˌdukt** *n nucl.* fission product. **~proˌzeß** *m* process of nuclear fission. **~stoff** *m* → Spaltmaterial. **~stoff·eleˌment** *n* fuel element.
ˈSpal·tung *f* ⟨-; -en⟩ **1.** → spalten 7. **2.** split, cleavage, *chem.* separation, *nucl.* fission, *med.* incision. **3.** *fig. e-r Partei etc*: split(-up), rift, rupture, *der Meinungen, e-s Landes etc*: division, *bes. der Kirche*: schism; → *a.* Bewußtseinsspaltung, Persönlichkeitsspaltung. **~s·ener̩gie** *f nucl.* fission energy. **~s̩wär·me** *f* fission heat.
Span [ʃpaːn] *m* ⟨-(e)s; ⸚e⟩ chip, (*Splitter*) splinter, *tech. pl* shavings, chips, (*Metallspäne*) cuttings, (*Frässpäne*) facings, (*Bohrspäne*) borings, drillings, (*Feilspäne*) filings; *fig.* wo gehobelt wird, da fallen Späne you cannot make an omelette without breaking eggs; *colloq.* mach k-e Späne! a) don't (make such a) fuss!, b) don't make trouble! **2ab̩he·bend** *adj* (metal-)cutting; ~es Werkzeug cutting tool; ~e Bearbeitung cutting, machining; ~e Metallbearbeitung metal cutting.
spa·nen [ˈʃpaːnən] *tech.* **I** *v/t* ⟨h⟩ cut, machine. **II** 2 *n* ⟨-s⟩ metal-cutting.
spä·nen [ˈʃpɛːnən] *v/t* ⟨h⟩ scour *s.th.* (with steel wool).
ˈSpanˌfer·kel *n* sucking pig, porkling.
Span·ge [ˈʃpaŋə] *f* ⟨-; -n⟩ **1.** (*Haar2*) (hair-)slide, (hair-)clasp, *Am.* barrette, (*Klammer*) (hair-)grip, (hair)pin, *Am.* bobby pin. **2.** (*Ordens2*) clasp. **3.** (*Schuh2*) buckle, (*Lederstreifen*) strap. **4.** (*Arm2*) bracelet, bangle, (*Brosche*) brooch, clip, *antiq.* (*Fibel*) fibula. **5.** (*Zahn2*) (dental) brace. **~nˌschuh** *m meist pl* **1.** strap shoe. **2.** → Schnallenschuh.
ˈSpanˌholzˌplat·te *f* chipboard.
Spa·ni·el [ˈʃpaːnĭɛl] *m* ⟨-s; -s⟩ (*Hunderasse*) spaniel.
Spa·ni·er [ˈʃpaːnĭər] *m* ⟨-s; -⟩ Spaniard; stolz wie ein ~ (as) proud as a Spaniard.

ˈSpa·nie·rin *f* ‹-; -nen› Spanish girl (*od.* woman), Spaniard. **ˈspa·nisch I** *adj* Spanish; **~e Wand** screen; **~es Rohr** a) rattan, b) (*Rohrstock*) cane; *fig. colloq.* **das kommt mir ~ vor** that's odd, there's s.th. fishy about that. **II** *ling.* 2 ‹*generally undeclined*›, **das** 2**e** ‹-n› Spanish, the Spanish language.

ˈSpanˌkorb *m* chip basket.

ˈspan·los *adj tech.* noncutting; **~e Metallbearbeitung** metal forming.

spann [ʃpan] *1 u. 3 sg pret of* **spinnen.**

Spann *m* ‹-(e)s; -e› *anat.* instep.

ˈSpann|ˌbacke (*getr.* -**k·k**-) *f tech.* grip(ping) jaw. **~beˌton** *m* prestressed concrete. **~ˌdraht** *m* tension wire, (*Ab*2) guy wire.

Span·ne [ˈʃpanə] *f* ‹-; -n› **1.** *allg.* span, *fig.* (*Zeit*2) *a.* short (period of) time, (*Entfernung*) *a.* stretch; **die ~ unseres Lebens** the span of our life. **2.** *econ.* (*Verdienst*2 *etc*) margin, *Am. a.* spread. **3.** → **Spannweite** 1.

spän·ne [ˈʃpɛnə] *1 u. 3 sg pret subj of* **spinnen.**

span·nen [ˈʃpanən] **I** *v/t* ‹h› **1.** (*Leine etc*) put up, *straff*: stretch (taut), tighten; **Gardinen ~** stretch curtains (on a frame); **die Muskeln ~** tense one's muscles; **sich** (*dat*) **das Gesicht ~ lassen** have one's face lifted, get a face-lift; **neue Saiten auf e-e Gitarre ~** put new strings on (*od.* restring) a guitar; **die Schuhe ~** put the shoes on a last; **e-n Ski (Tennisschläger) ~** put a ski (tennis racket) in(to) a press; **et. ~ über** (*acc*) (*Leine etc*) put (*od.* stretch) s.th. across, (*Plane etc*) put (*od.* spread) s.th. over. **2.** (*Pistole etc*) cock, (*Kamera etc*) set, (*Feder*) stretch, (*a. Schraube*) tighten. **3. et. ~ in** (*acc*) (*Papier in Schreibmaschine etc*) insert (*od.* feed) s.th. into, (*Werkstück*) clamp (*od.* fix) s.th. in. **4. Pferde vor den Wagen ~** harness (*od.* put) horses to a carriage; → **Joch** 10. **5.** *fig.* **s-e Erwartungen hoch ~** pitch one's expectations high; **s-e Forderungen zu hoch ~** pitch one's demands too high, be too exorbitant in one's demands. **6.** *Flugzeug, Vogel etc*: have a (wing) span (*od.* spread) of. **7.** *fig. colloq.* (*bemerken*) rumble, tumble to it, (*kapieren*) catch on; **ich glaube, der spannt was** I think he smells a rat. **II** *v/i* **8.** *Kleid, Hose etc*: be too tight, *Schuhe*: *a.* be too narrow, pinch; **über den Hüften ~** be too tight across the hips; *fig.* **die Haut spannt** the skin is taut. **9.** *fig. colloq.* **~ auf** (*acc*) (*zuhören*) listen to *s.th.* intently, (*beobachten*) watch *s.th.* keenly, (*erwarten*) look forward to, (*haben wollen*) be out for, be bent on getting. **III** *v/reflex* **sich ~ 10.** tighten, become (*od.* get) tight (*od.* taut), tauten; **jeder Muskel spannte sich** every muscle became taut. **11. sich ~ über** a) (*acc*) *Brücke etc*: span (*od.* stretch) across, b) (*dat*) *Himmel etc*: stretch (*od.* extend) over. **IV** 2 *n* ‹-s› **12.** stretching (*etc*).

ˈspan·nend I *adj fig.* exciting, gripping, thrilling, breathtaking, dramatic, *bes. Buch, Film etc*: full of suspense, suspenseful, suspense-packed, (*fesselnd*) absorbing, fascinating; **ein ~es Buch** *a. colloq.* a pageturner; *colloq.* **mach's nicht so ~!** don't keep me (*od.* us) in suspense!, (come) out with it! **II** *adv* **ein ~ geschriebenes Buch** a gripping book, a fascinatingly written book.

ˈSpan·ner[1] *m* ‹-s; -› **1.** (*Hosen*2 *etc*) hanger, (*Schuh*2) shoe (*od.* boot) tree, *für Skier, Tennisschläger etc*: press, (*Zeitungs*2) (newspaper) rack, (*Handschuh*2 *etc*) stretcher, *tech. a.* tightener. **2.** *anat.* (*Muskel*) tensor. **3.** *colloq.* (*Voyeur*) Peeping Tom.

ˈSpan·ner[2] *m* ‹-s; -› (*Schmetterling*) geometer.

ˈSpann|ˌfe·der *f tech.* tension spring. **~ˌfut·ter** *n* chuck. **~ˌhe·bel** *m* tension lever. **~ˌkraft** *f* ‹-; *no pl*› **1.** *phys.* tension, expanding force, *e-r Feder etc*: elasticity, (elastic) resilience, springiness, *e-r Werkzeugmaschine*: clamping power. **2.** *e-s Muskels*: tonicity. **3.** *fig.* (*geistige u. körperliche ~*) energy, vigo(u)r, resilience. 2**ˌkräf·tig** *adj fig.* elastic, resilient, vigorous, full of energy. **~ˌmus·kel** *m* tensor. **~paˌtro·ne** *f tech.* collet. **~ˌrah·men** *m Textil.* tenter (frame). **~ˌsä·ge** *f* frame saw, span saw. **~ˌschloß** *n* turnbuckle. **~ˌseil** *n* guy (rope). **~ˌtep·pich** *m* fitted carpet.

ˈSpan·nung *f* ‹-; -en› **1.** → **spannen** 12. **2.** *tech. mechanische*: tension (*a. med., physiol.*), *elastische*: stress, *verformende*: strain, (*Druck, Gas*2) pressure. **3.** *electr.* voltage, potential, (electric) tension; **effektive ~** root mean square voltage (*abbr.* R.M.S. voltage); **innere ~** *e-s Generators*: electro-motive force (*abbr.* e.m.f.); **unter ~ (stehend)** live, energized. **4.** ‹*only sg*› *fig.* (*Ungewißheit, Aufregung*) suspense, excitement, (*gespannte Erwartung*) eager (*od.* anxious) expectation, (*gespannte Aufmerksamkeit*) tense interest, close attention, *nervliche*: tension, (mental) strain (*od.* stress), *im Buch, Film etc*: suspense; **atemlose ~** breathless excitement; **mit** (*od.* **voll[er]**) **~** *erwarten*: eagerly, anxiously, with eager expectation, *beobachten, verfolgen etc*: with bated breath, breathlessly, excitedly, *lesen*: *a.* with tense interest; **voll(er) ~** *Buch etc*: → **spannend**; **j-n in ~ halten** keep s.o. in suspense; **in ~ versetzen** excite, thrill. **5.** *fig.* (*gespanntes Verhältnis, a. pol.*) tension, strained relations *pl.* **6.** *med.* (*Gesichts*2) face-lift.

ˈSpan·nungs|ˌabˌbau *m fig.* strain relief. **~ˌabˌfall** *m*, **~ˌabˌnah·me** *f electr.* voltage drop. **~ˌanˌzei·ger** *m* voltage indicator. **~ˌausˌgleich** *m* **1.** *tech.* compensation of stress. **2.** *electr.* voltage compensation. 2**ˌfüh·rend** *adj electr.* live. **~geˌbiet** *n pol.* area of tension. **~geˌfäl·le** *n electr.* potential drop. 2**geˌla·den** *adj fig.* **1.** → **spannend. 2.** *Atmosphäre etc*: tense, charged (with tension). 2**los** *adj* **1.** *electr.* dead. **2.** *tech.* stress-relieved. **3.** *fig.* dull. **~ˌmes·ser** *m electr.* voltmeter. **~moˌment** *n Literatur*: element of tension, element creating suspense. **~ˌop·tik** *f* photoelasticity. **~ˌregˌpe·gel** *m electr.* voltage level. **~ˌregler** *m* voltage regulator. **~ˌschwankung** *f* voltage fluctuation. **~ˌstoß** *m* surge. **~ˌun·terˌschied** *m* potential difference. **~verˌlust** *m* → **Spannungsabfall.** **~ˌwand·ler** *m* voltage transformer.

ˈSpann|ˌvorˌrich·tung *f* clamping device, *für Werkstücke*: work-holding fixture, chucking appliance, *für Stoffe*: stretcher, tenter. **~ˌwei·te** *f* **1.** *aer. orn.* (wing) span. **2.** *e-r Brücke etc*: span. **3.** *e-s Schraubstocks*: gripping (*od.* opening) capacity, *e-s Zirkels*: span, range. **4.** *fig.* span, range, (**geistige ~**) (intellectual) scope (*od.* range). **~ˌzeug** *n tech.* chucking tool.

ˈSpan|ˌplat·te *f* chipboard. **~ˌschach·tel** *f* chip box.

Spant [ʃpant] *n* ‹-(e)s; -en› *meist pl aer. mar.* frame, rib.

ˈSpar|ˌanˌlei·he *f* savings bonds *pl.* **~beˌtrag** *m* savings amount. **~ˌbuch** *n* → **Sparkassenbuch.** **~ˌbüch·se** *f* moneybox, *colloq.* piggy bank. **~budˌget** *n pol.* austerity budget. **~ˌdeck** *n mar.* spar deck. **~ˌdü·se** *f mot.* economizer jet. **~ˌeinˌla·ge** *f econ.* savings deposit.

spa·ren [ˈʃpaːrən] **I** *v/t* ‹h› **1.** (*Arbeit, Mühe, Kosten etc*) save, (*Geld*) *a.* save (up), put *s.th.* away, (*er~*) save, spare, (*ein~*) reduce, economize (on), cut down (on), (*sparsam umgehen mit*) save, be economical (*od.* saving, sparing) with, economize with, *colloq.* go easy on; **den weiten Weg hättest du dir ~ können** you might have spared yourself the long walk; **d-e Ratschläge kannst du dir ~!** you can keep your advice!, I can do without your advice!; **spar dir d-e Worte!** save your breath! **II** *v/i* **2.** (*Geld zurücklegen*) save (up) (**auf** *acc* for), (*sparsam sein*) save, be thrifty, make economies, economize; **spare in der Zeit, so hast du in der Not** (*Sprichwort*) waste not, want not. **3. ~ an** (*dat*) (*od.* **mit**) save (*od.* economize, cut down) on, be sparing with; **am falschen Ende** (*od.* **Platz**) **~** economize in the wrong place; *fig.* **mit Lob ~** be sparing of (*od.* in giving) praise.

ˈSpa·rer *m* ‹-s; -› saver.

ˈSpar|ˌflam·me *f* pilot flame (*od.* burner); *fig. colloq.* **auf ~ setzen** put *s.th.* on the back burner; **auf ~ kochen** (*od.* **schalten**) go easy (on one's funds). **~ˌför·de·rungsˌmaßˌnah·men** *pl* (government's) saving incentives. **~ˌgang·geˌtrie·be** *n mot.* cruising gear.

Spar·gel [ˈʃpargəl] *m* ‹-s; -› *bot.* asparagus.

ˈSparˌgel·der *pl econ.* savings.

ˈSpar·gel|ˌkohl *m* (sprouting) broccoli. **~ˌkopf** *m*, **~ˌspit·ze** *f* asparagus tip.

ˈSpar|geˌmisch *n mot.* lean mixture. **~ˌgro·schen** *m* savings *pl*, *colloq.* nest egg. **~ˌgutˌha·ben** *n* savings balance. **~ˌkas·se** *f* savings bank. **~ˌkas·senˌbuch** *n* savings bank (deposit) book. **~ˌkon·to** *n* savings account.

spär·lich [ˈʃpɛːrlıç] **I** *adj allg.* sparse, scant, *Essen, a. Einkommen, Belohnung etc*: scanty, meag/re (*Am.* -er), *Besuch, Teilnahme*: poor, *Haarwuchs*: sparse, thin; **~e Geldmittel** scanty (*od.* slender) means; **nur ~e Kenntnisse haben in** (*dat*) have only a scanty (*od.* skeletal) knowledge (*od.* a smattering) of. **II** *adv* **~ beleuchtet** poorly (*od.* scantily) lit; **~ bekleidet** scantily dressed; **~ besiedelt** sparsely (*od.* thinly) populated; **~ wachsen** grow sparsely, be sparse; **der Vortrag war nur ~ besucht** the lecture was only poorly attended. 2**keit** *f* ‹-; *no pl*› scant(i)ness, meag/reness (*Am.* -er-), poorness, sparseness, sparsity.

ˈSpar|ˌmaßˌnah·me *f meist pl* economy measure. **~ˌpackung** (*getr.* -**k·k**-) *f* economy pack. **~ˌpfen·nig** *m* savings *pl*, *colloq.* nest egg. **~ˌprä·mie** *f* savings premium. **~ˌpreis** *m* budget price. **~proˌgramm** *n* austerity program(me *Br.*) (*od.* drive).

Spar·ren [ˈʃparən] *m* ‹-s; -› **1.** (*Dach*2) rafter. **2.** *mar.* spar. **3.** *fig. colloq.* **e-n ~ (zuviel)** (*od.* **e-n ~ im Kopf**) **haben** have a kink, have a screw loose.

spar·ren [ˈʃparən; ˈspa-] *v/i* ‹h› *Boxen*: spar.

Spar·ring [ˈʃparıŋ; ˈspa-] *n* ‹-s; *no pl*› *Boxen*: sparring. **~sˌkampf** *m* sparring (match). **~sˌpart·ner** *m* sparring partner.

ˈspar·sam I *adj* economical, thrifty, sparing, *weitS. Lack, Waschmittel etc*: thrifty, economical (in use), *Ausstattung etc*: sparse, scant(y), *Auto etc*: economical, frugal; **~ sein mit, ~en Gebrauch machen von** → **sparen** 1, 3; *Kunst*: **mit ~en Mitteln** with economy. **II** *adv* economically (*etc*); ~ **leben** lead a frugal life; (*Farbe etc*) ~ **auftragen** apply sparingly; ~ **möbliert** sparsely furnished; ~ **umgehen mit** use *s.th.* sparingly (→ *a.* **sparen** 1, 3). ≈**keit** *f* <-; *no pl*> economy, thrift(iness), sparingness, *übertriebene*: parsimony, *strenge*: austerity, (*Einfachheit*) frugality.

ˈSpar|ˌschwein *n* piggy bank. **~ˌstrumpf** *m humor.* **Geld im ~ haben** have some savings stashed away.

Spar·ta·kist [ʃpartaˈkɪst; spar-] *m* <-en; -en> *pol. hist.* Spartacist. **ˈSpar·ta·kusˌbund** [ˈʃpartakʊs-; ˈspar-] *m* <-(e)s; *no pl*> Spartacus party (*od.* association).

Spar·ta·ner [ʃparˈtaːnər; spar-] *m* <-s; -> *antiq.* Spartan. **sparˈta·nisch I** *adj a. fig.* Spartan. **II** *adv* ~ **eingerichtet** spartanically furnished; ~ **leben** lead a Spartan life.

Spar·te [ˈʃpartə] *f* <-; -n> **1.** area, branch, department, field, line. **2.** (*Zeitungsrubrik*) section.

ˈSpar|ˌtrieb *m* saving instinct. **~ˌund ˈDarˌle·hensˌkas·se** *f* savings and loan bank. **~verˌein** *m* savings club. **~verˌkehr** *m* savings *pl*, saving activity (*od.* transactions *pl*). **~verˌtrag** *m* savings contract (*od.* agreement). **~ˌwitz** *m colloq.* bad (*od.* silly) joke. **~ˌzins** *m* interest on savings. **~zuˌla·ge** *f* (tax-free) savings bonus.

spas·misch [ˈspasmɪʃ; ˈʃpas-], **spas·mo·disch** [spasˈmoːdɪʃ; ʃpas-] *adj med.* convulsive, spasmodic. **Spas·mus** [ˈspasmʊs; ˈʃpas-] *m* <-; -men> spasm, convulsion, cramp.

Spaß [ʃpaːs] *m* <-es; ⸗e [ˈʃpɛːsə]> **1.** <*only sg*> (*Vergnügen, Freude*) fun; ~ **machen** *Person*: → **spaßen**, *Sache*: be (great) fun; **es macht k-n ~ (zu** *inf*) it's no fun (*od.* a dreary business) (to *inf*); *warum tust du das? –* **Weil es mir ~ macht!** Because I find it fun!, Because I enjoy it!; **sich** (*dat*) **e-n ~ daraus machen, zu** *inf* amuse o.s. by *ger*; **es macht ihm (großen) ~, er hat s-n ~ daran** it amuses him (hugely), he likes it (a lot), *colloq.* he gets a (big) kick out of it; **wir hatten viel ~** we had great fun; **wir hatten viel ~ daran** we got great fun out of it, we enjoyed it very much; **viel ~!** have fun (*od.* a good time)!; **j-m den ~ verderben** spoil s.o.'s fun; **s-n ~ mit j-m treiben** make fun (*od.* sport) of s.o.; **aus ~, im ~, zum ~** for (*od.* in) fun, in jest, *colloq.* for kicks; **nur zum ~** just for the fun of it, *colloq.* just for kicks; **mir ist der ~ (daran) vergangen** I've had enough of it; *colloq.* **das war ein ziemlich teurer ~** that cost a pretty penny; **was kostet der ~?** what does it cost?, how much is it?, what's the damage?; *iro.* **na, Sie machen mir ~!** you must be joking! **2.** (*Scherz, Witz*) joke, jest, (*Ulk*) lark, horseplay, (*Belustigung*) amusement, frolic, caper, *pl* (*Streiche*) *a.* pranks, antics; **handgreiflicher ~** practical joke; **rauher ~** rough horseplay; **sich** (*dat*) **e-n ~ mit j-m erlauben** play a joke on s.o.; **der ~ geht zu weit** (*od.* **das ist kein ~ mehr, da hört der ~ auf**) that's going beyond a joke; ~ **beiseite!** joking apart!, *sl.* no kidding!; ~ **muß sein!** there's no harm in a joke; **laß diese albernen Späße!** none (*od.* no more) of your silly jokes!; **er macht doch nur ~!** he's only joking (*sl.* kidding)!; **ich habe das nicht zum** (*od.* **aus**) ~ **gesagt!** I was not joking; **er versteht ~** he can take (*od.* see) a joke; **er versteht k-n ~** *a. weitS.* he's not to be trifled with; **in Gelddingen versteht sie k-n ~** she stands no nonsense where money is concerned.

Späß·chen [ˈʃpɛːsçən] *n* <-s; -> little joke; ~ **machen** try to be funny.

spa·ßen [ˈʃpaːsən] *v/i* <h> joke, (make) fun, jest, *sl.* kid; **damit ist nicht zu ~** that is no joking matter; **mit ihm ist nicht zu ~** he is not to be trifled with.

ˈspa·ßesˈhal·ber *adv* for the fun of it, (just) for fun, for a joke.

ˈspaß·haft, ˈspa·ßig *adj allg.* funny.

ˈSpaß|ˌma·cher *m* <-s; -> wag, joker, jester, *im Zirkus etc*: clown. **~verˌder·ber** *m* <-s; ->, **~verˌder·be·rin** *f* <-; -nen> spoilsport, killjoy, *colloq.* wet blanket. **~ˌvo·gel** *m fig.* wag, funster, *iro.* joker, clown.

Spa·sti·ker [ˈspastikər; ˈʃpas-] *m* <-s; -> *med., a. colloq. contp.* spastic. **ˈspastisch** [-tɪʃ] *adj* convulsive, spastic; **ein ~ Gelähmter** a spastic.

Spat[1] [ʃpaːt] *m* <-(e)s; -e *u.* ⸗e> *min.* spar.

Spat[2] *m* <-(e)s; *no pl*> *vet.* spavin.

spät [ʃpɛːt] **I** *adj* <-er; -est> late, (*verspätet, ~ eintretend*) *a.* belated, tardy, (*vorgerückt*) advanced; **am ~en Abend** in the late evening, late in the evening; **im ~en Herbst** in late autumn, late in autumn; **zu ~er Stunde** at a late hour; **ein ~er Rembrandt** a late (work of) Rembrandt; **es wird ~** it's getting late; **warte nicht auf mich, es wird heute ~ werden** don't wait (for me), I shall be late tonight; **wie ~ ist es, bitte?** what time (*od.* how late) is it, please?; **~es Glück** late happiness. **II** *adv* late; ~ **aufstehen** get up late, *gewohnheitsmäßig*: *a.* be a late riser; ~ **am Tage (in der Nacht)** late in the day (at night); ~ **am Abend** → **spätabends**; **von früh bis ~** from (early) morning till (late at) night; **sie kam 15 Minuten zu ~** she was 15 minutes late; ~ **dran sein** be late; **zwei Tage zu ~** two days (too) late; **besser ~ als nie!** better late than never!

ˈspätˈabends *adv* late in the evening, in the late evening.

ˈSpät|ˌap·fel *m* late apple. **~ˌausˌga·be** *f e-r Zeitung*: late issue (*od.* edition). **~ˌausˌsied·ler** *m* late repatriate. **~baˌrock** *n, m* **1.** *hist.* late Baroque period. **2.** *arch. Kunst*: late Baroque.

ˈSpatˌei·senˌstein *m min.* siderite.

Spa·tel [ˈʃpaːtəl] *m* <-s; -> *med.* spatula.

Spa·ten [ˈʃpaːtən] *m* <-s; -> spade. **~ˌstich** *m* cut with a spade; **den ersten ~ tun** begin (*od.* start) work (**für den Bau** gen on), *zeremoniell*: dig the first spade, *fig.* break new ground.

ˈSpät·entˌwick·ler *m* late developer, late starter.

ˈspä·ter I *comp of* spät. **II** *adj* **1.** later; **in (den) ~en Jahren** in later (*od.* subsequent) years. **2.** (*zukünftig*) future; **s-e ~e Frau** *a.* his wife-to-be. **III** *adv* **3.** later, (*danach*) later (on); **soll ich ~ wiederkommen?** shall I come later (on)?; **ich sehe dich ~!, bis ~!** (I'll) see you later!, till later! **4.** (*in zukünftiger Zeit*) sometime, some day; **an ~ denken** think of one's future. **~ˈhin** *adv* later (on).

ˈspä·te·stens *adv* at the latest, not later than.

ˈSpät|ˌfol·gen *pl med.* late sequelae. **~geˌburt** *f* retarded (*od.* post-term) birth. **~goˌtik** *f* **1.** *hist.* late Gothic period. **2.** *arch. Kunst*: late Gothic. ≈**ˌgo·tisch** *adj* late Gothic, *bes. in England*: Perpendicular. **~ˌheimˌkeh·rer** *m* late-repatriated prisoner of war. **~ˌherbst** *m* late autumn (*bes. Am.* fall). ≈**ˌherbst·lich** *adj* of (the) late autumn (*bes. Am.* fall).

Spa·ti·um [ˈʃpaːtsiʊm; ˈspaː-] *n* <-s; -tien> *print.* space.

ˈSpät|ˌjahr *n* autumn, *bes. Am.* fall. **~ka·pi·taˌlis·mus** *m* Late Capitalism. **~laˌtein** *n*, ≈**laˌtei·nisch** *adj* Late Latin. **~ˌle·se** *f* wine made from late-gathered grapes.

ˈSpät·ling *m* <-s; -e> **1.** late fruit. **2.** *humor.* (*Kind*) afterthought.

ˈSpät|ˌmit·telˌal·ter *n hist.* Late Middle Ages *pl*. **~ˌnachˌmit·tag** *m* late afternoon; **am ~** → ≈**ˌnachˌmit·tags** [ˌʃpɛːt-] *adv* in the late afternoon, late in the afternoon. **~ˌobst** *n* late fruit(s *pl*). ≈**ˌreif** *adj Obst*: late(-maturing). **~ˌrei·fe** *f e-r Person*: late development (*od.* maturity). **~re·naisˌsance** *f* **1.** *hist.* late Renaissance period. **2.** *arch. Kunst*: late Renaissance. **~roˌman·tik** *f* **1.** late Romanticism. **2.** *bes. Kunst*: late Romantic period (*od.* school, style). **~ˌscha·den** *m* delayed damage (*med.* injury). **~ˌschicht** *f* late shift. **~ˌsom·mer** *m* late summer. **~ˌwerk** *n Kunst etc*: (the) late work.

Spatz [ʃpats] *m* <-en, *a.* -es; -en> **1.** *orn.* sparrow; **sie ißt wie ein ~** she eats like a bird; *colloq.* **das pfeifen (schon) die ~en von den Dächern** it's all over (the) town, it's everybody's secret; **besser ein ~ in der Hand als e-e Taube auf dem Dach** (*Sprichwort*) a bird in hand is worth two in the bush; → **Kanone** 1. **2.** *fig. colloq.* (*schmächtiges Kind*) mite, slip of a boy (girl). **3.** *colloq.* (**kleiner**) ~ *als Anrede*: (little) darling, sweetie.

ˈSpätˌzeit *f* end (of an epoch).

ˈSpat·zen|geˌhirn, ~ˌhirn *n fig. colloq.* **du (mit d-m) ~!** you birdbrain!

Spätz·le [ˈʃpɛtslə] *pl gastr.* spaetzle(s), spätzle(s) (*kind of homemade pasta*).

ˈSpät|ˌzün·der *m fig. colloq.* **1. er ist ein ~** he is slow on (*od.* in) the uptake. **2.** → **Spätentwickler**. **~ˌzün·dung** *f* **1.** *mot.* retarded ignition. **2.** *fig. colloq.* ~ **haben** be slow on (*od.* in) the uptake.

spa·zie·ren [ʃpaˈtsiːrən] *v/i* <*no* ge-, sein> walk (about), stroll (about), (*schlendern*) amble, saunter. **~ˌfah·ren I** *v/i* <*irr, sep,* -ge-, sein> go for a drive (*colloq.* spin), *auf dem Wasser*: go for a trip in a boat (*engS.* for a row, for a sail). **II** *v/t* <h> **j-n ~** take s.o. for a drive (*colloq.* spin); **das Baby ~** take the baby (out) for a walk. **~ˌfüh·ren** *v/t* <*sep,* -ge-, h> take *s.o.* out for a walk; **den Hund ~** *a.* walk the dog. **~ˌge·hen** *v/i* <*irr, sep,* -ge-, sein> go for (*od.* take) a walk, (take a) stroll. **~ˌtra·gen** *v/t* <*irr, sep,* -ge-, h> *colloq.* sport, show off.

Spaˈzier|ˌfahrt *f* **1.** drive, run, *colloq.* spin, *bes. Am.* ride. **2.** *auf dem Wasser*: trip (in a boat), *engS.* row, sail. **~ˌgang** *m* **1.** walk, stroll, (*bes. Verdauungs*≈) constitutional; **e-n ~ machen** → **spazierengehen**. **2.** *fig. colloq.* (*leichter Sieg*) walkover. **~ˌgän·ger** *m* <-s; -> walker, stroller. **~ˌritt** *m* ride. **~ˌstock** *m* walking stick, cane. **~ˌweg** *m* walk, promenade.

Specht [ʃpɛçt] *m* <-(e)s; -e> *orn.* woodpecker.

Speck [ʃpɛk] *m* <-(e)s; -e> (*Schweine*≈) bacon, (*Wal*≈ *etc*) blubber, *colloq. beim Menschen*: fat; *colloq.* ~ **ansetzen** get fat, put on weight; *fig.* (**na, dann mal**) **ran an den ~!** let's get cracking!, let's go!; **mit ~ fängt man Mäuse** (*Sprichwort*) good bait catches fine fish. **~ˌbauch** *m colloq.* paunch, potbelly. ≈**ˌbäu·chig** *adj colloq.* paunchy, potbellied.

ˈspeckig (*getr.* -k·k-) *adj* **1.** *Hals, Backen etc*: fat. **2.** *fig. Buch, Haar, Kleidung etc*: greasy; *colloq.* **dreckig und ~** dirty and greasy, crummy.

ˈSpeck|ˌnacken (*getr.* -k·k-) *m colloq.* fat neck. **~ˌschei·be, ~ˌschnit·te** *f* rasher (of bacon). **~ˌschwar·te** *f* (bacon) rind. **~ˌsei·te** *f* side (*od.* flitch) of bacon; → **Wurst.** **~ˌstein** *m min.* soapstone, steatite.

spe·die·ren [ʃpeˈdiːrən] *v/t* ⟨*no* **ge-**, **h**⟩ *bes. Swiss for* **befördern**¹ 1.

Spe·di·teur [ʃpediˈtøːr] *m* ⟨**-s**; **-e**⟩ forwarding (*mar. od. a. allg.* shipping) agent, carrier, haulage contractor, (*Möbel*≈) (furniture) remover.

Spe·di·ti·on [ʃpediˈtsĭoːn] *f* ⟨**-**; **-en**⟩ **1.** forwarding (business). **2.** → **Speditionsabteilung.** **3.** → **Speditionsfirma.**

Spe·di·tiˈons|ˌab|tei·lung *f* forwarding (*mar. od. a. allg.* shipping) department. **~ˌfir·ma** *f* forwarding agency, forwarder(s *pl*), *mar. u. allg.* shipping agency, (*Möbel*≈) removal business (*od.* firm), *Am.* moving company. **~geˌbüh·ren** *pl* forwarding (*od.* carrying, *mar. u. allg.* shipping) charges. **~geˌschäft** *n* → **Speditionsfirma.**

Speer [ʃpeːr] *m* ⟨**-(e)s**; **-e**⟩ spear, *Sport*: javelin. **~ˌspit·ze** *f a. fig.* spearhead. **~ˌwer·fen** *n Sport*: javelin (throw[ing]). **~ˌwer·fer** *m*, **~ˌwer·fe·rin** *f* ⟨**-**; **-nen**⟩ javelin thrower. **~ˌwurf** *m* → **Speerwerfen.**

Spei·che [ˈʃpaɪçə] *f* ⟨**-**; **-n**⟩ **1.** (*Rad*≈) spoke; *fig.* **dem Schicksal in die ~n greifen** (try to) arrest the wheel of fate, influence fate. **2.** *e-s Regenschirms etc*: rib. **3.** *anat.* spoke bone, radius.

Spei·chel [ˈʃpaɪçəl] *m* ⟨**-s**; *no pl*⟩ spittle, spit, saliva, (*Geifer*) slaver; **~ absondern** secrete saliva, salivate. **~ˌabˌson·de·rung** *f physiol.* salivary secretion, salivation. **~ˌdrü·se** *f anat.* salivary gland. **~ˌfluß** *m* flow of saliva, salivation. **~ˌgang** *m anat.* salivary duct. **~ˌlecker** (*getr.* **-k·k-**) *m contp.* toady, lickspittle, sycophant. **~lecke'rei** (*getr.* **-k·k-**) [ˌʃpaɪçəl-] *f* ⟨**-**; *no pl*⟩ *contp.* toadyism, sycophancy.

ˈSpei·chenˌrad *n* spoke(d) wheel.

Spei·cher [ˈʃpaɪçər] *m* ⟨**-s**; **-**⟩ **1.** (*Korn*≈) granary, *bes. Am.* (grain) elevator, (*Lagerhaus*) storehouse, warehouse, (*Wasser*≈) reservoir, storage basin. **2.** (*Dachboden*) (**auf dem ~** in the) attic (*od.* loft, garret). **3.** *Computer*: memory, store. **~adres·se** [-ʔaˌdrɛsə] *f Computer*: memory (*od.* storage) address. **~bat·teˌrie** *f* storage battery. **~ˌbecken** (*getr.* **-k·k-**) *n* reservoir, storage basin. **~beˌreich** *m Computer*: storage area. **~ˌblock** *m* memory (*od.* storage) block. **~ˌein|ga·be** *f* read-in storage, storage entry. **~ˌein·heit** *f* memory unit. **~ˌfä·hig·keit, ~ka·pa·ziˌtät** *f* ⟨**-**; *no pl*⟩ **1.** (storage) capacity. **2.** *Computer*: memory (*od.* storage) capacity. **~ˌkraftˌwerk** *n* storage power station.

spei·chern [ˈʃpaɪçərn] **I** *v/t* ⟨**h**⟩ **1.** (*Waren, Vorräte, Getreide etc, a. fig. Gefühle*) *allg.* store (up), *in einem Lagerhaus*: *a.* warehouse, *in Silos*: *a.* silo, ensile, (*horten*) hoard (up). **2.** (*Wärme, Energie etc*) store (up), accumulate. **3.** *Computer*: store. **II** ≈ *n* ⟨**-s**⟩ **4.** storing (*etc*). **5.** → **Speicherung** 2.

ˈSpei·cher|ˌplat·te *f Computer*: storage plate. **~ˌplatz** *m Computer*: storage location. **~ˌröh·re** *f electr.* storage (*od.* memory) tube. **~ˌstel·le** *f* → **Speicherplatz.**

ˈSpei·che·rung *f* ⟨**-**; *no pl*⟩ **1.** → **speichern** 4. **2.** *allg.* storage, *electr. tech. a.* accumulation.

spei·en [ˈʃpaɪən] **I** *v/i* ⟨**speit, spie, gespie(e)n, h**⟩ **1.** spit (**j-m ins Gesicht** in s.o.'s face). **2.** (*sich erbrechen*) vomit, be sick, throw up; *fig. colloq.* **es ist zum** ≈ it's sickening. **II** *v/t* **3.** (*Blut, Schleim etc*) spit, bring up, expectorate. **4.** (*Wasser etc*) spout, (*Feuer, Rauch etc*) belch (out *od.* forth).

ˈSpeiˌgat(t) *n mar.* scupper (hole).

Speis [ʃpaɪs] *m* ⟨**-es**; *no pl*⟩ *dial. for* **Mörtel.**

Spei·se [ˈʃpaɪzə] *f* ⟨**-**; **-n**⟩ **1.** ⟨*only sg*⟩ (*Nahrung*) food, nourishment, fare; **Speis und Trank** food and drink. **2.** (*Gericht*) dish, meal; **erlesene ~n** choice dishes; **~n und Getränke** meals and beverages; → **Süßspeise.** **3.** *metall.* speiss, (*Glocken*≈) bell metal. **4.** ⟨*only sg*⟩ → **Mörtel.** **~ˌbrei** *m physiol.* chyme. **~ˌeis** *n* ice cream. **~ˌfett** *n meist pl* edible (*od.* cooking) fat. **~ˌhaus** *n* restaurant, eating house. **~ˌka·bel** *n electr.* feeding (*od.* feeder) cable. **~ˌkam·mer** *f* pantry, larder. **~ˌkar·te** *f* menu (card), bill of fare. **~ˌlei·tung** *f* **1.** *electr.* feeder (line), supply main. **2.** *tech.* feed pipe. **~loˌkal** *n* → **Speisehaus.**

spei·sen [ˈʃpaɪzən] **I** *v/i* ⟨**h**⟩ **1.** dine; **zu Mittag ~** a) (have) luncheon, b) have dinner, dine; **zu Abend ~** a) have (evening) dinner, dine, b) have supper; **auswärts ~** dine out; **man speist dort ausgezeichnet** the cuisine (*od.* food) is excellent there; **(ich) wünsche wohl zu ~** I hope you will enjoy your meal. **II** *v/t* **2.** have *s.th.* for dinner (*od.* luncheon, supper). **3.** (*Arme, Hungrige etc*) feed, (*Gäste*) *a.* dine. **4.** *electr.* feed, supply *s.th.* (with electric power), (*e-n Akkumulator*) charge, load. **5. gespeist werden von** *e-m See, Staudamm etc*: be fed (*od.* supplied) by. **III** ≈ *n* ⟨**-s**⟩ **6.** dining (*etc*). **7.** → **Speisung** 2, 3.

ˈSpei·sen|ˌaufˌzug *m* service (*od.* food) lift, *Am.* food elevator, dumbwaiter. **~ˌfol·ge** *f* menu, order of courses. **~ˌkar·te** *f* → **Speisekarte.**

ˈSpei·se|ˌöl *n* edible (*od.* cooking) oil. **~ˌop·fer** *n relig.* meal offering. **~ˌpilz** *m* (edible) mushroom. **~ˌpum·pe** *f tech.* feed pump. **~ˌraum** *m* dining room, *mar.* dining saloon, *der Besatzung*: messroom. **~ˌre·ste** *pl* leftovers, scraps, *in den Zähnen etc*: food particles. **~ˌrohr** *n tech.* feed pipe. **~ˌröh·re** *f anat.* gullet, (o)esophagus. **~ˌsaal** *m allg.* dining hall, *mil. a.* mess hall, *mar.* dining saloon, *in e-r Burg etc*: *a.* banquet(ing) hall, *in Klöstern*: refectory. **~ˌsaft** *m physiol.* chyle. **~ˌsalz** *n* table salt. **~ˌschrank** *m* food cupboard. **~ˌstromˌkreis** *m electr.* feed circuit. **~ˌtisch** *m* dining table. **~ˌwa·gen** *m rail.* dining car, *Am. a.* diner. **~ˌwär·mer** *m* ⟨**-s**; **-**⟩ food warmer. **~ˌwas·ser** *n* ⟨**-s**; **-**⟩ *tech.* feed water. **~ˌzet·tel** *m* menu. **~ˌzim·mer** *n* dining room.

ˈSpeisˌko·balt *m min.* smaltite.

ˈSpei·sung *f* ⟨**-**; *no pl*⟩ **1.** → **speisen** 6; *Bibl.* **die ~ der Fünftausend** Christ's feeding of the multitude. **2.** *tech.* supply, feeding. **3.** *electr.* power supply, *e-r Antenne, Wicklung*: excitation.

ˈspeiˈübel *adj colloq.* **mir ist ~** I feel queasy, I feel like being sick (*od.* throwing up).

Spek·ta·bi·li·tät [spɛktabiliˈtɛːt; ʃpɛk-] *f* ⟨**-**; **-en**⟩ dean; **Eure (Seine) ~** Mr Dean.

Spek·ta·kel¹ [ʃpɛkˈtaːkəl] *m* ⟨**-s**; **-**⟩ *colloq.* (*Lärm*) noise, racket, din, fracas, (*Krawall*) row, uproar, ruction(s *pl*), rumpus, (*Aufregung*) fuss, excitement; **e-n ~ machen** kick up a row, make a racket, *fig.* make a fuss.

Spekˈta·kel² *n* ⟨**-s**; **-**⟩ *obs. for* **Schauspiel.**

spek·ta·ku·lär [ʃpɛktakuˈlɛːr; spɛk-] *adj Auftritt, Erfolg etc*: spectacular.

spek·tral [spɛkˈtraːl; ʃpɛk-] *adj phys.* spectral.

Spekˈtral|anaˌly·se *f phys.* spectral (*od.* spectrum) analysis. **~ap·paˌrat** *m* **1.** spectroscopic apparatus. **2.** → a) **Spektrograph**, b) **Spektroskop.** **~ˌaufˌnah·me** *f* spectrograph. **~ˌfar·be** *f meist pl* spectral (*od.* spectrum) colo(u)r. **~ˌlam·pe** *f* spectroscopic lamp. **~ˌli·nie** *f* spectral (*od.* spectrum) line. **~pho·toˌme·ter** *n* spectrophotometer.

Spek·tro|graph [spɛktroˈgraːf; ʃpɛk-] *m* ⟨**-en**; **-en**⟩ *phys.* spectrograph. **~ˈme·ter** [-ˈmeːtər] *n* spectrometer. **~ˈskop** [-ˈskoːp] *n* ⟨**-s**; **-e**⟩ spectroscope. **~skoˈpie** [-skoˈpiː] *f* ⟨**-**; *no pl*⟩ spectroscopy. **≈sko·pisch** [-ˈskoːpɪʃ] *adj* spectroscopic(ally *adv*).

Spek·trum [ˈspɛktrum; ˈʃpɛk-] *n* ⟨**-s**; **-tren** *u.* **-tra** [-tra]⟩ *phys.* spectrum (*a. fig.*).

Spe·ku·lant [ʃpekuˈlant] *m* ⟨**-en**; **-en**⟩ speculator, *Börse*: *a.* operator.

Spe·ku·la·ti·on [ʃpekulaˈtsĭoːn] *f* ⟨**-**; **-en**⟩ speculation (*a. philos. Mutmaßung*), *an der Börse*: *a.* venture; **~en anstellen** (*od.* **sich in ~en ergehen**) **über** (*acc*) indulge in speculations (up)on (*od.* about); **sich auf gewagte ~en einlassen** engage in risky (*od.* hazardous) speculations.

Spe·ku·la·tiˈons|geˌschäft *n meist pl* speculative transaction (*od.* operation); **~ auf Hausse (Baisse)** bull (bear) operation. **~geˌwinn** *m* speculative profit (*od.* gains *pl*). **~ˌkauf** *m meist pl* speculative buying (*od.* purchase). **~paˌpier** *n meist pl* speculative security (*od.* stock). **~verˌlust** *m* speculative loss.

Spe·ku·la·ti·us [ʃpekuˈlaːtsĭʊs] *m* ⟨**-**; **-**⟩ *gastr.* spiced (Christmas) biscuit (*Am.* cookie).

spe·ku·la·tiv [ʃpekulaˈtiːf] *adj a. philos.* speculative.

spe·ku·lie·ren [ʃpekuˈliːrən] *v/i* ⟨*no* **ge-**, **h**⟩ **1.** *econ.* speculate (**mit** in); **~ auf** (*acc*) a) speculate on, operate for; → **Baisse, Hausse,** b) *fig. colloq.* be out for, be after, have one's eye on; **auf j-s Leichtgläubigkeit ~** bank on s.o.'s credulity. **2.** (**über** *acc* [up]on, about) muse, speculate, meditate, ponder.

Spe·ku·lum [ˈspeːkulum; ˈʃpeː-] *n* ⟨**-s**; **-kula** [-la]⟩ *med.* speculum.

Spelt [ʃpɛlt] *m* ⟨**-(e)s**; **-e**⟩ *bot.* spelt(z).

Spe·lun·ke [ʃpeˈlʊŋkə] *f* ⟨**-**; **-n**⟩ *colloq. contp.* (*Kneipe*) dive, joint, *Am. a.* honky-tonk.

Spelz [ʃpɛlts] *m* ⟨**-es**; **-e**⟩ → **Spelt.**

Spel·ze [ˈʃpɛltsə] *f* ⟨**-**; **-n**⟩ *bot.* husk (of grain), *an Gräsern*: glume. **ˈspel·zig** *adj* glumaceous.

spen·da·bel [ʃpɛnˈdaːbəl] *adj colloq.* generous, liberal, open-handed.

Spen·de [ˈʃpɛndə] *f* ⟨**-**; **-n**⟩ gift, (*Beitrag*) contribution, *bes. für Institutionen*: donation, benefaction, (*Almosen*) charity, alms *pl*, (*Kollekte*) offering; **e-e ~ geben** make (*od.* give) a contribution (*od.* donation), donate, contribute; **bitte eine kleine ~** a small contribution, please.

spen·den [ˈʃpɛndən] **I** *v/t* ⟨**h**⟩ **1.** (*Geld, Kleidung etc*) give, contribute, (*a. Blut, Organ*) donate; **et. für das Rote Kreuz ~** give *etc* s.th. to (*od.* for) the Red Cross. **2.** (*Licht, Wasser, Schatten, Kühlung etc*) give, provide, (*ausgeben, verteilen*) distribute, dispense (*a. Automat*), deal out. **3.** (*Lob, Anerkennung etc*) give; **j-m begeistert Beifall ~** *a.* applaud s.o. enthusiastically. **4.** (*Sakramente*) administer; → **Segen** 1. **5.** → **spendieren.** **II** *v/i* **6.** give (*od.* contribute, donate) something; **reichlich ~** give (*od.* contribute, donate) generously (*od.* freely).

ˈSpen·den|ak·tiˌon *f* collection campaign. **~ˌkon·to** *n* account for donations.

ˈ**Spen·der** *m* ⟨-s; -⟩ **1.** giver, contributor, donator, (*Stifter, a. Blut*2) donor; *humor.* **ein Lob dem edlen** ~! thanks to the munificent donor! **2.** (*Seifen*2 *etc*) dispenser.

spen·die·ren [ʃpɛnˈdiːrən] *v/t* ⟨*no* **ge-**, **h**⟩ *colloq.* give, contribute, provide; **e-n Kasten Bier** ~ *a.* chip in with a crate of beer; **j-m et. zu trinken** ~ stand s.o. (*od.* treat s.o. to) a drink. **Spenˈdierˌho·sen** *pl humor.* **die** ~ **anhaben** be in a generous mood.

Speng·ler [ˈʃpɛŋlər] *m* ⟨-s;-⟩ *dial. for* Klempner 1.

Spen·zer [ˈʃpɛntsər] *m* ⟨-s; -⟩ spencer.

Sper·ber [ˈʃpɛrbər] *m* ⟨-s; -⟩ *orn.* sparrow hawk.

Spe·renz·chen [ʃpeˈrɛntsçən], **Speˈren·zi·en** [-ˈrɛntsɪən] *pl colloq.* ~ **machen** a) make a fuss, b) make trouble, be difficult; **mach k-e** ~! a) come off it!, b) none of your tricks!

Sper·ling [ˈʃpɛrlɪŋ] *m* ⟨-s; -e⟩ *orn.* sparrow.

Sper·ma [ˈspɛrma; ˈʃpɛrma] *n* ⟨-s; **Spermen** *u.* **-mata** [-ta]⟩ *biol.* sperm, semen. **sperˈma·tisch** [-ˈmaːtɪʃ] *adj* spermatic, seminal.

Sper·ma·to·zo·on [spɛrmatoˈtsoːɔn; ʃpɛr-] *n* ⟨-s; **-zoa** [-ˈtsoːa] *u.* **-zoen**⟩ *biol.* spermatozoon.

Sper·mio·ge·ne·se [spɛrmɪogeˈneːzə; ˈʃpɛr-] *f* ⟨-; *no pl*⟩ *biol.* spermatogenesis, spermatogeny.

Sper·mi·um [ˈspɛrmɪʊm; ˈʃpɛr-] *n* ⟨-s; **-mien**⟩ *biol.* spermium, spermatozoon.

sper·mi·zid [spɛrmiˈtsiːt; ˈʃpɛr-] *pharm.* **I** *adj* spermicidal. **II** 2 *n* ⟨-(e)s; -e⟩ spermicide.

ˈ**Spermˌöl** [ˈʃpɛrm-] *n chem.* sperm (whale) oil.

ˈ**Sperrad** (*getr.* -rrˌr-) *n tech.* ratchet wheel.

ˈ**sperrˈan·gelˈweit** *adv colloq.* ~ **offen**, ~ **auf** wide open; **den Mund** ~ **aufreißen** open one's mouth wide, (*gaffen*) gape.

ˈ**Sperr|bal·lon** *m aer. mil.* barrage balloon. ~ˌ**baum** *m* barrier, (*Schlagbaum*) turnpike, *e-s Hafens*: boom. ~**beˌzirk** *m in e-r Stadt etc*: closed (*od.* barred) area, *bes.* district closed to prostitutes, *bei Seuchen etc*: quarantine area, *mil.* restricted (*od.* out-of-bounds, *Am.* off-limits) area. ~ˌ**bol·zen** *m tech.* locking pin. ~ˌ**druck** *m* ⟨-(e)s; -e⟩ *print.* spaced type.

Sper·re [ˈʃpɛrə] *f* ⟨-; -n⟩ **1.** (*Schranke*) barrier, (*Schlagbaum*) tollgate, toll bar, turnpike, (*Bahnsteig*2) ticket barrier, gate, (*Hindernis*) obstacle, obstruction, (*Straßen*2) barricade, roadblock, (*Polizei*2) cordon. **2.** (*Schließung*) closing, closure, (*Verbot*) (*gen*) ban (on), prohibition (of), (*Embargo*) embargo, ban, (*Blockade*) blockade, (*Quarantäne*) quarantine, (*Strom*2, *Wasser*2 *etc*) cut(off), (*Kredit*2, *Auszahlungs*2 *etc*) freeze, stop (-page); **e-e** ~ **verhängen über** (*acc*) impose a ban on, *econ.* impose (*od.* lay, put) an embargo on (*imports, etc*); **die** ~ **aufheben** lift (*od.* withdraw) the embargo; → **Nachrichtensperre** (*etc*). **3.** *mil.* (artillery) barrage, *aer.* (fighter) patrol; ~ **fliegen** fly on interception patrol; → **Ballonsperre. 4.** *Sport*: suspension; **j-n mit e-r** ~ **belegen** suspend s.o.; **lebenslängliche** ~ life ban. **5.** *tech.* lock(ing device), stop. **6.** *psych.* mental block.

sper·ren [ˈʃpɛrən] **I** *v/t* ⟨**h**⟩ **1.** (*ver*~) bar, (*schließen*) *allg.* close (**für den Verkehr** to the public *od.* traffic), *durch ein Hindernis*: obstruct, block (up), close (off), barricade, *durch Polizei*: cordon off, *bes. mil.* (*Hafen, Flußmündung etc*) block (off), blockade; **e-n Grenzübergang** ~ close a border crossing; **die Autobahn wird für Lastkraftwagen gesperrt** lorries will be banned from the autobahn. **2.** (*Handel etc, a. Benutzung etc*) stop, (*Warenverkehr*) block, embargo, lay (*od.* put) an embargo on, ban, (*Konto, Zahlungen etc*) stop, freeze, (*Konto*) *a.* block, stop payment(s) from, (*Strom, Wasser, Telephon etc, a. mil. Nachschub etc*) cut off; **j-m den Strom** ~ cut off s.o.'s supply of electricity; **dem Mieter wurde das Wasser gesperrt** the tenant had his water supply cut off. **3.** *Sport*: **j-n** ~ a) (*ausschließen*) suspend s.o., b) (*behindern*) obstruct s.o. **4.** (*j-n, ein Tier*) ~ **in** (*acc*) shut (*od.* lock) (*s.o., an animal*) (up) in, confine *s.o.* in; **j-n ins Gefängnis** ~ put s.o. in prison (*od.* behind bars), lock s.o. up. **5.** *print.* space out. **6.** *tech.* lock, block, stop. **II** *v/i* **7.** *Tür, Schublade etc*: be stuck, be caught, jam, not to shut. **8.** *Sport*: obstruct a player. **III** *v/reflex* **9. sich** ~ (**gegen et.**) ba(u)lk (*od.* jib) (at s.th.), oppose (*od.* fight, resist) (s.th.). **IV** 2 *n* ⟨-s⟩ **10.** closing (*etc*). **11.** → **Sperrung** 2. **12.** *Sport*: 2 **ohne Ball** unfair obstruction.

ˈ**Sperr|fe·der** *f tech.* retaining spring. ~ˌ**feu·er** *n mil.* barrage (fire); **mit** ~ **belegen** barrage; ~ **legen** lay down a barrage. ~ˌ**flug** *m* interception flight. ~ˌ**fort** *n* outer fort. ~ˌ**frist** *f econ.* blocking (*od.* restrictive) period. ~**geˌbiet** *n* prohibited area (*od.* zone); → *a.* **Sperrbezirk.** ~**geˌtrie·be** *n tech.* ratchet locking mechanism. ~ˌ**gür·tel** *m* **1.** *von Polizisten etc*: cordon. **2.** *Sport*: *von Verteidigern*: wall, barrier. **3.** *pol. von Staaten*: cordon sanitaire, sanitary cordon. **4.** *mil. der Artillerie*: barrage, (*Befestigungsgürtel*) fortified lines *pl*, (*Minengürtel*) (mine) belt. ~ˌ**gut** *n*, ~ˌ**gü·ter** *pl* bulky goods. ~ˌ**gutˌha·ben** *n* blocked account. ~ˌ**hahn** *m tech.* stopcock. ~ˌ**ha·ken** *m* **1.** latch, pawl. **2.** (*Dietrich*) skeleton key, picklock. ~ˌ**he·bel** *m* locking lever. ~ˌ**holz** *n* plywood.

ˈ**sper·rig** *adj Paket etc*: bulky, *Möbelstück etc*: unwieldy, cumbersome; ~**e Güter** → **Sperrgut.**

ˈ**Sperr|ket·te** *f* chain. ~ˌ**klau·sel** *f jur.* prohibitive (*od.* restrictive) clause. ~ˌ**klin·ke** *f tech.* pawl. ~ˌ**kon·to** *n* blocked account. ~ˌ**kreis** *m Radio*: trap circuit, wave trap. ~ˌ**mau·er** *f e-r Talsperre*: (massive) concrete dam. ~**mi·no·riˌtät** *f* blocking minority. ~ˌ**müll** *m* bulky refuse. ~ˌ**schicht** *f* **1.** *electr.* (*Halbleiter*) barrier (*od.* depletion) layer. **2.** *synth.* barrier sheet. **3.** *civ.eng.* impervious course. ~ˌ**sitz** *m thea.* orchestra stalls (*od.* seats) *pl*, *Kino*: back stalls *pl*. ~ˌ**stun·de** *f für Gaststätten etc*: closing time (*od.* hour), *bes. mil.* curfew. ~ˌ**ta·ste** *f tech.* locking key.

ˈ**Sper·rung** *f* ⟨-; -en⟩ **1.** → **sperren** 10. **2.** closure, *durch ein Hindernis*: blockage (*a. mil.*), obstruction, *bes. mil. e-s Hafens etc*: blockade, *des Nachschubs etc*: cutoff, *des Verkehrs, a. des Verkaufs, der Benutzung etc*: stoppage, *amtlich*: ban, prohibition, (*totale Handelssperre*) embargo, *e-s Kontos, Kredits etc*: stop(page); *econ.* **Auftrag zur** ~ (**e-s Schecks**) stop (payment) order.

ˈ**Sperr|venˌtil** *n tech.* stop valve, check valve. ~**verˌmerk** *m auf Wertpapieren etc*: blocking note, note of non-negotiability. ~ˌ**vorˌrich·tung** *f* → **Sperre** 5. ~ˌ**zoll** *m* → **Schutzzoll.** ~ˌ**zo·ne** *f* → **Sperrgebiet, Sperrbezirk.**

Spe·sen [ˈʃpeːzən] *pl econ.* (incidental) expenses, charges, (*Kosten*) costs, (*Auslagen*) outlays; **die** ~ **werden Ihnen erstattet** all expenses incurred will be refunded; *humor.* **außer** ~ **nichts gewesen!** all loss and no gain! 2ˌ**frei** *adj u. adv* expenses paid (*od.* covered), free of charge(s). ~ˌ**kon·to** *n* expense account. ~ˌ**rech·nung** *f* bill of expenses (incurred), expense account. ~**rei·teˌrei** *f colloq.* expense-account fiddling. ~ˌ**satz** *m meist pl* rate of expenses (*od.* charges). ~**verˌgü·tung** *f* reimbursement of expenses (*od.* charges).

Spe·ze·rei·en [ʃpeːtsəˈraɪən] *pl obs.* (exotic) spices.

Spe·zi [ˈʃpeːtsi] *m* ⟨-s; -(s)⟩ *dial., Austrian and Swiss colloq.* bosom friend, (old) crony, chum, pal, buddy, *Am. a.* sidekick.

Spe·ziˈal... *in Zssgn* special (*map, construction, etc*). ~ˌ**anˌfer·ti·gung** *f* → **Sonderanfertigung.** ~**arˌti·kel** *m* special article (*od.* item), speciality, *bes. Am.* specialty. ~ˌ**arzt** *m* specialist. ~ˌ**ausˌbil·dung** *f* special(ized) training. ~ˌ**ausˌfüh·rung** *f* special design. ~ˌ**einˌheit** *f der Polizei etc*: special unit. ~ˌ**fach** *n* special subject, speciality; **et. als** ~ **betreiben** specialize in s.th. ~ˌ**fahrˌzeug** *n* special-purpose vehicle. ~ˌ**fall** *m* special case. ~**geˌbiet** *n* special field (*od.* line), métier, speciality. ~**geˌschäft** *n* specialist (*od.* one-line) shop (*od.* store), specialized dealer.

spe·zia·li·sie|ren [ʃpetsialiˈziːrən] **I** *v/t* ⟨*no* **ge-**, **h**⟩ **1.** (*Betrieb, Studium etc*) specialize. **II** *v/reflex* **2. sich** ~ **auf** (*acc*) (*od.* **für**) specialize in. **3.** *biol.* specialize. 2**rung** *f* ⟨-; *no pl*⟩ specialization.

Spe·zia·list [ʃpetsɪaˈlɪst] *m* ⟨-en; -en⟩ expert, (*a.* medical) specialist (**auf e-m Gebiet** in a field). **Spe·ziaˈlis·ten·tum** *n* ⟨-s; *no pl*⟩ specialism, specialization.

Spe·zia·li·tät [ʃpetsɪaliˈtɛːt] *f* ⟨-; -en⟩ *allg.* speciality, *Am.* specialty, *gastr. a.* cook's special, (*j-s besondere Stärke*) *a.* forte. **Spe·zia·liˈtä·ten·re·stauˌrant** *n* speciality (*Am.* specialty) restaurant.

Spe·ziˈal|kräf·te *pl* highly trained personnel *sg*, specialists, highly skilled (*od.* expert) staff *sg*. ~ˌ**mi·schung** *f* (*Kaffee, Tabak etc*) special blend. ~ˌ**sla·lom** *m Skisport*: special slalom. ~ˌ**sprungˌlauf** *m* ski-jumping (proper). ~ˌ**trup·pe** *f meist pl mil.* special-purpose force. ~**verˌfah·ren** *n bes. tech.* special process (*od.* technique).

spe·zi·ell [ʃpeˈtsɪɛl] **I** *adj* **1.** *Fall, Regelung etc*: special; *a. iro.* **ein ganz** ~**er Freund** a very special friend. **2.** (*individuell*) particular, individual, specific; **in Ihrem** ~**en Fall** in your particular case. **3.** (*ins einzelne gehend*) specialized, detailed. **II** *adv* **4.** (e)specially; *ein Thema etc* ~ **behandeln** deal with *s.th.* separately. **III** 2**e, das** ⟨-n⟩ **5.** the special (thing); **et. ganz** 2**es** s.th. very special, s.th. extra-special; *colloq.* **auf Ihr (ganz)** 2**es!** (*Trinkspruch*) your (good) health!

Spe·zi·es [ˈspeːtsɪɛs; ˈʃpeː-] *f* ⟨-; -⟩ *allg.* species. ~ˌ**kauf** *m* → **Spezifikationskauf.**

Spe·zi·fi·ka·ti·on [ʃpetsifikaˈtsɪoːn; spe-] *f* ⟨-; -en⟩ specification. ~**sˌkauf** *m econ.* purchase of specific goods.

Spe·zi·fi·kum [ʃpeˈtsiːfikʊm; spe-] *n* ⟨-s; **-fika** [-ka]⟩ **1.** special feature, peculiarity. **2.** *pharm.* specific (remedy).

spe·zi·fisch [ʃpeˈtsiːfɪʃ] **I** *adj* specific (**für** to); *bes. phys.* **das** ~**e Gewicht** the specific gravity, (*Wichte*) the volumetric weight; *med.* ~**es Mittel** specific (remedy). **II** *adv* specifically; ~ **weiblich** typically female.

spe·zi·fi·zie|ren [ʃpetsifiˈtsiːrən; spe-] *v/t* <*no* ge-, h> specify, particularize, itemize. **&rung** *f* <-; -en> specification.

Sphä·re [ˈsfɛːrə] *f* <-; -n> *astr.* sphere, *fig. a.* domain, (*Region*) *a.* realm; *fig.* **das liegt außerhalb m-r ~** that lies beyond my domain (*od.* purview); **in höheren ~n schweben** have one's head in the clouds. **~n·har·moˌnie** *f* harmony of the spheres. **~n·muˌsik** *f* music of the spheres.

Sphä·rik [ˈsfɛːrɪk] *f* <-; *no pl*> *math.* spherics *pl* (*als sg konstruiert*). **Sphä·ro·id** [sfɛroˈiːt] *n* <-(e)s; -e> sph(a)eroid. **sphä·roi·disch** [-ˈiːdɪʃ] *adj* spheroid(al).

Sphinx [sfɪŋks] *f* <-; *no pl*> *a. fig.* sphinx.

ˈSpickˌaal *m dial. gastr.* smoked eel.

spicken[1] (*getr.* -k·k-) [ˈʃpɪkən] *v/t* <h> (*Braten etc, a. fig. Rede etc*) lard (**mit** with); *fig.* **e-e mit Metaphern gespickte Rede** a speech larded with metaphors; **gut gespickte Geldbörse** well-lined purse; *colloq.* **j-n ~** (*bestechen*) grease s.o.'s palm.

ˈspicken[2] (*getr.* -k·k-) *v/i* <h> *ped. colloq.* (*abschreiben*) crib.

ˈSpick|ˌna·del *f* larding needle. **~ˌzet·tel** *m ped. colloq.* crib.

spie [ʃpiː] *1 u. 3 sg pret of* **speien.**

Spie·gel [ˈʃpiːgəl] *m* <-s; -> **1.** mirror (*a. fig.*), (looking) glass, (*Pfeiler&*) pier glass; **in den ~ sehen** (*od.* **schauen**, *colloq.* **gucken**) look in the mirror; *fig.* **das Meer war glatt wie ein ~** the sea was (as) smooth as glass (*od.* a mirror); **j-m (s-r Zeit) den ~ vorhalten** hold up a mirror to s.o. (one's time); **die moderne Kunst im ~ der öffentlichen Meinung** modern art as (it is) mirrored by (*od.* reflected in) public opinion; *colloq.* **das kannst du dir hinter den ~ stecken!** put that in your pipe and smoke it!; **diesen Brief wird er sich** (*dat*) **nicht hinter den ~ stecken!** this letter will hit home. **2.** → **Rückspiegel. 3.** (*Wasser&*) surface, (*Blutzucker&, Alkohol& etc*) level. **4.** *opt.* speculum (*a. med.*), reflector. **5.** *der Schießscheibe*: bull's-eye. **6.** (*Rockaufschlag*) lapel, *mil.* (*Kragen&*) collar tab (*od.* patch). **7.** *hist.* (*Regelbuch*) code. **8.** *auf den Flügeln der Vögel, Schmetterlinge*: mirror, speculum, *der Pferde, Rinder*: dapple, *bei Rot- und Damwild*: escu(t)cheon. **9.** (*Türfüllung, Deckenfeld*) panel. **10.** *geol.* (*Harnisch*) slickenside. **11.** → **Satzspiegel. 12.** → **Spiegelheck.**

ˈSpie·gel|beˌlag *m* mirror foil. **~ˌbild** *n* **1.** *opt.* mirror image. **2.** *a. fig.* reflection. **3.** → **Spiegelung** 3. **&ˌbild·lich** *adj* mirror-inverted. **&ˈblank** *adj* mirror-like, glossy, shining, (~ *poliert*) highly polished, *weitS.* (*sauber*) spick-and-span; **et. ~ putzen** polish s.th. till it shines (like a mirror). **~ˌei** *n gastr.* fried egg. **~ˌfech·ter** *m fig. contp.* (*Blender*) bluff(er), fake, phon(e)y, humbug. **~fech·teˈrei** [ˌʃpiːgəl-] *f* <-; -en> shadowboxing, (*Schwindel*) humbug, eyewash. **&ˌfrei** *adj Glas*: nonglare. **~ˌglas** *n* <-es; =er> *tech.* mirror glass. **&ˈglatt** *adj* **1.** *Parkett etc*: like glass, (as) slippery as ice, *Straße*: *a.* icy. **2.** *Meer etc*: (as) smooth as glass, unrippled. **&ˌgleich** *adj math.* mirror-symmetric(al). **~ˌheck** *n mar.* square stern. **~ka·biˌnett** *n auf Jahrmärkten etc*: hall of mirrors. **~ˌkarp·fen** *m ichth.* mirror carp. **&ˈklar** *adj* (as) clear as crystal, crystal-clear. **~mi·kroˌskop** *n* reflecting microscope.

spie·geln [ˈʃpiːgəln] **I** *v/i* <h> **1.** (*glänzen*) sparkle, shine, *in der Sonne*: *a.* gleam. **2.** (*Lichtstrahlen reflektieren*) reflect (the light). **II** *v/t* **3.** *a. fig.* reflect, mirror. **III** *v/reflex* **sich ~ 4.** be reflected (as in a mirror), be mirrored; *fig.* **auf ihrem Gesicht spiegelte sich ihre Freude** her face showed her delight. **5.** *Person*: look at o.s. (as) in a mirror. **IV &** *n* <-s> **6.** reflecting (*etc*). **7.** → **Spiegelung** 2, 3.

ˈspie·gelnd *adj* **1.** *tech.* reflecting, specular. **2.** shiny, shining.

ˈSpie·gel|reˌflexˌka·me·ra *f* reflex camera. **~ˌsaal** *m in Schlössern*: hall of mirrors. **~ˌschei·be** *f* plate glass pane. **~ˌschliff** *m tech.* satin finish. **~ˌschrank** *m* wardrobe fitted with a mirror. **~ˌschrift** *f* mirror writing; **in ~ geschrieben** written in reverse. **~sexˌtant** *m astr. mar.* reflecting sextant. **~ˌsu·cher** *m phot.* reflecting (view)finder. **~te·leˌskop** *n* reflecting telescope, reflector (telescope). **~ˌtisch** *m*, **~ˌtisch·chen** *n* **1.** pier table. **2.** dressing (*od.* toilet) table, *Am.* dresser.

ˈSpie·ge·lung *f* <-; -en> **1.** → **spiegeln** 6. **2.** *im Wasser, Schaufenster etc*: reflection. **3.** (*Luft&*) mirage.

ˈspie·gel|verˌkehrt *adj* mirror-inverted. **&ˌzim·mer** *n* mirror(ed) room.

Spie·ker [ˈʃpiːkər] *m* <-s; ->, **ˈspie·kern** *v/t* <h> *mar.* spike.

Spiel [ʃpiːl] *n* <-(e)s; -e> **1.** <*only sg*> (*Spielen*) play(ing); **den Kindern beim ~ zusehen** watch the children play(ing) (*od.* at play); *fig.* **das Leben ist kein ~** life is not (just) a game; **das ist alles nur ein ~!** that's just fun (*od.* a game)!; **aus dem ~ wurde Ernst** the fun and games turned serious; (*fig.* → *a.* 2, 6, 7, 8). **2.** *allg.* game, (*Spielzeugsatz*) *a.* (game) set, (*Wett&*) *a.* match, play; **~ mit Karten** card game; **gefährliches ~** *Sport*: dangerous play, *fig.* → 6; **das ~ ist aus** the match is over, *fig.* the game is up; **im ~ sein** *Ball*: be in play, *fig.* → 7; **ins ~ bringen** *Sport*: send (*od.* bring) s.o. in (*od.* on), *fig.* → 7; **ins ~ kommen** *Sport*: come into the game, come on, *fig.* → 7; **j-n aus dem ~ nehmen** take s.o. off; **das ~ unterbrechen** hold up play, suspend the match (*od.* game); *a. fig.* **das war längst verloren, als** they were playing a losing game when; **das ~ machen** have the game in one's hands, be very much in command; **das ~ verloren geben** give the game up (as lost), *fig.* throw up the sponge, throw in one's cards; **gewonnenes ~ haben** have (almost) won, be as good as there, *fig. a.* have broken the back of it; *fig.* **j-n (et.) aus dem ~ lassen** leave s.o. (s.th.) out of it; **du bist am ~!** it's your play!; *colloq.* **genug des grausamen ~s!** that'll do!, enough of it!; → **Feuer** 1, **stehen** 2. **3.** (*Glücks&*) gambling, *einzelnes*: gamble, game of chance; **sein Glück im ~ versuchen** try one's luck at gambling; *a. fig.* **auf dem ~ stehen** be at stake; **sein Leben (s-n Ruf** *etc*) **aufs ~ setzen** risk (*od.* stake, jeopardize) one's life (reputation, *etc*); **ein ~ mit dem Leben** a gamble with one's life. **4.** *thea. TV* play. **5.** <*only sg*> (*Spielweise*) *allg.* performance, *mus. Sport*: *a.* play(ing), *thea. a.* acting, *mus.* (*Anschlag*) touch, (*Technik*) execution; **dem ~ der Geige lauschen** listen to the music (*lit.* strains) of the violin. **6.** *fig.* (*leichtfertiges Treiben*) game; **ein gewagtes** (*od.* **gefährliches**) **~ spielen** play a risky (*od.* hazardous) game, steer a dangerous course, skate on thin ice; **mit j-m ein doppeltes ~ treiben** play a double game with s.o., doublecross s.o.; **ein falsches ~ (mit j-m) treiben** play (s.o.) false; **sein ~ mit j-m treiben** play games with s.o., play fast and loose with s.o., trifle with s.o.; **j-m das ~ verderben** spoil s.o.'s little game, queer s.o.'s pitch, scotch s.o.'s plans; **gute Miene zum bösen ~ machen** grin and bear it, put a good face upon it; **(das) ~ mit der Liebe** trifling with love. **7.** *fig.* **mit im ~ sein** *allg.* be involved, *Kräfte etc*: *a.* be at work (*od.* play), *Person*: (*a.* **die Hand [mit] im ~ haben**) have a hand in it, have a finger in the pie; **ins ~ bringen** bring s.th. in(to play), (*Argumente etc*) *a.* put forward; **dabei war viel Glück mit im ~** *a.* there was a large element of luck in it; **ins ~ kommen** come into play, get (*od.* be) involved; **leichtes ~ haben** have (*od.* find) it easy, win hands down, **mit j-m**: have little trouble with s.o., make short work of s.o. **8.** *fig. der Muskeln, des Lichts, des Wassers etc*: play, ripple; **wechselseitiges ~** interplay; **das freie ~ der Kräfte** the free play of forces; **das ~ der Phantasie** the play of fancy; **~ des Zufalls (der Natur, des Schicksals)** freak (*od.* quirk, trick) of fortune (nature, fate); **~ mit Worten** play on words, pun. **9.** *Karten etc*: pack, *Am.* deck. **10.** *Stricknadeln etc*: set. **11.** *tech.* play, *erwünschtes*: clearance, *unerwünschtes*: slackness, *zulässiges*: allowance, (*~raum*) free space, looseness, (*Arbeits&*) cycle, *e-s Kolbens*: stroke, (*Totgang*) backlash; **~ haben** have too much play. **12.** *hunt.* (*Schwanz e-s Birkhahns etc*) tail.

ˈSpiel|abˌbruch *m Sport*: abandonment of the match (*od.* game). **~ˌanˌzug** *m für Kinder*: playsuit, rompers *pl.* **~ˌart** *f biol. u. fig.* variety. **~au·toˌmat** *m* gambling (*od.* gaming) machine, *colloq.* one-armed bandit. **~ˌball** *m* **1.** ball. **2.** (*spielentscheidender Punkt*) *Billard*: cue ball, *Tennis*: game point, *Volleyball*: game ball. **3.** *fig.* plaything, sport; **ein ~ der Wellen sein** be at the mercy of the waves, be tossed about by the waves. **~ˌbank** *f* <-; -en> (gambling) casino. **~beˌginn** *m* start of play, *Fußball*: *a.* kick-off, *Hockey*: *a.* bully-off. **~ˌbein** *n* free leg, *Fußball*: kicking leg. **&beˌrech·tigt** *adj Sport*: eligible. **~ˌbrett** *n* (playing-)board.

Spiel·chen [ˈʃpiːlçən] *n* <-s; -> (**ein ~ machen** have *od.* play a) game; *fig. colloq.* **ich durchschaue dein ~** I see through your little game.

ˈSpiel|ˌdau·er *f* **1.** *Sport*: length (*od.* duration) of the game. **2.** *von Schallplatten etc*: playing time. **3.** *thea.* a) run, *Am. a.* box office life, b) length. **~ˌdo·se** *f* musical (*Am. a.* music) box. **~ˌecke** (*getr.* -k·k-) *f* children's corner. **~ˌeinˌsatz** *m* stake.

spie·len [ˈʃpiːlən] **I** *v/t* <h> **1.** play; **Karten (e-e Partie Skat) ~** play cards (a game of skat); **er spielt begeistert Schach** he is an enthusiastic (*od.* a keen) chess player; **den Ball ~ zu** pass (the ball) to *s.o.*; *fig.* **j-m et. in die Hände ~** slip (*od.* play) s.th. into s.o.'s hands; **was wird hier gespielt?** what's going on here?, what's the game?, what's up? **2.** (*darstellen*) act, play, (*e-e Rolle*) *a.* take the part of, interpret; **er spielt den Hamlet** he acts (*od.* plays) (the part of) Hamlet; → **Theater** 6. **3.** (*aufführen*) perform, play, (*Film*) show; **was wird heute im Theater gespielt?** what's on (*od.* playing) at the theatre today?; **sie ~ ein Stück von Brecht** they are performing (*colloq.* doing) a play by Brecht; **die Pianistin spielte (Werke von) Chopin** the pianist played (works by) Chopin. **4.** (*Schallplatte*) play, put on. **5.** (*ein Instrument*) play, (*Trompete etc*) *a.* blow; **et. auf dem Klavier ~** play s.th. on the piano. **6.** *fig.* (*so tun als ob*) play, feign, pretend, simulate, act; **den Beleidigten (Unschuldigen)** ~ play (*od.* act) the offended ([the] innocent), pretend to be offended (innocent); **den Höflichen** ~ do the polite; **mit gespielter Gleichgültigkeit** with studied indifference; **bei ihr ist alles nur gespielt** she's always putting on an act; **krank** ~ sham illness, pretend to be ill, *bes. mil.* malinger. **7.** (*wirken als*) act as; **ich mußte die Köchin** ~ *a.* I had to do (*od.* take care of) the cooking. **II** *v/i* **8.** *allg.* play, *bei e-m Glücksspiel*: gamble, *um e-n Einsatz*: game, play (for a stake); **mit dem Ball (mit Würfeln)** ~ play ball (dice); *Sport*: **gegen j-n** ~ play (against) s.o.; **sie spielten 2 : 0** the match ended 2–0; **er spielte zum Linksaußen** he passed (the ball) to the outside left; **falsch** ~ cheat (at cards, *etc*) (→ *a.* 11); **wer spielt?** whose turn (*colloq.* go) is it?; **hoch (od. mit hohem Einsatz)** ~ play for high stakes; **um Geld** ~ play for money; **vorsichtig** ~ play a cautious game; → **Karte** 11, **Lotto** 1, **Toto. 9.** *thea. etc* act, play, perform; **in den Hauptrollen** ~ **X und Y** *Film*: the production features (*od.* stars) X and Y, X and Y play (*od.* feature) in the main roles. **10.** *Roman, Szene etc*: be set, be laid; **das Stück spielt zur Zeit Ludwigs XIV.** the play is set at the time of Louis XIV. **11.** *mus.* play; **auf der Orgel** ~ play (on) the organ; **falsch** ~ play the wrong note(s), *unrein*: play off key. **12.** (*herum*~) (**mit** with) play, toy, *fig. a.* trifle, dally; *fig.* **sie spielte nur mit ihm** *a.* she was merely playing around with him; → **Feuer** 1, **Gedanke** 1. **13.** *fig.* **et.** ~ **lassen** (*um et. zu erreichen*) use s.th., make use of s.th.; **er ließ sein Geld** ~ he used his money to attain his ends; **alle Künste der Überredung** ~ **lassen** use all the tricks of persuasion; → **Beziehung** 2, **Charme. 14.** (*sich leicht bewegen*) play; **er ließ s-e Muskeln** ~ he flexed his muscles; **im Wind** ~ *Fahne etc*: play (*od.* flutter, flap) in the wind; *fig.* **ein Lächeln spielte um ihre Lippen** a faint smile played (*od.* flickered) on her lips. **15.** (*schimmern*) **in allen Farben** ~ *Diamant etc*: sparkle (*od.* flash) in all colo(u)rs; **ins Rötliche** ~ *Farbe*: have a reddish tinge. **16.** *tech. Kolben*: play. **III** *v/reflex* **17. sich müde** ~ *Kinder etc*: play till one is tired; *thea.* **diese Szene spielt sich gut** this scene plays well; **sich um sein Vermögen** ~ gamble away one's fortune. **ˈspie·lend I** *adj* playing. **II** *adv fig.* (*mühelos*) without effort, with (effortless *od.* great) ease, very easily, *colloq.* just like that; ~ **gewinnen** win hands down; **es ist** ~ **leicht** it's child's play, *sl.* it's a cinch.

ˈSpie·ler *m* ⟨-s; -⟩ player, (*Glücks*≗) gambler. **Spie·leˈrei** *f* ⟨-; -en⟩ **1.** ⟨*only sg*⟩ *contp.* playing (*od.* fooling, fiddling) around (*od.* about). **2.** (*Zeitvertreib*) pastime, hobby. **3.** (*Flirt*) flirtation, bagatelle. **4.** *pl* (*Kinkerlitzchen*) gimcrackery *sg*, gewgaws, (*technische Raffinessen*) *a.* gadgets. **5.** (**das war die reinste** ~ that was mere) child's play.

ˈSpiel·erˌgeb·nis *n Sport*: result, final score.

ˈSpie·le·rin *f* ⟨-; -nen⟩ (woman) player, (*Glücks*≗) (woman) gambler.

ˈspie·le·risch I *adj* **1.** *Sport*: playing; **großes** ~**es Können aufweisen** show great ability (*od.* talent) as a player. **2. mit** ~**er Leichtigkeit** with effortless (*od.* perfect) ease. **3.** (*verspielt*) playful. **II** *adv* **4.** playfully. **5.** → 2. **6.** *Sport*: ~ **überlegen** superior in terms of play (*od.* technique).

ˈSpiel·erˌlaub·nis *f Sport*: permission to play.

ˈSpie·ler·naˌtur *f* (e-e ~ sein be a) gambler by nature (*od.* temperament).

ˈspielˌfä·hig *adj Sportler*: fit (to play).

ˈSpielˌfeld *n* playing field, *Fußball*: *a.* ground, pitch, *Tennis*: *a.* court. ~**ˌhälf·te** *f* half (of the field *od.* of the ground). ~**ˌrand** *m* → a) Torlinie, b) Seitenlinie 1.

ˈSpiel|fiˌgur *f beim Brettspiel*: man, token, piece. ~**ˌfilm** *m* feature (film). ~**ˌflä·che** *f* **1.** *Sport*: pitch, ground, *auf dem Eis*: surface. **2.** *thea.* stage floor, boards *pl.* **3.** *Billard*: bed. ~**ˌfol·ge** *f* program(me *Br.*). ≗**frei** *adj* **1.** *tech.* free from play. **2.** *thea.* **heute ist** ~ there is no performance today; *Sport*: ~ **sein** not to be playing. ~**ˌfüh·rer** *m* (team) captain. ~**geˌfähr·te** *m*, ~**geˌfähr·tin** *f* playmate. ~**ˌgeld** *n* **1.** play (*od.* token, toy) money. **2.** (*Einsatz*) stake. ~**geˌsche·hen** *n Sport*: play, action; → *a.* **Spielverlauf.** ~**ˌhälf·te** *f* **1.** (**zweite** ~ second) half. **2.** → **Spielfeldhälfte.** ~**ˌhal·le** *f* amusement arcade. ~**ˌhöl·le** *f colloq.* gambling den. ~**ˌhös·chen** *n für Kinder*: playsuit. ~**ka·meˌrad** *m*, ~**ka·meˌra·din** *f* playmate. ~**ˌkar·te** *f* playing card. ~**kaˌsi·no** *n* (gambling) casino. ~**ˌkind** *n* small child (under school age), toddler. ~**ˌklas·se** *f Sport*: division, league. ~**ˌklub** *m* card club, *für Glücksspiele*: gambling club. ~**ˌlei·den·schaft** *f* passion for gambling, gambling fever. ~**ˌlei·ter** *m* **1.** *thea. TV, Radio*: producer, *für Quiz*: quizmaster. **2.** → **Conférencier. 3.** *Sport*: a) games leader, b) → **Schiedsrichter** 2. ~**ˌlei·tung** *f* **1.** → **Regie** 1. **2.** *Sport*: **die** ~ **haben** be the referee. ~**ˌma·cher** *m Sport*: mastermind, strategist.

ˈSpielˌmann *m* ⟨-(e)s; -leute⟩ (wandering) minstrel (*od.* musician). ~**sˌdich·tung** *f* minstrelsy. ~**sˌzug** *m* band, drums and fifes *pl.*

ˈSpiel|ˌmar·ke *f* **1.** jet(t)on, chip, counter. **2.** → **Spielgeld** 1. ~**miˌnu·te** *f Sport*: minute of play. ~**ˌoper** *f* comic opera. ~**ˌpas·sung** *f tech.* loose (*od.* clearance) fit. ~**ˌplan** *m thea. etc* program(me *Br.*), (*Repertoire*) repertory, repertoire; → **absetzen** 6. ~**ˌplatz** *m* **1.** playground. **2.** → **Spielfeld.** ~**ˌraum** *m* **1.** room (to move [about]). **2.** *fig.* (free) play, room, *a. in der Auslegung*: latitude, (*Spanne*) scope, margin, *zeitlich*: time, (*Bewegungsfreiheit*) elbowroom; **j-m** ~ **lassen** leave (*od.* allow) s.o. scope, give s.o. (plenty of) rope; **geringer** ~ narrow margin; **finanzpolitischer** ~ room for fiscal manœuvre (*Am.* maneuver). **3.** *tech.* play, backlash, clearance (space). ~**ˌre·gel** *f meist pl* rule (of the game); **die** ~**n einhalten, sich an die** ~**n halten** keep to (*od.* observe) the rules, play fair, *a. fig.* play the game; *a. fig.* **sich nicht an die** ~**n halten, gegen die** ~**n verstoßen** break the rules, not to play the game. ~**ˌsaal** *m* gambling hall. ~**ˌsa·chen** *pl* toys, playthings. ~**saiˌson** *f Sport*: season. ~**saˌlon** *m* fun palace, amusement arcade. ~**ˌschluß** *m* end of play. ~**ˌschuld** *f* gambling debt. ~**ˌstand** *m Sport*: score; **beim** ~ **von** ... with the score (standing) at ... ~**ˌstär·ke** *f* playing strength. ~**ˌstra·ße** *f* play street. ~**ˌstun·de** *f* playtime. ~**ˌsucht** *f* → **Spielleidenschaft.** ~**ˌteu·fel** *m* gambling fever (*colloq.* bug); **vom** ~ **besessen sein** be a demon gambler. ~**ˌtisch** *m* **1.** card table, gambling table. **2.** *mus.* (organ) console. ~**ˌtrieb** *m e-s Kindes*: play instinct. ~**ˌuhr** *f* musical clock. ~**verˌbot** *n Sport*: suspension; **j-m** ~ **erteilen, ein** ~ **über j-n verhängen** suspend s.o. ~**verˌder·ber** *m*, ~**verˌder·be·rin** *f* ⟨-; -nen⟩ spoilsport, killjoy, wet blanket. ~**verˌei·ni·gung** *f* sports club. ~**verˌlän·ge·rung** *f* extra time. ~**verˌlauf** *m* run of the match (*od.* game), run of play. ~**verˌlust** *m* **1.** *Sport*: match (*od.* game) lost. **2.** *e-s Glücksspielers*: gambling loss.

ˈSpielˌwa·ren *pl* toys, playthings. ~**geˌschäft** *n* toy shop (*bes. Am.* store). ~**ˌhänd·ler** *m* toy dealer. ~**in·duˌstrie** *f* toy industry.

ˈSpiel|ˌwei·se *f* (style *od.* manner of) play(ing). ~**ˌwerk** *n* **1.** *e-r Uhr*: chime. **2.** mechanism (*od.* action) of a musical box. ~**ˌwie·se** *f* lawn for playing, play area; *fig. colloq.* playground. ~**ˌwut** *f* passion for gambling. ~**ˌzeit** *f* **1.** *für Kinder*: playtime. **2.** *thea. Sport*: season, *e-s Fußballspiels etc*: time of play, playing time, (*Laufzeit*) *e-s Films etc*: run, *Am. a.* box office life.

ˈSpielˌzeug *n* ⟨-(e)s; *no pl*⟩ *a. fig.* toy(s *pl*), plaything(s *pl*); **pädagogisch wertvolles** ~ educational toys *pl.* ~**ˌei·senˌbahn** *f* toy train, model railway. ~**faˌbrik** *f* toy factory. ~**ˌla·den** *m* toy shop (*bes. Am.* store). ~**piˌsto·le** *f* toy pistol.

ˈSpiel|ˌzim·mer *n* **1.** *für Kinder*: playroom, *engS.* nursery. **2.** gambling room, cardroom. ~**ˌzug** *m Sport*: combination.

Spie·re [ˈʃpiːrə] *f* ⟨-; -n⟩ *mar.* spar.

Spieß [ʃpiːs] *m* ⟨-es; -e⟩ **1.** (hunting) spear, pike, (*Lanze*) lance; *fig. colloq.* **schreien wie am** ~ cry blue murder, scream (*od.* yell) like hell (*od.* mad); **den** ~ **umdrehen (od. umkehren)** turn the tables (**gegen** on). **2.** (*Fleisch*≗) skewer, (*Brat*≗) spit; **et. am** ~ **braten** roast s.th. on the spit. **3.** *mil. colloq.* sergeant major, *Am.* top sergeant, *Am. sl.* topkick. **4.** *pl hunt.* first year's antlers, *Am.* spikes. **5.** *print.* work-up, pick, black. ~**ˌbock** *m* **1.** *hunt.* roebuck of the first year, *Am.* spike buck. **2.** *zo.* gemsbock. ~**ˌbra·ten** *m* joint roasted on the spit.

ˈSpießˌbür·ger *m* → **Spießer** 1. ≗**lich** *adj* narrow-minded, Philistine, *colloq.* square. ~**tum** *n* narrow-mindedness, philistinism.

spie·ßen [ˈʃpiːsən] *v/t* ⟨h⟩ (**auf** *acc* on to) (*Fleisch*) skewer, spit, (*Schmetterling etc*) pin, fasten, fix; **et. auf die Gabel** ~ take s.th. on one's fork; → *a.* **aufspießen.**

ˈSpie·ßer *m* ⟨-s; -⟩ **1.** *contp.* (narrow-minded) bourgeois, Philistine, *colloq.* square. **2.** *hunt.* (*Hirsch*) brocket, (*Rehbock*) pricket. ≗**haft** *adj* → **spießbürgerlich.**

ˈSpieß·geˌsel·le *m* companion, associate, *contp.* (*Komplize*) accomplice.

ˈspie·ßig *adj* → **spießbürgerlich.**

ˈSpießˌru·ten *pl a. fig.* ~ **laufen** run the gauntlet. ~**ˌlau·fen** *n* running the gauntlet.

Spikes [spaɪks] (*Engl.*) *pl* **1.** (*Stahlnägel, Rennschuhe*) spikes. **2.** *a.* ~**ˌrei·fen** *pl* spike tyres, *Am.* studded tires.

Spill [ʃpɪl] *n* ⟨-(e)s; -e⟩ *mar.* capstan, (*Ankerwinde*) windlass.

Spi·na [ˈspiːna; ˈʃpiːna] *f* ⟨-; -nae [-nɛ]⟩ *anat.* spina, spine. **spi·nal** [ʃpiˈnaːl; spi-] *adj* spinal; *med.* ~**e Kinderlähmung** infantile paralysis, polio(myelitis).

Spi·nat [ʃpiˈnaːt] *m* ⟨-(e)s; -e⟩ *bot.* spinach. ~**ˌwach·tel** *f colloq. contp.* (old) hen.

Spind [ʃpɪnt] *m, n* ⟨-(e)s; -e⟩ *bes. mil. Sport*: locker.

Spin·del [ˈʃpɪndəl] *f* ⟨-; -n⟩ **1.** *Textil.* spindle (*a. biol., a. tech. Welle*), *am Spinnrocken*: distaff. **2.** *e-r Treppe*: newel. **3.** *e-r Uhr*: verge. **4.** *der Gräser*: rachis, *e-r Traube, Ähre etc*: stalk, axis. **5.** *chem.* hydrometer. ~**ˌbei·ne** *pl colloq.* spindly legs. **~bei·nig** [-ˌbaɪnɪç] *adj colloq.* spindle-shanked. **~'dürr** *adj* (as) thin as a rake, spindly. **~för·mig** *adj* spindle--shaped. **~ka·sten** *m tech.* headstock. **~pres·se** *f* screw press.

Spi·nell [ʃpiˈnɛl] *m* ‹-s; -e› *min.* spinel(le).

Spi·nett [ʃpiˈnɛt] *n* ‹-(e)s; -e› *mus.* spinet.

Spin·na·ker [ˈʃpɪnakər] *m* ‹-s; -› *Segeln*: spinnaker.

'spinn|bar *adj* spinnable, suitable (*od.* fit) for spinning. **~drü·se** *f der Seidenraupen*: silk (*od.* spinning) gland. **~dü·se** *f tech.* spinning nozzle, spinneret.

Spin·ne [ˈʃpɪnə] *f* ‹-; -n› *zo.* spider. **~'feind** *adj colloq.* j-m ~ sein hate s.o. like poison, hate s.o.'s guts.

spin·nen [ˈʃpɪnən] **I** *v/t* ‹spinnt, spann, gesponnen, h› **1.** spin (*a. fig. Geschichte etc*); Wolle zu Garn ~ spin wool into yarn; *fig. colloq.* der spinnt das alles nur he's just making it up. **2.** *fig.* (*Gedanken etc*) dwell on, give o.s. up to; Ränke ~ hatch plots (*od.* a plot). **II** *v/i* **3.** spin. **4.** *colloq. contp.* be (a bit) crazy (*od.* nuts, *Br. a.* crackers, barmy, bonkers); du spinnst wohl? have you gone crazy (*etc*)? **5.** *colloq. contp.* talk (a lot of) nonsense (*od.* drivel, blather, rubbish). **6.** *phys.* spin (*od.* whirl) round.

'spin·nen|ähn·lich, ~ar·tig *adj* **1.** spidery, spiderlike. **2.** ~e Tiere → Spinnentiere. **~ge·we·be** *n* → Spinnwebe. **~netz** *n* cobweb, spider('s) web. **~tie·re** *pl* arachnids, arachnid(e)ans.

'Spin·ner *m* ‹-s; -› **1.** *Textil.* spinner, mill hand. **2.** *Angeln*: spinner, spinning bait. **3.** *colloq. contp.* a) (*Verrückter*) crackpot, nut(ter), kook, *Am.* screwball, b) (*Schwätzer*) blatherer, drivel(l)er. **4.** (*Schmetterling*) silkworm moth. **Spin·ne'rei** *f* ‹-; -en› **1.** ‹*only sg*› (art of) spinning. **2.** *Textil.* spinning mill. **3.** *colloq. contp.* a) (*Unsinn*) nonsense, drivel, rubbish, b) crazy (*od.* daft) idea, *modische*: fad, craze. **'Spin·ne·rin** *f* ‹-; -nen› **1.** *Textil.* spinner, mill girl. **2.** → Spinner 3.

'Spinn|fa·den *m* **1.** spinning thread. **2.** spider's thread, *pl* gossamer *sg*, floating cobwebs. **~fa·ser** *f* (spinning *od.* textile) fibre (*Am.* fiber). **~ge·we·be** *n* → Spinnwebe. **~ma·schi·ne** *f* spinning machine (*od.* frame). **~rad** *n* spinning wheel. **~rocken** (*getr.* -k·k-) *m* distaff. **~stoff** *m* woven textile fabrics *pl.* **~stu·be** *f* spinning room. **~war·ze** *f der Spinnen*: spinner(et), spinning mammilla. **~we·be** *f* ‹-; -n› cobweb, spider('s) web.

'Spinn·web|fa·den *m* spider-web thread, cobweb (thread). **~haut** *f im Gehirn*: arachnoid (membrane).

spin·ti·sie·ren [ʃpɪntiˈziːrən] *v/i* ‹h› brood, ruminate.

Spi·on [ʃpiˈoːn] *m* ‹-s; -e› **1.** spy, *mil. pol. a.* secret (*od.* intelligence) agent. **2.** (*Tür*~) peephole, (*Fenster*~) window mirror.

Spio·na·ge [ʃpioˈnaːʒə] *f* ‹-; *no pl*› espionage, *mil. pol. a.* intelligence; ~ treiben engage in espionage, spy; unter dem Verdacht der ~ für suspected of spying for. **~ab·wehr** *f* counterespionage, *mil. pol. a.* counterintelligence. **~ab·wehr·dienst** *m* counterespionage service, (*Organisation*) Counterintelligence Corps (*Am.* Agency). **~af·fä·re** *f* spy (*od.* espionage) affair(e) (*od.* case). **~dienst** *m* intelligence service. **~netz** *n* spy network. **~or·ga·ni·sa·ti·on** *f* espionage organization. **~pro·zeß** *m* espionage (*od.* spy) trial. **~ring** *m* spy ring. **~ver·däch·tig** *adj* suspected of espionage (*od.* spying).

spio·nie·ren [ʃpioˈniːrən] *v/i* ‹*no* ge-, h› **1.** spy, work as a spy (*bes. mil. pol.* as an intelligence agent), carry on espionage. **2.** *colloq.* (*schnüffeln*) pry, snoop. **Spio·nie·re'rei** *f* ‹-; -en› *colloq.* prying, snooping. **Spio·nin** [ʃpiˈoːnɪn] *f* ‹-; -nen› (woman) spy.

Spi'ral|boh·rer *m tech.* twist drill. **~bruch** *m med.* spiral fracture.

Spi·ra·le [ʃpiˈraːlə] *f* ‹-; -n› **1.** spiral (*a. fig. Preis*~), *schraubenförmige*: helix. **2.** *arch.* volute. **3.** *colloq.* (*Pessar*) coil.

Spi'ral|fe·der *f tech.* spiral (*od.* coil) spring, *e-r Uhr*: mainspring, clock-spring. **~för·mig** *adj* spiral, helical. **~li·nie** *f* spiral (line *od.* curve). **~ne·bel** *m astr.* spiral nebula.

Spi·rans [ˈʃpiːrans; ˈspiː-] *f* ‹-; -ranten [ʃpiˈrantən; spi-]›, **Spi·rant** [ʃpiˈrant; spi-] *m* ‹-en; -en› *ling.* spirant. **spi'ran·tisch** *adj* spirant, fricative.

Spi·ri|tis·mus [ʃpiriˈtɪsmʊs; spi-] *m* ‹-; *no pl*› spirit(ual)ism. **~'tist** [-ˈtɪst] *m* ‹-en; -en› spirit(ual)ist. **~'ti·stisch** *adj* spiritualist(ic), spiritistic; ~e Sitzung séance. **~tu'al** [-ˈtŭaːl] *adj* → spirituell.

Spi·ri·tu·al[1] [ʃpiriˈtŭaːl; spi-] *m* ‹-s *u.* -en; -en› *R.C.* confessor, spiritual adviser.

Spi·ri·tu·al[2] [ˈspɪrɪtjʊəl] (*Engl.*) *m, n* ‹-s; -s› (Negro) spiritual.

Spi·ri·tua|lis·mus [ʃpiritŭaˈlɪsmʊs; spi-] *m* ‹-; *no pl*› *philos.* spiritualism. **~'li·stisch** *adj* spiritualist(ic).

spi·ri·tu·ell [ʃpiriˈtŭɛl; spi-] *adj* spiritual.

Spi·ri·tuo·sen [ʃpiriˈtŭoːzən; spi-] *pl* spirits, alcoholic (*od.* spirituous) drinks.

Spi·ri·tus [ˈʃpiːritʊs] *m* ‹-; -se› spirit. **~bren·ner** *m* spirit (*od.* alcohol) burner. **~bren·ne·rei** *f* distillery. **~ko·cher** *m* spirit stove. **~lam·pe** *f* spirit lamp.

Spi·ri·tus rec·tor [ˈspiːritʊs ˈrɛktɔr] *m* ‹- -; *no pl*› (*treibender Geist*) prime mover.

Spi·ro·chä·te [spiroˈçɛːtə; ʃpi-] *f* ‹-; -n› *biol.* spiroch(a)ete.

Spi·tal [ʃpiˈtaːl] *n* ‹-s; ¨er› *Austrian od. obs.* **1.** hospital. **2.** → Armenhaus. **3.** → Altersheim.

Spit·tel [ˈʃpɪtəl] *n, a. m* ‹-s; -› *obs. od. dial. od. Austrian for* Spital 1.

spitz [ʃpɪts] **I** *adj* **1.** pointed, *Bleistift etc*: *a.* sharp, *math. Winkel*: acute; ~es Dach → Spitzdach; ~e Schuhe pointed shoes, *colloq.* winkle-pickers; ~er Ausschnitt *am Kleid etc*: V-neck; *fig.* et. mit ~en Fingern anfassen pick s.th. up gingerly; mit ~er Feder schreiben have a scathing pen. **2.** *colloq. Gesicht, Aussehen etc*: peaked, peaky. **3.** *fig.* (*boshaft*) pointed, biting, sharp, cutting; ~e Bemerkungen machen make pointed remarks; e-e ~e Zunge haben have a sharp tongue. **4.** *fig. colloq.* (*geil*) hot, randy. **II** *adv* **5.** ~ zulaufend tapering (to a point), pointed; *fig.* Nie? fragte sie ~ Never? she asked pointedly; *colloq.* ~ aussehen look peaky.

Spitz[1] *m* ‹-es; -e› (*Hunderasse*) spitz.

Spitz[2] *m* ‹-es; *no pl*› → Schwips.

'Spitz|bart *m* goatee. **~bär·tig** *adj* with a goatee. **~bauch** *m* paunch, potbelly. **~be·kom·men** *v/t* ‹*irr, sep, no* -ge-, h› → spitzkriegen. **~bo·gen** *m arch.* pointed arch. **~bo·gen·fen·ster** *n* lancet (window). **~bu·be** *m* (*Gauner*) *a. humor.* rogue, rascal, scoundrel. **~bu·ben·streich** *m*, **~bü·be'rei** [ˌʃpɪts-] *f* ‹-; -en› roguish trick, roguery. **~bü·bin** *f a. humor.* rogue, rascal. **~bü·bisch** *adj a. humor.* roguish, *Lächeln etc*: *a.* impish. **~dach** *n* pointed (*od.* peaked) roof.

Spit·ze[1] [ˈʃpɪtsə] *f* ‹-; -n› **1.** *allg.* point, *e-r Zigarre, e-s Schirms*: *a.* tip, *e-r Schreibfeder*: *a.* nib, (*Eisen*~) spike, (*Speer*~, *Pfeil*~ *etc*) head, (*Finger*~, *Nasen*~, *Flügel*~ *etc*) tip, (*Baum*~, *Mast*~) top, (*Berg*~) top, peak, summit, (*Kirchturm*~) spire, *math.* apex (*a. anat.*), vertex; die ~ e-s Bleistifts abbrechen break the point of a pencil; *fig.* e-r Sache die ~ abbrechen (*od.* nehmen) take the edge off s.th.; j-m die ~ bieten defy s.o., stand up to s.o.; et. auf die ~ treiben carry s.th. too far (*od.* to an extreme), go (*od.* carry things) too far. **2.** (*Zigaretten*~ *etc*) holder. **3.** *e-r Kolonne, e-s Unternehmens etc*: head, *mil.* (*Angriffs*~) (spear)head, *Sport*: leading group, *Fußball*: (*Angriffsspieler*) striker, (*Führung*) lead, *meist pl* leading figure, *der Gesellschaft*: cream, élite, higher echelons *pl*; an der ~ e-r Firma stehen be at the head of a firm; ~n der Industrie leading figures of industry; *Sport*: an der ~ der Tabelle stehen be at the top of the table; an der ~ liegen be in the lead; die ~ behaupten keep the lead; sich an die ~ setzen take over the lead, *der Tabelle*: take over at the top (of the table); *Fußball*: ~ spielen be striker. **4.** *fig.* (*Höchststand, a. electr., a. Verkehrs*~) peak, *mot. colloq.* (~ngeschwindigkeit) maximum (*od.* top) speed, *econ.* (*Überschuß*) surplus; die ~ erreichen *Verkaufszahlen etc*: reach a peak; das Auto macht 200 ~ the car does a maximum speed of 200 kilometres per hour. **5.** *fig.* (*boshafte Bemerkung*) pointed remark, dig, needle; e-e ~ gegen die Regierung a dig at the government; ihr Lächeln nahm ihren Worten die ~ her smile took the sting out of her words. **6.** *colloq.* tops; er *etc* ist einfach (einsame) ~ he *etc* is simply (absolutely) tops.

'Spit·ze[2] *f* ‹-; -n› lace; echte (geklöppelte) ~ real (bone *od.* bobbin, pillow) lace; Brüsseler ~n Brussels lace *sg.*

Spit·zel [ˈʃpɪtsəl] *m* ‹-s; -› (*Polizei*~ police) informer, spy, *sl.* nark, grass, (*Lock*~) decoy, undercover man (*od.* agent), stoolpigeon, (*Schnüffler*) snooper. **~dienst** *m* ~e leisten → spitzeln.

spit·zeln [ˈʃpɪtsəln] *v/i* ‹h› snoop around, spy, inform, act as an informer, *sl.* grass.

spit·zen [ˈʃpɪtsən] **I** *v/t* ‹h› **1.** (*an*~) point, (*Bleistift etc*) sharpen. **2.** (*die Lippen*) purse, *fig.* (*die Ohren*) prick (up); *colloq.* und jetzt spitzt mal alle die Ohren! and now listen (to this) carefully! **3.** *fig. colloq.* sich ~ auf (*acc*) a) look forward to, b) count on. **II** *v/i* **4.** *fig. colloq.* (*aufpassen*) keep one's eyes skinned (*od.* peeled).

'Spit·zen|ar·beit *f* lacework. **~be·la·stung** *f electr.* peak load. **~be·satz** *m* lace trimming (*od.* edging). **~be·trag** *m* highest (*od.* maximum) amount. **~blu·se** *f* lace blouse. **~deck·chen** *n* lace doily. **~dreh·bank** *f* cent/re (*Am.* -er) lathe. **~ein·kom·men** *n* top income. **~er·zeug·nis, ~fa·bri·kat** *n* top--quality product (*od.* make). **~feld** *n Sport*: (im ~ in the) leading group. **~film** *m* top-ranking film. **~funk·tio·när** *m pol.* top (*od.* leading) functionary (*od.* official). **~ge·halt** *n* top salary. **~ge·schwin·dig·keit** *f* top speed. **~gre·mi·um** *n* body of leading specialists, top committee. **~grup·pe** *f Sport*: leading group, *e-r Tabelle*: top team. **~hös·chen** *n* lace panties *pl.* **~kan·di·dat** *m* leading candidate, frontrunner. **~klas·se** *f* top class, first class; ein Auto der ~ a top-class car. **~kleid** *n* lace dress. **~klöpp·le·rin** *f* lacemaker.

~ˌ**kön·ner** *m* top expert, *Sport etc*: top-class performer. ~ˌ**kraft** *f* highly-qualified person, *thea. etc* star performer. ~ˌ**kra·gen** *m* lace collar. ~ˌ**lei·stung** *f* **1.** *tech.* maximum (*od.* peak) output (*od.* performance), *electr.* peak power. **2.** *Sport*: record (performance). **3.** *in Wissenschaft, Kunst etc*: supreme (*od.* highest) achievement, (great) feat. ~ˌ**lohn** *m* top wage(s *pl*). ~ˌ**mann·schaft** *f Sport*: *e-r Rangliste*: top team, *e-s Wettbewerbs etc*: leading team. ~**or·ga·ni·sa·ti**ˌ**on** *f* head (*od.* top, central) organization. ~**pa**ˌ**pier** *n* lace paper. ~**po**ˌ**li·ti·ker** *m* leading politician. ~**po·si·ti**ˌ**on** *f* top (*od.* leading) position. ~ˌ**preis** *m* top (*od.* maximum, peak) price. ~**qua·li**ˌ**tät** *f* highest (*od.* top) quality. ~ˌ**rei·ter** *m fig. colloq. Sport*: leader, (*Mannschaft*) leaders *pl*, leading team, (*Kandidat*) front-runner, (*Film, Theaterstück, Schlager*) (top) hit. ~ˌ**schlei·er** *m* lace veil. ~ˌ**span·nung** *f electr.* peak voltage. ~ˌ**spiel** *n* **1.** *Sport*: top match. **2.** *tech.* crest clearance. ~ˌ**spie·ler** *m* top(-ranking) (*od.* top-flight) player. ~ˌ**sport** *m* top performance sports *pl*. ~ˌ**sport·ler** *m* top(-ranking) athlete. ~ˌ**stoff** *m* lace fabric. ~ˌ**strom** *m electr.* peak current. ~ˌ**tanz** *m* toe dance. ~ˌ**tän·zer** *m*, ~ˌ**tän·ze·rin** *f* toe dancer. ~**ver**ˌ**band** *m econ.* head (*od.* top, central) association. ~**ver**ˌ**brauch** *m* peak (*od.* maximum) consumption. ~**ver**ˌ**die·ner** *m* top earner. ~**ver**ˌ**kehr** *m* peak traffic. ~ˌ**wein** *m* vintage (*od.* choice) wine. ~ˌ**wert** *m* peak value. ~ˌ**zei·ten** *pl* peak period *sg*, *des Verkehrs etc*: peak (*od.* rush) hours.

ˈ**Spit·zer** *m* ⟨-s; -⟩ (*Bleistift*≈) (pencil) sharpener.

ˈ**Spitz**|ˌ**fei·le** *f* taper file. ≈ˌ**fin·dig** *adj* quibbling, hair-splitting, sophistical. ~ˌ**fin·dig·keit** *f* ⟨-; -en⟩ quibbling, hair-splitting, sophistry. ~ˌ**gie·bel** *m* pointed gable. ~ˌ**hacke** (*getr.* -k·k-) *f*, ~ˌ**ham·mer** *m*, ~ˌ**haue** *f* pick (hammer), pickax(e).

ˈ**spit·zig** *adj* → spitz 1–3.

ˈ**Spitz**|ˌ**keh·re** *f* **1.** hairpin bend. **2.** *Skisport*: kick turn. ~ˌ**kopf** *m* pointed head, *med.* oxycephaly. ≈ˌ**krie·gen** *v/t* ⟨*sep*, -ge-, h⟩ *colloq.* (*kapieren*) get, cotton on to, (*durchschauen, rauskriegen*) get wise (*od.* hep) to. ~ˌ**küh·ler** *m* **1.** *mot.* V-shaped (*od.* pointed) radiator. **2.** *fig. colloq.* potbelly. ~ˌ**mar·ke** *f print.* head (-ing). ~ˌ**maus** *f* **1.** *zo.* shrew(mouse). **2.** *fig.* weasel-face(d person). ~ˌ**na·me** *m* nickname; **mit dem ~n** *a.* nicknamed. ≈ˌ**na·sig** [-ˌnaːzɪç] *adj* sharp-nosed. ~ˌ**oh·rig** [-ˌʔoːrɪç] *adj zo.* prick-eared. ~ˌ**we·ge·rich** *m bot.* ribwort (plantain). ≈ˌ**win·ke·lig**, ≈ˌ**wink·lig** *adj math.* acute-angled. ≈ˌ**zün·gig** [-ˌtsʏŋɪç] *adj fig.* sharp-tongued.

Spleen [ʃpliːn; spliːn] (*Engl.*) *m* ⟨-s; -e *u.* -s⟩ fad, crotchet; **e-n kleinen ~ haben** be a bit nutty. ˈ**splee·nig** *adj* faddish, crotchety, odd, eccentric.

Spleiß [ʃplaɪs] *m* ⟨-es; -e⟩, ˈ**splei·ßen** *v/t* ⟨**spleißt, spliß, gesplissen**, h⟩ splice.

splen·did [ʃplɛnˈdiːt; splɛn-] *adj* **1.** *colloq.* (*freigebig*) generous, open-handed. **2.** *print. Satz*: wide(ly-spaced).

Splint [ʃplɪnt] *m* ⟨-(e)s; -e⟩ **1.** *tech.* cotter pin. **2.** → ~ˌ**holz** *n* sapwood.

spliß [ʃplɪs] *1 u. 3 sg pret of* **spleißen**.

Splitt [ʃplɪt] *m* ⟨-(e)s; -e⟩ broken (*od.* crushed) stone, (*Roll*≈) chippings *pl*.

Split·ter [ˈʃplɪtər] *m* ⟨-s; -⟩ (*Metall*≈, *Glas*≈, *Knochen*≈ *etc*) splinter, (*bes. Holz*≈) *a.* sliver, (*Granat*≈) *a.* fragment, (*Diamant*≈) (diamond) chip; **ich habe mir e-n ~ (in die Hand) eingezogen** I've got a splinter (in my hand); *Bibl.* ... **den ~ in d-s Bruders Auge** the mote that is in thy brother's eye. ~ˌ**bom·be** *f* fragmentation bomb. ~ˌ**bruch** *m med.* splintered (*od.* chip, comminuted) fracture. ≈ˈ**fa·ser**ˈ**nackt** *adj* → **splitternackt**. ≈ˌ**frei** *adj Glas*: shatterproof, safety (*glass*). ~ˌ**gra·ben** *m mil.* slit trench. ~ˌ**grup·pe** *f e-r Partei etc*: splinter group (*od.* party), faction.

ˈ**split·te·rig** *adj* splintery.

split·tern [ˈʃplɪtərn] *v/i* ⟨**sein** *u.* h⟩ *Holz, Glas, Knochen etc*: splinter.

ˈ**split·ter**|ˈ**nackt** *adj colloq.* stark-naked, mother-naked, without a stitch on, in the altogether, *Br. sl.* starkers. ≈**par**ˌ**tei** *f* splinter party (*od.* group). ≈ˌ**schutz** *m mil.* splinter protection. ~ˌ**si·cher** *adj* **1.** *mil.* splinterproof. **2.** → **splitterfrei**. ≈ˌ**wir·kung** *f mil.* fragmentation effect.

ˈ**Spö·ken**ˌ**kie·ker** [ˈʃpøːkən-] *m* ⟨-s; -⟩ *dial.* psychic, who has second sight.

spon·de·isch [spɔnˈdeːɪʃ; ʃpɔn-] *adj metr.* spondaic. **Spon·de·us** [spɔnˈdeːʊs; ʃpɔn-] *m* ⟨-; -**deen**⟩ spondee.

spön·ne [ˈʃpœnə] *1 u. 3 sg pret subj of* **spinnen**.

Spon·sor [ˈʃpɔnzɔr] *m* ⟨-s; -s⟩ sponsor.

spon·tan [ʃpɔnˈtaːn; spɔn-] **I** *adj* spontaneous. **II** *adv* spontaneously, on the spur of the moment. **Spon·ta·nei·tät** [ʃpɔntaneiˈtɛːt; spɔn-] *f* ⟨-; *no pl*⟩ spontaneity.

Sponˈ**tan**|ˌ**käu·fe** *pl econ.* impulse buying *sg*. ~ˌ**käu·fer** *m* impulse buyer.

spo·ra·disch [ʃpoˈraːdɪʃ; spo-] *adj* sporadic(ally *adv*).

Spo·ran·gi·um [spoˈraŋgiʊm; ʃpo-] *n* ⟨-s; -**gien**⟩ *bot.* sporangium.

Spo·re [ˈʃpoːrə] *f* ⟨-; -n⟩ *biol.* spore.

ˈ**spo·ren**ˌ**bil·dend** *adj* sporogenous.

ˈ**spo·ren**ˌ**klir·rend I** *adj* spur-jingling. **II** *adv* with jingling spurs.

ˈ**Spo·ren**|ˌ**pflan·zen** *pl* cryptogams. ~ˌ**tier·chen** *n* sporozoan, sporozoon, *pl* (*Stamm*) Sporozoa. ~ˌ**trä·ger** *m biol.* spore case, sporangium, sporophore.

Sporn [ʃpɔrn] *m* ⟨-(e)s; **Sporen** [ˈʃpoːrən]⟩ **1.** *meist pl an Reitstiefeln etc*: spur (*a. bot. zo.*); **s-m Pferd die Sporen geben** spur one's horse; *fig.* **sich** (*dat*) **die (ersten) Sporen verdienen** win one's spurs. **2.** *an Geschützen*: trail spade, *am Flugzeugheck*: (tail) skid, *an Kriegsschiffen*: ram. ˈ**spor·nen** *v/t* ⟨h⟩ spur, (*Pferd*) *a.* set (*od.* put) spurs to.

ˈ**Sporn**|ˌ**rad** *n aer.* tail wheel. ~ˌ**räd·chen** *n am Sporn*: rowel. ≈ˌ**streichs** [-ˌʃtraɪçs] *adv* at once, immediately, straight away.

Sport [ʃpɔrt] *m* ⟨-(e)s; *rare* -e⟩ **1.** *allg.* sport (*a. fig.*), *collect.* sport(s *pl*), (*Leicht-, Schwerathletik*) athletics *pl* (*a. als sg konstruiert*), *ped.* physical education; **~ treiben** go in for (*od.* practise) sports; **viel ~ treiben** do a lot of sport; *fig. colloq.* **nur zum ~** just for fun; **er macht sich** (*dat*) **(geradezu) e-n ~ daraus, mich zu ärgern** he (more or less) makes a sport out of annoying me. **2.** *fig. colloq.* (*Steckenpferd*) hobby; **et. zum** (*od.* **aus**) **~ betreiben** do s.th. as a hobby (*od.* for fun). **3.** → a) **Sportnachrichten**, b) **Sportsendung**. ~ˌ**ab**ˌ**zei·chen** *n* sports badge. ~ˌ**amt** *n* sports office (*Behörde*: authorities *pl*). ~ˌ**ang·ler** *m* rod (*od.* line) fisher, angler. ~ˌ**an**ˌ**la·ge** *f* sports facilities *pl*. ~ˌ**an**ˌ**zug** *m* sports clothes *pl*. ~ˌ**art** *f* (kind *od.* type of) sport. ~**ar**ˌ**ti·kel** *m* sports article. ~ˌ**arzt** *m* sports physician. ~ˌ**aus**ˌ**rü·stung** *f* sports equipment. ~ˌ**aus**ˌ**übung** *f* active engagement in sport. ≈**be**ˌ**gei·stert** *adj* keen on (*od.* enthusiastic about) sports, sporty. ~**be**ˌ**gei·ster·te** *m, f* ⟨-n; -n⟩ sports enthusiast (*colloq.* fan). ~**be**ˌ**gei·ste·rung** *f* enthusiasm for sport. ~ˌ**bei**ˌ**la·ge** *f e-r Zeitung*: sports supplement. ~**be**ˌ**klei·dung** *f* → **Sportkleidung**. ~**be**ˌ**richt** *m* sports report, sporting news. ~**be**ˌ**richt·er**ˌ**stat·ter** *m* sports reporter, *TV a.* sportscaster. ~ˌ**boot** *n* sports boat.

Spor·tel [ˈʃpɔrtəl] *f* ⟨-; -n⟩ *meist pl hist. jur.* fee.

spor·teln [ˈʃpɔrtəln] *v/i* ⟨h⟩ *colloq.* engage in (*od.* go in for) sport(s).

ˈ**Sport**|**er**ˌ**eig·nis** *n* sports (*od.* sporting) event. ~ˌ**feld** *n* → **Sportplatz** 1. ~ˌ**fest** *n* sports meeting (*od.* festival), (*Schul*≈) sports day. ~**fi·sche**ˌ**rei** *f* sports fishing. ~ˌ**flie·ger** *m* amateur (*od.* private) pilot. ~**flie·ge**ˌ**rei** *f* flying sport(s *pl*). ~ˌ**flug**ˌ**platz** *m* club airfield. ~ˌ**flug**ˌ**zeug** *n* sports (*od.* sporting) plane. ~ˌ**freund** *m* **1.** → **Sportkamerad**. **2.** sports enthusiast (*colloq.* fan). ~**ge**ˌ**län·de** *n* sports ground(s *pl*). ~**ge**ˌ**rät** *n* sports equipment. ≈**ge**ˌ**schä·digt** *adj med. Organ*: impaired by athletic activity, *Person*: suffering from an athletic injury; **~es Herz** → **Sportlerherz**. ~**ge**ˌ**schäft** *n* sports shop (*bes. Am.* store). ~ˌ**grö·ße** *f* → **Sportskanone**. ~ˌ**hal·le** *f* gymnasium, sports hall. ~ˌ**hemd** *n* sports shirt. ~ˌ**hoch**ˌ**schu·le** *f* college of physical education. ~ˌ**jacke** (*getr.* -k·k-) *f* sports jacket. ~**jour·na**ˌ**list** *m* sports journalist, sportswriter. ~**ka·me**ˌ**rad** *m* sporting friend (*colloq.* pal). ~ˌ**klei·dung** *f* sports clothes *pl*, sportswear. ~ˌ**klub** *m* sports club. ~**kom·men**ˌ**ta·tor** *m* sports commentator. ~ˌ**leh·rer** *m*, ~ˌ**leh·re·rin** *f* sports instructor (instructress), *ped.* sports teacher, physical education instructor (instructress), games master (mistress).

ˈ**Sport·ler** *m* ⟨-s; -⟩ sportsman, athlete; **~ des Jahres** Sportsman of the Year. ~ˌ**herz** *n med.* athlete's heart.

ˈ**Sport·le·rin** *f* ⟨-; -nen⟩ sportswoman, (woman) athlete.

ˈ**Sport·ler**ˌ**lauf**ˌ**bahn** *f* career in sport, sporting career.

ˈ**sport·lich I** *adj allg.* sporting, sporty, *Veranstaltung etc*: *a.* sports (*event, etc*), *Verhalten etc*: *a.* sportsmanlike, fair, *Figur, Aussehen etc*: athletic, *Kleidung etc*: sporty, casual; **er ist sehr ~** he's very athletic (*od.* sporty); **~e Tüchtigkeit** prowess in sports; **~e Note** sporty (*od.* sporting) look (*od.* touch); *mot.* **~e Fahrweise** sporty driving. **II** *adv* **~ gesehen** from a sporting point of view; **ein ~ aussehender junger Mann** an athletic-looking young man; **sich ~ kleiden** wear sporty clothes. ≈**keit** *f* ⟨-; *no pl*⟩ sportsmanship, sportsmanlike behavio(u)r, fairness, *e-r Person*: athleticism, *a. der Kleidung etc*: sportiness.

ˈ**Sport**|ˌ**man·tel** *m* sports coat. ~**me·di**ˌ**zin** *f* sports medicine. ~ˌ**mel·dung** *f* → **Sportnachrichten**. ~**mo·de**ˌ**ra·tor** *m TV* sportscaster. ~**mo**ˌ**dell** *n mot.* sports model. ~ˌ**müt·ze** *f* sports cap. ~ˌ**nach**ˌ**rich·ten** *pl* sports news *pl* (*als sg od. pl konstruiert*). ~ˌ**platz** *m* **1.** sports ground(s *pl*) (*od.* field). **2.** stadium. ~ˌ**rad** *n* sports (*od.* racing) (bi)cycle. ~**re·dak**ˌ**teur** *m* sports editor. ~**re·por**ˌ**ta·ge** *f* sports report, *a.* coverage (of a sports event). ~**re**ˌ**por·ter** *m* sports reporter. ~ˌ**sak·ko** *m, n* sports jacket. ~ˌ**schau** *f TV* sportsview. ~ˌ**schuh** *m meist pl* sports shoe, (*Turnschuh*) gym shoe, plimsoll. ~ˌ**schu·le** *f* → **Sporthochschule**. ~ˌ**sei·te** *f e-r Zeitung etc*:

sports page. **~ˌsen·dung** *f* sports broadcast, *Am.* sport(s)cast.

ˈSportsǀˌfreund *m colloq.* **1.** → Sportkamerad. **2.** *iro. Anrede*: sport. **~ˌgeist** *m* ‹-(e)s; *no pl*› sporting spirit. **~ka-ˌno·ne** *f colloq.* star-athlete, sports ace, crack. **~ˌmann** *m* ‹-(e)s; -leute, *a.* ⸚er› sportsman. **ℒˌmän·nisch** [-ˌmɛnɪʃ], **ℒ-ˌmä·ßig** *adj* sportsmanlike, sporting.

ˈSportǀˌstrumpf *m meist pl* sports stocking. **~stuˌdent** *m* sports student. **~ˌtau·cher** *m* skin-diver. **~ˌteil** *m e-r Zeitung*: sports section. **ℒˌtrei·bend** *adj* engaged in (*od.* going in for) sports, sporting. **~ˌüberˌtra·gung** *f* sports broadcast. **~ˌunˌfall** *m* accident at sport. **~verˌanˌstal·tung** *f* sports event (*od.* meeting). **~verˌband** *m* sports association (*od.* federation). **~verˌein** *m* sports club. **~verˌlet·zung** *f* injury sustained at sport. **~ˌwa·gen** *m* **1.** *mot.* sports car. **2.** (*Kinderwagen*) pushcart, *Am.* (baby) stroller. **~ˌwart** *m* sports manager. **~ˌwelt** *f* ‹-; *no pl*› world of sports, sporting world. **~ˌwis-sen·schaft** *f* science of sport. **~ˌzeit-ˌschrift** *f* sports journal (*od.* magazine). **~ˌzei·tung** *f* sports (*od.* sporting) (news)paper.

Spot [spɔt; spɒt] (*Engl.*) *m* ‹-s; -s› **1.** commercial (spot), spot. **2.** → Spotlicht. **~geˌschäft** *n Börse*: spot transaction (*od.* business). **~ˌlicht** *n phot.* spot (-light). **~ˌmarkt** *m econ.* spot market.

Spott [ʃpɔt] *m* ‹-(e)s; *no pl*› mockery, *lächerlich machender*: derision, ridicule, *verächtlicher*: scorn, *gutmütiger*: banter, raillery, chaff, *beißender*: sarcasm, *geistreicher*: irony; **leiser (feiner) ~** gentle (subtle) mockery; **s-n ~ treiben mit** make a mockery of *s.o.*, ridicule *s.th.*; **j-n dem ~ preisgeben** make a laughing-stock of s.o., hold s.o. up to ridicule; → **Hohn** 1, **Schaden** 2. **~ˌbild** *n* caricature. **ℒˈbil·lig** *adj u. adv colloq.* dirt-cheap, dog-cheap, *adv a.* for a song. **~ˌdros·sel** *f* mocking-bird.

Spöt·teˈlei *f* ‹-; -en› **1.** raillery, chaff, mockery. **2.** (*Bemerkung*) taunt, jibe(s *pl*), gibe(s *pl*). **spöt·teln** [ˈʃpœtəln] *v/i* ‹h› (**über** *acc*) mock (gently) (at), chaff (about), scoff (at), make (*od.* pass) mocking remarks (about).

spot·ten [ˈʃpɔtən] *v/i* ‹h› **1.** (**über** *acc*) mock (at), scoff (at), make derisive remarks (about), deride (*acc*), ridicule (*acc*), *verächtlich*: gibe (*od.* jibe, sneer) (at), (*geringachten*) snap one's fingers (at), (*sich lustig machen*) make game (*od.* fun) (of). **2. j-m ~** (*trotzen*) defy s.o.; *fig.* **jeder Beschreibung ~** defy (*od.* beggar) description.

ˈSpöt·ter *m* ‹-s; -› mocker, scoffer, sarcastic person, cynic. **Spöt·teˈrei** *f* ‹-; -en› *colloq.* **1.** mockery, ridicule. **2.** mocking (*od.* scoffing, derisive) remark.

ˈSpottǀfiˌgur *f* figure of fun, laughing-stock, object of derision. **~geˌdicht** *n* satirical poem. **~ˌgeld** *n* ridiculously small sum; **für** (*od.* **um**) **ein ~** dirt cheap, for a song.

spöt·tisch [ˈʃpœtɪʃ] *adj Lächeln, Blick, Ton etc*: mocking, derisive, (*verächtlich*) scoffing, sneering, (*höhnisch*) taunting.

ˈSpottǀˌlied *n* satirical song. **~ˌlust** *f* delight in mocking others, (love of) sarcasm. **ℒˌlu·stig** *adj* fond of mocking others, *stärker*: sarcastic. **~ˌna·me** *m* derisive nickname. **~ˌpreis** *m* bargain price, ridiculous(ly low) price; **für** (*od.* **um**) **e-n ~, zu e-m ~** dirt cheap, for a song. **~ˌre·de** *f* satirical speech; **~n halten über** (*acc*) *a.* scoff at. **~ˌschrift** *f* satire, lampoon. **~ˌvo·gel** *m* **1.** → Spottdrossel. **2.** *fig. colloq.* → **Spötter**.

sprach [ʃpraːx] *1 u. 3 sg pret of* **sprechen**.

ˈSprachǀˌat·las *m* linguistic atlas. **~bar·rie·re** [-baˌrĭɛːrə] *f* language barrier. **~ˌbau** *m* ‹-(e)s; *no pl*› structure of (a) language. **ℒbeˌgabt** *adj* having a talent (*od.* gift) for languages. **~beˌga-bung** *f* talent (*od.* gift) for languages. **ℒbeˌhin·dert** *adj* having a speech impediment, handicapped in one's speech. **~ˌdenkˌmal** *n meist pl* literary (*od.* linguistic) monument.

Spra·che [ˈʃpraːxə] *f* ‹-; -n› **1.** ‹*only sg*› (*Sprechvermögen*) speech; **die ~ verlieren** lose one's faculty (*od.* power) of speech; *fig. colloq.* **hast du die ~ verloren?** why don't you say s.th.?, is your tongue tied? **2.** (*Stammesℒ, Volksℒ etc*) language, *lit.* tongue, (*Landesℒ*) *a.* vernacular, (*Mundart*) idiom, *engS.* dialect; **verwandte ~n** related (*od.* cognate) languages; **alte (neuere) ~n** ancient (modern) languages; **e-e ~ beherrschen** have a perfect command of a language; *fig.* **wir sprechen nicht dieselbe ~** we do not speak the same language. **3. zur ~ kommen** come up for discussion, be discussed; **et. zur ~ bringen** bring s.th. up (for discussion), broach s.th.; **die ~ bringen auf** (*acc*) **et.** bring s.th. up; → **herausrücken** 5. **4.** ‹*only sg*› (*Ausdrucksweise*) language (*a. fig.*), (*Fachℒ etc*) *a.* terminology, (*Berufsℒ*) *a.* jargon, *contp. od. humor.* lingo, (*Ausℒ*) (manner of) speech, accent, pronunciation, (*Stil, Form*) language, speech, style, diction, (*Worte*) words *pl*, (*Stimme*) voice, (*Vortrag*) elocution, delivery; **(un)gebildete ~** (un)cultured (*od.* [un]cultivated) language; **e-e derbe ~** coarse (*od.* crude) language; **die ~ des Alltags** everyday speech; **poetische ~** poetic diction; **die ~ des Mediziners** medical jargon (*od.* language); **die ~ des Gesetzes** legal language (*od.* terminology); **der ~ nach ist er Berliner** judging (*od.* to judge) from his accent he comes from Berlin; *fig.* **die ~ des Herzens** the language of the heart; **ihre Augen sprachen e-e beredte ~** the look in her eyes was eloquent enough; **die Tatsachen sprechen e-e deutliche ~** the facts speak for themselves.

sprä·che [ˈʃprɛːçə] *1 u. 3 sg pret subj of* **sprechen**.

ˈSprachǀˌebe·ne *f* speech level. **~ˌei-gen·heit, ~ˌei·gen·tüm·lich·keit** *f* idiom(atic expression); **deutsche ~** Germanism; **englische (amerikanische) ~** Anglicism (Americanism); **französische ~** Gallicism.

ˈSpra·chenǀˌdienst *m* translating and interpreting service. **~ˌfra·ge** *f pol.* language question (*od.* problem). **~ge-ˌmisch** *n* medley (*od.* hotchpotch) of languages. **~geˌwirr** *n* confusion of languages. **~ˌkampf** *m* language conflict. **~ˌschu·le** *f* school of languages.

ˈSprachǀentˌwick·lung *f* evolution of (a) language. **~erˌneue·rer** *m* language reformer. **~erˌzie·her** *m* language teacher, *weitS.* linguistic educator. **~er-ˌzie·hung** *f* language teaching, *weitS.* linguistic education. **~ˌfä·hig·keit** *f* → **Sprachvermögen**. **~faˌmi·lie** *f* family of languages, language group. **~ˌfeh·ler** *m* **1.** *med.* speech defect (*od.* impediment). **2.** grammatical error. **~ˌfor·scher** *m* language researcher, linguist. **~ˌfor·schung** *f* language (*od.* linguistic) research. **~freˌquenz** *f teleph.* voice frequency. **~ˌfüh·rer** *m* phrasebook. **~geˌbiet** *n* speech area. **~geˌbrauch** *m* ‹-(e)s; *no pl*› (linguistic) usage; **im heutigen englischen ~** in modern English usage; **im alltäglichen ~** in everyday language (*od.* speech); **der heutige ~** contemporary usage. **~geˌfühl** *n* ‹-(e)s; *no pl*› feeling (*od.* flair) for language, linguistic instinct, sprachgefühl. **~ge-ˌmein·schaft** *f* speech (*od.* language) community. **~geˌnie** *n* linguistic genius. **~geo·graˌphie** *f* linguistic geography. **~geˌsetz** *n* linguistic law. **ℒgeˌstört** *adj med.* aphasic, dysarthric. **ℒgeˌwal·tig** *adj* very eloquent; **ein ~er Redner** a powerful speaker. **ℒgeˌwandt** *adj* proficient in languages, *weitS.* fluent, glib, eloquent. **~geˌwandt·heit** *f* proficiency in languages, *weitS.* eloquence. **~-ˌgren·ze** *f* linguistic boundary. **~-ˌgrup·pe** *f* language group (*od.* family). **~ˌgut** *n* linguistic heritage. **~ˌin·sel** *f* speech island. **~ˌken·ner** *m* linguist. **~-ˌkennt·nis·se** *pl* knowledge (*od.* command) *sg* of a language, proficiency *sg* in a (foreign) language. **~ˌkli·nik** *f* speech clinic. **ℒˌkun·dig** *adj* (well) versed (*od.* proficient) in a language, (*vielsprachig*) multilingual, polyglot. **~ˌkunstˌwerk** *n* literary work of art. **~ˌkurs, ~ˌkur·sus** *m* language course. **~laˌbor** *n ped.* language laboratory. **~ˌläh·mung** *f* paralysis of (the organs of) speech, laloplegia. **~ˌlaut** *m* speech sound. **~ˌlehrˌbuch** *n* grammar(-book), language primer (*od.* handbook). **~ˌleh·re** *f* grammar. **~-ˌleh·rer** *m*, **~ˌleh·re·rin** *f* language teacher.

ˈsprach·lich I *adj* linguistic, of (a) language, *Fehler etc*: grammatical, stylistic. **II** *adv* linguistically, with regard to grammar (*od.* style); **~ richtig** grammatically correct.

ˈsprachǀlos *adj* speechless; **er war ~, als er das hörte** *a.* he was dumbfounded (*colloq.* flabbergasted) when he heard the news; *colloq.* **ich bin einfach ~!** well I never!, I'll be damned! **ℒlo·sig·keit** *f* ‹-; *no pl*› *med.* aphasia, mutism, *fig.* speechlessness.

ˈSprachǀme·loˌdie *f* speech melody. **~-ˌmitt·ler** *m* language mediator, (*Übersetzer*) translator, (*Dolmetscher*) interpreter. **~orˌgan** *n* organ of speech, speech organ. **~ˌpfle·ge** *f* concern for the purity of (a) language. **~psy·cho-loˌgie** *f* psychology of language. **~-ˌraum** *m* speech (*od.* linguistic) area. **~reˌform** *f* linguistic reform. **~ˌre·gel** *f* grammatical rule, rule of grammar. **~-ˌre·ge·lung** *f iro.* (prescribed) phraseology. **~ˌrein·heit** *f* purity of language. **~ˌrei·ni·ger** [-ˌraɪnɪgər] *m* ‹-s; -› purist, prescriptivist. **~ˌrei·ni·gung** *f* purification of a language. **~ˌrich·tig-keit** *f* grammaticalness. **~ˌrohr** *n* **1.** speaking trumpet (*od.* tube), megaphone. **2.** *fig.* mouthpiece; **sich zum ~ e-r Sache machen** make o.s. the mouthpiece of (*od.* spokesman for) a cause. **~ˌschatz** *m* vocabulary (and phrases) (of a language). **~ˌschicht** *f* **1.** language stratum. **2.** → **Sprachebene**. **~ˌschnit·zer** *m colloq.* (grammatical *od.* stylistic) blunder, solecism, howler. **~-ˌschöp·fer** *m* coiner (*od.* creator) of new words (*od.* phrases). **ℒˌschöp·fe-risch I** *adj* linguistically creative. **II** *adv* **~ wirken** be creative in (the use of) language, coin new words (*od.* phrases). **~ˌschran·ke** *f* language barrier. **~-ˌschu·le** *f* school of languages, language school. **~ˌsil·be** *f* syllable. **~ˌstamm** *m* stock. **~ˌstil** *m* style. **~ˌstö·rung** *f med.* speech defect (*od.* disorder). **~stuˌdent** *m*, **~stuˌden·tin** *f* student of language(s). **~ˌstu·di·um** *n* study of language(s). **~taˌlent** *n* **1.** talent (*colloq.* head) for languages. **2.** (*Person*) (good) linguist. **~the·raˌpeut** *m* speech therapist. **~the·raˌpie** *f* speech therapy. **~ˌübung** *f* linguistic (*od.* grammatic) exercise. **~ˌun·terˌricht** *m* language instruction; **englischer ~** English lessons *pl.* **~verˌder·ber** *m* corrupter of (a) language. **~verˌein** *m* linguistic society. **~verˌfall** *m* degeneration of (a) language. **~verˌglei·chung** *f* comparative philology. **~verˌmö·gen** *n* faculty (*od.* power) of speech. **~verˌwir·rung** *f* confusion of tongues, babel. **~ˌwis·sen·schaft** *f* a) philology, b) linguistics *pl* (*meist als sg konstruiert*). **~ˌwis·sen·schaft·ler** *m* a) philologist, b) linguist. **≗ˌwis·sen·schaft·lich** *adj* a) philological, b) linguistic. **~ˌwur·zel** *f* root. **~ˌzen·trum** *n anat.* speech cent/re (*Am.* -er).

sprang [ʃpraŋ] *1 u. 3 sg pret*, **spräng·ge** [ˈʃprɛŋə] *1 u. 3 sg pret subj of* **springen**[1] *u.* 2.

Spray [ʃpreː; spreː; spreɪ] (*Engl.*) *n, m* ⟨-s; -s⟩, **spray·en** [ˈʃpreːən; ˈspreː-] *v/i u. v/t* ⟨h⟩ spray.

ˈ**Sprech**|ˌ**anˌla·ge** *f teleph.* intercom (-munication system). **~ˌbla·se** *f in Comics*: balloon. **~ˌchor** *m* (spoken *od.* shouted) chorus; **in Sprechchören rufen** (shout in) chorus.

spre·chen [ˈʃprɛçən] **I** *v/i* ⟨**spricht, sprach, gesprochen, h**⟩ **1.** speak; **leise ~** speak soft(ly) (*od.* in a low voice); **frei ~** speak without notes; **allgemein gesprochen** generally speaking; **sprich!** speak out!; *teleph.* **~ Sie!** go ahead, please!; **für j-n ~** (*an s-r Stelle*) speak in place of (*od.* speak for) s.o., (*zu s-n Gunsten*) speak for (*od.* on behalf of) s.o., (*zu s-r Verteidigung*) speak (*od.* stand up, plead) for s.o.; *fig.* **alles spricht für ihn** everything speaks (*od.* is) in his favo(u)r; **das spricht für s-e Unschuld** that speaks for (*od.* points to) his innocence; **vieles spricht dafür** there is much to be said for it; **alle Anzeichen ~ dafür, daß** everything points to the fact that, there is every indication (*od.* reason to believe) that; **die Tatsache spricht für sich (selbst)** the fact speaks for itself; **gegen unseren Plan spricht vieles** there is much to be said against our plan; **mit j-m ~** talk to s.o., have a word with s.o., (*bei j-m vorsprechen*) see s.o.; **sie ~ nicht mehr miteinander** they are no longer on speaking terms; **ich habe mit Ihnen zu ~** I have s.th. to say to you; **ich muß erst mit m-m Anwalt ~** I must see my lawyer first; *teleph.* **mit wem spreche ich?** who is speaking, please?; **~ Sie mit ihm über die Angelegenheit** discuss the matter with him; → **schlecht** 12. **2.** (*sich unterhalten*) talk (**über** *acc*, **von** about, of); **viel ~** talk a great deal, be a great talker, be very talkative; **wenig ~** not to talk very much, be quiet, be taciturn; **mit j-m über ein Thema ~** talk about (*od.* discuss) a subject with s.o.; **mit sich** (*dat*) **selbst ~** talk to o.s.; **über Politik ~** talk (about) politics; **darüber müssen wir noch ~** we must talk this over; **von Geschäften ~** talk business (*od.* shop); **man spricht viel von ihm** he is much spoken of (*od.* talked about); **jeder spricht davon** it is the talk of the town; **~ wir nicht davon!** let's not talk about it, let's drop the subject; **da wir gerade davon ~** talking about it, since we are on the subject; **man spricht davon, daß** there is talk that, it is said that. **3. zu ~ kommen auf** (*acc*) get to talking about, **j-n**: *a.* come to speak about s.o., **et.**: *a.* bring s.th. up, touch (up)on s.th. **4.** (*e-e Rede, e-n Vortrag halten*) speak, make a speech; **vor e-r großen Zuhörerschaft ~** speak before (*od.* to) a large audience; **vor Gericht ~** plead in court; **zu j-m ~** speak (*od.* talk) to s.o., address s.o.; **zum Volk ~** address the people. **5.** *fig. lit.* **aus s-n Worten spricht Liebe (Begeisterung)** you can feel the love (enthusiasm) in his words; **Sie haben mir aus der Seele gesprochen** you expressed my sentiments exactly, I feel exactly as you do (about that); **laßt Blumen ~** say it with flowers. **II** *v/t* **6.** (*Worte, Sprache etc*) speak, (*Gedicht etc*) *a.* say, recite, (*Nachrichten*) read; **er sprach kein Wort** he did not say (*od.* utter) a (single) word; **er spricht fließend Französisch** he speaks fluent French, he speaks French fluently. **7.** *jur.* (*Urteil etc*) pronounce, (*Recht*) administer. **8. j-n ~** speak to s.o., see s.o.; **bedaure, er ist nicht zu ~** I'm afraid he is not here, I'm sorry he is busy at the moment; **für ihn bin ich nicht zu ~** I have no time for him; **wir ~ uns noch!** a) I'll be seeing you, b) *drohend*: you haven't heard the last of this! **III ≗** *n* ⟨-s⟩ **9. beim ≗** while speaking; **j-n zum ≗ bringen** get s.o. to talk, make s.o. talk. ˈ**spre·chend I** *adj fig. Augen*: talking, *Blicke, Gesten etc*: eloquent, expressive, significant; **~e Ähnlichkeit** speaking likeness, striking resemblance. **II** *adv* **j-m ~ ähnlich sehen** be the spit (and) image of s.o.

ˈ**Spre·cher** *m* ⟨-s; -⟩ *allg.* speaker (*a. Redner*), (*Nachrichten≗*) announcer, news reader, newscaster, (*Wortführer*) spokesman (*gen* for), (*Erzähler*) *beim Film etc*: narrator, commentator, *parl.* Speaker. **~kaˌbi·ne** *f Radio, TV* commentator's booth.

ˈ**Sprech**|**erˌzie·her** *m* elocutionist. **~erˌzie·hung** *f* speech training, elocution. **≗ˌfaul** *adj* too lazy to talk, taciturn. **~ˌfeh·ler** *m* **1.** slip of the tongue. **2.** → Sprachfehler 1. **~ˌfilm** *m* → Tonfilm. **~ˌfunk** *m* radiotelephony. **~ˌfunk·gerät** *n* radiotelephone, *für Nahbereich*: CB (= *Citizens' Band*) (radio) set, *tragbares*: *a.* walkie-talkie. **~ˌfunk·verˌkehr** *m* radiotelephone traffic. **~geˌsang** *m* recitative, sprechgesang. **~konˌtakt** *m* voice contact. **~ˌmu·schel** *f* mouthpiece. **~orˌga·ne** *pl* organs of speech. **~ˌplat·te** *f* speech record. **~ˌpro·be** *f* **1.** *teleph.* voice test. **2.** *thea.* audition. **~ˌrol·le** *f thea.* speaking part (*od.* rôle). **~ˌsil·be** *f* spoken syllable. **~ˌstim·me** *f* speaking voice. **~ˌstun·de** *f* consultation hour, *e-s Arztes*: consulting (*od.* surgery, *Am.* office) hours *pl*, surgery, *e-r Behörde*: office (*Am. a.* calling) hours *pl.* **~ˌstun·denˌhil·fe** *f* (doctor's) assistant (*od.* receptionist), nurse-secretary. **~ˌtakt** *m ling. metr.* phrase. **~ˌta·ste** *f electr.* press-to-talk button, speaking key. **~ˌtech·nik** *f* speech technique. **~ˌübung** *f* speech (*od.* elocution) exercise. **~ˌun·terˌricht** *m* elocution lessons *pl*, *thea.* voice instruction. **~verˌbin·dung** *f teleph.* speech communication. **~verˌkehr** *m* **wechselseitiger ~** intercom(munication). **~ˌwei·se** *f* manner (*od.* mode) of speaking, diction. **~ˌwerkˌzeu·ge** *pl* organs of speech. **~ˌzeit** *f* **1.** → Sprechstunde. **2.** (*Besuchszeit*) visiting hours *pl.* **3.** *parl.* speaking time, time allotted to each speaker. **~ˌzim·mer** *n* reception room, *e-s Arztes*: consulting room, surgery, *Am. a.* office.

ˈ**spreizˌbei·nig** [-ˌbaɪnɪç] *adv* straddle-legged, with one's legs (wide) apart.

Sprei·ze [ˈʃpraɪtsə] *f* ⟨-; -n⟩ **1.** *civ.eng.* prop, stay, strut. **2.** *gym.* straddle.

ˈ**sprei·zen I** *v/t* ⟨h⟩ **1.** spread (out *od.* apart), open (out *od.* wide), (*Beine*) *a.* straddle. **II** *v/reflex* **sich ~ 2.** *fig.* (*angeben*) (**mit**) plume o.s. (on), swagger (*od.* boast) (about). **3.** *fig.* **sich gegen et. ~** ba(u)lk at s.th., struggle (*od.* kick) against s.th.

ˈ**Spreiz**|ˌ**fuß** *m med.* splayfoot. **~ˌschritt** *m* straddling step, *mil.* goose-step. **~ˌsprung** *m Eiskunstlauf etc*: split jump.

ˈ**Spreng**|ˌ**ar·beit** *f* blasting operation (*od.* work). **~ˌbom·be** *f* (high-)explosive bomb, demolition bomb.

Spren·gel [ˈʃprɛŋəl] *m* ⟨-s; -⟩ **1.** *e-s Bischofs*: diocese, *e-s Pfarrers*: parish. **2.** *rare* (*Amtsbezirk*) district.

spren·gen[1] [ˈʃprɛŋən] **I** *v/t* ⟨h⟩ **1.** (*Brücke etc*) blow up, (*Felsen*) blast, dynamite, (*Mine*) spring, shoot. **2.** (*Tür, Schloß etc*) break (*od.* burst) *s.th.* open, (*Ketten, Fesseln etc*) burst, (*Tür*) force. **3.** *fig.* force, (*auseinandertreiben*) disperse, scatter, (*Versammlung*) break up, (*Spielbank*) break; → **Rahmen** 2. **4.** *hunt.* (*Wild aufjagen*) start, unearth. **II ≗** *n* ⟨-s⟩ **5.** blasting, blowing up (*etc*).

ˈ**spren·gen**[2] *v/t* ⟨h⟩ *allg.* sprinkle, (*Wäsche*) *a.* damp, (*Rasen etc*) *a.* spray, water.

ˈ**spren·gen**[3] *v/i* ⟨**sein**⟩ *Reiter*: gallop, ride at full speed.

ˈ**Spren·ger**[1] *m* ⟨-s; -⟩ blaster.

ˈ**Spren·ger**[2] *m* ⟨-s; -⟩ (*Rasen≗*) sprinkler.

ˈ**Spreng**|ˌ**flüs·sig·keit** *f* explosive liquid. **~ge·laˌti·ne** *f* blasting gelatin(e). **~geˌschoß** *n* high-explosive projectile. **~ˌkam·mer** *f* demolition chamber. **~ˌkap·sel** *f* detonator, blasting cap. **~komˌmanˌdo** *n* **1.** *mil.* demolition squad. **2.** *zur Bombenentschärfung*: bomb disposal squad. **~ˌkopf** *m* warhead. **~ˌkör·per** *m* explosive (device). **~ˌkraft** *f* explosive force. **~ˌla·dung** *f* explosive charge. **~ˌlaut** *m* → Verschlußlaut. **~ˌloch** *n* blast hole. **~ˌmei·ster** *m* blaster. **~ˌpul·ver** *n* blasting (*od.* explosive) powder. **~ˌsatz** *m* blasting composition. **~ˌschuß** *m* blast. **~ˌstoff** *m* (blasting) explosive. **~ˌstoffˌanˌschlag** *m*, **~ˌstoff·at·tenˌtat** *n* a) bomb attempt, bombing plot, b) bomb attack, bombing outrage; **auf das Haus wurde ein ~ verübt** a) an attempt was made to blow up the house, b) the house was blown up in a bomb attack. **~ˌstück** *n mil.* (shell) fragment (*od.* splinter). **~ˌtrich·ter** *m* crater.

ˈ**Spren·gung** *f* ⟨-; -en⟩ **1.** → **sprengen**[1] 5. **2.** explosion, blast. **3.** *fig. e-r Versammlung etc*: breaking up, dispersion.

ˈ**Spreng**|ˌ**wa·gen** *m* water(ing)-cart, *Am.* water-wagon. **~ˌwe·del** *m R.C.* aspergillum, sprinkler. **~ˌwir·kung** *f* explosive effect. **~ˌwol·ke** *f* burst cloud. **~ˌzün·der** *m* detonator.

Spren·kel [ˈʃprɛŋkəl] *m* ⟨-s; -⟩ (*Fleck*) spot, speck(le). ˈ**spren·keln** *v/t* ⟨h⟩ speck(le), spot, dot, (*a. Buchschnitt*) mottle; → **gesprenkelt**.

Spreu [ʃprɔʏ] *f* ⟨-; *no pl*⟩ chaff; *a. fig.* **die ~ vom Weizen trennen** (*od.* **sondern**) separate the chaff from the wheat.

sprich [ʃprɪç] *imp sg*, **sprichst** [ʃprɪçst] *2 sg pres*, **spricht** [ʃprɪçt] *3 sg pres of* **sprechen**.

ˈ**Sprich**|ˌ**wort** *n* ⟨-(e)s; ⸚er⟩ proverb, (proverbial) saying, adage; **wie das ~ sagt, wie es im ~ heißt** as the saying goes. **≗ˌwört·lich** *adj* proverbial (*a. fig.*), *b.s.* notorious; **ihre Gastfreundschaft ist ~** *a.* they are a proverb (*od.* byword) for hospitality.

sprie·ßen [ˈʃpriːsən] *v/i* ⟨**sprießt, sproß, gesprossen, sein**⟩ sprout (*a. fig.*), spring up, shoot, put forth shoots, *fig. lit. Liebe, Eifersucht etc*: awake, burgeon.

Spriet [ʃpri:t] *n* ⟨-(e)s; -e⟩. **~ˌbaum** *m mar.* sprit. **~ˌse·gel** *n* spritsail.

ˈ**Spring|ˌbei·ne** *pl zo.* saltatorial legs. **~ˌbeut·ler** *m* kangaroo, wallaby. **~ˌblen·de** *f phot.* automatic diaphragm. **~ˌbrun·nen** *m* fountain.

sprin·gen[1] [ˈʃprɪŋən] **I** *v/i* ⟨**springt, sprang, gesprungen, sein**⟩ **1.** *allg.* jump (*a. fig.*), leap, spring, *Ball etc*: bounce, (*zurück~*) rebound, (*herum~*) *bes. Kinder, Lämmer*: frisk, frolic; **in die Höhe ~** jump up; **in den Sattel ~** vault into the saddle; **über e-n Graben ~** jump (over) (*od.* clear) a ditch; **auf die** (*od.* **zur**) **Seite ~** jump aside, jump out of the way; **ins Wasser ~** jump (*od.* plunge) into the water; **aus den Schienen ~** jump (*od.* run) off the rails; *fig.* **von e-m Thema zum anderen ~** jump from one subject to another; **in die Augen ~** leap to the eye. **2.** ⟨*a.* h⟩ *Sport*: jump, *Stabhochsprung*: (pole-)vault, *Wasserspringen*: dive; **mit Anlauf ~** take a running jump (*od.* dive). **3.** *colloq.* (*laufen*) nip, run, dash, (*eilfertig zu Diensten sein*) jump; **zum Nachbarn ~** nip round (*od.* across) to the neighbo(u)r; **für j-n ~ müssen** be at s.o.'s beck and call, fetch and carry for s.o. **4.** (*hervorquellen*) spring, spout, *stärker*: gush; **Blut sprang aus der Wunde** blood gushed from the wound. **5.** (*ab~*) *Knopf*: come (*od.* fly) off. **6.** *ped.* jump (*od.* miss) a class. **7.** *fig. colloq.* **et. ~ lassen** (*Geld*) cough up, fork out, (*e-e Flasche Wein etc*) stand s.th.; **an d-m Geburtstag mußt du et. ~ lassen** you must stand us (*od.* treat us to) s.th. on your birthday. **8.** *econ. colloq.* be (*od.* act as a) stand-in. **II** *v/t* ⟨*a.* h⟩ **9.** *Sport*: (*Weite, Rekord etc*) jump, *Stabhochsprung*: (pole-)vault, *Wasserspringen, Eiskunstlauf etc*: (*Figur*) execute, perform, do.

ˈ**sprin·gen**[2] *v/i* ⟨**springt, sprang, gesprungen, sein**⟩ (*e-n Sprung bekommen*) crack, (*zer~*) break, *Glasscheibe*: *a.* shatter, *Saite*: snap, (*platzen*) burst, *Haut*: chap; *fig.* **das Herz wollte mir fast ~ vor Freude** my heart was almost bursting with joy; *colloq.* **alle Minen ~ lassen** leave nothing untried, move heaven and earth.

ˈ**Sprin·ger** ⟨-s; -⟩ **1.** *Sport*: jumper, *Stabhochsprung*: (pole-)vaulter, *Wasserspringen*: diver. **2.** → **Fallschirmspringer.** **3.** *Schach*: knight. **4.** (*Zuchttier*) cover animal. **5.** *econ. colloq.* stand-in, *Am. a.* floater. ˈ**Sprin·ge·rin** *f* ⟨-; -nen⟩ → **Springer** 1, 5.

ˈ**Spring|ˌflut** *f* spring tide. **~ˌform** *f gastr.* springform.

ˈ**Springˌinsˌfeld** *m* ⟨-(e)s; -e⟩ *colloq.* madcap, (young) harum-scarum, (*wildes Mädchen*) romp, tomboy, hoyden.

ˈ**Spring|ˌkraut** *n* touch-me-not. **2le-ˈben·dig** *adj* very lively, *colloq.* full of beans. **~ˌpferd** *n Sport*: show jumper. **~ˌquell** *m poet.* fountain. **~ˌquel·le** *f geol.* geyser. **~ˌrei·ten** *n Sport*: show jumping. **~ˌrei·ter** *m*, **~ˌrei·te·rin** *f* show jumper. **~ˌrol·lo** *n am Fenster*: roller blind. **~ˌschrei·ber** *m* start-stop teleprinter. **~ˌseil** *n* skipping-rope, *Am.* skip-rope. **~ˌstun·de** *f ped.* free period. **~turˌnier** *n Reitsport*: jumping competition. **~ˌzeit** *f zo.* mating season.

ˈ**Sprink·lerˌanˌla·ge** *f tech.* sprinkler system.

Sprint [ʃprɪnt] *m* ⟨-s; -s⟩. ˈ**sprin·ten** *v/i* ⟨h *u.* sein⟩ *Sport*: sprint. ˈ**Sprin·ter** *m* ⟨-s; -⟩, ˈ**Sprin·te·rin** *f* ⟨-; -nen⟩ sprinter.

ˈ**Sprint|ˌstaf·fel** *f Sport*: sprint relay team. **~ˌstrecke** (*getr.* -k·k-) *f* sprint distance.

Sprit [ʃprɪt] *m* ⟨-(e)s; -e⟩ *colloq.* **1.** spirit(s *pl*), alcohol. **2.** (*Benzin*) petrol, *Am.* gas, *colloq.* juice.

ˈ**Spritz|beˌton** *m* shotcrete, gun(ned) concrete. **~beˌwurf** *m* roughcast. **~ˌblech** *n mot.* splashguard. **~ˌdü·se** *f* **1.** spray nozzle. **2.** *für Kunststoff*: injection-mo(u)lding nozzle. **3.** → **Einspritzdüse.**

Sprit·ze [ˈʃprɪtsə] *f* ⟨-; -n⟩ **1.** *med.* a) syringe, b) (*Injektion*) injection (*a. fig. Konjunktur2*), *colloq.* shot, jab, *fig. econ.* shot in the arm, boost; **j-m e-e ~ geben** give s.o. an injection (*od.* a shot); **zur ~ greifen** *Süchtiger*: apply the needle; → **Klistierspritze.** **2.** (*Teig2*) dough bag, (*Sahne2*) cream bag, (*Glasur2*) icing bag. **3.** (*Feuer2*) fire engine; *fig. colloq.* **an der ~ sein** be at the controls, be in command. **4.** *tech.* sprayer, spray gun.

sprit·zen [ˈʃprɪtsən] **I** *v/t* ⟨h⟩ **1.** (*Flüssigkeit*) squirt, spurt, (*Wasser*) splash, (*Schmutz*) spatter; *zo.* **Gift ~** spit poison; **Wasser ~** *Wal*: spout (*od.* blow) water. **2.** (*sprengen*) spray, water, (*Rasen*) *a.* sprinkle, *mit Schlauch*: *a.* hose. **3.** (*Bäume, Pflanzen etc*) spray *s.th.* (with an insecticide), syringe. **4.** *gastr.* pipe; **Schlagsahne auf den Kuchen ~** pipe cream on (to) the cake. **5.** (*Wein, Apfelsaft etc*) mix *s.th.* with mineral water. **6.** *tech.* (*lackieren*) spray(-paint, -coat). **7.** (*Kunststoff*) inject. **8.** *med.* inject; **j-n in die Vene** (**unter die Haut**) **~** inject s.o. intravenously (subcutaneously); **Morphium ~** inject morphine; **j-m Morphium ~** give s.o. an injection of morphine; **Rauschgift ~** *sl.* mainline. **II** *v/i* ⟨**sein** *u.* **h**⟩ **9.** ⟨h⟩ (*planschen*) splash (about). **10.** *Wasser, Schmutz, a. Fahrzeug*: splash, spatter, *in Tropfen*: spray; **nach allen Richtungen ~** splash in all directions. **11.** ⟨h⟩ *heißes Fett etc*: spatter, *Schreibfeder*: splutter, blot. **12.** ⟨h⟩ *mit Schlauch*: spray. **13.** ⟨**sein**⟩ (*heraus~*) spurt, spout, *stärker*: gush; **das Blut spritzte aus der Wunde** the blood gushed from the wound. **14.** ⟨**sein**⟩ *fig. colloq.* (*rennen*) dash, hop, flit. **15.** ⟨h⟩ *colloq.* (*nieseln*) drizzle. **16.** ⟨h⟩ *colloq.* (*Rauschgift ~*) *sl.* mainline.

ˈ**Sprit·zenˌhaus** *n* fire station.

ˈ**Sprit·zer** *m* ⟨-s; -⟩ **1.** (*Farb2 etc*) splash. **2.** *gastr.* dash; **ein ~ Soda** *a.* a splash of soda. **3.** *colloq.* (*Rauschgiftsüchtiger*) *sl.* mainliner, junkie.

ˈ**Spritz|ˌfahrt** *f* → **Spritztour.** **~ˌfla·sche** *f* spray bottle, *chem.* wash bottle. **~geˌbäck** *n* fancy shortbread biscuits (*Am.* cookies) *pl.* **~ˌguß** *m* injection mo(u)lding. **~ˌguß...** *in Zssgn* injection-mo(u)lding (*machine, compound, process, etc*). **~ˌgußˌteil** *m, n* injection-mo(u)lded part.

ˈ**sprit·zig I** *adj* **1.** *Wein etc*: sparkling, fizzy. **2.** *fig.* lively, sprightly, *colloq.* peppy, zippy, (*geistreich*) *a.* sparkling (*dialogue, style, etc*), witty, *Musik etc*: racy, *Tempo*: brisk, snappy; **ein ~es Auto** a nippy car. **II** *adv* **3.** lively, in a lively manner (*etc*), wittily. **2keit** *f* ⟨-; *no pl*⟩ liveliness (*etc*), sparkling wit, wittiness, sparkle.

ˈ**Spritz|ˌku·chen** *m* cruller. **~ˌlack** *m* spraying paint (*od.* varnish). **2lackie·ren** (*getr.* -k·k-) *v/t* ⟨*insep, no* **-ge-**, h⟩ spray *s.th.* (with paint), spray-paint. **~lackie·rer** (*getr.* -k·k-) *m* spray painter. **~ˌmit·tel** *n* spray, insecticide. **~piˌsto·le** *f* **1.** *tech.* spray gun. **2.** (*Spielzeug*) water pistol. **~ˌpres·sen** *n* transfer mo(u)lding. **~ˌschmie·rung** *f* splash lubrication. **~ˌtour** *f colloq.* short trip (*od.* excursion), hop, jump, *mot. a.* spin. **2ˌwas·ser·geˌschützt** *adj* splash-proof.

sprö·de [ˈʃprøːdə] *adj* **1.** *Glas etc*: brittle (*a. Haar*), *metall. a.* short, *Haut*: chapped, rough. **2.** *fig. Stimme*: cracked. **3.** (*abweisend*) *Person, Natur etc*: demure, reserved, standoffish, *bes. Mädchen*: prim, coy, prudish, *fig. Thema, Stoff etc*: unrewarding, dull, dry. ˈ**Sprö·dig·keit** *f* ⟨-; *no pl*⟩ **1.** brittleness, *metall. a.* shortness. **2.** reserve, *bes. e-s Mädchens*: coyness, prudishness.

sproß [ʃprɔs] *1 u. 3 sg pret of* **sprießen.**

Sproß[1] *m* ⟨-sses; -sse⟩ *lit.* descendant, scion, *pl collect.* progeny *sg*, issue *sg*, offspring *sg*; **ein ~ aus edlem Geschlecht** a scion of a noble family.

Sproß[2] *m* ⟨-sses; -sse⟩ *bot.* shoot, scion.

Spros·se [ˈʃprɔsə] *f* ⟨-; -n⟩ **1.** *e-r Leiter*: rung (*a. fig. Stufe*), round, step; *fig.* **die höchste ~ s-r Laufbahn erreichen** (*od.* **erklimmen**) reach the top rung of the ladder (*od.* of one's career). **2.** (*Geweih2*) tine, point.

spros·sen [ˈʃprɔsən] *v/i* ⟨**sein** *u.* h⟩ *lit. for* **sprießen.**

ˈ**Spros·sen|ˌlei·ter** *f* peg ladder. **~ˌwand** *f gym.* wall bars *pl.*

Spröß·ling [ˈʃprœslɪŋ] *m* ⟨-s; -e⟩ **1.** → **Sproß**[1]. **2.** *colloq.* child, (*Sohn*) son, junior.

Sprot·te [ˈʃprɔtə] *f* ⟨-; -n⟩ *ichth.* sprat; **Kieler ~n** smoked (Kiel) sprats.

Spruch [ʃprʊx] *m* ⟨-(e)s; ¨-e⟩ **1.** (*Aus2*) saying, words *pl*, (*bes. Lehr2*) dictum, (*Sinn2*) maxim, aphorism, adage, epigram, (*Wahl2*) motto, slogan, (*Lob2*) praise, (*Merk2*) mnemonic, (*Bibel2*) (Scriptural) text, verse, *hist.* (*lyrisches Gedicht*) (lyric) poem; *Bibl.* **die Sprüche Salomos** the Proverbs (of Solomon); *fig. colloq.* **fromme Sprüche** empty phrases (*od.* talk *sg*); **Sprüche machen** (*od.* **klopfen**) a) churn out a lot of platitudes, b) crack jokes, wisecrack, c) *a.* **große**: talk big, brag. **2.** (*Entscheidung*) decision, (*Urteils2*) judg(e)ment, ruling, *in Strafsachen*: sentence, *der Geschworenen*: verdict, (*Schieds2*) award. **~ˌband** *n* ⟨-(e)s; ¨-er⟩ **1.** *bei Demonstrationen*: banner. **2.** banderole. **~ˌdich·tung** *f* epigrammatic (*od.* aphoristic, gnomic) poetry. **~ˌkam·mer** *f pol. hist.* (denazification) trial court.

Sprüch·lein [ˈʃpryçlaɪn] *n* ⟨-s; -⟩ *dim. of* **Spruch**; *fig. colloq.* **sein ~ hersagen** (*od.* **herbeten**) say one's piece.

ˈ**spruchˌreif** *adj* ripe for decision; **die Sache ist noch nicht ~** no decision can yet be reached, the matter is still open; *jur.* **~ sein** *Urteil*: be expected soon.

Spru·del [ˈʃpruːdəl] *m* ⟨-s; -⟩ **1.** mineral (*od.* soda) water. **2.** mineral spring. **~geˌtränk** *n* carbonated (*od.* effervescent) beverage. **~ˌkopf** *m fig. colloq.* hothead.

spru·deln [ˈʃpruːdəln] **I** *v/i* ⟨**sein** *u.* h⟩ **1.** ⟨**sein**⟩ (*hervor~*) bubble out (*od.* up). **2.** *Wasser etc*: bubble, *Getränk*: *a.* fizz, effervesce; *fig.* **die Worte sprudelten nur so aus ihrem Mund** the words just bubbled out of her; **er sprudelt von tollen Ideen** he is bubbling over with bright ideas. **3.** ⟨h⟩ *fig.* (*hastig reden*) sputter. **II 2** *n* ⟨-s; *no pl*⟩ **4.** bubbling (*etc*). **~d** *adj* **1.** bubbling, *Getränk*: fizzy, effervescent. **2.** *fig. Phantasie*: bubbling, fertile, *Temperament etc*: ebullient, *Heiterkeit etc*: exuberant, *Witz*: scintillating, sparkling, *Redeweise*: effusive; **in ~er Laune** in high spirits, exuberant.

ˈ**Spru·delˌwas·ser** *n* mineral (*od.* soda) water.

ˈ**Sprühˌdo·se** *f* spray can.

sprü·hen [ˈʃpryːən] **I** *v/t* ⟨h⟩ **1.** (*Insektizid, Lack etc*) spray (**auf** *acc* on, **über** *acc* over). **2.** (*zerstäuben*) vaporize, atomize. **3.** **Funken ~** *Feuer, Lokomotive etc*:

throw out (*od.* emit, *colloq.* spit) sparks, *Edelstein*: spark(le), scintillate, *fig. Augen*: *a.* **Blitze ~** flash. **4.** (*Rasen etc*) sprinkle, spray, water. **II** *v/i* ⟨h *u.* sein⟩ **5.** *Funken*: fly. **6.** ⟨sein⟩ *Gischt etc*: spray, *zischend*: fizz(le), hiss. **7.** ⟨h⟩ *fig.* **vor Begeisterung ~** bubble (*od.* brim) over (*Augen*: sparkle) with enthusiasm; **vor Geist** (*od.* **Witz**) **~** sparkle with wit, scintillate. **III** *v/impers* ⟨h⟩ **8.** *colloq.* **es sprüht** it is drizzling. **ˈsprü·hend** *adj fig. Geist, Witz*: sparkling, scintillating, brilliant, *Heiterkeit*: exuberant; **in ~er Laune sein** brim over with high spirits.

ˈSprüh|ˌne·bel *m* mist. **~ˌre·gen** *m* drizzle.

Sprung¹ [ʃprʊŋ] *m* ⟨-(e)s; ¨-e⟩ **1.** leap, bound, *a. Sport*: jump (*a. Fallschirm≈*), *gym.* vault, *Wasserspringen*: dive; **~ aus dem Stand** (*od.* **ohne Anlauf**) (**mit Anlauf**) standing (running) jump (*od.* dive); **zum ~ ansetzen** get ready to jump (*Katze*: *a.* pounce); **e-n ~ machen** (*od.* **tun**) make (*od.* take) a jump (→ *a.* 2); **in großen Sprüngen** with great leaps; **den Ball im ~ fangen** catch the ball in midair; **mit ˈeinem ~** at (*od.* in) one bound (*od.* leap); **auf dem ~(e)** → **sprungbereit**; **auf dem ~ sein, zu** *inf* be on the point of *ger*, be about to *inf*; *fig.* **~ ins Ungewisse** leap in the dark; **den ~ wagen** take the plunge; **e-n großen ~ nach vorn machen** take a big step (*od.* great leap) forward; *colloq.* **sie ist immer auf dem ~** she is always on the go; **ich bin schon auf dem ~** I'm (just) coming (*od.* leaving); **mit dem Gehalt kann man k-e großen Sprünge machen** you cannot do much on this salary, this salary doesn't go far; **j-m auf die Sprünge helfen** help s.o. find his feet, give s.o. a leg-up, *a. durch Hinweis*: help s.o. out, give s.o. a clue, *durch Vorsagen*: prompt s.o.; **j-m auf die Sprünge kommen** find s.o. out, catch on to s.o.; **wir sind ihm auf die Sprünge gekommen** *a.* we are up to his dodges, we have seen through his (little) game. **2.** *fig.* (*Gedanken≈*) (mental) jump (from one idea to the other), abrupt transition; **ich mache jetzt e-n ~** I am going to make a jump ahead (*od.* to change the topic) now; **sie macht manchmal solche Sprünge** sometimes she is going off at a tangent. **3.** ⟨*only sg*⟩ *fig. colloq.* (*kurze Entfernung*) stone's throw, (*kurze Zeit*) minute; **bis dorthin ist es nur ein ~** it's only a stone's throw from here; **auf e-n ~ (bei j-m) vorbeikommen, auf e-n ~ (zu j-m) rüberkommen** drop in (on s.o.), nip round (*od.* over) (to s.o.'s house). **4.** *mil. e-r vorgehenden Gruppe*: dash. **5.** *zo.* (*Begattung*) covering, mounting. **6.** *mar.* sheer. **7.** *mus.* leap, skip, (*Kürzung*) cut. **8.** *hunt.* **ein ~ Rehe** a herd of deer **9.** *pl des Hasen*: hindlegs.

Sprung² *m* ⟨-(e)s; ¨-e⟩ **1.** (*Riß, a. med.*) crack, fissure, *in Holz*: split, (*Materialfehler*) flaw (*a. im Edelstein*), fault. **2.** (*Spalt*) gap, *im Gletscher*: crevice, fissure, (*Verwerfung*) fault, flaw. **3.** *Film*: jump cut.

ˈSprung|ˌbal·ken *m Sport*: takeoff board. **~becken** (*getr.* **-k·k-**) *n* diving pool. **~ˌbein** *n* **1.** *anat.* anklebone. **2.** *zo. bei Säugern*: cannon bone, *bei Insekten*: talus. **3.** *Sport*: takeoff leg. **≈beˌreit** *adj* **1.** ready to jump, *zum Angriff*: ready to pounce (*od.* leap and strike), *Schwimmer*: ready for the starting dive. **2.** *colloq.* (*ausgeh-, reisefertig*) all set to go, (*wachsam*) on the alert. **~ˌbrett** *n* springboard, *fig. a.* stepping stone, launching pad. **~ˌdeckel** (*getr.* **-k·k-**) *m e-r Uhr*: watch cap. **~ˌfe·der** *f tech.* elastic (*od.* spiral) spring. **~ˌfe·der·maˌtrat·ze** *f* spring mattress. **~geˌlenk** *n* **1.** *anat.* ankle joint. **2.** *e-s Pferdes etc*: hock. **~ˌgru·be** *f Sport*: (landing *od.* jumping) pit (*od.* area). **≈haft** *fig.* **I** *adj* erratic, flighty, volatile, *econ. Markt etc*: spasmodic; **~es Denken** desultory thinking; **sein ~es Wesen** his erratic character; **~er Anstieg der Preise** precipitous rise (*od.* jump) in prices. **II** *adv* **~ ansteigen** *Preise*: go up by leaps and bounds, shoot up, soar; **die Preise ~ ansteigen lassen** send prices shooting upward; **sich ~ entwickeln** *Verkehr etc*: increase at a tremendous pace. **~haf·tig·keit** *f* ⟨-; *no pl*⟩ **1.** *e-r Person etc*: flightiness, volatility, desultoriness. **2.** *der Preise*: instability, *des Marktes*: irregularity. **~ˌhö·he** *f Sport*: height, (cross)bar level. **~ˌhü·gel** *m* ski-jump. **~ˌka·sten** *m gym.* (vaulting) box. **~ˌkraft** *f* takeoff power (*od.* momentum). **~ˌlat·te** *f Hochsprung*: bar. **~ˌlauf** *m* ski-jumping. **~ˌmat·te** *f gym.* mat. **~ˌnetz** *n der Feuerwehr etc*: life net. **~re·vi·siˌon** *f jur.* direct appeal to the Supreme Court. **~ˌschal·tung** *f tech.* jump feed. **~ˌschan·ze** *f* ski-jump. **~ˌstab** *m Stabhochsprung*: (vaulting) pole. **~ˌtuch** *n* ⟨-(e)s; -tücher⟩ *der Feuerwehr*: safety (*od.* jumping) sheet. **~ˌturm** *m im Schwimmbad*: diving tower. **≈ˌwei·se** *adv* by bounds, (*ruckweise*) by fits and starts, *fig.* by leaps and bounds. **~ˌwei·te** *f Sport*: jump(ed distance), distance (of jump). **~ˌwett·be,werb** *m* jumping (*od.* diving) competition.

Spucke (*getr.* **-k·k-**) [ˈʃpʊkə] *f* ⟨-; *no pl*⟩ *colloq.* spit, spittle; *fig.* **da blieb mir die ~ weg** I was flabbergasted, you could have knocked me down with a feather; → **Geduld**. **ˈspucken** (*getr.* **-k·k-**) *colloq.* **I** *v/i* ⟨h⟩ **1.** spit, *Motor*: *a.* sputter; **der Ofen spuckt** the stove is roaring; **in die Hände ~** spit in one's hands, *fig. a.* buckle down to work; **j-m in die Suppe ~** put a spoke in s.o.'s wheel, thwart s.o.'s plans; **er läßt sich nicht auf den Kopf ~** he'll take (*od.* stand) no nonsense. **2.** (*aushusten*) expectorate, (*erbrechen*) be sick, throw up, vomit, puke; *colloq.* **es ist zum ≈!** it makes you puke! **II** *v/t* **3.** spit *s.th.* out, expectorate; **Blut ~** spit blood; *fig.* **große Töne ~** talk big, brag.

ˈSpuck|geˌfäß *n med.* sputum cup. **~ˌnapf** *m* spittoon. **~ˌtü·te** *f aer.* airsickness bag.

Spuk [ʃpuːk] *m* ⟨-(e)s; *rare* -e⟩ **1.** (*Gespenstererscheinung*) spook, apparition, ghost, phantom; **Gespenster treiben ihren ~** ghosts are walking, **in diesem Schloß**: this castle is haunted; **wie ein ~** ghostlike, eerily. **2.** *fig.* (*Alptraum, schlimme Sache*) nightmare, (*Wahnsinn*) (*political, etc*) madness. **3.** *fig. colloq.* (*Lärm*) hubbub, uproar, (*Aufhebens*) fuss, to-do. **ˈspu·ken I** *v/i* ⟨h⟩ *Geister*: walk, haunt; **durch das Schloß ~** walk (*od.* haunt) the castle; *fig. colloq.* **diese Idee spukt in s-m Kopf** (*od.* **ihm im Kopf**) he is obsessed with this idea, he has got this idea (of his); **diese Gedanken ~ noch immer in den Köpfen der Leute** these ideas still haunt (*od.* have a hold on) people's minds. **II** *v/impers* **es spukt in diesem Haus** this house is haunted; *fig. colloq.* **bei ihm spukt es** (**im Kopf**) he is not quite right in the head.

ˈSpuk|geist *m* → Spuk 1. **~geˌschich·te** *f* ghost story. **~geˌstalt** *f* ghostly (*od.* spectral) figure (→ *a.* Spuk 1). **≈haft** *adj* ghostly, spooky, eerie. **~ˌhaus** *n* haunted house.

ˈSpülˌbecken (*getr.* **-k·k-**) *n* **1.** (kitchen) sink. **2.** toilet (*od.* WC-)bowl.

Spu·le [ˈʃpuːlə] *f* ⟨-; -n⟩ (*Garn≈*) bobbin, spool, *am Webstuhl*: *a.* reel, *electr.* coil, (*Film≈, Tonband≈*) reel, spool.

Spü·le [ˈʃpyːlə] *f* ⟨-; -n⟩ **1.** → **Spülbecken** 1. **2.** sink unit.

ˈSpülˌei·mer *m* slop pail.

spu·len [ˈʃpuːlən] *v/t* ⟨h⟩ (*Garn etc*) spool, wind, reel.

spü·len [ˈʃpyːlən] **I** *v/t* ⟨h⟩ **1.** (*ab~*) wash (up); **Geschirr ~** *cf.* 5. **2.** (*aus~*) rinse (*bowl, mouth, etc*), *med.* wash (out), irrigate, flush, (*Vagina*) douche. **3.** (*schwemmen*) wash, sweep; **et. ans Ufer ~** wash s.th. ashore. **4.** *mot.* (*Getriebekasten*) flush, (*Zylinder*) scavenge. **II** *v/i* **5.** wash up, wash (*od.* do) the dishes. **6.** *Wellen, Flut*: wash, sweep. **7.** *auf der Toilette*: flush (the bowl), *colloq.* pull the chain. **8.** (*aus~*) rinse, *med. a.* irrigate. **III** ≈ *n* ⟨-s⟩ **9.** rinsing (*etc*).

ˈSpu·len|ˌkern *m electr.* coil core. **~ˌwick·lung** *f* coil winding.

ˈSpu·ler *m* ⟨-s; -⟩ *an der Nähmaschine*: bobbin winder.

ˈSpü·ler *m* ⟨-s; -⟩ **1.** (*Person*) washer-up, dishwasher. **2.** → **Spülmaschine**.

ˈSpü·licht *n* ⟨-(e)s; -e⟩ dishwater, slops *pl*.

ˈSpül|ˌka·sten *m* (closet *od.* WC-)cistern. **~kloˌsett** *n* water closet, WC. **~ˌkü·che** *f* scullery. **~ˌlap·pen** *m* dishcloth. **~maˌschi·ne** *f* dishwashing machine, dishwasher. **~ˌmit·tel** *n* washing-up liquid. **~proˌgramm** *n e-s Geschirrspülers etc*: rinsing cycle. **~ˌpum·pe** *f* scavenging pump. **~ˌschüs·sel** *f* washing-up basin. **~ˌstein** *m* (kitchen) sink. **~ˌtisch** *m* (double) sink, sink unit.

ˈSpü·lung *f* ⟨-; -en⟩ **1.** → spülen 9. **2.** *med.* rinse, irrigation, (*Magen≈*) wash, lavage, (*Scheiden≈*) douche. **3.** (*Wasser≈*) a) water flush, b) flushing system. **4.** *mot.* scavenging.

ˈSpülˌwas·ser *n* **1.** *für Wäsche*: rinsing water. **2.** *für Geschirr*: washing-up water. **3.** dishwater, slops *pl*.

ˈSpulˌwurm *m zo.* eelworm, mawworm.

Spu·man·te [spuˈmantə] *m* ⟨-s; -s⟩ sparkling wine.

Spund¹ [ʃpʊnt] *m* ⟨-(e)s; -e⟩ **1.** *e-s Fasses*: bung, plug, spigot. **2.** *Tischlerei*: tongue.

Spund² *m* ⟨-(e)s; -e⟩ *colloq.* **junger ~** (young) whippersnapper.

spun·den [ˈʃpʊndən] *v/t* ⟨h⟩ **1.** (*Fässer*) bung. **2.** (*Bretter*) tongue and groove.

ˈSpund|ˌloch *n* bung-hole. **~ˌwand** *f civ.eng.* sheet piling, sheet-pile bulkhead. **~ˌzap·fen** *m* → **Spund¹** 1.

Spur [ʃpuːr] *f* ⟨-; -en⟩ **1.** (*Abdruck*) print, *von Füßen, Rädern etc*: track(s *pl*), trace(s *pl*), (*Fährte, a. fig.*) trail, *hunt. a.* scent, spoor, (*Wagen≈*) track, *tiefe*: rut, (*Fuß≈*) footprint, footstep, *pl* track, (*Ski≈*) course, trail, (*Kielwasser*) wake, (*Rille, Furche*) groove; **e-e frische ~** fresh tracks *pl*, *fig. colloq.* a hot scent; **e-e ~ aufnehmen** pick up a track; **auf der falschen ~ sein, e-e falsche ~ verfolgen** be on the wrong track, *fig. a.* be barking up the wrong tree; *a. fig.* **j-n von der ~ abbringen** (*od.* **ablenken**) throw s.o. off the scent; **j-m auf die (richtige) ~ helfen, j-n auf die (richtige) ~ bringen** put (*od.* steer) s.o. on the right track, *fig. a.* give s.o. a clue; **j-m (et.) (dicht) auf der ~ sein** be (hot) on the trail of s.o. (s.th.); **auf die ~ kommen** a) (*e-r Sache*) get on the track of s.th., find out about s.th., b) (*j-m*) trace s.o., *fig.* find s.o. out, get on to s.o.; **s-e ~en verwischen** cover one's tracks; *a. fig.* **k-e ~en hinterlassen** leave no traces (*od.* marks) (→ *a.* 2); **in j-s ~en wandeln** follow in s.o.'s footsteps; **dies führte auf die ~ des Verbrechers** this helped to track the criminal; **vom Täter fehlt jede ~** there is still no trace of the culprit. **2.** *fig.* (*Anzeichen*) mark, trace, *bes. jur.* clue; **die ~en des Alters** the signs of old age; **die ~en des Krieges** the traces left by the war; **bei j-m s-e ~en hinterlassen** leave its mark on s.o. **3.** *fig.* (*Rest*) trace, vestige; **~en e-r alten Kultur** traces (*od.* remains, vestiges) of an ancient civilization; **~en einstiger Schönheit** traces of former beauty. **4.** *fig.* (*winzige Menge*) trace, (*ein wenig*) *a.* touch, soupçon; **~en von Jod** traces of iodine; **e-e ~ Salz** a touch of salt; **e-e ~ zu grell** a shade too garish; *colloq.* **nicht die ~, k-e ~** not a bit, not in the least; **k-e ~ von Müdigkeit** not a sign of tiredness; **von Hilfe k-e ~** no help at all; **er besitzt k-e ~ von Talent** he has no talent at all; **k-e ~ davon ist wahr** there is not an ounce of truth in it. **5.** *rail.* (*~weite*) ga(u)ge, (*Schienenweg*) track. **6.** *mot.* (*Fahr2*) lane, (*Rad2*) (wheel) track, tread, (*seitlicher Radabstand*) track, (*Brems2*) skid mark(s *pl*); **aus der ~ kommen** go off course, skid; **in der ~ bleiben** keep in lane; **die ~ wechseln** change lane(s), cut across lines; **ständig die ~ wechseln** weave between lanes; **der Wagen hält nicht ~** the car does not keep track. **7.** *beim Magnetband*: channel, track. **8.** *chem. math.* trace, *Radar*: *a.* sweep.

ˈSpur·atom [-ʔaˌtoːm] *n nucl.* tracer atom.

ˈspür·bar I *adj* perceptible, noticeable, (*deutlich*) distinct, marked, (*beträchtlich*) considerable; **~ sein** be felt, be much in evidence; **~ werden** make itself felt; **ein (längst) ~er Mangel** a (long-)felt want. **II** *adv* **es ist ~ kälter geworden** it has become noticeably colder.

ˈSpurˌbrei·te *f* → **Spurweite.**

spu·ren [ˈʃpuːrən] *v/i* ⟨h⟩ **1.** *Skisport*: lay the track (*od.* course). **2.** *mot. Räder*: keep (in) track. **3.** *fig. colloq.* do as one is told, come to heel, *bes. pol.* toe the line, (*mitmachen*) play ball; **er spurt nicht** *a.* he is a slacker.

spü·ren [ˈʃpyːrən] **I** *v/t* ⟨h⟩ **1.** *allg.* feel, *instinktiv*: *a.* sense, be conscious of, (*wahrnehmen*) notice, perceive, (*wittern*) scent (*a. fig.*); **~ Sie e-e Besserung?** do you feel better?; **ich spüre sämtliche Knochen** every single bone aches; **sein Alter ~** feel one's age; **zu ~ bekommen** (*Kälte etc*) feel, (*Peitsche etc*) get a taste of, *fig.* (*die Folgen s-s Handelns etc*) have to pay for; **et. am eigenen Leibe zu ~ bekommen** have first-hand experience of s.th.; **er muß die Gefahr gespürt haben** he must have sensed the danger; **er ließ mich s-e Abneigung ~** he made me feel (*od.* he showed me) his dislike; *fig.* **davon war nichts zu ~** there was nothing of the kind (*od.* no sign of it). **2.** (*Gas, Minen etc*) detect. **II** *v/i* **3.** *hunt.* track; *fig.* **~ nach** trace (*od.* search) for.

ˈSpu·ren|ele|men·te *pl* trace elements. **~ˌsi·che·rung** *f* **1.** *bei Verbrechen*: securing of clues, preservation of evidence. **2. die (Beamten von der) ~** the forensic squad.

ˈSpurˌhal·tig·keit *f* [-ˌhaltıçkait] ⟨-; *no pl*⟩ *mot.* tracking (*od.* steering) stability.

ˈSpürˌhund *m* **1.** tracker dog. **2.** *fig. colloq.* (*Spitzel*) sleuth.

ˈSpur|ˌkranz *m rail.* wheel flange. **2los I** *adj* traceless, trackless. **II** *adv* without leaving a trace; **~ verschwinden** *a.* vanish (into thin air), drop out of sight; *fig.* **~ an j-m vorübergehen** have no effect on s.o., not to affect s.o. one bit; **nicht ~ an j-m vorübergehen** leave its mark on s.o., tell on s.o., take its toll of s.o. **~ˌna·gel** *m auf der Fahrbahn*: stud, lane spike.

ˈSpür|ˌna·se *f a. fig.* good nose, scent; *fig.* **e-e ~ für et. haben** have a (good) nose for s.th. **~ˌsinn** *m* scent, *fig. a.* sixth sense, intuition, flair; *fig.* **e-n ~ für et. haben** have a (good) nose for s.th.

ˈSpurˌstan·ge *f* **1.** *mot.* track rod. **2.** *rail.* tie bar, tie rod, ga(u)ge rod.

Spurt [ʃpʊrt] *m* ⟨-(e)s; -s, *rare* -e⟩ *a. fig.* spurt, sprint, (*bes. Zwischen2*) burst.

ˈspur·ten *v/i* ⟨sein⟩ *a. fig.* spurt, sprint.

ˈSpurtˌläu·fer *m* strong finisher.

ˈSpur|ˌtreue *f* → **Spurhaltigkeit. ~verˌen·gung** *f rail.* ga(u)ge narrowing. **~ˌwech·sel** *m mot.* **1.** *Reifen*: change of tread. **2.** *im Verkehr*: lane changing. **~ˌwei·te** *f* **1.** *rail.* ga(u)ge. **2.** *mot. des Wagens*: (wheel) track, track width, *der Reifen*: tread.

spu·ten [ˈʃpuːtən] *v/reflex* ⟨h⟩ **sich ~** hurry (up), make haste.

Sput·nik [ˈʃpʊtnık; ˈspʊt-] *m* ⟨-s; -s⟩ *Raumfahrt*: sputnik.

Spu·tum [ˈspuːtʊm; ˈʃpuː-] *n* ⟨-s; **Sputa** [-ta]⟩ *med.* (*Auswurf*) sputum, expectoration, (*Schleim*) phlegm.

st [st] *interj* **1.** hush!, sh! **2.** ps(s)t!

Staat[1] [ʃtaːt] *m* ⟨-(e)s; -en⟩ **1.** state, *a.* State, (*Land, Nation*) *a.* country, nation, (*~swesen*) *a.* body politic; **der ~ New York** the State of New York, New York State; *colloq.* **die ~en** (*USA*) the States; **von ~s wegen** for reasons of state; **e-n ~ im ~e bilden** form a state within the state. **2.** ⟨*only sg*⟩ (*als juristische Person*) state, *a.* State, government; **beim ~ angestellt sein** be a government employee; **dieses Land gehört dem ~** this land belongs to the state, this land is state- (*od.* government-)owned; *humor.* **Vater ~** the government, *Br. a.* Whitehall, *Am. a.* Uncle Sam. **3.** *zo. der Bienen, Ameisen*: colony.

Staat[2] *m* (-(e)s; *no pl*⟩ **1.** (*Aufwand, Prunk*) display, pomp, show; **mit et. ~ machen** (*angeben*) display (*od.* parade, flaunt) s.th., show off (with) s.th., (*großen Eindruck machen*) be a great success with s.th.; **damit kannst du k-n ~ machen** that is nothing to write home about; **mit dem alten Mantel ist kein ~ mehr zu machen** this coat has definitely had its day. **2.** (*Gala, Putz*) finery, array, attire; **die Damen erschienen im vollen ~** the ladies came in all their finery (*od.* in full array).

ˈStaa·ten|ˌbil·dung *f pol.* formation of states. **~ˌbund** *m* **1.** confederation (of states), confederacy. **2.** federation, federal union. **2los** *adj* stateless. **~lo·se** *m, f* ⟨-n; -n⟩ stateless person. **~lo·sig·keit** *f* ⟨-; *no pl*⟩ statelessness.

ˈstaat·lich I *adj* state, *a.* State, government(al), national, public, (*~ unterhalten*) state-financed, government-financed, (*staatseigen*) state(-owned), government (-owned), (*~ geführt*) state-run; **~e Beihilfe** government (*od.* state) aid; **~e Mittel** public funds; **~e Preisüberwachung** government control of prices; **~e Fürsorge** public assistance; **~er Gesundheitsdienst** national (*bes. Am.* public) health service; **~e Schulen** state (-maintained) schools. **II** *adv* by the state; **~ subventioniert** *a.* state-(*od.* government-)subsidized; **~ anerkannt** state-(*od.* government-)recognized; **~ gelenkt** state-(*od.* government-)controlled, state-run; **~ geprüft** qualified, registered.

ˈStaats|af|ˌfä·re *f* → **Staatsaktion. ~ˌakt** *m* ⟨-(e)s; -e⟩ *pol.* act of state, (**feierlicher**) **~** state (*od.* official) ceremony. **~ak·tiˌon** *f fig. colloq.* great fuss (*od.* to-do), big thing, major operation. **~amaˌteur** *m Sport*: state-sponsored amateur. **~ˌamt** *n* office of state, public office. **~ˌan·geˌhö·ri·ge** *m, f* national, *bes. Br.* subject, *Am.* citizen; **fremder ~r** foreign national. **~ˌan·geˌhö·rig·keit** *f* ⟨-; *no pl*⟩ nationality, *Am. a.* citizenship, *durch Geburt erworbene*: *a.* patriality; **die ~ erwerben** be naturalized; **Nachweis der ~** proof of nationality; **doppelte ~** dual nationality; **die deutsche ~ besitzen** have German nationality, be a German citizen (*od.* national). **~ˌan·geˌle·gen·heit** *f* matter of state, state affair. **~ˌan·geˌstell·te** *m, f* state (*od.* government, *bes. Am.* federal) employee, civil (*bes. Am.* public) servant. **~ˌanˌlei·he** *f* government (*od.* state, public) loan (*od.* bond).

ˈStaatsˌanˌwalt *m* (public) prosecutor, *Am.* district attorney. **~schaft** *f* **1.** (*Anklagevertretung*) prosecution. **2.** (*Behörde*) Department of Public Prosecution, *Am.* Office of the District Attorney. **3.** (*Staatsanwälte*) (public) prosecutors *pl*, *Am.* prosecuting attorneys *pl*.

ˈStaats|ˌanˌzei·ger *m* (*Amtsblatt*) (official) gazette. **~ap·paˌrat** *m* state machinery. **~arˌchiv** *n* (Public) Record Office, *Am.* Federal (*od.* State) Archives *pl*. **~ˌaufˌsicht** *f* government (*od.* state) control; **unter ~ stehen** be government- (*od.* state-)controlled. **~ˌaufˌtrag** *m* government contract. **~ˌausˌga·ben** *pl* government (*od.* state, public) expenditures, government spending *sg*. **~ˌbank** *f* ⟨-; -en⟩ national (*od.* state, government) bank. **~banˌkett** *n* state (*od.* official) banquet. **~bankˌrott** *m* national bankruptcy. **~beˌam·te** *m*, **~beˌamtin** *f* civil servant, government official, *Am. a.* officeholder. **~beˌgräb·nis** *n* state funeral. **~beˌhör·de** *f* government(al) authority (*od.* agency). **~beˌsitz** *m* state (*od.* government, national) property; **in ~** state-(*od.* government-) owned. **~beˌsuch** *m* state (*od.* official) visit. **~beˌtrieb** *m* state(-owned) (*od.* government[-owned], public, national) enterprise. **~bi·blioˌthek** *f* state (*od.* national) library.

ˈStaatsˌbür·ger *m* citizen (of a state), national; **~ in Uniform** (*Soldat*) *etwa* citizen in uniform. **~ˌkun·de** *f* ⟨-; *no pl*⟩ *ped.* civics *pl* (*meist als sg konstruiert*). **2lich** *adj* civic (*duties, etc*), civil (*rights, etc*); **~e Gesinnung** public spirit(edness). **~ˌrecht** *n* citizenship, *weitS. pl* civic rights. **~schaft** *f Austrian for* **Staatsangehörigkeit.**

ˈStaats|ˌchef *m* head of the government, head (*od.* chief) of state. **~ˌdie·ner** *m obs.* civil servant. **~ˌdienst** *m* ⟨-(e)s; *no pl*⟩ civil (*Am. a.* public) service. **~doˌmä·ne** *f* state demesne, *in Großbritannien*: Crown land. **~druckeˌrei** (*getr.* -k·k-) *f* government printing office, *in Großbritannien*: Her Majesty's Stationery Office. **2ˌei·gen** *adj* state(-owned), government(-owned). **~ˌei·gen·tum** *n* government (*od.* state) property, *als Recht*: public (*od.* national, *Am.* state) ownership; **in ~ sein** be state-owned. **~ˌeinˌkünf·te, ~ˌeinˌnah·men** *pl* (public *od.* national) revenue *sg*. **~empˌfang** *m* state (*od.* official) reception. **2erˌhal·tend** *adj* conducive to the maintenance of public order. **~exˌamen** *n univ.* (first) state examination. **~ˌfei·erˌtag** *m* national holiday. **~ˌfeind** *m* public enemy. **2ˌfeind·lich I** *adj* subversive, hostile to the state; **~e Umtriebe** subversive acitivities. **II** *adv* **sich ~ betätigen** engage in subversive activities. **~fiˌnan·zen** *pl* finances of the state, public finances (*od.* funds). **~ˌflag·ge** *f* national flag. **~ˌform** *f* form of government. **~geˌbäu·de** *n* **1.** government building. **2.** *fig.* → Staatsgefüge. **~geˌbiet** *n* national territory. **≈geˌfähr·dend, ≈geˌfähr·lich** *adj* subversive, seditious, threatening the security of the state. **~geˌfähr·dung** *f* threat to the security of the state, subversion, sedition. **~geˌfan·ge·ne** *m, f* State prisoner, political prisoner. **~geˌfäng·nis** *n* state prison. **~geˌfü·ge** *n* edifice (*od.* structure) of the state. **~geˌheim·nis** *n* state secret, *fig. colloq.* top secret. **~ˌgel·der** *pl* public funds. **~geˌrichtsˌhof** *m jur.* Constitutional Court, (State) Supreme Court. **~geˌschäf·te** *pl* state affairs; die ~ führen be in charge of state affairs. **~geˌwalt** *f* <-; *no pl*> **1.** State (*od.* government) authority. **2.** (Widerstand gegen die ~ resistance to) public authority. **~ˌgren·ze** *f* national (*od.* state) frontier. **~ˌgut** *n* <-(e)s; -güter> **1.** state(-owned) farm. **2.** → Staatsdomäne. **~ˌhausˌhalt** *m* national budget (*od.* finances *pl*). **~ˌho·heit** *f* <-; *no pl*> sovereignty (of the state). **~in·terˌes·se** *n* interest of the State, national (*od.* public) interest. **~kanzˌlei** *f* state chancellery. **~ˌkanz·ler** *m hist.* chancellor of state. **~ka·pi·taˌlis·mus** *m* state capitalism. **~kaˌros·se** *f* state carriage. **~ˌkas·se** *f* treasury, coffers *pl* (of the state). **~ˌkir·che** *f* <-; *no pl*> established (*od.* state, *a.* State) church. **≈ˌklug** *adj* politic(ally wise). **~ˌklug·heit** *f* political wisdom, statesmanship. **~kom·misˌsar** *m* state commissioner. **~ˌko·sten** *pl* auf ~ at (the) public expense. **~ˌkun·de** *f* <-; *no pl*> → Staatswissenschaft. **~ˌkunst** *f* <-; *no pl*> statesmanship, statecraft. **~ˌkut·sche** *f* state carriage. **~ˌmann** *m* <-(e)s; -männer> statesman. **≈ˌmän·nisch** [-ˌmɛnɪʃ] *adj* statesmanlike. **~miˌni·ster** *m* minister of state. **~mi·niˌste·ri·um** *n* ministry (*bes. Am.* department) of state. **~ˌmit·tel** *pl* public funds. **~mo·noˌpol** *n* state monopoly. **~ˌnotˌstand** *m* national emergency. **~ˌoberˌhaupt** *n* head of (the) state. **~orˌgan** *n* instrument of state. **~paˌpie·re** *pl* government bonds (*od.* securities, stocks). **~phi·lo·soˌphie** *f* philosophy of the state, political philosophy. **~po·liˌtik** *f* national policy. **≈poˌli·tisch** *adj* (national-)political, concerning government (*od.* national) policy. **~po·liˌzei** *f* (Geheime ~ secret) state police. **~prä·siˌdent** *m* President (of the State). **~proˌzeß** *m* state trial. **~ˌprü·fung** *f* **1.** → Staatsexamen. **2.** *für Beamte*: civil service examination. **~raiˌson, ~räˌson** *f* reason of state, raison d'état. **~ˌrat** *m* <-(e)s; ⸚e> **1.** council of state; (Geheimer) ~ *in Großbritannien*: Privy Council. **2.** (*Person*) council(l)or of state; *Br.* (Geheimer) ~ Privy Councillor. **~ˌratsˌvorˌsit·zen·de** *m DDR* Chairman of the German Democratic Republic's Council of State. **~ˌrecht** *n* <-(e)s; *no pl*> public law, *engS.* constitutional law. **~ˌrecht·ler** *m* <-s; -> specialist in public (*engS.* constitutional) law. **≈ˌrecht·lich** *adj* under (*od.* relating to) public (*engS.* constitutional) law. **~reˌgie·rung** *f* (national) government. **~re·li·giˌon** *f* established (*od.* state) religion. **~ˌren·te** *f* state annuity. **~ˌru·der** *n fig.* helm of the state. **~ˌsäckel** (*getr.* -k·k-) *m colloq.* public purse. **~ˌschatz** *m* <-es; *no pl*> treasury, coffers *pl* of the state. **~ˌschiff** *n fig.* (das ~ lenken pilot the) ship of state.

ˈ**Staatsˌschuld** *f* **1.** national debt. **2.** government loan. **~ˌschein** *m*, **~verˌschrei·bung** *f* government bond.

ˈ**Staats|se·kreˌtär** *m* undersecretary (of state); parlamentarischer ~ parliamentary undersecretary. **~ˌsi·cher·heit** *f* <-; *no pl*> security of the state, national (*od.* state) security. **~ˌsi·cher·heitsˌdienst** *m* <-(e)s; *no pl*> *DDR* state security police. **~ˌsie·gel** *n* seal of state, *bes. Br.* Great Seal. **~so·ziaˌlis·mus** *m* state socialism. **~stiˌpen·di·um** *n* state scholarship. **~ˌstreich** *m* coup (d'état). **~sub·ven·tiˌon** *f* government (*od.* state) subsidy (*od.* aid). **~thea·ter** [-teˌaːtər] *n* state theat/re (*Am.* -er). **~theoˌrie** *f* theory of the state. **~ˌtrau·er** *f* national (*od.* state) mourning. **~verˌbre·chen** *n* political crime, *humor.* (major) crime. **~verˌbre·cher** *m* political (*Am.* state) criminal. **~verˌdros·sen·heit** *f* disaffection from (*od.* weariness concerning) the state. **~verˌfas·sung** *f* constitution (of a state). **~verˌmö·gen** *n* public (*od.* state) property. **~verˌrat** *m* → Landesverrat. **~verˌschul·dung** *f* national indebtedness (*od.* debt), indebtedness of the state. **~verˌtrag** *m* international treaty. **~verˌwal·tung** *f* public administration. **~ˌwap·pen** *n* national coat of arms. **~ˌwe·sen** *n* <-s; *no pl*> **1.** state, polity, body politic, commonwealth. **2.** political system. **3.** State affairs *pl*. **~ˌwirt·schaft** *f* public sector (of the economy), national economy. **~ˌwis·sen·schaft** *f meist pl* political science. **~ˌwis·sen·schaft·ler** *m* **1.** political scientist. **2.** student of political science. **~ˌwohl** *n* good (*od.* welfare) of the state, *lit.* public weal. **~ˌzuˌschuß** *m* government (*od.* state) grant(-in-aid); durch Staatszuschüsse unterstützt subsidized, state-aided.

Stab[1] *m* <-(e)s; ⸚e> **1.** *allg.* staff, (*bes. Eisen≈ etc*) rod (*a. tech.*), (*Gitter≈, Metall≈*) bar, (*Stock*) stick, (*Wander≈*) *a.* walking-stick, (*Hirten≈*) *a.* (shepherd's) crook, (*Bischofs≈ etc*) *a.* crosier, crozier, (*Dirigenten≈, Marschall≈*) baton, *bes. hist.* (*Amts≈*) mace, (*Zauber≈*) wand, (*Zelt≈*) (tent) pole, *e-s Schirms*: rib, *e-r Jalousie*: slath, lath, *obs. e-s Korsetts*: bone, staff; den ~ über j-n brechen *jur. hist.* pronounce the death sentence on s.o., *fig.* condemn s.o. (utterly); *mus.* den ~ führen (bei) conduct. **2.** *Sport*: (*Staffel≈*) (relay) baton, *für Stabhochsprung*: pole, (*Turngerät*) (gymnastic) bar (*od.* staff). **3.** *arch.* a) fillet, b) circular mo(u)lding. **4.** *Stahlhochbau*: member, bar. **5.** *metr.* stave.

Stab[2] *m* <-(e)s; ⸚e> **1.** (*Experten≈ etc*) team, (*Mitarbeiter≈*) staff; dem ~ (*gen*) angehören be on the staff of. **2.** *mil.* (*General≈ etc*) staff, (*Hauptquartier*) general headquarters *pl* (*meist als sg konstruiert*), (*Offiziere*) staff officers *pl*.

ˈ**Stab|an·ker** *m electr.* bar-wound armature. **~an·ten·ne** *f* flagpole (*od.* rod) aerial (*bes. Am.* antenna). **~bat·teˌrie** *f* torch battery. **~ˌbrandˌbom·be** *f* stick-type incendiary bomb.

Stäb·chen [ˈʃtɛːpçən] *n* <-s; -> **1.** small rod. **2.** (*Kragen≈*) collar stiffener. **3.** (*Häkelmasche*) long stitch. **4.** (*Eß≈*) chopstick. **5.** *colloq.* (*Zigarette*) cig, fag. **6.** *Mikadospiel*: jackstraw, spillikin. **7.** *anat. der Netzhaut*: rod. **8.** *mus. des Triangels*: beater. **9.** → **~bakˌte·rie** *f* rod-shaped bacterium, bacillus. **≈ˌför·mig** *adj* rod-shaped. **~ˌzel·le** *f anat.* staff (*od.* rod) cell.

ˈ**Stab|ei·sen** *n* bar iron. **≈ˌför·mig** *adj* rod-(*od.* bar-)shaped. **~ˌfüh·rung** *f mus.* direction, conducting; unter der ~ von conducted by. **~ˌhochˌsprin·ger** *m* pole-vaulter. **~ˌhochˌsprung** *m* pole vault(ing).

sta·bil [ʃtaˈbiːl; sta-] **I** *adj* <-er; -st> *allg.* stable (*a. chem. med. pol., a. Preise, Währung etc*), (*gleichbleibend*) steady, (*gesund*) sound, (*robust*) solid, strong, sturdy, *tech. a.* rugged. **II** *adv* ~ gebaut *Haus etc*: solidly built, *colloq. Person*: sturdily built, sturdy. **≈ˌbauˌka·sten** *m für Kinder*: steel construction set.

Sta·bi·li|sa·tor [ʃtabiliˈzaːtɔr; sta-] *m* <-s; -en [-zaˈtoːrən]> *allg.* stabilizer. **≈ˈsie·ren** [-ˈziːrən] **I** *v/t* <*no* ge-, h> stabilize. **II** *v/reflex* sich ~ stabilize, become stable (*od.* stabilized). **~ˈsie·rung** *f* <-; *no pl*> stabilization.

Sta·bi·liˈsie·rungs|ˌflä·che, ~ˌflos·se *f aer. mar.* stabilizer, stabilizing fin.

Sta·bi·li·tät [ʃtabiliˈtɛːt; sta-] *f* <-; *no pl*> *allg.* stability, *der Bauart etc*: *a.* sturdiness, rugged design, ruggedness. **~sˌfak·tor** *m Radio*: stability factor.

ˈ**Stab|ˌkir·che** *f arch.* stave church. **~ˌlam·pe** *f* (electric) torch, *bes. Am.* flashlight. **~ma·gnet** *m* bar magnet. **~ˌreim** *m metr.* alliteration.

ˈ**Stabs|ˌarzt** *m mil.* captain (medical corps). **~ˌchef** *m* chief of staff. **~ˌfeldˌwe·bel** *m* Warrant Officer Class II, *Am.* master sergeant. **~geˌfrei·ter** *m* lance-corporal. **~kom·paˌnie** *f* headquarters company. **~of·fiˌzier** *m* (*Major bis Oberst*) field (grade) officer, *beim Stab*: staff officer. **~quarˌtier** *n* headquarters *pl* (*meist als sg konstruiert*). **~ˌun·ter·of·fiˌzier** *m* lance sergeant, *Am.* corporal, *aer. Am.* airman 1st class.

ˈ**Stab|ˌwech·sel** *m Staffellauf*: baton exchange, takeover. **~ˌwick·lung** *f electr.* bar winding.

stach [ʃtaːx] *1 u. 3 sg pret*, **stä·che** [ˈʃtɛːçə] *1 u. 3 sg pret subj of* stechen.

Sta·chel [ˈʃtaxəl] *m* <-s; -n> **1.** *bot.* spine, prick, (*Dorn*) thorn. **2.** *der Insekten*: sting, *des Igels etc*: spine, quill, prick, *e-s Stachelhäuters*: spicule; s-e ~n aufstellen *Igel etc*: put up (*od.* raise) its spines, *fig. colloq.* bristle; *fig.* ein ~ im Fleisch a thorn in the side. **3.** *e-r Schnalle*: tongue, *am Sporn*: point, *am Rennschuh*: spike, *des Stacheldrahts*: barb. **4.** (*~stock*) goad. **5.** *fig.* a) (*et. Schmerzendes*) sting, b) (*Ansporn*) goad, spur; der ~ des Ehrgeizes the goad of ambition; e-r Sache den ~ nehmen take the edge off (*od.* the sting out of) s.th.; der Vorwurf ließ e-n ~ zurück the reproach rankled; *Bibl.* wider den ~ löcken kick against the pricks; Tod, wo ist dein ~? Death where now thy sting? **~ˌbee·re** *f* **1.** gooseberry. **2.** → **~beerˌstrauch** *m* gooseberry (bush *od.* shrub).

ˈ**Sta·chelˌdraht** *m* barbed wire. **~ˌhin·der·nis** *n*, **~verˌhau** *m, n* barbed wire obstacle (*od.* entanglement). **~ˌzaun** *m* barbed wire fence.

ˈ**Sta·chel|ˌflos·se** *f ichth.* spiny (dorsal) fin. **~ˌfortˌsatz** *m anat.* spinous process. **~ˌhalsˌband** *n* spiked collar. **~ˌhäu·ter** [-ˌhɔytər] *m* <-s; -> *zo.* echinoderm.

ˈ**sta·che·lig** *adj* **1.** *bot. zo.* prickly, spiny, (*dornig*) thorny. **2.** (*kratzend*) *Bart, Kinn*: bristly, prickly (*a. fig. kratzbürstig*), *Stoff etc*: prickly, coarse.

ˈ**sta·cheln** *v/t u. v/i* <h> **1.** sting, prick. **2.** → anstacheln.

ˈ**Sta·chel|ˌro·chen** *m ichth.* stingray. **~ˌschwein** *n zo.* porcupine. **~ˌstock** *m des Viehtreibers*: goad.

ˈ**stach·lig** *adj* → stachelig.

Sta·del [ˈʃtaːdəl] *m* <-s; - *u. Swiss* ⸚> *dial. Austrian and Swiss* barn, shed.

Sta·di·on [ˈʃtaːdɪɔn] *n* ‹-s; -dien› *Sport*: stadium.

Sta·di·um [ˈʃtaːdɪʊm] *n* ‹-s; -dien› stage, phase; *med.* **Krebs in vorgerücktem ~** cancer in an advanced stage, far-gone cancer.

Stadt [ʃtat] *f* ‹-; ⸚e [ˈʃtɛːtə]› **1.** town, (*Groß*ℒ) city; **die ~ Berlin** the city of Berlin; **e-e ~ von** (*od.* **mit**) **8000 Einwohnern** a town of (*od.* with) 8,000 inhabitants; **~ und Land** town and country; **die Nachricht verbreitete sich in ~ und Land** the news spread up and down the country; **in der ~ aufgewachsen** town-bred, city-bred; *fig.* **die ganze ~ spricht davon** it's all over (*od.* it's the talk of the) town; *colloq.* **die ganze ~ war auf den Beinen** the whole town was up and about. **2.** ‹*only sg*› *colloq.* (*Innen*ℒ) town (*od.* city) cent/re (*Am.* -er), town, *Am. a.* downtown, (*~verwaltung*) municipality; **in die ~ gehen** go (in)to town, *bes. Am.* go downtown; **bei der ~ (angestellt) sein** be a municipal employee, work for the council (*in Großstädten*: *a.* corporation). ℒ**aus·ˌwärts** [ˌʃtat-] *adv* out of town. **~ˌau·to·ˌbahn** *f* city motorway (*Am.* expressway). **~ˌbad** *n* (*Freibad*) municipal swimming pool, (*Hallenbad*) municipal baths *pl.* **~ˌbahn** *f* city (*od.* municipal, metropolitan) railway (*Am.* railroad). **~ˌbauˌmei·ster** *m* municipal architect. **~beˌhör·de** *f* municipal authority. ℒ**be·ˌkannt** *adj* known all over the town, well-known, *b.s.* notorious. **~beˌvöl·ke·rung** *f* town (*od.* city, urban) population. **~beˌwoh·ner** *m* town (*od.* city) dweller. **~beˌzirk** *m* **1.** (municipal *od.* town, city) district, *bes. in London u. New York*: borough. **2.** → **Stadtteil** 1. **~bi·blio·ˌthek** *f* municipal (*od.* public, town, city) library. **~ˌbild** *n* townscape, cityscape, face (of a town). **~ˌbü·cher** *pl hist.* municipal records. **~bü·che·ˌrei** *f* → **Stadtbibliothek**. **~ˌbum·mel** *m colloq.* (**e-n ~ machen** go for a) stroll through the town.

Städt·chen [ˈʃtɛːtçən] *n* ‹-s; -› small town.

ˈStadtˌˌchro·nik *f* town (*od.* city) chronicle. **~diˌrek·tor** *m* town clerk, *Am.* city manager.

ˈStäd·teˌˌbau *m* ‹-(e)s; *no pl*› town (*od.* city) planning. **~ˌbau·er** *m* ‹-s; -› town (*od.* city) planner. ℒ**ˌbau·lich I** *adj* town-planning, urban development ... **II** *adv* concerning (*od.* in terms of) town (*od.* city) planning (*etc*). **~ˌbund** *m hist.* League of Towns.

ˌstadtˈeinˌwärts *adv* into town.

ˈStäd·teˌˌmann·schaft *f Sport*: town (*od.* city) team. **~ord·nung** *f* municipal statutes *pl*, *etwa* Municipal Corporation Act. **~ˌpart·ner·schaft** *f* partnership between towns, *colloq.* twinning. **~ˌpla·ner** *m* town (*od.* city) planner, developer. **~ˌpla·nung** *f* town (*od.* city) planning.

Städ·ter [ˈʃtɛːtər] *m* ‹-s; -› townsman, town (*od.* city) dweller, *pl a.* townspeople. **ˈStäd·te·rin** *f* ‹-; -nen› townswoman.

ˈStäd·teˌtag *m* convention of municipal authorities.

ˈStadtˌˌflucht *f* exodus (from the cities). **~ˌgas** *n* ‹-es; *no pl*› town (*od.* city) gas. **~geˌbiet** *n* municipal (*od.* town, city) area. **~geˌmein·de** *f* municipality, township, *bes. Am.* incorporated town (*od.* city). **~geˌspräch** *n* **1.** *teleph.* local call. **2. das ~ sein** be the talk of the town. **~ˌgra·ben** *m hist.* (town) moat. **~ˌgren·ze** *f* town (*od.* city) boundary (*od.* limits *pl*). **~gueˌril·la**¹ *f* ‹-; *no pl*› *pol.* urban guerilla (warfare). **~gueˌril·la**² *m* ‹-(s); -s› *meist pl pol.* (*Person*) urban guerilla. **~ˌhal·le** *f* municipal (*od.* civic, town) hall. **~ˌhaus** *n* **1.** town house. **2.** → **Rathaus**.

städ·tisch [ˈʃtɛːtɪʃ] **I** *adj* (of a) town (*od.* city), urban, *bes. verwaltungsmäßig*: municipal, (*welt*~) metropolitan; **~e Bevölkerung** urban population; **~er Angestellter** municipal employee; **die ~e Wasserversorgung** the municipal (*od.* town, city) water supply; **~e Siedlung** urban settlement. **II** *adv* **~ verwaltet** municipally run, under municipal administration.

ˈStadtˌˌkäm·me·rer *m* town (*od.* city) treasurer. **~ˌkas·se** *f* municipal finance department, city treasury. **~ˌkern** *m* → **Stadtzentrum**. **~ˌkind** *n* town-bred child (*od.* person), *weitS.* → **Stadtmensch**. **~ˌklatsch** *m* town gossip. **~ˌkli·ma** *n* urban climate. **~kom·manˌdant** *m mil.* commandant (of a town), town major. **~ˌkreis** *m* urban district. ℒ**ˌkun·dig** *adj* **ein ~er Führer** a guide who is well acquainted with the town (*od.* who knows the town well). **~ˌle·ben** *n* town (*od.* city, urban) life. **~ˌleu·te, die** *pl* the townspeople. **~ˌmau·er** *f hist.* town (*od.* city) wall. **~ˌmensch** *m* confirmed city dweller, (true) townsman. **~ˌmit·te** *f* town (*od.* city) cen/tre (*Am.* -er). **~mu·siˌkant** *m hist.* town musician; → **Bremer**. **~ˌpark** *m* town (*od.* city) park. **~par·laˌment** *n* city parliament. **~ˌplan** *m* town (*od.* city) map. **~ˌpla·ner** *m* → **Städteplaner**. **~ˌpla·nung** *f* → **Städteplanung**. **~ˌrand** *m* edge (*od.* fringe, periphery) of a town (*od.* city), outskirts *pl* (of a town); **am ~** on the outskirts (*od.* periphery) of the town (*od.* city). **~ˌrandˌsied·lung** *f* suburban housing development (*od.* estate). **~ˌrat** *m* ‹-(e)s; ⸚e› **1.** town (*od.* municipal) council. **2.** (*Person*) municipal (*od.* town, city) council(l)or, alderman. **~ˌrecht** *n* ‹-(e)s; -e› **1.** status of a town (*od.* city). **2.** *hist.* a) charter of a city (*od.* borough), b) municipal law(s *pl*). **~ˌrundˌfahrt** *f* (sightseeing) tour of the town. **~ˌsäckel** (*getr.* -k·k-) *m colloq.* town (*od.* city) purse. **~saˌnie·rung** *f* urban renewal (*od.* rehabilitation). **~ˌschrei·ber** *m hist.* town clerk. **~ˌstaat** *m* ‹-(e)s; -en› city-state. **~ˌstrei·cher** *m* ‹-s; -› city tramp, *sl.* dosser. **~ˌstrei·cheˌrei** *f* ‹-; *no pl*› urban vagrancy. **~ˌteil** *m* **1.** part of the town (*od.* city), quarter. **2.** → **Stadtbezirk** 1. **~thea·ter** [-teˌaːtər] *n* municipal (*od.* town, city) theat/re (*Am.* -er). **~ˌtor** *n hist.* town-gate, city-gate. **~ˌvä·ter, die** *pl fig. colloq.* the town (*od.* city) fathers. **~verˌkehr** *m* town (*od.* city, urban) traffic. **~verˌord·ne·te** *m* ‹-n; -n› → **Stadtrat** 2. **~verˌwal·tung** *f* municipal (*od.* town, city) administration (*od.* authorities *pl*). **~ˌvier·tel** *n* → **Stadtteil** 1. **~ˌwap·pen** *n* coat of arms (*od.* arms *pl*) of a town (*od.* city). **~ˌzen·trum** *n* town (*od.* city) cent/re (*Am.* -er), city, *Am. a.* downtown.

Sta·fet·te [ʃtaˈfɛtə] *f* ‹-; -n› *hist.* courier, messenger. **~nˌlauf** *m obs.* → **Staffellauf**.

Staf·fa·ge [ʃtaˈfaːʒə] *f* ‹-; -n› **1.** *Kunst*: staffage. **2.** *fig.* mere show (*od.* façade), window dressing, trimmings *pl*, frills *pl*.

Staf·fel [ˈʃtafəl] *f* ‹-; -n› **1.** *Sport*: relay team. **2.** *mil.* (*Formation*) echelon, *aer.* (*Einheit*) squadron. **3.** *econ.* (graded) scale. **4.** *Southern G. for* a) **Treppenstufe**, b) **Steintreppe**, c) **Leitersprosse**. **~ˌbruch** *m geol.* step fault(s *pl*).

Staf·feˈlei *f* ‹-; -en› *Kunst*: easel.

ˈStaf·felˌˌflug *m*, **~for·ma·tiˌon** *f* echelon formation, flying in echelon. ℒ**ˌför·mig I** *adj* staggered, *bes. mil.* echelon. **II** *adv* in echelon(s); **~ anordnen** → **staffeln** 2, 3. **~ka·piˌtän** *m* officer commanding (*od.* OC) squadron, *Am.* squadron commander. **~ˌlauf** *m Sport*: relay (race). **~ˌläu·fer** *m*, **~ˌläu·fe·rin** *f* ‹-; -nen› relay runner (*Skisport*: racer).

staf·feln [ˈʃtafəln] **I** *v/t* ‹h› **1.** (*Gehälter, Steuern etc*) graduate, grade, scale, (*Arbeitszeit, Ferientermine etc*) stagger. **2.** *mil.* echelon. **3.** *Sport*: (*Läufer, Startplätze*) stagger, (*Spieler*) *a.* draw up (*players*) in echelon. **II** *v/reflex* **sich ~ 4.** *Gehälter etc*: be graduated, be graded.

ˈStaf·felˌˌpreis *m econ.* graduated (*od.* graded) price. **~ˌschwim·mer** *m*, **~ˌschwim·me·rin** *f* relay swimmer. **~ˌstab** *m* (relay) baton. **~taˌrif** *m* graduated tariff.

ˈStaf·fe·lung *f* ‹-; -en› **1.** *der Gehälter, Tarife etc*: graduation, progressive rates *pl*, (*Gefälle*) differential(s *pl*). **2.** *mil.* echelon (formation). **3.** *Sport*: staggering.

ˈStaf·felˌˌzin·sen *pl* graduated interest *sg*. **~ˌzinsˌrech·nung** *f* graduated calculation of interest.

Stag [ʃtaːk] *n* ‹-(e)s; -e(n)› *mar.* stay; **großes ~** mainstay.

Stag·fla·ti·on [ʃtakflaˈtsɪoːn; stak-] *f* ‹-; -en› *econ.* stagflation.

ˈStagˌfock *f mar.* (stay) foresail.

Sta·gna·ti·on [ʃtagnaˈtsɪoːn; sta-] *f* ‹-; -en› stagnation, stagnancy, *econ. a.* sluggishness. **sta·gnie·ren** [ʃtaˈgniːrən; sta-] *v/i* ‹*no* **ge-**, **h**› stagnate, be stagnant, be at (*od.* have come to) a standstill, *econ. a.* be sluggish, be dull. **Staˈgnie·rung** *f* ‹-; *no pl*› → **Stagnation**.

ˈStagˌse·gel *n mar.* staysail.

Stahl [ʃtaːl] *m* ‹-(e)s; ⸚e *u. rare* -e› **1.** steel (*a. fig. poet. Waffe*); *Eisen* **in ~ verwandeln** steelify; **aus ~** (made) of steel; *a. fig.* **hart wie ~** (as) hard as nails, steely; *fig.* **er hat Nerven wie** (*od.* **aus**) **~** he has iron nerves; *poet.* **der kalte ~ durchbohrte ihn** the cold steel pierced him. **2.** *tech.* (*Dreh*ℒ) tool, (*Schneid*ℒ) cutting tool, (*Anreißnadel*) scriber, marker. **~ˌak·ti·en** *pl* steels, steel shares (*Am.* stocks). **~ˌar·bei·ter** *m* steelworker. ℒ**ˌar·tig** *adj* steel-like, steely. **~ˌbad** *n med.* chalybeate bath (*Ort*: spa). **~ˌband** *n* ‹-(e)s; ⸚er› steel band (*od.* strip). **~ˌbau** *m* ‹-(e)s; -ten› **1.** ‹*only sg*› a) steel construction, structural steelwork, b) (*Lehrfach*) structural steel engineering. **2.** (*Bauwerk*) steel(-framed) structure (*od.* construction). **~beˌton** *m* reinforced concrete, ferroconcrete. **~beˌtonˌbau** *m* ‹-(e)s; -ten› **1.** ‹*only sg*› reinforced concrete construction. **2.** (*Bauwerk*) reinforced concrete structure (*od.* construction). ℒ**ˌblau** *adj* steel-blue, steel-colo(u)red. **~ˌblech** *n* sheet steel, *als Werkmaterial*: steel sheet. **~ˌblock** *m* (steel) ingot. **~ˌbür·ste** *f* wire brush. **~ˌdraht** *m* steel wire. **~ˌei·sen** *n* basic pig iron.

stäh·len [ˈʃtɛːlən] **I** *v/t* ‹h› **1.** *tech.* steel-face, clad *s.th.* with steel. **2.** *fig. lit.* (*Körper, Willen etc*) steel. **II** *v/reflex* **sich ~ 3.** *fig. lit.* steel o.s. (**für** for). **stäh·lern** [ˈʃtɛːlərn] *adj* steel, (made) of steel, *fig.* of (*od.* like) steel, steely (*grasp, glance, heart, muscles, etc*); **er hat e-n ~en Willen** he has an iron will.

ˈStahlˌerˌzeu·gung *f* steel manufacture, steelmaking. **~ˌfach** *n* safe(-deposit box), strongbox. **~ˌfe·der** *f* **1.** *tech.* steel spring. **2.** (*Schreibfeder*) steel pen (*od.* nib). **~ˌfla·sche** *f für Gas*: steel cylinder. ℒ**geˌpan·zert** *adj* steel-plated. **~geˌrüst** *n* **1.** *civ.eng.* girder (*od.* skeleton) construction. **2.** *tech.* tubular steel scaffold(ing). **~gie·ßeˌrei** *f* steel foundry. **≈grau** *adj* steel-grey (*Am.* -gray). **~gür·telˌrei·fen** *m* steel-braced radial-ply tyre (*Am.* tire). **~guß** *m* (*Werkstoff*) cast steel, (*Erzeugnis*) steel castings *pl.* **≈hal·tig** *adj* containing steel, chalybeate. **≈hart** *adj* (as) hard as steel, steely. **~helm** *m mil.* steel helmet, *sl.* tin hat. **~hüt·te** *f* → Stahlwerk. **~in·duˌstrie** *f* steel industry. **~kam·mer** *f e-r Bank*: strong room, *Am.* steel vault. **~kan·te** *f am Ski*: steel edge. **~kasˌset·te** *f* strongbox. **~kern·geˌschoß** *n* steel-core projectile. **~klin·ge** *f* steel blade. **~kon·struk·tiˌon** *f* → Stahlbau. **~man·tel·geˌschoß** *n* steel-jacket bullet. **~mö·bel** *pl* steel furniture *sg.* **~plat·te** *f* steel plate. **~pro·duk·tiˌon** *f* steel production, (*Ausstoß*) steel output. **~rohr** *n* steel tube, *werkstofftechnisch*: tubular steel. **~ˌrohrˌmö·bel** *pl* tubular steel furniture *sg.* **~roß** *n humor.* bike. **~schuh** *m* steel shoe. **~seil** *n* steel cable. **~skeˌlett** *n civ.eng.* steel skeleton. **~skeˌlettˌbau** *m* ⟨-(e)s; -ten⟩ steel skeleton construction, steel framework. **~sor·te** *f* steel grade (*od.* quality). **~spä·ne** *pl* **1.** *tech.* steel chips. **2.** → Stahlwolle. **~ste·cher** *m Kunst*: steel(-plate) engraver. **~stich** *m* steel(-plate) engraving. **~trä·ger** *m* steel girder. **~tros·se** *f mar.* steel (*od.* wire) rope (*od.* hawser). **≈verˌar·bei·tend** *adj* **~e Industrie** steel-working industry. **~walzˌwerk** *n* steel rolling mill. **~wa·ren** *pl* steel articles (*od.* goods). **~werk** *n* steelworks *pl* (*als sg od. pl konstruiert*), steel mill. **~wer·ker** *m* ⟨-s; -⟩ steelworker. **~wol·le** *f* steel wool (*od.* shavings *pl*).

stak [ʃtaːk] *1 u. 3 sg pret,* **stä·ke** [ˈʃtɛːkə] *1 u. 3 sg pret subj lit. of* **stecken** II.

Sta·ke [ˈʃtaːkə] *f* ⟨-; -n⟩ *dial.* (punt) pole.

sta·ken [ˈʃtaːkən] **I** *v/t* ⟨h⟩ *u. v/i* ⟨sein⟩ punt. **II ≈** *m* ⟨-s; -⟩ → Stake.

Stak·ka·to [staˈkaːto; ʃta-] *n* ⟨-s; -s *u.* -kati [-ti]⟩ *mus.* staccato.

stak·sen [ˈʃtaːksən] *v/i* ⟨sein⟩ *colloq.* stalk (along). **ˈstak·sig** *adj colloq.* gawky, lanky and awkward.

Sta·lag·mit [stalaˈgmiːt; ʃta-; -ˈgmɪt] *m* ⟨-s *u.* -en; -e(n)⟩ *geol. min.* stalagmite.

Sta·lak·tit [stalakˈtiːt; ʃta-; -ˈtɪt] *m* ⟨-s *u.* -en; -e(n)⟩ *geol. min.* stalactite.

Sta·li|nis·mus [staliˈnɪsmʊs; ʃta-] *m* ⟨-; *no pl*⟩ Stalinism. **~nist** [-ˈnɪst] *m* ⟨-en; -en⟩, **≈ni·stisch** *adj* Stalinist.

ˈSta·linˌor·gel [ˈstaːliːn-; ˈʃtaː-] *f mil. colloq.* multiple rocket launcher.

Stall [ʃtal] *m* ⟨-(e)s; ¨-e⟩ **1.** (*Pferde≈*) stable (*a. fig. Gestüt, mot. Renn≈*), (*Einzel≈*) stall, (*Kuh≈*) (cow)shed, byre, *Am.* barn, (*Schweine≈*) (pig)sty, piggery, *Am. a.* pigpen, (*Hühner≈*) hen house, (*Kaninchen≈*) rabbit-hutch; **den ~ ausmisten** clean the dung out of the stable, *fig. colloq.* clean the place up, make a clean sweep; *fig. colloq.* **e-n ganzen ~ voll Kinder haben** have hordes (*od.* an army) of children; **sie kommt aus e-m guten ~** (*Familie*) she is from a good stable. **2.** *fig. colloq.* (*elendes Zimmer*) hole. **3.** *colloq.* (*Hosen≈*) fly.

ˈStallaˌter·ne (*getr.* -ll·l-) *f* stable lantern.

ˈStallˌbur·sche *m* **1.** groom, stableman. **2.** → Stalljunge.

Ställ·chen [ˈʃtɛlçən] *n* ⟨-s; -⟩ playpen.

ˈStall|ˌdienst *m* stable work (*mil.* duty). **~dün·ger** *m* → Stallmist. **~füt·te·rung** *f* stall-feeding. **~geˌfähr·te** *m Sport*: stable mate (*od.* companion). **~geld** *n* stable (*od.* stabling) money. **~ˌhal·tung** *f des Viehs*: stabling. **~ha·se** *m colloq.* domestic rabbit. **~jun·ge** *m* stable boy. **~knecht** *m* stableman, groom, *hist. a.* ostler. **~magd** *f* dairymaid, milkmaid. **~mast** *f* stable (*od.* winter) fattening, stall-feeding. **~mei·ster** *m* **1.** *e-s Fürsten*: equerry, master of the horses. **2.** *im Rennstall*: riding master. **~mist** *m* stable manure.

ˈStal·lung *f* ⟨-; -en⟩ *meist pl* stabling, *pl a.* stables, *bes. hist.* mews *pl* (*meist als sg konstruiert*).

ˈStallˌwa·che *f* stable guard.

Stamm [ʃtam] *m* ⟨-(e)s; ¨-e⟩ **1.** *bot.* stem, (*Stengel*) stalk, (*Baum≈*) trunk (*a. anat. Gefäß≈, Nerv≈ etc*); **Holz auf dem ~ kaufen** buy standing timber. **2.** (*Wort≈*) stem, root. **3.** (*Volks≈*) tribe, (*Familie, Haus*) family, house, line, *in Schottland*: clan, (*Geschlecht*) stock, lineage; **ˈeines ~es und Geschlechtes sein** be of one stock and family; **der ~ der Hohenstaufen** the house (*od.* family) of the Hohenstaufen; **er ist der letzte s-s ~es** he is the last of his line; **aus königlichem ~** of royal blood; **männlicher (weiblicher) ~** male (female) line; *Bibl.* **aus dem ~e Davids** from the house of David; *jur.* **Erbfolge nach Stämmen** succession per stirpes; *colloq.* **er ist vom ~e Nimm** with him it's all take and no give. **4.** ⟨*only sg*⟩ (*Spieler≈*) stock, regular players *pl,* (*Mitarbeiter≈*) regular (*od.* permanent) staff, body of permanent workers, cadre (personnel) (*a. mil.*), *e-r Organisation etc*: nucleus, (*Kunden≈*) regular clientele, (stock of) regular customers *pl.* **5.** *biol.* phylum, (*Bakterien≈*) strain. **6.** (*Viehbestand*) (live)stock, (*Zucht*) breed. **~ak·tie** *f* ordinary (*od.* original) share (*bes. Am.* stock), *Am.* common stock.

ˈStammann·schaft (*getr.* -mmˌm-) *f Sport*: regular team.

ˈStamm|ˌanteil *m econ.* **1.** *in e-r GmbH*: share. **2.** → Stammaktie. **~ˌar·bei·ter** *m* longtime employee, permanent worker. **~baum** *m* **1.** genealogical (*od.* family) tree; **s-n ~ zurückverfolgen** trace one's line of ancestors. **2.** *zo.* pedigree; **ein Hund mit (ohne) ~** a pedigree(d) (an unpedigreed) dog. **3.** *biol.* phylogenetic tree. **4.** *tech.* (*Materialbegleitschein*) flowsheet. **~beˌdeu·tung** *f ling.* lexical meaning. **~beˌleg·schaft** *f* regular (*od.* permanent) staff, cadre (personnel), (body of) permanent workers *pl.* **~beˌsat·zung** *f mar.* skeleton crew. **~ˌbuch** *n* **1.** family register (*od.* record, album); *fig. colloq.* **das kann** (*od.* **soll**) **er sich ins ~ schreiben** let him take good note of that; **j-m et. ins ~ schreiben** drive s.th. home to s.o. **2.** *agr.* herdbook, *für Pferde, Hunde etc*: studbook. **~burg** *f* ancestral castle, family seat. **~daˌtei** [-daˌtaɪ] *f* ⟨-; -en⟩ *Computer*: master file. **~ein·heit** *f mil.* parent unit. **~einˌla·ge** *f econ.* participation, shareholder's contribution (of capital), capital contributed.

stam·meln [ˈʃtaməln] **I** *v/t* ⟨h⟩ stammer (out), stutter (out) (*an excuse, etc*). **II** *v/i med.* stutter, stammer. **III ≈** ⟨-s⟩ stammer(ing), stutter(ing).

ˈStammˌel·tern *pl* progenitors, (*Adam u. Eva*) first parents.

stam·men [ˈʃtamən] *v/i* ⟨h⟩ **1.** (**aus, von** from) *Person*: be descended, come, *aus e-m Land etc*: come, hail, *Dinge etc*: come, be; **sie stammt aus gutem Hause** she comes of (*od.* from) a good family; **er stammt aus München** he comes (*od.* is) from Munich; **der Schmuck stammt von m-r Großmutter** the jewel(le)ry is from (*od.* belonged to) my grandmother; **die Nachricht stammt aus zuverlässiger Quelle** the news comes from a reliable source. **2.** (**von**) (*als Ursache haben*) come (*od.* stem) (from), be caused (by), originate (from), be the result (of), (*zurückgehen auf*) originate (with, from), come (from); **der Ausspruch stammt von ihm** the word is from (*od.* was coined by) him, *weitS.* the remark was made by him; **dieser Ausspruch stammt von Schopenhauer** this saying originated with Schopenhauer (*od.* was originally Schopenhauer's). **3.** *zeitlich*: date (**aus** from, back to); **dieser Brauch stammt aus der Zeit, als** this custom dates from (*od.* originated at, goes back to) the time when. **4.** (*sich ableiten*) (**aus** from) be derived, derive; **aus dem Lateinischen ~** *Wort*: be derived (*od.* come) from the Latin, be of Latin origin.

ˈStammˌen·dung *f ling.* termination of the stem.

ˈStam·mes|entˌwick·lung *f biol.* phylogeny, phylogenesis. **~feh·de** *f* tribal feud. **~geˌnos·se** *m* tribesman. **~geˌschich·te** *f* → Stammesentwicklung. **≈geˌschicht·lich** *adj* phylogen(et)ic. **~häupt·ling** *m* chieftain, head of a tribe. **~zu·geˌhö·rig·keit** *f* membership of a tribe (*od.* race).

ˈStamm|ˌform *f ling.* cardinal (*od.* principal) form. **~gast** *m* regular customer (*od.* guest, visitor), *colloq.* regular. **~geˌricht** *n gastr.* regular dish. **~hal·ter** *m* son and heir, son who will carry on the name. **~haus** *n econ.* parent firm (*od.* company). **~holz** *n* trunk wood, logs *pl.*

stäm·mig [ˈʃtɛmɪç] **I** *adj Person, Figur etc*: sturdy, hefty, husky, *Mann*: *a.* burly, brawny, (*untersetzt*) stocky, squat. **II** *adv* **~ gebaut** sturdily built, sturdy (*etc*). **≈keit** *f* ⟨-; *no pl*⟩ sturdiness.

ˈStamm|ka·piˌtal *n* ordinary share capital, *Am.* common capital stock. **~ˌknei·pe** *f colloq.* (*one's*) favo(u)rite pub, local, habitual haunt. **~kun·de** *m,* **~kun·din** *f* regular customer, *colloq.* regular. **~kund·schaft** *f* regular customers (*od.* clients) *pl, colloq.* regulars *pl.* **~le·hen** *n hist.* hereditary fief. **~loˌkal** *n* → Stammkneipe. **~lö·sung** *f chem.* parent solution. **~per·soˌnal** *n* permanent staff, (*Mindest≈*) skeleton staff. **~ˌplatz** *m* **1.** accustomed (*od.* regular) seat. **2.** *thea. etc* subscription seat. **3.** *Sport*: *in e-r Mannschaft*: regular place; **sich** (*dat*) **e-n ~ erobern** make the regular team. **~pub·li·kum** *n* regular customers *pl,* regulars *pl.* **~rol·le** *f mil.* (personnel) roster, muster roll. **~ˌschloß** *n* ancestral castle. **~sil·be** *f* radical (syllable). **~sitz** *m* **1.** ancestral home, family seat. **2.** *econ.* (original) headquarters *pl* (*meist als sg konstruiert*). **~spie·ler** *m Sport*: regular (*od.* first--string) player. **~ta·fel** *f* genealogical table, family tree.

ˈStammˌtisch *m* **1.** table reserved for the regulars. **2.** *a.* **~run·de** *f* group of regulars. **~...** *in Zssgn humor.* armchair (*strategist, politician*).

ˈStammut·ter (*getr.* -mmˌm-) *f* progenitress, ancestress, *Bibl.* (*Eva*) progenitrix of mankind.

ˈStamm|va·ter *m* ancestor, progenitor, *Bibl.* (*Adam*) first parent, progenitor of mankind. **~verb, ~ver·bum** *n* radical verb. **~verˌmö·gen** *n* → Stammkapital. **≈verˌwandt** *adj* **1.** kindred, cognate, of the same race. **2.** *ling.* related; **~es Wort** *a.* cognate. **~voˌkal** *m* radical vowel. **~wäh·ler** *m pol.* regular voter (*of a party*). **~wort** *n* ⟨-(e)s; ¨-er⟩ radical, root, stem, base. **~wür·ze** *f Brauerei*: original wort. **~ˌwur·zel** *f bot.* taproot, trunk root.

~zel·le *f biol.* parent cell.
stamp·fen [ˈʃtampfən] **I** *v/t* ⟨h⟩ **1.** (*fest~*) (*Erde, Lehm etc*) stamp *s.th.* (down), *bes. civ.eng.* ram (*od.* tamp) (down); → **Boden** 2. **2.** (*zer~*) *im Mörser*: bray, pound, (*Kartoffeln*) mash, (*Trauben*) crush, press, *mit den Füßen*: tread, tramp, (*Korn*) bruise, (*Erze, Kohle*) stamp, pound, crush. **II** *v/i* ⟨h *u.* **sein**⟩ **3.** ⟨h⟩ **(mit dem Fuß)** ~ stamp (one's foot); **vor Wut auf den Boden** ~ stamp with rage; **mit den Hufen** ~ *Pferd*: stamp the ground. **4.** ⟨**sein**⟩ tramp(le), stamp. **5.** ⟨h⟩ *Maschine, Motoren etc*: pound (away). **6.** *Schiff*: pitch. **ˈStamp·fer** *m* ⟨-s; -⟩ **1.** (*Kartoffel2 etc*) masher. **2.** *tech.* tamper, rammer. **3.** *für verstopften Abfluß*: plunger.
ˈStampf·karˌtof·feln *pl* mashed (*od.* creamed) potatoes.
stand [ʃtant] *1 u. 3 sg pret of* **stehen**.
Stand[1] *m* ⟨-(e)s; *no pl*⟩ **1.** stand(ing), upright (*od.* standing) position, (*Halt*) footing, foothold; **sich zum ~ aufrichten** raise o.s. to a standing position; **aus dem ~** from a standing position, standing up, *mot.* from standstill; **Sprung aus dem ~** standing jump; **e-n festen ~ haben** *Sache*: stand firm, be stable, not to wobble, *Person*: have a secure foothold; *fig.* **e-n schweren ~ haben** have a hard time of it, be hard put to it, **bei j-m**, *bes. Sport*: **gegen j-n**: have a great deal of trouble with s.o. **2.** (*~ort*) stand. **3.** (*Lage*) state, (*Zustand*) *a.* condition, (*Niveau*) level, standard, (*Wasser2 etc*) level, height, (*Barometer2 etc*) reading, *econ. der Preise, Kurse etc*: level, rate, *e-s Kontos etc*: balance, *von Aufträgen etc*: number, figure, *Sport*: (*Spiel2*) score, *e-s Rennens etc*: positions *pl*; **beim jetzigen ~ der Dinge** in the present state of affairs, as matters stand (at present), as things are (at the moment); **gut im ~e sein, in gutem ~(e) sein** be in good condition (*od.* repair); **j-n in den ~ setzen, et. zu tun** enable s.o. to do s.th., put s.o. in a position to do s.th.; **den höchsten ~ erreichen** reach a peak (*od.* its highest level); *Patentrecht*: **~ der Technik** (*a. Vorwegnahme*) prior art; **nach dem neuesten ~ der Technik** in keeping with the latest technological development(s); **et. auf den neuesten ~ bringen** bring s.th. up to date, update s.th.; **gegenwärtiger ~ des Ausfuhrhandels** current foreign trade figure; **nach** (*od.* **gemäß, entsprechend**) **dem ~ vom** 1.1. as of (*od.* as at) January, 1. **4.** *e-s Gestirns*: position, *der Sonne*: *a.* height. **5.** *des Getreides*: harvest. **6.** a) *des Wildes*: accustomed haunt, b) → **Wildbestand**.
Stand[2] *m* ⟨-(e)s; ⸚e⟩ **1.** ⟨*only sg*⟩ social standing (*od.* position), station, rank, (*a. jur. Personen2*) status; **ein Mann von ~** a man of rank (*od.* high standing); **ledigen ~es sein** be single, be unmarried; *lit.* **sie traten in den (heiligen) ~ der Ehe** they were joined in (holy) matrimony; **unter s-m ~ heiraten** marry below one's station. **2.** (*Klasse*) class, (*Beruf*) profession, (*Gewerbe*) trade, *hist.* estate; **die drei Stände (des Mittelalters)** the three estates (of the Middle Ages); **die Stände** (*Volksvertretung*) the Diet *sg*; **der ~ der Arbeiter** the working class; **der geistliche ~** the clergy; **die höheren Stände** the upper classes; **aus allen Ständen** from all walks of life.
Stand[3] ⟨-(e)s; ⸚e⟩ **1.** (*Verkaufs2, Messe2*) stand, booth, stall, (*Zeitungs2*) newsstand, kiosk, (*Taxi2*) rank, stand. **2.** (*Box*) stall, box. **3.** *des Schützen*: hide. **4.** (*Geschütz2*) emplacement.
Stan·dard [ˈʃtandart; ˈstan-] *m* ⟨-s; -s⟩ *allg.* standard, *fig. a.* level. **~...** *in Zssgn* standard (*edition, equipment, model, quality, size, work, etc*). **~ausˌfüh·rung** *f* standard type (*od.* model, design). **~ˌbrief** *m* regular-type (*od.* regular-size, normal, standard) letter.
stan·dar·di·sie|ren [ʃtandardiˈziːrən; stan-] *v/t* ⟨*no* **ge-**, **h**⟩ standardize. **2rung** *f* ⟨-; *no pl*⟩ standardization.
ˈStan·dard|ˌspra·che *f* standard language. **~ˌwer·te** *pl econ.* standard shares (*Am.* stock *sg*).
Stan·dar·te [ʃtanˈdartə] *f* ⟨-; -n⟩ **1.** standard, banner, (*Kavallerie2*) guidon. **2.** *hunt.* brush. **3.** *phot.* lens carrier. **~n·ˌträ·ger** *m* standard-bearer.
ˈStand|ˌbein *n* **1.** *Kunst*: standing leg. **2.** *Sport*: pivot leg. **~ˌbild** *n* statue; **j-m ein ~ errichten** set up (*od.* erect, raise) a statue to s.o. **~ˌbildˌaufˌnah·me** *f Film*: still.
Ständ·chen [ˈʃtɛntçən] *n* ⟨-s; -⟩ *mus.* a) serenade, b) morning song (*od.* music), *lit.* aubade; **j-m ein ~ bringen** serenade s.o.
stän·de [ˈʃtɛndə] *1 u. 3 sg pret subj of* **stehen**.
ˈStän·de|ˌhaus *n hist.* assembly house of the estates, parliament house. **~ˌord·nung** *f* estate system.
Stan·der [ˈʃtandər] *m* ⟨-s; -⟩ pennant.
Stän·der [ˈʃtɛndər] *m* ⟨-s; -⟩ **1.** *allg.* (*a. Fahrrad2*) stand, (*Kleider2, Gewehr2, Pfeifen2*) rack; → *a.* **Bücherständer** (*etc*). **2.** (*Pfosten*) post, pillar. **3.** *e-r Maschine*: (floor) stand, pedestal, standard, basis, base. **4.** *electr.* stator. **5.** *hunt.* leg. **6.** *des Fachwerks*: upright, stud (-ding). **7.** *her.* gyron. **8.** *vulg.* (*Erektion*) hard-on, *the* horn. **~ˌlam·pe** *f* standard (lamp). **~ˌstrom** *m electr.* stator current.
ˈStan·des|ˌamt *n* registry office, *Am.* marriage license bureau, *weitS.* Bureau of Vital Statistics. **2ˌamt·lich I** *adj* civil; **~e Trauung** civil wedding (*od.* marriage), marriage at a registry office (*Am.* before a civil magistrate). **II** *adv* **sich ~ trauen lassen** be married at a registry office (*Am.* before a civil magistrate), have a civil marriage ceremony. **~be̩amˌte** *m* registrar, *Am.* civil magistrate. **2beˌwußt** *adj* class-conscious. **~beˌwußtˌsein** *n* class consciousness, pride of rank, caste feeling. **~ˌdün·kel** *m* class conceit. **~ˌehe** *f* marriage of rank. **~ˌeh·re** *f* professional hono(u)r. **2geˌmäß I** *adj* befitting one's social position (*od.* one's rank), suitable to one's station; **e-e ~e Heirat** a marriage within one's social class. **II** *adv* **~ leben** live according to one's social standing (*od.* position). **~geˌnos·se** *m* one's equal (in rank), compeer. **~herr** *m hist.* mediatized prince. **~in·terˌes·sen** *pl* class interests. **~or·ga·ni·sa·tiˌon** *f* professional organization. **~perˌson** *f* person of rank. **~ˌpflich·ten** *pl* duties of one's station. **~pri·viˌle·gi·en** *pl* class privileges. **~reˌgi·ster** *n* register of births, deaths, and marriages. **~ˌrückˌsich·ten** *pl* **aus ~** for reasons of rank (*od.* class). **~ˌspra·che** *f* professional jargon.
ˈStän·deˌstaat *m hist.* corporative state.
ˈStan·des|ˌun·terˌschied *m meist pl* social difference, class distinction. **~ˌvorˌur·teil** *n* class prejudice. **2ˌwid·rig** *adj* **1.** not in keeping with (*od.* not appropriate to) one's social position (*od.* one's station). **2.** unprofessional, unethical; **~es Verhalten** unprofessional conduct, professional misconduct.
ˈStän·de|ˌtag *m*, **~verˌsamm·lung** *f hist.* assembly of the representatives of the estates, diet, parliament. **~ˌwe·sen** *n* ⟨-s; *no pl*⟩ estate system.
ˈstand|ˌfest *adj* stable, steady; *fig. colloq.* **nicht mehr ganz ~ sein** a) be tipsy, b) *Boxen*: be groggy. **2ˌfe·stig·keit** *f* ⟨-; *no pl*⟩ **1.** stability, stableness. **2.** *fig.* firmness, firm (*od.* strong) character.
ˈStand|ˌfo·to *n Film*: still. **~ˌgeld** *n* stall money, stallage. **~geˌrät** *n* console television set. **~geˌricht** *n mil.* drumhead court-martial. **2geˌricht·lich** *adj u. adv* before (*od.* by) a drumhead court-martial. **~ˌglas** *n chem.* glass (cylinder), (*Anzeigeglas*) level ga(u)ge.
ˈstand|haft I *adj* steadfast, (*unerschütterlich, treu*) sta(u)nch, stout, (*beharrlich*) persistent, constant, (*entschlossen*) resolute. **II** *adv* steadfastly (*etc*); **Leiden ~ ertragen** bear pain unflinchingly; **~ ablehnen** refuse stoutly. **2haf·tig·keit** *f* ⟨-; *no pl*⟩ steadfastness (*etc*), constancy.
ˈstandˌhal·ten *v/i* ⟨*irr, sep,* **-ge-**, **h**⟩ **1.** hold one's ground (*od.* own), hold out; **j-m (e-r Sache) ~** stand up to s.o. (s.th.), hold out (*od.* one's ground) against s.o. (s.th.), stand firm against s.o. (s.th.). **2.** (*dat*) (*e-m Angriff, e-r Beanspruchung etc*) withstand, resist, sustain, *fig.* (*e-m Vergleich etc*) stand (up to), bear; **j-s Blick ~** sustain s.o.'s gaze; *fig.* **e-r Prüfung ~** stand the test; **es wird e-r näheren Prüfung nicht ~** it will not bear (*od.* stand up to) closer examination.
stän·dig [ˈʃtɛndɪç] **I** *adj* constant, perpetual, *Adresse, Personal, Mitglied etc*: permanent, *Ausschuß*: *a.* standing, *Praxis, Regel*: established, *Einkommen etc*: fixed, *a. Truppen*: regular; **in ~er Sorge leben** live in (a state of) constant (*od.* perpetual) anxiety; **~e Bemühungen** continual (*od.* sustained) efforts; **~e Nachfrage nach** constant (*od.* steady, persistent) demand for; **~er Begleiter** constant companion; **~er Wohnsitz** permanent residence, domicile; **~er Aufenthalt** fixed (place of) abode, fixed address; **~er Vertreter** *pol.* permanent representative, *econ.* regular agent; **~er Korrespondent** *e-r Zeitung*: resident correspondent. **II** *adv* constantly (*etc*); **et. ~ sagen (tun)** keep saying (doing) s.th.; **wir haben ~ Äger mit ihm** we are constantly having trouble with him, he is a constant nuisance (to us); **sie kommt ~ zu spät** she is always (*od.* forever) late; **die Bevölkerung nimmt ~ zu** the population is steadily increasing; **das passiert ~** that happens all the time.
stän·disch [ˈʃtɛndɪʃ] *adj hist. pol.* corporative, estate.
ˈStand|ˌlicht *n mot.* parking light. **~ˌmo·tor** *m* stationary engine. **~ˌöl** *n chem. tech.* stand oil.
ˈStandˌort *m* ⟨-(e)s; -e⟩ **1.** position (*a. fig. Meinung*); **von s-m ~ aus** from where he is standing. **2.** *e-s Betriebes, Reaktors etc*: site, location, place, *e-r Firma etc*: *a.* base. **3.** *aer. mar.* position; **den ~ bestimmen** fix the position; **den ~ angeben** give (*od.* indicate) one's position. **4.** *mil.* garrison, post, station; **s-n ~ haben in** (*dat*) be stationed in. **5.** *biol.* habitat. **~beˌreich** *m mil.* garrison (*bes. Am.* post) command. **~beˌstim·mung** *f* **1.** *aer. mar.* position finding, *Radar*: *a.* fixing. **2.** *für Bauprojekt etc*: siting. **3.** *fig.* definition of one's position. **~ka·taˌlog** *m Bibliothek*: shelf list. **~kom·manˌdant** *m mil.* garrison (*bes. Am.* post) commander. **~la·zaˌrett** *n* post hospital. **2ˌtreu** *adj zo.* sedentary.
ˈStand|ˌpau·ke *f colloq.* talking-to, lec-

ture, *stärker*: dressing-down, telling-off; **j-m e-e ~ halten** lecture s.o. (severely), give s.o. a (good) talking-to (*od.* dressing-down). **~ˌpho·to** *n Film*: still. **~ˌplatz** *m* stand, station, (*Taxi*≈) rank. **~ˌpunkt** *m* **1.** *fig.* (point of) view, viewpoint, standpoint, position; **auf dem ~ stehen** (*od.* **sich auf den ~ stellen**, **den ~ vertreten**), **daß** take the view that, hold that; **von diesem ~ aus betrachtet** (seen) from this point of view (*od.* this angle); **vom ~ der Wissenschaft aus** from the scientific point of view; **j-m s-n ~ klarmachen** (*od.* **darlegen**, **auseinandersetzen**) explain one's point of view to s.o., make one's point of view clear to s.o.; *colloq.* **j-m den ~ klarmachen** give s.o. a piece of one's mind; *a. iro.* **das ist auch ein ~!** that's one way of looking at it; → **Annäherung** 1. **2.** (*Beobachtungsplatz*) viewpoint, vantage point, position. **~quarˌtier** *n* **1.** *mil.* fixed quarters *pl*, *für Feldtruppen*: cantonment. **2.** *im Urlaub*: holiday base. **~ˌrecht** *n* (**das ~ verhängen** proclaim *od.* impose) martial law. **≈ˌrecht·lich** *adj u. adv* according to martial law; **~ erschossen werden** be executed by order (*od.* sentence) of a court-martial. **~ˌseilˌbahn** *f* funicular (railway). **≈ˌsi·cher** *adj* stable, steady. **~ˌspie·gel** *m* full-length mirror. **~ˌspur** *f der Autobahn*: hard shoulder. **~ˌuhr** *f* grandfather('s) clock. **~viˌsier** *n* **1.** *am Gewehr*: fixed sight. **2.** *surv.* backsight. **~ˌvo·gel** *m* nonmigratory (*od.* sedentary) bird. **~ˌwaa·ge** *f gym.* horizontal balance. **~ˌwild** *n* sedentary game.

Stan·ge [ˈʃtaŋə] *f* ⟨-; -n⟩ **1.** *allg.* pole, stick, (*Fahnen*≈) *a.* staff, *tech.* (*Metall*≈) rod, bar, *zum Festhalten, Aufhängen etc*: rail, (*Vogel*≈) perch, (*Hühner*≈) *a.* roost, (*Korsett*≈) stay, (*Siegellack*≈, *a. Lakritzen*≈, *Rasierseife*) stick, (~ *Zigaretten*) carton (of cigarettes); *fig. colloq.* **lange ~** (*Person*) beanpole, tall streak; **Anzug von der ~** reach-(*Am.* hand-)me-down; **et. von der ~ kaufen** buy s.th. off the peg; **dasitzen wie die Hühner auf der ~** sit there like birds on a telegraph wire; **bei der ~ bleiben** stick to one's guns, stick to it, *bis zum Ende*: stick it out, (*nicht abschweifen*) stick to the point; **j-m die ~ halten** stand by s.o., stick up for s.o.; **j-n bei der ~ halten** a) keep s.o. up to scratch, make s.o. stick it out, b) (*Eigenwilligkeiten unterbinden*) keep s.o. toeing the line; **e-e ~ angeben** show off like crazy; **das hat e-e schöne ~ Geld gekostet** that cost (quite) a packet (*od.* a tidy penny). **2.** *Stabhochsprung, Springreiten*: pole, (*Reck*≈ *etc*) bar. **3.** *Tanzkunst*: bar(re). **4.** (*Geweih*≈) branch, beam.

ˈ**Stan·genˌboh·ne** *f* runner bean. **~ˌboh·rer** *m tech.* hand auger. **~geˌbiß** *n* (*Kandare*) curb (*od.* bar) bit. **~ˌgold** *n* ingot gold. **~ˌholz** *n* pole wood. **~ˌpferd** *n* wheelhorse. **~ˌspar·gel** *pl gastr.* asparagus spears. **~ˌweißˌbrot** *n gastr.* French stick. **~ˌzir·kel** *m* beam compasses *pl*.

stank [ʃtaŋk] *1 u. 3 sg pret of* **stinken**.

Stän·ker [ˈʃtɛŋkər] *m* ⟨-s; -⟩ *colloq.* (venomous) squabbler, troublemaker, cantankerous person. **Stän·keˈrei** *f* ⟨-; -en⟩ *colloq.* squabbling, mischief-making, vituperation. ˈ**Stän·ke·rer** *m* ⟨-s; -⟩ → **Stänker**. ˈ**stän·kern** *v/i* ⟨h⟩ *colloq.* squabble, make trouble; **~ gegen** rail against, vituperate (*acc*).

Stan·ni·ol [ʃtaˈnĭo:l; sta-] *n* ⟨-s; -e⟩ tin foil. **~paˌpier** *n* tin-foil paper. **~ˌstrei·fen** *pl* strips of tin foil, *Radar*: *a.* chaff *sg*.

stan·te pe·de [ˈstante ˈpe:de; ˈʃtantə ˈpe:dəl] *adv humor.* right away.

ˈ**Stanzˌau·toˌmat** *m* automatic punching machine. **~ˌblech** *n* punching sheet (steel).

Stan·ze[1] [ˈʃtantsə] *f* ⟨-; -n⟩ punch(ing tool), punching machine.

ˈ**Stan·ze**[2] *f* ⟨-; -n⟩ *metr.* stanza.

stan·zen [ˈʃtantsən] *v/t* ⟨h⟩ *tech.* (*lochen*) (*a. Lochstreifen, -karten*) punch, (*prägen*) stamp, (*aus*~) blank. ˈ**Stan·zer** *m* ⟨-s; -⟩ press worker. **Stan·zeˈrei** *f* ⟨-; -en⟩ pressroom.

ˈ**Stanzˌpres·se** *f tech.* blanking press, (*Prägepresse*) stamping press. **~ˌwerkˌzeug** *n* punch(ing) (*od.* stamping, blanking) tool.

Sta·pel [ˈʃta:pəl] *m* ⟨-s; -⟩ **1.** pile, stack, *ungeordnet*: heap. **2.** ⟨*only sg*⟩ *mar.* stocks *pl*, slips *pl*; **auf ~** on the stocks; **ein Schiff vom ~ (laufen) lassen** launch a ship; **vom ~ laufen** be launched, leave the slips; **ein Schiff auf ~ legen** lay down a ship; *fig. colloq.* **vom ~ lassen** (*Kritik, Protest, Werbekampagne etc*) launch, (*Rede etc*) *a.* deliver, let go with, (*Schlag*) *a.* release, uncork, (*Witz*) crack. **3.** *Textil.* staple. **~ˌfa·ser** *f Textil.* staple fibre (*Am.* fiber). **~ˌholz** *n* stack wood. **~ˌlauf** *m mar.* launch(ing).

sta·peln [ˈʃta:pəln] **I** *v/t* ⟨h⟩ pile up, stack (up), *ungeordnet*: heap up, (*lagern*) warehouse, store, *als Vorrat*: store (*od.* lay) up, stockpile. **II** *v/reflex* ⟨h⟩ **sich ~** pile up.

ˈ**Sta·pelˌplatz** *m* **1.** *econ.* a) storage place, depot, b) trading cent/re (*Am.* -er), mart, emporium. **2.** *mil.* dump. **~ˌwa·ren** *pl* staple goods.

Stap·fe [ˈʃtapfə] *f* ⟨-; -n⟩, ˈ**Stap·fen** *m* ⟨-s; -⟩ *meist pl* footstep, footprint, track.

ˈ**stap·fen** *v/i* ⟨sein⟩ **1.** stamp (one's foot). **2.** trudge (along).

ˈ**Stap·ler** *m* ⟨-s; -⟩ *mot.* stacking (*od.* lifting) truck.

Star[1] [ʃta:r] *m* ⟨-(e)s; -e⟩ *orn.* starling.

Star[2] [sta:r; ʃta:r; stɑ:] (*Engl.*) *m* ⟨-s; -s⟩ *Film, thea., Sport*: star; **kleiner** (*od.* **zukünftiger**) **~** starlet; **als ~ auftreten** (*od.* **vorstellen**) star.

Star[3] [ʃta:r] *m* ⟨-(e)s; -e⟩ *med.* cataract; **grauer ~** grey (*Am.* gray) cataract; **grüner ~** glaucoma; **schwarzer ~** black cataract, amaurosis; **j-n am ~ operieren**, **j-m den ~ stechen** remove s.o.'s cataract, couch s.o.; *fig. colloq.* **den ~ werde ich ihr stechen** I'll tell her some home truths.

ˈ**Starˌalˌlü·ren** *pl* primadonnaish airs; **~ haben** *a.* give o.s. airs (and graces). **~auˌtor** *m* star writer.

starb [ʃtarp] *1 u. 3 sg pret of* **sterben**.

ˈ**Star·beˌset·zung** *f thea. Film*: star cast.

ˈ**starˌblind** *adj* blind from (*od.* through) cataract. **≈ˌbril·le** *f* (pair of glasses fitted with) cataract lenses *pl*.

stark [ʃtark] **I** *adj* ⟨≈er; ≈st⟩ **1.** *a. fig.* strong, powerful; **~e Arme** strong (*od.* brawny) arms; *fig.* **im Unglück ~ sein** be strong (*od.* show strength) in the face of misfortune; **sich ~ machen für** make a stand for, take up the cudgels for. **2.** (*mächtig*) powerful, strong, mighty; **e-e ~e Organisation** a powerful organization; **er ist der ~e Mann (in) s-r Partei** he is the strong man in his party. **3.** *im Umfang, Durchmesser etc*: thick (*wall, etc*); **e-e ein Zentimeter ~e Pappe** a sheet of pasteboard one centimetre thick; **die Dissertation ist 150 Seiten ~** the dissertation has (*od.* comprises) 150 pages, the dissertation is 150 pages long. **4.** (*beleibt*) corpulent, stout, fat; **er ist stärker geworden** he has put on weight; **sie ist et. ~ um die Hüften** she is a bit broad about the hips. **5.** *Haar*: thick; **~en Haarwuchs haben** a) (*dichtes Haar*) have thick hair, b) (*schnell nachwachsend*) have a heavy growth of hair. **6.** *zahlenmäßig*: strong; **ein 20 000 Mann ~es Heer** an army 20,000 strong (*od.* numbering 20,000); **wie ~ ist die Einheit?** what is the strength of the unit?; **ein ~es Aufgebot an Polizei** a strong force of police. **7.** *mengenmäßig*: heavy, great; **ein ~er Raucher (Trinker) sein** be a heavy smoker (drinker); **ein ~er Esser** a big eater. **8.** *Regen etc, a. Verkehr*: heavy, *Strömung, Wind etc*: strong, powerful, *Hitze, Kälte etc*: intense, great. **9.** (*gehaltvoll, hochprozentig*) strong (*coffee, tobacco, etc*); **~es Bier** strong (*od.* heavy, potent) beer; **e-e ~e Lösung** a strong (*od.* concentrated) solution; **ein ~es Mittel** a strong (*od.* potent, powerful) remedy; *fig.* **~e Worte** strong words (*od.* language *sg*); *colloq.* **das ist ~!**, **das ist ein ~es Stück!** that's a bit thick! **10.** (*intensiv*) strong, *Geruch etc*: *a.* penetrating, *Farben, Licht etc*: *a.* intense, *Stimme*: *a.* loud, *Eindruck, Interesse etc*: *a.* intense, great; **~er Wunsch** strong (*od.* keen, urgent) desire; **~e Nachfrage nach** keen (*od.* great, big) demand for; **in stärkstem Maß(e)** extremely; **das ist e-e ~e Übertreibung!** that is a gross exaggeration! **11.** *Schmerz etc*: intense, severe, *Fieber*: high; **e-e ~e Erkältung** a heavy (*od.* severe, bad) cold; **~e Blutung** profuse (*od.* heavy) bleeding; **das Fieber ist stärker geworden** the temperature has risen (*od.* gone up). **12.** *Leistung, Talent etc*: great; **in Mathematik war ich nie sehr ~** I was never very good (*od.* strong) in mathematics; **die Darstellerin wurde im letzten Akt stärker** the actress improved in the last act; **e-e ~e Verteidigung** a strong defen/ce (*Am.* -se). **13.** *opt.* strong, powerful. **14.** *tech.* (*kräftig*) sturdy, strong, robust, *Motor etc*: high-powered, powerful, *Bleche*: heavy, thick, *Druck*: heavy. **15.** *electr. Strom*: strong, heavy. **16.** *print. Auflage*: large. **17.** *Deklination, Konjugation*: strong. **18.** *hunt. Bock, Hirsch etc*: large. **19.** *Kaliber bei Feuerwaffen*: large. **20.** *colloq.* (*toll, erstklassig*) super, great; **(das ist) ~!**, **echt ~!** (that's just) super!, hot stuff! **II** *adv* **21.** (*sehr*) strongly, heavily, greatly; **~ riechende Blumen** strong-smelling flowers; **e-e ~ gewürzte Speise** a strongly seasoned dish; **~ trinken (rauchen)** be a heavy drinker (smoker); **e-e ~ blutende Wunde** a profusely bleeding wound; **~ erkältet sein** have a heavy (*od.* bad, severe) cold; **es hat ~ geregnet** it rained heavily (*od.* hard); **ein ~ bevölkertes Gebiet** a densely populated area; **~ vergrößert (verkleinert)** greatly magnified (diminished); **~ benachteiligt sein** be greatly (*od.* badly) handicapped; **~ gefragt** in great demand; **ein ~ besuchtes Konzert** a well-attended concert; **~ übertrieben** grossly exaggerated; *colloq.* **es geht ~ auf zehn (Uhr)** it's almost (*od.* going on for) ten (o'clock).

ˈ**Starˌka·sten** *m* nesting box for starlings.

ˈ**Starkˌbier** *n* strong beer.

Stär·ke[1] [ˈʃtɛrkə] *f* ⟨-; -n⟩ **1.** ⟨*only sg*⟩ strength, power, (*Körper*≈) *a. colloq.* brawn. **2.** (*Macht*) power, might. **3.** (*Dicke*) thickness, (*Durchmesser*) diameter. **4.** ⟨*only sg*⟩ (*Beleibtheit*) corpulence, stoutness, fatness. **5.** *zahlenmäßige*: strength. **6.** (*Intensität*) intensity, *des Sturmes etc*: *a.* force, *des Orkans, der*

Leidenschaft etc: *a.* fierceness, violence, *des Regens, Verkehrs etc*: *a.* heaviness, *des Schmerzes etc*: *a.* severity, *des Fiebers*: height, *econ. der Nachfrage*: keenness. **7.** (*Gehalt*) strength, potency, *chem.* concentration. **8.** *opt. tech. etc* power. **9.** *fig.* (*starke Seite e-r Person*) strong point, forte. **10.** *print. e-r Auflage*: volume, circulation.

ˈStär·ke² *f* ⟨-; -n⟩ *chem.* starch.

ˈStär·keˌgrad *m* intensity.

ˈstär·ke|ˌhal·tig *adj* containing starch, starchy. **≈ˌmehl** *n* starch (flour), farina.

ˈStär·keˌmel·dung *f mil.* strength return.

stär·ken¹ [ˈʃtɛrkən] **I** *v/t* ⟨h⟩ *allg.* strengthen, *physisch*: *a.* fortify, invigorate, (*das Selbstgefühl, j-s Mut*) *a.* boost, *durch Nahrung, Getränk*: refresh; → *a.* **bestärken, Rückgrat** 2. **II** *v/reflex* **sich ~** fortify o.s., take some refreshment, *mit e-m Imbiß*: have a bite, *colloq. mit Alkohol*: brace o.s. (with a drink), take a stiffener.

ˈstär·ken² *v/t* ⟨h⟩ (*Wäsche*) starch.

ˈstär·kend *adj* strengthening, invigorating, bracing, *med.* (*a.* **~es Mittel**) tonic, restorative.

ˈStär·ke·verˌhält·nis *n* relative power.

ˈStär·keˌzucker (*getr.* -k·k-) *m* starch sugar, dextrose.

ˈstark|ˌglie·de·rig, ~ˌglied·rig *adj* strong-limbed. **~ˌkno·chig** *adj* big-boned. **~ˌlei·big** [-ˌlaɪbɪç] *adj* corpulent, stout. **~moˌto·rig** [-moˌtoːrɪç] *adj* (with a) high-powered (engine), powerful.

ˈStarkˌstrom *m electr.* power (*od.* high-voltage, heavy) current, (*Netzstrom*) mains current. **~ˌka·bel** *n* power cable. **~ˌlei·tung** *f* power line. **~ˌtech·nik** *f* heavy-current (*od.* power) engineering.

ˈStarˌkult *m* star-cult.

ˈStär·kung *f* ⟨-; -en⟩ **1.** strengthening (*etc*; *cf.* **stärken¹** I). **2.** (*Imbiß etc*) refreshment, *colloq.* (*Alkohol*) pick-me-up, bracer. **3.** (*Trost*) comfort, consolation. **~sˌmit·tel** *n* tonic, restorative, roborant.

ˈStar·ope·ra·tiˌon *f med.* cataract operation.

ˈStar·paˌra·de *f* star show.

starr [ʃtar] **I** *adj* **1.** (*steif*) stiff, rigid, (*bewegungslos*) motionless, frozen, *Gesicht*: rigid, frozen, *Augen*: glassy, staring; **~er Blick** (fixed) stare; **j-n mit ~em Blick ansehen** *cf.* 6; **~ werden** → **erstarren**; **~ vor Kälte** (frozen) stiff (*od.* numb) with cold; **~ vor Entsetzen (Angst)** paralyzed with terror, terror-stricken; **~ vor Staunen** dum(b)founded, thunderstruck, open-mouthed; *colloq.* **da bin ich (einfach) ~!** well, I'm floored (*od.* flabbergasted)! **2.** *fig. Prinzipien, Schema etc*: rigid, inflexible, *Haltung, Sinn etc*: *a.* intransigent, unyielding. **3.** *tech.* rigid (*a. Luftschiff*), *phys. a.* solid, stable (*body*), (*~ angebracht*) fixed, rigidly mounted, *Fahrwerk*: nonretractable. **4.** *poet.* **~e Felsen** stern cliffs. **II** *adv* **5.** stiff(ly), rigidly: **~ und steif dasitzen** sit there stiffly (like a statue); *tech.* **~ angebracht** *cf.* 3; *fig.* **~ an e-r Sache festhalten** adhere rigidly (*stärker*: stubbornly) to s.th. **6.** (*mit starrem Blick*) fixedly, with a stare; **j-n ~ ansehen** stare at s.o. fixedly, give s.o. a (fixed) stare.

ˈStarrˌach·se *f mot.* rigid axle.

Star·re [ˈʃtarə] *f* ⟨-; *no pl*⟩ → **Starrheit** 1.

star·ren [ˈʃtarən] *v/i* ⟨h⟩ **1.** stare; **~ auf** (*acc*) stare (fixedly) at; **j-m ins Gesicht ~** stare s.o. in the face. **2. ~ vor** (*dat*), **~ von** be full of; **vor Schmutz ~** be covered with dirt, be awfully filthy (*od.* grimy); **von Waffen ~** bristle with weapons. **3.** *poet.* (*ragen*) jut (out *od.* up).

ˈStarrˌflü·gelˌflugˌzeug *n* fixed-wing aircraft.

ˈStarr·heit *f* ⟨-; *no pl*⟩ **1.** stiffness, rigidity (*a. tech.*), *des Blickes etc*: stare, fixedness, glassiness, (*Empfindungslosigkeit*) numbness. **2.** *fig. der Regeln, e-s Schemas etc*: rigidity, inflexibility, (*Unnachgiebigkeit*) *a.* intransigence, (*Sturheit*) stubbornness.

ˈStarr|ˌkopf *m fig. colloq.* pigheaded (*od.* obstinate) person. **≈ˌköp·fig** [-ˌkœpfɪç] *adj* → **starrsinnig**. **~ˌköp·fig·keit** *f* ⟨-; *no pl*⟩ → **Starrsinn**. **~ˌkrampf** *m* ⟨-(e)s; *no pl*⟩ *med.* tetanus. **~ˌkrampf·ˌse·rum** *n* antitetanic serum. **~ˌschmie·re** *f tech.* grease. **~ˌsinn** *m* ⟨-(e)s; *no pl*⟩ stubbornness, obstinacy, pigheadedness. **≈ˌsin·nig** *adj* headstrong, stubborn, obstinate, pigheaded. **~ˌsin·nig·keit** *f* ⟨-; *no pl*⟩ → **Starrsinn**. **~ˌsucht** *f* ⟨-; *no pl*⟩ *med.* catalepsy. **≈ˌsüch·tig** *adj* cataleptic.

Start [ʃtart; start] *m* ⟨-(e)s; -s, *rare* -e⟩ **1.** *Sport u. fig.* start; **~ und Ziel** start-finish line; **fliegender (stehender) ~** flying (standing) start; **an den ~ gehen** *Läufer*: take up one's starting position, *Pferd*: go to the start; **am ~ sein** a) be at the start, b) → **starten** 1b; **e-n guten ~ haben** get off to a good start, have a good start (*a. fig.* in life, *etc*); → **Startzeichen**. **2.** *aer.* takeoff, *Raumfahrt*: lift-off, blastoff, launch(ing); **den ~ freigeben** clear for takeoff; *aer.* **beim ~** at takeoff. **~au·toˌma·tik** *f mot.* automatic choke (control). **~ˌbahn** *f aer.* runway. **~ˌband** *n Film, Tonband etc*: leader. **~beˌfehl** *m aer. mil.* order to take off. **≈beˌrech·tigt** *adj Sport*: eligible; **nicht ~** ineligible. **≈beˌreit** *adj* **1.** *Sport*: ready to start; **sich ~ machen** get ready (to start). **2.** → **startklar**. **3.** ⟨*pred*⟩ *fig. colloq.* ready to go, ready for off. **~ˌblock** *m* ⟨-(e)s; ⸚e⟩ *Sport*: starting block.

star·ten [ˈʃtartən; ˈstar-] **I** *v/i* ⟨sein⟩ **1.** *Sport*: a) start, *a.* get away, b) (*teilnehmen*) take part, participate, run, swim, race; **gestartet sein** have started, be off; **zu früh ~** beat (*od.* jump) the gun. **2.** *aer.* take off, *Raumfahrt*: lift off, *Flugkörper*: be launched. **3.** *colloq.* (*aufbrechen*) start (out), set out, (*beginnen*) start, begin; **wann startet die Feier?** when does the party begin? **4.** *Motor*: start. **II** *v/t* ⟨h⟩ **5.** (*Rakete etc*) launch. **6.** *Sport*: start, *durch Flaggenzeichen*: flag off. **7.** *colloq.* (*Unternehmen etc*) start, launch. **8.** (*Motor*) start (up). **III ≈** *n* ⟨-s⟩ **9.** starting (*etc*).

ˈStar·ter *m* ⟨-s; -⟩ *mot. u. Sport*: starter. **~ˌklap·pe** *f mot.* (air) choke.

ˈStart|erˌlaub·nis *f* **1.** *aer.* takeoff clearance. **2.** *Sport*: permission (to take part); **j-m die ~ für ein Rennen entziehen** suspend (*od.* ban) s.o. (from a race). **~ˌflag·ge** *f* starting flag. **~ˌfol·ge** *f* starting order. **~ˌgeld** *n* **1.** entry fee. **2.** starting money. **~geˌschwin·dig·keit** *f aer.* takeoff (*od.* liftoff) speed. **~ˌhil·fe** *f* **1.** *aer.* assisted takeoff; **~ durch Raketen** rocket-assisted takeoff. **2.** *fig.* initial help (*od.* aid); **j-m ~ geben** set s.o. up, give s.o. a (good) start (in life). **≈ˌklar** *adj aer.* ready for takeoff (*od.* liftoff), ready to take off. **~komˌman·do** *n* **1.** *Sport u. fig.* starting command. **2.** *aer.* a) launching (*od.* liftoff) command, b) launching team. **~konˌtrol·le** *f* check prior to takeoff. **~ˌlei·stung** *f* (maximum) takeoff power. **~ˌleitˌzen·trum** *n Raumfahrt*: ground control cent/re (*Am.* -er). **~ˌli·nie** *f* starting line. **~ˌli·ste** *f* starting list. **~ˌlu·ke** *f Skispringen*: starting hatch. **~maˌschi·ne** *f Pferderennen*: starting gate. **~ˌmel·dung** *f Sport*: entry. **~ˌnum·mer** *f* (starting) number. **~piˌsto·le** *f* starter's pistol. **~ˌplattˌform** *f Raumfahrt*: launching platform, launch pad. **~ˌplatz** *m* **1.** *Sport*: start(ing place), *für Läufer*: *a.* marks *pl*, *für Rennwagen*: *a.* starting grid. **2.** *aer.* takeoff point, *von Ballons, Sonden etc*: point of ascent, *Raumfahrt*: launch site. **~raˌke·te** *f* booster rocket, launch vehicle. **~ˌram·pe** *f* launching ramp. **~ˌschleu·der** *f aer.* catapult, launcher. **~ˌschub** *m* takeoff (*od.* liftoff) thrust. **~ˌschuß** *m Sport*: starting shot; *fig.* **den ~ geben zu** give the go-ahead for; **da fällt** (*od.* **ist**) **der ~!** there's the gun! **~ˌseil** *n Segelfliegen*: launching rope. **~siˌgnal** *n* → **Startzeichen**. **~ˌsprung** *m Schwimmen*: starting dive. **~ˌstrecke** (*getr.* -k·k-) *f aer.* takeoff distance (*od.* run). **~ˌstu·fe** *f Raumfahrt*: launcher stage. **~ˌtisch** *m* launch pad. **~ˌtriebˌwerk** *n* booster engine (motor). **~ˌturm** *m* launch tower. **~verˌbot** *n* **1.** *Sport*: suspension; **~ haben** be suspended (*od.* barred, banned); **j-n mit ~ belegen** suspend (*od.* ban) s.o. (from a race). **2.** *aer.* takeoff restriction, grounding; **~ für ein Flugzeug erlassen** ground an aircraft. **~ˌzei·chen** *n allg.* start(ing signal); **das ~ geben** give the starting signal. **~ˌzeit** *f* **1.** *aer.* takeoff time. **2.** *Sport*: starting time.

Sta·se [ˈstaːzə; ˈʃtaː-] *f* ⟨-; -n⟩ *med.* stasis.

Sta·tik [ˈʃtaːtɪk; ˈstaː-] *f* ⟨-; *no pl*⟩ statics *pl* (*meist als sg konstruiert*). **ˈSta·ti·ker** [-tikər] *m* ⟨-s; -⟩ structural engineer.

Sta·ti·on [ʃtaˈtsɪoːn] *f* ⟨-; -en⟩ **1.** (railway, *Am.* railroad) station, (*Haltestelle*) stop. **2.** (*Halt, Rast*) stop, rest, (*Reiseunterbrechung*) stay, *bes. Am.* stopover; **~ machen** a) make a stop, have a rest, b) break the journey, stop off (*od.* over), stay (*at a place for two days, etc*). **3. freie ~ (haben)** (have) free board and lodging. **4.** *fig. e-r Entwicklung etc*: stage. **5.** (*Krankenhaus≈*) ward. **6.** (*Funk≈, Polizei≈, Wetter≈ etc*) station. **7.** *relig. des Kreuzwegs*: station (of the Cross).

sta·tio|när [ʃtatsɪoˈnɛːr] **I** *adj a. tech.* stationary; *med.* **~e Behandlung** in-patient treatment; **~er** (*adv* **~ behandelter**) **Patient** in-patient. **II** *adv* **j-n ~ behandeln** give s.o. in-patient treatment. **~ˈnie·ren** [-ˈniːrən] *v/t* ⟨*no* ge-, h⟩ *bes. mil.* station, post; **stationiert sein** be stationed, be based. **≈ˈnie·rung** *f* ⟨-; *no pl*⟩ stationing.

Sta·tioˈnie·rungs|ˌko·sten *pl* stationing costs. **~ˌstreitˌkräf·te** *pl* stationed forces.

Sta·tiˈons|ˌarzt *m* ward physician. **~ˌdia** *n TV* station caption (*od.* identification slide). **~geˌbäu·de** *n rail.* station (house). **~ˌschwe·ster** *f* ward sister, *Am.* floor nurse. **~vorˌstand** *m Austrian and Swiss*, **~vorˌste·her** *m* → **Bahnhofsvorsteher**.

sta·tisch [ˈʃtaːtɪʃ; ˈstaː-] **I** *adj* static. **II** *adv* statically.

Sta·tist [ʃtaˈtɪst] *m* ⟨-en; -en⟩ **1.** *thea.* supernumerary, *colloq.* super, *Film*: extra, walk(er)-on. **2.** *fig.* background figure, s.o. playing (but) a minor role, (*verletzter Fußballer etc*) handicapped player, *colloq.* passenger. **Staˈti·stenˌrol·le** *f thea. etc* walk-on (part), bit part; *fig. colloq.* **e-e ~ spielen** be a background (*od.* side) figure, play a minor role. **Sta·ti·ste·rie** [ʃtatɪstəˈriː] *f* ⟨-; -n [-ən]⟩ *thea.* supernumeraries *pl*, *Film*: extras *pl*, crowds *pl*.

Sta·ti·stik [ʃtaˈtɪstɪk; sta-] *f* ⟨-; -en⟩ **1.** ⟨*only sg*⟩ (*Wissenschaft*) statistics *pl* (*als sg konstruiert*). **2.** (*Aufstellung*) statistics *pl.* **Staˈti·sti·ker** [-tikər] *m* ‹-s; -› statistician. **staˈti·stisch** [-tɪʃ] *adj* statistical; ~e Erhebung survey; ~e Aufstellung (statistical) returns *pl.*

Sta·tiv [ʃtaˈtiːf] *n* ‹-s; -e› stand, support, *bes. phot.* tripod. ~ˌ**ka·me·ra** *f* stand camera. ~ˌ**kopf** *m* tripod head (*od.* top).

Sta·tor [ˈstaːtɔr; ˈʃtaː-] *m* ‹-s; -en [staˈtoːrən; ʃta-]› *electr.* stator.

Statt [ʃtat] *f* ‹-; *no pl*› an m-r ~ instead of me, in my place, *bes. econ. jur. a.* in lieu of me; an Zahlungs ~ in lieu of payment; j-n an Kindes ~ annehmen adopt s.o.; → Eid.

statt I *prep* ‹*gen, colloq. u. obs. dat*› **1.** instead of, in place of, *lit.* in lieu of; er wird ~ m-r gehen he will go instead of me (*od.* in my place, *lit.* in my stead); ~ dessen gab er mir e-e Zeitung he gave me a periodical instead. **II** *prep* ‹*dat*› **2.** ~ Geld instead of money. **III** *conj* **3.** ~ zu arbeiten, ~ daß er arbeitet instead of working. **4.** dieser Brief ist an mich ~ an dich gerichtet this letter is addressed (wrongly) to me and not to you.

Stät·te [ˈʃtɛtə] *f* ‹-; -n› **1.** place, (*Schauplatz*) *a.* site; e-e ~ des Grauens (der Verwüstung) a place of horror (devastation); *relig.* die heiligen ~n the holy places; die ~, wo sich das Unglück ereignete the scene of the accident. **2.** (*Wohn*⁓) abode; *poet.* k-e bleibende ~ haben have no (permanent) home.

ˈstatt|ˌfin·den *v/i* ‹*irr, sep,* -ge-, h› take place, be held, come off, *Theaterstück etc*: *a.* be staged, be performed, (*sich ereignen*) happen, occur. ~ˌ**ge·ben** *v/i* ‹*irr, sep,* -ge-, h› (*dat*) (*e-r Bitte etc*) grant (*acc*), comply with; *jur.* e-m Antrag (Einwand) ~ sustain a motion (an objection). ~ˌ**ha·ben** *v/i* ‹*irr, sep,* -ge-, h› *rare for* stattfinden.

ˈstatt·haft *adj* ‹*pred*› admissible, permissible, (*gesetzlich* ~) legal; nicht ~ not allowed; es ist nicht ~, hier zu rauchen smoking is not permitted here.

ˈStattˌhal·ter *m* ‹-s; -› **1.** *hist.* governor. **2.** ~ Christi (*Titel des Papstes*) vicar of Christ. ~**schaft** *f* ‹-; *no pl*› **1.** *hist.* governorship. **2.** ~ Christi *des Papstes*: vicariate of Christ.

ˈstatt·lich *adj* **1.** (*imposant, prächtig*) imposing, impressive, magnificent, stately (*building, etc*). **2.** *Person*: (a) fine figure of a man (woman), (*kräftig, leicht korpulent*) portly, *Frau*: *a.* full-figured, *Tier*: magnificent; ~e Erscheinung imposing (*od.* fine) figure. **3.** *Menge etc*: considerable, *Summe etc*: *a.* important, handsome, hefty, *Familie*: large, numerous. ⁓**keit** *f* ‹-; *no pl*› stateliness (*etc*).

sta·tua·risch [ʃtaˈtŭaːrɪʃ; sta-] *adj Kunst*: statuary. **Sta·tue** [ˈʃtaːtŭə; ˈstaː-] *f* ‹-; -n› statue. **ˈsta·tu·en·haft** *adj* statuesque. **Sta·tu·et·te** [ʃtaˈtŭɛtə; sta-] *f* statuette, figurine.

sta·tu·ie·ren [ʃtatuˈiːrən; sta-] *v/t* ‹*no* ge-, h› → Exempel 1.

Sta·tur [ʃtaˈtuːr] *f* ‹-; -en› build, figure, *a. fig.* stature, *fig.* calib/re (*Am.* -er); er ist von kleiner ~ he is of short stature (*od.* build).

Sta·tus [ˈʃtaːtʊs; ˈstaː-] *m* ‹-; -› **1.** (*Lage*) state, (*a. Rechtslage, -stellung, a. Sozialprestige*) status. **2.** *econ.* a) *e-r Firma etc*: (financial) standing (*od.* status, condition), b) (*Aufstellung*) statement (of position). **3.** *med.* general state of health, *e-r Krankheit*: status. ~ˌ**kla·ge** *f jur.* action to determine the personal status of s.o.

ˈSta·tus|nasˈcen·di [nasˈtsɛndi] *m* ‹-; -; *no pl*› *bes. biol. chem. med.* nascent state. ~ ˈ**quo** [ˈkvoː] *m* ‹-; *no pl*› status quo.

ˈSta·tus·symˌbol *n sociol.* status symbol.

Sta·tut [ʃtaˈtuːt; sta-] *n* ‹-(e)s; -en› → Satzung. **sta·tuˈta·risch** [-tuˈtaːrɪʃ] *adj u. adv* → satzungsgemäß. **Sta·tuˈtarˌrecht** [-tuˈtaːr-] *n* statutory law.

staˈtu·ten|geˌmäß, ~ˌ**mä·ßig** *adj* → satzungsgemäß. ~ˌ**wid·rig** *adj* → satzungswidrig.

Stau [ʃtaʊ] *m* ‹-(e)s; -e, *a.* -s› **1.** piling up (*of water, etc*), collection (of water), *des Blutes*: congestion. **2.** *meteor.* (*Wind*⁓) barrier effect (on air flow). **3.** *mar.* das Wasser ist im ~ the tide is turning. **4.** (*künstliche Hebung des Wasserspiegels*) damming up. **5.** (*Verkehrs*⁓) (traffic) jam, congestion, (*Rück*⁓) bank-up, tailback. **6.** *psych.* (*Gefühls*⁓) pent-up emotions *pl.* ~ˌ**anˌla·ge** *f civ.eng.* dam, reservoir installations *pl.*

Staub [ʃtaʊp] *m* ‹-(e)s; *tech.* -e *u.* Stäube› **1.** dust; ~ wischen dust; ~ saugen vacuum(-clean), *Br. colloq.* hoover; zu ~ zerfallen crumble into dust; vor j-m in den ~ sinken, sich vor j-m in den ~ werfen throw o.s. at s.o.'s feet, prostrate o.s. before s.o.; *fig. lit.* (wieder) zu ~ werden (re)turn to dust; den ~ e-s Ortes von den Füßen schütteln shake the dust of a place off one's feet; *colloq.* sich aus dem ~ machen make off, take to one's heels; → aufwirbeln I. **2.** → Blütenstaub. ~ˌ**abˌschei·der** *m tech.* dust collector (*od.* arrester). ~ˌ**bad** *n der Vögel*: dust bath. ⁓**beˌdeckt** *adj* covered with dust, dusty. ~ˌ**be·sen** *m* feather duster. ~ˌ**beu·tel** *m* **1.** *bot.* anther. **2.** *im Staubsauger*: dust bag. ~ˌ**bin·dung** *f tech.* dust consolidation. ~ˌ**blatt** *n bot.* stamen. ~ˌ**blü·te** *f* male flower.

Stäub·chen [ˈʃtɔʏpçən] *n* ‹-s; -› speck (*od.* particle) of dust.

ˈstaubˌdicht *adj tech.* dust-tight, dustproof.

ˈStauˌbecken (*getr.* -k·k-) *n e-r Talsperre etc*: storage reservoir.

stau·ben [ˈʃtaʊbən] **I** *v/i* ‹h› make (*od.* raise, stir up) dust. **II** *v/impers* es staubt it's dusty; *fig. colloq.* paß auf, sonst staubt's! watch out, or else!

stäu·ben [ˈʃtɔʏbən] **I** *v/i* ‹h› **1.** → stauben I. **2.** *Schnee, Späne etc*: fly up, *Wasser, Funken etc*: spray. **3.** *bot.* emit pollen. **II** *v/t* **4.** (*Pflanzen etc*) dust, powder. **III** *v/reflex* sich ~ **5.** *Vögel*: dust, take a dust bath.

ˈStaub|ex·plo·si·on *f Bergbau*: dust explosion. ~ˌ**fa·den** *m bot.* filament. ~ˌ**fän·ger** *m* **1.** *colloq.* dust-trap. **2.** → Staubabscheider. ~ˌ**feue·rung** *f metall.* (coal) dust firing. ~ˌ**fil·ter** *n, m tech.* dust filter. ⁓ˌ**frei** *adj* free from dust, dustless. ~**geˌfäß** *n bot.* stamen. ~**geˌhalt** *m meteor.* dust content, atmospheric pollution. ⁓ˌ**hal·tig** *adj Luft etc*: dust-laden.

stau·big [ˈʃtaʊbɪç] *adj* dusty.

ˈStaub|ˌkamm *m* fine-tooth(ed) (*od.* fine) comb. ~ˌ**koh·le** *f* ‹-; *no pl*› pulverized coal. ~ˌ**korn** *n* ‹-(e)s; ¨-er›. ~ˌ**körn·chen** *n* **1.** dust particle, speck of dust. **2.** *bot.* pollen grain. ~ˌ**lap·pen** *m* → Staubtuch. ~**laˌwi·ne** *f* avalanche of dry snow, dry (*od.* drift) avalanche. ~ˌ**lun·ge** *f med.* silicosis, pneumoconiosis. ~ˌ**man·tel** *m* dustcoat. ~ˌ**mas·ke** *f Bergbau*: dust mask. ~ˌ**pin·sel** *m* dusting brush. ~ˌ**pla·ge** *f* dust nuisance. ⁓ˌ**sau·gen** *v/t u. v/i* ‹*insep,* -ge-, h› vacuum-clean, vacuum, *Br. colloq.* hoover. ~ˌ**sau·ger** *m* vacuum cleaner, *Br. colloq.* hoover (*TM*); mit dem ~ reinigen → staubsaugen. ~ˌ**schicht** *f* layer of dust. ~ˌ**schutzˌmas·ke** *f tech.* dust shield (*od.* mask). ~ˌ**sturm** *m* dust storm. ~ˌ**teil·chen** *n* dust particle. ⁓ˈ**trocken** (*getr.* -k·k-) *adj* bone-dry. ~ˌ**tuch** *n* ‹-(e)s; -tücher› dust-cloth. ~ˌ**we·del** *m* feather duster. ~ˌ**wir·bel** *m meteor.* dust devil. ~ˌ**wol·ke** *f* cloud of dust, dust cloud. ~ˌ**zucker** (*getr.* -k·k-) *m* → Puderzucker.

stau·chen [ˈʃtaʊxən] *v/t* ‹h› **1.** e-n Sack ~ thump a sack into shape; e-e Kiste auf den Boden ~ jam down a box on the floor. **2.** *dial.* kick. **3.** *tech. kalt*: upset, *warm*: hot-press, (*Bolzenköpfe*) head, (*Sägezähne*) swage, (*Walzgut*) (roll *s.th.* on) edge. **4.** *med.* (*bes. Wirbelsäule*) compress. **5.** → zusammenstauchen.

ˈStauˌdamm *m civ.eng.* (impounding) dam, barrage.

Stau·de [ˈʃtaʊdə] *f* ‹-; -n› *bot.* **1.** (hardy) herbaceous plant. **2.** *dial.* shrub, bush. **3.** (*Salatkopf*) (head of) lettuce. ~**n·geˌwächs** *n* → Staude 1.

ˈStauˌdruck *m* **1.** *aer.* impact (*od.* dynamic) pressure. **2.** *med. tech.* back pressure. ~ˌ**mes·ser** *m* ‹-s; -› dynamic airspeed indicator, pitot head.

ˈStau·efˌfekt *m meteor.* barrier effect.

stau·en [ˈʃtaʊən] **I** *v/t* ‹h› **1.** (*Wasser, Fluß etc*) dam up. **2.** (*Verkehr*) congest, *colloq.* stack up. **3.** *med.* stop; Blutgefäße ~ a) apply a tourniquet, b) cause venous congestion. **4.** (*Güter, Ladung etc*) stow *s.th.* (away). **II** *v/reflex* sich ~ **5.** *Wasser*: accumulate, collect, rise. **6.** *Eis, Post etc*: pile up, accumulate; vor dem Eingang stauten sich die Massen a growing mass of people blocked the entrance. **7.** *Verkehr etc*: be stacked up, build up. **8.** *fig. Ärger etc*: be (*od.* get) bottled up. **9.** *med.* congest.

ˈStau·er *m* ‹-s; -› *mar.* stevedore. ~ˌ**lohn** *m* stowage.

Stau·fe [ˈʃtaʊfə] *m* ‹-n; -n›, **ˈStau·fer** *m* ‹-s; -› (member of the House of) Hohenstaufen. **ˈStau·ferˌzeit** *f* ‹-; *no pl*› period of the Hohenstaufen Emperors.

ˈStau|ˌhö·he *f e-s Wehrs*: surface level, head of water. ~ˌ**mau·er** *f* (massive) concrete dam.

stau·nen [ˈʃtaʊnən] **I** *v/i* ‹h› (über *acc* at) be astonished, be amazed, *bewundernd*: marvel, *überrascht*: be surprised, (*starren*) gaze in astonishment, gape, be open-mouthed; da staunst du, was? surprised, aren't you?; *colloq.* man höre und staune! just listen to this!; → Bauklotz. **II** ⁓ *n* ‹-s› astonishment, amazement, (*Bewunderung*) marvel(l)ing, admiration; aus dem ⁓ nicht herauskommen not to be able to get over one's astonishment, be lost in amazement; j-n in ⁓ versetzen astound (*od.* amaze) s.o.; → starr 1. **ˈstau·nend I** *adj* astonished, amazed, (*überrascht*) surprised, (*gaffend*) gaping. **II** *adv* in astonishment (*od.* amazement, surprise). **ˈstau·nen·erˌre·gend** *adj u. adv* → erstaunlich. **ˈstau·nensˌwert** *adj* astonishing, surprising, *stärker*: astounding, amazing.

Stau·pe[1] [ˈʃtaʊpə] *f* ‹-; -n› *vet.* distemper.

ˈStau·pe[2] *f* ‹-; -n› *obs.* (public) flogging. **stäu·pen** [ˈʃtɔʏpən] *v/t* ‹h› *obs.* flog *s.o.* (in public).

ˈStau|ˌpunkt *m aer.* stagnation point. ~ˌ**see** *m* artificial (*od.* storage) lake. ~ˌ**strahlˌflugˌzeug** *n* ramjet airplane. ~ˌ**stu·fe** *f* barrage weir with lock.

ˈStau·ung *f* ‹-; -en› → Stau 5, 6.

ˈStau·ungs|ˌdruck *m* ‹-(e)s; ¨-e› *med.* back (*od.* congestion) pressure. ~ˌ**le·ber** *f* cardiac (*od.* stasis) liver. ~ˌ**lun·ge** *f* congested (*od.* cardiac) lung. ~ˌ**nie·re** *f* congestion kidney.

ˈStau|verˌband *m med.* tourniquet. ~ˌ**was·ser** *n* **1.** *civ.eng.* banked-up water.

2. *mar.* slack water. ~ˌ**wehr** *n* weir, barrage. ~ˌ**werk** *n* → Stauanlage.

Steak [steːk; ʃteːk; steɪk] (*Engl.*) *n* <-s; -s> steak.

Stea·rin [ʃteaˈriːn; ste-] *n* <-s; -e> *chem.* stearin. ~ˌ**ker·ze** *f*, ~ˌ**licht** *n* stearin candle. ≈ˌ**sau·er** *adj chem.* stearic; **stearinsaures Salz** stearate. ~ˌ**säu·re** *f* stearic acid. ~ˌ**sei·fe** *f* stearate, stearic soap.

Stea·tit [steaˈtiːt; ʃte-; -ˈtɪt] *m* <-s; -e> *min.* steatite.

ˈ**Stech**ǀˌ**ap·fel** *m* thorn apple. ~ˌ**bahn** *f hist.* tiltyard, lists *pl* (*a. als sg konstruiert*). ~ˌ**becken** (*getr.* -k·k-) *n med.* bedpan. ~ˌ**bei·tel** *m tech.* (firmer) chisel.

ste·chen [ˈʃtɛçən] **I** *v/t* <**sticht, stach, gestochen, h**> **1.** (*ein*~) stick, run, (*durch*~) pierce, prick, (*verwunden*) stab; **sich** (*dat*) **e-e Nadel in den Finger** ~ prick one's finger with a needle; **Löcher** ~ **in** (*acc*) pierce, prick, make holes in, perforate; **j-m e-n Dolch in den Rücken** ~ run (*od.* stick) a dagger into s.o.'s back; → **Hafer** 2. **2.** *Biene etc*: sting, *Mücke, Floh etc*: bite. **3.** (*Kalb, Schwein*) stick, kill, (*Aale*) spear. **4.** (*Spargel, Torf etc*) cut. **5.** (*Stechuhr*) punch; **die Kontrolluhr** ~ *a.* clock in and clock out. **6.** *Kunst*: **ein Bild in Kupfer** ~ engrave a picture on copper. **7.** (*Spielkarte*) take, trump, ruff; **mit dem König den Buben** ~ take the jack with the king. **8.** *med.* (*ein*~) prick, (*durch*~) pierce, (*auf*~) lance, puncture, open, (*Star*) couch. **II** *v/i* <**h** *u.* **sein**> **9.** <**h**> *Distel, Dorn, Nadel etc*: prick, sting. **10.** <**h**> *Insekt, Nessel*: sting, *Fliege, Mücke etc*: bite. **11.** <**h**> *Sonne*: be scorching hot. **12.** <**h**> ~ **in** (*acc*) (**durch**) stick (*od.* stab) into (through); **nach j-m** ~ *mit e-r Waffe*: stab (*od.* thrust) at s.o., make a stab at s.o., *hist.* tilt at s.o. **13.** <**h**> **in Kupfer** ~ make copper engravings. **14.** <**h**> **ins Rote** *etc* ~ *Farben etc*: have a reddish, *etc* tinge, have a tinge of red, *etc.* **15.** <**h**> *Kartenspiel*: a) be trump, b) *mit Trumpf*: trump; **Karo sticht** diamonds are trump(s). **16.** <**h**> *Sport*: jump (*od.* shoot, *etc*) off. **17.** <**sein**> *mar.* **in See** ~ put (out) to sea. **18.** <**h**> *med. Schmerz*: shoot, stab; **in die Vene** ~ puncture a vein. **19.** <**h**> *hunt. Dachs*: root. **20.** <**h**> *fig. colloq.* **j-m in die Augen** ~ catch (*od.* strike) s.o.'s eye; → *a.* **Auge** 1. **III** *v/reflex* <**h**> **sich** ~ **21.** prick o.s.; **sich (mit e-r Nadel) in die Hand** ~ prick one's hand with a needle. **IV** *v/impers* <**h**> **22. es sticht mich** (*od.* **mir**) **im Rücken** I have (*od.* feel) a shooting (*od.* stabbing) pain in my back. **V** ≈ *n* <-s> **23.** pricking (*etc*). **24.** *med.* shooting (*od.* stabbing) pain, (*Seiten*~) stitches *pl.* **25.** *Reiten*: jump-off; → *a.* **Stichkampf. 26.** *econ.* clocking-in-and-out. ˈ**ste·chend** *adj* **1.** *Schmerz*: shooting, stabbing. **2.** *Geruch*: pungent, acrid, sharp. **3.** *Blick*: piercing. **4.** *Sonne*: scorching, blistering.

ˈ**Ste·cher** *m* <-s; -> **1.** (*Kupfer*≈ *etc*) engraver. **2.** *hunt.* bill. **3.** *am Jagdgewehr*: hair trigger. **4.** (*Käse*≈) (cheese) scoop.

ˈ**Stech**ǀˌ**flie·ge** *f* biting (*od.* stinging) fly. ~ˌ**gin·ster** *m bot.* (common) gorse (*od.* furze). ~ˌ**he·ber** *m* siphon, pipette. ~ˌ**kar·te** *f econ.* clocking-in card. ~ˌ**mücke** (*getr.* -k·k-) *f* gnat, mosquito. ~ˌ**pad·del** *n* single-bladed paddle. ~ˌ**pal·me** *f* holly. ~ˌ**ro·chen** *m ichth.* stingray. ~ˌ**rüs·sel** *m der Insekten*: proboscis. ~ˌ**schloß** *n e-s Gewehrs*: hair-trigger lock. ~ˌ**schritt** *m mil.* goosestep. ~ˌ**uhr** *f* time-clock, telltale. ~ˌ**zir·kel** *m* dividers *pl.*

ˈ**Steck**ǀˌ**an**ˌ**schluß** *m electr.* plug and socket connection. ~ˌ**becken** (*getr.* -k·k-) *n med.* bedpan. ~ˌ**brief** *m* **1.** *jur.* "wanted" poster (*od.* circular). **2.** *fig.* (*gen*) (personal) description (of), *weitS.* fact file (on). ≈ˌ**brief·lich** *adv* **j-n** ~ **verfolgen** issue a warrant against s.o.; **er wird** ~ **verfolgt** he is wanted by the police (*od.* on a warrant). ~ˌ**do·se** *f electr.* plug (*od.* wall) socket.

stecken (*getr.* -k·k-) [ˈʃtɛkən] **I** *v/t* <**h**> **1.** put, (*bes. Nadel etc*) *a.* stick, *bes. tech.* insert, *heimlich*: slip; **e-e Hand durch das Gitter** ~ stick (*od.* put, pass) a hand through the railings; **e-e Kerze in den Leuchter** ~ stick a candle in(to) the candle holder; **den Kopf aus dem Fenster** ~ put (*schnell*: pop) one's head out of the window; **sich** (*dat*) **e-n Ring an den Finger** ~ put a ring on one's finger; **die Bluse in den Rock** ~ tuck the blouse into one's skirt; **den Schlüssel ins Schloß** ~ put (*od.* insert) the key in the lock; **der Dieb steckte das Geld unbemerkt in s-e Manteltasche** the thief slipped the money into his coat pocket unnoticed. **2.** (*befestigen*) fix, *mit Nadeln*: pin; **e-n Saum** ~ pin (up) a hem; **sich** (*dat*) **die Haare zu e-m Knoten** ~ pin (*od.* put, do) one's hair up in a bun. **3.** *hort.* (*Erbsen, Bohnen etc*) set, plant. **4.** *colloq.* (*schicken*) put, send; **j-n ins Gefängnis (zu den Soldaten)** ~ put s.o. in (*od.* send s.o. to) prison (the army). **5.** *colloq.* (*kleiden*) dress, put; **j-n in Uniform** ~ put s.o. in uniform. **6.** *fig.* **Geld** ~ **in** (*acc*) put money into, invest money in. **7.** *colloq.* **j-m et.** ~ tell s.o. s.th., inform s.o. of s.th.; **ich habe es ihm tüchtig gesteckt** I gave him a good piece of my mind. **8.** *colloq.* **es** ~ (*aufgeben*) chuck it. **II** *v/i* <**steckt, steckte,** *lit.* **stak, gesteckt, h**> **9.** (*fest*~) be stuck (fast); **die Räder** ~ **im Schlamm** the wheels are stuck in the mud. **10.** (*sich befinden*) be; **der Schlüssel steckt (in der Tür)** the key is in the door; *colloq.* **wo steckst du denn?** where are you?; *fig.* **da steckt's!** (*das ist der Grund*) that's the snag!, that's it!; **er steckt mitten in der Arbeit** he is right in the middle of his work; **darin steckt viel Arbeit** a lot of work has gone into this; **das Buch steckt voller Fehler** the book is full of mistakes; **in ihm steckt et.** he will go far (*od.* a long way, places) (yet); **in ihm steckt e-e Krankheit** he is going down with s.th.; **mir steckt die Grippe in den Knochen** I feel as if I'm going to have the flu; → **Decke** 2, **Haut** 2 (*etc*). **11.** ~ **an** (*dat*) be pinned on (*od.* to). **III** *v/reflex* <**h**> **12.** *fig. colloq.* **sich hinter j-n** ~ (*um et. zu erreichen*) get on to s.o.

ˈ**Stecken** (*getr.* -k·k-) *m* <-s; -> *dial.* stick; *fig. colloq.* **Dreck am** ~ **haben** have blotted one's copybook, not to be entirely innocent.

ˈ**stecken**ǀˌ**blei·ben** (*getr.* -k·k-) *v/i* <*irr, sep,* -ge-, **sein**> *Auto, Person etc*: get (*od.* be) stuck, *a. fig. Verhandlungen etc*: bog down, get bogged down, *fig.* reach a deadlock, *in der Rede*: break down, *colloq.* get stuck, *bes. Schauspieler etc*: dry up; → **Hals**[1] 4. ~ˌ**las·sen** *v/t* <*irr, sep, pp* **steckenlassen,** *a.* **steckengelassen, h**> leave; **den Schlüssel** ~ leave the key (in the lock); *colloq.* **laß dein Geld nur stecken** leave your money where it is. ≈ˌ**pferd** *n* **1.** hobbyhorse. **2.** *fig.* hobby, (*Lieblingsthema*) hobbyhorse; **sein** ~ **reiten** ride one's hobbyhorse.

ˈ**Stecker** (*getr.* -k·k-) *m* <-s; -> *electr.* plug. ~ˌ**an**ˌ**schluß** *m* plug connection. ~ˌ**schal·ter** *m* plug switch. ~ˌ**schnur** *f* (plug-terminated) cord. ~ˌ**stift** *m* plug pin.

ˈ**Steck**ǀˌ**fas·sung** *f electr.* plug-in socket. ~ˌ**kamm** *m* side comb. ~ˌ**kar**ˌ**tof·feln** *pl* seed potatoes. ~ˌ**kis·sen** *n* baby's pillow. ~ˌ**kon**ˌ**takt** *m electr.* plug (connection).

ˈ**Steck·ling** *m* <-s; -e> *hort.* slip, cutting, layer.

ˈ**Steck**ǀˌ**na·del** *f* pin; **es war so still, daß man e-e** ~ **(zu Boden) hätte fallen hören können** it was so quiet that you could have heard a pin drop; **in dem Raum hätte k-e** ~ **zu Boden fallen können** there wasn't room to breathe; **j-n (et.) wie e-e** ~ **suchen** hunt for s.o. (s.th.) high and low. ~ˌ**na·del**ˌ**kis·sen** *n* pincushion. ~ˌ**reis** *n* → **Steckling.** ~ˌ**rü·be** *f bot.* swede. ~ˌ**schach** *n* portable chess set. ~ˌ**schlüs·sel** *m* box spanner. ~ˌ**schuß** *m* bullet lodged in the body. ~ˌ**zwie·bel** *f hort.* bulb for planting.

Steg [ʃteːk] *m* <-(e)s; -e> **1.** (*Fußweg*) footpath. **2.** (*schmale Brücke*) footbridge, (*Brett*) plank, *an Maschinen*: catwalk, (*Boots*≈, *Landungs*≈) landing stage, *mar.* gangway, gangplank. **3.** (*Brillen*≈) bridge, nosepiece, rest. **4.** *e-r Hose*: strap. **5.** *an Saiteninstrumenten*: bridge, chevalet. **6.** *tech.* crosspiece, bar, *e-s Spiralbohrers, Ventils, an Profilstahl etc*: web. **7.** *print.* stick, reglet; ~**e** furniture *sg.* ~ˌ**ho·se** *f* strapped trousers *pl.* ~ˌ**ket·te** *f tech.* stud(ded) chain.

ˈ**Steg**ˌ**reif** *m* **aus dem** ~ impromptu, extempore, *colloq.* ad lib, off the cuff; **aus dem** ~ **sprechen** *a.* extemporize, *colloq.* ad-lib; **et. aus dem** ~ **machen** do s.th. extempore, improvise (*colloq.* ad-lib) s.th. ~ˌ**dich·ter** *m* extempore poet. ~ˌ**ge**ˌ**dicht** *n* impromptu (poem), extempore poem. ~ˌ**ko**ˌ**mö·die** *f* extempore comedy, commedia dell'arte. ~ˌ**re·de** *f* impromptu (*od.* extempore) speech.

ˈ**Steh**ǀˌ**auf**ˌ**männ·chen** *n* **1.** (*Spielzeug*) tumbler. **2.** *fig. colloq.* never-say-die fellow, s.o. who bounces back every time. ~ˌ**bier**ˌ**hal·le** *f* stand-up beer hall. ~ˌ**bild** *n phot.* still (picture). ~ˌ**bol·zen** *m tech.* stud (bolt).

ste·hen [ˈʃteːən] **I** *v/i* <**steht, stand, gestanden, h** *u.* **sein**> **1.** stand; **das Baby kann schon (allein)** ~ the baby can stand (up) (on its own) already; **die Menschen standen dicht gedrängt** people stood crowded together; **kannst du dort noch** ~? *im Wasser*: can you still stand there?; **ich kann vor Müdigkeit kaum noch** ~ I'm so tired that I can hardly stand up; *hist.* **hier stehe ich, ich kann nicht anders** here I stand, I can do no other; *fig. colloq.* **der Mantel steht vor Dreck** the coat is stiff with dirt; *vulg.* **er** (*der Penis*) **steht ihm** he's got a hard-on; → **Bein** 1, **Fuß** 2, **hinter** 4, **wahr** 1. **2.** (*sein, sich befinden*) be, stand; **früher stand hier ein Haus** there used to be a house here; **der Keller steht voll Wasser** the cellar is full of water; *fig. pol.* **er steht links** he is left-wing; **wo steht er politisch?** what are his politics?; **wo steht dein Wagen** (*od.* **wo stehst du**)? where have you parked (your car)?; **die Sonne stand schon ziemlich hoch** the sun was already quite high; **der Weizen steht gut** the wheat looks good (*od.* promising); **die Sache steht so** the situation is this; **die Sache steht gut** matters are in a fair way; **die Sache steht schlecht** things are going badly; **wie steht der Dollar?** how does the dollar stand?; *Sport*: **wie steht es** (*od.* **das Spiel**)? what is the score?; **das Spiel steht 2 zu 1 (für Liverpool)** the score is (*od.* stands) (at) 2 to 1 (to Liverpool); **der Rekord steht auf** (*od.* **bei**) **7 m** the record stands at (*od.* is) 7 metres; **am Anfang s-r Karriere ~** be at the beginning of one's career; **im 80. Lebensjahr ~** be in one's 80th year; **ein Gewitter steht am Himmel** a thunderstorm is brewing; **das Essen steht auf dem Tisch** the meal is on the table; **auf ihrem Sparbuch ~ 1000 Mark** she has 1,000 marks in her savings account; **was steht auf dem Programm?** *thea. etc* what's on?, *fig. colloq.* what's the program(me *Br.*) (today)?; **dein Name steht nicht auf der Liste** your name is not on (*od.* does not figure in, does not appear in) the list; **auf dem Brief steht kein Datum** there is no date on the letter, the letter bears no date; **es steht auf der ersten Seite** it is on the first page; **Geld bei j-m ~ haben** have money standing (*od.* placed) with s.o.; *colloq.* **diese Parties ~ mir bis hierher** I'm sick and tired of these parties, I'm fed up (to here) with these parties; **Tränen standen ihr in den Augen** there were tears in her eyes; **ich stehe mit dieser Meinung nicht allein** I am not alone in this opinion; **gut mit j-m ~** be on good terms with s.o., get on well with s.o.; **mir steht der Sinn nicht danach** I am not in the mood for it; *fig.* **über (unter) j-m ~** rank before (after) s.o., *fig.* be s.o.'s superior (inferior); **unter Wasser ~** be under water; **unter Druck ~** be under pressure; **unter Alkohol (Drogen) ~** be under the influence of alcohol (drugs); **unter dem Motto ~** have as its motto; **es steht mir immer noch vor Augen** I can still see it (before me); **vor großen Schwierigkeiten (Aufgaben, vor e-r Entscheidung) ~** face (*od.* be faced with) great difficulties (tasks, a decision); **et. steht vor der Verwirklichung** s.th. is about to be realized; **kurz vor e-m Krieg ~** be on the brink of war; *fig.* **ich will wissen, wo ich stehe** I want to know where I stand; → **abseits** 1, 3, 5, **Aktie**, **Anklage** 1, **Arbeit** 3, **Aussage** 1, **Blüte** 2, **Debatte** 1, **Ding** 3 (*etc*). **3.** (*geschrieben ~*) say, be written; **hier steht, daß** it says here that; **in den Zeitungen steht, daß** the papers say that; **wo steht das (geschrieben)?** where does it say so (*od.* that)?; **was steht auf dem Zettel?** what does it say on the note?; **davon steht nichts in dem Brief** the letter doesn't say anything about it; **in e-m Gesetz ~** be embodied (*od.* laid down) in a law; **darüber steht nichts im Gesetz** the law doesn't say anything about that. **4.** (*still~*) *Maschine, Uhr etc*: have stopped, *Autokolonne, Verkehr etc*: have come to a standstill. **5.** *fig.* **et. steht j-m** s.th. suits (*od.* becomes) s.o.; **das Kleid steht dir (gut)** the dress suits you (well); **diese Farbe würde ihr nicht ~** this colo(u)r would not look well on (*od.* be becoming to) her; **steht mir dieser Hut?** does this hat look well on me? **6.** (*bestehen*) stand, exist; **das Haus wird noch weitere 30 Jahre ~** the house will stand another 30 years; **nur ein paar Mauern ~ noch von dem alten Schloß** only a few walls of the old castle are still standing (*od.* left); *fig.* **der Film steht und fällt mit s-m Star** the film stands and falls with its star; **der Plan steht und fällt mit dem Wetter** the plan stands or falls depending on the weather. **7.** (*fertig sein*) be finished; **bis zum Winter muß das Haus ~** the house must be finished by (the) winter; *fig.* **die Mannschaft(saufstellung) steht** the line-up (*od.* team) is complete; **der Vertragsentwurf steht** the draft agreement is complete (*colloq.* in the bag). **8.** (*nicht weichen*) stand one's ground, stand firm, not to budge; *sosehr die Menge auch drängte* – **die Polizei stand** the police held their ground. **9.** (*anzeigen*) be at, point to; **wie steht das Barometer?** what is the barometer showing?; **das Thermometer steht auf 10 Grad** the thermometer stands at 10 degrees; **der Uhrzeiger steht auf 12** the hand of the clock is pointing to 12, the clock says twelve; **die Verkehrsampel steht auf Rot** the traffic light is red. **10. auf dieses Verbrechen steht Gefängnis** the penalty for this crime is (*od.* this crime is punishable by) imprisonment. **11. darauf steht e-e Belohnung** a reward has been offered for this; **auf s-n Kopf steht e-e hohe Belohnung** there is a high reward on his head. **12.** *ling.* (*konstruiert werden*) (**mit**) take (*acc*), be followed (by), be construed (with), (*angewendet werden*) be used, be employed, *Satzzeichen*: be put; **folgende Verben ~ mit dem Konjunktiv, nach folgenden Verben steht der Konjunktiv** the following verbs take the subjunctive; **der bestimmte Artikel steht immer, wenn** the definite article is always used when; **hier muß ein Komma ~** a comma must be inserted (*od.* put) here. **13.** a) *gym. beim Abgang*: (come to) stand on one's feet, b) *Skispringen*: jump (*more than 80 metres, etc*). **14. zu et. ~** a) stand (*od.* abide) by (*colloq.* stick to) s.th., b) think of s.th.; **hoffentlich steht er zu s-m Wort** I hope he will stand by (*od.* will keep) his word; **wie ~ Sie dazu?** a) what do you think of it?, b) what have you to say to that? **15. zu j-m ~** (*beistehen*) stand by s.o.; **wie stehst du zu ihm?** a) *beurteilend*: what do you think of him?, b) *Verhältnis*: what is he to you? **16. für et. ~** (*repräsentieren*) stand for s.th., represent s.th., (*einstehen*) answer (*od.* be responsible, be answerable) for s.th. **17.** *colloq.* **ich stehe auf sie (auf Jazz)** I dig her (jazz). **18. es kam mich auf 100 Mark zu ~** it cost me 100 marks; → **teuer** 4. **II** *v/t* ⟨h *u.* sein⟩ **19.** stand; → **Bauch** 1, **Mann** 2, **Modell** 5, **Pate**[1] 1, **Schlange** 2, **Schmiere**[2], **Wache** 1, 3. **20.** *Skispringen*: **e-n Sprung von mehr als 90 Metern ~** stand a jump of more than 90 metres. **III** *v/reflex* ⟨h⟩ **21. sich (finanziell) gut (schlecht) ~** be well (badly) off; **Sie ~ sich besser, wenn Sie ein großes Paket kaufen** you are better off with (*od.* if you buy) a large packet; **er steht sich nicht schlecht dabei** he doesn't do too badly out of it; **sich (im Einkommen) ~ auf** (*acc*) have an income of, make (*3,000 marks a month, etc*). **22. sich gut (schlecht) mit j-m ~** be on good (bad) terms with s.o.; **wie stehst du dich mit d-n neuen Kollegen?** how do you get on (*od.* along) with your new colleagues? **IV** *v/impers* ⟨h *u.* sein⟩ **23.** (**wie geht's,**) **wie steht's?** how are things?, how is life?; **so steht es also!** so that's the way it is (*od.* things are)!; *wir gehen heute schwimmen,* **wie steht's mit dir?** what (*od.* how) about you?; **wie steht's damit?** what about it?; **es steht schlecht mit ihm** (*od.* **um ihn**) a) he is in bad health, b) he is in a bad way, things are going badly for him; **es steht schlecht um unseren Plan** things look bad for our plan. **24. es steht ganz bei Ihnen, ob** it is entirely up to you whether; **es steht nicht bei mir, das zu entscheiden** it is not within my power (*od.* it is not for me) to decide that. **25. es steht zu erwarten (befürchten, hoffen), daß** it is to be expected (feared, hoped) that. **V** ♀ *n* ⟨-s⟩ **26.** standing (*etc*); **das ♀ fällt ihm schwer** standing is difficult for him; **et. im ♀ tun** do s.th. standing up; **ich könnte im ♀ schlafen** I could sleep (*od.* fall asleep) on my feet; **s-e Mahlzeit im ♀ einnehmen** have a stand-up meal. **27. et. zum ♀ bringen** *allg., a. fig.* stop (*od.* halt) s.th., bring s.th. to a standstill; **e-e Blutung zum ♀ bringen** stop (*od.* sta[u]nch, stay) a bleeding; **zum ♀ kommen** come to a standstill (*od.* stop, halt). **28.** *des Hundes*: point.

'ste·hen,blei·ben *v/i* ⟨*irr, sep,* **-ge-, sein**⟩ **1.** *Person*: stop, (come to a) halt, stand (*a.* stop) still; **bitte nicht (hier) ~!** move on, please! **2.** *Uhr etc*: stop, *Auto etc*: *a.* come to a halt (*od.* standstill), halt. **3.** (*nicht verändert werden*) stay, be left, remain; **der Satz kann so nicht ~** the sentence cannot be left like this. **4.** (*zurückbleiben*) *Schirm etc*: be left (behind), *Essen*: be left (*od.* remain) untouched. **5.** *beim Lesen, Reden etc*: stop, leave off; **wo waren wir gestern stehengeblieben?** where did we leave off yesterday? **6.** *Zeit*: stand still, *Entwicklung etc*: come to a halt (*od.* standstill). **7.** *econ. Kurse*: remain stationary. **8.** *Herz*: stop (beating). **9.** *Motor etc*: stall, break down, die, *colloq.* conk (out).

'ste·hend I *adj* **1.** standing, (*aufrecht*) upright, erect, *bes. tech. Motor, Ventil etc*: vertical, (*ortsfest*) stationary, fixed. **2.** *Gewässer*: stagnant, standing. **3.** *fig.* (*ständig*) permanent; **~es Heer** standing (*od.* regular) army. **4.** (*allgemein gebräuchlich*) standard; **~e Redensart** standard (*od.* stock) expression, *ling.* set expression (*od.* phrase); **~e Regel** standing rule. **5.** *fig.* **~en Fußes** straight away. **II** *adv* **6.** *Boxen*: **~ k.o. sein** be out on one's feet. **7.** (*im Stehen*) in a standing position.

'ste·hen,las·sen *v/t* ⟨*irr, sep, pp* **stehenlassen**, *a.* **stehengelassen, h**⟩ **1.** leave; **sein Essen** *etc* **~** leave one's food, *etc* untouched; **alles stehen- und liegenlassen** drop everything. **2.** leave *s.th.* as it is. **3. s-n Schirm** *etc* **~** leave one's umbrella, *etc* (behind). **4.** (*Fehler etc*) overlook. **5. j-n ~** leave s.o. standing, (*schneiden*) cut (*od.* ignore) s.o., (*den Rücken kehren*) turn one's back on s.o.; *Sport*: (*den Gegner*) (**glatt**) **~** run away from, give *s.o.* the slip. **6. sich** (*dat*) **e-n Bart ~** grow a beard.

'Ste·her *m* ⟨-s; -⟩ *Sport*: **1.** (*Person od. Pferd*) stayer. **2.** *Radsport*: motor-paced rider. **~,ren·nen** *n Radsport*: motor-paced (track) race.

'Steh‖gei·ger *m* café violinist. **~,im·biß** *m* **1.** stand-up snack. **2.** stand-up snack bar. **~kon,vent** *m humor.* stand-up party. **~,kra·gen** *m* stand-up collar. **~,lam·pe** *f* standard (*Am.* floor) lamp. **~,lei·ter** *f* stepladder.

steh·len ['ʃteːlən] **I** *v/t* ⟨**stiehlt, stahl, gestohlen, h**⟩ *allg.* steal, (*bes. kleinere Sachen*) *a.* pilfer, purloin, (*Kinder etc*) *a.* kidnap, (*e-e Idee etc*) *a.* plagiarize, lift, *bes. Am.* (*Pferde, Vieh*) rustle; *fig.* **j-m die Zeit ~** waste s.o.'s time; **dem lieben Gott die Zeit ~** idle (*od.* laze) away one's time; **j-m e-n Kuß ~** steal a kiss from s.o.; **j-s Herz ~** steal s.o.'s heart. **II** *v/i* steal, thieve, *bes. jur.* commit larceny (*od.* theft); *colloq.* **woher nehmen und nicht ~?** where do you expect me to get that?; → **Rabe. III** *v/reflex* **sich aus dem (in das) Haus ~** steal (*od.* sneak) out of (into) the house. **IV** ♀ *n* ⟨-s⟩ stealing, thieving, theft.

'Steh·ler *m* ⟨-s; -⟩ thief, stealer.

'Stehl,sucht *f* ⟨-; *no pl*⟩ *psych.* kleptomania.

'Steh‖platz *m* standing-room; **ich fand**

gerade noch e-n ~ I just found standing-room, I found just space to stand in. **~ˌplatzˌinˌha·ber** *m im Theater etc*: holder of a standing ticket. **~ˌpult** *n* high desk, writing stand. **~ˌsatz** *m print.* standing matter. **~verˌmö·gen** *n Sport u. fig.* staying power, stamina.

steif [ʃtaɪf] **I** *adj* **1.** *allg.* stiff (*muscles, neck, egg whites, etc*), *Wäsche, Leinen*: *a.* starched, *bes. phys.* rigid; **~ vor Kälte** stiff (*od.* numb) with cold; **~e Brise** (**~er Grog**) stiff breeze (grog); **~er Hut** homburg (hat), (*Melone*) bowler (*Am.* derby) hat; **~e Pappe** stiff (*od.* firm) cardboard; **~ wie ein Stock** → **stocksteif**; **~ werden** grow (*od.* go) stiff, *a. Muskeln u. fig. Person*: stiffen; **sich ~ machen** go rigid; **Eiweiß ~ schlagen** beat the egg whites (until) stiff. **2.** *fig. allg.* stiff (*person, reception, smile, etc*); **~e Atmosphäre** stiff (*od.* very formal) atmosphere. **3.** *Penis*: hard, erect; *vulg.* **e-n ᘔen haben** have a hard-on. **II** *adv* **4.** stiffly; *fig.* **~ und fest behaupten** (**, daß**) maintain (*od.* insist) stubbornly (that), swear (that); **~ und fest bestehen auf** (*dat*) insist stubbornly on, stick obstinately to; **er glaubt ~ und fest daran** he believes in it firmly. **ˈStei·fe** *f* ⟨-; -n⟩ **1.** (*Wäschestärke*) starch. **2.** ⟨*only sg*⟩ *tech.* (*Steifigkeit*) rigidity, stiffness, *des Betons*: consistency. **3.** (*Stütze*) stay, strut, support. **ˈstei·fen** *v/t* ⟨h⟩ **1.** stiffen, (*Wäsche*) *a.* starch; → **Nacken, Rücken** 1. **2.** → **absteifen.**

ˈsteifˌhal·ten *v/t* ⟨*irr, sep,* -ge-, h⟩ *fig. colloq.* **die Ohren** (*od.* **den Nacken**) **~** keep a stiff upper lip.

ˈSteif·heit *f* ⟨-; *no pl*⟩ **1.** *allg.* stiffness (*a. fig.*), *vor Kälte*: *a.* numbness, *von Wäsche etc, a. fig. e-r Person*: *a.* starchiness, *fig. der Atmosphäre etc*: formality. **2.** → **Steife** 2.

ˈStei·fig·keit *f* ⟨-; *no pl*⟩ → **Steife** 2.

ˈSteif‖lei·nen *n* buckram. **~ˌwer·den** *n bes. med.* **1.** *der Gelenke etc*: stiffening. **2.** *e-r Leiche*: rigidity, rigor mortis. **3.** *des Penis*: erection.

Steig [ʃtaɪk] *m* ⟨-(e)s; -e⟩ (narrow) (foot)path. **~ˌbö** *f aer.* bump, rising (*od.* ascending) gust. **~ˌbü·gel** *m* stirrup (*a. anat. im Ohr*); *fig. bes. pol.* **j-m den ~ halten** put (*od.* help) s.o. into power. **~ˌbü·gelˌhal·ter** *m fig.* (political) backer.

Stei·ge [ˈʃtaɪɡə] *f* ⟨-; -n⟩ *dial. für* **Stiege** 2.

ˈSteigˌei·sen *n* ⟨-s; -⟩ climbing-iron, *Bergsteigen*: *a.* crampon.

stei·gen [ˈʃtaɪɡən] **I** *v/i* ⟨steigt, stieg, gestiegen, sein⟩ **1.** (*hinauf~*) go up, ascend, (*klettern*) climb (up), (*sich begeben*) go, step; **an Land ~** go (*od.* step) ashore; **auf das Podium ~** step up on to (*od.* mount) the platform; **auf e-n Berg ~** climb (up) (*od.* ascend) a mountain; **auf e-n Baum ~** climb (up) a tree; **aufs Pferd** (**Fahrrad**) **~** mount (*od.* get on [to]) one's horse (bicycle); **vom Pferd** (**Fahrrad**) **~** dismount from (*od.* get off) one's horse (bicycle); **aus dem Wasser ~** come out of the water; **aus dem Bus ~** step (*od.* get) off (*od.* out of) the bus, alight from the bus; **aus dem** (**ins**) **Bett ~** get out of (climb into) bed; **durchs Fenster ~** climb through the window; **in den Keller ~** go down into the cellar; **in das Flugzeug** (**den Bus, den Zug**) **~** get on (*od.* into) (*od.* board) the plane (bus, train); **in die Badewanne ~** get (*od.* climb) into the bath; **in die Kleider ~** get, into one's clothes; **über e-e Mauer ~** climb over (*od.* scale) a wall; **vom Stuhl ~** get off a chair; *fig. colloq.* **ins Examen ~** take one's examination. **2.** *Vogel, Ballon etc*: rise (up), climb (up), soar, *Flugzeug*: climb, *steil*: zoom (**auf 3000 Fuß** to 3,000 feet); **e-e Rakete ~ lassen** *zu Silvester etc*: let off (*od.* fire) a rocket; **der Nebel steigt** the fog lifts. **3.** *Pferd*: rear (up), rise (on its hind legs). **4.** *Wasser, Flut etc*: rise, *Straße, Gelände*: *a.* climb, slope up; (**die**) **Tränen stiegen ihr in die Augen** tears rose to (*od.* welled up in) her eyes; **das Blut stieg ihm ins Gesicht** blood rushed to his face; **der Duft stieg ihm in die Nase** the smell went up his nose; → **Kopf** *Besondere Redewendungen.* **5.** *fig.* (*zunehmen*) *allg.* rise, increase, grow, *Anzahl, Barometer, Fieber etc*: *a.* go up, *Kosten, Spannung etc*: *a.* mount; **die Stimmung stieg** spirits rose; → **Achtung** 1. **6.** *Preise etc*: rise, increase, go (*od.* move) up, climb, *Kurse*: *a.* improve; **die Kurse sind gestiegen** the market has risen; **im Preis** (**Wert**) **~** rise in price (value), be rising; **die Produktion stieg von ... auf ...** production increased (*od.* was raised) from ... to ... **7.** *colloq. Veranstaltung etc*: come off, be staged; **e-e Party ~ lassen** throw a party; **e-e Rede ~ lassen** launch a speech. **8.** *math. Kurve etc*: ascend, *Werte*: increase, rise. **9.** *Fische*: swim upriver. **II** *v/t* **10.** climb, mount, ascend, go up; **Treppen ~** climb stairs; *fig.* **auf der Erfolgsleiter e-e Stufe höher ~** move up a step on the ladder (of success). **III** ᘔ *n* ⟨-s⟩ **11.** rising (*etc*), *von Vögeln, Ballons, Sonne, Straße etc*: rise, ascent, *von Flugzeugen*: climb, *von Wasser etc*: rise, swell. **12.** *fig. von Temperatur, Menge etc*: rise, increase, *von Preisen etc*: climb, advance, upward movement; **das ᘔ und Fallen der Aktien** the rise and fall (*od.* the upward and downward movement) of shares (*Am.* stocks), the ups and downs of share prices; **im ᘔ begriffen sein** be on the rise (*od.* increase), be climbing. **ˈstei·gend** *adj allg.* rising, (*zunehmend*) *a.* increasing, *Interesse, Spannung etc*: *a.* growing, mounting, *Kosten, Preise etc*: *a.* advancing, *Kurstendenz*: upward, bullish.

ˈStei·ger *m* ⟨-s; -⟩ *Bergbau*: deputy.

ˈStei·ge·rer *m* ⟨-s; -⟩ *bei Auktionen*: bidder.

stei·gern [ˈʃtaɪɡərn] **I** *v/t* ⟨h⟩ **1.** (*erhöhen*) raise, increase, (*Produktion, Tempo etc*) *a.* step up, (*verstärken, a. Eindruck, Spannung etc*) heighten, intensify, (*Wirkung etc*) *a.* boost (up), (*Ansehen, Schönheit etc*) enhance, (*Wert*) *a.* add to, (*Leistungen*) improve, raise, better (*one's performance, work, etc*), (*Angebot, Lohn, Wetteinsatz*) raise, (*verschlimmern*) aggravate, worsen, *bedrohlich*: escalate. **2.** (*Adjektive, Adverbien*) compare. **II** *v/reflex* **sich ~ 3.** *Produktion, Tempo, Wert etc*: rise, increase, be increased, be raised, go up, *Interesse, Spannung, Angst etc*: rise, grow, mount, be heightened, *Freude etc*: *a.* be enhanced, (*sich verschlimmern*) aggravate, worsen; **sich ins Unerträgliche ~** become unbearable. **4.** *Person*: improve (in one's work *od.* performance), *Sport, a. Mannschaft*: improve one's performance, get better and better, *enorm*: *a.* go from strength to strength, (*Tempo machen*) step up the pace; **er kann sich noch ~** there is more in him yet, he is not yet at his peak. **5.** → **hineinsteigern. III** *v/i* **6.** *auf Auktionen*: bid, (*erhöhen*) raise (the amount) (**auf** *acc* to). **IV** ᘔ *n* ⟨-s⟩ **7.** raising, increasing (*etc*). **8.** *auf Auktionen*: bidding.

ˈStei·ge·rung *f* ⟨-; -en⟩ **1.** (*cf.* **steigern**) (*Erhöhung*) raising, rise, increase, (*Verstärkung*) intensification, heightening, enhancement, boost(ing), improvement, (*Verschlimmerung*) aggravation. **2.** *ling.* (next) degree of comparison; **„schöner" ist die ~ von „schön"** "schöner" is the comparative of "schön". **3.** *rhetorische*: climax. **~sˌgrad** *m* → **Steigerungsstufe.** **~sˌra·te** *f* rate of increase. **~sˌstu·fe** *f ling.* degree of comparison.

ˈSteig‖fä·hig·keit *f* **1.** *aer.* climbing ability (*od.* power). **2.** *mot.* hill-climbing ability. **~ˌfell** *n am Ski*: ski skin. **~ˌflug** *m* climb(ing flight), climbout. **~geˌschwin·dig·keit** *f* rate of climb, climbing speed. **~ˌhö·he** *f* **1.** *aer.* height of climb, altitude. **2.** *mil.* (*Schußhöhe*) vertical range. **3.** *tech. des Gewindes*: pitch. **~ˌlei·stung** *f des Triebwerks*: climb power, *e-s Flugzeugs*: rate of climb, climb performance. **~ˌlei·ter** *f* stepladder. **~ˌlei·tung** *f* **1.** rising mains *pl*, *Am.* riser. **2.** → **Steigrohr. ~ˌrie·men** *m am Sattel*: stirrup leather (*od.* strap). **~ˌrohr** *n tech.* standpipe.

ˈStei·gung *f* ⟨-; -en⟩ **1.** gradient, incline; **e-e ~ von 15%** a gradient of 15%. **2.** (*Hang etc*) incline, slope, hillside. **3.** *tech. e-s Gewindes*: lead, *a. e-r Luftschraube*: pitch. **~sˌmes·ser** *m tech.* clinometer. **~sˌwin·kel** *m* **1.** *e-r Straße etc*: angle of inclination. **2.** *aer.* angle of climb. **3.** *tech.* helix (*aer.* pitch) angle.

ˈSteigˌwachs *n für Ski*: climbing wax.

steil [ʃtaɪl] **I** *adj* ⟨-er; -st⟩ steep (*a. fig.*), (*abschüssig*) *a.* precipitous; **ein ~er Abfall** a steep (*od.* an abrupt, a sheer) drop; **~e Handschrift** tall and vertical handwriting; *fig.* **~e Karriere** fast (*od.* rapid) career; *colloq.* **~er Zahn** (*tolles Mädchen*) smasher, knockout. **II** *adv* steeply, precipitously; **~ ansteigen** *Berg, Straße etc*: rise (*od.* ascend) steeply, steepen, *fig. Preise etc*: rise (*od.* increase, advance) steeply, soar, rocket. **ᘔˌfeu·er** *n mil.* high-angle fire. **ᘔˌfeu·er·geˌschütz** *n* high-angle gun. **ᘔˌhang** *m* precipice, steep slope (*od.* gradient).

ˈSteil·heit *f* ⟨-; *no pl*⟩ **1.** *allg., a. phot.* steepness. **2.** *fig. der Karriere etc*: rapidity; **die ~ s-r Karriere** *a.* his meteor-like career. **3.** *electr. e-r Röhre*: mutual conductance.

ˈSteil‖kur·ve *f aer.* steep turn. **~ˌkü·ste** *f* steep coast. **~ˌpaß** *m Fußball*: through (*od.* forward) pass. **~ˌufer** *n* steep bank. **~ˌvorˌla·ge** *f* → **Steilpaß. ~ˌwand** *f im Gebirge*: steep face.

Stein [ʃtaɪn] *m* ⟨-(e)s; -e⟩ **1.** stone, (*Bau*ᘔ) *a.* brick, *großer*: block; **ein Denkmal aus ~** a stone monument, a monument of stone; *a. fig.* **zu ~ werden** (*od.* **erstarren**) petrify, turn to stone; **der ~ der Weisen** the philosophers' stone, *fig. a.* the (ideal) solution; *a. fig.* **da blieb kein ~ auf dem anderen** everything was smashed to bits; *fig.* **~e** (**den ersten ~**) **auf j-n werfen** throw (*od.* cast) stones (the first stone) at s.o.; **j-m ~e in den Weg legen** put obstacles in s.o.'s way, put a spoke in s.o.'s wheel; **j-m alle ~e aus dem Weg räumen** pave the way for s.o., remove all obstacles from s.o.'s path; **mir fällt ein ~ vom Herzen!** that takes a load (*od.* weight) off my mind, the stone is off my chest; **ihre Tränen könnten e-n ~ erbarmen** (*od.* **erweichen**) her tears could melt a heart of stone; *colloq.* **~ und Bein schwören** swear by all that's holy; **es friert ~ und Bein** it is freezing hard; → **Anstoß** 3, **rollen** 8, **Tropfen** 3. **2.** (*Grab*ᘔ) (tomb-) stone, (*Gedenk*ᘔ) (memorial) stone. **3.** (*Edel*ᘔ) (precious) stone, *geschliffen*: jewel, gem; *fig. colloq.* **dir würde** (**auch**) **kein ~ aus der Krone fallen** it wouldn't kill (*od.* hurt) you. **4.** *e-r Uhr*: ruby. **5.** (*Feuer≈*) flint. **6.** (*Bierkrug*) stein, (beer) mug. **7.** *Brettspiel*: piece, stone; *fig.* **bei j-m e-n ~ im Brett haben** be well in with s.o. **8.** *bot.* stone, kernel. **9.** *med.* stone, concretion, calculus. **~ˌad·ler** *m* golden eagle. **≈ˈalt** *adj colloq.* (as) old as the hills (*od.* as Methuselah), ancient. **~ˌaxt** *f hist.* stone ax(e). **~ˌbau** *m* <-(e)s; *no pl*>. **~ˌbauˌwei·se** *f* (natural) stone construction. **~ˌbauˌwerk** *n* (natural) stone structure. **~ˌbild** *n* stone statue. **~ˌblock** *m* block of stone. **~ˌbock** *m* **1.** *zo.* (*Alpen≈*) rock goat, ibex. **2.** *astr. astrol.* (**Wendekreis des ~s** Tropic of) Capricorn. **~ˌbo·den** *m* **1.** stone floor. **2.** *agr.* stony soil. **~ˌboh·rer** *m tech.* rock (*od.* masonry) drill. **~ˌbrech** [-ˌbrɛç] *m* <-(e)s; -e> *bot.* saxifrage. **~ˌbre·cher** *m* **1.** *tech.* rock (*od.* stone) crusher. **2.** → Steinbrucharbeiter. **~ˌbrocken** (*getr.* -k·k-) *m* (piece of) stone, (lump of) stone, *riesiger*: boulder. **~ˌbruch** *m* quarry, stone-pit. **~ˌbruchˌar·bei·ter** *m* quarryman. **~ˌbutt** *m ichth.* turbot.

ˈStein·chen *n* <-s; -> small stone, (*Kieselstein etc*) pebble.

ˈStein|ˌdruck *m* <-(e)s; -e> **1.** <*only sg*> lithography, lithographic printing. **2.** (*Bild*) lithograph. **~ˌdrucker** (*getr.* -k·k-) *m* lithographer. **~ˌei·be** *f bot.* podocarpus. **~ˌei·che** *f* chestnut oak, durmast.

ˈstei·nern *adj* **1.** (of) stone. **2.** *fig. Miene, Blick etc*: stony; **~es Herz** heart of stone.

ˈStein·erˌwei·chen *n fig. colloq.* **zum ~** (enough) to melt a heart of stone, pitifully. **≈d** *adj colloq.* heart-rending.

ˈStein|fi·gur *f Kunst*: stone statue. **~ˌflie·se** *f* flag(stone). **~ˌfrucht** *f* stone fruit, drupe. **~ˌgar·ten** *m* rock garden, rockery. **~ˌgar·tenˌpflan·ze** *f* rock plant. **≈ˌgrau** *adj* stone-grey, *Am.* stone-gray. **~ˌgut** *n* <-(e)s; -e> earthenware. **~ˌha·gel** *m fig.* hail of stones. **≈ˈhart** *adj* (as) hard as stone, stony. **~ˌhau·er** *m* → Steinmetz. **~ˌholz** *n min.* magnesite composition, xylolith (*TM*). **~ˌhuhn** *n* rock partridge.

ˈstei·nig *adj* stony, full of stones, *fig.* thorny.

stei·ni·gen [ˈʃtaɪnɪɡən] *v/t* <h> stone. **ˈStei·ni·gung** *f* <-; -en> stoning.

ˈStein|ˌkauz *m orn.* little owlet. **~ˌkitt** *m* mastic cement. **~ˌklee** *m bot.* sweet clover. **~ˌkoh·le** *f* mineral (*od.* hard, pit, bituminous) coal.

ˈSteinˌkoh·len|ˌbecken (*getr.* -k·k-) *n* hard-coal basin. **~ˌbergˌbau** *m* <-(e)s; *no pl*> hard-coal mining. **~ˌbergˌwerk** *n* hard-coal mine, colliery. **~ˌgru·be** *f* coal mine, pit. **~ˌteer** *m* coal tar. **~ˌzeit** *f* → Karbon.

ˈStein|ˌkraut *n* alyssum, alison. **~ˌkrug** *m* stone jug (*bes. Am.* pitcher), *für Bier*: stone mug, stein. **~laˌwi·ne** *f* avalanche of stones (*od.* rocks). **~ˌlei·den** *n med.* calculosis, lithiasis. **~ˌlun·ge** *f* mason's (*od.* stonecutter's) lung, silicosis. **~ˌmar·der** *m zo.* beech-marten, stone-marten. **~ˌmei·ßel** *m* stone (*od.* brick) chisel. **~ˌmer·gel** *m min.* marlstone. **~ˌmetz** [-ˌmɛts] *m* <-en; -en> stonemason, stonecutter. **~ˌobst** *n* <-(e)s; *no pl*> stone-fruit(s *pl*). **~ˌöl** *n* <-(e)s; *no pl*> → Erdöl. **~ˌpilz** *m* edible boletus, flat mushroom. **~ˌplat·te** *f* (stone) slab, flag(stone). **≈ˈreich** *adj fig. colloq.* immensely rich, rolling in money. **~ˌsä·ge** *f* stone(-cutting) saw. **~ˌsalz** *n* <-es; *no pl*> *min.* rock-salt. **~ˌsarg** *m* stone coffin, sarcophagus. **~ˌschlag** *m* **1.** *im Gebirge*: rockfall; „~" (*Verkehrszeichen*) "falling or fallen rocks". **2.** <*only sg*> (*Schotter*) metal(l)ing. **~ˌschlag·geˌfahr** *f* danger of rockfall (*od.* of falling rocks); **„Vorsicht, ~!"** "Beware of falling rocks!" **~ˌschlei·fer** *m* **1.** *tech.* stone polisher. **2.** stone-rubbing machine. **~ˌschleu·der** *f* → Schleuder 1. **~ˌschloß** *n hist. am Gewehr*: flintlock. **~ˌschnei·der** *m* gem carver (*od.* cutter), lapidary. **~ˌschnitt** *m* **1.** *med.* lithotomy. **2.** cutting of stones. **~ˌschot·ter** *m* → Schotter 1. **~ˌschrift** *f print.* grotesque. **~ˌschutt** *m* rubble, *geol. a.* detritus. **~ˌset·zer** *m* paver, pavio(u)r. **~ˌstaub** *m* rock dust. **~ˌta·fel** *f an Denkmälern etc*: stone tablet. **~ˌtopf** *m* earthenware pot. **~ˌtreppe** *f* stone stairs *pl.* **~ˌwerkˌzeug** *n archeol.* stone tool, eolith. **~ˌwild** *n* ibex. **~ˌwol·le** *f tech.* rock-wool. **~ˌwurf** *m* stone's throw; **das Haus ist nur e-n ~ weit** (*od.* **entfernt**) the house is only a stone's throw away. **~ˌwü·ste** *f* desert of stones (*od.* rocks). **~ˌzeich·nung** *f* **1.** drawing (*od.* design) on stone. **2.** *print.* lithograph.

ˈSteinˌzeit *f* <-; *no pl*> *geol. hist.* Stone Age; **ältere** (**mittlere, jüngere**) ~ Pal(a)eolithic (Mesolithic, Neolithic) period. **≈lich** *adj* (of the) Stone Age. **~ˌmensch** *m* Stone Age man.

ˈSteinˌzeug *n* (*Keramik*) stoneware.

Stei·rer [ˈʃtaɪrər] *m* <-s; -> *geogr.* Styrian. **ˈstei·risch** *adj* Styrian.

Steiß [ʃtaɪs] *m* <-es; -e> **1.** → Steißbein. **2.** *colloq.* behind, buttocks *pl.* **~ˌbein** *n anat.* base of the spine, coccyx. **~geˌburt** *f* breech delivery. **~ˌla·ge** *f med.* breech presentation. **~ˌtromm·ler** *m colloq. contp.* schoolmaster, seat tanner. **~ˌwir·bel** *m anat.* caudal (*od.* coccygeal) vertebra.

Ste·le [ˈsteːlə; ˈʃteːlə] *f* <-; -n> *antiq.* stele.

Stel·la·ge [ʃtɛˈlaːʒə] *f* <-; -n> **1.** stand, rack, shelf, shelves *pl.* **2.** a) *Börse*: put and call (*abbr.* pac), b) → **~geˌschäft** *n* dealing in futures, *Am.* spread.

ˈStellˌdichˌein *n* <-(s); -(s)> **1.** (lovers') meeting, *lit.* tryst, *colloq.* date; **mit j-m ein ~ haben** have a date with s.o., meet s.o. **2.** *fig. von Sportlern, Wissenschaftlern etc*: rendezvous; **sich ein ~ geben** come together, gather, meet.

Stel·le [ˈʃtɛlə] *f* <-; -n> **1.** place, spot, (*Punkt*) point; **an derselben ~** in the same place, on the same spot; **an der falschen ~** in the wrong place; *a. fig.* **das gehört nicht an diese ~** this is not the right (*od.* proper) place for that, that does not belong here; **an anderer ~** elsewhere; **an dieser ~** *a. in e-m Buch, e-r Rede*: here; **an passender ~** at an appropriate moment; **e-e kahle ~** *im Wald, Haar etc*: a bare patch; **e-e schadhafte ~** a flaw, a defect, a damaged place (*od.* spot, area); *fig. colloq.* **da bist du bei mir an der richtigen ~!** you've come to the right place (*od.* person, man)!; **an dieser ~ ist das Unglück geschehen** the accident happened right here, this is (the place *od.* point) where the accident happened; *fig.* **das ist s-e schwache ~** that's his weak spot (*od.* sore point); **s-e Argumentation hat einige schwache ~n** his argumentation has some weak points (*od.* has its weaknesses); **ich kann den Schrank nicht von der ~ rücken** I can't move the cupboard (an inch); *bes. fig.* **nicht von der ~ kommen** make no headway (*od.* progress), not to get ahead, *Verhandlungen*: *a.* be deadlocked, be bogged down; **sich nicht von der ~ rühren** not to move (*od.* stir, budge); **rühr dich nicht von der ~!** don't (you) dare (to) move!; **sie wichen nicht von der ~** (*von ihrem Platz*) they did not move from their place, *im Kampf*: they did not give way, they did not budge an inch; **die Polizei war sofort zur ~** the police were on the spot immediately; **et. zur ~ schaffen** bring s.th. on, *fig.* produce (*od.* procure) s.th.; **er ist immer zur ~, wenn man ihn braucht** he is always there (*od.* at hand) when he is needed; *bes. mil.* **sich (bei j-m) zur ~ melden** report (o.s. present) (to s.o.); **Soldat K. zur ~!** Private K. reporting (as ordered)!; **an die ~ treten von** take the place of, take *s.o.'s* place, (*ersetzen*) *a.* replace, *a. Gesetz, Institution etc*: supersede; **man hat dich an s-e ~ gesetzt** they put you in his place, they substituted you for him, they replaced him by (*od.* with) you; **an ~ von** → **anstatt** I; *colloq.* **auf der ~** on the spot, immediately, at once, there and then; **er war auf der ~ tot** he was killed instantly, death was instantaneous; **komm auf der ~ hierher!** come here at once (*od.* this instant)!; **et. auf der ~ erledigen** see to s.th. immediately (*od.* right away); *gym.* **auf der ~ laufen** run in place; *mil., a. fig. colloq.* **auf der ~ treten** be marking time. **2.** (*Standort*) site, place, position, location (*of building, factory, etc*). **3.** (*Reihenfolge*) place; **an erster ~ kommen** (*od.* **stehen**) be (*od.* rank) first; **das** (**er, sie**) **kommt bei mir an erster ~** that (he, she) comes first for me; **an erster ~** *geht es um* ... in the first place, first and foremost; **an erster ~ möchte ich Herrn X nennen** first and foremost I'd like to mention Mr. X; **der Verein steht in der Tabelle an 3. ~** the team is in 3rd place in the table. **4.** (*Zitat, Text≈*) reference, (*Abschnitt*) passage (*a. mus.*), (*Bibel≈*) verse; **e-e ~ aus e-m Buch zitieren** quote a passage from a book. **5.** (*Lage*) position, place; **ich möchte nicht an s-r ~ sein** (*od.* **stehen**) I would not like to be in his position (*od.* place, shoes); **ich an d-r ~** if I were you, in your place; **versetz dich mal an m-e ~** put yourself in my position. **6.** (*Arbeitsplatz, Posten*) post, position, place, situation, job; **e-e ~ suchen** look for a post; **e-e freie** (*od.* **offene, unbesetzte**) **~** a vacant (*od.* an open, an unoccupied) position, a vacancy, an opening; **bei uns ist k-e ~ frei** we have no vacancy; **sich um e-e ~ als Fahrer bewerben** apply for a post as a driver (*od.* for a driver's job); **die ~ ist schon besetzt** the vacancy has already been filled; **häufig die ~ wechseln** *colloq.* job-hop; → **antreten** 1. **7.** (*Dienst≈*) authority, agency, office; **die amtlichen ~n** the (official) authorities; **sich an höherer ~ beschweren** complain to a higher authority. **8.** *math.* figure, digit, (*Dezimal≈*) place; **die Zahl 100 hat 3 ~n** the number 100 has 3 figures; **e-e Zahl mit 3 ~n** a three-figure number; **die zweite ~ hinter dem Komma** the second place after the (decimal) point. **9.** (*Sitz e-r Krankheit etc*) seat, location.

stel·len [ˈʃtɛlən] **I** *v/t* <h> **1.** put, set, place, stand, (*anordnen*) arrange (*furniture, etc*); **aufrecht ~** set (*od.* place, stand, put) *s.th.* upright, stand *s.th.* up; **die Mutter stellte das Kind wieder auf die Füße** the mother set the child on its feet (*od.* stood the child up) again; **e-e Leiter an die Wand ~** put (*od.* lean) a ladder against the wall; **die Ohren ~** *Hund etc*: prick up one's ears; **wir können die Couch nicht ~** we have no room (*od.* no [good] place) for the couch; *fig.* **et. über et. ~** put s.th. before (*od.* above) s.th., value s.th. higher than s.th.; **j-n über j-n ~** a) *als Vorgesetzten*: put s.o.

above (*od.* over) s.o., b) (*höher schätzen*) value (*od.* esteem) s.o. more highly than s.o.; **ein Auto in die Garage ~** put a car into the garage, garage a car; **ein Pferd in den Stall ~** put a horse into the stable, stable a horse; **sich** (*dat*) **et. vor Augen ~** imagine s.th.; **dem Leser wurde ein Bild des Chaos vor Augen gestellt** the reader was presented with a picture of chaos; **j-n vor ein Problem ~** confront s.o. with a problem; **auf sich selbst gestellt sein** be on one's own; → **Abrede** 1, **Aufsicht** 1, **Bein** 1, **Beweis** 1, **Dienst** 6, **Diskussion**, **Ermessen** 5, **Frage** 1, 2, **kalt** 13 (*etc*). **2.** (*ein~, schalten*) turn, put, *rail.* (*Weiche*) set, throw, (*Signal*) switch; **das Radio leiser (lauter) ~** turn the radio down (up); **den Transformator auf Null ~** turn the transformer to zero, set the transformer at zero; **stell den Wecker auf 7 Uhr** set the alarm (clock) at (*od.* for) 7; **s-e Uhr nach dem Radio ~** set one's watch by the radio; *rail.* **das Signal auf „Halt" ~** switch (*od.* set) the signal to "Stop"; → **Weiche**[2]. **3.** *tech.* (*Schraube, Feder, Meißel etc*) set, adjust, (*Hebel etc*) shift *s.th.* (into position), move, (place *s.th.* in) position, (*Zeitzünder*) time. **4.** (*Szene, Bild*) pose, set *s.th.* up; → **gestellt** 1. **5.** (*Fallen, Netze etc*) set, lay. **6.** (*Bedingungen*) make, (*Forderungen*) *a.* raise; → **Ansinnen**, **Anspruch**, **Antrag** 1, **Ultimatum**. **7.** (*e-e Frist, e-n Termin etc*) set, fix, appoint. **8.** (*ein Thema etc*) set; → **Aufgabe** 1. **9.** (*e-e Prognose, Diagnose etc*) make, (*Horoskop*) cast, draw up. **10.** (*Hilfsmittel, Arbeitskräfte etc*) supply, provide, furnish, (*a. Geldmittel etc*) make *s.th.* available, (*beisteuern*) contribute; **dieses Land stellt die meisten Gastarbeiter** most of the foreign workers come from this country; **für j-n (et.) Ersatz ~** supply a substitute for s.o. (s.th.). **11.** (*Bürgschaft, Sicherheit, Kaution etc*) provide, give, stand, offer, (*Zeugen*) produce; **können Sie e-n Bürgen ~?** can you give (*od.* offer) bail? **12.** (*Truppenkontingente, Geiseln etc*) supply, furnish. **13.** (*den Feind*) engage, (*feindliches Flugzeug, Schiff etc*) intercept, (*Wild*) bring (*game*) to bay, corner, (*Verbrecher etc*) *a.* hunt *s.o.* down, (*aufhalten*) bar *s.o.'s* way, (*abfangen*) intercept, (*auf j-n einreden*) buttonhole. **14. gut gestellt sein** be well off. **II** *v/reflex* **sich ~ 15.** (*sich aufrecht hin~*) stand up. **16.** *an e-n Ort, Platz*: (go and) stand, take one's stand, place (*od.* station, *bes. Sport*: position) o.s.; **er stellte sich ans Fenster** he went and stood at the window; **sich auf e-n Stuhl ~** (go and) get up on (to) a chair; **stell dich dorthin!** stand over there!; **sich hinter j-n (et.) ~** go and stand behind s.o. (s.th.), *fig.* back (*od.* support) s.o. (s.th.); **sich vor j-n (et.) ~** stand in front of s.o. (s.th.), *fig.* shield (*od.* protect) s.o. (s.th.), stand up for s.o. (s.th.); *fig.* **sich gegen j-n (et.) ~** oppose s.o. (s.th.), **gegen et.**: *a.* set one's face against s.th.; → **Standpunkt** 1, **Verfügung** 2 (*etc*). **17.** *Schwierigkeiten etc*: arise, *Frage*: *a.* pose itself; **die Probleme, die sich uns ~** the problems confronting us, the problems (which) we face (*od.* are up against). **18.** *Verbrecher, Flüchtling etc*: give o.s. up (**der Polizei** to the police), turn o.s. in. **19.** (*dat*) (*e-m Gegner, der Kritik etc*) face (up to); **sich der Herausforderung ~** take up the challenge (*od.* gauntlet); *Sport*: **sich dem Herausforderer ~** take on the challenger; **sich der Presse ~** be prepared to meet the press (*od.* to answer the questions of the reporters); **sich s-n Verfolgern ~** turn against one's pursuers; *mil.* **sich zum Kampf ~** give battle (to the enemy). **20.** (*sich verstellen*) pretend, feign, sham, fake; *colloq.* **sie stellt sich nur so** she is only pretending; **sich krank (taub) ~** pretend to be sick (deaf), feign (*od.* sham, fake) illness (deafness); **sich dumm ~** pretend not to understand (*od.* to know), act dumb; **sich ~, als ob man et. täte** pretend to do s.th., make as if one did s.th. **21. sich gut (schlecht) ~** (*situiert sein*) be well (badly) off; **er stellt sich dort besser als hier** he is better off there than here. **22.** *fig. colloq.* **sich mit j-m gut ~** get in good with s.o., get on good terms with s.o. **23.** *fig.* **sich zu et. ~** feel (*od.* think) about s.th.; **ich weiß nicht, wie er sich dazu stellt** I don't know how he feels (*od.* what he thinks) about it, I don't know what he will say to this; **sich positiv zu e-r Sache ~** take a positive view of s.th. **24. sich (zum Wehrdienst) ~** report for military service, join up. **25.** *tech. Gerät*: set itself (**auf** *acc* at); **sich kleiner ~** *Heizung*: turn itself down, be turned down. **III** ≈ *n* ‹-s› **26.** standing (*etc*). **27.** *e-r Bedingung, Forderung*: making, raising, stipulation. **28.** *e-r Frist, e-s Termins etc*: fixing, appointment. **29.** *von Arbeitskräften, Hilfsmitteln etc*: supply, provision, procurement. **30.** *jur. e-r Bürgschaft etc*: giving (*etc*; *cf.* 11).

'Stel·len|an·ge·bot *n* offer of a post, vacancy, vacant post; **~e** *pl* (*Überschrift in der Zeitung*) vacancies, positions offered, personnel wanted. **~an·zei·ge** *f* advertisement (*colloq.* ad, *Br.* advert) for a position (*od.* post, situation); **~n** *pl* → **Stellenangebot(e** *pl*). **~an·zei·ger** *m* employment gazette. **~be·wer·ber** *m*, **~be·wer·be·rin** *f* ‹-; -nen› applicant (for a position *od.* post). **~be·wer·bung** *f* application for a position (*od.* post). **~ge·such** *n* application for a post; **~e** *pl* (*Überschrift in der Zeitung*) positions (*od.* situations) wanted, *Am. colloq.* want ads. **≈los** *adj* → **stellungslos**. **~markt** *m* **1.** employment market. **2.** *in der Zeitung*: situations vacant and wanted. **~nach·weis** *m* → **Stellenvermittlungsbüro**. **~plan** *m* **1.** staff plan (-ning), staff appointment scheme. **2.** *mil.* table of organization. **~su·che** *f* → **Stellungssuche**. **~teil** *m der Zeitung*: situations(-wanted-and-vacant) section. **~ver·mitt·ler** *m*, **~ver·mitt·le·rin** *f* employment agent. **~ver·mitt·lung** *f* **1.** (*Tätigkeit*) placement. **2.** → **~ver·mitt·lungs·bü·ro** *n* employment agency. **~wech·sel** *m* → **Stellungswechsel** 1. **≈wei·se** *adv* in places, here and there; **~ ist der Roman sehr langweilig** the novel has some very boring patches.

'Stel·len·wert *m* **1.** *math.* place value. **2.** *fig.* rank, rating, (relative) importance; **e-n hohen ~ haben** rank (*od.* rate) high. **~schrei·bung** *f Computer*: radix notation.

Stel·ler ['ʃtɛlər] *m* ‹-s; -› *electr.* (*Ton≈*) fader, control (knob), (*Licht≈*) dimmer.

'Stell|geld *n econ.* premium for a put and call (*Am.* for a spread). **~ge·schäft** *n* → **Stellagegeschäft**. **~glied** *n Computer*: final control element. **~he·bel** *m* adjusting lever.

Stel·ling ['ʃtɛlɪŋ] *f* ‹-; -en› *mar.* (*Gerüst*) stage, (*Laufplanke*) gangway.

'Stell·ma·cher *m* ‹-s; -› cartwright. **Stell·ma·che'rei** *f* ‹-; -en› **1.** ‹*only sg*› cartwright's work. **2.** cartwright's workshop.

'Stell|mes·ser *n* switch knife. **~mo·tor** *m* servomotor. **~mut·ter** *f* adjusting (*od.* set) nut. **~pro·be** *f thea.* blocking (*od.* first) rehearsal. **~pult** *n tech.* control desk. **~rad** *n e-r Uhr*: regulating (*od.* set) wheel. **~ring** *m tech.* set collar. **~schlüs·sel** *m* adjustable spanner (*bes. Am.* wrench). **~schrau·be** *f* set(ting) (*od.* adjusting) screw.

'Stel·lung *f* ‹-; -en› **1.** → **stellen** III. **2.** *allg.* (*a. Fuß≈ etc, a. Hebel≈ etc, a. astr. u. Sex*) position, (*Körperhaltung*) *a.* posture, pose, attitude, *Sport*: *a.* stance; **in sitzender (liegender) ~** in a sitting (lying) position; **das Modell nahm e-e andere ~ ein** the model took up another position (*od.* changed her pose). **3.** (*Posten, Arbeitsplatz*) post, position, employment, place, situation, job; **e-e leitende ~** an executive (*od.* a leading, a managerial) position; **e-e ~ suchen** seek employment, look for a job; **e-e einflußreiche ~ innehaben** (*lit.* **bekleiden**) hold (*od.* occupy) an influential position; **ohne ~** → **stellungslos**. **4.** (*Rang*) position, status, rank, station; **die gesellschaftliche ~ der Frau** the social position of women; **die Stadt hat ihre beherrschende ~ als Handelsplatz eingebüßt** the town has lost its dominating position as a trading cent/re (*Am.* -er); **die marktbeherrschende ~ der Kunststoffe** the dominating market power of plastics; **ich, in m-r ~ als Botschafter** I, in my capacity as ambassador; *jur.* **die (rechtliche) ~ des Pächters** *etc* the (legal) status (*od.* position) of the lessee, *etc.* **5.** *fig.* (*Einstellung*) position, stance; **~ nehmen**, **~ beziehen** state one's point of view, declare o.s., make clear where one stands, **zu** (*e-m Problem etc*) take (up) a position on, take a view on (*od.* of), (*sich äußern*) comment on, give one's view on, give one's opinion of; **für j-n (et.) ~ nehmen** stand up for (*od.* back, defend) s.o. (s.th.), come out in favo(u)r of s.o. (s.th.); **gegen j-n (et.) ~ nehmen** oppose s.o. (s.th.). **6.** *mil. allg. u. taktisch*: position, (*Frontlinie*) (front) line(s *pl*); **e-e taktisch günstige ~** a point of vantage; **e-e ausgebaute** (*od.* **befestigte**) **~** a fortified (*od.* an organized) position; **e-e ~ beziehen** move into (a) position; **in ~ gehen** move into position, *Schütze etc*: take up one's position (*od.* stand); **(in) ~!** (*Befehl*) prepare for action!; **ein Geschütz in ~ bringen** bring a gun into position; **die ~ halten** hold the position, *fig. humor.* hold the fort, *beruflich*: hang on to (*od.* hold down) one's job; *fig. humor.* **die ~ verraten** give the show away. **7.** *ling.* position, (*Reihenfolge*) order. **8.** *bei der Geburt*: presentation.

'Stel·lung·nah·me *f* ‹-; *no pl*› (zu) **1.** (*Erklärung*) comment (on), statement (on), opinion (on), (*Antwort*) answer (to), (*Reaktion*) reaction (to); **j-n um ~ bitten** ask s.o. to give his opinion (*od.* to state his point of view); **sich e-r ~ enthalten** abstain from giving one's opinion, decline to comment, not to react; **sich e-e ~ vorbehalten** reserve judg(e)ment, not to commit o.s. **2.** (*Haltung, Standpunkt*) position (on, concerning), attitude (to, toward[s]), view (on, of).

'Stel·lungs|bau *m* ‹-(e)s; *no pl*› construction of field fortifications. **~be·fehl** *m* → **Gestellungsbefehl**. **~feh·ler** *m Sport*: positional error. **~krieg** *m* war of position, (*Grabenkrieg*) trench warfare. **≈los** *adj* unemployed, out of work (*od.* employment, a job), without a job, jobless, (*freigesetzt*) redundant. **~lo·se** *m, f* ‹-n; -n› unemployed (*od.* jobless) person; **die ~n** *pl* the unemployed, the jobless. **≈pflich·tig** *adj mil.*

liable (*od.* subject) to call-up (*od.* to be called up, to enlistment). **~ˌspiel** *n Sport*: positional play. **~ˌsu·che** *f* search for a post (*od.* a position, [an] employment, a job); **er ist auf ~** he is looking for a post, *colloq.* he is job-hunting; **auf ~ gehen** look for a post, *colloq.* job-hunt. **~ˌsu·chen·de** *m, f* ⟨-n; -n⟩ person looking for (*od.* in search of) a post (*od.* job), applicant, *colloq.* job-hunter. **~ˌwech·sel** *m* **1.** *e-s Angestellten etc*: change of one's position (*od.* post, job). **2.** *mil.* change of position.

ˈstell·verˌtre|tend I *adj* **1.** *in e-m Amt*: acting, deputy; **~er Vorsitzender** deputy (*od.* acting) chairman, vice-chairman; **~er Direktor** deputy director, vice-director; **~er Geschäftsführer** assistant managing director; *mil.* **~er Kommandeur** second-in-command. **2.** *Freuden, Leiden etc*: vicarious. **II** *adv* **3.** **~ für j-n** a) deputizing (*od.* acting) for s.o., on behalf of s.o., b) vicariously for s.o.; **ein Amt ~ ausüben** hold an office as (a) deputy; *fig.* **~ für et. stehen** stand in place of (*od.* stand in for) s.th. **♀ter** *m* (acting) representative, substitute, *bes. e-s Arztes, Geistlichen*: locum (tenens), *amtlicher*: deputy, *bes. econ. jur.* (*Bevollmächtigter*) proxy; **als j-s ~** (*od.* **als ~ für j-n**) **fungieren** act as s.o.'s deputy (*etc*), deputize for s.o. **♀tung** *f* ⟨-; *no pl*⟩ representation, *bes. econ. jur.* proxy; **in j-s ~ handeln, j-s ~ übernehmen** act as representative of s.o.; **in ~ für Herrn X** in proxy for Mr. X.

ˈStell|ˌvorˌrich·tung *f* regulating device, regulator, *rail.* control mechanism. **~ˌwerk** *n rail.* signal box, *Am.* switch (*od.* signal) tower. **~ˌwin·kel** *m tech.* sliding T bevel.

ˈStelz|ˌbein *n* → Stelzfuß. **♀ˌbei·nig** *adj* **1.** *Person*: spindle-legged. **2.** *fig.* (*steif*) stilted.

Stel·ze [ˈʃtɛltsə] *f* ⟨-; -n⟩ **1.** stilt; **auf ~n gehen** walk on stilts, *fig.* be stilted (*od.* affected). **2.** *pl fig. colloq. allg.* pins, (*dünne Beine*) spindly legs. **3.** *pl orn.* wagtails. **ˈstel·zen** *v/i* ⟨sein⟩ stalk (along). **ˈStelzˌfuß** *m* peg-leg (*a. fig. Person*).

ˈStemm|ˌbo·gen *m Skilauf*: stem turn. **~ˌei·sen** *n* mortise chisel, (*Meißel*) ca(u)lking tool.

stem·men [ˈʃtɛmən] **I** *v/t* ⟨h⟩ **1.** (*hoch~*) lift (*od.* hoist, heave) *s.th.* (up); *Sport*: **Gewichte (100 Kilo) ~** lift weights (100 kilos). **2.** (*pressen*) press, brace; **die Absätze in den Boden ~** dig one's heels into the ground; **die Arme in die Hüften ~** put (*od.* place) one's hands on one's hips; **die Arme in die Seiten gestemmt** arms akimbo; **die Arme auf den Tisch ~** put (*od.* rest) one's elbows on the table. **3.** *tech.* (*Holz*) ca(u)lk, mortise. **4.** *colloq.* (*stehlen*) pinch, lift, swipe. **II** *v/i* **5.** *Skilauf*: stem. **6.** *Gewichtheben*: lift. **III** *v/reflex* **7.** **sich ~ gegen** press (*od.* brace) o.s. against, apply one's weight against, *fig.* resist (*od.* oppose, be dead set) against. **IV ♀** *n* ⟨-s⟩ **8.** lifting (*etc*). **9.** *Sport*: weight-lifting.

ˈStemmˌschwung *m Skilauf*: stem christiania.

Stem·pel [ˈʃtɛmpəl] *m* ⟨-s; -⟩ **1.** *allg.* stamp, (*~abdruck*) *a.* seal, (*Post♀*) postmark, *Am.* mail stamp; **e-n ~ unter ein Schriftstück setzen** put a stamp on (*od.* to) a document, stamp (*od.* seal) a document; **den ~ vom 3. Oktober tragen** *Brief*: bear the postmark (*od.* be postmarked) October 3. **2.** *fig.* stamp, mark, cachet; **e-r Sache s-n ~ aufdrücken** put one's (*od.* its) stamp on s.th., stamp (*od.* mark) s.th.; **den ~ des Genies** *etc* **tragen** bear the stamp of genius, *etc.* **3.** (*Waren♀*) brand, trademark, (*Feingehalts♀*) *auf Gold, Silber*: hallmark. **4.** *tech.* (*Loch♀*) punch, (*Präge♀*) die, *e-r Druckpumpe*: piston. **5.** *Bergbau*: prop, post, support. **6.** *bot.* pistil. **~ˌfar·be** *f* stamp(-ing) ink. **~geˌbühr** *f* stamp duty. **~ˌgeld** *n colloq.* dole (money). **~ˌkar·te** *f zur Arbeitszeitkontrolle*: time card. **~ˌkis·sen** *n* ink pad. **~ˌmar·ke** *f* (revenue) stamp. **~maˌschi·ne** *f Post*: stamp cancel(l)ing machine.

stem·peln [ˈʃtɛmpəln] **I** *v/t* ⟨h⟩ **1.** *allg.* stamp, (*Briefe etc*) postmark, (*Briefmarke*) cancel, (*Silber, Gold etc*) hallmark; *fig.* **j-n zu et. ~** stamp (*b.s.* brand *od.* stigmatize) s.o. as s.th. **II** *v/i* **2.** *colloq.* **~ gehen** be (*od.* go) on the dole. **3.** **bei Arbeitsantritt (Arbeitsende) ~** (*Stempeluhr betätigen*) clock in (*od.* on) (out *od.* off).

ˈStem·pel|paˌpier *n* stamped paper. **♀ˌpflich·tig** *adj* subject to stamp duty. **~ˌschnei·der** *m* ⟨-s; -⟩ *tech.* die sinker. **~ˌsteu·er** *f* stamp duty (*bes. Am.* tax). **~ˌuhr** *f* time clock.

Sten·ge [ˈʃtɛŋə] *f* ⟨-; -n⟩ *mar.* topmast.

Sten·gel [ˈʃtɛŋəl] *m* ⟨-s; -⟩ *bot.* stalk, stem; *colloq.* **fall nicht vom ~** don't fall off!, (*bleib senkrecht*) keep upright!, *fig.* keep your hair (*od.* shirt) on!; **da fiel ich fast vom ~** you could have knocked me down with a feather. **~ˌblatt** *n* stem (*od.* cauline) leaf.

Ste·no [ˈʃteːno] *f* ⟨-; *no pl*⟩ *colloq. short for* Stenographie. **~ˌblock** *m colloq. short for* Stenogrammblock.

Ste·no·gramm [ʃtenoˈgram] *n* ⟨-s; -e⟩ shorthand notes *pl*; **ein ~ aufnehmen** take (down) shorthand notes; **das Diktat in ~ aufnehmen** take the dictation down in shorthand. **~ˌblock** *m* shorthand pad.

Ste·no|graph [ʃtenoˈgraːf] *m* ⟨-en; -en⟩ shorthand writer, stenographer. **~graˈphie** [-graˈfiː] *f* ⟨-; -n [-ən]⟩ shorthand, stenography. **♀graˈphie·ren** [-graˈfiːrən] **I** *v/t* ⟨*no* ge-, h⟩ take (*od.* put, write) *s.th.* (down) in shorthand. **II** *v/i* write in shorthand, take (down) shorthand notes; **können Sie ~?** can you do shorthand? **~graˈphier·maˌschi·ne** *f* stenotype (machine), stenotyper. **~ˈgra·phin** *f* ⟨-; -nen⟩ shorthand writer, stenographer. **♀ˈgra·phisch I** *adj* shorthand, stenographic. **II** *adv* in shorthand, stenographically; **et. ~ aufnehmen** → stenographieren I.

Ste·no·kar·die [stenokarˈdiː; ʃte-] *f* ⟨-; -n [-ən]⟩ *med.* angina pectoris, stenocardia.

ˈSte·no|kon·toˌri·stin *f* shorthand clerk. **~se·kre·tä·rin** *f* shorthand secretary. **~ˌstift** *m* shorthand pencil.

Ste·no|ty·pie [ʃtenotyˈpiː] *f* ⟨-; -n [-ən]⟩ stenotypy. **♀tyˈpie·ren** [-rən] *v/t u. v/i* ⟨*no* ge-, h⟩ stenotype. **~tyˈpist** [-tyˈpɪst] *m* ⟨-en; -en⟩. **~tyˈpi·stin** *f* ⟨-; -nen⟩ shorthand typist.

ˈSten·torˌstim·me [ˈʃtɛntɔr-; ˈstɛn-] *f* stentorian voice.

Stenz [ʃtɛnts] *m* ⟨-es; -e⟩ *colloq.* fop, dandy.

Step [ʃtɛp; stɛp] (*Engl.*) *m* ⟨-s; -s⟩ tap-dance. **~ˌei·sen** *n am Schuh*: taps *pl.*

ˈStepp|ˌan·o·rak *m* quilted anorak. **~ˌdecke** (*getr.* -k·k-) *f* quilt, eiderdown, *Am. a.* comforter.

Step·pe [ˈʃtɛpə] *f* ⟨-; -n⟩ *geogr.* steppe, *in Nordamerika*: prairie, *in Südamerika*: pampa.

step·pen[1] [ˈʃtɛpən] *v/t* ⟨h⟩ (*Naht etc*) stitch, (*wattierten Stoff, Decke etc*) quilt.

ˈstep·pen[2] *v/i* ⟨h⟩ tap-dance.

ˈStep·pen|ˌfuchs *m* corsac. **~ˌwolf** *m* coyote, prairie wolf.

ˈStep·per *m* ⟨-s; -⟩ → Steptänzer.

Step·peˈrei *f* ⟨-; -en⟩ stitching, quilting.

ˈSteppˌjacke (*getr.* -k·k-) *f* quilted jacket.

Stepp·ke [ˈʃtɛpkə] *m* ⟨-(s); -s⟩ *dial. colloq.* (little) laddie, shortie.

ˈSteppˌnaht *f* quilting seam.

ˈStep|ˌtanz *m* tap dance. **~ˌtän·zer** *m*, **~ˌtän·ze·rin** *f* tap-dancer.

ˈSter·be|ˌal·ter *n* age of death. **~ˌbett** *n* (**auf dem ~ liegen** be on one's) deathbed. **~ˌbuch** *n* register of deaths. **~ˌda·tum** *n* date of *s.o.'s* death. **~ˌfall** *m* death, decease, *med.* exitus; *jur.* **im ~(e)** in (the) case (*od.* in the event) of death; **wir hatten e-n ~ in der Familie** we had a death in the family. **~ˌfall·verˌsi·che·rung** *f* death insurance, insurance payable at death. **~ˌgeld** *n* death benefit. **~ˌgeld·verˌsi·che·rung** *f* death benefit insurance, burial insurance. **~ˌglocke** (*getr.* -k·k-) *f* funeral (*od.* death) bell, knell. **~ˌhemd** *n* shroud. **~ˌhil·fe** *f* **1.** → Sterbegeld. **2.** *med.* euthanasia, mercy killing. **~ˌjahr** *n* year of *s.o.'s* death. **~ˌkas·se** *f* burial fund. **~ˌla·ger** *n* → Sterbebett.

ster·ben [ˈʃtɛrbən] **I** *v/i* ⟨stirbt, starb, gestorben, sein⟩ **1.** die, *lit.* expire, *jur.* decease, (*umkommen*) be killed, perish; **jung** (*od.* **in jungen Jahren**) **~** die young; **als Christ ~** die a Christian; **leicht (schwer) ~** have an easy (a hard) death; **e-s natürlichen (gewaltsamen) Todes ~** die a natural (violent) death; **an e-r Lungenentzündung ~** die of pneumonia; **an e-r Wunde ~** die from a wound; **an den Folgen e-s Unfalls ~** die as the result of an accident; **an gebrochenem Herzen ~** die of a broken heart; **durch j-n** (*od.* **j-s Hand**) **~** die (*od.* be killed) by s.o. (*od.* s.o.'s hand); **~ für die** (*od.* give one's life) for; *colloq.* **ich bin vor Angst fast gestorben** I nearly died with fright; **vor Neugierde (fast) ~** be dying with curiosity; **sie wäre vor Langeweile fast gestorben** she was bored to death (*od.* tears); **so leicht** (*od.* **schnell**) **stirbt man nicht** you'll survive it; **du wirst schon nicht daran ~** it won't kill you; **der ist für mich gestorben** he no longer exists for me, I'm through with him; **das** (*dieser Plan etc*) **ist gestorben!** that's out!; *Film*: *sl.* **gestorben!** that's in the bag!, okay!; **und wenn sie nicht gestorben sind, so leben sie noch heute** and they lived happily ever after. **II ♀** *n* ⟨-s⟩ **2.** dying (*etc*); **im ♀ liegen** be dying, be at death's door; **das große ♀** widespread deaths *pl*; **zum Leben zuwenig und zum ♀ zuviel** just enough to keep the wolf from the door; *colloq.* **ich fand die Party zum ♀ langweilig** the party bored me to death (*od.* stiff, blind). **3.** (*Sterblichkeit*) mortality, death rate. **4.** (*Tod*) death, *lit.* demise, *bes. jur.* decease.

ˈSter·ben·de *m, f* ⟨-n; -n⟩ dying person.

ˈSter·bens|ˌangst *f* mortal fear, (utter) terror. **♀ˈelend** *adj colloq.* wretched; **mir ist ~, ich fühle mich ~** I feel ghastly. **♀ˈkrank** *adj* mortally ill. **♀ˈlangˌwei·lig** *adj colloq.* deadly dull, terribly boring; **die Party war ~** *a.* the party bored me stiff (*od.* to death, to tears). **♀ˈmü·de** *adj colloq.* dead-beat, ready to drop. **~ˌsee·le** *f colloq.* **k-e ~** not a (living) soul. **~ˌwort, ~ˌwört·chen** *n colloq.* **kein ~** not a single word, not a syllable; **er hat (mir) kein ~ davon gesagt** *a.* he didn't breathe a word of it (to me).

ˈSter·be|ˌort *m* ⟨-(e)s; -e⟩ place of death. **~reˌgi·ster** *n* register of deaths.

~sa·kraˌmen·te *pl* **die ~ erhalten** receive the last rites; **j-n mit den ~n versehen** administer the last rites to s.o. **~ˌstun·de** *f* hour of *s.o.'s* death. **~ˌtag** *m* day of *s.o.'s* death, deathday. **~ˌurˌkun·de** *f* death certificate. **~ˌzif·fer** *f* mortality (rate), death rate. **~ˌzim·mer** *n* death chamber.

sterb·lich [ˈʃtɛrplɪç] **I** *adj* mortal; **die ~en Überreste, die ~e Hülle** the mortal remains *pl.* **II** *adv colloq.* (*sehr*) awfully, terribly; **~ in j-n verliebt sein** be desperately in love with s.o.; **sich ~ blamieren** make an absolute (*od.* awful) fool of o.s. **ˈSterb·li·che** *m, f* ⟨-n; -n⟩ mortal; *bes. iro.* **der gewöhnliche** (*od.* **normale**) **~** the ordinary man (*od.* mortal), *Br. a.* the man on the Clapham omnibus; **gewöhnliche ~** lesser mortals.

ˈSterb·lich·keit *f* ⟨-; *no pl*⟩ **1.** mortality. **2.** → **~sˌzif·fer** *f* mortality (rate), death rate.

Ste·reo..., ste·reo... *in Zssgn* stereo.

Ste·reo [ˈʃteːreo; ˈsteː-] **I** *n* ⟨-s; -s⟩ *Radio etc*: stereophony, stereo; **in ~** in stereo. **II** *adv* **≈ – auch mono abspielbar** (*Aufschrift*) this record can be played either with stereo or mono equipment. **~aku·stik** [ʃtereoˀaˈkʊstɪk; ste-] *f* ⟨-; *no pl*⟩ stereo(phonic) acoustics *pl* (*als sg konstruiert*). **~ˌanˌla·ge** *f Radio*: stereo set (*od.* unit, system). **~ˌaufˌnah·me** *f* **1.** stereoscopic picture. **2.** stereo record(ing). **~beˌtrach·tungs·geˌrät** *n phot.* stereo viewer. **~ˌbox** *f* stereo speaker. **~che·mie** [stereoçeˈmiː; ʃte-] *f* stereochemistry. **~efˌfekt** *m* **1.** *Radio*: stereo(phonic) effect. **2.** *phot.* stereo(scopic) effect. **~ˌfilm** *m* stereo (-scopic) film. **~geˌrät** *n* stereo (-phonic) set (*od.* tape recorder, record player).

Ste·reo|gra·phie [ʃtereograˈfiː; ste-] *f* ⟨-; -n [-ən]⟩ *math.* stereography. **≈iso'mer** [-ˀizoˈmeːr] *adj chem.* stereoisomeric.

ˈSte·reo|ˌka·me·ra *f* stereo(scopic) camera. **~ˌlautˌspre·cher** *m* stereo (-phonic) (loud)speaker.

Ste·reo|me·trie [ʃtereomeˈtriː; ste-] *f* ⟨-; *no pl*⟩ stereometry, solid geometry. **≈me·trisch** [-ˈmeːtrɪʃ] *adj* stereometric. **≈phon** [-ˈfoːn] **I** *adj* stereo (-phonic). **II** *adv* stereophonically, in stereo. **~pho'nie** [-foˈniː] *f* ⟨-; *no pl*⟩ stereo(phony).

ˈSte·reo|pho·to·gra·phie *f* stereo (-scopic) photography. **~ˌplat·te** *f* stereo(phonic) record.

Ste·reo|skop [ʃtereoˈskoːp; ste-] *n* ⟨-s; -e⟩ stereoscope. **~sko'pie** [-skoˈpiː] *f* ⟨-; *no pl*⟩ stereoscopy. **≈sko·pisch** *adj* stereoscopic. **≈typ** [-ˈtyːp] *adj print.* stereotyped, *fig. Redensarten etc*: *a.* hackneyed; **~e Antworten** *a.* stock answers. **~ty'pie** [-tyˈpiː] *f* ⟨-; *no pl*⟩ stereotypy. **≈ty'pie·ren** [-tyˈpiːrən] stereotype, make a stereotype of.

ˈSte·reoˌwie·derˌga·be *f phot. Radio*: stereo reproduction.

ste·ril [ʃteˈriːl; ste-] *adj a. fig.* sterile.

Ste·ri·li|sa·ti·on [ʃterilizaˈtsɪoːn; ste-] *f* ⟨-; -en⟩ *med.* sterilization. **~'sa·tor** [-ˈzaːtɔr] *m* ⟨-s; -en [-zaˈtoːrən]⟩, **~'sier·ap·paˌrat** *m* sterilizer. **≈'sie·ren** [-ˈziːrən] *v/t* ⟨*no* ge-, h⟩ sterilize. **~'sie·rung** *f* ⟨-; -en⟩ a) sterilizing, b) sterilization. **~'tät** [-ˈtɛːt] *f* ⟨-; *no pl*⟩ *a. fig.* sterility.

Ster·ling [ˈʃtɛrlɪŋ; ˈstɛr-; ˈstɜː-] (*Engl.*) *m* ⟨-s; -e⟩ sterling. **~ˌblock** *m*, **~geˌbiet** *n*, **~ˌraum** *m* sterling area (*od.* bloc).

Stern[1] [ʃtɛrn] *m* ⟨-(e)s; -e⟩ **1.** *allg.* star (*a. fig., a. Orden, zo. Stirnfleck, berühmte Person etc*); *astrol.* **der Einfluß der ~e** the astral (*od.* stellar) influence; **ein Hotel (Kognak) mit drei ~en** a three-star hotel (brandy); *fig.* **in den ~en lesen** read (in) the stars; **das steht noch in den ~en (geschrieben)** it is written in the stars; **nach den ~en greifen** reach for the stars; **er wollte für sie die ~e vom Himmel holen** he promised her the moon; **unter e-m (un)glücklichen ~ geboren sein** be born under a(n un)lucky star; **sie ist mein guter ~** she is my lucky star; **das Vorhaben stand unter e-m ungünstigen ~** the plan stood under an unlucky star (*od.* was ill-fated, ill-starred); **ein neuer (aufgehender) ~ am Filmhimmel** a new (rising) star on the film horizon; **ein ~ am literarischen Himmel** a literary star; **sein ~ ist am Aufgehen (Sinken)** his star is in the ascendant (setting); *colloq.* **~e sehen** see stars. **2.** *print.* star, asterisk. **3.** (*Straßen≈*) multiple crossing, circus.

Stern[2] *m* ⟨-s; -e⟩ *mar.* stern.

ˈStern|ˌanˌbe·ter *m* star-worshipper. **≈beˌsät** *adj poet.* starry, star-spangled, star-studded. **~ˌbild** *n* **1.** *astr.* constellation. **2.** *des Tierkreises*: sign of the zodiac. **~ˌblu·me** *f* aster.

ˈStern·chen *n* ⟨-s; -⟩ **1.** little star, (*a. fig. colloq. Film≈*) starlet. **2.** *print.* asterisk.

ˈStern|ˌdeu·ter *m* astrologer. **~ˌdeu·tung** *f* ⟨-; *no pl*⟩ astrology. **~ˌdreiˌeck·ˌschal·ter** *m electr.* star-delta switch.

ˈSter·nen|ˌbahn *f* orbit of stars. **~ˌban·ner, das** *der USA*: the Star-Spangled Banner, the Stars and Stripes *pl.* **~ˌgucker** (*getr.* -k·k-) *m colloq.* star-gazer. **≈ˌhell** *adj* → **sternenklar**. **~ˌhim·mel** *m* starry sky, firmament. **≈ˌklar** *adj Nacht, Himmel etc*: starry, starlit. **~ˌlicht** *n* ⟨-(e)s; *no pl*⟩ starlight. **≈los** *adj Nacht, Himmel etc*: starless, without stars. **~ˌmeer** *n poet.* sea of stars. **~ˌschein** *m* starlight. **~ˌzelt** *n poet.* firmament.

ˈStern|ˌfahrt *f* (motor) rally. **~ˌflug** *m* air(plane) rally. **≈ˌför·mig** *adj* star-shaped, (*strahlig*) radial, *bot.* stellate. **~ˌfor·scher** *m* astronomer. **≈geˌschal·tet** *adj electr.* star-(*od.* Y-)connected. **~geˌwöl·be** *n arch.* star(-ribbed) vault. **~ˌgucker** (*getr.* -k·k-) *m colloq.* star-gazer. **≈ha·gel·be'sof·fen, ≈ha·gel'blau, ≈ha·gel'voll** *adj colloq.* dead (*od.* blind) drunk, sloshed, sozzled; **~ sein** *a.* be (*od.* have) three sheets in the wind. **~ˌhai** *m* smooth dogfish (*od.* hound). **~ˌhau·fen** *m* cluster (of stars), star cluster. **≈ˌhell** *adj* → **sternenklar**. **~ˌhim·mel** *m* → **Sternenhimmel**. **~ˌhö·henˌmes·ser** *m* astrolabe. **~ˌjahr** *n* sidereal year. **~ˌkar·te** *f* celestial (*od.* star) chart. **≈ˌklar** *adj* → **sternenklar**. **~ˌkun·de** *f* astronomy. **~ˌkun·di·ge** *m, f* ⟨-n; -n⟩ astronomer. **~ˌlicht** *n* starlight. **≈los** *adj* → **sternenlos**. **~maˌte·rie** *f phys.* stellar matter. **~ˌmo·tor** *m* radial (cylinder) engine. **~ˌne·bel** *m astr.* star cloud, stellar nebula. **~ˌort** *m* star place, star position. **~phyˌsik** *f* astrophysics *pl* (*als sg konstruiert*). **~ˌpunkt** *m electr.* star point. **~ˌpunkt·ˌlei·ter** *m* neutral conductor. **~ˌrad·geˌtrie·be** *n* star-wheel gear. **~ˌschal·tung** *f electr.* star (*od.* Y) connection. **~ˌschnup·pe** *f* meteor, shooting (*od.* falling) star. **~ˌschnup·penˌre·gen** *m* star (*od.* meteoric) shower. **~ˌschritt** *m Basketball*: (*a.* **e-n ~ machen**) pivot. **~ˌsin·ger** *m meist pl* epiphany carol singer. **~ˌspan·nung** *f electr.* voltage to neutral. **~ˌstrah·lung** *f* stellar radiation. **~ˌstun·de** *f* **1.** *astr.* sidereal hour. **2.** *fig.* a) great moment in history, historic moment, b) peak (*od.* height) of glory. **~syˌstem** *n* stellar system, *weitS.* galaxy. **~ˌta·fel** *f* star (*od.* astronomical) chart. **~ˌtag** *m* star (*od.* sidereal) day.

Ster·num [ˈstɛrnʊm; ˈʃtɛr-] *n* ⟨-s; Sterna [-na]⟩ *anat.* sternum, breastbone.

ˈStern|ˌwar·te *f* (astronomical) observatory. **~ˌzei·chen** *n* **1.** *astrol.* sign (of the zodiac). **2.** *print.* asterisk, star. **~ˌzeit** *f* star (*od.* sidereal) time.

Sterz [ʃtɛrts] *m* ⟨-es; -e⟩ **1.** *orn.* tail. **2.** (*Pflug≈*) ploughtail, *Am.* plowtail.

stet [ʃteːt] *adj* → **stetig** I, **Tropfen** 3.

Ste·tho·skop [stetoˈskoːp; ʃte-] *n* ⟨-s; -e⟩ *med.* stethoscope.

ˈste·tig I *adj* (*andauernd*) lasting, enduring, (*beständig*) constant, continual, perpetual, (*gleichmäßig*) steady; **~er Fleiß** assiduity. **II** *adv* constantly, continuously, perpetually. **≈keit** *f* ⟨-; *no pl*⟩ steadiness, (*Beharrlichkeit*) persistence, constancy.

stets [ʃteːts] *adv* always, (*jedesmal*) *a.* invariably, every (*od.* each) time.

Steu·er[1] [ˈʃtɔʏər] *n* ⟨-s; -⟩ **1.** *mot.* (steering) wheel; **am** (*od.* **hinter dem**) **~ sitzen** be at the wheel, drive; **das ~ herumwerfen** (*od.* **herumreißen**) swing (*od.* wrench) the wheel round, *fig.* change course radically. **2.** *mar.* helm, rudder; **am ~ stehen** be at the helm; *a. fig.* **das ~ fest in der Hand haben** be firmly in control; **das ~ übernehmen** take over at the wheel (*fig.* helm). **3.** *aer.* controls *pl*, control surface, (*Seiten≈*) rudder.

ˈSteu·er[2] *f* ⟨-; -n⟩ *staatliche*: tax (**auf** *acc* on), (*Kommunal≈*) rate, *Am.* local tax, *indirekte*: duty, *veranlagte*: assessment, *pl* (*Besteuerung*) taxes, taxation *sg*; **vor (nach) Abzug der ~n** before (after) tax; **Gewinn vor (nach) Abzug der ~n** before-tax (*od.* pretax) (after-tax) profit; **frei von ~n** tax-free, tax-exempt, free of (*od.* exempt from) tax(ation); **et. mit e-r ~ belegen, e-e ~ auf et. legen** levy (*od.* put, impose) a tax on s.th., tax s.th.; **j-m e-e ~ auferlegen, j-n mit e-r ~ belegen** tax s.o.; **~n einziehen** (*od.* **einnehmen, erheben**) collect taxes; **der ~ unterliegen** be taxable, be liable to taxation; **(die) ~n hinterziehen** defraud (*od.* evade) the tax; **500 Mark ~n im Jahr** 500 marks a year in tax. **~ˌabˌkom·men** *n* tax convention. **~ˌabˌzug** *m* deduction of tax, tax deduction. **~am·neˌstie** *f* tax (*od.* fiscal) amnesty. **~ˌanˌglei·chung** *f* tax adjustment.

ˈSteu·er|ˌanˌla·ge *f* steering mechanism, control gear. **~ˌanˌwei·sung** *f Computer*: control statement.

ˈSteu·er|ˌaufˌkom·men *n* tax returns *pl* (*od.* yield), inland (*bes. Am.* internal) revenue. **~ˌaufˌschlag** *m* supplementary tax, surtax. **~ˌaufˌsicht** *f* tax control. **~ˌausˌfall** *m* shortfall in (*od.* loss of) (tax) revenue. **~ˌausˌgleich** *m* tax equalization.

ˈsteu·er·bar[1] *adj allg.* controllable, *Auto etc*: steerable, manœuvrable, *Am.* maneuverable, *Luftschiff*: dirigible.

ˈsteu·er·bar[2] *adj* → **steuerpflichtig** 1.

ˈSteu·er·beˌam·te *m* revenue officer.

ˈSteu·er·beˌfehl *m Computer*: control command.

ˈSteu·er|be·frei·ung *f* tax exemption, exemption from taxes. **≈beˌgün·stigt** *adj* enjoying tax privileges, tax-privileged; **~es Sparen** tax-linked saving. **~beˌgün·sti·gung** *f* tax privilege, tax relief, tax concession(s *pl*), tax break. **~beˌhör·de** *f* tax authorities *pl.* **~beˌla·stung** *f* taxation, tax burden. **~beˌmes·sungsˌgrundˌla·ge** *f* basis for the assessment (of tax). **~beˌra·ter** *m* tax adviser (*od.* consultant, expert). **~beˌscheid** *m* notice of assessment, tax bill. **~beˌstim·mung** *f* tax regulation. **~beˌtrug** *m* tax fraud. **~beˌzirk** *m* assessment (*od.* revenue) area. **~biˌlanz** *f* balance sheet for taxation purposes, tax balance.

ˈSteu·er|ˌbord *n* ‹-(e)s; -e› *mar.* starboard. **≈bord(s)** *adv* to starboard, to the right. **~ˌbordˌsei·te** *f* starboard (side).

ˈSteu·er|deˌlikt *n* tax offen/ce (*Am.* -se). **~ˌdruck** *m* burden of taxation, tax burden. **~ˌeinˌkom·men** *n*, **~ˌeinˌkünf·te** *pl*, **~ˌeinˌnah·men** *pl* → Steueraufkommen. **~ˌeinˌneh·mer** *m* tax collector. **~entˌla·stung** *f* tax relief. **~erˌhe·bung** *f* imposition (*od.* levy, raising) of taxes. **~erˌhö·hung** *f* increase in taxation. **~erˌklä·rung** *f* tax return (*od.* declaration); **e-e ~ abgeben** send in one's tax return. **~erˌlaß** *m* remission of taxes, tax remission. **~erˌleich·te·rung** *f* tax relief (*od.* concession). **~erˌmä·ßi·gung** *f* tax rebate (*od.* allowance). **~erˌmitt·lung** *f* ascertainment of taxes. **~erˌspar·nis** *f* saving of taxes. **~erˌstat·tung** *f* refund of (overpaid) tax. **~erˌtrag** *m* → Steueraufkommen. **~exil** [-ˀɛˌksiːl] *n* tax exile. **~ˌfahn·der** *m* revenue investigator. **~ˌfahn·dung** *f* (*Behörde*: bureau of) investigation of (suspected) tax evasion. **~ˌfehl·beˌtrag** *m* tax deficit. **~ˌfest·ˌset·zung** *f* → Steuerveranlagung.

ˈSteu·er|ˌflä·che *f aer.* control surface. **~ˌflos·se** *f* fin.

ˈSteu·er|ˌflucht *f* tax evasion (by absconding). **≈frei** *adj* tax-free, tax-exempt, *Waren*: duty-free. **~ˌfrei·beˌtrag** *m* tax-free allowance. **~ˌfrei·ˌgren·ze** *f* limit of tax exemption. **~ˌfrei·heit** *f* exemption (*für Diplomaten etc*: immunity) from taxes (*od.* taxation). **~ˌgel·der** *pl* tax money *sg* (*od.* receipts).

ˈSteu·er·geˌrät *n tech.* control (mechanism *od.* device).

ˈSteu·er|geˌrech·tig·keit *f* equity of taxation, fiscal equality. **~geˌsetz** *n* tax (*Am.* revenue) law. **~geˌsetzˌge·bung** *f* tax legislation, tax laws *pl.*

ˈSteu·erˌgit·ter *n electr.* control grid.

ˈSteu·er|ˌgläu·bi·ger *m* tax creditor. **~ˌgleich·heit** *f* fiscal equality. **~ˌgrundˌla·ge** *f* basis of assessment (*od.* taxation). **~ˌgrup·pe** *f* tax group (*od.* bracket).

ˈSteu·erˌhe·bel *m aer.* control lever.

ˈSteu·er|ˌhin·terˌzie·her *m* tax evader, tax dodger. **~ˌhin·terˌzie·hung** *f* tax evasion, tax fraud. **~ˌho·heit** *f* tax sovereignty. **~ˌjahr** *n* tax year. **~ˌkar·te** *f* (wage) tax card. **~ˌklas·se** *f* tax group (*od.* bracket).

ˈSteu·er|ˌknüp·pel *m aer.* (control) stick, *colloq.* joystick. **~ˌkreis** *m electr.* control circuit. **~ˌkurs** *m aer. mar.* heading. **~ˌkur·ve** *f tech.* cam.

ˈSteu·erˌlast *f* tax burden.

ˈsteu·er·lich I *adj* tax, (of) taxation, revenue; **aus ~en Gründen** for tax reasons; **~e Vergünstigung** tax break. **II** *adv* **~ begünstigt** tax-privileged; **et. ~ erfassen** make s.th. taxable, impose (*od.* levy, lay) a tax on s.th.; **~ günstig** with low tax liability; **et. ~ veranlagen** assess s.th. (for taxation).

ˈsteu·er·los *adj mar.* rudderless, out of control, *fig.* leaderless, helpless.

ˈSteu·erˌmann *m* ‹-(e)s; -männer *u.* -leute› **1.** *mar.* helmsman, steersman, *Am.* wheelsman, (*Rang*) *Handelsmarine*: mate, *Kriegsmarine*: chief quartermaster. **2.** *Rudern*: cox(swain); **mit (ohne) ~** coxed (coxless). **~sˌmaat** *m mar. mil.* quartermaster's mate. **~s·paˌtent** *n* mate's certificate.

ˈSteu·er|ˌmar·ke *f* **1.** (revenue *od.* tax) stamp. **2.** (*Hundemarke*) dog's licence disc. **~ˌmeßˌzahl** *f* tax index number. **~ˌmit·tel** *pl* tax money *sg* (*od.* receipts). **~moˌral** *f* taxpayer honesty.

steu·ern [ˈʃtɔʏərn] **I** *v/t* ‹h› **1.** *allg.* steer, *mot. a.* drive, *mar. a.* navigate, head, *als Lotse*: pilot, *aer. a.* navigate, pilot; **wer steuerte den Wagen?** who was driving the car?, who was at the wheel? **2.** *tech.* control, (*Maschine etc*) *a.* work, actuate. **3.** *Radio*: (*Ton*) modulate. **4.** *fig.* (*lenken*) steer, guide, direct; **die Unterhaltung in die gewünschte Richtung ~** steer (*od.* turn) the conversation in the desired direction. **II** *v/i* ‹h *u.* sein› **5.** ‹h› *mot.* drive, steer, be at the wheel. **6.** *mar.* a) ‹h› steer, b) ‹sein› (**nach** for) steer, head, be bound; **nach Süden ~** be steering (*od.* heading) south. **7.** ‹sein› *fig.* head (**in** *acc*, **nach** for); **sie ~ direkt in ihr Unglück** they are heading straight for disaster. **8.** ‹h› *lit.* **e-r Sache ~** (*Einhalt gebieten*) check (*od.* control, curb) s.th., *vorbeugend*: obviate s.th., ward s.th. off, (*abhelfen*) remedy s.th. **III ≈** *n* ‹-s› **9.** steering (*etc*).

ˈSteu·er|ˌnachˌfor·de·rung *f* subsequent tax claim. **~ˌnachˌlaß** *m* tax rebate.

ˈsteu·ernd *adj* regulative (*effect, etc*).

ˈSteu·erˌnocken (*getr.* -k·k-) *m tech.* cam.

ˈSteu·er|oa·se [-ˀoˌaːzə] *f* tax haven (*od.* shelter). **~ˌord·nung** *f* system of taxation. **~pa·raˌdies** *n* → Steueroase. **~pauˌscha·le** *f* lump sum tax. **~ˌpfän·dung** *f* distraint (*od.* distress) for taxes overdue. **~ˌpflicht** *f* liability to pay taxes, tax liability. **≈ˌpflich·tig** *adj* **1.** liable (*od.* subject) to taxation, taxable, assessable, *für Gemeindesteuern*: rat(e)able. **2.** *Waren*: dutiable. **~ˌpflich·ti·ge** *m, f* ‹-n; -n› taxpayer. **~po·liˌtik** *f* fiscal policy. **≈po·liˌtisch** *adj u. adv* relating to (*od.* under) fiscal policy, fiscal; **aus ~en Gründen** for tax reasons.

ˈSteu·er·proˌgramm *n Computer*: executive routine.

ˈSteu·er|pro·gres·siˌon *f* progressive taxation. **~ˌprü·fer** *m* tax auditor. **~ˌprü·fung** *f* tax audit.

ˈSteu·erˌpult *n* **1.** *electr. tech.* control desk. **2.** *Computer*: console, control panel.

ˈSteu·er|ˌquel·le *f* tax (re)source. **~ˌquo·te** *f* per capita tax burden.

ˈSteu·erˌrad *n* **1.** *mar. mot.* (steering) wheel. **2.** *tech. mit Nocken*: timing gear.

ˈSteu·er|ˌrecht *n* tax law. **≈ˌrecht·lich** *adj u. adv* relating to (*od.* under) the tax laws, fiscal. **~reˌform** *f* tax reform.

ˈSteu·er|reˌlais *n electr.* control (*od.* pilot) relay. **~ˌröh·re** *f Radio*: modulating valve (*Am.* tube).

ˈSteu·er|ˌrück·erˌstat·tung *f* tax refund. **~ˌrückˌla·ge** *f* → Steuerrückstellung. **~ˌrückˌstän·de** *pl* tax arrears. **~ˌrückˌstel·lung** *f* tax reserve. **~ˌrück·verˌgü·tung**, **~ˌrückˌzah·lung** *f* tax refund.

ˈSteu·erˌru·der *n* **1.** → Steuer[1] 2. **2.** *aer.* control surface.

ˈSteu·er|ˌsa·che *f* tax matter; **Helfer in ~n** tax adviser. **~ˌsatz** *m* tax rate, rate of assessment.

ˈSteu·er|ˌsäu·le *f* **1.** → Lenksäule. **2.** *aer.* control column. **~ˌschal·ter** *m electr.* control switch.

ˈSteu·er|ˌschrau·be *f fig.* **die ~ anziehen (lockern)** tighten (loosen) the tax screw (*od.* tax squeeze). **~ˌschuld** *f* tax(es *pl*) due, tax liability; **aufgelaufene ~** accrued taxes *pl.* **~ˌschuld·ner** *m* tax debtor. **~ˌsen·kung** *f* tax reduction. **~ˌsen·kungs·proˌgramm** *n* tax reduction (*od.* abatement) program(me).

ˈSteu·er|siˌgnal *n Computer*: control signal. **~ˌspan·nung** *f electr.* control voltage. **~ˌspur** *f* control track. **~ˌstab** *m im Reaktor*: control rod.

ˈSteu·er|ˌstaf·fe·lung *f* tax graduation (*od.* progression). **~ˌstun·dung** *f* tax deferment.

ˈSteu·er·syˌstem[1] *n tech.* control system.

ˈSteu·er|syˌstem[2] *n* system of taxation, tax system. **~taˌbel·le** *f* tax table. **~taˌrif** *m* tax scale. **≈ˌtech·nisch** *adj* tax (-ation), revenue. **~ˌträ·ger** *m* taxpayer. **~überˌtre·tung** *f* minor offen/ce (*Am.* -se) against tax regulations. **~ˌumˌge·hung** *f erlaubte*: tax avoidance.

ˈSteue·rung *f* ‹-; -en› **1.** → steuern 9. **2.** → Lenkung 2. **3.** *tech. allg.* control, (*Anlage*) control system (*od.* mechanism), (*Bauteil*) control gear. **4.** *aer.* controls *pl*, control system. **5.** *fig.* (*Lenkung*) steering, management, (*a. Bekämpfung*) control, (*Abwehr*) obviation, warding off, (*Abhilfe*) remedying. **~sˌme·cha·ˌnis·mus** *m* control mechanism.

ˈSteu·er·venˌtil *n tech.* control valve.

ˈSteu·er|verˌanˌla·gung *f* (tax) assessment. **~verˌge·hen** *n* tax offen/ce (*Am.* -se). **~verˌgün·sti·gung** *f* → Steuerbegünstigung. **~verˌwal·tung** *f* **1.** tax (*od.* fiscal) administration. **2.** → Steuerbehörde. **~vorˌausˌzah·lung** *f* advance tax instal(l)ment (*od.* payment). **~ˌvorˌteil** *m meist pl* tax advantage.

ˈSteu·er|ˌwel·le *f tech.* control shaft, camshaft. **~ˌwerk** *n Computer*: control unit.

ˈSteu·er|ˌwert *m* taxable value. **~ˌwe·sen** *n* ‹-s; *no pl*› tax system. **~ˌzah·ler** *m* taxpayer; *colloq.* **der brave ~** Johnny Taxpayer. **~ˌzah·lung** *f* tax payment, payment of taxes. **~ˌzuˌschlag** *m* surtax.

Ste·ven [ˈʃteːvən] *m* ‹-s; -› *mar.* (*Vor≈*) stem, (*Achter≈*) stern.

Ste·ward [ˈstjuːərt; ˈʃtjuː-] *m* ‹-s; -s› *aer. mar.* steward. **Ste·war·deß** [ˈstjuːərdɛs; ˈʃtjuːərdɛs; -ˈdɛs] *f* ‹-; -dessen› stewardess, *a.* air hostess.

sti·bit·zen [ʃtiˈbɪtsən] *v/t* ‹*no* ge-, h› *colloq.* pinch, swipe, *Am. a.* snitch.

stich [ʃtɪç] *imp sg of* **stechen.**

Stich *m* ‹-(e)s; -e› **1.** (*Nadel≈ etc*) prick, *bes. med.* puncture, *e-s Insekts*: sting, (*Floh≈, Mücken≈*) bite, (*Messer≈ etc*) stab, thrust, (*~wunde*) stab (wound *od.* mark). **2.** (*Näh≈, Stick≈*) stitch; **mit großen (kleinen) ~en nähen** make loose (close) stitches. **3.** (*stechender Schmerz*) sharp (*od.* shooting) pain, twinge, (*Seiten≈*) stitch, (*seelischer Schmerz*) pang, stab, sting, *stärker*: wrench; **das gab ihm e-n ~ (ins Herz)** it cut (*od.* jolted) him to the quick. **4.** *fig.* (*boshafte Bemerkung*) dig, gibe, jibe, taunt. **5.** *fig.* **~ halten** hold water, be valid, be sound; **e-r Nachprüfung (nicht) ~ halten** (not to) stand up to close scrutiny. **6. im ~ lassen** abandon, **j-n:** *a.* desert (*lit.* forsake) s.o., leave s.o. in the lurch, let s.o. down, *colloq.* leave s.o. holding the baby; *fig. colloq.* **sein Gedächtnis (Auto) läßt ihn oft im ~** his memory (car) often lets him down. **7. e-n ~ haben** *Milch, Fleisch etc*: have gone off, *Farbe*: have a tinge (*od.* touch), *fig. colloq. Person*: be a bit touched (*od.* cracked); **das Rot hat e-n ~ ins Blaue** the red has a blue tinge (*od.* a tinge of blue); **du hast wohl e-n**

(kleinen) ~! have you gone crackers? **8.** *Kunst*: engraving. **9.** *Kartenspiel*: trick; alle ~e machen win all tricks; *fig. colloq., bes. Sport*: k-n ~ gegen j-n machen not to stand the ghost of a chance against s.o. **10.** *metall.* pass. **11.** *mar.* (*Knoten*) knot. **12.** *arch.* camber, hog. **13.** *bei Negativ, Dia*: colo(u)r aberration, cast. **~ˌbahn** *f rail.* branch terminal line. **~ˌbal·ken** *m arch.* dragon beam. **~ˌblatt** *n* **1.** *am Degen etc*: guard. **2.** → Trumpfkarte.

Sti·chel [ˈʃtɪçəl] *m* ⟨-s; -⟩ *Kunst*: style, graver, *tech.* cutter (bit), *für Holz*: grooving-tool.

Sti·cheˈlei *f* ⟨-; -en⟩ **1.** taunting, needling. **2.** *meist pl* dig, gibe, jibe, taunt, quip.

sti·cheln [ˈʃtɪçəln] **I** *v/i* ⟨h⟩ **1.** *fig.* needle, make digs (*od.* gibe, jibe) (gegen at), taunt. **2.** sew with small stitches. **II** ≗ *n* ⟨-s⟩ **3.** needling (*etc*); → *a.* Stichelei.

ˈStich|entˌscheid *m* **1.** *pol.* (decision by a) final (*Am.* runoff) ballot. **2.** *Sport*: (result reached by a) deciding contest (→ *a.* Stichkampf). **≗ˌfest** *adj* → hieb- und stichfest. **~ˌflam·me** *f* darting flame, jet of flame, *tech.* pointed jet flame.

ˈstichˌhal·tig I *adj Gründe, Einwand etc*: sound, valid, solid, *Entschuldigung etc*: watertight; s-e Theorie ist nicht ~ his theory does not hold water. **II** *adv* et. ~ beweisen give cast-iron proof for s.th. **≗keit** *f* ⟨-; *no pl*⟩ soundness, validity.

ˈsti·chig *adj Milch etc*: bad, ⟨*pred*⟩ off.

ˈStich|ˌkampf *m Sport*: deciding contest, decider, *beim Spiel*: play-off, *beim Lauf*: run-off, *beim Springen*: jump-off, *beim Schießen*: shoot-off. **~ˌka·nal** *m* branch canal.

ˈStich·ler *m* ⟨-s; -⟩ giber, jiber, taunter.

ˈStich·ling *m* ⟨-s; -e⟩ *ichth.* stickleback.

ˈStich|ˌloch *n metall.* taphole. **~ˌpro·be** *f* spot check, *bes. Statistik*: random test (*od.* sample), *Rechnungsprüfung*: sample audit; ~n machen spot-check, take random samples. **~ˌsä·ge** *f* compass (*od.* pad) saw. **~ˌtag** *m* fixed day (*od.* date), date set, (*letzter Termin*) deadline, cutoff (date). **~verˌlet·zung** *f* → Stichwunde. **~ˌwaf·fe** *f* stabbing (*od.* thrust) weapon. **~ˌwahl** *f pol.* final (*od.* decisive, *Am.* runoff) ballot, *Am. a.* runoff. **~ˌwort**[1] *n* ⟨-(e)s; ¨-er⟩ **1.** *im Lexikon*: keyword, entry (word), headword. **2.** (*Kolumnentitel*) catchword. **~ˌwort**[2] *n* ⟨-(e)s; -e⟩ **1.** *bes. thea.* cue; ~ „Umwelt!" à propos (*od.* speaking of) "Environment"! **2.** (*Notiz*) sich (*dat*) ein paar ~e aufschreiben (*od.* machen) note down a few main (*od.* basic) points. **≗wortˌar·tig** *adj u. adv* abbreviated, in brief outlines, stating the (*od.* a few) main points. **~ˌwort·verˌzeich·nis** *n* index. **~ˌwun·de** *f* stab (wound), thrust.

ˈStickˌar·beit *f* embroidery (work).

sticken (*getr.* -k·k-) [ˈʃtɪkən] *v/t u. v/i* ⟨h⟩ embroider, stitch. **Sticke'rei** (*getr.* -k·k-) *f* ⟨-; -en⟩ embroidery. **ˈSticke·rin** (*getr.* -k·k-) *f* ⟨-; -nen⟩ embroiderer, embroideress. **ˈStickˌgarn** *n* embroidery cotton.

ˈStickˌhu·sten *m* whooping cough.

ˈstickig (*getr.* -k·k-) **I** *adj* stifling, close, stuffy. **II** *adv* ~ heiß stifling hot.

ˈStick|ˌmu·ster *n* embroidery pattern. **~ˌna·del** *f* embroidery needle. **~oxid** [-ʔɔˌksiːt], **~oxyd** [-ʔɔˌksyːt] *n* → Stickstoffmonoxid. **~oxyˌdul** *n* → Lachgas. **~ˌrah·men** *m* embroidery frame.

ˈStickˌstoff *m* ⟨-(e)s; *no pl*⟩ *chem.* nitrogen. **≗ˌarm** *adj Stahl*: low-nitrogen, poor in nitrogen. **~di·oxid** [-diʔɔˌksiːt], **~di·oxyd** [-diʔɔˌskyːt] *n chem.* nitrogen dioxide. **~ˌdün·ger** *m* nitrogenous fertilizer. **≗ˌfrei** *adj* nitrogen-free. **≗ˌhal·tig** *adj* nitrogenous. **~ˌkreisˌlauf** *m biol. chem.* nitrogen cycle. **~mon·oxid** [-monɔˌksiːt], **~mon·oxyd** [-monɔˌksyːt] *n* nitrogen oxide. **~phosˌphat** *n* nitrogenous phosphate. **≗reich** *adj* rich in nitrogen, with high nitrogen content. **~verˌbin·dung** *f* nitrogen compound. **~ˌwas·serˌstoff** *m* hydrogen nitride. **~ˌwas·serˌstoffˌsäu·re** *f* hydrazoic acid.

stie·ben [ˈʃtiːbən] *v/i* ⟨stiebt, stob, *a.* stiebte, gestoben, *a.* gestiebt, sein *u.* h⟩ **1.** *Funken etc*: fly (about in all directions), *Wassertropfen*: *a.* spray. **2.** ⟨sein⟩ *Person*: race, dash; in alle Richtungen ~ scatter in all directions.

ˈStiefˌbru·der [ˈʃtiːf-] *m* stepbrother.

Stie·fel [ˈʃtiːfəl] *m* ⟨-s; -⟩ **1.** boot, *des Anglers etc*: wader, wading (*od.* hip) boot; (hohe) ~ knee boots, top boots; (halbhohe) ~ ankle boots, bootees; → *a.* Berg-, Gummistiefel; *fig. colloq.* im alten ~ in the old jog trot, in the same old groove; e-n ~ zs.-reden talk a lot of rubbish; das zieht e-m ja die ~ aus! that gives you the willies!; der bildet sich (*dat*) vielleicht e-n ~ ein he fancies himself, he thinks he is the cat's whiskers. **2.** *geogr.* der italienische ~ the "boot of Italy". **3.** boot-shaped beer glass; er kann e-n ~ vertragen he can hold his drink (*od.* liquor). **~ˌabˌsatz** *m* boot heel. **~ˌanˌzie·her** *m* boot hook.

Stie·fe·let·te [ʃtifəˈlɛtə] *f* ⟨-; -n⟩ ankle boot, bootee.

ˈStie·felˌknecht *m* bootjack.

stie·feln [ˈʃtiːfəln] *v/i* ⟨sein⟩ *colloq.* march, leg it, hoof it.

ˈStie·fel|ˌput·zer *m* → Schuhputzer. **~ˌschaft** *m* bootleg. **~ˌspan·ner** *m* boot tree (*od.* stretcher). **~ˌstul·pe** *f* boot top.

ˈStiefˌel·tern *pl* step-parents.

ˈStie·felˌwich·se *f* boot polish (*od.* blacking).

ˈStief|geˌschwi·ster *pl* stepbrother(s) and stepsister(s). **~ˌkind** *n a. fig.* stepchild. **~ˌmut·ter** *f* ⟨-; ¨-⟩ stepmother. **~müt·ter·chen** *n* ⟨-s; -⟩ *bot.* pansy. **≗ˌmüt·ter·lich I** *adj a. fig.* stepmotherly. **II** *adv fig.* in a stepmotherly way; j-n ~ behandeln *a.* neglect s.o. (badly), treat s.o. like a stepchild; die Natur hat ihn ~ behandelt nature was not very kind to him. **~ˌschwe·ster** *f* stepsister. **~ˌsohn** *m* stepson. **~ˌtoch·ter** *f* stepdaughter. **~ˌva·ter** *m* stepfather.

stieg [ʃtiːk] *1 u. 3 sg pret of* steigen.

ˈStie·ge *f* ⟨-; -n⟩ **1.** a) steep and narrow staircase (*od.* stairs *pl*, *a. als sg konstruiert*), b) *dial. for* Treppe 1. **2.** (*Lattenkiste*) crate. **3.** *obs.* (*20 Stück*) score.

Stieg·litz [ˈʃtiːglɪts] *m* ⟨-es; -e⟩ *orn.* goldfinch.

stiehl [ʃtiːl] *imp sg*, **stiehlst** [ʃtiːlst] *2 sg pres*, **stiehlt** [ʃtiːlt] *3 sg pres of* stehlen.

Stiel [ʃtiːl] *m* ⟨-(e)s; -e⟩ **1.** *allg.* handle, *e-r Axt etc*: *a.* haft, (*Heft*) *a.* helve, *e-s Besens*: *a.* stick, *e-r Peitsche*: *a.* stock, *e-s Weinglases, e-r Pfeife etc*: stem. **2.** *bot.* stalk, (*Blumen*≗) *a.* stem, pedicle, peduncle, (*Blatt*≗) *a.* petiole; → Stumpf 1. **3.** (*Pfosten*) stay, post. **~ˌau·ge** *n zo.* stalk eye, *der Fische*: telescope eye; *fig. colloq.* sie bekamen (*od.* kriegten) ~n their eyes nearly popped out of their heads. **≗äu·gig** *adj zo.* stalk-(*od.* telescope-) -eyed, *fig. colloq.* pop-eyed. **~ˌbril·le** *f* lorgnette.

stie·len [ˈʃtiːlən] *v/t* ⟨h⟩ (*Werkzeuge etc*) fit *s.th.* with a handle.

ˈStiel|ˌglas *n* stemmed glass. **~ˌkamm** *m* tail comb.

stier [ʃtiːr] *adj* **1.** ~er Blick (fixed *od.* wild) stare, staring eyes *pl*. **2.** *Austrian and Swiss colloq.* ~ sein be hard up, be broke.

Stier [ʃtiːr] *m* ⟨-(e)s; -e⟩ **1.** *zo.* bull; junger ~ *a.* bullock; *bes. fig.* den ~ bei den Hörnern fassen take the bull by the horns; *fig.* wütend wie ein ~ sein be in a towering rage, *colloq.* be hopping mad; wie ein (wilder) ~ like a mad bull. **2.** *astr.* Taurus; *astrol.* ich bin ein ~ I am (a) Taurus.

stie·ren[1] [ˈʃtiːrən] *v/i* ⟨h⟩ stare (fixedly *od.* dumbly), *wütend*: glare, glower, scowl, *colloq. neugierig*: stare, goggle.

ˈstie·ren[2] *v/i* ⟨h⟩, **ˈstie·rig** *adj* ~ sein *Kuh*: be in (*od.* on) heat.

ˈStier|ˌkalb *n* bull calf. **~ˌkampf** *m* bullfight. **~ˌkampf·are·na** [-ʔaˌreːna] *f* bullring. **~ˌkämp·fer** *m* bullfighter. **~ˌnacken** (*getr.* -k·k-) *m fig.* bull neck. **≗ˌnackig** (*getr.* -k·k-) *adj fig.* bull-necked.

stieß [ʃtiːs] *1 u. 3 sg pret of* stoßen.

Stift[1] [ʃtɪft] *m* ⟨-(e)s; -e⟩ **1.** *tech.* (*Halte*≗, *Führungs*≗) pin, (*Draht*≗) wire nail, (*Holz*≗) peg. **2.** *am Schnürsenkel*: tag. **3.** (*Blei*≗) pencil, (*Farb*≗) *a.* crayon, (*Metall*≗) stylus. **4.** *e-s Stiftzahns*: dowel. **5.** *Kosmetik*: (deodorant) stick. **6.** *fig. colloq.* (*Lehrling*) apprentice boy, (*Knirps*) (little) pipsqueak, *Br.* nipper.

Stift[2] *n* ⟨-(e)s; -e⟩ **1.** (geistliches) ~ (religious *od.* church, charitable) foundation (*od.* institution), (*Kloster*) convent, (*Hoch*≗) bishopric, (*Erz*≗) archbishopric; → *a.* Domstift, Stiftskirche. **2.** (weltliches) ~ (*Altersheim etc*) home, institution. **3.** → Damenstift. **4.** (*Lehranstalt*) seminary.

stif·ten [ˈʃtɪftən] *v/t* ⟨h⟩ **1.** (*spenden*) donate, (*bes. Geld*) *a.* give, contribute, (*Kerze, Messe etc*) offer; e-n Preis ~ donate (*od.* offer) a prize; *colloq.* j-m et. ~ (*spendieren*) stand s.o. s.th., treat s.o. to s.th. **2.** (*gründen*) (*Kloster, Orden etc*) found, establish. **3.** (*herbeiführen*) cause, bring about; → *Verbindungen mit Substantiven.* **~ge·hen** *v/i* ⟨*irr, sep*, -ge-, sein⟩ *colloq.* bolt, take to one's heels, beat it.

ˈStif·ter *m* ⟨-s; -⟩ **1.** (*Spender*) donor. **2.** (*Gründer*) founder.

ˈStifts|ˌda·me *f*, **~ˌfräu·lein** *n hist.* canoness, inhabitant of a home for gentlewomen. **~ˌherr** *m* canon. **~ˌhüt·te** *f Bibl.* Tabernacle. **~ˌkir·che** *f* collegiate church, *e-s Hochstiftes*: cathedral.

ˈStiftˌstecker (*getr.* -k·k-) *m electr.* pin plug.

ˈStif·tung *f* ⟨-; -en⟩ **1.** ⟨*only sg*⟩ a) (*Spenden*) donating, donation, b) (*Gründen*) founding, foundation. **2.** (*Schenkung*) donation, endowment, grant, *an ein Museum etc*: benefaction. **3.** (*Institution*) foundation, institution; e-e ~ errichten create a foundation trust. **~sˌfei·er** *f*, **~sˌfest** *n* foundation festival, founder's day (celebration). **~sˌfonds** *m* endowment fund(s *pl*). **~sˌurˌkun·de** *f* deed of foundation, foundation charter.

ˈStiftˌzahn *m* pivot tooth.

Stig·ma [ˈstɪgma; ˈʃtɪ-] *n* ⟨-s; Stigmen *u.* -ta [-ta]⟩ *a. biol. med.* stigma; die ~ta Christi the stigmata (of Christ). **Stig·ma·ti·sa·ti·on** [stɪgmatizaˈtsioːn; ʃtɪ-] *f* ⟨-; -en⟩ *bes. relig.* stigmatization. **stig·ma·tisch** [stɪˈgmaːtɪʃ; ʃtɪ-] *adj* stigmatic. **stig·ma·ti·sie·ren** [stɪgmatiˈziːrən; ʃtɪ-] *v/t* ⟨*no* ge-, h⟩ *bes. relig.* stigmatize.

Stil [ʃtiːl; stiːl] *m* ⟨-(e)s; -e⟩ **1.** *allg.* (*Schreib*≗, *Kunst*≗ *etc*, *a. Sport u. tech.*) style; e-n flüssigen ~ schreiben have a fluent style; im ~ von (*od. gen*) in the style of; der ~ Renoirs Renoir's style (*od.* brush[work]); **der gotische ~** the Gothic style; **der ~ e-s Sportwagens** *a.* the styling of a sports car; **Kostüme** *etc* **ganz im ~ der (damaligen) Zeit** costumes, *etc* admirably in period. **2.** ⟨*only sg*⟩ (*Manier, a. Lebens≈, Niveau*) style, manner, way; **im großen ~** a) in grand style, b) (*im großen*) on a large scale; **Betrügereien großen ~s** large-scale (*od.* wholesale) frauds; **sie hat ~** she has (got) style; **das ist nicht sein ~** that's not his style; **das ist schlechter ~** that's bad style (*od.* form); **nach der Zeitrechnung alten ~s** according to the old calendar. **~anaˌly·se** *f Kunst, Literatur*: analysis of style, stylistic analysis. **≈ˌbil·dend** *adj* stylistically instructive, improving *s.o.'s* style. **~ˌblü·te** *f* blatant (stylistic) howler. **~ˌbruch** *m* break in style, stylistic incongruity. **~ˌebe·ne** *f* level of style. **≈ˌecht** *adj* true to style, in proper style, *historisch*: in period. **~empˌfin·den** *n* sense of style.

Sti·lett [ʃtiˈlɛt; sti-] *n* ⟨-s; -e⟩ stiletto.

ˈStilǀˌfeh·ler *m* error of (*od.* in) style. **~geˌfühl** *n* ⟨-s; *no pl*⟩ → **Stilempfinden**. **≈geˌrecht** *adj* → **stilecht**.

sti·li·sieǀren [ʃtiliˈziːrən; sti-] *v/t* ⟨*no* **ge-**, **h**⟩ stylize. **≈rung** *f* ⟨-; -en⟩ stylization.

Sti·list [ʃtiˈlɪst; sti-] *m* ⟨-en; -en⟩ *allg. a. tech., Sport*: stylist. **Stiˈli·stik** [-tɪk] *f* ⟨-; -en⟩ **1.** ⟨*only sg*⟩ stylistics *pl* (*a. als sg konstruiert*). **2.** stylistic reference book, guide to good style. **stiˈli·stisch I** *adj* stylistic; **in ~er Hinsicht** → **II** *adv* stylistically.

ˈStilǀˌkun·de *f* ⟨-; -n⟩ → **Stilistik**. **~ˌkunst** *f* art of style.

still [ʃtɪl] **I** *adj* ⟨-er; -st⟩ **1.** *allg.* quiet, silent, still, (*unbeweglich*) motionless, (*friedlich*) peaceful, quiet, tranquil, calm; **~!** quiet!, silence!, hush!; **~ werden** become (*od.* grow) quiet, fall silent, *Meer, Wind etc*: become (*od.* grow) calm, calm (down), subside; **sich ~ verhalten** a) keep quiet, b) keep still, not to stir, c) *fig.* bide one's time, *colloq.* lie low; **sei doch endlich ~ davon!** give it a rest!, no more of that!; **um ihn (die Sache) ist es ~ geworden** you don't hear anything about him (it) any more; **~es Gebet** silent prayer; *R.C.* **~e Messe** low mass; **ein ~es Glück genießen** enjoy a quiet (*od.* simple) happiness; **~e Freude** quiet pleasure; **in e-r ~en Stunde** in a quiet hour; **in ~er Trauer** in silent mourning; **der ≈e Freitag** (*Karfreitag*) Good Friday; **die ≈e Woche** (*Karwoche*) Holy (*od.* Passion) Week; **ein ~er Mensch** a quiet person; **ein ~er Beobachter** a silent observer; **die ≈en im Lande** the quiet ones, *pol.* the Silent Majority; → **Wasser** 3. **2.** (*heimlich*) secret; **ein ~er Verehrer** a secret admirer; **~e Hoffnung** secret (*od.* inward) hope; **ein ~er Seufzer** an inward sigh; **~e Reserven haben** have secret (*od.* hidden) reserves; **~e Vorbehalte haben** have inward reservations; **im ~en** secretly, in secret, on the quiet (*od.* sly, *colloq.* q.t.), (*im Innern*) inwardly, secretly, privately. **3.** (*~schweigend*) tacit, implicit, silent; **e-e ~e Übereinkunft** a tacit understanding. **4.** *Geschäftsgang, Börse etc*: quiet, slack, dull; **~e Jahreszeit** *a.* dead season; **~er Teilhaber** sleeping (*Am.* silent) partner. **II** *adv* **5.** (*ruhig*) still; **~ liegen** lie still, lie without moving; **das Tablett ~ halten** keep the tray steady. **6.** (*schweigend*) silently, in silence. **7.** (*heimlich*) secretly, on the quiet, on the sly, *colloq.* on the q.t. **~ˌblei·ben** *v/i* ⟨*irr, sep,* **-ge-**, **sein**⟩ remain (*od.* keep) quiet.

ˈStil·le¹ *f* ⟨-; *no pl*⟩ **1.** stillness, silence, quiet(ness), (*Friede*) peace(fulness), tranquil(l)ity; **tiefe ~** deep (*od.* profound) silence; **die ~ vor dem Sturm** the lull before the storm; **die nächtliche ~** the silence of the night; **in der ~ der Nacht** in the still(ness) of the night, in the dead of night. **2.** (*Schweigen*) silence, *plötzliche*: hush; **es herrschte (e-e) atemlose ~** there was dead silence; **es trat e-e peinliche ~e ein** there was an awkward silence. **3. in aller ~, in der ~** (*ohne Aufsehen*) quietly, (*heimlich*) secretly, on the quiet (*od.* sly, *colloq.* q.t.); **die Beisetzung fand in aller ~ statt** the funeral was private, he (she) was given a quiet burial.

ˈStil·le² *f* ⟨-; -n⟩ *mar. meteor.* calm; **äquatoriale ~n** doldrums.

ˈStille·ben (*getr.* **-llˌl-**) *n* ⟨-s; -⟩ *Kunst*: still life.

ˈstilleǀgen (*getr.* **-llˌl-**) *v/t* ⟨*sep,* **-ge-**, **h**⟩ **1.** (*Fabrik etc*) shut (*od.* close) down, (*Eisenbahnlinie etc*) close (down), (*Autoverkehr*) suspend, (*Auto etc*) lay *s.th.* up, (*Schiff*) *a.* put *s.th.* out of service (*od.* commission), (*Hochofen, Maschine etc*) put *s.th.* out of operation. **2.** (*lahmlegen*) *durch Streik etc*: paralyze. **3.** (*Geld*) neutralize. **4.** *med.* immobilize, (*Organ*) put *s.th.* out of action. **≈gung** *f* ⟨-; -en⟩ **1.** *e-s Betriebes, Bergwerks etc*: closure, shutdown, *des Verkehrs*: suspension, *e-s Autos, Schiffs etc*: lay-up. **2.** (*Lahmlegung*) paralyzation.

ˈStilˌleh·re *f* ⟨-; *no pl*⟩ → **Stilistik** 1.

stil·len [ˈʃtɪlən] **I** *v/t* ⟨**h**⟩ **1.** (*Säugling*) breast-feed, nurse; **~de Mutter** nursing mother. **2.** (*Durst*) quench, slake, (*Hunger*) satisfy, appease, assuage, still, (*Sehnsucht etc*) still, satisfy, (*Begierden*) *a.* gratify, (*Leidenschaften etc*) *a.* satiate, sate, (*Zorn etc*) calm, soothe. **3.** (*Blutung*) stop, sta(u)nch, (*Schmerz*) alleviate, soothe, kill. **II ≈** *n* ⟨-s⟩ **4.** breast-feeding (*etc*). **5.** appeasement, satisfaction, gratification.

ˈStillǀˌgeld *n* ⟨-(e)s; -er⟩ *colloq.* nursing mother's allowance. **~ˌhal·teˌab·ˌkom·men** *n* ⟨-s; -⟩ *econ.* standstill agreement, *jur. pol. a.* moratorium. **≈ˌhal·ten** *v/i* ⟨*irr, sep,* **-ge-**, **h**⟩ **1.** keep (*od.* sit) still. **2.** *fig.* keep quiet, *econ. pol. a.* observe restraint.

ˈstillie·gen (*getr.* **-llˌl-**) *v/i* ⟨*irr, sep,* **-ge-**, **h** *u.* **sein**⟩ **1.** *Betrieb etc*: be shut down, *Geschäft etc*: be at a standstill, stagnate, *Kapital*: be dormant, *Maschinen, Kapazitäten etc*: lie idle, *Schiff*: be laid up, *Verkehr*: be brought to a standstill. **2.** (*lahmgelegt sein*) be paralyzed, *Segelschiff bei Flaute*: be in the doldrums.

ˈstil·los I *adj* devoid of (*od.* lacking [in]) style, tasteless. **II** *adv* in bad style (*od.* taste). **ˈStil·lo·sig·keit** *f* ⟨-; -en⟩ **1.** ⟨*only sg*⟩ lack (*od.* want, absence) of style, stylelessness, bad taste. **2.** → **Stilwidrigkeit**.

ˈstillǀˌschwei·gen *v/i* ⟨*irr, sep,* **-ge-**, **h**⟩ **1.** (*nichts sagen*) be (*od.* remain) silent, hold one's peace; **schweig still!** be quiet!; **zu et. ~** say nothing in reply to s.th. **2.** (*nichts verraten*) keep it to o.s., keep it quiet (*od.* [a] secret), hold one's tongue. **≈ˌschwei·gen** *n* silence (*a. jur.*), (*Geheimhaltung*) secrecy; **et. mit ~ übergeben** pass over s.th. in silence; **(strengstes) ~ bewahren über** (*acc*) keep (*od.* maintain) (strictest) silence on (*od.* about) s.th.; **j-m ~ auferlegen** (*od.* **gebieten**) impose (*od.* enjoin) silence (up)on s.o. **~ˌschwei·gend I** *adj* **1.** silent, *fig. a.* tacit, implicit, implied; **~e Übereinkunft** (*od.* **Vereinbarung**) tacit agreement; **unter der ~en Voraussetzung, daß** on the tacit understanding that. **II** *adv* **2.** in silence, silently, without (saying) a word, wordlessly; **et. ~ übergehen, über e-e Sache ~ hinweggehen** pass over s.th. in silence. **3.** *fig.* tacitly, by implication; **der Vertrag wurde ~ verlängert** the contract was renewed by tacit agreement (*od.* automatically). **~ˌsit·zen** *v/i* ⟨*irr, sep,* **-ge-**, **h** *u.* **sein**⟩ sit still; *fig.* **nicht ~ können** be always on the go. **≈ˌstand** *m* ⟨-(e)s; *no pl*⟩ standstill, stop, *von Maschinen*: idleness, *fig. der Entwicklung, Geschäfte etc*: stagnation, *von Verhandlungen etc*: deadlock, *jur. e-s Verfahrens*: suspension; *med.* **~ des Herzens** cardiac arrest; **zum ~ bringen** *allg.* bring *s.th.* to a standstill, (*Auto etc*) *a.* stop, halt, (*lahmlegen*) paralyze; **zum ~ kommen** *allg.* come to a standstill, *Auto etc*: *a.* come to a halt, *Betrieb, Verkehr etc*: *a.* be paralyzed, break down, *fig. Verhandlungen etc*: reach (*od.* come to) a deadlock; **zum ~ gekommen sein** → **stillstehen** 2. **~ˌste·hen** *v/i* ⟨*irr, sep,* **-ge-**, **h** *u.* **sein**⟩ **1.** *allg., a. Herz, Zeit etc*: stand still, (*zum Stillstand kommen*) *a.* come to a standstill (*a. fig.*), stop (*a. Herz*), *Motor*: *a.* stall; *fig.* **bei dem Anblick stand mir das Herz still** my heart stood still (*od.* froze) at the sight; → **Verstand**. **2.** (*zum Stillstand gekommen sein*) be at (*od.* have come to) a standstill (*a. econ. etc*), have stopped, (*lahmgelegt sein*) be paralyzed, *Verkehr*: *a.* be jammed, *Betrieb, Fabrik*: be shut (*od.* closed) down, be idle(d) (*a. Maschinen*), *fig. Entwicklung, Handel etc*: stagnate. **3.** *mil.* stand at attention; **Stillgestanden!** Attention! **~ˌste·hend** *adj* at a standstill, *Verkehr*: blocked, jammed, *Wasser*: stagnant (*a. fig.*), (*außer Betrieb*) idle, inactive, out of operation. **~ˌstel·len** *v/t* ⟨*sep,* **-ge-**, **h**⟩ *med.* immobilize.

ˈStil·lung *f* ⟨-; *no pl*⟩ → **stillen** II.

ˈstillǀverˌgnügt I *adj* contented, *a. iro.* placid, serene. **II** *adv* **~ lächeln** smile away amusedly to o.s.; **~ in der Ecke sitzen** sit in the corner quietly happy. **≈ˌwas·ser** *n mar.* stack water. **≈ˌzeit** *f e-r Mutter*: lactation (period), nursing period.

ˈStilǀˌmit·tel *n* stylistic device (*od.* means *pl*, *a. sg konstruiert*). **~ˌmö·bel** *pl* period furniture *sg*, *nachgemachte*: reproduction furniture *sg*. **~ˌpro·be** *f* sample of *s.o.'s* style. **~ˌübung** *f* stylistic exercise, exercise in style. **≈ˌvoll I** *adj* stylish, with style; **~ sein** have style. **II** *adv* stylishly, in good style. **≈ˌwid·rig** *adj* (stylistically) incongruous. **~ˌwid·rig·keit** *f* stylistic(al) incongruity. **~ˌwör·terˌbuch** *n* dictionary of style (*od.* good usage).

ˈStimmǀˌabˌga·be *f* voting, vote, casting of votes, polling. **~ˌaufˌwand** *m* vocal effort; **mit großem ~** by shouting (at the top of one's voice). **~ˌband** *n* ⟨-(e)s; ⸚er⟩ *meist pl anat.* vocal cord. **≈beˌrech·tigt** *adj pol.* entitled (*od.* eligible) to vote, having a vote. **~beˌrech·tig·te** *m, f* (eligible) voter, person entitled to vote. **~beˌrech·ti·gung** *f* right to vote. **~beˌzirk** *m pol.* electoral district, precinct. **~ˌbil·dung** *f* **1.** *physiol.* voice formation, vocalization. **2.** *mus.* voice training. **~ˌbruch** *m* ⟨-(e)s; *no pl*⟩ breaking of the voice, change of voice; **er hat** (*od.* **ist im**) **~** his voice is breaking. **~ˌdou·ble** *n Film*: dubbing voice.

Stim·me [ˈʃtɪmə] *f* ⟨-; -n⟩ **1.** voice; **belegte (dunkle, dünne) ~** husky (dark, thin) voice; **mit lauter (leiser) ~** in a loud (soft *od.* low) voice, loudly (softly); **mit zorniger ~** in an angry voice (*od.* tone); **die ~ verlieren** lose one's voice; *fig.* **die ~ des Gewissens** the voice of conscience; **die ~ der Vernunft** the dictates *pl* of reason; **e-e innere ~** an inner voice; a still, small voice; **der ~ s-s Herzens folgen** follow the dictates of one's heart; **mit ˈeiner ~ sprechen** speak in one voice. **2.** *mus.* a) (*Singᴤ, Stimmlage*) voice, b) (*Partie*) voice, part, c) (*Orgelregister*) stop; **die erste (zweite) ~** the soprano (alto) part. **3.** *fig.* (*Meinung*) voice, opinion; **die ~n der Presse** press commentaries; **maßgebliche ~n der Öffentlichkeit** influential organs of public opinion; **~n für (gegen) e-n Plan** opinions in favo(u)r of (objections to) a plan; **die ~n mehren sich, die ... fordern** there is a growing number of people calling for ... **4.** *fig.* (*Sprachrohr, Sprecher*) mouthpiece, speaker. **5.** *bes. pol.* vote; **abgegebene ~n** votes cast; **ausschlaggebende** (*od.* **entscheidende**) **~** casting vote; **ungültige ~n** invalid (*od.* spoiled) votes; **s-e ~ abgeben** cast one's vote, go to the polls, poll; **sich der ~ enthalten** abstain (from voting); **e-m Kandidaten s-e ~ geben** give one's vote to (*od.* vote for) a candidate; **~n sammeln, (um) ~n werben** collect votes, canvass, electioneer. **6. e-e beratende ~ haben** act in an advisory capacity.

stim·men [ˈʃtɪmən] **I** *v/t* ‹h› **1.** *mus.* (*Violine etc*) tune (**auf** *acc* to); **das Orchester stimmt die Instrumente** the orchestra is tuning up; **et. höher (tiefer) ~** tune s.th. up (down), raise (lower) the pitch of s.th. **2.** *fig.* **j-n fröhlich** (*od.* **heiter**) **~** put s.o. in a cheerful mood, cheer s.o.; **j-n günstig (ernst) ~** put s.o. in a favo(u)rable (serious) mood; **j-n traurig ~** make s.o. sad, sadden s.o. **II** *v/i* **3.** *Rechnung etc*: be correct; **nicht ~** be wrong; **die Kasse hat nicht gestimmt** the cash in the till didn't balance; *colloq.* **stimmt so!** keep the change!; *fig.* **nichts stimmt mehr!** everything goes wrong; → Kohle 6. **4.** (*zutreffen*) be right (*od.* true, correct), be so; **stimmt es, daß ...?** is it true that ...?; **(das) stimmt!** quite right!, that's right!, exactly!; **das stimmt allerdings!** there is that, you have a point (there); **stimmt's?** isn't that so?, right?; **das stimmt nicht** that's not true (*od.* right, so); **da stimmt (doch) et. nicht** there's s.th. wrong there (*od.* here), (*ist verdächtig*) *a.* there's s.th. fishy about that; **das kann doch nicht (kann unmöglich) ~** that cannot (possibly) be right (*od.* true); *fig. colloq.* **mit ihm stimmt was nicht** there is s.th. wrong with him; **bei dir stimmt's wohl nicht?** you must be out of your mind (*od.* off your head, *sl.* off your rocker). **5.** *bes. pol.* **für (gegen) j-n ~** vote for (against) s.o. **6.** (*passen*) go (together) (**zu** with); **es stimmt zu dem, was er sagt** it tallies with what he says, it bears out his statement.

ˈStim·men|ab‚ga·be *f* → Stimmabgabe. **~an‚teil** *m* percentage of votes, share of the poll. **~an‚zahl** *f* number of votes. **~aus‚zäh·lung** *f* → Stimmenzählung. **~ein‚bu·ße** *f* loss of votes. **~‚fang** *m* vote catching, canvassing. **~ge‚winn** *m* votes *pl* gained, gain (*od.* increase) in votes. **~ge‚wirr** *n* babble (*od.* confusion) of voices, babel (of voices). **~‚gleich·heit** *f pol.* equality (*od.* parity) of votes, *parl.* tie, equal division; **bei ~** in the event of a tie(d vote). **~‚kauf** *m* buying of votes. **~‚mehr·heit** *f* majority (of votes); **absolute (einfache) ~** absolute (simple *od.* bare) majority; **mit ~** by a majority vote. **~‚min·der·heit** *f* minority of votes, minority vote. **~‚tei·lung** *f* splitting (one's vote).

ˈStimm·ent‚hal·tung *f* abstention (from voting).

ˈStim·men|ver‚hält·nis *n* proportion of votes. **~‚wer·ber** *m* canvasser, electioneer. **~‚zahl** *f* (**erforderliche ~** requisite) number of votes. **~‚zäh·ler** *m* counter of votes, scrutineer, *parl.* teller. **~‚zäh·lung** *f* count(ing) of votes, poll (-ing). **~zu‚wachs** *m* increase in votes.

ˈStim·mer *m* ‹-s; -› *mus.* tuner.

ˈstimm‚fä·hig *adj* → stimmberechtigt.

ˈStimm|‚fal·te *f anat.* true vocal cord. **~‚fär·bung** *f mus.* timbre. **~‚füh·rung** *f* part writing, *Am.* voice leading. **~‚ga·bel** *f* tuning-fork. **~‚ge·bung** *f* ‹-; *no pl*› vocalization. **ᴤge‚wal·tig** *adj* loud-voiced, having a powerful voice. **ᴤhaft** *adj ling.* voiced, sonant. **~‚ham·mer** *m mus.* tuning-hammer. **~‚kraft** *f* vocal power. **~‚la·ge** *f* voice, register; **hohe (mittlere, tiefe) ~** upper (medium, lower) register.

ˈstimm·lich I *adj* vocal. **II** *adv* **~ auf der Höhe** in good voice; **~ begabt sein** be a gifted singer, be gifted with a beautiful voice.

ˈStimm|‚lip·pe *f anat.* vocal cord. **~‚li·ste** *f pol.* voting list. **ᴤlos** *adj ling.* voiceless, unvoiced. **~‚pfei·fe** *f mus.* pitch-pipe. **~‚pro·be** *f* voice test.

ˈStimm‚recht *n* (right to) vote, voting right, *nur pol.* (electoral) franchise, suffrage; **allgemeines ~** universal suffrage; **~ haben** have a vote, be entitled (*od.* eligible) to vote; **das ~ ausüben** exercise one's right to vote. **~le·rin** *f* [-lərɪn] *f* ‹-; -nen› suffragist, suffragette. **ᴤs·los** *adj econ.* **~e Aktie** nonvoting share (*bes. Am.* stock).

ˈStimm‚rit·ze *f anat.* glottis, glottal chink. **~n‚deckel** (*getr.* **-k·k-**) *m* epiglottis. **~n‚krampf** *m* laryngismus, spasm of the glottis.

ˈStimm|‚schlüs·sel *m* → Stimmhammer. **~‚ton** *m mus.* standard pitch. **~‚übung** *f* vocal exercise; **~en machen** exercise one's voice. **~‚um‚fang** *m* range of the voice.

ˈStim·mung *f* ‹-; -en› **1.** (*Gemütslage*) mood, humo(u)r, spirits *pl*, frame of mind; **in guter (schlechter) ~ sein** be in good (bad) humo(u)r (*od.* form), be in a good (bad) mood; **er ist wechselnden ~en unterworfen** he is moody (*od.* temperamental); **ich bin jetzt für so et. nicht in ~** I am not in the mood for (*od.* I do not feel like) that just now; **die Nachricht hat ihre ~ getrübt** the news has damped their spirits; → **gedrückt, gehoben** 1. **2.** (*fröhliche Laune*) (high) spirits *pl*; **ich bin heute in ~** I am in the mood for anything today, I'm in great form today; **die ~ war glänzend** spirits were high; **wir hatten e-e tolle ~** we had tremendous fun; **er bringt alle in ~** he livens everyone up; **in ~ kommen** liven up, get going; **für ~ sorgen, ~ machen** liven (*sl.* pep) things up; **j-m die ~ verderben** spoil s.o.'s good mood; **die ~ wuchs** spirits rose; **für et. ~ machen** whip up enthusiasm for s.th., make propaganda for s.th., boom (*od.* plug) s.th. **3.** (*Atmosphäre*) atmosphere (*a. Kunst, Literatur*); **festliche ~** festive mood (*od.* atmosphere); **das Bild hat ~** the picture has atmosphere; **~ machen** *durch Beleuchtung etc*: create atmosphere; **die ~ e-r Landschaft** the mood (*od.* atmosphere) of a landscape. **4.** *der Bevölkerung*: feeling, sentiment, opinion; **die allgemeine ~** (the) general feeling, public sentiment; **deutschfeindliche ~** anti-German sentiment; **feindselige ~** animosity, hostility. **5.** *von Arbeitern, mil. der Truppe*: morale. **6.** *an der Börse*: tendency, tone, *auf dem Markt*: trend. **7.** *mus.* pitch.

ˈStim·mungs|‚än·de·rung *f* change of (*od.* in) mood. **~ba·ro‚me·ter** *n fig.* barometer of [public] opinion). **~‚bild** *n* **1.** *Kunst*: mood, atmospheric picture. **2.** *fig.* atmospheric description (*a. Literatur*), picture of the prevailing mood. **3.** *mus.* expression of atmosphere. **~ka‚no·ne** *f humor.* (the) life and soul of every party, great joker. **~‚ma·che** *f* ‹-; *no pl*› *contp.* (manipulatory) propaganda. **~‚ma·cher** *m* → Stimmungskanone. **~‚mensch** *m* moody (*od.* temperamental) person. **~mu‚sik** *f* mood music, *a.* background music. **~‚um‚schwung** *m* **1.** change of mood (*od.* atmosphere). **2.** (*Gesinnungswandel*) change (*od.* shift) of opinion, volteface. **3.** *Börse*: change of tone. **ᴤ‚voll** *adj* **1.** *Abend etc*: entertaining, (*fröhlich*) merry, jolly. **2.** *Bild etc*: full of atmosphere, atmospheric, *a.* idyllic. **~‚wan·del, ~‚wech·sel** *m* → Stimmungsumschwung 1, 2.

ˈStimm|‚vieh *n contp.* herd of voters. **~‚wech·sel** *m* ‹-s; *no pl*› → Stimmbruch. **~‚werk‚zeug** *n* vocal organ. **~‚zet·tel** *m* ballot-paper; **Abstimmung durch ~** (voting by) ballot; **e-n ~ abgeben** cast the ballot. **~‚zug** *m mus.* tuning slide.

Sti·mu·lans [ˈʃtiːmulans; ˈstiː-] *n* ‹-; -lantia [ʃtimuˈlantsĭa; sti-] *u.* -lanzien [ʃtimuˈlantsĭən; sti-]› *med.* stimulant, *fig. a.* tonic. **Sti·mu·la·ti·on** [ʃtimulaˈtsĭoːn; sti-] *f* ‹-; *no pl*› stimulation. **sti·mu·lie·ren** [ʃtimuˈliːrən; sti-] *v/t* ‹*no* ge-, h› stimulate. **Sti·muˈlie·rung** *f* ‹-; *no pl*› stimulation. **Sti·mu·lus** [ˈʃtiːmulʊs; ˈstiː-] *m* ‹-; -li [-li]› stimulus.

Stin·ka·do·res [ʃtɪŋkaˈdoːrɛs] ‹-; -› *colloq.* **1.** *m* (*Käse*) stinker. **2.** *f* (*Zigarre*) stinker.

ˈStink‚bom·be *f* stink-bomb.

stin·ken [ˈʃtɪŋkən] **I** *v/i* ‹**stinkt, stank, gestunken**, h› stink, stench, reek, *Br. colloq.* pong; **~ nach** stink (*od.* reek) of, *fig. colloq.* smack (*od.* reek) of; *colloq.* **das stinkt wie die Pest** that stinks like hell; *fig.* **et. stinkt an der Sache** there's s.th. fishy about that; **mir stinkt's!** I'm sick (and tired) of it (all)!, I'm fed up to here (with it)!; **er stinkt mir** I am sick of him; → **Eigenlob, Faulheit, Geld** 1, **Himmel** 5. **II** *v/impers* **es stinkt, hier stinkt's (nach** of) this place stinks (*Br. colloq.* pongs), there is an awful stench (*Br. colloq.* pong) here. **~d** *adj* **1.** stinking, foul-smelling, rank, fetid, *colloq.* stinky, smelly. **2.** (*faulig*) foul, putrid.

ˈstink|ˈfad *adj colloq.* → stinklangweilig. **~ˈfaul** *adj colloq.* (as) lazy as hell, bone-idle, bone-lazy; **er ist ~** *a.* he is a lazy-bones.

ˈstin·kig *adj* **1.** → stinkend. **2.** *colloq.* **~e Laune** → Stinklaune.

ˈstink|ˈlang‚wei·lig *adj colloq.* deadly dull, *vulg.* bloody boring; **er ist ~** he bores me blind (*od.* to tears), he is a crashing bore; **das Buch ist ~** *a.* the book is a bore to read. **ᴤ‚lau·ne** *f colloq.* foul (*od.* vile, stinking) mood; **e-e ~ haben** be in a foul (*etc*) mood, be in a hell of a temper. **ᴤ‚mor·chel** *f bot.* stinkhorn. **~norˈmal** *adj colloq.* boringly (*od.* quite) normal. **~ˈreich** *adj colloq.* stinking rich. **ᴤ‚tier** *n* skunk. **~ˈvor‚nehm** *colloq.* **I** *adj* posh, ritzy, swank(y). **II** *adv* **~ tun** be frightfully posh. ≈ˈ**wut** *f colloq.* **e-e ~ haben** be in a blind rage, be hopping mad, be livid. ~ˈ**wü·tend** *adj colloq.* **~ sein** → Stinkwut.

Stint¹ [ʃtɪnt] *m* ⟨-(e)s; -e⟩ *ichth.* smelt.

Stint² *m* ⟨-(e)s; -e⟩ *dial.* nitwit; **sich freuen wie ein ~** be as happy as a sandboy.

Sti·pen·di·at [ʃtipɛnˈdiaːt] *m* ⟨-en; -en⟩ scholar(ship holder), holder of a scholarship, *Br. a.* exhibitioner, (*Inhaber e-s Forschungsstipendiums*) holder of a post-graduate scholarship. **Stiˈpen·di·en·ˌfonds** *m* scholarship fund. **Sti·pen·di·um** [ʃtiˈpɛndium] *n* ⟨-s; -dien⟩ scholarship, grant, (*Forschungs≈*) post-graduate scholarship.

Stip·pe [ˈʃtɪpə] *f* ⟨-; -n⟩ *dial.* sauce. ˈ**stip·pen** *v/t* ⟨h⟩ **et. ~ in** (*acc*) dip (*od.* dunk) s.th. in(to).

ˈ**Stipp·viˌsi·te** *f colloq.* flying visit; **e-e ~ bei j-m machen** pop (*od.* drop, call) in on s.o.

stirb [ʃtɪrp] *imp sg*, **stirbst** [ʃtɪrpst] *2 sg pres*, **stirbt** [ʃtɪrpt] *3 sg pres of* **sterben**.

Stirn [ʃtɪrn] *f* ⟨-; -en⟩ forehead, *lit.* brow; **sich** (*dat*) **an die ~ greifen** (*od.* **fassen**) put one's hand to one's forehead, *verzweifelt*: clutch one's brow; *fig. colloq.* **da kann man sich** (*dat*) **nur an die ~ greifen** it really makes you wonder; **sich** (*dat od. acc*) **vor** (*od.* **an**) **die ~ schlagen** strike one's forehead; *fig.* **mit eiserner ~** (*unerschütterlich*) with iron determination, undauntedly, (*unverschämt*) brazenly; **die ~ bieten** (*dat*) defy, face *s.o., s.th.* squarely; **er hatte die ~ zu** *inf* he had the temerity (*od.* impudence) to *inf*; **er hatte die ~ zu behaupten** he had the impudence (*colloq.* nerve) to maintain; **es steht ihm auf der ~ geschrieben** it is written all over his face; → **runzeln** I. ~ˌ**ader** *f anat.* frontal vein. ~ˌ**anˌsicht** *f tech.* front (*od.* end) view, front elevation. ~ˌ**band** *n* ⟨-(e)s; ¨er⟩ headband, *relig.* frontlet, *an Gasmasken etc*: forehead strap. ~ˌ**bein** *n anat.* frontal bone. ~ˌ**bin·de** *f* headband, *relig.* frontlet.

Stir·ne [ˈʃtɪrnə] *f* ⟨-; -n⟩ *lit. for* Stirn.

ˈ**Stirn|ˌfal·te** *f* wrinkle (*tiefe*: furrow) (on the forehead). ~ˌ**flä·che** *f tech.* (end) face, *e-r Nabe*: boss, *bes. bei Holz*: cross-cut end. ~ˌ**höcker** (*getr.* -k·k-) *m zo.* frontal bump. ~ˌ**höh·le** *f anat.* frontal sinus.

ˈ**Stirnˌhöh·len|ent·zün·dung** *f*, ~**ka·ˌtarrh** *m med.* frontal sinusitis. ~**ver·ˌei·te·rung** *f* (chronic) suppuration of the frontal sinus.

ˈ**Stirn|ˌholz** *n* end-grained wood. ~ˌ**la·ge** *f des Fötus*: frontal presentation. ~ˌ**lap·pen** *m anat.* frontal lobe. ~ˌ**locke** (*getr.* -k·k-) *f* forelock, cowlick. ~ˌ**naht** *f anat.* metopic (*od.* frontal) suture. ~ˌ**rad** *n tech.* spur wheel. ~**re·ˌflek·tor** *m des Arztes*: head mirror. ~ˌ**reif** *m* circlet. ~ˌ**run·zeln** *n* frown(-ing). ~ˌ**sei·te** *f* front (side *od.* end), *a. tech.* face, *e-s Gebäudes*: front(age). ~ˌ**wand** *f arch.* front.

stob [ʃtoːp] *1 u. 3 sg pret of* **stieben**.

Stö·ber [ˈʃtøːbər] *m* ⟨-s; -⟩, ~ˌ**hund** *m* harrier.

stö·bern [ˈʃtøːbərn] **I** *v/i* ⟨h⟩ **1.** *fig.* (**in** *dat* in, **nach** for) (*kramen*) rummage, (*suchen*) *a.* hunt, search, poke around; **in den Akten ~** search through the files; **in e-m Buch ~** browse in a book. **2.** *Schneeflocken*: blow about. **3.** *dial.* do one's spring-cleaning. **II** *v/t* **4.** *dial.* (*Haus, Zimmer etc*) spring-clean. **5.** (*Wild etc*) start, rouse. **III** *v/impers* **6. es stöbert** there is a flurry of snow.

sto·chern [ˈʃtɔxərn] *v/i* ⟨h⟩ poke (about *od.* around) (**in** *dat* in); (**sich** *dat*) **in den Zähnen ~** pick one's teeth; **in der Glut ~** poke (*od.* stir up, rake, stoke) the fire; (**appetitlos**) **in s-m Essen ~** pick at one's food (listlessly).

Stock¹ [ʃtɔk] *m* ⟨-(e)s; ¨e⟩ **1.** *allg.* (*a. Spazier≈, Ski≈, Hockey≈ etc*) stick, (*Rohr≈*) cane, (*Berg≈*) alpenstock, (*Billard≈*) cue, (*Zeige≈*) pointer, (*Takt≈*) baton, *zum Gewehrreinigen*: (cleaning) rod; **am ~ gehen** walk with (the aid of) a stick, use a stick, *fig. colloq. finanziell*: be at rock bottom, *arbeitsmäßig*: be dead-beat, be all in, *seelisch*: *a.* have had it; *fig. colloq.* **da gehst du am ~!** that blows your mind!; **den ~ zu spüren bekommen** be given the stick (*od.* a thrashing); *fig. colloq.* **steh nicht da wie ein ~** don't stand there like a post (*od.* dummy); **als wenn er e-n ~ verschluckt hätte, steif wie ein ~** as if he had swallowed a ramrod, (as) stiff as a poker. **2.** (*Blumen≈*) (flowering) pot plant; → **Rebstock, Rosenstock, Weinstock, Wurzelstock. 3.** (*Baumstumpf*) stump, stub; *fig.* **über ~ und Stein** up hill and down dale. **4.** (*Gebirgs≈ etc*) massif, rock mass. **5.** (*Bienen≈*) beehive. **6.** (*Druck≈*) (printing) block. **7.** *hist.* (*Folterwerkzeug*) (**j-n in den ~ legen** put s.o. in the) stocks *pl.*

Stock² *m* ⟨-(e)s; - *u.* -werke⟩ **1.** → **Stockwerk** 1. **2.** *e-r Brücke, e-s Busses*: deck.

Stock³ [ʃtɔk; stɔk] (*Engl.*) *m* ⟨-s; -s⟩ **1.** (*Grundkapital*) (original) capital, holding. **2.** (*Warenlager*) stock. **3.** (*Effekten*) total amount of loan.

ˈ**Stock|ame·riˌka·ner** *m* American to the core, *colloq.* regular Yankee. ≈**be·ˈsof·fen,** ≈**beˈtrun·ken** *adj colloq.* plastered, blotto, dead (*od.* blind) drunk, drunk (*od.* dead) to the world. ≈ˈ**blind** *adj colloq.* stone-blind, (as) blind as a bat.

Stöck·chen [ˈʃtœkçən] *n* ⟨-s; -⟩ small stick (*etc*).

ˈ**Stock|ˌde·gen** *m* sword-cane. ≈ˈ**dumm** *adj colloq.* as dumb as they come, hopelessly stupid. ≈ˈ**dun·kel** *adj colloq.* pitch-black.

ˈ**Stöckelˌabˌsatz** (*getr.* -k·k-) [ˈʃtœkəl-] *m colloq.* high (*od.* stiletto) heel.

stöckeln (*getr.* -k·k-) [ˈʃtœkəln] *v/i* ⟨sein⟩ *colloq.* mince along (on high heels).

ˈ**Stöckelˌschuh** (*getr.* -k·k-) *m meist pl colloq.* high-heeled shoe.

stocken (*getr.* -k·k-) [ˈʃtɔkən] **I** *v/i* ⟨h⟩ **1.** *Person*: stop (short) (*in the middle of a sentence, etc*), (*unsicher werden*) falter, (*steckenbleiben*) get stuck. **2.** *Gespräch*: flag. **3.** *Arbeit etc*: come (almost) to a standstill, *Verkehr*: *a.* be jammed, be held up, *Motor*: stall, *Absatz, Handel etc*: stagnate, be slack, slacken (*od.* drop) off, *Arbeit, Entwicklung etc*: make no progress, hang fire. **4.** *med. Kreislauf*: stagnate, *Herz, Puls*: miss a beat, be suspended; *fig.* **das Blut stockte ihm in den Adern** his blood froze (*od.* ran cold). **5.** *dial. Milch*: curdle, thicken. **6.** *Wäsche, Papier etc*: become damp-stained (*od.* mildewed), go mo(u)ldy, *Holz*: rot. **II** ≈ *n* ⟨-s⟩ **7.** stopping (short) (*etc*), *beim Sprechen*: hesitation, *der Arbeit etc*: standstill, *econ.* stagnation, (*Flaute*) lull; **ohne ≈ lesen** read fluently; **ins ≈ geraten** *Sprecher*: begin to falter, *Verhandlungen etc*: reach a deadlock, *Absatz etc*: slacken (*od.* drop) off, stagnate. ˈ**stockend** (*getr.* -k·k-) **I** *adj* **1.** *Stimme, Rede*: halting, faltering. **2.** *Geschäft etc*: slack, sluggish. **II** *adv* **3. ~ sprechen** speak haltingly.

ˈ**Stock|ˌengˌlän·der** *m* true(-born) (*od.* thorough) Englishman, Englishman to the core. ~ˌ**en·te** *f* mallard, stock. ~ˌ**fäu·le** *f an der Wurzel*: root rot, *des Holzes*: rotting of the stem. ~ˌ**feh·ler** *m Hockey*: sticks *pl*, stick fault. ≈ˈ**fin·ster** *adj colloq.* pitch-black. ~ˌ**fisch** *m* **1.** *gastr.* stockfish, dried cod. **2.** *fig. colloq.* crashing bore, (old) stick. ~ˌ**fleck** *m auf Stoff, Papier etc*: dampstain, mo(u)ld (*od.* mildew) stain. ≈ˌ**fleckig** (*getr.* -k·k-) *adj* mo(u)ldy, mildewed, *Papier*: *a.* foxed, foxy. ~ˌ**flin·te** *f* cane-gun. ≈ˈ**fremd** *adj colloq.* → **wildfremd**. ≈ˈ**hei·ser** *adj colloq.* very hoarse, *Stimme*: *a.* rasping. ~ˌ**hieb** *m meist pl* blow (*od.* stroke) with a stick (*bes. ped.* cane).

ˈ**stockig** (*getr.* -k·k-) *adj* → stockfleckig.

ˈ**stock|kaˈtho·lisch** *adj colloq.* ultra-Catholic. ~**kon·ser·vaˈtiv** *adj pol.* ultraconservative. ≈**kon·ser·vaˈti·ve** *m, f* dyed-in-the-wool conservative, ultraconservative. ~ˈ**nüch·tern** *adj colloq.* (stone-)cold sober, (as) sober as a judge.

ˈ**Stock|ˌpunkt** *m des Öls*: solidification (*od.* congeal) point. ~ˌ**reis** *n bot.* sprout. ~ˌ**ro·se** *f* hollyhock, rose mallow. ≈ˈ**sau·er** *adj colloq.* furious, hopping mad, *sl.* pissed-off. ~ˌ**schal·tung** *f mot.* floor-mounted gear-change, *Am.* stick shift. ~ˌ**schirm** *m* walking-stick umbrella. ~ˌ**schlä·ge** *pl* strokes from a stick (*od.* cane). ~ˌ**schnup·fen** *m* chronic cold (in the head), thick cold. ≈ˈ**steif** *adj colloq. Haltung etc*: (as) stiff as a poker, quite stiff, *fig. Benehmen etc*: very stiff, starchy. ≈ˈ**still** *adj colloq.* stock-still. ≈ˈ**taub** *adj colloq.* stone-deaf.

ˈ**Stockung** (*getr.* -k·k-) *f* ⟨-; -en⟩ **1.** → **stocken** 7. **2.** stoppage, hold-up, delay, interruption, *völlige*: standstill, breakdown, *im Gespräch*: break, pause, lull, (*Verkehrs≈*) hold-up, traffic jam. **3.** *med. des Kreislaufs*: stagnation, (*Stillstand*) cessation, arrest, stasis, (*Gerinnung*) coagulation. **4.** *von Öl*: solidification.

ˈ**Stockˌwerk** *n* **1.** floor, storey, *Am.* story; **ein Haus mit fünf ~en** a five-storeyed (*bes. Am.* -storied) house; **im oberen (unteren) ~** on the upper (lower) floor, upstairs (downstairs); **im zweiten ~** on the second (*Am.* third) floor. **2.** *geol.* stratum. ~**s·ga·ˌra·ge** *f* multi-stor(e)y parking garage.

ˈ**Stockˌzwin·ge** *f tech.* ferrule.

Stoff [ʃtɔf] *m* ⟨-(e)s; -e⟩ **1.** *allg.* material, stuff, (*Gewebe*) *a.* fabric, textile, (*Tuch*) cloth; *econ. collect.* **~e** *pl* yard goods; **~ für e-n Rock** a) material for a skirt, b) a skirt length. **2.** *bes. chem. phys.* substance, matter, body, (*Wirk≈*) agent; **(an)organische ~e** (in)organic substances; **pflanzliche ~e** vegetable matter *sg*; **tierische ~e** animal substances; **feste (gasförmige, flüssige) ~e** solid (gaseous, liquid) substances; **schädlicher ~** → **Schadstoff. 3.** *philos.* (*Materie*) matter; **Geist und ~** mind and matter. **4.** (*geistiger ~*) material, *bes. Literatur*: (subject) matter, subject; **~ zur Unterhaltung** subjects *pl* (*od.* topics *pl*, food) for conversation; **~ zum Nachdenken** food for thought; **er sammelt ~ für e-n** (*od.* **zu e-m**) **Roman** he is collecting material for a novel; **ein dankbarer ~** a worthwhile subject; **~ liefern für** furnish matter (*od.* material) for; **viel ~ zum Lachen geben** be a great source of amusement; → *a.* **Lesestoff. 5.** *colloq.* (*Bier, Schnaps etc, sl. Rauschgift*) stuff, (*harte Drogen*) *a.* junk. ~ˌ**abˌtei·lung** *f* textile department. ~ˌ**bahn** *f* length of material. ~ˌ**bal·len** *m* bale (*od.* bolt) of material (*od.* cloth). ≈**beˌspannt** *adj* fabric-covered.

Stof·fel [ˈʃtɔfəl] *m* <-s; -> *colloq.* boor. **ˈstof·fe·lig** *adj* boorish, uncouth.

ˈStoff,hand,schuh *m* fabric glove.

ˈstoff·lich *adj* **1.** (*materiell*) material. **2.** **die ~e Qualität des Anzuges ist hervorragend** the material of the suit is first-class (quality). **3.** *fig.* as regards the subject matter, *weitS.* in substance. **≈keit** *f* <-; *no pl*> *philos.* materiality.

ˈStoff|ma·le,rei *f* painting on cloth. **~,mu·ster** *n* **1.** (cloth) pattern. **2.** (*Stoffprobe*) sample (of material). **~pa,tent** *n* product patent. **~,pup·pe** *f* rag doll. **~,rest** *m* remnant. **~,schuh** *m meist pl* fabric shoe, *aus Leinen*: canvas shoe. **~,teil·chen** *n chem. phys.* particle, corpuscule. **~,tier** *n* soft animal, cuddly (toy) animal.

ˈStofffül·le (*getr.* -ff,f-) *f* wealth of material.

ˈStoff,wahl *f* choice of subject.

ˈStoff,wech·sel *m physiol.* metabolism. **~,gleich·ge,wicht** *n* metabolic equilibrium. **~,krank·heit** *f* metabolic disease. **~pro,dukt** *n* product of metabolism. **~,stö·rung** *f* metabolic disturbance.

stöh·nen [ˈʃtøːnən] **I** *v/i* <h> **1.** *a. fig.* groan, moan (**vor** *dat* with, **unter** under). **II ≈** *n* <-s> **2.** groaning (*etc*). **3.** (*Laut[e]*) groan(s *pl*), moan(s *pl*); **ein leises ≈** a low moan.

Stoi·ker [ˈʃtoːikər; ˈstoː-] *m* <-s; -> *philos.* Stoic, *fig.* stoic. **ˈsto·isch** [-ɪʃ] *adj philos.* Stoic(al), *fig.* stoic(al). **Stoi·zis·mus** [ʃtoiˈtsɪsmʊs; sto-] *m* <-; *no pl*> *philos.* Stoicism, *fig.* stoicism.

Sto·la [ˈʃtoːla; ˈstoːla] *f* <-; **Stolen**> *antiq. relig., Mode*: stole.

Stol·len[1] [ˈʃtɔlən] *m* <-s; -> fruit loaf, *bes. Am.* stollen.

ˈStol·len[2] *m* <-s; -> **1.** *Bergbau*: adit, drift. **2.** *mil.* gallery. **3.** *am Hufeisen*: calk, *an Fußballstiefeln etc*: stud. **4.** *im Minnesang*: stollen. **~,bau** *m* <-(e)s; *no pl*> *Bergbau*: tunnel(l)ing. **~,soh·le** *f* (adit) level.

ˈStol·per|,draht *m mil. u. fig.* trip wire. **~,mi·ne** *f* trip-wire mine.

stol·pern [ˈʃtɔlpərn] **I** *v/i* <sein> **1.** (**über** *acc* over) stumble, trip; **über die** (*od.* **s-e**) **eigenen Füße ~** trip over one's own feet; *fig. colloq.* **über ein Wort ~** (*sich versprechen*) stumble at (*od.* over) a word, (*stutzig werden*) be puzzled by (*od.* at) a word; **über j-n ~** bump (*od.* run) into s.o., come across s.o. **2.** (*wanken*) stumble, blunder (*through a room, etc*). **II ≈** *n* <-s> **3.** stumbling (*etc*); *a. fig. colloq.* **j-n zum ≈ bringen** trip s.o. up; **ins ≈ kommen** (*od.* **geraten**) stumble, *fig.* **über et.**: stumble (*od.* trip) over s.th.

ˈStol·per,stein *m fig.* stumbling block.

stolz [ʃtɔlts] *adj* <-er; -est> **1.** proud; **~ sein auf** (*acc*) be proud of, take pride in, (*bes. auf Fähigkeit etc*) pride o.s. on; **darauf kannst du ~ sein** that's s.th. to be proud of; → **Spanier**. **2.** (*hochmütig*) haughty, proud, arrogant; **~ wie ein Pfau** (as) proud (*od.* vain) as a peacock. **3.** (*stattlich, prächtig*) splendid, magnificent, proud, noble, fine; **ein ~es Schloß** a splendid castle; **e-e ~e Erscheinung** a noble appearance; *colloq. iro.* **~e Preise** steep (*od.* stiff) prices; **e-e ~e Summe** quite a packet. **4.** (*ruhmvoll*) proud, glorious; **ein ~er Tag** a proud day.

Stolz *m* <-es; *no pl*> **1.** pride; **aus falschem (verletztem) ~** out of false (wounded) pride; **voller ~, mit ~** full of pride, with pride, proudly; **er hat k-n ~** he has no pride (in him); **er setzte s-n ~ darein, alles selbst zu machen** he took (a) pride in (*od.* he prided himself on) doing everything himself; **der Garten ist ihr ganzer ~** she takes great pride in her garden; **er ist der ~ s-r Mutter** he is his mother's pride. **2.** (*Hochmut, Dünkel*) haughtiness, arrogance, conceit(edness); **j-m den ~ austreiben** knock the conceit out of s.o. **≈ge,schwellt** *adj iro. meist* **mit ~er Brust** bloated (*od.* swelling, bursting) with pride.

stol·zie·ren [ʃtɔlˈtsiːrən] *v/i* <*no* **ge-**, **sein**> **1.** strut, stalk, *großspurig*: swagger. **2.** *Pferd*: prance.

Sto·ma [ˈstoːma; ˈʃtoː-] *n* <-s; -ta [-ta]> *biol.* stoma. **~ti·tis** [stomaˈtiːtɪs; ʃto-] *f* <-; **-titiden** [-tiˈtiːdən]> *med.* stomatitis. **~to·lo·gie** [stomatoloˈgiː; ʃto-] *f* <-; *no pl*> stomatology.

ˈStopf|,buch·se, ~,büch·se *f tech.* stuffing box. **~ei** *n* darning-egg.

stop·fen [ˈʃtɔpfən] **I** *v/t* <h> **1.** (*Loch, Socken etc*) darn, mend. **2.** (*pressen*) (**in** *acc* into) stuff, cram; *colloq.* **gestopft voll** packed (to bursting); *humor.* **er stopfte die fünf Kinder in sein Auto** he crammed (*od.* packed, piled) the five children into his car. **3.** (*stecken*) put; **sich** (*dat*) **Watte in die Ohren ~** put cotton (wool) into one's ears. **4.** (*füllen*) stuff (*a. gastr.*), fill (*pipe, sausage, etc*). **5.** (*zu~*) stop (*od.* plug, stuff, fill) (up); **ein Loch ~** stuff up a hole, *fig.* fill a gap; → *a.* **Loch** 1, **Maul** 2, **Mund** 1. **6.** (*mästen*) stuff, cram, fatten. **7.** (*Blechblasinstrument*) stop, mute; **gestopfte Trompete** muted trumpet. **8.** *mil.* **das Feuer ~** cease (*od.* stop) fire. **II** *v/i* **9.** *Speisen*: be constipating, cause constipation, (*sättigen*) be filling. **10.** *colloq.* (*schlingen*) stuff o.s., wolf (*od.* bolt) down one's food. **ˈstop·fend** *adj med.* constipating. **ˈStop·fer** *m* <-s; -> **1.** *dial.* (*Korken*) stopper, cork. **2.** (*Pfeifen≈*) tamper. **3.** (*Person*) darner, mender.

ˈStopf|,garn *n* darning yarn. **~,korb** *m* workbasket. **~,mit·tel** *n pharm.* antidiarrh(o)eal. **~,na·del** *f* darning needle. **~,pilz** *m* darning mushroom. **~,twist** *m* darning yarn. **~,wol·le** *f* darning wool.

stopp [ʃtɔp] *interj* (*halt*) stop!

Stopp *m* <-s; -s> **1.** (*Pause*) stop; **e-n ~ machen** a) stop, pause, b) have a rest. **2.** (*Lohn≈, Preis≈ etc*) stop, freeze, *für Importe etc*: ban. **3.** *TV, Film*: stop; **~!** cut!, hold it! **4.** <*only sg*> *short for* **Autostopp**. **~,ball** *m Tennis*: stop. **~be,fehl** *m Computer*: breakpoint instruction.

Stop·pel [ˈʃtɔpəl] *f* <-; -n> *meist pl agr.* stubble, (*Bart≈*) *a.* bristle. **~,bart** *m colloq.* stubble, stubbly (*od.* bristly) beard. **~,fe·der** *f orn.* pinfeather. **~,feld** *n* stubble field. **~,haar** *n colloq.* stubbly (*od.* bristly) hair, stubble.

ˈstop·pe·lig *adj Bart, Kinn etc*: stubbly, bristly.

stop·peln [ˈʃtɔpəln] *v/i* <h> **1.** (*Ähren lesen*) glean. **2.** → **zusammenstoppeln**.

stop·pen [ˈʃtɔpən] **I** *v/t* <h> **1.** *allg., a. fig.* stop, (*Ball*) *a.* trap. **2.** *mit der Stoppuhr*: time, clock. **II** *v/i* **3.** stop, pull up. **ˈStop·per** *m* <-s; -> **1.** *mar.* stopper. **2.** *Fußball*: cent/re (*Am.* -er) back. **3.** *Sport*: timekeeper. **4.** (*Tür≈*) doorstop.

ˈStopp|,licht *n mot.* stoplight, brake light. **~,preis** *m* ceiling price. **~,schild** *n* stop sign. **~si,gnal** *n rail.* stop signal. **~,stra·ße** *f* stop street. **~,ta·ste** *f am Tonbandgerät etc*: stop button. **~,uhr** *f* stopwatch. **~,zei·chen** *n* stop signal.

Stöp·sel [ˈʃtœpsəl] *m* <-s; -> **1.** stopper, (*Kork≈*) cork, *für Badewanne etc*: plug. **2.** *electr. teleph.* plug. **3.** *fig. colloq.* (*Knirps*) manikin, nipper, *Am.* shortie. **ˈstöp·seln** *v/t* <h> **1.** put a stopper on, stopper, cork. **2.** *electr. teleph.* plug.

Stör [ʃtøːr] *m* <-(e)s; -e> *ichth.* sturgeon.

ˈStör|ak·ti,on *f bes. pol.* disruptive action, planned disruption. **≈an,fäl·lig** *adj tech.* susceptible to trouble (*Radio*: to interference), trouble-prone, *Auto*: *a.* prone to break down. **~an,fäl·lig·keit** *f* trouble proneness, susceptibility to failure (*Radio*: to interference). **~an,griff** *m mil.* harassing attack. **~an,zei·ge,lam·pe** *f tech.* trouble-indicating light.

Storch [ʃtɔrç] *m* <-(e)s; ¨-e> *orn.* stork; *colloq.* **er geht wie ein ~ im Salat** he walks like a stork, he is picking his way very gingerly; *humor.* **der ~ hat sie ins Bein gebissen** she's expecting (a baby); **nun brat mir aber einer 'nen ~!** well, I never!, I'll be blowed! **~,bei·ne** *pl fig. colloq.* spindly legs. **≈,bei·nig** *adj* spindle-legged. **~,blu·me** *f* flowering rush.

ˈStor·chen,nest *n* stork's nest.

Stör·chin [ˈʃtœrçɪn] *f* <-; -nen> *orn.* female stork.

ˈStorch|,schna·bel *m* **1.** stork's bill. **2.** *bot.* cranesbill, geranium. **3.** *tech.* pantograph. **4.** *med.* cranesbill. **~,vo·gel** *m* stork.

Store [ʃtoːr] *m* <-s; -s> net (*od.* window) curtain.

stö·ren [ˈʃtøːrən] **I** *v/t* <h> **1.** *allg.* disturb, (*bemühen*) trouble, (*ärgern, belästigen*) bother, annoy, be a nuisance to, (*irritieren*) irritate, vex, (*sich einmischen od. störend einwirken*) interfere with, (*durcheinanderbringen*) upset, (*behindern*) impede, obstruct, (*beeinträchtigen*) impair, spoil, detract from; **die Ruhe (Eintracht) ~** disturb the peace (harmony); **j-n bei der Arbeit ~** disturb s.o. at his work; **e-e Versammlung ~** interrupt (*od.* [try to] disrupt) a meeting, create a disturbance at a meeting; **j-s Pläne ~** upset (*od.* interfere with) s.o.'s plans; **das (Gesamt)Bild ~** spoil (*od.* mar) the picture, spoil the effect; **störe ich Sie?** am I disturbing you?, am I intruding?; **lassen Sie sich nicht ~** don't let me disturb you; **stört es Sie, wenn ich rauche?** do you mind my (*od.* me) smoking (*od.* if I smoke)?; **Ja, (es stört mich) sehr!** Yes, I do mind!; **störe mich nicht fortwährend!** don't bother me all the time!; **darf ich Sie kurz ~?** may I trouble you for a minute?; **was stört dich das?** why should that bother you?; **das (er) stört mich nicht** I don't mind that (him); **er ließ sich nicht ~** he was unperturbed, he did not care; **was mich an ihm (daran) stört** what I don't like about him (it); **der Kratzer auf der Brille stört mich** the scratch on my glasses irritates me; → **gestört**. **2.** *Radio*: interfere with, *gewollt*: jam. **3.** *mil.* harass. **4.** *Sport*: (*den Gegner*) tackle, *frühzeitig*: forecheck. **5.** *jur.* a) (*j-s Rechte etc*) interfere with (→ **Besitz** 1), b) **die öffentliche Ruhe** (*od.* **Ordnung**) **~** disturb the peace. **II** *v/i* **6.** disturb, *a. Lärm etc*: be disturbing, (*sich aufdrängen*) be intruding, (*sich einmischen*) interfere, (*im Wege sein*) be (*od.* get) in the way, (*lästig od. unangenehm sein*) be a nuisance, be annoying, be irritating, (*verunzieren*) mar the picture, spoil the effect, be an eyesore, **in** *od.* **bei** (*e-r Versammlung etc*) create a disturbance (at), interrupt (*od.* [try to] disrupt) (*a meeting, etc*); **bitte nicht ~!** please do not disturb!; **störe ich?** am I intruding?, am I disturbing you?; **ich möchte nicht ~!** I don't want to disturb you (*od.* interrupt, be a nuisance, be in the way)! **III** *v/reflex* **7.** **sich an e-r Sache ~** take exception to s.th., be annoyed at (*od.* by) s.th.; **störe dich nicht daran!** don't let it bother you! **IV ≈** <-s> **8.** disturbing (*etc*), disturbance.

9. *Sport*: tackling; **frühes ♀ (des Gegners)** forechecking. **ˈstö·rend** *adj* disturbing, (*unangenehm*) annoying, disagreeable, troublesome, (*peinlich*) awkward, (*aufdringlich*) intruding, *a. Sache*: obtrusive.

ˈStö·renˌfried [-ˌfriːt] *m* ‹-(e)s; -e› *contp.* troublemaker, (*Eindringling*) intruder.

ˈStö·rer *m* ‹-s; -› **1.** → **Störenfried. 2.** → **Störsender.**

ˈStör|fak·tor *m Radio*: interference factor. **~ˌfeld** *n* interference field. **~ˌfeu·er** *n mil.* harassing fire. **~ˌfil·ter** *n, m Radio*: anti-interference filter, (wave) trap. **♀frei** *adj* → **störungsfrei** 2–4. **~freˌquenz** *f Radio*: interference frequency. **~ˌfunk** *m* jamming. **~geˌräusch** *n* background noise, *atmosphärisches*: statics *pl*, interference, *beabsichtigtes*: jamming. **~maˌnö·ver** *n pol.* disruptive action, troublemaking.

stor·nie·ren [stɔrˈniːrən; ʃtɔr-] *v/t* ‹*no* **ge-, h**› *econ.* **1.** (*Buchung*) reverse. **2.** (*Auftrag*) cancel. **3.** (*Prämie*) return. **Storˈnie·rung** *f* ‹-; -en›, **Stor·no** [ˈstɔrno; ˈʃtɔr-] *m, n* ‹-s; **Storni** [-ni]› **1.** reversal, contraentry. **2.** cancel(l)ation. **3.** return (of premium).

ˈStör|pe·gel *m Radio*: noise level. **~ˌquel·le** *f* noise source.

stör·rig [ˈʃtœrɪç] *adj* → **störrisch. ♀keit** *f* ‹-; *no pl*› stubbornness, obstinacy, *e-r Person*: *a.* mulishness, *colloq.* pigheadedness.

stör·risch [ˈʃtœrɪʃ] *adj allg.* stubborn, *Pferd*: *a.* restive, *Person, Verhalten etc*: *a.* obstinate, mulish, *colloq.* pigheaded, (*aufsässig*) refractory, rebellious.

ˈStör|schutz *m electr.* noise suppression, interference elimination, (*Gerät*) anti-interference device. **~ˌsen·der** *m Radio*: jamming station, interfering transmitter. **~ˌsper·re** *f* → **Störschutz. ~ˌstel·le** *f* **1.** *chem.* impurity (spot), imperfection. **2.** *colloq.* → **Störungsdienst. ~ˌstrom** *m Radio*: noise (*od.* random) current. **~ˌsu·cher** *m*, **~ˌsuch·geˌrät** *n* interference detector. **~ˌtä·tig·keit** *f* ‹-; *no pl*› jamming.

ˈStö·rung *f* ‹-; -en› **1.** → **stören** 8, 9. **2.** disturbance (*a. math.*), (*störendes Einwirken, a. Einmischung*) interference, (*Unterbrechung*) interruption, (*Eindringen*) intrusion, (*Ärger*) trouble, upset, (*Ärgernis, Plage*) nuisance, (*Behinderung*) obstruction, (*Auflösung, Zerrüttung, a. ~ e-r Versammlung*) disruption, (*Verkehrs♀*) hold-up; **entschuldigen Sie die ~** sorry to disturb you; *meteor.* **gewittrige ~en** thundery disturbance *sg*; *jur.* **~ der öffentlichen Sicherheit und Ordnung** disturbance of the peace; → *a.* **Besitzstörung. 3.** *tech.* fault, trouble, defect, (*Betriebs♀*) failure, breakdown, (*Funktions♀*) malfunction. **4.** *Radio*: a) (**atmosphärische**) **~** statics *pl*, atmospherics *pl*, b) *durch Sender etc*: interference, *gewollte*: jamming. **5.** *med.* disturbance, *mental, nervous, etc* disorder, *des Sehvermögens etc*: impairment, defect.

ˈstö·rungsˌanˌfäl·lig *adj* → **störanfällig.**

ˈStö·rungs|anˌnah·me *f* → **Störungsdienst** 3. **~beˌsei·ti·gung** *f tech.* fault clearance, troubleshooting. **~ˌdia** *n TV* fault caption. **~ˌdienst** *m* **1.** *Radio, TV* interference elimination service. **2.** *electr.* fault-clearing service. **3.** *teleph. the* engineers *pl*. **~ˌfeu·er** *n* → **Störfeuer. ♀frei** *adj* **1.** undisturbed. **2.** *Radio, TV* interference-free. **3.** *tech.* trouble-free. **4.** *Radar*: static-free. **~ˌstel·le** *f* → **Störungsdienst. ~ˌsu·che** *f* **1.** *tech.* troubleshooting. **2.** *Radio*: interference location. **~ˌsu·cher** *m* **1.** *TV* lineman. **2.** *tech.* troubleshooter. **~such̩trupp** *m tech. TV* fault-locating gang. **~ˌzei·chen** *n meist pl auf dem Radarschirm*: clutter.

Sto·ry [ˈstoːri; ˈstɔːrɪ] (*Engl.*) *f* ‹-; -s› (*Geschichte, Bericht*) story.

Stoß [ʃtoːs] *m* ‹-es; ⸗e› **1.** push, shove, *leichter ~, a. mit e-m Stock etc*: poke, prod, (*Schlag*) blow, knock, (*Faust♀*) a. cuff, (*Rippen♀*) nudge, dig, (*Fuß♀*) kick, (*Kopf♀, Hörner♀*) butt, (*Dolch♀ etc, a. beim Koitus, mil. Vor♀, phys. Schub*) thrust, (*Anprall*) bump, *a. phys. tech.* impact, (*Erschütterung*) shock, *a. beim Fahren etc*: bump, jolt, (*Erd♀*) tremor, (*Atem♀*) gasp, (*Explosions♀, Strahlen♀, a. Trompeten♀*) blast, (*Wind♀*) *a.* gust, *mil.* (*Feuer♀*) burst (of fire), (*Rück♀*) *e-s Gewehres etc*: kick, recoil; **e-n ~ versetzen** (*dat*) give *s.o.* a push, *fig.* be (*od.* come as) a blow to *s.o.*, (*j-s Gesundheit*) take its toll (of *s.o.'s strength*), damage (*s.o.'s health*), (*j-s Glauben*) shake (*s.o.'s faith*); *colloq.* **er kann e-n ~ vertragen** he can take a knock (or two); **gib d-m Herzen e-n ~!** have a heart!, be a sport! **2.** *Sport*: (*Fecht♀*) thrust, (*Schwimm♀*) kick, *mit der Kugel*: put, (*Billard♀*) stroke. **3.** *electr.* a) (*Strom♀*) surge, b) impulse. **4.** a) *med.* (*Vitamin♀ etc*) massive dose, b) *physiol.* (**Adrenalin♀** adrenaline) rush. **5.** *tech.* (*Fuge*) joint, *winkelrechter*: butt joint. **6.** *Bergbau*: stope, face (of work). **7.** *Schneiderei*: seam, hem. **8.** (*Stapel*) pile, stack (*of wood, books, etc*), *von Banknoten, Papier*: *a.* sheaf, bundle, *colloq.* wad, *von Briefen*: *a.* batch; *fig. colloq.* (**alle**) **auf einen ~** (all) at one go. **9.** *hunt.* tail (feathers *pl*).

ˈStoß|band *n* ‹-(e)s; ⸗er› *am Hosenbein etc*: seam, hem. **~beˌanˌspru·chung** *f* **1.** *tech.* impact (*od.* shock) stress. **2.** *civ.eng.* dynamic load. **~briˌga·de** *f DDR pol.* shock brigade. **~ˌdämp·fer** *m mot.* shock absorber. **~ˌde·gen** *m* rapier. **~ˌdruck** *m* ‹-(e)s; ⸗e› *tech.* thrust.

Stö·ßel [ˈʃtøːsəl] *m* ‹-s; -› **1.** *des Mörsers*: pestle. **2.** *mot. tech.* (*Ventil♀*) tappet.

ˈstoß|eˌlas·tisch [-eˌlastɪʃ] *adj tech.* impact-resilient. **~empˌfind·lich** *adj* sensitive to shock.

sto·ßen [ˈʃtoːsən] **I** *v/t* ‹**stößt, stieß, gestoßen, h**› **1.** push, shove, *stärker*: (*a. e-n Dolch etc*) thrust, *leicht*: poke, *mit et. Spitzem*: *a.* prod, *mit der Faust*: punch, knock, strike, *mit dem Ellenbogen*: nudge, *mit dem Fuß*: kick, (*anrempeln*) jostle, *mit dem Kopf, den Hörnern*: butt, (*rammen*) ram, (*treiben*) drive; **et. zur Seite ~** push s.th. aside; **j-n von sich ~** push s.o. away, *fig.* reject (*od.* disown) s.o.; *fig.* **j-n aus dem Haus ~** turn s.o. out (of the house); **j-n aus e-m Verein ~** expel s.o. from a club; **j-n vom Thron ~** dethrone s.o.; **j-m das Messer in die Brust ~** thrust (*od.* plunge) a knife into s.o.'s chest; **sich** (*dat*) **den Kopf an et. ~** knock (*od.* hit, bump) one's head against s.th. **2.** (*zerkleinern*) pound (*pepper, sugar, etc*), *zu Pulver*: pulverize. **3.** *Sport*: (*die Kugel*) put, throw. **4.** *tech.* (*stanzen*) slot. **5.** *vulg.* (*koitieren mit*) bang, screw. **II** *v/reflex* **sich ~ 6.** bump o.s.; **ich habe mich an der Tischkante gestoßen** I bumped (myself) against the edge of the table. **7.** *fig.* **sich ~ an** (*dat*) (*Anstoß nehmen*) take exception to, be shocked at, object to, *colloq.* stick at; **ich stoße mich nicht an s-m Äußeren** I don't mind his appearance. **III** *v/i* ‹**h** *u.* **sein**› **8.** ‹**h**› push (*etc*; *cf.* 1). **9.** ‹**h**› (*rütteln, schütteln*) jolt, bump. **10.** ‹**sein**› **~ an** (*acc*) bump (*od.* run) against (*od.* into), knock against, (*anrempeln*) jostle against; → **Kopf** *Besondere Redewendungen*. **11.** ‹**sein**› *fig.* **~ an** (*acc*) (*angrenzen*) border (*od.* abut) (on), (*berühren*) touch (*s.th.*). **12.** ‹**sein**› *fig.* **~ auf** (*acc*) a) *Raubvogel etc*: pounce on, swoop (down) on, b) (*auf Ablehnung, Widerstand, Schwierigkeiten etc*) meet with, encounter (*s.th.*), c) (*zufällig entdecken*) come across, discover (*s.th.*), stumble on, d) (*führen zu*) *Straße etc*: lead to, e) (*direkt erreichen*) come straight to; **ich stieß auf folgenden interessanten Satz** I came across the following interesting sentence; **auf Erdöl ~** strike oil; **wenn Sie dieser Straße folgen, ~ Sie direkt auf den Bahnhof** if you follow this road you will come straight to the station; **auf j-n ~** run (*od.* bump) into s.o., come across s.o. **13.** ‹**h**› **in die Trompete ~** sound (*od.* blow) the trumpet; → **Horn** 3. **14.** ‹**sein**› **zu j-m ~** join (up with) s.o. **IV ♀** *n* ‹-s› **15.** pushing (*etc*). **16.** *Sport*: (*Kugel♀*) shotput(ting), *Gewichtheben*: (**beidarmiges**) **♀** (two hands) clean and jerk.

Stö·ßer [ˈʃtøːsər] *m* ‹-s; -› **1.** *e-s Mörsers*: pestle. **2.** → **Sperber.**

Sto·ßeˈrei *f* ‹-; *no pl*› *colloq.* (*Rempelei*) pushing and shoving, jostling.

ˈStoß|ˌfän·ger *m* **1.** *mot.* bumper, *a. rail.* fender. **2.** → **Stoßdämpfer. ~ˌfe·der** *f tech.* buffer spring. **♀fest** *adj* shockproof, shock-resistant. **~ˌfe·stig·keit** *f* shock resistance. **♀frei** *adj* shockless, joltless, elastic, smooth; **~er Lauf** smooth running. **~ˌfu·ge** *f* **1.** *civ.eng.* cross joint. **2.** *tech.* (butt) joint. **~geˌbet** *n* quick and fervent prayer. **♀geˌsi·chert** *adj tech.* shock-protected. **~ˌkeil** *m mil.* spearhead. **~ˌkis·sen** *n beim Fechten*: protective pad. **~ˌkraft** *f* **1.** *tech.* impact load (*od.* force). **2.** *mil.* combat strength. **3.** *fig.* impetus, drive, force. **~ˌkreis** *m Kugelstoßen*: throwing circle. **~ˌla·de** *f tech.* shooting board. **~maˌschi·ne** *f tech.* slotter, slotting machine. **~ˌmei·ßel** *m* slotting tool. **~ˌnaht** *f* butt joint. **~ˌpres·se** *f tech.* rush-type handgun. **~ˌrich·tung** *f* **1.** *tech.* direction of impact. **2.** *electr.* direction of impulse. **3.** *mil.* (direction of) thrust (*a. fig.*). **~ˌseuf·zer** *m* deep (heartfelt) sigh, groan. **♀ˌsi·cher** *adj tech.* shockproof. **~ˌspan·nung** *f electr.* transient (*od.* impulse, pulse) voltage. **~ˌstan·ge** *f mot.* **1.** bumper. **2.** (*Ventil♀*) push-rod. **~ˌstan·genˌhör·ner** *pl Br.* overriders, *Am.* bumper guards. **~the·raˌpie** *f med.* massive-dose therapy, stosstherapy. **~ˌtrupp** *m mil.* combat patrol, assault party; **~en** *pl* shock troops. **~verˌbin·dung** *f tech.* butt joint. **~verˌkehr** *m* **1.** rush-hour traffic. **2.** → **Stoßzeit. ~ˌwaf·fe** *f* thrust weapon. **♀ˌwei·se** *adj u. adv* intermittent(ly), sporadic(ally), by fits and starts, (*ruckweise*) in jerks, (*in Wellen*) in waves; **~ atmen** pant. **~ˌwel·le** *f phys.* shock wave. **~ˌwir·kung** *f* shock effect. **~ˌzahl** *f phys.* impact coefficient. **~ˌzahn** *m zo.* tusk. **~ˌzeit** *f meist pl* rush hour, peak hours *pl*.

Stot·teˈrei *f* ‹-; *no pl*› stuttering (and stammering). **ˈStot·te·rer** *m* ‹-s; -› stutterer, stammerer. **stot·tern** [ˈʃtɔtərn] **I** *v/i* ‹**h**› **1.** stutter, stammer. **2.** *Motor*: splutter. **II** *v/t* **3.** stutter, stammer (*a few words, etc*). **III ♀** *n* ‹-s› **4.** stuttering (*etc*), *bes. med.* stutter, stammer. **5.** *fig. colloq.* **et. auf ♀ kaufen** buy s.th. on the never-never (*Am.* the instalment plan).

Stra·bis·mus [straˈbɪsmus; ʃtra-] *m* ‹-; *no pl*› *med.* (*Schielen*) squint, strabismus.

stracks [ʃtraks] *adv* → **schnurstracks.**

Stra·di·va·ri [stradiˈvaːri] *f* ⟨-; -(s)⟩ *mus.* Stradivarius, *colloq.* Strad.

ˈ**Strafǀˌabˌtei·lung** *f jur.* criminal division. **~ak·tiˌon** *f* punitive action. **~ˌän·de·rung** *f* → **Strafumwandlung.** **~ˌanˌdro·hung** *f* penalty (provided by law); **bei** (*od.* **unter**) **~** under threat of punishment, **von:** on (*od.* under) penalty of. **~ˌanˌstalt** *f* **1.** *jur.* penal institution, prison, *Am. a.* penitentiary. **2.** *mil.* detention (*Am.* disciplinary) barracks *pl* (*meist als sg konstruiert*). **~ˌanˌtrag** *m jur.* **1.** *e-r Privatperson*: application; **~ gegen j-n stellen** bring an action against s.o., institute proceedings against s.o. **2.** *des Staatsanwalts*: sentence demanded. **~ˌanˌtritt** *m* commencement of (the) sentence (*od.* of imprisonment). **~ˌanˌzei·ge** *f* (penal) charge; **~ gegen j-n erstatten** lay an information against s.o., **wegen e-r Sache**: bring in a charge of s.th. against s.o. **~ˌar·beit** *f ped.* imposition, lines *pl.* **~ˌaufˌhe·bung** *f jur.* reversal (*od.* quashing) of a sentence (*od.* penalty). **~ˌaufˌschub** *m* suspension of sentence (**gegen Bewährungsfrist** on probation); **j-m ~ gewähren** reprieve s.o. **~ˌausˌschlie·ßungsˌgrund** *m* ground for exemption from punishment. **~ˌausˌset·zung** *f* suspension of sentence; **~ zur Bewährung, bedingte ~** (suspension of sentence on) probation, conditional discharge. **~ˌbank** *f Eishockey*: penalty bench.

ˈ**straf·bar** *adj jur. Handlung etc*: punishable (by law), indictable, penal, (*verbrecherisch*) criminal; **e-e ~e Handlung begehen** commit a penal (*od.* punishable) offen/ce (*Am.* -se); **sich ~ machen** *a.* render o.s. (*od.* be) liable to prosecution. **Ձkeit** *f* ⟨-; *no pl*⟩ punishability, liability to punishment, (*das Verbrecherische e-r Handlung etc*) criminality, criminal nature.

ˈ**Strafǀba·tailˌlon** *n mil.* delinquent battalion. **~beˌfehl** *m jur.* order (of summary punishment). **~beˌfug·nis** *f* → **Strafgewalt.** **~beˌscheid** *m* (administrative) order inflicting a penalty. **~beˌstim·mung** *f* penal clause (*od.* provision). **~ˌdienst** *m mil.* extra duty, (*Arbeits*Ձ) fatigue duty.

Stra·fe [ˈʃtraːfə] *f* ⟨-; -n⟩ **1.** *allg., a. jur. u. fig.* punishment, sanction, *econ. jur., a. Sport u. fig.* penalty, *jur.* (*Strafurteil*) sentence, (*Freiheits*Ձ) *a.* (sentence of) imprisonment, (*Geld*Ձ) fine, (*als Konventional*Ձ) penalty, (*Züchtigung, a. fig.*) chastisement, (*Vergeltung*) retribution; *jur.* **leichte (schwere) ~** light (heavy) sentence; **zur ~** as a punishment; **bei (Androhung) e-r ~ von** on pain (*od.* penalty) of; **Betreten bei ~ verboten!** trespassers will be prosecuted!; **et. bei ~ verbieten, et. unter ~ stellen** make s.th. punishable, make s.th. liable to a penalty (*od.* to prosecution), forbid s.th. by law; **j-m e-e ~ auferlegen** impose (*od.* inflict) a penalty (*etc*) on s.o., (*Geld*Ձ) *a.* fine s.o.; **20 Mark ~ zahlen (müssen)** pay a fine of (be fined) 20 marks; **zu e-r ~ von drei Monaten verurteilt werden** be sentenced to (a term of) three months' imprisonment; **sie hat ihre (verdiente) ~ bekommen,** *colloq.* **sie hat ihre ~ weg** she has got her (just) deserts; **die ~ blieb nicht aus** (*od.* **folgte auf dem Fuße**) punishment was swift to come; **~ muß sein!** a) discipline will never hurt anybody!, b) you have got your (just) deserts!, c) *zukünftig*: you'll get what's coming to you!; **das ist die ~ für d-e Lüge** that's your punishment for lying; **das ist die ~ dafür, daß du mir nicht folgtest!** that's (what you get) for disobeying me!; **et. als (e-e) ~ empfinden** see s.th. as a punishment; → **antreten** 1, *etc.* **2.** *fig. colloq.* **sie ist e-e wahre ~** she is a (real) pain in the neck; **es ist e-e ~ für mich (zu** *inf*) it's an ordeal for me (to *inf*).

ˈ**Strafˌecke** (*getr.* **-k·k-**) *f Hockey*: penalty corner.

stra·fen [ˈʃtraːfən] *v/t* ⟨h⟩ punish, *Sport*: penalize (*beide a. fig.*), *mit e-m Bußgeld*: fine, (*züchtigen*) chastise, discipline, (*tadeln*) reprove, *colloq. Boxen etc*: punish; *fig.* **vom Schicksal gestraft** cursed by Fate; *colloq.* **mit dieser Frau ist er gestraft genug** his life is miserable enough through his wife; → **Lüge** 1, **Verachtung** 1. ˈ**stra·fend** *adj* punishing, punitive, corrective, *bes. jur.* penal, (*rächend*) avenging, (*vorwurfsvoll*) reproachful, *Blick*: censorious, *stärker*: withering.

ˈ**Strafǀˌen·de** *n jur.* end (*od.* completion) of the sentence. **~entˌlas·se·ne** *m, f* ⟨-n; -n⟩ ex-convict, discharged prisoner. **~entˌlas·sung** *f* release (*od.* discharge) from prison. **~erˌlaß** *m* remission of sentence. **~erˌmä·ßi·gung** *f* → **Strafnachlaß.** **~ex·erˌzie·ren** *n mil.* pack drill. **~ex·pe·di·tiˌon** *f pol.* punitive expedition.

straff [ʃtraf] **I** *adj* ⟨-er; -(e)st⟩ **1.** *Seil etc, a. Hose etc*: tight, *Seil, Sehne, Muskel etc*: taut, *Haut*: *a.* smooth, *Büste*: firm, *Haltung*: erect, straight; **~er Sitz** *e-r Hose etc*: tight fit; **e-e ~e Haltung einnehmen** pull o.s. up straight. **2.** *fig. Disziplin etc*: strict, rigid, *Stil etc*: concise, terse, *Filmhandlung etc*: tight, *Organisation etc*: tight, streamlined. **II** *adv* **3.** tightly (*etc*); **~ anliegen** fit tightly, be a tight fit; **~ anziehen** (*Schraube etc*) tighten, (*Seil etc*) *a.* tauten, stretch; **~ gespannt** tight, taut; **~ spannen** (*od.* **ziehen**) → **straffen** 1.

ˈ**Strafǀˌfall** *m* → **Strafsache.** **Ձˌfäl·lig** *adj* → **strafbar;** **~ werden** commit a punishable offen/ce (*Am.* -se), come into conflict with the law. **~ˌfäl·li·ge** *m, f* ⟨-n; -n⟩ offender, delinquent.

straf·fen [ˈʃtrafən] **I** *v/t* ⟨h⟩ **1.** (*Seil, Tuch etc*) pull *s.th.* taut (*od.* tight), tighten (*a. Haut*), tauten; **sich** (*dat*) **die Gesichtshaut ~ lassen** have a face-lift; **sich** (*dat*) **die Büste ~ lassen** have one's bust lifted. **2.** *fig.* (*Vorschriften, Handlung e-s Buches etc*) tighten up, (*Organisation etc*) *a.* streamline. **II** *v/reflex* **sich ~ 3.** tighten, tauten, *Büste*: become firm; **s-e Haltung straffte sich** he pulled himself up straight.

ˈ**strafˌfrei** *jur.* **I** *adj* unpunished, exempt from punishment. **II** *adv* **er ging ~ aus** he went unpunished, *colloq.* he got off scot-free. **Ձheit** *f* ⟨-; *no pl*⟩ impunity.

ˈ**Straf·fung** *f* ⟨-; *no pl*⟩ **1.** tightening (*etc*; → **straffen**), *fig.* tightening-up. **2.** (*Gesichts*Ձ) (face-)lift.

ˈ**Strafǀge·bühr** *f* fine. **~geˌfan·ge·ne** *m, f jur.* prisoner, convict. **~ˌgeld** *n* fine. **~geˌricht** *n* **1.** *jur.* criminal court. **2.** *fig. lit.* punishment, divine justice; **ein ~ abhalten** mete out punishment; **ein ~ heraufbeschwören** court disaster; **göttliches ~** Judg(e)ment (of God). **~geˌrichts·bar·keit** *f* criminal (*od.* penal) jurisdiction. **~geˌsetz** *n* criminal (*od.* penal) law. **~geˌsetzˌbuch** *n* Criminal Code. **~geˌsetzˌge·bung** *f* penal legislation. **~geˌwalt** *f* **1.** *jur.* penal authority, power of sentence. **2.** *bes. mil.* disciplinary power. **~ˌhaft** *f* penal servitude, punitive detention. **~ˌkam·mer** *f* **Große (Kleine) ~** *criminal court of a "Landgericht" consisting of three judges and two lay assessors* (*of one judge and two lay assessors*). **~ˌkla·ge** *f* penal (*od.* criminal) action. **~ko·loˌnie** *f* convict settlement, penal colony. **~kom·paˌnie** *f mil.* delinquent company. **~ˌla·ger** *n* detention camp.

sträf·lich [ˈʃtrɛːflɪç] **I** *adj* utterly irresponsible (*od.* inexcusable), *colloq.* criminal. **II** *adv colloq.* (*unerhört*) incredibly, badly, terribly; **~ vernachlässigen** neglect badly.

Sträf·ling [ˈʃtrɛːflɪŋ] *m* ⟨-s; -e⟩ prisoner, convict. **~sˌfürˌsor·ge** *f* prison welfare. **~sˌklei·dung** *f* prison clothes *pl.*

ˈ**straf·los** *adj u. adv* → **straffrei.**

ˈ**Strafǀmanˌdat** *n* notification of an offen/ce (*Am.* -se), *engS.* parking ticket. **~ˌmaß** *n jur.* sentence, (degree of) punishment; **das höchste (niedrigste) ~** the maximum (minimum) penalty. **~ˌmaßˌnah·me** *f* sanction, punitive measure. **Ձˌmil·dernd I** *adj* **j-m ~e Umstände zubilligen** allow s.o. mitigating (*od.* extenuating) circumstances. **II** *adv* in mitigation (of sentence); **et. ~ berücksichtigen** consider s.th. in mitigation; **~ wirken** be considered in mitigation. **~ˌmil·de·rung** *f* mitigation of the sentence (*od.* punishment). **~miˌnu·te** *f Eishockey*: penalty minute; **zwei ~n** a two minutes' penalty. **Ձˌmün·dig** *adj* criminally responsible. **~ˌmün·dig·keit** *f* (age of) criminal responsibility. **~ˌnachˌlaß** *m* remission of punishment. **~ˌpor·to** *n* → **Nachgebühr.** **~ˌpre·digt** *f colloq.* (severe) reprimand, lecture; **j-m e-e ~ halten** reprimand (*od.* reprove) s.o. severely, take s.o. to task. **~proˌzeß** *m* → **Strafverfahren.** **~proˌzeßˌord·nung** *f* code of criminal procedure. **~ˌpunkt** *m Sport*: penalty point. **~ˌraum** *m Fußball*: penalty area. **~ˌrecht** *n* criminal (*od.* penal) law. **~ˌrecht·ler** *m* ⟨-s; -⟩ expert on criminal law, criminalist. **Ձˌrecht·lich I** *adj* penal, criminal, under (*od.* of) criminal law; **~es Delikt** criminal offen/ce (*Am.* -se); **~e Verfolgung** criminal prosecution. **II** *adv* penally, under criminal law, criminally; **j-n ~ verfolgen** prosecute s.o. **~ˌrechtsˌpfle·ge** *f* administration of criminal justice. **~ˌrechts·reˌform** *f* penal reform. **~ˌre·de** *f* → **Strafpredigt.** **~reˌgi·ster** *n* **1.** *jur.* criminal (*od.* police) records *pl,* penal register, *e-s Täters*: criminal record, previous convictions *pl.* **2.** → **Sündenregister.** **~ˌrich·ter** *m* criminal judge. **~ˌsa·che** *f* criminal case (*od.* matter); **Zuständigkeit in ~n** criminal jurisdiction. **~ˌschlag** *m Hockey*: penalty stroke. **~ˌschuß** *m Eishockey*: penalty shot. **~seˌkun·de** *f* penalty second. **~seˌnat** *m jur.* criminal division (of the Court of Appeal *od.* of the German Federal Supreme Court). **~ˌstoß** *m Fußball*: penalty kick; **e-n ~ verhängen** (*od.* **geben**) award a penalty kick; **den ~ ausführen** take the penalty kick.

ˈ**Strafˌtat** *f* criminal (*od.* punishable) offen/ce (*Am.* -se), *schwere*: crime. **~beˌstand** *m* elements *pl* of a criminal offen/ce (*Am.* -se).

ˈ**Strafǀˌtä·ter** *m jur.* (criminal) offender, delinquent. **~ˌtil·gung** *f im Strafregister*: extinction in the criminal record. **~ˌumˌwand·lung** *f* commutation of sentence. **Ձˌunˌmün·dig** *adj* not criminally responsible. **~ˌurˌteil** *n* sentence. **~verˌbü·ßung** *f* serving of one's term of imprisonment. **~verˌfah·ren** *n* **1.** criminal proceedings *pl* (*od.* action, case), punitive proceedings *pl,* trial; **ein ~ gegen j-n einleiten** institute criminal proceedings against s.o. **2.** (*Verfahrensweise*) criminal procedure. **~ver‚fol·gung** *f* (criminal) prosecution, criminal action. **~ver‚fü·gung** *f* → Strafmandat. **2ver‚schär·fend** *adj* aggravating. **~ver‚schär·fung** *f* increase of the penalty (*od.* sentence). **2ver‚set·zen** *v/t* ⟨*only inf u. pp* strafversetzt, h⟩ j-n ~ transfer (*od.* remove) s.o. for disciplinary reasons. **~ver‚set·zung** *f* disciplinary transfer, transfer for disciplinary reasons. **~ver‚tei·di·ger** *m* trial lawyer. **~‚voll‚streckung** (*getr.* -k·k-) *f* → Strafvollzug 1.

'Straf‚voll‚zug *m jur.* **1.** execution of (a) sentence, *weitS.* imprisonment. **2.** treatment of prisoners, prison methods *pl.* **~s‚an‚stalt** *f* → Strafanstalt 1. **~s·be‚am·te** *m* prison officer. **~s·be‚hör·de** *f* prison authority (*od.* administration). **~s‚ord·nung** *f* prison system.

'straf|‚wei·se *adj u. adv bes. jur.* as a punishment, for disciplinary reasons; j-n ~ versetzen → strafversetzen. **~‚wür·dig** *adj* punishable, criminal.

'Straf|‚wurf *m Hand- u. Wasserball*: penalty throw. **~‚zeit** *f* **1.** *jur.* term (of imprisonment). **2.** *Sport*: penalty time. **~‚zet·tel** *m* → Strafmandat. **~‚zoll** *m econ.* penal duty. **~‚zu‚mes·sung** *f jur.* award of punishment. **~‚zu‚schlag** *m bes. econ.* surcharge.

Strahl [ʃtraːl] *m* ⟨-(e)s; -en⟩ **1.** (*Licht2*) ray, beam, *a.* shaft, (*Blitz2, Feuer2*) flash; im ~ der Taschenlampe in the light of the torch; *fig.* ein ~ der Hoffnung a ray of hope. **2.** *von Wasser, Luft, Gas*: stream, *dünner, scharfer*: jet (*a. Spritz2*), (*Wasser2*) squirt. **3.** *phys.* ray, (*gebündelter, bes. Funk2, Richt2, Laser2 etc*) beam; kosmische (ultraviolette) ~en cosmic (ultraviolet) rays. **4.** *math.* half line. **~‚an‚trieb** *m aer. mar.* jet propulsion. **~‚dü·se** *f* **1.** *tech.* blast nozzle. **2.** *aer.* exhaust nozzle.

strah·len ['ʃtraːlən] **I** *v/i* ⟨h⟩ **1.** emit rays, radiate, *Sonne*: shine (brightly). **2.** (*funkeln*) sparkle, flash, glitter; das Haus strahlte vor Sauberkeit the house was sparkling clean. **3.** *fig.* (vor *dat* with) be radiant, beam; vor Gesundheit ~ radiate health; vor Glück ~ be radiant with happiness, be radiantly happy; über das ganze Gesicht ~ beam all over one's face, be all smiles; ihre Augen strahlten vor Freude her eyes sparkled with joy. **II** *v/t* **4.** *mit Richtstrahler*: beam (nach to).

'Strah·len|be‚hand·lung *f med.* ray treatment, radiotherapy. **~be‚la·stung** *f* **1.** *phys.* radiation load. **2.** *nucl.* exposure (to radiation). **~bio·lo‚gie** *f* radiobiology. **2‚bre·chend** *adj opt.* refractive. **~‚bre·chung** *f* refraction. **~‚bün·del** *n* **1.** *opt. phys.* pencil (*od.* beam) of rays, beam. **2.** → **~‚bü·schel** *n math.* pencil of lines. **~che‚mie** *f* radiation chemistry.

'strah·lend I *adj fig.* beaming, shining, radiant (*smile, beauty, etc*); die ~e Braut the radiant bride; ~e Augen sparkling eyes; der ~e Sieger the happy winner; ein ~er Tag a glorious day; (bei) ~er Laune sein be in high spirits. **II** *adv* radiantly; j-n ~ anlächeln *a.* beam at s.o.; j-n ~ vor Freude begrüßen welcome s.o. radiant with joy; ~ schönes Wetter glorious weather; ~ blaue Augen shining blue eyes; ~ weiße Zähne sparkling (*od.* dazzling) white teeth; ~ (gut) gelaunt in high spirits.

'Strah·len|‚do·sis *f med. nucl.* dose (of radiation). **~‚ein‚fall** *m phys.* incidence of rays. **2‚för·mig** *adj Anordnung etc*: radial, *bes. bot.* radiate. **~‚for·schung** *f* radiology. **~ge‚fahr, ~ge‚fähr·dung** *f* radiation hazard. **~ge‚schä·dig·te** *m, f* radiation victim. **2ge‚schützt** *adj* radiation-protected. **~‚krank·heit** *f* radiation sickness. **~‚kranz** *m*, **~‚kro·ne** *f* → Heiligenschein 1. **~‚kun·de** *f med. phys.* radiology. **~‚mes·ser** *m phys.* radiometer, *bes. phot.* actinometer. **~‚mes·sung** *f* radiometry, *bes. phot.* actinometry. **~‚pilz** *m* ray fungus. **~‚pilz‚krank·heit** *f* ⟨-; *no pl*⟩ *med. vet.* actinomycosis. **~‚schä·den** *pl*, **~‚schä·di·gung** *f med.* radiation injury. **~‚schutz** *m med. nucl.* radiation protection, antiradiation precautions *pl*, (*Vorrichtung*) protective screen. **~‚schutz‚an‚zug** *m* antiradiation (*od.* radiation-proof) suit. **2‚si·cher** *adj* radiation-proof. **~the·ra‚pie** *f* radiotherapy. **~‚tier·chen** *n* radiolarian. **~‚tod** *m* radiation-induced death, death caused by radiation. **2‚un‚durch‚läs·sig** *adj med. phys.* radiopaque.

'Strah·ler *m* ⟨-s; -⟩ **1.** *phys. tech. für Licht, Wärme etc*: radiator, (*Wärme2*) *a.* heater (*a. Kathoden2*). **2.** *Radio*: directional aerial (*Am.* antenna). **3.** (*Zukunftswaffe*) ray gun, blaster.

'Strahl|‚flug‚zeug *n* jet aircraft (*od.* plane). **~ge‚blä·se** *n tech.* jet blower, *für Gasreinigung*: jet washer. **2ge‚trie·ben** *adj aer.* jet-propelled.

'strah·lig *adv* → strahlenförmig.

'Strahl|‚jä·ger *m aer.* jet fighter (*od.* interceptor). **~‚kör·per** *m phys.* radiating body, radiator. **~‚rohr** *n* **1.** *tech. e-s Sandstrahlgebläses*: nozzle holder, *e-s Feuerlöschschlauches*: jet pipe, *metall.* (oxygen) lance. **2.** *aer.* tailpipe. **~‚röh·re** *f electr.* ray tube. **~‚sen·der** *m Radio*: unidirectional (*od.* beam) transmitter. **~‚trieb‚werk** *n aer.* jet engine, jet unit. **~tur‚bi·ne** *f* turbo-jet.

'Strah·lung *f* ⟨-; -en⟩ radiation, rays *pl.*

'Strah·lungs|de‚tek·tor *m nucl.* radiation detector (*od.* indicator). **~‚druck** *m* ⟨-(e)s; ⸗e⟩ *phys.* radiation pressure. **2‚durch‚läs·sig** *adj* permeable to radiation, transmitting rays. **~‚durch‚läs·sig·keit** *f* permeability to radiation. **~ener‚gie** *f* radiation energy. **~‚feld** *n* radiation field. **2‚fest** *adj* radioresistant. **~‚fe·stig·keit** *f* radioresistance. **~ge‚fähr·dung** *f nucl.* radiation hazard. **~‚gür·tel** *m* Van Allen (radiation) belt. **~‚hei·zung** *f tech.* radiant (*od.* panel) heating. **~‚lei·stung** *f Radio*: radiated power. **~‚men·ge** *f nucl.* quantity (*od.* dose) of radiation. **~‚mes·ser** *m* radiometer. **~‚quant** *n phys.* photon. **~‚quel·le** *f nucl.* radiation source. **~‚wär·me** *f* radiant heat.

Sträh·ne ['ʃtrɛːnə] *f* ⟨-; -n⟩ **1.** (*Haar2*) strand, *weiße od. gefärbte*: streak; sich (*dat*) ~n machen lassen have one's hair streaked. **2.** (*Garn2 etc*) skein, hank.

'sträh·nig *adj Haar*: straggly, stringy, in strands.

Stra·min [ʃtra'miːn] *m* ⟨-s; -e⟩ *für Stickereien*: canvas.

stramm [ʃtram] **I** *adj* **1.** *Gürtel, Seil etc*: tight, *Seil etc*: *a.* taut, *Kleidungsstück*: tight(-fitting); (*Hose etc*) ~er machen make tighter, (*Gürtel etc*) tighten. **2.** *Arbeit, Tempo etc*: brisk, *Soldat, Ehrenbezeigung etc*: smart, *colloq.* snappy, *Haltung etc*: erect, straight, *Disziplin etc*: strict, stiff, *bes. iro. Konservativer etc*: sta(u)nch, dyed-in-the-wool; *mil.* ~e Haltung annehmen snap to attention. **3.** *Baby, Junge, Mädchen*: bouncing, strapping, hefty, *Beine*: sturdy, *Brüste*: firm, full. **4.** *gastr.* 2er Max open sandwich of boiled ham and fried egg. **II** *adv* **5.** tightly (*etc*); ~ sitzen be tight (*a. Schraube*), be tight-fitting; *colloq.* ~ grüßen salute smartly; ~ arbeiten work hard; ~ marschieren march at a brisk pace; ~ konservativ sta(u)nchly conservative. **~‚ste·hen** *v/i* ⟨*irr, sep,* -ge-, h *u.* sein⟩ *mil.* stand to attention. **~‚zie·hen** *v/t* ⟨*irr, sep,* -ge-, h⟩ **1.** (*e-e Schraube etc*) tighten. **2.** *fig. colloq.* e-m Kind die Hose(n) ~ give a child a (proper) spanking, spank a child.

'Stram·pel‚hös·chen *n* rompers *pl.*

stram·peln ['ʃtrampəln] *v/i* ⟨h *u.* sein⟩ **1.** ⟨h⟩ *a. Baby*: kick, thrash about, *nervös*: fidget, (*sich wehren*) struggle. **2.** ⟨sein⟩ *colloq.* (*radfahren*) cycle, pedal.

'Stram·pel‚sack *m* (baby's) sleeping bag.

Strand [ʃtrant] *m* ⟨-(e)s; ⸗e, *rare* -e⟩ sea(-shore), *flacher, sandiger*: beach (*a. Bade2*); am ~ on the beach; *mar.* auf (den) ~ geraten (*od.* laufen) → stranden 1; ein Schiff auf (den) ~ setzen beach (*od.* ground) a ship; an den ~ getrieben werden be driven ashore. **~‚an‚zug** *m* beach suit. **~‚bad** *n* a) *am Meer*: (open-air) seawater swimming pool, lido, b) bathing place, open-air swimming pool (*at a lake, river, etc*). **~‚burg** *f* sand castle. **~‚di·stel** *f bot.* sea holly.

stran·den ['ʃtrandən] *v/i* ⟨sein⟩ **1.** *Schiff etc*: strand, be stranded, run aground, run ashore. **2.** *fig.* (*scheitern, verkommen*) go to the bad, go to seed, suffer shipwreck.

'Strand|fi·sche‚rei *f* inshore (*od.* coast) fishery. **~‚floh** *m zo.* beach flea. **~‚gut** *n* wreck (cast ashore), flotsam and jetsam (*a. fig. menschliches* ~). **~‚ha·fer** *m bot.* beach grass, sand reed. **~hau‚bit·ze** *f colloq.* voll (*od.* blau, geladen) wie e-e ~ (as) drunk as a lord, sloshed. **~ho‚tel** *n* seaside hotel, *an e-m See etc*: beach hotel. **~‚kleid** *n* beach dress. **~‚klei·dung** *f* beachwear. **~‚korb** *m* (canopied) wicker beach chair. **~‚krab·be** *f zo.* shore crab. **~‚läu·fer** *m orn.* sandpiper. **~pro·me‚na·de** *f* (beach) promenade. **~‚raub** *m* plunder of wreck, beachcombing. **~‚räu·ber** *m* beachcomber. **~‚schuh** *m meist pl* beach shoe, sandshoe. **~‚see** *m geogr.* lagoon. **~‚ta·sche** *f* beach bag.

'Stran·dung *f* ⟨-; -en⟩ running aground, stranding, shipwreck.

'Strand|‚vo·gel *m* beach bird. **~‚wäch·ter** *m* lifeguard. **~‚wa·gen** *m* beach buggy. **~‚weg** *m* (beach) path.

Strang [ʃtraŋ] *m* ⟨-(e)s; ⸗e⟩ **1.** rope; *jur.* j-n zum Tod durch den ~ verurteilen sentence s.o. to be hanged. **2.** *am Pferdegeschirr*: trace; *fig.* über die Stränge schlagen kick over the traces, *weitS.* overdo it; alle an einem (*od.* am gleichen) ~ ziehen pull together, join forces; wir ziehen (doch) alle an einem (*od.* am gleichen) ~ we are all in the same boat; *colloq.* wenn alle Stränge reißen if it (*od.* if the worst) comes to the worst, if all else fails. **3.** (*Schienen2*) track, line. **4.** (*Garn2*) hank, skein. **5.** (*Muskel2, Nerven2 etc*) bundle, tract, *des Rückenmarks*: cord. **6.** *Literatur etc*: (*Handlungs2*) strand. **2ge‚preßt** *adj metall.* extruded. **~‚guß** *m* continuous casting. **~‚pres·se** *f* extrusion press. **2‚pres·sen** *v/t* ⟨*insep,* -ge-, h⟩ extrude.

stran·gu·lie|ren [ʃtraŋgu'liːrən; straŋ-] *v/t* ⟨*no* ge-, h⟩ strangle, strangulate. **2rung** *f* ⟨-; -en⟩ strangling, strangulation.

Stra·pa·ze [ʃtra'paːtsə] *f* ⟨-; -n⟩ strain, exertion, *colloq.* (hard) slog; das war e-e ~ für mich that was a great strain on me. **stra·pa·zie·ren** [ʃtrapa'tsiːrən] **I**

v/t <*no* **ge-**, **h**> **1.** (*Person*) wear *s.o.* out, exhaust, take it out of *s.o.*, tax. **2.** (*Reifen, Schuhe etc*) be hard on, wear *s.th.* out, *colloq.* punish. **3.** *fig. allg.* be (*od.* put) a strain on, strain, tax, (*Nerven, Geduld etc*) strain, tax (severely), (*Augen*) *a.* be trying on, (*Begriff etc*) flog *s.th.* to death, (*Recht, Wahrheit etc*) strain; **arg strapazierte Redensart** well-worn (*od.* hackneyed) phrase. **II** *v/reflex* **4. sich ~** wear o.s. out. **stra·paˈzierˌfä·hig** *adj* durable, hard-wearing, wear-resistant, rugged, for hard wear. **stra·pa·zi·ös** [ʃtrapaˈtsĭøːs] *adj* strenuous, exhausting, <*pred*> a great strain.

Straps [ʃtraps; straps; stræps] (*Engl.*) *m* <**-es; -e**> suspender, *Am.* garter.

ˌstraßˈauf *adv* up the street; **~, straßab** up and down the street.

Stra·ße [ˈʃtraːsə] *f* <**-; -n**> **1.** (*Stadt*~, *Dorf*~) street, *Br. a.* road, (*Land*~) road, *bes. Am. a.* highway, *enge*: lane, (*Allee, Pracht*~, *Am. allg.*) avenue, (*Durchgangs*~) thoroughfare; **drei ~n weiter** three blocks further on; **an der ~** at (*od.* by) the roadside, on the road; **~ frei!, freie ~!** road clear (ahead)!; **~ (wegen Bauarbeiten) gesperrt!** road up!; **auf der ~** in (*Am. a.* on) the street, (*unterwegs*) on the road; **auf offener ~** in a public thoroughfare, *fig.* in broad daylight; **auf die ~ gehen** go out into the street, *fig.* (*demonstrieren*) take to the streets (**mit, wegen** about), *Prostituierte*: walk (*od.* go on) the streets; *fig.* **auf der ~ liegen** (*od.* **sitzen**) be (out) on the streets, *a.* be out of work; **auf der ~ liegen** be there for the picking, *Filmstoffe etc*: be there and all around us (→ *a.* **Geld** 1); **j-n auf die ~ setzen** *allg.* turn (*od.* throw) s.o. out, (*Angestellten*) give s.o. the sack, sack s.o.; **et. über die ~ verkaufen** sell s.th. to take away; **Verkauf über die ~** take-away sales *pl*, sale off the premises; **j-n von der ~ auflesen** raise s.o. from the gutter; **Mädchen von der ~** streetwalker; *fig.* **die ~ des Erfolges** the road to success; **die Herrschaft der ~** the rule of the mob, mob-rule; → **Mann** 2. **2.** (*Schiffahrts*~) sea lane, sea route, (navigable) waterway, (*Meerenge*) strait(s *pl*, *als sg konstruiert*); **die ~ von Gibraltar** the Strait(s) of Gibraltar. **3.** *tech.* (*Fertigungs*~) (production, *etc*) line, (*Walz*~) rolling (mill) train.

ˈStra·ßen|ˌabˌschnitt *m* road section. **~ˌanˌzug** *m* lounge suit, *Am.* business suit. **~ˌar·bei·ten** *pl* roadworks; „**~!**" (*Warnschild*) "roadworks (ahead)!", "road up!" **~ˌar·bei·ter** *m* roadman. **~ˌbahn** *f* tram(car), *Am.* streetcar. **~ˌbahn·deˌpot** *n* tram depot, *Am.* carbarn, barnyard. **~ˌbah·ner** *m* tramwayman, *Am.* streetcar-line employee.

ˈStra·ßenˌbahn|ˌfah·rer *m* tram(car) driver, *Am.* motorman. **~ˌhal·teˌstel·le** *f* tram (*Am.* streetcar) stop. **~ˌli·nie** *f* tramline, tramway, *Am.* streetcar line. **~ˌschaff·ner** *m* tram (*Am.* streetcar) conductor. **~ˌwa·gen** *m* tramcar, *Am.* streetcar.

ˈStra·ßenˌbau *m* <**-(e)s; -ten**> **1.** <*only sg*> road construction (*od.* building, engineering). **2.** *pl* road-building projects. **~ˌar·bei·ten** *pl* road construction work *sg.* **~beˌhör·de** *f* road (construction) authorities *pl.* **~ˌin·geˌnieur** *m* road (*od.* highway) engineer. **~maˌschi·nen** *pl* road construction machinery (*od.* equipment) *sg.* **~ˌstel·le** *f* road construction site; „**~!**" (*Warnschild*) "roadworks (ahead)!", "road up!"

ˈStra·ßen|beˌkannt·schaft *f* chance acquaintance, *colloq.* pickup. **~beˌlag** *m* road surfacing. **~beˌnut·zer** *m* road user. **~beˌnut·zungs·geˌbühr** *f* (road) toll, pike. **~ˌbie·gung** *f* (road) bend (*od.* curve, turn), turning. **~ˌbild** *n e-r Stadt etc*: layout of streets, streetscape. **~ˌbrü·cke** (*getr.* **-k·k-**) *f* road (*od.* highway) bridge. **~caˌfé** *n* pavement (*Am.* sidewalk) café. **~ˌdamm** *m* road (*od.* highway) embankment. **~ˌdecke** (*getr.* **-k·k-**) *f* road surface. **~de·mon·stra·tiˌon** *f* street demonstration. **~ˌdir·ne** *f* → **Straßenmädchen**. **~ˌdorf** *n geogr.* ribbon-built village (along main road). **~ˌdreiˌeck** *n* triangular road junction. **~ˌecke** (*getr.* **-k·k-**) *f* street corner; **an der ~** at the corner of the street. **~ˌeinˌmün·dung** *f* road junction. **~ˌfah·ren** *n Radsport*: road racing (*od.* race). **~ˌfah·rer** *m* road rider. **~ˌfahrˌzeug** *n* road vehicle. **~ˌfe·ger** *m* street-sweeper (*a. Maschine*). **~ˌflucht** *f* road building line. **~ˌfront** *f e-s Hauses etc*: street front, façade. **~ˌfüh·rung** *f* route configuration. **~geˌbun·den** *adj Fahrzeug*: road-bound. **~ˌglät·te** *f* slippery road (*od.* surface); „**Achtung, ~!**" (*Warnschild*) "Slippery road". **~ˌgra·ben** *m* (road) ditch; *colloq.* **(mit dem Wagen) im ~ landen** land in the ditch, ditch one's car. **~ˌhaf·tung** *f mot.* road adhesion; → *a.* **Straßenlage** 1. **~ˌhan·del** *m* street trading (*od.* vending, hawking). **~ˌhänd·ler** *m* street trader, *bes. für Obst*: coster(monger). **~inˌstandˌhal·tung** *f* road maintenance. **~inˌstandˌset·zung** *f* road repair (*od.* reinstatement) (work). **~ˌjun·ge** *m* street urchin, street-arab. **~ˌkampf** *m* street fight (-ing). **~ˌkar·te** *f* street (*od.* road) map. **~ˌkeh·rer** *m* <**-s; -**> street-sweeper. **~ˌkeh·richt** *m, n* street sweepings *pl.* **~ˌkleid** *n* outdoor dress. **~konˌtrol·le** *f* road (*od.* street) check. **~konˌtroll·ˌpunkt** *m* checkpoint. **~ˌkreu·zer** *m mot. colloq.* battleship, *Am.* heap. **~ˌkreu·zung** *f* crossroads *pl* (*a. als sg konstruiert*), (street) crossing, (road) junction, intersection. **~ˌkundˌge·bung** *f* (street) demonstration. **~ˌla·ge** *f* **1.** *mot.* road-holding (property); **e-e gute ~ haben** *a.* hold the road well. **2.** → **Straßenverkehrslage**. **~ˌlärm** *m* street noise. **~laˌter·ne** *f* streetlight, streetlamp. **~ˌmäd·chen** *n* streetwalker, prostitute. **~marˌkie·rung** *f* road marking. **~mei·steˌrei** *f* highway maintenance depot. **~mu·siˌkant** *m* street musician, *Br. a.* busker. **~ˌna·me** *m* street name. **~ˌnetz** *n* road network (*od.* system). **~ˌpfla·ster** *n* pavement. **~ˌrand** *m* roadside, (*Bankett*) shoulder; **am ~** at (*od.* by) the roadside. **~ˌraub** *m* **1.** *hist.* highway robbery. **2.** street robbery. **~ˌräu·ber** *m* **1.** *hist.* highwayman. **2.** street robber. **~ˌred·ner** *m* street (*colloq.* soapbox) orator. **~ˌrei·ni·gung** *f* street cleaning. **~ˌren·nen** *n Sport*: road race. **~ˌrin·ne** *f* gutter. **~ˌsamm·lung** *f* street collection. **~ˌsän·ger** *m* street singer, *Br. a.* busker. **~ˌschild** *n* street sign, (*Hinweisschild*) road sign. **~ˌschlacht** *f* street battle. **~ˌschmutz** *m* dirt (in the streets). **~ˌschot·ter** *m civ.eng.* road-metal. **~ˌschuh** *m meist pl* walking shoe, outdoor shoe. **~ˌsei·te** *f* **1.** roadside, side of the road (*od.* street). **2.** → **Straßenfront**. **~ˌsper·re** *f* road-block. **~ˌspin·ne** *f* multiple road junction. **~ˌtaug·lich** *adj Auto*: roadworthy. **~ˌtaug·lich·keits·ˌprü·fung** *f* road (serviceability) test. **~thea·ter** [-teˌaːtər] *n* street theat/re (*Am.* -er). **~transˌport** *m* road transport (*od.* haulage). **~ˌtun·nel** *m* (road) tunnel, underpass. **~ˌüber·ˌfüh·rung** *f* **1.** flyover, (road) overpass, viaduct. **2.** *für Fußgänger*: pedestrian bridge, footbridge. **~ˌüberˌgang** *m* pedestrian crossing. **~ˌumˌlei·tung** *f* diversion. **~ˌun·terˌfüh·rung** *f* **1.** *für Autos*: underpass. **2.** *für Fußgänger*: (pedestrian) subway. **~verˌen·gung** *f* (road) bottleneck, (*Warnschild*) road narrows *pl.* **~verˌhält·nis·se** *pl* road conditions. **~verˌkauf** *m* street sale. **~verˌkäu·fer** *m* street seller (*od.* vendor). **~verˌkehr** *m* (road) traffic; **Vorsicht im ~!** watch the traffic!; **Verhalten im ~** road manner.

ˈStra·ßen·verˌkehrs|ˌamt *n* Road Traffic Licensing Department. **~ˌla·ge** *f* traffic conditions *pl.* **~ˌord·nung** *f* Road Traffic Regulations *pl*, Highway Code.

ˈStra·ßen|ˌwacht *f* road maintenance squad. **~ˌwal·ze** *f civ.eng.* road roller. **~ˌzoll** *m* (road) toll. **~ˌzug** *m* street of (*od.* lined with) houses. **~ˌzuˌstand** *m* road conditions *pl.* **~ˌzuˌstands·beˌricht** *m im Radio etc*: report on (the) road conditions, road report.

Stra·te·ge [ʃtraˈteːgə; stra-] *m* <**-n; -n**> *mil. u. fig.* strategist. **Stra·teˈgie** [-teˈgiː] *f* <**-; -n** [-ən]> strategy. **straˈte·gisch** *adj* strategic(ally *adv*).

Stra·ti·fiˌka·ti·on [ʃtratifikaˈtsĭoːn; stra-] *f* <**-; -en**> *geol.* stratification. **~ˈzie·ren** [-ˈtsiːrən] *v/t* <*no* **ge-**, **h**> stratify.

Stra·to·sko·pie [ʃtratoskoˈpiː; stra-] *f* <**-;** *no pl*> *astr.* balloon astronomy.

Stra·to·sphä·re [ʃtratoˈsfɛːrə; stra-] *f* <**-;** *no pl*> stratosphere. **~nˌflugˌzeug** *n* stratoliner, stratocruiser.

stra·toˈsphä·risch *adj* stratospheric.

Stra·tus [ˈʃtraːtʊs; ˈstraː-] *m* <**-; -ti** [-ti]>, **~ˌwol·ke** *f meteor.* stratus (cloud).

sträu·ben [ˈʃtrɔybən] **I** *v/t* <**h**> **1. die Federn ~** *Vogel*: ruffle its feathers; **die Haare (das Fell) ~** *Katze etc*: bristle (up). **II** *v/reflex* **sich ~ 2.** *Gefieder*: ruffle (up), *Haare, Fell*: (**vor** *dat* with) bristle (up), *Haare*: *a.* stand on end. **3.** *fig.* struggle, refuse, ba(u)lk, *mit Worten*: *a.* argue; **sich ~ gegen** struggle (*colloq.* kick) against, ba(u)lk at, resist *s.th.*; **sich ~, et. zu tun** refuse to do s.th.; **die Feder sträubt sich, das zu schildern** it is (simply) indescribable, *colloq.* the pen boggles at (describing) it; **alles in mir sträubt sich dagegen** I loathe the mere thought of it. **III** ~ *n* <**-s**> **4.** ruffling (*etc*). **5.** *fig.* struggling, struggle, resistance.

Strauch [ʃtraʊx] *m* <**-(e)s; ¨-er**> bush, shrub. **~ˌar·tig** *adj bot.* shrublike, brushlike, shrubby. **~ˌdieb** *m hist.* footpad; *fig.* **aussehen wie ein ~** look like a tramp.

strau·cheln [ˈʃtraʊxəln] *v/i* <**sein**> **1.** stumble, trip (up) (over one's own feet). **2.** *fig.* a) (*auf die schiefe Bahn geraten*) go to the bad, *bes. Mädchen*: go astray, b) *im Leben*: fail, be a failure, *stärker*: be shipwrecked; **über** *ein Hindernis etc* **~** be thwarted by, be stopped by; **darüber strauchelte er** that was his undoing.

ˈstrau·chig *adj* bushy, shrubby.

ˈStrauch|ˌrit·ter *m* → **Strauchdieb**. **~ˌwerk** *n* shrubbery, thicket, (*Unterholz*) brushwood.

Strauß[1] [ʃtraʊs] *m* <**-es; -e**> *orn.* ostrich.

Strauß[2] *m* <**-es; ¨-e**> (*Blumen*~) bunch (of flowers), bouquet, *kleiner*: posy, nosegay; *fig.* **ein ~ bunter Melodien** a medley of tunes.

Strauß[3] *m* <**-es; ¨-e**> *lit.* (*Kampf*) fight, struggle, (*Zweikampf*) duel, (*Fehde*) feud; **e-n ~ mit j-m ausfechten** have a fight with s.o., *fig.* have it out with s.o.

Sträuß·chen [ˈʃtrɔʏsçən] *n* ⟨-s; -⟩ small bouquet, *am Kleid etc*: nosegay.

ˈStrau·ßen|ei *n* ostrich egg. **~ˌfarm** *f* ostrich farm. **~ˌfe·der** *f* ostrich feather (*od.* plume).

ˈStraußˌwirt·schaft *f vintner's cottage where homegrown new wine is sold* (*when a broom is displayed outside*).

Streb [ʃtreːp] *m* ⟨-(e)s; -e⟩ *Bergbau*: coal face. **~ˌbau** *m* ⟨-(e)s; *no pl*⟩ longwall mining.

Stre·be [ˈʃtreːbə] *f* ⟨-; -n⟩ **1.** *bes. arch.* prop, stay, support, (*Quer*♀) crossbeam, traverse, (*Verband*) brace; **et. mit e-r ~ abstützen** shore s.th. up; → **Strebepfeiler. 2.** *aer.* stay, strut. **3.** *mar.* brace, stay, (*Rippe*) rib, (*Schore*) shore. **~ˌbal·ken** *m* **1.** *e-s Bohrturms*: derrick brace. **2.** *civ.eng.* strut. **~ˌbo·gen** *m arch.* arched buttress. **~ˌmau·er** *f* supporting (*od.* retaining) wall.

stre·ben [ˈʃtreːbən] **I** *v/i* ⟨h *u.* sein⟩ **1.** ⟨h⟩ strive, *contp.* push, *ped. contp.* (be a) swot. **2.** ⟨h⟩ **~ nach** strive after (*od.* for), struggle for, (*trachten nach*) seek, aim at, aspire to (*od.* after), pursue; **danach ~, et. zu tun** strive (*od.* endeavo[u]r) to do s.th. **3.** ⟨sein⟩ **~ zu, ~ nach** a) (*angezogen sein von*) be drawn to, be attracted by, seek (*the light, etc*), b) (*nach e-r Richtung, e-m Ziel etc*) move (*od.* push) towards, *bes. Person*: make (*od.* head) for, *fig. a.* tend (*od.* gravitate) to(wards), *Fluß*: flow towards; **in die Höhe ~, nach oben ~** → **emporstreben. II** ♀ *n* ⟨-s⟩ **4.** (**nach**) striving (for, after), aspiration(s *pl*) (to), (*Bemühung*) endeavo(u)r, effort(s *pl*), (*Ehrgeiz*) ambition(s *pl*); **sein ganzes ♀ ist darauf gerichtet** his one (and only) aim is. **5.** *ped. contp.* swotting.

ˈStre·be·ˌpfei·ler *m arch.* flying buttress.

ˈStre·ber *m* ⟨-s; -⟩ *contp.* **1.** pusher, careerist; **gesellschaftlicher ~** social climber, tuft-hunter. **2.** *ped.* swot. **Stre·beˈrei** *f* ⟨-; *no pl*⟩ → Strebertum. **ˈstre·ber·haft, ˈstre·be·risch** *adj contp.* **1.** pushing, overambitious. **2.** *ped.* swotting. **ˈStre·ber·na·ˌtur** *f* → Streber. **ˈStre·ber·tum** *n* ⟨-s; *no pl*⟩ *contp.* **1.** pushing, careerism, *gesellschaftliches*: climbing, tuft-hunting. **2.** *ped.* swot.

ˈStre·beˌwerk *n arch.* flying buttresses *pl.*

ˈStreb|ˌför·de·rer *m Bergbau*: face conveyor. **~ˌlei·stung** *f* face O.M.S. (*od.* output per man shift).

ˈstreb·sam *adj* striving, aspiring, ambitious, zealous, (*fleißig*) assiduous, hard-working, active. **♀keit** *f* ⟨-; *no pl*⟩ assiduity, zeal, ambition, hard work.

ˈStreck|ap·pa·ˌrat *m med.* traction (*od.* extension) apparatus. **~ˌbank** *f hist.* (*Folterwerkzeug*) rack. **♀bar** *adj* stretchable, extensible, *metall.* (*dehnbar*) ductile, (*hämmerbar*) malleable. **~ˌbett** *n med.* orthop(a)edic (*od.* extension) bed.

Strecke (*getr.* -k·k-) [ˈʃtrɛkə] *f* ⟨-; -n⟩ **1.** (*Entfernung*) distance, (*Weg*♀, *Weg*) *a.* way, (*Route*) route, (*Abschnitt*) stretch, section (*of river, road, etc*), (*Teil*♀) *a.* stage, *bes. Am.* leg, (*Fläche, Gebiet*) stretch, tract, expanse (*of woodland, etc*), (*Bahn*♀) track, line, (*~nabschnitt*) section, *Sport*: distance, (*Renn*♀) course, *mot. a.* circuit; **die zurückgelegte ~** the distance covered; **e-e lange** (*od.* **weite**) **~** a long way (*od.* distance); *aer.* **e-e regelmäßig beflogene ~** a regular(ly flown) route; **auf freier ~** *rail.* on the open track, *mot.* on the open road, in the middle of nowhere; *Motorsport*: **auf der ~ sein** be in the race; **auf der ~ bleiben** a) (*umkommen*) be killed, perish, b) *fig. colloq.* come to grief, *Vorhaben etc*: fall by the wayside, (*ausscheiden*) drop out (of the running) (*a. Politiker etc*), *Sport*: *a.* be eliminated, *a. Auto*: break down, *Geschäft etc*: fold; **auf der ~ München–Köln** on the route (*od.* way) from Munich to Cologne; **die Straße ist auf e-r ~ von 10 km gesperrt** the road is closed for a stretch of 10 km. **2.** *in e-m Buch, Film etc*: passage, section, part, stretch, *in e-m Wettkampf*: *a.* period; **auf weiten ~n** for long stretches; **das Spiel war über weite ~n nur mittelmäßig** long periods of the match were just average. **3.** *math.* distance, line segment; **die ~ AB halbieren** bisect the line between A and B. **4.** *hunt.* kill, bag; **zur ~ bringen** kill, shoot, bag (*a hare, etc*), *fig.* (*Verbrecher etc*) hunt *s.o.* down, lay *s.o.* by the heels, *weitS.* (*Gegner*) defeat. **5.** *Kohlebergbau*: roadway, *Erzbergbau*: drift, gallery. **6.** *teleph.* line. **7.** *tech.* a) (production) line, b) *metall.* (mill *od.* rolling) train. **8.** *TV* cable, line; **Aufzeichnung über ~** recording from line.

strecken (*getr.* -k·k-) [ˈʃtrɛkən] **I** *v/t* ⟨h⟩ **1.** (*aus~*) stretch *s.th.* (out), extend; **s-e Glieder ~** *cf.* 11; *fig. colloq.* **er streckt s-e Beine noch unter Vaters Tisch** he is still living off his father (*od.* parents); **die Arme in die Höhe** (*od.* **nach oben**) **~** stretch one's arms up, raise (*od.* put up) one's arms; **den Hals ~** crane one's neck; **den Finger** (*od.* **die Hand**) **in die Höhe ~** *in der Schule etc*: put one's hand up, raise one's hand; → **Boden** 2, **vier, Waffe** 2. **2.** (*stecken*) stick, put; **die Zunge aus dem Mund ~** stick (*od.* put) one's tongue out; **den Kopf aus dem Fenster ~** put (*schnell*: *a.* pop) one's head out of the window; → *a.* **herausstrecken** (*etc*). **3.** (*Suppe etc*) eke (*od.* spin) out, make *s.th.* go further, (*verdünnen*) *a.* dilute, water *s.th.* down, *weitS.* (*Vorräte, Budget etc*) spin out, make *s.th.* last, (*Arbeit etc*) drag (*od.* spin) out, (*Aufsatz etc*) *a.* pad. **4.** (*Farben etc*) extend, fill, (*verdünnen*) dilute. **5.** *med.* (*Muskel, Arm etc*) extend, stretch, (*geraderichten*) (*Glieder*) apply traction to. **6.** (*Draht, Seile etc*) stretch, draw, extend, (*Glas*) flatten, (*Eisen, Blech etc*) lengthen, elongate, *durch Hämmern*: hammer out, (*Walzgut*) rough (down), roll (out). **7.** *mar.* (*Tauwerk, stehendes Gut etc*) stretch, set up; **den Kiel ~** lay the keel. **II** *v/i* **8.** *dial. in der Schule etc*: put one's hand up, raise one's hand. **9.** *Kleid etc*: make one look slim. **III** *v/reflex* **sich ~ 10.** stretch (o.s.) out (*on the sofa, in the grass, etc*). **11.** (*sich recken*) stretch (o.s.) (*od.* one's limbs), have a (good) stretch; → **Decke** 2. **12.** (*sich aufrichten*) draw o.s. up (to one's full length). **13. sich (in die Länge) ~** *Weg etc*: drag on, (seem to) go on and on. **14. sich (im Lauf) ~** *Rennpferd*: run at full speed. **15.** *colloq.* (*wachsen*) shoot up. **IV** ♀ *n* ⟨-s⟩ **16.** stretching (*etc*); → *a.* **Streckung** 2, 3.

ˈStrecken|ˌabˌschnitt (*getr.* -k·k-) *m rail.* section (of line). **~ˌar·bei·ter** *m* platelayer, *Am.* section hand. **~ˌauf·ˌse·her** *m* ganger platelayer, *Am.* trackwalker. **~ˌausˌbau** *m Bergbau*: roadway supports *pl.* **~ˌbau** *m* ⟨-(e)s; *no pl*⟩ *rail.* track laying. **~ˌför·de·rung** *f Bergbau*: roadway haulage. **~ˌfüh·rung** *f* **1.** *civ.eng.* routing, route. **2.** *Sport*: (layout of the) course. **~ˌkar·te** *f* **1.** *rail.* route map. **2.** road map. **3.** *aer.* route chart. **~mar·ˌkie·rung** *f* **1.** *Sport*: course marking. **2.** *rail.* route indicator signals *pl.* **~ˌnetz** *n* **1.** rail network. **2.** air routes *pl*, network, route pattern. **~ˌpo·sten** *m Sport*: course judge. **~re·ˌkord** *m* course (*od.* track) record. **~si·ˌgnal** *n rail.* block signal. **~ˌtau·chen** *n* underwater swimming. **~ˌvorˌtrieb** *m Bergbau*: tunnel(l)ing, road heading, (*Leistungseinheit*) rate of advance. **~ˌwär·ter** *m* lineman, signal man. **♀ˌwei·se** *adv* in parts, in places, here and there.

ˈStrecker (*getr.* -k·k-) *m* ⟨-s; -⟩ **1.** *anat.* extensor (muscle), (*Anspanner*) tensor (muscle). **2.** *civ.eng.* (*Binder*) header.

ˈStreck|ˌfol·ter *f hist.* rack. **~ˌhang** *m gym.* stretched hang. **~me·ˌtall** *n* expanded metal. **~ˌmit·tel** *n bes. tech.* extender, thinner, *für Ölfarbe*: filler. **~ˌmus·kel** *m* extensor (muscle). **~ˌpro·be** *f tech.* yield point test. **~ˌstütz** *m gym.* stretched support.

ˈStreckung (*getr.* -k·k-) *f* ⟨-; -en⟩ **1.** stretching (*etc*; *cf.* **strecken**). **2.** extension, (*Gerade*♀) straightening, *metall.* rolling. **3.** *gastr.* eking out, lengthening, (*Verdünnung*) dilution, *a. von Geld, Vorräten etc*: spinning out, *e-s Aufsatzes etc*: *a.* padding out.

ˈStreck|verˌband *m* extension (*od.* traction) bandage; **ein Bein im ~** one leg in high traction. **♀ˌwal·zen** *v/t* ⟨*only inf u. pp* **streckgewalzt**, h⟩ *metall.* break down, rough. **♀ˌzie·hen** *v/t* ⟨*only inf u. pp* **streckgezogen**, h⟩ stretchform.

Streich [ʃtraɪç] *m* ⟨-(e)s; -e⟩ **1.** blow, stroke, *mit der Peitsche, Rute*: lash; **j-m e-n ~ versetzen** deal s.o. a blow (*etc*); **auf einen ~** at one blow, *fig. a.* in one go; *colloq.* **er arbeitete k-n ~** he didn't do a stroke of work. **2.** (*Scherz*) trick, prank, (practical) joke, *weitS.* (*Abenteuer*) escapade, *gelungener*: coup, stroke; **ein übler** (*od.* **böser**) **~** a nasty (*colloq.* dirty) trick; **dumme (übermütige) ~e machen** play silly (wild) tricks (*od.* pranks); **er ist stets zu ~en aufgelegt** he is always up to tricks; **j-m e-n ~ spielen** play a trick on s.o.; *fig. colloq.* **mein Gedächtnis hat mir wieder e-n ~ gespielt** my memory has been playing tricks on me again; **er hat noch ganz andere ~e gemacht** he has done worse things than that.

strei·cheln [ˈʃtraɪçəln] *v/t* ⟨h⟩ stroke, *zärtlich*: *a.* fondle, (*liebkosen*) caress (*a. fig. von Wind*), (*tätscheln*) pat, pet; **j-s Wange ~** stroke (*od.* caress) s.o.'s cheek.

strei·chen [ˈʃtraɪçən] **I** *v/t* ⟨**streicht, strich, gestrichen**, h⟩ **1.** *mit Farbe*: paint, coat; **die Tür muß frisch** (*od.* **neu**) **gestrichen werden** the door must be freshly painted (*od.* be repainted). **2.** (*schmieren*) spread, smear, apply; **(sich** *dat***) Butter auf ein Brötchen ~, (sich** *dat***) ein Brötchen mit Butter ~** butter o.s. a roll; **Salbe auf e-e Wunde ~** cover a wound with ointment. **3.** (*Mörtel, Kitt* **in** *Fugen etc*) fill *s.th.* up (with). **4.** *lit.* (*streicheln*) stroke, caress, pass (*od.* run) one's hand over. **5. sich** (*dat*) **den Bart ~, s-n Bart ~** stroke one's beard; **sich** (*dat*) **(j-m) die Haare aus dem Gesicht ~** push one's (s.o.'s) hair back from one's (s.o.'s) forehead. **6.** (*Wort, Zeile etc*) stroke (*od.* cross) out, delete, expunge; **j-n (von e-r Liste) ~** strike (*od.* take) s.o. off a list, *Sport*: *a.* drop s.o.; *fig.* **man kann nicht 10 Jahre s-s Lebens einfach ~** you can't simply wipe out 10 years of your life. **7.** (*Auftrag, Schulden, Vorstellung, Bus, Zug etc*) cancel, (*Zahlungen etc*) discontinue, (*Zuschuß etc*) cut, (*Auto, Ferien etc*) drop the idea of, do without. **8.** (*Rasiermesser etc*) (sharpen *s.th.* on a) strop. **9.** (*Streichinstrumente*) play, bow. **10.** *mar.* (*Segel*) strike, (*Stengen*) strike, lower, send down, (*Riemen*) back; → **Flagge** 2. **11.** (*Wolle*) card. **12.** (*Papier*) coat. **II** *v/i* ⟨**h** *u.*

sein> **13.** <h> (**mit der Hand** *etc*) ~ **über** (*acc*) pass one's hand, *etc* over; **die Mutter strich zärtlich über sein Haar** the mother stroked his hair tenderly, the mother gently ran her hand over his hair. **14.** <sein> (*wandern, schweifen*) roam, rove, ramble (**durch** through), *Raubtier, Einbrecher etc*: prowl (**um** [a]round *the house, etc*); **j-m um die Beine** ~ *Hund, Katze etc*: sidle round (*od.* rub against) s.o.'s legs. **15.** <sein> ~ **über** (*acc*) (*gleiten*) glide (*bes. über Wasser*: skim) over, *Vögel*: sweep over, *Wind*: *a.* waft over. **16.** <sein> **von Norden nach Süden** ~ *Gebirge etc*: stretch (*od.* extend, run) from north to south. **17.** <h> *mus.* bow. **18.** <h> *colloq.* **e-n** ~ **lassen** let off, *vulg.* fart. **III** 2 *n* <-s> **19.** painting (*etc*). **20.** *Bergbau*: strike.

ˈ**Strei·cher** *m* <-s; -> *mus.* string instrument player; **die** ~ → ~ˌ**grup·pe** *f* string section, strings *pl.*

ˈ**streich**|ˌ**fä·hig** *adj Butter etc*: easy to spread, *Farbe etc*: easy to apply. 2ˌ**fä·hig·keit** *f* <-; *no pl*> *von Butter etc*: spreading property, *von Farben etc*: ease of application. ~ˌ**fer·tig** *adj Farbe etc*: ready for (instant) application. 2ˌ**garn** *n* carded yarn.

ˈ**Streich**ˌ**holz** *n* match, matchstick. ~ˌ**heft(chen)** *n* matchbook, book of matches. ~ˌ**schach·tel** *f* matchbox.

ˈ**Streich**|**in·stru**ˌ**ment** *n* string(ed) instrument; *collect.* **die** ~**e** *pl* the strings. ~ˌ**kä·se** *m* cheese spread. ~ˌ**lack** *m* brushing lacquer. ~ˌ**li·nie** *f geol.* strike line. ~**mas**ˌ**sa·ge** *f med.* effleurage. ~ˌ**mas·se** *f tech.* coating compound. ~**mu**ˌ**sik** *f* music for strings. ~**or**ˌ**che·ster** *n* string orchestra. ~**pa**ˌ**pier** *n tech.* coated paper. ~**quar**ˌ**tett** *n mus.* string quartet. ~ˌ**rie·men** *m* (razor) strop.

ˈ**Strei·chung** *f* <-; -en> **1.** deleting (*etc*; *cf.* **streichen** 6). **2.** *allg.* cancel(l)ation (*a. fig.*), *e-r Zeile, e-s Namens etc*: deletion, (*gestrichene Stelle*) *a.* deleted passage, (*Kürzung, a. im Budget, a. thea. etc*) cut.

ˈ**Streich**|ˌ**wol·le** *f* carded wool. ~ˌ**wurst** *f* sausage for spreading.

Streif [ʃtraɪf] *m* <-(e)s; -e> *poet. for* Streifen.

ˈ**Streif**ˌ**band** *n* <-(e)s; ⸗er> (postal) wrapper. ~ˌ**zei·tung** *f* newspaper posted in wrapper (*at a reduced rate*).

Strei·fe [ˈʃtraɪfə] *f* <-; -n> (*Polizei*2 *etc, a. mil., Vorgang od. Abteilung*) patrol, (*einzelner Polizist etc*) *a.* patrolman, (*Kontrollgang*) beat, round; **auf** ~ **gehen** (**sein**) go (be) on patrol; **s-e** ~ **machen** do one's rounds, patrol; **Polizist auf** ~ policeman on his beat; → *a.* **Funkstreife.**

strei·fen[1] [ˈʃtraɪfən] **I** *v/t* <h> **1.** touch, brush (against), *Kugel, Schlag, Auto*: graze, sideswipe; **das Flugzeug streifte die Wasseroberfläche** the aircraft skimmed (over) the water surface. **2.** ~ **von** (*Ring vom Finger etc*) slip *s.th.* off, (*Insekt vom Ärmel etc*) brush *s.th.* off; **Blätter vom Zweig** ~ strip a branch of its leaves; **die Asche von der Zigarre** ~ knock the ash off one's cigar. **3.** ~ **auf** (*acc*) (**über** *acc*) slip *s.th.* on (over); **sich** (*dat*) **das Hemd über den Kopf** ~ slip one's shirt on. **4.** (*Ärmel etc*) **in die Höhe** ~ push *s.th.* up. **5.** *Blick, Augen*: skim over, scan; **j-n mit e-m verstohlenen Blick** ~ give s.o. a furtive glance. **6.** *fig.* (*ein Thema, Problem etc*) touch (up)on, skirt; **e-n Ort auf s-r Reise nur** ~ only pass through (*od.* touch) a place on one's journey. **II** *v/i* <sein *u.* h> **7.** <sein> ~ **an** (*acc*) (*od.* **gegen**) touch (*od.* brush) against, *Kugel, Auto etc*: graze (*acc*). **8.** <sein> (*schweifen, wandern*) roam, ramble (**durch** through), *Raubtier, Einbrecher etc*: prowl; **durch die Felder** ~ *a.* roam (*od.* range) the fields. **9.** <sein> *fig. Blick, Auge*: (**über** *acc*) range (*od.* sweep) (over), scan (*acc*). **10.** *fig.* <h> ~ **an** (*acc*) verge (*od.* border) on.

ˈ**strei·fen**[2] *v/t* <h> stripe, *unregelmäßig*: streak, *bot.* striate.

ˈ**Strei·fen** *m* <-s; -> **1.** stripe (*on dress, etc*), *unregelmäßig*: streak; **graue** ~ **im Haar** grey (*Am.* gray) streaks (*od.* some streaks of grey) in one's hair. **2.** (*Papier*2, *Stoff*2, *Metall*2, *Heftpflaster*2 *etc*) strip; **in** ~ **schneiden** shred, cut *s.th.* to ribbons. **3.** (*Gelände*2) strip, *mil.* sector, (*Grün*2) verge. **4.** (*Linie*) line, *bes. Am.* stripe. **5.** *fig. colloq.* **das paßt mir nicht in den** ~ that doesn't suit me one bit. **6.** (*Klebe*2, *Loch*2 *etc*) tape. **7.** (*Lohn*2) (pay) slip. **8.** (*Besatz*2) edging. **9.** *mil.* (*Ärmel*2) stripe. **10.** *anat. bot. geol. zo. TV* stria. **11.** (*Kondens*2) trail. **12.** (*Film*2) strip of film, (*ganzer Film*) film, picture. ~**be**ˌ**am·te** *m* patrolman. ~ˌ**bil·dung** *f med.* striation. ~ˌ**boot** *n* patrol boat. ~ˌ**dienst** *m* **1.** (~ **haben** be on) patrol duty. **2.** (*Patrouille*) patrol. ~ˌ**drucker** (*getr.* **-k·k-**) *m teleph.* tape printer. ~ˌ**farn** *m bot.* spleenwort. ~**hyä·ne** [-hyˌɛːnə] *f* striped hyena. ~ˌ**mu·ster** *n* stripe pattern; **Anzug mit** ~ striped suit. ~**po·li**ˌ**zist** *m* patrol(l)ing policeman, *bes. Am.* patrolman. ~ˌ**wa·gen** *m* (police) patrol car, *colloq.* Z-car, *Br. a.* Panda car, *Am. colloq. a.* prowl car.

ˈ**strei·fig** *adj* **1.** → **gestreift** II. **2.** streaky, *Marmor, a. anat. Gewebe etc*: *a.* striate(d) (*a. Kristalle*). **3.** *metall. Gefüge*: banded, lamellar.

ˈ**Streif**|ˌ**jagd** *f* drive. ~ˌ**licht** *n* <-(e)s; -er> **1.** flitting ray of light. **2.** *fig.* sidelight; **ein** ~ **werfen auf** (*acc*) throw a sidelight on. **3.** *Kunst*: accidental light(s *pl*). **4.** *phot.* glancing light. ~ˌ**schuß** *m* graze, grazing shot; **er hat e-n** ~ **am Arm bekommen** a bullet grazed his arm.

ˈ**Strei·fung** *f* <-; -en> **1.** striping. **2.** *anat. im Gewebe*: striation.

ˈ**Streif**|ˌ**wun·de** *f* graze. ~ˌ**zug** *m* ramble, excursion, *mil.* raid, foray, incursion; *fig.* **ein** ~ **in die Geschichte** an excursion into history; **ein** ~ **durch 100 Jahre Zirkus** a journey through 100 years of circus.

Streik [ʃtraɪk] *m* <-(e)s; -s> strike, walkout; (**un**)**befristeter** ~ (un)limited strike; **wilder** ~ unofficial (*od.* wildcat) strike; **e-n** ~ **ausrufen, zum** ~ **aufrufen** call a strike; **in (den)** ~ **treten** → **streiken** 2; **sich im** ~ **befinden** → **streiken** 1; **e-n** ~ **abbrechen** (*colloq.* **abblasen**) (**beilegen**) call off (settle) a strike; **den** ~ **fortsetzen** stay on strike; **vom** ~ **betroffen** struck, strikebound. ~ˌ**ab**ˌ**stim·mung** *f* strike ballot (*od.* vote). 2**an**ˌ**fäl·lig** *adj* strike-prone. ~ˌ**arbeit** *f* <-; *no pl*> work done by nonstrikers, strikebreaker's work. ~ˌ**auf**ˌ**ruf** *m* strike call, call to strike. ~ˌ**aus**ˌ**schuß** *m* strike committee. ~**be**ˌ**fehl** *m der Gewerkschaft*: strike order. ~**be**ˌ**we·gung** *f* strike movement. ~ˌ**bre·cher** *m* strikebreaker, *colloq.* blackleg, scab. ~ˌ**dro·hung** *f* threat of (a) strike.

strei·ken [ˈʃtraɪkən] *v/i* <h> **1.** (*sich im Streik befinden*) strike, be (out) on strike. **2.** (*in Streik treten*) strike, go (out) (*od.* come out) on strike, walk out. **3.** *colloq.* refuse (to do it), cry off, ba(u)lk, jib, (*nicht weitermachen*) refuse to go (*od.* carry) on; **da streike ich!** I refuse!, (you can) count me out!, I won't do it! **4.** *fig. colloq. Magen etc*: rebel, revolt, *Nerven etc*: not to stand it, *Fernseher etc*: refuse to work, pack up, go on the blink, *Auto etc*: stall, conk out.

ˈ**Strei·ken·de** *m, f* <-n; -n> striker.

ˈ**Streik**|ˌ**fonds** *m* strike fund. ~ˌ**front** *f* strike (*Br. a.* industrial) front. ~ˌ**füh·rer** *m* strike leader. ~**ge**ˌ**fahr** *f* danger of a strike. ~ˌ**geg·ner** *m* opponent of a strike. ~ˌ**geld** *n* <-(e)s; -er> strike pay. ~ˌ**kas·se** *f* strike fund. ~ˌ**lei·tung** *f* → **Streikausschuß**. ~**pa**ˌ**ro·le** *f* strike slogan. ~ˌ**po·sten** *m* (*a.* ~ **stehen, mit** ~ **besetzen**) picket. ~ˌ**recht** *n* right to strike. ~ˌ**sper·re** *f* picket line. ~**ver**ˌ**bot** *n* prohibition of strike(s), ban on strikes; **ein** ~ **verhängen** put a ban on (*od.* ban) strikes. ~ˌ**wa·che** *f* → **Streikposten**. ~ˌ**wel·le** *f fig.* wave (*od.* series) of strikes.

Streit [ʃtraɪt] *m* <-(e)s; -e> **1.** (**über** *acc* about) quarrel, *colloq.* row, *zwischen Eheleuten etc*: *a.* fight, (*Wort*2) argument, dispute, (*Unstimmigkeit*) difference, *kleiner*: tiff, (*Gezänk*) squabble, bickering(s *pl*), wrangling, *heftiger*: altercation, *lärmender, handgreiflicher*: brawl, fight, *colloq.* scrap, (*Zs.-prall*) clash, (*Fehde*) feud, (*Reibung, Kampf*) conflict, strife, struggle, *gelehrter, politischer etc*: controversy, dispute; ~ **haben (wegen)** → **streiten** 1; ~ **bekommen** (*od.* **in** ~ **geraten**) (**mit** with) have a quarrel (*od.* words), get into an argument, fall out, clash; (**e-n**) ~ **anfangen** (**mit** with) pick a quarrel, start an argument, *etc*; **mit j-m im** ~ **liegen** be quarrel(l)ing (*od.* at loggerheads, at feud) with s.o.; ~ **suchen** be looking for a quarrel, **mit j-m**: *a.* try to pick a quarrel with s.o.; *fig.* **mit sich selbst im** ~ **liegen** be at variance with o.s.; **Neid und Bewunderung lagen miteinander im** ~ envy and admiration were in conflict with each other. **2.** *obs. lit.* (*Kampf*) fight, battle; **sich zum** ~ **rüsten** arm o.s. for battle. **3.** (*Rechts*2) litigation, lawsuit. ~ˌ**axt** *f hist.* battleax(e); *fig.* **die** ~ **begraben** bury the hatchet. 2**bar** *adj* **1.** (*kriegerisch*) warlike, (*tapfer*) valiant. **2.** *fig.* belligerent, pugnacious, aggressive, *bes. für e-e Idee*: militant.

strei·ten [ˈʃtraɪtən] **I** *v/i* <**streitet, stritt, gestritten**, h> **1.** *a.* **sich** (*acc*) ~, **miteinander** ~ (**wegen, über** *acc* about, over) quarrel, argue, have an argument (*colloq.* a row), *leicht*: have a tiff, *heftig*: altercate, *handgreiflich od. allg. von Eheleuten etc*: have a fight, (*zanken*) squabble, bicker (at each other), wrangle (with each other), (*e-n Meinungsstreit austragen*) have a dispute; **sie** ~ **sich fortwährend** they are constantly quarrel(l)ing, they live like cat and dog; **darüber läßt sich** ~ that's an arguable (*od.* a moot) point, that is open to argument; **man streitet sich** (**darüber**), **ob** there is argument as to whether; *fig.* **für j-n (et.)** ~ fight (*od.* stand up) for s.o. (s.th.), champion the cause of s.o. (s.th.); **um et.** ~ a) (*wetteifern*) fight (*od.* vie, contend) for s.th., b) *jur.* be in litigation about s.th.; *Sport*: **um den Sieg** ~ compete for (the) victory; **wo zwei sich** ~, **freut sich der Dritte** *etwa* two men's quarrel is the third man's joy. **2.** *lit.* (*mit Waffen kämpfen*) fight, do battle. **3.** *fig. lit. Gefühle etc*: be conflicting, be in conflict, be at odds, be at variance; **Ärger und Mitleid stritten sich in ihm** he had conflicting feelings of anger and pity. **4.** (*prozessieren*) litigate. **II** 2 *n* <-s> **5.** quarrel(l)ing (*etc*); → *a.* **Streiterei.** ˈ**streitend** *adj* **1.** *jur.* **die** ~**en Parteien** the litigant parties, the litigants. **2. die ~e Kirche** the Church Militant. **ˈStrei·ten·de** *m, f* ‹-n; -n› *meist pl* **1.** quarrel(l)er, arguer, *bei e-m Meinungsstreit*: disputant. **2. die ~n** *vor Gericht*: the litigants, the litigant parties. **ˈStrei·ter** *m* ‹-s; -› **1.** *lit.* (*Krieger*) fighter, combatant. **2.** *fig.* **für** (*e-e Überzeugung, Idee etc*) champion of, fighter for, advocate of, crusader for. **Strei·teˈrei** *f* ‹-; -en› (constant) quarrel(l)ing (*od.* squabbling, bickering, *colloq.* rows *pl*), fights *pl.*

ˈStreit|ˌfall *m* (case of) disagreement, dispute, conflict, *jur.* case; *jur.* **im ~** in case of litigation. **~ˌfra·ge** *f* **1.** → **Streitpunkt. 2.** moot question, debatable point, controversial subject. **~ge·genˌstand** *m bes. jur.* matter in dispute. **~geˌspräch** *n* dispute, debate, discussion. **~ˌhahn, ~ˌham·mel** *m colloq. contp.* squabbler, wrangler, broiler, quarrelsome person. **~ˌhan·del** *m* quarrel, dispute.

ˈstrei·tig *adj* **1.** → **strittig. 2.** *Gerichtsbarkeit, Zivilsache etc*: contentious, litigious. **3. j-m (das Recht auf** *acc*) **et. ~ machen** dispute s.o.'s right to s.th., contend with s.o. for s.th.; → **Rang** 1. **⁓keit** *f* ‹-; -en› *meist pl* → **Streit** 1, 3.

ˈStreit|ˌkräf·te *pl* (armed) forces, *the* services. **~ˌlust** *f* ‹-; *no pl*› quarrelsome nature (*od.* disposition), belligerence, pugnacity. **⁓ˌlu·stig** *adj* quarrelsome, belligerent, pugnacious, ‹*pred*› *colloq.* spoiling for a fight. **~ˌmacht** *f* (armed) forces *pl, engS.* army. **~obˌjekt** *n* → **Streitgegenstand. ~ˌpunkt** *m bes. jur.* (point [*od.* question] at) issue, point in (*od.* under) dispute, point of controversy. **~ˌroß** *n obs. od. poet.* warhorse, steed, charger. **~ˌsa·che** *f* **1.** → **Streitpunkt. 2.** (*Prozeß*) litigation, lawsuit, (*Rechtssache*) case. **~ˌschrift** *f* polemic (treatise *od.* pamphlet). **~ˌsucht** *f* ‹-; *no pl*› quarrelsomeness. **⁓ˌsüch·tig** *adj* quarrelsome, argumentative, cantankerous. **~ˌwa·gen** *m antiq.* (war) chariot. **~ˌwert** *m jur.* value in dispute, matter in controversy.

streng [ʃtrɛŋ] **I** *adj* ‹-er; -st› **1.** *allg.* severe (*a. Blick, Kälte, Kritik, Maßnahme, Strafe, Richter etc*), rigorous (*a. Maßnahme, Winter etc*), (*unnachsichtig*) stern (*a. Blick, Gesicht*), (*hart*) harsh, hard, (*unnachgiebig*) rigid, *Lebensführung, Charakter, Stil*: austere, (*scharf, genau*) *Person, Befehl, Diät, Disziplin, Vorschrift*: strict, *Maßnahme, Regel*: stringent; *mil.* **~er Arrest** close confinement; **~e Einhaltung der Gesetze** strict observance of the law; **~e Erziehung** strict upbringing; **~e Grundsätze** strict (*od.* rigid) principles; **~er Katholik** strict Catholic; **~es Klima** severe (*od.* rigorous, unclement, harsh) climate; **~e Prüfung** severe (*od.* stiff) test (*od.* examination); **~e Schönheit** austere (*od.* severe) beauty; **im ~en Sinne des Wortes** in the strict sense of the word; **~e Sitten** strict morals; **~es Stillschweigen** strict secrecy; **mit j-m** (*od.* **gegen j-n**) **~ sein** be strict with s.o., be hard on s.o.; → **Regiment** 1. **2.** *Geschmack, Geruch etc*: acrid, harsh, *Geruch*: *a.* pungent; **~ riechen (schmecken)** have an acrid smell (taste). **II** *adv* **3.** severely (*etc*); **~ geheim** top secret; **~ wissenschaftlich** strictly scientific; **~ vertraulich** a) *a. amtlich*: strictly confidential, b) *tell s.th., etc* in strict confidence; **j-n ~ ansehen** look sternly at s.o.; **j-n ~ bestrafen** punish s.o. severely; **sich ~ an e-e Sache halten** keep (*od.* adhere) strictly to s.th., observe s.th. strictly; **sie ist ~ katholisch erzogen worden** she was given a strict Catholic upbringing; **sie kleidet sich sehr ~** she wears very severe clothes; **~ nach Vorschrift handeln** act in strict accordance with the regulations; **Parken ~ verboten!** parking strictly prohibited!; → **strengstens. 4. et. geht** ~ *Verschluß, Schraube etc*: s.th. is (rather) tight (*od.* stiff).

ˈStren·ge *f* ‹-; *no pl*› severity, rigorousness, rigidity, strictness, sternness, harshness, austerity, acridity, pungency (*cf.* **streng** I).

ˈstreng|ˌflüs·sig *adj chem.* viscous, viscid. **~geˌnom·men** *adv* **1.** strictly speaking, to be exact. **2.** (*eigentlich*) actually, in actual fact, really. **~ˌgläu·big** *adj* orthodox. **⁓ˌgläu·big·keit** *f* ‹-; *no pl*› orthodoxy.

ˈstreng·stens *adv* most severely (*od.* strictly); **Rauchen ~ verboten** (*od.* **untersagt**)**!** smoking strictly prohibited!, *Am. a.* positively (*od.* absolutely) no smoking!

Strep·to|kok·ke [strɛptoˈkɔkə; ʃtrɛp-] *f* ‹-; -n›, **~ˈkok·kus** [-ˈkɔkʊs] *m* ‹-; -ken› *meist pl med.* streptococcus. **~myˈcin** [-myˈtsiːn] *n* ‹-s; *no pl*› *pharm.* streptomycin.

ˈStre·seˌmann [ˈʃtreːzə-] *m* ‹-s; *no pl*› *colloq. gentleman's formal dark suit with waistcoat and striped trousers.*

Streß [strɛs; ʃtrɛs] *m* ‹-sses; -sse› *med. psych., a. geol.* stress; **im ~ sein** be under stress. **~ˌkrank·heit** *f* stress disease. **~si·tua·tiˌon** *f* stress situation.

stres·sen [ˈstrɛsən; ˈʃtrɛ-] *v/t* ‹h› put *s.o.* under stress; **gestreßt sein** be under stress. **ˈstres·sig** *adj colloq.* stressful.

Stretch [strɛtʃ] *m* ‹-(es) [ˈstrɛtʃ(əs)]; -es [ˈstrɛtʃɪs]› *Textil.* elastic (*od.* stretch) material. **~ˌgarn** *n* stretch yarn.

Streu [ʃtrɔʏ] *f* ‹-; -en› straw, *bes. für Vieh*: litter. **~beˌreich** *m tech.* scattering range, range of variation. **~ˌbrei·te** *f* **1.** *bes. Statistik*: (width of) scattering range. **2.** *bes. mil.* zone of dispersion. **~ˌbüch·se, ~ˌdo·se** *f* **1.** *hist.* sandbox. **2.** *obs. for* **Streuer.**

streu·en [ˈʃtrɔʏən] **I** *v/t* ‹h› **1.** (*Dünger, Stroh, Sand etc*) spread, *a.* (*Samen, Körner*) scatter, (*Blumen*) *a.* strew, (*Stall, Boden*) litter; **j-m Blumen ~** strew (*od.* scatter) flowers in s.o.'s path; **den Gehweg ~** grit (*od.* salt) the sidewalk. **2.** *gastr.* sprinkle, scatter; **Zucker auf den Kuchen ~** scatter (*od.* dust, dredge) sugar on the cake, sprinkle the cake with sugar; **Mehl auf** (*acc*) **et. ~** dredge (*od.* sprinkle) s.th. with flour; **Salz (Pfeffer) auf** (*acc*) **et. ~** sprinkle salt (pepper) on s.th., salt (pepper) s.th. **3.** *phys.* (*Strahlen*) scatter, *med.* (*Bakterien*) *a.* disseminate. **4.** *fig.* (*Verantwortung, a. Gelder, Werbung etc*) spread, distribute, (*Produktion*) disperse. **II** *v/i* **5.** *bes. mil. Gewehr etc*: scatter, *absichtlich*: sweep, *der Länge nach*: search. **6.** *opt. phys.* scatter, disperse. **7.** *electr.* stray, leak. **8.** *med. Bakterien*: disseminate, scatter. **9.** *math.* differ, diverge. **III ⁓** *n* ‹-s› **10.** spreading (*etc*); → *a.* **Streuung.**

ˈStreu·er *m* ‹-s; -› shaker, (*Zucker⁓*) *a.* castor, (*Salz⁓*) cellar, *a.* (*Pfeffer⁓*) pot, (*Mehl⁓*) dredger.

ˈStreu|ˌfahrˌzeug *n* gritter, sander. **~ˌfak·tor** *m* **1.** *phys.* scattering coefficient. **2.** *electr.* leakage coefficient. **~ˌfeld** *n electr.* stray (electric) field. **~ˌfeu·er** *n mil.* scattered fire. **~ˌgold** *n tech.* gold dust. **~ˌgut** *n bei Glatteis etc*: grit. **~ˌke·gel** *m mil., a. Radio*: dispersion cone. **~ˌlicht** *n phot. phys.* stray (*od.* scattered) light. **~ˌlichtˌschirm** *m phot.* diffusing screen.

streu·nen [ˈʃtrɔʏnən] *v/i* ‹sein› stray, roam (about); **~der Hund** stray dog; **~des Kind** stray child. **ˈStreu·ner** *m* ‹-s; -› **1.** stray (animal). **2.** *contp.* stray, tramp, vagabond.

ˈStreu|ˌneu·tron *n phys.* stray neutron. **~ˌpul·ver** *n* dusting powder. **~ˌpunkt** *m phot.* dispersion point. **~ˌsalz** *n* (denatured) thawing salt. **~ˌsand** *m* **1.** *bei Glatteis etc*: grit. **2.** *obs. für Tinte*: pounce, writing sand (*od.* powder).

Streu·sel [ˈʃtrɔʏzəl] *n* ‹-s; -› *meist pl gastr.* crumble.

ˈStreu|ˌsied·lung *f* scattered settlement. **~ˌstrah·len** *pl phys.* scattered rays. **~ˌstrah·lung** *f* scattered radiation. **~ˌstrom** *m electr.* leakage (*od.* stray) current.

ˈStreu·ung *f* ‹-; -en› **1.** → **streuen** 10. **2.** *mil., a. fig. Produktion, Statistik etc*: dispersion, spread. **3.** *phys. von Strahlen*: dispersion, *von Licht*: diffusion, *nucl. e-s Teilchens, Photons*: scattering, *electr.* leakage. **4.** *von Bakterien*: dissemination, scatter. **5.** *math.* mean variation. **6.** *tech.* scatter(ing). **7.** *gegen Eisglätte*: gritting. **~s·ko·ef·fi·ziˌent** *m math., Statistik*: scattering coefficient.

ˈStreu|verˌlust *m electr.* leakage. **~ˌwert** *m math.* erratic value. **~ˌzucker** (*getr.* **-k·k-**) *m* caster (*a.* castor) sugar.

strich [ʃtrɪç] *1 u. 3 sg pret of* **streichen.**

Strich *m* ‹-(e)s; -e› **1.** (*Bleistift⁓, Pinsel⁓, Bürsten⁓ etc*) stroke, (*Linie*) line, (*Gedanken⁓, Quer⁓, Morse⁓*) dash, (*Grad⁓*) (graduation) mark, (*Kompaß⁓*) point, *tech. beim Lackieren, Spritzen*: pass; **mit wenigen ~en** with a few strokes, *fig. a.* in brief outlines; *fig.* **mit einigen (wenigen) ~en e-e Situation umreißen** outline a situation broadly; **e-n ~ durch et. machen** cross s.th. out; **e-n geraden ~ ziehen** draw a straight line; **e-n ~ unter e-e Sache machen** (*od.* **ziehen**) underline s.th.; *fig.* **e-n (dicken) ~ machen unter** (*acc*) make a clean break with *s.th.*, bury (*od.* forget) *s.th.*, **unter die eigene Vergangenheit**: *a.* turn over a new leaf; *fig. colloq.* **~ d(a)runter!** let's forget it!, let no more be said about it; **unterm ~** a) *in e-r Zeitung*: in the feuilleton, b) (*insgesamt*) in all, on balance, c) (*schlecht*) not up to scratch, bad; *humor.* **er kann noch auf dem ~ gehen** (*ist noch nicht so betrunken*) he is still able to walk on a straight line; *fig. colloq.* **ich habe heute k-n ~ getan** I haven't done a stroke (of work) today; *humor.* **er ist nur ein ~ (in der Landschaft)** he is (as) thin as a rake; *colloq.* **j-n auf dem ~ haben** have it in for s.o.; → **Rechnung** 1. **2.** *colloq.* (*Streichung, gestrichene Stelle*) cut. **3.** ‹*only sg*› *bei Haar, Fell, Teppichen etc*: pile, *bei Stoffen*: nap, *bei Holz*: grain; **Haar gegen den ~ bürsten (kämmen)** brush (comb) one's hair the wrong way; **das Material gegen den ~ verarbeiten** work the material against the nap; *fig. colloq.* **nach ~ und Faden** good and proper, thoroughly; **j-n nach ~ und Faden verprügeln** give s.o. a good thrashing, clobber s.o.; **das geht mir (entschieden) gegen den ~** it goes against the grain (with me), I don't like it one bit. **4.** *mus.* (*Bogen⁓*) stroke, bow. **5.** (*Land⁓*) stretch (*od.* tract) (of land). **6.** (*Vogelzug*) migration, passage, flight. **7.** *fig. colloq.* **der ~** prostitution, *sl.* the game; **auf den ~ gehen** walk (*od.* go on) the streets. **8.** *math.* prime; **a ~, aˈ** a prime, aˈ; **b zwei ~, bˈˈ** b double prime, bˈˈ. **~ˌät·zung** *f print.* line etching (*od.* engraving). **~ˌdü·ne** *f geogr.* seif dune.

stri·cheln [ˈʃtrɪçəln] *v/t* ‹h› **1.** draw *s.th.* in a series of little strokes; **e-e Linie ~** draw a broken line. **2.** (*schraffieren*) hatch, hachure. **3.** (*Bakterienkultur*) streak. **ˈStri·che·lung** *f* ⟨-; -en⟩ (drawing a) broken line, (*Schraffierlinien*) hatches *pl*, hachures *pl*.

ˈStrich|ˌjun·ge *m colloq.* male prostitute. **~kulˌtur** *f biol. med.* streak culture. **~ˌli·ste** *f* check-list. **~ˌmäd·chen** *n colloq.* streetwalker, woman of the street(s). **~ˌpunkt** *m ling.* semicolon. **~ˌra·sterˌbild** *n TV* bar test pattern. **~ˌre·gen** *m* local (*od.* regional) rain (*od.* showers *pl*). **~ˌska·la** *f tech.* graduated scale. **~ˌtei·lung** *f* (line) graduation. **~ˌvö·gel** *pl* migratory birds, visitants. **≈ˌwei·se** *adv* here and there, in some areas (*od.* regions); ~ **Regen** local (*od.* scattered) showers. **~ˌzeich·nung** *f* line drawing.

Strick [ʃtrɪk] *m* ⟨-(e)s; -e⟩ **1.** cord, *dicker*: rope; **der ~ des Henkers** the (hangman's) rope (*od.* halter, noose); *colloq.* **e-n ~ nehmen, zum ~ greifen** hang o.s.; **am ~ baumeln** swing (on the gallows); *fig.* **j-m aus e-r Sache e-n ~ drehen (wollen)** (try to) trip s.o. up with s.th.; **wenn alle ~e reißen** if it (*od.* if the worst) comes to the worst, if all else fails. **2.** *fig. colloq.* rogue, scoundrel.

ˈStrick|ar·beit *f* (piece of) knitting. **~ˌbeu·tel** *m* knitting bag.

stricken (*getr.* -k·k-) [ˈʃtrɪkən] *v/t u. v/i* ⟨h⟩ knit; **an e-m Schal ~** knit (at) a scarf. **ˈStricker** (*getr.* -k·k-) *m* ⟨-s; -⟩ knitter. **Strickeˈrei** (*getr.* -k·k-) *f* ⟨-; -en⟩ **1.** ⟨*only sg*⟩ (constant) knitting. **2.** → **Strickarbeit**. **ˈStricke·rin** (*getr.* -k·k-) *f* ⟨-; -nen⟩ knitter.

ˈStrick|ˌgarn *n* knitting yarn. **~ˌhandˌschuh** *m meist pl* knitted glove. **~ˌhemd** *n* knitted shirt. **~ˌjacke** (*getr.* -k·k-) *f* cardigan. **~ˌkleid** *n* knitted dress. **~ˌklei·dung** *f* knitwear. **~lei·ter** *f* rope-ladder. **~maˌschi·ne** *f* knitting-machine. **~ˌmu·ster** *n* **1.** (*Anleitung*) knitting pattern. **2.** (*Strickart*) (knitting) stitch. **3.** (*Probe*) knitting sample. **~ˌna·del** *f* knitting-needle. **~ˌstrumpf** *m* knitted stocking. **~ˌwa·ren** *pl* knitwear *sg*. **~ˌwe·ste** *f* **1.** knitted waistcoat (*Am.* vest). **2.** → **Strickjacke**. **~ˌwol·le** *f* knitting wool. **~ˌzeug** *n* knitting (things *pl*).

Strie·gel [ˈʃtriːgəl] *m* ⟨-s; -⟩ currycomb. **ˈstrie·geln** *v/t* ⟨h⟩ (*Pferd etc*) curry (-comb), groom, (*Hund etc*) brush; *colloq.* **j-n ~** brush (*od.* comb) s.o.'s hair, spruce s.o. up.

Strie·me [ˈʃtriːmə] *f* ⟨-; -n⟩, **ˈStrie·men** *m* ⟨-s; -⟩ *auf der Haut*: welt, weal, *bes. Am.* wale. **ˈstrie·mig** *adj* marked (*od.* covered) with welts (*od.* weals).

strikt [ʃtrɪkt; strɪkt] **I** *adj* ⟨-er; -est⟩ (*genau*) strict, (*streng*) *a.* severe, rigorous; **~e Maßnahmen ergreifen** take severe (*od.* stringent) measures; **~e Befehle (Verbote)** strict orders (prohibitions); **~e Grundsätze haben** have strict (*od.* rigid) principles; **~e Diät halten** keep to a strict diet. **II** *adv* **~ durchgreifen** take severe (*od.* stringent) measures; **j-m et. ~ befehlen (verbieten)** order (forbid) s.o. strictly to do s.th.; **et. ~ ablehnen** refuse s.th. categorically (*od.* flatly). **ˈstrik·te** *adv* → **strikt** II.

Strip[1] [ʃtrɪp; strɪp] *m* ⟨-s; -s⟩ *pharm.* adhesive strip.

Strip[2] *m* ⟨-s; -s⟩ *colloq. for* **Striptease**.

Strip·pe [ˈʃtrɪpə] *f* ⟨-; -n⟩ *bes. dial. colloq.* **1.** string; *fig.* **j-n fest an der ~ haben** (*od.* **halten**) keep a tight rein on s.o. **2.** shoelace, shoestring. **3.** *humor.* phone; **dauernd an der ~ hängen** be on the phone all day long; **j-n an der ~ haben** have s.o. on the blower.

ˈStrip·pe·rin *f* ⟨-; -nen⟩ *colloq.* stripper.

Strip·tease [ˈʃtrɪpˌtiːs; ˈstrɪptiːz] (*Engl.*) *m, a. n* ⟨-; *no pl*⟩ striptease; **e-n ~ machen** (do a) striptease. **~loˌkal** *n* striptease club. **~tän·ze·rin** *f* striptease performer (*od.* artist), stripper.

stritt [ʃtrɪt] *1 u. 3 sg pret of* **streiten**.

strit·tig [ˈʃtrɪtɪç] *adj* contentious, controversial, in dispute, at issue; **~e Frage** controversial question, question at issue; **~er Punkt** (point at) issue, *weitS. a.* moot point.

Striz·zi [ˈʃtrɪtsi] *m* ⟨-s; -s⟩ *Austrian colloq.* rascal, scoundrel, good-for-nothing.

Stro·bo·skop [stroboˈskoːp; ʃtro-] *n* ⟨-s; -e⟩ *opt.* stroboscope.

Stroh [ʃtroː] *n* ⟨-(e)s; *no pl*⟩ straw, *zum Dachdecken*: thatch; **ein Haus mit ~ decken** thatch a house; *fig.* **wie ~ schmecken** have no taste at all, be absolutely tasteless; *colloq.* **~ im Kopf haben** have no brains, be a blockhead. **~ˌbal·len** *m* bale of straw. **~ˌbe·sen** *m* straw broom. **~ˌbett** *n* straw bed. **≈ˌblond** *adj Haar*: flaxen, straw-colo(u)red, *Person*: flaxen-haired. **~ˌblu·me** *f* immortelle, strawflower. **~ˌdach** *n* thatch(ed) roof. **≈ˈdumm** *adj fig. colloq.* blockheaded, empty-headed.

ˈstro·hern *adj* **1.** of straw, straw(y). **2.** → **strohig**.

ˈstroh|far·ben *adj* straw-colo(u)red. **≈feu·er** *n* **1.** straw fire. **2.** *fig.* (*Erfolg etc*) flash in the pan, (*Liebe*) short-lived passion, passing fancy. **≈geˌflecht** *n* straw plait. **~ˌgelb** *adj* straw-colo(u)red. **≈ˌhalm** *m* **1.** straw; *fig.* **nach e-m ~ greifen, sich an e-n ~ klammern** clutch at a straw; **rettender ~** way out. **2.** (drinking) straw. **≈ˌhau·fen** *m* heap of straw, (straw)stack. **≈ˌhut** *m* straw hat. **≈ˌhüt·te** *f* thatched hut.

ˈstro·hig *adj Haar etc*: like straw, *Apfelsine etc*: absolutely tasteless.

ˈStroh|kopf *m fig. colloq.* blockhead, num(b)skull. **~ˌla·ger** *n* bed of straw. **~ˌmann** *m* ⟨-(e)s; ⸚er⟩ **1.** → **Strohpuppe** 1, 2. **2.** *fig.* (mere) figurehead, dummy, man of straw, *colloq.* front (man). **~ˌmat·te** *f* straw mat. **~ˌpap·pe** *f* strawboard. **~ˌpres·se** *f* straw (baling) press. **~ˌpup·pe** *f* **1.** straw doll. **2.** (*Vogelscheuche*) scarecrow. **3.** *mil.* dummy. **4.** → **Strohmann** 2. **~ˌsack** *m* straw mattress, palliasse; *fig. colloq.* **(du) heiliger ~!** good heavens!, gracious me!, holy cow (*od.* moses, smoke)! **~ˌwisch** *m* whisk of straw. **~ˌwit·we** *f humor.* grass widow. **~ˌwit·wer** *m humor.* grass widower.

Strolch [ʃtrɔlç] *m* ⟨-(e)s; -e⟩ **1.** tramp, vagabond, vagrant, *Am. sl.* bum. **2.** *humor.* (*Schlingel*) rascal, scamp. **ˈstrol·chen** *v/i* ⟨sein⟩ roam (about), tramp.

Strom [ʃtroːm] *m* ⟨-(e)s; ⸚e⟩ **1.** (large) river; **reißender ~** torrent(ial river). **2.** (*Strömung*) current, stream, flow; **mit dem ~ schwimmen** swim with the current, swim downstream, *fig.* swim (*od.* go) with the tide; **gegen den ~ (an-)schwimmen** swim against the current, swim upstream, *fig.* swim against the tide; *fig.* **der ~ der Zeit** the flow of time. **3.** *von Flüssigkeiten etc*: stream, flood, flow; **ein ~ von Lava** a stream of lava; **ein ~ von Tränen** a stream (*od.* flood) of tears; *fig.* **ein ~ von Worten** a torrent (*od.* flood, stream) of words; *poet.* **Ströme Blutes** streams of blood; **der Sekt floß in Strömen** champagne flowed freely (*od.* like water); **es gießt in Strömen** it is pouring (with rain). **4.** *fig. von Menschen, Licht*: flood, (*a.* **Gas≈, Luft≈**) stream; **der ~ des Verkehrs** the stream (*od.* flow) of traffic; **sich vom ~ der Menge treiben lassen** drift along with the crowd. **5.** (electric) current, *colloq.* juice; **gestern fiel der ~ aus** there was a power failure yesterday; **viel ~ verbrauchen** use (*od.* consume) a great deal of electricity; **~ sparen** save electricity; **mit ~ versorgen** (*od.* **beliefern**) supply with electricity, (supply with) power; **unter ~ stehend** live.

ˌstromˈab *adv* → **stromabwärts**.

ˈStrom|abˌfall *m electr.* current drop. **~abˌga·be** *f* current delivery. **~abˌneh·mer** *m* **1.** (current) collector. **2.** → **Stromverbraucher**. **~abˌneh·merˌbü·gel** *m* bow (of a collector). **~abˌschal·tung** *f* power cut (*od.* switchoff).

ˌstromˈabˌwärts *adv* downstream, downriver, down the river.

ˈStrom|ag·greˌgat *n electr.* generating set. **~anˌschluß** *m* branch connection, connection to the mains.

ˌstromˈauf(ˌwärts) *adv* upstream, upriver, up the river.

ˈStrom|ausˌfall *m electr.* power failure, *bes. Am.* outage. **~beˌdarf** *m* current demand (*od.* requirement), *e-s Gerätes*: power consumption. **~ˌbett** *n* riverbed. **~ˌdich·te** *f electr.* current density.

strö·men [ˈʃtrøːmən] *v/i* ⟨sein⟩ *allg., a. Gas, Luft, Tränen*: stream, flow, run, *Licht*: stream, flood, *Regen*: pour (down), *Menschen*: stream, pour, throng, *Worte etc*: stream; **es strömte** it was pouring (with rain).

ˈStromˌen·ge *f* narrows *pl* of a river.

Stro·mer [ˈʃtroːmər] *m* ⟨-s; -⟩ *colloq.* **1.** tramp, vagabond, *Am. sl.* bum. **2.** stray (animal). **ˈstro·mern** *v/i* ⟨sein⟩ *colloq.* roam (about), tramp (about), *Am.* bum (around).

ˈStrom|erˌzeu·ger *m electr.* generator. **~erˌzeu·gung** *f* generation of current, electricity (*od.* power) generation. **≈ˌfüh·rend** *adj* live, current-carrying. **~geˌbiet** *n* river basin. **~geˌbühr** *f* electricity rate (*od.* charge). **~ˌka·bel** *n* electric (*od.* power) cable. **~ˌkreis** *m* (electric) circuit. **≈ˌlei·tend** *adj* electroconductive. **~ˌlei·ter** *m* (current) conductor. **~ˌlei·tung** *f* circuit line. **~lie·feˌrant** *m* current supplier. **~ˌlie·fe·rung** *f* current (*od.* power) supply.

ˈStromˌli·nie *f* streamline.

ˈStromˌli·ni·en|form *f tech.* streamlined design (*od.* contour); **e-e Karosserie in ~** a streamlined body. **≈ˌför·mig** *adj* streamlined; **~ gestalten** streamline.

ˈstrom·los *adj electr.* dead, without current.

ˈStrom|mes·ser *m* ⟨-s; -⟩ ammeter. **~ˌmit·te** *f mar.* midstream. **~ˌnetz** *n* (electric) power supply system, supply mains *pl*. **~ˌpreis** *m* → **Stromtarif**. **~ˌquel·le** *f* power (*od.* current) source. **~ˌrech·nung** *f* electricity bill. **~ˌrich·ter** *m* (static) converter. **~ˌschie·ne** *f* **1.** contact rail. **2.** → **Sammelschiene**. **~ˌschnel·le** *f* ⟨-; -n⟩ rapid(s *pl*, *a. als sg konstruiert*). **~ˌschwan·kung** *f meist pl electr.* current fluctuation. **~ˌspan·nung** *f* voltage. **≈ˌspa·rend** *adj* current-(*od.* power-)saving. **~ˌsper·re** *f* power cut. **~ˌspit·ze** *f* peak current. **~ˌstär·ke** *f* current intensity, *in Ampere*: amperage. **~ˌstär·keˌmes·ser** *m* ⟨-s; -⟩ ammeter. **~ˌstö·rung** *f* power interference (*od.* failure). **~ˌstoß** *m* **1.** (electric) shock. **2.** *teleph. etc* impulse. **~taˌrif** *m* electricity tariff, (*Einzeltarif*) rate.

ˈStrö·mung *f* ⟨-; -en⟩ **1.** *im Fluß, Meer etc*: current; **von der ~ fortgerissen**

(mitgerissen) werden be swept away (along) by the current. **2.** *Aerodynamik*: flow. **3.** *electr.* flux. **4.** *fig.* current, trend, tendency, drift.

'Strö·mungs|bild *n Aerodynamik*: flow pattern (*od.* diagram). **~ge·schwin·dig·keit** *f* velocity of flow. **~ge·trie·be** *n mot.* hydraulic (drive) unit, fluid drive. **~leh·re** *f* theory of flow, fluid dynamics *pl*, fluidics *pl* (*beide oft als sg konstruiert*). **~me·cha·nik** *f* mechanics *pl* (*a. als sg konstruiert*) of fluids. **~mes·ser** *m* <-s; -> flow meter.

'Strom|un·ter·bre·cher *m electr.* circuit (*od.* contact) breaker. **~ver·brauch** *m* consumption of electricity, power consumption. **~ver·brau·cher** *m* power consumer, (*Person*) *a.* user of electric current. **~ver·sor·gung** *f* (electric) power supply. **~ver·tei·lung** *f* current (*od.* power) distribution. **~wäch·ter** *m* automatic current controller. **~wand·ler** *m* current transformer. **~wär·me** *f* resistance-heating effect, Joule effect. **~wech·sel** *m* alternation of current. **~wel·le** *f* current wave (*od.* surge). **~wen·der** *m* commutator. **~zäh·ler** *m* electricity meter. **~zu·fuhr, ~zu·füh·rung** *f* current (*od.* power) supply.

Stron·ti·um ['strɔntsɪʊm; 'ʃtrɔn-] *n* <-s; *no pl*> *chem.* strontium.

Stro·phe ['ʃtro:fə] *f* <-; -n> *metr.* strophe, stanza, *e-s Liedes*: verse. **'stro·phisch** *adj* strophic, in stanzas, in verses.

Stropp [ʃtrɔp] *m* <-(e)s; -s> *mar.* sling.

strot·zen ['ʃtrɔtsən] *v/i* <h> ~ **von**, ~ **vor** abound with, be full of, (*wimmeln von*) be teeming (*colloq.* crawling) with (*people, lice, mistakes, etc*), **vor** *Energie, Kraft, Gesundheit etc*: be bursting with; **von Schmutz** ~ be thick with dirt, be terribly filthy; **von Juwelen** ~ be dripping with jewel(le)ry; **~de Kraft** bursting strength; **~de Gesundheit** rude (*od.* exuberant) health; **~des Euter** brimming udder.

strub·be·lig ['ʃtrʊbəlɪç] *adj colloq.* tousled.

'Strub·bel|kopf ['ʃtrʊbəl-] *m colloq.* **1.** (*Haar*) tousled hair, untidy shock of hair. **2.** (*Person*) tousle-head.

'strubb·lig *adj* → **strubbelig**.

Stru·del ['ʃtru:dəl] *m* <-s; -> **1.** *a. fig.* whirl(pool), eddy, swirl, *größerer*: *a.* maelstrom, *a. Aerodynamik*: vortex; **in e-n ~ geraten** be caught up in a whirlpool; *fig.* **in den ~ der Ereignisse gezogen** (*od.* **hineingerissen**) **werden** be caught up (*od.* drawn into) the whirlpool of events. **2.** *dial. and Austrian gastr.* strudel. **'stru·deln** *v/i* <h> *Wasser etc*: whirl, swirl, eddy, (*brodeln*) bubble.

Struk·tur [ʃtrʊk'tu:r; strʊk-] *f* <-; -en> structure; **soziale** (**wirtschaftliche**) ~ *a.* social (economic) pattern; **seelische** ~ mental structure.

Struk·tu·ra|lis·mus [ʃtrʊktura'lɪsmʊs; strʊk-] *m* <-; *no pl*> *ling.* structuralism. **~'list** [-'lɪst] *m* <-en; -en>, **~'li·stisch** *adj* structuralist.

Struk'tur|ana·ly·se *f* structural analysis. **~be·dingt** *adj* → **strukturell**.

struk·tu·rell [ʃtrʊktu'rɛl; strʊk-] *adj allg., a. Arbeitslosigkeit etc*: structural.

Struk'tur·for·mel *f chem.* structural formula.

struk·tu·rie·ren [ʃtrʊktu'ri:rən; strʊk-] *v/t* <*no* **ge-**, **h**> **1.** structure. **2.** *Textil.* (*Stoff etc*) texture.

Struk'tur|po·li·tik *f* structural policy. **~po·li·tisch** *adj* (politico-)structural. **~prin·zip** *n* structural principle. **~psy·cho·lo·gie** *f* structural psychology. **~re·form** *f* structural reform. **~ta·pe·te** *f* embossed wallpaper. **~ver·än·de·rung** *f*, **~wan·del** *m* structural change.

Strumpf [ʃtrʊmpf] *m* <-(e)s; ⸗e> **1.** *meist pl* (*Damen*~) stocking, (*Herren*~) (long) sock, *pl collect.* hose; **auf Strümpfen** in one's stockinged feet; *fig. colloq.* **sich auf die Strümpfe machen** get going; **sein Geld in den ~ stecken** save one's money, *weitS.* keep one's money under the mattress. **2.** *obs. des Gaslichts*: mantle. **~band** *n* <-(e)s; -bänder> garter. **~fa·brik** *f* stocking (*a.* hosiery) factory. **~hal·ter** *m* **1.** suspender, *Am.* garter. **2.** → **~hal·ter·gür·tel** *m* suspender belt, *Am.* garter belt. **~ho·se** *f* tights *pl*, pantihose. **~mas·ke** *f* stocking mask. **~wa·ren** *pl* hosiery *sg*. **~wa·ren·händ·ler** *m* hosier. **~wir·ker** *m* stocking knitter (*od.* weaver). **~wir·ke·rei** *f* **1.** manufacture of stockings. **2.** stocking factory. **~wirk·ma·schi·ne** *f* stocking frame.

Strunk [ʃtrʊŋk] *m* <-(e)s; ⸗e> *bot.* stalk, stem, (*Baumstumpf*) stump, stub.

strup·pig ['ʃtrʊpɪç] *adj Haar*: dishevel(l)ed, tousled, unkempt, (*zottig, a. Fell, Tier*) shaggy, *Bart*: bristly.

'Struw·wel·pe·ter ['ʃtrʊvəl-] *m* <-s; -> *colloq.* **1.** Shock-headed Peter. **2.** → **Strubbelkopf** 2.

Strych·nin [strʏç'ni:n; ʃtrʏç-] *n* <-s; *no pl*> *chem. med.* strychnine.

Stüb·chen ['ʃty:pçən] *n* <-s; -> (cosy) little room, cubby(hole).

Stu·be ['ʃtu:bə] *f* <-; -n> **1.** *obs. od. dial.* (sitting) room; **gute** ~ best room, *a.* parlo(u)r; *humor.* (**immer**) **herein in die gute** ~! come right in! **2.** *in e-r Kaserne etc*: room.

'Stu·ben|äl·te·ste *m* <-n; -n> senior soldier (of the room). **~ap·pell** *m* barrack room (*od.* bunk) inspection. **~ar·rest** *m* confinement to one's room (*mil.* to barracks, *bes. Am.* to quarters); ~ **haben** be confined to one's room (*etc*). **~dienst** *m* (~ **haben** be on) barrack room duty. **~flie·ge** *f* (common) housefly. **~ge·lehr·sam·keit** *f* book-learning. **~ge·lehr·te** *m* <-n; -n> bookish person, armchair scholar. **~ge·nos·se** *m* room-mate. **~hocker** (*getr.* -k·k-) *m colloq. contp.* stay-at-home, homebody. **~ka·me·rad** *m* roommate. **~luft** *f* indoor air. **~mäd·chen** *n* **1.** *obs.* parlo(u)rmaid. **2.** *im Hotel*: chambermaid. **~rein** *adj* **1.** *Hunde etc*: clean, house-trained, house-broken. **2.** *fig. colloq.* **nicht ganz** ~ *Witz etc*: not for polite company, risqué, *Am. a.* a bit off color. **~vo·gel** *m meist pl* cage bird. **~wa·gen** *m* bassinet.

'Stubs·na·se ['ʃtʊps-] *f* → **Stupsnase**.

Stuck [ʃtʊk] *m* <-(e)s; *no pl*> **1.** stucco. **2.** (*~verzierung*) stucco(work), ornamental plasterwork.

Stück [ʃtʏk] *n* <-(e)s; -e, *nach Zahlenangaben* -> **1.** *allg.* piece (*a. Musik*~, *Gemälde, Kunstwerk etc*), (*Bruch*~) *a.* fragment, (*Teil*~) *a.* part, (*geschnittenes* ~, *Scheibe*) *a.* slice, cut, *großes*: hunk, chunk, (*Bissen*) *a.* morsel, (*Papier*~ *etc, Fetzen*) *a.* scrap, shred, bit, (*Geld*~) *a.* coin; **ein ~ Schnur** a piece (*od.* bit) of string; **ein kleines** ~ a small piece, a bit; **ein ~ Brot** a piece (*Scheibe*: slice) of bread; **ein ~ Butter** a piece (*od.* lump) of butter; **ein ~ Zucker** (**Kohle**) a lump of sugar (coal); **ein ~ Seife** a bar of soap; **2 Mark das ~, pro ~ 2 Mark** 2 marks each (*od.* apiece); **aus einem ~** a) cut (*od.* made) in one piece, b) *tech.* cast integral; **~ für ~** piece by piece, *weitS.* bit by bit; **Käse** (**Wurst**) **im ~ kaufen** buy cheese (sausage) in one piece (*od.* unsliced); **in ~e gehen** break into pieces (*od.* bits); **in ~e schlagen** smash to pieces (*od.* bits, smithereens); **in ~e schneiden** cut *s.th.* into pieces, slice, shred; *colloq.* **~er zehn** about ten; (**ich nehme**) **3 ~** (**von diesen Gurken**)! (I'll take) three (of these cucumbers)!; *fig.* **nur ein ~ Papier** just a scrap of paper; **ein ~ Leben** a slice of life; **ich hörte nur ein ~ s-r Rede** I only heard part of his speech; *colloq.* **mein bestes** ~ my pride and joy; **das Kleid ist mein bestes** ~ this is my best number; **Vater ist unser bestes** ~ father is the tops; *fig.* **aus freien ~en** of one's own (free) will, of one's own accord, voluntarily; **sich** (*dat*) **große ~e einbilden** think very highly (*od.* have a high opinion) of o.s.; **auf j-n große ~e halten** think highly (*od.* the world) of s.o., have a high opinion of s.o.; **er behandelte ihn wie ein ~ Dreck** he treated him like dirt; **ein schönes** (*od.* **hübsches**) ~ **Geld** a tidy sum, a pretty penny, (quite) a packet; **ein schweres ~ Arbeit** hard work, a tough job; **sich** (*dat*) **ein tolles ~ leisten** do s.th. crazy; **in allen ~en** in every respect, at (*od.* on) all points; **in vielen ~en** in many respects (*od.* ways); *colloq.* **kein ~!** nothing of the sort!, *sl.* no way!; → **reißen** 1, **stark** 9. **2.** (*Vieh, Wild*) head, (*Geflügel*) piece; **50 ~ Vieh** 50 head of cattle. **3.** (~ *Land*) piece (of land), plot, lot, *kleines*: *a.* patch; **ein ~ Garten** a garden plot. **4.** (*Probe*~, *Prüf*~) specimen, sample. **5.** *e-r Sammlung etc*: piece, item, (*Ausstellungs*~, *Museums*~) *a.* exhibit, specimen. **6.** (*Buchexemplar, Durchschlag*) copy. **7.** (*Abschnitt aus e-m Buch etc*) passage. **8.** (*Weg*~, *Strecke*) distance, way, stretch, bit; **ein ~** (**Weges**) part of the way, a stretch; **ein gutes ~** (**Weges**) a fair distance, quite a stretch; *fig.* **wir** (**die Verhandlungen**) **sind ein gutes ~ vorwärtsgekommen** we (the negotiations) have made considerable headway (*od.* good progress). **9.** *thea.* play; **die Personen des ~es** the characters of the play, dramatis personae. **10.** *pl econ.* bonds, stocks, shares, securities; **~e e-r Anleihe** individual bonds; (**ausgegeben**) **in ~en zu 100 DM** (issued) in denominations of 100 marks. **11.** (*Arbeits*~) piece, unit; **Lohnkosten je ~** wage cost *sg* per unit produced. **12.** (*einzelnes Gerät*) unit. **13.** *colloq. contp.* (*Mann*) fellow, so-and-so, *sl.* bugger, (*Frau*) *sl.* baggage, broad; **mieses ~, ~ Dreck** nasty piece of work, (*Mann*) *a. sl.* bastard, (*Frau*) *a. sl.* bitch; **ein freches ~** a cheeky devil (*od.* thing); **ein dummes** (**albernes**) ~ a stupid (silly) thing.

'Stück|ak·kord *m*, **~ar·beit** *f* piece-rate work, piecework.

'Stuck·ar·beit *f* stucco(work).

'Stück·ar·bei·ter *m* → **Akkordarbeiter**.

'Stück·chen *n* <-s; -> **1.** small (*od.* little) piece (*etc*; *cf.* **Stück**); **j-n ein ~ begleiten** accompany s.o. part of the way. **2.** *fig. humor.* (*Streich*) trick, caper, (*a. Kunst*~) stunt.

'Stuck·decke (*getr.* -k·k-) *f* stucco ceiling.

stückeln (*getr.* -k·k-) ['ʃtʏkəln] **I** *v/t* <h> **1.** (*zs.-~*) piece (*od.* patch) *s.th.* together. **2.** (*zer~*) cut *s.th.* in (*od.* to, into) pieces. **3.** (*Kapital*) divide into units, (*Wertpapiere*) denominate. **II** *v/i* **4.** *Schneiderei*: insert a piece, add a piece.

'Stücke·lung (*getr.* -k·k-) *f* <-; -en> *von Aktien etc*: denomination.

'Stück·erz *n* lump ore.

'Stücke|schrei·ber (*getr.* -k·k-) *m* playwright. **~ver·zeich·nis** *n* list of deposited securities, list of stocks bought.

ˈStück|ˌfaß *n* (*Weinmaß*) butt. **~ˌfracht** *f* part-load freight; → *a.* Stückgut. **~ge-ˌwicht** *n* individual (*od.* item) weight.

ˈStückˌgut *n* parcel(l)ed goods *pl*, less-than-carload lot(s *pl*), parcel(s *pl*). **~ˌbahnˌhof** *m* parcels station. **~ˌla-dung** *f* mixed cargo, part loads *pl*. **~ˌsen·dung** *f* less-than-carload consignment, small consignment. **~taˌrif** *m* part-load (freight) rate.

ˈStück|ˌkauf *m* purchase of specified goods (*od.* items). **~ˌkoh·le** *f* lump coal, large coal. **~ˌko·sten** *pl* unit cost *sg.* **~ˌko·stenˌrech·nung** *f* item costing. **~ˌlei·stung** *f e-r Maschine etc*: capacity, output. **~ˌli·ste** *f* parts list, list of items, specification, *der Seefracht*: tally sheet. **~ˌlohn** *m* → Akkordlohn.

ˈStuckˌmar·mor *m* artificial (*od.* stucco) marble.

ˈStück|noˌtie·rung *f Börse*: (stock) quotation per unit. **~ˌpreis** *m* price per piece (*od.* unit). **~verˌkauf** *m* selling by the piece. **~verˌzeich·nis** *n* → Stückliste. **~ˌwa·re** *f* piece goods *pl*. **≈ˌwei·se I** *adj* **1.** *Verkauf*: by the piece. **II** *adv* **2.** piece by piece, bit by bit (*a. fig.*), piecemeal. **3.** *bes. econ.* by the piece; ~ verkaufen *a.* sell retail. **4.** (*in kleinen Posten*) by (*od.* in) parcels, in small units. **~ˌwerk** *n* ⟨-(e)s; *no pl*⟩ *fig.* patchwork, scrappy (*od.* patchy) work; ~ sein *a.* be incomplete (*od.* scrappy, sketchy). **~ˌzahl** *f* number of pieces (*od.* items, units). **~ˌzeich·nung** *f* detail (*od.* parts, components) drawing. **~ˌzeit** *f tech.* production time per piece. **~ˌzin·sen** *pl* accrued (*od.* broken-period) interest *sg.* **~ˌzucker** (*getr.* k·k-) *m* → Würfelzucker.

Stu·dent [ʃtuˈdɛnt] *m* ⟨-en; -en⟩ **1.** student, *nichtgraduierter*: *a.* undergraduate, *graduierter*: *a.* graduate; ~ der Medizin medical student; ~ der Rechte law student, student of law. **2.** *Austrian pupil at a secondary school.*

Stuˈden·ten|ˌausˌtausch *m* student exchange. **~ˌausˌweis** *m* student('s) card. **~ˌblu·me** *f* grass-of-Parnassus, bog star. **~ˌbu·de** *f colloq.* student's digs *pl* (*od.* pad). **~ˌbund** *m* students' association. **~ˌfüh·rer** *m* student leader. **~ˌfut·ter** *n colloq.* (assortment of) almonds, raisins and nuts *pl*. **~ˌhaus, ~ˌheim** *n* student hostel. **~ˌjah·re** *pl* student days, college days. **~ˌle·ben** *n* student life, college life. **~ˌlied** *n* student(s') song. **~ˌpfar·rer** *m* college chaplain. **~schaft** *f* ⟨-; -en⟩ (body of) students *pl*, student body. **~ˌstreich** *m* student(s') prank. **~tum** *n* ⟨-s; *no pl*⟩ **1.** student's life. **2.** (the) students *pl*. **~verˌbin·dung** *f* students' association, *Am.* fraternity. **~ˌvier·tel** *n* student(s') quarter. **~ˌwerk** *n* student welfare organization. **~ˌwohnˌheim** *n* student hostel. **~ˌzeit** *f* student (*od.* college) days *pl*, years *pl* spent at a university (*od.* at college).

Stuˈden·tin *f* ⟨-;-nen⟩ (woman) student; → *a.* Student.

stuˈden·tisch *adj* student; die ~e Jugend the students *pl*; ~e Verbindung (*od.* Korporation) → Studentenverbindung.

Stu·die [ˈʃtu:dɪə] *f* ⟨-; -n⟩ **1.** (über *acc*) *allg.* study (of), *Literatur*: essay (on). **2.** *Kunst*: (*Entwurf*) sketch, (*kleines Werk*) study.

ˈStu·di·en|ˌabˌschluß *m* completion of a course of studies, graduation. **~as-ˌses·sor** *m*, **~as·sesˌso·rin** *f secondary school teacher as a Civil Service probationer (having passed the second State Examination).* **~ˌauf·entˌhalt** *m* study visit, educational stay. **~ˌausˌga·be** *f* text(book) edition. **~ˌausˌschuß** *m* research committee, study group. **~ˌbeiˌhil·fe** *f* (educational) grant. **~beˌra·ter** *m* academic (*od.* student) adviser. **~beˌra·tung** *f* course guidance. **~diˌrek·tor** *m*, **~di·rekˌto·rin** *f vice-principal and head of a "Studienseminar" at a secondary school ranking above an "Oberstudienrat".* **~ˌfach** *n* subject (of study). **~ˌfahrt** *f* study trip. **~ˌfreund** *m*, **~ˌfreun·din** *f* university (*od.* college) friend. **~ˌgang** *m* course of studies. **~ˌgeld** *n* study allowance. **~ˌgrup·pe** *f* study group. **≈ˌhal·ber** *adv* for the purpose of study(ing). **~ˌjahr** *n* **1.** academic year. **2.** *pl* university (*od.* college) years. **~ka·meˌrad, ~kolˌle·ge** *m* fellow student. **~ˌlei·ter** *m* supervisor, tutor. **~ˌord·nung** *f* university regulations *pl*. **~ˌplan** *m* **1.** plan of studies. **2.** (*Lehrplan*) curriculum, syllabus. **~ˌplatz** *m* university place, place to study (*medicine, etc*). **~ˌrat** *m*, **~ˌrä·tin** [-ˌrɛ:tɪn] *f* ⟨-; -nen⟩ *teacher at a secondary school (having Civil Service status).* **~re·fe-renˌdar** *m*, **~re·fe·renˌda·rin** *f* ⟨-; -nen⟩ *teacher at a secondary school having passed the first State Examination and still undergoing training.* **~reˌform** *f* university reform. **~ˌrei·se** *f* study trip. **~ˌzeit** *f* **1.** student (*od.* college) days *pl*; seit s-r ~ *a.* from a student. **2.** (*Dauer*) duration of studies. **~ˌzweck** *m* zu ~en, für ~e for the purposes of study. **~ˌzweig** *m* branch of study.

stu·die·ren [ʃtuˈdi:rən] **I** *v/t* ⟨*no* ge-, h⟩ *allg.* study, (*Sprache, Fach etc*) *a.* read, (*Frage, Problem etc*) *a.* investigate, (*a. Rolle etc*) make a study of, (*Speisekarte, Fahrplan, Gesicht etc*) *a.* scrutinize, examine, (*Gegner etc*) *a.* size up; er studiert Jura (*od.* Rechtswissenschaften, die Rechte) he studies law, he is a law student, he is reading for the bar. **II** *v/i* study, be at a university, be at college, be a student; bei Professor X ~ study under Professor X; an der Hochschule für Musik ~ study at (*od.* be a student of) the conservatory; j-n ~ lassen send s.o. to (a) university (*od.* to college); wo hat er studiert? which university did he go to?; er hat studiert he has had an academic (*od.* a university) education, he has been to a university. **III** ≈ *n* ⟨-s⟩ studying, studies *pl*.

Stuˈdie·ren·de *m, f* ⟨-n; -n⟩ → Student, Studentin.

Stuˈdierˌstu·be *f* study.

stuˈdiert *adj colloq.* university-bred, educated; e-e ~e Frau, ein ~er Mann → **Stuˈdier·te** *m, f* ⟨-n; -n⟩ *colloq.* educated person, academically trained person, graduate, person who has been to a university, *a.* intellectual.

Stuˈdierˌzim·mer *n* study.

Stu·di·ker [ˈʃtu:dikər] *m* ⟨-s; -⟩ *humor.* student.

Stu·dio [ˈʃtu:dɪo] *n* ⟨-s; -s⟩ *allg.* studio. **~re·dakˌteur** *m Radio, TV* presenter, *Am.* moderator. **~ˌsen·dung** *f* studio broadcast.

Stu·dio·sus [ʃtuˈdɪo:zʊs] *m* ⟨-; -sen *od.* -si [-zi]⟩ *humor.* student.

Stu·di·um [ˈʃtu:dɪʊm] *n* ⟨-s; Studien⟩ **1.** studies *pl*, *e-s einzelnen Faches*: study (*of medicine, etc*); sein ~ (mit e-m Examen) abschließen conclude one's studies (with a degree); er hat sein ~ in München abgeschlossen he graduated from (*od.* is a graduate of) Munich University; mit dem ~ der Rechtswissenschaft beginnen take up law; er hat ein abgeschlossenes ~ he has academic qualifications, he has a (university) degree; während s-s ~s in Berlin during his studies (*od.* while he was studying) in Berlin. **2.** (*Untersuchung*) study; naturwissenschaftliche Studien (be)treiben engage in natural science studies; beim ~ des Fahrplans (when) studying the timetable; *iro.* da kann man s-e Studien machen it's most interesting.

Stu·di·um ge·ne·ra·le [ˈʃtu:dɪʊm geneˈra:lə; ˈstu:-] *n* ⟨- -; *no pl*⟩ *univ.* courses *pl* in general education.

Stu·fe [ˈʃtu:fə] *f* ⟨-; -n⟩ **1.** *e-r Treppe*: step, stair, *e-r Leiter*: rung, *e-r Trittleiter*: tread, *im Gelände*: terrace; Achtung (*od.* Vorsicht), ~(n)! mind the step(s)!; zwei ~n auf einmal nehmen take two steps at a time; ~n steigen go up steps; *fig.* j-s Haar in ~n schneiden cut s.o.'s hair in tiers; die ~n zum Erfolg emporklimmen climb the ladder to success; die höchste ~ des Glücks the height of happiness; die höchste ~ des Ruhms the top rung (*od.* the pinnacle) of fame. **2.** *fig.* (*Niveau*) level, (*Leistungs≈*) *a.* standard; auf gleicher ~ mit on a level (*od.* par) with; j-n (et.) auf die gleiche ~ stellen put s.o. (s.th.) on the same level; auf e-r hohen (niedrigen) ~ stehen be at a high (low) level, have a high (low) standard. **3.** *fig.* (*Rang≈*) rank, position; die nächste ~ in der Laufbahn the next rank (*od.* step up) in one's career. **4.** *fig.* (*Stadium*) stage, phase; die Entwicklung des Kindes läßt verschiedene ~n erkennen the development of a child shows various stages. **5.** *ped.* level, class(es *pl*); → Oberstufe, Unterstufe. **6.** (*Gehalts≈ etc*) bracket, grade. **7.** *mus.* (*Ton≈*) degree. **8.** (*Farbton*) shade. **9.** *ling. der Steigerung*: degree (of comparison). **10.** *tech. e-r Schaltung*: step, *e-r Bearbeitung*: stage, *e-s Drehzahlbereiches*: range. **11.** (*Raketen≈*) stage.

stu·fen [ˈʃtu:fən] *v/t* ⟨h⟩ cut steps in(to), arrange *s.th.* in steps, (*Garten etc*) terrace, (*Haare*) cut *s.th.* in tiers; → *a.* abstufen I.

ˈStu·fen|anˌord·nung *f tech.* stepped arrangement. **≈ˌar·tig** *adj* **1.** stepped, steplike, *Landschaft etc*: terraced. **2.** *fig.* graduated, graded. **~ˌbar·ren** *m gym.* asymmetric bars *pl*. **~ˌfol·ge** *f* grad(u)ation, sequence of stages, succession. **≈ˌför·mig I** *adj* **1.** in (the form of) steps, *Garten*: terraced. **2.** *fig. Entwicklung etc*: in stages. **II** *adv* **3.** in steps, in tiers; ~ angeordnete Sitzreihen seats arranged in tiers, tiered rows of seats. **~ˌhär·tung** *f metall.* hot quenching. **~ˌlei·ter** *f* **1.** stepladder; *fig.* die ~ zum Erfolg the ladder to success; gesellschaftliche ~ social ladder. **2.** *fig. der Gefühle etc*: scale, gamut, *weitS.* (progressive) scale, graduation. **≈los** *adj* (*a. adv* ~ regelbar) infinitely variable. **~ˌplan** *m econ.* graduated plan. **~py·ra-ˌmi·de** *f* stepped pyramide. **~raˌke·te** *f* multistage rocket. **~ˌschal·ter** *m electr.* step switch. **~taˌrif** *m* graduated tax rate (system). **≈ˌwei·se I** *adj* step-by-step, gradual, *bes. tech.* stepwise. **II** *adv* step by step, by degrees, gradually.

ˈstu·fig *adj* → stufenartig, stufenförmig.

Stuhl [ʃtu:l] *m* ⟨-(e)s; ⸚e⟩ **1.** chair, *bes. thea. etc* seat, (*Hocker, Klavier≈ etc*) stool, (*Kirchen≈*) pew; ist dieser ~ noch frei? is this chair taken?; *fig. colloq.* sich zwischen zwei Stühle setzen fall between two stools; j-m den ~ vor die Tür setzen turn s.o. out, (*entlassen*) *a.* sack (*od.* fire) s.o.; ich fiel fast vom ~ you could have knocked me down with a feather; **das haut e-n vom ~!** it blows your mind!; **vor dem ~ des Richters** before the judge, *fig. a.* **vor Gottes ~** before God's judg(e)ment seat, before one's Maker; → **elektrisch** 1, **hinrichten** 1. **2.** *R.C.* **der Apostolische** (*od.* **Heilige, Päpstliche**) **~, der ~ Petri** the Apostolic (*od.* Holy, Papal) See. **3.** (*Lehr*≈) chair, professorship. **4.** (*Web*≈) loom, frame. **5.** ⟨*only sg*⟩ *physiol.* a) → **Stuhlgang** 1, b) (*Kot*) stool(s *pl*), f(a)eces *pl.*

ˈStuhlˌbein *n* leg of a chair, chair leg.

Stühl·chen [ˈʃtyːlçən] *n* ⟨-s; -⟩ small chair.

ˈStuhl|ˌdrang *m physiol.* need to relieve one's bowels. **~entˌlee·rung** *f* evacuation (*od.* discharge) of one's bowels. **≈ˌför·dernd** *adj* (*a.* **~es Mittel**) *pharm.* laxative, aperient. **~ˌgang** *m* ⟨-(e)s; *no pl*⟩ **1.** *physiol.* bowel movement, motion; **der ~ ist in Ordnung** the bowels are regular; **regelmäßigen ~ haben** have regular bowel movement, go regularly; **k-n ~ haben** have (had) no bowel movement; **für regelmäßigen ~ sorgen** keep one's bowels regular; **träger ~** constipation. **2.** → **Stuhl** 5b.

ˈStuhl|kis·sen *n* chair cushion. **~ˌleh·ne** *f* back of a chair. **~ˌsitz** *m* (chair) bottom, seat.

ˈStuhl|ˌun·terˌsu·chung *f med.* examination of the f(a)eces. **~verˌhal·tung** *f* obstipation, retention of f(a)eces. **~verˌhär·tung** *f* f(a)ecal impaction. **~ˌzäpf·chen** *n pharm.* rectal suppository. **~ˌzwang** *m med.* tenesmus.

Stuk·ka|teur [ʃtʊkaˈtøːr] *m* ⟨-s; -e⟩ stuccoworker. **~ˈtur** [-ˈtuːr] *f* ⟨-; -en⟩ stucco(work).

Stul·le [ˈʃtʊlə] *f* ⟨-; -n⟩ *dial.* slice of bread (and butter), (*belegte, zs.-geklappte*) sandwich.

Stul·pe [ˈʃtʊlpə] *f* ⟨-; -n⟩ *am Handschuh, Ärmel etc*: turnback, *am Stiefel*: turndown.

stül·pen [ˈʃtʏlpən] *v/t* ⟨h⟩ **1.** (*um*~) turn *s.th.* upside down. **2.** (*umschlagen*) turn *s.th.* inside out, (*hoch*~) turn *s.th.* up, *nach innen*: turn (*od.* tuck) *s.th.* in; **~ auf** (*acc*), **~ über** (*acc*) put *s.th.* over (*od.* [up]on); **sich** (*dat*) **den Hut (Helm) auf den Kopf ~** *a.* clap one's hat (helmet) on.

ˈStul·pen|ˌär·mel *m* turnback sleeve. **~ˌhandˌschuh** *m* gauntlet (glove). **~ˌstie·fel** *m meist pl* turndown (*od.* top) boots.

ˈStulpˌna·se *f* snub nose.

stumm [ʃtʊm] **I** *adj* ⟨-er; -st⟩ **1.** dumb, *a.* mute, *fig.* (*sprachlos*) *a.* speechless, (*schweigsam*) silent, mute; **von Geburt an ~** dumb from birth; *lit.* **die ~e Kreatur** the dumb creatures; *fig.* **~es Flehen** silent (*od.* mute) appeal; **~es Gebet** silent prayer; **~e Geste (Zwiesprache)** silent gesture (communication); **~er Schmerz (Vorwurf)** silent grief (reproach); **~ wie ein Fisch** (as) mute as a fish; **auf alle Fragen ~ bleiben** remain silent to all questions; **j-n ~ machen** (*töten*) silence s.o.; **~ vor Schreck (Zorn)** speechless with terror (rage); **~ vor Erstaunen** *a.* struck dumb with amazement, dum(b)founded; → **Diener** 5. **2.** *fig.* (*geheim*) silent, secret; **~e Gedanken** secret (*od.* unspoken) thoughts. **3. ~e Person** *thea.* walking part, walk-on, *Film*: extra; **~e Rolle** silent (*od.* nonspeaking) part; **~es Spiel** dumb show, pantomime; **~e Szene** silent scene. **4.** *ling.* mute, silent. **II** *adv* **5.** *fig.* silently, without saying a word; **~ und steif** like a post.

ˈStum·me *m, f* ⟨-n; -n⟩ dumb person, mute (person); *collect.* **die ~n** *pl* the dumb.

Stum·mel [ˈʃtʊməl] *m* ⟨-s; -⟩ **1.** (*Zigaretten*≈ *etc*) stub, *colloq.* fag-end, *bes. Am.* butt(-end). **2.** → **Stumpf** 1. **3.** *tech. e-r Achse*: stub. **4.** → **Stummelschwanz.** **~ˌpfei·fe** *f* short(-stemmed) pipe, cutty (pipe). **~ˌschwanz** *m zo.* stump(ed tail).

ˈStummˌfilm *m* silent film. **~ˌzeit** *f* silent film era.

ˈStumm·heit *f* ⟨-; *no pl*⟩ dumbness, muteness, *fig.* (*Sprachlosigkeit*) *a.* dum(b)foundedness, (*Schweigen*) silence, muteness.

Stum·pen [ˈʃtʊmpən] *m* ⟨-s; -⟩ **1.** (hat) stump (*od.* body). **2.** (*Zigarre*) cheroot.

Stüm·per [ˈʃtʏmpər] *m* ⟨-s; -⟩ bungler, botcher, *sl.* washout, bum. **Stüm·pe·ˈrei** *f* ⟨-; -en⟩ **1.** ⟨*only sg*⟩ bungling, botching. **2.** bungled job, botched(-up) job, mess, (*Fehler*) (terrible) blunder. **ˈstüm·per·haft** *adj* bungled, botched (-up), clumsy, amateurish. **stüm·pern** [ˈʃtʏmpərn] *v/i* ⟨h⟩ bungle, botch, mess about, play *etc* like an amateur.

stumpf [ʃtʊmpf] **I** *adj* ⟨-er; -(e)st⟩ **1.** *Messer etc*: blunt, dull; *a. fig.* **~ machen** blunt, dull; **~e Nase** a) flat (*od.* pug) nose, b) → **Stupsnase.** **2.** *math. Winkel*: obtuse, *Kegel etc*: truncated. **3.** *metr. Reim*: masculine, male. **4.** (*nicht glänzend*) dull (*hair, colo[u]r, etc*). **5.** *fig.* (*teilnahmslos*) dull, impassive, stolid, apathetic, torpid, (*unempfänglich*) insensitive, insensible, indifferent; **~e Sinne** dull(ed) senses; **~ gegen alles Schöne** insensitive to everything beautiful. **6.** *fig.* (*~sinnig, beschränkt*) dull, dense, obtuse. **7.** *aer. Körper*: blunt. **II** *adv* **8.** dully (*etc*); **j-n ~ anblicken** look at s.o. impassively. **9.** *tech.* **et. ~ verbinden** butt-joint s.th.

Stumpf *m* ⟨-(e)s; ⸚e⟩ **1.** (*Baum*≈, *a. Zahn*≈) stump (*a. von Gliedmaßen*), stub, (*Bleistift*≈, *Kerzen*≈) *a.* end; *fig. colloq.* **et. mit ~ und Stiel ausrotten** eradicate s.th. root and branch, (*Dorf etc*) wipe s.th. off the map; **et. mit ~ und Stiel aufessen** (*od.* **vertilgen**) eat s.th. bones and all. **2.** *math. e-s Kegels, e-r Pyramide*: frustum. **~heit** *f* ⟨-; *no pl*⟩ **1.** *e-s Messers etc*: bluntness. **2.** *von Seide, Haar etc*: dul(l)ness. **3.** *fig. allg.* dul(l)ness, (*Trägheit*) *a.* lethargy, torpidity, (*Teilnahmslosigkeit*) *a.* impassiveness, impassivity, stolidness, stolidity, apathy, (*Unempfänglichkeit*) (**gegen** to) insensitiveness, insensitivity, insensibility, indifference. **4.** *fig.* (*Stumpfsinn*) dul(l)ness, denseness, obtuseness. **≈ˌkan·tig** *adj tech.* blunt-edged. **~ˌke·gel** *m math.* truncated cone. **~ˌnaht** *f tech.* butt weld. **~ˌnaht·ˌschwei·ßung** *f* butt-seam welding. **~ˌnäs·chen** *n*, **~ˌna·se** *f* snub nose. **≈ˌna·sig** [-ˌnaːzɪç] *adj* snub-nosed. **≈ˌschwei·ßen** *v/t* ⟨*insep*, -ge-, h⟩ *tech.* butt-weld. **~ˌsinn** *m* **1.** apathy, mindlessness, dul(l)ness. **2.** *colloq.* (*Langweiligkeit*) monotony, dul(l)ness, *sl.* drag, (*Arbeit*) *a.* grind; **das ist doch ~!** what a drag! **≈ˌsin·nig** *adj* **1.** *Person*: dull, apathetic, mindless. **2.** *Arbeit etc*: (deadly) dull, monotonous, soul-destroying. **≈ˌwin·ke·lig, ≈ˌwink·lig** *adj math.* obtuse-angled.

Stünd·chen [ˈʃtʏntçən] *n* ⟨-s; -⟩ *colloq.* **ein ~** a (little) while, an hour or so; → **Stündlein.**

Stun·de [ˈʃtʊndə] *f* ⟨-; -n⟩ **1.** hour; **e-e viertel ~** a quarter of an hour, *bes. Am.* a quarter hour; **e-e halbe ~** half an hour, *bes. Am.* a half hour; *e-e Rede etc* **von drei ~n (Dauer)** of (*od.* lasting) three hours, three-hour (*speech, etc*); **e-e ganze** (*colloq.* **geschlagene**) **~** a full (*od.* solid) hour; **alle zwei ~n** every two hours, every other hour; **ganze ~n** (**lang**) for hours (and hours), for hours on end; **e-e ~ nach der anderen, ~ um ~** hour after (*od.* by) hour; **in einer ~ bin ich zurück** I shall be back in an hour('s time); **zu später ~** at a late hour; **von ~ zu ~** from hour to hour, hourly; **das Auto fährt 120 Kilometer in der** (*colloq.* **die**) **~** the car does 120 kilometres per hour; **e-e gute ~ (Weges)** a good hour('s journey *od.* walk, drive). **2.** (*Zeitpunkt*) hour, moment, time; **~ der Entscheidung** hour of decision; **die ~ der Wahrheit** the moment of truth; **seit dieser ~, von Stund an** from that (very) hour, from that hour on, ever since; **die Verhandlungen dauern zur ~ noch an** the negotiations are still in progress; **(bis) zur ~** to this moment, so far, as yet; **jede ~, zu jeder ~** any minute (*od.* time) (now); **in letzter ~** at the eleventh hour, at the very last moment; **sie hat seitdem k-e ruhige ~ mehr** she has not had a quiet moment (*od.* a minute's peace) since; **s-e** (*od.* **die Gunst der**) **~ wahrnehmen** (*od.* **nutzen**) take time by the forelock; **da wußte er schon, was die ~ geschlagen hatte** then he knew what was in store for him (*colloq.* what was up); **s-e ~ hat geschlagen** a) (*zu siegen etc*) his time has come, b) (*er ist erledigt*) he is finished, his time is up, c) (*zu sterben*) his (last) hour has come; **warte nur, m-e ~ kommt (schon) noch!** (*Drohung*) just wait, my time (*od.* turn) will come; **die ~ X** unknown hour, such and such a time; → **schwach** 1, **schwer** 2. **3.** (*Schul*≈) class, (*a. Privat*≈) lesson; **die erste ~ fällt aus** the first lesson is cancel(l)ed; **j-m ~n (in Englisch) geben** give s.o. (English) lessons; **bei j-m ~n nehmen** take lessons from s.o.

stün·de [ˈʃtʏndə] *1 u. 3 sg pret subj of* **stehen.**

stun·den [ˈʃtʊndən] *v/t* ⟨h⟩ **j-m die Zahlung ~** give s.o. time to pay, grant s.o. a delay in repaying a sum.

ˈStun·den|buch *n relig. hist.* book of hours. **~ˌdurchˌschnitt** *m* average per hour. **~geˌbet** *n meist pl relig.* horary prayer, hours *pl.* **~geˌschwin·dig·keit** *f* speed per hour. **~ˌglas** *n* hourglass. **~hoˌtel** *n* (shady) hotel where rooms are rented by the hour. **~ki·lo·ˌme·ter** *m* kilomet/re (*Am.* -er) per hour. **≈ˌlang I** *adj* lasting (several) hours, of several hours, *contp.* endless (*speech, etc*). **II** *adv* for hours (and hours), for hours on end. **~ˌlei·stung** *f* hourly output. **~ˌlohn** *m* hourly wage(s *pl*); **er arbeitet im ~** he is paid by the hour. **~ˌplan** *m* timetable, *bes. Am.* schedule. **~ˌsatz** *m econ.* hourly rate, rate per hour. **~ˌschlag** *m* striking of the hour; **mit dem ~** on the stroke (of the clock), on the hour. **~verˌdienst** *m* → **Stundenlohn.** **≈ˌwei·se** *adj u. adv* (*pro Stunde*) by the hour, *Arbeit etc*: *a.* part-time, (*jeweils e-e Stunde*) an hour at a time. **≈ˌweit** *adv* **~ entfernt** (several) hours away. **~ˌwin·kel** *m astr.* hour angle. **~ˌzei·ger** *m* hour hand. **~ˌzet·tel** *m econ.* time card (*bes. Am.* ticket).

Stünd·lein [ˈʃtʏntlaɪn] *n* ⟨-s; -⟩ *fig.* **sein letztes ~ hat geschlagen** his (last) hour has come, *weitS.* he is finished, he's had it.

stünd·lich [ˈʃtʏntlɪç] **I** *adj* **1.** hourly. **II** *adv* **2.** every hour, hourly; **dreimal ~** three times an hour; **der Bus verkehrt ~** the bus runs (once) every hour (*od.* hourly). **3.** (*jeden Moment*) any time, any minute.

ˈStun·dung *f* ⟨-; -en⟩ *econ.* deferment of

payment, extension of time, respite. **~s-ˌfrist** *f* time (*od.* grace) allowed for payment. **~s·geˌsuch** *n* request for deferment of payments.

Stunk [ʃtʊŋk] *m* ⟨-s; *no pl*⟩ *colloq.* stink, row, ructions *pl*, (*Ärger*) trouble; **~ machen** raise hell (*od.* a stink), make the fur fly; **das gibt ~!** there will be trouble (*od.* a stink)!, that will make the fur fly!

stu·pend [ʃtuˈpɛnt; stu-] *adj* ⟨-er; -est⟩ stupendous, astounding.

stu·pid [ʃtuˈpiːt; stu-], **stuˈpi·de** [-də] *adj* **1.** *Person*: stupid, dense, thick. **2.** → **stumpfsinnig** 2. **Stu·pi·diˈtät** [-pidiˈtɛːt] *f* ⟨-; *no pl*⟩ **1.** stupidity, denseness, obtuseness, thickness. **2.** → **Stumpfsinn.**

Stu·por [ˈstuːpɔr; ˈʃtuː-] *m* ⟨-s; *no pl*⟩ *psych.* stupor.

Stups [ʃtʊps] *m* ⟨-es; -e⟩, **ˈstup·sen** *v/t* ⟨h⟩ *colloq.* prod, *mit dem Ellbogen*: nudge.

ˈStups|ˌnäs·chen *n*, **~ˌna·se** *f colloq.* snub nose, turned-up nose. **≈ˌna·sig** [-ˌnaːzɪç] *adj colloq.* snub-nosed, snubby.

stur [ʃtuːr] *colloq.* **I** *adj* ⟨-er; -st⟩ **1.** *Blick*: staring, fixed. **2.** (*starrsinnig*) stubborn, obstinate, hidebound, *stärker*: mulish, pigheaded, *sl.* cussed, (*verbissen*) dogged; **~ wie ein Panzer** (as) stubborn as a mule, bullheaded. **3.** → **stumpfsinnig** 2. **II** *adv* **4. e-n Befehl ~ ausführen** carry out an order unthinkingly; **~ bei e-r Meinung bleiben** persist obstinately in an opinion; **~ und steif behaupten, daß** swear black and blue that. **ˈSturheit** *f* ⟨-; *no pl*⟩ *colloq.* **1.** stubbornness, obstinacy (*etc*; *cf.* **stur** 2). **2.** → **Stumpfsinn** 2.

Sturm [ʃtʊrm] *m* ⟨-(e)s; ⸚e⟩ **1.** storm, *lit.* tempest (*beide a. fig.*), (*~wind*) squall, *stärker*: gale, (*Orkan*) hurricane; **vom ~ gepeitscht** → **sturmgepeitscht**; *a. fig.* **ein ~ brach los** a storm broke; *a. fig.* **der ~ legte sich** the storm subsided; *fig.* **ein ~ der Entrüstung** a storm (*od.* an outcry) of indignation; **ein ~ des Beifalls (Protests)** a storm of applause (protest); **ein innerer ~** an inner turmoil (*od.* upheaval); **den Stürmen des Lebens trotzen** weather the storms of life; **wer Wind sät, wird ~ ernten** (*Sprichwort*) he that sows the wind will reap the whirlwind; **das Barometer steht auf ~** the barometer points to storm, *fig.* there is a storm brewing; → **Stille**[1] 1, **Sturm und Drang, Wasserglas** 1. **2.** ⟨*only sg*⟩ *mil.* (*Angriff*) storm, assault, charge, onset; **zum ~ blasen** sound the attack; *a. fig.* **im ~ nehmen** take *s.o., s.th.* by storm (→ *a.* **erobern** 1); *hist.* **der ~ auf die Bastille** the storming of the Bastille (*1789*); *fig.* **ein ~ auf die Geschäfte** a rush for (*od.* on) the shops; **ein ~ auf die Banken** a run on the banks; **es gab e-n ~ auf die Sitzplätze** there was a wild rush for the seats; **~ laufen gegen** be up in arms against. **3.** ⟨*only sg*⟩ *Fußball etc*: forward line, *Rugby*: pack.

ˈSturm|ˌabˌtei·lung *f in NS-Zeit*: Storm Troopers *pl*. **~ˌanˌgriff** *m* assault, charge. **~ˌband** *n* ⟨-(e)s; -bänder⟩ *am Helm etc*: chin strap. **~ba·tailˌlon** *n* assault battalion. **≈beˌreit** *adj* ready to attack. **~be·se·ge·lung** *f mar.* storm canvas (*od.* sails *pl*). **≈beˌwegt** *adj* → **sturmgepeitscht**. **~ˌbö** *f* squall. **~ˌbock** *m mil. hist.* battering-ram. **~ˌboot** *n* assault boat. **~ˌdeck** *n mar.* hurricane deck.

stür·men [ˈʃtʏrmən] **I** *v/impers* ⟨h⟩ **1. es stürmt** there is a storm blowing, it is stormy weather. **II** *v/i* ⟨h *u.* sein⟩ **2.** ⟨h⟩ *Wind*: storm, rage, bluster. **3.** ⟨h⟩ *mil.* storm, (make an) assault, charge. **4.** ⟨h⟩ *Sport*: attack. **5.** ⟨sein⟩ *fig.* (*rasen*) rush, dash, dart, *wütend*: storm, tear; **nach oben ~** rush (*od.* dash) upstairs; **zum Ausgang ~** make a rush for the exit. **III** *v/t* ⟨h⟩ **6.** *mil.* take *s.th.* by storm (*od.* assault), storm. **7.** *fig.* make a rush at, rush (*a shop, etc*); **e-e Bank ~** make a run on a bank.

ˈStür·mer *m* ⟨-s; -⟩ **1.** *Sport*: forward. **2.** *fig.* hothead, hotspur. **~ˌrei·he** *f* → **Sturm** 3. **~ ˌund ˈDrän·ger** *m* ⟨-s - -s; ---⟩ *meist pl Literatur*: poet (*od.* writer) of the Storm and Stress period.

ˈSturm|ˌfah·ne *f* **1.** *in Seebädern*: warning flag. **2.** *hist.* standard. **~ˌfeld** *n meteor.* storm area. **≈ˌfest** *adj* stormproof. **~ˌflut** *f* storm tide (*od.* flood). **≈ˌfrei** *adj* **1.** *mil. Stellung etc*: unassailable. **2.** *colloq.* **e-e ~e Bude** freely accessible digs *pl* (*od.* pad). **~geˌpäck** *n mil.* combat (*od.* light) pack. **≈geˌpeitscht** *adj Meer, Küste etc*: storm-lashed, storm-swept, *Baum etc*: storm-tossed. **~geˌschütz** *n* (self-propelled) assault gun. **~geˌwehr** *n* automatic rifle. **~ˌglocke** (*getr.* -k·k-) *f* alarm (*od.* storm) bell, tocsin. **~ˌhau·be** *f mil. hist.* helmet, morion.

stür·misch [ˈʃtʏrmɪʃ] **I** *adj* **1.** *allg.* stormy, *Wetter, Wind*: *a.* squally, *Tag, Wind*: *a.* blustering, blustery, *Meer, Überfahrt*: *a.* rough. **2.** *fig. allg.* stormy, vehement (*debate, protest, etc*), *Leben, Zeit, Jugend*: stormy, turbulent, *Jubel, Beifall etc*: tumultuous, uproarious, frenzied, wild, *Entwicklung, Fortschritt*: rapid, giddy-paced; **~e Heiterkeit** gales of laughter; **~er Liebhaber** impetuous (*od.* passionate, ardent) lover; *econ.* **~e Nachfrage (nach)** (wild) rush (for); **~er Empfang, ~es Willkommen** tumultuous welcome; *humor.* **nicht so ~!** steady on!, hold your horses! **II** *adv* **3.** *fig.* vehemently (*etc*); **er wurde ~ empfangen** he was given a tumultuous welcome; **et. ~ verlangen** clamo(u)r for s.th.

ˈSturm|ˌlauf *m* → **Sturm** 2. **~ˌlei·ter** *f mil. hist.* scaling ladder. **~ˌmö·we** *f orn.* sea-mew, seagull. **≈ˌreif** *adj* ripe for attack; *mil.* (*Stellung*) **~ schießen** soften up. **~ˌrei·he** *f* → **Sturm** 3. **~ˌrie·men** *m am Helm etc*: chin strap. **~ˌscha·den** *m* damage caused by storm, storm (*od.* tempest) damage. **~ˌschritt** *m* **im ~** at the double, at a run. **~ˌse·gel** *n mar.* storm sail. **~siˌgnal** *n* storm signal. **~ˌspit·ze** *f Fußball*: spearhead, striker. **~ˌtief** *n meteor.* (severe) storm, cyclone. **~ˌtrupp** *m mil.* assault party.

ˈSturm ˌund ˈDrang *m* ⟨---([e]s); *no pl*⟩ *Literatur*: Storm and Stress, Sturm und Drang. **ˈSturm-ˌund-ˈDrang-Pe·riˈode** *f* Storm and Stress period.

ˈSturm|ˌvo·gel *m* stormy petrel, storm-bird. **~ˌwar·nung** *f mar.* gale (and storm) warning. **~ˌwel·le** *f mil.* assault wave. **~ˌwet·ter** *n* stormy weather. **~ˌwind** *m* stormy wind, storm, gale, *bes. fig.* whirlwind. **~ˌzei·chen** *n a. fig.* storm signal. **~ˌzen·trum** *n meteor.* storm cent/re (*Am.* -er). **~ˌzo·ne** *f* storm belt (*od.* area).

Sturz [ʃtʊrts] *m* ⟨-es; ⸚e, *arch. u. tech.* -e⟩ **1.** fall, *ins Wasser, in die Tiefe*: *a.* plunge; **ein schwerer ~** a bad fall; **ein tiefer ~** a fall from a great height; *colloq.* **e-n ~ bauen** come a cropper. **2.** *fig.* (*Untergang*) downfall, ruin, *e-r Regierung etc*: (down)fall, overthrow. **3.** *fig. der Temperatur etc*: sharp drop (*od.* fall), *der Preise, Kurse*: *a.* slump, *der Börse*: *a.* crash; → **Wettersturz**. **4.** *mot.* (*Rad≈*) camber. **5.** *arch.* (*Tür≈, Fenster≈*) lintel. **6.** *bes. Austrian* (glass-)cover. **~ˌacker** (*getr.* -k·k-) *m* new-ploughed (*bes. Am.* -plowed) field. **~ˌanˌgriff** *m aer. mil.* dive-bomb(ing) attack. **~ˌbach** *m* torrent (*a. fig. of words*). **~ˌbom·ber** *m* dive-bomber.

stür·zen [ˈʃtʏrtsən] **I** *v/i* ⟨sein⟩ **1.** (have a) fall, topple, *aus großer Höhe*: fall, plunge (*od.* hurtle) (down); **schwer ~** have a bad fall, *colloq.* come a nasty cropper; **krachend ~** crash; **von e-m Gerüst ~** fall from (*od.* off) a scaffold; **mit dem Fahrrad ~** have a fall with one's bicycle. **2.** (*rennen*) rush, dash; **er kam ins Zimmer gestürzt** he came rushing (*od.* he burst) into the room; **in j-s Arme ~** rush (*od.* fling o.s.) into s.o.'s arms. **3.** *Tränen aus den Augen etc*: stream, gush; **Blut stürzte aus der Wunde** blood streamed (*od.* gushed) from the wound. **4.** *lit.* (*steil abfallen*) drop (*od.* fall) abruptly (*od.* precipitously). **5.** *fig. Kurse, Preise etc*: fall (*od.* drop) sharply, plunge. **II** *v/reflex* ⟨h⟩ **6. sich ~ in** (*acc*) **(aus, von)** throw (*od.* fling, hurl) o.s. into (out of, from); **sich aus dem Fenster ~** throw o.s. out of the window; **sich in j-s Arme ~** fling o.s. into s.o.'s arms; **sich ins Wasser ~** a) plunge into the water, b) drown o.s.; *lit.* **sich in sein Schwert ~** throw o.s. on one's sword; **sich zu Tode ~** fall (*absichtlich*: jump) to one's death. **7. sich ~ auf** (*acc*) pounce on, (*j-n*) *a.* rush at, *fig.* (*e-e Tätigkeit etc*) plunge into; **sich auf s-e Beute ~** *Raubtier*: pounce (*Raubvogel*: *a.* swoop down) on its prey; **sich in die Arbeit ~** *a.* throw o.s. into one's (*od.* the) work; **sich (blindlings) ins Unglück (Verderben** *etc*) **~** rush (headlong) into disaster (ruin, *etc*); **sich ins Vergnügen ~** fling o.s. into a whirl of pleasure; **sich in Schulden ~** plunge into debt; → **Unkosten**. **III** *v/t* ⟨h⟩ **8.** (*stoßen*) throw, hurl, fling (*s.o. od. s.th. into an abyss, out of the window, etc*); *fig.* **das Land in e-n Krieg ~** plunge the country into a war; → **Elend** 2, **Unglück** 2, **Verderben** 6. **9.** (*Kisten etc*) overturn, turn *s.th.* upside down; **„Nicht ~!"** (*Aufschrift*) "This side up!" **10.** (*Pudding etc*) turn *s.th.* out of the mo(u)ld. **11.** *fig.* (*Regierung, Minister etc*) bring down, overthrow, bring about the downfall of, topple. **12. et. ~ über** (*acc*) (*stülpen*) put s.th. over, cover *s.th.* with s.th. **13.** *fig.* **die Kasse ~** check the cash.

ˈSturz|ˌflug *m* nose dive, *mit Vollgas*: power dive; **e-n ~ machen** (nose-)dive. **~ˌflugˌbrem·se** *f* dive brake. **~ˌflug·geˌschwin·dig·keit** *f* diving speed. **~geˌburt** *f* precipitate labo(u)r (*od.* delivery). **~ˌhelm** *m* crash-helmet. **~ˌkampfˌbom·ber** *m*, **~ˌkampf-ˌflugˌzeug** *n* dive-bomber. **~ˌkap·pe** *f beim Radrennen*: helmet. **~ˌsee** *f mar.* heavy (*od.* breaking) sea, surge, *große*: roller; **e-e ~ übernehmen** ship a heavy sea.

Stuß [ʃtʊs] *m* ⟨-sses; *no pl*⟩ → **Quatsch**.

ˈStutˌbuch *n agr.* studbook.

Stu·te [ˈʃtuːtə] *f* ⟨-; -n⟩ mare; **trächtige ~** mare in foal.

Stu·ten [ˈʃtuːtən] *m* ⟨-s; -⟩ *dial.* (sweet) milk bread (*od.* roll).

ˈStu·ten|ˌfoh·len, ~ˌfül·len *n* filly. **~ˌmilch** *f* mare's milk.

Stu·teˈrei *f* ⟨-; -en⟩ stud.

Stütz [ʃtʏts] *m* ⟨-es; -e⟩ *gym.* rest, support. **~ˌbal·ken** *m arch.* supporting beam, brace, shore.

ˈStutzˌbart *m* trimmed (*od.* square) beard.

Stüt·ze [ˈʃtʏtsə] *f* ⟨-; -n⟩ **1.** *allg.* support, *tech. a.* pillar, stanchion, (*a. Baum≈ etc*) prop, (*Arm≈, Fuß≈, Kopf≈*) (arm-, foot-, head-)rest. **2.** *fig.* (für to) help, aid, stay, (*Person*) mainstay; *obs.* ~ (**der Hausfrau**) (domestic) help; **moralische** (*od.* **innere**) ~ moral stay; **die ~n der Gesellschaft** the pillars of society; **e-e ~ für das Gedächtnis** a memory aid, s.th. to jog one's memory; **du warst mir k-e ~** you were no help to me.

stut·zen[1] [ˈʃtʊtsən] *v/t* ‹h› **1.** (*Bart, Haare, Hecke*) trim, (*a. Flügel*) clip, (*Baum, Strauch*) prune, cut back, (*Schwanz*) dock, (*Ohren*) crop; → *a.* **Flügel** 1. **2.** *fig.* (*Text, Rede etc*) cut (down), curtail; → *a.* **zurechtstutzen.**

ˈ**stut·zen**[2] *v/i* ‹h› (**bei** at) (*innehalten*) stop short, (*zögern*) hesitate, *verwirrt*: be puzzled, (begin to) wonder, *argwöhnisch*: become suspicious; ~ **bei** *a.* be taken aback by.

ˈ**Stut·zen** *m* ‹-s; -› **1.** short rifle, carbine. **2.** *bes. Bavarian* (*Wadenstrumpf*) footless stocking, (*Kniestrumpf*) knee sock, wool(l)en gaiter. **3.** (football) sock. **4.** *tech.* (*Rohr*≈) connecting piece, (*Muffe*) muff. **5.** *mot.* filler neck.

stüt·zen [ˈʃtʏtsən] **I** *v/t* ‹h› **1.** (*Person*) support, (*Ast, Baum, Mauer etc*) *a.* prop (up), stay, (*Kopf etc*) rest, prop, lean; **die Ellbogen auf den Tisch ~** lean (*od.* rest) one's elbows on the table. **2.** *fig.* a) (*untermauern*) (**durch** by) support, back (up), b) (*aufbauen, gründen*) (**auf** *dat* on) base, found; *cf.* 4b. **3.** (*Preise, Kurse etc*) support, (*Währung, Unternehmen etc*) back. **II** *v/reflex* **4. sich ~ auf** (*acc*) a) lean on, b) *fig. Argument, Theorie, Verteidigung etc*: be based (*od.* founded, grounded) on. **III** ≈ *n* ‹-s› **5.** supporting (*etc*).

ˈ**Stut·zer** *m* ‹-s; -› dandy, fop, *Am. a.* dude. ≈**haft** *adj* foppish. ~**tum** *n* ‹-s; *no pl*› foppishness, dandyism.

ˈ**Stutz**ˌ**flü·gel** *m* baby grand (piano).

ˈ**Stütz·ge**ˌ**we·be** *n anat.* supporting tissue.

ˈ**stut·zig** *adj* ~ **werden** → **stutzen**[2]; **das machte mich ~** that puzzled me, that made me wonder, (*argwöhnisch*) that made me suspicious.

ˈ**Stütz|kor**ˌ**sett** *n med.* support corset. ~ˌ**mau·er** *f* retaining wall. ~ˌ**pfei·ler** *m* supporting column, buttress, abutment. ~ˌ**pfo·sten** *m* supporting post. ~ˌ**punkt** *m* **1.** point of support, *des Hebels*: fulcrum. **2.** *mil.* base, (*Gefechts*≈) strongpoint. **3.** *fig.* base, foothold. ~ˌ**rad** *n* supporting wheel.

ˈ**Stutz**ˌ**schwanz** *m* bobtail.

ˈ**Stütz**ˌ**sprung** *m gym.* vault with support.

ˈ**Stutz**ˌ**uhr** *f* mantelpiece (*od.* shelf) clock.

ˈ**Stüt·zung** *f* ‹-; *no pl*› **1.** → **stützen** 5. **2.** *bes. econ.* support.

ˈ**Stüt·zungs|ak·ti**ˌ**on** *f econ.* support (-ing action); ~ **der Banken** banking support. ~ˌ**käu·fe** *pl Börse*: support (-ing) purchases, backing *sg* of prices by purchases. ~**kre**ˌ**dit** *m* supporting (*od.* standby) credit. ~ˌ**maß**ˌ**nah·me** *f* support(ing) action. ~ˌ**preis** *m* supported price.

ˈ**Stütz|ver**ˌ**band** *m med.* fixed dressing. ~ˌ**waa·ge** *f gym.* support lever. ~ˌ**wort** *n ling.* prop word.

sty·gisch [ˈstyːgɪʃ; ˈʃtyː-] *adj myth. u. fig.* Stygian.

Sty·ro·por [ʃtyroˈpoːr] *n* ‹-s; *no pl*› (*TM*) styrofoam, polystyrene.

Sua·da [ˈzŭaːda] *f* ‹-; Suaden›, **Sua·de** [ˈzŭaːdə] *f* ‹-; -n› torrent of words.

Sua·he·li[1] [zŭaˈheːli] *m* ‹-(s); -(s)› Swahili.

Suaˈhe·li[2] *n* ‹-(s); *no pl*› *ling.* Swahili.

sub|al·pin [zʊpˀalˈpiːn], ~**alˈpi·nisch** *adj geogr.* subalpine. ~**alˈtern** [-ˀalˈtɛrn] *adj* subaltern, subordinate, *contp.* servile, obsequious. ≈**alˈter·ne** *m, f* ‹-n; -n› subaltern, subordinate, *contp.* underling. ≈**do·miˈnan·te** [-domiˈnantə] *f mus.* subdominant. ~**fosˈsil** [-fɔˈsiːl] *adj biol.* subfossil. ~**gla·ziˈal** [-glaˈtsĭaːl] *adj geol.* subglacial.

Sub·jekt [zʊpˈjɛkt] *n* ‹-(e)s; -e› **1.** *ling.* subject. **2.** *philos.* subject, self. **3.** *contp.* creature, character, *colloq.* customer; **ein verdächtiges ~** a suspicious character; **ein übles ~** a nasty piece of work, a blackguard, a bad egg.

sub·jek·tiv [zʊpjɛkˈtiːf] **I** *adj* subjective; → **Tatbestand** 2. **II** *adv* **er urteilt immer viel zu ~** he is always much too subjective in his judg(e)ment.

Sub·jek·ti|vis·mus [zʊpjɛktiˈvɪsmʊs] *m* ‹-; *no pl*› *philos.* subjectivism. ≈**ˈvi·stisch** [-ˈvɪstɪʃ] *adj* subjectivistic. ~**viˈtät** [-viˈtɛːt] *f* ‹-; *no pl*› subjectivity.

Subˈjektˌ**satz** *m ling.* nominative clause.

ˈ**Sub·kon·ti**ˌ**nent** *m geogr.* subcontinent.

ˈ**Sub·kul**ˌ**tur** *f* ‹-; -en› *sociol.* subculture. ˈ**sub·kul·tu**ˌ**rell** *adj* subcultural.

sub·ku·tan [zʊpkuˈtaːn] *adj med.* subcutaneous.

sub·lim [zuˈbliːm] *adj lit.* sublime.

Sub·li·mat [zubliˈmaːt] *n* ‹-(e)s; -e› *chem.* sublimate.

Sub·li|ma·ti·on [zublimaˈtsĭoːn] *f* ‹-; -en› *chem. meteor.* sublimation. ≈**ˈmie·ren** [-ˈmiːrən] *v/t* ‹*no* **ge-, h**› *chem. psych.* sublimate. ~**ˈmie·rung** *f* ‹-; -en› sublimation.

sub·ma·rin [zʊpmaˈriːn] *adj* submarine.

Sub·mis·si·on [zʊpmɪˈsĭoːn] *f* ‹-; -en› *econ.* **1.** call for tenders, invitation to bid. **2.** contract by tender. ~**s**ˌ**an·ge**ˌ**bot** *n* tender, bid. ~**s**ˌ**preis** *m* contract price.

Sub·mit·tent [zʊpmɪˈtɛnt] *m* ‹-en; -en› *econ.* tenderer, bidder.

Sub·or·di|na·ti·on [zʊpˀɔrdinaˈtsĭoːn] *f* ‹-; -en› *bes. ling.* subordination. ≈**ˈnie·ren** [-ˈniːrən] *v/t* ‹*no* **ge-, h**› subordinate.

Sub·oxid [zʊpˀɔˈksiːt], **Sub·oxyd** [-ɔˈksyːt] *n chem.* suboxide.

sub·po·lar [zʊpoˈlaːr] *adj geol. meteor.* subpolar.

Sub·si·di·en [zʊpˈziːdĭən] *pl* subsidies; **durch ~ unterstützen** subsidize.

Sub·skri|bent [zʊpskriˈbɛnt] *m* ‹-en; -en› *econ.* subscriber (*gen* to, *Am. a.* for). ≈**ˈbie·ren** [-ˈbiːrən] *v/t* ‹*no* **ge-, h**› subscribe to (*Am. a.* for).

Sub·skrip·ti·on [zʊpskrɪpˈtsĭoːn] *f* ‹-; -en› subscription. ~**s**ˌ**an**ˌ**zei·ge** *f* prospectus (of a new publication). ~**s**ˌ**li·ste** *f* list of subscribers, subscription list. ~**s**ˌ**preis** *m* subscription price.

Sub·spe·zi·es [zʊpˈspeːtsĭɛs] *f* ‹-; -› *biol.* subspecies.

sub·stan·ti·ell [zʊpstanˈtsĭɛl] *adj allg.* substantial, *philos. a.* material, *fig.* (*bedeutsam*) *a.* fundamental.

Sub·stan·tiv [ˈzʊpstantiːf; -ˈtiːf] *n* ‹-s; -e› *ling.* noun, substantive.

sub·stan·ti·vie|ren [zʊpstantiˈviːrən] *v/t* ‹*no* **ge-, h**› *ling.* (*Verben etc*) substantivize, use (*verbs, etc*) as a noun. ≈**rung** *f* ‹-; -en› substantivization.

sub·stan|ti·visch [zʊpstanˈtiːvɪʃ; ˈzʊp-] *ling.* **I** *adj* substantival, nominal. **II** *adv* ~ **gebraucht werden** be used substantivally (*od.* as a noun). ≈**ˈti·vum** [-ˈtiːvʊm] *n* ‹-s; -tiva [-va]› → **Substantiv.**

Sub·stanz [zʊpˈstants] *f* ‹-; -en› **1.** ‹*only sg*› *allg., a. philos. u. fig.* substance; **die moralische ~ e-s Menschen** the moral substance (*od.* fibre, *Am.* fiber) of a person; **dem Buch fehlt es an ~** the book lacks substance. **2.** *bes. biol. chem. phys.* substance; **e-e klebrige ~** a sticky substance. **3.** (*Widerstandskraft*) (power of) resistance, bodily strength, stamina; **das zehrt an der** (*od.* **geht an die**) ~ that's a real drain on one's (vital) strength (*weitS.* on one's capital *od.* resources). **4.** *econ.* (actual) capital, real assets *pl, bes. jur.* (*Ggs. Zinsen, Einkünfte*) principal; **die ~ angreifen** draw on one's resources; **von der ~ leben** (*od.* **zehren**) live on one's capital. ~ˌ**for·mel** *f chem.* empirical formula. ≈**los** *adj* insubstantial. ~**ver**ˌ**lust** *m* **1.** *a. fig.* loss of substance. **2.** *econ.* loss of (actual) capital (*od.* real assets). ~ˌ**wert** *m* real (*od.* tangible) value.

Sub·sti·tu|ent [zʊpstiˈtŭɛnt] *m* ‹-en; -en› *chem. phys.* substituent. ≈**ˈie·ren** [-tuˈiːrən] *v/t* ‹*no* **ge-, h**› **1.** substitute (**A durch B** B for A). **2.** *Computer*: extract. ~**ˈie·rung** *f* ‹-; -en› → **Substitution.**

Sub·sti·tut [zʊpstiˈtuːt] *m* ‹-en; -en› **1.** a) assistant (*od.* deputy) manager, b) (*Verkaufsleiter*) (departmental) sales manager. **2.** (*Ersatzmittel*) substitute.

Sub·sti·tu·ti·on [zʊpstituˈtsĭoːn] *f* ‹-; -en› *allg., a. Computer*: substitution. ~**s·the·ra**ˌ**pie** *f med.* replacement therapy.

Sub·strat [zʊpˈstraːt] *n* ‹-(e)s; -e› *allg.* substratum, substrate.

sub·su·mie·ren [zʊpzuˈmiːrən] *v/t* ‹*no* **ge-, h**› *bes. philos.* subsume. **Sub·sum·tiˈon** [-zʊmˈtsĭoːn] *f* ‹-; -en› subsumption.

Sub·tan·gen·te [zʊptaŋˈgɛntə] *f math.* subtangent.

sub·til [zʊpˈtiːl] *adj lit.* subtle, *adv* subtly; ~**e Art** → **Sub·ti·liˈtät** [-tiliˈtɛːt] *f* ‹-; -en› subtlety.

Sub·tra|hend [zʊptraˈhɛnt] *m* ‹-en; -en› *math.* subtrahend. ≈**ˈhie·ren** [-ˈhiːrən] *v/t u. v/i* ‹*no* **ge-, h**› subtract; **3 von 8 ~** subtract (*od.* deduct, take away) 3 from 8.

Sub·trak·ti·on [zʊptrakˈtsĭoːn] *f* ‹-; -en› *math.* subtraction. ~**s**ˌ**auf**ˌ**ga·be** *f* subtraction problem. ~**s**ˌ**zei·chen** *n* subtraction sign (*od.* mark).

ˈ**Sub**ˌ**tro·pen** *pl geogr.* subtropical regions, subtropics. ˈ**sub**ˌ**tro·pisch** *adj* subtropical.

Sub·ven·ti·on [zʊpvɛnˈtsĭoːn] *f* ‹-; -en› *meist pl* subsidy, *a.* subvention.

sub·ven·tio·nie|ren [zʊpvɛntsĭoˈniːrən] *v/t* ‹*no* **ge-, h**› subsidize. ≈**rung** *f* ‹-; -en› **1.** subsidization. **2.** subsidies *pl.*

Sub·ven·tiˈons·po·liˌtik *f* policy of granting subsidies, support policy.

Sub·ver·si·on [zʊpvɛrˈzĭoːn] *f* ‹-; -en› *pol.* subversion. **sub·verˈsiv** [-ˈziːf] *adj bes. pol. Elemente, Tätigkeit etc*: subversive.

ˈ**Such|ak·ti**ˌ**on** *f* search (operation), *nach Kriminellen*: *a.* dragnet operation, *nach Kriegsvermißten etc*: tracing operation; ~ **nach** search for. ~ˌ**an**ˌ**zei·ge** *f* advertisement for a missing person (*od.* a lost animal). ~ˌ**bild** *n* **1.** picture puzzle. **2.** *Verhaltensforschung*: searching image. ~**bü**ˌ**ro** *n* → **Suchstelle.** ~ˌ**dienst** *m des Roten Kreuzes etc*: missing persons tracing service.

Su·che[1] [ˈzuːxə] *f* ‹-; *no pl*› (**nach**) search (for), *stärker*: hunt (for), *lit.* quest (of); *fig.* **die ~ nach Glück** (**Lust, Wahrheit**) the seeking after happiness (pleasure, truth); **auf der ~ nach** looking for, in search (*lit.* quest) of; **sich auf die ~ machen** (**nach**) go and search (*od.* hunt) (for), start looking (around) (for); **auf der ~ nach j-m** (**et.**) **sein** be looking for (*od.* trying to find) s.o. (s.th.), (*e-m Mitarbeiter, Kaufobjekt etc*) *a.* be on the lookout (*colloq.* be in the market) for s.o. (s.th.).

ˈSu·che[2] *f* ⟨-; -n⟩ *hunt.* tracking.

su·chen [ˈzuːxən] **I** *v/t* ⟨h⟩ **1.** *allg.* look for, *intensiver*: search (*od.* hunt) for, (*vermißte Gegenstände od. Person*) *a.* try to find, (*Flüchtling*) *a.* try to track *s.o.* down, trace, *kramend, wühlend*: rummage for, *tastend*: grope for (*a. fig.*), (*Mitarbeiter, ein Kaufobjekt etc*) be looking (*od.* on the lookout, *colloq.* in the market) for; **was (wen) suchst du?** what (whom, *colloq.* who) are you looking for?; **er wird polizeilich gesucht** he is wanted by the police; **tüchtige Sekretärin gesucht** wanted: an efficient secretary, efficient secretary wanted; *fig.* **er sucht hinter allem et.** he is always looking for (*od.* he always tries to find) hidden meanings in everything; **er sollte sich e-e Frau ~** he ought to look for a wife (for himself); *humor.* **die beiden haben sich gesucht und gefunden** those two have really found each other; *colloq.* **was suchst du hier?, was hast du hier zu ~?** what are you (*od.* what do you think you are) doing here?; **du hast hier nichts zu ~!** you've no business (to be) here!; **das hat hier nichts zu ~!** that is out of place here, what is that doing here?; **wir haben dort nichts mehr zu ~** there's no point in our going there; **das hätte ich nicht hinter ihm gesucht** I wouldn't have thought him (to be) capable of that; → **Heil** 1, **Laterne** 1, **Mine**[1] 1, **Stecknadel**. **2.** (*Erholung, Gefahr, Glück, Rat, Trost, Wahrheit etc*) seek, look for, (*trachten nach*) *a.* be out for; **~ et. zu tun** try (*od.* seek, endeavo[u]r, strive) to do s.th.; → **Abenteuer, Anschluß** 4, **Schutz** 1, **Streit** 1, **Vorteil, weit** 12. **3.** (*Wild*) track, scent (out), hunt (up). **II** *v/i* **4.** look, *intensiver*: search; **~ nach** *cf.* 1; **nach Erdöl** *etc* **~** *a.* prospect for oil, *etc*; **nach Worten** (*etc*) **~** grope (*vergeblich*: be at a loss) for words; **nach e-m Vorwand ~** try to find a pretext; *Bibl., a. humor.* **suchet, so werdet ihr finden** seek and ye shall find; **Such, such!** (*Befehl an den Hund*) seek!, find! **ˈsuchend** *adj* searching(ly *adv*). **ˈSu·chen·de** *m, f* ⟨-n; -n⟩ → **Sucher** 1, 2.

ˈSu·cher *m* ⟨-s; -⟩ **1.** searcher. **2.** *Gottes etc*: seeker; **ein ~ nach Wahrheit** a seeker after truth. **3.** → **Suchscheinwerfer**. **4.** *phot.* viewfinder. **5.** *teleph.* line selector. **6.** *med.* (*Sonde*) probe. **7.** → **Suchgerät** 1. **8.** *am Teleskop*: finder. **~ˌbild** *n phot.* viewing image.

Su·cheˈrei *f* ⟨-; *no pl*⟩ *colloq.* (endless) searching (*od.* hunting) about, *kramend*: rummaging about.

ˈSuch|geˌrät *n* **1.** *allg.* detector, locator; → **Minensuchgerät**. **2.** *electr.* search device (*od.* equipment), *Radar*: search radar. **3.** *mot.* spot lamp. **~karˌtei** *f* tracing file, *der Polizei*: *a.* wanted persons file. **~ˌkind** *n* missing child. **~ˌlicht** *n* ⟨-(e)s; -er⟩ searchlight. **~ˌliste** *f* list of missing persons, *der Polizei*: wanted persons list. **~ˌmann·schaft** *f* search party. **~ˌmel·dung** *f* special (*od.* missing person, wanted person) announcement. **~ˌschein·wer·fer** *m bes. mil.* searchlight, *bes. mot.* spotlight. **~ˌstel·le** *f* missing persons bureau.

Sucht [zʊxt] *f* ⟨-; ⸚e⟩ **1.** (**nach**) (*krankhafte Begierde*) craving (for), morbid desire (for), (*a. med. Alkohol*♀, *Rauschgift*♀) addiction (to), (*Besessenheit*) mania (for), obsession (with); **das ist bei ihm zur ~ geworden** he has become addicted to (*sl.* hooked on) it, *fig. a.* it has become a mania (*od.* an obsession) with him. **2.** *obs. med.* (*fallende ~* falling) sickness. **♀erˌre·gend, ♀erˌzeu·gend** *adj med.* addictive, habit-forming. **~geˌfahr** *f med.* danger of habit formation, danger of being habit-forming.

süch·tig [ˈzʏçtɪç] *adj* (**nach**) **1.** *med.* (*rauschgift~ etc*) addicted (to); **heroin~** addicted to heroin, being a heroin-addict, *sl.* (being) hooked on heroin; **~ machen** be addictive, be habit-forming. **2.** *fig.* (*gierend nach*) craving (for), greedy (*od.* avid) (for), (*besessen von*) having a mania (for), (being) obsessed (with), (being) addicted (to), *sl.* (being) hooked (on), (*zwanghaft*) obsessive. **ˈSüch·ti·ge** *m, f* ⟨-n; -n⟩ *med.* addict. **ˈSüch·tig·keit** *f* ⟨-; *no pl*⟩ addiction.

ˈSuchtˌmit·tel *n med.* addictive drug, drug of addiction.

ˈSuch|ˌtrupp *m* **1.** search party. **2.** *mil.* a) search detachment, b) → **Minensuchtrupp**. **~ ˌund ˈRet·tungsˌdienst** *m* search and rescue (service).

suckeln (*getr.* -k·k-) [ˈzʊkəln] *v/i* ⟨h⟩ *dial.* suck (**an** *dat* at, on).

Sud [zuːt] *m* ⟨-(e)s; -e⟩ **1.** *gastr.* stock, broth. **2.** *chem. pharm.* (*Absud*) decoction, extract. **3.** *Brauerei*: boiling (down), brewing, (*Abgekochtes*) brew.

Süd[1] [zyːt] ⟨*invariable*⟩ south; **ein Wind aus ~** a wind from the south, a southerly wind; **München ~** Munich South.

Süd[2] *m* ⟨-(e)s; *rare* -e⟩ *meteor.* south wind.

ˈSüd|afriˈka·ner *m,* **~afriˈka·ne·rin** *f,* **♀afriˈka·nisch** *adj* South African. **~ame·riˈka·ner** *m,* **~ame·riˈka·ne·rin** *f,* **♀ame·riˈka·nisch** *adj* South American.

Su·da·ner [zuˈdaːnər] *m* ⟨-s; -⟩, **Suˈda·ne·rin** *f* ⟨-; -nen⟩, **Su·daˈne·se** [-daˈneːzə] *m* ⟨-n; -n⟩, **Su·daˈne·sin** *f* ⟨-; -nen⟩ Sudanese. **su·daˈne·sisch** [-daˈneːzɪʃ] *adj* Sudan(ese).

ˈSüd|asi·at [-ʔaˈzi̯aːt] *m,* **~asia·tin** [-ʔaˈzi̯aːtɪn] *f* South Asian. **♀asia·tisch** [-ʔaˈzi̯aːtɪʃ] *adj* South Asiatic.

ˈsüdˌdeutsch I *adj,* **II** *ling.* **♀** ⟨*generally undeclined*⟩, **das ♀e** ⟨-n⟩ South(ern) German. **ˈSüdˌdeut·sche** *m, f* ⟨-n; -n⟩ South(ern) German.

Su·deˈlei *f* ⟨-; -en⟩ *colloq.* **1.** (*Kritzelei*) scrawling, scribble, *an Wänden etc*: *a.* graffiti, (*unsittliche Zeichnung*) obscene picture(s *pl*). **2.** scamped (*od.* slapdash) piece of work, *e-s Malers*: daub. **ˈsu·de·lig** *adj colloq.* **1.** messy. **2.** (*schlampig*) slovenly, slapdash. **su·deln** [ˈzuːdəln] *v/i* ⟨h⟩ *colloq.* **1.** (*manschen*) mess around, make a mess. **2.** (*kritzeln*) scribble, scrawl. **3.** work sloppily, *Maler*: daub.

Sü·den [ˈzyːdən] *m* ⟨-s; *no pl*⟩ **1.** (*Himmelsrichtung*) south; **im ~** in the south; **im ~ von** (to the) south of; **nach** (*lit.* **gen**) **~** towards the south, south(wards); **dies Schiff geht nach ~** this boat is southbound; **ein Flug in Richtung ~** a southbound flight; **das Zimmer geht** (*od.* **liegt**) **nach ~** the room faces south. **2.** (*Gegend*) South, Southern part (*od.* region).

Suˈde·tenˌdeut·sche [zuˈdeːtən-] *m, f* ⟨-n; -n⟩ Sudeten (German). **suˈde·tisch** *adj* Sudeten.

ˈSüdˌfrüch·te *pl* tropical and subtropical fruits.

ˈSud|ˌhaus *n Brauerei*: brewing room.

ˈSüd|ko·rea·ner [-koreˈaːnər] *m,* **~ko·rea·ne·rin** [-koreˈaːnərɪn] *f* ⟨-; -nen⟩, **♀ko·rea·nisch** [-koreˈaːnɪʃ] *adj* South Korean. **~ˌkü·ste** *f* south(ern) coast. **~ˌla·ge** *f* ⟨-; *no pl*⟩ southerly aspect; **~ haben** be south-facing, have a southerly aspect; **Haus in ~** south-facing house. **~ˌlän·der** *m* ⟨-s; -⟩, **~ˌlän·de·rin** *f* ⟨-; -nen⟩ Mediterranean (type). **♀ˌlän·disch** *adj* Mediterranean, Latin.

ˈSud·ler *m* ⟨-s; -⟩ *colloq.* **1.** (*Pfuscher*) botcher, messy worker, (*Maler*) dauber. **2.** scrawler, scribbler, messy writer.

süd·lich [ˈzyːtlɪç] **I** *adj* **1.** *Landesteil etc*: south(ern), *Wind, Richtung etc*: southerly; **~st** southernmost. **2.** → **südländisch**. **II** *adv* **3.** (to the) south, southwards. **III** *prep* ⟨*gen*⟩ **4. ~ Berlins** (to the) south of Berlin.

ˈSüdˌlicht *n* ⟨-(e)s; *no pl*⟩ *astr.* southern lights *pl,* aurora australis.

ˌSüdˈost[1] ⟨*invariable*⟩ southeast.

ˌSüdˈost[2] *m* ⟨-(e)s; -e⟩ → **Südostwind**.

ˌSüd|ˈosten *m* southeast. **♀ˈöst·lich I** *adj Landes-, Stadtteil etc*: southeast(ern), *Wind, Richtung*: southeasterly. **II** *adv* (to the) southeast, southeastward(s). **III** *prep* ⟨*gen*⟩ (to the) southeast of. **~ˈost·pasˌsat** *m* southeast trade wind. **♀ˈostˌwärts** *adv* southeastward(s), (to the) southeast. **~ˈostˌwind** *m* southeast (wind), southeasterly, *bes. mar. stürmischer*: southeaster.

ˈSüdˌpol *m* ⟨-s; *no pl*⟩ *geogr.* South Pole.

ˈSüd·poˌlar|ex·pe·di·tiˌon *f* Antarctic expedition. **~geˌbiet** *n* Antarctic region, (the) Antarctic. **~ˌkreis** *m* Antarctic Circle. **~ˌmeer** *n* Antarctic Ocean.

ˈSüdˌsee *f* ⟨-; *no pl*⟩ *geogr.* South Sea. **~ˌin·sel** *f* South Sea island. **~in·suˌla·ner** *m* South Sea Islander.

ˈSüdˌsei·te *f* south side.

ˈSüdˌstaa·ten, die *pl der USA*: the Southern States, the South *sg.* **ˈSüdˌstaat·ler** *m* ⟨-s; -⟩ **1.** *in den USA*: Southerner. **2.** *hist.* Confederate, Secessionist.

ˌSüdˌsüd|ˈost ⟨*invariable*⟩, **~ˈosten** *m* south-southeast. **~ˈwest** ⟨*invariable*⟩, **~ˈwe·sten** *m* south-southwest.

ˈsüdˌwärts *adv* southward(s), (to the) south.

ˈSüdˌwein *m* Mediterranean sweet wine.

ˌSüdˈwest[1] ⟨*invariable*⟩ southwest.

ˌSüdˈwest[2] *m* ⟨-(e)s; -e⟩ → **Südwestwind**.

ˌSüd|ˈwe·sten *m* ⟨-s; *no pl*⟩ southwest. **♀ˈwest·lich I** *adj Landes-, Stadtteil etc*: southwest(ern), *Wind, Richtung*: southwesterly. **II** *adv* (to the) southwest. **III** *prep* ⟨*gen*⟩ (to the) southwest of. **♀ˈwestˌwärts** *adv* southwestward(s), (to the) southwest. **~ˈwestˌwind** *m* southwest (wind), *bes. mar. stürmischer*: southwester.

ˈSüdˌwind *m* south wind.

Suff [zʊf] *m* ⟨-(e)s; *no pl*⟩ *colloq.* boozing, (the) booze; **sich dem ~ ergeben** take to boozing, hit the bottle; **er ist dem stillen ~ ergeben** he is a secret drinker; **im ~** *et. tun, sagen* while (one is) drunk (*od.* tight), in one's cups. **Süf·fel** [ˈzʏfəl] *m* ⟨-s; -⟩ *colloq.* tippler. **ˈsüf·feln** *colloq.* **I** *v/i* ⟨h⟩ tipple, booze. **II** *v/t* tipple. **süf·fig** [ˈzʏfɪç] *adj colloq.* pleasant (to drink), *Wein*: *a.* mellow, light and sweet.

Süf·fi·sance [zʏfiˈzãːs] *f* ⟨-; *no pl*⟩ smugness, (self-)complacency. **süf·fiˈsant** [-ˈzant] *adj Lächeln etc*: (self-)complacent, smug, blasé.

Suf·fix [zʊˈfɪks; ˈzʊ-] *n* ⟨-es; -e⟩ *ling.* suffix.

suf·fi·zi·ent [zʊfiˈtsɪɛnt] *adj bes. med.* sufficient. **Suf·fi·ziˈenz** [-ˈtsɪɛnts] *f* ⟨-; *no pl*⟩ sufficiency.

ˈSüff·ler *m* ⟨-s; -⟩, **Süff·ling** [ˈzʏflɪŋ] *m* ⟨-s; -e⟩ *colloq.* tippler.

Suf·fra·get·te [zʊfraˈgɛtə] *f* ⟨-; -n⟩ *hist.* suffragette.

sug·ge·rie·ren [zʊgeˈriːrən] *v/t* ⟨*no* **ge-**, h⟩ *bes. psych.* **j-m et. ~** suggest s.th. to s.o., *stärker*: persuade s.o. of s.th.; **j-m ~, daß** *a.* get s.o. to believe that.

sug·ge·sti·bel [zugɛsˈtiːbəl] adj bes. psych. suggestible. **Sug·ge·sti·bi·liˈtät** [-tibiliˈtɛːt] f <-; no pl> suggestibility.

Sug·ge·sti·on [zugɛsˈtĭoːn] f <-; -en> bes. psych. suggestion. **~sˌkraft** f <-; no pl> power of suggestion. **~s·the·raˌpie** f med. suggestion therapy.

sug·ge·stiv [zugɛsˈtiːf] adj bes. psych. suggestive. **2ˌfra·ge** f leading question.

Suh·le [ˈzuːlə] f <-; -n> der Tiere: wallow. **ˈsuh·len** v/i u. sich ~ v/reflex <h> a. fig. contp. wallow, welter.

ˈsühn·bar adj archaic od. lit. expiable, atonable.

Süh·ne [ˈzyːnə] f <-; -n> (für) atonement (of), expiation (of), weitS. punishment (for); für et. ~ leisten → sühnen II; gerechte ~ für ein Verbrechen just punishment for a crime; die Untat fand ihre gerechte ~ the crime was (justly) atoned for. **~alˌtar** m altar of expiation.

süh·nen [ˈzyːnən] I v/t <h> atone for, expiate; ein Verbrechen mit dem Leben ~ atone (od. pay) for a crime with one's life. II v/i (für) atone (for), make atonement (for), expiate (acc).

ˈSüh·ne‖op·fer n → Sühnopfer. **~terˌmin** m jur. im Scheidungsprozeß: conciliation hearing. **~verˌfah·ren** n conciliation proceedings pl. **~verˌsuch** m attempt at conciliation.

ˈSühnˌop·fer n 1. ~ (Christi) propitiation, atonement. 2. zur Versöhnung der Götter: expiation, expiatory sacrifice.

ˈSüh·nung f <-; no pl> (gen) atonement (of, for), expiation (of).

Sui·te [ˈsviːtə; zuˈiːtə] f <-; -n> 1. mus. suite. 2. (Hotel2 etc) suite (of rooms). 3. (Gefolge) entourage, suite, retinue, train.

Sui·zid [zuiˈtsiːt] m, n <-(e)s; -e> (Selbstmord) suicide. **~ˌnei·gun·gen** pl suicidal tendencies.

Su·jet [zyˈʒeː; syˈʒeː; syˈʒɛ] (Fr.) n <-s; -s> Kunst: subject.

Suk·ku·bus [ˈzukubus] m <-; -kuben [-ˈkuːbən]> myth. succubus.

suk·ku‖lent [zukuˈlɛnt] adj bes. bot. succulent. **2ˈlen·te** f <-; -n> meist pl succulent (plant). **2ˈlenz** [-ˈlɛnts] f <-; no pl> succulence.

suk·zes·siv [zuktsɛˈsiːf] I adj gradual. II adv → **suk·zesˈsi·ve** [-və] adv successively, gradually, little by little.

Sulf‖amid [zulfaˈmiːt] n <-(e)s; -e> chem. sulphamide (Am. -f-). **~aminˌsäu·re** [zulfaˈmiːn-] f sulfphamic (Am. -f-) acid.

Sul·fat [zulˈfaːt] n <-(e)s; -e> chem. sulphate (Am. -f-).

Sul·fid [zulˈfiːt] n <-(e)s; -e> chem. sulphide (Am. -f-).

Sul·fit [zulˈfiːt; -ˈfɪt] n <-s; -e> chem. sulphite (Am. -f-).

Sul·fon·amid [zulfonaˈmiːd] n <-(e)s; -e> meist pl pharm. sulphonamide (Am. -f-).

Sul·fur [ˈzulfur] n <-s; no pl> chem. sulphur (Am. -f-).

sul·fu·rie·ren [zulfuˈriːrən] v/t <no ge-, h> chem. sulphonate (Am. -f-).

Sul·ky [ˈzulki; ˈsʌlkɪ] (Engl.) n <-s; -s> Trabrennen: sulky.

Sul·tan [ˈzultaːn] m <-s; -e> sultan. **Sul·taˈnat** [-taˈnaːt] n <-(e)s; -e> sultanate. **Sulˈta·nin** f <-; -nen> sultana.

Sul·ta·ni·ne [zultaˈniːnə] f <-; -n> (kernlose Rosine) sultana.

Sül·ze [ˈzyltsə] f <-; -n> 1. gastr. brawn, jellied meat. 2. min. brine. 3. → Salzlecke. **ˈsül·zen** v/t <h> 1. gastr. boil s.th. until jellified. 2. colloq. blather, talk rubbish.

ˈSülz‖fleisch n jellied meat. **~ko·teˌlett** n cutlet in aspic. **~ˌwurst** f <-; no pl> (jellied) brawn.

Su·me·rer [zuˈmeːrər] m <-s; ->, **suˈme·risch** adj hist. Sumerian.

summ [zum] interj ~, ~! buzz, buzz!

Sum·ma [ˈzuma] f <-; Summen> obs. for Summe.

Sum·mand [zuˈmant] m <-en; -en> math. summand.

sum·ma·risch [zuˈmaːrɪʃ] I adj a. jur. summary. II adv summarily.

sum·ma sum·ma·rum [ˈzuma zuˈmaːrum] adv all in all, all things considered.

Sum·ma·ti·on [zumaˈtsĭoːn] f <-; -en> math. summation.

Sümm·chen [ˈzymçən] n <-s; -> colloq. ein nettes (od. hübsches, rundes) ~ a tidy sum, a pretty penny.

Sum·me [ˈzumə] f <-; -n> sum (a. fig. der Erfahrungen etc), (Geld2) a. amount, (Gesamt2) a. sum (total); fehlende ~ deficit; ungeheure ~n verschlingen cost enormous sums (of money); math. die ~ ziehen add up, fig. a. strike a balance, take stock.

sum·men [ˈzumən] I v/i <h> 1. Insekt etc: buzz, weicher: hum, eintönig: drone, Kessel: sing; colloq. mir summt der Kopf my head is buzzing; mir ~ die Ohren my ears are ringing. 2. (mit geschlossenen Lippen singen) hum. 3. fig. vor Geschäftigkeit etc with: hum, buzz. II v/t 4. (ein Lied, e-e Melodie etc) hum. III 2 n <-s> 5. humming (etc). 6. von Insekten etc: buzz, weiches: hum, tiefes: drone.

ˈSum·men‖biˌlanz f econ. turnover balance. **~ˌglei·chung** f math. summation equation. **~verˌsi·che·rung** f econ. insurance of fixed sums.

ˈSum·mer m <-s; -> electr. teleph. buzzer. **~ˌton** m, **~ˌzei·chen** n → Summton 2.

sum·mie·ren [zuˈmiːrən] I v/t <no ge-, h> 1. math. sum (up), add (od. tot) (up), cast up. 2. (zs.-fassen) sum up. II v/reflex sich ~ 3. add up, tot up; colloq. das summiert sich! it all adds up!; sich ~ auf (acc) Kosten etc: add up (od. amount) to. **Sumˈmie·rung** f <-; no pl> summation, fig. der Erfahrungen etc: a. summing-up.

ˈSummˌton m 1. humming (od. buzzing) sound. 2. electr. teleph. buzzer signal, buzzing tone.

Sumpf [zumpf] m <-(e)s; ⸚e> 1. swamp, bog, quagmire; e-n ~ trockenlegen drain a swamp. 2. fig. der Unmoral etc: slough, morass, (quag)mire. **~ˌbo·den** m swampy (od. marshy) ground. **~ˌdot·terˌblu·me** f marsh marigold, cowslip.

sump·fen [ˈzumpfən] v/i <h> fig. humor. live it up, go on a binge, stay out on the tiles all night.

ˈSumpf‖erz n min. bog iron (ore). **~ˌfie·ber** n marsh-fever, malaria. **~ˌgas** n marsh gas. **~ˌge·gend** f swampy (od. marshy) area. **~ˌhuhn** n 1. orn. crake. 2. fig. humor. gadabout, (Trinker) boozer.

ˈsump·fig adj swampy, marshy.

ˈSumpf‖land n <-(e)s; no pl> marsh (-land), swamp(land). **~ˌloch** n slough, mire. **~ˌmei·se** f orn. marsh tit. **~ot·ter** m zo. mink. **~pflan·ze** f marsh (od. paludal) plant. **~ˌschildˌkrö·te** f mud turtle. **~ˌvö·gel** pl marsh birds, waders. **~ˌwas·ser** n bog water. **~ˌwie·se** f swampy (od. marshy) meadow.

Sums [zums] m <-es; no pl> dial. colloq. fuss; (e-n) großen ~ (mit j-m od. um j-n [et.]) machen make a great fuss (about s.o. [s.th.]).

Sund [zunt] m <-(e)s; -e> (Meerenge) sound, strait(s pl als sg konstruiert), in Dänemark: belt.

Sün·de [ˈzyndə] f <-; -n> relig. u. fig. sin; e-e ~ begehen (commit a) sin; in ~ leben live in sin; fig. e-e kleine ~ a peccadillo; e-e ~ gegen den guten Geschmack (Ton) a sin against good taste (an offence against good form); es ist e-e ~ und Schande, wie er sich ihr gegenüber benimmt it is a crying shame (od. a downright scandal) the way he behaves toward(s) her; häßlich wie die ~ (as) ugly as sin; j-n wie die ~ hassen hate s.o. like poison; das ist doch k-e ~ it's no crime.

ˈSün·den‖ba·bel n <-s; no pl> meist humor. sink of iniquity, hotbed of vice. **~beˌkennt·nis** n bes. relig. confession (of [one's] sins). **~ˌbock** m colloq. scapegoat, whipping boy; den ~ spielen (od. abgeben), als ~ dienen be the scapegoat; j-n zum ~ machen make a scapegoat of s.o. **~erˌlaß** m → Sündenvergebung. **~ˌfall** m (the) Fall (of Man). **~ˌgeld** n 1. ill-gotten money (od. gains pl). 2. colloq. enormous sum, mint (of money). **~ˌkon·to** n → Sündenregister. **~ˌlast** f burden of (one's) sin. **~ˌle·ben** n life of sin, sinful life. **~ˌlohn** m wages pl (a. als sg konstruiert) of sin. **~ˌmaß** n sein ~ war voll the measure of his iniquities was full. **~ˌpfuhl** m cesspool (od. sink) of iniquity. **~reˌgi·ster** n fig. colloq. list of sins. **~ˌschuld** f relig. (sum of) sins. **~verˌge·bung** f absolution, remission of sins.

ˈSün·der m <-s; -> relig. sinner, fig. a. offender; humor. na, du alter ~! well, you old rogue!; armer ~ obs. criminal under sentence of death, fig. poor wretch.

ˈSünd‖flut f → Sintflut 1. **2haft** I adj 1. relig. Gedanken, Taten etc: sinful, wicked, iniquitous; ein ~es Leben führen lead a sinful life, lead a life of sin. 2. fig. colloq. Summe, Geld etc: frightful, wicked, colossal. II adv 3. relig. sinfully. 4. fig. colloq. ~ teuer awfully expensive. **~haf·tig·keit** f <-; no pl> relig. sinfulness, wickedness.

ˈsün·dig adj → sündhaft 1.

sün·di·gen [ˈzyndɪgən] v/i <h> 1. relig. (commit a) sin; gegen (od. wider) Gottes Gebote ~ sin against God's commandments. 2. ~ gegen (Natur, Gesundheit etc) sin against; an j-m ~ wrong s.o. 3. colloq. indulge.

Su·per[1] [ˈzuːpər] n <-s; no pl> colloq. (Benzin) super, four-star (petrol), Am. premium (gas); ~ tanken use super.

ˈSu·per[2] m <-s; -> short for Superhet.

ˈsu·per adj <invariable> colloq. (großartig) super.

ˌSu·per-8-ˌFilm [-ˈʔaxt-] m Super-8 film.

su·perb [zuˈpɛrp], bes. Austrian **sü·perb** [zyˈpɛrp] adj superb, splendid.

ˈSu·per‖ding n colloq. big job; ein ~ drehen pull off a big one (od. job). **~di·viˌden·de** f extra dividend on preferential shares (bes. Am. stocks). **2ˌfein** adj bes. econ. superfine. **~ˌfrau** f colloq. super woman. **2geˌscheit** adj colloq. iro. too clever by half; das war (aber) ~ von dir! that was brilliant of you! **~geˌschei·te** m, f <-n; -n> colloq. iro. smart alec(k), wiseacre, wise guy. **~ˌhausˌfrau** f colloq. 1. perfect housewife. 2. übertrieben sorgfältige: house-proud woman.

Su·per·het [ˈzuːpɛrhɛt] m <-s; -s> Radio: superhet (receiver).

Su·per·in·ten·dent [zupɛrʔɪntɛnˈdɛnt] m <-en; -en> relig. superintendent.

ˈsu·perˌklug adj → supergescheit.

Su·per·la·tiv [ˈzuːpɛrlatiːf; zupɛrlaˈtiːf] m <-s; -e> 1. ling. superlative (degree). 2. fig. superlative; in ~en reden speak in superlatives. **su·per·la·ti·visch** [ˈzuː-pɛrlatiːvɪʃ; zupɛrlaˈtiːvɪʃ] *adj ling. u. fig.* superlative.

ˈSu·per|ˌmacht *f pol.* superpower. **~ˌmann** *m colloq.* superman. **~ˌmarkt** *m* supermarket. **2ˌmoˌdern** *adj colloq.* ultramodern. **~oxid** [-ˀɔˌksiːt], **~oxyd** [-ˀɔˌksyːt] *n chem.* peroxide. **~phosˌphat** *n* superphosphate. **~po·si·ti·on** [zupɛrpoziˈtsi̯oːn] *f math.* superposition. **~ˌstar** *m colloq.* superstar. **~ˌtan·ker** *m* supertanker.

Su·pi·num [zuˈpiːnʊm] *n* ‹-s; -na [-na]› *ling.* supine.

Süpp·chen [ˈzʏpçən] *n* ‹-s; -› (nice little) soup; *fig. colloq.* **sein ~ (am Feuer anderer) kochen** feather one's nest (at the expense of others), *weitS.* exploit the situation (*od.* the weakness of others).

Sup·pe [ˈzʊpə] *f* ‹-; -n› **1.** *gastr.* soup, (*Fleischbrühe*) broth, bouillon, consommé; **klare (legierte) ~** clear (cream) soup; **s-e ~ essen** drink one's soup; *fig. colloq.* **j-m die ~ versalzen, j-m in die ~ spucken** spoil s.o.'s fun, give s.o. what for, put a spoke in s.o.'s wheel; **die ~ hat er sich selbst eingebrockt** he has only himself to blame (for it); **da hast du dir ja e-e schöne ~ eingebrockt!** you got yourself into a nice (*od.* fine) mess; **jetzt mußt du die ~ auslöffeln, die du dir eingebrockt hast** you have made your bed, now you must lie on it; now you'll have to face the music; → **Haar** 2. **2.** *fig. colloq.* (*Nebel*) soup, peasouper.

ˈSup·pen|ˌfleisch *n* meat for making soup. **~geˌmü·se** *n* vegetables *pl* for soup. **~geˌwürz** *n* → **Suppenwürze**. **~ˌgrün** *n* bunch of herbs and vegetables for soup. **~ˌhuhn** *n* boiling fowl. **~ˌkel·le** *f* soup-ladle. **~ˌkno·chen** *m* soupbone. **~konˌser·ve** *f meist pl* tinned (*bes. Am.* canned) soup. **~ˌlöf·fel** *m* **1.** table-spoon, soup spoon. **2.** (*Kelle*) soup-ladle. **~ˌschildˌkrö·te** *f* green turtle. **~ˌschüs·sel** *f* (soup) tureen. **~ˌtas·se** *f* soup-cup. **~ˌtel·ler** *m* soup-plate. **~terˌri·ne** *f* (soup) tureen. **~ˌtopf** *m* **1.** soup pot, stockpot. **2.** *gastr.* pot-au-feu. **~ˌwür·fel** *m* bouillon (*od.* soup) cube. **~ˌwür·ze** *f* soup seasoning.

ˈsup·pig *adj* (*zu flüssig*) soupy.

Sup·ple·ment [zupleˈmɛnt] *n* ‹-(e)s; -e› *bes. math.* supplement. **sup·ple·menˈtär** [-ˈtɛːr] *adj* supplementary.

Sup·pleˈment|ˌband *m* ‹-(e)s; ¨-e› supplement(ary volume). **~ˌlie·fe·rung** *f* supplementary issue. **~ˌwin·kel** *m math.* supplemental angle.

Sup·port [sʊˈpɔrt] *m* ‹-(e)s; -e› *tech. der Werkzeugmaschine*: rest, (*Schlitten*) carriage (*a. der Schleifmaschine*), saddle, (*Quer2*) *zur Führung*: cross slide, *als Aufbau*: cross slide rest, (*Kreuz2*) compound slide rest, (*Stahlhalter, e-r Bohrbank*) tool post, (*~drehteil*) tool rest, (*Seiten2, e-r Karusselldrehbank*) tool arm, *e-s Shapers*: head, (*Unterbau*) base; **schwenkbarer ~** swing rest.

Sup·po·si·to·ri·um [zupoziˈtoːri̯ʊm] *n* ‹-s; -rien› *pharm.* suppository.

sup·pri·mie·ren [zupriˈmiːrən] *v/t* ‹*no* ge-, h› *med. psych.* suppress.

ˈSu·pra|ˌlei·ter [ˈzuːpra-] *m electr. phys.* superconductor. **~ˌleitˌfä·hig·keit** *f* superconductivity. **2na·tio·nal** [zupranatsi̯oˈnaːl] *adj pol.* supranational.

Su·pre·mat [zupreˈmaːt] *m, n* ‹-(e)s; -e›, **Su·pre·maˈtie** [-maˈtiː] *f* ‹-; -n [-ən]› *bes. relig.* supremacy.

Su·re [ˈzuːrə] *f* ‹-; -n› *im Koran*: sura(h).

ˈSurfˌbrett [ˈsɜːf-] (*Engl.*) *n* surfboard.

sur·fen [ˈsɜːfən] (*Engl.*) **I** *v/i* ‹h› do surfing. **II 2** *n* ‹-s› → **Sur·fing** [ˈsɜːfɪŋ] (*Engl.*) *n* ‹-s; *no pl*› surfing.

sur·re·al [zyreˈaːl; zu-] *adj* **1.** surreal. **2.** → surrealistisch. **Sur·reaˈlis·mus** [-aˈlɪsmʊs] *m* ‹-; *no pl*› *Kunst*: surrealism. **Sur·reaˈlist** [-aˈlɪst] *m* ‹-en; -en›, **Sur·reaˈli·stin** *f* ‹-; -nen› surrealist. **sur·reaˈli·stisch** *adj* surrealist(ic).

sur·ren [ˈzʊrən] **I** *v/i* ‹h, *nach Richtungsangaben* sein› *Ventilator, Kamera etc*: whirr, *Insekten etc*: buzz, *weicher*: hum, *zischend*: whiz(z). **II 2** *n* ‹-s› whirr(ing) (*etc*).

Sur·ro·gat [zuroˈgaːt] *n* ‹-(e)s; -e› **1.** substitute. **2.** surrogate.

su·spekt [sʊsˈpɛkt] *adj lit.* suspect, suspicious.

sus·pen·die·ren [zuspɛnˈdiːrən] *v/t* ‹*no* ge-, h› *allg.* suspend; **j-n ~ (von** from) *als Strafe*: suspend s.o., (*freistellen*) exempt s.o.

Sus·pen·si·on [zuspɛnˈzi̯oːn] *f* ‹-; -en› suspension.

sus·pen·siv [zuspɛnˈziːf] *adj* suspensive.

Sus·pen·so·ri·um [zuspɛnˈzoːri̯ʊm] *n* ‹-s; -rien› *med.* suspensory, support.

süß [zyːs] **I** *adj* ‹-er; -est› **1.** sweet (*chocolate, wine, etc*), (*~duftend*) *a.* sweet-smelling, fragrant, *fig. Stimme, Klang etc*: *a.* dulcet; **~ schmecken** taste sweet, have a sweet taste; **~ machen** sweeten, sugar. **2.** *fig.* (*angenehm*) sweet, *colloq.* (*lieb, nett, hübsch*) sweet, lovely (*person, thing, face, etc*); **~e Träume** sweet (*od.* pleasant) dreams; **das ~e Leben** la dolce vita; **sie haben zwei ~e Kinder** they have two sweet (*od.* darling) children; **ist er nicht ~?** isn't he sweet?, isn't he a dear (*od.* darling)? **II** *adv* **3.** sweetly; **~ träumen** *a.* have sweet dreams. **III 2e, das** ‹-n› **4. Appetit auf et. 2es haben** feel like (having) s.th. sweet; **gern 2es essen** have a sweet tooth. **5.** sweet little thing(s *pl*).

ˈSü·ße[1] *f* ‹-; *no pl*› *allg.* sweetness (*a. fig.*), sweet taste (*od.* smell), *fig. e-r Stimme*: *a.* honeyed tones *pl*.

ˈSü·ße[2] *m, f* ‹-n; -n› *colloq.* (*bes. Anrede*) sweetie, *bes. Am.* sugar, honey.

sü·ßen [ˈzyːsən] *v/t* ‹h› sweeten, sugar.

ˈSüßˌholz *n bot.* liquorice, licorice; *fig. colloq.* **~ raspeln** whisper sweet nothings, flirt, turn on the old charm. **~ˌrasp·ler** [-ˌrasplər] *m* ‹-s; -› *fig. colloq.* (old) flirt, soft-soaper.

ˈSü·ßig·keit *f* ‹-; -en› **1.** ‹*only sg*› → **Süße**[1]. **2.** *pl* sweet things, sweets, sweetmeats, *bes. Am.* candies, goodies; **~en lieben, gerne ~en essen** like sweet things, have a sweet tooth.

ˈSüß|karˌtof·fel *f* sweet potato, batata. **~ˌkir·sche** *f* sweet cherry.

ˈsüß·lich *adj* **1.** (*unangenehm ~* sickeningly) sweetish. **2.** *fig. contp. Geschichte etc*: mawkish, *bes. Stil*: *a.* syrupy, *Am.* sirupy, *Stimme, Lächeln etc*: sugary, *Worte*: honeyed. **2keit** *f* ‹-; *no pl*› **1.** sweetishness. **2.** *fig. contp.* sugariness, mawkishness, treacle.

ˈSüß|ˌmaul *n colloq.* person with a sweet tooth. **~ˌmost** *m* (unfermented) sweetened fruit juice. **~ˌrahmˌbut·ter** *f* creamery butter. **2-ˈsau·er I** *adj* sweet-and-sour, *a. fig. Lächeln etc*: sour-sweet. **II** *adv fig.* **~ lächeln** smile sourly, force a smile. **~ˌspei·se** *f* sweet, (*Nachspeise*) *a.* dessert. **~ˌstoff** *m* sweetener.

ˈSüßˌwa·ren *pl* sweets, sweetmeats, confectionery *sg.* **~geˌschäft** *n*, **~ˌla·den** *m* sweet-shop, *Am.* candy store.

ˈSüßˌwas·ser *n* ‹-s; *no pl*› freshwater. **~ˌfisch** *m* freshwater fish. **~poˌlyp** *m* hydra.

ˈSüßˌwein *m* sweet (*od.* dessert) wine.

Su·ze·rän [zutseˈrɛːn] *m* ‹-s; -e› *pol.* suzerain.

ˈSwap·geˌschäft [ˈsvɔp-; ˈswɒp-] (*Engl.*) *n Devisenhandel*: swap business (*od.* transaction).

Swing [svɪŋ; swɪŋ] (*Engl.*) *m* ‹-(s); *no pl*› **1.** (*Jazzrichtung*) swing (music). **2.** (*Kreditmarge*) swing. **ˈswin·gen** *v/i* ‹h› **1.** *mus.* swing. **2.** (dance a) swing.

ˈSwitch·geˌschäft [ˈsvɪtʃ-; ˈswɪtʃ-] (*Engl.*) *n Außenhandel*: switch(ed) business (*od.* transaction).

Sy·ba·rit [zybaˈriːt] *m* ‹-en; -en› *fig.* Sybarite. **sy·baˈri·tisch** *adj* sybaritic(al).

syl·la·bisch [zyˈlaːbɪʃ] *adj bes. ling.* syllabic.

Syl·la·bus [ˈzylabʊs] *m* ‹-; - *u.* -bi [-bi]› **1.** (*Verzeichnis*) syllabus. **2.** *R.C.* syllabus (of errors).

Syl·lo·gis·mus [zyloˈgɪsmʊs] *m* ‹-; -men› *philos.* syllogism. **syl·loˈgi·stisch** [-tɪʃ] *adj* syllogistic(al).

Syl·phe [ˈzʏlfə] *m* ‹-n; -n›, *a. f* ‹-; -n› *myth.* (*Luftgeist*) sylph.

Syl·phi·de [zʏlˈfiːdə] *f* ‹-; -n› **1.** *myth.* sylphid. **2.** *fig. lit.* (*anmutiges Mädchen*) sylph.

Sym·bi·ont [zʏmˈbi̯ɔnt] *m* ‹-en; -en› *biol.* symbiont.

Sym·bio·se [zʏmˈbi̯oːzə] *f* ‹-; -n› *biol. u. fig.* symbiosis. **symˈbio·tisch** [-tɪʃ] *adj* symbiotic.

Sym·bol [zʏmˈboːl] *n* ‹-s; -e› **1.** symbol (*für* of). **2.** *chem. math.* symbol, (conventional) sign. **3.** *her.* emblem. **~chaˌrak·ter** *m* symbolic character (*od.* nature). **~geˌhalt** *m* ‹-(e)s; -e› symbolic content.

Sym·bo·lik [zʏmˈboːlɪk] *f* ‹-; *no pl*› symbolism.

symˈbo·lisch I *adj* **1.** symbolic(al); **das ist ~ für** that is a symbol of, that is symbolic of, that symbolizes (*od.* represents). **2.** *Computer*: *Adresse*: symbolic. **II** *adv* **3.** symbolically. **III 2e, das** ‹-n› **4.** the symbolicalness, the symbolic nature (*od.* character). **sym·bo·li·sie·ren** [zʏmboliˈziːrən] *v/t* ‹*no* ge-, h› symbolize. **Sym·bo·liˈsie·rung** *f* ‹-; *no pl*› symbolization.

Sym·bo·lis·mus [zʏmboˈlɪsmʊs] *m* ‹-; *no pl*› *Literatur*: symbolism. **Sym·boˈlist** [-ˈlɪst] *m* ‹-en; -en› symbolist. **sym·boˈli·stisch** *adj* symbolist(ic).

Symˈbol|ˌkraft *f* symbolic power. **~ˌspra·che** *f a. Computer*: symbolic language.

Sym·me·trie [zymeˈtriː] *f* ‹-; -n [-ən]› *a. fig.* symmetry. **~ˌach·se** *f math.* axis of symmetry. **~ˌebe·ne** *f* plane of symmetry. **~ˌfak·tor** *m electr.* symmetry factor.

sym·me·trisch [zyˈmeːtrɪʃ] **I** *adj math. etc* symmetric(al), *electr. a.* balanced. **II** *adv* symmetrically.

sym·pa·the·tisch [zympaˈteːtɪʃ] *adj* sympathetic (*cure, etc*).

Sym·pa·thie [zympaˈtiː] *f* ‹-; -n [-ən]› **1.** (*Zuneigung*) liking; **für j-n ~ empfinden** have a liking for s.o. **2.** (*Anteilnahme*) sympathy; **aus ~** in sympathy; **j-m viel ~ entgegenbringen** show (*od.* have) a lot of sympathy towards s.o.; **sich** (*dat*) **die ~n der Zuschauer verscherzen** lose the support (*od.* sympathies) of the crowd; **dieser Plan hat m-e volle ~** I'm completely sympathetic to this plan. **~ˌkundˌge·bung** *f* demonstration (*od.* show) of sympathy. **~ˌstreik** *m* strike in sympathy, sympathy strike; **in ~ mit j-m** (*od.* **für j-n**) **treten** come out in sympathy with s.o.

Sym·pa·thi·kus [zymˈpaːtikʊs] *m* ‹-; *no pl*› *anat.* sympathetic (nerve).

Sym·pa·thi·sant [zympatiˈzant] *m* ‹-en; -en› sympathizer.

sym·pa·thisch [zymˈpaːtɪʃ] *adj* **1.** pleas-

ant, lik(e)able, engaging, nice, *Person, Gesellschaft*: *a.* congenial; **er (es) ist mir ~** I like him (it); **sie waren sich sofort ~** they immediately took (a liking) to each other; **er sieht sehr ~ aus** he looks like a nice type. **2.** *physiol.* sympathetic.
sym·pa·thi·sie·ren [zʏmpatiˈziːrən] *v/i* ⟨*no* **ge-**, **h**⟩ sympathize (**mit** with).
Sym·pho·nie [zʏmfoˈniː] *f* ⟨-; -n [-ən]⟩ → **Sinfonie. Symˈpho·ni·ker** [-ˈfoːnikər] *m* ⟨-s; -⟩ → **Sinfoniker. symˈpho·nisch** [-ˈfoːnɪʃ] *adj* → **sinfonisch.**
Sym·po·si·on [zʏmˈpoːzɪɔn], **Symˈpo·si·um** [-zɪʊm] *n* ⟨-s; -sien⟩ *a. antiq.* symposium.
Sym·ptom [zʏmpˈtoːm] *n* ⟨-s; -e⟩ *allg.* symptom (**für** of). **sym·pto·ma·tisch** [zʏmptoˈmaːtɪʃ] *adj* (**für** of) *a. fig.* symptomatic, characteristic. **Sym·pto·ma·to·lo·gie** [zʏmptomatoloˈgiː] *f* ⟨-; *no pl*⟩ *med.* symptomatology.
Syn·ago·ge [zynaˈgoːgə] *f* ⟨-; -n⟩ *relig.* synagog(ue).
Syn·ap·se [zyˈnapsə; zynˈʔapsə] *f* ⟨-; -n⟩, **Synˈap·sis** [-psɪs] *f* ⟨-; -apses [-psɛs]⟩ *anat.* synapse, synapsis.
syn·chron [zynˈkroːn] *adj phys. tech.* synchronous; *adv* **~ gehen** (*od.* **laufen, geschaltet sein**) be synchronized.
Synˈchron|blitz *m phot.* synchroflash. **~ge,trie·be** *n mot.* synchromesh (gear).
Syn·chro·ni·sa·ti·on [zynkronizaˈtsɪoːn] *f* ⟨-; -en⟩ *electr. tech.* synchronization, *Film*: *meist* dubbing.
synˈchro·nisch *adj* **1.** *ling.* synchronic. **2.** → **synchron.**
syn·chro·ni·sie|ren [zynkroniˈziːrən] *v/t* ⟨*no* **ge-**, **h**⟩ *electr. tech.* synchronize, *Film*: *meist* dub. **⁓rung** *f* ⟨-; -en⟩ → **Synchronisation.**
Syn·chro·nis·mus [zynkroˈnɪsmʊs] *m* ⟨-; -men⟩ synchronism.
Synˈchron|ma,schi·ne *f electr.* synchronous machine. **~mo·tor** *m* synchronous motor. **~,rech·ner** *m* synchronous computer. **~,schal·tung** *f tech.* synchromesh (mechanism). **~,uhr** *f* synchronous (*od.* electric) clock, synchronometer.
Syn·chro·tron [ˈzynkrotroːn] *n* ⟨-s; -e, *a.* -s⟩ *nucl.* synchrotron.
Syn·di·ka|lis·mus [zyndikaˈlɪsmʊs] *m* ⟨-; *no pl*⟩ *pol.* syndicalism. **~ˈlist** [-ˈlɪst] *m* ⟨-en; -en⟩ syndicalist. **⁓ˈli·stisch** *adj* syndicalist(ic).
Syn·di·kat [zyndiˈkaːt] *n* ⟨-(e)s; -e⟩ **1.** *econ.* (*a. Verbrecher*⁓) syndicate. **2.** *jur.* office of the "Syndikus". **Syn·di·kus** [ˈzyndikʊs] *m* ⟨-; -se *u.* -dizi [-ditsi]⟩ *econ. jur.* company lawyer, legal adviser, *Am.* corporation counsel.
Syn·drom [zynˈdroːm] *n* ⟨-s; -e⟩ *med. u. fig.* syndrome.
Syn·kli·na·le [zynkliˈnaːlə] *f* ⟨-; -n⟩ *geol.* syncline.
Syn·ko·pe *f* ⟨-; -n [zynˈkoːpən]⟩ **1.** [ˈzynkope] *ling. metr.* syncope (*a. med.*). **2.** [zynˈkoːpə] *mus.* syncopation. **syn·koˈpie·ren** [-koˈpiːrən] *v/t* ⟨*no* **ge-**, **h**⟩ syncopate. **syn·ko·pisch** [zynˈkoːpɪʃ] *adj* **1.** *ling. metr. mus.* syncopated. **2.** *med.* syncopal.
syn·odal [zynoˈdaːl] *adj relig.* synodal. **Syn·oda·le** [zynoˈdaːlə] *m* ⟨-n; -n⟩ synodalist, member of a synod. **Syn·ode** [zyˈnoːdə] *f* ⟨-; -n⟩ synod. **synˈodisch** *adj* **1.** *astr.* synodic(al). **2.** *rare for* synodal.
Syn·onym [zynoˈnyːm] *ling.* **I** *n* ⟨-s; -e *u.* Synonyma [zyˈnonyma]⟩ synonym. **II ⁓** *adj* synonymous. **Syn·ony·mie** [zynonyˈmiː] *f* ⟨-; *no pl*⟩ synonymy, synonymity. **Syn·ony·mik** [zynoˈnyːmɪk] *f* ⟨-; -en⟩ **1.** ⟨*only sg*⟩ synonymics *pl* (*meist als sg konstruiert*). **2.** → **Synonymwörterbuch. syn·ony·misch** [zynoˈnyːmɪʃ] *adj* synonymous. **Syn·onym·,wör·ter,buch** [zynoˈnyːm-] *n* dictionary of synonyms.
Syn·op·se [zyˈnɔpsə; zynˈʔɔpsə] *f* ⟨-; -n⟩, **Syn·op·sis** [ˈzyːnɔpsɪs; ˈzynʔɔpsɪs] *f* ⟨-; -sen [zyˈnɔpsən; zynˈʔɔpsən]⟩ **1.** (*Zs.-fassung*) synopsis. **2.** *Bibl.* synoptic Gospels *pl*, Synoptics *pl*.
Syn·op·tik [zyˈnɔptɪk; zynˈʔɔp-] *f* ⟨-; *no pl*⟩ synoptic meteorology, synoptics *pl* (*als sg konstruiert*). **synˈop·tisch** [-tɪʃ] *adj Bibl. meteor.* synoptic(al).
syn·tak·tisch [zynˈtaktɪʃ] *adj ling.* syntactic(al). **Syn·tax** [ˈzyntaks] *f* ⟨-; -en [-ˈtaksən]⟩ syntax.
Syn·the·se [zynˈteːzə] *f* ⟨-; -n⟩ *allg.* synthesis (**aus** of).
Syn·the·tics [zynˈteːtɪks] *pl Textil.* synthetics.
syn·the·tisch [zynˈteːtɪʃ] *adj allg.* synthetic, *Fasern etc*: *a.* man-made; **~e Sprache** synthetic language; **~e Treibstoffe** *a.* synfuels.
Sy·phi·lis [ˈzyːfilɪs] *f* ⟨-; *no pl*⟩ *med.* syphilis, *colloq.* syph. **Sy·phi·li·ti·ker** [zyfiˈliːtikər] *m* ⟨-s; -⟩ syphilitic (patient). **sy·phi·li·tisch** [zyfiˈliːtɪʃ] *adj* syphilitic.
Sy·rer [ˈzyːrər], *a.* **ˈSy·ri·er** [-rɪər] *m* ⟨-s; -⟩, **ˈsy·risch** [-rɪʃ] *adj* Syrian.
Sy·stem [zʏsˈteːm] *n* ⟨-s; -e⟩ **1.** *allg.* (*Aufbau, Prinzip, Ordnung, a. Lehrgebäude, Staatsform etc, a. bot. chem. phys. physiol. zo.*) system, (*Verfahrensweise*) *a.* method; **das wirtschaftliche (kapitalistische,** *philos.* **Hegelsche) ~** the economic (capitalist, Hegelian) system; *pol.* **das** (*bestehende*) **~** the System; **~ bringen in** (*acc*) bring (some) system into, systematize, **in s-e Arbeit**: *a.* order (*od.* organize) one's work; **nach e-m ~ arbeiten** work according to a system (*od.* a set method); **mit ~** *arbeiten etc* → **systematisch; da ist ~ drin** there is method in that. **2.** *tech.* (*Anlage, a. Computer*⁓) system, (*Leitungs*⁓, *Straßen*⁓, *Verkehrs*⁓ *etc*) *a.* network, (*Konstruktion*) *a.* design. **3.** *Sport*: system (*a. beim Glücksspiel*), formation, tactics *pl*. **~ana,ly·se** *f Computer*: systems analysis. **~ana,ly·ti·ker** *m* systems analyst.
Sy·ste·ma·tik [zʏsteˈmaːtɪk] *f* ⟨-; -en⟩ *allg.* systematics *pl* (*als sg konstruiert*), (*Aufbau*) *a.* system, *bes. bot. zo.* (*systematische Einordnung*) *a.* taxonomy. **Sy·steˈma·ti·ker** [-tikər] *m* ⟨-s; -⟩ **1.** systematist. **2.** systematic person (*od.* worker). **sy·steˈma·tisch** [-tɪʃ] *adj u. adv allg.* systematic(ally), *engS. a.* methodical(ly). **sy·ste·ma·ti·sie|ren** [zʏstematiˈziːrən] *v/t* ⟨*no* **ge-**, **h**⟩ systematize, systemize, *bot. zo. a.* classify. **⁓rung** *f* ⟨-; -en⟩ systematization, *bot. zo. a.* classification.
syˈstem|be,dingt *adj* inherent in (*od.* due to) the system. **~ge,recht** *adj* in accordance with the system. **~im·ma,nent** *adj bes. pol.* inherent in a system. **⁓in·ge,nieur** *m Computer*: systems engineer. **⁓,kri,tik** *f pol.* criticism of the system. **⁓,kri·ti·ker** *m* critic of the system. **~los** *adj u. adv* unsystematic(ally), unmethodical(ly). **⁓,pla·ner** *m Computer*: systems engineer. **⁓,tech·nik** *f* systems engineering. **⁓,treue** *f pol.* loyalty to a (political) system. **⁓ver,än·de·rer** *m* person who wants to change the (present) system.
Sy·sto·le [ˈzʏstole; -ˈtoːlə] *f* ⟨-; -n [-ˈtoːlən]⟩ *med.* systole. **sy·sto·lisch** [zʏsˈtoːlɪʃ] *adj* systolic.
Sze·nar [stseˈnaːr] *n* ⟨-s; -e⟩, **Szeˈna·rio** [-rɪo] *n* ⟨-s; -s⟩, **Szeˈna·ri·um** [-rɪʊm] *n* ⟨-s; -rien⟩ *thea. u. fig.* scenario.
Sze·ne [ˈstseːnə] *f* ⟨-; -n⟩ **1.** *thea. Film*: scene, (*Bühne, Schauplatz*) *a.* stage, *Film*: (*Aufnahme*) take; **Beifall auf offener ~** → **Szenenapplaus; hinter der ~** backstage, *fig.* behind the scenes; **die ~ beherrschen** dominate (the scene), be (very much) in control; *a. fig.* **in ~ setzen** stage, enact; **sich in ~ setzen** put o.s. in the limelight, *contp.* put on a show; *fig.* **in ~ gehen** be staged. **2.** (*Vorgang, a. Streit*) scene; **häusliche (rührende) ~n** domestic (touching) scenes; **(j-m) e-e ~ machen** make (s.o.) a scene. **3.** *fig.* (*Drogen*⁓, *Pop*⁓ *etc*) scene.
ˈSze·nen|ap,plaus *m thea.* applause during the scene (*od.* act). **~,auf,nahme** *f Film*: take, shot. **~,bild** *n thea. Film*: set, setting, scenery. **~,bild·ner** *m* (set) designer. **~,über,gang** *m Film*: inter-scene transition. **~,wech·sel** *m thea. Film*: shifting of scenes, scene change, *fig.* change of scene, shift (**zu, nach** to); *fig.* **e-n ~ machen (hinüber zu, nach)** switch scenes (to), shift (to).
Sze·ne·rie [stsenəˈriː] *f* ⟨-; -n [-ən]⟩ *allg.* scenery, *thea. meist* set.
ˈsze·nisch I *adj* scenic. **II** *adv* scenically; **et. ~ darstellen** put s.th. on the stage, stage s.th., *im Roman etc*: present s.th. in (the form of) scenes.
Szep·ter [ˈstsɛptər] *n* ⟨-s; -⟩ *obs. and Austrian for* **Zepter.**
Szin·til·la·ti·on [stsɪntɪlaˈtsɪoːn] *f* ⟨-; *no pl*⟩ *astr. phys.* scintillation. **szin·tilˈlie·ren** [-ˈliːrən] *v/i* ⟨*no* **ge-**, **h**⟩ scintillate.
Szyl·la [ˈstsʏla] *npr f* ⟨-; *no pl*⟩ *myth.* Scylla; → **Charybdis.**

T

T, t [teː] *n* ‹-; -› **1.** T, t (*Buchstabe*). **2.** (*T-förmiger Gegenstand*) T.

Ta·bak [ˈtaːbak; taˈbak] *m* ‹-s; -e› tobacco (*a. bot.*); *fig. colloq.* **das ist (aber) starker ~** that's a bit thick (*od.* much, stiff), that's too much of a good thing. **~ˌbau** *m* ‹-(e)s; *no pl*› cultivation of tobacco, tobacco growing. **~ˌbei·ze** *f* sauce. **~ˌblatt** *n* tobacco leaf. **≈ˌfar·ben** *adj* tobacco-colo(u)red. **~geˌruch** *m* smell of tobacco. **~geˌschäft** *n* tobacconist's (shop), *Am.* cigar store. **~ˌhan·del** *m* tobacco trade. **~ˌhänd·ler** *m* tobacconist, *Am.* tobacco dealer. **~in·duˌstrie** *f* tobacco industry. **~ˌla·den** *m* → Tabakgeschäft. **~ˌlun·ge** *f med.* tobacco lung. **~mo·noˌpol** *n* tobacco monopoly. **~ˌpflan·ze** *f* tobacco (plant). **~ˌpflan·zer** *m* tobacco grower (*od.* planter). **~ˌpflan·zung, ~planˌta·ge** *f* tobacco plantation. **~ˌpres·se** *f* tobacco press. **~ˌqualm** *m* thick tobacco smoke. **~ˌrauch** *m* tobacco smoke. **~re·gie** [taˈbak-] *f* ‹-; *no pl*› *Austrian* government monopoly on the tobacco trade.

ˈTa·baks‖beu·tel *m* tobacco pouch. **~ˌdo·se** *f* tobacco box, *für Schnupftabak*: snuffbox. **~kol·le·gi·um, das** *hist.* tobacco club. **~ˌpfei·fe** *f* (tobacco) pipe.

ˈTa·bak‖steu·er *f* tobacco tax, duty on tobacco. **~traˌfik** [taˈbak-] *f Austrian for* Tabakgeschäft. **~ˌwa·ren** *pl* (tobacco and) tobacco products, *colloq.* smokes.

Ta·ba·tie·re [tabaˈtiɛːrə] *f* ‹-; -n› snuffbox, *Austrian a.* cigarette case.

ta·bel·la·risch [tabɛˈlaːrɪʃ] **I** *adj* tabular, tabulated. **II** *adv* in tabular form.

ta·bel·la·ri·sie‖ren [tabɛlariˈziːrən] *v/t* ‹*no* ge-, h› tabulate. **≈rung** *f* ‹-; *no pl*› tabulating, tabulation.

Ta·bel·le [taˈbɛlə] *f* ‹-; -n› *math. Statistik etc*: table, (*Übersicht in Listenform*) *a.* schedule, list, (*Zs.-stellung*) tabulation; **in e-r ~ darstellen** (set out in a) table, tabulate; *Sport*: **die ~ anführen** lead (*od.* head) the table.

Taˈbel·len‖en·de *n Sport*: bottom (*od.* foot) of the table. **~ˌform** *f* (in **~** in) tabular form; **Aufstellung in ~** tabular statement, tabulation; **in ~ zs.-stellen** (*od.* **darstellen, bringen**) (set out in a) table, tabulate. **≈ˌför·mig** *adj* tabular. **~ˌfüh·rer** *m Sport*: table leader; **dieser Club ist ~** *a.* this club heads (*od.* leads) the table. **~ˌle·sen** *n Computer*: table look-up. **~ˌletz·te** *m Sport*: bottom(-of-the-table) team. **~ˌplatz** *m* position. **~ˌspit·ze** *f Sport*: top (*od.* head) of the table. **~ˌwerk** *n* tabular compilation. **~ˌwert** *m math.* tabular value.

ta·bel‖lie·ren [tabɛˈliːrən] *v/t* ‹*no* ge-, h› tab(ulate). **≈ˌlie·rer** *m* ‹-s; -› tabulator. **≈ˌlier·ma·schi·ne** *f* tabulator, tabulating machine.

Ta·ber·na·kel [tabɛrˈnaːkəl] *n, a. m* ‹-s; -› *R.C.* tabernacle.

Ta·bes [ˈtaːbɛs] *f* ‹-; *no pl*› (*Rückenmarksschwindsucht*) tabes (dorsalis).

Ta·blett [taˈblɛt] *n* ‹-(e)s; -s *u.* -e› tray, *bes. aus Metall*: salver, server, waiter.

Ta·blet·te [taˈblɛtə] *f* ‹-; -n› tablet, *weitS. a.* pill.

Taˈblet·ten‖form *f* (in **~** in) tablet form. **~ˌröhr·chen** *n* tablet tube. **~ˌsucht** *f* pharmacomania.

ta·bu [taˈbuː; ˈtaːbu] **I** *adj* **~ sein** be taboo. **II** ≈ *n* ‹-s; -s› taboo; **ein ~ (durch)brechen** break a taboo; **sich über ein ~ hinwegsetzen** ignore a taboo. **~ˌfrei** *adj* **~e Gesellschaft** permissive society.

ta·bu·ie·ren [tabuˈiːrən] *v/t* ‹*no* ge-, h› (put *s.th.* under a) taboo.

Ta·bu·la ra·sa [ˈtaːbula ˈraːza] *f* ‹- -; *no pl*› *fig.* **tabula rasa machen (mit)** make a clean sweep (of).

Ta·bu·la·tor [tabuˈlaːtɔr] *m* ‹-s; -en [-laˈtoːrən]› tab(ulator). **~ˌlösch·ta·ste** *f* tabulator clearance key. **~ˌsetzˌta·ste** *f* tabulator set key.

Ta·bu·la·tur [tabulaˈtuːr] *f* ‹-; -en› *mus.* (*Notationssystem*) tablature.

Ta·bu·rett [tabuˈrɛt] *n* ‹-(e)s; -e› tab-o(u)ret, stool.

Ta·che·les [ˈtaxələs] *m* ‹-; *no pl*› *colloq.* (**mit j-m**) **~ reden** talk turkey (with s.o.).

Ta·cho [ˈtaxo] *m* ‹-s; -s› *colloq. mot. short for* **Tachometer**.

Ta·cho‖graph [taxoˈgraːf] *m* ‹-en; -en› *tech.* tachograph. **~ˈme·ter** [-ˈmeːtər] *m, a. n* ‹-s; -› **1.** *mot.* speedometer, *colloq.* speedo. **2.** *tech.* tachometer. **~ˈme·terˌstand** *m beim Fahrzeug*: odometer reading.

Ta·chy·kar·die [taxykarˈdiː] *f* ‹-; -n [-ən]› *med.* tachycardia, tachyrhythmia.

Tack·ling [ˈtɛklɪŋ; ˈtæklɪŋ] (*Engl.*) *n* ‹-s; -s› *Fußball*: tackle.

Tacks [taks] *m* ‹-es; -e›, **Täcks** [tɛks] *m* ‹-es; -e› *Schuhmacherei*: tack, tingle.

Tack·tack [ˈtakˈtak] *n* ‹-s; *no pl*› *des Maschinengewehrs etc*: ack-ack.

Ta·del [ˈtaːdəl] *m* ‹-s; -› **1.** (*Verweis, Rüge*) censure, blame, rebuke, reprimand, reproof, *in der Schule*: *a.* bad mark, (*Vorwurf*) reproach; **über jeden ~ erhaben** beyond (*od.* above) reproach, irreproachable; **j-m e-n scharfen ~ erteilen** give s.o. a sharp rebuke, rebuke s.o. sharply, reprimand s.o. severely; **sich** (*dat*) **e-n ~ zuziehen** incur blame, be blamed. **2.** (*Schuld*) blame; **ihn trifft kein ~** he is not to be blamed (*od.* to blame), no blame attaches to him. **3.** (*Fehler, Makel*) *lit.* **ohne ~** *Person, Lebenswandel etc*: irreproachable, blameless, above (*od.* beyond) reproach, *Kleidung etc*: impeccable, perfect; **ein Mann ohne ~** a man of unimpeachable character. **Ta·deˈlei** *f* ‹-; -en› *colloq.* constant faultfinding (*od.* nagging).

ˈta·del‖frei *adj u. adv* → **tadellos**. **~los I** *adj* (*einwandfrei*) irreproachable, impeccable, blameless, above (*od.* beyond) reproach, unimpeachable, (*fehlerfrei*) without fault (*od.* flaw), faultless, flawless, (*vollkommen*) *a.* perfect, (*ausgezeichnet*) excellent, first-class; **in ~em Zustand** in perfect condition; **~e Kleidung** impeccable clothes *pl*; **~e Ausführung** perfect finish; **~e Arbeit** excellent work. **II** *adv* **sich ~ benehmen** behave irreproachably (*od.* impeccably); **der Motor läuft ~** the engine runs perfectly; **das Kleid sitzt ~** the dress is a perfect fit.

ta·deln [ˈtaːdəln] **I** *v/t* ‹h› **1.** (*rügen*) (**wegen, für** for) criticize, blame, censure, (*zurechtweisen*) rebuke, reprimand, reprove. **2.** (*bekritteln*) find fault with, cavil (*od.* carp, nag) at, (*mißbilligen*) disapprove (of). **II** *v/i* **3. ich tad(e)le nicht gerne** I don't like to criticize (people). **III** ≈ *n* ‹-s› **4.** criticizing (*etc*), → *a.* **Tadel**. **~d** *adj Blick, Bemerkung etc*: reproving, censorious.

ˈta·delnsˌwert *adj* blameworthy, blamable, reprehensible, censurable, rebukable.

ˈTa·del‖sucht *f* ‹-; *no pl*› censoriousness, captiousness. **≈ˌsüch·tig** *adj* censorious, faultfinding, carping, captious.

ˈTad·ler *m* ‹-s; -›, **ˈTad·le·rin** *f* ‹-; -nen› faultfinder, criticizer, censurer.

Ta·fel [ˈtaːfəl] *f* ‹-; -n› **1.** (*Wand≈ in der Schule etc*) blackboard, *Am. a.* chalkboard, (*Schiefer≈*) slate, *hist.* (*Schreib≈*) tablet; **die ~ löschen** wipe (*od.* clean) the blackboard. **2.** (*Anschlag≈ etc*) (bulletin, *bes. Br.* notice) board, (*Aushängeschild etc*) sign(board). **3.** (*Gedenk≈ etc*) tablet, plaque. **4.** (*Holz≈ zur Wandverkleidung*) panel. **5.** (*Stein≈*) slab. **6.** *Schokolade, Fette etc*: slab, cake, *kleine*: bar. **7.** *lit.* (*Eßtisch*) (dinner *od.* dining) table; **e-e festlich geschmückte ~** a festive board (*od.* table); **die ~ decken (abdecken)** lay (clear) the table; **die ~ aufheben** rise from table; **j-n zur ~ bitten** ask s.o. to table. **8.** (*festliche Mahlzeit*) formal meal, dinner; **große ~** gala dinner. **9.** (*Tabelle*) table, (*graphische Darstellung*) diagram, chart. **10.** (*ganzseitige Illustration*) plate. **~ˌap·fel** *m* eating (*od.* dessert) apple. **~ˌberg** *m* table mountain. **~beˌsteck** *n* (set of) flatware. **~ˌbild** *n Kunst*: panel painting. **~ˌbut·ter** *f* best fresh butter. **~diaˌmant** *m* table diamond. **~ˌdruck** *m* ‹-(e)s; -e› block print. **≈ˌfer·tig** *adj* ready-to-serve, ready-to-eat. **≈ˌför·mig** *adj* tabular. **~ˌfreu·den** *pl lit.* pleasures (*od.* delights) of the table. **~geˌbir·ge** *n* table mountains *pl*. **~geˌdeck** *n* set of table linen. **~geˌschirr** *n* dinner service, tableware. **~ˌglas** *n tech.*

sheet (*od.* flat) glass, (*Spiegelglas*) plate glass. **~holz** *n* panel(l)ing wood. **~lap·pen** *m* blackboard wiper. **~leuch·ter** *m* ornate candlestick, candelabrum. **~ma·le,rei** *f* panel painting. **~mu,sik** *f* mealtime (*od.* table) music.

ta·feln ['ta:fəln] *v/i* ⟨h⟩ *lit.* (*speisen*) dine, (*schmausen*) feast, banquet; **er tafelt gern** he is fond of good food.

tä·feln ['tɛ:fəln] *v/t* ⟨h⟩ (*Wand, Decke*) panel, wainscot.

'Ta·fel|,obst *n* dessert fruit, eaters *pl.* **~,öl** *n* salad oil. **~,run·de** *f* **1.** (*Gäste*) company (at table), table. **2.** *myth. des Königs Artus*: Round Table. **~,salz** *n* table salt. **~,schmuck** *m* table decoration. **~ser,vice** *n* table (*od.* dinner) service. **~,sil·ber** *n* silver plate, (table) silver, (*Besteck*) flat silver, *Am.* silverware. **~,spitz** *m gastr.* boiled fillet of beef. **~,trau·ben** *pl* dessert grapes.

'Tä·fe·lung *f* ⟨-; -en⟩ wainscot(ing), panels *pl*, panel(l)ing.

'Ta·fel|,waa·ge *f* platform scales *pl.* **~,was·ser** *n* mineral (*bes. Br.* table) water. **~,wein** *m* table wine.

Taft [taft] *m* ⟨-(e)s; -e⟩ (*Stoff*) taffeta.

Tag [ta:k] *m* ⟨-(e)s; -e⟩ **1.** day; **der heutige ~** today, this day; **welchen ~ haben wir heute?, was ist heute für ein ~?** what day is it today?, *colloq.* what's today?, *Datum*: *a.* what date is it today?, what's today's date?; **jeden ~, alle ~e** every day; **alle zwei ~e, jeden zweiten ~** every other (*od.* second) day; **alle paar ~e** every few days, every so often; **zwei ~e lang** (for) two days; **am nächsten** (*od.* **folgenden**) **~(e), am ~(e) darauf, am anderen ~(e)** next day, (on) the next (*od.* following) day; **am selben** (*od.* **gleichen**) **~(e)** (on) the same day; **am ~(e) vor (nach) s-r Abreise** the day before (after) his departure; **am ~(e) zuvor** the day before, (on) the previous day; **noch an diesem ~(e)** (on) the same day; **(an e-m) dieser ~e** *in der Zukunft*: (on) one of these days; **dieser ~e** (*kürzlich*) the other day, recently, lately, (*zur Zeit*) these days; **an jenem** (*od.* **an dem betreffenden**) **~(e)** on that particular day, on the day in question; **auf** (*od.* **für**) **ein paar ~e** (for) a few days; **e-n ~ Urlaub nehmen** take a day off; **es ist jetzt auf den ~ genau ein Jahr her, daß** it is a year to a day since; **bis auf den heutigen ~** to this (very) day; **in acht ~en** in a week('s time); **heute in acht ~en, heute über acht ~e** a week (from) today, *bes. Br.* this day week, *lit.* a week hence; **morgen in 14 ~en** two weeks (*bes. Br.* a fortnight) (from) tomorrow, tomorrow in two weeks, *bes. Br.* tomorrow fortnight; **vor einigen ~en** a few days ago; **gestern vor acht ~en** a week ago yesterday, yesterday week ago; **in den nächsten ~en** (within) the next few days; **in wenigen ~en** in a few days; **100 Stück pro ~** 100 pieces per (*od.* a) day; **es verging ein ~ um den anderen** the days (*od.* day after day) went by; **vom ersten ~(e) an** from the very first day (on); **von e-m ~ auf den anderen** from one day to the next; **~ für ~** day by (*od.* after) day, every day; **es geht ihm von ~ zu ~ besser** he is getting better from day to day (*od.* day by day, with every day); **e-s (schönen) ~es** *auf Vergangenheit u. Zukunft bezogen*: one (fine) day, *nur zukünftig*: one of these (fine) days, one day, some day, *Am. a.* someday; **du wirst es e-s ~es bereuen** *a.* you will live to regret it; **ganze ~e lang** for days on end; **einen ganzen ~ lang** (for) a whole day; **den lieben langen ~** all day long, the whole day long; *colloq.* **er muß jetzt jeden ~ ankommen** he is supposed (*od.* due) to arrive any day now; **es vergingen ~e, ehe er kam** it was days before he came; **morgen ist auch (noch** *od.* **wieder) ein ~** tomorrow is another day; **ein denkwürdiger ~** a red-letter day; **ein schwarzer ~** a black day; **heute ist ihr freier ~** it's her day off (*od.* her off day) today; **heute ist sein großer ~** this is his big day; *colloq.* **sie hat heute ihren guten ~** she is in good form (*od.* in the mood) today; **sie hat heute ihren schlechten ~** she is in bad (*od.* poor) form (*od.* in a bad mood) today; **sich** (*dat*) **e-n guten ~ machen** make (quite) a day of it; *relig.* **der ~ des Herrn** the Lord's Day, the Day of the Lord; **(sorglos) in den ~ hineinleben** live for the day (*od.* moment), not to worry about tomorrow; *colloq.* **dem lieben Gott den ~ stehlen** laze away the time; **ewig und drei ~e** for ever and a day; **man soll den ~ nicht vor dem Abend loben** (*Sprichwort*) don't count your chickens before they are hatched; **es ist noch nicht aller ~e Abend** that's not the last we have heard of that, things may take a turn yet. **2.** (*Tageszeit*) day(time); **am** (*od.* **bei**) **~e, während des ~es, unter ~s** by day, in the daytime, during the day; **~ und Nacht arbeiten** work day and night; *fig.* **wie ~ und Nacht** completely different, *Br. a.* (as) different as chalk and cheese; **den ganzen ~** all day (long), throughout the day; **die ~e werden länger (kürzer)** the days are getting longer (shorter), the days are drawing out (in); **bis in den ~ hinein schlafen** sleep long in the morning; **es wird ~, der ~ bricht an** (the) day is breaking (*od.* dawning), dawn is breaking; *lit.* **der ~ neigt sich** the day is drawing to a close; **es ist noch früh am ~e** it is still early in the day, it is early yet; *fig. colloq.* **jetzt wird's ~** *überrascht od. verärgert*: that takes the cake. **3.** (*Tageslicht*) daylight; **bei ~(e)** by daylight; **es ist heller ~** it is broad daylight; **am hell(icht)en ~e** in broad daylight; **solange es noch ~ ist, noch bei ~(e)** in daylight, while it is still (day)light; *fig.* **et. bei ~e besehen** look at s.th. in the proper light; **an den ~ kommen** come to light, come out; **an den ~ bringen** bring *s.th.* to light, expose, unearth; **es kommt alles an den ~, die Sonne bringt es an den ~** (*Sprichwort*) truth will out, it will (all) come out in the wash; **an den ~ legen** (*Eifer etc*) show, display, exhibit. **4.** *pl* (*Zeit*) days; **die ~e der Jugend** the days of youth; **in unseren** (*od.* **diesen**) **~en** nowadays, these days; **bis in unsere ~e** to this (very) day; **sie hat schon bessere ~e gesehen** she has seen better days; **s-e ~e sind gezählt** his days are numbered; **auf s-e alten ~e** in his old age (*od.* days); **in guten und bösen ~en** in good and in bad times; **den Anforderungen des ~es entsprechen** meet present-day demands. **5. guten ~!** *allg. u. beim Vorstellen*: how do you do?, *vormittags*: good morning!, *nachmittags*: good afternoon!, *colloq.* hello!, *Am. a.* hi!, howdy!; **j-m guten ~ sagen, j-m (e-n) guten ~ wünschen** wish (*od.* bid) s.o. good day, pass the time of day with s.o.; **ich wollte nur mal guten ~ sagen** I just came to say hello. **6.** *Bergbau*: **unter ~e** underground; **über ~e** aboveground, at the surface. **7.** *pl colloq.* (*Menstruation*) period *sg*, *colloq.* (the) curse *sg*; **sie hat ihre ~e** she has her period.

,tag'aus *adv* **~, tagein** day in, day out.

'Tag|,bau *m* → Tagebau. **~,blatt** *n* → Tageblatt. **~blind** *adj* affected with day blindness, hemeralopic. **~,blind·heit** *f* day blindness, hemeralopia. **~,bo·gen** *m astr.* diurnal arc. **~,dieb** *m* → Tagedieb. **~,dienst** *m* day duty.

'Ta·ge|,bau *m* ⟨-(e)s; -e⟩ *Bergbau*: opencast (*od.* opencut, open-work, open-pit) mining, surface mining (*od.* working). **~,blatt** *n* daily (paper). **~,buch** *n* **1.** diary, journal; **ein ~ führen** keep a diary, journalize. **2.** *Buchhaltung*: journal, daybook. **3.** ship's logbook. **~,buch·ro,man** *m* novel in diary form, novel-as-diary. **~,dieb** *m* idler, loafer, lazybones *pl* (*als sg od. pl konstruiert*). **~,geld** *n* daily (*od.* per diem) allowance, per diem.

,tag'ein *adv* → tagaus.

'ta·ge|,lang I *adj* lasting for days. **II** *adv* for days (and days), for days on end. **~lohn** *m* daily (*od.* day's) wage(s *pl*) (*od.* pay); **im ~ arbeiten** work by the day, work as a day labo(u)rer. **~löh·ner** [-,lø:nər] *m* ⟨-s; -⟩, **~löh·ne·rin** *f* ⟨-; -nen⟩ day labo(u)rer. **~,löh·nern** *v/i* ⟨*insep, pp* tagegelöhnert, h⟩ work by the day, work as a day labo(u)rer. **~,marsch** *m* day's march.

ta·gen¹ ['ta:gən] *v/i u. v/impers* ⟨h⟩ **es** (*od.* **der Morgen**) **tagt** it is dawning, (the) day is breaking (*od.* dawning).

'ta·gen² *v/i* ⟨h⟩ *allg.* meet, hold a meeting, sit (in conference), *Gericht*: be in session; **der Ausschuß tagt schon wochenlang** the committee has been meeting for weeks (now); **bis zum frühen Morgen ~** sit until morning, *fig. colloq.* have an all-night sitting.

'Ta·ge,rei·se *f* day's journey, day; **nach X sind es zwei ~n** it is a two-day journey to X; *humor.* **das ist ja e-e ~!** that's quite a long way!

'Ta·ges|,ab,lauf *m* (run of the) day, (*a.* **gewöhnlicher ~**) (daily) routine. **~,an,bruch** *m* (**bei ~** at) daybreak (*od.* dawn). **~,an,zug** *m* business suit. **~,ar·beit** *f* day's work, *regelmäßig wiederkehrende*: (daily) routine. **~,aus,flug** *m* (one-)day trip (*od.* tour, excursion). **~,aus,zug** *m econ.* daily statement (of account). **~be,darf** *m* daily requirement. **~be,fehl** *m* order of the day. **~be,richt** *m* daily report (*od.* bulletin). **~,creme** *f* day cream. **~,decke** (*getr.* -k·k-) *f* bedspread. **~,durch,schnitt** *m* daily (*od.* per diem) average. **~,ein,nah·me** *f* daily receipts (*od.* takings) *pl.* **~er,eig·nis** *n* event of the day, *pl a.* current events. **~er,folg** *m* momentary (*od.* short-lived) success. **~fra·ge** *f meist pl* question of the day. **~ge,bühr** *f* day rate. **~geld** *n econ.* day-to-day loan (*od.* money). **~ge,richt** *n gastr.* day's menu, special dish of the day. **~ge,sche·hen** *n* events *pl* of the day. **~ge,spräch** *n* **1.** talk (*od.* topic) of the day; **das ~ bilden, ~ sein** be the talk of the day. **2.** *teleph.* daytime call. **~ge,stirn** *n* daytime celestial object. **~,grau·en** *n* → Tagesanbruch. **~,heim** *n* day home. **~,hel·le** *f lit.* light of day. **~jour,nal** *n* → Tagebuch 2. **~,kar·te** *f* **1.** *für öffentliche Verkehrsmittel*: day ticket. **2.** *gastr.* menu of the day. **~,kas·se** *f* **1.** *thea.* box office. **2.** *econ.* a) *für kleine Ausgaben*: petty cash, b) (*Tageseinnahmen*) receipts (*od.* takings) *pl* of the day. **~,kleid** *n* day dress. **~,kurs** *m* **1.** *von Devisen*: current rate (of exchange), current exchange, day rate, day's rate (of exchange), *von Effekten*: quotation of the day, current price. **2.** *e-r Schule*: day course. **~,lei·stung** *f* daily output (*od.* production), *e-r Maschine etc*: *a.* per diem capacity,

capacity per day. **~ₗlicht** *n* daylight: **bei ~** by daylight, in (the) daylight; **in vollem ~** in broad daylight; *fig.* **ans ~ kommen** come to light, come out, surface, transpire, *Am. a.* develop; **ans ~ bringen** bring *s.th.* to light, expose, unearth; **das ~ scheuen** shun daylight. **~ₗlichtₗaufₗnah·me** *f phot.* daylight shot. **~ₗmel·dung** *f* daily report (*od.* return). **~ₗmut·ter** *f* day-care mother. **~ₗmen·ge** *f* daily quantity (*od.* amount). **~ₗnachₗrich·ten, ~ₗneu·ig·kei·ten** *pl* news *sg* (of the day). **~noₗtie·rung** *f econ.* rate (*od.* price, quotation) of the day. **~ₗord·nung** *f* order of the day (*od.* of business), *e-r Versammlung etc*: agenda; *fig. colloq.* **das ist an der ~** that is the order of the day, that's nothing out of the ordinary, that's a daily occurrence; **auf die ~ setzen** place (*od.* put) *s.th.* on the agenda, include *s.th.* in the agenda; **auf der ~ steht** ... the agenda calls for the discussion of ...; **zur ~ übergehen** pass (on) to the agenda (*od.* order of the day); **Punkt auf der ~** item on the agenda; **zur ~!** a) keep to the agenda, stick to the matter in hand, b) let's get down to business. **~ₗpreis** *m econ.* **1.** (day's *od.* ruling, actual, current) price. **2.** → Tageskurs 1. **~ₗpres·se** *f* daily press. **~pro·duk·tiₗon** *f* daily production. **~ra·tiₗon** *f* daily ration(s *pl*). **~ₗraum** *m* dayroom. **~ₗsatz** *m* **1.** *econ.* day (*od.* daily, per diem) rate, *an der Börse*: current rate. **2.** (*Verpflegungssatz*) daily ration, one day's supply. **~ₗschau** *f TV* news *sg.* **~ₗschicht** *f* day shift. **~ₗschu·le** *f* day school. **~ₗschwan·kung** *f* daily fluctuation. **~ₗstem·pel** *m* date stamp. **~tem·pe·raₗtur** *f meteor.* daytime temperature. **~ₗtour** *f* day tour. **~ₗumₗsatz** *m econ.* daily turnover. **~verₗbrauch** *m* daily consumption. **~verₗdienst** *m* daily earnings *pl.* **~verₗpfle·gung** *f* daily ration(s *pl*). **~ₗwert** *m* current (*od.* present) value. **~ₗzeit** *f* **1.** time (*od.* hour) of (the) day; **zu jeder ~** at any time of the day, at any hour; **zu dieser ~** at this time of day. **2.** (*heller Tag*) daytime. **~ₗzei·tung** *f* daily (newspaper, daily. **~ₗzen·trum** *n* day cent/re (*Am.* -er). **~ₗzin·sen** *pl* interest *sg* on daily balances.

Ta·ge·tes [taˈgeːtəs] *f* ⟨-; *no pl*⟩ *bot.* tagetes, French marigold.

ˈta·geₗweiₗse *adv* **1.** by the day, on a day-to-day basis. **2.** on certain days; **~ kann sie nicht aufstehen** there are (certain) days when she is not able to get up. **≈ₗwerk** *n* day's (*od.* daily) work (*od.* task); **sein ~ verrichten** do (*od.* go about) one's daily work.

ˈTagₗfal·ter *m zo.* butterfly, diurnal. **≈hell** *adj* (as) light as day.

täg·lich [ˈtɛːklɪç] **I** *adj* **1.** daily, quotidian; **die ~e Arbeit** one's daily work; **das ~e Brot** one's daily bread; *econ.* **~es Geld** call money, day-to-day money; **auf ~e Kündigung** at call. **2.** (*all~*) everyday; **im ~en Leben** in everyday life. **3.** *bes. astr. meteor.* diurnal. **II** *adv* **4.** every day, daily, day by day, per diem; **diese Zeitung erscheint ~** this newspaper is published daily; **so et. kommt ~ vor** things like this happen every day; **es wird ~ schwieriger** it's getting more difficult every day; *med.* **~ wiederkehrende Anfälle** daily attacks, quotidian fits; *econ.* **~ fällige Gelder** (*od.* **Einlagen**) call money *sg*, sight (*Am.* demand) deposits. **5.** (*pro Tag*) a day, per day, daily; **zweimal ~** twice daily (*od.* a day).

ˈTagₗlohn *m etc* → **Tagelohn** *etc.* **~ₗpfau·enₗau·ge** *n zo.* peacock (*od.* argus) butterfly.

tags [taːks] *adv* **~ darauf** (the) next day, (on) the following day, the day after; **~ zuvor** the day before, (on) the previous day.

ˈTagₗsat·zung *f Austrian for* **Gerichtstermin 2.** **~ₗschicht** *f econ.* day shift; **~ haben** be on day shift.

ˈtagsₗüber *adv* during the day, in the daytime.

ˈtagˈtäg·lich I *adj* daily, everyday. **II** *adv* every single day; day in, day out.

≈ₗtraum *m* daydream, waking dream.

ˈTag- ₗund ˈNacht·beₗtrieb, ˈTag- ₗund ˈNachtₗdienst *m* day and night (*od.* [a]round-the-clock) service.

ˈTagₗundˈnachtₗglei·che *f* ⟨-; -n⟩ *astr.* equinox.

ˈTa·gung *f* ⟨-; -en⟩ conference, meeting, convention, *e-s Ausschusses etc*: *a.* session, sitting; **e-e ~ abhalten** hold a meeting.

ˈTa·gungsₗbeₗricht *m* proceedings *pl.* **~ₗort** *m* place of conference, *etc.* **~ₗteilₗneh·mer** *m*, **~ₗteilₗneh·me·rin** *f* participant in a conference, *etc.*

ˈtagₗwei·se *adv* → **tageweise.** **≈ₗwerk** *n* **1.** → **Tagewerk. 2.** *dial. land measure varying between 27 and 47 acres.*

ta·hi·tisch [taˈhiːtɪʃ] *adj* Tahitian.

Tai·fun [taɪˈfuːn] *m* ⟨-s; -e⟩ *meteor.* typhoon. **≈ₗar·tig** *adj* typhonic.

Tai·ga [ˈtaɪga] *f* ⟨-; *no pl*⟩ taiga.

Tail·le [ˈtaljə] *f* ⟨-; -n⟩ **1.** waist; **j-n um die ~ fassen** put one's arm (a)round s.o.'s waist; **auf ~ gearbeitet** *Kleid etc*: waisted, close-fitting at the waist. **2.** *Mode*: bodice, corsage.

ˈTail·lenₗumₗfang *m*, **~ₗwei·te** *f* waist (measurement).

Tail·leur [taˈjøːr] *n* ⟨-s; -s⟩ (woman's) (two-piece) suit, costume. **tailˈlie·ren** [-ˈjiːrən] *v/t* ⟨*no* **ge-**, h⟩ (*Kleid etc*) (fit at the) waist. **tailˈliert** *adj* waisted, fitted (*od.* close-fitting) at the waist.

Ta·ke·la·ge [takəˈlaːʒə] *f* ⟨-; -n⟩ *mar.* rigging. **ta·keln** [ˈtaːkəln] *v/t* ⟨h⟩ rig. **ˈTa·ke·lung** *f* ⟨-; -en⟩, **ˈTa·kelₗwerk** *n* → **Takelage.**

Takt[1] [takt] *m* ⟨-(e)s; -e⟩ **1.** *bes. mus.* time, measure, beat; **den ~ schlagen** beat (the) time; **im ~ spielen** play in time; **den ~ halten, im ~ bleiben** keep time, *beim Rudern etc*: keep stroke; **aus dem ~ kommen** (*od.* **fallen**) lose (the) beat, *fig. a.* be put out (of one's stride); **aus dem ~ (gekommen) sein** be off time, be off (the) beat; **j-n aus dem ~ bringen** put s.o. out of time, put s.o. off (the) beat, *fig.* put s.o. out (of his stride); **gegen den** (*od.* **nicht im**) **~ spielen** play out of time (*od.* off the beat). **2.** (*~einheit*) *mus.* bar, *Am. a.* measure; **die ersten ~e e-s Liedes** the first few bars of a song; **setzen Sie im vierten ~ ein** (you) cut in at bar four; **5 ~e nach E** five bars after E; **e-n ~ vorgeben** (*od.* **vorzählen**) count in (*od.* off) one bar. **3.** (*gleichmäßige Abfolge*) rhythm, cadence, beat, (*Arbeits≈ etc*) phase, cycle, *mot.* (*Hub*) stroke, *teleph.* cadence; **im 15-Minuten-~** at 15 minute intervals, every 15 minutes.

Takt[2] *m* ⟨-(e)s; *no pl*⟩ (*Feingefühl*) tact(-fulness), delicacy; **~ haben** have tact; **es fehlt ihm an ~** he lacks tact; **Mangel an ~** tactlessness.

ˈTaktₗart *f mus.* time. **~beₗzeich·nung** *f* time signature. **≈ₗfest** *adj mus.* steady (in keeping time), beat-conscious; **~ sein** keep good time. **~ₗge·ber** *m Computer*: clock. **~geₗfühl** *n* ⟨-(e)s; *no pl*⟩ (sense of) tact; **kein ~ haben** have no tact, lack tact.

takˈtie·ren *v/i* ⟨*no* **ge-**, h⟩ proceed.

Tak·tik [ˈtaktɪk] *f* ⟨-; -en⟩ **1.** *mil.* tactics *pl* (*meist als sg konstruiert*). **2.** *fig.* tactics *pl*; **e-e raffinierte ~ anwenden** use subtle tactics. **ˈTak·ti·ker** *m* ⟨-s; -⟩ *mil. u. fig.* tactician. **ˈtak·tisch** *adj mil. u. fig.* tactical.

ˈtaktₗlos *adj Mensch, Benehmen, Frage etc*: tactless, without (*od.* lacking) tact, untactful, indelicate. **≈lo·sig·keit** *f* ⟨-; -en⟩ **1.** ⟨*only sg*⟩ tactlessness, lack of tact, indelicacy. **2.** (*taktloses Verhalten*) tactless thing, social blunder, (*taktlose Bemerkung*) tactless remark; **das war e-e ~** that was a tactless thing to do; **e-e ~ begehen** commit a faux pas, *colloq.* drop a brick.

ˈtaktₗmä·ßig *mus.* **I** *adj* measured, well-timed. **II** *adv* in time. **≈ₗstock** *m* (conductor's) baton. **≈ₗstrich** *m* bar (line). **≈ₗteil** *m* beat, part of the bar; **guter ~** good (*od.* strong) beat; **schlechter ~** weak beat, offbeat.

ˈtaktₗvoll I *adj* tactful, delicate; **ein ~er Mensch** *a.* a person of tact. **II** *adv* **~ über e-e Sache hinweggehen** pass s.th. over tactfully.

ˈTaktₗvorₗzei·chen *n*, **~ₗvorₗzeich·nung** *f mus.* time signature. **~ₗwech·sel** *m* change of time. **~ₗzeit** *f tech.* cycle time.

Tal [taːl] *n* ⟨-(e)s; ⸚er⟩ valley, *poet.* vale, dale. **ₗtalˈab(ₗwärts)** *adv* **1.** down into the valley. **2.** *mar.* downstream.

Ta·lar [taˈlaːr] *m* ⟨-s; -e⟩ robe, gown.

ₗtalˈauf(ₗwärts) *adv* **1.** up the valley. **2.** *mar.* upstream.

Ta·lent [taˈlɛnt] *n* ⟨-(e)s; -e⟩ **1.** (*Begabung, Gabe*) talent, (natural) gift (*od.* endowment); **ein Mann von ~** a man of talent; **(ein) ~ haben für** (*od.* **zu**) have a talent for (*acting, etc*); *colloq. iro.* **ein ~ haben zu** *inf* have a genius for (*doing the wrong thing, etc*). **2.** (*talentierte Person*) talent, talented (*od.* gifted) person. **3.** *antiq.* talent. **ta·len·tiert** [talɛnˈtiːrt] *adj* talented; **sehr ~** *a.* of great talent, highly talented.

taˈlentₗlos *adj* untalented, talentless. **≈lo·sig·keit** *f* ⟨-; *no pl*⟩ lack of talent. **≈ₗpro·be** *f* proof of one's talent. **≈ₗsu·che** *f* search for talent; **auf der ~ sein** be looking (*od.* searching, scouting) for talent, be talent-scouting. **≈ₗsu·cher** *m* talent scout (*od.* spotter). **~ₗvoll** *adj* → **talentiert.**

Ta·ler [ˈtaːlər] *m* ⟨-s; -⟩ *hist.* t(h)aler.

ˈTalₗfahrt *f* **1.** *allg.* descent, *im Auto*: *a.* downhill drive (*od.* run), *auf Skiern*: *a.* downhill run, *mit Seilbahn*: trip down. **2.** *mar.* downstream run (*od.* trip). **3.** *bes. econ. pol. fig.* downward trend, downswing.

Talg [talk] *m* ⟨-(e)s; -e⟩ **1.** *roh*: suet. **2.** *ausgelassener*: a) *eßbarer*: dripping, b) *ungenießbarer*: tallow. **3.** *med.* sebaceous matter, sebum. **≈ₗabₗson·dernd** *adj med.* sebaceous, sebiparous. **≈ₗar·tig** *adj* **1.** suety. **2.** *med.* sebaceous. **~ₗdrü·se** *f anat.* sebaceous gland.

tal·gen [ˈtalgən] *v/t* ⟨h⟩ tallow.

tal·gig [ˈtalgɪç] *adj* **1.** suety. **2.** *med.* sebaceous. **3.** *Gesichtsfarbe*: tallowy.

ˈTalgₗker·ze *f*, **~ₗlicht** *n* tallow candle.

ˈTalₗgrund *m* valley floor (*od.* bottom), floor (*od.* bottom) of the valley.

Ta·lis·man [ˈtaːlɪsman] *m* ⟨-s; -e⟩ talisman, mascot, (good-luck) charm.

Tal·je [ˈtaljə] *f* ⟨-; -n⟩ *mar.* tackle. **ˈtal·jen** *v/t* ⟨h⟩ tackle, purchase.

Talk [talk] *m* ⟨-(e)s; *no pl*⟩ *min.* talc(um). **≈ₗar·tig** *adj* talcose, talcous.

ˈTalₗkes·sel *m* (valley) basin, hollow.

ˈtalkₗhal·tig *adj min.* talcose, talcous. **≈ₗpu·der** *m*, *n* talcum powder.

Tal·kum [ˈtalkʊm] *n* ⟨-s; *no pl*⟩ **1.** → **Talk. 2.** → **Talkpuder.**

'Tal·ly,mann ['tali-] *m* <-(e)s; ⸗er> *mar.* tallyman, (cargo) checker (*od.* clerk).
Tal·mi ['talmi] *n* <-s; *no pl*> **1.** → Talmigold. **2.** *fig.* (*Unechtes*) sham, pinchbeck, *Am. colloq.* goldbrick. **~,gold** *n* talmi (*od.* imitation) gold, pinchbeck.
Tal·mud ['talmu:t] *m* <-(e)s; -e> *relig.* Talmud. **tal'mu·disch** [-'mu:dɪʃ] *adj* Talmudic(al). **Tal·mu'dist** [-mu'dɪst] *m* <-en; -en> Talmudist.
'Tal,mul·de *f* valley basin, hollow.
Ta·lon [ta'lõ:] *m* <-s; -s> **1.** *econ.* (*Erneuerungsschein*) renewal certificate. **2.** (*Kontrollabschnitt*) coupon, voucher.
'Tal|schaft *f* <-; -en> *Swiss* (all the) inhabitants *pl* of a valley. **~,schlucht** *f größe*: canyon, gorge, *kleinere*: ravine. **~,schluß** *m* valley head. **~,sen·ke** *f* → Talmulde. **~,soh·le** *f* **1.** *geol.* bottom of the (*od.* a) valley, valley bottom. **2.** *fig. e-r Rezession etc*: lowest point, trough; **die ~ erreichen** *a.* bottom (out). **~,sper·re** *f civ.eng.* dam, barrage. **~sta·ti,on** *f e-r Seilbahn*: valley station. **~,über,füh·rung** *f civ.eng.* viaduct. **2,wärts** *adv* → talab(wärts). **~,weg** *m* **1.** valley path. **2.** *geogr.* thalweg. **~,wind** *m* valley breeze.
Ta·ma·rin·de [tama'rɪndə] *f* <-; -n> *bot.* tamarind (tree), (*Frucht*) tamarind.
Ta·ma·ris·ke [tama'rɪskə] *f* <-; -n> *bot.* tamarisk.
Tam·bour ['tambu:r] *m* <-s; -e> **1.** *obs.* (*Trommler*) drummer. **2.** *arch.* drum. **~ma,jor** *m* drum major.
Tam·bur ['tambu:r] *m* <-s; -e> (*Stickrahmen*) tambour (frame), embroidery ring.
Tam·bu·rin [tambu'ri:n] *n* <-s; -e> tambourine.
Tam·pon ['tampɔn; tã'põ:] *m* <-s; -s> *med.* tampon, plug. **tam·po·nie·ren** [tampo'ni:rən] *v/t* <*no* ge-, h> tampon, plug, pack.
Tam·tam [,tam'tam; 'tam'tam] *n* <-s; -s> **1.** *mus.* (*Instrument*) tam-tam, tomtom. **2.** <*only sg*> *colloq.* (*Getue*) fuss, to-do, ado, brouhaha, (*Reklamerummel etc*) *a.* ballyhoo; **viel ~ (um j-n) machen** make a lot of fuss (about s.o.), make a big fuss (of s.o., *Am.* over s.o.).
Tand [tant] *m* <-(e)s; *no pl*> (*glänzende, wertlose Dinge*) baubles *pl*, gewgaws *pl*, (*hübsche Kleinigkeiten*) trinkets *pl*, knickknacks *pl*, (*Flitterkram*) tinsel, glitter, (*Trödelkram*) junk, trash, trumpery.
Tän·de'lei *f* <-; -en> playing about, dalliance, trifling, flirt(ation), (*Schäkern*) *a.* philander(ing).
'Tan·del,markt ['tandəl-] *m Austrian colloq.*, **'Tän·del,markt** *m dial. for* Trödelmarkt.
tän·deln ['tɛndəln] **I** *v/i* <h> *allg.* (*herumspielen*) *a. mit Ideen, j-s Gefühlen etc*: (**mit** with) play about, dally, trifle, flirt, (*schäkern*) *a.* philander. **II 2** *n* <-s> → Tändelei.
Tan·dem ['tandɛm] *n* <-s; -s> (*Fahrrad*) tandem (bicycle). **~...** *in Zssgn* tandem (*engine, pump, etc*). **~an,ord·nung** *f* tandem arrangement.
Tand·ler ['tandlər] *m* <-s; -> *dial. for* Trödler 1.
'Tänd·ler *m* <-s; -> **1.** trifler, (*Schäker*) philanderer. **2.** *dial. for* Trödler 1.
Tang [taŋ] *m* <-(e)s; -e> *bot.* seaweed.
Tan·gens ['taŋgɛns] *m* <-; -> *math.* tangent.
Tan·gen·te [taŋ'gɛntə] *f* <-; -n> **1.** *math.* tangent. **2.** *Städteplanung*: tangential trunk road.
Tan'gen·ten|kur·ve *f math.* tangent curve. **~schnitt,punkt** *m* point of intersection of tangents.
tan·gen·ti·al [taŋgɛn'tsĭa:l] *adj* tangential. **2...** *in Zssgn* tangential (*force, plane, etc*).
tan·gie·ren [taŋ'gi:rən] *v/t* <*no* ge-, h> **1.** *math.* touch, be tangent to. **2.** *fig.* a) (*betreffen*) affect, concern, b) (*berühren*) touch, affect.
Tan·go ['taŋgo] *m* <-s; -s> tango; **~ tanzen** (dance the) tango. **~,jüng·ling** *m colloq. contp.* dandy.
Tank [taŋk] *m* <-(e)s; -s, *rare* -e> **1.** tank (*a. e-s Autos*), container. **2.** *mil.* (*Panzer*) tank. **~an,hän·ger** *m mot.* tank trailer. **~deckel** (*getr.* -k·k-) *m* → Tankverschluß.
tan·ken ['taŋkən] **I** *v/i* <h> **1.** fill up, (re)fuel, *bes. Am.* refill, *Am. colloq.* gas up; *fig. colloq.* **er hat zuviel getankt** (*getrunken*) he has had one too many. **II** *v/t* **2.** (*Kraftstoff*) fill up with, *Am.* tank. **3.** *fig.* take in (a supply of), *colloq.* (*saufen*) get tanked up on (*beer, etc*). **4.** *fig. colloq.* (*Feuerzeug, Füllfederhalter etc auf~*) refill.
'Tan·ker *m* <-s; -> *mar.* (oil) tanker.
'Tank|,flug,zeug *n* tanker plane. **~,last,zug** *m mot.* tank truck train. **~re,ak·tor** *m nucl.* tank-type reactor. **~,säu·le** *f* petrol pump, *Am.* gasoline (*od. colloq.* gas) pump. **~,schiff** *n* (oil) tanker. **~,stel·le** *f mot.* service (*od.* filling, petrol) station, *Am.* gasoline (*od. colloq.* gas) station; **freie ~** independent (*od.* free, private-contract) service (*od.* filling) station. **~,stel·len,wart** *m* → Tankwart. **~,uhr** *f* fuel ga(u)ge. **~ver,schluß** *m mot.* tank (*od. Br.* petrol, *Am.* gas) cap. **~,wa·gen** *m* **1.** *mot.* tanker, tank truck, *Br. a.* tank lorry. **2.** *rail.* tank car, tank wag(g)on. **~,wart** *m mot.* service (*od.* filling, *Am.* gas) station attendant.
Tann [tan] *m* <-(e)s; -e> *poet. for* Tannenwald.
Tan·ne ['tanə] *f* <-; -n> **1.** *bot.* fir (tree), (*Weiß2, Edel2*) silver fir, (*Rot2, Fichte*) spruce (fir), Norway spruce. **2.** → Tannenholz. **'tan·nen** *adj* (made of) deal, made of fir.
'Tan·nen|,baum *m* **1.** → Tanne 1. **2.** → Weihnachtsbaum. **~ge,hölz** *n* fir grove. **~,grün** *n* fir sprigs *pl*. **~,hä·her** *m orn.* nutcracker, nutbreaker. **~,harz** *n* fir resin. **~,holz** *n* fir (wood), spruce. **~,mei·se** *f orn.* coal tit. **~,na·del** *f* fir needle. **~,wald** *m* fir wood. **~,zap·fen** *m* fir cone. **~,zweig** *m kleiner*: fir twig (*od.* sprig), *großer*: fir branch.
tan·nie·ren [ta'ni:rən] *v/t* <*no* ge-, h> (*Leder*) tan, treat with tannic acid.
Tan·nin [ta'ni:n] *n* <-s; *no pl*> *chem.* tannin. **~,säu·re** *f* tannic acid.
Tänn·ling ['tɛnlɪŋ] *m* <-s; -e> *bot.* young fir (tree).
Tan·tal ['tantal] *n* <-s; *no pl*> *chem.* tantalum.
'Tan·ta·lus,qua·len ['tantalus-] *pl fig. u. myth.* torments of Tantalus; **j-m ~ bereiten, j-n ~ ausstehen lassen** tantalize s.o.; **~ leiden** (*od.* **ausstehen**) suffer agonies, *colloq.* go through hell.
'Tant·chen *n* <-s; -> auntie, aunty.
Tan·te ['tantə] *f* <-; -n> **1.** aunt; **liebe ~ Agathe** dear aunt(ie) Agatha. **2.** *Kindersprache*: lady; **sag der ~ auf Wiedersehen!** say good-bye to the lady! **3.** *colloq. contp.* e-e (**alte**) **~** a(n old) woman. **4.** *sl.* (*Homosexueller*) queer, gay. **~-'Em·ma-,La·den** *m colloq.* corner shop, *Am.* mom-and-pop store.
'tan·ten·haft *adj fig. contp.* spinsterish, old-maidish, grannyish.
Tan·tie·me [tã'tĭɛ:mə] *f* <-; -n> **1.** *e-s Autors, Erfinders etc*: royalty. **2.** *econ.* tantième, percentage (of profits), share (in profits), bonus. **3.** (*Aufsichtsrats2*) director's fee.
Tanz [tants] *m* <-es; ⸗e> **1.** dance (*a. fig. der Wellen, Blätter etc*); **j-n zum ~ auffordern** ask (*od.* invite) s.o. to dance, *colloq.* ask s.o. for a dance; **darf ich um den nächsten ~ bitten?** may I have the pleasure of the next dance?, *colloq.* may I have the next one?; **e-n ~ aussetzen** sit out a dance; **sich im ~(e) drehen** spin (*od.* whirl) (a)round in a dance; **der ~ ums Goldene Kalb** the worship of the golden calf. **2.** (*~veranstaltung*) dance, *colloq.* hop, knees-up, (*Ball*) ball; **zum ~ gehen** go to a dance, go dancing; **j-n zum ~ führen** take s.o. out to a dance; **bei X ist ~** there is a dance (on) at X's. **3.** *mus.* dance. **4.** *fig. colloq.* (*Aufhebens, Getue, Rummel*) fuss, to-do, ado, brouhaha, *stärker*: rumpus; **e-n ~ machen** (*od.* **aufführen**) make a fuss (*od.* a scene), make a (big) song and dance. **5.** *colloq.* (*Streit*) row, rumpus, shindy; **jetzt kann der ~ beginnen** (*od.* **losgehen**) now for the (*od.* some) fun!; **dann ging der ~ erst richtig los** this was but the beginning of the fun. **~,abend** *m* (evening's) dancing. **~,bär** *m* dancing bear. **~,bein** *n colloq.* **das ~ schwingen** shake a leg, do the light fantastic (*od.* shoe-shuffle). **~,bo·den** *m obs.* dance hall. **~ca,fé** *n* coffeehouse with dancing.
Tänz·chen ['tɛntsçən] *n* <-s; -> *dim. of* Tanz; **ein ~ wagen** venture a dance.
tän·zeln ['tɛntsəln] *v/i* <h, *in e-e Richtung*: sein> skip, caper, *Pferde*: prance, *Boxer*: dance, shuffle. **~d** *adj* (*adv*) light-footed(ly), light(ly).
tan·zen ['tantsən] **I** *v/i* <h *u.* sein> **1.** <h, *in e-e Richtung*: sein> dance; **er tanzt gut** he dances well, he is a good dancer; **~ gehen** go dancing, *colloq.* trip the light fantastic; **sie sind durch den ganzen Saal getanzt** they danced right through the ballroom; **möchtest du ~?** would you like to dance (*od. colloq.* shake a leg)?; **auf der Terrasse wurde getanzt** there was dancing on the terrace; **nach Radiomusik ~** dance to (music from) the radio; → **Reihe** 1. **2.** <sein> (*hüpfen*) dance, skip, jump, hop (**vor** *Freude etc* with). **3.** <h *u.* sein> *fig. poet. Blätter, Mücken etc*: dance; **das Boot tanzt auf den Wellen** *a.* the boat rocks (*od.* bobs) on the waves; **Schatten tanzten an der Wand** *a.* shadows were playing on the wall; **die Buchstaben tanzten mir vor den Augen** *a.* the letters were swimming before my eyes. **II** *v/t* <h> **4.** dance; **Walzer ~** (dance the) waltz; **sich** (*dat*) **Löcher in die Schuhe ~** dance holes in one's shoes; **sich müde ~** tire o.s. with dancing. **III 2** *n* <-s> **5.** dancing (*etc*); **zum 2 gehen** go dancing. **6.** *Film, TV des Bildes*: trembling.
Tän·zer ['tɛntsər] *m* <-s; -> **1.** dancer. **2.** (*Tanzpartner*) (dancing) partner. **3.** (*Ballettänzer*) (ballet) dancer, danseur. **Tanze'rei** *f* <-; -en> *colloq.* e-e (**kleine**) **~** a bit of a dance (*od.* hop). **'Tän·ze·rin** *f* <-; -nen> **1.** dancer. **2.** (*Tanzpartnerin*) (dancing) partner, lady to dance with. **3.** (*Ballettänzerin*) (ballet) dancer, danseuse, ballerina, (*Revuetänzerin*) chorus (*od.* dancing) girl. **'tän·ze·risch** *adj* **1.** **~e Fähigkeiten** dancing talent *sg*, talent *sg* for dancing; **die ~e Leistung war hervorragend** the dancing was first-class. **2.** *fig.* (*graziös, leichtfüßig*) light-footed, *Bewegungen etc*: balletic; **mit ~er Leichtigkeit** with effortless ease.
'Tanz|,flä·che *f* dance floor. **~ge,sell·schaft** *f* dance, dancing party. **~ka,pel·le** *f* dance band. **~,kar·te** *f obs. e-r Dame auf Bällen*: (ball) program(me *Br.*). **~,kleid** *n* dancing dress. **~,kunst** *f* (art of) dancing, choreography. **~,kurs** *m* dancing lessons *pl*. **~,leh·rer** *m*, **~,leh-**

re·rin *f* dancing instructor (*od.* teacher). **~ˌlied** *n* dancing song. **~loˌkal** *n* **1.** restaurant (*od.* bar) with dancing. **2.** dance hall. **~ˌlust** *f* love of (*od.* enthusiasm for) dancing. **2ˌlu·stig** *adj* fond of dancing; **~ sein** *generell*: *a.* enjoy (*od.* adore) dancing, love to dance, *im Moment*: feel like dancing. **~ˌmei·ster** *m obs.* dancing master. **~me·loˌdie** *f* dance melody (*od.* tune). **~muˌsik** *f* ⟨-; -en⟩ dance music. **~orˌche·ster** *n* dance band (*od.* orchestra). **~ˌpaar** *n* dancing couple. **~ˌpart·ner** *m*, **~ˌpart·ne·rin** *f* (dancing) partner. **~ˌpar·ty** *f* dancing party. **~ˌplat·te** *f* dance record. **~ˌplatz** *m für kultische Tänze*: dancing ground. **~ˌrhyth·mus** *m* dance (*od.* dancing) rhythm. **~ˌsaal** *m* **1.** *in e-m Hotel, Schloß etc*: dancing room. **2.** (*großes Tanzlokal*) dance hall. **~ˌschritt** *m* (dance *od.* dancing) step. **~ˌschuh** *m* dance (*od.* dancing) shoe. **~ˌschu·le** *f* dancing school. **~ˌsport** *m* (competitive) dancing. **~ˌstun·de** *f* dancing lesson, (*Tanzunterricht*) dancing lessons *pl.* **~ˌtee** *m* afternoon(-tea) dance, *bes. Am. colloq.* tea dance. **~turˌnier** *n* dancing contest (*od.* competition). **~ˌun·ter·ˌricht** *m* dancing lessons *pl.* **~verˌan·ˌstal·tung** *f*, **~verˌgnü·gen** *n* dance. **~ˌwut** *f* dancing mania, tarantism.

Tao·is·mus [tao'ɪsmʊs; taʊ-] *m* ⟨-; *no pl*⟩ Taoism. **Tao·ist** [tao'ɪst; taʊ-] *m* ⟨-en; -en⟩ Taoist.

ta·pe·rig ['ta:pərɪç] *adj dial.* doddery, doddering. **ta·pern** ['ta:pərn] *v/i* ⟨sein⟩ dodder.

Ta·pet [ta'pe:t] *n* ⟨-s; -s⟩ **et. aufs ~ bringen** bring s.th. up; **aufs ~ kommen** come (*od.* be brought) up for discussion, *Br. a.* be on the carpet.

Ta·pe·te [ta'pe:tə] *f* ⟨-; -n⟩ wallpaper, *gewirkte*: tapestry; *fig. colloq.* **die ~n wechseln** have a change of scenery (*od.* wallpaper).

Ta'pe·ten|ˌlei·ste *f* border. **~ˌtür** *f* jib (*od.* concealed) door. **~ˌwech·sel** *m fig. colloq.* change of scenery (*od.* wallpaper).

ta·pe·zie·ren [tape'tsi:rən] *v/t u. v/i* ⟨*no* ge-, h⟩ (wall)paper, decorate; **ein Zimmer neu** (*od.* **frisch**) **~ lassen** have a room redecorated (*od.* repapered).

Ta·pe'zie·rer *m* ⟨-s; -⟩ **1.** paperhanger. **2.** (*Polsterer*) upholsterer. **~ˌna·del** *f* upholstering needle. **~ˌna·gel** *m* upholstering nail, *bes. Br.* tin tack.

Tap·fe ['tapfə] *f* ⟨-; -n⟩, **'Tap·fen** *m* ⟨-s; -⟩ *meist pl dial. for* **Stapfe(n)**.

tap·fer ['tapfər] **I** *adj* ⟨-er; -st⟩ **1.** *allg.* brave, plucky, (*mutig*) courageous, valiant, valorous, gallant; **~en Widerstand leisten** resist bravely; **ein ~er** (*nicht wehleidiger*) **Patient** a brave patient. **II** *adv* **2.** bravely, courageously; **sich ~ schlagen** *a. fig.* fight bravely, put up a brave fight; **sich ~ halten** *allg.* hold out bravely, *bes. fig. in e-r Diskussion etc*: hold one's ground (*od.* own), stand up for o.s., put up a good fight; **e-r Versuchung ~ widerstehen** resist a temptation bravely; **s-e Schmerzen ~ ertragen** bear one's pain(s) courageously. **3.** *fig. colloq.* (*ungeniert, kräftig*) heartily, with a vengeance; **~ zugreifen** *beim Essen*: tuck in, take a hearty helping. **2keit** *f* ⟨-; *no pl*⟩ bravery, braveness, pluck, (*Mut*) courage, gallantry; **~ vor dem Feind** gallantry in the field.

'Tap·fer·keits|ˌaus·ˌzeich·nung, ~meˌdail·le *f* medal (awarded) for bravery.

Ta·pio·ka [ta'pǐo:ka] *f* ⟨-; *no pl*⟩ *bot. gastr.* tapioca.

Ta·pir ['ta:pir; ta'pi:r] *m* ⟨-s; -e⟩ *zo.* tapir.

Ta·pis·se·rie [tapɪsə'ri:] *f* ⟨-; -n [-ən]⟩ tapestry. **~ˌwa·ren** *pl* tapestry goods, tapestries.

tap·pen ['tapən] *v/i* ⟨h *u.* sein⟩ **1.** ⟨sein⟩ (*unsicher gehen*) grope one's way. **2.** ⟨sein⟩ (*stapfen*) pad, tramp. **3.** ⟨h⟩ **nach e-r Sache ~** (*tasten*) grope (about) (*od.* feel, fumble) for (*the light switch, etc*); *fig.* **im dunkeln ~** be (*od.* grope) in the dark.

'tap·pig *adj dial. for* **täppisch.**

täp·pisch ['tɛpɪʃ] *adj Bewegungen, Person, Benehmen etc*: clumsy, gawky, lubberly.

tapp·rig ['taprɪç], **tap·rig** ['ta:prɪç] → **taperig.**

Taps [taps] *m* ⟨-es; -e⟩ **1.** *colloq.* (*ungeschickter Mensch*) clumsy fellow. **2.** *dial.* (*leichter Schlag*) tap, pat. **'tap·sen** *v/i* ⟨h *u.* sein⟩ **1.** ⟨sein⟩ (*ungeschickt gehen*) stump, pad. **2.** ⟨h⟩ (*klopfen*) tap, pat. **'tap·sig** *adj colloq. for* **täppisch.**

Ta·ra ['ta:ra] *f* ⟨-; **Taren**⟩ *econ.* tare; **wirkliche ~** actual (*od.* real) tare. **~geˌwicht** *n* tare weight.

Ta·ran·tel [ta'rantəl] *f* ⟨-; -n⟩ *zo.* tarantula; *colloq.* **wie von der ~ gestochen** as if stung by an adder.

Ta·ran·tel·la [taran'tɛla] *f* ⟨-; -s *u.* -tellen⟩ *mus.* tarantella, tarantelle.

ta·ra·ta·ta [tarata'ta:] *interj* tantara(ra)!

'Ta·ra·verˌgü·tung *f econ.* allowance for tare (weight), tare.

'Tarˌbutt ['ta(:)r-] *m* ⟨-(e)s; -e⟩ *ichth.* turbot.

Tar·get ['tɑ:gɪt] (*Engl.*) *n* ⟨-s; -s⟩ *nucl.* target. **~ˌkern** *m* target nucleus. **~ma·te·riˌal** *n* target material.

ta·rie·ren [ta'ri:rən] *v/t* ⟨*no* ge-, h⟩ (*Tara bestimmen u. vergüten*) tare.

Ta·rif [ta'ri:f] *m* ⟨-s; -e⟩ **1.** (*Einzel2*) tariff, rate, duty, (*Gebühr*) charge, (*Fahrpreis*) fare, (*Fracht2*) freight rates *pl*, (*Post2*) postal rates *pl.* **2.** (*Gebührentabelle od. -staffelung*) tariff, (table *od.* scale of) rates (*od.* charges) *pl*, *Zoll*: tariff, *für Steuern etc*: tax scale, scale of tax rates. **3.** (*Lohn2*) wage (*od.* salary) scale, scale (of wages *od.* salaries); **gleitender ~** sliding scale; **über (unter) ~ bezahlt werden** be paid above (below) agreed wage (*od.* salary) scale. **4.** → **Tarifvertrag. ~ˌabˌkom·men** *n* → **Tarifvertrag. ~ˌabˌschluß** *m* (collective) wage agreement. **~än·de·rung** *f* change of (*od.* in) tariff. **~ˌan·geˌstell·te** *m, f* employee covered by (*od.* under) collective agreement, scale-wage employee. **~ˌausˌschuß** *m* **1.** tariff committee. **2.** *bei Arbeitsverträgen*: wages council (*od.* board, committee). **~au·to·noˌmie** *f* **1.** *Zoll*: (customs) tariff autonomy. **2.** *bei Lohnverhandlungen*: autonomy in negotiating wage rates. **~beˌsteue·rung** *f* subjection to standard tax. **~beˌstim·mung** *f meist pl* **1.** tariff regulation. **2.** *für Sozialpartner*: wage regulation. **~beˌzirk** *m* collective-agreement area. **~ˌbruch** *m* breach of (the) tariff (*od.* of wage regulation). **~erˌhö·hung** *f* **1.** (*Gebührenerhöhung*) increase in tariff (*od.* charges). **2.** increase in scale wages (*od.* salaries), increase of standard wage. **~erˌmä·ßi·gung** *f* tariff reduction. **~ˌfestˌset·zung** *f* fixing of the tariff. **~ˌfront** *f* wage(s *Br.*) front. **~geˌbühr** *f meist pl* tariff charge. **~geˌhalt** *n* scale (*od.* collectively agreed) salary. **~geˌstal·tung** *f* **1.** determination of tariffs. **2.** *bei Lohnverhandlungen*: collective wage formation. **~ˌgrundˌla·ge** *f* tariff basis. **~ˌgrup·pe** *f bei Steuern*: tax bracket, *bei Löhnen u. Gehältern*: standard-wage bracket. **~ˌho·heit** *f* right to conclude collective agreements.

ta·ri·fie·ren [tari'fi:rən] *v/t* ⟨*no* ge-, h⟩ *econ.* tariff.

ta'ri·fisch *adj u. adv* → **tariflich.**

Ta'rif|ˌklas·se *f* tariff class, tax-rate (*od.* wage-rate) bracket. **~kom·mis·siˌon** *f* **1.** tariff commission. **2.** *bei Lohnverhandlungen*: commission for collective wage agreement. **~konˌflikt** *m* wage (*od.* salaries) dispute. **~ˌkün·di·gung** *f* **1.** (notice of) termination of scale of rates (*od.* charges). **2.** (notice of) termination of agreed wages (*od.* salaries).

ta'rif·lich I *adj* **1.** *Löhne, Arbeitszeit, Kündigungsfrist etc*: contractual. **II** *adv* **2.** according to (*od.* as per) tariff. **3.** *auf Löhne bezogen*: according to wage scale (agreed).

Ta'rif|ˌlohn *m* contractual (*od.* agreed, standard) wage(s *pl*), union rate. **2mä·ßig** *adj u. adv* → **tariflich. ~ˌord·nung** *f* wage scale (*od.* schedule), wages (*od.* pay scale) regulations *pl.* **~ˌpart·ner** *m* party to a (collective) wage agreement; **die ~** the employers and the employed. **~po·liˌtik** *f* **1.** *Zoll*: tariff policy. **2.** *bei Lohnverhandlungen*: wage(-scale) policy. **2poˌli·tisch** *adj* **~e Auseinandersetzungen** wage dispute. **~ˌrun·de** *f* wages (*od.* collective bargaining) round. **~ˌsatz** *m* rate, *für Löhne*: agreed wage (*od.* standard) rate. **~ˌsen·kung** *f* → **Tarifermäßigung. ~ˌstrei·tig·keit** *f meist pl* **1.** dispute on tariffs (*od.* rates). **2.** (*Arbeitskampf*) wage dispute. **~strukˌtur** *f* tariff (*od.* wage-rate) structure. **~syˌstem** *n* tariff(ing) system. **~taˌbel·le** *f* tariff, scale of rates. **~ˌträ·ger·verˌband** *m* association of carriers. **~ˌüberˌwa·chung** *f* supervision (*od.* control) of tariffs (*od.* rates). **~ˌurˌlaub** *m* collectively agreed holidays *pl* (*Am.* vacation). **~verˌhand·lung** *f meist pl* collective bargaining, union negotiations *pl.* **~verˌtrag** *m* industrial agreement, collective (wage) agreement (*od.* contract); **e-n ~ aushandeln** negotiate an industrial agreement, bargain collectively.

'Tarn|ˌanˌstrich *m* camouflage paint (-ing). **~ˌanˌzug** *m* camouflage suit. **~beˌzeich·nung** *f* camouflage name, cover (name).

tar·nen ['tarnən] *v/t* ⟨h⟩ **1.** *mil.* camouflage, mask, *durch Bemalung*: dazzle (-paint). **2.** *fig.* camouflage, disguise, hide, conceal, mask, veil, cloak, screen.

'Tarn|ˌfar·be *f* **1.** camouflage colo(u)r. **2.** → **Tarnanstrich. ~ˌkap·pe** *f myth.* magic cap (*od.* hood). **~ˌnetz** *n mil.* camouflage net. **~or·ga·ni·sa·tiˌon** *f* cover organization.

'Tar·nung *f* ⟨-; -en⟩ camouflage, *fig. a.* disguise, cloak, front, cover(-up).

Ta·rock [ta'rɔk] *n, m* ⟨-s; -s⟩ (*Kartenspiel*) tarok. **~ˌkar·ten** *pl* tarots.

Tar·tar [tar'ta:r] *m* ⟨-en; -en⟩ → **Tatar**[1] *u.* [2].

Täsch·chen ['tɛʃçən] *n* ⟨-s; -⟩ a) small pocket, b) small bag, *etc*; → **Tasche** 1, 2.

Ta·sche ['taʃə] *f* ⟨-; -n⟩ **1.** (*Hosen2, Rock2 etc*) pocket; **aufgesetzte ~n** patch pockets; **ohne ~n** *a.* pocketless (*trousers, etc*); **die Hände in die ~n stecken** put one's hands in(to) one's pockets, *fig. colloq.* (*nichts tun*) not to lift a finger, not to do a stroke; **s-e Hände tief in die ~n graben** dig one's hands deep into one's pockets; *fig. colloq.* **j-n in die ~ stecken (können)** be more than a match for s.o., be head and shoulders above s.o.; **den hab' ich in der ~** I've got him in my pocket (*od.* where I want him); **den Auftrag habe ich in der ~** I have the order in the bag (*od.* all wrapped up, in my pocket); **et. wie s-e ~ kennen** (*Stadt etc*) know s.th. like the back of one's hand. **2.** (*Hand2*) (ladies') (hand-) bag, *Am. a.* purse, (*Einkaufs2*) (shopping) bag, (*Reise2*) (travel[l]ing) bag, holdall, *Am. a.* grip. **3.** (*Hülle, Beutel*) bag, (*Schallplattenhülle*) sleeve, jacket, cover. **4.** *anat.* pocket, pouch, purse, bag, (*Sack, Beutel*) sac. **5.** (*Geld2*) purse, (money) bag; *fig.* **in die eigene ~ arbeiten** (*od.* **wirtschaften**), **sich** (*dat*) **die ~n füllen** line one's own pocket(s), feather one's nest; **den Gewinn in die eigene ~ stecken** put the profit into one's own pocket, pocket the profit; **ich mußte es aus m-r eigenen ~ bezahlen** I had to pay it out of my own pocket; **tief in die ~ greifen** (*freigebig sein*) put one's hand in one's pocket; **er mußte tief in die ~ greifen** he had to dip deep into his pocket, *colloq.* he had to fork out (*od.* cough up) a lot of money; **er liegt s-n Eltern (noch immer) auf der ~** he is (still) living off his parents (*od.* at his parents' expense); **die Hand auf die** (*od.* **der**) **~ halten** tighten the purse strings.

'Tä·schel‚kraut ['tɛʃəl-] *n bot.* shepherd's purse (*od.* pouch, bag).

'Ta·schen‚aus‚ga·be *f* (*Buch*) pocket edition.

'Ta·schen‚buch *n* **1.** paperback (book), *bes. Am.* pocketbook. **2.** (*Notizbuch*) pocketbook, (pocket) notebook, memorandum book. **3.** (*Handbuch, Nachschlagewerk*) handbook, vade mecum. **~‚aus‚ga·be** *f* paperback (*od.* pocketbook) edition. **~‚for‚mat** *n* paperback (*od.* pocketbook) size. **~‚rei·he** *f* paperback (*od.* pocketbook) series. **~‚ver‚lag** *m* paperback publishers *pl.*

'Ta·schen|‚dieb *m*, **~‚die·bin** *f* pickpocket; **vor ~en wird gewarnt** beware of pickpockets. **~‚dieb‚stahl** *m* pocket-picking. **~‚feu·er‚zeug** *n* pocket (cigarette) lighter. **~‚for‚mat** *n* pocket size; **in ~** pocket-size(d). **~‚geld** *n* pocket money, allowance. **~‚ka‚len·der** *m* pocket diary. **~‚kamm** *m* pocket comb. **~‚klap·pe** *f* **1.** pocket flap. **2.** *des Herzens*: semilunar valve. **~‚kom·paß** *m* pocket compass. **~‚krebs** *m* (common) crab. **~‚lam·pe** *f* pocket lamp, (*Stablampe*) (electric) torch, *bes. Am.* flashlight. **~‚mes·ser** *n* pocket knife, jackknife, clasp knife. **~‚pi‚sto·le** *f* pocket pistol. **~‚rech·ner** *m* pocket calculator. **~‚schirm** *m* collapsible (*od.* folding) umbrella. **~‚spie·gel** *m* pocket mirror. **~‚spie·ler** *m a. fig.* prestidigitator.

‚Ta·schen·spie·le'rei *f a. fig.* **1.** sleight of hand, prestidigitation, legerdemain. **2.** (*Kunststück*) sleight of hand, piece of prestidigitation (*od.* legerdemain).

'Ta·schen|‚spie·ler‚trick *m a. fig.* → Taschenspielerei 2. **~‚tuch** *n* ⟨-(e)s; ⸗er⟩ handkerchief, *colloq.* hanky. **~‚uhr** *f* pocket watch. **~‚wör·ter‚buch** *n* pocket dictionary.

Tasch·ner ['taʃnər], **Täsch·ner** ['tɛʃnər] *m* ⟨-s; -⟩ bagmaker, pursemaker.

Tas·ma·ni·er [tas'maːniər] *m* ⟨-s; -⟩, **tas'ma·nisch** [-nɪʃ] *adj* Tasmanian.

Täß·chen ['tɛsçən] *n* ⟨-s; -⟩ *dim. of* Tasse; **ein ~ Kaffee (Tee) trinken** have a nice cup of coffee (tea).

Tas·se ['tasə] *f* ⟨-; -n⟩ cup; **e-e ~ Kaffee** a cup of coffee; *humor.* **hoch die ~n!** cheers!; *fig. colloq.* **trübe ~** drip, sod, dreary; **nicht alle ~n im Schrank haben** not to be quite right in the head, have bats in the belfry.

'tas·sen‚fer·tig *adj* instant (*coffee, tea, etc*).

Ta·sta·tur [tasta'tuːr] *f* ⟨-; -en⟩ *Klavier, Schreibmaschine etc*: keyboard, keys *pl.*

'tast·bar *adj* tactile, palpable.

Ta·ste ['tastə] *f* ⟨-; -n⟩ **1.** *Klavier, Schreibmaschine etc*: key; *colloq.* **auf die ~n hauen** (*od.* **dreschen**) thump the piano (*od.* keyboard). **2.** *tech.* (*Druck2*) (press) key, push-button key; **auf e-e ~ drücken** (de)press a key.

'Tast·emp‚fin·dung *f* sense of touch.

ta·sten ['tastən] **I** *v/i* ⟨h⟩ **1. ~ nach** grope for (*the light switch, etc*), feel for (*s.o.'s hand, etc*), *ungeschickt*: fumble for (*alle a. fig.*); *fig.* **Scheinwerfer tasteten durch** (*od.* **in**) **das Dunkel** searchlights groped through the dark. **II** *v/reflex* **sich ~ 2. sich durch e-n dunklen Gang (zum Ausgang** *etc*) **~** grope one's way through a dark passage (to the exit, *etc*); *fig.* **sich zu der Lösung e-s Problems ~** grope (one's way) toward(s) the solution of a problem. **III** *v/t* **3.** (*~d wahrnehmen*) feel, touch. **4.** *med.* touch, palpate. **5.** (*Funkspruch etc*) key.

'Ta·sten‚brett *n* → Tastatur.

'ta·stend *adj Hände etc*: groping, *fig. Versuche etc*: *a.* tentative.

'Ta·sten|in·stru‚ment *n mus.* keyboard instrument. **~te·le‚phon** *n*, **~(‚wahl)‚fern‚spre·cher** *m* push-button telephone.

'Ta·ster *m* ⟨-s; -⟩ **1.** *für Messungen*: cal(l)ipers *pl.* **2.** (*Taste*) key. **3.** *e-r Setzmaschine*: keyboard. **4.** *zo. dünner, langer*: feeler, antenna, *kurzer, dicker*: palp(us). **5.** (*Person*) keyboarder, *bes. print.* typesetter. **~‚leh·re** *f* snap ga(u)ge. **~‚zir·kel** *m* **1.** → Taster 1. **2.** *med.* (a)esthesiometer.

'Tast|ge‚fühl *n* sense of touch. **~‚haar** *n zo.* tactile hair, (*Schnurrhaar*) vibrissa, smeller. **~or‚gan** *n* organ of touch. **~‚reiz** *m* contact stimulus. **~‚sinn** *m* ⟨-(e)s; *no pl*⟩ tactile sense, sense of touch. **~‚zir·kel** *m* → Taster 1.

tat [taːt] *1 u. 3 sg pret of* tun.

Tat [taːt] *f* ⟨-; -en⟩ **1.** *einzelne*: act, deed, (*Handeln, Tun*) action, (*Groß2, Helden2*) deed, feat, exploit, achievement, *jur.* (*Straf2, Vergehen*) offen/ce (*Am.* -se); **e-e edle ~** a noble deed; **e-e verbrecherische ~** a criminal act; **e-e grausame ~** a cruel act, an act of cruelty; **~en der Nächstenliebe** acts of charity; **du hast wirklich e-e gute ~ getan** (*od.* **vollbracht**) you really have done a good deed; **den guten Willen** (*od.* **die gute Absicht**) **für die ~ nehmen** take the good will (*od.* intention) for the deed; **das war s-e ~** that was his doing; **j-m mit Rat und ~ beistehen** (*od.* **zur Seite stehen**) assist (*od.* stand by) s.o. in word and deed; **ein Mann der ~** a man of action; **s-e Worte durch die ~ beweisen** prove (*od.* make good) one's words by one's actions; **ich kann mich zu k-r ~ aufraffen** I can't bring myself to do anything; **in die ~ umsetzen** put into action (*od.* practice, effect), make good; *lit.* **zur ~ schreiten** proceed to action, act, *humor.* get down to it; **e-e geschichtliche ~** a(n) historic deed; **große ~en vollbringen** accomplish great feats; **j-n auf frischer ~ ertappen** catch s.o. in the (very) act (*od.* red-handed); → **Wort** 2, 3. **2. in der ~** (*wirklich*) indeed, in fact, really.

Ta·tar[1] [ta'taːr] *m* ⟨-en; -en⟩ Ta(r)tar.

Ta'tar[2] *n* ⟨-(s); *no pl*⟩ *gastr.* tartar. **~‚beef‚steak** *n* tartar steak.

ta'ta·risch *adj* Ta(r)tar.

'Tat|be‚richt *m jur.* report of the circumstances, charge report. **~be‚stand** *m* **1.** state of affairs. **2.** *jur.* facts *pl* of the case, constituent facts *pl*, factual findings *pl*; **objektiver (subjektiver) ~** physical (mental) element of an offen/ce (*Am.* -se); **den ~ e-s Delikts erfüllen** constitute (*od.* amount to) an offence. **3.** *bes. wissenschaftlicher*: findings *pl.*

'Tat·be‚stands|‚auf‚nah·me *f jur.* statement of fact(s), factual statement. **~‚merk‚mal** *n* element of an offen/ce (*Am.* -se).

'Tat|be‚weis *m jur.* practical proof, proof of the fact. **~chri·sten·tum** *n* practical Christianity.

tä·te ['tɛːtə] *1 u. 3 sg pret subj of* tun.

'Tat‚ein·heit *f jur.* **in ~ mit** in coincidence with.

'Ta·ten|‚drang, ~‚durst *m* desire (*od.* thirst, zest) for action, (*Unternehmungslust*) (spirit of) enterprise. **2‚dur·stig** *adj* thirsty (*od.* burning) for action, eager to do things, (*unternehmungslustig*) enterprising. **2‚froh** *adj* enterprising. **2los I** *adj* inactive, idle, passive. **II** *adv* inactively, idly, passively; **~ zusehen** watch idly (*od.* without lifting a finger), *ohne einzugreifen*: watch without taking action. **~lo·sig·keit** *f* ⟨-; *no pl*⟩ inactivity, inaction, idleness, passivity. **2‚lu·stig** *adj* full of enterprise.

Tä·ter ['tɛːtər] *m* ⟨-s; -⟩ **1.** doer, (*Urheber*) author, (*Übel2*) wrongdoer, evildoer. **2.** *jur.* delinquent, culprit, *im Strafrecht*: perpetrator; **als ~ in Frage kommen** be considered responsible (**für** for); **durch e-n unbekannten ~** by an unknown person; **wer war der ~?** who did it? **'Tä·te·rin** *f* ⟨-; -nen⟩ → Täter. **'Tä·ter·schaft** *f* ⟨-; *no pl*⟩ *jur.* perpetration (of a crime), (*Schuld*) guilt; **die ~ (ab-) leugnen** deny having done it, *vor Gericht*: plead not guilty.

'Tat|‚form *f* → **Aktiv**[1]. **~‚fra·ge** *f jur.* question (*od.* point) of fact. **~‚her‚gang** *m* progression (*od.* course) of events.

tä·tig ['tɛːtɪç] *adj* **1.** (*aktiv*) active (*a. econ. Gesellschafter, geol. Vulkan*); **~e Mitarbeit, ~e Mitwirkung** active assistance (*od.* cooperation); **~en Anteil an e-r Sache nehmen** take an active part in s.th.; **~ werden** *a.* act, take action. **2.** (*geschäftig, rührig*) busy, up-and-doing, stirring; **sie ist immer ~** she is always busy (*od.* doing s.th.); **sie war in der Küche ~** she was busy (working) in the kitchen; *colloq. humor.* **ich war heute unheimlich ~** I was as busy as a bee today. **3. (beruflich) ~ sein** work, *colloq.* have a job; **in** (*od.* **bei**) **e-r Firma ~ sein** be employed by (*od.* with) a firm, work for (*od.* with) a firm; **in der Industrie ~ sein** work in industry; **er ist für e-e Organisation (an e-m Institut) ~** he works for an organization (at an institute); **er ist als Journalist ~** he works as (*od.* he is) a journalist; **als Vermittler ~ sein** act (*od.* officiate) as middleman. **'Tä·ti·ge** *m, f* ⟨-n; -n⟩ employee; **die in der Industrie ~n** those (*od.* people) employed (*od.* working) in industry. **'tä·ti·gen** *v/t* ⟨h⟩ *bes. econ.* effect, transact, conclude; **Abschlüsse ~** transact (*od.* conclude) deals; **Einkäufe ~** *econ.* effect purchases, (*einkaufen*) do some shopping, buy a few things; **Geschäfte ~** transact (*od.* do) business; **Verkäufe ~** effect (*od.* undertake, make) sales.

'Tä·tig·keit *f* ⟨-; -en⟩ **1.** (*Tätigsein*) activity, (*Arbeit*) work, (*Beschäftigung*) occupation, (*Beruf*) job, occupation; **e-e fieberhafte ~ entfalten** become feverishly active; **e-e geistige (praktische) ~ ausüben** do intellectual (practical) work; **häusliche ~** housework, domestic work; **geregelte ~** regular work; **e-e langjährige ~** a long period of work (*od.* activity); **s-r ~ nachgehen** go about one's business; **s-e ~ wiederaufnehmen** resume one's work (*od.* duties, activities); **Briefeschreiben ist e-e**

lästige ~ letter-writing is a tiresome occupation (*od.* business, job), writing letters is a bother (*od.* a bore); **e-e verantwortliche ~** a responsible job; **die freiberufliche ~ e-s Journalisten** the free-lance work (*od.* job) of a journalist; **welche ~ üben Sie aus?** what is your job? **2.** ⟨*only sg*⟩ (*Bewegung, Funktionieren e-s Mechanismus, e-s Organs etc*) action; **in (außer) ~** in (out of) action; **in ~ sein** *a.* operate, *weitS.* work, be working, *a. Vulkan*: be active; **in ~ setzen** put (*od.* set) in action, set going, start (working); **außer ~ setzen** put out of action, stop (working); **in ~ treten** come (*od.* go) into action, start (working); **Scotland Yard wurde in ~ gesetzt** Scotland Yard was called in(to action); **die Vereinten Nationen treten in ~, wenn** the United Nations take action (*od.* go into action, intervene) when.

ˈTä·tig·keits|be‚reich *m* field of activity (*od.* activities). **~be‚richt** *m* progress report. **~‚feld** *n* → Tätigkeitsbereich. **~‚form** *f* → Aktiv[1]. **~ge‚biet** *n*, **~‚kreis** *m* → Tätigkeitsbereich. **~‚wort** *n* ⟨-(e)s; ⸗er⟩ verb.

ˈTä·tig‚sein *n* ⟨-s; *no pl*⟩ activity.

ˈTä·ti·gung *f* ⟨-; *no pl*⟩ *econ.* effecting, transaction, conclusion.

ˈTat|‚kraft *f* ⟨-; *no pl*⟩ energy, vigo(u)r, (*Initiative*) initiative. **⸗‚kräf·tig** *adj* energetic, vigorous, *Hilfe etc*: efficacious, effective; **ein ~er Mann** a man of action.

tät·lich [ˈtɛːtlɪç] **I** *adj* **~ werden** become violent, resort to violence; **sie wurden ~** *a.* they came to blows; **gegen j-n ~ werden** assault s.o.; *jur.* **~e Bedrohung** assault; **~e Beleidigung** assault and battery. **II** *adv jur.* **j-n ~ beleidigen** (*od.* **bedrohen**) assault s.o. **⸗keit** *f* ⟨-; -en⟩ *meist pl* **1.** violence; **es kam zu ~en zwischen ihnen** they resorted to violence, they came to blows; **in ~en ausarten** end in blows; **in s-r Wut ließ er sich zu ~en hinreißen** his rage drove him to violence. **2.** *jur.* battery, assault (and battery).

ˈTat|‚mensch *m* energetic person, man of action. **~‚ort** *m bes. jur.* scene (*od.* site) of a (*od.* the) crime; **Besichtigung des ~es** visit to the scene.

tä·to·wie|ren [tɛtoˈviːrən] *v/t* ⟨*no* ge-, h⟩ tattoo; **sich** (*dat*) **ein Herz auf den Arm ~ lassen** have a heart tattooed on one's arm. **⸗rung** *f* ⟨-; -en⟩ tattoo(ing).

ˈTat‚sa·che *f* ⟨-; -n⟩ fact; **unabänderliche** (*od.* **unumstößliche**) **~en** hard (*od.* unalterable) facts; **offenkundige** (**unleugbare**) **~** glaring (undeniable) fact; **gegebene ~n** given facts, data; **das sind die nackten** (*od.* **nüchternen**) **~n** those are the hard (*od.* cold) facts; **~ ist, daß er k-n Pfennig Geld hat** the fact is that he hasn't a penny, in actual fact he hasn't a penny; *colloq.* (**das ist**) **~!** it's a fact!, it's true!; **angesichts** (*od.* **in Anbetracht**) **der ~, daß** considering the fact that; **auf Grund dieser ~** for that reason, because of that; **das ändert nichts an der ~, daß** that doesn't alter the fact that; **als ~ hinstellen** lay down as fact, aver; **alle ~n sprechen dafür, daß** the (*od.* all) facts indicate that; **die ~n sprechen für sich** the facts speak for themselves; **sich an die ~n halten** keep (*od.* stick) to the facts; **die ~n verdrehen** (*od.* **auf den Kopf stellen**) twist the facts; **den ~n ins Auge blicken** face the facts; **sich auf den Boden der ~n stellen, auf dem Boden der ~n bleiben** face the facts, be realistic, take a realistic view (of things); (**zur**) **~ werden** become fact, materialize; **j-n vor vollendete ~n stellen** confront s.o. with accomplished facts (*od.* with a fait accompli).

ˈTat‚sa·chen|be‚richt *m* documentary (report). **~‚film** *m* documentary (film). **~ma·te·ri‚al** *n* factual material. **~ro‚man** *m* documentary (*od.* non-fiction) novel.

tat·säch·lich [ˈtaːtˌzɛçlɪç; ˌtaːtˈzɛçlɪç] **I** *adj* **1.** real, actual, factual, virtual; **die ~en Umstände** the (real) facts, the actual circumstances; *econ.* **~er Bestand** real stock; **~e Einnahmen** actual takings; **der ~e Wert** the real (*od.* true, effective) value; **der ~e Herrscher** the virtual ruler. **II** *adv* **2.** in actual fact, in (point of) fact, as a matter of fact, actually, really; **~ ist alles ganz anders gewesen** actually (*od.* in fact) everything was quite different; **das ist ~ e-e Schande** that's really (*od.* positively) a shame, that's a real (*od.* positive) shame; **ja, ~!** yes, indeed!; **ist er es ~?** is it really him?; **er hatte ~ recht** he was right indeed; **er hat es ~ geschafft** he has made it all right; **es ist ~ so** it is a fact, that's the way it is; **er drohte zu kündigen, und er kündigte ~** he threatened to give notice and so (*od.* sure enough) he did; **ich weiß es ~ nicht** I really don't know, I'm sure I don't know, *colloq.* search me; **er kommt heute abend. – ⸗?** he is coming tonight. – Really?, Indeed?, Is that so? **3.** *jur. pol.* de facto, in fact; **rechtlich und ~** in fact and in law, de facto et de jure.

tät·scheln [ˈtɛ(ː)tʃəln] **I** *v/t* ⟨h⟩ pat. **II ⸗** *n* ⟨-s⟩ patting.

tat·schen [ˈtatʃən] *v/i* ⟨h⟩ *dial.* **~ auf** (*acc*) paw (over).

ˈTat·ter‚greis *m colloq.* dodderer.

Tat·te·rich [ˈtatərɪç] *m* ⟨-(e)s; -e⟩ *colloq.* **1.** ⟨*only sg*⟩ (*Zittern*) shake, tremble; **den** (*od.* **e-n**) **~ haben** have the shakes, *alte Leute*: be doddery, be doddering. **2.** → Tattergreis. **ˈtat·te·rig** *adj colloq.* shaky, trembly, *alte Leute*: doddery, doddering.

Tat·ter·sall [ˈtatərzal] *m* ⟨-s; -s⟩ (*Reitschule*) riding school, manege, manège.

ˈtatt·rig *adj* → tatterig.

ˈTat|‚um‚stän·de *pl jur.* circumstances surrounding a (*od.* the) case. **~ver‚dacht** *m* suspicion. **~ver‚däch·ti·ge** *m, f* person suspected of a crime. **~‚waf·fe** *f* murder(ous) weapon, *unidentifizierte*: *a.* blunt instrument.

Tat·ze [ˈtatsə] *f* ⟨-; -n⟩ **1.** paw (*a. colloq. Hand*). **2.** *dial. ped. colloq.* rap over (*od.* on) the knuckles.

ˈTat·zel‚wurm [ˈtatsəl-] *m myth.* winged dragon (*legendary alpine animal*).

Tau[1] [tau] *m* ⟨-(e)s; *no pl*⟩ dew; *poet.* **vor ~ und Tag aufstehen** rise at the break of dawn.

Tau[2] *n* ⟨-(e)s; -e⟩ (*Seil*) rope.

taub [taup] *adj* ⟨-er; -st⟩ **1.** deaf; **auf einem Ohr ~** deaf in one ear; **~ machen** make deaf, deafen; **~ werden** grow deaf; **sich ~ stellen** pretend to be deaf, feign deafness; *fig.* **~ sein gegen** (*colloq.* **für**) be deaf (*od.* turn a deaf ear) to; *humor.* **auf dem Ohr ist er ~** he's deaf to that. **2.** *Glieder etc*: numb, benumbed, *stärker*: dead (**vor Kälte** with cold); **mein Fuß ist ~** my foot is numb (*od.* feels dead), (*eingeschlafen*) *a.* my foot has gone to sleep. **3.** (*leer, gehaltlos*) *Nuß*: hollow, *a. Ähre, Ei etc*: empty, *Gewürze*: stale; **~es Gestein** dead rock.

Täub·chen [ˈtɔʏpçən] *n* ⟨-s; -⟩ *dim. of* Taube[1]; **mein ~** (*Kosewort*) my love.

Tau·be[1] [ˈtaubə] *f* ⟨-; -n⟩ *orn.* pigeon, *bes. symbolisch, a. pol.* (*Pazifist etc*) dove; **sanft wie e-e ~** (as) gentle as a dove; **die gebratenen ~n fliegen e-m nicht ins Maul** (*Sprichwort*) money does not grow on trees.

ˈTau·be[2] *m, f* ⟨-n; -n⟩ deaf person; **die ~n** the deaf.

ˈtau·ben‚blau *adj* → taubengrau.

ˈtau·be‚netzt *adj lit.* bedewed.

ˈtau·ben‚grau *adj* dove-colo(u)red.

ˈTau·ben|‚haus *n* → Taubenschlag. **~‚schie·ßen** *n* **1.** pigeon shooting. **2.** *Sport*: trap shooting, skeet (shooting). **~‚schlag** *m* pigeon house, dovecot(e), pigeonry; *fig. colloq.* **hier geht's ja zu wie in e-m ~!** it's like a railway station here! **~‚vö·gel** *pl* columbaceous birds.

Tau·ber [ˈtaubər], **Täu·ber** [ˈtɔʏbər] *m* ⟨-s; -⟩, **ˈTau·be·rich** [-rɪç], **ˈTäu·be·rich** [-rɪç] *m* ⟨-s; -e⟩ *orn.* cock pigeon.

ˈTaub·heit *f* ⟨-; *no pl*⟩ **1.** deafness. **2.** *von Gliedern*: numbness. **3.** (*Leere, Gehaltlosigkeit*) emptiness, *Gestein*: deadness.

ˈTaub·heits·ge‚fühl *n* numbness.

Täu·bin [ˈtɔʏbɪn] *f* ⟨-; -nen⟩ *orn.* hen pigeon.

Täub·ling [ˈtɔʏplɪŋ] *m* ⟨-s; -e⟩ *bot.* russula.

ˈTaub|‚nes·sel *f bot.* dead nettle. **⸗‚stumm** *adj* deaf and dumb, deaf-mute. **~‚stum·me** *m, f* ⟨-n; -n⟩ deaf and dumb person, deaf-mute; **die ~n** the deaf and dumb.

ˈTaub‚stum·men|al·pha‚bet *n* deaf-and-dumb alphabet. **~‚an‚stalt** *f* deaf-and-dumb asylum. **~‚leh·rer** *m*, **~‚leh·re·rin** *f* deaf-and-dumb teacher, articulationist. **~‚spra·che** *f* deaf-and-dumb (*od.* finger) language.

ˈTaub‚stumm·heit *f* ⟨-; *no pl*⟩ deaf-mutism, deaf-muteness.

ˈTauch|‚bad *n tech.* dipping. **~‚bad‚schmie·rung** *f* oil bath lubrication. **~bat·te‚rie** *f electr.* plunge (*od.* dipping) battery. **~‚boot** *n* submarine, submersible (boat).

tau·chen [ˈtauxən] **I** *v/t* ⟨h⟩ **1.** dip, *plötzlich u. kräftig*: plunge, douse, dowse, *tech.* a) immerse, dip, b) (*schwemmen*) steep; **j-n (mit dem Kopf unter Wasser) ~** duck s.o.; **die Hände (s-n Kopf) ins Wasser ~** dip one's hands (plunge one's head) into the water; *fig.* **in rotes Licht getaucht** bathed in red. **II** *v/i* ⟨h *u.* sein⟩ **2.** *tief*: dive, *U-Boot*: *a.* submerge; **er ist in die Flut getaucht** he dived into the flood; **sie haben nach Perlen getaucht** they dived for pearls. **3.** swim (*od.* stay) underwater, *als Sport*: skin-dive; **er kann lange ~** he can stay underwater for a long time. **4.** ⟨*only* sein⟩ dip, *kräftig u. plötzlich*: plunge; **der Bug des Schiffes tauchte in die Wogen** the bow of the ship dipped into the waves; **die Sonne tauchte ins Meer** the sun dipped into the sea; *fig.* **der Einbrecher tauchte in die Dunkelheit** the burglar plunged into the darkness. **5.** ⟨*only* sein⟩ **aus dem Wasser ~** come (up) to the surface, surface, emerge; *fig.* **e-e Gestalt tauchte aus dem Dunkel** a figure emerged out of the dark. **6.** *Boxen*: duck. **III ⸗** *n* ⟨-s⟩ **7.** diving, underwater swimming, *als Sport*: skin diving.

ˈTau·cher *m* ⟨-s; -⟩ diver (*a. orn.*), (*Sport⸗*) skin diver. **~‚an‚zug** *m* diving suit. **~‚aus‚rü·stung** *f* diving equipment, *für Sporttaucher*: *a.* subaqua equipment. **~‚bril·le** *f* diving goggles *pl.* **~‚glocke** (*getr.* -k·k-) *f* (diving) bell. **~‚helm** *m* (diving) helmet. **~‚ku·gel** *f* bathysphere. **~‚lei·ne** *f* diving line, lifeline. **~‚mas·ke** *f* snorkel mask.

ˈtauch|‚fä·hig *adj mar.* submersible. **⸗‚fahrt** *f* dive. **⸗‚frä·sen** *n tech.* plunge milling. **⸗ge‚rät** *n* diving apparatus. **⸗-**

ˌ**här·ten** *n tech.* dip hardening. **~ˌklar** *adj mar.* ready to submerge. **≈ˌkol·ben** *m tech.* plunger (piston). **≈ˌlack** *m* dipping varnish. **~lackie·ren** (*getr.* -k·k-) *v/t* ‹*only inf u. pp* tauchlackiert› dip-varnish. **≈ˌlö·ten** *n* dip brazing. **≈(ˌschleu·der)ˌschmie·rung** *f* splash lubrication. **≈ˌsie·der** *m electr.* immersion heater. **≈ˌsport** *m* skin diving. **≈sta·tiˌon** *f U-Boot*: (**auf ~** at) diving station. **≈ˌtank** *m U-Boot*: ballast tank. **≈verˌfah·ren** *n tech.* dipping (*od.* immersion) process.

tau·en[1] [ˈtaʊən] **I** *v/impers* ‹h› **es taut** it is thawing. **II** *v/i* ‹sein› thaw, melt; **der Eiszapfen ist getaut** the icicle has melted. **III** *v/t* ‹h› melt, thaw; **die Sonne taut den Schnee** the sun melts (*od.* thaws) the snow. **IV ≈** *n* ‹-s› thaw (-ing).

ˈ**tau·en**[2] *v/impers* ‹h› **es taut** dew is falling.

ˈ**tau·en**[3] *v/t* ‹h› *mar.* (*schleppen*) tow.

ˈ**TauˌenÂ·de** *n mar.* rope('s) end.

ˈ**Tauf|ˌbecken** (*getr.* -k·k-) *n relig.* (baptismal) font. **~ˌbuch** *n* parish register.

Tau·fe [ˈtaʊfə] *f* ‹-; -n› **1.** (*Sakrament, Akt u. Namengebung*) *a. e-s Schiffes etc*: baptism, christening; **die ~ empfangen** be baptized, be christened; **die ~ erteilen** christen, baptize. **2.** (*Taufbecken*) font; **das Kind über die ~ halten** present the child at the font; **aus der ~ heben** a) (*Kind*) stand godfather (*od.* godmother, sponsor) to (*a child*), b) *fig.* (*gründen*) found, initiate, (*ins Leben rufen*) call into being, (*einweihen*) inaugurate, (*erstaufführen*) premier(e). **3.** (*Tauffeier*) christening (celebration); **auf der ~** at the christening.

tau·fen [ˈtaʊfən] *v/t* ‹h› **1.** *relig.* baptize, christen; **sich ~ lassen** be baptized, receive baptism. **2.** (*e-n Namen geben, a. Schiff etc*) christen, baptize, (*e-n Spitznamen*) nickname, dub; **das Kind wurde (auf den Namen) Peter getauft** the child was christened Peter; **s-e Freunde haben ihn Mickey Mouse getauft** his friends nicknamed (*od.* dubbed) him Mickey Mouse. **3.** *colloq.* (*Wein etc*) water. **4.** *colloq.* (*durchnässen*) soak.

Täu·fer [ˈtɔʏfər] *m* ‹-s; -› **1.** *Bibl.* **Johannes der ~** John the Baptist. **2.** *pl* (*Sekte*) Baptists.

ˈ**tauˌfeucht** *adj* moist with dew, dewy.

ˈ**Tauf...** *in Zssgn* baptismal (*vow, dress, etc*). **~geˌschenk** *n* christening gift. **~kaˌpel·le** *f arch.* baptist(e)ry. **~ˌkind** *n* → Täufling.

ˈ**Tauˌflie·ge** *f* fruit fly, drosophila.

Täuf·ling [ˈtɔʏflɪŋ] *m* ‹-s; -e› child (*od.* person) to be baptized.

ˈ**Tauf|ˌna·me** *m* Christian (*od.* baptismal, font) name. **~ˌpa·te** *m* godfather. **~ˌpa·tin** *f* godmother. **~reˌgi·ster** *n* baptismal register.

tau·frisch *adj* **1.** [ˈtaʊˌfrɪʃ] *Rasen etc*: fresh with dew, dewy. **2.** [ˈtaʊˈfrɪʃ] *fig.* dewy; **sich ~ fühlen** feel as fresh as a daisy.

ˈ**Tauf|ˌschein** *m* certificate of baptism. **~schmaus** *m* christening feast. **~ˌstein** *m* (baptismal) font. **~ze·re·moˌnie** *f* baptismal ceremony (*od.* rites *pl*). **~ˌzeu·ge** *m* → Taufpate. **~ˌzeu·gin** *f* → Taufpatin.

tau·gen [ˈtaʊgən] *v/i* ‹h› **1.** (*geeignet sein*) be good (*od.* fit, of use, suited, suitable) (zu, für for); **taugt er für diese Arbeit?** is he suitable for (*od.* up to) that job?; **sie taugt nicht für schwere Arbeit** she is not a fit person to do hard work, she is not up to doing hard work; **er taugt nicht zum Lehrer** he is not suited (*od.* not cut out) to be a teacher; **dieses Buch taugt nicht für Kinder** this book is not suited for children; **das taugt für ihn** that will do for him; *dial. and Austrian colloq.* **das taugt mir** that's exactly what I like, that's the thing. **2.** (*wert sein*) be good; **taugt es etwas?** is it any good?; **nichts ~** be no good, be good for nothing; **wenig ~, nicht viel ~** not to be worth (*od. colloq.* up to) much.

ˈ**Tau·geˌnichts** *m* ‹- *u.* -es; -e› good-for-nothing, ne'er-do-well.

taug·lich [ˈtaʊklɪç] *adj* **1.** (**zu, für** for) good, useful, fit, apt, suited, suitable. **2.** *mil.* fit (for service), able-bodied; (**für**) **~ erklärt werden** be passed as fit; **nicht ~** unfit (for service). **≈keit** *f* ‹-; *no pl*› **1.** usefulness, fitness, aptness, suitability. **2.** *mil.* fitness.

ˈ**Taug·lich·keitsˌgrad** *m mil.* grade (*od.* degree) of fitness.

Tau·mel [ˈtaʊməl] *m* ‹-s; *no pl*› **1.** (*Schwindelgefühl*) dizziness, giddiness, *nach Schlaf, Narkose etc*: grogginess, *colloq.* wooziness; **ich war noch halb** (*od.* **wie**) **im ~ als** I was still groggy when. **2.** (*~gang*) staggering, reeling. **3.** *fig.* (*Überschwang, Rausch*) frenzy, whirl, delirium, transport; **im ~ der Begeisterung** in the whirl of excitement. ˈ**tau·me·lig** *adj* **1.** *Gang etc*: reeling, staggering. **2.** (*schwindlig*) dizzy, giddy, *nach Schlaf, Narkose etc*: groggy, *colloq.* woozy.

tau·meln [ˈtaʊməln] **I** *v/i* ‹h *u.* sein› **1.** *vor Trunkenheit, Schwäche etc*: reel, stagger, totter, sway; **zu Boden ~** stagger and fall to the ground. **2.** ‹sein› *Schmetterling etc*: sway about (*od.* around). **II ≈** *n* ‹-s› **3.** reel, stagger, sway.

ˈ**Tau|ˌper·le** *f poet.* pearl of dew. **~ˌpunkt** *m* ‹-(e)s; *no pl*› *phys.* dew point.

Tausch [taʊʃ] *m* ‹-(e)s; -e› exchange, trade, *bes. beim Tauschhandel*: barter, truck, *colloq.* swop, swap; **e-n guten (schlechten) ~ machen** gain (lose) on the exchange; **et. in ~ geben (nehmen) für** (*od.* **gegen**) give (take) s.th. in exchange for, trade s.th. for; **an e-m ~ interessiert sein** be interested in (making) a trade. **~an·geˌbot** *n* offer for exchange, barter offer.

tau·schen [ˈtaʊʃən] **I** *v/t* ‹h› (**gegen** for) exchange, trade, *bes. im Tauschhandel*: barter, truck, *colloq.* swap, swop; **Briefmarken ~** exchange stamps; **die Plätze ~** (ex)change (*od.* trade) places (*od.* seats) (**mit j-m** with s.o.); **Blicke ~** exchange glances; **tausche Radio gegen Fernsehapparat** exchange radio for television set. **II** *v/i* **mit j-m ~** (ex-)change with s.o., make an exchange with s.o.; **ich möchte um k-n Preis mit ihr ~** I would not change (places) with her for anything, I would not like to be in her place (*od.* shoes) for anything. **III ≈** *n* ‹-s› a) exchanging (*etc*), b) exchange, trade, barter, *colloq.* swop, swap.

täu·schen [ˈtɔʏʃən] **I** *v/t* ‹h› **1.** (*irreführen*) deceive, delude, mislead, (*betrügen*) cheat, (*hinters Licht führen*) fool, dupe, hoodwink, *colloq.* take in, (*überlisten*) trick, outwit, *durch e-e Finte, a. Sport*: feint; **ihre Verkleidung täuschte sogar ihre Freunde** her disguise even deluded her friends; **laß dich davon nicht ~!** don't let that fool you!; **laß dich durch s-e Liebenswürdigkeit nicht ~!** don't be misled (*od.* don't let yourself be deceived) by his friendliness!, don't let his friendliness mislead you (*od.* take you in); **wenn mich nicht alles täuscht** if I am not completely mistaken; **wenn mich mein Gedächtnis nicht täuscht** if I remember rightly, if my memory serves me right; **wenn mich m-e Augen nicht ~** if my eyes do not deceive me, if I am seeing right; **sich in s-r Annahme getäuscht sehen** be mistaken in one's assumption. **2.** (*ent~*) disappoint; → **Erwartung**. **II** *v/i* **3.** (*trügen*) be deceptive; **der Schein täuscht** appearances are deceptive; **das täuscht gewaltig** that's very deceptive. **III** *v/reflex* **sich ~ 4.** (*sich irren*) be mistaken, be wrong; **ich kann mich natürlich ~, aber** I may be wrong (*od.* mistaken) but; **da täuschst du dich aber gewaltig!** you are completely mistaken there!, that's where you make your big mistake!; **sich in j-m ~** be deceived in s.o. **5. sich (selbst) ~** (*sich et. vormachen*) delude o.s., deceive o.s. ˈ**täu·schend** *adj* (*adv*) striking(ly); **er hat e-e ~e Ähnlichkeit mit s-m Vater, er sieht s-m Vater ~ ähnlich** there is a striking resemblance between him and his father, he is remarkably like his father, he is the spit and image (*od.* spitting image) of his father; **e-e ~e Nachahmung, e-e ~ echte Nachahmung** a perfect copy; **~ nachahmen** copy to perfection.

ˈ**Tausch|ˌge·genˌstand** *m* object of exchange, bartering object. **~geˌschäft** *n* exchange deal (*od.* transaction), barter (deal), *colloq.* swap, swop. **~ˌhan·del** *m* ‹-s; *no pl*› barter(ing), truck; **~ (be)treiben** barter, truck. **~ˌmit·tel** *n* medium of exchange. **~obˌjekt** *n* → Tauschgegenstand.

ˈ**Täu·schung** *f* ‹-; -en› **1.** *allg.* deception, delusion, (*Irreführung*) misleading, (*Finte*) feint, trickery, (*Betrug*) cheat, *colloq.* take-in, *bei Prüfungen etc*: cheating; *bes. jur.* **arglistige ~** wilful deceit, fraud, *durch falsche Angaben*: fraudulent misrepresentation; **bewußte ~** deliberate (*od.* intentional) deceit. **2.** (*Sinnes≈*) illusion; **optische ~** optical illusion. **3.** (*Selbst≈*) delusion, illusion; **sich ~en hingeben** delude (*od.* deceive) o.s.; **ich gebe mich keinerlei ~en über ihn hin** I have (*od.* am under) no illusions about him.

ˈ**Täu·schungs|ˌabˌsicht** *f* intention to cheat, *jur.* intent to defraud. **~ˌanˌgriff** *m mil.* feint attack. **~ˌmaˌnö·ver** *n mil. u. fig.* feint. **~verˌsuch** *m* attempt to cheat, *bes. jur.* attempt to deceive (*od.* to defraud).

ˈ**Tausch|ˌwa·re** *f* barter goods *pl.* **~ˌweg** *m* **im ~(e)** by way of exchange (*od.* barter). **≈ˌwei·se** *adv* by way of exchange. **~ˌwert** *m* exchange (*od.* barter) value.

tau·send [ˈtaʊzənt] *adj* **1.** thousand, a (*od.* one) thousand; **~ Mark** a thousand marks; **ein paar** (*od.* **einige**) **~ Exemplare** several (*od.* some few) thousand copies, several thousands of copies; **vor vielen ~ Jahren** (many) thousands of years ago; **(nicht) einer unter ~** (not) one in a thousand. **2.** (*sehr viele*) a thousand; **in ~ Stücke zerspringen** smash into a thousand pieces; **~ und aber ~ Insekten** thousands upon (*od.* and) thousands of insects; **in ~ Ängsten schweben, ~ Ängste ausstehen** die a thousand deaths; **~ Dank!** thanks a million!; **~ Grüße!** *colloq.* lots (and lots) of love.

ˈ**Tau·send**[1] *f* ‹-; -en› figure one thousand; **die ~ in Ziffern schreiben** write the thousand in figures.

ˈ**Tau·send**[2] *n* ‹-s; -e› thousand; **ein halbes ~** five hundred; **ein paar** (*od.* **einige**) **~** several (*od.* some few) thousand; **~e und aber ~e von Menschen** thousands and (*od.* upon) thousands of people; ~e (von Menschen) several thousands (of people); in die ~e gehen go (*od.* run) into the thousands; (nicht) einer unter ~en (not) one in a thousand; zu Hunderten und ~en in (their, *Am. a.* the) hundreds and thousands; *econ.* im ~ per thousand.

'**Tau·send**[3] *m archaic u. iro.* ei der ~! goodness (gracious) me!, gracious me!

'**Tau·send|blatt** *n* ‹-(e)s; *no pl*› *bot.* water milfoil.

Tau·sen·der ['tauzəndər] *m* ‹-s; -› **1.** *colloq. for* Tausend[1]. **2.** *colloq. for* Tausendmarkschein. **3.** *meist pl math. im Dezimalsystem*: thousand.

'**tau·sen·der'lei** *adj* ‹*invariable*› of a thousand (different) kinds (*od.* sorts, types); ~ Dinge a thousand things.

'**tau·send|ˌfach I** *adj* thousandfold; in ~er Vergrößerung magnified a thousand times. **II** *adv* (a) thousandfold, a thousand times. **III** ≈e, das ‹-n› the thousandfold (amount); das ≈e von zwei one (*od.* a) thousand times two; um das ≈e one thousandfold. **~ˌfäl·tig I** *adj* **1.** → tausendfach I. **2.** of a thousand (different) kinds (*od.* sorts). **II** *adv* **3.** → tausendfach II. **4.** in a thousand (different) ways.

'**Tau·send|ˌfuß** *m* ‹-es; ⸗er›, **~ˌfü·ßer, ~ˌfüß·ler** [-ˌfyːslər] *m* ‹-s; -› *zo.* millepede. **~'gül·den|kraut** [ˌtauzənt-] *n* ‹-(e)s; *no pl*› *bot.* centaury. **~'jahr·ˌfei·er** [ˌtauzənt-] *f* millennial. **≈ˌjäh·rig** *adj* **1.** thousand-year-old (*oak, etc*). **2.** (*development, etc*) of (*od.* over) a thousand years. **3.** lasting a thousand years, millennial; *Bibl.* das ≈e Reich the millennium; *hist. u. iro.* das ~e Reich the thousand-year Reich. **~ˌkünst·ler** *m colloq.* wizard, w(h)iz. **≈ˌmal** *adv* a thousand times; ich bitte ~ um Verzeihung! a thousand apologies!; das habe ich dir schon ~ gesagt! I told you (so *od.* that) a (hundred) thousand times!; tausend und aber ~ thousands and thousands of times. **~'mark·ˌschein** [ˌtauzənt-] *m* thousand-mark note. **~ˌsas·sa** [-ˌsasa] *m* ‹-s; -(s)› *colloq.* **1.** (*Teufelskerl*) devil of a fellow. **2.** → Tausendkünstler. **~ˌschön** *n* ‹-s; -e›, **~ˌschön·chen** *n* ‹-s; -› *bot.* daisy.

'**tau·sendst** *adj* thousandth. '**Tau·send·ste** *m, f* ‹-n; -n›, *n* ‹-n; *no pl*› thousandth; → Hundertste. '**Tau·send·stel I** *n* ‹-s; -› thousandth (part). **II** ≈ *adj* thousandth; ein ~ Gramm the thousandth (part) of a gram(me).

Tau·to·lo·gie [tautoloˈgiː] *f* ‹-; -n [-ən]› *Logik, Stilistik etc*: tautology.

'**Tau|trop·fen** *m* dew drop.

'**Tau|werk** *n* ‹-(e)s; *no pl*› ropes *pl*, cordage, (*Takelwerk*) rigging.

'**Tau|wet·ter** *n a. fig.* thaw; es hat ~ eingesetzt a thaw has set in.

'**Tau|zie·hen** *n a. fig.* tug-of-war (um for).

Ta·ver·ne [taˈvɛrnə] *f* ‹-; -n› tavern.

Ta·xa·me·ter [taksaˈmeːtər] *m* ‹-s; -› **1.** *in Taxis*: taximeter. **2.** *obs. for* Taxi.

Ta·xa·tor [taˈksaːtɔr] *m* ‹-s; -toren [-ksaˈtoːrən]› *econ. jur.* appraiser, valuer.

Ta·xe[1] [ˈtaksə] *f* ‹-; -n› → Taxi.

'**Ta·xe**[2] *f* ‹-; -n› *econ.* **1.** (*Gebühr, Abgabe*) rate, tax, charge, fee. **2.** (*amtlich festgesetzter Schätzwert*) fixed (*od.* agreed) value. **3.** (*Schätzung*) estimate, appraisal, *für Steuern*: assessment.

Ta·xi [ˈtaksi] *n, Swiss a. m* ‹-(s); -(s)› taxi(cab), cab; ein ~ nehmen take a taxi; mit dem ~ fahren go by taxi, taxi. **~ˌchauf|feur** *m* taxi driver, cabdriver.

ta'xier·bar *adj econ.* rat(e)able, assessable, valuable. **ta·xie·ren** [taˈksiːrən] *v/t* ‹*no* ge-, h› **1.** *bes. econ. jur.* (*einschätzen*) (auf *acc* at) rate, estimate, *bes. amtlich*: value, appraise, *bes. bei Steuern, Schäden etc*: assess; zu hoch ~ overrate, overvalue; zu niedrig ~ underrate, undervalue; *fig. colloq.* ich taxiere ihn auf etwa 40 Jahre I'd put him down as about 40. **2.** *colloq.* (*abschätzen, einstufen*) *allg.* form an idea (*od.* opinion) of, (*Person*) sum (*od.* size) s.o. up. **Ta'xie·rer** *m* ‹-s; -› → Taxator. **Ta'xie·rung** *f* ‹-; -en› **1.** *bes. econ. jur.* (auf *acc* at) rating, estimate, *bes. amtliche*: valuation, appraisal, *bes. bei Steuern, Schäden etc*: assessment. **2.** (*ungefähre Einschätzung*) estimation, estimate.

'**Ta·xi||fah·rer** *m* taxi driver, cabdriver. **~ˌgirl** *n in Tanzlokalen etc*: taxi dancer. **~ˌstand** *m* taxi rank, *bes. Am.* taxi stand, cabstand.

Ta·xo|no·mie [taksonoˈmiː] *f* ‹-; *no pl*› taxonomy. **≈'no·misch** [-ˈnoːmɪʃ] *adj* taxonomic(al).

'**Tax|preis** *m econ.* estimated price.

Ta·xus [ˈtaksus] *m* ‹-; -› *bot.* (*Eibe*) yew.

'**Tax|wert** *m econ. jur.* estimated (*bes. im Steuerwesen*: assessed) value.

Tb(c) [teːˈbeː (teːbeːˈtseː)] *short for* Tuberkulose.

Teak [tiːk] *n* ‹-s; *no pl*›, **~ˌholz** *n* teak (-wood).

Team [tiːm] (*Engl.*) *n* ‹-s; -s› (*Mannschaft, Arbeitsgruppe*) team. **~ˌar·beit** *f*, **~ˌwork** [-ˌwɜːk] (*Engl.*) *n* ‹-s; *no pl*› teamwork.

Tech·ni·co·lor [tɛçnikoˈloːr] (*TM*) *n* ‹-s; *no pl*› *phot.* Technicolor (*TM*).

Tech·nik [ˈtɛçnɪk] *f* ‹-; -en› **1.** ‹*only sg*› *als Wissenschaft*: technology, technics *pl* (*als sg od. pl konstruiert*), (*angewandte* ~) engineering; das Zeitalter der ~ the age of technology; die Wunder der ~ the marvels of technology; der neueste Stand der ~ the latest technological (*od.* technical) development. **2.** (*Verfahren, Arbeitsweise*) technique, practice; e-e neue ~ (in) der Malerei a new technique in painting, a new painting technique; die ~ des Schweißbrennens the technique of welding, (the) welding practice. **3.** *e-s Künstlers, Sportlers etc*: technique, (*Kunstfertigkeit*) (mechanical *od.* technical) skill, workmanship. **4.** *Austrian* (*technische Hochschule*) college of technology. '**Tech·ni·ker** [-nikər] *m* ‹-s; -› **1.** (*Ingenieur*) (technical) engineer. **2.** (*Wissenschaftler*) technologist. **3.** *in Kunst, Sport etc*: technician. '**Tech·ni·kum** [-nikum] *n* ‹-s; -ka [-ka]› technical (*od.* engineering) school.

tech·nisch [ˈtɛçnɪʃ] **I** *adj* **1.** *allg.* (*a. spezialisiert*) technical, (*~-wissenschaftlich*) technological, (*mechanisch*) mechanical, (*bes. fachlich-~*) engineering (*department, journal, fair, etc*); das ~e Zeitalter the technological age; ~es Verfahren engineering process; ein ~es Wunder a marvel of technology; ~e Ausbildung technical training; ~es Versagen, ~e Störung technical failure, breakdown; ~e Daten technical (*od.* engineering) data; ~e Einzelheiten technical details, technicalities; ~es Personal technical staff; ~er Leiter, ~er Direktor technical director (*od.* manager); ~er Angestellter technical employee; ~er Kaufmann technically trained salesman (*od.* business employee); ~er Zeichner draftsman, technical drawer; ~es Zeichnen technical (*od.* engineering) drawing; ~e Hochschule (Universität) college (university) of technology; ≈er Überwachungsverein Technical Control Board. **2.** (*sachlich, methodisch*) technical; ~es Können technical skill, technique; ~es Wissen technical know-how; mit ~er Vollendung spielen *etc* play, *etc* with technical perfection (*od.* with perfect technique). **3.** aus (rein) ~en Gründen (*durch die äußeren Umstände bedingt*) for (purely) technical (*od.* practical) reasons, on (purely) technical grounds. **4.** *Sport*: ~er K.o. technical knockout. **II** *adv* **5.** technically; ~ begabt gifted (*od.* talented) technically; ~ einwandfrei technically in perfect order. **6.** (*die Ausführung betreffend*) ~ vollkommen *etc* technically perfect, *etc.* **7.** (rein) ~ (*durch die äußeren Umstände bedingt*) *cf.* 3.

tech·ni·sie|ren [tɛçniˈziːrən] *v/t* ‹*no* ge-, h› technicalize, technicize, mechanize. **≈rung** *f* ‹-; -en› technicalization, mechanization.

Tech·no|krat [tɛçnoˈkraːt] *m* ‹-en; -en› *econ.* technocrat. **~kra'tie** [-kraˈtiː] *f* ‹-; *no pl*› technocracy. **~'lo·ge** [-ˈloːgə] *m* ‹-n; -n› technologist. **~lo'gie** [-loˈgiː] *f* ‹-; -n [-ən]› technology. **≈'lo·gisch** *adj* technologic(al).

Tech·tel·mech·tel [ˌtɛçtəlˈmɛçtəl] *n* ‹-s; -› *colloq.* affair, flirtation.

Teckel (*getr.* -k·k-) [ˈtɛkəl] *m* ‹-s; -› *zo.* dachshund.

Ted·dy [ˈtɛdi] *m* ‹-s; -s›, **~ˌbär** *m* teddy (bear).

Tee [teː] *m* ‹-s; -s› **1.** (*~blätter*) tea (leaves); grüner (schwarzer) ~ green (black) tea; die ~s (*Teesorten*) the teas, the tea blends. **2.** (*Getränk*) e-e Tasse ~ a cup of tea; ~ mit Zitrone tea and lemon; ~ kochen make tea; ~ trinken have (*od.* drink) tea; er trinkt den ~ gern stark (schwach) he likes his tea strong (weak); den ~ ziehen lassen let the tea draw; *fig. colloq.* abwarten und ~ trinken! (let's) wait and see! **3.** (*~gesellschaft*) tea (party); e-n ~ geben give a tea party; j-n zum ~ bitten ask (*od.* invite) s.o. to tea. **~ˌbeu·tel** *m* tea bag. **~ˌblatt** *n* tea leaf. **~ˌbüch·se, ~ˌdo·se** *f* (tea) caddy. **~-ˌEi** *n* tea ball. **~ge|bäck** *n* ‹-(e)s; *no pl*› tea (*od.* fancy) biscuits *pl*, *Am.* cookies *pl*, (*Kuchen*) tea cakes *pl*. **~ge|schirr** *n* tea service, *colloq.* tea things *pl*. **~ge|sell·schaft** *f* tea party. **~ˌglas** *n* tea glass. **~ˌhaus** *n* teahouse. **~ˌkan·ne** *f* teapot. **~ˌkes·sel** *m* teakettle. **~ˌlöf·fel** *m* teaspoon; ein ~ (voll) Honig one teaspoon(ful) of honey; ein gehäufter ~ (voll) one heaped teaspoon(ful); zwei gestrichene ~ Butter two level teaspoons (*od.* teaspoonfuls) of butter. **≈ˌlöf·fel|wei·se** *adv* by the teaspoonful, in teaspoonfuls. **~ma·ˌschi·ne** *f* tea urn. **~ˌmi·schung** *f* tea blend.

Teen [tiːn] (*Engl.*) *m* ‹-s; -s› *colloq.* teenager, teener, *pl a.* teens. **Teen·ager** [ˈtiːnˌeɪdʒə] (*Engl.*) *m* ‹-s; -› teenager. **~...** *in Zssgn* teenage (*fashions, etc*).

'**Tee·plan|ta·ge** *f* tea plantation.

Teer [teːr] *m* ‹-(e)s; -e› tar. **≈ˌar·tig** *adj* tarry. **~as|phalt** *m* tar asphalt, coal-tar pitch.

tee·ren [ˈteːrən] *v/t* ‹h› tar; j-n ~ und federn *Lynchjustiz*: tar and feather s.o.

'**Teer|farb|stof·fe** *pl* coal-tar (*od.* aniline) dyes.

'**tee·rig** *adj* tarry.

'**Teer||jacke** (*getr.* -k·k-) *f humor.* (*Matrose*) jack tar. **~ˌkes·sel** *m tech.* tar boiler. **~ˌlein|wand** *f* tarpaulin. **~ˌöl** *n* tar oil.

'**Tee|ro·se** *f bot.* tea rose.

'**Teer||pap·pe** *f* tarred felt. **~ˌsei·fe** *f* tar soap. **~ˌstra·ße** *f* tarred road.

'**Tee·rung** *f* ‹-; -en› tarring.

'**Tee|sa|lon** *m* tea salon. **~ser|vice** *n* tea

service (*od.* set). **~ˌsieb** *n* tea strainer. **~ˌstrauch** *m* tea (plant), tea shrub. **~ˌstun·de** *f* teatime. **~ta|blett** *n* tea tray, teaboard. **~ˌtas·se** *f* teacup. **~ˌtisch** *m* tea table. **~ˌtrin·ker** *m* tea drinker. **~ˌwa·gen** *m* tea wag(g)on, tea cart, *bes. Br.* trolley. **~ˌwär·mer** *m* ⟨-s; -⟩ tea cosy. **~ˌwas·ser** *n* **(das) ~ aufsetzen** put on (some) water for tea.

TEE-ˌZug [teːʔeːˈʔeː-] *m* TEE, Trans-European-Express (train).

Teich [taɪç] *m* ⟨-(e)s; -e⟩ pond, pool; *colloq. humor.* **der große ~** (*Atlantik*) the herring pond. **~ˌfrosch** *m* common (*od.* brown) frog. **~ˌhuhn** *n* moorhen. **~ˌmu·schel** *f* swan mussel.

Teig [taɪk] *m* ⟨-(e)s; -e⟩ *allg.* dough, *feinerer*: paste, (*Rühr⁓*) batter, (*~mantel um Pasteten etc*) pastry. **tei·gig** [ˈtaɪgɪç] *adj* doughy, pasty (*a. fig. Gesichtsfarbe*), (*nicht durchgebacken*) *a.* sodden, *Obst etc*: mealy.

ˈTeig|ˌmas·se *f* dough, paste, pastry, → Teig. **~ˌmul·de** *f* → **Backtrog**. **~ˌräd·chen** *n* (pastry) jagging wheel. **~ˌrol·le** *f* rolling pin. **~ˌwa·ren** *pl* farinaceous products, pasta *sg.*

Teil [taɪl] *m, n* ⟨-(e)s; -e⟩ **1.** part, portion, (*Abschnitt e-r Strecke, Straße etc*) section; **der dritte ~ von neun** the third part of nine; **drei ~e Wein auf zwei ~e Wasser** three parts wine and two parts water; **~e des Buches** parts (*od.* portions) of the book; **der erste ~ der Sendung** the first part (*od.* portion) of the program(me *Br.*); **der vordere ~ des Zuges** the front portion of the train; **der schönste ~ der Stadt** the most beautiful part of the city; **edle ~e** *des Körpers*: vital parts; **der politische** *etc* **~** *e-r Zeitung*: the political, *etc* section; **ein ~ von** (a) part of; **ein ~ der Zeit (des Landes, des Geldes** *etc*) (a) part of the time (country, money, *etc*); **Faust erster ~** Faust Part One; **ein Roman in vier ~en** a novel in four parts; **in ~e schneiden** cut (up) into parts; **in gleiche ~e schneiden** cut (up) into equal parts, cut (up) equally; **in zwei ~e schneiden** cut in two; **zu e-m ~ werden von** become part (and parcel) of; **von allen ~en der Welt** from all parts (*od.* quarters) of the world, from all over the world; **zum ~** partly, in part, (*zu e-m gewissen Grad*) *a.* in some degree, to some extent, → *a.* **teils, teilweise** II; **ein gut ~** a good deal (*od.* bit); **zum großen ~** (*hauptsächlich*) largely, (*in hohem Maße*) to a great extent, in a high degree; **ich habe das Buch zum großen ~ gelesen** I have read most (*od.* the greater part, the best part) of the book; **der größere** (*od.* **größte**) **~ von** (*od. gen*) the greater (*od.* best) part of, most of, *e-s Vermögens etc*: *a.* the bulk of, *von Menschen*: *a.* the majority of; **zum größten ~** for the most part, mostly. **2.** (*Anteil*) share, part; **zu gleichen ~en** in equal shares, *bes. econ. jur.* share and share alike; **Gewinn und Verlust zu gleichen ~en tragen** go shares; **sein(en) ~ beitragen** do one's share (*od.* bit), pull one's weight; **er hat sein(en) ~ (bekommen** *od. colloq.* **weg)** he has got his share (*od.* due), *fig. colloq.* he has got his; **sich** (*dat*) **sein ~ denken** have one's thoughts (*od.* opinion) about it; **den besseren ~ wählen** make the better bargain, come off better; **er hatte k-n ~ an der Verschwörung** he had nothing to do with (*od.* he took no part in) the conspiracy; **ich für mein(en) ~** I for my part. **3.** *bes. jur.* (*Partei, Seite*) party; **der beklagte ~** the defendant, the defending party; **der klagende ~** the plaintiff; **beide ~e (an-)hören** hear both parties (*od.* sides); **für beide ~e vorteilhaft** of mutual advantage; **der gebende ~** *in e-r Ehe, Freundschaft etc*: the active party (*od.* partner), *Am. a.* the giving partner. **4.** *meist n* (*Bestandteil*) component (part), constituent (part), piece, part, element, bit, (*Bauteil*) (structural) member, construction member, (*Zubehörteil*) attachment, accessory part; **et. in s-e ~e** (*od.* **in einzelne ~e) zerlegen** take s.th. apart (*od.* to pieces, to bits).

ˈTeil... *in Zssgn* partial (*agreement, view, etc*). **~ˌab|schnitt** *m e-r Autobahn etc*: section. **~ˌar·beit** *f* part-time work.

ˈteil·bar *adj* divisible (*a. math.* **durch** by). **⁓keit** *f* ⟨-; *no pl*⟩ divisibility.

ˈTeil|be|schäf·tig·te *m, f econ.* part-time worker (*od.* employee), part-timer. **~be|schäf·ti·gung** *f* part-time employment. **~be|trag** *m* partial amount, (*Rate*) instal(l)ment. **~ˌbild** *n TV* frame, *Am.* field.

ˈTeil·chen *n* ⟨-s; -⟩ *chem. nucl. phys.* particle. **~ˌbahn** *f nucl.* particle orbit. **~be|schleu·ni·ger** *m* particle accelerator.

tei·len [ˈtaɪlən] **I** *v/t* ⟨h⟩ **1.** (*zer~, zerstückeln*) (**in** *acc* into) divide, split (up); **in drei Teile ~** divide (*od.* split up) into three parts; **in zwei Hälften ~** divide in half; *math.* **sich ~ lassen (durch)** *Zahl*: be divisible (by); **20 durch 5 ~** divide 20 by 5; **20 geteilt durch 5 ist** (*od.* **gibt, macht) 4** 20 divided by 5 is 4; *lit.* **den Vorhang (die Wellen** *etc*) **~** part the curtain (the waves, *etc*). **2.** (*auf~, ver~*) (**unter, zwischen** among, between) share (out), divide (up); **die Kosten ~** share expenses (*od.* the cost); **teilt (euch) den Kuchen, teilt den Kuchen zwischen euch** divide (up) (*od.* share) the cake between (*od.* among) you; **der Besitz wurde unter s-n Kindern geteilt** the property was shared (out) between his children. **3.** (*gemeinsam haben*) share (*a room, etc*) (**mit** with); **j-s Meinung (Schicksal) ~** share s.o.'s views (fate); **j-s Freude ~** (*teilhaben an*) share (in) s.o.'s joy; **Freud(en) und Leid(en) mit j-m ~** share (in) s.o.'s joys and troubles; → **geteilt. II** *v/i* **4.** (*anderen et. abgeben*) share; **sie hat nie zu ~ gelernt** she has never learned to share; **brüderlich ~** share and share alike. **III** *v/reflex* **sich ~ 5.** (*sich trennen*) *allg., a. Zellen, Atomkerne etc*: divide, *Vorhang etc*: part, *Partei*: split (up), (*sich auflösen*) dissolve, *Menge etc*: disperse, scatter. **6.** (*sich gabeln*) *Straße etc*: branch (*od.* fork, divide) (in two), bifurcate. **7.** *Meinungen etc*: differ, diverge; **hier teilen sich die Meinungen** *a.* opinions are divided. **8. sich in den Gewinn** *etc* **~** share (*od.* go shares in) the profits, *etc* (**mit j-m** with s.o.), split (*zwischen zweien*: *a.* go halves in) the profits, *etc.* **IV ⁓** *n* ⟨-s⟩ **9.** dividing, splitting (*etc*); → *a.* **Teilung**.

ˈTeil·ent|schä·di·gung *f jur.* partial indemnity.

ˈTei·ler *m* ⟨-s; -⟩ *math.* divisor; **der größte (kleinste) gemeinsame ~** the greatest (smallest) common divisor.

ˈTeil|er|folg *m* partial success. **~er|geb·nis** *n* partial result. **~ge|biet** *n e-r Wissenschaft etc*: branch, subsection. **~ˌha·be** *f* ⟨-; *no pl*⟩ **~ an der Macht** power-sharing. **⁓ˌha·ben** *v/i* ⟨*irr, sep,* -ge-, h⟩ **~ an** (*dat*) share (in), partake of (*od.* in), participate in, take (*od.* have) a share (*od.* part) in; **j-n an e-r Sache ~ lassen** share s.th. with s.o. **~ˌha·ber** *m* ⟨-s; -⟩ **1.** participator. **2.** *econ.* (*Gesellschafter*) partner, associate; **geschäftsführender ~** managing partner; **beschränkt haftender ~** limited (*od.* special) partner; **unbeschränkt** (*od.* **persönlich) haftender ~** unlimited (*od.* general, *bes. Br.* ordinary) partner; **stiller ~** silent (*od.* dormant, sleeping, *Am.* secret) partner. **3.** (*Miteigentümer*) joint owner (*od.* proprietor). **~ˌha·ber·schaft** *f* ⟨-; *no pl*⟩ partnership; **stille ~** silent (*od.* dormant, sleeping, *Am.* secret) partnership. **⁓ˌhaf·tig, ⁓haft** *adj lit.* **~ sein** (*gen*) (*besitzen*) enjoy; **~ werden** (*gen*) (*e-s Glücks etc*) be granted, be blessed with, *weitS.* (*gewinnen*) win, gain. **~ˌhaf·tung** *f econ.* partial liability. **~in·va·li·di|tät** *f* partial disablement. **⁓ˌkas·ko·ver|si·chert** *adj econ.* insured under partial cover(age) insurance. **~ˌkas·ko·ver|si·che·rung** *f* partial cover(age) insurance. **~ˌko·sten|rech·nung** *f* partial cost accounting (*od.* calculation). **~ˌlei·stung** *f econ. jur.* part performance. **~ˌlie·fe·rung** *f* part shipment (*od.* consignment). **⁓mö|bliert** *adj* partly furnished. **~mon|ta·ge** *f tech.* subassembly. **⁓mo·to·ri|siert** *adj* semimobile.

ˈTeil|nah·me *f* ⟨-; *no pl*⟩ **1.** (**an** *dat*) *an Veranstaltungen etc*: participation (in), (*Anwesenheit*) attendance (at). **2.** (*An⁓*) sympathy (**an** *dat* for), *lit.* (*Beileid*) condolence; **in** (*od.* **mit) tiefer (aufrichtiger) ~** in deep (sincere) sympathy; **j-m s-e (herzliche) ~ ausdrücken** express one's sympathy to s.o., condole with s.o. **~be|din·gun·gen** *pl* conditions of participation. **⁓be|rech·tigt** *adj* eligible (*od.* qualified) to participate (*od.* take part). **~be|rech·tig·te** *m, f* eligible (person), person qualified to participate (*od.* take part). **~be|rech·ti·gung** *f* eligibility, qualification for participation.

ˈteil|nahms|los *adj* (*gleichgültig*) indifferent, unconcerned, unsympathetic, (*gefühllos*) impassive, unfeeling, impassible, dull, *bes. med.* (*apathisch*) apathetic, listless; (*adv*) **~ zusehen** *a.* watch with indifference. **⁓lo·sig·keit** *f* ⟨-; *no pl*⟩ indifference, impassiveness, unfeelingness, impassibility, dullness, *bes. med.* apathy, listlessness. **~ˌvoll** *adj* sympathetic, solicitous.

ˈteil|neh·men *v/i* ⟨*irr, sep,* -ge-, h⟩ **1.** (**an** *dat*) *an e-r Veranstaltung etc*: take part (in), participate (in) partake (in), (*anwesend sein*) be present (at), attend (*a meeting, etc*); **aktiv (passiv) ~ an** (*dat*) *a.* take an active (a passive) part in; **an der Unterhaltung (e-m Spiel) ~** *a.* join in the conversation (the game); **an e-r Mahlzeit ~** *a.* partake of a meal; *jur.* **an e-r strafbaren Handlung ~** participate in committing an offen/ce (*Am.* -se). **2. an j-s Freude ~** share (in) s.o.'s joy; **an j-s Erfolg ~** partake (of) s.o.'s success; **an j-s Kummer ~** sympathize with s.o.; → *a.* **teilhaben. ~d** *adj* **1.** *Mannschaft, Mitglied etc*: taking part. **2.** → **teilnahmsvoll**.

ˈTeil|neh·mer *m* ⟨-s; -⟩ **1.** *an e-r Veranstaltung etc*: participant, participator (*beide*: **an** *dat* in), *e-s Lehrgangs*: student, *bes. Sport*: competitor, contestant, entrant, *an der Endrunde*: finalist; **die ~** (*die Anwesenden*) those present; *jur.* **~ an e-r strafbaren Handlung** participant in an offen/ce (*Am.* -se). **2.** *teleph.* subscriber; **der ~ meldet sich nicht, der ~ antwortet nicht** (there is) no reply. **~ˌan·schluß** *m teleph.* subscriber's station.

ˈTeil|neh·me·rin *f* ⟨-; -nen⟩ → **Teilnehmer** 1.

ˈTeil|neh·mer|ˌli·ste *f* list of participants (*od.* participators), *bes. Sport*: list of competitors (*od.* contestants). **~ver|zeich·nis** *n* telephone directory.

ˈTeil|ˌpacht *f* share-tenancy. **~pro-ˌdukt** *n math.* partial product.

teils *adv* **1.** partly, in part; **die Straßen sind ~ schon vereist** a) the roads are already icy in parts (*od.* places), b) some roads are already icy. **2. ~ ..., ~ ...** a) some ... some ..., b) partly ... partly ..., c) sometimes ... sometimes ..., d) part ... part ...; **~ (aus) Holz, ~ (aus) Stein** part (of) wood, part (of) stone; **sie kamen ~ zu Fuß, ~ mit dem Wagen** some of them came on foot, some by car; **der Film war ~ gut, ~ weniger gut** parts of the film were good, parts not so good; the film was good in parts and bad in others; **~ aus Zeitmangel, ~ weil ich k-e Lust hatte** partly because I hadn't the time and partly because I didn't feel like it. **3.** *colloq.* **~, ~!** so-so, fairly well; **wie fühlst du dich? ~, ~!** how are you feeling? fairly (*od.* tolerably) well, not too bad, so-so, fair to middling; **freust du dich auf den Besuch d-r Eltern? ~, ~!** are you looking forward to your parents' visit? I am and I'm not.

ˈTeil|ˌscha·den *m* partial damage. **~ˌsen·dung** *f* part consignment (*od.* shipment). **~ˌstaat** *m* constituent state. **~ˌstrecke** (*getr.* -k·k-) *f* **1.** (*Etappe e-r Reise, e-s Rennens*) stage, leg. **2.** *in öffentlichen Verkehrsmitteln*: (fare) stage. **3.** (*Abschnitt e-r Straße etc*) section. **~ˌstreik** *m* sectional strike. **~ˌstrich** *m e-r Skala*: graduation mark. **~ˌstück** *n* **1.** fragment. **2.** (*Abschnitt*) section.

ˈTei·lung *f* ‹-; -en› **1.** (*Vorgang u. Ergebnis*) division (*a. biol. math. phys. pol.*), *e-r Partei etc*: split(-up); **die ~ Deutschlands** the division of Germany; **die ~ der Gewalten** the division (*od.* separation) of powers; *jur.* **~ e-r Erbmasse** division (*od.* partition) of an estate. **2.** *e-s Weges, Flusses etc*: division, bifurcation.

ˈTei·lungs|ar·ˌti·kel *m ling.* partitive article. **~ˌmas·se** *f* **1.** (*Konkursmasse*) bankrupt's estate. **2.** (*Nachlaß*) residuary estate. **~ver·ˌhält·nis** *n math.* division ratio. **~ˌzei·chen** *n* division sign.

ˈTeil|ver·ˌlust *m* partial loss. **~ˌwei·se I** *adj* **1.** partial. **II** *adv* **2.** partially, partly, in part, in some degree, to some extent; **ganz oder ~** in whole or in part. **3.** (*in einigen Fällen*) in some cases, (*hier u. da*) in parts, in places; → *a.* **teils** 1 *u.* 2. **4. wie ~ berichtet** as has been reported in several instances. **~ˌzahl** *f math.* quotient.

ˈTeil|ˌzah·lung *f* ‹-; -en› *econ.* part (*od.* partial) payment, (*Ratenzahlung*) payment by instal(l)ments, (*Rate*) instal(l)ment; **et. auf ~ kaufen** buy s.th. on the hire purchase system (*od. colloq.* on the HP, *sl.* on the never-never), *Am.* buy s.th. on the installment plan; **~en leisten** make part payments.

ˈTeil|ˌzah·lungs|be·ˌdin·gun·gen *pl* hire purchase terms, *Am.* installment terms. **~sy·ˌstem** *n* hire purchase system, *Am.* installment plan (*od.* system). **~ver·ˌtrag** *m* hire purchase agreement, *Am.* installment contract, conditional sales contract.

ˈTeil|ˌzeich·nung *f* detail drawing; **e-e ~ machen** detail. **~ˌzeit·ˌar·beit** *f etc* → Teilarbeit *etc.*

Teint [tɛ̃ː] *m* ‹-s; -s› complexion; **unreiner (reiner) ~** blemished (clear) complexion.

ˈT-ˌEi·sen [ˈteː-] *n* T-iron.

Tek·to·nik [tɛkˈtoːnɪk] *f* ‹-; *no pl*› tectonics *pl* (*meist als sg konstruiert*). **tek-ˈto·nisch** *adj* tectonic.

Tek·tur [tɛkˈtuːr] *f* ‹-; -en› *print.* amendment slip.

te·le..., Te·le... *in Zssgn* tele...

Te·le|fon [teleˈfoːn] *n* ‹-s; -e› → Telephon. **~fo'nie·ren** [-foˈniːrən] *v/i* ‹*no* ge-, h› → telephonieren. **~ˈgen** [-ˈgeːn] *adj TV* telegenic. **~ˈgraf** [-ˈgraːf] *m* ‹-en; -en› *etc* → Telegraph *etc.*

Te·le·gramm [teleˈgram] *n* ‹-s; -e› telegram, *Am. a.* telegraph, *colloq.* wire, *von od. nach Übersee*: *meist* cable(gram); **ein ~ aufgeben** hand in (*od.* tender, *Am.* file) a telegram, *telephonisch*: tender a telegram (by telephone); **ein ~ aufnehmen** accept a telegram; **telephonisch übermitteltes** (*od.* **zugesprochenes**) **~** telegram delivered by telephone. **~adres·se** [-ʔaˌdrɛsə] *f* telegraphic address. **~ˌan·ˌnah·me(ˌstel·le)** *f* **1.** telegram accepting office. **2.** telegram counter. **~ˌan·ˌschrift** *f* telegraphic address. **~ˌbo·te** *m* telegram messenger. **~ˌform·ˌblatt, ~for·muˌlar** *n* telegram form (*Am.* blank). **~ge·ˌbühr** *f* telegram rate (*od.* charge). **~ˌschal·ter** *m* telegram counter. **~ˌstil** *m a. fig.* telegram style, telegraphese; *fig.* **im ~** telegraphical(ly), in telegraphese.

Te·le·graph [teleˈgraːf] *m* ‹-en; -en› telegraph.

Te·leˈgra·phen|ˌamt *n* telegraph office. **~be·ˌam·te** *m*, **~be·ˌam·tin** *f* **1.** *am Schalter*: telegraph clerk. **2.** *im Betrieb*: telegraph operator, telegrapher. **~ˌlei·tung** *f* telegraph line. **~ˌmast** *m*, **~ˌstan·ge** *f* telegraph pole (*od.* mast).

Te·le|gra·phie [telegraˈfiː] *f* ‹-; *no pl*› telegraphy; **drahtlose ~** wireless (telegraphy), radiotelegraphy. **~gra'phie·ren** [-graˈfiːrən] *v/t u. v/i* ‹*no* ge-, h› telegraph, *colloq.* wire, *von od. nach Übersee*: *meist* cable. **~ˈgra·phisch** [-ˈgraːfɪʃ] **I** *adj* telegraphic, by telegraph, *colloq.* by wire, (*gekabelt*) *meist* by cable; **~e Überweisung** telegraphic remittance (*od.* transfer); **~e Mitteilung** telegraphic message; **auf ~em Wege** by telegraph (*od.* telegram, *colloq.* wire). **II** *adv* by telegraph, *colloq.* by wire, (*gekabelt*) by cable; **~ überweisen** remit (*od.* transmit, transfer, send) by telegraph. **~graˈphist** [-graˈfɪst] *m* ‹-en; -en›, **~graˈphi·stin** *f* ‹-; -nen› → Telegraphenbeamte (-beamtin). **~kiˈne·se** [-kiˈneːzə] *f* ‹-; *no pl*› telekinesis. **~kiˈne·tisch** [-kiˈneːtɪʃ] *adj* telekinetic.

ˈTe·le·kolˌleg [ˈteːlə-] *n* course of television lectures.

Te·le·mark [ˈteːləmark] *m* ‹-s; -s›. **~ˌschwung** *m Skifahren*: telemark.

ˈTe·le·ob·jekˌtiv *n* ‹-s; -e› *phot.* telephoto lens, telelens.

Te·leo|lo·gie [teleoloˈgiː] *f* ‹-; *no pl*› *philos.* teleology. **~ˈlo·gisch** [-ˈloːgɪʃ] *adj* teleologic(al); **~er Gottesbeweis** teleological argument.

Te·le|path [teleˈpaːt] *m* ‹-en; -en› telepathist. **~paˈthie** [-paˈtiː] *f* ‹-; *no pl*› telepathy. **~ˈpa·thisch** [-ˈpaːtɪʃ] telepathic.

Te·le·phon [teleˈfoːn] *n* ‹-s; -e› telephone, *colloq.* phone; **am ~** on the (tele-) phone; **durchs ~** over the (tele)phone; **~ haben** be on the (tele)phone; **bleiben Sie bitte am ~!** hold on (*od.* the line), please! **~ˌan·ˌla·ge** *f* → Fernsprechanlage. **~ˌan·ˌruf** *m* (tele)phone call. **~ˌan·ˌschluß** *m* → Fernsprechanschluß. **~ap·pa·ˌrat** *m* → Fernsprecher.

Te·le·pho·nat [telefoˈnaːt] *n* ‹-(e)s; -e› (tele)phone call.

Te·leˈphon|ˌbuch *n* → Fernsprechbuch. **~ˌdienst** *m* telephone service. **~ge·ˌbühr** *f* → Fernsprechgebühr. **~ge·ˌheim·nis** *n* secrecy of the telephone service. **~ge·ˌspräch** *n* **1.** (tele)phone conversation. **2.** (*Anruf*) ([tele]phone) call. **~ˌhö·rer** *m* ([tele]phone) receiver.

Te·le|pho·nie [telefoˈniː] *f* ‹-; *no pl*› telephony; **drahtlose ~** wireless telephony, radiotelephony. **~phoˈnie·ren** [-foˈniːrən] *v/i* ‹*no* ge-, h› telephone, *colloq.* phone; **mit j-m ~** a) (*j-n anrufen*) call (*bes. Br.* ring) s.o. (up), give s.o. a call (*od. colloq.* buzz, *bes. Br.* ring), telephone s.o., *colloq.* phone s.o. (up), b) (*gerade am Telephon sprechen*) speak (*od.* be speaking) to s.o. on the (tele)phone, *colloq.* be on the phone to s.o. **~ˈpho·nisch** [-ˈfoːnɪʃ] **I** *adj* telephonic, by (*od.* over the) telephone; **~e Mitteilung** telephone message. **II** *adv* by (*od.* over the, on the) telephone (*colloq.* phone), telephonically; **j-n ~ benachrichtigen** inform s.o. by (tele)phone, (tele)phone s.o.; **e-e Meldung ~ durchgeben** (tele)phone a message; **sind Sie ~ zu erreichen?** can I call you?, can I get in touch with you by (tele)phone?; **er ist ~ erreichbar unter Nummer 4850** you can reach him on the (tele)phone under number 4850. **~phoˈnist** [-foˈnɪst] *m* ‹-en; -en›, **~phoˈni·stin** *f* ‹-; -nen› telephonist, telephone (*od.* switchboard) operator.

Te·leˈphon|ˌka·bel *n* (tele)phone cable. **~ˌlei·tung** *f*, **~ˌnetz** *n*, **~ˌnum·mer** *f* → Fernsprechleitung *etc.* **~ˌrech·nung** *f* (tele)phone bill. **~ver·ˌbin·dung** *f* **1.** (tele)phone connection; **e-e ~ herstellen** put through a call. **2.** (*Fernsprechverkehr*) (tele)phone communication. **~ver·ˌkehr** *m*, **~ver·ˌmitt·lung** *f*, **~ˌzel·le** *f* → Fernsprechverkehr *etc.* **~ver·ˌstär·ker** *m* telephone amplifier. **~zen·ˌtra·le** *f* → Fernsprechamt.

Te·le·pho·to·gra·phie [telefotograˈfiː] *f* ‹-; -n [-ən]› **1.** ‹*only sg*› telephotography. **2.** (*Aufnahme*) telephoto(graph).

Te·le·skop [teleˈskoːp] *n* ‹-s; -e› (*Fernrohr*) telescope. **~an·ˌten·ne** *f* telescopic aerial (*Am.* antenna). **~ˌarm** *m tech.* telescopic arm. **~ˌau·ge** *n zo.* telescope eye. **~ˌga·bel** *f beim Motorrad*: telescopic fork.

te·leˈsko·pisch *adj* telescopic(al).

Te·le·vi·si·on [televiˈzɪoːn; ˈtelɪˌvɪʒn] (*Engl.*) *f* ‹-; *no pl*› television.

Te·lex [ˈteːlɛks] *n* ‹-; *no pl*› **1.** → Fernschreiben. **2.** → Fernschreiber 1.

Tel·ler [ˈtɛlər] *m* ‹-s; -› **1.** plate; **bunter ~** plate of assorted delicacies; **e-n ~ (voll) Suppe essen** have (*od.* eat) a plate(ful) of soup; **(die) ~ waschen** wash the dishes, *weitS.* (*abspülen*) wash up; **mit dem ~ (Geld) sammeln gehen** pass round the (collection) plate. **2.** *am Skistock*: snow ring, disk, disc. **3.** *tech. e-s Ventils*: disk, disc, head, *e-r Luftpumpe*: table. **4.** *hunt.* ear of a wild pig. **~ˌei·sen** *n hunt.* spring (*od.* steel) trap. **~ˌfleisch** *n gastr.* boiled beef. **~ˌför·mig** *adj* plate-shaped. **~ge·ˌricht** *n gastr.* one-pot course. **~ˌmi·ne** *f mil.* antitank mine. **~ˌmüt·ze** *f* flatcap, (*Baskenmütze*) beret. **~ˌschrank** *m* plate cupboard. **~ˌtuch** *n* ‹-(e)s; -tücher› dish cloth. **~ven·ˌtil** *n tech.* puppet valve. **~ˌvoll** *m* ‹-s; -› **ein ~** a plateful; **zwei ~** two platefuls, two platesful. **~ˌwär·mer** *m* plate-warmer. **~ˌwä·scher** *m* ‹-s; -› dishwasher.

Tel·lur [tɛˈluːr] *n* ‹-s; *no pl*› *chem.* tellurium. **telˈlu·rig** *adj* tellurous. **telˈlu·risch** *adj geol.* tellurian, telluric.

Tem·pel [ˈtɛmpəl] *m* ‹-s; -› temple; **kleiner ~** templet; *Bibl.* **der ~ zu Jerusalem** the Temple; **ein ~ der Artemis** *etc* a temple of Artemis, *etc*; *fig.* **ein ~ der Kunst** a temple of art; *fig. colloq.* **j-n zum ~ hinauswerfen** throw (*od.* chuck) s.o. out. **~ˌherr** *m hist.* (Knight) Templar. **~ˌor·den** *m* → Templerorden.

~ˌraub *m* (temple) sacrilege. **~ˌrit·ter** *m* → Tempelherr. **~ˌschän·der** *m* desecrator of a temple. **~ˌschän·dung** *f* desecration of a temple. **~ˌtän·ze·rin** *f* temple dancer.

Tem·pe·ra [ˈtɛmpera] *f* ⟨-; -s⟩, **~ˌfar·be** *f* distemper, tempera. **~ma·leˌrei** *f* (painting in) distemper, tempera (-painting).

Tem·pe·ra·ment [tɛmperaˈmɛnt] *n* ⟨-(e)s; -e⟩ **1.** (*Wesensart*) temperament, disposition, temper; **das hängt vom ~ ab** that depends on (one's) (*od.* that is a question of) temperament; **e-e Frau von feurigem ~** a woman with a fiery temperament; **er hat ein hitziges ~** *a.* he is hot-tempered. **2.** (*Schwung, Feuer*) temperament, fire, vivacity, spirits *pl*; **sie hat (viel) ~** she is full of spirits, she has (great) vivacity; **sein ~ ist mit ihm durchgegangen** his temperament (*od.* impulsiveness) got the better of him; **er hat kein ~** there is no life in him, *sl.* he has no pep; **das südliche ~** Latin temperament (*od.* fire). **3. die vier ~e** the four humo(u)rs. **≈los** *adj* spiritless, lifeless, fireless. **~lo·sig·keit** *f* ⟨-; *no pl*⟩ spiritlessness, lifelessness, lack of temperament. **≈ˌvoll** *adj Person*: full of spirits, (high-)spirited, vivacious, *Rede etc*: *a.* fervent; **sie ist sehr ~** she is full of spirits (*od. sl.* beans), she has great vivacity.

Tem·pe·ra·tur [tɛmperaˈtuːr] *f* ⟨-; -en⟩ *med. meteor. phys.* temperature; **bei e-r ~ (bei ~en) von** ... at a temperature (at temperatures) of ...; *med.* **erhöhte ~** temperature above normal; **~ haben** (*Fieber*) have (*od.* run) a temperature; **j-m die ~ messen** take s.o.'s temperature. **~ˌabˌfall** *m* drop (*od.* fall) in temperature. **~ˌanˌstieg** *m* rise in temperature. **~ˌausˌgleich** *m* temperature balance. **≈empˌfind·lich** *adj* temperature-sensitive. **~erˌhö·hung** *f* → Temperaturanstieg. **~geˌfäl·le** *n*, **~gra·diˌent** *m* temperature gradient. **~ˌreg·ler** *m* thermostat. **~ˌrückˌgang** *m* drop (*od.* fall) in temperature. **~ˌschwan·kung** *f* **1.** variation (*od.* change) in temperature. **2.** *bes. med.* fluctuating temperature, fluctuation of temperature. **~ˌsturz** *m* sudden drop (*od.* fall) in temperature. **~ˌun·terˌschied** *m* difference in temperature.

ˈTem·perˌguß [ˈtɛmpər-] *m* malleable cast iron.

tem·pe·rie·ren [tɛmpeˈriːrən] *v/t* ⟨*no* ge-, h⟩ bring *s.th.* to a moderate temperature; **gut temperiert sein** *Raum, Wasser etc*: have an agreeable temperature, *Wein*: have the right temperature. **tem·peˈriert** *adj mus.* **~e Stimmung** tempered tuning.

tem·pern [ˈtɛmpərn] *v/t* ⟨h⟩ *metall.* malleabl(e)ize, anneal.

ˈTem·perˌofen *m* malleabl(e)izing (*od.* annealing) furnace.

Temp·ler [ˈtɛmplər] *m* ⟨-s; -⟩ *hist.* (Knight) Templar. **~ˌor·den** *m* Order of the (Knights) Templar(s).

Tem·po [ˈtɛmpo] *n* ⟨-s; -s *u.* -pi [-pi]⟩ **1.** ⟨*only sg*⟩ (*Geschwindigkeit*) speed, *a. der Produktion, e-r Entwicklung etc*: pace, rate, tempo; **mit e-m ~ von ... in der Stunde fahren, mit ~ ... fahren** travel at a speed (*od.* pace, rate) of ... an (*od.* per) hour; **in gleichmäßigem ~** at a steady pace (*od.* rate); **in rasendem ~** at (a) breakneck speed (*od.* pace, *colloq.* lick, clip); **das ~ erhöhen** (*od.* **steigern, verschärfen**), **auf das ~ drücken** increase (*od.* force, *colloq.* hot up) the pace, speed up; **das ~ der Produktion verringern (beschleunigen)** slow down (step up) the tempo of production; **ein scharfes ~ anschlagen** go (*od.* hit) the pace; **das ~ vermindern** slow down (the pace), decelerate; *colloq.* **(nun aber) ~!** hurry up!, step on it!, get a move on!, stir your stumps! **2.** ⟨*only sg*⟩ *e-r Handlung, e-s Geschehens*: tempo, pace, *e-r Szene*: *a.* movement; **das ~ der Großstadt** the tempo of city life. **3.** (*Schwimm≈*) (swimming) stroke. **4.** ⟨*pl* **Tempi**⟩ *mus.* time, tempo; **im ~ nachlassen, das ~ verschleppen** slacken the time, fall behind time. **~ˌanˌga·be, ~beˌzeich·nung** *f mus.* tempo mark (*od.* indication). **~ˌli·mit** *n mot.* speed limit.

tem·po·ral [tɛmpoˈraːl] *adj* temporal. **≈ˌsatz** *m ling.* temporal clause.

tem·po·rär [tɛmpoˈrɛːr] **I** *adj* temporary. **II** *adv* temporarily, for the time being.

Tem·pus [ˈtɛmpʊs] *n* ⟨-; -pora [-pora]⟩ *ling.* tense.

Te·na·zi·tät [tenatsiˈtɛːt] *f* ⟨-; *no pl*⟩ *chem. phys.* tenacity.

Ten·denz [tɛnˈdɛnts] *f* ⟨-; -en⟩ **1.** *e-r Entwicklung*: trend, tendency; **gewisse ~en machen sich bemerkbar** certain trends (*od.* currents) are beginning to show. **2.** (*Ausrichtung*) **e-e Partei mit liberaler ~** a party with a liberal tendency (*od.* with liberal tendencies). **3.** *e-s Buches etc*: tendency, bias, *colloq.* slant. **4. ~ zu** (*Hang, Neigung etc*) tendency (*od.* leaning, inclination) towards (*s.th.*), tendency (*od.* inclination) to (*do s.th.*); **e-e ~ zum Mystischen haben** *a.* have mystic inclinations (*od.* leanings). **5.** *an der Börse*: trend, tendency; **die an der Börse herrschende ~** the trend prevailing at the stock exchange; **steigende ~** tendency to rise, bullish (*od.* upward) trend (*od.* tendency); **fallende** (*od.* **rückläufige**) **~** bearish (*od.* downward) trend (*od.* tendency); **lustlose ~** dull (*od.* flat) tendency. **~ˌdich·tung** *f* tendentious literature.

ten·den|zi·ell [tɛndɛnˈtsɪ̯ɛl] *adv* according to tendency. **~ziˈös** [-ˈtsɪ̯øːs] **I** *adj* **1.** *Bericht etc*: tendentious, bias(s)ed. **2.** (*politisch gefärbt*) politically bias(s)ed, politically not impartial. **II** *adv* **3. ~ gefärbt sein** be bias(s)ed, have a (certain) bias.

Tenˈdenz|roˌman *m* roman à thèse, thesis novel. **~ˌstück** *n* pièce (*od.* drame) à thèse, thesis play.

Ten·der [ˈtɛndər] *m* ⟨-s; -⟩ *rail.* tender.

ten·die·ren [tɛnˈdiːrən] *v/i* ⟨*no* ge-, h⟩ **(nach, zu to[wards])** show a tendency, tend, trend, incline; **dazu ~, (et.) zu tun** tend, *etc* to do (s.th.); *pol.* **nach links ~** *a.* have a leftist inclination (*od.* leaning, tendency).

Ten·ne [ˈtɛnə] *f* ⟨-; -n⟩ *agr.* threshing (*od.* barn) floor.

Ten·nis [ˈtɛnɪs] *n* ⟨-; *no pl*⟩ (lawn) tennis; **~ spielen** a) play tennis, b) have a game of tennis. **~ˌball** *m* tennis ball. **~ˌhal·le** *f* indoor tennis court. **~ˌplatz** *m* tennis court. **~ˌschlä·ger** *m* tennis racket. **~ˌschuh** *m meist pl* tennis shoe. **~ˌspiel** *n* game of tennis. **~ˌspie·ler** *m*, **~ˌspie·le·rin** *f* tennis player. **~turˌnier** *n* (lawn) tennis tournament.

Te·nor[1] [teˈnoːr] *m* ⟨-s; ⸚e⟩ **1.** (*Stimmlage*) tenor (voice). **2.** (*Sänger*) tenor (-singer); **er singt** (*od.* **ist**) **~** he sings tenor, he is a tenor.

Te·nor[2] [ˈteːnɔr] *m* ⟨-s; *no pl*⟩ *e-r Rede, e-s Briefes etc*: tenor, substance, *jur. a.* wording, text.

Teˈnor|ˌschlüs·sel *m mus.* tenor clef. **~ˌstim·me** *f* tenor (voice).

Ten·si·on [tɛnˈzɪ̯oːn] *f* ⟨-; -en⟩ *med. phys.* tension.

Ten·ta·kel [tɛnˈtaːkəl] *m, n* ⟨-s; -⟩ *meist pl bot. zo.* tentacle.

Te·nu·is [ˈteːnuɪs] *f* ⟨-; **-nues** [-ɛs]⟩ *ling.* tenuis, voiceless stop.

Tep·pich [ˈtɛpɪç] *m* ⟨-s; -e⟩ carpet (*a. fig. of flowers, etc*), *kleinerer*: rug; **~e** *pl e-r Wohnung*: *a.* carpeting *sg*; **orientalischer ~** oriental carpet (*od.* rug); **den ~ klopfen** beat the carpet; **mit ~en auslegen** carpet (*a room*); *meist fig.* **unter den ~ kehren** sweep under the carpet; **den roten ~ ausrollen** roll out the red carpet, **für j-n:** *a.* give s.o. red-carpet treatment, treat s.o. to the red carpet; *fig. colloq.* **bleib auf dem ~!** keep your feet on the ground! **~ˌbo·den** *m* carpet(ing); **et. ist mit ~ ausgelegt** s.th. has wall-to-wall carpeting. **~ˌbür·ste** *f* carpet brush. **~ˌflie·se** *f* carpet square (*od.* tile). **~ˌhänd·ler** *m* carpet dealer. **~ˌkeh·rer** *m* ⟨-s; -⟩, **~ˌkehr·maˌschi·ne** *f* carpet sweeper. **~ˌklop·fer** *m* carpet beater. **~ˌklopf·maˌschi·ne** *f* carpet-cleaning machine. **~(ˌklopf)ˌstan·ge** *f* carpet rail. **~ˌwe·ber** *m* carpet weaver. **~wir·keˌrei** *f* carpet weaving (*od.* manufacture).

Term [tɛrm] *m* ⟨-s; -e⟩ *math. nucl.* term.

Ter·min [tɛrˈmiːn] *m* ⟨-s; -e⟩ **1.** (*Zeitpunkt*) (appointed *od.* fixed, set) date, (*Frist*) *a. econ. für e-e Zahlung etc*: term, time-limit; **letzter** (*od.* **äußerster**) **~** final (*od.* latest) date, deadline, *für e-e Anmeldung etc*: *a.* closing date; **e-n ~ anberaumen** fix (*od.* set) a date (*od.* deadline, time-limit, *etc*), **für e-e Sache**: *a.* schedule s.th.; **zu e-m früheren ~** at an earlier date; **frühester ~ für die Fertigstellung** earliest date of completion; **auf e-n späteren ~ verschieben** (*od.* **verlegen**) postpone to a later date; **vereinbarter ~** date set (*od.* agreed upon); **bis zu diesem ~** by this (*od.* that) date; **zum festgelegten ~** at the set date, at term; **e-n ~ überschreiten** (*od.* **verpassen**) exceed the time-limit (*od.* deadline); **die Arbeit ist an e-n ~ gebunden** the work has a deadline (*od.* is scheduled). **2.** (*Verabredung*) appointment (**bei** with *one's dentist, etc*); **e-n ~ vereinbaren, sich e-n ~ geben lassen** make an appointment. **3.** *jur.* a) (*Gerichtssitzung*) (court) hearing, day of hearing (*od.* trial), b) (*Vorladung vor Gericht*) summons (to appear in court); **~ haben** *Angeklagter*: be summoned to appear in court; **e-n ~ versäumen** default. **~ˌabˌschluß** *m econ.* time bargain.

Ter·mi·nal [ˈtɜːmɪnl] (*Engl.*) *m* ⟨-(s); -s⟩ *Computer*: terminal.

Terˈmin|ˌar·beit *f* scheduled work. **~ˌbör·se** *f econ.* futures exchange. **≈geˌbun·den** *adj Arbeit etc*: scheduled. **≈geˌmäß, ≈geˌrecht** *adj u. adv* on time, in due time, on the due date, on schedule. **~geˌschäft** *n econ.* time bargain, forward business (*od.* transaction), futures business; **~e** *pl a.* futures; **~e betreiben** trade in futures. **~ˌgrün·de** *pl* **aus ~n** owing to (*od.* because of) a previous arrangement. **~kaˌlen·der** *m* appointment book, memo(randum) book, *bes. Am.* tickler, *jur.* cause list. **~ˌkauf** *m econ.* forward (*od.* future) purchase.

terˈmin·lich I *adj* **aus ~en Gründen** owing to previous engagement. **II** *adv* → terminmäßig.

Terˈmin|ˌlie·fe·rung *f econ.* forward (*od.* future) delivery. **~ˌmarkt** *m* futures (*od.* forward) market. **≈ˌmä·ßig** *adv* **~ paßt es mir (nicht), ich kann es ~ (nicht) schaffen** I can(not) fit it in (*od.* into my schedule).

Ter·mi·no|lo·gie [tɛrminoloˈgiː] *f* <-; -n [-ən]> terminology. **≈ˈlo·gisch** [-ˈloːgɪʃ] *adj* terminological.

Terˈmin|ˌpla·nung *f* scheduling. **~ˌschwie·rig·kei·ten** *pl* in ~ sein, ~ haben a) have difficulty (in) meeting the deadline, not to be able to make it, b) have difficulty (in) fitting it in (*od.* into one's schedule).

Ter·mi·nus [ˈtɛrminʊs] *m* <-; -ni [-ni]> term, expression. **~ˈtech·ni·cus** [ˈtɛçnikʊs] *m* <--; -ni -ci [-tsi]> technical term.

Terˈmin|verˌkauf *m econ.* forward (*od.* future) sale. **~verˌlän·ge·rung** *f* extension. **~ˌzah·lung** *f* payment on due date (*od.* on schedule).

Ter·mi·te [tɛrˈmiːtə] *f* <-; -n> *zo.* termite, white ant.

Terˈmi·ten|ˌbau, ~ˌhü·gel *m* termitarium, termitary.

ter·när [tɛrˈnɛːr] *adj chem.* ternary.

Ter·pen·tin [tɛrpɛnˈtiːn] *n* <-s; *no pl*> *chem.* turpentine, *colloq.* turps *pl* (*meist als sg konstruiert*).

Ter·rain [tɛˈrɛ̃ː] *n* <-s; -s> **1.** terrain; **unwegsames** ~ difficult terrain (*od.* country). **2.** *fig.* ground; **das ~ sondieren** see how the land lies; **sich auf** (*od.* **in**) **unbekanntem ~ bewegen** be on unfamiliar (*od.* new) ground; **~ aufholen** make up leeway, close the gap; **(an) ~ gewinnen (verlieren)** gain (lose) ground; **an politischem ~ verlieren** lose ground in the political sphere (*od.* politically). **3.** (*Grundstück*) plot of land. **~ˌaufˌnah·me** *f geogr.* ground survey.

Ter·ra in·co·gni·ta [ˈtɛra ɪnˈkɔgnita] *f* <--; *no pl*> terra incognita (*a. fig.*), unknown land (*od. fig.* subject).

Terˈrain|ˌskiz·ze *f geol.* topographic(al) sketch. **~verˌhält·nis·se** *pl* ground conditions, site *sg.*

Ter·ra·kot·ta [tɛraˈkɔta] *f* <-; -kotten> **1.** <*only sg*> (*gebrannter Ton*) terra-cotta. **2.** (*Figur, Gefäß etc*) terra-cotta.

Ter·ra·ri·um [tɛˈraːrɪʊm] *n* <-s; -rien> terrarium.

Ter·ras·se [tɛˈrasə] *f* <-; -n> terrace (*a. geol.*), (*Dach≈*) roof garden.

terˈras·sen|ˌar·tig, ~ˌför·mig *adj u. adv* terrace(d), in terraces, in the form of (*od.* like) a terrace. **≈kulˌtur** *f agr.* terracing, terrace cultivation.

ter·ras·sie·ren [tɛraˈsiːrən] *v/t* <*no* ge-, h> terrace, bench.

Ter·raz·zo [tɛˈratso] *m* <-(s); -zi [-tsi]> terrazzo. **~ˌfußˌbo·den** *m* terrazzo floor(ing).

ter·re·strisch [tɛˈrɛstrɪʃ] *adj* terrestrial.

Ter·ri·er [ˈtɛrɪər] *m* <-s; -> *zo.* terrier.

Ter·ri·ne [tɛˈriːnə] *f* <-; -n> tureen.

ter·ri·to·ri·al [tɛritoˈrɪaːl] *adj* territorial (*integrity, etc*). **≈geˌwäs·ser** *pl* territorial waters. **≈ˌho·heit** *f* territorial sovereignty. **≈verˌtei·di·gung** *f* home defen/ce (*Am.* -se).

Ter·ri·to·ri·um [tɛriˈtoːrɪʊm] *n* <-s; -rien> territory.

Ter·ror [ˈtɛrɔr] *m* <-s; *no pl*> **1.** terror; **es kam zu blutigem ~** there was terror and bloodshed. **2.** (*~herrschaft*) terror(ism); **das Land stand unter dem ~ dieser Organisation** the country was under the terrorism of this organization; **der organisierte ~** organized terrorism. **~ˌakt** *m meist pl* act of terrorism, terror act; **~e** *pl* terrorist activity *sg.* **~ak·tiˌon** *f* terrorist campaign. **~ˌban·de** *f* terror gang. **~beˌkämp·fung** *f* fighting terrorism, fight against terrorism. **~ˌherr·schaft** *f* reign of terror.

ter·ro·ri·sie|ren [tɛroriˈziːrən] *v/t* <*no* ge-, h> terrorize, (*Untergebene*) *a.* intimidate, bully. **≈rung** *f* <-; *no pl*> terrorization.

Ter·ro·ris·mus [tɛroˈrɪsmʊs] *m* <-; *no pl*> terror(ism). **Ter·roˈrist** [-ˈrɪst] *m* <-en; -en> terrorist.

Ter·roˈri·sten|beˌkämp·fung *f* fighting terrorism, fight against terrorism. **~ˌgrup·pe** *f* terrorist group.

ter·roˈri·stisch *adj* terrorist(ic); **~e Kampfmaßnahmen** terrorist(ic) action *sg.*

ˈTer·ror|or·ga·ni·sa·tiˌon *f* terrorist organization. **~ˌwel·le** *f* wave of terror.

Ter·tia [ˈtɛrtsɪa] *f* <-; -tien> *ped. fourth and fifth years of a German secondary school.* **Ter·tia·ner** [tɛrˈtsɪaːnər] *m* <-s; ->, **Ter·tia·ne·rin** [-ˈtsɪaːnərɪn] *f* <-; -nen> *pupil of a "Tertia".*

Ter·ti·är [tɛrˈtsɪɛːr] **I** *n* <-s; *no pl*> **1.** *geol.* Tertiary (period). **II ≈** *adj* **2.** *geol.* Tertiary. **3.** *chem. med.* tertiary. **~for·ma·tiˌon** *f* Tertiary (formation). **~ˌsta·di·um** *n med.* tertiary (*od.* third) stage.

Terz [tɛrts] *f* <-; -en> **1.** *mus.* third; **große (kleine) ~** major (minor) third. **2.** *Fechten*: tierce. **3.** *R.C.* t(i)erce.

Ter·zett [tɛrˈtsɛt] *n* <-(e)s; -e> *mus.* trio, terzet(to).

Ter·zi·ne [tɛrˈtsiːnə] *f* <-; -n> *meist pl metr.* t(i)ercet, terza rima.

ˈTe·saˌfilm [ˈteːza-] (*TM*) *m* <-s; *no pl*> (transparent) adhesive tape, Sellotape (*TM*), *bes. Am.* Scotch tape (*TM*).

Tes·si·ner [tɛˈsiːnər] *m* <-s; ->, **Tesˈsi·ne·rin** *f* <-; -nen> Ticinese.

Test [tɛst] *m* <-(e)s; -s, *a.* -e> (*Prüfung u. Bestimmungsmethode*) test; **sich e-m ~ unterziehen, e-n ~ mitmachen** undergo (*od.* take) a test; **e-n ~ mit j-m durchführen** conduct a test with s.o.; **e-r Reihe von ~s unterwerfen** subject *s.o., s.th.* to a series of tests; **der ~ verlief negativ** the test was negative.

Te·sta·ment [tɛstaˈmɛnt] *n* <-(e)s; -e> **1.** *jur.* (last) will, *formell*: last will and testament; **sein ~ machen** make one's will; **er starb, ohne ein ~ zu hinterlassen, er starb ohne ~, er starb ohne Hinterlassung e-s ~s** he died intestate; **ordnungsgemäß errichtetes ~** properly executed will; **formloses ~** informal will; **ein ~ eröffnen (errichten)** open (execute) a will; **j-n in s-m ~ bedenken** include (*od.* remember) s.o. in one's will; **et. durch ~ vermachen** → **testamentarisch** II; **durch ~ verfügen** provide (*od.* dispose, stipulate) by will; **ist kein ~ vorhanden, bei Fehlen e-s ~s** in case of intestacy; *fig. colloq.* **wenn ich dich erwische, kannst du dein ~ machen** *drohend*: if I catch you, you've had it. **2.** *Bibl.* **Altes (Neues) ~** Old (New) Testament.

te·sta·men·ta·risch [tɛstamɛnˈtaːrɪʃ] **I** *adj* testamentary; **~e Verfügung** testamentary disposition; → **Erbe**[1] 1. **II** *adv* by will; **~ verfügen** dispose by will; **et. ~ vermachen** leave (*od.* bequeath) s.th. by will, will s.th., (*Grund u. Boden*) devise s.th.; **der ~ Bedachte** the beneficiary under a will.

Te·staˈments|beˌstim·mung *f* testamentary provision. **~ˌer·be** *m*, **~ˌer·bin** *f* testamentary heir (heiress), *von Grundbesitz*: devisee. **~erˌöff·nung** *f* opening (*od.* reading) of the will. **~ˌnachˌtrag** *m* codicil. **~ˌvollˌstrecker** (*getr.* -k·k-) *m* executor. **~ˌvollˌstreckung** (*getr.* -k·k-) *f* execution of a will.

Te·stat [tɛsˈtaːt] *n* <-(e)s; -e> *e-s Dozenten etc*: signature attesting student's attendance at lectures.

Te·sta·tor [tɛsˈtaːtɔr] *m* <-s; -en [-taˈtoːrən]> *jur.* testator, legator, bequeather, *von Grundbesitz*: devisor.

ˈTest|beˌfra·gung *f* opinion poll. **~ˌbild** *n TV* test pattern.

te·sten [ˈtɛstən] **I** *v/t* <h> test; **sich (vom Psychologen) ~ lassen** undergo a test (by a psychologist). **II ≈** *n* <-s> test(ing). **ˈTe·ster** *m* <-s; -> tester.

ˈTest|erˌgeb·nis *n* result of a (*od.* the) test. **~ˌfilm** *m* test film. **~ˌflug** *m* test flight. **~ˌfra·ge** *f* test question.

te·stie·ren [tɛsˈtiːrən] **I** *v/i* <*no* ge-, h> **1.** *jur.* make a will. **II** *v/t* **2. den Besuch e-r Vorlesung ~** certify attendance at a course of lectures. **3.** *jur.* a) (*bezeugen*) testify, attest, b) (*letztwillig verfügen*) dispose (of *s.th.*) by will, c) (*vermachen*) bequeath. **Teˈstie·rer** *m* <-s; -> → Testator. **teˈstierˌfä·hig** *adj* capable of making a will.

Te·sti·kel [tɛsˈtiːkəl] *m* <-s; -> *anat.* testicle, testis. **~horˌmon** *n* testis hormone.

ˈTest|ˌlö·sung *f chem.* test solution. **~meˌtho·de** *f* method of testing, test(ing) method. **~obˌjekt** *n* test object. **~paˌpier** *n* → Reagenzpapier. **~perˌson** *f* testee, test subject. **~piˌlot** *m* test pilot. **~ˌrei·he** *f* series of tests. **~ˌsen·dung** *f Radio, TV* pilot (*od.* trial) program(me *Br.*), pilot. **~ˌse·rie** *f* **1.** series of tests. **2.** (*Nullserie*) pilot lot (*od.* production run). **~ˌstopp-ˌAbˌkom·men** *n*, **~ˌstopp-Verˌtrag** *m pol.* Test-Ban Treaty. **~ˌteil·chen** *n nucl.* test particle.

ˈTe·stung *f* <-; -en> test(ing).

ˈTest|verˌfah·ren *n* test(ing) procedure. **~verˌsuch** *m* experiment.

Te·ta·nie [tetaˈniː] *f* <-; -n [-ən]> *med.* tetany, tetania.

Te·ta·nus [ˈteːtanʊs] *m* <-; *no pl*> *med.* (*Starrkrampf*) tetanus, lockjaw. **~ˌimp·fung** *f* tetanus vaccination. **~ˌse·rum** *n* antitetanic serum, tetanus antitoxin.

Tête-à-Tête [tɛtaˈtɛːt] *n* <-; -s> tête-à-tête (mit with).

Te·tra..., te·tra... *in Zssgn* tetra...

Te·tra|eder [tɛtraˀˈeːdər] *n* <-s; -> *math.* tetrahedron. **~ˈgon** [-ˈgoːn] *n* <-s; -e> tetragon. **~loˈgie** [-loˈgiː] *f* <-; -n [-ən]> *bes. bei Dramen*: tetralogy.

teu·er [ˈtɔʏər] **I** *adj* <teurer; -st> **1.** *Waren etc*: expensive, costly, *bes. Br. a.* dear, *colloq.* pric(e)y, (*kostenintensiv*) *a.* high-cost (*products*); *econ.* **teures Geld** close money; **wie ~ ist** (*od.* **kommt**) **dieser Wagen?** how much (*od.* what price) is this car?, how much (*od.* what) does this car cost?; **et. für teures Geld kaufen** buy s.th. dear(ly) (*od.* at a high price), pay dear(ly) for s.th.; **teurer werden** become (*od.* get) dearer, increase in price, go up (in price); **(die) Lebensmittel sind schon wieder teurer geworden** food prices have gone up again; *colloq.* **ein teures Vergnügen** an expensive game. **2.** *Geschäft, Hotel etc*: expensive, *bes. Br. a.* dear, *colloq.* pric(e)y; **teure Zeiten** expensive times; **das Hotel ist ~** the hotel is expensive, *colloq.* the hotel has steep prices; *colloq.* **ein teures Pflaster** a pretty expensive place. **3.** *archaic od. iro.* (*lieb, wert*) dear; **~ster Vater!** dearest father!; **m-e teure Mutter** my dear (*od.* beloved, cherished) mother; **sie ist mir lieb und ~** she is very dear to me. **II** *adv* **4.** dear(ly); **e-e Ware ~ kaufen (verkaufen)** buy (sell) an article dear(ly) (*od.* at a high price); *fig.* **sein Leben ~ verkaufen** sell one's life dearly; **er hat sich** (*dat*) **sein Glück ~ erkauft** he paid dear(ly) for his happiness; **sie mußte ihren Fehler ~ bezahlen** she had to pay dear(ly) for her mistake, that was a costly mistake for her; **der Urlaub kam mich** (*od.* **mir**) **~ zu stehen** the holidays cost me a great deal (*od.* a nice bit, a lot); **das wird dich**

(*od.* dir) (noch) ~ zu stehen kommen! you'll pay for that!

ˈ**Teu·er·ste** *f* <-n; -n> *archaic od. iro.* (*Anrede*) dearest.

ˈ**Teue·rung** *f* <-; -en> (*Vorgang u. Resultat*) (general) increase (*od.* rise, *Am. a.* hike) in prices, (general) price increase (*Am. a.* hike).

ˈ**Teue·rungs|ˌra·te** *f* rate of price increases. **~ˌwel·le** *f* wave of price increases. **~ˌzuˌla·ge** *f*, **~ˌzuˌschlag** *m* allowance for high cost of living, cost-of-living bonus (*od.* allowance).

Teu·fe [ˈtɔʏfə] *f* <-; -n> *Bergbau*: depth.

Teu·fel [ˈtɔʏfəl] *m* <-s; -> *a. fig.* devil; *bes. relig.* **der ~** the Devil, the Fiend, *colloq.* Old Nick; **ein armer ~** (*Mensch*) a poor devil; **der ~ Alkohol** the devil of drink; **ein ~ in Menschengestalt, der leibhaftige ~** the devil incarnate; **ein richtiger ~** a real (*od.* regular, perfect) devil; **er ist ein kleiner ~** he is a little devil (*od. colloq.* a holy terror); **s-e Seele dem ~ verschreiben** sell one's soul to the devil; **das hieße, den ~ mit** (*od.* **durch**) **Beelzebub austreiben** that would be robbing Peter to pay Paul; **vom ~ besessen sein** be possessed by (*od.* with) the devil; **weder Tod noch ~ fürchten** fear neither death nor (the) devil; **er hat den ~ im Leib** he is a devil of a fellow; **ihn reitet der ~** the devil has got into him (*od.* has got hold of him); *lit.* **bist du des ~s?** are you mad (*od.* crazy)?; *colloq.* **hier ist der ~ los** (all) hell is let loose; **wenn wir erwischt werden, dann ist der ~ los** there'll be the devil to pay if we get caught; **der ~ steckt im Detail** the devil is in the nuts and bolts; **das hat der ~ gesehen** the devil's in it; **mal' den ~ nicht an die Wand!** don't tempt fate (*od.* providence)!; **wenn man vom ~ spricht, dann kommt er** speak of the devil (and he will appear *od.* and he is sure to appear); **er fragt den ~ danach** (*od.* **er schert, er kümmert sich den ~ darum**), **was die Leute von ihm denken** he does not care (*od.* give) a rap (*colloq.* hang, hoot) about what people think of him; *colloq.* **den ~ werd' ich tun** I'll do nothing of the kind; **den ~ werd' ich tun und mich bei ihm entschuldigen** I'll be damned (*od.* hanged) if I am going to apologize to him; **es müßte schon mit dem ~ zugehen** (*lit.* **der ~ müßte schon s-e Hand im Spiel haben**), **wenn** ... it would be bad luck if ...; *colloq.* **wie der ~** (*od.* **auf ~ komm raus**) *arbeiten etc work, etc* like the devil (*od.* like blazes, like hell); **wie der ~ hinter der armen Seele** like the devil after a poor soul; *colloq.* **zum ~ gehen** go to blazes; **mein ganzes Geld ist beim ~!, mein ganzes Geld ist zum ~** (**gegangen**)! all my money has gone to blazes (*od. sl.* has gone phut, has gone to pot); **j-n zum ~ jagen** tell s.o. to go to hell (*od.* to blazes); **ich wünschte ihn** (**innerlich**) **zum ~** I could have seen him far enough; **weiß der ~** (**wann**) the devil knows (when); *colloq.* **hol's der ~!,** (**zum**) **~** (**nochmal**)**!, ~ auch!** dash (*od.* darn, damn, hang) it (all)!; **in drei** (*od.* **des**) **~s Namen!** in the name of heaven (*od.* goodness, pity)!; **pfui ~!** ugh!, pew!, disgusting!; **~, ~!** *bewundernd, überrascht*: boy!, man!, gosh!, Jesus Christ!; **hol' dich der ~!, der ~ soll dich holen!, geh** (*od.* **scher dich**) **zum ~!** go to hell (*od.* to blazes, to the devil)!; **hol'** (**doch**) **der ~ den ganzen Kram!, der ~ soll den ganzen Kram holen!, zum ~ mit dem ganzen Kram!** to hell with the whole lot (*od.* thing)!; **wer** (**wo, was**) **zum ~ war das?** who (where, what) the devil (*od.* the hell) was that?; → **Not** 2.

Teu·feˈlei *f* <-; -en> devilry, devilment.

ˈ**Teu·fe·lin** *f* <-; -nen> devil, *stärker*: she-devil, hellcat.

ˈ**Teu·fels|ˌar·beit** *f colloq.* **das ist e-e ~** that's the devil of a job. **~ausˌtrei·ber** *m* exorcist. **~ausˌtrei·bung** *f* exorcism. **~beˌschwö·rer** *m* → Teufelsaustreiber. **~beˌschwö·rung** *f* → Teufelsaustreibung. **~ˌbra·ten** *m colloq.* limb of the devil (*od.* of Satan). **~ˌbrut** *f* <-; *no pl*> *colloq.* Satan's brood. **~ˌjun·ge, ~ˌkerl** *m colloq.* devil of a fellow. **~ˌkir·sche** *f* → Tollkirsche. **~ˌkral·le** *f bot.* rampion. **~ˌkreis** *m* vicious circle. **~ˌro·chen** *m* → Manta. **~ˌweib** *n* **1.** *colloq.* **das ist ein ~** *bewundernd*: she is quite a woman. **2.** *contp.* → Teufelin. **~ˌwerk** *n* work of the devil.

teuf·lisch [ˈtɔʏflɪʃ] **I** *adj* **1.** devilish, diabolic(al), fiendish; **ein ~er Plan** a fiendish plan; **ein ~es Grinsen** a diabolic(al) grin; **in ~er Laune sein** be in the devil of a mood. **II** *adv* **2.** devilishly, diabolically, fiendishly. **3.** *colloq.* (*sehr, schrecklich*) fiendishly, hellish, devilish. **III 2e, das** <-n> **4.** the devilish thing.

Teu·to·ne [tɔʏˈtoːnə] *m* <-n; -n> Teuton. **teuˈto·nisch** *adj* Teutonic.

Te·xa·ner [tɛˈksaːnər] *m* <-s; -> Texan. **teˈxa·nisch** *adj* Texan, Texas.

Text[1] [tɛkst] *m* <-(e)s; -e> **1.** text (*a. e-r Prüfung, a. thea. e-s Stücks*), *zum Ablesen*: script, *e-s Schauspielers*: lines *pl*, → *a.* Textbuch; **der authentische** (*od.* **maßgebende**) **~** the authentic text; **der genaue ~ des neuen Gesetzes** the exact text (*od.* wording) of the new law; **der genaue Wortlaut des ~es** the exact wording (*od.* phrasing, words) of the text; *bes. thea.* **kannst du d-n ~ schon?** have you learned your lines?; *a. fig.* **bleiben Sie am ~!** keep (*od.* stick) to the text; *fig. colloq.* **j-m den ~ lesen** give s.o. a lecture, lecture s.o.; *a. fig.* **aus dem ~ kommen** lose the thread, *Schauspieler*: forget one's lines; *fig.* **aus dem ~ bringen** fluster, put out; *colloq.* **weiter im ~!** (let's) go on! **2.** *unter Bildern etc*: caption, legend. **3.** *e-s Liedes etc*: words *pl*, lyrics *pl*. **4.** (*Bibelstelle*) (Scriptural *od.* Bible) text. **5.** *print.* text, reading matter, *bes. Br.* letterpress; **ein Buch mit viel ~ und wenig Bildmaterial** a book with a great deal of text and little pictorial matter.

Text[2] *f* <-; *no pl*> (*Schriftgrad*) text face.

ˈ**Text|ˌabˌschnitt** *m* passage. **~anaˌly·se** *f* analysis of a (*od.* the) text. **~aufˌga·be** *f math.* problem. **~ausˌga·be** *f* text edition. **~ausˌle·gung** *f* **1.** → Textinterpretation. **2.** *relig.* exegesis. **~ˌbuch** *n e-r Oper, Operette etc*: libretto, *e-s Musicals etc*: book. **~ˌdich·ter** *m e-r Oper etc*: librettist.

tex·ten [ˈtɛkstən] **I** *v/i* <h> **1.** *mus.* write (the) lyrics (*od.* words). **2.** *Werbung*: copywrite. **II** *v/t* **3.** *mus.* write the lyrics (*od.* words) to (*od.* for). ˈ**Tex·ter** *m* <-s; -> **1.** *mus.* lyric writer. **2.** *Werbung*: copywriter, ad-writer.

ˈ**Text|ˌfäl·schung** *f* interpolation. **2geˌmäß** *adj* textual, conforming to the text.

Texˈtil|ˌar·bei·ter *m* textile worker. **~faˌbrik** *f* textile mill (*od.* factory). **~ˌfa·ser** *f* (textile) fibre (*Am.* fiber). **~ˌgür·telˌrei·fen** *m mot.* textile radial (-ply) tyre (*Am.* tire).

Tex·ti·li·en [tɛksˈtiːlĭən] *pl* textiles, textile goods.

Texˈtil|in·du·strie *f* textile industry. **~ˌkaufˌmann** *m* textile merchant. **~ˌmes·se** *f* textile (goods) fair. **~ˌpflan·zen** *pl* textile (*od.* fibre, *Am.* fiber) plants. **~ˌwa·ren** *pl* → Textilien. **~ˌwirt·schaft** *f* textile field.

ˈ**Text|in·ter·pre·ta·tiˌon** *f* explanation (*od.* interpretation) of a text. **~kriˌtik** *f* textual criticism. **~ˌkri·ti·ker** *m* textual critic. **2ˌkri·tisch** *adj* of (*od.* in) textual criticism.

ˈ**text·lich I** *adj* textual, textuary. **II** *adv* **~ gesehen** as regards the text.

ˈ**text|ˌsi·cher** *adj* **~ sein** *Schauspieler etc*: be sure of one's lines. **2ˌstel·le** *f* passage (of a text). **2te·leˌphon** *n* viewdata telephone.

Tex·tur [tɛksˈtuːr] *f* <-; -en> texture.

ˈ**Text|ver|ar·bei·tung** *f Computer*: text processing. **~verˌgleich** *m*, **~verˌglei·chung** *f* text comparison, collation.

Te·zett [ˈteːtsɛt; teˈtsɛt] *n* **bis ins** (**letzte**) **~** (**kennen** know *s.th.*) inside out (*od.* down to the last detail).

ˈ**T-ˌför·mig** [ˈteː-] *adj* T-shaped, tee.

Thai[1] [taɪ] *m* <-(s); -(s)> Thai, Thailander.

Thai[2] *n* <-; *no pl*> *ling.* Thai, Siamese.

ˈ**Thaiˌlän·der** *m* <-s; ->, ˈ**Thaiˌlän·de·rin** *f* <-; -nen> → Thai[1]. ˈ**thaiˌlän·disch** *adj* Thailand.

Thal·lus [ˈtalʊs] *m* <-; **Thalli** [-li]> *bot.* thallus.

The·a·ter [teˈaːtər] *n* <-s; -> **1.** (*Institution*) theat/re (*Am.* -er); **städtisches** (**privates**) **~** municipal (private) theatre; **~ spielen** a) act, be an actor (actress), b) *fig. cf.* 6; **sie ist beim ~** she acts, she is an actress, she is in the theatre (*od.* on the stage, on the boards); **er will zum ~** he wants to go on (*od.* take to) the stage, he wants to act (*od.* to become an actor); **ins ~ gehen** go to the theatre; **heute abend habe ich ~** this is my day for the theatre; **was gibt es heute im ~?** what's on (*od.* playing) at the theatre tonight? **2.** <*only sg*> (*Bühnenkunst, ~wesen*) theatre; **das romantische ~** Romantic theatre; **das ~ von Brecht** the theatre of Brecht; **das ~ des 20. Jahrhunderts** the theatre of the 20th century, (the) 20th century theatre; **gutes** (**schlechtes**) **~ machen** play good (poor) theatre. **3.** (*Gebäude*) theatre, playhouse, (*Haus, ~saal*) house, (*Film2*) cinema, *Am.* motion-picture theater, movie (theater); **das ~ ist ausverkauft** (**voll besetzt**) the house is sold out (*od.* booked up) (is full, is filled to capacity); **allmählich füllte sich das ~** the house gradually filled (up); (**diesen Film sehen Sie**) **demnächst in diesem ~** (this film is) coming shortly to this cinema. **4.** (*Publikum*) theatre, house, audience; **das** (**ganze**) **~ klatschte begeistert** the (whole) house applauded enthusiastically; **das ganze ~ weinte** the theatre wept. **5.** <*only sg*> (*Aufführung*) performance; **das ~ ist um zehn Uhr aus** (*od.* **zu Ende**) the performance is over (*od.* finishes) at ten p.m.; **was machen wir nach dem ~?** what shall we do after the performance (*od.* theatre)? **6.** *fig. colloq.* (*Farce*) farce, empty show, (*Verstellung*) act, play-acting, preten/ce (*Am.* -se), (*theatralisches Getue, Mätzchen*) theatrics *pl* (*als sg od. pl konstruiert*), histrionics *pl*; **~ machen, ~ spielen** (put on an) act, play-act, pretend; **ihr Mitleid ist reines ~** her sympathy is just a big act; **hör auf mit dem ~!** cut out the histrionics! **7.** *fig. colloq.* (*Getue, Rummel, Klamauk*) fuss, to-do, hullaballoo, (*Ärger, Umstände*) trouble, bother; **ein riesiges** (*od.* **mordsmäßiges**) **~ machen** (**um**) make a hell of a fuss (*od.* to-do, hullaballoo) (about *s.o., s.th.*), (*sich aufregen*) carry on like hell (about *s.th.*); **es ist** (**doch**) **immer wieder das gleiche ~** (**mit ihm**)!

it's always the same old trouble (*od.* story) (with him). **~ˌabend** *m* evening at the theatre. **~abon·neˌment** *n* **1.** (theatre) subscription. **2.** (*Karte*) season (*od.* subscription) ticket. **~agent** [-ˀaˌgɛnt] *m* theatrical agent. **~agenˌtur** *f* theatrical agency. **~ˌaufˌfüh·rung** *f* (theatrical) performance. **≈beˌses·sen** *adj* stagestruck. **~beˌsuch** *m* **1.** visit to the theatre; **regelmäßiger ~** *a.* regular theatregoing; **für heute abend ist ein ~ vorgesehen** a visit to the theatre has been arranged for this evening. **2.** ⟨*only sg*⟩ theatre attendance, theatregoing; **der ~ (in) dieser Saison** this season's theatre attendance. **~beˌsu·cher** *m* theatregoer, *Am.* theatergoer, playgoer, *pl a.* audience *sg.* **~bilˌlett** *n* theatre ticket. **~ˌbüh·ne** *f* (theatre) stage. **~diˌrek·tor** *m* manager of a theatre, *bes. Am.* producer. **~efˌfekt** *m* stage effect. **~ˌkar·te** *f* theatre ticket. **~ˌkas·se** *f* box (*od.* booking, ticket) office. **~ˌklatsch** *m* theatre (*od.* greenroom) gossip. **~kriˌtik** *f* theatre critique, play review. **~ˌkri·ti·ker** *m* theatre (*od.* drama) critic. **~ˌma·ler** *m* scene painter. **~ma·schiˌnist** *m* theatre engineer. **~ˌpro·be** *f* (stage) rehearsal. **~ˌpu·bli·kum** *n* (theatre) audience. **~ˌraum** *m* auditorium. **~reˌgie** *f* (stage) direction. **~re·quiˌsi·ten** *pl* (stage) properties, *colloq.* props. **~ˌsaal** *m* theatre hall, auditorium. **~saiˌson** *f*. **~ˌspielˌzeit** *f* theatre season. **~ˌstück** *n* (stage) play, drama. **~ˌvorˌstel·lung** *f* theatrical performance, *colloq.* show. **~ˌwelt** *f* world of the theatre. **~ˌwis·sen·schaft** *f* theatre studies *pl*, studies *pl* of dramaturgy; **~ studieren** study drama. **~ˌzet·tel** *m* theatre programme, *Am.* theater program, playbill.

Thea·ti·ner [teaˈtiːnər] *m* ⟨-s; -⟩ *R.C.* Theatine.

Thea·tra|lik [teaˈtraːlɪk] *f* ⟨-; *no pl*⟩ *in Gestik, Ausdruck etc*: theatricality, theatricalness, staginess, theatrics *pl* (*als sg od. pl konstruiert*). **≈lisch** [-lɪʃ] *adj* **1.** (*bühnengerecht*) theatric(al) (*effects, etc*). **2.** *fig.* (*übertrieben, pathetisch*) theatric(al), stagy, histrionic(al).

The·ba·ner [teˈbaːnər] *m* ⟨-s; -⟩, **theˈba·nisch** *adj* Theban.

The·in [teˈiːn] *n* ⟨-s; *no pl*⟩ → **Koffein**.

The·is·mus [teˈɪsmʊs] *m* ⟨-; *no pl*⟩ theism. **Theˈist** [-ˈɪst] *m* ⟨-en; -en⟩ theist. **thei·stisch** [-ˈɪstɪʃ] *adj* theistic(al).

The·ke [ˈteːkə] *f* ⟨-; -n⟩ (*Schanktisch*) bar, *a.* (*Ladentisch*) counter; *fig.* **unter der ~ verkaufen** sell under the counter.

The·ma [ˈteːma] *n* ⟨-s; -men, *a.* -mata [-ta]⟩ **1.** *allg., a. Kunst*: theme, subject, *der Unterhaltung, e-s Aufsatzes etc*: *a.* topic; **zum ~ haben** have as a subject, deal with; **das ~ wechseln, auf ein anderes ~ übergehen** change the subject; **vom ~ abschweifen** (*od.* **abweichen**) wander (*od.* stray) from the subject, go (*od.* fly) off at (*od.* on) a tangent; **beim ~ bleiben** keep to the subject, keep (*od.* stick) to the point; **das gehört nicht zum ~** that is completely irrelevant (*od.* beside the point); **ein unerschöpfliches ~ für die Unterhaltung** an inexhaustible topic of conversation; **zum ~ Essen** a) as regards food, b) talking about food, while we are on the subject of food. **2.** *mus.* theme, subject.

The·ma|tik [teˈmaːtɪk] *f* ⟨-; -en⟩ themes *pl*, theme, subject matter, thematic material. **≈tisch** *adj* thematic.

ˈThe·ma·voˌkal *m ling.* thematic vowel.

ˈThe·menˌkreis *m* allied (*od.* interrelated) subjects (*od.* topics) *pl*.

Theo|di·zee [teodiˈtseː(ə)] *f* ⟨-; -n [-ən]⟩ *philos.* (*Rechtfertigung Gottes*) theodicy. **~doˈlit** [-doˈliːt] *m* ⟨-(e)s; -e⟩ *tech.* theodolite. **≈doˈli·tisch** *adj* theodolitic. **~goˈnie** [-goˈniː] *f* ⟨-; -n [-ən]⟩ *myth.* theogony. **~ˈkrat** [-ˈkraːt] *m* ⟨-en; -en⟩ theocrat. **~kraˈtie** [-kraˈtiː] *f* ⟨-; -n [-ən]⟩ theocracy. **≈ˈkra·tisch** *adj* theocratic. **~ˈlo·ge** [-ˈloːgə] *m* ⟨-n; -n⟩ **1.** theologian, divine. **2.** → **Theologiestudent**.

Theo·lo·gie [teoloˈgiː] *f* ⟨-; -n [-ən]⟩ theology, divinity; **Doktor der ~** Doctor of Theology (*od.* Divinity). **~stuˌdent** *m* student of theology (*od.* divinity), *Am. colloq.* theologue.

theoˈlo·gisch *adj* theologic(al).

Theo·ma·nie [teomaˈniː] *f* ⟨-; -n [-ən]⟩ *psych.* theomania.

Theo·pha·nie [teofaˈniː] *f* ⟨-; -n [-ən]⟩ (*Gotteserscheinung*) theophany.

Theo·rem [teoˈreːm] *n* ⟨-s; -e⟩ *math. philos.* theorem, proposition.

Theo|re·ti·ker [teoˈreːtikər] *m* ⟨-s; -⟩ theorist, theoretician, theorizer, speculator. **≈ˈre·tisch** [-ˈreːtɪʃ] **I** *adj Unterricht, Physik, Lösung etc*: theoretic(al). **II** *adv* theoretically, in theory; **~ mag das richtig sein, aber** theoretically (*od.* on paper) that may be right but. **≈re·tiˈsie·ren** [-retiˈziːrən] *v/i* ⟨*no* ge-, h⟩ theorize (**über** *acc* about, on). **~ˈrie** [-ˈriː] *f* ⟨-; -n [-ən]⟩ **1.** theory; *colloq.* **er hat da so s-e eigene ~** he has his own (peculiar) theory about that. **2.** (*Ggs. Praxis*) theory; **~ und Praxis** theory and practice; **(nur) in der ~** (only) in theory; **das ist alles graue ~** that is all mere theory.

Theo|soph [teoˈzoːf] *m* ⟨-en; -en⟩ theosophist. **~soˈphie** [-zoˈfiː] *f* ⟨-; -n [-ən]⟩ theosophy. **≈ˈso·phisch** [-ˈzoːfɪʃ] *adj* theosophic(al).

The·ra|peut [teraˈpɔʏt] *m* ⟨-en; -en⟩ *med.* therapist. **~ˈpeu·tik** [-ˈpɔʏtɪk] *f* ⟨-; *no pl*⟩ therapeutics *pl* (*als sg od. pl konstruiert*). **~ˈpeu·ti·kum** [-ˈpɔʏtikʊm] *n* ⟨-s; -tika [-ka]⟩ therapeutic agent. **≈ˈpeu·tisch** *adj* therapeutic(al). **~ˈpie** [-ˈpiː] *f* ⟨-; -n [-ən]⟩ therapy.

ther·mal [tɛrˈmaːl] *adj* thermal. **≈bad** *n* **1.** thermal bath. **2.** (*Ort*) thermal spa. **≈ˌquel·le** *f* thermal spring.

Ther·me [ˈtɛrmə] *f* ⟨-; -n⟩ *meist pl* thermal (*od.* hot) spring.

Ther·mik [ˈtɛrmɪk] *f* ⟨-; *no pl*⟩ thermionics *pl* (*als sg konstruiert*). **ˈther·misch** [-mɪʃ] *adj* thermal, thermic.

Ther·mo..., ther·mo... *in Zssgn* thermo...

Ther·mo|che·mie [tɛrmoçeˈmiː] *f* thermochemistry. **≈ˈche·misch** [-ˈçeːmɪʃ] *adj* thermochemical. **~dyˈna·mik** [-dyˈnaːmɪk] *f* thermodynamics *pl* (*als sg od. pl konstruiert*). **≈dyˈna·misch** [-dyˈnaːmɪʃ] *adj* thermodynamic(al). **≈elek·trisch** [-ˀeˈlɛktrɪʃ] *adj* thermoelectric. **~eleˈment** [-ˀeleˈmɛnt] *n meist pl* thermocouple. **~ˈgraph** [-ˈgraːf] *m* ⟨-en; -en⟩ *meteor.* thermograph. **~ˈly·se** [-ˈlyːzə] *f* ⟨-; -n⟩ *chem.* thermolysis. **≈lyˈsie·ren** [-lyˈziːrən] *v/t* ⟨*no* ge-, h⟩ thermolyze. **~ma·gneˈtis·mus** [-magneˈtɪsmʊs] *m* thermomagnetism.

Ther·mo·me·ter [tɛrmoˈmeːtər] *n* ⟨-s; -⟩ thermometer; **das ~ zeigt** (*od.* **steht auf**) **5° über (unter) Null** the thermometer is at (*od.* shows) 5° above (below) zero. **~ˌsäu·le** *f* thermometer column. **~ˌstand** *m* thermometer reading.

ther·mo|me·trisch [tɛrmoˈmeːtrɪʃ] *adj* thermometric. **~nu·kleˈar** [-nukleˈaːr] *adj* thermonuclear. **≈phyˈsik** [-fyˈziːk] *f* thermophysics *pl* (*meist als sg konstruiert*). **≈ˈplast** [-ˈplast] *m* ⟨-(e)s; -e⟩ *meist pl chem.* thermoplastic. **~ˈpla·stisch** [-ˈplastɪʃ] *adj* thermoplastic.

ˈTher·mos|beˌhäl·ter [ˈtɛrmɔs-] (*TM*) *m* thermos (*od.* vacuum) container. **~ˌfla·sche** (*TM*) *f* thermos (flask), (vacuum) flask, *bes. Am.* thermos bottle. **~ˌkan·ne** (*TM*) *f* vacuum jug.

Ther·mo|stat [tɛrmoˈstaːt] *m* ⟨-(e)s *u.* -en; -e(n)⟩ thermostat. **~ˈsta·tik** [-ˈstaːtɪk] *f* thermostatics *pl* (*als sg konstruiert*). **≈ˈsta·tisch** [-ˈstaːtɪʃ] *adj* thermostatic. **~the·raˈpie** [-teraˈpiː] *f* thermotherapy.

The·sau·rus [teˈzaʊrʊs] *m* ⟨-; -ren *u.* -ri [-ri]⟩ *ling.* thesaurus, vocabulary.

The·se [ˈteːzə] *f* ⟨-; -n⟩ *philos.* thesis; **e-e ~ aufstellen** evolve a thesis.

The·sis [ˈteːzɪs] *f* ⟨-; -sen⟩ *metr.* thesis.

Thes·sa·lo·ni·cher [tɛsaˈloːnɪçər] (**Brief des Paulus an die**) **~** → **~brief** *m Bibl.* Epistle (of St. Paul) to the Thessalonians, Thessalonians *pl* (*als sg konstruiert*).

Thing [tɪŋ] *n* ⟨-(e)s; -e⟩ **1.** (*Parlament in Skandinavien*) T(h)ing. **2.** *hist.* thing, meeting. **~ˌort, ~ˌplatz** *m hist.* thingstead.

Tho·mas [ˈtoːmas] *m* ⟨-; -se⟩ **ungläubiger ~** doubting Thomas. **~ˌmehl** *n* ⟨-(e)s; *no pl*⟩ (*Düngemittel*) *u. metall.* Thomas meal. **~ˌschlacke** (*getr.* -k·k-) *f metall.* basic (*od.* Thomas) slag. **~ˌstahl** *m* Thomas (*od.* basic Bessemer) steel. **~verˌfah·ren** *n* Thomas (*od.* basic Bessemer) process.

Tho·mis·mus [toˈmɪsmʊs] *m* ⟨-; *no pl*⟩ Thomism. **thoˈmi·stisch** *adj* Thomist(ic).

Tho·ra [toˈraː; ˈtoːra] *f* ⟨-; *no pl*⟩ Torah.

Tho·rax [ˈtoːraks] *m* ⟨-(es); -e⟩ *anat.* thorax, chest.

Throm·bo·se [trɔmˈboːzə] *f* ⟨-; -n⟩ *med.* (**fortschreitende ~** creeping) thrombosis. **Throm·bo·zyt** [trɔmboˈtsyːt] *m* ⟨-en; -en⟩ *meist pl* (*Blutplättchen*) thrombocyte, (blood) platelet. **Throm·bus** [ˈtrɔmbʊs] *m* ⟨-; -ben⟩ (*Blutgerinnsel*) thrombus, blood clot.

Thron [troːn] *m* ⟨-(e)s; -e⟩ **1.** throne; **den ~ besteigen** ascend (*od.* mount) the throne; **auf den ~ erheben** raise *s.o.* to the throne, enthrone; **vom ~ stoßen** dethrone; **j-m auf den ~ folgen** succeed s.o. (*od.* be s.o.'s successor) to the throne. **2.** *colloq. humor.* chamber (pot), *sl.* throne; **auf dem ~ sitzen** *a.* be enthroned. **~ˌanˌwär·ter** *m* heir apparent, heir to the throne. **~beˌstei·gung** *f* accession to the throne. **~beˌwer·ber** *m* pretender to the throne.

thro·nen [ˈtroːnən] *v/i* ⟨h⟩ be enthroned (*a. fig. colloq.*). **~d** *adj Kunst*: enthroned, *Christ, etc* in majesty.

ˈThron|ˌer·be *m* heir to the throne; **gesetzmäßiger (mutmaßlicher) ~** heir apparent (presumptive). **~ˌer·bin** *f* heiress to the throne. **~ˌfol·ge** *f* succession to the throne. **~ˌfol·ger** *m* ⟨-s; -⟩, **~ˌfol·ge·rin** *f* ⟨-; -nen⟩ successor to the throne. **~ˌhim·mel** *m* canopy. **~ˌräu·ber** *m* usurper (of the throne). **~ˌre·de** *f* **1.** speech from the throne. **2.** *Br. parl.* King's (*od.* Queen's) speech. **~ˌsaal** *m* throne room. **~ˌses·sel** *m* chair of state, throne-chair.

Thu·le [ˈtuːlə] *npr n* ⟨-; *no pl*⟩ *myth.* Thule.

ˈThunˌfisch [ˈtuːn-] *m* tuna.

Thü·rin·ger [ˈtyːrɪŋər] *m* ⟨-s; -⟩, **ˈthü·rin·gisch** *adj geogr.* Thuringian.

Thy·mi·an [ˈtyːmɪaːn] *m* ⟨-s; -e⟩ *bot.* thyme.

thy·reo·id [tyreoˈiːt] *adj med.* thyroid.

Tia·ra [ˈtiaːra] *f* ⟨-; -ren⟩ tiara.

Ti·be·ta·ner [tibeˈtaːnər] *m* ⟨-s; -⟩, **Ti·beˈta·ne·rin** *f* ⟨-; -nen⟩ → **Tibeter(in)**. **ti·beˈta·nisch** *adj* → **tibetisch I**.

Ti·be·ter [ˈtiːbɛtər; tiˈbeːtər] m <-s; ->, **Ti·be·te·rin** [ˈtiːbɛtərɪn; tiˈbeːtərɪn] f <-; -nen> *geogr.* Tibetan. **ti·be·tisch** [ˈtiːbɛtɪʃ; tiˈbeːtɪʃ] **I** *adj* Tibetan. **II** *ling.* ≈ <*generally undeclined*>, **das** ≈**e** <-n> Tibetan.

Tic [tɪk] m <-s; -s> *med.* (*nervöses Zucken*) tic, twitching.

Tick [tɪk] m <-(e)s; -s> *colloq.* **1.** (*Schrulle, Eigenart*) kink, crotchet, *stärker*: mania; **e-n kleinen ~ haben** have a bit of a kink, be a bit kinky; **er hat e-n ~ ins Große** he likes to act big (*od.* the big man). **2. auf j-n e-n ~ haben** have it in for s.o. **3.** → Tic.

ticken (*getr.* -k·k-) [ˈtɪkən] **I** *v/i* <h> tick; **unregelmäßig ~** *a.* be out of beat. **II** ≈ *n* <-s> tick(ing).

ˈtickˈtack [-ˈtak] **I** *interj.* **II** ≈ *n* <-s; *no pl*> tic(k)-toc(k), tic(k)-tac(k).

Ti·de [ˈtiːdə] f <-; -n> *mar.* tide; **auflaufende (fallende) ~** rising (falling) tide.

tief [tiːf] **I** *adj* <-er; -st> **1.** *allg.* *Wasser, See, Tal, Wunde etc, a. fig.* deep; **ein ~er Fall** a deep drop; **ein ~er Teller** a) a deep plate, b) a soup plate; **es liegt ~er Schnee** the snow lies (*od.* is) deep on the ground; *fig.* **ein ~er Seufzer** a deep (*od. lit.* profound) sigh; **aus ~stem Herzen** from the bottom of one's heart; **in der ~sten Tiefe s-r Seele** in the very depths of one's soul, in one's heart of hearts; **das ist ihr aus ~ster Seele verhaßt** she hates that from the depths of her soul; **in ~er Trauer** in deep mourning; **im ~sten Elend** in utter (*od.* extreme) misery; **im ~(st)en Wald** deep in the forest, in the depths of the forest; **im ~sten Süden** deep (*od.* far, *colloq.* way) down in the south; **in ~ster Nacht (im ~sten Winter)** in the dead of night (of winter); **im ~sten Frieden** in the midst (*od.* lap) of peace; **das ist ja ~stes Mittelalter** that's as bad as (*od.* like) in the Dark Ages, that's absolutely medi(a)eval; **bis in die ~e Nacht** *cf.* 12. **2.** *Raum, Schrank, Bühne etc*: deep. **3.** (*niedrig*) low (*temperatures, etc*); **e-e ~e Verbeugung** a low (*od.* deep) bow; **ein ~er Ausschnitt** a low neckline. **4.** *Stimme, Ton etc.*: deep, low. **5.** *Farbton*: deep, strong; **ein ~es Rot** a deep red; **~e Schatten** dark shadows. **6.** *fig. Wissen, Verständnis, Denken etc*: profound, deep. **II** *adv* **7.** deep(ly); **~ graben** dig deep; **zwei Etagen ~er** two floors down (*od.* below); **~ verschneit** deep in snow, covered deep with snow; **ihre Augen liegen ~** she has deep-set eyes; *fig.* **~er blicken** see beneath the surface; **das läßt ~ blicken** that speaks volumes. **8.** (*niedrig*) low; **~ fliegen** fly low; **die Sonne steht ~ (am Himmel)** the sun is low (in the sky); **das Barometer steht ~** the barometer is (at) (*od.* points to) low; **sich ~ bücken** bend (down) low, stoop (down); **~ über ein Buch gebeugt** bent low over a book; **ein ~ ausgeschnittenes Kleid** a low-necked dress. **9.** *mus.* **zu ~ singen** sing flat; **e-n Ton ~er** a whole tone down (*od.* lower); **~er stimmen** tune down (*an instrument*). **10.** (*kräftig, intensiv, sehr, in hohem Maße*) deeply; **~ erröten** blush deeply; **er war ~ gebräunt** he was deeply tanned, he had a deep tan; **~ gekränkt (*od.* verletzt) sein** be deeply hurt, be cut to the quick; **~ empört sein** be utterly indignant (*od.* scandalized); **~ enttäuscht sein** be badly disappointed; **aufs ~ste bedauern** regret deeply (*od.* profoundly, with all one's heart); **~ in j-s Schuld stehen** be deeply indebted to s.o.; **~ seufzen** sigh deeply (*od. lit.* profoundly), draw a deep sigh; **~ atmen** breathe deeply, *einmal*: take (*od.* heave) a deep breath; **~ schlafen** sleep soundly; **~ empfinden, ~ veranlagt sein** have deep emotions; **s-e Anteilnahme war ~ empfunden** his sympathy was deeply felt; **j-n ~ beeindrucken, ~ gehen bei j-m** *Erlebnis etc*: affect s.o. deeply, have a profound effect (up)on s.o. **11. ~ in** (*weit*) <*mit dat*> deep (down) in; **~ unten im Tal** deep down in the valley; **~ im Wald** deep in the forest; **~ im Schlamm stecken** be stuck deep in the mud; *fig.* **~ in Schulden stecken** be deep in debt; **~ in der Arbeit stecken** be up to one's eyes in work; **~ in Gedanken** deep in thought; **~ im Herzen** deep (down) in one's heart. **12. ~ in** (*weit*) <*mit acc*> deep (down) into, deeply into; **~ in den Schlamm sinken** sink deep(ly) into the mud; **den Hut ~ ins Gesicht ziehen** pull one's hat well down over one's eyes; **j-m ~ in die Augen schauen** look deep into s.o.'s eyes, look s.o. deep in the eyes; *colloq. humor.* **er hatte zu ~ ins Glas geschaut** he has had one too many; **~ ins Landesinnere vordringen** penetrate deep (*od.* far) into the country; **(bis) ~ in die Nacht hinein** till late at (*od.* into the) night, far on (*od.* deep) into the night; **bis ~ ins 19. Jahrhundert** late (*od.* well on) into the 19th century.

Tief *n* <-s; -s> **1.** *meteor.* low-pressure area, low, depression, cyclone. **2.** (**~stand, ~punkt**) low. **3.** *fig.* (state of) depression; **sie befindet sich zur Zeit in e-m seelischen ~** she is very depressed (*od.* down) at the moment. **4.** *mar.* a) (*Senke*) deep, b) (*Fahrrinne*) creek. **~ˌaus·läu·fer** *m meteor.* trough of low pressure.

ˈTiefˌbau *m* <-(e)s; *no pl*> **1.** underground (*od.* civil) engineering. **2.** *Bergbau*: deep mining. **~in·geˌnieur** *m* civil engineer.

ˈtief|beˌlei·digt *adj* deeply offended, stung to the soul. **~beˌtrübt** *adj* (*über acc*) deeply grieved (at, about), deeply afflicted (at, by). **~beˌwegt** *adj* deeply moved. **~ˌblau** *adj* dark- (*od.* deep-)blue. **≈ˌblick** *m fig.* penetration, (keen) insight. **~ˌblickend** (*getr.* -k·k-) *adj* penetrating, acute, astute. **≈ˌdecker** (*getr.* -k·k-) *m* <-s; -> low-wing aircraft (*od.* monoplane).

ˈTiefˌdruck[1] *m* <-(e)s; -e> **1.** <*only sg*> intaglio (printing), rotogravure. **2.** intaglio (print), rotogravure.

ˈTiefˌdruck[2] *m* <-(e)s; *no pl*> *meteor.* low pressure.

ˈTiefˌdruck|geˌbiet *n* → Tief 1. **~ro·ta·tiˌons·maˌschi·ne** *f* rotogravure press. **~ˌzo·ne** *f* → Tief 1.

Tie·fe [ˈtiːfə] *f* <-; -n> **1.** (*Dimension*) *u. fig.* depth, deepness; **(beim Graben) weiter in die ~ gehen** dig down deeper; *fig.* **bei e-r Erörterung in die ~ gehen** go (*od.* probe) deeper into the subject of an argument; **aus der ~ des Herzens** from the depth(s) (*od.* bottom) of one's heart, from deep down in one's heart; **die Höhen und ~n des Lebens** the ups and downs of life. **2.** *e-s Raumes, e-r Kolonne etc*: depth; **das Gebäude hat e-e ~ von 10 Meter(n)** the building has a depth of 10 metres (*od.* is 10 metres deep); **das Photo hat k-e ~** the photograph has no depth. **3.** (*Abgrund*) deep, abyss. **4.** *e-r Stimme etc*: deepness. **5.** <*only sg*> *fig. von Gedanken etc*: profoundness, profundity, depth, *von Gefühlen*: depth, deepness. **6.** *Intensität e-r Farbe, e-r Stimme, e-s Klanges*: depth, richness, fullness, *e-s Tons etc*: *a.* volume. **7.** (*Klangbereich e-s Instruments, e-r Singstimme etc*) a) low register, b) *pl e-s Wiedergabegerätes*: bass *sg* (*a. Klangregler*). **8.** *mar.* (*gemessene Wasser*≈) soundings *pl.* **9.** *pl bes. TV e-s Bildes*: dark-picture areas.

ˈTief|ˌebe·ne *f geogr.* low plain, lowland. **≈empˌfun·den** *adj* deeply felt, heartfelt.

ˈTie·fen|be|strah·lung *f med.* deep X-ray treatment. **~ˌin·ter·view** *n* depth interview. **~ˌmes·sung** *f* measurement of depth, sounding. **~psy·choˌlo·ge** *m* depth psychologist. **~psy·cho·loˌgie** *f* depth psychology. **~ˌrausch** *m bei Tauchern*: rapture of the deep (*od.* depths). **~ˌru·der** *n mar.* hydrofoil, horizontal rudder. **~ˌschär·fe** *f phot.* depth of focus; **Einstellung der ~** bracketing, focus(s)ing. **~strukˌtur** *f ling.* deep structure. **~ˌwir·kung** *f* **1.** *e-s Bildes etc*: plastic (*od.* stereoscopic, depth) effect. **2.** (*Intensität*) intensity.

ˈtief|ˈernst *adj* very grave, very solemn. **~erˌschüt·tert** *adj* deeply moved. **≈ˌflie·ger** *m* low-flying aircraft, strafer, *colloq.* hedgehopper. **≈ˌflie·gerˌanˌgriff** *m* low-level attack. **≈ˌflug** *m* low-level flight, *colloq.* hedgehopping. **≈ˌgang** *m* <-(e)s; *no pl*> **1.** *mar.* draught, *Am.* draft. **2.** *fig.* depth; **ohne ~** *a. a novel, etc* lacking (in) depth. **≈gaˌra·ge** *f* **1.** *am Haus*: basement (*od.* subterranean) garage. **2.** *öffentliche*: underground car park. **~geˌbeugt** *adj* bowed-down, *fig. von Sorgen etc*: *a.* deeply afflicted. **~geˌfrie·ren** *v/t* <*only inf u. pp* tiefgefroren, h> → tiefkühlen. **~geˌfro·ren** *adj* → tiefgekühlt. **~geˌfühlt** *adj* → tiefempfunden. **~ˌge·hend** *adj* **1.** (*tief*) deep. **2.** *fig.* → tiefgreifend. **~geˌkühlt** *adj* deepfrozen, quick-frozen, deepfreeze (*food, etc*). **~ˌgrei·fend** *adj* (*tief eindringend*) deep, penetrating, (*folgenreich*) momentous, (*weitreichend*) far-reaching, (*grundlegend*) fundamental, radical, (*gründlich*) profound, thorough (-going), (*intensiv*) intense, intensive. **~ˌgrün** *adj* dark- (*od.* deep-)green. **~ˌgrün·dig** [-ˌgrʏndɪç] *adj Bemerkung etc*: profound, deep, *Lächeln*: knowing. **≈ˌkühlˌanˌla·ge** *f* deepfreezing plant, deepfreeze, deep freezer. **~ˌküh·len** *v/t* <*only inf u. pp* tiefgekühlt, h> deep-freeze, quick-freeze.

ˈTiefˌkühl|ˌfach *n* freezing (*od.* deep-freeze) compartment, freezer. **~ˌkost** *f* frozen foods *pl.* **~ˌschrank** *m* deep-freeze cabinet. **~ˌtru·he** *f* deepfreeze chest, freezer, Deepfreeze (*TM*), deep (*Am.* home) freezer.

ˈTiefˌküh·lung *f* deepfreeze, deepfreezing.

ˈTiefˌla·de·anˌhän·ger *m mot.* low-bed (*od.* flat-bed, low-body) trailer.

ˈTiefˌla·der *m rail.* low loader.

ˈTief|ˌland *n* <-(e)s; -e *u.* ¨-er> *geogr.* lowland(s *pl*). **≈ˌlie·gend** *adj* **1.** *Gebiet etc*: low-lying. **2.** *Augen*: deep-set, sunken. **3.** *geol. Schichten u. fig. Gefühle etc*: deep-seated. **~ˌpunkt** *m* low, nadir; *fig.* **e-n seelischen ~ haben** be terribly depressed, be at one's lowest, *colloq.* be down (in the dumps); **sich auf dem absoluten ~ befinden** have reached (*od.* hit) an all-time low. **~ˌschlaf** *m* deep sleep (*a. med.*). **~ˌschlag** *m Boxen u. fig.* hit below the belt; **j-m e-n ~ versetzen** hit s.o. below the belt. **≈ˌschür·fend** *adj fig.* profound. **≈ˌschwarz** *adj* deep- (*od.* jet-)black.

ˈTiefˌsee *f* deep sea. **~...** *in Zssgn* deep-sea (*research, cable, etc*).

ˈTief|ˌsinn *m* <-(e)s; *no pl*> **1.** *e-s Gedankens etc*: profundity, profoundness. **2.** (*Nachdenklichkeit*) thoughtfulness, meditativeness, ponder(ation). **≈ˌsin·nig** *adj* **1.** profound. **2.** (*nachdenklich*) thoughtful, meditative, pondering. **~ˌsin·nig·keit** *f* <-; *no pl*> → Tiefsinn 1. **≈ˌsit·zend** *adj fig.* deep-seated, deep-rooted. **~ˌstand** *m* <-(e)s; *no pl*> **1.** *des Wasserstandes*: low level. **2.** *fig.* low, → *a.* Tiefpunkt; **den ~ erreichen** *Preise etc*: reach rock bottom, bottom out. **≈ˌsta·peln** *v/i* <*sep*, -ge-, h> be overmodest, (tend to) make understatements. **~ˌstart** *m Sport*: crouch start. **≈ˌste·hend** *adj* low, *fig. a.* inferior. **~ˌstrah·ler** *m* narrow-angle lights *pl*, *über Boxring etc*: ring lamp.

ˈTiefstˌwert *m* **1.** minimum (value). **2.** *pl meteor.* lowest temperatures.

ˈTief|ˌton·beˌreich *m Radio*: low audio (frequency) range. **≈ˌtö·nend** *adj Stimme, Glocke etc*: deep, sonorous, booming. **~ˌtonˌlautˌspre·cher** *m Radio*: woofer. **≈ˈtrau·rig** *adj* very sad, *Person*: *a.* sad as (sad) can be. **≈ˌwur·zelnd** *adj fig.* deep-rooted.

Tie·gel [ˈtiːgəl] *m* <-s; -> **1.** shallow saucepan. **2.** *metall.* crucible, melting pot. **3.** *für Creme etc*: jar.

Tiek [tiːk] *n* <-s; *no pl*>, **ˈTiekˌholz** *n* <-es; *no pl*> teak(wood).

Tier [tiːr] *n* <-(e)s; -e> **1.** animal; **wildes ~** (wild *od.* savage) beast; **männliches (weibliches) ~** male (female) (animal). **2.** *fig. contp.* (*roher Mensch*) brute, beast, animal; **wie ein ~** like an animal. **3.** *fig.* (*tierisches Wesen*) animal (nature), animality; **das ~ im Menschen** the animal in man; **das ~ in j-m wecken** bring out (*od.* rouse) the brute in s.o. **4.** *fig. colloq.* **ein großes** (*od.* **hohes**) **~** *sl.* a big shot; **ein armes ~** a poor creature; **ein gutes ~** a dear, *Br. a.* a love. **~ˌanˌbe·tung** *f* zoolatry. **~ˌart** *f* (animal) species. **~ˌarzt** *m* veterinary surgeon, *Am.* veterinarian, *colloq.* vet. **≈ˌärzt·lich** *adj* veterinary. **~asyl** [-ʔaˌzyːl] *n* animal home (*bes. Am.* shelter). **~ˌbän·di·ger** *m für Löwen etc*: tamer, (*Abrichter*) (animal) trainer. **~beˌschrei·bung** *f* zoography.

ˈTier·chen *n* <-s; -> **1.** little animal. **2.** *biol.* animalcule.

ˈTier|ˌfa·bel *f* (animal) fable. **~ˌfän·ger** *m* animal trapper. **~ˌfreund** *m* animal lover. **~ˌgar·ten** *m* zoological garden(s *pl*), zoo. **~ˌgat·tung** *f zo.* genus. **~geˌhe·ge** *n* preserve. **~geo·graˌphie** *f* zoogeography. **~ˌhal·ter** *m* animal owner. **~ˌhal·tung** *f* keeping pets. **~ˌhand·lung** *f* pet shop. **~ˌhaut** *f* hide. **~ˌheilˌkun·de** *f* veterinary medicine. **~ˌheim** *n* animal home (*bes. Am.* shelter).

ˈtie·risch *adj* **1.** animal (*fat, instincts, etc*). **2.** *fig.* (*roh*) bestial, brutal. **3.** *fig. colloq.* **mit ~em Ernst** dead serious, with dead seriousness.

ˈTier|ˌken·ner *m* animal expert. **~ˌkli·nik** *f* veterinary (*od.* animal) hospital. **~ˌkoh·le** *f* animal charcoal. **~ˌkreis** *m* <-es; *no pl*> *astrol.* zodiac. **~ˌkreisˌzei·chen** *n* sign of the zodiac. **~ˌkult** *m relig.* zoolatry. **~ˌkun·de** *f* zoology. **~ˌlaut** *m meist pl* animal sound. **~ˌle·ben** *n* animal life. **≈ˌlieb** *adj* fond of animals. **~ˌlie·be** *f* love (*od.* fondness) of animals. **≈ˌlie·bend** *adj* animal-loving. **~ˌma·ler** *m* animal painter. **~me·diˌzin** *f* veterinary medicine. **~ˌpark** *m* → Tiergarten. **~ˌpfle·ger** *m* → Tierwärter. **~psy·cho·loˌgie** *f* animal psychology, zoopsychology. **~ˌquä·ler** *m* tormentor of animals. **~quä·leˈrei** [ˌtiːr-] *f* cruelty to animals. **~ˌreich** *n* animal kingdom. **~ˌschutz** *m* protection of animals. **~ˌschutz·geˌbiet** *n* (game) reservation, preserve. **~ˌschutz·verˌein** *m* Society for the Prevention of Cruelty to Animals. **~ˌseu·che** *f* livestock epidemic. **~ˌspra·che** *f* animal language. **~ˌstim·me** *f meist pl* animal voice (*od.* noise). **~ˌwär·ter** *m* keeper. **~ˌwelt** *f* animal world. **~ˌzucht** *f agr.* livestock breeding. **~ˌzüch·ter** *m* (animal) breeder.

Ti·ger [ˈtiːgər] *m* <-s; -> *zo.* tiger. **~ˌfell** *n* tiger skin.

ˈTi·ge·rin *f* <-; -nen> tigress.

ˈTi·gerˌkat·ze *f* tiger (*od.* leopard) cat.

ti·gern [ˈtiːgərn] **I** *v/t* <h> (*Stoff etc*) spot, speckle. **II** *v/i* <sein> *colloq.* traipse, trot.

Til·de [ˈtɪldə] *f* <-; -n> *print.* swung dash, *a. ling.* tilde.

ˈtilg·bar *adj* **1.** extinguishable. **2.** *Anleihe, Staatsschuld etc*: redeemable, (*rückzahlbar*) repayable, amortizable; **nicht ~** irredeemable.

til·gen [ˈtɪlgən] *v/t* <h> **1.** wipe out, blot out, rub off (*od.* out), erase, efface, obliterate, (*streichen*) strike out, (*auslöschen*) extinguish, (*ungültig machen*) cancel, annul, *print.* delete; **et. im Strafregister ~** erase s.th. in the penal register; *fig.* **et. aus s-m Gedächtnis ~** wipe out the memory of s.th.; **e-n Makel ~** efface (*od.* wipe out) a disgrace. **2.** (*restlos vernichten*) eradicate, extirpate, exterminate, obliterate, extinguish; **ein Volk vom Erdboden ~** exterminate (*od.* wipe out) a nation from the face of the earth; **Unkraut ~** eradicate weeds. **3.** *econ.* (*Schuld*) repay, pay (*od.* clear) off, amortize, liquidate, discharge, extinguish, (*Anleihen etc*) redeem, (*abschreiben*) write off. **ˈTil·gung** *f* <-; -en> **1.** wiping (out) (*etc*). **2.** erasure, effacement, cancel(l)ation, annulment, *print.* deletion. **3.** (*Vernichtung*) eradication, extirpation, extermination, annihilation, extinction. **4.** *econ. e-r Schuld*: repayment, amortization, liquidation, discharge, extinction, *von Anleihen etc*: redemption, (*Abschreibung*) write-off.

ˈTil·gungs|ˌanˌlei·he *f* amortization loan. **~beˌtrag** *m* amortization instal(l)ment. **~ˌdarˌle·hen** *n* redeemable (*od.* amortizable) loan. **~ˌfonds** *m* sinking (*od.* redemption, amortization) fund. **~ˌplan** *m* redemption plan (*od.* table). **~ˌquo·te, ~ˌra·te** *f* amortization instal(l)ment.

Til·si·ter [ˈtɪlzɪtər] *m* <-s; -> *gastr.* Tilsit, Tilset cheese, Tilsiter.

Tim·bre [ˈtɛ̃ːbər] *n* <-s; -s> timbre, tone colo(u)r.

ti·men [ˈtaɪmən] *v/t* <h> *colloq.* time.

Ti·mo·the·us [tiˈmoːteʊs] *npr m* <-; *no pl*> *Bibl.* **(Brief des Paulus an) ~** → **~ˌbrief** *m* Epistle (of St. Paul) to Timothy.

tin·geln [ˈtɪŋəln] *v/i* <h> *thea.* do small time.

Tin·gel·tan·gel [ˈtɪŋəlˌtaŋəl] *m, n* <-s; -> *colloq.* honky-tonk.

Tink·tur [tɪŋkˈtuːr] *f* <-; -en> *med. pharm. tech.* tincture.

Tin·nef [ˈtɪnɛf] *m* <-s; *no pl*> *colloq.* **1.** (*wertloses Zeug*) junk, trash. **2.** (*Unsinn*) nonsense, rubbish, *sl.* rot.

Tin·te [ˈtɪntə] *f* <-; -n> ink; **viel rote ~ verbrauchen** (*viel korrigieren*) use a lot of red ink; *fig. colloq.* **in der ~ sitzen** be in the soup, be in a (nice) pickle (*od.* scrape); → **klar** 7.

ˈTin·ten|ˌfaß *n* inkpot, inkstand, *eingelassenes*: inkwell. **~ˌfisch** *m* cuttlefish, octopus. **~ˌfleck, ~ˌklecks** *m* ink stain (*od.* spot, blot). **~ˌku·li** *m* stylographic pen. **~ˌlö·scher** *m* (rocker) blotter. **~ˌstift** *m* → Kopierstift 1. **~ˌwi·scher** *m* pen wiper.

ˈtin·tig *adj* inky.

Tip [tɪp] *m* <-s; -s> *allg., a. beim Wetten*: tip, (*Wink, Hinweis*) *a.* hint, clue, *geheimer*: *colloq.* tip-off, (*Vorschlag, Rat*) *a.* suggestion, idea, *colloq.* wrinkle; **der richtige ~** the straight tip; **j-m e-n ~ geben** (*der Polizei, e-m Spion etc*) give s.o. a tip-off, tip s.o. off.

ˈTip·pelˌbru·der *m colloq.* tramp, hobo.

tip·peln [ˈtɪpəln] *v/i* <sein> *colloq.* **1.** (*gehen*) traipse, trot. **2.** *Landstreicher*: tramp.

tip·pen[1] [ˈtɪpən] **I** *v/i* <h> **1.** tap, tip, touch; **j-m auf die Schulter ~** tap s.o. on the shoulder; **sich** (*dat*) **an die Stirn ~** tap one's forehead. **2.** *fig. colloq.* **an j-n nicht ~ können** not to be able (*od.* fit) to hold a candle to s.o.; **daran ist nicht zu ~** that's a fact. **II** *v/t* **3. j-n auf die Schulter ~** tap s.o. on the shoulder. **4.** *mot.* (*Vergaser*) tickle, tip, prime.

ˈtip·pen[2] *v/t u. v/i* <h> *colloq.* (*auf der Maschine schreiben*) type(write).

ˈtip·pen[3] **I** *v/i* <h> **1.** guess, suppose; **wir ~ auf ihn als Mörder** we guess that he is the murderer. **2.** *im Lotto*: do Lotto, *im Toto*: do the football pool(s). **II** *v/t* **3. 3 Richtige ~** have three right.

ˈTip·per *m* <-s; -> *colloq.* person who does the pools.

ˈTipp|ˌfeh·ler *m colloq.* typing error (*od.* mistake). **~ˌfräu·lein** *n colloq.* typist.

Tipp·se [ˈtɪpsə] *f* <-; -n> *colloq. contp.* typist.

tipp, tapp [ˈtɪp ˈtap] *interj* pitter-patter, pit-a-pat.

tipp·topp [ˈtɪpˈtɔp] *colloq.* **I** *adj* tiptop, firstclass. **II** *adv* **~ sauber** spic(k)-and-span; **~ aufgeräumt** shipshape; **~ gekleidet** immaculately dressed.

ˈTippˌzet·tel *m* → **Lottoschein, Totoschein.**

Ti·ra·de [tiˈraːdə] *f* <-; -n> tirade; **sich in ~n ergehen** go into tirades.

ti·ri·lie·ren [tiriˈliːrən] *v/i* <*no* **ge-, h**> warble, carol, trill.

Ti·ro·ler [tiˈroːlər] *m* <-s; -> Tyrolean, Tyrolese. **~ˌhut** *m* Tyrolean hat.

tiˈro·lisch, tiˈro·le·risch *adj* Tyrolean, Tyrolese.

Tisch [tɪʃ] *m* <-(e)s; -e> **1.** table; **am ~ sitzen** sit at the table, (*beim Essen*) sit at table; **den ~ decken** lay (*od.* set) the table; **den ~ abräumen** clear the table; **die Beine** (*od.* **Füße**) **unter e-n fremden ~ strecken** sponge (up)on other people; *fig.* **unter den ~ fallen lassen** let drop, cast to one side; *fig.* **vom ~ fegen** sweep aside; **(mit der Faust) auf den ~ hauen** bang one's fist on the table, *fig.* put one's foot down; *fig.* **die Angelegenheit muß vom ~** the matter must be settled (*od.* disposed of); **100 Mark (bar) auf den ~ des Hauses** 100 marks cash down; *fig. colloq.* **j-n unter den ~ trinken** drink s.o. under the table; → **rein** 1. **2.** <*only sg*> (*Mahlzeit*) meal, table; **bei ~** at table, during the meal; **nach (vor) ~** after (before) a (*od.* the) meal; **zu ~ gehen** go (in) to table, (*Mittagspause haben*) have one's lunch hour (*od.* lunchtime); **sich zu ~ setzen** sit down to table; **(bitte) zu ~!** lunch (*od.* dinner, supper) is served (*od.* ready); **j-n zu ~ bitten** (*od.* **einladen**) ask s.o. (to come) to table, *weitS.* ask s.o. to dinner. **3.** <*only sg*> (*~runde*) table; **der ganze ~ lachte** the whole table laughed. **4.** <*only sg*> *fig.* (*Konferenz≈*) (conference) table; **am grünen ~** at the conference table; **Entscheidung vom grünen ~ (aus)** armchair decision; **ein Problem vom grünen ~ aus** (*od.* **am grünen ~**) **lösen** solve a problem from (*od.* at) the conference table; **am runden ~ verhandeln** negotiate at the round table; **zwei Parteien an einen ~ bringen** bring two parties to the conference table; *pol.* **auf**

den ~ (des Hauses) legen lay on the table (of the house), put (*od.* bring) forward, *Br. a.* table. **5.** ‹*only sg*› ~ und Bett miteinander teilen share bed and board; *jur.* Trennung (getrennt) von ~ und Bett separation (separated) from bed and board. **6.** *relig.* der ~ des Herrn the Lord's table; zum ~ des Herrn gehen partake of the Lord's supper.

ˈTisch|ap·paˌrat *m* → Tischtelefon. **~ˌbein** *n* table leg. **~ˌbe·sen** *m* crumb brush.

ˈTisch·chen *n* ‹-s; -› small table, stand.

ˈTisch|ˌda·me *f* (lady) partner at table. **~ˌdecke** (*getr.* -k·k-) *f* tablecloth. **~empˌfän·ger** *m* table (television) set. **~ˌen·de** *n* am oberen (unteren) ~ at the top (*od.* head) (bottom *od.* end, foot) of the table. **≈ˌfer·tig** *adj* ready(-)to(-)(-)serve, instant (*food*); et. ~ zubereiten prepare s.th. for eating. **~geˌbet** *n* grace; das ~ sprechen say grace. **~geˌrät** *n* → Tischempfänger. **~geˌsell·schaft** *f* company at table. **~geˌspräch** *n* table talk. **~ˌherr** *m* partner at table. **~ˌkan·te** *f* edge of a (*od.* the) table. **~ˌkar·te** *f* place (*od.* name) card. **~ˌklop·fen** *n Spiritismus*: table rapping. **~ˌlam·pe** *f* table lamp, *für Schreibtisch*: desk lamp.

ˈTisch·leinˈdeckˌdich *n* ‹-; *no pl*› magic table.

ˈTisch·ler *m* ‹-s; -› joiner, (*Kunst≈*) cabinet-maker. **~ˌar·beit** *f* joinery.

Tisch·leˈrei *f* ‹-; -en› **1.** ‹*only sg*› joinery. **2.** → Tischlerwerkstatt.

ˈTisch·ler|geˌsel·le *m* journeyman joiner. **~ˌleim** *m* joiner's glue. **~ˌmei·ster** *m* master joiner.

tisch·lern [ˈtɪʃlərn] **I** *v/i* ‹h› do joiner's work, do joinery. **II** *v/t* make.

ˈTisch·lerˌwerkˌstatt *f* joiner's workshop.

ˈTisch|ˌmes·ser *n* table knife. **~mi·kroˌfon, ~mi·kroˌphon** *n* desk (*od.* table) microphone. **~ˌnach·bar** *m* neighbo(u)r at table. **~ˌord·nung** *f* seating order (at table). **~ˌplat·te** *f* **1.** tabletop, table-board. **2.** *zum Ausziehen*: leaf. **~ˌre·de** *f* (e-e ~ halten make a) speech at table. **~ˌred·ner** *m* speaker (at table). **~ˌrücken** (*getr.* -k·k-) *n Spiritismus*: table tipping (*od.* turning). **~ˌrun·de** *f* table; → *a.* Tisch 3. **~ˌschubˌla·de** *f* table drawer. **~te·leˌfon, ~te·leˌphon** *n* desk telephone.

ˈTischˌten·nis *n* table tennis. **~...** *in Zssgn* table-tennis (*ball, bat, etc*). **~ˌspiel** *n* game of table tennis.

ˈTisch|ˌtuch *n* tablecloth. **~ˌtuch·ˌklam·mer** *f* table clamp. **~ˌwä·sche** *f* table linen. **~ˌwein** *m* table wine. **~ˌzeit** *f* mealtime, (*Mittagspause*) lunch hour, lunchtime.

Ti·tan[1] [tiˈtaːn] *m* ‹-en; -en› *myth.* Titan, *fig. a.* titan.

Tiˈtan[2] *n* ‹-s; *no pl*› *chem.* titanium.

tiˈta·nen·haft, tiˈta·nisch *adj* titanic, Titanic.

Ti·tel [ˈtiːtəl] *m* ‹-s; -› **1.** (*Standes-, Dienst-, Ehrenbezeichnung*) title; den ~ (e-s) ... führen (*od.* tragen, haben) hold (*od.* bear, have) the title of ...; e-n ~ innehaben (s-n ~ verteidigen) *Sportler*: hold a title (defend one's title). **2.** (*Bezeichnung u. Werk*) title; das Buch trägt den ~ „Vampire" the book is entitled (*od.* the title of the book is) "Vampires"; die Aktion läuft unter dem ~ ... the campaign is being run under the slogan ... **3.** *print.* (~*seite*) title (page). **4.** *jur.* (*Rechtsgrund*) title, (*Urkunde*) title deed, (*Anspruch*) title, (legal) claim (auf *acc* to); e-n ~ erwirken procure a title. **5.** (*Abschnitt e-s Gesetzestextes*) title, section, rubric. **6.** *econ. im Haushaltsplan*: item; e-n ~ im Etat streichen cancel a budget item. **7.** *pl* (*Wertpapiere*) securities. **~ˌanˌwär·ter** *m Sport*: aspirant to the title. **~ˌbild** *n e-s Buches*: frontispiece, *e-r Zeitschrift etc*: cover (picture). **~ˌbildˌmäd·chen** *n* cover girl. **~ˌblatt** *n e-s Buches*: title (page), *e-r Zeitschrift etc*: cover, front page.

Ti·teˈlei *f* ‹-; -en› *print.* prelims *pl.*

ˈTi·tel|ˌfüh·rung *f* use of a title; unbefugte ~ unlawful assumption of a title. **~geˌschich·te** *f* **1.** *e-r Zeitschrift etc*: cover story. **2.** *e-r Geschichtensammlung etc*: title piece. **~geˌstalt** *f e-s Romans etc*: title character. **~ˌhal·ter** *m Sport*: titleholder. **~ˌheld** *m bes. thea. etc* title hero. **~ˌinˌha·ber** *m* titleholder. **~ˌkampf** *m Boxen*: title bout (*od.* fight). **~parˌtie** *f e-r Oper*: name part. **~ˌrol·le** *f thea. etc* title role; ein Film mit X in der ~ a film featuring X in the title role. **~ˌsei·te** *f* → Titelblatt. **~ˌträ·ger** *m* holder of a title, titulary. **~verˌtei·di·ger** *m Sport*: defending champion, titleholder. **~ˌwort** *n im Wörterbuch*: headword. **~ˌzei·le** *f* title line, head(line), heading.

Tiˈtrier·anaˌly·se [tiˈtriːr-] *f chem.* titration, volumetric analysis. **ti·trie·ren** [tiˈtriːrən] *v/t* ‹*no* ge-, h› titrate.

Tiˈtrierˌflüsˌsig·keit *f chem.* standard solution. **~verˌfah·ren** *n* titrimetry.

Ti·tu·lar [tituˈlaːr] *m* ‹-s; -e› *obs. for* Titelträger. **~ˌbi·schof** *m R.C.* titular bishop. **~proˌfes·sor** *m* honorary professor.

Ti·tu·la·tur [titulaˈtuːr] *f* ‹-; -en› form of address, titles *pl.*

ti·tu·lie|ren [tituˈliːrən] *v/t* ‹*no* ge-, h› j-n (mit) et. ~ address s.o. as s.th., call (*od.* style) s.o. s.th. **≈rung** *f* ‹-; -en› address, styling.

Ti·tus [ˈtiːtʊs] *npr m* ‹-; *no pl*› Titus; (der Brief des Paulus an) ~ → **~ˌbrief** *m Bibl.* Epistle (of St. Paul) to Titus. **~ˌkopf** *m* (head of) short frizzy (*od.* curly) hair.

ti·zi·anˌrot [ˈtiːtsiaːn-; tiˈtsiaːn-] *adj* titian.

tja [tja] *adv colloq.* well!, hm!

ˈT-ˌNut [ˈteː-] *f tech.* T slot, *a.* tee slot.

Toast [toːst] *m* ‹-(e)s; -e *u.* -s› **1.** *gastr.* toast. **2.** (*Trinkspruch*) toast; e-n ~ auf j-n ausbringen propose a toast to s.o. **ˈtoa·sten I** *v/t* ‹h› (*Brot*) toast. **II** *v/i* auf j-n ~ toast s.o. **ˈToa·ster** *m* ‹-s; -› toaster.

To·bak [ˈtoːbak] *m* ‹-(e)s; -e› *fig. colloq.* das ist starker ~! that's a bit much (*od.* thick)!

to·ben [ˈtoːbən] **I** *v/i* ‹h *u.* sein› **1.** (*lärmend spielen*) romp, caper, frolic, gambol; *stärker*: rampage; die Kinder haben den ganzen Morgen im Garten getobt the children have romped in (*od.* about) the garden all morning; die Kinder sind durch den Garten getobt the children romped through the garden. **2.** ‹h› (*wüten, rasen*) rage, storm, foam, be furious, *a. vor Begeisterung*: be wild (*with enthusiasm*); sie schrie und tobte wie wild she ranted and raged like mad; die Menge tobt the crowd rages. **3.** ‹h› *fig. Wind, Meer etc*: storm, *a. Gefühle, Kampf etc*: rage. **II ≈** *n* ‹-s› **4.** romping, raging, storming (*etc*). **~d** *adj* **1.** *Person*: enraged, furious, frantic. **2.** *fig. See, Wellen etc*: stormy, boisterous, tempestuous.

ˈTob|ˌsucht *f* ‹-; *no pl*› maniacal fury, raving madness, frenzy; in ~ verfallen become (*colloq.* go) raving mad. **≈ˌsüch·tig** *adj* maniacal, raving mad, frantic. **~ˌsüch·ti·ge** *m, f* maniac.

ˈTobˌsuchtsˌanˌfall *m* attack of acute mania, raving fit; e-n ~ bekommen become raving mad, *fig. colloq.* go (*od.* fly) into a tantrum.

Toch·ter [ˈtɔxtər] *f* ‹-; ⸚› **1.** daughter; die ~ des Hauses the young lady of the house; *lit.* die Töchter des Landes the daughters of the land; *fig.* e-e ~ Evas a daughter of Eve, a woman. **2.** *Swiss* (*Hausangestellte*) maid(servant), (*Kellnerin*) waitress.

Töch·ter·chen [ˈtœçtərçən] *n* ‹-s; -› **1.** little daughter. **2.** baby daughter.

ˈToch·ter|geˌschwulst *f med.* metastasis. **~geˌsell·schaft** *f econ.* subsidiary (company). **~ˌkir·che** *f* daughter (*od.* filial, branch) church.

Töch·ter|lein [ˈtœçtərlaɪn] *n* ‹-s; -› → Töchterchen. **≈lich** *adj* daughterly.

ˈToch·ter|ˌlie·be *f* daughterly love. **~proˌdukt** *n nucl.* daughter product.

ˈTöch·terˌschu·le *f ped. obs.* (höhere) ~ → Lyzeum 1.

ˈToch·terˌspra·che *f* derivative (*od.* daughter) language.

Tod [toːt] *m* ‹-(e)s; -esfälle, *rare* -e› **1.** death (*a. fig. of one's hopes, of democracy, etc*), *jur. lit.* decease; klinischer ~ clinical death; den ~ bei j-m feststellen pronounce s.o. dead; der ~ trat auf der Stelle ein death was instantaneous; ein gewaltsamer (langsamer, sanfter) ~ a violent (a lingering, an easy) death; ein seliger ~ a happy (*od.* Christian) death; jäher (*od.* plötzlicher) ~ sudden death; ~ durch Entkräftung (Ersticken) death from exhaustion (by suffocation); den ~ erleiden (suchen) suffer (seek) death; den ~ finden, zu ~e kommen meet one's death, be killed; sich (*dat*) (selbst) den ~ geben kill o.s., commit suicide; den ~ e-s Helden sterben die a hero's death; e-n leichten ~ haben die (*od.* have) an easy death; *fig.* e-s tausendfachen ~es sterben, tausend ~e sterben die a thousand deaths; e-s sanften (natürlichen, unnatürlichen, gewaltsamen) ~es sterben die an easy (a natural, an unnatural, a violent) death; an der Schwelle des ~es at death's door; dem ~ geweiht doomed (to death *od.* to die); auf den ~ krank sein (*od.* liegen) be mortally ill, be fatally ill; ein Kampf auf Leben und ~ a life-and-death struggle; *colloq.* sich (*dat*) den ~ holen, sich auf den ~ erkälten catch one's death (of cold); das wird noch sein ~ sein that will be the death of him yet; bis zum (*od.* in den) ~ till death, to one's dying day; bis über den ~ hinaus beyond the grave; in den ~ gehen für die (*od.* give one's life) for; im ~e sind alle gleich in death all are equal; mit dem ~e bestraft werden *Verbrechen*: be under pain of death; nach dem ~ (des Verfassers) veröffentlicht posthumous; es geht (*od.* handelt sich) um Leben und ~ it is a matter (*od.* question) of life and death; j-n vom ~e erwecken raise (*od.* wake) s.o. from the dead; zum ~e verurteilen sentence to death; vom Leben zum ~e befördern, zu ~e bringen put to death; zu ~e hetzen (*Wild etc*) hunt (*od.* run) down, *fig. cf.* 3; gegen den ~ ist kein Kraut gewachsen (*Sprichwort*) there is no medicine against death; einen ~ kann der Mensch nur sterben (*Sprichwort*) man can die but once; *fig.* auf (*od.* für) den ~ nicht ausstehen (*od.* leiden) können hate like poison, (*Person*) *a.* hate *s.o.'s* guts. **2.** *personifiziert*: death, Death; der ~ *allegorisch, als Sensenmann*: the Grim Reaper; der Schwarze Tod (*Pest*) the Black Death; der Weiße ~ death in the snow; bis daß der ~ euch scheide until death doth you part; der ~ hat schon bei ihr angepocht (*od.* steht schon vor ihrer Tür) she is at death's door; aussehen wie der leibhaftige ~ look like death warmed up; bleich wie der ~ sein be deathly (*lit.* ghastly) pale; dem ~ noch einmal entrinnen escape death; mit dem ~e kämpfen (*od.* ringen) fight (*od.* struggle with) death, be in the throes of death; du bist (ein Kind) des ~es, wenn you are a dead man (*colloq.* a goner) if; er fürchtet weder ~ noch Teufel he fears neither death nor devil; *colloq.* ~ und Teufel! hell's bells!, hellfire! 3. zu ~e *allg., bes. a. fig.* to death; sich zu ~e arbeiten work (*od.* slave) o.s. to death; j-n zu ~e erschrecken scare s.o. to death, frighten s.o. to death (*od.* out of his wits); zu ~e erschrocken *a.* scared stiff; zu ~e betrübt *a.* mortally grieved; zu ~e erschöpft → todmüde; *fig.* e-n Gedanken (ein Gleichnis) zu ~e hetzen flog (*od.* do) a thought (simile) to death; j-n (sich) zu ~e langweilen bore s.o. (o.s.) to death (*od.* to tears, stiff).

'tod|,ähn·lich *adj* deathly, deathlike. **~,brin·gend** *adj* deadly, fatal, lethal. **~'elend** *adj colloq.* (absolutely) miserable. **~'ernst** *colloq.* I *adj* dead(ly) serious. II *adv* in dead earnest.

'To·des|,ah·nung *f* presentiment (*od.* foreboding) of death. **~,angst** *f* 1. fear of death. 2. *fig.* mortal fear (*od.* terror) (vor *dat* of); j-n in ~ versetzen frighten s.o. to death; in Todesängsten schweben, Todesängste ausstehen be in mortal dread, be scared to death. **~,an,zei·ge** *f* death notice, *in der Zeitung*: obituary (notice). **~,art** *f* manner of death. **~,bläs·se** *f* deathly (*od.* deadly) pallor. **~,bot·schaft** *f* news *pl* (*als sg od. pl konstruiert*) of *s.o.'s* death. **~,en·gel** *m* angel of death. **~er,klä·rung** *f jur.* declaration of death. **~,fall** *m* 1. *bes. jur.* im ~ in the event of death. 2. (*Sterbefall*) (case of) death; wegen ~(s) geschlossen closed because of (a) death (*bes. Br.* a bereavement). **~,fol·ge** *f jur.* mit ~ fatal (*accident, etc*). **~,for·scher** *m*, **~,for·sche·rin** *f* thanatologist. **~,for·schung** *f* thanatology. **~,furcht** *f* fear of death. **~ge,fahr** *f* danger (*od.* peril) of (one's) life, deadly peril; in ~ sein (*od.* schweben) be in mortal danger, be in danger of death (*od.* one's life); j-n aus ~ retten save s.o. from (certain) death. **~,kampf** *m* ⟨-(e)s; *no pl*⟩ death struggle, throes *pl* of death, agony; im ~ liegen lie in one's agony. **~kan·di,dat** *m* doomed man, *colloq.* goner. **~,keim** *m* germ (*od.* seeds *pl*) of death. **~,mut** *m* courage which defies death. **≗,mu·tig** *adj* undaunted by death; ~ sein defy death. **~,nach,richt** *f* → Todesanzeige. **~,not** *f* great (*od.* deadly) peril, peril of death. **~,op·fer** *n* death, *pl* deaths, casualties; Zahl der ~ *a.* death toll. **~,pein** *f* 1. throes *pl* of death, agony (of death). 2. *fig.* agony. **~,qua·len** *pl* 1. pangs of death. 2. *fig.* agony; ~ ausstehen suffer (*od.* be in) agonies. **~,rö·cheln** *n* death rattle. **~,schau·er** *m lit.* fear of death. **~,stoß** *m* deathblow, fatal blow; j-m den ~ versetzen *a. fig.* deal s.o. the deathblow. **~,stra·fe** *f jur.* capital punishment, death (*od.* extreme) penalty; bei ~ verboten forbidden on penalty (*od.* on, under pain) of death; darauf steht die ~ this carries the death penalty. **~,stun·de** *f* (in der ~ in one's) hour of death. **~,tag** *m* 1. day of s.o.'s death, deathday. 2. (*Jahrestag*) anniversary of s.o.'s death. **~,trieb** *m* death instinct. **~,ur,sa·che** *f* cause of death. **~,ur·teil** *n* 1. *jur.* death sentence. 2. *fig.* death warrant (für to). **~ver,ach·tung** *f* contempt (*od.* defiance) of death; *fig. colloq.* et. mit ~ tun (essen) do (eat) s.th. without flinching. **~,wunsch** *m* death wish. **≗,wür·dig** *adj* deserving (*od.* worthy) of death; *jur.* ~es Verbrechen capital crime. **~,zel·le** *f* condemned cell, death cell.

'Tod|,feind *m* deadly (*od.* mortal) enemy. **≗'feind** *adj* j-m ~ sein be s.o.'s deadly enemy. **~,feind·schaft** *f* deadly (*od.* mortal) hatred (*od.* enmity). **≗ge,weiht** *adj* doomed. **~ge,weih·te** *m, f* ⟨-n; -n⟩ doomed person, moribund. **≗,krank** *adj* mortally (*od.* fatally) ill. **≗'lang,wei·lig** *adj colloq.* dead(ly) boring.

töd·lich ['tø:tlɪç] I *adj* 1. *allg. u. fig.* (für to) deadly, mortal (*disease, wound, blow, effect, hatred, danger, fear, boredom, etc*), (*mit ~er Wirkung*) deadly (*weapon, etc*), lethal (*poison, dose, etc*), (*mit Todesfolge*) fatal (*blow, accident, illness, etc*), (*todähnlich*) deadly, deathly (*paleness, stillness*); mit ~em Ausgang fatal (*accident*); ~e Beleidigung deadly insult; mit ~er Sicherheit (*ganz bestimmt*) (as) sure as death, (*unfehlbar, perfekt*) with deadly accuracy. II *adv* 2. mortally, fatally (*ill, wounded*); *fig.* j-n ~ treffen strike s.o. a mortal blow; ~ wirken have a deadly effect; ~ wirkendes Gift lethal poison; er ist ~ verunglückt he had a fatal accident, he was killed in an accident; ~ ausgehen, ~ verlaufen end (*od.* terminate) fatally, have a fatal end, prove fatal. 3. *fig.* (*aufs äußerste*) mortally; j-n ~ beleidigen offend s.o. mortally; ~ erschrocken frightened (*od.* scared) to death, scared stiff; ~ hassen hate like poison, have a deadly (*od.* mortal) hatred of; ~ langweilig deadly dull; sich ~ langweilen be bored to death (*od.* to tears, stiff).

'tod|'mü·de *adj* tired to death, dead tired, dead beat, tired-out, worn-out, fagged. **~'schick** *colloq.* I *adj* snazzy, posh. II *adv* snazzily; ~ gekleidet *a.* dressed to kill. **~'si·cher** *colloq.* I *adj* 1. dead certain; e-e ~e Sache a dead certainty, *sl.* a dead cert, *Am. sl.* a cinch; ich bin ~, daß I am dead certain that; das ist ~ that is dead certain, that is (as) sure as death (*od.* fate). 2. (*unfehlbar*) dead certain, unerring, surefire (*method, etc*); ~er Schütze dead shot. II *adv* 3. (as) sure as death (*od.* hell, fate). **≗,sün·de** *f* mortal (*od.* deadly) sin; die sieben ~n the seven deadly sins. **~'trau·rig** *adj colloq.* desperately sad. **~'un,glück·lich** *adj colloq.* desperately unhappy. **~,wund** *adj lit.* mortally wounded.

töff, töff ['tœf'tœf] *interj Fahrgeräusch*: phut-phut(-phut)!, *Hupe*: honk!, honk!

Töff·töff ['tœf'tœf] *n* ⟨-s; -s⟩ *colloq. humor.* phut-machine.

To·ga ['to:ga] *f* ⟨-; Togen⟩ *antiq.* toga.

To·hu·wa·bo·hu [tohuva'bo:hu] *n* ⟨-(s); -s⟩ (*Durcheinander*) chaos, confusion, tohubohu, topsy-turvy(dom).

Toi·let·te[1] [tõa'lɛtə] *f* ⟨-; -n⟩ (*Abort*) lavatory, toilet, *Am. euphem. a.* bathroom, *für Damen*: *a.* ladies' room, *für Herren*: *a.* gentlemen's room; öffentliche ~(n) public lavatories (*od.* conveniences), *bes. Am.* comfort station.

Toi'let·te[2] *f* ⟨-; -n⟩ 1. ⟨*only sg*⟩ (*Ankleiden u. Körperpflege*) toilet; ~ machen make one's toilet, dress, get dressed. 2. (*Gesellschaftskleidung*) dress, clothes *pl*; in großer ~ in full dress. 3. → Frisiertisch.

Toi'let·ten|ar,ti·kel *m meist pl* toilet article, toiletry. **~,becken** (*getr.* -k·k-) *n* toilet (bowl). **~,beu·tel** *m* toilet bag. **~,ei·mer** *m* slop bucket (*od.* pail). **~,frau** *f* lavatory (*od.* toilet) attendant. **~pa,pier** *n* toilet paper; e-e Rolle ~ a toilet (*od.* lavatory) roll. **~,sei·fe** *f* toilet soap. **~,spie·gel** *m* toilet (*od.* dressing) glass (*od.* mirror). **~,tisch** *m* → Frisiertisch.

toi, toi, toi ['tɔʏ'tɔʏ'tɔʏ] *interj colloq.* 1. (unberufen,) ~, ~, ~! touch wood! 2. (*viel Glück*) good luck!

To'kai·er(,wein) [to'kaɪər(-)], **To'ka·jer(,wein)** [-'kaɪər(-)] *m* Tokay (wine).

To·kio·er ['to:kɪoər], **To·kio·ter** [to'kɪo:tər] I *m* ⟨-s; -⟩ native (*od.* inhabitant) of Tokyo. II *adj* (of) Tokyo.

Tok·ka·ta [tɔ'ka:ta] *f* ⟨-; -katen⟩ *mus.* toccata.

to·le·rant [tole'rant] *adj* tolerant; gegen j-n (e-e Sache) ~ sein, j-m (e-r Sache) gegenüber ~ sein be tolerant of (*od.* toward[s]) s.o. (of s.th.).

To·le·ranz [tole'rants] *f* ⟨-; -en⟩ 1. ⟨*only sg*⟩ tolerance, toleration (gegen of, towards). 2. *tech.* tolerance, (*Spielraum*) margin. **~,do·sis** *f med.* tolerance dose. **~edikt** [-ʔe,dɪkt] *n hist.* Toleration Act. **~,gren·ze** *f tech.* tolerance (limit). **~,schwel·le** *f* threshold of tolerance.

to·le·rie|ren [tole'ri:rən] *v/t* ⟨*no* ge-, h⟩ tolerate. **≗rung** *f* ⟨-; *no pl*⟩ toleration.

toll [tɔl] I *adj* ⟨-er; -st⟩ 1. (*verrückt*) mad, crazy, (*rasend*) raving (mad), frantic, wild (vor Wut *etc* with anger, *etc*); du bist wohl ~? you must be mad (*od.* out of your mind)!; dieser Krach macht mich noch (ganz) ~! this noise is enough to drive me mad; er arbeitete (lief) wie ~ he worked (ran) like mad (*od.* like hell); ~es Zeug daherreden talk a lot of nonsense (*od.* rubbish); ~e Gerüchte wild (*od.* fantastic) rumo(u)rs; je ~er, desto besser the madder the merrier; (ganz) ~ sein nach, ~ hinter *j-m od. e-r Sache* her sein be crazy (*od.* wild, *sl.* nuts) about. 2. (*ausgelassen*) wild, boisterous; das war e-e ~e Zeit that was a wild time; die drei ~en Tage *vor Aschermittwoch*: the three wild days; ~es Treiben crazy goings-on; es ging ~ zu (*od.* her) (*ausgelassen*) it was a wild affair, there were high jinks, (*wild durcheinander*) things were at sixes and sevens. 3. *colloq.* (*großartig*) great, marvel(l)ous, fantastic, terrific, fabulous, fab, smashing, gorgeous, far-out, a hell of a ...; e-e ~e Sache, ein ~es Ding s.th. great, *etc*, *sl.* a smasher, a humdinger, a gas, *iro.* (*et. Lächerliches*) a perfect scream; e-e ~e Angelegenheit a wild affair; e-e ~e Frau a fantastic woman, *sl.* a smasher; du siehst ~ aus in dem Kleid you look great, *etc* in that dress; der Film war nicht so ~ the film was not so hot; ein ~er Bursche (*od.* Kerl, Hecht) a devil of a fellow, a crackerjack. 4. *colloq. Tempo etc*: terrific, (*halsbrecherisch*) breakneck (*speed, etc*). 5. *colloq.* (*schrecklich*) frightful, dreadful, atrocious, terrible, (*schlimm*) bad; ein ~er Lärm a frightful (*od.* an infernal) noise (*od.* din); das ist ja e-e ~e Wirtschaft! that's what I call a terrible mess!; das ist dann doch zu ~! that's a bit much (*od.* thick)!, that's pushing it a bit too far!; es wird immer ~er things are going from bad to worse, things are getting worse and worse; es kommt noch ~er that was just the beginning! 6. *colloq.* (*groß, stark*) tremendous (*respect, traffic, etc*); ich habe e-n ~en Hunger I am awfully (*od.* ravenously) hungry. 7. *vet.* (*~wütig*) rabid. II *adv* 8. *colloq.* (*wie verrückt, fig. stark, heftig, sehr*) like mad, like hell; sich ~ aufführen carry on like mad; es hat ~

geregnet it rained like hell; er treibt es (gar) zu ~ he goes (*od.* carries things) too far, he overdoes it (*od.* things); er hat ~ viel Geld he has pots (*od.* loads) of money; sie ist (ganz) ~ verliebt she is madly in love (in *acc* with); ich habe (ganz) ~ Hunger I am awfully hungry. **9.** *colloq.* (*großartig*) great, marvel(l)ously, *etc* (*cf. a.* 3); das Geschäft geht ~ business is going great; sie verstehen sich ganz ~ they get on marvel(l)ously (*od.* great); er kann ~ tanzen he is great at dancing; sie hat sich ~ amüsiert she had the time of her life. **III ⁓e, das** ⟨-n⟩ **10.** *colloq.* das ⁓ste dabei ist, daß the best of it is that; das ist das ⁓ste, was ich je gehört habe that beats everything I've ever heard; das ⁓ste kommt noch that was just the beginning.

'tollˌdreist *adj* bold, daring.

'Tol·le *f* ⟨-; -n⟩ tuft, *Br. a.* quiff.

tol·len ['tɔlən] *v/i* ⟨h *u.* sein⟩ romp (about), caper, rollick, frolic, gambol; die Kinder haben den ganzen Morgen getollt the children romped about all morning; die Kinder sind durch den Garten getollt the children romped through the garden.

'Toll|ˌhaus *n obs. u. fig.* bedlam, *colloq.* madhouse. **~heit** *f* ⟨-; -en⟩ **1.** ⟨*only sg*⟩ madness. **2.** (*toller Streich*) mad trick, (piece of) folly. **~ˌkir·sche** *f bot.* deadly nightshade, belladonna. **⁓ˌkühn** *adj* foolhardy, reckless, daredevil. **~ˌkühn·heit** *f* ⟨-; -en⟩ **1.** ⟨*only sg*⟩ foolhardiness, recklessness. **2.** (*Verzweiflungstat*) act of desperation. **~ˌwut** *f vet.* rabies. **⁓ˌwü·tig** [-ˌvyːtɪç] *adj* rabid.

Tol·patsch ['tɔlpatʃ] *m* ⟨-(e)s; -e⟩ *colloq.* awkward (*od.* clumsy) fellow.

'tol·pat·schig *adj* awkward, clumsy. **⁓keit** *f* ⟨-; *no pl*⟩ awkwardness, clumsiness.

Töl·pel ['tœlpəl] *m* ⟨-s; -⟩ *colloq.* **1.** → Tolpatsch. **2.** (*Dummkopf*) blockhead, duffer, oaf. **Töl·pe'lei** *f* ⟨-; -en⟩ → Tolpatschigkeit. **'töl·pel·haft** *adj* → tolpatschig. **'Töl·pel·haf·tig·keit** *f* ⟨-; *no pl*⟩ → Tolpatschigkeit.

Tol·te·ke [tɔl'teːkə] *m* ⟨-n; -n⟩ Toltec(a). **tol'te·kisch** *adj* Toltecan.

To·ma·hawk ['tɔmahaːk; -hoːk] *m* ⟨-s; -s⟩ (*Streitaxt der Indianer*) tomahawk.

To·ma·te [to'maːtə] *f* ⟨-; -n⟩ (*Pflanze u. Frucht*) tomato; *humor.* treulose ~ unfaithful one.

To'ma·ten... *in Zssgn* tomato (*juice, salad, soup, etc*).

Tom·bak ['tɔmbak] *m* ⟨-s; *no pl*⟩ *metall.* tombac.

Tom·bo·la ['tɔmbola] *f* ⟨-; -s, *rare* -bolen⟩ raffle, *Br. a.* tombola.

Ton[1] [toːn] *m* ⟨-(e)s; *Sorten* -e⟩ *min.* clay.

Ton[2] *m* ⟨-(e)s; ⸚e⟩ **1.** *einzelner, a. mus.* tone, (*Klang, Geräusch*) sound (*a. TV, Film, Ggs.* Bild); kurzer, hoher ~ *a.* pip; ein dumpfer ~ a thud; k-n ~ hervorbringen (*od.* von sich geben) not to utter a sound (*colloq.* cheep); k-n ~ sagen not to speak (*od.* breathe) a word; *TV, Film:* ~ unterlegen dub in (the) sound; *fig. colloq.* große Töne spukken talk big, boast; in den höchsten Tönen loben (*od.* sprechen von) praise *s.o., s.th.* to the skies (*od.* in the highest terms), *colloq.* gush about; *colloq.* hast du (*od.* haste, hat der Mensch) Töne! well, I never!, can you beat it (*od.* that)! **2.** *mus.* a) (*~schritt*) tone, b) (*Note*) note, c) (*~höhe*) pitch, tone; ganzer ~ whole tone; halber ~ semitone, *Am. a.* halftone; den ~ angeben give the pitch, *fig.* set the tone, call the tune, *weitS.* set the trend (*od.* fashion); den ~ treffen *Sänger etc:* hit the note. **3.** (*~charakter*) *e-s Instruments, Instrumentalisten etc:* tone, (*~qualität*) tone (quality); *fig.* der ~ macht die Musik it is the tone that makes the music. **4.** (*Art zu sprechen*) tone; in barschem (spöttischem) ~ in a harsh (derisive) tone, harshly (derisively); e-n frechen ~ anschlagen adopt an impudent tone; e-n anderen ~ anschlagen change one's tune, sing another tune; den richtigen ~ treffen find the right tone, strike the right note; mir gefällt dein ~ nicht I don't like your tone (of voice); ich verbitte mir diesen ~! don't speak to me in that tone (of voice), don't take that tone (of voice) with me!; ein rauher, aber herzlicher ~ a rough but genial (*od.* warmhearted) tone. **5.** (*Umgangs⁓, Klima, Atmosphäre*) tone (an e-r Schule *etc* of a school, *etc*). **6.** der gute ~ good form; es gehört zum guten ~ it is good form, it is the done thing; es ist gegen den guten ~ it is against good form, it is not done. **7.** *ling. u. fig.* (*Betonung*) accent, stress; den ~ legen auf (*acc*) put the stress on, emphasize; der ~ liegt auf der ersten Silbe the stress is on the first syllable.

Ton[3] *m* ⟨-(e)s; ⸚e⟩ (*Farb⁓*) *allg., a. phot.* tone, (*leichter Farb⁓, Tönung*) tinge, tint, touch, (*Schattierung, Nuance*) shade, nuance; in lebhaften Tönen *Gemälde etc:* in bright tones; ein rötlicher ~ a touch (*od.* tinge) of red; e-n ~ zu hell (dunkel) a shade too bright (dark); ein blauer Teppich und Vorhänge im gleichen ~ a blue carpet and curtains to match (*od.* and matching curtains); den gleichen ~ haben be the same shade, match.

'Tonˌabˌneh·mer *m am Plattenspieler:* pickup, cartridge.

to·nal [to'naːl] *adj mus.* tonal. **To·na·li'tät** [-nali'tɛːt] *f* ⟨-; *no pl*⟩ tonality.

'ton|ˌanˌge·bend *adj fig.* **1.** *Person, Gesellschaftsschicht etc:* leading, (pre)dominant, trend-setting. **2.** *pol.* ~e Rede keynote address (*od.* speech). **⁓ˌarm** *m am Plattenspieler:* tone (*od.* pickup) arm.

'Tonˌart *f mus.* key, (*Kirchen⁓*) mode; in welcher ~ steht diese Sinfonie? what is the key of this symphony?; *fig.* er hat ihn in allen ~en gelobt he praised him in every possible strain; e-e andere ~ anschlagen change one's tune, sing another tune. **~ˌvorˌzeich·nung** *f* key signature.

'Ton|as·siˌstent *m* assistant sound engineer. **~ateˌlier** *n* sound (recording) studio. **~ˌaufˌnah·me** *f* (sound) recording, *für Bandsendung:* transcription. **~ˌaufˌzeich·nung** *f* sound recording. **~ausˌfall** *m* loss of sound, sound breakdown. **~ˌbad** *n phot.* toning bath.

'Tonˌband *n* (recording) tape; auf ~ aufnehmen record *s.th.* on tape, tape. **~ˌaufˌnah·me** *f* tape recording. **~geˌrät** *n* tape recorder. **~kasˌset·te** *f* tape cassette.

'Ton|beˌreich *m* audio range, gamut. **~ˌbil·dung** *f mus.* sound production (*od.* formation). **~ˌblen·de** *f Radio:* tone control. **~chaˌrak·ter** *m* timbre, tone quality. **~ˌdich·ter** *m mus.* composer. **~ˌdich·tung** *f* tone poem. **~do·kuˌment** *n* sound document.

tö·nen[1] ['tøːnən] *v/i* ⟨h⟩ **1.** (*klingen, schallen*) sound, ring, *Glocken: a.* chime, (*widerhallen*) resound, echo; von fern tönte sanfte Musik soft music could be heard from the distance. **2.** *fig. colloq.* ~ von (*od.* über *acc*) (*prahlerisch sprechen*) hold forth (*od.* sound off) about (*od.* on) *s.th.*

'tö·nen[2] *v/t* ⟨h⟩ (*färben*) tinge, tint, tone; dunkler ~ tone (*od.* shade) down.

'Tonˌer·de *f chem.* argillaceous earth, alumina; essigsaure ~ basic aluminium acetate; schwefelsaure ~ aluminium sulphate (*Am.* -f-).

tö·nern ['tøːnərn] *adj Geschirr etc:* earthen, (of) clay; *fig.* auf ~en Füßen stehen stand on feet of clay.

'Ton|ˌfall *m* ⟨-(e)s; *no pl*⟩ **1.** intonation, inflection (of the voice), cadence. **2.** (*Akzent*) accent; mit ausländischem ~ with a foreign accent. **3.** (*Art des Sprechens*) tone (→ *a.* Ton[2] 4). **~ˌfar·be** *f* timbre, tone colo(u)r. **~ˌfilm** *m* sound film, *hist.* talking film, *colloq.* talkie. **~ˌfil·ter** *n, m* tone filter. **~ˌfol·ge** *f* **1.** sequence of notes (*od.* tones). **2.** melody. **~freˌquenz** *f* audio frequency. **~ˌfül·le** *f* volume of sound, sonority. **~ˌge·bung** [-ˌgeːbʊŋ] *f* ⟨-; *no pl*⟩ *mus.* intonation. **~geˌfäß** *n* earthen(ware) vessel. **~geˌmäl·de** *n mus.* tonal picture. **~geˌschirr** *n* pottery, earthenware. **~geˌschlecht** *n mus.* mode. **⁓ˌhal·tig** *adj* clayey. **~ˌhö·he** *f ling. mus. phys.* pitch.

'to·nig *adj geol. min.* clayey.

To·ni·ka ['toːnika] *f* ⟨-; -niken⟩ *mus.* tonic.

To·ni·kum ['toːnikʊm] *n* ⟨-s; -nika [-ka]⟩ *med. pharm.* tonic.

'Ton·in·geˌnieur *m* sound engineer.

'Ton-ˌin-'Ton-ˌFar·ben *pl* toning shades.

'to·nisch *adj med.* tonic.

'Ton|ˌkalk *m min.* argillaceous limestone. **~ka·me·ra** *f* sound camera. **~kaˌnal** *m* sound channel. **~ˌkopf** *m e-s Aufnahmegeräts:* record(ing) head. **~ˌkunst** *f* music, musical (*od.* tonal) art. **~ˌkünst·ler** *m* musician. **~ˌla·ge** *f* pitch (level), register. **~ˌlei·ter** *f mus.* scale. **⁓los** *adj Stimme:* toneless.

ˌTon·ma·le'rei *f mus.* tone painting.

'Ton|ˌmei·ster *m* sound engineer. **⁓mo·duˌliert** *adj* tone-modulated. **~ˌmör·tel** *m metall.* clay mortar.

Ton·na·ge [tɔ'naːʒə] *f* ⟨-; -n⟩ *mar.* tonnage.

Ton·ne[1] ['tɔnə] *f* ⟨-; -n⟩ **1.** (*metrische Gewichts⁓*) (metric) ton. **2.** → Registertonne.

'Ton·ne[2] *f* ⟨-; -n⟩ **1.** tun, *offene:* tub. **2.** *mar.* (*Seezeichen*) buoy.

'Ton·nen|ˌdach *n arch.* barrel roof. **⁓ˌför·mig** *adj* barrel-shaped, tubby. **~geˌwöl·be** *n arch.* barrel vault. **~ki·loˌme·ter** *m rail.* ton kilomet/re (*Am.* -er). **⁓ˌwei·se** *adv* **1.** by the ton. **2.** (*faßweise*) by the barrel.

'Ton|ˌpe·gel *m* sound level. **~ˌpfei·fe** *f* clay pipe. **~qua·liˌtät** *f* tone (*od.* sound) quality. **~ˌrei·he** *f mus.* tone row (*od.* series). **⁓ˌrein** *adj* pure in tone, just. **~ˌsäu·le** *f* loudspeaker assembly (*od.* column), public address pillar. **~ˌschie·fer** *m min.* argillaceous slate. **~ˌschlamm** *m Töpferei:* claywash. **~ˌschöp·fung** *f* composition. **~ˌschrei·ber** *m electr.* sound recorder. **~ˌset·zer** *m mus.* composer (of music). **~ˌspek·trum** *n phys.* sound spectrum. **~ˌspur** *f*, **~ˌstrei·fen** *m* sound track. **~ˌstu·dio** *n* sound studio. **~ˌstu·fe** *f mus.* degree.

Ton·sur [tɔn'zuːr] *f* ⟨-; -en⟩ tonsure.

'Tonˌtau·be *f Sport:* clay pigeon, bird. **'Tonˌtau·benˌschie·ßen** *n* trap shooting, skeet (shooting).

'Ton|ˌtech·nik *f* sound (*od.* audio) engineering. **~ˌtech·ni·ker** *m* sound engineer. **~ˌträ·ger** *m* sound carrier. **~ˌtreue** *f Radio:* (high) fidelity. **~ˌumˌfang** *m e-r Stimme, e-s Instruments:* range, compass.

'Ton- ˌund 'Bildˌüberˌtra·gung *f TV* sound and vision transmission.

'Tö·nung *f* ⟨-; -en⟩ (*Schattierung*) tint,

hue, shade, *a. in der Sprechweise*: tone, nuance.
To·nus ['to:nʊs] *m* <-; Toni [-ni]> *med.* tonus, tonicity, tone.
'Ton|ver,stär·ker *m* sound amplifier. **~ver,stär·kung** *f* audio (*od.* sound) amplification. **~,wert** *m phot.* tone value. **~,wie·der,ga·be** *f* sound reproduction. **~,zei·chen** *n ling.* accent.
To·pas [to'pa:s] *m* <-es; -e> *min.* topaz. **2far·ben** *adj* topazine.
Topf [tɔpf] *m* <-(e)s; ⸗e> *allg.* pot, (*tiefer Koch2*) *a.* saucepan; **ein ~ voll Milch** a potful of milk; **Pflanzen in Töpfe setzen** pot plants; *fig. colloq.* **alles in einen ~ werfen** lump everything together; **s-e Nase in alle Töpfe stecken** (poke one's) nose into other people's business, *Br. a.* be a nosy parker; **jeder ~ findet s-n Deckel** (*Sprichwort*) there's a nut for every bolt. **~,blu·me** *f* pot flower.
Töpf·chen ['tœpfçən] *n* <-s; -> **1.** small pot, *für Kosmetika etc*: jar. **2.** *colloq.* (*für Kleinkinder, Nachttopf*) pot(ty); **aufs ~ gehen** go potty; **aufs ~ setzen** set (*a baby*) on the pot, pot (*a baby*).
'Topf,deckel (*getr.* -k·k-) *m* potlid, saucepan lid.
Top·fen ['tɔpfən] *m* <-s; *no pl*> *dial. and Austrian gastr.* curd(s *pl*). **~,stru·del** *m* strudel filled with sweetened curds.
Töp·fer ['tœpfər] *m* <-s; -> **1.** potter. **2.** stove fitter. **~,ar·beit** *f* (*Vorgang u. Produkt*) pottery.
Töp·fe'rei *f* <-; -en> **1.** <*only sg*> (*Handwerk*) pottery. **2.** (*Werkstatt*) pottery.
'Töp·fer|,er·de *f* potter's clay (*od.* earth), argil. **~,hand,werk** *n* potter's trade.
töp·fern ['tœpfərn] *v/i* <h> make pottery.
'Töp·fer|,ofen *m* (potter's) kiln. **~,schei·be** *f* potter's wheel. **~,wa·re** *f* pottery, crockery, earthenware.
'top'fit ['tɔp-] *adj colloq.* **~ sein** be in top form.
'Topf|,lap·pen *m* pot cloth, pot holder. **~,pflan·ze** *f* pot plant. **~,scher·be** *f meist pl* potsherd.
To·po|gra·phie [topogra'fi:] *f* <-; -n [-ən]> *geogr.* topography. **2gra·phisch** [-'gra:fɪʃ] *adj* topographic(al). **~lo'gie** [-lo'gi:] *f* <-; *no pl*> *math.* topology.
topp [tɔp] *interj* done!, (it's) agreed!
Topp *m* <-s; -e(n) *u.* -s> *mar.* masthead; **über die ~en flaggen** dress ship overall. **~,flag·ge** *f* masthead flag. **~,mast** *m* topmast. **~,se·gel** *n* topsail.
Tor[1] [to:r] *n* <-(e)s; -e> **1.** gate, door, (*Portal*) portal; *fig.* **vor den ~en der Stadt** outside the town; *hist. u. fig.* **der Feind steht vor den ~en** the enemy is at the gates; *fig.* **das ~ zum Erfolg** *etc* the door to success, *etc.* **2.** (*Einfahrt*) gateway. **3.** *Fußball, Eishockey etc*: (*a. erzieltes ~*) goal; **ein ~ schießen** (*od.* **erzielen**) score (a goal); **das ~ hüten, im ~ stehen** keep goal; **sie siegten mit 3:2 ~en** they won 3–2; **~!** (*Ausruf*) (it's a) goal! **4.** *Skisport, Kanusport*: gate.
Tor[2] *m* <-en; -en> *lit.* fool, simpleton.
'Tor|,bo·gen *m* arch(way). **~,chan·ce** *f Sport*: scoring chance. **~dif·fe,renz** *f* goals difference. **~,durch,fahrt** *f* passageway, archway. **~,ein,fahrt** *f* gateway. **~er,folg** *m Sport*: goal.
To·re·ro [to're:ro] *m* <-(s); -s> (*Stierkämpfer*) torero.
Torf [tɔrf] *m* <-(e)s; *no pl*> peat; **~ stechen** cut peat. **~,bo·den** *m*, **~,er·de** *f* peat(y) soil. **~,gru·be** *f* peat bank, peatery.
'tor·fig *adj* peaty.
'Torf,koh·le *f* peat coal.
'Tor,flü·gel *m* wing of a gate (*od.* door).
'Torf|,moor *n* peat bog. **~,mull** *m* peat dust. **~,stich** *m* **1.** (*Tätigkeit*) peat cutting. **2.** (*Ort*) peat bank, peatery.
'Tor·heit *f* <-; -en> **1.** <*only sg*> folly, foolishness; **Alter schützt vor ~ nicht** (*Sprichwort*) there is no fool like an old fool. **2.** (*törichte Handlung*) (act *od.* piece of) folly, foolish act(ion), foolery; **e-e ~ begehen** do s.th. foolish.
'Tor,hü·ter *m* **1.** gatekeeper. **2.** → Torwart.
tö·richt ['tø:rɪçt] **I** *adj Frage, Handlung, Person*: foolish. **II** *adv* **sich ~ benehmen** behave foolishly (*od.* like a fool), make a fool of o.s. **'tö·rich·ter'wei·se** *adv* foolishly enough.
Tö·rin ['tø:rɪn] *f* <-; -nen> *lit.* fool(ish woman *od.* girl).
'Tor,jä·ger *m Sport*: goalgetter.
tor·keln ['tɔrkəln] *v/i* <sein> stagger, reel, totter, sway.
'Tor|,lat·te *f Sport*: crossbar. **~,lauf** *m Skisport*: slalom. **~,li·nie** *f* goal line. **2los** *adj* goalless, scoreless; **~ enden** end in a goalless draw; **~ verlaufen** be scoreless. **~,mann** *m* <-(e)s; ⸗er> → Torwart.
Tor·na·do [tɔr'na:do] *m* <-s; -s> *meteor.* tornado, *Am. a.* twister.
'Tor,netz *n Sport*: goal net.
Tor·ni·ster [tɔr'nɪstər] *m* <-s; -> knapsack, (field) pack, kit bag. **~emp,fän·ger** *m* portable receiver.
tor·pe·die·ren [tɔrpe'di:rən] *v/t* <*no* ge-, h> *mar. mil. u. fig.* torpedo.
Tor·pe·do [tɔr'pe:do] *m* <-s; -s> *mar. mil.* torpedo. **~,boot** *n* torpedo boat. **~,rohr** *n* torpedo (launching) tube.
'Tor,pfo·sten *m* **1.** gatepost. **2.** *Sport*: goalpost.
Tor·por ['tɔrpɔr] *m* <-s; *no pl*> *med.* torpor, torpidity.
'Tor|,raum *m Fußball*: goal area, *Eishockey*: (goal) crease, *Handball*: throwing circle. **~,rich·ter** *m Skisport etc*: gate judge. **~,schluß** *m* <-sses; *no pl*> closing time; **kurz vor ~** at the last minute, *fig. a.* at the eleventh hour. **~,schluß,pa·nik** *f* <-; *no pl*> *fig. colloq.* **1.** *allg.* (**~ haben** be in a) last-minute panic. **2.** *e-r Frau*: fear of being left on the shelf; **sie hat ~** she is afraid of being left on the shelf. **~,schuß** *m Sport*: shot at goal. **~,schüt·ze** *m* scorer.
Tor·si·on [tɔr'zĭo:n] *f* <-; -en> *math. med. tech.* torsion.
Tor·si'ons... *in Zssgn* torsional (*force, spring, etc*). **~be,an,spru·chung** *f tech.* torsional stress.
Tor·so ['tɔrzo] *m* <-s, -s *u.* -si [-zi]> *Kunst u. fig.* torso.
'Tor,stand *m Sport*: score.
Tort [tɔrt] *m* <-(e)s; *no pl*> **j-m e-n ~ antun** do s.o. a wrong; **er hat es ihm zum ~ getan** he did it to spite him.
Tört·chen ['tœrtçən] *n* <-s; -> *gastr.* **1.** *dim. of* **Torte**. **2.** (*Obst2*) tart(let).
Tor·te ['tɔrtə] *f* <-; -n> *gastr.* fancy cake, (*Obst2*) (fruit) pie.
'Tor·ten|,bo·den *m gastr.* baked pastry case. **~,guß** *m für Obsttorten*: jelly, glaze. **~,he·ber** *m*, **~,schau·fel** *f* cake server (*od.* slice).
Tor·tur [tɔr'tu:r] *f* <-; -en> **1.** *fig.* (*Qual, Strapaze*) torture, ordeal; **es war die reinste** (*od.* **e-e wahre**) **~** it was sheer torture. **2.** *hist.* (*Folter*) torture.
'Tor|ver,hält·nis *n Sport*: goal average. **~,wart** *m Sport*: goalkeeper, *colloq.* goalie. **~,weg** *m* gateway. **~,wurf** *m Sport*: throw (*od.* shot) at goal.
to·sen ['to:zən] **I** *v/i* <h> *allg. Brandung, Wildbach, Gelächter, Verkehr, Beifall etc*: roar, *stärker*: thunder, *Sturm etc*: *a.* rage. **II 2** *n* <-s> roar(ing), thunder(-ing). **~d** *adj* roaring, thundering, *Beifall*: *a.* frantic.
Tos·ka·ner [tɔs'ka:nər] *m* <-s; ->, **Tos'ka·ne·rin** *f* <-; -nen>, **tos'ka·nisch** *adj* Tuscan.
tot [to:t] *adj* **1.** *allg. Person, Tier, Pflanze, Feuer, Vulkan, Gewässer, Gegend, Leitung, Kapital, Gewicht, Sprache, Liebe etc*: dead; **er ist schon lange ~** he has been dead for a long time; **er war sofort ~** *bei e-m Unfall*: death was instantaneous, he was killed outright; **er fiel ~ hin** (*od.* **um**) he dropped dead; **er blieb ~ liegen** he lay there dead; **sie lag wie ~ da** she was lying there (as) still as death; **~ oder lebendig** dead or alive, alive or dead; **das Kind wurde ~ geboren** the child was born dead (*od.* was stillborn); **er konnte nur noch ~ geborgen werden** his dead body was recovered; **für ~ gelten** be presumed dead; *jur.* **für ~ erklären** declare (legally) dead; **~ und begraben** *a. fig.* dead and buried; *fig.* **halb ~ vor Angst** half dead with fear; **er ist für mich ~** he does not exist for me anymore. **2.** (*verstorben*) late; **s-e ~e Tante** his late (*lit.* deceased) aunt. **3.** **~e Materie** dead matter; **~es Wissen** useless knowledge; **~er Buchstabe** dead letter. **4.** (*abgestorben, taub*) dead, numb, benumbed; **ich habe ein ~es Gefühl im Arm** my arm feels (*od.* is, has gone) dead. **5.** **~e Zeit, ~e Saison** dead (*od.* dull, slack, off) season. **6.** *fig. colloq.* (*erschöpft*) dead, done (in), dead beat, worn out, fagged out. **7.** *Farben, Augen etc*: dead, lifeless, dull; **ohne Bilder wirkt der Raum ~** the room looks dead without pictures. **8.** **~er Punkt** a) *tech.* dead centre (*Am.* -er), b) *fig.* impasse, deadlock, c) (*Erschöpfung*) fatigue; *fig.* **auf dem ~en Punkt ankommen** a) reach a deadlock, b) be exhausted; **den ~en Punkt überwinden** a) break the deadlock, b) get one's second wind. **9.** **~er Winkel** a) *im Rückspiegel*: blind area, b) *beim Geschütz*: dead angle, c) *weitS.* blind spot; **~e Zone** a) *Radar*: dead (*od.* blind) zone, b) *Radio*: blind spot (*od.* area). **10.** *Sport*: **~es Rennen** dead heat, tie.
to·tal [to'ta:l] **I** *adj* total, complete, utter (*failure, destruction, etc*); **~er Krieg** total (*od.* all-out) war(fare); **der ~e Staat** the totalitarian state. **II** *adv colloq.* completely, downright, altogether, clean (*wrong, etc*); **~ betrunken** completely (*od.* dead) drunk; **~ verrückt** completely out of one's mind, stark raving (*od.* clean) mad; **~ pleite** *a.* stone-broke.
To'tal|,an,sicht *f* → **Gesamtansicht**. **~,aus,fall** *m* total (*od.* dead) loss. **~,aus·ver,kauf** *m* clearance sale.
To'ta·le *f* <-; -n> *Film*: long shot.
To'tal,fin·ster·nis *f astr.* total eclipse.
To·ta·li·sa·tor [totali'za:tɔr] *m* <-s; -en [-za'to:rən]> *Rennsport*: totalizator, totalizer, *colloq.* tote.
to·ta·li|tär [totali'tɛ:r] *adj pol. Staat etc*: totalitarian. **2ta'ris·mus** [-ta'rɪsmʊs] *m* <-; *no pl*> totalitarianism. **2tät** [-'tɛ:t] *f* <-; *no pl*> totality, entirety.
To·ta·li'täts,an,spruch *m* claim to unlimited authority.
To'tal|,scha·den *m* **1.** *econ.* total loss. **2.** *mot.* total wreckage; **an e-m der Fahrzeuge entstand ~** one of the vehicles was totally wrecked (*colloq.* was a total write-off, *Am. a.* was totaled). **~ver,lust** *m econ.* total (*od.* dead) loss.
'tot|,ar·bei·ten *v/reflex* <*sep*, -ge-, h> *colloq.* **sich ~** kill o.s. (with work), slave (*od.* work) o.s. to death. **~,är·gern** *colloq.* **I** *v/t* <*sep*, -ge-, h> **j-n ~** drive s.o. to despair. **II** *v/reflex* **sich ~** be absolutely mad; **ich hätte mich ~ können** *a.* I could

have kicked myself.

ˈTo·te *m, f* ⟨-n; -n⟩ **1.** dead man (*od.* woman, person); **die ~n begraben (beklagen)** bury (grieve for) the dead; *fig.* **das ist ein Lärm, um ~ aufzuwecken** that noise would (*od.* is enough to) (a)waken the dead. **2. der, die ~,** *pl* **die ~n** (*Verstorbene*) the deceased, the departed. **3.** (*Leiche*) (dead) body, corpse. **4.** (*Todesopfer*) death, casualty; **bei dem Unfall gab es zwei ~** two persons were killed in the accident; **es gab viele ~** there were heavy casualties (*od.* many deaths), the death toll was high.

To·tem [ˈtoːtəm] *n* ⟨-s; -s⟩, **~fiˌgur** *f* totem. **~ˌglau·be** *m* totemism.

To·te·mis·mus [toteˈmɪsmʊs] *m* ⟨-; *no pl*⟩ *anthrop.* totemism.

ˈTo·temˌpfahl *m* totem pole (*od.* post).

tö·ten [ˈtøːtən] **I** *v/t* ⟨h⟩ **1.** kill; **der Kummer wird sie noch ~** she will worry herself to death some day; *colloq.* **wenn Blicke ~ könnten** if looks could kill; *fig. colloq.* **er tötet mir noch den (letzten) Nerv** he is driving me up the wall; *fig.* **die Zeit ~** kill (the) time. **2.** *lit.* (*Fleisch, Begierde etc ab~*) deaden, mortify. **3.** *med.* (*Nerv*) deaden, kill. **4.** *tech.* (*Schaumbildung*) kill, deaden. **II** *v/i* **5.** *Bibl.* **du sollst nicht ~** thou shalt not kill. **III ≈** *n* ⟨-s⟩ **6.** killing (*etc*); **das ≈ der Singvögel ist verboten** it is prohibited to kill songbirds.

ˈTo·ten|ˌbah·re *f* bier. **~ˌbett** *n* deathbed; **Reue auf dem ~** deathbed repentance. **≈ˈblaß** *adj* deathly (*od.* deadly) pale, (as) pale as death. **~ˌbläs·se** *f* deathly pallor. **≈ˈbleich** *adj* → **totenblaß.** **~ˌfei·er** *f* obsequies *pl.* **~geˌläut, ~geˌläu·te** *n* (death) knell. **~geˌleit** *n* **j-m das ~ geben** pay s.o. one's last respects. **~geˌrip·pe** *n* skeleton. **~ˌglocke** (*getr.* -k·k-) *f* death bell, knell. **~ˌgrä·ber** *m* **1.** gravedigger. **2.** *zo.* burying (*od.* sexton) beetle. **~ˌgruft** *f* (funeral) vault. **≈haft** *adj* deathlike, deathly (*silence, etc*). **~ˌhemd** *n* shroud. **~ˌkla·ge** *f* **1.** lamentation (*od.* bewailing) of the dead. **2.** (*Klagelied, a. Literatur*) dirge. **~ˌkopf** *m* **1.** death's-head (*a. Symbol*), skull. **2.** *als Giftzeichen*: skull and crossbones. **3.** *zo.* death's-head (hawk)moth. **~ˌkopfˌflag·ge** *f e-s Piratenschiffs*: Jolly Roger. **~ˌkranz** *m* funeral wreath. **~ˌkult** *m* cult of the dead. **~ˌli·ste** *f* list of the dead, list of casualties, *bes. mil.* death roll, *standesamtliche*: register of deaths. **~ˌmahl** *n* funeral repast. **~ˌmal** *n* funeral monument. **~ˌmas·ke** *f* death mask. **~ˌmes·se** *f R.C.* mass for the dead, funeral service. **~ˌop·fer** *n antiq.* sacrifice offered to the dead. **~ˌreich** *n lit.* realm of the dead. **~ˌschä·del** *m* → **Totenkopf** 1. **~ˌschau** *f* → **Leichenschau.** **~ˌschein** *m* death certificate. **~ˌsonnˌtag** *m* Memorial Day. **~ˌstadt** *f antiq.* city of the dead, necropolis. **~ˌstar·re** *f med.* rigor mortis. **≈ˈstill** *adj* deathly (*od.* deadly) still, (as) still as death. **~ˈstil·le** *f* deathly (*od.* deadly, deathlike) silence; **es herrschte ~** there was (a) deathly silence. **~ˌtanz** *m Kunst*: danse macabre. **~ˌur·ne** *f* funeral urn. **~verˌbren·nung** *f* cremation (of the dead). **~verˌeh·rung** *f* worship (*od.* veneration) of the dead. **~ˌvo·gel** *m colloq. for* **Steinkauz.** **~ˌwa·che** *f* deathwatch, wake; **die ~ halten** keep the deathwatch, watch over the dead.

ˈTö·ter *m* ⟨-s; -⟩ killer.

ˈTot|erˌklär·te *m, f* ⟨-n; -n⟩ person declared dead. **≈ˌfah·ren** *v/t* ⟨*irr, sep,* -ge-, h⟩ **j-n ~** knock s.o. down (*od.* run over s.o.) and kill him. **≈geˌbo·ren** *adj* stillborn (*child, a. fig. project*), *fig. a.* abortive; *fig.* **ein ~es Kind** a stillborn thing, a hopeless case. **~geˌburt** *f* stillbirth (*a. Fötus*). **~geˌglaub·te** *m, f* ⟨-n; -n⟩ person believed to be dead. **≈ˌge·hen** *v/i* ⟨*irr, sep,* -ge-, sein⟩ *colloq.* die. **~geˌsag·te** *m, f* ⟨-n; -n⟩ person reputed to be dead. **≈ˌkrie·gen** *v/t* ⟨*sep,* -ge-, h⟩ *colloq.* **er ist nicht totzukriegen** you can't wear him out, he can go on for ever; **et. ist nicht totzukriegen** s.th. wears for ages, s.th. never wears out. **≈ˌla·chen** *colloq.* **I** *v/reflex* ⟨*sep,* -ge-, h⟩ **sich ~** kill o.s. laughing (*od.* with laughter), nearly die with laughter, laugh one's head off; **ich lach' mich tot!** that's a (perfect) scream!, that's absolutely killing!, that's too funny for words! **II ≈** *n* ⟨-s⟩ **es** (*od.* **das**) **ist zum ≈** *cf.* I (**ich lach' mich tot**); **der Witz ist zum ≈** that's a killing joke, that's a sidesplitter. **~ˌlast** *f econ.* dead load. **~ˌlauf** *m tech.* lost motion, dead travel. **≈ˌlau·fen** *v/reflex* ⟨*irr, sep,* -ge-, h⟩ **sich ~** *fig. colloq.* (*von selbst zu Ende gehen*) run its course, peter out, be exhausted; **das läuft sich tot** it will run its course, things will work themselves out. **≈ˌlie·gend** *adj econ. Kapital etc*: dead, idle, dormant. **≈ˌma·chen** *colloq.* **I** *v/t* ⟨*sep,* -ge-, h⟩ **1.** kill, put *s.o.* to death, *sl.* do *s.o.* in. **2.** *fig. durch Wettbewerb*: eliminate. **II** *v/reflex* **sich ~ 3.** → **totarbeiten**; *weitS.* **er macht sich nicht (gerade) tot** he won't kill himself, he takes it easy.

To·to [ˈtoːto] *m, colloq. a. n* ⟨-s; -s⟩ (*Fußball≈*) football pool(s *pl*); **im ~ spielen** do the pools; **im ~ gewinnen** have a win on the pools. **~erˌgeb·nis** *n meist pl* result of the football pools. **~geˌwinn** *n* winnings *pl* on the football pools. **~ˌschein, ~ˌzet·tel** *m* football (pool) coupon, *Am.* pool entry blank.

ˈTot|ˌpunkt *m mot. tech.* dead cent/re (*Am.* -er); **unterer (oberer) ~** bottom (top) dead centre. **≈ˌre·den** *v/t* ⟨*sep,* -ge-, h⟩ *colloq.* **j-n ~** talk s.o.'s head off; **et. ~** do s.th. to death. **≈ˌsa·gen** *v/t* ⟨*sep,* -ge-, h⟩ declare *s.o., s.th.* dead. **≈ˌschie·ßen** *v/t* ⟨*irr, sep,* -ge-, h⟩ shoot *s.o.* dead, shoot and kill. **~ˌschlag** *m jur.* manslaughter, homicide; **minder schwerer Fall von ~** manslaughter in the second degree. **≈ˌschla·gen** *v/t* ⟨*irr, sep,* -ge-, h⟩ kill, *lit.* slay; *fig.* **er läßt sich eher ~, als daß** ... he would rather cut off his arm than ...; *colloq.* **du kannst mich ~, ich weiß es nicht mehr** I'll be blowed (*od.* shot) if I remember; **die Zeit ~** kill time. **~ˌschlä·ger** *m* **1.** (*Verbrecher*) killer, homicide, manslayer. **2.** (*Knüppel*) life preserver, *sl.* cosh, *Am. sl.* blackjack. **≈ˌschwei·gen** *v/t* ⟨*irr, sep,* -ge-, h⟩ (*Person u. Sache*) not to speak about, not to mention, (*Sache*) *a.* hush *s.th.* up, keep *s.th.* quiet (*od.* dark), (*bes. Nachricht*) cover *s.th.* up, (*ignorieren*) pass over *s.th.* in silence. **≈ˌste·chen** *v/t* ⟨*irr, sep,* -ge-, h⟩ stab *s.o.* to death. **≈ˌstel·len** *v/reflex* ⟨*sep,* -ge-, h⟩ **sich ~** pretend to be dead, play dead (*colloq.* possum). **≈ˌstür·zen** *v/reflex* ⟨*sep,* -ge-, h⟩ **sich ~** fall to one's death. **≈ˌtram·peln** *v/t* ⟨*sep,* -ge- h⟩ trample *s.o.* to death. **≈ˌtre·ten** *v/t* ⟨*irr, sep,* -ge-, h⟩ tread *s.o.* to death.

ˈTö·tung *f* ⟨-; *no pl*⟩ **1.** → **töten** 6. **2.** *jur.* homicide; **fahrlässige ~** involuntary manslaughter; **versuchte ~** homicidal attempt; **vorsätzliche ~** voluntary manslaughter; **~ der Leibesfrucht** prolicide; **~ auf Verlangen, ~ aus Mitleid** mercy killing. **ˈTö·tungsˌabˌsicht** *f* intent to kill.

ˈtot|ˌwei·nen *v/reflex* ⟨*sep,* -ge-, h⟩ **sich ~** cry one's heart (*od.* eyes) out. **≈ˌzeit** *f tech.* dead (*od.* nonproductive, idle) time.

Tou·pet [tuˈpeː] *n* ⟨-s; -s⟩ (*Halbperücke*) toupee, toupet, hairpiece.

tou·pie·ren [tuˈpiːrən] *v/t* ⟨*no* ge-, h⟩ (*Haar*) back-comb.

Tour [tuːr] *f* ⟨-; -en⟩ **1.** (*Reise*) tour, trip, (*Ausflug*) *a.* excursion, (*Wanderung*) hike; **e-e ~ machen** make (*od.* go on) a tour, *etc*; **e-e ~ durch Europa machen** go on (*od.* make) a tour of Europe, tour (through) Europe; **auf ~ gehen** *bes. Zirkus etc*: take (to) (*od.* hit) the road; **auf ~** *allg.* on the road; **viel auf ~ sein** tour a lot, *Geschäftsmann*: do a lot of business trips. **2.** (*Strecke*) way, *e-s Busfahrers etc*: run, (*Runde*) round, turn, *beim Stricken*: row, *e-s Tanzes*: figure, (*Aufeinanderfolge*) *von Tänzen etc*: set; *fig. colloq.* **in einer ~** *fahren etc*: at a stretch, without stopping (*od.* a break), *reden etc*: incessantly, constantly, continuously. **3.** *tech.* (*Umdrehung*) turn, revolution, *colloq.* rev; **die Maschine macht** (*od.* **läuft mit**) **3000 ~en in der Minute** the engine runs at 3,000 revolutions per minute (*od.* at 3,000 rpm); **auf ~en bringen** a) (*Motor etc*) rev up, b) *fig. colloq.* (*j-n, et.*) get *s.o., s.th.* going, turn *s.o.* on; **auf vollen ~en laufen** a) *Motor etc*: run at full speed, b) *fig. colloq. Betrieb etc*: go full blast, be in full swing; **auf ~en kommen** a) *Auto etc*: pick up (speed), gather speed, b) *fig. colloq.* get going, get moving, get into one's (*od.* its) stride, (*in Zorn geraten*) fly into (*od.* work up) a rage (*od.* temper). **4.** *fig. colloq.* (*Art u. Weise des Vorgehens*) way, manner, (*Trick*) trick, dodge, ploy; **er macht es auf die langsame (sanfte) ~** he is doing it the slow (sweet) way; **jetzt versucht er es auf diese ~** now he is trying it this way; **das ist ihre übliche ~** that's her usual ploy; **komm mir bloß nicht auf diese** (*od.* **mit dieser**) **~!** don't try that on me!; **komm mir bloß nicht auf die wehleidige ~!** don't try the sad approach with me!; **auf diese ~ falle ich nicht herein** I won't fall for that one; **auf die dumme ~ reisen** try the naive approach, play it dumb; **krumme ~en** (**reiten** use) underhand(ed) methods, (do) funny things; **er reitet k-e krummen ~en** *a.* he is straight, he is on the level; **j-m die ~ vermasseln** queer s.o.'s pitch, thwart s.o.'s plans.

ˈTou·ren|ˌfahrt *f Motorsport*: touring competition. **~ˌrad** *n* touring bicycle. **~ˌschrei·ber** *m tech.* gyrograph. **~ˌski** *m* touring ski. **~ˌwa·gen** *m* touring car, tourer. **~ˌzahl** *f tech.* number of revolutions. **~ˌzäh·ler** *m* revolution (*od.* speed) indicator (*od.* counter).

Tou·ris·mus [tuˈrɪsmʊs] *m* ⟨-; *no pl*⟩ (*Fremdenverkehr*) tourism.

Tou·rist [tuˈrɪst] *m* ⟨-en; -en⟩ tourist.

Touˈri·sten|at·trak·tiˌon *f* tourist attraction. **~ˌklas·se** *f* tourist class. **~verˌkehr** *m* tourist traffic, tourism.

Tou·ri·stik [tuˈrɪstɪk] *f* ⟨-; *no pl*⟩ tourism.

Touˈri·stin *f* ⟨-; -nen⟩ (lady) tourist.

touˈri·stisch *adj* touristic(al).

Tour·nee [turˈneː] *f* ⟨-; -s *u.* -n [-ən]⟩ *thea.* tour; **auf ~** on tour; **auf ~ gehen, e-e ~ machen** go on tour, **mit e-m Stück**: tour a play.

Tower [ˈtauər] (*Engl.*) *m* ⟨-(s); -⟩ *aer.* control tower.

To·xi·ko|lo·ge [tɔksikoˈloːgə] *m* ⟨-n; -n⟩ toxicologist. **~loˈgie** [-loˈgiː] *f* ⟨-; *no pl*⟩ toxicology. **≈ˈlo·gisch** [-ˈloːgɪʃ] *adj* toxicologic(al).

To·xin [tɔˈksiːn] *n* ⟨-s; -e⟩ toxin.

to·xisch [ˈtɔksɪʃ] *adj* toxic(ant). **To·xi·zi·tät** [tɔksitsiˈtɛːt] *f* ⟨-; *no pl*⟩ toxicity.

Trab [tra:p] *m* ⟨-(e)s; *no pl*⟩ **1.** (*Gangart des Pferdes*) trot; **im** ~ at a trot; **starker (verkürzter, versammelter)** ~ extended (short, collected) trot; **in vollem** ~ at full trot; **in raschem** ~ at a quick (*od.* brisk, smart) trot; **(im)** ~ **reiten** trot; **ein Pferd in** ~ **bringen** (*od.* **setzen**) trot a horse, put a horse into a trot; **in** ~ **fallen** fall into a trot; **e-n** ~ **anschlagen**, *a. fig. Person*: **sich in** ~ **setzen** break into a trot, begin to trot. **2.** *fig. colloq.* **j-n auf** (*od.* **in**) ~ **bringen** make s.o. get a move on; **j-n in** ~ **halten** keep s.o. on the go (*od.* move); **er ist immer auf (dem)** ~ he is always on the go (*od.* move, jump), he is always up and doing; **mach** (*od.* **nun aber**) **ein bißchen** ~! get a move on!, make it snappy!

Tra·bant [traˈbant] *m* ⟨-**en**; -**en**⟩ **1.** *astr.* satellite. **2.** *hist.* trabant.

Traˈban·ten|ˌsied·lung *f* satellite colony. **~ˌstaat** *m pol.* satellite (state). **~ˌstadt** *f* satellite town (*od.* city), new town.

tra·ben [ˈtra:bən] **I** *v/i* ⟨**sein**⟩ *Pferd u. colloq. Person*: trot; **ein Pferd** ~ **lassen** trot a horse, put a horse into a trot. **II** ≈ *n* ⟨-**s**⟩ trot(ting).

ˈTra·ber *m* ⟨-**s**; -⟩ **1.** (*Pferd*) trotter, *bes. Am.* harness racer. **2.** (*Fahrer*) sulky driver, *bes. Am.* harness racer. **~ˌsport** *m* trotting sport, *bes. Am.* harness racing. **~ˌwa·gen** *m* sulky.

ˈTrab|ˌrennˌbahn *f* trotting (*bes. Am.* harness) course. **~ˌren·nen** *n* trotting (*bes. Am.* harness) race, pacing.

Tracht [traxt] *f* ⟨-; -**en**⟩ **1.** (*Volks*≈) traditional (*od.* folk, national) costume, *e-r Epoche*: period costume, (*Amtskleidung*) official dress, garb, *der Krankenschwestern etc*: uniform. **2.** *fig. colloq.* **j-m e-e gehörige** ~ **Prügel verabreichen** give s.o. a sound thrashing (*od.* a good hiding). **3.** (*Ertrag an Honig*) yield. **4.** (*Jungtiere*) litter. **5.** *obs.* (*Traglast*) **e-e** ~ **Holz** *etc* a load of wood, *etc.*

trach·ten [ˈtraxtən] **I** *v/i* ⟨**h**⟩ **1.** (**danach**) ~ **zu** endeavo(u)r to, try (*stärker*: strive, seek) to; **er trachtet nur danach, Geld zu verdienen** *a.* his sole object (*od.* aim) is to make money, *colloq.* he is only out for money. **2.** ~ **nach** (*erstreben*) aspire to (*od.* after), seek, aim at, *stärker*: strive for (*od.* after), endeavo(u)r after, *colloq.* be out for, (*begehren*) covet, *colloq.* have one's (*od.* an) eye on; → **Leben** 1. **II** ≈ *n* ⟨-**s**⟩ **3.** aspiration, endeavo(u)r(s *pl*), striving(s *pl*); **sein ganzes** ≈ **war** his sole aim (*od.* object) was; → **Sinnen** III.

ˈTrach·ten|ˌanˌzug *m Mode*: suit in the style of a traditional costume. **~ˌgrup·pe** *f* group in traditional costume. **~ka**ˌ**pel·le** *f* band in traditional costume. **~verˌein** *m* society for the continued use of traditional costumes. **~ˌzug** *m* parade of traditional costumes.

träch·tig [ˈtrɛçtɪç] *adj Tier*: pregnant; *fig. lit.* ~ **von** pregnant with (*thought, etc*). ≈**keit** *f* ⟨-; *no pl*⟩ pregnancy, gestation, gravidity.

Tra·di·ti·on [tradiˈtsĭo:n] *f* ⟨-; -**en**⟩ tradition; **nach alter** ~ according to an old tradition; **zur (festen)** ~ **werden** become a (real) tradition; **zur** ~ **machen** make *s.th.* a tradition, traditionalize; **es ist** ~, **daß, die** ~ **will es, daß** it is a tradition that. **Tra·di·tio·naˈlis·mus** [-tsĭonaˈlɪsmʊs] *m* ⟨-; *no pl*⟩ traditionalism. **tra·di·tioˈnell** [-tsĭoˈnɛl] *adj* traditional. **tra·di·tio·naˈli·stisch** *adj* [-ˈlɪstɪʃ] traditionalistic.

tra·di·tiˈons|beˌ**wußt**ˌ**sein** *adj* tradition-conscious. ≈**be**ˌ**wußt**ˌ**sein** *n* traditionconsciousness. ≈ˌ**den·ken** *n* traditionalism, traditional attitudes *pl.* **~ge**ˌ**bun·den** *adj* traditionalistic. **~ge**ˌ**mäß I** *adj* traditional, in keeping with tradition. **II** *adv* traditionally, according to tradition.

traf [tra:f] *1 u. 3 sg pret*, **trä·fe** [ˈtrɛ:fə] *1 u. 3 sg pret subj of* **treffen**.

Tra·fik [traˈfɪk] *f* ⟨-; -**en**⟩ *Austrian* tobacconist's shop. **Tra·fiˈkant** [-fiˈkant] *m* ⟨-**en**; -**en**⟩ tobacconist.

Tra·fo [ˈtra:fo] *m* ⟨-(**s**); -**s**⟩ *electr. colloq.* transformer.

träg [trɛ:k] *adj* ⟨-**er**; -**st**⟩ *rare for* **träge**.

ˈTrag|ˌach·se *f tech.* supporting axle. **~ˌbah·re** *f* stretcher, litter. **~ˌbal·ken** *m* supporting beam, girder, (*Querträger*) cross girder, (*Längsträger*) longitudinal beam, *für Fenster, Türen*: transom. **~ˌband** *n* ⟨-(e)s; =er⟩ strap, brace, *med. tech. etc a.* suspender.

ˈtrag·bar I *adj* **1.** *Gerät*: portable; **leicht** ~ easy to carry. **2.** *Kleidung*: wearable, fit for wear(ing). **3.** *fig. Verhältnisse etc*: bearable, tolerable, endurable; **schwer** ~ hard to bear. **4.** *fig. Preis, Vorschlag*: reasonable, acceptable. **5.** *fig. Person*: acceptable (**für** to *all parties, etc*); **er ist als Lehrer nicht** ~ he is impossible as a teacher. **II** ≈**e, das** ⟨-**n**⟩ **6. im Rahmen** (*od.* **in den Grenzen**) **des** ≈**en** within reason, within reasonable limits.

ˈTra·ge *f* ⟨-; -**n**⟩ → **Tragbahre**, **Tragkorb**.

trä·ge [ˈtrɛ:gə] *adj* ⟨-**r**; **träg(e)st**⟩ **1.** (*faul, bequem*) lazy, indolent, *a. Reflex*: sluggish, *lit.* slothful, (*untätig*) *a. Organ etc*: inactive, (*schlaff*) slack, languid; **alt und** ~ **werden** become old and sluggish; **ein** ~**r Fluß** a sluggish river; **er ist geistig** ~ he has a torpid (*od.* dull, sluggish) mind. **2.** *fig. Geschäft etc*: slack, dull, sluggish, stagnant. **3.** *chem. phys.* inert.

tra·gen [ˈtra:gən] **I** *v/t* ⟨**trägt, trug, getragen, h**⟩ **1.** carry, *lit.* bear; **et. in der Hand (auf dem Rücken)** ~ carry s.th. in one's hand (on one's back); **bei sich** ~ carry (*od.* have) on (*od.* with) one; **Waffen** ~ bear arms; **den Arm in e-r Schlinge** ~ have one's arm in a sling; *a. fig.* **den Kopf hoch** ~ carry (*od.* hold) one's head high; **ein Kind unter dem Herzen** ~ be with child; *fig.* **j-s Bild im Herzen** ~ carry (*od.* bear) s.o.'s image in one's heart. **2.** (*hinbringen, mitnehmen*) take; **e-n Brief zur** (*od.* **auf die**) **Post** ~ take a letter to the post office. **3.** (*befördern*) carry, bear, convey; **der Wind trug den Schall zu uns** the wind carried (*od.* bore, wafted) the sound toward(s) us; **so schnell ihn die Füße trugen** as fast as his legs would carry him; **das Auto wurde aus der Bahn getragen** the car was carried (*od.* flung) off (its) course; **Neuigkeiten von Haus zu Haus** ~ bear (*od.* spread, peddle) news from door to door. **4.** (*Kleider, Schmuck, Krone, Brille, Haar, Bart etc*) wear; **Schwarz (Trauer)** ~ wear (*od.* be in) black (mourning); **sie trägt gerne Grün** she likes to wear green; **die Jacke läßt sich noch** ~ the jacket is still wearable; **sie trägt ihr Haar lang (offen)** she wears her hair long (loose); → **getragen**. **5.** *fig.* (*Namen, Titel, Datum etc*) bear, *weitS. a.* have; **das Buch trägt den Titel** the book bears the title (*od.* is entitled); **der Brief trägt das Datum vom dritten** the letter is dated the third; → **Hand**[1] *Verbindungen mit Präpositionen*, **Herz** *Besondere Redewendungen.* **6.** (*Dach etc, a. fig. Regierung etc stützen, halten*) carry, support, uphold, hold up; **die Füße** ~ **mich kaum noch** my legs will hardly carry me any longer. **7.** (*unterhalten, ernähren*) support. **8.** (*e-e Last aushalten*) *Brücke*: carry, take, *Eis*: bear, *Wasser, Luft*: carry, buoy up, keep afloat (*od.* floating). **9.** *fig.* (*Unglück, Leid etc*) bear, endure, suffer; **sein Schicksal tapfer** ~ bear one's fate bravely; **sein Kreuz geduldig** ~ bear one's cross patiently; **er hat ein schweres Los zu** ~ his is a hard lot; **wie trägt sie es?** how is she bearing up?, how is she taking it?; **leicht zu** ~ bearable, tolerable. **10.** (*Verantwortung etc*) bear, take; **die Folgen** ~ bear the consequences; **wer trägt das Risiko?** who takes the risk?; **die Schuld an e-r Sache** ~ bear the blame for s.th., be to blame for s.th.; **wer trägt die Schuld?** whose fault is it?, who is to blame (for it)? **11.** (*bezahlen*) pay, defray; **den Schaden** ~ pay (for) the damage. **12.** (*Früchte, Samen etc*) bear, (*Zinsen*) bear, yield (*interest*), (*einbringen*) bring in; *fig.* **Früchte** ~ *Arbeit etc*: bear fruit. **13.** → **Bedenken** 1, **Rechnung** 2, **Sorge** 2 (*etc*). **II** *v/i* **14.** (*tragfähig sein*) *Eis etc*: hold, *Wasser*: be buoyant. **15.** (*fruchtbar sein*) bear; **der Baum (Boden) trägt gut** the tree (soil) bears well. **16.** (*trächtig sein*) be pregnant, *Kuh*: *a.* be with calf. **17.** *Stimme, Schall etc*: carry (**weit** far), *Geschütz etc*: carry, have a range of ... **18. kann ich Ihnen** ~ **helfen?** can I help you carry (that)?; *a. fig.* **schwer zu** ~ **haben** have a heavy load to carry, be heavily burdened (**an** *dat* by); *fig.* **schwer** ~ **an** (*dat*) be weighed down by. **III** *v/reflex* **sich** ~ **19.** *Last etc*: carry; **der Koffer trägt sich gut (leicht)** the suitcase carries well (is easy to carry). **20.** *Kleidungsstücke, Stoffe etc*: wear; **der Stoff trägt sich gut** the fabric wears well, this is (a) good wearing material. **21.** (*sich lohnen, sich bezahlt machen*) pay (one's way); **sich selbst** ~ pay its way; **das Geschäft trägt sich nicht** the business does not pay (its way) (*od.* does not cover the expenses). **22. sich mit der Absicht** (*od.* **dem Gedanken**) ~, **et. zu tun** (*erwägen*) be considering (*od.* thinking of, contemplating) doing s.th., (*fest vorhaben*) have the intention of doing s.th., intend (*od.* plan) to do s.th.; **er trägt sich mit der Hoffnung, daß** he lives in (*od.* cherishes) the hope that; **er trägt sich mit Heiratsabsichten** he is thinking of getting married, he has marriage in mind. **IV** ≈ *n* ⟨-**s**⟩ **23.** carrying (*etc*). **24.** *fig.* **zum** ≈ **kommen** have an effect, take effect, (*gelten*) apply.

ˈtra·gend *adj* **1.** *Stimme*: clearly audible; **sie hat e-e** ~**e Stimme** her voice carries well. **2.** *thea.* ~**e Rolle** leading part, lead. **3.** *Gedanke, Motiv etc*: dominant, reigning. **4.** *phys.* carrying. **5.** *civ.eng.* supporting; ~**e Decke** supporting floor.

Trä·ger [ˈtrɛ:gər] *m* ⟨-**s**; -⟩ **1.** (*Lasten*≈) carrier, (*Gepäck*≈) porter, (*Kranken*≈) stretcher-bearer. **2.** *civ.eng.* girder. **3.** *tech.* (*Halter*) bracket, stay, bearer, (*Stütze*) support. **4.** *an Kleidern etc*: (shoulder) strap, → *a.* **Hosenträger**. **5.** *von Kleidung, Krone etc*: wearer. **6.** *fig. von Titeln, Ämtern*: bearer, holder. **7.** *jur.* subject; ~ **von Rechten und Pflichten** subject of rights and duties; ~ **des öffentlichen Rechts** subject of public law. **8.** (*Vertreter*) representative. **9.** *fig. e-r Idee, Bewegung*: supporter, upholder. **10.** (*Vermittler, Medium*) vehicle. **11.** (*Institution*) institution, agency; ~ **der Sozialversicherung** social insurance institutions. **12.** (*Krankheits*≈) carrier. **13.** *chem.* (~*substanz*) support, carrier, (*Lösungsmittel*) vehicle. **14.** *hort.* **ein guter (schlechter)** ~ *Baum etc*: a good (poor) cropper. **15.** *electr.* carrier. **16.** (*Flaschenbehälter*) crate; **ein** ~ **Bier** a crate of beer. **~freˌquenz** *f electr.* carrier frequency.

∼ˌkleid *n* dress with shoulder straps. **♀los** *adj Kleid etc*: strapless. **∼raˌke·te** *f* carrier rocket. **∼schür·ze** *f* pinafore. **∼subˌstanz** *f chem.* support, carrier.

ˈTra·geˌzeit *f zo.* (period *od.* time of) gestation.

ˈtragˌfä·hig *adj* **1.** (*belastbar*) able to support load. **2.** (*fest*) strong, solid, *Grund, Eis*: *a.* firm. **♀keit** *f* ⟨-; *no pl*⟩ **1.** (*Belastbarkeit*) load-carrying capacity, *e-r Brücke*: safe load. **2.** *e-s Flugzeugs, e-s Krans*: lifting capacity. **3.** (*Festigkeit*) *des Eises, Grundes etc*: firmness. **4.** *mar.* deadweight tonnage.

ˈTrag|ˌflä·che *f* **1.** *aer.* wing. **2.** *tech.* bearing surface (*od.* area). **∼ˌflü·gel** *m aer.* airfoil, *mar.* hydrofoil. **∼ˌflü·gel-ˌboot** *n* hydrofoil (craft). **∼ˌgriff** *m* carrying handle. **∼gurt** *m* carrying strap.

ˈTräg·heit *f* ⟨-; *no pl*⟩ **1.** (*Faulheit*) laziness, indolence, *a. von Reflexen*: sluggishness, *lit.* sloth(fulness), (*Untätigkeit*) inactivity, *a. von Organen*: inactiveness, (*Schlaffheit*) slackness, languidness; **geistige ∼** dullness. **2.** *chem. phys.* inertia.

ˈTräg·heits|ˌach·se *f phys.* axis of inertia. **∼geˌsetz** *n* law of inertia. **∼ˌkraft** *f* force of inertia. **∼moˌment** *n* moment(um) of inertia.

ˈTragˌhim·mel *m* → Baldachin 1.

Tra·gik [ˈtraːgɪk] *f* ⟨-; *no pl*⟩ **1.** (*schicksalhaftes Leid*) tragedy. **2.** (*tragisches Element*) tragedy, tragic thing (*od.* element); **die ∼ lag darin, daß** the tragedy (*od.* the tragic thing) about it was that. **ˈTra·gi·ker** [-gikər] *m* ⟨-s; -⟩ tragic poet, tragedian.

Tra·gi|ko·mik [tragiˈkoːmɪk] *f* ⟨-; *no pl*⟩ tragicomedy. **♀ˈko·misch** *adj* tragicomic(al). **∼koˈmö·die** [-koˈmøːdĭə] *f* ⟨-; -n⟩ *a. fig.* tragicomedy.

tra·gisch [ˈtraːgɪʃ] **I** *adj* **1.** *thea. u. fig.* tragic (*actor, role, fig. event, fate, etc*); **ein ∼es Ende nehmen** come to a tragic end. **II** *adv* **2.** tragically; **∼ enden** *a.* come to a tragic end. **3.** *fig. colloq.* **et. ∼ nehmen** take s.th. to heart. **III ♀e, das** ⟨-n⟩ **4.** the tragic. **ˈtra·gi·scherˈwei·se** *adv* tragically enough.

ˈTrag|ˌkorb *m* basket, *mit Deckel*: hamper, *auf dem Rücken*: pack basket, pannier. **∼ˌkraft** *f* → Tragfähigkeit. **∼ˌla·ger** *n tech.* journal (*od.* thrust) bearing. **∼ˌlast** *f* load, burden.

Tra·gö·de [traˈgøːdə] *m* ⟨-n; -n⟩ *thea.* tragic actor, tragedian. **Tra·gö·die** [traˈgøːdĭə] *f* ⟨-; -n⟩ *thea. u. fig.* tragedy. **Traˈgö·din** *f* ⟨-; -nen⟩ tragic actress, tragedienne.

ˈTrag|ˌpfei·ler *m* supporting pillar. **∼ˌpferd** *n* packhorse, sumpter horse. **∼ˌrie·men** *m* carrying (*od.* shoulder, neck) strap, *am Gewehr*: sling. **∼ˌsat·tel** *m* packsaddle. **∼ˌschicht** *f civ.eng.* base (course). **∼ˌseil** *n* carrying rope, supporting cable, *e-r Schwebebahn*: suspension rope (*od.* cable). **∼ˌses·sel** *m* sedan (chair).

trägst [trɛːkst] *2 sg pres of* **tragen.**

trägt [trɛːkt] *3 sg pres of* **tragen.**

ˈTrag|ˌta·sche *f* carrier bag. **∼ˌtier** *n* pack animal.

ˈTra·gung *f* ⟨-; *no pl*⟩ *jur.* **zur ∼ der Kosten verurteilt werden** have to pay the costs.

ˈTrag|verˌmö·gen *n* → Tragfähigkeit. **∼ˌwei·te** *f* ⟨-; *no pl*⟩ **1.** *e-r Stimme etc*: range, reach, carry. **2.** *von Ereignissen, Entscheidungen etc*: importance, significance, import, consequence; **e-e Entscheidung von großer ∼** *a.* a decision of great moment. **∼ˌwerk** *n aer.* wing assembly (*od.* unit). **∼ˌzeit** *f* → Tragezeit.

Train [trɛ̃ː; trɛːn] *m* ⟨-s; -s⟩ *mil. hist.* (baggage) train.

Trai·ner [ˈtrɛːnər] *m* ⟨-s; -⟩ *Sport*: trainer, (*bes. Mannschafts♀*) coach, (*Fußball♀*) manager. **trai·nie·ren** [trɛˈniːrən] *v/t u. v/i* ⟨*no* **ge-**, **h**⟩ *Sport u. allg.* (*Muskeln, Gedächtnis etc*) train (**für** for). **Trai·ning** [ˈtrɛːnɪŋ] *n* ⟨-s; -s⟩ training; (**nicht**) **im ∼ sein** be in (out of) training.

ˈTrai·nings... *in Zssgn* training (*ball, camp, partner, etc*). **∼ˌanˌzug** *m* track suit. **∼ˌbo·xen** *n* sparring. **∼ˌfahrt** *f mot. etc* practice run. **∼ˌhandˌschu·he** *pl Boxen*: sparring gloves. **∼ˌho·se** *f* track-suit trousers *pl.* **∼ˌspiel** *n* practice match (*od.* game).

Trakt [trakt] *m* ⟨-(e)s; -e⟩ **1.** (*Gebäude♀*) section, wing. **2.** (*Gebäudekomplex*) complex of buildings. **3.** *e-r Leitung, Straße etc*: stretch, section. **4.** *anat. digestive, etc* tract.

Trak·tan·den [trakˈtandən] *pl*, **∼ˌli·ste** *f Swiss* agenda *sg.*

Trak·tat [trakˈtaːt] *m, n* ⟨-(e)s; -e⟩ **1.** (*Abhandlung*) treatise. **2.** (*religiöse Schrift*) tract, (religious) pamphlet (*od.* brochure). **Trakˈtät·chen** [-ˈtɛːtçən] *n* ⟨-s; -⟩ *contp. for* Traktat 2.

trak·tie·ren [trakˈtiːrən] *v/t* ⟨*no* **ge-**, **h**⟩ **1.** (*mißhandeln*) maltreat (**mit** with *blows, kicks, etc*); **schwer** (*od.* **arg, bös**) **∼** manhandle, handle roughly. **2.** *colloq.* **j-n ∼ mit** (*plagen, belästigen*) badger (*od.* ply, belabo[u]r) s.o. with (*silly questions, reproaches, etc*). **3.** *obs. u. humor.* **j-n ∼ mit** (*bewirten*) treat s.o. to, regale (*od.* feast) s.o. with, *überreichlich*: *a.* ply s.o. with (*food and drink*); **j-n reichlich ∼** treat (*od.* regale, feast) s.o. generously (*od.* sumptuously).

Trak·tor [ˈtraktɔr] *m* ⟨-s; -en [-ˈtoːrən]⟩ tractor. **∼ˌfah·rer** *m* tractor driver.

Trak·to·rist [traktoˈrɪst] *m* ⟨-en; -en⟩ *DDR* → **Traktorfahrer.**

tral·la(·la)·la [trala(la)ˈlaː; ˈtrala(la)ˌlaː] *interj* tra-la(-la)!, tralira!

Tral·la·la [tralaˈlaː] *n* ⟨-s; *no pl*⟩ *colloq.* (*Firlefanz*) frippery, gewgaw(s *pl*).

träl·lern [ˈtrɛlərn] *v/t u. v/i* ⟨**h**⟩ warble, trill.

Tram [tram] *f* ⟨-; -s⟩, *Swiss n* ⟨-s; -s⟩ *dial., Austrian and Swiss for* **Straßenbahn. ∼ˌbahn** *f dial. for* **Straßenbahn.**

Tramp [tramp; trɛmp; træmp] (*Engl.*) *m* ⟨-s; -s⟩ tramp, *Am. sl.* hobo.

Tram·pel [ˈtrampəl] *m, n* ⟨-s; -⟩ *colloq. contp.* (*plumpe Person, bes. Frau*) clod, *Am. a.* klutz.

tram·peln [ˈtrampəln] **I** *v/i* ⟨**h** *u.* **sein**⟩ **1.** ⟨**h**⟩ (*mit den Füßen stampfen*) trample, stamp. **2.** (*schwerfällig gehen*) trample, stamp (**über** *acc* over *a flowerbed, etc*). **II** *v/t* **3.** ⟨**h**⟩ (*stampfen*) trample; **zu Boden ∼** trample down; **sie trampelten ihn halb tot** they nearly trampled him to death; **e-n Weg durch den Schnee ∼** trample (*od.* tread) a path through the snow. **III ♀** *n* ⟨-s⟩ **4.** trampling (*etc*), trample.

ˈTram·pel|ˌpfad *m colloq.* beaten path (*od.* track), trail. **∼ˌtier** *n* **1.** (Bactrian) camel. **2.** → **Trampel.**

tram·pen [ˈtrampən; ˈtrɛmpən] *colloq.* **I** *v/i* ⟨**sein**⟩ hitchhike, thumb lifts (*Am.* rides), *mit dem Rucksack etc*: backpack (it). **II** *v/t* (*e-e Strecke*) hitchhike, *Am. a.* thumb. **Tram·per** [ˈtrampər; ˈtrɛmpər] *m* ⟨-s; -⟩ *colloq.* hitchhiker, *Am. a.* thumber.

Tram·po·lin [trampoˈliːn] *n* ⟨-s; -e⟩ trampoline.

ˈTramp|ˌschiff *n* tramp (ship *od.* steamer), tramper. **∼ˌschiffahrt** (*getr.* **-ff,f-**) *f* tramp shipping (*od.* navigation), tramping.

Tran [traːn] *m* ⟨-(e)s; -e⟩ **1.** train (*od.* fish) oil. **2.** *fig. colloq.* **im ∼** (*schläfrig u. unaufmerksam*) half asleep, sleep-drugged, (*betrunken*) plastered, in one's cups.

Tran·ce [trãːs; ˈtrãːsə; traːns] *f* ⟨-; -n [-sən]⟩ trance; **in ∼ fallen** go (off) into a trance; **j-n in ∼ versetzen** put s.o. into a trance, mediumize. **∼ˌzuˌstand** *m* trance.

Tranˈchier|beˌsteck *n* carving set, carvers *pl.* **∼ˌbrett** *n* trencher, carving board.

tran·chie·ren [trãˈʃiːrən] *v/t* ⟨*no* **ge-**, **h**⟩ (*Geflügel, Braten, Fisch*) carve, cut up.

Tranˈchier|ˌga·bel *f* carving fork, carver. **∼ˌmes·ser** *n* carving knife, carver.

Trä·ne [ˈtrɛːnə] *f* ⟨-; -n⟩ **1.** tear; **bittere** (**heiße**) **∼n vergießen** shed bitter (hot) tears; **in ∼n ausbrechen** burst (*od.* dissolve) into tears, *colloq.* turn on the waterworks; **∼ standen ihr in den Augen** there were tears in her eyes; **sie war in ∼n aufgelöst, sie zerfloß in ∼n** she was (dissolved) in tears, she was in floods of tears; **mir stiegen** (*od.* **traten**) (**die**) **∼n in die Augen** tears came to (*od.* welled up in) my eyes; **den ∼n nahe sein** be on the verge of tears (*od.* of crying), be very near to tears; **mit ∼n in den Augen** with tears in my (your, *etc*) eyes; **unter ∼** in tears *he confessed*; **j-m** (**die**) **∼ in die Augen treiben** bring tears to s.o.'s eyes; **wir haben ∼n gelacht** we laughed till tears came; **zu ∼n rühren** move to tears; **∼n nachweinen** (*dat*) cry (*od.* shed tears) over. **2.** *Glasherstellung*: tear.

trä·nen [ˈtrɛːnən] *v/i* ⟨**h**⟩ *Augen*: water, be full of tears, brim (*od.* run) with tears.

ˈTrä·nen|ˌdrü·se *f anat.* lachrymal gland; *humor.* **dieser Film drückt auf die ∼n** this film turns the tear taps on, this film is a tearjerker. **♀erˌstickt** *adj* **mit ∼er Stimme** in a voice choked with tears. **♀ˌfeucht** *adj* moist (*od.* wet) with tears. **∼ˌflüs·sig·keit** *f* ⟨-; *no pl*⟩ lachrymal fluid. **∼ˌgang** *m anat.* lachrymal duct. **∼ˌgas** *n* ⟨-es; *no pl*⟩ tear gas. **♀ˌleer** *adj* tearless, dry. **♀los** *adj Abschied etc*: tearless, without tears. **♀ˌreich** *adj Abschied etc*: tearful, lachrymose. **∼ˌsack** *m anat.* tear sac, lachrymal sac. **∼ˌstrom** *m* ⟨-(e)s; *no pl*⟩ *poet.* flood of tears. **♀ˌüberˌströmt** *adj* drowned (*od.* bathed) in tears.

ˈtra·nig *adj* **1.** (*nach Tran schmeckend od. riechend*) tasting (*od.* smelling) of train oil. **2.** (*Tran enthaltend*) containing train oil, *weitS.* oily. **3.** *fig. colloq.* (*schläfrig u. unaufmerksam*) sleepy-headed, sluggish, (*trödelig*) dawdling, (*langweilig*) dull, boring.

trank [traŋk] *1 u. 3 sg pret of* **trinken.**

Trank *m* ⟨-(e)s; ⸚e⟩ **1.** *meist poet.* drink, *lit.* potation; *humor.* **vielen Dank für Speis und ∼** many thanks for food and drink. **2.** *meist poet. extra zubereiteter*: potion, drink. **3.** (*Heil♀*) (medicinal) potion, (*Aufguß*) infusion, (*Abkochung*) decoction.

trän·ke [ˈtrɛŋkə] *1 u. 3 sg pret subj of* **trinken.**

ˈTrän·ke *f* ⟨-; -n⟩ *des Viehs, Wilds etc*: watering place; **zur ∼ führen** *a.* water (*cattle*).

trän·ken [ˈtrɛŋkən] *v/t* ⟨**h**⟩ **1.** (*Vieh, Pferde etc*) water; *obs. u. humor.* **j-n ∼** give s.o. to drink. **2.** (*durchfeuchten*) soak, drench, (*Holz etc imprägnieren*) impregnate; **∼ mit** soak (*od.* drench) *s.th.* with, steep *s.th.* in; *fig.* **s-e Rede war mit Hohn und Spott getränkt** his speech was imbued with scorn and derision.

ˈTrankˌop·fer *n* drink offering, libation.

ˈTranˌlam·pe *f* train-oil lamp.

Tran·qui·li·zer [ˈtrɛŋkvilaɪzər; ˈtræŋkwɪlaɪzə] (*Engl.*) *m* ⟨-s; -⟩ (*Beruhigungsmittel*) tranquil(l)izer.

Trans|ak·ti·on [transʔakˈtsĭoːn] *f* ⟨-; -en⟩ *econ.* transaction. ≈alˈpin [-ʔalˈpiːn], ≈alˈpi·nisch *adj* transalpine. ~atˈlan·tik... [-ʔatˈlantɪk] *in Zssgn* transatlantic (*flight, etc*). ≈atˈlan·tisch [-ʔatˈlantɪʃ] *adj* transatlantic.

Tran·sept [tranˈzɛpt] *m, n* ⟨-(e)s; -e⟩ *arch. e-r Kirche*: transept.

ˈTrans-EuˈropEx·ˌpress [ˈtransʔɔʏˈroːp-] *m* ⟨-es; -züge⟩ Trans-Europe-Express (train), TEE.

Trans·fer [transˈfeːr] *m* ⟨-s; -s⟩ *econ. etc, a. von Sportlern*: transfer.

trans·feˈrier·bar *adj* transferable.

trans·fe·rie|ren [transfeˈriːrən] *v/t* ⟨*no* ge-, h⟩ *econ. etc,* (*a. Sportler*) transfer. ≈rung *f* ⟨-; -en⟩ transfer(ring).

Transˈferˌstra·ße *f tech.* transfer line (*od.* train).

Trans·for·ma·ti·on [transfɔrmaˈtsĭoːn] *f* ⟨-; -en⟩ transformation. Trans·for·ma·tiˈons·gramˌma·tik *f* transformational grammar.

Trans·for·ma·tor [transfɔrˈmaːtɔr] *m* ⟨-s; -en [-maˈtoːrən]⟩ transformer. Trans·for·maˈto·renˌhaus *n* transformer house (*od.* station).

trans·for·mie|ren [transfɔrˈmiːrən] *v/t* ⟨*no* ge-, h⟩ *electr. math. phys. psych. etc* transform; *electr.* auf e-e höhere (niedrigere) Spannung ~ step up (step down). ≈rung *f* ⟨-; -en⟩ transformation, transforming.

Trans·fu·si·on [transfuˈzĭoːn] *f* ⟨-; -en⟩ (*Blutübertragung*) transfusion.

Tran·si·stor [tranˈzɪstɔr] *m* ⟨-s; -en [-ˈtoːrən]⟩ **1.** *electr.* transistor. **2.** *short for* Transistorgerät, Transistorradio. ≈beˌstückt *adj* transistorized. ~empˌfän·ger *m* transistorized receiver. ~geˌrät *n* transistor set.

tran·si·sto·ri·sie·ren [tranzɪstoriˈziːrən] *v/t* ⟨*no* ge-, h⟩ (*Radio etc*) transistorize.

Tranˈsiˌstorˌra·dio *n, colloq. a. m* transistor (radio), *Br. colloq.* tranny.

Tran·sit [tranˈziːt; tranˈzɪt; ˈtranzɪt] *m* ⟨-s; -e⟩ *econ. pol.* transit; ein Land im ~ durchqueren pass through a country in transit, transit a country. ~abˌkom·men *n* transit agreement. ~ausˌfuhr *f* third-country export. ~geˌbühr *f* transit charge. ~geˌschäft *n* third-country business (*od.* transaction). ~ˌgut *n,* ~ˌgü·ter *pl* transit goods *pl,* goods *pl* in transit. ~ha·fen *m* port of transit. ~han·del *m* merchanting trade (involving third-country mediation).

tran·si·tiv [ˈtranzitiːf; -ˈtiːf] *ling.* **I** *adj Verb*: transitive. **II** *adv* ~ verwenden use (*a verb*) transitively. **III** ≈ *n* ⟨-s; -e⟩ → Tran·si·ti·vum [tranziˈtiːvʊm] *n* ⟨-s; -tiva [-va]⟩ **1.** (*Aktionsform*) transitive. **2.** (*transitives Verb*) transitive verb.

Tranˈsitˌˌla·ger *n econ.* transit store. ~pas·saˌgier *m aer.* transit passenger. ~ˌrei·sen·de *m, f* through travel(l)er. ~ˌschein *m* transit bond (*od.* permit). ~ˌstra·ße *f* transit road. ~verˌkehr *m* transit traffic. ~ˌzoll *m* duty on goods in transit.

trans·kon·ti·nen·tal [transkɔntinɛnˈtaːl] *adj* transcontinental.

tran·skri·bie·ren [transkriˈbiːrən] *v/t* ⟨*no* ge-, h⟩ transcribe. Tran·skrip·tiˈon [-krɪpˈtsĭoːn] *f* ⟨-; -en⟩ transcription.

Trans·la·ti·on [translaˈtsĭoːn] *f* ⟨-; -en⟩ *ling. phys. tech.* translation.

Trans·mis·si·on [transmɪˈsĭoːn] *f* ⟨-; -en⟩ *tech. u. fig.* transmission.

Trans·mis·siˈonsˌˌanˌtrieb *m tech.* overhead transmission drive. ~rie·men *m* transmission belt. ~ˌschei·be *f* pulley. ~ˌwel·le *f* transmission shaft, lineshaft.

trans·mit·tie·ren [transmɪˈtiːrən] *v/t* ⟨*no* ge-, h⟩ (*Schwingung etc*) transmit.

trans·ozea·nisch [transʔotseˈaːnɪʃ] *adj* transoceanic, transocean.

trans·pa·rent [transpaˈrɛnt] **I** *adj* **1.** *a. fig.* transparent. **II** ≈ *n* ⟨-(e)s; -e⟩ **2.** (*Spruchband*) banner. **3.** (*Bild*) transparency. Trans·paˈrenz [-ˈrɛnts] *f* ⟨-; *no pl*⟩ *a. fig.* transparency, transparence.

Tran·spi|ra·ti·on [transpiraˈtsĭoːn] *f* ⟨-; *no pl*⟩ perspiration, *a. bot.* transpiration. ≈ˈrie·ren [-ˈriːrən] *v/i* ⟨*no* ge-, h⟩ perspire, *a. bot.* transpire.

Trans·plan|tat [transplanˈtaːt] *n* ⟨-(e)s; -e⟩ *med.* (*Gewebe*) graft(ing), (*Organ*) transplant(ed organ); ~ innerhalb der gleichen Art homograft, isograft. ~ta·tiˈon [-taˈtsĭoːn] *f* ⟨-; -en⟩ *e-s Gewebes*: graft, *e-s Organs*: transplant(ation). ≈ˈtie·ren [-ˈtiːrən] *v/t* ⟨*no* ge-, h⟩ (*Gewebeteile*), graft, (*Organe*) transplant.

trans·po·nie|ren [transpoˈniːrən] *v/t u. v/i* ⟨*no* ge-, h⟩ *math. mus. u. fig.* transpose. ~rend *adj mus.* transposing (*instruments*). ≈rung *f* ⟨-; *no pl*⟩ transposing, transposition.

Trans·port [transˈpɔrt] *m* ⟨-(e)s; -e⟩ **1.** ⟨*only sg*⟩ (*Transportieren*) transport, *bes. Am.* transportation, conveyance, shipment, *mit Lastwagen, Eisenbahn*: *a.* haulage; ~ zu Lande (zu Wasser, in der Luft, mit der Eisenbahn) transport by land (by water, by air, by rail); auf dem ~, beim ~, während des ~(e)s in transit. **2.** (*transportierte Güter*) consignment, shipment; dieser ~ geht nach X this shipment is bound for X. **3.** (bewachter) ~ *von Gefangenen, Waffen etc*: convoy. **4.** ⟨*only sg*⟩ *tech. e-s Schlittens*: traverse.

trans·por·ta·bel [transpɔrˈtaːbəl] *adj* transportable.

Transˈportˌˌarˌbei·ter *m* transport(ation) worker. ~ˌband *n* ⟨-(e)s; ¨-er⟩ *tech.* conveyor belt. ~beˌfehl *m Computer*: transfer instruction.

Transˈpor·ter *m* ⟨-s; -⟩ *allg.* transporter, → *a.* Transportfahrzeug, Transportflugzeug, Transportschiff.

Trans·por·teur [transpɔrˈtøːr] *m* ⟨-s; -e⟩ **1.** *allg.* transporter, (*Spediteur*) carrier. **2.** *bes. math.* protractor.

transˈportˌfä·hig *adj* transportable. ≈keit *f* ⟨-; *no pl*⟩ transportability.

Transˈportˌˌfahrˌzeug *n* transport vehicle. ~ˌfir·ma *f* → Transportunternehmen. ~ˌflugˌzeug *n* transport (aircraft, plane). ~geˌbühr *f* transport(ation) charge (*od.* fee), carriage. ~geˌschäft *n econ.* **1.** ⟨*only sg*⟩ carrying trade. **2.** → Transportunternehmen. ~geˌsell·schaft *f* transport company (*Am.* corporation). ~geˌwer·be *n* ⟨-s; *no pl*⟩ carrying trade.

trans·porˈtier·bar *adj* transportable.

trans·por·tie·ren [transpɔrˈtiːrən] **I** *v/t* ⟨*no* ge-, h⟩ **1.** transport, forward, convey, ship, *mit Lastwagen, mit der Bahn*: haul. **2.** *phot.* wind (on), advance (*the film*). **II** *v/i* **3.** *tech.* move.

Transˈportˌkoˌlon·ne *f* motor transport column (*od.* convoy). ~ˌkos·ten *pl* transport(ation) cost *sg* (*od.* charges), carriage *sg, per Bahn*: *a.* freight *sg* (expenses), *mit Lastkraftwagen*: cartage, haulage. ~ˌmit·tel *n* (means *pl* of) transport(ation) (*od.* conveyance); öffentliches ~ common carrier. ~ˌmög·lich·keit *f* transport(ation) facility, *colloq.* transport(ation). ~ˌraum *m* transport(ation) capacity, *mar.* cargo space. ~ˌri·si·ko *n* risks *pl* of carriage, *Am. a.* perils *pl* of transportation. ~ˌscha·den *m* damage (on goods) in transit. ~ˌschiff *n* transport (ship *od.* vessel), transporter. ~ˌschlit·ten *m tech.* feed slide. ~ˌschnecke (*getr.* -k·k-) *f tech.* screw conveyor. ~ˌun·terˌneh·men *n* transport(ation) company (*od.* agency), carriers *pl,* haulers *pl, bes. Br.* hauliers *pl.* ~ˌun·terˌneh·mer *m* transport(ation) agent, carrier, hauler, *bes. Br.* haulier, *im Nahverkehr*: *a.* carter. ~verˌsi·che·rung *f* transport(ation) (*od.* shipping) insurance. ~voˌlu·men *n rail.* volume of transport. ~ˌweg *m* **1.** (*Schiene, Straße etc*) transport(ation) route. **2.** (*Strecke*) transport(ation) distance, haul. ~ˌwe·sen *n* ⟨-s; *no pl*⟩ transport(ation) (system).

Trans|po·si·ti·on [transpoziˈtsĭoːn] *f* ⟨-; -en⟩ *med. mus. etc* transposition. ~sub·stan·tia·tiˈon [-zʊpstantsĭaˈtsĭoːn] *f* ⟨-; -en⟩ *relig.* transubstantiation.

ˈTranˌsu·se [-ˌzuːzə] *f* ⟨-; -n⟩ *colloq. contp.* slow coach, *bes. Am.* slowpoke.

trans|ver·sal [transvɛrˈzaːl] **I** *adj* transverse, transversal. **II** ≈... *in Zssgn* transverse (*diameter, vibration, etc*). ≈verˈsa·le [-vɛrˈzaːlə] *f* ⟨-; -n⟩ *math.* transversal. ≈veˈstis·mus [-vɛsˈtɪsmʊs] *m* ⟨-; *no pl*⟩ *psych.* transvestism, cross-dressing. ≈veˈstit [-vɛsˈtiːt] *m* ⟨-en; -en⟩ transvestite.

tran·szen|dent [trantsɛnˈdɛnt] *adj* **1.** transcendent(al). **2.** *math.* transcendental. ~denˈtal [-dɛnˈtaːl] *adj Logik etc*: transcendental. ≈ˈdenz [-ˈdɛnts] *f* ⟨-; *no pl*⟩ transcendence, transcendency.

ˈTranˌtü·te *f* → Transuse.

Tra·pez [traˈpeːts] *n* ⟨-es; -e⟩ **1.** *math.* trapezium, *bes. Am.* trapezoid. **2.** *gym. etc* (fliegendes ~ flying) trapeze. ~ˌakt *m* trapeze act. ~efˌfekt *m TV* keystone effect. ~ˌflü·gel *m aer.* tapered wing. ≈ˌför·mig *adj* trapeziform, trapezoid(al). ~ˌkünst·ler *m,* ~ˌkünst·le·rin *f* trapeze artist, trapezist.

Tra·pe·zo·id [trapetsoˈiːt] *n* ⟨-(e)s; -e⟩ *math.* trapezium, *bes. Am.* trapezoid.

trapp [trap] **I** *interj* ~, ~! clip-clop!, clippety-clop!, clitter-clatter!; die Hufe machten ~, ~ the hooves went clip-clop, the hooves clip-clopped. **II** *adv colloq.* (aber) ~, ~! get a move on!, make it snappy!, get cracking!

Trap·pe [ˈtrapə] *m* ⟨-n; -n⟩, *f* ⟨-; -n⟩ *orn.* bustard (bird).

trap·peln [ˈtrapəln] **I** *v/i* ⟨h *u.* sein⟩ *Pferd etc*: (clip-)clop, *Kinder etc*: patter. **II** ≈ *n* ⟨-s⟩ (clip-)clop, patter.

trap·pen [ˈtrapən] *v/i* ⟨h *u.* sein⟩ (*schwer auftreten*) tramp, clump, stump, plod.

ˈTrap·per *m* ⟨-s; -⟩ trapper.

Trap·pist [traˈpɪst] *m* ⟨-en; -en⟩ *R.C.* Trappist. Trapˈpi·stenˌkä·se *m* Trappist cheese.

ˈTrapˌschie·ßen [ˈtrɛp-] *n Schießsport*: trap shooting.

trap·sen [ˈtrapsən] *v/i* ⟨h *u.* sein⟩ *colloq.* tramp, clump, stump, plod.

tra·ra [traˈraː] **I** *interj* **1.** tantara! **II** ≈ *n* ⟨-s; *no pl*⟩ **2.** (*Hörner-, Trompetenschall*) tantara. **3.** *fig. colloq.* (*Aufhebens*) fuss, to-do; mach doch deswegen nicht so ein ≈! don't make such a fuss about it!

Tras·sant [traˈsant] *m* ⟨-en; -en⟩ *e-s Wechsels*: drawer. Trasˈsat [-ˈsaːt] *m* ⟨-en; -en⟩ *e-s Wechsels*: drawee.

Tras·se [ˈtrasə] *f* ⟨-; -n⟩ *civ.eng.* location line, route.

tras·sie|ren [traˈsiːrən] *v/t* ⟨*no* ge-, h⟩ **1.** *civ.eng.* (*Straße etc*) plot (*od.* trace) (out), locate. 2. econ. e-n Wechsel (auf j-n) ~ draw (od. make out) a bill (of exchange) (on od. to s.o.). **≈rung** f <-; -en> 1. civ.eng. e-r Straße etc: location. 2. econ. e-s Wechsels: drawing of a bill of exchange.

trat [tra:t] 1 u. 3 sg pret, **trä·te** ['trɛ:tə] 1 u. 3 sg pret subj of treten.

Tratsch [tra:tʃ] m <-(e)s; no pl> colloq. (Gerede) gossip, scandal; das ist alles nur Klatsch und ~ that's all pure gossip.

'Trat·sche f <-; -n> gossip(monger).

'trat·schen I v/i <h> 1. (über andere reden) gossip (über acc about). 2. (schwatzen) chat, gossip, prattle, sl. chinwag, bes. Am. visit. II ≈ n <-s> 3. gossip. 4. (Schwatzen) chat, gossip, prattle, sl. chinwag. **Trat·sche'rei** f <-; -en> → tratschen II. **'tratsch,süch·tig** adj gossipy.

Trat·te ['tratə] f <-; -n> econ. draft.

'Trau·al,tar m marriage altar; vor den ~ treten go to the altar.

Trau·be ['traʊbə] f <-; -n> 1. (einzelne Weinbeere) grape; fig. die ~n hängen ihm zu hoch, die ~n sind ihm zu sauer it is a case of (od. it is just) sour grapes on his part. 2. (Büschel von Weinbeeren etc) bunch (of grapes), (Blüten≈ etc, a. fig. Menschen≈) cluster, bunch; sie standen in dichten ~n an den Eingängen a. they clustered (a)round the entrances. 3. bot. (Blütenstand) raceme.

'trau·ben,för·mig adj 1. shaped like a cluster of grapes, clustered. 2. bot. Blütenstand: clustered, bunchy, racemous.

'Trau·ben|,kern m grape seed, grapestone. **~,kur** f grape cure. **~,le·se** f vintage, grape harvest. **~,most** m grape must. **~,pres·se** f winepress. **~,saft** m grape juice. **~,zucker** (getr. -k·k-) m grape sugar, glucose, dextrose.

trau·en[1] ['traʊən] v/t <h> (Brautpaar) marry, lit. wed, join in wedlock; sich ~ lassen get married.

'trau·en[2] I v/i <h> j-m (e-r Sache) ~ trust s.o. (s.th.); j-m (e-r Sache) nicht ~ mistrust s.o. (s.th.); colloq. ich traue der Sache (od. dem Frieden) nicht (recht) I don't like the look(s) of it, it's too good to be true; sie traut ihm nicht über den Weg (od. von hier bis dort) she doesn't trust him an inch (od. round the corner); trau, schau, wem! (Sprichwort) take care whom you trust; ich traute m-n Augen (Ohren) nicht I could hardly believe my eyes (ears). II v/reflex sich ~, et. zu tun a) (wagen) dare (to) do s.th., venture (od. have the courage, colloq. nerve) to do s.th., b) (sich zu~) feel able to do s.th., feel capable of (od. up to) doing s.th.; colloq. ich traue mich nicht nach Hause (ins Haus) I daren't go home (go into the house); sie traut sich nicht außer Haus a. she doesn't venture out of doors; du traust dich nur nicht! you haven't the courage (colloq. nerve, guts)!; ich traue mich durchaus, diese Arbeit zu tun I feel definitely up to the work. III v/t sich (dat) et. ~, sich (dat) ~, et. zu tun (wagen) dare (to) do s.th., venture (od. have the courage, colloq. nerve) to do s.th., (sich zu~) feel able to do s.th., feel capable of (od. up to) doing s.th.; ich traue mir das durchaus I consider myself fully capable of doing that.

Trau·er ['traʊər] f <-; no pl> 1. (Schmerz, Kummer) (über acc) grief, sorrow (over, at, for), mourning (over); ~ empfinden über (acc) a. grieve (od. sorrow) over (od. at, for); voll(er) ~ full of sorrow, sorrowfully; in tiefer ~ auf Todesanzeigen: in deep grief (od. sorrow). 2. (um e-n Toten) mourning (um for); ~ haben be mourning, mourn. 3. (~kleidung) mourning; in ~ in mourning; ~ anlegen go into mourning; die ~ ablegen go out of mourning; ~ tragen, in ~ gehen, in ~ gekleidet sein be (dressed) in mourning, wear mourning. 4. (~zeit) (period of) mourning; e-e dreitägige ~ a three-day (od. three-days') mourning. **~,an,zei·ge** f obituary (notice). **~,bin·de** f (black) crape, mourning band. **~,bot·schaft** f → Trauernachricht 1. **~,bu·che** f bot. weeping beech. **~,fah·ne** f flag of mourning. **~,fall** m <-(e)s; ¨-e> death; wegen ~(s) geschlossen closed because of (a) death (bes. Br. a bereavement). **~,fei·er** f, **~,fei·er·lich·kei·ten** pl funeral ceremony sg, obsequies pl. **~,flor** m (black) crape (band), Br. a. weeds pl. **~ge,fol·ge, ~ge,leit** n mourners pl, cortege. **~ge,mein·de** f mourning congregation; liebe ~! bei e-r Trauerrede: fellow mourners! **~,got·tes,dienst** m funeral (od. burial) service. **~,jahr** n year of mourning, sad year. **~,kar·te** f condolence (od. condolatory) card. **~,klei·dung** f mourning, → a. Trauer 3. **~,kloß** m colloq. wet blanket, sl. drip. **~,man·tel** m zo. mourning cloak (butterfly), Camberwell beauty. **~,marsch** m mus. funeral march. **~,mie·ne** f sad face. **~mu,sik** f funeral music.

trau·ern ['traʊərn] v/i <h> 1. (um j-n, über e-e Sache for, over) mourn, a. weitS. grieve, sorrow. 2. (Trauerkleidung tragen) mourn, be (dressed) in (od. wear) mourning.

'Trau·er,nach,richt f 1. sad news pl (als sg od. pl konstruiert), news pl of the (od. s.o.'s) death. 2. → Traueranzeige.

'trau·ernd adj die ~en Hinterbliebenen auf Todesanzeigen: the bereaved. **'Trau·ern·de** m, f <-n; -n> mourner.

'Trau·er|,rand m 1. am Briefpapier: black edge, bes. Br. mourning-border; Papier mit ~ mourning paper. 2. pl humor. unter den Fingernägeln: black lines (under the fingernails), mourning-borders. **~,re·de** f obituary speech (od. oration). **~,schlei·er** m veil of mourning, weeper, weeds pl. **~,spiel** n 1. thea. tragedy. 2. fig. colloq. sorry affair; es ist ein ~ (mit ihm)! it's a shame (about him)! **~,tag** m day of mourning, fig. (trauriger Tag) sad day. **≈,voll** adj mournful, sorrowful. **~,wei·de** f bot. weeping willow. **~,zeit** f (period of) mourning. **~,zug** m funeral procession, cortege.

Trau·fe ['traʊfə] f <-; -n> eaves pl; → Regen 1.

träu·feln ['trɔʏfəln] I v/t <h> et. ~ in (auf) (acc) drip (od. trickle) s.th. into (on to). II v/i <h u. sein> → tropfen 1, tröpfeln 1. III ≈ n <-s> dripping (etc).

'Trau,for·mel f marriage formula.

'trau·lich adj 1. (gemütlich) cosy, Am. cozy, homelike, Am. a. hom(e)y, snug, intimate. 2. (ungezwungen) cosy, Am. cozy, casual (chat, etc), (ver~) intimate (handshake, etc). 3. (liebgeworden, vertraut) dear old (streets, etc). 4. (harmonisch) harmonious, life, etc in harmony. **≈keit** f <-; no pl> cosiness, snugness, intimacy (etc), cf. traulich.

Traum [traʊm] m <-(e)s; ¨-e> 1. dream; ein schöner (böser) ~ a lovely (bad) dream; gestern nacht hatte ich e-n ~ I had (od. dreamed, dreamt) a dream last night; j-m im ~ erscheinen appear to s.o. in a dream; wie im ~ like (od. as) in a dream; es kommt mir vor wie ein ~ it seems like a dream to me; fig. ich denke nicht im ~ daran, ihn zu heiraten I wouldn't dream (od. think) of marrying him; colloq. fällt mir (ja) nicht im ~ ein! I wouldn't dream (od. think) of doing it!; im Reich der Träume sein be in dreamland, be in the land of dreams; → Schaum 2. 2. (Wunsch≈) dream, (Gegenstand e-s Wunschtraums, bes. ~frau, ~mann) dream, sl. dreamboat; Träume vom Glück dreams of happiness; es war immer ihr ~, Filmstar zu werden she always dreamed of becoming a film star; ihr ~ ist ein Eigenheim it's her dream to have a house of her own, sl. a house of her own is her dreamboat; colloq. der ~ ist aus!, aus der ~! that dream is over!; s-e Träume erfüllten sich (od. gingen in Erfüllung) his dreams came true; → kühn 4. 3. (Träumerei, Tag≈) (day)dream, reverie, revery; in Träumen versunken lost in reveries (od. daydreams). 4. fig. colloq. (et. traumhaft Schönes) (perfect) dream, sl. dreamboat; sie sah aus wie ein ~ she looked a (perfect) dream; ein ~ aus Taft und Seide a dream of taffeta and silk; ein ~ von e-m Kleid a dream of a dress; dieses Auto ist ein ~ sl. this car is a dreamboat.

Trau·ma ['traʊma] n <-s; -men u. -mata [-ta]> med. psych. trauma; schweres (leichtes) ~ severe (minor) trauma.

'Traum·ana,ly·se f psych. dream analysis (od. interpretation).

trau·ma·tisch [traʊ'ma:tɪʃ] adj med. psych. traumatic.

'Traum|be,ruf m dreamt-of profession, dream job. **~,bild** n 1. (Szene in e-m Traum) dream image. 2. (Phantasiegebilde) fancy, fantasy, phantom, (Wunschbild) dream. **~,deu·ter** m interpreter of dreams. **~,deu·tung** f interpretation of dreams.

träu·men ['trɔʏmən] I v/t <h> 1. dream; hast du et. geträumt? did you dream anything?, did you have a dream?; ich träumte, es hätte geschneit I dreamed (that) it had snowed; fig. colloq. das hätte ich mir nicht ~ lassen I would never have dreamed of that. 2. (sich et. einbilden) dream s.th. up; das hast du ja nur geträumt! you've dreamt that (up)! II v/i 3. dream (von about, of, a. fig.); schlecht (schwer) ~ have bad (oppressing od. oppressive) dreams; träum(e) schön (süß)! pleasant (sweet) dreams!; fig. ~ von (sich sehnlich wünschen) dream of (having); sie träumt davon, Stewardeß zu werden she dreams of becoming a stewardess; mir träumte, sie wäre gekommen I dreamed (that) she had come. 4. (mit offenen Augen) ~ (day-)dream; vor sich hin ~, in den Tag hinein ~, colloq. ins Blaue ~ spin daydreams, dream away to o.s.; colloq. du träumst wohl (od. ja)! a) (paßt nicht auf) are you (day)dreaming?, b) fig. (phantasierst ja) you must be dreaming!; träum(e) nicht! stop dreaming! III ≈ n <-s> 5. dreaming, dreams pl.

'Träu·men·de m, f <-n; -n> dreamer.

'Träu·mer m <-s; -> 1. → Träumende. 2. (verträumter Mensch) (day)dreamer. 3. (Phantast) dreamer, castle-builder.

Träu·me'rei f <-; -en> 1. → träumen 5. 2. (Tag-, Wachtraum) (day)dream, reverie, revery; das sind alles nur ~en! those are mere (od. pure) daydreams!

'Träu·me·rin f <-; -nen> → Träumer. **'träu·me·risch** I adj dreamy, moon(e)y; ~e Augen dreamy eyes; ~es Wesen dreaminess, mooniness. II adv j-n ~ ansehen look at s.o. dreamily (od. wistfully).

'Traum|fa,brik f (Film) dream factory. **~,frau** f dream woman, woman of one's dreams. **~ge,bil·de** n → Traumbild 2.

~geˌsicht *n* <-(e)s; -e> vision. **~geˌstalt** *f* phantom. **≈haft** *adj* **1.** (*wie im Traum*) dreamlike, dreamy. **2.** *fig.* marvel(l)ous, fantastic; **ein ~es** (*adv* **ein ~ schönes**) **Kleid** a (perfect) dream of a dress; **~** (*adv* **~ schön**) **sein (aussehen)** be (look) a (perfect) dream. **~ˌhaus** *n* dream (of a) house. **~ˌhochˌzeit** *f* fairy-tale (*od.* dream) wedding. **~ˌland** *n* <-(e)s; *no pl*> dreamland, *fig. a.* land of one's dreams. **≈los I** *adj* dreamless. **II** *adv* **~ schlafen** *a.* have (a) dreamless sleep. **~ˌmäd·chen** *n* dream girl, girl of one's dreams. **~ˌmann** *m* dream man, man of one's dreams. **~ˌno·te** *f gym. etc* dream score (*od.* mark). **~symˌbo·lik** *f psych.* dream symbolism. **≈verˌlo·ren, ≈verˌsun·ken** *adj u. adv* dreamy (dreamily), lost in dreams. **~ˌvor·ˌstel·lung** *f* **1.** dream, imagination. **2.** → **Traumbild** 2. **≈ˌwand·le·risch** [-ˌvandlərɪʃ] *adj* → **nachtwandlerisch**. **~ˌwelt** *f* dreamworld, world of dreams. **~ˌzuˌstand** *m psych.* dreamlike state.

ˈTrauˌre·de *f* marriage address.

trau·rig [ˈtraurɪç] **I** *adj* **1.** *allg. Lied, Geschichte, Tag, Ereignis, Augen, Blick, Lächeln, Stimme, Gedanken, Stimmung etc*: sad, (*betrübt*) sad (**über** *acc*, **wegen** about, at), sorrowful, (*niedergeschlagen*) depressed, *colloq.* blue, (*betrüblich, schmerzlich*) sad, saddening, sorry, (*trüb*) gloomy, dreary, (*freudlos*) bleak, cheerless; **~ machen** sadden, make *s.o.* feel sad (*colloq.* blue); **sei nicht ~ (darüber)** don't be sad (about it); **du siehst ~ aus** you look sad; **warum schaut sie so ~ aus?** why is she looking so sad?; **mach nicht so ein ~es Gesicht!** don't look so sad!; **sie ist ~, weil ihr Vater gestorben ist, sie ist ~ über den Tod ihres Vaters** she is sad because her father has died, she is sad (*stärker*: grieved, distressed) at (*od.* about) her father's death; **(es ist) ~, aber wahr!** (it is) sad but true!; **es ist ~ (, daß)** it is sad enough (*od.* it is a pity, *colloq.* it is too bad) (that); **es ist ~ genug, daß du es nicht gemerkt hast** it is really too bad that you shouldn't have noticed it; **es ist m-e ~e Pflicht, Ihnen sagen zu müssen, daß** it's my sad duty to (have to) tell you that; **e-e ~e Nachricht** a sad piece of news; **~e Nachrichten** sad news; **e-e ~e Angelegenheit, ein ~es Kapitel** a sorry affair; **ein ~er Fall** a sad case; **ein ~es Ende nehmen** come to a sad end, end sadly; **die ~e Wahrheit** *it is* the sad truth; **~e Zustände** a very sad state of affairs; **das ~e Einerlei des Tages** the sad (*od.* sorry) routine of the day; **~er Sonntag** gloomy Sunday. **2.** (*kläglich, jämmerlich, armselig*) sad, sorry, poor; **in e-m ~en Zustand** in a sorry state (*od.* condition); **~ aussehen, e-n ~en Anblick bieten** be (*od.* look) a sorry sight; **e-e ~e Figur machen, e-e ~e Rolle spielen** cut a poor figure; **e-e ~e Ausrede** a sorry excuse; **e-e ~e Berühmtheit erlangen** acquire a sad (*od.* notorious) reputation; **es ist nur noch ein ~er Rest vorhanden** there are only a few sad remains left; **das Ergebnis war ~** the result was poor; *colloq.* **ein ~er Haufen** a sorry lot. **II** *adv* **3. j-n ~ ansehen** look at s.o. sadly (*od.* sorrowfully), give s.o. a sad look; **die Blumen ließen ~ die Köpfe hängen** the flowers drooped sadly. **III ≈e, das** <-n> **4.** the sad thing; **das ≈e daran ist, daß** the sad part about it is (that) ... **≈keit** *f* <-; *no pl*> sadness (**über** *acc* about, at), sorrow(fulness), gloom(iness); *fig. colloq.* **sie ist kein Kind von ~** she is no child of sorrow.

ˈTrauˌˌring *m* wedding ring. **~ˌschein** *m* marriage certificate; **sie leben ohne ~ miteinander** they are living together; **k-r fragt nach ihrem ~** nobody cares if they are married or not.

traut [traut] *adj* <-er; -est> **im ~en Freundeskreis** in an intimate circle of friends; → *a.* **traulich**.

Trau·te [ˈtrautə] *f* <-; *no pl*> *colloq.* courage; **er hat nicht** (*od.* **ihm fehlt**) **die ~ (dazu)** he has not the courage (*colloq.* nerve, guts) (to do it).

ˈTrau·ung *f* <-; -en> marriage (*od.* wedding) (ceremony); **standesamtliche ~** civil marriage; **kirchliche ~** church wedding, marriage in a church.

ˈTrauˌˌzeu·ge *m*, **~ˌzeu·gin** *f* witness to a marriage (*od.* wedding).

ˈTra·vel·lerˌscheck [ˈtrɛvələr-] *m* → **Reisescheck**.

Tra·ver·se [traˈvɛrzə] *f* <-; -n> **1.** *arch.* (*Querbalken, -träger*) traverse, crosspiece, crossbeam. **2.** *tech.* bridgepiece, crossrail. **3.** (*Quergang*) *a. Alpinismus*: traverse.

Tra·ve·stie [travɛsˈtiː] *f* <-; -n [-ən]> travesty. **tra·veˈstie·ren** [-rən] *v/t* <*no* **ge-**, **h**> (*Gedicht etc*) travesty.

Tre·ber [ˈtreːbər] *pl* (*Traubenrückstände*) marc *sg*, (*Malzrückstände*) draff *sg*.

Treck [trɛk] *m* <-s; -s> trek; *hist.* **der Große ~** the Great Trek. **ˈtrecken** (*getr.* **-k·k-**) *v/i* <**sein**> trek. **ˈTrecker** (*getr.* **-k·k-**) *m* <-s; -> *dial. for* **Traktor**.

Treff[1] [trɛf] *m* <-s; -s> *colloq.* **1.** (*Zs.-kunft*) meeting. **2.** (*~punkt*) meeting place. **3.** (*Verabredung*) appointment.

Treff[2] *n* <-s; -s> *Spielkarten*: club(s *pl*).

tref·fen [ˈtrɛfən] **I** *v/t* <**trifft, traf, getroffen, h**> **1.** *Hieb, Schlag, Stoß, fig. Unglück, Beleidigung etc*: hit, strike, *Schuß, Wurf etc*: hit; **der Schlag traf sein** (*od.* **traf ihn am**, *colloq. a.* **traf ihn ans**) **Kinn** the blow hit (*od.* struck, caught) him on the chin; **der Schneeball traf sie voll ins Gesicht** the snowball hit her right (*colloq.* bang) in the face; **das Ziel (nicht) ~** hit (miss) the target; **nichts getroffen, Schnaps gesoffen!** (*Spottruf der Kinder*) missed, missed!; *fig.* **den Nerv e-r Sache ~** hit the nerve of s.th.; **j-n an s-r empfindlichsten Stelle ~** hit s.o.'s sore spot; **diese Bemerkung hat sie tief** (*od.* **schwer**) **getroffen** this remark hurt her badly (*od.* hit her hard, hit home); **du brauchst dich nicht getroffen zu fühlen** this was not meant for you; **uns hat ein schweres Unglück getroffen** a cruel disaster has struck us, we have been struck (*od.* we are stricken) by a cruel disaster; **der Verlust traf ihn hart** the loss hit him hard; **der Vorwurf trifft mich nicht** this reproach does not apply to me; → **Schuld** 1. **2.** (*die richtige Lösung, den richtigen Zeitpunkt etc*) hit, hit (up)on; **die richtige Antwort ~** hit on the right answer, hit it, guess right; **es (richtig** *od.* **gut) ~, das Richtige ~** *allg.* hit it (all right), hit on the right thing, (*ins Schwarze ~*) hit the mark, *weitS.* (*Glück haben*) be lucky, (*reich werden*) strike oil, strike it rich; **es schlecht ~** *a.* hit it wrong, hit on the wrong thing, (*danebenhauen*) miss the mark, *weitS.* (*Pech haben*) be unlucky, have bad luck; **du hättest es nicht besser ~ können (, als)** you couldn't have done better (than), you couldn't be better off (than); → **Ton** 2, 4. **3.** *beim Malen, Photographieren etc*: *j-n od. et.* **gut ~** capture (*od.* hit off) well; **du bist gut getroffen** this is a good likeness of you. **4.** (*j-m begegnen*) meet, *zufällig*: *a.* come across, run (*od.* bump) into; **j-n auf der Straße ~** meet s.o. in the street; **sich ~** (*einander*) *Personen*: meet, *zufällig*: *a.* come across (*od.* run into, bump into) each other, *Blicke etc*: meet, *bes. math. Geraden etc*: *a.* intersect; **wir ~ uns morgen alle am Bahnhof** we all will meet at the station tomorrow. **5.** (*an~, vorfinden*) find; **er traf sie zu Hause (bei der Gartenarbeit)** he found her at home (working in the garden). **6.** (*ein Abkommen, Anstalten, Vorbereitungen, e-e Auswahl, e-e Entscheidung, e-e Feststellung etc*) make (*an agreement, arrangements, preparations, a selection, a decision, a statement*); **ein Abkommen ~** *a.* enter into (*od.* conclude) an agreement; **Anordnungen ~** give (*od.* issue) orders (*od.* instructions); **e-e Entscheidung ~** *a.* reach (*od.* come to) a decision, *weitS.* make up one's mind; **Maßnahmen ~** take measures; **e-e Verabredung ~** arrange a meeting; **Vorkehrungen ~** take precautions; **Vorsichtsmaßregeln ~** take precautionary measures. **II** *v/i* **7.** *Hieb, Schlag etc, a. fig. Bemerkung etc*: hit (*od.* strike) the mark, hit (*od.* strike, come) home, *Boxen*: *a.* land, connect, *Schuß, Wurf etc*: hit (the mark *od.* home); **nicht ~** *a.* miss (the mark); **getroffen!** you've hit it!; → **schwarz** 7. **8. auf** *j-n* **~** *zufällig*: come across, run into, bump into, (*e-n Gegner*) meet, encounter, *Sport*: meet. **9. ~ auf** (*acc*) (*entdecken*) strike (up)on, (*finden*) hit (up)on, *zufällig*: stumble on, (*auf Ablehnung, Widerstand etc*) meet with, encounter. **III** *v/reflex* **10. sich mit j-m ~** meet s.o., *formell*: *a.* have a meeting with s.o. **11.** *colloq.* **das trifft sich ja großartig!, wie sich das trifft!** that's lucky (*od.* fortunate, handy)!, what a lucky break! **IV** *v/impers* **12. es trifft sich gut (, daß)** it's a good thing (that), it's fortunate (*colloq.* handy) (that); **es traf sich gerade (so) (, daß)** it so happened (that); **wie es sich (gerade) traf** as luck would have it; **wir machen es so, wie es sich gerade trifft** we'll just take things as they come.

ˈTref·fen *n* <-s; -> **1.** (*Zs.-kunft*) meeting, rendezvous, *e-r größeren Menge*: *a.* gathering, assembly. **2.** *mil.* (*Gefecht*) encounter, skirmish; *fig.* **ins ~ führen** put forward (*new arguments, etc*).

ˈtref·fend I *adj Bemerkung, Antwort, Ausdruck, Bezeichnung etc*: apt, fitting, appropriate, pertinent, apropos; **die Antwort war kurz und ~** *a.* the reply was short and to the point; **das Porträt von ihm ist wirklich ~** the portrait of him really does him justice (*od.* has hit him off really well). **II** *adv* aptly, fittingly, appropriately, pertinently; **et. ~ bezeichnen** *a.* give a pertinent definition of s.th.; **das ist ~ gesagt!** that is very well put.

ˈTref·fer *m* <-s; -> **1.** *allg., a. Sport*: hit, (*Torerfolg*) goal; **bei ihm ist jeder Schuß ein ~** every one of his shots hits the mark; **das Schiff erhielt einige ~** the ship was hit in several places; **e-n ~ erzielen** *allg., a. Sport*: score (*od.* make) a hit, *Fußball etc*: score a goal; **e-n ~ landen** (*od.* **anbringen**) *Boxen*: land a blow (*od.* punch), *Fechten etc*: land a hit. **2.** *Toto, Lotto etc*: win. **3.** *fig. colloq.* (*Glücks≈*) lucky hit, (*Erfolg*) hit, success.

ˈtreff·lich I *adj* excellent, outstanding, (*erlesen*) exquisite. **II** *adv* excellently; **sich ~ bewähren** prove excellent. **≈keit** *f* <-; *no pl*> excellence, (*Erlesenheit*) exquisiteness.

ˈTreffˌpunkt *m* meeting place, rendezvous (*a. weitS. Zentrum, Ort der Begegnung*); **e-n ~ ausmachen** (*od.* **vereinbaren**) arrange a meeting place.

ˈtreffˌsi·cher *adj* **1.** *Schütze etc*: sure,

unerring. **2.** *fig. Ausdrucksweise, Urteil etc*: accurate. **≈heit** *f* ⟨-; *no pl*⟩ **1.** sureness. **2.** *fig.* accuracy.

'Treib|ˌan·ker *m* sea anchor, drag (anchor). **~ˌeis** *n* drift (*od.* floating) ice.

trei·ben ['traɪbən] **I** *v/t* ⟨treibt, trieb, getrieben, h⟩ **1.** *allg.* drive (*a. Ball, Wild etc*); **das Vieh auf die Weide ~** drive the cattle to (the) pasture; **den Feind aus dem Land (in die Flucht) ~** drive the enemy out of (*od.* from) the country (put the enemy to flight); **der Hunger trieb ihn nach Hause** hunger drove him home; **die Strömung treibt die Baumstämme** the current drives (*od.* drifts, floats) the logs; **das Boot wurde ans Ufer getrieben** the boat was driven ashore; **der Wind treibt die Wolken vor sich her** the wind chases the clouds; **e-n Reifen ~** *Kind*: trundle a hoop; **j-n (zur Eile) ~** (*hetzen*) rush (*od.* hurry, push, press) s.o.; **j-n dazu ~ (, et. zu tun), j-n (zu e-r Sache) ~** push (*od.* press, urge, prompt, goad, incite, drive, impel) s.o. (to do s.th.), (*zwingen*) force (*od.* compel, reduce) s.o. (to do s.th.); **j-n zur** (*od.* **an die**) **Arbeit ~** urge s.o. to work; **vom Ehrgeiz getrieben** driven (*od.* impelled) by ambition; **j-n zum Selbstmord (Wahnsinn) ~** drive s.o. to suicide (madness); **j-n in den Tod ~** drive s.o. to (his) death; → *a.* **Enge** 7, **Verzweiflung** *etc.* **2.** *tech.* (*Maschine an~*) drive; **das Wasser treibt das Rad** the water drives the wheel; **mit Öl** *etc* **getrieben werden** *Maschine*: be worked (*od.* driven, powered) by oil, (be) run on oil, be oil-driven. **3.** (*ein~, vor~*) drive; **e-n Haken in die Wand ~** drive a hook into the wall; **e-n Tunnel durch den Berg ~** drive (*od.* cut) a tunnel through the mountain; *Bergbau*: **e-e Strecke ~** drive a roadway. **4.** (*ausbrechen lassen*) **der Rauch treibt mir die Tränen in die Augen** the smoke brings tears to my eyes; **die Hitze trieb ihm den Schweiß ins Gesicht** the heat made him sweat all over his face. **5.** (*Blätter, Blüten, Wurzeln etc*) put forth, sprout; **der Strauch treibt Knospen** the shrub (puts forth) buds; *fig.* **seltsame** (*od.* **wunderliche**) **Blüten ~** bring forth strange offshoots. **6.** a) (*machen, tun*) do, b) (*be~, sich beschäftigen mit*) *allg.* do, (*Sport, Musik etc*) *als Hobby*: go in for, c) *colloq. b.s.* (*anstellen*) be up to, do, *unerlaubt*: carry on, do; **was hast du den ganzen Tag getrieben?** what have you been doing all day?; **nebenher Französisch ~** do French as a sideline; *colloq.* **was hast du denn (da) schon wieder getrieben?** what have you been up to again?; **dunkle Geschäfte ~** carry on shady businesses; **es (toll** *od.* **wild, arg, bunt) ~** *colloq.* carry on (like mad), (*sich ausleben*) live it up; **wenn er es weiterhin so treibt** if he carries (*od.* goes) on like that; **er treibt es zu weit** (*od.* **auf die Spitze, [bis] zum Äußersten**) he carries things too far (*od.* to extremes, to excess); **er treibt es noch so weit, daß** he will carry matters (*od.* things) so far (*od.* to such length) that. **7.** *in Verbindung mit bestimmten Substantiven*: **(großen) Aufwand** (*od.* **Luxus**) **~** live in grand style (*od.* in luxury); **zuviel Aufwand ~ (mit)** be too extravagant (with); **Scherz** (*od.* **s-n Spaß, s-n Spott**) **~ mit** make fun of; **sein Spiel(chen) ~ mit** play one's little game with. **8.** *colloq.* **es (mit j-m) ~** (*Geschlechtsverkehr haben*) make it, *Br.* have it off (with s.o.). **9.** (*Pflanzen*) *im Treibhaus*: force, advance, stimulate. **10.** *tech., Kunst*: **e-e Schale aus Silber ~** emboss a bowl in (*od.* out of) silver. **11.** *med.* (*Schweiß, Urin*) promote, produce. **II** *v/i* ⟨sein *u.* h⟩ **12.** *auf dem Wasser, in der Luft etc*: drift, float; **an Land ~, ans Ufer ~** drift ashore; *fig. poet.* **im Strom des Lebens ~** drift with the current of life; **~ lassen** *a. fig.* (*Angelegenheit etc*) let drift, *mar.* (*Segelboot*) cut adrift; **die Dinge ~ lassen** let things drift; **sich ~ lassen** a) *von der Strömung, vom Wind*: (let o.s.) drift (along), float (along), b) *fig. von e-r Stimmung, Menschenmenge etc*: **(von)** let o.s. be carried along (by), drift (with), c) *fig.* (*ziellos dahinleben*) drift (along). **13.** ⟨sein⟩ *fig.* **in e-e Krise** *etc* **~** drift into a crisis, *etc.* **14.** ⟨h⟩ **(zur Eile) ~** hurry, push. **15.** ⟨h⟩ *Teig, Hefe*: work, ferment. **16.** *Baum, Strauch, Saat*: sprout, shoot; **der Baum hat kräftig getrieben** the tree shot up powerfully; **aus dem Zweig sind Knospen getrieben** buds have sprouted from the twig, the twig has budded. **17.** ⟨h⟩ *med.* a) (*schweißtreibend sein*) produce sweat (-ing) (*od.* perspiration), be sudorific, b) (*harntreibend sein*) promote (*od.* produce) urine, be diuretic. **III** *v/impers* ⟨h⟩ **18. es treibt mich, dir zu sagen, daß** I feel compelled to tell you that; **es trieb ihn zu ihr** he could not help going to her.

'Trei·ben[1] *n* ⟨-s; *no pl*⟩ **1.** *allg.* driving, drive. **2.** *beim Segeln etc*: drift. **3.** (*ungestümes Drängen*) urge, *stärker*: incitement. **4.** (*Be≈*) *e-s Gewerbes, Handwerks etc*: pursuance. **5.** (*Tun u.* ~) activity, activities *pl*, doings *pl*, (*Geschehen*) happenings *pl*, *colloq.* goings-on *pl*, (*Geschäftigkeit*) (hustle and) bustle; **unberührt von dem ~ um sie herum** unaffected by the goings-on (*od.* by what was going on) around her; **auf dem Marktplatz herrschte ein geschäftiges** (*od.* **lebhaftes**) **~** there was (a) hustle and bustle on the market square, the market square bustled with activity; **sich in das bunte ~ stürzen** plunge into the colo(u)rful medley; **ausgelassenes** (*od.* **wildes, wüstes**) **~** *colloq.* high jinks *pl*; **das müßige** (*od.* **eitle**) **~ der Welt** the vanities *pl* of the world.

'Trei·ben[2] *n* ⟨-s; -⟩ (*Treibjagd*) battue, *Am.* drive.

'trei·bend *adj* **1.** *fig.* **~e Kraft** driving force (**bei e-m Vorhaben** behind a project), incentive, propellant. **2.** *auf dem Wasser, im Wind etc*: drifting, floating. **3.** *med.* a) (*schweiß~*) sudorific, b) (*harn~*) diuretic.

'Trei·ber *m* ⟨-s; -⟩ **1.** (*Vieh≈*) driver, drover. **2.** *fig.* (*An≈, Schinder*) (slave) driver, taskmaster, *bes. Am. colloq.* rawhider. **3.** *hunt.* beater, driver. **Trei·be'rei** *f* ⟨-; *no pl*⟩ *colloq.* (*Hetzen*) constant hurrying (*od.* pushing), (*Antreiben, Schinden*) slave-driving, *bes. Am. colloq.* rawhiding.

'Treib|gas *n* ⟨-es; *no pl*⟩ *tech.* power (*od.* liquefied petroleum, L.P.) gas, fuel gas. **~ˌgut** *n* ⟨-(e)s; *no pl*⟩ *mar.* flotsam. **~ˌhaus** *n hort. u. fig.* hothouse. **~ˌhausˌluft** *f* ⟨-; *no pl*⟩ hothouse air; *colloq.* **hier herrscht e-e richtige ~** it's like a hothouse in here. **~ˌhausˌpflan·ze** *f* hothouse plant. **~ˌholz** *n* ⟨-es; *no pl*⟩ driftwood. **~ˌjagd** *f* battue, *Am.* drive, *fig.* hunt (**auf** *acc* for). **~ˌkraft** *f* ⟨-; *no pl*⟩ → **Triebkraft**. **~ˌla·dung** *f* (*Munition*) propelling charge. **~ˌmi·ne** *f* floating mine. **~ˌmit·tel** *n* **1.** *zum Backen*: raising agent. **2.** *chem. tech.* propellant. **~ˌnetz** *n mar.* drift net. **~ˌöl** *n* fuel oil. **~ˌrad** *n* driving gear. **~ˌrie·men** *m tech.* driving (*od.* drive) belt. **~ˌsand** *m* quicksand. **~ˌsatz** *m Rakete etc*: propelling charge. **~ˌstoff** *m tech.* fuel, *für Raketen*: *a.* propellant. **~ˌstoff...** *in Zssgn* → **Kraftstoff...**

trei·deln ['traɪdəln] *v/t u. v/i* ⟨h⟩ *mar.* tow.

'Trei·delˌpfad *m* tow(ing) path.

Tre·ma ['tre:ma] *n* ⟨-s; -s *u.* -ta [-ta]⟩ *ling.* di(a)eresis.

tre·mo·lie·ren [tremo'li:rən] *v/i* ⟨*no* ge-, h⟩ *mus.* quaver, trill, shake. **Tre·mo·lo** ['tre:molo] *n* ⟨-s; -s *u.* -moli [-li]⟩ tremolo.

Tre·mor ['tre:mɔr] *m* ⟨-s; -es [tre'mo:rəs]⟩ *med.* tremor, trepidation.

Trench·coat ['trɛntʃˌko:t; 'trɛntʃˌkəʊt] (*Engl.*) *m* ⟨-(s); -s⟩ trench coat.

Trend [trɛnt] *m* ⟨-s; -s⟩ (**zu, nach** toward[s]) trend, tendency; **der ~ geht dahin** *inf* there is a trend toward(s) *ger*; **~ nach oben (unten)** upward (downward) trend.

'trenn·bar *adj allg., a. chem. math. phys.* separable, *Wörter*: divisible; **einsilbige Wörter sind nicht ~** monosyllables cannot be divided. **≈keit** *f* ⟨-; *no pl*⟩ separability, *von Wörtern*: divisibility.

'Trenn-Emul·siˌon *f chem. tech.* releasing emulsion.

tren·nen ['trɛnən] **I** *v/t* ⟨h⟩ **1.** (**von** from) *allg., a. chem. etc* separate, (*bes. Partner, Kämpfer etc*) part, *bes. gewaltsam*: sever, (*abschneiden*) cut (off), (*bes. Länder, Gruppen etc*) divide, (*Wörter*) *durch Trennungsstriche etc*: divide, (*ab~, loslösen*) detach, (*auseinandernehmen*) take apart, split up, (*unterscheiden*) distinguish, (*Telephongespräche etc*) disconnect, (*Naht*) rip up, undo, (*Rassen, Geschlechter*) segregate; **der Kanal trennt England vom Festland** the channel separates England from the mainland; **das Eiweiß vom Dotter ~** separate the white from the yolk; **voneinander ~** separate (from one another); **die beiden Länder sind durch e-n Fluß getrennt** the two countries are divided (*od.* separated) by a river; **in zwei Hälften ~** (*Stoff etc*) cut in(to) two halves, cut in two; **durch den Krieg wurden sie für immer getrennt** the war separated (*od.* divided) them forever; **sie wurde im Gedränge von ihrer Mutter getrennt** she was separated from her mother in the crowd; **den Kopf vom Rumpf ~** sever the head from the body; **das Futter aus e-m Mantel ~** rip the lining out of a coat; *fig.* **uns ~ Welten (voneinander)** we are worlds apart; **es sind d-e politischen Ansichten, die uns ~** it's your political outlook that divides (*od.* disunites) us; **diese Begriffe sind nicht zu ~, das sind nicht zu ~de Begriffe** these conceptions cannot be distinguished (between) (*od.* are indistinguishable); **die Person von der Sache ~** distinguish between the matter and the person; **in gesonderte Gruppen ~** divide (*od.* split up) into separate groups. **II** *v/i* **2.** (*Uneinigkeit bewirken*) cause disunion (*od.* disunity). **3.** *colloq.* **zwischen A und B ~** (*unterscheiden*) distinguish (*od.* differentiate) between A and B. **4.** *Radio*: select; **gut** (*od.* **scharf**) **~** have high selectivity. **5.** *Boxen*: **~!** break! **III** *v/reflex* **sich ~ 6.** *Wege, Richtungen etc*: separate, divide, *Menschen*: separate, *bes. Partner*: part, *nach Streit*: *a.* split up, *Teile etc*: separate, come apart, *Nähte etc*: *a.* rip open, snap (in two); **hier ~ sich unsere Wege** *a. fig.* this is where our roads part; **sich in zwei Lager ~** split into two camps; **sich von j-m ~** separate from s.o., part from (*od.* with) s.o., *nach Streit*: *a.* split (*od.* break) with s.o.; **sich von e-r Sache ~** part with (*rare*: from) s.th., *a. fig.* quit (*od.* abandon) s.th., (*abweichen von*) depart from s.th. **IV ≈** *n* ⟨-s⟩ **7.** → **Trennung**. **'tren-**

nend *adj Element, Wesenszug etc*: separative, separating.

'Trenn|ˌfe·stig·keit *f* rupture strength. **∼ˌflä·che** *f phys.* interface. **∼ˌkreis** *m electr.* buffer. **∼ˌli·nie** *f auf Spielfeldern, Parkplätzen etc*: dividing line, *fig. a.* division, divide. **∼ˌpunkt** *m* **1.** division mark. **2.** *pl* (*Trema*) di(a)eresis *sg.* **∼re·ˌlais** *n teleph.* disconnecting (*od.* cut-off) relais. **∼ˌschal·ter** *m electr.* isolating switch. **≈ˌscharf** *adj Radio*: selective. **∼ˌschär·fe** *f* **1.** *Radio*: selectivity. **2.** *Statistik*: power. **∼ˌschicht** *f* separating layer.

'Tren·nung *f* ⟨-; -en⟩ *allg.* separation (*a. chem. etc*), *bes. gewaltsame u. scharfe*: severance, (*Schnitt*) cut, (*Ein-, Aufteilung*) division (**in** *acc* into *paragraphs, etc*), (*Absonderung*) *bes. von Rassen*: segregation, *nach e-m Zerwürfnis, Streit etc*: separation, split, breach, *von Begriffen etc*: distinction, differentiation, *von Wörtern durch Trennstriche*: division, *e-s Telephongesprächs etc*: disconnection, *Radio*: *der Wellenbereiche*: selection; **er leidet sehr unter der ∼ von s-r Frau** he suffers greatly from the separation (*od.* from being parted) from his wife; **∼ von Staat und Kirche** separation of Church and State; **nach der ∼ von s-n alten Vorbildern** after his departure from (*od.* after he had quitted *od.* dropped, abandoned) his old ideals; → **Tisch** 5.

'Tren·nungs|entˌschä·di·gung *f econ.* separation allowance. **∼ˌli·nie** *f* demarcation line; → *a.* **Trennlinie, Trennungsstrich.** **∼ˌpunkt** *m* → **Trennpunkt.** **∼ˌschmerz** *m* ⟨-es; *no pl*⟩ wrench, pain of separation. **∼ˌstrich** *m* dash; *fig.* **e-n (klaren) ∼ ziehen (zwischen** *dat*) draw a (clear *od.* clean) (demarcation) line (between). **∼ver·ˌfah·ren** *n chem. phys.* separation method (*od.* process). **∼ˌzei·chen** *n* **1.** division mark (*od.* sign). **2.** *print.* (*Divis*) hyphen. **3.** → **Trennzeichen.** **∼ˌzuˌla·ge** *f econ.* separation allowance.

'Trenn|ˌwand *f* dividing wall, partition (wall), *fig. a.* barrier; **e-e ∼ ziehen zwischen** (*dat*) *a. fig.* partition off. **∼ˌzei·chen** *n teleph.* cut-off (*od.* clearing) signal.

Tren·se ['trɛnzə] *f* ⟨-; -n⟩ (*Pferdezaum*) snaffle (bit).

Tre·pan [tre'pa:n] *m* ⟨-s; -e⟩, **tre·pa·'nie·ren** [-pa'ni:rən] *v/t* ⟨*no* **ge-**, **h**⟩ *in der Chirurgie*: trephine, trepan.

ˌtrepp|'ab *adv* downstairs, down the stairs. **∼'auf** *adv* upstairs, up the stairs; **∼ muß er immer keuchen** he is always short of breath when he goes upstairs; **∼, treppab** upstairs, downstairs; up and down.

Trep·pe ['trɛpə] *f* ⟨-; -n⟩ **1.** staircase, stairs *pl* (*als sg od. pl konstruiert*), stair (-way), (*Frei≈*) flight of steps (*od.* stairs), perron; **e-e ∼ führte ins Obergeschoß** a staircase (*od.* a flight of stairs) led to the upper floor; **∼n steigen** climb stairs; **die ∼ hinaufgehen (hinuntergehen)** go upstairs (downstairs), go up (down) the stairs; **die ∼ hinunterfallen** fall down the stairs; *colloq.* **sie wohnen fünf ∼n (hoch)** they live on the fifth (*Am.* sixth) floor; **e-e ∼ höher** one floor up; *fig.* **die ∼ zum Erfolg** the stairway to success; *fig. colloq.* **j-m ∼n ins Haar schneiden** cut s.o.'s hair unevenly (*od.* in steps); → **hinauffallen. 2.** *dial.* (*Stufe*) step.

'Trep·pen|abˌsatz *m* landing. **∼auf·ˌgang** *m* stairway. **∼ˌfen·ster** *n* staircase window. **∼ˌflucht** *f* ⟨-; -en⟩ flight of stairs. **∼ˌflur** *m* staircase. **≈ˌför·mig** **I** *adj* in the form of stairs (*od.* steps), stepped, terraced. **II** *adv* **∼ angeordnet sein** be arranged in (the form of) stairs (*od.* steps). **∼geˌlän·der** *n* ban(n)ister(s *pl*). **∼ˌhaus** *n* **1.** → **Treppenschacht. 2.** staircase. **∼ˌläu·fer** *m* stair (*od.* Venetian) carpet. **∼ˌlei·ter** *f* → **Trittleiter.** **∼ˌschacht** *m arch.* stairwell. **∼ˌschritt** *m Skilaufen*: side step. **∼ˌspin·del** *f arch.* newel. **∼ˌstu·fe** *f* stairstep. **∼ˌwitz** *m* (**∼ der Weltgeschichte**) paradox (*od.* bad joke) (of history).

Tre·sen ['tre:zən] *m* ⟨-s; -⟩ *dial.* bar, counter.

Tre·sor [tre'zo:r] *m* ⟨-s; -e⟩ **1.** (*Panzerschrank*) safe, strongbox. **2.** (*Stahlkammer*) strong room, safe deposit, *Am. a.* vault. **∼abˌtei·lung** *f* safe-deposit department. **∼ˌfach** *n* safe(-deposit) box, strongbox.

Tres·se ['trɛsə] *f* ⟨-; -n⟩ (*Borte, Besatz*) braid, galloon, *an e-r Uniform*: stripe.

Tre·ster ['trɛstər] *pl* → **Treber.**

'Tret|anˌlas·ser *m e-s Motorrads*: kick starter. **∼ˌau·to** *n* pedal car. **∼ˌboot** *n* pedal boat, pedalo.

tre·ten ['tre:tən] **I** *v/i* ⟨**tritt, trat, getreten, h** *u.* **sein**⟩ **1.** ⟨**h**⟩ (*e-n Tritt geben*) kick; **gegen e-e Tür ∼** kick (against) a door; **j-m ans** (*od.* **gegen das**) **Schienbein ∼** give s.o. a kick on the shin, kick s.o.'s shin; *colloq.* **j-m in den Hintern** (*vulg.* **Arsch**) **∼** kick s.o. in the backside (arse, *Am.* ass), kick s.o.'s backside, give s.o. a kick in the backside, *fig.* (*zur Eile antreiben*) *a.* give s.o. a kick in the pants; **nach j-m ∼** (take a) kick at s.o. **2.** ⟨**sein**⟩ (*gehen, schreiten*) step, walk, move; **aus dem Haus ∼** step out of the house; **ins Zimmer ∼** step (*od.* walk, come) into the room, enter the room; **nach vorn ∼** step (*od.* move) forward; **ans Fenster ∼** go and stand at the window, step (over) to the window; **auf den Balkon ∼** step out on(to) the balcony; **beiseite** (*od.* **auf die Seite, zur Seite**) **∼** step aside; **hinter (neben, vor) j-n ∼** step (*od.* go and stand) behind (beside, in front) of s.o.; **zu j-m ∼** step (*od.* go, walk) over to s.o.; **j-m in den Weg ∼** (go and) stand in s.o.'s way, block s.o.'s way; **bitte ∼ Sie näher!** please come (*od.* step) nearer!; **man wußte nicht, wohin man ∼ sollte** one did not know where to step (*od.* put one's feet); **in e-e Pfütze ∼** step in(to) a puddle; **bitte nicht auf den Rasen ∼!** please keep off the lawn!, please do not walk on the lawn!; **in den Vordergrund ∼** step into the foreground, *fig. a.* come to the fore; **in den Hintergrund ∼** step (*fig.* recede) into the background; **an die Spitze ∼** move to the head (*fig.* top); **j-m unter die Augen ∼** face s.o.; *fig.* **j-m zu nahe ∼** hurt s.o.'s feelings; → **Stelle** 1, **Seite** 1, 6. **3.** ⟨**sein**⟩ *von Dingen*: move, come; **der Mond tritt hinter die Wolken** the moon moves behind the clouds; **das Verb tritt an den Anfang des Satzes** the verb comes (*od.* is set) at the beginning of the sentence; **die Sonne tritt in das Zeichen des Krebses** the sun enters the sign of Cancer; **der Fluß tritt über die Ufer** the river overflows (its banks), the river bursts its banks; **ihm trat der Schaum vor den Mund** he foamed at the mouth. **4.** ⟨**h** *u.* **sein**⟩ **∼ auf** (*acc*) step (*od.* tread, walk) on; **j-m auf den Fuß ∼** tread (*od.* step) on s.o.'s foot; **e-m Hund auf den Schwanz ∼** tread on a dog's tail; **(vor Ungeduld) von e-m Fuß auf den anderen ∼** shuffle (*od.* shift) about (impatiently) from one foot to the other; **aufs Gas(pedal) ∼** step on the accelerator (*Am.* gas); **auf die Bremse ∼** step (*colloq.* jump) on the brake, apply the brakes. **5.** ⟨**h**⟩ *beim Radfahren etc*: **(mächtig) in die Pedale ∼** pedal (*od.* treadle) away (vigorously). **6.** ⟨**sein**⟩ *in abgeschwächter Bedeutung in Verbindung mit Substantiven*: enter; **ins Leben ∼** enter life; **ins 20. Lebensjahr ∼** enter the 20th year of one's life; **in ein neues Stadium ∼** enter (*od.* reach) a new stage; **zu j-m in Beziehung** (*od.* **Kontakt**) **∼** enter into relations with s.o. **II** *v/t* ⟨**h**⟩ **7. j-n ∼** kick (at) s.o.; **j-n in den Bauch ∼** kick s.o. (*od.* give s.o. a kick) in the stomach; *fig. colloq.* **j-n ∼, et. zu tun** keep at (*od.* push) s.o. to do s.th.; **er muß immer erst getreten werden** *a.* he always needs a kick in the pants before he will do s.th. **8.** (*mit dem Fuß od. den Füßen betätigen od. bewegen*) **den Blasebalg ∼** tread (*od.* work) the bellows; **die Nähmaschine ∼** treadle (*od.* work the treadle of) the sewing machine; **Wasser ∼** tread water. **9.** (*trampeln*) tread, trample; **e-n Weg durch den Schnee ∼** tread a path through the snow; *bes. fig.* **in den Staub ∼** trample (*od.* crush) *s.th.* into the dust, tread (*od.* trample) *s.th.* underfoot; → **Fuß**[1] 1. **10. sich** (*dat*) **et. in den Fuß ∼** run s.th. into one's foot. **11.** *Sport*: **e-e Ecke** *etc* **∼** take a corner, *etc.* **12.** *orn.* (*Henne*) tread.

'Tre·ter *pl colloq.* (*derbe Schuhe*) clodhoppers.

'Tret|ˌhe·bel *m* treadle, pedal. **∼ˌkur·bel** *f* (pedal) crank. **∼ˌla·ger** *n am Fahrrad etc*: pedal(-crank) bearing. **∼ˌmüh·le** *f* **1.** *colloq.* treadmill, monotonous routine, grind; **am Montag muß ich zurück in die (alte) ∼** it's back to the grind for me on Monday. **2.** *zur Bewässerung*: treadmill. **∼ˌrad** *n* treadwheel. **∼ˌrol·ler** *m* treadle scooter. **∼ˌschal·ter** *m electr.* foot switch, floor switch.

treu [trɔʏ] **I** *adj* ⟨-er; -(e)st⟩ **1.** (*dat* to) *allg. Freund, Ehepartner, Hund etc*: faithful, *bes. Untertan, Anhänger, Freund, Diener*: loyal, (*ergeben*) devoted, (*unerschütterlich*) sta(u)nch, true-blue; **∼e Freundschaft** faithful (*od.* loyal) friendship; *lit.* **∼ bis in den Tod** true unto death; **∼ wie Gold** (as) true as steel; *colloq.* **e-e ∼e Seele** a devoted soul; **j-m ∼ bleiben** remain faithful (*od.* true) to s.o.; **er ist s-r Frau ∼** he is faithful to his wife; **e-r Sache ∼ sein** (*od.* **bleiben**) be (*od.* remain) faithful (*od.* loyal, true) to s.th., stick to s.th.; *fig.* **das Glück ist ihm ∼ geblieben** his luck held. **2.** *fig. Abbild, Schilderung, Wiedergabe etc*: faithful, true, accurate. **3.** *bes. jur.* **zu ∼en Händen** in trust, (up)on trust, for safe keeping. **4.** *dial. colloq.* **der ist ja ∼!** (*naiv*) he's hopeful! **II** *adv* **5.** faithfully, loyally, devotedly; **∼ und brav** faithfully; **s-e Pflicht ∼ erfüllen** do one's duty faithfully (*od.* loyally); **j-m ∼ ergeben sein** be (truly) devoted to s.o.

Treu *f* ⟨-; *no pl*⟩ **1.** *obs. od. poet. for* **Treue: (bei) m-r ∼!** upon my soul!, struth!; **üb immer ∼ und Redlichkeit** (*Sprichwort*) *etwa* be ever faithful and upright. **2.** *jur.* **auf ∼ und Glauben** on trust, in good faith, bona fide (*transaction, etc*). **∼ˌbruch** *m* **1.** breach of faith. **2.** (*Untreue*) disloyalty, *jur. hist.* felony. **≈ˌbrü·chig** *adj* **1.** faithless. **2.** (*untreu*) disloyal. **3.** (*verräterisch*) perfidious.

'Treue *f* ⟨-; *no pl*⟩ **1.** (**zu** to) faithfulness, loyalty, fidelity, (*Ergebenheit*) devotion; **die ∼ bewahren** (*od.* **halten**) (*dat*) be (*od.* remain) faithful (*od.* loyal, true) to, (*Grundsätzen etc*) *a.* stick to, (*sein Versprechen halten*) keep faith with; **die ∼ brechen** (*dat*) be unfaithful (*od.* disloyal, untrue) to, (*sein Wort brechen*) break faith with. **2.** *fig.* (*Genauigkeit e-r*

Schilderung, Wiedergabe etc) faithfulness, fidelity, trueness, accuracy. **~ge|löb·nis** *n* pledge of fidelity.

'Treu|eid *m* **1.** oath of allegiance, *Am. bei Beamten*: loyalty oath. **2.** *jur. hist. der Lehensleute*: homage.

'Treue||pflicht *f des Staatsbürgers etc*: (duty of) allegiance (*od.* loyalty), *des Arbeitnehmers*: trust; **Verletzung der ~** breach of trust. **~|prä·mie** *f econ. für langjährige Dienste*: bonus for loyal service. **~ra|batt** *m* discount allowed to longstanding (*od.* regular) customers.

'treu·er|ge·ben *adj.* truly devoted (*dat* to).

'Treue|schwur *m* → Treueid.

'treu·ge|sinnt *adj* loyal (*dat* to).

'Treu|hand *f* ‹-; *no pl*› *jur.* trust. **~|ab|kom·men** *n pol.* trusteeship agreement.

'Treu||hän·der [-|hɛndər] *m* ‹-s; -› *econ. jur.* **1.** trustee, (*Verwahrer*) custodian, fiduciary; **et. e-m ~ übergeben** *a.* trustee s.th.; **et. als ~ verwalten** hold s.th. in (*od.* on) trust. **2.** → Konkursverwalter. **≈|hän·de·risch I** *adj* on a trust basis, on trust, fiduciary. **II** *adv* **et. ~ verwalten** hold s.th. in (*od.* on) trust. **~|hän·der·schaft** *f* ‹-; *no pl*› trusteeship, custodianship, guardianship.

'Treu|hand|ge|sell·schaft *f econ.* trust company (*od.* corporation). **~ver|hält·nis** *n* **1.** fiduciary relationship. **2.** (*Trust*) trust. **~ver|mö·gen** *n* trust estate (*od.* funds *pl*, property). **~ver|trag** *m* **1.** trust agreement (*bes. Am.* indenture). **2.** *jur.* (*Urkunde*) trust deed. **~ver|wal·tung** *f econ. pol.* trusteeship, custodianship.

'treu|her·zig I *adj* (*arglos, ohne Falsch*) guileless, artless, (*unbefangen*) ingenuous, (*offen*) candid, frank. **II** *adv* guilelessly (*etc*); **j-n ~ ansehen** look at s.o. trustingly (*od.* with trusting eyes). **≈keit** *f* ‹-; *no pl*› (*Arglosigkeit*) guilelessness, artlessness, (*Unbefangenheit*) ingenousness, (*Offenheit*) candidness, frankness.

'treu·lich *adv* faithfully (*a. genau*).

'treu·los I *adj* (**gegen, gegenüber** to) faithless, disloyal, unfaithful. **II** *adv* **an j-m ~ handeln** behave disloyally to (*od.* toward[s]) s.o. **'Treu·lo·sig·keit** *f* ‹-; *no pl*› (**gegen, gegenüber** to) faithlessness, disloyalty, unfaithfulness, infidelity.

'treu|sor·gend *adj* loving, devoted.

Tri·an·gel ['tri:aŋəl] *m* ‹-s; -› **1.** *mus.* triangle. **2.** *colloq.* **sich** (*dat*) **e-n ~ in die Hose reißen** tear a three-cornered rip in one's trousers.

tri·an·gu·lär [triaŋgu'lɛ:r] *adj* triangular.

Tri·as ['tri:as] *f* ‹-; *no pl*› *geol.* Triassic, Trias. **~for·ma·ti|on** *f* Triassic (*od.* Trias) (formation).

tri·as·sisch [tri'asɪʃ] *adj geol.* Triassic.

Tri·ba·die [triba'di:] *f* ‹-; *no pl*› tribadism, Lesbian love.

Tri·bun [tri'bu:n] *m* ‹-s *u.* -en; -e(n)› *im alten Rom*: tribune.

Tri·bu·nal [tribu'na:l] *n* ‹-s; -e› *jur.* tribunal, court of justice.

Tri·bü·ne [tri'by:nə] *f* ‹-; -n› **1.** (*Redner≈*) platform, rostrum. **2.** (*Zuschauer≈*) stand, *unüberdachte*: *Am. a.* bleachers *pl.*

Tri·but [tri'bu:t] *m* ‹-(e)s; -e› *hist.* (*Abgaben*) tribute; **(e-n) ~ zahlen** (*od.* **entrichten**) pay tribute; **e-n ~ auferlegen** (*dat*) impose (*od.* lay) a tribute (up)on, lay *s.o.* under tribute; *fig.* **~ zollen** (*dat*) pay (a) tribute to; **e-n hohen ~ fordern** *Katastrophe etc*: take a heavy toll. **≈|pflich·tig** *adj* tributary (*dat* to); **~ machen** lay *s.o.* under tribute. **~|pflich·tig·keit** *f* ‹-; *no pl*› obligation to pay tribute. **~|zah·lung** *f hist.* payment of tribute.

Tri·chi·ne [trɪ'çi:nə] *f* ‹-; -n› *vet. zo.* trichina, trichinella. **Tri'chi·nen|schau** *f vet.* examination for trichinosis.

tri·chi|nös [trɪçi'nø:s] *adj vet. Schweinefleisch etc*: trichinous, trichiniferous. **≈'no·se** [-'no:zə] *f* ‹-; -n› *med. vet.* trichinosis, trichiniasis.

Trich·ter ['trɪçtər] *m* ‹-s; -› **1.** funnel; **durch e-n ~ gießen** (pour *s.th.* through a) funnel. **2.** *fig. colloq.* **auf den (richtigen) ~ kommen** get the hang (*od.* knack) of it, (*et. erfahren*) get on to it; *humor.* **der Nürnberger ~** the royal road to learning. **3.** (*Vulkan≈, Granaten≈ etc*) crater. **4.** *tech.* (*Aufgabe≈*) (feeding) hopper, *Gießerei*: funnel, gate, downgate, sprue, *e-s Hochofens*: cone, hopper. **5.** *mus.* (*Schall≈*) bell. **6.** *e-s Lautsprechers etc*: horn. **7.** *e-r Blüte*: funnel-shaped corolla. **~|mün·dung** *f e-s Flusses*: estuary.

trich·tern ['trɪçtərn] *v/t* ‹h› (pour *s.th.* through a) funnel.

Trick [trɪk] *m* ‹-s; -s, *a.* -e› **1.** *allg.* trick, (*Kniff, Dreh*) *a.* knack, (*List*) *a. colloq.* dodge, (*Schwindelei*) *a. sl.* hanky-panky, (*Zauber≈*) *a.* sleight (of hand), (*Reklame≈*) *a.* stunt; **e-n ~ für et. haben** have (*od.* know) a trick for doing s.th.; *colloq.* **das ist der ganze ~** that's all there is to it; **da ist ein ~ dabei** there is a knack (*od.* trick) in it; **den ~ heraushaben** have (got) the knack (*od.* hang, trick) of it; **k-e ~s!** none of your tricks (*od.* dodges)!; **sie kennt alle ~s** she is up to all the dodges; **auf den billigsten ~ hereinfallen** fall for the cheapest trick. **2.** *Film*: trick, special effect(s *pl*). **~auf|nah·me** *f* **1.** *Film*: trick shot. **2.** *Tonband*: trick recording. **~be|trü·ger** *m* trickster. **~|film** *m* trick film, stunt film. **~|film|zeich·ner** *m* animator.

trick·sen ['trɪksən] *v/i* ‹h› *colloq. bes. beim Fußball*: feint, trick.

'Trick|ta·ste *f Tonbandgerät etc*: trick button.

tri·cy·klisch [tri'tsy:klɪʃ] *adj bes. chem. Verbindung etc*: tricyclic.

tri·den·ti|nisch [tridɛn'ti:nɪʃ] *adj* **das ≈e Konzil** → **Tridentinum**; **das ~e Glaubensbekenntnis** the Tridentine profession of faith. **≈num, das** [-nʊm] ‹-s› *R.C. hist.* the Council of Trent.

trieb [tri:p] *1 u. 3 sg pret of* treiben.

Trieb[1] *m* ‹-(e)s; -e› *bot.* (*Schößling*) (young) shoot, sprout; **junge ~e** growth *sg*; **geile ~e** rank growth *sg* (*od.* shoots), proud branches.

Trieb[2] *m* ‹-(e)s; -e› **1.** (*Instinkt*) instinct, *weitS.* (*triebhaftes Verlangen*) (sensual) desire, (*Geschlechts≈*) sexual drive; **natürlicher ~** (natural) instinct; **dem ~ der Natur gehorchen** follow one's natural instinct; **s-e ~e befriedigen (zügeln)** gratify (bridle) one's instincts. **2.** (*innerer Antrieb*) impulse, drive, (*Drang*) urge, compulsion, (*Hang*) propensity, bent (**zu** for); **e-m inneren (dunklen) ~ folgen** follow (*od.* act on) an inner impulse; **aus eigenem ~** of one's own accord, spontaneously; **krankhafter ~** morbid impulse; **ein unwiderstehlicher ~ zur Macht** an irresistible urge for power; **ich habe nicht den geringsten ~ dazu** I don't feel like (doing) it at all. **3.** *tech.* drive, transmission, *über Zahnräder*: gear drive, gearing.

'Trieb|be|frie·di·gung *f* gratification of instinct. **~|fe·der** *f* **1.** *tech.* mainspring, driving spin. **2.** *fig.* mainspring, motive (power); **die ~ sein von** *a.* be at the bottom of. **≈haft I** *adj psych.* **1.** instinctual, instinctive. **2.** *b.s.* **ein ~er Mensch** a person who is a slave to his instincts. **II** *adv* **3. ~ handeln** act on an (instinctive) impulse. **~haf·tig·keit** *f* ‹-; *no pl*› instinctiveness. **~|hand·lung** *f psych.* instinctive (*od.* instinctual, affective) act. **~kon|flikt** *m* conflict between instincts (*od.* drives). **~|kraft** *f* **1.** *a. fig.* propelling (*od.* driving, motive) power (*od.* force). **2.** *bot.* germinating (*od.* vegetative) power, growth. **~|le·ben** *n psych.* instinctive (*od.* instinctual) life.

'trieb||mä·ßig *adj psych.* instinctive, instinctual, impulsive. **≈|rad** *n tech.* driving wheel, *e-s Getriebes*: pinion. **≈|sand** *m* quicksand. **≈|sphä·re** *f psych.* instinctual sphere. **≈|tä·ter, ≈ver|bre·cher** *m jur. psych.* sex offender.

'Trieb|wa·gen *m rail.* motor coach, (motor) railcar, autorail, (*Straßenbahn*) tramcar, *Am.* streetcar, motor carriage, prime mover. **~|zug** *m* motorcoach train.

'Trieb||wel·le *f* **1.** *tech.* drive (*od.* driving) shaft. **2.** *mot.* pinion shaft. **~|werk** *n* **1.** aero-engine, power plant (*od.* unit), *e-r Rakete*: engine, motor. **2.** *tech.* (*Antriebsvorrichtung*) gear (*od.* driving) mechanism, (*Getriebe*) gear (drive), transmission, (*Motor*) engine.

'Trief||au·ge *n* blear (*od.* watering) eye. **≈äu·gig** *adj* blear(y)-eyed.

trie·fen ['tri:fən] **I** *v/i* ‹**trieft, triefte,** *lit. a.* **troff, getrieft,** *rare* **getroffen, h** *u.* **sein**› **1.** ‹**sein**› *Flüssigkeit*: drip, trickle, ooze; **der Schweiß triefte ihm von der Stirn** the sweat was dripping from (*od.* rolling down) his forehead; **aus der Wunde troff Blut** blood trickled (*od.* oozed) from the wound. **2.** ‹**h**› (*tropfnaß sein*) be dripping (*od.* soaking, *colloq.* sopping) wet, *Nase*: run, *Augen*: water, run, *Kerze*: gutter, roll; **er trieft vor** (*od.* **von**) **Schweiß** he is dripping with sweat; *fig. iro.* **er trieft vor Freundlichkeit** (**Weisheit**) he gushes with friendliness (he overflows with wisdom). **II ≈** *n* ‹-s› **3.** dripping (*etc*). **'trie·fend I** *adj* dripping (*od.* soaking, *colloq.* sopping) wet, *Augen*: watering, *Nase*: running, runny. **II** *adv* **~ naß** dripping (*od.* soaking, *colloq.* sopping) wet.

'Trief||na·se *f* running (*od.* runny) nose. **≈|na·sig** [-|na:zɪç] *adj* runny-nosed. **≈'naß** *adj* dripping (*od.* soaking, *colloq.* sopping) wet.

trie·zen ['tri:tsən] *v/t* ‹h› *colloq.* (*schinden*) drive *s.o.* hard, sweat, (*quälen*) torment, (*necken*) tease, rib, (*ärgern*) vex.

triff [trɪf] *imp sg,* **triffst** [trɪfst] *2 sg pres,* **trifft** [trɪft] *3 sg pres of* **treffen.**

Trift [trɪft] *f* ‹-; -en› **1.** (*Weg zur Weide*) cattle track. **2.** (*Weide*) pasture, pasturage. **3.** *Flößerei*: drifting, log driving. **4.** → Drift[1]. **'trif·ten** *v/t* ‹h› (*Baumstämme*) drift, drive.

'trif·tig[1] *adj mar.* drifting, floating.

'trif·tig[2] *adj* (*stichhaltig*) valid, sound, strong, (*gewichtig*) weighty, (*zwingend*) cogent, (*überzeugend*) convincing, conclusive; **aus ~en Gründen** *a.* for good reasons. **≈keit** *f* ‹-; *no pl*› validity, soundness, strength, weight(iness), cogency, convincingness, conclusiveness.

Tri·ge·mi·nus [tri'ge:minʊs] *m* ‹-; -mini [-ni]›, **~|nerv** *m anat.* trigeminus, trigeminal (*od.* fifth) cranial nerve.

tri·go·nal [trigo'na:l] *adj math. min.* trigonal. **≈|zahl** *f* trigonal number.

Tri·go·no|me·trie [trigonome'tri:] *f* ‹-; *no pl*› *math.* trigonometry; **ebene ~** plane trigonometry; **sphärische ~** spherical trigonometry, spherics *pl* (*als sg konstruiert*). **≈me·trisch** [-'me:trɪʃ] *adj* trigonometric; **~e Funktion** trigonometric (*od.* circular) function; **~er Punkt** triangulation point.

Tri·ko·lo·re [trikoˈloːrə] *f* ⟨-; -n⟩ tricolo(u)r.

Tri·kot[1] [triˈkoː; ˈtrɪko] *n* ⟨-s; -s⟩ **1.** *der Akrobaten, Tänzer etc*: leotard, tights *pl*; **fleischfarbenes ~** fleshings *pl.* **2.** *Fußball, Radrennen etc*: shirt, jersey, T-shirt; **das Gelbe ~** the yellow jersey. **3.** (*Turnhemd*) vest, T-shirt, *bes. Br.* singlet, jersey.

Tri·kot[2] [triˈkoː; ˈtrɪko] *m, rare n* ⟨-s; -s⟩ (*Wirkwaren*) tricot.

Tri·ko·ta·gen [trikoˈtaːʒən] *pl* knitwear *sg*, knitted goods.

Triˈkot|ˌhemd *n* vest, T-shirt, *bes. Br.* singlet. **~ˌwä·sche** *f* tricot underwear.

Tril·ler [ˈtrɪlər] *m* ⟨-s; -⟩ **1.** *mus.* trill, shake. **2.** *orn.* trill, warble. **ˈtril·lern I** *v/i* ⟨h⟩ **1.** *mus.* trill, shake. **2.** *orn.* warble, trill. **3.** *auf e-r Trillerpfeife*: blow shrilly, trill. **II** ♀ *n* ⟨-s⟩ **4.** trill(ing) (*etc*). **5.** *orn.* warble. **ˈTril·lerˌpfei·fe** *f* whistle.

Tril·li·on [trɪˈlɪoːn] *f* ⟨-; -en⟩ trillion, *Am.* quintillion.

Tri·lo·gie [triloˈgiː] *f* ⟨-; -n [-ən]⟩ trilogy.

Tri·me·ster [triˈmɛstər] *n* ⟨-s; -⟩ *ped.* three-month term, *bes. Am.* trimester.

Trimm [trɪm] *m* ⟨-(e)s; *no pl*⟩ *mar.* trim; **gut in ~ sein** be in good trim.

ˈTrimm-ˌdich-Ak·tiˌon *f colloq.* keep-fit program(me *Br.*) (*od.* drive).

trim·men [ˈtrɪmən] **I** *v/t* ⟨h⟩ **1.** *aer. mar.* trim. **2.** *electr. Radio*: trim, track. **3.** (*Hunde*) trim, clip. **4.** *colloq.* (*Motor etc*) tune up (**auf** *acc* to). **5. et. ~ auf** (*ein bestimmtes Format, Gewicht etc*) a) (*verkleinern*) trim s.th. down to, *weitS.* cut s.th. down to, b) (*vergrößern*) bring s.th. to, blow s.th. up to. **6.** *colloq.* (*zurechtmachen*) make *s.th.* look (*od.* sound) like, make *s.th.* resemble, do *s.th.* up in the manner (*od.* style, fashion) of; **auf jugendlich getrimmt** made up to look young; **das Lokal ist auf Wildwest getrimmt** the restaurant is done up in wild West style. **7.** *colloq.* **j-n auf Höflichkeit** *etc* **~** drill politeness, *etc* into s.o., drill (*od.* train) s.o. to be polite, *etc.* **8.** *colloq.* (*Sportler etc*) condition, put (*od.* get) *s.o.* into shape. **II** *v/reflex* **sich ~ 9.** *Sport colloq.* (**für** for) keep fit, do keep-fit exercises.

ˈTrim·mer *m* ⟨-s; -⟩ **1.** *mar.* trimmer. **2.** *electr.* trimmer (capacitor).

ˈTrimmˌpfad *m Sport*: fitness trail.

ˈTrim·mung *f* ⟨-; *no pl*⟩ *mar.* trim.

Tri·ne [ˈtriːnə] *f* ⟨-; *rare* -n⟩ *dial. colloq.* **dumme ~** silly goose.

Tri·ni·tät [triniˈtɛːt] *f* ⟨-; *no pl*⟩ *relig.* Trinity.

Tri·ni·ta·tis [triniˈtaːtɪs] *m* ⟨*undeclined*⟩ *relig.* (**der Sonntag**) **~** Trinity Sunday.

Tri·ni·tro|ben·zol [trinitrobɛnˈtsoːl] *n chem.* trinitrobenzene. **~to·luˈol** [-toˈluoːl] *n* trinitrotoluene, TNT.

ˈtrink·bar *adj* drinkable (*a. colloq. Wein etc*). **♀keit** *f* ⟨-; *no pl*⟩ drinkableness, potability.

ˈTrinkˌbe·cher *m* drinking cup.

trin·ken [ˈtrɪŋkən] **I** *v/t* ⟨**trinkt, trank, getrunken,** h⟩ **1.** drink, have; (**ein Glas**) **Milch ~** drink (a glass of) milk; **Tee ~** drink (*od.* have) tea; **was ~ Sie?** what would you like to drink?, what do you have?; **ich möchte (gern) et. ~** I'd like (to have) s.th. to drink, I'd like (to have) a drink; **ich möchte lieber nichts ~** I'd rather not have anything to drink; **ein Glas leer ~** empty a glass; *colloq.* **der Wein läßt sich ~** the wine is drinkable; **~ wir noch ein Gläschen** (*od.* **noch eins**) let's have another drink (*colloq.* peg); **er trinkt gern einen** (*od.* **eins**) he is fond of a drop, he likes a drink now and then. **2.** *fig. bes. poet.* drink in, imbibe; **die Erde trinkt den Regen** the soil drinks in the rain. **II** *v/i* **3.** drink; **aus e-m Glas (aus der Flasche) ~** drink out of (*od.* from) a glass (from the bottle); **an e-r Quelle ~** drink from a spring; **in kleinen Schlucken ~** drink in sips, sip. **4. auf j-n (et.) ~** drink to (*od.* toast) s.o. (s.th.); **ich trinke auf Ihr Wohl** (*od.* **auf Ihre Gesundheit**) I drink (to) your health, here is to you; **worauf wollen wir ~?** what shall we drink to (*od.* toast)? **5.** (*Alkohol* **~**) drink, tipple, *colloq.* booze, *Am. a.* liquor up, *gewohnheitsmäßig*: *a.* be a heavy (*od.* hard) drinker; **ihr Mann trinkt** her husband drinks (*od.* is a heavy drinker); **nach e-r Weile fing er wieder an zu ~** after a while he started his liquoring again. **6.** *Baby an der Mutterbrust*: suck ([at] the breast). **III** *v/reflex* **7. sich toll und voll ~** drink to one's heart's content; **sich um den Verstand ~** drink o.s. silly (*colloq.* daft); **sich zu Tode ~** drink o.s. to death. **IV ♀** *n* ⟨-s⟩ **8.** drinking (*etc*); **sich** (*dat*) **das ♀ angewöhnen** take to drinking (*colloq.* to the bottle), get into the habit of drinking; **durch vieles ♀** from excessive drinking (*colloq.* tippling); → **Essen** 5, 6.

ˈTrin·ker *m* ⟨-s; -⟩ heavy (*od.* hard) drinker; **gewohnheitsmäßiger ~** habitual drunkard (*od.* drinker), alcoholic.

Trin·keˈrei *f* ⟨-; *no pl*⟩ **1.** (*gewohnheitsmäßiges Trinken*) drink(ing), tippling, *colloq.* boozing, *Am. a.* liquoring. **2.** (*Saufgelage*) drinking bout (*od.* spree), *colloq.* booze.

ˈTrin·ker|ˌheilˌanˌstalt, ~ˌheilˌstät·te *f* institution for the cure of alcoholics.

ˈTrin·ke·rin *f* ⟨-; -nen⟩ → **Trinker**.

ˈTrin·kerˌle·ber *f med.* hobnail liver.

ˈtrink|ˌfaul *adj* **~er Säugling** lazy feeder. **~ˌfest** *adj colloq.* **~ sein** hold one's liquor well.

ˈTrink|ge·fäß *n* drinking vessel, can. **~geˌla·ge** *n* carousal; → *a.* **Trinkerei** 2. **~ˌgeld** *n* tip, gratuity; **j-m (ein) ~ geben** *a.* tip s.o.; **~ inbegriffen** gratuity included; *fig.* **für ein ~** for a song. **~ˌglas** *n* (drinking) glass, tumbler. **~ˌhal·le** *f* **1.** *in Heilbädern*: pump room. **2.** (*Kiosk*) refreshment stall (*od.* booth). **~ˌhalm** *m* (drinking) straw. **~ˌkur** *f med.* mineral water cure; **e-e ~ machen** take the waters. **~ˌlied** *n* drinking song. **~ˌmilch** *f* certified milk. **~ˌscha·le** *f* bowl, drinking cup. **~ˌspruch** *m* toast; **e-n ~ auf j-n ausbringen** propose (*od.* give) a toast to s.o., toast s.o.

ˈTrinkˌwas·ser *n* drinking (*od.* fresh, potable) water; **kein ~!** *Aufschrift*: no drinking water. **~auf·beˌrei·tungs·ˌanˌla·ge** *f* drinking water conditioning plant. **~verˌseu·chung** *f* contamination of drinking water.

Tri·nom [triˈnoːm] *n* ⟨-s; -e⟩ *bes. math.* trinomial. **triˈno·misch** *adj* trinomial.

Trio [ˈtriːo] *n* ⟨-s; -s⟩ **1.** (*Musikstück u. Ausführende*) trio. **2.** *fig. colloq.* (*drei Personen*) trio.

Tri·ode [triˈoːdə] *f* ⟨-; -n⟩ *electr.* triode.

Trio·le [triˈoːlə] *f* ⟨-; -n⟩ *mus.* triplet.

ˈTrio·soˌna·te *f mus.* sonata a tre, three-parts sonata.

Trip [trɪp] (*Engl.*) *m* ⟨-s; -s⟩ **1.** (*kurze Reise*) trip. **2.** *fig. colloq. mit Rauschgift*: trip; **auf e-n ~ gehen** take a trip.

ˈTri·pel|al·liˌanz [ˈtriːpəl-] *f pol. hist.* Triple Alliance. **~ˌfu·ge** *f mus.* triple fugue.

Tri·phthong [trɪfˈtɔŋ] *m* ⟨-s; -e⟩ *ling.* triphthong.

trip·peln [ˈtrɪpəln] *v/i* ⟨sein⟩ trip.

Trip·per [ˈtrɪpər] *m* ⟨-s; -⟩ *med.* gonorrh(o)ea, *colloq.* (the) clap.

ˈtrippˌtrapp *interj von Pferdehufen*: clip-clop, clippety-clop, *von Kinderfüßen etc*: pitter-patter, pit-(a-)pat.

ˈTrippˌtrapp *n* ⟨-s; *no pl*⟩ *von Pferdehufen*: clip-clop, clippety-clop, *von Kinderfüßen etc*: pitter-patter, pit-a-pat.

Tri·ptik [ˈtrɪptɪk], **Tri·ptyk** [ˈtrɪptʏk] *n* ⟨-s; -s⟩ triptyque.

Tri·pty·chon [ˈtrɪptʏçɔn] *n* ⟨-s; -chen *u.* -cha [-ça]⟩ triptych, triptich.

trist [trɪst] *adj* dismal, dreary, bleak, gloomy, sad; → *a.* **traurig**.

Tri·ton [ˈtriːtɔn] *n* ⟨-s; -en [triˈtoːnən]⟩ (*Kern e-s Tritiumatoms*) triton.

ˈTri·tonsˌhorn *n* **1.** *myth.* Triton's horn. **2.** *zo.* great triton, sea trumpet.

Tri·to·nus [ˈtriːtonʊs] *m* ⟨-; *no pl*⟩ *mus.* tritone.

tritt [trɪt] *imp sg u. 3 sg pres of* **treten**.

Tritt *m* ⟨-(e)s; -e⟩ **1.** (*einzelner Schritt*) step, tread, (*bes. Geräusch*) footstep, footfall; **leise ~e** faint footsteps, hushed footfalls; **e-n falschen ~ tun** miss one's step. **2.** (*Fußspur*) footprint, footmark, footstep. **3.** (*Fuß♀*) kick; **j-m e-n ~ geben** (*od.* **versetzen**) a) give s.o. a kick, kick s.o., b) *fig. colloq.* (*rausschmeißen*) kick s.o. out, give s.o. the push(-off) (*od.* the sack); *colloq.* **ein ~ in den Hintern** a kick in the backside; → *a.* **treten** 1; **die Tür mit e-m ~ öffnen** kick the door open. **4.** ⟨*only sg*⟩ (*Gangart, Schritt*) tread, step, pace; **e-n leichten (schweren) ~ haben** have a light (heavy) tread (*od.* step); **e-n sicheren ~ haben** be surefooted. **5.** *a. mil.* (*Gleichschritt*) step; **im ~!** in step!; **im ~ marschieren** march in step; **im falschen ~** out of step; **~ fassen** fall in(to) step; **~ halten (mit** with) *a. fig.* keep (in) step, keep pace; **aus dem ~ geraten** (*od.* **kommen**) get out of (*od.* break) step, *fig. colloq.* be put out, get mixed up; **ohne ~, marsch!** march, at ease!, break step!, *Am.* route step, march!; **ohne ~ marschieren** break step. **6.** (*Stufe, Sprosse*) step, rung. **7.** *e-r Nähmaschine etc*: treadle, pedal. **~ˌbrett** *n Auto*: running board, footboard, *Kutsche*: carriage step, footstep, *Straßenbahn etc*: step. **♀ˌfest** *adj Teppich etc*: hard-wearing, durable. **~ˌflä·che** *f e-r Stufe etc*: tread. **~ˌlei·ter** *f* stepladder, steps *pl*, pair of steps.

trittst [trɪtst] *2 sg pres of* **treten**.

Tri·umph [triˈʊmf] *m* ⟨-(e)s; -e⟩ **1.** (*Sieg, Erfolg*) triumph (**über** *acc* over); **ein ~ der Medizin (Technik)** a triumph of medical science (engineering); **~e feiern** *Person*: have great successes, *Sache*: achieve great triumphs. **2.** (*Genugtuung*) triumph (**über** *acc* over, at); **in s-r Miene spiegelte sich (der) ~** there was (an expression of) triumph on his face. **3. im ~** a) (*im festlichen Zug*) in a triumphal procession, b) *antiq.* in triumph, triumphantly.

tri·um·phal [triʊmˈfaːl] *adj Einzug, Empfang etc*: triumphant, triumphal.

Tri·um·pha·tor [triʊmˈfaːtɔr] *m* ⟨-s; -en [-faˈtoːrən]⟩ *a. fig.* triumphator.

Triˈumph|ˌbo·gen *m arch.* triumphal arch. **~geˌheul** *n* cheers *pl* of triumph.

tri·um·phie·ren [triʊmˈfiːrən] *v/i* ⟨*no* ge-, h⟩ (**über** *acc* over) **1.** (*frohlocken*) triumph, *hämisch*: gloat; **innerlich ~** triumph inwardly; **zu früh ~** triumph too soon, count one's chickens before they are hatched. **2.** (*siegen*) triumph (over *one's opponents, etc*), (*die Oberhand haben*) prevail (over, against), *lit.* be triumphant (over); **am Ende triumphierte die Gerechtigkeit** justice prevailed in the end. **~d** *adj* **1.** *Gesichts-*

ausdruck, Lächeln etc: triumphant, exultant. **2.** *R.C.* die ~e Kirche (the) church triumphant.

Tri'umphˌzug *m* triumphal procession.

Tri·um·vi·rat [triumvi'ra:t] *n* ⟨-(e)s; -e⟩ *antiq.* triumvirate.

tri·va·lent [triva'lɛnt] *adj chem.* trivalent.

tri·vi·al [tri'vĭa:l] *adj* trivial (*remark, objection, person, life, matter, etc*). **Tri·via·li'tät** [-vĭali'tɛ:t] *f* ⟨-; -en⟩ **1.** ⟨*only sg*⟩ triviality, trivialness. **2.** (*triviale Angelegenheit, Äußerung etc*) triviality.

Tri·vi'al·li·te·raˌtur *f* light fiction.

Tri·zeps ['tri:tsɛps] *m* ⟨-; -e⟩ *anat.* triceps.

Tro·chä·us [trɔ'xɛ:ʊs] *m* ⟨-; -chäen⟩ *metr.* trochee, trochaic.

trocken (*getr.* -k·k-) ['trɔkən] **I** *adj* ⟨trock(e)ner; -st⟩ **1.** *allg. Klima, Luft, Jahreszeit, Handtuch, Haare, Holz, Brot etc*: dry, *Land, Boden*: *a.* arid; das Heu ~ einfahren bring the hay in dry; (kühl und) ~ aufbewahren keep in a (cool) dry place; ~ aufbewahren! *Aufschrift*: keep dry!; das Schiff liegt ~ the ship is in dry dock; *fig. colloq.* noch nicht ~ hinter den Ohren sein be still wet (*od.* not yet dry) behind the ears, be still green; ~ Brot macht Wangen rot (*Sprichwort*) *etwa* simple fare gives you a healthy complexion; ein ~er Husten a dry cough, a hack(ing cough); ein ~es Schluchzen a dry sob; ~en Auges zusehen watch without shedding a tear; → Auge 1. **2.** (*ohne Getränke, ohne Alkohol*) dry (*party, etc*); ~ dasitzen sit without a drink. **3.** *Wein, Sekt etc*: dry. **4.** *fig.* (*phantasielos, langweilig, nüchtern*) dry, dull, tedious, jejune, dryasdust. **5.** *fig. Humor, Bemerkung, Sarkasmus etc*: dry; in ~em Ton (*sagen*) in a dry tone, dryly; er hat so e-e trock(e)ne Art, Witze zu erzählen he has a way of telling dry jokes. **6.** *Stimme, Klang, Akustik etc*: dry. **7.** *Kuh etc*: dry. **8.** *econ.* ~er Wechsel promissory note. **9.** *Boxen*: *colloq.* mit e-r ~en Rechten schlug er ihn k.o. he knocked him out with a sharp right (-hander). **II** *adv* **10.** sich ~ rasieren dry-shave. **11.** (*langweilig, nüchtern*) dryly; er schreibt sehr ~ he has a very tedious style. **12.** (*lakonisch*) dryly, in a dry tone. **III** ℒe, das ⟨-n⟩ **13.** im Trock(e)nen sein (*od.* sitzen) be out of the rain. **14.** *mit Kleinschreibung*: *fig. colloq.* auf dem trock(e)nen sitzen (*od.* sein) (*aufgeschmissen sein*) be stranded, be in low water, (*kein Geld etc mehr haben*) be out of funds, *etc*, go short (of funds, *etc*); im ~en sein (*geborgen*) be in safety, be out of the wood(s).

'Trocken|anˌla·ge (*getr.* -k·k-) *f tech.* drying plant (*od.* equipment). **~bat·teˌrie** *f electr.* dry (cell) battery, dry cell. **~bee·renˌausˌle·se** *f choice wine made from selected grapes left to partly-dry on the vine.* **~blu·me** *f* → Strohblume. **~bo·den** *m* drying loft. **~dock** *n mar.* dry dock; ins ~ bringen dry-dock (*a ship*). **~ei** *n* dried (*od.* dehydrated) egg. **~eis** *n* Dry Ice (*TM*). **~eleˌment** *n electr.* dry cell. **~far·be** *f* dry (*od.* pastel) colo(u)r. **~fäu·le** *f hort.* dry rot. **~ˌfil·ter** *n, m tech.* dry filter. **~fir·nis** *m* siccative varnish. **~fleisch** *n gastr.* dried beef. **~fut·ter** *n agr.* provender, dry feed. **~geˌfrie·ren** *n* ⟨-s; *no pl*⟩ *gastr.* dehydro-freezing. **~geˌhalt** *m* dry content. **~geˌmü·se** *n* dried (*od.* dehydrated) vegetables *pl.* **~geˌstell** *n* drying rack, dryer, *für Wäsche*: *a.* clotheshorse. **~geˌwicht** *n econ.* dry weight. **~hau·be** *f* hair dryer (*od.* drier), drying hood. **~he·fe** *f* dry yeast.

'Trocken·heit (*getr.* -k·k-) *f* ⟨-; *no pl*⟩ **1.** dryness, *des Klimas, e-s Landes*: *a.* aridity. **2.** (*Dürre*) drought. **3.** *fig.* (*Langweiligkeit*) dryness, dul(l)ness, tediousness, jejuneness.

'Trocken|ˌkam·mer (*getr.* -k·k-) *f tech.* drying chamber. **~karˌtof·feln** *pl* dried (*od.* dehydrated) potatoes. **~kost** *f med.* dry diet. **~kurs** *m* → Trockenskikursus. **ℒle·gen** *v/t* ⟨*sep*, -ge-, h⟩ **1.** e-n Säugling ~ change a baby, change a baby's nappies (*colloq.* nappies, *Am.* diapers), *Am.* diaper a baby. **2.** (*Moor, Sumpf etc*) drain, dewater. **~le·gung** *f* ⟨-; -en⟩ *e-s Moors, Sumpfes etc*: drainage. **~lei·ne** *f* clothesline. **~maß** *n* dry measure. **~mas·se** *f agr.* dry matter. **~milch** *f* dried (*od.* powdered, desiccated) milk, milk powder. **~mit·tel** *n* drying (*od.* dehydrating) agent, siccative. **~obst** *n* dried (*od.* dehydrated) fruit. **~ofen** *m* drying oven (*od.* kiln). **~peˌriˌode** *f meteor.* dry spell, drought. **~ˌpflan·ze** *f* xerophyte, xerophytic plant. **~platz** *m* place for drying laundry. **~raˌsie·rer** *m* ⟨-s; -⟩ *colloq.* (*Gerät u. Person*) dry shaver; ich bin ~ I dry-shave. **~raˌsur** *f* dry shave. **~raum** *m* **1.** *tech.* dry(ing) room. **2.** room for drying laundry. **ℒrei·ben** *v/t* ⟨*irr, sep*, -ge-, h⟩ rub *s.th.* dry. **~schleu·der** *f* spin (*od.* centrifugal) dryer (*od.* drier). **~ˌschrank** *m* drying (*od.* airing) cupboard. **~shamˌpoo** *n* dry shampoo. **ℒˌsit·zen** *v/i* ⟨*irr, sep*, -ge-, h *u.* sein⟩ *colloq.* be left without a drink; j-n ~ lassen give s.o. nothing to drink. **~ˌskiˌkurs** *m* dry skiing (course *od.* instruction). **~spi·ri·tus** *m chem.* white coal. **ℒste·hen** *v/i* ⟨*irr, sep*, -ge-, h *u.* sein⟩ *Kühe*: be dry, give no milk. **~subˌstanz** *f* dry substance, solid matter. **~verˌfah·ren** *n* drying process. **~verˌlust** *m* loss in drying. **~wald** *m* savanna(h) (forest). **~wä·sche** *f* **1.** (*Waschmethode*) dry wash. **2.** (*Wäsche*) roughdry clothes *pl*, dry washing (*Am.* wash). **ℒwi·schen** *v/t* ⟨*sep*, -ge-, h⟩ wipe *s.th.* dry. **~zeit** *f* **1.** drying time. **2.** *geogr.* dry season, (period of) drought. **~zel·le** *f electr.* dry cell.

trock·nen ['trɔknən] **I** *v/i* ⟨sein⟩ (become *od.* get) dry; in der Sonne ~ dry in the sun; an der frischen Luft ~ dry in the open air. **II** *v/t* ⟨h⟩ dry, *bes. zur Konservierung*: *a.* desiccate, dehydrate, (*Holz etc*) *durch spezielle Lagerung*: *a.* season; sich (*dat*) den Schweiß von der Stirn ~ dry the perspiration off one's forehead. **III** ℒ *n* ⟨-s⟩ drying; et. zum ℒ aufhängen hang s.th. up to dry.

'trock·nend *adj chem.* drying, (de)siccative. **'Trock·nung** *f* ⟨-; *no pl*⟩ drying (process), desiccation, dehydration.

Trod·del ['trɔdəl] *f* ⟨-; -n⟩ tassel.

Trö·del ['trø:dəl] *m* ⟨-s; *no pl*⟩ **1.** (*Altwaren*) junk, second-hand articles (*od.* goods) *pl.* **2.** (*wertloser Kram*) junk, trash, rubbish, jumble.

Trö·de'lei *f* ⟨-; *no pl*⟩ *colloq.* dawdling.

'Trö·del|ˌfritz *m* ⟨-en; -en⟩, **~fritze** *m* → Trödler 2. **~händ·ler** *m* → Trödler 1.

'trö·de·lig *adj colloq.* dawdling, slow.

'Trö·del|ˌkram *m* → Trödel. **~laden** *m* second-hand (*od.* junk) shop (*bes. Am.* store). **~lie·se** *f* → Trödler 2. **~markt** *m* rag fair, flea market.

trö·deln ['trø:dəln] **I** *v/i* ⟨h *u.* sein⟩ *colloq.* **1.** ⟨h⟩ dawdle, dillydally (bei der Arbeit with one's work). **2.** ⟨sein⟩ (*langsam gehen*) dawdle, toddle. **II** ℒ *n* ⟨-s⟩ **3.** dawdling (*etc*).

'Trö·delˌwa·ren *pl* → Trödel 1.

'Tröd·ler *m* ⟨-s; -⟩ **1.** second-hand (*od.* junk) dealer, *bes. für gebrauchte Kleidung*: old-clothesman. **2.** *colloq.* (*langsamer Mensch*) dawdler, dillydallier, slowcoach, *bes. Am.* slowpoke. **'Tröd·le·rin** *f* ⟨-; -nen⟩ → Trödler.

troff [trɔf] *1 u. 3 sg pret lit.*, **tröf·fe** ['trœfə] *1 u. 3 sg pret subj lit. of* triefen.

trog [tro:k] *1 u. 3 sg pret of* trügen.

Trog *m* ⟨-(e)s; ⸚e⟩ trough, (*Bottich*) vat, (*Maurer*ℒ) mason's hod.

trö·ge ['trø:gə] *1 u. 3 sg pret subj of* trügen.

Tro·glo·dyt [troglo'dy:t] *m* ⟨-en; -en⟩ (*Höhlenbewohner*) troglodyte.

'T-ˌRohr ['te:-] *n tech.* T-tube, T-pipe.

Troi·ka ['trɔʏka] *f* ⟨-; -s⟩ troika.

Tro·ja·ner [tro'ja:nər] *m* ⟨-s; -⟩ Trojan. **tro'ja·nisch** *adj* Trojan (*war, horse*).

Troll [trɔl] *m* ⟨-(e)s; -e⟩ *myth.* troll. **~blu·me** *f* globeflower.

trol·len ['trɔlən] *v/reflex* ⟨h⟩ sich ~ *colloq.* toddle (*od.* trot, push) off; troll dich! be off (with you)!, push off!

'Trol·leyˌbus ['trɔli-] *m* trolleybus.

Trom·be ['trɔmbə] *f* ⟨-; -n⟩ *meteor.* (*Wasserhose*) waterspout, (*Sand-, Windhose*) dust whirl, sand spout.

Trom·mel ['trɔməl] *f* ⟨-; -n⟩ **1.** *mus.* drum; große ~ big (*od.* bass) drum; kleine ~ snare drum; die ~ schlagen (*od.* rühren) beat (*od.* play) the drum; *fig.* die ~ rühren für (*Reklame machen*) beat the drum for, (*e-e Sache*) *a.* advertise. **2.** *tech. allg.* (*zylindrischer Behälter*) drum, barrel, *der Waschmaschine*: drum, tumbler, (*Seil*ℒ) (cable) drum, (*Brems*ℒ) (brake) drum, *des Revolvers*: drum magazine, (*Kabel*ℒ) reel; *Computer*: magnetische ~ magnetic drum. **3.** *anat.* (*Ohr*ℒ) eardrum, tympanum. **~bauch** *m med.* potbelly. **~brem·se** *f tech.* drum brake. **~fell** *n* **1.** *anat.* eardrum, tympanic membrane. **2.** *mus.* (drum) skin, drumhead. **ℒfell·erˌschüt·ternd** *adj colloq. Lärm etc*: earsplitting, deafening. **~feu·er** *n a. fig.* drumfire, barrage; *fig.* ein ~ von Fragen prasselte auf ihn nieder *a.* he was bombarded with questions. **ℒˌför·mig** *adj* drum-shaped, cylindrical.

trom·meln ['trɔməln] **I** *v/i* ⟨h⟩ **1.** (*die Trommel schlagen*) (beat the) drum. **2.** *fig. Regen, Hagel etc*: drum, pelt (an *acc*, gegen at, against *the pane, etc*); an (*od.* gegen) die Tür ~ drum (*stärker*: pummel, bang) at (*od.* on, against) the door; (mit den Fingern) nervös auf den Tisch ~ drum (one's fingers) nervously on the table, drum the table nervously (with one's fingers). **3.** *Hasen, Kaninchen*: tap, drum. **II** *v/t* **4.** drum (*a rhythm, etc*); *humor.* Gott sei's getrommelt und gepfiffen! thank goodness!, thank God! **5.** *fig. colloq.* j-n aus dem Bett (*od.* Schlaf) ~ get s.o. out of bed, knock s.o. up.

'Trom·mel|reˌvol·ver *m* revolver. **~reˌvol·verˌkopf** *m tech.* drum turret. **~schlag** *m* drumbeat. **~schle·gel** *m* drumstick. **~spei·cher** *m Computer*: drum storage (*od.* memory). **~spra·che** *f* language of drums, bush telegraph. **~stock** *m* drumstick. **~wick·lung** *f electr.* drum winding. **~wir·bel** *m* drum roll, *gedämpfter*: *a.* ruffle.

'Tromm·ler *m* ⟨-s; -⟩ drummer.

Trom·pe·te [trɔm'pe:tə] *f* ⟨-; -n⟩ **1.** *mus.* trumpet; die (*od.* auf der) ~ blasen (blow the) trumpet. **2.** *anat.* tube. **trom'pe·ten I** *v/i* ⟨*no* ge-, h⟩ **1.** (*Trompete blasen*) (blow the) trumpet. **2.** *Elefant*: trumpet. **3.** *fig. colloq.* (*sich laut schneuzen*) honk one's nose. **II** *v/t* **4.** (*Melodie etc*) trumpet. **5.** *fig. colloq.* et. (in alle Welt) ~ broadcast s.th. (to the world).

Trom'pe·ten|blä·ser *m* → Trompeter. ≈ˌ**för·mig** *adj* trumpet-shaped. ~**geˌschmet·ter** *n* blare of trumpets. ~ˌ**schall** *m* sound of trumpets: **unter** ~ with trumpets sounding. ~**siˌgnal** *n bes. mil.* trumpet call (*od.* signal). ~ˌ**stoß** *m* trumpet blast, *des Elefanten*: trumpet (-ing). ~ˌ**tier·chen** *n zo.* stentor.

Tromˈpe·ter *m* ‹-s; -› *mus.* trumpeter.

Tro·pe [ˈtroːpə] *f* ‹-; -n› trope.

ˈ**Tro·pen, die** *pl geogr.* the tropics.

ˈ**Tro·pen|ˌanˌzug** *m* tropical suit. ~ˌ**ausˌfüh·rung** *f* tropical design. ≈**beˌstän·dig** *adj* → tropenfest 1. ≈ˌ**fest** *adj* **1.** suitable for the tropics, withstanding tropical conditions. **2.** *med.* tropicalized; ~ **machen** tropicalize. ~ˌ**fie·ber** *n med.* tropical fever. ~**geˌbiet** *n geogr.* tropical region. ~ˌ**helm** *m* sun helmet, topee. ~ˌ**klei·dung** *f* tropical clothes *pl.* ~ˌ**kli·ma** *n* tropical climate. ~ˌ**kol·ler** *m* tropical frenzy. ~ˌ**kran·kenˌhaus** *n* hospital for tropical diseases. ~ˌ**krank·heit** *f* tropical disease. ~**me·diˌzin** *f* tropical medicine. ~ˌ**pflan·ze** *f* tropical plant. ≈ˌ**taug·lich** *adj* → tropenfest. ~**uniˌform** *f* tropical uniform, khakis *pl.* ~**ve·ge·ta·tiˌon** *f* tropical vegetation. ~ˌ**zo·ne** *f geogr.* tropical zone.

Tropf[1] [trɔpf] *m* ‹-(e)s; ⸚e› *colloq. contp.* **1.** (**einfältiger**) ~ simpleton, nincompoop; **armer** ~ poor wretch. **2.** *dial.* good-for-nothing.

Tropf[2] *m* ‹-(e)s; *no pl*› *med. colloq.* **am** ~ **hängen** be on a drip.

Tröpf·chen [ˈtrœpfçən] *n* ‹-s; -› **1.** droplet. **2.** *colloq.* **das ist ein gutes** ~! (*Wein*) that's good stuff! ~**in·fek·tiˌon** *f med.* droplet (*od.* airborne) infection. ≈ˌ**wei·se** *adv* → **tropfenweise.**

tröp·feln [ˈtrœpfəln] **I** *v/i* ‹*h u.* **sein**› **1.** ‹**sein**› *Flüssigkeit*: drip, dribble, trickle, drop. **2.** ‹**h**› *Wasserhahn etc*: drip, leak; → *a.* **tropfen I. 3.** ‹**h**› *med. Ekzem*: weep. **II** *v/t* ‹**h**› **4.** (*Medizin etc*) (**auf** *acc* on to, **in** *acc* into) drip, drop. **III** *v/impers* ‹**h**› **5.** *colloq.* **es tröpfelt** it is spitting with rain.

trop·fen [ˈtrɔpfən] **I** *v/i* ‹*h u.* **sein**› **1.** ‹**sein**› *Flüssigkeit*: drip, drop, fall in drops, *Blut, Harz etc*: *a.* ooze, trickle; **das Wasser ist von der Decke getropft** the water was dripping from the ceiling; **Schweiß tropfte ihm von der Stirn** sweat was dripping from (*od.* off) his forehead. **2.** ‹**h**› (*undicht sein*) *Wasserhahn*: drip, leak, *Topf etc*: (have a) leak. **3.** ‹**h**› (*Tropfen absondern*) *Kerze*: drip, gutter, *Dächer, Bäume, Blätter etc*: drip (**von Tau** *etc* with dew, *etc*), *Nase*: drip, run; **vor Nässe** ~ be dripping (*od.* soaking) wet. **II** *v/t* ‹**h**› **4.** → **tröpfeln** 4.

ˈ**Trop·fen** *m* ‹-s; -› **1.** drop, (*Schweiß*≈, *Bluts*≈) *a.* bead; **es regnet in dicken** ~ the rain is falling in (*od.* it is raining) big drops; **bis auf den letzten** ~ (down) to the last drop; **der Schweiß stand ihm in** ~ **auf der Stirn** there were beads of perspiration on his forehead, sweat beaded on his forehead. **2.** *fig.* **ein guter** (*od.* **edler**) ~ (*Wein*) a splendid (*od.* capital) wine, a good drop. **3.** *fig.* **ein** ~ **Wermut** (*od.* **ein bitterer** ~) **im Becher der Freude** a drop of bitterness in the cup of joy; **dieser** ~ **brachte das Faß zum Überlaufen** this was the straw that broke the camel's back; **ein** ~ **auf den heißen Stein** a drop in the bucket; **steter** ~ **höhlt den Stein** (*Sprichwort*) little strokes fell big oaks. **4.** *pl pharm.* drops; ~ (**ein**)**nehmen** take drops. **5.** (*Schmuckstein*) pear-shaped jewel, drop. ~ˌ**fän·ger** *m* drip catcher. ~ˌ**fla·sche** *f med.* drop bottle. ~ˌ**form** *f* **1.** shape of a drop. **2.** *med.* **in** ~ as drops. ≈ˌ**för·mig** *adj* drop-shaped. ≈ˌ**wei·se** *adv* **1.** by (*od.* in) drops, drop by drop, dropwise. **2.** *fig. colloq.* in dribs and drabs, in bits and pieces.

ˈ**Tropf|ˌfla·sche** *f med.* dropper (*od.* dropping) bottle. ≈ˌ**flüs·sig** *adj tech.* liquid. ~**in·fu·siˌon** *f med.* intravenous drip (*od.* infusion). ≈ˈ**naß** *adj* dripping (*od.* soaking) wet. ~ˌ**öler** *m* ‹-s; -› *tech.* sight-feed (*od.* drip-feed) oiler. ~ˌ**rin·ne** *f mot.* drip mo(u)lding. ~ˌ**schmie·rung** *f tech.* drip-oil lubrication. ~ˌ**stein** *m geol.* dripstone; **herabhängender** ~ stalactite; **stehender** ~ stalagmite. ~ˌ**steinˌhöh·le** *f* stalactite cavern. ~**trans·fu·siˌon** *f med.* drip transfusion.

Tro·phäe [troˈfɛːə] *f* ‹-; -n› *a. fig.* trophy.

tro·phisch [ˈtroːfɪʃ] *adj biol. med.* trophic.

Tro·pho·plas·ma [trofoˈplasma] *n* ‹-s; -plasmen› *biol.* trophoplasm.

ˈ**tro·pisch** *adj geogr.* tropic(al), *biol.* tropic; ~**e Hitze** tropical heat; ~**e Zone** (the) tropics *pl,* tropical zone; *astr.* ~**es Jahr** tropical (*od.* solar) year.

Tro·po|phyt [tropoˈfyːt] *m* ‹-en; -en› *bot.* tropophyte. ~ˈ**sphä·re** [-ˈsfɛːrə] *f* ‹-; *no pl*› *geogr. meteor.* troposphere.

Troß [trɔs] *m* ‹-sses; -sse› **1.** *mil. hist.* baggage (train). **2.** *fig.* (*Gefolge*) retinue, followers *pl,* (*Schar*) party.

Tros·se [ˈtrɔsə] *f* ‹-; -n› hawser.

ˈ**Troßˌknecht** *m mil. hist.* baggage servant.

Trost [troːst] *m* ‹-es; *no pl*› **1.** comfort, consolation, *lit.* solace; **zum** ~(**e**) as a consolation; **welch ein** ~! what (a) comfort!; **ein** ~, **daß** it is a comfort that; **es ist mir ein** ~ (, **daß**) it is a comfort to me (that); **das ist ihr einziger** (**ganzer**) ~ that is her only (one) consolation; *iro.* (**das ist mir**) **ein schöner** ~! nice comfort that!; (**das ist**) **ein schwacher** (*od.* **schlechter**) ~ (that is) cold comfort; ~ **schöpfen aus** (*dat*) derive comfort from, take comfort in; ~ **finden in** (*dat*) find solace in; **bei j-m** (**in e-r Sache**) ~ **suchen** seek comfort from s.o. (in s.th.); **j-m** ~ **bringen** (**gewähren**) bring (afford) s.o. comfort; → *a.* **zusprechen** 1. **2.** (*Person*) comfort(er); **er war ihr ein großer** ~ he was a great comfort to her. **3.** *colloq.* **du bist wohl nicht** (**recht** *od.* **ganz**) **bei** ~(**e**) you must be out of your mind. ≈**beˌdürf·tig** *adj* in want (*od.* need) of comfort (*od.* consolation). ~ˌ**brief** *m* consoling (*od.* consolatory) letter. ≈ˌ**brin·gend** *adj* comforting, consoling, consolatory.

trö·sten [ˈtrøːstən] **I** *v/t* ‹**h**› comfort, console, *lit.* solace; **sie war nicht zu** ~ (**über** *acc*) she was disconsolate (*od.* inconsolable, unconsolable) (at); **das kann mich nicht** ~ that is cold comfort, there is small comfort in that. **II** *v/reflex* **sich** ~ console (*od.* comfort, *lit.* solace) o.s., take (*od.* find) comfort; **tröste dich!** take comfort!; **tröste dich, mir geht's genau so!** I'm in the same boat, if it's any comfort (to know); **sich** ~ **über** (*acc*) *a.* get over *s.th.*; **sich** ~ **mit** console (*od.* comfort) o.s. with; *colloq.* **er tröstete sich mit e-r anderen Frau** he sought consolation with another woman; **sie hat sich schnell getröstet** she soon found somebody else (*od.* someone new). ˈ**trö·stend** *adj* comforting, consoling, consolatory. ˈ**Trö·ster** *m* ‹-s; -› **1.** comforter, consoler; *fig.* **der Alkohol war sein stiller** ~ alcohol was his secret comfort(er). **2.** *relig.* **der** ~ (*der Heilige Geist*) the Comforter.

ˈ**tröst·lich I** *adj* comforting, consoling, consolatory; **das ist nicht eben sehr** ~ that is hardly (very) comforting, there is small comfort in that; **es ist ein** ~**er Gedanke, daß** *a.* it is comforting (*od.* a comfort) to think that; **das klingt** ~ that sounds comforting, *weitS.* (*erfreulich*) that has a cheerful ring. **II** ≈**e, das** ‹-n› the comforting (*od.* consoling) thing (**bei** about).

ˈ**trost|los** *adj* **1.** (*nicht zu trösten*) disconsolate, inconsolable (**über** *acc* at). **2.** *fig. Gegend, Wetter, Aussichten etc*: desolate, bleak, dismal, gloomy, disconsolate, (*jämmerlich*) wretched, pitiful, pathetic, (*verzweifelt*) desperate, (*hoffnungslos*) hopeless. ≈**lo·sig·keit** *f* ‹-; *no pl*› **1.** disconsolateness, desolateness. **2.** *fig. von Gegend, Wetter, Aussichten etc*: desolateness, bleakness, disconsolateness, gloom(iness), *weitS. a.* desperateness, hopelessness. ≈ˌ**preis** *m* consolation (*od.* booby) prize. ~ˌ**reich** *adj* consoling, comforting, consolatory. ≈ˌ**run·de** *f Sport*: consolation round. ≈ˌ**spruch** *m* comforting words *pl.*

ˈ**Trö·stung** *f* ‹-; -en› *lit.* comfort, consolation; *R.C.* **mit den** ~**en der heiligen Kirche versehen** provided with the (last) rites of the Church.

ˈ**Trostˌwort** *n* ‹-(e)s; -e› word of comfort (*od.* consolation), comforting word.

Trott [trɔt] *m* ‹-(e)s; -e› **1.** trot; **im** ~ **reiten** trot; **ein leichter** ~ a jog trot. **2.** *fig. colloq.* jog trot, routine; **wir dürfen nicht in den alten** ~ **zurückfallen** we must not fall back into the old jog trot (*od.* the same old rut); **der tägliche** ~ the daily routine, the trivial round.

Trot·tel [ˈtrɔtəl] *m* ‹-s; -› *colloq. contp.* idiot, moron, nincompoop, num(b)skull, duffer, *sl.* sap, dope. ˈ**trot·tel·haft,** ˈ**trot·te·lig** *adj* idiotic, moronic, *sl.* dop(e)y. ˈ**trot·teln** *v/i* ‹**sein**› *colloq.* → **1. trotten. 2. trödeln.**

trot·ten [ˈtrɔtən] *v/i* ‹**sein**› *colloq.* trot (along), plod, trudge, jog.

Trot·toir [trɔˈtŏaːr] *n* ‹-s; -e *u.* -s› *dial. od. obs. for* **Bürgersteig, Gehsteig.**

trotz [trɔts] *prep* **I** ‹*gen, rare dat*› in spite of, despite, notwithstanding; ~ **s-r Verdienste** *a.* for all his merits. **II** ‹*dat*› ~ **allem,** ~ **alledem** in spite of all that, for all that. **III** ‹*nom*› ~ **Schnee und Kälte** despite the snow and the cold.

Trotz *m* ‹-es; *no pl*› **1.** (*Widerstand*) defiance; ~ **bieten** (*dat*) defy *s.o., s.th.,* brave *s.th., lit.* bid defiance to; (*e-r Sache*) **zum** ~ in defiance of, in the face (*od.* teeth) of. **2.** (*Boshaftigkeit*) spite, malice; **aus purem** (*od.* **reinem**) ~ out of sheer spite; **s-m Vater zum** ~, **aus** ~ **gegen s-n Vater** to spite his father. **3.** (*Eigensinn*) obstinacy, stubbornness; **j-s** ~ **brechen** knock the obstinacy out of s.o. ~ˌ**al·ter** *n* → **Trotzphase.**

ˈ**trotzˌdem** [-ˌdeːm] **I** *adv* (*dennoch*) nevertheless, nonetheless, still, all (*od.* just) the same, in spite of it, for all that; **er sagte es** ~ **nicht** nevertheless (*od.* yet) he did not say it; ~ **kann man nicht glauben, daß** one still cannot believe that, yet one cannot believe that. **II** *conj* (*obwohl*) (al)though, even though, notwithstanding that.

trot·zen [ˈtrɔtsən] *v/i* ‹**h**› **1.** (*j-m od. e-r Sache*) defy, (*bes. e-r Gefahr etc*) *a.* brave; **dem Sturm** ~ *a. fig.* brave (*od.* weather) the storm. **2.** (*schmollen*) sulk, pout, be sulky, be in the sulks, (*störrisch sein*) be obstinate, be stubborn.

ˈ**Trotzˌhal·tung** *f* defiant attitude.

ˈ**trot·zig I** *adj* ‹-er; -st› **1.** (*schmollend*) sulky; **ein** ~**es Gesicht machen** put on a sulky face, sulk, pout. **2.** (*widerspenstig*) defiant, refractory, (*eigensinnig*) obstinate, stubborn, headstrong, *stärker*: pigheaded, mulish, (*herausfordernd*) defiant (*reply*). **II** *adv* **3.** ~ **schweigen** keep silent defiantly; **sich ~ wehren** resist bravely (*od.* valiantly, doggedly).

Trotz·kis·mus [trɔtsˈkɪsmʊs] *m* ‹-; *no pl*› *pol.* Trotskyism. **Trotz'kist** [-ˈkɪst] *m* ‹-en; -en› Trotskyist, Trotskyite.

'Trotz|ˌkopf *m* sulky child, *weitS.* stubborn (*od.* obstinate, *stärker*: pigheaded) person; **s-n ~ aufsetzen** sulk, pout. **≗ˌköp·fig** [-ˌkœpfɪç] *adj* → **trotzig** I. **~ˌpha·se** *f psych.* phase of defiance (*od.* obstinacy). **~re·ak·tiˌon** *f* act of defiance.

Trou·ba·dour [ˈtru:badu:r; trubaˈdu:r] *m* ‹-s; -e *u.* -s› troubadour.

'Troy·geˌwicht [ˈtrɔʏ-] *n* ‹-(e)s; *no pl*› *econ.* troy weight.

trüb [try:p] *adj* ‹-er; -st› → **trübe**.

trü·be [ˈtry:bə] *adj* ‹-r; **trübst**› **1.** *Flüssigkeiten*: cloudy, turbid, troubled, muddy, *Glas, Edelsteine*: cloudy, *Sicht*: blurred, dim; *fig.* **im ~n fischen** fish in troubled waters. **2.** (*glanzlos*) *Augen*: dull, dim, *a. Spiegel*: cloudy, *Metall*: dull, tarnished. **3.** (*ohne Leuchtkraft*) *Licht, Lampe*: dim, *Sterne*: dim, wan, *Farben*: dull, sombre (*Am.* somber). **4.** *Wetter, Himmel*: murky, gloomy, dull, cloudy; **es wird** ~ *a.* it is clouding over. **5.** *fig. Stimmung, Gedanken, Aussichten etc*: gloomy, dismal, sombre (*Am.* somber), doleful, bleak; **in ~r Stimmung sein** be in a gloomy mood, *colloq.* be (down) in the dumps, have the blues, feel blue; **~en Zeiten entgegensehen** foresee gloomy days; **~ Tage durchmachen** go through a bad patch; **das sieht ~ aus, es sieht ~ damit aus** things are looking bad (*colloq.* blue), bad prospects. **6.** *fig.* (*traurig*) *Erfahrungen etc*: sad, unhappy, unfortunate.

Tru·bel [ˈtru:bəl] *m* ‹-s; *no pl*› **1.** (*Gewühl*) hubbub, bustle, hurly-burly; (*Menschenmenge*) milling crowd, throng; **sich in den ~ stürzen** plunge into the hubbub. **2.** *fig.* (*Durcheinander*) fuss, excitement, turbulence, *colloq.* rumpus.

trü·ben [ˈtry:bən] **I** *v/t* ‹h› **1.** (*Flüssigkeit*) make cloudy (*od.* turbid), trouble, muddy, cloud, (*Glas*) cloud, dim. **2.** (*Metall*) tarnish, dull. **3.** (*Farben*) dull, sombre (*Am.* somber), darken. **4.** (*Blick, Sicht*) blur, dim, blear, cloud; **Tränen trübten ihren Blick** her eyes were dimmed (*od.* blinded) by tears. **5.** (*Himmel*) cloud, obscure. **6.** *fig.* (*Stimmung*) mar, spoil, cast a cloud over (*od.* on). **7.** *fig.* (*Blick, Urteil*) obscure; **j-m den (klaren) Blick (für e-e Sache) ~** obscure s.o.'s judg(e)ment (of s.th.); **j-s Urteil ~** bias (*od.* warp) s.o.'s judg(e)ment. **8.** *fig.* (*Geist, Verstand*) dull, becloud, obscure, overcloud. **9.** *fig.* (*Beziehungen*) (over-) cloud, poison. **II** *v/reflex* **sich ~ 10.** *Glas*: cloud, grow (*od.* become) cloudy, *Flüssigkeit*: *a.* grow (*od.* become) turbid (*od.* muddy). **11.** *Farben*: dull, sombre (*Am.* somber), darken. **12.** *Metall*: (become) dull, tarnish. **13.** *Blick, Sicht*: blur, dim. **14.** *Himmel*: cloud over, become overcast. **15.** *fig. Stimmung*: cloud. **16.** *fig. Geist, Verstand*: (become) dull. **17.** *fig. Beziehungen etc*: become strained.

'Trübˌglas *n* ‹-es; ⸚er› *tech.* opaque (*od.* opal) glass.

'Trüb·heit *f* ‹-; *no pl*› **1.** *von Flüssigkeit*: cloudiness, turbidity, turbidness, muddiness, *von Glas, Spiegel, Edelsteinen*: cloudiness, *von Sicht*: blurredness, dimness. **2.** *von Farben*: dul(l)ness, somb/reness (*Am.* -er-), *von Licht, Lampe*: dimness. **3.** *von Augen*: dul(l)ness, dimness, *von Metall*: tarnish. **4.** *von Wetter, Himmel*: dul(l)ness, murkiness, dreariness, gloominess, cloudiness. **5.** *fig. von Stimmung, Gedanken etc*: gloominess, dismalness, somb/reness (*Am.* -er-), dolefulness, bleakness.

Trüb·nis [ˈtry:pnɪs] *f* ‹-; -se› *poet.* → **1.** Trübheit. **2.** Betrübnis.

Trüb·sal [ˈtry:pza:l] *f* ‹-; -e› *poet.* (*Leid*) sorrow, grief, affliction, woe, (*Elend*) misery, *Bibl.* tribulation, affliction; *fig. colloq.* **~ blasen** mope, be in the doldrums, be (down) in the dumps, have the blues, feel blue.

'trübˌse·lig *adj allg.* gloomy, doleful, (*elend*) wretched, miserable, *Person*: *a.* woeful, woebegone, forlorn, *colloq. Wetter, Tag, Gegend*: *a.* bleak, dismal, dreary; *fig. colloq.* **~er Rest** sad remains *pl.* **≗keit** *f* ‹-; *no pl*› *allg.* gloominess, dolefulness, (*Elend*) wretchedness, misery, *von Personen*: *a.* woefulness, forlornness, *colloq. e-r Gegend, des Wetters etc*: *a.* bleakness, dismalness, dreariness.

'Trübˌsinn *m* ‹-(e)s; *no pl*› melancholy, gloom(iness), low spirits *pl.* **'trübˌsin·nig** *adj* melancholy, melancholic, gloomy, low-spirited.

'Trü·bung *f* ‹-; -en› **1.** (*Tätigkeit, Vorgang*) clouding, making cloudy (*od.* turbid, muddy), dimming (*etc*); → **trüben** I. **2.** (*trübe Stelle*) cloudy (*od.* dull, dim) spot. **3.** (*Zustand*) → **Trübheit** 1–3; **e-e leichte ~ aufweisen** be slightly cloudy. **4. ~ des Bewußtseins, ~ des Geistes** → **Bewußtseinstrübung**. **5.** *fig.* (*Störung*) disturbance (*od.* straining) (*of diplomatic relations, etc*). **6.** *med. der Linse*: opacity. **7.** *bei Lackfarben*: blushing.

Truch·seß [ˈtrʊxzɛs] *m* ‹-sses; -sse› *hist.* sewer, *in England*: *etwa* lord high steward.

tru·deln [ˈtru:dəln] *aer.* **I** *v/i* ‹sein› spin. **II ≗** *n* ‹-s› (tail) spin; **ins ≗ kommen** fall (*od.* get, go) into a spin.

Trüf·fel [ˈtrʏfəl] *f* ‹-; -n› **1.** *bot.* truffle; *gastr.* **mit ~n** *a.* truffled. **2.** (*Praline*) truffle. **~ˌle·ber·paˌste·te** *f gastr.* truffled liver paste.

trüf·feln [ˈtrʏfəln] *v/t* ‹h› *gastr.* flavo(u)r (*od.* enrich, stuff, cook, garnish) *s.th.* with truffles.

trug [tru:k] *1 u. 3 sg pret of* **tragen**.

Trug *m* ‹-(e)s; *no pl*› (*Täuschung*) deceit, fraud, imposture, (*Unwahrheit*) falsehood, lie, *der Sinne*: delusion. **~ˌbild** *n* (*Sinnestäuschung*) illusion, hallucination, mirage, (*Erscheinung*) phantom, vision.

trü·ge [ˈtry:gə] *1 u. 3 sg pret subj of* **tragen**.

trü·gen [ˈtry:gən] **I** *v/t* ‹**trügt, trog, getrogen,** h› deceive; **wenn mein Gedächtnis mich nicht trügt** if I remember rightly, if my memory serves me right; **wenn m-e Augen mich nicht ~** if my eyes do not deceive me; **die Hoffnung trog ihn** he was disappointed in his hope. **II** *v/i* be deceptive, be deceitful; **wenn nicht alle Zeichen ~** unless all signs fail; → **Schein**[2] 1. **'trü·ge·risch** *adj* **1.** (*be~*) deceitful; **ein ~es Spiel mit j-m treiben** play a deceitful game with s.o., play s.o. false. **2.** (*täuschend*) deceptive, misleading, *a. Eis etc*: deceitful, (*illusorisch, unwirklich*) illusory, delusive.

'Trug|geˌbil·de *n* phantom. **~ˌschluß** *m* **1.** fallacy, wrong (*od.* erroneous) conclusion; **das ist ein ~ von dir** you are wrong there, you have got the wrong idea there. **2.** *philos.* paralogism. **3.** *mus.* deceptive (*od.* delusive) cadence.

Tru·he [ˈtru:ə] *f* ‹-; -n› **1.** chest. **2.** (*Radio≗ etc*) cabinet, console.

Trumm [trʊm] *n* ‹-(e)s; ⸚er› *dial.* **1.** (*Stück*) piece, lump. **2. ein ~ Mannsbild** a hulk of a man.

Trüm·mer [ˈtrʏmər] *pl* **1.** (*Schutt*) rubble *sg*, debris *sg*, (*Ruinen*) ruins; **aus den ~n erstehen** arise from the ruins; **in ~ legen** lay in ruins; **in ~n liegen** be (*od.* lie) in ruins. **2.** (*Stücke*) pieces, bits, fragments; **in ~ schlagen** smash *s.th.* to pieces (*od.* bits), wreck; **in ~ gehen** go to (*od.* break in) pieces (*od.* bits). **3.** (*Schiffs≗*) wreck(age) *sg.* **4.** *geol.* debris *sg.* **5.** (*Überreste*) remnants, remains. **≗beˌsät** *adj* strewn with debris, covered with wreckage. **~ˌfeld** *n* **1.** expanse of ruins. **2.** → Trümmerhaufen 2. **~ˌgrundˌstück** *n* bombed site. **~ˌhau·fen** *m* **1.** heap of ruins (*od.* rubble, debris). **2.** *fig.* shambles *pl* (*als sg konstruiert*); **in e-n ~ verwandeln** turn (*a town, etc*) into a shambles. **~ˌstät·te** *f* → **1.** Trümmerfeld 1. **2.** Trümmerhaufen 2.

Trumpf [trʊmpf] *m* ‹-(e)s; ⸚e› **1.** ‹*only sg*› (*~farbe*) *Kartenspiel*: trump(s *pl*); **was ist ~?** what are trumps?; **Pik ist ~** spades are trumps; **~ spielen** play trumps; **~ ausspielen** lead trumps, lead off a trump; *fig.* **~ sein** (*in Mode sein*) be in, be all the rage; **Höflichkeit ist ~** courtesy is the word. **2.** (*~karte u. fig. Vorteil*) trump; **e-n ~ (aus)spielen** (play a) trump; **mit e-m ~ stechen** trump; *a. fig.* **alle Trümpfe in der Hand haben** have all the trumps in one's hand, hold all the trumps; *fig.* **s-n letzten** (*od.* **besten**) **~ ausspielen** play one's trump card; **s-e besten Trümpfe aus der Hand geben** give away one's best trumps. **~ˌas** *n* ace of trumps. **~ˌbu·be** *m* jack (*od.* knave) of trumps. **~ˌda·me** *f* queen of trumps.

trump·fen [ˈtrʊmpfən] *v/i u. v/t* ‹h› *Kartenspiel*: trump.

'Trumpf|ˌfar·be *f Kartenspiel*: trump (suit), trumps *pl.* **~ˌkar·te** *f* trump (card). **~ˌkö·nig** *m* king of trumps.

'Trumˌscheit *n* ‹-(e)s; -e› *mus.* trumpet marine, marine trumpet, *a.* monochord.

Trunk[1] [trʊŋk] *m* ‹-(e)s; *rare* -e› *archaic od. lit.* drink; **j-m e-n ~ reichen** give s.o. a drink, give s.o. to drink.

Trunk[2] *m* ‹-(e)s; *no pl*› **1.** (*~sucht*) drinking; **sich dem ~ ergeben** take to drinking; **dem ~ verfallen** (*od.* **ergeben**) given (*od.* addicted) to drink. **2.** (*Rausch*) drunkenness; **er hat es im ~ getan** he did it while (he was) drunk.

trun·ken [ˈtrʊŋkən] *adj obs. od. poet.* (**von**, *fig. a.* **vor** with) drunken, inebriated, intoxicated, ‹*pred*› drunk. **≗ˌbold** [-ˌbɔlt] *m* ‹-(e)s; -e› *contp.* drunkard, inebriate, sot. **≗heit** *f* ‹-; *no pl*› **1.** *archaic for* **Betrunkenheit**. **2.** *jur.* **~ am Steuer** driving while under the influence of drink (*od.* alcohol), drunken (*Am. a.* drunk) driving, *colloq.* driving under the influence. **3.** *fig. lit.* drunkenness, inebriation, intoxication.

'Trunk|sucht *f* ‹-; *no pl*› drunkenness, alcoholism, *med.* dipsomania; **chronische ~** inebriety. **≗ˌsüch·tig** *adj* addicted (*od.* given) to drink, alcoholic, *med.* dipsomaniac.

Trupp [trʊp] *m* ‹-s; -s› gang, crew, troop, band, party, *mil. a.* squad, *von Tieren*: troop, herd.

Trup·pe [ˈtrʊpə] *f* ‹-; -n› **1.** *mil.* troop, body (of men), (*Einheit*) unit; **die ~n** *pl collect.* the services, the (armed) forces. **2.** *thea.* company, troupe.

'Trup·pen|abˌbau *m* → Truppenreduzierung. **~anˌsamm·lung** *f* concentration of forces. **~ˌarzt** *m* (unit) medical officer. **~ausˌhe·bung** *f* levy (of troops), conscription. **~beˌfehlsˌha·ber** *m* commander (in chief). **~beˌtreu·ung** *f* Army Welfare Services *pl*, *Am.* Special Services *pl.* **~beˌwe·gung** *f* movement (of troops). **~ˌein-**

ˌ**heit** *f* unit, element. **~gat·tung** *f* arm, branch (of service). **~kon·tinˌgent** *n* contingent. **~of·fiˌzier** *m* line officer. **~paˌra·de** *f* (military) review. **~re·du-ˌzie·rung** *f* reduction of forces, force reduction. **~ˌstär·ke** *f* (troops) strength. **~ˌteil** *m* unit, formation. **~transˌpor·ter** *m* **1.** troopship, carrier. **2.** troop carrier (aircraft). **~ˌübung** *f* field exercise. **~ˌübungsˌplatz** *m* training area. **~- ˌund 'Waf·fenˌgat·tun·gen** *pl* arms and branches of service. **~unˌterˌkunft** *f* billet, quarters *pl*. **~verˌband** *m* unit, formation, *für besondere Aufgaben*: task force. **~verˌband(s)ˌplatz** *m* advanced field dressing station, *Am.* local aid post, clearing station. **~verˌschie·bung** *f* **1.** movement of troops. **2.** redeployment. **~verˌstär·kung** *f* reinforcements *pl*, (*Ersatz*) replacements *pl*. **~ˌzei·chen** *n* unit badge, unit insignia *pl*.

'Trupp|ˌfüh·rer *m* squad leader. **≈ˌwei·se** *adv* in gangs, in squads.

Trü·sche ['try:ʃə] *f* ⟨-; -n⟩ *ichth.* burbot.

Trust [trast; trʊst; trʌst] (*Engl.*) *m* ⟨-(e)s; -e *u.* -s⟩ (*Konzern*) trust. **~ˌbil·dung** *f* formation of trusts, trustification.

'Trut|ˌhahn ['tru:t-] *m* turkey(-cock). **~ˌhen·ne** *f* turkey(-hen). **~ˌhüh·ner** *pl* turkey fowls, turkeys.

Trutz [trʊts] *m* ⟨-es; *no pl*⟩ *obs. od. poet. for* Trotz 1.

Tscha·ko ['tʃako] *m* ⟨-s; -s⟩ shako.

tschau [tʃaʊ] *interj* → **tschüs.**

Tsche·che ['tʃɛçə] *m* ⟨-n; -n⟩ Czech. **'Tsche·chin** *f* ⟨-; -nen⟩ Czech (woman *od.* girl). **'tsche·chisch I** *adj* Czech. **II** *ling.* ≈ ⟨*generally undeclined*⟩, **das ≈e** ⟨-n⟩ Czech.

Tsche·cho·slo|wa·ke [tʃɛçoslo'va:kə] *m* ⟨-n; -n⟩, **~'wa·kin** *f* ⟨-; -nen⟩, **≈'wa·kisch** *adj* Czechoslovak(ian).

Tscher|kes·se [tʃɛr'kɛsə] *m* ⟨-n; -n⟩, **~'kes·sin** *f* ⟨-; -nen⟩, **≈'kes·sisch** *adj* Circassian.

tschil·pen ['tʃɪlpən] *v/i* ⟨h⟩ *Sperling*: chirp, twitter.

tschüs [tʃʏs] *interj colloq.* bye-bye, so long, *bes. Br.* cheerio.

'Tse·tseˌflie·ge ['tsɛtse-] *f* tsetse (fly).

'T-ˌTrä·ger ['te:-] *m tech.* T-beam, T-girder.

Tua·reg ['tu̯a:rɛk; 'tu:arɛk] *m* ⟨-s; -s⟩ Tuareg. **~, das** ⟨-(s)⟩ *ling.* Tuareg.

Tu·ba ['tu:ba] *f* ⟨-; Tuben⟩ **1.** *mus.* tuba. **2.** → **Tube** 3.

Tu·be ['tu:bə] *f* ⟨-; -n⟩ **1.** tube; **e-e ~ Zahnpasta** a tube of toothpaste. **2.** *mot. colloq. u. weitS.* **auf die ~ drücken** (*das Tempo erhöhen*) step on it, *bes. Am.* step on the gas. **3.** *anat.* a) tube, tuba, b) → **Eileiter.**

Tu·ber ['tu:bər] *m* ⟨-s; -⟩ *med.* (*Höcker*) tuber(osity).

Tu·ber·kel [tu'bɛrkəl] *m* ⟨-s; -⟩, *f* ⟨-; -n⟩ *med.* tubercle. **~baˌzil·lus** *m* tubercle bacillus.

Tu·ber·ku·lin [tubɛrku'li:n] *n* ⟨-s; *no pl*⟩ *med. pharm.* Koch's lymph, tuberculin. **~ˌpro·be** *f* tuberculin test.

tu·ber·ku·lös [tubɛrku'lø:s] *adj med.* tuberculous, consumptive.

Tu·ber·ku·lo·se [tubɛrku'lo:zə] *f* ⟨-; -n⟩ *med.* tuberculosis. **~beˌkämp·fung** *f* tuberculosis control. **~erˌre·ger** *m* tubercle bacillus. **~ˌimp·fung** *f* BCG vaccination. **≈ˌkrank** *adj* tuberculous. **≈verˌdäch·tig** *adj* suspected of tuberculosis.

Tu·be·ro·se [tube'ro:zə] *f* ⟨-; -n⟩ *bot.* tuberose.

Tu·bus ['tu:bʊs] *m* ⟨-; -ben *u.* -se⟩ *am Mikroskop, Fernrohr etc*: tube.

Tuch[1] [tu:x] *n* ⟨-(e)s; -e⟩ *Textil.* cloth, fabric.

Tuch[2] *n* ⟨-(e)s; ⸚er⟩ *allg.* cloth, (*Kopf≈*) scarf, kerchief, (*Umhänge≈*) shawl, (*Hals≈*) scarf, neckerchief, *wollenes*: muffler, (*Staub≈*) duster, (*Wisch≈*) cloth, rag, (*Bade≈*) bath towel; *fig.* **das wirkt auf ihn wie** (*od.* **das ist für ihn**) **ein rotes ~** that is a red rag to him, to him it is like a red rag to a bull.

'Tuch|faˌbrik *f* cloth mill (*od.* factory). **~ˌfüh·lung** *f mil.* close touch (*od.* interval); **in ~** shoulder to shoulder; *fig.* **~ haben** (*od.* **in ~ stehen**) (**mit**) be in close contact (*od.* touch) (with), *engS.* rub shoulders (with); **auf ~ gehen** (*nahe aneinanderrücken*) huddle together; **in ~ bleiben** keep in touch; **die ~ verlieren** lose touch (*od.* contact). **~ˌhan·del** *m* cloth trade, drapery business (*od.* trade). **~ˌhänd·ler** *m* cloth merchant, draper.

tüch·tig ['tʏçtɪç] **I** *adj* **1.** *Person*: (*gut*) good, fine, (*fähig*) capable, competent, able, qualified, (*geschult, geübt, erfahren*) proficient, (*geschickt*) clever, skil(l)ful, (*arbeitsam*) hardworking, industrious, (*leistungsfähig*) efficient; **~ in** (*dat*) good at, proficient in (*od.* at), strong in, clever at, *weitS.* well versed in; **er ist sehr ~ in s-m Fach** *a.* he knows (*od.* understands) his business well; *colloq.* **~!, ~!** pretty (*od.* jolly) good!, good for you (*od.* him, them)! **2. e-e ~e Arbeit** a good (*od.* fine) job; **e-e ~e** (*vortreffliche*) **Leistung** an excellent performance. **3.** *dial. colloq.* (*stark, beträchtlich, heftig, groß*) good; **ein ~er Stoß** a good (hard) punch; **e-e ~e Tracht Prügel** a good (*od.* sound) hiding (*od.* thrashing); **e-e ~e Mahlzeit** a good (*od.* a [good] square) meal; **ein ~er Appetit** a good (*od.* hearty) appetite; **ein ~er Esser** a hearty eater; **e-n ~en Schluck nehmen** take a (good) swig; **e-e ~e Portion** a good (*od.* fair-sized) helping; **ein ~es Stück** (**Kuchen**) a good (*od.* decent) piece (of cake); **ich hatte ~e Halsschmerzen** I had a pretty sore throat, I had quite a sore throat. **II** *adv* **4.** *bes. dial. colloq.* (*viel, sehr*) quite a lot, (*kräftig, mächtig*) vigorously, *sl.* like blazes, like hell, (*gründlich*) thoroughly, well; **~ arbeiten** (**lernen**) work (study) hard; **j-n ~ verprügeln** give s.o. a sound beating (*od.* thrashing); **~ zulangen** *beim Essen*: tuck in, eat up, fall to; **dem Wein ~ zusprechen** do justice to the wine. **'Tüch·ti·ge** *m, f* ⟨-n; -n⟩ efficient (*od.* hardworking, industrious) person; → **Bahn**[2] 1. **'Tüch·tig·keit** *f* ⟨-; *no pl*⟩ (*Fähigkeit*) capability, competence, ability, qualities *pl*, (*Können*) proficiency, (*Geschicklichkeit*) skill, skil(l)fulness, cleverness, (*Arbeitsamkeit*) industry, (*Leistungsfähigkeit*) efficiency; **körperliche ~** fitness.

Tücke (*getr.* **-k·k-**) ['tʏkə] *f* ⟨-; -n⟩ **1.** (*Boshaftigkeit*) malice, spite, maliciousness, (*Hinterlist*) deceit(fulness), *stärker*: insidiousness, perfidy, (*verborgene Gefahr*) *a.* treacherousness; **die ~ des Objekts** the cussedness of the inanimate; **der Strom hat s-e ~n** the river is treacherous; **das hat s-e ~n** that's rather tricky (*od.* snaggy). **2.** (*tückische Handlung, Streich*) trick, perfidy, *pl a.* wiles, trickery *sg*; **die ~n des Schicksals** the tricks of fortune.

tuckern (*getr.* **-k·k-**) ['tʊkərn] *v/i* ⟨h *u.* sein⟩ **1.** ⟨h⟩ chug, put(t)-put(t). **2.** ⟨sein⟩ (*~d fahren*) chug; **wir sind über den See getuckert** we chugged across the lake.

'tückisch (*getr.* **-k·k-**) *adj* (*boshaft*) malicious, spiteful, (*hinterlistig*) deceitful, *stärker*: insidious, perfidious, *Tier, Angriff etc*: vicious, *Krankheit*: insidious, malignant, (*gefährlich*) *Eis, Straße*: treacherous.

'Tu·dorˌstil ['tu:dɔr-] *m* ⟨-s; *no pl*⟩ Tudor style.

Tue·rei [tu:ə'raɪ] *f* ⟨-; *no pl*⟩ → **Getue.**

Tuff [tʊf] *m* ⟨-s; -e⟩ *geol.* **1.** tuff. **2.** → **~ˌstein** *m* ⟨-s; *no pl*⟩ (calcareous) tufa.

'Tüf·telˌar·beit *f* ⟨-; *no pl*⟩ tedious and delicate (*od.* tricky) work (*od.* job). **Tüf·te'lei** *f* ⟨-; -en⟩ *colloq.* **1.** *fig.* hairsplitting, subtleties *pl*, sophistry. **2.** → **Tüftelarbeit.** **'Tüf·te·ler** *m* ⟨-s; -⟩ → **Tüftler.** **'tüf·te·lig** *adj colloq.* **1.** *Person*: (over-) meticulous, punctilious, fussy, pernickety. **2.** *Sache*: tricky, delicate. **tüf·teln** ['tʏftəln] *v/i* ⟨h⟩ **1.** (**an** *dat*) (*gewissenhaft arbeiten*) work meticulously (at, on), (*basteln*) tinker (*od.* potter, *Am. a.* putter) (at), *fig.* (*sich den Kopf zerbrechen, grübeln*) rack one's brains (about), puzzle (*od.* pore) (over); *fig.* **da gibt es nichts zu ~** that's a (hard) fact. **2.** (**über** *acc* about, over) (*kleinlich sein*) be fussy, *colloq.* be pernickety, (*haarspalten*) split hairs, subtilize, quibble. **'Tüft·ler** *m* ⟨-s; -⟩ *colloq.* **1.** meticulous worker, (*Bastler*) tinkerer, *aus Passion*: demon for puzzling things out. **2.** (*Pedant*) fusspot, hairsplitter, quibbler. **'tüft·lig** *adj* → **tüftelig.**

Tu·gend ['tu:gənt] *f* ⟨-; -en⟩ **1.** ⟨*only sg*⟩ virtue; **~ und Laster** virtue and vice; *fig. iro.* **auf dem Pfad der ~ wandeln** follow the path of virtue, keep to the straight and narrow; **vom Pfad der ~ abweichen** wander from the path of virtue; **Ausbund an ~** → **Tugendbold**; **es sich** (*dat*) **zur ~ machen, et. zu tun** make a virtue of doing s.th.; → **Not** 2. **2.** (*gute Eigenschaft*) virtue, (good) quality. **~ˌbold** [-ˌbɔlt] *m* ⟨-(e)s; -e⟩ *iro.* paragon of virtue, prig. **≈haft** *adj* virtuous. **~haf·tig·keit** *f* ⟨-; *no pl*⟩ virtue, virtuousness. **~ˌheld** *m* → **Tugendbold.** **~ˌpre·di·ger** *m iro.* moralizer. **≈ˌreich** *adj* most virtuous. **≈sam** *adj* virtuous. **~ˌwäch·ter** *m colloq. iro.* guardian of virtue.

Tu·kan ['tu:kan; tu'ka:n] *m* ⟨-s; -e⟩ *orn.* pepper bird, toucan.

Tüll [tʏl] *m* ⟨-s; -e⟩ *Textil.* tulle.

Tül·le ['tʏlə] *f* ⟨-; -n⟩ **1.** (*Gießröhre*) spout. **2.** *tech.* (*Fassung*) socket.

'Tüllˌspit·ze *f* net lace.

Tul·pe ['tʊlpə] *f* ⟨-; -n⟩ **1.** *bot.* tulip. **2.** *dial. colloq.* (*Bierglas*) tulip(-shaped glass).

'Tul·pen|ˌbeet *n* bed of tulips. **~ˌzwie·bel** *f bot.* tulip bulb.

tum·meln ['tʊməln] **I** *v/reflex* ⟨h⟩ **sich ~ 1.** (*herumtollen*) romp (*od.* frolic, gambol, frisk) (about *od.* around), *im Wasser*: *a.* splash (about *od.* around). **2.** *colloq.* (*sich beeilen*) hurry up, get going, get a move on, *Am. a.* hustle; **tummle dich!** *a.* look sharp (about it)!, look alive!, make it snappy! **II** *v/t* **3.** (*Pferd*) exercise, work.

'Tum·melˌplatz *m a. fig.* playground.

Tümm·ler ['tʏmlər] *m* ⟨-s; -⟩ **1.** *ichth.* porpoise. **2.** *orn.* tumbler.

Tu·mor ['tu:mɔr] *m* ⟨-s; -en [tu'mo:rən], *colloq.* -e [tu'mo:rə]⟩ *med.* tumo(u)r.

Tüm·pel ['tʏmpəl] *m* ⟨-s; -⟩ pool.

Tu·mult [tu'mʊlt] *m* ⟨-(e)s; -e⟩ **1.** (*Getümmel, Durcheinander, a. fig. der Gefühle etc*) tumult, turmoil, uproar, commotion. **2.** (*Auflauf, Aufruhr*) tumult, uproar, *stärker*: riot, row, *colloq.* rumpus. **Tu·mul·tu·ant** [tumul'tu̯ant] *m* ⟨-en; -en⟩ rioter. **tu·mul·tua·risch** [tumʊl'tu̯a:rɪʃ] *adj* tumultuous.

Tu·mu·lus ['tu:mulʊs] *m* ⟨-; -li [-li]⟩ *hist.* (*Hügelgrab*) tumulus.

tun [tu:n] **I** *v/t* ⟨tue, tust, tut, tat, getan,

h⟩ **1.** do; **was tust du heute abend?** what are you doing tonight?; **ich weiß nicht, was ich ~ soll** I don't know what (I am) to do, (*ich bin ratlos*) *a.* I don't know where to turn; **ich muß heute noch viel ~** I still have a lot to do today; **ich habe nichts zu tun (als** *od.* **außer zu lesen** *etc*) I have nothing to do (but read, *etc*); **er tut den ganzen Tag nichts** he doesn't do a thing (*od.* he does nothing) all day (long); **er tut nichts als jammern** he does nothing but complain; **et. ~ gegen** do s.th. about *s.th.*; **tu doch endlich was!** a) (*arbeite*) do (*od.* get down to) a bit of work!, b) (*unternimm et. dagegen*) do s.th. about it!; *colloq.* **du mußt ein bißchen was ~** you must do (*od.* get down to) a bit of work; **was ist zu ~?** what is to be done?, what wants (*od.* needs) doing?; **wir wollen sehen, was sich ~ läßt** we'll see what can be done (about it); **ich kann nichts dazu ~** I cannot do anything (*od.* a thing) about it, I can do nothing about it, I cannot help it; **ich habe getan, was ich konnte** I did what I could; **ich kann ~, was ich will; was ich auch tue** no matter what I do; **sein möglichstes ~** do one's level best, do one's utmost; **alles (erdenkliche) für j-n ~** do everything (imaginable *od.* one can think of) for s.o.; **ich tue et. für m-e Bildung** I do s.th. for my education; **das wäre getan** that's that; **das ist so gut wie getan** it's as good as done; **das ist schnell getan** that doesn't (*od.* won't) take long; **das können Sie ~ oder auch lassen** (you can) do it or leave it!; **er weiß genau, was man zu ~ und zu lassen hat** he knows all the do's and the don't's; **das** (*od.* **so et.**) **tut man (doch) nicht** that (simply) is not done; **so was tue ich nicht** I wouldn't do a thing like that; **unter diesem Betrag** (*od.* **darunter**) **tut er's nicht** he won't do it for less; **andere Dinge zu ~ haben** have other things to do, have other fish to fry; **j-m et. zu ~ geben** give s.o. s.th. to do; **et. an e-r Sache ~** do some work on s.th., work at (*od.* on) s.th.; → **getan. 2.** (*verrichten*) do, perform; **e-e Arbeit ~** do work, do a job. **3.** *colloq. et. an od. auf e-n Platz*: put; **tu es dorthin!** put it there!; **et. in e-e Schachtel ~** put s.th. in(to) a box; **et. beiseite ~** put s.th. aside; **Salz an die Speisen ~** *a.* salt the food; **j-n auf die Schule (in ein Heim) ~** send s.o. to school (to a home). **4.** (*genügen, gut genug sein*) do, be enough; **dieser Stuhl hier tut's auch** this chair will do; **Sparen allein tut es nicht** saving alone is not enough; **damit ist es (noch) nicht getan** it's not as simple as all that, that's only half the battle. **5.** *colloq.* (*funktionieren*) go, work; **der alte Wagen tut's nicht mehr** the old car won't (*od.* doesn't) go anymore. **6.** (*anrichten*) do; **was hat er denn getan?** what has he done?; **ich habe es nicht getan** I didn't do it, it wasn't me; **wer hat es getan?** who did it?, who was it?; **tu es nicht wieder!** don't do it again!, don't let that happen again! **7. j-m et. ~** (*antun*) do s.th. (harmful) to s.o., harm s.o.; **was hat er dir getan?** what did he do to you?; **tu mir nichts, ich tu dir auch nichts** (you) leave me alone and I'll leave you alone; **was du nicht willst, daß man dir tu, das füg auch k-m anderen zu** (*Sprichwort*) do as you would be done by. **8. nichts mit j-m zu ~ haben** have nothing to do with s.o., have no dealings (*od.* no truck) with s.o.; **ich will mit ihr nichts mehr zu ~ haben** *a.* I have done (*od.* I'm through) with her. **9. et. (viel, nichts) mit e-r Sache zu ~ haben** have s.th. (a great deal, nothing) to do with s.th.; **das hat ja damit nichts zu ~** (but) that has nothing to do with it (*od.* that). **10. es zu ~ haben mit** *allg.* be dealing with; **es zu ~ bekommen** (*colloq.* **kriegen**) **mit** (*Schwierigkeiten bekommen*) get into trouble with, *mit e-r Person*: *a.* have *s.o.* down on one, (*konfrontiert sein*) find o.s. up against, be confronted with; **es mit der Angst zu ~ bekommen** get scared, *Br. sl.* get the wind up. **11.** *in Verbindung mit Substantiven*: **e-e Äußerung (Bitte) ~** make a statement (request); **e-n Schritt ~** take a step; **e-n Schrei ~** give a shout; → *entsprechende Substantive.* **12.** *betonend, mit vorangestelltem Infinitiv*: **singen tut sie gern** she does like to sing. **13.** *colloq. inkorrekt zur Umschreibung des Präsens*: **sie tut schreiben** she is writing. **14.** (*wichtig sein*) matter, be important; **das tut nichts** it doesn't matter, it makes no difference, never mind; **was tut's, was tut das schon** what does it matter, what difference does it make. **II** *v/i* **15. zu ~ haben** have work to do, (*beschäftigt sein*) be busy; **ich habe noch in der Stadt zu ~** I have a few things to do in town, I have some business (to do) in town; **ich hatte (ganz schön) zu ~, um** *inf* I had (quite) a job (*od.* a hard job) *ger od.* to *inf*; **wir haben noch zu ~, wenn** (*müssen uns beeilen*) we('ll) have to hurry up (*colloq.* get a move on) if. **16. mit j-m zu ~ haben** have dealings with s.o., have to do with s.o., *bes. geschäftlich*: have business (to do) with s.o.; **hast du je mit Herrn X zu ~ gehabt?** *a.* did you ever come across Mr X? **17. mit e-r Sache zu ~ haben** (*verbunden sein*) have (s.th.) to do with s.th., be connected with s.th., (*betreffen*) concern s.th. **18. (so) ~, als ob** (*sich benehmen*) behave (*od.* act) as if, (*vortäuschen*) pretend (that); **~ Sie, als wenn Sie zu Hause wären** make yourself (quite) at home; **er tut, als sei er nicht zu Hause** he is pretending to be out; **er tut nur so** a) it's all put on, he's putting on an act, b) he's just pretending; **~ Sie doch nicht so!** don't make (such) a fuss!, be yourself! **19.** (*sich anstellen, e-n Eindruck erwecken wollen*) **würdig** *etc* **~** pretend to be dignified, *etc*, assume an air of (*od.* affect) dignity, *etc*; **er tut immer so fein** he puts on (*od.* gives himself) airs; **interessiert ~** *a.* put on a show of interest; **tu doch nicht so blöd!** don't be so silly! **20. Sie ~ gut** (*od.* **klug**) **daran zu gehen** you had better go, it would be wiser (for you) to go; **Sie haben gut daran getan, es ihm zu sagen** you did well to tell him (that); **Sie täten besser daran zu** *inf* you would do (*colloq.* be) better to *inf.* **21. es ist ihr (ihm) um e-e Sache zu ~** *besorgt*: she (he) is concerned about s.th., *wichtig*: s.th. is of great consequence to her (him), s.th. makes a great deal (*od.* a lot) of difference to her (him), *interessiert*: she (he) is interested in s.th., *zu bekommen*: she (he) is out for (*od.* after) s.th.; **es ist mir darum zu ~ zu wissen** *a.* I am anxious to know. **22. du weißt nicht, wie das tut** you have no idea what it will feel like. **III** *v/reflex* **23.** *colloq.* **et. tut sich, es tut sich et.** *allg.* (*ist los*) there is s.th. going on, there is s.th. up, (*liegt in der Luft*) there is s.th. in the wind (*od.* brewing). **IV** *v/impers* **24. es tat e-n Schlag** *etc* there was a bang, *etc.* **V ♀** *n* ⟨-s⟩ **25.** doing (*etc*). **26.** (*Taten, Handlungen*) doings *pl*, actions *pl*, acts *pl*, activities *pl*; **die Verantwortung hinsichtlich m-s ♀s und Lassens** the responsibility for what I do and what I do not do; **Sagen und ♀ ist zweierlei** saying is one thing and doing is another; **sein (ganzes) ♀ und Treiben** (all) his activities.

Tün·che [ˈtʏnçə] *f* ⟨-; -n⟩ **1.** whitewash. **2.** *fig. contp.* a) (*äußerer Anstrich*) veneer, varnish, b) heavy make-up; **s-e Höflichkeit ist nur ~** his politeness is a mere varnish (*od.* is merely a veneer); **sie hat viel ~ im Gesicht** her face is plastered with make-up. ˈ**tün·chen** *v/t* ⟨h⟩ whitewash. ˈ**Tün·cher** *m* ⟨-s; -⟩ whitewasher.

Tun·dra [ˈtundra] *f* ⟨-; -dren⟩ tundra.

tu·nen [ˈtjuːnən] *v/t* ⟨h⟩ *mot.* tune.

Tu·ne·si·er [tuˈneːzɪər] *m* ⟨-s; -⟩, **Tu**ˈ**ne·sie·rin** *f* ⟨-; -nen⟩, **tu**ˈ**ne·sisch** [-zɪʃ] *adj* Tunisian.

Tung·sten [ˈtʊŋsteːn] *m* ⟨-; *no pl*⟩ *chem.* tungsten.

ˈ**Tu**ˌ**nicht**ˌ**gut** *m* ⟨- *u.* -(e)s; -e⟩ ne'er-do-well; **er ist und bleibt ein ~** *a.* he will never do any good.

Tu·ni·ka [ˈtuːnika] *f* ⟨-; Tuniken⟩ tunic.

Tu·ning [ˈtjuːnɪŋ] *n* ⟨-s; *no pl*⟩ *mot.* tuning.

Tun·ke [ˈtʊŋkə] *f* ⟨-; -n⟩ *dial. gastr.* sauce.

tun·ken [ˈtʊŋkən] *v/t* ⟨h⟩ **et. (j-n) ~ in** (*acc*) dip s.th. (s.o.) in(to).

ˈ**tun·lich** *adj* **1.** (*ratsam*) advisable, expedient; **es für ~ halten zu** *inf* think (*od.* consider) it advisable to *inf.* **2.** (*möglich*) possible; **wo immer es ~ war** wherever (it was) possible. **3.** (*ausführbar*) feasible, practicable; **soweit ~** as far as is feasible. ˈ**tun·lichst** *adv* (*möglichst*) if at all possible; **das wirst du ~ vermeiden** avoid that if at all possible (*od.* if you possibly can), *warnend*: you had better avoid that.

Tun·nel [ˈtʊnəl] *m* ⟨-s; -(s)⟩ tunnel; **e-n ~ durch e-n Berg bohren** *a.* tunnel a mountain. **~**ˌ**bau** *m* tunnel construction, tunnel(l)ing. **~ef**ˌ**fekt** *m phys.* tunnel effect.

Tun·te [ˈtʊntə] *f* ⟨-; -n⟩ *colloq. contp.* **1.** (*zimperliche od. langweilige Frau*) prude. **2.** (*Homosexueller*) gay, queer, *sl.* fag(g)ot, fag. ˈ**tun·ten·haft,** ˈ**tun·tig** *adj colloq.* **1.** prudish. **2.** effeminate, *sl.* fag(g)oty, faggy.

Tupf [tʊpf] *m* ⟨-(e)s; -en⟩ *dial., Austrian and Swiss for* **Tupfen.**

Tüp·fel [ˈtʏpfəl] *m, bes. Austrian n* ⟨-s; -⟩ dot, (small) spot, speck. **~chen** *n* ⟨-s; -⟩ tiny spot (*od.* dot); *colloq.* **bis aufs letzte ~** down to the last T; **da fehlt noch das ~ auf dem i** it lacks the finishing touch. ˈ**tüp·fe·lig** *adj* speckled, dotted.

tüp·feln [ˈtʏpfəln] *v/t* ⟨h⟩ dot, spot, speckle, (*Linie*) stipple.

tup·fen [ˈtʊpfən] **I** *v/t* ⟨h⟩ **1.** dab, (*Wunde etc*) *a.* swab, swob; **sich** (*dat*) **mit dem Taschentuch das Gesicht ~** dab one's face with one's handkerchief. **2.** → **tüpfeln. II** *v/i* **3. j-m auf die Schulter ~** tap s.o. on the shoulder.

ˈ**Tup·fen** *m* ⟨-s; -⟩ dot, spot, speck.

ˈ**Tup·fer** *m* ⟨-s; -⟩ **1.** *med.* swab, sponge, gauze pad. **2.** *am Vergaser*: tickler. **3.** → **Tupfen. 4.** *colloq.* (*leichte Berührung*) tap (**auf die Schulter** on the shoulder).

Tür [tyːr] *f* ⟨-; -en⟩ **1.** *allg.* door (*a. fig.* **zum Erfolg** *etc* to success, *etc*), *in Mauer, Zaun*: *a.* gate, (*~öffnung*) doorway; **die ~ zum Hof** the door into (*od.* leading to) the courtyard; **es klingelte an der ~** the doorbell rang; **an die ~ gehen** *um zu öffnen*: go to (answer) (*od.* answer) the door; **vor der ~ stehen** be (standing) at the door, *fig. Ereignis*: be near (at hand), *colloq.* be just (a)round the corner; **in der ~ stehen** be (standing) in the doorway; **die ~ gehen hören** hear the door; **j-m die ~ aufhalten** hold the door open for s.o.; **den Kopf zur ~ hereinstrek-**

ken put one's head round the door; *colloq.* **~ zu, es zieht!** close (*od.* shut) the door, there's a draught!; **j-m die ~ vor der Nase zumachen** (*od.* **zuschlagen,** *colloq.* **zuhauen**) shut (*od.* slam) the door in s.o.'s face; **sie wohnen ~ an ~** they live door to door; **er wohnt mit ihr ~ an ~** he lives next door to her; **zwei ~en von hier** the next door but one, two doors up (down); **die nächste ~ links** the next door on the left; **er hat die Bushaltestelle direkt vor der ~** the bus stop is right at (*od.* just outside) his door, the bus stop is right on his doorstep; **von ~ zu ~** (*die ganze Strecke*) from door to door; **von ~ zu ~ gehen** *Hausierer etc*: go from door to door, go round the houses; *bes. fig.* **vor verschlossenen ~en stehen** be faced with a closed door. **2.** *fig.* **j-m die ~ weisen** show s.o. the door; *colloq.* **j-n** (*od.* **j-m den Stuhl**) **vor die ~ setzen** turn (*od.* throw) s.o. out; **überall offene ~en finden** find an open door everywhere; **ihm stehen alle ~en offen** all doors (*od.* every door is) open to him; **Tag der offenen ~** open House; **Haus der offenen ~** House of Welcome; **Politik der offenen ~** open-door policy; **hinter verschlossenen ~en** behind closed doors; **die ~(en) zu weiteren Verhandlungen offenlassen** leave the door open for further negotiations; **offene ~en einrennen** force an open door; **dem Laster** *etc* **~ und Tor öffnen** open the door (wide) to vice, *etc*; **immer gleich mit der ~ ins Haus fallen** blurt out everything; → *a.* **kehren**[2] II. **~ˌabˌtre·ter** *m* doormat. **~ˌan·gel** *f* door hinge.

Tur·ban [ˈturba(ː)n] *m* ‹-s; -e [-baːnə]› turban.

ˈTür·beˌschlag *m* door mounting, *pl a.* door mounts, door furniture *sg.*

Tur·bi·ne [turˈbiːnə] *f* ‹-; -n› *tech.* turbine.

Turˈbi·nen‖anˌla·ge *f* turbine plant (*od.* installation). **~ˌanˌtrieb** *m* turbine drive. **~ˌau·to** *n* turbocar. **~ˌflugˌzeug** *n* turbine aircraft. **~geˌblä·se** *n* turboblower. **~geˌhäu·se** *n* turbine casing. **~ˌmo·tor** *m* turbine engine. **~-Proˈpel·ler-ˌFlugˌzeug** *n* turboprop (aircraft). **~ˌrad** *n* turbine wheel (*od.* impeller). **~ˌschau·fel** *f* turbine blade.

ˈTur·bo‖aufˌla·dung [ˈturbo-] *f* turbocharging. **~dyˌna·mo** *m* turbodynamo. **♀elek·trisch** [turboˀeˈlɛktrɪʃ] *adj* turboelectric. **~geˌblä·se** *n* turboblower. **~ge·neˌra·tor** *m* turbine generator, turbogenerator.

ˈTur·bo-ˈProp‖-ˌFlugˌzeug [-ˈprɔp-] *n*, **~-Maˌschi·ne** *f* turboprop (aircraft).

ˈTur·bo-ˈStrahl‖ˌmo·tor *m*, **~ˌtriebˌwerk** *n aer.* turbojet (engine).

tur·bu‖lent [turbuˈlɛnt] **I** *adj* turbulent (*a. phys.*). **II** *adv* **es geht ~ zu** things are quite turbulent. **♀ˈlenz** [-ˈlɛnts] *f* ‹-; -en› turbulence (*a. phys.*).

Tü·re [ˈtyːrə] *f* ‹-; -n› → Tür.

ˈTürˌeinˌfas·sung *f* doorframe.

ˈTü·renˌschla·gen *n* banging of doors.

Turf [turf; tɜːf] (*Engl.*) *m* ‹-s; *no pl*› (*Pferderennbahn u. -sport*) turf.

ˈTür‖ˌflü·gel *m* leaf (*od.* wing) of a door. **~ˌfül·lung** *f* door panel. **~ˌgriff** *m* door handle.

Tür·ke [ˈtʏrkə] *m* ‹-n; -n› **1.** Turk. **2.** *colloq.* fake(d press photo, *etc*). **ˈtür·ken** *v/t* ‹h› *colloq.* fake.

ˈTür·ken‖bund *m* ‹-(e)s; -e› *bot.* Turk's-cap lily, Turk's cap. **~ˌkrieg** *m meist pl hist.* Turkish war. **~ˌsä·bel** *m hist.* (Turkish) scimitar. **~ˌsitz** *m* **im ~ sitzen** sit cross-legged, sit with one's legs crossed.

ˈTürˌket·te *f* door chain.

ˈTür·kin *f* ‹-; -nen› Turk(ish woman *od.* girl).

Tür·kis [tyrˈkiːs] *m* ‹-es; -e› (*Edelstein*) turquois(e).

türˈkis *adj* turquois(e). **~ˌblau** *adj* turquoise-blue.

ˈtür·kisch I *adj* Turkish; **~es Bad** Turkish bath; *hist.* **~es Reich** Ottoman Empire. **II** *ling.* **♀** ‹*generally undeclined*›, **das ♀e** ‹-n› Turkish.

türˈki·sen *adj* turquois(e).

türˈkis‖ˌfar·ben, ~ˌfar·big *adj* turquois(e). **~ˌgrün** *adj* turquoise-green.

ˈTür‖ˌklin·ke *f* door handle; *fig. colloq.* **~n putzen** (*hausieren etc*) go from door to door, go round the houses; *fig.* **einander die ~ in die Hand geben** come one after the other. **~ˌklop·fer** *m* (door) knocker.

Turk·me·ne [turkˈmeːnə] *m* ‹-n; -n› Turkman, Turcoman, Turkoman. **turkˈme·nisch I** *adj* Turkmenian. **II** *ling.* **♀** ‹*generally undeclined*›, **das ♀e** ‹-n› Turkoman, Turkmen.

ˈTürˌknauf *m* doorknob, door handle.

ˈTurk‖ˌspra·chen [ˈturk-] *pl* Turkic languages. **~ˌvöl·ker** *pl* Turkic peoples.

Turm [turm] *m* ‹-(e)s; ⸚e› **1.** tower; **der ~ zu Babel, der Babylonische ~** the tower of Babel; **der schiefe ~ von Pisa** the leaning tower of Pisa. **2.** (*spitzer Kirch♀*) steeple. **3.** *e-s U-Boots*: conning tower, *e-s Panzers etc*: turret. **4.** *hist.* (*Schuld♀*) debtors' prison, *weitS.* prison, jail; **j-n in den ~ werfen** throw (*od.* cast) s.o. into prison. **5.** *Schach*: castle, rock. **6.** *Sport*: (*Sprung♀*) (diving) platform.

Tur·ma·lin [turmaˈliːn] *m* ‹-s; -e› *min.* tourmaline, turmaline.

ˈturmˌar·tig *adj* towerlike.

ˈTürˌmat·te *f* doormat.

ˈTurmˌbau *m Bibl.* **der ~ zu Babel** the building of the Tower of Babel.

Türm·chen [ˈtʏrmçən] *n* ‹-s; -› turret.

ˈTurm‖ˌdach *n* tower roof. **~ˌdrehˌkran** *m tech.* tower crane.

tür·men[1] [ˈtʏrmən] **I** *v/reflex* ‹h› **sich ~ 1.** (*sich aufhäufen*) pile up, heap (up) (*a. fig. Hindernisse etc*). **2.** *lit.* (*sich erheben*) *Berge etc*: tower (up), rise (up *od.* high). **II** *v/t* **3.** (*aufstapeln*) pile (up), stack (up).

ˈtür·men[2] *v/i* ‹sein› *colloq.* (*fliehen, ausreißen*) bolt, decamp, run away, skedaddle, *sl.* vamoose, *bes. Gefangene*: get away, break out, break jail.

ˈTür·mer *m* ‹-s; -› *obs.* watchman on a tower, warder (of a tower), lookout.

ˈTurm‖ˌfal·ke *m orn.* kestrel. **~ˌhau·be** *f* → Turmdach. **~ˌhelm** *m* spire. **♀hoch** [-ˌhoːx; -ˈhoːx] **I** *adj* ‹*attrib* **turmhoh-**› towering (*a. fig. Überlegenheit etc*), lofty. **II** *adv* **et.** (*fig.* **j-n**) **~ überragen** tower (high) above (*od.* over) s.th. (s.o.); *fig.* **j-m ~ überlegen sein** be head and shoulders above s.o., excel s.o. by far; **~ über jeder Verleumdung stehen** be (far) above (*od.* beyond) any kind of slander. **♀ˌho·he** *adj* → **turmhoch** I. **~ˌschwal·be** *f* → Mauersegler. **~ˌspit·ze** *f* spire. **~ˌsprin·gen** *n Sport*: high diving. **~ˌsprin·ger** *m* high diver. **~ˌuhr** *f* church clock.

ˈTurn‖ˌanˌzug, ~ˌdreß *m* gym clothes *pl* (*od.* outfit, dress).

tur·nen [ˈturnən] **I** *v/i* ‹h *u.* sein› **1.** ‹h› do gymnastics, *colloq.* do gym, do gymnastic exercises; **er kann gut ~** he is good at gym; **~ an** (*e-m Gerät*) do exercises on, work on. **2.** ‹sein› *fig.* (*klettern, krabbeln*) climb, clamber, *weitS.* perform acrobatics. **II** *v/t* ‹h› **3.** (*e-e Übung*) do, perform. **III ♀** *n* ‹-s› **4.** doing gymnastics. **5.** *ped.* physical education (*od.* training), PE, PT; **vom ♀ befreit** excused from PT. **6.** (*als Sport*) gymnastics *pl* (*als sg konstruiert*). **ˈTur·ner** *m* ‹-s; -› gymnast. **Tur·neˈrei** *f* ‹-; *no pl*› *colloq.* gymnastics *pl* (*als sg konstruiert*). **ˈTur·ne·rin** *f* ‹-; -nen› gymnast. **ˈtur·ne·risch** *adj* gymnastical. **ˈTur·ner·schaft** *f* ‹-; -en› **1.** gymnastic club. **2.** gymnasts *pl.*

ˈTurn‖ˌfest *n* gym(nastic) display (*od.* festival). **~geˌrät** *n* (gymnastic) apparatus. **~ˌhal·le** *f* gymnasium, *colloq.* gym. **~ˌhemd** *n* gym shirt, *bes. Br.* gym vest. **~ˌho·se** *f* gym shorts *pl.*

Tur·nier [turˈniːr] *n* ‹-s; -e› **1.** *hist.* tournament, tourney, j(o)usts *pl*, (*Zweikampf*) tilt, j(o)usting. **2.** *Sport*: tournament. **~ˌplatz** *m* **1.** *hist.* tiltyard, lists *pl* (*als sg od. pl konstruiert*). **2.** *Reitsport*: (show jumping) arena. **~ˌtanz** *m* (championship) ballroom dancing.

ˈTurn‖ˌleh·rer *m*, **~ˌleh·re·rin** *f* gymnastics (*colloq.* gym) (*od.* PE, PT) teacher (*od.* instructor). **~ˌrie·ge** *f* (gym) squad (*od.* team, group). **~ˌsaal** *m* → Turnhalle. **~ˌschuh** *m meist pl* gym shoe. **~ˌstun·de** *f ped.* gymnastics (*colloq.* gym) (*od.* PE, PT) lesson (*od.* class). **~ˌübung** *f* gymnastic exercise, *pl a.* gymnastics *pl* (*als sg konstruiert*). **~- ˌund ˈSportˌleh·rer** *m* → Turnlehrer. **~ˌun·terˌricht** *m* **1.** instruction in gymnastics. **2.** gymnastics (*colloq.* gym) (*od.* PE, PT) lesson (*od.* class).

Tur·nus [ˈturnus] *m* ‹-, *Austrian* **-ses**; **-se**› **1.** (*regelmäßiger Wechsel*) rotation; **im ~** in (*od.* by) rotation, rotationally; **in e-m ~ von zwei Wochen, im zweiwöchigen ~** in a two-week rotation (*od.* cycle), every second (*od.* other) week. **2.** (*Dienst♀*) rotation, *bes. Br.* rota. **♀geˌmäß** *adv* → turnusmäßig II. **♀ˌmä·ßig I** *adj* **1.** (*regelmäßig*) regular(ly recurring). **2.** (*festgelegt*) rotational; **~er Wechsel** *a.* rotation. **II** *adv* **3.** regularly. **4.** in (*od.* by) rotation, rotationally; **~ wechseln** *a.* rotate.

ˈTurn‖ˌva·ter *m colloq.* founder of gymnastics (*nickname of F.L. Jahn*). **~verˌein** *m* gymnastic (*colloq.* gym) club. **~ˌwettˌkampf** *m* gymnastic competition (*od.* contest). **~ˌzeug** *n* gymnastics (*colloq.* gym) outfit (*colloq.* things *pl*).

ˈTür‖ˌöff·ner *m* door opener. **~ˌpfos·ten** *m* doorpost. **~ˌrah·men** *m* doorframe. **~ˌschild** *n* doorplate. **~ˌschlie·ßer** *m* **1.** (*Vorrichtung*) door catch, *selbsttätiger*: door check, door closer. **2.** (*Person*) doorkeeper, doorman, usher. **~ˌschloß** *n* (door) lock. **~ˌschwel·le** *f* threshold. **~ˌste·her** *m* in *Hotels etc*: doorkeeper, doorman, *im Gericht*: usher. **~ˌstock** *m* ‹-(e)s; ⸚e› *bes. dial.* doorframe.

tur·teln [ˈturtəln] *v/i* ‹h› *humor. Verliebte*: bill and coo.

ˈTur·telˌtau·be *f orn.* turtledove; *humor.* **verliebt wie die ~n** billing and cooing, all lovey-dovey.

ˈTürˌvorˌle·ger *m* doormat.

Tusch [tuʃ] *m* ‹-(e)s; -e› fanfare, flourish.

Tu·sche [ˈtuʃə] *f* ‹-; -n› India(n) ink, China (*od.* Chinese) ink, (*Zeichen♀, Auszieh♀*) drawing ink, (*Wimpern♀*) mascara.

Tu·scheˈlei *f* ‹-; -en› (constant) whispering. **tu·scheln** [ˈtuʃəln] *v/i u. v/t* ‹h› whisper (secretively).

tu·schen [ˈtuʃən] *v/t* ‹h› **1.** *Kunst*: (colo[u]r-)wash, *mit schwarzer Tusche*: ink, draw *s.th.* in India(n) (*od.* China, Chinese) ink. **2.** (*Wimpern*) mascara, put mascara on.

ˈTusch‖ˌfar·be *f* watercolo(u)r. **~ˌfe·der** *f* India(n) (*od.* China, Chinese) ink pen. **~ˌka·sten** *m* paintbox, box of watercolo(u)rs. **~ma·leˌrei** *f* drawing (*od.* painting) in India(n) (*od.* China, Chinese) ink. **~ˌpin·sel** *m* watercolo(u)r (*od.* ink) brush. **~ˌzeich·nung** *f* drawing (*od.* sketch) in India(n) (*od.* China, Chinese) ink.

tut [tuːt] *3 sg pres of* **tun.**

ˈTüt·chen *n* ⟨-s; -⟩ small (paper) bag.

Tu·te [ˈtuːtə] *f* ⟨-; -n⟩ **1.** *colloq.* trumpet, horn, bugle. **2.** *dial. for* **Tüte.**

Tü·te [ˈtyːtə] *f* ⟨-; -n⟩ **1.** (paper) bag, *spitze*: cornet; **e-e ~ Zucker** a bag of sugar; **e-e ~ voll Kirschen** a bagful of cherries; **e-e ~ drehen** make a bag; *fig. colloq.* **~n kleben** (*im Gefängnis sitzen*) do time; *humor.* **(das) kommt nicht in die ~!** nothing doing!, not on your life!, no go!, not likely!, *Am.* no dice! **2.** (*Eis*≈) cone, cornet.

tu·ten [ˈtuːtən] **I** *v/i* ⟨h⟩ **1.** *Sirene, Horn etc*: toot, hoot, *Hupe*: honk. **2.** *Schiff, Lokomotive etc*: toot, honk, sound (*od.* honk) its siren, *Auto*: honk. **3. auf s-r** (*od.* **in s-e**) **Trompete** *etc* **~** toot one's trumpet, *etc.* **4.** (*hupen*) (give a) honk. **II** *v/t* **5.** (*blasen*) toot. **III** *v/impers* **6.** *teleph.* **es tutet** you can hear the dial([l]ing) tone. **IV** ≈ *n* ⟨-s⟩ **7.** toot(ing), hoot(ing), honk (-ing); *fig. colloq.* **er hat von ≈ und Blasen k-e Ahnung** a) he is absolutely incompetent, b) he doesn't know the first thing about it.

Tu·tor [ˈtuːtɔr] *m* ⟨-s; -en [tuˈtoːrən]⟩ *bes. ped.* tutor.

Tüt·tel·chen [ˈtʏtəlçən] *n* ⟨-s; -⟩ *dial.* dot, tittle; *fig. colloq.* **kein ~** not a jot (*od.* bit, tittle), not an inch.

Tut·ti [ˈtʊti] *n* ⟨-(s); -(s)⟩ *mus.* tutti, ripieno.

Tut·ti·frut·ti [tʊtiˈfrʊti] *n* ⟨-(s); -(s)⟩ tutti frutti.

Tweed [tviːt; twiːd] (*Engl.*) *m* ⟨-s; -s *u.* -e⟩ *Textil.* tweed.

Twen [tvɛn] *m* ⟨-(s); -s⟩ *colloq.* young man (woman) in his (her) 20's, *pl* young people (between 20 and 30), under-thirties.

Twin·set [ˈtvɪnsɛt; ˈtwɪnˌset] (*Engl.*) *m, n* ⟨-(s); -s⟩ *Mode*: twin set.

Twist[1] [tvɪst] *m* ⟨-es; -e⟩ (cotton) twist, darning cotton.

Twist[2] *m* ⟨-s; -s⟩ (*Tanz*) twist.

Tym·pa·non [ˈtʏmpanɔn] *n* ⟨-s; -na [-na]⟩ *arch.* (*Bogenfeld*) tympanum.

Typ [tyːp] *m* ⟨-s; -en⟩ **1.** (*Art, Schlag*) type, *weitS.* sort, kind; **ein athletischer ~** an athletic type; **er ist ein melancholischer ~** he is a melancholy type (*od.* sort, kind) of man, he is the melancholy type (*od.* sort); **ein Mädchen von südländischem ~** a girl of the Latin type; **sie ist ein blonder ~** she is a blonde; **sie mag dunkle ~en** she likes the dark type; *colloq.* **sie ist genau mein ~** she is just my type (*od.* sort *od.* kind of girl); **dein ~ wird verlangt** you are wanted; **hau ab, dein ~ wird hier nicht verlangt!** clear off!, we don't want your sort here! **2.** (*typischer Vertreter, Prototyp*) type; **er ist der ~ e-s Wissenschaftlers** he is (just) the type of a scientist, he is a typical scientist. **3.** (*Gepräge, Art*) type, sort; **Menschen s-s ~s** people of his type (*od.* cast, stamp); **Erzeugnisse dieses ~s** (**e-s neuen ~s**) products of this type (of a new type), this type (of) (a new type [of]) products. **4.** *colloq.* (*Kerl*) fellow, chap, *bes. Am.* guy, *Br. sl.* bloke. **5.** *tech.* (*Bauart, Modell*) type, design, model; **e-e Kamera vom ~ X** a camera of the X type, a type X camera.

Ty·pe [ˈtyːpə] *f* ⟨-; -n⟩ **1.** type, (printing) letter; **die ~n** *pl* the letter (*collect.*). **2.** *der Schreibmaschine*: type. **3.** *tech.* type, model. **4.** *colloq.* (*meist* **komische ~**) queer fish (*od.* character, customer); **du bist e-e richtige ~** you are a real character.

ty·pen [ˈtyːpən] *v/t* ⟨h⟩ standardize.

ˈTy·pen|beˌzeich·nung *f tech.* model (*od.* type) designation. **~ˌdruck** *m* ⟨-(e)s; -e⟩ type printing. **~ˌhe·bel** *m der Schreibmaschine*: type bar. **~ˌleh·re** *f psych.* typology. **~ˌschild** *n tech.* type plate.

ty·phös [tyˈføːs] *adj med.* typhous.

Ty·phus [ˈtyːfʊs] *m* ⟨-; *no pl*⟩ *med.* typhoid (fever). **~beˌkämp·fung** *f* antityphoid measures *pl.* **~epi·deˌmie** *f* typhoid epidemic. **~ˌimp·fung** *f* antityphoid vaccination. **~ˌkran·ke** *m, f* ⟨-n; -n⟩ typhoid patient (*od.* case), patient suffering from typhoid (fever). **≈verˌdäch·tig** *adj* suspected of typhoid (fever).

ty·pisch [ˈtyːpɪʃ] **I** *adj* typical (**für** of); **~ sein für, ein ~es Beispiel sein für** *a.* typify; **in k-r Weise ~ für** quite untypical (*od.* unrepresentative) of; *colloq.* **das ist ~ für ihn** *a.* that's just his way; **(das ist) ~ Walter!** (that is) Walter all over (*od.* typically Walter)!; **~ Mann!** that's just men all over!; **(das ist wieder einmal) ~!** that's (just) typical! **II ≈e, das** ⟨-n⟩ (**an** *dat* about) the typical thing, the typical feature(s *pl*); **das ≈e s-s Charakters** the typical feature of his character.

ty·pi·sie·ren [typiˈziːrən] *v/t* ⟨*no* **ge-**, h⟩ **1.** *Kunst, Literatur*: (*als Typ darstellen*) typify. **2.** *tech.* (*vereinheitlichen*) standardize. **3.** (*den Typ bestimmen*) type.

Ty·po|graph [typoˈgraːf] *m* ⟨-en; -en⟩ typographer. **~graˈphie** [-graˈfiː] *f* ⟨-; -n [-ən]⟩ typography. **≈ˈgra·phisch** *adj* typographic(al). **~loˈgie** [-loˈgiː] *f* ⟨-; -n [-ən]⟩ *psych.* typology.

Ty·pus [ˈtyːpʊs] *m* ⟨-; -pen⟩ **1.** type. **2.** → **Typ 2.**

Ty·rann [tyˈran] *m* ⟨-en; -en⟩ *a. fig.* tyrant. **Ty·ranˈnei** *f* ⟨-; -en⟩ tyranny.

Tyˈran·nen|ˌherr·schaft *f* tyranny. **~ˌmord** *m* tyrannicide. **~ˌmör·der** *m* tyrannicide.

Tyˈran·nin *f* ⟨-; -nen⟩ tyrant.

Ty·ran·nis [tyˈranɪs] *f* ⟨-; *no pl*⟩ *antiq.* tyranny. **tyˈran·nisch** *adj* tyrannical.

ty·ran·ni·sie·ren [tyraniˈziːrən] *v/t* ⟨*no* **ge-**, h⟩ (*a. fig. Familie, Person etc*) tyrannize (over), *fig. a.* domineer, bully (*a person*); *fig.* **ich lasse mich nicht von dir ~!** I won't be bullied by you.

tyr·rhe·nisch [tʏˈreːnɪʃ] *adj* Tyrrhenian; **das ≈e Meer** the Tyrrhenian Sea.

Tz [ˈteːtsɛt; teˈtsɛt] *n* ⟨-s; *no pl*⟩ → **Tezett.**

U

U, u [uː] *n* ⟨-; -⟩ **1.** U, u (*Buchstabe*). **2. U** (*U-förmiger Gegenstand*) U.
Ü, ü [yː] *n* ⟨-; -⟩ U (*od.* u) umlaut.
ˈU-ˌBahn *f* underground (railway), *in London*: *meist* tube, *Am.* subway. **~ˌhof** *m* underground (*Am.* subway) station. **~-ˌNetz** *n* underground (*Am.* subway) system (*od.* network). **~-ˌSchacht** *m* (*Zugang*) access to the underground (*Am.* subway) station.
übel [ˈyːbəl] **I** *adj* ⟨übler; -st⟩ **1.** *Angewohnheit, Angelegenheit, Laune, Krankheit, Wunde etc*: bad, nasty, *sl.* rotten; **sich in e-r üblen Lage befinden, ~ dran sein** be in a bad situation (*od.* mess, predicament), be in a fix, *finanziell*: *a.* be in a tight spot; **sich in e-m üblen Zustand befinden** *Haus, Auto etc*: be in a bad state (of repair), be in a very bad condition, *Patient etc*: be in a bad state (*od.* way); **~ aussehen** look bad, *gesundheitlich*: look poorly; **ein übles Ende** (*od.* **e-n üblen Ausgang**) **nehmen** come to a nasty end; **ganz üble Folgen haben** have disastrous consequences (*od.* effects). **2.** (*abscheulich, minderwertig, schmutzig etc*) bad, nasty, wicked, *stärker*: evil, *Witz etc*: filthy, dirty; *colloq.* **ein übler Kerl, ein übles Subjekt** a nasty customer, a bad lot (*od.* egg); **er ist kein übler Kerl** he's not a bad fellow; **ein Verbrecher ~ster Sorte** a criminal of the worst kind (*od.* of the first water); **e-e üble Spelunke** a low dive (*sl.* joint); **in üble Gesellschaft geraten** get into bad company; *colloq.* **ein übles Gesöff** wicked stuff, poison; → **Ruf** 5. **3.** (*gemein, niederträchtig*) nasty, mean, evil, wicked, vile; **ein übler Streich** a nasty trick; **man hat ihn auf (die) ~ste Weise hereingelegt, man hat ihm auf (die) ~ste** (*od.* **in der ~sten**) **Weise mitgespielt** they played the nastiest game with him, they played the meanest (*od.* nastiest) trick on him. **4.** *Geruch, Geschmack etc*: bad, nasty, unpleasant, vile, *sl.* rotten, *stärker*: foul, nauseating; **e-n üblen Geruch haben, ~ riechen** have a bad, *etc* smell, smell bad, *etc.* **5.** *colloq.* **nicht ~** not bad (at all), not half bad; **das klingt (schmeckt) nicht ~** that sounds (tastes) quite good (*od.* not bad); **et. läßt sich nicht ~ an** s.th. is quite promising; **das wäre gar nicht ~, das ist kein übler Gedanke** that is not (*od.* wouldn't be) a bad idea, that idea is not (half) bad; **ein Glas Bier wäre jetzt nicht ~** a glass of beer wouldn't be a bad idea (*od.* thing) just now. **6. ihm (ihr) ist ~** he (she) feels sick (*od.* queasy, squeamish, *stärker*: ill); **beim** (*od.* **vom**) **Autofahren wird mir immer ~** I always feel (*od.* get) sick in the car; *colloq.* **da kann e-m ja ~ werden** it's enough to make you sick. **II** *adv* **7.** badly; **~ ausgehen** turn out pretty badly (*od.* nasty); **~ zurichten** (*Person*) beat up, *sl.* do over, (*Sache*) make a (nice) mess of; **~ beraten sein** be ill-advised; **~ aufnehmen, ~ vermerken** → **übelnehmen**; **~ ankommen** *Bemerkung etc*: be ill (*od.* not well) received; **~ von j-m denken** think badly (*od.* ill) of s.o.; **es ist ihm ~ ergangen** he fared (*od.* came off) badly, things went badly for him, *colloq.* he had a rough time of it; **sein freches Gerede ist ihm ~ bekommen** his impudent talk did him no good; **der Wein ist mir ~ bekommen** the wine did not agree with me (*humor.* had repercussions); **es steht dir ~ an zu** *inf* it ill becomes (*od.* befits) you to *inf*; **sie hat mir m-e Hilfsbereitschaft ~ gelohnt** (*od.* **gedankt**) my helpfulness towards her was ill repaid; **~ gelaunt sein** be in a nasty (*od.* filthy, wicked, foul) mood, be ill-humo(u)red; **j-m ~ gesinnt** (*od.* **gesonnen**) **sein** be ill-disposed to(ward[s]) s.o., *colloq.* have it in for s.o.; **~ beleumundet sein** be in ill repute (*od.* fame), have an ill (*od.* a bad, an evil) reputation. **8.** (*gemein, niederträchtig*) nastily, meanly; **j-m ~ mitspielen** play a nasty game with s.o., play mean (*od.* nasty) tricks on s.o. **9. ~ riechen (schmecken) nach** smell (taste) strongly of; **es riecht ganz ~ nach Knoblauch** *a.* there is a nasty smell of garlic. **10.** *colloq.* **nicht ~** quite well; **wie geht's? Danke, nicht ~** how are you? Not (too *od.* so) bad; **das Kleid gefällt mir nicht ~** I like the dress quite well; **du tätest nicht ~ daran zu** *inf colloq.* you could do worse than *inf*, it wouldn't do you any harm to *inf*; → **Lust** 1. **III ˈÜb·le, das** ⟨-n⟩ **11.** the evil; **j-m Übles (an)tun** do s.o. evil (*od.* ill, wrong, a wrong); **Übles von j-m reden, j-m Übles nachsagen** speak evil (*od.* ill, badly) of s.o.; **das Üble an der Sache ist, daß** the nasty thing about it (*od.* the matter) is that.
ˈÜbel *n* ⟨-s; -⟩ **1.** evil, ill, trouble, (*Unglück*) misfortune, calamity; **ein notwendiges ~** a necessary evil (*od.* ill); **das alte ~** the old trouble; **das kleinere (größere) ~** the lesser (greater) evil; **von zwei ~n das kleinere wählen** choose the lesser of two evils; **die Wurzel** (*od.* **der Grund**) **allen ~s** the root of all evil; **von** (*od.* **vom**) **~ sein** be harmful, be no good; **von e-m ~ betroffen** (*od.* **heimgesucht**) **werden** be afflicted with misfortune; **zu allem ~ fing es auch noch an zu regnen** to crown (it) all it started to rain. **2.** (*Krankheit*) complaint, ailment, malady. **3.** *jur.* **(empfindliches) ~** (grievous) harm. **~beˌfin·den** *n med.* indisposition.
ˈübel|beˌleum·det, ~beˌleuˌmun·det *adj* of ill (*od.* bad) repute, disreputable. **~beˌra·ten** *adj* ill-advised. **~geˌlaunt** *adj* ill-humo(u)red. **~geˌsinnt, ~geˌsonnen** *adj* ill-disposed.
ˈÜbel·keit *f* ⟨-; *no pl*⟩ sickness, queasiness, squeamishness, nausea, *stärker*: illness; **~ erregend** sickening, nauseating; **et. erregt** (*od.* **verursacht**) **mir ~** s.th. makes me (feel) sick, s.th. turns my stomach.
ˈübelˌlau·nig *adj* ill-humo(u)red.
ˈübel|ˌneh·men *v/t* ⟨*irr, sep,* -ge-, h⟩ **et. ~** take s.th. badly (*od.* amiss, ill), take s.th. in bad (*od.* ill) part, be offended by (*od.* at) s.th., take offen/ce (*Am.* -se) at s.th.; **et. nicht ~** *a.* take s.th. in good part; **er nahm es übel, daß** he took it badly, *etc* that; **j-m e-e Bemerkung** *etc* **~** take s.o.'s remark, *etc* badly (*od.* in bad part), be offended by (*od.* at) s.o.'s remark; **er nimmt es ihm übel, daß** he has taken it badly that; **ich kann es Ihnen nicht ~ (, wenn)** I can't blame you(, if); **bitte, nimm es mir nicht übel!** no offence (*od.* harm) (meant), don't get me wrong. **~neh·me·risch** *adj* easily offended, huffy, touchy, *weitS.* resentful.
ˈübel|ˌrie·chend *adj* evil-smelling, fetid, *colloq.* smelly, *lit.* malodorous, *Atem*: bad, foul. **~ˌschmeckend** (*getr.* -k·k-) *adj* evil- (*stärker*: foul-)tasting.
ˈÜbel|sein *n* ⟨-s; *no pl*⟩ → **Übelkeit. ~ˌstand** *m* evil, trouble, grievance, ill; **e-m ~ abhelfen, e-n ~ beseitigen** remedy (*od.* put an end to) a grievance. **~ˌtat** *f* misdeed, evildoing, (*Verbrechen*) crime. **~ˌtä·ter** *m* evildoer, wrongdoer, malefactor.
ˈübelˌwol·len *v/i* ⟨*irr, sep,* -ge-, h⟩ **j-m ~** (*übel gesinnt sein*) be ill-disposed to (-ward[s]) s.o., *colloq.* have it in for s.o., (*schaden wollen*) wish s.o. ill, be malevolent to(ward[s]) s.o. **~d** *adj* ill-disposed, ill-willed, malevolent.
üben [ˈyːbən] **I** *v/t u. v/i* ⟨h⟩ **1.** *allg.* practi/se (*Am.* -ce); **et. fleißig ~** practise s.th. hard; **Geige ~** practise the violin; **jeden Tag e-e Stunde ~** practise one hour every day; **du mußt noch viel ~** you need much more practice. **2.** (*Fingerfertigkeit, Muskeln, Gedächtnis etc*) exercise, train, school. **3. j-n in e-r Sache ~** train (*od.* school, practise, *stärker*: drill) s.o. in s.th.; **Kinder in Höflichkeit ~** train children in politeness. **4.** *mit Substantiven*: **Geduld ~** exercise (*od.* show, have) patience; **Gerechtigkeit ~** show fairness; → *entsprechende Substantive.* **II** *v/reflex* **5. sich (in e-r Sache) ~** practise (s.th. *od.* at s.th.), exercise (*od.* school, *stärker*: drill) o.s. (in s.th.), *fig.* (*in Geduld etc*) practise (s.th.), school o.s. (in s.th.); **sich im Gebrauch e-s Werkzeugs ~** practise the handling of a tool. **III** ℒ *n* ⟨-s⟩ **6.** practising,

practice; **beim** ≗ while practising; **durch regelmäßiges** ≗ by regular practice. **7.** *der Muskeln, des Gedächtnisses etc*: exercise.

über [ˈyːbər] **I** *prep ‹dat›* **1.** (*oberhalb*) above, over; **~ e-r Sache schweben** hover above (*od.* over) s.th.; **die Lampe hängt ~ dem Tisch** the lamp hangs above the table; **die Familie, die ~ uns wohnt** the family living over us; **zehn Grad ~ Null** 10 degrees above zero. **2.** (*bedeckend*) over; **e-n Mantel ~ dem Kleid tragen** wear a coat over one's dress; **Nebel lag ~ der Stadt** fog lay over the city; *fig.* **~ der Sache liegt ein Geheimnis** the matter is shrouded in mystery; **~ den Büchern sitzen** sit over one's books. **3.** *colloq.* (*jenseits*) over, across; **sie wohnen ~ der Straße** they live across (*od.* over) the street. **4.** *in Rangordnung, Reihenfolge*: above; **~ dem Durchschnitt** above (the) average; **er steht ~ mir** *geistig*: he is above (*od.* intellectually superior to) me, *als Vorgesetzter*: he is over (*od.* above) me, he is my superior; **haushoch ~ j-m stehen** be miles (*od.* head and shoulders) above s.o.; **niemanden ~ sich anerkennen** recognize no one as one's superior. **5.** (*infolge von*) over, on account of, because of; **~ dem Streit ging ihre Freundschaft in die Brüche** their friendship broke up over (*od.* because of) the quarrel; **~ dem Lärm hat er das Klingeln nicht gehört** he did not hear the bell over (*od.* for) the noise. **6.** (*bei, während*) over; **~ der Arbeit einschlafen** fall asleep over one's work. **7.** (*vor lauter*) over, in; **~ unserer Begeisterung dürfen wir nicht die Nachteile vergessen** we must not forget the disadvantages over (*od.* in) our enthusiasm. **8.** *Post*: **Strub ~ Berchtesgaden** Strub (Berchtesgaden). **II** *prep ‹acc›* **9.** (*quer hin~*) across, over (*the border, a river, etc*); **~ die Straße gehen** go across (*od.* over) the street, cross the street; **~ e-n Graben springen** *a.* jump (*od.* take, clear) a ditch; **e-n Blick ~ den Zaun werfen** cast a glance over the fence; **~** (*die Stadt etc*) **(hinweg)blicken** look out over; *a. fig.* **~ et. hinwegkommen** get over s.th. **10.** (**~** *et. hin*) over; **sich** (*dat*) **(mit der Hand) ~ die Stirn fahren** pass (*od.* run) one's hand over one's forehead; **der Wind weht ~ die Heide** the wind blows over (*od.* across) the heath. **11.** (*an e-n höherliegenden Platz*) above, over; **ein Bild ~ das Sofa hängen** hang a picture over the sofa. **12.** (*auf*) (up)on, on top of; **e-n Balken ~ den anderen schichten** put one beam on top of the other. **13.** *bedeckend*: over; **s-n Mantel ~ den Arm legen** put one's coat over one's arm; **e-e Decke ~ den Tisch breiten** spread a cloth over the table; **Wasser ~ et. schütten** pour water over s.th. **14.** **~** *et.* **(hinunter)** down; **Tränen liefen ihr ~ die Wangen** tears ran down her cheeks; **es lief ihm kalt ~ den Rücken** a shiver ran (up and) down his spine. **15.** **~** *et.* **(hinaus), (bis) ~** *räumlich*: a) (*bis jenseits*) beyond, b) (*höher als*) (up) over, c) (*hinabreichend*) below; **~ die Stadtgrenze hinaus** beyond the city boundary; *fig.* **weit ~ das Ziel hinausschießen** overshoot the mark; **sie steckte (bis) ~ die Knie im Schnee, der Schnee ging ihr (bis) ~ die Knie** she was in snow (*od.* the snow was) up over her knees, the snow came above her knees; **er kommt nicht ~ das hohe C hinaus** he doesn't get beyond top C; **die Röcke reichen wieder ~ das Knie** skirts have come down over the knee again. **16.** **~** *et.* **(hinaus)** a) *zeitlich*: beyond, past, (*mehr als*) more than, beyond, b) *fig.* beyond, above; **du solltest doch ~ dieses Alter hinaus sein** you should be beyond (*od.* past) that age by now; **sie ist ~ die besten Jahre hinaus** she is past (*od.* beyond) her prime; **~ die Zeit arbeiten** work over the set time; **das geht ~ m-e Kräfte** that is beyond my strength (*od.* beyond me); **~ j-s Verdienst** beyond s.o.'s merit; **~ alles, ~ alle Maßen** *lieben etc* above all else, beyond all measure. **17.** (*vermittels*) over, by; **~ e-e schmale Treppe** over (*od.* by) a small staircase; **~ den Rundfunk senden** transmit by radio, broadcast. **18.** (*durch Vermittlung von*) through, from; **~ e-n Makler** through a broker; **~ die Auskunft** from the information. **19.** *bei Ortsangaben etc*: by (way of), via; **~ München nach Rom fahren** go to Rome by (*od.* via) Munich; **wir sind ~ die neue Straße gekommen** we came by (*od.* we took) the new road. **20.** (**~** *e-n Zeitraum*) over; **~ Weihnachten** over (*od.* for) Christmas; **~ Mittag kommt er nach Hause** he comes home over lunchtime (*od.* for lunch). **21.** (*nach Ablauf e-s Zeitraums*) in; **~s Jahr** in a year('s time); **heute ~ drei Wochen** three weeks (from) today, today (in) three weeks; **~ kurz oder lang** sooner or later. **22.** *Rangordnung, Reihenfolge*: above; **j-n (rangmäßig) ~ s-e Kollegen stellen** place s.o. above his colleagues (in rank); **Musik geht ihm ~ alles** he puts music above all (*od.* before all else); **es geht nichts ~ ein gutes Buch** there is nothing like a good book. **23.** **Herr (Sieg, Gewalt, Einfluß** *etc*) **~** master (victory, control, influence, *etc*) over. **24.** (*ein Thema betreffend*) *meist* about, *Buch, Vortrag etc*: *a.* on (*architecture, etc*); **sprechen ~** *allg.* talk about (*od.* of), (*e-n Vortrag halten*) talk on *s.th.*; **~ Geschäfte (den Beruf, Politik) sprechen** *a.* talk business (shop, politics); **d-e Meinung ~ ihn** your opinion about (*od.* on, of) him; **was weißt du ~ ihn?** what do you know about him? **25.** *verstärkend*: upon; **Schulden ~ Schulden** debts upon (*od.* and more) debts; **Fehler ~ Fehler machen** make mistake upon mistake, make one mistake after the other; **einmal ~ das andere (Mal)** over and over (again), time and (time) again. **26.** (*im Wert von*) for; **e-e Rechnung ~ 5000 Mark** a bill for 5,000 marks. **27.** *bes. dial. colloq.* („*nach*" *bei Zeitangaben*) **20 Minuten ~ 12** 20 (minutes) past 12. **28.** *lit. bei Verwünschungen*: **Fluch (die Pest) ~ dich!** curse (the plague) (up)on you! **29.** *nach Wörtern der Gemütsbewegung*: *meist* about, at; **glücklich (traurig) ~** happy (sad) about (*od.* at); **lachen ~** laugh at; **weinen ~** cry over; **sich ärgern ~** be angry about; **Freude ~** pleasure at; → *entsprechende Substantive*. **III** *adv* **30.** (*während*) long (*nachgestellt*); **den ganzen Tag ~** all (*od.* the whole) day (long); **das ganze Jahr ~** all (the) year round. **31.** (*mehr als*) over, more than, exceeding, *bes. bei Altersangaben*: past; **Städte von ~ 50 000 Einwohnern, Städte ~ 50 000 Einwohner** towns of over (*od.* more than) 50,000 inhabitants; **Beträge ~ 100 Mark** amounts over (*od.* more than, exceeding) 100 marks; **sie ist ~ 40 (Jahre alt)** she is over 40 (years old), she is past 40, *humor.* she is on the wrong (*od.* shady) side of 40; **Kinder ~ zehn (Jahre)** children over ten (years); **es ist schon ~ drei Wochen her** it is over three weeks since. **32.** **~ und ~** all over; **~ und ~ mit Dreck bespritzt** covered with dirt all over; **~ und ~ in Schulden** up to one's ears in debts. **33.** *mil.* **das Gewehr ~!** slope arms!, *Am.* right (*od.* left) shoulder arms! **IV** *adj ‹pred›* **34.** *colloq.* (*übrig*) over, left (over); **es sind fünf Mark ~** there are five marks left. **35.** *colloq.* **j-m in e-r Sache ~ sein** outmatch (*od.* surpass, outstrip, outdo) s.o. in s.th.; **er ist mir weit ~** *a.* he is miles (*od.* head and shoulders) above me. **36.** *colloq.* **e-e Sache ~ sein** be sick (and tired) of s.th., be fed up (*sl.* browned off) with s.th.

ˈüber·akˌtiv *adj* overactive.

ˌüberˈall *adv* **1.** everywhere, all over; **~ in Deutschland** everywhere in Germany, throughout Germany; **man kann nicht ~ zugleich sein** you can't be in two places at one (*od.* the same) time; *fig.* **er ist ~ zu gebrauchen** he is a good hand at anything (*od.* everything); **~ Bescheid wissen** be at home in all fields; **~ und nirgends** everywhere and nowhere. **2.** (*bei jeder Gelegenheit*) always, wherever possible.

ˌüberˌall|ˈher *adv* from all parts (*od.* quarters), from everywhere. **~ˈhin** *adv* everywhere.

ˌüber|ˈal·tert *adj* **1.** *Person*: superannuated, *Bevölkerung etc*: overly aged; **~ sein** *Stadt etc*: *a.* have too high a percentage of old people. **2.** (*überholt*) (out)dated. **3.** *Forstwesen*: overage (*tree*). **≗ˈal·te·rung** *f ‹-; no pl›* **1.** superannuation; **~ e-s Volkes** rise in the ratio of old people to the total population. **2.** *Forstwesen*: overmaturity.

ˈÜberˌan·geˌbot *n* (**an** *dat* of) excess(ive) supply, *an Arbeitskräften*: surplus.

ˈüberˌängst·lich *adj* overanxious. **≗keit** *f ‹-; no pl›* overanxiousness.

ˌüber|ˈanˌstren·gen I *v/t ‹insep, no* **-ge-**, **h›** overexert, (over)strain, (*Kräfte etc*) *a.* overtax; **dieses schlechte Licht überanstrengt m-e Augen** this poor light strains (*od.* tries, is trying for) my eyes. **II** *v/reflex* **sich ~** overexert (o.s.), overstrain (o.s.). **~ˈanˌstrengt** *adj* (over)strained, *Nerven*: *a.* frayed. **≗ˈanˌstren·gung** *f ‹-; no pl›* overexertion, overstrain.

ˌüberˈantˌwor|ten *v/t ‹insep, no* **-ge-**, **h›** *lit.* **1.** commit, hand over (**j-m** to s.o., to s.o.'s charge); **j-m ein Projekt ~** *a.* put s.o. in charge of a project. **2.** *jur.* (*ausliefern*) surrender (**dem Gericht** to the court). **≗tung** *f ‹-; no pl›* **1.** committing, handing over. **2.** *jur.* surrender, (*Einlieferung*) delivery.

ˌüber|ˈar·bei·ten I *v/t ‹insep, no* **-ge-**, **h›** (*Aufsatz, Manuskript etc*) revise, go over *s.th.* again, *a. handwerklich*: touch *s.th.* up, retouch. **II** *v/reflex* **sich ~** overwork (o.s.), work o.s. to the bone. **III ≗** *n ‹-s›* → **Überarbeitung** 1. **~ˈar·bei·tet** *adj* **1.** *Aufsatz etc*: revised, *a. handwerklich*: retouched, touched-up. **2.** *Person*: overworked, *bes. nervlich*: overwrought. **≗ˈar·bei·tung** *f ‹-; -en›* **1.** *e-s Aufsatzes etc*: revision, *a. handwerklich*: retouch. **2.** *‹only sg›* (*Überanstrengung*) overwork.

ˈÜberˌär·mel *m* oversleeve, sleevelet.

ˈüberˌaus *adv* exceedingly, extremely.

ˌüberˈbacken (*getr.* **-k·k-**) *gastr.* **I** *v/t ‹irr, insep, no* **-ge-**, **h›** gratinate. **II** *adj* au gratin, gratiné, crusted (on top).

ˈÜberˌbau *m ‹-(e)s; -e u. -ten›* *civ.eng. philos. u. fig.* superstructure.

ˌüberˈbau·en *v/t ‹insep, no* **-ge-**, **h›** *civ.eng.* build *s.th.* over, overbuild.

ˈüber|beˌanˌspru·chen *v/t ‹insep, no* **-ge-**, **h›** **1.** overstress, overstrain, (*überlasten*) overload, *durch Gebrauch*: overuse. 2. *durch Arbeit*: overwork. 3. → überanstrengen I. **2beˌanˌspru·chung** *f* ‹-; *no pl*› overstress, overstrain, (*Überlastung*) overload, *durch Gebrauch*: overuse. **2beˌdarf** *m econ.* excess(ive) demand (an *dat* for). **2ˌbein** *n med.* exostosis. **~beˌla·den** *v/t* ‹*only inf u. pp* überbeladen, h› overload. **~beˌla·sten** *v/t* ‹*only inf u. pp* überbelastet, h› overload (*a. electr. tech. etc*), *bes. fig. u. econ.* (*Budget etc*) overburden. **2beˌla·stung** *f* ‹-; *no pl*› 1. overloading. 2. (*Überlast*) excess load, overload, *bes. fig. a.* overburden. **~beˌlegt** *adj Hotel etc*: overcrowded, filled beyond capacity. **~beˌlich·ten** *v/t* ‹*only inf u. pp* überbelichtet, h› *phot.* overexpose. **2beˌlich·tung** *f* ‹-; *no pl*› overexposure. **2beˌschäf·ti·gung** *f* ‹-; *no pl*› *econ.* overemployment. **~beˌsetzt** *adj Klasse, Raum etc*: overcrowded, *Betrieb etc*: overstaffed. **~beˌsie·delt** *adj* overpopulated. **2beˌsie·de·lung, 2beˌsied·lung** *f* ‹-; *no pl*› overpopulation. **~beˌto·nen** *v/t* ‹*insep, no* -ge-, h› *a. fig.* overstress, overemphasize, overaccentuate, (*Wichtigkeit, Charakterzüge etc*) *a.* overplay. **2beˌto·nung** *f* ‹-; *no pl*› overstress, overemphasis, overaccentuation, overplay. **~beˌtrieb·lich** *adj econ.* 1. embracing (*od.* encompassing, involving) several concerns. 2. inter-company (*agreement, etc*). **~beˌwer·ten** *v/t* ‹*insep, no* -ge-, h› overrate (*a. econ. Vermögen etc*), overestimate, overvalue, *Sport*: (*Kür*) overmark. **2beˌwer·tung** *f* ‹-; -en› overrating, overestimation. **~beˌzah·len** *v/t* ‹*insep, no* -ge-, h› (*j-n*) overpay, (*et.*) pay too much for, overpay (on *od.* for).

ˌüber|ˈbie·ten *v/t* ‹*irr, insep, no* -ge-, h› 1. *Versteigerung*: outbid (um by). 2. (*übertreffen*) beat (*a record*), (*j-n*) outdo (*od.* surpass, beat, excel) (in *dat* in, at); **sich in Höflichkeiten ~** outdo each other (*od.* one another) in civilities; **sich selbst ~** outdo o.s.; **das überbietet alles bisher Dagewesene** that beats (*od.* crowns, surpasses) all; **diese Frechheit ist nicht zu ~** this is the height of insolence. **~ˈbie·tend** *adj* **e-e alles ~e Leistung** a record achievement; **ein nicht zu ~er Erfolg** an unrival(l)ed (*od.* unparallel[l]ed) success.

ˈÜberˌbiß *m med.* overbite, supraocclusion.

ˌüber|ˈbla·sen *v/t u. v/i* ‹*irr, insep, no* -ge-, h› *mus.* overblow. **~ˈblät·tern** *v/t* ‹*insep, no* -ge-, h› (*Seite etc*) skip (over), miss out on.

ˈüber|ˌblei·ben *v/i* ‹*irr, sep,* -ge-, sein› *colloq. for* übrigbleiben 1. **2ˌbleib·sel** [-ˌblaɪpsəl] *n* ‹-s; -› 1. *e-r Speise*: leftover, *pl a.* leavings, remains. 2. *fig.* (*überkommene Einrichtung etc*) survival, relic, remnant. 3. (*Stoff-, Papierreste etc*) remnant, oddment. 4. *meist pl e-s Bauwerks etc*: remains *pl.*

ˌüber|ˈblen·den *v/i* ‹*insep, no* -ge-, h› 1. *Film*: change from one scene to another (by fade-in/fade-out), *durch Bildüberlagerung*: dissolve, *übergangslos*: cut. 2. *Tontechnik*: fade over. **2ˈblen·dung** *f* ‹-; -en› 1. *Film*: *durch Abblenden*: fade (*od.* fade-in/fade-out) effect, *durch Bildüberlagerung*: automatic dissolve, *ohne Übergang*: cut. 2. *Tontechnik*: fade-over.

ˈÜberˌblick *m* (über *acc* of) 1. (*Aussicht*) general view, panorama, panoramic view; **von dieser Stelle hat man e-n schönen ~ über die Stadt** there is a good panoramic view of the town from this point. 2. *fig.* survey, general account; **e-n umfassenden ~ geben** give a comprehensive survey. 3. *fig.* (*Vorstellung*) general idea (*od.* view); **ich muß mir erst einmal e-n ~ verschaffen** I must first study the lie of the land, I must first see what's what. 4. ‹*only sg*› (*Übersicht*) grasp; **ihm fehlt der rechte ~** he lacks the proper grasp; **den ~ (über die Lage) verlieren** lose track (*od.* control) of things, *weitS. a.* be all at sea. 5. → Abriß[1] 1.

ˌüber|ˈblicken (*getr.* -k·k-) *v/t* ‹*insep, no* -ge-, h› 1. → übersehen[1] 1. 2. *fig.* (*Lage etc*) sum up, grasp, have a clear view of; **es ist noch nicht zu ~, ob** it is still unclear whether; **soweit ich die Angelegenheit überblicke** as far as I can see, the way I see it (*od.* things); **die Lage** (*od.* **Sache**) **~** have things under control. **~ˈbrin·gen** *v/t* ‹*irr, insep, no* -ge-, h› **j-m et. ~** bring (*od.* deliver, convey, *gehobener*: present) s.th. to s.o. **2ˈbrin·ger** *m* ‹-s; -› 1. bringer, deliverer. 2. *econ. e-s Schecks, Wechsels etc*: bearer; **zahlbar an ~** payable to bearer. **2ˈbrin·gung** *f* ‹-; *no pl*› delivery, *gehobener*: presentation. **~ˈbrück·bar** *adj* bridgeable. **~ˈbrücken** (*getr.* -k·k-) *v/t* ‹*insep, no* -ge-, h› 1. (*Fluß, Tal etc*) bridge, span *s.th.* (with a bridge). 2. *fig.* (*Gegensätze etc*) bridge (over), reconcile. 3. *fig.* (*Geldmangel, Zeitspanne etc*) bridge; **ein Kredit, um unseren Geldmangel zu ~** *a.* a loan to tide us over. 4. *electr.* (*Widerstand*) bypass, (*Pole*) bridge. **2ˈbrückung** (*getr.* -k·k-) *f* ‹-; *no pl*› 1. bridging, *fig. a.* reconciliation. 2. *electr.* bypass, bridging.

ˌÜberˈbrückungs|(ˌbei)ˌhil·fe (*getr.* -k·k-) *f* stopgap relief, bridging grant. **~kreˌdit** *m* bridging (*od.* stopgap) loan. **~reˌser·ve** *f*, **~ˌvorˌrat** *m* bridging (*od.* tiding-over, stopgap) reserve.

ˌüber|ˈbrül·len *v/t* ‹*insep, no* -ge-, h› **j-n ~** outyell s.o. **~ˈbür·den** [-ˈbʏrdən] *v/t* ‹*insep, no* -ge-, h› overburden (mit with); **mit Steuern ~** *a.* overtax; **mit Arbeit ~** overwork, overtask. **2ˈbür·dung** *f* ‹-; *no pl*› overburdening.

ˈüberˌchlor|ˌsau·er *adj chem.* perchloric. **2ˌsäu·re** *f* ‹-; *no pl*› perchloric acid.

ˌüber|ˈda·chen *v/t* ‹*insep, no* -ge-, h› (*Stadion etc*) roof in (*od.* over). **~ˈdacht**[1] *adj* roofed, covered. **~ˈdacht**[2] *pp of* überdenken. **2ˈda·chung** *f* ‹-; -en› roof(ing). **~ˈdau·ern** *v/t* ‹*insep, no* -ge-, h› (*Kriege, Zeitraum etc*) outlast, outlive, survive; **sein Werk hat sein Leben überdauert** his work outlasted him.

ˈÜberˌdecke (*getr.* -k·k-) *f* cover(let), bedspread, bedcover.

ˌüberˈdecken[1] (*getr.* -k·k-) *v/t* ‹*insep, no* -ge-, h› 1. *allg.* cover (over *od.* up), *mit Farbe, e-r Schicht etc, a. fig.* overlay, *bes. dicht*: blanket. 2. (*verbergen*) conceal, mask (*a. tech.*), *weitS. a.* veil, shroud. 3. (*Lärm, Radiowellen etc*) blanket (over), (*Geschmack etc*) mask, *weitS.* (*stärker sein*) top, overtop.

ˈüberˌdecken[2] (*getr.* -k·k-) *v/t* ‹*sep,* -ge-, h› lay, spread; **ein Tischtuch ~** lay (*od.* put, spread) a tablecloth on the table.

ˌüber|ˈdeckt *adj* 1. *Erbfaktor*: recessive. 2. *med. Symptom*: masked, disguised. **2ˈdeckung** (*getr.* -k·k-) *f* ‹-; *no pl*› *Radio, TV* (covering) range. **~ˈdeh·nen** *v/t* ‹*insep, no* -ge-, h› overstretch. **2ˈdeh·nung** *f* ‹-; *no pl*› overstretching, *e-s Gelenks*: hyperextension, *e-s Muskels, e-r Sehne*: strain. **~ˈden·ken** *v/t* ‹*irr, insep, no* -ge-, h› think *s.th.* over, (re-)consider, rethink, *colloq.* have a rethink on.

ˌüberˈdies *adv* 1. (*ohnehin*) anyway. 2. (*außerdem*) besides, moreover, what is more.

ˈüber|di·men·sioˌnal *adj* oversize(d). **~ding·lich** *adj philos.* supersubstantial. **~doˌsie·ren** *v/t* ‹*insep, no* -ge-, h› *bes. med.* overdose. **2doˌsie·rung** *f* ‹-; *no pl*› overdosage. **2ˌdo·sis** *f* overdose.

ˌüber|ˈdre·hen *v/t* ‹*insep, no* -ge-, h› *tech.* 1. (*Uhrfeder etc*) overwind. 2. (*Motor*) overspeed. 3. (*Gewinde*) strip. **~ˈdreht** *adj colloq.* strung-up, high-strung, overexcited.

ˈÜberˌdruck[1] *m* ‹-(e)s; ⸚e› *tech. etc* overpressure, excess pressure.

ˈÜberˌdruck[2] *m* ‹-(e)s; -e› *print. u. auf Briefmarken*: overprint.

ˌüberˈdrucken (*getr.* -k·k-) *v/t* ‹*insep, no* -ge-, h› *print. etc* overprint.

ˈÜberˌdruck|kaˌbi·ne, ~ˌkam·mer *f tech.* pressurized cabin. **~venˌtil** *n* pressure relief valve.

ˈÜber|ˌdruß [-ˌdrʊs] *m* ‹-sses; *no pl*› (an *dat* of) weariness, tiredness, (*Übersättigung*) satiety, surfeit; **bis zum ~** to (a) surfeit, ad nauseam. **2ˌdrüs·sig** [-ˌdrʏsɪç] *adj* **e-r Sache (Person) ~** weary (*od.* tired, sick) of s.th. (s.o.); **der Welt ~** *a.* world-weary; **e-r Sache (Person) ~ werden** *a.* weary (*od.* tire, sicken) of s.th. (s.o.). **2durchˌschnitt·lich I** *adj* above(-)average, ‹*pred*› *a.* higher than average, *noch besser*: outstanding. **II** *adv* **~ gut** outstandingly good; **ein ~ begabtes Kind** a child with above-average intelligence.

ˌüberˈeck *adv* diagonally, crosswise.

ˈÜber|ˌei·fer *m* ‹-s; *no pl*› overeagerness, overzealousness, (*übertriebene Geschäftigkeit*) officiousness. **2ˌeif·rig** *adj* overeager, overzealous, (*übertrieben geschäftig*) officious.

ˌüber|ˈeig·nen *v/t* ‹*insep, no* -ge-, h› **j-m et. ~** make s.th. over to s.o., convey (*od.* assign, transfer) s.th. to s.o. **2ˈeig·nung** *f* ‹-; -en› assignment, conveyance, transfer.

ˈÜberˌei·le *f* (over)haste; **in der ~** in his (her, *etc*) haste.

ˌüberˈei·len I *v/t* ‹*insep, no* -ge-, h› (*Vorhaben etc*) rush, hurry, precipitate; **~ Sie nichts!** don't rush things (*od.* matters). **II** *v/reflex* **sich ~** rush (into) things, act rashly, act overhastily; **übereil dich nicht!** *a.* take your time.

ˈüberˌei·lig *adj* ‹*pred*› rash, overhasty.

ˌüber|ˈeilt *adj* rash, overhasty, precipitate; → Schluß 2. **2ˈei·lung** *f* ‹-; *no pl*› rashness, haste, precipitation; **nur k-e ~!** easy does it.

ˌüberˌeinˈan·der *adv* 1. one on top of the other, on top of each other (*od.* one another), one upon another (*od.* the other). 2. **~ sprechen** talk about (*od.* of) each other (*od.* one another). **~geˌschla·gen** *adj* **mit ~en Armen (Beinen)** with one's arms folded (legs crossed). **~ˌgrei·fen** *v/i* ‹*irr, sep,* -ge-, h› overlap. **~ˌle·gen** *v/t* ‹*sep,* -ge-, h› lay (*things*) on top of each other (*od.* one another). **~ˌlie·gen** *v/i* ‹*irr, sep,* -ge-, h *u.* sein› lie on top of each other (*od.* one another). **~ˌlie·gend** *adj* superimposed, lying on top of each other (*od.* one another), *Schuppen, Dachziegel etc*: *a.* imbricate(d). **~ˌschla·gen** *v/t* ‹*irr, sep,* -ge-, h› (*Arme*) fold, (*Beine*) cross. **~ˌstel·len** *v/t* ‹*sep,* -ge-, h› put (*od.* set) (*things*) on top of each other (*od.* one another), put (*od.* set) (*things*) one upon another.

ˌüberˈein|ˌkom·men I *v/i* ‹*irr, sep,* -ge-, sein› 1. (darin) **~, daß** agree that; **man kam darin überein, daß; man kam überein zu** *inf* it was agreed that. 2. (darin) **~, et. zu tun** agree to do (*od.* on doing) s.th. 3. **~ über** (*acc*) agree (*od.* reach an agreement, come to terms) (up)on (*od.* about). **II** ≈ *n* ⟨-s; -⟩ (**über** *acc* on, about, concerning) **4.** agreement, understanding; **ein ~ treffen** make (*od.* enter into) an agreement; **ein ~ erzielen** reach (*od.* come to) an agreement, come to (*od.* make) terms. **5.** *jur.* agreement, convention, (*Vergleich*) settlement. ≈**ˌkunft** *f* ⟨-; ≈e⟩ → **übereinkommen** II; **nach** (*od.* **laut, gemäß**) ~ as per (*od.* according to) agreement, as agreed (upon); **zu e-r ~ gelangen** reach (*od.* come to) an agreement, come to (*od.* make) terms. **~ˌstim·men** *v/i* ⟨*sep*, **-ge-**, **h**⟩ **1.** (**mit** with, **in** *dat* in) *Dinge, in Form u. Gestalt*: correspond, *ganz genau*: be identical, *inhalts-, wertmäßig*: correspond, tally, agree, square, *zeitlich*: synchronize, *farblich etc*: harmonize, go together, *ling. Verb, Adjektive*: agree; **sie stimmen in Größe und Farbe genau (miteinander) überein** they correspond exactly (*od.* are identical) (with each other) in size and colo(u)r; **mit den Tatsachen ~** correspond (*od.* tally, agree) with the facts; **mit der Beschreibung ~** answer the description; **die Tapete stimmt mit dem Vorhang überein** the wallpaper matches (*od.* goes well with) the curtain; **nicht ~** *Aussagen, Werte etc*: *a.* differ, *Farben etc*: *a.* clash. **2.** (*aufeinanderpassen*) match, be matched. **3. mit j-m (in e-r Sache) ~, mit j-s Meinung** (*od.* **Auffassung**) **(über e-e Sache) ~** agree with s.o. (on *od.* about s.th.), concur with s.o. (in s.th.), share s.o.'s opinion (on *od.* of, about s.th.), see eye to eye with s.o. (on s.th.); **mit j-m nicht ~** (**in** *dat*) *a.* disagree with s.o. (in *od.* on), differ from s.o. (about *od.* on); **alle stimmen darin überein, daß** everyone agrees that, all are agreed that. **~ˌstim·mend I** *adj* **1.** *Meinung etc*: concurrent, *Berichte etc*: *a.* corresponding, (*einstimmig*) unanimous. **2.** (**in** *dat* in) *in Form, Inhalt, Wert*: corresponding, *genau*: identical, (*zueinander passend*) matching, harmonizing. **II** *adv* **3.** concurrently, unanimously. **4.** ~ **mit** (*gemäß*) in accordance (*od.* conformity, keeping) with (*the statutes, etc*). ≈**ˌstim·mung** *f* ⟨-; *no pl*⟩ *in Form u. Gestalt etc*: correspondence (*a. zeitlich*), congruence, *farbliche etc*: harmony, *ling.* agreement, *der Meinungen*: agreement, accord(ance), concord(ance), concurrence; **~ erreichen, ~ erzielen, zur ~ kommen** reach (*od.* come to) an agreement; **es herrscht allgemeine ~ darüber, daß** there is a general agreement that; **in ~ bringen (mit** with) (*Meinungen etc*) bring into agreement (*od.* accordance), make agree, reconcile, (*Form u. Gestalt*) bring into correspondence, *inhalts-, wertmäßig*: bring into correspondence (*od.* agreement), (make) tally (*od.* square), *zeitlich*: synchronize, *farblich etc*: match, harmonize; **in ~ mit** in accordance (*od.* conformity, keeping) with.

ˈüber·empˌfind·lich *adj* (**gegen** to) oversensitive, hypersensitive; **~e Nerven haben** *a.* be high-strung, be highly strung. ≈**keit** *f* (**gegen** to) oversensitivity, hypersensitiveness.

ˈüber|entˌwickelt (*getr.* **-k·k-**) *adj* overdeveloped (*a. phot.*), *med. etc a.* hypertrophic. ≈**entˌwick·lung** *f* ⟨-; *no pl*⟩ overdevelopment, *med. a.* hypertrophy. **~erˌfül·len** *v/t* ⟨*insep, no* **-ge-**, **h**⟩ *econ.* (*Soll, Plan etc*) overfulfil(l). **~erˌnäh·ren** *v/t* ⟨*insep, no* **-ge-**, **h**⟩ overfeed. ≈**erˌnäh·rung** *f* overfeeding, *med.* hyperalimentation.

ˈüber·erˌreg·bar *adj* overexcitable. ≈**keit** *f* overexcitability.

ˌüberˈes·sen[1] *v/reflex* ⟨*irr, insep, pp* **übergessen, h**⟩ **sich ~ (an** *dat* with) overeat (o.s.), overload one's stomach.

ˈüberˌes·sen[2] *v/t* ⟨*irr, sep, pp* **übergegessen, h**⟩ **sich** (*dat*) **et. ~** sicken o.s. of s.th.

ˌüberˈfah·ren[1] *v/t* ⟨*irr, insep, no* **-ge-**, **h**⟩ **1.** (*Fußgänger etc*) run *s.o.* over, run (*od.* knock) *s.o.* down. **2.** (*Ampel etc*) go through, overshoot, *colloq.* crash (through). **3.** *fig. colloq.* walk all over *s.o.*, *Sport*: *a.* trounce, clobber.

ˈüberˌfah·ren[2] **I** *v/t* ⟨*irr, sep,* **-ge-**, **h**⟩ take *s.o.* across, ferry *s.o.* over. **II** *v/i* ⟨**sein**⟩ *über e-n Fluß etc*: cross, pass over.

ˈÜber|ˌfahrt *f* ⟨-; **-en**⟩ crossing, passage; **während** (*od.* **auf**) **der ~** *a.* on the way over (*od.* across). **~ˌfall** *m* ⟨-(e)s; ≈e⟩ (**auf** *acc*) **1.** *auf e-e Person*: assault ([up]on). **2.** *auf e-e Bank etc*: raid ([up]on), *mit vorgehaltener Schußwaffe*: *a.* holdup ([up]on), *auf e-n Geldtransport etc*: *a.* hijack (of); **~ auf e-e Bank** bank holdup. **3.** *auf feindliche Truppen, ein Lager, Dorf etc*: raid (*od.* assault, descent) ([up]on), *auf ein Land etc*: invasion (of), inroad (upon). **4.** *humor.* (*überraschender Besuch*) onslaught (on); **wir haben e-n ~ auf euch vor** *a.* we are planning to descend (*od.* land in) on you.

ˌüberˈfal·len[1] *v/t* ⟨*irr, insep, no* **-ge-**, **h**⟩ **1.** *allg.* attack by surprise, *um j-n zu berauben od. zu verprügeln*: assault, (*Bank etc*) raid, make a raid (up)on, *mit vorgehaltener Schußwaffe*: *a.* hold *s.o., s.th.* up, (*feindliche Truppen, ein Lager, Dorf etc*) raid ([up]on), assault, descend (*od.* make a raid) (up)on, (*Land etc*) invade. **2.** *humor.* (*überraschend besuchen*) descend (up)on, land in on. **3.** *fig. colloq.* **j-n ~ mit** *e-r Frage etc*: pounce on s.o. with, *e-r Nachricht etc*: spring *s.th.* on s.o. **4.** *fig. lit. Schrecken, Müdigkeit etc*: seize, come over (*od.* upon), *Unglück*: *a.* befall; **von e-r plötzlichen Schwäche ~ werden** be overcome by a sudden fit of weakness; **von e-m Gewitter ~ werden** be caught in a thunderstorm.

ˈüberˌfal·len[2] *v/i* ⟨*irr, sep,* **-ge-**, **sein**⟩ fall over; **nach vorn ~** fall over forward(s).

ˈÜber|ˌfallˌho·se *f* knickerbockers *pl*, powder pants *pl*. ≈**ˌfäl·lig** *adj* overdue (*a. econ. Wechsel*); **lange ~, längst ~** long overdue. **~ˌfall·komˌman·do** *n* flying (*Am.* riot *od.* tactical) squad; **das ~ rufen** call the police. ≈**ˌfein** *adj* **1.** *Gehör etc*: oversensitive. **2.** *Differenzierung etc*: overnice, oversubtle. **3.** → **überfeinert**.

ˌüber|ˈfei·nert [-ˈfaɪnərt] *adj* overrefined, *b.s.* fastidious. ≈**ˈfei·ne·rung** [-ˈfaɪnərʊŋ] *f* ⟨-; *no pl*⟩ overrefinement, *b.s.* fastidiousness. **~ˈflie·gen** *v/t* ⟨*irr, insep, no* **-ge-**, **h**⟩ **1.** fly over, fly across, overfly; **den Atlantik ~** fly (across) the Atlantic. **2.** *fig. mit den Augen*: glance (*od.* run) over, skim (over), scan, run one's eyes over.

ˈüberˌflie·ßen[1] *v/i* ⟨*irr, sep,* **-ge-**, **sein**⟩ **1.** *Flüssigkeit*: run (*od.* flow) over, overflow. **2.** *Gefäß etc*: overflow, run (*od.* brim) over; **zum ≈ voll** filled to overflowing, brimful(l). **3.** *lit.* **ihre Augen flossen (von Tränen) über** her eyes were swimming (with tears). **4.** *fig.* **von Mitleid ~** overflow with pity; **vor Freude ~** brim over with joy. **5. ineinander ~** intermingle, run (into one another).

ˌüberˈflie·ßen[2] *v/t* ⟨*irr, insep, no* **-ge-**, **h**⟩ flood.

ˌüberˈflü·geln *v/t* ⟨*insep, no* **-ge-**, **h**⟩ outstrip, outdistance, outmatch, outdo, surpass, leave behind.

ˈÜberˌfluß *m* ⟨**-sses**; *no pl*⟩ **1.** (**an** *dat* of) abundance, (*Überfülle*) profusion, (*unnötiger ~*) superabundance, superfluity, (*Reichtum, Fülle*) wealth; **im ~** in abundance, in plenty, *money, etc* galore; **im ~ besitzen** (*od.* **haben**) abound in, have *s.th.* in abundance (*od.* plenty), have plenty (*colloq.* oodles) of; **im ~ vorhanden sein, im ~ zur Verfügung stehen** be (super)abundant, be plentiful, (super)abound, be available in plenty. **2. im ~** (*Wohlstand*) **leben** live in affluence (*od.* luxury). **3.** (*Überangebot, bes. econ.*) glut, oversupply, (*Überschuß*) surplus, redundancy. **4.** *fig.* **zu allem ~, zum ~** to crown (it) all, to make matters worse. **~geˌsell·schaft** *f* ⟨-; *no pl*⟩ *sociol.* affluent society.

ˈüber|ˌflüs·sig *adj* **1.** superfluous, (*unnötig*) of no use, unnecessary, needless, uncalled-for; **s-e Bemerkung war höchst ~** his remark was quite unnecessary; **es ist wohl ~ zu sagen, daß** I don't think it necessary to say that, it goes without saying that; **ich will k-e ~en Worte machen** I'm going to make it short (*od.* brief); **jedes weitere Wort ist hier ~** any further discussion is completely superfluous (*od.* unnecessary) here. **2.** (*unerwünscht*) superfluous, unwanted, undesired, not wanted (*pred*); **ich habe das Gefühl, hier ~ zu sein** I have the impression (that) I'm not wanted here; **er ist hier ~** we can certainly do without him. **3.** (*überschüssig*) extra, spare, surplus. **~ˌflüs·si·gerˈwei·se** *adv* superfluously, needlessly, unnecessarily. ≈**ˌflüs·sig·keit** *f* ⟨-; *no pl*⟩ superfluity, uselessness, (*Unnötigkeit*) unnecessariness.

ˌüber|ˈflu·ten *v/t* ⟨*insep, no* **-ge-**, **h**⟩ *a. fig. Licht, Gefühl, Touristen, Erzeugnisse etc*: flood, inundate, overflow, *stärker*: swamp, deluge; → *a.* **überschwemmen**. ≈**ˈflu·tung** *f* ⟨-; *no pl*⟩ *a. fig.* flooding, inundation. **~ˈfor·dern** *v/t* ⟨*insep, no* **-ge-**, **h**⟩ **1.** ask too much of *s.o.*, *Aufgabe*: *a.* be too much for *s.o.*, (*überanstrengen*) overtax, overstrain. **2.** *econ.* overcharge, surcharge. ≈**ˈfor·de·rung** *f* ⟨-; *no pl*⟩ **1.** excessive demand(s *pl*) (**e-s Kindes** made upon a child), (*Überanstrengung*) overstrain. **2.** *econ.* overcharge, surcharge.

ˈÜber|forˌmat *n* oversize. **~ˌfracht** *f* excess freight, overfreight.

ˌüber|ˈfragt *adj* **da bin ich ~** I am afraid I don't know that (*od.* the answer to that one), *colloq.* there you have got me (stumped). **~ˈfrem·den** [-ˈfrɛmdən] *v/t* ⟨*insep, no* **-ge-**, **h**⟩ **1.** infiltrate with foreign elements. **2.** *econ.* control *s.th.* by foreign capital. ≈**ˈfrem·dung** *f* ⟨-; *no pl*⟩ **1.** infiltration with foreign elements. **2.** *econ.* control by foreign capital. **~ˈfres·sen** *v/reflex* ⟨*irr, insep, no* **-ge-**, **h**⟩ **sich ~ (an** *dat* on, with) *Tier*: overeat (itself), overfeed, *vulg. Mensch*: overeat (o.s.), eat o.s. silly, glut (*od.* gorge) o.s.

ˈüberˌfrie·ren *v/i* ⟨*irr, sep,* **-ge-**, **sein**⟩ *Gewässer*: freeze over.

ˌüberˈfüh·ren[1] *v/t* ⟨*insep, no* **-ge-**, **h**⟩ **1.** (*Leiche, Patienten etc*) transport, transfer. **2.** *chem.* transform.

ˈüberˌfüh·ren[2] *v/t* ⟨*sep,* **-ge-**, **h**⟩ → **überführen**[1] 1.

ˌüberˈfüh·ren[3] *v/t* ⟨*insep, no* **-ge-**, **h**⟩ *jur.* prove (*od.* find) *s.o.* guilty, convict *s.o.* (**e-s Verbrechens** of a crime), prove *s.o.*'s guilt.

ˌÜberˈfüh·rung[1] *f* ⟨-; *no pl*⟩ **1.** *e-r Leiche, e-s Patienten etc*: transport(ation), conveyance, (*a. Übergabe*) transfer. **2.** *chem.* transformation.

ˈÜberˌfüh·rung[2] *f* ⟨-; *no pl*⟩ → Überführung[1] 1.

ˌÜberˈfüh·rung[3] *f* ⟨-; *no pl*⟩ *jur.* conviction.

ˌÜberˈfüh·rung[4] *f* ⟨-; -en⟩ road bridge, viaduct, flyover, *Am.* overpass.

ˈÜberˌfül·le *f* ⟨-; *no pl*⟩ (**von** of) profusion, (super)abundance, affluence, overabundance.

ˌüber|ˈfül·len *v/t* ⟨*insep, no* -ge-, h⟩ overfill, (*Magen etc überladen*) overload. **~ˈfüllt** *adj* **1.** overfilled, (*überladen*) overloaded. **2.** *mit Menschen*: overcrowded (*od.* packed) (with people), *Universität, Beruf etc*: (over)crowded, *Straßen*: crowded, (*blockiert*) blocked, (*verstopft*) congested. **3.** *econ. Lager etc*: overstocked, overfilled, *Markt*: glutted. **~ˈfül·lung** *f* ⟨-; *no pl*⟩ **1.** (over)crowding; **wegen ~ geschlossen** full up, house full. **2.** *econ. des Marktes*: glut.

ˈÜber·funk·tiˌon *f med.* hyperactivity, overactivity, hyperfunction(ing).

ˌüber|ˈfüt·tern *v/t* ⟨*insep, no* -ge-, h⟩ overfeed, *fig. mit Informationen, Lektüre etc*: cram, surfeit, stuff. **~ˈfüt·te·rung** *f* ⟨-; *no pl*⟩ overfeeding, *fig.* (*Übersättigung*) surfeit (**mit** of).

ˈÜberˌga·be *f* ⟨-; *no pl*⟩ **1.** *allg.* handing-over, *von Briefen, Waren etc, a. jur. e-s Besitzes*: delivery, *e-s Amtes, e-r Aufgabe etc*: assignment; **feierliche ~** presentation. **2.** *mil. e-r Festung etc*: surrender. **~beˌschei·ni·gung** *f econ.* (bill of) receipt. **~verˌwei·ge·rung** *f econ. jur.* refusal to deliver.

ˈÜberˌgang *m* ⟨-(e)s; ⁓e⟩ **1.** ⟨*only sg*⟩ (*Überqueren*) crossing (**über e-e Straße** *etc* a street, *etc*), *weitS. a.* passage; **kein ~** no crossing. **2.** (*~sstelle*) crossing (place), passage. **3.** *in ein anderes Stadium*: transition, change (**von ... zu** from ... to); **ohne ~** → **übergangslos. 4.** *zu e-r Partei etc*: (**zu** to) going over, change, switch. **5.** *auf ein anderes Thema*: transition, gradual change (*od.* shift). **6.** (*~szeit, Zwischenlösung*) interim; **für den ~** as an interim. **7.** *jur. von Rechten*: devolution, *durch Übereignung*: assignment, transfer.

ˈÜberˌgangs|beˌstim·mung *f* interim (*od.* provisional, temporary) regulation. **~erˌschei·nung** *f* phenomenon of transition. **~ˌfar·be** *f* transition colo(u)r. **~ˌklei·dung** *f* interseasonal wear (*od.* clothes *pl*). **~los** *adv* without transition, directly. **~ˌlö·sung** *f* provisional solution. **~ˌman·tel** *m* interseasonal coat. **~pe·riˌode** *f* transition period. **~ˌre·ge·lung** *f* temporary arrangement. **~ˌsta·di·um** *n* transition(al stage). **~ˌstel·le** *f* crossing (place *od.* point), passage. **~ˌstil** *m arch.* transition style. **~ˌzeit** *f* **1.** transition(al period). **2.** *zwischen den Jahreszeiten*: interseasonal (*colloq.* in-between) period. **~ˌzuˌstand** *m* transition(al state).

ˈÜber·garˌdi·ne *f* (over)drape, curtain.

ˌüberˈge·ben I *v/t* ⟨*irr, insep, no* -ge-, h⟩ **1. j-m et. ~** (*allg. u. einhändigen*) hand s.th. over to s.o., deliver s.th. (up) to s.o., (*anvertrauen*) commit (*od.* consign, entrust) s.th. to s.o.('s custody), entrust s.o. with s.th., (*Amt, Aufgabe, Arbeit etc*) assign s.th. to s.o., (*feierlich überreichen*) present s.th. to s.o. (*od.* s.o. with s.th.), *mil.* (*Festung etc*) surrender (*od.* yield) s.th. to s.o.; **et. dem Rechtsanwalt (dem Gericht) ~** turn s.th. over to one's lawyer (take s.th. to court). **2.** *fig.* **et. den Flammen** *etc* **~** commit (*od.* consign) s.th. to the flames, *etc*; → **Verkehr** 1. **II** *v/reflex* **sich ~ 3.** vomit, be sick, throw up.

ˈÜber·geˌbühr *f* overcharge, surcharge. **~lich** *adv* excessively, unduly; **~ in Anspruch nehmen** make excessive use of (*od.* demands on).

ˈüberˌge·hen[1] *v/i* ⟨*irr, sep,* -ge-, **sein**⟩ **1. auf j-n** (*od.* **in j-s Besitz, Hände**) **~** go (*od.* pass) over to s.o., devolve (up)on (*od.* to) s.o., become s.o.'s property, pass to s.o.'s possession; **in fremde Hände ~** change hands, pass into other hands. **2. zu e-r Sache ~** proceed, *etc* to the next topic (*od.* item). **3. zum Feind** *etc* **~** go over (*od.* change over, defect) to the enemy, *etc*; **zur Gegenpartei ~** *a.* change sides, rat, *Am. colloq.* flop over. **4. ~ in** (*acc*) *ein anderes Stadium*: change (*od.* turn) (in)to, *e-n anderen Farbton*: merge (*od.* fade, blend) into; **in Verwesung ~** (begin to) decay (*od.* putrefy). **5. ineinander ~** *Farbtöne*: (inter)fuse, *Epochen, Begriffe etc*: merge, overlap. **6.** *fig. lit.* **die Augen gingen ihm über** *von Tränen*: his eyes filled (*od.* brimmed) with tears, *vor Staunen*: *colloq.* his eyes nearly popped out (of his head); → **Mund** 1.

ˌüberˈge·hen[2] *v/t* ⟨*irr, insep, no* -ge-, h⟩ **1. et. ~** (*hinwegsehen über*) pass s.th. over, (*übersehen*) overlook s.th., (*auslassen, überspringen*) skip s.th., leave (*od.* miss) s.th. out, (*unbeachtet lassen*) ignore (*od.* disregard) s.th. **2. j-n ~** pass s.o. over, leave s.o. out, omit s.o.; **j-n bei der Beförderung ~** leave s.o. out in the promotion, pass s.o. over in (the course of) the promotions; **sie fühlte sich übergangen** she felt she had been passed over.

ˌÜberˈge·hung *f* ⟨-; *no pl*⟩ disregard, neglect, *a. bei e-r Beförderung etc*: omission.

ˈüber|geˌnau *adj* overmeticulous, (*pedantisch*) fussy. **~geˌnug** *adv* more than enough, enough and to spare. **~geˌordnet** *adj* **1.** (*vorrangig*) *Problem, Bedeutung etc*: paramount, overriding, primary. **2.** *Behörde etc*: superior, superordinate, higher. **3.** *ling. Satz*: main, principal, *Begriff*: generic. **~geˌpäck** *n* excess luggage (*bes. Am.* baggage). **~geˌschnappt** *adj colloq.* crazy, *sl.* off one's rocker. **~geˌwand** *n* overgarment. **~geˌwicht** *n* ⟨-(e)s; *no pl*⟩ **1.** *von Personen, Briefen etc*: overweight, excess weight; **~ haben** *Person u. Sache*: be overweight; **ein ~ von zehn Prozent haben** be ten percent overweight. **2. das ~ bekommen** overbalance, lose (one's *od.* it's) balance (*od.* equilibrium), become top-heavy. **3.** *fig.* (*Übermacht*) preponderance, predominance, supremacy, superiority, ascendancy; **militärisches ~ haben** have military preponderance; **das ~ bekommen (über** *acc*) gain (*od.* get) the upper hand (of), prevail (over).

ˌüberˈgie·ßen[1] *v/t* ⟨*irr, insep, no* -ge-, h⟩ **1.** *mit Wasser etc*: pour *water, etc* on, douse (*od.* dowse) *s.th.* (*with water, etc*). **2.** (*Braten*) baste. **3.** *fig. mit Licht*: bathe, flood, inundate.

ˈüberˌgie·ßen[2] *v/t* ⟨*irr, sep,* -ge-, h⟩ **1.** (*verschütten*) spill. **2.** (*Soße etc*) pour *s.th.* over.

ˌüberˈgit·tern [-ˈgɪtərn] *v/t* ⟨*insep, no* -ge-, h⟩ cover *s.th.* with latticework, lattice.

ˈüberˌglück·lich *adj* overjoyed, delirious with joy, extremely happy.

ˌüberˈgos·sen *adj fig.* **mit Schamröte ~** crimson with shame, blushing all over; **von Licht ~** bathed in light; **mit Schweiß ~** bathed in perspiration.

ˈüber|ˌgrei·fen *v/i* ⟨*irr, sep,* -ge-, h⟩ **1.** *beim Geigespielen, Geräteturnen etc*: shift (**auf** *acc* to). **2.** *fig.* **~ auf** (*acc*) *Feuer, Epidemie, Streik etc*: spread to *s.th.*, *weitS. a.* affect. **3.** *fig.* **auf** (*od.* **in**) **j-s Rechte ~** encroach (*od.* infringe) (up)on s.o.'s rights. **4. ineinander ~** *Begriffe etc*: overlap. **~ˌgriff** *m* ⟨-(e)s; -e⟩ **1.** *kriegerischer*: (**auf** *acc*) inroad ([up]on), incursion (into). **2.** *in j-s Rechte etc*: (**in** *acc*) encroachment ([up]on), infringement (of), trespass ([up]on). **~ˌgroß** *adj* outsize(d), oversize(d), extra large, overlarge. **~ˌgrö·ße** *f a. bei Kleidung etc*: outsize, oversize, extra large size. **~ˌha·ben** *v/t* ⟨*irr, sep,* -ge-, h⟩ *colloq.* **1.** (*Mantel etc anhaben*) have *s.th.* on. **2.** (*übrig haben*) have *s.th.* left (over), have *s.th.* over. **3.** (*e-r Sache überdrüssig sein*) be sick (and tired) of, be fed up with. **4. et. (nichts) ~ für** (*acc*) (not to) be interested in (*modern art, etc*).

ˌÜberˈhand|ˌnah·me *f* ⟨-; *no pl*⟩ spread, increase, *weitS. a.* prevalence. **~ˌneh·men** *v/i* ⟨*irr, sep,* -ge-, h⟩ *Kriminalität, Ungeziefer, Lärm etc*: spread, increase, *weitS. Ideen etc*: become widespread (*od.* prevalent), gain prevalence; **Diebstahl nimmt immer mehr überhand** theft is spreading more and more (*od.* is growing rife, becoming rampant).

ˈÜberˌhang *m* ⟨-(e)s; ⁓e⟩ **1.** (*Gardine*) curtain, hanging(s *pl*). **2.** (*Felsen~*) overhang. **3.** *aer. arch. tech.* overhang, *arch. a.* projection. **4.** *econ.* (*Geld~*) surplus money, (*Restbetrag*) residue, (*Auftrags~*) backlog.

ˈüberˌhän·gen[1] *v/t* ⟨*sep,* -ge-, h⟩ **j-m** (*e-n Mantel etc*) **~** put (*a coat, etc*) (a)round s.o.'s shoulders; **sich** (*dat*) **et. ~** (*Mantel etc*) put s.th. (a)round one's shoulders, (*Tasche etc*) hang (*mit Schwung*: sling) s.th. over one's shoulder.

ˈüberˌhän·gen[2] *v/i* ⟨*irr, sep,* -ge-, h⟩ *Felsen etc*: project, hang over, overhang.

ˌüberˈhän·gen[3] *v/t* ⟨*insep, no* -ge-, h⟩ **et. mit e-r Sache ~** hang s.th. over s.th.

ˈüberˌhän·gend *adj* **1.** *Felsen, Dach etc*: overhanging. **2.** *arch.* cantilevering, (*vorstehend*) projecting.

ˈÜberˌhang·manˌdat *n pol.* excess(ive) mandate.

ˌüber|ˈha·sten *v/t* ⟨*insep, no* -ge-, h⟩ → **übereilen. ~ˈha·stet** *adj* → **übereilt. ~ˈhaucht** *adj* **von e-m sanften Rot ~ sein** have a rosy hue. **~ˈhäu·fen** *v/t* ⟨*insep, no* -ge-, h⟩ **1. j-n mit e-r Sache ~** *allg.* overwhelm s.o. with s.th., heap s.th. on s.o., *mit Geschenken, Ehrungen, Vorwürfen etc*: *a.* shower s.o. with s.th., rain (*od.* shower) s.th. on s.o., *mit Arbeit, Pflichten, Aufträgen etc*: swamp s.o. with s.th.; **ein Kind mit Liebe ~** lavish one's affection(s) on a child; **mit Arbeit überhäuft** *a.* snowed under with work. **2. et. mit e-r Sache ~** swamp (*od.* load) s.th. with s.th., heap (*od.* pile) s.th. high with s.th. **3.** *econ.* (*Markt*) glut, (*Lager*) overstock. **~ˈhäu·fung** *f* ⟨-; *no pl*⟩ (**mit**) overwhelming (with *honours, etc*), swamping (with *work, etc*).

ˌüberˈhaupt *adv* **1.** (*eigentlich*) at all; **arbeitet er denn ~?** does he (do any) work at all?; **hast du ~ schon et. gegessen?** have you had anything to eat at all?; **was ist ~ mit dir los?** what is wrong with you anyway?; **was willst du ~?** what really (*od.* what on earth) do you want?; **wie ist das ~ passiert?** how did that actually happen?, how did that happen at all (*od.* in the first place)? **2.** (*außerdem*) anyway, anyhow, in the first place; **~ wollte ich nicht Sie, sondern Herrn X sprechen** I did not want (*colloq.* I never wanted) to speak to you in the first place, I wanted (to speak to) Mr. X; **und ~ geht dich das gar nichts an** and after all, this is none of your business. **3. ~**

nicht (*ganz u. gar nicht*) not at all; **daran habe ich ~ nicht gedacht** I did not think of that at all, I did not even think of that, I never thought of that; **du hättest es ~ nicht tun sollen** you should not have done it in the first place; **hat er sich bedankt?** – **~ nicht!** did he thank you (for it)? – not at all! (*colloq.* not a *od.* one bit of it!); **er hat ~ kein Geld** he has no money at all, he has no money what(so)ever; *colloq.* **er hat ~ k-e Ahnung** he hasn't the slightest (*od.* faintest) idea, he hasn't the ghost of an idea. **4. ~ nichts** nothing at all, nothing what(so)ever; **du weißt ~ nichts** *a.* you know absolutely nothing; **davon versteht er ~ nichts** he doesn't know a (*od.* the first) thing about it; **es schadet ~ nichts, wenn er warten muß** it won't do him the slightest (*od.* the least bit of) harm to wait; **das macht ~ nichts** that does not matter at all (*od.* in the least, one bit, a bit); **macht es dir et. aus?** – **~ nichts!** do (*od.* would) you mind (*colloq.* awfully)? – not at all!, not in the least (*od.* slightest)! **5.** *zweifelnd*: at all; **vorausgesetzt, daß das ~ der Fall ist** provided that that is the case at all; **gibt es ~ e-e Möglichkeit?** is there any chance at all (*od.* what[so]ever)? **6.** *beiläufig od. verallgemeinernd*: **und ~** ... and, come to that, now that I come to think of it, now that I mention it; **das glaube ich dir nicht, ~ ist die Behauptung absurd** I don't believe you, indeed (*od.* in fact) your statement is quite absurd; **es ist ~ lächerlich, daß er das von uns verlangt** it (really) is quite (*od.* altogether) absurd that he expects us to do that; *colloq.* **das ist ~ der netteste Kerl** he's the nicest fellow ever, he really is the nicest fellow; **das ist ~ die beste Lösung** that's the best solution yet (*od.* of all); **er sagte, sie wäre falsch und ~ recht unzuverlässig** (*od.* **und recht unzuverlässig ~**) he said she was two-faced and (indeed) pretty unreliable in general; *colloq.* **er ist ~ ein alter Meckerer** he's an old grumbler anyway; **das Lärmen ist verboten, ~ in der Nacht** noisemaking is prohibited, particularly (*od.* especially) at night.

ˌüberˈhe·ben *v/reflex* ⟨*irr, insep, no* -ge-, h⟩ **sich ~ 1.** *beim Tragen*: (over-)strain o.s. (with lifting). **2. sich über j-n ~** (*überheblich sein*) consider o.s. above s.o.; **ohne mich ~ zu wollen** without wanting to seem presumptuous. **~ˈheb·lich** [-ˈheːplɪç] *adj* overbearing, presumptuous, arrogant. **2ˈheb·lich·keit, 2ˈhe·bung** *f* ⟨-; *no pl*⟩ presumption, arrogance, hauteur. **~ˈhei·zen, ~ˈhit·zen** *v/t* ⟨*insep, no* -ge-, h⟩ *a. fig.* overheat. **~ˈhitzt** *adj* **1.** *a. fig. Konjunktur etc*: overheated, *fig. Phantasie etc*: *a.* overexcited. **2.** *tech. Dampf etc*: superheated.

ˈüberˌhöf·lich *adj* overpolite, overcourteous.

ˌüber|ˈhö·hen *v/t* ⟨*insep, no* -ge-, h⟩ **1.** (*Kurve etc*) superelevate, bank. **2.** (*Preise*) force *s.th.* up, send *s.th.* up, raise *s.th.* excessively. **~ˈhöht** *adj* **1.** *Kurve etc*: superelevated, banked. **2.** *Preise*: excessive, exorbitant. **3.** *Geschwindigkeit*: excessive; **mit ~er Geschwindigkeit fahren** exceed (*od.* drive over) the speed limit, speed. **2ˈhö·hung** *f* ⟨-; *no pl*⟩ **1.** *von Kurven etc*: superelevation, bank. **2.** *der Preise*: excessive rise (*od.* hike).

ˌüberˈho·len¹ **I** *v/t u. v/i* ⟨*insep, no* -ge-, h⟩ **1.** *im Straßenverkehr*: pass, *bes. Br.* overtake. **2.** *Sport*: overtake, outdistance, outstrip, outpace. **3.** *fig.* (*übertreffen*) outstrip, outdo, surpass. **4.** *bes. tech.* (*prüfen u. ausbessern*) overhaul, give *s.th.* an overhaul, service, recondition; **das Auto müßte einmal gründlich überholt werden** the car really needs a complete overhaul. **II 2** *n* ⟨-s⟩ **5.** *im Verkehr etc*: passing, *bes. Br.* overtaking; **2 verboten!** no passing!; **Vorsicht beim 2** pass with care (*od.* caution). **6.** → Überholung 2.

ˈüberˌho·len² *mar.* **I** *v/t* ⟨*sep*, -ge-, h⟩ fetch (*od.* ferry) *s.o.* over; **hol über!** ferryman ahoy! **II** *v/i Schiff*: heel (over).

ˌÜberˈhol|maˌnö·ver *n* passing (*bes. Br.* overtaking) manoeuvre (*Am.* maneuver). **~ˌspur** *f* overtaking (*Br. a.* fast) lane.

ˌüber|ˈholt *adj* (*veraltet*) (out)dated, outmoded, antiquated; **durch e-e Sache ~ sein** be superseded by s.th.; **das ist schon längst ~** *colloq.* that is old rope (*od.* old hat). **2ˈho·lung** *f* ⟨-; -en⟩ *bes. tech.* overhaul.

ˌÜberˈho·lungs|ˌar·bei·ten *pl tech.* overhaul work *sg.* **2be|dürf·tig** *adj bes. tech.* in need of repair (*od.* an overhaul).

ˌÜberˈhol|verˌbot *n* **1.** ban on passing (*bes. Br.* overtaking). **2.** (*Schild*) "No Passing" (*bes. Br.* "No Overtaking") sign. **3.** (*Strecke*) no-passing (*bes. Br.* no-overtaking) zone. **~ˌvorˌgang** *m* passing, *bes. Br.* overtaking; **während des ~s** while passing; → *a.* Überholmanöver.

ˌüberˈhö·ren *v/t* ⟨*insep, no* -ge-, h⟩ not to hear, *versehentlich*: *a.* miss, not to catch, *absichtlich*: ignore, not to listen to; **ich habe sein Kommen ganz überhört** I did not hear him come; **das will ich überhört haben!** I didn't hear that!

ˈÜber|ˌho·se *f* overalls *pl*, slip-over trousers *pl*. **~ˌIch** *n psych.* superego. **2ˌir·disch** *adj* (*übernatürlich*) supernatural, unearthly, unworldly, supermundane, (*himmlisch*) heavenly, celestial; **~es Wesen** heavenly (*od.* celestial) being; **von ~er Schönheit** of unearthly (*od.* divine) beauty. **2kan|di·delt** [-kanˌdiːdəlt] *adj colloq.* (*verrückt*) odd, eccentric, (*hochgestochen*) highfalutin(g). **~ka·pi·ta·liˌsie·rung** *f econ.* overcapitalization.

ˈüberˌkip·pen *v/i* ⟨*sep*, -ge-, sein⟩ **1.** (*das Gleichgewicht verlieren*) overbalance, lose one's (*od.* its) balance, (*umfallen*) topple (*od.* tip) over. **2.** *fig. Stimme*: crack, break.

ˌüber|ˈkle·ben *v/t* ⟨*insep, no* -ge-, h⟩ paste (*od.* glue) *s.th.* over (**mit** with). **~ˈklei·den** *v/t* ⟨*insep, no* -ge-, h⟩ cover, clothe, *mit e-r Schicht*: *a.* coat.

ˈÜberˌklei·dung¹ *f* ⟨-; *no pl*⟩ outerwear.

ˌÜberˈklei·dung² *f* ⟨-; -en⟩ → Verkleidung 2.

ˌüber|ˈklei·stern *v/t* ⟨*insep, no* -ge-, h⟩ *colloq. for* überkleben. **~ˈklet·tern** *v/t* ⟨*insep, no* -ge-, h⟩ climb over.

ˈüber|ˌklug *adj* know-(it-)all, too clever by half, *colloq.* smart-alecky; **ein ~er Mensch** a know-(it-)all, a wiseacre. **~ˌko·chen** *v/i* ⟨*sep*, -ge-, sein⟩ **1.** *Suppe, Milch etc*: boil over. **2.** *fig.* (**vor Wut**) ~ explode (with rage).

ˌüberˈkom·men¹ **I** *v/t* ⟨*irr, insep, no* -ge-, h⟩ **j-n ~** *Empfindungen*: overcome s.o., come over s.o.; **plötzlich überkam ihn ein Gefühl des Ekels** he was suddenly overcome by a feeling of disgust, he was suddenly revolted. **II** *v/impers* **es überkam mich ganz plötzlich, daß ich die Tür nicht abgeschlossen hatte** it suddenly struck me (*od.* occurred to me) that I had not locked the door.

ˌüberˈkom·men² *v/i* ⟨*irr, insep, no* -ge-, sein⟩ *lit.* **j-m ~, auf j-n ~** *Sitte, Brauch etc*: come (*od.* be handed) down to s.o.

ˌüberˈkom·men³ *adj Sitten, Gebräuche etc*: traditional, conventional; **ein von den Vorfahren ~es Gut** a legacy.

ˈüber|kom·penˌsie·ren *v/t* ⟨*insep, no* -ge-, h⟩ overcompensate. **2kom·penˌsie·rung** *f* ⟨-; *no pl*⟩ overcompensation. **~kon·fes·sioˌnell** *adj relig.* interdenominational. **2kon·junkˌtur** *f econ.* overheated (*od.* super) boom. **2kor·rekˌtur** *f med. psych.* overcompensation, overcorrection.

ˌüberˈkreu·zen *v/t* ⟨*insep, no* -ge-, h⟩ cross.

ˈüber|ˌkrie·gen *v/t* ⟨*sep*, -ge-, h⟩ *colloq.* **et. ~** get sick (and tired) of s.th., get fed up with s.th. **~ˌkri·tisch** *adj* overcritical, hypercritical.

ˌüber|ˈkro·nen [-ˈkroːnən] *v/t* ⟨*insep, no* -ge-, h⟩ *med.* (*Zähne*) crown. **~ˈkrus·ten** *v/t u.* **sich ~** *v/reflex* ⟨*insep, no* -ge-, h⟩ crust (over). **~ˈku·geln** *v/reflex* ⟨*insep, no* -ge-, h⟩ **sich ~** roll (*od.* turn) over (*od.* head over heels).

ˌüberˈla·den¹ **I** *v/t* ⟨*irr, insep, no* -ge-, h⟩ **1.** (*Auto, Schiff etc, a. Magen*) overload. **2.** *fig.* (*Zimmer, Bild, Stil etc*) clutter, overcharge. **3.** (*Batterie etc*) overcharge. **4. j-n ~ mit** *Arbeit etc*: swamp (*od.* overburden) s.o. with. **II** *v/reflex* **5. sich ~ mit** *Schmuck etc*: festoon (*od.* clutter) o.s. with. **III 2** *n* ⟨-s⟩ **6.** overloading (*etc*).

ˌüberˈla·den² *adj fig. Tafel*: overladen, *Bild, Stil etc*: *a.* overcharged, *mit Krimskrams, Details etc*: cluttered (up).

ˌÜber|ˈla·den·heit *f* ⟨-; *no pl*⟩ *fig. mit Krimskrams, Details etc*: cluttered state, *des Stils*: redundancy, floridness, pompousness. **~ˈla·dung** *f* ⟨-; *no pl*⟩ overload(ing). **2ˈla·gern** *v/t* ⟨*insep, no* -ge-, h⟩ **1.** (*überdecken*) overlay, cover (over *od.* up), super(im)pose, *weitS.* (*verbergen*) *a.* mask, conceal. **2.** *geol.* overlie. **3.** *bes. tech.* overlap. **4.** *Radio*: heterodyne. **~ˈla·ge·rung** *f* ⟨-; *no pl*⟩ *allg.* super(im)position, *Radio*: heterodyning.

ˈÜberˌland|ˌbus *m* long-distance (*od.* intercity) bus (*bes. Br.* coach). **~ˌfahrt** *f* cross-country trip. **~ˌlei·tung** *f electr.* long-distance (*od.* power) transmission line. **~ˌom·ni·bus** *m* → Überlandbus. **~ˌstra·ße** *f* cross-country road (*bes. Am.* highway). **~ˌtransˌport** *m* overland transport(ation), long-distance haulage. **~ˌverˌkehr** *m* interurban (*od.* long-distance) traffic.

ˈüber|ˌlang *adj* extra (*od.* exceptionally, particularly) long. **2ˌlän·ge** *f* exceptional length.

ˌüber|ˈlap·pen *v/t* ⟨*insep, no* -ge-, h⟩ *bes. tech.* overlap. **2ˈlap·pung** *f* ⟨-; -en⟩ overlap(ping).

ˌüberˈlas·sen¹ **I** *v/t* ⟨*irr, insep, no* -ge-, h⟩ **1. j-m et. ~** let s.o. have s.th., leave s.th. to s.o., leave s.o. s.th., (*hinterlassen*) leave s.o. (with) s.th., *käuflich*: sell s.th. to s.o., *zur Miete*: rent (*od.* lease, *bes. Br.* let) s.th. to s.o., (*preisgeben*) relinquish (*od.* surrender, abandon) s.th. to s.o., *bes. jur.* (*abtreten*) cede s.th. to s.o. **2. j-m et. ~** (*zur Entscheidung etc anheimstellen*) leave s.th. to s.o.('s discretion); **et. dem Zufall ~** leave s.th. to chance; **~ Sie das gefälligst mir** that's my problem; **das bleibt Ihnen ~** it is entirely up to you, you are entirely free (*od.* at liberty) to decide. **3. j-m et. ~** (*anvertrauen*) entrust (*od.* leave) s.th. to s.o., entrust s.o. with s.th.; **~ Sie das mir** (you) just leave that to me; **j-n j-s Obhut ~** entrust (*od.* commit, resign) s.o. to s.o.'s care. **4. j-n s-m Schicksal ~** leave s.o. to his fate; **j-n sich** (*dat*) **selbst ~** leave s.o. on his own (*od.* to himself, to his own resources, to his own devices); **wir ~ die beiden besser sich selbst**

we had better leave the two alone (*od.* to themselves). **II** *v/reflex* **5. sich s-m Kummer (s-r Freude** *etc*) ~ give o.s. over (*od.* up) to (*od.* yield o.s. to) one's sorrow (joy, *etc*). **6. sich j-s Führung** ~ let o.s. be guided by s.o.

'über,las·sen² *v/t* ⟨*irr, sep,* **-ge-, h**⟩ *colloq.* (*übriglassen*) leave *s.th.* (over).

,Über'las·sung *f* ⟨-; *no pl*⟩ (*Preisgabe*) relinquishment, surrender, abandonment, *jur.* (*Abtretung*) cession, transfer, *durch Verkauf*: sale.

'Über,last *f* ⟨-; -en⟩ **1.** overload, overweight. **2.** ⟨*only sg*⟩ *fig.* overburden.

,Über|'last·bar·keit *f* ⟨-; *no pl*⟩ *tech.* overload capacity. **≈la·sten** *v/t* ⟨*insep, no* **-ge-, h**⟩ **1.** (*Auto, Fahrstuhl etc, a. Maschine, Stromnetz etc*) overload. **2. j-n** ~ *mit Arbeit etc*: overburden s.o., (*überanstrengen*) overtax s.o., overstrain s.o.; **sich finanziell** ~ overburden o.s. financially, overtax one's financial strength; **mit Arbeit vollkommen überlastet** overwhelmed with work. **~'la·stung** *f* ⟨-; *no pl*⟩ **1.** *e-s Autos, e-r Maschine etc, a. electr.* overload. **2.** *mit Arbeit etc*: overburdening, (*Überanstrengung*) overstrain, overstress.

'Über,lauf *m civ.eng.* overflow, spillway.

'über,lau·fen¹ *v/i* ⟨*irr, sep,* **-ge-, sein**⟩ **1.** *Flüssigkeit etc*: run (*od.* flow) over, overflow. **2.** *Gefäß etc*: run (*od.* brim) over, overflow; **zum ≈ voll** filled to overflowing, brimful(l); *fig.* **vor Betriebsamkeit** *etc* ~ brim over (*od.* gush) with activity, *etc.* **3. ineinander** ~ *Farben etc*: run (into one another), intermingle. **4.** *mil. etc* desert, defect (**zu** to); → *a.* **übergehen¹** 3.

,über'lau·fen² **I** *v/t* ⟨*irr, insep, no* **-ge-, h**⟩ **1. Angst überläuft j-n** s.o. is seized (*od.* overcome) with (*od.* by) fear. **2.** (*Gegend etc*) overrun, spread all over. **3.** (*belästigen*) pester, plague. **II** *v/impers* **4. es überlief mich kalt** cold shudders went up and down my spine; **es überlief mich heiß und kalt** I went hot and cold.

,über'lau·fen³ *adj* **1.** *Ort, Ausflugsziel etc*: (**von**) overcrowded (with), overrun (with, by), inundated (with), invaded (by). **2.** *Beruf*: overcrowded. **3.** *Arzt*: besieged (*od.* inundated) with patients. **4.** (*belästigt*) pestered, plagued, importuned.

'Über,läu·fer *m* ⟨-s; -⟩ *mil.* deserter, *bes. pol.* defector, turncoat.

'Über,lauf|,rohr *n tech.* overflow pipe. **~ven,til** *n* overflow (*od.* bypass) valve.

'über,laut *adj* overloud, too loud.

,über|'le·ben **I** *v/t* ⟨*insep, no* **-ge-, h**⟩ **1.** (*Person*) survive, outlive, live longer than; **sie hat fünf Männer überlebt** *a.* she has buried five husbands. **2.** (*e-e bestimmte Frist*) last, live out; **der Kranke wird die Nacht nicht** ~ the patient will not last the night. **3.** (*Katastrophe etc*) survive, (*Verlust*) *a.* get over *s.th.*; *colloq.* **das überlebe ich nicht!** I'll never survive it!, that will be the death of me!; **du wirst es** ~ *a.* it won't kill you. **II** *v/reflex* **sich** ~ **4.** outlive (*od.* outlast) one's use (-fulness); **das hat sich überlebt** *a.* that has had its day. **III ≈** *n* ⟨-s⟩ **5.** survival, *bes. jur.* survivorship. **~'le·bend** *adj jur.* **der ~e Teil** (*od.* **Ehegatte**) the surviving party (*od.* widow[er]). **≈'le·ben·de** *m, f* ⟨-n; -n⟩ *e-r Katastrophe etc*: survivor.

,Über'le·bens|,chan·ce *f* chance of survival. **~,fall** *m jur.* **im** ~ in case of survival.

'über,le·bens|,groß *adj* larger than life-size(d), larger than life. **≈,grö·ße** *f* ⟨-; *no pl*⟩ **e-e Statue in** ~ a statue larger than life.

,Über'le·bens|,ren·te *f jur.* survivorship annuity. **~,wil·le** *m* will to survive. **~,zeit** *f* survival time.

,über'lebt *adj* (*veraltet*) antiquated, outmoded, (out)dated; ~ **sein** *a.* be out of date, belong to the past, be a thing of the past.

,über'le·gen¹ **I** *v/t* ⟨*insep, no* **-ge-, h**⟩ **1.** think *s.th.* over, give *s.th.* some thought, think about, consider, deliberate, (*Folgen, Worte etc abwägen*) *a.* weigh (up); **ich muß es mir noch ~, ich will es mir** ~ I'll think about it, I'll think it over; **überleg dir's doch mal** think about it, think it over, give it some thought; ~ **Sie sich das gut** (*od.* **gründlich**)! give it careful thought, consider it well; **das will genau überlegt sein** that requires careful consideration; **et. hin und her** ~ turn s.th. over in one's mind, consider s.th. from every angle, consider and reconsider s.th.; **sich** (*dat*) **~, was man tun soll** deliberate (*od.* think about) what to do; **et. noch einmal** ~ reconsider s.th.; **ich habe es mir überlegt** (*mich entschlossen*) I have made up my mind, *anders*: I have changed my mind (*od.* I have had second thoughts) (about it); **das hättest du dir vorher ~ müssen** you should have thought of that beforehand; **das wäre zu** ~ that is worth considering (*od.* a thought); **was gibt es denn da noch zu ~?** what is there to think about; → **recht** 7. **2.** (*ausdenken*) work out, figure out; **ich habe mir folgendes überlegt** this is what I (have) worked out; **hast du dir schon was überlegt?** have you come to a decision (*od.* conclusion) yet? **3.** *colloq.* (*sich vorstellen*) imagine; **überleg dir mal, was es kosten würde!** just think (*od.* imagine) what it would cost! **II** *v/i* **4.** (*nachdenken*) think, reflect, deliberate, ponder; **lassen Sie mich mal** ~ *colloq.* let me think; **sie mußte lange** ~ *colloq.* she had to put on her thinking cap; **sie ~ nicht lange** they don't think twice, they don't give anything much thought; **ohne zu** ~ *a.* without reflection, (*übereilt*) rashly, (*sofort*) on the spot. **III ≈** *n* ⟨-s⟩ **5.** thinking, deliberating (*etc*); **wie lange habe ich Zeit zum ≈?** how much time do I have to think about it (*od.* to think it over)? **6.** → **Überlegung** 2.

'über,le·gen² **I** *v/t* ⟨*sep,* **-ge-, h**⟩ *colloq.* **1. j-m et.** ~ put s.th. on (*od.* over) s.o., cover s.o. with s.th. **2.** (*Kind*) put *s.o.* across one's knee, give *s.o.* a spanking. **II** *v/reflex* **sich** ~ **3.** lean over. **4.** *Schiff*: (give a) heel.

,über'le·gen³ **I** *adj* **1.** superior (**an** *dat* in); **j-m** ~ **sein** be superior to s.o., be s.o.'s superior, be more than a match for s.o.; **j-m weit(aus)** ~ **sein** be head and shoulders above s.o.; **er ist mir in k-r Weise** ~ *colloq. a.* he has nothing on me; **im Tennis ist er mir** ~ he is better than I am (*colloq.* than me) at tennis; **sich** ~ **fühlen** think (*od.* consider) o.s. superior, feel superior. **2.** (*unübertroffen*) **ein ~er Könner** *etc* an unsurpassed (*od.* a matchless) expert, *etc.* **3.** (*herablassend*) superior, supercilious (*smile*); **mit ~er Miene** with a supercilious expression (on one's face), (*in überlegener Art*) with a superior air, with an air of superiority. **4.** (*gelassen*) serene; **mit ~er Ruhe** serenely, with serene composure. **II** *adv* **5.** (*hervorragend*) in superior style. **6.** *Sport*: (*mit Abstand*) by a wide margin; ~ **siegen gegen** *a.* outclass, *colloq.* wipe (*od.* mop) the floor with. **7.** (*herablassend*) in a superior manner, *smile, etc* superciliously.

,Über|'le·ge·ne *m, f* ⟨-n; -n⟩ superior; **die ihm geistig ~n** his intellectual superiors, those superior to him intellectually. **~'le·gen·heit** *f* ⟨-; *no pl*⟩ *kräfte-, zahlenmäßige, geistige, wirtschaftliche, militärische etc*: superiority (**an** *dat* in). **≈'legt** **I** *adj* **1.** (*durchdacht*) deliberate, studied, (well-)considered. **2.** (*besonnen*) deliberate, considerate, (*umsichtig*) circumspect, (*klug, vorsichtig*) prudent. **3.** *jur.* (*vorsätzlich*) deliberate, premeditated. **II** *adv* **4.** deliberately, considerately, with deliberation, with circumspection. **~'legt·heit** *f* ⟨-; *no pl*⟩ deliberation, consideration, circumspection. **~'le·gung** *f* ⟨-; -en⟩ **1.** → **überlegen¹** 5. **2.** ⟨*only sg*⟩ thought, consideration, deliberation, reflection; **bei nüchterner** ~ after serious thought; **bei näherer** ~ on second thoughts, on thinking it over again; **mit voller** ~ in full awareness (*od.* fully aware) of the facts; **ohne** ~ without reflection, on the spur of the moment, on a blind impulse, (*übereilt*) rashly; **mit** ~ deliberately, with due deliberation. **3.** *pl* (*Gedanken*) considerations, reflections; **~en anstellen, ob** consider (*od.* contemplate) whether; **in s-e ~en einbeziehen** (*berücksichtigen*) take *s.th.* into account (*od.* consideration), allow for. **4.** *bes. jur.* (*Vorsatz*) deliberation, premeditation.

'über|,lei·ten **I** *v/i* ⟨*sep,* **-ge-, h**⟩ **1.** ~ **zu** (*od.* **in** *acc,* **auf** *acc* to) *Sache*: lead up (*od.* over), form a transition, *Redner, Musiker etc*: lead up (*od.* over), go on (*od.* over), shift (over). **II** *v/t* **2.** *bes. chem.* pass (*od.* conduct) over. **3.** (*Blut*) transfuse. **≈,lei·tung** *f* ⟨-; -en⟩ transition (**zu** to) (*a. mus.*), passage; **ohne** ~ without transition, directly.

,über|'le·sen *v/t* ⟨*irr, insep, no* **-ge-, h**⟩ **1.** (*flüchtig lesen*) glance (*od.* run) through, skim over. **2.** (*genau lesen*) read *s.th.* over, peruse. **3.** (*übersehen*) overlook. **~'lie·fern** *v/t* ⟨*insep, no* **-ge-, h**⟩ **1.** hand *s.th.* down, pass *s.th.* on, transmit, bequeath; **der Nachwelt** ~ hand down (*od.* pass on) to posterity; **überliefert werden** (*dat* to) come down, be handed down. **2.** *archaic* (*ausliefern*) hand *s.o.* over, surrender. **~'lie·fert** **I** *adj Gebräuche etc*: traditional; **~es Wissen** *e-r bestimmten Klasse*: traditional knowledge, lore; **nur in Bruchstücken (mündlich, schriftlich)** ~ handed down (*od.* transmitted) only in fragments (by word of mouth, in writing). **II ≈e, das** ⟨-n⟩ the tradition. **≈'lie·fe·rung** *f* ⟨-; -en⟩ tradition; **mündliche (schriftliche)** ~ oral (written) tradition.

'Über|,lie·ge|,geld *n econ. mar.* demurrage. **~,zeit** *f* (time of) demurrage.

,über|'li·sten [-'lɪstən] *v/t* ⟨*insep, no* **-ge-, h**⟩ outwit, outfox, dupe, trick, *colloq.* outsmart; **j-n zu ~ suchen** try to outwit s.o. **≈'li·stung** *f* ⟨-; *no pl*⟩ **1.** outwitting (*etc*); → **überlisten**. **2.** (*List*) dupery, trickery.

überm ['y:bərm] *colloq. for* **über dem**.

,über'ma·chen *v/t* ⟨*insep, no* **-ge-, h**⟩ *obs.* **j-m et.** ~ make s.th. over to s.o.

'Über|,macht *f* ⟨-; *no pl*⟩ **1.** (*Überlegenheit*) superiority, superior strength; **in der** ~ **sein** have the superior strength. **2.** (*übermächtiger Feind*) superior force; **der** ~ **weichen** yield to the superior force. **≈,mäch·tig** *adj Gegner etc*: superior (in strength), (*zu mächtig*) too powerful, *fig. bes. Gefühle*: overpowering, overwhelming, (*unwiderstehlich*) irresistible.

,über'ma·len **I** *v/t* ⟨*insep, no* **-ge-, h**⟩ paint *s.th.* over (*od.* out), overpaint. **II ≈** *n* ⟨-s⟩ overpainting (*etc*).

'über·man,gan,sau·er *adj chem.* permanganic; **übermangansaures Kali** potassium permanganate.

,über'man·nen [-'manən] *v/t* ⟨*insep, no*

-ge-, h› **1.** *fig.* (*überkommen*) overcome, overwhelm. **2.** *archaic* (*Feind etc*) overpower.

ˈÜber|ˌman·tel *m* overcoat. **~maß** *n* ‹-es; *no pl*› **1.** excess (**an** *dat* of *work, etc*), excessive amount, *iro. a.* overkill (of); **ein ~ an Vertraulichkeit** *etc a.* excessive familiarity, *etc*; **im ~** excessively; **bis zum ~** to excess, to an excessive degree; **et. im ~ essen** eat an excessive amount of s.th.; *fig.* **im ~ der Freude** in a transport of joy, in one's extremity of joy. **2.** *fig.* (*Übertreibung*) excess, immoderacy, immoderation. **≗mä·ßig I** *adj* **1.** *allg.* excessive, (*unangemessen*) *a.* undue, (*unmäßig*) *a.* immoderate; **~es Rauchen** excessive (*od.* immoderate) smoking. **2.** *mus.* augmented. **II** *adv* **3.** excessively, to excess, *weitS.* extremely; **~ rauchen** smoke excessively (*od.* far too much); **~ arbeiten** work too hard; **~ viel** an excessive amount of *s.th.*; **~ hoch** *Preise etc*: exorbitant, excessive. **4.** (*allzu*) overmuch, overly (*anxious, etc*). **≗me·cha·niˌsiert** *adj fig. Gesellschaft etc*: overmechanized. **~ˌmensch** *m a. iro.* superman. **≗mensch·lich I** *adj fig.* superhuman; **mit ~er Anstrengung** in a superhuman effort. **II ≗e, das** ‹-n› *fig.* **sie haben ≗es geleistet** they did Herculean work. **≗mit·telˌgroß** *adj* above medium height.

ˌüber|ˈmit·teln [-ˈmɪtəln] *v/t* ‹*insep, no* -ge-, h› **1.** (*Glückwünsche, Dank etc*) convey (j-m to s.o.), (*übersenden*) send, transmit (**telegraphisch** by telegraph). **2.** *econ.* (*Auftrag etc*) transmit, pass on. **≗mit·te·lung, ≗mitt·lung** *f* ‹-; *no pl*› *von Glückwünschen etc*: conveyance, (*Übersendung*) *a. econ.* transmission.

ˈüber|moˌdern *adj* ultramodern. **~ˌmor·gen** *adv* the day after tomorrow; **~ abend** the day after tomorrow in the evening. **~ˌmor·gig** *adj* of the day after tomorrow.

ˌüber|ˈmü·den [-ˈmyːdən] *v/t* ‹*insep, no* -ge-, h› overtire, tire *s.o.* out. **~ˈmü·det** *adj* overtired, tired out, overweary. **≗ˈmü·dung** *f* ‹-; *no pl*› (over)fatigue, great weariness. **≗mü·dungs·er·schei·nung** *f* sign of (over)fatigue.

ˈÜber|ˌmut *m* ‹-(e)s; *no pl*› **1.** (*Ausgelassenheit*) high (*od.* boisterous, exuberant) spirits *pl*, boisterousness, frolicsomeness; **jugendlicher ~** high spirits of youth; **die Kinder wissen vor lauter** (*od.* **in ihrem**) **~ nicht, was sie tun sollen** the children are in such high spirits (*sl.* are so full of beans) that they are up to all sorts of mischief. **2.** (*Mutwillen*) wantonness; **aus reinem ~** from (*od.* out of) sheer wantonness, *colloq.* just for kicks. **3.** *obs.* (*Hochmut*) haughtiness, presumption; **~ tut selten gut** (*Sprichwort*) pride goes before a fall. **≗mü·tig** *adj* **1.** *allg.* (very) gay, *Kind, Fohlen etc*: frolicsome, playful, (*fröhlich lärmend*) boisterous, *Zeit, Party, Film etc*: *a.* rollicking; **in ~er Laune** full of fun, *sl.* full of beans. **2.** (*anmaßend*) arrogant, *colloq.* cocky; *colloq.* **er wird ~** he is getting too big for his boots.

übern [ˈyːbərn] *colloq. for* **über den**.

ˌüber|ˈnach·ten I *v/i* ‹*insep, no* -ge-, h› spend the night; **bei Freunden ~** *a.* stay overnight (*od.* the night) with friends. **II ≗** *n* ‹-s› spending the night.

ˈüber|ˌnächst *adj* next but one; **im ~en Haus** in the next house but one, two houses (*od.* doors) up (*od.* down); **~e Woche** the week after next; **am ~en Tag** two days later.

ˌüber|ˈnäch·tigt, *a.* **~ˈnäch·tig** *adj* exhausted (*od.* worn out) (from lack of sleep *od.* from a late night); **er sah ~ aus** he looked as if he had not had enough sleep. **≗nach·tung** *f* ‹-; -en› **1.** → **übernachten** II. **2.** overnight stay, (*Unterbringung*) overnight accommodation, night's lodging; **Preis für ~ und Frühstück** price for bed and breakfast. **≗ˈnach·tungsˌmög·lich·keit** *f* overnight accommodation, lodging for the night.

ˈÜberˌnah·me *f* ‹-; -n› **1.** → **übernehmen**[1] 13. **2.** *econ. e-r Forderung etc*: receipt, *e-s Betriebes etc*: takeover; **seit der ~ des Geschäftes** (*od.* **der Leitung**) **durch ihn** since he has taken charge (*od.* assumed control) of the business. **3.** *e-s Amtes etc*: assumption, succession (to). **4.** (*Annahme*) acceptance, *e-r Idee etc*: adoption. **~beˌdin·gun·gen** *pl econ.* conditions of acceptance.

ˈüber|naˈtioˌnal *adj pol.* supranational. **~naˌtür·lich I** *adj* supernatural, supranatural; **ein ~es Ereignis** *a.* a miracle. **II ≗e, das** ‹-n› the supernatural, the supranatural, the preternatural.

ˌüberˈneh·men[1] **I** *v/t* ‹*irr, insep, no* -ge-, h› **1.** *als Nachfolger*: (*Geschäft, Besitz, Posten, Funktion, Regierungsgewalt etc*) take over, take charge of, (*Erbschaft*) enter upon; **j-s Amt ~, ein Amt von j-m ~** take over (*od.* assume) an office from s.o., succeed to s.o.'s (*od.* succeed s.o. in) office. **2.** (*an sich bringen*) take (possession *od.* control of), (*ergreifen*) seize; *Sport u. fig.* **die Führung ~** take the lead. **3.** (*Verpflichtung, Aufgabe etc*) (under-) take, assume, take on, accept, *econ.* (*Versicherung*) underwrite, effect, (*Haftung*) accept, (*Risiko*) take; **es wird k-e Gewähr übernommen** no responsibility is taken (*od.* accepted) for that. **4.** (*Auftrag, Bestellung etc*) (under)take, accept, take on, take charge of, *jur.* (*Fall, Prozeß*) *a.* take up. **5. es ~, et. zu tun; et. ~** (*auf sich nehmen*) undertake to do s.th., take it upon o.s. to do s.th., (*erledigen*) deal with (*od.* look after, take care of) s.th.; **er hat ihre Schulden übernommen** he undertook to pay her debts; **et. freiwillig ~** volunteer to do s.th.; **das Weitere ~** take care of the rest; *colloq.* **den Anführer der Bande übernehme ich!** I'll take care of the leader of the gang! **6.** (*Verfahren, Ideen, Programm, Sendung etc*) take over, adopt, *weitS.* borrow. **7.** (*Personal, Einrichtung etc*) take over. **8.** (*Personen, Güter, Treibstoff etc*) take over. **9.** (*Waren in Empfang nehmen*) accept, take delivery of. **10.** a) (*Belegschaft etc*) take over (**in** *acc* into *another company, etc*), b) **j-n ~ in** (*e-e Gehaltsklasse, Institution etc*) admit s.o. to, receive s.o. into. **II** *v/reflex* **sich ~ 11.** (*zuviel auf sich nehmen*) undertake too much, take on too much (*od.* more than one can handle), (*s-e Kräfte, Möglichkeiten etc überschätzen, zuviel riskieren*) overplay one's hand, *finanziell etc*: *a.* overextend o.s., go beyond one's means, *a. durch Machenschaften etc*: overreach o.s. **12.** (*sich überanstrengen*) (over)strain o.s. (**bei, in** *dat* in), overdo it (*od.* things); *fig. iro.* **übernimm dich nur nicht!** don't strain (*od.* kill) yourself!; **sich im** (*od.* **beim**) **Essen ~** overeat (o.s.). **III ≗** *n* ‹-s› **13.** taking over (*etc*), → *a.* **Übernahme**.

ˈüberˌneh·men[2] *v/t* ‹*irr, sep,* -ge-, h› **1.** (*Mantel, Schal etc*) put *s.th.* (a)round one's shoulders, (*Gewehr*) shoulder, slope. **2.** *mar.* **Wasser ~** ship water.

ˌÜberˈneh·mer *m* ‹-s; -› **1.** (*Empfänger*) receiver, recipient. **2.** *jur.* (*Rechtsnachfolger*) assign(ee), transferee.

ˈüber|nerˌvös *adj* overnervous, high(ly)-strung. **~ˌord·nen** *v/t* ‹*sep,* -ge-, h› **1. j-n e-m anderen ~** put (*od.* place) s.o. over another person. **2. et. e-r Sache ~** put (*od.* place) s.th. above s.th., give precedence to s.th. over s.th. **~or·ga·niˌsiert** *adj* overorganized. **~parˌtei·lich** *adj* all-party (*committee, etc*), suprapartisan.

ˈÜber|ˌpreis *m* exorbitant (*od.* excessive) price, overcharge. **~pro·duk·tiˌon** *f* **1.** *econ.* overproduction, surplus (*od.* excess) production. **2.** *med.* overproduction, *der Schilddrüse etc*: oversecretion.

ˌüber|ˈprü·fen *v/t* ‹*insep, no* -ge-, h› **1.** (*untersuchen*) examine, look into, go into, study, investigate, consider; **überprüft werden** *Vorschlag etc*: *a.* be under consideration. **2.** (*kontrollieren*) *allg.* examine, (*Sachen*) check (over *od.* through, up), inspect, look through (*od.* over), *genauestens*: scrutinize, (*Aussage etc*) verify, (*j-s Leumund, Vergangenheit etc*) *a.* screen, *Br. colloq.* vet, *econ.* (*Kassenbücher etc*) audit, (*verdächtige Personen etc*) check up on. **3.** (*Standpunkt, Urteil*) *a. jur.* revise, reconsider, review. **≗prü·fung** *f* **1.** (*Untersuchung*) examination, investigation, consideration, study. **2.** (*Kontrolle*) examination, checkup, inspection, *ganz genaue*: scrutiny, *e-r Aussage etc*: *a.* verification, *econ. der Bücher etc*: audit. **3.** *e-s Standpunkts, Urteils*: *a. jur.* revision, reconsideration, review.

ˈüberˌquel·len *v/i* ‹*irr, sep,* -ge-, sein› **1.** overflow (*a. fig.* **von Zuschauern** *etc* with spectators, *etc*), flow (*od.* brim) over. **2.** *Teig*: rise over the edge. **~d** *adj Freude, Dankbarkeit etc*: overflowing, exuberant, *lit.* ebullient.

ˌüber|ˈquer *adv obs.* crosswise, crossways. **~ˈque·ren I** *v/t* ‹*insep, no* -ge-, h› cross, traverse. **II ≗** *n* ‹-s› crossing; **unachtsames** (*od.* **verkehrswidriges**) **≗ der Straße** jaywalking. **≗que·rung** *f* ‹-; -en› crossing, traverse.

ˌüberˈra·gen[1] **I** *v/t* ‹*insep, no* -ge-, h› **1.** *Turm etc*: tower above (*od.* over), rise above, overtop (*its surroundings*). **2.** *Person*: be taller than; **j-n um Haupteslänge ~** be a head taller than s.o. **3.** *fig.* (**an** *dat* in) tower above (*od.* over), outdo, outclass, excel, surpass, dwarf (*one's rivals, etc*); *colloq.* **j-n haushoch ~** be head and shoulders above s.o. **II** *v/i* **4.** excel (**durch** by).

ˈüberˌra·gen[2] *v/i* ‹*sep,* -ge-, h› jut (*od.* stick) out, project, protrude.

ˌüberˈra·gend *adj* **1.** *Persönlichkeit etc*: outstanding, prominent, *Leistung etc*: outstanding, brilliant, excellent. **2.** (*vorrangig*) overriding, preeminent, paramount.

ˌüber|ˈra·schen [-ˈraʃən] *v/t* ‹*insep, no* -ge-, h› **1.** (*erstaunen*) surprise (**mit** with *a present, a question, etc*), *stärker*: take *s.o.* by surprise, give *s.o.* a surprise; **es überrascht (nicht), daß** it is a (no) surprise that; *colloq.* **lassen wir uns ~!** let's wait and see (what happens)!; **ich lasse mich gern ~** well, let it be a surprise then. **2. j-n bei e-r Sache ~** (*ertappen*) catch (*od.* surprise) s.o. at s.th., catch (*od.* surprise) s.o. (in the act of) doing s.th.; **er hat ihn dabei überrascht** he caught him at it, he caught him in the act. **3.** (*überrumpeln*) (take *s.o.* by) surprise, take (*od.* come upon) *s.o.* unawares, take *s.o.* off one's guard; **von e-m Gewitter überrascht werden** *a.* get (*od.* be) caught in a thunderstorm. **~ˈra·schend I** *adj* **1.** surprising, *stärker*: astonishing, astounding, amazing. **2.** (*unerwartet*) unexpected; **ein ~er Besuch** *a.* a surprise visit. **II** *adv* **3. ~ schnell** surprisingly fast, with surprising speed; **ich mußte ~ verreisen** I had to go away unexpectedly; **sein Tod kam**

für uns alle sehr ~ his death came as a great surprise to all of us. **~ˈra·schen·derˈwei·se** *adv* to one's surprise, surprisingly enough. **~ˈrascht I** *adj* surprised (**über** *acc* at); **angenehm ~** agreeably (*od.* pleasantly) surprised; **sich nicht ~ zeigen** show no surprise. **II** *adv* in surprise, surprisedly; **~ aufblicken** look up surprised(ly) (*od.* full of surprise). **≈ra·schung** *f* ⟨-; -en⟩ **1.** ⟨*only sg*⟩ surprise; **zu m-r größten ~** to my great(est) surprise. **2.** (*unerwartetes Geschenk, Ereignis etc*) surprise; **ist das aber e-e ~!** what a surprise!; **so e-e ~, dich hier zu treffen!** what a surprise to see you here!, fancy seeing you here!; **j-m e-e ~ bereiten** give s.o. a surprise; **das war vielleicht e-e ~!** *colloq.* that was a surprise and a half!

ˌÜberˈra·schungs|ˌanˌgriff *m mil.* surprise attack (*od.* raid). **~efˌfekt** *m* surprise effect. **~moˌment** *n* element of surprise. **~ˌsieg** *m Sport*: surprise win (*od.* victory). **~ˌsie·ger** *m* surprise winner.

ˈüber|reaˌgie·ren ⟨*insep, no* -ge-, h⟩ overreact (**auf** *acc* to). **≈re·ak·tiˌon** *f* ⟨-; *no pl*⟩ overreaction.

ˌüber|ˈrech·nen *v/t* ⟨*insep, no* -ge-, h⟩ **1.** count (*od.* reckon) over. **2.** (*nachprüfen*) check (up), check up on. **~ˈre·den** *v/t* ⟨*insep, no* -ge-, h⟩ persuade, talk *s.o.* over (*od.* round); **j-n zu et. ~**; **j-n ~, et. zu tun** persuade s.o. to do s.th., persuade (*od.* talk, argue, *schmeichelnd*: coax, cajole, wheedle) s.o. into doing s.th.; **er hat ihn nicht zum Kauf ~ können** he could not talk him into buying; **sich ~ lassen** allow o.s. to be persuaded, come round; **laß dich nicht ~!** don't let yourself be talked into it (*od.* anything). **≈re·dung** *f* ⟨-; *no pl*⟩ persuasion.

ˌÜberˈre·dungs|ˌga·be, ~ˌkunst *f* gift (*od.* art) of persuasion, persuasiveness.

ˈüber|re·gioˌnal *adj* supraregional, *Zeitung*: *a.* national. **~ˌreich I** *adj* **1.** too (*od.* extremely) rich. **2.** *a. fig.* **~ an** (*dat*) abounding in, overflowing with, replete with. **II** *adv* **3.** richly, amply, lavishly, abundantly; **j-n ~ beschenken** shower s.o. with presents, lavish presents on s.o.

ˌüberˈrei·chen *v/t* ⟨*insep, no* -ge-, h⟩ **1.** (**j-m**) **et. ~** hand s.th. over (to s.o.), present s.th. (to s.o.); **überreicht von** presented by. **2.** *bes. econ.* (*beifügen*) enclose.

ˈüberˌreich·lich I *adj* ample, superabundant. **II** *adv* → **überreich** II.

ˌÜberˈrei·chung *f* ⟨-; *no pl*⟩ presentation.

ˈÜber|ˌreichˌwei·te *f e-s Senders*: transhorizon range, overshoot. **≈ˌreif** *adj* overripe, overmature. **~ˌrei·fe** *f* ⟨-; *no pl*⟩ overripeness, overmaturity, *von Obst u. fig. a.* overmellowness.

ˌüber|ˈrei·zen I *v/t* ⟨*insep, no* -ge-, h⟩ **1.** overexcite, overstimulate, (*Nerven*) *a.* overstrain. **II** *v/reflex* **sich ~ 2.** *Skat etc*: overbid (one's hand). **3.** *fig.* (*sich übernehmen*) overplay one's hand. **~ˈreizt** *adj* overexcited, overwrought, on edge (*pred*), *colloq.* nervy, *Nerven*: *a.* overstrained. **≈ˈreizt·heit, ≈ˈrei·zung** *f* ⟨-; *no pl*⟩ overexcitedness, excessive irritation, overwrought state. **~ˈren·nen** *v/t* ⟨*irr, insep, no* -ge-, h⟩ **1.** (*Person*) run *s.o.* over (*od.* down), *fig. mit Argumenten etc*: crush. **2.** *mil.* (*Stellungen etc*) overrun, (*Feind*) rush.

ˈüber·re·präsenˌtiert *adj pol. econ. etc* overrepresented.

ˈÜberˌrest *m meist pl* **1.** (*Rest*) rest, remainder. **2.** remains *pl* (*of a building, etc*). **3.** (*kläglicher Rest, Stückchen, Tuchrest etc*) remnant. **4.** *pl fig. der Vergangenheit*: relics, remnants, vestiges. **5.** *pl e-r Mahlzeit*: leftovers. **6.** *chem.* residue. **7.** *lit.* **die sterblichen ~e** the mortal remains.

ˌüberˈrie·seln *v/t* ⟨*insep, no* -ge-, h⟩ **1.** *Flüssigkeit*: run (*od.* trickle) over, irrigate. **2.** *fig.* **ein kalter Schauer überrieselte mich**, *v/impers* **es überrieselte mich (heiß und) kalt** a cold shiver ran (up and) down my spine, I had the shivers.

ˈÜber|ˌrock *m* overcoat, topcoat. **~ˌrollˌbü·gel** *m mot.* overroll bar.

ˈüberˌrol·len¹ *v/i* ⟨*sep*, -ge-, sein⟩ *Auto etc*: roll over.

ˌüberˈrol·len² *v/t* ⟨*insep, no* -ge-, h⟩ **1.** overrun (*a. mil. u. fig.*); *fig.* **von der Entwicklung überrollt** overrun by developments. **2.** → **überrennen**.

ˌüber|ˈrum·peln *v/t* ⟨*insep, no* -ge-, h⟩ (take *s.o.* by) surprise, take (*od.* catch) *s.o.* unawares (*od.* off one's guard); **sich ~ lassen** be taken unawares, be caught napping; **er hat ihn mit s-r Frage überrumpelt** his question caught him unawares. **≈ˈrum·pe·lung, ≈ˈrumplung** *f* ⟨-; *no pl*⟩ surprise, *mil.* surprise attack. **~ˈrun·den** *v/t* ⟨*insep, no* -ge-, h⟩ **1.** *Sport*: lap. **2.** *fig.* outdistance, outstrip, run rings (a)round *s.o.*

übers [ˈyːbərs] *colloq. for* **über das**.

ˌüber|ˈsä·en *v/t* ⟨*insep, no* -ge-, h⟩ *fig.* (**mit** with) strew, *lit.* prank. **~ˈsät** *adj* (**mit** with) **1.** *mit Blumen etc*: strewn, carpeted, *mit Sternen*: (be)spangled, studded, *mit Papierfetzen etc*: littered, *mit Narben, Flecken etc*: covered; **mit Sternen ~** *a.* star-spangled, starry. **2.** *fig. mit Fehlern etc*: studded.

ˈüberˌsatt *adj* (**von** with) glutted, *colloq.* too full; *fig.* → **übersättigt**.

ˌüber|ˈsät·ti·gen *v/t* ⟨*insep, no* -ge-, h⟩ **1.** *bes. a. fig.* surfeit. **2.** *chem. tech.* (*Dampf*) supersaturate. **~ˈsät·tigt** *adj bes. a. fig.* (**von** with) surfeited, replete, glutted, gorged, cloyed, *colloq.* fed up. **≈ˈsät·ti·gung** *f* ⟨-; *no pl*⟩ **1.** *bes. a. fig.* surfeit, repletion. **2.** *chem. tech.* supersaturation. **~ˈsäu·ern** *v/t* ⟨*insep, no* -ge-, h⟩ overacidify. **~ˈsäu·ert** *adj* overacid, overacidified. **≈ˈsäue·rung** *f* ⟨-; *no pl*⟩ **1.** *chem.* overacidification. **2.** *med.* hyperacidity, superacidity, *des Magens*: *a.* hyperpepsia, *des Blutes*: acidosis.

ˈÜberˌschall *m* supersound, ultrasound. **~... *in Zssgn*** supersonic (*aircraft, flight, speed, etc*). **~freˌquenz** *f* supersonic (*od.* supertonic) frequency, supersonic. **~ˌknall** *m* sonic boom (*od.* bang).

ˌüber|ˈschat·ten *v/t* ⟨*insep, no* -ge-, h⟩ **1.** overshadow. **2.** *fig.* (*trüben*) (over-)shadow, cast a shadow (*od.* cloud, gloom) (up)on (*od.* over). **3.** *fig.* (*in den Schatten stellen*) overshadow, eclipse, cast (*od.* put) *s.th.* into the shade. **~ˈschät·zen** *v/t* ⟨*insep, no* -ge-, h⟩ overrate, overestimate (*fig.* **sich** o.s.). **≈ˈschät·zung** *f* ⟨-; *no pl*⟩ overestimation.

ˈÜberˌschau *f* ⟨-; *no pl*⟩ (**über** *acc* of) brief outline (*od.* review, survey), synopsis.

ˌüber|ˈschau·bar *adj* **1.** visible at a glance. **2.** *fig. Lage, Problem etc*: clear, easy to grasp; **jetzt sind die Dinge ~** now we can see how things stand, now we can see what's what; **nicht mehr ~** extremely involved. **~ˈschau·en** *v/t* ⟨*insep, no* -ge-, h⟩ → **überblicken** 2, **übersehen¹** 1, 3.

ˈüberˌschäu·men *v/i* ⟨*sep*, -ge-, sein⟩ **1.** *Sekt etc*: bubble over, *Bier, Milch etc*: foam (*od.* froth) over. **2.** *fig.* **vor Freude etc ~** bubble (*od.* brim) over with joy, etc. **~d** *adj Temperament, Lebensfreude etc*: exuberant, effusive, *lit.* ebullient.

ˈÜberˌschicht *f econ.* extra shift.

ˌÜberˈschie·bung *f geol.* upthrow, upcast.

ˈüberˌschie·ßen¹ *v/i* ⟨*irr, sep*, -ge-, sein⟩ **1.** *Summe*: be in excess. **2.** *Flüssigkeit*: overflow.

ˌüberˈschie·ßen² *v/t* ⟨*irr, insep, no* -ge-, h⟩ **1.** (*Ziel*) overshoot (*the mark*). **2.** (*Truppen*) fire over, deliver overhead fire on.

ˈüber|ˌschie·ßend *adj econ. Summe etc*: surplus, excess, exceeding. **~ˌschläch·tig** [-ˌʃlɛçtɪç] *adj tech.* overshot.

ˌüberˈschla·fen *v/t* ⟨*irr, insep, no* -ge-, h⟩ *colloq.* sleep on (*a problem, etc*).

ˈÜberˌschlag *m* ⟨-(e)s; ⸚e⟩ **1.** *Sport*: handspring, *freier*: somersault. **2.** *Kunstflug*: loop(ing). **3.** *econ.* (*flüchtige Berechnung*) estimate, rough calculation. **4.** *electr.* flashover, sparkover.

ˈüberˌschla·gen¹ I *v/t* ⟨*irr, sep*, -ge-, h⟩ **1.** (*Tuch etc*) put *s.th.* (a)round one's shoulders. **2.** (*Beine*) cross. **II** *v/i* ⟨sein⟩ **3.** *Wellen*: break. **4.** *electr. Funken*: flash (*od.* spark, jump) over. **5.** *fig.* **~ in Begeisterung** *etc* turn (abruptly) into enthusiasm, *etc.* **6.** *Stimme*: crack, break.

ˌüberˈschla·gen² I *v/t* ⟨*irr, insep, no* -ge-, h⟩ **1.** (*Kapitel, Seiten beim Lesen*) skip, *weitS.* (*auslassen*) *a.* omit, miss out, cut. **2.** (*abschätzen*) (*Kosten*) calculate (*od.* estimate) roughly, make a rough estimate of, *weitS.* (*Möglichkeiten etc*) go over, calculate. **II** *v/reflex* **sich ~ 3.** *Person*: go head over heels, tumble over, roll over (and over), *Sport*: (turn a) somersault. **4.** *Auto*: turn (right) over, overturn. **5.** *Kunstflug*: loop the loop, *bei der Landung*: turn (*od.* nose) over. **6.** *Stimme*: break, crack. **7.** *fig. Ereignisse etc*: follow in quick succession. **8.** *fig. colloq.* **sich vor Liebenswürdigkeit fast ~** fall (*od.* trip) over o.s. (*od.* bend over backwards) to be nice.

ˌüberˈschla·gen³ *adj Wasser etc*: lukewarm, tepid, bloodwarm, with the chill taken off.

ˈüber|ˌschlä·gig [-ˌʃlɛːgɪç] **I** *adj Berechnung*: rough. **II** *adv* **~ berechnen** estimate *s.th.* roughly, make a rough estimate of. **≈ˌschlagˌla·ken** *n* top sheet. **≈ˌschlagsˌrech·nung** *f* rough estimate (*od.* calculation). **≈ˌschlagˌstrecke** (*getr.* -k·k-) *f electr.* sparkover path, spark length. **~ˌschlau** *adj* → **überklug**. **~ˌschnap·pen** *v/i* ⟨*sep*, -ge-, h *u.* sein⟩ **1.** *Riegel, Schloß etc*: snap (*od.* click) over. **2.** ⟨sein⟩ *Stimme*: crack, break. **3.** ⟨sein⟩ *colloq.* go crazy, go mad, go round the bend, *sl.* go off one's rocker.

ˌüber|ˈschnei·den I *v/t* ⟨*irr, insep, no* -ge-, h⟩ **sich (gegenseitig) ~ 1.** *Linien etc*: intersect. **2.** *Probleme, Bereiche etc*: overlap, intersect. **3.** *zeitlich*: coincide, overlap. **4.** (*sich überlagern*) overlap. **5.** (*kollidieren*) clash, collide, interfere with each other. **II** *v/reflex* **6. sich ~ mit** intersect *etc* with, overlap (with) *s.th.*, *gegensätzlich*: *a.* interfere with. **≈ˈschnei·dung** *f* ⟨-; -en⟩ **1.** *von Linien*: (point of) intersection. **2.** *von Problemen etc*: overlap, intersection. **3.** *zeitliche*: overlap, coincidence. **4.** (*Überlagerung*) overlap. **5.** *von Interessen etc*: clash, collision. **~ˈschneit** *adj* snow-covered, snowy. **~ˈschraubt** *adj fig. colloq.* oversophisticated; → *a.* **überspannt**.

ˌüber|ˈschrei·ben *v/t* ⟨*irr, insep, no* -ge-, h⟩ **1.** (*betiteln*) head(line), (en)title, superscribe. **2.** *jur.* **j-m et. ~, et. auf j-n ~** register (*od.* enter) s.th. in s.o.'s name, make over s.th. to s.o. **3.** *econ.* **auf j-s Konto ~** transfer (*od.* pass) *s.th.* to s.o.'s account. **≈ˈschrei·bung** *f* ⟨-; -en⟩

1. *jur.* registration, entry. **2.** *econ.* transfer. **≈ˈschrei·bungsˌurˌkun·de** *f* deed of donation (*od.* gift), *bei Grundstücken*: deed of conveyance. **~ˈschrei·en I** *v/t* ⟨*irr, insep, no* -ge-, h⟩ outcry, shout (*od.* cry) *s.o.* down. **II** *v/reflex* **sich ~** (over-) strain one's voice. **~ˈschreit·bar** *adj* passable, crossable. **~ˈschrei·ten I** *v/t* ⟨*irr, insep, no* -ge-, h⟩ **1.** (*Grenze, Fluß, Straße etc*) cross, go over, go across, pass (over), (*Schwelle etc*) step over, cross, pass. **2.** *fig.* (*Maß, Grenze des guten Geschmacks etc, Befugnisse etc*) exceed, go beyond, overstep, transgress; **die zulässige Höchstgeschwindigkeit ~** exceed (*od.* break) the speed limit; **die Milliardengrenze ~** *Ausgaben etc*: top (*od.* exceed) 1,000 million. **3.** *fig.* (*Sende-, Redezeit*) overrun, exceed, (*Urlaub etc*) overstay, (*Termin*) fail to meet. **4.** *fig.* (*Kräfte, Verstand etc*) go beyond, be too much for. **5.** *fig.* (*Bestimmungen etc*) → **übertreten**² 1. **6.** *fig.* **s-n Höhepunkt überschritten haben** have passed its climax, be on the decline, *weitS.* begin to lag, fall off; **die 40 überschritten haben** be over 40, *colloq.* be on the shady side of 40. **II ≈** *n* ⟨-s⟩ **7.** crossing, passing. **8.** *fig.* exceeding, transgression. **≈ˈschrei·tung** *f* ⟨-; -en⟩ → **überschreiten** II.

ˈÜber|ˌschrift *f* ⟨-; -en⟩ (*Titel*) head(-ing), title, caption, (*Schlagzeile*) headline. **~ˌschuh** *m meist pl* galosh, overshoe; **~e aus Gummi** rubbers.

ˌüber|ˈschul·det *adj econ.* heavily indebted. **≈ˈschul·dung** *f* ⟨-; *no pl*⟩ heavy (*od.* excess[ive]) indebtedness, overindebtedness.

ˈÜberˌschuß *m* ⟨-sses; ⸚sse⟩ **1.** *econ.* (*Gewinn*) profit, (*Mehrbetrag*) surplus, (*Saldo*) balance; **e-n ~ abwerfen** yield a profit. **2.** (*Überfluß*) (**an** *dat* of) a) *an Waren*: surplus(age), overflow, (over-) plus, b) *fig. an Energie etc*: surplus, excess, c) *an Geburten etc*: surplus; **~ an Kraft** *etc a.* excessive (*od.* unused) strength, *etc.* **~geˌbiet** *n econ.* surplus area.

ˈüberˌschüs·sig [-ˌʃʏsɪç] *adj* **1.** *econ.* surplus, excess, overplus (*goods, etc*); **~e Kaufkraft** excess purchasing power. **2.** *Kraft etc*: surplus, spare, unused.

ˈÜberˌschuß|ˌland *n econ.* surplus country. **~proˌduk·te** *pl* surplus products.

ˌüberˈschüt·ten¹ *v/t* ⟨*insep, no* -ge-, h⟩ **1. j-n (et.) mit e-r Sache ~** pour s.th. over s.o. (s.th.), *mit Sand etc*: *a.* cover s.o. (s.th.) with s.th. **2.** *fig.* **j-n ~ mit** *Geschenken, Ehrungen etc*: shower (*od.* overwhelm, inundate) s.o. with, shower (*od.* rain) *s.th.* on s.o.; **j-n mit Liebe ~** lavish one's affections on s.o.; **j-n mit Vorwürfen ~** shower s.o. with reproaches, heap reproaches (up)on s.o.(s' head); **mit Angeboten überschüttet** *a.* snowed under with offers.

ˈüberˌschüt·ten² *v/t* ⟨*sep,* -ge-, h⟩ **1.** (*verschütten*) spill. **2. j-m et. ~** pour s.th. over s.o.

ˈÜber|ˌschwang [-ˌʃvaŋ] *m* ⟨-(e)s; *no pl*⟩ rapture, exuberance, exaltation; **im ~ der Gefühle** in the exuberance of one's feelings; **in jugendlichem ~** in youthful exuberance. **≈ˌschwap·pen** *v/i* ⟨*sep,* -ge-, sein⟩ *colloq.* splash (*od.* slop, spill) over. **≈ˌschwel·lig** [-ˌʃvɛlɪç] *adj psych.* supraliminal.

ˌüber|ˈschwem·men *v/t* ⟨*insep, no* -ge-, h⟩ **1.** flood, inundate, swamp, submerge, overflow, deluge, drown. **2.** *fig.* (**mit** *Informationen etc* with) inundate, swamp, deluge, flood, *econ.* (*Markt*) *a.* glut; **von Touristen überschwemmt** inundated with (*od.* invaded by, overrun by) tourists. **≈ˈschwem·mung** *f* ⟨-; -en⟩ **1.** (*Vorgang*) flooding (*etc*); → **überschwemmen. 2.** inundation, flood (*a. fig.*); *humor.* **er hat im Badezimmer e-e ~ angerichtet** he has flooded the whole bathroom.

ˌÜberˈschwem·mungs|geˌbiet *n* **1.** flood(ed) (*od.* inundated) area. **2.** *geogr.* flood plain. **~ka·taˌstro·phe** *f* flood disaster.

ˈüberˌschweng·lich [-ˌʃvɛŋlɪç] *adj* effusive, gushing, gushy, exuberant; **e-e ~e Kritik** *a.* a rave review. **≈keit** *f* ⟨-; *no pl*⟩ effusion, effusiveness, gush(iness), exuberance.

ˈüberˌschwer *adj* overheavy.

ˈÜberˌsee ⟨*invariable*⟩ overseas *pl* (*meist als sg konstruiert*); **nach ~ gehen** go overseas; **in ~ leben** live overseas; **aus ~** from overseas; **Märkte in ~** overseas markets; **Exporte nach ~** overseas exports. **~ˌdamp·fer** *m* ocean(-going) (*od.* transocean[ic]) steamer (*od.* liner). **~geˌbie·te** *pl* overseas territories. **~ˌhan·del** *m* overseas trade.

ˈüberˌsee·isch *adj* **1.** *Gebiet, Markt etc*: oversea(s). **2.** *Schiffsroute*: transocean(-ic).

ˈÜberˌsee|ˌli·nie *f mar.* transocean(ic) line. **~ˌmarkt** *m econ.* overseas market. **~Te·leˌgramm** *n* transoceanic telegram, cable(gram). **~verˌkehr** *m* overseas (*od.* transoceanic) traffic.

ˌüberˈseh·bar *adj* **1.** visible at a glance, surveyable. **2.** *fig. Folgen etc*: foreseeable, predictable, calculable, *Schaden etc*: estimable.

ˌüberˈse·hen¹ *v/t* ⟨*irr, insep, no* -ge-, h⟩ **1.** (*überblicken*) overlook, survey, oversee; **von s-m Fenster kann er die ganze Straße ~** *a.* he has a view of the whole street from his window. **2.** → **überblicken** 2. **3.** *fig.* (*abschätzen*) estimate, (*absehen*) see the whole extent of. **4.** (*nicht bemerken*) overlook, miss, fail to see (*od.* notice); **von j-m ~ werden** escape s.o.'s notice; **das findest du schon, es ist nicht zu ~** you are sure to find it, you can't miss it. **5.** (*vergessen*) leave *s.th.* out, omit, forget. **6.** (*über e-n Fehler etc hinwegsehen*) let *s.th.* pass, overlook, pass over, wink at, shut one's eyes to, (*nicht beachten*) disregard, ignore; **j-n ~** *absichtlich*: slight (*od.* snub, ignore) s.o.

ˈüberˌse·hen² *v/t* ⟨*irr, sep,* -ge-, h⟩ **sich** (*dat*) **et. ~** (*Farbe etc*) tire (*od.* grow tired, sicken) of (seeing) s.th.

ˌüber|ˈsen·den *v/t* ⟨*meist irr, insep, no* -ge-, h⟩ *allg.* send, (*Grüße, Glückwünsche etc*) *a.* convey, (*Waren*) *a.* consign, ship, (*Geld*) *a.* remit. **≈ˈsen·der** *m* sender, conveyor, consignor, remitter. **≈ˈsen·dung** *f* ⟨-; *no pl*⟩ *allg.* sending, *von Grüßen etc*: *a.* conveyance, *von Waren*: *a.* consignment, shipment, *von Geld*: *a.* remittance.

ˌüberˈsetz·bar *adj* translatable.

ˌüberˈset·zen¹ **I** *v/t* ⟨*insep, no* -ge-, h⟩ **1.** *ling.* translate (**aus dem Französischen ins Englische** from French into English); **dieses Buch läßt sich gut ~** this book translates well; **falsch ~** mistranslate. **2.** *tech.* transmit. **II** *v/i* **3.** translate.

ˈüberˌset·zen² **I** *v/t* ⟨*sep,* -ge-, h⟩ **1.** ferry (*od.* take) *s.o., s.th.* over (*od.* across). **2.** (*Finger, Fuß etc*) put over (*od.* across). **II** *v/i* ⟨h *u.* sein⟩ **3.** cross (over), cross the river, *etc.*

ˌÜber|ˈset·zer *m*, **~ˈset·ze·rin** *f* ⟨-; -nen⟩ translator. **~ˈset·zung** *f* ⟨-; -en⟩ **1.** *ling.* translation (**aus dem Englischen ins Deutsche** from English into German), (*Art der ~*) rendition; **e-e wörtliche (freie) ~** a literal (free) translation. **2.** *tech.* gear (*od.* transmission) ratio.

ˌÜberˈset·zungs|bü|ro *n* translation agency (*od.* bureau, office). **~ˌfeh·ler** *m* translation error, error in translation. **~geˌtrie·be** *n tech.* transmission gearing; **~ ins Langsame** speed-reducing gear; **~ ins Schnelle** speed-increasing gear. **~maˌschi·ne** *f* translating machine. **~verˌhält·nis** *n* **1.** *tech.* gear (*od.* transmission) ratio. **2.** *e-s Transformators*: transformation ratio.

ˈÜberˌsicht *f* ⟨-; -en⟩ (→ *a.* **Überblick**) (**über** *acc* of) **1.** ⟨*only sg*⟩ (*Bild, Vorstellung*) general idea, (overall) view, survey; **e-e ~ bekommen, ~ gewinnen** obtain (*od.* get) a general idea (of how things stand). **2.** ⟨*only sg*⟩ (*Kontrolle*) control; **die ~ über et. verlieren** lose control of (*od.* over); **man verlor jede ~** the matter got completely out of hand. **3.** (*Aufstellung*) list, table, chart, (*zs.-fassende Darstellung*) outline, survey, summary.

ˈüberˌsicht·lich I *adj* **1.** easy to survey, easily surveyed, *Gelände*: open. **2.** (*klar gegliedert*) clear(ly arranged), distinct. **II** *adv* **3.** (*klar, gut faßbar*) clearly, distinctly; **~ gegliedert** clearly organized. **≈keit** *f* ⟨-; *no pl*⟩ **1.** *von Gelände etc*: openness. **2.** (*Sicht*) visibility. **3.** (*Klarheit*) clarity, clearness, distinctness.

ˈÜberˌsichts|ˌkar·te *f* general map. **~ˌplan** *m* layout plan. **~ta·bel·le, ~ˌta·fel** *f* synoptic table, chart.

ˈüberˌsie·deln¹ *v/i* ⟨*sep,* -ge-, sein⟩ (**nach** to) **1.** (*umziehen*) (re)move. **2.** (*auswandern*) emigrate.

ˌüberˈsie·deln² *v/i* ⟨*insep, no* -ge-, sein⟩ → **übersiedeln**¹.

Über·sie·de·lung [ˈyːbərˌziːdəlʊŋ; ˌyːbərˈziːdəlʊŋ] *f* ⟨-; *no pl*⟩ (**nach** to) **1.** (*Umzug*) move, removal. **2.** (*Auswanderung*) emigration.

ˈüberˌsie·den *v/i* ⟨*sep,* -ge-, **sein**⟩ boil over.

Über·sied·lung [ˈyːbərˌziːdlʊŋ; ˌyːbərˈziːdlʊŋ] *f* ⟨-; *no pl*⟩ → **Übersiedelung.**

ˈüberˌsinn·lich *adj* **1.** supersensible, suprasensuous; **~e Kräfte** psychic(al) powers. **2.** *philos.* transcendent(al).

ˈÜberˌsoll *n* ⟨-(s); *no pl*⟩ *econ.* excess quota.

ˌüberˈspan·nen *v/t* ⟨*insep, no* -ge-, h⟩ **1.** (*Tal etc, weitS. Entfernung*) span, traverse, (over)arch, bridge. **2.** (*bespannen*) (**mit** with) span, cover. **3.** (*zu stark spannen*) (over)strain, overstretch. **4.** *fig.* (*Forderungen etc*) carry *s.th.* too far (*od.* to extremes), exaggerate.

ˌüberˈspannt *adj* **1.** (*übertrieben*) exaggerated, extravagant. **2.** (*exaltiert*) eccentric, extravagant, *Vorstellungen*: *a.* fantastic, wild, outré. **≈heit** *f* ⟨-; *no pl*⟩ *fig.* **1.** *von Forderungen etc*: exaggeration, extravagance. **2.** (*Exaltiertheit*) eccentricity, extravagance. **3.** (*Zustand*) overwrought state, exaltation of mind.

ˌÜberˈspan·nung¹ *f* **1.** *fig.* (*Übertreibung*) exaggeration. **2.** *tech.* (over)strain(-ing).

ˈÜberˌspan·nung² *f electr.* excess voltage, overvoltage.

ˈÜber·spe·zia·li·sie·rung *f* hyperspecialization.

ˌüber|ˈspie·len *v/t* ⟨*insep, no* -ge-, h⟩ **1.** (*Tonband, Musikstück etc*) rerecord, (*Fernsehsendung*) transfer; **et. auf (ein) Tonband ~** *a.* tape(-record) *s.th.* **2.** (*Gegner*) outplay, outmanœuvre, *Am.* outmaneuver. **3.** *fig.* (*Fehler, Schwächen etc*) cover (up), veil, (*Schwierigkeiten etc*) skate over. **4.** *thea.* overplay, overact, *colloq.* ham (up). **≈ˈspie·lung** *f* ⟨-; -en⟩

auf Band etc: rerecording, *TV* transfer. **~'spin·nen** *v/t* ⟨*irr, insep, no* -ge-, h⟩ spin a web over, web. **~'spit·zen** *v/t* ⟨*insep, no* -ge-, h⟩ **1.** (*zu weit treiben*) exaggerate, carry *s.th.* to extremes (*od.* too far), overdo. **2.** (*Formulierung etc*) oversubtilize, oversophisticate. **~'spitzt** *adj* **1.** (*übertrieben*) exaggerated, extreme. **2.** *Formulierung etc*: oversubtle. **2'spit·zung** *f* ⟨-; *no pl*⟩ **1.** exaggeration. **2.** oversubtlety. **~'spon·nen** *adj Draht*: covered, braided.

ˌüber'sprin·gen¹ *v/t* ⟨*irr, insep, no* -ge-, h⟩ **1.** (*Zaun, Hürde etc*) jump (*od.* leap) (over), clear. **2.** (*Weitsprungmarke etc*) overleap, overjump. **3.** *fig.* (*auslassen, a. Unangenehmes*) skip (over), jump, overleap, pass *s.th.* over, miss (out). **4.** *fig.* (*Klasse, Generation etc*) jump, skip.

'überˌsprin·gen² *v/i* ⟨*irr, sep,* -ge-, sein⟩ **1.** *Funke etc*: spring (*od.* dart, flash) over; *fig.* → **Funke. 2.** ~ **auf** (*acc*) *Krankheit etc*: shift to, *Epidemie etc*: spread to. **3. auf ein anderes Thema** ~ jump (*od.* skip, flit) to another subject.

'überˌspru·deln *v/i* ⟨*sep,* -ge-, sein⟩ bubble over (*a. fig.* **vor** with *joy, etc*). **~d** *adj Temperament, Witz etc*: exuberant, effervescent.

ˌüber'sprü·hen¹ *v/t* ⟨*insep, no* -ge-, h⟩ spray (over).

'überˌsprü·hen² *v/i* ⟨sein⟩ *fig.* (**vor** *dat* with) sparkle, scintillate, bubble over.

'Überˌsprungˌhand·lung *f* **1.** *zo.* displacement (*od.* sparking-over) activity, irrelevant movement. **2.** *psych.* substitute activity.

ˌüber'spü·len *v/t* ⟨*insep, no* -ge-, h⟩ wash over, flood, overflow.

'über|staat·lich *adj* supranational. **2ˌstand** *m* ⟨-(e)s; ⸚e⟩ excess length. **~ˌstän·dig** *adj* **1.** *agr., a. Bäume*: overmature. **2.** (*veraltet*) antiquated, (out-)dated, outmoded. **3.** (*übriggeblieben*) left-over, *humor. Person*: on the shelf.

ˌüber'ste·hen¹ *v/t* ⟨*irr, insep, no* -ge-, h⟩ *allg.* get over, overcome, (with)stand, (*überleben*) survive, (*Krise, Gefahr*) *a.* weather, ride out; *colloq.* **das wäre überstanden!** (phew) that's that!; **du wirst's schon** ~ you'll survive (it); *euphem.* **er hat es überstanden** (*ist tot*) he is at rest.

'überˌste·hen² *v/i* ⟨*irr, sep,* -ge-, sein⟩ (*vorspringen*) project, jut (out).

'Überˌsteig *m über e-n Zaun*: stile.

ˌüber'steig·bar *adj* surmountable.

ˌüber'stei·gen¹ *v/t* ⟨*irr, insep, no* -ge-, h⟩ **1.** climb over, surmount, *mit einem Schritt*: step over, (*überqueren*) cross. **2.** *fig. allg.* exceed, go beyond, (*Erwartungen etc*) *a.* surpass, (*Kräfte, Verstand etc*) *a.* outreach, be too much for; **das übersteigt m-n Horizont** that is beyond me.

'überˌstei·gen² *v/i* ⟨*irr, sep,* -ge-, sein⟩ climb over, *mit einem Schritt*: step over.

ˌüber|'stei·gern I *v/t* ⟨*insep, no* -ge-, h⟩ **1.** (*Preis etc*) force up. **2.** (*übertreiben*) exaggerate, go too far with, overdo it with. **3. j-n** ~ (*überbieten*) outbid s.o., overbid s.o. **II** *v/reflex* **sich** ~ **4.** overdo it (**in** *dat* with). **~'stei·gert** *adj* exaggerated, excessive; **~er Nationalismus** ultranationalism; **~es Selbstbewußtsein** overconfidence. **2'stei·ge·rung** *f* ⟨-; *no pl*⟩ exaggeration. **~'steu·ern** *v/t* ⟨*insep, no* -ge-, h⟩ **1.** (*Mikrophon etc*) overmodulate, overdrive. **2.** (*Auto*) oversteer. **2'steue·rung** *f* ⟨-; *no pl*⟩ *Elektronik*: overmodulation. **~'stim·men** *v/t* ⟨*insep, no* -ge-, h⟩ outvote, vote *s.o., s.th.* down.

'überˌstolz *adj* overproud.

ˌüber|'strah·len *v/t* ⟨*insep, no* -ge-, h⟩ **1.** shine (up)on, irradiate. **2.** *a. fig.* (*j-s Ruhm etc*) outshine, eclipse. **~'strecken** (*getr.* -k·k-) *v/t* ⟨*insep, no* -ge-, h⟩ (*Arm, Gelenk etc*) overstretch, superextend. **~'strei·chen** *v/t* ⟨*irr, insep, no* -ge-, h⟩ *mit Farbe*: paint *s.th.* over (*od.* out); **et.** ~ **mit** coat s.th. with, give s.th. a coat of; **mit Firnis** ~ varnish.

'überˌstrei·fen *v/t* ⟨*sep,* -ge-, h⟩ slip *s.th.* on (*od.* over) (j-m s.o.).

ˌüber'streu·en *v/t* ⟨*insep, no* -ge-, h⟩ (**mit** with) strew, sprinkle.

ˌüber'strö·men¹ *v/t* ⟨*insep, no* -ge-, h⟩ overflow, flood, inundate, run (*od.* surge, rush) over.

'überˌströ·men² *v/i* ⟨*sep,* -ge-, sein⟩ *lit.* **1.** *Flüssigkeit*: overflow, run (*od.* flow) over. **2.** *fig.* overflow (**von, vor** *dat* with *gratitude, kindness, etc*). **3.** *fig.* **auf j-n** ~ be conveyed (*od.* communicated) to s.o.

'überˌströ·mend *adj fig. Freundlichkeit etc*: overflowing, *stärker*: exuberant, effusive, gushing; **aus ~em Herzen** overflowing with emotion.

ˌüber'strömt *adj fig. von Licht etc*: inundated, suffused; **ein von Tränen ~es Gesicht** a tear-stained face; **von Touristen** ~ inundated with tourists.

'Überˌström·venˌtil *n tech.* overflow (*od.* bypass) valve.

'überˌstül·pen *v/t* ⟨*sep,* -ge-, h⟩ put (*od.* slip) *s.th.* on (*od.* over) (j-m s.o.).

'Überˌstun·den *pl* overtime *sg*; ~ **machen** work overtime. **~ˌgel·der** *pl,* **~ˌlohn** *m* overtime pay *sg.*

ˌüber|'stür·zen I *v/t* ⟨*insep, no* -ge-, h⟩ **1.** rush (into); → **übereilen** I. **II** *v/reflex* **sich** ~ **2.** *Ereignisse etc*: follow in rapid succession, follow hot on the heels of one another. **3.** *Person*: → **übereilen** II. **~'stürzt** *adj* → **übereilt. 2'stür·zung** *f* ⟨-; *no pl*⟩ → **Übereilung.**

'Überˌta·ge|ˌar·beit *f Bergbau*: surface work. **~ˌar·bei·ter** *m* surface worker.

ˌüber'ta·kelt *adj mar.* overcanvas(s)ed.

'über·taˌrif·lich *adj econ.* in excess of (collectively agreed) scale.

ˌüber'täu·ben [-'tɔʏbən] *v/t* ⟨*insep, no* -ge-, h⟩ (*Schmerz etc*) deaden, dull, (*Geruch etc*) mask, cover (up), (*Lärm etc*) *a.* drown.

'über·taˌxie·ren *v/t* ⟨*insep, no* -ge-, h⟩ *econ.* overestimate.

ˌüber|'teu·ern [-'tɔʏərn] *v/t* ⟨*insep, no* -ge-, h⟩ overcharge, charge too much for *s.th.,* force up (the) prices for *s.th.* **~'teu·ert** *adj* overexpensive. **2'teue·rung** *f* ⟨-; *no pl*⟩ **1.** overcharging. **2.** excessive prices *pl.* **~'töl·peln** [-'tœlpəln] *v/t* ⟨*insep, no* -ge-, h⟩ dupe, gull, outwit, take *s.o.* in. **2'töl·pe·lung** *f* ⟨-; *no pl*⟩ dupery. **~'tö·nen** *v/t* ⟨*insep, no* -ge-, h⟩ (*Geräusch*) drown (out), *Stimme etc*: be heard (*od.* rise) above (*the noise, etc*). **~'tourt** [-'tu:rt] *adj tech.* overdriven.

'Überˌtrag [-ˌtra:k] *m* ⟨-(e)s; ⸚e⟩ *Buchführung* **1.** (*Betrag*) amount carried over. **2.** (*Vorgang*) transfer, carry-over.

ˌüber'trag·bar *adj* **1.** *allg.* (**auf** *acc* to) transfer(r)able, *Idee, Prinzip etc*: *a.* applicable. **2.** *Text*: translatable (**in** *acc* into). **3.** *jur.* (**auf** *acc* to) *Dokumente, Wahlstimmen etc*: transfer(r)able, *Rechte*: alienable, conferrable, *Titel*: conveyable, *a. econ. Besitztum*: conveyable, assignable; **nicht** ~ unassignable, *durch Indossament*: not negotiable, non-negotiable. **4.** *Krankheit*: contagious, infectious, communicable (**auf** *acc* to), catching. **2keit** *f* ⟨-; *no pl*⟩ **1.** transferability, applicability. **2.** translatability. **3.** *jur.* transferability, alienability, *a. econ.* assignability, negotiability. **4.** *med.* contagiousness, infectiousness, communicability.

ˌüber'tra·gen¹ I *v/t* ⟨*irr, insep, no* -ge-, h⟩ **1.** (*Geschriebenes, Zeichnung etc*) (**auf** *acc* on to, **in** *acc* into) transfer, copy. **2.** (*anwenden*) (**auf** *acc* to) apply, transfer. **3.** (*senden*) broadcast, transmit, *Am. a.* carry, *TV a.* televise, telecast. **4.** (*aufnehmen*) (**auf** *acc* on) record, make a recording of; **auf Band** ~ *a.* tape (-record). **5.** (**auf** *acc*) (*Amt, Befugnisse etc*) transfer (to), (*Würde, Titel etc*) *a.* confer (on). **6. j-m et.** ~ (*Aufgabe, Arbeit, Ausführung, Leitung etc*) entrust (*od.* assign, consign) s.th. to s.o., commission (*od.* charge, entrust) s.o. with s.th., put s.o. in charge of s.th. **7.** *phys. tech.* (*Kraft, Bewegung etc*) transmit, transfer. **8.** *Computer*: transfer. **9.** (**auf** *acc* to) (*Begeisterung etc*) transmit, convey, communicate, (*Vorurteile etc*) pass on, (*a. Gedanken*) transfer. **10.** (**in** *acc* into) *in e-e andere Sprache*: translate, render, *in Prosa etc*: transpose, *in ein anderes System*: translate, transfer, *in Maschinenschrift etc*: transcribe, (*umrechnen*) convert. **11.** (*Erbeigenschaften*) (**auf** *acc* to) transfer, pass on. **12.** (**auf** *acc* to) (*Krankheit, Bazillus etc*) transmit, (*a. Ungeziefer etc*) pass on; ~ **werden** *a.* spread. **13.** *med.* (**auf** *acc* to) a) (*Gewebe etc*) graft, transplant, b) (*Blut*) transfuse, transfer. **14.** *jur.* (**auf** *acc*) a) → **überschreiben** 2, b) (*Rechte, Patente, Rechtstitel, Privilegien etc*) confer ([up]on), transfer (to), assign (to), c) (*Vollmachten*) delegate (to). **15.** *econ.* a) (*Posten*) carry *s.th.* over (*od.* forward) (**in** *acc* to), b) (*Summe, Forderung, Wechsel etc*) (**auf** *acc* to) transfer, assign, transmit. **II** *v/reflex* **16. sich auf j-n** ~ *Stimmung, Panik, Krankheit etc*: be passed on (*od.* be communicated) to s.o., infect s.o., *weitS. a.* spread to s.o. **III 2** *n* ⟨-s⟩ **17.** transferring (*etc*).

ˌüber'tra·gen² *adj* **1.** *Bedeutung*: figurative (*sense*). **2.** *med. Kind*: born after term.

ˌÜber|'tra·gen·de *m, f* ⟨-n; -n⟩ *jur.* conveyor, transfer(r)er. **~'trä·ger** *m* **1.** *chem.* carrier, transmitter. **2.** *med.* carrier, vector. **~'tra·gung** *f* ⟨-; -en⟩ **1.** → **übertragen¹** III. **2.** *von Geschriebenem, e-r Zeichnung etc*: transfer(ence). **3.** *auf andere Verhältnisse*: (**auf** *acc* to) application, transfer(ence). **4.** (*Sendung*) broadcast, transmission; ~ **im Rundfunk** (*od.* **Radio**) broadcast on (*od.* over) the radio, radio broadcast (*od.* transmission); ~ **im Fernsehen** broadcast on (*od.* by) television, television broadcast, telecast. **5.** *auf Tonband, Platte etc*: recording. **6.** (**auf** *acc*) *e-s Amts, von Befugnissen etc*: transfer(ence) (to), *e-r Würde, e-s Titels etc*: *a.* conferment ([up]on). **7.** *e-r Aufgabe, Arbeit etc*: (**auf** *acc* to) assignment, consignment, entrustment. **8.** *phys. tech. e-r Kraft, Bewegung*: (**auf** *acc* to) transmission, transfer, *von Schwingungen*: communication. **9.** *Computer*: transfer. **10.** (**in** *acc* into) *in e-e andere Sprache*: translation, rendition, *in Prosa etc*: transposition, *in ein anderes System*: transference, conversion, *in Maschinenschrift etc*: transcription. **11.** *psych.* transference. **12.** *von Erbeigenschaften*: transference (**auf** *acc* to). **13.** *med.* (**auf** *acc* to) a) *e-r Krankheit etc*: transmission, b) (*Gewebe2 etc*) grafting, transplant(ation), c) (*Blut2*) transfusion. **14.** *jur.* (**auf** *acc,* **an** *acc*) *e-s Besitzes etc*: transfer (-ence) (to), conveyance (to), *e-s Rechts*: devolution ([up]on), *e-s Patents, Rechtstitels etc*: assignment (to). **15.** *econ. e-r Summe, Forderung etc*: transfer(ence) (**auf** *acc* to).

ˌÜber'tra·gungs|beˌfehl *m Computer*: move statement. **~erˌklä·rung** *f jur.* deed of transfer, transfer deed. **~feh·ler**

m Buchführung u. Computer: transfer error. **~geˌbühr** *f econ. jur.* transfer (*od.* registration) fee. **~ˌsteu·er** *f econ.* transfer tax. **~ˌurˌkun·de** *f für Grundbesitz, Vermögen etc*: deed of conveyance (*od.* transfer), *für Aktien*: transfer deed. **~verˌmerk** *m auf e-m Wechsel*: endorsement. **~ˌwa·gen** *m Radio, TV* O.B. (= outside broadcast) van, mobile transmission unit. **~ˌwel·le** *f tech.* transmission shaft.

ˈüber·traiˌniert *adj Sport*: overtrained.

ˌüber|ˈtref·fen I *v/t* ⟨*irr, insep, no* **-ge-**, **h**⟩ **1.** (*besser sein als*) (**an** *dat*, **in** *dat* in) outdo, outmatch, outstrip, excel, surpass; **j-n an Fleiß ~** be more industrious than s.o.; **j-n noch ~** go one better than s.o.; **zahlenmäßig (an Leistung, im Laufen** *etc*) **~** *a.* outnumber (outperform, outrun, *etc*); **darin ist er nicht zu ~** he is unparallel(l)ed (*od.* unrival[l]ed, unsurpassed) at that. **2.** (*Erwartungen, Befürchtungen etc*) exceed, surpass, go beyond, beat; **jede Vorstellung ~** surpass description, be indescribable, be beyond description; **das übertrifft alles bisher Dagewesene** that beats everything (yet), *colloq.* that takes the cake. **II** *v/reflex* **3. sich (selbst) ~** excel o.s., outdo o.s. **~ˈtrei·ben I** *v/t* ⟨*irr, insep, no* **-ge-**, **h**⟩ **1.** (*e-e Tätigkeit*) overdo, carry *s.th.* too far (*od.* to extremes), *colloq.* overdo (it with); **sie übertreibt die** (*od.* **es mit der**) **Sparsamkeit** she carries her thrift(iness) too far, she is overthrifty; **er übertreibt es mit der Arbeit** *a.* he does too much work; **übertreib es nicht!** don't overdo it, don't carry things too far. **2.** (*Gefahren, Bericht, j-s Vorzüge etc*) exaggerate, overstate, magnify, overdraw. **3.** *thea.* (*Rolle*) overact, overplay, *colloq.* ham *s.th.* up. **II** *v/i* **4.** (*aufschneiden*) exaggerate, talk big, draw the long bow; **übertreibe nicht!** don't exaggerate, *colloq.* come off it, draw it mild; **stark** (*od.* **maßlos**) **~** exaggerate grossly, lay it on thick (*od.* with a trowel), *colloq.* pile it on. **2ˈtrei·bung** *f* ⟨**-; -en**⟩ exaggeration, overstatement; **es wäre e-e ~ zu sagen, daß** it would be an exaggeration (*od.* exaggerated, exaggerating) to say that.

ˈüberˌtre·ten¹ *v/i* ⟨*irr, sep,* **-ge-**, **h** *u.* **sein**⟩ **1.** ⟨**sein**⟩ *Fluß etc*: overflow. **2.** *Sport*: foul (a jump, a throw, *etc*). **3.** ⟨**sein**⟩ (**zu** to) go over (*to another party, etc*), (*konvertieren*) convert; *pol.* **zur Opposition ~** *a.* change sides; **(zu e-m anderen Glauben) ~** change one's faith, *colloq.* turn; **zum Katholizismus ~** *colloq.* turn Roman Catholic. **4.** ⟨**sein**⟩ *in e-e andere Abteilung, Schule etc*: change (over) (**in** *acc* to). **5.** ⟨**sein**⟩ **~ in** (*acc*) (*gelangen*) pass (over) into *s.th.*, enter (into) *s.th.*

ˌüberˈtre·ten² *v/t* ⟨*irr, insep, no* **-ge-**, **h**⟩ **1.** (*ein Gesetz, Verbot etc*) break, violate, offend against, infringe, transgress, trespass ([up]on), contravene, infract. **2. (sich** *dat*) **den Fuß ~** sprain one's ankle.

ˌÜber|ˈtre·ter *m* ⟨**-s; -**⟩, **~ˈtre·te·rin** *f* ⟨**-; -nen**⟩ *von Gesetzen, Verboten etc*: transgressor, violator, breaker, trespasser, contravener, infractor. **~ˈtre·tung** *f* ⟨**-; -en**⟩ *e-s Gesetzes, Verbots etc*: violation, infringement, transgression, trespass, contravention, infraction, *jur.* (*Straftat*) misdemeano(u)r, offen/ce (*Am.* -se). **~ˈtre·tungsˌfall** *m* **im ~(e)** in case of transgression (*od.* contravention), (*bei Nichtbefolgung e-r Vorschrift*) in case of noncompliance.

ˌüberˈtrie·ben I *adj* **1.** (*übermäßig*) exaggerated, excessive, extreme, *Höflichkeit etc*: *a.* overdone, *Ansicht*: *a.* extravagant; **~e Vorsicht** exaggerated caution, overcaution; **in ~er Weise** in an exaggerated way, exaggeratedly; **in ~em Maße** excessively, to an excessive (*od.* exaggerated) extent. **2.** (*aufgebauscht*) exaggerated, overdrawn; **leicht ~** slightly (*od.* mildly) exaggerated; **es ist nicht ~ zu sagen** it is no exaggeration (*od.* it is not exaggerating) to say. **3.** (*unmäßig*) exorbitant, excessive. **II** *adv* **4.** excessively, exaggeratedly; **~ darstellen** *a.* overdraw, overstate; **~ reagieren** overreact; **~ empfindlich** oversensitive, hypersensitive; **~ vorsichtig** *a.* overcautious. **2heit** *f* ⟨**-;** *no pl*⟩ exaggeration, excessiveness, exorbitance, extravagance.

ˈÜberˌtritt *m* ⟨**-(e)s; -e**⟩ **1.** *zu e-r anderen Partei, Konfession etc*: (**zu** to) change, conversion. **2.** *in e-e andere Schule, e-n anderen Beruf etc*: (**in** *acc* to) change, move, transfer. **3.** (*Grenz2*) (frontier *od.* border) crossing.

ˌüberˈtrump·fen *v/t* ⟨*insep, no* **-ge-**, **h**⟩ **1.** (*übertreffen*) outdo, surpass, trump. **2.** *Kartenspiel*: overtrump.

ˈüberˌtun *v/t* ⟨*irr, sep,* **-ge-**, **h**⟩ put (*a scarf, etc*) over one's shoulders (*od.* hair), *weitS.* put *s.th.* on.

ˌüberˈtün·chen *v/t* ⟨*insep, no* **-ge-**, **h**⟩ **1.** whitewash, limewash. **2.** *fig.* (*verdecken*) whitewash, gloss over, varnish (over).

ˈüberˌüberˌmor·gen *adv colloq.* the day after the day after tomorrow, three days from today, in three days.

ˈüber|verˌdich·ten *v/t* ⟨*insep, no* **-ge-**, **h**⟩, **2verˌdich·tung** *f* ⟨**-;** *no pl*⟩ *tech.* supercharge. **~verˌsi·chern** *v/t* ⟨*insep, no* **-ge-**, **h**⟩ *econ.* overinsure. **2verˌsi·che·rung** *f* overinsurance.

ˌüber|ˈvöl·kern [-ˈfœlkərn] *v/t* ⟨*insep, no* **-ge-**, **h**⟩ overpopulate. **~ˈvöl·kert** *adj* overpopulated. **2ˈvöl·ke·rung** *f* ⟨**-;** *no pl*⟩ overpopulation.

ˈüber|ˌvoll I *adj* (**von, mit**) overfull (of), brimful(l) (of), brimming (with), bursting (with), *colloq.* cram-full (of), (*überfüllt*) crowded (with). **II** *adv* **~ beladen** overloaded, *bes. fig.* overladen. **~ˌvor·sich·tig** *adj* overcautious.

ˌüberˈvorˌteiˌlen [-ˈfɔr-] *v/t* ⟨*insep, no* **-ge-**, **h**⟩ *allg.* overreach, get the better of, dupe, cheat, *beim Kauf etc*: *a.* overcharge, make *s.o.* pay through the nose. **2lung** *f* ⟨**-;** *no pl*⟩ overreaching (*etc*), *beim Kauf*: *a.* overcharging.

ˈüberˌwach *adj* **1.** tensely (*od.* nervously) awake. **2.** *fig.* farsighted.

ˌüberˈwa·chen I *v/t* ⟨*insep, no* **-ge-**, **h**⟩ (*Arbeit, Arbeiter, Projekt, Abteilung etc unter sich haben*) supervise, oversee, superintend, (*betreuen*) look after, attend to, take care of, (*verantwortlich sein für*) be responsible for, be in charge of, (*beaufsichtigen*) watch over, (*kontrollieren*) examine, check, inspect, (*leiten*) control, direct, (*beobachten*) observe, (*im Auge behalten*) keep an eye on, *colloq.* keep tabs (*od.* a tab) on, keep track of, (*bes. Verdächtigen, a. öffentliche Einrichtung etc*) *durch Polizei, Behörde etc*: keep under surveillance, *durch Detektiv*: shadow, (*Radio, TV-Sendung, Telefongespräche, a. weitS. Personen, Vorgänge etc*) monitor; **streng** (*od.* **genau**) **~** *a.* keep (a) close watch over (*od.* on), keep a sharp (*od.* close) eye on. **II 2** *n* ⟨**-s**⟩ supervising (*etc*); → *a.* **Überwachung.**

ˌüberˈwach·sen¹ *v/t* ⟨*irr, insep, no* **-ge-**, **h**⟩ overgrow.

ˌüberˈwach·sen² *adj* **~ mit** overgrown with.

ˌÜberˈwa·chung *f* ⟨**-;** *no pl*⟩ **1.** supervision, oversight, superintendence, surveillance, examination, inspection, direction, control, observation, shadowing, monitoring (*etc*), → *a.* **überwachen. 2.** *med. nach Behandlung*: follow-up (check).

ˌÜberˈwa·chungs|ˌanˌla·ge *f tech.* monitor(ing system). **~ˌausˌschuß** *m pol.* supervisory (*od.* watch, *bes. Am.* vigilance) committee. **~ˌdienst** *m* **technischer ~** technical control service; **der ärztliche ~ in Fabriken** medical supervision in factories. **~verˌein** *m* **Technischer ~** *für Kraftfahrzeuge etc in der BRD*: Technical Control Board.

ˈüberˌwal·len¹ *v/i* ⟨*sep,* **-ge-**, **sein**⟩ *lit.* **1.** *Suppe etc*: boil over. **2.** *fig.* **sein Zorn wallte über** he boiled with rage.

ˌüberˈwal·len² I *v/t* ⟨*insep, no* **-ge-**, **h**⟩ *lit. Gefühl*: surge through, well up in, seize, *Gedanke*: strike. **II** *v/impers* **es überwallte mich heiß** I went all hot and cold.

ˌüber|ˈwäl·ti·gen [-ˈvɛltɪgən] *v/t* ⟨*insep, no* **-ge-**, **h**⟩ **1.** (*Gegner*) overpower, overwhelm. **2.** *fig.* (*überkommen*) *Mitleid, Furcht etc*: overwhelm, overcome, overpower; **Angst überwältigte ihn** fear overwhelmed (*od.* overcame) him, he was overcome (*od.* overwhelmed) by (*od.* with) fear; **von Müdigkeit überwältigt** overcome by fatigue; **ihre Schönheit überwältigte ihn** her beauty overwhelmed (*od.* stunned) him (*colloq.* swept him off his feet); **er läßt sich vom Zorn ~** he lets his anger get the better of him. **~ˈwäl·ti·gend** *adj* overwhelming, overpowering, stunning, *colloq.* smashing (*success, etc*); **mit ~er Mehrheit** with an overwhelming majority; *colloq. iro.* **(das ist) nicht gerade** (*od.* **sehr**) **~, (das ist) nichts 2es** (it's) not so hot, (it's) nothing to write home about, (it's) no great shakes.

ˈÜber|ˌwas·serˌfahrˌzeug *n mar.* surface vessel (*od.* craft). **2ˌwech·seln** *v/i* ⟨*sep,* **-ge-**, **h**⟩ change (*od.* switch) over (**auf** *acc* to). **~ˌweg** *m* → **1. Bahnübergang. 2. Fußgängerüberweg.**

ˌüber|ˈwei·sen *v/t* ⟨*irr, insep, no* **-ge-**, **h**⟩ **1.** (*Geld*) remit, transfer (**auf ein Konto** to an account, **auf e-e Bank** to a bank). **2.** (**an** *acc* to) *jur. pol.* (*Fall, Antrag etc*) refer, commit, remit, pass, transfer. **3.** *med.* (*Patienten*) refer (**an e-n** *od.* **zu e-m Facharzt** to a specialist). **~ˈwei·ßen** *v/t* ⟨*insep, no* **-ge-**, **h**⟩ limewash, whitewash. **2ˈwei·sung** *f* ⟨**-; -en**⟩ (**an** *acc* to) **1.** *von Geld*: remittance, transfer. **2.** *jur. pol.* transfer(ence), relegation, commitment, reference, referral. **3.** *e-s Patienten*: referral.

ˌÜberˈwei·sungs|ˌaufˌtrag *m econ.* money transfer order. **~for·muˌlar** *n* transfer form. **~ˌscheck** *m* transfer order (from account to account). **~ˌschein** *m med.* referral slip. **~verˌkehr** *m* money transfer business (*od.* system), giro mechanism.

ˈüber|ˌweit *adj* extra (*od.* exceptionally) wide. **2ˌwei·te** *f* → **Übergröße. ~ˌwelt·lich** *adj* ultramundane, supermundane, supramundane. **~ˌwend·lich** [-ˌvɛntlɪç] **I** *adj Naht*: oversewn, overcast. **II** *adv* **~ nähen** oversew, overcast.

ˈüberˌwer·fen¹ *v/t* ⟨*irr, sep,* **-ge-**, **h**⟩ (*Kleidungsstück*) put (*od.* slip) *s.th.* on.

ˌüberˈwer·fen² *v/reflex* ⟨*irr, insep, no* **-ge-**, **h**⟩ **sich ~** fall out (with each other); **sich mit j-m ~** fall out with s.o.

ˈÜberˌwe·sen *n* superhuman (*od.* supernatural) creature (*od.* being).

ˌ**über|ˈwie·gen I** *v/t* ‹*irr, insep, no* -ge-, h› (*stärker sein als*) outweigh, outbalance, overbalance, overweigh; **die Vorteile ~ die Nachteile** the advantages outweigh the disadvantages. **II** *v/i* (*vorherrschen*) prevail, preponderate, predominate. **III** ≈ *n* ‹-s› preponderance, predominance, predomination. **~ˈwie·gend I** *adj* preponderant, predominant; **der ~e Teil** the predominant portion, the majority, the bulk; **die ~e Mehrheit** the vast (*od.* overwhelming) majority. **II** *adv* mainly, predominantly, chiefly; **es waren ~ arme Leute, denen er begegnete** the people he met were for the most part poor. **~ˈwind·bar** *adj Schwierigkeiten, Hindernisse etc*: surmountable, *Gegner*: vincible. **~ˈwin·den I** *v/t* ‹*irr, insep, no* -ge-, h› **1.** (*Gegner*) overpower, overcome, defeat, bear down. **2.** (*Schwierigkeiten, Hindernisse, Krise etc*) overcome, surmount, get over, overpass. **3.** (*Angst, Leidenschaften etc*) overcome, get over, vanquish, (*Vorurteil etc*) *a.* outgrow, (*Laster*) *a.* defeat. **II** *v/reflex* **4. sich ~, et. zu tun** bring (*stärker*: will) o.s. to do s.th.; **ich mußte mich dazu (erst) ~** it cost me quite some effort (*od.* a hard struggle) (to do that). **III** ≈ *n* ‹-s› **5.** overpowering, overcoming (*etc*). ≈ˈ**win·dung** *f* ‹-; *no pl*› **1.** → **überwinden** 5; *a. fig.* **~ von** (*od. gen*) victory over. **2.** (*Anstrengung*) (conscious) effort; **es hat mich ~ gekostet, das zu tun** it cost me quite some effort (*od.* willpower) to do that; **er tat es nur mit ~** he did it only with reluctance. **~ˈwin·tern** *v/i* ‹*insep, no* -ge-, h› spend (*od.* pass) the winter, *bes. a. zo., bot.* (over)winter. ≈ˈ**win·te·rung** *f* ‹-; *no pl*› **1.** wintering. **2.** hibernation. **~ˈwöl·ben** *v/t* ‹*insep, no* -ge-, h› *arch.* vault, arch (over), overarch. **~ˈwölbt** *adj* vaulted, arched. ≈ˈ**wöl·bung** *f* ‹-; *no pl*› vault (-ing). **~ˈwu·chern** *v/t* ‹*insep, no* -ge-, h› overgrow. **~ˈwu·chert** *adj* overgrown. ≈ˈ**wu·che·rung** *f* ‹-; *no pl*› **1.** overgrowing. **2.** overgrowth. **~ˈwun·den** *adj* (out)dated, antiquated (*view*), exploded (*idea*), outgrown (*prejudice*); **längst ~** long overcome, *etc.*

ˈ**Über|ˌwurf** *m* **1.** (*Umhang*) wrap(per). **2.** → **Zierdeckchen. 3.** *Ringen*: sit-back. **~ˌmut·ter** *f tech.* cap nut.

ˈ**Über|ˌzahl** *f* ‹-; *no pl*› **1.** (*Mehrzahl*) majority; **in der ~ sein** be in the majority, **j-m gegenüber**: outnumber s.o. **2.** (*Übermacht*) (numerical) superiority, superior number(s *pl*), *des Feindes*: superior forces *pl*; → *a.* **Übermacht** 2.

ˌ**über|ˈzahlt** *adj* overpaid. **~ˈzäh·len** *v/t* ‹*insep, no* -ge-, h› → **nachzählen.**

ˈ**über|ˌzäh·lig** *adj* **1.** supernumerary; **bei der Party waren einige Damen ~** there were several ladies too many at the party; **ich glaube, wir sind hier ~** I think we are not wanted here. **2.** (*überschüssig*) surplus, excess (*stocks, etc*); **~es Geld** spare money, money to spare. **3.** *Schuh etc*: odd.

ˌ**über|ˈzeich|nen** *v/t* ‹*insep, no* -ge-, h› **1.** (*Aktien etc*) oversubscribe. **2.** *fig.* (*Romanfigur etc*) overdraw. ≈**nung** *f* ‹-; *no pl*› **1.** *econ.* oversubscription. **2.** *fig.* overdrawing.

ˈ**Über|ˌzeit** *f* ‹-; *no pl*› *bes. Swiss* overtime; **~ machen** work (*od.* do) overtime. ≈ˌ**zeit·lich** *adj* supertemporal.

ˌ**über|ˈzeug·bar** *adj* convincible. **~ˈzeu·gen I** *v/t* ‹*insep, no* -ge-, h› (**von** of) convince, persuade, *bes. jur.* satisfy; **er läßt sich nicht ~** there is no convincing him, he will not be convinced. **II** *v/i* be convincing, convince people; **~, nicht überreden** it is better to convince than to persuade; **durch (s-e) Leistungen ~** prove o.s. through (*od.* by) one's achievements. **III** *v/reflex* **sich (selbst) von e-r Sache ~** convince (*od.* persuade, satisfy) o.s. of s.th., (*nachsehen, nachprüfen*) make sure of s.th.; **~ Sie sich (selbst)** (*od.* **mit Ihren eigenen Augen**) go and see for yourself; **sie überzeugte sich, daß die Tür geschlossen war** she made sure (that) the door was shut. **~ˈzeu·gend** *adj Argument, Darstellung etc*: convincing, *Erfolg, Wirkung*: *a.* telling; **~ wirken** be convincing, carry conviction. **~ˈzeugt** *adj* **1.** convinced, persuaded; **ein ~er Christ** a convinced Christian, a Christian by conviction. **2. ~ sein, daß** be convinced (*od.* persuaded) that; **von e-r Sache (voll und ganz** *od.* **felsenfest) ~ sein** be (firmly *od.* absolutely) convinced of s.th.; **ich bin fest (davon) ~, daß** I am (*od.* feel) quite sure (*od.* positive) that, I have every confidence that; **ich bin von ihrem Können nicht ~** I am not convinced of her skill; **Sie dürfen ~ sein, daß** you may rest assured that; **von sich (selbst) sehr ~ sein** be very sure (*od.* full) of o.s. ≈ˈ**zeu·gung** *f* ‹-; *no pl*› conviction; **er ist nicht von s-r ~ abzubringen (, daß)** he is not to be dissuaded (that); **ich bin der festen ~, daß; es ist m-e feste ~, daß** it is my firm conviction that; **die ~ gewinnen, daß; zu der ~ gelangen, daß** come to the conviction (that), decide (that); **nach s-r ~ leben** live according to one's convictions; **gegen s-e ~ handeln** act contrary to one's convictions.

ˌ**Über**ˈ**zeu·gungs|ˌkraft** *f* ‹-; *no pl*› persuasive power (*od.* force), (power of) persuasion, persuasiveness. **~ˌtat** *f jur. punishable offen|ce* (*Am.* -*se*) *committed for political, religious, etc reasons.* **~ˌtä·ter** *m delinquent motivated by political, religious, etc reasons.*

ˈ**Über|ˌzieh|ˌär·mel** *m* oversleeve.

ˈ**über|ˌzie·hen**[1] *v/t* ‹*irr, sep,* -ge-, h› **1.** (*Kleidungsstück*) put (*od.* slip) *s.th.* on. **2.** *colloq.* **j-m eins ~** clout (*od.* land) s.o. one, hit s.o. one (*od.* a blow).

ˌ**über**ˈ**zie·hen**[2] **I** *v/t* ‹*irr, insep, no* -ge-, h› **1.** *mit Stoff, Leder, Papier etc*: cover, (*auskleiden*) line; **das Sofa neu ~ lassen** have the couch re-covered. **2.** *mit e-r Schicht etc*: coat, cover, layer, *metall.* plate; **mit Zucker ~** cover (*od.* coat) with sugar, (*Gebäck etc*) sugarcoat, *a.* frost, ice; **mit Kupfer ~** copper(-plate); **mit Silber ~** silver(-plate). **3. ein Bett (frisch) ~** change the bed(linen), put clean linen (*od.* fresh sheets) on a bed; **ein Kissen ~** put a cover on a pillow. **4.** (*Himmel etc*) cover, spread over; **Wolken ~ den Himmel** clouds are covering the sky; **Nebel überzog das Land** fog spread over the countryside; *lit.* **flammende Röte überzog ihr Gesicht** a blush spread over her face, her face flushed. **5. ein Land mit Krieg ~** invade a country. **6.** (*überschreiten*) *allg.* exceed, *econ.* (*Konto, Geld*) overdraw, (*Sende-, Redezeit etc*) overrun, exceed; **50 Mark überzogen haben** have overdrawn (*od.* have an overdraft of) 50 marks; **s-e Mittel ~** overspend. **7.** *fig.* (*zu weit treiben*) carry *s.th.* too far, (*übertreiben*) overdo, (*überzeichnen, -betonen*) overdraw, overstress. **8.** *colloq.* (*Uhren, Spielwerk etc*) overwind, (*Feder, Gummi etc*) overstretch. **II** *v/i* **9.** *zeitlich*: exceed the time limit, *terminlich*: fail to meet the deadline. **10.** *aer.* fly nose high. **III** *v/reflex* **sich ~ 11. (mit)** become (*od.* get) covered (*od.* coated) (with), form (*od.* develop) a coat (*od.* layer, sheet, film) (of). **12.** *Himmel*: become overcast, cloud over; **es überzieht sich** it is clouding over. **IV** ≈ *n* ‹-s› **13.** covering, coating (*etc*).

ˈ**Über|ˌzie·her** *m* ‹-s; -› paletot.

ˌ**Über**ˈ**zie·hung** *f* ‹-; *no pl*› **1.** → **überziehen**[2] 13. **2.** *e-s Kontos etc*: overdraft. **~s·kreˌdit** *m* overdraft credit. **~sˌzin·sen** *pl* interest *sg* on overdrafts.

ˈ**über·zi·vi·liˌsiert** *adj* overcivilized.

ˌ**über|ˈzo·gen** *adj Konto u. fig.* (*übertrieben*) overdrawn. **~ˈzüch·ten** *v/t* ‹*insep, no* -ge-, h› overbreed. **~ˈzüch·tet** *adj* overbred, *fig.* (over)sophisticated (*a. Motor etc*), overrefined. **~ˈzuckern** (*getr.* -k·k-) *v/t* ‹*insep, no* -ge-, h› (sprinkle with) sugar, coat with sugar, sugarcoat, (*Gebäck etc*) ice, frost; → **kandieren.**

ˈ**Über|ˌzug** *m* **1.** *allg.* (*Bett*≈, *Sessel*≈ *etc*) cover, (*Kissen*≈ *etc*) *a.* case, (*Kopfkissen*≈) *a.* slip. **2.** (*Schicht*) coat(ing), layer, *dünner*: film, (*Auskleidung*) lining. **3.** *gastr.* icing, frosting; **ein ~ aus Schokolade** a chocolate icing (*od.* frosting). ≈ˌ**zwerch** *adv dial.* crosswise, crossways, across.

Ubi·qui·tät [ubikviˈtɛːt] *f* ‹-; *no pl*› (*Allgegenwart*) ubiquity.

üb·lich [ˈyːplɪç] **I** *adj* usual, customary, normal, (*gewohnt*) habitual, accustomed; **die ~e Begrüßung** the usual welcome; **im ~en Verfahren hergestellt** produced in the usual (*od.* ordinary) way; **(nicht) im ~en Sinne** (not) in the usual (*od.* normal) sense (of the word); **wie ~** as usual, as always; **auf dem ~en Weg** through the usual channels; **mit der ~en Verspätung** with the usual (*od.* habitual) delay; **sein ~er Platz** his habitual place; **es ist (allgemein) ~, daß** it is the (common *od.* general) practice that, it is (a) common practice that; **in Deutschland ist das nicht ~** in Germany it is not customary, in Germany it is not the practice (*od.* custom); **wie es ~ war** as was the practice; **nicht mehr ~** *a.* (gone) out of use, *weitS.* out; **es ist bei ihm so ~** it is the habit with him, that's the way he always does it. **II** ≈**e, das** ‹-n› the usual (thing); *mit Kleinschreibung*: **es ist das ~e, daß** it is common practice that. ˈ**üb·li·cher·ˈwei·se** *adv* usually, normally, generally, customarily.

ˈ**U-ˌBoot** *n mar. mil.* submarine. **~ˌFal·le** *f* mystery ship, Q-boat. **~ˌJä·ger** *m* submarine chaser, *bes. Am.* subchaser. **~-ˌKrieg** *m* submarine warfare.

üb·rig [ˈyːbrɪç] *adj* **1.** (*~geblieben*) remaining, *bes. chem. jur. math.* residual, residuary; **die ~en Sachen** the remaining things, the rest (of the things), the remainder. **2.** (*ander*) other; **die ~en Nationen** the other (*od.* the rest of the) nations; **das ~e Europa** the rest of Europe. **3.** (*zusätzlich*) further, additional (*reason, etc*). **4.** (*überzählig*) *Schuh etc*: odd. **5.** (*über*) left (over), over; **et. ~ haben** have s.th. left; **ich habe dafür k-e Zeit ~** I have no time left (*od.* to spare) for that; **hast du e-e Zigarette für mich ~?** can you spare me a cigarette? **6. et. ~ haben für** (*gern haben, mögen*) care for, be fond of, have a soft spot for; **nichts (wenig) ~ haben für** *a.* have no (little) use (*od.* time) for. **7.** *substantiviert mit Kleinschreibung*: a) **die ~en** (*Personen*) the others, the rest *sg*; **wir ~en** we others, the rest of us, b) **das ~e** the rest, the remainder; **das** (*od.* **alles**) **~e können Sie sich denken** you can imagine the rest; **ein ~es tun** (*sich besonders bemühen*) do s.th. else, go a step further, go out of one's way, (*beitragen*) **(zu)** contribute (to), be a further (*od.* another) reason (for), (*den Rest besorgen*) take care of the rest. **8. im ~en** a) as for the rest, b) → **übrigens.** **~beˌhal·ten** *v/t* ⟨*irr, sep, no* **-ge-**, **h**⟩ have *s.th.* left. **~blei·ben** *v/i* ⟨*irr, sep*, **-ge-**, **sein**⟩ **1.** be left (over), remain. **2. es bleibt mir nichts (anderes** *od.* **weiter) übrig, als** *inf* there is nothing else I can do but *do s.th.*, I have no choice but to *do s.th.*, there is no getting round (my) *doing s.th.*

ˈ**üb·ri·gens** *adv* by the way, by the by(e), *colloq.* come to that.

ˈ**üb·rigˌlas·sen** *v/t* ⟨*irr, sep*, **-ge-**, **h**⟩ **1.** leave (over): **hast du mir et. übriggelassen?** have you left me anything (*od.* anything for me)? **2. die Arbeit läßt viel zu wünschen übrig** the work leaves much to be desired.

ˈ**Übung** *f* ⟨**-;** **-en**⟩ **1.** ⟨*only sg*⟩ (*Üben*) practice: **nach einiger ~** after some practice; **zur ~** for practice. **2.** ⟨*only sg*⟩ (*Erfahrung*) practice, experience (**im Kochen** *etc* at *od.* in cookery, *etc*); **aus der** (*od.* **außer**) **~ kommen (sein)** get (be) out of practice; **in ~ bleiben** keep in practice, keep one's hand in. **3.** (*Probe für den Ernstfall*) exercise: **zu e-r ~ ausrücken** go out on an exercise. **4.** *mus. ped. Sport etc* exercise: **geistliche ~en** spiritual exercises. **5.** *univ.* practical course (**über** *acc* on).

ˈ**Übungs|ˌar·beit,** **~aufˌga·be** *f ped.* exercise. **~buch** *n* book of exercises. **~flug** *m* practice flight. **~geˌlän·de** *n* training ground (*od.* area). **≈hal·ber** *adv* for practice. **~hang** *m Skisport*: practice (*od.* nursery) slope. **~heft** *n ped.* exercise book. **~kurs** *m an Schulen etc*: practical course. **~mu·ni·tiˌon** *f* practice ammunition. **~platz** *m* training ground (*mil.* area). **~sa·che** *f* **das ist alles** (*od.* **reine**) **~** that's just a question (*od.* matter) of practice. **~stück** *n* exercise, *mus. a.* étude. **~stun·de** *f* practice hour. **~teil** *m gym.* part (of the exercise). **~the·raˌpie** *f med.* therapeutic exercises *pl.*

ˈ**U-ˌEi·sen** *n* ⟨**-s;** **-**⟩ *tech.* U-iron.

Ufer [ˈuːfər] *n* ⟨**-s;** **-**⟩ *e-s Flusses*: bank, *e-s Sees, Meeres*: shore; **ans ~, am ~** ashore; **am ~ des Genfer Sees** on the bank(s) of Lake Geneva. **~anˌlie·ger** *m jur.*, **~anˌrai·ner** *m dial.* riparian. **~beˌfe·sti·gung** *f* **1.** bank stabilization. **2.** (*Anlage*) bank stabilization system. **~beˌwoh·ner** *m* riparian. **~bö·schung** *f* embankment. **≈los** *adj fig.* (*endlos*) endless, (*grenzenlos*) boundless, vast; **ins ~e** a) to infinity, ad infinitum, b) beyond all bounds, nowhere. **~mau·er** *f* embankment, quay. **~pro·meˌna·de** *f am Fluß*: embankment walk (*od.* promenade), *am Meer*: promenade (along the shore *od.* strand), *an e-m See*: *a.* lakeside promenade. **~schwal·be** *f orn.* sand martin. **~staat** *m* riparian state. **~ˌstra·ße** *f* embankment road. **~strö·mung** *f geogr.* littoral current. **≈wärts** *adv bei e-m Fluß*: toward(s) the bank, *bei e-m Meer, See*: shoreward(s).

uff [uf] *interj* whew, phew.

Ufo [ˈuːfo] *n* ⟨**-(s);** **-s**⟩ UFO, unidentified flying object.

ˈ**U-ˌför·mig** *adj* U-shaped.

ugrisch [ˈuːgrɪʃ] **I** *adj*, **II** *ling.* **≈** ⟨*generally undeclined*⟩, **das ≈e** ⟨**-n**⟩ Ugric, Ugrian.

uh [uː] *interj* oh!

ˈ**U-ˌHaft** *f* → **Untersuchungshaft.**

UHF [uːhaːˈʔɛf] *Radio, TV* ultrahigh frequency. **~-ˌBand** *n* ultrahigh frequency band. **~-ˈFernˌsehˌsen·der** *m* UHF television transmitter.

Uhl [uːl] *f* ⟨**-;** **-en**⟩ *dial. for* **Eule** 1; → **Nachtigall.**

Uhr [uːr] *f* ⟨**-;** **-en**⟩ **1.** (*Armband≈, Tasche≈ etc*) watch, *obs.* timepiece, (*Turm≈, Stand≈, Wand≈*) clock; **e-e goldene ~** a gold watch; **sieh mal nach der ~, bitte** see what time it is, please; **die ~ stellen** set one's watch; **s-e ~ geht zehn Minuten nach (vor)** his watch is ten minutes slow (fast); **m-e ~ geht täglich acht Minuten vor (nach)** my watch goes (*od.* is) eight minutes fast (slow) a day; **nach m-r ~ ist es zehn** it is ten o'clock by my watch; *colloq.* **d-e ~ geht nach dem Mond** your watch is completely unreliable. **2.** *fig.* **s-e ~ ist abgelaufen** his sands are running out, his time is up; **ein Rennen gegen die ~** a race against time; *colloq.* **rund um die ~** (a)round the clock; **er weiß, was die ~ geschlagen hat** he knows what he is in for (*od.* what is in store for him). **3.** ⟨*only sg*⟩ *bei Zeitangaben*: **es ist zwei ~** it is two o'clock, it is two p.m.; **es hat 12 ~ geschlagen** it (*od.* the clock) has just struck 12; **in zehn Sekunden ist es 15 ~** in ten seconds it will be three p.m. (*od.* fifteen hours); **es ist Punkt zwei ~** it is exactly two o'clock, *colloq.* it is two o'clock on the dot; **es ist 14.30 ~** it is two thirty (p.m.); **wieviel ~ ist es?** what time is it?, what is the time?; **wissen Sie, wieviel ~ es ist?** could you tell me the time (*od.* what time it is), please?; **um wieviel ~?** (at) what time?, when? **~armˌband** *n* watch strap, *aus Gold, Silber etc*: watch bracelet.

ˈ**Uh·ren|geˌschäft** *n* watchmaker's (shop, *bes. Am.* store). **~in·duˌstrie** *f* watch-and-clock-making industry. **~verˌgleich** *m* time check: **e-n ~ machen** *a.* synchronize (the watches).

ˈ**Uhr|ˌfe·der** *f* watch spring. **~geˌhäu·se** *n* clock case. **~geˌtrie·be** *n* pinion of a watch. **~glas** *n* watch glass, (watch) crystal. **~ket·te** *f* watch chain.

ˈ**Uhrˌma·cher** *m* ⟨**-s;** **-**⟩ watchmaker, clockmaker. ˌ**Uhr·ma·cheˈrei** *f* ⟨**-;** **-en**⟩ **1.** ⟨*only sg*⟩ watchmaking. **2.** (*Werkstatt*) watchmaker's workshop.

ˈ**Uhr|ˌpen·del** *n* pendulum (of a clock). **~schlüs·sel** *m* clock key. **~ta·sche** *f* watch pocket. **~werk** *n* clockwork. **~ˌzei·ger** *m* hand (of a watch *od.* clock); **den ~ zurückdrehen** *a. fig.* turn the clock back. **~zei·gerˌrich·tung** *f* → **~zei·gerˌsinn** *m* **im ~** clockwise; **entgegen dem ~** anticlockwise, counterclockwise. **~zeit** *f* time: **die ~ vergleichen** compare (*od.* check) the time, synchronize (the watches); **j-n nach der ~ fragen** ask s.o. the time.

Uhu [ˈuːhu] *m* ⟨**-s;** **-s**⟩ *orn.* eagle owl.

Ukas [ˈuːkas; uˈkas] *m* ⟨**-ses;** **-se**⟩ (*Verordnung, Befehl*) ukase (*a. hist.*).

uk-geˌstellt [uːˈkaː-] *adj mil.* deferred.

Ukrai·ner [ukraˈiːnər; uˈkraɪnər] *m* ⟨**-s;** **-**⟩ Ukrainian. **ukrai·nisch I** *adj*, **II** *ling.* **≈** ⟨*generally undeclined*⟩, **das ≈e** ⟨**-n**⟩ Ukrainian.

Uku·le·le [ukuˈleːlə] *f* ⟨**-;** **-n**⟩ *mus.* ukulele.

UKW [uːkaːˈveː] *short for* **Ultrakurzwelle.** **~-...** *in Zssgn* very-high-frequency (*od.* VHF, vhf) (*range, receiver, transmitter, etc*).

Ulan [uˈlaːn] *m* ⟨**-en;** **-en**⟩ *mil. hist.* uhlan.

Ulan·ka [uˈlaŋka] *f* ⟨**-;** **-s**⟩ *mil. hist.* (*Waffenrock der Ulanen*) uhlan's tunic.

Ulk [ulk] *m* ⟨**-(e)s;** **-e**⟩ *colloq.* (*Spaß, Unfug*) joke, lark, (*Fopperei*) hoax, (*Streich*) practical joke; **s-n ~ mit j-m treiben** play jokes on s.o.; **~ machen** joke (*od.* lark) (around); **aus ~** for a joke, for fun, for kicks. ˈ**ul·ken** *v/i* ⟨**h**⟩ joke (*od.* lark) (around). ˈ**ul·kig** *adj* funny, droll, comical; **er ist sehr ~** *a.* he is a scream.

Ul·kus [ˈulkus] *n* ⟨**-;** **Ulzera** [-tsera]⟩ *med.* (*Geschwür*) ulcus, ulcer.

Ul·me [ˈulmə] *f* ⟨**-;** **-n**⟩ *bot.* elm. ˈ**Ul·menˌholz** *n* elm (wood).

Ul·ster [ˈulstər] *m* ⟨**-s;** **-**⟩ ulster.

Ul·ti·ma ra·tio [ˈultima ˈraːtsio] *f* ⟨**-;** **-;** *no pl*⟩ *lit.* ultima ratio, last resort.

ul·ti·ma·tiv [ultimaˈtiːf] *adj u. adv* in the form of an ultimatum. **Ul·ti·ma·tum** [ultiˈmaːtum] *n* ⟨**-s;** **-maten** *u.* **-s**⟩ ultimatum (**an** *acc* to); **(j-m) ein ~ stellen** deliver an ultimatum (to s.o.).

Ul·ti·mo [ˈultimo] **I** *m* ⟨**-s;** **-s**⟩ *econ.* end of month, last day of the month; **per ~** for settlement at the end of the month. **II ≈** *adv* at the end of, on the last day of: **~ Mai** by the end (*od.* last day) of May. **~abˌrech·nung** *f* monthly settlement. **~efˌfek·ten** *pl Börse*: securities to be delivered at the end of a month. **~ˌfäl·lig·keit** *f* end-of-month maturity. **~geld** *n* last-day money. **~geˌschäft** *n Börse*: last-day business. **~paˌpie·re** *pl* → **Ultimoeffekten.** **~wech·sel** *m* bill maturing at the end of a month.

Ul·tra [ˈultra] *m* ⟨**-s;** **-s**⟩ *pol.* ultra(ist).

Ul·tra..., ul·tra... *in Zssgn* ultra...

Ul·traˈdyn·empˌfän·ger [ultraˈdyːn-] *m Radio*: ultradyne receiver.

ˈ**ul·tra|ˌhart** *adj Strahlen*: very energetic, high-energy (*rays*). **~hoch** *adj Frequenz etc*: ultrahigh. **~kon·ser·va·tiv** *adj pol.* ultraconservative.

Ul·traˈkurzˌwel·le *f Radio*: very high frequency, VHF, *a. med.* ultrashort wave. **Ul·traˈkurzˌwel·len...** *in Zssgn* → **UKW-...**

ˈ**Ul·traˌlin·ke** *f* ⟨**-n;** *no pl*⟩ *pol.* extreme left.

Ul·tra·ma·rin [ultramaˈriːn] **I** *n* ⟨**-s;** *no pl*⟩. **II ≈** *adj* ultramarine (blue).

ˈ**Ul·tra|mi·kroˌskop** *n* ultramicroscope. **≈moˌdern** *adj* ultramodern.

ul·tra·mon·tan [ultramɔnˈtaːn] *adj* (*streng päpstlich*) ultramontane.

ˈ**ul·traˌrot** *adj phys.* ultrared, infrared. **~durchˌläs·sig** *adj* transparent to infrared. **≈strah·lung** *f* infrared radiation.

ˈ**Ul·traˌschall** *m* ⟨**-(e)s;** *no pl*⟩ *med. phys.* **1.** ultrasound: **mit ~ behandeln** (treat with) ultrasound. **2.** supersonics *pl* (*meist als sg konstruiert*), ultrasonics *pl* (*als sg konstruiert*). **~beˌhand·lung** *f med.* treatment with ultrasound. **~boh·ren** *n tech.* ultrasonic drilling. **~boh·rer** *m Zahnmedizin*: ultrasonic dental drill. **~bohr·maˌschi·ne** *f* ultrasonic drilling machine. **~diaˌgno·stik** *f med.* ultrasonic diagnosis. **~echoˌlot** *n aer. mar.* supersonic (*od.* ultrasonic) altimeter. **~echoˌlo·tung** *f* ultrasonic height-finding (*od.* sounding). **~freˌquenz** *f* supersonic (*od.* ultrasonic) frequency. **~geˌrät** *n med.* supersonic (*od.* ultrasonic) apparatus, ultrasonoscope. **~prü·fung** *f metall. tech.* ultrasonic test(ing). **~schwei·ßen** *n metall.* ultrasonic welding. **~schwin·gun·gen** *pl phys.* supersonic (*od.* ultrasonic) vibrations. **~tech·nik** *f* ultrasonics *pl* (*als sg konstruiert*), *a.* supersonics *pl* (*meist als sg konstruiert*). **~the·raˌpie** *f med.* ultrasonography. **~wel·le** *f phys.* supersonic (*od.* ultrasonic) wave. **~wel·len·freˌquenz** *f* supersonic (*od.* ultrasonic) sound wave frequency.

ˈ**Ul·traˌstrah·len** *pl* cosmic rays.

ˈ**ul·tra·vioˌlett I** *adj* ultraviolet; *med.* **mit ~en Strahlen behandeln** uviolize. **II ≈** *n* ⟨**-s;** *no pl*⟩ ultraviolet. **~durchˌläs·sig** *adj* transparent to ultraviolet.

Ul·ze·ra·ti·on [ultseraˈtsioːn] *f* ⟨**-;** **-en**⟩ *med.* ulceration. **ul·zeˈrös** [-ˈrøːs] *adj* ulcerous.

um [um] **I** *prep* ⟨*acc*⟩ **1.** *räumlich*:

(a)round; ~ **den Tisch (herum) sitzen** sit (a)round the table; **er ist immer ~ sie herum** he is always hanging (a)round her; ~ **ein Haus herumgehen** go (a)round a house; **gleich ~ die Ecke** just (a)round the corner; ~ **die Ecke biegen** turn ([a]round) the corner; **(sich** *dat***) ein Tuch ~ den Hals binden** tie a scarf (a)round one's neck; ~ **sich schauen** look around (*od.* about) one; **mit dem Geld nur so ~ sich werfen** throw one's money around; **die Seuche griff ~ sich** the epidemic spread; **es ist ~ ihn recht ruhig geworden** there's not so much talk about him now; **die Frauen ~ Goethe** the women around Goethe; **ihr wurde leicht ~s Herz** she felt relieved (*lit.* light of heart). **2.** *zeitlich*: at (*ten o'clock, etc*); ~ ... **(herum)** (*ungefähr*) (round) about, (some time) around, about ... or so; **kannst du ~ zehn herum kommen?** can you come round about ten?, can you come about ten or so?, *colloq.* can you come tenish?; ~ **Ostern (herum)** some time around Easter. **3.** (*für, nach*) for; **bitten (flehen** *etc***) ~** ask (beg, *etc*) for; ~ **Hilfe rufen** shout for help; **an j-n ~ Geld schreiben** write to s.o. for money. **4.** (*in bezug auf*) about; ~ **e-e Sache wissen** know about s.th.; **schade ~ ihn!** it's a pity (*od.* it's too bad) about him!; **es steht schlecht ~ ihn** he's in a bad way; **das hat er nicht ~ sie verdient** he did not deserve that from her; → *a.* **drehen** 27, 28, **gehen** *Verbindungen mit Präpositionen.* **5.** (*wegen*) for, about; **weinen ~** weep for; **sich (***dat***) Sorgen (***od.* **Gedanken) machen ~, sich sorgen (***od.* **bekümmern) ~** worry about; **es tut mir leid ~ dich** I'm sorry for you; **j-n ~ et. beneiden** envy s.o. s.th. **6. Woche ~ Woche** one week after the other, week after week; **einer ~ den anderen** one after the other. **7.** (*für*) for; **et. ~ zehn Mark kaufen** buy s.th. for ten marks; ~ **Geld spielen** play for money; **was tut man nicht alles ~s liebe Geld!** what one doesn't do for money!; ~ **zehn Mark wetten** bet ten marks; **nicht ~ alles in der Welt** not for the life of me. **8.** *e-n Verlust bezeichnend*: ~ **e-e Sache kommen** be done out of s.th., *weitS.* lose s.th.; **j-n ~ e-e Sache bringen** rob (*od.* deprive) s.o. of s.th., *betrügerisch*: cheat (*od.* do) s.o. out of s.th. **9.** *e-n Unterschied bezeichnend*: by (*an inch, one pound, two hours, etc*); ~ **vieles,** ~ **ein bedeutendes (***od.* **beträchtliches)** by far; ~ **so mehr (weniger), als (***od.* **weil, da)** all the more so (all the less) because (*od.* since); **er hat sich ~ nichts gebessert** he hasn't improved in the slightest; **sie hat sich ~ zehn Mark verrechnet** she was ten marks out (in her calculation); **dieser Artikel ist dort ~ die Hälfte billiger** this article is only half the price there; ~ **so besser (schlimmer)!** so much (*od.* all) the better! (so much the worse!). **II um ... willen** *prep* ‹*gen*› **10.** for the sake of; ~ **meinetwillen** for my sake. **III** *conj* **11.** ~ **zu** *final*: (in order) to *do s.th.*; ~ **nicht zu** in order not to (*be late, etc*); **sie ist noch zu jung, ~ das zu verstehen** she is too young to understand that. **12.** ~ **zu** *konsekutiv*: to; **sie heirateten, ~ sich schon nach wenigen Monaten wieder scheiden zu lassen** they (got) married (only) to be divorced again after a few months. **IV** *adv* **13.** ~ **und ~** (*überall*) all around, (*völlig*) completely, totally, (*durcheinander*) inside out. **14.** *colloq.* (*etwa*) about, around; **so ~ (die) tausend Mark** s.th. around (*od.* in the vicinity of) a thousand marks; **so ~ die 20 Leute** about (*od.* some) 20 people.

'um,ackern (*getr.* **-k·k-**) *v/t* ‹*sep*, **-ge-**, **h**› *agr.* plough (*bes. Am.* plow) *s.th.* up.

'um·adres,sie·ren *v/t* ‹*sep*, *no* **-ge-**, **h**› readdress, redirect.

'um,än|dern *v/t* ‹*sep*, **-ge-**, **h**› change, (*a. Kleid*) alter, *teilweise*: modify; → *a.* **umarbeiten. ≈de·rung** *f* ‹-; **-en**› change, alteration, *teilweise*: modification.

'um,ar·bei|ten *v/t* ‹*sep*, **-ge-**, **h**› *allg.* remodel, refashion, reshape, (*ändern*) alter, change, make over, *leicht*: modify, *grundlegend*: recast, remo(u)ld, (*um-, verwandeln*) transform, convert, (*überarbeiten*) redo, revamp, work over, do over, (*bes. Geschriebenes*) revise, *für Film, Radio, TV etc*: (*bearbeiten*) (re)adapt; *allg.* **et. zu (***od.* **in) et. ~** turn (*od.* make) s.th. into s.th. **≈tung** *f* ‹-; **-en**› alteration, change, modification, recast, transformation, conversion, revision, (re)adaptation, *cf.* **umarbeiten.**

,um'ar·men *v/t* ‹*insep*, *no* **-ge-**, **h**› embrace (*a.* **sich ~**), clasp (*od.* take) *s.o.* in one's arms, hug. **,Um'ar·mung** *f* ‹-; **-en**› **1.** embrace, hug. **2.** *lit.* (*Liebesakt*) embrace.

'Um,bau *m* ‹-(e)s; **-ten** *u.* **-e**› **1.** reconstruction, rebuilding, *in geringerem Umfang*: alteration (*gen* to *a building, etc*). **2.** *fig.* recast, rearrangement, remodel(l)ing. **3. (in** *acc*, **zu** into) conversion, making over. **4.** (*umgebautes Gebäude*) altered section. **5.** *thea.* change of set (*od.* scenery). **6.** *um ein Bett etc*: (wooden) surround(s *pl*).

'um,bau·en¹ I *v/t* ‹*sep*, **-ge-**, **h**› **1.** (*Haus etc, a. tech.*) rebuild, reconstruct. **2.** *fig.* (*neu gestalten*) recast, remodel, rearrange. **3.** ~ **in** (*acc*) *od.* **zu** make (*od.* turn, convert) *s.th.* into, make *s.th.* over into. **4.** *thea.* **das Bühnenbild ~** change the set(ting) (*od.* scenery). **II ≈** *n* ‹-s› **5.** rebuilding (*etc*).

,um'bau·en² *v/t* ‹*insep*, *no* **-ge-**, **h**› **et. mit e-r Sache ~** build s.th. (a)round s.th.

,um'baut *adj* **~er Raum** enclosed area, interior space.

'um·be,hal·ten *v/t* ‹*irr*, *sep*, *no* **-ge-**, **h**› (*Schal, Kette etc*) keep *s.th.* on.

'um·be,nen·nen *v/t* ‹*irr*, *sep*, *no* **-ge-**, **h**› rename.

'um·be,set·zen *v/t* ‹*sep*, *no* **-ge-**, **h**› **1.** (*Posten etc*) appoint a different person to. **2.** *pol.* reshuffle. **3.** *thea.* (*Rolle*) recast.

'um,bet·ten *v/t* ‹*sep*, **-ge-**, **h**› **1.** (*Kranke etc*) put *s.o.* in(to) another bed. **2.** (*Leiche*) transfer to another grave. **3.** *civ.eng.* (*Fluß*) rechannel.

'um·be,zeich·nen *v/t* ‹*sep*, *no* **-ge-**, **h**› relabel, rename.

'um,bie·gen I *v/t* ‹*irr*, *sep*, **-ge-**, **h**› bend, (*Buchseite etc*) turn (*od.* fold) down, dog-ear; **nach oben (unten) ~** turn *s.th.* up (down). **II** *v/i* ‹**sein**› (*e-e Biegung machen, umkehren*) turn (back), double back.

'um,bil·den *v/t* ‹*sep*, **-ge-**, **h**› **1.** (*umwandeln*) transform, (*neu gestalten*) recast, remodel, reorganize. **2.** *pol.* (*Kabinett etc*) reshuffle. **'Um,bil·dung** *f* ‹-; **-en**› **1.** transformation, recast, reorganization. **2.** *pol. des Kabinetts etc*: reshuffle; **e-e ~ der Regierung vornehmen** reshuffle the government.

'um,bin·den¹ *v/t* ‹*irr*, *sep*, **-ge-**, **h**› (*Tuch, Schürze etc*) put *s.th.* on; **(sich** *dat***) e-n Schal ~** *a.* put (*od.* tie) a scarf (a)round one's neck.

,um'bin·den² *v/t* ‹*irr*, *insep*, *no* **-ge-**, **h**› **et. mit e-r Sache ~** tie s.th. (a)round s.th.

'um,bla·sen *v/t* ‹*irr*, *sep*, **-ge-**, **h**› blow *s.o., s. th.* down (*od.* over).

'um,blät·tern *v/t u. v/i* ‹*sep*, **-ge-**, **h**› turn (over) (the *od.* a page).

'um,blicken (*getr.* **-k·k-**) *v/reflex* ‹*sep*, **-ge-**, **h**› **sich ~** → **umsehen.**

Um·bra ['ʊmbra] *f* ‹-; *no pl*› *min.* umber. **~,er·de** *f* umber earth.

,um'bran·den *v/t* ‹*insep*, *no* **-ge-**, **h**› *poet.* surge (*od.* foam) (a)round.

,um'brau·sen *v/t* ‹*insep*, *no* **-ge-**, **h**› *poet.* roar round.

'um,bre·chen¹ I *v/t* ‹*irr*, *sep*, **-ge-**, **h**› **1.** (*Baum, Zaun etc*) break *s.th.* down. **2.** *agr.* (*Boden*) turn (over), break (up). **II** *v/i* ‹**sein**› **3.** *Zaun etc*: break.

,um'bre·chen² *v/t* ‹*irr*, *insep*, *no* **-ge-**, **h**› *print.* (*Satz*) make up (into pages), (*Zeile*) overrun.

'um,brin·gen I *v/t* ‹*irr*, *sep*, **-ge-**, **h**› kill, murder, *colloq.* do away with *s.o.*; *fig. colloq.* **er (es) ist nicht umzubringen** he (it) is (practically) indestructible. **II** *v/reflex* **sich ~** kill o.s., take one's own life, commit suicide, *colloq.* do away with o.s.; *fig. colloq.* **er brachte sich fast um vor Hilfsbereitschaft** he was tripping over himself (*od.* bending over backwards) to be helpful; *iro.* **bring dich bloß nicht um!** (mind you) don't kill yourself!, don't sprain anything!

'Um,bruch *m* ‹-(e)s; **⸚e**› **1.** *print.* make-up, making-up into pages, (*~korrektur*) page proof; **viel ~ verursachen** cause a great deal of overrunning. **2.** *fig.* (radical) change, revolution, *bes. pol. a.* upheaval.

'um,bu·chen *v/t* ‹*sep*, **-ge-**, **h**› **1.** (*Flug etc*) change one's reservation for; **e-n Flug ~ auf** (*acc*) change a flight (reservation) to. **2.** *econ.* transfer (to another account). **'Um,bu·chung** *f* **1.** change (in reservation). **2.** *econ.* (book) transfer.

'Um,bu·chungs·ge,bühr *f Touristik etc*: alteration fee.

'um,decken (*getr.* **-k·k-**) *v/t* ‹*sep*, **-ge-**, **h**› **1. (den Tisch) ~** change the table setting. **2.** (*Dach*) retile.

'um,den·ken I *v/i* ‹*irr*, *sep*, **-ge-**, **h**› change one's way of thinking. **II ≈** *n* ‹-s› change in (one's way of) thinking.

'um,deu·ten *v/t* ‹*sep*, **-ge-**, **h**› reinterpret, give a new interpretation to *s.th.* **'Um,deu·tung** *f* ‹-; **-en**› reinterpretation.

'um,dich·ten *v/t* ‹*sep*, **-ge-**, **h**› recast.

'um·di·ri,gie·ren *v/t* ‹*sep*, *no* **-ge-**, **h**› (*Verkehr etc, a. fig.*) redirect.

'um·dis·po,nie·ren I *v/i* ‹*sep*, *no* **-ge-**, **h**› make new arrangements, change one's plans, replan. **II** *v/t* replan, change one's plans for.

,um'drän·gen *v/t* ‹*insep*, *no* **-ge-**, **h**› throng (*od.* crowd, press, flock) (a)round.

'um,dre·hen I *v/t* ‹*sep*, **-ge-**, **h**› **1.** *in die entgegengesetzte Richtung*: turn *s.th.* (a)round (*od.* about, the other way round), *auf die andere Seite*: turn *s.th.* over, *von oben nach unten*: turn *s.th.* upside down, *von innen nach außen*: turn *s.th.* inside out, turn (*one's pockets, etc*) (inside) out. **2.** (*Rad, Schlüssel etc drehen*) turn (round). **3.** (*abdrehen*) wring (**e-m Huhn den Hals** *od.* **Kragen** a chicken's neck). **4.** (*verdrehen*) twist (**j-m den Arm** s.o.'s arm); *fig. colloq.* **j-m jedes Wort im Mund ~** twist s.o.'s every word. **5.** *colloq.* (*Agenten*) turn *s.o.* round, flip. **II** *v/reflex* **sich ~ 6.** turn ([a]round) (*a. Person*), *schnell*: spin (*od.* whirl) (a)round, turn over (*etc*), *cf.* 1; **sich auf dem Absatz ~** turn on one's heel; **sich nach j-m ~** turn round to look at (*im Vorübergehen*: after) s.o.; *fig. colloq.* **sich im Grabe ~** turn in one's grave; **mir**

dreht sich der Magen um my stomach turns (over) (*od.* heaves). **III** *v/i* ⟨sein⟩ **7.** *colloq.* (*umkehren*) turn back.

Um·dre·hung [ˌʊmˈdreːʊŋ; ˈʊmˌdreːʊŋ] *f* ⟨-; -en⟩ **1.** turn; e-e ~ nach links a turn to the left. **2.** *astr. phys. tech.* rotation, revolution; 5000 ~en in der Minute 5,000 revolutions per minute (*abbr.* r.p.m.).

ˌ**Umˈdre·hungs|ˌach·se** *f astr. phys. tech.* axis of rotation. ~**beˌwe·gung** *f* rotary motion. ~**geˌschwin·dig·keit** *f* speed of rotation, rotational speed. ~**ˌzahl** *f tech.* number of revolutions, speed. ~**zäh·ler** *m* revolution counter.

ˌ**umˈdü·stert** *adj* obscured, gloomy.

ˌ**umˌeinˈan·der** *adv* **1.** *örtlich*: *zwei Personen*: (a)round each other, *mehrere Personen*: (a)round one another. **2.** *modal, sich kümmern etc*: *zwei Personen*: about (*od.* for) each other, *mehrere Personen*: about (*od.* for) one another.

ˈ**um·erˌzie|hen** *v/t* ⟨*irr, sep, no* -ge-, h⟩ reeducate. 2**hung** *f* ⟨-; *no pl*⟩ reeducation.

ˌ**umˈfä·cheln** *v/t* ⟨*insep, no* -ge-, h⟩ fan.

ˈ**umˌfah·ren**[1] **I** *v/t* ⟨*irr, sep,* -ge-, h⟩ knock (*od.* run) *s.o., s.th.* down. **II** *v/i* ⟨sein⟩ *colloq.* make a detour.

ˌ**umˈfah·ren**[2] **I** *v/t* ⟨*irr, insep, no* -ge-, h⟩ **1.** drive (a)round (*a lake, an obstacle, etc*), *auf e-r Umgehungsstraße*: bypass (*the city, etc*). **2.** *mar.* (*Insel etc*) (sail) round, (*Kap etc*) double, (*Welt*) circumnavigate. **II** 2 *n* ⟨-s⟩ **3.** driving (a)round (*etc*).

ˈ**UmˌfahrtD** *f* ⟨-; -en⟩ **1.** (*Umweg*) detour. **2.** (*Rundfahrt*) round trip.

ˌ**Umˈfah·rung** *f* ⟨-; -en⟩ **1.** → umfahren[2] 3. **2.** *mar. der Welt*: circumnavigation.

ˌ**Umˈfah·rungsˌstra·ße** *f Austrian* bypass.

ˈ**Umˌfall** *m* ⟨-(e)s; *no pl*⟩ *fig. colloq.* change of mind (*od.* opinion), *pol.* caving in.

ˈ**umˌfal·len I** *v/i* ⟨*irr, sep,* -ge-, sein⟩ **1.** fall down (*od.* over), drop (to the ground), topple over, tumble down, (*umkippen*) tip over, turn over, overturn, (be) upset; tot ~ drop (down) dead; *colloq.* ich wäre vor Schreck fast umgefallen I nearly fainted with fright. **2.** *fig. colloq. bes. Politiker*: go back on (*od.* break) one's word, (*nachgeben*) cave in. **II** 2 *n* ⟨-s⟩ **3.** dropping (*etc*); zum 2 müde ready to drop; bis zum 2 kämpfen fight to the last (ounce of one's strength).

ˈ**Umˌfang** *m* ⟨-(e)s; *no pl*⟩ **1.** *e-s Kreises, e-r Kugel etc*: circumference, periphery, *e-s Rades, e-r Stadt etc*: *a.* perimeter, *e-s Baumes etc*: girth, circumference, *Schneiderei*: width; ein ~ von acht Metern a girth of eight metres; drei Meter im ~ three metres round; *humor.* Herr X hat e-n ganz schönen ~ Mr. X has quite a girth. **2.** *e-s Buches etc*: size; welchen ~ soll der Aufsatz haben? what size (*od.* how long) should the essay be?; den ~ e-s Buches berechnen *a.* cast off a book. **3.** (*räumliche Ausdehnung*) dimension, size; e-n ~ von tausend Quadratmetern haben *a.* be a thousand square metres in dimension (*od.* size). **4.** *fig.* (*Ausmaß*) extent, dimension(s *pl*); die Auswirkungen in ihrem vollen ~ the full extent of the consequences; in vollem ~(e) *a.* fully, in its (*od.* their) entirety. **5.** *fig.* (*Maßstab*) scale; in großem (kleinem) ~ on a large (small) scale; Entlassungen *etc* in großem ~ *a.* large-scale (*od.* wholesale) discharges, *etc.* **6.** *fig. des Verkehrs, Verkaufs etc*: volume. **7.** *fig.* (*Bereich*) *e-s Begriffs*: range, extension, breadth, *Radio*: range. **8.** *mus. e-r Stimme, e-s Instruments*: range, compass. **9.** *econ. e-r Versicherung*: coverage.

ˌ**umˈfan·gen** *v/t* ⟨*irr, insep, no* -ge-, h⟩ clasp, (*umarmen*) embrace, *fig. lit.* surround, envelop, wrap in.

ˈ**umˌfäng·lich** [-ˌfɛŋlɪç] *adj* extensive.

ˈ**umˌfangˌreich** *adj* **1.** (*dick, a. colloq. Person*) voluminous. **2.** *fig. Gebiet etc*: extensive, expansive, wide, spacious, *Arbeiten etc*: extensive.

ˈ**Umˌfangs·beˌrech·nung** *f* ⟨-; -en⟩ *e-s Buches*: castoff.

ˈ**umˌfär·ben** *v/t* ⟨*sep,* -ge-, h⟩ dye *s.th.* a different colo(u)r.

ˌ**umˈfas·sen I** *v/t* ⟨*insep, no* -ge-, h⟩ **1.** clasp, grasp, (*umarmen*) embrace. **2.** *fig.* (*enthalten*) comprise, include, contain, cover. **3.** *fig. zeitlich*: cover (*a period of three days, etc*). **4.** *fig.* (*einfassen*) surround, enclose (mit e-m Zaun *etc* with a fence, *etc*). **5.** *mil.* encircle, envelop.

ˌ**umˈfas·send** *adj* **1.** *Kenntnisse, Vollmachten etc*: extensive, wide, large, comprehensive. **2.** (*vollständig*) *Geständnis etc*: complete, full. **3.** (*durchgreifend*) sweeping, extensive, all-out, wholesale.

ˌ**Umˈfas·sung** *f* ⟨-; *no pl*⟩ **1.** clasp(ing), grasp(ing), embrace. **2.** (*Einfassung*) enclosure. **3.** *mil.* envelopment, encirclement.

ˌ**Umˈfas·sungs·beˌwe·gung** *f mil.* encircling (*od.* enveloping, pincers) movement.

ˈ**Umˌfeld** *n fig.* environment, surrounding field; das politische ~ the political surroundings *pl* (*od.* supporters *pl*).

ˌ**umˈflat·tern** *v/t* ⟨*insep, no* -ge-, h⟩ flutter (a)round.

ˌ**umˈflech·ten** *v/t* ⟨*irr, insep, no* -ge-, h⟩ (*Draht etc*) braid, (*Flasche*) wicker; *allg.* et. mit e-r Sache ~ weave s.th. round s.th.

ˌ**umˈflie·gen**[1] *v/t* ⟨*irr, insep, no* -ge-, h⟩ fly (a)round.

ˈ**umˌflie·gen**[2] *v/i* ⟨*irr, sep,* -ge-, sein⟩ *colloq.* (*umfallen*) fall (*od.* tip) over.

ˌ**umˈflie·ßen** *v/t* ⟨*irr, insep, no* -ge-, h⟩ flow (a)round (*a. fig. Kleid etc*).

ˌ**umˈfloch·ten** *adj* wicker-covered, wickered, *Draht*: braided.

ˌ**umˈflort** [-ˈfloːrt] *adj lit.* ~er Blick eyes *pl* dim with tears (*od.* sadness).

ˌ**umˈflos·sen** *adj lit.* von Licht ~ bathed in (*stärker*: flooded with) light.

ˌ**umˈflu·ten** *v/t* ⟨*insep, no* -ge-, h⟩ → umfließen.

ˈ**umˌfor·men** *v/t* ⟨*sep,* -ge-, h⟩ **1.** *allg.* remodel, refashion, recast, reshape, → *a.* umarbeiten, *bes. fig.* (*e-n Menschen*) transform, remo(u)ld. **2.** *electr. ling. math. etc* (in *acc* into) transform, convert.

ˈ**Umˌfor·mer** *m* ⟨-s; -⟩ *electr.* converter. ~**sta·tiˌon** *f* (power) converter station.

ˈ**Umˌfor·mung** *f* ⟨-; *no pl*⟩ **1.** remodel(l)ing, recast, → *a.* Umarbeitung, *bes. fig. e-s Menschen*: transformation. **2.** *electr. ling. math. etc* conversion, transformation.

ˈ**Umˌfra·ge** *f* **1.** inquiry (all around); (e-e) ~ halten make inquiries (bei with). **2.** (*Meinungs*2) opinion poll; e-e ~ unter der Bevölkerung hat ergeben, daß a public opinion poll showed (*od.* revealed) that.

ˈ**umˌfra·gen** *v/i* ⟨*sep,* -ge-, h⟩ ask around.

ˌ**umˈfrie|den** [-ˈfriːdən] *v/t* ⟨*insep, no* -ge-, h⟩ enclose, fence *s.th.* in. 2**dung** *f* ⟨-; -en⟩ enclosure, fence.

ˈ**umˌfül·len** *v/t* ⟨*sep,* -ge-, h⟩ et. (in e-n Behälter) ~ fill (*od.* put, pour) s.th. into another container, (*Flüssigkeit*) *a.* pour s.th. over; in e-e Karaffe ~ decant (*wine*).

ˈ**um·funk·tioˌnie|ren** *v/t* ⟨*sep, no* -ge-, h⟩ (zu into) remodel, convert; et. ~ in (*acc*) turn s.th. into. 2**rung** *f* ⟨-; *no pl*⟩ remodel(l)ing, conversion.

ˈ**Umˌgang**[1] *m* ⟨-s; *no pl*⟩ **1.** (*gesellschaftlicher Verkehr*) dealings *pl*, association, (social) intercourse, relations *pl*; mit j-m ~ haben (*od.* pflegen) associate (*od.* mix, mingle) with s.o., keep company with s.o.; gesellschaftlicher ~ social intercourse; er hat wenig ~ he does not mix much, he hardly has a social life. **2.** (*Bekannte*) company, acquaintances *pl*, (circle of) friends *pl*; sein ~ the company he keeps, his acquaintances *pl*; schlechten ~ haben keep bad company; das ist kein ~ für dich that's no (fit) company for you. **3.** ~ mit (*Behandlung von, Beschäftigung mit*) handling of, dealing with; beim (im) ~ mit when (in) handling (*od.* dealing with); durch den (*od.* im) ~ mit Büchern (Musik) by reading books (by listening to music); geschickt sein im ~ mit have a (great) way with.

ˈ**Umˌgang**[2] *m* ⟨-(e)s; ⸚e⟩ **1.** (*Prozession*) procession. **2.** *arch.* (circular) passage, gallery. **3.** (*Umdrehung*) turn, revolution. **4.** *electr. e-r Wicklung*: convolution.

ˈ**umˌgäng·lich** [-ˌgɛŋlɪç] *adj* (*gesellig*) sociable, companionable, (*verträglich*) affable, easy to get along (*od.* on) with. 2**keit** *f* ⟨-; *no pl*⟩ sociability, affability.

ˈ**Umˌgangs|ˌfor·men** *pl* (social) manners, deportment *sg*; gute (schlechte, keine) ~ haben have good (bad, no) manners. ~**spra·che** *f* colloquial (*od.* informal) speech (*od.* language); die deutsche ~ colloquial German; e-e Wendung der ~ a colloquialism. 2**ˌsprach·lich** *adj* colloquial, informal; ~e Wendung colloquialism.

ˌ**umˈgar·nen** [-ˈgarnən] *v/t* ⟨*insep, no* -ge-, h⟩ ensnare, benet.

ˌ**umˈgau·keln** *v/t* ⟨*insep, no* -ge-, h⟩ flutter (*od.* flit) (a)round.

ˌ**umˈge·ben**[1] *v/t* ⟨*irr, insep, no* -ge-, h⟩ **1.** ~ mit surround *s.th.* with (*a fence, etc, a. fig. with mystery, etc*), run (*a fence, etc*) (a)round *s.th.*, *a. fig. mit e-m Glorienschein etc*: put (*a halo, etc*) (a)round (*od.* about); mit e-m Zaun (e-r Mauer *etc*) ~ *a.* fence (wall, *etc*) *s.th.* in; *fig.* mit liebender Fürsorge ~ look after *s.o.* with loving care; sich ~ mit *Künstlern, Büchern etc*: surround o.s. with. **2.** (*herumsein um*) *allg. Personen u. Sachen*: surround (*a.* = *umschließen u. umhüllen*), environ.

ˌ**umˈge·ben**[2] *adj* ~ von surrounded (*od.* environed) by (*od.* with).

ˌ**umˈge·bend** *adj Luft etc*: ambient.

ˌ**Umˈge·bung** *f* ⟨-; -en⟩ **1.** *e-s Ortes etc*: surroundings *pl*, environs *pl*; Salzburg und ~ Salzburg and its environs; die nähere ~ the outskirts *pl*, the vicinity, the precincts *pl*, the purlieus *pl*. **2.** (*Nachbarschaft, Umkreis*) vicinity, neighbo(u)rhood. **3.** *fig.* (*Umwelt*) surroundings *pl*, *a. biol.* environment; in vertrauter (fremder) ~ in (un)familiar surroundings; sich in s-r ~ wohl fühlen feel at ease in one's environment. **4.** *fig.* (*Personenkreis um e-n Menschen*) people *pl* in one's milieu (*od.* circle), people *pl* around one, *e-r hochgestellten Persönlichkeit*: *a.* entourage, surroundings *pl*; in s-r ~ tuschelt man darüber, daß people in his circle are whispering that; nur s-e nähere ~ only the people closest to him.

ˈ**Umˌge·gend** *f* ⟨-; -en⟩ environs *pl*, surroundings *pl*; die nähere ~ the vicinity.

ˈ**umˌge·hen**[1] **I** *v/i* ⟨*irr, sep,* -ge-, sein⟩ **1.** *Gerücht, Krankheit etc*: go (a)round, (*kursieren*) circulate. **2.** (*spuken*) haunt; **im Schloß geht ein Gespenst um** a ghost haunts the castle, the castle is haunted. **3. ~ mit** (*j-n od. et. behandeln*) handle, treat, deal with, (*et. handhaben*) handle, use, (*Maschine etc*) *a.* operate; **(gut) ~ können mit** *a.* have a (great) way with (*people, horses, etc*); **mit e-m Werkzeug ~ können** *a.* be handy with a tool; **behutsam ~ mit** *a.* be careful with, handle *s.o., s.th.* with care. **4. ~ mit** (*mit j-m verkehren*) associate (*od.* mix, consort, keep company) with. **5. mit dem Gedanken** (*od.* **Plan**) **~, et. zu tun** toy with the idea of doing s.th., contemplate (*od.* think of, think about) doing s.th. **6.** *colloq.* (*e-n Umweg machen*) go a roundabout way. **7.** *colloq. Rad etc*: turn, go round. **II** *v/impers* **8. es geht dort um** that place is haunted.

ˌumˈge·hen[2] **I** *v/t* ⟨*irr, insep, no* **-ge-, h**⟩ **1.** (*Hindernis, Verkehr etc*) bypass, circumvent, circuit. **2.** *fig.* (*Schwierigkeiten, Gesetz etc*) get (a)round, bypass, dodge, evade, elude, circumvent. **3.** (*herumgehen um*) go (*od.* walk) (a)round, *mil.* (*Feind*) outflank. **II ~** *n* ⟨**-s**⟩ **4.** bypassing (*etc*).

ˈumˌge·hend I *adj* (*sofortig*) immediate. **II** *adv* immediately; **(j-m) ~ antworten** *a.* reply by return (of post).

ˌUmˈge·hung *f* ⟨-; *no pl*⟩ *allg. u. fig.* avoidance, circumvention, *fig. a.* evasion, elusion, *mil.* outflanking, → *a.* **umgehen**[2] 4. **ˌUmˈge·hungsˌstra·ße** *f* bypass (motorway).

ˈum·geˌkehrt I *adj* reverse, inverted, (*entgegengesetzt*) opposite, inverse, converse; **im ~en Falle** in the reverse case; **in ~er Reihenfolge** in (the) reverse (*od.* in inverted) order, reversed in order; **im ~en Verhältnis stehen zu** be in inverse proportion to; **(es ist) gerade ~!** (it is) exactly (*od.* just) the other way round; **in ~er Richtung** in the opposite (*od.* converse) direction; **das ~e** the reverse, the opposite. **II** *adv* the other way round, inversely, *fig. a.* conversely, (*genauso, mit demselben Recht*) by the same token; **die Sache verhielt sich gerade ~** it was exactly the opposite (*od.* the other way round); **vom Englischen ins Deutsche und ~** from English into German, and vice versa. **III** *conj colloq.* (*dagegen*) on the other hand.

ˈum·geˌstal|ten *v/t* ⟨*sep, pp* **umgestaltet, h**⟩ **1.** (*verändern*) alter, change; **diese Entdeckung hat das Weltbild umgestaltet** this discovery has completely altered our picture of the world. **2.** (*Park, Raum etc*) redesign (*a. tech.*), rearrange, → *a.* **umarbeiten, umbauen**[1]. **~tung** *f* ⟨-; **-en**⟩ redesign, rearrangement, → *a.* **Umarbeitung.**

ˈum·geˌwan·delt *adj* **er ist wie ~** he is a changed man.

ˈum·geˌwöh·nen *v/reflex* ⟨*sep, pp* **umgewöhnt, h**⟩ **sich ~** a) get into the way of it (*od.* things), b) get used to one's new surroundings, c) change one's habits (*od.* views).

ˈumˌgie·ßen *v/t* ⟨*irr, sep,* **-ge-, h**⟩ **1.** → **umfüllen. 2.** *metall.* recast.

ˌumˈgit·tern [-ˈgɪtərn] *v/t* ⟨*insep, no* **-ge-, h**⟩ surround *s.th.* with a grating.

ˌumˈglänzt *adj lit.* **von Licht ~** resplendent.

ˈumˌglie·dern *v/t* ⟨*sep,* **-ge-, h**⟩ reorganize. **ˈUmˌglie·de·rung** *f* ⟨-; *no pl*⟩ reorganization.

ˈumˌgra·ben *v/t* ⟨*irr, sep,* **-ge-, h**⟩ dig (up), turn (up) (the soil of).

ˌumˈgren·zen *v/t* ⟨*insep, no* **-ge-, h**⟩ **1.** (*umschließen*) border, bound, encircle, enclose. **2.** *fig.* (*Begriff, Aufgabe etc*) define, circumscribe. **ˌumˈgrenzt** *adj* **1. ~ von** bounded by. **2.** *fig.* **(genau) ~** *Begriff, Aufgabe etc*: clearly defined. **ˌUmˈgren·zung** *f* ⟨-; **-en**⟩ **1.** ⟨*only sg*⟩ bordering, bounding. **2.** ⟨*only sg*⟩ *fig. von Begriffen, Aufgaben etc*: definition. **3.** (*Einfriedigung*) enclosure.

ˈumˌgrün|den *v/t* ⟨*sep,* **-ge-, h**⟩ *econ.* convert (*a firm*) from one legal form to another. **~dung** *f* conversion.

ˈum·grupˌpie|ren *v/t* ⟨*sep, no* **-ge-, h**⟩ regroup. **~rung** *f* ⟨-; *no pl*⟩ regroupment.

ˈumˌgucken (*getr.* **-k·k-**) *v/reflex* ⟨*sep,* **-ge-, h**⟩ **sich ~** *colloq. for* **umsehen** I.

ˈumˌgür·ten[1] *v/t* ⟨*sep,* **-ge-, h**⟩ *lit.* **sich** (*dat*) **das Schwert ~** gird on one's sword.

ˌumˈgür·ten[2] *v/reflex* ⟨*insep, no* **-ge-, h**⟩ *lit.* **sich ~ mit** gird o.s. with.

ˈumˌha·ben *v/t* ⟨*irr, sep,* **-ge-, h**⟩ *colloq.* (*Tuch, Schürze etc*) have *s.th.* on.

ˈumˌhacken (*getr.* **-k·k-**) *v/t* ⟨*sep,* **-ge-, h**⟩ **1.** (*fällen*) cut (*od.* hew) *s.th.* down, fell. **2.** *hort.* hoe (up), break *s.th.* up.

ˌumˈhal·sen *v/t* ⟨*insep, no* **-ge-, h**⟩ hug, put one's arms (a)round *s.o.'s* neck.

ˈUmˌhang *m* ⟨**-(e)s; ¨e**⟩ cape, cloak, wrap.

ˈumˌhän·gen[1] *v/t* ⟨*sep,* **-ge-, h**⟩ **1. sich** (*dat*) **(j-m) et. ~** put (*a coat, a blanket, etc*) (a)round one's (s.o.'s) shoulders, put (*a necklace, etc*) (a)round one's (s.o.'s) neck, put (*od.* sling) (*a bag, rifle, camera, etc*) over one's (s.o.'s) shoulders. **2.** (*Bild*) rehang.

ˌumˈhän·gen[2] *v/t* ⟨*insep, no* **-ge-, h**⟩ **et. mit e-r Sache ~** hang s.th. round s.th.

ˈUmˌhän·ge|ˌta·sche *f* shoulder bag. **~ˌtuch** *n* ⟨**-(e)s; -tücher**⟩ shawl, wrap.

ˈumˌhau·en *v/t* ⟨*irr, sep,* **-ge-, h**⟩ **1.** (*fällen*) fell, cut (*od.* hew) *s.th.* down. **2.** *colloq.* (*umwerfen*) knock *s.th., s.o.* over (*od.* down), *fig. Alkohol etc*: knock *s.o.* out, *Nachricht etc*: bowl *s.o.* over, floor.

ˌumˈhe·gen *v/t* ⟨*insep, no* **-ge-, h**⟩ look after *s.o., s.th.* with loving care.

ˌumˈher *adv* about, (a)round. **~...** *in Zssgn wie* **~fahren, ~gehen, ~ziehen** → **herum... ~blicken** (*getr.* **-k·k-**) *v/i* ⟨*sep,* **-ge-, h**⟩ look (*od.* glance) around (*od.* about) (one); **im Zimmer ~** look about the room. **~ir·ren** *v/i* ⟨*sep,* **-ge-, sein**⟩ (*a.* **~ in** *dat*) wander (*od.* roam) about (*od.* around) (*the streets, etc*).

ˌumˈhinˌkön·nen *v/i* ⟨*irr, sep,* **-ge-, h**⟩ **ich kann nicht umhin, et. zu tun** I cannot help (*od.* avoid, get round, *colloq.* get out of) doing s.th., (*kann mich nicht zurückhalten*) *a.* I cannot refrain (*od.* stop myself) from doing s.th., (*habe k-e andere Wahl*) I have no choice but to do s.th.

ˈumˌhö·ren *v/reflex* ⟨*sep,* **-ge-, h**⟩ **sich ~** ask around (**nach** about).

ˌumˈhül·len *v/t* ⟨*insep, no* **-ge-, h**⟩ **1.** (**mit**) wrap *s.o., s.th.* up (in), cover (with), envelop (in); **mit e-m Schleier ~** veil. **2.** → **umkleiden**[2] 2. **ˌumˈhüllt** *adj fig.* **von e-m Geheimnis ~** veiled (*od.* shrouded) in secrecy. **ˌUmˈhül·lung** *f* ⟨-; **-en**⟩ (*Hülle*) wrapper, wrap(ping), cover(ing).

ˌumˈju·beln *v/t* ⟨*insep, no* **-ge-, h**⟩ cheer *s.o.* (enthusiastically).

ˌumˈkämpft *adj* embattled (*a. fig.*); **hart ~** hotly contested.

ˈUmˌkehr *f* ⟨-; *no pl*⟩ **1.** turning (*od.* going) back, return; **zur ~ zwingen** force *s.o.* (to turn) back; **sich zur ~ entschließen** decide to go (*od.* turn) back. **2.** *fig.* (*Besserung*) change of one's ways, (*Sinnes-, Richtungsänderung*) about-face, turnabout.

ˈumˌkehr·bar *adj a. med. phot. phys.* reversible. **~keit** *f* ⟨-; *no pl*⟩ reversibility.

ˈUmˌkehrˌdienst *m phot.* reversal film processing service.

ˈumˌkeh·ren I *v/i* ⟨*sep,* **-ge-, sein**⟩ **1.** turn back, go back, return, retrace one's steps; **auf halbem Wege ~** turn back halfway. **2.** *fig.* (*sich bessern*) change (*od.* mend) one's ways, turn over a new leaf. **II** *v/t* ⟨**h**⟩ **3.** turn *s.th.* (a)round (*od.* over), → **umdrehen** 1. **4.** *electr. phot. phys. tech.*, (*a. Reihenfolge, Verfahren etc, jur. Beweislast*) reverse, *ling. math. mus.* invert. **5.** → **umkrempeln** 3. **III** *v/reflex* ⟨**h**⟩ **sich ~ 6.** turn (a)round (*a. Person*), turn over, → **umdrehen** 6. **7.** *Verhältnisse, Reihenfolge etc*: turn about, be reversed.

ˈUmˌkehr|ˌfilm *m* reversal film. **~funk·tiˌon** *f math.* inverse function. **~geˌtrie·be** *n tech.* reversing gear mechanism. **~ˌmo·tor** *m electr.* reversible motor. **~ˌschal·ter** *m* pole changer, reversing switch. **~ˌspie·gel** *m* inverting mirror.

ˈUmˌkeh·rung *f* ⟨-; *no pl*⟩ *electr. phot. phys. tech. etc, a. der Reihenfolge etc, a. fig. der Verhältnisse etc*: reversal, *ling. math. mus.* inversion.

ˈUmˌkehr·verˌfah·ren *n* reversal process.

ˈumˌkip·pen I *v/i* ⟨*sep,* **-ge-, sein**⟩ **1.** fall (*od.* topple, tip, tilt) over. **2.** *Boot, Fahrzeug etc*: turn (*od.* tip) over, overturn, (be) upset, (*kentern*) capsize. **3.** *colloq.* (*ohnmächtig werden*) conk out, keel over. **4.** → **umfallen** 2. **5.** *fig. colloq. Stimmung*: change. **6.** *Stimme*: crack, break. **7.** *Wein etc*: turn sour. **8.** *See, Fluß etc*: lose its ecological balance. **II** *v/t* ⟨**h**⟩ **9.** tip over, upset.

ˌumˈklam·mern *v/t* ⟨*insep, no* **-ge-, h**⟩ **1.** clasp, clutch, clench, cling to; **mit beiden Armen ~** clasp both arms (a)round. **2.** *mil.* encircle. **ˌumˈklam·mert** *adj* **~ halten** → **umklammern** 1. **ˌUmˈklam·me·rung** *f* ⟨-; *no pl*⟩ **1.** clasp, clutch, clench. **2.** *mil.* pincer movement.

ˈumˌklapp·bar *adj* collapsible, folding.

ˈumˌklap·pen I *v/t* ⟨*sep,* **-ge-, h**⟩ (*herunterschlagen*) turn (*od.* fold) down, (*heraufschlagen*) turn (*od.* fold) back (*od.* up). **II** *v/i* ⟨**sein**⟩ *colloq.* (*ohnmächtig werden*) conk out.

ˈUmˌklei·de·kaˌbi·ne *f* changing cubicle, *Sport*: changing room.

ˈumˌklei·den[1] **I** *v/reflex* ⟨*sep,* **-ge-, h**⟩ **sich ~** change (one's clothes). **II** *v/t* **j-n ~** change s.o.'s clothes.

ˌumˈklei·den[2] *v/t* ⟨*insep, no* **-ge-, h**⟩ **1.** (**mit**) clothe (with, in), cover (up) (with) (*a. fig.*). **2.** *tech.* coat, sheathe, encase, jacket, (*Elektrode*) coat.

ˈUmˌklei·deˌraum *m* changing room, *Am. a.* changeroom, *mit Spinden*: locker room.

ˌUmˈklei·dung *f* ⟨-; **-en**⟩ **1.** cover. **2.** *tech.* coat, sheathe, encasement, jacket, *e-r Elektrode*: coat.

ˈumˌknicken (*getr.* **-k·k-**) **I** *v/t* ⟨*sep,* **-ge-, h**⟩ (*Zweig etc*) bend *s.th.* over (*od.* in two), (*Blatt Papier etc*) fold *s.th.* over (*od.* down). **II** *v/i* ⟨**sein**⟩ bend, break, snap; **(mit dem Fuß) ~** twist (*od.* go over on) one's ankle.

ˈumˌkom·men *v/i* ⟨*irr, sep,* **-ge-, sein**⟩ **1.** be killed, perish, die, lose one's life (**bei** in *an accident, etc*); *fig. colloq.* **(fast) ~ vor** (*dat*) be (nearly) dying with *s.th.*; **ich komme um vor Hunger** *a.* I am simply starving (to death); **zum ~** *Hitze etc*: killing. **2.** *Lebensmittel etc*: go bad, spoil.

ˌumˈkrän·zen *v/t* ⟨*insep, no* **-ge-, h**⟩ → **bekränzen.**

ˈUmˌkreis *m* ⟨**-es**; *no pl*⟩ **1. im ~ von** within a radius of, for ... (a)round. **2.** (*nähere Umgebung*) neighbo(u)rhood, vicinity. **3.** *math.* circumscribed circle, circumcircle.

ˌ**umˈkrei|sen** *v/t* ⟨*insep, no* **-ge-**, **h**⟩ circle (a)round, *astr.* revolve (a)round, *Satellit*: orbit. **&sung** *f* ⟨-; -en⟩ **1.** ⟨*only sg*⟩ circling (*etc*). **2.** *astr.* revolution, *e-s Satelliten*: orbit.

ˈ**umˌkrem·peln** *v/t* ⟨*sep*, **-ge-**, **h**⟩ **1.** (*Ärmel, Hosenbeine*) roll (*od.* turn) *s.th.* up. **2.** (*Taschen etc umwenden*) turn *s.th.* (inside) out. **3.** *fig. colloq.* (*auf den Kopf stellen*) turn *s.th.* upside down (*od.* inside out), ransack. **4.** *fig. colloq.* (*ändern*) change.

ˈ**Umˌla·deˌbahnˌhof** *m* reloading (*od.* transfer, transshipment) station.

ˈ**umˌla·den** *v/t* ⟨*irr, sep*, **-ge-**, **h**⟩ transfer, transship, rehandle.

ˈ**Umˌla·deˌplatz** *m* place of transshipment, transfer point, rehandling yard.

ˈ**UmˌIa·ge** *f econ.* **1.** rate, apportioned fee. **2.** (*Verteilung der Beträge*) apportionment.

ˈ**umˌla·gern**[1] *v/t* ⟨*sep*, **-ge-**, **h**⟩ **1.** (*Waren*) restore. **2.** (*Kredite*) redirect.

ˌ**umˈla·gern**[2] *v/t* ⟨*insep, no* **-ge-**, **h**⟩ *fig. u. mil.* besiege, beleaguer, *fig. a.* crowd (*od.* throng) (a)round.

ˈ**UmˌIauf** *m* **1.** *des Geldes etc u. fig.* circulation; **in ~ bringen** (*od.* **setzen**) put in circulation, circulate, issue, (*Gerücht*) circulate, spread, start; **im ~ sein** circulate, *Gerücht*: *a.* be abroad, be afloat; **außer ~ setzen** withdraw from circulation, call in; **im ~** (**befindlich**) in circulation. **2.** (*Rundschreiben*) circular (letter). **3.** *phys.* (*Umdrehung*) rotation, revolution, (*Zyklus*) cycle. **4.** *astr.* revolution, *e-s Satelliten*: orbit. **~bahn** *f astr. Raumfahrt*: orbit; **~ um den Mond** lunar orbit; **auf s-e ~ bringen** insert (*od.* get, put) (*a spacecraft, etc*) into orbit, orbit *s.th.*; **in s-e ~ gelangen** (get into) orbit. **~beˌwe·gung** *f* ⟨-; *no pl*⟩ **1.** *tech.* rotary movement, rotation. **2.** *astr.* orbital motion, revolution. **~durchˌmes·ser** *m tech.* swing(-over bed).

ˈ**umˌlau·fen**[1] *v/i* ⟨*irr, sep*, **-ge-**, **sein**⟩ *Geld Rundschreiben etc*: circulate, *fig. Gerüchte etc*: *a.* go (a)round.

ˌ**umˈlau·fen**[2] *v/t* ⟨*irr, insep, no* **-ge-**, **h**⟩ run (a)round, *astr.* orbit.

ˈ**umˌlau·fend** *adj allg. u. econ. Geld*: circulating, *bes. Effekten*: floating.

ˈ**UmˌIauf|geˌschwin·dig·keit** *f* **1.** *tech.* rotational speed. **2.** *Raumfahrt*: orbital velocity. **~geˌtrie·be** *n* (*Planetengetriebe*) planetary gearing. **~ka·piˌtal** *n* floating capital. **~ˌpum·pe** *f* rotary pump. **~ˌschmie·rung** *f* closed-circuit lubrication. **~zeit** *f astr.* period (of revolution), *e-s Satelliten*: orbital period.

ˈ**UmˌIaut** *m* ⟨-(**e**)**s**; -**e**⟩ *ling.* **1.** ⟨*only sg*⟩ (vowel) mutation. **2.** (*Laut*) umlaut, mutated vowel. ˈ**umˌlau·ten** *v/t* ⟨*sep*, **-ge-**, **h**⟩ umlaut, mutate.

ˈ**umˌleg·bar** *adj econ. Kosten, Steuern etc*: (re)apportionable.

ˈ**UmˌIe·geˌkra·gen** *m* turndown collar.

ˈ**umˌle·gen**[1] *v/t* ⟨*sep*, **-ge-**, **h**⟩ **1.** *allg., a. Wind, Hagel*: (*Getreide*) lay flat, (*kippen*) tilt, (*fällen*) fell, cut down (*a tree*), (*Zaun etc einreißen*) tear down. **2.** (*Hebel*) shift. **3.** a) *colloq.* (*j-n niederstrecken*) knock (*od.* cut) *s.o.* down, floor, b) *colloq.* (*j-n abknallen*) *sl.* bump *s.o.* off, c) *vulg.* (*Mädchen*) *sl.* lay. **4.** (*verlegen*) *allg.* take (*od.* move) to another place, transfer, shift, (*a. Truppen, Kranke etc*) move, (*Schienen, Leitung etc*) relay, (*Verkehr*) divert, *bes. Am.* detour, (*Telephongespräch*) transfer. **5.** (*Termin etc verschieben*) change, shift (**auf** *acc* to). **6.** (*umbiegen*) fold (*od.* bend) *s.th.* over, (*Kragen*) turn *s.th.* up (*od.* down). **7.** (*Kosten, Steuern etc gleichmäßig aufteilen*) apportion, distribute (**auf** *acc* among). **8.** (*Decke, Mantel, Kette etc*) put *s.th.* on, → *a.* **umhängen**[1] 1. **9.** (*Verband*) apply. **II** *v/reflex* **sich ~ 10.** *allg.* lie down, *Baum, Mast etc*: bend (*od.* tilt) over.

ˌ**umˈle·gen**[2] *v/t* ⟨*insep, no* **-ge-**, **h**⟩ **et. mit e-r Sache ~** lay s.th. (a)round s.th.

ˈ**UmˌIe·gung** *f* ⟨-; *no pl*⟩ **1.** *örtlich*: transfer, removal, shifting. **2.** *zeitlich*: shifting, change. **3.** *von Kosten*: apportionment.

ˈ**umˌlei|ten** *v/t* ⟨*sep*, **-ge-**, **h**⟩ **1.** (*Verkehr*) divert, (*a. Zug*) detour. **2.** (*Fluß etc*) divert. **&tung** *f* ⟨-; -en⟩ **1.** *des Verkehrs*: a) (temporary) diversion, b) (*Straße*) diversion, *Am.* detour; „(**Achtung**) **~!**" "Diversion", *Am.* "Detour". **2.** *e-s Flusses etc*: diversion.

ˈ**UmˌIei·tungs|ˌschild** *n* diversion (*Am.* detour) sign. **~stra·ße** *f* diversion, *Am.* detour.

ˈ**umˌlen·ken** *v/t* ⟨*sep*, **-ge-**, **h**⟩ turn *s.th.* round (*od.* back).

ˈ**umˌler·nen** *v/i* ⟨*sep*, **-ge-**, **h**⟩ **1.** *in der Denkweise*: change one's view(s), reorient(ate) o.s., *im Verhalten*: change one's ways. **2.** *im Beruf etc*: learn a new trade.

ˈ**umˌlie·gend** *adj* surrounding, neighbo(u)ring.

ˌ**umˈlo·dern** *v/t* ⟨*insep, no* **-ge-**, **h**⟩ blaze (*od.* flare) around.

ˌ**umˈman·teln** *v/t* ⟨*insep, no* **-ge-**, **h**⟩ → **umkleiden**[2] 2. ˌ**Umˈman·te·lung** *f* ⟨-; -**en**⟩ → **Umkleidung** 2.

ˈ**um·marˌkie·ren** *v/t* ⟨*sep, no* **-ge-**, **h**⟩ re-mark.

ˌ**umˈmau·ern** *v/t* ⟨*insep, no* **-ge-**, **h**⟩ wall *s.th.* in, surround *s.th.* with a wall.

ˈ**umˌmel·den** *v/t* ⟨*sep*, **-ge-**, **h**⟩ (*a.* **sich ~**) register (**bei** with).

ˈ**umˌmo·deln** *v/t* ⟨*sep*, **-ge-**, **h**⟩ *colloq.* **1.** → **umarbeiten**. **2.** (*bes. Person ändern*) change.

ˈ**um·monˌtie·ren** *v/t* ⟨*sep, no* **-ge-**, **h**⟩ *tech.* remount.

ˈ**umˌmün·zen** *v/t* ⟨*sep*, **-ge-**, **h**⟩ **1. ~ in** (*acc*) (*umsetzen*) turn *s.th.* into. **2. ~ in** (*acc*) (*od.* **zu**) (*auslegen als*) interpret (*od.* construe) *s.th.* as.

ˌ**umˈnach|tet** *adj* (**geistig**) **~** mentally deranged. **&tung** *f* ⟨-; *no pl*⟩ (**geistige**) **~** mental derangement.

ˈ**umˌnä·hen** *v/t* ⟨*sep*, **-ge-**, **h**⟩ turn in.

ˌ**umˈne·beln** *v/t* ⟨*insep, no* **-ge-**, **h**⟩ *fig.* (be)fog, daze, obfuscate, becloud, *bes. Alkohol etc*: befuddle. ˌ**umˈne·belt** *adj* befuddled, dazed.

ˈ**umˌneh·men** *v/t* ⟨*irr, sep*, **-ge-**, **h**⟩ put (*od.* wrap) *s.th.* (a)round one.

ˈ**um·nu·meˌrie·ren** *v/t* ⟨*sep, no* **-ge-**, **h**⟩ renumber.

ˈ**umˌord·nen** *v/t* ⟨*sep*, **-ge-**, **h**⟩ rearrange.

ˈ**um·or·ga·niˌsie·ren** *v/t* ⟨*sep, no* **-ge-**, **h**⟩ reorganize.

ˈ**um·ori·enˌtie|ren** *v/reflex* ⟨*sep, no* **-ge-**, **h**⟩ **sich ~** reorient(ate) o.s. **&rung** *f* ⟨-; *no pl*⟩ reorientation.

ˈ**umˌpacken** (*getr.* **-k·k-**) *v/t* ⟨*sep*, **-ge-**, **h**⟩ repack.

ˌ**umˈpan·zern** *v/t* ⟨*insep, no* **-ge-**, **h**⟩ *mil. hist. tech. u. fig.* armo(u)r.

ˈ**umˌpflan·zen**[1] *v/t* ⟨*sep*, **-ge-**, **h**⟩ transplant, replant.

ˌ**umˈpflan·zen**[2] *v/t* ⟨*insep, no* **-ge-**, **h**⟩ surround *s.th.* with plants; **et. mit e-r Sache ~** plant s.th. (a)round s.th.

ˈ**umˌpflü·gen** *v/t* ⟨*sep*, **-ge-**, **h**⟩ *a. fig.* plough (*bes. Am.* plow) *s.th.* up.

ˈ**umˌpo·len** *v/t* ⟨*sep*, **-ge-**, **h**⟩ **1.** *electr.* reverse. **2.** *fig.* change, turn round. ˈ**UmˌpO·lung** *f* ⟨-; *no pl*⟩ pole changing, reversal of polarity.

ˈ**umˌprä·gen** *v/t* ⟨*sep*, **-ge-**, **h**⟩ **1.** (*Münzen etc*) recoin. **2.** *fig.* (*Charakter etc*) remo(u)ld.

ˈ**umˌpres·sen** *v/t* ⟨*sep*, **-ge-**, **h**⟩ *tech.* re-press.

ˈ**um·pro·gramˌmie·ren** *v/t* ⟨*insep, no* **-ge-**, **h**⟩ reprogram(me) (*a. fig.*).

ˈ**umˌpur·zeln** *v/i* ⟨*sep*, **-ge-**, **sein**⟩ *colloq.* tumble (*od.* topple) over (*od.* down).

ˈ**umˌpu·sten** *v/t* ⟨*sep*, **-ge-**, **h**⟩ blow *s.th., s.o.* down.

ˈ**um·quarˌtie|ren** *v/t* ⟨*sep, no* **-ge-**, **h**⟩ move *s.o.* to other accommodations (*od.* another room, *etc*), *mil.* rebillet, requarter. **&rung** *f* ⟨-; *no pl*⟩ move to other accommodations *etc*, *mil.* rebilleting.

ˌ**umˈrah|men** *v/t* ⟨*insep, no* **-ge-**, **h**⟩ **1.** frame. **2.** *fig.* provide the setting for; **et. musikalisch ~** put s.th. in (*od.* give s.th.) a musical setting. **&mung** *f* ⟨-; *no pl*⟩ *fig.* frame(work), setting.

ˌ**umˈran·den** [-ˈrandən] *v/t* ⟨*insep, no* **-ge-**, **h**⟩ edge, border, rim.

ˌ**umˈrän|dern** *v/t* ⟨*insep, no* **-ge-**, **h**⟩ → **umranden**. **~dert** *adj* (**rot**) **~e Augen haben** have (red) circles (a)round one's eyes.

ˌ**umˈran·det** *adj* **rot** (**schwarz** *etc*) **~** red-rimmed (black-rimmed, *etc*). ˌ**UmˈRan·dung** *f* ⟨-; -**en**⟩ edge, edging, border, rim. ˌ**UmˈRan·dungsˌfeu·er** *n auf dem Flugplatz*: boundary light.

ˌ**umˈran·ken** *v/t* ⟨*insep, no* **-ge-**, **h**⟩ twine (*od.* curl) (a)round, entwine. ˌ**umˈrankt** *adj* **mit Efeu ~** wreathed with ivy, ivy-clad; *fig.* **von Sagen ~** wreathed in legends.

ˈ**umˌräu·men** *v/t* ⟨*sep*, **-ge-**, **h**⟩ **1.** (*Gegenstände*) rearrange, change *s.th.* (a)round, move, shift. **2.** (*Zimmer etc*) rearrange.

ˌ**umˈrau·schen** *v/t* ⟨*insep, no* **-ge-**, **h**⟩ surge (*od.* roar) (a)round.

ˈ**umˌrech|nen** *v/t* ⟨*sep*, **-ge-**, **h**⟩ convert (**in** *acc* into); **umgerechnet in** *a.* expressed in terms of (*dollars, etc*). **&nung** *f* ⟨-; *no pl*⟩ conversion, reduction.

ˈ**Umˌrech·nungs|ˌfak·tor** *m math.* conversion factor. **~kurs, ~satz** *m econ.* conversion rate. **~ta̩ˌbel·le** *f* conversion table.

ˌ**umˈrei·sen** *v/t* ⟨*insep, no* **-ge-**, **h**⟩ travel (*od.* tour) (a)round (*the world, etc*).

ˈ**umˌrei·ßen**[1] *v/t* ⟨*irr, sep*, **-ge-**, **h**⟩ **1.** (*Mauer, Zaun etc*) tear (*od.* pull) *s.th.* down. **2.** (*umwerfen*) knock *s.o.* down (*od.* over).

ˌ**umˈrei·ßen**[2] *v/t* ⟨*irr, insep, no* **-ge-**, **h**⟩ (*Plan, Methode etc*) outline, sketch.

ˈ**umˌrei·ten**[1] *v/t* ⟨*irr, sep*, **-ge-**, **h**⟩ ride *s.o.* down.

ˌ**umˈrei·ten**[2] *v/t* ⟨*irr, insep, no* **-ge-**, **h**⟩ ride (a)round.

ˈ**umˌren·nen** *v/t* ⟨*irr, sep*, **-ge-**, **h**⟩ run (*od.* knock) *s.o., s.th.* over (*od.* down).

ˈ**umˌrich·ten** *v/t* ⟨*sep*, **-ge-**, **h**⟩ *tech.* (*Werkzeugmaschinen etc*) reset.

ˌ**umˈrin·gen** *v/t* ⟨*insep, no* **-ge-**, **h**⟩ crowd (*od.* gather, throng) (a)round *s.o.*, *weitS., a. feindlich*: encircle.

ˈ**UmˌRiß** *m* ⟨-**sses**; -**sse**⟩ **1.** (*Silhouette*) outline, contour, *gegen den Himmel*: *a.* skyline. **2.** *fig.* outline; *e-e Weltgeschichte etc* **in Umrissen** an outline of; **in kräftigen** (**groben**) **Umrissen** in bold (rough) outline; **in Umrissen schildern** outline; **feste Umrisse annehmen** take shape.

ˌ**umˈris·sen** *adj* **scharf** (*od.* **klar**) **~** sharply (*od.* clearly) defined (*od.* outlined); **fest ~** clear-cut; **grob ~** rough(ly sketched).

ˈ**UmˌRiß|ˌkar·te** *f geogr.* outline (*od.* skeleton) map. **~li·nie** *f* → **Umriß**

1. ~ˌzeich·nung f contour drawing.
ˈumˌrüh·ren v/t ‹sep, -ge-, h› (Farbe, Speisen etc) stir (up).
ˈumˌrü·sten v/t ‹sep, -ge-, h› 1. mil. re-equip. 2. tech. (Maschine etc) reset.
ums [ʊms] short for um das.
ˈumˌsacken (getr. -k·k-) v/i ‹sep, -ge-, sein› colloq. slump to the ground, weitS. pass (od. conk) out.
ˈumˌsä·gen v/t ‹sep, -ge-, h› saw (a tree) down.
ˈumˌsat·teln I v/t ‹sep, -ge-, h› resaddle (a horse). II v/i fig. colloq. (auf acc to) change, switch.
ˈUmˌsatz m 1. econ. (bes. Absatz) sales pl, (bes. WertꝚ) turnover, (Einnahmen) returns pl. 2. physiol. (GrundꝚ) basal metabolic rate. ~anaˌly·se f econ. sales analysis. ~beˌtei·li·gung f participation in sales (od. the turnover). ~ˌför·de·rung f sales promotion. ~ˌprä·mie f sales bonus. ~pro·vi·siˌon f turnover (od. sales) commission. ~ˌrückˌgang m recession (od. decrease, falling-off) in sales. ~ˌstei·ge·rung f increase in sales, stepping-up of sales. ~ˌsteu·er f turnover tax, bes. Am. sales tax.
ˌumˈsäu·men v/t ‹insep, no -ge-, h› surround, border, line.
ˈumˌschaf·fen v/t ‹irr, sep, -ge-, h› reshape, recast, remodel.
ˈumˌschal|ten v/t u. v/i ‹sep, -ge-, h› electr. tech. u. fig. switch (od. change) (over) (auf acc to). Ꝛter m 1. tech. (changeover) switch; selbsttätiger ~ cutout. 2. an der Schreibmaschine: shift-key lock. 3. electr. commutator, reversing switch.
ˈUmˌschalt|ˌfestˌstel·ler m an der Schreibmaschine: shift-key lock. ~ˌhe·bel m tech. change lever. ~ˌta·ste f an der Schreibmaschine: shift key.
ˈUmˌschal·tung f ‹-; no pl› tech. changeover, electr. a. commutation.
ˈUmˌschau f ‹-; no pl› 1. ~ halten look (a)round; ~ halten nach (suchen) look out (od. be on the lookout) for. 2. Zeitungsname: review.
ˈumˌschau·en v/reflex ‹sep, -ge-, h› sich ~ → umsehen I.
ˌumˈschäu·men v/t ‹insep, no -ge-, h› (Felsen, Riff etc) foam (a)round.
ˈumˌschich·ten v/t ‹sep, -ge-, h› 1. repile, restack. 2. fig. strukturell: regroup, restructure, reshuffle, (a. sich ~) change in structure (od. structurally).
ˈumˌschich·tig adv in turns, alternately.
ˈUmˌschich·tung f fig. regroupment, reshuffle, weitS. a. shift(s pl); soziale ~ social upheaval, shifts pl in social structure. ˈUmˌschich·tungs·proˌzeß m process of regroupment, shifts pl in social structure.
ˈumˌschie·ßen v/t ‹irr, sep, -ge-, h› shoot s.o., s.th. down.
ˌumˈschif·fen[1] v/t ‹insep, no -ge-, h› 1. mar. circumnavigate, (Kap etc) a. double, round. 2. fig. (Schwierigkeit etc) bypass, circumvent.
ˈumˌschif·fen[2] v/t ‹sep, -ge-, h› tranship, (weiterverschiffen) reship.
ˈUmˌschlag m ‹-(e)s; ⸗e› 1. (BriefꝚ) envelope. 2. (SchutzꝚ) cover, wrapper, für Bücher: a. jacket. 3. (ÄrmelꝚ) cuff, (HosenꝚ) turn-up, Am. cuff, am Kleid: hem. 4. ‹only sg› econ. (GüterꝚ) handling, (Umladen) transloading, transshipment. 5. ‹only sg› (Veränderung) a) (WetterꝚ) change, turn, break, b) fig. (StimmungsꝚ) change. 6. med. compress, (BreiꝚ) poultice, cataplasm, feuchter: fomentation, stupe.
ˈumˌschla·gen I v/t ‹irr, sep, -ge-, h› 1. (umwerfen) knock s.th. down (od. over), (fällen) cut (a tree) down, fell. 2. (Blatt, Seite) turn (over). 3. (umbiegen) allg. bend, fold, mit dem Hammer: hammer down. 4. (Kragen) turn s.th. up (od. down), (Ärmel etc) turn s.th. up, (Decke etc) fold s.th. over. 5. sich (dat) (j-m) ein Tuch etc ~ wrap (od. throw) a scarf, etc (a)round one's (s.o.'s) shoulders. 6. econ. (Güter) handle, (umladen) a. transload, transship. II v/i ‹sein› 7. → umkippen 2. 8. (sich ändern) Wetter: change, break, Wind: shift, veer (round), change, fig. Stimmung etc: change (ins Gegenteil right round). 9. Wein etc: turn sour. 10. Stimme: break, crack.
ˈUmˌschlag|ˌha·fen m port of transshipment. ~ˌkra·gen m turndown collar. ~ˌplatz m econ. place of transshipment, weitS. emporium. ~ˌsei·te f print. äußere: cover (od. front) page, innere: inner cover. ~ˌtuch n ‹-(e)s; -tücher› shawl, wrap. ~ˌzeich·nung f cover design.
ˌumˈschlei·chen v/t ‹irr, insep, no -ge-, h› sneak (od. prowl) (a)round.
ˌumˈschlie·ßen v/t ‹irr, insep, no -ge-, h› 1. mit den Armen: clasp, embrace, mit den Händen: clasp, grasp, stärker: clench. 2. Schmuckkette, Gürtel etc: encircle, ring. 3. Mauer, Zaun etc: enclose, encircle, a. weitS. (umgeben) surround. 4. fig. (Zeit, Raum, Bereich etc) embrace, encompass, comprise, cover. 5. mil. (Festung etc) invest.
ˌumˈschlin·gen[1] v/t ‹irr, insep, no -ge-, h› 1. Efeu etc: twist (od. twine) (a)round, entwine. 2. (umarmen) embrace, hug, clasp (od. wind) one's arms (a)round.
ˈumˌschlin·gen[2] v/t ‹irr, sep, -ge-, h› sich (dat) e-n Schal etc ~ tie a scarf, etc (a)round one's neck.
ˌumˈschlos·sen adj civ.eng. ~es Bauteil boundary structure.
ˌumˈschlun·gen adj eng ~ locked in each other's arms.
ˌumˈschmei·cheln v/t ‹insep, no -ge-, h› 1. flatter, cajole. 2. caress.
ˈumˌschmei·ßen v/t u. v/i ‹irr, sep, -ge-, h› colloq. → umwerfen.
ˈumˌschmel·zen v/t ‹irr, sep, -ge-, h› remelt, a. fig. refound.
ˈumˌschnal·len v/t ‹sep, -ge-, h› (sich dat) et. ~ buckle s.th. on.
ˌumˈschnü·ren v/t ‹insep, no -ge-, h› tie s.th. up, cord.
ˈumˌschrei·ben[1] v/t ‹irr, sep, -ge-, h› 1. rewrite, → a. umarbeiten. 2. (Rechnung etc ändern) change, (schriftlich ummelden) transfer. 3. in e-e andere Schriftart etc: transcribe, translate. 4. → überschreiben 2.
ˌumˈschrei·ben[2] v/t ‹irr, insep, no -ge-, h› 1. mit Worten: paraphrase. 2. (Bereich, Aufgabe etc umreißen) outline, circumscribe, define. 3. math. circumscribe (mit e-m Kreis with a circle). 4. ling. expand (mit e-m Hilfsverb with an auxiliary).
ˌumˈschrei·bend adj 1. paraphrastic (-al). 2. ling. periphrastic.
ˈUmˌschrei·bung[1] f ‹-; no pl› 1. rewriting. 2. in e-e andere Schriftart: transcription. 3. econ. jur. transfer.
ˌUmˈschrei·bung[2] f ‹-; -en› 1. ‹only sg› a) mit Worten: paraphrase, circumlocution, b) math. circumscription. 2. (Abgrenzung) circumscription, definition. 3. ling. periphrasis.
ˌumˈschrie·ben adj 1. math. Kreis: circumscribed. 2. med. (lokalisiert) localized. 3. ling. expanded (form).
ˈUmˌschrift f ‹-; -en› 1. auf e-r Münze: legend, (marginal) inscription. 2. Phonetik etc: transcription.
ˈumˌschul|den v/t ‹sep, -ge-, h› 1. (Anleihen etc) convert. 2. (Unternehmen) change (od. modify) the terms of debt (od. indebtedness) of. Ꝛdung f ‹-; no pl› conversion (of a debt), redistribution of liabilities.
ˈUmˌschul·dungs·kreˌdit m econ. conversion credit.
ˈumˌschu·len I v/t ‹sep, -ge-, h› 1. (Schulkind) (re)move (od. transfer) to another school. 2. (Berufstätige etc) retrain; ~ auf (acc) retrain s.o. on (a new type of aircraft, etc). II v/i 3. train for (od. learn) another profession. ˈUmˌschü·ler m retrainee. ˈUmˌschu·lung f ‹-; no pl› 1. e-s Schulkindes: removal (od. transfer) to another school. 2. e-s Berufstätigen etc: (vocational) retraining; ~ auf e-n Zivilberuf (re)training for a civilian profession.
ˈUmˌschu·lungs|ˌkurs, ~ˌkur·sus m (vocational) retraining course.
ˈumˌschüt·ten v/t ‹sep, -ge-, h› 1. → umfüllen. 2. colloq. (verschütten) spill, (Glas etc umstoßen) overturn, upset.
ˌumˈschwär·men v/t ‹insep, no -ge-, h› 1. Insekten, Menschenmenge etc: swarm (a)round (s.th., s.o.). 2. fig. (schwärmerisch verehren) idolize, (bes. Frau, Mädchen) a. court. ˌumˈschwärmt adj Frau, Mädchen: much-courted; sehr (od. heftig) ~ sein (od. werden) have many admirers, be heavily courted (von by), colloq. be in heavy demand (von with the boys, etc).
ˌumˈschwe·ben v/t ‹insep, no -ge-, h› hover (od. float) (a)round.
ˈUmˌschwei·fe pl ohne ~ sagen etc: straight out, plainly, bluntly, point-blank, tun etc: without further ado, straightaway; k-e (langen) ~ machen a. come (od. get) to the point.
ˈumˌschwen·ken v/i ‹sep, -ge-, h u. sein› 1. fig. change one's mind, Partei etc: change (od. veer from) one's policy; auf e-n anderen Kurs ~ veer (od. change) to another line of policy. 2. ‹sein› Kolonne etc: wheel about (od. round). 3. ‹h› (sich drehen) Wind: veer (od. swing) round.
ˌumˈschwir·ren v/t ‹insep, no -ge-, h› whizz (od., a. fig. buzz, flit) (a)round.
ˈUmˌschwung m allg. change, (Umkehr) turnabout, aboutface, volte-face, (Wendung) bes. pol. swing, turn (to the left, etc), (StimmungsꝚ, GefühlsꝚ etc) reversal, revulsion, (Umwälzung) upheaval; ~ der öffentlichen Meinung revulsion in (the) public opinion (od. of public feeling); ~ des Glücks turn of the tide.
ˌumˈse·geln v/t ‹insep, no -ge-, h› sail (a)round, circumnavigate, (Kap etc) a. double, round. ˌUmˈse·ge·lung f ‹-; -en› circumnavigation.
ˈumˌse·hen I v/reflex ‹irr, sep, -ge-, h› sich ~ 1. (herumschauen) look (a)round (od. about) (one); sich ~ in (dat) (have a) look (a)round (a city, shop, etc), bes. unverbindlich, ohne feste Absicht: browse (a)round (od. in) (a shop, etc); er hat sich viel in der Welt umgesehen he has seen a lot of the world. 2. sich ~ nach a) (suchen) (have a) look (a)round for, look out for, b) (sich kümmern um) see to it that. 3. (zurückblicken) look back (od. round) (nach after od. at); fig. colloq. ihr werdet euch noch ~ you'll get a surprise or two. II Ꝛ n ‹-s› 4. fig. im Ꝛ in the twinkling of an eye, colloq. in a jiffy.
ˈumˌsein v/i ‹irr, sep, -ge-, sein› colloq. be over; m-e Zeit ist um my time is up.
ˈumˌsei·tig I adj overleaf (nachgestellt). II adv overleaf, on the next page.
ˈumˌsetz·bar adj econ. marketable, sal(e)able, in Geld: realizable.
ˈumˌset·zen I v/t ‹sep, -ge-, h› 1. (Pflan-

zen) transplant. **2.** (*Waren*) sell, turn over; **es wurde wenig umgesetzt** there was a small turnover. **3.** (*Nährstoffe*) assimilate. **4. et.** ~ **in** (*acc*) (*umwandeln*) *a. chem. phys.* turn (*od.* convert, transform) s.th. into, (*übertragen*) translate s.th. into; **in (bares) Geld** ~ *a.* realize. **5.** *Computer*: (*Daten*) convert, translate. **6.** *Gewichtheben*: clean. **II** *v/reflex* **sich** ~ **7.** *Personen*: change places. **8.** *chem.* **sich** ~ **in** (*acc*) be converted (*od.* transformed) into. **ˈUmˌset·zung** *f* ⟨-; *no pl*⟩ **1.** shift (-ing), moving. **2.** (*Umwandlung*) conversion, transformation, translation.

ˈUmˌsichˌgrei·fen *n* spread(ing), rampancy.

ˈUmˌsicht *f* ⟨-; *no pl*⟩ circumspection. **ˈumˌsich·tig** *adj* circumspect, prudent.

ˈumˌsie·deln I *v/t* ⟨*sep*, -ge-, h⟩ (*Flüchtlinge*) (**nach** to) resettle, relocate. **II** *v/i* ⟨sein⟩ (*umziehen*) (re)move. **ˈUmˌsied·ler** *m* resettler. **ˈUmˌsied·lung** *f* ⟨-; *no pl*⟩ **1.** resettlement, relocation. **2.** move, removal.

ˈumˌsin·ken *v/i* ⟨*irr, sep*, -ge-, sein⟩ sink (to the ground); *fig.* **ich könnte vor Müdigkeit** ~ I am ready to drop.

ˌum·so ˈmehr [-zo] *adv Austrian* all the more.

ˌumˈsonst I *adj* ⟨*pred*⟩ **1.** (*unentgeltlich*) free (of charge). **2.** (*vergeblich*) in vain, useless, futile, fruitless. **II** *adv* **3.** free (of charge), gratis, for nothing, *colloq.* for free, free gratis and for nothing, *weitS.* for the asking, for a mere song. **4.** in vain, to no avail (*od.* purpose). **5. nicht** ~ (*ohne Grund*) not without (good) reason, not for nothing. **6.** *colloq. iro.* **das hast du nicht** ~ **getan!** I'll pay you back for that!

ˌumˈsor·gen *v/t* ⟨*insep, no* -ge-, h⟩ care for, look after.

ˌum·so ˈwe·ni·ger *adv Austrian* all the less.

ˌumˈspan·nen[1] *v/t* ⟨*insep, no* -ge-, h⟩ **1.** *mit der Hand, dem Arm*: clasp, span. **2.** *fig.* (*Zeit, Raum*) span, comprise, cover, encompass, embrace.

ˈumˌspan·nen[2] *v/t* ⟨*sep*, -ge-, h⟩ **1.** (*Pferde*) change. **2.** *electr.* transform.

ˈUmˌspan·ner *m electr.* transformer. **ˈUmˌspann·sta·tiˌon** *f* transformer station (*od.* plant). **ˈUmˌspan·nung** *f* ⟨-; *no pl*⟩ transformation. **ˈUmˌspann·ˌwerk** *n* → **Umspannstation.**

ˌumˈspie·len[1] *v/t* ⟨*insep, no* -ge-, h⟩ **1.** *fig. Wellen, Lächeln etc*: play (a)round. **2.** *Fußball etc*: dribble round. **3.** *mus.* paraphrase.

ˈumˌspie·len[2] *v/t* ⟨*sep*, -ge-, h⟩ *Radio*: (*Aufnahme*) rerecord.

ˌumˈspin·nen *v/t* ⟨*irr, insep, no* -ge-, h⟩ web (in) (*a. fig.*), (*Draht, Saite*) cover, braid.

ˈumˌsprin·gen[1] *v/i* ⟨*irr, sep*, -ge-, sein⟩ **1.** *Wind*: shift, *a. fig. Stimmung etc*: change (suddenly). **2.** *fig. colloq.* ~ **mit** treat (*od.* handle) *s.o., s.th.* (badly); **so kannst du nicht mit ihm** ~ that's not the way to deal with him.

ˌumˈsprin·gen[2] *v/t* ⟨*irr, insep, no* -ge-, h⟩ skip (*od.* leap, jump) (a)round.

ˈumˌspu·len *v/t* ⟨*sep*, -ge-, h⟩ rewind.

ˌumˈspü·len *v/t* ⟨*insep, no* -ge-, h⟩ *lit.* wash (a)round, bathe.

ˈUmˌspu·ler *m tech.* rewinder.

ˈUmˌstand *m* **1.** (*Sachverhalt*) circumstance, *weitS. a.* factor; **der** ~, **daß** the circumstance (*od.* fact) that; **nähere Umstände** (further) particulars (*od.* details); → *a.* **mildernd** 1. **2.** *pl* (*Lage, Verhältnisse*) circumstances, conditions, state *sg* of affairs; **unter diesen** (*od.* **den gegebenen**) **Umständen** under (*od.* in) the circumstances, as matters stand; **unter Umständen** (*möglicherweise*) possibly, perhaps, it is possible that, (*notfalls*) if need be; **unter allen Umständen** at all events, in any case; **unter k-n Umständen** under no circumstances, on no (*od.* not on any) account; **je nach den Umständen** *a.* as the case may be; **den Umständen entsprechend** as can be expected in the circumstances. **3.** *colloq.* **in anderen Umständen sein** be in the family way, be expecting. **4. Umstände machen** (*Schwierigkeiten bereiten*) cause inconvenience (*od.* trouble), *in Gesellschaft*: stand on ceremony, make a (lot of) fuss; **mach (dir) meinetwegen k-e Umstände** don't put yourself out on my account; **ohne viel Umstände** (*ohne zu zögern*) straightaway, (*sachlich*) without ceremony; **nicht viel Umstände machen mit** make short work (*od.* shrift) of.

ˈumˌstän·deˌhal·ber *adv* owing to circumstances.

ˈumˌständ·lich [-ˌʃtɛntlɪç] **I** *adj* **1.** (*verwickelt*) intricate, complicated, (*beschwerlich*) troublesome; **das ist mir viel zu** ~ that's far too much trouble for me. **2.** (*weitschweifig*) long-winded, long-drawn(-out), (*zu genau*) circumstantial, minute (*description, etc*). **3.** (*schwerfällig*) clumsy, awkward. **4.** (*pedantisch*) pedantic, fussy, overmeticulous. **II** *adv* **5.** *tun etc*: fussily, clumsily, *erzählen etc*: in great detail, at great length. **≈keit** *f* ⟨-; *no pl*⟩ **1.** complicatedness, troublesomeness. **2.** long-windedness. **3.** circumstantiality, minuteness. **4.** clumsiness, awkwardness. **5.** fussiness, pedantry.

ˈUmˌstands|ˌanˌga·be, **~beˌstim·mung** *f ling.* adverb(ial) phrase. **~ˌkleid** *n* maternity dress (*od.* frock). **~ˌklei·dung** *f* maternity wear (*od.* clothes *pl*). **~ˌkrä·mer** *m colloq.* fusspot. **~ˌsatz** *m ling.* adverb(ial) clause. **~ˌwort** *n* adverb.

ˈumˌste·chen *v/t* ⟨*irr, sep*, -ge-, h⟩ (*Beet etc*) dig (up), turn (up).

ˈumˌstecken (*getr.* -k·k-) *v/t* ⟨*sep*, -ge-, h⟩ **1.** (*Saum etc zum Kürzen*) pin *s.th.* up. **2.** *electr.* (*Stecker etc*) plug *s.th.* into a different socket, replug.

ˌumˈste·hen *v/t* ⟨*irr, insep, no* -ge-, h⟩ stand (a)round, surround. **ˈumˌste·hend I** *adj Seite*: next, *Text*: printed overleaf. **II** *adv* overleaf. **ˈUmˌste·hen·de** *pl* bystanders, onlookers.

ˈUmˌstei·geˌfahrˌschein *m* transfer (ticket).

ˈumˌstei·gen *v/i* ⟨*irr, sep*, -ge-, sein⟩ **1.** change (**in** *acc* to, **nach** for); **in e-n anderen Bus (Zug)** ~ change buses (trains). **2.** *fig. colloq.* ~ **auf** (*acc*) (*übergehen zu*) go (*od.* switch, change) over to.

ˈUmˌstei·ger *m colloq. for* **Umsteigefahrschein.**

ˌumˈstel·len[1] *v/t* ⟨*insep, no* -ge-, h⟩ (*umzingeln*) surround, encircle.

ˈumˌstel·len[2] **I** *v/t* ⟨*sep*, -ge-, h⟩ **1.** (*Gegenstände*) put (*od.* place) *s.th.* somewhere else, change (*od.* shift) *s.th.* (a)round, rearrange. **2.** *in der Reihenfolge*: turn (*od.* switch) *s.th.* (a)round, *ling. math. etc* transpose, *ling.* (*Wortfolge*) invert. **3.** (*strukturell ändern*) change (the structure of), (*neu ordnen*) rearrange (*a. Zimmer etc*), reorganize, (*Team etc*) *a.* regroup, reshuffle. **4.** (*Apparat, Anlage etc*) switch (*od.* change) *s.th.* (over), readjust, (*Hebel*) shift, (*Uhr*) reset. **5.** ~ **auf** (*acc*) (*Betrieb*) convert to, (*Produktion, Methode etc*) switch (*od.* change) *s.th.* (over) to, (*Lebensweise etc anpassen*) adapt to, (re)adjust to; **die Heizung auf Erdgas** ~ convert the heating system to natural gas; **auf Computer (Container, Maschinenbetrieb)** ~ computerize (containerize, mechanize). **II** *v/reflex* **sich** ~ **6.** accustom (*od.* adjust, adapt) o.s. to new conditions, change one's ways (*od.* views), reorient(ate) o.s. **7. sich** ~ **auf** (*acc*) switch (*od.* change) (over) to, (*sich anpassen*) adapt (*od.* readjust, accommodate) (o.s.) to. **III ≈** *n* ⟨-s⟩ **8.** shifting (*etc*).

ˈUmˌstel·lung *f* ⟨-; -en⟩ **1.** change (*a. persönliche* ~, *Veränderung*), shift, rearrangement. **2.** *ling. math. etc* transposition, inversion. **3.** reorganization, reshuffle. **4.** (*Anpassung*) reorientation, (**auf** *acc*) readjustment (to), adaptation (to). **5.** *tech.* (**auf** *acc* to) changeover, conversion, switch.

ˈUmˌstel·lungs·kreˌdit *m econ.* reorganization (*od.* re-equipment) loan.

ˈUmˌsteu·er·geˌtrie·be *n* reversing gear.

ˈumˌsteu·ern *v/t* ⟨*sep*, -ge-, h⟩ *electr. tech.* reverse. **ˈUmˌsteue·rung** *f* ⟨-; -en⟩ **1.** (*Einrichtung*) reversing gear. **2.** (*Vorgang*) reversal, reversion.

ˈumˌstim·men *v/t* ⟨*sep*, -ge-, h⟩ **1.** *mus.* retune, tune *s.th.* to another pitch. **2.** *fig.* **j-n** ~ talk (*od.* bring) s.o. round, *a. Umstand*: change s.o.'s mind.

ˈumˌsto·ßen *v/t* ⟨*irr, sep*, -ge-, h⟩ **1.** knock *s.o., s.th.* over (*od.* down), (*Dinge*) *a.* overthrow, upset. **2.** *jur.* (*Urteil etc*) reverse, overrule, overturn, set aside, (*Testament*) change. **3.** → **umwerfen** 3.

ˌumˈstrahlt *adj* ~ **von** surrounded with, bathed in (*light*).

ˌumˈstricken (*getr.* -k·k-) *v/t* ⟨*insep, no* -ge-, h⟩ *fig.* (en)snare, benet.

ˌumˈstrit·ten *adj* disputed, contested, (*strittig*) controversial; **heiß** (*od.* **heftig**) ~ *a.* hotly debated; **~e Frage** *a.* moot question.

ˌumˈströ·men *v/t* ⟨*insep, no* -ge-, h⟩ surge (*od.* flow) (a)round.

ˈum·struk·tuˌrie|ren *v/t* ⟨*sep, no* -ge-, h⟩ restructure, change the structure of. **≈rung** *f* ⟨-; -en⟩ change in structure.

ˈumˌstül·pen *v/t* ⟨*sep*, -ge-, h⟩ **1.** turn *s.th.* upside down (*a. fig.* = ransack), (*Hut, Tasche etc*) turn *s.th.* (inside) out. **2.** (*umkrempeln*) turn up.

ˌumˈstür·men *v/t* ⟨*insep, no* -ge-, h⟩ *lit.* storm (*od.* rage) (a)round.

ˈUmˌsturz *m* ⟨-es; -stürze⟩ *bes. pol.* overthrow, subversion, (*Umwälzung*) upheaval. **~beˌstre·bun·gen** *pl* subversive (*od.* revolutionary) tendencies.

ˈumˌstür·zen I *v/t* ⟨*sep*, -ge-, h⟩ **1.** (*umwerfen*) overturn, overthrow, knock (*od.* topple) *s.th.* over (*od.* down), upset. **2.** (*Form etc umdrehen*) turn *s.th.* upside down. **3.** *fig.* (*gewaltsam ändern od. beseitigen*) overthrow, subvert. **II** *v/i* ⟨sein⟩ **4.** (*umfallen*) fall down (*od.* over), (*umkippen*) (be) upset, overturn. **ˈUmˌstürz·ler** *m* ⟨-s; -⟩ revolutionist, subverter. **ˈumˌstürz·le·risch** *adj* revolutionary, subversive.

ˌumˈtan·zen *v/t* ⟨*insep, no* -ge-, h⟩ dance (a)round.

ˈumˌtau·fen *v/t* ⟨*sep*, -ge-, h⟩ rename, rechristen; *colloq.* **sich** ~ **lassen** change one's religion (*od.* faith).

ˈUmˌtausch *m* ⟨-es; *rare* -e⟩ exchange, (*Geld≈ etc*) *a.* conversion; **diese Waren sind vom** ~ **ausgeschlossen** these goods will not be exchanged. **ˈum·ˌtausch·bar** *adj* convertible. **ˈum·ˌtau·schen** *v/t* ⟨*sep*, -ge-, h⟩ exchange (**gegen** for), (*Geld etc*) *a.* convert (**in** *acc* into).

ˈUmˌtausch|ˌfrist *f econ.* exchange term. **~ˌrecht** *n* right to exchange.

ˌumˈto·ben *v/t* ⟨*insep, no* -ge-, h⟩ rage (*od.* rave, storm) (a)round.

ˌumˈto·sen *v/t* ⟨*insep, no* -ge-, h⟩ *Sturm*: rage (a)round, *Wellen, Beifall etc*: surge (a)round. **ˌumˈtost** *adj* **von Stürmen ~** beaten by storms, gale-lashed; **von Beifall ~** amid thunders of applause.

ˈumˌtrei·ben *v/t ⟨irr, sep, -ge-, h⟩ fig.* **j-n ~** worry s.o., be on s.o.'s mind.

ˈUmˌtrieb *m* **1.** *pl fig.* machinations, intrigues, (**staatsfeindliche** subversive) activities. **2.** *colloq.* activity, bustle.

ˈUmˌtrunk *m* (sociable) drink.

ˈumˌtun I *v/t ⟨irr, sep,* **-ge-**, *h⟩* **1.** (**sich** *dat*) **et. ~** put s.th. on; **j-m et. ~** put s.th. (a)round s.o.'s shoulders, *etc.* **II** *v/reflex* **sich ~ 2.** bestir o.s. **3. sich ~ nach** (*suchen*) look (a)round (*od.* out) for; **sich ~ in** (*dat*) (have a) look (a)round (*a city, shop, etc*).

ˌumˈwach·sen[1] *v/t ⟨irr, insep, no* **-ge-**, *h⟩* grow (a)round, overgrow, entwine.

ˌumˈwach·sen[2] *adj* **von Efeu ~** ivy-clad.

ˌumˈwal·len *v/t ⟨insep, no* **-ge-**, *h⟩ poet.* cloak, envelop, *weitS.* surround.

ˈUmˌwälz|anˌla·ge *f civ.eng.* **1.** circulation equipment. **2.** → **~ˌbecken** (*getr.* **-k·k-**) *n* spiral flow tank.

ˈumˌwäl·zen *v/t ⟨sep,* **-ge-**, *h⟩* **1.** (*Stein etc*) roll *s.th.* over. **2.** *tech.* (*Wasser*) circulate. **3.** *fig.* change radically. **~d** *adj fig.* revolutionary, cataclysmic.

ˈUmˌwälzˌpum·pe *f für Heizung etc*: circulation pump.

ˈUmˌwäl·zung *f ⟨-; -en⟩ sociol. etc* upheaval, radical change, cataclysm.

ˈumˌwan·del·bar *adj chem. phys. etc, a. econ.* transformable, convertible, *jur. Strafe*: commutable. **ˈumˌwan·deln** *v/t ⟨sep,* **-ge-**, *h⟩* (**in** *acc* into) **1.** transform, convert (*a. chem. electr. phys. etc*), change, transmute; *allg.* **~ in** (*acc*) *a.* turn (*od.* make) into. **2.** *econ.* (*Anleihe*) convert, (*Gesellschaftsform*) transform. **3.** *jur.* (*Strafe*) commute. **ˈUmˌwand·ler** *m ⟨-s; -⟩ electr. tech. Computer etc* converter. **ˈUmˌwand·lung** *f ⟨-; -en⟩* (**in** *acc* into) **1.** transformation, transmutation, conversion, *bes. a. biol.* metamorphosis. **2.** *econ. e-r Anleihe*: conversion, *e-r Gesellschaft*: transformation. **3.** *jur. e-r Strafe*: commutation.

ˈUmˌwand·lungs|anˌla·ge *f nucl.* converter reactor. **~proˌdukt** *n* conversion product. **~ˌpunkt** *m chem. phys.* critical (*od.* transformation) point. **~taˌbel·le** *f* conversion table. **~verˌfah·ren** *n* process of conversion. **~ˌwär·me** *f metall.* heat of transformation.

ˈumˌwech·seln *v/t ⟨sep,* **-ge-**, *h⟩* (*Geld*) change, (*Währungen*) exchange. **ˈUmˌwechs·lung** *f ⟨-; no pl⟩* exchange.

ˈUmˌwechs·lungsˌkurs *m* rate of exchange.

ˈUmˌweg *m* roundabout route (*od.* way), *bes. mot. a.* detour, *fig.* roundabout way, detour; **e-n ~ machen** a) *absichtlich*: take (*od.* go) a roundabout way (*od.* route), *mot. a.* make a detour, **um et.**: *a.* detour s.th., bypass s.th., b) *unabsichtlich*: go a long way round; **das ist ein ~** that is not the straight way (*od.* route); **das ist ein ~ für mich** that takes me out of my way; **ein ~ von nur fünf Minuten** only five minutes out of the way; **auf ~en** a) *they came* (by) a roundabout way (*od.* route), b) *fig. I heard the news, he got the job, he led up to the question* in a roundabout way; *fig.* **auf dem ~ über** via (*s.o., s.th.*); *fig.* **ohne ~e** straight.

ˌumˈwe·hen[1] *v/t ⟨insep, no* **-ge-**, *h⟩* blow (a)round; **sanft ~** waft (a)round, fan.

ˈumˌwe·hen[2] *v/t ⟨sep,* **-ge-**, *h⟩* blow *s.o., s.th.* over (*od.* down).

ˈUmˌwelt *f ⟨-; no pl⟩ a. biol.* environment; **unsere ~** *a.* the world around us. **2beˌdingt** *adj* environmental, due to environmental factors. **~beˌdin·gungen** *pl* environmental conditions. **~beˌla·stung** *f* environmental pollution. **~ˌeinˌfluß** *m* environmental influence. **~entˌla·stung** *f* ecological relief. **~erˌhal·tung** *f* environmental preservation. **2ˌfeind·lich** *adj* ecologically harmful (*od.* noxious), polluting. **~ˌfor·schung** *f* environmental research, ecology. **2ˌfreund·lich** *adj* ecologically beneficial, nonpolluting. **2geˌschä·digt** *adj* impaired by environmental influences. **~ka·taˌstro·phe** *f* ecocatastrophe. **~ˌkri·se** *f* ecological crisis, ecocrisis. **~ˌleh·re** *f* ecology. **~miˌnister** *m* environment minister. **~mi·niˌste·ri·um** *n* Ministry of the Environment. **~ˌpla·nung** *f* environmental planning. **~po·liˌtik** *f* ecopolitics *pl* (*als sg od. pl konstruiert*). **2poˌli·tisch** *adj* ecopolitical. **~proˌblem** *n* environmental issue. **~ˌscha·den** *m* impairment caused by environmental influences. **2ˌschäd·lich** *adj* → **umweltfeindlich**. **~ˌschutz** *m* environmental (*od.* pollution) control, preservation of the environment, environment protection. **~ˌschüt·zer** *m* environmentalist, conservationist. **~ˌschutz·exˌper·te**, **~ˌschutzˌfachˌmann** *m* ecologist, ecological expert. **~ˌschutz·geˌsetz** *n* environmental law. **~ˌschutzˌmaß·ˌnah·me** *f* environmental measure (*od.* action). **~ˌschutz·paˌpier** *n* recycled paper. **~ˌschutz·proˌgramm** *n* environmental program(me *Br.*). **~ˌschutzˌvorˌschrif·ten** *pl* environmental standards. **~ˌstu·die** *f* ecological study. **~ˌsün·der** *m* polluter. **~verˌän·de·rung** *f* environmental change. **~verˌbes·se·rung** *f* environmental improvement. **2verˌschmut·zend** *adj* pollutive. **~verˌschmut·zer** *m ⟨-s; -⟩* polluter. **~verˌschmut·zung** *f* (environmental) pollution; **~ durch die Industrie** industrial pollution. **~verˌseu·chung** *f* environmental contamination. **2zerˌstö·rend** *adj* ecocidal. **~zerˌstö·rung** *f* ecocide.

ˈumˌwen·den I *v/t ⟨a. irr, sep,* **-ge-**, *h⟩* turn (over), turn *s.th.* (round), → **umdrehen** 1. **II** *v/i* turn. **III** *v/reflex* **sich ~** turn round.

ˌumˈwer·ben *v/t ⟨irr, insep, no* **-ge-**, *h⟩* court (*a. Kunden etc*), woo.

ˈumˌwer·fen *v/t ⟨irr, sep,* **-ge-**, *h⟩* **1.** knock *s.o., s.th.* over (*od.* down), (*Dinge*) *a.* upset, overturn, overthrow. **2.** *fig. colloq.* (*aus der Fassung bringen*) bowl *s.o.* over, stun, *a. Alkohol etc*: knock *s.o.* out. **3.** *fig.* (*j-s Pläne etc*) upset, overturn, (*eigene Pläne, Entscheidungen etc*) change. **4. sich** (*dat*) (**j-m**) **et. ~** (*Mantel etc*) throw (*od.* fling) s.th. (a)round one's (s.o.'s) shoulders. **~d I** *adj* overpowering, overwhelming, staggering; *colloq.* **nicht gerade ~** no great shakes. **II** *adv* **~ komisch** too funny (for words).

ˈumˌwer|ten *v/t ⟨sep,* **-ge-**, *h⟩* **1.** *econ.* revalue. **2.** *fig.* re-evaluate. **2tung** *f ⟨-; no pl⟩* **1.** *econ.* revaluation. **2.** *fig.* re-evaluation; *philos.* **~ aller Werte** transvaluation of all values.

ˈUmˌwickel·maˌschi·ne (*getr.* **-k·k-**) *f für Draht etc*: recoiler.

ˌumˈwickeln (*getr.* **-k·k-**) *v/t ⟨insep, no* **-ge-**, *h⟩* wrap (up), cover; **et. mit e-r Sache ~** *a.* wind (*od.* wrap) s.th. (a)round s.th.; **mit e-r Binde ~** *a.* bandage.

ˌumˈwin·den *v/t ⟨irr, insep, no* **-ge-**, *h⟩* (**mit** with) enwreathe, entwine.

ˌumˈwit·tert *adj* **~ von** surrounded by *scandal etc*; **von Geheimnissen ~** shrouded in mystery.

ˌumˈwo·ben *adj* **von Sagen ~** wreathed (*od.* shrouded) in legend(ary lore).

ˌumˈwo·gen *v/t ⟨insep, no* **-ge-**, *h⟩ a. fig.* surge (a)round. **ˌumˈwogt** *adj* **~ von** amid(st).

ˈumˌwoh·nend *adj* neighbo(u)ring. **ˈUmˌwoh·nen·de**, **ˈUmˌwoh·ner** [-ˌvoːnər] *pl* neighbo(u)rs, people living in the neighbo(u)rhood.

ˌumˈwöl·ken *v/t u. v/reflex* **sich ~** *⟨insep, no* **-ge-**, *h⟩ a. fig.* cloud (over), darken.

ˈumˌwüh·len *v/t ⟨sep,* **-ge-**, *h⟩* **1.** grub up, root in, dig up. **2.** *fig. suchend*: rummage (through), root (about) in, ransack.

ˌumˈzäu|nen *v/t ⟨insep, no* **-ge-**, *h⟩* fence (in, up). **2nung** *f ⟨-; -en⟩* fence, enclosure.

ˈumˌzeich·nen *v/t ⟨sep,* **-ge-**, *h⟩* (*Waren*) mark *s.th.* differently.

ˈumˌzie·hen[1] **I** *v/t ⟨irr, sep,* **-ge-**, *h⟩* **ein Kind ~** change a child's clothes. **II** *v/reflex* **sich ~** change (one's clothes).

ˈumˌzie·hen[2] *v/i ⟨irr, sep,* **-ge-**, **sein**⟩ (*Wohnung etc wechseln*) (**in** *acc*, **nach** to) move, remove; **in ein anderes Haus ~** move house.

ˌumˈzie·hen[3] **I** *v/t ⟨irr, insep, no* **-ge-**, *h⟩* surround. **II** *v/reflex* **sich ~** *Himmel*: (become) overcast.

ˌumˈzin·geln [-ˈtsɪŋəln] *v/t ⟨insep, no* **-ge-**, *h⟩* encircle, surround. **ˌUmˈzin·ge·lung** *f ⟨-; no pl⟩* encirclement.

ˈUmˌzug *m ⟨-(e)s; -züge⟩* **1.** (*Wohnungswechsel*) move, removal. **2.** (*Festzug*) parade, procession, *prächtiger*: pageant.

ˌumˈzün·geln *v/t ⟨insep, no* **-ge-**, *h⟩ Flammen*: leap (up) (*od.* lick) (a)round.

un·ab·än·der·lich [ˌʊnˌʔapˈʔɛndərlɪç; ˈʊn-] **I** *adj* (*nicht zu ändern*) unalterable, inalterable, unchangeable, that cannot be changed, (*unwiderruflich*) *a.* irreversible, final, (*unabwendbar*) inevitable. **II** *adv* **~ feststehen** *Entschluß etc*: be irrevocable. **III 2e, das** *⟨-n⟩* the inevitable; **sich ins 2e fügen** resign (o.s.) to what cannot be changed. **2keit** *f ⟨-; no pl⟩* unalterability, inalterability, irrevocability, irreversibility, (*Unabwendbarkeit*) inevitability.

un·ab·ding·bar [ˌʊnˌʔapˈdɪŋbaːr; ˈʊn-] *adj* **1.** (*unbedingt notwendig*) indispensable, indispensible. **2.** *bes. jur. Recht etc*: inalienable. **2keit** *f ⟨-; no pl⟩* **1.** indispensability. **2.** *bes. jur.* inalienability.

ˈunˌab·geˌfer·tigt *adj Gepäck etc*: undispatched, *Kunde*: unattended.

ˈunˌab·geˌkocht *adj* unboiled.

ˈunˌabˌhän·gig I *adj* **1.** independent (**von** of) (*a. pol. Staat etc, a. partei~*); **~ sein von** *a.* not to depend (up)on; **wirtschaftlich ~** *Land etc*: economically independent, self-sufficient, *Person*: financially independent, *person* of independent means. **2.** *tech. Aggregat etc*: self-contained. **II** *adv* **3.** independently; **~ voneinander** independent(ly) of each other. **4. ~ von** (*ohne Rücksicht auf*) irrespective of, regardless of; **~ davon, ob** regardless (of) whether. **ˈUnˌab·ˌhän·gi·ge** *m, f ⟨-n; -n⟩ pol.* independent. **ˈUnˌabˌhän·gig·keit** *f ⟨-; no pl⟩* independence (**von** from); *bes. pol.* **in die ~ entlassen** give independence to.

ˈUnˌabˌhän·gig·keits|erˌklä·rung *f* declaration of independence, *Am. hist.* Declaration of Independence. **~ˌkrieg** *m hist.* War of Independence. **~ˌtag** *m Am.* Independence Day, *a.* Fourth of July.

un·ab·kömm·lich [ˌʊnˌʔapˈkœmlɪç; ˈʊn-] *adj* **1.** indispensable, indispensible; **er ist im Augenblick ~** *a.* he can't be spared (*od.* get away) at the moment. **2.** *mil. im Zivilberuf*: in a reserved occupation. **2keit** *f ⟨-; no pl⟩* indispensability.

un·ab·läs·sig [ˌʊnˌʔapˈlɛsɪç; ˈʊn-] *adj*

1. incessant. → *a.* **unaufhörlich. 2.** unremitting (*efforts, etc*).

un·ab·lös·bar [ˌʊnˌʔapˈløːsbaːr; ˈʊn-], **un·ab·lös·lich** [ˌʊnˌʔapˈløːslɪç; ˈʊn-] **I** *adj* **1.** *Etikett etc*: undetachable. **2.** *econ. Schuld, Hypothek etc, a. Rente*: irredeemable. **II** *adv* **3.** ~ **verbunden sein mit** be an integral part of.

un·ab·seh·bar [ˌʊnˌʔapˈzeːbaːr; ˈʊn-] **I** *adj* **1.** (*nicht vorauszusehen*) unforeseeable, unpredictable, incalculable (*consequences*); **auf ~e Zeit** for an unforeseeable length of time; **in ~er Zukunft** (*od.* **Ferne**) in an unforeseeable (*od.* a distant) future. **2.** (*unübersehbar*) a) *Weite, Ebene etc*: vast, immense, interminable, b) *Schaden etc*: immeasurable, immense. **II** *adv* **3.** *extend etc* infinitely, to infinity, boundlessly.

un·ab·setz·bar [ˌʊnˌʔapˈzɛtsbaːr; ˈʊn-] *adj* **1.** *Beamter etc*: irremovable. **2.** *econ. Betrag etc*: undeductible. **2keit** *f* ⟨-; *no pl*⟩ **1.** irremovability. **2.** *econ.* undeductibility.

ˈun,ab,sicht·lich I *adj* unintentional, unintended, involuntary, (*versehentlich*) inadvertent. **II** *adv* unintentionally (*etc*), by mistake.

un·ab·weis|bar [ˌʊnˌʔapˈvaɪsbaːr; ˈʊn-], **~lich** *adj* **1.** *Bitte etc*: irrefusable. **2.** *Notwendigkeit etc*: imperative, peremptory. **3.** *Argumente etc*: irrefutable.

un·ab·wend·bar [ˌʊnˌʔapˈvɛntbaːr; ˈʊn-] *adj* unpreventable, inescapable, unavoidable, inevitable. **2keit** *f* ⟨-; *no pl*⟩ unpreventableness.

ˈun,acht·sam *adj* (*nachlässig*) careless, negligent, (*achtlos*) heedless, (*gedankenlos*) thoughtless, inadvertent, (*unaufmerksam*) inattentive. **2keit** *f* ⟨-; *no pl*⟩ carelessness, negligence, heedlessness, thoughtlessness, inadvertence, inattentiveness.

ˈun,ähn·lich *adj* dissimilar (*dat* to), ⟨*pred*⟩ unlike. **2keit** *f* ⟨-; -en⟩ dissimilarity, unlikeness.

ˈU-,Naht *f tech.* single-U butt weld.

ˈun·ame·ri,ka·nisch *adj* un-American.

un·an·fecht·bar [ˌʊnˌʔanˈfɛçtbaːr; ˈʊn-] *adj* **1.** incontestable, indisputable, unchallengeable. **2.** *jur.* (*rechtskräftig*) nonappealable. **2keit** *f* ⟨-; *no pl*⟩ **1.** incontestability, indisputability. **2.** *jur.* unappealableness.

ˈun,an·ge,bracht *adj* **1.** (*unpassend*) inappropriate, unfitting, out-of-place, malapropos, *zeitlich*: inopportune, untimely; **äußerst ~ sein** *Bemerkung etc*: *a.* be completely out of place. **2.** (*unzweckmäßig, unklug*) inexpedient, mistaken, misplaced.

ˈun,an·ge,foch·ten *adj* **1.** (*unbestritten*) undisputed, unchallenged, uncontested. **2.** (*ungehindert*) unhindered.

ˈun,an·ge,klei·det *adj* undressed.

ˈun,an·ge,mel·det I *adj* **1.** unannounced. **2.** *Vermögen, Zollgut etc*: undeclared. **II** *adv* **3.** without (previous) notice.

ˈun,an·ge,mes·sen I *adj* **1.** (*in e-m Mißverhältnis stehend*) (*dat* to) disproportionate, out of proportion. **2.** (*übermäßig, übertrieben*) unreasonable, *stärker*: excessive, exorbitant. **3.** (*unzureichend*) inadequate. **4.** (*unpassend*) inappropriate, unfit(ting). **II** *adv* **5.** disproportionately. **2heit** *f* ⟨-; *no pl*⟩ **1.** disproportion(ateness). **2.** excessiveness, exorbitance. **3.** inadequacy. **4.** inappropriateness.

ˈun,an·ge,nehm I *adj* unpleasant, disagreeable, *stärker*: nasty, *Geruch etc*: *a.* offensive, (~ *berührend, peinlich*) *a.* embarrassing, awkward; **~e Geschichte** (**Aufgabe**) unpleasant affair (task); **in e-r ~en Lage** (*od.* **Situation**) in an unpleasant (*od.* awkward, embarrassing) situation, in a predicament, *finanziell*: *a.* in a tight squeeze (*colloq.* spot); *colloq.* **ein ~er Zeitgenosse** a nasty customer; **es wäre mir sehr ~, wenn** it would be very embarrassing for me if; **~e Fragen stellen** ask awkward questions; **das könnte ~ für Sie werden** that could be unpleasant for you; *colloq.* **er kann recht ~ werden** he can be rather nasty. **II** *adv* unpleasantly (*etc*; *cf.* I); **(j-m) ~ auffallen, (j-n) ~ berühren** make an unpleasant impression (on s.o.). **III 2e, das** ⟨-n⟩ **das 2e daran** (*od.* **dabei**) the unpleasant thing about it, the trouble with it; **ich muß dir et. 2es sagen** I have s.th. unpleasant to tell you.

ˈun,an·ge,se·hen *adj* unexamined.

ˈun,an·ge,ta·stet *adj a. fig.* untouched.

un·an·greif·bar [ˌʊnˌʔanˈgraɪfbaːr; ˈʊn-] *adj* **1.** *mil. u. fig.* unassailable. **2.** *chem. Metall etc*: noncorrosive.

un·an·nehm·bar [ˌʊnˌʔanˈneːmbaːr; ˈʊn-] *adj Bedingung etc*: unacceptable.

ˈUn,an,nehm·lich·keit *f* ⟨-; -en⟩ **1.** (*Unbequemlichkeit*) inconvenience. **2.** *pl* (*Schwierigkeiten*) trouble *sg*, difficulties; **~en bekommen, sich** (*dat*) **~en zuziehen** get (*od.* run) into trouble, incur difficulties; **(j-m) ~en machen** (*od.* **bereiten**) cause (s.o.) trouble.

ˈun,an,sehn·lich *adj* **1.** *allg.* unattractive, (*armselig, schäbig*) unsightly, shabby, dowdy, paltry; **ziemlich ~** *a.* not much to look at. **2.** (*gering, unbedeutend*) insignificant, trifling. **2keit** *f* ⟨-; *no pl*⟩ **1.** unattractiveness, unsightliness, paltriness, shabbiness, dowdiness. **2.** insignificance.

ˈun,an,stän·dig I *adj* **1.** *allg.* indecent (*a. Person*), *Benehmen, Kleidung etc*: *a.* improper, unseemly, indecorous, (*obszön, zotig*) *a.* obscene, foul, ribald, bawdy, *Witz etc*: *a.* blue, off-colo(u)r (*joke*); **es ist ~ zu** *inf* (*unmanierlich*) *a.* it is bad manners to *inf*; **~es Wort** *colloq.* four-letter word; **~e Reden führen** use foul language, talk smut. **2.** (*unfair, unehrenhaft*) unfair, dishono(u)rable. **II** *adv* **3.** *behave etc* indecently (*od.* improperly). **2keit** *f* ⟨-; -en⟩ **1.** ⟨*only sg*⟩ indecency, impropriety, unseemliness, indecorousness. **2.** *pl* indecencies, *stärker*: smut *sg*. **3.** ⟨*only sg*⟩ unfairness.

ˈun,an,stö·ßig *adj* decent, proper.

un·an·tast·bar [ˌʊnˌʔanˈtastbaːr; ˈʊn-] *adj allg., a. Reserven*: untouchable, (*integer*) *a.* unimpeachable, (*unangreifbar*) unassailable, (*unverletzbar*) inviolable, *weitS. bes. iro.* taboo, sacrosanct. **2keit** *f* ⟨-; *no pl*⟩ untouchability, inviolability.

un·an·wend·bar [ˌʊnˌʔanˈvɛntbaːr; ˈʊn-] *adj* inapplicable (**auf** *acc* to).

ˈun·ap·pe,tit·lich *adj Speise u. fig. Anblick etc*: unappetizing, unsavo(u)ry, *weitS.* (*eklig*) disgusting, filthy. **2keit** *f* ⟨-; *no pl*⟩ unsavo(u)riness.

ˈUn,art *f* ⟨-; -en⟩ (*schlechte Angewohnheit*) bad habit, (*Ungezogenheit*) bad (*od.* rotten) trick, *pl a.* mischief, (*schlechtes Benehmen*) bad manners *pl*, bad behavio(u)r.

ˈun,ar·tig *adj* naughty. **2keit** *f* ⟨-; *no pl*⟩ naughtiness.

ˈun·ar·ti·ku,liert *adj* inarticulate.

ˈun·äs,the·tisch *adj* un(a)esthetic(al).

ˈun,auf,dring·lich *adj Mensch, Verhalten, Eleganz, Parfüm etc*: unobtrusive, inobtrusive, discreet, (*gedämpft*) subdued. **2keit** *f* ⟨-; *no pl*⟩ unobtrusiveness, discreetness.

ˈun,auf,fäl·lig I *adj* **1.** → **unaufdringlich. 2.** (*leicht zu übersehen, unscheinbar*) inconspicuous. **II** *adv* **3.** inconspicuously, *gemustert etc*: *a.* discreetly, *et. tun*: *a.* stealthily. **2keit** *f* ⟨-; *no pl*⟩ **1.** → **Unaufdringlichkeit. 2.** inconspicuousness.

un·auf·find·bar [ˌʊnˌʔaufˈfɪntbaːr; ˈʊn-] *adj* unfindable, undiscoverable, untraceable, undetectable.

ˈun,auf·ge,for·dert *adv* without being asked, (*von sich aus*) of one's own accord.

ˈun,auf·ge,führt *adj Theaterstück etc*: unperformed.

ˈun,auf·ge,klärt *adj* **1.** *Irrtum, Mißverständnis etc*: unclarified, *Verbrechen, Fall etc*: unsolved. **2.** (*unwissend*) unenlightened, uninformed, ignorant; **(sexuell) ~** ignorant of the facts of life.

ˈun,auf·ge,räumt *adj Zimmer etc*: untidy.

ˈun,auf·ge,schlos·sen *adj* unreceptive (**neuen Ideen gegenüber** to new ideas), narrow(-minded).

un·auf·halt·bar [ˌʊnˌʔaufˈhaltbaːr; ˈʊn-] *adj u. adv* → **unaufhaltsam.**

un·auf·halt·sam [ˌʊnˌʔaufˈhaltzaːm; ˈʊn-] **I** *adj* unstoppable, uncheckable. **II** *adv* **die Entwicklung schreitet ~ voran** development cannot be stopped; **~ heranrücken** be drawing nearer and nearer.

un·auf·hör·lich [ˌʊnˌʔaufˈhøːrlɪç; ˈʊn-] **I** *adj* incessant, ceaseless, continuous, *colloq.* eternal. **II** *adv* incessantly (*etc*); **es schneite ~** *a.* it snowed without a letup; **sie mußte ~ an ihn denken** *a.* she could not stop thinking of him.

un·auf·lös·bar [ˌʊnˌʔaufˈløːsbaːr; ˈʊn-] *adj* → **unauflöslich** I.

un·auf·lös·lich [ˌʊnˌʔaufˈløːslɪç; ˈʊn-] **I** *adj allg.* indissoluble (*a. Ehe*), → *a.* **unlösbar, unlöslich. II** *adv* indissolubly. **2keit** *f* ⟨-; *no pl*⟩ indissolubility.

ˈun,auf,merk·sam *adj* inattentive (*a. Gastgeber etc*, **j-m gegenüber** to s.o.), *weitS.* (*nachlässig*) careless, negligent. **2keit** *f* ⟨-; *no pl*⟩ inattentiveness, inattention, *weitS.* carelessness, negligence.

ˈun,auf,rich·tig *adj* insincere. **2keit** *f* ⟨-; *no pl*⟩ insincerity.

un·auf·schieb·bar [ˌʊnˌʔaufˈʃiːpbaːr; ˈʊn-] *adj* undefer(r)able, unpostponable.

un·aus·bleib·lich [ˌʊnˌʔausˈblaɪplɪç; ˈʊn-] *adj* inevitable; **~ sein** *a.* be bound (*od.* sure) to come (*od.* happen).

un·aus·denk·bar [ˌʊnˌʔausˈdɛŋkbaːr; ˈʊn-] *adj* unimaginable, unthinkable.

un·aus·führ·bar [ˌʊnˌʔausˈfyːrbaːr; ˈʊn-] *adj Plan, Vorschlag etc*: impracticable, infeasible, *Auftrag etc*: unfulfillable, *Befehl*: inexecutable. **2keit** *f* ⟨-; *no pl*⟩ impracticability, infeasibility, *weitS. e-r Aufgabe etc*: impossibility.

ˈun,aus·ge,bil·det *adj* **1.** (*ungeschult*) untrained, unschooled, *Handwerker*: *a.* unskilled. **2.** (*unentwickelt*) undeveloped, rudimentary.

ˈun,aus·ge,füllt *adj* **1.** *allg.* unfilled, empty, *Formular etc*: *a.* blank. **2.** *geistig u. seelisch*: unfulfilled.

ˈun,aus·ge,gli·chen *adj allg.* unbalanced (*a. econ. etc*), *Klima, Gemüt*: unstable, unequable, *Mensch*: *a.* of uneven temper, *Leistung etc*: uneven, inconsistent. **2heit** *f* ⟨-; *no pl*⟩ imbalance, lack of balance, unstableness, *e-s Menschen*: *a.* uneven temper, *der Leistung etc*: unevenness, inconsistency.

ˈun,aus·ge|,go·ren *adj fig. colloq.* immature, unfermented. **~,la·stet** *adj* not working to capacity. **~,prägt** *adj* indistinctive. **~,schla·fen** *adj* **~ sein** not to have had enough sleep. **~,setzt** *adj u. adv* → **unaufhörlich, unablässig. ~,spro-**

chen *adj Vorwurf etc*: unuttered, unspoken, unexpressed, unsaid. **~wo·gen** *adj* → **unausgeglichen.**

un·aus|lösch·lich [ˌʊnˌʔaʊsˈlœʃlɪç; ˈʊn-] **I** *adj* indelible, ineffaceable. **II** *adv* **sich (j-m) ~ einprägen** leave an indelible impression (on s.o.). **~ˈrott·bar** [-ˈrɔtbaːr] *adj* ineradicable, inextirpable. **~ˈsprech·bar** [-ˈʃprɛçbaːr] *adj* → **unaussprechlich** 1. **~ˈsprech·lich** [-ˈʃprɛçlɪç] *adj* **1.** *Wort etc*: unpronounceable; **~ sein** *Name etc*: *colloq. a.* be a tongue-twister (*od.* jawbreaker). **2.** *fig.* (*unsagbar*) inexpressible, ineffable, unspeakable, *happiness etc* beyond words. **~ˈsteh·lich** [-ˈʃteːlɪç] **I** *adj* intolerable, insufferable; **es ist mir ~** I can't stand it; **er ist mir ~** *colloq.* I hate his guts. **II** *adv* **~ neugierig** *etc* intolerably curious *etc.* **~ˈtilg·bar** [-ˈtɪlkbaːr] *adj* **1.** *Erinnerung etc*: indelible, ineffaceable. **2.** *Schuld, Sünde etc*: inexpiable. **~ˈweich·lich** [-ˈvaɪçlɪç] *adj* inevitable, unavoidable.

ˈunˌbän·dig [-ˌbɛndɪç] *adj* **1.** (*ungezügelt*) unrestrained, unbridled, *Kind etc*: unruly, *stärker*: unmanageable. **2.** (*grenzenlos, riesig*) boundless, tremendous, enormous. **ℒkeit** *f* ⟨-; *no pl*⟩ **1.** unrestrainedness, unruliness. **2.** tremendousness, enormity.

ˈunˌbar *adj* → **bargeldlos.**

ˈunˌbarmˌher·zig *adj* merciless, pitiless, ruthless, unmerciful, relentless; *humor.* **sei nicht so ~!** don't be so hard! **ℒkeit** *f* ⟨-; *no pl*⟩ mercilessness (*etc*).

ˈun·be|ˌabˌsich·tigt *adj* unintended, unintentional, unwitting. **~ˌach·tet** *adj* unnoticed, *von der Öffentlichkeit*: *a.* unnoted; **~ bleiben** *Ereignis*: go unnoticed; **~ lassen** pay no attention to, disregard, (*Gesichtspunkt etc*) *a.* leave out of account. **~ˌanˌstan·det** *adj* unobjected; **~ lassen** not to object to, (*e-n Fehler*) let (*a mistake*) pass. **~ˌantˌwor·tet** *adj* unanswered. **~ˌar·bei·tet** *adj allg.* untreated, *bes. handwerklich*: unworked, *tech.* unfinished. **~ˌaufˌsich·tigt** *adj* unattended, unsupervised, uncontrolled. **~ˌbaut** *adj* **1.** *Boden*: uncultivated. **2.** *Grundstück etc*: vacant.

ˈun·beˌdacht|(sam) *adj* thoughtless, inconsiderate, (*voreilig*) rash, hasty. **ℒsam·keit** *f* ⟨-; *no pl*⟩ thoughtlessness, inconsiderateness, rashness, hastiness.

ˈun·beˌdarft [-ˌdarft] *adj colloq.* **1.** (*ohne Kenntnisse*) inexpert (**auf e-m Gebiet** in a field). **2.** (*einfältig*) simple-minded. **ℒheit** *f* ⟨-; *no pl*⟩ *colloq.* **1.** inexpertness. **2.** simple-mindedness.

ˈun·beˌdeckt *adj* uncovered.

ˈun·beˌdenk·lich I *adj* **1.** safe, unrisky. **II** *adv* **2.** (*gefahrlos*) safely. **3.** (*ohne zu zögern*) without hesitation, unhesitatingly. **ℒkeit** *f* ⟨-; *no pl*⟩ (absolute) safety; *pol.* **j-m ~ bescheinigen** give s.o. a clean bill of health. **ℒkeits·beˌschei·ni·gung** *f econ.* certificate of nonobjection, *fig. pol. etc* clean bill of health.

ˈun·beˌdeu·tend *adj allg., a. Person, a. zahlen-, mengenmäßig*: insignificant, unimportant, (*geringfügig*) *a.* minor, slight, negligible, trifling; **sich über ganz ~e Dinge streiten** *a.* quarrel about petty (*od.* trivial) things. **ℒheit** *f* ⟨-; *no pl*⟩ insignificance.

un·be·dingt [ˈʊnbəˌdɪŋt; ˌʊn-] **I** *adj* **1.** *allg.* unconditional, absolute (*a. Anhänger, etc*), *Glaube, Vertrauen etc*: *a.* implicit, unquestioning, *Billigung etc*: *a.* unreserved. **2.** *physiol.* **~er Reflex** unconditioned reflex. **II** *adv* **3.** (*bedingungslos*) unconditionally, absolutely. **4.** (*unter allen Umständen*) by all means, absolutely; **et. ~ brauchen** need s.th. badly (*od.* urgently); **Sie müssen ~ kommen** *a.* you really must come. **5. nicht ~** a) not necessarily, b) not exactly (*pretty, etc*); **nicht ~ mein Geschmack** not exactly to my taste. **ℒheit** *f* ⟨-; *no pl*⟩ unconditionality, unconditionalness, absoluteness, implicitness.

ˈun·be|ˌeinˌflußt *adj* (**von** by) uninfluenced, unaffected, unbias(s)ed. **~ˌein·ˌträch·tigt** *adj* (**von** by) unimpaired, unaffected. **~ˌfä·higt** *adj* unqualified (**zu** for). **~ˌfahr·bar** [-ˌfaːrbaːr] *adj* impassable, impracticable.

ˈun·beˌfan·gen I *adj* **1.** (*nicht verlegen*) unembarrassed, unselfconscious, uninhibited, *weitS.* free, open. **2.** (*unvoreingenommen*) *a. jur.* unbias(s)ed, unprejudiced, (*unparteiisch*) impartial. **II** *adv* **3.** unembarrassedly (*etc*). **ℒheit** *f* ⟨-; *no pl*⟩ **1.** unembarrassed manner, unselfconsciousness. **2.** *a. jur.* freedom from bias (*od.* prejudice), (*Unparteilichkeit*) impartiality.

ˈun·be|ˌfe·stigt *adj* **1.** (*lose*) loose, unfastened. **2.** *civ.eng.* unsurfaced (*road*); **~e Straße** *Am. a.* dirt road; **~es Bankett** soft shoulder. **3.** *mil.* unfortified. **~ˌfleckt** *adj fig.* unsullied, undefiled; *relig.* **die ℒe Empfängnis** the Immaculate Conception. **~ˌfrie·di·gend** *adj* unsatisfactory.

ˈun·beˌfrie·digt *adj* unsatisfied (*a. sexuell*). **ℒheit** *f* ⟨-; *no pl*⟩, **ℒˌsein** *n* unsatisfaction.

ˈun·be|ˌfri·stet I *adj* unlimited. **II** *adv* for an unlimited period. **~ˌfruch·tet** *adj biol.* unfertilized. **~ˌfugt** *adj* unauthorized. **ℒˌfug·te** *m, f* ⟨-n; -n⟩ unauthorized person, trespasser. **~ˌfug·terˈwei·se** *adv* without authority (*od.* permission), unauthorized.

ˈun·beˌgabt *adj* ungifted, untalented. **ℒheit** *f* ⟨-; *no pl*⟩ lack of talent.

ˈun·be|ˌglau·bigt *adj* uncertified. **~ˌglei·tet** *adj* unaccompanied. **~ˌgli·chen** *adj Rechnung, Schuld etc*: outstanding, unsettled, unpaid, due.

un·be·greif·lich [ˌʊnbəˈgraɪflɪç; ˈʊn-] *adj* incomprehensible, inconceivable; **das ist mir ~** I (simply) cannot understand that, that is beyond me. **ℒkeit** *f* ⟨-; *no pl*⟩ incomprehensibility, inconceivability.

un·be·grenzt [ˈʊnbəˌgrɛntst; ˌʊn-] **I** *adj a. fig.* boundless, *a. zeitlich*: unlimited; **auf ~e Zeit** → II. **II** *adv* boundlessly, *zeitlich*: for an unlimited period, indefinitely; **~ Zeit haben** have unlimited time; **„~ haltbar"** "will keep indefinitely". **ℒheit** *f* ⟨-; *no pl*⟩ unlimitedness, boundlessness.

ˈun·beˌgrün·det *adj* unfounded, ungrounded; *jur.* **als ~ abweisen** dismiss (*a claim, etc*) on the merits.

un·be·haart [ˌʊnbəˈhaːrt; ˈʊn-] *adj* hairless, (*kahl*) bald, *bot. zo.* smooth, glabrous.

ˈUn·beˌha·gen *n* ⟨-s; *no pl*⟩ discomfort, *bes. seelisches*: *a.* unease, uneasiness, disquiet.

ˈun·beˌhag·lich *adj* uncomfortable, *Gefühl etc*: *a.* uneasy; **sich ~ fühlen** *a.* feel ill at ease. **ℒkeit** *f* ⟨-; *no pl*⟩ uncomfortableness, uneasiness.

ˈun·beˌhau·en *adj* unhewn, uncut.

ˈun·beˌhaust *adj* homeless.

un·be·hel·ligt [ˌʊnbəˈhɛlɪçt; ˈʊn-] *adj u. adv* unmolested, undisturbed.

ˈun·beˌherrscht *adj* unrestrained, uncontrolled, intemperate, lacking self-control. **ℒheit** *f* ⟨-; *no pl*⟩ lack of self-control.

un·be·hin·dert [ˌʊnbəˈhɪndərt; ˈʊn-] *adj* unobstructed, unhindered, unimpeded.

ˈun·beˌhol·fen *adj* clumsy, awkward, heavy-handed (*a. fig.*), *weitS.* impractical. **ℒheit** *f* ⟨-; *no pl*⟩ clumsiness, awkwardness, heavy-handedness.

un·be|irr·bar [ˌʊnbəˈʔɪrbaːr; ˈʊn-] *adj* imperturbable, sta(u)nch. **~ˈirrt** [-ˈʔɪrt] *adj* imperturbed, unwavering, sta(u)nch.

ˈun·beˌkannt *adj* (*dat* to) unknown, (*nicht vertraut*) unfamiliar; **~ verzogen** removed – address unknown; **es ist mir nicht ~, daß** *a.* I am quite aware of (*od.* familiar with) the fact that, I know quite well that; **ich bin hier ~** I am a stranger here. **ˈUn·beˌkannt** *jur.* **Anzeige gegen ~** charge against a person (or persons) unknown. **ˈUn·beˌkann·te**[1] *m, f* ⟨-n; -n⟩ unknown person, stranger. **ˈUn·beˌkann·te**[2] *f* ⟨-n; -n⟩ *math.* unknown (quantity *od.* factor). **ˈun·be·ˌkann·terˈwei·se** *adv* **grüßen Sie bitte ~ Ihre Mutter von mir** please give my regards to your mother although I don't know her personally.

ˈun·be|ˌklei·det *adj* undressed, unclothed.

ˈun·beˌkömm·lich *adj a. fig.* indigestible.

un·be·küm·mert [ˌʊnbəˈkʏmərt; ˈʊn-] *adj* **1.** (*sorglos*) carefree, lighthearted, nonchalant, unconcerned. **2.** (*unbeirrt*) imperturbed, cool. **3.** (*gleichgültig*) **~ um** indifferent to, heedless of, regardless of. **ℒheit** *f* ⟨-; *no pl*⟩ carefreeness, lightheartedness, nonchalance.

ˈun·be|ˌla·den *adj* unloaded, unladen, empty. **~ˌla·stet** *adj* **1.** *Fahrzeug etc*: unloaded. **2.** *Bein etc*: unweighted. **3.** *fig.* (*sorglos*) carefree; **~ von** free of, unencumbered by, without having to worry about *s.th.* **4.** *econ. Grundstück etc*: unencumbered, unmortgaged. **5.** *electr.* unloaded, no-load (*condition*). **~ˌlä·stigt** *adj* unmolested. **~ˌlaubt** *adj* leafless, bare. **~ˌlebt** *adj* **1.** *Materie*: inanimate. **2.** *Straße, Gegend etc*: unfrequented, *weitS.* quiet, deserted. **~ˌleckt** *adj fig. colloq.* **~ von** untouched by, showing no trace of (*culture, etc*).

un·be·lehr·bar [ˌʊnbəˈleːrbaːr; ˈʊn-] *adj* unteachable; **~ sein** take no advice, not to listen to reason. **ℒkeit** *f* ⟨-; *no pl*⟩ unteachableness.

ˈun·beˌle·sen *adj* unread, unlettered. **ℒheit** *f* ⟨-; *no pl*⟩ literary ignorance, lack of reading.

ˈun·beˌleuch·tet *adj* unlighted.

ˈun·beˌlich·tet *adj phot.* unexposed.

ˈun·beˌliebt *adj* unpopular (**bei** with). **ℒheit** *f* ⟨-; *no pl*⟩ unpopularity.

ˈun·beˌlohnt *adj* unrewarded.

ˈun·beˌmannt *adj* unmanned.

un·be·merk·bar [ˌʊnbəˈmɛrkbaːr; ˈʊn-] *adj* imperceptible.

ˈun·beˌmerkt *adj* unnoticed, unseen; **~ bleiben** go unnoticed.

ˈun·beˌmit·telt *adj* without means.

un·be·nom·men [ˌʊnbəˈnɔmən; ˈʊn-] *adj* **es ist** (*od.* **bleibt**) **Ihnen ~, das zu tun** you are (quite) at liberty to do that.

ˈun·beˌnutzt, ˈun·beˌnützt *adj* unused.

ˈun·beˌobˌach·tet *adj* unobserved.

ˈun·beˌquem *adj* **1.** *Sessel, Schuhe etc*: uncomfortable. **2.** *fig. Einrichtung, Vereinbarung etc*: inconvenient, *Frage, Problem etc*: troublesome, awkward, embarrassing. **ℒlich·keit** *f* ⟨-; -en⟩ **1.** ⟨*only sg*⟩ uncomfortableness. **2.** inconvenience, troublesomeness; **j-m ~en bereiten** put s.o. to inconvenience.

un·be·re·chen·bar [ˌʊnbəˈrɛçənbaːr; ˈʊn-] *adj* incalculable (*a. Charakter, Mensch*), *fig. a.* unpredictable; **~e Umstände** imponderables. **ℒkeit** *f* ⟨-; *no pl*⟩ incalculability.

ˈun·beˌrech·tigt *adj* **1.** (*ohne Befugnis*)

unauthorized. **2.** *Vorwurf etc*: unjustified, unwarranted. **'un·be,rech·tig·ter'wei·se** *adv* **1.** without authority. **2.** without justification.

un·be·rück·sich·tigt [ˌʊnbəˈrʏkˌzɪçtɪçt; ˈʊn-] *adj* unconsidered, not taken into consideration; ~ **lassen** leave *s.th.* out of account, fail to consider (*od.* to allow for).

un·be·ru·fen [ˌʊnbəˈruːfən; ˈʊn-] *interj* ~(, **toi, toi, toi**)! touch wood!

un·be·rühr·bar [ˌʊnbəˈryːrbaːr; ˈʊn-] *adj* untouchable.

'un·be,rührt *adj* **1.** untouched (*a. fig. Thema, Problem etc*). **2.** *fig. Mädchen, Schnee, Natur etc*: virgin. **3.** *fig.* **von e-m Gesetz** *etc* ~ **bleiben** not to be affected by a law, *etc.* **4.** *fig.* (*ohne Mitgefühl*) unmoved, untouched; **das ließ ihn** ~ *a.* that left him cold. **2heit** *f* <-; *no pl*> *der Natur etc*: virginity.

un·be·scha·det [ˌʊnbəˈʃaːdət; ˈʊn-] *prep* <*gen*> *lit.* notwithstanding, irrespective of.

'un·be,schä·digt *adj* undamaged.

'un·be,schäf·tigt *adj* **1.** *Arbeiter etc*: unemployed. **2.** (*müßig*) idle, free, not busy.

'un·be,schei·den *adj* immodest; **ist es sehr** ~, **wenn** would it be too much (*od.* bold) if; **darf ich mir die** ~**e Frage erlauben** may I make so bold as to ask (you). **2heit** *f* <-; *no pl*> immodesty.

'un·be,schei·nigt *adj* uncertified.

'un·be,schla·gen *adj* **1.** *Pferd*: unshod. **2.** *fig.* (**in** *dat* in) unversed, unskilled.

'un·be,schnit·ten *adj* **1.** *relig. Knabe*: uncircumcised. **2.** *Bäume etc*: unpruned. **3.** *fig. Rechte*: uncurtailed.

'un·be,schol·ten *adj* blameless, of unblemished (*od.* stainless) reputation; *jur.* ~ **sein** have no police record. **2heit** *f* <-; *no pl*> blamelessness, good name, integrity.

'un·be,schrankt *adj* without gates.

un·be·schränkt [ˌʊnbəˈʃrɛŋkt; ˈʊn-] *adj* unrestricted, *a. Haftung*: unlimited. **2heit** *f* <-; *no pl*> unrestrictedness, unlimitedness.

un·be·schreib·lich [ˌʊnbəˈʃraɪplɪç; ˈʊn-] **I** *adj* indescribable, beyond description. **II** *adv* indescribably, *beautiful etc* beyond description.

'un·be,schrie·ben *adj* blank; → **Blatt** 2.

'un·be,schuht *adj* shoeless, unshod.

un·be·schützt [ˌʊnbəˈʃʏtst; ˈʊn-] *adj* unprotected.

'un·be,schwert *adj* **1.** unweighted. **2.** *fig.* (*sorglos*) carefree, *Person*: *a.* lighthearted, *Gewissen*: light; ~ **von** unburdened by, unencumbered by (*worries, etc*). **2heit** *f* <-; *no pl*> carefreeness.

'un·be,seelt *adj* inanimate.

un·be·se·hen [ˌʊnbəˈzeːən; ˈʊn-] *adj* **et.** ~ **kaufen** buy s.th. sight unseen.

'un·be,setzt *adj* **1.** *Amt etc*: vacant; ~**e Stelle** vacancy. **2.** *Sitzplatz etc*: unoccupied, vacant. **3.** *thea. Rolle*: uncast.

'un·be,sie·delt *adj Gebiet etc*: unsettled.

un·be·sieg·bar [ˌʊnbəˈziːkbaːr; ˈʊn-] *adj* invincible, undefeatable. **2keit** *f* <-; *no pl*> invincibility.

un·be·siegt [ˌʊnbəˈziːkt; ˈʊn-] *adj* undefeated, unvanquished.

'un·be,sol·det *adj* unsalaried, unpaid.

'un·be,son·nen *adj* thoughtless, imprudent, *stärker*: reckless, *Handlung*: *a.* rash, headlong. **2heit** *f* <-; *no pl*> thoughtlessness, imprudence, recklessness, rashness.

un·be·sorgt [ˈʊnbəˌzɔrkt; ˌʊn-] **I** *adj* unconcerned; **seien Sie (deswegen) (ganz)** ~ don't (you) worry (about that). **II** *adv* with an easy mind, (*ohne weiteres*) safely. **2heit** *f* <-; *no pl*> unconcern.

'un·be,spielt *adj Tonband etc*: blank.

'un·be,stän·dig *adj* unstable, changeable, unsettled, variable (*weather, mood, market, etc*), fickle (*fortune, woman, etc*), inconstant (*lover, friend*). **2keit** *f* <-; *no pl*> unstableness (*etc*), inconstancy.

un·be·stä·tigt [ˌʊnbəˈʃtɛːtɪçt; ˈʊn-] *adj* unconfirmed, unofficial (*report*).

un·be·stech·lich [ˌʊnbəˈʃtɛçlɪç; ˈʊn-] *adj* **1.** *Person*: incorrupt(ible), unbribable. **2.** *fig. Urteil etc*: unerring. **2keit** *f* <-; *no pl*> **1.** incorruptibility. **2.** unerringness.

'un·be,stellt *adj* **1.** *Waren*: unordered, unsolicited (*goods*). **2.** *agr.* uncultivated, untilled.

'un·be,steu·ert *adj econ.* untaxed, tax-free.

un·be·stimm·bar [ˌʊnbəˈʃtɪmbaːr; ˈʊn-] *adj* indeterminable, undefinable, vague.

'un·be,stimmt *adj* **1.** *Zeitraum, Anzahl etc*: indefinite, undetermined, indeterminate; **auf** ~**e Zeit** for an indefinite time, indefinitely, *jur.* *adjourn s.th.* sine die. **2.** (*ungewiß*) uncertain, unsure. **3.** (*vage*) vague, (*undefinierbar*) undefinable; **ich habe das** ~**e Gefühl, daß** I have the vague feeling that. **4.** *ling.* indefinite (*article, etc*). **2heit** *f* <-; *no pl*> **1.** indefiniteness. **2.** uncertainty. **3.** vagueness.

'un·be,straft *adj* unpunished.

un·be·streit·bar [ˌʊnbəˈʃtraɪtbaːr; ˈʊn-] *adj* incontestable, indisputable, unquestionable. **2keit** *f* <-; *no pl*> incontestableness, indisputability.

un·be·strit·ten [ˈʊnbəˌʃtrɪtən; ˌʊn-] *adj* uncontested, undisputed, unquestioned.

un·be·tei·ligt [ˌʊnbəˈtaɪlɪçt; ˈʊn-] *adj* **1.** ~ **sein an** (*dat*) *allg.* not to be involved in, have no part (*od.* share) in, be no party to, *econ.* have no interest in. **2.** (*teilnahmslos*) indifferent, detached. **,Un·be'tei·lig·te** *m, f* <-n; -n> disinterested (*od.* neutral, third) party. **,Un·be'tei·ligt·heit** *f* <-; *no pl*> (*Gleichgültigkeit*) indifference, detachment.

'un·be,tont *adj* unstressed, unaccented.

un·be·trächt·lich [ˌʊnbəˈtrɛçtlɪç; ˈʊn-] *adj* inconsiderable, insignificant.

un·beug·sam [ˌʊnˈbɔʏkzaːm; ˈʊn-] *adj Wille etc*: inflexible, unbending, unyielding. **2keit** *f* <-; *no pl*> inflexibility, unbendingness, unyieldingness.

'un·be|,völ·kert *adj* unpopulated. **~,wacht** *adj* unguarded (*a. fig.*), unwatched, *Parkplatz*: unattended. **~,waff·net** *adj* **1.** unarmed, defen/celess (*Am.* -se-). **2.** *fig. Auge*: naked. **~,wal·det** *adj* unwooded, bare. **~,wäl·tigt** *adj* unsurmounted, unmastered, unconquered; → **Vergangenheit**. **~,wan·dert** *adj* (**in** *dat* in) inexperienced, inexpert. **~,wäs·sert** *adj* unwatered.

un·be·weg·lich [ˈʊnbəˌveːklɪç; ˌʊn-] **I** *adj* **1.** (*fest*) immobile, *a. jur. Güter, a. zeitlich Feiertag*: immovable, (*festangebracht*) fixed, (*ortsfest*) stationary, (*starr*) rigid; *jur.* ~**e Güter** immovables. **2.** (*bewegungslos*) motionless, *a. Miene*: immobile, rigid. **3.** *fig. geistig etc*: inflexible. **II** *adv* **4.** ~ **dastehen** stand there motionless. **2keit** *f* <-; *no pl*> **1.** immobility, immovability, rigidity. **2.** (*Bewegungslosigkeit*) motionlessness, immobility. **3.** *geistige etc*: inflexibility.

'un·be,wegt *adj* **1.** motionless, *Gesicht etc*: rigid, immobile. **2.** *fig.* (*ungerührt*) unmoved.

'un·be,wehrt *adj Stadt*: unfortified.

'un·be,weibt *adj colloq.* wifeless.

'un·be,weint *adj* unlamented, unwept (-for).

un·be·weis·bar [ˌʊnbəˈvaɪsbaːr; ˈʊn-] *adj* unprovable, *bes. math.* indemonstrable. **2keit** *f* <-; *no pl*> unprovability, indemonstrability.

'un·be,wie·sen *adj* unproven.

'un·be,wirt·schaf·tet *adj* **1.** *agr.* uncultivated. **2.** *Hotel, Berghütte etc*: closed. **3.** *econ.* not subject to control.

un·be·wohn·bar [ˌʊnbəˈvoːnbaːr; ˈʊn-] *adj* uninhabitable, unfit for habitation.

'un·be,wohnt *adj* uninhabited.

'un·be,wußt **I** *adj* **1.** unconscious (*gen* of). **2.** *bes. psych.* (*instinktiv*) instinctive, (*ohne Willen*) involuntary, (*unterbewußt*) subconscious. **II** *adv* **3.** unconsciously (*etc*), (*ohne es zu wissen*) unwittingly, unknowingly. **III 2e, das** <-n> **4.** *psych.* the unconscious (mind), (*das Unterbewußte*) the subconscious (mind); **das kollektive 2e** the collective unconscious.

un·be·zahl·bar [ˌʊnbəˈtsaːlbaːr; ˈʊn-] *adj* **1.** (*viel zu teuer*) exorbitantly (*od.* prohibitively) expensive; **für j-n** ~ *a.* beyond s.o.'s means. **2.** *fig.* priceless, invaluable, *colloq.* (*großartig*) terrific, (*komisch*) priceless, too funny for words, *Witz etc*: *a.* capital.

'un·be,zahlt *adj* unpaid, unsettled.

un·be|zähm·bar [ˌʊnbəˈtsɛːmbaːr; ˈʊn-] *adj* uncontrollable, indomitable. **~'zwei·fel·bar** [-ˈtsvaɪfəlbaːr] *adj* unquestionable, indubitable.

'un·be,zwei·felt *adj* undoubted.

un·be·zwing·bar [ˌʊnbəˈtsvɪŋbaːr; ˈʊn-] *adj Gegner etc*: invincible, *Festung etc*: impregnable, *Berg etc*: unsurmountable. **2keit** *f* <-; *no pl*> invincibleness, impregnability, unsurmountableness.

un·be·zwing·lich [ˌʊnbəˈtsvɪŋlɪç; ˈʊn-] *adj* → **unbezwingbar**.

'un·be,zwun·gen *adj* unconquered.

un·bieg·sam [ˈʊnˌbiːkzaːm; ˌʊn-] *adj* inflexible, unbending, *metall.* inductile.

'Un,bil·den [-ˌbɪldən] *pl allg.* rigo(u)r(s); **die** ~ **der Witterung** the inclemency *sg* of the weather.

'Un,bil·dung *f* <-; *no pl*> lack of education.

'Un,bill [-ˌbɪl] *f* <-; *no pl*> *obs.* wrong.

'un,bil·lig *adj* unreasonable, (*ungerecht*) unjust; *jur.* ~**e Härte** undue hardship.

'un,blu·tig **I** *adj* **1.** *Revolution, Sieg etc*: bloodless, unbloody. **2.** *med.* nonoperative. **II** *adv* **3.** without bloodshed.

'un,bot,mä·ßig *adj lit.* insubordinate, *stärker*: unruly. **2keit** *f* <-; *no pl*> insubordination, *stärker*: unruliness.

'un,brauch·bar *adj* **1.** *allg.* unusable, (*nutzlos*) useless, *stärker*: worthless, *bes. tech.* unserviceable, *Material*: waste; ~ **sein** *a.* be (of) no use, be no good, be good for nothing; ~ **für** (*ungeeignet*) unfit (*od.* unsuited, unsuitable) for. **2.** *Vorschlag etc*: impracticable, unworkable. **2keit** *f* <-; *no pl*> unusableness (*etc*), impracticability.

'un,bür·ger·lich *adj* unconventional.

'un·bü·ro,kra·tisch *adj* unbureaucratic.

'un,buß,fer·tig *adj relig.* impenitent, unrepenting. **2keit** *f* <-; *no pl*> impenitence.

'un,christ·lich *adj* unchristian; *fig. colloq.* **zu e-r** ~**en Zeit** at an unchristian (*od.* ungodly) hour.

und [ʊnt] *conj* and; **das erste** ~ **zweite Kapitel** the first and second chapters; **da stand er** ~ **wartete** there he stood waiting (*od.* and waited); **lauf hin** ~ **sag es ihm** go (and) tell him; ~ **so weiter**, ~ **so fort**, ~, ~, ~ and so on, and so forth, and all (that); **das** ~ **das** such and such; **der** ~ **der** so and so; **drei** ~ **drei ist sechs** three and three are (*od.* is) six; (**immer**) **größer** ~ **größer** bigger and bigger; **es wollte** ~ **wollte ihm nicht**

gelingen try as he might he could not do it; **er schreibt nicht ~ ich auch nicht** he does not write, nor (*od.* [and] neither) do I; **~ er auch nicht** nor he either; **~ dabei noch charmant** and charming as well (*od.* into the bargain, to boot); **~ wäre es noch so schwer** no matter how difficult it is; **~ wenn es noch so regnet**, **~ sollte es noch so regnen** even if it pours; **zwei ~ zwei** (*zu zweien*) two by two, in twos; **immer zwei ~ zwei** two at a time; *colloq.* **der ~ Angst haben!** him afraid?; **ich ~ Klavier spielen!** me play the piano?; **sei so gut ~** be so kind as *to shut the door etc*; **~ wie!** you bet!, not half!, *Br. a.* rather!, *bes. Am. a.* and how!; **~ (dann)?** and then?, well?, and after that?; **(na) ~?** so what?, what of it?

ˈUnˌdank *m* ⟨-(e)s; *no pl*⟩ ingratitude, ungratefulness, thanklessness; **(nur) ~ ernten** get small thanks for it; **~ ist der Welt Lohn** *etwa* don't ever expect any thanks (in this sad world), *als Ausruf*: that's all the thanks you get (for it)!

ˈunˌdank·bar *adj* ungrateful (**gegen** to), *fig. Aufgabe etc*: thankless. **≈keit** *f* ⟨-; *no pl*⟩ ingratitude, ungratefulness, *a. fig. e-r Aufgabe etc*: thanklessness, unthankfulness.

ˈun·daˌtiert *adj* undated.

un·de·fi·nier·bar [ˌundefiˈniːrbaːr; ˈun-] *adj* undefinable, *contp.* nondescript.

un·dehn·bar [unˈdeːnbaːr; ˈun-] *adj* unstretchable, inelastic.

un·de·kli·nier·bar [ˌundekliˈniːrbaːr; ˈun-] *adj ling. Adverbien etc*: undeclinable.

ˈun·de·moˌkra·tisch *adj* undemocratic.

un·denk·bar [ˌunˈdɛŋkbaːr; ˈun-] *adj* unthinkable, inconceivable.

un·denk·lich [unˈdɛŋklɪç; ˈun-] *adj* **seit ~en Zeiten** from time immemorial.

Un·der·state·ment [ˌʌndəˈsteɪtmənt] (*Engl.*) *n* ⟨-**s**; *no pl*⟩ understatement.

ˈunˌdeut·lich I *adj allg.* indistinct, unclear, *Aussprache*: *a.* inarticulate, *Umrisse*: *a.* fuzzy, *Schrift*: *a.* illegible, *Erinnerung etc*: *a.* faint, dim, (*verwischt*) blurred, (*nebelhaft*) hazy, (*vage*) vague. **II** *adv* indistinctly (*etc*). **≈keit** *f* ⟨-; *no pl*⟩ indistinctness (*etc*), *der Schrift*: illegibility.

ˈunˌdeutsch *adj Ausdruck etc*: un-German.

Un·de·zi·me [unˈdeːtsimə] *f* ⟨-; -**n**⟩ *mus.* eleventh.

ˈunˌdicht *adj* **1.** leaking, leaky; **~ sein** *a.* leak; **~e Stelle** *a. fig. pol. etc* leak; **~ schließen** not to close tight. **2.** *metall.* **~er Guß** porous (*od.* unsound) casting.

ˈUnˌdich·te, ˈUnˌdich·tig·keit *f* ⟨-; *no pl*⟩ **1.** leakiness. **2.** *metall.* porosity.

ˈun·dif·fe·renˌziert *adj* undifferentiated.

ˈUnˌding *n* ⟨-(e)s; *no pl*⟩ absurdity; **es wäre ein ~** it would be absurd (*od.* preposterous).

ˈun·di·ploˌma·tisch *adj* undiplomatic.

ˈun·dis·kuˌta·bel *adj* undiscussable; **das ist ~** that's not worth talking about, that's out of the question.

ˈun·dis·zi·pliˌniert *adj* undisciplined. **≈heit** *f* ⟨-; *no pl*⟩ lack of discipline.

ˈun·draˌma·tisch *adj* undramatic.

ˈunˌduld·sam *adj* intolerant (**gegen** of). **≈keit** *f* ⟨-; *no pl*⟩ intolerance (**gegen** of).

ˈunˌdurchˌdacht *adj Plan etc*: not well thought out, ill-considered.

un·durch·dring·lich [ˌunˌdʊrçˈdrɪŋlɪç; ˈun-] *adj* impenetrable (*a. fig. Geheimnis etc*); **~es Gesicht** inscrutable face, *colloq.* poker face, deadpan face. **≈keit** *f* ⟨-; *no pl*⟩ impenetrability, *fig. a.* inscrutability.

un·durch·führ·bar [ˌunˌdʊrçˈfyːrbaːr; ˈun-] *adj* impracticable, unworkable, unfeasible. **≈keit** *f* ⟨-; *no pl*⟩ impracticability, unfeasibility.

ˈunˌdurchˌläs·sig *adj* (**für** to) impervious, *bes. für Flüssigkeiten*: *a.* impermeable, *engS.* (*wasser~*) watertight, waterproof; **...~**, **~ für** *a.* ...proof. **≈keit** *f* imperviousness, impermeability.

un·durch·schau·bar [ˌunˌdʊrçˈʃau-baːr; ˈun-] *adj* impenetrable, obscure.

ˈunˌdurchˌsich·tig *adj* **1.** nontransparent, opaque. **2.** *fig. Person, Absichten etc*: obscure, mysterious, *weitS.* impenetrable. **≈keit** *f* ⟨-; *no pl*⟩ **1.** nontransparency, opacity, opaqueness. **2.** *fig.* obscurity, mysteriousness.

ˈunˌeben *adj* **1.** *allg.* uneven, *Gelände etc*: *a.* rough, rugged, *Straße*: *a.* bumpy, (*hügelig*) hilly. **2.** *fig. colloq.* **nicht ~** not (so) bad, not half bad. **~ˌbür·tig** *adj* **1.** of inferior birth. **2.** *fig.* inferior (*dat* to). **≈heit** *f* ⟨-; -**en**⟩ **1.** ⟨*only sg*⟩ *allg.* unevenness, *des Geländes etc*: *a.* roughness, ruggedness, *e-r Straße*: *a.* bumpiness. **2.** (*unebene Stelle*) bump, roughness, rough patch.

ˈunˌecht *adj* **1.** *allg.* not genuine, false, (*künstlich*) artificial, (*imitiert*) imitation (*jewellery, etc*), (*gefälscht*) counterfeit(ed), fake(d), (*a. weitS. Schein...*) spurious, sham, bogus, *colloq.* phon(e)y. **2.** *math. Bruch*: improper. **3.** *Farbe*: fading, not fast. **≈heit** *f* ⟨-; *no pl*⟩ falseness, artificiality, spuriousness.

ˈunˌedel *adj* **1.** ignoble, *Interessen etc*: base. **2.** *Metalle*: base.

ˈunˌehe·lich *adj* **1.** *Kind, Geburt*: illegitimate; **~ geboren** born out of wedlock. **2.** *Mutter*: unmarried. **≈keit** *f* ⟨-; *no pl*⟩ illegitimacy.

ˈunˌeh·ren·haft *adj* dishono(u)rable.

ˈunˌehr·erˌbie·tig *adj* disrespectful, irreverent. **≈keit** *f* ⟨-; *no pl*⟩ disrespect(-fulness), irreverence.

ˈunˌehr·lich *adj* dishonest, (*unaufrichtig*) insincere; **auf ~e Weise** by dishonest (*od.* crooked, underhand) means. **≈keit** *f* ⟨-; *no pl*⟩ dishonesty, insincerity.

ˈunˌei·genˌnüt·zig *adj* **1.** unselfish, selfless, disinterested. **2.** *econ. Unternehmen etc*: nonprofit (*enterprise, etc*). **≈keit** *f* ⟨-; *no pl*⟩ unselfishness.

ˈunˌei·gent·lich I *adj* **im ~en Sinne** not in the proper sense. **II** *adv colloq.* **aber ~** but in actual fact.

un·ein·bring·lich [ˌunˌʔaɪnˈbrɪŋlɪç; ˈun-] *adj econ. Forderung etc*: irrecoverable.

ˈunˌein|geˌdenk *prep* (*gen* of) *lit.* unmindful, forgetful. **~geˌla·den** *adj* uninvited, unasked; **~ kommen** *a.* gatecrash. **~geˌlöst** *adj* **1.** *econ. Koupon, Gutschein*: uncollected, unredeemed, *Wechsel*: dishono(u)red. **2.** *fig. Versprechen etc*: unredeemed, unfulfilled.

un·ein·ge·schränkt [ˈunˌʔaɪngə-ˌʃrɛŋkt; ˌunˌʔaɪngəˈʃrɛŋkt] **I** *adj Kredit, Befugnisse etc*: unlimited, unrestricted, *Macht etc*: *a.* absolute, uncontrolled, *Lob etc*: unreserved, unqualified. **II** *adv accept, agree etc* without reservation, unreservedly.

ˈunˌein|geˌstan·den *adj Irrtum etc*: unadmitted, unacknowledged. **~geˌweiht** *adj* uninitiate(d). **≈geˌweih·te** *m, f* ⟨-**n**; -**n**⟩ outsider, uninitiated person, uninitiate. **~heit·lich** *adj* nonuniform, without uniformity, irregular.

ˈunˌei·nig *adj* **1.** (**sich** *od.* **untereinander**) **~ sein** be divided (*od.* at odds, at variance, at issue, in disagreement), differ, disagree (**in e-r** *od.* **über e-e Frage** on a question); **sie sind (sich darüber) ~, was man tun soll** they disagree about (*od.* on, as to) what to do; **ich bin mit mir selbst** (*colloq.* **mir**) **noch ~** I have not yet made up my mind; **(untereinander) ~ werden** fall out, quarrel. **2.** *Volk, Partei etc*: divided, disunited. **≈keit** *f* ⟨-; *no pl*⟩ **1.** disagreement, discord(ance), variance. **2.** disunion, disunity.

un·ein·nehm·bar [ˌunˌʔaɪnˈneːmbaːr; ˈun-] *adj mil.* impregnable, inconquerable.

ˈunˌeins *adj* → **uneinig** 1.

ˈunˌeinˌsich·tig *adj* ununderstanding, uncomprehending, *weitS.* stubborn.

ˈun·eleˌgant *adj* inelegant.

ˈun·empˌfäng·lich *adj allg.* (**für** to) (*Eindrücke, Schmeichelei, Krankheiten etc*) insusceptible, (*neue Ideen, Kunst etc*) *a.* unreceptive, irresponsive. **≈keit** *f* ⟨-; *no pl*⟩ (**für** to) insusceptibility, unreceptiveness, irresponsiveness.

ˈun·empˌfind·lich *adj* **1.** *chem. tech., a. Haut etc*: insensitive, *Material*: wear-resistant, rugged, *Farbe gegen Schmutz*: safe, *Person, Pflanze etc*: hardy, *weitS. a.* robust. **2.** (*gefühllos, immun*) (**gegen** to) *allg.* insensitive, *gegen Schmerz etc*: *a.* insensible, *gegen Kritik etc*: *a.* impervious, *gegen Krankheiten etc*: insusceptible, resistant. **≈keit** *f* ⟨-; *no pl*⟩ insensitiveness, insensibility, resistance (**gegen** to *wear, etc*).

ˌunˈend·lich I *adj, a. astr. math. philos., a. fig. Geduld, Weisheit etc*: infinite, (*endlos*) endless, never-ending, (*grenzenlos*) boundless; *math.* **~e Zahl** (*od.* **Größe**) infinity; *phot.* **auf ~ einstellen** focus at infinity. **II** *adv* infinitely (*small, great etc, a. fig. sehr*); *math.* **~ klein** infinitesimal; **sich ~ freuen** *etc* be pleased, *etc* no end; **~ viel** a tremendous amount (of); **~ viele** an infinity of, no end of. **III ≈e, das** ⟨-**n**⟩ infinity, infinitude, the infinite; *fig.* **ins ≈e** to infinity, ad infinitum; **das geht ins ≈e** there is no end to it. **≈einˌstel·lung** *f phot.* infinity position. **≈keit** *f* ⟨-; *no pl*⟩ infinity.

ˈunˌeng·lisch *adj* un-English.

un·ent·behr·lich [ˌunʔɛntˈbeːrlɪç; ˈun-] *adj* indispensable (*dat*, **für** to, for); **er (es) ist mir ~** *a.* I cannot do without him (it); **sich ~ machen** make o.s. indispensable. **≈keit** *f* ⟨-; *no pl*⟩ indispensability.

un·ent·deckt [ˌunʔɛntˈdɛkt; ˈun-] *adj* undiscovered.

un·ent·gelt·lich [ˌunʔɛntˈgɛltlɪç; ˈun-] *adj u. adv* free (of charge), gratis, gratuitous(ly), *adv a.* for nothing.

ˈun·entˌhalt·sam *adj* intemperate, *bes. sexuell*: incontinent. **≈keit** *f* ⟨-; *no pl*⟩ intemperance, *bes. sexuelle*: incontinence.

un·ent·rinn·bar [ˌunʔɛntˈrɪnbaːr; ˈun-] *adj Schicksal etc*: inescapable, ineluctable.

ˈun·entˌschie·den I *adj* **1.** *Frage etc*: undecided, open, unsettled, *jur. Prozeß etc*: pending, *Sport*: drawn (*game, match*); **~es Spiel** *a.* draw, tie. **2.** *obs.* → **unentschlossen. II** *adv* **3. das Spiel steht ~** the score is even; **~ enden** end in a draw; **~ spielen** draw. **III ≈** *n* ⟨-**s**; -⟩ **4.** *Sport*: draw, tie, *Am. a.* standoff.

ˈun·entˌschlos·sen *adj* irresolute, indecisive, undecided; **~ sein** *a.* waver, hesitate, be in two minds (about it). **≈heit** *f* ⟨-; *no pl*⟩ irresolution, indecision.

un·ent·schuld·bar [ˌunʔɛntˈʃʊltbaːr; ˈun-] *adj* inexcusable, unpardonable.

ˈun·entˌschul·digt I *adj* unexcused. **II** *adv* **~ fehlen** be absent without valid excuse.

un·ent|wegt [ˌunʔɛntˈveːkt; ˈun-] **I** *adj* **1.** unswerving, unflinching, stalwart, steadfast. **II** *adv* **2.** (*unverdrossen*) unswervingly (*etc, cf.* 1). **3.** (*unaufhörlich*) incessantly, without a letup. **≈'weg·te** *m, f* ⟨-n; -n⟩ *bes. pol.* diehard, stalwart, *Am. a.* standpatter. **≈'wegt·heit** *f* ⟨-; *no pl*⟩ steadfastness, *bes. pol.* diehardism.

'un·entˌwickelt (*getr.* -**k·k**-) *adj* undeveloped (*a. phot.*), *weitS.* rudimentary.

un·ent·wirr·bar [ˌʊnˀɛntˈvɪrbaːr; ˈʊn-] *adj a. fig.* inextricable.

un·er·ach·tet [ˌʊnˀɛrˈˀaxtət; ˈʊn-] *prep* ⟨*gen*⟩ *obs. for* **ungeachtet**.

un·er·bitt·lich [ˌʊnˀɛrˈbɪtlɪç; ˈʊn-] *adj* inexorable, implacable, merciless, *fig. Tatsachen etc*: *a.* stubborn. **≈keit** *f* ⟨-; *no pl*⟩ inexorability, implacability.

'un·erˌfah·ren *adj* **1.** *im Leben*: inexperienced, callow, *colloq.* green. **2.** (**auf** *e-m Gebiet*, **in** *e-r Sache*) inexperienced (in *a field*), new (to *a job*). **≈heit** *f* ⟨-; *no pl*⟩ inexperience, lack of experience.

un·er·find·lich [ˌʊnˀɛrˈfɪntlɪç; ˈʊn-] *adj* incomprehensible, inexplicable; **aus ~en Gründen** for obscure reasons, for reasons best known to himself (*etc*); **es ist mir ~, wieso** it is a mystery to me why.

un·er·forsch·lich [ˌʊnˀɛrˈfɔrʃlɪç; ˈʊn-] *adj* impenetrable, *Geist, Ratschluß etc*: unfathomable, inscrutable. **≈keit** *f* ⟨-; *no pl*⟩ impenetrability, unfathomableness, inscrutability.

'un·erˌforscht *adj Gebiet etc*: unexplored.

'un·erˌfreu·lich *adj* unpleasant.

un·er·füll·bar [ˌʊnˀɛrˈfʏlbaːr; ˈʊn-] *adj* unfulfillable, (*nicht zu verwirklichen*) unrealizable.

'un·erˌfüllt *adj allg.* unfulfilled (*a. Leben, Mensch*), *Pflicht*: *a.* unperformed, (*nicht verwirklicht*) unrealized; **~ bleiben** go unfulfilled, *Weissagungen, Träume etc*: not to come true. **≈heit** *f* ⟨-; *no pl*⟩ unfulfillment.

'un·erˌgie·big *adj* unproductive (*a. fig. Thema etc*), *Vorkommen, Boden, Ernte etc*: *a.* poor, *weitS.* unprofitable. **≈keit** *f* ⟨-; *no pl*⟩ unproductiveness, poorness, unprofitableness.

un·er·gründ|bar [ˌʊnˀɛrˈgrʏntbaːr; ˈʊn-], **~lich** [-lɪç] *adj* unfathomable (*a. fig.*), fathomless, bottomless, *fig.* inscrutable. **≈lich·keit** *f* ⟨-; *no pl*⟩ unfathomableness (*etc*), *fig.* inscrutability.

'un·erˌheb·lich *adj* **1.** (*geringfügig*) insignificant, inconsiderable, *Verlust etc*: *a.* slight, minor, *Betrag etc*: *a.* trivial, trifling. **2.** (*belanglos*) *a. jur.* (**für** to) irrelevant, immaterial. **≈keit** *f* ⟨-; *no pl*⟩ **1.** insignificance, inconsiderableness, triviality. **2.** irrelevance, immaterialness.

'un·erˌhofft *adj* unhoped-for.

'un·er'hört[1] **I** *adj* **1.** (*empörend*) outrageous, scandalous; (**das ist ja**) **~!** that's outrageous!, the cheek (*od.* insolence) of it! **2.** (*noch nie dagewesen*) unheard-of, unprecedented. **3.** *colloq.* (*groß*) tremendous, fantastic, terrific. **II** *adv* **4.** *colloq.* (*sehr*) fantastically, tremendously.

'un·erˌhört[2] *adj Bitte etc*: ungranted, *Liebe, Gebet etc*: unanswered.

'un·erˌkannt *adj* **1.** unrecognized, unidentified. **2.** incognito.

un·er|kenn·bar [ˌʊnˀɛrˈkɛnbaːr; ˈʊn-] *adj* unrecognizable. **~'klär·bar** [-ˈklɛːrbaːr], **~'klär·lich** [-ˈklɛːrlɪç] *adj* inexplicable, unexplainable, unaccountable; **es ist mir ~, wie** I cannot explain how; **das ist mir (völlig) ~** it's a (complete) mystery to me. **≈'klär·lich·keit** *f* ⟨-; *no pl*⟩ inexplicability, unaccountability. **~'läß·lich** [-ˈlɛslɪç] *adj* (absolutely) essential, imperative; **~ sein** *a.* be a must.

'un·er|ˌlaubt I *adj* unallowed, unpermitted, (*unbefugt*) unauthorized, *jur.* illicit; **~e Handlung** civil wrong, tort, tortious (*od.* illicit) act; → **Entfernung** 9b. **II** *adv* without permission; → **entfernen** 7. **~ˌle·digt** *adj* (that has) not (been) attended to (*od.* dealt with), unsettled, not disposed of, *Aufgaben, Aufträge etc*: *a.* unfulfilled, *Post*: unanswered. **~ˌlöst** *adj relig.* unredeemed.

un·er·meß·lich [ˌʊnˀɛrˈmɛslɪç; ˈʊn-] *adj* immeasurable, immense; **ins ≈e** beyond (all) bounds. **≈keit** *f* ⟨-; *no pl*⟩ immeasurability, immensity.

un·er·müd·lich [ˌʊnˀɛrˈmyːtlɪç; ˈʊn-] *adj* indefatigable, tireless, unflagging, *Bemühungen etc*: untiring. **≈keit** *f* ⟨-; *no pl*⟩ indefatigability, tirelessness.

'unˌernst *adj* unserious, light-minded.

'un·erˌör·tert *adj* undiscussed.

'un·erˌprobt *adj* untested, untried.

'un·erˌquick·lich *adj* unpleasant, unedifying. **≈keit** *f* ⟨-; *no pl*⟩ unpleasantness.

un·er·reich·bar [ˌʊnˀɛrˈraɪçbaːr; ˈʊn-] *adj* inaccessible, unreachable, *bes. fig.* unattainable; (**j-m** *od.* **für j-n**) **~ sein** *a.* be out of (*od.* beyond) (s.o.'s) reach; **er ist ~** one cannot get hold of (*od.* get in touch with) him. **≈keit** *f* ⟨-; *no pl*⟩ inaccessibility.

un·er·reicht [ˌʊnˀɛrˈraɪçt; ˈʊn-] *adj* **1.** unattained, unachieved. **2.** (*unübertroffen*) unmatched, unequal(l)ed, unrival(l)ed; **~ sein** *a.* stand alone.

un·er·sätt·lich [ˌʊnˀɛrˈzɛtlɪç; ˈʊn-] *adj a. fig.* insatiable. **≈keit** *f* ⟨-; *no pl*⟩ insatiability.

'un·erˌschlos·sen *adj* **1.** (*unerforscht*) unexplored. **2.** *econ.* (*nicht nutzbar gemacht*) unexploited, undeveloped, *Quellen, Markt*: *a.* untapped. **3.** *Baugelände*: undeveloped.

un·er·schöpf·lich [ˌʊnˀɛrˈʃœpflɪç; ˈʊn-] *adj a. fig.* inexhaustible.

'un·erˌschrocken (*getr.* -**k·k**-) *adj* undaunted, intrepid, fearless. **≈heit** *f* ⟨-; *no pl*⟩ dauntlessness, intrepidity.

un·er·schüt·ter·lich [ˌʊnˀɛrˈʃʏtərlɪç; ˈʊn-] *adj* unshak(e)able, *weitS.* imperturbable; **~ sein** *a.* be (as) firm as a rock. **≈keit** *f* ⟨-; *no pl*⟩ unshak(e)ability, imperturbability.

un·er·schwing·lich [ˌʊnˀɛrˈʃvɪŋlɪç; ˈʊn-] **I** *adj Preis etc*: exorbitant, prohibitive, *Waren etc*: unattainable; **für j-n ~, j-m ~** beyond s.o.'s means; **das ist mir ~** *a.* I (simply) can't afford it. **II** *adv* **~ teuer** prohibitively expensive.

un·er·setz·bar [ˌʊnˀɛrˈzɛtsbaːr; ˈʊn-] *adj* → **unersetzlich**.

un·er·setz·lich [ˌʊnˀɛrˈzɛtslɪç; ˈʊn-] *adj* **1.** irreplaceable. **2.** *Schaden*: irreparable, *Verlust*: irretrievable. **≈keit** *f* ⟨-; *no pl*⟩ **1.** irreplaceableness. **2.** irreparableness, irretrievability.

un·er·sprieß·lich [ˌʊnˀɛrˈʃpriːslɪç; ˈʊn-] *adj* **1.** (*k-n Nutzen bringend*) unprofitable, fruitless. **2.** → **unerquicklich**.

un·er·träg·lich [ˌʊnˀɛrˈtrɛːklɪç; ˈʊn-] **I** *adj a. Person*: intolerable, unbearable, insufferable. **II** *adv* intolerably, unbearably (*hot, etc*). **≈keit** *f* ⟨-; *no pl*⟩ intolerability, unbearableness, insufferableness.

'un·er|ˌwähnt *adj* unmentioned; **~ lassen** make no mention of *s.th.*, pass *s.th.* over (in silence). **~ˌwar·tet I** *adj* unexpected; **~en** (*od. adv* **~**) **Besuch bekommen** have an unexpected (*od.* a surprise) visitor. **II** *adv* unexpectedly, *weitS.* without a warning. **~ˌwi·dert** *adj allg.* unanswered, *Liebe*: unrequited, *a. Gruß*: unreturned. **~ˌwie·sen** *adj* unproven. **~ˌwünscht** *adj* unwanted (*a. Kind*), unwelcome; *pol.* **~er Ausländer** undesirable alien; „**Hunde ~!**" "dogs not welcome". **~ˌzo·gen** *adj* ill-bred, ill-mannered.

'un·exˌakt *adj* inexact, unexact.

'unˌfach|geˌmäß, ~ˌmän·nisch *adj* inexpert, amateurish, unprofessional.

'unˌfä·hig *adj* **1.** (*untauglich*) incapable, incompetent; **~ für** unqualified for (*an office, etc*), unfit for. **2. ~** (**et.**) **zu tun** unable to do (s.th.), incapable of doing (s.th.); **zu e-r Lüge ~** incapable of telling a lie. **≈keit** *f* ⟨-; *no pl*⟩ **1.** incapability, incompetence. **2.** inability, incapacity.

'unˌfair *adj* unfair; **das ist ~** *a.* that's not cricket.

'Unˌfall *m* ⟨-(e)s; ⸚e⟩ accident, (*kleiner ~, Mißgeschick*) mishap; **e-n ~ haben** have (*od.* meet with) an accident; **Tod durch ~** accidental death. **~ˌabˌtei·lung** *f* → **Unfallstation**. **~ˌarzt** *m* specialist for accident injuries. **~chi·rurˌgie** *f* casualty surgery. **~ˌflucht** *f* absconding after an (*od.* the) accident, hit-and-run driving; **~ begehen** abscond after an accident. **≈ˌfrei I** *adj* **~er Fahrer** driver who has never caused an accident; **~es Fahren** accident-free driving. **II** *adv* **~ fahren** drive without having caused an accident. **~geˌfahr** *f* danger of accident. **≈geˌfähr·det** *adj Personen*: accident-prone. **~geˌschä·dig·te** *m, f* victim of an (*od.* the) accident. **~ˌhäu·fig·keit** *f* accident frequency. **~ˌkran·kenˌhaus** *n* hospital for accident cases. **~ˌort** *m* ⟨-(e)s; -e⟩ → **Unfallstelle**. **~ˌop·fer** *n* victim of an (*od.* the) accident, casualty. **~ˌquo·te, ~ˌra·te** *f* accident rate (*od.* quota). **~ˌren·te** *f* accident annuity. **~ˌri·si·ko** *n* accident risk (*od.* hazard). **~ˌschutz** *m* **1.** (*Versicherung*) accident insurance (cover). **2.** (*Maßnahmen*) prevention of accidents. **~ˌschutzˌvor·ˌrich·tung** *f* safety (*od.* protective) device. **≈ˌsi·cher** *adj* accident-proof. **~sta·tiˌon** *f* casualty (*od.* emergency) ward. **~staˌti·stik** *f* accident statistics *pl* (*als sg od. pl konstruiert*). **~ˌstel·le** *f* site (*od.* scene) of the accident. **~ˌtod** *m* accidental death. **~ˌto·te** *m, f* person killed in an (*od.* the) accident, casualty. **≈ˌträch·tig** *adj Straße, Kurve etc*: hazardous, *Fahrer*: accident-prone. **~ˌur·sa·che** *f* cause of an (*od.* the) accident. **~verˌhü·tung** *f* prevention of accidents. **~verˌlet·zung** *f* injury caused by an (*od.* the) accident, accidental injury. **~verˌsi·che·rung** *f* accident insurance. **~ˌwa·gen** *m* car involved in an (*od.* the) accident. **~ˌzif·fer** *f* accident rate.

un·faß|bar [ʊnˈfasbaːr; ˈʊn-], **~lich** [-lɪç] *adj* (*dat* to) incomprehensible, inconceivable.

un·fehl·bar [ʊnˈfeːlbaːr; ˈʊn-] **I** *adj* infallible (*a. R.C.*), (*treffsicher*) *a. fig.* unerring, (*zuverlässig*) unfailing. **II** *adv* infallibly, *weitS.* for certain, for sure. **≈keit** *f* ⟨-; *no pl*⟩ infallibility (*a. R.C.*), unerringness, unfailingness.

'unˌfein *adj* indelicate, unrefined, *Mann*: *a.* ungentlemanly, not gentlemanlike, *Frau*: *a.* unladylike, not ladylike; **es ist ~** it is bad manners (*od.* bad form, *weitS.* not nice) *to inf.* **≈heit** *f* ⟨-; *no pl*⟩ lack of refinement, indelicacy.

'unˌfern I *prep* ⟨*gen*⟩ not far from, near. **II** *adv* **~ von** not far from.

'unˌfer·tig *adj* **1.** unfinished, uncompleted, incomplete. **2.** *fig. Mensch*: unformed, half-baked, *stärker*: immature.

'Unˌflat [-ˌflaːt] *m* ⟨-(e)s; *no pl*⟩ *bes. fig.* filth, dirt, muck.

'unˌflä·tig [-ˌflɛːtɪç] **I** *adj* dirty, filthy,

stärker: obscene, bawdy. **II** *adv swear* filthily, *behave* obscenely. **≈keit** *f* ⟨-; -en⟩ **1.** ⟨*only sg*⟩ dirtiness, filthiness. **2.** (*Handlung, Ausdruck etc*) obscenity, filth.

un·flek·tier·bar [ˌʊnflɛkˈtiːrbaːr; ˈʊn-] *adj ling.* uninflectible, incapable of inflection.

ˈun·flek̩tiert *adj ling.* uninflected.

ˈun̩flott *adj colloq.* **nicht ~** not too bad.

ˈun̩folg·sam *adj* disobedient. **≈keit** *f* ⟨-; *no pl*⟩ disobedience.

ˈun̩för·mig *adj* shapeless, unshapely, (*massig*) bulky, (*mißgestaltet*) misshapen, *stärker*: monstrous. **≈keit** *f* ⟨-; *no pl*⟩ shapelessness, unshapeliness, deformity, monstrosity.

ˈun̩förm·lich I *adj* informal, unceremonious. **II** *adv* **es ging recht ~ zu** everything was very informal.

ˈun·fran̩kiert *adj Post*: unpaid, unfranked, (*ohne Briefmarke*) unstamped.

ˈun̩frei *adj* **1.** *Volk, Person etc, a. hist.* unfree. **2.** (*befangen*) embarrassed, self-conscious, inhibited. **3.** *Post*: **~ senden** send (*a parcel*) unpaid. **ˈUn̩freie** *m hist.* serf, bond(s)man. **ˈUn̩frei·heit** *f* ⟨-; *no pl*⟩ **1.** unfreedom. **2.** *hist.* serfdom, bondage.

ˈun̩frei̩wil·lig *adj* **1.** involuntary. **2.** *Humor*: unconscious.

ˈun̩freund·lich I *adj* **1.** unfriendly, unkind (**zu, gegen** to), (*ungefällig*) unobliging, (*barsch*) gruff. **2.** *Klima etc*: inclement. **3.** *Raum, Farbe etc*: cheerless. **II** *adv* **4.** unkindly, *answer etc* in an unfriendly manner. **≈keit** *f* ⟨-; *no pl*⟩ **1.** unfriendliness, unkindness. **2.** *des Klimas etc*: inclemency. **3.** *e-s Raumes, e-r Farbe etc*: cheerlessness.

ˈUn̩frie·de(n) *m* ⟨-dens; *no pl*⟩ discord; **Unfrieden stiften** cause discord, make mischief.

ˈun·fri̩siert *adj* unkempt, uncombed.

ˈun̩froh *adj Mensch*: uncheerful.

ˈun̩fromm *adj* impious, undevout.

ˈun̩frucht·bar *adj* **1.** *Boden, Baum etc*: unfruitful, *a. Frau*: infertile, barren, sterile; *med.* **die ~en Tage der Frau** a woman's days of infertility; *fig.* **auf ~en Boden fallen** fall upon stony ground; **das fällt bei ihm auf ~en Boden** that is lost (*od.* wasted) on him. **2.** *fig. Gespräche etc*: fruitless, unfruitful. **≈keit** *f* ⟨-; *no pl*⟩ infertility, *a. fig.* barrenness, sterility, unfruitfulness.

ˈUn̩fug *m* ⟨-(e)s; *no pl*⟩ **1.** (*Schabernack*) mischief, (*Dummheiten*) nonsense, (silly) tricks *pl*; **~treiben** (*od.* **machen**) be up to mischief; **mach(t) k-n ~!** keep out of mischief!; **hör(t) auf mit dem ~!** stop (*od.* cut out) that nonsense (*od.* those silly tricks)!; **~ machen mit et.** fool (around *od.* about) with s.th. **2.** (*Unsinn*) nonsense; (**das ist doch alles**) **~!** (that's all) nonsense!; **solch ein ~!** what nonsense! **3.** (*Mißstand*) nuisance; **es wird höchste Zeit, daß dieser ~ aufhört!** it's about time to stop that nonsense. **4.** *jur.* **grober ~** disorderly conduct, public nuisance.

ˈun̩füg·sam *adj* wayward, intractable, unmanageable.

ˈun̩fühl·bar *adj* imperceptible.

ˈun·fun̩diert *adj* **1.** *Behauptung etc*: unfounded, groundless. **2.** *Wissen*: ungrounded. **3.** *econ. Schuld*: unfunded, floating.

ˈun·ga̩lant *adj* ungallant.

un·gang·bar [ˈʊn̩ɡaŋbaːr; ˌʊn-] *adj a. fig.* impassable, impracticable.

Un·gar [ˈʊŋɡar] *m* ⟨-n; -n⟩. **ˈUn·ga·rin** *f* ⟨-; -nen⟩ Hungarian. **ˈun·ga·risch I** *adj*, **II** *ling.* ≈ ⟨*generally undeclined*⟩, **das** • **≈e** ⟨-n⟩ Hungarian.

ˈun·gar̩niert *adj* ungarnished.

ˈun̩gast·lich *adj* inhospitable. **≈keit** *f* ⟨-; *no pl*⟩ inhospitability.

un·ge|ach·tet [ˈʊnɡəˌʔaxtət; ˌʊn-] *prep* ⟨*gen*⟩ regardless of, irrespective of, notwithstanding, (*trotz*) despite, in spite of. **~̩ahn·det** [-ˌʔaːndət] *adj* unpunished, unpenalized. **~̩ahnt** [-ˌʔaːnt] *adj* unthought-of, unimagined, undreamed-of, unsuspected. **~̩bahnt** *adj* untrod (-den), unbeaten. **~̩bän·digt** *adj a. fig.* untamed.

un·ge·bär·dig [ˈʊnɡəˌbɛːrdɪç; ˌʊn-] *adj* unruly (*child*), unmannerly (*behaviour*). **≈keit** *f* ⟨-; *no pl*⟩ unruliness, unmannerliness.

ˈun·ge|̩beich·tet *adj Sünden*: unconfessed. **~̩be·ten** *adj u. adv* uninvited, unbidden, unasked; **~er Gast** *a.* intruder, gatecrasher. **~̩beugt** *adj* **1.** unbent, unbowed. **2.** → **unflektiert**. **~̩bil·det** *adj* uneducated, *weitS.* (*unkultiviert*) uncultured, uncultivated. **~̩bleicht** *adj* unbleached. **~̩bo·ren** *adj Kind*: unborn. **~̩brannt** *adj* **1.** *Kaffee*: unroasted, green. **2.** *Ton, Ziegel etc*: unburnt, unfired. **~̩bräuch·lich** *adj* uncommon, unusual, uncustomary. **~̩braucht** *adj Waren*: unused. **~̩bro·chen** *adj* **1.** *bes. fig.* unbroken, *fig. a.* undiminished, unabashed. **2.** *phys. Strahlen etc*: unrefracted.

ˈUn·ge̩bühr *f* ⟨-; *no pl*⟩ *lit.* impropriety, unseemliness, misconduct; *jur.* **~ vor Gericht** contempt of court. **un·ge·büh·rend** [ˈʊnɡəˌbyːrənt; ˌʊn-] *adj u. adv* → **ungebührlich**.

un·ge·bühr·lich [ˈʊnɡəˌbyːrlɪç; ˌʊn-] **I** *adj* **1.** *Benehmen etc*: improper, unseemly, unbecoming; **in e-m ~en Ton** in an unseemly tone. **2.** (*untragbar*) unwarrantable; *jur.* **~e Beeinflussung** undue influence. **II** *adv.* **3.** *behave* improperly. **4.** (*über Gebühr, unnötig*) unduly. **≈keit** *f* ⟨-; *no pl*⟩ impropriety, unseemliness, unbecomingness.

ˈun·ge̩bun·den *adj* **1.** *Buch etc*: unbound, in sheets. **2.** *chem. Element etc*: free, uncombined. **3.** *fig.* (*frei, unabhängig*) unattached, independent, footloose, fancy-free; **ein ~es Leben führen** lead a free life; **sie ist noch frei und ~** she is still free and unattached. **≈heit** *f* ⟨-; *no pl*⟩ (*Unabhängigkeit*) independence.

ˈun·ge̩dämpft *adj mus. phys.* undamped.

ˈun·ge̩deckt *adj* **1.** *econ. Scheck etc*: uncovered, (*ohne Sicherung*) *Kredit etc*: unsecured. **2.** *Fußballspieler etc*: unmarked. **3.** *Tisch*: unlaid. **4.** (*ohne Schutz*) exposed, unsheltered, unprotected.

ˈun·ge̩dient *adj mil.* with no prior service.

ˈUn·ge̩duld *f* ⟨-; *no pl*⟩ impatience; **voller ~, mit ~** impatiently. **ˈun·ge̩dul·dig** *adj* impatient.

ˈun·ge̩eig·net *adj* **1.** **~ für** unfit (*od.* unsuitable) for, unsuited for (*od.* to), *Person*: *a.* unqualified for, ineligible for. **2.** (*unpassend*) (**für**) unsuited (for, to), inappropriate (for, to), *Zeit(punkt)*: *a.* inopportune (for), ineligible (for).

un·ge·fähr [ˈʊnɡəˌfɛːr; ˌʊn-] **I** *adj* **1.** approximate, *Vorstellung, Schätzung etc*: *a.* rough. **II** *adv* **2.** approximately, around, roughly, ... or so, ... or thereabout(s), s.th. in the neighbo(u)rhood (*od.* region) of; **~ 10** *a.* (about) six or so (*od.* thereabouts). **3.** **wenn ich nur ~ wüßte** if I only had a rough (*od.* vague) idea; **er weiß es so ~** he can tell you roughly, he knows roughly; **so ~** something like that; **so ist es ~ gewesen** it was just about like that; **wo ~?** whereabout(s)?; **das wird ~ stimmen** that will be about right; **wie von ~** as if by chance; **nicht von ~** not without (good) reason; **ich sage das nicht von ~** I have my reasons for saying that.

un·ge·fähr·det [ˈʊnɡəˌfɛːrdət; ˌʊn-] **I** *adj* safe (*a. ped. Schüler*), unendangered. **II** *adv* safely; **dies kann man ~ tun** *a.* it is quite safe to do that.

ˈun·ge̩fähr·lich *adj* harmless, undangerous, *Arzneimittel, Tiere etc*: *a.* innocuous. **≈keit** *f* ⟨-; *no pl*⟩ harmlessness.

ˈun·ge̩fäl·lig *adj* disobliging, unobliging. **≈keit** *f* ⟨-; *no pl*⟩ disobligingness.

ˈun·ge|̩fälscht *adj* unfaked, unforged. **~̩färbt** *adj* **1.** undyed, *a. Lebensmittel*: uncolo(u)red. **2.** *fig. Bericht etc*: unvarnished. **~̩faßt** *adj Edelstein*: unset. **~̩fe·dert** *adj* unsprung. **~̩fil·tert** *adj* unfiltered. **~̩formt** *adj* unshaped, unformed. **~̩fragt I** *adj* unasked. **II** *adv* unasked, without being asked. **~̩früh·̩stückt** *adv humor.* without (having had) breakfast. **~̩fü·ge** *adj* bulky, hulking, (*unhandlich*) unwieldy, (*unbeholfen*) clumsy. **~̩fü·gig** *adj* **1.** *Person*: incompliant, unpliant. **2.** → **ungefüge**. **~̩füt·tert** *adj* **1.** *Tiere*: unfed. **2.** *fig. Briefumschlag, Handschuh etc*: unlined. **~̩gerbt** *adj* untanned, raw. **~̩ges·sen I** *adj Speisen*: uneaten. **II** *adv humor.* without having eaten.

ˈun·ge̩hal·ten *adj* (**über** *acc* at *s.th.*, with *s.o.*) annoyed, indignant. **≈heit** *f* ⟨-; *no pl*⟩ annoyance, indignation.

ˈun·ge̩här·tet *adj metall.* unhardened.

ˈun·ge̩heilt *adj* uncured.

ˈun·ge̩hei·ßen *adv* unasked, without being asked, of one's own accord.

ˈun·ge̩heizt *adj* unheated.

ˈun·ge̩hemmt I *adj* **1.** unhampered (**von** by). **2.** (*ohne Hemmungen*) uninhibited, (*hemmungslos*) unrestrained. **II** *adv* **3.** uninhibitedly, without restraint, freely. **≈heit** *f* ⟨-; *no pl*⟩ *fig.* unrestraint.

ˈun·ge̩heu·chelt *adj* unfeigned.

un·ge·heu·er [ˈʊnɡəˌhɔʏər; ˌʊn-] **I** *adj* (*riesig*) enormous, immense, huge, vast, colossal, (*toll*) *colloq.* tremendous, terrific; **ungeheurer Fehler** colossal mistake; **ungeheure Freude** immense joy, huge pleasure. **II** *adv* (*sehr*) enormously (*etc, cf.* I); **~ viel** a tremendous lot (of).

ˈUn·ge̩heu·er *n* ⟨-s; -⟩ *a. fig.* monster.

un·ge·heu·er·lich [ˌʊnɡəˈhɔʏərlɪç; ˈʊn-] *adj* **1.** *Verbrechen etc*: monstrous, dreadful. **2.** *Ansinnen etc*: outrageous, scandalizing, monstrous, *Verdächtigung*: abominable, monstrous. **≈keit** *f* ⟨-; -en⟩ monstrosity.

ˈun·ge̩hin·dert I *adj* unhindered, unimpeded. **II** *adv* **~ passieren** pass unhindered (*od.* without hindrance).

un·ge·ho·belt [ˈʊnɡəˌhoːbəlt; ˌʊn-] *adj* **1.** *Bretter etc*: unplaned. **2.** *fig. Benehmen, Person*: unpolished, uncouth, *stärker*: loutish, (*grob, frech*) rude.

ˈun·ge̩hö·rig I *adj* improper, unseemly, unbecoming, *stärker*: impertinent. **II** *adv* **sich ~ benehmen** behave improperly, misbehave. **≈keit** *f* ⟨-; *no pl*⟩ impropriety, impertinence.

ˈun·ge̩hor·sam (**gegen** to) **I** *adj* disobedient, insubordinate. **II ≈** *m* ⟨-s; *no pl*⟩ disobedience, insubordination.

ˈun·ge̩hört *adj* unheard.

ˈUn̩geist *m* ⟨-(e)s; *no pl*⟩ *lit.* demon.

ˈun̩gei·stig *adj* unintellectual.

ˈun·ge̩kämmt *adj* **1.** *Haar*: uncombed, unkempt. **2.** *Wolle*: uncarded.

ˈun·ge̩klärt *adj* **1.** *Problem, Fall etc*: uncleared, not cleared up, *Frage etc*: unsettled, (still) open. **2.** *Flüssigkeit*: unclarified, *Abwässer*: *a.* untreated.

ˈun·ge̩kocht *adj* uncooked.

ˈ**un·geˌkrönt** *adj Herrscher*: uncrowned.
ˈ**un·geˌkühlt** *adj* uncooled.
ˈ**un·geˌkün·stelt** *adj* unaffected, unsophisticated, unstudied. **2heit** *f* ‹-; *no pl*› unaffectedness.
ˈ**un·geˌkürzt** *adj Text*: unabridged.
ˈ**un·geˌla·den**[1] *adj* **1.** *Feuerwaffe*: unloaded. **2.** *Batterie etc*: uncharged.
ˈ**un·geˌla·den**[2] *adj* uninvited, unbidden.
ˈ**un·geˌläu·fig** *adj* **1.** (*nicht vertraut*) unfamiliar (*dat* to). **2.** (*wenig benutzt*) uncommon, unusual, uncurrent.
ˈ**un·geˌläu·tert** *adj fig. Charakter, Herz, Mensch*: unchastened.
ˈ**un·geˌle·gen I** *adj* inconvenient, unsuitable, inopportune, *Zeitpunkt*: *a.* awkward. **II** *adv* j-m ~ **kommen** be inconvenient (*od.* come inconveniently) for s.o., not to suit s.o.; **komme ich ~?** have I come at an inconvenient time? **2heit** *f* j-m **~en machen** (*od.* **bereiten**) put s.o. to inconvenience, put s.o. out.
ˈ**un·geˌleh·rig** *adj* unteachable, indocile.
ˈ**un·geˌleimt** *adj Papier*: unsized.
ˈ**un·geˌlenk** *adj* awkward, clumsy.
ˈ**un·geˌlen·kig** *adj* stiff. **2keit** *f* ‹-; *no pl*› stiffness.
ˈ**un·geˌlernt** *adj Arbeiter etc*: unskilled.
ˈ**un·geˌle·sen** *adj* unread.
ˈ**un·geˌliebt** *adj* unloved.
ˈ**un·geˌlo·gen** *adv colloq.* without lying, no lie, honest to God; **hierfür habe ich ~ zwei Stunden gebraucht** *a.* this took me two hours, and that's the honest truth (*od.* and that's no lie).
ˈ**un·geˌlöscht** *adj* **1.** *Durst*: unquenched. **2.** *Feuer*: unextinguished. **3.** *Kalk*: unslaked.
ˈ**un·geˌlöst** *adj* **1.** *Frage, Problem etc*: un(re)solved. **2.** *chem.* undissolved.
ˈ**un·geˌlüf·tet** *adj* unaired.
ˈ**Un·geˌmach** *n* ‹-(e)s; *no pl*› *lit.* hardship, adversity.
ˈ**un·geˌmacht** *adj Bett etc*: unmade.
ˈ**un·geˌmah·len** *adj Kaffee etc*: unground.
ˈ**un·geˌmäht** *adj Gras etc*: unmown, uncut.
un·ge·mein [ˈʊngəˌmaɪn; ˌʊn-] **I** *adj* uncommon, tremendous, extraordinary. **II** *adv* uncommonly, tremendously, extraordinarily; ~ **viel** *colloq.* a tremendous lot (of).
ˈ**un·geˌmin·dert** *adj* undiminished.
ˈ**un·geˌmu·stert** *adj* unpatterned.
ˈ**un·geˌmüt·lich** *adj* **1.** *Raum etc*: uninviting, unhomely, not cosy. **2.** *fig. Situation, Gefühl etc*: uncomfortable, uneasy, (*gefährlich*) ticklish; *colloq.* **es wurde ihm zu ~** things were getting too hot for him. **3.** *fig. colloq.* (*unangenehm*) unpleasant, nasty; ~ **werden** *Person*: be unpleasant, get nasty. **2keit** *f* ‹-; *no pl*› uninvitingness, unhomeliness.
ˈ**un·geˌnannt** *adj* unnamed, *Person*: *a.* anonymous; **aus ~en Gründen** for reasons unnamed.
ˈ**un·geˌnau** *adj* **1.** inaccurate, inexact. **2.** *fig. Vorstellung etc*: vague, hazy. **2ig·keit** *f* ‹-; -en› inaccuracy.
un·ge·niert [ˈʊnʒeˌniːrt; ˌʊn-] **I** *adj* unembarrassed, uninhibited, unselfconscious, free and easy. **II** *adv* without embarrassment, without shyness, uninhibitedly, freely, openly. **2heit** *f* ‹-; *no pl*› freedom from embarrassment, free and easy way.
un·ge·nieß·bar [ˈʊngəˌniːsbaːr; ˌʊn-] *adj* **1.** unfit for consumption, uneatable, undrinkable, *weitS.* (*abscheulich*) *a. fig.* unpalatable. **2.** *fig. colloq. Person*: unbearable, in a filthy mood. **2keit** *f* ‹-; *no pl*› inedibility, *weitS.* unpalatability.
ˈ**un·geˌnü·gend I** *adj* **1.** insufficient, inadequate, *Arbeit, Leistung*: *a.* poor. **2.** *ped.* unsatisfactory. **II** *adv* **3.** insufficiently; ~ **bezahlt** underpaid; ~ **frankiert** shortpaid; ~ **bemannt** undermanned.
ˈ**un·geˌnutzt**, ˈ**un·geˌnützt** *adj* unused, unutilized; (**nicht**) ~ **verstreichen lassen** waste (make good use of) (*an opportunity, etc*).
ˈ**un·geˌöff·net** *adj* unopened.
ˈ**un·geˌord·net** *adj* disordered, unarranged, *a. Gedanken etc*: unorganized; *fig.* **~e Verhältnisse** disorder *sg.*
ˈ**un·geˌpfla·stert** *adj* unpaved.
ˈ**un·geˌpflegt** *adj* uncared-for, unkempt, untidy, *Person*: *a.* ungroomed, *Garten*: *a.* untended, *weitS. Sprache etc*: uncultivated. **2heit** *f* ‹-; *no pl*› unkemptness, untidiness.
ˈ**un·geˌplant** *adj* unplanned.
ˈ**un·geˌprüft** *adj* unexamined, unchecked, *tech. etc* untried, untested.
ˈ**un·geˌputzt** *adj* uncleaned.
ˈ**un·geˌrächt** *adj* unavenged, unrevenged.
ˈ**un·geˌra·de** *adj* **1.** *Linie etc*: unstraight. **2.** *Zahl, Hausnummer etc*: uneven, odd.
ˈ**un·geˌrahmt** *adj* unframed.
ˈ**un·geˌra·ten** *adj allg.* that has turned out badly, *bes. iro. Kind*: bad, naughty.
ˈ**un·geˌräu·chert** *adj* unsmoked.
ˈ**un·geˌrech·net** *adj* apart from, not counting, not including.
ˈ**un·geˌrecht I** *adj* unjust (*a. jur.*), unfair. **II** *adv* **j-n ~ behandeln** treat s.o. unjustly, wrong s.o. ˈ**un·geˌrech·terˈwei·se** *adv* unjustly. ˈ**un·geˌrechtˌfer·tigt I** *adj* unjustified, unwarranted. **II** *adv* unduly. ˈ**Un·geˌrech·tig·keit** *f* ‹-; -en› (**gegen** to) **1.** ‹*only sg*› injustice, unfairness. **2.** (*ungerechte Handlung*) inequity, iniquity; **~en bei der Besteuerung** inequities in taxation.
ˈ**un·geˌre·gelt** *adj Verhältnisse, Verkehr etc*: unregulated, *Leben, Arbeitszeit etc*: irregular, *Angelegenheit etc*: unsettled.
ˈ**un·geˌreimt** *adj* **1.** *Verse*: unrhymed. **2.** *fig.* (*unsinnig*) inconsistent, absurd; **~es Zeug** nonsense, *sl.* rot. **2heit** *f* ‹-; -en› absurdity.
ˈ**un·geˌrei·nigt** *adj* **1.** uncleaned. **2.** *chem.* unpurified, crude.
ˈ**un·geˌrich·tet** *adj Antenne*: equiradial, nondirectional, nondirective.
ˈ**un·geˌrinn·bar** *adj chem.* incoagulable.
ˈ**unˌgern** *adv* **1.** et. ~ **tun** hate (*od.* not to like, dislike) doing s.th.; **sie steht ~ früh auf** she hates getting up early; **ich sehe es ~ wenn sie raucht** I hate to see her smoke; **er hat es nicht ~ wenn** he rather likes it if. **2.** (*widerstrebend*) *admit, accept, etc* unwillingly, reluctantly, grudgingly.
ˈ**un·geˌru·fen** *adj* without being called.
ˈ**un·geˌrührt** *adj* unmoved, untouched.
ˈ**un·geˌrupft** *adj* **1.** *Huhn etc*: unplucked. **2.** *fig. colloq.* **nicht ~ davonkommen** a) get fairly skinned (*od.* fleeced), b) not to escape unscathed, get a bit mauled.
ˈ**un·geˌsagt** *adj* unsaid.
ˈ**un·geˌsal·zen** *adj* unsalted.
ˈ**un·geˌsät·tigt** *adj* **1.** (*hungrig*) unsatisfied, insatiate(d). **2.** *chem.* unsaturated.
ˈ**un·geˌsäu·ert** *adj Brot, Teig*: unleavened.
un·ge·säumt [ˈʊngəˌzɔʏmt; ˌʊn-] *adv lit.* (*sofort*) immediately, without delay.
ˈ**un·geˌschält** *adj* **1.** *Getreide etc*: unhusked. **2.** *Obst, Kartoffeln etc*: unpeeled.
ˈ**un·geˌsche·hen** *adj* **et. ~ machen** undo s.th.; **Geschehenes kann man nicht ~ machen** what has been done cannot be undone.
ˈ**un·geˌschicht·lich** *adj* unhistoric(al).
ˈ**Un·geˌschick** *n* ‹-(e)s; *no pl*› lack of skill; → *a.* **~lich·keit** *f* ‹-; *no pl*› awkwardness, clumsiness.
ˈ**un·geˌschickt** *adj* **1.** *Person*: clumsy, awkward, unskil(l)ful. **2.** *Hände, Finger, Bewegungen*: clumsy. **3.** *fig. Versuch, Benehmen, Geste, Entschuldigung etc*: clumsy, maladroit, *Zeitpunkt etc*: awkward. **2heit** *f* ‹-; *no pl*› awkwardness, clumsiness.
ˈ**un·geˌschlacht** [-gəˌʃlaxt] *adj* bulky, hulking, *a. weitS. Benehmen etc*: ungainly, uncouth. **2heit** *f* ‹-; *no pl*› **1.** bulkiness. **2.** uncouthness.
ˈ**un·geˌschla·gen** *adj mil. Sport*: unbeaten, undefeated.
ˈ**un·geˌschlecht·lich** *adj biol.* asexual.
ˈ**un·geˌschlif·fen** *adj* **1.** *Klinge etc*: unsharpened, unwhetted. **2.** *Marmor etc*: unpolished. **3.** *Edelstein*: uncut. **4.** *fig. Benehmen etc*: unpolished (*a. Stil*), *stärker*: uncouth, coarse.
ˈ**un·geˌschmä·lert I** *adj* undiminished, uncurtailed. **II** *adv* in full.
ˈ**un·geˌschmei·dig** *adj a. fig.* impliable, stiff, rigid, inflexible.
ˈ**un·geˌschminkt** *adj* **1.** without make-up, not made up. **2.** *fig. Bericht etc*: unvarnished, *Wahrheit, Tatsache*: *a.* plain.
ˈ**un·geˌschmückt** *adj* unadorned.
ˈ**un·geˌschnit·ten** *adj Gras, Haar*: uncut.
ˈ**un·geˌscho·ren** *adj* **1.** *a. Textil.* unshorn. **2.** *fig.* (*unbehelligt*) unmolested, (*heil*) unharmed; **j-n** (**et.**) **~ lassen** spare s.o. (s.th.); **~ bleiben** be spared; **~ davonkommen** *Angeklagter, Steuerzahler etc*: get off (*od.* go) scot-free, *weitS.* (*verschont bleiben*) be spared.
ˈ**un·geˌschrie·ben** *adj* unwritten (*law*).
ˈ**un·geˌschult** *adj* untrained, unschooled.
ˈ**un·geˌschützt** *adj* unsheltered, unprotected, exposed.
ˈ**un·geˌschwächt** *adj* unweakened.
ˈ**un·geˌse·hen** *adj* unseen, unnoticed.
ˈ**un·geˌsel·lig** *adj* **1.** unsociable. **2.** *zo.* ungregarious. **2keit** *f* ‹-; *no pl*› unsociableness.
ˈ**un·geˌsetz·lich** *adj* unlawful, illegal, illicit. **2keit** *f* ‹-; *no pl*› unlawfulness, illegality.
ˈ**un·geˌsi·chert** *adj a. econ.* unsecured.
ˈ**un·geˌsit·tet** *adj* ill-mannered, ill-bred, *weitS.* uncivilized.
ˈ**un·geˌsprä·chig** *adj* taciturn, reticent.
ˈ**un·geˌstalt** *adj* → **unförmig**.
ˈ**un·geˌstillt** *adj Hunger, Neugier, Verlangen etc*: unsatisfied, unappeased, *a. Schmerz*: unstilled, *Durst*: unquenched.
ˈ**un·geˌstört I** *adj* undisturbed, (*nicht unterbrochen*) uninterrupted (*development, etc*), *weitS.* untroubled (*happiness, etc*). **II** *adv* **~ arbeiten** work in peace (and quiet). **2heit** *f* ‹-; *no pl*› undisturbedness.
ˈ**un·geˌstraft I** *adj* unpunished. **II** *adv* with impunity; **~ davonkommen** get off unpunished (*colloq.* scot-free).
ˈ**un·geˌstüm** [-gəˌʃtyːm] **I** *adj* impetuous, tempestuous (*a. Wind etc*), *weitS.* (*heftig, wild*) vehement, wild. **II** *adv* ~ **aufspringen** jump up impetuously. **III 2** *n* ‹-(e)s; *no pl*› impetuosity, tempestuousness, (*Heftigkeit*) vehemence, wildness; **mit jugendlichem 2** with youthful impetuosity.
ˈ**un·geˌsühnt** *adj* unatoned, unpunished.
ˈ**un·geˌsund** *adj* **1.** *Aussehen etc*: unhealthy, *Nahrung*: *a.* unwholesome, *Umgebung etc*: *a.* unhealthful, *bes. Klima*: *a.* insalubrious. **2.** *fig. Entwicklung, Wirtschaftslage etc*: unsound.
ˈ**un·geˌsüßt** *adj* unsweetened.
ˈ**un·geˌtan** *adj* **et. ~ lassen** leave s.th. undone; **~ bleiben** remain undone.

'un·ge,tauft *adj* **1.** unchristened, unbaptized. **2.** *humor. Wein*: unwatered.
'un·ge,teert *adj* untarred.
'un·ge,teilt *adj* undivided (*a. fig. Zustimmung, Aufmerksamkeit etc*).
'un·ge,tilgt *adj econ.* not repaid.
'un·ge,tra·gen *adj Kleidung etc*: unworn.
'un·ge,treu *adj poet.* disloyal, unfaithful.
'un·ge,trock·net *adj* undried.
'un·ge,trübt *adj fig. Blick etc*: clear, *Verstand etc*: *a.* unclouded, *Freundschaft etc*: untroubled, unmarred, *Freude, Glück etc*: unmixed, unalloyed.
'Un·ge,tüm *n* ⟨-(e)s; -e⟩ *a. fig.* monster; *fig.* ein ~ von Schrank a monstrosity of a cupboard, a monster cupboard.
'un·ge,übt *adj* unpracticed. **~heit** *f* ⟨-; *no pl*⟩ lack of practice.
'un·ge,wandt *adj* → ungeschickt 1.
'un·ge,wa·schen *adj* unwashed; *fig. colloq.* ein ~es Maul haben have a foul (*od.* filthy) tongue.
'un·ge,wiß I *adj* **1.** uncertain (*a. Ankunft, Schicksal etc*): ich bin (mir) noch ~, ob I am still uncertain (*od.* undecided) whether. **2.** (*unbestimmt*) indeterminate, vague, indefinable. **II 'Un·ge,wis·se, das** ⟨-n⟩ **3.** the uncertainty; et. Ungewisses s.th. uncertain; ein Sprung ins Ungewisse a leap in the dark. **4.** *mit Kleinschreibung*: j-n im ungewissen lassen (über *acc* about) leave s.o. in the air, keep s.o. guessing (*stärker*: in suspense); im ungewissen bleiben remain uncertain. **~heit** *f* ⟨-; *no pl*⟩ uncertainty.
'Un·ge,wit·ter *n obs.* (thunder)storm; *fig.* ein ~ brach über ihn herein the storm broke over his head.
'un·ge,wöhn·lich I *adj* unusual, uncommon, extraordinary; e-e ~e Kälte an unusual (*od.* extraordinary) cold spell; ein ~er Schritt an unusual step; sie hat e-n ~en Geschmack she has a rather different taste, her taste is out of the ordinary. **II** *adv* ~ groß unusually (*etc*) big. **III ~e, das** ⟨-n⟩ nichts ~es nothing out of the ordinary, nothing unusual.
'un·ge,wohnt *adj* **1.** (*unüblich*) unusual, uncustomary, unhabitual, unwonted; in ~er (*od.* auf ~e) Weise in an unusual way (*od.* manner); zu ~er Stunde at an unusual time. **2.** (*fremd*) strange, unfamiliar; et. ist j-m ~ s.o. is unused (*od.* unaccustomed) to s.th., s.th. is unfamiliar to s.o., s.o. is unfamiliar with s.th.
'un·ge,wollt I *adj* unintentional, unintended, involuntary. **II** *adv* unintentionally (*etc*); das geschah ~ that was unintentional.
'un·ge,wünscht *adj* unwanted.
'un·ge,würzt *adj* unseasoned, unspiced.
'un·ge,zählt *adj* **1.** uncounted. **2.** *fig.* (*sehr viele*) innumerable, countless, untold.
'un·ge,zähmt *adj* **1.** untamed, wild. **2.** *fig. Geist etc*: uncurbed, unsubdued, *Leidenschaft*: unbridled.
'Un·ge,zie·fer [-gə,tsiːfər] *n* ⟨-s; *no pl*⟩ vermin (*a. fig.*) (*verwendet als pl konstruiert*), bugs *pl*; voller ~ vermin-ridden, vermin-infested. **~be,kämp·fung** *f* vermin control. **~ver,til·gung** *f* vermin disinfestation.
'un·ge,zielt *adj* unsighted (*shot*).
'un·ge,zie·mend *adj lit.* unseemly.
'un·ge,ziert *adj* unaffected, natural.
'un·ge,zo·gen *adj* ill-mannered, unmannerly, (*unartig*) naughty, (*frech*) *a. Bemerkung, Antwort etc*: impudent, cheeky, saucy, impertinent; es ist sehr ~ zu *a.* it is very bad manners to *inf.* **~heit** *f* ⟨-; -en⟩ **1.** ⟨*only sg*⟩ unmannerliness. **2.** (*Handlung, Bemerkung etc*) impudence, impertinence.
'un·ge,zü·gelt I *adj* unbridled, unrestrained. **II** *adv* unrestrainedly, without restraint.
'un·ge,zwun·gen I *adj Benehmen, Atmosphäre etc*: free and easy, *a. Gespräch, Beisammensein etc*: casual, unconstrained. **II** *adv* (frei und) ~ freely, without constraint; sich ~ benehmen (*od.* bewegen) behave very casually, be (*od.* feel) at ease. **~heit** *f* ⟨-; *no pl*⟩ unconstraint, ease, casualness.
'un,gif·tig *adj* nonpoisonous.
'Un,glau·be(n) *m* unbelief.
'un,glaub·haft *adj* → unglaubwürdig.
'un,gläu·big I *adj* **1.** disbelieving, incredulous. **2.** *relig.* unbelieving, faithless, (*andersgläubig*) infidel. **II** *adv* **3.** ~ lächeln smile disbelievingly; j-n ~ ansehen look at s.o. doubtingly. **'Un,gläu·bi·ge** *m, f* ⟨-n; -n⟩ **1.** disbeliever. **2.** *relig.* unbeliever, (*Andersgläubige*) infidel; die ~n the infidels. **'Un,gläu·big·keit** *f* ⟨-; *no pl*⟩ **1.** disbelief, incredulity. **2.** *relig.* unbelief.
un·glaub·lich [,ʊnˈglauplɪç; ˈʊn-] **I** *adj* **1.** incredible, unbelievable. **2.** *fig.* a) (*großartig*) unbelievable, incredible, b) (*unerhört*) outrageous, scandalous. **II** *adv* **3.** incredibly, unbelievably.
'un,glaub,wür·dig *adj* untrustworthy, *Politiker, Partei*: *a.* not credible, *Geschichte etc*: *a.* incredible, *bes. Gründe, Erklärungen etc*: implausible. **~keit** *f* ⟨-; *no pl*⟩ untrustworthiness, incredibleness, implausibility, *pol.* lack of credibility.
'un,gleich I *adj* **1.** *im Aussehen*: unlike, dissimilar, unalike. **2.** *in Größe, Höhe, Ausmaß, Qualität etc*: unequal, unlike. **3.** *Kräfteverhältnis, Verteilung etc*: unequal, uneven. **4.** *Voraussetzungen, Chancen, a. Kampf*: unequal. **5.** *Schuhe, Socken etc*: odd. **6.** *math.* x ist ~ y x is not equal to y. **II** *adv* **7.** ~ lang (groß) unequal in length (size). **8.** *verstärkend vor comp*: (by) far, a great deal, *colloq.* a lot, *stärker*: incomparably. **~,ar·tig** *adj* different, dissimilar, unlike, heterogeneous. **~,för·mig** *adj* **1.** irregular, uneven. **2.** different in shape. **~heit** *f* ⟨-; *no pl*⟩ **1.** unlikeness, dissimilarity. **2.** inequality, unevenness.
'un,gleich,mä·ßig *adj* **1.** *Verteilung, Belastung, Temperatur etc*: uneven. **2.** (*unregelmäßig*) irregular, unsteady. **3.** (*schwankend*) unequal, varying, uneven, irregular. **~keit** *f* ⟨-; *no pl*⟩ **1.** unevenness. **2.** irregularity, unsteadiness.
'un,gleich|,na·mig *adj* **1.** *math.* ~e Brüche unlike fractions. **2.** *electr. Pole*: unlike. **~,schenk·lig** [-,ʃɛŋklɪç] *adj tech.* unequal. **~,sei·tig** *adj math. Dreieck*: scalene.
'Un,glei·chung *f math.* inequation.
'Un,glimpf [-,glɪmpf] *m* ⟨-(e)s; *no pl*⟩ *obs.* **1.** (*Beleidigung*) insult, affront, *stärker*: outrage. **2.** (*Unrecht*) wrong. **~lich** *adv* mit j-m ~ verfahren treat s.o. harshly (*od.* cruelly).
'Un,glück *n* ⟨-(e)s; -e⟩ **1.** ⟨*only sg*⟩ misfortune, bad fortune, ill (*od.* bad) luck; vom ~ betroffen sein be afflicted by misfortune, be hard hit; viel ~ haben have a lot of bad luck; ~ in der Liebe haben be unlucky (*od.* be crossed) in love; das ~ wollte es, daß misfortune would have it that; zum ~ as (ill) luck would have it, unfortunately (enough); ~ bringen bring ill (*od.* bad) luck; zu allem ~, um das ~ (noch) vollzumachen to make things even worse, to crown (it) all; es ist ein ~, daß it's too bad (*od.* a shame) (that); *colloq.* das ist weiter kein ~ that's no tragedy; ein ~ kommt selten allein (*Sprichwort*) it never rains but it pours. **2.** ⟨*only sg*⟩ (*Unheil*) disaster, (*Elend*) misery, distress; sich ins ~ stürzen, ins (*od.* in sein) ~ rennen head for disaster; j-n ins ~ bringen (*od.* stürzen) bring disaster (up)on s.o., (*a.* j-s ~ sein) be s.o.'s undoing. **3.** (*Mißgeschick*) misfortune, mishap, misadventure, *stärker*: calamity; ich hatte das ~ zu I had the misfortune to *inf.* **4.** (*Unfall*) accident, *stärker*: disaster, calamity, catastrophe.
'un,glück·lich I *adj* **1.** *Person, Leben, Ehe, Kindheit etc*: unhappy, *Liebe*: *a.* unrequited, (*elend*) wretched, miserable. **2.** (*vom Pech verfolgt*) unlucky, unfortunate, hapless. **3.** *Wahl, Formulierung, Zeitpunkt, Umstände etc*: unfortunate, unhappy. **4.** *Lage, Bewegung, Aussehen etc*: unfortunate; e-e ~e Figur machen (*od.* abgeben) look a sorry sight, cut a poor figure; e-e ~e Hand (im Umgang) mit Kindern haben have an unfortunate way with children. **II** *adv* **5.** ~ verliebt sein be crossed in love; ~ fallen have a (very) bad fall; ~ enden end badly.
'Un,glück|li·che *m, f* unhappy person; ich ~r! poor me! **~li·cher'wei·se** *adv* unfortunately, unluckily, as misfortune would have it.
'Un,glücks|,bo·te *m* bringer of bad tidings. **~,bot·schaft** *f* bad (*od.* evil) tidings *pl.* **~,brin·ger** *m* Jonah, jinx.
'un,glück|,se·lig *adj* **1.** (*verhängnisvoll*) unfortunate, ill-starred, *stärker*: fatal, calamitous. **2.** *Mensch*: unfortunate, unlucky, *weitS.* miserable, wretched, lamentable. **~,se·li·ger'wei·se** *adv* → unglücklicherweise.
'Un,glücks|,fall *m* **1.** (*Unglück*) misfortune, mishap, misadventure. **2.** (*Unfall*) accident. **~ge,fähr·te** *m* fellow sufferer. **~,jahr** *n* unlucky year. **~,ra·be** *m humor.* unlucky fellow, poor devil. **~,tag** *m* black (*stärker*: fatal) day. **~,vo·gel, ~,wurm** *m* → Unglücksrabe. **~,zahl** *f* unlucky number. **~,zei·chen** *n* evil omen.
'Un,gna·de *f* ⟨-; *no pl*⟩ disgrace, disfavo(u)r; bei j-m in ~ fallen fall out of favo(u)r (*od.* into disgrace) with s.o., incur s.o.'s displeasure, *colloq.* get into s.o.'s bad books.
'un,gnä·dig I *adj* **1.** (*unfreundlich*) unkind (*a. Schicksal*), *Antwort*: *a.* ungracious, (*ungehalten*) indignant. **2.** (*verdrießlich*) surly, crabbed, ill-humo(u)red. **II** *adv* **3.** ~ reagieren react ungraciously; et. ~ aufnehmen take s.th. in (*od.* with) bad grace.
'un·gra·zi,ös *adj* ungraceful, graceless.
'un,gül·tig *adj* **1.** *Paß, Fahrkarte etc*: invalid, (*null und nichtig*) (null and) void, *Gesetz*: inoperative; ~e Stimme *bei Wahlen*: spoilt vote; ~ machen (*entwerten*) cancel; für ~ erklären invalidate, declare null and void, nullify, (render) void, annul, (*Urteil*) set aside, quash, (*Gesetz*) repeal. **2.** *Münze*: not current. **3.** *Sport*: *Wurf, Sprung etc*: invalid; (*ein Tor*) für ~ erklären disallow. **~keit** *f* ⟨-; *no pl*⟩ invalidity, *e-s Vertrages, e-r Ehe etc*: *a.* voidness, nullity. **~keits·er,klä·rung** *f* invalidation, nullification.
'Un,gunst *f* ⟨-; *no pl*⟩ **1.** *e-r Person*: disfavo(u)r, displeasure. **2.** *der Witterung*: inclemency. **3.** *der Verhältnisse etc*: untowardness. **4.** zu j-s ~en to s.o.'s disadvantage (*od.* disfavour); sich zu j-s ~en verrechnen (*od.* verzählen) make a mistake to s.o.'s disfavo(u)r; zu j-s ~en sprechen tell against s.o.
'un,gün·stig I *adj allg.* unfavo(u)rable, *weitS.* (*unvorteilhaft*) disadvantageous, (*widrig*) adverse, untoward. **II** *adv* et. ~ beurteilen judge s.th. unfavo(u)rably;

sich ~ auswirken have an unfavo(u)rable effect; **die Sache ist ~ für ihn ausgegangen** the affair turned out unfavo(u)rably for him; **j-m ~ gesonnen sein** be ill disposed toward(s) s.o.

ˈunˌgut *adj* bad; **ein ~es Gefühl (bei e-r Sache) haben** have misgivings (*od.* bad feelings) (about s.th.); **nichts für ~!** no offen/ce (*Am.* -se) (meant)!, no harm meant!, no hard feelings!

un·halt·bar [ˈʊnˌhaltbaːr; ˌʊn-] *adj* **1.** *Behauptung, Zustand, Forderung etc, a. mil.* untenable, *weitS.* (*nicht zu verteidigen*) indefensible; **~e Versprechungen** *a.* promises that cannot be kept. **2.** *Sport: Ball, Schuß*: unstoppable, *Tor*: unavoidable. **≗keit** *f* ⟨-; *no pl*⟩ untenability.

ˈunˌhand·lich *adj* unwieldy, awkward, clumsy, bulky. **≗keit** *f* ⟨-; *no pl*⟩ unwieldiness, awkwardness, bulkiness.

ˈun·harˌmo·nisch *adj a. fig.* inharmonious, *stärker*: discordant.

ˈUnˌheil *n* ⟨-s; *no pl*⟩ mischief, (*Übel*) evil, (*Schaden*) harm, (*Unglück*) disaster, calamity; **~ anrichten** (*od.* **stiften**) cause (*od.* do) mischief, *stärker*: cause (*od.* wreak) havoc; **auf ~ sinnen** intend (*od.* mean) mischief; **~ verkünden** bode ill; **das ~ kommen sehen** foresee disaster; **~ bringen über** (*acc*) bring disaster (up)on.

un·heil·bar [ˈʊnˌhaɪlbaːr; ˌʊn-] **I** *adj* **1.** *Krankheit etc, a. humor. Optimist etc*: incurable. **2.** *fig. Schaden etc*: irreparable, irremediable, irretrievable. **II** *adv* **3. ~ krank** incurably ill, past recovery; **~ zerrüttet** *Ehe*: irretrievably broken down. **≗keit** *f* ⟨-; *no pl*⟩ incurability.

ˈunˌheil|ˌbrin·gend *adj* fatal, baneful. **~ˌdro·hend** *adj* ominous, portentous. **~ˌschwan·ger** *adj lit.* portentous, fraught with misfortune. **~verˌkün·dend** *adj* ill-boding, evil-boding, ominous, portentous. **~ˌvoll** *adj* **1.** *Entwicklung etc*: disastrous, calamitous, fatal. **2.** *Blick etc*: sinister.

ˈunˌheim·lich I *adj* **1.** *Geschichte, Ort, Erlebnis etc*: eerie, weird, spooky, *a. Gefühl*: uncanny; **mir ist ~ (zumute)** I have an uncanny feeling; *colloq.* **der Kerl ist mir ~** I have an uncanny feeling about this fellow. **2.** *fig. colloq.* (*sehr groß*) terrific, terrible, tremendous. **II** *adv* **3.** *fig. colloq.* (*sehr*) tremendously, terribly; **~ viel** a tremendous (*od.* terrific) lot (of), heaps (of); **~ gut** terrific, fantastic.

ˈunˌheiz·bar *adj* unheatable.

ˈun·hiˌsto·risch *adj* ahistoric.

ˈunˌhöf·lich *adj* impolite, discourteous, uncivil, *stärker*: rude. **≗keit** *f* ⟨-; *no pl*⟩ impoliteness, discourtesy, incivility, rudeness.

ˈUnˌhold *m* ⟨-(e)s; -e⟩, **ˈUnˌhol·din** *f* ⟨-; -nen⟩ monster, fiend.

un·hör·bar [ˌʊnˈhøːrbaːr; ˈʊn-] *adj* inaudible.

ˈun·hy·gie·nisch [-hyˌgɪeːnɪʃ] *adj* unhygienic, insanitary, unsanitary.

uni [yˈniː; ˈyni] (*Fr.*) **I** *adj Stoff*: unicolo(u)red. **II ≗** *n* ⟨-s; -s⟩ solid colo(u)r.

Uni [ˈʊni; ˈuːni] *f* ⟨-; -s⟩ *colloq.* varsity, *Am. a.* "U", university.

uniert [uˈniːrt] *adj* **~e Kirchen** Uniate Churches.

uni·form [uniˈfɔrm] *adj* uniform.

Uni|form [uniˈfɔrm; ˈʊni-] ⟨-; -en⟩ uniform. **≗forˈmie·ren** [-fɔrˈmiːrən] *v/t* ⟨*no* **ge-**, h⟩ **1.** uniform. **2.** *fig.* (*einheitlich machen*) uniform(ize). **≗forˈmiert** *adj* **1.** uniformed, in uniform. **2.** *fig.* (*gleichgeschaltet*) uniformed, uniformized. **~for·miˈtät** [-fɔrmiˈtɛːt] *f* ⟨-; *no pl*⟩ uniformity.

Uni·kat [uniˈkaːt] *n* ⟨-(e)s; -e⟩ (*einzige Ausfertigung*) unicum.

Uni·kum [ˈuːnikʊm] *n* ⟨-s; **Unika** [-ka], *a.* -s⟩ **1.** unique (thing), unicum. **2.** *fig. colloq.* (*sonderbarer Mensch*) character, original.

uni·la·te·ral [unilateˈraːl] *adj* unilateral.

ˈun·in·tel·liˌgent *adj* unintelligent.

ˈun·in·ter·esˌsant *adj* **1.** uninteresting. **2.** (*unwichtig*) unimportant; **~ sein** *a.* make no difference (**für** to).

ˈun·in·ter·esˌsiert *adj* uninterested (**an** *dat* in). **≗heit** *f* ⟨-; *no pl*⟩ uninterestedness.

Uni·on [uˈnɪoːn] *f* ⟨-; -en⟩ union.

Uniˈons·parˌtei·en *pl BRD pol.* union *sg* of the rightist parties (CDU and CSU).

ˈunˌir·disch *adj* unworldly, unearthly.

uni·so·no [uniˈzoːno; uˈniːzono] *mus. u. fig.* **I** *adv u. adj* in unison, unisono. **II ≗** *n* ⟨-s; -soni [-ni] *u.* -s⟩ unison.

Uni·ta·ri·er [uniˈtaːrɪər] *m* ⟨-s; -⟩ *relig.* Unitarian. **uniˈta·risch** [-rɪʃ] *adj* unitary. **Uni·taˈris·mus** [-taˈrɪsmʊs] *m* ⟨-; *no pl*⟩ **1.** *relig.* Unitarianism. **2.** *pol.* unitarianism.

uni·ver·sal [univɛrˈzaːl] *adj* universal.

Uni·verˈsal... *in Zssgn* universal, *tech. a.* all-purpose. **~ˌer·be** *m jur.* sole (*od.* universal) heir. **~geˌlehr·te** *m* polymath. **~geˌlenk** *n tech.* universal joint. **~geˌnie** *n* universal genius, *colloq.* all-rounder. **~ˌkü·chen·maˌschi·ne** *f* multi-purpose kitchen machine. **~ˌle·xi·kon** *n* encyclop(a)edia. **~ˌmit·tel** *n bes. fig.* universal remedy, panacea, cure-all. **~ˌschlüs·sel** *m tech.* universal (*od.* adjustable) wrench (*bes. Br.* spanner). **~ˌwerkˌzeug** *n* all-purpose tool. **~ˌzan·ge** *f* all-purpose pliers *pl.*

uni·ver·sell [univɛrˈzɛl] *adj* universal, *tech. a.* all-purpose.

Uni·ver·si·tät [univɛrziˈtɛːt] *f* ⟨-; -en⟩ university; **zur ~ gehen** go to the (*od.* a) university; **auf der ~ sein, an der ~ studieren, die ~ besuchen** be (*od.* study) at the (*od.* a) university.

Uni·ver·siˈtäts|bi·blioˌthek *f* university library. **~ˌkli·nik** *f* teaching hospital. **~ˌlaufˌbahn** *f* university career. **~proˌfes·sor** *m* university professor. **~ˌstadt** *f* university town (*od.* city). **~ˌstu·di·um** *n* university studies *pl.* **~ˌzeit** *f* → **Studienzeit** 1.

Uni·ver·sum [uniˈvɛrzʊm] *n* ⟨-s; *no pl*⟩ universe.

ˈun·ka·me·rad·schaft·lich *adj* unsporting, not comradely.

ˈunˌkaufˌmän·nisch *adj* unbusinesslike.

Un·ke [ˈʊŋkə] *f* ⟨-; -n⟩ **1.** *zo.* toad. **2.** *humor.* (*Schwarzseher*) croaker. **ˈun·ken** *v/i* ⟨h⟩ *fig. colloq.* croak.

ˈunˌkennt·lich *adj* unrecognizable, ⟨*pred*⟩ (*entstellt*) past recognition; (*Unterschrift etc*) **~ machen** deface, obliterate. **≗keit** *f* ⟨-; *no pl*⟩ **bis zur ~ entstellt** disfigured past (*od.* beyond) recognition.

ˈUnˌkennt·nis *f* ⟨-; *no pl*⟩ ignorance, unawareness; **in ~ der Tatsachen** ignorant of the facts; **in ~ sein über** (*acc*) be ignorant (*od.* unaware) of; **j-n in ~ lassen** (**über** *acc*) keep s.o. in the dark (about *s.th.*); **~ schützt vor Strafe nicht** ignorance of the law is no excuse.

ˈunˌkeusch *adj u. adv* unchaste. **≗heit** *f* ⟨-; *no pl*⟩ unchastity.

ˈunˌkind·lich *adj* unchildlike, (*altklug*) precocious.

ˈunˌkirch·lich *adj* nonclerical.

ˈunˌklar I *adj allg. Angelegenheit, Beschreibung etc*: unclear, *weitS.* (*undeutlich*) indistinct, fuzzy, blurred, (*verworren*) confused, muddled, *colloq.* wool(l)y; **es ist mir noch ~** it is still unclear to me; **im ~en sein (lassen)** be (leave *s.o.*) in the dark (**über** *acc* about). **II** *adv* **sich ~ ausdrücken** express o.s. unclearly; **et. nur ~ erkennen** distinguish s.th. indistinctly. **≗heit** *f* ⟨-; -en⟩ **1.** ⟨*only sg*⟩ unclarity, unclearness; **es herrscht ~ darüber, ob** it is not clear whether. **2.** *meist pl* unclarity, unclear (*od.* open, unsettled) point.

ˈunˌkleid·sam *adj* unbecoming.

ˈunˌklug *adj* imprudent, unwise, ill-advised. **≗heit** *f* ⟨-; *no pl*⟩ imprudence.

ˈun·kol·le·giˌal *adj* inconsiderate toward(s) one's colleagues.

ˈun·kom·pliˌziert *adj* uncomplicated, *Person*: *a.* straightforward.

un·kon·trol|lier·bar [ˈʊnkɔntrɔˌliːrbaːr; ˌʊn-] *adj* **1.** (*nicht zu überprüfen*) unverifiable. **2.** (*nicht unter Kontrolle zu halten*) uncontrollable. **~liert** *adj* unchecked, uncontrolled.

ˈun·kon·ven·tioˌnell *adj* unconventional.

ˈunˌkör·per·lich *adj a. jur.* incorporeal.

ˈun·korˌrekt *adj* incorrect (*a. fig.*). **≗heit** *f* ⟨-; -en⟩ **1.** ⟨*only sg*⟩ incorrectness. **2.** (*Fehler*) inaccuracy.

ˈUnˌko·sten *pl* expenses, cost(s); **kleine ~** petty expenses; **j-d hat ~, j-m entstehen ~** s.o. incurs expenses; **mit großen ~ verbunden sein** involve great expense(s); *colloq.* **j-n in (große) ~ stürzen** put s.o. to great expense; **sich in (große) ~ stürzen** go to great expense. **~ˌbeiˌtrag** *m* contribution toward(s) (covering the) expenses. **~verˌgü·tung** *f* reimbursement of expenses.

ˈUnˌkraut *n* ⟨-(e)s; ¨-er⟩ weed, *collect.* weeds *pl*; **voller ~** weedy; **~ vergeht** (*od.* **verdirbt**) **nicht** (*Sprichwort*) ill weeds grow apace. **~beˌkämp·fung** *f* weed control. **~beˌkämp·fungsˌmit·tel**, **~verˌtil·gungsˌmit·tel** *n* herbicide, weed killer.

ˈunˌkrie·ge·risch *adj* unwarlike.

ˈunˌkri·tisch *adj* uncritical.

ˈun·kul·tiˌviert *adj* uncultivated, *Person*: *a.* uncultured.

ˈUn·kulˌtur *f* ⟨-; *no pl*⟩ lack of culture, unculture, *stärker*: barbarism.

un·künd·bar [ˈʊnˌkʏntbaːr; ˌʊn-] *adj* **1.** *econ. Obligationen etc*: irredeemable, *Schuld*: permanent, funded, *Kapital*: noncallable, *Rente*: perpetual. **2.** *Vertrag etc*: not terminable. **3.** *Stellung*: permanent, not subject to notice. **4.** *Beamter etc*: irremovable. **≗keit** *f* ⟨-; *no pl*⟩ **1.** *econ.* irredeemableness. **2.** *von Verträgen*: nonterminability. **3.** *e-r Stellung*: permanency. **4.** *von Beamten etc*: irremovability.

ˈunˌkun·dig *adj* ⟨*gen*⟩ unacquainted (with), ignorant (of); **des Lesens und Schreibens ~ sein** be illiterate; **der englischen Sprache ~ sein** have no (knowledge of) English.

ˈunˌkünst·le·risch *adj* unartistic, inartistic.

ˈunˌlängst *adv* lately, recently, not long ago.

ˈunˌlau·ter *adj* dishonest, dubious; *econ.* **~er Wettbewerb** unfair competition.

ˈunˌleid·lich *adj* intolerable.

ˈunˌlenk·sam *adj* intractable, unruly.

un·le·ser·lich [ˈʊnˌleːzərlɪç; ˌʊn-] *adj* illegible. **≗keit** *f* ⟨-; *no pl*⟩ illegibility.

un·leug·bar [ˈʊnˌlɔʏkbaːr; ˌʊn-] *adj* undeniable; **es ist ~, daß** there is no denying the fact that.

ˈunˌlieb *adj* **es ist mir nicht ~(, daß)** it suits me quite fine (that).

ˈunˌlie·bensˌwür·dig *adj* unamiable, unfriendly, disobliging, unkind. **≗keit** *f* ⟨-; *no pl*⟩ unamiability, unfriendliness.

ˈun|lieb·sam [-ˌliːpzaːm] **I** *adj* disagreeable, unpleasant. **II** *adv* ~ **auffallen (durch)** make o.s. unpleasantly conspicuous (by).

ˈun·li|niert *adj* unlined.

ˈun|lo·gisch *adj* illogical.

un·lös·bar [ˌʊnˈløːsbaːr; ˈʊn-] *adj* **1.** *Ehe etc*: indissoluble. **2.** *Problem, Rätsel etc*: unsolvable, insoluble. **3.** *Knoten, a. fig. Verwicklung etc*: inextricable. **4.** → **unlöslich.** **&keit** *f* <-; *no pl*> in(dis)solubility.

un·lös·lich [ˌʊnˈløːslɪç; ˈʊn-] *adj bes. chem.* insoluble.

ˈUn|lust *f* <-; *no pl*> **1.** listlessness, (*Widerstreben*) reluctance, *stärker*: aversion; **nur mit** ~ only very reluctantly, only with reluctance. **2.** *an der Börse*: slackness, dullness. **~ge|fühl** *n* feeling of reluctance.

ˈun|lu·stig *adj* **1.** reluctant. **2.** (*mißgestimmt*) morose, sullen, grumpy. **3.** *Börse*: slack, dull.

ˈun·ma|nier·lich *adj* ill-mannered, *Am.* unmannered.

ˈun|männ·lich *adj* unmanly, effeminate. **&keit** *f* <-; *no pl*> unmanliness, effeminacy.

ˈun·mas|kiert *adj* (*ohne Maske*) unmasked, (*ohne Maskenkostüm*) undisguised.

ˈUn|maß *n* <-es; *no pl*> → **Unmasse**; **im ~** to excess.

ˈUn|mas·se *f* (*gen od.* **von** of) enormous (*od.* vast) quantity (*od.* number), *colloq.* tons *pl*, heaps *pl*, loads *pl*, oodles *pl*.

un·maß·geb·lich [ˈʊnˌmaːsˌgeːplɪç; ˌʊnˌmaːs-] *adj* unauthoritative; *humor.* **nach m-r ~en Meinung** in my humble opinion.

ˈun|mä·ßig I *adj* (*in dat* in) *Person*: immoderate, unreasonable, extravagant, *Sache*: *a.* excessive, inordinate, *bes. im Alkoholgenuß*: intemperate. **II** *adv* immoderately, excessively, to excess; ~ **stolz** inordinately proud. **&keit** *f* <-; *no pl*> immoderation, unreasonableness, extravagance.

ˈUn|men·ge *f* → **Unmasse.**

ˈUn|mensch *m* monster (*a. fig.*), brute; *colloq.* **sei kein ~!** be a dear!, have a heart!

un·mensch·lich [ʊnˈmɛnʃlɪç; ˌʊn-] *adj* **1.** inhuman(e), unhuman, brutal, cruel. **2.** (*menschenunwürdig*) degrading. **3.** (*übermenschlich*) superhuman (*effort, etc*). **4.** *colloq.* (*sehr groß*) tremendous, terrific. **&keit** *f* <-; *no pl*> inhumanity, cruelty, brutality.

un·merk|bar [ˌʊnˈmɛrkbaːr; ˈʊn-] *adj u. adv* → **~lich I** *adj* imperceptible. **II** *adv* imperceptibly.

un·meß·bar [ˌʊnˈmɛsbaːr; ˈʊn-] *adj* immeasurable, immensurable, unmeasurable.

ˈun·me|tho·disch *adj* unmethodical.

ˈun·mi·li|tä·risch *adj* unmilitary.

un·miß·ver·ständ·lich [ˈʊnˌmɪsfɛrˌʃtɛntlɪç ˌʊnˌmɪs-] **I** *adj* unmistakable, unequivocal. **II** *adv* **j-m ~ klarmachen, daß** make it quite (*od.* perfectly) clear to s.o. that.

ˈun|mit·tel·bar I *adj allg. Nähe, Zukunft, Folge etc*: immediate, direct, *Kenntnis(se) etc*: *a.* firsthand. **II** *adv* immediately, directly, right, straight; ~ **danach** immediately afterwards; ~ **hinter dir** right behind you; **diese Straße führt ~ in die Stadt** this road leads straight into town; ~ **bevorstehend** imminent. **&keit** *f* <-; *no pl*> immediacy.

ˈun·mö|bliert *adj* unfurnished.

ˈun·mo|dern *adj* unfashionable, out of fashion (*nachgestellt*), outmoded, out-of-date; ~ **werden (sein)** go (be) out (of fashion *od.* style).

ˈun|mo·disch *adj* unfashionable.

un·mög·lich [ˈʊnˌmøːklɪç; ˌʊn-] **I** *adj* **1.** impossible; **technisch** *etc* ~ technically, *etc* impossible; **es ist ihm ~ zu kommen** it is impossible for him to come; **es ist ~ zu** *inf*, (*adv*) **man kann ~** *a.* there is no *reasoning with her, etc*; **es wäre nicht ~, daß** it might (possibly) happen that. **2.** *fig. colloq.* (*untragbar, ungenießbar, lächerlich etc*) impossible (*situation, food, person, dress, etc*); **du siehst ~ aus!** you do look a sight!; **sich ~ machen** a) make a fool (*od.* a dreadful exhibition) of o.s., b) compromise o.s.; **zu e-r ~en Stunde** at an ungodly hour. **II** *adv* **3.** (*keinesfalls*) not possibly; **ich kann es ~ tun** I can't possibly do it; **das kann ~ stimmen** that cannot possibly be so. **4. sich ~ benehmen** behave outrageously. **III &e, das** <-n> **5.** the impossible; **das &e möglich machen** make the impossible possible; **&es verlangen** ask for the impossible; (**scheinbar**) **&es leisten** do the (apparently) impossible. **&keit** *f* <-; *no pl*> impossibility.

ˈUn·mo|ral *f* <-; *no pl*> immorality, vice.

ˈun·mo|ra·lisch *adj* immoral.

ˈun·mo·ti|viert *adj* unmotivated.

ˈun|mün·dig *adj* **1.** under age, not of age, <*nur attrib*> minor. **2.** *fig. politically, etc* immature. **ˈUn|mün·di·ge** *m, f* <-n; -n> minor. **ˈUn|mün·dig·keit** *f* <-; *no pl*> **1.** minority. **2.** *fig.* immatureness.

ˈun·mu·si|ka·lisch *adj* unmusical.

ˈUn|mut *m* <-(e)s; *no pl*> (**über** *acc* at) annoyance, vexation, irritation. **ˈun|mu·tig** *adj* annoyed, vexed, irritated.

un·nach·ahm·lich [ˈʊnˌnaːxˌʔaːmlɪç; ˌʊnˌnaːx-] *adj* inimitable.

ˈun|nach|gie·big *adj* unyielding, *fig. a.* inflexible, uncompromising, intransigent, <*pred*> adamant. **&keit** *f* <-; *no pl*> *tech. u. fig.* unyieldingness.

ˈun|nach|sich·tig *adj* strict, severe. **&keit** *f* <-; *no pl*> strictness, severity.

un·nah·bar [ʊnˈnaːbaːr; ˈʊn-] *adj Person*: inaccessible, unapproachable, standoffish. **&keit** *f* <-; *no pl*> unapproachableness, inaccessibility, standoffishness.

ˈun·na|tür·lich *adj* **1.** unnatural (*a. fig.*), abnormal. **2.** (*gekünstelt*) affected, artificial. **&keit** *f* <-; *no pl*> **1.** unnaturalness, abnormality. **2.** affectation, artificiality.

un·nenn·bar [ˌʊnˈnɛnbaːr; ˈʊn-] *adj* unspeakable, unnam(e)able, ineffable.

ˈun·nor|mal *adj* anomalous, abnormal.

ˈun|nö·tig I *adj* unnecessary, needless, (*überflüssig*) *a.* superfluous; **es ist ~, daß (du)** *a.* there is no need (for you) to *inf.* **II** *adv* → **ˈun|nö·ti·gerˈwei·se** *adv* unnecessarily, needlessly.

ˈun·nu·me|riert *adj* unnumbered.

ˈun|nütz I *adj* **1.** *allg., a. Person*: useless; **es ist ~, darüber zu sprechen** it is useless (*od.* pointless) to talk about it, it is no use talking about it. **2.** (*überflüssig*) *Aufregung etc*: unnecessary, needless. **II** *adv* **3.** uselessly, to no purpose; (*Geld, Zeit*) ~ **vertun** waste. **4.** unnecessarily, needlessly.

ˈun·öko|no·misch *adj* uneconomic(al).

un·ope·rier·bar [ˈʊnʔopeˌriːrbaːr; ˌʊn-] *adj med.* inoperable.

ˈun|or·dent·lich *adj* **1.** *Person*: untidy. **2.** (*ungepflegt*) *Aussehen etc*: untidy, unkempt, (*schlampig*) slovenly, slipshod. **3.** (*unaufgeräumt*) untidy, disorderly, messy. **4.** *Lebenswandel etc*: disorderly. **&keit** *f* <-; *no pl*> **1.** untidiness. **2.** slovenliness, unkemptness. **3.** disorderliness.

ˈUn|ord·nung *f* <-; *no pl*> disorder, disarray, (*Durcheinander*) confusion, mess, muddle; **in ~ bringen** put (*od.* throw) *s.th.* into disorder, mess *s.th.* up, *stärker*: upset; **in ~ geraten** get into disorder, be (*od.* get) messed up (*stärker*: upset); **in heilloser ~** in a terrible mess, in a dreadful state; **in ~ sein** (*nicht funktionieren*) be out of order.

ˈun·or|ga·nisch *adj a. ling.* inorganic.

ˈun·or·tho|dox *adj* unorthodox.

ˈUn|paar|hu·fer *m* <-s; -> *zo.* perissodactyl.

ˈun|paa·rig *adj* unpaired.

ˈun·päd·ago·gisch [-pɛdaˌgoːgɪʃ] *adj* unp(a)edagogic(al).

ˈun·par|tei|isch *adj* impartial, unbias(s)ed, evenhanded. **&ische** *m* <-n; -n> **1.** impartial person. **2.** → **Schiedsrichter** 2. **~lich** *adj* politically independent. **&lich·keit** *f* <-; *no pl*> impartiality.

ˈun|pas·send *adj allg.* unsuitable, inappropriate, *Bemerkung etc*: *a.* out of place (*pred*), (*unschicklich*) improper, unbefitting, (*ungelegen*) inopportune, unseasonable, awkward.

un·pas·sier·bar [ˈʊnpaˌsiːrbaːr; ˌʊn-] *adj* impassable, *Fluß*: *a.* unfordable.

ˈun|päß·lich [-ˌpɛslɪç] *adj* ~ **sein, sich ~ fühlen** be indisposed, feel (*od.* be) unwell (*od.* seedy, poorly). **&keit** *f* <-; -en> indisposition.

ˈun·pa|the·tisch *adj* unpathetic(al).

ˈun·pa·trio·tisch [-patriˌoːtɪʃ] *adj* unpatriotic.

ˈun·per|sön·lich *adj a. ling.* impersonal.

un·pfänd·bar [ʊnˌpfɛntbaːr; ˌʊn-] *adj* unseizable, exempt from execution.

ˈun·phi·lo|so·phisch *adj* unphilosophic(al).

ˈun·po|liert *adj* **1.** *tech.* unfinished. **2.** *Reis*: unpolished.

ˈun·po|li·tisch *adj* unpolitical.

ˈun·po·pu|lär *adj* unpopular. **ˈUn·po·pu·la·ri|tät** *f* <-; *no pl*> unpopularity.

ˈun|prak·tisch *adj* impractical.

ˈun·prä·ten·ti|ös *adj* unpretentious.

ˈun·prä|zis, ˈun·prä|zi·se *adj* unprecise.

ˈun·pro·ble|ma·tisch *adj* unproblematic.

ˈun·pro·duk|tiv *adj* unproductive.

ˈun·pro·fi|liert *adj* nondistinguished.

ˈun·pro·por·tio|niert *adj* disproportionate, unproportioned, <*pred*> out of proportion.

ˈun·pro·vo|ziert *adj* unprovoked.

ˈun|pünkt·lich *adj* unpunctual. **&keit** *f* <-; *no pl*> unpunctuality.

ˈun·qua·li·fi|ziert *adj* unqualified.

ˈun·quit|tiert *adj econ.* unreceipted.

ˈun·ra|siert *adj* unshaven, unshaved.

ˈUn|rast *f* <-; *no pl*> restlessness.

ˈUn|rat *m* <-(e)s; *no pl*> *lit.* (*Abfall*) rubbish, (*Dreck, a. fig.*) filth; *fig. colloq.* ~ **wittern** smell a rat.

ˈun·ra·tio|nell *adj* inefficient.

ˈun|rat·sam *adj* inadvisable, unadvisable.

ˈun·re|al *adj* unreal.

ˈun·rea|li·stisch *adj* unrealistic.

ˈun|recht I *adj* **1.** (*falsch*) wrong; **am ~en Platz sein** be in the wrong place, be misplaced, *weitS. a.* be out of place; **in ~e Hände kommen** get into the wrong hands; **zur ~en Zeit** at the wrong time; **im ~en Augenblick** at the wrong moment. **2.** (*ungerecht*) unjust, unfair. **3.** *substantiviert mit Kleinschreibung*: ~ **haben** be (in the) wrong, be proved wrong; **j-m ~ geben** contradict s.o., *Ereignisse etc*: show s.o. in the wrong, prove s.o. wrong; **da hast du nicht ganz ~** you are not so wrong (*od.* far out) there; **j-m ~ tun** do s.o. wrong, wrong s.o. **II** *adv* **4.** (**an j-m**) ~ **handeln** do (s.o.) wrong. **III &e, das** <-n> **5.** *et.* **&es tun** do s.th. wrong.

ˈ**Unˌrecht** *n* ⟨-(e)s; *no pl*⟩ **1.** injustice, wrong; **j-m (ein) ~ antun** (*od.* **zufügen**) do s.o. (a) wrong, wrong s.o., do s.o. an injustice; **es geschieht ihm ~** he is being wronged. **2.** wrong; **du befindest dich** (*od.* **bist**) **im ~** you are (in the) wrong; **j-n ins ~ setzen** put s.o. in the wrong; **sich bei j-m ins ~ setzen** get o.s. in the wrong with s.o.; **zu ~** wrongly, wrongfully (*accused, etc*), *complain, etc* without good reason; **nicht zu ~** not without (good) reason.

ˈ**Unˌrech·te** *m, f* ⟨-n; -n⟩ **an den ~n kommen** come to the wrong person.

ˈ**unˌrechtˌmä·ßig** *adj* unlawful, wrongful. **2keit** *f* ⟨-; *no pl*⟩ unlawfulness, wrongfulness.

ˈ**unˌred·lich** *adj* dishonest, crooked. **2keit** *f* ⟨-; *no pl*⟩ dishonesty, crookedness.

ˈ**un·reˌell** *adj* dubious, shady.

ˈ**un·re·flekˌtiert** *adj* unreflected.

ˈ**unˌre·gelˌmä·ßig** *adj allg., a. ling.* irregular, *Atem, Zähne, Handschrift, Fläche etc*: *a.* uneven. **2keit** *f* ⟨-; -en⟩ **1.** ⟨*only sg*⟩ irregularity, unevenness. **2.** *fig.* (*Verfehlung*) irregularity.

ˈ**unˌreif** *adj* **1.** *Obst etc*: unripe. **2.** *fig. Mensch, Gefühle etc*: immature, *weitS.* (*unausgereift, noch nicht voll entwickelt*) *a.* unripe. ˈ**Unˌrei·fe** *f* ⟨-; *no pl*⟩ **1.** unripeness. **2.** *fig.* immaturity, unripeness.

ˈ**unˌrein** *adj* **1.** unclean, *Wasser, Luft, Haut*: *a.* impure, *fig. Gedanken*: *a.* uncleanly. **2.** *Edelstein*: impure, flawy. **3.** *relig. Tier, Speise etc*: impure, (*aussätzig*) *a.* unclean. **4.** → **unsauber** 4. **5.** *substantiviert mit Kleinschreibung*: **et. ins ~e schreiben** make a rough copy of s.th. **2heit** *f* ⟨-; -en⟩ **1.** ⟨*only sg*⟩ uncleanness, impurity. **2.** (*unsaubere Stelle*) impurity.

ˈ**unˌrein·lich** *adj* uncleanly, unclean. **2keit** *f* ⟨-; *no pl*⟩ uncleanliness.

ˈ**un·renˌta·bel** *adj* unprofitable; **~ sein** *a.* not to pay (its way).

un·rett·bar [ˌʊnˈrɛtbaːr; ˈʊn-] *adv* **~ verloren** irretrievably (*od.* irrecoverably) lost, *Person*: beyond help.

ˈ**unˌrich·tig I** *adj* incorrect, erroneous, false, wrong; **~e Angaben** misrepresentation *sg*, *bei Steuererklärung*: false statement *sg*. **II** *adv* **et. ~ darstellen** misrepresent s.th. **2keit** *f* ⟨-; -en⟩ **1.** ⟨*only sg*⟩ incorrectness, erroneousness. **2.** (*Fehler*) mistake, error.

ˈ**un·roˌman·tisch** *adj* unromantic(al).

ˈ**Unˌruh** [-ˌruː] *f* ⟨-; -en⟩ **1.** *der Uhr etc*: balance spring. **2.** *colloq. for* **Unruhe**.

ˈ**Unˌru·he** *f* ⟨-; -n⟩ **1.** ⟨*only sg*⟩ (*innere Erregung*) restlessness, (state of) disquiet (*od.* unrest, uneasiness, *stärker*: disturbance), (*Besorgnis*) anxiety, worry, *Am. a.* worriment, *stärker*: alarm, agitation; **in ~ versetzen** make *s.o.* uneasy, worry, *stärker*: alarm. **2.** ⟨*only sg*⟩ *unter der Bevölkerung etc*: (state of) unrest, ferment(ation), excitement. **3.** ⟨*only sg*⟩ (*ständige Bewegung*) unrest, restlessness, *stärker*: disturbance, commotion, *von Personen, Pferden etc*: *a.* restiveness, (*Zappeligkeit*) fidgetiness. **4.** *pl* (*Aufruhr*) troubles, disturbances, *stärker*: riots. **~ˌherd** *m fig.* storm cent/re (*Am.* -er), trouble spot. **~ˌstif·ter** *m* troublemaker.

ˈ**unˌru·hig** *adj* **1.** (*innerlich erregt*) restless, uneasy, *stärker*: agitated, (*besorgt*) worried, alarmed. **2.** (*ruhelos*) *Geist, Leben etc*: restless, unsettled. **3.** *politische Lage etc*: troubled. **4.** *Nacht etc*: restless, *Schlaf*: *a.* fitful, broken. **5.** *See etc*: rough, choppy, *stärker*: turbulent. **6.** (*geräuschvoll*) *Straße etc*: busy, bustling, *Wohnung, Gegend etc*: noisy, *Kinder etc*: boisterous. **7.** (*ständig in Bewegung*) restless, *Person, Pferd etc*: *a.* restive, (*zappelig*) fidgety, (*zitterig*) shaky, unsteady. **8.** *fig. Muster, Bild etc*: restless, busy. **9.** *Bewegung,* (*Ver*)*Lauf etc*: uneven, fitful.

ˈ**unˌrühm·lich** *adj* inglorious; **ein ~es Ende nehmen** have an inglorious end.

ˈ**unˌrund** *adv tech.* **~ laufen** run out of true, run untrue.

uns [ʊns] **I** *pers pron* ⟨*dat u. acc pl of* **ich**⟩ **1.** ⟨*dat*⟩ a) to us, us, b) *nach Präpositionen*: us; **er will es ~ geben** he wants to give it to us; **sie hat ~ geschrieben** she wrote (to) us; **reservieren Sie ~ bitte e-n Tisch** please reserve a table for us; **bei ~** a) (*in m-r Heimat*) in our (*od.* my) country, b) (*in m-r Familie*) in our (*od.* my) family, c) (*in m-r Wohnung*) at our (*od.* my) home (*colloq.* place); **ein Freund von ~** a friend of ours; *colloq.* **~ kann keiner!** we are the greatest!; → **unter** 6. **2.** ⟨*acc*⟩ us; **sie fragen ~** they ask us; **wir sahen nicht hinter ~** we did not look behind us. **II** *reflex pron* **3.** ourselves; **wir waschen ~** we wash (ourselves). **III** *reciprocal pron* **4.** each other, *bei mehr als 2 Personen*: one another; **wir sehen ~ fast nie** we hardly ever see each other.

ˈ**unˌsach·geˌmäß** *adj* improper.

ˈ**unˌsach·lich** *adj Darstellung, Ton etc*: unfactual, *Gebaren etc*: unbusinesslike, (*unrealistisch*) unrealistic, (*nicht objektiv*) unobjective, (*nicht zur Sache gehörig*) irrelevant, ⟨*pred*⟩ beside (*od.* not to) the point, (*anzüglich*) personal. **2keit** *f* ⟨-; *no pl*⟩ lack of objectivity, irrelevance.

ˌ**unˈsag·bar**, ˌ**unˈsäg·lich** [-ˈzɛːklɪç] **I** *adj* inexpressible, unutterable, unspeakable, ineffable. **II** *adv* inexpressibly (*etc, cf.* I), beyond expression (*od.* words).

ˈ**unˌsanft I** *adj* ungentle, rough, harsh, (*grob, heftig*) rude; **ein ~es Erwachen** a rude awakening. **II** *adv* **~ umgehen mit** handle *s.th.* ungently (*od.* roughly), manhandle; **~ geweckt werden** be rudely awakened.

ˈ**unˌsau·ber** *adj* **1.** unclean, (*ungepflegt*) untidy, unkempt. **2.** *Arbeit, Ausführung etc*: untidy, slovenly, slipshod. **3.** *fig. Charakter etc*: impure, unclean, *Methoden, Geschäfte etc*: underhand(ed), shady, dubious. **4.** *mus. Tonqualität etc*: impure, *Intonation*: unclean, *Spiel*: inexact. **5.** *Sport*: unfair, dirty. **2keit** *f* ⟨-; -en⟩ **1.** ⟨*only sg*⟩ untidiness, unkemptness. **2.** ⟨*only sg*⟩ *fig.* impurity, *der Methoden etc*: underhandedness. **3.** *meist pl* (*Mängel*) imperfection.

ˈ**unˌschäd·lich** *adj* innocuous, harmless; **~ machen** render harmless, (*Ungeziefer*) destroy, (*Gift, Minen etc*) neutralize, (*e-n Gegner*) get *s.o.* out of the way, eliminate, (*e-n Verbrecher*) lay *s.o.* by the heels. **2keit** *f* ⟨-; *no pl*⟩ innocuity, innocuousness, harmlessness.

ˈ**unˌscharf I** *adj* **1.** unsharp, *Photo, Umrisse etc*: *a.* blurred. **2.** *fig. Definition, Unterscheidung etc*: indistinct, unclear, fuzzy, wool(l)y. **3.** *Munition etc*: unarmed, unprimed; **~ machen** deactivate, unprime. **II** *adv* **4. ~ eingestellt** a) *opt.* out of focus, b) *Radio*: not properly tuned. ˈ**Unˌschär·fe** *f* ⟨-; *no pl*⟩ unsharpness, blurredness, *phot. a.* blur.

un·schätz·bar [ˌʊnˈʃɛtsbaːr; ˈʊn-] *adj a. fig.* inestimable, invaluable.

ˈ**unˌschein·bar** *adj* inconspicuous, unconspicuous, (*einfach*) plain. **2keit** *f* ⟨-; *no pl*⟩ inconspicuousness, plainness.

ˈ**unˌschick·lich** *adj* unseemly, improper, indecorous. **2keit** *f* ⟨-; *no pl*⟩ unseemliness, impropriety, indecorum.

un·schlag·bar [ˌʊnˈʃlaːkbaːr; ˈʊn-] *adj* unbeatable (*a. fig.*), undefeatable.

ˈ**Unˌschlitt** [-ˌʃlɪt] *n* ⟨-(e)s; -e⟩ (*Talg*) tallow.

ˈ**unˌschlüs·sig** *adj* **1.** undecided, wavering; **ich bin noch ~** *a.* I am in two minds, I have not made up my mind yet. **2.** *Haltung, Geste etc*: irresolute. **2keit** *f* ⟨-; *no pl*⟩ indecision, irresolution.

ˈ**unˌschmack·haft** *adj* unsavo(u)ry.

ˈ**unˌschön** *adj* **1.** unsightly, *Gesicht etc*: plain, unhandsome; **~er Anblick** *a.* eyesore. **2.** *fig.* (*unerfreulich*) unpleasant; **es war sehr ~ von dir zu** it was quite unkind (*od.* nasty, not nice) of you to *inf.*

ˈ**Unˌschuld** *f* ⟨-; *no pl*⟩ *allg.* (*Schuldlosigkeit, Reinheit, Arglosigkeit, Jungfräulichkeit*) innocence; **ich wasche m-e Hände in ~** I wash my hands of it; **die gekränkte ~ spielen** play the offended innocent; **sie ist die reine ~** she is innocence itself; **in aller ~** in all innocence; *humor.* **die ~ vom Lande** the country innocent.

ˈ**unˌschul·dig** *adj* **1.** (*schuldlos*) innocent (**an** *dat* of); *bes. jur.* **für ~ erklären** declare *s.o.* innocent (*od.* not guilty), acquit; **j-n ~ verurteilen** condemn s.o. who is innocent; **~ im Gefängnis sitzen** be in prison although one is innocent; **~ sein an** (*e-m Unfall etc*) not to be to blame for; **du bist daran nicht ganz ~** you bear (a) part of the responsibility for it. **2.** (*rein*) innocent (*child, etc*); *R.C.* **Fest der 2en Kinder, 2e Kinder** (Holy) Innocents' Day. **3.** (*harmlos*) innocent (*pleasures, etc*). **4. (noch) ~ sein** (*jungfräulich*) be (still) a virgin (*od.* untouched). ˈ**Unˌschul·di·ge** *m, f* ⟨-n; -n⟩ innocent (person); **den ~n spielen** play the innocent, *Am. colloq. a.* pull the baby act.

ˈ**Unˌschulds|beˌteue·run·gen** *pl* protests of innocence. **~ˌen·gel** *m*, **~ˌlamm** *n fig. colloq.* little innocent. **~ˌmie·ne** *f colloq.* (**e-e ~ aufsetzen** put on an) innocent face (*od.* air of innocence). **2voll** *meist iro.* **I** *adj* innocent. **II** *adv* in all innocence.

ˈ**unˌschwer** *adv* without difficulty, easily.

ˈ**unˌselbˌstän·dig** *adj* **1.** dependent on (the help of) others, lacking independence, *weitS.* (*hilflos*) helpless, resourceless. **2.** *Arbeit etc*: done with assistance. **3.** *econ.* **~es Arbeitsverhältnis** wage- (*od.* salary-)earning employment; **~e Erwerbspersonen** wage earners, (wage--earning) employees, employed persons; **Einkünfte aus ~er Arbeit** wage earnings, income *sg* from wages (and salaries). **4.** *econ. pol.* non-independent. **2keit** *f* ⟨-; *no pl*⟩ lack of independence, dependence on (the help of) others.

ˈ**unˌse·lig** *adj* **1.** *Tat etc*: unfortunate, fatal, *Hang, Vorliebe etc*: *a.* accursed. **2.** *Geschick, Mensch etc*: unfortunate, wretched, pitiable.

un·ser [ˈʊnzər] **I** *pers pron* ⟨*gen of* **wir**⟩ **1.** of us; **wir** (*od.* **es**) **waren ~ vier** there were four of us; **er gedenkt ~** he thinks of us; **erbarme dich ~!** have mercy (up)on us! **II** *possess pron* **2.** ⟨*used as adj*⟩ our; **~ Sohn** our son; **e-e ~er Töchter** one of our daughters. **3.** ⟨*pred*⟩ a) **~er, ~e, ~(e)s, der, die, das ~e** (*od.* **unsre, unsrige**) ours, b) ⟨*undeclined*⟩ ours; **der Sieg ist ~** (the) victory is ours. **4.** ⟨*used as noun*⟩ **der, die, das 2e** ours, our own; **welches ist das 2e?** which one is ours?; **die 2en** a) (*unsere Familie, Landsleute etc*) our people, b) (*unsere Mannschaft etc*) our side, *colloq.* our ones. **~ˌei·ner** *indef pron colloq., a.* **~ˌeins** ⟨*undeclined*⟩ *colloq.* people *pl* like us, the likes *pl* of us.

ˈ**un·se·rerˈseits** *adv* on (*od.* for) our part, on (*od.* from) our side.

ˈun·se·resˈglei·chen *indef pron ⟨undeclined⟩* **1.** (*Gleichstehende*) people like ourselves, our equals. **2.** → **unsereiner.**
ˈun·se·riˌös *adj* dubious, shady, *Person, Firma etc*: *a.* untrustworthy.
ˈun·sersˈglei·chen *indef pron ⟨undeclined⟩* → **unseresgleichen.**
ˈun·sert|ˈhal·ben [ˈʊnzərt-] *adv obs. od. lit.*, **~ˈwe·gen** *adv* **1.** on our account, because of us. **2.** for our sake. **3.** (*was uns anbetrifft*) as far as we are concerned. **~ˈwil·len** *adv* (**um**) **~** → **unsertwegen** 1, 2.
ˌUn·serˈva·ter *n ⟨-s; no pl⟩ Swiss for* **Vaterunser.**
ˈunˌsi·cher *adj* **1.** (*nicht fest, wackelig*) unsteady, shaky; **noch ~ auf den Beinen** still a bit unsteady (*stärker*: shaky, wobbly) on one's legs. **2.** (*riskant*) unsafe, uncertain, unsure, insecure, *stärker*: risky. **3.** (*nicht stabil*) unsteady, insecure, unsafe, unsure, unstable, instable, *fig. a.* unsettled. **4.** (*gefährdet*) unsafe, insecure, precarious; (*Gegend etc*) **~ machen** *Verbrecher etc*: prowl, haunt, threaten danger to, *fig. colloq. Touristen etc*: infect; (*ein Lokal etc*) **~ machen** hang out (*od.* around) in. **5.** (*ungewiß*) unsure, uncertain; **es ist sehr ~, ob** it is very uncertain (*od.* not yet sure) whether. **6.** (*ohne Selbstsicherheit*) unsure (of o.s.), diffident, insecure, *a. Auftreten, Benehmen etc*: unconfident, self-conscious, unassured; **j-n ~ machen** *a.* make s.o. feel insecure, fluster s.o., put s.o. out. **7.** (*ungeübt*) unsure; **ein ~er Skifahrer** a skier who is still unsure (of himself); **sie ist in der Rechtschreibung ~** she is unsure of her spelling, she is not sure of herself at spelling. **8.** (*unentschieden*) uncertain, unsure; **ich bin (mir) ~** (*od.* **im ~en), ob** I am in two minds (as to) whether. **9.** (*unzuverlässig*) unreliable, undependable, unsure, uncertain; → **Kantonist.**
ˈUnˌsi·cher·heit *f ⟨-; no pl⟩* **1.** unsteadiness, *stärker*: shakiness. **2.** unsafeness, unsafety, (*Ungewißheit*) uncertainty, unsureness, (*gefährdete Lage*) insecurity, precariousness, *stärker*: risk(iness). **3.** (*mangelnde Selbstsicherheit*) unsureness (of o.s.), lack of self-confidence, diffidence, self-consciousness. **~sˌfak·tor** *m* factor (*od.* element) of uncertainty. **~s·prinˌzip** *n math.* uncertainty principle.
ˈunˌsicht·bar *adj* invisible, *Tinte*: *a.* secret, sympathetic. **≗keit** *f ⟨-; no pl⟩* invisibility.
ˈUnˌsinn *m ⟨-(e)s; no pl⟩* **1.** (*Torheit*) nonsense, stupid (*od.* foolish) thing, (*Schnitzer*) blunder, (*dummes Geschwätz etc*) nonsense, rubbish; **mach k-n ~!** don't be a fool!, *drohend*: don't get any funny ideas!; **~ reden** (*od.* **verzapfen**) talk nonsense (*od.* twaddle, *sl.* rot); **ach, (alles) ~!** (stuff and) nonsense!, rubbish! **2.** (*Unfug*) mischief, tomfoolery, tricks *pl*; **~ machen** (*od.* **treiben**) fool (*od.* clown) about, play tricks.
ˈunˌsin·nig I *adj* **1.** nonsensical, stupid, foolish. **2.** *fig. colloq.* (*maßlos*) *Preise, Forderungen etc*: unreasonable, absurd, insane, (*sehr groß*) tremendous, terrific. **II** *adv* **3.** *fig. colloq.* unreasonably, absurdly, insanely, (*sehr*) tremendously, terribly. **≗keit** *f ⟨-; no pl⟩* nonsensicalness, absurdity.
ˈUnˌsit·te *f ⟨-; -n⟩* bad (*sl.* rotten) habit, (*Mißbrauch*) abuse.
ˈunˌsitt·lich *adj* immoral, indecent. **≗keit** *f ⟨-; -en⟩* **1.** ⟨*only sg*⟩ immorality. **2.** immoral act, indecency.
ˈun·solˌda·tisch *adj* unsoldierly.
ˈun·soˌlid, ˈun·soˌli·de I *adj* **1.** *Bauweise etc, a. fig. Charakter etc*: unsolid. **2.** *Leben(swandel), Person*: loose; **ein unsolides Leben führen** *cf.* 5. **3.** *Arbeit etc*: careless, slipshod, sloppy. **4.** → **unseriös. II** *adv* **5. unsolide leben** lead a loose life, live loosely.
ˈunˌsorgˌfäl·tig *adj* careless, slipshod.
ˈun·so·ziˌal *adj* antisocial, unsocial.
un·spalt·bar [ˈʊnˌʃpaltbaːr; ˌʊn-] *adj nucl.* nonfissile, *bes. Am.* nonfissionable.
ˈunˌsport·lich *adj* **1.** *Mensch*: a) unathletic, b) not interested in sports. **2.** *Verhalten etc*: unsportsmanlike, unfair. **≗keit** *f ⟨-; no pl⟩* **1.** unathletic nature. **2.** unsportsmanlike behavio(u)r.
uns·re [ˈʊnzrə] *possess pron* **I** → **unser** 2, 3. **II der, die, das ≗** → **unser** 4.
ˈuns·rerˈseits *adv* → **unsererseits.**
uns·rig [ˈʊnzrɪç] *possess pron* **I der, die, das ~e** → **unser** 3. **II der, die, das ≗e** → **unser** 4.
ˈun·staˌbil *adj* unstable. **ˈUn·sta·bi·liˌtät** *f ⟨-; no pl⟩* unstability.
ˈunˌstarr *adj aer.* nonrigid.
ˈunˌstatt·haft *adj* inadmissible, ⟨*pred*⟩ not allowed, (*verboten*) illicit.
un·sterb·lich [ˈʊnˌʃtɛrplɪç; ˌʊn-] **I** *adj* **1.** *Götter, Kunstwerk etc*: immortal; **~ machen** *a.* immortalize. **2.** *Liebe, Sehnsucht etc*: undying. **II** *adv* **3.** *fig. colloq.* (*sehr*) immortally; **sich ~ blamieren** make an ass of o.s.; **~ verliebt** hopelessly (*colloq.* madly) in love. **ˈUnˌsterb·li·che** *m ⟨-n; -n⟩ myth.* immortal. **ˈUnˌsterb·lich·keit** *f ⟨-; no pl⟩* immortality. **ˈUnˌsterb·lich·keitsˌglau·be(n)** *m relig.* belief in immortality (*od.* immortalization).
ˈUnˌstern *m ⟨-(e)s; no pl⟩* (**unter e-m ~ geboren sein** be born under an) unlucky star.
ˈunˌstet I *adj allg.* unsteady, *Leben, Zeiten etc*: *a.* unsettled, *Blick*: *a.* shifty, *weitS.* (*ruhelos*) restless, (*unbeständig, wankelmütig*) fickle, inconstant, changeable, (*nicht seßhaft*) vagrant, unsettled, wandering. **II** *adv* unsteadily; **~ umherirren** roam (*od.* wander) about.
ˈunˌste·tig *adj tech. etc* discontinuous, intermittent. **ˈUnˌste·tig·keit** *f ⟨-; no pl⟩* unsteadiness, shiftiness, (*Ruhelosigkeit*) restlessness, (*Wankelmut*) fickleness.
un·still·bar [ˈʊnˌʃtɪlbaːr; ˌʊn-] *adj* **1.** *Hunger, fig. Sehnsucht, Drang etc*: unappeasable, insatiable, *Durst, a. fig.* unquenchable. **2.** *med. Blutung*: uncontrollable.
ˈunˌstim·mig *adj* discrepant, inconsistent, incongruous. **≗keit** *f ⟨-; -en⟩* **1.** discrepancy, inconsistency, incongruity. **2.** *meist pl* (*Meinungsverschiedenheit*) disagreement, difference, dissension.
ˈunˌstoff·lich *adj philos.* immaterial.
un·sträf·lich [ˈʊnˌʃtrɛːflɪç; ˌʊn-] *adj* blameless.
un·strei·tig [ˈʊnˌʃtraɪtɪç; ˌʊn-] *adj* indisputable, undeniable.
un·sühn·bar [ˌʊnˈzyːnbaːr; ˈʊn-] *adj* inexpiable.
ˈUnˌsum·me *f ⟨-; -n⟩* enormous sum.
ˈun·symˌme·trisch *adj* unsymmetric (-al).
ˈun·symˌpa·thisch *adj* disagreeable, unlik(e)able; **ich finde sie ~, sie ist mir ~** I don't like her.
ˈun·sy·steˌma·tisch *adj* unsystematic (-al).
un·ta·de·lig [ˈʊnˌtaːdəlɪç; ˌʊn-] **I** *adj Charakter, Betragen etc*: irreproachable, blameless, impeccable, *Ware etc*: flawless. **II** *adv* **sich ~ führen** behave irreproachably; **~ gekleidet** immaculately dressed. **≗keit** *f ⟨-; no pl⟩* irreproachability, blamelessness, impeccability.
ˈun·ta·lenˌtiert *adj* untalented, talentless.
ˈUnˌtat *f* atrocity, outrage.
ˈunˌtä·tig *adj* **1.** inactive, unactive, (*müßig*) idle; **~ zusehen** watch *s.th.* inactively (*od.* without doing anything); **~ zu Hause sitzen** sit around the house idly (*od.* idle). **2.** *Vulkan*: dormant. **≗keit** *f ⟨-; no pl⟩* **1.** inactivity, inaction, (*Müßiggang*) idleness; **zur ~ verdammt** condemned to inactivity. **2.** *e-s Vulkans*: dormancy.
ˈunˌtaug·lich *adj* **1.** (*nicht geeignet*) (**für** for) unsuitable, unsuited, inappropriate, unfit (*a. mil.*), *Person*: *a.* unqualified, ineligible; **Versuch am ~en Objekt** experiment on an unfit subject; *jur.* **~er Versuch** impossible attempt. **2.** (*schlecht, unbrauchbar*) bad, worthless, unusable, useless, *Gegenstand*: *a.* unserviceable, *Person*: *a.* incompetent, incapable; (**vollkommen**) **~ sein** *a.* be no good (at all). **≗keit** *f ⟨-; no pl⟩* **1.** unsuitableness, inappropriateness, unfitness, ineligibility. **2.** worthlessness, uselessness, incompetence, incapability.
un·teil·bar [ˌʊnˈtaɪlbaːr; ˈʊn-] *adj* indivisible. **≗keit** *f ⟨-; no pl⟩* indivisibility.
un·ten [ˈʊntən] *adv* **1.** (down) below, down, (*am Boden, auf dem Grund*) (down) at the bottom, *an der Treppe, im Haus etc*: downstairs; **da** (*od.* **dort**) **~ im Tal** down (*od.* below) there in the valley; **~ am See** down by the lake; **weit** (*od.* **tief**) **~ im Schacht** deep down (*od.* far down, far below) in the shaft; **von ~** from below; **von ~ her(auf)** from (down) below; **weiter ~** deeper (*od.* further) down; **von hier ~ (aus)** from down here; **die Schublade links ~** the drawer down (below) on the left; **hier ~ tut es mir weh** it hurts down here; **~ im Faß** (down) at the bottom of the cask; **et. ~ anfassen** take hold of s.th. at the bottom; **„~!"** *Aufschrift*: "other side up!"; **nach ~** down, downward(s), *Treppe*: downstairs; **nach ~ gerichtet** level(l)ed (*od.* pointed) downward(s); **Tendenz nach ~** downward tendency; **nach ~ zu** (*od.* **hin**) **dicker werden** grow thicker toward(s) the bottom; *colloq.* **~ im Süden** down south. **2.** (*am unteren Ende*) **am Tisch ganz ~** at the far end of the table; **weit ~ in der Liste** far down on the list; **ganz ~ auf der Seite** right at the bottom of the page; **~ auf Seite 24** page 24 below; **wie ~ näher bezeichnet** as (set forth) below; *colloq.* **~ auf der Landkarte** (*im Süden*) at the bottom of the map. **3.** *fig.* **von ~ auf** from the bottom, right up from below, *start, etc* from scratch; **sich von ~ heraufdienen** *mil.* rise from the ranks, *fig.* work one's way up from the bottom (of the ladder). **4.** *fig. colloq.* **bei j-m ~ durch sein** be in s.o.'s bad (*od.* black) books. **5.** *colloq.* **zu weit ~** (*zu niedrig*) too low.
ˈun·ten|ˈan *adv am Tisch etc*: at the far end, *auf e-r Liste etc*: at the bottom. **~ˈdrun·ter** *adv colloq.* underneath, below (it). **~erˌwähnt, ~geˌnannt** *adj* → **untenstehend** I. **~ˈhin** *adv* down, downward(s). **~ˌste·hend** *adm.* **I** *adj* undermentioned, *Am.* below, *nachgestellt*: mentioned below; **~es** the following; **im ~en** *cf.* II. **II** *adv* (herein)below, hereinafter; **~ finden Sie** please find below.
un·ter[1] [ˈʊntər] **I** *prep ⟨dat⟩* **1.** under, below, beneath, underneath; **~ e-m Baum** under a tree; **~ dem Tisch** under (*od.* beneath) the table; **~ der Zeitung** under the newspaper; **~ den Armen** under the arms; **~ ... hervor** from under ...; **er stand ~ dem Fenster** he stood below the window; **~ dem Bild war ein**

Schild there was a plate under the picture; **die Familie, die ~ uns wohnt** the family which lives below us; **das Tal tief ~ uns** the valley far below us; **~ dem Meeresspiegel** below sea level; **~ e-m blauen Himmel** under a blue sky; **~ Wasser** underwater; **~ Wasser stehen** be under water. **2.** *rang-, wertmäßig*: below; **~ dem Durchschnitt** below (the) average, below standard; **ein Rang ~ ...** one rank below ...; **er steht ~ mir** a) *als Untergebener*: he is under me, he is my subordinate, b) *niveaumäßig*: he is below (*od.* inferior to) me; **e-e Sekunde ~ dem Vorjahresrekord** one second below last year's record; **20 Grad ~ Null** 20 degrees below (zero). **3. ~ der Regierung Heinrichs VIII** under the reign of Henry VIII; **~ der Leitung (Aufsicht) von X** under the direction (supervision) of X, X directing (supervising); **~ j-m arbeiten** work under s.o.; **~ sich haben** be in charge of, have (*200 persons, etc*) under one. **4.** (*zwischen, bei*) among(st); **~ anderem** among other things; **~ s-n Papieren war dieser Brief** this letter was among his papers; **der Begabteste ~ ihnen** the most talented among (*od.* of) them; **ein Buch ~ hundert** one book out of a hundred. **5. mitten ~** in the midst of; **(mitten) ~ uns ist ein Verräter** there is a traitor in our midst. **6.** *vertraulich*: between; **~ uns (gesagt)** between you and me (and the bedpost *colloq.*); **das bleibt ~ uns!** that's just between you and me!; **hier sind wir ganz ~ uns** we are in strict privacy (*od.* quite alone) here; **das kostet ~ Brüdern ...** that costs ... between friends. **7.** (*weniger als*) under; **~ e-r Stunde** *I'll be back, etc* in under (*od.* less than) an hour; **~ diesem Preis** under (*od.* for less than) this price. **8. ~ falschem Namen** under a false name; **bekannt ~ dem Namen G.** known under (*od.* by) the name of G. **9. ~ e-r Last stöhnen (zs.-brechen)** groan (sink) under a burden (*od.* load). **10. ~ Druck (Zwang, Alkohol, Beschuß** *etc*) under pressure (compulsion, alcohol, fire, *etc*). **11. ~ gewissen Bedingungen** under certain conditions; **~ diesem Gesichtspunkt** from this point of view. **12. ~ Beifall** amidst applause; **~ Glockengeläut** to the peal of bells, with bells ringing; **~ großen Entbehrungen** at the cost of great privations; **~ Schmerzen** *die, etc* in pain, **lächeln**: give a brave smile (although in pain). **13. was verstehst du ~ ...?** what do you understand by ...? **14. ~ „Uran"** under "uranium" *we read the following*; **~ dem Stichwort „unter"** *can you find anything* under the entry "under"? **15.** *econ. od. archaic* under the date of *April 15*; **~ dem heutigen Datum** under today's date. **16.** *bes. dial. colloq.* (*während*) during. **II** *prep* ⟨*acc*⟩ **17.** under, below, beneath, underneath; **~ den Tisch fallen** fall under the table; **sich ~ e-n Baum legen** lie down under a tree; **den Brief ~ das Buch legen** put the letter under the book; **~ die Oberfläche** under (*od.* below) the surface; **~ das Dach treten** step under the roof; **sie stellte sich ~ das Fenster** she went and stood below the window; **die Katze schlüpfte ~ die Bank** the cat slipped under (*od.* below, underneath) the bench; **bis ~ das Dach** (up) to the roof; **bis ~ die Knie** (to) below the knees. **18.** (*an das untere Ende*) at the bottom of. **19.** *rang-, wertmäßig*: below; **er wurde ~ X gestellt** he was put below X; **~ Null sinken** *Temperatur*: drop below zero; **~ diesen Preis kann ich nicht gehen** I can't go below this price. **20. et. ~ j-s Leitung stellen** put s.th. under s.o.'s direction, put s.o. in charge of s.th. **21. et. ~ die Rubrik X setzen** put s.th. under the heading X. **22.** (*zwischen*) among(st); **sich ~ die Menge mischen** mix among (*od.* mingle with) the crowd; **(mitten) ~ die Menge treten** step into the middle (*od.* midst) of the crowd; *fig. colloq.* (*Neuigkeiten etc*) **~ die Leute bringen** spread; **~ die Leute kommen** a) *Person*: mix with people, b) *Geheimnis etc*: come out, leak out. **III** *adv* **23.** (*weniger als*) under, less than; **Städte von ~ 10 000 Einwohnern, Städte ~ 10 000 Einwohner** towns with under (*od.* less than) 10,000 inhabitants; **nicht ~ 2000 Mark verdienen** earn not less than 2,000 marks; **Jugendliche ~ 16 (Jahre[n])** juveniles under 16 (years of age).

ˈun·ter[2] *adj* → **untere**.

ˈUn·ter *m* ⟨-s; -⟩ (*Spielkarte*) knave, jack.

ˈUn·ter|ˌabˌsatz *m* subsection, subparagraph. **~ˌabˌschnitt** *m* **1.** subsection. **2.** *mil.* subsector. **~ˌabˌtei·lung** *f* subdivision, subsection. **~ˌan·geˌbot** *n econ.* insufficient supply (**an** *dat* of). **~ˌarm** *m anat.* forearm. **~ˌär·mel** *m* undersleeve. **~ˌart** *f bot. zo.* subspecies. **~ˌausˌschuß** *m bes. pol.* subcommittee. **~ˌbau** *m* ⟨-(e)s; -ten⟩ **1.** *civ. eng.* substructure, (*Fundament*) foundation(s *pl*). **2.** *mot.* understructure. **3.** *fig.* basis. **~ˌbauch** *m anat.* hypogastrium.

ˌun·terˈbau·en *v/t* ⟨*insep, no* -ge-, h⟩ **1.** *civ.eng.* support. **2.** → **untermauern** 2.

ˈUn·ter|beˌam·te *m* subordinate official. **≈beˌgabt** *adj* insufficiently (*od.* poorly) gifted. **~beˌgriff** *m philos.* subsumption. **~beˌla·stung** *f tech.* underload(ing). **≈beˌlegt** *adj Krankenhaus etc*: not fully utilized, underutilized, *Hotel etc*: not full. **≈beˌlich·ten** *v/t* ⟨*insep, no* -ge-, h⟩ *phot.* underexpose. **≈beˌlich·tet** *adj* **1.** *phot.* underexposed. **2.** *fig. colloq.* dim, daft, dull; **er ist ein bißchen ~** he is not exactly bright. **≈beˌmannt** *adj* undermanned. **~beˌschäf·ti·gung** *f* underemployment. **≈beˌsetzt** *adj* understaffed, shorthanded. **~ˌbett** *n* feather bed. **≈beˌvöl·kert** *adj* underpopulated. **≈beˌwer·ten** *v/t* ⟨*insep, no* -ge-, h⟩ **1.** underrate, undervalue. **2.** *Sport*: (*Kür etc*) undermark. **~beˌwer·tung** *f* underrating (*etc*), underestimation. **≈beˌwußt** *psych.* **I** *adj* subconscious. **II ≈e, das** ⟨-n⟩ the subconscious. **~beˌwußtˌsein** *n* subconscious (mind); **im ~** *a.* subconsciously. **≈beˌzah·len** *v/t* ⟨*insep, no* -ge-, h⟩ underpay. **~beˌzah·lung** *f* ⟨-; *no pl*⟩ underpayment.

ˌun·terˈbie·ten *v/t* ⟨*irr, insep, no* -ge-, h⟩ **1.** (*Preis*) undercut, (*Angebot*) underbid, (*Konkurrenten*) *a.* undersell, cut *s.o.* under. **2.** *Sport*: (*Rekord*) lower, beat. **3.** *fig.* **kaum noch zu ~** almost unsurpassable.

ˈUn·ter·biˌlanz *f econ.* adverse balance.

ˌun·ter|ˈbin·den *v/t* ⟨*irr, insep, no* -ge-, h⟩ **1.** (*Vorhaben etc*) prevent. **2.** (*Zufuhr etc*) cut off. **3.** (*Mißbrauch etc*) stop, put an end to, call a halt to. **4.** *med.* (*Gefäß*) tie up, ligature. **~ˈblei·ben** *v/i* ⟨*irr, insep, no* -ge-, sein⟩ **1.** (*nicht getan werden*) be left (*od.* remain) undone. **2.** (*nicht stattfinden*) be dropped, *Ereignis*: *a.* not to take place. **3.** (*versäumt werden*) be omitted. **4.** (*aufhören*) stop, cease; **das hat sofort zu ~** this must stop at once; **ich hoffe, das wird in Zukunft ~** I hope this will not happen again in future.

ˈUn·terˌbo·den *m* **1.** undersurface. **2.** *mot.* underfloor. **~ˌschutz** *m mot.* underseal, underfloor protection.

ˌun·terˈbre·chen I *v/t* ⟨*irr, insep, no* -ge-, h⟩ **1.** *allg.* interrupt, (*Schlaf, Schweigen, Reise*) *a.* break, (*Verhandlungen, Spiel, Zahlungen etc*) *a.* suspend; **j-n ~** interrupt s.o., cut s.o. short; **ein Gespräch ~** break (*od.* cut, chime) in, butt in (on a conversation); **die Reise** (*od.* **Fahrt**) **~** *a.* stop over. **2.** *teleph.* cut off. **3.** *electr.* interrupt, disconnect, break. **II** *v/reflex* **sich ~ 4.** pause, stop.

ˌUn·terˈbre·cher *m electr.* interrupter, (contact) breaker. **~konˌtakt** *m* make-and-break contact. **~ˌta·ste** *f* break key.

ˌUn·terˈbre·chung *f* ⟨-; -en⟩ **1.** interruption, break, *bes. zeitlich*: *a.* suspension, *weitS.* cutoff; **ohne ~** without interruption (*od.* letup, a break), nonstop; **mit ~en** interruptedly, intermittently; **~ der Fahrt** (*od.* **Reise**) *a.* stopover. **2.** *electr. teleph.* disconnection.

ˈun·terˌbrei·ten[1] *v/t* ⟨*sep*, -ge-, h⟩ **j-m e-e Decke** *etc* **~** spread a blanket, *etc* (out) under(neath) s.o.

ˌun·terˈbrei·ten[2] *v/t* ⟨*insep, no* -ge-, h⟩ (*dat* to) submit, present; **j-m e-n Vorschlag ~** make s.o. a proposal.

ˌUn·terˈbrei·tung *f* ⟨-; *no pl*⟩ submission, submittal, presentation.

ˈun·terˌbrin|gen *v/t* ⟨*irr, sep*, -ge-, h⟩ **1.** (**in** *dat*, **bei**) accommodate (*person, office, etc*) (in, at, with), put *s.o., s.th.* (in[to]), (*Gäste etc*) *a.* lodge, put up (at), *mil.* quarter (on), (*Gerät in Gehäuse, a. weitS. Museum in Gebäude etc*) house (in), *tech. a.* install (*od.* build, fit) (into), (*verstauen*) stow (away) (in[to]); **darin lassen sich ... ~** it holds (*od.* accommodates, houses, *mit Sitzplätzen*: seats) ...; **kannst du noch j-n (bei dir) ~?** can you manage another person (in your place)?; *fig. colloq.* **ich kann ihn nicht ~** (*identifizieren*) I can't place him. **2.** (*Platz finden für, j-n od. et. a. zeitlich einschieben*) fit (*od.* get) *s.o., s.th.* in; **wir können nichts mehr ~** we can't get in (*fig.* take on) anything more; **bringst du das (ihn) noch (in d-m Zeitplan) unter?** can you fit this (him) in(to your schedule)? **3.** find *s.o.* a place, find a place for, *beruflich*: *a.* find a situation for, *colloq.* get *s.o.* a job, (in *e-r Firma, Familie*) *a.* place *s.o.* (with), (in *e-r Schule, e-m Heim etc*) *a.* put *s.o.* (into), *jur.* commit *s.o.* (to *an institution, etc*). **4.** (*Aufträge, Kapital etc*) (**bei**) place (with), (*Waren*) *a.* dispose of, sell (to), *colloq.* (*Buch etc bei e-m Verlag*) place (with), have (*a book, etc*) accepted (by *publishers*). **≈gung** *f* ⟨-; *no pl*⟩ **1.** accommodation, housing, lodgings *pl.* **2.** *econ.* placement, placing, disposal. **3.** *jur.* committal (in *e-r Anstalt* to).

ˈUn·terˌbrin·gungsˌmög·lich·keit *f* ⟨-; -en⟩ accommodation.

ˌun·terˈbro·chen *adj* **1.** interrupted. **2.** *electr. teleph.* disconnected.

ˈun·terˌbut·tern *v/t* ⟨*sep*, -ge-, h⟩ *colloq.* **1. j-n ~** walk all over s.o., trample on s.o. **2.** sink (*money*) (wastefully) (**in** *dat* in a *project, etc*).

ˈun·terˌchlo·rig *adj chem.* hypochlorous.

ˈUn·terˌdeck *n mar.* lower deck.

ˌun·terˌderˈhand *adv* **1.** on the quiet (*od.* sly), secretly. **2.** *econ.* privately.

ˌun·terˈdes(·sen) *adv* **1.** meanwhile, (in the) meantime. **2.** (*bis dahin*) by then, by that time, (*bis jetzt*) by now.

ˈUn·ter|do·miˌnan·te *f mus.* subdominant. **~ˌdruck** *m* ⟨-(e)s; -drücke⟩ **1.** *phys.* negative pressure. **2.** *med.* hypotension, low blood pressure. **~ˌdruck...** *in Zssgn tech.* vacuum ...

ˌun·ter|ˈdrücken (*getr.* -k·k-) *v/t* ⟨*insep*,

no -ge-, h› **1.** (*Volk, Minderheit etc*) oppress. **2.** (*Aufstand etc*) suppress, quell, put down, crush, repress. **3.** (*Freiheit, Nachrichten etc*) suppress, (*Kritik etc*) *a.* squelch, (*Gefühle, Lachen, Gähnen etc*) *a.* repress, stifle. **≈ˈdrücker** (*getr.* -k·k-) *m* ‹-s; -› oppressor.

ˈUn·terˌdruckˌkam·mer *f aer. tech.* low-pressure chamber.

ˌun·ter|ˈdrückt *adj* **1.** *Volk etc*: oppressed. **2.** *Gefühl, Lachen etc*: suppressed, stifled, repressed. **≈ˈdrück·te** *m, f* ‹-n; -n› oppressed person; **die ~n** the oppressed. **≈ˈdrückung** (*getr.* -k·k-) *f* ‹-; *no pl*› **1.** *e-s Volkes etc*: oppression. **2.** *e-s Aufstands, von Gefühlen etc*: repression, *a. von Tatsachen etc*: suppression.

ˈun·terˌdurchˌschnitt·lich *adj* subaverage, below average (*od.* normal, the mark).

ˈun·te·re *adj* ‹*sup* **unterst**› *a. fig.* lower; **am ~n Tischende** at the (far) end (*od.* bottom) of the table; **die ~ Beamtenlaufbahn** minor civil service.

ˌun·terˌeinˈan·der *adv* **1.** one under (*od.* below, beneath) the other. **2.** between each other, *zwischen mehr als zwei Personen*: among one another; **(wir) ~** among ourselves; **(ihr) ~** between (*od.* among) yourselves; **(sie) ~** between (*od.* among) themselves; **~ heiraten** *Familien*: intermarry; **sich ~ helfen** help each other (mutually). **3.** (*miteinander*) with one another; **~ verbinden** *a.* interconnect. **~ˌle·gen** *v/t* ‹*sep*, -ge-, h› lay (*od.* put) (*things*) one under (*od.* below, beneath) the other.

ˈUn·ter|ˌein·heit *f mil.* subunit. **≈entˌwickelt** (*getr.* -k·k-) *adj allg.* underdeveloped (*a. phot.*), *Land, Kind*: *a.* backward; **geistig ~** mentally retarded. **~entˌwick·lung** *f* underdevelopment, backwardness. **≈erˌnährt** *adj* undernourished, underfed, starving. **~erˌnäh·rung** *f* ‹-; *no pl*› undernourishment, malnutrition. **~faˌmi·lie** *f bot. zo.* subfamily.

ˌun·terˈfan·gen I *v/t* ‹*irr, insep, no* -ge-, h› *civ.eng.* underpin. **II** *v/reflex* **sich e-r Sache ~** venture (*od.* attempt) s.th.; **sich ~ zu** *inf* a) (*wagen*) venture (*od.* attempt) to *inf*, b) (*sich erdreisten*) dare (*od.* have the cheek) to *inf*. **III ≈** *n* ‹-s; *no pl*› *lit.* (bold) venture (*od.* attempt), risky enterprise (*od.* undertaking); **es ist ein aussichtsloses ≈ zu** *inf* it is absolutely futile to *inf*.

ˈun·terˌfas·sen *v/t* ‹*sep*, -ge-, h› **j-n ~** take s.o.'s arm; **sich ~** link arms.

ˌun·ter|ˈfer·ti·gen *v/t* ‹*insep, no* -ge-, h› *adm.* sign, execute. **≈ˈfer·tig·te** *m, f* ‹-n; -n› undersigned. **≈ˈfüh·rung** *f* ‹-; -en› **1.** *für Fußgänger etc*: subway, underpass. **2.** *rail.* underbridge.

ˈUn·ter|funk·tiˌon *f bes. med.* weak (*od.* insufficient, impaired) function, hypofunction. **~ˌfut·ter** *n* (inner) lining. **~ˌgang** *m* ‹-(e)s; *rare* -gänge› **1.** *von Gestirnen*: setting. **2.** *von Schiffen*: sinking. **3.** *fig.* (down)fall, decline; **der ~ Trojas** the fall of Troy; **der ~ der Welt** the end of the world; **dem ~ geweiht** doomed. **4.** *fig.* (*Verderben*) destruction, ruin; *colloq.* **das ist (noch) mein ~** that will be my undoing (yet). **≈ˌgä·rig** [-ˌgɛːrɪç] *adj Bier*: bottom-fermented. **~ˌgat·tung** *f bot. zo.* subgenus.

ˌun·ter|ˈge·ben *adj* ‹*pred*› **j-m ~ sein** be under s.o.'s authority (*od.* control). **≈ˈge·be·ne** *m, f* ‹-n; -n› inferior, subordinate, *bes. Am.* subaltern.

ˈun·ter|ge·gan·gen *adj Rasse etc*: extinct. **~geˌhakt** *adj* arm in arm, arms linked. **~ˌge·hen I** *v/i* ‹*irr, sep*, -ge-, sein› **1.** *Gestirne*: set, go down. **2.** *Schiff etc*: sink, go down (*od.* under) (*a. Ertrinkender*), founder. **3.** *fig.* **im Lärm ~** *Worte etc*: be drowned by (*od.* lost in, swamped by) the noise. **4.** *fig. Reich, Volk, Kultur etc*: go down (*od.* under), perish, *die Welt*: be destroyed, come to an end; *colloq.* **davon geht (doch) die Welt nicht unter** that's not the end of the world. **5.** *fig.* go to one's ruin, perish. **II ≈** *n* ‹-s› **6. sein Stern ist im ≈** *fig.* his star is declining (*od.* on the decline). **~geˌord·net** *adj* **1.** (*unterstellt*) (*dat* to) subordinate, *rangmäßig*: inferior; **in ~er Stellung** (*od.* **Position**) in a subordinate position. **2.** (*zweitrangig*) secondary, *a. Rolle*: minor. **~geˌschla·gen** *adj* **mit ~en Beinen** with one's legs crossed. **≈geˌschoß** *n* basement (floor). **≈geˌsenk** *n tech.* bottom (*od.* lower) die. **≈geˌstell** *n* base (*a. tech.*), supporting frame, *mot.* underframe. **≈geˌwand** *n* undergarment. **≈geˌwicht** *n* underweight. **~geˌwich·tig** *adj* underweight.

ˌun·ter|ˈglie·dern *v/t* ‹*insep, no* -ge-, h› subdivide. **≈ˈglie·de·rung** *f* ‹-; -en› subdivision. **~ˈgra·ben** *v/t* ‹*irr, insep, no* -ge-, h› *fig.* (*Ansehen, Stellung etc*) undermine, (*Gesundheit*) *a.* sap.

ˈUn·terˌgrund *m* ‹-(e)s; *no pl*› **1.** *geol.* subsoil, substratum; **fester** (*od.* **felsiger**) **~** bedrock. **2.** *Malerei*: ground(ing), undercoat. **3.** *pol. Kunst etc*: underground; *pol.* **in den ~ gehen** go underground. **~...** *in Zssgn* underground (*movement, fighter, literature, etc*). **~ˌbahn** *f* → U-Bahn.

ˈUn·ter|ˌgrup·pe *f* subgroup. **~ˌhaar** *n zo.* underfur. **≈ˌha·ben** *v/t* ‹*irr, sep*, -ge-, h› *colloq.* have *s.th.* on underneath. **≈ˌha·ken I** *v/t* ‹*sep*, -ge-, h› *colloq.* **j-n ~** → **II** *v/reflex* **sich bei j-m ~** take s.o.'s arm, link arms with s.o. **≈ˌhalb I** *prep* ‹*gen*› **1.** below, beneath, under(neath). **2.** (*flußabwärts*) downstream from. **II** *adv* **3.** below; **weiter ~** further below. **4.** (*flußabwärts*) downstream. **~ˌhalt** *m* ‹-(e)s; *no pl*› **1.** *für e-e Person, Familie etc*: keep, maintenance, support, upkeep; **j-s ~ bestreiten, für j-s ~ sorgen** (*od.* **aufkommen**) provide for s.o.'s keep, keep (*od.* support) s.o. **2.** → **Lebensunterhalt. 3.** (*Instandhaltung*) maintenance, (*Wartung*) *a.* upkeep. **4.** *jur.* a) *für die Frau*: alimony, b) *für Frau u. Kinder*: maintenance (allowance).

ˌun·terˈhal·ten[1] **I** *v/t* ‹*irr, insep, no* -ge-, h› **1.** (*Familie, Kinder etc*) support, (*a. Schule, Rennstall etc*) keep, maintain, sustain. **2.** (*Geschäft*) run, (*Betrieb etc*) *a.* operate. **3.** (*Anlage, Straße etc*) keep *s.th.* up (*od.* in repair), maintain. **4.** (*Feuer*) keep *s.th.* burning (*od.* going), feed. **5.** (*Beziehungen, Briefwechsel etc*) keep up, maintain. **6.** (*Gäste, Publikum etc*) entertain. **II** *v/reflex* **sich ~ 7.** (*sich vergnügen*) enjoy o.s.; **sich gut ~** *a.* have a good time. **8. sich mit e-r Sache ~** amuse (*od.* entertain) o.s. with s.th. **9. sich mit j-m ~** (**über** *acc*) talk to (*od.* with) s.o. (about), converse with s.o. (about *od.* on); **sich auf English ~** converse (*od.* talk) in English.

ˈun·terˌhal·ten[2] *v/t* ‹*irr, sep*, -ge-, h› hold *s.th.* underneath.

ˌun·ter|ˈhal·tend *adj* entertaining. **≈ˈhal·ter** *m* entertainer; **ein guter ~ sein** *a.* be good (*od.* entertaining) company. **~ˈhalt·sam** *adj* entertaining.

ˈUn·terˌhalts|ˌanˌspruch *m jur.* claim (*od.* right) to alimony (*od.* maintenance). **~ˌbeiˌhil·fe** *f* subsistence allowance. **≈beˌrech·tigt** *adj* entitled to alimony (*od.* maintenance). **~ˌkla·ge** *f* action for alimony (*od.* maintenance, *Am.* support). **~ˌko·sten** *pl* **1.** maintenance cost *sg.* **2.** *jur.* maintenance *sg*, maintenance costs. **~ˌpflicht** *f* obligation to pay alimony (*od.* maintenance). **≈ˌpflich·tig** *adj* under an obligation to pay alimony, liable to provide maintenance. **~ˌzahlung** *f* alimony (*od.* maintenance) payment.

ˌUn·terˈhal·tung *f* ‹-; -en› **1.** ‹*only sg*› *von Schule, Rennstall etc*: upkeep, maintenance. **2.** → **Unterhalt** 3. **3.** (*Vergnügen*) entertainment, amusement. **4.** (*Gespräch*) conversation, talk.

ˌUn·terˈhal·tungs|ˌbran·che *f* show business, *colloq.* show biz; **in der ~ (tätig) sein** be in show business. **~ˌfilm** *m* entertainment film. **~in·duˌstrie** *f* entertainment industry. **~konˌzert** *n* entertainment concert. **~lekˌtü·re** *f* light reading, *bes. Am. a.* pap. **~li·te·raˌtur** *f* light fiction. **~muˌsik** *f* light music. **~proˌgramm** *n* light program (*me Br.*). **~roˌman** *m* light novel. **~ˌteil** *m e-r Zeitung*: light-reading section.

ˌun·terˈhan·deln *v/i* ‹*insep, no* -ge-, h› (**über** *acc*) negotiate (on, about), treat (for), parley (on, about).

ˈUn·terˌhänd·ler *m* negotiator.

ˌUn·terˈhand·lung *f* ‹-; -en› negotiation; **in ~en treten** enter into negotiations.

ˈUn·ter|ˌhaus *n* ‹-es; *no pl*› *pol. Br.* (the) House of Commons; **im ~** in the Commons. **~ˌhaut** *f anat.* hypoderm(is). **~ˌhemd** *n* vest, *Am.* undershirt.

ˌun·terˈhöh·len *v/t* ‹*insep, no* -ge-, h› *a. fig.* undermine.

ˈUn·ter|ˌholz *n* ‹-es; *no pl*› undergrowth, underwood. **~ˌho·se** *f* underpants *pl*, *kurze*: *a.* briefs *pl*, *bes. Am.* shorts *pl*, *lange*: *a.* long johns *pl*. **≈ˌir·disch** *adj* subterranean, underground (*passage, etc*). **~ˌjacke** (*getr.* -k·k-) *f* short-sleeved vest (*Am.* undershirt).

ˌun·ter|ˈjo·chen *v/t* ‹*insep, no* -ge-, h› subjugate. **≈ˈjo·chung** *f* ‹-; *no pl*› subjugation.

ˈun·terˌju·beln *v/t* ‹*sep*, -ge-, h› *colloq.* **j-m et. ~** a) (*andrehen*) foist s.th. (off) on s.o., b) (*aufhalsen, aufhängen*) land (*od.* saddle) s.o. with s.th.

ˌun·terˈkel·lern [-ˈkɛlərn] *v/t* ‹*insep, no* -ge-, h› **ein Haus ~** make a cellar under a house.

ˈUn·terˌkie·fer *m anat.* lower jaw, *zo.* mandible. **~ˌkno·chen** *m* mandible, submaxilla(ry).

ˈUn·ter|ˌklas·se *f meist pl ped. obs.* lower form, *bes. Am.* junior class. **~ˌkleid** *n* (full-length) slip. **~ˌklei·dung** *f* underwear, underclothes *pl*, underclothing. **≈ˌkom·men I** *v/i* ‹*irr, sep*, -ge-, sein› **1.** *allg.* find room, find a place. **2.** (*Wohnung finden*) find accommodation (*od.* lodgings), *a. fig.* find a home. **3. ~ bei** (*Anstellung finden*) find work (*od.* a job) with, be taken on (*od.* employed) by. **4.** *fig. colloq.* **das ist mir schon einmal untergekommen** I have come across that before. **II ≈** *n* ‹-s› **5.** accommodation. **6.** (*Anstellung*) situation, place. **~kom·misˌsiˌon** *f* subcommission. **≈ˌkrie·gen** *v/t* ‹*sep*, -ge-, h› *colloq.* **j-n ~** bring s.o. to heel, make s.o. knuckle under, get the better of s.o.; **sich nicht ~ lassen** hold (*od.* stand) one's ground, not to give in; **laß dich nicht ~!** bear up!, don't let it get you down!, never say die!

ˌun·ter|ˈküh·len *v/t* ‹*insep, no* -ge-, h› undercool. **~ˈkühlt** *adj* **1.** undercooled. **2.** *fig.* cool, unimpassioned, reserved. **≈ˈküh·lung** *f* ‹-; *no pl*› undercooling, *med.* hypothermia.

ˈUn·terˌkunft *f* ‹-; -künfte› **1.** accommodation, lodging(s *pl*); **~ und Verpflegung** board and lodging, bed and board. **2.** *mil.* quarters *pl*, billet.

ˈUn·ter|kunfts|hüt·te *f* refuge. **~ˌmög·lich·keit** *f* accommodation(s *pl*).

ˈUn·ter|la·ge *f* ⟨-; -n⟩ **1.** *zum Arbeiten*: support, *bes. zum Schreiben etc*: pad. **2.** *zum Darauﬂiegen*: a) *dünne*: sheet, b) *feste, dicke*: mattress. **3.** *tech.* base(plate), support, *weitS.* rest, bed. **4.** *für Bodenbelag*: underlay. **5.** *hort.* (under)stock. **6.** *fig. finanzielle etc*: basis, *a. colloq. für Alkohol*: foundation. **7.** *pl* (*Dokumente*) documents, papers, (*Angaben*) data, (*Quellen*) sources, source materials, *weitS.* material *sg.*

ˈUn·ter|land *n* ⟨-(e)s; *no pl*⟩ lowlands *pl.*

ˈUn·ter|laß [-ˌlas] *m* **ohne ~** without intermission (*od.* cease, letup).

ˌun·ter|ˈlas·sen *v/t* ⟨*irr, insep, no* -ge-, h⟩ **1.** (*bleiben lassen*) refrain from, desist from, *bes. aus Schonung*: forbear ([from] *doing s.th.*), (*aufhören mit*) stop ([*doing*] *s.th.*), leave off (*doing s.th.*), (*Besuche, Versuche etc*) *a.* discontinue; **unterlaß d-e dummen Bemerkungen!** refrain from making (*od.* stop) your silly remarks; **unterlaß das (gefälligst)!** stop (*od.* quit) that!, *colloq.* cut it out! **2.** (*versäumen*) omit, neglect; **es ~, et. zu tun** fail (*od.* neglect, omit) to do s.th., neglect (*od.* omit) doing s.th.; **wir werden nichts ~, um** we shall leave nothing undone to. **≈ˈlas·sung** *f* ⟨-; -en⟩ omission, failure, neglect, *jur. a.* default, *Strafrecht*: (*unterlassene Handlung*) omission; **~ der Hilfeleistung** failure to give help (*od.* assistance), *Strafrecht*: *a.* exposure; *jur.* **bei ~** in case of default; **auf ~ klagen** apply for an injunction.

ˌUn·ter·ˈlas·sungs|deˌlikt *n jur.* (act of) omission. **~ˌfall** *m* **im ~** in case of noncompliance. **~ˌkla·ge** *f* action for an injunction. **~ˌsün·de** *f fig.* lapse, (sin of) omission. **~ˌur·teil** *n jur.* injunction, *Am.* restraining order.

ˈUn·ter|lauf *m e-s Flusses*: lower reaches *pl* (*od.* stretches *pl*, course) of a river.

ˌun·ter·ˈlau·fen[1] *v/i* ⟨*irr, insep, no* -ge-, sein⟩ *Fehler etc*: occur, slip in, creep in; **es sind einige Fehler ~** *a.* several mistakes have been made; **mir ist ein Fehler ~** I made a mistake.

ˌun·ter·ˈlau·fen[2] *v/t* ⟨*irr, insep, no* -ge-, h⟩ **1.** *Sport* **j-n ~** run under s.o.('s guard). **2.** *fig.* (*Gesetze etc*) dodge, avoid.

ˌun·ter·ˈlau·fen[3] *adj* **mit Blut ~** suffused with blood, *Auge*: bloodshot.

ˈUn·ter|le·der *n* sole leather.

ˈun·ter|le·gen[1] *v/t* ⟨*sep*, -ge-, h⟩ **1.** put (*od.* lay) *s.th.* under(neath). **2.** *fig.* **j-s Worten e-n anderen Sinn ~** read another meaning into s.o.'s words. **3. e-m Huhn Eier (zum Brüten) ~** set a hen (on eggs).

ˌun·ter·ˈle·gen[2] *v/t* ⟨*insep, no* -ge-, h⟩ **1.** *mit Filz, Gummi etc*: underlay, *mit Stoff*: line. **2. der Melodie wurde ein Text unterlegt** words were put (*od.* set) to this tune.

ˌun·ter·ˈle·gen[3] *adj* **1.** inferior (*dat* to). **2.** (*besiegt*) losing, defeated (*team, party, etc*).

ˌUn·ter·ˈle·ge·ne *m, f* ⟨-n; -n⟩ **1.** (*Verlierer*) loser. **2.** (*Schwächere*) underdog.

ˌUn·ter·ˈle·gen·heit *f* ⟨-; *no pl*⟩ inferiority.

ˈUn·ter|leg|keil *m mot.* wheel chock. **~ˌklotz** *m* block. **~ˌschei·be** *f* washer, collar.

ˌun·ter·ˈlegt *adj Textil.* underlaid.

ˈUn·ter|leib *m anat.* abdomen, belly, *engS.* lower (part of the) abdomen. **~s...** *in Zssgn* abdominal (*trouble, region, pain, etc*). **~s·ope·ra·tiˌon** *f* gyn(a)ecologic operation.

ˈUn·ter|leut·nant *m DDR mil.* second lieutenant.

ˈUn·ter|lid *n* lower eyelid.

ˈUn·ter·lie·feˌrant *m econ.* subcontractor.

ˌun·ter|ˈlie·gen *v/i* ⟨*irr, insep, no* -ge-, sein⟩ **1.** (*dat*) be defeated (*od.* beaten) (by), lose (*colloq.* lose out) (to), *e-r Krankheit, fig. der Versuchung, j-s Charme etc*: succumb (to), *stärker*: be overpowered (by). **2.** *jur.* **im Prozeß ~** lose a (*od.* fail in a) suit. **3.** *Bestimmungen, dem Wechsel, der Kritik, e-r Belastung etc*: be subject (*dat* to). **4.** *e-r Gebühr, Steuer etc*: be liable (*dat* to). **5.** *j-s Zuständigkeit*: fall (*od.* come) under the purview (*dat* of). **~ˈlie·gend** *adj jur.* **~e Prozeßpartei** unsuccessful party.

ˈUn·ter|lip·pe *f anat.* lower lip, *zo.* labium.

ˈUn·ter·li|zenz *f* sublicen/ce (*Am.* -se).

un·term [ˈʊntərm] *colloq. for* **unter dem.**

ˌun·ter|ˈma·len *v/t* ⟨*insep, no* -ge-, h⟩ **1.** *Malerei*: prime, ground. **2. mit Musik** (*od.* **musikalisch**) **~** a) provide *s.th.* with a musical background, b) supply the musical background for. **≈ˈma·lung** *f* ⟨-; *no pl*⟩ **musikalische ~** musical background. **~ˈmau·ern** *v/t* ⟨*insep, no* -ge-, h⟩ **1.** *civ.eng.* underpin. **2.** *fig.* underpin, support, corroborate, substantiate. **≈ˈmaue·rung** *f* ⟨-; *no pl*⟩ *a. fig.* underpinning.

ˈun·ter|mee·risch [-ˌmeːrɪʃ] *adj* submarine. **~ˌmen·gen** *v/t* ⟨*sep*, -ge-, h⟩ mix *s.th.* in. **≈ˌmensch** *m* subhuman creature, subman, *weitS.* brute. **≈ˌmie·te** *f* **1.** subtenancy; **in ~ wohnen** be a subtenant (*od.* lodger, *Am. a.* roomer). **2.** sublease, underlease; **ein Zimmer in ~ vergeben** sublet (*od.* underlet) a room. **≈ˌmie·ter** *m*, **≈ˌmie·te·rin** *f* subtenant, lodger, *Am. a.* roomer. **~ˌmiet(s)·verˌhält·nis** *n* subtenancy.

ˌun·ter·miˈnie·ren *v/t* ⟨*insep, no* -ge-, h⟩ *mil. u. fig.* undermine.

ˈun·terˌmi·schen *v/t* ⟨*sep*, -ge-, h⟩ mix *s.th.* in.

un·tern [ˈʊntərn] *colloq. for* **unter den.**

ˌun·ter|ˈneh·men *v/t* ⟨*irr, insep, no* -ge-, h⟩ **1.** make, undertake (*a journey, etc*), (*et. Riskantes*) *a.* venture upon, *weitS.* do; **e-n Ausflug ~** make (*od.* take, go on) an excursion; **was wollen wir heute ~?** what shall we do today? **2. et. ~ (gegen)** do s.th. (about *s.th.*), take action (against *s.o.*); **können wir denn nichts dagegen ~?** isn't there anything we can do about it?; → **Schritt** 4. **3. es ~, et. zu tun** (*es auf sich nehmen*) undertake (*od.* take it upon o.s.) to do s.th. **≈ˈneh·men** *n* ⟨-s; -⟩ **1.** *econ.* firm, enterprise, business, concern, undertaking, *colloq.* outfit. **2.** (*Vorhaben*) undertaking, enterprise, *weitS.* project; **ein gewagtes ~** a venture. **3.** *mil.* operation. **~ˈneh·mend** *adj* enterprising.

ˌUn·ter·ˈneh·mens|beˌra·ter *m* management consultant. **~po·liˌtik** *f* **1.** policy of a firm. **2.** managerial policy.

ˌUn·ter·ˈneh·mer *m* ⟨-s; -⟩ entrepreneur, (*Arbeitgeber*) employer, *vertraglicher, bei Ausschreibungen etc*: contractor. **~geˌwinn** *m* (business) profit.

ˌun·ter·ˈneh·me·risch *adj* entrepreneurial.

ˌUn·ter·ˈneh·mer|schaft *f* employers *pl*, management. **~tum** *n* ⟨-s; *no pl*⟩ **1.** entrepreneurship; **freies (privates) ~** free (private) enterprise. **2.** → **Unternehmerschaft. ~verˌband** *m* employers' association.

ˌUn·ter·ˈneh·mung *f* ⟨-; -en⟩ **1.** → **Unternehmen. 2.** (*Transaktion*) transaction.

ˌUn·ter·ˈneh·mungs|geist *m* ⟨-(e)s; *no pl*⟩, **~lust** *f* ⟨-; *no pl*⟩ (spirit of) enterprise, initiative, *Am. colloq.* get-up, get-up-and-go, go-ahead(ativeness); **ohne ~** unenterprising. **≈lu·stig** *adj* enterprising, *colloq.* go-ahead, ⟨*pred*⟩ full of go, (*verwegen*) adventurous.

ˈun·ter·norˌmal *adj psych.* subnormal.

ˈUn·ter·of·fiˌzier *m* **1.** noncommissioned officer, NCO; **~e und Mannschaften** other ranks, *Am.* enlisted personnel (*od.* men). **2.** (*Dienstgrad*) a) sergeant, b) *aer.* corporal, *Am.* airman 1st class. **~sˌanˌwär·ter** *m* candidate for noncommissioned rank.

ˈun·ter|ord·nen I *v/reflex* ⟨*sep*, -ge-, h⟩ **sich ~ 1.** (*sich einfügen*) subordinate o.s. (*dat* to); **er kann sich schlecht ~** *a.* he finds it difficult to fit in. **2.** (*sich fügen*) submit (o.s.) (*dat* to). **II** *v/t* **3.** subordinate (**et. e-r Sache** s.th. to s.th. else). **~ˌord·nend** *adj ling. Konjunktion*: subordinating. **≈ˌord·nung** *f* ⟨-; -en⟩ **1.** ⟨*only sg*⟩ subordination. **2.** *bot. zo.* suborder.

ˈUn·ter|or·ga·ni·sa·tiˌon *f* subsidiary organization. **~ˌpacht** *f jur.* sublease. **~ˌpäch·ter** *m* sublessee. **~ˌpfand** *n* pledge (**der Treue** of fidelity). **≈ˌpflü·gen** *v/t* ⟨*sep*, -ge-, h⟩ plough (*bes. Am.* plow) *s.th.* under (*od.* in). **~ˌphos·phorˌsäu·re** *f* hypophosphoric acid. **~ˌpri·ma** *f eighth year at a secondary school.* **~priˌma·ner** *m*, **~priˌma·ne·rin** *f pupil of an "Unterprima".* **≈pri·vi·leˌgiert** *adj* underprivileged. **~pro·duk·tiˌon** *f* underproduction.

ˈUn·terˌputz|lei·tung *f electr.* concealed wiring. **~ˌschal·ter** *m* flush switch.

ˌun·ter|ˈre·den *v/reflex* ⟨*insep, no* -ge-, h⟩ **sich (mit j-m) ~** confer (with s.o.). **≈ˈre·dung** *f* ⟨-; -en⟩ talk(s *pl*), conference, conversation, discussion, *bes. mit Pressevertretern*: interview; **j-m e-e ~ gewähren** grant s.o. an interview.

ˈun·ter·re·prä·senˌtiert *adj* underrepresented.

ˈUn·terˌricht [-ˌrɪçt] *m* ⟨-(e)s; *rare* -e⟩ **1.** instruction, teaching; **neue Methoden im ~** new methods in teaching; **~ in Deutsch** German instruction; **~ in e-r Fremdsprache** foreign language teaching. **2.** (*Schule*) school, (*a. Stunden*) classes *pl*, lessons *pl*; **der ~ beginnt um acht Uhr** school begins at eight o'clock; **wir haben täglich fünf Stunden ~** we have five hours of classes daily; **den ~ in e-r Klasse übernehmen** take a class; **nach dem ~** after school (hours); **vom ~ befreit** excused (*od.* exempt[ed]) from classes; **am ~ teilnehmen** take part in classes; **heute fällt der ~ aus** there are no classes (*od.* lessons) today, there is no school today; **während des ~s** during classes, during school (hours); **~ geben** *allg.* teach, (*Stunden geben*) *a.* give lessons (*od.* instruction), *in e-m Kurs etc*: *a.* hold classes; **englischen ~ geben** (*od.* **erteilen**) teach English; **j-m ~ im Zeichnen geben** instruct s.o. in drawing; **~ nehmen** take lessons (**bei** with).

ˌun·ter|ˈrich·ten I *v/t* ⟨*insep, no* -ge-, h⟩ **1.** (*lehren*) teach, *weitS.* (*Stunden geben*) give lessons; **Geschichte ~** teach history; **j-n in Mathematik ~** teach s.o. (*od.* instruct s.o. in) mathematics; **j-n in e-r technischen Fertigkeit ~** teach s.o. (*od.* train, school s.o. in) a technical skill. **2. j-n ~ über** (*acc*) *od.* **von** inform (*od.* notify, advise) s.o. of *s.th.*, acquaint s.o. with *s.th.*; **j-n laufend ~** keep s.o. informed (*od.* up to date); **man hat mich davon unterrichtet** it came to my knowledge (*od.* notice), I have been told about it; **die Zeitung unterrichtet ihre Leser über die Ereignisse des Tages** the newspaper informs its readers about the events of the day. **II** *v/i* **3.** teach (**an e-r Schule** at a school). **III** *v/reflex* **sich ~ 4.** inform o.s. (**über** *acc* on *od.* about); **sich über e-e Sache ~** *a.* obtain information on (*od.* about) s.th., acquaint o.s. with s.th. **~ˈrich·tet** *adj* **gut (schlecht) ~ sein** (not to) be well informed; **(gut) ~ sein über** (*acc*) *a.* be conversant with; **falsch ~** *a.* misinformed; **~e Kreise** (well-)informed circles; **von ~er Seite hört man** from (well-)informed quarters we hear.

ˈUn·terˌrichts‖brie·fe *pl* correspondence lessons; **Lehrgang in ~n** correspondence course. **~ˌfach** *n.* **~ˌge·genˌstand** *m* subject. **~meˌtho·de** *f* teaching (*od.* educational) method. **~ˌraum** *m* classroom. **~ˌstoff** *m* subject-matter. **~ˌstun·de** *f* **1.** lesson, class. **2.** *im Ggs. zur vollen Stunde*: class hour.

ˌUn·terˈrich·tung *f* ⟨-; *no pl*⟩ **1.** (*Belehrung*) instruction. **2. zu Ihrer ~** for your information.

ˈUn·terˌrock *m langer*: slip, *kurzer*: waist slip; *fig. humor.* **er läuft jedem ~ nach** he runs (*od.* chases) after every petticoat.

un·ters [ˈʊntərs] *colloq. for* **unter das.**

ˌun·ter‖ˈsa·gen *v/t* ⟨*insep, no* -ge-, h⟩ forbid, *amtlich*: prohibit, interdict, *bes. Am.* enjoin; **j-m et. ~** forbid s.o. (to do) s.th., prohibit s.o. from doing s.th., tell s.o. not to do s.th., *gerichtlich*: restrain (*od.* inhibit) s.o. from doing s.th. **~ˈsagt** *adj* forbidden; **das Betreten des Grundstücks ist ~** trespassing (up)on the premises is prohibited, no trespassing (on the premises). **2ˈsa·gung** *f* ⟨-; *no pl*⟩ *adm.* prohibition, interdiction, *bes. Am.* enjoinment.

ˈUn·terˌsatz[1] *m* **1.** *allg.* support, rest, *für heiße Schüsseln, Töpfe, Bügeleisen etc*: stand, *bes. für Gläser*: mat, *für Blumentöpfe etc*: saucer, pan. **2.** *colloq.* **fahrbarer ~** *sl.* wheels *pl.*

ˈUn·terˌsatz[2] *m Logik*: minor premise.

ˈUn·terˌschall... *in Zssgn* subsonic (*speed, etc*).

ˌun·ter‖ˈschät·zen *v/t* ⟨*insep, no* -ge-, h⟩ (*Entfernung etc*) underestimate, *fig.* (*Fähigkeiten, Person etc*) *a.* underrate. **2ˈschät·zung** *f* ⟨-; *no pl*⟩ underestimation. **~ˈscheid·bar** *adj* distinguishable. **~ˈschei·den I** *v/t u. v/i* ⟨*irr, insep, no* -ge-, h⟩ **1.** (*auseinanderhalten*) distinguish (*stärker*: discriminate, differentiate) (**zwischen** *dat* between, **von** from), tell (*things, persons, etc*) apart; (**zwischen**) **X und Y ~** distinguish (*etc*) (between) X and Y, tell X und Y apart, tell the difference between X and Y; **X von Y ~** distinguish (*etc*) X from Y, tell X from Y; **diese Pflanzen sind schwer zu ~** these plants are difficult to differentiate; **man unterscheidet mehrere Typen** one distinguishes (between) (*od.* differentiates) several types. **2. e-e Eigenschaft** *etc* **unterscheidet j-n (et.) von j-m (et.)** a quality, *etc* distinguishes (*od.* differentiates, discriminates) s.o. (s.th.) from s.o. (s.th.). **3.** (*erkennen*) distinguish, discern, make out. **II** *v/reflex* **sich ~ 4.** differ (**von** from, **in** *dat* in, **durch** by, **dadurch, daß** by *ger*); **sich sehr** (*od.* **stark**) (**voneinander**) **~** differ widely (*od.* greatly, a great deal); **sich durch et. ~ von** *a.* be distinguished by s.th. from; **sie ~ sich kaum (voneinander)** *a.* there is hardly a difference between them; **worin ~ sie sich?** how do they differ? **~ˈschei·dend** *adj* **1.** distinctive, distinguishing (*mark, feature, etc*). **2. ein scharf ~er Verstand** a keenly discerning (*od.* discriminating) mind. **2ˈschei·dung** *f* ⟨-; -en⟩ distinction, discrimination, differentiation, (*Unterschied*) difference.

ˌUn·terˈschei·dungs‖ˌfä·hig·keit. ~ˌkraft *f e-s Warenzeichens*: distinctiveness. **~ˌmerkˌmal** *n* distinctive mark (*od.* feature). **~verˌmö·gen** *n* ⟨-s; *no pl*⟩ (powers *pl* of) discrimination (*od.* discernment).

ˈUn·ter‖ˌschen·kel *m anat.* lower leg, shank. **~ˌschicht** *f* **1.** *geol.* substratum. **2.** *sociol.* lower class(es *pl*).

ˈun·terˌschie·ben[1] *v/t* ⟨*irr, sep,* -ge-, h⟩ push (*od.* put, slip) *s.th.* underneath.

ˌun·terˈschie·ben[2] *v/t* ⟨*irr, insep, no* -ge-, h⟩ **1.** (*vertauschen*) substitute; **j-m ein Kind ~** foist a child on s.o. **2.** *fig.* **j-m et. ~** (*Absicht, Tat etc*) foist s.th. on s.o., impute s.th. to s.o., *colloq.* plant s.th. on s.o.; **Worten e-n anderen Sinn ~** read another meaning into words.

ˌUn·terˈschie·bung *f* ⟨-; -en⟩ **1.** *jur. e-s Kindes*: (fraudulent) substitution. **2.** *e-r Absicht etc*: imputation.

ˈUn·terˌschied [-ˌʃiːt] *m* ⟨-(e)s; -e⟩ *allg.* difference, (*Unterscheidung*) *a.* distinction; **~e in der Qualität** differences in quality; **es besteht ein ~ zwischen** there is a difference between (*the two terms, etc*); **ein klarer** (*od.* **deutlicher**) **~** a clear distinction; **das ist ein großer ~!** there is quite a difference!, that makes a great (*od.* all the) difference!; *colloq.* **ein haushoher** (*od.* **himmelweiter**) **~** a world of difference, all the difference in the world; **regionale ~e** regional differences (*od.* dissimilarities); **soziale** (*od.* **gesellschaftliche**) **~e** social distinctions (*od.* differences); **der ~ besteht darin, daß** the difference lies in the fact that; **ich kenne da k-e ~e** I don't make any (*od.* I make no) difference; **zwischen ihnen ist ein ~ wie Tag und Nacht** they are worlds apart; **das macht k-n ~** it makes no difference; **es ist ein ~, ob du es sagst oder er** it's not the same thing whether you say it or he says it; **mit dem ~, daß** with the difference that; **e-n ~ machen (zwischen)** a) make (*od.* draw) a distinction (between *two ideas, etc*), b) (*unterschiedlich behandeln*) make a difference (between *rich and poor, etc*); **zum ~ von, im ~ zu** unlike, as opposed to, as distinguished from; **ohne ~ der Nationalität, Rasse, Religion** without distinction (*od.* irrespective, regardless) of nationality, race, religion; **das gilt ohne ~ für alle** this applies to all without exception (*od.* to all alike).

ˈun·terˌschied·lich [-ʃiːtlɪç] **I** *adj* **1.** (*verschieden*) different, varying. **2.** (*schwankend*) *Qualität, Leistungen etc*: unequal, uneven, varying, differing, variable. **3.** (*diskriminierend*) discriminative, discriminatory; **die ~e Behandlung der Neger** *a.* discrimination against negroes. **II** *adv* **4. j-n ~ behandeln** discriminate against s.o. **2keit** *f* ⟨-; *no pl*⟩ variability, unevenness.

ˈun·terˌschieds·los I *adj* indiscriminate. **II** *adv* indiscriminately, without exception, alike.

ˌun·terˈschla·gen[1] *v/t* ⟨*irr, insep, no* -ge-, h⟩ **1.** (*Geld*) embezzle. **2.** (*Brief*) intercept. **3.** (*Beweisstücke, Urkunde etc*) suppress. **4.** *fig.* (*Tatsache etc verheimlichen*) suppress, hold back, keep *s.th.* quiet. **5.** *fig. colloq.* (*Text überspringen*) skip, leave out.

ˈun·terˌschla·gen[2] *v/t* ⟨*irr, sep,* -ge-, h⟩ (*Arme*) fold, (*Beine*) cross.

ˌUn·terˈschla·gung *f* ⟨-; -en⟩ **1.** *von Geld*: embezzlement. **2.** *e-s Briefes*: interception. **3.** *e-r Urkunde, Tatsache etc*: suppression.

ˈUn·ter‖ˌschleif [-ˌʃlaɪf] *m* ⟨-(e)s; -e⟩ *obs.* embezzlement. **~ˌschlupf** *m* ⟨-(e)s; -e⟩ **1.** (*Schlupfwinkel*) hiding place, *colloq.* hideout; **~ gewähren** (*e-m Verfolgten etc*) harbo(u)r. **2.** (*Obdach*) shelter, refuge. **2ˌschlup·fen, 2ˌschlüp·fen** *v/i* ⟨*sep,* -ge-, sein⟩ (**bei** with) **1.** (*sich verbergen*) find a hiding place. **2.** (*Obdach finden*) find (a) shelter, find refuge.

ˌun·ter‖ˈschrei·ben I *v/t* ⟨*irr, insep, no* -ge-, h⟩ **1.** (*Brief etc*) sign, subscribe. **2.** *jur.* (*Urkunde, Vertrag etc*) (under)sign, subscribe to, execute. **3.** *fig.* (*billigen*) subscribe to. **II** *v/i* **4.** sign; **blanko ~** sign in blank; **eigenhändig ~** sign personally. **~ˈschrei·ten** *v/t* ⟨*irr, insep, no* -ge-, h⟩ (*Grenze, Summe etc*) fall below, fall short of, remain under. **~ˈschrie·ben** *adj* signed.

ˈUn·terˌschrift *f* ⟨-; -en⟩ **1.** signature; **eigenhändige ~** personal signature; **s-e ~ unter et. setzen, et. mit s-r ~ versehen** put (*jur.* affix) one's signature to s.th.; **~en sammeln** collect signatures. **2.** (*Bild2*) caption, legend.

ˈUn·terˌschrif·ten‖map·pe *f* signature folder. **~ˌsamm·lung** *f* collection of signatures, sign-in.

ˈUn·terˌschrifts‖beˌglau·bi·gung *f* attestation (*od.* formal witnessing) of a signature. **2beˌrech·tigt** *adj* authorized to sign; **~ sein** *a.* have signatory power, have power to sign. **~beˌrech·ti·gung** *f* authorization (*od.* power) to sign, signatory power. **~ˌpro·be** *f* specimen signature.

ˈUn·terˌschriftˌstem·pel *m* signature stamp.

ˈun·terˌschwel·lig [-ˌʃvɛlɪç] *adj med. psych.* subliminal.

ˈUn·terˌsee... *in Zssgn* submarine. **~ˌboot** *n* → **U-Boot.**

ˈun·ter‖ˌsee·isch [-ˌzeːɪʃ] *adj geol.* submarine. **2ˌsei·te** *f* underside, bottom (side), undersurface. **2seˌkun·da** *f sixth year at a secondary school.* **2se·kunˌda·ner** *m*, **~se·kunˌda·ne·rin** *f pupil of an "Untersekunda".*

ˈun·terˌset·zen[1] *v/t* ⟨*sep,* -ge-, h⟩ set (*od.* place) *s.th.* underneath, underset.

ˌun·terˈset·zen[2] *v/t* ⟨*insep, no* -ge-, h⟩ *tech.* (*Getriebe*) reduce.

ˈUn·terˌset·zer *m* → **Untersatz**[1] 1.

ˌun·terˈsetzt *adj* thickset, squat, stocky.

ˌUn·terˈset·zung *f* ⟨-; -en⟩ *tech.* gear reduction. **~s·geˌtrie·be** *n* reduction gear. **~s·verˌhält·nis** *n* reduction ratio.

ˈun·terˌsin·ken *v/i* ⟨*irr, sep,* -ge-, sein⟩ sink, go down, go under.

ˈUn·terˌspan·nung *f electr.* undervoltage.

ˌun·ter‖ˈspie·len *v/t u. v/i* ⟨*insep, no* -ge-, h⟩ *thea. u. fig.* underact. **~ˈspü·len** *v/t* ⟨*insep, no* -ge-, h⟩ wash *s.th.* away, hollow *s.th.* out.

ˈun·terst I *sup of* **untere. II** *adj* lowest (*a. rang-, wertmäßig etc*), lowermost, bottommost, undermost, bottom (*drawer, etc*).

Un·ter·staats·se·kre·tär [ˌʊntər-ˈʃtaːtszekreˌtɛːr; ˈʊntər-] *m pol.* undersecretary.

ˈUn·ter‖stadt *f* lower (part of) town. **~ˌstand** *m* **1.** (*Schutzraum*) shelter. **2.** *mil. ausgehobener*: dugout, *über der Erde*: (surface) shelter. **2ˌstän·dig** *adj bot.* inferior.

ˈUn·ter·ste, das ⟨-n; *no pl*⟩ the lowest part, the bottom; **das ~ zuoberst kehren** turn everything upside down.

ˈun·terˌste·hen[1] *v/i* ⟨*irr, sep,* -ge-, h *u.* sein⟩ take shelter.

ˌun·terˈste·hen[2] **I** *v/i* ⟨*irr, insep, no* -ge-,

h> **1.** **j-m** ~ be subordinate to s.o., be under s.o.('s control *od.* supervision); **j-m unmittelbar** ~ be directly responsible (*od.* answerable) to s.o.; **dem Direktor** ~ **sämtliche Abteilungen** the manager is in charge of all departments, all departments report to the manager. **2.** *e-m Gesetz, e-r Gerichtsbarkeit etc*: come under, be subject to. **II** *v/reflex* **sich** ~ **3.** dare; **sich** ~, **et. zu tun** dare (*od.* have the impudence, cheek, *colloq.* nerve) to do s.th.; **was** ~ **Sie sich!** how dare you!; **untersteh dich (wegzulaufen)!** don't you dare ([to] run away)!

ˈun·terˌstel·len¹ I *v/t* <*sep*, -ge-, h> **et.** ~ **in** (*dat*) put s.th. in(to). **II** *v/reflex* **sich** ~ *bei Regen etc*: take shelter.

ˌun·terˈstel·len² *v/t* <*insep, no* -ge-, h> **1.** **j-m et. (j-n)** ~ put s.th. (s.o.) under s.o., put s.o. in charge of s.th. (s.o.), *mil.* assign s.th. (s.o.) to s.o. **2.** (*annehmen*) assume, presume; **wir wollen einmal** ~, **daß** let us assume that. **3.** **j-m et.** ~ (*böse Absicht etc*) impute s.th. to s.o.; **willst du (mir)** ~, **daß ich es getan habe?** are you insinuating (*od.* suggesting) that I did it?

ˌun·ter|ˈstellt *adj* **ihm sind 10 Leute** ~ he has 10 people under him. **2ˈstel·lung** *f* <-; -en> **1.** <*only sg*> (*Unterordnung*) subordination, *mil.* assignment. **2.** *böser Absichten etc*: imputation, (*Anschuldigung*) insinuation, suggestion. **~ˈstrei·chen** *v/t* <*irr, insep, no* -ge-, h> **1.** (*a. fig. betonen*) underline, underscore. **2.** *fig.* (*zur Geltung bringen*) set off, bring out, emphasize, enhance; **e-e Erzählung** *etc* **mit Gesten** ~ punctuate a tale, *etc* with gestures.

ˈUn·ter|ˌströ·mung *f a. fig.* undercurrent, underset. **~ˌstu·fe** *f ped.* lower grades *pl.*

ˌun·terˈstüt|zen *v/t* <*insep, no* -ge-, h> **1.** *bes. finanziell*: support *s.o.* (financially). **2.** *mit öffentlichen Geldern*: subsidize. **3.** (*Notleidende etc*) relieve, succo(u)r, aid. **4.** *durch Beistand u. Hilfe*: support, assist, aid, help. **5.** (*Kandidaten, Vorschlag etc*) back *s.o., s.th.* (up), support, second, (*Sache*) *a.* endorse. **6.** (*ermutigen*) encourage. **7.** (*fördern*) help, promote, further. **8.** *civ.eng.* (*abstützen*) prop (up), support. **9.** → **untermauern** 2. **2zung** *f* <-; -en> **1.** *bes. finanzielle*: support. **2.** *von Notleidenden etc*: relief, succo(u)r, aid. **3.** (*Fürsorge2*) welfare; **(e-e)** ~ **beziehen** draw welfare payments; **von (der)** ~ **leben** live (*od.* be) on welfare. **4.** **(staatliche** ~ government) aid, subvention, subsidy. **5.** (*Hilfe, Beistand*) support, assistance, aid, help; **finanzielle (militärische)** ~ *für ein Land*: financial (military) aid; **moralische** ~ moral support. **6.** *e-s Kandidaten, Vorschlags etc*: support, backup; **zur** ~ (*gen*) in support of.

ˌun·terˈstüt·zungs|beˌdürf·tig *adj* in need of relief, indigent. **~beˌrech·tigt** *adj* entitled to welfare. **2empˌfän·ger** *m*, **2empˌfän·ge·rin** *f* recipient of welfare (payments). **2ˌfonds** *m* relief fund.

ˌun·ter|ˈsu·chen *v/t* <*insep, no* -ge-, h> **1.** (*prüfen*) (*Fall, Problem etc*) examine, investigate, inquire (*od.* look, go) into, study, *ganz genau*: probe, scrutinize. **2.** (*überprüfen*) **(auf** *acc* for) examine, check, test. **3.** (*Gepäck etc durchsuchen*) examine, search. **4.** *ärztlich*: examine **(auf** *acc* for); **sich (ärztlich)** ~ **lassen** have a medical examination (*od.* checkup). **5.** *chem.* analyze. **2ˈsu·chung** *f* <-; -en> **1.** *e-s Problems, Falles etc, a. wissenschaftliche*: examination, study, search (*gen* into); *genaue*: scrutiny, *a. polizeiliche, gerichtliche etc*: investigation, inquiry; **e-e** ~ **durchführen** conduct (*od.* hold, make, carry out) an inquiry. **2.** (*Überprüfung*) examination, check(up), test. **3.** (*Durchsuchung*) examination, search. **4.** *ärztliche*: medical examination, (medical) checkup, *colloq.* medical. **5.** *chem.* analysis.

ˌUn·terˈsu·chungs|ausˌschuß *m* fact-finding committee, committee of inquiry. **~beˌfund** *m med.* (examination) findings *pl* (*od.* report). **~geˌfan·ge·ne** *m, f jur.* prisoner awaiting trial, prisoner (*Br.* held) on remand. **~geˌfäng·nis** *n* remand prison. **~ˌhaft** *f* (period of) remand, detention (pending trial), pretrial detention; **die** ~ **anrechnen** make allowance for the time served while awaiting trial; **j-n in** ~ **nehmen** commit s.o. for trial (**wegen** on a charge of); **in** ~ **sein**, **sich in** ~ **befinden** be on remand; **j-n in die** ~ **zurücksenden** remand s.o. (in custody). **~kom·mis·siˌon** *f* → **Untersuchungsausschuß**. **~ˌrich·ter** *m* examining magistrate.

ˌUn·terˈta·ge|ar·bei·ter *m Bergbau*: underground worker (*od.* workman). **~ˌbau** *m* <-(e)s; *no pl*> underground mining.

ˈUn·terˌtan [-ˌtaːn] **I** *m* <-s, *a.* -en; -en> subject, vassal. **II 2** *adj* <*pred*> **j-m** ~ **sein** be subject to s.o.; **j-n** ~ **machen** subject s.o. (*dat* to). **ˈUn·terˌta·nenˌgeist** *m contp.* submissiveness, subservience.

ˈun·terˌtä·nig [-ˌtɛːnɪç] **I** *adj* subservient, submissive, *weitS.* humble; *obs. od. iro.* **Ihr ~ster Diener** your most humble (and obedient) servant. **II** *adv obs. od. iro.* **ich bitte ~st** I beg humbly. **2keit** *f* <-; *no pl*> subservience, submissiveness.

ˈun·ter|taˌrif·lich *adj Bezahlung*: below agreed wages. **2ˌtas·se** *f* (**fliegende** ~ flying) saucer. **~ˌtau·chen I** *v/i* <*sep*, -ge-, sein> **1.** go under the surface, *U-Boot*: submerge, *Taucher, Schwimmer, Vogel etc*: dive, plunge, *bes. schnell*: dip, duck, (*versinken*) go under, go down. **2.** *fig.* disappear, (*sich verbergen*) hide (away), go into hiding, *bes. aus politischen Gründen*: go underground; ~ **in** *der Menge, Dunkelheit etc*: be swallowed up (*od.* engulfed) by. **II** *v/t* **3.** **et.** ~ **(in** *dat*) dip s.th. (in). **4.** **j-n** ~ duck s.o., give s.o. a ducking. **III 2** *n* <-s> **5.** *fig.* disappearance. **2ˌteil** *n, m* lower part, bottom (part).

ˌun·terˈtei|len *v/t* <*insep, no* -ge-, h> subdivide, *statistisch etc*: *a.* break down. **2lung** *f* subdivision.

ˈUn·ter|tem·pe·raˌtur *f* temperature below normal. **~ˌter·tia** *f ped. fourth year at a secondary school.* **~ter·tia·ner** [-tɛrˌtsĭaːnər] *m*, **~ter·tia·ne·rin** [-tɛrˌtsĭaːnərɪn] *f pupil of an "Untertertia"*. **~ˌti·tel** *m* subtitle, *Film*: *a.* caption. **2ˈti·teln** [ˌʊntər-] *v/t* <*insep, no* -ge-, h> subtitle. **~ˌton** *m* <-(e)s; ⸗e> *fig.* undertone (*of mockery, etc*).

ˌun·terˈtrei|ben *v/i* <*irr, insep, no* -ge-, h> understate. **2bung** *f* <-; -en> understatement.

ˈun·terˌtre·ten *v/i* <*irr, sep*, -ge-, sein> take shelter.

ˌun·terˈtun·neln [-ˈtʊnəln] *v/t* <*insep, no* -ge-, h> tunnel (through *od.* under).

ˈun·ter·ver|ˌmie·ten *v/t* <*only inf u. pp* **untervermietet**, h> sublet. **2ˌmie·ter** *m*, **2ˌmie·te·rin** *f* sublessor. **~ˌpach·ten** *v/t* <*only inf u. pp* **unterverpachtet**, h> sublease. **2ˌpäch·ter** *m* sublessor. **~ˌsi·chern** *v/t* <*only inf u. pp* **unterversichert**, h> underinsure. **2ˌsi·che·rung** *f* underinsurance.

ˌun·ter|ˈwan·dern *v/t* <*insep, no* -ge-, h> infiltrate. **2ˈwan·de·rung** *f* infiltration.

ˈUn·terˌwä·sche *f* underwear, underclothes *pl*, (*Damen2*) *a.* lingerie, *colloq.* undies *pl*.

ˌUn·terˈwas·ser... *in Zssgn* underwater (*camera, massage, treatment, etc*). **~ˌan·strich** *m e-s Schiffes*: coat of antifouling paint. **~ˌfahrt** *f e-s U-Boots*: dive. **~ˌhorch·geˌrät** *n* hydrophone. **~ˌka·bel** *n* subfluvial cable. **~ˌor·tungs·geˌrät** *n mar. mil.* sonar. **~ˌpflan·ze** *f* submersed (*od.* submarine) plant. **~ˌset·zen** *n* flooding, immersion. **~ˌschall·anˌla·ge** *f* sonar. **~ˌwen·de** *f Schwimmen*: underwater turn.

ˌun·ter|ˈwegs *adv* **1. (nach** to) on the (*od.* one's) way, en route, *econ. a.* in transit; **er ist schon** ~ he is already on his way; **j-n** ~ **absetzen** drop s.o. on the way. **2.** (*auf Reisen*) **viel** ~ **sein** be away (*od.* on the road) quite a lot; **schreib mir doch von** ~ **e-e Karte** write me a card while you are away. **3.** (*auf den Beinen*) on one's feet, *colloq.* on the go (*od.* move). **4.** (*außer Haus*) out. **5.** *mar.* ~ **sein** be under way; **nach London** ~ **sein** *Schiff*: be bound for London, be London-bound. **6.** *fig. colloq.* **bei ihr ist et.** ~ she is expecting (*od.* in the family way). **~ˈwei·sen** *v/t* <*irr, insep, no* -ge-, h> **j-n** ~ instruct s.o. (in *dat* in). **2ˈwei·sung** *f* <-; -en> instruction. **~ˈwel·len** *v/t* <*insep, no* -ge-, h> draw a wavy line under.

ˈUn·terˌwelt *f* <-; *no pl*> **1.** *myth.* underworld, nether world. **2.** (*Verbrecherwelt*) underworld; *Am.* **die** ~ *a.* gangland.

ˌun·terˈwer|fen I *v/t* <*irr, insep, no* -ge-, h> **1.** (*Volk, Land etc*) subject, subjugate, subdue. **2.** *e-r Prüfung, Belastung etc*: (*dat* to) subject, submit. **II** *v/reflex* **sich** ~ **3.** (*sich ergeben*) surrender, yield (in submission). **4.** (*sich beugen*) submit (o.s.) (*dat* to). **2fung** *f* <-; *no pl*> **1.** *e-s Volkes etc*: subjection, subjugation, subdual. **2.** *freiwillige*: surrender. **3.** (*Unterordnung*) submission **(unter** *acc* to).

ˈun·ter|wer·tig *adj* below value.

ˌun·ter|ˈwor·fen *adj* **1.** *Volk, Land etc*: subdued, subject. **2.** **e-r Sache** ~ **sein** be subject to s.th. **~ˈwüh·len** *v/t* <*insep, no* -ge-, h> underburrow, undermine, sap.

un·ter·wür·fig [ˌʊntərˈvʏrfɪç; ˈʊntər-] *adj* subservient, servile, submissive. **2keit** *f* <-; *no pl*> subservience, servility, submissiveness.

ˌun·ter|ˈzeich·nen *v/t* <*insep, no* -ge-, h> (*Brief etc, a. pol. Vertrag*) sign, (*Versicherungspolice*) underwrite. **2ˈzeich·ner** *m* signer, undersigned, *e-r Police*: underwriter, *e-r Anleihe, Resolution etc*: subscriber (*gen* to), *e-s Staatsvertrages*: signatory (*gen* to). **2ˈzeich·nerˌstaat** *m* signatory state. **2ˈzeich·ne·te** *m, f* <-n; -n> *the* undersigned, (under)signer. **2ˈzeich·nung** *f* <-; *no pl*> **1.** signing. **2.** signature, subscription.

ˈUn·terˌzeug *n* <-(e)s; *no pl*> *colloq. for* **Unterwäsche**.

ˈun·terˌzie·hen¹ *v/t* <*irr, sep*, -ge-, h> **1.** (*Kleidungsstücke*) put *s.th.* on underneath. **2.** *civ.eng.* (*Träger etc*) incorporate. **3.** *gastr.* (*untermischen*) fold in.

ˌun·terˈzie·hen² I *v/t* <*irr, insep, no* -ge-, h> subject (*od.* submit) (*dat* to). **II** *v/reflex* **sich ärztlicher Behandlung** ~ undergo (*od.* submit to) medical treatment; **sich e-r Prüfung** ~ take (*od.* sit for) an examination; **sich e-r Aufgabe** ~ undertake a task; **sich der Mühe** ~ **zu** take (*od.* go to) the trouble to *inf.*

ˈUn·terˌzug *m civ.eng.* (cross) girder.

ˈunˌtief *adj mar.* shallow. **ˈUnˌtie·fe** *f* **1.** (*seichte Stelle*) shallow(s *pl*), shoal. **2.** (*große Tiefe*) abyss.

ˈUnˌtier *n a. fig.* monster, brute.

un·tilg·bar [ˌʊnˈtɪlkbaːr; ˈʊn-] *adj* **1.**

econ. u. fig. Schuld: irredeemable, unredeemable. **2.** *fig. Eindruck etc*: indelible, ineffaceable.

un·trag·bar [ˌʊnˈtraːkbaːr; ˈʊn-] *adj* **1.** *Verhalten, Person etc*: unbearable, intolerable. **2.** *Steuern, Preise etc*: prohibitive. **2keit** *f* ⟨-; *no pl*⟩ **1.** unbearableness, intolerability. **2.** prohibitiveness.

ˈun·traiˌniert *adj* untrained.

un·trenn·bar [ˌʊnˈtrɛnbaːr; ˈʊn-] **I** *adj* inseparable. **II** *adv* inseparably; ~ **verknüpft sein mit** *a.* be an integral part of.

ˈunˌtreu *adj* **1.** *Ehemann, Liebhaber etc*: (*dat* to) unfaithful, untrue, faithless. **2.** *e-r Sache* ~ **werden** become unfaithful (*od.* disloyal, untrue, faithless) to *s.th.*, desert (*the common cause, etc*), betray (*one's principles, etc*). **ˈUnˌtreue** *f* ⟨-; *no pl*⟩ **1.** unfaithfulness, faithlessness, disloyalty, *eheliche*: *a.* infidelity. **2.** *jur.* breach of trust; → *a.* **Veruntreuung**.

un·trink·bar [ˈʊnˌtrɪŋkbaːr; ˌʊn-] *adj* undrinkable.

un·tröst·lich [ˌʊnˈtrøːstlɪç; ˈʊn-] *adj* inconsolable, unconsolable, disconsolate.

un·trüg·lich [ˌʊnˈtryːklɪç; ˈʊn-] *adj* **1.** *Instinkt etc*: unfailing, unerring, infallible. **2.** *Anzeichen etc*: unmistakable.

ˈunˌtüch·tig *adj* incapable, incompetent, inefficient. **2keit** *f* ⟨-; *no pl*⟩ incapability, incompetence, inefficiency.

ˈUnˌtu·gend *f* bad habit, vice.

un·über|biet·bar [ˌʊnˌʔyːbərˈbiːtbaːr; ˈʊn-] *adj fig.* unsurpassable, matchless. **~ˈbrück·bar** [-ˈbrʏkbaːr] *adj fig.* unbridgeable.

ˈunˌüberˌlegt *adj* → **unbedacht**. **2heit** *f* ⟨-; *no pl*⟩ → **Unbedachtsamkeit**.

un·über|prüf·bar [ˌʊnˌʔyːbərˈpryːfbaːr; ˈʊn-] *adj* unverifiable, unexaminable. **~ˈseh·bar** [-ˈzeːbaːr] *adj* **1.** *Menge etc*: immeasurable. **2.** *Schaden, Folgen etc*: incalculable. **3.** *Fehler*: obvious. **~ˈsetz·bar** [-ˈzɛtsbaːr] *adj* untranslatable.

ˈunˌüberˌsicht·lich *adj* **1.** *Kurve, Stelle etc*: blind, *Gelände*: broken. **2.** (*verworren*) involved, intricate, unclear, *in der Anordnung*: badly arranged, unmethodical. **2keit** *f* **1.** blindness, *von Gelände*: brokenness. **2.** intricateness.

un·über|steig·bar [ˌʊnˌʔyːbərˈʃtaɪkbaːr; ˈʊn-] *adj* insurmountable. **~ˈtrag·bar** [-ˈtraːkbaːr] *adj Fahrkarte etc*: nontransferable, *econ. Papiere*: non-negotiable. **~ˈtreff·lich** [-ˈtrɛflɪç] *adj* unsurpassable, matchless. **~ˈtrof·fen** [-ˈtrɔfən] *adj* unsurpassed, unmatched, unequal(l)ed. **~ˈwind·bar** [-ˈvɪntbaːr], **~ˈwind·lich** [-ˈvɪntlɪç] *adj Gegner u. fig. Schwierigkeiten, Abneigung etc*: insuperable. **2ˈwind·lich·keit** *f* ⟨-; *no pl*⟩ insuperability.

ˈunˌüb·lich *adj* uncustomary, uncommon.

un·um|gäng·lich [ˌʊnˌʔʊmˈgɛŋlɪç; ˈʊn-] *adj* unavoidable, inevitable. **~ˈschränkt** [-ˈʃrɛŋkt] **I** *adj* unlimited, absolute. **II** *adv* ~ **herrschen** have absolute rule. **~ˈstöß·lich** [-ˈʃtøːslɪç] *adj* **1.** *Tatsache etc*: irrefutable, incontestable. **2.** *Entscheidung etc*: irrevocable. **~ˈstritten** [-ˈʃtrɪtən] *adj Tatsache etc*: undisputed, proven.

un·um·wun·den [ˈʊnˌʔʊmˌvʊndən; ˌʊn-] *adv* straight out, without hesitation, frankly.

un·un·ter·bro·chen [ˈʊnˌʔʊntərˌbrɔxən; ˌʊn-] **I** *adj* uninterrupted, unbroken, (*ständig*) continuous, (*unaufhörlich*) incessant. **II** *adv* uninterruptedly, incessantly, without letup (*od.* a break).

un·un·ter|drück·bar [ˌʊnˌʔʊntərˈdrʏkbaːr; ˈʊn-] *adj* irrepressible, insuppressible. **~ˈscheid·bar** [-ˈʃaɪtbaːr] *adj* indistinguishable, indiscernible.

ˈunˌvä·ter·lich *adj* unfatherly.

un·ver·än·der|lich [ˌʊnfɛrˈʔɛndərlɪç; ˈʊn-] *adj* **1.** unchangeable, unalterable. **2.** (*gleichbleibend*) unchanging, invariable (*a. ling.*), constant, unvarying. **3.** *math.* invariable, constant. **2li·che** *f* ⟨-n; -n⟩ *math.* invariable, constant. **2lich·keit** *f* ⟨-; *no pl*⟩ **1.** unchangeableness, unalterableness. **2.** (*Beständigkeit*) unchangingness, invariability, constancy.

un·ver·än·dert [ˈʊnfɛrˌʔɛndərt; ˌʊn-] **I** *adj* unchanged, unaltered; **et.** ~ **lassen** *a.* leave s.th. as it is; **alles war** ~ everything was as it used to be. **II** *adv* **sie war** ~ **nett und freundlich** she was as nice and kind as ever.

un·ver·ant·wort·lich [ˌʊnfɛrˈʔantvɔrtlɪç; ˈʊn-] *adj* irresponsible (**von** of). **2keit** *f* ⟨-; *no pl*⟩ irresponsibility.

un·ver·ar·bei·tet [ˈʊnfɛrˌʔarbaɪtət; ˌʊn-] *adj* **1.** *tech.* unfinished, unprocessed, (*roh*) raw. **2.** *fig. Eindrücke etc*: undigested.

un·ver·äu·ßer·lich [ˌʊnfɛrˈʔɔʏsərlɪç; ˈʊn-] *adj* inalienable. **2keit** *f* ⟨-; *no pl*⟩ inalienability.

un·ver·bes·ser·lich [ˌʊnfɛrˈbɛsərlɪç; ˈʊn-] *adj* incorrigible (*a. humor. optimist, etc*).

ˈun·verˌbil·det *adj fig.* unsophisticated, unspoiled, unspoilt. **2heit** *f* ⟨-; *no pl*⟩ unsophistication.

un·ver·bind·lich [ˈʊnfɛrˌbɪntlɪç; ˌʊn-] **I** *adj* **1.** *econ. Angebot, Preis etc*: not binding; **Preise** ~ *a.* prices subject to change. **2.** *fig. Antwort, Art etc*: noncommittal. **II** *adv* **3.** *econ.* without obligation. **4.** *fig. answer, etc* noncommittally. **2keit** *f* ⟨-; *no pl*⟩ **1.** *econ.* nonobligation. **2.** *fig.* noncommittalism.

un·ver·blümt [ˌʊnfɛrˈblyːmt; ˈʊn-] **I** *adj Redeweise etc*: blunt, outspoken, *Wahrheit etc*: plain. **II** *adv* bluntly, in plain terms, straight to s.o.'s face, in so many words.

ˈun·verˌbraucht *adj* **1.** unused. **2.** *Kräfte etc*: unspent. **3.** (*frisch*) fresh.

un·ver·brenn·bar [ˌʊnfɛrˈbrɛnbaːr; ˈʊn-] *adj* noncombustible, incombustible.

ˈun·verˌbrieft *adj econ.* unsecured.

un·ver·brüch·lich [ˌʊnfɛrˈbrʏçlɪç; ˈʊn-] **I** *adj Schweigen etc*: absolute, *Treue etc*: unswerving, sta(u)nch. **II** *adv* ~ **an e-r Sache festhalten** stick to s.th. unswervingly.

un·ver·bürgt [ˌʊnfɛrˈbʏrkt; ˈʊn-] *adj Nachricht etc*: unconfirmed, unverified.

un·ver·däch·tig [ˈʊnfɛrˌdɛçtɪç; ˌʊn-] *adj* (*harmlos*) unsuspicious.

un·ver·dau·lich [ˈʊnfɛrˌdaʊlɪç; ˌʊn-] *adj a. fig.* indigestible. **2keit** *f* ⟨-; *no pl*⟩ indigestibility.

un·ver|daut [ˈʊnfɛrˌdaʊt; ˌʊn-] *adj a. fig.* undigested. **~ˌderb·lich** *adj* nonperishable. **~ˌderbt** *adj fig.* unspoiled, uncorrupted, (*rein*) pure, clean. **~ˌdient** *adj* undeserved, unmerited.

ˈun·verˌdien·ter|ˈma·ßen, ~ˈwei·se *adv* undeservedly.

ˈun·verˌdor·ben *adj* **1.** *Lebensmittel etc*: unspoiled; **die ~en Äpfel heraussuchen** pick out the apples that have not gone bad. **2.** → **unverderbt**. **2heit** *f* ⟨-; *no pl*⟩ *fig.* untaintedness, purity.

un·ver·dros·sen [ˈʊnfɛrˌdrɔsən; ˌʊn-] *adj* (*unermüdlich*) indefatigable, untiring, unwearied, (*ausdauernd*) persevering, unflagging, (*unverzagt*) undaunted, unabashed. **2heit** *f* ⟨-; *no pl*⟩ indefatigability, undauntedness.

ˈun·ver|ˌdünnt *adj* undiluted, *Schnaps etc*: straight, *Br. a.* neat. **~ˌehe·licht** *adj jur.* unmarried, single. **~ˌei·digt** *adj jur. Zeuge etc*: unsworn.

un·ver·ein·bar [ˌʊnfɛrˈʔaɪnbaːr; ˈʊn-] *adj* (**mit** with) incompatible, inconsistent, irreconcilable. **2keit** *f* ⟨-; *no pl*⟩ incompatibility, inconsistency, irreconcilability.

un·ver·fälscht [ˈʊnfɛrˌfɛlʃt; ˌʊn-] *adj a. fig.* unadulterated, *weitS.* (*rein*) pure, (*echt*) genuine, (*nicht entstellt*) undistorted (*text, etc*); **er spricht ~es Sächsisch** he speaks pure Saxon dialect. **2heit** *f* ⟨-; *no pl*⟩ *fig.* unadulterated quality, (*Reinheit*) purity, (*Echtheit*) genuineness.

un·ver·fäng·lich [ˈʊnfɛrˌfɛŋlɪç; ˌʊn-] *adj* harmless, innocuous. **2keit** *f* ⟨-; *no pl*⟩ harmlessness, innocuousness.

un·ver·fro·ren [ˈʊnfɛrˌfroːrən; ˌʊn-] *adj* brazen, impudent, impertinent, *colloq.* cheeky. **2heit** *f* ⟨-; *no pl*⟩ brazenness, impudence, impertinence, *colloq.* cheek.

un·ver·gäng·lich [ˈʊnfɛrˌgɛŋlɪç; ˌʊn-] *adj Ruhm, Erinnerungen etc*: imperishable, unfading, undying, *Kunstwerk etc*: immortal, deathless. **2keit** *f* ⟨-; *no pl*⟩ imperishability, deathlessness, immortality.

ˈun·verˌges·sen *adj* unforgotten.

un·ver|geß·lich [ˌʊnfɛrˈgɛslɪç; ˈʊn-] *adj* unforgettable; **es wird mir ~ bleiben** I shall never forget it. **~ˈgleich·bar** [-ˈglaɪçbaːr] *adj* incomparable (**mit** with, to). **~ˈgleich·lich** [-ˈglaɪçlɪç] **I** *adj* incomparable, matchless, unrival(l)ed; ~ **sein** *a.* stand alone, be beyond comparison. **II** *adv* imcomparably; ~ **schön** *a.* of incomparable (*od.* matchless) beauty; **es geht ihm heute ~ besser** he feels infinitely better today. **2ˈgleich·lich·keit** *f* ⟨-; *no pl*⟩ incomparability, matchlessness.

ˈun·verˌgo·ren [-fɛrˌgoːrən] *adj Traubensaft etc*: unfermented.

un·ver·hält·nis·mä·ßig [ˈʊnfɛrˌhɛltnɪsˌmɛːsɪç; ˌʊnfɛrˈhɛlt-] *adv* disproportionately (*large, etc*), (*überaus*) extraordinarily, inordinately, extremely; ~ **hoch** *Preise*: *a.* excessive, exorbitant, *prices* which are out of all proportion.

ˈun·verˌhei·ra·tet *adj* unmarried, single.

un·ver|hofft [ˈʊnfɛrˌhɔft; ˌʊn-] **I** *adj* unhoped-for, *weitS.* (*unerwartet*) unexpected (*dat* to); ~ **kommt oft** (*Sprichwort*) *etwa* it is the unexpected that usually happens. **II** *adv* unexpectedly. **~ˌhoh·len** [-ˌhoːlən] **I** *adj* unconcealed, undisguised, unveiled, open. **II** *adv* openly (*hostile, etc*), (*freimütig*) *a.* frankly, straight (out). **~ˌhüllt** [-ˌhʏlt] *adj* **1.** unveiled (*a. fig.*), (*bloß*) bare, naked. **2.** → **unverhohlen** I.

un·ver·jähr·bar [ˌʊnfɛrˈjɛːrbaːr; ˈʊn-] *adj jur.* imprescriptible (*rights, etc*); **~e Straftaten** (criminal) offences (which are) not subject to the statute of limitation(s).

un·ver·käuf·lich [ˈʊnfɛrˌkɔʏflɪç; ˌʊn-] *adj* **1.** not for sale. **2.** unsal(e)able; **~e Ware** (*Ladenhüter*) dead stock, drug on the market. **2keit** *f* ⟨-; *no pl*⟩ unsal(e)ability.

ˈun·verˌkauft *adj* unsold.

un·ver·kenn·bar [ˌʊnfɛrˈkɛnbaːr; ˈʊn-] **I** *adj* **1.** *Geruch, Herkunft etc*: unmistakable. **2.** *Absicht, Interesse etc*: obvious. **II** *adv* **3.** unmistakably. **4.** obviously.

ˈun·verˌlangt *adj* unsolicited, unrequested, not asked for.

un·ver·läß·lich [ˈʊnfɛrˌlɛslɪç; ˌʊn-] *adj* unreliable.

un·ver·letz·lich [ˌʊnfɛrˈlɛtslɪç; ˈʊn-] *adj fig.* inviolable. **2keit** *f* ⟨-; *no pl*⟩ *fig.* inviolability.

ˈun·verˌletzt *adj* uninjured, unhurt, unharmed, unimpaired, *weitS.* intact.

un·ver·lier·bar [ˌʊnfɛrˈliːrbaːr; ˈʊn-] *adj fig.* that cannot be lost.

ˈun·verˌmählt *adj* unmarried, single.

un·ver·meid·bar [ˌʊnfɛrˈmaɪtbaːr; ˈʊn-] *adj* → **unvermeidlich.** **≈keit** *f* ⟨-; *no pl*⟩ → **Unvermeidlichkeit.**

un·ver·meid·lich [ˌʊnfɛrˈmaɪtlɪç; ˈʊn-] **I** *adj* inevitable (*a. iro. stets dabei*), (*nicht zu umgehen*) *a.* unavoidable. **II** *adv* inevitably, without fail. **III ≈e, das** ⟨-n⟩ **sich ins ≈e fügen** (*od.* **schicken**) bow to the inevitable. **≈keit** *f* ⟨-; *no pl*⟩ inevitability, unavoidability.

ˈun·ver|mie·tet *adj* unlet, vacant. **~ˌmin·dert I** *adj Kraft, Eifer, Tempo etc*: undiminished. **II** *adv* ~ **heftig** *etc* with undiminished violence, *etc.* **~ˌmischt** *adj* unmixed, pure. **~ˌmit·telt I** *adj Bewegung etc*: abrupt, *a. Entschluß etc*: sudden. **II** *adv* suddenly, all of a sudden, abruptly. **≈ˌmö·gen** *n* ⟨-s; *no pl*⟩ **1.** inability, incapacity, incapability, (*Kraftlosigkeit*) impotence. **2.** *econ. jur.* (*Zahlungsunfähigkeit*) insolvency. **~ˌmö·gend** *adj* **1.** (*ohne Vermögen*) without means, impecunious, penniless. **2.** ~ **sein, et. zu tun** a) be incapable of doing s.th., be unable to do s.th., b) be impotent (*od.* powerless) to do s.th. **~ˌmu·tet I** *adj Erfolg, Besuch etc*: unexpected, *Schwierigkeiten etc*: *a.* unforeseen. **II** *adv* unexpectedly; **wir haben ~ Besuch bekommen** we had unexpected visitors.

ˈUn·verˌnunft *f* ⟨-; *no pl*⟩ unreason, lack of common sense, *stärker*: folly, madness, → *a.* **Unverstand; es wäre (die) reine ~ zu** *inf* it would be sheer folly to *inf.*

ˈun·verˌnünf·tig *adj* unreasonable, (*töricht*) unwise, injudicious, foolish, *stärker*: insensate. **≈keit** *f* ⟨-; *no pl*⟩ **1.** unreasonableness, → *a.* **Unverstand. 2.** (*Handlung*) unreasonable thing (to do).

ˈun·ver·öf·fent·licht *adj* unpublished.

un·ver·putzt [ˈʊnfɛrˌpʊtst; ˌʊn-] *adj Wand, Haus etc*: unplastered, unrendered.

ˈun·verˌrich·te·ter|ˈdin·ge, ~ˈsa·che *adv* unsuccessfully, without having achieved anything (*od.* one's aim), *weitS.* empty-handed.

un·ver·rück·bar [ˌʊnfɛrˈrʏkbaːr; ˈʊn-] **I** *adj fig. Ziel, Vorsatz etc*: unchanging, immovable, *Tatsache, Gewißheit etc*: unshakable. **II** *adv* **es steht ~ fest(, daß)** it is an unshakable fact (that).

ˈun·verˌschämt I *adj* **1.** (*frech*) impudent, impertinent, saucy, *colloq.* cheeky, *stärker*: insolent, brazen (-faced), (*anmaßend*) presumptuous, forward, (*schamlos*) shameless, barefaced, (*zudringlich*) *colloq.* fresh (**Damen gegenüber** with ladies). **2.** *colloq. Preise, Forderungen etc*: outrageous, exorbitant, unconscionable; **~es Glück haben** be damned lucky. **II** *adv* **3.** impudently (*etc*); *colloq.* **grins nicht so ~!** take that cheeky grin off your face!; **~ lügen** lie shamelessly. **4.** *colloq.* (*sehr*) **~ gut** *etc* darned (*sl.* damned) good, *etc.* **≈heit** *f* ⟨-; -en⟩ **1.** ⟨*only sg*⟩ impudence, impertinence, effrontery, sauciness, *colloq.* cheek(iness), *stärker*: insolence, (*bes. Zudringlichkeit*) *colloq.* freshness; **er besaß** (*od.* **hatte**) **die ~ zu** *inf* he had the impertinence (*od.* nerve, *colloq.* cheek) to *inf.* **2.** (*unverschämte Bemerkung etc*) impertinence, impudence.

ˈun·verˌschlei·ert *adj a. fig.* unveiled.

un·ver·schließ·bar [ˌʊnfɛrˈʃliːsbaːr; ˈʊn-] *adj* unlockable.

un·ver·schlos·sen [ˈʊnfɛrˌʃlɔsən; ˌʊn-] *adj Tür etc*: unlocked, *Brief etc*: unsealed.

ˈun·verˌschnit·ten *adj Wein etc*: unblended.

un·ver·schul·det [ˈʊnfɛrˌʃʊldət; ˌʊn-] *adj* **1.** *Not etc*: incurred through no fault of one's own; **er ist ~ in Schwierigkeiten geraten** he got into difficulties through no fault of his (own). **2.** *econ.* (*schuldenfrei*) debt-free, *Grundbesitz etc*: unencumbered.

ˈun·verˌschul·de·ter|ˈma·ßen, ~ˈwei·se *adv* undeservedly, innocently.

un·ver·se·hens [ˈʊnfɛrˌzeːəns; ˌʊn-] *adv* **1.** (*unbemerkt*) unawares. **2.** (*unvermutet*) unexpectedly. **3.** (*ganz plötzlich*) all of a sudden, abruptly.

un·ver·sehrt [ˈʊnfɛrˌzeːrt; ˌʊn-] *adj Person*: unharmed, unhurt, uninjured, unscathed, *Sache*: undamaged, intact, whole. **≈heit** *f* ⟨-; *no pl*⟩ **1. körperliche ~** freedom from injury (*od.* bodily harm). **2.** *e-r Sache*: intactness.

ˈun·verˌsi·chert *adj econ.* uninsured.

un·ver·sieg·bar [ˌʊnfɛrˈziːkbaːr; ˈʊn-] *adj a. fig.* inexhaustible.

ˈun·verˌsie·gelt *adj Brief etc*: unsealed.

un·ver·sieg·lich [ˌʊnfɛrˈziːklɪç; ˈʊn-] *adj a. fig.* inexhaustible.

un·ver·söhn·lich [ˈʊnfɛrˌzøːnlɪç; ˌʊn-] *adj Feinde, a. fig. Gegensätze etc*: irreconcilable, *bes. pol.* intransigent, (*unerbittlich*) *a.* implacable, inexorable. **≈keit** *f* ⟨-; *no pl*⟩ irreconcilability, implacability, intransigence.

ˈun·verˌsorgt *adj* **1.** (*ohne Geldmittel*) without means, unprovided for. **2.** (*ohne Vorräte*) without supplies. **3.** (*vernachlässigt*) neglected, untended, *Wunde*: unattended.

ˈUn·verˌstand *m* ⟨-(e)s; *no pl*⟩ lack of insight (*od.* understanding), injudiciousness, (*Torheit*) foolishness, stupidity, (*Unkenntnis*) ignorance, (*Gedankenlosigkeit*) thoughtlessness. **ˈun·verˌstan·den** *adj* **1.** *Wort etc*: ununderstood, *word, etc* that is not understood. **2.** (*verkannt*) misunderstood; **sich ~ fühlen** feel misunderstood.

ˈun·verˌstän·dig *adj* **1.** (*töricht*) unreasonable, injudicious, foolish; **zu ~, um** not sensible enough to *inf.* **2.** (*verständnislos*) uncomprehending, *bes. Publikum*: unappreciative. **≈keit** *f* ⟨-; *no pl*⟩ → **Unverstand.**

ˈun·verˌständ·lich *adj* (*dat* to) unintelligible, *weitS.* inconceivable, incomprehensible, (*unerklärlich*) inexplicable, unaccountable; **~es Zeug reden** talk gibberish; **das ist mir vollkommen ~** *a.* I cannot make head or tail of it. **≈keit** *f* ⟨-; *no pl*⟩ unintelligibility, incomprehensibleness, inexplicableness.

ˈUn·verˌständ·nis *n* ⟨-ses; *no pl*⟩ lack of understanding (*od.* insight).

un·ver·stell·bar [ˌʊnfɛrˈʃtɛlbaːr; ˈʊn-] *adj tech.* nonadjustable, fixed.

un·ver|stellt [ˈʊnfɛrˌʃtɛlt; ˌʊn-] *adj* undisguised, unfeigned, genuine. **~ˌsteu·ert** [-ˌʃtɔʏərt] *adj econ.* for which no taxes have been paid, (*noch* ~) pre-tax (*profits*); **~ bleiben** be tax-free, be tax-exempt, not to be subject(ed) to taxation. **~ˌsucht** [-ˌzuːxt] *adj* **nichts ~ lassen** leave nothing undone, leave no stone unturned.

ˈun·verˌtei·digt *adj jur. mil.* undefended.

un·ver·träg·lich [ˈʊnfɛrˌtrɛːklɪç; ˌʊn-] *adj* **1.** (*zänkisch*) *Person*: impossible to get along with, cantankerous, quarrelsome. **2.** (*unvereinbar*) *Gegensätze etc, a. Blutgruppen*: incompatible. **3.** *Speise etc*: indigestible, *Medikament*: intolerable. **≈keit** *f* ⟨-; *no pl*⟩ **1.** quarrelsomeness. **2.** incompatibility. **3.** indigestibility, intolerability.

un·ver·tret·bar [ˌʊnfɛrˈtreːtbaːr; ˈʊn-] *adj* insupportable, *jur.* unjustifiable.

ˈun·verˌwandt I *adj* **1.** mit **~em Blick,** *lit.* **~en Blickes** with an intent look. **2.** *Bemühungen etc*: unremitting, unswerving. **II** *adv* **3. ~ anstarren** stare at *s.o.*, *s.th.* intently; **s-n Blick ~ richten auf** (*acc*) rivet (*od.* fix) one's eyes on.

un·ver|wech·sel·bar [ˌʊnfɛrˈvɛksəlbaːr; ˈʊn-] **I** *adj* unmistakable. **II** *adv* unmistakably. **~ˈwehrt** [-ˈveːrt] *adj lit.* **es ist Ihnen ~ zu gehen** you are at liberty (*od.* you are free) to go. **~ˈwelk·lich** [-ˈvɛlklɪç] *adj fig.* unfading, undying. **~ˈwend·bar** [-ˈvɛntbaːr] *adj* unusable. **~ˈwert·bar** [-ˈvɛrtbaːr] *adj* **1.** *Material etc*: unusable. **2.** *econ.* unrealizable, inconvertible, unnegotiable. **~ˈwes·lich** [-ˈveːslɪç] *adj* **1.** imputrescible. **2.** *fig.* imperishable. **~ˈwind·bar** [-ˈvɪntbaːr] *adj Verlust etc*: insurmountable.

ˈun·verˌwirk·licht *adj* unrealized.

un·ver·wisch·bar [ˌʊnfɛrˈvɪʃbaːr; ˈʊn-] *adj a. fig.* indelible, ineffaceable.

un·ver·wund·bar [ˌʊnfɛrˈvʊntbaːr; ˈʊn-] *adj a. fig.* invulnerable. **≈keit** *f* ⟨-; *no pl*⟩ *a. fig.* invulnerability, invulnerableness.

ˈun·verˌwun·det *adj* unwounded.

un·ver·wüst·lich [ˌʊnfɛrˈvyːstlɪç; ˈʊn-] *adj* **1.** indestructible (*a. fig. Mensch*), *Stoff, Material etc*: *a.* hard-wearing, durable, *a. Motor etc*: everlasting, robust. **2.** *fig. Energie etc*: inexhaustible, *Gesundheit*: robust, *Optimismus etc*: undashable, *Humor etc*: irrepressible. **3.** *humor. Schlager etc*: undying. **≈keit** *f* ⟨-; *no pl*⟩ **1.** indestructibility, durability, everlastingness. **2.** *fig.* inexhaustibility, robustness, irrepressibility.

ˈun·verˌzagt I *adj* undaunted, unabashed, undismayed. **II** *adv* undauntedly. **≈heit** *f* ⟨-; *no pl*⟩ undauntedness.

un·ver·zeih·lich [ˌʊnfɛrˈtsaɪlɪç; ˈʊn-] *adj* inexcusable, unpardonable, unforgivable.

ˈun·verˌzerrt *adj Fernsehbild etc, a. fig. Bericht etc*: undistorted.

un·ver·zicht·bar [ˌʊnfɛrˈtsɪçtbaːr; ˈʊn-] *adj Anspruch, Recht etc*: unrenounceable.

un·ver·zins·lich [ˌʊnfɛrˈtsɪnslɪç; ˈʊn-] *adj econ.* **1.** *Wertpapiere etc*: noninterest-bearing. **2.** *Darlehen*: interest-free.

ˈun·verˌzollt *adj* duty unpaid (*goods*) (*a. Aufschrift*), (*unter Zollverschluß*) in bond.

un·ver·züg·lich [ˌʊnfɛrˈtsyːklɪç; ˈʊn-] **I** *adj* immediate, prompt, instant. **II** *adv* immediately, without delay, at once, instantly, *lit.* forthwith.

un·voll·en·det [ˈʊnˌfɔlˌʔɛndət; ˌʊnˌfɔl-] *adj* unfinished, uncompleted. **ˈUnˌvoll·ˌen·de·te", „die** ⟨-n; *no pl*⟩ *mus.* "the Unfinished Symphony" (*by Schubert*).

un·voll·kom·men [ˈʊnˌfɔlˌkɔmən; ˌʊnˌfɔl-] **I** *adj* imperfect. **II** *adv* imperfectly, *weitS.* not fully, not entirely, incompletely, insufficiently; **e-e Sprache nur ~ beherrschen** have no full command of a language. **≈heit** *f* ⟨-; *no pl*⟩ imperfection, *von Kenntnissen etc*: insufficiency.

un·voll·stän·dig [ˈʊnˌfɔlˌʃtɛndɪç; ˌʊnˌfɔl-] *adj* incomplete, *stärker*: fragmentary; **ich habe es nur ~ in Erinnerung** I can only remember part of it. **≈keit** *f* ⟨-; *no pl*⟩ incompleteness.

un·voll·zäh·lig [ˈʊnˌfɔlˌtsɛːlɪç; ˌʊnˌfɔl-] *adj* incomplete (in number).

ˈunˌvor·beˌrei·tet I *adj* **1.** *Person*: unprepared; **~ sprechen** speak unprepared (*od.* extempore, impromptu, *colloq.* ad-lib), (*a. weitS.* **~ handeln** *etc*) extemporize, *colloq.* ad-lib. **2.** *Rede, Aktion etc*: unprepared, improvised, extemporaneous, impromptu, extempore. **II** *adv* **3.** *hit s.o.* unprepared, *come* without warning, *catch s.o.* unawares.

ˈunˌvorˌdenk·lich [-ˌdɛŋklɪç] *adj* **seit**

~en Zeiten from time immemorial; **vor** ~**en Zeiten** in time out of mind.

ˈun̩vor̩ein·ge̩nom·men I *adj* (*j-m od. e-r Sache* **gegenüber** towards) unprejudiced, unbias(s)ed. **II** *adv* unprejudicedly, unbias(s)edly, without prejudice (*od.* bias). **2heit** *f* ⟨-; *no pl*⟩ unprejudicedness, freedom from prejudice (*od.* bias).

ˈun̩vor̩her|ge̩se·hen *adj* unforeseen. ~**̩seh·bar** *adj* unforeseeable, unpredictable.

ˈun̩vor|̩sätz·lich *adj jur.* unpremeditated, involuntary. ~**̩schrifts̩mä·ßig I** *adj* not in keeping with (*od.* contrary to) (the) regulations, irregular, *Verhalten, a. Handhabung etc*: improper. **II** *adv* contrary to (the) regulations. ~**̩sich·tig** *adj* careless, incautious, *Bemerkung etc*: *a.* unguarded, *weitS.* (*unüberlegt*) rash, unwary, imprudent. ~**̩sich·ti·gerˈwei·se** *adv* carelessly, *weitS.* rashly. **2̩sich·tig·keit** *f* ⟨-; *no pl*⟩ carelessness, incaution, incautiousness, *weitS.* (*Unüberlegtheit*) rashness, imprudence, unwariness.

un·vor·stell·bar [̩ʊn̩foːrˈʃtɛlbaːr; ˈʊn-] **I** *adj* inconceivable, unimaginable, (*undenkbar*) unthinkable; **Schäden von** ~**em Ausmaß** (*od.* ~**en Ausmaßes**) damage *sg* of an inconceivable extent. **II** *adv* inconceivably, unimaginably (*large, etc*).

ˈun̩vor̩teil·haft *adj* **1.** *Kauf etc*: unprofitable, (*ungünstig*) unfavo(u)rable, disadvantageous. **2.** *Kleidung, Frisur etc*: unbecoming, *Farbe, Make-up etc*: unfavo(u)rable, *Aussehen*: unattractive.

un·wäg·bar [ʊnˈvɛːkbaːr, ˈʊn-] *adj* imponderable, unweighable. **2keit** *f* ⟨-; -en⟩ **1.** ⟨*only sg*⟩ imponderability. **2.** *pl philos. etc* imponderables.

ˈun̩wahr *adj* **1.** untrue, untruthful, false. **2.** *fig.* insincere, spurious. ~**̩haf·tig** *adj* untruthful, insincere. **2̩haf·tig·keit** *f* ⟨-; *no pl*⟩ untruthfulness, insincerity. **2heit** *f* ⟨-; -en⟩ **1.** ⟨*only sg*⟩ *e-r Behauptung etc*: untrueness, untruth(fulness). **2.** (*unwahre Behauptung etc*) untruth, falsehood.

ˈun̩wahr̩schein·lich I *adj* **1.** *Geschichte etc*: improbable, unlikely; **das klingt recht** ~ that sounds rather unlikely (*colloq.* like a tall story); **es ist** ~(, **daß**) it is improbable (*od.* unlikely) that. **2.** *colloq.* (*sehr groß*) incredible, fantastic. **II** *adv* **3.** *colloq.* (*sehr*) incredibly, fantastically. **2keit** *f* ⟨-; *no pl*⟩ improbability, unlikelihood.

un·wan·del·bar [ʊnˈvandəlbaːr; ˈʊn-] *adj* unchangeable, invariable, *Treue, Liebe etc*: *a.* steadfast, unwavering. **2keit** *f* ⟨-; *no pl*⟩ unchangeability, invariability, *der Treue, Liebe etc*: *a.* steadfastness.

ˈun̩weg·sam *adj* impassable, impracticable, pathless, trackless. **2keit** *f* ⟨-; *no pl*⟩ impassability, impracticability.

ˈun̩weib·lich *adj* unfeminine, unwomanly.

un·wei·ger·lich [ʊnˈvaɪɡərlɪç; ˈʊn-] **I** *adj* inevitable, unavoidable. **II** *adv* inevitably, without fail.

ˈun̩weit I *prep* ⟨*gen*⟩ not far from. **II** *adv* ~ **von** not far from.

ˈun̩wert I *adj lit.* **e-r Sache** ~ **sein** be unworthy of s.th. **II 2** *m* ⟨-(e)s; *no pl*⟩ unworth.

ˈUn̩we·sen *n* ⟨-s; *no pl*⟩ nuisance, (*schlimmes Treiben*) sinister doings (*od.* activities) *pl*; **sein** ~ **treiben** do one's foul work, *colloq.* be up to one's tricks; **sein** ~ **treiben in** (*dat*) haunt, trouble, *stärker*: terrorize, *humor. Touristen etc*: infest (*a place*).

ˈun̩we·sent·lich I *adj* **1.** (*nebensächlich*) unessential, irrelevant, immaterial, unimportant; **es ist** ~, **ob** *a.* it makes no difference (*od.* it is of no consequence) whether. **2.** (*geringfügig*) insignificant, negligible, trifling. **II** *adv* **3. sich nur** ~ **unterscheiden von** differ only negligibly from; **nicht** ~ appreciably, considerably.

ˈUn̩wet·ter *n* ⟨-s; -⟩ (thunder)storm.

ˈun̩wich·tig *adj* unimportant, insignificant, inconsequential, (*unnötig*) unnecessary. **2keit** *f* ⟨-; -en⟩ **1.** ⟨*only sg*⟩ unimportance, insignificance. **2.** *pl* trivialities, insignificancies.

un·wi·der·leg·bar [̩ʊn̩viːdərˈleːkbaːr; ˈʊn-] **I** *adj* irrefutable, conclusive, irrebuttable. **II** *adv* **et.** ~ **beweisen** prove s.th. irrefutably (*od.* conclusively). **2keit** *f* ⟨-; *no pl*⟩ irrefutability, conclusiveness.

un·wi·der·leg·lich [̩ʊn̩viːdərˈleːklɪç; ˈʊn-] *adj u. adv* → **unwiderlegbar**.

un·wi·der·ruf·lich [̩ʊn̩viːdərˈruːflɪç; ˈʊn-] **I** *adj* irrevocable (*a. jur. Gerichtsurteil etc, econ. Akkreditiv, Vollmacht etc*); ~ **sein** *Entscheidung etc*: be beyond (*od.* past) recall. **II** *adv* irrevocably, (*ganz gewiß*) definitely, positively; **es steht** ~ **fest, daß** it is quite positive that; **(am) Montag** ~ **letzte Vorstellung!** definitely last performance on Monday! **2keit** *f* ⟨-; *no pl*⟩ irrevocability, irrevocableness.

un·wi·der·spro·chen [̩ʊn̩viːdərˈʃprɔxən; ˈʊn-] *adj* uncontradicted, unchallenged.

un·wi·der·steh·lich [̩ʊn̩viːdərˈʃteːlɪç; ˈʊn-] **I** *adj* irresistible (*a. fig.*), *Verlangen etc*: *a.* overpowering; **er hält sich für** ~ he thinks he is irresistible. **II** *adv* irresistibly; **sich von j-m** ~ **angezogen fühlen** feel irresistibly attracted to s.o. **2keit** *f* ⟨-; *no pl*⟩ irresistibility.

un·wie·der·bring·lich [̩ʊn̩viːdərˈbrɪŋlɪç; ˈʊn-] **I** *adj* irretrievable. **II** *adv* ~ **verloren** irretrievably lost.

ˈUn̩wil·le *m* ⟨-ns; *no pl*⟩ indignation, annoyance, *stärker*: anger; **j-s** ~**n erregen** arouse s.o.'s indignation; ~**n empfinden über** (*acc*) feel indignation (*od.* be indignant) at (*od.* about, over). **ˈUn̩wil·len** *m* ⟨-s; *no pl*⟩ → **Unwille**. **ˈun̩wil·lig I** *adj* **1.** indignant, annoyed, *stärker*: angry; ~ **werden über et.** (**j-n**) become indignant at (*od.* about, over) s.th. (with s.o.). **2.** (*widerwillig*) unwilling, reluctant. **II** *adv* **3.** indignantly, with indignation. **4. et.** (**nur sehr**) ~ **tun** do s.th. (only very) unwillingly (*od.* reluctantly, with reluctance, with [a] bad grace).

ˈun̩will̩kom·men *adj* unwelcome.

un·will·kür·lich [ˈʊn̩vɪl̩kyːrlɪç; ̩ʊn̩vɪl-] **I** *adj a. physiol.* involuntary. **II** *adv* involuntarily; **ich mußte** ~ **an ihn denken** I could not help thinking of him.

ˈun̩wirk·lich *adj* unreal. **2keit** *f* ⟨-; *no pl*⟩ unreality.

ˈun̩wirk·sam *adj* **1.** ineffective, ineffectual; ~ **machen** (*Maßnahmen, Störversuche etc*) *a.* baffle, frustrate. **2.** *jur.* inoperative, (*null u. nichtig*) (null and) void. **3.** *chem.* inactive. **2keit** *f* ⟨-; *no pl*⟩ **1.** ineffectiveness, ineffectuality. **2.** *jur.* inoperativeness, voidness. **3.** *chem.* inactivity.

ˈun̩wirsch *adj* surly, gruff, cross.

ˈun̩wirt·lich *adj Gegend etc*: inhospitable, *a. Klima*: rough, inclement. **2keit** *f* ⟨-; *no pl*⟩ inhospitability, unkindness.

ˈun̩wirt·schaft·lich *adj* uneconomic(al), unthrifty, (*unrationell*) inefficient. **2keit** *f* ⟨-; *no pl*⟩ uneconomicalness, unthrift(iness), inefficiency.

ˈUn̩wis·sen *n* ⟨-s; *no pl*⟩ *lit.* ignorance.

ˈun̩wis·send *adj* (*uninformiert, ungebildet, unerfahren*) ignorant. **ˈUn̩wis·sen·heit** *f* ⟨-; *no pl*⟩ ignorance; **j-n in** ~ **halten** (*od.* **lassen**) **über** (*acc*) keep s.o. ignorant of.

ˈun̩wis·sen·schaft·lich I *adj* unscientific. **II** *adv* unscientifically. **2keit** *f* ⟨-; *no pl*⟩ lack of scientific accuracy (*od.* methods).

ˈun̩wis·sent·lich *adv* unknowingly, unwittingly.

ˈun̩wohl *adj* ⟨*pred*⟩ **sich** ~ **fühlen** a) (*unpäßlich*) feel unwell, feel indisposed, b) (*unbehaglich*) feel uneasy, feel ill at ease; **j-m wird** ~ (*übel*) s.o. feels sick; **mir wird** ~ **bei dem Gedanken** this idea makes me feel sick; *obs.* ~ **sein** *Frau*: be unwell. **2̩sein** *n* ⟨-s; *no pl*⟩ indisposition, unwellness (*a. der Frau*), (*Übelkeit*) sickness.

ˈun̩wohn·lich *adj* uncomfortable, cheerless.

ˈUn̩wucht *f* ⟨-; -en⟩ *tech. e-s Rades*: unbalanced state; **das Rad hat e-e** ~ the wheel is unbalanced.

ˈun̩wür·dig *adj allg.* unworthy (*gen* of), (*menschen*~, *erniedrigend*) *a.* degrading (*living conditions, work, etc*), (*schändlich*) disgraceful; **e-r Sache** ~ **sein** be unworthy (*od.* undeserving) of s.th.; ~ **sein, et. zu tun** be unworthy to do s.th.; **das ist s-r** ~ that is beneath (*od.* unworthy of) him. **2keit** *f* ⟨-; *no pl*⟩ **1.** unworthiness. **2.** lack of dignity.

ˈUn̩zahl *f* ⟨-; *no pl*⟩ **e-e** ~ **von** an immense number of, a host (*od.* sea) of.

un·zähl·bar [̩ʊnˈtsɛːlbaːr; ˈʊn-] *adj* uncountable, innumerable, countless.

un·zäh·lig [̩ʊnˈtsɛːlɪç; ˈʊn-] **I** *adj* innumerable, countless, numberless; ~**e Male** innumerable times. **II** *adv* ~ **viele** *Autos etc* innumerable *cars, etc.* **̩un·ˈzäh·li·geˈmal** *adv* innumerable times.

un·zähm·bar [̩ʊnˈtsɛːmbaːr; ˈʊn-] *adj* untamable, *fig. Geist etc*: *a.* indomitable. **2keit** *f* ⟨-; *no pl*⟩ untamableness, *fig. a.* indomitableness.

ˈun̩zart *adj* ungentle, rough, rude. **2heit** *f* ⟨-; *no pl*⟩ ungentleness, roughness, rudeness.

Un·ze [ˈʊntsə] *f* ⟨-; -n⟩ ounce.

ˈUn̩zeit *f lit.* **zur** ~ at the wrong time (*od.* moment), out of time (*od.* season); **e-e Bemerkung zur** ~ an ill-timed (*od.* untimely, unseasonable) remark. **2ge̩mäß** *adj* **1.** (*altmodisch*) old-fashioned, dated, ⟨*pred*⟩ behind the times. **2.** (*unpassend*) unseasonable, inopportune.

ˈun̩zei·tig *adj* **1.** untimely. **2.** (*verfrüht*) premature. **3.** (*unreif*) unripe, green.

un·zer·brech·lich [̩ʊntsɛrˈbrɛçlɪç; ˈʊn-] *adj* unbreakable. **2keit** *f* ⟨-; *no pl*⟩ unbreakableness.

ˈun·zer̩kaut *adj* whole; *med.* „~ **schlukken!**" "to be swallowed whole!"

un·zer·leg·bar [̩ʊntsɛrˈleːkbaːr; ˈʊn-] *adj allg.* that cannot be split up (*od.* broken up, *tech.* disassembled, dismounted), *bes. chem. math.* indecomposable, irreducible.

un·zer·reiß·bar [̩ʊntsɛrˈraɪsbaːr; ˈʊn-] *adj* untearable.

un·zer·stör·bar [̩ʊntsɛrˈʃtøːrbaːr; ˈʊn-] *adj* indestructible. **2keit** *f* ⟨-; *no pl*⟩ indestructibility.

un·zer·teil·bar [̩ʊntsɛrˈtaɪlbaːr; ˈʊn-] *adj* indivisible, indiscerptible.

un·zer·trenn·bar [̩ʊntsɛrˈtrɛnbaːr; ˈʊn-] *adj* indivisible, indiscerptible. **2keit** *f* ⟨-; *no pl*⟩ indivisibility, indiscerptibility.

un·zer·trenn·lich [̩ʊntsɛrˈtrɛnlɪç; ˈʊn-] inseparable (**von** from). **2keit** *f* ⟨-; *no pl*⟩ inseparability, inseparableness.

Un·ziˈal̩buch̩sta·be [ʊnˈtsɪaːl-] *m print.* uncial (letter).

Un·zia·le [ʊnˈtsɪaːlə] *f* ⟨-; -n⟩ *print.* **1.** → **Unzialbuchstabe**. **2.** → **Unzialschrift**.

Un·ziˈal̩schrift *f print.* uncial.

ˈun̩zie·mend *adj* → **unziemlich**.

ˈun̩ziem·lich *adj* unseemly; ~**e Hast**

indecent haste. **≈keit** *f* <-; *no pl*> unseemliness.

'Un|zier·de *f* <-; *no pl*> eyesore; *lit.* **j-m zur ~ gereichen** reflect (discredit) (up-) on s.o.

'un·zi·vi·li|siert *adj* uncivilized.

'Un|zucht *f* <-; *no pl*> *jur.* sexual offen/ce (*Am.* -se); **widernatürliche ~** sodomy; **gewerbsmäßige ~** prostitution; **~ mit Abhängigen** illicit sexual relations with dependents; **~ treiben** carry on illicit sexual relations.

'un|züch·tig I *adj* obscene, lewd, bawdy, lascivious; **~e Handlung** act of indecency. **II** *adv* **sich j-m ~ nähern** approach s.o. indecently. **≈keit** *f* <-; *no pl*> obscenity, lewdness, bawdiness.

'un·zu|frie|den *adj* **1.** (*mißmutig*) (**über** *acc*) discontent(ed) (with), disgruntled (at), *bes. pol.* malcontent(ed) (with). **2. mit j-m (et.) ~ sein** be dissatisfied (*od.* unsatisfied) with s.o. (s.th.), be displeased at (*od.* with) s.o. (s.th.), *bes. dauernd*: be discontent(ed) with s.o. (s.th.), be disgruntled with s.o. (at s.th.). **≈de·ne** *m, f* <-n; -n> malcontent (person). **≈den·heit** *f* <-; *no pl*> **1.** (*Mißmut*) discontent (**über** *acc* with). **2.** (**mit**) dissatisfaction (with), displeasure (at, with), *bes. dauernde*: discontent (with).

'un|zu|gäng·lich *adj* **1.** *Gegend, Haus etc*: inaccessible, unapproachable, un-get-at-able. **2.** *fig.* (*unnahbar*) unapproachable, reserved, standoffish; **~ gegenüber** (*od. dat*) impervious (*od.* inaccessible) to (*arguments, etc*). **≈keit** *f* <-; *no pl*> **1.** *a. fig.* inaccessibility, unapproachability. **2.** *fig.* imperviousness (**gegenüber** to).

'un|zu|läng·lich *adj* inadequate, insufficient. **≈keit** *f* <-; -en> **1.** <*only sg*> inadequacy, insufficiency. **2.** *pl* shortcomings, deficiencies.

'un|zu|läs·sig *adj* inadmissible, *jur. a.* unlawful. **≈keit** *f* <-; *no pl*> inadmissibility, *jur. a.* unlawfulness.

'un|zu|mut·bar *adj Forderung etc*: unreasonable, *Arbeitsbedingungen etc*: unacceptable; **et. ist ~ für j-n** *a.* a) s.th. cannot reasonably be expected of s.o., b) s.o. cannot be expected to accept s.th. **≈keit** *f* <-; *no pl*> unreasonableness, unacceptability.

'un|zu|rech·nungs|fä·hig *adj* irresponsible (for one's actions), not responsible for one's actions, of unsound mind, insane, *jur. a.* non compos mentis; **für ~ erklärt werden** be certified insane. **≈keit** *f* <-; *no pl*> irresponsibility, imbecility, *jur.* diminished responsibility; (**zeitweilige ~** temporary) insanity.

'un|zu|rei·chend *adj* insufficient.

'un·zu|sam·men|hän·gend *adj* incoherent, disjointed, disconnected.

'un|zu|stän·dig *adj bes. jur.* (**für**) incompetent (for), having no jurisdiction (over). **≈keit** *f* <-; *no pl*> incompetence, lack of jurisdiction.

'un|zu|stell·bar *adj* undeliverable.

'un|zu|träg·lich *adj Alkohol, Klima etc*: unwholesome, unhealthy; **j-m ~ sein** be bad for s.o.('s health). **≈keit** *f* <-; *no pl*> unwholesomeness, unhealthiness.

'un|zu|tref·fend I *adj* incorrect, wrong, *Bemerkung, Vergleich etc*: inept; **das ist gänzlich ~** nothing could be further from the truth. **II ≈e, das** <-n> **≈es bitte streichen** please delete what does not apply.

'un|zu·ver|läs·sig *adj Mensch, a. Gedächtnis, Angaben etc*: unreliable, undependable, *weitS.* (*unsicher*) uncertain, unsafe, shaky (*methods, etc*), (*trügerisch*) treacherous; **~er Freund** *a.* fair-weather friend. **≈keit** *f* <-; *no pl*> unreliability, undependability, *weitS.* uncertainty, treacherousness.

'un|zweck|mä·ßig *adj* inappropriate, unsuitable. **≈keit** *f* <-; *no pl*> inappropriateness, unsuitability.

'un|zwei|deu·tig I *adj* unambiguous (*a. Witz etc*), unequivocal, *Antwort, Aufforderung etc*: *a.* plain, straightforward, clear. **II** *adv* unambiguously, unequivocally; **daraus geht ~ hervor, daß** from this it follows quite clearly that; **er gab ihm ~ zu verstehen, daß** he made it quite clear to him that.

un·zwei·fel·haft ['ʊn|tsvaɪfəlhaft; |ʊn-] **I** *adj* <*pred*> indubitable, unquestionable; **es ist ~, daß** *a.* it is beyond doubt that, it is a doubtless (*od.* an undoubted) fact that. **II** *adv* unquestionably, undoubtedly, doubtless; **~ hat er das gesagt** there is no doubt (that) he said so.

üp·pig ['ʏpɪç] *adj* **1.** *Land, Vegetation, a. fig. Haarwuchs, Phantasie, Stil etc*: luxuriant, rich, *Gras od. Am. allg.* lush, *Gewinn, Lohn etc*: huge, big, *Am. a.* lush, *Trinkgeld*: generous (*tip*), *Leben*: luxurious, *Am. a.* lush (*life*), *Mahl*: sumptuous, opulent (*meal*), *Farben, Ausstattung, Klang etc*: luxurious, opulent, rich, (*sinnlich, wollüstig*) voluptious, *Figur, Körperformen*: *a.* opulent, full, luscious, *Am. a.* lush; **ein ~es Leben führen** live in luxury, live on the fat of the land; *colloq.* **nicht gerade ~!** not so hot!, rather a poor show. **2.** *colloq.* (*dreist*) cocky, *Am. a.* chesty; **er wird allmählich zu ~** he is getting too big for his breeches.

Ur [uːr] *m* <-(e)s; -e> *zo.* aurochs.

Ur... *in Zssgn* original, primitive, prime. **≈...** *in Zssgn* extremely, very. **~ab|stim·mung** *f* strike ballot (*od.* vote). **~|adel** *m hist.* ancienne noblesse. **~|ahn** *m* ancestor, forefather. **~|ah·ne** *f* ancestress, foremother. **≈|alt** *adj* very old, ancient (*a. humor. pullover, etc*), age-long, age-old (*problem, customs, etc*), *colloq.* (as) old as the hills; **seit ~en Zeiten** from time immemorial. **~|al·ter** *n* <-s; *no pl*> prim(a)eval age. **≈|al·ters** *adv* **von ~ her** from time immemorial, from time out of mind.

Ur·ämie [urɛ'miː] *f* <-; -n [-ən]> *med.* ur(a)emia.

Uran [u'raːn] *n* <-s; *no pl*> *chem.* uranium. **~|blei** *n* lead 206, uranium lead. **~|erz** *n* uranium ore.

'Ur|an|fang *m* first beginning, prime origin. **≈|fäng·lich** *adj* prim(a)eval.

Uran·ge|halt [u'raːn-] *m chem.* uranium content.

'Ur|angst *f* primitive fear.

uran|hal·tig [u'raːn-] *adj* uraniferous. **≈|pech|blen·de** *f*, **≈|pech|erz** *n min.* pitchblende. **≈|spal·tung** *f nucl.* uranium fission. **≈|stab** *m* uranium fuel rod.

Ura·nus ['uːranʊs] *m* <-; *no pl*> *astr.* Uranus.

Uran|ver|bin·dung [u'raːn-] *f chem.* uranium compound. **~|vor|kom·men** *n* uranium deposit.

'ur|auf|füh|ren *v/t* <*only inf u. pp* **uraufgeführt**, h> première, perform (*a play, etc*) *od.* show (*a film*) for the first time. **≈rung** *f* première, first night (*od.* performance), *e-s Films*: *a.* first showing.

'Ur|aus|ga·be *f* first (*od.* original) edition.

ur·ban [ʊr'baːn] *adj* urbane. **ur·ba·ni|'sie·ren** [-bani'ziːrən] *v/t* <*no* -ge-, h> urbanize. **Ur·ba·ni'sie·rung** *f* <-; -en> urbanization. **Ur·ba·ni'tät** [-bani'tɛːt] *f* <-; *no pl*> urbanity.

ur·bar ['uːrbaːr] *adj agr.* arable, cultivable; **~ machen** reclaim, cultivate. **≈ma·chung** *f* <-; *no pl*> cultivation, reclamation.

'Ur|be·deu·tung *f* original meaning. **~be|ginn** *m* first beginning, prime origin. **~be|völ·ke·rung** *f* aboriginal population, aborigines *pl*, aboriginals *pl*. **~be|woh·ner** *pl* first inhabitants, aborigines. **~|bild** *n* (*Vorbild*) *Kunst u. allg.* model, archetype. **~|chri·sten** *pl* early Christians. **~|chri·sten·tum** *n* <-s; *no pl*> early (*od.* primitive) Christianity. **≈|christ·lich** *adj* early (*od.* primitive) Christian. **≈|deutsch** *adj* typically German. **≈'ei·gen** *adj* very own; **es liegt in Ihrem ~sten Interesse, daß** it is in your very own interest that. **~|ein|woh·ner** *pl* → **Urbewohner**. **~|el·tern** *pl* ancestors, forefathers. **~|en·kel** *m* great-grandson. **~|en·ke·lin** *f* great-granddaughter. **≈'ewig** *adj colloq.* **seit ~en Zeiten** for ages (and ages). **~|fas·sung** *f* original (version). **~|feh·de** *f hist.* oath of truce. **~|fels** *m geol.* primary rock. **~|form** *f* primitive form, archetype. **≈ge'müt·lich** *adj* very cosy, nice and cosy, nice and snug.

'ur·ger|ma·nisch *ling.* **I** *adj*, **II ≈** <*generally undeclined*>, **das ≈e** <-n> Proto-Germanic.

'Ur|ge|schich·te *f* earliest history. **~ge|sell·schaft** *f* primitive society. **~ge|stein** *n geol.* primary rock. **~ge|walt** *f* elemental power.

'Ur|groß||el·tern *pl* great-grandparents. **~|mut·ter** *f* great-grandmother. **~|va·ter** *m* great-grandfather.

'Ur|grund *m* first (*od.* original) cause, source.

'Ur|he·ber *m* <-s; -> **1.** (*Initiator*) author, originator, mastermind. **2.** (*Verantwortlicher*) agent (**s-s Unglücks** *etc* of his misfortune, *etc*). **3.** (*Verfasser*) author; *jur.* **~ von Werken der Tonkunst** composer of musical works. **'Ur|he·be·rin** *f* <-; -nen> **1.** author(ess). **2.** → **Urheber** 2.

'Ur|he·ber||recht *n jur.* copyright (**an** *dat* on, of, for); **~ an literarischen Werken (an Werken der Tonkunst, an e-m Film)** *a.* literary (musical, film) copyright. **≈|recht·lich I** *adj* copyright. **II** *adv* **~ geschützt** copyright(ed); **~ geschützte Ausgabe** copyright edition; **~ schützen** copyright. **~(rechts)|schutz** *m* copyright protection, protection of copyright. **~schaft** *f* <-; *no pl*> authorship.

urig ['uːrɪç] *adj colloq. for* **urwüchsig**.

Urin [u'riːn] *m* <-s; -e> *physiol.* urine, water. **~becken** (*getr.* -k·k-) *n*, **~|fla·sche** *f* urinal.

uri·nie·ren [uri'niːrən] *v/i* <*no* ge-, h> urinate.

Urin|pro·be [u'riːn-] *f* urine specimen.

'Ur·in|stinkt *m* primitive instinct.

urin||trei·bend [u'riːn-] *adj* diuretic. **≈|un·ter|su·chung** *f* urinalysis.

'Ur·kan|ton *m in der Schweiz*: original (*od.* founding) canton.

'Ur|keim|zel·le *f biol.* progamete.

'Ur|kir·che *f* primitive church.

'Ur|knall *m phys.* big bang.

'ur'ko·misch *adj* screamingly funny.

'Ur|kraft *f* elemental force.

'Ur|kun·de *f* <-; -n> document, deed, legal instrument, (*Protokoll≈, Akte*) record, (*Eigentumsrecht verbriefende ~*) title (-deed), (*Zeugnis, a. Sieger≈*) diploma; **zu Urkund dessen** in witness whereof.

'Ur|kun·den|be|weis *m jur.* documentary evidence. **~|dol·met·scher** *m* sworn interpreter for the translation of documents. **~|fäl·schung** *f* forgery of documents. **~|rol·le** *f* document register.

'ur|kund·lich [-|kʊntlɪç] **I** *adj* documentary. **II** *adv* ~ **belegen** document; **et.** ~ **erwähnen, et.** ~ **nennen** mention s.th. in a document; *jur.* ~ **dessen** in witness whereof.

'Ur‚kunds·be‚am·te *m jur.* a) Clerk of the Court, b) registrar.

'Ur‚land·schaft *f* unspoiled landscape.

Ur·laub ['u:r‚laup] *m* ⟨-(e)s; -e⟩ **1.** leave, *Am. a.* vacation; ~ **nehmen** take leave; **e-n Tag** ~ **nehmen** take a day off. **2.** (*Ferien*) holiday(s *pl*), *Am. a.* vacation; **auf** (*od.* **in**) ~ **sein** (**gehen** *od.* **fahren**) be (away) (go) on holiday (*Am.* vacation); ~ **machen** be on holiday (*Am.* vacation), be holidaying, *Am.* be vacationing. **3.** *mil.* leave of absence, furlough; ~ **auf Ehrenwort** leave on parole; ~ **bis zum Wekken** night leave; **auf** ~ on leave, on furlough. **'Ur‚lau·ber** *m* ⟨-s; -⟩ **1.** holidaymaker, holidayer, *Am.* vacationist, vacationer. **2.** soldier on leave (*od.* furlough).

'Ur‚laubs|‚an‚spruch *m* **1.** entitlement to leave, leave claim, *Am.* vacation privilege; **e-n** ~ **von 20 Tagen haben** be entitled to (a) 20 days' leave. **2.** *mil.* leave entitlement (*od.* credit). **~‚geld** *n* ⟨-(e)s; *no pl*⟩ holiday (*Am.* leave) pay. **~ge‚such** *n a. mil.* application for leave. **~‚land** *n* tourist country. **~‚li·ste** *f* leave roster. **~‚rei·se** *f* holiday (*Am.* vacation) trip. **~‚rei·sen·de** *m* → **Urlauber** 1. **~‚schein** *m mil.* leave certificate. **~‚sper·re** *f* ban on leave (*Am. a.* vacation). **~‚tag** *m* **1.** day of one's holiday (*Am.* vacation). **2.** (a) day's leave (*Am. a.* vacation); **zwanzig ~e** twenty days' leave. **~‚zeit** *f* holiday (*Am.* vacation) season. **~‚ziel** *n* destination.

'Ur|‚laut *m* elemental (*od.* primitive) sound. **~‚maß** *n* **1.** standard measure. **2.** (*Lehrmaß*) standard (*od.* master) ga(u)ge. **~ma‚te·rie** *f philos.* prime matter. **~‚mensch** *m* primitive man. **~‚me·ter** *n* prototype met/re (*Am.* -er).

Ur·ne ['urnə] *f* ⟨-; -n⟩ **1.** (cinerary) urn. **2.** (*Wahl*2) ballot box.

'Ur·nen|‚fried‚hof *m* urn cemetery, cinerarium. **~‚grab** *n* urn grave.

uro|ge·ni·tal [urogeni'ta:l] *adj med.* urogenital. **2'lo·ge** [-'lo:gə] *m* ⟨-n; -n⟩ urologist. **2lo'gie** [-lo'gi:] *f* ⟨-; *no pl*⟩ urology. **~'lo·gisch** [-'lo:gɪʃ] *adj* urologic.

'Ur‚plas·ma *n biol.* archiplasm.

'ur'plötz·lich I *adj* very sudden, abrupt, totally unexpected. **II** *adv* all of a sudden, abruptly.

'Ur‚quell *m* ⟨-s; *no pl*⟩ *fig.* wellspring.

'Ur‚sa·che *f* **1.** cause; **aus bisher unbekannter** ~ through a cause as yet unknown; **das scheint die eigentliche** ~ **zu sein** *a.* that appears to be at the bottom of it; **kleine** ~, **große Wirkung** (*Sprichwort*) every oak has been an acorn. **2.** (*Grund*) reason, (*Anlaß*) occasion; **aus welcher** ~? for what reason?; **ohne** ~ without good cause; **j-m** ~ **geben zu** (*dat*) (*od.* **et. zu tun**) give s.o. cause (*od.* occasion) for *s.th.* (*od.* to do s.th.); **k-e** ~ **haben, sich zu beklagen** have no cause for complaint (*od.* to complain); **ich habe (alle)** ~ **zu** *inf* I have every reason to *inf.* **3.** *colloq.* **k-e** ~! *Erwiderung auf* a) *e-n Dank*: don't mention it, not at all, *bes. Am.* you are welcome, b) *e-e Entschuldigung*: that's (quite) all right, never mind.

'ur‚säch·lich *adj* **1.** causal; **~er Zusammenhang** causal relation, causality. **2.** → **kausativ. 2keit** *f* ⟨-; *no pl*⟩ causality.

'Ur‚schleim *m biol.* protoplasm(a).

'Ur‚schrift *f* original (text). **2lich** *adj* (in the) original.

'Ur‚sen·dung *f Radio, TV* first broadcast.

'Ur‚spra·che *f* **1.** root language. **2.** *e-r Übersetzung*: original language.

'Ur‚sprung *m allg.* origin, *weitS.* (*Quelle*) *bes. fig.* source; **s-n** ~ **haben in** (*dat*) *a.* originate in (*od.* from), go (*od.* trace) back to.

'ur‚sprüng·lich [-‚ʃprʏŋlɪç] **I** *adj* **1.** original, (*anfänglich*) *a.* initial. **2.** (*unverändert, unverfälscht*) original, pristine, unadulterated, unspoilt. **3.** *Wesensart, Sprech-, Denkweise etc*: original, unsophisticated, straight(forward). **II** *adv* **4.** *allg.* originally, (*anfänglich*) *a.* initially. **2keit** *f* ⟨-; *no pl*⟩ originality.

'Ur‚sprungs|‚land *n* country of origin. **~zer·ti·fi‚kat** *n* certificate of origin.

'Ur‚ständ [-‚ʃtɛnt] *f* ⟨-; *no pl*⟩ *humor.* **fröhliche** ~ **feiern** *Brauch, Mißstand etc*: pop up (*od.* come in) again.

'Ur‚stoff *m* primary matter.

'Ur‚strom‚tal *n* glacial valley.

Ur·teil ['urtaɪl] *n* ⟨-s; -e⟩ **1.** *allg.* judg(e)ment, (*Meinung*) opinion, (*Entscheidung*) decision; **ein vorschnelles** ~ a rash (*od.* snap) judg(e)ment; **ein** ~ **abgeben** give a judg(e)ment; **ein** ~ **fällen über** (*acc*) pass (*od.* pronounce) judg(e)ment (up)on; **auf sein** ~ **kann man sich verlassen** you can rely on his judg(e)ment; **m-m** ~ **nach** in my judg(e)ment; **nach dem** ~ **von Sachverständigen** according to expert opinion; **darüber kann ich mir kein** ~ **erlauben** I am not competent to judge, I am no judge (of that); **sich** (*dat*) **ein** ~ **bilden** form a judg(e)ment (**über** *acc* about, on). **2.** *jur.* judg(e)ment, ruling, (judicial) decision, (*Straf*2, *Strafmaß*) sentence, *über die Rechtslage*: adjudication, *über die Schuldfrage*: findings *pl*, *e-s Schiedsgerichts*: award, *der Geschworenen*: verdict, (*Scheidungs*2) decree; **das** ~ **verkünden** pronounce judg(e)ment, pass (*od.* give, pronounce) sentence; *fig.* **sich** (*dat*) **selbst sein** ~ **sprechen** pronounce one's own sentence. **3.** (**~svermögen**) judg(e)ment, discernment, discrimination; **er hat ein gutes (sicheres)** ~ he is a man of good (sound) judg(e)ment.

'ur·tei·len *v/i* ⟨h⟩ **1.** judge; **über j-n** ~ judge s.o.; **über e-e Sache** ~ judge (of) s.th., give one's opinion about (*od.* on) s.th.; **darüber kann er nicht** ~ he is not competent to judge, he is no judge; **anders darüber** ~ take a different view of it; ~ **Sie selbst!** judge for yourself!; **wenn ich recht urteile** if I am any judge (of the matter). **2.** ~ **nach** judge by (*od.* from); **nach s-m Reden (Benehmen) zu** ~ judging (*od.* to judge) from what he says (by his behavio[u]r); **nach dem äußeren Schein** ~ judge from outward appearance(s).

'Ur·teils|‚auf‚he·bung *f jur.* reversal of judg(e)ment, recission. **~be‚gründung** *f* opinion (of court), grounds *pl.* **~er‚öff·nung** *f* publication of a judg(e)ment. **2‚fä·hig** *adj* discerning, discriminating, competent; **ein sehr ~er Mensch** *a.* a man of sound judg(e)ment. **~‚fä·hig·keit** *f* ⟨-; *no pl*⟩ → **Urteil** 3. **~‚fäl·lung** *f jur.* passing of judg(e)ment (*od.* sentence). **~‚for·de·rung** *f* judg(e)ment claim. **~‚gläu·bi·ger** *m* judg(e)ment creditor. **~‚kraft** *f* (power of) judg(e)ment, discernment, discrimination. **2los** *adj* uncritical. **~‚schuld·ner** *m jur.* judg(e)ment debtor. **~‚spruch** *m* → **Urteil** 2. **~ver‚kün·dung** *f* pronouncement (*bes. Am.* rendition) of judg(e)ment. **~ver‚mö·gen** *n* → **Urteil** 3. **~‚voll‚streckung** (*getr.* -k·k-) *f jur.* execution of a judg(e)ment (*od.* sentence).

'Ur‚text *m* original (text).

'Ur‚tier·chen *n biol. zo.* protozoon.

'Ur‚trieb *m* basic instinct.

ur·tüm·lich ['u:r‚ty:mlɪç] *adj* prim(a)eval, primitive, archaic; → *a.* **ursprünglich** 2, 3.

'Ur‚typ *m* prototype, archetype.

Uru·gua·yer [uru'gŭa:jər; 'urugvaɪər] *m* ⟨-s; -⟩ Uruguayan. **uru·gua·yisch** [uru'gŭa:jɪʃ; 'urugvaɪɪʃ] *adj* Uruguay (-an).

'Ur‚ur... *in Zssgn* great-great (*grandparents, etc*).

'Ur|‚va·ter *m* forefather, ancestor. **~‚vä·ter‚zeit** *f* **zur** ~ in the days of yore; **seit ~en** from time out of mind. **2ver‚wandt** *adj a. ling.* cognate. **~‚vo·gel** *m* archaeopterix. **~‚volk** *n* **1.** primitive people. **2.** → **Urbevölkerung. ~‚wald** *m* prim(a)eval (*od.* virgin) forest. **~‚weib** *n* **1.** archetype of woman. **2.** *colloq.* real woman. **~‚welt** *f* prim(a)eval (*od.* primitive) world. **2‚welt·lich** *adj* prim(a)eval.

'ur‚wüch·sig [-‚vy:ksɪç] *adj* **1.** (*kernig, derb*) racy, *stärker*: earthy, robust (*person, humo[u]r, etc*), → *a.* **ursprünglich** 2, 3. **2.** *Kraft*: elemental (*force*), mighty (*strength*).

'Ur‚zeit *f* prim(a)eval (*od.* prehistoric) time(s *pl*), dawn of history; *colloq.* **vor ~en** a long, long time ago; **seit ~en** for ages. **2lich** *adj* prim(a)eval.

'Ur‚zel·le *f biol.* primordial cell.

'Ur‚zeu·gung *f biol.* spontaneous generation.

'Ur‚zu‚stand *m* primitive (*od.* primordial, original) state.

Usam'ba·ra‚veil·chen [uzam'ba:ra-] *n bot.* African violet.

US-ame·ri‚ka·nisch [u:'ʔɛs-] *adj* US-American, US...

Usance [y'zã:s] *f* ⟨-; -n [-sən]⟩ *econ.* usage, practice, custom.

'U-‚Stahl *m metall.* channel steel.

usu·ell [u'zŭɛl] *adj* usual, customary.

Usur|pa·ti·on [uzurpa'tsĭo:n] *f* ⟨-; -en⟩ usurpation. **~'pa·tor** [-'pa:tɔr] *m* ⟨-s; -en [-pa'to:rən]⟩ usurper. **2pa'to·risch** [-pa'to:rɪʃ] *adj* usurpative, usurpatory. **2'pie·ren** [-'pi:rən] *v/t* ⟨*no* ge-, h⟩ usurp.

Usus ['u:zus] *m* ⟨-; *no pl*⟩ custom; **das ist hier so** ~ that is the custom here.

Uten·sil [utɛn'zi:l] *n* ⟨-s; -ien [-lĭən]⟩ utensil, *pl a.* paraphernalia.

Ute·rus ['u:terus] *m* ⟨-; **Uteri** [-ri]⟩ *anat.* uterus. **~...** *in Zssgn meist* uterine (*tumo[u]r, etc*). **~ent‚fer·nung** *f med.* uterectomy.

Uti·li·ta|ris·mus [utilita'rɪsmus] *m* ⟨-; *no pl*⟩ utilitarianism. **~'rist** [-'rɪst] *m* ⟨-en; -en⟩, **2'ri·stisch** *adj* utilitarian.

Uto·pia [u'to:pĭa] *npr n* ⟨-s; *no pl*⟩ Utopia.

Uto·pie [uto'pi:] *f* ⟨-; -n [-ən]⟩ utopia. **uto·pisch** [u'to:pɪʃ] *adj* utopian. **Uto·pis·mus** [uto'pɪsmus] *m* ⟨-; *no pl*⟩ utopianism. **Uto·pist** [uto'pɪst] *m* ⟨-en; -en⟩ utopian.

UV|-‚Fil·ter [u:'fau-] *n, m phot.* UV (absorbing) filter. **~-‚Lam·pe** *f* ultraviolet lamp. **~-‚Strah·len** *pl* ultraviolet rays.

'Ü-‚Wa·gen *m* → **Übertragungswagen.**

V

V, v [faʊ] *n* ⟨-; -⟩ V, v (*Buchstabe*).

va banque [va'bã:k] *fig.* ~ **spielen** stake one's all, *colloq.* put all one's eggs in one basket. **Va'banque₁spiel** *n* ⟨-(e)s; *no pl*⟩ *fig.* (risky) gamble, hazard(ous venture).

Va·de·me·kum [vade'me:kʊm] *n* ⟨-s; -s⟩ vade mecum, handbook, manual.

vag [va:k] *adj* → **vage.**

Va·ga·bund [vaga'bʊnt] *m* ⟨-en; -en⟩ vagabond, vagrant, tramp, *Am. sl.* hobo.

va·ga'bun·den|haft *adj* vagabond (-ish), vagrant. **2le·ben** *n* ⟨-s; *no pl*⟩ roving life, life of a vagabond, vagabondia. **2tum** *n* ⟨-s; *no pl*⟩ vagabondage, vagrancy; **das** ~ vagabondia.

va·ga·bun·die·ren [vagabʊn'di:rən] *v/i* ⟨*no* **ge-**, **h** *u.* **sein**⟩ vagabond(ize), tramp (about), *a. weitS.* roam (about); *jur.* **wegen 2s** on a vagrancy charge. **~d** *adj* **1.** vagabond. **2.** *electr. Strom*: stray, vagrant.

Va·gant [va'gant] *m* ⟨-en; -en⟩ *hist.* travel(l)ing scholar, (*Dichter*) goliard. **Va'gan·ten₁dich·tung** *f* goliardic verse.

va·ge ['va:gə] *adj* vague. **'Vag·heit** *f* ⟨-; *no pl*⟩ vagueness.

Va·gi·na [va'gi:na] *f* ⟨-; **-nae** [-nɛ] *u.* **-nen**⟩ *anat.* vagina. **va·gi·nal** [vagi'na:l] *adj anat.* vaginal.

Va·gus ['va:gʊs] *m* ⟨-; *no pl*⟩. **~₁nerv** *m anat.* vagus (nerve).

va·kant [va'kant] *adj* vacant; **~e Stelle**, **~er Sessel** → **Va'kanz** *f* ⟨-; -en⟩ vacancy, vacant post.

Va·kat ['va:kat] *n* ⟨-(s); -s⟩ *print.* blank (*od.* white) page.

Va·ku..., **va·ku...** ['va:ku-] → **Vakuum...**, **vakuum...**

Va·ku·um ['va:kuʊm] *n* ⟨-s; **-kua** [-kŭa] *u.* **-kuen** [-kŭən]⟩ *phys. u. fig.* vacuum. **~de·stil·la·ti₁on** *f* vacuum distillation. **2₁dicht** *adj* vacuum-tight (*od.* -sealed). **~₁do·se** *f* vacuum(-sealed) can. **2ge₁trock·net** *adj* vacuum-dried. **~₁kam·mer** *f* vacuum chamber. **~₁kes·sel** *m* vacuum vessel (*od.* tank). **~₁mes·ser** *m*, **~₁me·ter** *n* ⟨-s; -⟩ vacuum ga(u)ge (*od.* meter). **~₁pum·pe** *f* vacuum (*od.* suction) pump. **~₁tech·nik** *f* vacuum engineering (*od.* technology). **~ver₁damp·fer** *m* vacuum evaporator. **2ver₁packt** *adj* vacuum-packed. **2ver₁sie·gelt** *adj* vacuum-sealed.

Vak·zi·na·ti·on [vaktsina'tsĭo:n] *f* ⟨-; -en⟩ *med.* vaccination. **Vak·zi·ne** [vak'tsi:nə] *f* ⟨-; -n⟩ vaccine. **vak·zi·nie·ren** [vaktsi'ni:rən] *v/t* ⟨*no* **ge-**, **h**⟩ vaccinate.

'Va·len·tins₁tag ['va:lɛnti:ns-] *m* (Saint) Valentine('s) Day (*February 14th*).

Va·lenz [va'lɛnts] *f* ⟨-; -en⟩ *biol. chem.* valence, *bes. Br.* valency.

Va·let [va'lɛt; -'le:t] *n* ⟨-s; -s⟩ *obs.* (**j-m** ~ **sagen** bid s.o.) farewell.

Va·lo·ri|sa·ti·on [valoriza'tsĭo:n] *f* ⟨-; -en⟩ *econ.* valorization. **2'sie·ren** [-'zi:rən] *v/t* ⟨*no* **ge-**, **h**⟩ valorize, raise *s.th.* in value.

Va·lu·ta [va'lu:ta] *f* ⟨-; **-luten**⟩ *econ.* **1.** (*Währung*) currency, *als beständiger Wert*: standard, (*Währungswert*) value, (*Gelder*) monies *pl.* **2.** (*Devisen*) foreign exchange, valuta, (*Devisenkurs*) rate of exchange, valuta. **~₁an₁lei·he** *f* currency bonds *pl.* **~₁gut₁ha·ben** *n* foreign currency balance. **~₁kurs** *m* rate of exchange. **~₁man·gel** *m* currency shortage. **~no₁tie·rung** *f* foreign exchange quotation. **2₁schwach** *adj* soft-currency (*country*). **2₁stark** *adj* hard-currency (*country*). **~₁wech·sel** *m* (foreign) currency bill.

Vamp [vɛmp] *m* ⟨-s; -s⟩ vamp.

Vam·pir ['vampi:r; -'pi:r] *m* ⟨-s; -e⟩ *zo. u. fig.* vampire.

Va·na·di·um [va'na:dĭʊm] *n* ⟨-s; *no pl*⟩ *chem.* vanadium.

Van·da·le [van'da:lə] *m* ⟨-n; -n⟩, **van'da·lisch** *adj*, **Van·da'lis·mus** [-da'lɪsmʊs] *m* ⟨-; *no pl*⟩ → **Wandale** *etc.*

Va·nil·le [va'nɪljə; -'nɪlə] *f bot. u. gastr.* vanilla.

Va'nil·le(n)|₁eis *n* vanilla ice cream. **~₁zucker** (*getr.* -k·k-) *m* vanilla sugar.

Va·nil·lin [vanɪ'li:n] *n* ⟨-s; *no pl*⟩ *chem.* vanillin.

va·ria·bel [va'rĭa:bəl] *adj* variable. **Va·ria·bi·li'tät** [-rĭabili'tɛ:t] *f* ⟨-; *no pl*⟩ variability. **Va·ria·ble** [va'rĭa:blə] *f* ⟨-n; -n⟩ *math.* variable.

Va·ri·an·te [va'rĭantə] *f* ⟨-; -n⟩ **1.** variant. **2.** (*Lesart*) version. **3.** *biol.* variation.

Va·ria·ti·on [varĭa'tsĭo:n] *f* ⟨-; -en⟩ *allg.* variation. **~s₁brei·te** *f* range. **~s₁mög·lich·keit** *f* opportunity for variation(s), *weitS.* alternative.

Va·rie·tät [varĭe'tɛ:t] *f* ⟨-; -en⟩ variety.

Va·rie·té [varĭe'te:] *n* ⟨-s; -s⟩ **1.** variety theatre, music hall, *Am.* vaudeville theater. **2.** variety (*Am.* vaudeville) show. **~₁künst·ler** *m* variety (*od.* music-hall, *Am.* vaudeville) artist (*od.* entertainer, performer). **~₁vor₁stel·lung** *f* variety show, *Am.* vaudeville.

va·ri·ie·ren [vari'i:rən] *v/t u. v/i* ⟨*no* **ge-**, **h**⟩ vary.

va·ri·kös [vari'kø:s] *adj med.* varicose.

'Va·rio-Ob·jek₁tiv ['va:rĭo-] *n phot.* zoom lens, variable focus lens.

Va·sall [va'zal] *m* ⟨-en; -en⟩ vassal.

Va'sal·len|₁dienst *m hist.* vassalage. **~₁eid** *m* (feudal) homage. **~₁staat** *m pol.* satellite state. **~tum** *n* ⟨-s; *no pl*⟩ *hist.* vassalage.

Va·se ['va:zə] *f* ⟨-; -n⟩ vase.

Va·se·lin [vaze'li:n] *n* ⟨-s; *no pl*⟩, **Va·se'li·ne** *f* ⟨-; *no pl*⟩ vaseline (*TM*).

'Va·sen·ma·le₁rei *f* vase painting.

Va·so|mo·to·ren [vazomo'to:rən] *pl anat.* vasomotor nerves. **2mo'to·risch** [-rɪʃ] *adj* vasomotor.

Va·ter ['fa:tər] *m* ⟨-s; ⸚⟩ **1.** father (*a. fig.*); **sein leiblicher** ~ his own (*od.* real) father; **er ist ~ von drei Kindern** he is a father of three (children); **er ist ganz der** ~ he is the very (*od.* spitting) image of his father, he is a chip of(f) the old block; **wie der ~, so der Sohn** like father like son; **wie ein ~ an j-m handeln** be like a father to s.o.; **er könnte ihr ~ sein** he is old enough to be her father; **da mußt du ~ fragen** you must ask father about that; *humor.* **~ werden ist nicht schwer, ~ sein dagegen sehr** it's easier to become a father than to be one; *poet.* **~ Rhein** Father Rhine; *fig.* **die Väter der Stadt** the city (*od.* town) fathers; **der geistige ~ dieses Plans** the spiritual father of this plan; → **Staat**[1] 1. **2.** *fig.* (*Respektsperson*) father, *bes. R.C.* (*Priester*) father, padre; **der Heilige** ~ (*Papst*) the Holy Father. **3.** (*Gott* ~) Father; ~ **unser, der du bist im Himmel** our Father which art in heaven. **4.** *pl* (*Vorfahren*) (fore)fathers, ancestors, forebears; *poet.* **zu s-n Vätern versammelt werden** (*sterben*) be gathered (*od.* have gone) to one's fathers. **5.** *zo.* sire, *colloq.* father. **~₁bild** *n* father image. **~₁bin·dung** *f psych.* father fixation. **~fi₁gur** *f* father figure. **~₁freu·den** *pl* joys of fatherhood, paternal joys; **er sieht ~ entgegen** he is going to be a father. **~₁haus** *n* parental home. **~₁land** *n* one's (native *od.* mother) country, fatherland.

'va·ter₁län·disch I *adj* patrial, *Lieder etc*: patriotic; **~e Gesinnung** patriotism. **II** *adv* **~ gesinnt** patriotic.

'Va·ter₁lands|₁lie·be *f* love of one's country, *stärker*: patriotism. **2los** *adj* having no homeland, *contp.* unpatriotic. **~ver₁rä·ter** *m* traitor to one's country.

vä·ter·lich ['fɛ:tərlɪç] **I** *adj* **1.** fatherly, paternal; *jur.* **die ~e Gewalt** paternal authority. **2.** (*vom Vater stammend*) paternal; **der ~e Hof** the paternal farm; **das ~e Handwerk** one's father's trade; **~es Erbteil** patrimony; **~er Zweig e-r Familie** paternal (*od.* spear) side of a family. **II** *adv* **3.** in a fatherly way, paternally. **'vä·ter·li·cher'seits** *adv* on one's father's side; **Großvater ~** paternal grandfather. **'Vä·ter·lich·keit** *f* ⟨-; *no pl*⟩ fatherliness.

'Va·ter|₁lie·be *f* paternal (*od.* fatherly) love. **2los** *adj* fatherless. **~₁mord** *m* patricide, parricide. **~₁mör·der** *m* **1.** patricide, parricide. **2.** *fig. colloq.* (*Stehkragen*) stand-up collar.

'Va·ter·schaft *f* ⟨-; *no pl*⟩ fatherhood, *bes. jur.* paternity; **Feststellung** (*od.* **Zuschreibung**) **der ~** affiliation; **j-s ~ zu**

e-m Kinde feststellen affiliate a child to s.o.

ˈVa·ter·schafts|ˌkla·ge *f jur.* application for an affiliation order, *Am.* paternity suit. **~ˌnachˌweis** *m* proof of paternity. **~proˌzeß** *m* affiliation proceedings *pl*, *Am.* paternity suit.

ˈVä·terˌsit·te *f* customs *pl* of one's (fore)fathers.

ˈVa·ter|ˌstadt *f* hometown. **~ˌstel·le** *f* **bei** (*od.* **an**) **e-m Kind ~ vertreten** be (*od.* act as) a father to a child. **~ˌtag** *m* Father's Day.

ˌVa·terˈun·ser *n* ⟨-s; -⟩ Lord's Prayer; → **beten** II.

Va·ti [ˈfa:ti] *m* ⟨-s; -s⟩ *colloq.* daddy, dad.

Va·ti·kan [vatiˈka:n], **der** ⟨-s⟩ the Vatican. **va·tiˈka·nisch** *adj* (of the) Vatican; **das ≈e Konzil** the Vatican Council. **Va·tiˈkanˌstadt** *f* ⟨-; *no pl*⟩ Vatican City.

ˈV-ˌAusˌschnitt [ˈfaʊ-] *m Mode*: V-neck; **mit ~** V-necked (*sweater, etc*).

ve·ge·ta·bi·lisch [vegetaˈbi:lɪʃ] *adj* vegetable, vegetal (*oil, etc*).

Ve·ge|ta·ri·er [vegeˈta:rɪər] *m* ⟨-s; -⟩, **~ˈta·rie·rin** *f* ⟨-; -nen⟩ vegetarian. **≈ˈta·risch** [-rɪʃ] *adj* vegetarian; **~e Lebensweise** → **~taˈris·mus** [-taˈrɪsmʊs] *m* ⟨-; *no pl*⟩ vegetarianism.

Ve·ge|ta·ti·on [vegetaˈtsɪo:n] *f* ⟨-; -en⟩ *bot.* vegetation. **≈taˈtiv** [-taˈti:f] *adj bot. med.* vegetative; **~es Nervensystem** → **~taˈti·vum** [-taˈti:vʊm] *n* ⟨-s; *no pl*⟩ autonomic (*od.* vegetative) nervous system. **≈ˈtie·ren** [-ˈti:rən] *v/i* ⟨*no* **ge-**, **h**⟩ *fig.* vegetate.

ve·he·ment [veheˈmɛnt] *adj* vehement. **Ve·heˈmenz** [-ˈmɛnts] *f* ⟨-; *no pl*⟩ vehemence.

Ve·hi·kel [veˈhi:kəl] *n* ⟨-s; -⟩ **1.** (*Fahrzeug*) vehicle, *bes. colloq. contp.* rattletrap, jalop(p)y. **2.** *fig.* (*Träger*) *a. med. pharm. etc* vehicle.

Veil·chen [ˈfaɪlçən] *n* ⟨-s; -⟩ **1.** *bot.* violet; *fig. colloq.* **blau wie ein ~** (completely) sloshed, as drunk as a lord. **2.** *fig. colloq.* (*blaues Auge*) black eye, shiner. **≈ˌblau** *adj* violet. **~ˌwur·zel** *f bot. pharm.* orrisroot.

ˈVeitsˌtanz [ˈfaɪts-] *m* ⟨-es; *no pl*⟩ *med.* St. Vitus' dance, chorea.

Vek·tor [ˈvɛktɔr] *m* ⟨-s; -en [-ˈto:rən]⟩ *math.* vector. **~ˌrech·nung** *f* vector analysis (*od.* calculus).

ve·lar [veˈla:r] *ling.* **I** *adj* velar. **II ≈** *m* ⟨-s; -e⟩ velar (sound).

Ve·lin [veˈli:n; veˈlɛ̃:] *n* ⟨-s; *no pl*⟩, **~paˌpier** *n* vellum (paper).

Ve·lo [ˈve:lo] *n* ⟨-s; -s⟩ *Swiss* (bi)cycle.

Ve·lours [vəˈlu:r; ve-] *m* ⟨- [-ˈlu:rs]; - [-ˈlu:rs]⟩ velour(s). **~ˌle·der** *n* suede, suède. **~paˌpier** *n* velvet paper. **~ˌteppich** *m* Axminster (carpet).

Ve·lum [ˈve:lʊm] *n* ⟨-s; -la [-la]⟩ **1.** *R.C.* (*Schultertuch der Priester*) amice, (*Kelchtuch*) chalice veil. **2.** *anat.* velum.

Vel·vet [ˈvɛlvət] *m, n* ⟨-s; -s⟩ *Textil.* velveteen, cotton velvet.

Ven·det·ta [vɛnˈdɛta] *f* ⟨-; -detten⟩ vendetta; → *a.* **Blutrache.**

Ve·ne [ˈve:nə] *f* ⟨-; -n⟩ *anat.* vein. **ˈVe·nen·entˌzün·dung** *f med.* phlebitis.

ve·ne·risch [veˈne:rɪʃ] *adj* **~e Krankheit** venereal disease, *colloq.* VD.

Ve·ne·zia|ner [veneˈtsɪa:nər] *m* ⟨-s; -⟩, **~ne·rin** [-nərɪn] *f* ⟨-; -nen⟩. **≈nisch** [-nɪʃ] *adj* Venetian.

Ve·ne·zo·la|ner [venetsoˈla:nər] *m* ⟨-s; -⟩. **≈nisch** [-nɪʃ] *adj* Venezuelan.

Ve·ne·zue|ler [veneˈtsŭe:lər] *m* ⟨-s; -⟩. **≈lisch** [-lɪʃ] *adj* → **Venezolaner** *etc.*

Ve·nia le·gen·di [ˈve:nɪa leˈgɛndi] *f* ⟨-; *no pl*⟩ *univ.* right to hold lectures.

ve·nös [veˈnø:s] *adj med.* venous.

Ven·til [vɛnˈti:l] *n* ⟨-s; -e⟩ **1.** *mus. tech.* valve. **2.** *fig.* safety valve, vent, outlet.

Ven·ti·la·ti·on [vɛntilaˈtsɪo:n] *f* ⟨-; -en⟩ **1.** ⟨*only sg*⟩ ventilation, (*Belüftung*) aeration. **2.** *a.* **~sˌanˌla·ge** *f* ventilation (*od.* ventilating) system.

Ven·ti·la·tor [vɛntiˈla:tɔr] *m* ⟨-s; -en [-laˈto:rən]⟩ (ventilating) fan. **~ˌflü·gel** *m* fan blade (*od.* vane).

Venˈtil|ˌeinˌstel·lung *f* valve timing. **~ˌfe·der** *f* valve spring. **~geˌhäu·se** *n* valve housing. **~ˌhub** *m* valve lift.

ven·ti·lie·ren [vɛntiˈli:rən] *v/t* ⟨*no* **ge-**, **h**⟩ *tech. u. fig.* ventilate.

Venˈtil|ˌklap·pe *f* valve flap. **~ˌsitz** *m mot.* valve seat. **~ˌspiel** *n* tappet clearance. **~ˌstö·ßel** *m* valve tappet (*od.* lifter).

Ven·tri·kel [vɛnˈtri:kəl] *m* ⟨-s; -⟩ *anat.* ventricle.

Ve·nus [ˈve:nʊs] *npr f* ⟨-; *no pl*⟩ *astr. myth.* Venus. **~ˌberg** *m* **1.** *Chiromantie*: mount of Venus. **2.** *anat.* mons Veneris. **~ˌson·de** *f Raumfahrt*: Venus probe.

verˈabˌfol·gen *v/t* ⟨*no* **ge-**, **h**⟩ → **verabreichen.**

verˈab|ˌre·den I *v/t* ⟨*no* **ge-**, **h**⟩ (*Sache*) arrange, agree (up)on, (*Zeit, Ort*) *a.* appoint, fix; **~, et. zu tun** arrange (*od.* agree, decide, settle) to do s.th.; **et. vorher ~** prearrange s.th. **II** *v/reflex* **sich (mit j-m) ~** make a date (*bes. geschäftlich*: an appointment) (with s.o.), arrange to meet (s.o.); **sich mit j-m ~** a) (*ein Stelldichein ~*) *colloq. a.* date s.o., b) *jur. zu e-r rechtswidrigen Handlung*: conspire with s.o. (*to do s.th.*). **~ˌre·det** *adj* **1.** arranged, agreed (upon), *Zeit, Ort*: *a.* appointed; **zur ~en Zeit** at the arranged (*od.* appointed) time; *contp. bes. Sport* **~e Sache** prearranged affair, put-up job. **2. ~ sein** have a date (*od.* an engagement, *bes. geschäftlich*: an appointment); **ich bin leider schon ~** I'm afraid I have a previous engagement; **ich bin für morgen mit ihm ~** I have arranged (*od.* I am) to meet him tomorrow, I have a date (*bes. geschäftlich*: an appointment) with him tomorrow; **mit wem bist du ~?** whom are you meeting?, *colloq.* who is your date?; **wie ~** → **~ˌre·de·terˈma·ßen** *adv* as arranged, as agreed (upon). **≈ˌre·dung** *f* ⟨-; -en⟩ **1.** (*Treffen, Termin*) appointment, engagement, (*a. Stelldichein*) date; **e-e ~ treffen** → **verabreden** II; **e-e ~ haben** → **verabredet** 2; **nach ~** by appointment. **2.** (*Abmachung*) arrangement, agreement; **e-e ~ mit j-m treffen** make an arrangement with s.o. **3.** *jur.* a) **(zu e-m Verbrechen)** conspiracy (to commit a criminal act), b) *bes. im Ehescheidungsprozeß*: collusion.

verˈabˌrei|chen *v/t* ⟨*no* **ge-**, **h**⟩ (*dat*) *allg.* give, (*Speisen, Getränke etc*) *a.* serve, (*Medikamente etc*) *a.* administer; *colloq.* **j-m e-e Tracht Prügel ~** give s.o. a good hiding. **≈chung** *f* ⟨-; *no pl*⟩ *von Speisen etc*: serving, *e-s Medikaments*: administration.

verˈab|ˌsäu·men *v/t* ⟨*no* **ge-**, **h**⟩ *adm.* (*Pflicht etc*) omit, neglect; **es ~, et. zu tun** fail (*od.* neglect, omit) to do s.th. **~ˌscheu·en** *v/t* ⟨*no* **ge-**, **h**⟩ hate, *stärker*: loathe, detest, (*Sache*) *a.* abhor, abominate. **~ˌscheu·ensˌwert, ~ˌscheu·ungsˌwür·dig** *adj* hateful, *stärker*: detestable, loathsome, abominable, abhorrent.

verˈab|ˌschie·den [-ˌʃi:dən] **I** *v/t* ⟨*no* **ge-**, **h**⟩ **1.** (*Gast, Mitarbeiter etc*) say goodbye to, bid *s.o.* goodbye. **2.** (*aus e-m Dienstverhältnis entlassen*) discharge, dismiss, (*in den Ruhestand versetzen*) retire, *mil. a.* put *s.o.* on the retired list. **3.** (*Gesetz etc*) pass, (*Haushaltsplan*) adopt. **II** *v/reflex* **sich ~ 4. (von)** say goodbye (to), take one's leave (of). **~ˌschie·det** *adj* retired, *mil. a.* on the retired list. **≈ˌschie·dung** *f* ⟨-; *no pl*⟩ **1.** (saying) goodbye. **2.** (*Entlassung aus e-m Dienstverhältnis*) discharge. **3.** *e-s Gesetzes*: passing, *e-s Haushaltsplans*: adoption.

ver·ab·so·luˈtie·ren [-apzoluˈti:rən] *v/t* ⟨*no* **ge-**, **h**⟩ absolutize.

verˈach·ten *v/t* ⟨*no* **ge-**, **h**⟩ **1.** (*Person*) despise, feel contempt for, disdain, hold *s.o.* in contempt (*od.* disdain). **2.** (*et. verächtlich abtun*) disdain, despise, (*verschmähen*) *a.* scorn, spurn, (*Gefahr etc*) scorn, *colloq.* pooh-pooh, (*Tod*) defy, brave; *colloq.* **das ist nicht zu ~** that is not to be despised (*od.* sneezed at). **verˈach·tensˌwert** *adj* contemptible, despicable, despisable, abject. **Verˈäch·ter** *m* ⟨-s; -⟩, **Verˈäch·te·rin** *f* ⟨-; -nen⟩ despiser, contemner.

verˈachtˌfa·chen [-ˌfaxən] *v/t u. v/reflex* **sich ~** ⟨*no* **ge-**, **h**⟩ octuple.

verˈächt·lich [-ˈˀɛçtlɪç] *adj* **1.** (*abfällig*) contemptuous, disdainful, scornful; **~ machen** disparage, run down. **2.** → **verachtenswert. ≈keit** *f* ⟨-; *no pl*⟩ contemptuousness (*etc*). **≈ˌma·chung** *f* ⟨-; *no pl*⟩ disparagement.

Verˈach·tung *f* ⟨-; *no pl*⟩ **1.** contempt, disdain, scorn; **j-n mit ~ strafen** ignore s.o. (disdainfully), show one's contempt for s.o.; **der allgemeinen ~ preisgegeben sein** be the object of general contempt; **j-n voll ~ ansehen** give s.o. a look full of contempt. **2.** → **Verächtlichkeit. ≈sˌvoll** *adj* → **verächtlich** 1.

verˈal·bern *v/t* ⟨*no* **ge-**, **h**⟩ *colloq.* pull *s.o.*'s leg, kid.

ver·all·ge·mei|nern [-ˌˀalgəˈmaɪnərn; -ˈˀalgəˌmaɪnərn] *v/t* ⟨*no* **ge-**, **h**⟩ generalize. **≈ne·rung** *f* ⟨-; -en⟩ generalization.

verˈal·ten [-ˈˀaltən] **I** *v/i* ⟨*no* **ge-**, **sein**⟩ become antiquated (*od.* obsolete, outmoded, out of date), (go out of) date. **II ≈** *n* ⟨-s⟩ *a. tech.* obsolescence. **verˈal·tend** *adj* obsolescent. **verˈal·tet** *adj* antiquated, obsolete, outmoded, outdated, out-of-date, archaic; **~ sein** *a.* be out (of date); **~er Ausdruck (Brauch, Standpunkt** *etc*) archaism, obsoletism.

Ve·ran·da [veˈranda] *f* ⟨-; -den⟩ *arch.* veranda(h), *Am.* porch.

verˈän|der·lich *adj* changeable, unsteady, unsettled, *a. astr. ling. math. tech.* variable; **das Barometer steht auf ~** the barometer is at variable; *math.* **~e Größe** → **≈der·li·che** *f* ⟨-n; -n⟩ *math.* variable. **≈der·lich·keit** *f* ⟨-; *no pl*⟩ changeableness, changeability, unsteadiness, unsettledness, variability. **~dern I** *v/t* ⟨*no* **ge-**, **h**⟩ **1.** *allg.* change, *bes. in Einzelheiten, in Größe, Aussehen etc*: alter, *leicht*: modify, *weitS.* (*umformen*) transform; **sie wollen die Welt ~** they want to change the world; **das Gesicht der Stadt ~** alter the appearance of the city; **et. ~ an** (*dat*) change (*od.* alter) s.th. on. **II** *v/reflex* **sich ~ 2.** change, alter; **sich sehr zu s-m Vorteil** (*od.* **zu s-n Gunsten**) **~** change for the better; **sich zu s-m Nachteil** (*od.* **zu s-n Ungunsten**) **~** change for the worse; **bei uns hat sich vieles verändert** there have been many changes here, things have changed quite a lot. **3.** *colloq. beruflich*: change one's place of work (*od.* job). **~dert** *adj* changed, different; **sie sieht ~ aus** she looks different; **sie ist völlig ~** she has changed completely, she will never be the same; **mir war sein ~es Benehmen aufgefallen** his change in (*od.* of) behavio(u)r struck me. **≈de·rung** *f* ⟨-; -en⟩ **1.** *allg.* change, (*Abänderung*) *a.* alteration, modification, variation, *weitS.* (*Umformung*) transformation; **es ist e-e ~ eingetreten** there has been a change;

e-e auffallende ~ ging mit ihm vor a marked change came over him; ~en in der Parteispitze changes (*od.* a reshuffle) in the party leadership; einige ~en vornehmen make a few alterations (*od.* changes). 2. *colloq.* (berufliche ~) change of job.

ver'äng·stigt *adj* frightened, scared, intimidated, cowed.

ver'an|kern *v/t* ⟨*no* ge-, h⟩ *mar. tech.* anchor. ~kert *adj bes. jur.* in der Verfassung ~ laid down in the constitution; im Gesetz ~ embodied in the law; in e-m Abkommen ~e Rechte rights anchored in an agreement. ≗ke·rung *f* ⟨-; -en⟩ 1. anchoring, *fig. a.* embodiment. 2. anchorage.

ver'an|ˌla·gen [-ˌla:gən] *v/t* ⟨*no* ge-, h⟩ j-n (et.) (zur Steuer) ~ assess s.o. (s.th.) (mit at *one million marks, etc*); zu hoch ~ overrate. ~ˌlagt[1] *adj steuerlich*: assessed; gemeinsam ~e Ehegatten married couples who file a joint income tax return. ~ˌlagt[2] *adj* ~ sein zu (*od.* für) a) be disposed to, be (naturally) inclined to, *med.* be predisposed to, b) have a talent (*od.* aptitude) for; gut ~ talented, gifted; künstlerisch ~ sein be artistically gifted, have a bent for art; praktisch ~ sein be practical(ly inclined), have a practical turn of mind; fröhlich *etc* ~ of a cheerful, *etc* disposition; sie sind ganz verschieden ~ their dispositions differ widely. ≗ˌla·gung[1] *f* ⟨-; -en⟩ *der Steuern*: assessment; ~ zur Einkommensteuer assessment on income. ≗ˌla·gung[2] *f* ⟨-; -en⟩ 1. *med. psych.* (*Neigung*) (zu to) (pre)disposition, (constitutional) tendency, nature; e-e ~ haben (*od.* zeigen) zu *a.* be predisposed (*od.* prone) to; s-r ganzen ~ nach temperamentally. 2. (*Begabung*) talent, gift, (*Neigung*) bent, strain, turn of mind, inclination.

Ver'an|la·gungs|beˌscheid *m* (notice of) tax assessment. ≗ˌpflich·tig *adj Einkommen*: tax-assessable, subject to assessment. ~ˌzeitˌraum *m* period of assessment.

ver'an|ˌlas·sen *v/t* ⟨*no* ge-, h⟩ 1. et. ~, ~, daß et. getan wird order s.th., order (*od.* give orders for, arrange for, make arrangements for) s.th. to be done, see (to it) that s.th. is done; j-s Versetzung ~, ~, daß j-d versetzt wird *a.* have s.o. (*od.* cause s.o. to be) transferred; das Nötige (*od.* alles Weitere) ~ take the necessary steps. 2. j-n zu et. ~, j-n ~, et. zu tun cause (*od.* prompt, occasion, induce, get, lead) s.o. to do s.th., make s.o. do s.th.; j-n zu e-r Erklärung ~ cause (*etc*) s.o. to make a statement; was hat Sie dazu veranlaßt? what made you do it?; j-n zu der Annahme ~, daß make s.o. assume that. ~ˌlaßt *adj* sich ~ sehen (*od.* fühlen) zu *inf* feel compelled (*od.* obliged, bound) to *inf.* ≗ˌlas·sung *f* ⟨-; *no pl*⟩ 1. ordering (*etc*). 2. auf ~ von (*od. gen*) (*auf Betreiben von*) at the instigation (*od.* instance) of, (up)on the initiative of, at *s.o.'s* prompting, *als Vorschlag*: at the suggestion of, (up)on the recommandation of, *als Ersuchen*: at the request of. 3. (*Anlaß*) cause, reason, occasion, (*Beweggrund*) motive; er hat k-e ~ zu *inf* there is no occasion (*od.* call) for him to *inf*, there is no reason why he should *do s.th.*; es besteht ~ zu *inf* there is reason to *inf*; ~ geben zu (*verursachen*) give rise to, occasion; j-m ~ geben zu → veranlassen 2; ohne jede ~ without any cause whatever, without any provocation; → *a.* Ursache 2. 4. *adm.* zur weiteren ~ for further action.

ver'anˌschau·li|chen [-ˌʃaulıçən] *v/t* ⟨*no* ge-, h⟩ illustrate, make *s.th.* clear, *Sache*: *a.* be illustrative of; sich (*dat*) et. ~ visualize s.th., picture s.th. to o.s. ≗chung *f* ⟨-; *no pl*⟩ illustration.

ver'anˌschla|gen *v/t* ⟨*no* ge-, h⟩ 1. *econ.* (*schätzen*) estimate (auf *acc* at); zu hoch (niedrig) ~ overestimate (underestimate). 2. (*bewerten*) rate, value, evaluate, assess; *fig.* sein Einfluß kann nicht hoch genug veranschlagt werden one cannot overrate his influence. 3. (*rechnen* [*mit*]) calculate, reckon. ≗gung *f* ⟨-; *no pl*⟩ 1. *econ.* estimation, estimate. 2. (e)valuation, assessment.

ver'anˌstal|ten [-ˌʃtaltən] *v/t* ⟨*no* ge-, h⟩ organize, arrange, get up, (*Konzert etc*) give, *a. humor.* stage. ≗ter *m* ⟨-s; -⟩ organizer, *im Berufssport*: *a.* promoter. ≗ˌtung *f* ⟨-; -en⟩ 1. ⟨*only sg*⟩ organization, arrangement, staging. 2. *cultural, etc* event, (*Festlichkeit*) (public) function, (*Vorstellung*) show, performance. 3. *Sport*: event, meeting, *bes. Am.* meet. ≗tungs·kaˌlen·der *m* calendar of events.

ver'ant|ˌwor·ten I *v/t* ⟨*no* ge-, h⟩ answer for, accept (*od.* assume, take) (the) responsibility for; das kann ich nicht ~ I cannot assume any responsibility for that; das können Sie nicht ~ you can't answer for that, that's irresponsible (of you); ich kann es nicht ~, daß I can't answer for it if. II *v/reflex* sich ~ justify o.s. (vor *dat* before); du wirst dich wegen dieser (*od.* für diese) Tat ~ müssen you will have to justify your action; sich vor Gericht ~ stand (*od.* be on) trial. ~ˌwort·lich *adj* (für for) responsible, answerable, accountable, liable; j-n ~ machen hold s.o. responsible, *weitS.* (*j-m die Schuld geben*) blame s.o., lay the blame on s.o.; für diesen Vorfall bin ich nicht ~ (*od.* kann man mich nicht ~ machen) I am not responsible (*od.* to blame) for this incident; ~ zeichnen make o.s. responsible, sign; der ~e Redakteur the editor responsible (*od.* in charge); ~e Stellung responsible post. ≗ˌwort·li·che *m, f* ⟨-n; -n⟩ person responsible, responsible person. ≗ˌwort·lich·keit *f* ⟨-; *no pl*⟩ responsibility, liability, accountability. ≗ˌwor·tung *f* ⟨-; *no pl*⟩ 1. responsibility (für for); auf m-e ~ *a.* at my risk; auf eigene ~ *a.* at one's own risk; er hat die ~, auf ihm liegt (*od.* ruht) die ~ he has the responsibility, the responsibility lies (*od.* rests) with him; die ~ tragen bear (the) responsibility; die ~ übernehmen, die ~ auf sich nehmen take (*od.* accept, assume) (the) responsibility; → abwälzen 2, zuschieben 2. 2. (*Rechtfertigung*) justification; j-n zur ~ ziehen call s.o. to account.

ver'antˌwor·tungs|beˌwußt *adj* responsible. ≗beˌwußtˌsein *n* sense of responsibility. ~ˌfreu·dig *adj* ready to take responsibility. ≗geˌfühl *n* sense of responsibility. ~los *adj* irresponsible. ≗lo·sig·keit *f* ⟨-; *no pl*⟩ irresponsibility. ~ˌvoll *adj* responsible.

ver'äp·peln [-'ʔɛpəln] *v/t* ⟨*no* ge-, h⟩ *colloq.* pull *s.o.'s* leg, kid.

ver'ar·bei|ten *v/t* ⟨*no* ge-, h⟩ 1. *tech. allg.* process (*a. Computer*), (*behandeln*) treat, *maschinell*: machine, (*aufbrauchen*) (in *dat*, zu in, for) work up, use up; et. ~ zu manufacture (*od.* make, *bes. Rohstoffe etc a.* convert) s.th. into; ~de Industrie processing industries *pl.* 2. (*Speisen, a. fig. Eindrücke etc*) digest. ~tet *adj* gut (schlecht) ~ sein be well (poorly) finished; ~es Metall wrought iron; *fig.* ~e Hände hard-worked hands. ≗tung *f* ⟨-; *no pl*⟩ 1. *tech. allg.* processing (*a. Daten*≗), manufacture, machining, working (up), (*Behandlung*) treatment, (*Ausführung, Güte*) workmanship; ~ zu *a.* making (*od.* conversion) into. 2. *physiol. u. fig.* digestion.

ver'ar·gen [-'ʔargən] *v/t* ⟨*no* ge-, h⟩ *lit.* j-m et. ~ hold s.th. against s.o., blame s.o. for s.th.; ich kann es ihm nicht ~ I can't blame him (for it, daß for *ger*, wenn if).

ver'är|gern *v/t* ⟨*no* ge-, h⟩ anger, make *s.o.* angry, annoy, irritate, vex. ~gert *adj* über j-n (et.) ~ angry (*od.* annoyed, vexed, disgruntled) with s.o. (at s.th.), irritated by s.o. (s.th.). ≗ge·rung *f* ⟨-; *no pl*⟩ angriness, annoyance, irritation, vexation.

ver|'ar·men [-'ʔarmən] *v/i* ⟨*no* ge-, sein⟩ become poor (*od.* impoverished, *a. fig.*), be reduced to poverty. ~'armt *adj* impoverished. ≗'ar·mung *f* ⟨-; *no pl*⟩ impoverishment (*a. fig.*), pauperization.

ver'ar·schen [-'ʔarʃən] *v/t* ⟨*no* ge-, h⟩ *vulg.* j-n ~ *colloq.* play s.o. for a sucker, take s.o. for a ride, have s.o. on.

ver'arz·ten [-'ʔartstən] *v/t* ⟨*no* ge-, h⟩ *humor.* doctor, *a. weitS.* fix *s.o.* up.

ver'ästeln [-'ʔɛstəln] *v/reflex* ⟨*no* ge-, h⟩ sich ~ *a. fig.* ramify, branch off (*od.* out).

Ver'äste·lung, Ver'äst·lung *f* ⟨-; -en⟩ *a. fig.* ramification.

ver'ät|zen *v/t* ⟨*no* ge-, h⟩ 1. *med.* cauterize. 2. *durch Säure*: erode, burn. ≗zung *f* ⟨-; -en⟩ 1. *med.* cauterization. 2. erosion, acid burn.

ver·auk·tio'nie·ren *v/t* ⟨*no* ge-, h⟩ auction *s.th.* (off), sell *s.th.* by auction.

ver'aus|ˌga·ben [-ˌga:bən] I *v/reflex* ⟨*no* ge-, h⟩ sich ~ 1. *finanziell*: overspend. 2. *fig.* spend (*od.* exhaust) o.s.; sich völlig ~ *a.* spend all one's energies, extend o.s. to the last. II *v/t* 3. (*Geld u. fig. Energie etc*) spend. ≗ˌga·bung *f fig.* exhaustion. ~ˌla·gen [-ˌla:gən] *v/t* ⟨*no* ge-, h⟩ lay out, disburse, (*vorschießen*) advance. ≗ˌla·gung *f* ⟨-; -en⟩ outlay, disbursement, (*Vorschuß*) advance (payment).

Ver'äu·ße·rer *m* ⟨-s; -⟩ seller, *jur. a.* alienor.

ver'äu·ßer|lich *adj econ. jur.* alienable, *Wertpapiere*: negotiable. ~li·chen [-'ʔɔysərlıçən] I *v/t* ⟨*no* ge-, h⟩ superficialize. II *v/i* ⟨sein⟩ become superficial. ~licht *adj* superficial.

ver'äu·ßern *v/t* ⟨*no* ge-, h⟩ sell, dispose of, *jur. a.* alienate.

Ver'äu·ße·rung *f* ⟨-; -en⟩ sale, disposal, *jur. a.* alienation. ~sˌrecht *n* right of disposal (*od.* alienation).

Verb [vɛrp] *n* ⟨-s; -en⟩ *ling.* verb.

ver·bal [vɛr'ba:l] *adj bes. ling.* verbal; *colloq.* ~er Kraftakt verbal show of power. ≗ad·jek·tiv *n* verbal adjective. ≗inˌju·rie [-ın,ju:riə] *f* ⟨-; -n⟩ *jur.* insult(ing words *pl*).

ver·ba·li·ter [vɛr'ba:litər] *adv obs.* literally.

ver'ballˌhor|nen [-ˌhɔrnən] *v/t* ⟨*no* ge-, h⟩ corrupt, distort. ≗nung *f* ⟨-; -en⟩ corruption (*of a word*).

Ver'balˌsub·stan·tiv *n* verbal noun.

Ver'band *m* ⟨-(e)s; ⸚e⟩ 1. *med.* dressing, bandage. 2. (*Vereinigung*) association, union, federation. 3. *mil.* (*Truppen*≗) unit, *aer. mar.* formation; fliegender ~ flying unit; gemischter ~ combined arms unit; im ~ fliegen fly in formation. 4. *arch.* binding, assemblage, *im Mauerwerk*: bond; in ~ legen bond (*stones*). ~mull *m med.* absorbent (*od.* aseptic) gauze. ~päck·chen *n* first-aid packet. ~platz *m mil.* field dressing station.

Ver'bands|ˌflug *m* formation flying. ~ˌga·ze *f* → Verbandmull. ~ˌka·sten *m* first-aid box (*od.* kit). ~ma·te·ri·al *n* dressing (*od.* bandaging) material. ~-

ˌ**wat·te** *f* surgical cotton (wool). ~ˌ**zeug** *n* ⟨-(e)s; *no pl*⟩ bandaging (*od.* dressing) material.

verˈban·nen *v/t* ⟨*no* **ge-**, **h**⟩ (**aus** from) banish (*a. fig. Gedanken etc*), *bes. aus der Heimat*: exile, expatriate, (*ausweisen*) expel, deport. **Verˈbann·te** *m, f* ⟨-n; -n⟩ exile, expatriate. **Verˈban·nung** *f* ⟨-; -en⟩ banishment, expatriation, deportment, (*a. Ort*) exile; **in der ~ leben** live in exile. **Verˈban·nungsˌort** *m* (place of) exile.

ver·bar·ri·kaˈdie·ren I *v/t* ⟨*no* **ge-**, **h**⟩ barricade, blockade. **II** *v/reflex* **sich ~** barricade o.s. (in).

verˈbau·en *v/t* ⟨*no* **ge-**, **h**⟩ **1.** (*Aussicht, Zugang, a. fig. j-s Weg etc*) block up, obstruct, *fig. a.* bar; *fig.* **sich** (*dat*) **den Weg ~ (zu)** bar one's way (to), cut (*od.* shut) o.s. off (from); **sich** (*dat*) **die Zukunft ~** ruin one's chances for the future. **2.** (*Gelände etc zubauen*) build up. **3.** (*Material etc*) use *s.th.* up, (*Geld*) *a.* spend *s.th.* (in building). **4.** (*falsch bauen*) build *s.th.* badly, make a mess of.

verˈbau·ern [-ˈbauərn] *v/i* ⟨*no* **ge-**, **sein**⟩ *fig. colloq.* become countrified.

ver·beˈam·ten [-bəˈʔamtən] *v/t* ⟨*no* **ge-**, **h**⟩ give *s.o.* the rank of a civil servant.

verˈbei·ßen I *v/t* ⟨*irr, no* **ge-**, **h**⟩ **1.** *fig. colloq.* (*unterdrücken*) stifle, suppress, repress; **ich konnte mir das Lachen nicht ~** I couldn't help laughing. **II** *v/reflex* **sich ~ 2.** *Hund etc*: take a firm hold with its teeth (**in** *dat* on). **3.** *fig. colloq.* **sich in e-e Sache ~** keep grimly at s.th., *weitS.* get stuck with s.th.

verˈbel·len *v/t* ⟨*no* **ge-**, **h**⟩ *hunt.* announce (*game*) by giving tongue.

Ver·be·ne [vɛrˈbeːnə] *f* ⟨-; -n⟩ *bot.* verbena.

verˈber·gen I *v/t* ⟨*irr, no* **ge-**, **h**⟩ hide, conceal, *bes. fig. a.* veil; **j-m et. ~** (*verheimlichen*) hide (*od.* conceal, keep) s.th. from s.o., dissimulate s.o. s.th.; **nichts zu ~ haben** have nothing to hide. **II** *v/reflex* **sich ~** hide (o.s.) (**vor** *dat* from), *weitS.* (*untertauchen*) go into hiding; *fig.* **hinter s-r barschen Art verbirgt sich ein weiches Herz** a tender heart is hidden beneath his harsh manner; → **verborgen**².

Verˈbes·se·rer *m* ⟨-s; -⟩ improver, reformer. **verˈbes·sern I** *v/t* ⟨*no* **ge-**, **h**⟩ **1.** improve, better (*conditions, a record, etc*), (*Zustände, Lage etc*) *a.* ameliorate; *fig.* **er will die ganze Welt ~** he wants to reform the whole world. **2.** (*vervollkommnen*) improve (up)on. **3.** (*Fehler, Aufsatz, a. Sprecher berichtigen*) correct, (*Text*) revise. **II** *v/reflex* **sich ~ 4.** improve, (grow) better, ameliorate. **5.** *beim Sprechen*: correct o.s. **6.** *finanziell, beruflich etc*: better o.s. **verˈbes·sert** *adj* **1.** improved. **2.** *print.* revised (*edition*). **Verˈbes·se·rung** *f* ⟨-; -en⟩ **1.** improvement (*gen* of *od.* in, **gegenüber** on), amelioration, betterment, reform. **2.** *e-s Fehlers, Aufsatzes, a. e-s Sprechers*: correction, *e-s Textes*: revision.

verˈbes·se·rungs|beˌdürf·tig *adj* (**sehr ~** badly) in need of improvement. ~ˌ**fä·hig** *adj* improvable, capable of being improved. ꝏˌ**vorˌschlag** *m* suggestion for improvement.

verˈbeu|gen *v/reflex* ⟨*no* **ge-**, **h**⟩ **sich (tief) ~** bow (low) (**vor** to). ꝏ**gung** *f* ⟨-; -en⟩ bow; **e-e ~ vor j-m machen** (make a) bow to s.o.

verˈbeu·len *v/t* ⟨*no* **ge-**, **h**⟩ batter, dent.

verˈbie·gen *v/t u. v/reflex* **sich ~** ⟨*irr, no* **ge-**, **h**⟩ buckle, *bes. Holz*: warp, (*verdrehen*) twist.

verˈbie·stert [-ˈbiːstərt] *adj colloq.* **1.** (*verwirrt*) confused, dismayed. **2.** (*verärgert*) annoyed, huffed.

verˈbie·ten I *v/t* ⟨*irr, no* **ge-**, **h**⟩ **1.** forbid (**j-m et. [zu tun]** s.o. [to do] s.th.), *amtlich*: prohibit (**et.** s.th., **j-m et.** s.o. from doing s.th.); **der Arzt hat ihm das Rauchen verboten** the doctor told (*od.* ordered) him to stop smoking; **j-m das Haus ~** forbid s.o. to enter the premises; **j-m den Mund** (*od.* **das Wort**) **~** tell s.o. to be quiet. **2.** (*für unzulässig erklären*) ban, interdict (*a. R.C. Buch etc*), *stärker*: outlaw. **3.** (*unmöglich machen*) make *s.th.* impossible, rule *s.th.* out. **II** *v/reflex* **sich (von selbst) ~ 4.** be impossible, be out of the question; → *a.* **verboten**.

verˈbil·det *adj fig. Person etc*: oversophisticated, *Denkweise etc*: *a.* warped, *stärker*: perverted.

verˈbild·li·chen [-ˈbɪltlɪçən] *v/t* ⟨*no* **ge-**, **h**⟩ → **veranschaulichen**.

verˈbil|li·gen *v/t* ⟨*no* **ge-**, **h**⟩ reduce *s.th.* in price, cheapen, lower (*od.* bring down) the price of. ~**ligt** *adj* reduced, *attrib. a.* reduced-rate, cut-rate (*commodities, etc*), (*a.* = **zu ~en Preisen**) *tickets, etc* at reduced prices. ꝏ**li·gung** *f* ⟨-; -en⟩ reduction in price, price reduction.

verˈbin·den I *v/t* ⟨*irr, no* **ge-**, **h**⟩ **1.** (*Wunde etc*) dress, bandage (up); **j-n ~** dress s.o.'s wounds. **2. j-m die Augen ~** blindfold s.o. **3.** (**mit**) *a. tech.* connect (*a. math.*) (with, to, and), join (to, with), link (with), *mus.* (*Noten*) tie; **zwei Städte durch e-e Bahnlinie ~** connect (*od.* link) two towns by a railway line; **Kabel miteinander ~** connect cables. **4.** (*vereinen*) (**mit** with) unite, join, tie (*od.* knit) together, *seelisch*: *a.* form a bond (between); **ehelich ~** unite (*od.* join) in marriage, marry; **Freundschaft verband sie (miteinander)** (the bond of) friendship united them, they were close friends; **uns ~ viele gemeinsame Interessen** we have many interests in common; **so et. verbindet!** that forms a bond!; **diese Erinnerung verbindet mich mit ihm** I am attached to him by this memory. **5.** (*kombinieren*) (**mit** with) combine, (*in sich vereinigen*) *a.* unite; **das Angenehme mit dem Nützlichen ~** a) combine business with pleasure, b) combine the pleasant with the useful; **den Urlaub mit e-r Geschäftsreise ~** combine one's holiday with a business trip; **er verbindet Phantasie mit Gelehrsamkeit** he combines imagination with (*od.* and) scholarliness; **sie verbindet Klugheit mit Schönheit** *a.* she is intelligent and beautiful (as well). **6.** *gefühlsmäßig, in der Phantasie*: (**mit** with) associate, connect, link (up). **7.** *chem. etc* combine, associate. **8.** *teleph.* (**mit**) connect (with), put *s.o.* through (to); **j-n falsch ~** connect s.o. with the wrong person (*od.* number), give s.o. the wrong number; **e-n Augenblick bitte, ich verbinde** hold the line, please (, I'll put you through). **II** *v/reflex* **sich ~ 9.** *Teile etc*: connect, join, link (up), *a. chem.* combine, unite, associate (**mit** with, **zu et.** into s.th., to form s.th.). **10.** *Eigenschaften, Fähigkeit etc*: unite, combine, be united, be combined. **11.** (*sich zs.-tun*) (**mit** with) combine, associate (o.s.), *econ. a.* go into partnership, *zum Kampf, zu e-m Zweck*: *a.* join forces, team (*od.* tie) up; → **ehelich** 3. **12. e-e Vorstellung (Erinnerung** *etc*) **verbindet sich mit** an idea (a memory, *etc*) is associated (*od.* connected) with. **verˈbin·dend** *adj Worte, Musik, Text etc*: connecting.

verˈbind·lich [-ˈbɪntlɪç] *adj* **1.** (*verpflichtend*) (**für**) obligatory (*od.* binding) ([up]on), mandatory (*od.* compulsory) (for). **2.** (*höflich*) obliging, civil, courteous, (*liebenswürdig*) friendly; **~(st)en Dank!** many thanks! ꝏ**keit** *f* ⟨-; -en⟩ **1.** ⟨*only sg*⟩ *von Verträgen etc*: obligation, liability, commitment, engagement, binding character. **2.** ⟨*only sg*⟩ (*Höflichkeit*) obligingness, civility, (*Liebenswürdigkeit*) friendliness. **3.** *pl* (*höfliche Worte*) civilities, courtesies. **4.** *pl econ.* (*Schulden*) liabilities, engagements.

Verˈbin·dung *f* ⟨-; -en⟩ **1.** (*Vorgang*) connection, linkage, combination (*a. chem. etc*). **2.** (*verbindendes Element*) link, connection. **3.** (*Kombination*) combination (*of wood and concrete, etc*). **4.** (*Kontakt*) touch, contact; **~en herstellen** establish contacts (*cf. a.* 9); **mit j-m in ~ treten, mit j-m ~ aufnehmen, sich mit j-m in ~ setzen** get in touch with s.o., contact s.o.; **mit j-m in ~ bleiben, mit j-m ~ halten** keep in touch with s.o.; **mit j-m in ~ stehen** be in touch with s.o., *brieflich*: *a.* correspond with s.o.; **alle ~en abbrechen** break off all contacts. **5.** *pl* (*Beziehungen*) connections, contacts; **(gute) ~en haben** have (good) connections, be (well) connected; **neue ~en anknüpfen** make new contacts; **s-e ~en spielen lassen** pull a few strings. **6.** (*Vereinigung*) association, link-up, tie-up; **eheliche ~** marriage (bond), matrimony; **e-e ~ eingehen mit j-m** join together with s.o. **7.** (*Zs.-hang*) connection; **in ~ stehen mit** be connected with; **et. in ~ bringen mit** connect (*od.* associate) s.th. with (*an idea, etc*); **j-n in ~ bringen mit** suspect s.o. of being connected with (*an affair, etc*); **in ~ mit** (*zusammen mit*) in conjunction (*od.* combination) with, combined with. **8.** (*Verkehrs*ꝏ) connection (**nach** to). **9.** *teleph.* communication, connection; **e-e ~ herstellen** establish a connection; **~ bekommen** get through. **10.** *mil.* liaison, *taktische*: contact; **~ herstellen** contact. **11.** *chem.* compound; **e-e ~ eingehen (mit)** combine (with). **12.** *tech.* (*~sstelle*) joint, junction (point), (*Fuge*) juncture. **13.** (*Studentenverbindung*) students' society (*od.* association), *Am.* fraternity; **(nicht)schlagende ~** (non-)duel(l)ing students' society.

Verˈbin·dungs|bahn *f rail.* junction line. ~ˌ**gang** *m* connecting passage. ~ˌ**glied** *n* (connecting) link. ~ˌ**ka·bel** *n* connecting (*od.* connection) cable. ~ˌ**klem·me** *f* connector. ~ˌ**li·nie** *f* **1.** connecting line. **2.** *mil.* line of communication. ~ˌ**mann** *m* ⟨-(e)s; ꝏer *u.* -leute⟩ intermediary, liaison man, agent. ~**ofˌfiˌzier** *m* liaison officer. ~ˌ**schnur** *f* connecting flex (*od.* cord). ~ˌ**stel·le** *f* → Verbindung 12. ~ˌ**stra·ße** *f* connecting (*od.* connection) road. ~ˌ**stück** *n* connecting piece, tie, connector, (*Paßstück*) adapter. ~**stuˌdent** *m* member of a students' society. ~ˌ**tür** *f* communicating (*od.* connecting) door. ~ˌ**weg** *m teleph.* communication path.

verˈbis·sen *adj* (*wütend*) *Kampf, Fleiß, Wut, Gesicht etc*: grim, (*zäh, hartnäckig*) *a.* dogged. ꝏ**heit** *f* ⟨-; *no pl*⟩ grimness, doggedness.

verˈbit·ten *v/t* ⟨*irr, no* **ge-**, **h**⟩ **sich** (*dat*) **et. ~** refuse to tolerate s.th.; **das verbitte ich mir!, das möchte ich mir verbeten haben!** I won't have it!, *colloq.* I won't stand for it (*od.* that)!

verˈbit|tern [-ˈbɪtərn] **I** *v/t* ⟨*no* **ge-**, **h**⟩ embitter; **j-m das Leben ~** make life miserable for s.o. **II** *v/i* ⟨**sein**⟩ grow bitter, be embittered. ~**tert** *adj* embittered, bitter. ꝏ**te·rung** *f* ⟨-; *no pl*⟩ embitterment, bitterness.

verˈblas·sen *v/i* ⟨*no* **ge-**, **sein**⟩ *allg. u.*

fig. (grow) pale, fade, *fig. Ruhm, Erinnerung, Schönheit etc*: *a.* wane, dim; *fig.* ~ **neben** (*od.* **gegenüber**) pale beside (*od.* before), be dwarfed by.

Verˈbleib [-ˈblaɪp] *m* ⟨-(e)s; *no pl*⟩ whereabouts *pl* (*als sg od. pl konstruiert*). **verˈblei·ben I** *v/i* ⟨*irr, no* **ge-**, **sein**⟩ **1.** *an e-m Ort, in e-m Amt etc*: remain. **2. bei e-r Ansicht** *etc* ~ persist in (*od.* abide by, stick to) an opinion, *etc.* **3.** (*übrigbleiben*) be left (over), remain. **4.** *am Briefschluß*: **verbleibe ich Ihr X** I remain yours faithfully (*od.* sincerely) X. **5.** ~ **wir dabei** let's leave it at that; **wie seid ihr verblieben?** what have you decided to do?; **wir sind so verblieben, daß** we decided (*od.* agreed) that *he would phone me up, etc.* **II** 2 *n* ⟨-s⟩ **6.** stay, *lit.* sojourn. **verˈblei·bend** *adj* remaining.

verˈblei·chen *v/i* ⟨*irr, no* **ge-**, **sein**⟩ **1.** → verblassen. **2.** *lit.* (*sterben*) pass away, expire.

ver|ˈblen·den *v/t* ⟨*no* **ge-**, **h**⟩ **1.** *fig.* blind, dazzle. **2.** *arch.* face. **2ˈblend·ˌstein** *m* face stone. **2ˈblen·dung** *f* ⟨-; -en⟩ **1.** *fig.* blindness, dazzlement. **2.** *arch.* facing.

verˈbleu·en *v/t* ⟨*no* **ge-**, **h**⟩ *colloq.* **j-n** ~ give s.o. a (good) thrashing (*od.* hiding).

verˈbli·chen [-ˈblɪçən] *adj* faded (*a. fig. Ruhm, Schönheit etc*), discolo(u)red. **Verˈbli·che·ne** *m, f* ⟨-n; -n⟩ *lit. the* deceased, *the* defunct.

verˈblö|den [-ˈbløːdən] *v/i* ⟨*no* **ge-**, **sein**⟩ **1.** *psych.* become an idiot, become demented. **2.** *fig. colloq.* go gaga, go dotty (**bei** with). **~det** *adj* **1.** *psych.* idiotic, demented. **2.** *fig. colloq.* dotty, gaga. **2dung** *f* ⟨-; *no pl*⟩ **1.** *psych.* idiocy, dementia. **2.** *fig. colloq.* dottiness.

ver|ˈblüf·fen [-ˈblʏfən] *v/t* ⟨*no* **ge-**, **h**⟩ (*in Erstaunen setzen*) amaze, astound, (*aus der Fassung bringen*) nonplus, perplex, bewilder, (*sprachlos machen*) dum(b)found, stupefy, stun, stagger, *colloq.* flabbergast. **~ˈblüf·fend I** *adj* amazing, astounding, perplexing, bewildering. **II** *adv* amazingly (*etc*). **~ˈblüfft** *adj* amazed, astounded (*etc*); ~ **sein** *a.* be taken aback. **2ˈblüf·fung** *f* ⟨-; *no pl*⟩ amazement, astoundment, perplexity, bewilderment; **zu m-r** ~ to my amazement.

verˈblü·hen *v/i* ⟨*no* **ge-**, **sein**⟩ *a. fig. Schönheit etc*: wither, fade.

verˈblümt [-ˈblyːmt] *adj Ausdrücke, Vorwürfe etc*: veiled, oblique, allusive.

verˈblu·ten *v/i* ⟨*no* **ge-**, **sein**⟩ *u. v/reflex* **sich** ~ ⟨**h**⟩ bleed to death.

verˈbocken (*getr.* **-k·k-**) *v/t* ⟨*no* **ge-**, **h**⟩ *colloq.* bungle, botch, goof (up).

verˈbo·gen *adj* bent, *Nagel etc*: *a.* crooked.

ver|ˈboh·ren *v/reflex* ⟨*no* **ge-**, **h**⟩ *fig. colloq.* **sich** ~ **in** (*e-e Idee etc*) become obsessed with (*od.* bent on), stick doggedly (*od.* grimly) to. **~ˈbohrt** *adj colloq.* stubborn, mulish, pigheaded; ~ **sein in** (*e-e Idee etc*) → **verbohren**. **2ˈbohrt·heit** *f* ⟨-; *no pl*⟩ *colloq.* stubbornness, mulishness, pigheadedness.

verˈbol·zen *v/t* ⟨*no* **ge-**, **h**⟩ *tech.* bolt.

verˈbor·gen[1] *v/t* ⟨*no* **ge-**, **h**⟩ (*verleihen*) lend (out), *bes. Am.* loan (out).

verˈbor·gen[2] *adj allg., a. fig.* hidden, concealed, *Krankheit, Fähigkeiten, Kräfte etc*: *a.* latent, *weitS.* (*geheim*) secret, covert, veiled, disguised, masked, (*abgeschieden*) secluded; ~ **halten** (**vor** *dat* from) keep *s.o., s.th.* hidden (*od.* concealed), hide, conceal; **sich** ~ **halten** hide (o.s.), (*a.* **sich im 2en halten, im 2en bleiben**) stay in concealment; **j-m** ~ **bleiben** *Sache*: remain (a) secret to s.o.; **es konnte ihm nicht** ~ **bleiben, daß** it could not be concealed from him that, he could not fail to notice that; **im ~en** (*heimlich*) in secret, in secrecy, (*unbemerkt*) in obscurity. **2heit** *f* ⟨-; *no pl*⟩ hiddenness, (*Zurückgezogenheit*) seclusion, reclusion, (*Heimlichkeit*) secrecy.

Verˈbot [-ˈboːt] *n* ⟨-(e)s; -e⟩ **1.** prohibition; **ein** ~ **mißachten** act in contempt of a prohibition. **2.** ⟨*only sg*⟩ *e-r Zeitung, Partei, von Atomwaffenversuchen etc*: ban (*gen od.* **von** on). **verˈbo·ten** *adj* **1.** forbidden, *bes. offiziell*: prohibited; **es war (uns)** ~, **zu** *inf* it was forbidden (to us) (*od.* we were forbidden) to *do s.th.*, *offiziell*: we were prohibited from *doing s.th.*; *colloq.* **ist das etwa ~?** is there a law against that?; **das gehört ~!** there should be a law against that!; → **betreten** 5, **rauchen** IV *etc.* **2.** *Zeitung, Partei etc*: banned. **3.** (*ungesetzlich*) illegal, illicit, unlawful. **4.** *fig. colloq.* **das sieht ja ~ aus!** that looks just awful!; **ich sah ~ aus** I did look a sight. **verˈbo·te·nerˈwei·se** *adv* without permission.

Verˈbots|ˌschild *n*, **~ta·fel** *f* prohibition sign, *a.* "No Trespassing" (*etc*) sign (*od.* board). **2ˌwid·rig** *adj* unlawful.

verˈbrä·men [-ˈbrɛːmən] *v/t* ⟨*no* **ge-**, **h**⟩ **1.** *Mode*: trim, border, edge, *mit Pelz*: fur. **2.** *fig.* garnish, embellish.

verˈbrannt *adj* burned, burnt, (*versengt*) scorched, (*sonnen~*) sunburned, sunburnt; *mil.* **die Strategie der ~en Erde** the strategy of scorched earth.

Verˈbrauch *m* ⟨-(e)s; *no pl*⟩ consumption (**an** *dat od.* **von** of); **ein großen** ~ **an** (*od.* **von**) **Öl haben** have a high oil consumption, use a great deal of oil; **e-n enormen ~ an Geld haben** spend enormous sums of money. **verˈbrau·chen I** *v/t* ⟨*no* **ge-**, **h**⟩ use (up), consume, (*Geld, Zeit, Energie etc*) *a.* spend (**für** on, **bei** in *doing s.th.*), (*vergeuden*) run through, (*verschleißen, a. fig. Person*) wear *s.o., s.th.* out. **II** *v/reflex* **sich** ~ (*sich verausgaben*) spend (*od.* exhaust) o.s., *durch schwere Arbeit, ungesundes Leben etc*: wear o.s. out.

Verˈbrau·cher *m* ⟨-s; -⟩ consumer. **2ˌfreund·lich** *adj* consumer-friendly. **~geˌnos·sen·schaft** *f* → Konsumgenossenschaft. **~ˌgrup·pe** *f* consumer group. **~ˌhal·tung** *f* consumer behavio(u)r; **kritische** ~ *a.* consumerism. **~ˌland** *n* consuming country. **~ˌmarkt** *m* hypermarket, end user market. **~ˌpreis** *m* consumer price. **~ˌschutz** *m* consumer protection. **~ˌumˌfra·ge** *f* consumer survey (*od.* inquiry). **~verˌband** *m* consumer(s') association. **~verˌhal·ten** *n* consumer behavio(u)r.

Verˈbrauchs|ˌgü·ter *pl* consumer goods. **~ˌgü·ter·in·duˌstrie** *f* consumer-goods industry. **~ˌlen·kung** *f* consumption control. **~ˌsteu·er** *f* excise, consumption (*od.* indirect) tax.

verˈbraucht *adj* **1.** used(-)up, consumed, *Geld, Zeit, Energie etc*: *a.* spent; **das ~e Material** the materials used (*od.* consumed); **die Kartoffeln sind** ~ the potatoes are used up (*od.* finished); **~e Luft** stale air. **2.** (*erschöpft*) spent, *Batterie*: *a.* run(-)down, dead, *fig. Mensch*: *a.* worn(-)out, used(-)up.

Verˈbre·chen I *n* ⟨-s; -⟩ crime (*a. fig.*), *jur. a.* felony, major offen/ce (*Am.* -se); *fig.* **ein** ~ **gegen die Menschlichkeit** a crime (*stärker*: an outrage) against humanity; **das ist kein ~!** that's no crime! **II** 2 *v/t* ⟨*irr, no* **ge-**, **h**⟩ commit (*a. fig.*), *humor.* (*Gedicht etc*) perpetrate; **was hat er verbrochen?** what crime has he committed?, what has he done?, what is his offence?; **ich habe nichts verbrochen** I have done nothing (*od.* no) wrong; *colloq.* **was hat mein Sohn denn nun schon wieder verbrochen?** what (mischief) has my son been up to again?

Verˈbre·chens|beˌkämp·fung *f* fight against (*od.* combating) crime. **~verˌhü·tung** *f* crime prevention.

Verˈbre·cher *m* ⟨-s; -⟩ criminal, *jur. a.* felon, delinquent. **~ˌal·bum** *n* rogues' gallery. **~ˌban·de** *f* gang (of criminals).

Verˈbre·che|rin *f* ⟨-; -nen⟩ (female) criminal (*jur. a.* felon, delinquent). **2risch I** *adj* criminal (*a. fig.*), *jur. a.* felonious; **in ~er Absicht** with criminal (*od.* felonious) intent, feloniously; *fig.* **es ist** ~ **zu** *inf* it is a crime (*stärker*: an outrage) to *inf.* **II 2e, das** ⟨-n⟩ *e-r Handlung etc*: the criminality, *jur. a.* the feloniousness; *a. fig.* **das 2e daran ist, daß** the criminal thing about it is that.

Verˈbre·cher|ˌjagd *f colloq.* criminal-hunting. **~tum** *n* ⟨-s; *no pl*⟩ **1.** (*Kriminalität*) criminality. **2.** → **~ˌwelt** *f* ⟨-; *no pl*⟩ criminal underworld, gangsters *pl*; *Am.* **die** ~ gangland.

verˈbrei·ten I *v/t* ⟨*no* **ge-**, **h**⟩ **1.** *allg.* (*a. Furcht, Freude etc*) spread (**in** *dat*, **auf** *dat*, **über** *acc* through[out], over), (*Nachricht*) *a.* circulate, (*Krankheit, Schriften etc*) *a.* propagate, disseminate, diffuse. **2.** (*ausstrahlen*) (*a. fig. Fröhlichkeit, Zuversicht etc*) radiate, spread, shed. **II** *v/reflex* **sich** ~ **3.** *allg.* spread (**in** *dat*, **auf** *dat*, **über** *acc* through[out], over), *Licht, Wärme, Stimmung etc*: *a.* diffuse, be diffused, spread (out), *Rasse, Sprache, Kultur, Ideen etc*: *a.* propagate itself (*od.* o.s.); **sich** ~ **über** (*ein Thema etc*) spread o.s. (*od.* enlarge, expatiate, hold forth) on (*a subject, etc*). **III** 2 *n* ⟨-s⟩ **4.** spreading (*etc*). **5.** → **Verbreitung** 1. **Verˈbrei·ter** *m* ⟨-s; -⟩ propagator.

verˈbrei·tern [-ˈbraɪtərn] *v/t* ⟨*no* **ge-**, **h**⟩ *u. v/reflex* **sich** ~ widen, broaden.

verˈbrei·tet I *adj* **1.** ~ **in** (*dat*) (*od.* **über** *acc*) common (*od.* prevalent) in, *Pflanzen, Tiere etc*: *a.* distributed over; ~ **sein** *a.* prevail. **2.** (*weit~*) *a.* **sehr** ~ widespread, *Ansichten etc*: *a.* widely held, *Schriften*: *a.* widely read. **II** *adv* **3.** *meteor.* ~ **Niederschlag** precipitation over large areas.

Verˈbrei·tung *f* ⟨-; *no pl*⟩ **1.** spread(-ing), propagation, dissemination, diffusion; *med.* ~ **durch Berührung** contact spread; ~ **durch die Luft** aerial spread; *jur.* ~ **unzüchtiger Schriften** circulation of obscene literature. **2.** → **~s·geˌbiet** *n bot. zo. etc* range, distribution; ~ **e-r Kultur** *etc* area in which a civilization, *etc* prevails.

verˈbrenn·bar *adj* combustible. **verˈbren·nen I** *v/t* ⟨*irr, no* **ge-**, **h**⟩ **1.** *allg.* burn, (*durch Feuer beseitigen*) burn up, (*Leiche*) cremate, (*versengen*) scorch, singe; *hist.* **j-n (auf dem Scheiterhaufen)** ~ burn s.o. (at the stake); **sich** (*dat*) **den Mund** (*od.* **die Zunge**) ~ burn one's tongue, *fig. colloq.* put one's foot in; → **Finger** *Bes. Redewendungen.* **2.** *chem. psych. tech.* burn, (*Treibstoff*) *a.* combust. **II** *v/i* **3.** ⟨**sein**⟩ burn (up), *oberflächlich*: be scorched; **den Braten** ~ **lassen** burn the roast. **4.** *chem. phys. tech.* burn. **III** *v/reflex* ⟨**h**⟩ **sich** ~ **5.** *am Ofen etc*: burn o.s. (**an** *dat* on); **sich an der Hand** ~ burn one's hand; **sich (selbst)** ~ burn o.s. **IV** 2 *n* ⟨-s⟩ **6.** burning (*etc*), *von Leichen*: cremation; *hist.* **Tod durch 2** death by burning (*od.* at the stake). **Verˈbren·nung** *f* ⟨-; -en⟩ **1.** → **verbrennen** 6. **2.** *med.* burn; → **Grad** 9. **3.** *chem. phys. tech.* burning, *von Treibstoff*: *a.* combustion. **4.** *hist.* (*Ketzer2*) auto-da-fé.

Verˈbren·nungs|ˌkam·mer *f mot.* combustion chamber. **~ˌmo·tor** *m* (internal) combustion engine. **~ˌofen**

m **1.** *chem.* combustion furnace. **2.** *für Abfälle*: incinerator. **~,rück,stand** *m* combustion residue, ashes *pl.* **~tem·pe·ra,tur** *f* combustion temperature. **~,vor,gang** *m* process of combustion. **~,wär·me** *f* heat of combustion. **~,zahl** *f* combustion index.

ver'brie·fen [-'bri:fən] *v/t* ⟨*no* ge-, h⟩ (confirm *od.* vest *s.th.* by) charter. **ver'brieft** *adj* **1.** **~es Recht** chartered (*od.* vested) right. **2.** *econ.* **~e Forderung (Schuld)** bonded claim (debt).

ver'brin·gen *v/t* ⟨*irr, no* ge-, h⟩ **1.** (*Zeit etc*) spend, pass; **er verbrachte den ganzen Tag mit Lesen** he spent the whole day reading. **2.** *jur.* **~ in** (*e-e Heilanstalt etc*) commit to.

ver'brü|dern [-'bry:dərn] *v/reflex* ⟨*no* ge-, h⟩ **sich ~ (mit** with) fraternize, make close friends. **²de·rung** *f* ⟨-; -en⟩ fraternization.

ver'brü|hen I *v/t* ⟨*no* ge-, h⟩ **sich (***dat***) die Hand ~** scald one's hand. **II** *v/reflex* **sich ~ (mit)** scald o.s. (with). **²hung** *f* ⟨-; -en⟩ *med.* scald.

ver'bu|chen *v/t* ⟨*no* ge-, h⟩ *econ.* book, enter *s.th.* in the books; **et. auf j-s Konto ~** book (*od.* enter) s.th. in s.o.'s account; → **Erfolg** 1. **²chung** *f* ⟨-; -en⟩ entry.

Ver·bum ['vɛrbum] *n* ⟨-s; **Verba** [-ba]⟩ → **Verb.**

ver'bum|meln *colloq.* **I** *v/t* ⟨*no* ge-, h⟩ **1.** (*Zeit etc*) idle (*od.* laze, loaf, fritter) *s.th.* away. **2.** (*Geld*) fritter *s.th.* away, run through. **3.** (*Verabredung, Termin etc*) forget (all) about, clean forget. **4.** (*verlieren*) (go and) lose. **II** *v/i* ⟨sein⟩ **5.** get into lazy habits, fall into idle ways, *stärker*: go to seed. **~melt** *adj colloq.* loafing, idling, lackadaisical, *stärker*: dissolute; **~er Kerl** idler, loafer; **~es Genie** genius gone to seed.

Ver'bund *m* ⟨-(e)s; *no pl*⟩ *econ.* (compound) network, interlocking (*od.* integrated) system; → **Medienverbund, Verkehrsverbund.** **~,bau,wei·se** *f tech.* composite construction. **~be,trieb** *m* **1.** *tech.* compound (*od.* interconnected) operation. **2.** (*Einrichtung*) integrated (*od.* linked) unit.

ver'bun·den *adj* **1.** *Wunde*: dressed, bandaged. **2.** **mit ~en Augen** blindfold. **3.** *chem. tech. etc* combined. **4.** **~ sein mit** a) *Sache*: be connected (*od.* linked, joined) to, b) *Person*: (*a.* **sich ~ fühlen mit**) be attached to *s.o., s.th.*, **durch** *gemeinsame Interessen etc*: have (close) ties with *s.o.* through; **freundschaftlich (geschäftlich) ~ sein mit** entertain friendly (business) relations with. **5.** **mit Schwierigkeiten (Ausgaben** *etc*) **~ sein** entail (*od.* involve) difficulties (expense, *etc*); **die mit der Reise ~en Auslagen** the expenses incident(al) to (*od.* incurred in connection with) the journey. **6.** **j-m ~ sein für** be obliged (*stärker*: indebted) to s.o. for. **7.** *teleph.* **falsch ~** wrong number.

ver'bün·den [-'byndən] *v/reflex* ⟨*no* ge-, h⟩ **sich ~ (mit)** ally o.s. (with *od.* to), ally (with), *bes. mil. pol.* confederate (with), form (*od.* make, enter into) an alliance (with).

Ver'bun·den·heit *f* ⟨-; *no pl*⟩ **(mit) 1.** *freundschaftliche etc*: connection (with, to), *enge*: bonds *pl* (with), ties *pl* (with), *herzliche*: attachment (to). **2.** (*Solidarität*) solidarity (with).

ver'bün·det *adj* allied, *bes. mil. pol. a.* confederate(d), leagued; **~ sein (mit)** *a.* be in league (*od.* alliance) (with). **Ver'bün·de·te** *m, f* ⟨-n; -n⟩ ally, *bes. mil. pol. a.* confederate; **die ~n** the allies.

Ver'bund|,fen·ster *n* composite window. **~,fo·lie** *f* laminated foil, bonding sheet. **~,glas** *n* ⟨-es; *no pl*⟩ compound glass. **~(,loch),kar·te** *f Computer*: dual card. **~kon·struk·ti,on** *f* composite structure. **~,mo·tor** *m* compound (-wound) motor. **~,netz** *n von Versorgungsbetrieben etc*: compound network, *electr.* (integrated power) grid. **~,paß** *m Verkehr*: combi-ticket. **~,plat·te** *f tech.* laminated panel. **~,röh·re** *f* multi-unit valve (*Am.* tube). **~,stahl** *m* composite (*od.* compound) steel. **~,wirt·schaft** *f* integrated industries *pl* (*od.* economy), *electr.* integrated system.

ver'bür·gen I *v/t* ⟨*no* ge-, h⟩ guarantee, warrant. **II** *v/reflex* **sich ~ für** answer (*od.* vouch) for, (*Sache*) *a.* guarantee.

ver'bür·ger|li·chen [-'byrgərlıçən] **I** *v/i* ⟨*no* ge-, sein⟩ become bourgeois. **II** *v/t* ⟨h⟩ turn *s.o.* into a bourgeois. **~licht** *adj* bourgeoisified. **²li·chung** *f* ⟨-; *no pl*⟩ bourgeoisification, embourgeoisement.

ver'bürgt *adj* **1.** (*garantiert*) guaranteed. **2.** (*bestätigt*) authentic; **~e Tatsache** established fact.

ver'bü|ßen *v/t* ⟨*no* ge-, h⟩ **s-e Strafe ~** serve (*od.* do) one's sentence (*od.* time); **drei Monate (Haft) ~** serve a three-month sentence. **²ßung** *f* ⟨-; *no pl*⟩ serving (**e-r dreimonatigen Haftstrafe** a three-month sentence).

ver'chro·men [-'kro:mən] *v/t* ⟨*no* ge-, h⟩ chromium-plate.

Ver'dacht [-'daxt] *m* ⟨-(e)s; *no pl*⟩ **1.** suspicion; **hinreichender ~** reasonable suspicion; **j-n wegen dringenden ~s** (*od.* **unter dringendem ~**) **der Spionage verhaften** arrest s.o. on strong suspicion of espionage; **im** (*od.* **in**) **~ stehen, gestohlen zu haben, im** (*od.* **unter dem**) **~ des Diebstahls stehen** be suspected of having stolen (*od.* of theft, of stealing); **j-n im ~ haben, et. getan zu haben** suspect s.o. of having done s.th.; **bei ~ auf Tuberkulose** in the case of suspected tuberculosis, where tuberculosis is suspected; **bei diesem Patienten besteht ~ auf Krebs** this patient is suspected of having cancer; **~ schöpfen** become suspicious (**gegen** of), *colloq.* smell a rat; **~ erregen, ~ erwecken** arouse (*od.* evoke) suspicion; **in (den) ~ kommen** (*od.* **geraten**), **der Mörder zu sein** come under suspicion (*od.* be suspected) of being the murderer; **den ~ auf andere lenken** (*od.* **[ab-]wälzen**) cast suspicion on others, shift the suspicion on to others; **j-n in (falschen) ~ bringen** cast (false) suspicion on s.o.; **über jeden** (*od.* **allen**) **~ erhaben sein** be beyond (*od.* above) all suspicion. **2.** (*Vermutung*) suspicion, *colloq.* hunch; **ich habe den ~, daß** I have a suspicion (*colloq.* hunch) that; **auf (e-n) bloßen ~ hin** on (a) mere suspicion. **3.** *colloq.* **auf ~** *do s.th.* on spec.

ver'däch|tig [-'dɛçtıç] **I** *adj* **1.** suspicious, suspect. **politisch ~e Personen** political suspects. **2.** **e-r Tat ~ sein** be suspect(ed) of a deed; **sich e-s Verbrechens ~ machen** make o.s. suspect of a crime. **3.** (*nicht einwandfrei*) suspicious, suspect, *colloq.* fishy; **~ aussehend** suspicious-looking. **II** *adv* **4.** suspiciously; *colloq.* **das sieht ~ nach ... aus** that looks suspiciously like ... **²ti·ge** *m, f* ⟨-n; -n⟩ suspect. **~ti·gen** [-'dɛçtıgən] *v/t* ⟨*no* ge-, h⟩ **1.** **j-n ~** (*in Verdacht bringen*) cast suspicion(s) on s.o.; **ungerecht ~** cast unjust suspicion on. **2.** **j-n e-r Sache ~** suspect s.o. of s.th., (*j-m et. unterstellen*) impute s.th. to s.o.; **j-n ~, et. getan zu haben** suspect s.o. of having done s.th. **²tig·keit** *f* ⟨-; *no pl*⟩ suspiciousness. **²ti·gung** *f* ⟨-; -en⟩ **1.** (*Unterstellung*) insinuation, (*Behauptung, Vorwurf*) allegation; **~en gegen j-n äußern** cast suspicion on s.o. **2.** ⟨*only sg*⟩ **~ Unschuldiger** *etc* casting suspicion(s) on innocent people, *etc.*

Ver'dachts|,grund *m bes. jur.* cause of suspicion; **hinreichender ~** reasonable grounds *pl* for suspicion. **~mo,ment** *n* suspicious fact(or). **~per,son** *f* suspect.

ver'dam·men [-'damən] *v/t* ⟨*no* ge-, h⟩ **1.** (*verurteilen*) **(zu** to) condemn, damn, (*verfluchen*) damn, curse; → **verdammt** 2. **2.** *relig.* damn **(zu** to), reprobate.

ver'dam·mens,wert *adj* damnable.

Ver'damm·nis *f* ⟨-; *no pl*⟩ *relig. meist* **(ewige) ~** (eternal) damnation (*od.* perdition).

ver'dammt I *adj* **1.** *colloq.* (*verflucht*) damn(ed), darn(ed), confounded, *bes. Br. sl.* bloody; **~en Hunger haben** be damn(ed) hungry; **~ (noch mal)!, ~ und zugenäht!** damn (it)!, darn it!, hang it!; **~er Mist!**, *vulg.* **~e Scheiße!** bloody shit, *Am.* for crap's sake!; → **Pflicht** 1. **2.** (*verurteilt*) condemned, damned; **zu e-r Sache ~ sein, dazu ~ sein, et. zu tun** be condemned (*od.* doomed) to (do) s.th.; **zum Nichtstun ~** condemned to inactivity. **3.** *relig.* damned, reprobate; **~ in alle Ewigkeit** damned to eternity. **II** *adv* **4.** *colloq.* (*ungemein*) damn(ed), darn(ed), *bes. Br. sl.* bloody; **~ kalt** damned cold; **er verdient ~ viel (wenig)** he earns damn good money (precious little); **ich hab's ~ eilig** I'm in a hell (*od.* heck) of a hurry. **Ver'damm·te** *m, f* ⟨-n; -n⟩ *relig.* damned, reprobate, castaway; **die ~n** the damned. **Ver'dam·mung** *f* ⟨-; *no pl*⟩ condemnation, *a. relig.* damnation **(zu** to), reprobation. **ver'dam·mungs,wür·dig** *adj* damnable.

ver'damp|fen *v/t* ⟨*no* ge-, h⟩ *u. v/i* ⟨sein⟩ evaporate, vaporize. **²fer** *m* ⟨-s; -⟩ evaporator. **²fung** *f* ⟨-; *no pl*⟩ evaporation.

ver'dan·ken *v/t* ⟨*no* ge-, h⟩ **j-m (e-r Sache) et. ~** owe s.th. to s.o. (s.th.), have s.o. (s.th.) to thank for s.th.; **ich verdanke ihm mein Leben** I owe him my life; **ich habe m-m Lehrer viel zu ~** I owe a great deal to my teacher; **es ist diesem Umstand (s-r Vorsicht) zu ~, daß** it is due to this circumstance (to his caution) that; **das hast du dir selbst zu ~** you have to thank yourself for that.

ver'darb [-'darp] *1 u. 3 sg pret of* **verderben.**

ver'dat·tert [-'datərt] *adj colloq.* dum(b)founded, flabbergasted, dazed.

ver'dau|en [-'dauən] **I** *v/t* ⟨*no* ge-, h⟩ *a. fig.* digest. **II** *v/reflex* **sich leicht (schwer) ~** be easy (hard) to digest. **III ²** *n* ⟨-s⟩ digesting, digestion. **~lich** *adj* digestible; **leicht (schwer) ~** easy (hard) to digest. **²lich·keit** *f* ⟨-; *no pl*⟩ digestibility, digestibleness. **²ung** *f* ⟨-; *no pl*⟩ digestion; **e-e schlechte ~ haben** have (*od.* suffer from) bad digestion (*od.* indigestion).

Ver'dau·ungs|ap·pa,rat *m physiol.* digestive system (*od.* apparatus). **~be,schwer·den** *pl* indigestion *sg*, digestive trouble *sg.* **²,för·dernd** *adj* (*a.* **~es Mittel**) digestive. **~or,ga·ne** *pl* digestive organs. **~spa,zier,gang** *m colloq.* constitutional, after-dinner walk. **~stö·rung** *f meist pl* indigestion.

Ver'deck *n* ⟨-(e)s; -e⟩ **1.** **(aufklappbares) ~** *e-s Autos, Kinderwagens etc*: (collapsible *od.* convertible, folding) top (*Br. a.* hood), (*Plane*) awning, tarpaulin; **Auto mit aufklappbarem ~** convertible (car). **2.** *mar., a. e-s doppelstöckigen Autobusses*: top (*od.* upper) deck.

ver'decken (*getr.* -k·k-) *v/t* ⟨*no* ge-, h⟩

allg. cover *s.th.* (up), (*verbergen*) *a.* hide, conceal, *tech. a.* mask, *fig.* (*Absichten etc*) *a.* disguise, mask, (*abschirmen*) *a.* screen *s.th.* (off), (*die Aussicht etc*) block up. **ver'deckt** *adj allg.* covered(-up), (*verborgen*) *a.* hidden, concealed (*a. fig. Absicht etc*), (*abgeschirmt*) screened(-off), *Aussicht etc*: blocked(-)up; → **Karte** 11.

ver'den·ken *v/t* ⟨*irr, no* **ge-**, **h**⟩ **j-m et.** ~ blame s.o. for s.th.; **ich kann es ihm nicht** ~ (, **daß** *od.* **wenn**) I can't blame him (if).

Ver'derb [-'dɛrp] *m* ⟨-(e)s; *no pl*⟩ **1.** → verderben III, → *a.* **Gedeih. 2.** *von Speisen etc*: spoilage. **3.** → **Verderbnis.**

ver'der·ben [-'dɛrbən] **I** *v/t* ⟨**verdirbt, verdarb, verdorben, h**⟩ **1.** *allg.* spoil, (*a. Preise, Chancen, Urlaub etc*) ruin, *weitS.* (*durcheinanderbringen*) upset, mess *s.th.* up, (*beeinträchtigen*) mar, impair, (*verpfuschen*) botch (*od.* mess) *s.th.* up, make a mess (*od.* hash) of; **j-m die Freude** ~ spoil (*od.* mar) s.o.'s pleasure; **j-m die Lust an** (*od.* **den Appetit auf**) **et.** ~ *a.* put s.o. off s.th.; **j-m die Laune** (*od.* **Stimmung**) ~ spoil (*od.* ruin) s.o.'s good mood, dash s.o.'s spirits, put s.o. out; **j-m den Abend** ~ spoil the evening for s.o.; *fig.* **die Pointe** ~ ruin the joke. **2.** (*j-n*) a) *moralisch*: spoil, *stärker*: corrupt, deprave, b) *obs.* ruin. **3. sich** (*dat*) **den Magen** ~ upset one's stomach; **sich** (*dat*) **die Augen** ~ ruin one's eyes. **4. es mit j-m** ~ fall out with s.o., get into s.o.'s bad books; **ich will es mit ihm nicht** ~ *a.* I want to keep in with him; **er will es mit niemandem** ~ he tries to please everybody. **II** *v/i* ⟨**sein**⟩ **5.** *bes. Lebensmittel etc*: spoil, get spoiled, (*schlecht werden*) go bad, *Eier*: *a.* addle, (*umkommen*) *a. fig. Mensch*: perish. **III** ♀ *n* ⟨-s; *no pl*⟩ **6.** (*Untergang*) undoing, ruin, doom; **der Alkohol war sein** ♀ drink was his ruin (*od.* undoing); **das wird noch sein** ♀ **sein** that will be his ruin (*od.* undoing) yet; **j-n ins** ♀ **stürzen** bring ruin (up)on s.o., ruin s.o.; **in sein** (*od.* **ins**) ♀ **rennen** run headlong to one's ruin (*od.* doom), head straight for disaster; *poet.* **Tod und** ♀ death and destruction. **~₁brin·gend** *adj lit.* ruinous, disastrous, fatal.

Ver'der·ber *m* ⟨-s; -⟩ corrupter.

ver'derb·lich [-'dɛrplɪç] *adj* **1.** *Lebensmittel etc*: (**leicht** ~ highly) perishable. **2.** (*schädlich*) pernicious, disastrous, ruinous, *moralisch*: corruptive. ♀**keit** *f* ⟨-; *no pl*⟩ perishability, perishableness.

Ver'derb·nis [-'dɛrpnɪs] *f* ⟨-; -se⟩ corruption, *stärker*: depravity.

ver'derbt *adj* **1.** → **verdorben** 4. **2.** *Text etc*: corrupt. ♀**heit** *f* ⟨-; *no pl*⟩ → **Verdorbenheit.**

ver'deut·li|chen [-'dɔytlɪçən] *v/t* ⟨*no* **ge-**, **h**⟩ (*dat* to) make *s.th.* clear, explain, elucidate, illustrate. **~chend** *adj* explanatory, illustrative. ♀**chung** *f* ⟨-; *no pl*⟩ explanation, elucidation, illustration.

ver'deut·schen [-'dɔytʃən] *v/t* ⟨*no* **ge-**, **h**⟩ **1.** translate *s.th.* into German. **2.** (*Fremdwörter etc*) germanize.

ver'dich|ten I *v/t* ⟨*no* **ge-**, **h**⟩ **1.** *chem. phys.* compress, condense, (*Lösungen*) concentrate, *tech.* compact. **2.** *fig.* intensify. **II** *v/reflex* **sich** ~ **3.** *Nebel, Rauch etc*: thicken. **4.** *fig. Gerücht, Verdacht, Eindruck etc*: grow stronger, *dramatische Handlung*: thicken; **sich zur Gewißheit** ~ become a certainty. ♀**ter** *m* ⟨-s; -⟩ compressor, condenser, concentrator. ♀**tung** *f* ⟨-; *no pl*⟩ **1.** condensation, compression. **2.** *fig.* intensification.

Ver'dich·tungs|ge₁biet *n* → **Ballungsgebiet. ~ver₁hält·nis** *n* ⟨-ses; *no pl*⟩ *mot.* compression ratio.

ver'dicken (*getr.* **-k·k-**) *v/t* ⟨*no* **ge-**, **h**⟩ *u. v/reflex* **sich** ~ *allg.* thicken. **Ver'dickung** (*getr.* **-k·k-**) *f* ⟨-; **-en**⟩ **1.** thickening. **2.** *med.* (*Schwellung*) swelling.

ver'die·nen I *v/t* ⟨*no* **ge-**, **h**⟩ **1.** (*Geld*) earn, make; **sich** (*dat*) **et.** (**selbst**) ~ earn the money for s.th. (o.s.); **sich** (*dat*) **et. nebenbei** ~ make some money on the side; **daran ist nichts zu** ~ there is no money in that. **2.** *fig.* (*Lob, Strafe, Vertrauen etc*) deserve, be deserving of, merit, be worthy of; **er verdient es nicht besser** he deserves no better; **womit hat er das verdient?** what has he done to deserve that?; **Beachtung** ~ deserve (*od.* merit, be worthy of) notice; **das habe ich nicht um Sie verdient** I did not deserve that from you; **das hat er verdient!** (*es geschieht ihm recht*) it (*od.* that) serves him right!; **das hatte er längst verdient** *colloq.* he had it coming to him. **II** *v/i* **3. gut** (**schlecht**) ~ earn a good (poor) salary, earn good (poor) wages; **bei** (*od.* **an**) **e-r Sache** ~ make money on (*od.* by) s.th.; **er verdient gut daran** he makes a good profit on that. **Ver'die·ner** *m* ⟨-s; -⟩ (salary *od.* wage) earner, breadwinner.

Ver'dienst[1] *m* ⟨-(e)s; -e⟩ earnings *pl*, (*Lohn*) wage(s *pl*), (*Gehalt*) salary, (*Einkommen*) income, (*Gewinn*) gain, profit; **et. um des ~es willen tun** *a.* do s.th. for the money.

Ver'dienst[2] *n* ⟨-(e)s; -e⟩ merit; **j-n nach s-n ~en einschätzen** rate s.o. according to his merits (*od.* deserts); **es ist ganz allein sein ~, daß** it is entirely thanks to him that; **dies ist das** ~ **von X** the credit for this goes to X; **s-e ~e um** his services to (*science, etc*); **sich** (*dat*) **et. zum** ~ **anrechnen** take credit for s.th.; **sich ~e erwerben um** → **verdient** 3.

Ver'dienst|₁aus₁fall *m* loss of earnings, lost earnings *pl*. **~be₁schei·ni·gung** *f* statement of earnings. **~₁kreuz** *n* Distinguished Service Cross. ♀**lich** *adj* → **verdienstvoll. ~mög·lich·keit** *f* opportunity of making money. **~₁or·den** *m* Order of Merit. **~₁quel·le** *f* source of income. **~₁span·ne** *f* (profit) margin. ♀**voll** *adj* creditable, meritorious, deserving.

ver'dient *adj* **1.** *Geld*: earned. **2.** *Persönlichkeit etc*: meritorious, creditable, *man, etc* of merit. **3. sich um j-n** (**et.**) ~ **machen** do s.o. (s.th.) great service; **er hat sich um sein Vaterland** ~ **gemacht** he deserves well of his country. **4.** *fig.* (*gebührend*) well-deserved, due, merited.

ver'dien·ter|'ma·ßen, ~'wei·se *adv* deservedly, as merited, duly.

Ver'dikt [vɛr'dɪkt] *n* ⟨-(e)s; -e⟩ *jur.* verdict, findings *pl*.

ver'din·gen I *v/t* ⟨**verdingt, verdingte, verdungen** *od.* **verdingt, h**⟩ *obs.* **j-n bei j-m** ~ put s.o. to service with s.o. **II** *v/reflex* **sich** ~ go into service (**bei** with); **sich als Knecht** ~ enter service as a farmhand.

ver'dirbst [-'dɪrpst] *2 sg pres*, **ver'dirbt** [-'dɪrpt] *3 sg pres of* **verderben.**

ver'dol·met·schen *v/t* ⟨*no* **ge-**, **h**⟩ interpret, translate, *fig. a.* explain.

ver'don|nern *v/t* ⟨*no* **ge-**, **h**⟩ *colloq.* **1.** → **verurteilen. 2. j-n** (**dazu**) ~, **et. zu tun** condemn s.o. to (*od.* make s.o.) do s.th. **~nert** *adj colloq.* stunned, dismayed.

ver|'dop·peln I *v/t* ⟨*no* **ge-**, **h**⟩ double, *fig.* (*Anstrengungen etc*) *a.* redouble; **s-e Schritte** (*od.* **s-n Schritt**) ~ quicken one's pace. **II** *v/reflex* **sich** ~ double. ♀**'dop·pe·lung,** ♀**'dopp·lung** *f* ⟨-; -en⟩ doubling.

ver'dor·ben [-'dɔrbən] *adj* **1.** *Lebensmittel etc*: spoilt, spoiled, tainted, bad, *Eier*: *a.* addled, *Luft*: foul, vitiated, spent. **2.** *med. Magen*: upset, disordered. **3.** *fig. Laune, Urlaub etc*: spoiled, spoilt, marred, *stärker*: ruined. **4.** *fig. charakterlich etc*: spoilt, spoiled, *stärker*: corrupt(ed), rotten, depraved; **durch und durch** ~ rotten to the core. ♀**heit** *f* ⟨-; *no pl*⟩ *fig.* corruptness, corruption, rottenness, depravity.

ver'dor·ren *v/i* ⟨*no* **ge-**, **sein**⟩ dry up, wither (up).

ver'dö·sen *v/t* ⟨*no* **ge-**, **h**⟩ *colloq.* (*Zeit*) doze (*od.* drowse) *s.th.* away.

ver'drah|ten *v/t* ⟨*no* **ge-**, **h**⟩ *electr.* wire. ♀**tung** *f* ⟨-; *no pl*⟩ wiring.

ver'drän|gen *v/t* ⟨*no* **ge-**, **h**⟩ **1.** *allg.* (*j-n od. et.*) supplant, supersede, take the place of, crowd *s.o.* out; **j-n aus dem Amt** ~ supplant s.o. in office, oust s.o. from office; **j-n von s-m Platz** ~ drive (*od.* oust) s.o. from his place, usurp s.o.'s place; *Sport*: **j-n vom ersten Platz** ~ push s.o. out of first place. **2.** (*Volksgruppen aus der Heimat*) displace, expel, drive *s.o.* out; *hist.* **verdrängte Personen** displaced persons. **3.** *phys.* displace (*gas, water, etc*). **4.** *psych. unbewußt*: repress, *bewußt*: suppress, *allg. weitS.* dismiss (*an unpleasant thought, etc*), put (*worries, etc*) out of one's mind, banish. ♀**gung** *f* ⟨-; *no pl*⟩ **1.** *mar. phys. etc* (*Wasser*♀ *etc*) displacement. **2.** *e-r Person, e-s Brauchtums etc*: (**aus**) supplanting, *etc* (in), supersession (in), *aus e-m Amt etc*: *a.* ousting (from), ejection (from), *von Volksgruppen etc*: displacement, expulsion (from). **3.** *psych. unbewußte*: repression, *bewußte*: suppression, *allg. weitS.* dismissal, banishing. **4.** *geol.* replacement.

ver'drecken (*getr.* **-k·k-**) [-'drɛkən] *v/t* ⟨*no* **ge-**, **h**⟩ *u. v/i* ⟨**sein**⟩ (get) dirty, soil. **ver'dreckt** *adj* soiled, filthy, *colloq.* mucked(-)up.

ver'dre·hen *v/t* ⟨*no* **ge-**, **h**⟩ **1. sich** (*dat*) (**j-m**) **den Arm** ~ twist (*stärker*: wrench, contort) one's (s.o.'s) arm; *fig. colloq.* **den Hals** ~, **um et. zu sehen** crane one's neck to see s.th. **2.** (*Augen*) roll (*one's eyes*). **3.** *fig.* (*Tatsachen, Sinn etc*) twist, distort, contort, warp, (*entstellen*) *a.* misrepresent; **j-s Worte** ~ twist s.o.'s words; → **Kopf** 1. **4.** *jur.* (*Recht*) pervert, bend. **5.** *tech.* distort, twist. **ver'dreht** *adj fig. colloq.* **1.** (*verschroben*) cranky, crazy. **2.** (*konfus*) mixed up, muddled, confused. **Ver'dreht·heit** *f* ⟨-; *no pl*⟩ **1.** crankiness, craziness. **2.** confusion. **Ver'dre·hung** *f* ⟨-; -en⟩ **1.** *tech.* torsion, twist. **2.** *fig. von Tatsachen etc*: distortion, contortion. **3.** *jur. des Rechts*: perversion.

ver'drei₁fa·chen [-₁faxən] *v/t* ⟨*no* **ge-**, **h**⟩ *u. v/reflex* **sich** ~ treble, triple.

ver'dre·schen *v/t* ⟨*irr, no* **ge-**, **h**⟩ *colloq.* thrash, give *s.o.* a good thrashing, beat (*od.* knock) hell out of *s.o.*

ver'drie·ßen [-'dri:sən] *v/t* ⟨**verdrießt, verdroß, verdrossen, h**⟩ annoy, vex, put *s.o.* out, *stärker*: gall; **laß dich's nicht** ~ don't let it annoy (*od.* discourage) you; **sich k-e Mühe** ~ **lassen** grudge no pains.

ver'drieß·lich *adj* **1.** *Person*: (*ärgerlich*) annoyed, vexed, (*schlechtgelaunt*) sullen, glum, morose, peevish. **2.** *Sache*: irksome, tedious, tiresome. ♀**keit** *f* ⟨-; -en⟩ **1.** ⟨*only sg*⟩ annoyance, sullenness, moroseness, peevishness. **2.** *pl* (*Unannehmlichkeiten*) inconveniences, trouble *sg*.

ver'droß [-'drɔs] *1 u. 3 sg pret*, **ver'drös·se** [-'drœsə] *1 u. 3 sg pret subj of* **verdrießen.**

ver'dros·sen [-'drɔsən] *adj* (*mürrisch*)

dour, sullen, morose, (*unlustig*) listless, (*entmutigt*) discouraged, weary. **Ձheit** *f* ⟨-; *no pl*⟩ dourness, sullenness, moroseness, (*Unlust*) listlessness, (*Müdigkeit*) *a. fig.* weariness; → *a.* **Staatsverdrossenheit**.

verˈdrucken (*getr.* -k·k-) *v/t* ⟨*no* **ge-**, **h**⟩ misprint.

verˈdrücken (*getr.* -k·k-) **I** *v/t* ⟨*no* **ge-**, **h**⟩ **1.** *colloq.* (*aufessen*) stow *s.th.* away, polish *s.th.* off. **2.** → **zerdrücken**. **II** *v/reflex* **sich** ~ **3.** → **verduften**.

Verˈdruß [-ˈdrʊs] *m* ⟨-sses; *no pl*⟩ displeasure, (*Ärger*) annoyance, vexation(s *pl*), trouble; **j-m zum** ~ to annoy (*od.* spite) s.o.; ~ **bereiten** (*dat*) give *s.o.* trouble, vex, annoy; **voller** ~ *look at s.o.* in displeasure.

verˈdü·beln *v/t* ⟨*no* **ge-**, **h**⟩ *tech.* dowel.

verˈduf·ten *v/i* ⟨*no* **ge-**, **sein**⟩ *fig. colloq.* (*verschwinden*) clear off (*od.* out), beat it, *Am.* vamoose.

verˈdum·men [-ˈdʊmən] **I** *v/t* ⟨*no* **ge-**, **h**⟩ dull the mind of, stupefy, make *s.o.* stupid; **die Parolen haben das Volk verdummt** the slogans have dulled the people's mind(s). **II** *v/i* ⟨**sein**⟩ become stupid. **verˈdummt** *adj* dulled, stupefied. **Verˈdum·mung** *f* ⟨-; *no pl*⟩ stupefaction, (*bes. Volks*Ձ) brainwashing.

verˈdun·keln I *v/t* ⟨*no* **ge-**, **h**⟩ **1.** *allg.* darken, make (*room etc*) dark, *völlig, a. Luftschutz*: black out, (*undeutlich machen*) obscure. **2.** *fig.* obscure, cloud, obfuscate. **3.** *jur.* (*Tatbestand*) camouflage. **II** *v/i* **4.** *Luftschutz*: black out (the windows). **III** *v/reflex* **sich** ~ **5.** *allg.* darken, *völlig*: black out, *Himmel*: cloud over. **6.** *fig. Verstand*: (become) dull.

Verˈdun·ke·lung, Verˈdunk·lung *f* ⟨-; *no pl*⟩ **1.** darkening, *völlige, a. Luftschutz*: black-out. **2.** *fig.* obscuration, obfuscation. **3.** *jur.* collusion, obstruction of justice. **4.** dark roller blind.

Verˈdunk·lungs·geˌfahr *f jur.* (**es besteht** ~ there is a) danger of collusion.

verˈdün·nen [-ˈdʏnən] **I** *v/t* ⟨*no* **ge-**, **h**⟩ thin *s.th.* down, *a. chem.* dilute, (*Gase, Luft*) rarefy, (*schwächer machen*) weaken; *mil. pol.* **verdünnte Zone** thinned-out zone. **II** *v/reflex* **sich** ~ thin (out *od.* down).

ver·dün·niˈsie·ren [-dyniˈziːrən] *v/reflex* ⟨*no* **ge-**, **h**⟩ **sich** ~ → **verduften**.

Verˈdün·nung *f* ⟨-; *no pl*⟩ thinning (-down), *a. chem.* dilution, *von Gas, Luft*: rarefaction. **~sˌmit·tel** *n* thinner.

verˈdunˈsten *v/i* ⟨*no* **ge-**, **sein**⟩ evaporate, vaporize, volatilize. **Ձster** *m* ⟨-s; -⟩ *zur Raumbefeuchtung*: humidifier. **Ձstung** *f* ⟨-; *no pl*⟩ evaporation, vaporization, volatilization.

Verˈdun·stungs|ˌkäl·te *f* cold due to evaporation. **~ˌküh·lung** *f* cooling by evaporation.

verˈdür·be [-ˈdʏrbə] *1 u. 3 sg pret subj of* **verderben**.

verˈdur·sten *v/i* ⟨*no* **ge-**, **sein**⟩ die (*od.* perish) of thirst.

verˈdü·stern [-ˈdyːstərn] *v/reflex* ⟨*no* **ge-**, **h**⟩ **sich** ~ grow dark, *a. fig. Miene, Lage etc*: darken.

verˈdutzt [-ˈdʊtst] *adj* perplexed, puzzled, startled, taken aback (*pred*).

verˈeb·ben *v/i* ⟨*no* **ge-**, **sein**⟩ *a. fig.* ebb away, die down, subside.

verˈedeln [-ˈʔeːdəln] *v/t* ⟨*no* **ge-**, **h**⟩ **1.** ennoble, (*verfeinern*) refine, subtilize. **2.** *hort.* graft. **3.** (*Geschmack, Speise, a. agr. Boden*) enrich, improve. **4.** (*Rohstoffe*) process, finish, upgrade, purify, (*Stahl*) refine, (*Oberfläche*) improve. **Verˈedelung, Verˈed·lung** *f* ⟨-; *no pl*⟩ **1.** ennoblement, (*Verfeinerung*) subtilization, refinement. **2.** *hort.* graft. **3.** *e-r Speise, des Bodens etc*: enrichment, improvement. **4.** *tech.* refinement, improvement, processing, finishing.

Verˈed(e)·lungs|in·duˌstrie *f* processing industry. **~verˌfah·ren** *n* refining process.

verˈehe|li·chen *v/reflex* ⟨*no* **ge-**, **h**⟩ **sich** ~ *lit.* marry, get married. **~licht** *adj* **Helga L., ~e Helga Z.** Helga L., Z. by marriage. **Ձli·chung** *f* ⟨-; *no pl*⟩ *lit.* marriage.

verˈeh·ren *v/t* ⟨*no* **ge-**, **h**⟩ **1.** venerate (*a. relig.*), revere, reverence, (*anbeten, a. fig.*) adore, worship, (*bewundern*) admire; *relig.* **j-n als Heiligen** ~ venerate s.o. as a saint. **2. j-m et.** ~ (*schenken*) present s.o. with s.th., make s.o. a present of s.th.

Verˈeh·rer *m* ⟨-s, -⟩, **Verˈeh·re·rin** *f* ⟨-; -nen⟩ **1.** *a. relig.* venerator, worship(p)er. **2.** *colloq.* admirer, *e-s Stars etc*: fan. **Verˈeh·rerˌpost** *f colloq.* fan mail. **verˈehrt** *adj* **~er Herr Präsident!** Mr. President!; **~e Zuhörer (Gäste)!** dear listeners (guests)!; **~e Anwesende!** Ladies and Gentlemen!; **unser ~er Kollege** our esteemed colleague.

Verˈehr·te·ste *m, f* ⟨-n; -n⟩ *meist iro.* dearest, my dear. **Verˈeh·rung** *f* ⟨-; *no pl*⟩ veneration (*a. relig.*), reverence, (*Anbetung*) worship, *a. fig.* adoration, (*Bewunderung*) admiration; **j-m** ~ **zollen** pay reverence to s.o. **verˈeh·rungs·ˌwür·dig** *adj* venerable.

verˈei·di·gen [-ˈʔaɪdɪgən] *v/t* ⟨*no* **ge-**, **h**⟩ *jur.* (**auf** *acc* on) put *s.o.* under an oath, administer an oath to, *bes. bei Amtsantritt*: swear *s.o.* in. **verˈei·digt** *adj* sworn (*translator, etc*). **Verˈei·di·gung** *f* swearing-in.

Verˈein *m* ⟨-(e)s; -e⟩ **1.** club. **2.** *econ. jur.* society, association, union, cooperative; **wohltätiger** ~ charitable (*od.* friendly) society. **3.** *fig.* **im** ~ **mit** in conjunction with, together with. **4.** *fig. colloq. bes. contp.* bunch, crowd.

verˈein|bar *adj* ~ **sein mit** be compatible with, *engS. a.* be consistent with; **nicht** ~ → **unvereinbar**. **~ba·ren** *v/t* ⟨*no* **ge-**, **h**⟩ **1.** agree (*od.* settle) (up)on, arrange, *jur. a.* covenant; **vorher** ~ prearrange; → *a.* **verabreden** I; **falls nicht anders vereinbart** unless otherwise agreed upon. **2. et. mit e-r Sache** ~ (*in Einklang bringen*) bring s.th. into agreement with s.th., reconcile s.th. with s.th.; **et. ist (nicht) zu** ~ **mit, et. läßt sich (nicht)** ~ **mit** s.th. is (not *od.* in-) compatible with, *engS.* s.th. is (not *od.* in)consistent with (*one's principles, etc*); **das kann ich mit m-m Gewissen nicht** ~ I cannot reconcile that with my conscience; **das ist mit m-r Zeit nicht zu** ~ I cannot find the time for it. **Ձbar·keit** *f* ⟨-; *no pl*⟩ compatibility. **~bart** *adj* agreed, arranged, stipulated; **zum ~en Zeitpunkt** at the time agreed ([up]on); **es gilt als ~, daß** it has been agreed that, it is understood that; **vorher** ~ prearranged. **Ձba·rung** *f* ⟨-; -en⟩ agreement, understanding, (*Abmachung*) arrangement, (*Verabredung*) appointment; **e-e** ~ **treffen** make an arrangement; **laut** ~ as arranged; **schriftliche** ~ agreement in writing; **nach** ~ by agreement, by appointment; **Gehalt nach** ~ salary negotiable, salary by negotiation. **~ba·rungs·geˌmäß** *adv* as arranged, as agreed (upon).

verˈei·nen *v/t* ⟨*no* **ge-**, **h**⟩ *u.* **sich** ~ *v/reflex* → **vereinigen**.

verˈeinˌfa|chen [-ˌfaxən] *v/t* ⟨*no* **ge-**, **h**⟩ simplify. **~chend** *adj* simplistic. **Ձchung** *f* ⟨-; -en⟩ simplification; **zur** ~ to simplify matters.

verˈein·heit·li|chen [-ˈʔaɪnhaɪtlɪçən] *v/t* ⟨*no* **ge-**, **h**⟩ standardize, make *s.th.* uniform. **Ձchung** *f* ⟨-; *no pl*⟩ standardization.

verˈei|ni·gen I *v/t* ⟨*no* **ge-**, **h**⟩ **1.** *allg.* unite (**zu** into), (*verbinden*) *a.* combine, join, (*Kräfte, Kapital*) *a.* pool, *bes. econ.* (*zs.-schließen*) consolidate, amalgamate, (*versammeln*) assemble, gather, *bes. mil. pol.* rally; **sie vereinigt Schönheit mit Klugheit** she combines beauty and (*od.* with) intelligence; *pol.* **alle Stimmen auf** (*acc*) **sich** ~ collect all the votes. **2.** → **vereinbaren** 2. **II** *v/reflex* **sich** ~ **3.** *allg.* unite (**zu e-r Sache** into s.th., to form s.th.), (*sich verbinden*) *a.* combine, join (together), *stärker*: join forces, coalesce, ally, *bes. econ.* merge, amalgamate, consolidate; **sich** ~ (**in** *dat* in) *Eigenschaften, Fähigkeiten etc*: unite, combine. **4.** (*sich treffen*) *Linien, Flüsse etc*: join, merge, meet, (*zs.-kommen*) assemble, gather. **5.** *biol. Zellen*: conjugate, (*sich paaren*) mate, copulate, *Menschen*: make love (to each other). **~nigt** *adj* united; **die Ձen Staaten (von Amerika)** the United States (of America); **das Ձe Königreich (Großbritannien und Nordirland)** the United Kingdom (of Great Britain and Northern Ireland).

Verˈei·ni·gung *f* ⟨-; -en⟩ **1.** ⟨*only sg*⟩ uniting, union (*a. math.*), combining, combination, joining, junction, *bes. econ.* amalgamation, merger, *von Flüssen*: confluence, (*Zs.-treffen*) assembly, gathering. **2.** ⟨*only sg*⟩ *geschlechtliche*: copulation, intercourse, *von Zellen*: conjugation. **3.** (*Personen*Ձ, *Verein*) association, union, (*Bündnis*) alliance. **~sˌmen·ge** *f math.* join of sets. **~sˌpunkt** *m* junction, juncture, (*Treffpunkt*) meeting (*bes. mil.* rallying) point.

verˈeinˌnah|men [-ˌnaːmən] *v/t* ⟨*no* **ge-**, **h**⟩ take in, collect, *humor.* pocket, grab *s.th.*; **j-n** ~ rope s.o. in, *ganz für sich*: monopolize s.o. **Ձmung** *f* ⟨-; *no pl*⟩ collection.

Verˈeinsˌabend *m* club evening (*od.* night).

verˈein·sa|men [-ˈʔaɪnzaːmən] *v/i* ⟨*no* **ge-**, **sein**⟩ become lonely (*od.* isolated). **Ձmung** *f* ⟨-; *no pl*⟩ isolation.

Verˈeins|ˌhaus *n* club(house). **~ka·meˌrad** *m* clubmate. **~ˌkampf** *m* inter-club competition. **~ˌkas·se** *f* club funds *pl.* **~loˌkal** *n* club(house). **~ˌmann·schaft** *f* club team. **~ˌmei·er** *m* ⟨-s; -⟩ *colloq.* club fanatic, clubby fellow, *Am. a.* joiner. **~meiˈrei** [fɛrˌʔaɪns-] *f* ⟨-; *no pl*⟩ *colloq.* (awful) clubbiness. **~ˌmitˌglied** *n* club member. **~ˌrecht** *n jur.* **Vereins(- und Versammlungs)recht** right of association (and assembly). **~reˌgi·ster** *n* official register of associations, societies and clubs, *Am.* register of membership corporations. **~ˌwe·sen** *n* ⟨-s; *no pl*⟩ clubs(, societies and associations) *pl.* **~ˌzim·mer** *n* clubroom.

verˈeint *adj* **mit ~en Kräften** in a joint (*od.* combined) effort, jointly.

verˈein·zelt I *adj* **1.** isolated; **in ~en Fällen** *cf.* 3; **~e Regenschauer** isolated (*od.* scattered) showers (of rain). **2.** *Fußgänger, Auto etc*: stray. **II** *adv* **3.** in (a few) isolated cases, sporadically, here and there, now and then.

ver|ˈei·sen I *v/t* ⟨*no* **ge-**, **h**⟩ *med.* freeze. **II** *v/i* ⟨**sein**⟩ ice up, ice over, (*gefrieren*) freeze (over). **~ˈeist** *adj* iced(-)up, frozen(-over), *Straße*: icy. **Ձˈei·sung** *f* ⟨-; *no pl*⟩ icing(-up), freezing (*a. med.*), *der Straßen*: icy condition, *geol.* glaciation. **Ձˈei·sungs·geˌfahr** *f* danger of icing.

verˈei·teln [-ˈʔaɪtəln] *v/t* ⟨*no* **ge-**, **h**⟩

(*Plan etc*) thwart, foil, frustrate, defeat, (*Tat etc*) prevent, (*Hoffnung*) shatter. **Ver'ei·te·lung, Ver'eit·lung** *f* ⟨-; *no pl*⟩ thwarting, frustration, prevention.

ver'ei|tern *v/i* ⟨*no* **ge-, sein**⟩ *med.* suppurate, fester, form matter (*od.* pus). **~tert** *adj* → **eitrig. ²te·rung** *f* ⟨-; **-en**⟩ suppuration.

ver'ekeln *v/t* ⟨*no* **ge-, h**⟩ **j-m et.** ~ spoil s.th. for s.o., put s.o. off s.th.

ver'elen|den [-'ʔeːlɛndən] *v/i* ⟨*no* **ge-, sein**⟩ sink into (*od.* be reduced to) misery. **²dung** *f* ⟨-; *no pl*⟩ (reduction to) misery, pauperization.

ver'en·den *v/i* ⟨*no* **ge-, sein**⟩ *Tier*: die, perish.

ver'en|gen [-'ʔɛŋən] *v/t* ⟨*no* **ge-, h**⟩ *u. v/reflex* **sich** ~ *allg.* narrow (*a. fig. Gesichtskreis etc*), *weitS.* ([*sich*] *zs.-ziehen*) contract. **~gern** [-'ʔɛŋərn] **I** *v/t* ⟨*no* **ge-, h**⟩ **1.** (*Kleidungsstück*) take *s.th.* in. **2.** (*verengen*) narrow. **II** *v/reflex* **sich** ~ **3.** narrow. **²ge·rung** *f* ⟨-; *no pl*⟩ narrowing. **²gung** *f* ⟨-; **-en**⟩ **1.** ⟨*only sg*⟩ narrowing, *von Straße, Tal etc*: *a.* constriction. **2.** (*enge Stelle*) narrow spot (*od.* part), *med.* stenosis.

ver'erb·bar *adj* (in)heritable, heritable, *Anlagen, Krankheiten etc*: *a.* transmissible, hereditary. **ver'er·ben I** *v/t* ⟨*no* **ge-, h**⟩ **1. j-m et.** ~, **et. an j-n** ~ leave (*od.* will) s.o. s.th. (*od.* s.th. to s.o.), (*bes. Geld etc, a. humor. j-m et. schenken*) bequeath s.o. s.th. (*od.* s.th. to s.o.). **2. et. auf j-n** ~, **j-m et.** ~ a) (*Erbanlage, Krankheit etc*) transmit s.th. to s.o., b) (*Sitten, Bräuche etc*) hand s.th. down (*od.* transmit) s.th. to s.o. **II** *v/reflex* **3. sich** ~ **auf** (*acc*) be transmitted to. **ver'erb·lich** *adj* → **vererbbar. ver'erbt** *adj biol.* inherited, hereditary. **Ver'er·bung** *f* ⟨-; *no pl*⟩ *biol.* heredity, (hereditary) transmission.

Ver'er·bungs|ge,set·ze *pl* laws of heredity. **~,leh·re** *f* genetics *pl* (*als sg konstruiert*).

ver'ewi·gen [-'ʔeːvɪgən] **I** *v/t* ⟨*no* **ge-, h**⟩ *allg.* etern(al)ize, (*Zustand, Namen, j-s Andenken etc*) *a.* perpetuate, (*unsterblich machen*) immortalize. **II** *v/reflex fig. colloq.* **sich** ~ immortalize o.s. (*a. iro.*), *a. schreibend, schneidend, kratzend*: inscribe (*od.* carve, scratch) one's name (**in, auf** *dat* into, on). **ver'ewigt** *adj* (*verstorben*) deceased, departed. **Ver'ewi·gung** *f* ⟨-; *no pl*⟩ etern(al)ization, perpetuation.

ver'fah·ren¹ I *v/i* ⟨*irr, no* **ge-, sein**⟩ **1.** (**nach** on) proceed, act. **2.** ~ **mit** deal with, treat, handle. **II** *v/t* ⟨**h**⟩ **3.** (*Benzin etc*) use up, (*Zeit, Geld etc*) spend *s.th.* driving about. **III** *v/reflex* **sich** ~ **4.** take the wrong road, get lost. **5.** *fig.* (*nicht weiterkönnen*) get stuck.

ver'fah·ren² *adj fig.* (*verpfuscht*) bungled(-)up, messed(-)up; **e-e ~e Geschichte** a muddle, a mess.

Ver'fah·ren *n* ⟨-s; -⟩ **1.** ⟨*only sg*⟩ (*Vorgehen*) procedure, method, line of action. **2.** *tech.* (*~sgang*) procedure, (*Prozeß*) process, operation, (*Methode*) method, way, (*Technik*) technique, practice, (*Behandlung*) treatment. **3.** *jur.* a) ⟨*only sg*⟩ procedure, practice, b) (*Prozeß*) proceedings *pl*; **ein (gerichtliches)** ~ **gegen j-n einleiten** (*od.* **eröffnen**) institute (*od.* take) (legal) proceedings against s.o.; **ein** ~ **(wegen ...) lief gegen ihn** he had a charge (for ...) pending against him.

Ver'fah·rens|,fra·ge *f* **1.** *jur.* procedural question. **2.** *pol.* point of order. **²,recht·lich** *adj* procedural. **~,tech·nik** *f* process engineering. **~,vor·,schrift** *f jur.* procedural rule. **~,wei·se** *f* → **Verfahren** 1.

Ver'fall *m* ⟨-(e)s; *no pl*⟩ **1.** *allg.* decay, *von Gebäuden*: *a.* dilapidation, *e-r Person, von Kulturen, der Kunst etc*: *a.* decline, *moralischer*: degeneration, degeneracy; **in** ~ **geraten** a) fall into decay, go to ruin, b) decline. **2.** *econ.* (*Fristablauf*) expiry, expiration, *bes. e-s Wechsels*: *a.* maturity; **bei** ~ upon expiry, *e-s Wechsels*: at maturity, when due. **3.** *jur. e-s Rechtes*: lapse.

ver'fal·len¹ *v/i* ⟨*irr, no* **ge-, sein**⟩ **1.** *Gebäude etc*: (fall into) decay, go to ruin, dilapidate. **2.** *Kunst, Kultur, Macht, Reich etc*: decay, decline, *Kraft, Gesundheit etc*: *a.* be failing, *Kranker*: *a.* waste (*od.* fade) away, *Sitten, Moral etc*: *a.* degenerate. **3.** (*ablaufen*) expire; **die Karte ist** ~ the ticket has expired; ~ **lassen** *a.* let (*a ticket, etc*) go to waste. **4.** *jur. Recht, Anspruch etc*: lapse, expire, *Pfand etc*: become forfeited. **5. j-m** ~ a) *Sache*: become the property of, b) *Person*: become s.o.'s slave. **6.** *e-m Laster, e-r Leidenschaft etc*: become addicted (*od.* a slave) to (*drink, drugs, etc*); **dem Wahnsinn** ~ go insane. **7.** ~ **auf** (*acc*) hit (up)on, think of; **darauf wäre ich nie** ~ I should never have thought of that; **darauf** ~ **zu** *inf* take it into one's head to *inf.* **8.** ~ **in** (*acc*) (*Nachdenken, Schweigen, Dialekt etc*) fall (*od.* lapse) into; **(wieder) in den alten Schlendrian** ~ fall back (*od.* relapse, slip back) into one's old ways (*od.* the old routine); **in Krämpfe** ~ be seized by cramps.

ver'fal·len² *adj* **1.** *allg.* decayed, *Gebäude*: *a.* dilapidated. **2.** *jur.* **für** ~ **erklären** (*Hypothek etc*) foreclose, (*Pfand etc*) declare *s.th.* forfeit(ed). **3. j-m** ~ **sein** be s.o.'s slave. **4. e-r Sache** ~ **sein** be addicted (*od.* a slave) to s.th.; **dem Rauschgift** ~ **sein** *a.* be a drug addict; **dem Tode** ~ doomed.

Ver'falls|er,schei·nung *f* symptom of decay (*od.* decline). **~,tag** *m* date (of expiry), expiry (*od.* due) date.

ver'fäl|schen *v/t* ⟨*no* **ge-, h**⟩ *allg.* falsify, (*Wein, Nahrungsmittel etc*) *meist* adulterate, (*Wahrheit, Text etc*) *a.* distort, misrepresent, garble. **²scher** *m* ⟨-s; -⟩ falsifier, adulterator. **²schung** *f* ⟨-; *no pl*⟩ *allg.* falsification, *von Wein, Nahrungsmitteln etc*: *a.* adulteration, *der Wahrheit, von Tatsachen, e-s Textes etc*: *a.* distortion, misrepresentation, garbling.

ver'fan·gen I *v/i* ⟨*irr, no* **ge-, h**⟩ (*wirken*) (**bei**) have (an) effect (on), work (with *od.* on), *Argument etc*: *a.* go down (with); **bei j-m nicht** ~ *Ermahnungen etc*: *a.* be lost on s.o.; **das verfängt bei mir nicht** *a.* that won't take with me, *colloq.* that cuts no ice with me. **II** *v/reflex* **sich** ~ **in** (*dat u. acc*) (*a. fig. in Widersprüche, Lügen etc*) get caught (*od.* entangled) in.

ver'fäng·lich [-'fɛŋlɪç] *adj* **1.** *Frage etc*: tricky, captious, *stärker*: insidious. **2.** (*peinlich*) *Situation etc*: awkward, embarrassing. **3.** (*belastend*) *Brief etc*: detrimental, harmful, prejudicial. **4.** (*gewagt*) risky, risqué (*joke, etc*). **²keit** *f* ⟨-; *no pl*⟩ **1.** *e-r Frage etc*: trickiness, captiousness, *stärker*: insidiousness. **2.** (*Peinlichkeit*) awkwardness. **3.** *e-s Briefes etc*: detrimentalness, harmfulness, prejudicialness. **4.** (*Gewagtheit*) riskiness.

ver'fär|ben I *v/t* ⟨*no* **ge-, h**⟩ discolo(u)r, stain. **II** *v/reflex* **sich** ~ *Stoff etc*: discolo(u)r, become discolo(u)red, *Laub*: turn, *Gesicht, Haut, Person, Tier etc*: change colo(u)r. **²bung** *f* ⟨-; **-en**⟩ discolo(u)ration.

ver'fas|sen *v/t* ⟨*no* **ge-, h**⟩ *allg.* write, *lit.* pen, (*Gedicht etc*) *a.* compose, (*Schriftstück etc*) draw (up). **²ser** *m* ⟨-s; -⟩, **²se·rin** *f* ⟨-; **-nen**⟩ author(ess), writer, *e-s Gedichts etc*: *a.* composer. **²serschaft** *f* ⟨-; *no pl*⟩ authorship.

Ver'fas·sung¹ *f* ⟨-; *no pl*⟩ (*Zustand, a. körperliche* ~) state, condition, *seelische*: state (*od.* frame) of mind, disposition; **in guter (schlechter)** ~ in good (bad, poor) condition (*od.* shape), *Patient*: *a.* in a good (bad, poor) state (of health), *Haus, Auto etc*: *a.* in a good (bad, poor) state (of repair), in good (bad, poor) repair; **in bester** ~ in fine fettle, in top form, in excellent shape; **sich nicht in der** ~ **fühlen, et. zu tun** *a.* not to feel up to doing s.th.

Ver'fas·sung² *f* ⟨-; **-en**⟩ *pol.* constitution. **²,ge·bend** *adj* **~e Versammlung** constituent assembly.

Ver'fas·sungs|,än·de·rung *f pol.* constitutional amendment. **~,bruch** *m* breach of the constitution. **~,feind** *m* enemy of the constitution. **²,feind·lich** *adj* anti-constitutional, *activities, etc* directed against the constitution, *aims, etc* hostile to the constitution. **~ge,richt** *n* Constitutional Court. **~,kla·ge** *f* complaint of unconstitutionality. **²,mä·ßig** *adj pol.* constitutional. **~,recht** *n* constitutional law. **²,recht·lich** *adj* constitutional, *a. adv* under constitutional law. **~re,form** *f* constitutional reform. **~,schutz** *m pol.* (*a.* **Amt für** ~) Office for the Protection of the Constitution. **~,schutz·be,am·te** *m*, **~,schüt·zer** *m* officer of the (German) Federal Office for the Protection of the Constitution. **~,streit** *m* constitutional controversy. **²,treu** *adj* loyal to the constitution. **~,treue** *f* loyalty to the constitution. **~,ur,kun·de** *f* constitutional charter. **²,wid·rig** *adj* unconstitutional.

ver'fau·len *v/i* ⟨*no* **ge-, sein**⟩ rot (away), mo(u)lder, decay, putrefy. **ver'fault** *adj* rotten, decayed, putrid, putrefied.

ver'fecht·bar *adj* arguable, defensible. **ver'fech·ten** *v/t* ⟨*irr, no* **ge-, h**⟩ *allg.* fight for, stand up for, advocate, support, (*Standpunkt etc*) contend for, maintain, (*Recht, Anspruch etc*) assert. **Ver'fech·ter** *m* ⟨-s; -⟩ maintainer, supporter, advocate, champion.

ver'feh·len *v/t* ⟨*no* **ge-, h**⟩ (*Ziel, Thema, Beruf, Anschluß, Weg etc*) miss; **sich (gegenseitig)** ~ miss each other, fail to meet; *lit. od. archaic* **nicht** ~ **zu** *inf* not to fail to *inf*; → **Wirkung, Zweck** 1. **ver'fehlt** *adj* **1.** *Thema*: missed. **2.** (*fehlgeschlagen*) abortive, unsuccessful, miscarried; **~e Sache, ~e Geschichte** failure, miss; **ein ~es Leben** a misspent life. **3.** (*falsch*) wrong, misguided, ill-conceived, inappropriate (*measure, policy, etc*); **ich halte es für (völlig)** ~ **zu** *inf* I consider it (quite) inappropriate to *inf.* **Ver'feh·lung** *f* ⟨-; **-en**⟩ offen/ce (*Am.* -se), misdemeano(u)r, lapse.

ver'fein|den [-'faɪndən] **I** *v/t* ⟨*no* **ge-, h**⟩ antagonize, make enemies of, cause enmity between; **j-n mit j-m** ~ set s.o. against s.o.; **sich (miteinander)** ~ become enemies. **II** *v/reflex* **sich mit j-m** ~ fall out (*od.* break, quarrel) with s.o. **~det** *adj* hostile; **mit j-m** ~ **sein** be at daggers drawn (*od.* at enmity, on bad terms) with s.o.

ver'fei|nern [-'faɪnərn] **I** *v/t* ⟨*no* **ge-, h**⟩ *allg.* refine, (*Methode, Stil, Geschmack etc*) *a.* sophisticate, subtilize. **II** *v/reflex* **sich** ~ refine. **²ne·rung** *f* ⟨-; **-en**⟩ *allg.* refinement, *e-r Methode, des Stils, Geschmacks etc*: *a.* sophistication, subtilization.

ver'fe·men [-'feːmən] *v/t* ⟨*no* **ge-, h**⟩ (*Person*) *hist.* outlaw, *gesellschaftlich*:

ostracize, *fig.* (*Kunstrichtung etc*) ban. **Ver'fem·te** *m, f* ‹-n; -n› *hist.* outlaw, *fig.* ostracized person. **Ver'fe·mung** *f* ‹-; -en› *hist.* outlawry, *gesellschaftliche*: ostracism, *fig. e-r Kunstrichtung etc*: ban (*gen* on).

ver'fer·ti|gen *v/t* ‹*no* ge-, h› *allg.* make, *handwerklich, industriell*: manufacture, fabricate, produce, *iro.* (*Gedicht etc*) *a.* write, compose. **2gung** *f* ‹-; *no pl*› *von Waren etc*: manufacture, fabrication, production.

ver'fe·sti|gen I *v/t* ‹*no* ge-, h› *bes. chem. phys.* solidify, *tech.* strengthen, consolidate, compact. **II** *v/reflex* **sich** ~ solidify; → *a.* **festigen** II. **2gung** *f* ‹-; *no pl*› **1.** *bes. chem. phys.* solidification. **2.** *tech.* reinforcement, stabilization.

ver'fet|ten *v/i* ‹*no* ge-, sein› *med.* become (*od.* grow, get) fat (*od.* obese), *Herz, Leber etc*: become fatty (*od.* adipose). **~tet** *adj Körper*: obese, *Herz, Leber etc*: fatty, adipose. **2tung** *f* ‹-; *no pl*› fatty (*od.* adipose) degeneration, adiposis.

ver'feu·ern *v/t* ‹*no* ge-, h› **1.** (*als Brennstoff*) burn, (*Kohle, Öl etc*) burn up. **2.** (*Munition*) fire (away).

ver'fil|men *v/t* ‹*no* ge-, h› film, make a film of, (adapt *s.th.* for the) screen. **2mung** *f* ‹-; -en› a) filming, screening, b) (*Film*) film (*od.* screen) adaptation. **2mungs,rech·te** *pl* film (*od.* screen) rights.

ver'fil|zen *v/i* ‹*no* ge-, sein› *u.* **sich** ~ *v/reflex* ‹h› *Wolle, Gewebe*: felt (up), *Haare, Gewächse etc*: mat (together), *fig.* (*undurchdringlich werden*) tangle (up). **2zung** *f* ‹-; *no pl*› felting up (*etc*), *pol. contp.* nepotism and corruption, logrolling and backscratching.

ver'fin·stern [-ˈfɪnstərn] **I** *v/t* ‹*no* ge-, h› darken, obscure, *astr.* eclipse, occult. **II** *v/reflex* **sich** ~ darken (*a. fig. Gesicht etc*), *astr.* become eclipsed (*od.* occulted), eclipse.

ver'fla|chen [-ˈflaxən] **I** *v/i* ‹*no* ge-, sein› *fig.* become shallow, *a. Fußballspiel etc*: degenerate (**zu** into). **II** *v/reflex* ‹h› **sich** ~ *Gelände etc*: flatten (*od.* level) (out). **2chung** *f* ‹-; *no pl*› *fig.* **1.** degeneration. **2.** a) intellectual decline, b) lack of niveau.

ver'flech|ten I *v/t* ‹*irr, no* ge-, h› **1.** (*Stränge, Zweige, a. fig. Themen, Motive etc*) (*a.* **miteinander** ~) (**zu** into) interweave, interlace, intertwine, plait; **zu e-m Roman** ~ plait (*facts, etc*) into a novel. **2.** *econ.* (*Unternehmen etc*) (*a.* **miteinander** ~) interlock, interlink, integrate. **II** *v/reflex* **sich** ~ **3.** *Ranken etc, a. fig. Motive, Themen etc*: interweave, interlace, *a. fig. Interessen*: intertwine. **4.** (*sich verwirren*) become (en)tangled (*od.* entwined), intertwine. **5.** *econ. Unternehmen etc*: interlock, interlink, *a. Markt etc*: integrate. **2tung** *f* ‹-; -en› **1.** interweaving (*etc*). **2.** *von Strängen, Zweigen, a. fig. von Themen, Motiven etc*: interweavement, interlacement, *a. von Interessen*: intertwinement. **3.** *fig.* (*Verstrikkung*) involvement, entanglement (*in a conspiracy, etc*); **durch e-e ~ von Umständen** by (a strange) coincidence. **4.** *econ. von Unternehmen*: interlocking, *von Märkten*: integration.

ver'flie·gen I *v/i* ‹*irr, no* ge-, sein› **1.** *Aroma etc*: waft away, *a. Alkohol etc*: evaporate, volatilize. **2.** *fig.* (*vergehen*) vanish, pass away, *Stimmungen etc*: *a.* wear off, blow over, *Zeit*: fly (past), flit. **II** *v/reflex* **sich** ~ **3.** *Vogel*: stray, *Pilot*: lose one's (*Flugzeug*: it's) bearings, get lost.

ver'flie·ßen *v/i* ‹*irr, no* ge-, sein› **1.** (**ineinander** ~) *Farben, a. fig. Begriffe etc*: blend, mingle (into one another *od.* each other). **2.** *fig. Zeit, Frist etc*: pass (by), slip by, (e)lapse.

ver'flixt [-ˈflɪkst] *colloq.* **I** *adj* **1.** → **verdammt** I; **ein ~er Kerl** a devil of a fellow; **das ~e siebte Jahr** the seven-year itch. **2.** (*unangenehm*) unpleasant, awkward. **II** *adv* **3.** → **verdammt** II.

ver'floch·ten *adj* **1.** *a. fig.* interwoven, intertwined, (*verwirrt, a. fig.*) (en)tangled; *fig.* **in e-e Sache ~ sein** be entangled (*od.* involved) in (*an unpleasant affair, etc*). **2.** *fig.* (*kompliziert*) *Romanhandlung etc*: involved, intricate. **3.** *econ. Unternehmen*: interlocked, interlinked, integrated.

ver'flos·sen *adj* **1.** (*vergangen*) past; **im ~en Jahr** in the past year. **2.** *colloq.* (*ehemalig*) late, ex-; **s-e ~e Freundin, s-e 2e** his ex-girl(friend).

ver'flu·chen *v/t* ‹*no* ge-, h› curse (*a. fig. verwünschen*), lay (*od.* put) *s.th.* under a curse. **ver'flucht** *colloq.* **I** *adj* → **verdammt** I. **II** *adv* → **verdammt** II.

ver'flüch·ti·gen [-ˈflʏçtɪgən] **I** *v/reflex* ‹*no* ge-, h› **sich** ~ **1.** *bes. chem.* volatilize. **2.** *fig. humor.* (*verschwinden*) vanish, *Person*: *a.* slink away (*od.* off), make o.s. scarce. **II** *v/t* **3.** *bes. chem.* volatilize.

Ver'flu·chung *f* ‹-; -en› malediction.

ver'flüs·si|gen [-ˈflʏsɪgən] *v/t* ‹*no* ge-, h› *u. v/reflex* **sich** ~ liquefy. **2gung** *f* ‹-; *no pl*› liquefaction.

Ver'folg [-ˈfɔlk] *m* ‹-(e)s; *no pl*› *adm.* **im** (*od.* **in**) ~ **dieser Angelegenheit** in pursuing this matter (further), (*im Verlauf*) in the course of this matter.

ver'fol·gen I *v/t* ‹*no* ge-, h› **1.** pursue, chase, (*Verbrecher, Wild*) *a.* track, trail (*a criminal, game, etc*), (*j-m auf den Fersen folgen*) tail, be on *s.o.'s* heels, *ständig*: dog *s.o.'s* footsteps, (*Spur, fig. Hinweis, Gedanken*) follow, *mit Radar etc*: track; **j-n mit den Augen** ~ pursue s.o. with one's eyes; *fig.* **e-e Sache weiter** ~ pursue a matter further. **2.** *ungerecht, grausam*: persecute; *fig.* **j-n mit Haß (Spott)** ~ pursue s.o. with hatred (contempt). **3.** (*bedrängen*) pester, *colloq.* plague; **j-n mit Bitten** ~ *a.* persecute (*od.* badger) s.o. with requests. **4. et. verfolgt j-n** *Unglück, schlechter Ruf etc*: s.th. pursues s.o., *Gedanke, Melodie etc*: *a.* s.th. haunts s.o.; **vom Pech** (*od.* **Unglück**) **verfolgt** pursued by misfortune, dogged by bad luck. **5.** (*Ereignisse, Entwicklung etc*) follow, keep track of (*the events, etc*), (*nachfassen*) follow *s.th.* up. **6.** *fig.* (*Politik, Laufbahn, Absicht, Ziel etc*) pursue; **was für e-n Zweck verfolgst du damit?** what are you aiming at? **7. j-n gerichtlich** ~ take legal steps against s.o., institute (legal) proceedings against s.o., sue s.o.; **j-n strafrechtlich** ~ prosecute s.o.

Ver'fol·ger *m* ‹-s; -› pursuer, *grausamer*: persecutor. **Ver'folg·te** *m, f* ‹-n; -n› *aus politischen, rassischen, religiösen Gründen*: persecuted person, persecutee; **die ~n des Naziregimes** the victims of Nazi persecution. **Ver'fol·gung** *f* ‹-; -en› **1.** pursuit (*a. Radsport*), chase, hunt, tracking (*a. Radar*); **die ~ aufnehmen** give chase, take up the pursuit. **2.** *grausame, politische etc*: persecution. **3. strafrechtliche** ~ (criminal) prosecution. **4.** *fig. von Ereignissen, Entwicklungen etc*: pursuit, *e-r Politik, e-s Zweckes, Zieles etc*: *a.* pursuance.

Ver'fol·gungs|,jagd *f a. Sport*: hot pursuit, *im Auto*: *a.* car-chase. **~,ren·nen** *n Radsport*: pursuit race. **~,wahn** *m psych.* persecution mania (*od.* complex).

ver'form·bar *adj tech.* workable, ductile, plastic; **warm** ~ thermoplastic. **2keit** *f* ‹-; *no pl*› ductility, workability, plasticity.

ver'for|men I *v/t* ‹*no* ge-, h› **1.** deform. **2.** *tech.* work, shape, form. **II** *v/reflex* **sich** ~ **3.** *a. tech.* deform. **2mung** *f* ‹-; -en› **1.** deformation. **2.** *tech.* working, shaping.

ver'frach|ten [-ˈfraxtən] *v/t* ‹*no* ge-, h› (*Güter etc*) (**nach** to) freight, ship; *fig. colloq.* **j-n** ~ bundle s.o. (off) (**ins Bett** to bed), put s.o. (*in a train, etc*). **2ter** *m* ‹-s; -› freighter, shipper. **2tung** *f* ‹-; *no pl*› freighting, shipment.

ver'fran·zen [-ˈfrantsən] *v/reflex* ‹*no* ge-, h› **sich** ~ *aer. colloq.* get lost.

ver'frem|den [-ˈfrɛmdən] *v/t* ‹*no* ge-, h› *Literatur, Kunst*: alienate. **2dung** *f* ‹-; *no pl*› alienation. **2dungs·ef,fekt** *m* alienation effect.

ver'fres·sen[1] *v/t* ‹*irr, no* ge-, h› *colloq.* spend (*one's money*) on food.

ver'fres·sen[2] *adj colloq.* greedy, gluttonous; **~er Kerl** *a.* (real) pig. **2heit** *f* ‹-; *no pl*› *colloq.* greed(iness), gluttony.

ver'fro·ren *adj* sensitive to cold, (*durchgefroren*) chilled (through).

ver'früht I *adj* premature; **unser Jubel ist** ~ we have rejoiced too soon. **II** *adv* prematurely, too early, too soon.

ver'füg·bar *adj* available, (**frei** ~ freely) disposable; ~ **haben** have *s.th.* at one's disposal (*od.* available), dispose of; ~ **machen** make *s.th.* available (*dat* to); *econ.* **~e Ware** stock in hand; **~es Einkommen** disposable (*od.* discretionary) income; **~es Bargeld** available (*od.* ready) cash, cash in hand; **~es Kapital** funds *pl* available, unemployed capital. **2keit** *f* ‹-; *no pl*› availability, disposability.

ver'fu·gen *v/t* ‹*no* ge-, h› point (up).

ver'fü·gen I *v/t* ‹*no* ge-, h› **1.** order, decree, *durch Gesetz*: provide; **den Bau e-r neuen Schule** ~ order a new school to be built; **das Gericht verfügte, daß** the court ruled that; **et. letztwillig** (*od.* **testamentarisch**) ~ decree s.th. by will (*od.* testament). **II** *v/i* **2.** ~ **über** (*acc*), *oft* ~ **können über** (*acc*) have *s.th.* at one's disposal (*od.* command), be master of, use *s.th.* as one sees fit; **über j-n** ~ command s.o.'s services, have s.o. at one's disposal; **er kann über s-e Zeit frei** ~ he is master of his time, his time is entirely at his own disposal; **sie kann über ihr Taschengeld frei** ~ she can use her pocket money freely (*od.* as she sees fit, as she likes *od.* wishes); ~ **Sie über mich!** I am at your service (*od.* disposal); **letztwillig ~ über** (*acc*) dispose of *s.th.* by will. **3.** ~ **über** (*acc*) (*besitzen*) have, possess, (*bes. Fähigkeiten etc*) *a.* be endowed with, (*bes. Sprachkenntnisse etc*) have ([a] command of), (*ausgestattet sein mit*) be provided (*od.* equipped) with; **über ein ansehnliches Vermögen** ~ possess (*od.* have) ample means; **über außerordentliche Körperkräfte** ~ have great physical strength; **über gute Kenntnisse in Französisch** ~ have a good knowledge (*od.* command) of French. **III** *v/reflex* **4.** *adm.* **sich** ~ **nach** (*sich begeben*) proceed (*od.* betake o.s.) to.

Ver'fü·gung *f* ‹-; -en› **1.** (*amtliche, gerichtliche* ~) decree, order, (*Anweisung*) instruction; **laut** ~ as ordered, as directed; **e-e ~ erlassen** issue a decree, make an order; → **einstweilig**. **2.** ‹*only sg*› (**über** *acc* of) disposal, disposition; **freie** ~ free disposal, power freely to dispose; **zur ~ stehen** *Sache*: be available, *j-m*: be at s.o.'s disposal; **ich stehe Ihnen jederzeit gern zur** ~ I am at your disposal (*od.* service) at any time;

et. zur (*od.* zu s-r) ~ haben have s.th. at one's disposal (*od.* command), have s.th. available (*od.* in, on hand); es steht zu Ihrer ~ it is at your disposal, you are welcome to it; j-m et. zur ~ stellen make s.th. available to s.o., place (*od.* put) s.th. at s.o.'s disposal; sich j-m zur ~ stellen offer one's services to s.o.; sich (freiwillig) zur ~ stellen volunteer; sein Amt zur ~ stellen hand in (*od.* tender) one's resignation; sich zur ~ halten stand by; *mil.* zur besonderen ~ seconded (*Am.* at disposal) for special duty. 3. *jur. eigentumsrechtliche*: disposition (über *acc* of); letztwillige ~ disposition by will, testamentary disposition; die nötigen ~en treffen make the necessary dispositions.

verˈfü·gungs|beˌrech·tigt *adj* authorized to dispose. **≈geˌwalt** *f* (über *acc* of) disposal, control. **≈ˌrecht** *n* right of disposal.

verˈfüh·ren *v/t* ⟨*no* ge-, h⟩ 1. *sexuell*: seduce. 2. (*verleiten*) seduce, lead *s.o.* astray; ~ wollen *a.* (try to) tempt; j-n zum Trinken ~ lead s.o. into drinking; j-n zu et. ~, j-n ~, et. zu tun entice s.o. into doing (*od.* to do) s.th., seduce s.o. into doing s.th.; die niedrigen Preise verführten sie zum Kauf the low prices seduced her into buying. **Verˈfüh·rer** *m* ⟨-s; -⟩ seducer. **Verˈfüh·re·rin** *f* ⟨-; -nen⟩ seductress. **verˈfüh·re·risch** *adj* seductive (*woman, smile, etc*), *weitS.* (*verlockend*) alluring, enticing, tempting. **Verˈführ·te** *m, f* ⟨-n; -n⟩ seduced person, seducee. **Verˈfüh·rung** *f* ⟨-; -en⟩ *a. fig.* seduction. **Verˈfüh·rungsˌkün·ste** *pl* charms, wiles, seductive art *sg*, powers of persuasion.

verˈfünfˌfa·chen [-ˌfaxən] *v/t* ⟨*no* ge-, h⟩ *u. v/reflex* sich ~ quintuple.

verˈfüt·tern *v/t* ⟨*no* ge-, h⟩ feed (*dat* to).

Verˈga·be *f* ⟨-; *rare* -n⟩ *von Aufträgen*: placing (*of orders*), *bei Ausschreibungen*: award (*of contracts*), *von öffentlichen Mitteln od. Arbeiten*: allocation, *von Stipendien etc*: grant, *e-r Stelle etc*: assignment.

verˈgaf·fen *v/reflex* ⟨*no* ge-, h⟩ *colloq.* sich in j-n ~ fall for s.o. completely, *sl.* get a crush on s.o.

verˈgäl·len [-ˈgɛlən] *v/t* ⟨*no* ge-, h⟩ (*Alkohol etc*) denature; *fig.* j-m die Freude ~ mar (*od.* sour) s.o.'s joy; j-m das Leben ~ embitter (*od.* sour, envenom) s.o.'s life.

ver·ga·lopˈpie·ren *v/reflex* ⟨*no* ge-, h⟩ *fig. colloq.* sich ~ a) overshoot the mark, b) make a (bad) blunder.

verˈgam|meln *colloq.* I *v/i* ⟨*no* ge-, sein⟩ rot (away), *Person*: *a.* go to the dogs (*sl.* to seed), *Lebensmittel*: *a.* go off, go bad, *Geräte etc*: foul up. II *v/t* ⟨h⟩ (*Zeit etc*) laze *s.th.* away. **~melt** *adj colloq.* (*verdorben, nicht mehr neu*) rotten, (*verkommen*) scruffy, down(-)at(-)heel, (*schäbig*) seedy.

verˈgan·gen I *adj* bygone, past; längst ~e Zeiten times long past (*od.* gone by); im ~en Jahr, ~es Jahr last year. II **≈e, das** ⟨-n⟩ the past, things *pl* past.

Verˈgan·gen·heit *f* ⟨-; *no pl*⟩ 1. past; bis in die jüngste ~ hinein until very recently; der ~ angehören be a thing of the past, be over and done with; lassen wir die ~ ruhen let bygones be bygones. 2. *fig.* (*Vorleben*) past, antecedents *pl*; e-e Frau mit ~ a woman with a past; s-e politische ~ his political past (*od.* background); e-e ~ haben *Person*: have a past, *Sache*: have a history. 3. *ling.* past (tense). **~s·beˌwäl·ti·gung** *f pol.* coming to terms with the past, *stärker*: laying the ghosts of the past. **~sˌform** *f* ⟨-; -en⟩ *ling.* past (form *od.* tense).

verˈgäng·lich [-ˈgɛŋlɪç] I *adj* transitory, transient, ephemeral. II **≈e, das** ⟨-n⟩ things *pl* transient. **≈keit** *f* ⟨-; *no pl*⟩ transitoriness, transience, ephemerality.

verˈgä·ren *v/t* ⟨*irr, no* ge-, h⟩ ferment.

verˈga·sen *v/t* ⟨*no* ge-, h⟩ 1. *chem.* gasify. 2. *mot.* carburet. 3. (*durch Gas töten*) gas.

Verˈga·ser *m* ⟨-s; -⟩ *mot.* carburet(t)or, carburet(t)er. **~ˌbrand** *m* carburet(t)or fire. **~einˌstel·lung** *f* carburet(t)or adjustment.

verˈgaß [-ˈgaːs] *1 u. 3 sg pret,* **verˈgä·ße** [-ˈgɛːsə] *1 u. 3 sg pret subj of* **vergessen**[1].

Verˈga·sung *f* ⟨-; *no pl*⟩ 1. *chem.* gasification. 2. *mot.* carburetion. 3. (*Tötung*) gassing; *colloq.* bis zur (kalten) ~ until you are blue in the face.

verˈgat·tern [-ˈgatərn] *v/t* ⟨*no* ge-, h⟩ *humor.* swear *s.o.* (in), enjoin *s.o.* (*to do s.th.*), (*warnen*) warn *s.o.*; → *a.* verdonnern 2.

verˈge·ben[1] I *v/t* ⟨*irr, no* ge-, h⟩ 1. j-m et. ~ (*Schuld, Unrecht etc*) forgive (*od.* pardon) s.o. (for doing) s.th.; j-m s-e Untreue ~ *a.* condone s.o.'s infidelity. 2. sich (*dat*) et. ~ compromise o.s. (durch by *doing s.th.*); s-r Würde et. ~ compromise one's dignity; du vergibst dir nichts, wenn du das tust, damit vergibst du dir nichts you would not be compromising yourself by doing it. 3. (an *acc*) give *s.th.* away (to), (*Auftrag*) place (*an order*) (with), *bei Ausschreibungen*: award (*a contract*) (to), (*öffentliche Gelder*) allocate (to), (*Stipendien*) grant (to), (*Posten, Aufgabe etc*) assign (to), (*Tanz, Abend etc*) promise (*s.o. s.th.*); wir haben (*od.* bei uns ist) e-e Stelle zu ~ we have a vacancy. 4. (*Chance etc*) let *s.th.* go (*od.* slip), miss, give *s.th.* away. II *v/i* 5. j-m ~ forgive s.o. 6. *Sport*: miss, give the chance away. III *v/reflex* sich ~ 7. *Kartenspiel*: misdeal, deal wrong(ly). IV **≈** *n* ⟨-s⟩ 8. forgiving (*etc*). 9. → Vergebung 1. 10. → Vergabe.

verˈge·ben[2] *adj* 1. das ist ~ und vergessen *Schuld, Unrecht etc*: that is forgiven and forgotten, that is over and done with. 2. *Stelle*: filled, taken, *Arbeit*: assigned, given out; noch nicht ~ *Stelle*: still vacant; heute abend bin ich schon ~ I have a previous engagement (*od.* I have s.th. on) this evening; *humor.* sie ist schon ~ she is spoken for.

verˈge·bens I *adj* ⟨*pred*⟩ in vain, of (*od.* to) no avail, to no purpose; es ist alles ~ it is all in vain. II *adv* in vain, vainly, to no avail; ~ warten wait in vain.

verˈgeb·lich [-ˈgeːplɪç] I *adj Versuch, Mühe etc*: vain, futile, useless, idle; → *a.* vergebens I; d-e Anstrengungen sind ~ your efforts are futile (*od.* in vain, wasted). II *adv* in vain, vainly; → *a.* vergebens II. **≈keit** *f* ⟨-; *no pl*⟩ futility, vainness (*etc*).

Verˈge·bung *f* ⟨-; *no pl*⟩ 1. forgiveness, pardon; *relig.* ~ der Sünden remission of sins; *lit.* ich bitte um ~ I beg your pardon; j-n um ~ bitten ask s.o.'s forgiveness. 2. → Vergabe.

verˈge·gen|ˌständ·li·chen [-ˌʃtɛntlɪçən] *v/t* ⟨*no* ge-, h⟩ *bes. philos.* objectify. **~ˌwär·ti·gen** [-ˌvɛrtɪgən] *v/t* ⟨*no* ge-, h⟩ bring *s.th.* to mind (*stärker*: home); sich (*dat*) et. ~ visualize s.th.

verˈge·hen[1] I *v/i* ⟨*irr, no* ge-, sein⟩ 1. *Zeit etc*: go by, pass (by); wie (doch) die Zeit vergeht! how time flies!; es werden noch Wochen ~, ehe it will be weeks before; damit die Zeit vergeht (in order) to pass the time; darüber verging ein voller Tag it took a whole day. 2. pass away, die, perish, (*aufhören*) cease, (*verschwinden*) vanish, disappear, *allmählich*: fade (away), die away, *Schmerz, Gefühl, Wirkung, Zorn etc*: *a.* pass (off *od.* away), wear off, blow over; das vergeht (schon) wieder that won't last, it will blow over. 3. vor Ungeduld (Hunger *etc*) ~ be dying with impatience (hunger, *etc*); vor Sehnsucht (*od.* Gram) ~ pine away; vor Angst ~ be frightened to death, be beside o.s. with fear. 4. dabei vergeht e-m das Lachen, dabei kann e-m das Lachen ~ this is enough to make you stop laughing; dir wird das Lachen noch ~! you will laugh on the other side of your face!; mir ist die Lust (*od.* Freude) daran vergangen this put me off (it); → Appetit, hören III. II **≈** *n* ⟨-s⟩ 5. *lit.* das Werden und ≈ (the cycle of) growth and decay.

verˈge·hen[2] *v/reflex* ⟨*irr, no* ge-, h⟩ 1. sich an j-m ~ commit (an) indecent assault on s.o., (*vergewaltigen*) rape (*od.* violate, ravish) s.o. 2. sich (gröblich) ~ gegen (*Gesetz, gute Sitten etc*) offend against, violate, outrage.

Verˈge·hen *n* ⟨-s; -⟩ *jur.* offen/ce (*Am.* -se), misdemeano(u)r, delict; sich e-s ~s schuldig machen commit an offence.

verˈgei·sti|gen [-ˈgaɪstɪgən] *v/t* ⟨*no* ge-, h⟩ spiritualize; vergeistigtes Gesicht spiritual face. **≈gung** *f* ⟨-; *no pl*⟩ spiritualization.

verˈgel|ten *v/t* ⟨*irr, no* ge-, h⟩ *allg.* repay, requite, (*belohnen*) *a.* reward, recompense, (*rächen*) *a.* retaliate, avenge; j-m et. ~ repay (*od.* requite) s.o. for s.th.; Böses mit Bösem ~ return evil for evil, retaliate; das werde ich dir ~! I'll pay you back (*od.* I'll get back at you) for that; → gleich IV, Gott 3. **≈tung** *f* ⟨-; *no pl*⟩ *allg.* repayment, requital, retribution, (*Rache*) *a.* retaliation, reprisal(s *pl*), *rare* (*Belohnung*) reward; als ~ für in retaliation for (*od.* of); ~ üben retaliate (an *dat* [up]on), *bes. im Krieg*: *a.* make reprisals.

Verˈgel·tungs|ˌanˌgriff *m mil.* retaliation attack. **~ˌmaßˌnah·me** *f* retaliatory measure, reprisal(s *pl*); ~n ergreifen *a.* retaliate, *bes. mil.* make reprisals. **~ˌschlag** *m mil.* retaliatory strike.

ver·geˈsell·schaf|ten [-gəˈzɛlʃaftən] I *v/t* ⟨*pp* vergesellschaftet, h⟩ *econ.* 1. (*verstaatlichen*) nationalize. 2. incorporate. II *v/reflex* sich ~ 3. *biol.* associate. **≈tung** *f* ⟨-; -en⟩ 1. *econ.* a) nationalization, b) incorporation. 2. *biol.* association.

verˈges·sen[1] [-ˈgɛsən] I *v/t* ⟨vergißt, vergaß, vergessen, h⟩ 1. forget; ich habe ihn längst ~ I have long forgotten him; ich habe es ~ *a.* it slipped my mind; ich habe ganz ~, wie I forget how; das vergißt man leicht that is easily forgotten; jetzt habe ich ~, was ich sagen wollte I forget (*od.* have forgotten) what I was going to say; wir dürfen das nie ~ *a.* we must always keep (*od.* bear) that in mind. 2. (*nicht denken an*) forget (about), *weitS.* (*Pflicht etc vernachlässigen*) neglect, be forgetful (*od.* unmindful) of, (*auslassen*) omit, (*übersehen*) overlook; das habe ich ganz (glatt) ~! I completely (clean) forgot about it; vergiß nicht, die Rechnung zu bezahlen don't forget to pay (*od.* about paying) the bill, be sure to pay the bill; über dem Erzählen das Essen ~ neglect one's food for all the things one has to tell; ach, daß ich es nicht vergesse, bevor ich es vergesse before I forget; das können Sie ~! forget (about) it!; das werde ich dir nie ~ I shall never forget that, that won't be forgotten, (*e-e gute Tat*) *a.* I'll always remember you for that; ... **nicht zu** ~ *bei Aufzählung*: not forgetting ... **3.** (*liegenlassen*) leave *s.th.* behind, forget; **et. zu Hause** ~ leave s.th. at home; **ich habe m-n Schirm bei euch** ~ I left my umbrella (behind) at your place. **II** *v/i* **4.** forget; **ich vergesse leicht** (*bin vergeßlich*) I am rather forgetful, I forget things, (*bin nicht nachtragend*) I soon forget. **III** *v/reflex* **sich** ~ **5.** forget o.s.; **wie konntest du dich so (weit)** ~ **zu** *inf* how could you so forget yourself as to *inf*. **6.** *beim Verteilen etc*: forget o.s., forget to take one's share. **7. das vergißt sich leicht** that is easily forgotten. **IV** ♀ *n* <-s> **8.** forgetting (*etc*). **9.** *lit.* **dem** ♀ **anheimfallen** fall (*od.* sink) into oblivion; ♀ **suchen** try to forget.

ver'ges·sen² *adj* forgotten; **längst** ~ long(-)forgotten; → **vergeben²** 1.

Ver'ges·sen·heit *f* <-; *no pl*> oblivion, obscurity; **in** ~ **geraten** fall (*od.* sink) into oblivion.

ver'geß·lich *adj* forgetful; ~ **sein** *a.* forget things. ♀**keit** *f* <-; *no pl*> forgetfulness.

ver'geu|den [-'gɔydən] *v/t* <*no* **ge-**, **h**> (*Geld, Kräfte etc*) waste, squander, dissipate, (*Zeit, Leben*) *a.* misspend. ♀**der** *m* <-s; -> squanderer, waster, wastrel. ♀**dung** *f* <-; *no pl*> waste, squander, dissipation.

ver·ge'wal·ti|gen [-gə'valtɪgən] *v/t* <*pp* **vergewaltigt, h**> **1.** (*Frau*) rape, violate, ravish. **2.** *fig.* violate, do violence to, outrage. ♀**gung** *f* <-; -en> **1.** *e-r Frau*: rape, ravishment, violation. **2.** *fig.* violation, outrage (*gen* [up]on).

ver·ge'wis·sern [-gə'vɪsərn] *v/reflex* <*pp* **vergewissert, h**> **sich e-r Sache** ~ make sure of s.th., ascertain s.th., satisfy o.s. of s.th.; **sich** ~, **ob (daß)** make sure (*od.* ascertain) whether (that) *the door is locked, etc.*

ver'gie·ßen *v/t* <*irr, no* **ge-**, **h**> **1.** (*verschütten*) spill, slop. **2.** (*Blut, Tränen*) shed. **3.** *metall.* pour.

ver'gif|ten I *v/t* <*no* **ge-**, **h**> (*Person, Speise, a. fig. Atmosphäre etc*) poison, vitiate, envenom, (*Umwelt*) contaminate, pollute. **II** *v/reflex* **sich** ~ poison o.s., take poison. ♀**tung** *f* <-; -en> poisoning (*a. fig.*), *med. a.* toxicopathy, *der Umwelt*: contamination, pollution. ♀**tungs·er,schei·nung** *f* sign (*od.* symptom) of poisoning.

ver'gil·ben *v/i* <*no* **ge-**, **sein**> (turn, go, become) yellow. **ver'gilbt** *adj* yellowed.

ver'gip·sen *v/t* <*no* **ge-**, **h**> *tech.* plaster.

ver'giß [-'gɪs] *imp sg of* **vergessen¹**.

Ver'giß,mein,nicht *n* <-(e)s; -(e)> *bot.* forget-me-not.

ver'gißt [-'gɪst] *2 u. 3 sg pres of* **vergessen¹**.

ver'git·tern [-'gɪtərn] *v/t* <*no* **ge-**, **h**> grate, lattice, *mit Stangen*: bar, *mit Draht*: wire in.

ver'gla|sen I *v/t* <*no* **ge-**, **h**> **1.** (*Fenster etc*) glaze, pane, (*Raum*) glass in. **II** *v/i* <**sein**> **2.** (*zu Glas werden*) vitrify. **3.** *fig. Blick etc*: glaze. ♀**sung** *f* <-; -en> **1.** (*Glasscheiben*) glasswork. **2.** <*only sg*> a) glazing, b) *chem.* vitrification.

Ver'gleich *m* <-(e)s; -e> **1.** comparison, (*Text*♀) *a.* collation, *rhet.* simile; **der** ~ **hinkt** this comparison limps, (this is) a very lame comparison; ~**e anstellen** compare things; **e-n** ~ **ziehen** (*od.* **anstellen**) **zwischen** draw (*od.* make) a comparison between; **im** ~ **zu** in (*od.* by) comparison with, (as) compared to (*od.* with); **den (k-n)** ~ **aushalten mit** stand (*od.* bear) (no) comparison with; **A steht in k-m** ~ (*od.* **ist nichts im** ~, *colloq.* **ist kein** ~) **zu B** there is no comparison between (*od.* no comparing) A and B, A cannot compare with B. **2.** *econ. jur.* settlement, arrangement, compromise, *mit Gläubigern*: *a.* composition; **außergerichtlicher** ~ settlement out of court; **gütlicher** ~ amicable arrangement; **e-n** ~ **(mit j-m) schließen** (*od.* **eingehen**) → **vergleichen** 3; **durch** ~ → **Vergleichsweg**.

ver'gleich·bar *adj* comparable (**mit** with, to); **A ist mit B nicht** ~, **A und B sind nicht** ~ *a.* A does not compare with B. ♀**keit** *f* <-; *no pl*> (**mit** with, to) comparability, comparableness.

ver'glei·chen I *v/t* <*irr, no* **ge-**, **h**> **1.** (**mit**) compare (with, *gleichstellend*: to), (*Texte etc*) *a.* collate (with), *bildhaft*: *a.* liken (to); **Rechnungen** ~ compare (*od.* check, collate) bills; **die Zeit** (*od.* **die Uhren**) ~ compare (*od.* check) the time; **man kann Paris nicht mit London** ~ one cannot compare Paris with (*od.* to) London; **das menschliche Gehirn mit e-m Computer** ~ compare (*od.* liken) the human brain to a computer; **es ist nicht zu** ~ **mit** it does not compare to, it's nothing to; **vergleiche (dazu) Seite 18** confer (*od.* compare) page 18. **II** *v/reflex* **2. j-d (et.) kann sich nicht** ~ **mit** (*hält k-n Vergleich aus*) s.o. (s.th.) cannot compare with *s.o., s.th.* **3.** *econ. jur.* **sich** ~ (**mit** with) come to an agreement (*od.* to terms), settle, *mit Gläubigern*: *a.* compound. **III** ♀ *n* <-s> **4.** comparing (*etc*). **5.** → **Vergleich** 1. ~**d** *adj* comparative.

Ver'gleichs|,jahr *n Statistik*: year of comparison. ~**,kampf** *m Sport*: test. ~**,maß,stab** *m* standard of comparison. ~**ver,fah·ren** *n* settlement (*bei Konkurs*: composition) proceedings *pl*. ~**ver,wal·ter** *m* trustee in settlement (*od.* composition) proceedings. ~**,weg** *m* **auf dem** ~**(e)** by (way of) settlement (*bei Konkurs*: composition); **et. auf dem** ~**(e) beilegen** settle s.th. by (way of) compromise. ♀**,wei·se** *adv* (*verhältnismäßig*) comparatively, (*im Vergleich*) by (way of) comparison. ~**,wert** *m* comparative value. ~**,zahl**, ~**,zif·fer** *f* comparative figure.

Ver'glei·chung *f* <-; -en> → **Vergleich** 1, **vergleichen** 4.

ver'glet|schern [-'glɛtʃərn] *v/i* <*no* **ge-**, **sein**> glaciate. ♀**sche·rung** *f* <-; -en> glaciation.

ver'gli·chen *adj* ~ **mit** (as) compared to (*od.* with).

ver'glim·men *v/i* <*meist irr, no* **ge-**, **sein**> *Feuer etc*: die down, *Lichtschein etc*: fade away.

ver'glü·hen *v/i* <*no* **ge-**, **sein**> *Feuer etc*: smo(u)lder, die down, *Meteor, Rakete etc*: burn out (*od.* up), *fig. Sonne etc*: die (*od.* fade) away.

Ver'gnü·gen [-'gny:gən] *n* <-s; -> pleasure, enjoyment, delight, (*Spaß*) fun, (*Unterhaltung, Veranstaltung*) entertainment; **Segeln ist ein herrliches** ~ sailing is marvel(l)ous fun; **j-m (großes)** ~ **machen** (*od.* **bereiten**) give (*od.* afford) s.o. (great) pleasure, amuse s.o. (a great deal); ~ **haben** (*od.* **finden**) **an** (*dat*) find (*od.* take) pleasure in, derive pleasure from, enjoy, get fun out of; **sich ein** ~ **daraus machen, et. zu tun** delight in doing (*od.* to do) s.th., take pleasure (*od.* delight) in doing s.th.; **(nur) aus** (*od.* **zum**) ~ (just) for pleasure (*od.* for the fun of it, for one's own amusement, *colloq.* for kicks); **mit (dem größten)** ~ with (the greatest) pleasure; **viel** ~! have a good time!, enjoy yourself (yourselves)!, *iro.* I wish you joy (*od.* luck)!; **mit wem habe ich das** ~? (*zu sprechen*) who(m) do I have the pleasure of talking to?; **es war mir ein** ~! my pleasure!, it was a pleasure!; **es war kein** ~ it was no fun (*colloq.* picnic); *fig. colloq.* **ein teures** ~ a costly affair. **ver'gnü·gen I** *v/t* <*no* **ge-**, **h**> amuse, divert. **II** *v/reflex* **sich** ~ amuse (*od.* enjoy) o.s.; **sich mit Tennisspielen** ~ enjoy o.s. playing tennis; **die Kinder vergnügten sich mit Spielen** the children amused themselves by playing games. **ver'gnüg·lich** [-'gny:klɪç] *adj* pleasant, amusing, entertaining, delightful.

ver'gnügt *adj* cheerful, gay, merry; **in** ~**er Stimmung sein** be cheerful (*etc*), be in high spirits; **sich** (*dat*) **e-n** ~**en Tag machen** have a merry (*colloq.* great) day of it. ♀**heit** *f* <-; *no pl*> gaiety, merriness, cheerfulness.

Ver'gnü·gung *f* <-; -en> *meist pl* pleasure, amusement, (*a. Veranstaltung*) entertainment.

Ver'gnü·gungs|,park *m* amusement park, *bes. Br.* fun fair. ~**,rei·se** *f* pleasure trip (*od.* tour, *zur See*: cruise). ~**,rei·sen·de** *m, f* tourist. ~**,stät·te** *f* place of entertainment. ~**,steu·er** *f* entertainment tax. ~**,sucht** *f* (inordinate) love of pleasure, hunt for pleasure. ♀**,süch·tig** *adj* pleasure-hunting (*od.* -seeking); ~**er Mensch** pleasure-hunter (*od.* -seeker). ~**,vier·tel** *n* nightclub (*od.* night-life) district.

ver'gol|den [-'gɔldən] *v/t* <*no* **ge-**, **h**> gild (*a. fig.*), gold-plate. ♀**der** *m* <-s; -> gilder. ~**det** *adj* gilt, gilded, gold-plated. ♀**dung** *f* <-; -en> gilding, (*Goldüberzug*) *a.* gilt, gold-coating (*od.* -plating).

ver'gön·nen *v/t* <*no* **ge-**, **h**> **j-m et.** ~ grant s.o. s.th.; **es war ihm nicht mehr vergönnt zu** *inf* it was not granted to him to *inf*; **es war mir vergönnt zu** *inf* I had the privilege to *inf*.

ver'go·ren *adj* fermented.

ver'göt|tern [-'gœtərn] *v/t* <*no* **ge-**, **h**> *fig.* idolize, worship, adore. ♀**te·rung** *f* <-; *no pl*> idolization, worship, adoration.

ver'gött·li|chen [-'gœtlɪçən] *v/t* <*no* **ge-**, **h**> deify. ♀**chung** *f* <-; *no pl*> deification.

ver'gra·ben I *v/t* <*irr, no* **ge-**, **h**> hide in the ground, *a. fig.* bury; *fig.* **die Hände in die Hosentaschen** ~ bury one's hands in one's trouser pockets. **II** *v/reflex* **sich** ~ *Tier*: bury itself; *fig.* **sich in s-n Büchern (auf dem Land)** ~ bury o.s. in one's books (in the country).

ver'grä·men *v/t* <*no* **ge-**, **h**> **1. j-n** ~ a) put (*od.* scare) s.o. off, b) hurt s.o.'s feelings, pique (*od.* huff) s.o. **2.** *hunt.* frighten, scare (*game*). **ver'grämt** *adj* careworn, woebegone.

ver'grau·len *v/t* <*no* **ge-**, **h**> *colloq.* put (*od.* scare) *s.o.* off.

ver'grei·fen *v/reflex* <*irr, no* **ge-**, **h**> **sich** ~ **1.** *allg.* make a mistake, *auf e-m Musikinstrument*: *a.* play (*od.* strike) the wrong note, *auf e-r Schreibmaschine etc, a. beim Klavierspielen*: strike the wrong key; *fig.* **sich im Ton** ~ strike (*od.* sound) a false note; **sich im Ausdruck** ~ confuse one's terms, *b.s.* talk out of turn. **2. sich** ~ **an** (*dat*) a) *fremdem Eigentum*: misappropriate, *Geld*: *a.* embezzle, *colloq.* (*klauen*) pinch, swipe, b) *fig. colloq.* (*herumbasteln*) fiddle (*od.* tamper) with; **sich an der Kasse** ~ dip into the till. **3. sich an j-m** ~ lay (violent) hands on s.o., attack (*od.* assault) s.o., (*geschlechtlich mißbrauchen*) commit an indecent assault (up)on s.o.

ver'grei·sen [-'graɪzən] *v/i* <*no* **ge-**, **sein**> *Person*: become senile, *Bevölkerung*: age. **ver'greist** *adj Person*: senile, *Bevölkerung*: overly aged. **Ver'grei·sung** *f* <-; *no pl*> *e-r Person*: senescence, *der Bevölkerung*: (growing) high percentage of aged people.

ver'grif·fen *adj Buch*: out of print, *Ware etc*: unavailable.

ver'grö|bern [-ˈgrøːbərn] **I** *v/t* ⟨*no* **ge-**, **h**⟩ **1.** coarsen. **2.** *fig.* (*zu sehr vereinfachen*) oversimplify. **II** *v/i* ⟨**sein**⟩ *u. v/reflex* **sich ~** ⟨**h**⟩ **3.** coarsen. **2be·rung** *f* ⟨-; *no pl*⟩ *fig.* oversimplification.

ver'grö|ßern [-ˈgrøːsərn] **I** *v/t* ⟨*no* **ge-**, **h**⟩ **1.** (*ausdehnen*) enlarge, extend, expand, (*verbreitern*) widen (*a. fig. Einfluß*), (*vermehren, a. fig.*) increase, augment, add to, (*bes. Besitz, Macht, Einfluß etc*) *a.* aggrandize. **2.** *phot.* enlarge, blow up. **3.** *opt. u. fig.* magnify. **II** *v/reflex* **sich ~ 4.** (*sich ausdehnen*) enlarge, extend, expand, grow, (*sich vermehren*) augment, increase; *cf.* 1. **5.** *Pupillen*: dilate, become dilated. **6.** *med. Organ*: become enlarged (*od.* hypertrophied). **III** *v/i* **7.** *opt.* **stark ~** *Linse etc*: magnify greatly. **2ße·rung** *f* ⟨-; -en⟩ **1.** ⟨*only sg*⟩ a) enlargement, extension, expansion, b) (*Zunahme*) increase, augmentation, *bes. der Macht, des Besitzes etc*: *a.* aggrandizement, c) *opt.* magnification, d) *med.* enlargement, hypertrophy. **2.** *phot.* enlargement, (*Großphoto, Poster*) blow-up.

Ver'grö·ße·rungs|ap·pa₁rat *m phot.* enlarger. **~₁glas** *n* ⟨-es; ⸗er⟩ *opt.* magnifying glass, magnifier.

ver'gucken (*getr.* **-k·k-**) *v/reflex* ⟨*no* **ge-**, **h**⟩ **sich ~** *colloq.* **1.** see wrong. **2. sich ~ in** (*acc*) (*verlieben*) take a fancy to.

ver'gün·stigt [-ˈgʏnstɪçt] *adj* **zu ~en Preisen** at reduced prices. **Ver'gün·sti·gung** *f* [-ˈgʏnstɪgʊŋ] *f* ⟨-; -en⟩ **1.** (*Vorrecht*) privilege. **2.** *finanzielle*: reduction (rate); **besondere ~en bieten** offer special reductions (*od.* rates). **3.** (*Zuwendung*) allowance, benefit; **soziale (steuerliche) ~en** social (tax) allowances.

ver'güt·bar *adj* **1.** *econ.* remunerable. **2.** *metall.* heat-treatable. **ver'gü·ten** [-ˈgyːtən] *v/t* ⟨*no* **ge-**, **h**⟩ **1. (j-m) et. ~** (*Arbeit, Leistung etc*) remunerate (*od.* recompense, pay, compensate) (s.o. [for]) s.th., (*Schaden, Verlust etc*) compensate (*od.* reimburse, recompense, indemnify) (s.o. [for]) s.th., (*Auslagen, Unkosten*) refund (*od.* reimburse) (s.o.) s.th., (*Zinsen etc*) allow (s.o.) s.th. **2.** *metall.* age(-harden), quench-age, (*Stahl*) quench and temper. **3.** *opt.* (*Linsen etc*) coat, lumenize. **ver'gü·tet** *adj* **1.** *opt.* coated, lumenized. **2.** *Stahl*: heat-treated. **Ver'gü·tung** *f* ⟨-; -en⟩ **1.** *e-r Leistung etc*: remuneration, recompense, compensation, consideration, *von Auslagen etc*: refund(ment), reimbursement, (*Entschädigung*) indemnification, reimbursement, indemnity. **2.** *metall.* (age-) hardening, temper-hardening. **3.** *opt.* coating.

ver'haf·ten *v/t* ⟨*no* **ge-**, **h**⟩ arrest, apprehend, take *s.o.* into custody. **ver'haf·tet** *adj* **1.** arrested, under arrest; **Sie sind ~!** you are under arrest! **2. (mit) e-r Sache ~ sein** (*verbunden*) be bound up with s.th., be rooted in s.th. **Ver'haf·te·te** *m, f* ⟨-n; -n⟩ person arrested, arrestee. **Ver'haf·tung** *f* ⟨-; -en⟩ arrest, apprehension. **Ver'haf·tungs₁wel·le** *f* series of arrests.

ver'ha·geln *v/i* ⟨*no* **ge-**, **h**⟩ *Ernte etc*: be destroyed by hail; → **Petersilie**.

ver'hal·len *v/i* ⟨*no* **ge-**, **sein**⟩ die (*od.* fade) away; *fig.* **ungehört ~** go unheard.

ver'hal·ten¹ **I** *v/t* ⟨*irr, no* **ge-**, **h**⟩ **1.** *allg.* hold back, (*Urin*) *a.* retain, (*Emotionen etc*) *a.* restrain, contain, (*Atem*) hold, (*Pferd*) rein back; **den Schritt ~** stop short. **II** *v/reflex* **sich ~ 2.** *allg.* behave, *Person*: *a.* conduct o.s., act; **sich brav ~** behave well (*od.* o.s.), be good; **sich ruhig** (*od.* **still**) **~** keep (*od.* be) quiet, keep one's peace; **sich passiv ~** assume (*od.* take up, adopt) a passive attitude; **sich abwartend ~** wait and see, assume a wait-and-see attitude, bide one's time, play a waiting game; **ich weiß nicht, wie ich mich ~ soll** I don't know what to do (*od.* how to act). **3.** *chem. phys. tech.* behave, react. **4. weißt du, wie sich die Sache verhält?** do you know about this (matter)?, do you know how things stand?; **die Sache verhält sich anders** the matter is different from what you think; *bes. math.* **A verhält sich zu B wie C zu D** A is to B as C is to D, the ratio of A to B is equal to that of C to D. **III** *v/impers* **5. weißt du, wie es sich mit der Sache** (*od.* **damit**) **verhält?** *cf.* 4; **mit den anderen Kindern verhält es sich genauso** it's the same thing (*colloq.* story) with the other children; **wie verhält es sich mit ihm?** (*wie denkt er darüber*) what does he think of (*od.* about) it?, (*was ist los mit ihm*) what is the matter with him?; **wenn es sich (damit) so verhält, dann** if that is so (*od.* if that is the case) then.

ver'hal·ten² **I** *adj Kraft, Tempo, Trab etc*: restrained, *Emotionen*: *a.* contained, *Farben, Töne etc*: subdued, *Optimismus*: guarded; **mit ~em Atem** with bated breath; **mit ~er Stimme** (*a. adv* **~**) **sprechen** speak in a subdued tone; **mit ~en Zügeln reiten** ride on a short rein. **II** *adv* with restraint, in a subdued manner; *Sport*: **er lief die ersten 1000 m sehr ~** *colloq.* he didn't go all out on the first 1,000 metres; **~ spielen** *thea.* underact, *Sport*: play a waiting game, play with plenty in reserve.

Ver'hal·ten¹ *n* ⟨-s; *no pl*⟩ **1.** *allg.* behavio(u)r (*a. psych. zo. etc*), conduct, demeano(u)r, deportment, (*Haltung*) attitude, (**~sweise**) way of acting, policy; **ungehöriges ~** misbehavio(u)r, misconduct; **sportliches ~** sportsmanlike conduct, fairness; **mißtrauisches ~** attitude of distrust. **2.** *chem. phys. tech.* behavio(u)r, reaction.

Ver'hal·ten² *n* ⟨-s; *no pl*⟩ *des Urins, Stuhls*: retention.

Ver'hal·ten·heit *f* ⟨-; *no pl*⟩ restraint, restrainedness, *von Tönen, Farben etc*: subduedness.

Ver'hal·tens|₁for·scher *m psych.* behavio(u)ral scientist, (**vergleichender ~**) ethologist. **~₁for·schung** *f* ⟨-; *no pl*⟩ *psych.* behavio(u)ral science, (**vergleichende ~**) ethology. **2ge₁stört** *adj* disturbed, unbalanced, maladjusted. **~₁mu·ster** *n* behavio(u)ral pattern. **~₁norm** *f* behavio(u)ral norm (*od.* standard). **~psy·cho₁lo·ge** *m* behavio(u)ral psychologist, behavio(u)rist. **~psy·cho·lo₁gie** *f* behavio(u)rism. **~₁stö·rung** *f* behavio(u)ral disturbance. **~the·ra₁pie** *f* behavio(u)r therapy. **~₁wei·se** *f* (mode of) behavio(u)r.

Ver'hält·nis [-ˈhɛltnɪs] *n* ⟨-ses; -se⟩ **1.** *zwischen Menschen, Staaten etc*: relationship, relations *pl*, (**verwandtschaftliches**) **~** (family) relation(ship); **mit** (*od.* **zu**) **j-m ein gutes (enges) ~ haben** have a close relationship with s.o.; **in e-m freundschaftlichen ~ stehen** be on a friendly footing, be on friendly terms; **kein (inneres) ~ haben zu** have no real understanding of (*od.* for); **sie hat zu ihrer Arbeit kein (inneres) ~** her heart is not in her work; **er hat kein ~ zur Musik** he has no appreciation of music, music does not mean anything to him; **j-s ~ zur Arbeit** *etc* s.o.'s attitude towards work, *etc*; *colloq.* **ein gestörtes ~ haben zu** be on a war footing with; *iro.* **er hat ein gestörtes ~ zur Demokratie** he has an odd idea of democracy. **2.** proportion, relation, *bes. math.* (*Zahlen2*) ratio; **im ~ zu** a) in proportion (*od.* relation) to, b) in comparison (*od.* compared) with; **im ~ von** 1 : 2 in the ratio (*od.* at the rate) of 1 : 2; **im umgekehrten ~ zueinander stehen** be in inverse ratio (to one another); **im entsprechenden ~** proportionately; **in falschem** (*od.* **außer**) **~ stehen zu** be disproportionate (*od.* out of proportion) to; **in k-m ~ stehen zu** be in no (*od.* out of all) proportion to. **3.** (**finanzielle**) **~se** *pl* (financial) circumstances, means; **in ärmlichen ~sen leben** live in poor (*od.* narrow) circumstances; **in gesicherten ~sen leben** be comfortably off; **aus kleinen ~sen stammen** (*od.* **kommen**) be of humble origin, come from a lower-class family; **über s-e ~se leben** live beyond one's means; **das geht über m-e ~se** I can't afford it. **4.** *pl* (*Umstände*) circumstances, (*Bedingungen*) conditions, (*Lage*) situation *sg*; **unter** (*od.* **bei**) **den derzeitigen ~sen, (so) wie die ~se liegen, unter den gegebenen ~sen** in (*od.* under) the circumstances, as matters stand; **unter den bestehenden ~sen** under existing conditions; **unter dem Druck der ~se** under force (*od.* pressure) of circumstances. **5.** *colloq.* (*Liebes2*) affair, liaison, (intimate) relations *pl*, (*Geliebte*) mistress; **ein ~ mit j-m haben** *a.* be carrying on with s.o.

ver'hält·nis|₁gleich *adj math.* proportional. **~₁mä·ßig I** *adj* **1.** relative, comparative. **2.** *bes. econ.* proportional, proportionate, pro rata, rat(e)able. **II** *adv* **3.** (*ziemlich*) relatively, comparatively. **4.** *bes. econ. distribute gains, etc* proportionally (*od.* pro rata). **2₁wahl(sy₁stem** *n*) *f pol.* proportional representation. **2₁wort** *n* ⟨-(e)s; ⸗er⟩ → **Präposition**. **2₁zahl** *f bes. Statistik*: proportional factor, ratio.

Ver'hal·tung *f* ⟨-; *no pl*⟩ *des Urins, Stuhls*: retention.

ver'han·deln I *v/i* ⟨*no* **ge-**, **h**⟩ **1. (über** *acc*, **wegen)** *allg.* negotiate (on, about, over, for), bargain (about, over, for), *weitS.* (*sich beraten*) deliberate (on, over), confer (on, about); **über e-n Waffenstillstand** *etc* **~** *a.* parley on (*od.* about) (*od.* treat for) an armistice, *etc.* **2.** *jur.* hold a hearing, *strafrechtlich*: hold a trial; **über e-e Sache** (*od.* **e-n Fall**) **~** hear a case, *strafrechtlich*: try a case; **gegen j-n ~** try s.o. **II** *v/t* **3.** (*verkaufen*) barter away, trade off. **4.** (*erörtern*) discuss, debate. **5.** *jur.* (*e-n Fall*) hear, *strafrechtlich*: try.

Ver'hand·lung *f* ⟨-; -en⟩ **1.** ⟨*only sg*⟩ negotiation; **der zur ~ stehende Vertrag** the treaty under negotiation. **2.** *meist pl* (**über** *acc*, **wegen**) *allg.* negotiation (on, about, over, for), bargaining (on, about), talk (on, about), *bes. mil.* parley (on, about), (*Debatte*) deliberation (on, over), debate (on, about), discussion (about); **~en aufnehmen, in ~en eintreten** take up (*od.* enter into, open, start, initiate) negotiations. **3.** *jur.* hearing, proceedings *pl*, (*Straf2*) trial; **zur ~ kommen** come up (for hearing *od.* trial).

Ver'hand·lungs|₁ba·sis *f* **1.** basis of negotiation. **2.** *preisliche*: asking price; **~ DM 1000** (the) asking price (is) DM 1,000, (price) DM 1,000 or near(est) offer. **2be₁reit** *adj* willing (*od.* ready) to negotiate; **sich (für) ~ erklären** *a.* agree to negotiate. **2₁fä·hig** *adj jur.* capable of standing trial, fit (*od.* able) to stand trial. **~₁frie·de(n)** *m pol.* negotiated peace.

~ˌge·genˌstand *m* object of (*od.* matter for) negotiation. **~ˌpart·ner** *m* negotiating partner (*od.* party); **die ~** the negotiating parties. **~po·si·tiˌon** *f* bargaining position. **~ˌpunkt** *m* bargaining point. **~ˌrun·de** *f* bargaining round, *bes. pol.* round of negotiations. **~ˌsaal** *m jur.* courtroom. **~terˌmin** *m* date (*od.* day) for (the) hearing (*beim Strafprozeß*: trial). **~ˌtisch** *m* negotiating table. **~ˌweg** *m* **auf dem ~(e)** by negotiation(s), by way of negotiation, by bargaining.

verˈhan·gen *adj Himmel*: overclouded, overcast.

verˈhän·gen *v/t* ⟨*no* ge-, h⟩ **1.** cover, hang (*od.* drape) (**mit** with); **et. mit schwarzen Tüchern** (*od.* **schwarz**) **~** *a.* drape s.th. in black. **2.** (*Sperre, Strafe etc*) impose (**über** *acc* on), *Sport*: (**gegen** against) (*Strafstoß etc*) award, give, (*Notstand etc*) declare, proclaim; **e-e Strafe über j-n ~** inflict punishment on s.o.; **den Ausnahmezustand über ein Land ~** declare a state of emergency in a country.

Verˈhäng·nis *n* ⟨-ses; -se⟩ (dire) fate, (*Unheil*) calamity, disaster, catastrophe, (*Verderben*) doom; **j-m zum ~ werden, j-s ~ sein** be s.o.'s undoing (*od.* ruin). **2ˌvoll** *adj* fateful, calamitous, *stärker*: disastrous, fatal.

verˈhängt *adj* **1.** draped. **2.** *Strafe, Verbot etc*: imposed. **3. mit ~en Zügeln reiten** ride with a loose rein.

Verˈhän·gung *f* ⟨-; *no pl*⟩ (**über** *acc*) *e-r Strafe, e-s Verbots etc*: imposition (on), *des Notstands etc*: declaration (in), proclamation (in).

verˈharm·lo|sen [-ˈharmloːzən] *v/t* ⟨*no* ge-, h⟩ minimize, play down. **2sung** *f* ⟨-; -en⟩ minimization.

verˈhärmt *adj* careworn, woebegone.

verˈhar·ren *v/i* ⟨*no* ge-, h *u.* sein⟩ **1.** *in e-r bestimmten Stellung*: remain (*od.* hold still) (*in a certain position*). **2. ~ auf** (*dat*) (*od.* **bei**) *s-r Meinung etc*: persist in, abide by, adhere (*od.* stick) to.

verˈhar·schen *v/i* ⟨*no* ge-, sein⟩ crust.

verˈhär|ten I *v/t* ⟨*no* ge-, h⟩ **1.** *bes. fig.* (*Fronten, j-s od. sein Herz etc*) harden. **II** *v/reflex* **sich ~ 2.** *bes. fig. Widerstand, Fronten, Herz etc*: harden; **sich ~ gegen** harden one's heart against *s.o., s.th.* **3.** *med. Organ etc*: indurate, *Haut*: become callous. **2tung** *f* ⟨-; -en⟩ **1.** ⟨*only sg*⟩ *bes. fig.* hardening. **2.** *med.* induration, callosity.

verˈhar·zen *v/t* ⟨*no* ge-, h⟩ *u. v/i* ⟨sein⟩ resinify.

verˈhas·peln *v/reflex* ⟨*no* ge-, h⟩ **sich ~ 1.** *Garn etc*: get tangled. **2.** *fig. colloq. beim Sprechen*: get muddled.

verˈhaßt *adj* hated, detested, *Sache*: *a.* hateful, odious; **sich bei allen** (*od.* **überall**) **~ machen** make o.s. unpopular with everyone, turn everyone against one; **er ist mir ~** I hate (*od.* detest) him; **es ist mir ~ zu** *inf* I hate (*od.* detest) (*ger od.* to *inf*).

verˈhät·scheln *v/t* ⟨*no* ge-, h⟩ coddle, pamper.

Verˈhau *m, n* ⟨-(e)s; -e⟩ *bes. mil.* entanglement.

verˈhau·en *colloq.* **I** *v/t* ⟨*irr, no* ge-, h⟩ **1.** (*verprügeln*) beat *s.o.* up, give *s.o.* a hiding (*od.* licking), spank. **2.** *fig.* make a hash of s.th., (*Prüfung etc*) bungle, muff. **II** *v/reflex* **sich ~ 3.** *fig.* (make a) blunder; **sich ganz schön** (*od.* **gründlich**) **~ haben bei** (*od.* **in** *dat*) be well (*od.* way) out in (*one's calculation, etc*).

verˈhe·ben *v/reflex* ⟨*irr, no* ge-, h⟩ **sich ~** strain (*od.* hurt, injure) o.s. in lifting.

verˈhed·dern [-ˈhɛdərn] *v/reflex* ⟨*no* ge-, h⟩ *colloq.* **sich ~** *a. fig.* get tangled (up), *fig. beim Sprechen*: get muddled, get mixed up.

verˈhee·ren [-ˈheːrən] *v/t* ⟨*no* ge-, h⟩ devastate, lay waste, ravage. **verˈhee·rend I** *adj* **1.** *Katastrophe, Folgen etc*: disastrous. **2.** *fig. colloq.* (*scheußlich*) awful, dreadful. **II** *adv* **3. sich ~ auswirken auf** (*acc*) have a disastrous effect (up)on. **Verˈhee·rung** *f* ⟨-; -en⟩ devastation, ravage, *pl a.* havoc *sg*; **~en anrichten unter** (*dat*) play havoc among.

verˈheh·len *v/t* ⟨*no* ge-, h⟩ (*dat*, **vor** *dat* from) hide, conceal; → *a.* **verheimlichen.**

verˈhei|len *v/i* ⟨*no* ge-, sein⟩ heal (up). **2lung** *f* ⟨-; *no pl*⟩ healing process.

verˈheim·li|chen [-ˈhaɪmlɪçən] *v/t* ⟨*no* ge-, h⟩ (*dat*, **vor** *dat* from) hide, conceal, keep *s.th.* secret (*od.* back), (*vertuschen*) hush up; **j-m et. ~** *a.* keep s.o. in the dark about s.th.; **j-m e-e Entdeckung ~** withhold a discovery from s.o.; **es läßt sich nicht ~, daß** there is no concealing the fact that; **ich habe nichts zu ~** I have nothing to hide (*od.* cover up). **2chung** *f* ⟨-; *no pl*⟩ concealment.

verˈhei·ra·ten I *v/t* ⟨*no* ge-, h⟩ (**mit, an** *acc* to) marry, give *s.o.* in marriage, wed, (*unter die Haube bringen*) marry off. **II** *v/reflex* **sich ~** marry, get married, wed; **sich wieder ~** remarry, marry again; **sich gut ~** make a good match. **ver-ˈhei·ra·tet** *adj* married (**mit** to); *fig. colloq.* **mit s-r Firma** (**s-m Auto** *etc*) **~ sein** be wedded to one's firm (car, *etc*). **Verˈhei·ra·te·te** *m, f* ⟨-n; -n⟩ married man (woman); **~** *pl* married people. **Ver-ˈhei·ra·tung** *f* ⟨-; *no pl*⟩ marriage.

verˈhei·ßen *v/t* ⟨*irr, no* ge-, h⟩ promise. **Verˈhei·ßung** *f* ⟨-; -en⟩ promise; *Bibl.* **das Land der ~** the Land of Promise, the Promised Land. **verˈhei·ßungsˌvoll I** *adj* promising. **II** *adv* **~ lächeln** give a promising smile.

verˈhei·zen *v/t* ⟨*no* ge-, h⟩ **1.** (*Holz, Kohle etc*) burn. **2.** *fig. colloq.* (*Truppen*) sacrifice, send to the slaughter, *weitS.* (*Talente, Sportler etc*) burn *s.o.* out, exploit *s.o.* ruthlessly.

verˈhel·fen *v/i* ⟨*irr, no* ge-, h⟩ **j-m ~ zu** a) help s.o. (to) achieve *s.th.*, b) help s.o. (to) find *s.th., s.o.*; **j-m zu s-m Recht ~** help s.o. to come into his own.

verˈherr·li|chen [-ˈhɛrlɪçən] *v/t* ⟨*no* ge-, h⟩ glorify, exalt; **sich** (**selbst**) **~** *a.* sing one's own praises. **2chung** *f* ⟨-; *no pl*⟩ glorification.

verˈhet|zen *v/t* ⟨*no* ge-, h⟩ indoctrinate, imbue with hate. **2zung** *f* ⟨-; *no pl*⟩ indoctrination.

verˈheult *adj colloq. Augen etc*: red (*od.* swollen) from crying.

verˈhe·xen *v/t* ⟨*no* ge-, h⟩ jinx, put a hex (*od.* jinx) on; *fig. colloq.* **es ist doch wie verhext!** there's a jinx on it!, it's maddening!

verˈhin|dern *v/t* ⟨*no* ge-, h⟩ (*Unglück etc*) prevent, (*Vorhaben, Ausführung etc*) *a.* forestall; (**es**) **~, daß j-d et. tut** prevent s.o. from doing s.th., prevent s.o.'s doing s.th.; **es ließ sich leider nicht ~** (**, daß**) it could not be prevented (that). **~dert** *adj* **1.** ⟨*pred*⟩ (**beruflich** *od.* **geschäftlich**) **~ sein** be unable to come (for business reasons). **2. ein ~er Künstler** (**Dichter**) an artist (a poet) manqué. **2de·rung** *f* ⟨-; *no pl*⟩ prevention, *a.* inability to attend; **im Falle s-r** (*etc*) **~, im ~sfalle** in case he should be prevented (*od.* be unable to attend).

verˈhoh·len [-ˈhoːlən] **I** *adj* hidden, concealed, (*heimlich*) secret, surreptitious. **II** *adv* **~ gähnen** yawn surreptitiously.

verˈhöh|nen *v/t* ⟨*no* ge-, h⟩ deride, mock (at), jibe (at), scoff (at). **2nung** *f* ⟨-; *no pl*⟩ derision.

verˈhö·kern *v/t* ⟨*no* ge-, h⟩ *colloq.* turn *s.th.* into cash (*od.* money), sell *s.th.* off, barter *s.th.* away.

verˈho·len *v/t* ⟨*no* ge-, h⟩ (*Schiff*) haul (off), shift, tow.

verˈhol·zen *v/i* ⟨*no* ge-, sein⟩ *bot.* turn into wood, lignify.

Verˈhör [-ˈhøːr] *n* ⟨-(e)s; -e⟩ *jur.* interrogation, questioning, examination, (*Vernehmung*) hearing; **ins ~ nehmen, e-m ~ unterziehen** interrogate, question; **e-m strengen ~ unterziehen** *a. fig.* cross-examine, question *s.o.* closely, grill. **verˈhö·ren I** *v/t* ⟨*no* ge-, h⟩ *jur.* interrogate, question, examine; **zu e-m Tatbestand ~** interrogate *s.o.* on the facts. **II** *v/reflex* **sich ~** hear wrong(ly).

verˈhor·nen [-ˈhɔrnən] *v/i* ⟨*no* ge-, sein⟩ *Haut etc*: become horny (*od.* cornified), *Gewebe*: keratinize.

verˈhül·len I *v/t* ⟨*no* ge-, h⟩ (en)shroud, cover, veil (*a. fig.*), *fig.* disguise, cloak. **II** *v/reflex* **sich ~** *Person*: veil o.s., (en-)shroud o.s., *Sache*: become veiled.

verˈhül·lend *adj ling.* euphemistic (-al); **~er Ausdruck** euphemism. **ver-ˈhüllt** *adj fig.* veiled, hidden, covert, disguised, cloaked; **e-e kaum ~e Drohung** an almost open threat; **mit kaum ~em Haß** with scarcely veiled hatred. **Verˈhül·lung** *f* ⟨-; -en⟩ **1.** ⟨*only sg*⟩ velation, *fig.* disguise(ment). **2.** (*Hülle*) veil.

verˈhun·dertˌfa·chen [-ˌfaxən] *v/t* ⟨*no* ge-, h⟩ *u. v/reflex* **sich ~** increase a hundredfold.

verˈhun|gern I *v/i* ⟨*no* ge-, sein⟩ **1.** die of hunger (*od.* starvation), starve (to death); **j-n ~ lassen** starve s.o. to death. **2.** *fig. humor.* (*sehr hungrig sein*) be starving, be famishing. **II 2** *n* ⟨-s⟩ **3.** starvation, death from hunger; **nahe am 2** (*od.* **dem 2 nahe**) **sein** be on the verge of starvation; *humor.* **ich bin fast am 2** I am absolutely starving, I am famishing. **~gert** *adj* starved; **ganz ~ aussehen** look half starved (*od.* famished).

verˈhun·zen *v/t* ⟨*no* ge-, h⟩ *colloq.* (*verpfuschen*) make a mess of, muck (*od.* louse) *s.th.* up, bungle, (*verderben*) spoil, ruin, (*Sprache*) murder, ruin.

verˈhü·ten *v/t* ⟨*no* ge-, h⟩ (*Katastrophe, Krankheit, Schaden etc*) prevent; **~, daß j-d et. tut** prevent s.o. from (*od.* s.o.'s) doing s.th.; **er konnte das Schlimmste gerade noch ~** he was just able to prevent the worst from happening; **das verhüte Gott!, was Gott ~ möge!** God (*od.* heaven) forbid! **~d** *adj med.* preventive, prophylactic, (*empfängnis~*) contraceptive.

verˈhüt|ten [-ˈhytən] *v/t* ⟨*no* ge-, h⟩ (*Erze*) smelt. **2tung** *f* ⟨-; *no pl*⟩ smelting.

Verˈhü·tung *f* ⟨-; *no pl*⟩ prevention, *med. a.* prophylaxis, (*Empfängnis2*) contraception. **~sˌmaßˌnah·me** *f* preventive (measure). **~sˌmit·tel** *n med.* preventive, prophylactic, (*Empfängnis2*) contraceptive.

verˈhut·zelt [-ˈhʊtsəlt] *adj* shrivel(l)ed, *Person, Gesicht etc*: *a.* wizened.

ve·ri·fi·zie|ren [verifiˈtsiːrən] *v/t* ⟨*no* ge-, h⟩ verify. **2rung** *f* ⟨-; *no pl*⟩ verification.

verˈin·ner|licht [-ˈʔɪnərlɪçt] *adj* spiritualized. **2li·chung** *f* ⟨-; *no pl*⟩ spiritualization.

verˈir·ren *v/reflex* ⟨*no* ge-, h⟩ **sich ~** get lost, lose one's way (*od.* bearing[s]), *a. fig.* go astray; **wir stellten fest, daß wir uns verirrt hatten** *a.* we found that we were lost; **ein Schmetterling hatte sich ins Zimmer verirrt** a butterfly had strayed into the room. **verˈirrt** *adj* lost; **ein ~es Schaf** *a.* a stray sheep; *fig.* **e-e ~e Kugel** a stray bullet. **Verˈir·rung** *f* ⟨-; -en⟩ *fig.* aberration, (*Irrtum*) mistake, error; **geschmackliche ~** lapse of taste.

verˈja·gen *v/t* ⟨*no* **ge-**, **h**⟩ chase (*od.* drive) *s.o.*, *s. th.* away, *fig.* (*Kummer etc*) *a.* banish (*care, etc*).

verˈjähr·bar *adj jur.* subject to the statute of limitation(s), *Besitzrecht*: *a.* prescriptible. **verˈjäh·ren** *v/i* ⟨*no* **ge-**, **sein**⟩ *jur.* come under (*od.* be barred by) the statute of limitation(s), *Besitzrecht*: become invalid by prescription. **verˈjährt** *adj jur.* barred by the statute of limitation(s) (*Besitzrecht*: by prescription), statute-barred; *fig.* **das ist doch längst ~** a lot of water has flowed under the bridge (since then). **Verˈjäh·rung** *f* ⟨-; *no pl*⟩ *jur.* limitation (of time), statute of limitation(s), *e-s Besitzrechts*: prescription. **Verˈjäh·rungsˌfrist** *f jur.* period (*od.* term) of limitation.

verˈju·beln *v/t* ⟨*no* **ge-**, **h**⟩ *colloq.* (*Geld*) blue, revel (*money*) away, go through (*a fortune*).

verˈjün|gen [-ˈjʏŋən] **I** *v/t* ⟨*no* **ge-**, **h**⟩ **1.** make *s.o.* young(er), (*a. Haut etc*) rejuvenate, rejuvenize; **j-n um Jahre ~** *Kleid, Make-up etc*: make s.o. look years younger, take years off s.o. **2. den Personalbestand ~** build up a younger staff. **3.** (*Baum-, Wildbestand*) restock. **4.** (*Maßstab*) reduce; **in verjüngtem Maßstab** on a reduced scale. **II** *v/reflex* **sich ~** **5.** grow younger, grow young (again), rejuvenate, *äußerlich*: look (*od.* appear) younger. **6.** *Personalbestand etc*: become younger. **7.** *Maßstab*: become reduced (**im Verhältnis 1 : 500** in a ratio of 1 : 500). **8.** (*dünner od. schmaler werden*) taper (off). **2gung** *f* ⟨-; *no pl*⟩ **1.** rejuvenation, *a. von Baum-, Wildbestand etc*: regeneration. **2.** *von Maßstab*: reduction. **3.** *tech.* taper. **2gungsˌmit·tel** *n* rejuvenation tonic.

verˈju·xen *v/t* ⟨*no* **ge-**, **h**⟩ → **verjubeln.**

verˈka·beln *v/t* ⟨*no* **ge-**, **h**⟩ *electr.* cable.

verˈkal·ken *v/i* ⟨*no* **ge-**, **sein**⟩ **1.** *physiol.* calcify. **2.** *colloq.* suffer from hardening of the arteries, *fig.* become senile, ossify, begin to dote. **3.** *Wasserleitung etc*: calcify, fur. **verˈkalkt** *adj* **1.** *med. Arterie etc*: calcified, sclerotic. **2.** *fig. colloq.* senile, fossilized, ossified. **3.** *Wasserleitung etc*: calcified, furred.

ver·kal·kuˈlie·ren *v/reflex* ⟨*no* **ge-**, **h**⟩ **sich ~** *econ. u. fig.* miscalculate, make a mistake.

Verˈkal·kung *f* ⟨-; *no pl*⟩ **1.** *med. von Knochen*: calcification, *von Gefäßen*: (arterio)sclerosis, *von Gewebe*: calcinosis. **2.** *colloq.* hardening of the arteries, senile decay. **3.** *von Wasserleitungen etc*: calcification.

verˈkannt *adj* unappreciated, unrecognized; **ein ~es Genie** an unappreciated genius.

verˈkan·ten I *v/t* ⟨*no* **ge-**, **h**⟩ **1.** cant, set *s.th.* (up) on edge, (*kippen*) tilt. **2.** (*Skier*) edge. **II** *v/i* **3.** *beim Skifahren*: edge over.

verˈkappt *adj* masked, disguised; **ein ~er Spion** *a.* a spy in disguise; **~er Kommunist** crypto-communist.

verˈkap|seln [-ˈkapsəln] *v/reflex* ⟨*no* **ge-**, **h**⟩ **sich ~** *biol. med.* encapsulate, encyst. **~selt** *adj* **1.** encapsulated, encysted. **2.** *fig. Person*: withdrawn, extremely reserved.

verˈkar|sten [-ˈkarstən] *v/i* ⟨*no* **ge-**, **sein**⟩ *geol.* become karstic. **~stet** *adj* karstic; **~es Gebiet** karst. **2stung** *f* ⟨-; *no pl*⟩ karstification.

verˈkä·sen *v/t* ⟨*no* **ge-**, **h**⟩ *u. v/i* ⟨**sein**⟩ turn (*milk*) into cheese.

verˈka·tert [-ˈkaːtərt] *adj colloq.* suffering from a hangover, *Am.* ⟨*pred*⟩ hung over, morning-afterish.

Verˈkauf *m* ⟨-(e)s; ⸚e⟩ **1.** sale. **2.** ⟨*only sg*⟩ (**an** *acc* to, **von** of) selling, sale; **~ unter dem Wert** underselling; **zum ~** for (*od.* on) sale; **zum ~ stehen** be up for sale. **3.** ⟨*only sg*⟩ (*~sabteilung*) sales department.

verˈkau·fen I *v/t* ⟨*no* **ge-**, **h**⟩ **1.** *allg.* sell (*a. fig. colloq. Ideen, b.s. s-e Gesinnung etc*), dispose of; **zu ~!** for sale; **j-m et. ~, et. an j-n ~** sell s.o. s.th., sell s.th. to s.o. (um, für at, for); **verkauft werden** be sold, (*verkäuflich sein*) be on sale, **für** *e-n bestimmten Preis*: sell (*od.* go) for; **sich leicht (gut) ~ lassen** find a ready sale (sell well); **sich nicht ~ lassen** find no sale (*od.* market), be unsal(e)able; **unter Preis** (*od.* **Wert**) **~** undersell; **mehr ~ als** *a.* outsell (*one's competitors, etc*); **mehr verkauft werden als** *a.* outsell (*all other brands, etc*); *fig. colloq.* **das kannst du mir doch nicht ~!** you can't sell that to me!; → **dumm** 1, **Leben** 1. **2.** *fig. colloq.* (*verraten*) sell (*s.o.* down the river). **II** *v/reflex* **sich ~** **3.** *Ware*: sell; **dieser Artikel verkauft sich gut** *a.* this article is a good seller. **4.** *fig. Person*: *meist b.s.* sell o.s.; *colloq.* **sich gut ~** a) (*überzeugend auftreten*) know how to sell o.s., b) → **ankommen** 5; **er verkauft sich schlecht** he doesn't know how to sell himself. **5.** *colloq.* (*schlecht kaufen*) make a bad buy; **mit dem Kleid hast du dich verkauft** *a.* that dress was a bad buy.

Verˈkäu·fer *m* ⟨-s; -⟩ *allg.* seller (*a. fig. von Ideen*), *jur.* vendor (*a. Straßen2, Zeitungs2 etc*), (*bes. Vertreter*) salesman, *in Läden etc*: shopman, shop assistant, *Am.* salesclerk; **~** *pl a.* salespeople. **Verˈkäu·fe·rin** *f* ⟨-; -nen⟩ saleswoman, saleslady, salesgirl, shop assistant, shopgirl, *Am.* salesclerk.

verˈkäuf·lich *adj* for (*od.* on) sale, (*zum Verkauf geeignet*) sal(e)able, marketable, vendible; **leicht ~** readily sal(e)able, easy to sell; **schwer ~** hard to sell; **nicht ~e Ware** drug (on the market). **2keit** *f* ⟨-; *no pl*⟩ sal(e)ability.

Verˈkaufs|ˌab·teiˌlung *f* sales department. **~ˌaufˌtrag** *m* selling order, order to sell. **~ˌausˌstel·lung** *f* sales exhibition. **~au·toˌmat** *m* (auto)vending machine, vendomat. **~beˌdin·gun·gen** *pl* conditions (*od.* terms) of sale. **~beˌra·ter** *m* sales consultant. **~büˌro** *n* sales office, distribution cent/re (*Am.* -er). **~ˌfah·rer** *m* salesman-driver. **~ˌflä·che** *f* selling space (*od.* area). **2ˌför·dernd** *adj* sales-promoting. **~ˌför·de·rung** *f* sales promotion. **~geˌspräch** *n* sales talk. **~in·geˌnieur** *m* sales engineer. **~kamˌpa·gne** *f* sales campaign (*od.* drive). **~kaˌno·ne** *f colloq.* **e-e ~ sein** be a high-pressure salesman (*od.* saleswoman). **~konˌtrol·le** *f* sales control. **~ˌlei·ter** *m* sales manager. **~ˌlei·tung** *f* sales management. **~meˌtho·de** *f* sales method; **aggressive ~** (*n pl*) hard sell. **~ˌnie·derˌlas·sung** *f* sales agency, shop, store. **2ˌof·fen** *adj* **~er Sonntag** Sunday on which shops (*bes. Am.* stores) are open by law. **~or·ga·ni·sa·tiˌon** *f* sales organization. **~per·soˌnal** *n* sales (*od.* selling) staff, salespeople *pl.* **~ˌpreis** *m* selling price. **~pro·vi·siˌon** *f* sales commission. **~ˌraum** *m* salesroom. **~ˌschla·ger** *m* best seller, sales hit. **~ˌschu·lung** *f* sales training. **~ˌstand** *m* stall, stand, booth. **~ˌstän·der** *m* display stand. **~ˌtech·nik** *f* salesmanship, sales technique. **~ˌtisch** *m* counter. **~ˌund ˈEinˌkaufs·geˌnos·sen·schaft** *f* marketing and purchasing cooperative. **~ver·ˌtre·tung** *f* sales (*od.* selling) agency. **~ˌweg** *m* distribution channel. **~ˌwert** *m* market value. **~ˌzeit** *f* business hours *pl.* **~ˌzif·fern** *pl* sales figures.

Verˈkehr [-ˈkeːr] *m* ⟨-s, *rare* **-es**; *no pl*⟩ **1.** (*Straßen2*) traffic; **starker (schwacher) ~** heavy (little *od.* light) traffic; **fließender (ruhender) ~** moving (stationary) vehicles *pl*; **zähflüssiger ~** congested traffic; **dem ~ übergeben** open (*a road, etc*) to traffic; **ein Auto aus dem ~ ziehen** take a car off the road. **2.** (*~smittel*) transport(ation *Am.*); **öffentlicher ~** public transport. **3.** (*Umgang*) dealings *pl*, intercourse, (*Verbindung*) contact, (*Beziehung*) relations *pl*, relationship; **in freundschaftlichem ~ stehen, freundschaftlichen ~ unterhalten** entertain friendly relations (*od.* a friendly relationship); **er hat** (*od.* **pflegt**) **k-n gesellschaftlichen ~** he has no social intercourse, he does not mix; **das ist kein ~ für dich** that is no company for you; **in brieflichem ~ stehen mit** correspond with; **ich habe k-n ~ mehr mit ihnen** I am no longer in touch with them; **jeglichen ~ abbrechen** break off all contact(s) (*od.* connections). **4.** (*Geschlechts2*) (sexual) intercourse. **5.** (*Handels2*) trade, commerce, (*Zahlungs2*) payments *pl*, transfers *pl*, (*Umlauf*) circulation; **in (den) ~ bringen** put *s.th.* into circulation; **aus dem ~ ziehen** withdraw *s.th.* (*humor. s.o.*) from circulation; **bargeldloser ~** transfer business, clearing system.

verˈkeh·ren I *v/i* ⟨**h** *u.* **sein**⟩ **1.** *Verkehrsmittel*: run, operate; **regelmäßig ~ zwischen** (*dat*) *a.* ply between. **2.** ⟨**h**⟩ **~ in** (*dat*) frequent (*nightclubs, the best circles, etc*). **3.** ⟨**h**⟩ **~ mit** associate (*od.* mix) with; **geschäftlich ~** have business dealings; **freundschaftlich miteinander ~** be on friendly terms; **viel ~ mit** see a great deal of; **nicht viel ~ mit** not to see much of. **4.** ⟨**h**⟩ **bei j-m ~** visit (*od.* go to, frequent) s.o.'s house. **5.** ⟨**h**⟩ (**geschlechtlich**) **~ mit** have (sexual) intercourse with. **II** *v/t* **6.** ⟨**h**⟩ (*verdrehen*) (**in** *acc* into) turn, *stärker*: pervert; **ins Gegenteil ~** turn (*od.* twist) *s.th.* right round, reverse. **III** *v/reflex* **7.** ⟨**h**⟩ **sich ~ in** (*acc*) change (*od.* turn) into.

Verˈkehrs|ˌader *f* arterial road. **~ˌam·pel** *f* traffic light(s *pl*) (*od.* signal). **~ˌamt** *n* → **Verkehrsverein.** **2ˌarm** *adj Zeit*: quiet, *Gegend*: low-traffic (*area, etc*). **~ˌaufˌkom·men** *n* traffic volume; **mit geringem ~** uncrowded (*road, etc*). **~beˌhin·de·rung** *f* obstruction of traffic. **~beˌricht** *m* traffic report. **~beˌru·hi·gung** *f* traffic abatement. **~beˌstim·mun·gen** *pl* traffic regulations. **~beˌtrie·be** *pl* transport services, transport(ation *Am.*) *sg*; **die städtischen ~** city transport. **~ˌcha·os** *n* traffic chaos. **~deˌlikt** *n* traffic offen/ce (*Am.* -se). **~ˌdich·te** *f* traffic density. **~dis·ziˌplin** *f* traffic discipline. **~ˌdurchˌsa·ge** *f im Radio*: traffic announcement. **~ˌeinˌrich·tun·gen** *pl* traffic facilities. **~erˌzie·hung** *f* → **Verkehrsunterricht.** **~ˌflugˌzeug** *n* airliner, passenger aircraft. **~ˌfluß** *m* flow of traffic. **2ˌfrei** *adj* **~e Zone** traffic-free area, pedestrian precinct. **~geˌfähr·dung** *f* endangering of traffic. **2geˌrecht** *adj Verhalten etc*: in keeping with traffic regulations, *Lösung etc*: traffic-oriented, ensuring optimal traffic flow. **~geˌsell·schaft** *f* transport(ation *Am.*) company, common carrier. **2ˌgün·stig I** *adj Lage*: favo(u)rable as regards transport facilities. **II** *adv* **~ gelegen** favo(u)rably situated as regards traffic facilities. **~ˌhin·der·nis** *n* obstacle to traffic. **~ˌin·sel** *f* traffic island (*od.* refuge). **~ˌkno·tenˌpunkt** *m* traffic junction. **~konˌtrol·le** *f* vehicle spot-check, random police check. **~ˌla·ge** *f* traffic situation. **~ˌlärm** *m* traffic noise. **~ˌluftˌfahrt** *f* commercial aviation. **~ˌmel·dun·gen** *pl* traffic news. **~miˌni·ster** *m* Minister of Transport. **~mi·niˌste·ri·um** *n* Ministry of Transport. **~ˌmit·tel** *n* means *pl* of transport(ation *Am.*), conveyance; **die öffentlichen ~ (benutzen** travel on) public transport(ation *Am.*). **~ˌnetz** *n* traffic network (*od.* system). **~ˌop·fer** *n meist pl* road casualty; **die Zahl der ~** the toll of (*od.* on) the road(s), *engS.* (*der Verkehrstoten*) the road deaths *pl.* **~ˌord·nung** *f* traffic regulations *pl.* **~ˌpla·nung** *f* traffic planning. **~po·liˌtik** *f* traffic policy. **~po·liˌzei** *f* traffic police. **~po·liˌzist** *m* (traffic) policeman, traffic constable, *auf e-r Kreuzung*: policeman on point duty. **~proˌblem** *n* traffic problem. **~ˌre·ge·lung** *f* traffic control. **2ˌreich** *adj Straße etc*: heavy with traffic (*nachgestellt*); → *a.* verkehrsstark. **~ˌrich·tung** *f* in ~ *park, etc* in the direction of traffic. **~ˌrow·dy** *m colloq.* road hog. **~ˌschild** *n* traffic (*od.* road) sign. **~ˌschrift** *f* shorthand. **2ˌschwach** *adj* **~e Zeit** off-peak (*Am.* light) hours *pl.* **2ˌsi·cher** *adj Fahrzeug*: safe, *bes. Auto*: roadworthy; **nicht mehr ~** *a.* disabled. **~ˌsi·cher·heit** *f* ‹-; *no pl*› **1.** safety on the road, road safety. **2.** *e-s Autos etc*: roadworthiness. **~ˌspit·ze** *f* traffic peak, rush-hour traffic. **~ˌspra·che** *f* lingua franca, interlanguage. **2ˌstark** *adj* **~e Zeit** rush (*od.* peak) hours *pl.* **~ˌstau** *m*, **~ˌstau·ung, ~ˌstockung** (*getr.* -k·k-) *f* traffic jam (*od.* congestion, block, hold-up). **~ˌstrei·fe** *f* traffic patrol. **~ˌsün·der** *m colloq.* traffic offender. **~ˌta·fel** *f* traffic sign. **2ˌtech·nisch** *adv* **~ gesehen** in terms of traffic engineering; (*Gebiet*) **~ erschließen** open *s.th.* up to traffic. **~ˌteilˌneh·mer** *m* road user. **~ˌto·te** *m* → Verkehrsopfer. **~ˌüberˌtre·tung** *f* traffic violation. **~ˌüberˌwa·chung** *f* traffic control. **~ˌunˌfall** *m* traffic accident, *schwerer*: crash. **~ˌun·terˌneh·men** *n* → Verkehrsgesellschaft. **~ˌun·terˌricht** *m* traffic instruction, *ped.* instruction in the highway code, kerb drill. **~verˌbin·dung** *f* communication. **~verˌbund** *m* linked (*od.* integrated) transport system. **~verˌein** *m* tourist (information) office. **~verˌhält·nis·se** *pl* traffic situation *sg.* **~ˌvorˌschrift** *f* traffic rule. **~ˌwacht** *f BRD*: road patrol. **~ˌweg** *m* (traffic) route, communication. **~ˌwert** *m econ.* market (*od.* current) value. **~ˌwe·sen** *n* ‹-s; *no pl*› traffic (system), (system of) communications *pl*, transport(ation *Am.*). **2ˌwid·rig** *adj Verhalten etc*: contrary to traffic regulations. **~ˌwid·rig·keit** *f* traffic violation. **~ˌzäh·lung** *f* traffic census. **~ˌzei·chen** *n* traffic (*od.* road) sign.

verˈkehrt I *adj* opposite, reverse, (*auf dem Kopf*) upside down, (*nach außen gestülpt*) inside out, (*falsch*) wrong; **die ~e Seite e-s Stoffes** the wrong (*od.* reverse) side of a material; *fig. colloq.* **das ist gar nicht so ~** that's not so wrong at all, there's no harm in (doing) that; **Kaffee ~** milk with a dash of coffee; **~ im Kopf sein** be wrong in the head; *fig.* **~e Welt** crazy world. **II** *adv* wrong(ly); **alles ~ machen** do everything wrong; **et. ~ anfangen** go the wrong way about (doing) s.th.; **~ (herum)** *hang, etc s.th.* upside down; **et. ~ (herum) anziehen** put s.th. on the wrong way (a)round (*od.* inside out); **~ stricken** (knit) purl. **III 2e, das** ‹-n› the wrong thing; **et. 2es tun (sagen)** do (say) s.th. wrong. **Verˈkehr·te** *m, f* ‹-n; -n› wrong person; *colloq.* **an den ~n kommen** come to the wrong address. **Verˈkehrt·heit** *f* ‹-; *no pl*› wrongness, (*Narrheit*) folly. **Verˈkeh·rung** *f* ‹-; -en› *der Tatsachen*: reversal; **e-e ~ ins Gegenteil** a complete reversal.

verˈkei·len I *v/t* ‹*no* ge-, h› **1.** wedge. **2.** *colloq.* → **verprügeln. II** *v/reflex* **sich ~ 3.** become wedged.

verˈkenˌnen *v/t* ‹*irr, no* ge-, h› *allg.* have a wrong idea about, (*j-n*) mistake, (*et.*) misunderstand, misread, (*falsch einschätzen*) misjudge, (*unterschätzen*) underestimate, (*nicht recht würdigen*) fail to appreciate (*od.* recognize), (*nicht erkennen*) fail to see (*od.* realize, recognize); **nicht zu ~** not to be mistaken, obvious, unmistakable; (*e-e Sache*) **nicht ~** be fully alive to; **wir ~** *die Schwierigkeiten etc* **nicht** we are (not un)aware of; **es ist nicht zu ~, daß** it meets the eye (*od.* it is obvious) that, you can't deny that. **2·nung** *f* ‹-; *no pl*› **in** (*od.* **unter**) **(völliger) ~** (*gen*) in (utter) misappreciation of *the facts, etc.*

verˈketˌten *v/t* ‹*no* ge-, h› **1.** chain *s.th.* up. **2.** *tech. u. fig.* interlink, concatenate. **2tung** *f* ‹-; -en› *electr.* interlinking, *tech.* linkage, *a. fig.* concatenation; **e-e ~ unglücklicher Zufälle** a chain of unfortunate accidents.

verˈket·zern [-ˈkɛtsərn] *v/t* ‹*no* ge-, h› denounce.

verˈkie·seln *v/i* ‹*no* ge-, sein› *min.* silicify.

verˈkit·schen [-ˈkɪtʃən] *v/t* ‹*no* ge-, h› **1.** make *s.th.* kitschy, make kitsch of, kitschify. **2.** *colloq.* sell *s.th.* (off dirt cheap). **verˈkitscht** *adj* kitschy.

verˈkit·ten *v/t* ‹*no* ge-, h› cement (*a. fig.*), seal, (*Fenster*) putty.

verˈkla·gen *v/t* ‹*no* ge-, h› **1.** *jur.* (**wegen, auf** *acc* for) sue, take (legal) action, take legal proceedings) (*od.* bring an action) against. **2.** → **verpetzen.**

verˈklamˌmern *v/t* ‹*no* ge-, h› **1.** clamp (*od.* clip) *s.th.* together. **2. sich ~** (*sich aneinander festklammern*) cling together; **sich ~ in** (*dat*) cling to, clutch. **2me·rung** *f* ‹-; -en› **sich aus der ~ lösen** free o.s. from the clutch.

Verˈklap·pung *f* ‹-; *no pl*› ocean dumping (*Am.* disposal).

verˈklä·ren I *v/t* ‹*no* ge-, h› *Bibl. u. fig.* transfigure. **II** *v/reflex* **sich ~** become transfigured.

Verˈkla·rung *f* ‹-; -en› *mar.* (sea *od.* ship's) protest; **~ ablegen** make a (sea) protest.

Verˈklä·rung *f* ‹-; -en› *Bibl. u. fig.* transfiguration.

verˈklat·schen *v/t* ‹*no* ge-, h› **1.** → verpetzen. **2.** (*Zeit etc*) gossip away.

ver·klau·suˈlie·ren [-klauzuˈliːrən] *v/t* ‹*no* ge-, h› safeguard *s.th.* (*od.* hedge *s.th.* in) by clauses, *fig. colloq.* express *s.th.* in an involved manner.

verˈkle·ben I *v/t* ‹*no* ge-, h› **1.** stick *s.th.* together, glue. **2.** (*überkleben*) paste (*od.* glue, *mit Papier*: paper) *s.th.* over; **e-e Wunde mit Pflaster ~** plaster a wound. **II** *v/i* ‹sein› *u. v/reflex* ‹h› **sich ~ 3.** stick together, *Haare etc*: become clotted (*with blood, dirt, etc*).

verˈkleckern (*getr.* -k·k-) *v/t* ‹*no* ge-, h› *colloq.* **1.** (*bekleckern*) spatter. **2.** (*verschütten*) spill. **3.** (*vertun*) fritter (*money, time, etc*) away.

verˈkleck·sen *v/t* ‹*no* ge-, h› blot, stain.

verˈkleiˌden I *v/reflex* ‹*no* ge-, h› **sich ~ 1.** disguise o.s., *thea.* make o.s. up; **sich ~ als** *a.* dress (o.s.) up as, masquerade as (*a harlequin, etc*). **II** *v/t* **2.** (*j-n*) disguise, dress *s.o.* up. **3.** *tech.* cover, (*ausfüttern*) line, (*umhüllen*) (en)case, sheathe, jacket, (*täfeln*) panel, wainscot, (*verschalen*) board, plank, *mit Mauerwerk*: revet, face. **4.** *aer.* fair. **2dung** *f* ‹-; -en› **1.** disguise, *thea.* make-up. **2.** *tech.* cover, lining, sheathing, jacketing, (en)casing, encasement, *mit Holz*: panel(l)ing, wainscot, *mit Brettern*: planking, boarding, *mit Mauerwerk*: revetment. **3.** *aer.* fairing, *mot.* (*Kühler2*) cowling.

verˈkleiˌnern [-ˈklaɪnərn] **I** *v/t* ‹*no* ge-, h› **1.** make *s.th.* smaller, reduce *s.th.* (in size), (*Maßstab etc*) reduce, (*Zeichnung*) scale *s.th.* down, (*verringern*) diminish, decrease, lessen, (*Wert*) *a.* depreciate, (*Produktion etc*) *a.* cut back. **2.** *fig.* minimize, *colloq.* play down, (*schlechtmachen*) belittle, derogate, detract from, disparage. **II** *v/reflex* **sich ~ 3.** become (*od.* get, grow) smaller, be reduced, *Betrieb etc*: *a.* work on a smaller scale, cut back, (*sich verringern*) diminish, decrease. **2ne·rung** *f* ‹-; -en› **1.** reduction (in size), diminution, cutback. **2.** *fig.* belittling, derogation, detraction (*gen* from), disparagement.

Verˈklei·ne·rungsˌform *f ling.* diminutive. **~maßˌstab** *m* scale of reduction. **~ˌsil·be** *f ling.* diminutive suffix.

verˈklei·stern *v/t* ‹*no* ge-, h› *colloq. a. fig.* paste *s.th.* over.

verˈklem·men *v/reflex* ‹*no* ge-, h› **sich ~** jam, get stuck. **verˈklemmt** *adj psych.* inhibited.

verˈklin·gen *v/i* ‹*irr, no* ge-, sein› *Geräusch, Musik etc*: die (*od.* fade) away.

verˈklop·pen *v/t* ‹*no* ge-, h› *colloq.* **1.** beat *s.o.* up. **2.** sell *s.th.* off.

verˈknacken (*getr.* -k·k-) *v/t* ‹*no* ge-, h› *colloq.* **j-n zu drei Monaten (Gefängnis) ~** put s.o. inside for three months; **j-n zu e-r Geldstrafe ~** stick a fine on s.o.

verˈknack·sen *v/t* ‹*no* ge-, h› *colloq.* **sich** (*dat*) **den Fuß ~** sprain one's ankle.

verˈknal·len *colloq.* **I** *v/reflex* ‹*no* ge-, h› **sich in j-n ~** get a crush on s.o., fall for s.o. **II** *v/t* (*Munition etc*) use *s.th.* up, fire. **verˈknallt** *adj colloq.* madly (*od.* head over heels) in love (**in** *acc* with); **in j-n ~ sein** *a.* have a crush on s.o.

verˈknapˌpen *v/reflex* ‹*no* ge-, h› **sich ~** become scarce. **2pung** *f* ‹-; *no pl*› (**an** *dat* of) scarcity, shortage.

verˈknaut·schen *v/t* ‹*no* ge-, h› *colloq. for* **zerknittern** 1.

verˈknei·fen *v/t* ‹*irr, no* ge-, h› *colloq.* **sich** (*dat*) **et. ~** a) (*Lächeln, Antwort etc*) keep (*od.* hold) s.th. back, b) (*auf et. verzichten*) do (*od.* go) without s.th.; **ich konnte mir ein Lächeln nicht ~** I could not help smiling; **das konnte ich mir nicht ~** I could not resist saying that, I could not contain myself; **das neue Kleid werde ich mir ~ müssen** I will have to do without that new dress.

verˈkne·ten *v/t* ‹*no* ge-, h› (*a.* **miteinander ~**) knead *s.th.* together.

verˈknif·fen *adj Gesicht, Miene etc*: pinched, *Lippen*: *a.* pursed.

verˈknit·tern *v/t* ‹*no* ge-, h› (c)rumple, crease.

verˈknöˌchern *v/i* ‹*no* ge-, sein› *med. u. fig.* ossify, *fig. a.* fossilize; **ein verknöcherter Kerl** an old fossil. **2che·rung** *f* ‹-; -en› **1.** ‹*only sg*› *fig.* ossification, fossilization. **2.** *med.* ossification.

verˈknor·peln [-ˈknɔrpəln] *v/i* ‹*no* ge-, sein› *med.* become cartilaginous, chondrify.

verˈkno·ten I *v/t* ‹*no* ge-, h› knot *s.th.* (together). **II** *v/reflex* **sich ~** knot (up), become (*od.* get) knotted.

verˈknüp·fen *v/t* ‹*no* ge-, h› **1.** (*Fäden*

etc) knot (*od.* bind) *s.th.* together. **2.** *fig.* (*a.* **miteinander ~**) string (*od.* link) (*ideas, etc*) together, interlink, connect. **ver'knüpft** *adj fig.* **~ mit** *Kosten, Schwierigkeiten etc*: involving, entailing, attended with; **(eng) ~ sein (mit** with) be (closely) associated, be bound up. **Ver'knüp·fung** *f* ⟨-; -en⟩ *fig.* connection, association.

ver'knu·sen [-'knuːzən] *v/t* ⟨*no* **ge-**, **h**⟩ *colloq.* **j-n nicht ~ können** not to be able to stand (*od.* stick) s.o.

ver'ko·chen I *v/i* ⟨*no* **ge-**, **sein**⟩ boil off (*od.* away). **II** *v/t* ⟨**h**⟩ **et. ~ zu** boil s.th. down to.

ver'koh·len I *v/t* ⟨*no* **ge-**, **h**⟩ **1.** carbonize, char. **2.** *fig. colloq.* **j-n ~** pull s.o.'s leg, have s.o. on. **II** *v/i* ⟨**sein**⟩ **3.** char.

ver'ko·ken [-'koːkən] *v/t* ⟨*no* **ge-**, **h**⟩ carbonize, coke.

ver'kom·men[1] *v/i* ⟨*irr, no* **ge-**, **sein**⟩ **1.** (*verfallen*) become dilapidated, *stärker*: go to wreck and ruin, (*verwahrlosen*) become neglected, *moralisch*: become debased (*od.* depraved), go to seed. **2.** (*verderben*) *Lebensmittel etc*: go bad, go to waste (*a. fig. Talent etc*).

ver'kom·men[2] *adj* (*verfallen*) dilapidated, (*verwahrlost*) neglected, unkempt, *moralisch*: debased, depraved; **ein ~es Subjekt** a reprobate. **2heit** *f* ⟨-; *no pl*⟩ debasement, depravity.

ver·kon·su'mie·ren *v/t* ⟨*no* **ge-**, **h**⟩ *colloq.* (*essen*) polish *s.th.* off, tuck away.

ver'kop·peln *v/t* ⟨*no* **ge-**, **h**⟩ couple, join.

ver'kor·ken [-'kɔrkən] *v/t* ⟨*no* **ge-**, **h**⟩ cork (up).

ver'kork·sen [-'kɔrksən] *v/t* ⟨*no* **ge-**, **h**⟩ *colloq.* mess *s.th.* up, botch, bungle; **j-m et. ~** spoil (*od.* ruin) s.th. for s.o.; **sich** (*dat*) **den Magen ~** upset one's stomach; **er ist total verkorkst** he is quite screwy (*od.* a mess); **ein verkorkster Satz** a messy sentence.

ver'kör|pern [-'kœrpərn] *v/t* ⟨*no* **ge-**, **h**⟩ personify, incarnate, *bes. thea.* impersonate, *bes. Sache*: embody, be the embodiment of, *als Typ*: typify. **2pe·rung** *f* ⟨-; -en⟩ personification, embodiment, incarnation, impersonation.

ver'kö·sti|gen [-'kœstɪgən] *v/t* ⟨*no* **ge-**, **h**⟩ board, feed. **2gung** *f* ⟨-; *no pl*⟩ board, food.

ver'kra·chen *colloq.* **I** *v/i* ⟨*no* **ge-**, **h**⟩ go bankrupt, go over the cliff, go bust. **II** *v/reflex* **sich (mit j-m) ~** fall out (*od.* split) (with s.o.). **ver'kracht** *adj colloq.* **1.** (*zerstritten*) on bad terms. **2.** (*gescheitert*) bust(ed); **~e Existenz** failure, bust; **~er Künstler** failed artist.

ver'kraf·ten [-'kraftən] *v/t* ⟨*no* **ge-**, **h**⟩ *colloq.* (*ertragen*) bear, stand, (*bewältigen*) cope with, deal with, handle, *a. beim Essen etc*: manage; **das hat sie (seelisch) noch nicht verkraftet** she hasn't got over that yet.

ver'kra·men *v/t* ⟨*no* **ge-**, **h**⟩ *colloq.* mislay, misplace.

ver'kramp|fen *v/reflex* ⟨*no* **ge-**, **h**⟩ **sich ~** *Muskeln etc*: cramp, *Hände, Kiefer etc*: clench, *Gesicht, Mensch etc*: get tensed up, tense (up); **(ganz) verkrampft** (all) rigid, *nervlich*: (all) tensed-up. **2fung** *f* ⟨-; -en⟩ cramp, *med. a.* spasm, *fig.* tension.

ver'krat·zen *v/t* ⟨*no* **ge-**, **h**⟩ scratch.

ver'krie·chen *v/reflex* ⟨*irr, no* **ge-**, **h**⟩ **sich ~** creep (*od.* crawl) away (*od.* off), (*sich verstecken*) burrow, hide (away); *fig. colloq.* **sich ins Bett ~** crawl into bed; **neben ihm kannst du dich ~** you cannot hold a candle to him, you are not a patch on him; **ich hätte mich am liebsten verkrochen** *aus Verlegenheit etc*: I wished the ground would open and swallow me up.

ver'krü·meln I *v/t* ⟨*no* **ge-**, **h**⟩ crumble. **II** *v/reflex* **sich ~** (*sich davonschleichen*) *colloq.* slink away, sidle off, clear off.

ver'krüm|men I *v/t* ⟨*no* **ge-**, **h**⟩ curve, bend, distort. **II** *v/reflex* **sich ~** bend, *Wirbelsäule*: become curved, *Holz*: warp, *Baum etc*: grow crooked. **2mung** *f* ⟨-; -en⟩ distortion; **~ der Wirbelsäule** curvature of the spine.

ver'krüp·peln I *v/t* ⟨*no* **ge-**, **h**⟩ cripple, deform. **II** *v/i* ⟨**sein**⟩ become crippled, *Baum etc*: become stunted.

ver'kru·sten [-'krʊstən] *v/i* ⟨*no* **ge-**, **sein**⟩ *u.* **sich ~** *v/reflex* ⟨**h**⟩ (form a) crust, encrust, become encrusted, *Schmutz*: cake; **von Schmutz verkrustet** caked with dirt, mud-caked.

ver'küh|len *v/reflex* ⟨*no* **ge-**, **h**⟩ **sich ~** *colloq.* catch a chill. **2lung** *f* ⟨-; -en⟩ *colloq.* chill.

ver'küm|mern *v/i* ⟨*no* **ge-**, **sein**⟩ **1.** *im Wachstum*: become stunted. **2.** (*sich zurückbilden*) *a. fig. Fähigkeit etc*: atrophy. **3.** *fig. Mensch*: waste away, vegetate. **~mert** *adj* stunted, dwarfed, *a. fig.* atrophied, rudimentary; *biol.* **~es Organ** vestige. **2me·rung** *f* ⟨-; *no pl*⟩ stunted growth, *a. fig.* atrophy.

ver'kün|den *v/t* ⟨*no* **ge-**, **h**⟩ **1.** (*bekanntgeben*) announce (*a. fig. colloq. sagen*), make *s.th.* known, *bes. öffentlich*: proclaim, *jur.* (*Urteil*) pronounce, (*Gesetz*) promulgate. **2.** (*bedeuten*) for(e)bode, presage, portend. **3.** → **verkündigen** 2. **2der** *m* ⟨-s; -⟩ announcer, proclaimer; → *a.* **Verkündiger** 2. **~di·gen** *v/t* ⟨*no* **ge-**, **h**⟩ **1.** *lit. for* **verkünden**. **2.** (*das Evangelium*) preach (*the gospel*). **3.** (*weissagen*) predict, prophesy, *fig.* herald. **2di·ger** *m* ⟨-s; -⟩ **1.** *lit. for* **Verkünder**. **2.** *relig.* preacher, (*Prophet*) prophet. **2di·gung** *f* ⟨-; *no pl*⟩ **1.** *lit. for* **Verkündung** 1, 2. **2.** prophecy. **3.** *R.C.* **Mariä ~** the Annunciation, Lady Day. **2dung** *f* ⟨-; *no pl*⟩ **1.** announcement, *bes. öffentliche*: proclamation, publication, *jur. e-s Urteils*: pronouncement, *e-s Gesetzes*: promulgation. **2.** *relig.* preaching. **3.** → **Verkündigung** 2.

ver'kup·fern [-'kʊpfərn] *v/t* ⟨*no* **ge-**, **h**⟩ *tech.* copper(plate).

ver'kup·peln *v/t* ⟨*no* **ge-**, **h**⟩ *fig. contp.* **1.** (*Mädchen*) prostitute (**an** *acc* to). **2.** *colloq.* (*verheiraten*) marry *s.o.* off (**mit, an** *acc* to).

ver'kür·zen I *v/t* ⟨*no* **ge-**, **h**⟩ **1.** (**um** by) shorten, make *s.th.* shorter, (*abkürzen*) abridge, (*beschneiden*) curtail, cut; *Sport*: **~ auf** (*acc*) shorten to; *fig.* **j-m die Zeit ~** help s.o. (to) while away the time. **2.** *perspektivisch*: foreshorten. **II** *v/reflex* **sich ~ 3.** shorten, become shorter. **ver'kürzt** *adj* shortened; **~e Arbeitszeit** short time, reduced hours *pl.* **Ver'kür·zung** *f* ⟨-; -en⟩ **1.** shortening, abridg(e)ment, curtailment, cut. **2.** *perspektivische*: foreshortening.

ver'la·chen *v/t* ⟨*no* **ge-**, **h**⟩ laugh at, deride.

Ver'la·de|bahn·hof *m* loading station. **~brücke** (*getr.* -k·k-) *f* loading bridge. **~ha·fen** *m* loading port, port of loading (*od.* shipment). **~kran** *m* loading crane.

ver'la·den I *v/t* ⟨*irr, no* **ge-**, **h**⟩ **1.** (*Güter*) load, ship, *rail.* entrain (*a. mil.*), (*a. Truppen*) *in Schiffe*: embark, *in Flugzeuge*: emplane, *bes. Am.* enplane, *auf Lastwagen*: entruck. **2.** *colloq.* a) → **verschaukeln**, b) (*versetzen*) stand *s.o.* up. **II 2** *n* ⟨-s⟩ **3.** loading, shipping (*etc*).

Ver'la·de·pa·pie·re *pl econ.* shipping documents (*od.* papers). **Ver'la·der** *m* ⟨-s; -⟩ **1.** (*Arbeiter*) loader. **2.** *econ.* shipping agent, carrier.

Ver'la·de|ram·pe *f* loading platform. **~schein** *m econ.* shipping note. **~stel·le** *f* loading point, point of embarkation (*od.* shipment).

Ver'la·dung *f* ⟨-; -en⟩ loading, shipping, shipment (*etc*); → **verladen** 1.

Ver'lag [-'laːk] *m* ⟨-(e)s; -e⟩ **1.** publishing house (*od.* company, firm); **~ Langenscheidt** Langenscheidt publishers *pl*; **das Buch erscheint im ~ L.** the book is published by L.; **in ~ nehmen** publish, undertake the publication of. **2.** *econ. von Bier etc*: distributor, sales agency.

ver'la|gern I *v/t* ⟨*no* **ge-**, **h**⟩ **1.** (*Gewicht, a. fig. Betonung, Schwerpunkt etc*) shift (**von** from, **auf** *acc* to). **2.** (*verlegen*) (**auf** *acc*, **nach** to) move, transfer. **3.** *med. tech.* displace. **II** *v/reflex* **sich ~ 4.** *a. fig. Interessen etc*: shift (**auf** *acc* to). **5.** *med. Organ*: become displaced. **6.** *tech.* misalign. **2ge·rung** *f* ⟨-; -en⟩ **1.** *a. fig.* shift. **2.** removal, transfer. **3.** *med.* displacement, *tech. a.* misalignment.

Ver'lags|an·stalt *f* → **Verlag** 1. **~ar·ti·kel** *m* (item of) publication. **~buch·han·del** *m* publishing trade (*od.* business). **~buch·händ·ler** *m* publisher. **~buch·hand·lung** *f*, **~haus** *n* → **Verlag** 1. **~ka·ta·log** *m* publisher's catalog(ue *Br.*) (*od.* list). **~rei·he** *f* publisher's series. **~stück** *n* publisher's copy. **~ver·trag** *m* author-publisher agreement (*od.* contract). **~werk** *n* publication. **~we·sen** *n* ⟨-s; *no pl*⟩ publishing.

ver'lan·den *v/i* ⟨*no* **ge-**, **sein**⟩ *Lagune, See etc*: fill up by sedimentation.

ver'lan·gen I *v/t* ⟨*no* **ge-**, **h**⟩ **1.** (*bitten um*) ask for, (*wünschen*) desire, wish, want, (*fordern*) demand, *stärker*: exact, (*Anspruch erheben auf*) claim, (*erwarten*) expect, (*bestehen auf*) insist (up)on, *lärmend, stürmisch*: clamo(u)r for; **viel ~** a) *an Leistungen*: set a high standard, b) (*hohe Ansprüche stellen*) be very exacting, be hard to please; **sein Recht ~** demand (*od.* claim) one's rights; **e-e Entschuldigung ~** demand an apology; **die Rechnung ~** ask (*od.* call) for the bill; **das ist ein bißchen (zu)viel verlangt** that's asking (*od.* expecting) a bit too much, that's a tall order; **mehr kann man nicht ~** one cannot ask for (*od.* wish for, expect) anything more; **ich verlange, daß man mir die Wahrheit sagt** I demand to be told the truth. **2.** (*erfordern*) require, demand, call for, take; **das verlangt Konzentration** that requires (*od.* calls for, takes) concentration. **3.** (*berechnen*) charge; **wieviel ~ Sie dafür?** how much do you charge (for that)? **4. j-n ~** ask for s.o., ask to speak to s.o.; **Sie werden am Telephon verlangt** you are wanted on the telephone. **II** *v/i* **5. ~ nach** a) (*bitten um*) ask for, b) (*sich sehnen nach*) long (*od.* yearn, *stärker*: crave) for, hanker after (*od.* for). **III** *v/impers* **6.** *lit.* **es verlangt mich, ihn noch einmal zu sehen** I long (*od.* yearn) to see him once again; **es verlangt mich, mehr darüber zu erfahren** I am anxious (*od.* eager) to hear more about it; **es wird von jedem verlangt, daß er s-e Pflicht tut** everyone is expected to do his duty.

Ver'lan·gen *n* ⟨-s; *no pl*⟩ **1.** (**nach** for) (*Bedürfnis*) desire, *stärker*: craving, yen, (*Sehnsucht*) longing, yearning; **(ein) großes ~ haben** (*lit.* **tragen**) **nach** have a longing for; **großes ~ haben, et. zu tun** have a strong desire (*od.* the urge, a yen) to do s.th., be itching to do s.th.; **kein ~ haben, et. zu tun** have no desire (*od.* not to be anxious) to do s.th., not to feel like doing s.th.; **voll ~** longingly, *ansehen a.* hungrily. **2.** (*Bitte*) request, (*Forderung*) demand; **auf ~** by request, *econ.* on demand; **auf j-s ~** at s.o.'s request; **zahlbar auf ~** payable at call; **(un)berechtigtes ~** (un)reasonable demand.

ver'län·ger·bar *adj Vertrag, Wechsel etc*: renewable, prolongable, extensible.

ver'län·gern [-'lɛŋərn] **I** *v/t* ‹*no* **ge-, h**› **1.** *allg.* lengthen, make (*dress, etc*) longer, elongate, (*Straße, Strecke etc*) *a.* extend, *math.* (*Linie*) prolong, produce. **2.** (*Frist, Mitgliedschaft, Vertrag, Kredit etc*) extend, (*a. Wechsel*) prolong, (*Ausweis, Vertrag etc*) renew, (*Leben*) prolong, lengthen, (*Laufzeit e-s Films*) hold (*a film*) over, continue; **verlängertes Wochenende** long (*od.* extended) weekend. **3.** *Fußball*: **e-n Ball** (*od.* **Paß**) **(zu j-m) ~** touch a ball on (to s.o.). **4.** *colloq.* (*Soße etc*) lengthen, stretch. **II** *v/reflex* **sich ~ 5.** lengthen, extend, *zeitlich*: *a.* prolong itself, *Abkommen etc*: *a.* be renewed. **Ver'län·ge·rung** *f* ‹-; -en› **1.** lengthening, elongation, extension, *math.* prolongation, production. **2.** *zeitliche*: extension, prolongation, renewal; *cf.* **verlängern** 2. **3.** *Sport*: (*Spielℒ*) extra time, (*Ballℒ*) pass; **in die ~ gehen** go into extra time. **4.** ‹*only sg*› *der Polizeistunde*: extended hours *pl.* **5.** → **Verlängerungsstück**.

Ver'län·ge·rungs|,schnur *f electr.* extension (flex, *Am.* cord). **~,stück** *n tech.* extension (piece), prolongation.

ver'lang·sa|men [-'laŋza:mən] **I** *v/t* ‹*no* **ge-, h**› **1.** slacken (*one's pace, etc*); **das Tempo** (*od.* **die Fahrt**) **~** slacken (one's) speed, slow down, *Fahrzeug*: *a.* decelerate. **2.** (*verzögern*) slow down, retard, delay. **II** *v/reflex* **sich ~ 3.** *Tempo etc*: slacken, *Entwicklung etc*: *a.* slow down, (*sich verzögern*) be delayed. **ℒmung** *f* ‹-; *no pl*› slackening, slowing down, slowdown, deceleration.

ver'läp·pern *v/t* ‹*no* **ge-, h**› *u.* **sich ~** *v/reflex colloq.* fritter away.

ver'la·schen *v/t* ‹*no* **ge-, h**› *tech.* fish.

Ver'laß [-'las] *m* ‹**-sses**; *no pl*› **auf ihn ist kein ~** he is not reliable, he cannot be trusted; **auf ihn ist (immer) ~** you can always rely (up)on him, he is reliable.

ver'las·sen[1] **I** *v/t* ‹*irr, no* **ge-, h**› **1.** leave, quit. **2.** (*abweichen von*) leave, stray from. **3.** (*im Stich lassen*) abandon, leave (*s.o.* in the lurch), *lit.* forsake, *böswillig, treulos*: desert; **er verließ sie wegen e-r anderen Frau** he left (*od.* deserted) her for another woman; *fig.* **s-e Kräfte verließen ihn** his strength failed him; **aller Mut hatte ihn ~** all courage had deserted (*od.* failed) him. **II ℒ** *n* ‹**-s**› **4.** *a. jur.* desertion, abandonment.

ver'las·sen[2] *v/reflex* ‹*irr, no* **ge-, h**› **sich ~ auf** (*acc*) rely (*od.* depend, bank) (up-) on; **du kannst dich darauf ~, daß er kommt** you may rely on him to come; **auf ihn (sein Wort) kann man sich ~** he is as good as his word; *colloq.* **verlaß dich drauf!** take it from me!, take my word for it!; **worauf du dich ~ kannst!** *sl.* you bet!

ver'las·sen[3] *adj* **1.** (*allein gelassen*) abandoned, deserted, *lit.* forsaken; **von Gott und der Welt ~** forsaken by God and man. **2.** (*einsam*) lonely, forlorn, *Gegend, Ort etc*: (god)forsaken, desolate, deserted. **ℒheit** *f* ‹-; *no pl*› loneliness, forlornness, solitude, isolation, (*Öde*) desolation.

ver'läß·lich *adj* reliable, dependable. **ℒkeit** *f* ‹-; *no pl*› reliability.

ver'lä·stern *v/t* ‹*no* **ge-, h**› slander, defame, calumniate, malign.

Ver'laub [-'laup] *m* **mit ~** by your leave (*od.* permission); **mit ~ (zu sagen)** with respect.

Ver'lauf *m* ‹**-(e)s**; **⸗e**› **1.** *e-r Grenze, Linie, von Nerven etc*: course. **2.** (*Ablauf*) course, run, *e-r Krankheit etc*: *a.* progress, development, (*Tendenz*) trend; **der natürliche ~ der Dinge** the natural course of events; **im ~** (*gen*) in the course of (*the discussion, etc*); **im ~ von** (*od. gen*) in the course of (*three months, a century, etc*); **nach ~ von** after (a lapse of) (*three days, etc*); **im ~ der Zeit** in the course of time, as time passes; **im weiteren ~** in the sequel, later on; **im weiteren ~ der Diskussion** in the further course of the discussion, as the discussion went on; **den weiteren ~ (e-r Sache) abwarten** wait and see how things turn out (*od.* develop); **e-n ungünstigen ~ nehmen** take an unfavo(u)rable course, take a bad turn. **3.** (*Ausgang*) end, issue.

ver'lau·fen I *v/i* ‹*irr, no* **ge-, sein**› **1.** *Grenze, Linie, Fluß etc*: run; **entlang der Grenze ~** run along the border. **2.** *Zeit*: pass, elapse, (*ablaufen*) go, run, come off, proceed, develop; **wie geplant ~** go according to plan; **alles verläuft normal** everything is going as usual, everything is taking (*od.* running) its normal course. **3.** (*enden*) end (up); **ergebnislos ~** be in vain, be of no avail, be unsuccessful; **tödlich ~** end fatally, have a fatal issue. **4.** (*schmelzen*) *Butter etc*: run, melt, (*auseinanderfließen*) *Farben*: run, bleed; **ineinander ~** fuse, merge, blend. **II** *v/reflex* ‹**h**› **sich ~ 5.** (*sich verirren*) get lost, lose one's way, go astray. **6.** (*sich verlieren*) *Spur etc*: disappear, peter out; → **Sand**. **7.** (*abfließen*) *Hochwasser etc*: drain away (*od.* off). **8.** (*sich zerstreuen*) *Menschenmenge etc*: scatter, disperse, drift off (*od.* away).

ver'laust *adj* full of lice, lousy.

ver'laut·ba|ren [-'lautba:rən] *v/t* ‹*no* **ge-, h**› announce, disclose, make *s.th.* known; **amtlich wird verlautbart, daß** there is an official statement (to the effect) that. **ℒrung** *f* ‹-; **-en**› **(amtliche ~** official) statement (*od.* announcement).

ver'lau·ten *v/i u. v/impers* ‹*no* **ge-, sein** *u.* **h**› **1.** *bes. pol.* be reported, be disclosed, transpire; **wie verlautet** as reported. **2. et. ~ lassen** (*andeuten*) hint (at) s.th., let s.th. be understood, give s.th. to understand; **nichts davon ~ lassen** not to breathe a word of it.

ver'le·ben *v/t* ‹*no* **ge-, h**› (*Zeit, Geld*) spend; **schöne Tage ~** *a.* have a nice (*od.* good) time. **ver'lebt** *adj* worn-out (*od.* ravaged) (by a fast life), dissipated.

ver'le·gen[1] **I** *v/t* ‹*no* **ge-, h**› **1.** (*Wohnsitz, Geschäft, Truppen etc*) **(nach, in** *acc* to) move, transfer. **2.** (*Straße, Eisenbahnlinie etc*) relocate, move, (*Haltestelle etc*) resite. **3.** (*Schwerpunkt etc, a. fig.*) shift. **4.** (*Schlüssel, Brille etc*) mislay. **5.** *zeitlich*: **(auf** *acc*) put off (to), defer (to), postpone (*od.* adjourn) (until), (*Termin, Veranstaltungen etc*) reschedule (for). **6.** (*Fliesen, Teppich, Schienen etc*) lay. **7. j-m den Weg ~** bar (*od.* block up) s.o.'s way. **8. den Schauplatz** *e-r Erzählung etc* **~ nach** (*od.* **in** *acc*) lay the scene in. **9.** (*Buch, Zeitschrift etc*) publish. **II** *v/reflex* **10. sich ~ auf** (*e-e Tätigkeit*) apply (*od.* devote) o.s. to, take up, *als Hobby*: take to *gardening, etc*; **sich aufs Bitten** *etc* **~** resort to pleading, *etc.*

ver'le·gen[2] **I** *adj* **1.** (*verwirrt*) confused, embarrassed, (*unsicher*) self-conscious, ill at ease; **~ machen** embarrass, make *s.o.* feel embarrassed (*od.* ill at ease); **~es Schweigen** embarrassed (*od.* awkward) silence. **2. ~ sein um** (*brauchen*) be hard up for, be in want (*od.* need) of; **um Geld ~** short of money; **(nie) ~ um** (*e-e Antwort, Ausrede etc*) (never) at a loss for. **II** *adv* **3.** *smile, etc* embarrassedly (*colloq.* all embarrassed).

ver'le·gen[3] *adj* (*zerdrückt*) crushed.

Ver'le·gen·heit *f* ‹-; *no pl*› **1.** embarrassment; **j-n in ~ bringen** make s.o. feel embarrassed, *a. durch ein Geschenk etc*: embarrass s.o. **2.** (*mißliche Lage*) embarrassing (*od.* awkward) position (*od.* situation), difficulty, predicament, *colloq.* scrape, fix, (*Geldℒ*) embarrassment; **j-m aus der ~ helfen** help s.o. out; **in ~ sein** a) be in a predicament (*etc*), b) be financially embarrassed, be in financial straits, be short of money, c) **um** (*e-e Antwort etc*) be at a loss for (*an answer, etc*); **sich aus der ~ ziehen** get out of it, wriggle out; **in die ~ kommen, et. tun zu müssen** find o.s. compelled to do s.th. **~s,lö·sung** *f* emergency (*od.* makeshift) solution. **~s,pau·se** *f* awkward silence.

Ver'le·ger *m* ‹**-s**; **-**› publisher. **ver'le·ge·risch** *adj* publisher's ..., publishing.

Ver'le·gung *f* ‹-; *no pl*› **1.** *von Wohnsitz, Geschäft, Truppen etc*: **(nach, in** *acc* to) transfer, removal. **2.** *von Straße, Eisenbahnlinie etc*: relocation. **3.** *zeitlich*: postponement, adjournment, *e-s Termins, e-r Veranstaltung etc*: rescheduling (**auf** *acc* for). **4.** *von Fliesen, Teppich, Kabeln etc*: laying, *electr. e-r Leitung*: wiring, installation.

ver'lei·den *v/t* ‹*no* **ge-, h**› **j-m et. ~** spoil (*od.* mar) s.o.'s pleasure in s.th.; **mir ist alles verleidet** I am sick of everything.

Ver'leih [-'lai] *m* ‹**-s**; **-e**› **1.** ‹*no pl*› hiring out, *bes. Am.* renting out; **~ von Autos** *etc* cars, *etc* for hire. **2.** (**~***firma*) hire (*od.* rental) company, rental (shop), *car, etc* hire (*od.* rental), (*Filmℒ*) distributor(s *pl*). **ver'lei·hen** *v/t* ‹*irr, no* **ge-, h**› **1.** (*ausleihen*) **(an** *acc* to) lend (out), *bes. Am. a.* loan, *gegen Entgelt*: hire (*bes. Am.* rent) out, *bes. Br.* let out *s.th.* (on hire). **2. j-m et. ~** (*Orden, Preis etc*) award s.o. s.th., award s.th. to s.o., (*Titel, Würde etc*) confer (*od.* bestow) s.th. (up)on s.o., (*Rechte, Befugnisse etc*) (in)vest s.th. in s.o., (*a. Lizenz etc*) grant s.o. s.th.; **man verlieh ihm das Privileg zu** *inf* he was granted the privilege of *ger*; **j-m den Offiziersrang ~** commission s.o.; **j-m ein Amt ~** appoint s.o. to an office. **3.** *fig.* (*geben*) (*dat* to) give, lend, impart; *e-m Gesetz* **Rechtskraft ~** render effective; → **Ausdruck**[1] 1, **Kraft** 1. **Ver'lei·her** *m* ‹**-s**; **-**› **1.** lender, *bes. Am.* loaner, *gegen Entgelt*: hiring agent, *bes. Am.* renter. **2.** *Film*: distributor. **3.** *jur.* grantor. **Ver'lei·hung** *f* ‹-; *no pl*› **1.** lending (out) (*etc*) (*cf.* **verleihen** 1). **2.** *von Orden, e-s Preises etc*: award, *e-r Würde, e-s Titels etc*: conferment, bestowal, *jur. e-r Lizenz etc*: grant. **Ver'lei·hungs,ur,kun·de** *f* diploma.

ver'lei·men *v/t* ‹*no* **ge-, h**› glue (*things*) up (*od.* together).

ver'lei|ten *v/t* ‹*no* **ge-, h**› **j-n zu et. ~, j-n ~ et. zu tun** make s.o. do s.th., lead (*od.* induce, cause, get) s.o. to do s.th., (*verführen*) seduce (*od.* talk) s.o. into doing s.th., (*verlocken*) entice s.o. to do s.th., (*ermutigen*) encourage s.o. to do s.th.; **j-n zu e-m Verbrechen ~** make (*etc*) s.o. commit a crime; **sich ~ lassen (et. zu tun)** (allow o.s. to) be seduced (*etc*) (to do s.th.), *von e-m Gefühl etc*: be carried away (into doing s.th.); **j-n zu der Annahme ~, daß** lead s.o. to believe that. **ℒtung** *f* ‹-; *no pl*› inducement,

(*Verführung*) seduction.
ver'ler·nen *v/t* ⟨*no* ge-, h⟩ forget, unlearn.
ver'le·sen¹ **I** *v/t* ⟨*irr, no* ge-, h⟩ read out, (*Namen etc*) call (out); **die Namensliste** ~ call the roll. **II** *v/reflex* **sich** ~ make a mistake (*od.* slip) in reading, read wrong (-ly).
ver'le·sen² *v/t* ⟨*irr, no* ge-, h⟩ (*Gemüse etc*) pick.
ver'letz·bar *adj* vulnerable, *fig.* (*leicht gekränkt*) *a.* oversensitive, touchy; *fig.* **leicht ~ sein** be easily hurt. **2keit** *f* ⟨-; *no pl*⟩ vulnerability, *fig. a.* oversensitiveness, touchiness.
ver'let·zen [-'lɛtsən] **I** *v/t* ⟨*no* ge-, h⟩ **1.** injure, hurt, (*verwunden*) wound (*alle a. fig. j-n, j-s Gefühle*); **sich** (*dat*) **den Arm ~** hurt (*od.* injure) one's arm. **2.** (*beschädigen*) injure, hurt, damage. **3.** *fig.* (*kränken*) hurt (*od.* wound) *s.o.'s* feelings, offend, *Bemerkung etc*: *a.* cut; **j-n zutiefst ~** cut s.o. to the quick. **4.** *fig.* (*Gesetz, Eid, Recht*) violate, (*Patent etc*) infringe, *bes. Am.* infract, (*Anstand, Vorschrift etc*) offend against; **s-e Pflicht ~** neglect (*od.* fail in) one's duty. **II** *v/reflex* **sich ~ 5.** hurt o.s., injure o.s., get hurt (*od.* injured); **er hat sich am Kopf verletzt** he hurt his head. **~d** *adj fig.* (*kränkend*) hurtful, cutting, (*beleidigend*) offensive.
ver'letz·lich *adj fig.* → **verletzbar. 2keit** *f* ⟨-; *no pl*⟩ → **Verletzbarkeit**.
Ver'letz·te *m, f* ⟨-n; -n⟩ injured person; **ein tödlich ~r** a fatally injured person; **die ~n** the injured.
Ver'let·zung *f* ⟨-; -en⟩ **1.** *med.* (*gen* to) injury, hurt (*beide a. fig. des Stolzes etc*); **für ~en aller Art** for hurts of every sort. **2.** (*Beschädigung*) damage. **3.** ⟨*only sg*⟩ *fig.* (*gen*) *des Anstandsgefühls etc*: violation (of), *des guten Geschmacks etc*: offen/ce (*Am.* -se) (against), *e-r Pflicht*: negligence (of), failure (in). **4.** *e-s Rechts, e-r Abmachung etc*: violation, *e-s Gesetzes*: *a.* infraction, (*a. Patent2*) infringement, *e-s Vertrags etc*: breach; **~ der Sorgfaltspflicht** lack of proper care, neglect; **~ der beruflichen Schweigepflicht** violation (*od.* breach) of professional secrecy. **~s‚pech** *n Sport*: **vom ~ verfolgt** injury-ridden.
ver'leug|nen **I** *v/t* ⟨*no* ge-, h⟩ **1.** deny, (*Freund, Kind etc*) *a.* disown, disavow, (*Grundsätze, Glauben etc*) *a.* disclaim, renounce; **sich nicht ~ lassen** reveal itself; **nicht zu ~d** *Ursprung etc*: undeniable, *iro. a.* obvious, blatant. **2.** (*j-s Anwesenheit verheimlichen*) deny; **sich ~ lassen** (**vor** *j-m* to) have o.s. denied, not to be at home. **II** *v/reflex* **3. sich (selbst) ~** betray one's principles. **2nung** *f* ⟨-; *no pl*⟩ denial, disavowal, disownment, renunciation.
ver'leum|den [-'lɔʏmdən] *v/t* ⟨*no* ge-, h⟩ **1.** slander, defame, calumniate, backbite. **2.** *jur.* defame, *mündlich*: slander, *schriftlich, im Fernsehen etc*: libel. **2der** *m* ⟨-s; -⟩, **2de·rin** *f* ⟨-; -nen⟩ **1.** slanderer, defamer, calumniator, backbiter. **2.** *jur.* defamer, slanderer, libel(l)er. **~de·risch** *adj* **1.** slanderous, calumnious. **2.** *jur.* defamatory, slanderous, libel(l)ous. **2dung** *f* ⟨-; -en⟩ **1.** ⟨*only sg*⟩ defamation, calumniation. **2.** (*verleumderische Behauptung etc*) slander, defamation, calumny, calumniation. **3.** *jur.* defamation, *mündliche*: slander, *schriftliche etc*: libel.
Ver'leum·dungs|‚feld‚zug *m*, **~kam‚pa·gne** *f* slander (*od.* smear) campaign. **~‚kla·ge** *f jur.* action for defamation (*od.* slander, libel).
ver'lie·ben *v/reflex* ⟨*no* ge-, h⟩ **sich ~** (**in** *acc*) fall in love (with), **in et.**: *a.* take a fancy to s.th. **ver'liebt** *adj* **1.** (**in** *acc*) loving (*s.o.*), in love (with), amorous (of), enamo(u)red (of, with), *stärker*: infatuated (with), *colloq.* smitten (with), gone (on); **ein ~es Paar** a couple in love; *fig. colloq.* **in** *ein Haus, Auto etc* **~ sein** be mad about. **2.** *Blicke, Augen etc*: amorous. **Ver'lieb·te** *m, f* ⟨-n; -n⟩ **1.** man (*od.* boy) (woman *od.* girl) in love. **2.** *pl* a) people in love, b) couple *sg* in love, courting couple. **Ver'liebt·heit** *f* ⟨-; *no pl*⟩ amorousness.
ver'lie·ren [-'li:rən] **I** *v/t* ⟨**verliert, verlor, verloren**, h⟩ **1.** *allg.* lose, (*Blätter, Haar*) *a.* shed; **Geld ~** lose money (**an** *acc* to); **die Geduld ~** lose patience; **einander im Gedränge ~** lose each other in the crowd; **in** (*od.* **mit**) **ihm ~ wir e-n wahren Freund** in him we lose a true friend; **wir ~ nicht viel an ihm** he is no great loss; **wir dürfen k-n Augenblick ~** there's not a moment to lose; **nichts zu ~ haben** have nothing to lose; **kein Wort darüber ~** not to say a word about it; *colloq.* **was hast du hier verloren?** what (the hell) are you doing here; **du hast hier nichts verloren** you have no business (to be) here; → **Auge** 1, **Mut** 1, **Nerv** 1 *etc.* **II** *v/i* **2.** *im Spiel*: lose (**gegen** to, against); **er kann einfach nicht ~** *a.* he is a bad (*od.* poor) loser. **3.** *fig.* (*einbüßen*) lose (**bei näherer Betrachtung** on closer inspection); **das Buch verliert viel durch die Übersetzung** the book loses considerably in translation; **er hat in der letzten Zeit sehr verloren** *an Ansehen etc*: he has lost a great deal of his former self (*colloq.* he has gone off a lot) recently; **an Reiz** *etc* **~** lose (some of its) charm, *etc.* **III** *v/reflex* **sich ~ 4.** (*verschwinden*) *Spur, Weg etc*: disappear, *Farbe*: fade, *Klang etc*: fade (*od.* die) away, (*verfliegen*) *Begeisterung etc*: subside, pass (off), vanish, wear off; **diese Angewohnheit wird sich bald ~** *a.* he (she) will soon outgrow this habit; **der Klang des Cembalos verliert sich in dem großen Saal** the sound of the cembalo is lost in the large hall. **5.** (*sich zerstreuen*) disperse, scatter. **6.** (*versinken*) become lost (**in** *dat od. acc in thoughts, etc*). **Ver'lie·rer** *m* ⟨-s; -⟩, **Ver'lie·re·rin** *f* ⟨-; -nen⟩ loser (*a. fig. Versager*); **schlechter ~** bad loser.
Ver'lie·rer|‚sei·te *f* **auf der ~ sein** be on the losing side. **~‚stra·ße** *f colloq. Sport*: **auf der ~ sein** be fighting a losing battle, be losing (the game).
Ver'lies [-'li:s] *n* ⟨-es; -e⟩ dungeon.
ver'lo·ben *v/reflex* ⟨*no* ge-, h⟩ **sich ~ (mit)** become (*od.* get) engaged (to).
Ver'löb·nis [-'lø:pnɪs] *n* ⟨-ses; -se⟩ → **Verlobung**. **~‚bruch** *m jur.* breach of promise (of marriage).
ver'lobt *adj* **~ sein (mit)** be engaged (to be married) (to). **Ver'lob·te** *m, f* ⟨-n; -n⟩ fiancé(e *f*), *colloq.* my, *etc* intended; **die ~n** the engaged (couple *sg*), *lit.* the betrothed; **als ~ grüßen** we wish to announce our engagement.
Ver'lo·bung *f* ⟨-; -en⟩ (**mit** to) engagement, *lit.* betrothal; **die ~ lösen** break off one's engagement. **~s‚an‚zei·ge** *f* announcement of an engagement. **~s‚ring** *m* engagement ring.
ver'locken (*getr.* -k·k-) **I** *v/t* ⟨*no* ge-, h⟩ entice, (al)lure, tempt; **j-n ~, et. zu tun** tempt (*od.* entice) s.o. to do (*od.* into doing) s.th., allure s.o. into doing s.th. **II** *v/i* **zu Spekulationen** *etc* **~** encourage speculation, *etc*; **das klare Wasser verlockt zum Schwimmen** the clear water entices one to go swimming. **~d** *adj* tempting, enticing.
Ver'lockung (*getr.* -k·k-) *f* ⟨-; -en⟩ temptation, allurement, enticement.
ver'lo·gen [-'lo:gən] *adj* (given to) lying, untruthful, mendacious, *weitS. colloq.* phon(e)y; **~er Kerl** (damned) liar. **2heit** *f* ⟨-; *no pl*⟩ constant lying, untruthfulness, mendacity, *weitS. colloq.* phoniness.
ver'loh·nen *v/impers u.* **sich ~** *v/reflex* ⟨*no* ge-, h⟩ *lit.* be worthwhile; **es verlohnt die** (*od.* **der**) **Mühe nicht** *a.* it is not worth the trouble.
ver'lor [-'lo:r] *1 u. 3 sg pret,* **ver'lö·re** [-'lø:rə] *1 u. 3 sg pret subj of* **verlieren**.
ver'lo·ren [-'lo:rən] *adj* **1.** *allg.* lost, *fig. Zeit, Mühe etc*: *a.* wasted, (*aussichtslos*) *a.* losing; **für immer ~ sein** be lost (*od.* have gone) for ever; *Bibl.* **der ~e Sohn** the prodigal son; **auf ~em Posten stehen** (*od.* **kämpfen**) fight a losing battle, fight for a lost cause; **~ geben** give *s.o., s.th.* up for lost; **sich ~ geben** give up; **wir sind ~** we are lost, *sl.* we've had it; **das Spiel ~ geben** throw up the game (for lost), *fig.* give in (*od.* up), throw in the towel (*od.* sponge); **jetzt ist alles ~** now all is lost. **2.** (*einsam, hilflos*) lost, forlorn. **3. in Gedanken ~ sein** be lost (*od.* absorbed) in thought; **in den Anblick e-r Sache ~ sein** be lost in contemplation of s.th. **4.** *gastr.* **~e Eier** poached eggs. **~‚ge·hen** *v/i* ⟨*irr, sep,* -ge-, sein⟩ be (*od.* get) lost, *Briefe etc*: *a.* miscarry; *colloq.* **an ihm ist ein Schauspieler verlorengegangen** he would have made a splendid actor. **2heit** *f* ⟨-; *no pl*⟩ (*Verlassenheit*) forlornness.
ver'lö·schen *v/i* ⟨*irr, no* ge-, sein⟩ *lit. Licht, Kerze, Feuer etc*: go out, *fig. Leben, Ruhm etc*: die.
ver'lo|sen *v/t* ⟨*no* ge-, h⟩ dispose of *s.th.* by lots, *in e-r Tombola*: raffle *s.th.* (off), *untereinander*: draw lots for. **2sung** *f* ⟨-; -en⟩ **1.** disposal by lots, drawing of lots (*gen* for). **2.** raffle, lottery.
ver'lö·ten *v/t* ⟨*no* ge-, h⟩ solder (up); **hart ~** braze.
ver'lot|tern *v/i* ⟨*no* ge-, sein⟩ *Sache*: go to rack and ruin, *a. Person*: go to seed. **~tert** *adj* seedy.
ver'lu·dern *v/i* ⟨*no* ge-, sein⟩ → **verkommen**¹ 1.
Ver'lust [-'lʊst] *m* ⟨-(e)s; -e⟩ **1.** loss (**an** *dat* of); **bei ~** (*gen*) in case of loss (of); **bei ~ kein Ersatz** no refund if lost; **in ~ geraten** get lost. **2.** loss, (*Todesfall*) *a.* bereavement, (*Schaden*) damage, (*Abgang*) waste; **~e** *pl* losses, *im Spiel*: *a.* losings, *bes. mil. an Menschenleben*: *a.* casualties; *econ.* **mit ~** *verkaufen etc* at a loss (*od.* sacrifice); **mit ~ arbeiten** *Betrieb*: run at a loss; *fig.* **ein großer ~** a great loss (**für** to); → **Rücksicht**. **~‚an‚zei·ge** *f* notice of (a) loss. **~ge‚schäft** *n* **1.** (*Transaktion*) losing bargain. **2.** (*Produkt*) lossmaker.
ver·lu'stie·ren [-lʊs'ti:rən] *v/reflex* ⟨*no* ge-, h⟩ **sich ~** *humor.* amuse o.s.
ver'lu·stig *adj adm.* **e-r Sache ~ gehen** forfeit (*od.* be deprived of, lose) s.th.; **j-n e-r Sache für ~ erklären** declare s.o. to have forfeited s.th.
Ver'lust|‚kon·to *n* loss account. **~‚li·ste** *f mil.* casualty list. **~‚mel·dung** *f* **1.** report of (a) loss. **2.** *mil.* casualty report. **~‚quo·te** *f* percentage of loss. **2‚reich** *adj* **1.** *mil.* involving heavy losses (*od.* casualties). **2.** *econ.* **~es Jahr** deficit year. **~‚rück‚trag** *m econ.* loss carry-back. **~‚span·ne** *f* deficit margin. **~‚vor‚trag** *m* **1.** carry-forward of losses. **2.** → **Verlustrücktrag**. **~‚zif·fer** *f mil.* casualty figure.
ver'ma·chen *v/t* ⟨*no* ge-, h⟩ **j-m et. ~**

jur. leave s.o. s.th., leave (*od.* will) s.th. to s.o., (*bes. bewegliche Sachen, a. humor.*) bequeath s.th. to s.o., (*bes. Grundbesitz*) devise s.th. to s.o.

Ver'mächt·nis [-ˈmɛçtnɪs] *n* ⟨-ses; -se⟩ *jur.* **1.** (*Testament*) will. **2.** (*Hinterlassenschaft*) legacy (*a. fig.*), *von beweglichen Sachen od. Geld*: *a.* bequest, *von Grundbesitz*: devise. **~ˌge·ber** *m* legator, devisor. **~ˌneh·mer** *m* legatee, devisee.

ver'mäh·len [-ˈmɛːlən] **I** *v/t* ⟨*no* ge-, h⟩ *lit.* marry (mit to). **II** *v/reflex* sich ~ (mit j-m) marry (*od.* wed) (s.o.). **Ver'mählte** *m, f* ⟨-n; -n⟩ newlywed; die ~n *a.* the newly married couple *sg*, the bridal pair *sg*. **Ver'mäh·lung** *f* ⟨-; -en⟩ marriage, wedding.

ver'mah|nen *v/t* ⟨*no* ge-, h⟩, **≈nung** *f* ⟨-; -en⟩ *lit. for* ermahnen *etc.*

ver·ma·le'deit [-maleˈdaɪt] *adj obs.* → verdammt 1.

ver'männ·li·chen [-ˈmɛnlɪçən] *v/t* ⟨*no* ge-, h⟩ masculinize.

ver'man·schen *v/t* ⟨*no* ge-, h⟩ *colloq.* mix *s.th.* up (*a. fig.*).

ver'mark|ten [-ˈmarktən] *v/t* ⟨*no* ge-, h⟩ market, merchandize, *a. fig. contp.* commercialize. **≈tung** *f* ⟨-; *no pl*⟩ marketing (*etc*), *a. fig.* commercialization.

ver'mas·seln [-ˈmasəln] *v/t* ⟨*no* ge-, h⟩ *colloq.* mess *s.th.* up, ruin.

ver'mas|sen [-ˈmasən] *v/i* ⟨*no* ge-, sein⟩ lose one's individuality. **≈sung** *f* ⟨-; *no pl*⟩ loss of individuality.

ver'mau·ern *v/t* ⟨*no* ge-, h⟩ wall *s.th.* up (*od.* off).

ver'meh|ren **I** *v/t* ⟨*no* ge-, h⟩ **1.** *allg.* increase, augment, *zahlenmäßig*: *a.* multiply (*alle*: um by), *weitS.* (*erweitern*) enlarge, (*beitragen zu*) add to; vermehrte Auflage e-s Buches enlarged edition. **2.** *biol.* propagate, (*Tiere*) *a.* breed. **II** *v/reflex* sich ~ **3.** increase, augment, *zahlenmäßig*: *a.* multiply. **4.** *biol. Mensch*: reproduce, *Tiere*: breed, multiply, *a. Pflanzen*: propagate. **≈rung** *f* ⟨-; *no pl*⟩ **1.** (*gen*) increase (of *knowledge, etc*, in *population, etc*), augmentation (of). **2.** → Fortpflanzung 2.

ver'meid·bar *adj* avoidable. **ver'mei·den** *v/t* ⟨*irr, no* ge-, h⟩ avoid, *geschickt*: evade, dodge, steer clear of, *ängstlich*: shun; (es) ~, mit j-m zs.-zutreffen, das Zs.-treffen mit j-m ~ avoid meeting s.o.; es läßt sich nicht ~ it cannot be avoided (*od.* helped); *tun Sie es nicht etc* wenn Sie es ~ können if you can help it. **ver'meid·lich** *adj* → vermeidbar. **Ver'mei·dung** *f* ⟨-; *no pl*⟩ avoidance; zur ~ von (in order) to avoid.

ver'mei·nen *v/t* ⟨*no* ge-, h⟩ *lit.* think, believe, imagine. **ver'meint·lich** [-ˈmaɪntlɪç] *adj* supposed, (*angeblich*) pretended, putative, (*eingebildet*) imaginary.

ver'mel·den *v/t* ⟨*no* ge-, h⟩ report.

ver'men·gen **I** *v/t* ⟨*no* ge-, h⟩ **1.** mix (up), mingle, blend. **2.** *fig.* (*durcheinanderbringen*) mingle, jumble (up), mix up. **II** *v/reflex* sich ~ **3.** (mit with) mingle, blend.

ver'mensch·li|chen [-ˈmɛnʃlɪçən] *v/t* ⟨*no* ge-, h⟩ humanize. **≈chung** *f* ⟨-; *no pl*⟩ humanization.

Ver'merk [-ˈmɛrk] *m* ⟨-(e)s; -e⟩ note, notice, memorandum, *colloq.* memo, *auf Urkunden*: endorsement, (*Anmerkung*) annotation, (*Eintragung*) entry. **ver'mer·ken** *v/t* ⟨*no* ge-, h⟩ note (down), make a note of, record, (*eintragen*) enter, *geistig*: note, make a (mental) note of; *fig.* et. übel ~ take s.th. amiss (*od.* in bad part), take offen/ce (*Am.* -se) at s.th., resent s.th.

ver'mes·sen[1] **I** *v/t* ⟨*irr, no* ge-, h⟩ **1.** measure, (*Land etc*) survey. **II** *v/reflex* sich ~ **2.** measure wrong(ly). **3.** *lit.* sich ~, et. zu tun presume (*od.* make bold) to do s.th., dare (to) do s.th., have the audacity (*od.* impudence) to do s.th.

ver'mes·sen[2] *adj* **1.** (*anmaßend*) presumptuous, presuming. **2.** (*kühn*) daring, bold. **≈heit** *f* ⟨-; *no pl*⟩ **1.** presumption, presumptuousness. **2.** daringness, boldness.

Ver'mes·ser *m* ⟨-s; -⟩ *civ.eng.* surveyor.

Ver'mes·sung *f* ⟨-; -en⟩ measuring, *von Land etc*: survey(ing).

Ver'mes·sungsˌamt *n* surveyor's office. **~in·geˌnieur** *m* surveyor. **~ˌkun·de** *f* surveying, geodesy. **~ˌpunkt** *m* survey point, (auxiliary) fixed point. **~ˌschiff** *n* survey(ing) vessel. **~ˌtrupp** *m* survey(ing) party (*od.* gang). **~ˌwe·sen** *n* ⟨-s; *no pl*⟩ surveying.

ver'mie·sen [-ˈmiːzən] *v/t* ⟨*no* ge-, h⟩ *colloq.* j-m et. ~ spoil (*od.* ruin) s.th. for s.o.

ver'mie|ten **I** *v/t* ⟨*no* ge-, h⟩ **1.** (*Haus, Wohnung etc*) (an *acc* to) let (out), lease out, *bes. Am.* rent; Zimmer zu ~! rooms to let (*bes. Am.* for rent)! **2.** (*Sachen*) (an *acc* to) hire (out), *bes. Am.* rent (out); zu ~ *cars, etc* for hire (*Am.* rent). **II** *v/i* **3.** let, *bes. Am.* rent; sie vermietet an Touristen she lets (*bes. Am.* rents) (rooms) to tourists. **≈ter** *m* ⟨-s; -⟩ **1.** letter, *bes. Am.* renter, *von Sachen*: hirer, *bes. Am.* renter. **2.** (*Hauswirt*) landlord. **≈te·rin** *f* ⟨-; -nen⟩ (*Hauswirtin*) landlady. **≈tung** *f* ⟨-; -en⟩ letting, *bes. Am.* renting, rental, *von Sachen*: hire, *Am.* rental.

ver'min|dern **I** *v/t* ⟨*no* ge-, h⟩ *allg.* diminish, lessen, decrease, reduce, (*einschränken*) cut down, cut back, curtail, (*beeinträchtigen*) impair, detract from. **II** *v/reflex* sich ~ decrease, diminish, lessen, decline, (*schwinden*) dwindle, *econ. Einnahmen etc*: *a.* drop, go down, fall off. **~dert** *adj* diminished (*a. mus.*), reduced. **≈de·rung** *f* ⟨-; *no pl*⟩ diminution, decrease, reduction, cut, *bes. econ.* decline, drop, impairment.

ver'mi·nen [-ˈmiːnən] *v/t* ⟨*no* ge-, h⟩ *mil.* mine, lay mines in.

ver'mi·schen **I** *v/t* ⟨*no* ge-, h⟩ **1.** mix (up), mingle, (*a. Tabake, Tee etc*) blend; Wein mit Wasser ~ dilute wine with water, water wine. **II** *v/reflex* sich ~ **2.** (mit with) (inter)mix, (inter)mingle, blend. **3.** *Rassen*: interbreed, intermingle. **ver'mischt** *adj* **1.** mixed (*etc*). **2.** *Nachrichten, Schriften etc*: miscellaneous; ≈es *in Zeitungen*: *a.* miscellany *sg*. **Ver'mi·schung** *f* ⟨-; *no pl*⟩ **1.** mixing, mingling, blend(ing), mixture. **2.** *biol.* interbreeding, *durch Heirat*: intermarriage.

ver'mis·sen *v/t* ⟨*no* ge-, h⟩ **1.** miss, notice (*od.* see) that *s.o., s.th.* is missing (*od.* not there, not here); ich vermisse m-e Brieftasche I can't find (*od.* I am missing, I have lost) my wallet, my wallet is missing; j-n sehr (*od.* schmerzlich) ~ miss s.o. badly; zwei Personen werden noch vermißt two persons are still missing (*od.* unaccounted for). **2.** ~ lassen (*Geschmack, Anstand etc*) lack, show a lack of, be lacking (*od.* wanting) in; viel ~ lassen leave much to be desired. **ver'mißt** *adj* missing, (*verloren*) lost, *mil.* missing in action. **Ver'miß·te** *m, f* ⟨-n; -n⟩ missing person; die ~n *a.* the missing, *mil. a.* the missing personnel *sg*.

Ver'miß·tenˌanˌzei·ge *f* ~ erstatten report a person missing. **~ˌsuchˌdienst** *m des Roten Kreuzes*: service for tracing missing persons.

ver'mit·teln [-ˈmɪtəln] **I** *v/t* ⟨*no* ge-, h⟩ **1.** j-m et. ~ help s.o. (to) find (*od.* get) s.th., get (*od.* find, procure) s.o. s.th. (*od.* s.th. for s.o.); j-m e-e Stellung ~ (bei) *cf.* 2; könnten Sie ihm die Bekanntschaft von Herrn X ~? could you arrange for him to meet Mr. X? **2.** j-n ~ (an *acc* with *a firm, etc*) find (*od.* get) s.o. a place, place s.o. **3.** (*Zimmer, Adressen etc*) be an agent (*od.* be agents) for. **4.** (*Treffen, Heirat etc*) arrange, (*Frieden, Einigung etc*) mediate. **5.** (*Wissen etc*) impart (*dat* to). **6.** (*Eindruck, Vorstellung etc*) convey (*dat* to). **II** *v/i* **7.** (bei, in *dat* in *a dispute, etc*, zwischen between *two parties, etc*) mediate, act as a mediator, intervene. **8.** ~ zwischen (*Gegensätzen etc*) mediate (*od.* act as a link) between.

ver'mit·tels(t) *prep* ⟨*gen*⟩ by means (*od.* dint) of, with the help of, through.

Ver'mitt·ler *m* ⟨-s; -⟩ **1.** mediator. **2.** (*Mittelsmann*) intermediary, go-between, (*Zwischenhändler*) middleman, (intermediate) agent, *von Anleihen etc*: negotiator. **~ˌamt** *n* mediatorship. **~geˌbühr** *f* agent's commission.

Ver'mitt·le·rin *f* ⟨-; -nen⟩ **1.** mediatrix. **2.** → Vermittler 2.

Ver'mitt·lerˌrol·le *f* role (*od.* part) of (a) mediator.

Ver'mitt·lung *f* ⟨-; -en⟩ **1.** (*Beschaffung*) procurement, supply(ing), *bes. econ.* negotiation, *e-s Arbeitsplatzes*: placement, *e-r Zs.-kunft etc*: arrangement. **2.** *von Wissen*: imparting (*of knowledge*), *e-s Eindrucks etc*: conveyance. **3.** (*Schlichtung*) mediation, (*Eingreifen*) intercession, intervention, (*Beilegung*) settlement. **4.** (*Vermittlungsdienste*) mediation; durch die ~ von, durch j-s ~ through s.o., through the help (*od.* good offices, the intermediary, the mediatorship) of s.o.; s-e ~ anbieten offer mediation. **5.** (*Amt, Stelle*) agency, office. **6.** → ~sˌamt *n* (telephone) exchange, *Am.* central (office). **~sˌausˌschuß** *m* mediation (*od.* arbitration) committee. **~s·geˌbühr, ~s·pro·viˌsi,on** *f* agent's commission, *e-s Maklers*: *a.* brokerage. **~sˌstel·le** *f* agency. **~s·ˌvorˌschlag** *m* proposal for settlement, mediatory proposal.

ver'mö·beln [-ˈmøːbəln] *v/t* ⟨*no* ge-, h⟩ *colloq.* → verprügeln.

ver'mo·dern *v/i* ⟨*no* ge-, sein⟩ rot, mo(u)lder, decay.

ver'mö·gen *lit.* **I** *v/aux* ⟨*irr, no* ge-, h⟩ ~ zu *inf* (*können*) be able to *inf*, be capable of *ger*, (*imstande sein*) be in a position to *inf*, (*es fertigbringen*) succeed in *ger*; er *etc* vermag (nicht) *a.* he can(not). **II** *v/t* et. ~ be able to do s.th.; et. (nichts, wenig, viel) ~ bei j-m have (no, little, great) influence with s.o.; er vermag nichts gegen diese Entwicklung he can do nothing about this development; ich will tun, was ich vermag I'll do what I (possibly) can; Zeit und Geduld ~ viel time and patience can do a great deal; niemand hätte es vermocht nobody could have done it. **III** ≈ *n* ⟨-s⟩ (*Können*) ability, capacity, (*Macht*) power; das geht über mein ≈ that is beyond me (*od.* my capacity, my power); nach (bestem) ≈ to the best of one's ability.

Ver'mö·gen *n* ⟨-s; -⟩ **1.** (*Geld u. Gut*) fortune, means *pl*, substance, (*Besitz*) property, *econ.* assets *pl*, (*Kapital*) capital; (un)bewegliches ~ (im)movable property, (im)movables *pl*; gemeinsames ~ joint property; ~ haben (*od.* besitzen) a) have means, b) hold (*od.* own) property; ein ~ erben come into (*od.* inherit) a fortune; ein ~ hinterlassen leave property (*od.* a fortune); sein ~ verschleudern squander one's substance (*od.* fortune); mit s-m ganzen ~

haften *Gesellschafter*: be liable with all one's assets (*od.* to the extent of one's property); sein ~ in Wertpapieren anlegen invest one's capital (*od.* fortune) in securities. **2.** *colloq.* (*große Geldsumme*) fortune; er hat (sich) damit ein ~ verdient he earned (*od.* made) a fortune with (*od.* at) it; das kostet mich ein ~ that will cost me a fortune.

ver'mö·gend *adj* well-to-do, well-off.

Ver'mö·gens|an,la·ge *f* (productive) investment. **~auf,stel·lung** *f* inventory of property. **~be,stand** *m* (aggregate property) assets *pl*. **~bi,lanz** *f* statement of assets and liabilities (*Am.* of condition). **~bil·dung** *f* **1.** (monetary) wealth formation. **2.** *bes. für Arbeitnehmer*: (subsidized) creation of private means for the general public (through fiscal grants and tax privileges). **~ein,zie·hung** *f jur.* confiscation of property. **~la·ge** *f* financial situation (*od.* position). **~mas·se** *f* estate, assets *pl*. **~nach,weis** *m* property qualification. **≈recht·lich** *adj* proprietary. **~steu·er** *f* property tax, capital tax. **~um·ver,tei·lung** *f* redistribution of wealth (*od.* property). **~ver,hält·nis·se** *pl* (pecuniary *od.* financial) circumstances. **~ver,wal·ter** *m* custodian, trustee, property manager. **~ver,wal·tung** *f* administration of property. **~wer·te** *pl* (property) assets *pl*. **≈wirk·sam I** *adj* ~e Leistung (employer's) capital-forming payment under the employees' saving scheme. **II** *adv* ~ sparen save under the employees' savings scheme. **~zu,wachs,steu·er** *f* tax on the increment value of property.

ver'mum|men [-'mʊmən] *v/t* ⟨*no* ge-, h⟩ **1.** (*einhüllen*) muffle *s.o.*, *s.th.* up. **2.** (*verkleiden*) mask, disguise. **≈mung** *f* ⟨-; -en⟩ (*Verkleidung*) disguise.

ver'murk·sen [-'mʊrksən] *v/t* ⟨*no* ge-, h⟩ *colloq.* mess *s.th.* up, bungle.

ver'mu·ten [-'muːtən] *v/t* ⟨*no* ge-, h⟩ (*annehmen*) suppose, assume, presume, (*schließen*) conjecture, surmise, *Am. colloq.* guess, (*erwarten*) expect, (*argwöhnen*) suspect, (*sich vorstellen*) imagine; ich vermute, er ist in X, ich vermute ihn in X I suppose he is in X, I suppose him to be in X; dort, wo man es nicht vermutet (in a place) where no one expects it (to be); es ist (*od.* steht) zu ~, daß there is (good) reason to suppose (*od.* assume) that; wer hätte das vermutet? who would have imagined (*od.* dreamt of, suspected) that?; es wird Brandstiftung vermutet arson is suspected. **ver'mut·lich I** *adj* → mutmaßlich. **II** *adv* presumably, probably; ~! I suppose so!; ich habe mich ~ geirrt I suppose I was wrong, I was probably wrong. **Ver'mu·tung** *f* ⟨-; -en⟩ (*Annahme*) supposition, presumption, assumption, (*Mutmaßung*) conjecture, speculation, (bloße ~ mere) guesswork (*od.* surmise), (*Erwartung*) expectation, (*Argwohn*) suspicion, *colloq.* hunch; das führt zu der ~, daß that leads one (*od.* us) to assume that; die ~ liegt nahe, daß it is highly probable that; ~en anstellen make conjectures, speculate (über *acc* [up]on); m-e ~ war richtig I was right in my conjecture, my guess was right.

ver'nach,läs·si|gen [-,lɛsɪgən] *v/t* ⟨*no* ge-, h⟩ **1.** (*Person, Sache, Tätigkeit, sein Äußeres etc*) neglect, (*Arbeit, Pflichten etc*) *a.* be negligent of; s-e Pflicht ~ *a.* fail in one's duty; von der Natur vernachlässigt sadly neglected by Nature. **2.** (*außer acht lassen*) ignore, disregard. **≈gung** *f* ⟨-; *no pl*⟩ **1.** neglect. **2.** disregard.

ver'na|geln *v/t* ⟨*no* ge-, h⟩ nail up, nail down; → Brett 1. **~gelt** *adj fig. colloq.* (*begriffsstutzig*) dense, slow in the uptake, (*engstirnig*) narrow-minded; ich war wie ~ my mind was a blank.

ver'nä·hen *v/t* ⟨*no* ge-, h⟩ sew up.

ver'nar|ben [-'narbən] *v/i* ⟨*no* ge-, sein⟩ **1.** *med.* scar (over), cicatrize. **2.** *fig.* heal. **≈bung** *f* ⟨-; -en⟩ *med.* cicatrization.

ver'nar·ren *v/reflex* ⟨*no* ge-, h⟩ sich ~ in (*acc*) become infatuated with, *sl.* go nuts about. **ver'narrt** *adj* ~ in (*acc*) infatuated with, madly in love with, *colloq.* wild (*od.* crazy) about, *sl.* nuts (*od.* gone) on; *bes.* in ein Kind ~ sein dote on a child. **Ver'narrt·heit** *f* ⟨-; *no pl*⟩ infatuation (in *acc* with).

ver'na·schen *v/t* ⟨*no* ge-, h⟩ **1.** spend (*one's money*) on sweets. **2.** *fig. colloq.* a) *sexuell*: love *s.o.* up, lay, b) *Sport*: clobber, cream.

ver'ne·beln *v/t* ⟨*no* ge-, h⟩ **1.** *mil.* (cover *s.th.* with a smoke) screen. **2.** *chem. tech.* atomize. **3.** *fig.* (*Tatsachen etc*) obscure. **4.** *humor.* (*ein Zimmer*) fug up. **Ver'ne·be·lung, Ver'neb·lung** *f* ⟨-; *no pl*⟩ **1.** *mil.* (smoke) screen. **2.** *chem. tech.* atomization. **3.** *fig.* obscuration.

ver'nehm·bar *adj* audible. **≈keit** *f* ⟨-; *no pl*⟩ audibility.

ver'neh·men I *v/t* ⟨*irr, no* ge-, h⟩ **1.** (*hören*) hear; sich ~ lassen make o.s. heard; deutlich zu ~ *a.* distinctly audible. **2.** (*erfahren*) learn, hear, understand; wie man vernimmt rumo(u)r has it; ~ lassen, daß declare (*od.* say, intimate) that. **3.** *jur.* hear, examine, interrogate, question; als Zeuge vernommen werden be called into the witness box (*Am.* stand). **II** ≈ *n* ⟨-s⟩ **4.** dem ≈ nach from what one hears (*od.* understands), according to reports, reportedly, reputedly; sicherem ≈ nach according to reliable reports, we have it on good authority that. **ver'nehm·lich I** *adj* (*klar, deutlich*) clear, distinct, (*hörbar*) audible. **II** *adv* clear(ly), distinctly, audibly; laut und ~ antworten answer loud and clear. **Ver'neh·mung** *f* ⟨-; -en⟩ *jur.* examination, interrogation.

Ver'neh·mungs|be,am·te *m jur.* interrogator. **≈,fä·hig** *adj* in a condition to be examined (*od.* interrogated). **~rich·ter** *m* interrogating magistrate.

ver'nei|gen *v/reflex* ⟨*no* ge-, h⟩ sich ~ (vor *dat*) bow (to), (*knicksen*) curts(e)y (to), *fig.* bow down (before), bow (to). **≈gung** *f* ⟨-; -en⟩ bow (vor *dat* to).

ver'nei·nen [-'naɪnən] **I** *v/t* ⟨*no* ge-, h⟩ **1.** (*e-e Frage*) answer *s.th.* in the negative, say no to. **2.** (*leugnen*) deny, negate, (*ablehnen*) reject. **II** *v/i* **3.** say no, answer in the negative. **~d I** *adj a. ling.* negative. **II** *adv* ~ den Kopf schütteln shake one's head.

Ver'nei·nung *f* ⟨-; -en⟩ **1.** answer in the negative (*gen* to). **2.** (*Leugnung*) denial, negation (*a. ling. philos.*), (*Ablehnung*) rejection. **~s,satz** *m ling.* negative clause. **~s,wort** *n* ⟨-(e)s; ¨er⟩ negative.

ver'nich·ten [-'nɪçtən] *v/t* ⟨*no* ge-, h⟩ **1.** *allg.* destroy (*a. Dokumente, Indizien etc*), annihilate, *weitS.* (*ausrotten*) exterminate, (*auslöschen*) wipe *s.th.* out, eradicate. **2.** *bes. fig.* (*Glück etc*) ruin, (*Hoffnung etc*) destroy, dash, shatter. **~d I** *adj* **1.** devastating, destructive. **2.** *fig. Antwort, Schlag, Niederlage etc*: crushing, *Blick, Urteil, Bemerkung etc*: withering, scathing; ~e Antwort *a. colloq.* squelcher. **II** *adv* **3.** ~ schlagen defeat *s.o.* utterly, crush, *colloq.* beat *s.o.* hollow.

Ver'nich·tung *f* ⟨-; *no pl*⟩ destruction, annihilation, (*Ausrottung*) extermination. **~s,krieg** *m* internecine war. **~s,la·ger** *n* extermination camp. **~s,schlacht** *f* battle of annihilation. **~s,schlag** *m mil.* annihilating blow, *fig.* final blow. **~s,waf·fe** *f* weapon of destruction.

ver'nickeln (*getr.* -k·k-) [-'nɪkəln] *v/t* ⟨*no* ge-, h⟩ nickel(-plate).

ver'nied·li|chen [-'niːtlɪçən] *v/t* ⟨*no* ge-, h⟩ play *s.th.* down, minimize. **≈chung** *f* ⟨-; -en⟩ minimization.

ver'nie·ten *v/t* ⟨*no* ge-, h⟩ rivet, clinch.

Ver·nis·sa·ge [vɛrnɪ'saːʒə] *f* ⟨-; -n⟩ varnishing day, vernissage.

Ver'nunft [-'nʊnft] *f* ⟨-; *no pl*⟩ (*Verstand*) reason, (*vernünftige Art*) reasonableness, (*gesunder Menschenverstand*) common (*od.* good) sense, (*Einsicht*) sense(s *pl*), (*Begriffsvermögen*) *a. philos.* understanding; ~ annehmen be(come) reasonable, listen to reason; j-n wieder zur ~ bringen bring s.o. back to reason (*od.* his senses), straighten s.o. out; j-m ~ predigen talk (some *od.* a bit of) sense into s.o.; nimm doch ~ an! be reasonable! **≈be,gabt** *adj* rational, reasonable, endowed with reason. **~ehe** *f* marriage of convenience.

Ver·nünf·te'lei *f* ⟨-; -en⟩ sophistry, subtlety, hairsplitting. **ver'nünf·teln** [-'nʏnftəln] *v/i* ⟨*no* ge-, h⟩ subtilize, split hairs.

ver'nunft|ge,mäß *adj* reasonable, rational. **≈glau·be(n)** *m* rationalism. **≈grund** *m meist pl* rational argument; auf Vernunftgründe hören listen to reason; aus Vernunftgründen for reasons of common sense; Vernunftgründen nicht zugänglich sein be unamenable to reason.

ver'nünf·tig [-'nʏnftɪç] **I** *adj* **1.** *Person, Verhalten etc*: sensible, reasonable, *Argument etc*: *a.* sound, *weitS.* (*klug*) wise, (*besonnen*) level-headed, judicious; er ist für sein Alter schon sehr ~ he is very sensible for his age; er wird schon noch ~ werden he'll develop sense (*od.* come to his senses, sober up) some day; jeder ~e Mensch *a.* anyone in his senses (*od.* right mind); sei doch ~! be sensible!, do have some sense!, be reasonable!; das ≈ste wäre zu *inf* the most sensible (*od.* reasonable) thing (to do) would be to *inf*; das klingt ganz ~ that sounds quite reasonable, that makes sense. **2.** *colloq.* (*annehmbar*) *Preis, Bedingungen etc*: reasonable, (*anständig*) decent, (*tüchtig*) good, proper; ein ~es Auto a decent car; ein ~er Schluck a good swig; er braucht e-e ~e Tracht Prügel he needs a good thrashing; et. ≈es zu essen some decent food. **II** *adv* **3.** sensibly, reasonably; ~ reden *a.* talk sense. **4.** *colloq.* reasonably well, decently, (*tüchtig*) properly; erst mal ~ essen! first of all let's have a decent meal!

ver'nünf·ti·ger'wei·se *adv* sensibly (*od.* reasonably) enough; ~ sagte er nein *a.* he had the good sense to say no.

Ver'nünf·tig·keit *f* ⟨-; *no pl*⟩ sensibleness, reasonableness.

ver'nunft|los *adj* unreasonable, irrational (*animals, etc*). **≈mensch** *m* rational person. **~wid·rig** *adj* unreasonable, contrary to reason, irrational. **≈wid·rig·keit** *f* ⟨-; *no pl*⟩ unreasonableness, irrationality.

ver'öden [-'øːdən] **I** *v/i* ⟨*no* ge-, sein⟩ become desolate (*od.* deserted), (*sich entvölkern*) depopulate. **II** *v/t* ⟨h⟩ *med.* (*Gefäße*) obliterate, (*Krampfadern*) sclerose.

Ver'ödung *f* ⟨-; *no pl*⟩ **1.** desolation, (*Entvölkerung*) depopulation. **2.** *med.* obliteration, *mit Kauter*: electrodesiccation, *von Krampfadern*: sclerosis.

ver'öf·fent·li|chen [-'ʔœfəntlɪçən] *v/t*

⟨no ge-, h⟩ publish (*a. Bücher etc*), make *s.th.* public, publicize, (*Gesetz*) promulgate. **2chung** *f* ⟨-; -en⟩ **1.** publishing, publication, (public) announcement, *e-s Gesetzes*: promulgation; **nicht zur ~ bestimmt** not intended for publication, *colloq.* off the record. **2.** (*Schrift, Artikel etc*) publication.

ver'ord|nen *v/t* ⟨no ge-, h⟩ **1.** *med.* order, *durch Rezept*: prescribe (j-m et. s.o. s.th., s.th. for s.o.); **j-m Bettruhe ~** order s.o. to (stay in) bed, order bed rest for s.o.; **wenn vom Arzt nicht anders verordnet** unless otherwise prescribed by your physician. **2.** (*verfügen*) decree, ordain. **2nung** *f* ⟨-; -en⟩ **1.** *med. e-r Kur etc*: order, *durch Rezept*: prescription; **nach ärztlicher ~ einzunehmen** to take as prescribed by the physician. **2.** (*Verfügung*) decree, ordinance.

Ver'ord·nungs|,blatt *n* official gazette. **~,weg** *m* **auf dem ~(e)** by (way of) ordinance (*od.* decree).

ver'pach·ten *v/t* ⟨no ge-, h⟩ *jur.* lease (*dat* to). **Ver'päch·ter** *m* lessor. **Ver'pach·tung** *f* lease.

ver'packen (*getr.* -k·k-) *v/t* ⟨no ge-, h⟩ (in *dat od. acc* in) pack (up), *bes. maschinell*: package, (*einwickeln*) wrap *s.th.* up (**als Geschenk** as a gift); **in Ballen ~** bale. **Ver'packung** (*getr.* -k·k-) *f* ⟨-; -en⟩ **1.** pack(ag)ing. **2.** (*Hülle*) packing, package, (*Papier2*) wrapping, (*Packmaterial*) packing material; **einschließlich ~, ~ frei** packing included; **~ nicht inbegriffen** packing not included (*od.* extra); **zuzüglich ~** plus packing.

Ver'packungs|ge,wicht (*getr.* -k·k-) *n* tare (weight), weight of packing. **~in·du,strie** *f* packaging industry. **~,kosten** *pl* packing cost *sg* (*od.* charges). **~ma,schi·ne** *f* packaging machine. **~mate·ri,al** *n* packaging material, (*Papier*) wrapping, wrapper.

ver'päp·peln *v/t* ⟨no ge-, h⟩ *colloq.* (molly)coddle, pamper, cosset.

ver'pas·sen[1] *v/t* ⟨no ge-, h⟩ (*richtigen Augenblick, Zug etc*) miss, (*Gelegenheit etc*) *a.* lose, waste, let *s.th.* slip.

ver'pas·sen[2] *v/t* ⟨no ge-, h⟩ *colloq.* **1.** *fig.* **j-m e-e (Ohrfeige)** (*od.* **eins**) **~** paste s.o. one, land one on s.o.; **j-m ein Ding ~** let s.o. have it. **2.** *mil.* **j-m e-e Uniform** *etc* **~** fit s.o. with a uniform, *etc.*

ver'paßt *adj Gelegenheit*: lost, wasted.

ver'pat·zen *v/t* ⟨no ge-, h⟩ *colloq.* mess *s.th.* up, spoil, *stärker*: ruin, *a. thea. Sport*: fluff, muff.

ver'pen·nen *colloq.* **I** *v/i* ⟨no ge-, h⟩ oversleep (o.s.). **II** *v/t* (*Zeitpunkt*) oversleep, (*Zeit, Tag etc*) spend (*od.* waste) *s.th.* sleeping, sleep through (*the day, etc*).

ver'pe|sten [-'pɛstən] *v/t* ⟨no ge-, h⟩ pollute, contaminate, foul, *colloq.* stink *s.th.* up. **2stung** *f* ⟨-; *no pl*⟩ pollution, contamination.

ver'pet·zen *v/t* ⟨no ge-, h⟩ *colloq.* tell (*od.* squeal) on *s.o.* (**bei** to).

ver'pfänd·bar *adj* pledgeable, *Grundstück*: mortgageable. **ver'pfän·den** *v/t* ⟨no ge-, h⟩ (*dat* to) pawn, pledge (*beide a. fig. one's word, life, etc*), *hypothekarisch*: mortgage. **ver'pfän·det** *adj* **~ sein** be in pledge, be in pawn. **Ver'pfän·dung** *f* ⟨-; *no pl*⟩ pledge, pawn(age), *hypothekarische*: mortgage.

ver'pfei·fen *v/t* ⟨irr, no ge-, h⟩ *colloq.* (*Komplizen etc*) squeal (*od.* split) on *s.o.* (**bei** to), (*e-e Sache*) let *s.th.* out, *sl.* blab.

ver'pflan|zen *v/t* ⟨no ge-, h⟩ *hort. med. u. fig.* transplant. **2zung** *f* ⟨-; -en⟩ transplant(ation).

ver'pfle|gen I *v/t* ⟨no ge-, h⟩ (*beköstigen*) board, feed, (*mit Lebensmitteln beliefern*) cater to, supply *s.o.* with food (*mil.* rations), (*Heer etc*) provision, victual. **II** *v/reflex* **sich selbst ~** cook for o.s., cook one's own meals. **2gung** *f* ⟨-; *no pl*⟩ **1.** catering, victual(l)ing, food supply. **2.** board, food, *mil.* provisions *pl*, rations *pl*; **wie ist die ~?** what is the food like?; **Zimmer mit voller ~** room and full board.

Ver'pfle·gungs|,amt *n mil.* commissariat. **~,geld** *n* basic allowance for subsistence, *statt Naturalien*: ration allowance. **~,la·ger** *n* ration depot. **~,satz** *m* ration scale, *täglicher*: daily ration.

ver'pflich|ten I *v/t* ⟨no ge-, h⟩ **1. j-n ~ zu et.** (*od.* **et. zu tun**) a) *durch Versprechen, Vertrag etc*: bind s.o. to s.th. (to do s.th.), put (*od.* lay, place) an obligation on s.o. (to do s.th.), b) *Umstände, Gesetz, Stellung etc*: oblige (*od.* obligate) s.o. to do s.th.; **j-n zum Schweigen ~** bind s.o. to silence (*od.* to remain silent), *stärker*: enjoin silence on s.o.; **das verpflichtet (Sie** *etc*) **zu nichts** no strings attached; → **Dank** 2. **2.** (*engagieren*) (*Künstler etc*) engage, (*Sportler etc*) sign on (*od.* up). **II** *v/reflex* **3. sich ~ zu et.** (*od.* **et. zu tun**) engage (o.s.) (*od.* commit o.s., *bes. vertraglich*: bind o.s., undertake, *jur. a.* covenant) to do s.th.; **sich zur Übernahme der Kosten ~** engage (o.s.) (*etc*) to pay the costs; **der Verkäufer verpflichtet sich zu** *inf Vertrag*: seller agrees (and engages) to *inf*. **4.** *vertraglich*: engage o.s., take on a job (*Künstler*: an engagement), sign on (*od.* up). **~tend** *adj* binding, obligatory. **~tet** *adj* → **verpflichten; ~ sein (sich ~ fühlen) zu et.** (*od.* **et. zu tun**) be (feel) obliged (*od.* obligated, bound) to do s.th.; **gesetzlich ~ sein** be liable, be bound by law, be legally bound; **zum Schweigen ~** bound to silence, sworn to secrecy; **zu nichts ~ sein** be under no obligation; **sich j-m gegenüber ~ fühlen** feel (under) an obligation to s.o.; *fig.* **j-m ~ sein** be indebted to s.o.; → **Dank** 2. **2tung** *f* ⟨-; -en⟩ **1.** *moralische etc*: obligation, commitment, (*Pflicht*) duty; **gesellschaftliche ~en** social commitments; **e-e ~ überneh·men** undertake an obligation. **2.** *vertragliche*: (contractual) engagement, commitment, *finanzielle*: liability; **s-n ~en nachkommen, s-e ~en einhalten** meet (*od.* discharge) one's liabilities.

ver'pfu·schen *v/t* ⟨no ge-, h⟩ *colloq.* make a mess (*od.* hash) of, mess *s.th.* up, botch, bungle, (*a. fig. Leben, Gesundheit etc*) ruin, wreck.

ver'pi·chen *v/t* ⟨no ge-, h⟩ (coat *od.* seal *s.th.* with) pitch.

ver'pis·sen *v/reflex* ⟨no ge-, h⟩ **sich ~** *vulg.* piss off, fuck off.

ver'pla·nen I *v/t* ⟨no ge-, h⟩ **1.** (*Geld etc*) budget, (*Zeit etc*) book up, *bes. Am.* schedule. **2.** (*falsch planen*) plan *s.th.* wrong(ly); **verplant** *a.* ill-conceived. **II** *v/reflex* **3. sich ~** plan wrong(ly).

ver'plap·pern I *v/t* ⟨no ge-, h⟩ (*Zeit etc*) chat *s.th.* away. **II** *v/reflex* **sich ~** *aus Versehen*: blab (it out), give o.s. away.

ver'plau·dern *v/t* ⟨no ge-, h⟩ (*Zeit etc*) gossip (*od.* prattle) *s.th.* away.

ver'plem·pern *colloq.* **I** *v/t* ⟨no ge-, h⟩ (*Zeit, Geld etc*) fritter *s.th.* away, waste. **II** *v/reflex* **sich ~** waste one's abilities, make a mess of one's life.

ver'plom·ben [-'plɔmbən] *v/t* ⟨no ge-, h⟩ fix a seal to, seal.

ver'pönt [-'pøːnt] *adj colloq.* taboo(ed), disapproved(-of), looked down (up)on.

ver'poppt [-'pɔpt] *adj* poppified.

ver'pras·sen *v/t* ⟨no ge-, h⟩ (*Geld etc*) dissipate, squander *s.th.* (away), *für Essen u. Trinken*: *a.* guzzle away.

ver'prel·len *v/t* ⟨no ge-, h⟩ *colloq.* **j-n ~** put s.o. off.

ver·pro·vi·an'tie·ren [-proviān'tiːrən] *v/t* ⟨no ge-, h⟩ supply *s.o.* with food (*od.* provisions, rations), provision, victual.

ver'prü·geln *v/t* ⟨no ge-, h⟩ *colloq.* thrash *s.o.* (soundly), give *s.o.* a thrashing (*od.* hiding, licking), beat *s.o.* up.

ver'puf|fen *v/i* ⟨no ge-, sein⟩ **1.** *chem.* deflagrate, detonate, blow up. **2.** *fig.* fizzle out, fall flat, go (*od.* end) up in smoke, (*a.* **nutzlos ~**) *Energie etc*: go to waste. **2fung** *f* ⟨-; -en⟩ *chem.* deflagration.

ver'pul·vern *v/t* ⟨no ge-, h⟩ *fig. colloq.* (*Geld*) blue, squander *s.th.* (away), run through (*one's money*).

ver'pum·pen *v/t* ⟨no ge-, h⟩ *colloq.* lend, *bes. Am.* loan.

ver'pup|pen [-'pʊpən] *v/reflex* ⟨no ge-, h⟩ **sich ~** *zo.* pupate, change into a chrysalis. **2pung** *f* ⟨-; -en⟩ pupation.

Ver'putz *m* ⟨-es; -e⟩ plaster(work), roughcast. **ver'put·zen** *v/t* ⟨no ge-, h⟩ **1.** (*Wand etc*) plaster, roughcast. **2.** *fig. colloq.* a) (*aufessen*) polish *s.th.* off, b) (*Geld*) run through (*one's money*); **ich kann ihn (das) nicht ~** I can't stand (*od.* stomach) him (that).

ver'qualmt *adj* filled (*od.* thick) with smoke.

ver'quält *adj* tortured (*face, etc*), harrowed.

ver'quas·seln, ver'quat·schen *v/t* ⟨no ge-, h⟩ *u. v/reflex* **sich ~** *colloq.* → **verplappern.**

ver'quast *adj colloq. Satz etc*: muddled, messy.

ver'quer *adv colloq.* awry; **mir geht alles ~** everything goes wrong for me.

ver'quicken (*getr.* -k·k-) [-'kvɪkən] *v/t* ⟨no ge-, h⟩ **1.** *chem.* amalgamate, fuse. **2.** *fig.* (*a.* **miteinander ~**) amalgamate, combine (*interests, etc*), (*vermischen*) mix. **Ver'quickung** (*getr.* -k·k-) *f* ⟨-; -en⟩ amalgamation, *fig. a.* combination.

ver'quir·len *v/t* ⟨no ge-, h⟩ *gastr.* mix (*od.* beat) *s.th.* with a whisk.

ver'quol·len *adj* **1.** *Holz*: warped. **2.** *Gesicht*: puffed, bloated, *Augen*: *a.* swollen.

ver'ram·meln, ver'ram·men *v/t* ⟨no ge-, h⟩ (*Tür etc*) barricade, block up.

ver'ram·schen *v/t* ⟨no ge-, h⟩ *colloq.* sell *s.th.* off dirt cheap.

ver'rannt *adj* **~ sein in** (*acc*) be set (*colloq.* stuck) on.

Ver'rat *m* ⟨-(e)s; *no pl*⟩ **1.** (*gen* of) betrayal, *von Geheimsachen etc*: *a.* disclosure. **2.** (*Treubruch*) (**an** *dat*) treason (to) (*a. jur. mil. pol.*), treachery (to), betrayal (of); **~ üben** (*od.* **begehen**) **an** (*dat*) betray.

ver'ra·ten[1] **I** *v/t* ⟨irr, no ge-, h⟩ **1.** betray (*a friend, one's cause, one's principles, etc*), (*Geheimnis*) *a.* disclose, divulge, *colloq.* give *s.th.* away, (*ausplaudern*) blab out, let on, *sl.* blow; **alles ~** give the (whole) show away; **nicht(s) ~!** mum's the word! **2.** *colloq.* (*erzählen*) tell; **willst du mir nicht ~, warum?** won't you tell me why?; **ich will dir mal was ~** let me tell you s.th. **3.** *fig.* (*erkennen lassen*) betray, reveal, show; **nichts verriet s-e Unruhe** nothing betrayed (*od.* revealed) his uneasiness; **das verrät ihren schlechten Geschmack** that betrays her bad taste. **II** *v/reflex* **sich ~ 4.** give o.s. away, betray o.s.

ver'ra·ten[2] *adj fig. colloq.* **~ und verkauft sein** have been sold down the river.

Ver'rä·ter [-'rɛːtər] *m* ⟨-s; -⟩ **1.** (*Hoch2*) traitor. **2.** *fig. lit.* (**an** *dat*) traitor (to), betrayer (of); **an j-m zum ~ werden** betray s.o. **Ver'rä·te·rin** *f* ⟨-; -nen⟩

traitress. **ver'rä·te·risch** *adj* **1.** treasonable; ~**e Handlung** *a.* act of treachery; **in** ~**er Absicht** with treasonable intent. **2.** (*treulos*) treacherous, perfidious, traitorous. **3.** *fig. Blick, Worte etc*: revealing, telltale.

ver'ratzt [-'ratst] *adj colloq.* done for.

ver'rau·chen I *v/t* <*no* **ge-**, **h**> **1.** spend (*money*) on smoking. **II** *v/i* <**sein**> **2.** (*in Rauch aufgehen*) go up in smoke. **3.** *fig.* (*vergehen*) cool, pass, blow over, cool off (*od.* down).

ver'räu|chern *v/t* <*no* **ge-**, **h**> **1.** (*Zimmer, Luft etc*) fill *s.th.* with smoke. **2.** (*schwärzen*) smoke (up). ~**chert** *adj* smok(e)y, thick with smoke.

ver'rau·schen *v/i* <*no* **ge-**, **sein**> **1.** *Beifall etc*: subside, die down. **2.** *fig. Leidenschaft etc*: pass, cool down (*od.* off), blow over.

ver'rech|nen I *v/t* <*no* **ge-**, **h**> **1.** (*berechnen*) charge, (*verbuchen*) pass *s.th.* to s.o.'s account, (*ausgleichen*) balance, settle *s.th.* (up), (*aufrechnen*) (**mit** against) set *s.th.* off, offset, *im Clearingverkehr*: clear. **II** *v/reflex* **sich** ~ **2.** make a mistake (*od.* be out) (in one's calculation), get one's figures wrong, miscalculate; **er hat sich um zehn Mark verrechnet** he is ten marks out, he is out by ten marks. **3.** *fig. colloq.* (*sich täuschen*) make a big mistake, think (*Am.* figure) wrong; **da hast du dich gründlich** (*od.* **gewaltig**) **verrechnet!** you are sadly mistaken there!, you are miles out! ♀**nung** *f* <-; *no pl*> (*Aufrechnung*) offsetting, setoff, (*Begleichung*) settlement; **nur zur** ~ *auf Schecks*: for account (*od.* collection) only.

Ver'rech·nungs|ab|kom·men *n econ.* clearing agreement. ~**bank** *f* <-; -en> clearing bank. ~**ein|heit** *f* clearing unit. ~**kon·to** *n* offset (*od.* clearing) account. ~**land** *n* agreement country. ~**po·sten** *m* offset item. ~**scheck** *m* collection-only (*od.* crossed) cheque (*Am.* check). ~**ver|kehr** *m* clearing system, clearings *pl.* ~**weg** *m* **im** ~ through clearing channels. ~**we·sen** *n* <-s; *no pl*> clearing (*od.* offset) system.

ver'recken (*getr.* -k·k-) *v/i* <*no* **ge-**, **sein**> **1.** *Tier*: perish, die. **2.** *vulg. Mensch*: die wretchedly, *sl.* turn up one's toes, snuff it, kick the bucket; **verrecke!** to hell with you (*od.* it)!; **nicht ums** ♀ not for anything. **3.** *colloq. Motor etc*: conk out.

ver'reg·net *adj* rainy, wet, spoiled by rain.

ver'rei·ben *v/t* <*irr, no* **ge-**, **h**> **1.** rub *s.th.* in, spread *s.th.* by rubbing; **et. auf der Haut** ~ rub s.th. into the skin. **2.** *pharm.* grind *s.th.* (small), triturate.

ver'rei·sen *v/i* <*no* **ge-**, **sein**> go away, go on a trip (*od.* journey); **geschäftlich** ~ go away (on business); ~ **nach** go to, (*abreisen*) start (*od.* set out, leave) for.

ver'rei·ßen *v/t* <*irr, no* **ge-**, **h**> *fig. colloq.* (*scharf kritisieren*) tear (*od.* pull) *s.o., s.th.* to pieces (*od.* shreds), pan, slate, savage, *bösartig, gemein*: *a.* do a hatchet job on.

ver'reist *adj* ~ **sein** be away (**geschäftlich**: *a.* on business), be on a trip (*od.* journey), be out of town.

ver'ren|ken [-'rɛŋkən] *v/t* <*no* **ge-**, **h**> **1.** *med.* dislocate, luxate, (*verzerren*) contort, (*verdrehen*) twist, wrench; **sich** (*dat*) **den Arm** ~ dislocate (*od.* wrench) one's arm. **2.** *fig. colloq.* **sich** (*dat*) **den Hals** ~ **nach** crane one's neck after; **sich** (*dat*) **die Zunge** ~ twist one's tongue; → **Magen.** ♀**kung** *f* <-; -en> *med.* dislocation, luxation, (*Verzerrung, a. humor.*) contortion.

ver'ren·nen *v/reflex* <*irr, no* **ge-**, **h**> *fig.* **sich** ~ **in** (*acc*) get set (*colloq.* stuck) on.

ver'rich|ten *v/t* <*no* **ge-**, **h**> (*Dienst, Arbeit etc*) do, perform, carry out, execute; **sein Gebet** ~ say one's prayers; **s-e Andacht** ~ perform one's devotions; → **Notdurft.** ♀**tung** *f* <-; -en> performance, execution, (*Obliegenheit*) work, task, duty; **tägliche** ~**en** *pl* daily work (*od.* routine) *sg.*

ver'rie·geln *v/t* <*no* **ge-**, **h**> bolt, bar.

ver'rin|gern [-'rɪŋərn] **I** *v/t* <*no* **ge-**, **h**> *allg.* reduce, diminish, lessen, decrease, lower, cut down (*od.* back); **die Geschwindigkeit** ~ reduce (*od.* slacken) speed, slow down, slacken one's pace. **II** *v/reflex* **sich** ~ decrease, diminish, *weitS.* (*sinken*) go down, lower. ♀**ge·rung** *f* <-; -en> reduction, diminution, decrease, lowering.

ver'rin·nen *v/i* <*irr, no* **ge-**, **sein**> **1.** trickle off. **2.** *fig. Zeit etc*: pass by, go by, elapse.

Ver'riß *m* <-sses; -sse> *colloq.* devastating critique, slating (review), *gemeiner*: *a.* hatchet job.

ver'ro|hen [-'ro:ən] *v/i* <*no* **ge-**, **sein**> become brutalized, coarsen. ♀**hung** *f* <-; *no pl*> brutalization.

ver'ro·sten *v/i* <*no* **ge-**, **sein**> rust (up), become (*od.* get) rusty (*beide a. fig.*), corrode.

ver'rot|ten *v/i* <*no* **ge-**, **sein**> rot (away), *a. fig.* decay. ~**tet** *adj* **1.** rotten, decayed. **2.** *fig. colloq.* corrupt.

ver'rucht [-'ru:xt] *adj* wicked, infamous, *Tat*: *a.* heinous. ♀**heit** *f* <-; *no pl*> wickedness, infamy, heinousness.

ver'rücken (*getr.* -k·k-) *v/t* <*no* **ge-**, **h**> (*wegrücken*) (re)move, displace, shift, (*in Unordnung bringen*) disarrange.

ver'rückt *adj colloq.* **1.** mad, insane, crazy, crack-brained, cracked, *sl.* batty, balmy, nuts, loony, potty, <*pred*> out of one's mind, *sl.* off one's onion (*od.* rocker); *fig.* ~ **nach** (*od.* **auf** *acc*) crazy (*od.* wild) about, *sl.* nuts on (*od.* about); **j-n** ~ **machen** drive s.o. mad, *etc*; **sich** ~ **machen** get (o.s.) all worked up; ~ **spielen** act up (*a. Sache*); **wie** ~ like mad, like hell; **ich werd'** ~**!** *sl.* I'll be damned. **2.** *fig. Mode etc*: crazy, mad, *Plan etc*: *a.* insane, wild. **Ver'rück·te** *m, f* <-n; -n> *colloq. a. fig.* madman (madwoman), lunatic, maniac; **wie ein** ~**r** like a madman. **Ver'rückt·heit** *f* <-; -en> *colloq.* **1.** <*only sg*> insanity, madness, lunacy, craziness. **2.** (*verrückter Einfall*) mad (*od.* crazy) thing, folly, (*Fimmel*) craze. **Ver'rückt|wer·den** *n colloq.* **es ist zum** ~ it is enough to drive you mad.

Ver'ruf *m* **in** ~ **bringen** bring *s.o., s.th.* into disrepute (*od.* discredit); **in** ~ **kommen** (*od.* **geraten**) fall (*od.* get) into disrepute (*od.* discredit). **ver'ru·fen** *adj* ill-famed, notorious, of ill repute, infamous.

ver'rüh·ren *v/t* <*no* **ge-**, **h**> *gastr.* stir *s.th.* (until dissolved *od.* mixed), mix.

ver'ru·ßen I *v/i* <*no* **ge-**, **sein**> become sooty (*od.* sooted). **II** *v/t* <**h**> soot.

ver'rut·schen *v/i* <*no* **ge-**, **sein**> slip (to one side), get out of place.

Vers [fɛrs] *m* <-es; -e> verse (*a. Bibel*♀ *u.* ~*maß*), (~*zeile*) line, (*Strophe*) stanza, *pl* (*Poesie*) verse *sg*, poetry *sg*; **et. in** ~**e bringen** put s.th. into verse, versify s.th.; ~**e machen** (*od.* **schmieden**) versify, poetize; *fig. colloq.* **darauf** (*od.* **daraus**) **kann ich mir k-n** ~ **machen** I cannot make head or tail of that.

ver'sach·li·chen [-'zaxlɪçən] *v/t* <*no* **ge-**, **h**> de-emotionalize, strip *s.th.* of emotional elements.

ver'sacken (*getr.* -k·k-) *v/i* <*no* **ge-**, **sein**> **1.** *mar.* sink. **2.** *fig. colloq.* get bogged down.

ver'sa·gen I *v/t* <*no* **ge-**, **h**> deny, refuse (j-m et. s.o. s.th., s.th. to s.o.); **s-e Zustimmung** ~ refuse (to give) one's consent (*dat* to); **sich** (*dat*) **et.** ~ deny o.s. s.th.; **et. bleibt** (*od.* **ist**) **j-m versagt** s.o. is denied s.th.; **es war ihm versagt zu** *inf* it was denied to him to *inf*; **sich** (*dat*) ~, **et. zu tun** refrain from doing s.th.; → **Dienst** 3. **II** *v/i* fail (*a. Person, Stimme, Methode, Herz etc*), *tech. a.* refuse to work, (*stehenbleiben*) stop, *Motor etc*: *a.* break down, *Schußwaffe*: misfire; **in e-r Prüfung** ~ fail (in) an examination; **die Knie versagten ihr** her knees failed her (*od.* gave way under her); **sein Gedächtnis versagte** his memory failed (him). **III** *v/reflex* **sich j-m** ~ *lit.* a) refuse to give o.s. to s.o., b) *engS. Frau*: refuse to sleep with s.o. **IV** ♀ *n* <-s> failure; **menschliches (technisches)** ♀ human (technical) failure. **Ver'sa·ger** *m* <-s; -> **1.** *fig.* failure (*a. Person*), *colloq.* flop. **2.** *mil.* a) *beim Schießen*: misfire, *e-r automatischen Waffe*: stoppage, b) (*Blindgänger*) dud. **Ver'sa·gung** *f* <-; *no pl*> refusal, denial.

Ver'sail·ler [vɛr'zaıər] *adj hist.* ~ **Vertrag** Treaty of Versailles (*1919*).

Ver'sal [vɛr'za:l] *m* <-s; -salien [-lĭən]> *meist pl.* ~**buch|sta·be** *m print.* capital (letter), uppercase (letter).

ver'sal·zen *v/t* <*pp* **versalzen** *u.* **versalzt**, **h**> **1.** (*Speisen*) oversalt. **2.** <*pp* **versalzen**> *fig. colloq.* spoil; → **Suppe.**

ver'sam·meln I *v/t* <*no* **ge-**, **h**> **1.** (**um sich** [a]round one) gather (together), collect, *a. mil.* assemble, *bes.* (*Anhänger etc*) rally. **2.** (*einberufen*) convene, convoke. **3.** (*Pferd*) collect. **II** *v/reflex* **sich** ~ **4.** gather, assemble (*a. mil.*), meet, collect, convene, congregate. **Ver'samm·lung** *f* <-; -en> assembly (*a. mil.*), meeting, gathering (*alle a.* = *die Versammelten*); **gesetzgebende (öffentliche)** ~ legislative (public) assembly.

Ver'samm·lungs|frei·heit *f* <-; *no pl*> *pol.* right of assembly. ~**ort**, ~**platz** *m* meeting place. ~**raum** *m* assembly room. ~**recht** *n* <-(e)s; *no pl*> right of assembly.

Ver'sand [-'zant] *m* <-(e)s; *no pl*> **1.** dispatch, shipment. **2.** → ~**ab|tei·lung** *f* dispatch (*od.* forwarding, shipping) department. ~**an|wei·sung** *f* shipping instruction. ~**an|zei·ge** *f* dispatch note, forwarding (*od.* shipping) advice. ~**ar|ti·kel** *m* mail-order article. ♀**be|reit** *adj* → **versandfertig.** ~**buch|hand·lung** *f* mail-order bookshop, *Am.* post-exchange bookstore. ~**da·tum** *n* date of forwarding.

ver'san·den *v/i* <*no* **ge-**, **sein**> *Gewässer, Hafen etc*: silt (up), *fig.* peter out.

ver'sand|fer·tig *adj* ready for delivery (*od.* dispatch).

Ver'sand|ge|schäft *n*, ~**han·del** *m* mail-order business. ~**haus** *n* mail-order firm (*od.* house). ~**haus·ka·ta|log** *m* mail-order catalog(ue *Br.*). ~**kar|ton** *m* mailing carton. ~**ko·sten** *pl* carriage (*od.* shipping) charges. ~**pa|pie·re** *pl* shipping documents. ~**schein** *m* shipping note.

Ver'san·dung *f* <-; *no pl*> siltation.

Ver'sand|wech·sel *m* out-of-town (*od.* foreign) bill.

Ver'satz|amt *n dial. for* **Leihhaus.** ~**stück** *n thea.* set piece.

ver'sau|beu·teln *v/t* <*no* **ge-**, **h**> *colloq.* **1.** (*verschlampen*) lose *s.th.* by carelessness. **2.** → **ver'sau·en** *v/t* <*no* **ge-**, **h**> *colloq.* muck (*od.* mess, *sl.* fuck) *s.th.* up.

ver'sau·ern [-'zauərn] *v/i* <*no* **ge-**, **sein**> **1.** (get) sour. **2.** *fig. colloq.* get stale, (öde dahinleben) rot, vegetate; langsam ~ be rotting (away) in a small town, etc.

ver'sau·fen I v/t ⟨irr, no ge-, h⟩ colloq. guzzle away (one's money, etc); s-n Verstand ~ drink o.s. stupid. II v/i ⟨sein⟩ dial. drown, be drowned.

ver'säu·men v/t ⟨no ge-, h⟩ 1. (Pflicht etc) neglect. 2. (Schule, Zug, Termin etc) miss, (Gelegenheit) a. lose, let s.th. slip; versäumte Gelegenheit missed opportunity; da haben Sie et. versäumt! you really missed s.th. there!; du hast nicht viel versäumt! you didn't miss much!; es ist k-e Zeit zu ~ there is no time to lose. 3. ~, et. zu tun fail (od. omit, neglect) to do s.th.; ~ Sie nicht zu inf a. be sure to inf. 4. nichts ~, um zu inf leave nothing undone to inf.

Ver'säum·nis n ⟨-ses; -se⟩ (Unterlassung) neglect, omission, failure, jur. default. **~ur,teil** n jur. default judg(e)ment, judg(e)ment by default.

ver'säumt I adj Gelegenheit etc: missed, a. Zeit etc: lost. II **~e, das** ⟨-n⟩ das ~e (od. ~es) nachholen a) make up leeway, b) make up for what one has missed.

ver'scha·chern v/t ⟨no ge-, h⟩ colloq. sell s.th. off, trade s.th. away (od. off).

ver'schach·telt adj 1. interlocked, interlocking. 2. ling. Satz: involved.

ver'schaf·fen v/t ⟨no ge-, h⟩ 1. (j-m et.) procure, secure, find, get (alle: s.th. for s.o., s.o. s.th.), provide, furnish, supply (alle: s.o. with s.th.), fig. a. give, afford (s.o. s.th.); was verschafft mir das Vergnügen (od. die Ehre)? to what do I owe the hono(u)r (od. what gives me the pleasure) of this visit? 2. sich (dat) et. ~ obtain (od. procure, gain, secure, get) s.th.; sich Geld ~ raise money; sich Respekt ~ make o.s. respected; sich Recht ~ obtain justice, take the law into one's own hands; sich e-n Vorteil ~ gain an advantage; → Einblick 2, Gehör 2, Genugtuung 2, Gewißheit, Klarheit 3.

ver'scha|len [-'ʃaːlən] v/t ⟨no ge-, h⟩ civ.eng. line, board, plank, (Beton) form, shutter. **~lung** f ⟨-; -en⟩ boarding, casing, planking, von Beton: shuttering, form(work).

ver'schämt I adj bashful, shamefaced; die ~en Armen the deserving poor. II adv ~ tun put on a bashful air. **~heit** f ⟨-; no pl⟩ bashfulness.

ver'schan|deln [-'ʃandəln] v/t ⟨no ge-, h⟩ colloq. spoil, mar, disfigure, ruin, (Sprache) murder; das Bild (die Aussicht etc) ~ a. be an eyesore. **~de·lung** f ⟨-; no pl⟩ der Landschaft: visual pollution.

ver'schan·zen I v/t ⟨no ge-, h⟩ mil. fortify, entrench. II v/reflex sich ~ mil. u. fig. entrench o.s. (hinter dat behind a newspaper, a principle, etc).

ver'schär|fen I v/t ⟨no ge-, h⟩ (vergrößern) heighten, increase, add to, (verstärken) (Gegensätze etc) intensify, (Widerstand, Wettbewerb etc) a. stiffen, (Bestimmungen, Kontrolle etc) tighten up (on), sharpen, (Strafe, Strafandrohung etc) a. stiffen, (verschlimmern) (Lage etc) aggravate, make s.th. more critical; das Tempo ~ increase the pace, colloq. step on the gas. II v/reflex sich ~ (zunehmen) heighten, increase, (sich verstärken) intensify, stiffen, sharpen, (sich verschlimmern) aggravate, become more critical. **~fung** f ⟨-; no pl⟩ (Zunahme) heightening, increase, (Verstärkung) intensification, stiffening, sharpening, (Verschlimmerung) aggravation.

ver'schar·ren v/t ⟨no ge-, h⟩ bury.

ver'schät·zen v/reflex ⟨no ge-, h⟩ sich ~ 1. be out (in one's estimation) (um by); er hat sich um 200 Kilometer verschätzt a. he was 200 kilometres out. 2. → verrechnen 3.

ver'schau·keln v/t ⟨no ge-, h⟩ colloq. j-n ~ have s.o. for a sucker, take s.o. for a ride.

ver'schei·den v/i ⟨irr, no ge-, sein⟩ lit. pass away, decease, expire.

ver'schen·ken v/t ⟨no ge-, h⟩ 1. give s.th. away (an acc to); et. an j-n ~ a. make s.o. a present of s.th.; fig. den Sieg (das Spiel) ~ give away (od. make a present of) the victory (the game). 2. fig. colloq. (zu billig verkaufen) give s.th. away, sell s.th. for a song.

ver'scher·beln v/t ⟨no ge-, h⟩ colloq. turn s.th. into cash, sell s.th. off (cheap).

ver'scher·zen v/t ⟨no ge-, h⟩ forfeit; e-e Gelegenheit ~ a. throw away an opportunity; sich (dat) sein Glück ~ a. spurn one's fortune.

ver'scheu·chen v/t ⟨no ge-, h⟩ 1. scare (od. frighten) s.o. off (od. away), chase (od. shoo) s.o. away. 2. fig. (trübe Gedanken, Sorgen etc) banish, chase away.

ver'scheu·ern v/t ⟨no ge-, h⟩ colloq. sell s.th. off.

ver'schicken (getr. -k·k-) v/t ⟨no ge-, h⟩ 1. (Briefe, Einladungen etc) send s.th. off, (Waren) consign, dispatch, forward. 2. (Kinder) send s.o. away, evacuate. 3. (Sträflinge) deport. **Ver'schickung** (getr. -k·k-) f ⟨-; no pl⟩ 1. dispatch(ing), sending off. 2. evacuation. 3. deportation.

ver'schieb·bar adj mov(e)able, sliding, slidable, (einstellbar) adjustable.

Ver'schie·be,bahn,hof m shunting depot, marshalling yard, Am. switchyard.

ver'schie|ben I v/t ⟨irr, no ge-, h⟩ 1. (re)move, shift (a. ling. Laut), displace, (in Unordnung bringen) disarrange. 2. zeitlich: postpone, defer, put s.th. off, (vertagen) adjourn; et. von einem Tag auf den anderen ~ put s.th. off from one day to the next; et. auf später (od. e-n späteren Zeitpunkt) ~ postpone (od. defer) s.th. to a later date (od. until later, till later). 3. rail. shunt, bes. Am. switch. 4. econ. (unter der Hand verkaufen) sell s.th. underhand (od. illicitly). II v/reflex sich ~ 5. shift (a. ling. u. fig.), get out of place, med. Knochenbruch: become displaced (od. dislocated). 6. zeitlich: be postponed, be deferred, be put off. III ~ n ⟨-s⟩ 7. moving (etc). 8. → **~bung** f ⟨-; -en⟩ 1. shift(ing) (a. fig.), (Verlagerung) displacement, a. geol. med. dislocation. 2. zeitliche: postponement, delay, (Vertagung) adjournment. 3. ling. shift. 4. econ. illicit sale.

ver'schie·den [-'ʃiːdən] I adj 1. (von) different (from), deutlich: distinct (from), (unähnlich) unlike (s.th.), dissimilar (to); ~ sein be different, differ, (variieren) vary, völlig: a. be poles (od. worlds) apart; die beiden Brüder sind völlig ~ the two brothers are quite different (od. unlike); ~ wie Tag und Nacht (as) different as chalk and cheese; da kann man ~er Meinung sein opinions differ (od. vary) on this point; das ist ganz ~ it varies, it depends; in den ~sten Farben in a great variety (od. in all sorts) of colo(u)rs. 2. pl (mehrere) various, several; ~e (Leute) several (od. various) people; bei ~en Gelegenheiten on various occasions; zu ~en Malen several times; an den ~sten Stellen in various places; aus den ~sten Gründen for a variety of reasons. II adv 3. ~ dick (groß etc) varying in thickness (size, etc); et. ~ beurteilen judge s.th. differently. III **~e, das** ⟨undeclined⟩ 4. different things pl; Gleiches und ~es similar and different things. 5. mit Kleinschreibung: several (od. various) things pl; ~es ist mir noch unklar I am still in the dark about several things; colloq. da hört sich doch ~es auf! that's the limit!, that takes the cake!

ver'schie·den,ar·tig adj 1. (unterschiedlich) different, dissimilar, of a different kind (od. nature), heterogeneous. 2. (mannigfaltig) various, diverse, of various kinds (od. descriptions, sorts); die ~sten Vorschläge various kinds (od. all possible sorts) of proposals. **~keit** f ⟨-; no pl⟩ 1. difference, different nature, dissimilarity, heterogeneity. 2. (Mannigfaltigkeit) variety, diversity, variousness.

Ver'schie·de·ne m, f ⟨-n; -n⟩ lit. (the) deceased, (the) defunct.

ver'schie·de·ner'lei adj ⟨invariable⟩ (mancherlei) various, several different, diverse, sundry; auf ~ Art in several different ways; ich habe noch ~ (Sachen) zu besorgen I still have various errands to do.

ver'schie·den|,far·big adj different-colo(u)red, of different colo(u)rs, multicolo(u)red. **~ge,stal·tig** adj of various shapes, heteromorphic. **~heit** f ⟨-; -en⟩ difference, different nature, distinctness, (Unähnlichkeit) unlikeness, dissimilarity.

ver'schie·dent·lich adv 1. (wiederholt) repeatedly, (mehrmals) several times, (ab und zu) now and then. 2. (da und dort) here and there.

ver'schie·ßen[1] I v/t ⟨irr, no ge-, h⟩ 1. (Munition) fire (off), shoot (off); → Pulver, verschossen. 2. (Elfmeter etc) miss. II v/reflex 3. fig. colloq. sich in j-n verschossen haben be gone on s.o., be nuts about s.o.

ver'schie·ßen[2] v/i ⟨irr, no ge-, sein⟩ (ausbleichen) fade, discolo(u)r.

ver'schif|fen v/t ⟨no ge-, h⟩ ship. **~fung** f ⟨-; no pl⟩ shipment.

Ver'schif·fungs|,ha·fen m port of shipment. **~pa,pie·re** pl shipping documents.

ver'schil·fen v/i ⟨no ge-, sein⟩ Gewässer: overgrow with reeds.

ver'schim·meln v/i ⟨no ge-, sein⟩ mo(u)ld, become (od. get, go) mo(u)ldy.

Ver'schiß m ⟨-sses; -sse⟩ colloq. in ~, im ~ in the doghouse.

ver'schis·sen adj vulg. 1. shitty (pants, etc). 2. (es) bei j-m ~ haben be on s.o.'s shit list.

ver'schlacken (getr. -k·k-) v/i ⟨no ge-, sein⟩ (form into) slag.

ver'schla·fen[1] I v/i u. sich ~ v/reflex ⟨irr, no ge-, h⟩ 1. oversleep (o.s.). II v/t 2. (Zeitpunkt etc) oversleep, miss s.th. by (over)sleeping, fig. (Gelegenheit etc) miss, let s.th. slip (through inattention). 3. (Zeit etc) spend (od. waste) s.th. sleeping, sleep through (the morning, etc). 4. fig. (Kummer, Ärger etc) sleep on, (Rausch etc) sleep s.th. off.

ver'schla·fen[2] adj sleepy (a. fig.), drowsy; mit ~en Augen sleepy-eyed. **~heit** f ⟨-; no pl⟩ sleepiness (a. fig.), drowsiness.

Ver'schlag m ⟨-(e)s; ¨e⟩ 1. lean-to, (Bretterbude) shed, shack. 2. im Keller etc: partition.

ver'schla·gen[1] I v/t ⟨irr, no ge-, h⟩ 1. (zunageln) nail s.th. up; mit Brettern ~ board (up). 2. die Buchseite ~ lose one's place (od. the page). 3. (Tennisball etc) misplay, mishit. 4. mar. Sturm etc: drive (a ship) off its course; auf e-e Insel ~ strand (a ship, s.o.) on an island; der Sturm verschlug sie nach Neuseeland drove them to New Zealand; fig. er wurde nach X ~, es hat ihn nach X ~ he ended (od. landed) up in X, he was (od.

got) stranded in X. **5.** **j-m die Stimme** (*od.* **Rede, Sprache**) ~ stun s.o., leave s.o. speechless; **es verschlug mir die Sprache** *a.* it dum(b)founded me, I was struck dumb; **j-m den Atem** ~ take s.o.'s breath away. **II** *v/i* **6.** *obs.* **es verschlägt nichts** a) it has no effect, b) it does not matter.

verˈschla·gen² *adj* **1.** (*heimtückisch*) *Person*: crafty, *a. Blick*: sly, cunning, wily. **2.** (*lauwarm*) lukewarm, tepid. **~heit** *f* ⟨-; *no pl*⟩ craftiness, slyness, cunningness, wiliness.

verˈschlam·men *v/i* ⟨*no* **ge-, sein**⟩ *u.* **sich** ~ *v/reflex* ⟨**h**⟩ *Gewässer, Hafen etc*: silt (up), *Rohrleitung etc*: get filled with mud, clog.

verˈschlam·pen *colloq.* **I** *v/t* ⟨*no* **ge-, h**⟩ lose (*od.* mislay) *s.th.* by carelessness, (*vergessen*) forget, (*versäumen*) neglect. **II** *v/i* ⟨**sein**⟩ neglect o.s., become (*od.* get) slovenly, go to seed; **et. ~ lassen** neglect s.th. **verˈschlampt** *adj* slovenly, sloppy.

verˈschlech|tern [-ˈʃlɛçtərn] **I** *v/t* ⟨*no* **ge-, h**⟩ worsen, make *s.th.* worse, deteriorate, impair, aggravate. **II** *v/reflex* **sich** ~ *allg.* deteriorate, worsen, become (*od.* get) worse, *Zustand, Lage etc*: *a.* go from bad to worse, change for the worse, *Qualität, Leistung etc*: *a.* go off, fall off; **sich beruflich** ~ change one's job for the worse; **sich finanziell** ~ earn less, be worse off financially. **~te·rung** *f* ⟨-; *no pl*⟩ deterioration, worsening, *e-s Zustandes etc*: *a.* change for the worse.

verˈschlei·ern [-ˈʃlaɪərn] **I** *v/t* ⟨*no* **ge-, h**⟩ **1.** (*Gesicht etc*) veil. **2.** *fig.* (*Tatsachen etc*) veil, obscure, disguise, mask, cover up. **3.** *econ.* (*Bücher*) fiddle, cook, (*Bilanz*) conceal, window-dress. **4.** *mil.* screen. **II** *v/reflex* **sich** ~ **5.** *Frauen*: veil o.s. (*od.* one's face). **6.** *fig. Stimme*: become husky, *Blick*: become veiled, *Himmel*: become hazy. **verˈschlei·ert** *adj* veiled (*a. fig. Blick*), *fig. Stimme*: husky. **Verˈschleie·rung** *f* ⟨-; *no pl*⟩ **1.** veiling. **2.** *fig.* disguising, obscuration. **3.** *econ. e-r Bilanz*: concealment, window-dressing. **4.** *mil.* screen. **Verˈschleie·rungsˌtaktik** *f* camouflage tactics *pl.*

verˈschlei·fen *v/t* ⟨*no* **ge-, h**⟩ *ling. mus.* slur.

verˈschlei·men *v/t* ⟨*no* **ge-, h**⟩ *med.* obstruct *s.th.* with phlegm (*od.* mucus). **verˈschleimt** *adj* ~ **sein** *Person*: suffer from phlegm. **Verˈschlei·mung** *f* ⟨-; -**en**⟩ a) (mucous) obstruction, b) mucous catarrh.

Verˈschleiß [-ˈʃlaɪs] *m* ⟨-**es**; -**e**⟩ (*Abnutzung, a fig.*) wear (and tear), *tech.* wear, attrition, erosion, wastage, (*Abrieb*) abrasion; **e-n enormen** ~ **haben an** (*dat*) use up an enormous lot of. **verˈschlei·ßen** **I** *v/t* ⟨*irr, no* **ge-, h**⟩ (*abnutzen, a. fig.*) wear *s.th.* out. **II** *v/i* ⟨**sein**⟩ (*sich abnutzen*) wear (out) (*a. tech.*), become worn. **III** *v/reflex* ⟨**h**⟩ **sich** ~ *cf.* II; *fig.* **sich** ~ *im Beruf etc*: wear o.s. out.

verˈschleiß|ˌfest *adj* wear-resistant, hardwearing, *gegen Abrieb*: abrasion-proof. **~ˌfe·stig·keit** *f* ⟨-; *no pl*⟩ resistance to wear, *gegen Abrieb*: abrasion resistance. **~ˌschicht** *f e-r Straße*: wearing course. **~ˌteil** *n* wearing (*od.* working, *weitS.* expendable) part. **~ˌtest** *m civ.eng.* attrition test.

verˈschlep·pen *v/t* ⟨*no* **ge-, h**⟩ **1.** (*Menschen*) carry off, *bes. im Krieg*: deport, displace, (*entführen*) abduct, kidnap. **2.** (*Wert-, Kunstgegenstände etc*) carry (*od.* take) away. **3.** *fig.* (*Prozeß, Verhandlungen*) protract, delay, draw out, *parl.* (*Vorlage etc*) obstruct, stonewall. **4.** *med.* a) (*Erreger, Epidemie etc*) spread, transmit, convey, b) (*Krankheit*) neglect, protract; **verschleppte Lungenentzündung** neglected case of pneumonia. **Verˈschlepp·te** *m, f* ⟨-**n**; -**n**⟩ deported person. **Verˈschlep·pung** *f* ⟨-; -**en**⟩ **1.** carrying off, displacement, deportation, (*Entführung*) abduction. **2.** *zeitliche*: protraction, procrastination, delay(ing), *parl.* obstruction. **3.** *med.* a) transmission, spreading, b) protraction (through neglect). **Verˈschlep·pungsˌtak·tik** *f* delaying tactics *pl*, *parl.* obstructionism, stonewalling, *Am.* filibustering.

verˈschleu·dern *v/t* ⟨*no* **ge-, h**⟩ **1.** (*Ware etc*) sell *s.th.* at a loss, sell *s.th.* (off) dirt cheap. **2.** (*Vermögen etc*) squander *s.th.* (away), dissipate, waste, run through.

verˈschließ·bar *adj* (fitted) with lock and key, lockable, that can be locked (*od.* shut).

verˈschlie·ßen **I** *v/t* ⟨*irr, no* **ge-, h**⟩ **1.** shut, close, *mit e-m Schlüssel*: lock (up), (*einschließen*) lock *s.th.* up (**in** *dat od. acc* in *a drawer, etc*); **et. mit e-m Riegel (Vorhängeschloß)** ~ bolt (padlock) s.th. **2.** (*Öffnung, Gefäß, a. Brief*) close, *bes. fest od. luft-, wasserdicht*: seal (up). **3.** *fig.* **sein Herz** ~ **vor** (*dat*) harden o.s. against (*od.* to), set one's heart against; **die Augen** ~ **vor** (*dat*) close (*od.* shut) one's eyes to. **II** *v/reflex* **sich** ~ **4.** *fig.* become withdrawn (*od.* extremely reserved) (**vor j-m** with s.o.). **5.** *fig.* **sich e-r Sache** ~ close one's eyes (*od.* mind) to, turn a deaf ear to, ignore.

verˈschlimmˌbes·sern *v/t* ⟨*no* **ge-, h**⟩ *colloq.* make *s.th.* worse by correction, disimprove.

verˈschlim|mern [-ˈʃlɪmərn] **I** *v/t* ⟨*no* **ge-, h**⟩ aggravate, worsen, make *s.th.* worse, deteriorate. **II** *v/reflex* **sich** ~ get worse, worsen, deteriorate, go from bad to worse, change for the worse. **~me·rung** *f* ⟨-; *no pl*⟩ aggravation, deterioration, change for the worse.

verˈschlin·gen¹ *v/t* ⟨*irr, no* **ge-, h**⟩ **1.** devour, swallow, *gierig*: gulp *s.th.* down, wolf, bolt, *colloq.* polish *s.th.* off, demolish. **2.** *fig.* (*Geld*) swallow (up); **viel Geld** ~ *a.* run away with a lot of money; *die Ausgaben* ~ **s-n ganzen Verdienst** swallow up all his earnings. **3.** *fig.* devour, *Dunkelheit, Wellen etc*: swallow, engulf; **ein Buch** ~ devour (*od.* swallow, *colloq.* hog down) a book; **j-n mit den Augen** ~ devour s.o. with one's eyes, stare hungrily at s.o.

verˈschlin·gen² **I** *v/t* ⟨*irr, no* **ge-, h**⟩ (*a.* **miteinander** *od.* **ineinander** ~) entwine, intertwine, interlace. **II** *v/reflex* **sich** ~ *Fäden, Zweige etc*: intertwine, become entwined (*stärker*: entangled), *med. Darm*: become twisted, kink.

verˈschlis·sen *adj* worn(-out), threadbare, worn thin.

verˈschlos·sen *adj* **1.** locked up, shut, closed; **luftdicht** ~ sealed, (closed) airtight; **im ~en Umschlag** in a closed (*od.* sealed) envelope; **hinter ~en Türen** behind closed doors; *fig.* **j-m** ~ **bleiben** *Möglichkeit, Einsicht etc*: remain inaccessible to s.o., remain out of s.o.'s reach. **2.** *fig. Mensch*: withdrawn, (extremely) reserved, (*wortkarg*) silent, taciturn. **~heit** *f* ⟨-; *no pl*⟩ *e-s Menschen*: withdrawnness, (extreme) reserve(dness), (*Wortkargheit*) taciturnity.

verˈschlucken (*getr.* -**k·k**-) **I** *v/t* ⟨*no* **ge-, h**⟩ **1.** swallow, *fig.* (*Wort, Silbe etc*) *a.* slur (over), (*Bemerkung, Tränen etc*) suppress. **2.** *fig.* (*kosten*) swallow up. **3.** *fig. Dunkelheit etc*: engulf, swallow up; **er war wie vom Erdboden verschluckt** he had vanished into thin air. **II** *v/reflex* **sich** ~ **4.** choke, swallow the wrong way.

verˈschlu·dern *v/t* ⟨*no* **ge-, h**⟩ *u. v/i* ⟨**sein**⟩ → **verschlampen**.

verˈschlun·gen *adj* **1.** entwined, intertwined, *stärker*: entangled (*a. fig.*), *Pfad etc*: tortuous, winding. **2.** *fig.* intricate, complex.

Verˈschluß *m* ⟨-**sses**; ⸚**sse**⟩ **1.** *allg.* fastener, fastening, closure, *an Kette, Gürtel, Tasche, Buch etc*: clasp, (*Schnapp~*) catch, (*Schloß*) lock, (*Flaschen~*) stopper, (*Stöpsel*) plug, (*Deckel*) cover, cap, lid, *wasser-, luftdichter*: seal; **et. unter** ~ **halten** keep s.th. under lock and key. **2.** *phot.* shutter. **3.** *med. von Gefäßen etc*: occlusion, (*Darm~*) ileus. **4.** → **Zollverschluß**. **5.** *ling.* closure. **6.** (*Geschütz~*) breech mechanism. **~ausˌlö·sung** *f phot.* shutter release.

verˈschlüs|seln *v/t* ⟨*no* **ge-, h**⟩ (*Text*) (en)code, (en)cipher. **~selt** *adj* **~e Meldung** code(d) message; **~er Text** (en)coded (*od.* code) text, cipher (text), cryptogram. **~se·lung** *f* ⟨-; -**en**⟩ encipherment, (en)coding.

Verˈschluß|geˌschwin·dig·keit *f phot.* shutter speed. **~laut** *m ling.* stop, (ex)plosive. **~sa·che** *f pol.* classified matter. **~zeit** *f phot.* shutter speed.

verˈschmach·ten *v/i* ⟨*no* **ge-, sein**⟩ (**vor** *dat* with) pine (away), languish; (**vor Durst**) ~ be dying (*od.* parched) with thirst; (**vor Hitze**) ~ swelter.

verˈschmä·hen *v/t* ⟨*no* **ge-, h**⟩ despise, disdain, scorn, spurn, (*ablehnen*) decline, refuse; **verschmähte Liebe** unrequited love; **verschmähter Liebhaber** scorned lover.

verˈschmä·lern *v/t* ⟨*no* **ge-, h**⟩ *u. v/reflex* **sich** ~ narrow (*s.th.*) down.

verˈschmel|zen **I** *v/t* ⟨*irr, no* **ge-, h**⟩ **1.** (**zu** into) merge, fuse, melt. **2.** *tech.* melt (*metals*) together. **3.** *fig.* (*Firmen, Parteien etc*) merge, amalgamate, fuse. **II** *v/i* ⟨**sein**⟩ **4.** (**ineinander**) ~ *Farben etc*: merge, fuse, melt (into one another). **5.** *Firmen etc*: merge, amalgamate, fuse; **zu einem großen Unternehmen** ~ amalgamate to form (*od.* merge into) a large enterprise. **~zung** *f* ⟨-; -**en**⟩ **1.** ⟨*only sg*⟩ merging, fusion, *a. von Metallen*: melting. **2.** *econ. pol.* merger, amalgamation, fusion.

verˈschmer·zen *v/t* ⟨*no* **ge-, h**⟩ get over (*a loss, etc*); **längst verschmerzt** long past and forgotten.

verˈschmie·ren **I** *v/t* ⟨*no* **ge-, h**⟩ **1.** smear, smudge, (*beschmutzen*) *a.* stain. **2.** (*bekritzeln*) scribble (*od.* scrawl) on. **3.** *tech.* (*Fugen etc*) point, grout, lute. **II** *v/i* ⟨**sein**⟩ **4.** *tech. Schleifscheibe etc*: get loaded, get glazed.

verˈschmitzt [-ˈʃmɪtst] **I** *adj* roguish, arch, sly. **II** *adv* roguishly (*etc*); ~ **lächeln** *a.* give an arch smile. **~heit** *f* ⟨-; *no pl*⟩ roguishness, archness.

verˈschmort *adj* **1.** *gastr.* burned, burnt. **2.** *electr.* charred.

verˈschmut|zen **I** *v/t* ⟨*no* **ge-, h**⟩ (*Kleidung etc*) soil, dirty, (*Luft, Wasser etc*) pollute, contaminate, (*Gewehr, Zündkerzen etc*) foul. **II** *v/i* ⟨**sein**⟩ *Kleidung*: (become) dirty, soil, get soiled, *Luft, Wasser etc*: become (*od.* get) polluted (*od.* contaminated), *Gewehr, Zündkerze etc*: foul. **~zung** *f* ⟨-; *no pl*⟩ soiling, *der Luft, des Wassers etc*: pollution, contamination. **~zungsˌgrad** *m* pollution level.

verˈschnau·fen *v/i u. v/reflex* **sich** ~ ⟨*no* **ge-, h**⟩ *colloq.* stop (*od.* pause) for breath, *a. fig.* have a breather. **Verˈschnaufˌpau·se** *f colloq.* breather.

verˈschnei·den *v/t* ⟨*irr, no* **ge-, h**⟩ **1.** (*Stoff, Kleid etc*) cut *s.th.* badly (*od.* wrong), spoil. **2.** (*Flügel*) clip, cut. **3.** (*Tabak, Branntwein etc*) blend. **4.** (*Wein*) adulterate. 5. (*kastrieren*) castrate, geld.

ver'schneit *adj* snow-covered, snowy, snowed over (*od.* under) (*nachgestellt*).

Ver'schnitt *m* ⟨-(e)s; *no pl*⟩ 1. (*Abfall*) cuttings *pl*, waste (pieces *pl*), scraps *pl*. 2. *von Tabak etc*: blend. 3. *fig. contp.* weak edition (*od.* imitation) (of). **ver'schnit·ten** *adj Tabak etc*: blended. **Ver'schnit·te·ne** *m* ⟨-n; -n⟩ eunuch, castrate.

ver'schnör|keln *v/t* ⟨*no* ge-, h⟩ adorn *s.th.* with flourishes. **~kelt** *adj Schrift etc*, *a. fig. Stil*: ornate.

ver'schnup·fen *v/t* ⟨*no* ge-, h⟩ *fig. colloq.* (*verärgern*) peeve, huff, rub *s.o.* (up) the wrong way. **ver'schnupft** *adj* ~ sein a) have a cold (in one's head *od.* in the head), b) *fig. colloq.* be peeved, be in a huff.

ver'schnü·ren *v/t* ⟨*no* ge-, h⟩ tie *s.th.* with (a) cord (*od.* with string), (*zs.-schnüren*) tie up, tie *s.th.* together, (*zuschnüren*) lace (up).

ver'schol·len [-'ʃɔlən] *adj* not heard of again, (*vermißt*) *a. Schiff*: missing, *jur.* presumed dead. **Ver'schol·le·ne** *m, f* ⟨-n; -n⟩ missing person, *jur.* person presumed to be dead.

ver'scho·nen *v/t* ⟨*no* ge-, h⟩ spare; *fig.* j-n mit et. ~ spare s.o. s.th.; ~ Sie mich damit spare me that, don't bother me with that.

ver'schö·nen *v/t* ⟨*no* ge-, h⟩ enhance, embellish.

ver'schö|nern [-'ʃøːnərn] I *v/t* ⟨*no* ge-, h⟩ enhance, embellish, beautify, adorn, (*verbessern*) improve, *fig.* brighten (*s.o.'s life, face etc*). II *v/reflex* sich ~ become more beautiful. **⁀ne·rung** *f* ⟨-; -en⟩ embellishment, adornment. **⁀ne·rungs·ver,ein** *m* society for the improvement of local amenities.

ver'schont *adj* ~ bleiben (von) be spared (*s.th.*), escape (*s.th.*), remain unaffected (by).

ver'schor·fen [-'ʃɔrfən] *v/i* ⟨*no* ge-, sein⟩ *med.* scab (over).

ver'schos·sen[1] *adj fig. colloq.* ~ in (*acc*) nuts about, gone on.

ver'schos·sen[2] *adj Stoff, Farbe etc*: faded.

ver'schram·men *v/t* ⟨*no* ge-, h⟩ scratch, graze; verschrammt sein *a.* have scratches (*od.* grazes).

ver'schrän·ken *v/t* ⟨*no* ge-, h⟩ 1. (*Arme*) fold, (*Hände, Finger*) clasp, (*Beine*) cross; *fig.* mit verschränkten Armen dabeistehen stand there with one's arms folded. 2. *tech.* stagger, cross.

ver'schrau|ben *v/t* ⟨*no* ge-, h⟩ screw up, bolt; miteinander ~ screw (*od.* bolt) (*things*) together. **⁀bung** *f* ⟨-; -en⟩ (*Verbindung*) screw joint (*od.* connection).

ver'schreckt *adj* frightened, startled.

ver'schrei|ben I *v/t* ⟨*irr, no* ge-, h⟩ 1. *med.* prescribe (j-m et. s.o. s.th., s.th. for s.o.). 2. (*dat* to) (*Leben, Arbeitskraft etc*) devote, dedicate. 3. *jur.* (*dat* to) (*Besitz etc*) assign, make *s.th.* over. 4. (*Papier etc*) use *s.th.* up (in writing). II *v/reflex* sich ~ 5. make a mistake (in writing), make a slip of the pen; jetzt habe ich mich schon wieder verschrieben I have written the wrong thing again. 6. sich e-r Sache (mit Leib und Seele) ~ devote o.s. to s.th. (body and soul). **⁀bung** *f* ⟨-; -en⟩ 1. *med.* prescription. 2. *jur.* (*Übereignung*) assignment. **~bungs,pflich·tig** *adj Medikament etc*: available on (a doctor's) prescription only, ethical, prescription (*drug*).

ver'schrei·en *v/t* ⟨*irr, no* ge-, h⟩ denounce, decry. **ver'schrie·en, ver'schrien** *adj* ill-reputed, notorious; er ist als Geizhals ~ he is a notorious miser.

ver'schro·ben [-'ʃroːbən] *adj Mensch, Ansicht etc*: eccentric, queer, odd, cranky; ~er Mensch *a.* eccentric, crank, *bes. Am. colloq.* screwball. **⁀heit** *f* ⟨-; -en⟩ eccentricity.

ver'schro·ten *v/t* ⟨*no* ge-, h⟩ (*Getreide*) rough-grind, crush, (*a. Malz*) bruise.

ver'schrot|ten *v/t* ⟨*no* ge-, h⟩ scrap, (*Auto*) *a.* junk. **⁀tung** *f* ⟨-; *no pl*⟩ scrapping, junking.

ver'schrum·peln *v/i* ⟨*no* ge-, sein⟩ *colloq.* shrivel (up).

ver'schüch·tern *v/t* ⟨*no* ge-, h⟩ intimidate.

ver'schul·den I *v/t* ⟨*no* ge-, h⟩ 1. (*schuld sein an*) be responsible (*od.* to blame) for, be at fault in. 2. (*verursachen*) cause (culpably *jur.*), be the cause of, bring on. 3. encumber *s.o.* with debts. II *v/i* ⟨sein⟩ 4. *Person, Unternehmen etc*: become indebted, *Besitz etc*: become encumbered with debt(s). III *v/reflex* sich ~ ⟨h⟩ 5. become indebted.

Ver'schul·den *n* ⟨-s; *no pl*⟩ fault; durch fremdes ~ through fault of another; ohne mein ~ through no fault of mine (*od.* my own); durch sein (eigenes) ~ through his (own) fault; ihm kann kein ~ nachgewiesen werden he cannot be proved to be at fault.

ver'schul·det *adj Person*: (hoch ~ heavily) indebted, *Besitz*: encumbered (with debt[s]). **ver'schul·de·ter'ma·ßen** *adv* through one's own fault.

Ver'schul·dung *f* ⟨-; *no pl*⟩ indebtedness, encumbrance, debt(s *pl*). **~s,gren·ze** *f* borrowing limit.

ver'schüt·ten *v/t* ⟨*no* ge-, h⟩ 1. (*Flüssigkeit*) spill, slop. 2. (*zuschütten*) fill *s.th.* up, (*blockieren*) block (up). 3. (*Menschen*) bury; (von *e-r Lawine etc*) verschüttet werden be buried (alive) (by), be trapped (under). **Ver'schüt·te·te** *m, f* ⟨-n; -n⟩ person buried in the (*od.* an) accident. **ver'schütt,ge·hen** [-'ʃYt-] *v/i* ⟨*irr, sep,* -ge-, sein⟩ *colloq.* be (*od.* get) lost, go west.

ver'schwä|gert [-'ʃvɛːgərt] *adj* related (*od.* connected) by marriage. **⁀ge·rung** *f* ⟨-; *no pl*⟩ *jur.* affinity.

ver'schwat·zen *v/t* ⟨*no* ge-, h⟩ → verplaudern.

ver'schwei·gen I *v/t* ⟨*irr, no* ge-, h⟩ (*verheimlichen*) (*dat*) conceal (*od.* hide, withhold, hold *s.th.* back) (from), (*nichts sagen von*) say nothing about *s.th.* (to); er hat (mir) s-n Namen verschwiegen he didn't tell (me) his name; du darfst nichts ~ you must tell everything; *jur.* nichts hinzufügen und nichts ~ to add and to withhold nothing. II ⁀ *n* ⟨-s⟩ *jur.* (betrügerisches *od.* arglistiges ⁀ fraudulent) concealment.

ver'schwei·ßen *v/t* ⟨*no* ge-, h⟩ weld, (*Kunststoffe*) heat-seal, bond.

ver'schwe·len *v/t* ⟨*no* ge-, h⟩ (*Kohle*) carbonize *s.th.* at low temperatures.

ver'schwen|den [-'ʃvɛndən] *v/t* ⟨*no* ge-, h⟩ (für, an, auf *acc* on) waste, squander, *mit vollen Händen*: lavish (an *acc* on); *fig.* daran werde ich k-n Gedanken ~ I won't waste much thought on that. **⁀der** *m* ⟨-s; -⟩, **⁀de·rin** *f* ⟨-; -nen⟩ squanderer, spendthrift. **~de·risch** I *adj* 1. *Person*: extravagant, wasteful, unthrifty, *stärker*: prodigal; ~er Mensch *a.* squanderer, spendthrift. 2. (*üppig*) lavish, sumptuous, extravagant, opulent; in ~er Fülle in lavish profusion; ein ~es Leben führen → II *adv* 3. ~ leben live extravagantly, lead an extravagant life; *a. fig.* ~ umgehen (*od.* sein) mit be lavish (*od.* wasteful, prodigal, flush) with, lavish (*s.th.*); j-n ~ bewirten entertain (*od.* treat) s.o. lavishly; ~ mit Blumen geschmückt lavishly decorated with flowers. **~det** *adj* wasted, squandered; das ist ~e Zeit that is a waste of time. **⁀dung** *f* ⟨-; *no pl*⟩ waste, wastage, squander, extravagance; das ist (reine) ~! that is (pure) waste!

Ver'schwen·dungs|,sucht *f* ⟨-; *no pl*⟩ extravagance, wastefulness, prodigality, squandermania. **⁀,süch·tig** *adj* extravagant, wasteful, prodigal.

ver'schwie·gen *adj* 1. *Person*: discreet, reticent, close(-mouthed); → Grab 4. 2. (*verborgen*) hidden, secret, *Platz, Stelle*: *a.* secluded; *colloq. euphem.* e-n ~en Ort aufsuchen wash one's hands, go to the bathroom. **⁀heit** *f* ⟨-; *no pl*⟩ secrecy, discretion; zur ~ verpflichtet sworn to secrecy; unter dem Siegel der ~ under the seal of secrecy; du kannst dich auf s-e ~ verlassen you can rely (up)on his discretion.

ver'schwim·men *v/i* ⟨*irr, no* ge-, sein⟩ 1. *Horizont, Umrisse, a. fig. Erinnerungen etc*: become blurred; die Zeilen ~ mir vor den Augen *a.* the lines are beginning to swim. 2. (*a.* ineinander ~) *Farben etc*: merge (*od.* fuse, melt) (into each other *od.* into one another).

ver'schwin·den I *v/i* ⟨*irr, no* ge-, sein⟩ 1. disappear, vanish, (*vergehen*) evaporate, fade (away); hinter den Wolken ~ *Sonne, Mond, Sterne*: disappear behind the clouds, go in; ~ lassen a) dispose of *s.o., s.th.*, b) *bes. iro.* (*wegzaubern*) conjure (*od.* spirit) *s.o., s.th.* away, c) (*klauen*) filch, pinch; *fig. colloq.* ~ neben look tiny beside, sink into insignificance beside, be dwarfed by. 2. *colloq.* (*sich davonmachen*) slink (*od.* sneak, slip) away (*od.* off); verschwinde! clear off!, scram!, beat it!; *euphem.* mal schnell ~ wash one's hands, go to the bath(room). II ⁀ *n* ⟨-s⟩ 3. disappearance. **~d** *adj* (*a. adv* ~ klein) *Menge, Minderheit etc*: infinitely small, infinitesimal.

ver'schwi|stern [-'ʃvɪstərn] *v/reflex* ⟨*no* ge-, h⟩ sich ~ *fig.* (mit with) unite (*od.* associate) (closely), *Städte etc*: become twinned. **~stert** *adj* 1. ~ sein be brother and sister. 2. *fig.* (closely) related (mit to). **⁀ste·rung** *f* ⟨-; *no pl*⟩ *fig.* (close) union (*od.* association).

ver'schwit·zen *v/t* ⟨*no* ge-, h⟩ 1. (*Kleid, Hemd etc*) stain *s.th.* with perspiration, soak *s.th.* with sweat. 2. *fig. colloq.* (*vergessen*) forget (all) about; das habe ich völlig verschwitzt I clean forgot about it. **ver'schwitzt** *adj Kleidung*: sweaty, stained with perspiration, *Person*: covered with perspiration (*od.* sweat).

ver'schwol·len *adj Augen, Gesicht*: swollen.

ver'schwom·men I *adj* 1. *Photo, Gestalt etc*: blurred; ich kann die Buchstaben nur ~ sehen the letters look blurred to me. 2. *fig.* blurred, vague, (*nebelhaft*) hazy, foggy, wool(l)y, *Erinnerung*: *a.* dim. II *adv* 3. ich kann mich nur ~ daran erinnern I can only vaguely remember it. **⁀heit** *f* ⟨-; *no pl*⟩ blurredness, *fig. a.* vagueness, haziness, dimness, fogginess, wool(l)iness.

ver'schwo·ren *adj* sworn.

ver'schwö·ren I *v/t* ⟨*irr, no* ge-, h⟩ 1. *obs.* (*abschwören*) forswear. II *v/reflex* 2. sich (mit j-m) ~ gegen conspire (*od.* [com]plot) (with s.o.) against; *fig.* alles hat sich gegen mich verschworen everything is (going) against me. 3. *fig.* sich e-r Sache ~ devote o.s. to a cause.

Ver'schwo·re·ne *m, f* ⟨-n; -n⟩ → Verschwörer(in). **Ver'schwö·rer** *m* ⟨-s; -⟩ conspirator, (com)plotter. **Ver'schwö·re·rin** *f* ⟨-; -nen⟩ conspiratress, (com)plotter. **ver'schwö-**

re·risch *adj a. fig.* conspiratorial. **Ver'schwö·rung** *f* ⟨-; -en⟩ conspiracy, (com)plot.

ver'schwun·den *adj* missing; **das Kind ist seit gestern ~** the child has been missing since yesterday.

'Vers|ˌdich·tung *f* poetry, *collect.* verse. **~ˌdra·ma** *n* verse drama (*od.* play).

ver'se·hen[1] **I** *v/t* ⟨*irr*, *no* **ge-**, **h**⟩ **1. j-n ~ mit** (*versorgen*) provide (*od.* supply, furnish) s.o. with, *mit Ratschlägen etc*: equip (*od.* arm) s.o. with; **mit Vollmacht ~** invest *s.o.* with full power(s), authorize. **2. et. ~ mit** (*ausstatten*) equip (*od.* provide) s.th. with, fit s.th. (up) with; **mit e-m Schloß ~** fix (*od.* fit, put) a lock on (*a door*); **mit s-r Unterschrift ~** affix one's signature to, sign; *econ.* **e-n Wechsel mit Akzept (Indossament) ~** accept (indorse) a bill. **3.** (*Dienst, Pflichten etc*) perform, discharge, (*Amt*) *a.* hold, (*Stellung*) fill, (*Haushalt etc*) look after, take care of; **j-s Amt** (*od.* **Dienst**) **~** fill (*od.* take) s.o.'s place; **das Amt** *des Bürgermeisters etc* **~** *a.* act as; **die Küche ~** *a.* do the cooking. **4.** (*falsch machen*) neglect, overlook. **II** *v/reflex* **sich ~ 5.** (*versorgen*) provide (*od.* supply) o.s. (**mit** with). **6.** make a mistake (*od.* slip). **7. sich e-r Sache ~** expect s.th., be prepared for (*od.* be aware of) s.th.; **ehe man sich's versieht** in the twinkling of an eye, before you know it.

ver'se·hen[2] *adj* **1. ~ mit** (*versorgt*) provided (*od.* supplied) with, (*ausgestattet*) equipped (*od.* fitted) with; **~ sein mit** *a.* have, (*tragen*) bear; **reichlich ~ sein mit** *a.* have ample (*od.* plenty of) (*money, etc*), have ample supplies of. **2.** *R.C.* **er starb, ~ mit den Gnadenmitteln der heiligen Kirche** he died after receiving the means of grace of the Holy Church.

Ver'se·hen *n* ⟨-s; -⟩ (*Irrtum*) mistake, error, slip, (*Unachtsamkeit*) inadvertence, oversight; **es war ein (reines) ~** it was (purely) a mistake, it was (quite) unintentional; **aus ~** → **versehentlich** II. **ver'se·hent·lich I** *adj* inadvertent, unintentional. **II** *adv* (*irrtümlich*) by mistake, by (*od.* through) an oversight, erroneously, (*unbeabsichtigt*) inadvertently, unintentionally.

ver'seh·ren [-'ze:rən] *v/t* ⟨*no* **ge-**, **h**⟩ (*verletzen*) hurt, injure, (*beschädigen*) damage, (*untauglich machen*) disable, maim. **ver'sehrt** *adj* disabled. **Ver'sehr·te** *m, f* ⟨-n; -n⟩ disabled person; **die ~n** *a.* the disabled.

Ver'sehr·ten|ˌgrad *m* degree of disability. **~ˌren·te** *f* disability allowance.

ver'sei·fen *v/t* ⟨*no* **ge-**, **h**⟩ *u. v/i* ⟨**sein**⟩ saponify.

ver'selbˌstän·di·gen [-ˌʃtɛndɪgən] *v/reflex* ⟨*no* **ge-**, **h**⟩ **sich ~** make o.s. independent.

ver'sen|den *v/t* ⟨*meist irr, no* **ge-**, **h**⟩ send, dispatch, forward, consign, ship. **≈dung** *f* ⟨-; *no pl*⟩ sending, dispatch, consignment, shipment.

ver'sen·gen *v/t* ⟨*no* **ge-**, **h**⟩ scorch, singe.

ver'senk·bar *adj tech.* concealable, foldaway, that slides down.

ver'sen·ken I *v/t* ⟨*no* **ge-**, **h**⟩ **1.** sink, (*Schiff*) *a.* send (*a ship*) to the bottom, (*das eigene Schiff*) *a.* scuttle, (*Kabel*) submerge. **2.** (*Bühnendekoration etc*) lower. **3.** *tech.* (*Schraube etc*) *zylindrisch*: counterbore, *konisch*: countersink. **II** *v/reflex* **4. sich ~ in** (*acc*) *fig.* become absorbed (*od.* engrossed) in, immerse (*od.* sink) o.s. in. **ver'senkt** *adj tech.* (*eingelassen*) sunk, (*bündig eingelassen*) flush. **Ver'sen·kung** *f* ⟨-; *no pl*⟩ **1.** sinking, *e-s Kabels*: submersion. **2.** *thea.* (stage) trap; *fig. colloq.* **in der ~ verschwinden** sink (*od.* fall) into oblivion, disappear from the scene. **3.** *geistige*: absorption.

'Ver·seˌschmied *m contp.* versemonger, versifier, rhymester.

ver'ses·sen *adj* **~ auf** (*acc*) very keen on, crazy (*od.* mad, wild) about, hell-bent on. **≈heit** *f* ⟨-; *no pl*⟩ (**auf** *acc*) keenness (on), craziness (*od.* madness, wildness) (about).

ver'set·zen I *v/t* ⟨*no* **ge-**, **h**⟩ **1.** *an e-e andere Stelle*: move, shift, displace, *bes. ling. mus.* transpose. **2.** (*verpflanzen*) transplant, replant. **3.** (*Beamte etc, a. mil.*) transfer (**nach, in, an** *acc*, **zu** to); → **Ruhestand**. **4.** *colloq.* (*verpfänden*) pawn, *sl.* hock. **5.** *fig. colloq.* a) (*umsonst warten lassen*) stand *s.o.* up, b) *Sport*: (out)trick, sell *s.o.* a dummy. **6. j-m** *e-n Schlag, Stoß etc* **~** give (*od.* deal) s.o. (*a blow, etc*). **7. j-n in Unruhe ~** disturb s.o., perturb s.o.; **j-n in Wut ~** infuriate s.o.; **j-n in Raserei (e-n Freudentaumel) ~** send s.o. into a frenzy (into raptures); **j-n in die Lage ~, et. zu tun** put (*od.* place) s.o. in a position to do s.th.; **in Schwingungen ~** set s.th. vibrating; → *a.* **Angst** *etc.* **8.** (*Schüler*) (**in** *acc* to) move *s.o.* up, *Am.* promote. **9.** (*versetzt anordnen*) stagger. **10.** (*vermischen*) mix, compound. **11.** (*antworten*) retort, reply. **II** *v/reflex* **sich ~ 12. sich in j-s Lage** (*od.* **in j-n**) **~** put (*od.* imagine) o.s. in s.o.'s place, try to understand s.o.; **~ Sie sich in m-e Lage** put (*od.* place, imagine) yourself in my position.

Ver'set·zung *f* ⟨-; -en⟩ **1.** shift(ing), removal, displacement, *bes. ling. mus.* transposition. **2.** transplantation. **3.** *a. mil.* transfer (**nach, in, an** *acc* to). **4.** (*Verpfändung*) pawning. **5.** *ped.* remove, *bes. Am.* promotion. **~sˌzei·chen** *n mus.* accidental. **~sˌzeug·nis** *n* yearly certificate of move (*Am.* promotion).

ver'seu|chen [-'zɔyçən] *v/t* ⟨*no* **ge-**, **h**⟩ infect, *a. radioaktiv*: contaminate, *mit Gift*: poison, (*Luft, Wasser*) pollute, vitiate, *mit Minen, Parasiten, a. fig. mit Spionen etc*: infest. **≈chung** *f* ⟨-; *no pl*⟩ infection, contamination, pollution, infestation.

'Versˌfuß *m* (metrical) foot.

Ver'si·che·rer *m* ⟨-s; -⟩ *econ.* insurer, *bei Lebensversicherung*: assurer, *a. Seeversicherung*: underwriter. **ver'si·chern I** *v/t* ⟨*no* **ge-**, **h**⟩ **1.** *econ.* (*Eigentum*) insure (**gegen** against, **bei** with), (*Leben*) assure, *Am.* insure; **sich ~ lassen** take out an insurance policy (**mit** for); **zu hoch (niedrig) ~** overinsure (underinsure). **2.** (*behaupten*) assert, declare, (*beteuern*) protest, *a. jur.* affirm; **j-m et. ~** assure s.o. (of) s.th.; **ich kann dir ~, daß** I (can) assure you that; **seien Sie versichert, daß** you may rest assured that. **II** *v/reflex* **sich ~ 3.** *econ.* (*a.* **sich ~ lassen**) (**bei** with, **gegen** against) insure o.s., take out (an) insurance (*od.* an insurance policy); **sich für 50 000 Mark ~ lassen** have one's life assured (*Am.* insured) for 50,000 marks. **4. sich** *e-r Sache, Person* **~** secure, make sure of. **5.** (*sich überzeugen*) convince (*od.* satisfy) o.s., make sure of. **Ver'si·cher·te** *m, f* ⟨-n; -n⟩ *econ.* insured (person *od.* party), *bei Lebensversicherung*: *a.* assured. **Ver'si·che·rung** *f* ⟨-; -en⟩ **1.** *econ.* (*Eigentums≈*) insurance, (*Lebens≈*) assurance, *Am.* life insurance; **e-e ~ abschließen** take out (an) insurance (*od.* an insurance policy), effect an insurance; **~ auf den Erlebensfall** endowment insurance (*od.* assurance). **2.** → **Versicherungsgesellschaft**. **3.** ⟨*only sg*⟩ (*Garantie*) (re)assurance, guarantee, (*Bestätigung*) assertion, declaration, *a. jur.* affirmation; **j-m die ~ geben, daß** (re)assure s.o. that; *jur.* **eidesstattliche ~** affirmation (in lieu of oath), statutory declaration.

Ver'si·che·rungs|agenˌtur *f* insurance agency. **~ˌanˌspruch** *m* insurance claim. **~ˌanˌstalt** *f* insurance company. **~ˌbeiˌtrag** *m* **1.** *bei gesetzlichen Versicherungen*: insurance contribution. **2.** → **Versicherungsprämie**. **~beˌtrug** *m* insurance fraud. **~ˌbran·che** *f* insurance business (*od.* line). **~ˌdau·er** *f* time insured, period of insurance. **≈ˌfä·hig** *adj* insurable. **~ˌfall** *m* event insured against; **bei Eintritt des ~es** should the event insured against occur. **~geˌbühr** *f* insurance fee. **~ˌge·genˌstand** *m* object insured. **~geˌsell·schaft** *f* insurance company. **~inˌspek·tor** *m* insurance claim adjuster. **~ˌjahr** *n* insurance year. **~ˌlei·stung** *f* insurance benefit. **~ˌmak·ler** *m* insurance broker. **~ˌmar·ke** *f* (national) insurance stamp, *Am.* social security stamp. **~ma·the·maˌtik** *f* actuarial theory. **~ma·theˌma·ti·ker** *m* actuary. **~ˌneh·mer** *m* → **Versicherte**. **~ˌnum·mer** *f* insurance policy (*od.* certificate) number. **~ˌpflicht** *f* liability (*od.* obligation) to insure, compulsory insurance. **~ˌpflichtˌgren·ze** *f* insurance liability limit. **≈ˌpflich·tig** *adj Person*: liable to insurance, *Sache*: subject to obligatory (*od.* compulsory) insurance. **~ˌpflich·ti·ge** *m, f* ⟨-n; -n⟩ person liable to insurance. **~poˌli·ce** *f* insurance policy. **~ˌprä·mie** *f* (insurance) premium. **~ˌschein** *m* insurance policy. **~ˌschutz** *m* insurance cover(age). **~sta·ˌti·stik** *f* actuarial statistics *pl* (*als sg od. pl konstruiert*). **~ˌsum·me** *f* sum (*od.* amount) insured, *bei Lebensversicherung*: total policy value. **~ˌträ·ger** *m* → **Versicherer**. **~verˌtrag** *m* insurance contract (*od.* policy). **~verˌtre·ter** *m* insurance agent. **~ˌwert** *m* value insured. **~ˌwe·sen** *n* ⟨-s; *no pl*⟩ insurance (business). **~ˌzwang** *m* → **Versicherungspflicht**.

ver'sickern (*getr.* **-k·k-**) *v/i* ⟨*no* **ge-**, **sein**⟩ seep (*od.* ooze, trickle) away.

ver'sie·ben *v/t* ⟨*no* **ge-**, **h**⟩ *colloq.* **1.** → **vermasseln**. **2.** (*vergessen*) forget (all) about.

ver'sie·geln *v/t* ⟨*no* **ge-**, **h**⟩ seal (*a. tech.*), *jur. a.* put *s.th.* under seal.

ver'sie·gen *v/i* ⟨*no* **ge-**, **sein**⟩ **1.** *Quelle etc*: dry up, run dry, *Tränen etc*: dry. **2.** *fig.* be exhausted, *Geldquelle, Gespräch etc*: dwindle, ebb, *Kräfte etc*: *a.* fail; **nie ~d** inexhaustible.

ver'siert [vɛr'zi:rt] *adj* (**in** *dat* in) practised, experienced, skilled, versed; **~er Fachmann** great expert, *colloq.* old hand. **≈heit** *f* ⟨-; *no pl*⟩ skill, experience.

ver'sil|bern [-'zɪlbərn] *v/t* ⟨*no* **ge-**, **h**⟩ **1.** silver (*a. fig.*), *tech.* silver-plate. **2.** *fig. colloq.* (*zu Geld machen*) turn *s.th.* into cash, sell. **≈be·rung** *f* ⟨-; *no pl*⟩ silvering.

ver'sin·ken *v/i* ⟨*irr, no* **ge-**, **sein**⟩ **1.** sink, *im Wasser*: *a.* be(come) submerged, *Schiff*: *a.* go down (*od.* under), founder; **bis zu den Knien im Schlamm ~** sink in(to) the mud up to one's knees; *fig.* **die Sonne versank am Horizont** the sun sank below the horizon; **ich wäre am liebsten im (Erd)Boden versunken** I could have sunk through the ground (*od.* floor). **2.** *fig.* **~ in** (*acc*) sink into (*sleep, silence, etc*), *in Gedanken etc*: *a.* become absorbed (*od.* engrossed) in (*thought, etc*); **wenn er Musik hört, versinkt**

alles um ihn her when he listens to music he is lost to the world; → *a.* **versunken.**

ver'sinn,bild·li|chen [-ˌbɪltlɪçən] *v/t* ⟨*no* ge-, h⟩ represent, symbolize. **2chung** *f* ⟨-; *no pl*⟩ symbolization.

ver'sinn·li·chen [-ˈzɪnlɪçən] *v/t* ⟨*no* ge-, h⟩ sensualize.

Ver·si·on [vɛrˈzĭoːn] *f* ⟨-; -en⟩ version.

ver'sippt [-ˈzɪpt] *adj* related by marriage (mit to).

ver'skla|ven [-ˈsklaːvən; -ˈsklaːfən] *v/t* ⟨*no* ge-, h⟩ *a. fig.* enslave. **2vung** *f* ⟨-; *no pl*⟩ *a. fig.* enslavement.

'Vers,maß *n* metre, *Am.* meter.

ver'snobt [-ˈsnɔpt] *adj* snobbish, snobby; **er ist ~** *a.* he is a snob.

Ver·so [ˈvɛrzo] *n* ⟨-s; -s⟩ *print.* verso.

ver'sof·fen *adj colloq.* boozy; **ein ~er Kerl** a boozer, a drunkard. **2heit** *f* ⟨-; *no pl*⟩ *colloq.* booziness.

ver'soh·len *v/t* ⟨*no* ge-, h⟩ *colloq.* leather, give *s.o.* a hiding (*od.* thrashing); **j-m den Hintern ~** spank s.o.

ver'söh·nen [-ˈzøːnən] **I** *v/t* ⟨*no* ge-, h⟩ **1.** reconcile (*a. fig.*), conciliate; **zwei Völker (miteinander) ~** reconcile two nations; **sich (wieder) ~** be(come) reconciled, make it up, bury the hatchet; *fig.* **das versöhnte ihn mit s-m Schicksal** that reconciled him with his fate; **das versöhnt einen ein bißchen!** that almost makes up for it! **2.** *fig.* (*besänftigen*) appease, placate; **er war schnell wieder versöhnt** he soon came round. **II** *v/reflex* **3. sich ~ mit** make it up with, make one's peace with.

ver'söhn·lich *adj Worte etc*: conciliatory, *Mensch*: forgiving, placable; **~ stimmen** conciliate, placate, appease. **2keit** *f* ⟨-; *no pl*⟩ forgivingness, placability.

Ver'söh·nung *f* ⟨-; -en⟩ (re)conciliation, (*Besänftigung*) appeasement, placation. **~s,fest** *n relig.* (*jüdischer Feiertag*) Day of Atonement, Yom Kippur.

ver'son·nen *adj* thoughtful, pensive, meditative, lost in thought, dreamy. **2heit** *f* ⟨-; *no pl*⟩ thoughtfulness, pensiveness, dreaminess.

ver'sor·gen I *v/t* ⟨*no* ge-, h⟩ **1. j-n (et.) ~ mit** supply (*od.* provide, furnish) s.o. (s.th.) with. **2.** (*Familie etc*) provide for, keep, support, maintain; **er hat alle s-e Kinder gut versorgt** *durch Beruf, Heirat etc*: he has taken good care of all his children. **3.** (*sich kümmern um*) look after, care for, take care of, (*Vieh*) tend. **4.** (*Wunde*) tend, dress, (*Verletzten*) attend to, give medical aid to. **II** *v/reflex* **5. sich ~ mit** supply (*od.* provide, furnish) o.s. with. **6. sich selbst ~** look after o.s., *engS.* cook for o.s., do one's own cooking. **Ver'sor·ger** *m* ⟨-s; -⟩ provider, supporter, breadwinner. **ver'sorgt** *adj* **1.** taken care of, looked after, *finanziell*: provided for. **2.** *Gesicht*: careworn. **Ver'sor·gung** *f* ⟨-; *no pl*⟩ **1.** *mit Waren, Information etc, a. mil.* supply (**mit** with); **~ mit Energie** power supply; *mil.* **~ aus der Luft** aerial (*od.* air[borne]) supply. **2.** (*Unterhalt*) support, upkeep, maintenance, *von Hinterbliebenen etc*: provision (*gen* for); → **Altersversorgung** 1. **3.** (*Betreuung*) care, (*Dienstleistung*) servicing; **ärztliche ~** medical care (*od.* attendance); **~ e-r Wunde** dressing of a wound.

Ver'sor·gungs|,amt *n* pension office. **~,an,spruch** *m auf Pension*: right to a pension, *auf Unterhalt*: right to maintenance. **~,ba·sis** *f mil.* supply base. **2be,rech·tigt** *adj* entitled to a pension (*od.* to maintenance). **~be,trieb** *m* public utility. **~be,zü·ge** *pl* a) pensions (drawn), b) maintenance *sg* (received). **~emp,fän·ger** *m* a) maintenance recipient, b) (old-age) pensioner. **~,eng,paß** *m* bottleneck (in supplies). **~,kas·se** *f* pension fund. **~,kri·se** *f* supply crisis. **~,la·ge** *f* food (*od.* supply) situation. **~,lücke** (*getr.* -k·k-) *f* supply gap. **~,netz** *n* supply network, *von Energie*: *a.* supply grid, mains *pl.* **~,plan** *m mil.* logistic support plan. **~,quel·le** *f* source of supply. **~,schiff** *n* supply vessel. **~,teil** *n, m e-s Raumschiffes*: service module. **~,trä·ger** *m* pension payer, pension-paying institution. **~,weg** *m* supply channel (*od.* line). **~,we·sen** *n* ⟨-s; *no pl*⟩ social services *pl.* **~,wirt·schaft** *f* public utilities *pl.*

ver'sot·ten [-ˈzɔtən] *v/i* ⟨*no* ge-, sein⟩ *Schornstein*: soot.

ver'spa·nen *v/t* ⟨*no* ge-, h⟩ *tech.* machine.

ver'span·nen *v/t* ⟨*no* ge-, h⟩ *tech.* brace, stay. **ver'spannt** *adj Muskel etc*: tensed(-up), tense. **Ver'span·nung** *f* ⟨-; -en⟩ **1.** *tech.* bracing. **2.** *med. psych.* tenseness, tension.

ver'spä|ten [-ˈʃpɛːtən] *v/reflex* ⟨*no* ge-, h⟩ **sich ~ 1.** be (*od.* come) late; **ich habe mich leider verspätet** I am sorry to be late. **2.** *Zug etc*: be late, be behind time (*od.* schedule), be overdue. **~tet I** *adj* late, belated, *Zug etc*: delayed. **II** *adv* belatedly, (too) late. **2tung** *f* ⟨-; -en⟩ **1.** lateness, being late; **entschuldigen Sie bitte die ~** please excuse my being (*od.* coming) (so) late. **2.** *e-s Zuges etc*: delay; **~ haben** → **verspäten** 2; **20 Minuten ~ haben** be 20 minutes late (*od.* behind time); **mit ~ eintreffen** arrive late; **mit zwei Stunden ~** *leave, etc* two hours behind schedule; **~ aufholen** make up for lost time.

ver'spei·sen *v/t* ⟨*no* ge-, h⟩ eat up, consume.

ver·spe·ku'lie·ren I *v/t* ⟨*no* ge-, h⟩ **1.** (*Geld etc*) lose *s.th.* on speculation(s). **II** *v/reflex* **sich ~ 2.** *an der Börse etc*: make a bad speculation. **3.** *fig.* be wrong in one's speculations, plan wrong(ly).

ver'sper·ren *v/t* ⟨*no* ge-, h⟩ **1.** (*zuschließen*) lock (up), (*verriegeln*) bar, bolt. **2.** bar, block (up), obstruct, barricade; **j-m den Weg ~** bar s.o.'s way, *fig.* block s.o.'s path; **(j-m) die Aussicht ~** obstruct (*od.* block [up]) s.o.'s view.

ver'spie·len I *v/t* ⟨*no* ge-, h⟩ (*Geld etc*) lose *s.th.* (at play *od.* at cards *od.* in gambling), (*a. Zeit*) gamble away. **II** *v/i* lose (the game); *fig.* **bei j-m ~** get into s.o.'s bad books; **er hat bei mir verspielt** I am through with him. **ver'spielt** *adj allg.* playful, *Muster etc*: *a.* (daintily) ornate.

ver'spie·ßern [-ˈʃpiːsərn] *v/i* ⟨*no* ge-, sein⟩ turn square.

ver'spin·nen I *v/t* ⟨*irr, no* ge-, h⟩ *Textil.* spin. **II** *v/reflex fig.* **sich ~ in** (*acc*) become wrapped (*od.* wrapt) up in.

ver'splei·ßen *v/t* ⟨*irr, no* ge-, h⟩ splice.

ver'spon·nen *adj* fanciful, airy(-fairy), (*eigenartig*) quaint, quirky, (*verträumt*) dreamy.

ver'spot|ten *v/t* ⟨*no* ge-, h⟩ make fun of, deride, ridicule, mock (at), (*verhöhnen*) taunt, jibe (at), jeer at. **2tung** *f* ⟨-; *no pl*⟩ derision, ridicule, jeers *pl.*

ver'spre·chen I *v/t* ⟨*irr, no* ge-, h⟩ **1.** *a. fig.* promise; **feierlich ~** vow; **fest (hoch und heilig) ~** promise *s.th.* for certain (faithfully); **leicht** (*od.* **schnell**) **et. ~** be quick at promising (*od.* making promises); **du hast es versprochen** you promised to, you said you would; *fig.* **~, gut** *etc* **zu werden**, *colloq.* **einiges ~** be (*od.* look) promising, promise well; **s-e Miene verspricht nichts Gutes** his expression is rather ominous; **er verspricht ein guter Schauspieler zu werden** he promises to be a good actor. **2. sich** (*dat*) **et. ~ von** expect s.th. of; **sich viel ~ von** expect great things of, place great hopes in; **ich verspreche mir nicht viel davon** I don't expect too much of it; **ich habe mir mehr davon versprochen** I expected better of it. **II** *v/reflex* **sich ~ 3.** make a mistake (*od.* a slip of the tongue); **ich habe mich versprochen** it was a slip of the tongue.

Ver·spre·chen *n* ⟨-s; -⟩ promise; **j-m ein ~ abnehmen** demand (*od.* exact) a promise from s.o.; **j-m das ~ abnehmen, et. zu tun** make s.o. promise to do s.th. **Ver'spre·cher** *m* ⟨-s; -⟩ *colloq.* slip of the tongue. **Ver'spre·chung** *f* ⟨-; -en⟩ promise; **j-m große ~en machen** hold out great hopes to s.o., promise s.o. the earth; **leere ~en** empty promises.

ver'spren·gen¹ *v/t* ⟨*no* ge-, h⟩ *mil.* (cut off and) disperse.

ver'spren·gen² *v/t* ⟨*no* ge-, h⟩ (*Wasser*) sprinkle.

Ver'spreng·te *m* ⟨-n; -n⟩ *mil.* straggler.

ver'sprit·zen *v/t* ⟨*no* ge-, h⟩ **1.** spatter, sprinkle, *platschend*: splash, *in e-m Strahl*: squirt, (*versprühen*) spray, (*sein Blut*) shed. **2.** *tech.* injection-mo(u)ld.

ver'spro·che·ner'ma·ßen *adv* as promised.

ver'sprü·hen *v/t* ⟨*no* ge-, h⟩ **1.** spray, atomize. **2.** *fig.* **Geist(esblitze) ~** scintillate.

ver'spun·den *v/t* ⟨*no* ge-, h⟩ bung (up).

ver'spü·ren *v/t* ⟨*no* ge-, h⟩ feel, perceive, sense, experience, be conscious of; **(große) Lust ~, et. zu tun** feel (very much) like doing s.th., be strongly inclined to do s.th.

ver'staat·li|chen [-ˈʃtaːtlɪçən] *v/t* ⟨*no* ge-, h⟩ nationalize. **2chung** *f* ⟨-; *no pl*⟩ nationalization.

ver'städ|tern [-ˈʃtɛːtərn] **I** *v/t* ⟨*no* ge-, h⟩ urbanize. **II** *v/i* ⟨sein⟩ become urbanized. **2te·rung** *f* ⟨-; *no pl*⟩ urbanization.

ver'stäh·len *v/t* ⟨*no* ge-, h⟩ *tech.* steel (-face), steelify.

Ver'stand *m* ⟨-(e)s; *no pl*⟩ (*Denkvermögen*) mind, intellect, (*Vernunft*) reason, (*praktischer ~*) sense, (*Intelligenz*) intelligence, brain(s *pl*), (*Urteilsvermögen*) judg(e)ment, (*Geist*) wit(s *pl*), (*Begriffsvermögen*) understanding; **klarer (nüchterner, scharfer) ~** clear (sober, keen) mind; **gesunder ~** common (*od.* good) sense; **bei ~ bleiben** retain one's mental faculties; **den ~ verlieren** lose one's mind, go mad; **du hast wohl den ~ verloren!** you must be out of your mind!; **j-n um den ~ bringen** drive s.o. out of his mind (*colloq.* round the bend); **man fürchtet um s-n ~** people fear he will lose his senses; **er ist nicht recht bei ~** he is not in his right mind, *colloq.* he isn't all there; **wieder zu ~ kommen** come to one's senses; **s-n ~ zs.-nehmen** keep (*od.* have) one's wits about one; **er sollte genug ~ haben zu** *inf* he should have enough sense to *inf*; **das geht über m-n ~** that passes my understanding, that is beyond me (*od.* above my head); *colloq.* **da steht e-m der ~ still** that really is the end, it blows one's mind; **da sträubt sich e-m der ~** the mind boggles at the idea; **der ~ kommt mit den Jahren** wisdom comes with age; **mit ~** *do s.th.* intelligently (*od.* sensibly, well, properly, using one's head); **ohne ~** thoughtlessly; **et. mit ~ essen** (*od.* **genießen**) really savo(u)r s.th.; → **Sinn** 8.

Ver'stan·des|,kraft *f* intellectual faculty (*od.* power). ≈**mä·ßig** *adj* rational, intellectual. ~ˌ**mensch** *m* matter-of-fact person, rationalist.

ver'stän·dig *adj* sensible, reasonable, (*einsichtig*) judicious, understanding.

ver'stän·di·gen [-'ʃtɛndɪgən] **I** *v/t* ⟨*no* **ge-**, **h**⟩ **1.** (*benachrichtigen*) inform, notify, advise (*alle*: **von** about, of), let *s.o.* know; **wir müssen e-n Arzt ~** we must call a doctor. **II** *v/reflex* **2. sich (miteinander) ~** communicate. **3. sich mit j-m ~** a) *in e-r fremden Sprache etc*: make o.s. understood by s.o., communicate with s.o., b) (*sich einigen*) come to an agreement (*od.* understanding, to terms) with s.o. (**über** *acc* [up]on).

Ver'stän·dig·keit *f* ⟨-; *no pl*⟩ reasonableness, sensibleness, good sense, prudence, (*Einsicht*) understanding, judiciousness.

Ver'stän·di·gung *f* ⟨-; *no pl*⟩ **1.** (*Benachrichtigung*) notification, information. **2.** *sprachliche, geistige etc*: communication; **bei dem Lärm war e-e ~ unmöglich** the noise made it impossible to hear (*od.* to talk to) one another. **3.** (*Übereinkunft*) understanding, agreement. **4.** *teleph.* communication, (*Grad der Hörbarkeit*) audibility, (*Empfang*) (quality of) reception. ≈**s·beˌreit** *adj* prepared (*od.* ready) to negotiate. ~**s·ˌfrie·de(n)** *m pol.* negotiated peace. ~**s·po·liˌtik** *f* policy of rapprochement. ~**sˌschwie·rig·kei·ten** *pl* communication problems, *sprachliche*: difficulties in making o.s. understood, *fremdsprachliche*: *a.* language barrier *sg.*

ver'ständ|lich [-'ʃtɛntlɪç] *adj* **1.** *Aussprache etc*: intelligible, (*hörbar*) audible, (*deutlich*) distinct, clear; **sich ~ machen** make o.s. heard (j-m by s.o.). **2.** (*begreiflich*) intelligible, comprehensible, understandable; **schwer (leicht) ~** difficult (easy) to understand (*od.* grasp); **allgemein ~** intelligible to everyone, within everybody's grasp; **sich (j-m) ~ machen** make o.s. understood (by s.o.), explain o.s. (to s.o.); **j-m et. ~ machen** make s.th. clear (*od.* explain s.th.) to s.o.; **nur allzu ~** quite understandable; **... ist mir nur allzu ~** I quite understand; **... ist mir nicht ~** I cannot understand, I fail to understand. ~**li·cher'wei·se** *adv* understandably. ≈**lich·keit** *f* ⟨-; *no pl*⟩ **1.** *der Aussprache etc*: intelligibility, (*Hörbarkeit*) audibility, (*Deutlichkeit*) distinctness, clearness. **2.** (*Faßlichkeit*) intelligibility, comprehensibility, understandability.

Ver'ständ·nis [-'ʃtɛntnɪs] *n* ⟨-**ses**; *no pl*⟩ understanding, comprehension, (*Einfühlungsvermögen*) insight, understanding, (*Würdigung*) appreciation (**für** of), (*Mitgefühl*) sympathy (**für** with); **zum (besseren) ~** (*gen*) in order to understand *s.th.* (better); **gegenseitiges ~** mutual understanding; **(volles) ~ haben für** (fully) understand; **viel (*od.* für alles) ~ haben** be very understanding; **für j-n viel ~ haben, j-m viel ~ entgegenbringen** have (*od.* show) great understanding for s.o.; **dafür fehlt mir jedes ~** I don't (*od.* I cannot) understand that at all, that is beyond me; **für solche Leute habe ich kein ~** *a.* I have no patience with (*od.* time for) such people; **nach unserem ~** as we see it, in our view. ≈**in·nig** *adj* full of (*od.* of deep) understanding, sympathetic, *iro.* knowing, meaningful (*look, etc*). ≈**los I** *adj* uncomprehending, *Blick etc*: blank (*look, etc*), lacking in understanding (*od.* sympathy), (*unfähig zu würdigen*) unappreciative (**gegenüber** of). **II** *adv* **er blickte mich ~ an** he looked at me uncomprehendingly (*od.* blankly); **e-r Sache ~ gegenüberstehen** be unable to understand (*od.* appreciate) s.th., have no appreciation of s.th. ~**lo·sig·keit** *f* ⟨-; *no pl*⟩ lack of understanding (*od.* sympathy, appreciation). ≈**voll** *adj* understanding, knowing, sympathetic, (*anerkennend*) appreciative (**für** of).

ver'stän·kern *v/t* ⟨*no* **ge-**, **h**⟩ *colloq.* stink *s.th.* up.

ver'stär·ken I *v/t* ⟨*no* **ge-**, **h**⟩ **1.** *tech.* strengthen, reinforce, stiffen, (*a. Gewebe*) fortify. **2.** (*Truppen, Orchester etc*) reinforce. **3.** *electr. Radio*: amplify. **4.** (*steigern*) increase, augment, add to, intensify (*a. phot.*), (*betonen*) emphasize. **5.** *chem.* concentrate. **II** *v/reflex* **sich ~ 6.** grow stronger, strengthen, (*sich steigern*) increase, augment, intensify. **ver'stärkt I** *adj* **1. mit Nylon ~** *Gewebe etc*: nylon fortified. **2.** (*erhöht*) increased; ~**e Anstrengungen machen** increase (*od.* intensify) one's efforts. **II** *adv* **3.** (*a.* **in ~em Maße**) more strongly, more intensely, *auf et. hinwirken etc*: *a.* with added force.

Ver'stär·ker *m* ⟨-**s**; -⟩ **1.** *Radio, TV*: amplifier. **2.** *chem. phot.* intensifier. ~**ˌanˌla·ge** *f electr.* amplifying equipment. ~**ˌröh·re** *f* amplifying valve (*Am.* tube). ~**ˌstu·fe** *f* amplifier stage.

Ver'stär·kung *f* ⟨-; *rare* -**en**⟩ **1.** strengthening, *a. tech.* reinforcement, fortification. **2.** *electr. Radio*: amplification. **3.** *fig.* increase, augmentation, emphasis, *a. phot.* intensification. **4.** *mil.* support; ~**en** *pl* reinforcements. **5.** *chem.* concentration.

ver'stau·ben *v/i* ⟨*no* **ge-**, **sein**⟩ get dusty, *a. fig.* gather dust.

ver'stäu·ben *v/t* ⟨*no* **ge-**, **h**⟩ (*Flüssigkeit*) atomize, spray.

ver'staubt *adj* dusty, *fig.* (*veraltet*) moth-eaten, antiquated.

ver'stau·chen *v/t* ⟨*no* **ge-**, **h**⟩ **sich** (*dat*) **den Arm** *etc* ~ sprain one's arm, *etc.* **ver'staucht** *adj* sprained. **Ver'stau·chung** *f* ⟨-; -**en**⟩ sprain.

ver'stau·en *v/t* ⟨*no* **ge-**, **h**⟩ stow *s.th.* (away).

Ver'steck [-'ʃtɛk] *n*, *rare m* ⟨-(**e**)**s**; -**e**⟩ hiding-place, *colloq.* hideaway, hideout; *a. fig.* **mit j-m ~ spielen** play (at) hide-and-seek with s.o. **ver'stecken** (*getr.* -**k·k**-) **I** *v/t* ⟨*no* **ge-**, **h**⟩ hide, conceal (**et. vor j-m** s.th. from s.o.); **er hat mir die Brille versteckt** he hid my glasses (*colloq.* on me). **II** *v/reflex* **sich ~** hide (o.s.), conceal o.s. (**vor** from); *a. fig.* **sich ~ hinter** hide behind *s.o., s.th.*; *fig. colloq.* **sich ~ müssen (*od.* können) vor (*od.* neben)** be no match for, be a fool to, *Sache*: be nothing compared with. **III** ≈ *n* ⟨-**s**⟩ ≈ **spielen** → **Versteck**. **Ver'steckˌspiel** *n a. fig.* hide-and-seek. **ver'steckt I** *adj a. fig. Absicht, Drohung etc*: hidden, *fig. Bosheit etc*: *a.* covert; **sich ~ halten** stay in hiding, lie low; *TV* ~**e Kamera** candid camera. **II** *adv* **das Haus liegt ganz ~ (in e-r Mulde)** the house is hidden from view (*od.* tucked away) (in a hollow).

ver'ste·hen I *v/t* ⟨*no* **ge-**, **h**⟩ **1.** *akustisch*: (*Sprecher*) get, hear, (*Gesprochenes*) *a.* catch, make *s.th.* out; **ich habe „X" verstanden** I thought you said "X". **2.** (*Sprache*) understand; **er versteht kein Deutsch** he doesn't understand German. **3.** (*begreifen*) *allg.* understand, comprehend, (*Sinn, Bedeutung*) *a.* grasp, catch, *colloq.* get, (*Kunstwerk etc*) *a.* appreciate, (*einsehen*) see, realize; **~ Sie mich?, ~ Sie, was ich meine?** do you see what I mean (*od.* my point)?, (do you) understand (*od.* see, *colloq.* get me)?; **Sie haben mich falsch verstanden** you didn't get my meaning, *colloq.* you got me wrong; **Sie ~ mich nicht (recht)** you do not (quite) understand me (*od.* take my meaning), *colloq.* you don't get me; **~ Sie mich recht (*od.* nicht falsch)!** do not misunderstand me!, *colloq.* don't get me wrong!; **er versteht die Jugend nicht** he doesn't understand young people; **er wird es (*od.* mich *etc*) ~** he will understand; **man kann es ~** it is understandable; → **recht** 7, **Spaß** 2. **4.** (*auffassen*) understand, take, read; **wie ~ Sie diesen Satz?** how do you understand (*od.* read) this sentence?; **wie ~ Sie das?** what do you make of it?; **was ~ Sie unter ...?** what do you understand by ...?; **was versteht man unter ...?** what is understood by ...?; **et. bildlich ~** understand (*od.* take) s.th. metaphorically; **ich verstehe dies als e-n Beitrag zur Freundschaft unserer Völker** I see this as a contribution to the friendship of our nations. **5.** (*können*) know; **es ~ zu** *inf* know how (*od.* be able) to *inf*; **er versteht s-e Sache (sein Handwerk)** he knows his job (his trade *od.* business); **er versteht es, mit Kindern umzugehen** he knows how to handle children, he has a way with children; **et. (*od.* viel) von e-r Sache ~** know a great deal (*colloq.* a thing or two) about s.th.; **er versteht (überhaupt *od.* absolut) nichts davon** he doesn't understand a thing about it, he doesn't know the first thing about it. **6. j-m zu ~ geben, daß** give s.o. to understand that, intimate (*od.* hint, suggest) to s.o. that; **man hat mir ausdrücklich zu ~ gegeben, daß** I have been expressly given to understand that. **7. sich (*od.* einander) ~** get along (*od.* on) (with each other *od.* one another); **sich ausgezeichnet ~** *a.* get on like a house on fire, hit it off; **sie ~ sich nicht so gut** they do not get on so well. **II** *v/reflex* **8. sich ~ als** see (*od.* regard) o.s. as. **9. sich ~ mit** get on (*od.* along) with. **10. sich ~ auf** (*acc*) be very good at, be an expert at (*od.* in). **11. das versteht sich (von selbst)** that is understood, that goes without saying; **es versteht sich von selbst, daß** it goes without saying that, it is a matter of course that; **es versteht sich, daß** it stands to reason that. **12.** *econ.* **die Preise ~ sich frei Haus (einschließlich Mehrwertsteuer)** the prices are (understood) ex works (include value-added tax). **13. sich dazu ~, et. zu tun, sich zu e-r Sache ~** agree (*od.* bring o.s.) to do s.th. **III** *v/i* **14. verstehst du?** you see?, *colloq.* get it?, get me?; **ah, ich verstehe!** oh, I understand (*od.* see); **wenn ich recht verstanden habe** a) if I have understood correctly, b) (*ich nehme an*) I take it that; **wohl verstanden** to be sure, mind you. **IV** ≈ *n* ⟨-**s**⟩ **15.** understanding. **ver'ste·hend** *adj* → **verständnisvoll.**

ver'stei·fen I *v/t* ⟨*no* **ge-**, **h**⟩ **1.** *tech.* stiffen (*a. Mode*), strengthen, reinforce, (*verstreben*) strut, brace. **II** *v/reflex* **sich ~ 2.** *med.* stiffen, *Gelenk*: ankylose. **3.** *fig. Haltung, Meinung etc*: harden, stiffen; **sich auf** (*acc*) **et. ~** be(come) set (up)on (doing) s.th., insist (up)on (doing) s.th., (*e-e Meinung etc*) stick doggedly to s.th.; **die Fronten haben sich versteift** the fronts have stiffened.

ver'stei·gen *v/reflex* ⟨*irr, no* **ge-**, **h**⟩ **sich ~ 1.** *Bergsteiger*: lose one's way (in the mountains). **2.** *fig.* **sich ~, et. zu tun** go so far as to do s.th.; **er verstieg sich zu der Behauptung, daß** he went so far as to claim that.

Ver'stei|ge·rer *m* auctioneer. **≈gern** *v/t* ⟨*no* **ge-, h**⟩ auction (off), sell *s.th.* by (*Am.* at) auction, auctioneer, (*a.* ~ **lassen**) put *s.th.* up for (*od.* to) auction. **~ge·rung** *f* ⟨-; -**en**⟩ sale by (*Am.* at) auction, auction (*od.* public) sale; **zur ~ kommen** be put up for (*od.* to) auction.

ver'stei|nern [-'ʃtaɪnərn] *v/i* ⟨*no* **ge-, sein**⟩ *geol.* petrify (*a. fig.*), fossilize; **vor Schreck wie versteinert** petrified with terror. **≈ne·rung** *f* ⟨-; -**en**⟩ *geol.* **1.** ⟨*only sg*⟩ petrifaction, fossilization. **2.** fossil.

ver'stell·bar *adj* adjustable; **mit ~er Rückenlehne** *Sitzgelegenheit*: *a.* reclining, lean-back (*seat, etc*). **≈keit** *f* ⟨-; *no pl*⟩ adjustability.

ver'stel|len I *v/t* ⟨*no* **ge-, h**⟩ **1.** (*versperren*) (**mit** with) block, bar, obstruct; **ein Zimmer mit Möbeln ~** clutter (*od.* lumber) up a room; → *a.* **versperren** 2. **2.** (*umstellen*) move (*od.* shift) *s.th.* (a)round, rearrange. **3.** a) (*falsch stellen*) put *s.th.* in the wrong place, misplace, b) (*falsch einstellen*) set *s.th.* the wrong way, (*herumdrehen an*) tamper with, botch (the setting of). **4.** *tech.* adjust, regulate, move, shift; **den Stuhl kann man ~** the chair is adjustable. **5.** *fig.* (*Stimme, Handschrift etc*) disguise, dissimulate, dissemble; **mit verstellter Stimme** in a disguised voice. **II** *v/reflex* **6. sich ~** *fig.* dissimulate, dissemble, play a part, pretend, play-act, (*s-e Gefühle verbergen*) hide one's feelings; **er kann sich schlecht** (*od.* **nicht**) ~ a) he cannot hide his feelings, b) he is a bad play-actor. **≈lung** *f* ⟨-; *no pl*⟩ **1.** *tech.* adjustment, regulation, moving, shifting. **2.** *fig.* dissimulation, dissemblance, disguise, make-believe, play-acting, preten/ce (*Am.* -se). **≈lungs,kunst** *f* art of dissimulation.

Ver'stell,vor,rich·tung *f tech.* adjusting device (*od.* mechanism).

ver'step|pen *v/i* ⟨*no* **ge-, sein**⟩ *geogr.* turn (*od.* be transformed, degenerate) into steppe. **≈pung** *f* ⟨-; *no pl*⟩ transformation (*od.* degeneration) into steppe.

ver'ster·ben *v/i* ⟨*only pret* **verstarb** *u. pp* **verstorben, sein**⟩ pass away, die.

ver'steu·er·bar *adj* taxable, dutiable.

ver'steu·ern *v/t* ⟨*no* **ge-, h**⟩ pay duty (*od.* tax) on; **voll zu ~** subject to full taxation. **ver'steu·ert** *adj* tax-paid, duty-paid; **~er Gewinn** taxed profit, profit after tax. **Ver'steue·rung** *f* ⟨-; *no pl*⟩ (**von** *od. gen*) payment of taxes (*od.* duty) (on).

ver'stie·gen *adj fig. Idee, Plan etc*: extravagant, high-flown, eccentric. **≈heit** *f* ⟨-; -**en**⟩ extravagance, extravagancy, eccentricity.

ver'stim·men *v/t* ⟨*no* **ge-, h**⟩ **1.** (*Instrument*) put *s.th.* out of tune, *tech.* detune. **2.** *fig.* put *s.o.* in bad humo(u)r, disgruntle, (*verärgern*) annoy, irritate, huff. **ver'stimmt I** *adj* **1.** *Instrument*: out of tune, *tech.* off-tune. **2.** *fig. Magen*: upset. **3.** *fig.* (**über** *acc*) cross (with), put out (*od.* annoyed, irritated, disgruntled, huffed) (at). **II** *adv* **4. die Börse reagierte ~** there was a temporary drop in prices on the stock exchange. **Ver'stimmt·heit** *f* ⟨-; *no pl*⟩ *fig.* annoyance, disgruntlement. **Ver'stim·mung** *f* ⟨-; -**en**⟩ *fig.* **1.** *des Magens*: upset. **2.** annoyance, disgruntlement, ill-humo(u)r, (*Mißstimmung*) hard (*od.* ill) feeling.

ver'stockt *adj* (*halsstarrig*) obdurate, obstinate, stubborn, *Sünder etc*: impenitent, unrepentant. **≈heit** *f* ⟨-; *no pl*⟩ obduracy, obstinacy, stubbornness, *relig.* impenitence.

ver'stoff·li·chen [-'ʃtɔflɪçən] *v/t u.* **sich** ~ *v/reflex* ⟨*no* **ge-, h**⟩ materialize.

ver'stoh·len I *adj* surreptitious, furtive, stealthy, sly. **II** *adv* surreptitiously (*etc*), on the sly; **~ anblicken** *a.* steal a glance at; **sich ~ umschauen** look (a)round furtively; **sich ~ entfernen** *a.* slink (*od.* slip) away.

ver'stop·fen *v/t* ⟨*no* **ge-, h**⟩ **1.** (*Loch etc abdichten*) stop (*od.* plug, bung) *s.th.* (up); **sich** (*dat*) **die Ohren ~** plug one's ears (*with cotton, etc*). **2.** *Schlamm etc*: block (*od.* choke) (*a pipe, etc*) (up), clog, obstruct. **3.** (*Straße*) congest, jam. **4.** *med.* (*Gang, Gefäß*) occlude, obturate, clog, (*Darm*) constipate; **verstopfte Nase** stuffed nose. **Ver'stop·fung** *f* ⟨-; -**en**⟩ **1.** *allg.* block(age). **2.** *med.* a) (*Darm≈*) constipation, *bes. schwere*: obstipation; **an ~ leiden** *a.* be constipated, b) → **Verschluß** 3.

ver'stor·ben *adj* deceased, late. **Ver'stor·be·ne** *m, f* ⟨-**n**; -**n**⟩ (the) deceased; **die ~n** *a.* the dead *pl*, the departed *pl*.

ver'stö·ren *v/t* ⟨*no* **ge-, h**⟩ upset *s.o.* badly, put *s.o.* out. **ver'stört** *adj* (badly) upset, distracted, (*verwirrt*) bewildered, (*erschreckt*) dismayed, consternated, startled, *Augen, Blick*: *a.* wild, *Gesicht*: *a.* stricken, haggard. **Ver'stört·heit** *f* ⟨-; *no pl*⟩ distraction, dismay, consternation, bewilderment.

Ver'stoß *m* ⟨-**es**; ⸚**e**⟩ *bes. jur.* (**gegen**) offen/ce (*Am.* -se) (against), contravention (of), infraction (of), violation (of); **ein ~ gegen den guten Geschmack** *etc* an offence against good taste, *etc*.

ver'sto·ßen I *v/t* ⟨*irr, no* **ge-, h**⟩ **1.** (**aus**) expel *s.o.* (from), cast *s.o.* out (of *a group, etc*). **2.** (*Frau, Sohn*) repudiate, (*Kind*) *a.* reject, disown. **II** *v/i* **3. ~ gegen** offend against (*a.* **den guten Geschmack** good taste), violate, contravene, infringe (*regulations, etc*). **Ver'sto·ße·ne** *m, f* ⟨-**n**; -**n**⟩ *der Gesellschaft*: outcast, castaway, discard. **Ver'sto·ßung** *f* ⟨-; *no pl*⟩ **1.** expulsion (**aus** from). **2.** *von Frau, Kind etc*: repudiation.

ver'stre|ben *v/t* ⟨*no* **ge-, h**⟩, **≈bung** *f* ⟨-; -**en**⟩ strut, brace, stay.

ver'strei·chen I *v/t* ⟨*irr, no* **ge-, h**⟩ **1.** (*Risse, Fugen etc*) fill *s.th.* (up *od.* in), stop *s.th.* (up). **2.** *Butter, Farbe etc*: spread. **II** *v/i* ⟨**sein**⟩ **3.** *Zeit*: pass, (e)lapse, slip by, *Frist*: expire; **e-e Gelegenheit ungenutzt ~ lassen** let slip an opportunity. **III ≈** *n* ⟨-**s**⟩ **4.** *der Zeit*: lapse, *e-r Frist*: expiry, expiration.

ver'streu·en *v/t* ⟨*no* **ge-, h**⟩ **1.** scatter. **2.** (*Salz, Zucker etc*) *aus Versehen*: spill. **ver'streut** *adj* (*a.* ~ **liegend**) scattered; **~ sein** (*od.* **liegen**) **über** (*acc*) be scattered (all) over, dot (*the countryside, etc*).

ver'stri·chen *adj Zeit*: passed, *Frist*: expired.

ver'stricken (*getr.* -**k·k**-) **I** *v/t* ⟨*no* **ge-, h**⟩ **1.** use up (*wool*) (on knitting). **2.** *fig.* **j-n ~ in** (*acc*) entangle (*od.* involve) s.o. in. **II** *v/reflex* **sich ~ in** (*acc*) **3.** *fig.* get entangled (*od.* caught) in. **Ver'strickung** (*getr.* -**k·k**-) *f* ⟨-; -**en**⟩ (**in** *acc* in) entanglement, involvement.

ver'strö·men *v/t* ⟨*no* **ge-, h**⟩ (*Duft, Wärme etc*) exude, effuse.

ver'stüm|meln [-'ʃtʏməln] *v/t* ⟨*no* **ge-, h**⟩ mutilate, *fig.* (*Text, Funkspruch etc*) *a.* mangle, garble. **≈me·lung** *f* ⟨-; -**en**⟩ mutilation, *fig. a.* garble.

ver'stum·men [-'ʃtʊmən] **I** *v/i* ⟨*no* **ge-, sein**⟩ **1.** *Personen*: become (*od.* grow) silent, stop talking, (**wieder** ~) fall (back) into silence, **vor** *Schreck*: be struck dumb (with *fright, etc*); **~ lassen** silence. **2.** *Gespräch, Geräusch etc*: stop, cease, *allmählich*: die down, *Gerüchte*: cease to be heard. **II ≈** *n* ⟨-**s**⟩ **3. zum ≈ bringen** silence.

Ver'such [-'zuːx] *m* ⟨-(**e**)**s**; -**e**⟩ **1.** attempt (*a. jur.*), trial (*beide a. Sport*), *colloq.* try, (*Bemühung*) endeavo(u)r, (*Anstrengung*) effort; **die ersten ~e** the first attempts (*etc*); **den** (*od.* **e-n**) **~ machen** (*od.* **unternehmen**) **zu** *inf* → **versuchen** 1; **e-n ~ machen mit** give *s.o., s.th.* a trial, try *s.o., s.th.*, try one's hand at *s.th.*, *colloq.* have a go (*od.* shot, crack) at *s.th.*; **es käme auf e-n** (*od.* **den**) **~ an** we might as well try; (**schon**) **beim ersten ~** at the (very) first attempt (*colloq.* go); *jur.* **~ e-r strafbaren Handlung** attempt to commit an offence; *Sport*: **beim dritten ~** on one's third trial. **2.** *med. phys.* experiment, (*Probe, a. tech.*) trial, test; **e-n ~ anstellen mit** (make an) experiment on; **~ am lebenden Objekt** human experiment; *fig.* **~ am falschen** (*od.* **untauglichen**) **Objekt** waste of effort. **3.** (*literarischer etc* ~) essay (**über** *acc* on).

ver'su·chen I *v/t* ⟨*no* **ge-, h**⟩ **1.** attempt (*a. jur.*), try, (*sich bemühen*) endeavo(u)r, make an effort; **alles** (**mögliche**) **~** try everything (possible); **es ~ mit** → **Versuch** 1 (*machen mit*); **~, et. zu tun** a) try (*formeller*: attempt) to do s.th., b) *probeweise*: try doing s.th.; **versuche, rechtzeitig zu kommen** *colloq.* try and get here in time; **versuche nicht, mich reinzulegen!** don't (you) try being clever with me!; **laß mich** (**es**) **mal ~!** let me try!, let me have a try (*colloq.* shot, go, crack) (at it)!; **versuch's doch mal!** just (have a) try!; **versuch's noch mal!** try again!, have another try!; **wir wollen es noch mal mit ihm ~** we'll give him another chance; **versuch's mal mit Geduld** try using a bit of patience; **ich habe es mit Güte und mit Strenge versucht** I tried both leniency and severity. **2.** (*in Versuchung führen*) tempt. **3.** (*kosten*) taste, try. **II** *v/reflex* **sich ~ 4. sich ~ an** (*dat*) try (one's skill at) *s.th.* **5. sich ~ in** (*dat*) try one's hand at; **sich auf allen Gebieten ~** try one's hand at everything. **Ver'su·cher** *m* ⟨-**s**; -⟩ tempter; *Bibl.* **der ~** (*der Teufel*) the Tempter. **Ver'su·che·rin** *f* ⟨-; -**nen**⟩ temptress.

Ver'suchs|ab,tei·lung *f* research department. **~an,la·ge** *f* experimental (*für Modelle*: pilot) plant, (*Prüffeld*) trial installation. **~an,stalt** *f* experimental station, research institute. **~bal,lon** *m* trial balloon; *fig.* **e-n ~ steigen lassen** fly a kite. **~be,schrei·bung** *f* test description. **~be,trieb** *m* pilot plant. **~boh·rung** *f* trial (*od.* test) drilling (*od.* boring). **~,fahrt** *f* test (*od.* trial) run. **~,feld, ~ge,län·de** *n* testing ground. **~grup·pe** *f* test group. **~in·ge,nieur** *m* research (*od.* test) engineer. **~ka,nin·chen** *n fig.* guinea pig. **~mo,dell** *n* test (*od.* pilot) model. **~ob,jekt** *n* test object. **~per,son** *f* test subject (*od.* person). **~pro,jekt** *n* pilot project (*od.* scheme). **~ra,ke·te** *f Raumfahrt*: probe. **~,raum** *m* test room, laboratory. **~,rei·he, ~,se·rie** *f* series of experiments (*od.* tests). **~,sta·di·um** *n* experimental stage. **~,stand** *m* test bed (*od.* bay, stand). **~,strecke** (*getr.* -**k·k**-) *f* test road (*od.* course), *rail.* trial track. **~,tier** *n* laboratory (*od.* test) animal. **≈,wei·se** *adv* by way of trial, as a trial, (*auf Probe*) on trial. **~,zweck** *m* **zu ~en** for experimental purposes.

ver'sucht *adj* **1.** *bes. jur. Diebstahl, Betrug etc*: attempted. **2. sich** (**stark**) **~ fühlen zu** *inf* feel (sorely) tempted to *inf*.

Ver'su·chung *f* ⟨-; -**en**⟩ temptation; **j-n in ~ führen** lead s.o. into temptation, tempt s.o.; **in (die) ~ kommen** (*od.* **geraten) zu** *inf* be tempted to *inf.*

ver'sumpf·fen *v/i* ⟨*no* **ge-, sein**⟩ **1.** become marshy (*od.* boggy, swampy). **2.** *fig. colloq.* get bogged down (in a drinking spree, *etc*).

ver'sün·di|gen *v/reflex* ⟨*no* **ge-, h**⟩ **sich ~ an** (*dat*) sin against; **sich an j-m ~** *a.* wrong s.o. **⁂gung** *f* ⟨-; *no pl*⟩ sin (**an** *dat* against).

ver'sun·ken *adj* **1.** sunk, submerged; *fig.* **~ in** (*acc*) engrossed (*od.* absorbed, lost, wrapped up) in; **ganz in sich selbst ~** quite lost to the world; → **Gedanke** 1. **2.** *fig.* lost (in oblivion). **⁂heit** *f* ⟨-; *no pl*⟩ *fig.* (**in** *acc* in) engrossment, absorption.

ver'sü·ßen *v/t* ⟨*no* **ge-, h**⟩ sweeten (*a. fig.*); **um (j-m) die Sache zu ~** as a sweetener.

ver'tä·feln *v/t* ⟨*no* **ge-, h**⟩ → **täfeln.**

ver'ta|gen *v/t* ⟨*no* **ge-, h**⟩ *u. v/reflex* **sich ~** adjourn. **⁂gung** *f* ⟨-; *no pl*⟩ adjournment.

ver'tan *adj* wasted (*efforts, time, etc*), missed, lost (*opportunity*), frittered-away.

ver'tän·deln *v/t* ⟨*no* **ge-, h**⟩ (*Geld, Zeit etc*) fritter (*od.* trifle) *s.th.* away.

ver'täu·en [-'tɔʏən] *v/t* ⟨*no* **ge-, h**⟩ *mar.* moor, make (*a ship*) fast.

ver'tausch·bar *adj* exchangeable, interchangeable, *math. a.* commutable. **ver'tau·schen** *v/t* ⟨*no* **ge-, h**⟩ **1.** exchange (**gegen, für, mit, um** for), interchange, (*austauschen*) change, trade; **Straßenschuhe gegen Hausschuhe ~** change from street shoes into slippers. **2.** (*verwechseln*) confuse, mix up. **3.** *math.* commute. **ver'tauscht** *adj* **mit ~en Rollen spielen** exchange roles; *fig.* **mit ~en Rollen** with reversed roles. **Ver'tau·schung** *f* ⟨-; *no pl*⟩ **1.** exchange. **2.** (*Irrtum*) confusion. **3.** *math.* commutation.

ver'tau·send,fa·chen [-,faxən] *v/t* ⟨*no* **ge-, h**⟩ *u. v/reflex* **sich ~** increase (*s.th.*) a thousandfold.

ver·te|bral [vɛrte'bra:l] *adj* vertebral. **⁂'bra·ten** [-'bra:tən] *pl* (*Wirbeltiere*) vertebrates.

ver'tei·di|gen [-'taɪdɪgən] **I** *v/t* ⟨*no* **ge-, h**⟩ *allg., a. jur. u. Sport*: defend (**gegen** against), *weitS.* (*eintreten für*) stand up for, uphold, support, (*Meinung*) *a.* maintain, (*e-e Sache*) *a.* plead (*a cause*); **j-n vor Gericht ~** defend s.o. in (*od.* at) court, plead for s.o. **II** *v/reflex* **sich ~** defend o.s. (**gegen** against), (*sich rechtfertigen*) *a.* justify (*od.* vindicate) o.s.; **sich vor Gericht selbst ~** conduct one's own defen/ce (*Am.* -se) in court; **sich geschickt ~** put up a clever defence. **⁂ger** *m* ⟨-s; -⟩ *allg.* defender (*a. jur. u. Sport*), *fig. a.* advocate, champion, *Fußball*: *a.* fullback; *jur.* **~ des Angeklagten** counsel for the defen/ce (*Am.* -se), defence (*od.* defending) counsel; *Fußball*: **rechter (linker) ~** right (left) back. **⁂gung** *f* ⟨-; *no pl*⟩ *allg.* defen/ce (*Am.* -se) (*a. jur. u. Sport*), *mil. taktische*: defensive, *Sport*: (*~sspieler*) *a.* defenders *pl*; **in der ~** on the defensive; **in die ~ gehen** take up a defensive position; **zur ~ von** (*od. gen*) in defen/ce (*Am.* -se) of; **et. zu j-s (s-r eigenen) ~ vorbringen** state s.th. in s.o.'s (one's own) defen/ce (*Am.* -se).

Ver'tei·di·gungs... *in Zssgn* defen/ce (*Am.* -se). **~,ab,kom·men** *n pol.* defence agreement. **~,an,la·gen** *pl* defences, defensive installations. **~,aus,ga·ben** *pl* defence expenditure (*od.* spending) *sg.* **~,aus,schuß** *m* defence committee. **~,bei,trag** *m* defence contribution. **~be,reit·schaft** *f* preparedness for defence. **~,bünd·nis** *n* defensive alliance. **~,fall** *m* (**im ~** in the) case of defence. **~ge,mein·schaft** *f* defence community; *hist.* **Europäische ~** European Defence Community. **~,gür·tel** *m* defence belt. **~,krieg** *m* defensive war. **~,li·nie** *f* line of defence. **~mi,ni·ster** *m* Minister of Defence, *Am.* Secretary of Defense. **~mi·ni,ste·ri·um** *n* Ministry of Defence, *Am.* Department of Defense, (the) Pentagon. **~po·li,tik** *f* defence policy. **~,re·de** *f jur.* (speech for the) defence, plea, *weitS.* apology. **~,schlacht** *f* defensive battle. **~,schrift** *f* (written) defence. **~,spie·ler** *m Sport*: defender, back. **~,stel·lung** *f a. fig.* defensive position. **~sy,stem** *n* system of defence, (*Befestigungen*) (system of) defences *pl.* **⁂un,fä·hig** *adj Boxer*: incapable of defending o.s. **~,waf·fe** *f* defensive weapon.

ver'teil·bar *adj* distributable; *econ.* **~er Gewinn** *a.* profit available for distribution. **ver'tei·len I** *v/t* ⟨*no* **ge-, h**⟩ **1.** *allg.* distribute (**an** *acc* to, **unter** *acc, dat* among), (*zuteilen*) apportion, allot, allocate, (*aufteilen*) divide, (*austeilen*) deal (*od.* share, give, hand) *s.th.* out, (*Preise*) *a.* award, (*Almosen*) *a.* dispense, *thea. u. fig.* (*Rollen*) *a.* cast; **unter sich ~** share; **gerecht ~** distribute *s.th.* equitably. **2.** (**über, auf** *acc* over, **auf** *dat* on) distribute, spread (*a. fig.* **über** *e-n Zeitraum etc* over *a period, etc*), *weitS.* (*verstreuen*) scatter; **Blumen auf den Tischen ~** distribute flowers on the tables. **II** *v/reflex* **sich ~ 3.** spread (**auf, über** *acc* over, *a. fig. über e-n Zeitraum*), *weitS. Personen*: disperse, scatter. **4.** *mil. im Gelände*: spread out, deploy. **5.** *med. Geschwulst etc*: dissolve, disappear.

Ver'tei·ler *m* ⟨-s; -⟩ **1.** *econ. electr. mot. tech.* distributor. **2.** *teleph.* distribution frame. **3.** *Bürowesen*: distribution list. **4.** → **Verteilerschlüssel. ~,do·se** *f electr.* junction box. **~,fin·ger** *m mot.* distributor rotor. **~,ka·sten** *m electr.* distribution box. **~,netz** *n* **1.** *electr.* distribution system. **2.** *econ.* distributing network. **~or·ga·ni·sa·ti,on** *f econ.* distributing organization. **~,schlüs·sel** *m econ.* distribution key (*od.* code).

ver'teilt *adj* **ein Stück mit ~en Rollen lesen** do a playreading.

Ver'tei·lung *f* ⟨-; *no pl*⟩ **1.** *allg.* distribution (*a. fig. über e-n Zeitraum*), apportionment, allotment. **2.** *mil. im Gelände*: deployment.

ver'teu·ern [-'tɔʏərn] **I** *v/t* ⟨*no* **ge-, h**⟩ raise (*od.* increase) the price of, make *s.th.* dearer. **II** *v/reflex* **sich ~** become dearer, go up (in price). **Ver'teue·rung** *f* ⟨-; *no pl*⟩ rise (*od.* increase) in price.

ver'teu·feln [-'tɔʏfəln] *v/t* ⟨*no* **ge-, h**⟩ denounce, demonize, (*j-n*) *a.* make a bogeyman of. **ver'teu·felt** *colloq.* **I** *adj* **1.** damned; **~es Glück haben** be damned lucky; **ein ganz ~er Kerl** a devil of a fellow. **2.** (*unangenehm*) fiendish, devilish, deuced, awful, tricky. **II** *adv* **3.** fiendishly, devilish(ly), awfully; **~ schwer** damned difficult. **III ⁂e, das** ⟨-n⟩ **4. das ⁂e daran ist, daß** *sl.* the devil of it is that. **Ver'teu·fe·lung** *f* ⟨-; *no pl*⟩ denouncement, demonization.

ver'tie|fen [-'ti:fən] **I** *v/t* ⟨*no* **ge-, h**⟩ **1.** (*Kanal, Bohrloch etc*) deepen. **2.** *fig.* (*Freundschaft, Konflikt, Kluft etc*) deepen, (*Kenntnisse etc*) deepen, increase, extend, *ped.* (*Lernstoff*) reinforce, consolidate, *weitS.* (*verstärken*) intensify, heighten. **3.** (*Frage, Problem etc*) go deeper (*od.* further) into; **wir wollen diese Frage nicht weiter ~** *a.* (we'd) better leave it at that. **II** *v/reflex* **sich ~ 4.** *Freundschaft, Konflikt, Kluft, Wissen etc*: deepen, *weitS.* (*sich verstärken*) intensify, heighten. **5. sich ~ in** (*acc*) (*Lektüre, Arbeit etc*) become engrossed (*od.* absorbed) in; **vertieft sein in** (*acc*) be engrossed (*od.* absorbed) in. **⁂fung** *f* ⟨-; -en⟩ **1.** ⟨*only sg*⟩ a) deepening (*a. fig.*), *ped.* reinforcement, consolidation, b) (*Versunkenheit*) absorption, engrossment. **2.** (*Druckstelle*) impression, (*Mulde*) depression, dip, (*Aushöhlung*) cavity, hollow, (*Nische*) recess, (*Einkerbung*) indentation, dent, indent(ure).

ver'tie·ren [-'ti:rən] *v/i* ⟨*no* **ge-, sein**⟩ imbrute. **ver'tiert** *adj* brutish.

ver·ti·kal [vɛrti'ka:l] *adj* vertical. **Ver·ti'ka·le** *f* ⟨-; -n⟩ vertical (line).

Ver·ti'kal|,ebe·ne *f astr. math.* vertical plane. **~,kreis** *m astr.* vertical circle. **~,schnitt** *m math.* vertical section. **~ver,flech·tung** *f econ.* vertical combination.

ver'til|gen *v/t* ⟨*no* **ge-, h**⟩ **1.** (*Ungeziefer, Unkraut etc*) exterminate. **2.** *colloq.* (*aufessen*) demolish, finish (*od.* polish) *s.th.* off. **⁂gung** *f* ⟨-; *no pl*⟩ extermination.

Ver'til·gungs,mit·tel *n gegen Ungeziefer* (*Unkraut*): vermin (weed) killer, (*Insekten⁂*) insecticide.

ver'tip·pen I *v/t* ⟨*no* **ge-, h**⟩ type *s.th.* wrong(ly). **II** *v/reflex* **sich ~** make a typing error.

ver'to|nen [-'to:nən] *v/t* ⟨*no* **ge-, h**⟩ (*Gedicht etc*) set *s.th.* to music, (*Schmalfilm etc*) add sound to. **⁂nung** *f* ⟨-; -en⟩ setting to music, composition; **von diesem Gedicht gibt es verschiedene ~en** this poem has been set to music on several occasions (*od.* by several composers).

ver'tor·fen [-'tɔrfən] *v/i* ⟨*no* **ge-, sein**⟩ become peaty.

ver'trackt [-'trakt] *adj colloq.* tricky, baffling. **⁂heit** *f* ⟨-; *no pl*⟩ *colloq.* trickiness.

Ver'trag [-'tra:k] *m* ⟨-(e)s; ⸚e⟩ contract, agreement, *pol.* treaty, convention, pact; **mündlicher ~** verbal agreement, parol contract; **förmlicher ~** covenant; **auf Grund e-s ~es** under an agreement; **e-n ~ (ab)schließen** make (*od.* conclude, enter into) a contract; **e-n ~ erfüllen** fulfil(l) (*od.* perform) a contract; **j-n unter ~ nehmen** contract s.o., *a. Sport*: (*Spieler*) sign s.o. (on); **Anspruch aus e-m ~** claim under a contract; **e-m ~ beitreten** join a treaty; *hist.* **Verträge von Rom, Römische Verträge** Rome Treaties.

ver'tra·gen I *v/t* ⟨*irr, no* **ge-, h**⟩ **1.** (*aushalten, a. colloq. j-n*) stand, bear, endure, (*Kritik etc*) *a.* take, be tolerant of, *colloq.* stand for, ([*er*]*dulden*) tolerate (*a. Medikament*), (*essen, trinken können*) be able to take (*od.* eat, drink); **er verträgt die Hitze gut** he stands the heat well, *a.* he doesn't mind the heat; **ich kann Lärm nicht ~** noise makes me ill (*od.* sick), I can't stand any noise; **~ Sie Fisch?** can you eat fish?; **ich vertrage k-n Kaffee** coffee doesn't agree with me; **er kann etwas** (*od.* **viel, e-e Menge**) **~** a) he can take a lot, b) (*Alkohol*) he can hold his drink; **er verträgt nichts** (*od.* **k-n Alkohol**) he can't take his drink, alcohol disagrees with him; **so et. kann ich nicht ~!** I can't stand that kind of thing!; **er verträgt k-n Spaß** he can't take a joke; **ich kann diesen Ton nicht ~** I won't stand for (*od.* I can't abide) being spoken to in that tone of voice; **ich kann alles ~, nur nicht** ... I can bear (*od.* put up with) anything but.

2. *colloq.* **ich könnte e-n Whisky ~** I could do with a whisky; **bei dem Wetter kann man e-n warmen Mantel ~** in this weather one can do with a warm coat; **das Haus könnte e-n Anstrich ~** the house could use (*od.* do with) a paint job. **3. sich (miteinander) ~** a) *Personen*: get on (*od.* along) together, b) *Dinge*: go (well) together, harmonize, (*vereinbar sein*) be compatible; **wir wollen uns wieder ~** let us make up; **diese Farben ~ sich nicht** *a.* these colo(u)rs clash. **II** *v/reflex* **4. sich mit j-m ~** get on (*od.* along) with s.o.; **er verträgt sich wieder mit ihr** he made it up with her. **5. sich mit et. ~** a) (*passen*) go (well) (*od.* harmonize) with s.th., b) (*vereinbar sein*) be compatible (*od.* consistent) with s.th.; **das Grün der Tasche verträgt sich nicht mit dem des Kleides** *a.* the green of the handbag clashes with that of the dress.

ver'trag·lich [-'tra:klɪç] **I** *adj* contractual. **II** *adv* by contract; **~ verpflichtet sein** be bound by contract, be (liable) under contract; **sich ~ verpflichten** contract (**zu** et. for s.th. *od.* to do s.th.); **wie ~ vereinbart** as stipulated by (*od.* as per) contract, as contracted (*od.* agreed).

ver'träg·lich [-'trɛ:klɪç] *adj* **1.** peaceable, agreeable, (*gutmütig*) good-natured; **~ sein** *a.* be easy to get on with. **2.** (*bekömmlich*) digestible, *Medikament*: (*a.* **gut ~**) well-tolerated; **leicht (schwer) ~ sein** be easy (hard) to digest. **⁀keit** *f* ⟨-; *no pl*⟩ **1.** peaceableness, good-naturedness. **2.** *von Speisen*: digestibility, *e-s Medikaments*: tolerance.

Ver'trags|ab,schluß *m* conclusion of an agreement (*od.* a contract); **bei ~** (up)on entering into the contract. **⁀,ähn·lich** *adj* quasi-contractual; **~es Verhältnis** quasi-contract. **~be,din·gun·gen, ~be,stim·mun·gen** *pl* conditions (*od.* terms, provisions) of a contract. **~,bruch** *m* breach (*od.* infringement) of contract. **⁀,brü·chig** *adj* **~ werden** commit a breach of contract.

ver'trag,schlie·ßend *adj* **~e Parteien** contracting parties.

Ver'trags|dau·er *f* life (*od.* term) of a contract. **~ent,wurf** *m* draught (*Am.* draft) contract (*od.* agreement, *pol.* treaty). **⁀,fä·hig** *adj* **~ sein** have contractual capacity, be capable of contracting. **~,fä·hig·keit** *f* contractual capacity. **~,gast,stät·te** *f e-r Brauerei*: tied house. **~,ge·gen,stand** *m* object of a contract. **⁀ge,mäß** *adv* as agreed (upon), as stipulated. **~,grund,la·ge** *f* basis of a contract. **~,händ·ler** *m* authorized (*od.* appointed) dealer. **~ho,tel** *n* contract hotel. **~par,tei** *f*, **~,part·ner** *m* party to a contract, contracting party. **~,punkt** *m* article of a contract. **~,recht** *n* law of contract, *aus e-m bestehenden Vertrag*: contractual right. **~,spie·ler** *m Sport*: player under contract. **~,staat** *m* contracting state. **~,stra·fe** *f* (contractual) penalty. **~,text** *m* text of a contract (*od.* treaty). **~,treue** *f* contractual fidelity, *pol.* loyalty to (the terms of) a treaty. **~,ur,kun·de** *f* deed, indenture. **~ver,bind·lich·kei·ten** *pl econ.* contractual liabilities (*od.* obligations). **~ver,hält·nis** *n* contractual relationship. **~,werk** *n* (set of) agreements *pl*, *pol.* system of treaties. **~,werk,stät·te** *f econ.* appointed workshop, authorized repairer. **⁀,wid·rig** *adj* contrary to (the terms of) the agreement (*od.* contract, *pol.* treaty).

ver'trau·en *v/i* ⟨*no* **ge-**, h⟩ (*dat*) trust; **j-m** (*od.* **e-r Sache**) **blind (unbedingt) ~** trust s.o. (s.th.) blindly (implicitly); **~ auf** (*acc*) trust (*od.* confide, have confidence) in, rely (*od.* depend, build, bank) (up)on; **ich vertraue darauf, daß du Wort hältst** I trust you to keep your word, I trust (that) you will keep your word.

Ver'trau·en *n* ⟨-s; *no pl*⟩ confidence, trust, faith; **(volles) ~ haben zu** have (complete) confidence in; **das ~ verlieren zu** lose confidence in; **j-m sein ~ schenken, in j-n sein ~ setzen** place one's confidence in s.o., put one's trust in s.o.; **j-s ~ mißbrauchen** abuse s.o.'s confidence; **j-n ins ~ ziehen** take s.o. into one's confidence; **(ganz) im ~ (gesagt)** (strictly) confidentially, in (strict) confidence, *lit.* sub rosa, under the rose; **ein Wort im ~** a word in your ear; **im ~ auf** (*acc*) trusting (*od.* confiding) in; **~ schöpfen (zu)** gain confidence (in), lose one's distrust (of); **der Regierung das ~ aussprechen** express one's confidence in the government, *a.* pass a vote of confidence, *Br.* give the Government the confidence of the House. **⁀er,weckend** (*getr.* **-k·k-**) *adj Mensch*: reliable-looking, inspiring confidence, solid, *fig. Sache*: inspiring confidence, promising; **wenig ~** *a.* suspicious, fishy.

Ver'trau·ens|,an,walt *m jur.* attorney (*od.* solicitor, counsel) of choice. **~,arzt** *m* (health insurance) medical examiner. **~be,weis** *m* mark of confidence. **~,bruch** *m* breach of confidence (*od.* trust, faith). **~,fra·ge** *f pol.* **die ~ stellen** ask for a vote of confidence. **~,kri·se** *f* confidence crisis, crisis of confidence, crise de confiance. **~,mann** *m* ⟨-(e)s; ⁼er *u.* -leute⟩, **~per,son** *f* confidential person, (*rechte Hand*) right-hand man, (*Vertraute[r]*) confidant(e *f*), (*Sprecher*) spokesman, *im Betrieb*: shop steward, (*Gewährsmann*) informant. **~,sa·che** *f* confidential matter; *weitS.* **es ist (e-e) ~ ob** it is a matter of confidence whether. **~,schwund** *m* loss of confidence. **⁀,se·lig** *adj* (too) confiding, (*leichtgläubig*) gullibe. **~,se·lig·keit** *f* ⟨-; *no pl*⟩ blind confidence, gullibility. **~,stel·lung** *f* position of trust, confidential post. **~ver,hält·nis** *n* confidential relationship; **persönliches ~** relationship of personal trust (*od.* confidence). **⁀,voll I** *adj* trusting, trustful. **II** *adv* **sich ~ an j-n wenden** turn to s.o. trustingly (*od.* hopefully). **~,vo·tum** *n bes. pol.* vote of confidence. **⁀,wür·dig** *adj* trustworthy. **~,wür·dig·keit** *f* ⟨-; *no pl*⟩ trustworthiness.

ver'trau·ern *v/t* ⟨*no* **ge-**, h⟩ spend (*time*) in mourning.

ver'trau·lich I *adj* **1.** confidential; **in ~em Ton** in a confidential tone; **~e Mitteilung** confidence, confidential (*jur.* privileged) communication; **j-m e-e ~e Mitteilung machen** confide s.th. to s.o.; *adm.* **Streng ~!** Strictly Confidential, for Your Eyes Only! **2.** (*allzu ~*) familiar, (*a.* **plump ~**) chummy. **II** *adv* **3.** confidentially; **j-m et. ~ mitteilen** tell s.o. s.th. confidentially (*od.* in confidence, *lit.* sub rosa, under the rose). **4. mit j-m zu ~ umgehen** be too familiar (*od.* chummy) with s.o. **⁀keit** *f* ⟨-; -en⟩ **1.** ⟨*only sg*⟩ confidentiality, (*Diskretion*) confidence; **mit aller (strenger) ~** in due (strict) confidence. **2.** (*übertriebene ~*) familiarity, (**plumpe ~**) chumminess; **sich** (*dat*) **j-m gegenüber ~en herausnehmen** take liberties with s.o.

ver'träu·men *v/t* ⟨*no* **ge-**, h⟩ dream (*od.* moon) *s.th.* away. **ver'träumt** *adj* dreamy, *fig. Dorf etc*: *a.* sleepy. **Ver'träumt·heit** *f* ⟨-; *no pl*⟩ dreaminess, *fig. a.* sleepiness.

ver'traut *adj* **1.** (*eng, innig*) intimate, close (*friends, etc*); **sie sind (sehr) ~ miteinander** they are (very) close friends, they are on (very) intimate terms; → **Fuß**[1] 2. **2.** (*wohlbekannt*) (*dat* to) familiar (*surroundings, face, etc*), well-known; **~ sein mit** be familiar (*od.* well-acquainted, conversant) with, be versed (*od.* at home) in; **sich (j-n) ~ machen mit** familiarize (*od.* acquaint) o.s. (s.o.) with; **sich mit dem Gedanken ~ machen, daß** get used to the idea that (*od.* of *ger*). **Ver'trau·te** *m, f* ⟨-n; -n⟩ intimate (*od.* close) friend, confidant(e *f*). **Ver'traut·heit** *f* ⟨-; *no pl*⟩ **1.** intimacy. **2. (mit)** familiarity (with), intimate knowledge (of), conversance (with).

ver'trei·ben[1] *v/t* ⟨*irr, no* **ge-**, h⟩ **1.** drive (*od.* chase) *s.o., s.th.* away, *bes. mil.* dislodge; **j-n ~ (aus** *dat*) drive s.o. out (of), expel s.o. (from), turn s.o. out (of *his home, etc*), *e-m Amt etc*: oust s.o. (from); **j-n aus s-r Heimat ~** drive s.o. out of his home country, expatriate s.o.; **habe ich Sie von Ihrem Platz vertrieben?** have I taken your seat? **2.** *fig.* (*Sorgen etc*) banish, drive (*od.* chase) away, dispel, (*Krankheit etc*) cure; **sich** (*dat*) **die Zeit ~** pass (*od.* while) away one's time, kill time.

ver'trei·ben[2] *v/t* ⟨*irr, no* **ge-**, h⟩ *econ.* distribute, market, sell.

Ver'trei·bung *f* ⟨-; *no pl*⟩ expulsion (**aus** from).

ver'tret·bar *adj* **1.** justifiable, warrantable, *Standpunkt etc*: defensible, arguable. **2.** *jur. Sache*: fungible. **⁀keit** *f* ⟨-; *no pl*⟩ **1.** justifiability, warrantableness, defensibility. **2.** *jur.* fungibility.

ver'tre·ten[1] *v/t* ⟨*irr, no* **ge-**, h⟩ **1.** (*j-n*) deputize (*od.* substitute, stand in) for, take *s.o.'s* place, *dienstlich*: *a.* act for, (*Arzt*) *a.* do a locum for. **2.** (*Firma, Land etc*) represent, *parl.* (*e-n Bezirk*) *a.* sit for. **3.** *als Anwalt*: act for (*od.* on behalf of), appear (*od.* plead) for; **j-s Sache ~** plead s.o.'s cause, hold a brief for s.o.; **sie wird durch ihren Anwalt ~** her cause is pleaded by her barrister (*od.* attorney). **4.** (*Interessen etc*) attend to, safeguard, look after. **5.** (*verantworten*) answer for (**vor j-m** to s.o.), (*rechtfertigen*) justify, warrant, (*verteidigen*) advocate, support, defend; **die Ansicht** (*od.* **Auffassung, Meinung, den Standpunkt**) **~, daß** take the view that, be of (the) opinion that, hold (*od.* argue) that; **e-e andere Ansicht ~** take a different view (**als j-d** from s.o.). **6. sich** (*dat*) **den Fuß ~** strain (*od.* go over on) one's ankle; *colloq.* **sich** (*dat*) **die Füße** (*od.* **Beine**) **~** stretch one's legs. **7. j-m den Weg ~** bar (*od.* block) s.o.'s way.

ver'tre·ten[2] *adj* **1.** represented. **2. ~ sein** a) (*anwesend sein*) be present, b) (*aufgeführt sein*) feature; **in diesem Sammelband sind von der jüngeren Generation nur zwei Schriftsteller ~** only two writers of the younger generation feature (*od.* are to be found) in this collection. **3.** *med.* twisted, strained.

Ver'tre·ter *m* ⟨-s; -⟩ **1.** substitute, deputy, stand-in, *e-s Arztes etc*: *meist* locum (tenens). **2.** *e-r Firma, e-s Landes etc*: representative, *econ. a.* agent, (*Verkaufs*⁀) sales representative. **3.** → **Bevollmächtigte** 2 a. **4.** (*Befürworter*) advocate, supporter, (*Verfechter*) champion, (*hervorragender, typischer ~*) exponent. **~be,such** *m* representative's call; **~e zwischen 9 und 11** representatives (are) welcome between 9 and 11 a.m.; **kein ~!** *auf Werbematerial etc*: no salesman will call. **~pro·vi·si,on** *f* agent's commission. **~ver,trag** *m* agency (*od.* representative's) contract.

Ver'tre·tung *f* ⟨-; -en⟩ **1.** ⟨*only sg*⟩ substitution, *von Ärzten*: *a.* locum-tenency; **in ~** (*gen*) acting as deputy for, *unterschriftlich*: (signed) for; **j-s ~ übernehmen** → **vertreten** 1. **2.** (*Vertreter*) deputy, substitute, stand-in. **3.** ⟨*only sg*⟩ *von Firmen etc*: representation; **er hat die ~ der Firma X** he represents the firm of (*od.* Messrs.) X, he is an (*od.* the) agent of Messrs. X. **4.** (*Agentur*) agency. **5.** *pol.* representation, (*Mission*) mission; **diplomatische ~** diplomatic mission. **6.** *jur.* proxy, procuration; **in ~** by proxy. **~s,stun·de** *f ped.* replacement (*od.* relief) lesson. **~s,voll,macht** *f* power of attorney. **2s,wei·se** *adv* as a substitute (*od.* deputy).

Ver'trieb *m* ⟨-(e)s; -e⟩ **1.** ⟨*only sg*⟩ distribution, sale, marketing. **2.** sales department.

Ver'trie·be·ne *m, f* ⟨-n; -n⟩ expellee.

Ver'triebs|ab,kom·men *n* marketing agreement. **~ab,tei·lung** *f* sales department. **~ge,mein·schaft** *f* joint marketing organization, sales combine. **~ge,sell·schaft** *f* trading company, marketing corporation. **~,ko·sten** *pl* distribution cost(s *pl*), sales expense *sg*. **~,lei·ter** *m* sales manager. **~,netz** *n* distribution network. **~,recht** *n* right of sale, (*Konzession*) licen/ce (*Am.* -se), (*Allein*2) monopoly, *von Büchern*: copyright. **~,weg** *m meist pl* channel of distribution.

ver'trim·men *v/t* ⟨*no* **ge-**, **h**⟩ *colloq.* → **verprügeln.**

ver'trin·ken *v/t* ⟨*irr, no* **ge-**, **h**⟩ drink *s.th.* away, spend *s.th.* on drink.

ver'trock·nen *v/i* ⟨*no* **ge-**, **sein**⟩ dry up.

ver'trö·deln *v/t* ⟨*no* **ge-**, **h**⟩ dawdle (*od.* moon) *s.th.* away, waste; **die Zeit ~** *a.* fool around.

ver'trö·sten *v/t* ⟨*no* **ge-**, **h**⟩ tell (*od.* ask) *s.o.* to wait; **j-n ~** put s.o. off (**auf später** until later, **von e-m Tag auf den anderen** from day to day).

ver'trot|teln *v/i* ⟨*no* **ge-**, **sein**⟩ *colloq.* go gaga. **~telt** *adj* senile, ⟨*pred*⟩ gaga, soft in the head.

ver'tru·sten [-'trustən; -'trastən] *v/t* ⟨*no* **ge-**, **h**⟩ *econ.* form *s.th.* into a trust, trustify.

ver'tun I *v/t* ⟨*irr, no* **ge-**, **h**⟩ waste, (*Gelegenheit*) *a.* miss, squander; **die Zeit mit Reden ~** waste one's time talking. **II** *v/reflex* **sich ~** *colloq.* slip up, make a slip-up (*od.* mistake).

ver'tu|schen *v/t* ⟨*no* **ge-**, **h**⟩ hush (*od.* cover) up, suppress; **et. ~ vor** *der Presse etc*: keep s.th. from *the press, etc.* **2schung** *f* ⟨-; *no pl*⟩ suppression, hushing-up.

ver'übeln [-'ʔy:bəln] *v/t* ⟨*no* **ge-**, **h**⟩ **j-m ~, daß er et. tut** be angry with s.o. for doing s.th., take it amiss that s.o. does s.th.; **das kann ich dir nicht ~** I cannot blame you (for that); **ich würde es ihm nicht ~, wenn** I should not blame him for (*doing s.th.*); **ich hoffe, Sie ~ mir diese Frage nicht** I hope you do not mind my question (*od.* asking).

ver'üben *v/t* ⟨*no* **ge-**, **h**⟩ (*Verbrechen etc*) commit, perpetrate, (*e-n Streich*) play. **Ver'übung** *f* ⟨-; *no pl*⟩ commission, perpetration.

ver'ul·ken *v/t* ⟨*no* **ge-**, **h**⟩ *colloq.* make fun of, tease, pull *s.o.'s* leg, kid.

ver'un,glimp|fen [-,glɪmpfən] *v/t* ⟨*no* **ge-**, **h**⟩ revile, blacken, calumniate, denigrate. **2fung** *f* ⟨-; -en⟩ revilement, calumniation, blackening.

ver'un|,glücken (*getr.* -**k·k**-) *v/i* ⟨*no* **ge-**, **sein**⟩ **1.** (**mit dem Auto** *etc*) **~** have (*od.* be involved in) a (car, *etc*) accident, **tödlich**: die (*od.* be killed) in a (car, *etc*) accident. **2.** *fig. colloq.* **et. ist verunglückt** (*mißlungen*) s.th. has gone wrong, s.th. has miscarried, s.th. has been a fiasco, *Aufführung etc, a. allg. Rede, Party, Essen etc*: *a.* s.th. has turned out a flop. **~,glückt** *adj fig. colloq.* unsuccessful, disastrous, *s.th.* that has gone wrong (*etc, cf.* **verunglücken** 2), *Satz etc*: ill-conceived, messy. **2,glück·te** *m, f* ⟨-n; -n⟩ **1.** person killed in an (*od.* the) accident, casualty, victim. **2.** injured person.

ver'un,krau·tet [-,krautət] *adj* weedy.

ver'un,rei·ni|gen *v/t* ⟨*no* **ge-**, **h**⟩ → **verschmutzen** I. **2gung** *f* ⟨-; -en⟩ → **Verschmutzung.**

ver'un,si|chern *v/t* ⟨*no* **ge-**, **h**⟩ make *s.o.* feel insecure, shake, unnerve, *colloq.* rattle. **2che·rung** *f* ⟨-; *no pl*⟩ **1.** unnerving (*etc*). **2.** (feeling of) insecurity.

ver'un,stal|ten [-,ʃtaltən] *v/t* ⟨*no* **ge-**, **h**⟩ disfigure, deform, spoil, mar; **verunstaltet** *a.* misshapen. **2tung** *f* ⟨-; -en⟩ disfigurement.

ver'un|,treu·en [-,trɔyən] *v/t* ⟨*no* **ge-**, **h**⟩ embezzle. **2,treu·er** *m* ⟨-s; -⟩ embezzler. **2,treu·ung** *f* ⟨-; -en⟩ embezzlement.

ver'un,zie|ren *v/t* ⟨*no* **ge-**, **h**⟩ disfigure, mar. **2rung** *f* ⟨-; -en⟩ disfigurement.

ver'ur,sa·chen [-,zaxən] *v/t* ⟨*no* **ge-**, **h**⟩ cause, be the cause of, bring about, occasion, produce, create, give rise to, (*nach sich ziehen*) entail, involve; **Ärger ~** cause (*od.* create) trouble; **Schwierigkeiten ~** cause (*od.* create, involve, entail) difficulties; **e-n Skandal ~** cause (*od.* create, give rise to) a scandal; **j-m Umstände ~** cause s.o. (*od.* put s.o. to) trouble; **j-m große Kosten ~** put s.o. to great expense.

ver'ur|tei·len *v/t* ⟨*no* **ge-**, **h**⟩ condemn (*a. fig.*), sentence (*beide*: **zu** to), convict (**wegen** of); → **Gefängnis** 2, **Kosten** 2. **~teilt** *adj fig.* **zum Scheitern ~** doomed to failure; **zum Nichtstun ~** condemned to idleness. **2teil·te** *m, f* ⟨-n; -n⟩ condemned person, convict. **2tei·lung** *f* ⟨-; -en⟩ condemnation (*a. fig.*).

Ver·ve ['vɛrvə] *f* ⟨-; *no pl*⟩ verve.

ver'viel,fa|chen [-,faxən] *v/t u.* **sich ~** *v/reflex* ⟨*no* **ge-**, **h**⟩ multiple. **2chung** *f* ⟨-; -en⟩ multiplication.

ver'viel,fäl·ti|gen [-,fɛltɪgən] **I** *v/t* ⟨*no* **ge-**, **h**⟩ **1.** multiply. **2.** (*Schriftstück etc*) duplicate, (*hektographieren*) manifold, mimeograph. **II** *v/reflex* **sich ~** **3.** multiply. **2gung** *f* ⟨-; -en⟩ **1.** multiplication. **2.** a) duplication, mimeographing, b) duplicate, mimeographed sheet.

Ver'viel,fäl·ti·gungs|ap·pa,rat *m* duplicating apparatus (*od.* machine), duplicator, mimeograph. **~pa,pier** *n* duplicating paper. **~,recht** *n* right of reproduction, copyright.

ver'vier,fa·chen [-,faxən] *v/t u.* **sich ~** *v/reflex* ⟨*no* **ge-**, **h**⟩ quadruple.

ver'voll,komm|nen [-,kɔmnən] *v/t* ⟨*no* **ge-**, **h**⟩ perfect, perfection, round off, (*verbessern*) improve, (*verfeinern*) refine. **2nung** *f* ⟨-; *no pl*⟩ perfection, improvement, refinement.

ver'voll,stän·di|gen [-,ʃtɛndɪgən] *v/t* ⟨*no* **ge-**, **h**⟩ complete, (*abrunden*) complement, round off; *econ.* **sein Lager ~** replenish one's stock. **2gung** *f* ⟨-; *no pl*⟩ completion.

ver'wach·sen[1] *v/i* ⟨*irr, no* **ge-**, **sein**⟩ **1.** (**miteinander ~**) grow together, (*a. fig.* **zu e-r Einheit ~**) grow into one. **2.** *fig.* **~ mit** a) feel at home in (*a country, group, etc*), b) become bound up with (*one's work, a person, etc*). **3.** become overgrown, overgrow. **4.** *Wunden*: heal (up), close, *Knochen*: unite, *Organe*: fuse.

ver'wach·sen[2] *adj* **1.** (*fehlerhaft gewachsen*) crippled, deformed, *Baum etc*: crooked, stunted, (*bucklig*) hunchbacked, humpbacked. **2.** *Weg etc*: overgrown. **3.** *bot.* adnate, connate. **4.** *fig.* **~ sein mit** a) be deeply rooted in (*one's country, tradition, etc*), b) be (totally) bound up with (*one's work, a person, etc*).

Ver'wach·sung *f* ⟨-; -en⟩ **1.** deformity. **2.** *med.* fusion.

ver'wackeln (*getr.* -**k·k**-) *v/t* ⟨*no* **ge-**, **h**⟩ *phot.* **e-e Aufnahme ~** spoil (*od.* blur) a picture (by a camera shake). **ver'wackelt** (*getr.* -**k·k**-) *adj* blurred (*photo*).

ver'wäh·len *v/reflex* ⟨*no* **ge-**, **h**⟩ **sich ~** *beim Telephonieren*: dial the wrong number.

ver'wah|ren I *v/t* ⟨*no* **ge-**, **h**⟩ **1.** keep, preserve, (*wegschließen*) lock *s.th.* up; **et. sicher** (*od.* **sorgsam**) **~** keep s.th. in a safe place, have s.th. in safe-keeping, *jur.* keep (*od.* hold) s.th. in custody. **2.** *colloq.* (*für später aufheben*) save *s.th.* up, keep. **II** *v/reflex* **3.** **sich ~ gegen** protest against. **2rer** *m* ⟨-s; -⟩ **1.** keeper. **2.** *jur.* custodian, depositary.

ver'wahr|lo·sen [-'va:rlo:zən] *v/i* ⟨*no* **ge-**, **sein**⟩ *äußerlich*: be(come) neglected, become seedy, *moralisch*: go to the bad, go (*od.* run) to seed; **~ lassen** neglect. **~lost** *adj* uncared-for, unkempt, neglected, *Person*: seedy, down-at-heels, (*zerlumpt*) ragged, *moralisch*: demoralized, (*zuchtlos*) wild, wayward, *Kinder*: *a.* dead-end (*kids*). **2lo·sung** *f* ⟨-; *no pl*⟩ **1.** neglect. **2.** demoralization, waywardness, dereliction.

Ver'wah·rung *f* ⟨-; -en⟩ **1.** ⟨*only sg*⟩ preservation, *von Wertgegenständen*: (safe) custody, safekeeping; **in ~ haben** → **verwahren** 1; **in ~ nehmen** take charge of, take *s.o., s.th.* into custody. **2.** (*Einspruch*) protest; **~ einlegen gegen** (lodge *od.* enter a) protest against.

ver'wai·sen [-'vaɪzən] *v/i* ⟨*no* **ge-**, **sein**⟩ **1.** become an orphan, be orphaned, lose one's parents. **2.** *fig.* become deserted. **ver'waist** *adj* **1.** orphan(ed) (*child*). **2.** *fig.* deserted, abandoned.

ver'wal|ten *v/t* ⟨*no* **ge-**, **h**⟩ **1.** administer, (*Vermögen, Besitz, Nachlaß, Haus etc*) *a.* manage, (*Treuhandgut*) hold *s.th.* in trust, act as a trustee for, (*führen*) conduct, run, manage, operate, be in charge of, (*überwachen*) supervise, control. **2.** (*Amt*) hold. **2ter** *m* ⟨-s; -⟩ administrator, manager, (*Treuhänder*) trustee, custodian, (*Guts*2) estate manager, steward, *Br.* bailiff, (*Haus*2, *Grundstücks*2) property manager. **2tung** *f* ⟨-; -en⟩ **1.** ⟨*only sg*⟩ a) administration, management, (*Treuhand*2) trusteeship, b) *öffentliche*: (public) administration, (*Beamtenschaft*) civil service; **städtische ~** municipal administration (*od.* authorities *pl*). **2.** a) *innerhalb e-s Betriebes etc*: administration, *colloq.* admin, b) (*~sbehörde*) administrative authority (*od.* board).

Ver'wal·tungs|an·ge,stell·te *m, f* employee in the administration. **~ap·pa,rat** *m* administrative machinery. **~,aus,schuß** *m* managing committee. **~be,am·te** *m* administrative officer (*od.* official), civil servant. **~be,hör·de** *f* administrative authority (*od.* board), administration. **~be,reich** *m* (*Ressort*) administrative province (*od.* purview). **~be,zirk** *m* administrative district. **~ge,bäu·de** *n* administration (*colloq.* admin) building, offices *pl*. **~ge,bühr** *f* administrative fee, administration (*od.*

management) charge. **~geˌricht** *n* Administrative Court. **~ˌkos·ten** *pl* administrative costs (*od.* expenses). **~orˌgan** *n* administrative body. **~per·soˌnal** *n* administrative staff (*als sg od. pl konstruiert*). **~ˌrat** *m* <-(e)s; ⸚e> governing board. **~ˌrecht** *n* administrative law. **≈ˌtech·nisch** *adj* administrative. **~ˌweg** *m* **auf dem ~e** through administrative channels, administratively. **~ˌwe·sen** *n* <-s; *no pl*> (public) administration.

ver'wan·del·bar *adj* convertible, transformable.

ver'wan·deln I *v/t* <*no* **ge-**, **h**> **1.** (*verändern*) change, transform, alter, metamorphose; **das Erlebnis hat ihn völlig verwandelt** this experience changed him completely; **sie ist wie verwandelt** she has completely changed. **2.** (*umwandeln*) (**in** *acc* into) change, turn, convert, transform, transmute, *bes. humor.* transmogrify; **Energie in Bewegung ~** convert (*od.* transform) energy into motion; **die Hexe hat den Prinzen in e-n Frosch verwandelt** the witch turned (*od.* metamorphosed) the prince into a frog; **et. in Staub (e-n Trümmerhaufen) ~** reduce s.th. to dust (a heap of ruins). **3.** *Fußball*: **e-n Strafstoß ~** convert a penalty kick. **II** *v/reflex* **sich ~ 4.** change, alter. **5. sich ~ in** (*acc*) change (*od.* turn) into, be converted (*od.* transformed) into, turn (*od.* metamorphose) (o.s.) into. **Ver'wand·lung** *f* <-; -en> **1.** (*Veränderung*) change, transformation, alteration, metamorphosis; **mit ihr ist e-e ~ vorgegangen** there has been a change in her. **2.** (*Umwandlung*) change, conversion, transformation, transmutation, metamorphosis. **3.** *relig.* transubstantiation. **4.** *thea.* change (of scenery).

Ver'wand·lungsˌkünst·ler *m* quick-change artist. **~ˌsze·ne** *f thea.* set change.

ver'wandt[1] *adj* used; **das ~e Material** the material used.

ver'wandt[2] *adj* **1.** related (**mit** to); **er ist nicht ~ mit mir** *a.* he is no kin to me; **wir sind nahe ~** *a.* we are near kin; **wie ist er mit dir ~?** how is he related to you?, what relation is he to you? **2.** *fig. geistig, seelisch*: kindred, congenial, *Begriffe, Gebiete, Stoffe etc*: related, allied, *Sprachen, Wörter etc*: cognate (**mit** with); **~e Seelen** kindred (*od.* congenial) souls; **Malerei und Dichtkunst sind miteinander ~** painting and poetry are related to one another.

Ver'wand·te *m, f* <-n; -n> relative, relation; **die ~n** *collect.* the relatives, the kin, the kin(s)folk, the kindred; **er ist ein ~r von mir** he is a relative of mine; **der nächste ~** the next of kin.

Ver'wand·tenˌehe *f* marriage between relatives, inmarriage.

Ver'wandt·schaft *f* <-; *no pl*> **1.** relation(ship). **2.** *collect.* (*die Verwandten*) relatives *pl*, relations *pl*, kin *pl*, kin(s)folk *pl*, kindred *pl*; **e-e große ~ haben** have numerous relatives. **3.** *fig. geistige, seelische*: kinship, congeniality, affinity, *von Begriffen, Erscheinungen, Stoffen etc*: relation, alliance, *von Sprachen, Wörtern etc*: relationship (**mit** to). **≈lich** *adj* relational; **~es Verhältnis, ~e Beziehung(en)** relation(ship); **welches ~e Verhältnis besteht zwischen ihnen?** what is their relationship?

Ver'wandt·schaftsˌgrad *m* degree of relationship, *bei Vettern*: *a.* remove. **~verˌhält·nis** *n* relationship, kinship.

ver'wanzt [-'vantst] *adj* bug-ridden, buggy.

ver'warˌnen *v/t* <*no* **ge-**, **h**> admonish, warn, *polizeilich u. Sport*: caution. **≈nung** *f* <-; -en> admonition, admonishment, *polizeiliche u. Sport*: caution; → **gebührenpflichtig** 1.

ver'wa·schen *adj* **1.** *Kleidungsstück*: washed-out, *Farbe*: *a.* watery, faded. **2.** *fig.* (*verschwommen*) wishy-washy, vapid, watery.

ver'wäsˌsern *v/t* <*no* **ge-**, **h**> **1.** water down (*a. fig.*), dilute. **2.** (*Aktien*) water. **~sert** *adj fig.* watered-down, watery.

ver'we·ben *v/t* <*fig. meist irr, no* **ge-**, **h**> (*a.* **miteinander**) **~** weave (*threads, etc*) together, interweave; (*e-n Faden, a. fig. ein Motiv etc*) **~ in** (*acc*) weave *s.th.* in(to).

ver'wech·seln I *v/t* <*no* **ge-**, **h**> (ex-)change by mistake, (*miteinander ~, durcheinanderbringen*) confound, confuse, mix (*things*) up, get (*things*) mixed up, mistake *s.o., s.th.* for; **den Hut** *etc* **~** take the wrong hat, *etc*; **Sie müssen mich (mit j-m) ~, Sie ~ mich wohl (mit j-m)** (I think) you are mistaking me for someone else. **II ≈** *n* <-s> **sie sehen sich zum ≈ ähnlich** they are as like as two peas. **Ver'wechs·lung** *f* <-; -en> confusion, (*Irrtum*) mistake, (*Personen≈*) *a.* (case of) mistaken identity, *colloq.* mix-up; **es kann sich nur um e-e ~ handeln** it must be a mistake. **Ver'wechs·lungs·koˌmö·die** *f* comedy of mistaken identity.

ver'we·gen I *adj* **1.** *Person, Unternehmen etc*: daring, bold, audacious. **2.** *Aussehen etc*: jaunty, rakish, dashing, *colloq.* cocky. **II** *adv* **3.** jauntily (*etc*); **die Mütze saß ihm ~ auf einem Ohr** he wore his cap jauntily over one ear. **≈heit** *f* <-; *no pl*> daringness, boldness, audacity.

ver'we·hen I *v/t* <*no* **ge-**, **h**> (*Blätter etc*) blow *s.th.* away, scatter, (*Spuren etc zuwehen*) blow *s.th.* over. **II** *v/i* <**sein**> *lit. Worte, Stimme etc*: trail away.

ver'weh·ren *v/t* <*no* **ge-**, **h**> **j-m et. ~** refuse s.o. s.th.; **j-m ~, et. zu tun** keep (*od.* hinder) s.o. from doing s.th., forbid s.o. to do s.th.; **j-m den Zutritt ~** refuse s.o. admittance (**zu** to).

ver'weht *adj* **vom Winde ~** gone with the wind. **Ver'we·hung** *f* <-; -en> (*Schnee≈*) snowdrift, (*Sand≈*) sand drift.

ver'weich·liˌchen [-'vaɪçlɪçən] **I** *v/t* <*no* **ge-**, **h**> soften, make *s.o.* effeminate, mollycoddle. **II** *v/i* <**sein**> become (*od.* get) soft (*od.* effeminate). **≈chung** *f* <-; *no pl*> a) effemination, b) effeminacy.

ver'wei·gern I *v/t* <*no* **ge-**, **h**> **1.** (*ablehnen*) refuse; **die Zahlung ~** refuse to pay, refuse payment; **die Annahme e-s Briefes ~** refuse (to accept) a letter; *econ.* **die Auslieferung ~** withhold delivery; **e-n Befehl ~** disobey (*od.* flout) an order; **den Kriegsdienst** (*od.* **Wehrdienst**) **~** refuse to do military service; **die Nahrung ~** refuse to eat, refuse (*od.* reject) food. **2.** (*nicht geben*) deny, refuse; **die Antwort ~** refuse to (give an) answer; **j-m die Auskunft ~** refuse to give s.o. information, deny s.o. information; **s-e Zustimmung ~** refuse to give one's consent; → **Aussage** 2, **Gehorsam**. **II** *v/i* **3.** *Pferd*: refuse. **III** *v/reflex* **sich ~ 4.** *lit.* → **versagen** III. **Ver'wei·ge·rung** *f* <-; *no pl*> denial, refusal (*a. Reitsport*), *fig. des Leistungsprinzips etc*: rejection, *colloq.* cop-out; *econ.* **~ der Annahme** nonacceptance. **Ver'wei·ge·rungsˌfall** *m jur.* **im ~(e)** in case of refusal.

ver'wei·len I *v/i* <*no* **ge-**, **h**> *lit.* stay, stop; *fig.* **ihr Blick verweilte lange auf ihm** her eyes rested on him for a long time; **bei e-m Thema ~** dwell on a topic. **II ≈** *n* <-s> **zum ≈ einladen** invite *s.o.* to stay a while.

ver'weint *adj Augen*: red from crying, *Gesicht*: tear-stained.

Ver'weis[1] [-'vaɪs] *m* <-es; -e> **1.** (*Tadel, Rüge*) reproof, reprimand, censure; **j-m e-n ~ erteilen** reprimand (*od.* rebuke, censure) s.o. (**wegen** for), give s.o. a rap on (*od.* over) the knuckles. **2.** *written notice to parents of a pupil's misconduct at school.*

Ver'weis[2] *m* <-es; -e> (*Hinweis*) reference (**auf** *acc* to).

ver'wei·sen[1] **I** *v/t* <*irr, no* **ge-**, **h**> **1.** refer (**an, auf** *acc* to); **man hat mich an Herrn X verwiesen** I was referred to Mr. X. **2.** (*hinauswerfen*) expel; *Sport*: **des Platzes ~** order (*od.* send) *s.o.* off (the field); **von der Schule ~** expel *s.o.* from school; **des Landes ~** a) expel *s.o.* (from the country), b) *des Vaterlandes*: exile, expatriate. **3. j-n in s-e Schranken ~** put s.o. in his place. **4.** *jur.* remit.

ver'wei·sen[2] *v/t* <*irr, no* **ge-**, **h**> *lit.* (*tadeln*) reprove, reprimand, censure.

Ver'weisˌstel·le *f* reference. **~ˌzei·chen** *n* reference mark.

ver'wel·ken *v/i* <*no* **ge-**, **sein**> wither (*a. fig.*), wilt, droop; *fig.* **verwelkte Schönheit** faded beauty.

ver'welt·liˌchen [-'vɛltlɪçən] **I** *v/t* <*no* **ge-**, **h**> secularize. **II** *v/i* <**sein**> become secularized. **≈chung** *f* <-; *no pl*> secularization.

ver'wend·bar *adj* usable, fit to use, (*anwendbar*) applicable, (*brauchbar*) suitable; → **vielseitig** II. **≈keit** *f* <-; *no pl*> usability, suitability, applicability; **praktische ~** practicability; **vielseitige ~** versatility.

ver'wen·den I *v/t* <*a. irr, no* **ge-**, **h**> **1.** use, employ (**als** as, **für** for); **welches Lehrbuch verwendet ihr?** which textbook do you use? **2.** (*verwerten*) use, make (good) use of, utilize; **das kann man nicht mehr ~** that is of no use any longer; **dort kannst du d-e Englischkenntnisse gut ~** you can make good use of your knowledge of English there. **3.** (*aufwenden*) spend, expend; **viel Mühe** (*od.* **Sorgfalt, Fleiß**) **~ auf** (*acc*) spend a great deal of effort on, put a great deal of effort (*od.* care) into; **viel Zeit ~ auf** (*acc*) (*od.* **zu, für**) spend a great deal of time (up)on, devote a great deal of time to; **s-n Einfluß ~** use one's influence. **4.** *obs. od.* lit. **er verwandte k-n Blick** (*od.* **kein Auge**) **von ihr** he never turned his eyes from her. **II** *v/reflex* **5. sich (bei j-m) für j-n ~** use one's influence (on s.o.) on s.o.'s behalf, *empfehlend*: recommend s.o. (to s.o.).

Ver'wen·dung *f* <-; *no pl*> **1.** use, employment; **dafür habe ich k-e ~** I have no use for it; *colloq.* **sie hat für alles ~** she can use everything; **e-e ~ finden für** find a use for *s.o., s.th.*; **~ finden** be used; *mil.* **zur besonderen ~** (seconded) for special duty. **2.** (*Fürsprache*) intercession; **auf s-e ~ hin** *I obtained the post* through his influence. **~s·beˌreich** *m* range of use. **≈sˌfä·hig** *adj* **1.** → **verwendbar**. **2.** *mil. Person*: fit for duty. **~sˌmög·lich·keit** *f* use, usability; **vielseitige ~en** a wide range of use, many uses. **~sˌzweck** *m* use, (intended) purpose.

ver'wer·fen I *v/t* <*irr, no* **ge-**, **h**> **1.** (*aufgeben*) (*Gedanken, Plan etc*) drop, give up, reject, discard, dismiss. **2.** (*ablehnen*) (*Vorschlag, Entwurf etc*) reject, turn down. **3.** *jur.* (*Berufung*) dismiss, (*Antrag, Entscheidung*) overrule. **II** *v/reflex* **sich ~ 4.** *Holz*: warp. **5.** *geol.* fault. **III** *v/i* **6.** *vet. Muttertiere*: abort.

ver'werf·lich *adj* reprehensible, objectionable, condemnable, (*abscheulich*) abominable, abject. **˜keit** *f* ⟨-; *no pl*⟩ reprehensibleness, badness, abjectness.
Ver'wer·fung *f* ⟨-; -en⟩ **1.** rejection, dismissal (*a. jur. der Berufung*). **2.** *von Holz etc*: warp(ing). **3.** *geol.* fault.
ver'wert·bar *adj* usable, utilizable. **˜keit** *f* ⟨-; *no pl*⟩ usability.
ver'wer|ten *v/t* ⟨*no* ge-, h⟩ use, utilize, make use of, put *s.th.* to use, turn *s.th.* to account, (*Erfindung, Patent*) exploit, (*zu Geld machen*) realize; **geschäftlich** ~ commercialize; *econ.* **sich gut ~ lassen** a) find a ready sale (*od.* market), b) fetch a good price. **˜ter** *m* ⟨-s; -⟩ utilizer. **˜tung** *f* ⟨-; *no pl*⟩ utilization, *e-s Patents, e-r Erfindung*: exploitation.
Ver'wer·tungs|ge,nos·sen·schaft *f agr.* processing cooperative. **~ge,sell·schaft** *f* exploitation corporation.
ver'we·sen[1] *v/t* ⟨*no* ge-, h⟩ *obs.* administer.
ver'we·sen[2] *v/i* ⟨*no* ge-, sein⟩ rot, putrefy, decay, decompose. **~d** *adj* putrid, putrescent.
Ver'we·ser *m* ⟨-s; -⟩ *obs.* **1.** administrator. **2.** (*Statthalter*) vice-regent.
ver'wes·lich [-'veːslɪç] *adj* putrescible, putrefiable. **˜keit** *f* ⟨-; *no pl*⟩ putrescibility.
ver'west *adj* putrefied, putrid, rotten.
ver'west·li·chen [-'vɛstlɪçən] **I** *v/t* ⟨*no* ge-, h⟩ occidentalize, westernize. **II** *v/i* ⟨sein⟩ become occidentalized (*od.* westernized).
Ver'we·sung *f* ⟨-; *no pl*⟩ putrefaction, (*Zustand*) *a.* putrescence, rottenness. **~s·ge,ruch** *m* odo(u)r of putrefaction. **~s·pro,zeß** *m* (process of) putrefaction.
ver'wet·ten *v/t* ⟨*no* ge-, h⟩ bet, spend *s.th.* on betting, (*verlieren*) lose *s.th.* on betting, gamble *s.th.* away.
ver'wich·sen *v/t* ⟨*no* ge-, h⟩ *colloq.* spank, give *s.o.* a spanking.
ver'wickeln (*getr.* -k·k-) **I** *v/t* ⟨*no* ge-, h⟩ **1.** → **verwirren** 1. **2.** *fig.* **j-n ~ in** (*acc*) *allg.* involve s.o. in, *e-n Skandal etc*: *a.* get s.o. mixed up in, embroil s.o. in, drag s.o. into, *e-n Kampf*: *a.* engage s.o. in; **j-n in ein Gespräch ~** engage s.o. in conversation. **II** *v/reflex* **sich ~ 3.** → **verwirren** 3. **4. sich ~ in** (*acc*) *a. fig.* become entangled in, get caught in. **ver'wickelt** (*getr.* -k·k-) *adj* **1.** (*kompliziert*) complicated, involved, complex, intricate, knotty. **2.** *fig.* **~ sein (werden) in** (*acc*) *allg.* be (become *od.* get) involved in, *e-n Skandal etc*: *a.* be (become *od.* get) mixed up (*od.* embroiled) in; **in schwere Kämpfe ~** engaged in heavy fighting.
Ver'wick·lung *f* ⟨-; -en⟩ **1.** ⟨*only sg*⟩ (**in** *acc*) *allg.* involvement, *e-n Skandal etc*: *a.* embroilment. **2.** *fig.* (*Verwirrung, Schwierigkeit*) complication, entanglement, *Literatur*: intrigue, imbroglio.
ver'wil|dern *v/i* ⟨*no* ge-, sein⟩ **1.** *Garten etc*: grow wild, become overgrown, overgrow. **2.** *Haustiere*: become wild. **3.** *Sitten etc*: degenerate. **4.** *Kinder*: run wild. **~dert** *adj* **1.** *Garten etc*: wild, overgrown. **2.** *fig.* wild, unruly, *Sitten*: degenerate. **˜de·rung** *f* ⟨-; *no pl*⟩ *der Sitten*: degeneration.
ver'win|den *v/t* ⟨*irr, no* ge-, h⟩ **1.** (*hinwegkommen über*) get over (*a loss, an insult, etc*). **2.** *tech.* twist. **˜dung** *f* ⟨-; -en⟩ *tech.* twist, torsion, (*Verzerrung*) distortion.
ver'wir·ken *v/t* ⟨*no* ge-, h⟩ *allg.* forfeit (*claim, one's life, etc*), *jur. a.* (*Strafe*) incur.
ver'wirk·li|chen [-'vɪrklɪçən] **I** *v/t* ⟨*no* ge-, h⟩ realize, put *s.th.* into effect. **II** *v/reflex* **sich ~** be realized, materialize, come true; *fig.* **sich (selbst) ~** *Person*: fulfil(l) o.s., achieve self-realization; **˜chung** *f* ⟨-; *no pl*⟩ realization, materialization.
Ver'wir·kung *f* ⟨-; *no pl*⟩ forfeit(ure).
ver'wir·ren [-'vɪrən] **I** *v/t* ⟨*no* ge-, h⟩ **1.** (*Fäden etc*) tangle (*od.* muddle) *s.th.* (up), *fig.* (*Angelegenheit etc*) *a.* confuse, complicate. **2.** (*j-n*) confuse, confound, perplex, bewilder, puzzle, (*j-s Gedanken etc*) confuse, muddle (up). **II** *v/reflex* **sich ~ 3.** *a. fig.* tangle (up), get in a tangle, become tangled (*od.* muddled). **4.** *Verstand, Geist*: become confused (*od.* muddled). **~d** *adj fig.* confusing, bewildering.
ver'wirrt *adj fig.* **1.** *Person*: confused, confounded, perplexed, bewildered, puzzled, non-plussed, mixed up, (*benommen*) dazed. **2.** *Geist, Verstand*: confused, muddled. **˜heit** *f* ⟨-; *no pl*⟩ → **Verwirrung** 2, 3.
Ver'wir·rung *f* ⟨-; -en⟩ **1.** (en)tangling (*etc*). **2.** (*Durcheinander*) confusion, muddle, mix-up; **es herrschte (e-e) allgemeine ~** there was general confusion; **~ anrichten** (*od.* **stiften**) cause confusion; **et. in ~ bringen** cause confusion in s.th. **3.** *fig. e-r Person*: confusion, perplexity, bewilderment, puzzle(ment); **in ~ sein (geraten)** be in (get into) confusion; **j-n in ~ bringen** → **verwirren** 2; **geistige ~** mental confusion, distraction.
ver'wirt·schaf·ten *v/t* ⟨*no* ge-, h⟩ squander *s.th.* (away), *econ.* waste *s.th.* through bad management.
ver'wi·schen I *v/t* ⟨*no* ge-, h⟩ **1.** (*Schrift, Tinte etc*) blur, smear. **2.** *fig.* (*undeutlich od. unkenntlich machen*) blur, (*tilgen*) blot out, efface, obliterate, (*Spuren*) *a.* cover (*all traces, the traces of a crime, etc*); **s-e Spuren ~** cover one's tracks. **II** *v/reflex* **sich ~ 3.** *Unterschiede, Erinnerungen etc*: blur, become blurred (*od.* blurry, indistinct).
ver'wit|tern *v/i* ⟨*no* ge-, sein⟩ **1.** *Gestein, Mauer etc*: weather, disintegrate. **2.** *chem.* effloresce. **~tert** *adj* weather-worn, *a. fig. Gesicht*: weather-beaten. **˜te·rung** *f* ⟨-; *no pl*⟩ **1.** weathering, disintegration. **2.** *chem.* efflorescence.
ver'wit·wet [-'vɪtvət] *adj* widowed; **die ~e Frau X** the widow of the late Mr. X; **sie (er) ist seit zwei Jahren ~** she has been a widow (he has been a widower) for two years.
ver'woh·nen *v/t* ⟨*no* ge-, h⟩ let (*furniture, a house, etc*) go down (through careless use or lack of repairs).
ver'wöh·nen [-'vøːnən] **I** *v/t* ⟨*no* ge-, h⟩ spoil, (*verhätscheln*) (molly)coddle, pamper, featherbed. **II** *v/reflex* **sich ~** (*verweichlichen*) spoil (*od.* soften) o.s.
ver'wöhnt *adj* **1.** *Kind etc*: spoiled, spoilt. **2.** (*wählerisch*) fastidious, delicate, (*anspruchsvoll*) demanding, exacting; **~en Ansprüchen gerecht werden** satisfy the highest demands. **˜heit** *f* ⟨-; *no pl*⟩ **1.** *e-s Kindes etc*: spoiledness, spoiltness. **2.** *fig. des Geschmacks etc*: fastidiousness, delicateness.
Ver'wöh·nung *f* ⟨-; *no pl*⟩ spoiling, pampering.
ver'wor·fen *adj lit.* depraved, profligate. **˜heit** *f* ⟨-; *no pl*⟩ *lit.* depravity, profligacy.
ver'wor·ren [-'vɔrən] *adj* **1.** (*wirr*) confused, muddled, jumbled; **~es Zeug reden** talk a lot of muddled rubbish; **~es Gerede, ~es Zeug** *a.* rigmarole. **2.** (*verwickelt*) complicated, intricate, involved. **˜heit** *f* ⟨-; *no pl*⟩ *der Rede etc*: confusion, muddledness, *e-r Situation etc*: complication, intricacy, involvement.
ver'wund·bar *adj a. fig.* vulnerable. **˜keit** *f* ⟨-; *no pl*⟩ *a. fig.* vulnerability.
ver'wun·den [-'vʊndən] *v/t* ⟨*no* ge-, h⟩ *a. fig.* wound.
ver'wun|der·lich *adj* surprising, astonishing, amazing, (*seltsam*) odd, strange; **es ist nicht (weiter) ~, daß** it is small wonder that. **~dern I** *v/t* ⟨*no* ge-, h⟩ surprise, astonish, amaze; **es wäre nicht zu ~, wenn** it would not be (at all) surprising if. **II** *v/reflex* **sich ~** be surprised, wonder, be astonished, be amazed; **ich verwundere mich gar nicht darüber** I'm not at all surprised at it (*od.* that). **~dert I** *adj* surprised, astonished, amazed; **mit ~en Blicken** with wondering looks, wonderingly. **II** *adv* **~ blickte er mich an** he looked at me in surprise (*od.* wonderingly). **˜de·rung** *f* ⟨-; *no pl*⟩ surprise, astonishment, amazement; **j-n in ~ setzen** surprise (*od.* astonish, amaze) s.o.; **zu m-r größten ~** to my great surprise.
Ver'wun·de·te *m, f* ⟨-n; -n⟩ wounded (person), casualty. **Ver'wun·de·ten-,ab,zei·chen** *n mil.* badge awarded to a wounded soldier, *in Großbritannien*: Gold Stripe(s *pl*), *in USA*: Purple Heart. **Ver'wun·dung** *f* ⟨-; -en⟩ a) wounding, b) wound, injury, hurt.
ver'wun·schen [-'vʊnʃən] *adj* enchanted.
ver'wün·schen *v/t* ⟨*no* ge-, h⟩ **1.** (*verzaubern*) cast a spell over, put a spell on, enchant, (*verhexen*) bewitch. **2.** (*verfluchen*) curse. **ver'wünscht** *adj* (ac)cursed, confounded. **Ver'wün·schung** *f* ⟨-; -en⟩ **1.** (*Verzauberung*) spell, enchantment, (*Verhexung*) bewitchment. **2.** (*Fluch*) curse, imprecation; **~en gegen j-n ausstoßen** hurl curses at s.o.
ver'wur·steln *v/t* ⟨*no* ge-, h⟩ *colloq.* mess (*od.* muddle) *s.th.* up.
ver'wur|zelt *adj fig.* **(fest, tief) ~ sein in** (*dat*) (*od.* **mit**) be (firmly, deeply) rooted in. **˜ze·lung** *f* ⟨-; *no pl*⟩ *fig.* rootedness.
ver'wür·zen *v/t* ⟨*no* ge-, h⟩ (*Speisen*) overspice, spice *s.th.* too highly.
ver'wü|sten *v/t* ⟨*no* ge-, h⟩ devastate, ravage, desolate, lay waste, play havoc with, make havoc of; *fig.* **das Laster hatte sein Gesicht verwüstet** vice had ravaged his face. **˜stung** *f* ⟨-; -en⟩ devastation, ravage.
ver'za·gen *v/i* ⟨*no* ge-, h⟩ despair (**an** *dat* of), lose heart (*od.* courage), give up (hope); **nur nicht ~!** never say die!
ver'zagt *adj* despondent, downhearted, crestfallen. **˜heit** *f* ⟨-; *no pl*⟩ despondency, downheartedness, crestfallenness.
ver'zäh·len *v/reflex* ⟨*no* ge-, h⟩ **sich ~** make a mistake (in one's count[ing]), count wrong, miscount; **du hast dich um zwei verzählt** you are two out in your count.
ver'zah|nen I *v/t* ⟨*no* ge-, h⟩ **1.** *tech.* tooth, (*Bretter etc*) indent, joggle. **2.** *fig.* interlink, interlock, dovetail. **II** *v/reflex* **sich ~ 3.** *fig.* interlock, dovetail. **˜nung** *f* ⟨-; -en⟩ **1.** *tech.* a) gear cutting, gear tooth forming, b) joggle, indenting, c) tooth system. **2.** *fig.* interlinking, interlocking.
ver'zan·ken *v/reflex* ⟨*no* ge-, h⟩ *colloq.* **sich mit j-m ~** fall out with s.o.
ver'zap·fen *v/t* ⟨*no* ge-, h⟩ **1.** *tech.* (*Holzteile*) mortise, tenon. **2.** (*Bier etc*) sell *s.th.* on draught (*Am.* draft). **3.** *fig. colloq.* tell, come out with, dish up; **Unsinn ~** talk nonsense (*od.* rubbish).
ver'zär|teln *v/t* ⟨*no* ge-, h⟩ (molly)coddle, pamper; **j-n furchtbar ~** *a.* make an awful baby of s.o.; **verzärteltes Kind** *etc a.* mollycoddle. **˜te·lung** *f* ⟨-; *no pl*⟩ pampering, coddling.

ver'zau|bern *v/t* ⟨*no* **ge-**, **h**⟩ *a. fig.* cast a spell over, put a spell on, enchant; ~ **in** (*acc*) turn (*od.* transform, change, metamorphose) *s.o.*, *s.th.* into. **~bert** *adj* enchanted, *fig. a.* bewitched, spellbound, *be* under a magic spell. **2be·rung** *f* ⟨-; *no pl*⟩ enchantment.

ver'zehn,fa·chen [-ˌfaxən] *v/t u.* **sich** ~ *v/reflex* ⟨*no* **ge-**, **h**⟩ decuple, increase (*s.th.*) tenfold.

Ver'zehr [-'tseːr] *m* ⟨-(e)s; *no pl*⟩ consumption. **ver'zeh·ren I** *v/t* ⟨*no* **ge-**, **h**⟩ **1.** (*zu sich nehmen*) eat, have, consume (*a. im Lokal etc*), (*aufessen*) eat (up). **2.** *fig.* (*verbrauchen*) spend, expend, consume; **er hat im Monat 1000 Mark zu** ~ he has 1,000 marks a month to spend. **3.** *fig.* (*j-n, j-s Kräfte etc*) consume, eat up; **von Haß (Kummer) verzehrt** consumed (*od.* eaten up) with hatred (grief). **II** *v/reflex* **sich** ~ **4.** *fig.* pine (*od.* waste) (away) (**vor** *dat* with); **sich vor Gram** ~ eat one's heart out (**um** for); **sich vor Sehnsucht** ~ **nach** pine (*od.* yearn) for. **ver'zeh·rend** *adj fig.* consuming, burning. **Ver'zehr,zwang** *m* ⟨-(e)s; *no pl*⟩ *in e-r Gaststätte etc*: obligation to order.

ver'zeich|nen *v/t* ⟨*no* **ge-**, **h**⟩ **1.** draw *s.th.* wrong, *fig.* (*verzerren*) distort (*a. opt.*), misrepresent, draw a distorted picture of. **2.** (*notieren*) enter, note, write *s.th.* down, *genau*: specify, (*Daten etc*) record, register, *econ.* (*Kurse*) quote; **in e-r Liste (e-m Register)** ~ enter *s.th.* in a list (register), list, register. **3.** *fig.* **er konnte e-n großen Erfolg** ~, **er hatte e-n großen Erfolg zu** ~ he scored (*od.* achieved, had) a great success; **wir hatten schwere Verluste zu** ~ we suffered (*od.* had) heavy losses; **bis jetzt sind noch k-e Fortschritte zu** ~ no progress has been made (*od.* achieved) as yet; **es waren mehrere Todesfälle zu** ~ several persons died (*od.* were killed); **Unfälle waren nicht zu** ~ there were no accidents. **2nis** [-'tsaɪçnɪs] *n* ⟨-ses; -se⟩ list, catalog(ue *Br.*), (*Aufstellung*) table, *genaues*: specification, *amtliches*: record, register, (*Inhalts2*) index, (*Vorlesungs2 etc*) calendar, curriculum, (*Namens2*) roll, (*Inventar*) inventory. **2nung** *f* ⟨-; -en⟩ *fig.* (*Verzerrung*) distortion (*a. opt.*), misrepresentation.

ver'zei·hen I *v/t* ⟨*irr, no* **ge-**, **h**⟩ (*entschuldigen*) excuse, pardon, (*vergeben*) forgive, condone; ~ **Sie die Unterbrechung** excuse (*od.* pardon) my interrupting you; ~ **Sie m-e Ungeduld** excuse my impatience; **das wird er mir nie** ~ he'll never forgive me (for doing) that; **nicht zu** ~ inexcusable, unpardonable. **II** *v/i* ~ **Sie!** I beg your pardon!, excuse me!, (I'm) sorry!; **j-m** ~ forgive s.o.; **kannst du mir noch einmal** ~? can you forgive me this once?; **verzeih mir m-e Unhöflichkeit** (*od.* **daß ich so unhöflich war**) forgive (*od.* pardon) my rudeness (*od.* my being so rude). **ver'zeih·lich** *adj* excusable, pardonable. **Ver'zei·hung** *f* ⟨-; *no pl*⟩ (*Entschuldigung*) pardon, (*Vergebung*) forgiveness; **j-n um** ~ **bitten** a) apologize to s.o., b) ask s.o.'s forgiveness; ~! (I beg your) pardon!, (I'm) sorry!; **ich bitte tausendmal um** ~ a thousand apologies.

ver'zer·ren I *v/t* ⟨*no* **ge-**, **h**⟩ **1.** (*Gesicht, Mund etc*) distort, twist, (*Muskel, Sehne*) contort, *krampfhaft*: convulse; **das Gesicht** ~ (make a) grimace, make faces; **Angst verzerrte ihre Züge** fear distorted her features. **2.** *opt. electr. tech.* distort (*a. fig. Töne, Stimme*). **3.** *fig.* (*verfälschen*) distort, warp, misrepresent, give a distorted picture of, (*ins Lächerliche ziehen*) caricature. **II** *v/reflex* **sich** ~ **4.** *Gesicht, Mund, Muskeln etc*: become distorted contort, *krampfhaft*: become convulsed; **sein Gesicht verzerrte sich zu e-r Grimasse** his face twisted into a grimace. **2rung** *f* ⟨-; -en⟩ **1.** *des Gesichts, Mundes etc*: distortion, *a. med.* contortion, *krampfhafte*: convulsion. **2.** *opt. electr. tech., a. fig. des Tons, der Stimme*: distortion. **3.** *fig.* (*Verfälschung*) distortion, misrepresentation, (*Zerrbild*) caricature.

ver'zet·teln[1] **I** *v/t* ⟨*no* **ge-**, **h**⟩ (*Zeit, Kräfte etc*) fritter away, dissipate. **II** *v/reflex* **sich** ~ dissipate one's energies.

ver'zet·teln[2] *v/t* ⟨*no* **ge-**, **h**⟩ (*in e-r Zettelkartei erfassen*) catalog(ue *Br.*), card-index.

Ver'zicht [-'tsɪçt] *m* ⟨-(e)s; -e⟩ **1.** (*Entsagung*) renunciation, (*Opfer*) sacrifice; **der** ~ **auf jeden Alkoholgenuß fällt ihm sehr schwer** he finds it very hard to do (*od.* go) without alcohol; **das bedeutete e-n schweren** ~ **für ihn** this meant a heavy sacrifice for him. **2.** *jur.* (**auf** *acc* of) (*~leistung*) abandonment, surrender, *auf ein Recht, e-n Anspruch etc*: renunciation, waiver, disclaimer, *auf ein Amt etc*: resignation, relinquishment, *auf den Thron etc*: abdication; ~ **leisten** → **verzichten** 2. **ver'zich·ten** [-'tsɪçtən] *v/i* ⟨*no* **ge-**, **h**⟩ **1.** ~ **auf** (*acc*) (*sich et. versagen*) do (*od.* go, manage) without, deny o.s., for(e)go, dispense with, *colloq.* cut out (*alcohol, cigarettes, etc*), (*aufgeben*) give up, drop, part with; **er würde eher aufs Essen** ~ **als** ... he'd rather go without eating (*od.* food) than ... **2.** ~ **auf** (*acc*) (*was e-m zusteht*) renounce, *bes. jur. ein Recht, e-n Anspruch etc*: renounce, waive, disclaim, (*preisgeben*) abandon, surrender, *ein Amt etc*: resign, relinquish, *den Thron*: abdicate; **zu j-s Gunsten** ~ stand aside for s.o.'s benefit. **Ver'zicht·er,klä·rung** *f jur.* renunciation, disclaimer, waiver.

ver'zie·hen I *v/i* ⟨*irr, no* **ge-**, **sein**⟩ **1.** (*umziehen*) (re)move (**nach** to), change one's address; **falls verzogen** in case of change of address; **unbekannt verzogen** moved to an unknown address. **II** *v/t* ⟨**h**⟩ **2.** (*verzerren*) distort, (*Mund*) screw up; **das Gesicht** ~ pull (*od.* make) a (wry) face, (make a) grimace; **den Mund zu e-m Grinsen** ~ pull one's mouth into a grin; → **Miene** 1. **3.** (*verwöhnen*) spoil, indulge. **4.** (*junge Pflanzen*) thin out. **5.** *Sport*: (*Ball, Schuß*) misplace. **III** *v/reflex* ⟨**h**⟩ **sich** ~ **6.** *Gesicht, Mund etc*: become distorted, twist; **sein Mund verzog sich zu e-m hämischen Lächeln (breiten Grinsen)** his mouth twisted into a sarcastic smile (widened into a broad grin). **7.** *Holz etc*: warp. **8.** *Wolken, Rauch, Nebel etc*: disperse, dissolve, *Gewitter etc*: pass (over), blow over. **9.** *colloq.* (*verschwinden*) disappear, leave, be off, make off; **ich verzieh' mich jetzt (ins Bett)** I'm off (to bed) now; **verzieh dich!** be off (with you)!

ver'zie|ren *v/t* ⟨*no* **ge-**, **h**⟩ decorate, ornament (*beide a. mus.*), adorn, *mit Besatz*: trim, *bes. gastr.* garnish. **2rung** *f* ⟨-; -en⟩ decoration, ornament (*a. mus.*), *gastr. a.* garnish(ment); *colloq.* **brich dir bloß k-e ~en ab!** don't you sprain anything!

ver'zin·ken *v/t* ⟨*no* **ge-**, **h**⟩ galvanize.

ver'zin·nen [-'tsɪnən] *v/t* ⟨*no* **ge-**, **h**⟩ tin(-plate).

ver'zins·bar *adj* → **verzinslich**.

ver'zin·sen *econ.* **I** *v/t* ⟨*no* **ge-**, **h**⟩ pay interest on; **mit 3%** ~ pay 3 per cent interest on (*a sum*); **die Summe wird mit 3% verzinst** the sum bears (*od.* yields) 3 per cent (interest). **II** *v/reflex* **sich** ~ yield (*od.* bear, carry) interest; **sich zu** (*od.* **mit**) **3%** ~ yield 3 per cent (interest), yield at 3%. **ver'zins·lich** [-'tsɪnslɪç] *adj* interest-bearing, yielding (*od.* bearing) interest; ~ **mit 3%** bearing interest at the rate of 3 per cent; **~es Darlehen** loan on interest; **Geld** ~ **anlegen** put out money at interest; ~ **vom 1. Januar an** interest payable from January 1st. **Ver'zin·sung** *f* ⟨-; *no pl*⟩ (*Zinszahlung*) payment of interest, (*Zinsertrag*) interest yield (*od.* return), (*Zinssatz*) rate (of interest).

ver'zo·gen *adj Kind etc*: spoiled, spoilt.

ver'zö·gern I *v/t* ⟨*no* **ge-**, **h**⟩ delay, retard, (*verlangsamen*) slow down, (*in die Länge ziehen*) protract. **II** *v/reflex* **sich** ~ be delayed, be retarded, (*auf sich warten lassen*) be long in coming. **~d** *adj* dilatory, retardative, retardatory. **Ver'zö·ge·rung** *f* ⟨-; -en⟩ delay, retardation; **e-e** ~ **erleiden** be delayed. **~s·ma,nö·ver** *n fig.* dilatory manœuvre (*Am.* maneuver). **~s·po·li,tik** *f* dilatory policy. **~s,tak·tik** *f* delaying tactics *pl*.

ver'zol·len *v/t* ⟨*no* **ge-**, **h**⟩ *econ.* pay duty on, clear; **haben Sie et. zu** ~? have you anything to declare? **ver'zollt** *adj* duty-paid (*goods, etc*); *bes. mar.* **die Waren sind** ~ the goods have cleared (the) customs. **Ver'zol·lung** *f* ⟨-; *no pl*⟩ payment of duty, (customs) clearance.

ver'zücken (*getr.* **-k·k-**) *v/t* ⟨*no* **ge-**, **h**⟩ enrapture, ecstasize. **ver'zückt** *adj* ecstatic, enraptured, (en)rapt. **Ver'zückt·heit** *f* ⟨-; *no pl*⟩ ecstasy, rapture. **Ver'zückung** (*getr.* **-k·k-**) *f* ⟨-; *no pl*⟩ ecstasy, rapture, exaltation, trance; **in** ~ **geraten (über** *acc*) go into ecstasy (*od.* ecstasies, raptures) (over *od.* about).

Ver'zug *m* ⟨-(e)s; *no pl*⟩ **1.** delay; **ohne** ~ without delay, forthwith. **2.** *econ.* default, delay, arrear(s *pl*); **im Falle des ~s** in (case of) default; **im** ~ **sein, sich im** ~ **befinden** be in default, be in arrear(s); **in** ~ **geraten** (come in) default, get into arrears. **3. es ist Gefahr im** ~ there is danger ahead. **4.** *fig. colloq.* **sie** (*etc*) **ist der** ~ (*Liebling*) **der ganzen Familie** she (*etc*) is the pet of the whole family. **~s,ta·ge** *pl* days of grace. **~s,zin·sen** *pl* interest *sg* for default (*od.* on arrears), default (*od.* past-due) interest *sg*.

ver'zwei·feln I *v/i* ⟨*no* **ge-**, **sein**⟩ despair (**an** *dat* of); **nur nicht** ~! never say die! **II 2** *n* ⟨-s⟩ **es ist zum 2** it's enough to drive one to despair. **ver'zwei·felt I** *adj* despairing, (*aussichtslos*) desperate. **II** *adv colloq.* (*sehr*) desperately; **et.** ~ **nötig haben** need s.th. desperately; **es war ihm** ~ **ernst** he was in dead earnest about it; ~ **wenig** precious little. **Ver'zweif·lung** *f* ⟨-; *no pl*⟩ despair, desperation; **Akt der** ~ → **Verzweiflungstat**; **aus** ~ out of despair; **(mit dem) Mut der** ~ (with the) courage of despair; **j-n zur** ~ **bringen** (*od.* **treiben**) *a. fig. colloq.* drive s.o. to despair (*od.* desperation). **Ver'zweif·lungs,tat** *f* act of despair, desperate act.

ver'zwei·gen [-'tsvaɪgən] *v/reflex* ⟨*no* **ge-**, **h**⟩ **sich** ~ *a. fig.* branch out, ramify. **ver'zweigt** *adj fig. Familie, Unternehmen etc*: branching, branched; **weit** ~ **sein** branch (out) widely. **Ver'zwei·gung** *f* ⟨-; -en⟩ ramification, embranchment.

ver'zwickt [-'tsvɪkt] *adj colloq.* (*kompliziert*) knotty, intricate, complicated, tricky.

Ves·per[1] ['fɛspər] *f* ⟨-; -n⟩ *R.C.* vespers *pl*, vesper service.

'Ves·per[2] *n* ⟨-s; -⟩, **~,brot** *n dial.* snack.

ves·pern [ˈfɛspərn] *v/i* <h> *dial.* pause (*od.* take a break) for a snack.

Ve·sta·lin [vɛsˈtaːlɪn] *f* <-; **-nen**> *antiq.* vestal (virgin).

Ve·sti·bül [vɛstiˈbyːl] *n* <-s; -e> *lit.* vestibule.

Ve·te·ran [veteˈraːn] *m* <-en; -en> *mil.* veteran (*a. fig.*), *bes. Br.* ex-serviceman.

Ve·te·ri·när [veteriˈnɛːr] *m* <-s; -e> (*Tierarzt*) veterinary surgeon, *colloq.* vet, *Am.* veterinarian. **~ˌkli·nik** *f* veterinary hospital. **~me·diˌzin** *f* veterinary medicine.

Ve·to [ˈveːto] *n* <-s; -s> **(aufschiebendes ~** suspensive) veto; **(s)ein ~ einlegen** interpose a (one's) veto, **gegen et.:** veto s.th., put a (*od.* one's) veto on s.th. **~ˌrecht** *n* right of veto, *Am.* veto power.

Vet·tel [ˈfɛtəl] *f* <-; -n> *contp.* **alte ~** old hag (*sl.* bitch, bag).

Vet·ter [ˈfɛtər] *m* <-s; -n> cousin.

ˈVet·tern|**ˌhei·rat** *f* marriage between cousins. **~schaft** *f* <-; *no pl*> cousinship. **~ˌwirt·schaft** *f* <-; *no pl*> nepotism, *colloq.* cronyism, buddy system.

Veˈxier|**ˌbild** [vɛˈksiːr-] *n* picture puzzle. **~ˌschloß** *n* puzzle lock. **~ˌspie·gel** *m* distorting mirror.

V-ˌför·mig [ˈfaʊ-] *adj* V-shaped.

V-Geˌspräch [ˈfaʊ-] *n teleph.* (booked) personal (*od.* person-to-person) call.

Via·dukt [viaˈdʊkt] *m* <-(e)s; -e> viaduct.

Vi·bra·phon [vibraˈfoːn] *n* <-s; -e> *mus.* vibraphone, vibraharp.

Vi·bra·ti·on [vibraˈtsi̯oːn] *f* <-; -en> vibration. **~s·masˌsa·ge** *f med.* (electro-) vibratory massage.

vi·bra·to [viˈbraːto] *mus.* **I** *adv.* **II** ≗ *n* <-s; -s *u.* -brati [-ti]> vibrato.

Vi·bra·tor [viˈbraːtɔr] *m* <-s; -en [-braˈtoːrən]> (*Gerät*) vibrator.

vi·brie·ren [viˈbriːrən] *v/i* <*no* ge-, h> vibrate. **~d** *adj* vibrating, vibrant.

Viˈbrierˌtisch *m tech.* vibrating table.

ˈVi·deo... [ˈviːdeo-] *in Zssgn* video (*disk, cassette, etc*). **~ˌaufˌzeich·nung** *f TV* video recording. **~maˌgnetˌband** *n* video tape. **~reˌcor·der** *m* video recorder. **~siˌgnal** *n* video signal. **~ˌtext** *m* videotext. **~ˌthek** *f* <-; -en> video-tape library.

Viech [fiːç] *n* <-(e)s; -er> *colloq.* → **Vieh** 2, 3. **Vie·che·rei** [fiːçəˈraɪ] *f* <-; -en> *dial. colloq.* **1.** (*Spaß*) fun. **2.** (*Schufterei*) hard grind.

Vieh [fiː] *n* <-(e)s; *no pl*> **1.** *collect.* cattle (*meist als pl konstruiert*), livestock; **20 Stück ~** 20 head (*od.* piece) of cattle; *fig.* **(hausen) wie das liebe ~** (live) like animals (*od.* pigs). **2.** *colloq.* (*Tier*) animal. **3.** *contp.* beast, brute. **~ˌfut·ter** *n* fodder, forage, feed. **~ˌhal·tung** *f* keeping of cattle. **~ˌhan·del** *m* cattle trade, trade in livestock. **~ˌhänd·ler** *m* cattle (*od.* livestock) dealer. **~ˌher·de** *f* herd of cattle. **~ˌhirt, ~ˌhir·te** *m* herdsman. **~ˌhir·tin** *f* herdswoman. **~ˌhof** *m* stockyard, *bes. Am.* corral.

vie·hisch [ˈfiːɪʃ] *adj contp.* bestial, brutal, brutish.

ˈVieh|**ˌknecht** *m* herdsman, stockman, cattleman. **~ˌmagd** *f* dairymaid, milkmaid. **~ˌsalz** *n* <-es; *no pl*> cattle salt. **~ˌseu·che** *f vet.* cattle plague, rinderpest. **~ˌstall** *m* cattle shed, *Am. a.* barn. **~ˌstand** *m* stock of cattle, livestock. **~ˌtrei·ber** *m* cattle drover. **~ˌwa·gen** *m rail.* cattle wag(g)on, *Am.* stockcar. **~ˌwei·de** *f* pasture. **~ˌwirt·schaft** *f* animal husbandry. **~ˌzeug** *n colloq.* a) animals *pl*, b) insects *pl*, *bes. Am.* bugs *pl*. **~ˌzucht** *f* cattle breeding. **~ˌzüch·ter** *m* cattle breeder (*od.* farmer), stockbreeder.

viel [fiːl] *indef pron* **I** *adjektivisch* <**mehr, meist**> **1.** *vor Substantiven im sg*: a great (*od.* good) deal of, plenty of, a lot of, *colloq.* lots of, *bes. bei Frage u. Verneinung, nach too, so, as, how, very*: much; **(sehr) ~ Geld** a great (*od.* good) deal of money, plenty (*od.* a lot, *colloq.* lots) of money; **wir haben nicht mehr (sehr) ~ Zeit** we don't have (too) much time left; **so ~ Geld wie** ... as much money as ...; **schade um das ~e Geld!** it's a shame to waste all that money!; **trotz s-s ~en Geldes ist er nicht glücklich** despite (*od.* for) all his money he is not happy; **das kommt vom ~en Rauchen** that comes from all that smoking; **~ Spaß!** have a good time!, enjoy yourself!, *iro.* have fun!; **nicht ~ Wesens** (*od.* **Aufhebens) von et. machen** not to make much fuss about s.th.; **in ~er Beziehung** (*od.* **Hinsicht**) in many respects; **sie haben gleich ~ Geld** they have the same amount of money; **sie haben gleich ~ Talent** they are equally talented; **es hat ~, fast zu ~ Mühe gemacht** it caused a great deal of trouble, indeed almost too much; → *a.* **Glück** 1, **unendlich** II, **Vergnügen**. **2.** *vor Substantiven im pl*: **~e Bücher (Leute** *etc*) many (*od.* a lot of, *colloq.* lots of) books (people, *etc*); **wie ~e Bücher?** how many books?; **sehr ~e** a great number of, a great (*od.* good) many of; **nicht sehr ~e** not too many; **überall die ~en Menschen!** the crowds of people everywhere!; ... **und ~e andere** ... and many more; **die beiden Firmen haben gleich ~(e) Angestellte** the two firms have the same number of employees. **3.** *vor Zahlen*: **~e tausend Mark** thousands and thousands of marks; **~e tausend Menschen** thousands and thousands (*od.* many thousands) of people. **4. ein bißchen ~, et. ~** (*zuviel*) a bit too much; **er hat gestern ein bißchen ~ Wein getrunken** he had a bit too much wine yesterday; *colloq.* **das war ein bißchen ~!** that was a bit too much (*od.* thick, off)! **II** *substantivisch* **5.** a great deal, a lot, *bes. bei Frage u. Verneinung, nach too, so, as, how, very*: much; **~es** *a.* many things; **das ist ziemlich ~** that is quite a lot; **das ist nicht (sehr) ~** that is not too (*od.* very) much); **hat es ~ gekostet?** did it cost much?; **das will ~ heißen** (*od.* **besagen**) that is saying a great deal (*od.* a lot); **darüber wäre noch ~(es) zu sagen** there's still quite a lot (*od.* there are still many things) to say about that; **da gibt's nicht ~ zu sagen** there's nothing much (*od.* not a lot) to say; **~(es) von dem, was er sagt** much of what he says; **er macht sich nicht ~ aus Musik** he doesn't care much for music; **so ~ ist sicher** (*od.* **gewiß**) one thing (*od.* this much) is certain. **6.** *pl* (*~e Menschen*) many (*od.* a lot of, *colloq.* lots of) people; **sehr ~e** a great (*od.* good) many people, a great number of people; **nicht (sehr) ~e** not (too) many people. **7. um ~es** much, a great deal, far. **8. in ~em** in many respects. **III** *adverbial* **9.** (*oft, häufig*) a great deal, a lot; **nicht ~** not much; **~ unterwegs sein** be away a great deal (*od.* a lot); **geht ihr ~ aus?** do you go out much (*od.* a lot)?; → **verkehren** 3. **10.** *vor comp*: **~ besser (mehr, weniger, lieber** *etc*) much better (more, less, rather, *etc*); **sehr ~ besser** much much better. **11. ~ zu groß (schnell** *etc*) much too big (fast, *etc*); **~ zu wenig** not nearly enough, not enough by far; **er ißt ~ zu wenig** he doesn't eat nearly enough; **ich kenne es ~ zu wenig** (*od.* **zu schlecht**), **um** ... I don't know it nearly well enough to ... **12.** (*sehr*) much; **~ umstritten** much debated; **auch nicht ~ anders** not very different after all.

ˈviel|**ˌad(e)·rig** *adj Kabel*: multicore, multiwire. **~ato·mig** [-ʔaˌtoːmɪç] *adj chem.* polyatomic. **~ˌbän·dig** [-ˌbɛndɪç] *adj* multivolume(d). **~beˌfah·ren** *adj* much-travel(l)ed, much-used. **~beˌgangen** *adj* much-used, much-trodden. **~beˌgehrt** *adj* much-sought-after. **~beˌschäf·tigt** *adj* very busy. **~beˌsucht** *adj* much-frequented. **~beˌwun·dert** *adj* much-admired. **~ˌblätt·rig** *adj bot.* multifoliate.

ˈvielˌdeu·tig [-ˌdɔʏtɪç] *adj* ambiguous, equivocal. **≗keit** *f* <-; *no pl*> ambiguity, equivocality.

ˈviel·dis·kuˌtiert *adj* widely discussed.

ˈViel|**ˌeck** *n* <-(e)s; -e> *math.* polygon. **≗ˌeckig** (*getr.* -k·k-) *adj* polygonal.

ˈvie·lenˈorts *adv* in many places.

ˈvie·lerˈlei *adj* <*undeclined*> **1.** various, manifold, of many (*od.* various) kinds (*od.* sorts, descriptions); **auf ~ Arten** *one can do that* in many different ways. **2.** *substantivisch*: all sorts of things.

ˈviel·erˌör·tert *adj* much-discussed.

ˈvielˌfach I *adj* **1.** multiple; **~er Millionär** multimillionaire; **er ist ~er Preisträger** he has won many awards; **auf ~en Wunsch unserer Hörer** upon the request of many of our listeners. **II** *adv* **2.** in many cases. **3.** *colloq.* (*oft*) (very) often, many times. **III ≗e, das** <-n> **4.** *math.* the multiple. **5. um ein ≗es** a) many times over, b) a great deal (*od.* far) (*better, etc*), *nachgestellt*: by far. **≗ˌschal·ter** *m* multiple switch. **≗ˌstecker** (*getr.* -k·k-) *m* multiple (*od.* manifold) plug.

ˈVielˌfalt [-ˌfalt] *f* <-; *no pl*> multifariousness, manifoldness, diversity.

ˈvielˌfäl·tig [-ˌfɛltɪç] *adj* manifold, multifarious. **≗keit** *f* <-; *no pl*> → **Vielfalt**.

ˈviel|**ˌfar·big** *adj* multicolo(u)red. **~ˌflä·chig** *adj math.* polyhedral, polyhedric. **~ˌfraß** *m* <-es; -e> *fig. colloq.* glutton (*a. zo.*). **~geˌbraucht** *adj* much-used. **~geˌliebt** *adj* dearly beloved, well-beloved. **~geˌnannt** *adj* much-mentioned. **~geˌprie·sen** *adj* much-praised, much-vaunted, *iro.* glorious, fabulous. **~geˌprüft** *adj* much-tried. **~geˌreist** *adj* much- (*od.* well-)travel(l)ed. **~geˌrühmt** *adj* → **vielgepriesen**. **~geˌschmäht** *adj* much-abused.

ˈviel·geˌstal·tig [-gəˌʃtaltɪç] *adj* **1.** multiform, polymorphic. **2.** *fig.* multifarious, manifold. **≗keit** *f* <-; *no pl*> **1.** multiformity, polymorphism. **2.** *fig.* multifariousness, manifoldness.

ˈvielˌglied·rig *adj math.* polynomial.

ˌViel·göt·teˈrei [-gœtəˈraɪ] *f* <-; *no pl*> polytheism.

ˈViel·heit *f* <-; *no pl*> → **Vielzahl**.

ˌvielˈhun·dertˌmal *adv* hundreds (and hundreds) of times.

ˈvielˌköp·fig [-ˌkœpfɪç] *adj* **1.** many-headed. **2.** *Menge, Familie etc*: large.

viel·leicht [fiˈlaɪçt] *adv* **1.** (*möglicherweise*) perhaps, maybe, possibly; **~ hat er recht** perhaps (*etc*) he is right, he may be right; **~ kommt er, ~ auch nicht** he may come or he may not. **2.** (*etwa*) *in Fragen*: by any chance; **kennst du ihn ~?** do you by any chance know him?, do you happen to know him? **3.** *in rhetorischen Fragen*: **glaubst** (*od.* **meinst, denkst**) **du ~, daß** ... do you really think (that) ...; **gefällt dir das ~?** you don't mean to say you like that?; **sind Sie ~ der Chef?** you aren't the boss, are you? **4.** *anstelle von „bitte"*: **könnten Sie ~ das Fenster schließen?** would you mind closing the window, would you please close the window; **wären Sie ~ so**

nett zu *inf* would you be kind enough to *inf.* **5.** *colloq. emphatisch, oft durch Betonung wiedergegeben*: **das war ~ ein Durcheinander** that ˈwas one hell of a mess; **das war ~ peinlich** that ˈwas pretty embarrassing, I can tell you (*od.* I'll say); **das ist ~ ein Trottel** an awful saphead (that's what) he is; **die hat ~ ausgesehen!** she ˈdid look a sight!; **das ist ~ ein Auto!** that is some car! **6.** *vor Zahlen*: about, perhaps (*200 people, etc*).

ˈviel|ˌma·lig *adj* (often-)repeated, (*häufig*) frequent. **~ˌmals** *adv* **ich bitte ~ um Entschuldigung, entschuldigen Sie bitte ~** I am very sorry; **(ich) danke (Ihnen) ~** thank you very much, many thanks; **er läßt (dich) ~ grüßen** he sends you his best (*od.* kind) regards.

ˌViel·män·neˈrei [-mɛnəˈraɪ] *f* ⟨-; *no pl*⟩ polyandry, polygamy.

viel·mehr [ˌfiːlˈmeːr; ˈfiːlˌmeːr] **I** *adv* (*eher*) rather. **II** *conj* a) on the contrary, b) what is more; **er ist nicht nur der Initiator des Plans, ~ finanziert er ihn auch** he is not only the initiator of the plan, what is more, he finances it.

ˈviel|ˌpha·sig *adj electr.* multiphase, polyphase. **~ˌsa·gend I** *adj* meaningful, eloquent (*look*). **II** *adv* **j-n ~ ansehen** give s.o. a meaningful look. **~ˌschich·tig** [-ˌʃɪçtɪç] *adj fig.* complex, many-sided, intricate. **≈ˌschich·tig·keit** *f* ⟨-; *no pl*⟩ complexity, many-sidedness. **≈-ˌschrei·ber** *m contp.* scribbler.

ˈvielˌsei·tig I *adj* **1.** *Mensch, Begabung etc*: many-sided, versatile, all-(a)round, *Interessen etc*: manifold; **mit ~er Verwendung** with (*od.* having) many (*od.* a variety of) uses. **2. auf ~en Wunsch** by popular request. **3.** *math.* many-sided, polygonal. **II** *adv* **4. ~ begabt (gebildet, interessiert** *etc*) many-sided, versatile; **~ verwendbar, ~ anwendbar** versatile, all-(a)round, multipurpose. **≈keit** *f* ⟨-; *no pl*⟩ *allg.* versatility, *e-r Person*: *a.* many-sidedness. **≈keitsˌprü·fung** *f beim Reiten*: three-day event.

ˈviel|ˌsil·big [-ˌzɪlbɪç] *adj* polysyllabic (-al). **~ˌspra·chig** [-ˌʃpraːxɪç] *adj* multilingual, polyglot. **~ˌstel·lig** [-ˌʃtɛlɪç] *adj ganze Zahl*: of many digits, *Dezimalzahl*: of many places.

ˈvielˌstim·mig [-ˌʃtɪmɪç] *adj mus.* many-voiced, multivoiced. **≈keit** *f* ⟨-; *no pl*⟩ multivoiced texture.

ˌvielˈtau·sendˌmal *adv* thousands (and thousands) of times.

ˈviel|ˌtei·lig *adj* having (*od.* divided into) many parts, multipartite. **~ˌumˌstrit·ten** *adj* controversial, much-debated. **~ˌumˌwor·ben** *adj* much-sought-after. **~verˌhei·ßend, ~verˌspre·chend** *adj* promising. **≈ˌvöl·kerˌstaat** *m* multiracial state.

ˌViel·wei·beˈrei [-vaɪbəˈraɪ] *f* ⟨-; *no pl*⟩ polygyny, polygamy.

ˈviel|ˌwer·tig *adj* **1.** *chem.* polyvalent, multivalent. **2.** *math.* many-valued. **≈-ˌwis·ser** [-ˌvɪsər] *m* ⟨-s; -⟩ *contp.* pundit. **≈ˌzahl** *f* ⟨-; *no pl*⟩ **(von** of) multitude, multiplicity.

ˈVielˌzweck... *in Zssgn* multipurpose.

vier [fiːr] *adj* four; *Anwendungsbeispiele* → **drei**; **unter ~ Augen** in private, privately; **Gespräch unter ~ Augen** confidential (*od.* private) conversation, tête-à-tête; *colloq.* **alle ~e von sich strecken** stretch (o.s.) out, lie down (*od.* lean back) and relax; **auf allen ~en** on all fours; *pol.* **die großen ≈** the Big Four.

Vier *f* ⟨-; -en⟩ **1.** (number *od.* figure) four. **2.** *auf Würfel etc*: four; **zwei ~en würfeln** throw two fours. **3.** *ped.* (*Zensur*) fair; **e-e ~ bekommen** be given the mark (of) fair. **~ˌach·ser** [-ˌʔaksər] *m* ⟨-s; -⟩ four-axle vehicle. **≈ˌach·sig** [-ˌʔaksɪç] *adj* four-axle, eight-wheel(ed). **~ˌbei·ner** [-ˌbaɪnər] *m* ⟨-s; -⟩ fourlegged animal, quadruped. **≈ˌbei·nig** *adj* fourlegged. **≈ˌblät·te·rig, ≈-ˌblätt·rig** *adj bot.* four-leaf, four-leaved. **~ˌeck** *n* ⟨-(e)s; -e⟩ *bes. math.* quadrangle, (*Rechteck*) rectangle, (*Quadrat*) square. **≈ˌeckig** (*getr.* -k·k-) *adj bes. math.* quadrangular, (*rechteckig*) rectangular, (*quadratisch*) square.

ˈVie·rer *m* ⟨-s; -⟩ **1.** *colloq. for* **Vier. 2.** (bus) number four. **3.** *im Lotto etc*: four (numbers) right. **4.** *Rudern*: four, (*Wettbewerb*) fours *pl*; **~ mit Steuermann** coxed four. **~ausˌschuß** *m* committee of four. **~grup·pe** *f* group of four; **in ~n** in groups of four. **~kon·feˌrenz** *f pol.* four-power conference.

ˈvie·rerˈlei *adj* ⟨*invariable*⟩ of four kinds (*od.* sorts), four kinds (*od.* sorts) of, four (different); **ich wünsche mir ~** I'd like to have four things.

ˈVie·rer|ˌrei·he *f* **in ~n** in rows of four. **~ˌtakt** *m mus.* four-four time.

ˈvierˌfach I *adj* fourfold, quadruple; **in ~er Ausfertigung** (*od.* **Ausführung**) in quadruplicate, in four copies; **die ~e Menge** four times the quantity. **II** *adv* fourfold, four times; **et. ~ zs.-legen** fold s.th. in four. **III ≈e, das** ⟨-n⟩ four times the amount, the quadruple; **acht ist das ≈e von zwei** eight is four times two.

ˌVierˈfar·benˌdruck *m* ⟨-(e)s; -e⟩ **1.** ⟨*only sg*⟩ four-colo(u)r printing. **2.** four-colo(u)r print.

ˈVier|ˌflach *n* ⟨-(e)s; -e⟩, **~ˌfläch·ner** [-ˌflɛçnər] *m* ⟨-s; -⟩ *math.* tetrahedron. **~ˌfü·ßer** *m* ⟨-s; -⟩ *zo.* quadruped (animal). **≈ˌfü·ßig** *adj* four-footed. **~ˌgang·geˌtrie·be** *n tech.* four-speed drive. **≈-ˌgän·gig** *adj Schraube*: quadruple-threaded, *Getriebe*: four-speed. **~-ˌgangˌschal·tung** *f* four-speed gear change (*bes. Am.* gearshift). **~geˌspann** *n* **1.** team of four horses. **2.** *fig. colloq.* foursome. **≈geˌstri·chen** *adj mus.* four-line. **≈ˌglied·rig** *adj math.* quadrinomial. **≈ˌhän·dig I** *adj mus.* for four hands. **II** *adv* **~ spielen** play a piece (*od.* pieces) for four hands.

ˈvierˈhun·dert *adj* ⟨*cardinal number*⟩ four hundred. **≈ˈjahrˌfei·er** [ˌfiːrˈhʊn-dərt-] *f* quadricentennial, quatercentenary.

ˌVierˈjah·resˌplan *m* four-year plan.

ˈvier|ˌjäh·rig *adj* **1.** four-year, of four years. **2.** four-year-old. **≈ˌjäh·ri·ge** *m, f* ⟨-n; -n⟩ four-year-old (child). **≈ˌkant** *n, m* ⟨-(e)s; -e⟩ *tech.* square. **≈ˌkant...** *in Zssgn* square (*head, nut, bolt, etc*). **≈-ˌkantˌholz** *n* squared timber. **~ˌkan·tig** *adj* square. **~ˌköp·fig** [-ˌkœpfɪç] *adj* **1.** *Familie etc*: (consisting) of four (persons), four-person. **2.** *Ungeheuer etc*: four-headed.

ˈVier·ling *m* ⟨-s; -e⟩ **1.** quadruplet. **2.** four-barrel([l]ed) gun. **~sˌflak** *f* four-barrel(l)ed AA gun.

ˌVierˈmäch·te|abˌkom·men *n* four-power agreement. **~kon·feˌrenz** *f* four-power conference.

ˈvier|ˌmal *adv* four times; **~ so viel** four times as much. **~ˌma·lig** *adj* done (*od.* repeated) four times; **nach ~em Versuch** after four attempts. **≈ˌma·ster** [-ˌmastər] *m* ⟨-s; -⟩ four-master, four-masted ship. **~ˌmo·na·tig** [-ˌmoːnatɪç] *adj* **1.** four-month, of four months. **2.** four-month-old (*baby, etc*). **~ˌmo·natˌlich I** *adj* four-monthly. **II** *adv* every four months. **~moˌto·rig** [-moˌtoːrɪç] *adj bes. aer.* four-engine(d). **≈ˌpol** *m electr.* four-terminal network. **~ˌpo·lig** *adj* four-pole, quadripolar. **~proˌzen·tig** [-proˌtsɛntɪç] *adj econ.* four-per-cent.

ˈVierˌrad|anˌtrieb *m tech.* four-wheel drive. **~brem·se** *f* four-wheel brake.

ˈvier|ˌrä·de·rig [-ˌrɛːdərɪç], **~ˌräd·rig** [-ˌrɛːdrɪç] *adj* four-wheel(ed). **~ˌsai·tig** [-ˌzaɪtɪç] *adj mus. Instrument*: four-string(ed). **~ˌschrö·tig** [-ˌʃrøːtɪç] *adj* burly, square-built, thickset, husky. **~-ˌsei·tig** *adj* **1.** four-sided, tetragonal. **2.** *pol. Abkommen etc*: quadripartite. **3.** *Brief etc*: of four pages, four-page(d). **≈ˌsit·zer** [-ˌzɪtsər] *m* ⟨-s; -⟩ *mot.* four-seater. **~ˌsit·zig** *adj* with four seats. **~ˌspal·tig** [-ˌʃpaltɪç] *adj Zeitungsartikel etc*: four-column(ed). **~ˌspän·nig** [-ˌʃpɛnɪç] **I** *adj Wagen*: four-horse. **II** *adv* **~ fahren** drive with four horses. **~ˌspu·rig** [-ˌʃpuːrɪç] *adj Straße etc*: four-lane(d). **~ˌstel·lig** [-ˌʃtɛlɪç] *adj math. ganze Zahl*: four-digit, *Dezimalzahl, Logarithmus*: four-place. **≈-ˈSter·ne-Ge·neˌral** [ˌfiːr-] *m* four-star general. **~ˌstim·mig** [-ˌʃtɪmɪç] **I** *adj mus.* in four parts, four-part. **II** *adv* **~ singen** sing in four voices. **~ˌstöckig** (*getr.* -k·k-) [-ˌʃtœkɪç] *adj* four-stor(e)y, four-storeyed, *bes. Am.* four-storied. **~ˌstrah·lig** [-ˌʃtraːlɪç] *adj Strahltriebwerk*: four-jet. **~ˌstro·phig** [-ˌʃtroːfɪç] *adj* four-verse. **~ˌstu·fig** *adj Schaltgetriebe*: four-speed, *Kompressor, Rakete etc*: four-stage. **~ˌstün·dig** [-ˌʃtʏndɪç] *adj* four-hour, of four hours.

viert [fiːrt] *adj* **1.** fourth. **2. zu ~** *etc* → **dritt** 2.

ˈvier|ˌtä·gig *adj* **1.** four-day, of four days. **2.** four-day-old. **≈ˌtakt** *m mot.* four-stroke cycle. **≈ˌtak·ter** *m* ⟨-s; -⟩, **≈ˌtaktˌmo·tor** *m* four-stroke engine. **~ˈtau·send** *adj* ⟨*cardinal number*⟩ four thousand.

ˈVier·te *m, f* ⟨-n; -n⟩, *n* ⟨-n; *no pl*⟩ **1.** fourth. **2.** *mit Kleinschreibung*: **der ~** the fourth (person); → *a.* **Dritte.**

ˈvier|ˌtei·len *v/t* ⟨h⟩ **1.** → **vierteln. 2.** *hist.* quarter. **~ˌtei·lig** *adj* **1.** four-part, *Besteck etc*: four-piece. **2.** *math.* quadrinomial.

Vier·tel[1] [ˈfɪrtəl] **I** *n* ⟨-s; -⟩ **1.** *bes. math.* fourth (part). **2.** (*Maßangabe, a. Mond≈*) quarter; **ein ~ der Summe (des Apfels)** a quarter of the sum (the apple). **3.** (*~stunde*) quarter; **es ist (ein) ~ vor eins** (*od.* **drei ~ eins**) it is a quarter to (*Am. a.* of) one; **es hat ~ geschlagen** it has struck the (first) quarter. **4.** *colloq. for* **Viertelliter, Viertelpfund. 5.** → **Viertelnote. II ≈** *adj* **6. in drei ~ Stunden** in three quarters of an hour.

ˈVier·tel[2] *n* ⟨-s; -⟩ (*Stadt≈*) quarter.

ˈVier·tel|ˌbo·gen *m print.* quarter of a sheet. **~ˌdre·hung** *f* quarter turn. **~fiˌna·le** *n Sport*: quarterfinals *pl*, quarterfinal round. **~ˌjahr** *n* three months *pl*.

ˌVier·tel|ˈjah·res... *in Zssgn* quarterly (*report, review, etc*). **~jahrˈhun·dert** *n* quarter of a century, 25 years *pl*.

ˈvier·tel|ˌjäh·rig *adj* **1.** three-month-old. **2.** three-month, of three months. **~ˌjähr·lich I** *adj Rate, Versammlung etc*: quarterly, *Kündigung etc*: three months (*notice, etc*). **II** *adv* every three months, quarterly. **≈ˌkreis** *m math.* quadrant. **≈ˌli·ter** *m, n* quarter of a litre (*Am.* liter). **≈ˌme·ter** *n, m* quarter of a metre (*Am.* meter). **≈ˌmor·gen** *m agr.* rood.

vier·teln [ˈfɪrtəln] *v/t* ⟨h⟩ quarter, divide *s.th.* into four (equal) parts.

ˈVier·tel|ˌno·te *f mus.* crotchet, *Am.* quarter note. **~ˌpau·se** *f* crotchet (*Am.* quarter-note) rest. **~ˌpfund** *n* quarter (of a [German] pound). **~ˌstun·de** *f* quarter of an hour, *Am. colloq.* quarter hour. **≈ˌstün·dig** [-ˌʃtʏndɪç] *adj* of a quarter of an hour, 15 minutes'. **≈ˌstünd·lich I** *adj* (occurring) every 15 minutes (*od.* every quarter of an hour), *in intervals* of 15 minutes (*od.* of a quarter of an hour). **II** *adv* every 15 minutes (*od.* quarter of an hour). **~ˌton** *m mus.* quarter tone. **~ˌzent·ner** *m* quarter (of a hundredweight).

ˈvier·tens *adv* fourthly, in the fourth place.

ˈviertˌletzt *adj* fourth last, last but three.

ˈvierˌtü·rig [-ˌtyːrɪç] *adj* four-door (*car, etc*).

ˈVie·rung *f* ‹-; -en› *arch.* crossing.

ˌVierˈvier·telˌtakt *m mus.* four-four time.

ˈvier|ˌwer·tig *adj* **1.** *chem.* quadrivalent, tetravalent. **2.** *math.* four-value. **~ˌzehn** [ˈfɪr-] **I** *adj* ‹*cardinal number*› fourteen; **er ist ~ (Jahre alt)** he is fourteen (years old); **~ Tage** two weeks, *bes. Br.* a fortnight *sg.* **II ≈** *f* ‹-; -en› (number) fourteen. **~ˌzehnˌjäh·rig** *adj* **1.** fourteen-year, of fourteen years. **2.** fourteen-year-old. **~ˌzehnt** *adj* ‹*ordinal number*› fourteenth. **~ˌzehnˌtä·gig** *adj* fourteen-day, of fourteen days, of two weeks, *bes. Br.* of a fortnight; **ein ~er Urlaub** two weeks (*bes. Br.* a fortnight's) holiday. **~ˌzehnˌtäg·lich I** *adj* two-weekly, *bes. Br.* fortnightly. **II** *adv* every two weeks (*bes. Br.* fortnight); **~ erscheinend** biweekly (*paper*). **≈ˌzehn·te** *m, f* ‹-n; -n›, *n* ‹-n; *no pl*› fourteenth. **~ˌzehn·tel I** *adj* fourteenth (part) of. **II ≈** *n* ‹-s; -› fourteenth (part). **~ˌzehn·tens** *adv* in the fourteenth place. **≈zei·ler** [ˈfiːrˌtsaɪlər] *m* ‹-s; -› *metr.* stanza of four lines, quatrain. **~ˌzei·lig** *adj* four-line, of four lines.

vier·zig [ˈfɪrtsɪç] **I** *adj* **1.** forty; **etwa ~ (Jahre alt) sein** be about forty, *bes. Br. colloq.* be fortyish; **über ~ sein** be over (*od.* past) forty, *colloq.* be on the wrong (*od.* shady) side of forty; **in den ~er Jahren** in the forties. **II ≈** *f* ‹-; -en› **2.** (number) forty. **3.** ‹*only sg*› forties *pl*; **Mitte (Ende) (der) ≈ sein** be in one's mid(dle) (late) forties.

ˈvier·zi·ger *adj* ‹*invariable*› **in den ~ Jahren** in the forties (*of a century*). **ˈVier·zi·ger** *m* ‹-s; -› **1.** man in his forties, man of forty. **2. die ~** *pl* the forties; **in den ~n sein** be in one's forties. **ˈVier·zi·ge·rin** *f* ‹-; -nen› woman in her forties. **ˈVier·zi·ger·jah·re, die** *pl* the forties.

ˈvier·zig|ˌfach *adj* fortyfold. **~ˌjäh·rig I** *adj* **1.** forty-year-old, quadragenarian. **2.** forty-year, of forty years. **II ≈e** *m, f* ‹-n; -n› **3.** quadragenarian. **~ˌmal** *adv* forty times.

ˈvier·zigst I *adj* ‹*ordinal number*› fortieth. **II ≈e** *m, f* ‹-n; -n›, *n* ‹-n; *no pl*› (the) fortieth. **ˈvier·zig·stel I** *adj* fortieth (part) of. **II ≈** *n* ‹-s; -› fortieth (part).

ˌVier·zig|ˈstun·denˌwo·che *f* forty-hour week. **≈ˌtä·gig** [ˈfɪrtsɪç-] *adj* of forty days.

ˈVier·zyˌlin·der *m colloq.* four-cylinder (car). **~ˌmo·tor** *m* four-cylinder engine.

ˈvier·zyˌlin·drig [-tsiˌlɪndrɪç; -tsy-] *adj* four-cylinder, of four cylinders.

Vi·et·cong [vɪɛtˈkɔŋ] *m* ‹-; -(s)› Vietcong.

Vi·et·na·me|se [vɪɛtnaˈmeːzə] *m* ‹-n; -n› Vietnamese. **~sin** *f* ‹-; -nen› Vietnamese (woman *od.* girl). **~sisch I** *ling.* ‹*generally undeclined*›, **das ~e** ‹-n›. **II ≈** *adj* Vietnamese.

vif [viːf] *adj colloq.* bright, alert.

Vi·gnet·te [vɪnˈjɛtə] *f* ‹-; -n› *print.* vignette.

Vi·kar [viˈkaːr] *m* ‹-s; -e› **1.** curate. **2.** *Swiss ped.* substitute teacher. **Vi·ka·ri·at** [vikaˈrĭaːt] *n* ‹-(e)s; -e› curacy.

Vik·to·ria·nisch [vɪktoˈrĭaːnɪʃ] *adj hist.* Victorian.

Vi·kun·ja [viˈkʊnja] *n* ‹-s; -s› *u. f* ‹-; -jen› *zo.* vicuña, vicuna, vicugna.

Vil·la [ˈvɪla] *f* ‹-; Villen› villa.

ˈVil·len|ko·loˌnie *f*, **~ˌvier·tel** *n* (fashionable) residential district.

Vin·ai·gret·te [vinɛˈgrɛtə] *f* ‹-; -n› *gastr.* vinaigrette (sauce).

Vio·la [ˈvĭoːla] *f* ‹-; Violen› *mus.* viola.

vio·lett [vĭoˈlɛt] **I** *adj.* **II ≈** *n* ‹-s; *no pl*› violet.

Vio·li·ne [vĭoˈliːnə] *f* ‹-; -n› *mus.* violin; **(die) erste ~ spielen** play first violin.

Vio·li·nist [vĭoliˈnɪst] *m* ‹-en; -en›, **Vio·liˈni·stin** *f* ‹-; -nen› *mus.* violinist.

Vioˈlin... *in Zssgn mus.* violin (*bow, string, sonata, lesson, etc*). **~ˌschlüs·sel** *m* violin (*od.* treble, G) clef.

Vio·lon·cel·lo [vĭolɔnˈtʃɛlo] *n* ‹-s; -s *od.* -celli [-li]› *mus.* violoncello.

Vi·per [ˈviːpər] *f* ‹-; -n› *zo.* viper, adder.

Vir·gi·nia [vɪrˈgiːnĭa; vɪrˈdʒiːnĭa] *f* ‹-; -s› Virginia cigar. **~ˌta·bak** *m* Virginia tobacco.

vi·ril [viˈriːl] *adj med.* virile. **Vi·ri·liˈtät** [-riliˈtɛːt] *f* ‹-; *no pl*› virility.

Vi·ro|lo·ge [viroˈloːgə] *m* ‹-n; -n› *med.* virologist. **~loˈgie** [-loˈgiː] *f* ‹-; *no pl*› virology. **≈ˈlo·gisch** *adj* virological.

vir·tu·os [vɪrˈtŭoːs] **I** *adj* virtuoso (*performance, etc*), masterly, virtuosic. **II** *adv* masterly, in a virtuoso way. **Vir·tuo·se** [-ˈtŭoːzə] *m* ‹-n; -n› *bes. mus.* virtuoso (**auf** *dat* on). **Vir·tuo·sen·tum** [-ˈtŭoːzən-] *n* ‹-s; *no pl*›, **Vir·tuo·siˈtät** [-tŭoziˈtɛːt] *f* ‹-; *no pl*› virtuosity.

vi·ru|lent [viruˈlɛnt] *adj med.* virulent. **≈ˈlenz** [-ˈlɛnts] *f* ‹-; *no pl*› virulence.

Vi·rus [ˈviːrʊs] *n, m* ‹-; Viren› *med.* virus. **~ˌgrip·pe** *f* virus influenza. **~in·fek·tiˌon** *f* virus (*od.* viral) infection, virosis. **~ˌkrank·heit** *f* virus disease, virosis.

Vi·sa·ge [viˈzaːʒə] *f* ‹-; -n› *colloq. contp.* dial, map, mug, phiz, *Br.* physog (*alle sl.*).

vis-à-vis [vizaˈviː] **I** *adv u. prep* ‹*dat*›, **II ≈** *n* ‹- [-ˈviː(s)]; - [-ˈviːs]› vis-á-vis.

Vi·sier [viˈziːr] *n* ‹-s; -e› **1.** *hist. am Helm*: visor; *fig.* **mit offenem ~ kämpfen** be open about one's dealings. **2.** *am Gewehr*: sight; **das ~ (ein)stellen** set the sight. **~ˌeinˌrich·tung** *f* sight([ing] device).

vi·sie·ren [viˈziːrən] **I** *v/t* ‹*no* **ge-**, **h**› → **anvisieren** 1. **II** *v/i* (*zielen*) take aim.

Viˈsier|ˌfernˌrohr *n mil.* sighting telescope. **~ˌli·nie** *f* line of sight. **~ˌwin·kel** *m* angle of sight.

Vi·si·on [viˈzĭoːn] *f* ‹-; -en› vision (*a. fig.*); **~en haben** have visions. **vi·sio·ˈnär** [-zĭoˈnɛːr] *adj* visionary.

Vi·si·ta·ti·on [vizitaˈtsĭoːn] *f* ‹-; -en› (*Besichtigung*) visitation, inspection, (*Durchsuchung*) search.

Vi·si·te [viˈziːtə] *f* ‹-; -n› **1.** *im Krankenhaus*: round; **der Arzt kommt zur ~** the doctor is coming on his round. **2.** *colloq.* visit, call. **Viˈsi·tenˌkar·te** *f* visiting (*Am. a.* calling) card.

vi·si·tie·ren [viziˈtiːrən] *v/t* ‹*no* **ge-**, **h**› **1.** (*besichtigen*) visit, inspect. **2.** (*durchsuchen*) search.

vis·kos [vɪsˈkoːs], **visˈkös** [-ˈkøːs] *adj* viscous, viscose, *bes. phys.* viscid. **Vis·ko·se** [vɪsˈkoːzə] *f* ‹-; *no pl*› viscose. **Vis·ko·siˈme·ter** [-koziˈmeːtər] *n* ‹-s; -› visco(si)meter. **Vis·ko·siˈtät** [-koziˈtɛːt] *f* ‹-; *no pl*› viscosity.

vi·su·ell [viˈzŭɛl] *adj* visual.

Vi·sum [ˈviːzʊm] *n* ‹-s; **Visa** [-za] *od.* **Visen**› visa, visé; **ein ~ in e-n Paß eintragen** visa a passport. **~ˌzwang** *m* obligation to hold a visa; **in ... herrscht ~** it is compulsory to hold (*od.* obtain) a visa in ...

Vi·ta [ˈviːta] *f* ‹-; **-tae** [-tɛ] *od.* **Viten**› (*Leben, Lebenslauf*) vita. **vi·tal** [viˈtaːl] *adj* **1.** (*lebensvoll*) vigorous, lively, vital, full of life. **2.** (*lebenswichtig*) vital (*interests, etc*). **Vi·ta·lis·mus** [vitaˈlɪsmʊs] *m* ‹-; *no pl*› *philos.* vitalism. **Vi·ta·liˈtät** [vitaliˈtɛːt] *f* ‹-; *no pl*› vitality, vigo(u)r.

Vi·ta·min [vitaˈmiːn] *n* ‹-s; -e› vitamin; **~ C** vitamin C, ascorbic acid; **mit ~en angereichert** vitaminized. **≈ˌarm** *adj Kost*: poor in vitamins, low-vitamin. **~beˌdarf** *m* vitamin requirement. **~geˌhalt** *m* vitamin content. **≈ˌhal·tig** *adj* vitamin-containing.

vi·ta·mi·nie·ren [vitamiˈniːrən], **vi·ta·mi·niˈsie·ren** [-niˈziːrən] *v/t* ‹*no* **ge-**, **h**› vitaminize, add vitamins to.

Vi·taˈmin|ˌman·gel *m med.* vitamin deficiency. **~ˌman·gel·erˌschei·nung** *f* vitamin deficiency symptom. **≈ˌreich** *adj* vitamin-rich, rich in vitamins. **~ˌstoß** *m med.* massive dose of vitamins, stoss of vitamins. **~taˌblet·te** *f* vitamin tablet.

Vi·tri·ne [viˈtriːnə] *f* ‹-; -n› **1.** glass (*od.* china) cabinet. **2.** (*Schaukasten*) showcase, display case (*od.* cabinet), vitrine.

Vi·tri·ol [vitriˈoːl] *n* ‹-s; -e› *chem.* vitriol. **≈ˌar·tig, ≈ˌhal·tig** *adj* vitriolic.

vi·triˈolisch *adj chem.* vitriolic.

Vi·triˈolˌöl *n chem.* sulphuric acid.

vi·va·ce [viˈvaːtʃe] *adv u. adj mus.* (*lebhaft*) vivace.

Vi·va·ri·um [viˈvaːrĭʊm] *n* ‹-s; -rien› (*Aquarium, Terrarium*) vivarium.

vi·vat [ˈviːvat] **I** *interj* long live ..., three cheers for ... **II ≈** *n* ‹-s; -s› **ein ~ ausbringen auf** (*acc*) give three cheers for.

vi·vi|par [viviˈpaːr] *adj biol.* viviparous. **≈sek·tiˈon** [-zɛkˈtsĭoːn] *f* ‹-; -en› vivisection, biotomy. **~seˈzie·ren** [-zeˈtsiːrən] *v/t* ‹*no* **ge-**, **h**› vivisect.

ˈVi·ze|ad·miˌral [ˈfiːtsə-; ˈviːtsə-] *m* vice-admiral. **~ˌkanz·ler** *m* vice-chancellor. **~ˌkö·nig** *m* viceroy. **~ˌkon·sul** *m* vice-consul. **~ˌmei·ster** *m Sport*: runner-up (**hinter** *dat* to). **~prä·siˌdent** *m* vice-president.

Vlies [fliːs] *n* ‹-es; -e› fleece.

V-ˌMann [ˈfaʊ-] *m* ‹-(e)s; ⸚er *u.* -leute› **1.** → **Verbindungsmann. 2.** undercover detective (*od.* agent, man). **V-ˌMo·tor** [ˈfaʊ-] *m* V-type engine. **~ˌNaht** [ˈfaʊ-] *f tech.* single-V-butt weld.

Vo·gel [ˈfoːgəl] *m* ‹-s; ⸚› **1.** bird; **weiblicher ~** hen (bird); **männlicher ~** cock (-bird); **~ Strauß** ostrich; *Bibl.* **die Vögel unterm Himmel** the fowls of the air; *fig. colloq., a. iro.* **den ~ abschießen** steal the show, take the cake; **der ~ ist ausgeflogen** the bird has (*od.* is) flown; **der ~ ist ins Garn** (*od.* **auf den Leim**) **gegangen** the bird has been caught; **friß, ~, oder stirb!** do or die!, sink or swim! **2.** *fig. colloq.* bird, fellow; **ein komischer ~** a funny (*od.* an odd) bird; **ein lustiger ~** a gay spark; **ein loser** (*od.* **lockerer**) **~** a loose fellow. **3.** *fig. colloq.* **e-n ~ haben** have bats in the belfry, have a bee in one's bonnet; **j-m den ~ zeigen** tap one's forehead at s.o. (*as a rude sign that he is stupid*). **4.** *aer. colloq.* (*Flugzeug*) bird. **~ˌbau·er** *n, m* birdcage. **~ˌbeerˌbaum** *m* rowan (tree). **~ˌbee·re** *f* rowanberry.

Vö·gel·chen [ˈføːgəlçən] *n* ‹-s; -› little bird, birdie, dick(e)ybird.

ˈVo·gel|ˌei *n* bird's egg. **~ˌfang** *m* bird-catching, fowling. **~ˌfän·ger** *m* bird catcher, fowler. **~ˌflin·te** *f* fowling piece, *Am. a.* bird gun. **~ˌflug** *m* flight of birds. **~ˌfrei** *adj jur. hist.* outlawed, proscribed; **für ~ erklären** proscribe, outlaw. **~ˌfreund** *m* bird fancier. **~ˌfut·ter** *n* bird food, birdseed. **~geˌzwit·scher** *n* warbling (*od.* warble, twitter[ing]) of birds. **~ˌhänd·ler** *m* birdseller. **~ˌhand·lung** *f* bird shop (*bes. Am.* store). **~ˌhaus** *n* birdhouse, aviary. **~ˌherd** *m hunt. hist.* fowling floor. **~ˌjun·ge** *n* young bird, *flügges:* fledg(e)ling. **~ˌkä·fig** *m* birdcage. **~ˌkir·sche** *f* rowanberry. **~ˌkun·de** *f* ⟨-; *no pl*⟩ ornithology. **~ˌleim** *m* birdlime. **~ˌmist** *m* bird droppings *pl.*

vö·geln [ˈfø:gəln] *v/t u. v/i* ⟨h⟩ *vulg.* fuck, screw, bang.

ˈVo·gel|ˌnest *n* bird's nest (*a. gastr.*); **~er ausnehmen** bird's-nest. **~per·spek·ˌti·ve** *f* ⟨-; *no pl*⟩ bird's-eye view; **Berlin aus der ~** a bird's-eye view of Berlin. **~ˌschar** *f* flight (*od.* flock) of birds. **~ˌschau** *f* ⟨-; *no pl*⟩ → Vogelperspektive. **~ˌscheu·che** *f* scarecrow (*a. fig. Person*). **~ˌschutz** *m* ⟨-es; *no pl*⟩ protection of birds. **~ˌschutz·geˌbiet** *n* bird sanctuary. **~ˌschutzˌwar·te** *f* bird protection station. **~ˌspin·ne** *f* bird spider, hairy mygalomorph. **~ˌstel·ler** *m* ⟨-s; -⟩ → Vogelfänger. **~ˌstim·me** *f* birdcall.

ˌVo·gel-ˈStrauß-Po·liˌtik *f* ⟨-; *no pl*⟩ ostrich policy; **~ treiben** pursue an ostrich policy, bury one's head in the sand.

ˈVo·gel|ˌstrich *m* leapfrog migration, partial bird migration. **~ˌwar·te** *f* ornithological station. **~ˌzug** *m* bird migration.

Vög·lein [ˈfø:glaın] *n* ⟨-s; -⟩ little bird, birdie, dick(e)ybird.

Vogt [fo:kt] *m* ⟨-(e)s; ⸚e⟩ *hist.* (*Aufseher*) overseer, (*Amtmann*) bailiff, (*Statthalter*) governor, (*Verwalter*) administrator, *e-s Gutes:* steward. **Vog·tei** [fo:kˈtaı] *f* ⟨-; -en⟩ *hist.* office (*od.* residence, jurisdiction) of a governor (*od.* bailiff).

Vo·ka·bel [voˈka:bəl] *f* ⟨-; -n⟩ word; **die ~n** the vocabulary *sg*; **~n lernen** learn vocabulary; **j-m die ~n abhören** hear (*od.* ask) s.o. his vocabulary. **~ˌheft** *n* vocabulary book.

Vo·ka·bu·lar [vokabuˈla:r] *n* ⟨-s; -e⟩ vocabulary.

Vo·kal [voˈka:l] **I** *m* ⟨-s; -e⟩ *ling.* vowel. **II** ~ *adj mus.* vocal. **~ˌanˌlaut** *m* initial vowel; **mit ~** beginning with a vowel. **~ˌausˌlaut** *m* final vowel; **mit ~** ending in a vowel.

voˈka·lisch *adj ling.* vocalic, vowel.

vo·ka·li·sie|ren [vokaliˈzi:rən] *v/t* ⟨*no* ge-, h⟩ *ling.* vocalize. **~rung** *f* ⟨-; -en⟩ vocalization.

Vo·ka·lis·mus [vokaˈlısmus] *m* ⟨-; *no pl*⟩ *ling.* vocalism.

Voˈkal|muˌsik *f* vocal music. **~ˌreich** *adj ling.* vocalic. **~syˌstem** *n* vowel system, vocalism.

Vo·ka·tiv [ˈvo:kati:f; vokaˈti:f] *m* ⟨-s; -e⟩ *ling.* vocative.

Vo·lant[1] [voˈlã:] *m* ⟨-s; -s⟩ frill, flounce.

Voˈlant[2] *m* ⟨-s; -s⟩ *obs.* steering wheel.

Vo·lie·re [voˈlie:rə] *f* ⟨-; -n⟩ volary.

Volk [fɔlk] *n* ⟨-(e)s; ⸚er⟩ **1.** people, nation; **das deutsche ~** the German people; **die Völker Europas** the peoples (*od.* nations) of Europe; **das auserwählte ~** the Chosen People. **2.** ⟨*only sg*⟩ (*Bevölkerung, Leute*) people; **das einfache ~** the common people; **das junge ~** the young people (*od.* folk[s]); **ein Mann aus dem ~** a man of the people; **im ganzen ~(e) Widerhall finden** find a nation-wide response; **unters ~ bringen** popularize, publish; *colloq.* **dem ~ aufs Maul schauen** speak (*od.* write) like ordinary people; → **fahrend** 3. **3.** ⟨*only sg*⟩ class; **das arbeitende ~** the working class; **das gemeine ~** the lower class(es *pl*), the populace, *contp.* the common herd, *stärker:* the rabble. **4.** ⟨*only sg*⟩ (*Masse, Menge*) mass(es *pl*) of people, crowds *pl*, *contp.* crowd, *colloq.* lot; **viel ~(s)** large crowds, a mass of people; **sich unters ~ mischen** mingle with the crowd; *contp.* **ich kann dieses ~ nicht ausstehen** I cannot stand that lot; **dieses blöde ~** those fools. **5.** *zo. von Bienen:* swarm, *von Rebhühnern:* covey. **~ˌarm** *adj* thinly populated (*od.* peopled).

Völk·chen [ˈfœlkçən] *n* ⟨-s; -⟩ **lustiges ~** jolly lot (*od.* crowd).

ˈVöl·ker|ˌbund *m* ⟨-(e)s; *no pl*⟩ *hist.* League of Nations. **~faˌmi·lie** *f* family of nations. **~ˌfreund·schaft** *f* friendship among(st) nations. **~ˌfrie·de(n)** *m* peace among(st) nations. **~geˌmein·schaft** *f* international community. **~geˌmisch** *n* mixture of nations (*od.* peoples). **~ˌkrieg** *m* international war. **~ˌkun·de** *f* ⟨-; *no pl*⟩ ethnology. **~ˌkund·ler** [-ˌkuntlər] *m* ⟨-s; -⟩ ethnologist. **~ˌkund·lich** [-ˌkuntlıç] *adj* ethnologic(al). **~ˌmord** *m* genocide. **~ˌrecht** *n* ⟨-(e)s; *no pl*⟩ international (public) law, law of nations. **~ˌrecht·ler** *m* ⟨-s; -⟩ specialist in international law. **~ˌrecht·lich I** *adj Entscheidung:* bound by international law, *Fragen etc:* relating to international law. **II** *adv* according to (*od.* under) international law. **~schaft** *f* ⟨-; -en⟩ **1.** (group of) people. **2.** (*Stamm*) tribe. **~ˌschlacht, die** *hist.* the Battle of the Nations (*near Leipzig, 1813*). **~verˌsöh·nung** *f* reconciliation of nations (*od.* peoples). **~verˌstän·di·gung** *f* international understanding. **~ˌwan·de·rung** *f* **1.** *hist.* migration of (the) peoples (*od.* nations), völkerwanderung. **2.** *fig.* exodus.

völ·kisch [ˈfœlkıʃ] *adj* **1.** national. **2.** racial.

Völk·lein [ˈfœlklaın] *n* ⟨-s; -⟩ → Völkchen.

ˈvolkˌreich *adj* populous, densely populated.

ˈVolks|ˌabˌstim·mung *f* plebiscite, referendum. **~ˌak·tie** *f BRD econ.* people's share (*bes. Am.* stock). **~arˌmee** *f DDR* People's Army. **~arˌmist** [-ˀarˌmıst] *m* ⟨-en; -en⟩ member of the People's Army. **~ˌaufˌklä·rung** *f* public information campaign, public enlightenment. **~ˌaufˌstand** *m* popular (*od.* national) (up)rising, revolt. **~ˌausˌga·be** *f* popular edition. **~ˌbank** *f BRD econ.* industrial credit cooperative. **~beˌfra·gung** *f* **1.** (public) opinion poll. **2.** → **~beˌgeh·ren** *n* (petition for a) referendum, plebiscite. **~beˌlu·sti·gung** *f* popular entertainment. **~ˌbil·dung** *f* popular (*od.* national) education. **~ˌbil·dungsˌwerk** *n* adult education institution (*od.* organization). **~bü·cheˌrei** *f* public library. **~ˌbüh·ne** *f* people's theatre organization. **~chaˌrak·ter** *m* national character. **~de·mo·kraˌtie** *f* people's democracy. **~de·moˌkra·tisch** *adj* pertaining to a people's democracy. **~ˌdeut·sche** *m, f hist.* ethnic German. **~ˌdich·ter** *m* poet of the people, popular poet. **~ˌdich·tung** *f* popular poetry. **~ˌei·gen** *adj DDR econ.* a) state-owned, nationally owned, b) (*verstaatlicht*) nationalized; **~er Betrieb** state-owned company. **~ˌei·gen·tum** *n* national property; **~ sein** be state-owned; **in ~ überführen** nationalize. **~ˌeinˌkom·men** *n* national income. **~empˌfin·den** *n* **das gesunde ~** sound popular instinct. **~entˌscheid** *m* → Volksabstimmung. **~erˌhe·bung** *f* → Volksaufstand. **~erˌzäh·lung** *f* folktale. **~erˌzie·hung** *f* national education. **~ety·mo·loˌgie** *f ling.* folk etymology. **~ˌfeind** *m* enemy of the people (*od.* nation). **~ˌfeind·lich** *adj* hostile to the people (*od.* nation). **~ˌfest** *n* public festival. **~ˌfreund** *m* friend of the people. **~ˌgan·ze, das** the nation as a whole, the whole nation. **~geˌmein·schaft** *f* national community, nation. **~geˌnos·se** *m*, **~geˌnos·sin** *f hist. NS-Zeit:* national comrade. **~ˌglau·be(n)** *m* popular belief. **~ˌgrup·pe** *f* ethnic(al) group. **~ˌhau·fe(n)** *m* crowd(s *pl*) of people, *contp.* mob. **~ˌheld** *m* national hero. **~ˌhochˌschu·le** *f* adult evening classes *pl.* **~ˌhochˌschü·ler** *m*, **~ˌhochˌschü·le·rin** *f person attending adult evening classes.* **~ˌkam·mer** *f DDR pol.* People's Chamber. **~ˌkü·che** *f* (public) soup kitchen. **~ˌkun·de** *f* folklore. **~ˌkund·ler** [-ˌkuntlər] *m* ⟨-s; -⟩ folklorist. **~ˌkund·lich** [-ˌkuntlıç] *adj* folkloristic. **~ˌkunst** *f* ⟨-; *no pl*⟩ folk art, *handwerkliche:* folkcraft. **~ˌlauf** *m* open cross-country race. **~ˌlied** *n* folk song (*od.* tune). **~ˌmär·chen** *n* folktale, folk story. **~ˌmas·se** *f meist pl* masses *pl.* **~me·diˌzin** *f* folk medicine. **~ˌmei·nung** *f* public opinion. **~ˌmen·ge** *f* crowd (of people). **~mis·siˌon** *f relig.* lay mission. **~ˌmund** *m* ⟨-(e)s; *no pl*⟩ vernacular; **im ~** in the vernacular, in common parlance. **~muˌsik** *f* folkloric music, *bes. internationale:* folk music. **~ˌnah** *adj* that has the common touch, popular. **~parˌtei** *f* people's (*od.* national) party. **~po·liˌzei** *f DDR* people's police, national police force. **~po·liˌzist** *m* member of the people's (*od.* the national) police. **~ˌre·de** *f* public speech; *humor.* **halte k-e ~n!** stop speechifying! **~ˌred·ner** *m* popular speaker, *propagandistischer:* stump orator. **~re·puˌblik** *f* people's republic; **die ~ China** *etc* the people's republic of China, *etc.* **~ˌsa·ge** *f* folk legend. **~ˌschauˌspie·ler** *m* folk-play actor. **~ˌschicht** *f* social class (*od.* stratum). **~ˌschlag** *m* stock. **~ˌschrift·ˌstel·ler** *m* popular writer. **~ˌschulˌbil·dung** *f* education provided by the "Volksschule". **~ˌschu·le** *f* elementary (*od.* primary, *Am. a.* grade) school. **~ˌschü·ler** *m*, **~ˌschü·le·rin** *f* pupil at a "Volksschule". **~ˌschulˌleh·rer** *m*, **~ˌschulˌleh·re·rin** *f* teacher at a "Volksschule". **~ˌsee·le** *f* ⟨-; *no pl*⟩ *colloq.* **die empörte** (*od.* **kochende**) **~** the infuriated (*od.* seething) populace. **~ˌsport** *m* popular sport. **~ˌspra·che** *f* vernacular (language). **~ˌsprach·lich** *adj* vernacular, popular. **~ˌstamm** *m* tribe. **~ˌstim·mung** *f* feeling of the people. **~ˌstück** *n thea.* folk play. **~ˌtanz** *m* folk dance. **~thea·ter** [-teˌa:tər] *n* **1.** theat/re (*Am.* -er) for the performance of popular (*od.* vernacular) plays. **2. das ~** the popular stage. **~ˌtracht** *f* national (*od.* traditional) costume (*od.* dress). **~ˌtrau·er·ˌtag** *m* day of national mourning. **~ˌtum** *n* ⟨-s; *no pl*⟩ folklore.

ˈvolksˌtüm·lich [-ˌty:mlıç] **I** *adj* **1.** *Kunst etc:* folk (*art, music, remedy, etc*), folkloric, folklore (*orchestra, etc*), (*a. gemeinverständlich*) popular (*publication, song, etc*), (*herkömmlich*) traditional, *Tracht: a.* national (*costume, etc*). **2.** *im Benehmen etc:* folksy; *oft contp.* **sich ~ geben,** *colloq.* **auf ~ machen** act (*od.* try to be) folksy. **3.** (*beliebt*) popular (*politician, writer, etc*). **4.** *Preise etc:* within everyone's reach.

II *adv* **5.** *speak, write, etc* in a manner that appeals to ordinary people, in a popular way (*od.* style). **⁓keit** *f* <-; *no pl*> **1.** folkishness. **2.** traditional character. **3.** folksiness. **4.** popularity.

ˈVolks|überˌlie·fe·rung *f* popular tradition. **⁓verˌbun·den** *adj* ⁓ sein have close ties with the people. **⁓verˌbun·den·heit** *f* <-; *no pl*> close ties *pl* with (*od.* affection for) the people. **⁓verˌdum·mung** *f* brainwashing (of the people) (*etc*); → **Verdummung.** **⁓verˌfüh·rer** *m contp.* seducer of the people, demagog(ue *Br.*). **⁓verˌhet·zung** *f jur.* sedition, incitement to public disorder (*od.* racial discrimination, *etc*). **⁓verˌmö·gen** *n* national wealth. **⁓verˌsamm·lung** *f* **1.** *pol.* people's assembly. **2.** public meeting (*od.* gathering). **⁓verˌtre·ter** *m* representative of the people. **⁓verˌtre·tung** *f* **1.** representation of the people. **2.** parliament. **⁓ˌwei·se** *f mus.* folk tune. **⁓ˌwil·le** *m* popular will. **⁓ˌwirt** *m econ.* (political) economist. **⁓ˌwirt·schaft** *f* **1.** (political *od.* national) economy. **2.** → **Volkswirtschaftslehre.** **⁓ˌwirt·schaft·ler** *m* → **Volkswirt.** **⁓ˌwirt·schaft·lich** *adj* relating to economics. **⁓ˌwirt·schafts·ˌleh·re** *f* (allgemeine) ⁓ economics *pl* (*meist als sg konstruiert*). **⁓ˌwohlˌfahrt** *f* public welfare. **⁓ˌwohlˌstand** *m* national wealth (*od.* prosperity). **⁓ˌzäh·lung** *f* (population) census.

voll [fɔl] **I** *adj* <-er; -st> **1.** (*Ggs. leer*) full, (*⁓besetzt*) <*pred*> *a.* full up; **halb (dreiviertel)** ⁓ half (three-quarters) full; **der Bus ist** ⁓ the bus is full (up); **es war ziemlich** ⁓ **dort** there were quite some people there; **es war zu** ⁓ it was too crowded; **war es** ⁓ **im Theater?** was the house full?; **ein** ⁓**es Haus haben** a) *thea.* have a full house, b) *Hotel*: be full (up). **2.** *colloq.* ⁓ **sein** a) (*satt*) be full up, b) (*betrunken*) be tight, be plastered. **3.** ⁓**(er)** (*mit unflektierter Ergänzung ohne Artikel*), ⁓ **von,** ⁓ **mit,** ⁓ (*gen*) full of, (*erfüllt von*) filled with, (*beladen mit*) loaded (*od.* laden) with, *wenn Elimination möglich*: of; **ein Topf (⁓) Milch** a pot of milk; **der Eimer ist** ⁓**(er) Wasser** the bucket is full of water; **ein Koffer** ⁓**er Geschenke** a suitcase full of (*od.* filled with) presents; **et. ist** (*od.* **steckt**) ⁓**er Fehler, et. ist** ⁓ **von Fehlern** s.th. is full of mistakes; **e-e Schublade** ⁓ **mit unnützem Zeug** a drawer full of (*od.* full up with) junk; **der Platz war** (*od.* **stand**) ⁓ **von Menschen, der Platz stand** ⁓**er Menschen** the square was full of (*od.* crowded with) people; **er hat den Kopf** ⁓**er Ideen, er steckt** ⁓**(er) Ideen** he is full of ideas; **das Zimmer war** ⁓**er Rauch** the room was full of (*od.* filled with) smoke; ⁓**(er) Schmutz (Staub** *etc*) covered with dirt (dust, *etc*), dirty (dusty); **die Straße ist** (*od.* **liegt**) ⁓**er Abfälle** (*od.* ⁓ **von Abfällen**) the street is covered (*od.* strewn) with litter; **sie hat das Gesicht** ⁓**(er) Sommersprossen, ihr Gesicht ist** ⁓ **(von) Sommersprossen** her face is covered with freckles, she has freckles all over her face; **ein Wagen** ⁓**(er) Kartoffeln** a cart (loaded) with potatoes; **der Baum hängt** ⁓**er Früchte** (*od.* ⁓ **von [mit] Früchten**) the tree is laden with fruit; **die Zeitungen waren** ⁓ **von dem Ereignis** the papers were full of the event; ⁓**(er) Begeisterung (Freude, Angst** *etc*) full of enthusiasm (joy, fear, *etc*); ⁓**(er) Begeisterung an e-e Sache herangehen** go about s.th. with enthusiasm; **er war** ⁓**(er) Bewunderung für s-n Lehrer** he was full of (*od.* filled with) admiration for his teacher; **et.** ⁓**(er) Widerwillen tun** do s.th. with reluctance (*od.* reluctantly); **sich** ⁓**(er) Abscheu abwenden** turn away in disgust; **j-n** ⁓**(er) Erstaunen ansehen** look at s.o. in astonishment. **4.** *unflektiert nach Maßangaben*: ... **und kaufte (davon) e-n Korb** ⁓ ... and bought one basketful (of it); **davon trank er zwei Tassen** ⁓ he drank two cupfuls of it. **5.** (*ganz, vollständig*) *Name, Summe, Wahrheit, Unterstützung etc*: full, *Satz Briefmarken etc*: *a.* complete (*set*); ⁓**es Vertrauen** complete confidence; **mit** ⁓**er Geschwindigkeit** at full speed; **mit** ⁓**er Lautstärke laufen** *Radio, TV* go (at) full blast; **in** ⁓**er Höhe** *pay, reimburse, etc* in full; ⁓**e Stunde** *im Ggs. zur Unterrichtsstunde*: clock hour. **6. der Mond ist** ⁓ the moon is full (*od.* at the full). **7.** *bei Zahlen*: full; **drei** ⁓**e Stunden** three full (*od.* solid) hours, fully three hours; **es ist** ⁓**e drei Stunden her seit** it is fully three hours since *he left, etc*; ⁓**e 50 Jahre alt** quite (*od.* no less than) 50 years old; ⁓**e 10 Meilen** a full ten miles; **um ein** ⁓**es Drittel** by a full third. **8.** *Gesicht, Figur, Lippen, Busen etc*: full, *Arme, Schenkel*: well-rounded, *Wangen*: chubby, podgy; **ein** ⁓**es Gesicht haben** be full in the face; ⁓**er werden** *a.* fill out. **9.** *Haar*: thick, rich. **10.** *Stimme, Ton, Farbton, Geschmack etc*: full, rich, *Wein*: *a.* full-bodied. **11.** *substantiviert mit Kleinschreibung*: **aus dem** ⁓**en schöpfen** (*od.* **wirtschaften, leben**) draw on abundant (*od.* ample, lavish) resources, have plenty; *fig. colloq.* **in die** ⁓**en gehen** go all out, go hard at it. **II** *adv* **12.** (*ganz*) fully, (*vollkommen, a.* ⁓ **und ganz**) completely, fully, entirely, totally, wholly, all; ⁓ **verantwortlich (beschäftigt) sein** be fully responsible (occupied); ⁓ **besetzt sein** be full (up), *thea. etc a.* be filled to capacity; ⁓ **beladen** load *s.th.* to capacity; *colloq.* ⁓ **dasein** be with it; ⁓ **würdigen (begreifen)** appreciate (grasp) *s.th.* fully; ⁓ **für et. einstehen** answer fully for s.th.; ⁓ **ausnutzen** take full advantage of; **sich** ⁓ **entwickeln** develop fully; **j-n** ⁓ **ansehen** look full at s.o.; ⁓ **hineinrennen in** (*acc*) run into *s.th.* full tilt. **13.** (⁓*ständig*) in full; ⁓ **zahlen (ersetzen)** pay (refund, pay back) *s.th.* in full; **et.** ⁓ **bezahlen** pay the full price for s.th.; ⁓ **ausgeschrieben** *Name etc*: written in full; ⁓ **eingezahlt** *Kapital*: paid in full, (fully) paid-up. **14.** *fig.* **j-n (nicht) für** ⁓ **nehmen** (not to) take s.o. seriously; **ich mußte** ⁓ **bremsen** I had to jam hard on the brakes.

ˈvolla·den (*getr.* -llˌl-) *v/t* <*irr, sep,* **-ge-, h**> load *s.th.* up, load *s.th.* to capacity.

ˈVoll|akaˌde·mi·ker *m* university graduate. **⁓ak·tie** *f econ.* fully paid-up share (*bes. Am.* stock).

voll·auf [ˈfɔlˌʔauf; ˌfɔlˈʔauf] *adv* quite, perfectly, entirely, altogether; **das genügt** ⁓ that is quite enough; ⁓ **zufrieden** perfectly (*od.* quite) satisfied; ⁓ **zu tun haben** have quite enough (*od.* plenty) to do (**mit** with).

ˈvollau·fen (*getr.* -llˌl-) *v/i* <*irr, sep,* **-ge-, sein**> **1.** ⁓ **lassen** fill (up); *fig. colloq.* **sich** ⁓ **lassen** get tanked up. **2.** *Boot etc*: swamp.

ˈVoll|ausˌsteue·rung *f des Tons*: maximum level (*od.* volume), *e-s Senders*: full modulation (*od.* drive). **⁓au·toˌma·tik** *f* fully automatic system. **⁓au·toˌma·tisch** *adj* fully automatic. **⁓au·to·ma·tiˌsiert** *adj* fully automated. **⁓au·to·ma·tiˌsie·rung** *f* full automation (*od.* automatization). **⁓ˌbad** *n* (full) bath. **⁓ˌbart** *m* full beard. **⁓beˌla·den** *adj* loaded to capacity. **⁓beˌla·stet** *adj* fully loaded. **⁓beˌla·stung** *f* full load. **⁓beˌlegt** *adj Hotel etc*: full, booked-up. **⁓beˌrech·tigt** *adj* a) fully entitled, b) fully authorized. **⁓beˌschäf·tigt** *adj* employed full-time (*od.* on a full-time basis). **⁓beˌschäf·ti·gung** *f* full employment. **⁓beˌsetzt** *adj* full. **⁓beˌsitz** *m* **im** ⁓ **s-r körperlichen und geistigen Kräfte sein** be in full possession of one's mental and physical strength. **⁓ˌbier** *n* entire beer.

ˈVollˌblut... *in Zssgn fig.* full-blooded (*musician, politician, etc*). **ˈVollˌblut** *n* <-(e)s; *no pl*>. **ˈVollˌblü·ter** [-ˌblyːtər] *m* <-s; -> thoroughbred (horse), full-blooded horse.

ˈvollˌblü·tig [-ˌblyːtɪç] *adj* thoroughbred, *a. fig.* full-blooded. **⁓keit** *f* <-; *no pl*> full-bloodedness.

ˈVollˌblutˌpferd *n* → **Vollblut.**

ˈVollˌbrem·sung *f* full braking, crash-halt; **e-e** ⁓ **machen** jam hard on the brakes.

ˌvollˈbrin·gen *v/t* <*irr, insep, no* **-ge-, h**> (*Leistung, Tat etc*) accomplish, achieve, (*Wunder*) work, perform; *Bibl.* „**es ist vollbracht**" "it is finished".

ˈvoll|bür·tig *adj jur. Kind*: of the same parents, whole-blood ... **⁓bu·sig** *adj* full-bosomed, bosomy. **⁓dampf** *m* <-(e)s; *no pl*> *mar.* full steam (*od.* power); **mit** ⁓ at full steam, *fig.* at full blast; **(mit)** ⁓ **voraus!** full speed ahead! **⁓dün·ger** *m* compound fertilizer(s *pl*).

Völ·le [ˈfœlə] *f* <-; *no pl*>. **⁓geˌfühl** *n* <-(e)s; *no pl*> *im Magen*: sensation of repletion (*od.* fullness).

ˈVoll|ei·gen·tü·mer *m jur.* absolute owner, lawful owner in one's own right. **⁓einˌzah·lung** *f* payment in full. **⁓elek·trisch** [-ʔeˌlɛktrɪʃ] *adj* all-electric.

voll·en·den [ˌfɔlˈʔɛndən; fɔˈlɛndən] *v/t* <*insep, no* **-ge-, h**> (*Arbeit, Werk etc*) finish, (*a. Lebensjahr, Dienstzeit, Studien etc, jur. e-e Straftat*) complete, *zeitlich*: bring to a close, terminate, (*abrunden*) round off, (*vervollkommnen*) perfect. **Vollˈen·der** *m* <-s; -> completer, finisher. **vollˈen·det I** *adj* **1.** completed; **mit** (*od.* **nach**) ⁓**em 18. Lebensjahr** (up)on completion of the 18th year of one's life. **2.** (*vollkommen*) perfect (*a. iro.*), *Künstler, Gastgeberin etc*: accomplished, consummate. **II** *adv* **3.** *play, etc s.th.* with perfection. **voll·ends** [ˈfɔlɛnts] *adv* **1.** completely, altogether, entirely; *colloq.* **du bist wohl** ⁓ **verrückt geworden** you must have gone completely mad; **j-n** ⁓ **zugrunde richten** finish s.o. off, do for s.o. **2.** *colloq.* (*besonders*) especially, on top of that. **Vollˈen·dung** *f* <-; *no pl*> **1.** completion (*a. jur.*); **mit** (*od.* **nach**) ⁓ **des 65. Lebensjahres** (up)on completion of the 65th year of one's life; **der** ⁓ **entgegengehen** be nearing completion. **2.** (*Vollkommenheit*) perfection.

ˈvoll·entˌwickelt (*getr.* **-k·k-**) *adj* fully developed, mature.

ˈvol·ler I *comp of* **voll. II** *adj* → **voll** 3.

Völ·le·rei [fœləˈraɪ] *f* <-; -en> gluttony.

ˈvoll|es·sen *v/reflex* <*irr, sep, pp* **vollgegessen, h**> *colloq.* **sich** ⁓ eat one's fill.

Vol·ley [ˈvɔli] **I** *m* <-s; -s> *Tennis etc*: volley. **II** ⁓ *adv* ⁓ **schießen, den Ball** ⁓ **nehmen** volley (the ball). **⁓ˌball** *m* **1.** <*only sg*> (⁓*spiel*) volleyball. **2.** (*Ball*) volleyball. **⁓ˌballˌspiel** *n* **1.** volleyball game (*od.* match). **2.** <*only sg*> → **Volleyball** 1. **⁓ˌschuß** *m Fußball*: first-time shot.

ˈvoll|ˌfett *adj gastr.* full-cream (*cheese*). **⁓ˌfres·sen** *v/reflex* <*irr, sep,* **-ge-, h**> *colloq.* **sich** ⁓ stuff (*od.* cram, gorge) o.s.

ˌ**voll'füh·ren** *v/t* ‹*insep, no* -ge-, h› (*Kunststück etc*) perform, execute, (*Lärm etc*) make.

'**voll**‖**fül·len** *v/t* ‹*sep*, -ge-, h› fill (up). **≈ˌgas** *n* ‹-es; *no pl*› *mot.* full throttle; ~ **geben** open the throttle (full out), *colloq.* step on it; **mit** ~ at full throttle (*od.* speed). **~geˌfres·sen** *adj colloq.* ~ **sein** be stuffed (to the gills). **≈geˌfühl** *n fig.* **im ~ s-r Überlegenheit (Würde)** in full awareness (*od.* fully conscious) of one's superiority (dignity). **≈geˌnuß** *m* full enjoyment. **~geˌpackt, ~geˌpfropft** *adj* crammed (full), jammed, packed. **~geˌso·gen** *adj* soaked, saturated. **~geˌstopft** *adj* (**mit**) stuffed (with) (*a. fig. mit Wissen*), crammed (*od.* packed, crowded) (with), cram-full (of), chock-full (of). **~geˌta·kelt** *adj mar.* full-(*od.* square-)rigged. **≈geˌwicht** *n* full weight. **~ˌgie·ßen** *v/t* ‹*irr, sep*, -ge-, h› fill (up), pour *s.th.* full.

'**vollˌgül·tig** *adj* fully valid. **≈keit** *f* full validity.

'**Vollˌgum·mi** *n, m* solid rubber. **~ˌrei·fen** *m* solid (rubber) tyre (*Am.* tire).

'**Vollˌguß** *m metall.* solid casting.

'**Voll·idiˌot** *m colloq. contp.* blank idiot.

völ·lig ['fœlɪç] **I** *adj* complete, absolute, total, utter, perfect, full; **ein ~es Chaos** utter chaos; **ein ~es Durcheinander** an absolute mess; **das ist mein ~er Ernst** I am absolutely (*od.* quite, dead) serious; **~e Finsternis** complete (*od.* total, utter) darkness; **~e Freiheit** full (*od.* complete) liberty; **~e Gewißheit** absolute certainty; **~e Gleichheit, ~e Gleichberechtigung** full equality; **in ~er Unkenntnis der Sachlage** in complete ignorance of the facts; **~er Unsinn** absolute (*od.* complete and utter, perfect, sheer) nonsense; **ein ~er Versager** an absolute (*od.* a complete [and utter]) failure. **II** *adv* completely, absolutely, totally, utterly, perfectly, thoroughly, quite, fully; **~ anders** completely different; **~ durchnäßt** absolutely drenched (*od.* soaked), soaked through, soaking wet; (**mit s-n Kräften**) **~ am Ende sein** be completely (*od.* utterly) run down; **das genügt ~** that is quite enough, that will do all right; **das ist mir ~ gleichgültig** I don't care (*od.* give) a damn; **~ irrsinnig** absolutely (*od.* quite, downright) mad; **ich bin ~ Ihrer Meinung** I fully agree with you; **er hat ~ recht** he is absolutely (*od.* quite, perfectly) right; **~ sprachlos** absolutely (*od.* altogether, utterly) speechless; **~ wach** wide (*od.* fully) awake; **~ zufrieden** quite (*od.* perfectly) satisfied; **j-n ~ zufriedenstellen** satisfy s.o. completely.

'**voll**‖**inˌhalt·lich** *adv* in full (detail), *übereinstimmen etc*: in all points. **≈in·vaˌli·de** *m* total invalid. **≈in·va·li·diˌtät** *f* total disablement. **~ˌjäh·rig** *adj* of (full legal) age, major; **~ sein** be of age, be a major; **~ werden** come of age, attain one's majority; **noch nicht ~ sein** be under age, be a minor. **≈ˌjäh·rig·keit** *f* ‹-; *no pl*› full legal age, majority. **≈ˌjäh·rig·keits·erˌklä·rung** *f* declaration of majority. **≈juˌrist** *m* qualified lawyer. **~ˌkas·ko·verˌsi·chert** *adj* ‹*meist pred*› covered by full comprehensive insurance. **≈ˌkas·ko·verˌsi·che·rung** *f* fully comprehensive insurance. **≈ˌkaufˌmann** *m* fully qualified merchant. **≈ˌket·tenˌfahrˌzeug** *n* full-track vehicle. **~ˌkleckern** (*getr.* -k·k-) *v/t* ‹*sep*, -ge-, h› *colloq.* spatter. **~kli·ma·tiˌsiert** *adj* fully air-conditioned. **~ˌklin·gend** *adj* resonant.

voll·kom·men [ˌfɔl'kɔmən; 'fɔlˌkɔmən] **I** *adj* **1.** *allg.* perfect, *Kunstwerk, Künstler etc*: *a.* consummate. **2.** *Macht etc*: absolute. **3.** *colloq.* → **völlig** I. **II** *adv* **4.** *colloq.* → **völlig** II. **≈heit** *f* ‹-; *no pl*› perfection.

'**Voll**‖**kornˌbrot** *n* whole-meal bread. **~ˌkör·per** *m phys.* solid body. **~ˌkraft** *f* ‹-; *no pl*› full vigo(u)r; **in der ~ s-r Jahre** in his prime. **~ˌkreis** *m* full circle. **≈ˌma·chen** *v/t* ‹*sep*, -ge-, h› **1.** (*füllen*) fill (up). **2.** (*Zahl etc*) round *s.th.* off (*od.* up). **3.** *colloq.* (*Hose, Windel etc*) soil, dirty, shit; *fig. vulg.* **mach dich nur nicht voll!** don't take on so!; come off it! **4.** *fig.* **um das Unglück vollzumachen** to crown it all.

'**Vollˌmacht** *f* ‹-; -en› *econ. jur.* full power(s *pl*), authority, procuration, (*Prozeß≈*) mandate, (*~surkunde*) power of attorney, proxy; **gesetzliche ~** legal power(s *pl*); **unbeschränkte ~** plenary (*od.* discretionary) power(s *pl*); **ausdrückliche ~** express authority (*od.* power); **stillschweigende ~** implied authority; **in ~** by proxy; **~ haben** have authority, be authorized; **j-m (e-e) ~ erteilen** a) confer power(s) on s.o., authorize (*od.* empower) s.o., b) give s.o. power of attorney (*od.* proxy); **e-e ~ ausstellen** draw up a power of attorney. **~ge·ber** *m* principal, constituent, (*Mandant*) mandator.

'**Vollˌmachts**|**erˌtei·lung** *f* authorization. **~ˌinˌha·ber** *m* holder of a power of attorney. **~ˌurˌkun·de** *f* power of attorney, proxy.

'**voll**‖**ˌmast** *adv mar.* **~ flaggen** hoist a flag (to) full mast; **auf ~ stehen** be at full mast. **≈ˌmaˌtro·se** *m* able(-bodied) seaman. **≈ˌmilch** *f* full-cream milk. **≈ˌmilch·scho·koˌla·de** *f* milk chocolate. **≈ˌmitˌglied** *n* full member. **≈ˌmond** *m* full moon; **es ist ~** there is a (*od.* it is) full moon. **≈ˌmond·geˌsicht** *n* ‹-(e)s; -er› *humor.* pudding face. **~mo·to·riˌsiert** *adj* fully motorized. **~ˌmun·dig** [-ˌmʊndɪç] *adj Wein*: full-bodied. **≈narˌko·se** *f* general an(a)esthesia. **~ˌpacken** (*getr.* -k·k-) *v/t* ‹*sep*, -ge-, h› (*Koffer, Wagen etc*) pack *s.th.* full (**mit** of), (*Person*) load up. **≈pen·siˌon** *f* (room and) full board. **~ˌpfrop·fen** *v/t* ‹*sep*, -ge-, h› → **vollstopfen** I. **≈porˌträt** *n* full-(*od.* whole-)length portrait. **≈ˌpro·fi** *m Sport*: full-time professional. **≈proˌthe·se** *f* (*Zahnprothese*) denture. **~ˌpum·pen** *v/t* ‹*sep*, -ge-, h› pump *s.th.* full. **≈ˌrausch** *m* (**im ~** in a state of) total drunkenness; **e-n ~ haben** be totally (*od.* dead) drunk. **~ˌreif** *adj* fully ripe (*od.* mature). **≈ˌrei·fe** *f* full maturity. **~ˌsaf·tig** *adj* very juicy, succulent. **≈ˌsalz** *n chem.* iodized salt. **~ˌsau·fen** *v/reflex* ‹*irr, sep*, -ge-, h› *colloq.* **sich ~** soak (o.s.), tank up. **~ˌsau·gen** *v/reflex* ‹*a. irr, sep*, -ge-, h› **sich ~** *Schwamm, Papier, Boden, Pflanze etc*: become saturated, sponge, *Insekt*: suck itself full. **~ˌschen·ken** *v/t* ‹*sep*, -ge-, h› fill (up). **~ˌschiff** *n* full-rig(ged) ship. **~ˌschla·gen I** *v/i* ‹*irr, sep*, -ge-, sein› *mar.* swamp. **II** *v/t* ‹h› *colloq.* **sich** (*dat*) **den Bauch ~** fill one's belly. **~ˌschlank** *adj* rather plump; **~ sein** *a. colloq.* be (rather) on the plump side. **~ˌschmie·ren** *v/t* ‹*sep*, -ge-, h› *colloq.* **1.** smear. **2.** (*Heft etc*) scribble *s.th.* full. **~ˌschrei·ben** *v/t* ‹*irr, sep*, -ge-, h› (*Heft etc*) fill *s.th.* (with writing), (*Tafel, Seite etc*) cover *s.th.* with writing, write all over.

'**Vollˌsicht...** *in Zssgn* full-vision, *Scheibe etc*: *a.* panoramic, wraparound.

'**Voll**‖**ˌsit·zung** *f* → **Vollversammlung**. **≈ˌsprit·zen** *v/t* ‹*sep*, -ge-, h› splash. **~ˌspur** *f rail.* standard-ga(u)ge track.

'**vollˌstän·dig I** *adj* **1.** *Serie, Sammlung etc*: complete; **~ machen** complete. **2.** (*ganz*) full; **~e Adresse** full address; **~e Angaben** full information *sg*; **~er Text (Wortlaut)** full text (wording), text (wording) in full. **3.** → **völlig** I. **II** *adv* **4.** completely, down to the last detail. **5.** (*ganz*) fully, totally; **~ besetzt sein** be full (up). **6.** → **völlig** II. **≈keit** *f* ‹-; *no pl*› completion, completeness; **~ anstreben** aim at completeness; **der ~ halber** for the sake of completeness, to complete things (*od.* the whole).

'**vollˌstop·fen I** *v/t* ‹*sep*, -ge-, h› stuff, cram. **II** *v/reflex* **sich ~** *mit Essen*: stuff o.s. (*a. fig. mit Wissen etc*).

ˌ**voll**|'**streck·bar** *adj jur.* enforceable; **~er Titel** executory title; **~e Forderung** judg(e)ment debt. **~'strecken** (*getr.* -k·k-) *v/t* ‹*insep, no* -ge-, h› **1.** *allg.* (*a. Testament etc*) execute, (*Titel, Pfändung, Schiedsspruch etc*) *a.* enforce; **das Todesurteil an j-m ~** execute s.o. **2.** *Sport*: (*Strafstoß etc*) convert, (*nur v/i*) score. **≈'strecker** (*getr.* -k·k-) *m* ‹-s; -› *jur.* executor. **≈'streckung** (*getr.* -k·k-) *f* ‹-; -en› *jur. allg.* execution, *e-s Titels*: *a.* enforcement.

ˌ**Voll'streckungs**‖**aufˌschub** (*getr.* -k·k-) *m im Strafrecht*: suspension (*od.* stay) of execution. **~beˌfehl** *m* enforcement order. **~ˌti·tel** *m* writ of execution. **~ˌurˌteil** *n* enforceable judg(e)ment. **~verˌfah·ren** *n* execution proceedings *pl*.

'**voll**|**syn·chro·niˌsiert** *adj tech.* fully synchronized. **~synˌthe·tisch** *adj* all-synthetic. **~ˌtan·ken** *v/t u. v/i* ‹*sep*, -ge-, h› fill up; **~, bitte!** fill her up, please! **~ˌtö·nend** *adj* resonant, sonorous. **~tran·si·sto·riˌsiert** *adj* fully transistorized. **≈ˌtref·fer** *m* direct hit, *beim Scheibenschießen u. fig.* bull's-eye; *fig.* **e-n ~ landen** hit in the bull's-eye, *beim Lotto etc, a. weitS.* hit the jackpot. **~ˌtrun·ken** *adj* completely drunk. **≈ˌtrun·ken·heit** *f* ‹-; *no pl*› total intoxication. **≈ˌverb** *n ling.* full verb. **≈verˌsamm·lung** *f* plenary assembly, *parl.* plenum. **≈ˌwai·se** *f* orphan. **≈ˌwasch·ˌmit·tel** *n* heavy-duty detergent. **~ˌwer·tig** *adj* **1.** *Ersatz, Arbeitskraft etc*: full, *a. Nachfolger etc*: adequate. **2.** *Mensch*: with equal rights. **3.** *Nahrung, Rohstoff etc*: high-quality. **~ˌzäh·lig** [-ˌtsɛːlɪç] **I** *adj* **1.** **~ sein** *Versammlung etc*: be present in full number. **2.** complete, full; **~ machen** complete. **II** *adv* **3.** *assemble, etc* in full strength. **≈ˌzäh·lig·keit** *f* ‹-; *no pl*› **1.** full attendance. **2.** completeness.

ˌ**voll**|'**zie·hen I** *v/t* ‹*irr, insep, no* -ge-, h› execute (*a. jur.*), carry out, (put *s.th.* into) effect, (*Trauung*) perform, solemnize, (*bes. jur. Ehe*) consummate; **~de Gewalt** executive (power *od.* authority). **II** *v/reflex* **sich ~** come about, take place. **≈'zie·her** *m* ‹-s; -› executor. **≈'zie·hung** *f* ‹-; *no pl*› execution (*a. jur.*), *e-r Trauung etc*: performance, *bes. jur. der Ehe*: consummation.

ˌ**Voll'zug** *m* ‹-(e)s; *no pl*› → **Vollziehung**; **außer ~ setzen** stay execution of. **~sˌanˌstalt** *f* penal institution, prison. **~s·beˌam·te** *m* prison officer. **~s·beˌhör·de** *f* executive authority, (the) executive. **~s·geˌwalt** *f* executive (powers *pl*). **~sˌmel·dung** *f* report of execution. **~s·per·soˌnal** *n* prison staff (*als sg od. pl konstruiert*).

Vo·lon|**tär** [volɔ̃'tɛːr] *m* ‹-s; -e› (unpaid *od.* practical) trainee. **≈'tie·ren** [-'tiːrən] *v/i* ‹*no* ge-, h› **~ bei** undergo practical training with.

Volt [vɔlt] *n* ‹- *u.* -(e)s; -› *electr.* volt.

Vol·ta·me·ter [vɔlta'meːtər] *n* ‹-s; -›

electr. voltameter.

Volt·am'pere *n electr.* volt-ampere.

'Volt‚me·ter *n* <-s; -> *electr.* voltmeter.

Vo·lu·men [vo'lu:mən] *n* <-s; - *u.* **-lumina** [-mina]> *allg.* volume, (*Größe*) *a.* size, (*Inhalt*) *a.* capacity.

Vo·lu|me·ter [volu'me:tər] *n* <-s; -> *phys.* volumeter. **~me'trie** [-me'tri:] *f* <-; *no pl*> volumetry. **≈me·trisch** [-'me:trɪʃ] *adj* volumetric(al).

Vo'lum·ge‚wicht *n phys.* weight by volume.

vo·lu·mi·nös [volumi'nø:s] *adj* voluminous.

Vo'lum·pro‚zent *n* per cent by volume.

Vo·lun·ta·ris·mus [volunta'rɪsmus] *m* <-; *no pl*> *philos.* voluntarism.

Vo·lu·te [vo'lu:tə] *f* <-; -n> *arch.* volute.

vom [fɔm] *short for* **von dem.**

von [fɔn] **I** *prep* <*dat*> **1.** *aus e-r bestimmten Richtung, von e-r Person, e-m Ort her*: from; **der Wind kommt ~ Norden** the wind comes from the north; **der Zug ~ München nach Berlin** the train from Munich to Berlin; **~ wo(her)?** where from?; **ich komme gerade ~ m-r Tante** I have just come from my aunt('s); **ein Brief ~** a letter from; **er kommt** (*colloq.* **ist**) **~ Stuttgart** he is (*od.* comes) from Stuttgart; *colloq.* **er ist vom Bau** he's from the building trade; **~ der Seite ansehen** look at *s.o., s.th.* sideways (*od.* from the side); **ich habe es ~ ihm selbst gehört** I heard it straight from him, he told me that himself; **was wollen Sie ~ mir?** what do you want from (*od.* of) me?; **ich kenne ihn ~ der Schule** I know him from school. **2.** *Trennung bezeichnend*: from, off; **et. vom Tisch nehmen** take s.th. from (*od.* off) the table; **vom Stuhl springen** jump off the chair; **5% vom Preis abziehen** take 5 per cent off the price; **10 km ~ Salzburg** 10 km (away) from Salzburg; **~ zu Hause fortgehen** go away from home; *betont*: **er ging 'von ihr** he went away from her. **3.** *zur Bildung des Genitivus partitivus*: of; **der König ~ Schweden** the king of Sweden; **die Einfuhr ~ Weizen** the import of wheat; **der Bau ~ Schulen** the building of schools; **das Rathaus ~ Berlin** the city hall of Berlin, the Berlin city hall; **er begreift nichts ~ dem, was Sie da sagen** he understands nothing of what you are saying; **sie trank ~ dem Wein** she drank (some) of the wine; **ein Freund ~ mir** a friend of mine, one of my friends; **einer ~ uns** one of us; **9 ~ 10 Leuten** nine in (*od.* out of) ten people. **4.** *colloq. als präpositionaler Genitiv*: **der neue Freund ~ m-r Schwester** my sister's new boyfriend. **5.** *beim Passiv*: by; **er wurde ~ ihm im Tischtennis geschlagen** he was defeated by him at table tennis. **6.** *Abkunft, Urheberschaft*: by; **ein Gedicht ~ Goethe** a poem by Goethe; **das Bild stammt** (*colloq.* **ist**) **~ mir** the picture is (*od.* was painted) by me; **sie hat ein Kind ~ ihm** she has a child by him. **7.** *e-e Eigenschaft, das Ausmaß, die Größe, e-n Zeitpunkt etc betreffend*: **ein Ring ~ Gold** a ring of gold; **ein Mann ~ Bildung** a man of culture; **klein ~ Gestalt** (*od.* **Statur**) of short build (*od.* stature); **ein Kind ~ drei Jahren** a child of three, a three-year-old (child); **ein Aufenthalt ~ drei Wochen** a stay of three weeks, a three-week stay; **die Frau ~ heute** the woman of today; *colloq.* **ein Teufel ~ e-m Weib** a devil of a woman; **dieser Idiot ~ Briefträger!** that idiot of a postman! **8.** *den Gegenstand e-s Gesprächs, Erlebnisses etc betreffend*: about, *genauer*: on; **~ wem** (**was**) **sprechen Sie?** who(m) (what) are you talking about?; **er weiß ~ der Sache** he knows about the affair. **9.** *bestimmtes Verhalten bezeichnend*: of, on one's part; **das ist sehr nett ~ dir** that's very kind of you (*od.* on your part). **10.** (*infolge*) from; **ich bin müde ~ dem weiten Weg** I am tired from the long walk; **das kommt vom vielen Trinken!** that comes from (*od.* through) drinking so much! **11.** *vor Namen als Adelsbezeichnung*: of; **der Herzog ~ Edinburgh** the Duke of Edinburgh; **er schreibt sich „von"** he has a "von" in his name; *fig. colloq.* **du kannst dich „von" schreiben, wenn** you can chalk one up to your account if. **12.** *in Verbindung mit Adverbien*: **~ jetzt** (*od.* **nun**) **ab** (*od.* **an**) from now on, *lit.* henceforth; **vom 1. März ab** (*od.* **an**) (as) from March 1, beginning (*od.* starting) March 1; **~ morgen ab** (*od.* **an**) (as) from tomorrow, from tomorrow on, beginning (*od.* starting) tomorrow; **~ der 100-Meter-Marke ab** (*od.* **an**) from the 100-metre mark on(ward[s]); **wir sind vom Weg(e) ab** we have come off the track (*od.* path); **Kleider ~ 20 Mark ab** (*od.* **an**) **aufwärts** (*colloq.* **~ 20 Mark** [**und**] **aufwärts**) clothes from 20 marks upward(s) (*colloq.* from 20 marks up); **~ Jugend** (*od.* **~ klein**) **auf** (*od.* **an**) from his youth, from his earliest years; **~ da an** since then (*od.* that time); **~ diesem Fenster** (**aus**) from this window; **~ 3 bis 4** (**Uhr**) from 3 to 4 (o'clock); **~ Montag bis Freitag** (from) Monday to (*od.* through) Friday; **~ hier bis zu** (*od.* **nach**) from here to; **~ seiten s-r Mutter** from (*od.* on the part) of his mother; **ihr Brief ~ vor drei Wochen** her letter dated three weeks ago; **~ e-r Stunde zur andern** from one hour to the next; → *a.* **aus** 8, **selbst** 5, **sich** 3. **II** *prep* <*gen*> **13. ~ Rechts wegen** by right(s).

‚von·ein'an·der *adv* from each other. **~ge·hen** *v/i* <*irr, sep,* **-ge-**, **sein**> part (company).

‚von|'nö·ten [-'nø:tən] *adj* **~ sein** be necessary. **~'stat·ten** *adv* **~ gehen** take place, come (*od.* pass) off, go; **gut** (*od.* **glücklich**) **~ gehen** go well, go swimmingly, prove a success.

vor [fo:r] **I** *prep* <*dat*> **1.** *räumlich*: in front of, before, (*weiter vorn*) ahead of; **~ dem Haus steht ein Baum** there is a tree in front of the house; **sie saß genau ~ mir** she was sitting right in front of (*od.* directly before) me; **als ich ~ ihr stand** when I stood in front of (*od.* before) her, when I faced her; **ich warte ~ dem Haus auf dich** I'll wait for you in front of (*od.* outside) the house; **die Bushaltestelle ist direkt ~ der Haustür** the bus stop is right at the door (*od.* right on the doorstep); **ein Fremder stand ~ der Tür** there was a stranger at (*od.* outside) the door; **wen glauben Sie denn ~ sich zu haben?** who(m) do you think you are talking to?; **auf einmal hatten wir den See ~ uns** suddenly the lake appeared in front of us (*od.* ahead [of us], before us); **sie fuhr** (**weit**) **~ den anderen her** she drove (far) ahead of the others; **kurz ~ dem Rathaus biegen Sie links ab** (you) turn (to the) left just before the town hall. **2.** (*außerhalb*) outside, *bei Entfernungsangaben*: *a.* from; **ein Haus ~ der Stadt** a house outside the town; **2 km ~ Bamberg** 2 km outside (*od.* from) Bamberg. **3.** *Reihenfolge*: before, *auf e-r Liste etc*: *a.* ahead of; **K kommt ~ L** K comes before (*od.* precedes) L. **4.** (*in Gegenwart von*) before, in front of, in the presence of; **du kannst es ~ allen sagen** you can say it in front of (*od.* before) everybody; **Feigheit ~ dem Feind** cowardice in the face of the enemy; **ich kann mich nicht mehr ~ ihr sehen lassen** I dare not go near her again; **~ Zeugen** before witnesses. **5.** (*im Hinblick auf*) before; **~ dem Gesetz sind alle gleich** all people are equal before the law; **kannst du das ~ d-m Gewissen** (*od.* **~ dir selbst**) **verantworten?** does your conscience allow you to do that? **6.** *zeitlich*: a) before, ahead (*od.* in front) of, b) *Zeitpunkt in der Vergangenheit*: ago, earlier (*beide nachgestellt*), c) (*früher als*) previous to, prior to, in advance of; **am Tag ~ der Hochzeit** (on) the day before (*od.* on the eve of) the wedding; **~ Mitternacht** (**Anbruch der Dunkelheit, dem Essen**) before midnight (dusk, dinner); **200 Jahre ~ Christi Geburt** (*od.* **~ Christus**) 200 years before Christ, 200 years B.C.; **~ vier Wochen** four weeks ago; **heute ~ 14 Tagen** a fortnight ago today; **~ kurzem** a short time (*od.* while) ago, not long ago, recently; **~ einigen Tagen** some days ago, the other day; **ich war ~ Ihnen da!** I was here before you!; **~ jener Zeit** before (*od.* prior to, previous to) that time; **in der Zeit ~ dem Kriege** in the time before the war, in prewar days; **sie ist ~ der Zeit alt geworden** she has grown old before her time (*od.* prematurely); (**kurz**) **~ dem Ruin stehen** be on the verge of ruin; **du hast ja dein Leben noch ~ dir!** you still have your life before (*od.* ahead of) you; **wir kamen zehn Minuten ~ euch an** we arrived ten minutes before (*od.* ahead of, earlier than) you; **lange ~ den anderen** long before (*od.* far ahead of, *colloq.* [a]way ahead of) the others. **7.** *bei Uhrzeiten*: to, *Am. a.* of; **es ist 20** (**Minuten**) **~ 8** (**Uhr**) it is 20 (minutes) to (*Am. a.* of) 8 (o'clock); **5 Minuten ~ 12** five minutes to (*Am. a.* of) twelve, *fig.* at the eleventh hour. **8. sicher sein ~** be safe from; **Schutz ~ dem Sturm** shelter from the storm; **fliehen ~** flee from (*od.* before); **Geheimnisse haben ~** have secrets from. **9.** (*infolge*) with, for; **~ Kälte** (**Angst**) **zittern** tremble with cold (fear); **~ Wut** for rage; **~ Freude** *weep, cry, jump* with (*od.* for) joy; **~** (**lauter**) **Lachen konnte sie nicht sprechen** she couldn't speak for laughing; **er wurde ganz rot ~ Anstrengung** he turned red in the face with the strain; **ich weiß ~ lauter Arbeit nicht mehr, wo mir der Kopf steht** I don't know where to turn for work; **sie brachte ~** (**lauter**) **Nervosität alles durcheinander** she was so nervous (that) she got everything mixed up. **10.** *rang-, wertmäßig*: above, before; **sich ~ allen anderen auszeichnen** excel (above) all others; **~ allem, ~ allen Dingen** above all (things); *colloq.* **bei ihm kommt das Auto noch ~ s-r Frau** his car ranges before (*od.* is more important than) his wife. **11.** (*gegen*) **~ diesem Hintergrund** against this background. **12. ~ sich her treiben** *etc* drive, *etc s.o., s.th.* before (*od.* in front of) one. **13.** → *bestimmte Verben und Substantive, z. B.* **sich fürchten, warnen, Achtung, Respekt** *etc.* **II** *prep* <*acc*> **14.** in front of, before, (*weiter nach vorne als*) *a.* ahead of; **sich** (**hin**)**stellen ~,** (**hin**)**treten ~** (go *od.* come and) stand in front of (*od.* before), walk up to; **sie hat sich ~ mich gedrängt** she pushed in front of me; **er hatte sich ~ die übrigen Läufer gesetzt** he had got ahead of the other runners; *fig.* **j-n ~ e-e schwierige Entscheidung stellen** confront (*od.* face) s.o. with a difficult decision. **15.** **(bis) ~** a) up to, as far as, b) outside; **fahren Sie (bis) ~ die Mauer** drive up to the wall; **j-n (bis) ~ die Tür bringen** (*od.* **begleiten**) see s.o. out (*od.* to the door); **mit e-r Sache bis ~ das Bundesverfassungsgericht gehen** bring a matter as far as the Federal Constitutional Court. **16.** (*gegen*) on; **ein Schlag ~ die Stirn** a blow on one's forehead. **17.** *e-e Instanz etc*: before, to; **et. ~ den Bundestag (ein höheres Gericht) bringen** bring s.th. before (*od.* take s.th. to) the Bundestag (a higher court). **18.** *Reihenfolge*: before, in front of, *auf e-r Liste etc*: *a.* ahead of; **den Titel ~ den Namen setzen** put the title before the name; **in der Tabelle rückte München ~ Berlin** Munich got ahead of Berlin in the table. **19.** *rang-, wertmäßig*: before, above; **die Pflicht ~ das Vergnügen stellen** put duty before pleasure. **20.** **(et.) ~ sich hin murmeln (singen)** mumble (sing) s.th. (away) to o.s.; **~ sich hin starren** stare in front of one. **III** *adv* **21.** (*nach vorn*) forward(s); **er konnte weder ~ noch zurück** he could move neither forward(s) nor backward(s).

ˌvorˈab *adv* first (of all), above all.

ˈVorˌab|ˌdruck *m* ⟨-(e)s; -e⟩ *e-s Romans etc*: preprint. **2ˌdrucken** (*getr.* **-k·k-**) *v/t* ⟨*only inf u. pp* **vorabgedruckt**, h⟩ preprint.

ˈVor|ˌabend *m* evening (*od.* night) before, eve; **am ~** (*gen*) *a. fig.* on the eve of. **~ˌah·nung** *f* ⟨-; -en⟩ presentiment, premonition, *bes. böse*: foreboding. **~alarm** [-ʔaˌlarm] *m mil.* pre-alert, early warning. **~ˌal·penˌland** *n* Alpine foothills *pl*.

vor·an [foˈran] *adv* **1.** at the head, out in front, before; **mit dem Kopf ~** head first (*od.* foremost); *colloq.* **immer langsam ~!** take it easy!, easy does it! **2.** *colloq.* → **vorwärts** 1. **3.** → **voraus**[1]. **~ˌbrin·gen** *v/t* ⟨*irr, sep*, -ge-, h⟩ → **vorantreiben**. **~ˌei·len** *v/i* ⟨*sep*, -ge-, sein⟩ (*dat* of) hurry ahead, run in front. **~geˌgan·gen** *adj fig.* previous; **am ~en Tag** (on) the previous (*od.* preceding) day, the day before. **~ˌge·hen I** *v/i* ⟨*irr, sep*, -ge-, sein⟩ **1.** go (*od.* walk) in front (*dat* of), go first, go at the head (*dat* of), take the lead, go on ahead (*dat* of); **j-n ~ lassen** let s.o. go first; **geh du schon voran** you go on ahead; *fig.* **er war ihr (in die Ewigkeit) vorangegangen** he had passed on before her; **ihm ging der Ruf voran, ein großer Künstler zu sein** he was preceded by the reputation of being a great artist. **2.** *fig.* (*ein Beispiel geben*) lead (the way); → **Beispiel** 1. **3.** *zeitlich*: precede. **4.** *fig.* (*vonstatten gehen*) get on, get along; **gut ~** *Arbeit etc*: make progress (*od.* headway), get ahead. **II** *v/impers* **5. es geht (gut) voran mit** *s.o., s.th.* is getting on (*od.* along) (well). **~ˌge·hend** *adj fig.* preceding, previous. **~ˌkom·men** *v/i* ⟨*irr, sep*, -ge-, sein⟩ get on, get along, make headway (*od.* progress), advance, get ahead.

ˈVorˌanˌkün·di·gung *f* ⟨-; -en⟩ **1.** ⟨*only sg*⟩ advance (*od.* previous) notice; **ohne ~** without previous notice. **2.** → **Voranzeige** 1.

vorˈan|ˌlau·fen *v/i* ⟨*irr, sep*, -ge-, sein⟩ (*dat* of) run in front, run on ahead. **~ˌma·chen** *v/i* ⟨*sep*, -ge-, h⟩ *colloq.* come on, hurry up.

ˈVor|ˌanˌmel·der *m Patentrecht*: prior applicant. **~ˌanˌmel·dung** *f* ⟨-; -en⟩ **1.** *teleph.* **(Gespräch mit) ~** (booking of a) person-to-person (*od.* personal) call. **2.** *Patentrecht*: prior application. **~ˌanˌmel·dungs·geˌspräch** *n teleph.* → **Voranmeldung** 1. **~ˌanˌschlag** *m* → **Kostenvoranschlag**.

vorˈan|ˌschrei·ten *v/i* ⟨*irr, sep*, -ge-, sein⟩ → **vorangehen** 1, 4. **~ˌstel·len** *v/t* ⟨*sep*, -ge-, h⟩ put (*od.* place) *s.th.* in front (*dat* of). **2ˌstel·lung** *f* ⟨-; *no pl*⟩ *ling.* anteposition.

ˈVorˌanˌstrich *m* first coat.

vorˈan|ˌstür·men *v/i* ⟨*sep*, -ge-, sein⟩ rush ahead (*dat* of). **~ˌtra·gen** *v/t* ⟨*irr, sep*, -ge-, h⟩ carry *s.th.* in front (*dat* of). **~ˌtrei·ben** *v/t* ⟨*irr, sep*, -ge-, h⟩ *fig.* (*Angelegenheit etc*) speed *s.th.* up, accelerate the progress of, advance.

ˈVor|ˌanˌzei·ge *f* ⟨-; -n⟩ preannouncement, preliminary announcement, *e-s Films*: trailer. **~ar·beit** *f* ⟨-; -en⟩ *a. pl* preliminary (*od.* preparatory) work, (*Kleinarbeit*) spadework; **gute ~ leisten** *a.* prepare the ground well. **2ˌar·bei·ten I** *v/t* ⟨*sep*, -ge-, h⟩ **1.** work (*time, etc*) in advance. **II** *v/i* **2.** (do) work in advance. **3. j-m ~** a) do some of the work for s.o., b) *fig.* pave the way (*od.* prepare the ground) for s.o. **III** *v/reflex* **sich ~ 4.** work one's way forward, forge ahead. **~ˌar·bei·ter** *m* foreman. **~ˌar·bei·te·rin** *f* forewoman.

vor·auf [foˈrauf] *adv* → **voran** 1. **~ˌge·hen** *v/i* ⟨*irr, sep*, -ge-, sein⟩ → **vorangehen** 3.

vor·aus[1] [foˈraus] *adv* ahead (*dat* of); *bes. fig.* **j-m (weit) ~ sein** be far (*od.* well, *colloq.* way) ahead of s.o.; *fig.* **s-r Zeit (um Jahre) ~ sein** be (years) ahead of one's time.

vor·aus[2] [foˈraus, ˈfoːraus] *adv* **im ~** in advance, beforehand; **vielen Dank im ~** many thanks in advance; **das kann man nie im ~ wissen** you can never know that beforehand.

Vorˈaus|ˌabˌtei·lung *f mil.* advance party. **2ˌah·nen** *v/t* ⟨*sep*, -ge-, h⟩ anticipate, divine; **~, daß** *a.* have a premonition (*od.* a foreboding, a presentiment) that. **2beˌden·ken** *v/t* ⟨*irr, sep, no* -ge-, h⟩ **et. ~** consider (*od.* think about) s.th. beforehand (*od.* in advance). **2beˌrech·nen** *v/t* ⟨*sep, no* -ge-, h⟩ precalculate. **~beˌrech·nung** *f* ⟨-; -en⟩ precalculation. **2beˌstim·men** *v/t* ⟨*sep, no* -ge-, h⟩ determine *s.th.* beforehand. **2beˌzah·len** *v/t* ⟨*sep, no* -ge-, h⟩ pay *s.th.* in advance, prepay. **~beˌzah·lung** *f* advance payment, prepayment. **~ˌblick** *m* ⟨-(e)s; *no pl*⟩ *fig.* foresight. **2ˌblicken** (*getr.* **-k·k-**) *v/i* ⟨*sep*, -ge-, h⟩ *fig.* look (further) ahead. **2ˌblickend** (*getr.* **-k·k-**) **I** *pres p* **~ können wir sagen** with regard to the future we can say. **II** *adj fig.* foresighted (*planning, etc*). **2daˌtie·ren** *v/t* ⟨*sep, no* -ge-, h⟩ → **vordatieren**. **2ˌei·len** *v/i* ⟨*sep*, -ge-, sein⟩ → **voraneilen**. **2ˌfah·ren** *v/i* ⟨*irr, sep*, -ge-, sein⟩ (*dat* of) drive in front, go (*od.* drive) on ahead. **2geˌgan·gen** *adj* → **vorangegangen**. **2ˌge·hen** *v/i* ⟨*irr, sep*, -ge-, sein⟩ **1.** → **vorangehen** 1. **2.** *zeitlich*: precede. **2ˌge·hend** *adj fig.* preceding, previous. **2geˌsetzt** *conj* **~, daß** a) provided (that), so (*od.* as) long as, b) assuming that. **2ˌha·ben** *v/t* ⟨*irr, sep*, -ge-, h⟩ **j-m et. ~** have an advantage over s.o. (**in** *dat* in); **er hat s-n Kollegen einige Erfahrung voraus** he has the advantage of greater experience over his colleagues; **sie hat ihm voraus, daß sie reiche Eltern hat** she has the advantage of rich parents over him. **~ˌkas·se** *f econ.* **gegen ~** cash before delivery. **~korˌrekˌtur** *f print.* pre-press correction. **2ˌlau·fen** *v/i* ⟨*irr, sep*, -ge-, sein⟩ → **voranlaufen**. **~ˌnah·me** *f* ⟨-; *no pl*⟩ anticipation. **2ˌneh·men** *v/t* ⟨*irr, sep*, -ge-, h⟩ anticipate. **2ˌpla·nen** *v/i u. v/t* ⟨*sep*, -ge-, h⟩ plan (*s.th.*) in advance. **~ˌpla·nung** *f* ⟨-; *no pl*⟩ advance planning. **2ˌrei·sen** *v/i* ⟨*sep*, -ge-, sein⟩ go on (*od.* travel) ahead (*dat* of). **2ˌsag·bar** *adj* predictable. **~ˌsa·ge** *f* ⟨-; -n⟩ prediction, forecast, prognostication, *a. med.* prognosis, *weitS.* prophecy. **2ˌsa·gen** *v/t* ⟨*sep*, -ge-, h⟩ predict, foretell, *a. med.* prognosticate, *weitS.* prophesy. **~sa·gung** *f* ⟨-; -en⟩ → **Voraussage**. **~ˌschau** *f* ⟨-; *no pl*⟩ → **Vorausblick**. **2ˌschau·en** *v/i* ⟨*sep*, -ge-, h⟩ → **vorausblicken**. **2ˌschau·end I** *pres p*, **II** *adj* → **vorausblickend**. **2ˌschicken** (*getr.* **-k·k-**) *v/t* ⟨*sep*, -ge-, h⟩ **1.** send *s.o., s.th.* on ahead. **2.** *fig.* mention first, premise (*a remark, etc*); **ich muß hier ~, daß** at this point I must first mention that; **e-r Rede ein paar historische Anmerkungen ~** premise (*od.* precede) a speech with a few historical remarks; **dies vorausgeschickt**, ... having said this ... **2ˌseh·bar** *adj* foreseeable. **2ˌse·hen** *v/t* ⟨*irr, sep*, -ge-, h⟩ foresee, anticipate, expect; **das habe ich vorausgesehen** I anticipated that, *colloq.* I saw that coming; **das war (nicht) vorauszusehen** that was (not) to be expected.

vorˈausˌset|zen *v/t* ⟨*sep*, -ge-, h⟩ **1.** (*annehmen*) assume, presume, presuppose, *stillschweigend*: take *s.th.* for granted, (*erwarten*) expect (**et. bei j-m** s.th. of s.o.); **ich setze diese Tatsachen als bekannt voraus** I assume (*od.* take [it] for granted) that these facts are known. **2.** (*erfordern*) require, demand, presuppose, *notwendigerweise*: imply. **2zung** *f* ⟨-; -en⟩ **1.** (*Annahme*) assumption, presumption, presupposition. **2.** (*Vorbedingung*) prerequisite, (pre)condition (*beide*: **für** for), *unabdingbare*: essential (**für** to); **an bestimmte ~en gebunden** (*od.* **geknüpft**) **sein** presuppose (*od.* depend on) certain (pre)conditions; **ich gestatte dies nur unter der ~, daß** I allow this only on condition (*od.* on the understanding) that; **zur ~ haben** → **voraussetzen** 2. **3.** (*Qualifikation*) requirement, prerequisite, qualification, (*Fähigkeiten*) capabilities *pl*; **die ~en erfüllen** *Sache*: meet (*od.* satisfy) the requirements, *Person*: *a.* fulfil(l) (*od.* have) the qualifications, qualify.

Vorˈausˌsicht *f* ⟨-; *no pl*⟩ foresight; **in weiser ~** with wise foresight; **aller ~ nach** in all probability; **menschlicher ~ nach, nach menschlicher ~** as far as can be anticipated. **2lich I** *adj* prospective, presumable, expected. **II** *adv* presumably; **er kommt ~ morgen** *a.* he is expected to arrive tomorrow.

ˈVorˌausˌwahl *f tech.* preselection.

vorˈaus|ˌwer·fen *v/t* ⟨*irr, sep*, -ge-, h⟩ cast *s.th.* before; → **Schatten** 1. **~ˌzah·len** *v/t* ⟨*sep*, -ge-, h⟩ prepay, pay *s.th.* in advance. **2ˌzah·lung** *f* ⟨-; -en⟩ advance payment, prepayment; **e-e ~ leisten** make (*od.* effect) a prepayment.

ˈVorˌbau *m* ⟨-(e)s; -ten⟩ *arch.* front (section) of the building, (*vorragender Gebäudeteil*) projecting structure, (*Vorhalle*) porch; *humor.* **sie hat e-n ganz schönen ~** she is quite bosomy, she is top-heavy. **ˈvorˌbau·en I** *v/t* ⟨*sep*, -ge-, h⟩ *arch.* build *s.th.* in front, *vorspringend*: build *s.th.* out. **II** *v/i fig.* take precautions; **e-r Sache ~** *a.* provide against s.th., prevent s.th.

ˈvor|beˌdacht *adj* premeditated, *jur. a.* aforethought (*meist nachgestellt*). **2beˌdacht** *m* ⟨-(e)s; *no pl*⟩ premeditation, (a)forethought; **mit ~** with premeditation, deliberately, on purpose. **2beˌdeu·tung** *f* ‹-; -en› omen; **e-e gute (schlechte) ~ haben** be a good (bad) omen. **2beˌdin·gung** *f* ‹-; -en› (pre-)condition, prerequisite, stipulation; **zur ~ machen** *a.* stipulate (*s.th., that*).

ˈ**Vor|beˌhalt** *m* ‹-(e)s; -e› reservation, *jur. a.* reserve, (*einschränkende Bedingung*) proviso; **geheimer** (*od.* **innerer**) ~ mental reservation; **ohne ~** → **vorbehaltlos** II; **unter dem ~, daß** with the reservation (*od.* proviso) that, provided (that); **unter ~ aller Rechte** all rights reserved; **unter diesem ~** subject to this. **2beˌhal·ten**[1] *v/t* ‹*irr, sep, no* **-ge-**, **h**› **sich** (*dat*) **et. ~** reserve (o.s.) s.th., *jur. a.* make s.th. a proviso; **sich** (*dat*) **~ zu** *inf* reserve the right to *inf*; **sich** (*dat*) **weitere Schritte ~** reserve the right to take further steps; **sich** (*dat*) **das Rückkaufsrecht ~** make the right of repurchase a proviso. **2beˌhal·ten**[2] *adj* **1. j-m ~ bleiben** (*od.* **sein**) be reserved for s.o.; **es bleibt der Zukunft ~, ob** it remains for the future to show whether, it remains to be seen whether. **2.** *jur.* a) reserved, b) subject to, c) excepted; **alle Rechte ~** all rights reserved; **Änderungen ~** subject to alteration(s) (*od.* modification[s]); **Irrtümer (und Auslassungen) ~** errors (and omissions) excepted. **2beˌhalt·lich** *prep* ‹*gen*› *jur.* **1.** reserving, with reservation as to; **~ der Rechte Dritter** reserving the rights of a third party. **2.** subject to; **~ anderslautender Bestimmung** subject to provision to the contrary, except as otherwise provided; **~ § 23** subject to (the provisions of) Section 23, except as provided in Section 23. **2beˌhalt·los I** *adj* unconditional, unreserved. **II** *adv* without reservation, unreservedly. **~beˌhalts·ˌklau·sel** *f* saving (*od.* proviso) clause.

ˈ**vor|beˌhan·deln** *v/t* ‹*sep, no* **-ge-**, **h**› pretreat. **2beˌhand·lung** *f* ‹-; -en› preliminary treatment, pretreatment.

vor·bei [fɔrˈbaɪ; ˌfoːrˈbaɪ] *adv* **1.** *zeitlich*: over, *für immer*: gone (forever), *nach Uhrzeit*: past; **der Winter ist ~** (the) winter is over; **~ ist ~** gone is gone, it's all over and that's that; **die Schmerzen sind ~** (the) pain has gone (away); **es ist 8 Uhr ~** it is past (*bes. Am.* after) eight; **es ist ~ mit** it is all up (*od.* over) with *s.o., s.th.* **2.** *örtlich*: past, by; **ich kann nicht ~** I cannot get past (*od.* by); **dann mußt du am Rathaus ~** then you have to pass (by) the townhall. **~beˌneh·men** *v/reflex* ‹*irr, sep, no* **-ge-**, **h**› *colloq.* **sich ~** misbehave. **~ˌdrän·gen** *v/i u.* **sich ~** *v/reflex* ‹*sep,* **-ge-**, **h**› push past (*od.* by) (**an** *dat s.o., s.th.*). **~ˌei·len** *v/i* ‹*sep,* **-ge-**, **sein**› hurry past (*od.* by) (**an** *dat s.o., s.th.*). **~ˌfah·ren** *v/i* ‹*irr, sep,* **-ge-**, **sein**› (**an** *dat*) go (*mot.* drive) past (*od.* by) (*s.o., s.th.*), pass (by) (*s.o., s.th.*). **~ˌfe·gen** *v/i* ‹*sep,* **-ge-**, **sein**› → **vorbeiflitzen**. **~ˌflie·gen** *v/i* ‹*irr, sep,* **-ge-**, **sein**› fly past (*od.* by) (**an** *dat s.o., s.th.*). **~ˌflie·ßen** *v/i* ‹*irr, sep,* **-ge-**, **sein**› flow past (*od.* by) (**an** *dat s.o., s.th.*). **~ˌflit·zen** *v/i* ‹*sep,* **-ge-**, **sein**› *colloq.* shoot (*od.* dash, dart) past (*od.* by) (**an** *dat s.o., s.th.*). **~ˌfüh·ren I** *v/t* ‹*sep,* **-ge-**, **h**› **j-n ~** lead s.o. past (*od.* by) (**an** *dat s.o., s.th.*). **II** *v/i* go past, pass; **der Weg führt an e-r Baumgruppe vorbei** the path goes past a group of trees. **~ˌge·hen I** *v/i* ‹*irr, sep,* **-ge-**, **sein**› **1.** (**an** *dat*) go (*od.* walk) past (*od.* by) (*s.o., s.th.*), pass (by) (*s.o., s.th.*). **2.** *fig.* **~ an** (*dat*) a) (*nicht wahrnehmen*) fail to see, miss, b) (*ignorieren*) disregard, ignore, pass *s.th.* by, bypass. **3.** → **vorbeiführen** II. **4.** *fig. colloq.* **bei j-m ~** call on s.o., drop in on s.o. **5.** (*vorübergehen*) *Zeit*: pass, go by, *Kummer, Schmerz etc*: pass, go away, *Gewitter, Zorn*: blow over; **das geht alles wieder vorbei** that will all pass. **6.** (*danebentreffen*) miss (the mark); **dieser Schuß ist vorbeigegangen** that shot missed, *Sport*: that shot went wide. **II 2** *n* ‹-s› **7. er hat es im 2 vom Tisch genommen** he took it from the table as he passed (*od.* on his way past); *fig.* **ich habe es nur im 2 gesehen** I just noticed it in passing (*od.* incidentally). **~ˌkom·men** *v/i* ‹*irr, sep,* **-ge-**, **sein**› **1.** (**an** *dat*) a) pass (by) (*s.th.*), go past (*od.* by) (*s.th.*), b) *fig.* avoid (*s.o., s.th.*), *a.* get (a)round (*s.th.*); *fig.* **an ihm kommst du nicht vorbei** you won't be able to avoid him; **daran wirst du wohl kaum ~** you probably won't be able to get (a)round that. **2.** *fig.* come round (*od.* over, *bes. Am.* by), stop by, drop in (**bei** on *s.o.*); **komm doch mal vorbei** drop in some time (if you like). **3.** (*durchkommen*) get through (*od.* by); **ich komme hier nicht vorbei** I can't get past (*od.* by) here. **~ˌlas·sen** *v/t* ‹*irr, sep,* **-ge-**, **h**› let *s.o., s.th.* pass, let *s.o., s.th.* (get) past (*od.* by), *im Verkehr*: *a.* give way to. **~ˌlau·fen** *v/i* ‹*irr, sep,* **-ge-**, **sein**› run past (*od.* by) (**an** *dat s.o., s.th.*). **~ˌle·ben** *v/i* ‹*sep,* **-ge-**, **h**› **aneinander ~** have nothing in common any more, live like strangers to one another. **~ˌlei·ten** *v/t* ‹*sep,* **-ge-**, **h**› direct *s.o., s.th.* past (*od.* by) (**an** *dat s.o., s.th.*); **der Verkehr wird an der Unfallstelle vorbeigeleitet** the traffic is being directed past the scene of the accident. **2ˌmarsch** *m* march-past, march in review. **~marˌschie·ren** *v/i* ‹*sep, no* **-ge-**, **sein**› march past (*od.* by) (**an** *dat s.o., s.th.*). **~ˌrat·tern** *v/i* ‹*sep,* **-ge-**, **sein**› rumble (*od.* rattle) past (*od.* by) (**an** *dat s.o., s.th.*). **~ˌre·den** *v/i* ‹*sep,* **-ge-**, **h**› **1. aneinander ~** talk at cross-purposes, misunderstand one another. **2. ~ an** (*dat*) talk round *s.th.*, pass *s.th.* by; **am Thema** (*od.* **an der Sache**) **~** miss the point. **~ˌrei·ten** *v/i* ‹*irr, sep,* **-ge-**, **sein**› ride past (*od.* by) (**an** *dat s.o., s.th.*). **~ˌren·nen** *v/i* ‹*irr, sep,* **-ge-**, **sein**› run past (*od.* by) (**an** *dat s.o., s.th.*). **~ˌrol·len** *v/i* ‹*sep* **-ge-**, **sein**› roll past (*od.* by) (**an** *dat s.o., s.th.*). **~ˌsau·sen** *v/i* ‹*sep,* **-ge-**, **sein**› → **vorbeiflitzen**. **~ˌschau·en** *v/i* ‹*sep,* **-ge-**, **h**› → **vorbeikommen** 2. **~ˌschie·ßen** *v/i* ‹*irr, sep,* **-ge-**, **h** *u.* **sein**› **1.** ‹**h**› miss (the mark), *bes. Sport*: (*a.* **am Tor ~**) shoot wide. **2.** ‹**h**› *absichtlich*: miss (on purpose), aim past the mark. **3.** ‹**sein**› *fig.* → **vorbeiflitzen**. **~ˌschlei·chen** *v/i* ‹*irr, sep,* **-ge-**, **sein**› creep past (*od.* by) (**an** *dat s.o., s.th.*). **~ˌse·geln** *v/i* ‹*sep,* **-ge-**, **sein**› sail past (*od.* by) (**an** *dat s.o., s.th.*). **~ˌtra·gen** *v/t* ‹*irr, sep,* **-ge-**, **h**› carry *s.o., s.th.* past (*od.* by) (**an** *dat s.o., s.th.*). **~ˌzie·hen I** *v/t* ‹*irr, sep,* **-ge-**, **h**› pull *s.o., s.th.* past (*od.* by) (**an** *dat s.o., s.th.*). **II** *v/i* ‹**sein**› (**an** *dat*) *Soldaten etc*: march past (*od.* by) (*s.o., s.th.*), *Wolken etc*: move past (*od.* by) (*s.o., s.th.*), *Läufer*: overtake (*s.o.*), *fig. Ereignisse etc*: go through *s.o.'s* mind; *fig. Erlebnisse etc* **noch einmal an sich ~ lassen** pass *s.th.* in review.

ˈ**vor|beˌla·stet** *adj fig.* **1.** handicapped; **erblich ~ sein** a) have a hereditary handicap, b) *humor.* have inherited talent; **künstlerisch ~ sein** have an artistic background; *iro.* **durch keinerlei Kenntnisse ~** unencumbered by any knowledge; **dieses Wort ist ~** this word carries a connotation. **2.** *jur.* a) incriminated, b) → **vorbestraft**. **2beˌmer·kung** *f* ‹-; -en› preliminary remark (*od.* note), *zu e-m Gesetz, Vertrag etc*: preamble. **2beˌnut·zung** *f* ‹-; *no pl*› *Patentrecht*: prior use. **~beˌrei·ten I** *v/t* ‹*sep, no* **-ge-**, **h**› *allg., a. seelisch*: prepare; **j-n ~ auf** (*acc*) prepare s.o. for (*an examination, etc*); *fig.* **j-n (schonend) auf e-e schlimme Nachricht ~** prepare s.o. (gently) for bad news. **II** *v/reflex* **sich ~** prepare (**für, auf** *acc* for); *fig.* **bereite dich auf e-n Schock vor** prepare (yourself) (*od.* be prepared) for a shock; **große Dinge bereiten sich vor** great events are in the offing (*od.* under way). **~beˌrei·tend** *adj* preparatory, preliminary.

ˈ**Vor·beˌrei·tung** *f* ‹-; -en› preparation (**für, auf** *acc* for); **~en treffen** make preparations, prepare (for); **als ~ zu** in preparation for, preparatory to; **in ~** being prepared, in preparation, *thea. Stück*: in rehearsal. **~sˌzeit** *f* time of preparation.

ˈ**Vor|ˌber·ge** *pl geogr.* foothills. **~beˌricht** *m* ‹-(e)s; -e› preliminary report. **~beˌscheid** *m* ‹-(e)s; -e› preliminary decision, *Patentrecht*: interim action. **~beˌsit·zer** *m* previous owner. **~beˌspre·chung** *f* ‹-; -en› **1.** preliminary discussion (*od.* debate, talk), preparatory conference. **2.** *e-s Buches*: preview. **2beˌstel·len** *v/t* ‹*sep, no* **-ge-**, **h**› (*Zimmer, Theaterkarten etc*) book (*bes. Am.* reserve) *s.th.* in advance, (*Waren etc*) order *s.th.* in advance. **~beˌstel·lung** *f* ‹-; -en› advance booking (*bes. Am.* reservation), advance order. **2beˌstraft** *adj* previously convicted; **er ist zweimal wegen Diebstahl ~** he has two previous convictions for theft; **er ist nicht ~** a) he has had no previous conviction(s), b) he is a first offender; **~ sein** have a police record. **~beˌstraf·te** *m, f* ‹-n; -n› a) previously convicted person, b) person with a police record; **alle nicht ~n** all first offenders. **2ˌbe·ten I** *v/i* ‹*sep,* **-ge-**, **h**› lead the prayer. **II** *v/t fig.* **j-m et. ~** tell s.o. s.th. over and over again.

ˈ**Vor|ˌbeu·ge·haft** *f* preventive detention (*od.* custody). **2ˌbeu·gen I** *v/i* ‹*sep,* **-ge-**, **h**› (*dat*) prevent (*a. med. a disease, etc*), obviate (*acc*), guard against, take precautions against. **II** *v/t* bend (*one's head, etc*) forward. **III** *v/reflex* **sich ~** bend (*od.* lean) forward. **IV 2** *n* ‹-s› **2 ist besser als Heilen** prevention is better than cure. **2ˌbeu·gend** *adj med.* (*a.* **~es Mittel**) prophylactic, preventive, *fig. a.* precautionary; **~e Maßnahmen** preventive measures. **~ˌbeu·gung** *f* ‹-; *no pl*› (**gegen, von**) prevention (of) (*a. med.*), precaution (against), *med.* prophylaxis (of); **zur ~** as a precaution.

ˈ**vor·beˌwußt** *adj psych.* preconscious.

ˈ**Vor·biˌlanz** *f* trial balance.

ˈ**Vorˌbild** *n* ‹-(e)s; -er› **1.** model, pattern; **et. schaffen nach dem ~ von** (*od. gen*) create s.th. on the model of, model s.th. on (*od.* after). **2.** (*Beispiel*) example, model; **leuchtendes ~** shining example; **nach s-m ~** after his example; **sich** (*dat*) **j-n zum ~ nehmen** take s.o. as an example; **j-n als ~ hinstellen** hold s.o. up as an example (*dat* to). **3.** (*Urbild*) prototype, archetype.

ˈ**vorˌbild·lich I** *adj* exemplary, model. **II** *adv behave, etc* in an exemplary manner. **2keit** *f* ‹-; *no pl*› exemplariness.

ˈ**Vor|ˌbil·dung** *f* ‹-; *no pl*› educational background, *schulische*: *a.* education, *spezielle*: preparatory training (*od.* instruction). **2ˌbin·den** *v/t* ‹*irr, sep,* **-ge-**, **h**› put (*od.* tie) *s.th.* on. **2ˌboh·ren** *v/t* ‹*sep,* **-ge-**, **h**› *tech.* predrill. **~ˌbo·te** *m* **1.** *hist.* forerunner, *a. fig. lit.* herald, harbinger. **2.** *med.* early sign (*od.* symptom). **≈ˌbrin·gen** *v/t* ‹*irr, sep,* -ge-, h› **1.** (*sagen*) say, state, (*behaupten*) allege, claim, *jur. a.* plead; **hat noch jemand et. vorzubringen?** has anyone else s.th. to say?; **er brachte dagegen vor, daß** he objected that; **er brachte zu s-r Verteidigung vor, daß** he said (*od.* stated) in his defence that; **als Entschuldigung brachte er vor, daß** by way of excuse he alleged (*od.* said) that, he pleaded *illness, etc.* **2.** bring (*od.* put) forward, *a. jur.* (*Beweis*) produce, (*Gründe, Meinung etc*) advance, (*Entschuldigung*) offer, make, (*Wunsch, Beschwerde etc*) present, express, utter, (*Plan*) propose, (*Protest*) enter, *jur.* (*Klage*) prefer. **≈ˌbuch·staˌbie·ren** *v/t* ‹*sep, no* -ge-, h› j-m et. ~ spell s.th. out to s.o. **~ˌbüh·ne** *f* proscenium, forestage. **≈ˌchrist·lich** *adj* pre-Christian. **~ˌdach** *n* canopy. **≈daˌtie·ren** *v/t* ‹*sep, no* -ge-, h› antedate, foredate. **~ˌdeck** *n mar.* foredeck.

vor·dem [ˌvoːrˈdeːm; ˈvoːrˌdeːm] *adv archaic* formerly.

ˈVor·der|ˌachsˌaufˌhän·gung *f* front-axle suspension. **~ˌach·se** *f* front axle. **~ˌanˌsicht** *f* ‹-; *no pl*› front view. **≈asia·tisch** [-ʔaˌziaːtɪʃ] *adj* Near Eastern; **der ~e Raum** the Near East. **~ˌbein** *n zo.* foreleg. **~ˌdeck** *n mar.* forecastle.

vor·de·re [ˈfɔrdərə] *adj* ‹*no comp,* **vorderst**› **1.** *allg.* front (*row, room, seat, etc*), *bes. Bereich, Linie etc*: *a.* forward, (*am Vorderteil befindlich*) *a.* fore; **der ~ Teil** the front (part), *bes. aer. mot.* the fore part. **2.** *anat.* anterior.

ˈVor·de·re *m, f* ‹-n; -n› person in front; **die ~n** *a.* the people (*od.* those) in front.

ˈVor·der|ˌeinˌgang *m* front entrance. **~ˌfront** *f arch.* frontage. **~ˌfuß** *m zo.* forefoot. **~ˌgau·men** *m anat.* hard palate. **~ˌgrund** *m* ‹-(e)s; *no pl*› foreground; **~ e-r Bühne** front of a stage, downstage; **im ~** downstage; *fig.* **im ~ stehen** be (well) to the fore; **im ~ der Diskussion stehen** be in the foreground of (*od.* be the centre of) the discussion; **in den ~ treten** (*od.* **rükken**) come to the fore; **j-n in den ~ stellen** push s.o. into the limelight, put the spotlight on s.o., feature s.o.; **sich in den ~ drängen** thrust o.s. forward. **≈ˌgrün·dig** [-ˌgrʏndɪç] *adj* **1.** (*oberflächlich*) superficial. **2.** (*offensichtlich*) apparent, obvious.

vor·der·hand [ˈfɔrdərˌhant; ˈfɔrdərˈhant] *adv* for the time being, for the present.

ˈVor·der|ˌhand *f* ‹-; *no pl*› *Reitsport, Kartenspiel*: forehand. **~ˌhaus** *n* front building. **~ˌla·der** [-ˌlaːdər] *m* ‹-s; -› *hist.* (*Gewehr*) muzzle-loader. **~ˌlauf** *m hunt.* foreleg. **~ˌmann** *m* ‹-(e)s; ⸚er› *bes. mil.* man in front; **mein ~** the man in front of me; **auf ~ stehen** be covered in file; *fig. colloq.* **auf ~ bringen** a) (j-n) make s.o. pull his socks up, make s.o. toe the line, b) (et.) get s.th. going, do s.th. up. **~ˌpfo·te** *f zo.* forepaw, front paw.

ˈVor·derˌrad *n* front wheel. **~ˌanˌtrieb** *m mot.* front(-wheel) drive. **~ˌaufˌhän·gung** *f* front-wheel suspension.

ˈVor·der|ˌrei·he *f* front row. **~ˌsatz** *m* **1.** *philos.* premise. **2.** *ling.* antecedent (clause). **~ˌschin·ken** *m gastr.* shoulder ham. **~ˌsei·te** *f* front (side), *arch. a.* face, *e-r Münze, Medaille*: head, *e-s Blattes, Bogens*: recto. **~ˌsitz** *m* front seat.

ˈvor·derst I *sup of* **vordere. II** *adj* front (*row, etc*), foremost, first.

ˈVor·der|ˌste·ven *m mar.* stem. **~ˌteil** *n, m* front (part), forepart. **~ˌtür, ~ˌtü·re** *f* front door. **~ˌzahn** *m* front tooth, fore-tooth.

ˈVor·diˌplom *n* (examination conferring an) intermediate diploma.

ˈvor|ˌdrän·geln *v/ reflex* ‹*sep,* -ge-, h› **sich ~** → **~ˌdrän·gen** *v/reflex* ‹*sep,* -ge-, h› **sich ~** push to the front, push (*od.* press) forward, *in e-r Schlange*: *a.* jump the queue (*Am.* line), *fig.* push to the fore. **~ˌdrin·gen I** *v/i* ‹*irr, sep,* -ge-, **sein**› advance, forge ahead, press forward, *a. fig. Idee etc*: gain ground; **~ in** (*acc*) *a. fig.* penetrate into; **~ (bis) zu** *a. fig.* work one's way through to *s.o., s.th.* **II ≈** *n* ‹-s› advance.

ˈvorˌdring·lich I *adj* urgent, most important, priority (*project, task, etc*). **II** *adv* **~ behandeln** give *s.th.* priority. **≈keit** *f* ‹-; *no pl*› urgency, priority. **≈keitsˌli·ste** *f* priority list.

ˈVorˌdruck *m* ‹-(e)s; -e› (printed) form, *Am. a.* blank.

ˈvorˌehe·lich *adj* premarital, prenuptial.

ˈvorˌei·lig *adj* rash, hasty, precipitate; **~e Schlüsse ziehen** rush (*od.* jump) to conclusions; **nicht so ~!** take it easy! **≈keit** *f* ‹-; *no pl*› rashness, overhaste, hastiness, precipitancy.

ˈvorˌeinˈan·der *adv walk, etc* one in front of the other; **Achtung ~** respect for each other (*od.* one another); **sich ~ fürchten** be afraid of each other (*od.* one another); → *Verben u. Substantive mit* „vor".

ˈvorˌein·geˌnom·men *adj* (**gegen** against, **für** in favo[u]r of) bias(s)ed, prejudiced, prepossessed; **~ machen** bias, prejudice, prepossess. **≈heit** *f* ‹-; *no pl*› bias, prejudice, prepossession.

ˈvorˌeisˌzeit·lich *adj geol.* preglacial.

ˈVorˌel·tern *pl* → **Vorväter.**

ˈvor·ent|ˌhal·ten *v/t* ‹*irr, sep, no* -ge-, h› **j-m et. ~** withhold (*od.* keep) s.th. from s.o., deny s.o. s.th. **≈ˌhal·tung** *f* ‹-; *no pl*› withholding, retention, denial, *jur.* detention. **≈ˌschei·dung** *f* preliminary decision, *Sport*: *a.* (*Vorrunde*) qualifying round; **das war die ~** that practically decided the match, *etc.* **≈ˌwurf** *m* preliminary draft. **~ˌzer·ren** *v/t* ‹*only inf u. pp* **vorentzerrt**, h› *TV* preemphasize. **≈ˌzer·rung** *f* preemphasis.

ˈVorˌer·be¹ *m jur.* heir in tail.

ˈVorˌer·be² *n jur.* estate (in) (fee) tail.

vor·erst [ˈfoːrˌʔeːrst; ˌfoːrˈʔeːrst] *adv* for the present, for the time being.

ˈvor|erˌwähnt *adj adm.* aforementioned. **≈exˌamen** *n* preliminary examination. **~fa·briˌziert** *adj* prefabricated. **≈ˌfahr** [-ˌfaːr] *m* ‹-en; -en› ancestor. **~ˌfah·ren** *v/i* ‹*irr, sep,* -ge-, **sein**› drive up (**vor** *dat* before), (*weiter~*) drive on (*od.* ahead), (*vorausfahren*) go on ahead, (*überholen*) pass. **≈ˌfahrt** *f* ‹-; *no pl*› right of way, priority; **~ beachten!** give way!; **ich habe ~** I have the (*od.* it's my) right of way.

ˈvorˌfahrt(s)|beˌrech·tigt *adj* having the right of way. **≈ˌrecht** *n* ‹-(e)s; *no pl*› right of way. **≈ˌschild** *n* right-of-way sign. **≈ˌstra·ße** *f* main (*od.* major) road.

ˈVor|ˌfall *m* **1.** incident, occurrence, happening, event. **2.** *med.* prolapse. **≈ˌfal·len** *v/i* ‹*irr, sep,* -ge-, **sein**› **1.** happen, occur. **2.** *med.* prolapse. **≈ˌfa·seln** *v/t* ‹*sep,* -ge-, h› → **vorflunkern.** **~ˌfei·er** *f* precelebration. **~ˌfeld** *n mil.* approaches *pl*; *fig.* **im ~ der Wahlen** *etc* in the run-up to the elections, *etc.* **~ˌfilm** *m* supporting film. **≈fi·nanˌzie·ren** *v/t* ‹*sep, no* -ge-, h› provide anticipatory (*od.* short-term, interim) finance for, (*bes. Importe*) *a.* prefinance. **≈ˌfin·den** *v/t* ‹*irr, sep,* -ge-, h› find. **≈ˌflun·kern** *v/t* ‹*sep,* -ge-, h› *colloq.* **j-m et. ~** tell s.o. a fib (*od.* fibs), spin s.o. a yarn; **j-m ~, daß** tell s.o. fibs about *ger.* **~ˌfreu·de** *f* (pleasant) anticipation, anticipated pleasure (*od.* joy). **~ˌfrüh·ling** *m* early spring. **≈ˌfüh·len** *v/i* ‹*sep,* -ge-, h› *fig. colloq.* put out one's feelers; **bei j-m ~** sound s.o. out. **~ˌführˌda·me** *f* mannequin, model. **≈ˌfüh·ren** *v/t* ‹*sep,* -ge-, h› **1. j-n j-m ~** bring s.o. to (*od.* before) s.o. **2.** *jur.* (*Zeugen*) produce. **3.** (*zeigen*) show, (*zur Schau stellen*) parade, display, show *s.th.* off, (*Kunststück etc*) perform, (*Gerät etc*) demonstrate, (*Film*) show, present, *engS.* project, screen. **4.** *colloq. bes. Sport*: make a fool of *s.o.*, run rings round *s.o.* **~ˌfüh·rer** *m* **1.** *für Geräte etc*: demonstrator. **2.** (*Film≈*) projectionist, operator. **~ˌführ·geˌrät** *n Film*: projector, projection machine. **~ˌführˌraum** *m* projection (*od.* screening) room. **~ˌfüh·rung** *f* ‹-; -en› **1.** ‹*only sg*› *von Gefangenen, Zeugen etc*: production. **2.** show, *von Kunststücken etc*: performance, *von technischen Geräten etc*: demonstration, *e-s Films*: presentation, showing, *engS.* projection. **~ˌführˌwa·gen** *m* demonstration car, *Am.* demonstrator automobile, demo. **~ˌga·be** *f Sport*: handicap, start, (*Kurven≈*) stagger, *Spiel*: points (*od.* odds) *pl* given. **~ˌgang** *m* **1.** (*Ablauf*) proceedings *pl*, course of events; **den ~ genau schildern** tell exactly how it happened. **2.** (*Ereignis*) event, occurrence, happening. **3.** *biol. chem. tech.* process. **4.** (*Akte*) record, file, dossier, (*Korrespondenz*) previous correspondence. **~ˌgän·ger** *m* ‹-s; -› predecessor. **~ˌgar·ten** *m* front garden, *Am.* front yard. **≈ˌgau·keln** *v/t* ‹*sep,* -ge-, h› **j-m et. ~** lead s.o. to believe in s.th., pull the wool over s.o.'s eyes; **j-m ~, daß** lead s.o. to believe that. **≈ˌge·ben** *v/t* ‹*irr, sep,* -ge-, h› **1.** *colloq.* (*nach vorn geben*) pass *s.th.* up to the front. **2.** *Sport*: give, grant, allow. **3.** (*fälschlich behaupten*) pretend, allege, claim, purport, profess; **er gab dringende Geschäfte vor** he used urgent business as a pretext. **≈geˌbeugt** *adj* bent (forward). **≈geˌbil·det** *adj* **~ sein in** (*dat*) have a basic knowledge of, have had previous training in; **gut (schlecht) ~ sein** have had good (bad) preparatory training. **~geˌbir·ge** *n* foothills *pl*. **≈ˌgeb·lich** [-ˌgeːplɪç] *adj u. adv* → **angeblich.** **≈geˌburt·lich** [-gəˌbuːrtlɪç] *adj med.* prenatal, antenatal. **≈geˌfaßt** *adj* **~e Meinung** preconceived opinion, prejudice; **e-e ~e Meinung haben über** (*acc*) be prejudiced about. **≈geˌfer·tigt** *adj* prefabricated. **~geˌfühl** *n* presentiment, *warnendes*: premonition; **banges ~** foreboding, misgivings *pl*; **freudiges ~** pleasant anticipation. **≈geˌge·ben** *adj* **1.** *fig.* given (*facts, situation, etc*). **2.** *Computer*: preset. **≈geˌhal·ten** *adj* **hinter der ~en Hand** behind one's hand; **mit ~er (Schuß)Waffe** at gunpoint; **mit ~er Pistole** at pistol-point.

ˈvorˌge·hen I *v/i* ‹*irr, sep,* -ge-, **sein**› **1.** (*nach vorn gehen*) go (up) to the front; **der Schüler ging zur Tafel vor** the pupil went up to the blackboard. **2.** *mil.* advance. **3.** *colloq.* (*vorangehen*) a) go in front, go first, b) go on ahead; **geh du schon vor** you go on ahead. **4.** *Uhr*: gain (time), be (*od.* go) fast; **m-e Uhr geht fünf Minuten vor** my watch is five minutes fast (*od.* has gained five minutes). **5.** (*Vorrang haben*) come first, have priority; **die Gesundheit geht (allem anderen) vor** health comes first (*od.* is more important than anything else). **6.** (*handeln*) act, proceed; **rücksichtslos ~** act ruthlessly; **schrittweise ~** proceed by stages; **gegen j-n ~** take action against s.o.; **gerichtlich gegen j-n ~** take (legal) action (*od.* proceed) against s.o., sue s.o. **7.** (*passieren*) go on, take place, happen; **was geht hier vor?** what's going on here?; **was mochte in ihm vorgegangen sein?** what must have been going on in his mind?; **es ist e-e Veränderung mit ihm vorgegangen** a change has taken place (*od.* come about) in him. **II ≈** *n* ‹-s› **8.** (course of) action, (*a. Verfahrensweise*) procedure, proceeding; **gemeinschaftliches ≈** concerted action. **9.** *mil.* advance.

'vor|ge͵la·gert *adj* **~e Inseln** offshore islands. **~ge͵nannt** *adj* → **vorerwähnt.** **≈ge͵nuß** *m* foretaste of pleasure. **~ge͵rückt** *adj* **zu ~er Stunde** at a late hour; **ein Mann in ~em Alter** a man well advanced in years; **in ~er Stimmung sein** be in quite high spirits. **≈ge͵schich·te** *f* ‹-; *no pl*› **1.** prehistory, early history. **2.** *e-s Ereignisses, a. jur. sociol.* case history, *e-r Person*: life history, antecedents *pl*, *med.* case history, anamnesis. **~ge͵schicht·lich** *adj* prehistoric(al). **≈ge͵schmack** *m* ‹-(e)s; *no pl*› foretaste (**auf** *acc*, **von** of). **~ge͵setzt** *adj Behörde etc*: superior, higher. **≈ge͵setz·te** *m, f* ‹-n; -n› superior, senior, chief, *colloq.* boss. **≈ge͵spräch** *n meist pl* preparatory talk.

'vor͵ge·stern *adv* the day before yesterday; **~abend** the day before yesterday in the evening, the evening before last; *fig. colloq.* **von ~** → **vorgestrig** 2. **'vor͵ge·strig** *adj* **1.** *Zeitung etc*: from (*od.* of) the day before yesterday. **2.** *fig. colloq.* outdated, outmoded, old-fashioned.

'vor|ge͵täuscht *adj* pretended, (*nicht echt*) sham, fake. **~ge͵wölbt** *adj* **1.** *bes. arch.* rounded, curved(-out). **2.** *Stirn etc*: protruding. **~͵grei·fen** *v/i* ‹*irr, sep*, -ge-, h› anticipate (**j-m** s.o., **e-r Sache** s.th.). **≈͵griff** *m* **1.** anticipation; **im ~ auf** (*acc*) *a.* anticipating (*things to come, etc*). **2.** *Computer*: look-ahead.

'vor͵ha·ben I *v/t* ‹*irr, sep*, -ge-, h› **1. ~, et. zu tun** plan (*od.* intend, mean, have in mind, propose) to do s.th., contemplate doing s.th.; **e-e Reise ~** plan, *etc* to go (*od.* contemplate going) on a journey; **et. fest~, fest~, et. zu tun** be firmly decided to do s.th.; **ziemlich viel** (*colloq.* **einiges**) **~** have quite some plans; **was hast du heute vor?** what are your plans for today?; **hast du heute abend schon et. vor?** have you anything on (*od.* have you any plans, are you doing anything) this evening?; **wenn du nichts Besseres vorhast** if you have nothing else to do; **was hast du damit vor?** what are you going to do with that?; **was hat er jetzt wieder vor?** what is he up to now? **2.** *colloq.* (*Schürze etc*) have *s.th.* on. **II ≈** *n* ‹-s; -› **3.** (*Plan*) plan, (*Vorsatz*) intention, purpose, (*Projekt, a. Bau≈*) project; **j-n von s-m ~ abbringen** dissuade s.o. from carrying out his plan.

'Vor|͵hal·le *f* (entrance) hall, vestibule, lobby, *bes. e-r Kirche*: porch. **~͵halt** *m* ‹-(e)s; -e› **1.** *mus.* suspension. **2.** *Ballistik*: lead. **3.** *jur.* query. **~͵hal·te** *f* ‹-; *no pl*› *gym.* a) **Arme in ~** arms at front horizontal, b) **Hang mit den Beinen in ~** half-lever hang. **≈͵hal·ten I** *v/t* ‹*irr, sep*, -ge-, h› **1.** hold (*od.* put) *s.th.* in front; **j-m e-n Spiegel ~** hold a mirror in front of s.o.; **j-m e-e Pistole ~** point a revolver at s.o. **2.** *fig.* **j-m et. ~** (*vorwerfen*) remonstrate with s.o. about s.th., reproach (*od.* blame) s.o. for (doing) s.th. **II** *v/i* **3.** *Vorräte etc, a. fig. colloq. gute Vorsätze etc*: last. **4.** *mil.* take (*od.* supply) a lead. **~͵hal·te͵win·kel** *m mil.* lead angle. **~͵hal·tung** *f* ‹-; -en› *meist pl* remonstrance, reproach; **j-m ~en machen (wegen)** remonstrate with s.o. (about). **~͵hand** *f* ‹-; *no pl*› **1.** *Tennis*: forehand, (**~schlag**) forehand (stroke). **2.** *des Pferdes*: forehand. **3.** *Kartenspiel*: lead.

͵vor'han·den [-'handən] *adj* **1.** existing, existent, in existence, extant; **die Urschrift ist nicht mehr ~** the original manuscript is no longer in existence (*od.* no longer exists); **von den Vorräten ist nichts mehr ~** nothing is left of the supplies; **er benahm sich, als sei ich gar nicht ~** he behaved as if I didn't exist (*od.* as if I wasn't there). **2.** (*vorrätig*) available, on hand, in stock. **≈sein** *n* ‹-s; *no pl*› existence.

'Vor͵hang *m* **1.** curtain, *pl collect.* (**~material**) curtaining *sg*, *bes. Am.* drapes, hangings; *fig. pol.* **der Eiserne ~** the Iron Curtain. **2.** *thea.* curtain, *zum Herunterlassen*: drop(-curtain); **eiserner ~** fireproof curtain; *colloq.* **die Schauspieler hatten zehn Vorhänge** the actors had ten curtains (*od.* curtain calls).

'vor͵hän·gen *v/t* ‹*sep*, -ge-, h› (*Schloß, Kette etc*) put *s.th.* on.

'Vor͵hän·ge͵schloß *n* padlock.

'Vor͵hang|͵schie·ne *f* curtain rail. **~͵stan·ge** *f* curtain rail, *zum Zuziehen*: curtain rod. **~͵stoff** *m* curtain material, curtaining, casement (cloth).

'Vor͵haut *f anat.* foreskin, prepuce. **~ver͵en·gung** *f med.* phimosis.

vor·her [͵foːr'heːr; 'foːr͵heːr] *adv* **1.** (*früher*) before(hand), previously, earlier (on); **kurz ~** shortly before(hand); **wie schon ~ erwähnt** as has been mentioned before; **das hättest du mir ~ sagen sollen** you ought to have told me so before(hand); **drei Seiten ~** three pages back (*od.* earlier); **~ — nachher** *auf Scherzbild etc*: before — after. **2.** (*im voraus*) in advance, beforehand; **die Karten lange ~ bestellen** order the tickets long beforehand.

͵vor'her|be͵stim·men *v/t* ‹*sep, no* -ge-, h› predetermine, *schicksalhaft*: *a.* predestine, preordain. **≈be͵stim·mung** *f* ‹-; *no pl*› predetermination, *a. relig.* predestination. **~ge͵gan·gen** *adj* → **vorangegangen.** **~͵ge·hen** *v/i* ‹*irr, sep*, -ge-, sein› precede. **~͵ge·hend** *adj* previous, preceding.

vor·he·rig [͵foːr'heːrɪç; 'foːr͵heːrɪç] *adj* **1.** (*vorausgehend*) previous, preceding, foregoing. **2.** (*ehemalig*) former.

'Vor|͵herr·schaft *f* ‹-; *no pl*› (**über** *acc* over) predominance, *a.* predominancy. **≈͵herr·schen** *v/i* ‹*sep*, -ge-, h› predominate, be predominant, prevail. **≈͵herr·schend** *adj* predominant, prevalent, prevailing.

͵vor'her|͵sag·bar *adj* predictable. **≈͵sa·ge** *f* ‹-; -n› **1.** → **Voraussage.** **2.** *meteor.* forecast. **~͵sa·gen** *v/t* ‹*sep*, -ge-, h› **1.** → **voraussagen.** **2.** *meteor.* forecast. **~͵seh·bar** *adj* foreseeable. **~͵sehen** *v/t* ‹*irr, sep*, -ge-, h› → **voraussehen.** **~͵wis·sen** *v/t* ‹*irr, sep*, -ge-, h› foreknow.

'vor|͵heu·cheln *v/t* ‹*sep*, -ge-, h› feign, pretend, simulate; **j-m et. ~** *colloq.* put on an act to s.o.; **er heuchelte ihr vor, krank zu sein** he pretended to her to be ill. **~͵heu·len** *v/t* ‹*sep*, -ge-, h› *colloq.* **j-m et. ~** go to s.o. with a (big) sob story.

vor·hin [͵foːr'hɪn; 'foːr͵hɪn] *adv* a (little) while ago, just now.

'vor|hin͵ein *adv* **im ~** in advance. **≈͵hof** *m* **1.** forecourt. **2.** *anat. des Herzens*: auricle, atrium, *a. des Ohres*: vestibule. **≈͵höl·le** *f* ‹-; *no pl*› limbo, *a.* Limbo. **≈͵hut** *f* ‹-; -en› *mil.* vanguard.

'vo·rig *adj* **1.** (*früher*) former, previous. **2.** (*vergangen*) last; **~e Woche, in der ~en Woche** last week; **das ~e Mal** last time.

'Vor|͵in͵ha·ber *m* previous owner. **~in͵stanz** *f jur.* lower instance (*od.* court). **~͵jahr** *n* previous (*od.* preceding, last) year, year before. **≈͵jäh·rig** *adj* of the year before. **≈͵jam·mern** *v/t* ‹*sep*, -ge-, h› *colloq.* **j-m et. ~** pour forth a tale of woe to s.o. **~kal·ku·la·ti͵on** *f econ.* preliminary (*od.* rough) calculation. **~͵kam·mer** *f* **1.** *anat. des Herzens*: auricle, atrium, vestibule. **2.** *mot.* antechamber, precombustion chamber. **~͵kämp·fer** *m*, **~͵kämp·fe·rin** *f* ‹-; -nen› champion, protagonist, pioneer. **≈͵kau·en** *v/t* ‹*sep*, -ge-, h› **j-m et. ~** a) chew s.th. for s.o., b) *fig. colloq.* spoon-feed s.th. to s.o. **~͵kauf** *m jur.* preemption. **~kaufs·be͵rech·tig·te** *m, f* preemptor. **~͵kaufs͵recht** *n* right of preemption, preemptive right, (right of) first refusal, option. **~͵kehr** [-͵keːr] *f* ‹-; -en› *Swiss for* **Vorkehrung.** **≈͵keh·ren** *v/i* ‹*sep*, -ge-, h› **1.** → **herauskehren.** **2.** *Swiss* take precautions (*od.* precautionary measures). **~͵keh·rung** *f* ‹-; -en› *meist pl* precaution(ary measure), arrangements *pl*; **~en treffen** a) take precautions (*od.* precautionary measures), b) make arrangements. **≈͵kei·men** *v/t* ‹*sep*, -ge-, h› (*Samen*) pregerminate. **~͵kennt·nis** *f* ‹-; -se› *meist pl* previous knowledge, (*Erfahrung*) previous experience; **gute ~se haben in** (*dat*) have a good previous (*od.* basic) knowledge of, be well grounded in; **~se erwünscht** previous experience desirable. **≈͵klap·pen** *v/t* ‹*sep*, -ge-, h› fold *s.th.* forward (*od.* down). **~͵klas·sik** *f* preclassicism. **≈͵klas·sisch** *adj* preclassic(al). **≈͵kli·nisch** *adj med.* preclinical. **≈͵knöp·fen** *v/t* ‹*sep*, -ge-, h› *colloq.* **sich** (*dat*) **j-n ~** put (*od.* call) s.o. on the carpet. **≈͵ko·chen I** *v/t* ‹*sep*, -ge-, h› precook. **II** *v/i* cook in advance. **~kom͵man·do** *n mil.* advance party.

'vor͵kom·men I *v/i* ‹*irr, sep*, -ge-, sein› **1.** (*sich finden, vorhanden sein*) be (to be) found, occur, be met with, (*leben*) live, exist; **dieses Wort kommt bei Thomas Mann vor** this word occurs in Thomas Mann('s work); **diese Pflanzen kommen nur in den Tropen vor** these plants are (to be) found only in the tropics. **2.** (*geschehen*) happen, occur; **das kommt alle Tage vor** this happens every day; **so et. ist mir noch nicht vorgekommen** a) I have never heard of such a thing, *colloq.* well, I never!, b) a thing like that has never happened to me; *humor.* **das kommt in den besten Familien vor** things like that can happen in the best of families; **daß mir so et. nicht wieder vorkommt!** don't let that happen again! **3.** (*scheinen*) seem; **es kommt mir et. merkwürdig vor** it seems rather strange to me, I find it rather strange, it strikes me as being rather strange; **das kommt dir nur so vor** it just seems like that to you, you just imagine that; **er kommt sich sehr (wunder wie) gescheit vor** he thinks (*od.* fancies) he is very (ever so) clever; **ich komme mir sehr dumm vor** I feel very silly; **ich komme mir vor wie ein Dummkopf** you would think I was a fool; *colloq.* **wie kommst du mir denn vor!** who do you think you are!; → **spanisch.** **4.** (*nach vorn kommen*) come forward, come (up) to the front. **5.** *colloq.* (*her~*) come out. **II** *v/impers* **6. es kommt vor, daß** it happens that; **es**

kann (schon einmal) ∼, **daß** it may happen that; **es ist schon vorgekommen, daß sie das getan hat** she has been known to do that. **7. es kommt mir so vor, als ob** it seems to me as if. **III** 2*n* ⟨**-s**⟩ **8.** (*Auftreten, Vorhandensein*) occurrence. **9.** *von Bodenschätzen etc*: deposit(s *pl*).

ˈvorˌkom·men·denˈfalls *adv adm.* should the case arise.

ˈVorˌkomm·nis *n* ⟨**-ses; -se**⟩ incident, occurrence, happening, event; **k-e besonderen** ∼**se** no unusual occurrence(s).

ˈvor·kon·zi·liˌar [-kɔntsiˌlĭaːr] *adj R.C.* preconciliar.

ˈvorˌkra·gen [-ˌkraːgən] *v/i* ⟨*sep*, **-ge-**, **h**⟩ *civ.eng.* jut out, project, corbel.

ˈVorˌkriegs... *in Zssgn* prewar (*conditions, period, etc*).

ˈvor|ˌküh·len *v/t* ⟨*sep*, **-ge-**, **h**⟩ precool. 2ˌ**küh·lung** *f* ⟨**-;** *no pl*⟩ precooling. 2**ˌkurs** *m* preparatory course. ∼ˌ**la·den** *v/t* ⟨*irr, sep*, **-ge-**, **h**⟩ *jur.* summon, cite, *unter Strafandrohung*: *a.* subp(o)ena. 2**ˌla·dung** *f* ⟨**-; -en**⟩ *jur.* (writ of) summons, citation, subp(o)ena; **nochmalige** (*od.* **erneute**) ∼ resummons; **j-m e-e** ∼ **zustellen** serve s.o. with a summons, serve a summons (up)on s.o. 2ˌ**la·ge** *f* ⟨**-; -n**⟩ **1.** ⟨*only sg*⟩ (*Unterbreitung*) presentation, *von Urkunden*: *a.* production, *von Beweisen*: *a.* submission; **gegen** ∼ **des Personalausweises** on presentation of the identity card; **zahlbar bei** ∼ payable on presentation (*od.* at sight). **2.** ⟨*only sg*⟩ *Skisport*: forward lean, vorlage. **3.** *Fußball etc*: (forward) pass. **4.** (*Modell*) model, (*Muster*) pattern, (*Zeichen*2, *Schreib*2) copy; **Zeichnen nach** ∼ object drawing; **e-e** ∼ **zum Stricken** a knitting pattern. **5.** (*Gesetzes*2) bill. **6.** *econ.* advance outlay. **7.** *chem.* (distillation) receiver. 2ˌ**land** *n* ⟨**-(e)s;** *no pl*⟩ foreland. ∼ˌ**las·sen** *v/t* ⟨*irr, sep*, **-ge-**, **h**⟩ **1.** (*Zutritt gewähren*) admit (**bei** to). **2.** (*den Vortritt lassen*) let *s.o.* go first, (*vorbeilassen*) let *s.o., s.th.* past (*od.* pass), allow *s.o., s.th.* to pass. 2ˌ**lauf** *m* **1.** *Sport*: (preliminary) heat. **2.** *Magnetband*: forward run. **3.** *Destillation*: first running(s *pl*). **4.** *tech.* advance, forward travel, approach. ∼ˌ**lau·fen** *v/i* ⟨*irr, sep*, **-ge-**, **sein**⟩ **1.** run (up) to the front. **2.** run on ahead. 2ˌ**läu·fer** *m* precursor, *a. Skisport*: forerunner. ∼ˌ**läu·fig I** *adj* temporary, provisional, interim, provisory, preliminary; **das ist nur ein** ∼**er Zustand** this is only a temporary state of affairs; **zur** ∼**en Orientierung** for provisional guidance; **e-e** ∼**e Entscheidung** a preliminary decision; **e-e** ∼**e Diagnose** a provisional (*od.* tentative) diagnosis; *jur.* **e-e** ∼**e Anordnung** an interim order; ∼**e Deckung** *Versicherung*: interim coverage. **II** *adv* (*bis auf weiteres*) temporarily, provisionally, for the present (*od.* moment, time being); **das können wir** ∼ **so lassen** we can leave it like this provisionally; ∼ **kann ich noch nichts sagen** I cannot say anything for the moment. ∼ˌ**laut** *adj* forward, pert; ∼**es Wesen** forwardness, pertness. ∼ˌ**le·ben** *v/t* ⟨*sep*, **-ge-**, **h**⟩ **j-m et.** ∼ exemplify s.th. to s.o. through one's own (way of) life; **er führte ein Leben, wie sein Vater es ihm vorgelebt hatte** he led the life exemplified by his father. 2ˌ**le·ben** *n* ⟨**-s;** *no pl*⟩ former life, antecedents *pl*.

ˈVorˌle·ge|beˌsteck *n* a) carving set, b) serving cutlery, servers *pl*. ∼ˌ**ga·bel** *f* serving fork. ∼ˌ**löf·fel** *m* serving spoon. ∼ˌ**mes·ser** *n* carving knife.

ˈvor|ˌle·gen I *v/t* ⟨*sep*, **-ge-**, **h**⟩ **1.** (*da*∼) put *s.th.* in front (*dat* of), (*Schloß, Kette etc*) put *s.th.* on. **2.** (*Speisen*) serve. **3.** *zur Ansicht, Prüfung, Bearbeitung etc*: *allg.* present, (*Dokumente etc*) produce, (*unterbreiten*) submit, *weitS.* (*zeigen*) show, (*herausbringen*) bring out, come out with, publish; **das Zeugnis muß den Eltern vorgelegt werden** the report must be presented (*od.* shown) to the parents; *pol.* **den Haushalt** ∼ present the budget; **(j-m) e-n Entwurf** ∼ present (*od.* submit) a plan (to s.o.); **e-n Wechsel zur Annahme** ∼ present a bill for acceptance; **j-m e-e Frage** ∼ put (*od.* address) a question to s.o. **4.** *fig. colloq.* **ein rasendes Tempo** ∼ go at a breakneck pace. **II** *v/i* **5.** *Kellner*: serve. **III** *v/reflex* **sich** ∼ **6.** lean forward. 2ˌ**le·ger** *m* ⟨**-s; -**⟩ rug, mat. 2ˌ**le·gungsˌfrist** *f econ.* time (allowed) for presentation. ∼ˌ**leh·nen** *v/reflex* ⟨*sep*, **-ge-**, **h**⟩ **sich** ∼ lean (*od.* bend) forward. 2ˌ**lei·stung** *f* **1.** *econ.* advance (payment). **2.** *pol.* advance concession. 2ˌ**le·se** *f* early vintage. ∼ˌ**le·sen I** *v/t* ⟨*irr, sep*, **-ge-**, **h**⟩ **et.** ∼ read s.th. out (aloud); **j-m et.** ∼ read s.o. s.th., read s.th. (out) to s.o. **II** *v/i* **j-m** ∼ read to s.o. (**aus** *dat* from, out of). 2ˌ**le·ser** *m* reader. 2ˌ**le·seˌwett·beˌwerb** *m* reading competition. 2ˌ**le·sung** *f* (**über** *acc* on, **vor** to) lecture, (∼*sreihe*) (course of) lectures *pl*; **e-e** ∼ **halten** (give a) lecture; ∼**en halten über** (*acc*) give (*od.* deliver) a course of lectures on, lecture on. 2ˌ**le·sungs·verˌzeich·nis** *n* (university) calendar (*Am.* catalog).

ˈvorˌletzt *adj* last but one, *Am.* next to the last, penultimate, *zeitlich rückblickend*: before last; **der** ∼**e Wagen der Kolonne** the last car but one (*Am.* the next to the last car) in the queue; ∼**e Woche** the week before last; **die** ∼**e Silbe** the penult.

ˈVorˌletz·te *m, f* ⟨**-n; -n**⟩ last but one, *Am.* next to the last.

ˈVorˌlie·be *f* ⟨**-; -n**⟩ (**für** for) preference, predilection, partiality; **e-e** ∼ **haben für** *a.* have a special liking for, be partial to, adore; **et. mit** ∼ **tun** a) (*sehr gern*) be particularly fond of doing s.th., love to do (*od.* doing) s.th., b) (*am liebsten*) like best (*od.* better than anything else) to do (*od.* doing) s.th.; **er tut das mit** ∼ he is always (*od.* persistently) doing that.

ˌvorˈliebˌneh·men *v/i* ⟨*irr, sep*, **-ge-**, **h**⟩ ∼ **mit** *et., j-m* put up with, (*et.*) *a.* make do with; ∼ **(mit dem, was da ist)** *Gast bei Tisch*: *colloq.* take potluck.

ˈvorˌlie·gen *v/i u. v/impers* ⟨*irr, sep*, **-ge-**, **h** *u.* **sein**⟩ **1. et. liegt vor** a) (*ist unterbreitet worden*) s.th. has been presented (*od.* submitted), b) (*ist eingegangen*) s.th. has come in (*od.* arrived), c) (*steht zur Bearbeitung etc an*) s.th. must be dealt with, d) (*wird geprüft*) s.th. is under consideration; **dem Gericht** ∼ be before the court; **es liegen** (*od.* **mir liegen**) **mehrere Anfragen vor** *a.* I have here several inquiries; **bis jetzt liegen k-e Beschwerden vor** there have been no complaints so far; **liegt noch irgend et. vor?** is there anything else? **2.** (*existieren*) *Umstände, Tatsachen etc*: be, exist, be present; **wenn gewisse Symptome (nicht)** ∼ should certain symptoms be present (absent); **es liegen Gründe vor** there are reasons. **3.** (*sich handeln um*) **was liegt hier vor?** what is it (all) about?; **es lag Notwehr vor** it was a case of self-defen/ce (*Am.* -se); **es muß ein Irrtum** ∼ it can only be a mistake. **4.** (*erhältlich sein*) be available, be on hand, (*zugänglich sein*) be out, have come out, (*bekannt sein*) be known; **die letzte Fassung liegt jetzt vor** the final version is now available; **das Ergebnis liegt noch nicht vor** the result is not yet known. **5.** *bes. jur.* **es liegt et. (nichts) gegen ihn vor** there is a (no) charge against him; **was liegt gegen ihn vor?** what is the charge against him? ∼**d I** *adj* **1.** (*vorhanden*) existing, present, in (*od.* on) hand, (*verfügbar*) available; **im** ∼**en Falle** in the present case, in the case in hand. **2.** (*zu behandelnd*) in question, at issue; **die** ∼**en Probleme** the problems in question. **II** 2**e, das** ⟨**-n**⟩ **3. aus dem** 2**en geht hervor, daß** from the material on hand it follows that.

ˈVor·liˌzenz *f* provisional (*od.* preliminary) licence (*Am.* license).

ˈvorˌlü·gen *v/t* ⟨*irr, sep*, **-ge-**, **h**⟩ **j-m etwas** ∼ lie to s.o., tell s.o. (a pack of) lies (*od.* a lot of fibs); **j-m** ∼, **daß** lie to s.o. that.

vorm [foːrm] *colloq for* **vor dem**.

ˈvorˌma·chen *v/t* ⟨*sep*, **-ge-**, **h**⟩ **1. j-m et.** ∼ show (*od.* demonstrate) s.th. to s.o.; **laß es dir von ihm** ∼ let him show (it to) you; *fig.* **darin kann ihm niemand et.** ∼ no one can teach him anything there. **2. j-m etwas** ∼ fool s.o., *eng.S.* (*vorlügen*) tell s.o. a lot of fibs; **ihm kannst du nichts** ∼ you cannot fool him; **er läßt sich von niemandem et.** ∼ he is nobody's fool; **sich** (*dat*) **(selbst) et.** ∼ fool o.s.; **wir wollen uns doch nichts** ∼! don't let's fool (*colloq.* kid) ourselves!

ˈVor|ˌmacht(ˌstel·lung) *f* ⟨**-;** *no pl*⟩ supremacy, dominating position, preponderance, (*Hegemonie*) hegemony. ∼ˌ**ma·gen** *m zo. bei Wiederkäuern*: omasum, *bei Vögeln, Insekten*: gizzard. 2ˌ**ma·lig** *adj* former. 2ˌ**mals** *adv* formerly, in former times. ∼ˌ**mann** *m* ⟨**-(e)s;** ∸**er**⟩ foreman. ∼ˌ**mars** *m mar.* foretop. ∼ˌ**marsch** *m mil.* advance; **auf dem** (*od.* **im**) ∼ **sein** be on the advance, be advancing, *fig. a.* be on the march. ∼ˌ**mast** *m mar.* foremast. 2ˌ**mensch·lich** *adj* prehuman. ∼ˌ**merkˌbuch** *n* memo(randum) book, notebook. 2ˌ**mer·ken** *v/t* ⟨*sep*, **-ge-**, **h**⟩ (*Termin, Bestellung etc*) make a note of, note *s.th.* (down), put *s.th.* down, (*reservieren*) reserve, *bes. Br.* book; **j-n** ∼ put s.o.('s name) down. ∼ˌ**merk·kaˌlen·der** *m* **1.** → **Notizbuch. 2.** → **Terminkalender.** ∼ˌ**merkˌli·ste** *f* waiting list. ∼ˌ**merkung** *f* ⟨**-; -en**⟩ **1.** ⟨*only sg*⟩ reservation. **2.** (*Notiz*) note, entry. 2**mi·liˌtä·risch** *adj* ∼**e Ausbildung** premilitary training.

ˈVorˌmit·tag I *m* morning, *lit.* forenoon; **am (späten)** ∼ in the (late) morning. **II** 2 *adv* **heute (gestern, morgen)** ∼ this (yesterday, tomorrow) morning.

ˈvorˌmit·tä·gig [-ˌmɪtɛːgɪç], **ˈvorˌmit·täg·lich** [-ˌmɪtɛːklɪç] *adj* morning.

ˈvorˌmit·tags *adv* in the morning, *bei Zeitangaben*: *a.* ante meridiem, *abbr.* a.m., (*jeden Vormittag*) every morning, *bes. Am.* mornings; **neulich** ∼ the other morning; **Sonntag** ∼, **sonntags** ∼ every Sunday morning, on Sunday mornings. 2ˌ**stun·de** *f* morning hour.

ˈvor|ˌmit·telˌal·ter·lich *adj* premedi(a)eval. 2ˌ**mo·nat** *m* previous month. 2**monˌta·ge** *f* **1.** *tech.* preassembly. **2.** *Film*: rough cut.

ˈVorˌmund *m* ⟨**-(e)s; -e** *od.* ∸**er**⟩ *jur.* guardian; **j-n zum** ∼ **bestellen** appoint s.o. (as) guardian. ∼**schaft** *f* ⟨**-;** *no pl*⟩ *jur.* guardianship, tutelage, *vom Mündel aus*: *a.* ward(ship); **j-n unter** ∼ **stellen** place (*od.* put) s.o. under guardianship; **unter** ∼ **stehen** be under guardianship (*od.* tutelage), be in ward; **sie steht unter der** ∼ **ihres Onkels** she is in ward to (*od.* under the guardianship of) her uncle. 2**schaft·lich** *adj* tutelar(y), of a guardian. ∼**schafts·geˌricht** *n* Guardianship Court, *Funktion wird in England wahrgenommen von*: Family Division of the High Court, *in den USA von*: Surrogate's Court.

vorn[1] [fɔrn] *adv* **1.** (*an der Vorderseite od. Spitze*) at the front, in front, ahead, (*im Vordergrund*) in the foreground; **links ~(e)** on the left at the front; **ganz ~(e) sitzen** sit right up at the front; **weiter ~(e)** further up at the front, nearer the front; **da ~(e) ist ein Wegweiser** there is a signpost ahead; **nach ~(e) gehen** go up to the front; **nach ~(e) drängen** push up to the front, push forward(s); **nach ~(e) schauen** look in front; **nach ~(e) umkippen** fall over forward; **wir wohnen nach ~(e) heraus** we live at the front; **von ~(e)** a) from the front, from in front, b) (*vom Anfang*) from the beginning; **j-n von ~(e) sehen** see s.o.'s face; **das dritte Haus von ~(e)** the third house from the beginning (*od.* end); **von ~(e) anfangen** a) start from the beginning, b) (*von neuem*) start anew (*od.* afresh), **ganz:** *a.* start from scratch; **noch einmal von ~(e)** *a.* all over again; **von ~(e) bis hinten** *a. fig. colloq.* (*gründlich*) from beginning to end, from front to back; *fig. colloq.* **er fehlt mir hinten und ~(e)** I miss him everywhere; **ich kann nicht ~(e) und hinten gleichzeitig sein** I cannot be in two places at the same time; **er hat dich von ~(e) bis hinten belogen** he told you a pack of lies. **2.** (*am Anfang*) at the beginning.

vorn[2] [foːrn] *colloq. for* **vor den.**

ˈ**Vorˌna·me** *m* Christian (*od.* first, given) name, forename.

vorn·an [ˌfɔrnˈʔan; ˈfɔrnˌʔan] *adv* in (*od.* at) the front.

vor·ne [ˈfɔrnə] *adv* → **vorn**[1].

ˈ**vorˌnehm** [-ˌneːm] **I** *adj* ‹-er; -st› **1.** distinguished, distingué, refined, polite, (*elegant*) elegant, fashionable, stylish, *colloq.* posh; **e-e ~e Dame** a distinguée (*od.* distinguished) lady; **der ~e Ton** the tone prevailing in polite society; **in ~en Kreisen** in distinguished circles; **~e Gesellschaft** polite society; **aus e-m ~en Haus stammen** come from a distinguished family; **die ~e Welt** the world of rank and fashion, fashionable (*od.* high) society; **~ und gering** everyone, everybody. **2.** (*edel*) noble, (*edeldenkend*) noble(-minded), high-minded; **~e Gesinnung** noble-mindedness, noble (*od.* high) mind; **ein Mann von ~er Gesinnung** a noble-minded person, a person with a high mind; *lit.* **m-e ~ste Pflicht** my most important (*od.* my first) duty. **3.** (*von adliger Herkunft*) of noble birth, noble, aristocratic. **II** *adv* **4.** in a distinguished (*od.* distingué) manner, (*elegant*) elegantly (*dressed, etc*); **~ tun** put on (*od.* give o.s.) airs.

ˈ**vorˌneh·men** *v/t* ‹*irr, sep,* **-ge-, h**› **1.** (*Schürze, Serviette*) put *s.th.* on. **2.** (*Handarbeit, Buch etc*) get busy on, get down to. **3.** (*Arbeiten*) do, carry out, effect, undertake, take in hand, perform, (*Messung, Zählung etc*) take, (*Änderung etc*) make, (*Untersuchung, Prüfung etc*) conduct, carry out, make, (*Überweisung etc*) make. **4. sich** (*dat*) **et. ~** a) resolve (*od.* propose, make up one's mind) to do s.th., b) make plans; **ich habe mir fest vorgenommen zu** *inf* I have the firm intention to *inf*; **sich zuviel ~** take on too much; **hast du dir für morgen schon et. vorgenommen?** have you any plans for tomorrow? **5.** *fig. colloq.* **sich** (*dat*) **j-n ~** take s.o. to task, take s.o. up (**wegen** about). **6.** *colloq.* (*Kunden, Patienten*) take *s.o.* before (the) others.

ˈ**Vorˌnehm·heit** *f* ‹-; *no pl*› **1.** distinction, refinement, politeness, (*Eleganz*) elegance, fashionableness, stylishness, *colloq.* poshness; **~ der Erscheinung** distinguished appearance. **2.** *der Gesinnung*: nobleness, noble-mindedness, high-mindedness.

ˈ**vorˌnehm·lich** *lit.* **I** *adv* in particular, especially, chiefly, largely, above all. **II** *adj meist sup* **~st** main, chief.

ˌ**Vorˌnehm·tueˈrei** *f* [-tuːəˈraɪ] ‹-; *no pl*› *colloq.* affectation, airs and graces *pl*, la-di-da(h).

ˈ**vorˌnei·gen** *v/t u. v/reflex* **sich ~** ‹*sep,* **-ge-, h**› lean forward.

vorn·her·ein [ˈfɔrnhɛˌraɪn, ˌfɔrnhɛˈraɪn] *adv* **von ~** from the start (*od.* beginning, outset, first).

ˈ**vor·noˌtie·ren** *v/t* ‹*sep, no* **-ge-, h**› → **vormerken.**

ˌ**vornˈüber** *adv* forward; **~ fallen** fall (over) forward.

vorn·weg [ˈfɔrnˌvɛk; ˌfɔrnˈvɛk] *adv* in front.

ˈ**Vorˌort** *m* ‹-(e)s; -e› suburb. **~bahn** *f* → **Vorort(s)zug. ~beˌwoh·ner** *m* suburban(ite).

ˈ**Vorˌort(s)|verˌkehr** *m* **1.** suburban traffic. **2.** suburban service. **~zug** *m* suburban (*od.* local, commuter) train.

ˈ**vor|öster·lich** *adj* pre-Easter, *time, etc* before Easter. **~pla·nen** *v/t* ‹*sep,* **-ge-, h**› preplan. **2platz** *m* **1.** square, forecourt. **2.** (*Treppenabsatz*) landing. **3.** (*Diele*) hall(way *Am.*). **2po·sten** *m mil.* outpost; **auf ~** on outpost duty. **~ˌpral·len** *v/i* ‹*sep,* **-ge-, sein**› bounce forward. **~pre·schen** *v/i* ‹*sep,* **-ge-, sein**› shoot (*od.* dash) forward; *fig.* **zu weit ~** go (*od.* venture) too far. **2proˌdukt** *n* primary product. **2proˌgramm** *n* **1.** introductory (*od.* preliminary) program(me *Br.*). **2.** *Computer*: interlude. **~pro·gramˌmie·ren** *v/t* ‹*sep, no* **-ge-, h**› (pre)program, *fig. a.* condition; *fig.* **der Sieg war vorprogrammiert** the victory was a foregone conclusion. **2prü·fung** *f* ‹-; -en› preliminary examination. **~pu·berˌtär** *adj* prepubertal. **~quel·len** *v/i* ‹*irr, sep,* **-ge-, sein**› *Augen etc*: bulge (out). **~ˌra·gen** *v/i* ‹*sep,* **-ge-, h**› jut out, protrude, project.

ˈ**Vorˌrang** *m* ‹-(e)s; *no pl*› precedence, priority; **den ~ haben vor** have (*od.* take) precedence over, have priority over; **den ~ geben (einräumen)** (*dat*) give (concede) priority (to). ˈ**vorˌranˌgig** [-ˌraŋɪç] **I** *adj* of prime (*od.* first) importance, priority... **II** *adv* **~ erledigen** (*od.* **behandeln**) give *s.th.* priority (treatment). ˈ**VorˌrangˌStel·lung** *f* **1.** *e-r Person*: priority position. **2.** *e-r Nation etc*: superior rank (*od.* position), superiority. **3.** *auf e-m Fachgebiet*: pre-eminence.

ˈ**Vorˌrat** *m* ‹-(e)s; ⸗e› (**an** *dat* of) **1.** stock, store, supply, *bes. an Lebensmitteln*: *a.* provisions *pl*, *an Material, Waffen etc*: stockpile, *heimlicher*: (secret) hoard, (*Reserven, a. econ.*) reserve; **et. auf ~ haben** have s.th. in stock (*od.* on hand); **sich** (*dat*) **e-n ~ anlegen von** lay in a stock of; **et. auf ~ kaufen** buy in stocks of s.th.; **solange der ~ reicht** till stocks are exhausted, while quantities last; **große Vorräte an Kohle** great (*od.* substantial) reserves (*od.* stocks) of coal. **2.** *an Liedern, Witzen etc*: repertoire, repertory, stock. ˈ**vorˌrä·tig** [-ˌrɛːtɪç] *adj* available, in stock, on hand, in hand; **et. ~ haben** keep s.th. in stock; **nicht** (**mehr**) **~** out of stock; **wir haben das Ersatzteil nicht ~** we are out of the spare part.

ˈ**Vorˌrats|beˌhäl·ter** *m* storage bin (*od.* tank). **~bil·dung** *f* accumulation of stocks, stockpiling. **~haus** *n* warehouse, storehouse, magazine. **~kam·mer** *f* pantry, larder, stillroom. **~kel·ler** *m* cellar storeroom. **~la·ger** *n* storeroom, stockroom. **~tank** *m* storage (*od.* reserve) tank. **~wirt·schaft** *f* stockpiling.

ˈ**Vor|raum** *m* anteroom. **2rech·nen** *v/t* ‹*sep,* **-ge-, h**› **j-m et. ~** a) (*Rechenaufgabe*) show s.o. how to work out s.th., b) (*Kosten etc*) calculate s.th. for s.o., c) *fig.* (*Fehler, Untaten etc*) enumerate s.th. to s.o. **~recht** *n* privilege, prerogative, *bes. econ. jur.* priority, preference, *e-s Gläubigers*: preferential claim (*od.* right). **2recken** (*getr.* **-k·k-**) *v/t* ‹*sep,* **-ge-, h**› **den Kopf ~** stick one's head out; **den Hals ~** crane one's neck. **~re·de** *f* **1.** *e-s Buches*: preface, foreword; **e-e ~ schreiben zu** preface. **2.** (*einleitende Worte*) introductory remarks *pl*, word(s *pl*) of introduction. **2re·den** *v/t* ‹*sep,* **-ge-, h**› *colloq.* **j-m et. ~** tell s.o. tales (**über** *acc* about), *Am.* hand s.o. a line. **~red·ner** *m* previous speaker; **mein** *etc* **~** the speaker before me, *etc.* **2rei·ten I** *v/i* ‹*irr, sep,* **-ge-, sein**› ride (on) ahead. **II** *v/t* ‹**h**› demonstrate, show; **ein Pferd ~** put a horse through its paces. **~rei·ter** *m* **1.** outrider. **2.** *fig.* pioneer, trailblazer. **2ren·nen** *v/i* ‹*irr, sep,* **-ge-, sein**› run (on) ahead. **~rich·tung** *f* ‹-; -en› (*Gerät*) device, appliance, contrivance, *colloq.* gadget, contraption, (*Ausrüstung*) equipment, facility, (*Spann2*) jig, *zum Befestigen etc*: fixture. **2rücken** (*getr.* **-k·k-**) **I** *v/t* ‹*sep,* **-ge-, h**› **1.** *allg.* move *s.th.* forward, (*Uhr, Zeiger*) put *s.th.* on. **II** *v/i* ‹**sein**› **2.** *Uhrzeiger*: move on. **3.** *um ein paar Reihen, Plätze etc*: move forward (*od.* up). **4.** *fig. im Beruf*: move up, be promoted, advance (in rank). **5.** *mil.* advance. **~run·de** *f Sport*: **1.** preliminary round. **2.** first half of the season.

vors [foːrs] *colloq. for* **vor das.**

ˈ**vor|sa·gen** *v/t* ‹*sep,* **-ge-, h**› **j-m et. ~** a) speak s.th. for s.o. to repeat, b) *ped.* prompt s.th. to s.o. **2sai·son** *f* off-season, low season, preseason. **2sän·ger** *m* principal singer, *a. relig.* precentor.

ˈ**Vorˌsatz** *m* ‹-es; ⸗e› **1.** (*Entschluß*) resolution, resolve; **den festen ~ fassen zu** *inf* make a firm resolution to *inf*; **s-m ~** (**s-n Vorsätzen**) **treu bleiben** keep one's resolve (to one's resolutions). **2.** (*Absicht*) intention, design; **gute Vorsätze** good intentions; **den festen ~ haben zu** *inf* have the firm intention to *inf.* **3.** *jur.* (criminal) intent, premeditation, malice aforethought; **mit ~** with intent, wil(l)fully, with malice aforethought; **mit dem ~ zu töten** with intent to kill. **~blatt** *n print.* flyleaf, prefixed folio. **~geˌrät** *n tech.* adapter.

ˈ**vorˌsätz·lich** [-ˌzɛtslɪç] **I** *adj* intentional, deliberate, *jur.* wil(l)ful; **~er Mord** premeditated murder. **II** *adv* intentionally, deliberately, *jur.* with intent, with premeditation.

ˈ**Vorˌsatz|lin·se** *f* front (*od.* supplementary) lens. **~paˌpier** *n print.* endpaper.

ˈ**vor|schal·ten** *v/t* ‹*sep,* **-ge-, h**› **1.** *electr.* connect *s.th.* in series. **2.** *tech.* (*dat* before) connect, insert, install. **2schaltˌwi·derˌstand** *m electr.* series resistor. **2schau** *f* (*Programm2*) preview (**auf** *acc* of), *Film, TV*: *a.* trailer. **2schein** *m* ‹-s; *no pl*› **zum ~ kommen** appear, emerge, come to light, come out; **zum ~ bringen** a) (*herausholen*) take out, produce, b) *fig.* bring *s.th.* out (*od.* to light), show *s.th.* up. **~schicken** (*getr.*

-k·k-) *v/t* ‹*sep*, -ge-, h› **1.** send *s.o.* (up) to the front. **2.** send *s.o.*, *s.th.* on ahead. **~ˌschie·ben I** *v/t* ‹*irr*, *sep*, -ge-, h› **1.** (*Riegel etc*) put (*od.* slip, slide, *schnell*: shoot) *s.th.* across. **2.** push *s.th.* forward, (*Kopf, Unterlippe etc*) stick *s.th.* out. **3.** *fig.* use *s.th.* as a pretext (*od.* an excuse), pretext; **j-n ~** use s.o. as a dummy. **II** *v/reflex* **sich ~ 4.** move on, move across. **~ˌschie·ßen I** *v/t* ‹*irr*, *sep*, -ge-, h› (*Geld*) advance. **II** *v/i* ‹sein› dart (*od.* shoot) forward. **2ˌschiff** *n* foreship.

ˈVorˌschlag *m* **1.** suggestion, *a. für e-n Kandidaten etc*: proposal, proposition, (*Empfehlung*) recommendation, (*Anerbieten*) offer; **e-n ~ machen** (*od.* **unterbreiten**) make (*od.* offer) a suggestion; **auf ~ von** (*od. gen*) on the proposal of, at the recommendation (*od.* suggestion) of; **j-m den ~ machen, et. zu tun** suggest that s.o. (should) do s.th.; → *a.* **vorschlagen**; **hast du e-n besseren ~?** can you make a better suggestion (*od.* suggest anything better)? **2.** *mus.* appoggiatura. **3.** *print.* white line. **4.** *Phonetik*: epenthesis. **ˈvorˌschla·gen** *v/t* ‹*irr*, *sep*, -ge-, h› suggest, (*a. Kandidaten etc*) propose, (*empfehlen*) recommend, (*anbieten*) offer; **j-m et. ~** suggest (*od.* propose) s.th. to s.o.; **~, et. zu tun** suggest (*od.* propose) doing s.th.; **ich schlage vor, daß wir bleiben** I suggest (*od.* propose) that we (should) stay.

ˈVorˌschlagˌham·mer *m* sledge (hammer).

ˈVorˌschlags|ˌli·ste *f pol.* list of candidates, *Am.* slate. **~ˌrecht** *n* ‹-(e)s; *no pl*› right of proposal (*od.* nomination).

ˈvor|ˌschlei·fen *v/t* ‹*irr*, *sep*, -ge-, h› *tech.* rough-grind. **2ˌschlußˌrun·de** *f Sport*: semifinal (round). **~ˌschmecken** (*getr.* -k·k-) *v/i* ‹*sep*, -ge-, h› *Gewürz*: be too strong. **~ˌschnei·den** *v/t* ‹*irr*, *sep*, -ge-, h› **1.** (*Braten etc*) carve, (*Brot, Kuchen etc*) cut, slice. **2.** *tech.* rough-cut. **~ˌschnell** *adj* → voreilig. **~ˌschnel·len** *v/i* ‹*sep*, -ge-, sein› → vorschießen II. **~ˌschrei·ben** *v/t* ‹*irr*, *sep*, -ge-, h› **1.** (j-m) **et. ~** write s.th. for s.o. to copy. **2.** *fig. durch Gesetz, Vertrag etc*: provide, prescribe, stipulate, *durch Befehle, Anordnungen etc*: tell, dictate, prescribe, lay *s.th.* down, *durch genaue Angaben*: specify; **er schreibt mir dauernd vor, was ich tun soll** he is constantly telling me what to do; **ich lasse mir nichts ~** I won't be dictated to.

ˈVorˌschrift *f* **1.** (*Bestimmung*) rule, regulation, provision, prescription, stipulation; **die geltenden ~en** the rules in force; **laut polizeilicher ~** according to police regulations; **laut gesetzlicher ~** according to the law, as prescribed by law; **Dienst nach ~** (*Bummelstreik*) work-to-rule (campaign); **streng nach ~ arbeiten** work to rule. **2.** (*Anweisung*) instruction, direction, order; **nach ~** according to the instructions, as instructed, as directed; **laut ärztlicher ~** according to doctor's instructions (*od.* orders); **ich lasse mir k-e ~en machen** I won't be dictated to.

ˈvorˌschrifts|geˌmäß, ~ˌmä·ßig I *adj Verhalten etc*: correct, *Kleidung etc*: proper, (as) prescribed, regulation ... **II** *adv* correctly, properly, as prescribed, duly; **~ fahren** drive according to the regulations (*od.* rules). **~ˌwid·rig** *adj u. adv* contrary to (the) regulations, against the rules, irregular(ly).

ˈVorˌschub[1] *m* ‹-s; *no pl*› **e-r Sache ~ leisten** favo(u)r (*od.* encourage) s.th., *jur.* aid and abet s.th.

ˈVorˌschub[2] *m* ‹-(e)s; ⸚e› *tech.* (forward) feed, advance. **~geˌschwin·dig·keit** *f* rate of feed.

ˈVor|schulˌal·ter *n* preschool age. **~ˌschu·le** *f* preschool. **~ˌschul·erˌzie·hung** *f* preschool education. **2ˌschu·lisch** *adj* preschool.

ˈVorˌschuß *m* advance (payment), advanced money, *an e-n Anwalt*: retainer; **e-n ~ leisten** advance money; **~ bekommen auf** (*acc*) receive advance payment on (*od.* of) (*one's wages, etc*); *fig.* **et. auf ~ bekommen** (*Prügel etc*) get s.th. in advance. **~ˌlei·stung** *f* advance payment. **~ˌlor·bee·ren** *pl* (**~ ernten** get) premature praise *sg.* **~ˌzah·lung** *f* advance (payment). **~ˌzin·sen** *pl* advance interest *sg.*

ˈvor|ˌschüt·zen *v/t* ‹*sep*, -ge-, h› (use *s.th.* as a) pretext, plead s.th. (as an excuse). **~ˌschwär·men** *v/t u. v/i* ‹*sep*, -ge-, h› *colloq.* **j-m (et.) ~ (von)** rave to s.o. (about s.th.). **~ˌschwe·ben** *v/i* ‹*sep*, -ge-, h› **mir schwebt et. (Bestimmtes** *etc*) **vor** I have s.th. (particular, *etc*) in mind, I am thinking of s.th. (special, *etc*). **~ˌschwin·deln** *v/t* ‹*sep*, -ge-, h› → **vorlügen**.

ˈVorˌse·gel *n mar.* headsail.

ˈvorˌse·hen I *v/t* ‹*irr*, *sep*, -ge-, h› **1.** (*planen*) plan, *zeitlich*: *a.* schedule; **das ist nicht vorgesehen** that is not planned (*od.* in the plans); **was ist für heute vorgesehen?** what is the program(me *Br.*) for today?; **die Vorführung ist für den späten Nachmittag vorgesehen** the performance is planned (*od.* scheduled) for the late afternoon. **2.** (*bestimmen*) intend (*od.* designate, assign, earmark, reserve) (**für** *e-n Zweck etc* for); **j-n für** *ein Amt etc* **~** designate (*od.* select) s.o. for; **dieses Geld ist für die Grundlagenforschung vorgesehen** this money has been designated (*od.* earmarked) for basic research; **für dich haben wir diesen Platz vorgesehen** we have reserved this place for you. **3.** *jur. Gesetz etc*: provide; **dieser Fall ist im Gesetz nicht vorgesehen** this case is not provided for by statute. **II** *v/reflex* **sich ~ 4.** be careful, take care, look (*od.* watch) out; **sich ~ vor** (*dat*) mind, be on one's guard against; **bei** (*od.* **mit**) **ihm muß man sich ~** one has to be careful with him.

ˈVorˌse·hung *f* ‹-; *no pl*› (*göttliche ~*) Providence; **(in e-r Sache) ~ spielen** play Providence (in a matter).

ˈVor|seˌme·ster *n univ.* preliminary semester. **~se·miˌnar** *n* preparatory seminar.

ˈvorˌset·zen I *v/t* ‹*sep*, -ge-, h› **1.** (*nach vorn setzen*) put *s.th.* forward, (*Schüler etc*) move *s.o.* up (to the front), (*da~*) put *s.th.* in front of (*od.* before) it (*etc*). **2. j-m et. ~** put (*od.* place, set) s.th. in front of (*od.* before) s.o., (*anbieten*) offer s.o. s.th., *fig. colloq.* (*Sensationen, Lügen etc*) dish up s.th. to s.o. **II** *v/reflex* **sich ~ 3.** move forward (*od.* up).

ˈVorˌsicht *f* ‹-; *no pl*› caution, care, precaution; **~!** watch out!, look out!, careful!; **„~, Glas!"** "glass, (handle) with care"; **„~, Stufe!"** "mind the step"; **„~, bissiger Hund!"** "beware of the dog"; **~ üben, ~ walten lassen** practise (*od.* apply) caution; **hier ist größte** (*od.* **äußerste**) **~ geboten** (*od.* **am Platze**) the utmost caution is advised (*od.* advisable); **zur ~** as a precaution, to be on the safe side, to play (it) safe; **j-m zur ~ raten** advise s.o. to be careful; *colloq.* **et. ist mit ~ zu genießen** a) s.th. must be eaten (*od.* drunk) with care, b) *fig.* s.th. must be taken with a pinch (*od.* grain) of salt; **er ist mit ~ zu genießen** one has to be very careful with him; **~ ist die Mutter der Weisheit** (*humor.* **der Porzellankiste**), **~ ist besser als Nachsicht** it's better to be sure than (to be) sorry.

ˈvorˌsich·tig I *adj* cautious, careful, (*zurückhaltend*) guarded, (*wachsam*) wary, chary; **ein ~er Fahrer** a cautious driver; **er ist sehr ~ in s-n Äußerungen** he is very cautious (*od.* guarded) in what he says; **bitte sei ~** please be careful; **seien Sie ~, daß Sie nicht fallen** mind you don't fall, be careful not to fall; **~!** watch out!, look out!, careful!; **bei ~er Schätzung** at a cautious (*od.* conservative) estimate; **e-e ~e Formulierung** a cautious (*od.* guarded) wording. **II** *adv* carefully, cautiously (*etc*); *a. fig.* **~ anfassen** handle *s.o.*, *s.th.* carefully; **~ fahren** drive carefully; **~ die Tür öffnen** open the door cautiously. **2keit** *f* ‹-; *no pl*› caution, cautiousness, care(fulness), guardedness, wariness, chariness.

ˈvorˌsichts|ˌhal·ber *adv* as a precaution, to be on the safe side, to play (it) safe. **2ˌmaßˌnah·me, 2ˌmaßˌre·gel** *f* precaution(ary measure); **~n treffen** take precautions (**gegen** against).

ˈVorˌsil·be *f ling.* prefix.

ˈvorˌsin·gen I *v/t* ‹*irr*, *sep*, -ge-, h› **j-m et. ~** sing s.o. s.th., sing s.th. for (*od.* to) s.o. **II** *v/i zur Probe*: (have an) audition (*dat*, **bei** with); **j-n ~ lassen** audition s.o.

ˈvorˌsintˌflut·lich *adj fig. colloq.* antediluvian.

ˈVor|ˌsitz *m* ‹-es; *no pl*› presidency, chairmanship; **unter dem ~ von Herrn X** under the chairmanship of Mr. X, with Mr. X in the chair; **bei e-r Versammlung den ~ haben** (*od.* **führen**) → **2ˌsit·zen** *v/i* ‹*irr*, *sep*, -ge-, h *u.* sein› **e-r Versammlung ~** preside over (*od.* at) a meeting, be in (*od.* hold) the chair at a meeting, chair a meeting. **~ˌsit·zen·de** *m, f* ‹-n; -n› **1.** (lady) president, chairman (chairwoman). **2.** presiding judge.

ˈVor·soˌkra·ti·ker *m* ‹-s; -›, **ˈvor·soˌkra·tisch** *adj* pre-Socratic.

ˈVorˌsom·mer *m* early summer.

ˈVorˌsor·ge *f* ‹-; *no pl*› precaution, provision, providence; **~ tragen** (*od.* **treffen**), **daß** (*od.* **damit**) → **vorsorgen**; **~ treffen gegen** provide (*od.* take precautions) against; **für den Notfall ~ treffen** make provisions for an emergency. **~ ·me·diˌzin** *f* preventive medicine.

ˈvorˌsor·gen *v/i* ‹*sep*, -ge-, h› **~, daß** (*od.* **damit**) take precautions (*od.* care) that; **~ für** make provisions for.

ˈVorˌsor·geˌun·terˌsu·chung *f* preventive (medical) checkup.

ˈvorˌsorg·lich I *adj* precautionary. **II** *adv* as a precaution. **2keit** *f* ‹-; *no pl*› precaution.

ˈvor·sorˌtie·ren *v/t* ‹*sep*, *no* -ge-, h› sort *s.th.* out roughly, (*Briefe*) cull.

ˈVorˌspann *m* ‹-(e)s; -e› **1.** (*Einleitung*) introduction, *engS.* introductory remarks (*od.* lines) *pl*, *bes. zu e-m Zeitungsartikel*: lead-in, *colloq.* intro. **2.** *e-s Films etc*: opening titles *pl*, credits *pl*, credit lines *pl.* **3.** front team (of horses). **~ˌband** *n am Magnetband*: leader tape.

ˈvorˌspan|nen *v/t* ‹*sep*, -ge-, h› **1.** put (*horses, etc*) to (*a carriage, etc*); **(e-m Zug) e-e Lokomotive ~** link (up) an engine to a train. **2.** *civ.eng.* (*Beton*) prestress. **3.** *electr.* bias. **2nung** *f* ‹-; *no pl*› **1.** *civ.eng.* prestress(ing). **2.** *electr.* bias voltage.

ˈVorˌspei·se *f* hors d'œuvres *pl*, entrée, appetizer; **als ~** *a. colloq.* for starters.

ˈvor|ˌspie·geln *v/t* ‹*sep*, -ge-, h› **j-m et. ~** lead s.o. to believe in s.th., pull the wool over s.o.'s eyes; **j-m ~, daß** delude s.o. into believing that; → *a.* **vortäuschen**.

≈ˌspie·ge·lung, ≈ˌspieg·lung *f* ⟨-; -en⟩ **1.** ⟨*only sg*⟩ **unter** (**wegen**) **~ falscher Tatsachen** under (for) false preten/ces (*Am.* -ses). **2.** *e-r Krankheit etc*: simulation. **3.** (*Täuschung*) preten/ce (*Am.* -se), make-believe, delusion.

ˈVorˌspiel *n* ⟨-(e)s; -e⟩ **1.** (*Probe≈*) ⟨*only sg*⟩ audition. **2.** *mus. u. fig.* prelude (**zu** to). **3.** *thea. u. fig.* (**zu** to) curtain raiser, prolog(ue *Br.*). **4.** *Sport*: preliminary match. **5.** *vor dem Geschlechtsverkehr*: foreplay. **ˈvorˌspie·len I** *v/t* ⟨*sep*, **-ge-**, **h**⟩ *musikalisch, szenisch*: play, *zum Nachspielen*: play *s.th.* first; **j-m et. ~** a) play s.o. s.th., play s.th. for (*od.* to) s.o., b) *fig., a. colloq.* **j-m Theater ~** delude s.o., put on an act (*od.* play-act) to s.o.; **er spielte ihm die Szene vor** he played (*od.* acted) the scene for him. **II** *v/i* play, *für e-e Prüfung etc*: have an audition; **j-n ~ lassen** audition s.o.

ˈVorˌspra·che *f* ⟨-; -n⟩ (**bei**) call (on), visit (to).

ˈvorˌspre·chen I *v/t* ⟨*irr, sep*, **-ge-**, **h**⟩ **1.** *zum Nachsprechen*: pronounce (*dat* for). **2.** (*vortragen*) recite; **j-n et. ~ lassen** have s.o. recite s.th. **II** *v/i* **3.** (*besuchen*) call (**bei** on). **4.** *thea.* (have an) audition (*dat*, **bei** with); **j-n ~ lassen** audition s.o.

ˈvorˌsprin·gen *v/i* ⟨*irr, sep*, **-ge-**, **sein**⟩ **1.** jump (*od.* leap) forward. **2.** (*hervorstehen*) project, jut out, protrude. **~d** *adj Felsen, Bauteil etc*: projecting, protruding, jutting, *Kinn, Nase etc*: prominent, *math. Winkel*: salient.

ˈVorˌspruch *m* prolog(ue *Br.*).

ˈVorˌsprung *m* ⟨-(e)s; ⸚e⟩ **1.** projection, (*Überhang*) overhang, (*Fels≈ etc*) ledge. **2.** (*Vorgabe*) *a. Sport*: start, advantage, (*Abstand*) lead; **ich gebe dir e-n ~ von fünf Minuten** I'll give you a start of five minutes; **sein ~ vor s-m Gegner beträgt 50 Sekunden** he has a lead of 50 seconds on (*od.* he is 50 seconds ahead of) his opponent, he leads his opponent by 50 seconds; **er hat e-n ~ von drei Runden** (**Punkten**) he is leading by three laps (points); **mit großem ~** by a wide margin; **mit e-m ~ von zwei Sekunden** by a margin of two seconds; **dieses Land hat auf technischem Gebiet e-n ~ von mehreren Jahren** this country is several years in the lead (*od.* several years ahead) in the field of technology.

ˈVorˌspur *f* ⟨-; *no pl*⟩ *mot.* toe-in, *negative*: toe-out.

ˈVorˌstadt *f* suburb. **~beˌwoh·ner** *m* suburban(ite); **die ~** *contp. a.* suburbia *sg.*

ˈVor|ˌstäd·ter *m* → **Vorstadtbewohner**. **≈ˌstäd·tisch** *adj* suburban, suburb ...

ˈVorˌstand *m* ⟨-(e)s; ⸚e⟩ **1.** *e-r deutschen* (*Aktien*)*Gesellschaft*: managing (*od.* executive) board, *im Angelsächsischen* (*a. Aufsichtsrat*): board (of directors), *e-s Vereins etc*: managing committee, *e-s Instituts etc*: board of governors (*od.* trustees); **im ~ sitzen** be on (*od.* a member of) the Board. **2.** (*Person*) head, principal, director. **~sˌmitˌglied** *n* member of the (executive) board, *etc*, (managing) director. **~sˌsit·zung** *f* board meeting. **~sˌvorˌsit·zen·de** *m, f* ⟨-n; -n⟩ chairman (chairwoman) of the Board, president. **~sˌwahl** *f* board elections *pl.*

ˈvorˌstecken (*getr.* **-k·k-**) *v/t* ⟨*sep*, **-ge-**, **h**⟩ **1.** (*Markierung etc*) move *s.th.* forward. **2. sich** (*dat*) **et. ~** pin s.th. on. **3. den Kopf ~** poke (*od.* stick) one's head out (*od.* forward).

ˈvor|ˌste·hen *v/i* ⟨*irr, sep*, **-ge-**, **h** *u.* **sein**⟩ **1.** project, jut (*od.* stick) out, protrude. **2.** *e-r Institution*: direct, be at the head of, preside over, *e-m Amt*: administer, *e-r Schule*: superintend, (*verwalten*) manage, run. **3.** *hunt.* **der Hund steht vor** the dog points (*od.* sets). **~ste·hend I** *adj* **1.** projecting, jutting, *a. Zähne, Augen etc*: protruding, *a. Backenknochen*: prominent; **~e Zähne** protruding teeth, buckteeth. **2.** *fig.* (*vorangehend*) preceding, above. **II** *adv* **3. wie ~ erwähnt** as mentioned above. **III ≈e, das** ⟨-n⟩ **4. aus dem ≈en** from the above. **≈ˌste·her** *m* ⟨-s; -⟩ director, superintendent, manager, head, chief, *e-s Gefängnisses*: governor, *Am.* warden, *e-s Klosters*: superior, *e-r Schule*: headmaster, *Am.* principal. **≈ˌste·herˌdrü·se** *f anat.* prostate (gland). **≈ˌste·he·rin** *f* ⟨-; -nen⟩ *e-r Schule etc*: headmistress, *Am.* principal.

ˈVorˌstehˌhund *m* pointer, setter.

ˈvorˌstell·bar *adj* conceivable, imaginable.

ˈvorˌstel·len I *v/t* ⟨*sep*, **-ge-**, **h**⟩ **1.** (*nach vorn stellen*) put (*od.* move) *s.th.* forward. **2.** (*Uhr, Zeiger etc*) put *s.th.* forward (*od.* on), advance. **3. j-n j-m ~** introduce (*bes. bei Hofe*: present) s.o. to s.o.; **darf ich Ihnen Herrn X ~?** may I introduce Mr. X to you?, *bes. Am. a.* (I'd like you to) meet Mr. X. **4.** (*e-n neuen Artikel etc*) present, introduce. **5.** (*darstellen*) represent, (*bedeuten*) mean, signify, stand for; **was soll das ~?** what is that supposed to be?, what is the meaning of that?; *colloq.* **er stellt et. vor** he is quite impressive. **6. sich** (*dat*) **et. ~** imagine (*od.* fancy, [en]vision, envisage) s.th., (*sich ein Bild machen*) visualize (*od.* picture) s.th., (*denken an*) have s.th. in mind, think of s.th.; *colloq.* **stell dir vor!** (just) imagine!, fancy that!; **stell dir m-e Überraschung vor** imagine (*od.* picture) my surprise; **stell dir das nicht so leicht vor** don't think (*od.* imagine) (that) it is all that easy; **du kannst dir gar nicht ~** *a.* you have no idea *how stupid she is*; **ich kann mir nichts Besseres ~** I cannot imagine anything better, I can think of nothing better; **ich kann sie mir gut als Hausfrau ~** I can just imagine her as (*od.* see her [as]) a housewife; **so stelle ich mir** *e-n schönen Urlaub etc* **vor** that is my idea of; **ich habe mir das (eigentlich) et. anders vorgestellt** that wasn't exactly my idea of it; **das hätte ich mir nicht vorgestellt** I wouldn't have thought it would be like that; **haben Sie sich et. Bestimmtes vorgestellt?** do you have anything particular in mind?; *colloq.* **was stellst du dir (eigentlich) vor!** who do you think you are? **7. sich** (*dat*) **et. ~ unter** understand s.th. by, imagine *s.th.* to be s.th.; **was stellst du dir darunter vor?** what do you understand by that?; **ich kann mir darunter nichts ~** it does not mean anything (*od.* a thing) to me; **unter dem Tivoli stelle ich mir e-n großen Vergnügungspark vor** I imagine Tivoli to be a large amusement park; **das stelle ich mir unter guter Musik vor** that's my idea of good music. **II** *v/reflex* **sich ~ 8.** (**j-m, bei j-m** to s.o.) introduce o.s., make o.s. known, *beim Antrittsbesuch etc*: present o.s.; **darf ich mich ~?** may I introduce myself?; **sich bei e-r Firma ~** have (*od.* go for, come for) an interview with a company.

ˈvorˌstel·lig *adj* **bei e-r Behörde** *etc* **~ werden** apply to an authority, *etc*, *protestierend*: lodge a complaint with an authority, *etc*.

ˈVorˌstel·lung *f* ⟨-; -en⟩ **1.** ⟨*only sg*⟩ (*Bekanntmachen*) introduction, *bes. bei Hofe*: presentation. **2.** *zur Bewerbung*: (**persönliche ~** personal) interview. **3.** *thea.* performance, (*bes. Kino≈, Zirkus≈*) *a.* show. **4.** (*Begriff, Gedanke, Bild*) idea, notion, concept; **die ~ des Kindes von der Welt** a child's idea (*od.* notion, concept) of the world; **sich** (*dat*) **e-e ~ machen von** form (*od.* get) an idea of; **falsche ~** wrong idea, misconception; **e-e falsche ~ geben von** misrepresent; **du machst dir k-e ~ (davon)!** you have no idea!, you wouldn't believe it!; **der Bericht gab ihm e-e ~ davon, wie schwierig es war** the report gave him an idea (of) how difficult it was. **5.** *meist pl* (*Erwartung*) expectation, (*Wunsch*) wish; **j-s ~en entsprechen** come up to s.o.'s expectations; **et. entspricht genau m-n ~en** a) s.th. is exactly what I expected it to be, b) s.th. is exactly what I wanted, c) s.th. is exactly what I had in mind. **6.** ⟨*only sg*⟩ (*Bewußtsein*) mind, (*Phantasie*) imagination; **in m-r ~, m-r ~ nach** to my mind; **das geht über alle ~** imagination boggles at it. **7.** *pl* (*Vorhaltungen*) remonstrances, representations; **j-m ~en machen wegen** remonstrate (*od.* make remonstrances) with s.o. about. **~sˌkraft** *f* ⟨-; *no pl*⟩, **~s·verˌmö·gen** *n* ⟨-s; *no pl*⟩ imaginative faculty, (faculty of) imagination. **~sˌwelt** *f* mind.

ˈVorˌstop·per *m Fußball*: cent/re (*Am.* -er) half(back).

ˈVorˌstoß *m* ⟨-es; ⸚e⟩ **1.** *mil.* thrust, drive, advance. **2.** *Sport*: rush, raid, attack. **3.** (*Versuch*) attempt; **e-n ~ machen** (*od.* **unternehmen**) make an attempt. **4.** (*Besatz*) piping. **ˈvorˌsto·ßen I** *v/t* ⟨*irr, sep*, **-ge-**, **h**⟩ **1.** push *s.o., s.th.* forward. **II** *v/i* ⟨**sein**⟩ **2.** *mil.* push (*od.* thrust) forward, advance; **~ in** (*acc*) penetrate into (*a. fig.*). **3.** *Sport*: rush forward, make a raid, *Läufer*: move forward, attack.

ˈVorˌstra·fe *f jur.* previous (*od.* prior) conviction; **er hat k-e ~n** a) he has no previous convictions (*od.* no police record), b) he is a first offender. **ˈVorˌstra·fen(reˌgi·ster** *n*) *pl* police (*od.* criminal) record *sg.*

ˈvorˌstrecken (*getr.* **-k·k-**) *v/t* ⟨*sep*, **-ge-**, **h**⟩ **1.** (*Hand, Arm etc*) thrust out, stretch *s.th.* forward, (*Kopf*) put (*one's head*) forward, poke (*od.* stick) out, (*Krallen*) stretch *s.th.* forward, protract. **2.** *colloq.* (*Geld*) advance.

ˈVorˌstu·die *f* (**zu**) **1.** preliminary study (on). **2.** preliminary sketch (for).

ˈVorˌstu·fe *f* preliminary stage (**zu** of).

ˈvorˌstül·pen *v/t* ⟨*sep*, **-ge-**, **h**⟩ (*Lippen*) pout.

ˈVorˌtag *m* previous day, day before.

ˈvor|ˌtan·zen *v/t* ⟨*sep*, **-ge-**, **h**⟩ **j-m et. ~** a) dance s.th. for s.o., b) show s.o. how to dance s.th. **≈ˌtän·zer** *m*, **≈ˌtän·ze·rin** *f* leading dancer.

ˈvorˌtäu|schen *v/t* ⟨*sep*, **-ge-**, **h**⟩ sham, feign, fake, pretend, put on; **Krankheit ~** feign (*od.* simulate) illness; **Betroffenheit ~** put on an air of perplexity; **sie täuschte e-n Überfall vor** she pretended to have been assaulted. **≈schung** *f* ⟨-; *no pl*⟩ preten/ce (*Am.* -se), *e-r Krankheit*: simulation.

ˈVorˌteil [ˈfɔr-] *m* ⟨-s; -e⟩ advantage (*a. Tennis etc*), (*Nutzen*) benefit, (*Interesse*) interest; **die Vor- und Nachteile e-r Sache gegeneinander abwägen** weigh (up) the advantages and disadvantages (*od.* the pros and cons) of a matter; **~ bringen** be profitable, pay; **~ haben von** benefit from; **~ ziehen aus, et. zu s-m ~ nützen** derive advantage from, profit from, turn *s.th.* to account; **sich auf s-n ~ verstehen** know which side one's bread is buttered; **s-n eigenen ~ suchen, auf s-n eigenen ~ bedacht sein** (*colloq.* aussein), **den eigenen ~ im Auge haben** have an eye to the main chance (*od.* to one's own interest); **sich zu s-m ~ verändern** change for the better, improve (greatly); **et. mit ~ verkaufen** sell s.th. at a profit; **sich zu s-m ~ verrechnen** miscalculate to one's (own) advantage; **zu d-m eigenen ~** in your own interest, for your own good; **zu beiderseitigem ~** to their (*etc*) mutual benefit; **e-n ~ gegenüber j-m haben** have an advantage over (*od.* a headstart on *od.* over) s.o.; **er ist im ~** the odds are on his side; *Sport*: **(den) ~ gelten lassen** allow an advantage; → **verschaffen** 2. **2haft I** *adj* (*günstig*) favo(u)rable, advantageous, *Kleid, Farbe etc*: *a.* becoming, *Geschäft etc*: *a.* profitable; **ein ~er Kauf** a favo(u)rable (*od.* good) buy, a bargain; **ein ~es Geschäft** an advantageous transaction; **sie sieht sehr ~ aus in diesem Kleid** she looks very attractive in this dress, *colloq.* this dress does a lot for her. **II** *adv* advantageously, to advantage; **et. ~ einkaufen** buy s.th. at a favo(u)rable (*od.* an advantageous) price; **et. ~ verkaufen** sell s.th. at a profit; **sich ~ auswirken (auf** *acc*) have a favo(u)rable effect (on); **sie kleidet sich sehr ~** she wears clothes which show her off to advantage.

ˈVorˌtrag [-ˌtraːk] *m* ⟨-(e)s; ⸚e⟩ **1. (über** *acc* on) (*Abhandlung, Vorlesung*) lecture, *Radio, TV*: talk, (*Bericht*) report; **e-n ~ halten** read a paper, (give *od.* hold a) lecture, give a talk; *fig. colloq.* **j-m e-n (langen) ~ halten über** (*acc*) give s.o. a (long) lecture (*od.* lecture s.o. [at length]) about (*od.* on). **2.** ⟨*only sg*⟩ a) *bes. mus.* performance, (*~sweise*) *a.* interpretation, rendering, (*Solo2*) recital, b) *e-s Gedichts etc*: recital, recitation, (*~stechnik*) delivery, enunciation, *rhet.* elocution. **3.** *econ.* (*Übertrag*) balance carried forward, carry-over, (*Saldo*) balance, (*Umbuchung*) transfer. **ˈvorˌtra·gen** *v/t* ⟨*irr, sep,* **-ge-, h**⟩ **1.** (*nach vorn tragen*) carry *s.th.* (up) to the front. **2.** (*darlegen*) expound, set forth, state, (*unterbreiten*) present, submit, (*äußern*) express, utter, (*berichten über*) report on. **3.** (*e-n Vortrag halten über*) lecture on, give a talk on. **4.** (*Gedicht etc*) recite, (*Musikstück etc*) perform, play, (*Lied etc*) sing. **5.** *econ.* **den Saldo ~** carry forward the balance. **ˈVorˌtra·gen·de** *m, f* ⟨-n; -n⟩ **1.** (*Redner*) lecturer, speaker. **2.** (*Künstler*) performer.

ˈVorˌtrags|ˌabend *m* evening lecture. **~beˌzeich·nung** *f mus.* expression mark. **~ˌkünst·ler** *m*, **~ˌkünst·le·rin** *f* reciter, elocutionist. **~ˌrei·he** *f* course (*od.* series) of lectures. **~ˌrei·se** *f* lecture (*od.* speaking) tour. **~ˌsaal** *m* lecture room (*od.* hall).

ˌvorˈtreff·lich *adj* excellent, splendid, superb. **2keit** *f* ⟨-; *no pl*⟩ excellence, splendidness.

ˈvor|ˌtrei·ben *v/t* ⟨*irr, sep,* **-ge-, h**⟩ (*Stollen etc*) drive. **~ˌtre·ten** *v/i* ⟨*irr, sep,* **-ge-, sein**⟩ **1.** step (*od.* come) forward. **2.** *Augen*: protrude, (*herausragen*) project, stick out. **2ˌtrieb** *m* ⟨-(e)s; *no pl*⟩ **1.** *tech.* propulsion. **2.** *Bergbau*: driving. **2ˌtritt** *m* ⟨-(e)s; *no pl*⟩ precedence; **j-m den ~ lassen** let s.o. go first, *fig.* let s.o. go ahead; **den ~ vor j-m haben** take precedence over s.o. **~ˌtrock·nen** *v/t* ⟨*sep,* **-ge-, h**⟩ predry. **2ˌtrupp** *m mil.* advance party.

vor·über [foˈryːbər] *adv* **~ sein** a) *zeitlich*: be over, be past, have gone by, *poet.* be gone, b) *räumlich*: have gone past (*od.* by), have passed, c) *fig. Wut, Trauer etc*: be over. **~ˌge·hen** *v/i* ⟨*irr, sep,* **-ge-, sein**⟩ → vorbeigehen 5. **~ˌge·hend I** *adj* temporary, momentary, passing. **II** *adv* temporarily, (*kurz*) for a short time. **~ˌzie·hen** *v/i* ⟨*irr, sep,* **-ge-, sein**⟩ → vorbeiziehen II.

ˈVor|ˌübung *f* preparatory exercise, preliminary practice. **~ˌun·terˌsu·chung** *f jur. med.* preliminary examination. **~ˌur·teil** *n* prejudice; **ein ~** (*od.* **~e**) **haben** (*od.* **hegen**) have (*od.* hold) a prejudice (**gegen** against). **2ˌur·teils·ˌfrei, 2ˌur·teils·ˌlos I** *adj* unprejudiced, unbias(s)ed. **II** *adv* without prejudice. **~ˌur·teils·lo·sig·keit** *f* ⟨-; *no pl*⟩ freedom from prejudice. **~ˌvä·ter** *pl* forefathers, for(e)bears. **~verˌbren·nung** *f mot.* precombustion. **2verˌdich·ten** *v/t* ⟨*sep, no* **-ge-, h**⟩ *mot.* supercharge, boost. **~verˌein·ba·rung** *f* preliminary agreement. **~verˌfah·ren** *n jur.* preliminary proceedings *pl.* **~verˌgan·gen·heit** *f* ⟨-; *no pl*⟩ → Plusquamperfekt. **~verˌhand·lung** *f* **1.** *jur.* preliminary trial (*od.* proceedings *pl*). **2.** *pl econ. pol.* preliminary negotiations, preliminaries.

ˈVor·verˌkauf *m* ⟨-(e)s; *no pl*⟩ **1.** *für Theaterkarten etc*: advance booking (*od.* sale); **sich** (*dat*) **Karten im ~ besorgen** reserve (*bes. Br.* book) tickets (in advance). **2.** *econ.* advance sale. **~sˌkas·se, ~sˌstel·le** *f* booking (*od.* box) office.

ˈvor|ver|le·gen *v/t* ⟨*sep, no* **-ge-, h**⟩ advance, *zeitlich*: *a.* arrange an earlier date for, bring forward (**von** ... **auf** ... from ... to ...). **2verˌstär·ker** *m electr.* preamplifier. **2verˌsuch** *m* preliminary experiment (*od.* trial, test). **2verˌtrag** *m* precontract, binder, preliminary contract. **~ˌvorˌge·stern** *adv* three days ago. **~ˌvo·rig** *adj* before last; **~e Woche** the week before last. **~ˌvorˌletzt** *adj* last but two. **~ˌwa·gen** *v/reflex* ⟨*sep,* **-ge-, h**⟩ **sich ~** venture forward. **2ˌwahl** *f* **1.** *pol.* preliminary election, *Am. a.* primary (election). **2.** → **Vorwählnummer. 3.** *tech.* preselection. **2ˌwahlˌblen·de** *f phot.* preset diaphragm. **~ˌwäh·len** *v/t* ⟨*sep,* **-ge-, h**⟩ *teleph.* preselect, dial. **2ˌwäh·ler** *m* preselector.

ˈVorˌwähl|ˌnum·mer *f teleph.* STD code, *Am.* area code. **~ˌschal·ter** *m tech.* preselector.

ˈvor|ˌwal·zen *v/t* ⟨*sep,* **-ge-, h**⟩ *metall.* (*Bleche*) break down, (*Blöcke*) bloom. **2ˌwand** *m* ⟨-(e)s; ⸚e⟩ pretext, preten/ce (*Am.* -se), excuse; **unter dem ~ von** (*od.* **daß**) on the pretext of (*od.* that); **e-n ~ suchen** look for an excuse; **et. zum ~ nehmen, et. als ~ benutzen** (use s.th. as a) pretext. **~ˌwär·men** *v/t* ⟨*sep,* **-ge-, h**⟩ **1.** (*Teller etc*) warm *s.th.* (up). **2.** *tech.* preheat. **2ˌwar·nung** *f a. mil.* early warning.

ˈvorˌwärts [ˈfoːr-; ˈfɔr-] *adv* forward(s), on (ahead), ahead, onward(s); **~!** come one!, go on!, let's go!; **sich ~ bewegen** move forward(s); **nur langsam ~ kommen** make little (*od.* slow) headway; **ein Schritt ~** *a. fig.* a step forward. **2beˌwe·gung** *f* forward movement (*od.* motion). **~ˌbrin·gen** *v/t* ⟨*irr, sep,* **-ge-, h**⟩ *fig.* further, help *s.o., s.th.* on. **2ˌgang** *m mot.* forward gear (*od.* speed). **~ˌge·hen** *fig.* **I** *v/i* ⟨*irr, sep,* **-ge-, sein**⟩ go ahead, come on, proceed, advance, progress. **II** *v/impers* **es geht vorwärts mit e-r Sache** s.th. is getting on (*od.* along), s.th. is making progress (*od.* headway); **es geht wieder vorwärts** things are looking up; **es geht vorwärts mit ihm** he is coming on well. **~ˌkom·men** *v/i* ⟨*irr, sep,* **-ge-, sein**⟩ *fig.* **1.** *beruflich, gesellschaftlich etc*: get along (*od.* on), do well, make one's way; **im Leben ~** get along (*od.* on) well (*od.* go far, *colloq.* go places) in life; **im Beruf ~** get on in one's job, improve one's position; **er ist im Leben nie recht vorwärtsgekommen** he never got very far in life; **mit diesem Vertrag sind wir e-n großen Schritt vorwärtsgekommen** we have moved a great step forward(s) with this treaty. **2.** *mit der Arbeit etc*: make headway. **2straˌteˌgie** *f mil.* forward strategy. **2verˌtei·di·gung** *f* forward defen/ce (*Am.* -se).

ˈVor|ˌwä·sche *f*, **~ˌwaschˌgang** *m e-r Waschmaschine*: soak, first wash.

ˌvorˈweg [-ˈvɛk] *adv* **1.** (*voran*) (out) in front, (out) ahead, at the head. **2.** (*vorher*) beforehand. **2ˌnah·me** *f* ⟨-; *no pl*⟩ anticipation, *Patentrecht*: *a.* (*Stand der Technik*) prior art. **~ˌneh·men** *v/t* ⟨*irr, sep,* **-ge-, h**⟩ *a. Patentrecht*: anticipate; **um es gleich vorwegzunehmen** (in order) to come straight to the point.

ˈVor|ˌwe·hen *pl med.* false pains. **2ˌweih·nacht·lich** *adj* pre-Christmas, *time, etc* before Christmas. **~ˌweih·nachtsˌzeit** *f* Advent season. **2ˌwei·nen** *v/t* ⟨*sep,* **-ge-, h**⟩ *fig. colloq.* **j-m et. ~** tell s.o. a long sob story. **2ˌwei·sen** *v/t* ⟨*irr, sep,* **-ge-, h**⟩ produce, show, present; *fig.* **~ können, vorzuweisen haben** be able to show, possess, boast. **~ˌwelt** *f* ⟨-; *no pl*⟩ former ages *pl*, (*Urwelt*) prehistoric world. **2ˌwelt·lich** *adj* prehistoric(al). **2ˌwer·fen** *v/t* ⟨*irr, sep,* **-ge-, h**⟩ **1. Tieren et. ~** *als Futter*: throw s.th. to animals. **2.** *fig.* **j-m et. ~** reproach s.o. for (*od.* with) s.th., blame s.o. for s.th.; **j-m Faulheit ~** reproach s.o. with laziness (*od.* for being lazy); **ich habe mir nichts vorzuwerfen** I have nothing to reproach myself with (*od.* to blame myself for); *colloq.* **sie haben einander nichts vorzuwerfen** (the) one is as bad as the other. **~ˌwi·derˌstand** *m electr.* series resistance, *e-r Röhre*: dropping resistor, *e-s Spannungsmessers*: voltage multiplier. **2ˌwie·gen** *v/i* ⟨*irr, sep,* **-ge-, h**⟩ prevail, be predominant. **2ˌwie·gend I** *adj* predominant. **II** *adv* predominantly, mainly, chiefly, mostly, largely. **~ˌwitz** *m* ⟨**-es**; *no pl*⟩ forwardness, pertness. **2ˌwit·zig** *adj* forward, pert. **2ˌwöl·ben** *v/reflex* ⟨*sep,* **-ge-, h**⟩ **sich ~** arch (*od.* vault) forward. **~ˌwort** *n* ⟨-(e)s; **-e**⟩ *des Autors*: preface, *bes. von e-m anderen als dem Autor*: foreword, (*Einleitung*) introduction; **das ~ zu e-m Buch schreiben** preface a book.

ˈVorˌwurf *m* **1.** reproach; **j-m Vorwürfe wegen et. machen, j-m et. zum ~ machen, j-m e-n ~ aus e-r Sache machen, Vorwürfe gegen j-n wegen et. erheben** reproach (*od.* blame) s.o. for s.th.; → *a.* **vorwerfen** 2; **sich bittere Vorwürfe machen** blame o.s. bitterly, be awfully sorry; **ein stiller ~ lag in ihrem Blick** there was silent reproach in her eyes. **2.** (*Thema*) subject, theme. **2sˌfrei** *adj* free from reproach. **2sˌvoll** *adj* reproachful.

ˈvorˌzäh·len *v/t* ⟨*sep,* **-ge-, h**⟩ **j-m et. ~** count s.th. out to s.o.

ˈVorˌzei·chen *n* **1.** (*Omen*) omen, foretoken, sign, portent; **ein untrügliches ~** an unmistakable portent. **2.** *med. u. fig.* first symptom (*od.* sign). **3.** *math.* (algebraic) sign; **die ~ auflösen** cancel the signs; *fig.* **mit umgekehrtem ~** the other way round. **4.** *mus.* accidental. **~ˌre·gel** *f math.* law (*od.* rule) of sign.

ˈvor|ˌzeich·nen *v/t* ⟨*sep,* **-ge-, h**⟩ **1. j-m et. ~** a) draw (*od.* sketch) s.th. for s.o., b) *fig.* (*vorherbestimmen*) trace (*od.* mark) out s.th. for s.o.; *fig.* **das Schicksal hatte ihm s-n Lebensweg vorgezeichnet** fate had traced out the course of his life. **2.** *mus.* **ein Kreuz** *etc* ~ put a sharp, *etc* (*dat* in front of). **~ˌzeig·bar** *adj colloq.* presentable. **~ˌzei·gen** *v/t* <*sep*, -ge-, h> produce, show, present.

ˈVorˌzeit *f* <-; *no pl*> *fig.* **in grauer ~** ages and ages ago. **ˌvorˈzei·ten** *adv lit.* in times past. **ˈvorˌzei·tig** *adj* premature, early (*retirement, etc*). **ˈVorˌzei·tig·keit** *f* <-; *no pl*> *ling.* anteriority. **ˈvorˌzeit·lich** *adj* prehistoric(al). **ˈVorˌzeitˌmensch** *m* prehistoric man.

ˈVor|zenˌsur *f* <-; -en> **1.** <*only sg*> precensorship; **e-r ~ unterwerfen** precensor. **2.** *ped.* preliminary mark (*Am. a.* grade). **≗ˌzie·hen** *v/t* <*irr, sep*, -ge-, h> **1.** (*nach vorn ziehen*) pull (*od.* draw) up, (*her~*) take (*od.* pull) out, produce, (*zuziehen*) draw, pull (*the curtains*). **2.** (*zeitlich vorverlegen*) handle (*od.* do, deal with) *s.th.* first, (*Termin*) advance. **3.** (*lieber mögen*) (*dat*) prefer (to), like *s.th.* better (than); **ich ziehe es vor, zu Hause zu bleiben** I prefer to stay (*od.* I would rather stay) at home; *iro.* **als sie kam, zog er es vor zu gehen** he decided to (*od.* that he would rather) go; **diese Lösung ist vorzuziehen** this solution is preferable. **4.** (*bevorzugen*) favo(u)r, give preferential treatment to. **~ˌzim·mer** *n* anteroom, waiting room, antechamber, outer room. **~ˌzug** *m* **1.** (*Vorrang*) preference, priority; **j-m (et.) den ~ geben (vor)** a) give preference to s.o. (s.th.) (over), b) (*lieber mögen*) prefer s.o. (s.th.) (to). **2.** (*Vorteil*) advantage, (*Überlegenheit*) superiority, (*gute Eigenschaft*) merit, asset, virtue; **den ~ haben zu** *inf* a) have the advantage of *ger*, b) *Person*: (*die Ehre haben*) have the distinction of *ger*; **den ~ haben vor** have the advantage over, excel (*od.* be superior to) *s.o., s.th.* **3.** (*Vorrecht, Ehre*) privilege, hono(u)r; **ich habe nicht den ~, ihn zu kennen** I do not have the privilege of knowing him.

vor·züg·lich [ˌfoːrˈtsyːklɪç; ˈfoːrˌtsyːklɪç] **I** *adj* **1.** excellent, superb, (*erlesen*) exquisite, (*erstklassig*) first-rate, first-class, <*pred*> of the first order. **II** *adv* **2.** excellently (*etc*), extremely well, perfectly; **es hat mir ~ geschmeckt** it was an excellent (*od.* a superb) meal; **sie spricht ~ Englisch** she speaks excellent English. **3.** *obs.* (*vor allem*) especially, above all. **≗keit** *f* <-; *no pl*> excellence, superbness, superior quality.

ˈVorˌzugs|ˌak·tie *f* preference (*od.* preferred, preferential) share (*bes. Am.* stock). **~be̲ˌhand·lung** *f* preferential treatment. **~ˌmilch** *f* grade A milk. **~ˌpfandˌrecht** *n* prior lien. **~ˌpreis** *m* preferential (*od.* special) price. **~ˌstel·lung** *f* preferential position. **~ta̲ˌrif** *m* preferential rate. **≗ˌwei·se** *adv* **1.** preferably, by preference. **2.** chiefly, mostly. **~ˌzoll** *m* preferential tariff (*od.* duty).

ˈVorˌzün·dung *f mot.* pre-ignition.

vo·tie·ren [voˈtiːrən] *v/i* <*no* ge-, h> vote.

Voˈtiv... [voˈtiːf-] *in Zssgn* votive (*picture, chapel, mass, etc*).

Vo·tum [ˈvoːtʊm] *n* <-s; **Voten** *u.* **Vota** [-ta]> vote.

Voy·eur [võaˈjøːr] *m* <-s; -e> voyeur.

vul·gär [vʊlˈgɛːr] *adj* <-er; -st> vulgar. **Vul·ga·ri·tät** [vʊlgariˈtɛːt] *f* <-; -en> vulgarity.

Vulˈgär|la̲ˌtein *n* Vulgar Latin. **~ˌspra·che** *f* common language.

Vul·ga·ta, die [vʊlˈgaːta] <-; *no pl*> *relig.* the Vulgate.

vul·go [ˈvʊlgo] *adv* known as, named.

Vul·kan [vʊlˈkaːn] *m* <-s; -e> volcano; *fig.* **ein Tanz auf dem ~** a dance on the edge of a volcano. **~ˌausˌbruch** *m* volcanic eruption. **~ˌfi·ber** *f* vulcanized fib/re (*Am.* -er).

vulˈka·nisch *adj geol.* volcanic.

vul·ka·ni·sie|ren [vʊlkaniˈziːrən] *v/t* <*no* ge-, h> *tech.* vulcanize, *mot. a.* recap. **≗rung** *f* <-; *no pl*> vulcanization.

Vul·ka·nis·mus [vʊlkaˈnɪsmʊs] *m* <-; *no pl*> *geol.* volcanism.

W

W, w [veː] *n* ‹-; -› W, w (*Buchstabe*).

Waa·ge [ˈvaːɡə] *f* ‹-; -n› **1.** (pair of) scales *pl* (*oft als sg konstruiert*), balance, *mit Laufgewicht*: steelyard, lever scales *pl*, *große*: weighbeam, (*automatische Abfüll≈*) weigher, (*Brücken≈*) weighing machine, weighbridge, (*Tafel≈*) platform balance; **sich auf die ~ stellen** step on to the scales; *bes. Sport*: **... auf die ~ bringen** (*wiegen*) scale, turn the scales at ...; *fig.* **die ~ der Gerechtigkeit** the scales *pl* of justice. **2.** *fig.* (*Gleichgewicht*) balance, equilibrium; **sich die ~ halten** balance each other; **e-r Sache die ~ halten** counterbalance s.th.; **in der ~ halten** hold *s.th.* in equilibrium. **3.** *astr.* Libra, Scales *pl*. **4.** *gym.* scale. **~ˌbal·ken** *m* (balance) beam, scale beam. **≈ˌmei·ster** *m* weigher, weighmaster. **≈ˌrecht** *adj* horizontal. **~ˌrech·te** *f* ‹-n; -n› *math.* level, horizontal line.

ˈwaag|ˌrecht *adj* → **waagerecht.** **≈ˌrech·te** *f* → **Waagerechte.** **≈ˌscha·le** *f* scale, (scale)pan; *fig.* **schwer in die ~ fallen** carry weight, be weighty; **s-e ganze Autorität in die ~ werfen** bring all one's authority to bear; **s-e Worte auf die ~ legen** weigh one's words; **du darfst s-e Worte nicht so sehr auf die ~ legen** you must not take him (*od.* every word he says) too literally.

ˈwab·be·lig *adj colloq.* flabby, wobbling.

wab·beln [ˈvabəln] *v/i* ‹h› wobble.

ˈwabb·lig *adj* → **wabbelig.**

Wa·be [ˈvaːbə] *f* ‹-; -n› honeycomb.

ˈWa·ben|ˌbauˌwei·se *f tech.* honeycomb construction (*od.* design). **≈ˌför·mig** *adj* honeycombed, alveolate. **~ˌho·nig** *m* comb honey, honeycomb. **~ˌküh·ler** *m mot.* honeycomb radiator.

wach [vax] *adj* ‹-er; -st› **1.** ‹*pred*› awake; **(ganz) ~ sein** be (wide) awake; **~ werden** *Schläfer*: waken (up), *fig. Träumer etc*: wake up, *Gefühle etc*: awake(n), be awakened; **sich mühsam ~ halten** struggle to stay awake; **j-n ~ küssen** wake(n) s.o. with a kiss; **in ~em Zustand** when (*od.* being) awake; *fig.* **die Stadt war schon ~** the city was already astir. **2.** ‹*pred*› (*schlaflos*) awake, wakeful; **die ganze Nacht ~ liegen** lie awake all night, spend (*od.* pass) a wakeful night. **3.** *fig.* (*geistig rege*) alert, wide-awake; **mit ~en Sinnen** with one's senses alert.

ˈWach|ˌabˌlö·sung *f* **1.** *mil.* relief of the guard(s). **2.** *fig. pol.* change of power. **~ba·taiˌllon** *n* guards battalion. **~ˌdienst** *m* **1.** *mil.* guard (duty). **2.** *mar.* watch.

Wa·che [ˈvaxə] *f* ‹-; -n› **1.** guard, *bei Kranken etc*: watch, vigil; **~ halten** → **wachen** 2; **~ stehen** (*aufpassen*) keep a lookout. **2.** (*Polizei≈*) police station. **3.** *mil.* (*Wachdienst*) guard (duty), (*Posten*) guard, sentry, sentinel, (*Wachlokal*) guardroom; **auf ~ sein, ~ haben, ~ stehen,** *colloq.* **~ schieben** be on guard (duty), stand guard; **die ~ ablösen** relieve the guard; **auf ~ ziehen** mount guard; **~ raus!** turn out, guard! **4.** *mar.* watch; **~ haben** have the watch, be on watch.

wa·chen [ˈvaxən] **I** *v/i* ‹h› **1.** (*wach sein*) be awake; **die ganze Nacht (hindurch) ~** be (*od.* lie) awake all night. **2.** (*Wache halten*) **(bei** over) watch, keep guard (*od.* watch), *bes. nachts*: keep (*od.* hold) vigil; **bei e-m Kranken ~** *a.* sit up with a sick person. **3. ~ über** (*dat, acc*) *schützend*: watch over, *aufmerksam*: keep a watchful eye on, (*beaufsichtigen*) supervise, (*verteidigen*) guard, defend; **darüber ~, daß** watch that, see (to it) that; **über die Einhaltung der Vorschriften ~** watch (*od.* see) that the directions are observed. **II ≈** *n* ‹-s› **4. im ≈ und Schlafen** waking or sleeping, *fig. a.* in one's thoughts and in one's dreams. **5.** vigil. **ˈwa·chend** *adj* awake (*pred*).

ˈwach|ˌha·bend *adj* on duty; **~er Offizier** watch officer, officer of the watch. **≈ˌha·ben·de** *m* ‹-n; -n› *mil.* commander of the guard. **~ˌhal·ten** *v/t* ‹*irr, sep,* -ge-, h› *fig.* (*Interesse etc*) hold, keep (up), sustain, (*Erinnerung etc*) keep *s.th.* alive. **≈heit** *f* ‹-; *no pl*› *fig.* alertness. **≈hund** *m* guard dog, *a. fig.* watchdog. **≈kom·paˌnie** *f mil.* guard company. **≈loˌkal** *n bes. mil.* guardroom. **≈mann** *m* ‹-(e)s; -leute *u.* -männer› **1.** guard, watchman. **2.** *Austrian for* **Polizist. ≈ˌmann·schaft** *f mil.* guard (detail).

Wa·chol·der [vaˈxɔldər] *m* ‹-s; -› **1.** *bot.* juniper (tree). **2.** → **Wacholderbranntwein. ~ˌbee·re** *f* juniper berry. **~ˌbranntˌwein, ~ˌschnaps** *m* gin. **~ˌstrauch** *m* juniper (tree).

ˈWachˌpo·sten *m mil.* sentry, sentinel, guard.

ˈwach|ˌru·fen *v/t* ‹*irr, sep,* -ge-, h› *fig.* (a)rouse, evoke, stir (up), (*bes. Erinnerungen*) call up. **~ˌrüt·teln** *v/t* ‹*sep,* -ge-, h› *fig.* **(aus** from) shake up, (a)rouse.

Wachs [vaks] *n* ‹-es; -e› wax; **sie wurde bleich wie ~** she went (as) white as a sheet; *fig.* **er ist ~ in ihren Händen** he is wax (*od.* putty) in her hands. **~ˌab·druck** *m* wax impression. **~ˌausˌguß·verˌfah·ren** *n tech.* lost-wax process.

ˈwach·sam *adj* watchful, vigilant; **~ sein** *a.* be on the alert, be on one's guard; **ein ~es Auge haben auf** (*acc*) keep a sharp eye on; **sie hatte e-n ~en Blick** there was a watchful look in her eyes. **≈keit** *f* ‹-; *no pl*› watchfulness, vigilance.

ˈwachs|ˌar·tig *adj* waxy, waxlike. **~ˈbleich** *adj* (as) pale as wax, waxen, waxy. **≈ˌblu·me** *f a. bot.* waxflower. **≈ˌboh·ne** *f* wax (*od.* white haricot) bean.

wach·sen[1] [ˈvaksən] **I** *v/i* ‹wächst, wuchs, gewachsen, sein› **1.** grow; **der Junge ist im letzten Jahr sehr gewachsen** the boy has grown a good deal during the last year; **gerade (schief) ~** grow straight (crooked); **in die Höhe ~** grow tall; **in die Breite ~** grow broad, broaden (out); **sich** (*dat*) **e-n Bart ~ lassen** grow a beard; **sich** (*dat*) **das Haar ~ lassen** grow one's hair, let one's hair grow (long); **auf diesem Boden wächst die Pflanze nicht** the plant does not grow in this soil; **hier wächst viel Mais** this is good corn country; *fig.* **an** (*od.* **mit**) **s-r Aufgabe ~** grow with one's task; → **Haar** 2, **Herz** *Bes. Redewendungen,* **Kopf** *Bes. Redewendungen, etc.* **2.** *fig.* (*zunehmen*) grow, increase, augment, (*sich ausdehnen*) expand, (*sich steigern*) increase, heighten, intensify, mount. **II ≈** *n* ‹-s› **3.** growing, growth.

ˈwach·sen[2] *v/t* ‹h› (*a. Skier*) wax.

ˈwach·send *adj fig.* growing, increasing, heightening, mounting; **mit ~em Argwohn** with a growing sense of suspicion; **mit ~em Wohlstand** with increasing prosperity; **mit ~er Aufmerksamkeit (Sorge)** with growing attention (uneasiness); **mit ~er Spannung** with mounting (*od.* growing) suspense.

wäch·sern [ˈvɛksərn] *adj a. fig.* waxen.

ˈWachs|fiˌgur *f* wax figure, waxwork. **~fiˌgu·ren·ka·biˌnett** *n* waxworks *pl* (*als sg od. pl konstruiert*). **≈ˌgelb** *adj* wax-colo(u)red. **~ˌker·ze** *f,* **~ˌlicht** *n* (wax) candle, wax light. **~ˌmalˌkrei·de** *f* crayon. **~paˌpier** *n* wax(ed) paper. **~ˌpup·pe** *f* wax doll. **~ˌstock** *m* wax (*od.* taper) jack.

wächst [vɛkst] *2 u. 3 sg pres of* **wachsen**[1].

ˈWachsˌtuch *n* oilcloth, wax cloth.

ˈWachs·tum *n* ‹-s; *no pl*› *biol. econ.* growth, *fig. a.* development, expansion, increase; *a. fig.* **(noch) im ~ begriffen sein** be still growing; **im ~ zurückgeblieben sein** be stunted (in growth); **gestörtes geistiges ~** disturbed mental development.

ˈwachs·tums|ˌför·dernd *adj* growth-promoting. **~geˌhemmt** *adj bes. med.* impaired (*od.* stunted) in growth. **~ˌhem·mend** *adj* growth-inhibiting. **≈ˌhem·mung** *f* growth retardation, impaired development. **≈horˌmon** *n* somatotrophic hormone. **≈in·duˌstrie** *f* growth industry. **≈ˌra·te** *f econ.* growth rate. **≈ˌschmer·zen** *pl* growing pains. **≈ˌstö·rung** *f* disturbance of growth (*od.* development).

ˈwachs|ˈweich *adj* **1.** *a. fig.* (as) soft as wax. **2.** *gastr. Ei*: medium boiled. **≈ˌzie-**

her *m* <-s; -> (wax-)chandler.

Wacht [vaxt] *f* <-; *rare* -en> *obs. od. poet. for* Wache 1. **~...** *in Zssgn* → Wach...

Wäch·te [ˈvɛçtə] *f* <-; -n> (snow-)cornice.

Wach·tel [ˈvaxtəl] *f* <-; -n> *orn.* quail. **~ˌhund** *m* spaniel. **~ˌwei·zen** *m bot.* cow wheat.

Wäch·ter [ˈvɛçtər] *m* <-s; -> guard, (*bes. Nacht*2) watchman, warder, keeper, *in Museen, auf Parkplätzen etc*: attendant; *fig.* **ein ~ der öffentlichen Moral** a custodian (*od.* guardian) of public morality.

ˈ**Wacht|ˌmei·ster** *m* **1.** a) (police) constable, *Am.* patrolman, b) *Anrede für e-n Polizisten*: officer. **2.** *mar.* master-at-arms. **3.** *mil. obs.* sergeant. **~paˌraˌde** *f* guard mounting.

ˈ**WachˌTraum** *m* waking dream, daydream.

ˈ**Wach(t)ˌturm** *m* watchtower.

ˈ**Wach- ˌund ˈSchließ·geˌsell·schaft** *f* Security Corps, *Am.* Protection (*od.* Security) Service.

ˈ**Wach|verˌge·hen** *n bes. mil.* neglect of duty while on guard. **~vorˌschrif·ten** *pl* guard regulations. **~ˌzuˌstand** *m* im **~** when (*od.* being) awake.

ˈ**wacke·lig** (*getr.* -k·k-) **I** *adj* **1.** *Stuhl, Tisch etc*: shaky (*a. fig.*), wobbly, rickety, unsteady, *Hütte, Auto etc*: ramshakle, (*lose*) *Zahn, Stift etc*: loose; *fig. colloq.* **auf ~en Beinen stehen** *Firma, Argument etc*: stand on shaky legs. **2.** *fig. colloq.* (*geschwächt*) wobbly, shaky, (*altersschwach*) doddery, tottery; **ein bißchen ~ auf den Beinen** (*od.* **in den Knien**) **sein** be a bit wobbly (*od.* shaky) on one's legs. **II** *adv* **3.** *fig. colloq.* **~ stehen** *Schüler, Regierung etc*: be shaky.

ˈ**Wackel·konˌtakt** (*getr.* -k·k-) *m electr.* loose contact (*od.* connection).

wackeln (*getr.* -k·k-) [ˈvakəln] **I** *v/i* <h> **1.** *Stuhl, Tisch etc*: wobble, *Zahn, Stift etc*: be loose, (*schwanken*) shake. **2.** (*sich plötzlich bewegen*) move, stir, *stärker*: give a jerk. **3.** <sein> *colloq.* (*~d gehen*) totter, stagger, toddle. **4.** *fig. colloq. Stellung, Regierung etc*: be shaky, be tottering, be on the brink. **5. ~ mit (dem Kopf, dem Schwanz** *etc*) wag(gle) (one's head, its tail, *etc*); *aer.* **mit den Flügeln ~** rock wings. **II** 2 *n* <-s> **6.** wobbling (*etc*).

ˈ**Wackelˌpud·ding** (*getr.* -k·k-) *m colloq.* shaking pudding.

wacker (*getr.* -k·k-) [ˈvakər] *obs. od. iro.* **I** *adj* **1.** (*rechtschaffen*) upright, good. **2.** (*tapfer*) brave, valiant. **II** *adv* **3.** (*tapfer*) bravely; *a. fig.* **sich ~ schlagen** *a.* put up a brave fight; *fig.* **sich ~ halten** hold one's ground (*od.* own). **4.** (*tüchtig*) heartily, lustily, with a vengeance.

Wa·de [ˈvaːdə] *f* <-; -n> **1.** *anat.* calf (of the leg). **2.** *gastr.* shin, hind shank.

ˈ**Wa·den|bein** *n anat.* calf bone, fibula. **~ˌkrampf** *m* cramp in the calf (of one's leg), systremma. **~ˌmus·kel** *m* peroneal muscle. **~ˌwickel** (*getr.* -k·k-) *m* wet compress (a)round the lower legs.

Waf·fe [ˈvafə] *f* <-; -n> **1.** *allg., a. fig.* weapon, *engS.* (*Schuß*2) gun, firearm; **ferngelenkte (konventionelle, atomare) ~n** guided (conventional, nuclear) weapons; *fig.* **s-e ~ ist das Wort (die Feder)** language (his pen) is his weapon; **mit geistigen (ungleichen) ~n kämpfen** fight with intellectual (unequal) weapons; **j-n mit s-n eigenen ~n schlagen** beat s.o. at his own game. **2.** *pl mil.* arms; **zu den ~n greifen** take up arms; **unter den ~n stehen** be under arms; **die ~n sprechen lassen** let arms decide; **die ~n strecken** (*od.* **niederlegen**) lay down (one's) arms, *a. fig.* surrender. **3.** *mil.* (*~ngattung*) branch (of service), arm; **verbundene ~n** combined arm *sg.* **4.** *meist pl hunt. des Keilers*: fang, tusk, *e-s Raubvogels*: talon, *von Luchs, Wildkatze*: claw.

Waf·fel [ˈvafəl] *f* <-; -n> waffle, (*bes. Eis*2) wafer. **~ˌei·sen** *n* waffle iron.

ˈ**Waf·fen|apˌpell** *m* arms inspection. **~ausˌbil·dung** *f* weapons training. **~beˌsitz** *m* (**unerlaubter ~** illegal) possession of firearms. **~ˌbru·der** *m* brother in arms, comrade. **~ˌbrü·der·schaft** *f* brotherhood in arms. **~ˌdienst** *m* military service. **~faˌbrik** *f* arms factory, *Am. a.* armory. 2**ˌfä·hig** *adj* capable of bearing arms. **~ˌgat·tung** *f* branch (of service), arm, service, section. **~geˌbrauch** *m* use of arms; **bei ~** when (*od.* if) arms are used. **~geˌsetz** *n* law on (fire)arms. **~geˌwalt** *f* <-; *no pl*> (**mit ~** by) force of arms. **~ˌglück** *n* fortune at arms. **~ˌhan·del** *m* arms trade, *illegaler*: *a.* gunrunning. **~ˌhänd·ler** *m* arms dealer. **~ˌhandˌwerk** *n lit.* **das ~ erlernen** learn the craft of war. **~ˌhil·fe** *f* military assistance. **~ˌkam·mer** *f* armo(u)ry. **~ˌla·ger** *n* ordnance depot. **~ˌlie·fe·rung** *f* supply of arms. **~ˌmei·ster** *m* armo(u)rer. **~mei·steˌrei** *f* <-; -en> armo(u)ry. **~ˌpfle·ge** *f* gun maintenance. **~ˌrock** *m* **1.** (*Uniformteil*) tunic. **2.** *fig.* service coat. **~ˌru·he** *f* truce, *kurze*: suspension of hostilities, cease-fire. **~ˌruhm** *m* fame, glory. **~ˌsamm·lung** *f* collection of arms. **~ˌschein** *m* gun licen/ce (*Am.* -se). **~ˌschmied** *m* armo(u)rer. **~ˌschmie·de** *f* armo(u)ry. **~ˌschmug·gel** *m* gunrunning. **~ˌschmugg·ler** *m* gunrunner. **~ˌstillˌstand** *m* armistice; **zeitweiliger ~** truce; *a. fig.* **mit j-m ~ schließen** make a truce with s.o.

ˈ**Waf·fenˌstillˌstands|ˌabˌkom·men** *n* armistice agreement. **~beˌdin·gun·gen** *pl* armistice terms. **~ˌli·nie** *f* armistice line. **~verˌhand·lun·gen** *pl* negotiations for (an) armistice.

ˈ**Waf·fen|syˌstem** *n* weapon system. **~ˌübung** *f* military exercise. **~vorˌfüh·rung** *f* demonstration of weapons.

waff·nen [ˈvafnən] *v/t* <h> *obs.* arm.

ˈ**wäg·bar** *adj fig.* ponderable.

ˈ**Wa·ge|ˌhals** *m* daredevil. 2**ˌhal·sig** *adj* → waghalsig. **~ˌmut** *m* daring(ness), boldness. 2**ˌmu·tig** *adj* daring, bold.

wa·gen [ˈvaːgən] **I** *v/t* <h> **1.** venture, (*et. Gefährliches*) *a.* risk, hazard; **ein Experiment (e-e Bemerkung) ~** venture an experiment (a remark); **ich will es ~** I'll take a chance, I'll take the plunge; **soll ich es ~?** should I risk it?; **es ~ mit** take a chance on, give *s.o., s.th.* a chance. **2.** (*aufs Spiel setzen*) risk, stake; **alles ~(, um alles zu gewinnen)** risk everything (to gain everything); **viel ~** take a great risk. **3.** (*sich erdreisten*) dare; **er wagte kein Wort zu sagen** he did not dare (to) say a word; **wie können Sie es ~, das zu sagen?** how dare you say that?, how can you dare to say that? **II** *v/i* **4. wer wagt, gewinnt, wer nicht wagt, der nicht gewinnt** (*Sprichwort*) nothing ventured, nothing gained, nothing venture – nothing have; **frisch gewagt ist halb gewonnen** (*Sprichwort*) well begun is half done (*od.* ended). **III** *v/reflex* **sich ~ 5.** venture; **sich an e-e schwere Aufgabe ~** venture on a difficult task; **sich nicht aus dem Haus ~** not to venture out of doors.

ˈ**Wa·gen** *m* <-s; -, *dial. a.* ⸚> **1.** (*Kraft*2, *Auto*) car, (*Last*2) lorry, *Am.* truck, (*Möbel*2) van; **e-n eigenen ~ fahren** drive one's own car; **wir sind mit dem ~ gekommen** we have come by (*colloq.* in the) car. **2.** (*Pferde*2) wag(g)on, (*Karren*) cart, (*Kutsche*) carriage, coach; *fig.* **j-n vor s-n ~ spannen** make use of s.o.; *colloq.* **j-m an den ~ fahren** offend (*od.* hurt) s.o., tread on s.o.'s toes. **3.** *rail. etc*: carriage, *Am.* car. **4.** *astr.* **der Große ~** the Great Bear, the (Big) Dipper, Ursa Major; **der Kleine ~** the Little Bear (*od.* Dipper), Ursa Minor. **5.** *bei Schreibmaschinen etc*: carriage.

wä·gen [ˈvɛːgən] **I** *v/t* <**wägt, wog, gewogen,** *rare* **wägte, gewägt,** h> *obs.* (*wiegen*) *u. fig. lit.* (*bedenken*) weigh. **II** *v/i* **erst ~, dann wagen** (*Sprichwort*) look before you leap.

ˈ**Wa·gen|ˌburg** *f* barricade of wag(g)ons. **~ˌfüh·rer** *m* driver, *e-r Straßenbahn etc*: motorman. **~ˌhe·ber** *m* **1.** *mot.* (lifting) jack. **2.** *an der Schreibmaschine*: carriage lever. **~ˌhei·zung** *f mot.* car heating, (*Anlage*) car heater. **~ˌkasten** *m* **1.** box, body. **2.** *rail.* waggon (*Am.* freight car) body. **~koˌlon·ne** *f* column (*od.* line, string) of cars. **~ˌladung** *f* lorry load, *Am.* truckload, *rail.* waggonload, *Am.* carload; → *a.* Fuhre 1. **~ˌlen·ker** *m antiq.* charioteer. **~ˌlö·ser** [-ˌløːzər] *m e-r Schreibmaschine*: carriage release lever. **~paˌpie·re** *pl mot.* car (*od.* driving) papers (*od.* documents). **~ˌpark** *m* <-(e)s; *no pl*> (vehicle) fleet. **~ˌpfle·ge** *f* car maintenance, (car) servicing. **~ˌrad** *n* **1.** cartwheel. **2.** *fig. humor.* broad-brimmed lady's hat. **~ˌren·nen** *n antiq.* chariot race. **~ˌrückˌlauf** *m e-r Schreibmaschine etc*: carriage return. **~ˌschlag** *m mot.* car door. **~ˌschmie·re** *f* cart grease. **~ˌspur** *f* (wheel) track, *bes. tiefe*: rut. **~ˌtyp** *m* car type.

ˈ**Wa·geˌstück** *n* daring deed.

Wag·gon [vaˈgõː; vaˈgɔŋ] *m* <-s; -s> *rail.* (goods) truck (*od.* waggon), *Am.* freight car; *econ.* **frei ~** free on rail. **~ˌbau** *m* car building. **~ˌla·dung** *f* waggonload, *Am.* carload. 2**ˌwei·se** *adv* by the waggonload (*Am.* carload).

ˈ**wagˌhal·sig** [-ˌhalzɪç] *adj* **1.** *Person*: daring, daredevil. **2.** *Sache*: hazardous, risky. 2**keit** *f* **1.** daring(ness), daredevil(t)ry. **2.** hazardousness, riskiness.

Wag·ner [ˈvaːgnər] *m* <-s; -> cartwright.

Wag·ne·ria·ner [vaːgnəˈriaːnər] *m* <-s; ->, ˈ**wag·ne·risch** *adj* Wagnerian.

Wag·nis [ˈvaːknɪs] *n* <-ses; -se> venture, gamble, risk, hazardous (*od.* risky) enterprise; **sich auf kein ~ einlassen** take no risks.

Wahl [vaːl] *f* <-; -en> **1.** <*only sg*> (*Aus*2) choice, (*~möglichkeit*) *a.* option, *zwischen zwei Möglichkeiten*: alternative; **s-e ~ treffen** make one's choice; **e-e gute (schlechte) ~ treffen** make a good (bad) choice, choose well (badly); **die ~ haben** have the coice; **die ~ haben, et. zu tun** have the option of doing s.th.; **Sie haben die ~** choose as you please; **ich hatte k-e (andere) ~** I had no option (*od.* choice, alternative) (**als zu** *inf* but to *inf*); **es bleibt mir k-e andere ~** I have no choice, it's Hobson's choice for me; **es bleibt Ihrer ~ überlassen** it's left to your option; **nach j-s ~** at s.o.'s option; **mir fällt die ~ schwer** I find it hard to choose; **aus freier ~** of one's own free choice; **s-e ~ fiel auf sie** his choice fell on her; **das Mädchen s-r ~** the girl of his choice; ... **stehen zur ~** there is a choice of ..., there are ... to choose from; ... **zur ~ stellen** give (*od.* offer) a choice of ...; **in die engere ~ kommen** come up for closer consideration, be left to choose from, *Kandidat etc*: *a.* be a possible candidate, be among the favo(u)red candidates, *Br. a.* be (put) on the short list; **j-n in die engere ~ ziehen** put s.o. on the list of possible candidates, *Br. a.* short-list s.o., put s.o. on the short list; **vor der ~ stehen zu** *inf* be facing the alternative of *ger*; **j-n vor die ~ stellen zu** *inf* face s.o. with the alternative of *ger*; **wer die ~ hat, hat die Qual** (*Sprichwort*) the wider the choice, the greater the trouble. **2.** *econ.* (*Güteklasse*) quality, grade; **Strümpfe erster ~** first-quality (*od.* first-grade) stockings; **zweite ~** second-rate quality, (*Waren*) seconds *pl.* **3.** *pol.* a) *e-s Abgeordneten, zum Präsidenten etc*: election, b) *bes. geheime*: ballot, c) (*Abstimmung*) vote, d) (*~vorgang*) voting, poll; **freie (allgemeine) ~en** free (general) elections; **geheime ~** (vote by secret) ballot; **allgemeine, unmittelbare ~** election by direct universal suffrage; **(in)direkte ~** (in)direct voting (*od.* vote), election by (in)direct suffrage; **in freier und geheimer ~** in a free election by secret ballot; **~en abhalten** hold elections; **~en ausschreiben** call elections, appeal to the country; **sich zur ~ stellen** stand as a candidate, *bes. Am.* run; **j-n zur ~ vorschlagen** put s.o. up for election; **s-e ~ in den Aufsichtsrat** his election to the board; **s-e ~ zum Bürgermeister** his election as mayor; **die ~ annehmen** accept one's election; **X hat die ~ gewonnen** the vote went to X, X has won (*od.* carried) the election. **~ˌabˌsprache** *f* pre-election agreement. **~ˌakt** *m* voting, poll(ing). **~ˌal·ter** *n* voting age.

ˈWählˌamt *n* automatic telephone exchange.

ˈWahl|ausˌgang *m* outcome of an election. **~ˌausˌschuß** *m* election (*od.* electoral) committee. **~ˌausˌsich·ten** *pl* chances in the election.

ˈwähl·bar *adj* eligible; **nicht ~** *a.* ineligible. **~keit** *f* <-; *no pl*> eligibility.

ˈWahl|beˌeinˌflus·sung *f* undue influencing of the voters. **~beˌrech·tigt** *adj* entitled to vote. **~beˌrech·tig·te** *m, f* person entitled to vote; **die Anzahl der ~n** *a.* the voting strength. **~beˌtei·li·gung** *f* voting (attendance), turnout (at the election), poll(ing); **e-e starke (geringe** *od.* **schwache) ~** high (low) voting, heavy (light) poll(ing). **~beˌtrug** *m* electoral fraud. **~beˌzirk** *m* electoral division (*Am.* district), constituency. **~ˌbünd·nis** *n* electoral alliance.

wäh·len [ˈvɛːlən] **I** *v/t* <h> **1.** choose, (*aus~*) *a.* pick (out), select; **e-n Beruf ~** choose a profession; **die Freiheit (den Tod) ~** choose liberty (to die); **s-e Worte vorsichtig ~** choose (*od.* select) one's words carefully, pick one's words; **die richtige Zeit ~** choose the right time, time it well. **2.** *teleph.* dial. **3.** *bes. pol.* elect, choose, vote for; **j-n zum König (Präsidenten) ~** elect s.o. king (president); **sie wählten ihn zum Anführer** they choose him as (*od.* to be) their leader; **er wurde zum Anführer gewählt** he was chosen (as) leader; **j-n einstimmig ~** elect (*od.* vote for) s.o. unanimously; **ins Parlament gewählt werden** be elected into (*od.* returned to) parliament; **j-n zum Sportler des Jahres ~** name s.o. sportsman of the year. **II** *v/i* **4.** choose, make one's choice; **klug ~** choose wisely, make a wise choice; **haben Sie schon gewählt?** have you made your choice (yet)?; **~ Sie (selbst)** take your choice. **5.** *bes. pol.* vote; **~ gehen** go to the polls.

ˈWäh·ler *m* <-s; -> **1.** *pol.* voter, elector, constituent. **2.** *teleph.* selector.

ˈWahl|erˌfolg *m* election (*od.* electoral) success. **~erˌgeb·nis** *n* election result (*od.* returns *pl*), outcome of the poll.

ˈWäh·ler·in·itiaˌti·ve *f* electors' initiative.

ˈwäh·le·risch *adj* (in *dat* with, about) particular, fussy, fin(n)icky, fastidious, *colloq.* choos(e)y; **~ sein** *a.* be hard to please, pick and choose; *fig.* **nicht gerade ~** not too particular (in *dat*, mit about); **er ist in s-n Mitteln nicht gerade ~** *a.* he is not overscrupulous in his methods.

ˈWäh·ler|ˌkar·te *f* voter's card, electoral card. **~karˌtei** *f* electoral list. **~schaft** *f* <-; *no pl*> electorate, voting population, *e-s Wahlbezirks etc*: voters *pl*, constituency. **~ˌstim·me** *f* vote. **~verˌhal·ten** *n* voter(s') behavio(u)r.

ˈWahl|ˌfach *n ped.* optional (*od.* facultative) subject, elective (subject). **~ˌfä·hig** *adj* **1.** entitled to vote. **2.** eligible. **~ˌfäl·schung** *f* electoral fraud. **~ˌfonds** *m* campaign (*od.* election) fund. **~ˌfrei** *adj ped.* optional, facultative, elective. **~ˌgang** *m* ballot. **~geˌheim·nis** *n* secrecy of the ballot, electoral privacy. **~geˌschenk** *n* election bait. **~geˌsetz** *n* electoral law. **~ˌhei·mat** *f* adopted country. **~ˌhel·fer** *m*, **~ˌhel·fe·rin** *f* electoral assistant. **~ˌjahr** *n* election year. **~kaˌbi·ne** *f* polling booth. **~kamˌpa·gne** *f* election(eering) campaign. **~ˌkampf** *m* election (*od.* electoral) campaign, election fight. **~ˌkampf·ˌgel·der** *pl* campaign funds. **~ˌkon·sul** *m* honorary consul, consul electus. **~ˌkreis** *m* constituency, *Am.* electoral district. **~ˌku·gel** *f* ballot. **~ˌlei·ter** *m* returning officer, *Am.* chief election official. **~ˌli·ste** *f* list of candidates, *Am.* party ticket, slate. **~loˌkal** *n* polling station. **~lo·ko·moˌti·ve** *f fig. colloq.* great vote-getter.

ˈwahl·los I *adj* indiscriminate, undiscriminating. **II** *adv* at random, indiscriminately, haphazardly.

ˈWahl|ma·ni·pu·la·tiˌon *f* election irregularities *pl*. **~ˌmann** *m* <-(e)s; ⸗er> delegate, *Am.* elector. **~maˌschi·ne** *f* voting machine. **~ˌmög·lich·keit** *f* choice, option, alternative. **~ˌmü·dig·keit** *f* election weariness. **~ˌnie·derˌla·ge** *f* electoral defeat, defeat at the election(s) (*od.* polls). **~ˌord·nung** *f* election regulations *pl*. **~ˌpflicht** *f* electoral duty; **s-r ~ genügen** do one's duty as a voter. **~ˌpflichtˌfach** *n ped.* required elective. **~plaˌkat** *n* election poster. **~proˌgramm** *n* election platform (*od.* manifesto). **~pro·pa·gan·da** *f* electioneering; **~ betreiben** electioneer, (in *dat*) stump ([in] *an area, etc*). **~ˌprü·fer** *m* scrutineer, *Am.* (poll) canvasser. **~ˌprü·fung** *f* scrutiny, *Am.* canvass(ing). **~ˌrecht** *n* <-(e)s; *no pl*> **1. (aktives) ~** (right to) vote, suffrage, franchise; **allgemeines ~** universal suffrage; **das ~ erhalten** have the vote, be enfranchised. **2. (passives) ~** eligibility. **3. (objektives) ~** electoral law. **~ˌre·de** *f* election speech, electoral address. **~ˌred·ner** *m* election speaker, electioneer, stump orator.

ˈWählˌschei·be *f teleph.* dial.

ˈWahl|ˌschlacht *f* electoral battle. **~ˌschwin·del** *m* vote fraud. **~ˌsieg** *m* electoral victory, victory at the election(s). **~ˌspruch** *m* motto, device. **~ˌstim·me** *f* vote. **~syˌstem** *n* electoral system. **~ˌtag** *m* election (*od.* polling) day. **~ˌur·ne** *f* ballot (*od.* voting) box; **zur ~ schreiten** go to the polls. **~verˌfah·ren** *n* electoral procedure. **~verˌlauf** *m* course of the election; **ein ruhiger ~** an election without incidents. **~verˌsamm·lung** *f* election meeting (*od.* rally). **~verˌspre·chen** *n* election (*od.* campaign) promise, pre-election pledge. **~verˌwandt** *adj* congenial. **~verˌwandt·schaft** *f* affinity. **~ˌvorˌschlag** *m* election proposal. **~ˌvorˌste·her** *m* → Wahlleiter. **~ˌwei·se** *adv* alternatively; **es gab ~ Fisch oder Fleisch** there was a choice of either meat or fish. **~ˌzel·le** *f* polling (*od.* voting) booth. **~ˌzet·tel** *m* voting paper, ballot.

Wahn [vaːn] *m* <-(e)s; *no pl*> **1.** illusion, delusion; **in e-m ~ befangen sein** labo(u)r (*od.* be) under a delusion; **er lebt in dem ~, daß** he lives under the illusion that. **2.** (*Besessenheit*) mania. **3.** *psych.* delusion, madness. **~ˌbild** *n* hallucination, phantom, chim(a)era.

wäh·nen [ˈvɛːnən] *lit.* **I** *v/t* <h> imagine, believe; **ich wähnte ihn schon tot** I imagined him to be dead. **II** *v/reflex* **sich ~** imagine (*od.* fancy) o.s. **(in Sicherheit** *etc* to be in safety, *etc*).

ˈWahn·idee [-ʔiˌdeː] *f* **1.** delusion(al idea). **2.** fixed idea, idée fixe.

ˈWahn|ˌsinn *m* <-(e)s; *no pl*> *a. fig. colloq.* madness, insanity, lunacy; **in ~ verfallen** go insane, go mad; *fig. colloq.* **das ist doch heller ~** that is sheer madness (*od.* folly). **~ˌsin·nig I** *adj* **1.** mad, insane, lunatic. **2.** *fig. colloq.* mad, crazy, *Plan etc*: *a.* wild, *Angst, Schmerzen etc*: awful, terrible, horrible, dreadful; **du bist ja ~** you are mad (*sl.* nuts); **j-n ~ machen** drive s.o. crazy; **ich werde ~** I'm going crazy, I'll be damned; **~e Kopfschmerzen haben** have an awful (*od.* a splitting) headache; **~e Angst haben** be terribly afraid, be scared stiff. **II** *adv* **3.** *fig. colloq.* (*sehr*) madly, terribly, tremendously, awfully, horribly; **~ verliebt** madly in love; **~ schnell fahren** drive terribly fast; **~ beschäftigt** awfully busy. **~ˌsin·ni·ge** *m, f* <-n; -n> lunatic, madman (madwoman). **~ˌsin·nigˌwer·den** *n fig. colloq.* **es ist(rein) zum ~** it's enough to drive you crazy (*od.* mad, *sl.* nuts). **~ˌsinns·idee** [-ʔiˌdeː] *f colloq.* crazy idea. **~ˌvorˌstel·lung** *f* delusion(al idea), hallucination. **~ˌwitz** *m* <-es; *no pl*> madness, lunacy. **~ˌwit·zig** *adj* mad, crazy.

wahr [vaːr] **I** *adj* <-er; -st> **1.** (*nicht gelogen*) true; **es ist kein ~es Wort daran** there is not a word of truth in it; **das ist ein ~es Wort** that is very true; **~ sprechen** speak (*od.* tell) the truth; **es ist ~, daß** it is true (*od.* a fact) that; **so ~ mir Gott helfe** (*Eidesformel*) so help me God; **so ~ ich hier stehe** as sure as I am standing here; **was ~ ist, muß ~ bleiben** there is no altering the truth; **~ werden** *Vermutung etc*: come true; **~ machen** carry out, go ahead with, make *s.th.* come true; *colloq.* **das ist schon (gar) nicht mehr ~** that was (*od.* happened) ages ago. **2.** *fig.* (*echt, wirklich*) true, real, veritable; **ein ~er Freund** a true (*od.* sincere, genuine) friend; **ein ~er Künstler** a true artist; **~e Kunst (Liebe)** true art (love); **der ~e Grund** the true reason; **im ~sten Sinne des Wortes** in the true sense of the word; **das ist e-e ~e Wohltat** that is a real relief, that is absolute bliss; **es ist ein ~es Wunder, daß** it is a veritable (*od.* an absolute) wonder that; **es ist ein ~es Glück, daß** it is really most fortunate that; **sein ~es Gesicht zeigen** show the cloven hoof, drop the mask. **II ~e, das** <-n> **3.** (*das Richtige*) the right thing; *colloq.* **das ist nicht (ganz) das ~e** that is not quite the right thing; **das ist das einzig ~e** a) that is the only (sensible) thing to do, b) that's just the thing. **4.** (*Wahrheit*) the truth; **et. ~es wird schon daran sein** there is bound to be some truth in it.

wah·ren ['va:rən] *v/t* ⟨h⟩ **1.** (*schützen*) (*Interessen, Rechte etc*) protect, (safe-)guard, defend; **ein Geheimnis ~** keep (*od.* guard) a secret. **2.** (*aufrechterhalten*) (*Niveau, Ruf etc*) maintain, keep (up), (*Abstand etc*) keep, observe; **den Schein ~** keep up appearances; **sein Gesicht ~** save one's face; **den Anstand** (*od.* **die Form**) **~** observe the proprieties (*od.* rules of convention); **die Neutralität (Anonymität) ~** remain neutral (anonymous); **s-e Würde ~** maintain (*od.* preserve) one's dignity. **3.** (*Frist etc*) → **einhalten** 4.

wäh·ren ['vɛ:rən] *v/i* ⟨h⟩ *lit.* last; **ewig ~** last forever; **ewig ~d** everlasting; **es währte nicht lange, so** it was not long before; **was lange währt, wird endlich gut** (*Sprichwort*) good work takes (a long) time.

'**wäh·rend I** *prep* ⟨*gen*⟩ during, in the course of, *jur.* pending. **II** *prep* ⟨*dat*⟩ **~ zehn Monaten** in the course of ten months; *obs. od. colloq.* **~ dem Essen** during the meal. **III** *conj* a) while, whilst, b) (*wohingegen*) whereas, while.

ˌ**wäh·rend|'dem, ~'des(sen)** *adv* meanwhile, in the meantime.

'**wahrˌha·ben** *v/t* **et. nicht ~ wollen** not to admit s.th. (to o.s.), refuse to believe s.th.

'**wahr·haft I** *adj* (*wirklich*) true, real, genuine. **II** *adv* really, truly, indeed.

wahr·haf·tig [ˌva:r'haftɪç; 'va:rhaftɪç] **I** *adj* **1.** (*aufrichtig*) truthful, veracious, honest. **2.** *relig. Gott*: true; *colloq.* **~er Gott!** good heavens!, good gracious! **II** *adv* **3.** (*wirklich*) really, truly, indeed, certainly, honestly; **er ist ~ ein ehrlicher Mensch** he really is an honest person, he is an honest person indeed; **~!** I declare!; **~ nicht!** certainly not!; **~, du hast recht** you are right, indeed; **ich habe ihn wirklich und ~ gesehen** I honestly saw him. ˌ**Wahr'haf·tig·keit** *f* ⟨-; *no pl*⟩ truthfulness, veracity, honesty.

'**Wahr·heit** *f* ⟨-; -en⟩ **1.** ⟨*only sg*⟩ truth; **die nackte (ungeschminkte) ~** the plain (unvarnished) truth; **die (volle) ~ sagen** tell (*od.* speak) the (whole) truth; **um die ~ zu sagen** to tell the truth, truth is, truth to tell; **es mit der ~ nicht so genau nehmen** stretch the truth; **die ~ sieht anders aus** the true situation is (quite) different; *colloq.* **j-m gehörig** (*od.* **ordentlich**) **die ~ sagen** give s.o. a piece of one's mind, tell s.o. a few home truths; **ich schwöre, daß ich die ~ sage, nichts hinzufüge und nichts verschweige** (*Eidesformel*) I swear to say the truth, the whole truth and nothing but the truth; **in ~** in truth, in reality, in (actual) fact, actually. **2.** (*Grund*≗) truth, verity; **die ewigen ~en** the eternal verities; *colloq.* **j-m ein paar ~en sagen** tell s.o. a few home (*od.* plain) truths.

'**Wahr·heits|beˌweis** *m* **den ~ antreten** (*od.* **erbringen**) prove the truth of (*one's statement, etc*), justify (*an assertion, etc*). **~ˌdro·ge** *f* truth serum (*od.* drug). **~ˌfin·dung** *f* **der ~ dienen** (help to) establish the truth. **~geˌhalt** *m* degree of truth. ≗**geˌmäß,** ≗**geˌtreu I** *adj* truthful, faithful, true, factual. **II** *adv* truthfully, faithfully, in accordance with the truth (*od.* facts). **~ˌlie·be** *f* love of truth, veracity. ≗**ˌlie·bend** *adj* truthful, veracious. **~ˌsu·cher** *m* seeker of (*od.* after) truth.

'**wahr·lich** *adv* truly, in truth, really, indeed, certainly, *Bibl.* verily; **das ist ~ kein Vergnügen** that is really no pleasure, that is no pleasure, indeed.

'**wahrˌnehm·bar** *adj* perceptible, noticeable, perceivable, discernible, *optisch*: *a.* visible, *akustisch*: *a.* audible; **mit dem bloßen Auge ~** visible to the naked eye. ≗**keit** *f* ⟨-; *no pl*⟩ perceptibility, noticeability, discernability.

'**wahrˌneh|men** *v/t* ⟨*irr, sep,* -ge-, h⟩ **1.** *sinnlich*: perceive, notice, observe, *optisch, akustisch*: *a.* distinguish. **2.** (*Gelegenheit, Vorteil etc*) seize, take, avail o.s. of. **3.** (*Interessen, Rechte etc*) look after, protect, (safe)guard. **4.** (*Frist, Termin*) observe. ≗**mung** *f* ⟨-; -en⟩ **1.** (**sinnliche ~** sense) perception. **2. j-n mit der ~ s-r Geschäfte beauftragen** entrust s.o. with the care of one's business; **~ der Interessen e-r Person** acting on behalf of s.o.; *jur.* **~ berechtigter Interessen** fair comment (on a matter of public *od.* private interest). ≗**mungs·verˌmö·gen** ⟨-s; *no pl*⟩ (faculty of) perception, perceptivity.

'**wahr|ˌsa·gen** *v/i u. v/t* ⟨*sep u. insep, pp* **wahrgesagt** *u.* **gewahrsagt,** h⟩ prophesy, foretell, predict, tell fortunes; **aus den Karten (dem Kaffeesatz) ~** read the cards (the cups); **aus der Hand ~** read s.o.'s hand; **sich** (*dat*) **(die Zukunft) ~ lassen** have one's fortune told. ≗**sa·ger** *m* ⟨-s; -⟩, ≗**sa·ge·rin** *f* ⟨-; -nen⟩ fortune-teller, (*Handleser*) palmist, chiromancer, (*Hellseher*) clairvoyant, (*Prophet*) soothsayer.

ˌ**Wahr·sa·ge'rei** *f* ⟨-; *no pl*⟩ fortune-telling.

'**Wahrˌsa·gung** *f* ⟨-; *no pl*⟩ prophecy.

wahr·schein·lich [ˌva:r'ʃaɪnlɪç; 'va:rʃaɪnlɪç] **I** *adj* **1.** probable, likely. **2.** (*glaubhaft*) plausible (*story, etc*). **II** *adv* **3.** probably; **~ wird er siegen** he will probably win, he is likely to win, the chances (*od.* the odds) are that he will win.

ˌ**Wahr'schein·lich·keit** *f* ⟨-; -en⟩ **1.** probability, likelihood; **aller ~ nach** in all probability (*od.* likelihood), it's odds-on (that) *she won't come, etc*; **mit größter ~** most probably. **2.** (*Glaubhaftigkeit*) plausibility. **~sˌrech·nung** *f* probability calculus.

'**Wah·rung** *f* ⟨-; *no pl*⟩ (*Verteidigung*) protection, (*Aufrechterhaltung*) maintenance, (*Beachtung*) observance; **~ der Form, ~ des Anstandes** observance of the proprieties.

'**Wäh·rung** *f* ⟨-; -en⟩ currency; **harte (weiche) ~** hard (soft) currency; **in deutscher ~** in German currency.

'**Wäh·rungs|ˌabˌkom·men** *n* monetary agreement. **~ˌausˌgleichsˌfonds** *m* exchange equalization fund. **~ˌbank** *f* bank of issue. **~ˌblock** *m* ⟨-(e)s; ⸚e *u.* -s⟩ monetary bloc. **~ˌein·heit** *f* monetary unit. **~ˌfonds, In·ter·na·tio'na·ler** *m* International Monetary Fund. **~geˌbiet** *n* currency area. **~ˌkri·se** *f* monetary crisis. **~ma·ni·pu·la·tiˌon** *f* currency manipulation. **~pa·riˌtät** *f* par of exchange. **~po·liˌtik** *f* monetary policy. ≗**po·liˌtisch I** *adj* monetary. **II** *adv* **~ gesehen** in terms of monetary policy, from the monetary aspect. **~reˌform** *f* monetary (*od.* currency) reform. **~ˌschnitt** *m* currency cut. **~sta·bi·liˌtät** *f* monetary stability. **~syˌstem** *n* monetary (*od.* currency) system. **~ˌum·rech·nungs·taˌbel·le** *f* currency conversion table. **~ˌumˌstel·lung** *f* monetary (*od.* currency) reform. **~uniˌon** *f* monetary union. **~verˌfall** *m* currency depreciation.

'**Wahrˌzei·chen** *n* **1.** *e-r Stadt etc*: landmark. **2.** (*Emblem*) emblem.

Waid..., waid... → **Weid..., weid...**

Wai·se ['vaɪzə] *f* ⟨-; -n⟩ orphan; **zur ~ werden** be orphaned; **zur ~ machen** orphan.

'**Wai·sen|ˌhaus** *n* orphanage, orphans' home. **~ˌkind** *n* orphan. **~ˌkna·be** *m fig. colloq.* novice, tyro, tiro; **gegen ihn ist er der reinste ~** he is no match for him, he can't hold a candle to him.

Wal [va:l] *m* ⟨-(e)s; -e⟩ *zo.* whale. **~ˌbul·le** *m* bull whale.

Wald [valt] *m* ⟨-(e)s; ⸚er⟩ wood(s *pl, als sg konstruiert*), (**großer ~**) *a.* forest (*a. fig.*), *Am. a.* timber, (*~stück*) woodland, wooded area; **dichter (lichter) ~** thick (open *od.* clear) forest; **die Tiere des ~es** the animals of the woods; **Irland hat sehr wenig ~** Ireland has very little woodland; *fig.* **ein ~ von Masten** a forest of masts; *fig. colloq.* **er sieht den ~ vor (lauter) Bäumen nicht** he can't see the wood for the trees; **wie man in den ~ hineinruft, so schallt es (wieder) heraus** (*Sprichwort*) as the question, so the answer. **~ˌamei·se** *f* (**Rote**) **~** forest (*od.* red) ant. ≗**ˌarm** *adj* sparsely wooded. **~beˌstand** *m* forest stand (*od.* crop). **~ˌbo·den** *m* forest soil. **~ˌbrand** *m* forest fire.

Wäld·chen ['vɛltçən] *n* ⟨-s; -⟩ little wood, grove.

'**Waldˌein·sam·keit** *f poet.* sylvan solitude.

Wal·den·ser [val'dɛnzər] *m* ⟨-s; -⟩, **wal'den·sisch** *adj relig. hist.* Waldensian.

'**Waldˌerdˌbee·re** *f* wood (*od.* wild) strawberry.

'**Wal·des|ˌdun·kel** *n poet.* forest shade (*od.* gloom). **~ˌrand** *m* → **Waldrand. ~ˌrau·schen** *n poet.* whisper of the woods.

'**Wald|ˌflä·che** *f* wooded area. **~ˌfre·vel** *m* offen/ce (*Am.* -se) against the forest laws. **~geˌbiet** *n* wooded area, woodland (area). **~geˌbir·ge** *n* wooded mountains *pl.* **~ge·gend** *f* wooded region. **~ˌgott** *m,* **~ˌgöt·tin** *f* sylvan (deity). **~ˌgren·ze** *f* ⟨-; *no pl*⟩ timber (*od.* tree) line. **~ˌho·nig** *m* wild honey. **~ˌhorn** *n* ⟨-(e)s; ⸚er⟩ *mus.* French horn.

wal·dig ['valdɪç] *adj* wooded, woody.

'**Wald|ˌkauz** *m orn.* tawny (*od.* brown) owl. **~ˌland** *n* woodland. **~ˌland·schaft** *f* woodland (*od.* forest, *lit.* sylvan) landscape. **~ˌlauf** *m* cross-country run. **~ˌmaus** *f* wood mouse. **~ˌmei·ster** *m* ⟨-s; *no pl*⟩ *bot.* woodruff. **~ˌnym·phe** *f myth.* wood nymph, dryad.

'**Walˌdorf|saˌlat** ['val-] *m gastr.* Waldorf salad. **~ˌschu·le** *f* Rudolf Steiner School.

'**Wald|ˌrand** *m* edge of the wood(s) (*od.* forest), woodside. **~ˌre·be** *f bot.* clematis. ≗**ˌreich** *adj* abounding in woods, well-wooded. **~ˌreich·tum** *m* richness in forests (*od.* woodland).

Wal·dung ['valdʊŋ] *f* ⟨-; -en⟩ woodland, wood(ed area), forest.

'**Wald|ˌvo·gel** *m* woodland bird. **~ˌweg** *m* path through the wood(s), forest path. **~ˌwie·se** *f* forest glade. **~ˌzo·ne** *f* forest zone.

'**Wal|ˌfang** *m* ⟨-(e)s; *no pl*⟩ whale fishing (*od.* fishery), whaling. **~ˌfangˌboot** *n* whaler, whale catcher, whaling vessel. **~ˌfän·ger** *m* ⟨-s; -⟩ **1.** → **Walfangboot. 2.** (*Mann*) whaler. **~ˌfangˌflot·te** *f* whaling fleet. **~ˌfisch** *m colloq.* whale.

Wal·hall ['valhal; val'hal], **Wal·hal·la** [val'hala] *f* ⟨-; *no pl*⟩ *myth.* Valhalla.

Wa·li·ser [va'li:zər] *m* ⟨-s; -⟩ Welshman; **die ~** *pl* the Welsh. **Wa'li·se·rin** *f* ⟨-; -nen⟩ Welshwoman. **wa'li·sisch** *adj* Welsh.

wal·ken ['valkən] *v/t* ⟨h⟩ **1.** (*Leder*) drum, mill, tumble. **2.** *Textil.* full, mill, pile.

'Walˌkuh *f* cow whale.

Wal·kü·re [val'ky:rə; 'val-] *f* ⟨-; -n⟩ **1.** *myth.* Valkyrie. **2.** *colloq.* (*stattliche Frau*) Juno.

Wall [val] *m* ⟨-(e)s; ⸚e⟩ **1.** (*Erdaufschüttung*) earth fill(ing), (*Erddamm*) earth bank (*od.* embankment). **2.** (*Befestigung, a. fig. Schutz*) rampart, bulwark.

Wal·lach ['valax] *m* ⟨-(e)s; -e⟩ gelding.

wal·len[1] ['valən] *v/i* ⟨h⟩ **1.** *Wasser etc*: bubble, *a. fig. Blut*: boil, *Meer*: surge; *fig.* **j-s Blut zum ≈ bringen** make s.o.'s blood boil. **2.** *poet. Haar, Gewand etc*: flow, wave, undulate, *Nebel etc*: float.

'wal·len[2] *v/i* ⟨sein⟩ *obs. for* **wallfahren.**

'wal·lend *adj poet. Haar, Gewand etc*: flowing, *Nebel etc*: floating.

'wall|ˌfah·ren *v/i* ⟨*insep*, ge-, sein⟩ (go on a) pilgrimage. **≈ˌfah·rer** *m* ⟨-s; -⟩, **≈ˌfah·re·rin** *f* ⟨-; -nen⟩ pilgrim. **≈ˌfahrt** *f* ⟨-; -en⟩ pilgrimage. **~ˌfahr·ten** *v/i* ⟨*insep*, ge-, sein⟩ → **wallfahren.**

'Wallˌfahrts|ˌkir·che *f* pilgrimage church. **~ˌort** *m* ⟨-(e)s; -e⟩, **~ˌstät·te** *f* place of pilgrimage.

Wal·li·ser ['valizər] *m* ⟨-s; -⟩, **'Wal·li·se·rin** *f* ⟨-; -nen⟩ Valaisan.

Wal·lo·ne [va'lo:nə] *m* ⟨-n; -n⟩, **Wal·'lo·nin** *f* ⟨-; -nen⟩, **wal'lo·nisch I** *adj*, **II** *ling.* ≈ ⟨*generally undeclined*⟩, **das ≈e** ⟨-n⟩ Walloon.

'Wal·lung *f* ⟨-; -en⟩ **1.** *fig.* surge, boil; **j-n in ~ bringen** make s.o.'s blood boil; **in ~ geraten** *Person*: become heated, boil (with rage), *j-s Blut*: begin to boil. **2.** *med.* (*Blut≈*) congestion, rush, (menopausal) flush.

'Walmˌdach ['valm-] *n* hip(ped) roof.

'Walˌnuß ['val-] *f* walnut. **~ˌbaum** *m* walnut (tree).

Wal'pur·gisˌnacht [val'pʊrgɪs-] *f* Walpurgis Night, Walpurgisnacht.

Wal·rat ['val-] *m, n* ⟨-(e)s; *no pl*⟩ spermaceti. **~ˌöl** *n* sperm(aceti) oil.

'Walˌroß ['val-] *n* ⟨-sses; -sse⟩ *zo.* walrus.

'Walˌspeck *m* blubber.

'Walˌstatt ['va:l-; 'val-] *f* ⟨-; -stätten⟩ *obs. od. poet.* battlefield.

wal·ten ['valtən] **I** *v/i* ⟨h⟩ **1.** (*gebieten*) preside, (*herrschen*) rule, govern; **im Hause ~** preside in the home; → **Amt** 2, **schalten** 4. **2.** (*wirken*) be at work; **Gnade (Vorsicht) ~ lassen** show mercy ([pre]caution); **Vernunft ~ lassen** be reasonable, be sensible, show common sense; **Sorgfalt ~ lassen** exercise proper care; **in diesem Hause waltet ein guter Geist** a friendly spirit presides over this house. **II** *v/t* **3.** *archaic* **das walte Gott** God grant it. **III ≈** *n* ⟨-s⟩ **4. das ≈ der Natur** the workings *pl* of nature; **das ≈ Gottes** the hand of God; **das ≈ e-r höheren Macht** the presence of supernatural forces.

'Walˌtran *m* → **Walratöl.**

'Walz|ˌblech *n* rolled steel plate. **~ˌblock** *m* bloom. **~ˌdraht** *m* wire rod.

Wal·ze[1] ['valtsə] *f* ⟨-; -n⟩ **1.** *tech.* roll, barrel, drum. **2.** *print. Textil.* roller (*a. Straßen≈ etc*), cylinder. **3.** *e-r Schreibmaschine*: platen. **4.** *e-r Drehorgel etc*: cylinder, player roll.

'Wal·ze[2] *f* ⟨-; *no pl*⟩ *colloq. obs.* **auf die ~ gehen** take to the road; **auf der ~ sein** be on the tramp.

wal·zen[1] ['valtsən] *v/t* ⟨h⟩ *tech.* roll, mill.

'wal·zen[2] *v/i* ⟨h⟩ *humor.* waltz.

wäl·zen ['vɛltsən] **I** *v/t* ⟨h⟩ **1.** roll (*a stone, barrels, etc*); **Klößchen in Mehl ~** roll dumplings in flour; *fig.* **die Schuld auf jemand anderen ~** lay the blame on someone else; **die Verantwortung von sich ~** shake off responsibility. **2.** *fig. colloq.* (*Bücher etc*) pore over, (*Probleme etc*) turn *s.th.* over in one's mind. **3.** *tech.* generate gears, hob. **II** *v/reflex* **sich ~ 4.** roll (**auf dem Boden** on the ground); **sich im Gras ~** roll on the grass; **sich im Schmutz ~** roll (*od.* wallow, welter) in the dirt; **sich in s-m Blut(e) ~** welter in one's blood; **sich (schlaflos) im Bett ~** toss and turn (sleeplessly) in one's bed; *fig. colloq.* **sich vor Lachen ~** split one's sides with laughter; *fig.* **die Menschenmenge wälzte sich zum Ausgang** the masses surged along to the exit. **III ≈** *n* ⟨-s⟩ **5.** *fig. colloq.* **das ist ja zum ≈** that's a(n absolute) scream.

'wal·zen|ˌför·mig *adj* cylindric(al). **≈·verˌstellˌknopf** *m e-r Schreibmaschine*: platen positioning control.

'Wal·zer[1] *m* ⟨-s; -⟩ waltz; **langsamer (Wiener) ~** English (Viennese) waltz; **~ tanzen** (dance a) waltz.

'Wal·zer[2] *m* ⟨-s; -⟩ *metall.* (*Arbeiter*) roller.

'Wäl·zer *m* ⟨-s; -⟩ *colloq.* (*dickes Buch*) fat volume, huge tome.

'Wal·zer|ˌschritt *m* waltz step. **~ˌtakt** *m* waltz time (*od.* measure).

'wälz|ˌfrä·sen *v/t* ⟨*insep*, -ge-, h⟩, **≈ˌfrä·ser** *m tech.* hob. **≈ˌfräs·maˌschi·ne** *f* hobbing machine.

'Walz|geˌrüst *n tech.* roll stand. **~ˌgold** *n* rolled gold. **~ˌgut** *n* rolling stock. **~ˌhaut** *f* rolling skin.

'Wälzˌla·ger *n tech.* rolling bearing.

'Walz|schaˌblo·ne *f* pass template. **~ˌstahl** *m* rolled steel. **~ˌstra·ße** *f* (rolling) mill train. **~ˌwerk** *n* rolling mill.

Wam·me ['vamə] *f* ⟨-; -n⟩ **1.** *zo.* (*Kehlfalte*) dewlap, jowl. **2.** *Kürschnerei*: belly part. **3.** → **Wampe.**

Wam·pe ['vampə] *f* ⟨-; -n⟩ *colloq.* paunch, potbelly.

Wams [vams] *n* ⟨-(e)s; ⸚er⟩ (waisted) jacket, *hist.* doublet.

wand [vant] *1 u. 3 sg pret of* **winden**[1].

Wand *f* ⟨-; ⸚e⟩ **1.** (*Mauer*) wall; *colloq.* **Bilder an die ~ werfen** project pictures on the wall; **~ an ~ mit j-m wohnen** live on the other side of the wall from s.o.; **sie wurde weiß wie die** (*od.* **e-e**) **~** she went as white as a sheet; **bei ihm redet man (wie) gegen e-e ~** talking to him is like talking to the wall, you may as well talk to the wall as to him; *fig.* **in s-n vier Wänden** within one's own four walls, at home; *fig. colloq.* **die ~** (*od.* **die Wände**) **hochgehen** *vor Wut, Schmerzen etc*: go up the wall(s); **es ist, um die Wände** (*od.* **an den Wänden**) **hochzugehen** it's enough to drive you mad; **ich könnte die Wände hochgehen!** I'm going up the walls!; *fig.* **an die ~ stellen** shoot, execute; **an die ~ drängen** (*od.* **drükken**) press *s.o.* (up) against the wall, *fig.* push (*od.* drive) *s.o.* to the wall; **an die ~ gedrückt werden** go to the wall; *thea.* **an die ~ spielen** outdo, outclass, eclipse; **hier haben die Wände Ohren** the walls have ears here; *fig. colloq.* **er lachte (brüllte) so laut, daß die Wände wackelten** (*od.* **zitterten**) he nearly raised the roof; **da wackelt die ~** a) things fairly swing, b) there are feathers flying; → **Kopf** *Bes. Redewendungen*, **Teufel** *etc.* **2.** (*Trenn≈*) partition, dividing wall, *fig.* barrier, wall; *fig.* **die Wände zwischen den sozialen Schichten niederreißen** remove the barriers between the social classes; **gegen e-e ~ von Vorurteilen anrennen** run up against a wall of prejudice. **3.** *e-r Kiste, e-s Gefäßes etc*: side. **4.** (*Fels≈*) (rock) face, cliff; **e-e ~ bezwingen** climb a face. **5.** *anat. bot. zo.* (*Scheide≈*) septum.

Wan·da·le [van'da:lə] *m* ⟨-n; -n⟩ **1.** *hist.* Vandal; **hausen wie die ~n** behave like Vandals. **2.** *fig.* (*zerstörungswütiger Mensch*) vandal. **Wan·da'lis·mus** [-'lɪsmʊs] *m* ⟨-; *no pl*⟩ (*Zerstörungswut*) vandalism.

'Wand|ap·paˌrat *m* wall telephone. **~ˌarm** *m* (wall) bracket. **~beˌhang** *m* wall hanging(s *pl*). **~beˌleuch·tung** *f* wall lighting. **~beˌspan·nung** *f* wall covering. **~ˌbett** *n* bed in an alcove (*od.* a recess). **~ˌbrett** *n für Teller etc*: plate rail, *für Bücher etc*: wall shelf.

wän·de ['vɛndə] *1 u. 3 sg pret subj of* **winden**[1].

Wan·del[1] ['vandəl] *m* ⟨-s; *no pl*⟩ (*Änderung*) change; **e-n grundlegenden ~ erfahren** undergo a fundamental change; **im ~ der Zeit** in the course of time; **der ~ der Zeit** the changing times *pl*; **sich im ~ befinden, im ~ begriffen sein** be (in the process of) changing; **hier muß ~ geschaffen werden** things can't go on like this (any longer).

'Wan·del[2] *m* ⟨-s; *no pl*⟩ *lit. od. obs. for* **Lebenswandel.**

'Wan·delˌanˌlei·he *f* convertible loan.

'wan·del·bar *adj* changeable, inconstant, variable. **≈keit** *f* ⟨-; *no pl*⟩ changeability, inconstancy, variability.

'Wan·del|ˌgang *m*, **~ˌhal·le** *f* covered walk, colonnade, *im Parlament*: lobby, *im Theater etc*: *a.* foyer, *in Kurorten*: pump room.

wan·deln[1] ['vandəln] *v/t u.* **sich ~** *v/reflex* ⟨h⟩ change.

'wan·deln[2] *v/i* ⟨sein⟩ *lit.* stroll, saunter.

'wan·delnd *adj* walking; *humor.* **ein ~es Lexikon** a walking encyclop(a)edia; *colloq.* **wie ein ~er Leichnam** (*od.* **ein ~es Gespenst**) **aussehen** look like death warmed up.

'Wan·del|ob·li·ga·tiˌon, ~ˌschuld·verˌschrei·bung *f* convertible bond. **~ˌstern** *m* planet.

'Wan·der|ˌamei·se *f* army (*od.* driver, legionary) ant. **~ˌar·bei·ter** *m* itinerant worker, *bes. Am.* hobo. **~ˌausˌrü·stung** *f* hiking outfit. **~ˌausˌstel·lung** *f* touring exhibition. **~bü·cheˌrei** *f* travel(l)ing library, *Am. a.* bookmobile. **~ˌbüh·ne** *f* touring (*Am.* road) company. **~ˌbur·sche** *m hist.* travel(l)ing journeyman. **~ˌdü·ne** *f* drifting sand dune.

'Wan·de·rer *m* ⟨-s; -⟩ travel(l)er, wayfarer, tramper, (*Freizeit≈*) hiker.

'Wan·der|ˌfahrt *f* hiking excursion. **~ˌfal·ke** *m orn.* peregrine falcon. **~ˌfisch** *m* migratory fish. **~geˌwer·be** *n* itinerant trade. **~ˌheuˌschrecke** (*getr.* -k·k-) *f* migratory locust. **~ˌhir·ten·tum** *n* ⟨-s; *no pl*⟩ nomadism.

'Wan·de·rin *f* ⟨-; -nen⟩ → **Wanderer.**

'Wan·der|ˌjah·re *pl* **1.** *hist.* (journeyman's) years of travel. **2.** *fig.* years of apprenticeship. **~ˌkar·te** *f* hiking map. **~ˌle·ben** *n* ⟨-s; *no pl*⟩ vagrant (*od.* wandering, migratory) life. **~ˌlied** *n* hiking song. **~ˌlust** *f* ⟨-; *no pl*⟩ wanderlust. **≈ˌlu·stig** *adj* fond of travel(l)ing; **~ sein** *a.* have itchy feet.

wan·dern ['vandərn] **I** *v/i* ⟨sein⟩ **1.** travel, journey, (*zu Fuß reisen*) walk, go (*od.* travel, journey) on foot, *bes. sportlich*: hike, tramp, *ziellos, a. fig.* wander, ramble, rove; **bis nach Indien ~** travel (*od.* tramp) as far as India; **~ gehen** go hiking; **durch die Wälder ~** tramp (through) the woods; *fig.* **(mit j-m) durchs Leben ~** journey through life (with s.o.); **s-e Gedanken wanderten in die Vergangenheit** his thoughts travel(l)ed into the past; **s-n Blick ~ lassen** let one's eyes wander (*od.* roam, drift). **2.** *fig.* (*weitergegeben werden*) pass, be passed; **der Zettel wanderte durch die ganze Klasse** the note (was) passed through the whole classroom; **der Ball wanderte von Mann zu Mann** the ball (was) passed (*od.* was touched on) from player to player. **3.** *colloq.* (*gelangen*) end up, land (up), go; **ins Gefängnis ~** go to (*od.* be put in) prison; **in den Papierkorb ~** go into the waste(paper) basket; **der Brief ist ins Feuer gewandert** the letter landed in the fire. **4.** *Völker, Tiere, a. Bakterien, Ionen etc*: migrate. **II ≈** *n* <-s> **5.** travel(l)ing, journeying, hiking (*etc*), *von Völkern, Tieren etc*: migration. **~d** *adj* **1.** wayfaring, travel(l)ing, (*umherziehend*) strolling, itinerant, vagrant. **2.** *Völker, Tiere, Bakterien, Ionen etc*: migratory.

'Wan·der|ˌnie·re *f med.* floating kidney. **~ˌpoˌkal** *m Sport*: challenge cup. **~ˌpre·di·ger** *m* itinerant preacher. **~ˌpreis** *m bes. Sport*: challenge trophy. **~ˌrat·te** *f* brown (*od.* Norway) rat. **~schaft** *f* <-; *no pl*> journey, travel(l)ing, travels *pl*; **auf der ~** on the tramp; **auf die ~ gehen** take to the road. **~ˌschau·ˌspie·ler** *m* strolling actor, barnstormer.

'Wan·dersˌmann *m* <-(e)s; -leute> *poet. for* **Wanderbursche, Wanderer.**

'Wan·der|ˌstab *m* (walking) staff; *fig.* **den ~ ergreifen** set out on one's travels. **~ˌtag** *m ped.* excursion day. **~ˌtrieb** *m* **1.** urge (*od.* desire) to roam, wanderlust. **2.** *zo.* migratory instinct. **~ˌtrup·pe** *f thea.* touring (*Am.* road) company, barnstormers *pl.*

'Wan·de·rung *f* <-; -en> **1.** journey (*a. fig.*), travel, (*Fuß≈*) walking tour, tramp, hike; **e-e ~ machen** go on a hike; *fig.* **er setzte s-e ~ durch das Zimmer fort** he continued to pace the room. **2.** *von Völkern, Tieren, a. von Bakterien, Ionen etc*: migration. **~s·beˌwe·gung** *f in der Bevölkerungsstatistik*: migration movement.

'Wan·der|ˌvo·gel *m* **1.** *fig.* (*unsteter Mensch*) rolling stone, bird of passage. **2.** a) *a German youth movement*, b) *member of the "Wandervogel"*. **~ˌweg** *m* hiking trail, *bes. in Kurorten*: walk, footpath. **~ˌzir·kus** *m* travel(l)ing circus.

'Wand|ge,mäl·de *n* mural (painting), wall painting. **~ka,len·der** *m* wall calendar. **~ˌkar·te** *f* wall map.

'Wand·ler *m* <-s; -> **1.** *electr.* transformer. **2.** *TV* converter, transducer.

'Wand,leuch·te *f* wall lamp.

'Wand·lung *f* <-; -en> **1.** (*Änderung*) change; **mit ihm ist e-e tiefgreifende ~ vor sich gegangen** a profound change (*od.* a transformation) has come over him. **2.** *R.C.* transubstantiation. **3.** *jur.* cancel(l)ation of (the) sale, *bes. Am.* redhibition.

'wand·lungsˌfä·hig *adj* changeable, capable of change, (*anpassungsfähig*) versatile, adaptable, flexible. **≈keit** *f* <-; *no pl*> changeability (*etc*).

'Wand·lungsˌkla·ge *f jur.* action for (the) cancel(l)ation of (the) sale, *bes. Am.* redhibitory action.

ˌWand·ma·le'rei *f* mural painting.

'Wandˌpfei·ler *m* pilaster.

'Wand·rer *m* <-s; ->, **'Wand·re·rin** *f* <-; -nen> → **Wanderer.**

'Wand|ˌschal·ter *m electr.* wall-mounted switch. **~ˌschirm** *m* folding screen. **~ˌschmuck** *m* wall decoration. **~ˌschrank** *m* built-in cupboard (*Am. a.* closet). **~ˌspie·gel** *m* (wall) mirror. **~ˌstär·ke** *f* wall thickness. **~ˌsteckˌdo·se** *f* wall socket. **~ˌstecker** (*getr.* -k·k-) *m* wall plug. **~ˌta·fel** *f* blackboard. **~ˌtä·fe·lung** *f* wainscot([t]ing), wall panel([l]ing).

wand·te ['vantə] *1 u. 3 sg pret of* **wenden**[1].

'Wand|ˌtel·ler *m* decorative plate. **~ˌtep·pich** *m* tapestry (carpet). **~ˌuhr** *f* wall clock.

'Wan·dung *f* <-; -en> **1.** side, inner wall. **2.** *anat.* (*Gefäß≈ etc*) wall.

'Wand|verˌklei·dung *f* **1.** wall lining (*od.* facing); **schalldämpfende ~** acoustic lining. **2.** → **Wandtäfelung.** **~ˌwaa·ge** *f* wall scale. **~ˌzei·tung** *f* wall newspaper.

Wan·ge ['vaŋə] *f* <-; -n> **1.** *lit.* cheek; **~ an ~** cheek to cheek; *poet.* **das Blut** (*od.* **die Röte**) **stieg ihr in die ~n** (the) blood rushed to her cheeks, she flushed. **2.** *tech.* cheek, (*Treppen≈*) side piece. **~nˌbein** *n anat.* cheekbone. **~nˌrot** *n Kosmetik*: rouge.

'Wan·kelˌmo·tor ['vaŋkəl-] *m* Wankel engine, rotary piston engine.

'Wan·kel|ˌmut *m* inconstancy, fickleness. **≈mü·tig** *adj* inconstant, fickle.

wan·ken ['vaŋkən] **I** *v/i* <h *u.* sein> **1.** <sein> (*taumeln*) stagger, reel, totter, falter, teeter. **2.** <h> (*unsicher stehen*) stagger, reel, sway, totter, waver, falter; **nicht ~ und nicht weichen** a) not to budge (an inch), b) *fig.* be as firm as rock. **3.** <h> *Boden, Gebäude etc*: rock, shake, *Knie*: wobble, shake; **ihm wankten die Knie** *a.* his knees gave (way); *a. fig.* **der Boden wankte ihm unter den Füßen** the ground rocked beneath him; *fig.* **Throne wankten** thrones rocked. **4.** <h> *fig.* (*unsicher werden*) *Person, Glaube, Mut, Treue etc*: falter, waver, vacillate. **II ≈** *n* <-s> **5. ins ≈ geraten** (*od.* **kommen**) *Boden, Gebäude etc*: begin to rock (*od.* shake), *fig. Institutionen etc*: *a.* begin to sway, teeter, *fig. Person, Glaube, Treue, Mut etc*: begin to falter (*od.* waver); **ins ≈ bringen** (make *s.th.*) rock (*od.* shake), *fig.* (*Staat etc*) rock (the foundations of); **j-s Entschluß (Treue) ins ≈ bringen** make s.o. falter (*od.* waver) in his decision (loyalty). **~d** *adj fig. Regime etc*: shaky, tottering, teetering, *Mut, Glaube etc*: faltering, wavering; **~ werden** begin to falter (*od.* waver); **j-n (in s-m Entschluß) ~ machen** make s.o. falter (*od.* waver) (in his decision).

wann [van] **I** *interrog adv* when, (at) what time; **~ kommst du?** when are you coming?; **~ ist Mozart geboren?** when was Mozart born?; **seit ~ kennst du ihn?** since when do you know him?, how long have you known him?; **bis ~ kannst du bleiben?** till when can you stay?; **bis ~ ist das Referat fertig?** when (*od.* by what time) will the paper be finished? **II ≈, das** <-s> the when.

Wan·ne ['vanə] *f* <-; -n> **1.** tub, (*Bade≈*) *a.* bath(tub); *colloq.* **in die ~ steigen** take a bath. **2.** *tech.* trough, vat, *phot.* tank, *mot.* (*Öl≈*) oilsump. **~nˌbad** *n* (tub) bath.

Wanst [vanst] *m* <-es; ⸚e> *colloq. contp.* belly, paunch.

Want [vant] *f* <-; -en> *meist pl mar.* shroud.

Wan·ze ['vantsə] *f* <-; -n> **1.** *zo.* bug, (*Bett≈*) (bed)bug; *fig. colloq.* **platt wie e-e ~** (as) flat as a pancake. **2.** *colloq.* (*Abhörgerät*) bug; **in e-m Raum ~n anbringen** (*od.* **verstecken**) bug a room. **~nˌstich** *m* bugbite. **≈n·verˌseucht** *adj* buggy, infested with bugs.

Wap·pen ['vapən] *n* <-s; -> coat of arms, arms *pl*, armorial bearings *pl*; **ein ~ führen (dürfen)** (be allowed to) bear a coat of arms; **ein Einhorn im ~ führen** bear (*od.* have) a unicorn in one's coat of arms; → **Kopf** 7. **~ˌbild** *n*, **~fiˌgur** *f* heraldic figure. **~ˌkun·de** *f* <-; *no pl*> heraldry. **~ma·leˌrei** *f* emblazonry. **~ˌschild** *m* blazon, escu(t)cheon. **~ˌspruch** *m* heraldic motto (*od.* device). **~ˌtier** *n* heraldic animal.

wapp·nen ['vapnən] **I** *v/t* <h> *obs.* arm. **II** *v/reflex fig.* **sich ~ gegen** arm o.s. against; **sich mit Geduld ~** muster (*od.* summon) (up) one's patience.

war [vaːr] *1 u. 3 sg pret of* **sein**[1].

Wa·ran [va'raːn] *m* <-s; -e> *zo.* monitor (lizard), varan.

warb [varp] *1 u. 3 sg pret of* **werben.**

ward [vart] *poet. 1 u. 3 sg pret of* **werden.**

Wa·re ['vaːrə] *f* <-; -n> **1.** *allg.* ware, article (of merchandise), commodity, *bes. collect. od. pl* goods *pl*, merchandise *sg*, (*Produkt*) product, manufacture, (*~ngattung*) line; **erstklassige (fehlerhafte) ~** first-class (defective) goods *pl*; **~n des täglichen Bedarfs** essential consumer goods, staple commodities; **beste deutsche ~** a high-quality German product; **s-e ~n feilbieten** offer one's ware(s) (*od.* goods, merchandise) for sale; **diese ~ verkauft sich gut** this article (*od.* line) sells well; *colloq.* **heiße ~** hot goods *pl.* **2. ~n** *pl Börse*: stock *sg*, supply *sg*, *Kurszettel*: offers, sellers.

wä·re ['vɛːrə] *1 u. 3 sg pret subj of* **sein**[1].

'Wa·ren|ˌabˌkom·men *n* trade agreement. **~ak·kre·diˌtiv** *n* commercial letter of credit. **~akˌzept** *n* trade acceptance. **~ˌanˌnah·me** *f* receiving room. **~ˌaufˌzug** *m* goods lift, *Am.* freight elevator. **~ˌausˌfuhr** *f* export(ation) (of goods). **~ˌausˌgangsˌbuch** *n* sales book. **~ˌausˌtausch** *m* exchange of goods. **~beˌstel·lung** *f* order for goods. **~beˌzeich·nung** *f* trade description. **~bör·se** *f* produce exchange. **~ˌeinˌfuhr** *f* import(ation) (of goods). **~ˌeinˌgang** *m* goods *pl* received. **~ˌeinˌheit** *f* unit of goods. **~ˌfor·de·run·gen** *pl Bilanz*: trade debtors.

'Wa·renˌhaus *n* department store. **~ˌdieb** *m*, **~ˌdie·bin** *f* shoplifter. **~ˌdiebˌstahl** *m* shoplifting; **e-n ~ begehen** shoplift. **~ˌket·te** *f* chain of department stores.

'Wa·ren|ˌkennt·nis *f* merchandise knowledge. **~ˌknapp·heit** *f* shortage of goods. **~kon·tinˌgent** *n* goods quota. **~ˌkon·to** *n* goods account. **~konˌtrol·le** *f* goods inspection, checking of goods. **~ˌkorb** *m Preisstatistik*: market basket. **~kreˌdit** *m* commercial credit, credit on goods. **~ˌkun·de** *f* <-; *no pl*> merchandise knowledge. **~ˌla·ger** *n* **1.** stock (in trade). **2.** storehouse, depot. **~ˌlie·fe·rung** *f* goods delivery. **~ˌmarkt** *m* commodity market. **~ˌmu·ster** *n* sample (of goods). **~ˌpo·sten** *m* lot, parcel, *Buchung*: item. **~ˌpro·be** *f* sample (of goods), specimen, *bei Stoffen*: pattern. **~ˌrech·nung** *f* invoice. **~ˌsen·dung** *f* consignment (*od.* shipment) (of goods). **~sor·tiˌment** *n* assortment of goods. **~terˌmin·ge·schäft** *n Börse*: commodity futures trading (*od.* dealings *pl*). **~ˌtest** *m* goods test. **~ˌumˌsatz** *m* goods (*od.* merchandise) turnover. **~ˌumˌschlag** *m* movement of goods. **~verˌkehr** *m* merchandise traffic. **~ver·zeich·nis** *n* list of goods. **~ˌwech·sel** *m* trade bill. **~ˌzei·chen** *n* (trade)mark; **eingetragenes ~** registered trademark; **ein ~ eintragen (lassen)** register a trademark. **~ˌzei·chen·ˌschutz** *m* trademark protection. **~ˌzoll** *m* customs duty.

warf [varf] *1 u. 3 sg pret of* **werfen.**

warm [varm] **I** *adj* <¨er; ¨st> **1.** warm (*a. fig. Farbe, Worte, Begrüßung etc*), *stärker, a. Speisen etc*: hot; **hier ist es (herrlich)** ~ it's (nice and) warm here; **mir ist** ~ I am warm; ~ **werden** warm up; **es wird** ~ **(wärmer)** it's getting warm(er); **(sich)** ~ **waschen** wash in warm (*od.* hot) water; ~ **baden** take a hot bath; **sich** ~ **halten** keep warm; **sich** ~ **laufen** warm up; **dieser Mantel hält schön** ~ this coat is nice and warm; *colloq.* **Alkohol macht** ~ alcohol warms you up; **et.** ~ **halten** (*od.* **stellen**) keep s.th. warm; **et.** ~ **machen** warm s.th. (up); **~e Würstchen (Getränke)** hot sausages (drinks); **ein ~es Essen** a hot meal; **die Heizung auf** ~ **stellen** turn the heat(ing) up; **sich** ~ **anziehen** put on warm clothes, dress warmly; **j-n** ~ **zudecken** put a warm cover over s.o.; *fig.* **e-e ~e Begrüßung** a warm welcome; **~e Worte des Dankes** warm words of thanks; **weder** ~ **noch kalt** neither fish nor fowl; *colloq.* **er sitzt** ~ he is in clover, he is sitting pretty; **ich kann mit ihm nicht** ~ **werden** I cannot warm to him, I can't get close to him at all. **2.** *hunt. Fährte*: warm, fresh. **3.** *colloq.* (*homosexuell*) queer, fagg(ot)y; **~er Bruder** → **Homo. II** *adv* **4.** warmly; **die Sonne scheint** ~ the sun is hot; *fig.* ~ (*colloq.* **wärmstens**) **empfehlen** recommend *s.o., s.th.* warmly (highly); **j-m** ~ **die Hand drücken** shake hands with s.o. warmly. **III Ձe, das** <-n> **5. et. Ձes essen** have a hot meal, eat s.th. warm.

ˈ**Warm|ˌbad** *n* **1.** warm bath. **2.** (*Quelle*) thermal springs *pl.* **~ˌbadˌhär·ten** *n metall.* martempering. **Ձbeˌar·bei·ten** *v/t* <*sep, no* -ge-, h> *tech.* hot-work. **Ձbeˌhan·deln** *v/t* <*sep, no* -ge-, h> heat-treat. **~ˌblut** *n* <-(e)s; -e> (*Pferderasse*) warm blood. **~ˌblü·ter** [-ˌbly:tər] *m* <-s; -> warm-blooded animal. **Ձˌblü·tig** [-ˌbly:tɪç] *adj* warm-blooded.

Wär·me [ˈvɛrmə] *f* <-; *rare* -n> **1.** *allg.* warmth (*a. fig.*), warmness, *von Luft, Klima etc*: heat; **e-e wohlige** ~ a cozy warmth; **e-e milde (trockene, feuchte)** ~ a mild (dry, humid) heat; **tierische** ~ animal heat; **zehn Grad** ~ ten degrees above zero; *fig.* **sie strahlt** ~ **aus** she radiates warmth; **von j-m mit** ~ **sprechen** speak warmly (*od.* fondly) of s.o.; *colloq.* **ist das e-e ~!** it's terribly hot! **2.** *phys.* heat, caloric; **abgegebene** ~ heat conducted away; **gebundene (freie, spezifische)** ~ latent (uncombined, specific) heat. **~ˌab·ga·be** *f* heat emission. **~ˌabˌlei·tung** *f* heat dissipation. **~ˌaufˌnah·me** *f* heat absorption. **~ˌausˌdeh·nung** *f* heat (*od.* thermal) expansion, dilatation. **~ˌausˌgleich** *m* temperature compensation. **~ˌausˌstrah·lung** *f* heat dissipation. **~ˌausˌtausch** *m* heat exchange. **~ˌausˌtau·scher** *m* heat regenerator (*od.* exchanger). **~beˌhand·lung** *f* **1.** *tech.* heat treatment. **2.** *med.* thermotherapy. **Ձbeˌstän·dig** *adj* heat-resistant. **~beˌstän·dig·keit** *f* resistance to heat, high-temperature (*od.* thermal) stability. **~biˌlanz** *f* heat balance. **~ˌdäm·mung** *f* → **Wärmeisolierung. Ձˌdurchˌläs·sig** *adj* transparent to heat. **~ˌein·heit** *f* heat (*od.* thermal, caloric) unit. **Ձempˌfind·lich** *adj* sensitive to heat. **~enerˌgie** *f* heat energy. **~entˌwick·lung** *f* development of heat. **~entˌzug** *m* withdrawal of heat. **Ձerˌzeu·gend** *adj* heat-generating, thermogenic. **~ˌfluß** *m* heat flow. **~ge·neˌra·tor** *m* thermogenerator. **~geˌwit·ter** *n* heat thunderstorm. **~ˌgrad** *m* degree above freezing point. **~ˌhausˌhalt** *m* thermal ecology. **Ձisoˌliert** *adj* thermally insulated. **~isoˌlie·rung** *f* heat (*od.* thermal) insulation (*od.* protection). **~ka·pa·ziˌtät** *f* heat capacity. **~ˌkraft·maˌschi·ne** *f* heat engine. **~ˌkraftˌwerk** *n* thermal (power) station (*od.* plant). **~ˌlei·ter** *m* heat conductor. **Ձˌleitˌfä·hig** *adj* heat-conducting. **~ˌleitˌfä·hig·keit** *f* heat (*od.* thermal) conductivity. **~ˌmau·er** *f aer.* heat barrier. **~meˌcha·nik** *f* thermodynamics *pl* (*als sg od. pl konstruiert*). **~ˌmen·ge** *f* quantity of heat. **~ˌmes·sung** *f* calorimetry.

wär·men [ˈvɛrmən] **I** *v/t* <h> warm (up), (*Essen etc*) *a.* heat (up); **sich** (*dat*) **die Hände** ~ warm one's hands. **II** *v/i Kleidung, Wolle etc*: be warm; **Alkohol wärmt** alcohol warms you up; *colloq.* **dieser Pullover wärmt schön** this pullover is nice and warm. **III** *v/reflex* **sich** ~ warm o.s. (up).

ˈ**Wär·me|ˌofen** *m tech.* (re)heating furnace. **~ˌplat·te** *f* food warmer. **~ˌpol** *m geogr.* pole of heat. **~ˌpum·pe** *f* heat pump. **~ˌpunkt** *m der Haut*: heat point. **~ˌquel·le** *f* source of heat. **~ˌreg·ler** *m* thermoregulator. **~ˌrück·geˌwin·nung** *f* heat recovery. **~ˌschutz** *m* thermic protection. **~ˌspan·nung** *f* thermal stress. **~ˌspei·cher** *m* heat accumulator. **~ˌspei·che·rung** *f* heat storage. **~ˌstrah·ler** *m* heat radiator. **~ˌtech·nik** *f* <-; *no pl*> thermodynamics *pl* (*als sg od. pl konstruiert*), heat engineering. **Ձˌtech·nisch** *adj* thermodynamic, thermal. **~the·raˌpie** *f med.* thermotherapy. **~ˌüberˌgang** *m* heat transmission. **~verˌbrauch** *m* heat consumption. **~verˌlust** *m* **1.** loss of heat. **2.** *des Körpers*: thermolysis. **~ˌwir·kungsˌgrad** *m* thermal efficiency. **~ˌzuˌfuhr** *f* heat input.

ˈ**warmˌfest** *adj tech.* heat-resistant, high-temperature; **~er Stahl** creep-resistant steel.

ˈ**Wärmˌfla·sche** *f* hot-water bottle, (*Gummi*Ձ) hot-water bag.

ˈ**Warm|ˌfront** *f meteor.* warm front. **Ձgeˌlau·fen** *adj tech. Lager etc*: heated. **Ձˌhal·ten** *v/t* <*irr, sep,* -ge-, h> *fig. colloq.* **sich** (*dat*) **j-n** ~ keep in with s.o. **~ˌhal·teˌplat·te** *f* hot plate.

ˈ**warmˌher·zig** *adj* warmhearted. **Ձkeit** *f* <-; *no pl*> warmheartedness, warmth.

ˈ**warm|ˌlau·fen** *v/i* <*irr, sep,* -ge-, **sein**> **e-n Motor** ~ **lassen** run an engine up. **Ձˌluft** *f* <-; *no pl*> *meteor.* warm (*od.* hot) air. **Ձˌluftˌhei·zung** *f* <-; -en> warm-air heating. **Ձˌluftˌvorˌhang** *m* warm-air curtain. **Ձˌmie·te** *f colloq.* rent inclusive of heating charges. **~ˌpres·sen** *v/t* <*sep,* -ge-, h> *tech.* hot-press. **~verˌform·bar** *adj* hot-workable. **Ձverˌform·bar·keit** *f* <-; *no pl*> hot-forming property. **~ˌwal·zen** *v/t* <*sep,* -ge-, h> hot-roll. **Ձˌwalzˌwerk** *n* hot-rolling mill.

ˈ**Warmˌwas·ser|be|ˌhäl·ter** *m* hot-water tank. **~beˌrei·ter** *m* <-s; -> water heater. **~ˌhahn** *m* hot-water tap. **~ˌhei·zung** *f* hot-water heating. **~ˌspei·cher** *m* hot-water storage tank (*od.* reservoir). **~verˌsor·gung** *f* hot-water supply.

ˈ**warmˌzie·hen** *v/t* <*irr, sep,* -ge-, h> *tech.* hot-draw.

ˈ**Warn|ˌan·la·ge** *f* warning device. **~ˌblinkˌan·la·ge** *f* **1.** *mot.* warning flasher device. **2.** *rail.* light signals *pl.* **~ˌblin·ker** *m* anti-collision light. **~ˌdienst** *m* warning service. **~ˌdreiˌeck** *n mot.* warning triangle.

war·nen [ˈvarnən] **I** *v/t* <h> **j-n** ~ **(vor)** warn s.o. (of, about, against), caution s.o. (against); **j-n davor** ~ **zu** *inf* warn s.o. against *ger*; **laß das, ich warne dich!** don't do that, I am warning you; I'm warning you not to do that; **Sie sollten gewarnt sein durch** you should take warning from *what happened to me*; **ich warne euch vor dieser Bergstrecke** I warn you about this mountain route. **II** *v/i* **man kann davor nur** ~ it is (definitely) not to be recommended; **„vor Taschendieben wird gewarnt“** "beware of pickpockets". **~d I** *adj* warning; **in ~em Ton** in a warning tone. **II** *adv* ~ **den Finger erheben** raise a warning finger; *fig.* ~ **s-e Stimme erheben** raise one's voice in warning.

ˈ**War·ner** *m* <-s; -> warner.

ˈ**Warn|ˌfar·be** *f zo.* warning colo(u)r. **~ˌkreuz** *n rail.* warning cross. **~ˌleuch·te** *f,* **~ˌlicht** *n* warning lamp (*od.* light). **~ˌruf** *m* alarm, warning shout. **~ˌschild** *n* danger sign. **~ˌschuß** *m* warning shot. **~siˌgnal** *n* warning (signal); **ein** ~ **geben** give a warning. **~ˌstreik** *m* token strike.

ˈ**War·nung** *f* <-; -en> warning, caution, admonition; **zur** (*od.* **als**) ~ by way of caution (*od.* warning); **das soll dir e-e** ~ **sein** let that be a warning (*od.* lesson) to you; **j-m e-e** ~ **zukommen lassen** have s.o. warned; ~ **vor dem Hunde!** beware of the dog!

ˈ**Warnˌzei·chen** *n* warning (sign).

ˈ**War·schau·er** [ˈvarʃauər] **I** *m* <-s; ->. **II** *adj* Varsovian. ~ ˈ**Pakt** *m pol.* Warsaw Pact.

War·te [ˈvartə] *f* <-; -n> **1.** *fig.* point of view, viewpoint, standpoint; **von hoher (geistiger)** ~ **aus** from a lofty (an intellectual) standpoint; **von m-r** ~ **aus** from my point of view; **auf e-r höheren** ~ **stehen** be on a higher level (*od.* plane). **2.** *obs.* observation point. **3.** → **Sternwarte** *etc.*

ˈ**War·te|ˌfrist** *f* waiting period. **~ˌgeld** *n e-s Beamten*: allowance, standby pay. **~ˌhal·le** *f,* **~ˌhäus·chen** *n an Haltestellen*: shelter. **~ˌli·ste** *f* (**auf der** ~ **stehen** be on the) waiting list.

war·ten[1] [ˈvartən] **I** *v/i* <h> wait; ~ **auf** (*acc*) wait for, await; **j-n** ~ **lassen** keep s.o. waiting; **lange (drei Stunden)** ~ **(müssen)** *a.* have a long (a three-hour) wait; **mit dem Essen auf j-n** ~ keep dinner waiting for s.o.; *a. iro.* **ich kann** ~ I can wait, I have plenty of time; **das kann** ~ *colloq.* that will keep; **warte mal** wait a minute (*od.* moment), let me see; **na, warte!** *drohend*: you just wait!; **(nicht) lange auf sich** ~ **lassen** (not to) be long in coming; *Hilfe etc* **ließ nicht lange auf sich** ~ *a.* was prompt; *fig.* **auf j-n** ~ (*j-m bevorstehen*) be in store for s.o., lie ahead of s.o.; *colloq.* **da kannst du lange** ~, **da kannst du** ~, **bis du schwarz bist** you can wait for it as long as you like; *iro.* **auf den habe ich gerade noch gewartet** he is all I want (*od.* need); **darauf habe ich (nur) gewartet** I was just waiting for that (to happen). **II** Ձ *n* <-s> wait(ing); **des Ձs müde sein** be tired of waiting; **nach langem** Ձ after a long wait.

ˈ**war·ten**[2] *v/t* <h> *tech.* service, maintain; **sein Auto** ~ **lassen** have one's car serviced.

Wär·ter [ˈvɛrtər] *m* <-s; -> attendant, (*Tier*Ձ) keeper, (*Gefängnis*Ձ) warder, (prison) guard, jailer, *Br.a.* gaoler, (*bes. Irren*Ձ) warden, (*Pfleger*) (male) nurse; → **Bahnwärter** *etc.*

ˈ**War·teˌraum** *m* waiting room.

War·teˈrei *f* <-; *no pl*> *colloq.* **diese ewige** ~ this endless waiting around.

ˈ**Wär·te·rin** *f* <-; -nen> (woman) attendant (*od.* keeper, guard), (*Pflegerin*) nurse.

'War·te|ˌsaal *m rail.* waiting room. **~ˌstand** *m* ⟨-(e)s; *no pl*⟩ **Beamter im ~** civil servant in temporary retirement; (*Beamten etc*) **in den ~ versetzen** retire *s.o.* temporarily. **~ˌzeit** *f* **1.** delay, waiting time. **2.** (*Wartefrist*) waiting period. **~ˌzim·mer** *n* waiting room.

'War·tung *f* ⟨-; *no pl*⟩ attendance, *tech.* servicing, maintenance; **laufende ~** routine maintenance.

'War·tungs|ˌar·bei·ten *pl* maintenance work *sg*, upkeep *sg*. **~ˌdienst** *m* (general) maintenance service. **2ˌfrei** *adj* maintenance-free. **~monˌteur** *m* service man. **~verˌtrag** *m* maintenance contract. **~vorˌschrift** *f* maintenance instructions *pl*.

war·um [va'rʊm] **I** *interrog adv* why, wherefore, for what reason, on what grounds; **~ (eigentlich) nicht?** why not?; **~ nicht gar?** what next?; **~ er es tat** *ist nicht klar* (the reason) why he did it; **~ bin ich nicht 20!** if only I were 20!; **~ nicht gleich ein großes Auto!** why not buy a big car while you are at it? **II 2** *n* ⟨-s; *no pl*⟩ **nach dem 2 fragen** ask why; **das 2 und Weshalb** the whys and wherefores *pl*.

War·ze ['vartsə] *f* ⟨-; -n⟩ **1.** *med.* wart, *bot. zo. a.* pustule, tubercle. **2.** *tech.* lug, stud, pin. **3.** → **Brustwarze**. **~n-ˌschwein** *n* warthog.

'war·zig *adj med.* warty, verrucose.

was [vas] **I** *interrog pron u. interj* **1.** what (*a. colloq. für* **wie bitte?, nanu!, nicht wahr?**); **~ ist das?** what is that?; **~ ist (los)?, ~ gibt's?** what is the matter?, *colloq.* what's up?; **~ soll das heißen?** what's that (supposed) to mean?; **~ ist schon dabei?, ~ tut's?, ~ soll's?** so what?, what difference does it make?; **~ (soll ich) tun?** what am I to do?; **~ geht das mich an?** what has that (got) to do with me?, what do I care?; **~ ist dein Vater (von Beruf)?** what is your father (by profession *od.* trade)?, what does your father do?; **~ gibt's zum Mittagessen?** what's for lunch?; *colloq.* **ach ~!** rubbish!, nonsense!; **ach ~?** really?; **das ist e-e Hitze, ~!** the (*od.* this) heat is terrible, isn't it?; **mit ~ soll ich schreiben?** what shall I write with?; **von ~ soll ich das bezahlen?** what shall I use for money?; → *a.* **wissen** 1. **2.** (*wieviel*) how much, what; **~ schulde ich Ihnen?, ~ bekommen Sie (von mir)?** what do I owe you? **3.** *colloq.* (*warum*) why; **~ brauchte er zu lügen** why need he tell a lie. **4.** *colloq.* (*wozu*) what for; **~ braucht er auch so ein schnelles Auto!** what does he need such a fast car for! **5.** *colloq.* **~ für** ... *fragend*: what sort (*od.* kind) of ..., *Ausruf*: what ...; **~ für ein Mensch ist er?** what sort of (a) person is he?; **~ für (ein) Unsinn (Lärm)!** what nonsense (what a noise). **6.** *colloq.* **~ du nicht sagst!** you don't say so!, *skeptisch*: go on!; **~ haben wir gelacht!** did we laugh!, how we laughed!; **~ ist das doch schwierig!** difficult, isn't it? **II** *relative pron* **7.** what; **ich weiß nicht, ~ ich sagen soll** I don't know what to say; **das ist doch das Schönste, ~ es gibt** there is nothing better (*od.* nicer) (than that); **~ ich noch fragen wollte** what I meant to ask; *colloq. er lief,* **~ er konnte** as hard as he could; **und ~ noch schlimmer ist** and what is worse (*od.* more); **das Wenige, ~ sie hat** the little she has; **alles, ~ sie besitzt** everything she possesses, all her possessions; **das Beste, ~ du tun kannst** the best thing you can do. **8.** *auf e-n ganzen Satz bezogen*: which; *er ist tatsächlich gekommen,* **~ ich nicht erwartet habe** which I didn't expect. **III** *indef pron* **9.** *colloq.* something; **das ist ~ anderes** that's different (*od.* a different matter); **hat man so ~ schon gesehen!** did you ever see the like(s) of it!; **du solltest dich ~ schämen** you should be ashamed of yourself; **sonst noch ~?** anything else?; **ist ~?** is anything (*od.* something) wrong (*od.* the matter)?; **so ~ von Dummheit!** such stupidity!; **na, so ~!** well, honestly!, *stärker*: well, I never! **IV 2** *n* ⟨-; *no pl*⟩ **10. das 2 interessiert mich mehr als das Wie** what is done interests me more than how it is done.

'wasch·akˌtiv *adj chem. Substanzen*: active.

'Wasch|ˌanˌla·ge *f mot.* **1.** car wash (plant). **2.** (*Scheiben2*) windscreen (*Am.* windshield) washer. **~ˌanˌlei·tung** *f* washing instructions *pl*. **~ˌanˌstalt** *f* laundry. **~ˌau·toˌmat** *m* automatic (*colloq.* coin-op) washing machine. **2bar** *adj* washable. **~bär** *m* rac(c)oon, *Am. colloq. a.* coon. **~ˌbecken** (*getr.* -k·k-) *n* washbowl, washbasin. **~benˌzin** *n* benzin(e). **~ˌblau** *n* laundry blue. **~ˌbrett** *n* washboard.

Wä·sche ['vɛʃə] *f* ⟨-; *no pl*⟩ **1.** (*zu waschende od. gewaschene* ~) wash(ing), laundry, clothes *pl*, linen; **bunte (weiße) ~** colo(u)red (white) washing; **saubere (schmutzige) ~** clean (dirty *od.* soiled) linen; **(die) ~ waschen** do the wash(ing), wash the clothes; **die ~ aufhängen** hang out (*od.* up) the clothes (*od.* wash); **die ~ einweichen (kochen, spülen, schleudern, bügeln)** soak (boil, rinse, spin[-dry], iron) the washing; **die ~ außer Haus geben** send the washing out; *fig.* **s-e schmutzige ~ in der Öffentlichkeit waschen** wash one's dirty linen in public. **2.** (*Waschen*) wash(ing); **bei** (*od.* **in**) **der ~** in the wash; **et. in die ~ geben** a) get s.th. washed, b) send s.th. to the laundry; **das Hemd ist in der ~** the shirt is in the wash (*od.* at the laundry). **3.** (*Waschtag*) washday, washing day; **große ~ haben** have one's washday. **4.** (*Bett2, Tisch2*) linen(s *pl*). **5.** (*Unter2*) underwear, underclothes *pl*, *für Damen*: *a.* lingerie; **die ~ wechseln** change one's underclothes; *fig. colloq.* **da hat er vielleicht dumm aus der ~ geguckt** you should have seen his face, his jaw (simply) dropped.

'waschˌecht *adj* **1.** (*farbecht*) fast. **2.** (*nicht einlaufend*) nonshrink(ing), washable. **3.** *fig. colloq.* (*unverfälscht*) true-blue, dyed-in-the-wool.

'Wä·sche|ˌfach *n im Schrank*: linen shelf. **~ˌklam·mer** *f* clothes-peg, *bes. Am.* clothespin. **~ˌkorb** *m* linen basket. **~ˌlei·ne** *f* (clothes)line. **~ˌman·gel** *f* mangle.

wa·schen ['vaʃən] **I** *v/t* ⟨**wäscht, wusch, gewaschen**, h⟩ **1.** wash, (*Wäsche*) *a.* launder, (*Haar*) *a.* shampoo; **sich** (*dat*) **die Hände ~** wash one's hands; **sich** (*dat*) **die Haare** (*od.* **den Kopf**) **~** wash (*od.* shampoo) one's hair; **sich gut ~ lassen** wash well; → **Hand**[1] *Verbindungen mit Verben*, **Kopf** 1. **2.** *tech.* wash, (*Kohle, Erz etc*) *a.* clean, (*Wolle*) scour. **II** *v/i* **3.** wash, do the wash(ing), launder. **III** *v/reflex* **sich ~ 4.** *Person*: wash (o.s.), have a wash; **dieser Stoff wäscht sich gut** this material washes (*od.* launders) well; *fig. colloq. e-e Antwort, Ohrfeige etc* **die sich gewaschen hat** you, *etc*, won't forget for a while, *Preise, Rechnung etc*: steep, stiff. **IV 2** *n* ⟨-s⟩ **5.** wash(ing); **beim 2 einlaufen** shrink in the wash; **et. zum 2 geben** have s.th. laundered. **6. 2 und Legen** *beim Friseur*: shampoo and set.

'Wä·scheˌpuff *m* laundry basket.

Wä·sche'rei *f* ⟨-; -en⟩ laundry, (*Schnell-2*) launderette.

'Wä·sche·rin *f* ⟨-; -nen⟩ washerwoman, laundrywoman, laundress.

'Wä·sche|ˌsack *m* laundry (*od.* linen) bag. **~ˌschleu·der** *f* spin drier. **~ˌschrank** *m* linen press (*od.* cupboard), clothespress. **~ˌstän·der** *m* drier, clotheshorse. **~ˌtin·te** *f* marking ink. **~ˌtrock·ner** *m* **1.** drier, clotheshorse. **2.** (electric) drier. **~ˌtrom·mel** *f in der Waschmaschine*: drum. **~ˌtru·he** *f* linen chest.

'Wasch|ˌfrau *f* → **Wäscherin**. **~ˌgang** *m in der Waschmaschine*: wash. **~ge-ˌle·gen·heit** *f* washing facility. **~ˌhaus** *n* washhouse. **~ˌkes·sel** *m* washboiler. **~ˌkleid** *n* washable dress. **~ˌkorb** *m* laundry (*od.* clothes) basket. **~ˌkraft** *f e-s Waschmittels*: cleaning power. **~ˌkü·che** *f* **1.** washhouse, *Am. a.* laundry. **2.** *fig. colloq.* (*dichter Nebel*) pea-souper. **~ˌlap·pen** *m* **1.** facecloth, *Am.* washcloth. **2.** *fig. colloq.* (*Weichling*) sissy, weakling. **~ˌlau·ge** *f* suds *pl*. **~ˌle·der** *n*, **2ˌle·dern** *adj* (of) washleather, (of) chamois, shammy. **~maˌschi·ne** *f* washing machine, washer. **2maˌschi·nenˌfest** *adj* machine-washable. **~ˌmit·tel, ~ˌpul·ver** *n* detergent, washing powder (*od.* agent). **~ˌraum** *m* washroom, *Am. a.* lav(atory). **~saˌlon** *m* launderette, *Am. a.* laundromat. **~ˌsamt** *m* washable velvet. **~ˌschüs·sel** *f* washbowl, washbasin. **~ˌsei·de** *f* washable silk. **~ˌsei·fe** *f* washing (*od.* laundry) soap.

wäschst [vɛʃst] *2 sg pres of* **waschen**.

'Waschˌstra·ße *f* car wash (plant).

wäscht [vɛʃt] *3 sg pres of* **waschen**.

'Wasch|ˌtag *m* washday. **~ˌtisch** *m*, **~toiˌlet·te** *f* washstand. **~ˌtrog** *m* washing trough.

'Wa·schung *f* ⟨-; -en⟩ **1.** washing. **2.** *med. relig.* ablution.

'Wasch|ˌvoll·au·toˌmat *m* (fully) automatic washing machine. **~ˌwas·ser** *n* washings *pl*, wash. **~ˌweib** *n colloq. contp.* (old) gossip. **~ˌzet·tel** *m e-s Buches*: blurb. **~ˌzeug** *n* wash (*od.* toilet) things *pl*. **~ˌzu·ber** *m* washtub. **~ˌzwang** *m psych.* obsessional washing.

Was·ser ['vasər] *n* ⟨-s; -⟩ **1.** ⟨*only sg*⟩ water (*a. e-s Edelsteins*); **fließendes (stehendes) ~** running (stagnant) water; **ein Glas ~** a glass of water; **ins ~ fallen** fall into the water, *fig.* fall flat, not to come off; *mar. rail.* **~ fassen** (take in) water; **~ treten** *beim Schwimmen etc*: tread water; *fig.* **ins ~ gehen** drown o.s.; **unter ~ setzen** flood, submerge; **ein Boot zu ~ lassen** (*od.* **bringen**) launch a boat; **zu ~ und zu Land** by water (*od.* sea) and land, on water and on land; **das ~ geht** (*od.* **reicht, steht**) **ihm bis zum** (*od.* **an den**) **Hals** (*od.* **bis zur Kehle**) the water comes up to his neck, *fig.* he is in deep water, he is in bad trouble, he is up to his neck in difficulties, *a.* he is up to his ears in debt; **sich über ~ halten** stay above water, *fig.* (*a.* **den Kopf über ~ halten**) keep (one's head) above water; *fig.* **das läuft an ihm ab wie ~** that runs off him like water off a duck's back; *fig.* **bei ~ und Brot sitzen** be in prison; → **Balken** 1, **Fisch** 1, **rein** 2. **2.** *fig. in Wendungen*: **das ~ läuft mir im Mund zusammen** my mouth waters; **da(bei) (bei dem Geruch) läuft e-m das ~ im Mund zusammen** this (the smell) makes one's mouth water; **er kann ihm nicht das ~ reichen** he can't hold a candle to him, he isn't a patch on him; ~ **ins Meer tragen** carry coals to Newcastle; ~ **in den Wein gießen** dampen s.o.'s spirits; **auf beiden Schultern ~ tragen** serve two masters, be a time-server; **das ist ~ auf s-e Mühle** that is grist to his mill; **bis dahin läuft noch viel ~ den Berg hinunter** plenty of water will flow under the bridge until then; **nahe am ~ gebaut haben** cry easily; **hier wird auch nur mit ~ gekocht** it is not different here from anywhere else; → **abgraben, Blut** 1, **Schlag** 1. **3.** (*Gewässer*) water, *pl* (**~massen**) waters; *colloq.* **übers große ~ fahren** cross the sea (*od.* ocean, water); *fig.* **er ist ein stilles ~** he is a deep one; **stille ~ sind** (*od.* **gründen**) **tief** (*Sprichwort*) still waters run deep; *fig. colloq.* **er ist mit allen ~n gewaschen** he knows (*od.* is up to) all the tricks of the trade. **4.** ⟨*pl* **Wässer**⟩ a) *chem.* water, b) (*Schnaps*) spirits *pl*, liquor, c) mineral water; → **schwer** 1. **5.** ⟨*only sg*⟩ (*Tränen*) tears *pl*, water; **das ~ schoß ihm in die Augen** tears rushed to his eyes; **ihre Augen standen voll ~** her eyes watered; **j-m das ~ in die Augen treiben** bring tears (*od.* water) to s.o.'s eyes, make s.o.'s eyes water. **6.** ⟨*only sg*⟩ a) *med.* (o)edema, b) (*Urin*) water, urine, c) (*Schweiß*) perspiration, sweat; ~ **in den Beinen haben** have an (o)edema in the legs; ~ **lassen,** *obs.* **sein ~ abschlagen** pass (*od.* make) water; **ihm floß das ~ von der Stirn** sweat ran down his forehead. **7.** *Kosmetik*: lotion; **wohlriechende Wässer** *pl* perfumes, scents.

ˈ**Was·ser|abˌschei·der** *m tech.* water trap, (water) separator. **~ˌabˌspal·tung** *f chem.* dehydration. **≈ˌabˌsto·ßend, ≈ˌabˌwei·send** *adj* water-repellent, hydrophobic. **~ˌader** *f geol.* water vein. **~ˌanˌschluß** *m an das öffentliche Wassernetz*: connection to the water line network. **≈ˌanˌzie·hend** *adj* hygroscopic. **~ˌarm** *m geogr.* arm of a river. **≈ˌarm** *adj Land etc*: dry, arid. **~ˌaufˌbeˌrei·tung** *f* water purification (*od.* conditioning). **~ˌaufˌbeˌrei·tungsˌanˌla·ge** *f* water-recycling plant (*od.* system). **~ˌbad** *n chem. gastr. phot.* water bath. **~ˌball** *m* **1.** (*aufblasbarer Ball*) (beach) ball. **2.** *Sport*: a) ⟨*only sg*⟩ (*Spiel*) water polo, b) (*Ball*) water-polo ball. **~ˌbau** *m* ⟨-(e)s; *no pl*⟩ hydraulic engineering. **~ˌbecken** (*getr.* -k·k-) *n* (water) basin, *größeres*: reservoir, *im Garten*: (water) pond. **~beˌdarf** *m* water requirement(s *pl*). **~beˌhäl·ter** *m* water reservoir (*od.* tank), storage cistern. **≈beˌstän·dig** *adj* water-resistant, waterproof. **~beˌwoh·ner** *m* aquatic animal. **≈ˌbin·dend** *adj* water-absorbent. **~ˌbla·se** *f med.* blister, vesicle. **≈ˌblau** *adj* clear-blue. **~ˌbock** *m zo.* waterbuck. **~ˌbom·be** *f* depth charge. **~ˌbüf·fel** *m zo.* water buffalo. **~ˌburg** *f* water-surrounded castle.

Wäs·ser·chen [ˈvɛsərçən] *n* ⟨-s; -⟩ *fig.* **er sieht aus, als ob er kein ~ trüben könnte** he looks as if butter would not melt in his mouth.

ˈ**Was·ser|dampf** *m* steam. **≈ˌdicht** *adj* waterproof, impermeable, *mar. tech. a.* watertight; ~ **sein** *a.* hold water; ~ **machen** (make *s.th.*) waterproof. **~ˌdruck** *m* ⟨-(e)s; ≃e⟩ water (*od.* hydraulic) pressure. **~ˌdunst** *m* mist, vapo(u)r, water smoke. **≈ˌdurchˌläs·sig** *adj* permeable (to water). **~ˌdurchˌläs·sig·keit** *f* ⟨-; *no pl*⟩ permeability. **~ˌei·mer** *m* bucket, pail. **~ˌeinˌbruch** *m Bergbau*: inrush of water. **~ˌeis** *n gastr.* water ice. **~entˌhär·ter** *m* ⟨-s; -⟩ *chem.* water softener. **~entˌzie·hung** *f*, **~entˌzug** *m* dehydration (*a. med.*). **~ˌfahrˌzeug** *n* watercraft. **~ˌfall** *m* waterfall, *großer*: *a.* fall(s *pl oft als sg konstruiert*), cataract; *fig. colloq.* **reden wie ein ~** talk nineteen to the dozen, talk a mile a minute. **~ˌfar·be** *f* watercolo(u)r. **≈ˌfest** *adj Kleidung etc*: waterproof, water-resistant, *Tinte etc*: indelible; ~ **machen** (make *s.th.*) waterproof. **~ˌflä·che** *f* (*Weite*) expanse (*od.* sheet, body) of water, (*Oberfläche*) water surface. **~ˌfla·sche** *f* water bottle. **~ˌfleck** *m* water stain. **~ˌfloh** *m zo.* water flea. **~ˌflo·ra** *f* aquatic vegetation (*od.* flora). **~ˌflugˌzeug** *n* seaplane, hydroplane. **~ˌflut** *f* (water)flood. **~ˌfracht** *f* water carriage. **≈ˌfrei** *adj allg.* free from water, *chem.* anhydrous, *Kohle*: moisture-free, *Öl*: clear, *Alkohol*: pure. **≈ˌfüh·rend** *adj geol.* water-bearing, aquiferous. **~ˌgas** *n* water gas. **~geˌhalt** *m* water content, percentage of water. **~ˌgeist** *m* ⟨-es; -er⟩ *myth.* water sprite. **≈geˌkühlt** *adj tech.* water-cooled. **~ˌglas** *n* ⟨-es; ≃er⟩ **1.** water glass, *ohne Fuß*: *a.* tumbler; *fig.* **Sturm im ~** storm in a teacup. **2.** ⟨*only sg*⟩ *chem.* water glass, liquid glass. **~ˌgra·ben** *m* ditch, drain, *um Burgen*: moat, *Sport*: water jump. **~ˌhahn** *m* (water) tap, *Am. a.* (water) faucet. **≈ˌhal·tig** *adj* containing water, *bes. chem.* hydrous, (*wässerig*) aqueous. **~ˌhär·te** *f* water hardness. **~ˌhausˌhalt** *m* ⟨-(e)s; *no pl*⟩ **1.** water supply. **2.** *biol. etc* water balance (*od.* economy). **~ˌheilˌverˌfah·ren** *n* hydropathic therapy. **≈ˌhell** *adj Augen*: light-colo(u)red. **~ˌhoch·beˌhäl·ter** *m* overhead water tank. **~ˌho·se** *f meteor.* waterspout. **~ˌhuhn** *n* coot. **~ˌhül·le** *f der Erde*: hydrosphere.

wäs·se·rig [ˈvɛsərɪç] *adj* watery, *fig. a.* washy, weak, diluted; **~e Lösung** aqueous (*od.* hydrous) solution; *fig.* **j-m den Mund ~ machen** make s.o.'s mouth water (**nach** for).

ˈ**Was·ser|jung·fer** *f zo.* dragonfly. **~ˌjungˌfrau** *f myth.* naiad, nix(ie). **~ˌkan·ne** *f* water jug, ewer. **~ˌkan·te** *f* ⟨-; *no pl*⟩ → **Waterkant.** **~ˌkar·te** *f* hydrographic chart. **~ˌka·sten** *m* **1.** water tank (*od.* compartment), *e-s WC*: cistern, flush box. **2.** *mot.* radiator tank. **~ˌkes·sel** *m* **1.** (water) kettle. **2.** *tech.* boiler. **≈ˌklar** *adj* water-white, (as) clear as water. **~ˌklo·sett** *n* (water) closet, W.C. **~ˌkopf** *m med.* hydrocephalus; *fig.* **sich zu e-m ~ auswachsen** become inflated. **~ˌkraft** *f* waterpower, hydraulic power. **~ˌkraftˌwerk** *n* hydroelectric power station (*od.* plant). **~ˌkrug** *m* water pitcher, ewer. **~ˌküh·lung** *f* water cooling; **mit ~** water-cooled. **~kulˌtur** *f hort.* hydroponics *pl* (*meist als sg konstruiert*). **~ˌkunst** *f* waterworks *pl*. **~ˌkur** *f med.* water cure. **~ˌla·che** *f* puddle, pool. **~-ˈLand...** *in Zssgn* amphibian, amphibious. **~-ˈLand-ˈFlugˌzeug** *n* amphibian (plane). **~ˌlan·dung** *f* → **Wasserung.** **~ˌlas·sen** *n* ⟨-s; *no pl*⟩ *med.* urination. **~ˌlauf** *m geogr.* watercourse. **~ˌläu·fer** *m zo.* water skipper (*od.* skater, strider). **≈ˌleer** *adj* waterless. **~ˌlei·che** *f* corpse found in water, floater. **~ˌlei·tung** *f* water conduit (*od.* main), water pipe(s *pl*). **~ˌlei·tungsˌrohr** *n* water pipe. **~ˌli·lie** *f bot.* water lily. **~ˌli·nie** *f mar.* water line, water level. **~ˌlin·se** *f bot.* duckweed. **~ˌloch** *n* water hole. **≈ˌlös·lich** *adj* water-soluble. **~ˌman·gel** *m* water shortage. **~ˌmann** *m* ⟨-(e)s; -männer⟩ **1.** ⟨*only sg*⟩ *astr.* Aquarius, Water Bearer (*od.* Carrier). **2.** *myth.* water sprite. **~ˌman·tel** *m tech.* water jacket. **~ˌmas·sen** *pl* mass (*od.* deluge) *sg* of water, *e-s Flusses etc*: *a.* waters. **~ˌmaus** *f* beaver rat. **~meˌlo·ne** *f* watermelon. **~ˌmen·ge** *f* quantity (*od.* amount) of water. **~ˌmi·ne** *f mil.* submarine mine. **~ˌmüh·le** *f* water mill.

was·sern [ˈvasərn] *v/i* ⟨h *u.* sein⟩ *aer.* alight (up)on (*od.* touch down on) water, *Raumkapsel*: splash down.

wäs·sern [ˈvɛsərn] **I** *v/t* ⟨h⟩ **1.** (*einweichen*) steep (*od.* soak) *s.th.* in water. **2.** (*be~*) water, irrigate. **3.** *phot.* rinse, wash. **II** *v/i* **4.** *Augen, Mund*: water.

ˈ**Was·ser|ni·xe** *f myth.* (water) nix(ie), mermaid. **~ˌnym·phe** *f* nymph. **~ˌoberˌflä·che** *f* water surface. **~ˌpfei·fe** *f* water pipe, hookah, nargileh. **~ˌpflan·ze** *f* water plant, aquatic (plant). **~piˌsto·le** *f* water pistol (*Am. a.* gun), squirt gun. **~ˌpocken** (*getr.* -k·k-) *pl med.* chickenpox *sg*, varicella *sg*. **~po·liˌzei** *f* water guard. **~ˌpum·pe** *f* water pump. **~ˌrad** *n* waterwheel. **~ˌrat·te** *f* **1.** water rat. **2.** *humor.* enthusiastic swimmer. **≈ˌreich** *adj* abounding in water (*od.* watercourses). **~ˌrei·ni·gungsˌanˌla·ge** *f* water purification plant. **~ˌrohr** *n* water pipe. **~ˌrohrˌbruch** *m* burst in a water pipe (*od.* main). **~ˌro·se** *f* water lily. **~ˌrutschˌbahn** *f* (water) chute. **~ˌsack** *m* canvas bucket. **~ˌsäu·le** *f phys.* water column. **~ˌscha·den** *m* damage caused by water, water damage. **~ˌschei·de** *f geogr.* watershed, divide, height of land. **~ˌscheu I** *f* fear of water, hydrophobia. **II ≈** *adj* afraid of (the) water, hydrophobic. **~ˌschildˌkrö·te** *f* water tortoise. **~ˌschlan·ge** *f* **1.** water snake. **2.** *astr.* Hydra. **~ˌschlauch** *m* water hose. **~ˌschloß** *n hist.* moated castle. **~ˌschutz·po·liˌzei** *f* water guard. **~ˌski** *m* water ski; ~ **fahren** water-ski. **~ˌskiˌfah·rer** *m* water-skier. **~ˌspei·cher** *m* water (storage) tank, *im Freien*: water reservoir. **~ˌspei·er** *m arch.* gargoyle. **~ˌspie·gel** *m* **1.** water surface. **2.** water level. **~ˌspie·le** *pl* waterworks. **~ˌsport** *m* water (*od.* aquatic) sports *pl*, aquatics *pl*. **~ˌspü·lung** *f* flushing cistern; **Toilette mit ~** water closet, W.C. **~ˌstand** *m* water level (*a. tech.*), *der See*: sea (*od.* tide) level.

ˈ**Was·serˌstands|anˌzei·ger** *m* water ga(u)ge. **~ˌmar·ke** *f* watermark, *in Tidegewässern*: tidemark.

ˈ**Was·ser|stein** *m* boiler scale, incrustation. **~ˌstel·le** *f* watering place. **~ˌstie·fel** *pl* waterproof boots, *bis an die Hüfte*: waders.

ˈ**Was·serˌstoff** *m* ⟨-(e)s; *no pl*⟩ *chem.* hydrogen; **schwerer ~** heavy hydrogen, deuterium. **≈ˌblond** *adj colloq.* peroxide blond(e). **~ˌbom·be** *f* hydrogen bomb, H-bomb. **~ˌgas** *n* hydrogen gas. **≈ˌhal·tig** *adj* hydrogenous. **~per·oxyd** [ˌvasərˌʃtɔfˈpɛrˀɔˌksyːt], **~su·per·oxyd** [ˌvasərˌʃtɔfˈzuːpərˀɔˌksyːt] *n* hydrogen peroxide. **~verˌbin·dung** *f* hydrogen compound. **~ˌzahl** *f* hydrogen ion concentration.

ˈ**Was·ser|strahl** *m* jet (*dünner*: squirt) of water. **~ˌstrahlˌanˌtrieb** *m mar.* hydrojet (propulsion). **~ˌstra·ße** *f* waterway, *künstliche*: *a.* canal. **~ˌstra·ßenˌnetz** *n* (inland) waterways system. **~ˌsucht** *f* ⟨-; *no pl*⟩ *med.* dropsy. **≈ˌsüch·tig** *adj* retaining water, (o)edematous. **~ˌsup·pe** *f* watery (*od.* thin) soup (*od.* gruel). **~ˌtank** *m* water tank. **~ˌtau·fe** *f relig.* baptism (*od.* christening) with water. **~tem·pe·raˌtur** *f* water temperature. **~ˌtie·fe** *f* depth of water. **~ˌtier** *n* aquatic animal. **~ˌtopf** *m* waterpot. **≈ˌtrei·bend** *adj pharm.* diuretic. **~ˌtre·ten** *n* ⟨-s; *no pl*⟩ water-treading. **~ˌtrop·fen** *m* waterdrop, drop of water. **~turˌbi·ne** *f* water turbine, hydroturbine. **~ˌturm** *m* water tower. **~ˌuhr** *f* water meter. **≈unˌdurchˌläs·sig** *adj* impermeable (to water); → **wasserdicht**.

ˈWas·se·rung *f* ⟨-; -en⟩ *aer.* alighting on water, *e-r Raumkapsel*: splashdown.

ˈwas·serˌunˌlös·lich *adj* insoluble in water.

ˈWas·ser|verˌbrauch *m* water consumption. **~verˌdrän·gung** *f mar.* displacement (of water). **≈verˌdünn·bar** *adj chem.* water-thinnable. **~verˌschluß** *m tech.* water seal, trap. **~verˌschmut·zung** *f* water pollution. **~verˌsor·gung** *f* water supply. **~verˌunˌrei·ni·gung** *f* water pollution. **~ˌvo·gel** *m* aquatic (*od.* water) bird, *pl a.* water fowl. **~ˌvorˌrat** *m meist pl* water supply. **~ˌwaa·ge** *f tech.* spirit level. **~ˌwa·gen** *m* water tank lorry, water cart. **~ˌweg** *m* waterway; **auf dem ~(e)** by water; **Handel auf dem ~(e)** waterborne (*od.* seaborne, riverborne) trade. **~ˌwel·le** *f meist pl* (*Frisur*) water wave. **~ˌwer·fer** *m* water cannon. **~ˌwerk** *n* waterworks *pl.* **~ˌwi·derˌstand** *m* water resistance. **~ˌwirt·schaft** *f* ⟨-; *no pl*⟩ water economy. **~ˌwirt·schaftsˌamt** *n* water resources office. **~ˌwü·ste** *f* waste(s *pl*) of water, watery waste. **~ˌzäh·ler** *m* water meter. **~ˌzei·chen** *n im Papier*: watermark. **≈ˌzie·hend** *adj* hygroscopic. **~zir·ku·la·tiˌon** *f* circulation of water.

ˈwäß·rig *adj* → **wässerig**.

wa·ten [ˈva:tən] *v/i* ⟨sein⟩ wade.

Wa·ter·kant [ˈva:tərˌkant] *f* ⟨-; *no pl*⟩ *dial.* coast.

Wat·sche [ˈva:tʃə] *f* ⟨-; -n⟩ *dial.* slap (in the face).

ˈWat·schelˌgang *m* waddling gait, waddle. **ˈwat·sche·lig** *adj* waddling, waddly. **wat·scheln** [ˈva:tʃəln] *v/i* ⟨sein⟩ waddle.

Watt¹ [vat] *n* ⟨-(e)s; -⟩ *electr.* watt, W.

Watt² *n* ⟨-(e)s; -en⟩ *geogr.* mud flats *pl.*

Wat·te [ˈvatə] *f* ⟨-; -n⟩ **1.** (*a. Verbands≈*) cotton wool, *Am.* absorbent cotton; **blutstillende ~** styptic cotton; **sich** (*dat*) **~ in die Ohren stopfen** plug one's ears with cotton wool; *fig. colloq.* **j-n in ~ packen** (molly)coddle s.o. **2.** (*Polster≈*) wadding, padding; **mit ~ füttern** wad, pad. **~ˌbausch** *m* cotton(-wool) pad (*od.* swab). **~ˌku·gel** *f* cotton(-wool) ball.

ˈWat·tenˌmeer *n* mud flats *pl.*

ˈWat·te|ˌpfrop·fen *m* cotton(-wool) plug, wad. **~ˌstäb·chen** *n* stick with a cotton(-wool) tip. **≈ˌweich** *adj* (as) soft as cotton (wool).

wat·tie|ren [vaˈti:rən] *v/t* ⟨*no* ge-, h⟩ wad, pad. **≈rung** *f* ⟨-; -en⟩ wadding, padding.

ˈWatt|seˌkun·de *f* watt-second, WS. **~ˌstun·de** *f* watt-hour. **~ˌzahl** *f* wattage.

ˈWatˌvo·gel *m* wader.

wau, wau [ˈvau ˈvau] *interj* woof, woof!, bowwow! **Wau·wau** [ˈvauvau; vauˈvau] *m* ⟨-s; -s⟩ bowwow, doggie.

ˈWeb|ˌar·beit *f* weaving. **~ˌart** *f* weave.

we·ben [ˈve:bən] *v/t* ⟨webt, webte, *lit. u. fig.* wob, gewebt, *lit. u. fig.* gewoben, h⟩ (*Stoff etc*) weave (*a. lit. u. fig.*), (*Teppich*) work; **die Spinne webt ihr Netz** the spider spins its web.

ˈWe·ber *m* ⟨-s; -⟩ weaver. **~ˌbaum** *m Textil.* (warp) beam.

We·beˈrei *f* ⟨-; -en⟩ **1.** ⟨*only sg*⟩ weaving. **2.** (*Fabrik*) weaving mill. **3.** (*Gewebe*) woven material. **~erˌzeug·nis** *n* woven product.

ˈWe·ber|ˌknecht *m zo.* daddy longlegs *pl* (*als sg od. pl konstruiert*). **~ˌkno·ten** *m* weaver's knot. **~ˌschiff·chen** *n* (weaver's) shuttle. **~ˌvo·gel** *m* weaverbird.

ˈWeb|ˌfeh·ler *m* flaw (in the weave), weaving fault; *fig. colloq.* **der hat e-n ~** he is cracked (*od.* nuts). **~ˌkan·te** *f* selvage. **~maˌschi·ne** *f* weaving machine. **~ˌmu·ster** *n* woven design (*od.* pattern). **~ˌpelz** *m* woven imitation fur. **~ˌstoff** *m* woven material (*od.* fabric). **~ˌstuhl** *m* (weaver's *od.* weaving) loom. **~ˌwa·ren** *pl* woven goods, textiles.

Wech·sel [ˈvɛksəl] *m* ⟨-s; -⟩ **1.** ⟨*only sg*⟩ change; **ein ~ in der Regierung** (**Politik**) a change in government (politics); **er liebt den ~** he likes (a) change; **im ~ der Zeiten** in the changing times. **2.** ⟨*only sg*⟩ (*Abwechslung*) alternation, rotation (*a. Frucht≈*); **~ von Hitze und Kälte** alternation of heat and cold; **in ewigem ~** in constant alternation; **der ~ der Jahreszeiten** the rotation of the seasons. **3.** (*Aufeinanderfolge*) succession; **in buntem ~** in motley succession. **4.** (*Verlagerung*) shift, (*Schwankung*) fluctuation, (*Umschwung*) reversal. **5.** (*Geld≈*) exchange. **6.** (*monatliche Geldzuwendung*) allowance. **7.** *econ.* bill (of exchange), (*Tratte*) draft; **akzeptierter** (*od.* **angenommener**) **~** acceptance, accepted bill; **eigener** (*od.* **trockener**) **~** promissory note; **gezogener ~** draft; **nicht eingelöster ~** dishono(u)red bill; **überfälliger ~** bill overdue; **e-n ~ ausstellen** draw (*od.* issue, make out) a bill; **e-n ~ auf j-n ziehen** (*od.* **ausstellen**) draw a bill on s.o.; **e-n ~ begleichen** (*od.* **einlösen, honorieren, bezahlen**) hono(u)r (*od.* meet, take up, cash) a bill; **e-n ~ sperren** stop (payment of) a bill; **e-n ~ zur Annahme vorlegen** present a bill for acceptance; **der ~ wird fällig am** the bill will mature (*od.* fall due) on. **8.** *Sport*: (*Stab≈*) (baton) exchange, take-over, (*Seiten≈*) change of ends, (*Austausch von Spielern*) replacement, substitution. **9.** (*Wild≈*) run, *bes. Am.* runway, game trail. **~agent** [-ˀaˌgɛnt] *m* bill broker. **~ˌagio** *n* (premium on) exchange. **~akˌzept** *n* acceptance of a bill. **~ˌausˌstel·ler** *m* drawer. **~ˌbad** *n* alternating hot and cold bath. **~ˌbalg** *m* changeling, elf child. **~ˌbank** *f* ⟨-; -en⟩ discount house. **~beˌstand** *m* bill holdings *pl.* **~beˌzie·hung** *f* correlation, interrelation; **in ~ stehen** *a.* correlate (*od.* interrelate) (**mit** with). **~ˌbuch** *n* bill book. **~ˌbür·ge** *m* bill surety. **~ˌbürg·schaft** *f* guarantee (*od.* suretyship) (on a bill). **~disˌkont** *m*, **~dis·konˌtie·rung** *f* bill discount(ing). **~disˌkontˌsatz** *m* discount rate. **~do·miˌzil** *n* domicile of a bill. **≈ˌfä·hig** *adj* authorized to draw bills. **~ˌfäl·le** *pl* vicissitudes, *colloq.* ups and downs *of life, etc.* **~ˌfäl·scher** *m* bill forger. **~ˌfäl·schung** *f* forgery of bills. **~ˌfie·ber** *n med.* intermittent fever, (*Malaria*) malaria, paludism. **~ˌfol·ge** *f* alternation, rotation. **~ˌfor·de·run·gen** *pl* bill-based claims, (*Buchungsposten*) bills receivable. **~ˌge·ber** *m* drawer. **~ˌgeld** *n* (small) change. **~geˌsang** *m* antiphony. **~geˌschäft** *n* bill business. **~geˌsetz** *n* Bills of Exchange Act. **~geˌspräch** *n* dialog(ue *Br.*). **~geˌtrie·be** *n mot.* (change) gearbox, *Am.* transmission. **~ˌgi·ro** *n* indorsement (on a bill). **~ˌgläu·bi·ger** *m* bill creditor.

ˈwech·sel·haft *adj* changeable, unsettled, variable.

ˈWech·sel|ˌinˌha·ber *m* billholder. **~inˌkas·so** *n* collection of a bill. **~ˌjah·re** *pl physiol.* change *sg* of life, menopause *sg*, climacteric (period) *sg*. **~kasˌset·te** *f* interchangeable film cassette. **~ˌkla·ge** *f* action on (*od.* arising out of) a bill; **~ erheben** sue on a bill of exchange. **~konˌtakt** *m electr.* alternating contact. **~ˌkon·to** *n* bills account. **~kreˌdit** *m* **1.** acceptance credit. **2.** discount credit. **~ˌkurs** *m* rate of exchange, (foreign) exchange rate. **~ˌlaufˌzeit** *f* currency (*od.* life) of a bill. **~ˌmak·ler** *m* bill broker.

wech·seln [ˈvɛksəln] **I** *v/t* ⟨h⟩ **1.** *allg.* (*Kleidung, Reifen, Öl, Beruf, Ansichten, Thema, Namen, Partei, Schauplatz, Partner, Arzt etc*) change; **den** (*od.* **s-n**) **Platz ~** change one's seat; **die Wohnung ~** change one's address, move (house); **die Farbe ~** change colo(u)r; **mehrmals die Schule ~** change schools several times; *mot.* **die Fahrbahn ~** change (*Am.* switch) lanes. **2.** (*austauschen*) exchange, trade; **Blicke** (**die Ringe**) **~** exchange glances (rings); **ein paar Worte ~** exchange a few words (**mit** with); (**mit j-m**) **den Platz** (*od.* **die Plätze**) **~** exchange (*od.* trade) seats (with s.o.); **es wurden Schüsse gewechselt** shots were traded. **3.** (*Währungen um~*) change; **Mark in** (*od.* **gegen**) **Dollars ~** change marks into dollars. **4.** (*Geldschein etc*) change; **kannst du mir zehn Mark ~?** can you change me (*od.* give me [the] change for) ten marks? **5.** (*ab~ lassen*) alternate, *turnusmäßig*: *a.* rotate. **II** *v/i* **6.** *Wetter, Stimmung etc*: change. **7.** (*variieren, unterschiedlich sein*) vary. **8.** *Wild*: cross; *fig.* **über die Grenze ~** cross the border. **~d I** *adj* changing, varied, varying; **mit ~em Erfolg** with varying success. **II** *adv meteor.* **~ bewölkt** cloudy with sunny intervals.

ˈWech·sel|ˌneh·mer *m* payee (of a bill). **~ˌob·li·go** *n* liability on bills. **~ˌpa·ri** *n* par of exchange. **~proˌtest** *m* protest (of a bill); **~ einlegen** have a bill protested. **~ˌrah·men** *m* quick-change picture frame. **~ˌrecht** *n* ⟨-(e)s; *no pl*⟩ law on (*od.* relating to) bills of exchange. **~ˌre·de** *f* dialog(ue *Br.*). **~ˌrei·ter** *m* bill jobber. **~rei·teˈrei** [ˌvɛksəl-] *f* bill jobbing. **~ˌschuld** *f* bill debt, *Bilanz*: *pl* liabilities on bills. **~ˌschuld·ner** *m* bill debtor.

ˈwech·selˌsei·tig *adj* mutual, reciprocal. **≈keit** *f* ⟨-; *no pl*⟩ mutuality, reciprocity.

ˈWech·sel|ˌspan·nung *f electr.* alternating voltage. **~ˌspiel** *n* interplay. **~ˌsprechˌanˌla·ge** *f* intercom(munication system). **≈ˌstän·dig** *adj bot.* alternate.

ˈWech·selˌstrom *m* alternating current (*abbr.* A.C.). **~ge·neˌraˌtor** *m* A.C. generator, alternator. **~ˌmo·tor** *m* A.C. motor. **~te·le·graˌphie** *f* voice frequency carrier telegraphy.

ˈWech·sel|ˌstu·be *f* exchange office. **~ˌtier·chen** *n* → **Amöbe**. **~ˌumˌlauf** *m* circulation of bills. **~verˌbind·lich·keit** *f* → **Wechselobligo**. **≈ˌvoll** *adj* eventful, varied. **~ˌwäh·ler** *m pol.* floating voter, *Br. a.* floater, *pl a.* floating vote. **≈ˌwarm** *adj zo.* poikilothermic; **~e Tiere** poikilotherms. **≈ˌwei·se** *adv* alternately, by turns. **~ˌwir·kung** *f* interaction, reciprocal action, reciprocity.

ˈWechs·ler *m* ⟨-s; -⟩ changer; → **Geldwechsler, Plattenwechsler** *etc.*

ˈWeck·amin [-ˀaˌmi:n] *n* ⟨-s; -e⟩ *pharm.* cerebral stimulant of the amine group.

ˈWeckˌaufˌtrag *m teleph.* wake-up order.

wecken (*getr.* -k·k-) [ˈvɛkən] **I** *v/t* ⟨h⟩ **1.** wake(n), call, (*aus dem Schlaf reißen*) wake *s.o.* up, rouse, waken; **der Lärm hat mich geweckt** the noise woke me up. **2.** *fig. allg.* awaken, (*Neugier, Verdacht, Interesse etc*) *a.* (a)rouse, (*Leidenschaft*) *a.* arouse, kindle, (*Erinnerungen*) *a.* revive, bring back, (*Bedarf*) create. **II** **≈** *n* ⟨-s⟩ **3.** (a)wakening (*etc*); **um acht**

Uhr ist 2 one has to get up at eight o'clock. **4.** *mil.* reveille; → **Urlaub** 3.

ˈWecken (*getr.* **-k·k-**) *m* ⟨-s; -⟩ *dial.* **1.** loaf. **2.** roll.

ˈWecker (*getr.* **-k·k-**) *m* ⟨-s; -⟩ **1.** alarm (clock); **den ~ auf acht (Uhr) stellen** set the alarm for eight (o'clock); *colloq.* **j-m auf den ~ gehen** (*od.* **fallen**) get on s.o.'s nerves, get s.o.'s goat. **2.** *teleph.* ringer, bell. **~ˌuhr** *f* alarm (clock), *kleine*: alarm watch.

ˈWeckˌglas (*TM*) *n* ⟨-es; ⸚er⟩ preserving jar.

ˈWeck|ˌmit·tel *n pharm.* (cerebral) stimulant. **~ˌruf** *m teleph.* waking call.

We·del [ˈveːdəl] *m* ⟨-s; -⟩ **1.** whisk, (*Staub*2) *a.* duster. **2.** *R.C.* aspergillum. **3.** *bot.* frond. **4.** *des Rehwilds*: single.

ˈwe·deln I *v/i* ⟨h⟩ **1.** (*a.* **mit dem Schwanz ~**) *Hund*: wag its tail. **2.** (*sich bewegen*) wag, wave, *stärker*: flutter; **mit dem Taschentuch ~** wave one's handkerchief. **3.** *Skisport*: wedel(n). **II** *v/t* **4.** whisk (**die Fliegen vom Kuchen** the flies off the cake). **III** 2 *n* ⟨-s⟩ **5.** *Skisport*: wedeln.

we·der [ˈveːdər] *conj* **~ … noch** neither … nor …, not either … or …; **er hat ~ geschrieben noch angerufen** he neither wrote nor called (*od.* nor did he call), he didn't either write or call, he didn't write nor did he call; **sie wußte ~ ein noch aus** she didn't know where (*od.* which way) to turn.

weg [vɛk] *adv* **1.** (*fort*) gone, (*außer Haus, verreist etc*) away, absent, not in; **das Buch ist ~** the book is (*od.* has) gone; **sie war schon ~** she had already gone (*od.* left), she was already away; **er ist schon seit einigen Tagen ~** he has been away for several days; **ich muß ~** I must be off; **ich muß hier ~, ich muß ~ von hier** I have to go away from (*od.* to leave) here; *colloq.* **nichts wie ~ von hier!** let's go!; **~ da!, ~ mit dir** (*od.* **euch**)**!** (be) off with you!, be gone!; **Finger ~!, Hände ~!** hands off!; **~ damit!** (chuck the whole lot) out!; **hintereinander ~** in one go. **2.** (*entfernt*) *3 miles, far, etc* away, off; **~ von** away from; **weit ~ von** far (away) from; **er ist weit ~** he is far away (*od.* afield). **3.** *colloq.* → **hinweg. 4.** *fig. colloq.* **sie war ganz** (*od.* **einfach, vollkommen**) **~** a) (*begeistert*) she was in raptures (**von** over, about), *als sie das Kleid sah etc*: she went into raptures, she simply went out of her mind, b) (*sprachlos*) she was quite speechless (*od.* thunderstruck, stunned).

Weg [veːk] *m* ⟨-(e)s; -e⟩ **1.** path, *breiter*: lane, (*bes. Wander*2) trail, track, path, (*Straße*) road; **wohin des ~(e)s?** where are you going (*od.* off) to?; **der ~ steigt an** the path climbs; **hier scheiden** (*od.* **trennen**) **sich unsere ~e** this is where our paths (*fig.* our roads) part; *fig.* **neue ~e gehen** (*od.* **einschlagen, beschreiten**) open up new paths (*od.* ways); **der gerade ~ ist der beste** (*Sprichwort*) honesty is the best policy; *colloq.* **den ~ unter die Füße** (*od.* **zwischen die Beine**) **nehmen** get a move on, hurry up. **2.** (*Spaziergang*) walk; **ein ~ von zwanzig Minuten** a twenty-minute walk, twenty minutes' walk. **3.** (~*strecke*) way; **mein ~ führte mich bei Ihnen vorbei** I was (just) on my way past your house; **wir haben schon ein großes Stück ~(e)s zurückgelegt** we've come a good way, we've covered a good (*od.* quite a) distance; **wir haben denselben ~** we are going the same way; *a. fig.* **es ist ein weiter** (*od.* **langer**) **~ nach** (*fig. a.* **bis**) it is a long way to; *a. fig.* **j-m den ~ zeigen** (*od.* **weisen**) show s.o. the way; **enttäuscht ging er s-r ~e** disappointed he went on his way; → **bahnen. 4.** *fig.* way, road; **der ~ zum Erfolg** the road (*od.* way) to success; **der ~ der Tugend** the way of virtue; **Gottes ~e** the ways of God; *j-m od. e-r Sache* **den ~ bereiten** (*od.* **ebnen**) pave the way for, *e-r Sache*: *a.* prepare the ground for; **der junge Mann wird s-n ~ (schon) machen** the young man will make his way to the top (*colloq.* will go places); **(unbeirrt) s-n ~ gehen** go one's own way (unswervingly); **s-e eigenen ~e gehen** go (*od.* take) one's own way; *colloq.* **da führt kein ~ dran vorbei** there's no way (of getting) (a)round it. **5.** (*Reise*2) route; **auf dem ~e über** (*acc*) by way of, via. **6.** (*Verlauf, vorgezeichnete Bahn*) course. **7.** *colloq.* (*Besorgung*) errand; **j-m e-n ~ abnehmen** do an errand for s.o. **8.** *fig.* (*Möglichkeit*) way, (*Methode*) method; **ein gangbarer ~** a feasible method (*od.* way); **es bleibt mir kein anderer ~** there is no other way for me, I have no choice (*od.* option); **wir werden schon e-n ~ finden, ihm zu helfen** we'll find a way of helping him; **neue ~e in der Kindererziehung** new methods in child education.

Verbindungen mit Präpositionen:

die Blumen am ~(e) the flowers along the way(side); **am ~(e) sitzen** sit by the wayside; **er ist schon auf dem ~(e) (zu Ihnen, nach X)** he is on his way (to you, to X); **sich auf den ~ machen** set out (*od.* start) (**nach** for); **ich traf sie auf dem ~ zum Bahnhof** I met her on my (*od.* the) way to the station; **das liegt (nicht) auf m-m ~** that is (not) on my way; *fig.* **j-n auf s-m letzten ~ begleiten** accompany s.o. on his last journey; **j-m e-n Ratschlag mit auf den ~ geben** give s.o. a piece of advice to take with him; **auf dem ~(e) der Besserung sein** be improving (*od.* recovering), *colloq.* be on the mend; **ein Schritt auf dem ~(e) zur europäischen Einigung** a step toward(s) (*od.* on the way to) European unity; **auf dem besten ~(e) sein** be well on one's way (**zu et.** to s.th., **zu** *inf* to *ger*); **auf diesem ~(e)** (*auf diese Weise*) this way; **auf diplomatischem ~e** through diplomatic channels, *fig.* diplomatically; **auf direktem ~(e)** direct, *fig.* directly; *fig.* **auf friedlichem ~(e)** by peaceful means, peaceably; **auf dem falschen (richtigen) ~ sein** be on the right (wrong) path (*fig.* track); *fig.* **auf gesetzlichem** (*od.* **legalem**) **~(e)** by legal means, legally; **auf gerichtlichem ~(e)** by legal steps, legally; **wie komme ich auf dem kürzesten** (*od.* **schnellsten**) **~(e) nach?** what is the quickest (*od.* shortest) way to X?; *fig.* **j-n wieder auf den geraden** (*od.* **richtigen**) **~ bringen** bring s.o. back to the straight and narrow; **auf schlimme ~e geraten** fall into bad ways; **j-m aus dem ~(e) gehen** get (*od.* stand, step) out of s.o.'s way, *fig.* keep out of s.o.'s way, give s.o. a wide berth; *fig.* **e-r Sache aus dem ~(e) gehen** avoid (*od.* evade, steer clear of) s.th.; *colloq.* **der Arbeit aus dem ~(e) gehen** avoid (*od.* shirk) work; *fig.* **aus dem ~(e) räumen** (*od.* **schaffen**) (*Person*) put *s.o.* out of the way, (*Hindernis, Schwierigkeiten etc*) get *s.th.* out of the way, clear *s.th.* away; **j-m in den ~ laufen** run into s.o.; *fig.* **j-m Hindernisse in den ~ legen** put obstacles in s.o.'s way; **ich möchte Ihnen nichts in den ~ legen** don't let me hinder you, go right ahead; **in die ~e leiten** set *s.th.* on foot, initiate, start, (*vorbereiten*) prepare, pave the way for; **j-m im ~(e) stehen** (*od.* **sein**) *a. fig.* stand (*od.* be) in s.o.'s way; *fig.* **e-r Sache im ~(e) stehen** prevent (*od.* hinder, stop, be an obstacle to) s.th.; **dem steht nichts im ~e** there's nothing to prevent it, there's no reason why that should not be (done), *engS. colloq.* you just go ahead, please yourself; **dem steht wiederum im ~e, daß** the trouble, on the other hand, is (that); *a. fig.* **sich j-m in den ~ stellen** bar (*od.* get in) s.o.'s way; **ein Eichhörnchen lief (mir) über den ~** a squirrel ran across the (my) path; *fig. colloq.* **er ist mir vor ein paar Tagen über den ~ gelaufen** I bumped into him a couple of days back; **ich traue ihm nicht über den ~** I don't trust him out of my sight (*od.* round the corner); **vom ~(e) abkommen** lose one's way, *a. fig.* go astray; → **halb** 1, 4.

ˈweg|ˌät·zen [ˈvɛk-] *v/t* ⟨*sep*, -ge-, h⟩ **1.** *med.* cauterize. **2.** *metall.* etch *s.th.* away. **~beˌge·ben** *v/reflex* ⟨*irr, sep, no* -ge-, h⟩ **sich ~** go away, leave. **~beˌkom·men** *v/t* ⟨*irr, sep, no* -ge-, h⟩ *colloq.* (*Fleck etc*) get *s.th.* off; **j-n von et. ~** get s.o. away from s.th.

ˈWeg|be·rei·ter [ˈveːk-] *m* ⟨-s; -⟩ pioneer, trailblazer; **der ~ sein für** (*od. gen*) pave the way for, blaze a trail for. **~ˌbie·gung** *f* (road) bend.

ˈweg|ˌbla·sen [ˈvɛk-] *v/t* ⟨*irr, sep*, -ge-, h⟩ blow *s.th.* away (*od.* off). **~ˌblei·ben** *v/i* ⟨*irr, sep*, -ge-, sein⟩ *colloq.* **1.** (*nicht [mehr] kommen*) stay away, stop coming. **2. et. kann ~** (*weggelassen werden*) s.th. can be left out (*od.* omitted, dropped). **3. j-m bleibt die Luft weg** s.o. cannot get his breath; → **Luft** 3, **Spucke. ~ˌblicken** (*getr.* **-k·k-**) *v/i* ⟨*sep*, -ge-, h⟩ look away (**von** from). **~ˌbrin·gen** *v/t* ⟨*irr, sep*, -ge-, h⟩ **1.** take *s.o., s.th.* away, move *s.th.* on (*od.* away); **der Junge ist von s-n neuen Spielsachen nicht wegzubringen** it is impossible to get the boy away from his new toys. **2. j-n ~** (*fortbegleiten*) see s.o. off. **3.** (*entfernen*) remove, (*Fleck etc*) *a.* get *s.th.* off (*od.* out), *colloq.* (*Übergewicht, Erkältung etc*) get rid of. **~ˌden·ken** *v/t* ⟨*irr, sep*, -ge-, h⟩ **er ist aus m-m Leben nicht mehr wegzudenken** I cannot imagine my life without him; **dies ist aus dem Erziehungswesen nicht mehr wegzudenken** education would be unthinkable without it. **~dis·kuˌtie·ren** *v/t* ⟨*sep, no* -ge-, h⟩ *colloq.* argue *s.th.* away. **~ˌdrän·gen** *v/t* ⟨*sep*, -ge-, h⟩ push (*od.* shove) *s.o.* away (*od.* aside). **~ˌdür·fen** *v/i* ⟨*irr, sep*, -ge-, h⟩ be allowed (*od.* permitted) to go (away) (*od.* to leave); **darf ich weg?** may I go?

ˈWe·ge|ˌbau *m* ⟨-(e)s; *no pl*⟩ construction of unclassified roads. **~beˌschaf·fen·heit** *f* state of the road(s). **~ˌgeld** *n jur. für Zeugen*: travel(l)ing allowance. **~ˌkar·te** *f* map of trails (*od.* [foot]paths, walks). **~ˌla·ge·rer** *m* ⟨-s; -⟩ *hist.* highwayman. **2ˌla·gern** *v/i* ⟨*insep*, ge-, h⟩ waylay travel(l)ers. **~marˌkie·rung** *f* path (*od.* trail) mark(ing).

we·gen [ˈveːgən] *prep* **I** ⟨*gen*⟩ **1.** because of, on account of; **~ der Nachbarn** because of the neighbo(u)rs, for fear of what the neighbo(u)rs might say; **~ Unpünktlichkeit entlassen werden** be dismissed for unpunctuality. **2.** for *s.o.'s, s.th.'s* sake, for the sake of, on account of; **er hat es ~ s-r Kinder getan** he did it for his children's sake (*od.* for the benefit of his children); **der Freundschaft ~** for friendship's sake; **der Kürze ~** for the sake of brevity. **3.** (*infolge*) due to, owing to, as a result of. **4.** *colloq.* **von ~!** a) *ironisierend*: that's what you think!, you must be kidding!, b) *verneinend, ablehnend*: no chance!, no hope!; **von ~ angenehm!** did you say pleasant? **II** <*dat*> **5. ~ Geschäften verhindert sein** be prevented by business; *colloq.* **~ dem Hund** because of the dog; **~ mir** I don't mind. **III** <*nom*> **6. ~ Umbau (Krankheit) geschlossen** closed for renovations (because of illness).

ˈWe·geˌnetz *n* network of roads. **~ˌrecht** *n* right of way.

We·ge·rich [ˈveːgərɪç] *m* <-**s**; -**e**> *bot.* plantain.

ˈweg‖es·sen [ˈvɛk-] *v/t* <*irr, sep, pp* **weggegessen**, h> eat up; **j-m den Kuchen ~** eat (up) s.o.'s cake. **~ˌfah·ren I** *v/i* <*irr, sep,* -ge-, **sein**> **1.** leave, go away, *im Wagen*: *a.* drive away (*od.* off), *mit dem Fahrrad*: ride (*od.* cycle) away; → **Nase** 1. **2.** *colloq.* (*verreisen*) go away (**mit dem Auto** by car). **II** *v/t* <h> **3.** carry (*im Wagen*: drive) *s.o., s.th.* away, (*Auto etc*) drive *s.th.* away (*od.* off), (*Fahrrad*) ride (*od.* wheel) *s.th.* away. **≗fall** *m* <-(e)s; *no pl*> (*Auslassung*) omission, (*Aufhören*) cessation, (*Abschaffung*) abolition, *a. weitS. von Gründen, Hindernissen etc*: removal, *jur. von Ansprüchen, Rechten*: lapse; **bei ~ dieser Bestimmung** should this regulation no longer exist (*od.* apply); **in ~ kommen** a) cease to exist (*od.* apply), b) → **~ˌfal·len** *v/i* <*irr, sep,* -ge-, **sein**> **1.** (*ausgelassen werden*) be omitted (*od.* left out, dropped); **~ lassen** drop, omit, leave *s.th.* out. **2.** (*beseitigt werden*) *Schwierigkeiten, Hindernis etc*: be cleared up. **3.** (*aufhören*) stop, be stopped, be cancel(l)ed, (*abgeschafft werden*) be abolished; **in Zukunft werden diese Zuschüsse ~** these allowances will be stopped in (the) future. **4.** (*unterbleiben*) not to take place; **diese Arbeit fällt im Sommer weg** this work is not necessary in (the) summer. **~ˌfan·gen** *v/t* <*irr, sep,* -ge-, h> *colloq.* (j-m) et. ~ snatch s.th. away (from s.o.). **~ˌfe·gen** *v/t* <*sep,* -ge-, h> *a. fig.* sweep *s.th.* away. **~ˌflie·gen** *v/i* <*irr, sep,* -ge-, **sein**> *Vogel etc*: fly away, fly off, *Hut, Papier etc*: blow (*od.* be blown) off (*od.* away). **~ˌfres·sen** *v/t* <*irr, sep,* -ge-, h> *vulg. for* **wegessen**. **~ˌfüh·ren** *v/t* <*sep,* -ge-, h> lead (*od.* take) (*s.o., an animal*) away. **≗gang** *m* <-(e)s; *no pl*> leaving, going away, departure; **sein ~ ist ein großer Verlust** his leaving is a great loss. **~ˌge·ben** *v/t* <*irr, sep,* -ge-, h> give (*s.th., s.o., an animal*) away. **~geˌbla·sen** *adj colloq.* **m-e Schmerzen waren wie ~** my pains had completely disappeared.

ˈWeg·geˌfähr·te [ˈveːk-] *m a. fig.* companion.

ˈweg‖ge·hen [ˈvɛk-] **I** *v/i* <*irr, sep,* -ge-, **sein**> **1.** go away, leave, *engS.* walk away (*od.* off); **geh weg!** go away!, leave me alone!; *colloq.* **geh mir weg damit!** don't bother me with that!; *fig.* **er ist von der Firma weggegangen** he left the firm. **2.** *fig. colloq. Schmerzen etc*: go away, disappear, *Schmutz etc*: come off, *Fleck*: *a.* come out, *Ware*: sell; **~ wie warme Semmeln** sell like hot cakes. **II ≗** *n* <-s> **3. ich war gerade beim** (*od.* **am**) **≗, als** I was just leaving when; **beim ≗ winkte er** he waved as he left; **vor s-m ≗** before his departure. **~geˌtre·ten** *adj fig.* **geistig ~ sein** have one's thoughts elsewhere. **~ˌgie·ßen** *v/t* <*irr, sep,* -ge-, h> pour *s.th.* out (*od.* away). **~ˌha·ben** *v/t* <*irr, sep,* -ge-, h> *colloq.* **1. et.** (**j-n**) **~ wollen** want to get (*od.* be) rid of s.th. (s.o.); **ich will den Tisch hier ~** I want the table taken away from here. **2. et. ~** a) (*beherrschen*) have got the hang (*od.* knack) of s.th., b) (*bekommen haben*) have had (*od.* got) s.th.; **der hat was weg** he is very brainy (*od.* clever); **schnell (et)was ~** catch (*od.* cotton on to) s.th. quickly; *colloq.* **der hat e-n** (*od.* **e-n Schlag, e-n Leichten**) **weg** a) (*ist betrunken*) he is tight, b) (*ist verrückt*) he has a screw loose; → **Fett** 1, **Ruhe** 3, **Teil** 2. **~ˌhal·ten** *v/t* <*irr, sep,* -ge-, h> hold *s.th.* away. **~ˌhän·gen** *v/t* <*sep,* -ge-, h> hang *s.th.* away. **~ˌhau·en** *v/t* <*irr, sep,* -ge-, h> hew (*od.* hack, cut) *s.th.* away (*od.* off). **~ˌho·len** *v/t* <*sep,* -ge-, h> fetch (*od.* take) *s.o., s.th.* away; *colloq.* **sich e-e Erkältung ~** catch (a) cold. **~ˌja·gen** *v/t* <*sep,* -ge-, h> drive (*od.* chase) (*s.o., an animal*) away. **~ˌkeh·ren** *v/t* <*sep,* -ge-, h> sweep *s.th.* away. **~ˌkom·men** *v/i* <*irr, sep,* -ge-, **sein**> *colloq.* **1.** get away (*a. Läufer etc beim Start*); **vom Büro (von der Arbeit) ~** get away from the office (from one's work); **ich komme wenig weg** *a.* I don't go out much; **machen Sie, daß Sie ~!** get away!, clear off!, clear out!; **ich mache, daß ich hier wegkomme** I'd better get away from here; *fig.* **sie kommt nicht vom Spiegel weg** she is always at the mirror. **2.** (*abhanden kommen*) get lost, *weitS.* be stolen. **3.** *fig.* **gut (schlecht) ~** come off (*od.* do) well (badly) (**bei** at); **~ über** (*acc*) get over *s.th.* **~ˌkrat·zen** *v/t* <*sep,* -ge-, h> scratch *s.th.* off.

ˈWegˌkreu·zung [ˈveːk-] *f* crossroad(s *pl als sg od. pl konstruiert*), crossway(s *pl*).

ˈwegˌkrie·gen [ˈvɛk-] *v/t* <*sep,* -ge-, h> → **wegbekommen**.

ˈwegˌkun·dig [ˈveːk-] *adj* familiar with the paths; **~ sein** *a.* know the paths.

ˈweg‖las·sen [ˈvɛk-] *v/t* <*irr, sep,* -ge-, h> **1. et. ~** leave s.th. out, omit (*od.* drop) s.th. **2. j-n ~** let s.o. go. **≗las·sung** *f* <-; -en> omission. **~ˌlau·fen** *v/i* <*irr, sep,* -ge-, **sein**> **1.** run away, run off, dash off, (*ausreißen*) run away (**vor** from); *fig.* **ihm ist die Frau weggelaufen** his wife has run away from him; *colloq.* **das läuft (mir) nicht weg** *Arbeit etc*: that won't run away. **2.** *Flüssigkeit*: run off, flow off. **~ˌle·gen** *v/t* <*sep,* -ge-, h> lay (*od.* put) *s.th.* away (*od.* aside). **~ˌleug·nen** *v/t* <*sep,* -ge-, h> deny *s.th.* (flatly), argue *s.th.* away.

ˈweg·los [ˈveːk-] *adj* pathless.

ˈweg‖ma·chen [ˈvɛk-] *colloq.* **I** *v/t* <*sep,* -ge-, h> remove, get *s.th.* off; **sich** (*dat*) **ein Kind ~ lassen** get rid of a child. **II** *v/reflex* **sich ~** make off.

ˈWeg|marˌkie·rung [ˈveːk-] *f* path (*od.* trail) marking(s *pl*). **~ˌmes·ser** *m* (h)odometer.

ˈweg‖müs·sen [ˈvɛk-] *v/i* <*irr, sep,* -ge-, h> have to go (*od.* leave); **ich muß jetzt weg** I'll be off now; **das muß weg** that must go; **das Plakat muß weg** the poster must be taken down (*od.* removed). **≗nah·me** *f* <-; -n> **1.** removal. **2.** (**widerrechtliche ~** unlawful) taking. **~ˌneh·men** *v/t* <*irr, sep,* -ge-, h> **1.** take *s.th.* away, remove (*beide*: **von** from), take *s.th.* off; **nimm die Sachen dort weg** take those things away; **nehmen Sie bitte Ihre Hand von m-r Schulter weg** please take your hand off my shoulder. **2.** (*an sich nehmen*) take, *weitS.* steal, (*beschlagnahmen*) seize, confiscate; **j-m et. ~** take s.th. (away) from s.o., *weitS.* rob (*od.* deprive) s.o. of s.th.; **man hatte ihnen alles weggenommen** everything had been taken (away) from them; **j-m die Frau ~** take (*od.* steal) s.o.'s wife. **3.** *fig.* (*beanspruchen*) take (up); **viel Platz ~** take (up) (*od.* occupy) a lot of space. **4.** → **Gas** 3. **~ˌpacken** (*getr.* -**k·k**-) **I** *v/t* <*sep,* -ge-, h> pack (*od.* stow, tuck) *s.th.* away. **II** *v/reflex* **sich ~** → **wegscheren**. **~ˌput·zen** *v/t* <*sep,* -ge-, h> **1.** clean *s.th.* up, wipe *s.th.* off (*od.* away). **2.** *colloq.* (*aufessen*) polish *s.th.* off, gobble up. **3.** *colloq.* (*abknallen*) pick (*od.* snipe) *s.o.* off. **~raˌdie·ren** *v/t* <*sep, no* -ge-, h> erase. **~ˌraf·fen** *v/t* <*sep,* -ge-, h> **1.** snatch *s.th.* up, grab. **2.** *fig. Krankheit, Tod*: carry *s.o.* off.

ˈWegˌrand [ˈveːk-] *m* (**am ~** by the) wayside.

ˈweg|ra·tio·na·liˌsie·ren [ˈvɛk-] *v/t* <*sep, no* -ge-, h> (*Arbeitsplätze etc*) rationalize (*jobs, etc*) out of existence. **~ˌräu·men** *v/t* <*sep,* -ge-, h> (*Schutt, Hindernis etc*) clear *s.th.* away, remove, (*Geschirr etc*) put *s.th.* away. **~ˌrei·ßen** *v/t* <*irr, sep,* -ge-, h> **1.** (*niederreißen*) pull (*od.* tear) *s.th.* down, demolish. **2.** (*wegspülen*) sweep *s.th.* away; **das Wasser hat die Brücke weggerissen** the water swept (*od.* washed) the bridge away. **3.** tear *s.th.* away (*od.* off); **j-m et. ~** snatch (*od.* jerk) s.th. (away) from s.o. **~ˌrei·ten** *v/i* <*irr, sep,* -ge-, **sein**> ride off (*od.* away). **~ˌren·nen** *v/i* <*irr, sep,* -ge-, **sein**> → **weglaufen** 1. **~ˌrücken** (*getr.* -**k·k**-) **I** *v/t* <*sep,* -ge-, h> (*Tisch, Schrank etc*) push (*od.* move) *s.th.* away. **II** *v/i* <**sein**> move (*od.* edge) away (*od.* off). **~ˌru·fen** *v/t* <*irr, sep,* -ge-, h> **j-n ~** call s.o. away (**von** from). **~ˌsacken** (*getr.* -**k·k**-) *v/i* <*sep,* -ge-, **sein**> *bes. mar.* sag away. **~ˌschaf·fen** *v/t* <*sep,* -ge-, h> **1.** clear *s.th.* away, carry (*od.* transport) *s.o., s.th.* off (*od.* away). **2.** get rid of, get *s.o., s.th.* out of the way.

ˈWegˌschei·de [ˈveːk-] *f* <-; -n> road fork, (bi)furcation.

ˈweg‖sche·ren [ˈvɛk-] *v/reflex* <*sep,* -ge-, h> **sich ~** *colloq.* clear off (*od.* out); **scher dich weg!** *sl. a.* scram!, beat it! **~ˌschicken** (*getr.* -**k·k**-) *v/t* <*sep,* -ge-, h> **1.** (*Brief etc*) send *s.th.* off (*od.* away), dispatch, post, *bes. Am.* mail. **2.** (*j-n*) send; **ich habe ihn zum Einkaufen weggeschickt** I have sent him to do some shopping. **3.** (*abweisen*) send (*od.* turn) *s.o.* away, (*fortjagen*) *colloq.* send *s.o.* packing. **~ˌschie·ben** *v/t* <*irr, sep,* -ge-, h> push (*colloq.* shove) *s.th.* away. **~ˌschlei·chen** *v/i* <*irr, sep,* -ge-, **sein**> *u.* **sich ~** *v/reflex* <h> steal (*od.* sneak, *bes. schuldbewußt*: slink) away. **~ˌschlep·pen I** *v/t* <*sep,* -ge-, h> drag (*od.* haul, lug) *s.o., s.th.* away (*od.* off). **II** *v/reflex* **sich ~** drag o.s. off, trudge away. **~ˌschlie·ßen** *v/t* <*irr, sep,* -ge-, h> lock *s.th.* away. **~ˌschlüp·fen** *v/i* <*sep,* -ge-, **sein**> slip away. **~ˌschmei·ßen** *v/t* <*irr, sep,* -ge-, h> *colloq.* chuck *s.th.* away. **~ˌschnap·pen** *v/t* <*sep,* -ge-, h> *fig. colloq.* **j-m et. ~** snatch (*od.* take) s.th. (away) from s.o.; **j-m sein Mädchen ~** *a.* pinch s.o.'s girl; **j-m den Parkplatz ~** nab s.o.'s parking space; → **Nase** 1.

ˈWegˌschnecke (*getr.* -**k·k**-) [ˈveːk-] *f zo.* slug.

ˈweg‖schüt·ten [ˈvɛk-] *v/t* <*sep,* -ge-, h> dump *s.th.* (away), (*Flüssigkeit*) pour *s.th.* away. **~ˌschwem·men** *v/t* <*sep,* -ge-, h> wash *s.th.* away. **~ˌschwim·men** *v/i* <*irr, sep,* -ge-, **sein**> *Person*: swim away (*od.* off), *Sache*: float (*od.* drift) away (*od.* off); → **Fell** 3. **~ˌse·hen** *v/i* <*irr, sep,* -ge-, h> (**von** from) look away, avert one's eyes; *fig.* **~ über** (*acc*) overlook, shut one's eyes to. **~ˌseh·nen** *v/reflex* <*sep,* -ge-, h> **sich ~** long to go (*od.* be) away. **~ˌset·zen I** *v/t* <*sep,* -ge-, h> **1.** (*Schüler etc*) move *s.o.* (away). **II** *v/reflex* <h> **sich ~ 2.** move away (*od.* to another seat). **3. sich ~ über** (*acc*) → **hinwegsetzen**. **~ˌspü·len** *v/t* <*sep,* -ge-, h> **1.** (*Ufer etc*) wash *s.th.* away. **2.** *mit Wasser*: wash *s.th.* off (*od.* away), *in der Toilette*: flush *s.th.* away. **~ˌstecken** (*getr.* -**k·k**-)

v/t ‹*sep*, -ge-, h› put (*od.* tuck) *s.th.* away. **~ˌsteh·len** *v/reflex* ‹*irr, sep*, -ge-, h› **sich ~** → **wegschleichen.** **~ˌstel·len** *v/t* ‹*sep*, -ge-, h› put (*od.* set) *s.th.* away. **~ˌster·ben** *v/i* ‹*irr, sep*, -ge-, **sein**› die off. **~ˌsteu·ern** *v/t* ‹*sep*, -ge-, h› (*Geld*) tax away. **~ˌsto·ßen** *v/t* ‹*irr, sep*, -ge-, h› push (*mit dem Fuß*: kick) *s.o., s.th.* away. **~ˌstre·ben** *v/i* ‹*sep*, -ge-, **sein** *u.* h› **~ von** tend away from.

ˈ**Weg|ˌstrecke** (*getr.* **-k·k-**) [ˈveːk-] *f* stretch of road, (*Entfernung*) distance, *zurückgelegte*: distance covered, mileage. **~stun·de** *f* hour's walk; **drei ~n von hier** three hours' walk (*od.* a three-hour walk) from here.

ˈ**weg|ˌtra·gen** [ˈvɛk-] *v/t* ‹*irr, sep*, -ge-, h› carry (*od.* take) *s.o., s.th.* away. **~ˌtrei·ben I** *v/t* ‹*irr, sep*, -ge-, h› drive (*s.o., an animal*) away. **II** *v/i* ‹**sein**› *auf dem Wasser*: float (*od.* drift) away. **~ˌtre·ten** *v/i* ‹*irr, sep*, -ge-, **sein**› **1.** step aside, step back. **2.** *mil.* break (the) ranks; **~ lassen** dismiss; **weggetreten!** dismiss(ed *Am.*). **~ˌtun** *v/t* ‹*irr, sep*, -ge-, h› *colloq.* **1.** (*wegräumen*) put *s.th.* away. **2.** (*wegwerfen*) throw *s.th.* out (*od.* away).

ˈ**Weg|ˌwar·te** [ˈveːk-] *f* ‹-; -n› *bot.* (wild) succory, chic(c)ory. **ᴤˌwei·send** [-ˌvaɪzənt] *adj fig.* trailblazing, pathbreaking. **~ˌwei·ser** [-ˌvaɪzər] *m* ‹-s; -› **1.** fingerpost, signpost, road sign. **2.** *für e-n Gebäudekomplex*: directory. **3.** *fig.* (*Leitfaden, Stadtführer etc*) guide.

ˈ**wegˌwer·fen** [ˈvɛk-] **I** *v/t* ‹*irr, sep*, -ge-, h› throw *s.th.* away (*a. fig. Geld, Leben etc*). **II** *v/reflex* **sich** (**an j-n**) **~** throw o.s. away (on s.o.). **~d** *adj* derogatory, disparaging.

ˈ**Wegˌwerf|ge,sell·schaft** [ˈvɛk-] *f* waste-oriented society. **~gü·ter** *pl* disposables, throw-aways. **~in·duˌstrie** *f* disposables industry. **~ˌpackung** (*getr.* **-k·k-**) *f* disposable (*od.* throw-away) package (*od.* wrapping). **~ˌwa·ren** *pl* disposables, throw-aways. **~ˌzeitˌal·ter** *n the* age of disposables.

ˈ**weg|ˌwi·schen** [ˈvɛk-] *v/t* ‹*sep*, -ge-, h› **1.** (*Fleck etc*) wipe *s.th.* off (*od.* away), (*Geschriebenes etc, a. fig. Erinnerungen etc*) wipe (*od.* blot) *s.th.* out, efface. **2.** *fig.* (*Einwand etc*) brush (*od.* wave) *s.th.* aside. **~ˌzau·bern** *v/t* ‹*sep*, -ge-, h› conjure (*od.* spirit) *s.th.* away.

ˈ**Weg|ˌzeh·rung** [ˈveːk-] *f* **1.** provisions *pl* for the journey. **2.** *R.C.* **letzte ~** viaticum. **~ˌzei·chen** *n* path (*od.* trail) marking.

ˈ**weg|ˌzer·ren** [ˈvɛk-] *v/t* ‹*sep*, -ge-, h› drag (*od.* haul) *s.o., s.th.* away. **~ˌzie·hen I** *v/t* ‹*irr, sep*, -ge-, h› pull *s.o., s.th.* away, (*Vorhang etc*) pull (*od.* draw) *s.th.* back; **j-m den Stuhl ~** pull the chair away from under s.o.; → **Boden.** **II** *v/i* ‹**sein**› *aus e-r Wohnung, von e-r Stadt etc*: move away, leave. **ᴤˌzug** *m* ‹-(e)s; *no pl*› (*Umzug*) move, removal.

weh [veː] **I** *adj* (*wund, verletzt*) sore, bad, (*schmerzend, a. fig.*) aching, painful; **~er Finger** sore finger; *fig.* **mit ~em Herzen** with an aching heart; **ein ~es Gefühl** a painful feeling, a pang. **II** *adv* **~ tun** be sore, ache, *bei e-r Berührung, Bewegung etc, a. fig. Beleidigung etc*: hurt; **mein Kopf tut mir ~** my head is aching; **mir tut der Hals ~** my throat is sore, I have a sore throat; **au, das tut ~!** ow, that hurts!; **j-m ~ tun** hurt s.o., *fig. a.* grieve (*od.* wound) s.o., cause s.o. pain; **er hat sich am Kopf ~ getan** he hurt his head; → **Seele** 3. **III** *interj* **~** (**dir**), **wenn du das tust!** → **wehe** 2; **~** (**mir**)! woe (is me)!; **ach und ~** (**über j-n**) **rufen** lament (s.o.). **IV ᴤ** *n* ‹-(e)s; -e› *fig.* lament(ation), *lit.* pain, grief, woe; **mit** (*od.* **unter**) **vielen Ach und ᴤ** with much complaining; **da half kein ᴤ und Ach** there was no use (in) complaining.

we·he [ˈveːə] *interj* **1.** → **weh** III. **2.** **~!** don't (you) dare do that!

ˈ**We·he**[1] *n* ‹-s; *no pl*› → **Wohl.**

ˈ**We·he**[2] *f* ‹-; -n› (*Schneeᴤ, Sandᴤ*) drift.

ˈ**We·he**[3] *f* ‹-; -n› *meist pl med.* uterine contraction; **in den ~n liegen** (be in) labo(u)r; **die ~n setzen ein** her pains are beginning.

we·hen [ˈveːən] **I** *v/i* ‹h *u.* **sein**› **1.** ‹h› *Wind*: blow; **der Wind weht scharf** there is a sharp wind (blowing); → **Wind** 1. **2.** ‹**sein**› *Duft, Töne etc*: waft, drift, float. **3.** ‹h› *Fahnen, Haar etc*: wave; **e-e Fahne ~ lassen** fly a flag. **II** *v/impers* ‹h› **4.** blow; **es weht stark** (*od.* **ein starker Wind**) there is a strong wind (blowing). **III** *v/t* ‹h› **5.** (*Blätter, Schnee etc*) blow, (*Wolken, Duft, Töne etc*) waft, drift. **~d** *adj* **mit ~en Haaren** with her, *etc* hair waving; **~de Gewänder** flowing robes.

ˈ**Weh|ge,schrei** *n*, **~ˌkla·ge** *f* lament(ation), wail(ing). **ᴤˌkla·gen I** *v/i* ‹*insep*, -ge-, h› (**über** *acc* over) wail, lament. **II ᴤ** *n* ‹-s› lament(ation), wail(ing); **in lautes ᴤ ausbrechen** break into loud lamentation(s). **ᴤˌkla·gend** *adv* wailfully, woefully.

ˈ**wehˌlei·dig** *adj* whining, *Stimme*: *a.* plaintive; **~ sein** *a.* be a whiner; **sei nicht so ~** stop whining, don't be a crybaby. **ᴤkeit** *f* ‹-; *no pl*› whininess, *der Stimme*: *a.* plaintiveness.

ˈ**Weh|ˌmut** *f* ‹-; *no pl*› (sweet) melancholy, *sehnsüchtige*: wistfulness, *um Vergangenes*: nostalgia. **ᴤˌmü·tig, ᴤˌmutsˌvoll I** *adj* melancholy, wistful, sad, nostalgic. **II** *adv* **~ lächeln** smile wistfully; **sich ~ erinnern an** (*acc*) remember *s.th.* with nostalgia.

Wehr[1] [veːr] *f* ‹-; -en› **1.** ‹*only sg*› (*Abᴤ*) defen/ce (*Am.* -se), resistance; **sich zur ~ setzen** → **wehren** I. **2.** (*Waffe*) weapon, (*Panzer*) armo(u)r, (*Bollwerk*) *a. fig.* bulwark; *poet.* **~ und Waffen** arms *pl.*

Wehr[2] *n* ‹-(e)s; -e› *Wasserbau*: dam, weir, pound-lock.

ˈ**Wehr|ˌaufˌtrag** *m* defen/ce (*Am.* -se) mission. **~beˌaufˌtrag·te** *m* ‹-n; -n› *BRD mil.* Defen/ce (*Am.* -se) Commissioner (of the Bundestag). **~ˌbeiˌtrag** *m* defen/ce (*Am.* -se) contribution. **~beˌreich** *m* military district. **~ˌdienst** *m* ‹-(e)s; *no pl*› (military, *Br. a.* national) service; **zum ~ einberufen werden** be conscripted (*od.* called up, *Am.* drafted) (for military service); **s-n ~ ableisten** do one's military (*od. Br. a.* national) service. **ᴤˌdienstˌpflich·tig** *adj* → **wehrpflichtig.** **~ˌdienst·verˌwei·ge·rer** [-ˌvaɪgərər] *m* ‹-s; -› conscientious objector. **~ˌdienst·verˌwei·ge·rung** *f* conscientious objection.

weh·ren [ˈveːrən] **I** *v/reflex* ‹h› *a. fig.* **sich ~** (**gegen**) defend o.s. (against), resist (*acc*), (*bekämpfen*) fight (*acc*); *fig.* **sich gegen et. ~** (*ablehnen*) refuse to accept s.th., reject (*od.* repudiate) s.th., (*protestieren*) protest against s.th.; → **Hand**[1] *Verbindungen mit Präpositionen*, **Haut** 2. **II** *v/t lit.* **j-m et. ~** prevent (*od.* hinder, stop, keep) s.o. from doing s.th. **III** *v/i lit.* **e-r Sache ~** a) resist s.th., b) arrest s.th.; **e-r Epidemie ~** prevent an epidemic from spreading; **den Anfängen ~** nip things in the bud.

ˈ**Wehr|erˌsatzˌdienst** *m* alternative national service (for conscientious objectors). **~erˌtüch·ti·gung** *f* premilitary training. **~etat** [-ᵓeˌtaː] *m pol.* defen/ce (*Am.* -se) budget. **ᴤˌfä·hig** *adj* **1.** fit for military service, able-bodied. **2.** *Alter*: recruitable. **ᴤˌfreu·dig** *adj* military-minded. **~ˌgang** *m* ‹-(e)s; ⸚e› *arch. hist.* battlements *pl.* **~geˌhän·ge, ~geˌhenk** *n mil. hist.* baldric, sword belt. **~geˌsetz** *n* Military Service Act. **ᴤhaft** *adj Person*: fit to fight, *Burg etc*: well-fortified. **~ˌho·heit** *f* ‹-; *no pl*› military sovereignty. **~ˌkir·che** *f arch. hist.* fortified church. **~ˌkraft** *f* military power. **~ˌkraft·zerˌset·zung** *f* demoralization of the troops. **ᴤlos** *adj* defenceless, *Am.* defenseless, *fig.* (*hilflos*) helpless; (*j-m, et.*) **~ ausgeliefert sein** be defenceless against (*s.o., s.th.*). **~lo·sig·keit** *f* ‹-; *no pl*› defencelessness, *Am.* defenselessness, *a. fig.* helplessness. **~ˌmacht** *f* ‹-; *no pl*› *mil. hist.* (German) Armed Forces *pl*, Wehrmacht. **~ˌmachtsˌan·geˌhö·ri·ge** *m, f* member of the Wehrmacht. **~ˌmel·deˌamt** *n* (local) recruiting station. **~ˌpaß** *m* service record (book). **~ˌpflicht** *f* ‹-; *no pl*› (**allgemeine ~** universal) compulsory military service, (universal) conscription, *Br. a.* national service. **ᴤˌpflich·tig** *adj* liable to military service; **~er Jahrgang** (draft-)age class. **~ˌpflich·ti·ge** *m* ‹-n; -n› **1.** person liable to military service. **2.** conscript, *Am.* draftee. **~ˌsold** *m* (service) pay. **~ˌstand** *m hist.* military profession. **ᴤˌtaug·lich** fit for military service, able-bodied. **~ˌtech·nik** *f* defence (*Am.* defense) technology. **~ˌturm** *m arch. hist.* peel (tower). **~ˌübung** *f* reserve duty training, retraining.

ˈ**Wehˌruf** *m* wail.

ˈ**Wehr|ˌvorˌla·ge** *f pol.* defen/ce (*Am.* -se) bill. **~ˌwis·sen·schaft** *f* military science.

Weh·weh [veːˈveː] *n* ‹-s; -s› (*Kindersprache*) pain. **~chen** *n* ‹-s; -› *humor.* complaint.

Weib [vaɪp] *n* ‹-(e)s; -er› **1.** *obs.* woman (*a. contp.*); **das ~** woman; **böses** (*od.* **zänkisches**) **~** virago, *colloq.* bitch. **2.** (*Eheᴤ*) a) *obs.* wife, b) *humor.* spouse; **sie sind jetzt Mann und ~** they are now husband and wife; **er hat ~ und Kind(er)** he has a wife and family. ˈ**Weib·chen** [-çən] *n* ‹-s; -› **1.** little woman, *colloq.* wee wife. **2.** *zo.* female, *orn.* hen.

ˈ**Wei·ber|ˌart** *f* woman's ways *pl.* **~ˌfeind** *m* woman hater, misogynist. **~geˌschich·te** *f* affair with a woman; **~n** affairs with women. **~geˌschwätz, ~geˌwäsch** *n* (women's) gossip. **~ˌhaß** *m* hatred of women, misogyny. **~ˌheld** *m* ladykiller, ladies' man. **~ˌherr·schaft** *f* petticoat government. **~ˌlau·ne** *f* woman's caprice (*od.* whim). **~ˌlist** *f* wiles *pl* of women. **~ˌnarr** *m* philanderer. **~ˌvolk** *n humor.* women(folk) *pl.*

wei·bisch [ˈvaɪbɪʃ] *adj* womanish, effeminate; **~es Wesen** effeminacy, effeminateness.

Weib·lein [ˈvaɪplaɪn] *n* ‹-s; -› little old woman; → **Männlein.**

weib·lich [ˈvaɪplɪç] **I** *adj* **1.** female (*a. bot. zo.*), feminine, (*fraulich*) womanlike, woman's; *a. collect.* **das ~e Geschlecht** the female sex, womankind; **e-e ~e Stimme** a woman's voice; **~e Neugier** feminine curiosity; (**das ist**) **typisch ~!** (that is) typically womanlike (*od.* female); **die ~e Linie der Familie** the female line (*od.* the distaff side) of the family; **~e Arbeiten** feminine (*od.* women's) work; **~e Körperformen** a feminine figure *sg*; **ein ~er Vorname** a girl's given name. **2.** *ling. metr.* feminine. **II ᴤe, das** ‹-n› **3. das ewig ᴤe** the Eternally Feminine, the Eternal Woman; **sie hat nichts ᴤes an sich** (*dat*) she lacks femininity, there is nothing feminine about her. ˈ**weib·li·cherˈseits**

adv in the female line, on the distaff side.

ˈWeib·lich·keit *f* ⟨-; *no pl*⟩ femininity, womanliness, *collect.* womanhood, womankind; *humor.* **die holde ~** the fair (*od.* gentle) sex.

ˈWeibs|ˌbild *n* ⟨-(e)s; -er⟩ *colloq. contp.* female, broad, jane. **~ˌleu·te** *pl colloq.* women(folk). **~per|ˌson** *f*, **~ˌstück** *n colloq. contp.* female, hussy. **≈ˌtoll** *adj* crazy about women.

weich [vaɪç] **I** *adj* **1.** *allg.* soft (*a. Wasser, Droge, Währung, Gaumen, Kragen, Landung, Strahlung*); **~ wie Butter (Samt)** (as) soft as butter (velvet); **~ machen** soften, (*Muskeln*) make supple, *Sport*: *a.* limber up; **~ werden** soften. **2.** (*zart*) tender, (*gar*) done, (*ausgereift*) *Obst, Wein etc*: mellow; **Fleisch ~ kochen** boil meat until tender; **die Kartoffeln sind ~ (gekocht)** the potatoes are done. **3.** *fig. Klang, Anschlag, Stimme, Farbe, Licht etc*: soft, mellow. **4.** *fig. Herz, Gemüt etc*: soft, tender, gentle, (*~herzig*) *Person*: tenderhearted; **j-n ~ stimmen** soften s.o.; **~ werden** soften, (*nachgeben*) yield, give in; *colloq.* **nur nicht ~ werden!** don't give in!, don't weaken! **5.** *phot. Negativ*: soft, flat; *a. TV* **~e Überblendung** lap dissolve, transition. **6.** *Kunst*: **~er Stil** *in der Gotik*: soft style. **7.** **~e Droge** soft (*od.* pharmaceutical) drug. **II** *adv* **8.** **~ sitzen** sit comfortably; **j-n ~ betten** make s.o. a soft bed; *fig.* **sich ~ betten** feather one's nest; *Raumfahrt*: **~ landen** soft-land.

ˈWeichˌbild *n* urban (*od.* municipal) area, (the) city.

ˈWei·che¹ *f* ⟨-; -n⟩ *anat. zo.* side, flank.

ˈWei·che² *f* ⟨-; -n⟩ *rail.* switch, points *pl*; **die ~n stellen** work the switches (*od.* points), *fig.* set the course (**für** for), *bes. Am.* shift the switches (**für** for).

ˈWeich|ˌei·sen *n* soft iron. **≈e·la·stisch** [-ˀeˌlastɪʃ] *adj* flexible.

wei·chen¹ [ˈvaɪçən] *v/i* ⟨**weicht, wich, gewichen, sein**⟩ **1.** (*nachgeben, Platz machen*) (*dat* to) yield, give way; **k-n Schritt ~, nicht von der Stelle ~** not to budge an inch; **zur Seite ~** step aside; **der Gegner begann zu ~** the enemy began to yield (*od.* fall back, recede); **der Boden wich unter s-n Füßen** the ground gave (way) under his feet; **e-m Rivalen ~** give way (*od.* yield one's place) to a rival; *fig.* **die Trauer wich der Hoffnung** sorrow gave way to hope. **2.** (*weggehen, verschwinden*) *Schmerz, Furcht etc*: go (away), disappear; **nicht von j-s Seite ~, j-m nicht von der Seite ~** not to leave s.o.'s side; *fig.* **das Blut wich aus ihren Wangen** the blood drained from her cheeks; **die Angst wich von ihm** his fear left him.

ˈwei·chen² *v/t* ⟨**h**⟩ *u. v/i* ⟨**h** *u.* **sein**⟩ soak, steep.

ˈWei·chen|he·bel *m rail.* switch lever. **~ˌstel·ler, ~ˌwär·ter** *m* pointsman, *Am.* switchman.

ˈWeich|ˌfut·ter *n agr.* soft fodder. **≈geˌkocht** *adj* boiled, *Ei*: soft-boiled. **≈geˌstimmt** *adj* lenient. **≈ˌglü·hen** *v/t* ⟨*insep*, **-ge-, h**⟩ *metall.* soft-anneal. **~ˌgum·mi** *n, a. m* soft rubber. **~heit** *f* ⟨-; *no pl*⟩ *allg.* softness, *fig. von Stimme, Klang, Farbe, Geschmack*: *a.* mellowness, *des Gesichtsausdrucks*: *a.* gentleness. **≈ˌher·zig** *adj* softhearted, tenderhearted. **~ˌher·zig·keit** *f* ⟨-; *no pl*⟩ softheartedness, tenderheartedness. **~ˌholz** *n* light wood, (*Nadelholz*) soft wood. **~ˌkä·se** *m* soft cheese, (*Streichkäse*) cream cheese, cheese spread.

ˈweich·lich *adj fig.* soft, (*verweichlicht*) spoilt, mollycoddled, (*weibisch*) effeminate. **≈keit** *f* ⟨-; *no pl*⟩ *fig.* softness.

ˈWeich·ling *m* ⟨-s; -e⟩ *contp.* milksop, mollycoddle, softie.

ˈWeich|ˌlot *n tech.* soft solder. **≈ˌlö·ten** *v/t* ⟨*insep*, **-ge-, h**⟩ (soft-)solder. **≈ˌma·chen** *v/t* ⟨*sep*, **-ge-, h**⟩ *fig. colloq.* **j-n ~** a) soften s.o. up, b) (*j-m auf die Nerven gehen*) drive s.o. silly. **~ˌma·cher** *m* ⟨-s; -⟩ *tech.* softener, softening agent.

ˈWeich·selˌkir·sche [ˈvaɪksəl-] *f bot.* mahaleb (cherry), St. Lucie cherry.

ˈWeich|ˌspü·ler *m* soft rinser. **~ˌtei·le** *pl anat.* soft parts. **~ˌtier** *n meist pl* mollusk, mollusc. **~ˌzeich·nerˌlin·se** *f phot.* soft-focus lens.

Wei·de¹ [ˈvaɪdə] *f* ⟨-; -n⟩ *bot.* willow (tree).

ˈWei·de² *f* ⟨-; -n⟩ pasture; **Tiere auf die ~ treiben** drive animals to pasture; **auf der ~ sein** be at pasture (*od.* grass). **~ˌflä·che** *f* pasture (area). **~ˌkop·pel** *f* grazing paddock, enclosed pasture. **~ˌland** *n* ⟨-(e)s; ⸚er⟩ pasture, pasturage, grassland.

wei·den [ˈvaɪdən] **I** *v/t* ⟨**h**⟩ put (*animals*) out to pasture (*od.* grass), graze, pasture; *fig.* **s-e Augen (od. Blicke) ~ an** (*dat*) feast one's eyes on. **II** *v/i* graze, pasture, feed, be at grass. **III** *v/reflex fig.* **sich ~ an** (*dat*) a) (*et. Schönem*) feast on, b) *schadenfroh*: revel in, *stärker*: gloat over.

ˈWei·den|ˌbaum *m* willow (tree). **~geˌflecht** *n* wickerwork. **~ˌkätz·chen** *n bot.* (willow) catkin, pussy. **~ˌkorb** *m* wicker(work) basket. **~ˌru·te** *f* willow rod, *zum Flechten*: wicker, osier.

ˈWei·de|ˌplatz *m* pasture. **~ˌrecht** *n* right (*od.* common) of pasture. **~ˌwirt·schaft** *f* ⟨-; *no pl*⟩ pasture farming.

ˈweid·geˌrecht I *adj* huntsmanlike. **II** *adv* → **weidmännisch** II.

weid·lich [ˈvaɪtlɪç] *adv* **~ ausnutzen** a) (et.) take full advantage of s.th., b) (j-n) use s.o. unscrupulously, *stärker*: exploit s.o. ruthlessly.

ˈWeid|ˌmann *m* ⟨-(e)s; ⸚er⟩ huntsman, sportsman. **≈ˌmän·nisch** [-ˌmɛnɪʃ] **I** *adj* huntsmanlike, of a hunter. **II** *adv* in (a) huntsmanlike manner, like a good hunter. **~ˌmannsˈdank** *m*, **~ˌmannsˈheil** *n* good hunting!, good sport! **~ˌwerk** *n* ⟨-(e)s; *no pl*⟩ hunting, (the) chase. **≈ˌwund** *adj Wild*: wounded (*od.* shot) in the belly.

wei·gern [ˈvaɪgərn] *v/reflex* ⟨**h**⟩ **sich ~** refuse; **er weigerte sich mitzukommen** he refused to come with me (*od.* us).

ˈWei·ge·rung *f* ⟨-; -en⟩ refusal. **~sˌfall** *m* **im ~(e)** in (the) case of refusal.

Weih [vaɪ] *m* ⟨-(e)s; -e⟩ *orn.* harrier.

ˈWeihˌbi·schof *m R.C.* suffragan (bishop).

Wei·he¹ [ˈvaɪə] *f* ⟨-; -n⟩ **1.** *allg.* inauguration, *relig.* consecration, *e-s Priesters*: ordination; *R.C.* **die vier niederen ~n** the four minor orders; **die höheren ~n** the higher orders; **die (heiligen) ~n empfangen** take (holy) orders; **j-m die ~ erteilen** *e-m Bischof*: consecrate (*e-m Priester*: ordain) s.o. in holy orders. **2.** ⟨*only sg*⟩ *fig. lit.* (*Feierlichkeit*) solemnity, (*Würde*) grandeur.

ˈWei·he² *f* ⟨-; -n⟩ *orn.* harrier.

wei·hen [ˈvaɪən] **I** *v/t* ⟨**h**⟩ **1.** *relig.* consecrate, dedicate; **j-n zum Priester ~** ordain s.o. (as) a priest; **j-n zum Bischof ~** consecrate s.o. (as) a bishop. **2.** *fig.* (*widmen*) (*dat* to) consecrate, dedicate, devote. **II** *v/reflex* **3. sich e-r Sache ~** dedicate (*od.* consecrate, devote) o.s. to s.th.

Wei·her [ˈvaɪər] *m* ⟨-s; -⟩ pond.

ˈWei·he|ˌstät·te *f* shrine, holy (*od.* hallowed) place. **~ˌstun·de** *f* hour of commemoration. **≈ˌvoll** *adj* solemn.

ˈWeih|ˌga·be *f*, **~geˌschenk** *n relig.* oblation, votive offering. **~ˌnacht** *f* ⟨-; *no pl*⟩ → Weihnachten. **≈ˌnach·ten** *v/impers* ⟨**h**⟩ **es weihnachtet sehr** everything is very Christmas(s)y. **~ˌnach·ten** *n* ⟨-; -⟩ Christmas, *abbr.* Xmas; **frohe (fröhliche) ~!** happy (merry) Christmas!; *colloq.* **es war ein Gefühl wie (zu) ~** it was like Christmas in July. **≈ˌnacht·lich** *adj* Christmas(s)y, Christmas; **et. ~ schmücken** decorate s.th. for Christmas.

ˈWeih·nachts|ˌabend *m* Christmas Eve. **~ˌbaum** *m* Christmas tree. **~beˌsche·rung** *f* distribution (*od.* exchange) of Christmas presents. **~ˌeinˌkauf** *m meist pl* Christmas shopping. **~ˌfei·er** *f* Christmas celebration (*od.* party). **~ˌfei·erˌtag** *m* Christmas Day, *pl* Christmas holidays; **zweiter ~** (*26. Dezember*) day after Christmas, *bes. Br.* Boxing Day. **~ˌfest** *n* Christmas. **~ˌgans** *f gastr.* Christmas goose; *fig. colloq.* **ausnehmen wie e-e ~** fleece, clean *s.o.* out, *stärker*: rifle. **~ˌgeld** *n* Christmas bonus. **~geˌschenk** *n* Christmas present. **~gra·ti·fi·ka·tiˌon** *f* Christmas bonus. **~ˌkar·te** *f* Christmas card. **~ˌlied** *n* Christmas carol. **~ˌmann** *m* ⟨-(e)s; ⸚er⟩ **1.** Santa Claus, Father Christmas. **2.** *colloq. contp.* goof. **~ˌmarkt** *m* Christmas fair. **~ˌtag** *m* → Weihnachtsfeiertag. **~ˌzeit** *f* Christmas season, Christmastime.

ˈWeihˌrauch *m* ⟨-(e)s; *no pl*⟩ (frank)incense; **mit ~ räuchern** (in)cense; *fig.* **j-m ~ streuen** praise s.o. to the skies. **~ˌduft** *m* incense. **~ˌfaß** *n* censer, thurible.

ˈWei·hung *f* ⟨-; -en⟩ → **Weihe¹** 1.

ˈWeih|ˌwas·ser *n* ⟨-s; *no pl*⟩ *relig.* holy water. **~ˌwas·serˌbecken** (*getr.* -k·k-) *n* holy-water font. **~ˌwe·del** *m* aspergillum.

weil [vaɪl] *conj* **1.** because. **2.** (*da*) since, as.

wei·land [ˈvaɪlant] *adv archaic od. humor.* formerly, erstwhile, in the days of old; **wie ~ Kaiser Friedrich** as Emperor Frederic in the days of yore.

ˈWeil·chen *n* ⟨-s; *no pl*⟩ **ein ~** a little while; **ein ~ warten** *a.* wait a bit.

Wei·le [ˈvaɪlə] *f* ⟨-; *no pl*⟩ **e-e ~** a while; **e-e geraume (od. ganze) ~** a long (*od.* good) while, quite some time; **nach e-r ~ des Wartens** after a while of waiting, after waiting (for) a while; **damit hat es gute ~** there is no hurry (*od.* rush) (about it); **eile mit ~** (*Sprichwort*) more haste, less speed; → **Ding¹** 1.

wei·len [ˈvaɪlən] *v/i* ⟨**h**⟩ *lit.* stay, be, sojourn; *euphem.* **er weilt nicht mehr unter uns** he is no longer in our midst.

Wei·ler [ˈvaɪlər] *m* ⟨-s; -⟩ hamlet.

Wein [vaɪn] *m* ⟨-(e)s; -e⟩ **1.** wine, *e-s bestimmten Jahrgangs*: vintage; **beim ~ sitzen** sit over a glass of wine; **~, Weib und Gesang** wine, women and song; *fig.* **j-m reinen (od. klaren) ~ einschenken** tell s.o. the plain truth; **~ auf Bier, das rat' ich dir, Bier auf ~, das laß sein** wine on beer gives good cheer, beer on wine you'll repine; → **Wasser** 2. **2.** ⟨*only sg*⟩ (*~rebe*) vine; **Wilder ~** Virginia creeper; **~ (an)bauen** grow wine, cultivate the vine; **~ lesen** (*Trauben*) pick (*od.* harvest, gather) the grapes, gather in the vintage; **~ keltern** press the grapes. **~(an)ˌbau** *m* ⟨-(e)s; *no pl*⟩ wine (*od.* grape) growing, cultivation of (grape)vine, viticulture; **~ treiben** grow (grape)vine. **~ˌbau·er** *m* ⟨-s *u.* -n; -n⟩ winegrower, vintner, viticulturist. **~ˌbau·geˌbiet** *n* wine-growing region (*od.* area). **~ˌbee·re** *f* grape. **~ˌberg** *m* vineyard. **~ˌbergˌschnecke** (*getr.* -k·k-) *f zo.* edible snail. **≈beˌwach·sen**

adj overgrown with vine(s). **~ˌblatt** *n* vine leaf. **~ˌbrand** *m* ⟨-s; ⸚e⟩ brandy. **~ˌbrand·verˌschnitt** *m* blended brandy. **~bren·neˌrei** *f* distil(l)ery. **~ˌcreme** *f* wine pudding.

wei·nen [ˈvaɪnən] **I** *v/i* ⟨h⟩ **1.** (über, wegen about, over, for, because of) cry, weep; um j-n ~ weep for s.o.; nach j-m ~ cry for s.o.; vor Freude ~ weep (*od.* cry) for joy; vor (*od.* aus) Kummer ~ cry with grief; aus Liebeskummer ~ cry from (*od.* out of) lovesickness; er wußte nicht, ob er lachen oder ~ sollte he didn't know whether to laugh or cry. **II** *v/t* **2.** (*Tränen*) weep, cry, (*vergießen*) shed; bittere Tränen ~ weep bitter tears; sich (*dat*) die Augen aus dem Kopf ~ cry one's eyes (*od.* heart) out. **3.** das Kissen *etc* naß ~ soak the cushion, *etc* with one's tears. **III** *v/reflex* **4.** sich in den Schlaf ~ cry (*od.* weep) o.s. to sleep. **IV** ≈ *n* ⟨-s⟩ **5.** weeping (*etc*); in ≈ ausbrechen burst out crying; dem ≈ nahe sein be near to (*od.* on the verge of) tears; j-n zum ≈ bringen make s.o. cry, have s.o. in tears; ihr war das ≈ näher als das Lachen she felt more like crying than laughing; das ist zum ≈ it's a (crying) shame; es ist zum ≈, wie sie alles verkommen lassen it is a shame (*od.* it would make you weep to see) how they let everything go to wreck and ruin. **~d I** *pres p* j-m ~ in die Arme fallen fall into s.o.'s arms weeping (*od.* crying); er gestand ~ he wept when he confessed; *fig. colloq.* leise ~ (*kleinlaut*) meekly, with one's tail between one's legs. **II** *adj* crying, sobbing; → lachend 1.

wei·ner·lich [ˈvaɪnərlɪç] **I** *adj* whining, tearful, snivel(l)ing; mit ~er Stimme sprechen *cf.* II; mir war ganz ~ zumute I was near to (*od.* on the verge of) tears. **II** *adv* ~ sprechen speak in a whining voice, speak with (*od.* in) a whine. **≈keit** *f* ⟨-; *no pl*⟩ whininess.

ˈWein|ˌern·te *f* grape harvest, vintage. **~ˌes·sig** *m* wine vinegar. **~ˌfaß** *n* wine cask (*od.* barrel, butt, vat). **~ˌfla·sche** *f* wine bottle. **~ˌfleck** *m* wine stain. **~ˌgar·ten** *m* vineyard. **~ˌgärt·ner** *m* → Weinbauer. **~ˌge·gend** *f* wine(-growing) region. **~ˌgeist** *m* ⟨-(e)s; -e⟩ *chem.* spirit of wine, ethyl alcohol. **~ˌglas** *n* wine glass. **~ˌgott** *m myth.* god of wine, Dionysus, Bacchus. **~ˌgut** *n* (grape)vine-growing estate. **≈ˌhal·tig** *adj* containing wine. **~ˌhan·del** *m* wine trade. **~ˌhänd·ler** *m* wine merchant. **~ˌhau·er** *m Austrian for* Winzer. **~ˌhaus** *n* wine tavern. **~ˌhe·ber** *m* wine siphon. **~ˌhe·fe** *f* **1.** wine yeast (*od.* ferment). **2.** (*Ablagerung*) wine dregs (*od.* lees) *pl.*

ˈwei·nig *adj* win(e)y, vinous.

ˈWein|ˌjahr *n* ein gutes (schlechtes) ~ a good (bad) wine year, a good (bad) year for wine. **~ˌkar·te** *f* wine list. **~ˌkel·ler** *m* wine cellar, (*Lokal*) *a.* wine tavern, bodega. **~kel·leˌrei** *f* winery. **~ˌkell·ner** *m* wine waiter, sommelier. **~ˌkel·ter** *f* winepress. **~ˌken·ner** *m* wine connoisseur. **~ˌkö·ni·gin** *f* wine queen (of the year). **~ˌkorb** *m* wine cradle.

ˈWeinˌkrampf *m* crying fit.

ˈWein|ˌkrug *m* wine pitcher (*od.* jug). **~ˌkun·de** *f* (o)enology. **~ˌla·ger** *n* wine store, (*Weinvorrat*) stock of wine(s), cellar. **~ˌland** *n* wine-producing country. **~ˌlaub** *n* leaves *pl* (*od.* foliage) of the (grape)vine. **~ˌlau·be** *f* vine arbo(u)r (*od.* bower). **~ˌlau·ne** *f* expansive mood (inspired by wine); in e-r ~ et. versprechen promise s.th. while in one's cups. **~ˌle·se** *f* vintage, grape harvest; ~ halten harvest (*od.* pick) the grapes. **~ˌle·ser** *m* vintager, grape harvester (*od.* picker). **~loˌkal** *n* wine tavern. **~ˌpres·se** *f* winepress. **~ˌpro·be** *f* wine test, *weitS.* wine tasting. **~ˌprü·fer** *m* wine taster. **~ˌran·ke** *f* **1.** *bot.* vine tendril. **2.** *arch.* pampre. **~ˌre·be** *f* vine, grape(vine). **~ˌrot I** *n* wine red. **II** ≈ *adj* wine-red. **~ˌsäu·re** *f* **1.** acidity of wine. **2.** *chem.* tartaric acid. **~ˌschlauch** *m* wineskin. **≈ˌse·lig** *adj* happy (*od.* merry) from wine, tipsy, vinous. **~ˌstein** *m* ⟨-(e)s; *no pl*⟩ *chem.* potassium bitartrate. **~ˌstock** *m* ⟨-(e)s; ⸚e⟩ vinestock, (grape)vine. **~ˌstu·be** *f* wine tavern, wineshop. **~ˌtrau·be** *f* bunch (*od.* cluster) of grapes, *pl* grapes. **~ˌtre·ster** *pl* skins and husks of pressed grapes. **~ˌtrin·ker** *m* wine drinker. **≈ˌumˌrankt** *adj* covered with vine(s). **~ˌzwang** *m* obligation to order wine; in diesem Lokal herrscht ~ you are obliged to order wine in this restaurant.

wei·se [ˈvaɪzə] *adj* ⟨-r; -st⟩ wise, *lit.* sage, *weitS.* (*vorsichtig*) prudent; ein ~s Urteil a wise judg(e)ment; *a. iro.* j-m ~e Ratschläge erteilen give s.o. wise advice; *iro.* sich sehr ~ dünken consider o.s. to be very wise.

ˈWei·se¹ *m* ⟨-n; -n⟩ wise man, *lit.* sage; die ~n *pl* the wise *pl*; die drei ~n aus dem Morgenland the three wise men from the East, the three Magi; der Stein der ~n the philosopher's stone.

ˈWei·se² *f* ⟨-; -n⟩ way, manner, fashion, mode; auf alle mögliche ~ in every possible way; auf diese ~ a) (in) this (*od.* that) way, in this manner, b) thus; auf die e-e oder andere ~ (in) one way or another; auf jede ~ in every way; auf gleiche ~ the same way; auf m-e ~ my way, after my fashion; in k-r ~ in no way; er hat in k-r ~ recht he is by no means right; *humor.* in keinster ~ not in the least (*od.* slightest); in der ~, daß in such a way that, so that; in gewohnter ~ the usual way; jeder nach s-r ~ everyone in his own way (*od.* after his own fashion); das ist k-e Art und ~ that is really no way to behave.

ˈWei·se³ *f* ⟨-; -n⟩ *mus.* air, melody, tune.

Wei·sel [ˈvaɪzəl] *m* ⟨-s; -⟩ *zo.* queen bee.

wei·sen [ˈvaɪzən] **I** *v/t* ⟨weist, wies, gewiesen, h⟩ **1.** j-m et. ~ show (*od.* point out) s.th. to s.o.; → Tür 2. **2.** j-n ~ an refer s.o. to; j-n ~ nach direct s.o. to. **3.** j-n aus der Stadt ~ expel s.o. from the city; j-n von der Schule ~ expel s.o. (from school). **4.** *fig.* j-n zur Ruhe ~ tell s.o. to be quiet; → Schranke 5. **5.** *fig.* et. von sich ~ repudiate (*od.* reject) s.th.; → Hand ¹ *Verbindungen mit Präpositionen.* **II** *v/i* **6.** ~ auf (*acc*) point to (*od.* at), point (*s.o., s.th.*) out; *a. fig.* mit dem Finger auf j-n ~ point a finger at s.o.; nach oben ~ point upwards; der Zeiger wies auf 12 Uhr the hand pointed to twelve o'clock.

ˈWeis·heit *f* ⟨-; -en⟩ **1.** ⟨*only sg*⟩ wisdom; die ~ des Alters the wisdom of age; *fig. colloq.* mit s-r ~ am Ende sein be at one's wits' end; der ~ letzter Schluß the last resort; er hat die ~ auch nicht mit Löffeln gegessen (*od.* gefressen) he is not exactly the brightest, he is no genius either; er tut, als hätte er die ~ mit Löffeln gegessen (*od.* gefressen) he acts as if he knew all the answers, he is a damned know-all. **2.** (*weise Einsicht, Äußerung etc*) wisdom, sagacity; das ist e-e alte ~ that is an old wisdom (*od.* a wise old saying); *colloq.* behalte d-e ~(en) für dich keep your remarks to yourself, save your breath, mind your own business. **~sˌzahn** *m* wisdom tooth.

weis·lich [ˈvaɪslɪç] *adv* wisely, prudently.

ˈweisˌma·chen *v/t* ⟨*sep*, -ge-, h⟩ *colloq.* j-m et. ~ fool s.o., hoodwink s.o., tell s.o. a yarn; mach das e-m anderen weis tell that to the marines; laß dir nichts ~ don't (let yourself) be fooled; j-m ~, daß fool s.o. into believing (*od.* thinking) that, make s.o. believe that.

weiß¹ [vaɪs] *1 u. 3 sg pres of* wissen.

weiß² [vaɪs] **I** *adj* ⟨-er; -est⟩ **1.** *allg.* white (*a. Rasse, gastr. Fleisch etc*), (*sauber*) *a. Papier*: clean; strahlend (*od.* blendend) ~ sparkling (*od.* dazzling) white; ~ gekleidet dressed in white; ~ machen whiten; *colloq.* sich ~ machen get one's clothes white; ~ werden whiten, turn white, *im Gesicht*: go white; e-e Wand ~ anstreichen paint a wall white; der ~e Sport a) tennis, b) skiing; die ≈e Frau (*Spukgestalt*) the lady in white; *pol.* das ≈e Haus the White House; *relig.* ≈er Sonntag Low Sunday; *econ.* ≈e Woche white sale; *fig.* ~e Kohle waterpower; ~er Kreis area without rent control; → Fahne 1, schwarz 1, Weste 1. **2.** *fig.* (*leer*) blank; ein ~es Blatt Papier a blank sheet of paper; ein ~er Fleck auf der Landkarte a blank space on the map. **II** ≈**e, das** ⟨-n⟩ **3.** the white; das ≈e im Ei the white of egg; das ≈e im Auge the white of the eye.

Weiß *n* ⟨-(e)s; *no pl*⟩ **1.** white; ein blendendes ~ a dazzling white; in ~ gekleidet dressed in white; mit ~ bemalen paint *s.th.* white. **2.** *Schach, Dame etc*: white; ~ ist am Zug, ~ zieht white is to move, it's white's move.

ˈweis|ˌsa·gen *v/t* ⟨*insep*, ge-, h⟩ prophesy, foretell. **≈ˌsa·ger** *m* ⟨-s; -⟩ prophet. **≈ˌsa·ge·rin** *f* ⟨-; -nen⟩ prophetess. **≈ˌsa·gung** *f* ⟨-; -en⟩ prophecy.

ˈweiß|ˌbär·tig *adj* white-bearded. **≈ˌbier** *n* weiss beer. **~ˌblau** *adj* blue-and-white. **≈ˌblech** *n* tinplate, tin sheet. **~ˌblond** *adj* silver-blond(e). **≈ˌblu·ten** *n* j-n bis zum ~ auspressen bleed s.o. white. **≈ˌbrot** *n* ⟨-(e)s; -e⟩ white bread, (*Laib*) white loaf. **≈ˌbuch** *n pol.* white book. **≈ˌdorn** *m* ⟨-(e)s; -e⟩ *bot.* hawthorn.

ˈWei·ße¹ *m* ⟨-n; -n⟩ **1.** white (man); die ~n *pl* the whites, the white man *sg.* **2.** ⟨*only sg*⟩ white (wine).

ˈWei·ße² *f* ⟨-n; -n⟩ white (woman).

ˈWei·ße³ *f* ⟨-; *no pl*⟩ whiteness.

ˈWei·ße⁴ *f* ⟨-n; -n⟩ e-e ~ (*Glas Weißbier*) a weiss beer.

ˈwei·ßen *v/t* ⟨h⟩ whitewash.

ˈWeiß|ˌfisch *m* whitefish. **~ˌfluß** *m* ⟨-sses; *no pl*⟩ *med.* leukorrh(o)ea, *colloq.* (the) whites *pl.* **≈ˌgeˌklei·det** *adj* dressed in white. **≈ˌgelb** *adj* pale-yellow, white-and-yellow. **~ˌger·ber** *m* tawer, chamois-dresser. **≈geˌstreift** *adj* with white stripes. **≈ˌglü·hend** *adj* white-hot, incandescent. **~ˌglut** *f* white heat, incandescence; *fig. colloq.* j-n (bis) zur ~ bringen (*od.* reizen) make s.o. see red, make s.o. mad. **~ˌgold** *n* white gold. **≈ˌgrau** *adj* whitish-grey (*Am.* -gray). **≈ˌhaa·rig** *adj* white-haired. **~heit** *f* ⟨-; *no pl*⟩ whiteness. **~ˌkä·se** *m* curds *pl.* **~ˌkohl** *m*, **~ˌkraut** *n bot.* white cabbage.

ˈweiß·lich *adj* whitish, whit(e)y.

ˈWeiß·ling *m* ⟨-s; -e⟩ **1.** (*Tagfalter*) white. **2.** whitefish.

ˈWeiß|ˌmehl *n* white (*od.* plain) flour. **~meˌtall** *n* white metal, Babbit (metal). **~ˌnä·he·rin** *f* plain seamstress. **~ˌrus·se** *m* ⟨-n; -n⟩ Belorussian, White Russian. **≈ˌrus·sisch I** *adj.* **II** *ling.* ≈ ⟨*generally undeclined*⟩, das ≈e ⟨-n⟩ Belorussian. **≈ˌsei·den** *adj* of white silk; e-e ~e Bluse a white silk blouse.

weißt [vaɪst] *2 sg pres of* wissen.

ˈ**Weiß|tan·ne** *f bot.* silver fir. **~|wal** *m zo.* beluga white whale. **~|wand|rei·fen** *m* white-wall tyre (*Am.* tire). **~|wa·ren** *pl Textil.* white (*od.* linen, *Am.* dry) goods. **~|wä·sche** *f* ⟨-; *no pl*⟩ *beim Waschen*: white clothes *pl*, *colloq.* whites *pl*. **≗|wa·schen** *v/t* ⟨*usually inf u. pp* **weißgewaschen**, **h**⟩ *fig.* **j-n ~** clear s.o. **~|wein** *m* white (wine). **~|wurst** *f* veal sausage. **~|zeug** *n* ⟨-(e)s; *no pl*⟩ (household) linen.

ˈ**Wei·sung** *f* ⟨-; -en⟩ instruction, direction, directive; **~en erlassen** give instructions (*od.* orders); **j-m (die) ~ geben zu** *inf* give s.o. the instruction (*od.* instruct s.o.) to *inf*; **~ haben zu** *inf* be instructed (*od.* have orders, be under orders) to *inf*. **~s·be|fug·nis** *f* authority to issue directives. **≗s·ge|bun·den** *adj* **~ sein** be subject to instructions (*od.* directions). **≗s·ge|mäß** *adv* according to instructions (*od.* directions), as instructed, as directed.

weit [vaɪt] **I** *adj* ⟨-er; -est⟩ **1.** (*Ggs.* **eng**) *Kleidungsstück*: wide, full, (*lose sitzend*) loose(-fitting); **das Kleid ist mir zu ~** the dress is too wide (*od.* big) for me; **et. ~er machen** let s.th. out. **2.** *Öffnung, Zwischenraum etc*: wide, *Pupille*: *a.* dilated; **~er werden** *a.* widen. **3.** (*ausgedehnt*) *Ebene, Tal etc*: wide, broad, *stärker*: vast, (*geräumig*) *Zimmer etc*: wide, spacious, roomy; **die ~e Welt** the (big) wide world; **das ~e Meer** the wide seas, the broad sea; **ein ~er (Aus)Blick, e-e ~e (Aus)Sicht** a good (*od.* sweeping) view; *fig.* **das ist ein ~es Feld** that is a wide field; **e-n ~en Horizont haben** have a broad outlook (*od.* horizon); **~es Gewissen** elastic conscience; *a. iro.* **das ist ein ~er Begriff** that is a broad term (*od.* concept); **e-e ~e Auslegung** a broad interpretation; **ein ~er Unterschied** a big difference; → **Herz** *Besondere Redewendungen*, **Sinn** 8. **4.** (*lang*) (*Ggs.* **nah, kurz**) long; **ein ~er Weg** a long way; **e-e ~e Reise** a long journey; **auf ~e** (*od.* **aus ~er**) **Entfernung** at a (*od.* from a) great distance; **in ~en Abständen** *räumlich u. zeitlich*: at long intervals. **5.** *mus.* **~e Lage** open position. **II** *adv* **6.** wide(ly); **et. ~ öffnen** (*od.* **aufmachen**) open s.th. wide; **~ offen sein** (*od.* **stehen**) be wide open; **er ist ~ gereist** (*od.* **herumgekommen**) he has got around a good deal; *fig.* **~ vom Thema abkommen** wander widely from the subject; **~ auseinandergehen, ~ voneinander abweichen** *Meinungen etc*: differ widely (*od.* vastly). **7. das beste Lokal ~ und breit** the best restaurant for miles around; **~ und breit bekannt** known everywhere; **es war ~ und breit niemand zu sehen** there was nobody to be seen far and wide (*od.* for miles around). **8.** *räumlich u. zeitlich*: far; **~ oben** far (up) at the top; **~er links** farther (*od.* further) to the left; **ein paar Häuser ~er** a few houses farther on; **am ~esten werfen** throw (the) farthest (*od.* furthest); **~ weg, ~ entfernt, ~ fort** far away (**von** from); **X ist ~ (weg)** X is far away, X is a great distance off; **es ist ~ bis nach** (*od.* **zu**) it is a long way from here to; **eine Meile ~ (entfernt)** one mile away (*od.* off); **so ~ wie möglich** as far as possible; **von ~ her kommen** come from far away (*lit.* from afar); **~ fortgeschritten** far advanced; **wie ~ bist du (mit d-r Arbeit)?** how far have you got (with your work)?; **ich bin so ~** I am ready; **wenn es so ~ ist** when it is ready, *fig.* when the time has come; **so ~ ist es noch nicht (gekommen)** it has not come to that yet; **es ist noch nicht so ~, daß** things have not yet come to the point where; **er ist so ~ genesen, daß er kleine Spaziergänge machen kann** he has improved to the point of being able to go for short walks; **so ~ die Nachrichten** that is (all) the news so far; **so ~, so gut** so far, so good; *fig.* **~ hergeholt** farfetched; **es ist nicht ~ her mit** ... is (are) not worth much (*colloq.* not up to much, nothing to write home about, no great shakes, *sl.* not so hot); **es ~ bringen (im Leben)** go far; **er wird es noch ~ bringen** he will go a long way yet, *colloq.* he will go places; **das geht** (*od.* **führt**) **zu ~** that's going too far; **mit Ehrlichkeit kommt man am ~esten** honesty is the best policy; → *a.* **entfernt, führen** 28, **gehen** 1, **kommen** 16, **treiben** 6, **voraus**[1]. **9.** *bei Zeit- u. Zahlenangaben*: **~ nach Mitternacht** long past midnight; **(bis) ~ in die Nacht** far into the night; **~ (bis) in den Tag hinein schlafen** sleep until late in the day; **er ist ~ über 60 (Jahre alt)** he is well over 60; **das liegt ~ zurück** that's a long way back. **10.** *fig.* (*sehr*) by far; **j-n ~ übertreffen** outdo s.o. by far; **~ gefehlt!** far from it! **11.** *fig.* (*viel*) *vor comp*: far; **dieses Bild gefällt mir ~ besser** I like this picture far better, I much prefer this picture. **III ≗e, das** ⟨-n⟩ **12.** *fig.* **das ≗e suchen** take to one's heels. **13.** *mit Kleinschreibung*: **bei ~em** *vor comp u. sup*: by far; **dies gefällt mir bei ~em am besten** I like this by far (the) best; **er ist bei ~em der Beste** he is by far (*od.* wide and far, by a long shot) the best; **bei ~em nicht so hoch (wie)** not nearly as high (as); **er hat ihr bei ~em nicht alles erzählt** he did not tell her half the story (*od.* anything like the whole story); **bei ~em nicht!** not nearly!, not by a long way (*od.* shot)!; **von ~em** (*aus der Entfernung*) from a distance, (*in der Ferne*) in the distance.

ˈ**weit|ˈab** *adv* far away (**von** from). **~ˈaus** *adv* far, by far, by a long shot; **das ~ Wichtigste** by far (*od.* far and away) the most important thing. **~|aus|ho·lend** *adj* **1.** *Geste etc*: sweeping, large. **2.** *Schilderung etc*: lengthy, rambling. **~be|kannt** *adj* widely known. **~be|rühmt** *adj* far-famed. **≗|blick** *m* ⟨-(e)s; *no pl*⟩ farsightedness, *bes. Am.* longsightedness. **~|blickend** (*getr.* **-k·k-**) *adj* farseeing, farsighted.

ˈ**Wei·te** *f* ⟨-; -n⟩ **1.** ⟨*only sg*⟩ *von Kleidungsstücken*: width, (ful(l)ness, *von Landschaft, Meer etc*: vastness, expanse, immensity, spread, *e-s Raumes etc*: spaciousness, *fig. e-s Begriffs etc*: broadness, wideness, scope. **2.** ⟨*only sg*⟩ *bes. Sport, e-s Sprungs etc*: distance. **3.** (*endlose Fläche etc*) expanse; **die ~n des Weltalls** the expanses of the universe. **4.** ⟨*only sg*⟩ *tech.* width, breadth, (*Durchmesser*) diameter; → **licht**.

wei·ten [ˈvaɪtən] **I** *v/t* ⟨h⟩ **1.** *allg.* widen, (*Schuhe, Handschuhe etc*) *a.* stretch, *bes. med. a.* dilate, (*ausdehnen*) expand. **II** *v/reflex* **sich ~ 2.** *allg.* widen, *Schuhe, Hosen, Gummizug etc*: *a.* stretch, *bes. med. a.* dilate, (*sich ausdehnen*) expand. **3.** *Fluß, Tal etc*: open (*od.* broaden) (out). **4.** *fig. geistiger Horizont etc*: widen, be broadened, be widened.

ˈ**wei·ter I** *comp of* **weit**. **II** *adj* **1.** (*zusätzlich*) further, additional, another; **nach e-r ~en Stunde** after another hour; **ohne ~e Umstände** without further ado (*od.* ceremony); **(gibt es) noch ~e Fragen?** are there any further (*od.* other) questions? **III** *adv* **2. ~!** a) go on!, continue!, b) move on (*od.* along)!; **halt, nicht ~!** stop, no further!; *colloq.* **~ im Text** let's go on; **und so ~** and so on (*od.* forth), et cetera; **und ~?** and then? **3. was ~?** what else?; **was soll ~ geschehen?** what else has to be done?; **~ sagte er nichts** he said nothing further; **das hat ~ nichts zu sagen** that doesn't mean a thing; **wenn es ~ nichts ist** if that is all the trouble; **~ wollte ich nichts** that was all I wanted. **4. ~ nicht, nicht ~** not particularly, *vor Adjektiven*: *a.* not so, not exactly; **es fiel mir ~ nicht auf** it did not strike me particularly; **das ist nicht ~ schlimm** (*od.* **tragisch**) that's no tragedy. **5.** → **weiterhin** I. **IV** *conj* **6.** → **weiterhin** II. **V ≗e, das** ⟨-n⟩ **7. alles ≗e** everything else, the rest; **≗es darüber** more about that, further details *pl*; **das ≗e weißt du** you know the rest. **8.** *mit Kleinschreibung*: **bis auf ~es** until further notice; **des ~en** in addition; **im ~en** furthermore; **ohne ~es** a) (*mühelos*) easily, without (any) difficulty, b) (*bedenkenlos*) safely, without hesitation, without thinking about it, c) (*sofort*) right away, without asking (*od.* being asked); **das ist ohne ~es möglich** a) *a.* **das geht ohne ~es** that's no problem, that can easily be done, b) (*ist denkbar*) that's absolutely possible; **aber ohne ~es!** why, of course; by all means.

ˈ**wei·ter|ar·bei·ten** *v/i* ⟨*sep*, -ge-, h⟩ go on working, work on; **~ an** (*dat*) continue (to) work on. **~be|för·dern** *v/t* ⟨*sep*, *no* -ge-, h⟩ transport *s.o., s.th.* further. **≗be|för·de·rung** *f* ⟨-; *no pl*⟩ further transport(ation). **~be|ge·ben** *v/t* ⟨*irr*, *sep*, *no* -ge-, h⟩ *econ.* negotiate (*a bill*) further. **~be|han·deln** *v/t* ⟨*sep*, *no* -ge-, h⟩ **1.** (*Thema etc*) discuss (*od.* deal with) *s.th.* further. **2.** *med.* give *s.o., s.th.* further treatment, continue the treatment of. **≗be|hand·lung** *f* ⟨-; *no pl*⟩ *med.* further (*tech.* subsequent) treatment (**mit** with). **~be|ste·hen** *v/i* ⟨*irr*, *sep*, *no* -ge-, h⟩ → **fortbestehen**. **~|bil·den** *v/t* ⟨*sep*, -ge-, h⟩ → **fortbilden**. **≗|bil·dung** *f* ⟨-; *no pl*⟩ → **Fortbildung**. **~|brin·gen** *v/t* ⟨*irr*, *sep*, -ge-, h⟩ a) help *s.o.* on, b) bring *s.th.* further, advance; **das bringt mich nicht weiter** that is no help to me, that won't get me anywhere. **~|den·ken I** *v/i* ⟨*irr*, *sep*, -ge-, h⟩ **1.** follow up one's (*od.* these, *etc*) thoughts. **2.** think ahead. **II** *v/t* **3.** (*Gedanken etc*) follow up. **~|drän·gen** *v/i* ⟨*sep*, -ge-, h⟩ push (*od.* press) on. **~|ei·len** *v/i* ⟨*sep*, -ge-, sein⟩ hurry (*od.* rush) on. **~emp|feh·len** *v/t* ⟨*irr*, *sep*, *no* -ge-, h⟩ recommend; **bitte empfehlen Sie mich weiter** please recommend me to your friends. **~ent|wickeln** (*getr.* **-k·k-**) **I** *v/t* ⟨*sep*, *no* -ge-, h⟩ develop *s.th.* further, advance. **II** *v/reflex* **sich ~** progress, advance. **≗ent|wick·lung** *f* ⟨-; *no pl*⟩ (further) development, advancement. **~er|zäh·len I** *v/t* ⟨*sep*, *no* -ge-, h⟩ **1.** pass *s.th.* on; **erzähl das bloß nicht weiter** don't tell anybody, keep that to yourself, don't let it go any further. **2.** (*Geschichte etc*) continue, go on with. **II** *v/i* **3.** go on with one's story. **~|fah·ren** *v/i* ⟨*irr*, *sep*, -ge-, sein⟩ *allg.* go on, *Auto etc*: *a.* drive on, *Zug etc*: *a.* continue. **≗|fahrt** *f* ⟨-; *no pl*⟩ **während** (*od.* **auf**) **der ~** as we, *etc* continued our journey (*od.* travelled on), as the journey went on; **zur ~ nach Berlin bitte einsteigen** all passengers continuing to Berlin aboard, please. **~|flie·gen** *v/i* ⟨*irr*, *sep*, -ge-, sein⟩ fly on, continue one's flight. **~|füh·ren** *v/t* ⟨*sep*, -ge-, h⟩ (*Gespräch, Tradition etc*) continue, (*a. Geschäft etc*) carry on; *fig.* **das führt uns nicht weiter** that will not get us anywhere. **≗|füh·rung** *f* ⟨-; *no pl*⟩ continuation, carrying-on. **≗|ga·be** *f* ⟨-; *no pl*⟩

passing-on, *bes. biol.* transmission. **~ˌge·ben** *v/t* <*irr, sep*, -ge-, h> (*dat od.* **an** *acc* to) pass *s.th.* on, (*Erbfaktor etc*) *a.* transmit. **~ˌge·hen I** *v/i* <*irr, sep*, -ge-, sein> **1.** go on, walk on; **bitte ~!** move on (*od.* along), please! **2.** *fig.* (*sich fortsetzen*) continue, go on; **wie geht die Geschichte weiter?** how does the story go on?; **nicht mehr ~** end. **II** *v/impers* **3. so kann es nicht ~** it cannot go on like this; **wie geht es jetzt weiter?** a) how am I (*od.* are we) to go on?, b) what's going to happen next? **III** *v/t* **4.** (*Weg etc*) continue (*a. fig.*). **~ˌhel·fen** *v/i* <*irr, sep*, -ge-, h> **j-m ~** help s.o. on; **dieses Gespräch hat mir sehr weitergeholfen** this talk was a great help to me; **sich** (*dat*) **~** get along (*od.* on), manage on one's own.

ˈwei·terˌhin I *adv* **et. ~ tun** continue to do s.th., go on doing s.th. **II** *conj* (*ferner*) further(more), moreover; **~ waren anwesend** also present were.

ˈwei·ter|ˌkämp·fen *v/i* <*sep*, -ge-, h> go on fighting, fight on. **~ˌkom·men I** *v/i* <*irr, sep*, -ge-, sein> get on, *fig. a.* make headway (*od.* progress); **mach, daß du weiterkommst!** clear off!; *fig.* **im Leben ~** get on in life; **ich bin mit m-r Arbeit nicht weitergekommen** I have made no headway with my work; **ich komme einfach nicht weiter** I am simply stuck; **so kommen wir nicht weiter** this doesn't get us any further (*od.* anywhere). **II ≈** *n* <-s> **an ein ≈ ist heute nicht mehr zu denken** it is out of the question to go any farther today; *fig.* **um sein ≈ besorgt sein** be concerned about getting on. **~ˌkön·nen** *v/i* <*irr, sep*, -ge-, h> *colloq.* be able to go on; **ich kann nicht (mehr) weiter** I cannot go on (anymore), *fig. a.* I am stuck. **~ˌlau·fen** *v/i* <*irr, sep*, -ge-, sein> run on, keep on running, *Motor, Maschine etc*: continue to run, be kept running, *fig. Gehalt*: be continued. **~ˌle·ben** *v/i* <*sep*, -ge-, h> live on; → *a.* **fortleben**. **~ˌlei·ten** *v/t* <*sep*, -ge-, h> (**an** *acc* to) pass *s.th.* on, (*Antrag etc*) refer, *Post*: (re)forward, (*Telegramm*) redirect. **~ˌle·sen I** *v/i* <*irr, sep*, -ge-, h> go on reading, read on. **II** *v/t* continue (to read). **~ˌma·chen** *v/i* <*sep*, -ge-, h> go (*od.* carry) on, continue; *iro.* **mach du nur so weiter!** just carry on like this; *mil.* **~!** *a.* as you were! **~ˌrei·chen** *v/t* <*sep*, -ge-, h> (**an** *acc* to) hand (*od.* pass) *s.th.* on, (*Gesuch etc*) *a.* refer. **≈ˌrei·se** *f* → **Weiterfahrt**. **~ˌrei·sen** *v/i* <*sep*, -ge-, sein> travel (*od.* go) on. **~ˌrücken** (*getr.* -k·k-) *v/i* <*sep*, -ge-, sein> *a. fig.* move on. **~ˌsa·gen I** *v/t* <*sep*, -ge-, h> pass *s.th.* on; **sag das bloß nicht weiter** don't tell anyone. **II** *v/i* **~!** pass it on! **~ˌschla·fen** *v/i* <*irr, sep*, -ge-, h> sleep on, go back to sleep. **~ˌschrei·ten** *v/i* <*irr, sep*, -ge-, sein> **1.** stride on. **2.** *fig. Zeit etc*: move on, pass. **~ˌspin·nen** *v/t* <*irr, sep*, -ge-, h> *fig.* (*Gedanken etc*) develop, spin *s.th.* out. **~ˌstrei·ken** *v/i* <*sep*, -ge-, h> stay on strike.

ˈWei·te·rung *f* <-; -en> *meist pl adm.* complication, difficulty, (unpleasant) consequence.

ˈwei·ter|verˌar·bei·ten *v/t* <*sep, no* -ge-, h> process. **~verˌar·bei·tend** *adj* **~e Industrie** manufacturing (*od.* finishing) industry. **≈verˌar·bei·tung** *f* <-; *no pl*> processing, subsequent treatment. **~verˌbin·den** *v/t* <*irr, sep, no* -ge-, h> *teleph.* connect *s.o.* further. **~verˌbrei·ten** *v/t* <*sep, no* -ge-, h> spread. **~verˌfol·gen** *v/t* <*sep, no* -ge-, h> follow up. **≈verˌkauf** *m* <-(e)s; *no pl*> resale. **~verˌkau·fen** *v/t* <*sep, no* -ge-, h> resell. **~verˌmie·ten, ~verˌpach·ten** *v/t* <*sep, no* -ge-, h> sublease, sublet. **≈verˌsi·che·rung** *f* <-; *no pl*> further insurance; **freiwillige ~** *a.* voluntary continuation of insurance. **~ˌwis·sen** *v/i* <*irr, sep*, -ge-, h> **nicht mehr ~** be at one's wit's end, *bes. in e-r Prüfung, e-m Text etc*: be stuck. **~ˌwol·len** *v/i* <*irr, sep*, -ge-, h> *colloq.* want to go on; **komm, wir wollen weiter** come on, let's go. **~ˌwur·steln** *v/i* <*sep*, -ge-, h> *colloq.* muddle on. **~ˌzah·len** *v/t u. v/i* <*sep*, -ge-, h> continue to pay. **~ˌzie·hen** *v/i* <*irr, sep*, -ge-, sein> *Zugvögel etc*: continue their passage.

ˈweit|ˌge·hend I *adj* <**weiter gehend** *u.* **~er; weitestgehend** *u.* **~st**> (*beträchtlich*) considerable, (*ein hohes Maß an, viel*) a high degree of, a great deal of, (*großzügig*) generous, large, *Vollmachten etc*: extensive, far-reaching, *Übereinstimmung etc*: in many points; **weitestgehend** *a.* a very high degree of, a maximum of, in most points *etc*; **unter ~er Nachahmung (Berücksichtigung** *etc*) ... (*gen*) by imitating (taking into account, *etc*) ... to a large extent. **II** *adv* (*beträchtlich*) considerably, (*in hohem Maße*) to a large extent, to a high degree, largely, (*in vieler Hinsicht*) in many respects, (*in vielen Punkten*) in many points, (*in vielen Fällen*) in many cases, (*so weit wie möglich*) as far as possible; **~st** to a very large extent, in most points *etc*. **~geˌreist** *adj* widely travel(l)ed. **~geˌsteckt** *adj Ziele*: long-range. **~ˌgrei·fend** *adj* far-reaching.

ˈweitˈher *adv lit.* from far away, from afar.

ˌweitˈher·geˌholt *adj* farfetched.

ˈweitˌher·zig *adj* broad-minded. **≈keit** *f* <-; *no pl*> broad-mindedness.

ˈweitˈhin *adv* **1.** far away, over a long distance. **2.** to a large (*od.* wide) extent.

ˈweitˌläu·fig I *adj* **1.** *Garten, Haus etc*: spacious. **2.** *Verwandter etc*: distant. **3.** (*weitausholend*) lengthy, detailed, long-winded, (*umständlich*) circumstantial. **II** *adv* **4.** at (great) length; **sich ~ über ein Thema auslassen** dilate (*od.* hold forth) (up)on a subject. **5. ~ verwandt sein** be distantly related. **≈keit** *f* <-; *no pl*> **1.** spaciousness. **2.** → **Weitschweifigkeit**.

ˈweit|ˌma·schig *adj* wide-meshed. **~ˌräu·mig** [-ˌrɔʏmɪç] *adj* spacious. **~ˌrei·chend** *adj* <**weiter reichend** *u.* **~er; weitestreichend** *u.* **~st**> **1.** *Konsequenzen etc*: far-reaching, *Verbindungen, Einfluß etc*: *a.* wide, extensive. **2.** *mil.* long-range. **~ˌschau·end** *adj* → **weitblickend**. **≈ˌschuß** *m* **1.** *Sport*: long (-range) shot. **2.** *mil.* over.

ˈweitˌschwei·fig [-ʃvaɪfɪç] **I** *adj* lengthy, longwinded, (*wortreich*) wordy, verbose, (*umständlich*) roundabout. **II** *adv* longwindedly, at (great) length; **et. ~ erzählen** expatiate (*od.* enlarge) (up)on s.th. **≈keit** *f* <-; *no pl*> longwindedness, lengthiness, wordiness, verbosity, roundaboutness.

ˈWeitˌsicht *f* <-; *no pl*> **1.** → **Fernblick**. **2.** → **Weitblick**.

ˈweitˌsich·tig *adj* **1.** *med.* farsighted, *bes. Am.* longsighted. **2.** *fig.* longsighted, *bes. Am.* farsighted. **≈keit** *f* <-; *no pl*> *med.* farsightedness, *bes. Am.* longsightedness.

ˈWeit|ˌsprin·ger *m*, **~ˌsprin·ge·rin** *f Sport*: long (*Am.* broad) jumper. **~ˌsprung** *m* long jump, *Am.* broad jump. **~ˌsprungˌgru·be** *f* long-(*Am.* broad-)jump pit. **≈ˌspu·rig** [-ʃpuːrɪç] *adj rail.* broad-ga(u)ge(d), wide-track(ed). **~ˌstrah·ler** *m mot.* distance (*od.* high-beam) headlamp. **≈ˌtra·gend** *adj* <**weiter tragend** *u.* **~er; weitesttragend** *u.* **~st**> **1.** *mil.* long-range. **2.** *fig. Folgen etc*: far-reaching.

ˈWei·tung *f* <-; *no pl*> widening.

ˈweit|verˌbrei·tet *adj* <**weiter verbreitet** *u.* **~er; weitestverbreitet** *u.* **~st**> widespread, common (*a. bot.*), *Ansicht etc*: *a.* widely held, *Zeitung*: widely circulated. **~verˌzweigt** *adj* <**weiter verzweigt** *u.* **~er; weitestverzweigt** *u.* **~est**> widely branching (*od.* ramified); **e-e ~e Familie** (*od.* **Verwandtschaft**) **haben** have wide family connections.

ˈWeitˌwin·kel *m* <-s; ->, **~ob·jekˌtiv** *n phot.* wide-angle lens.

Wei·zen [ˈvaɪtsən] *m* <-s; *agr.* -> wheat; *fig. colloq.* **sein ~ blüht** he is in clover. **~ˌbier** *n* white (*od.* wheat) beer. **~ˌbrot** *n* white bread, (*Laib*) white loaf. **~ˌfeld** *n* wheat field. **~ˌflocken** (*getr.* -k·k-) *pl* wheat flakes. **~ˌgrieß** *m* semolina. **~ˌkei·me** *pl* wheat germs. **~ˌkleie** *f* pollard. **~ˌmehl** *n* wheat(en) flour; **aus ~** wheaten.

welch [vɛlç] **I** *interrog pron* what, *auswählend*: which; **~e Mutter würde das tun?** what mother would do that?; **aus ~em Grunde sollte ich das tun?** for what reason (*od.* why) should I do that?; **~e** (*od.* **~ e-e**) **Wohltat!** what a relief!; **~ schöner Anblick!** what a lovely sight!; **~er Bewerber auch (immer) den Preis erhält** no matter which competitor wins the prize; **~er von euch beiden?** which of (the two of) you? **II** *relative pron bei Personen*: who, that, *bei Sachen*: which, that; **der Nachbar, von ~em ich dir erzählt habe** the neighbo(u)r (whom *od.* that, *colloq.* who) I told you about. **III** *indef pron colloq.* some, any, *pl* some; **wenn du kein Geld hast, mußt du dir ~es besorgen** if you don't have any money you must (go and) get some; **ich habe k-e Zigaretten mehr, kannst du mir ~e mitbringen?** I have run out of cigarettes, can you get me some?; **da gibt es ~e, die behaupten, daß** there are some (*od.* there are people) who maintain that.

ˈwel·cher|ˈart, ~geˈstalt *adj* <*pred*> *obs.* of what kind. **~ˈlei** *adj* whatever.

Wel·fe [ˈvɛlfə] *m* <-n; -n> *hist.* Guelf.

welk [vɛlk] *adj* <-er; -st> faded, withered, *fig.* (*schlaff*) *a.* flabby, flaccid, (*schrumpelig*) shrivel(l)ed; *fig.* **~e Schönheit** faded beauty. **ˈwel·ken** *v/i* <sein> *a. fig.* fade, wither. **ˈWelk·heit** *f* <-; *no pl*> fadedness, *a. fig.* witheredness.

ˈWellˌblech *n tech.* corrugated iron (*od.* metal sheet). **~baˌracke** (*getr.* -k·k-) *f* corrugated-iron hut, Nissen hut, *Am.* Quonset hut.

Wel·le [ˈvɛlə] *f* <-; -n> **1.** *im Wasser*: wave, *kleine*: ripple, wavelet, *große*: billow, surge, (*Sturz≈*) breaker; **die ~n schlugen** (*od.* **brandeten**) **über das Deck (gegen die Felsen)** the waves swept (*od.* dashed, surged) over the deck (against the cliffs); **der Stein schlug kleine ~n** the pebble rippled the surface; **(hohe) ~n schlagen** surge (*od.* billow) (high), *fig. Skandal etc*: cause (quite) a stir (*cf.* 2); *fig. colloq.* **mach k-e ~n!** cool off! **2.** *fig. von Angreifern, Einwanderern etc*: wave, *des Mitgefühls, der Entrüstung, von Haß etc*: *a.* surge; **die ~n der Begeisterung schlugen höher und höher (haben sich gelegt)** the wave of enthusiasm rose higher and higher (has subsided); **die Stimmung schlug hohe ~n** spirits were high. **3.** *im Haar*: wave; **sich in ~n legen** wave, go wavy. **4.** *von Duft, Geruch etc*: wave, waft. **5.** *fig.* (*Mode*) wave, *iro.* craze, *colloq.* kick;

Film: **die neue ~** the New Wave; → *a.* **Freßwelle** *etc.* **6.** *electr. phys.* wave; *Radio*: **auf~...** on wavelength ...; → **grün** 1. **7.** *tech.* shaft, axle. **8.** *gym.* circle. **9.** (*Boden*ℒ) undulation.

wel·len [ˈvɛlən] **I** *v/t* ⟨h⟩ (*Haare*) wave. **II** *v/reflex* **sich ~** go (*od.* be) wavy, wave.

ˈ**Wel·len|ˌan|zei·ger** *m Radio*: wave detector (*od.* indicator). ℒ**ˌar·tig** *adj* undulatory, wavelike, wavy. **~ˌbad** *n* swimming pool with wave movement. **~ˌband** *n Radio*: waveband. **~be|reich** *m* wave range. **~ˌberg** *m* wave crest. **~be|we·gung** *f* wave (*od.* undulatory) motion, undulation. **~ˌbre·cher** *m mar.* breakwater. ℒ**ˌför·mig** *adj* wavy, undulating, undulate(d). **~ˌgang** *m* ⟨-(e)s; *no pl*⟩ → **Seegang. ~ˌkamm** *m* crest (of a wave). **~ˌlän·ge** *f Radio*: wavelength. **~ˌli·nie** *f* wavy line. **~me|cha·nik** *f phys.* wave mechanics *pl* (*als sg od. pl konstruiert*). **~ˌmu·ster** *n* wave pattern. **~ˌrei·ten** *n* surf-riding. **~ˌschlag** *m* washing (*plätschernder*: lapping) of the waves. **~ˌschliff** *m e-s Messers*: scalloped edge. **~ˌsit·tich** *m orn.* budgerigar, *colloq.* budgie. **~ˌska·la** *f Radio*: tuning scale. **~ˌtal** *n* **1.** *mar.* trough of the sea. **2.** *phys.* wave trough. **~theo|rie** *f phys.* wave theory. **~ver|tei·lung** *f Radio*: allocation of frequencies. **~ˌwi·der|stand** *m aer.* wave (*od.* shock) drag. **~ˌzap·fen** *m tech.* journal.

ˈ**Well|fleisch** *n* boiled pork.

ˈ**wel·lig** *adj* wavy, undulating.

ˈ**Well|pap·pe** *f* corrugated board.

Wel·pe [ˈvɛlpə] *m* ⟨-n; -n⟩ (*junger Hund*) puppy, pup, *bei Wolf u. Fuchs*: cub.

Wels [vɛls] *m* ⟨-es; -e⟩ *ichth.* silurid.

welsch [vɛlʃ] *adj* Italian, French, *weitS. obs.* outlandish; **die ~e Schweiz** French Switzerland. ℒ**ˌland** *n* ⟨-(e)s; *no pl*⟩ *obs.* Italy.

Welt [vɛlt] *f* ⟨-; -en⟩ **1.** ⟨*only sg*⟩ (*Erde*) world, globe; **die ganze ~** a) the whole world, b) *cf.* 4; **aus der ganzen ~** from all over the world; **auf der ganzen ~** all over the world, all the world over, throughout the world; **nichts (nirgends) auf der ~** nothing (nowhere) in the world; **e-e Reise um die ~** a journey (a)round the world; **in alle ~ zerstreut** scattered all over the globe; **am Ende der ~** at the end of the world, *colloq.* **wohnen**: live at the back of beyond; **bis ans Ende der ~** to the world's end; **er ist der beste Mensch von der ~** he is the nicest person in the world; *fig. colloq.* **das ist doch nicht die ~!** it's not as bad as all that!; *colloq.* **das wird nicht die ~ kosten** it won't cost the earth; **der Ort liegt nicht aus der ~** the place isn't so far from everywhere; **wer (wo) in aller ~?** who (where) on earth?; **nicht um alles in der ~, um nichts in der ~** not for the world, not for worlds, not for all the tea in China; **um alles in der ~!** for goodness sake! **2.** ⟨*only sg*⟩ (*~all*) universe, world; **die Entstehung der ~** the evolution of the universe; **die ~ im Kleinen (Großen)** the microcosm (macrocosm); **ein Wesen von e-r anderen ~** a being from another world. **3.** ⟨*only sg*⟩ (*Dasein, Leben*) life, world; **ein Kind zur ~ bringen** give birth to a child, bring a child into the world; **zur** (*od.* **auf die**) **~ kommen** be born, come into the world; **sich in der ~ nicht zurechtfinden** not to be able to cope with life; **ich verstehe die ~ nicht mehr** I don't understand this (*od.* the) world anymore; *colloq. iro.* **die ~ steht Kopf** it's a topsy-turvy world; *colloq.* **Gerüchte in die ~ setzen** start rumo(u)rs; **Schwierigkeiten (Streitigkeiten) aus der ~ schaffen** (*od.* **räumen**) settle difficulties (disputes); → **Kind** 2, **Lauf** 3, **Licht** 1. **4. alle ~, die ganze ~** (*alle Leute*) all the world, (absolutely) everyone, the whole world; **von aller ~ verlassen** alone (*od.* lonely) and forlorn, alone in the world; **vor aller ~** in front of everyone, for all the world to see; → **Gott** 5. **5.** (*Lebensbereich, Kreis von Menschen*) world; **die Alte (Neue, dritte, freie, westliche) ~** the Old (New, Third, Free, Western) World; **die gelehrte (künstlerische) ~** the world of scholars (art), the learned (artistic) world; **die ~ des Theaters** the world of the theatre; **die ~ des Kindes** the world of the child, the child's world; **die vornehme ~** fashionable society; **ihre Familie ist ihre ganze ~** her family is all the world to her; **er lebt in e-r völlig anderen ~** he lives in a world of his own; **damit brach für sie e-e ganze ~ zusammen** this made the bottom fall out of her world; **es liegen ~en zwischen den beiden, ~en trennen die beiden** the two are worlds apart. **6. e-e ~ von** a great deal of *trouble, etc*, a multitude (*od.* world) of *prejudices, etc.* **7. ein Mann von ~** a man of the world. **8.** ⟨*only sg*⟩ *lit.* (*das Irdische*) world; **der ~ entsagen** renounce this world.

ˈ**welt|ab·ge|schie·den** *adj* secluded (from the world), isolated. ℒ**heit** *f* ⟨-; *no pl*⟩ seclusion (from the world), isolation.

ˈ**welt||ab·ge|wandt** *adj* withdrawn. ℒ**ˌall** *n* universe, cosmos. ℒ**ˌal·ter** *n* age, (a)eon. **~ˌan|schau·lich** *adj* ideological. ℒ**ˌan|schau·ung** *f* philosophy (of life), world view, weltanschauung, (*Ideologie*) ideology. ℒ**ˌaus|stel·lung** *f* world's fair. ℒ**ˌaus|wahl** *f* world selection (*od.* team); **England gegen e-e ~** England versus the Rest of the World. ℒ**ˌbank** *f* ⟨-; *no pl*⟩ World Bank. **~be|kannt** *adj* known all over (*od.* throughout) the world.

ˈ**welt·be|rühmt** *adj* world-famous, of worldwide fame, *Persönlichkeit*: *a.* world-renowned. ℒ**heit** *f* ⟨-; -en⟩ **1.** ⟨*only sg*⟩ (**~ erlangen** acquire) worldwide fame. **2.** world-famous person.

ˈ**Welt||best|lei·stung** *f* world (*Am.* world's) best (performance), world record. **~be|völ·ke·rung** *f* world population. ℒ**be|we·gend** *adj Ereignis etc*: worldshaking; **das ist k-e ~e Sache** *colloq.* it's nothing to write home about. **~ˌbild** *n* world view, conception of life. **~ˌbrand** *m lit.* world war. **~ˌbüh·ne** *f* world scene (*od.* stage). **~ˌbund** *m* world alliance. **~ˌbür·ger** *m* citizen of the world, cosmopolite. ℒ**ˌbür·ger·lich** *adj* cosmopolitan. **~ˌbür·ger·tum** *n* cosmopolit(an)ism. **~ˌda·me** *f* woman of the world.

ˈ**Wel·ten|bumm·ler** *m* globetrotter.

ˈ**Welt||en·de** *n* end of the world, world's end. ℒ**ent|rückt** *adj* detached from the world. **~er|eig·nis** *n* event of worldwide importance. ℒ**er|fah·ren** *adj* world(ly)-wise. **~er|fah·ren·heit, ~er|fah·rung** *f* experience in the ways of the world, worldly wisdom. **~er|folg** *m* world success.

ˈ**Wel·ter|ge|wicht** [ˈvɛltər-] *n*, **~ge|wicht·ler** *m* ⟨-s; -⟩ *Boxen etc*: welterweight.

ˈ**Welt|er|obe·rer** *m* world conqueror. ℒ**er|schüt·ternd** *adj* → **weltbewegend.** ℒ**ˌfern** *adj* unrealistic, impractical. **~ˌfir·ma** *f* firm of worldwide reputation. **~ˌflucht** *f* ⟨-; *no pl*⟩ withdrawal from the world. ℒ**ˌfremd** *adj* worldly innocent, ignorant of the world, (*naiv*) naïve, unworldly, (*unrealistisch*) unrealistic, (*idealistisch*) starry-eyed, *Gelehrter etc*: ivory-towered. **~ˌfremd·heit** *f* worldly innocence, unworldliness, naïveté. **~ˌfrie·de(n)** *m* world (*od.* universal) peace. **~ge|bäu·de** *n fig.* universe, cosmos. **~ˌgeist·li·che** *m R.C.* secular (priest). **~ˌgel·tung** *f* ⟨-; *no pl*⟩ worldwide reputation. **~ge|richt** *n* ⟨-(e)s; *no pl*⟩ Last Judg(e)ment. **~ge|sche·hen** *n* world affairs *pl.* **~ge|schich·te** *f* ⟨-; *no pl*⟩ **1.** world history. **2.** *humor.* **in der ~ herumreisen** travel all over the place. ℒ**ge|schicht·lich** *adj* **1.** pertaining to world history. **2.** *Ereignis etc*: of (great) impact on world history. **~ge|sund·heits·or·ga·ni·sa·ti|on** *f* ⟨-; *no pl*⟩ World Health Organization. ℒ**ge|wandt** *adj* versed in the ways of the world, urbane. **~ˌhan·del** *m* world trade. **~ˌherr·schaft** *f* ⟨-; *no pl*⟩ *pol.* world supremacy. **~ˌkar·te** *f* map of the world. **~ˌkennt·nis** *f* knowledge of the world. **~ˌkind** *n* worldling, child of this world. **~ˌkir·chen|rat** *m* ⟨-(e)s; *no pl*⟩ World Council of Churches. **~ˌklas·se** *f Sport*: World Class; *colloq.* **~!** super! ℒ**ˌklug** *adj* world(ly)-wise. **~ˌklug·heit** *f* worldly wisdom. **~kon·fe|renz** *f* world conference. **~kon·junk|tur** *f* world (*od.* international) economic trend. **~ˌkör·per** *m astr.* heavenly (*od.* celestial) body. **~ˌkrieg** *m* world war; **der Erste ~** World War I, the First World War; **der Zweite ~** World War II, the Second World War. **~ˌku·gel** *f* globe. **~ˌla·ge** *f pol.* international (*od.* world) situation. **~ˌlauf** *m* course of the world.

ˈ**welt·lich** *adj* **1.** *Freuden etc*: worldly, mundane; **~e Gesinnung** worldly-mindedness. **2.** *Macht, Gerichtsbarkeit etc*: temporal. **3.** *Schule etc*: secular, *Geistlicher, Kunst, Musik etc*: *a.* profane.

ˈ**Welt|li·te·ra|tur** *f* world literature. **~ˌmacht** *f pol.* world power. **~ˌmacht·po·li|tik** *f* imperialism, imperialist(ic) policy. **~ˌmann** *m* ⟨-(e)s; ⸚er⟩ man of the world. ℒ**ˌmän·nisch** [-ˌmɛnɪʃ] *adj* urbane, man-of-the-world. **~ˌmar·ke** *f econ.* name of worldwide renown. **~ˌmarkt** *m* world (*od.* international) market. **~ˌmarkt|preis** *m* world market price. **~ˌmeer** *n* ocean, sea; **die ~e** the seven seas. **~ˌmei·nung** *f* world opinion. **~ˌmei·ster** *m*, **~ˌmei·ste·rin** *f bes. Sport*: world champion. **~ˌmei·ster·schaft** *f* world championship. **~ˌmei·ster|ti·tel** *m* world title; **~ im Schwimmen** world swimming title. ℒ**ˌmü·de** *adj* world-weary. ℒ**ˌof·fen** *adj* cosmopolitan. **~ˌöf·fent·lich·keit** *f* world public. **~ˌord·nung** *f* system of the world. **~po·li|tik** *f* world politics *pl* (*als sg od. pl konstruiert*). ℒ**po|li·tisch I** *adj* concerning world politics. **II** *adv* **~ gesehen** with regard to (*od.* in terms of) world politics. **~ˌpres·se** *f* ⟨-; *no pl*⟩ world press. **~pro·duk·ti|on** *f* world production. **~ˌrang|li·ste** *f Sport*: world ranking list; **er steht an dritter Stelle der ~** he is ranked third in the world. **~ˌrät·sel** *n* mystery of the universe.

ˈ**Welt|raum** *m* ⟨-(e)s; *no pl*⟩ (outer *od.* cosmic) space; **sich frei im ~ bewegen, e-n Spaziergang im ~ machen** *a.* spacewalk. **~... in Zssgn** → **Raum... ~ˌstaub** *m* space dust. **~ˌwett|ren·nen** *n* space race.

ˈ**Welt||reich** *n* empire. **~ˌrei·se** *f* world tour (*od.* trip), (a)round-the-world tour; **e-e ~ machen** *a.* tour the world (*od.* globe). **~ˌrei·sen·de** *m, f* globetrotter. **~re|kord** *m bes. Sport*: world (*Am.* world's) record. **~re|kord|in|ha·ber** *m*, **~re|kord|in|ha·be·rin** *f* ⟨-; -nen⟩,

~re,kord·ler [-re,kɔrtlər] *m* <-s; -\>, **~re,kord·le·rin** *f* <-; -nen\> world (*Am.* world's) record holder. **~re·li·gi,on** *f* world religion. **~,ruf** *m* <-(e)s; *no pl*\> worldwide reputation. **~,ruhm** *m* worldwide fame. **~,schmerz** *m* <-es; *no pl*\> weltschmerz. **~,si·cher·heits,rat** *m* <-(e)s; *no pl*\> *pol.* Security Council. **~,spra·che** *f* world language. **~,stadt** *f* metropolis. **~,stadt...** *in Zssgn*, **≗-,städ·tisch** *adj* metropolitan. **~,teil** *m* part of the world, continent. **≗,um,fas·send** *adj* worldwide, global, universal, (o)ecumenical. **~,um,se·ge·lung** *f* circumnavigation of the earth. **~,um,seg·ler** *m* circumnavigator of the earth. **≗,um,span·nend** *adj* → **weltumfassend**. **~,un·ter,gang** *m* end of the world. **~,ur,auf,füh·rung** *f* world premiere. **~ver,bes·se·rer** *m* <-s; -\> utopian, *colloq.* do-gooder. **~ver,trieb** *m bes. Film*: world distribution. **~,wäh·rungs·re,ser·ven** *pl* world monetary (*od.* currency) reserves. **~,weis·heit** *f* philosophy. **≗,weit** *adj* worldwide, universal. **~,wirt·schaft** *f* <-; *no pl*\> world (*od.* international) economy (*od.* economic system). **~,wirt·schafts,gip·fel** *m* world economic summit. **~,wirt·schafts,kri·se** *f* world(wide) economic crisis, world depression. **~,wun·der** *n* wonder of the world.

wem [veːm] <*dat of* **wer**\> **I** *interrog pron* to whom, whom (*colloq.* who) ... to; **mit ~ hast du gesprochen?** who(m) did you talk to?; **von ~ ist dieser Roman?** by whom is this novel? **II** *relative pron* whom, *colloq.* who; **~ auch immer** whom(so)ever, *colloq.* whoever. **≗,fall** *m ling.* dative (case).

wen [veːn] <*acc of* **wer**\> **I** *interrog pron* whom, *colloq.* who; **für wen hast du das gekauft?** who(m) did you buy that for? **II** *relative pron* whom, *colloq.* who; **~ auch immer** whom(so)ever, *colloq.* whoever.

Wen·de[1] ['vɛndə] *f* <-; -n\> **1.** turn; **an der** (*od.* **um die**) **~ des 19. Jahrhunderts** at the turn of the 19th century. **2.** (*~punkt*) turning point, (*Änderung*) turn of events, change; **es ist e-e ~ eingetreten** there has been a turn of events, a change has taken place. **3.** *Schwimmen etc*: turn.

'Wen·de[2] *m* <-n; -n\> Wend, Sorb.

'Wen·de\|,hals *m orn.* wryneck. **~,kreis** *m* **1.** *mot.* turning circle. **2.** *astr. geogr.* tropic; **~ des Krebses (Steinbocks)** Tropic of Cancer (Capricorn).

'Wen·del *f* <-; -n\> *tech.* spiral, helix. **~,trep·pe** *f* spiral (*od.* winding) staircase.

'Wen·de,mar·ke *f Sport*: half-way mark, *Segeln*: turning buoy.

wen·den[1] ['vɛndən] **I** *v/t* <**wendet, wandte**, *rare* **wendete, gewandt, gewendet, h**\> **1.** (*drehen, richten*) turn; *a. fig.* **j-m den Rücken ~** turn one's back on s.o.; **den Blick zur Seite ~** look aside (*od.* away); **kein Auge von j-m ~** not to take one's eyes off s.o. **2.** *fig.* **viel Fleiß** (*od.* **Mühe**) **~ auf** (*acc*) go to (*od.* take) a lot of trouble over; **Zeit (Geld) ~ an** (*od.* **auf**) (*acc*) spend time (money) on. **II** *v/reflex* **sich ~ 3.** turn; **sich zum Gehen ~** turn to go; *a. fig.* **sich von j-m ~** turn (away) from s.o.; *fig.* **sich gegen j-n ~** turn against (*od.* on) s.o.; **sich gegen et. ~** object (strongly) to s.th.; → **drehen** III. **4. sich an j-n ~** address s.o., ask (*od.* see, talk to, contact) s.o., *stärker*: appeal to (*od.* call upon) s.o.; **sich um Rat (Hilfe, Trost** *etc*) **an j-n ~** turn to s.o. for advice (help, comfort, *etc*); **sich mit e-r Bitte an j-n ~** ask s.o. a favo(u)r; **das Buch wendet sich vorwiegend an den Fachmann** the book is intended mainly for the expert.

'wen·den[2] **I** *v/t* <h\> (*umdrehen*) (*Heu, Braten etc*) turn *s.th.* over, (*Auto, Boot etc*) turn *s.th.* (a)round, *Schneiderei*: (*Kragen, Anzug etc*) turn; **bitte ~** (*umblättern*) please turn over (*abbr.* p.t.o.); → **drehen** I. **II** *v/reflex* **sich ~** (*ändern*) *bes. Wind, Wetter*: change; *fig.* **sich zum Guten (Schlechten) ~** take a turn for the better (worse); **es wird sich alles noch zum Guten ~** it will all turn out for the best; → **Blatt** 2. **III** *v/i* (*umkehren*) *allg.* turn ([a]round), *Schwimmer etc*: turn, *Segelschiff*: tack (about).

'Wen·de\|,punkt *m astr. u. fig.* turning point, *math. a.* inflection (point); *fig.* **et. bedeutet e-n ~** s.th. marks a turning point (*od.* an epoch). **~,ra·di·us** *m mot.* turning radius.

'wen·dig *adj* **1.** *mar. mot.* manœuvrable, *Am.* maneuverable. **2.** *fig.* (*beweglich*) nimble, agile, *geistig*: *a.* nimble-minded. **≗keit** *f* <-; *no pl*\> **1.** manœuvrability, *Am.* maneuverability. **2.** *fig.* nimbleness, agility, nimble-mindedness.

'wen·disch I *adj*, **II** *ling.* ≗ <*generally undeclined*\>, **das ≗e** <-n\> Wendish.

Wen·dung[1] *f* <-; -en\> **1.** *allg.* turn. **2.** *fig.* turn (of events), change; **e-e entscheidende ~ vollzog sich** (*od.* **trat ein**) there was a decisive turn of events; **e-e günstige (unerwartete) ~ nehmen** take a favo(u)rable (an unexpected) turn; **dem Gespräch e-e andere ~ geben** change the subject; **e-e gute (schlechte) ~, e-e ~ zum Besseren (Schlechteren)** a turn (*od.* change) for the better (worse).

'Wen·dung[2] *f* <-; -en\> (*Rede≗*) phrase, expression, *idiomatische*: idiom(atic expression); **stehende ~** standard expression.

'Wen,fall *m ling.* accusative (case).

we·nig ['veːnɪç] **I** *indef pron u. adv* **1.** little, not much; **~ Zeit (Geld, Platz** *etc*) little time (money, space, *etc*); **sie ißt (schläft, verdient** *etc*) **~** she doesn't eat (sleep, earn, *etc*) much; **sie ißt** *etc* **sehr** (*od.* **ziemlich**) **~** she eats, *etc* very little; **das ist ~** that's not much; **mit ~(em) zufrieden sein** be content with little; **es gehört ~ dazu zu** *inf* it doesn't take much to *inf*; **um (ein) ~es älter** a little (*od.* slightly) older; **es fehlte ~ und ich** ... I very nearly ...; **das kümmert ihn ~** he little cares about that; **ich habe mich nicht ~ geärgert** I was not a little annoyed; **das stört mich ~** that hardly bothers me; **~ beliebt** rather unpopular; **~ erfreulich** not so (*od.* not at all) pleasant; **~ gelesen** not widely read; **~ gerechnet** ... *that will cost* at least ...; **wir haben uns in der letzten Zeit ~ gesehen** we have seen very little of each other lately; **er geht ~ ins Theater** he seldom (*od.* rarely) goes to the theatre. **2. ein ~** (...) a little (...), a bit (of ...); **ein (ganz) klein ~** (...) a (tiny) little bit (of ...); **ein ~ Zeit (Geld, Geduld** *etc*) a little time (money, patience, *etc*); **ein ~ Wasser (Geduld** *etc*) *a.* a small amount of water (patience, *etc*); **ein (ganz) klein ~ Verstand (Wahrheit** *etc*) *a.* a modicum of sense (truth, *etc*); **gib mir ein ~ (Kaffee)** give me a little (coffee); **ein ~ schneller** a little (*od.* a bit) faster; **ein ~ schlafen** sleep a little (*od.* a bit); **ein ~ übertrieben** a little (*od.* a bit, somewhat, slightly) exaggerated. **II** *indef pron pl* **3.** *vor Substantiven*: (*ein paar*) a few, (*vereinzelte*) few; **nur noch ~e Meter (Sekunden)** only a few (more) yards (seconds); **mit ~en Worten** in (a) few words; **nur in ~en Fällen** only in a few (*od.* in the minority of) cases; **es sind nur noch ~e (davon) übrig, es gibt nur noch ~e (davon)** there are only (a) few (of them) left; **es gibt nur ~e Menschen, die das erlebt haben** (only) few people have experienced that; **er ist ein Freund, wie es nur ~e gibt** there are few friends like him, he is one (*od.* a) friend in a thousand. **4.** (*ein paar Leute*) a few (people), (*vereinzelte Leute*) few (people); **da wir nur ~e sind** since there are only a few of us; **einige ~e blieben** a few (people) stayed on; **nur sehr ~e** only very few (people); **er ist e-r von den ~en, die** he is one of the few who.

'we·ni·ger I *comp of* **wenig**. **II** *indef pron u. adv* less; **~ Zeit** less time; **~ verdienen** earn less; **er hat ~ (Geld) als du** he has less (money) than you; **Anne ist ~ hübsch als Mary** Anne is not so pretty as Mary; **immer ~** less and less; **nichts ~ als** anything but *pleased, etc*; **nicht ~ als** no less than *1,000 marks, etc*; **nicht mehr und nicht ~ als Erpressung** nothing (more or) less than blackmail; **in ~ als** in less than, in under *10 minutes, etc*; **das ist ~ angenehm** that is not so very pleasant; **~ werden** diminish, lessen, dwindle (away); *colloq.* **du wirst ja immer ~** you're wasting away (to a shadow); **~ wäre mehr** less would be more in this case. **III** *indef pron pl* fewer (*selten*: less) (*things, people, etc*); **viel ~ Bücher** much (*od.* far) fewer books; **~ (Leute) als erwartet** fewer (people) than expected; **wir sind diesmal ~ als das letzte Mal** this time we are fewer (in number) than last time. **IV** *adv* (*minus*) less, minus; **zehn ~ vier ist sechs** ten less four is (*od.* leaves) six.

'We·nig·keit *f* <-; *no pl*\> *humor.* **m-e ~** little me, yours truly.

'we·nigst <*sup of* **wenig**\> **I** *indef pron u. adv* least; **das ~e (Geld** *etc*) the least (money, *etc*); **der am ~en begabte Schüler** the least gifted student; **das hätte ich am ~en erwartet** that's what I'd have expected least of all; **zum ~en** at least; **das ist das ~e** that's the least of my worries. **II** *indef pron pl* **die ~en** the fewest, extremely few (*things, people, etc*); **die ~en (Menschen) wissen das** extremely few people know that. **'we·nig·stens** *adv* at least.

wenn [vɛn] **I** *conj* **1.** *zeitlich*: when; **~ ich einmal groß bin** when I grow up; **jedesmal ~, immer ~** every time (*od.* whenever) *we meet, etc*; **~ du erst einmal dort bist** once you are there; **~ man bedenkt, daß** to think that, considering that, when one considers that; **~ man ihn reden hört** to hear him (talk); **es ist nicht gut, ~ man** it is not good to *inf*; **~ man von ... spricht** speaking of ...; **~ man nach ... urteilt** judging from (*od.* by). **2.** *konditional*: if, in case, *jur. oft* if and when; **~ möglich** if possible; **~ du mich fragst** if you ask me; **~ ich du wäre** if I were (*colloq.* was) you; *iro.* **~ du es sagst, wird es wohl stimmen** coming from you it must be right; **~ ich ehrlich bin** to be honest; **~ er nun käme** what if he came; **~ ich dir die Wahrheit sagen soll** to tell you the truth; **~ ich das gewußt hätte** if I had (*od.* had I but) known that; **~ ich das wüßte!** I wish I knew!; **~ nichts dazwischenkommt** unless s.th. (*od.* if nothing) happens; **~ er nicht gewesen wäre** had it not been for him, but for him; **außer ~** except if, unless; **~ das Wörtchen ~ nicht wär', wär' mein Vater Millionär** (*Sprichwort*) if ifs and an's were pots and pans, there'd be no trade for tinkers. **3.** *konzessiv*: ~ **auch**, ~ **schon**, **und** ~ even though, even if, although; ~ **sie auch noch sehr jung ist** despite the fact that (*od.* although) she is (still) very young; ~ **es auch noch so wenig ist** however little it may be; ~ **er auch noch so reich ist** no matter how rich he is, may he be ever so rich; ~ **auch!** *colloq.* even so!, all the same!; → **schon** 7, 11. **4.** *im Wunschsatz*: ~ ... **doch**, ~ ... **nur**, ~ ... **bloß** if only; ~ **doch schon Feierabend wäre!** if only it were (*colloq.* was) time to go home! **5.** *vergleichend*: **wie** ~, **als** ~ as though, as if; **er tut (so), als** ~ **nichts geschehen wäre** he behaves as if nothing had happened; **es ist, als** ~ **er es geahnt hätte** one would think he had felt it. **II** ≈ *n* ‹-s; -› **6.** if; **ein großes** ≈ a big if; **nach vielen** ≈ **und Aber** after many ifs and buts.

ˌ**wennˈgleich** *conj* (al)though.

ˈ**wennˌschon** *adv colloq.* **na** ~! so what?, what of it?; ~, **dennschon!** a job worth doing is worth doing well.

wer [veːr] **I** *interrog pron* who, *auswählend*: which; *mil.* ~ **da?** who goes there?; ~ **noch?** who else?; ~ **anders als du** who (else) but you; ~ **von euch (beiden)?** which (of the two) of you?; → **wissen** 1. **II** *relative pron* who, *in Sprichwörtern etc*: he who, (*derjenige, welcher od. der*) whoever, *auswählend*: which; **es mag kommen**, ~ **(da) will** come who may; ~ **auch (immer)** who(so)ever; **ich weiß nicht**, ~ **von ihnen gekommen ist** I don't know which of them has come; ~ **dort hinmöchte** ... whoever wants to go there ... **III** *indef pron colloq.* someone, anyone; **ist da** ~? someone there?; **er ist jetzt** ~ he really is someone now.

ˈ**Wer·be|ˌab·tei·lung** *f* advertising (*od.* publicity) department. ~**ˌagenˌtur** *f* advertising (*od.* publicity) agency. ~**ak·tiˌon** *f* → Werbefeldzug. ~**ˌanˌzei·ge** *f* advertisement, *colloq.* ad. ~**arˌti·kel** *m* publicity (*bes. Am.* promotion) article (*od.* item). ~**büˌro** *n* advertising (*od.* publicity) agency. ~**ˌeinˌblen·dung** *f Radio, TV* advertising break, commercial. ~**ˌeinˌnah·men** *pl* advertising revenue *sg.* ~**erˌfolg** *m* publicity success. ~**etat** [-ʔeˌtaː] *m* advertising (*od.* publicity) budget. ~**ex·emˌplar** *n* publicity (*od.* introductory) sample (*od.* article), (*Buch*) publicity copy (*od.* issue). ~**ˌfach·ˌmann** *m* advertising (*od.* publicity) expert (*od.* specialist), *bes. Am.* promotion expert, *colloq.* adman. ~**ˌfeldˌzug** *m* advertising (*od.* promotion) campaign, (publicity) drive. ~**ˌfernˌse·hen** *n* commercial television, (*Programm*) television commercials *pl.* ~**ˌfilm** *m* publicity (*od.* promotion) film. ~**ˌflä·che** *f* advertising space. ~**ˌfunk** *m* commercial radio, (*Programm*) commercial broadcast. ~**geˌschenk** *n* advertising (*od.* publicity) gift. ~**ˌgra·phik** *f* commercial (*od.* advertising) art. ~**ˌgra·phi·ker** *m* commercial (*od.* advertising) artist. ~**ˌko·sten** *pl* advertising (*od.* publicity) cost *sg* (*od.* expenses). ~**ˌlei·ter** *m* publicity (*od.* advertising, *bes. Am.* promotion) manager. ~**ma·te·riˌal** *n* advertising (*bes. Am.* promotion) material (*od.* matter). ~**ˌmit·tel** *pl* **1.** (*Geld*) publicity (*od.* advertising) funds. **2.** advertising media.

wer·ben [ˈvɛrbən] **I** *v/t* ‹**wirbt, warb, geworben**, *h*› **1.** (*Mitglieder, Arbeitskräfte etc, a. mil. Rekruten*) recruit, enlist, (*Kunden, Abonnenten, Wähler, Stimmen etc*) canvass, solicit; **j-n für e-e Sache** ~ win s.o. over to s.th. **II** *v/i* **2.** make publicity; ~ **für** (*e-n Artikel etc*) advertise (for), promote, publicize, *aufdringlich*: *a.* push, *colloq.* boost, plug, (*e-e Partei etc*) canvass for, make propaganda for. **3.** ~ **um** (*Frau, Mädchen, a. fig. einflußreiche Persönlichkeit, Freundschaft etc*) court, *lit.* woo; **um j-s Gunst** ~ curry favo(u)r with s.o.

ˈ**Wer·be|plaˌkat** *n* (advertisement) poster. ~**ˌpreis** *m* publicity (*od.* introductory) price. ~**proˌspekt** *m* publicity leaflet. ~**psy·cho·loˌgie** *f* psychology of advertising.

ˈ**Wer·ber** *m* ‹-s; -› **1.** (*Freier*) suitor. **2.** *mil. hist.* recruiting officer, recruiter. **3.** *colloq.* publicity man.

ˈ**Wer·be|ˌsen·dung** *f Radio, TV* commercial. ~**ˌspot** *m* commercial (spot), spot. ~**ˌspruch** *m* (advertisement) slogan. ~**ˌtext** *m* (promotional) copy, advertising text. ~**ˌtex·ter** *m* copywriter. ~**ˌträ·ger** *m* advertising medium (*od.* vehicle), advertiser. ~**ˌtrom·mel** *f fig.* **die** ~ **rühren** → **werben** 2. ≈**ˌwirk·sam** *adj* having publicity appeal, effective. ~**ˌwirk·sam·keit** *f* publicity appeal, pull, *optische*: *a.* eye appeal. ~**ˌwo·che** *f* propaganda (*od.* publicity) week.

werb·lich [ˈvɛrplɪç] *adj* advertising; **für** ~**e Zwecke** for publicity purposes.

ˈ**Wer·bung** *f* ‹-; *no pl*› **1.** *von Abonnenten etc*: solicitation, canvas(s)ing, *von Mitgliedern, Arbeitskräften etc, a. mil. von Rekruten*: recruitment, enlistment. **2.** (*Reklame*) advertising, publicity, propaganda, (*Verkaufsförderung*) sales promotion, (*Inserat etc*) advertisement, (*Werbefeldzug*) publicity campaign; **er arbeitet in der** ~ he is (*od.* works) in advertising; **gezielte** ~ selective advertising; **das ist gute** ~ **für die Firma** that is good publicity for the firm. **3.** *um ein Mädchen*: courtship, suit. ~**sˌko·sten** *pl* professional outlay *sg* (*od.* expenses).

ˈ**Wer·deˌgang** *m* ‹-(e)s; *no pl*› **1.** (*Entwicklung*) development, *beruflicher*: career, background. **2.** *tech. e-s Erzeugnisses*: process of manufacture.

wer·den [ˈvɛrdən] **I** *v/i* ‹**wird, wurde**, *poet.* **ward, geworden**, *sein*› **1.** *allg.* become, get, (*sich wandeln*) turn *white, bad, etc*, go *blind, mad, etc*, *bes. allmählich*: *a.* grow *old, taller, etc*; **weich (alt, länger, rot** *etc*) ~ *a.* soften (age, lengthen, redden, *etc*); **katholisch** ~ become a (*od.* turn) Catholic; **es wird Tag** it is dawning (*od.* breaking); **es wird Nacht** night is falling, it is getting dark; **es wird Herbst** autumn is coming; **es ist Mode geworden zu** *inf* it has become the fashion to *inf*; **die Röcke** ~ **wieder länger** skirts are getting longer again; **mir wurde angst und bange** I was terrified, I was getting scared; **mir wird schlecht** (*od.* **übel**) I feel sick; **mir wird kalt** I'm getting (*od.* beginning to feel) cold; **es ist gestern abend spät geworden** it was late last night; **Erster (Letzter)** ~ be first (last). **2.** *beruflich*: **Arzt (Schauspieler** *etc*) ~ become (*od.* be going to be) a doctor (an actor, *etc*); **was willst du einmal** ~? what do you want (*od.* are you going) to be? **3.** (*geschehen*) happen; **was soll nun** ~? what are we going to do now?; *colloq.* **wird's bald?** get a move on; **was nicht ist, kann (ja) noch** ~ what isn't yet, may well still be. **4.** (*ausfallen*) turn out, be like; **wie sind die Photos geworden?** how did the photos turn (*od.* come) out?; **wie wird das Haus** (~)? what is the house going to be like?; **ist es was geworden?** has it turned out all right? **5.** *colloq.* (*Fortschritte machen*) come along, improve; **die Sache wird** things are (*od.* it's) coming along; **es wird schon wieder** it will be all right; **der Kranke wird wieder** the patient is getting better (*od.* improving). **6.** (*entstehen*) come into existence, arise; *Bibl.* **es werde Licht! und es ward Licht** let there be light! and there was light. **7.** *archaic* (*zuteil werden*) be given; **ihm wurde Befehl zu** *inf* he was ordered to *inf.* **8.** *in Verbindung mit Präpositionen*: **was ist aus ihm geworden?** what has become of him?; **was soll aus dem Jungen** ~? what is to become of the boy?; **daraus wird nichts** a) nothing will come of that, b) *colloq. bedauernd od. als Verbot*: nothing doing, no go; **was ist mit dem Auto geworden?** what became of the car?, what happened to the car?; **zu Staub** ~ turn to dust; **zu nichts** ~ come to nothing; **j-m zur Last** ~ become a burden to s.o.; **zum Mann** ~ become a man; **zum Verräter** ~ turn traitor. **II** *v/aux* ‹*pp* **worden**› **9.** *zur Bildung des Futurs*: **ich werde kommen** I shall (*od.* will) come; **es wird gleich regnen** it is going to rain; *colloq.* **ich werd' dir helfen!** (don't) you dare! **10.** *zur Bildung des Passivs*: **geliebt** ~ be loved (**von** by); **du bist nicht gefragt worden** you have not been asked; **das Haus wird umgebaut** the house is being altered, alterations are being done to the house; **es ist uns gesagt worden** we have been told; **es wird viel gebaut** there are plenty of buildings going up, there is much building going on; **es wurde getanzt** there was dancing. **11.** *zur Bildung des Konjunktivs u. Konditionals*: **er sagte, er werde** (*od.* **würde**) **kommen** he said he would come. **12.** *bezeichnet Vermutung, Wunsch etc*: **ich werde es (wohl) verloren haben** I will have lost it, I think I have lost it; **es wird ihm doch nichts passiert sein?** I hope nothing has happened to him; **du wirst es nicht wissen** you won't (*od.* wouldn't) know; **ihr werdet doch nicht schon gehen wollen?** you are not going to leave already, are you? **III** ≈ *n* ‹-s› **13.** growing, (*Entwicklung*) development, (*Entstehung*) rise, birth, formation, (*Fortschreiten*) progress; **im** ≈ **sein** be in the making, (*im Kommen*) *a. colloq.* be in the pipeline; **noch im** ≈ **sein** be (still) in the process of development, be in the nascent state, be in embryo; **große Dinge sind im** ≈ great things are preparing. ˈ**wer·dend** *adj* growing, developing, *lit.* nascent; → **Mutter**[1] 1.

Wer·der [ˈvɛrdər] *m, rare n* ‹-s; -› *geogr.* river island (*od.* islet).

ˈ**Werˌfall** *m ling.* nominative (case).

wer·fen [ˈvɛrfən] **I** *v/t* ‹**wirft, warf, geworfen**, *h*› **1.** (*a. Sport*: *Speer etc*) throw, (*schleudern*) fling, cast, *stärker*: hurl; **„nicht** ~**!"** "handle with care!"; *Sport*: **ein Tor** ~ throw (*od.* shoot) a goal; **e-e Sechs** ~, **sechs Augen** ~ (*würfeln*) throw (*od.* cast) a six; **Steine nach j-m** ~ throw stones at s.o., pelt s.o. with stones. **2.** *in Verbindung mit Substantiven*: **Blasen** ~ *Wasser*: bubble, *Anstrich, Tapete etc*: blister; **Bomben** ~ *Flugzeug*: drop bombs, *Terrorist etc*: throw bombs; **helles Licht (e-n milden Schein)** ~ *Lampe*: cast (*od.* give off) very bright light (a soft glow); **Schatten** ~ cast shadows. **3.** *in Verbindung mit Präpositionen*: *fig.* **j-n auf die Straße** ~ throw s.o. out (on the street); **Waren auf den Markt** ~ throw goods on the market; **aufs Papier** ~ (*Zeichnung etc*) sketch, (*ein paar Zeilen*) jot down; **j-n aufs Krankenlager** ~ confine s.o. to a sickbed; **j-n aus der Schule** ~ throw (*od.* kick) s.o. out of school; **j-n aus der Bahn** ~ throw s.o. off balance; **den**

Feind aus e-r Stellung ~ dislodge the enemy; **alle Bedenken hinter** (*od.* **von**) **sich** ~ cast aside all one's doubts (*od.* misgivings); **e-n Blick ins Zimmer** (**in den Spiegel**) ~ cast a glance into the room (at the mirror); **die Tür ins Schloß** ~ slam the door (shut); **den Kopf** (**stolz**) **in den Nacken** ~ toss one's head back (proudly); **et. ins Gespräch** (*od.* **in die Debatte, Diskussion**) ~ come up with s.th. in a debate; **sich** (*dat*) **e-n Mantel um die Schultern** ~ throw a coat (a)round one's shoulders; **s-e Kleider von sich** ~ throw one's clothes off; *colloq.* **am liebsten würde ich ihm den ganzen Kram vor die Füße** ~ I'd like to chuck the whole business; → **Auge** 1, **Haufen** 1, **Kopf** *bes. Redewendungen*, **Licht** 1, **Los** 1 *etc.* **4.** *Muttertier*: **Junge** (**ein Ferkel** *etc*) ~ throw (*od.* bring forth) young (a farrow, *etc*). **II** *v/reflex* **sich** ~ **5.** *Holz*: warp, *Straßenbelag etc*: buckle. **6.** *Torwart*: dive (**nach dem Ball** for the ball). **7.** *in Verbindung mit Präpositionen*: *fig.* **sich j-m** (**förmlich**) **an den Hals** ~ (simply to) throw o.s. at s.o. (*od.* at s.o.'s head); **sich auf den Boden** (**aufs Bett** *etc*) ~ throw o.s. on (*od.* to) the floor (on the bed, *etc*); *fig.* **sich mit Macht auf** *e-e Tätigkeit* ~ throw o.s. into, apply o.s. to, take up; *colloq.* **sich in s-e Kleider** ~ throw on one's clothes; → **Fuß**[1] 1, **Schale** 3 *etc.* **III** *v/i* **8.** throw; **ich werfe 40 Meter** (**weit**) I (can) throw (a distance of) 40 metres; **mit e-m Stein nach j-m** ~ throw a stone at s.o.; *fig. colloq.* **um sich** ~ **mit** (*Geld etc*) be lavish of, throw (*one's money*) about, (*Fremdwörtern etc*) show off with, trot out, air, (*großen Worten etc*) bandy about. **9.** → **jungen.**

Werft [vɛrft] *f* ⟨-; -en⟩ **1.** shipyard, dockyard. **2.** *aer.* (*a.* ~ˌ**hal·le** *f*) (repair) hangar, dock. ~ˌ**ar·bei·ter** *m* shipyard worker, docker.

Werg [vɛrk] *n* ⟨-(e)s; *no pl*⟩ tow, waste. ~ˌ**dich·tung** *f tech.* hemp packing.

Werk [vɛrk] *n* ⟨-(e)s; -e⟩ **1.** (*Tat*) work, deed; **ein gutes** ~ (**an j-m**) **tun** do a good work (*od.* deed) (on s.o.); ~**e der Nächstenliebe** works of charity; **in Worten und** ~**en** in word and deed. **2.** (*Ergebnis*) work, (*Leistung*) achievement; **das** ~ **vieler Hände** (**vieler Jahre, s-s Fleißes, von Wind und Wetter**) the work of many hands (many years, of his industry, of wind and weather); **das** ~ **s-r Hände** the work of his hands, his handiwork; **die** ~**e Gottes** the works of God, God's handiwork *sg*; **es war das** ~ **e-s Augenblicks** it was the work (*od.* a matter) of a moment; *b.s.* **das ist sein** ~ that is his work (*od.* doing); **die Aussöhnung der beiden Staaten war das** ~ **jahrelanger Arbeit** the reconciliation of the two states was the achievement (*od.* result) of many years of work. **3.** (*Arbeit, Aufgabe*) work; **sich ans** ~ **machen, ans** ~ **gehen, Hand ans** ~ **legen** set (*od.* get down, go) to work, set to; (**frisch**) **ans** ~**!** let's set to work!; **ins** ~ **setzen** start, set *s.th.* on foot; **behutsam** (*od.* **vorsichtig**) **zu** ~**e gehen** go about it (*od.* go to work) cautiously. **4.** (*Bild, Komposition, Buch etc*) work, *bes. mus.* opus, (*Gesamt*Ձ) works *pl*; **ein** ~ **über moderne Malerei** a work on modern painting; **Schillers gesammelte** ~**e** Schiller's collected works; **ein** ~ **zu Ende führen** complete a (piece of) work; **das** ~ **nähert sich der Vollendung** the work is nearing completion. **5.** (*Fabrik*) works *pl* (*als sg od. pl konstruiert*), factory, plant, (*Unternehmen*) company; **ab** ~ ex works, ex factory. **6.** *tech.* (*Mechanismus*) works *pl*, action, (*Trieb*Ձ, *Uhr*Ձ) movement. **7.** (*Festungs*Ձ) fortification(s *pl*), works *pl*.

ˈ**Werk|ˌan·ge|ˌhö·ri·ge** *m, f* factory (*od.* works) employee. ~ˌ**anˌla·ge** *f* (industrial) plant, works *pl* (*als sg konstruiert*). ~ˌ**bahn** *f* factory railway (*Am.* railroad). ~ˌ**bank** *f* ⟨-; ⸚e⟩ *tech.* (work)bench. ~ˌ**druck** *m* ⟨-(e)s; -e⟩ bookwork. ~ˌ**druck·paˌpier** *n* book (printing) paper. Ձˌ**ei·gen** *adj* factory-(*od.* company-)owned. ~ˌ**einˌrich·tung** *f* **soziale** ~**en** social facilities of a works (*od.* factory).

wer·keln [ˈvɛrkəln] *v/i* ⟨h⟩ potter (about *od.* around), be busy.

wer·ken [ˈvɛrkən] *v/i* ⟨h⟩ **1.** *lit.* work. **2.** → **werkeln.**

ˈ**Werk|fah·rer** *m* **1.** works driver. **2.** test driver. ~ˌ**film** *m* documentary (film) on the works. Ձ**geˌtreu** *adj bes. mus.* faithful to the original. ~ˌ**hal·le** *f* workshop, shop floor. ~**kanˌti·ne**, ~ˌ**kü·che** *f* factory (*od.* works) canteen. ~ˌ**lei·stung** *f* service. ~ˌ**leu·te** *pl* workmen. ~ˌ**lie·fe·rungs·verˌtrag** *m* contract for work and materials. ~ˌ**mei·ster** *m* foreman, master workman. ~ˌ**norm** *f* works standard specification. ~ˌ**num·mer** *f* factory (*od.* serial) number. ~ˌ**raum·thea·ter** [-teˌaːtər] *n* theat/re (*Am.* -er) workshop.

Werks... *in Zssgn* → **Werk...**

ˈ**Werk|schu·le** *f* factory (*od.* works) school. ~ˌ**schutz** *m* works protection force, Security. ~ˌ**sei·de** *f Textil.* floss silk.

ˈ**werks|ei·gen** *adj* factory- (*od.* company-)owned. Ձ**geˌlän·de** *n* works (*od.* factory) premises *pl*.

ˈ**Werk·spioˌna·ge** *f* industrial espionage.

ˈ**Werksˌprü·fung** *f tech.* inspection test.

ˈ**Werkˌstatt** *f* ⟨-; ⸚en⟩ workshop, *tech. a.* shop. ~ˌ**aufˌtrag** *m* shop order.

ˈ**Werkˌstät·te** *f* ⟨-; -n⟩ → **Werkstatt.**

ˈ**Werkˌstatt|monˌta·ge** *f* shop assembly. ~ˌ**wa·gen** *m* travel(l)ing (repair) shop, repair truck, *rail.* workshop (*od.* repair) waggon (*Am.* car). ~ˌ**zeich·nung** *f* (work)shop drawing.

ˈ**Werkˌstoff** *m* material. ~**erˌmü·dung** *f* fatigue of material. ~ˌ**kun·de** *f* materials technology. ~ˌ**prü·fung** *f* material test(ing).

ˈ**Werk|stück** *n* workpiece, *bei der Bearbeitung*: *meist* work. ~ˌ**stückˌzeich·nung** *f* component drawing. ~**stuˌdent** *m*, ~**stuˌden·tin** *f* working student. ~ˌ**tag** *m* workday, working day. Ձˌ**täg·lich** *adj* work(a)day. Ձˌ**tags** *adv* (on) weekdays.

ˈ**werk|tä·tig I** *adj* working. **II** Ձ**e** *m, f* ⟨-n; -n⟩ working person; **die** Ձ**en** the working population *sg*. Ձˌ**tisch** *m* worktable. Ձˌ**treue** *f bes. mus.* faithfulness to the original. Ձˌ**un·terˌricht** *m* hand(i)craft(s *pl*), *Am. a.* industrial art. Ձ**verˌtrag** *m* work contract. Ձˌ**woh·nung** *f* factory- (*od.* company-)owned flat. Ձˌ**zei·tung** *f* house organ.

ˈ**Werkˌzeug** *n* ⟨-(e)s; -e⟩ **1.** tool (*a. fig.*), *collect.* tools *pl*, tool kit; *fig.* **willenloses** (*od.* **gefügiges**) ~ mere (*od.* willing) tool; **nur Gottes** ~ God's passive agent. **2.** *biol. zo.* organ. ~ˌ**bau** *m* ⟨-(e)s; *no pl*⟩ toolmaking. ~ˌ**bau·er** *m* tool engineer. ~**faˌbrik** *f* tool manufacturing plant. ~ˌ**ka·sten** *m* tool kit, tool box. ~ˌ**maˌcher** *m* ⟨-s; -⟩ toolmaker. ~**maˌschi·ne** *f* machine tool. ~**maˌschi·nenˌbau** *m* ⟨-(e)s; *no pl*⟩ machine-tool building (*od.* manufacture). ~ˌ**schlit·ten** *m* tool carriage (*od.* slide). ~ˌ**schlos·ser** *m* toolmaker. ~ˌ**schlüs·sel** *m* tool spanner (*od.* wrench). ~ˌ**schrank** *m* tool cabinet. ~ˌ**stahl** *m* tool steel. ~ˌ**ta·sche** *f* tool bag (*od.* kit).

Wer·mut [ˈveːrmuːt] *m* ⟨-(e)s; *no pl*⟩ **1.** *bot.* wormwood. **2.** (*Wein*) vermouth. **3.** *fig.* (*ein Tropfen* ~) sorrow, bitterness. ~ˌ**bru·der** *m colloq.* wino. ~**(s)ˌtrop·fen** *m fig.* drop of bitterness. ~ˌ**wein** *m* vermouth.

wert [veːrt] *adj* ⟨-er; -est⟩ **1.** worth; **100 Dollar** ~ **sein** be worth a hundred dollars; *colloq.* **er ist drei Millionen Dollar** ~ he is worth three million dollars; **wieviel ist es** ~? how much is it worth?; *a. fig. Person*: **nicht viel** ~ **sein** not to be worth much, not to be up to much; **nichts** ~ **sein** be worth nothing, be no good; **sein Geld** ~ **sein** be worth its price, *weitS.* be a bargain; **wieviel ist Ihnen das** ~? a) how much would you pay for that?, b) *Information etc*: what's it worth to you?; *fig.* **Gold** ~ **sein** be invaluable; (**sehr**) **viel** ~ **sein** be very valuable, *fig.* (*dat* to) be very important (*od.* useful), mean a great deal (*od.* a lot), make a big (*od.* a lot of, all the) difference; *fig.* **es ist** (**sehr**) **viel** (*od.* **etwas**) ~, **zu wissen** (*od.* **wenn man weiß**), **daß** *a.* it is a good thing to know that; **das ist schon** (**sehr**) **viel** ~ that is quite a lot (after all). **2.** ~, **getan zu werden** worth doing; **die Mühe** (**e-n Versuch, e-e Reise** *etc*) ~ **sein** (*lohnen*) be worth the trouble (*od.* it) (a try, a journey, *etc*); **das Buch ist** (**nicht**) ~, **gelesen zu werden** (*od.* **daß man es liest**) the book is (not) worth reading; **nicht** ~, **beachtet zu werden** not worth our (*od.* your, *etc*) attention; **er ist nicht** ~, **daß man sich um ihn sorgt** he doesn't deserve to be worried about; → **Mühe, Rede** 2. **3.** *obs.* (*lieb*) dear, (*geschätzt*) esteemed; ~**er Herr** (**Freund**) (my) dear Sir (friend): **wie ist Ihr** ~**er Name?** may I ask your name; **er** (**es**) **ist mir lieb und** ~ he (it) is dear to me; **Ihr** ~**es Schreiben** your esteemed letter.

Wert *m* ⟨-(e)s; -e⟩ **1.** *allg.* value (*a. chem. math. philos. phys. tech.*), *seltener*: worth, *fig. a.* merit(s *pl*); **im** ~**(e) von 200 Dollar** to the value of 200 dollars, *an object, etc* worth 200 dollars, *Waren etc*: *a.* 200 dollars worth of *goods, etc*; **über** (**unter**) (**s-m**) ~ over (under *od.* below) (its) value; **an** ~ **gewinnen, im** ~ **steigen** gain (in) value, increase (*od.* go up) in value; **an** ~ **verlieren, im** ~ **sinken** lose (in) value, decrease (*od.* go down) in value, depreciate; **von großem** (**geringem**) ~ of great (little) value (*od.* worth); **et. von** (**bleibendem**) ~ s.th. of (lasting) value; **von unschätzbarem** ~ invaluable; **historischen** ~ **haben** be of historical value; **innerer** ~ intrinsic value (*od.* worth); *fig.* **die Umkehrung der** ~**e** the transvaluation of all values. **2.** (*Wichtigkeit*) importance; **er ist sich s-s** ~**es wohl bewußt** he is very conscious of his importance; **e-r Sache großen** ~ **beimessen** attach great importance to s.th.; (**großen**) ~ **legen auf** (*acc*) set (a high) value on, attach (great) importance to, set (great) store by, (*bestehen auf*) make a point of, insist on; **er legt großen** ~ **auf modische Kleidung** *a.* he makes a point of being dressed in the latest style; **ich lege großen** ~ **darauf, daß sie kommt** I am very keen that she should come; **er legt größten** ~ **darauf, unterrichtet zu werden** he absolutely wants to be informed, he insists on being informed; **k-n großen** (*od.* **besonderen**) ~ **legen auf** (*acc*) not to care much for; **legst du** ~ **darauf, den Film zu sehen?** do you care to see this film?;

colloq. **ich lege k-n gesteigerten ~ darauf** I don't care for it particularly, I am not so keen on it, I absolutely can do (*od.* manage) without it. **3.** *colloq.* (*Nutzen*) use; **k-n praktischen ~ haben** be of no practical use; **das hat k-n ~** that's no use; **das hat für mich k-n ~** that's of no use to me; **es hat k-n ~, das zu tun** it's (*od.* there's) no use doing that, there's no point in doing that; **was soll das für e-n ~ haben?** what's the use of all that? **4.** (*~gegenstand*) object (*od.* item) of value; **e-n beträchtlichen ~ darstellen** be (an object) of considerable value; **unschätzbare ~e** things of immeasurable value, *weitS. a.* invaluable treasures; **materielle ~e** material goods, things of material value. **5.** *pl* (*Meß*≈) *chem. med. phys. etc* data, figures. **6.** *pl econ.* (*Aktiva*) assets, (*~papiere*) securities.

'Wert|₁an₁ga·be *f* declaration of value. **~₁ar·beit** *f* ⟨-; *no pl*⟩ high-class workmanship (*od.* craftsmanship). **~be₁rich·ti·gung** *f Buchhaltung*: adjustment of value; **Rückstellung für ~** revaluation reserves *pl.*

'wert·be₁stän·dig *adj* of stable (*fig.* lasting) value, *Währung*: stable. **≈keit** *f* ⟨-; *no pl*⟩ stability of value, *fig.* lasting value.

'Wert|be₁stim·mung *f* (e)valuation. **~₁brief** *m* insured letter.

wer·ten ['ve:rtən] *v/t* ⟨h⟩ **1.** (*be~*) value, (*schätzen*) appraise, (*beurteilen*) rate, judge, *nach Kategorien*: classify; **et. gering ~** not to appreciate s.th. duly; **et. als besondere Leistung ~** rate s.th. as a special achievement. **2.** *Sport*: a) judge, rate, b) allow, c) score; **ein Tor nicht ~** disallow a goal.

'wert₁frei *adj* value-free.

'Wert|₁ge·gen₁stand *m* object (*od.* item) of value, *pl* valuables *pl.* **~₁gren·ze** *f* maximum value.

...₁wer·tig [...ve:rtıç] *in Zssgn chem.* valent; **zweiwertig** bivalent. **'Wer·tig·keit** *f* ⟨-; *no pl*⟩ *chem.* valence.

'Wert|₁klau·sel *f Versicherung*: valuation clause. **≈los** *adj* worthless (*a. fig. Person*), valueless, ⟨*pred*⟩ no good, (*nutzlos*) useless, of no use (*pred*); **~es Zeug** worthless stuff, trash, junk. **~lo·sig·keit** *f* ⟨-; *no pl*⟩ worthlessness, valuelessness, uselessness. **~₁mar·ke** *f* stamp. **~₁maß₁stab, ~₁mes·ser** *m* standard of value. **~₁min·de·rung** *f* depreciation, decrease (*od.* decline) in value. **~pa₁ket** *n* insured parcel. **~pa₁pier** *n* security, bond, stock, *pl* securities. **~pa₁pier₁an·₁la·ge** *f* investment in stock (*od.* securities). **~pa₁pier₁kon·to** *n* securities account. **~phi·lo·so₁phie** *f* axiology. **~₁sa·che** *f* → Wertgegenstand. **≈₁schaf·fend** *adj econ.* productive. **≈₁schät·zen** *v/t* ⟨*sep*, -ge-, h⟩ esteem (highly), think highly of. **~₁schät·zung** *f* (*gen*) esteem (for), appreciation (of); **j-s ~ genießen** enjoy s.o.'s great (*od.* high) esteem. **~₁schrift** *f Swiss for* Wertpapier. **~₁sen·dung** *f* consignment with value declared. **~₁ska·la** *f* frame of reference. **~₁stei·ge·rung** *f* increase in value, *e-s Hauses etc*: improvement.

'Wer·tung *f* ⟨-; -en⟩ valuation, appraisal, *a. Sport*: rating, judging, *Sport*: score, points *pl*; **der Eiskunstläufer erhielt e-e hohe ~** the skater was awarded a high score; → *a.* **werten.**

'Wert|₁ur·teil *n* value judg(e)ment. **~ver₁lust** *m* loss of value. **~ver₁min·de·rung, ~ver₁rin·ge·rung** *f* depreciation. **≈₁voll** *adj a. fig.* valuable, precious; *fig.* **j-m ~ sein** be of value to s.o. **~₁zei·chen** *n* (postage) stamp. **~₁zoll** *m* ad valorem duty. **~₁zu₁wachs** *m* increase in value, accretion, increment value, *von Grundstücken*: betterment. **~₁zu₁wachs₁steu·er** *f* increment duty (*od.* tax).

Wer·wolf ['ve:r-] *m myth.* werewolf.

wes [vεs] *relative pron archaic* whose.

We·sen ['ve:zən] *n* ⟨-s; -⟩ **1.** ⟨*only sg*⟩ (*~sart*) manner, nature, character, (*~skern*) essence, substance; **mürrisches ~** moroseness; **sonniges ~** sunny nature; **sie hat ein freundliches ~** she has a friendly manner; **ihr gekünsteltes ~** her affected manner (*od.* air); **er hat ein einnehmendes ~** he has an engaging manner, *humor.* he takes all he can get; **s-m innersten ~ nach, im Grunde s-s ~s** in his innermost nature, in essence, at bottom; **das entspricht gar nicht ihrem ~** that's not (at all) like her; **sein ganzes ~ sträubte sich** his whole self revolted; **das ~ der Dinge** the (real) nature of things; **es liegt im** (*od.* **gehört zum**) **~ der Demokratie, daß** it is (inherent) in the nature of democracy that. **2.** (*Lebe*≈) being, creature (*a. colloq. Person*); **menschliche ~** human beings; *colloq.* **ein männliches (weibliches) ~** a male (a female); **das arme ~ war ganz hilflos** the poor creature (*od.* thing) was quite helpless; **es war kein lebendes ~ zu sehen** there wasn't a living soul to be seen. **3. sein ~ treiben** *Personen*: be in action, be at it, *Geister etc*: be going around, (**in** *od.* **an** *dat*) haunt (*a place*). **4. viel ~s um e-e Sache machen** make a great fuss (*od.* to-do) about s.th.; **nicht viel ~s mit j-m machen** treat s.o. unceremoniously.

we·sen ['ve:zən] *v/i* ⟨h⟩ *obs. od. poet.* **1.** be active, (be at) work. **2.** *philos.* exist. **~haft** *adj* **1.** (*wirklich*) substantial, real. **2.** characteristic, intrinsic. **≈heit** *f* ⟨-; *no pl*⟩ **1.** being. **2.** (*Wesenskern*) essence, real nature, *philos.* entity. **3.** (*Wirklichkeit*) substantiality. **~los** *adj* **1.** unsubstantial. **2.** unreal, shadowy.

'We·sens|₁art *f* nature, character, mentality. **≈₁ei·gen** *adj* (*dat*) peculiar (to), characteristic (of). **≈₁fremd** *adj* foreign (*od.* alien) to one's nature. **≈₁gleich** *adj* identical (in nature). **~₁zug** *m* characteristic (feature *od.* trait).

'we·sent·lich I *adj* **1.** (*wichtig*) essential, important, material, (*grundlegend*) fundamental, (*unerläßlich*) indispensable, vital; **e-e ~e Rolle spielen** play an essential part; **der ~e Inhalt** the substance *of a book, etc*; **ein ~er Unterschied** an essential (*od.* a fundamental, a material) difference; **ein ~er Punkt** an essential (*od.* a most important, a vital) point; **in den ~en Punkten übereinstimmen** *a.* be in substantial agreement. **2.** (*beträchtlich*) considerable, appreciable, substantial; **ein ~er Vorteil** a considerable (*od.* definite, positive, real) advantage; **kein ~er Unterschied** no appreciable difference; **k-e ~en Änderungen** no major changes. **II** *adv* **3.** essentially, (*bedeutend*) considerably, appreciably, (*sehr viel*) a great deal, much; **~ verschieden** considerably (*od.* vastly) different; *dieser Vorschlag* **ist ~ besser** is far better, is better by far; **wir müssen noch ~ mehr tun** we must do a great deal more; **ich fühle mich ~ besser** *colloq.* I feel miles better. **III ≈e, das** ⟨-n⟩ **4.** the essential, the essence, the essential (*od.* vital) point, the substance; **das ≈e erkennen** grasp the essence; **das ≈e wiedergeben** give the essentials; **er sagte nichts ≈es** he said nothing very important (*od.* of [great] importance); **zum ≈en zurückkehren** get back to fundamentals. **5.** *mit Kleinschreibung*: **im ~en** essentially, in essence, (*im Grunde*) at bottom, basically, (*im großen u. ganzen*) on the whole.

'Wes₁fall *m ling.* genitive (case).

wes·halb [₁vεs'halp; 'vεs₁halp] **I** *adv interrogativ u. relativ*: why. **II** *conj* and thus, for which reason, and that's why.

We·sir [ve'zi:r] *m* ⟨-s; -e⟩ vizier, vizir.

Wes·pe ['vεspə] *f* ⟨-; -n⟩ *zo.* wasp. **~n₁nest** *n* wasps' nest; *fig. colloq.* **in ein ~ stechen** stir up a hornet's nest. **~n₁stich** *m* wasp('s) sting. **~n₁tail·le** *f humor.* wasp waist.

wes·sen ['vεsən] *interrog pron* **1.** ⟨*gen of* **wer**⟩ whose. **2.** ⟨*gen of* **was**⟩ what ... of; **~ beschuldigt man dich?** what are you accused of?

West [vεst] **I** ⟨*invariable*⟩ **1.** *geogr.* west; **der Wind kommt von ~** the wind comes from the west; **München ~** Munich west. **2.** *pol.* **Ost und ~** East and West. **II** *m* ⟨-(e)s; *rare* -e⟩ **3.** *poet.* west(erly) wind.

'West|ber₁li·ner *m* West Berliner. **≈₁deutsch** *adj* **1.** *geogr.* Western German. **2.** *pol.* West German. **~₁deut·sche** *m, f* inhabitant of Western Germany.

We·ste ['vεstə] *f* ⟨-; -n⟩ **1.** waistcoat, *econ. u. Am.* vest; *fig.* **e-e weiße** (*od.* **reine**) **~ haben** have a clean slate; *colloq.* **j-m et. unter die ~ jubeln** foist s.th. off on s.o. **2.** *dial.* (*Strick*≈) cardigan.

We·sten ['vεstən] *m* ⟨-s; *no pl*⟩ **1.** west; **im ~** in the west, out west; **nach ~** (to the) west, westward(s); **nach ~ fahren** *a.* be westbound, be westward bound; **von** (*od.* **aus**) **~** from the west, *Wind*: *a.* westerly. **2.** *geogr.* west, *e-s Landes etc*: *a.* western part (*od.* region), *e-r Stadt*: *a.* West End, *Am. a.* West Side; **der Wilde ~** the Wild West. **3.** *pol.* West; *colloq.* **in den ~ gehen** go to the West. **4.** (*Abendland*) Occident, West.

'West₁end [-₁ʔεnt] *n* ⟨-s; -s⟩ *e-r Großstadt, bes. Londons*: West End.

'We·sten|₁ta·sche *f* waistcoat (*Am.* vest) pocket; *colloq.* **et. wie s-e ~ kennen** know s.th. like the back of one's hand. **~₁ta·schen·for₁mat** *n humor.* **im ~** pocket-size(d) (*car, etc*).

'West|eu·ro₁pä·er *m* West European. **≈eu·ro₁pä·isch** *adj* West(ern) European; **~e Zeit** Western European Time.

₁West|'fa·le [-'fa:lə] *m* ⟨-n; -n⟩. **≈'fä·lisch** [-'fε:lıʃ] *adj* Westphalian.

'West|₁go·te *m hist.* West Goth, Visigoth. **≈₁go·tisch** *adj* Visigothic. **≈'in·disch** *adj* West Indian.

'we·stisch *adj anthrop.* Mediterranean.

'West₁kü·ste *f* west(ern) coast.

'west·lich I *adj* western (*a. pol.*), *Wind, Richtung, Ufer, Teil etc*: *a.* westerly, west, (*abendländisch*) *a.* occidental; **~st** westernmost; *pol.* **die ~e Welt** the West(ern World); *geogr.* **~e Länge** west(ern) longitude; **Wind aus ~en Richtungen** westerly wind. **II** *adv* (**weiter ~** farther) (to the) west; **~ von München** (to the) west of Munich. **III** *prep* ⟨*gen*⟩ **~ Münchens** *cf.* II.

'West|₁mäch·te *pl pol.* Western Powers. **~₁mark** *f* West German mark.

₁West₁nord|'west ⟨*invariable*⟩, **~'we·sten** *m* west-northwest.

'West|₁rom *n* ⟨-s; *no pl*⟩ *hist.* the Western Roman (*od.* Occidental) Empire. **≈₁rö·misch** *adj* Western Roman. **~₁schweiz** *f* French Switzerland. **~₁sei·te** *f* west side. **~₁sek·tor** *m pol. von Berlin*: West Sector.

₁West₁süd|'west ⟨*invariable*⟩, **~'we·sten** *m* west-southwest.

'West|₁wall *m mil. hist.* Siegfried Line. **≈₁wärts** *adv* (to the) west, westward(s). **~₁wind** *m* west(erly) wind.

ˌ**wes'we·gen** *adv u. conj* → **weshalb**.

ˈ**Wett|ˌanˌnah·me** *f* betting office. ~**be·ˌwerb** *m* <-(e)s; -e> **1.** <*only sg*> competition; **in ~ stehen** be in competition (*od.* compete) (mit with), **mit j-m**: *a.* rival s.o.; **in ~ treten** enter into competition (mit with). **2.** competition, contest, *Sport*: (*Einzel*≈) *a.* event. ~**beˌwer·ber** *m* competitor, contestant.

ˈ**Wett·beˌwerbs|beˌschrän·kung** *f* restraint of trade. ≈ˌ**fä·hig** *adj* competitive. ~ˌ**fä·hig·keit** *f* <-; *no pl*> competitiveness, competitive capacity (*od.* strength). ~ˌ**klau·sel** *f* competition clause. ~ˌ**zwang** *m* competitive pressure.

ˈ**Wett·büˌro** *n* betting office.

Wet·te [ˈvɛtə] *f* <-; -n> **1.** bet, wager; **e-e ~ abschließen (eingehen)** make (take) a bet; **was gilt die ~?** what's your bet?, name your wager; **die ~ gilt** it's a deal!; **ich gehe jede ~ ein, daß** I'll bet you anything (you like) that. **2. um die ~** *singen etc* try to outdo each other (in) *singing, etc*; **mit j-m um die ~ laufen (schwimmen)** run (swim) s.o. a race, race s.o.

ˈ**Wett|ei·fer** *m* rivalry, emulation. ≈·ˌ**ei·fern** *v/i* <*insep*, ge-, h> (**mit** with, **um** for) vie, rival, contend; **mit j-m ~** *a.* rival (*od.* emulate) s.o.

wet·ten [ˈvɛtən] **I** *v/i* <h> bet, wager; (**mit j-m**) **um et. ~** bet (*od.* wager) (s.o.) s.th.; **mit j-m um 100 Dollar ~** bet s.o. 100 dollars; *a. fig.* ~ **auf** (*acc*) bet (*od.* wager) on, back; **ich wette (mit Ihnen), daß**, *colloq.* ~, **daß** I bet you anything that; *fig.* **so haben wir nicht gewettet** we didn't bargain for that. **II** *v/t* bet, wager; **100 Pfund ~ (auf** *acc*) bet (*od.* wager) 100 pounds (on); **zehn gegen eins ~** bet ten to one; *fig. colloq.* **darauf wette ich m-n Kopf!** I'd stake my life on it.

ˈ**Wet·ter**[1] *m* <-s; -> bettor, better, wagerer.

ˈ**Wet·ter**[2] *n* <-s; -> **1.** weather; **wie ist das ~?, was haben wir für ~?** what's the weather like?; **das ~ ist schön (schlecht), wir haben schönes (schlechtes) ~** the weather is fine (bad); **bei jedem ~** in all weathers, rain or shine; **falls das ~ es zuläßt** weather permitting; *fig. colloq.* **bei j-m um gut ~ bitten** try to make it up with s.o.; **alle ~!** dear me!, by Jove!, golly!, gee! **2.** (*Un*≈) (thunder)storm; **ein ~ zieht herauf** there is a thunderstorm approaching; **ein ~ braut sich zusammen** there is a storm brewing. **3.** *Bergbau*: **böses ~** damp; **schlagende ~** *pl* firedamp *sg*. ~ˌ**amt** *n* weather bureau. ~ˌ**än·de·rung** *f* change in the weather. ~ˌ**ausˌsich·ten** *pl* weather outlook *sg*. ~**balˌlon** *m* meteorological balloon. ~**beˌdin·gun·gen** *pl* weather conditions. ~**beˌobˌach·tung** *f* meteorological observation. ~**beˌricht** *m* weather report (*od.* forecast). ~ˌ**bes·se·rung** *f* improvement in the weather. ≈**beˌstän·dig** *adj* weatherproof. ≈**beˌstim·mend** *adj* ~ **sein** influence the weather; **das ~e Hoch** the high-pressure area influencing our weather. ~ˌ**dach** *n* shelter. ~ˌ**dienst** *m* weather service. ~ˌ**ecke** (*getr.* **-k·k-**) *f colloq.* bad-weather area. ~ˌ**einˌfluß** *m* effect of weather conditions. ~ˌ**fah·ne** *f* (weather) vane, *a. fig.* (*Person*) weathercock. ≈ˌ**fest** *adj* (*a.* ~ **machen**) weatherproof; **sich ~ anziehen** dress for the weather. ~ˌ**frosch** *m humor.* weatherman. ≈ˌ**füh·lig** [-ˌfyːlɪç] *adj* sensitive to changes in the weather. ~ˌ**füh·rung** *f Bergbau*: ventilation (of the mine). ~**ge·ˌsche·hen** *n* weather (events *pl*). ~ˌ**glas** *n* → **Barometer**. ~ˌ**hahn** *m* weathercock. ≈ˌ**hart** *adj* weather-beat(en). ~·ˌ**häus·chen** *n* weather house (*od.* box). ~ˌ**kar·te** *f* weather chart. ~ˌ**kun·de** *f* <-; *no pl*> meteorology. ~ˌ**la·ge** *f* weather situation. ~ˌ**lam·pe** *f Bergbau*: safety lamp. ~ˌ**leuch·ten I** *n* <-s; *no pl*> sheet (*od.* summer) lightning; *fig.* **ein ~ am politischen Horizont** a storm brewing on the political horizon. **II** ≈ *v/impers* <*insep*, ge-, h> **es wetterleuchtet** there is sheet (*od.* summer) lightning. ~ˌ**loch** *n colloq.* bad-weather area. ~ˌ**man·tel** *m* raincoat. ~ˌ**mel·dung** *f* weather report.

wet·tern [ˈvɛtərn] *v/i* <h> *fig. colloq.* ~ **gegen** thunder against, storm at.

ˈ**Wet·ter|proˌphet** *m* weather prophet. ~**sa·telˌlit** *m* weather satellite. ~·ˌ**schacht** *m Bergbau*: ventilation shaft. ~ˌ**scha·den** *m* damage caused by weather. ~ˌ**schei·de** *f* weather divide. ~ˌ**schutz** *m* protection against bad weather. ~ˌ**sei·te** *f* weather (*od.* windward) side. ~**sta·tiˌon** *f* weather station. ~ˌ**sturz** *m* sudden (*od.* abrupt) fall in temperature (and atmospheric pressure). ~ˌ**umˌschlag** *m* break in the weather, change of weather. ~**verˌhält·nis·se** *pl* weather conditions. ~ˌ**vor·ˌherˌsa·ge** *f* weather forecast. ~ˌ**war·te** *f* weather station. ~ˌ**wech·sel** *m* change of (*od.* in the) weather. ≈ˌ**wen·disch** [-ˌvɛndɪʃ] *adj fig.* capricious, changeable; ~**er Mensch**, ~**e Person** *a.* weathercock. ~ˌ**wol·ke** *f* storm cloud. ~ˌ**zei·chen** *n* sign of approaching storm. ~ˌ**zo·ne** *f* zone of bad weather.

ˈ**Wett|fahrt** *f* race. ~ˌ**flie·gen** *n*, ~ˌ**flug** *m* air-race. ~**geˌsang** *m* singing match. ~**geˌschäft** *n* betting (business). ~·ˌ**kampf** *m Sport*: competition, contest, (*Einzel*≈) *a.* event, (*Spiel*) game, match. ~ˌ**kampf·beˌstim·mun·gen** *pl* competition rules. ~ˌ**kämp·fer** *m* competitor, contestant. ~ˌ**kampfˌstät·te** *f* venue. ~ˌ**lauf** *m a. fig.* race; **mit j-m e-n ~ machen** race s.o., run s.o. a race; *fig.* **ein ~ mit dem Tode** a race against death. ~ˌ**läu·fer** *m*, ~ˌ**läu·fe·rin** *f* <-; -nen> runner, racer. ≈ˌ**ma·chen** *v/t* <*sep*, -ge-, h> (*ausgleichen*) make up for, compensate (for), (*wiedergutmachen*) *a.* make *s.th.* good, retrieve, recoup. ~·ˌ**ren·nen I** *n* <-s> *a. fig.* race. **II** ≈ *v/i* <*only inf*> (run a) race; **mit j-m ~** race s.o., run a race with s.o., run s.o. a race. ~ˌ**ru·dern** *n* <-s> boat race. ~ˌ**rü·sten** *n* <-s> armament race. ~ˌ**schie·ßen** *n* <-s> shooting competition. ~ˌ**schwim·men** *n* <-s> swimming contest (*od.* competition). ~ˌ**se·geln** *n* <-s> yacht race, regatta. ~ˌ**spiel** *n* game, match. ~ˌ**streit** *m* <-(e)s; -e> contest, competition; **j-n zum ~ herausfordern** challenge s.o.; **im friedlichen ~ nebeneinander leben** *Völker*: live together in peaceable competition; *fig.* **edler ~** noble contest; **es war ein edler ~ (, wer ...)** *a.* they vied with each other for the hono(u)r (of *doing s.th.*). ~ˌ**zet·tel** *m* betting slip (*od.* ticket).

wet·zen [ˈvɛtsən] **I** *v/t* <h> **1.** (*Messer, Sense etc*) whet, sharpen. **2.** (*reiben*) rub; *orn.* **den Schnabel ~** rub its beak. **II** *v/i* <sein> **3.** *colloq.* (*rennen*) hare, scoot.

ˈ**Wetz|stahl** *m* butcher's steel, sharpener. ~ˌ**stein** *m* whetstone, hone.

Whis·ky [ˈvɪski] *m* <-s; -s> whisky, *irischer, amerikanischer*: whiskey; ~ **(und) Soda** whisk(e)y and soda, *Am. a.* highball.

Whist [vɪst] *n* <-(e)s; *no pl*> whist. ~**tur·ˌnier** *n* whist drive.

wich [vɪç] *1 u. 3 sg pret of* **weichen**[1].

Wichs [vɪks] *m* <-es; -e> regalia *pl*, gala (dress); *fig.* **in vollem ~** in full array.

Wich·se [ˈvɪksə] *f* <-; -n> **1.** (*Schuh*≈) shoe polish. **2.** <*only sg*> *fig. colloq.* (*Prügel*) hiding, licking. ˈ**wich·sen I** *v/t* <h> polish. **II** *v/i vulg.* (*onanieren*) jerk off.

Wicht [vɪçt] *m* <-(e)s; -e> **1.** (*Kobold*) elf, goblin, (*Zwerg*) dwarf, gnome. **2.** *colloq. oft contp.* (*Kerl*) fellow, chap; **elender** (*od.* **erbärmlicher**) ~ wretched creature; **armer ~** poor wretch; *humor.* **kleiner ~** hop-o'-my-thumb, (*Kind*) little chap; **frecher ~** cheeky brat.

ˈ**Wich·telˌmänn·chen** [ˈvɪçtəl-] *n* <-s; -> brownie.

ˈ**wich·tig I** *adj* **1.** important (**für j-n** for *od.* to s.o., **für et.** for s.th.), *stärker*: momentous, (*wesentlich*) essential, (*unerläßlich*) vital; **ein ~er Mann** an important man, a man of influence; ~ **tun, sich ~ machen** be full of one's own importance, be self-important, *colloq.* throw one's weight about. **2.** *fig.* (~*tuerisch*) important; **e-e ~e Miene aufsetzen** put on an air (*od.* a look) of importance. **II** *adv* **3.** ~ **nehmen** attach importance to *s.th.*, take (*one's work, etc*) seriously. **III** ≈**e, das** <-n> **4.** the important thing; ≈**eres zu tun haben** have more important (*od.* other, better) things to do, have other fish to fry. ≈**keit** *f* <-; *no pl*> importance, (*Tragweite*) import, moment(ousness), consequence; **von großer ~ sein** be of great importance (**für j-n** to s.o.); **nicht von ~** of no importance, insignificant; **e-e Sache von großer ~** a matter of great import(ance) (*od.* consequence); **e-r Sache ~ beimessen** consider a matter important, attach importance to a matter. ≈ˌ**ma·cher,** ≈ˌ**tu·er** [-ˌtuːər] *m* <-s; -> *contp.* pompous ass. ≈**tueˈrei** [ˌvɪçtuːç-] *f* <-; *no pl*> pomposity. ~ˌ**tue·risch** *adj* pompous, self-important.

Wicke (*getr.* **-k·k-**) [ˈvɪkə] *f* <-; -n> *bot.* vetch.

Wickel (*getr.* **-k·k-**) [ˈvɪkəl] *m* <-s; -> **1.** *med.* pack, compress; **feuchter ~** water (*od.* wet) compress; **heißer** (*od.* **warmer**) ~ fomentation. **2.** *fig. colloq.* **j-n am** (*od.* **beim**) ~ **packen** (*od.* **nehmen**) a) grab s.o. by the scruff of the neck, collar s.o., b) give s.o. a good dressing down. **3.** roll, bundle. **4.** *tech.* reel, spool. **5.** → **Lockenwickel**. ~**gaˌma·sche** *f* puttee. ~ˌ**kind** *n* infant (in swaddling clothes). ~ˌ**kleid** *n* wrap-around dress. ~**kom·ˌmo·de** *f* (soft-top) nursery chest. ~·ˌ**raum** *m in Raststätten etc*: baby room, nursery.

wickeln (*getr.* **-k·k-**) [ˈvɪkəln] **I** *v/t* <h> **1.** (*Wolle, Garn etc*) wind, (*Seil, Kabel etc*) *a.* coil. **2.** (*Haare*) curl; **sich** (*dat*) **das Haar zu Locken ~** curl (up) one's hair. **3. ein Baby ~** change a baby, change a baby's nappy (*Am.* diaper). **4.** *med.* bandage. **5.** (*Zigarren etc*) roll. **6.** (*ein*~) wrap (up); **et. in Papier ~** wrap s.th. (up) in paper. **7. et. ~ um** (*Decke, Schal, Verband etc*) wrap (*od.* wind, lap) s.th. (a)round, (*Schnur etc*) tie (*od.* wind) s.th. (a)round; → **Finger** *Besondere Redewendungen*. **8. et. aus s-r Verpackung** *etc* ~ unwrap s.th. **II** *v/reflex* **9. sich ~ in** (*e-e Decke etc*) wrap o.s. (up) in, wrap *s.th.* (a)round one. **10. sich ~ um** → **winden**[1] 6.

ˈ**Wickel|rock** (*getr.* **-k·k-**) *m* wrap-around skirt. ~ˌ**tisch** *m* (soft-top) nursery table.

ˈ**Wick·ler** *m* <-s; -> **1.** *tech.* (*Arbeiter*) winder. **2.** (*Lockenwickel*) curler, roller. **3.** *zo.* bell moth.

ˈ**Wick·lung** *f* <-; -en> *electr.* winding.

Wid·der [ˈvɪdər] *m* <-s; -> **1.** *zo.* ram. **2.** <*only sg*> *astr.* Ram, Aries.

wi·der [ˈviːdər] **I** *prep* <*acc*> *archaic od. lit.* (*gegen*) against, (*entgegen*) contrary to; ~ **Willen** against one's will; ~ **Er-**

warten contrary to expectation(s). **II ≈, das** ⟨-s⟩ → für 19.

Wi·der..., wi·der... → *a.* Gegen..., gegen..., Zurück..., zurück...

ˈwi·der|bor·stig *adj colloq. for* widerspenstig. **≈keit** *f* ⟨-; *no pl*⟩ *colloq. for* Widerspenstigkeit.

ˌwi·derˈfah·ren *v/i u. v/impers* ⟨*irr, insep, no* -ge-, **sein**⟩ *lit.* (*geschehen, zustoßen*) (*j-m*) befall, happen to; **ihm ist** (*od.* **es ist ihm**) **großes Unglück ~** great misfortune has befallen him, he has met with great misfortune; **ihm ist** (*od.* **es ist ihm**) **Gerechtigkeit ~** a) he has been done (*od.* given) justice, b) he has been given his due.

ˈwi·der|ˌhaa·rig *adj colloq. for* widerspenstig. **≈ˌha·ken** *m* barb, beard; **mit ~ (versehen)** barbed. **≈ˌhall** *m* ⟨-(e)s; -e⟩ **1.** echo, reverberation. **2.** *fig.* response, echo; **k-n ~ finden** meet with no response. **~ˌhal·len** *v/i* ⟨*meist sep*, -ge-, h⟩ (**von** with) (re)echo, reverberate, resound. **≈ˌkla·ge** *f* → Gegenklage. **≈ˌklä·ger** *m* → Gegenkläger. **~ˌklin·gen** *v/i* ⟨*irr, sep*, -ge-, h⟩ resound. **≈ˌla·ger** *n civ.eng.* abutment.

ˌwi·der|ˈleg·bar *adj* refutable. **≈ˈleg·bar·keit** *f* ⟨-; *no pl*⟩ refutability. **~ˈle·gen** *v/t* ⟨*insep, no* -ge-, h⟩ (*Ansicht, Einwand etc*) refute, disprove, (*Theorie etc*) *a.* defeat, explode. **≈ˈle·gung** *f* ⟨-; -en⟩ refutation, disproof.

ˈwi·der·lich *adj* (*abstoßend*) repugnant, repulsive, (*ekelerregend*) nauseating, sickening, disgusting, revolting, offensive, loathsome. **≈keit** *f* ⟨-; *no pl*⟩ repugnance, repulsiveness, nauseousness, offensiveness.

wi·dern [ˈviːdərn] *v/t* ⟨h⟩ → anekeln.

ˈwi·der·naˌtür·lich *adj* perverse, perverted. **≈keit** *f* ⟨-; *no pl*⟩ perversity, pervertedness.

ˈWi·derˌpart *m* ⟨-(e)s; -e⟩ *archaic od. lit.* opponent, adversary; **j-m ~ halten** (*od.* **geben**) oppose s.o., defy s.o.

ˌwi·derˈra·ten *v/t* ⟨*irr, insep, no* -ge-, h⟩ j-m et. ~ advise s.o. against doing s.th.

ˈwi·der|ˌrecht·lich *jur.* **I** *adj* illegal, unlawful, wrongful. **II** *adv* illegally (*etc*); **sich** (*dat*) **et. ~ aneignen** appropriate s.th. unlawfully, misappropriate s.th., convert s.th. to one's own use; **et. ~ betreten** tresspass (up)on s.th. **≈ˌrecht·lich·keit** *f* ⟨-; *no pl*⟩ illegality, unlawfulness, wrongfulness. **≈ˌre·de** *f* ⟨-; -n⟩ contradiction, protest, argument, *colloq.* backchat, *Am.* back talk; **k-e ~!** no arguing!, don't answer (*od.* talk) back!; **ohne ~** without (any) contradiction (*od.* protest). **≈ˌrist** *m zo.* withers *pl.* **≈ˌruf** *m* ⟨-(e)s; -e⟩ *e-r Erklärung, e-s Geständnisses etc*: withdrawal, recall, recantation, retraction, *e-r Erlaubnis, Vollmacht etc*: revocation, cancel(l)ation, withdrawal, countermand, *bes. von Gesetzen*: repeal; **(bis) auf ~** until (*od.* unless) revoked (*od.* cancel[l]ed), until countermanded. **~ˈru·fen** [ˌviːdər-] **I** *v/t* ⟨*irr, insep, no* -ge-, h⟩ (*Erklärung, Behauptung, Geständnis etc*) withdraw, recall, recant, revoke, retract, (*Erlaubnis, Befehl, Vollmacht etc*) revoke, cancel, withdraw, countermand, (*bes. Gesetze*) repeal. **II** *v/i Angeklagter*: a) withdraw one's statement, b) retract one's confession. **~ˌruf·lich** *adv* until (*od.* unless) revoked (*od.* cancel[l]ed). **≈ˈru·fung** [ˌviːdər-] *f* ⟨-; *no pl*⟩ → Widerruf. **≈ˌsa·cher** [-ˌzaxər] *m* ⟨-s; -⟩ *lit.* adversary, opponent; *Bibl.* **der ~** the Fiend. **~ˌschal·len** *v/i* ⟨*a. irr, sep*, -ge-, h⟩ (re)echo. **≈ˌschein** *m* ⟨-(e)s; *no pl*⟩ *a. fig.* reflection. **~ˌschei·nen** *v/i* ⟨*irr, sep*, -ge-, h⟩ be reflected.

ˌwi·der|ˈset·zen *v/reflex* ⟨*insep, no* -ge-, h⟩ **sich ~** offer (*od.* put up) resistance, oppose; **sich j-m ~** oppose (*od.* resist, disobey) s.o.; **sich e-r Sache ~** oppose (*od.* resist) s.th., set one's face against s.th. **~ˈsetz·lich** *adj* refractory, insubordinate. **≈ˈsetz·lich·keit** *f* ⟨-; *no pl*⟩ refractoriness, insubordination.

ˈWi·der|ˌsinn *m* ⟨-(e)s; *no pl*⟩ absurdity, preposterousness, nonsense. **≈ˌsin·nig** *adj* absurd, preposterous, nonsensical. **~ˌsin·nig·keit** *f* ⟨-; *no pl*⟩ → Widersinn.

ˈwi·derˌspen·stig [-ˌʃpɛnstɪç] *adj Mensch, Verhalten etc*: refractory, intractable, recalcitrant, *a. fig. Haar, Material etc*: unruly. **≈keit** *f* ⟨-; *no pl*⟩ refractoriness, intractability, recalcitrance, *a. fig.* unruliness.

ˈwi·der|ˌspie·geln I *v/t* ⟨*sep*, -ge-, h⟩ *a. fig.* reflect, mirror. **II** *v/reflex* **sich ~** *a. fig.* be reflected, be mirrored. **≈ˌspie·ge·lung, ≈ˌspieg·lung** *f* ⟨-; -en⟩ *a. fig.* reflection. **≈ˌspiel** *n* ⟨-(e)s; *no pl*⟩ interplay, interaction; **das ~ der Kräfte** action and counteraction.

ˌwi·derˈspre·chen *v/i* ⟨*irr, insep, no* -ge-, h⟩ **1.** (*j-m, e-r Behauptung etc*) contradict (*s.o., a statement, etc*); **dem wurde allgemein widersprochen** this raised general opposition. **2.** (*im Widerspruch stehen zu*) contradict, be inconsistent with; **die Tatsachen ~ s-r Behauptung** the facts contradict (*od.* are inconsistent with) his statement; **sich** (*dat*) **selbst ~** contradict o.s., give the lie to one's own words. **~d** *adj* contradictory, inconsistent.

ˈWi·derˌspruch *m* ⟨-(e)s; ⸚e⟩ **1.** ⟨*only sg*⟩ contradiction, *jur.* opposition, (*Protest*) protest; **k-n ~!** don't contradict (me), don't argue with me; **ohne ~** without (any) contradiction; **j-n zum ~ reizen** provoke s.o. to contradict; **gegen et. ~ erheben** raise a protest against s.th.; **bei j-m mit et. auf ~ stoßen** meet with protest from s.o. with s.th. **2.** (*Gegensatz*) contradiction, inconsistency; **ein ~ in sich selbst** a contradiction in terms; **voller Widersprüche stecken** be full of contradictions; **im ~ zu** in contradiction to; **im ~ stehen zu** be in contradiction to, be inconsistent with, contradict *s.th.*; **in offenem ~ zu** in flagrant contradiction to.

ˈwi·derˌsprüch·lich [-ˌʃprʏçlɪç] *adj Behauptungen, Angaben, Bericht etc*: contradictory, *a. Mensch, Charakter etc*: inconsistent, *Gefühle etc*: conflicting. **≈keit** *f* ⟨-; *no pl*⟩ contradictoriness, inconsistency.

ˈWi·derˌspruchs|ˌgeist *m* ⟨-(e)s; -er⟩ **1.** ⟨*only sg*⟩ contradictoriness, spirit of contradiction. **2.** *fig. colloq.* (*Person*) contradictory person, nonconformist; **er ist ein richtiger ~** *a.* he is always contradicting. **≈los** *adj u. adv* without contradiction. **≈ˌvoll** *adj* → widersprüchlich.

ˈWi·derˌstand *m* ⟨-(e)s; ⸚e⟩ **1.** ⟨*only sg*⟩ (*Gegenwehr*) resistance (**gegen** to), *pol.* (*~sbewegung*) resistance (*od.* Resistance) (movement); **~ leisten** (*dat*) offer (*od.* put up) resistance (to), resist (*od.* oppose, withstand) (*s.o., s.th.*), fight back (against); **bewaffneten ~ leisten** offer (*od.* put up) (an) armed resistance; *mil.* **hinhaltender ~** delaying action; *jur.* **~ gegen die Staatsgewalt** resisting a public officer in the execution of his office; **den ~ aufgeben** *a.* give in; **den Weg des geringsten ~es gehen** take the way (*od.* line) of least resistance. **2.** (*Ablehnung*) opposition, resistance, antagonism; **bei j-m mit et. auf ~ stoßen** (*od.* **treffen**) meet with opposition from s.o. with s.th.; **et. gegen alle Widerstände durchsetzen** go through with s.th. despite all opposition; **ohne ~ von seiten s-s Vaters** unopposed by his father. **3.** (*Hindernis*) obstacle. **4.** a) ⟨*only sg*⟩ *phys. tech.* resistance, b) *electr.* resistor; **magnetischer ~** reluctance; **spezifischer ~** resistivity. **5.** ⟨*only sg*⟩ *aer.* (*Luft≈*) drag.

ˈWi·derˌstands|beˌwe·gung *f pol.* resistance (*a.* Resistance) (movement). **≈ˌfä·hig** *adj med. tech.* resistant (**gegen** to), robust, sturdy. **~ˌfä·hig·keit** *f* ⟨-; *no pl*⟩ (power of) resistance (**gegen** to), robustness. **~ˌgrup·pe** *f pol.* resistance group. **~ˌkämp·fer** *m* member of the resistance. **~ˌkraft** *f* ⟨-; *no pl*⟩ (power of) resistance (**gegen** to), stamina. **≈los** *adv* without resistance. **~lo·sig·keit** *f* ⟨-; *no pl*⟩ nonresistance, passivity. **~ˌmes·ser** *m electr.* ohmmeter. **~ˌnest** *n mil.* pocket of resistance. **~ˌschwei·ßung** *f* resistance welding.

ˌwi·derˈste·hen *v/i* ⟨*irr, insep, no* -ge-, h⟩ **1.** (j-m, e-r Sache, der Versuchung *etc*) ~ resist (*od.* withstand) (s.o., s.th., temptation, *etc*); **er konnte der Versuchung nicht ~** *a.* he succumbed to temptation. **2. et. widersteht j-m** s.o. loathes s.th., s.th. revolts (*od.* disgusts) s.o.

ˈwi·derˌstrah·len I *v/t* ⟨*sep*, -ge-, h⟩ reflect. **II** *v/i* be reflected.

ˌwi·der|ˈstre·ben I *v/i* ⟨*insep, no* -ge-, h⟩ (*dat*) **1.** (*sich widersetzen*) oppose, resist (*s.o., s.th.*). **2.** (*zuwider sein*) be repugnant to, go against *s.o.'s* grain. **II** *v/impers* **3. es widerstrebt mir, darüber zu sprechen** I am reluctant to speak about this. **≈ˈstre·ben** *n* ⟨-s; *no pl*⟩ reluctance; **mit (innerem) ~** with (inward) reluctance, reluctantly. **~ˈstre·bend** *adv* reluctantly, with reluctance.

ˈWi·der|ˌstreit *m* ⟨-(e)s; *no pl*⟩ conflict; **im ~ der Gefühle** in the conflict of feelings; **im ~ stehen mit** be in conflict with. **≈ˈstrei·ten** [ˌviːdər-] *v/i* ⟨*irr, insep, no* -ge-, h⟩ (*dat*) conflict (with), be contrary (to). **≈ˈstrei·tend** *adj* conflicting, contending.

ˈwi·derˌwär·tig [-ˌvɛrtɪç] *adj* objectionable, unpleasant, disagreeable, (*ekelhaft*) disgusting, repulsive, horrid, *colloq.* nasty (*alle a. fig. colloq. Person*). **≈keit** *f* ⟨-; -en⟩ **1.** ⟨*only sg*⟩ objectionableness, unpleasantness (*etc*), *cf.* **widerwärtig**. **2.** *meist pl* adversity, untoward event.

ˈWi·der|ˌwil·le *m* **1.** (*Abneigung*) (**gegen**) aversion (to, for, from), dislike (of, for,) distaste (for), repugnance (to, toward[s], against), (*Abscheu*) loathing (for), disgust (at, for, toward[s], against); **mit ~n** → **widerwillig** II; **j-m ~n einflößen, bei j-m ~n erregen** fill s.o. with disgust (*od.* revulsion), revolt s.o. **≈ˌwil·lig I** *adj* reluctant, unwilling, *Bewunderung etc*: grudging. **II** *adv* reluctantly, with reluctance, unwillingly, (*mit Abscheu*) with distaste (*od.* disgust), loathingly, (*ungern*) grudgingly. **~ˌwil·lig·keit** *f* ⟨-; *no pl*⟩ reluctance.

wid·men [ˈvɪtmən] **I** *v/t* (*dat* to) **1.** (*Gedicht etc*) dedicate, (*Buch*) *a. handschriftlich*: inscribe. **2.** (*Zeit, Aufmerksamkeit etc*) devote, give; **sein Leben der Kunst ~** devote (*od.* dedicate) one's life to art. **II** *v/reflex* **sich ~ 3.** devote o.s., give o.s. up, apply o.s.; **sich j-m ~** devote one's time to s.o.; **nun kann ich mich ganz Ihnen ~** now I can give you my undivided attention. **ˈWid·mung** *f* ⟨-; -en⟩ dedication; **j-m e-e ~ in ein Buch schreiben** inscribe a book to (*od.* for) s.o.

ˈWid·mungs·ex·emˌplar *n* complimentary (*od.* presentation) copy.

wid·rig ['vi:drıç] *adj* adverse, untoward, unfavo(u)rable, contrary; **~e Winde** adverse (*od.* contrary) winds. **'wid·ri·gen'falls** *adv* **1.** *adm.* failing which. **2.** *jur.* in default whereof (*od.* of which). **'Wid·rig·keit** *f* ⟨-; -en⟩ **1.** ⟨*only sg*⟩ adversity, untowardness. **2.** *pl* adversities, untoward events.

wie [vi:] **I** *interrog adv* **1.** (*auf welche Weise*) how; **~ macht man das?** how is that done?; **er zeigte mir, ~ man es macht** he showed me how to do it; **~ konnte so et. geschehen?** how could such a thing happen?; **~ das?** how so? **2.** (*in welchem Grade od. Ausmaß*) how; **~ alt** (**hoch, groß, weit** *etc*)? how old (high, big, far, *etc*)?; **~ alt ist er?** *a.* what is his age?, what age is he?; **~ schön ist der Abend!, ~ schön der Abend ist!** what a lovely evening!; **~ habe ich mich gefreut!** how delighted I was! **3.** (*welcher Art*) what; **~ war es im Kino?** what was the film like?, how was the film?; **~ ist er?** what is he like?; **~ ist es mit ...?** what about ...?; **~ wäre es mit e-m Spaziergang?** how (*od.* what) about (going for) a walk?; **~ wäre es, wenn?** what if? **4. ~ ist Ihr Name?** what is your name?; **~ heißt „Hund" auf englisch?** what is (the word for) "Hund" in English?; → *a.* **heißen** 1. **5. du bist doch hingegangen, ~?** (*nicht wahr*) you did go (there), didn't you? **6. ~, hat er das wirklich gesagt?** what, did he really say so? **II** *conj* **7.** (**so**) ... **wie** (**as**) ... as; **er ist stark ~ ein Bär** he is (as) strong as an ox (*od.* a horse); **sie ist (eben)so groß ~ ihre Schwester** she is as tall as her sister, she is her sister's height; **zehnmal so hoch ~** ten times as high as; **es war so schön ~ noch nie** it was more beautiful than ever before; → **gut** 22, **so** 4. **8.** *beim Vergleich*: like; **arbeiten ~ ein Verrückter** (*od.* **~ verrückt**) work like a madman (*od.* like mad); **er behandelt ihn ~ s-n Sohn** he treats him like a son; **~ neu aussehen** look like new. **9.** *zur Erläuterung*: like, such as; **Edelmetalle ~ (zum Beispiel) Gold und Silber** precious metals such as gold and silver (for example); **B ~ Berta** B as in Benjamin (*Am.* Baker); **ein Mann ~ er** a man like him (*od.* such as he). **10.** *colloq. beim Komparativ*: **größer (schneller** *etc*) **~** bigger (faster, *etc*) than. **11.** (*und*) (both) ... and; **auf dem Land ~ in den Städten** both in the country and in the cities; **Sommer ~ Winter** summer and winter. **12.** *in Vergleichssätzen*: as; **sie bäckt den Kuchen ~ ihre Mutter** she bakes the cake just as (*od.* like, the way) her mother did (*od.* does); **~ so oft** as is often the case; **dumm ~ er ist** foolish as he is, fool that he is; **~ gehabt** as usual; → **sagen** 1, **so** 1. **13.** *in verallgemeinernden Nebensätzen*: however, no matter how; **~ sehr ich mich auch bemühte** however hard I tried; **und ~ sie alle heißen mögen** and whatever their names may be; **~ dem auch sei; sei es, ~ es sei** be (that) as it may. **14.** *colloq.* **~ wenn** as if, as though; **mir war, ~ wenn ich Schritte auf dem Flur gehört hätte** it seemed to me as if I had heard steps in the hall. **15.** *nach Verben der Sinneswahrnehmung*: **ich sah, ~ er fiel** I saw him fall(ing); **ich hörte, ~ er es sagte** I heard him say (-ing) that. **16.** *zeitlich, mit Verb in der Vergangenheit meist colloq.*: (just) as; **~ ich gerade gehen wollte** as I was just about to leave; **~ er aus dem Fenster sah** as he looked out of the window. **17.** *relativisch, im Englischen oft unübersetzt*: **die Art, ~ es gemacht wird** the manner in which it is done; **in der Weise** (*od.* **so**), **~ es sich zugetragen hat** the way it happened; **Schätze, ~ er sie noch nie gesehen hatte** treasures he had never seen before. **III** ~ *n* ⟨-s; *no pl*⟩ **18. auf das ~ kommt es an** it all depends on how it is done (*od.* said); **das ~, Wann und Wo ist noch völlig unklar** how, when and where is still not clear at all.

Wie·de·hopf ['vi:də,hɔpf] *m* ⟨-(e)s; -e⟩ *orn.* hoopoe, hoopoo.

wie·der ['vi:dər] *adv* again, *in Verbindung mit Verben oft*: re...; **~ vereinigen** (*Familie etc*) reunite; **~ gesund werden** get well again, recover; **wie, schon ~?** what, again?, not again!; **ich bin gleich ~ da** I'll be back in a minute (*od.* moment); **immer ~, ~ und ~** again and again, time and again; **~ einmal** once again; *colloq.* **da sieht man's (mal) ~!** there you are again; **~ ist ein Tag vergangen** another day has passed; **habt ihr ~ einmal** (*colloq.* **mal ~**) **von ihm gehört?** have you heard from him again (*od.* since)?; **~ ganz von vorn anfangen** start afresh (*od.* anew), make a fresh start; → **einmal** 1, **hin** 13 *etc.*

,Wie·der|'ab,druck *m* reprint. **~'an,knüp·fen** *v/t* ⟨*sep*, **-ge-**, **h**⟩ *fig.* (*Beziehungen etc*) renew, reestablish. **~'an,nä·he·rung** *f* reconciliation, *bes. pol.* rapprochement. **~'auf,bau** *m* ⟨-(e)s; *no pl*⟩ reconstruction, rebuilding; *fig.* **der deutsche ~** Germany's recovery. **~'auf,bau·en** *v/t* ⟨*sep*, **-ge-**, **h**⟩ reconstruct, rebuild, *fig.* restore. **~'auf·be,rei·ten** *v/t* ⟨*sep*, *no* **-ge-**, **h**⟩ reprocess (*a. Atommüll*). **~'auf·be,rei·tung** *f* reprocessing. **~'auf·be,rei·tungs,an,la·ge** *f* reprocessing plant (*od.* factory, unit), reprocessor. **~'auf,blü·hen** *v/i* ⟨*sep*, **-ge-**, **sein**⟩ *fig.* flourish again, reflourish. **~'auf,flackern** (*getr.* **-k·k-**) *v/i* ⟨*sep*, **-ge-**, **sein**⟩ *fig. Unruhen etc*: flare up again. **~'auf,for·stung** *f* ⟨-; *no pl*⟩ re(af)forestation. **~'auf,füh·ren** *v/t* ⟨*sep*, **-ge-**, **h**⟩ (*Theaterstück, Film etc*) revive, (*Oper etc*) reperform. **~'auf,füh·rung** *f thea. Film*: revival, *mus.* reperformance. **~'auf,le·ben I** *v/i* ⟨*sep*, **-ge-**, **sein**⟩ **1.** revive. **2. e-e Versicherung ~ lassen** reinstate an insurance. **II** ~ *n* ⟨-s⟩ **3.** revival. **4.** *e-r Versicherung*: reinstatement.

,Wie·der'auf,nah·me *f* ⟨-; *no pl*⟩ **1.** *e-r Tätigkeit, von Verhandlungen etc*: resumption, *diplomatischer Beziehungen*: re-establishment. **2.** *thea.* revival. **3.** *jur. e-s unterbrochenen Prozesses*: revival, (*Revision*) revision. **~ver,fah·ren** *n Zivilrecht*: new hearing, *Strafrecht*: retrial, trial de novo.

,wie·der|'auf,neh·men *v/t* ⟨*irr, sep*, **-ge-**, **h**⟩ **1.** (*Tätigkeit, Verhandlungen, Studien etc*) resume, (*a. Thema, Gedanken etc*) take up *s.th.* again, (*diplomatische Beziehungen*) re-establish. **2.** *thea.* (*Stück*) revive. **3.** (*unterbrochenen Prozeß*) reopen. **~'auf,rich·ten** *v/t* ⟨*sep*, **-ge-**, **h**⟩ **1.** set up (again), re-erect. **2.** *fig.* give *s.o.* new courage. **~'auf,rü·stung** *f* ⟨-; *no pl*⟩ rearmament. **~'auf,tau·chen** *v/i* ⟨*sep*, **-ge-**, **sein**⟩ *fig. allg.* reappear, *Person, Gegenstand etc*: *a.* turn up again, *Gefahr, Problem, Zweifel etc*: crop up again, recur. **~'aus,bre·chen** *v/i* ⟨*irr, sep*, **-ge-**, **sein**⟩ *fig.* break out again. **~'aus,bruch** *m fig.* new outbreak. **~'aus,fuhr** *f* re-export(ation). **~'aus,füh·ren** *v/t* ⟨*sep*, **-ge-**, **h**⟩ re-export.

'Wie·der|be,ginn *m* ⟨-(e)s; *no pl*⟩ recommencement, restart. **~be,kom·men** *v/t* ⟨*irr, sep, no* **-ge-**, **h**⟩ get *s.th.* back, (*Auslagen, Eigentum etc*) *a.* recover. **~be,le·ben** *v/t* ⟨*sep, no* **-ge-**, **h**⟩ *bes. fig.* revive, resuscitate. **~be,le·bung** *f* ⟨-; *no pl*⟩ *bes. fig.* revival, resuscitation. **~be,le·bungs·ver,such** *m meist pl a. fig.* attempt at revival (*od.* resuscitation); **bei j-m ~e machen** attempt to restore s.o. to life; **~e blieben erfolglos** attempts at revival were in vain. **~be,schaf·fen** *v/t* ⟨*sep, no* **-ge-**, **h**⟩ **1.** replace. **2.** (*sich zurückholen*) get *s.th.* back. **~,brin·gen** *v/t* ⟨*irr, sep*, **-ge-**, **h**⟩ bring *s.th.* back (*a. fig.*), (*zurückgeben*) return.

,wie·der|'ein,brin·gen *v/t* ⟨*irr, sep*, **-ge-**, **h**⟩ (*Auslagen etc*) recover, recoup, (*Zeitverlust etc*) make up (for), make good. **~'ein,bür·gern** *v/t* ⟨*sep*, **-ge-**, **h**⟩ repatriate. **~'ein,bür·ge·rung** *f* repatriation. **~'ein,fal·len** *v/i* ⟨*irr, sep*, **-ge-**, **sein**⟩ *fig.* **j-m ~** come back to s.o. **~'ein,fan·gen** *v/t* ⟨*irr, sep*, **-ge-**, **h**⟩ catch *s.o., s.th.* again, recapture. **~'ein,fuhr** *f* ⟨-; *no pl*⟩ reimport(ation). **~'ein,füh·ren** *v/t* ⟨*sep*, **-ge-**, **h**⟩ **1.** (*Ware etc*) reimport. **2.** (*Steuern, a. fig. Brauch etc*) reintroduce. **~'ein,füh·rung** *f* ⟨-; *no pl*⟩ **1.** → Wiedereinfuhr. **2.** *von Steuern, a. fig. e-s Brauches etc*: reintroduction. **~'ein,glie·de·rung** *f* reintegration, *bes. soziale od. berufliche*: rehabilitation. **~'ein,lie·fe·rung** *f* **1.** rehospitalization. **2.** reimprisonment. **~'ein,lö·sen** *v/t* ⟨*sep*, **-ge-**, **h**⟩ redeem. **~'ein,lö·sung** *f* redemption. **~'ein,ren·ken** *fig. colloq.* **I** *v/t* ⟨*sep*, **-ge-**, **h**⟩ (*verfahrene Angelegenheit etc*) straighten *s.th.* out, fix *s.th.* up. **II** *v/reflex* **sich ~** straighten (itself) out. **~'ein,set·zen I** *v/t* ⟨*sep*, **-ge-**, **h**⟩ (*in ein Amt etc*) reinstate (in), reappoint (to), (*in Rechte etc*) reinvest (with), (*König*) restore *s.o.* to the throne. **II** *v/i Fieber etc*: recur, *Regen etc*: set in (*od.* start) again. **~'ein,set·zung** *f* ⟨-; *no pl*⟩ (*in ein Amt etc*) reinstatement (in), reappointment (to), (*in Rechte etc*) restitution (to), reinvestiture (with), *e-s Königs*: restoration; *jur.* **~ in den vorigen Stand** restitutio in integrum. **~'ein,stel·len I** *v/t* ⟨*sep*, **-ge-**, **h**⟩ (*Angestellte etc*) re-engage, re-employ. **II** *v/reflex* **sich ~** *fig. Schmerzen etc*: come back again, return. **~'ein,stel·lung** *f von Angestellten etc*: re-employment, re-engagement. **~'ein,tre·ten** *v/i* ⟨*irr, sep*, **-ge-**, **sein**⟩ *fig. Ereignisse etc*: recur, happen again. **~'ein,tritt** *m* ⟨-(e)s; *no pl*⟩ (*in die Erdatmosphäre, fig.* **ins Berufsleben** *etc*) re-entry (into). **~'ein,tritts...** *in Zssgn Raumfahrt*: re-entry (*velocity, etc*).

'Wie·der|ent,deckung (*getr.* **-k·k-**) *f* ⟨-; *no pl*⟩ rediscovery. **~er,grei·fung** *f* ⟨-; *no pl*⟩ recapture. **~er,ken·nen I** *v/t* ⟨*irr, sep, no* **-ge-**, **h**⟩ recognize *s.o., s.th.* again; **er war nicht wiederzuerkennen** a) he was unrecognizable, b) he had changed beyond recognition. **II** ~ *n* ⟨-s⟩ recognition. **~er,lan·gen** *v/t* ⟨*sep, no* **-ge-**, **h**⟩ recover, regain. **~er,le·ben** *v/t* ⟨*sep, no* **-ge-**, **h**⟩ relive. **~er,nen·nung** *f* reappointment. **~er,obern** *v/t* ⟨*sep, no* **-ge-**, **h**⟩ reconquer, recapture. **~er,obe·rung** *f* reconquest, recapture. **~er,öff·nen** *v/t u. v/i* ⟨*sep, no* **-ge-**, **h**⟩ reopen. **~er,öff·nung** *f* reopening. **~er,schei·nen** *v/i* ⟨*irr, sep, no* **-ge-**, **sein**⟩ **1.** reappear. **2.** *fig. Zeitung etc*: be republished; **~ lassen** republish, resume the publication of. **~er,stat·ten** *v/t* ⟨*sep, no* **-ge-**, **h**⟩ refund, reimburse. **~er,stat·tung** *f* ⟨-; *no pl*⟩ refund, reimbursement. **~er,ste·hen** *v/i* ⟨*irr, sep, no* **-ge-**, **sein**⟩ **1.** *Stadt etc*: be rebuilt, rise again. **2.** *Vergangenes*: revive; **et. ~ lassen** revive s.th., bring s.th. back (to life). **~er,wa·chen** *v/i* ⟨*sep, no* **-ge-**, **sein**⟩ *fig. Liebe etc*: reawake(n), *Interesse*: be aroused (*od.* awakened) again. **~er,wecken**

(*getr.* -**k·k**-) *v/t* ‹*sep, no* -**ge**-, **h**› *fig.* (*Liebe etc*) reawake(n), resuscitate, (*Interesse etc*) arouse (*od.* awaken) again. **≈er|zäh·len** *v/t* ‹*sep, no* -**ge**-, **h**› retell, repeat. **≈|fin·den I** *v/t* ‹*irr, sep,* -**ge**-, **h**› **1.** find *s.o., s.th.* again. **2.** *fig.* regain, recover. **II** *v/reflex* **sich ~ 3.** turn up again, reappear. **4.** *fig. Mensch*: be one's old self again.

ˈWie·der|ga·be *f* ‹-; *no pl*› **1.** (*Bericht*) account, description, (*Wiederholung*) repetition, (*Zitieren*) quotation. **2.** *von Eindrücken etc*: conveyance. **3.** (*Gestaltung, Vortrag*) rendition, interpretation. **4.** (*Reproduktion*) reproduction. **5.** (*Übersetzung*) rendition, translation. **6.** *tech.* reproduction, (*Tonband≈*) playback. **~ge|rät** *n* reproduction (*od.* playback) set (*od.* unit). **~gü·te, ~qua·li|tät** *f* quality (*od.* fidelity) of reproduction. **~röh·re** *f TV* picture tube, kinescope. **~treue** *f* fidelity (of reproduction); **hohe ~** high fidelity, *colloq.* hi-fi.

ˈwie·der|ge·ben *v/t* ‹*irr, sep,* -**ge**-, **h**› **1.** (*dat* to) give *s.th.* back, return, *bes. fig.* (*Ehre, Gesundheit etc*) restore. **2.** (*schildern*) describe, give an account of, (*wiederholen*) repeat, (*zitieren*) quote; **das kann man nicht ~** a) (*das ist unbeschreiblich*) that defies description, b) (*das ist zu beleidigend*) that won't bear repeating. **3.** (*Gefühl, Eindruck etc*) convey, express, (*widerspiegeln*) reflect, mirror. **4.** (*vortragen*) render, interpret. **5.** (*Gemälde etc*) reproduce. **6.** (*übersetzen*) (**in** *dat* into) render, translate. **7.** (*Ton*) reproduce, play back.

ˈWie·der|ge|burt *f* rebirth, *fig. a.* renaissance. **~ge|ne·sung** *f* ‹-; *no pl*› recovery, convalescence. **≈ge|win·nen** *v/t* ‹*irr, sep,* -**ge**-, **h**› regain, win (*od.* get) back, recover, *tech.* reclaim, salvage. **~ge|win·nung** *f* ‹-; *no pl*› recovery, *tech.* reclamation, salvaging.

ˌwie·derˈgut|ma|chen *v/t* ‹*sep,* -**ge**-, **h**› (*Fehler, Schaden, Unrecht etc*) make amends (*od.* make up) for, make good, repair, (*Verlust*) *a.* recoup; **nicht wiedergutzumachen(d)** irreparable. **≈chung** *f* ‹-; *no pl*› *a. pol.* reparation.

ˈwie·der|ha·ben *v/t* ‹*irr, sep,* -**ge**-, **h**› *colloq.* have *s.th., s.o.* back (again).

ˌwie·der|ˈher|stel·len *v/t* ‹*sep,* -**ge**-, **h**› restore, (*Beziehungen etc*) *a.* re-establish, (*Patienten*) restore *s.o.* to health, cure; **den Frieden (Recht und Ordnung) ~** restore peace (law and order). **≈ˈher|stel·lung** *f* restoration, *von Beziehungen etc*: *a.* re-establishment, *e-s Kranken*: recovery. **≈ˈher|stel·lungs·chir·ur|gie** *f* plastic surgery. **~ˈhol·bar** *adj* repeatable. **≈ˈhol·be|fehl** *m Computer*: repetition instruction.

ˈwie·der|ho·len[1] *v/t* ‹*sep,* -**ge**-, **h**› (go and) get *s.o., s.th.* back, fetch *s.o., s.th.* back.

ˌwie·derˈho·len[2] **I** *v/t* ‹*insep, no* -**ge**-, **h**› **1.** (*öfter sagen od. tun*) repeat, reiterate, *weitS.* do (*od.* say) *s.th.* (over) again; *ped.* **e-e Klasse ~** repeat a year (in a class), *Am.* repeat a grade; **e-e Lektion ~** repeat a lesson, go over (*od.* through) a lesson again; **bitte ~ Sie folgende Worte** please repeat the following words (after me). **2.** (*zs.-fassen*) sum up, recapitulate, *colloq.* recap. **3.** *Sport*: (*Spiel*) replay, (*Freistoß*) retake. **II** *v/reflex* **sich ~ 4.** *Ereignis etc*: happen again, *periodisch*: *a.* recur. **5.** *Muster, Motiv etc*: be repeated, repeat itself, recur. **6.** *fig. Person*: repeat o.s.

ˌwie·der|ˈholt I *adj* repeated; **zu ~en Malen** *cf.* **II** *adv* repeatedly, again (*od.* time) and again. **≈ˈho·lung** *f* ‹-; -**en**› **1.** repetition, reiteration, *e-r TV-Sendung etc*: repeat, re-run, *e-r Lektion*: review. **2.** (*Zs.-fassung*) recapitulation. **3.** *TV Sport*: replay.

ˌWie·derˈho·lungs|ˌfall *m* **im ~(e)** if it should occur (*od.* happen) again, in case of recurrence. **~ge|fahr** *f* danger of recurrence. **~|imp·fung** *f* repeated inoculation (*gegen Pocken*: vaccination). **~|kurs, ~|lehr|gang** *m* refresher course. **~|spiel** *n Sport*: replay. **~|tä·ter** *m* recidivist. **~|zei·chen** *n mus.* repeat (mark).

ˈWie·der|hö·ren *n* **auf ~!** good-by(e)!

ˌWie·der·inˈstand|set·zung *f* ‹-; *no pl*› repair. **~s|ko·sten** *pl* repair costs.

ˈwie·der||käu·en [-ˌkɔʏən] **I** *v/i* ‹*sep,* -**ge**-, **h**› **1.** *zo.* ruminate, *a. fig.* chew the cud. **II** *v/t* **2.** *zo.* ruminate. **3.** *fig. colloq.* rehash. **III ≈** *n* ‹-**s**› **4.** *zo.* rumination. **≈|käu·er** *m* ‹-**s**; -› *zo.* ruminant. **≈|kehr** *f* ‹-; *no pl*› *allg.* return, *periodische*: *a.* recurrence, *e-s Jahrestages*: anniversary. **~|keh·ren** *v/i* ‹*sep,* -**ge**-, **sein**› **1.** (*heimkehren*) return, come back (again). **2.** (*sich wiederholen*) repeat itself, be repeated, recur. **~|keh·rend** *adj* recurrent, recurring; **ein jährlich ~es Fest** an anniversary. **~|kom·men** *v/i* ‹*irr, sep,* -**ge**-, **sein**› **1.** (*zurückkommen*) come back (again), return; **ich komme gleich wieder** I'll be back in a minute. **2.** (*sich wiederholen*) return, come again; **so e-e Gelegenheit kommt so bald nicht wieder** such an opportunity will not come again (*od.* recur) for a long time. **≈|kunft** *f* ‹-; *no pl*› return; **die ~ Christi** the second advent (of Christ). **~|lie·ben** *v/t* ‹*sep,* -**ge**-, **h**› **j-n ~** return *s.o.*'s love. **≈|schau·en** *n* → **wiedersehen** 2. **~|se·hen I** *v/t* ‹*irr, sep,* -**ge**-, **h**› **1.** see *s.o., s.th.* again; **sich** (*od.* **einander**) **~** *a.* meet again. **II ≈** *n* ‹-**s**› **2. auf ≈!** good-by(e)!, see you again (*od.* later)!, *colloq.* so long!, cheerio! **3.** reunion; **≈ mit London** London revisited; **es wird ein ≈ geben** we will see each other (*od.* meet) again; *humor.* **≈ macht Freude** I would be glad to have (*od.* see) it back. **≈|tau·fe** *f* ‹-; *no pl*› Anabaptism. **≈|täu·fer** *m* Anabaptist. **~|tun** *v/t* ‹*irr, sep,* -**ge**-, **h**› do *s.th.* again; **tu das nie wieder!** don't you ever do that again!

wie·der·um [ˈviːdərʊm] *adv* **1.** (*andererseits*) on the other hand. **2.** (*erneut*) again, anew. **3.** (*seinerseits etc*) in his, *etc* turn.

ˈwie·der·ver|ei·ni|gen I *v/t* ‹*sep, no* -**ge**-, **h**› (*bes. Land*) reunify. **II** *v/reflex* **sich ~** reunite, be reunified. **≈gung** *f* ‹-; *no pl*› reunion, *e-s Landes*: *a.* reunification.

ˈWie·der|ver|gel·tung *f* ‹-; *no pl*› requital, *b.s.* reprisal, retaliation. **≈ver|hei·ra·ten** *v/reflex* ‹*sep, no* -**ge**-, **h**› **sich ~** remarry. **~ver|hei·ra·tung** *f* ‹-; *no pl*› remarriage. **~ver|kauf** *m* resale, reselling. **≈ver|kau·fen** *v/t* ‹*sep, no* -**ge**-, **h**› resell. **~ver|käu·fer** *m* reseller.

ˈWie·der·ver|kaufs|be|din·gun·gen *pl* trade terms. **~|preis** *m* resale (*od.* trade) price. **~|recht** *n* right of resale. **~|wert** *m* resale value.

ˈwie·der|ver|pflich·ten *v/t u.* **sich ~** *v/reflex* ‹*sep, no* -**ge**-, **h**› re-enlist. **≈ver|pflich·tung** *f* re-enlistment. **~ver|wer·ten** *v/t* ‹*sep, no* -**ge**-, **h**› recycle, reuse. **≈ver|wer·tung** *f* recycling, reuse. **≈|vor|la·ge** *f* ‹-; *no pl*› (**zur ~** for) resubmission. **≈|wahl** *f* ‹-; *no pl*› re-election; **sich zur ~ stellen** stand for re-election. **~|wäh·len** *v/t* ‹*sep,* -**ge**-, **h**› re-elect; *pol.* **er wurde wiedergewählt** he was returned to parliament for another term. **≈|zu|las·sung** *f* **1.** readmission. **2.** *e-s Autos etc*: relicensing.

Wie·ge [ˈviːgə] *f* ‹-; -**n**› cradle; *fig.* **die ~ der abendländischen Kultur** the cradle of western civilization; **von der ~ bis zur Bahre** from the cradle to the grave; **s-e ~ stand in München** he was born in Munich; **das ist ihm in die ~ gelegt worden** he inherited it; **das ist ihm auch nicht an der ~ gesungen worden** he never dreamed (*od.* dreamt) that it would come to this. **~|brett** *n* chopping board (*od.* block). **~|brücke** (*getr.* -**k·k**-) *f tech.* weighbridge. **~|mes·ser** *n* chopping knife, chopper.

wie·gen[1] [ˈviːgən] **I** *v/t* ‹**wiegt, wog, gewogen, h**› *auf der Waage*: weigh. **II** *v/i a. fig.* weigh; **ich wiege 70 kg** I weigh (*colloq.* I am) 70 kilogram(me)s; **wieviel wiegst du?** *a.* what weight are you?, what is your weight?; **er wiegt doppelt soviel wie ich** he is twice my weight; *fig.* **schwer ~** weigh heavily, carry weight; **schwerer ~ als** outweigh; **s-e Worte ~ (nicht) schwer** what he says carries (little) weight. **III** *v/reflex* **sich ~** weigh o.s.

ˈwie·gen[2] **I** *v/t* ‹**h**› **1.** (*schaukeln*) rock, (*Kopf*) shake, (*Hüften*) sway; **ein Kind in den Schlaf ~** rock a child to sleep. **2.** *fig.* **j-n in Sicherheit ~** lull *s.o.* into a false sense of security. **II** *v/reflex* **sich ~ 3.** rock (o.s.); **sich im Tanz ~** rock (*od.* sway) to the rhythm of a dance; **sich in den Hüften ~** sway one's hips. **4.** *fig.* **sich in falschen Hoffnungen ~** entertain false hopes; **sich in Sicherheit ~** think (*od.* believe) o.s. safe; **sich in dem Glauben ~, daß** live in the belief that, believe (firmly) that.

ˈwie·gen[3] *v/t* ‹**h**› chop, mince.

ˈwie·gend *adj fig.* swaying; **mit ~en Hüften** with swaying hips; **~er Gang** rolling gait; **mit ~en Schritten gehen** walk with a sway.

ˈWie·gen|druck *m* ‹-(**e**)**s**; -**e**› *print.* incunabulum. **~|fest** *n humor.* birthday. **~|lied** *n* lullaby, cradlesong.

wie·hern [ˈviːərn] **I** *v/i* ‹**h**› **1.** *Pferd*: neigh, whinny. **2.** *fig. colloq.* (*a.* **~d lachen**) guffaw, hee-haw, horselaugh; **vor Lachen ~** guffaw with laughter. **II ≈** *n* ‹-**s**› **3.** *e-s Pferdes*: neigh, whinny. **4.** *fig. colloq.* (*a.* **~des Gelächter**) guffaw, hee-haw, horselaugh.

Wie·ner [ˈviːnər] **I** *m* ‹-**s**; -› **1.** Viennese. **2.** *meist pl bes. Am.* wiener(wurst). **II** *adj* ‹*invariable*› **3.** Viennese, of Vienna. **ˈWie·ne·rin** *f* ‹-; -**nen**› Viennese (woman *od.* girl). **ˈwie·ne·risch** *adj* Viennese.

wie·nern [ˈviːnərn] *v/t* ‹**h**› *colloq.* polish.

wies [viːs] *1 u. 3 sg pret of* **weisen**.

Wie·se [ˈviːzə] *f* ‹-; -**n**› meadow.

Wie·sel [ˈviːzəl] *n* ‹-**s**; -› *zo.* weasel; *fig.* **rennen wie ein ~** run like a hare; → **flink** 1, 8. **ˈwie·seln** *v/i* ‹**sein**› scuttle, scurry.

ˈWie·sen... *in Zssgn* meadow (*flower, etc*). **~|land** *n* meadowland. **~|schaum|kraut** *n bot.* lady's-smock.

wieˈso [vi-] *interrog adv colloq.* → **warum**.

wie|viel [viˈfiːl; ˈviːˌfiːl] *interrog adv* how much, *vor pl*: how many; **um ~ mehr** how much more; **~ Uhr ist es?** what is the time?; **~ Schönes** *etc* how many beautiful, *etc* things. **~ˈvie·lerˈlei** *indef pron* of how many different kinds. **~ˈviel|mal** *interrog adv* how often, how many times?

wie·vielt [viˈfiːlt; ˈviːˌfiːlt] *adj* **das ~e Mal?, zum ~en Mal?** how many times?; **der ~e Band?** which volume?; **als ~er ist er durchs Ziel gegangen?** what place did he come (in)?; **am ~en August hat er Geburtstag?** what date in August is his birthday? **Wie·viel·te**

[viˈfiːltə; ˈviːˌfiːltə] *m* ‹-n; *no pl*› **den ~n haben wir heute?, der ~ ist heute?** what day of the month is it (today)?, what's the date (today)?

wieˈweit [vi-] *adv u. conj* → **inwieweit**.

wieˈwohl [vi-] *conj* (al)though.

Wig·wam [ˈvɪkvam] *m* ‹-s; -s› wigwam.

Wi·kin·ger [ˈviːkɪŋər] *m* ‹-s; -› Viking. **~...** *in Zssgn* Viking (*ship, etc*).

wild [vɪlt] **I** *adj* **1.** *allg.* wild (*a. Pflanze, Tier, Honig, Gegend, Sitten etc*), (*unzivilisiert*) *a.* savage; **~ wachsen** grow wild; → **Wein** 2, **Westen** 2 *etc.* **2.** (*Ggs. sanft*) *allg.* wild, (*grimmig*) fierce, (*heftig*) violent, (*zügellos*) unrestrained, (*laut*) boisterous, obstreperous; **ein ~es Kind** a wild (*od.* an unruly) child; **ein ~es Mädchen** *a.* a tomboy(ish girl); **~e Spiele (Musik)** wild games (music); **e-e ~e Bande** a wild lot; **~e Blicke** wild (*od.* fierce) looks; **ein ~er Kampf** a wild (*od.* violent) fight; **~es Lachen** wild (*od.* frenzied) laughter; **seid nicht so ~** stop that horseplay. **3.** *fig.* (*wirr*) *Haar, Leben, Phantasie, Träume etc*: wild; **ein ~es Durcheinander** a wild (*od.* complete) mess; **~e Gerüchte (Vermutungen)** wild rumo(u)rs (speculations); **das Haar hing ihm ~ in die Stirn** his hair hung wild on his forehead; → **Flucht** 1. **4.** *fig.* (*nicht ordnungsgemäß*) *Baden, Parken, Handel, Zelten etc*: unauthorized, illicit; → **Ehe, Streik** *etc.* **5.** *fig. colloq.* (*wütend*) mad, wild; **~ werden** get mad (*od.* wild), see red, go off the deep end; **~ machen** drive *s.o.* wild, enrage, infuriate; **~er Mann** bugbear, bog(e)yman; **den ~en Mann spielen** act wild. **6.** *fig. colloq.* **(ganz) ~ sein auf** (*acc*) be quite wild (*od.* crazy) about; **wie ~ arbeiten (rennen** *etc*) work (run, *etc*) like mad; **das ist (alles) nur halb so ~** that's not as bad as all that, *weitS.* (*nicht so toll*) *sl.* it's not so hot. **7.** *med.* **~es Fleisch** proud flesh. **8.** *Bergbau*: **~es Gestein** dead rock. **II** *adv* **9.** *fig. allg.* wildly; **~ um sich schlagen** hit out wildly; **~ auflachen** give a wild laugh; **~ zerzaust** wildly tousled; **alles ging ~ durcheinander** it was an absolute mess; **alles ~ durcheinanderwerfen** make a complete muddle of it; *colloq.* **~ drauflosreden** talk without thinking.

Wild *n* ‹-(e)s; *no pl*› **1.** *hunt.* game; **ein Stück ~** a head of game, (*Rot≈*) a deer; *fig.* **wie ein gehetztes ~** like an animal at bay. **2.** *gastr.* (*~fleisch*) game, *vom Hochwild*: venison. **≈arm** *adj* with a low game population. **~bach** *m* (mountain) torrent. **~bad** *n* thermal spa. **~bahn** *f* ‹-; *no pl*› hunting ground; **in (***od.* **auf) freier ~** in the wild, free-ranging (*stag, lion, etc*). **~beˌstand** *m* game population, stock of game. **~bra·ten** *m* roast venison. **~bret** [-ˌbrɛt] *n* ‹-s; *no pl*› → Wild 2. **~dieb** *m* poacher. **~die·beˈrei** [ˌvɪlt-] *f* ‹-; -en›, **~diebˌstahl** *m* ‹-(e)s; ⸗e› **1.** ‹*only sg*› poaching. **2.** poaching offen/ce (*Am.* -se).

Wil·de [ˈvɪldə] *m, f* ‹-n; -n› savage; **unter ~n leben** live with savages; *colloq.* **wie ein ~r, wie die ~n** like mad; **sich wie ein ~r gebärden** act wild.

ˈWildˌen·te *f orn.* wild duck.

Wil·deˈrei *f* ‹-; -en› → **Wilddieberei**.

ˈWil·de·rer *m* ‹-s; -› poacher. **wil·dern** [ˈvɪldərn] **I** *v/i* ‹h› poach. **II ≈** *n* ‹-s› → **Wilddieberei**.

ˈWild|ˌesel *m zo.* wild ass. **~fang** *m fig.* wild child, romp, (*Mädchen*) *a.* tomboy. **~fleisch** *n* → **Wild** 2. **~form** *f bot.* original (form), wild form. **≈ˈfremd** *adj colloq.* completely strange; **ein ~er Mensch** a complete (*od.* an absolute) stranger. **~füt·te·rung** *f* feeding of game. **~gans** *f orn.* wild goose. **~geˌhe·ge** *n* game enclosure (*od.* preserve). **~geˌschmack** *m* gamy taste. **~heit** *f* ‹-; *no pl*› **1.** *allg.* wildness, savagery, savageness. **2.** *fig.* (*Ggs. Sanftheit*) *allg.* wildness, *e-s Kampfes etc*: *a.* fierceness, ferocity, *von Kindern*: *a.* boisterousness, unruliness. **~hü·ter** *m* gamekeeper. **~ˌkalb** *n* fawn. **~kat·ze** *f* wildcat. **≈ˌle·bend** *adj zo.* wild.

ˈWild|ˌle·der *n* suede, suède, *engS.* buckskin, doeskin. **~handˌschuh** *m* suede glove. **~imi·ta·tiˌon** *f* imitation suede, suede cloth.

ˈwild|ˌle·dern *adj* made of buckskin (*od.* suede), buckskin ..., suede ...

ˈWild|ˌle·derˌschuh *m meist pl* suede shoe.

Wild·ling [ˈvɪltlɪŋ] *m* ‹-s; -e› **1.** *hort.* wilding. **2.** animal in its wild state.

ˈWild·nis *f* ‹-; -se› wilderness (*a. fig. Garten etc*), wild.

ˈWild|park *m* game preserve, deer park. **~pferd** *n* wild horse. **~pflan·ze** *f* wild plant. **≈reich** *adj* abounding in game, with a high game population. **~reich·tum** *m* ‹-s; *no pl*› abundance of game. **≈roˈman·tisch** *adj colloq.* **1.** *Landschaft etc*: wild and romantic, romantically wild. **2.** *Liebesgeschichte, Bühnenbild etc*: highly romantic. **~sau** *f zo.* wild sow. **~scha·den** *m* damage caused by game. **~schütz** *m* poacher. **~schutz·geˌbiet** *n* game preserve. **~schwein** *n zo.* wild boar. **~schweinˌjagd** *f* boar hunting. **~spur** *f* track (*od.* scent) of game. **≈wach·send** *adj* (growing) wild. **~was·ser** *n* (mountain) torrent. **~was·serˌfah·ren** *n Sport*: wildwater canoeing. **~wech·sel** *m* deer path, run(way).

ˌWildˈwest ‹*invariable*› the Wild West. **~film** *m* Western, Wild West film, *bes. Am. colloq.* horse opera. **~roˌman** *m* Wild West novel, Western.

ˈWildˌwuchs *m* rank growth, *fig. adm.* proliferation (of appointments, *etc*), rampant bureaucracy).

Wil·helm [ˈvɪlˌhɛlm] *npr m* ‹-s; *no pl*› *fig. colloq.* **den dicken ~ markieren** act big; **s-n (Friedrich) ~ druntersetzen** (*et. unterschreiben*) put one's John Henry (*bes. Am.* John Hancock) on it.

Wil·hel·mi·nisch [vɪlhɛlˈmiːnɪʃ] *adj* **~e Zeit, ~es Zeitalter** era (*od.* period) of the Emperor William II (*1888–1918*).

will [vɪl] *1 u. 3 sg pres of* **wollen**[2].

Wil·le [ˈvɪlə] *m* ‹-ns; *rare* -n› **1.** (*Wollen*) will, *philos. psych. a.* volition, *weitS.* (*Wunsch*) wish; **der freie ~** free will; **der ~ Gottes** God's will; **gegen j-s ~n** against s.o.'s will; **et. durch eisernen ~n erreichen** achieve s.th. through (*od.* with) an iron will; **es ist sein freier ~** it is his own free will (*od.* choice); **et. aus freiem ~n tun** do s.th. of one's own (free) will (*od.* of one's own accord), do s.th. voluntarily; **der ~ zur Macht** the will to power; **s-n ~n durchsetzen** have (*od.* get) one's (own) way (*od.* one's will); **j-m zu ~n sein** comply with s.o.'s wishes, oblige s.o.; **wenn es nach s-m ~n ginge** if he had (it) his way; **des Menschen ~ ist sein Himmelreich** (*Sprichwort*) a man's mind is his kingdom; **wo ein ~ ist, ist auch ein Weg** (*Sprichwort*) where there's a will, there's a way; *Bibl.* **dein ~ geschehe** thy will be done. **2.** (*Absicht*) will, intention; **ohne bösen ~n** *this was done* without ill will; **(den) guten ~n zeigen** show one's good intention; **mit einigem guten ~n** with a certain amount of good will; **guten ~ns sein** be willing; **den guten ~n für die Tat nehmen** take the (good) will (*od.* intention) for the deed; **ich kann Ihnen beim besten ~n nicht helfen** I cannot help you much as I should like to (*od.* much as I regret it); **ich kann mich beim besten ~n nicht an s-n Namen erinnern** I can't remember his name for the life of me; I can't remember his name, try as I might; **trotz besten ~ns** despite all one's will (and effort); **den festen ~n haben zu** *inf* be firmly determined to *inf*; **es ist mein fester ~** it is my firm intention; **et. mit ~n tun** do s.th. on purpose (*od.* expressly); **er mußte wider ~n lachen** he could not help laughing, he couldn't but laugh. **3.** (*Einwilligung*) consent, assent, permission; **es geschah ohne s-n ~n** it happened without his consent. **4.** *jur.* **letzter ~** (last) will; **mein letzter ~** (this is) my last will and testament.

Wil·len [ˈvɪlən] *m* ‹-s; *rare* -› → **Wille**.

ˈwil·len *prep* **um ... ~** for the sake of ..., for *order's, etc* sake.

ˈwil·len|los *adj* will-less, lacking will (-power), *psych.* ab(o)ulic; **j-m ~ die Führung überlassen** submit meekly to s.o.'s leadership; → **Werkzeug** 1. **≈lo·sig·keit** *f* ‹-; *no pl*› will-lessness, lack of will(power), *psych.* ab(o)ulia.

ˈwil·lens *adj* ‹*pred*› **~ sein zu** *inf* be willing (*od.* prepared, ready) to *inf.*

ˈWil·lens|ˌakt *m* act of volition. **~anˌspan·nung, ~anˌstren·gung** *f* ‹-; *no pl*› effort of will(power); **durch äußerste ~** by an extreme effort of will(power). **~äu·ße·rung** *f* expression of one's will. **~entˌschei·dung** *f* voluntary decision, volition; **freie ~** freewill decision. **~erˌklä·rung** *f jur.* declaration of intention, (*Urkunde*) (*one's*) act and deed. **~ˌfra·ge** *f* question of will(power). **~ˌfrei·heit** *f* ‹-; *no pl*› *bes. philos.* freedom of (the) will. **~kraft** *f* ‹-; *no pl*› will(power); *psych.* **verringerte (übersteigerte) ~** hypobulia (hyperbulia). **~ˌlen·kung** *f* ‹-; *no pl*› influence (*od.* influencing) of the will. **≈mä·ßig** *adj* volitional. **~sa·che** *f* matter of will (-power). **≈schwach** *adj* weak(-willed), lacking willpower. **~schwä·che** *f* ‹-; *no pl*› weak will, *psych.* dysbulia. **≈stark** *adj* strong-willed. **~stär·ke** *f* ‹-; *no pl*› strong will.

ˈwil·lent·lich *adv* on purpose, deliberately.

will·fah·ren [ˌvɪlˈfaːrən; ˈvɪlˌfaːrən] *v/i* ‹**willfahrt** [ˌvɪlˈfaːrt; ˈvɪlˌfaːrt], **willfahrte** [ˌvɪlˈfaːrtə; ˈvɪlˌfaːrtə], **willfahrt** [ˌvɪlˈfaːrt] *u.* **gewillfahrt** [gəˈvɪlˌfaːrt], **h**› **j-m ~** comply with s.o.'s wishes, *stärker*: humo(u)r s.o., indulge s.o.; **j-s Bitte ~** comply with s.o.'s wish; **j-s Laune ~** gratify (*od.* indulge) s.o.'s whim.

will·fäh·rig [ˈvɪlˌfɛːrɪç; ˌvɪlˈfɛːrɪç] *adj* compliant, complaisant, *stärker*: submissive, obsequious; **j-m ~ sein** → **willfahren**. **≈keit** *f* ‹-; *no pl*› compliance, complaisance, *stärker*: submissiveness, obsequiousness.

ˈwil·lig I *adj* willing; **sich ~ zeigen** show willingness; → **Geist**[1] 1, **Ohr** 3. **II** *adv* willingly. **wil·li·gen** [ˈvɪlɪgən] *v/i* ‹h› **~ in** (*acc*) consent (*od.* agree, accede) to. **ˈWil·lig·keit** *f* ‹-; *no pl*› willingness.

ˈWillˌkomm [-ˌkɔm] *m* ‹-s; -e›, **ˌWillˈkom·men** *n* ‹-s; -› welcome.

ˌwillˈkom·men *adj Gast, Gelegenheit, Abwechslung etc*: welcome; **j-n (herzlich) ~ heißen** welcome s.o. (cordially), bid s.o. (a cordial) welcome; **dein Angebot ist mir sehr ~** your offer is very welcome (to me).

ˌWillˈkom·mens|ˌgruß *m* welcome. **~ˌtrunk** *m* cup of welcome.

ˈWillˌkür *f* ‹-; *no pl*› arbitrariness, licen/ce (*Am.* -se), *bes. pol.* despotism;

j-s ~ **preisgegeben** (*od.* **ausgesetzt**) **sein** be at s.o.'s mercy. **~ˌakt** *m* arbitrary act. **~ˌherr·schaft** *f* arbitrary rule, despotism.

ˈwillˌkür·lich I *adj* **1.** arbitrary, random, (*unbegründet*) gratuitous, unfounded; **~e Eingriffe** arbitrary acts of intervention; **e-e ~e Auswahl treffen** make an arbitrary (*od.* a random) choice, choose at random. **2.** *bes. med. psych.* (*vom Willen gelenkt*) voluntary (*movement, etc*). **II** *adv* **3.** arbitrarily, (*wahllos*) at random, *bes. med. psych.* voluntarily. **≈keit** *f* ⟨-; *no pl*⟩ **1.** arbitrariness. **2.** *bes. med. psych.* voluntariness.

ˈWillˌkürˌmaßˌnah·me *f meist pl* arbitrary measure.

willst [vɪlst] *2 sg pres of* **wollen²**.

wim·meln [ˈvɪməln] *v/i u. v/impers* ⟨h⟩ (**von** with) swarm, be alive, *a. fig. von Fehlern etc*: teem; **die Straßen ~ von Menschen** the streets are swarming with people; **in dem Wörterbuch wimmelt es von Fehlern** *a.* the dictionary is bristling with mistakes.

wim·mern [ˈvɪmərn] **I** *v/i* ⟨h⟩ whimper, *bes. Kleinkind*: *a.* pule. **II** ≈ *n* ⟨-s⟩ whimper(ing).

Wim·pel [ˈvɪmpəl] *m* ⟨-s; -⟩ pennon, *bes. mar.* (*Signal≈*) pennant, *Sport*: flag. **~ˌausˌtausch** *m Sport*: exchange of flags.

Wim·per [ˈvɪmpər] *f* ⟨-; -n⟩ eyelash, *bot. zo.* cilium (*pl* cilia); *fig. colloq.* **ohne mit der ~ zu zucken** a) (*ohne sich et. anmerken zu lassen*) without (as much as) batting an eyelid, without turning a hair, b) (*bedenkenlos, skrupellos*) without the slightest scruple.

ˈWim·pern|ˌbür·ste *f* eyelash brush. **~ˌtu·sche** *f* mascara.

ˈWim·perˌtier·chen *n* ciliate.

Wind [vɪnt] *m* ⟨-(e)s; -e⟩ **1.** wind; **ein lauer** (*od.* **sanfter**) ~ a gentle wind (*od.* breeze); **günstiger** ~ favo(u)rable (*bes. mar.* fair) wind; *bes. mar.* **steifer** (**stürmischer**) ~ moderate (fresh) gale; **~ von vorn** head wind; **in** (*od.* **bei**) **~ und Wetter** in all weathers; in rain, hail or snow; **~ und Wetter ausgesetzt sein** be exposed to the weather; **im ~e wehen** *Fahne etc*: wave in the wind; *mar.* **mit dem ~e** before (*od.* down) the wind; **vor dem ~e** downwind; (**schnell**) **wie der ~** (as) fast as the wind; **die Nachricht verbreitete sich wie der ~** the news spread like wildfire; *a. fig.* **der ~ hat sich gedreht** the wind has changed; *fig. colloq.* **seitdem weht hier ein anderer** (**schärferer**) ~ since then things have (fairly) changed (have been tightened up) here; *fig.* **frischen ~ bringen in** (*acc*) smarten *s.th.* up a bit; **ein frischer** (**neuer**) **~ weht durch die Politik** a breath of fresh air (the wind of change) is blowing through politics; *fig. colloq.* **wissen, woher der ~ weht** know how (*od.* which way) the wind blows; **in den ~ reden** waste one's breath; **das ist alles in den ~ geredet** that's a (complete) waste of breath; **in den ~ schlagen** (*Warnung, Ratschlag etc*) fling (*od.* throw) *s.th.* to the winds; **in alle ~e verstreut** scattered to the four winds; → **Mantel** 1, **Nase** 1, **pfeifen** 2, **Sturm** 1. **2.** (*Witterung*) wind, scent; **das Wild hat den Jäger im ~** the deer has wind of the hunter; *fig. colloq.* **~ bekommen von** get wind of. **3.** *fig. colloq.* (**viel**) **~ machen** a) make a (lot of) fuss (**um** about), b) talk big, c) show off, act big. **4.** *med.* (*Blähung*) wind, flatulence; *colloq.* **e-n ~ fahren** (*od.* **streichen**) **lassen** break wind. **~ˌbeu·tel** *m* **1.** *gastr.* cream bun (*od.* puff). **2.** *fig. colloq.* loose fellow, (*Schwätzer*) windbag, gasbag, (*Aufschneider*) braggart. **~ˌbruch** *m* windfall, windbreak.

Win·de¹ [ˈvɪndə] *f* ⟨-; -n⟩ *tech.* (*Seil≈*) rope (*od.* cable, hoisting) winch, (*Anker≈*) windlass, (*Schrauben≈*) lifting jack.

ˈWin·de² *f* ⟨-; -n⟩ *bot.* bindweed.

Win·del [ˈvɪndəl] *f* ⟨-; -n⟩ (baby's) napkin, *colloq.* nappy, *Am.* diaper; (**dem Baby**) **die ~n wechseln** change the baby. **≈ˈweich** *adj colloq.* **j-n ~ schlagen** beat s.o. to a pulp.

win·den¹ [ˈvɪndən] **I** *v/t* ⟨**windet, wand, gewunden**, h⟩ **1.** wind (**um** around), (*Garn etc*) *a.* reel. **2.** (*Kränze*) bind, make. **3. j-m et. aus den Händen ~** wrench (*od.* wrest) s.th. out of s.o.'s hands. **4.** (*hoch~*) hoist *s.th.* (up), (*Segel, Kabel etc*) heave. **II** *v/reflex* **sich ~ 5.** *Aal, Wurm etc, a. fig. Mensch*: wriggle, squirm, *bes. vor Schmerzen, Verlegenheit etc*: writhe (*with pain, embarrassment, etc*); *fig.* **er mochte sich drehen und ~** (**wie er wollte**), **er mußte es schließlich doch zugeben** no matter how he tried to squirm (*od.* worm) (his way) out of it, he had to admit it in the end. **6. sich ~ um** wind (*od.* coil) itself (a)round, entwine. **7. sich ~ durch** *Fluß, Straße etc*: wind its way (*od.* meander) through (*a valley, etc*); **sich durch e-e Lücke im Zaun ~** wriggle (*od.* slip) through a hole in the fence; *fig.* **sich durch e-e Menschenmenge ~** wind (*od.* worm) one's way through a crowd.

ˈwin·den² *v/impers* ⟨h⟩ **es windet** it is windy, there is a wind blowing.

ˈWin·desˌei·le *f* **in ~** in (next to) no time, *colloq.* in a jiffy; **sich mit ~ verbreiten** *Gerücht etc*: spread like wildfire.

ˈWind|ˌfah·ne *f* (wind) vane. **~ˌfang** *m* **1.** porch. **2.** chimney pot. **≈geˌschützt** *adj* sheltered (from the wind). **~geˌschwin·dig·keit** *f* wind speed. **~ˌhar·fe** *f* aeolian (*od.* wind) harp. **~ˌhauch** *m* gentle breeze, breath of air. **~ˌho·se** *f meteor.* wind spout, vortex. **~ˌhund** *m* **1.** greyhound, *Am.* grayhound. **2.** *fig. colloq.* loose fish.

win·dig [ˈvɪndɪç] *adj* **1.** windy. **2.** *fig. colloq. Person*: dubious, windy, shady, *Sache*: fishy, shaky, *Ausrede etc*: lame, flimsy, thin.

ˈWind|ˌjacke (*getr.* **-k·k-**) *f* windcheater, *Am.* Windbreaker (*TM*). **~kaˌnal** *m aer. phys.* wind tunnel. **~ˌkar·te** *f* wind chart. **~ˌlicht** *n* hurricane lamp. **~ˌma·cher** *m fig. colloq.* gasbag. **~maˌschi·ne** *f thea. etc* wind machine. **~ˌmes·ser** *m* wind ga(u)ge, anemometer. **~ˌmüh·le** *f* windmill. **~ˌmüh·lenˌflü·gel** *m* windmill sail (*od.* vane); *fig.* **gegen ~ kämpfen** fight (*od.* tilt at) windmills. **~ˌpocken** (*getr.* **-k·k-**) *pl med.* chicken pox *sg*, varicella *sg*. **~ˌrad** *n* windwheel. **~ˌräd·chen** *n* (*Spielzeug*) pinwheel. **~ˌrich·tung** *f* direction of the wind, wind('s) direction. **~ˌrös·chen** *n* ⟨-s; -⟩ *bot.* anemone. **~ˌro·se** *f e-s Kompasses*: compass rose. **~ˌsack** *m aer.* wind sock (*od.* cone, sleeve).

ˈWindsˌbraut *f* ⟨-; *no pl*⟩ *poet.* whirlwind, hurricane, gale.

ˈWind|ˌschat·ten *m* lee, *bes. Sport*: slipstream; **im ~ e-s Busses fahren** drive leeward of a bus; *mar.* **im ~ liegen** be under the lee. **≈ˌschief** *adj colloq.* cockeyed, askew. **~ˌschirm** *m* windscreen. **≈ˌschlüp·fig**, **≈ˌschnit·tig** *adj* streamlined, aerodynamic. **~ˌschutz** *m* windscreen. **~ˌschutzˌschei·be** *f mot.* windscreen, *Am.* windshield. **~ˌsei·te** *f* windward side. **~ˌspiel** *n* → **Windhund** 1. **~ˌstär·ke** *f* wind speed; **bei ~ 9** with a wind speed of force 9. **~ˌstär·keˌmes·ser** *m* wind ga(u)ge, anemometer. **≈ˌstill** *adj* calm, *Platz etc*: sheltered. **~ˌstil·le** *f* calm, *kurze*: *a.* lull; **völlige ~** dead calm. **~ˌstoß** *m* gust, blast (of wind), flurry. **~ˌstoß·friˌsur** *f* windswept look. **~ˌstreichˌholz** *n* fusee.

ˈWin·dung *f* ⟨-; -en⟩ **1.** *e-s Weges, Flusses etc*: bend, turn, winding. **2.** *tech.* winding, coil, turn, convolution. **3.** *anat. des Darms etc*: convolution, *des Gehirns*: *a.* gyrus, *e-s Wirbels*: whorl. **~sˌzahl** *f tech.* number of turns.

ˈwindˌwärts *adv mar.* windward.

Wink [vɪŋk] *m* ⟨-(e)s; -e⟩ **1.** *allg.* sign, *mit der Hand*: wave, *mit den Augen*: wink, *mit dem Kopf*: nod. **2.** *fig.* hint, tip, pointer, *colloq.* wrinkle, *warnender*: warning, *colloq.* tip-off; **ein ~ des Schicksals** (*od.* **Himmels**) a warning from Providence; **j-m e-n ~ geben** give (*od.* drop) s.o. a hint, *colloq.* tip s.o. off, tip s.o. the wink; **den ~ verstehen** take the hint (*od.* cue); → **Zaunpfahl**.

Win·kel [ˈvɪŋkəl] *m* ⟨-s; -⟩ **1.** *bes. math.* angle; **ein ~ von 45 Grad** an angle of 45 degrees; **im rechten ~** at right angles (**zu** to); → **spitz** 1, **tot** 9 *etc.* **2.** (*Ecke*) corner, nook, *fig. des Herzens etc*: recesses *pl of the heart, etc*: **ein malerischer ~** a picturesque nook; **et. in allen Ecken und ~n suchen** look for s.th. in every nook and cranny. **3.** (*Ärmelabzeichen*) chevron. **4.** *tech.* a) square, b) (*Kniestück*) elbow, knee. **~ˌabˌstand** *m math.* angular distance. **~ad·voˌkat** *m contp.* hedge lawyer, *bes. Am. colloq.* shyster. **~ˌei·sen** *n* angle bar (*od.* iron). **≈ˌför·mig** *adj* angular. **~funk·tiˌon** *f math.* goniometric(al) function. **~geˌschwin·dig·keit** *f Ballistik*: angular velocity. **~ˌglei·chung** *f math.* angle equation. **~ˌgrad** *m* angular degree. **~ˌha·ken** *m print.* composing stick. **~halˌbie·ren·de** *f* ⟨-n; -n⟩ *math.* bisector of an angle.

ˈwin·ke·lig *adj* **1.** *Haus, Wohnung etc*: full of nooks and corners, *Straße*: crooked. **2.** *math. tech.* angled, *bei 90°*: square.

ˈWin·kel|ˌmaß *n tech.* square. **~ˌmes·ser** *m* protractor, *Vermessungswesen*: goniometer. **~ˌmes·sung** *f* goniometry.

win·keln [ˈvɪŋkəln] *v/t* ⟨h⟩ **den Arm ~** bend one's arm.

ˈWin·kel|reˌflek·tor *m* corner reflector. **~seˌkun·de** *f math.* angular second. **~ˌspie·gel** *m opt.* corner reflector, *Vermessungswesen*: optical square. **~ˌstoß** *m tech.* corner splice. **~ˌstück** *n* elbow. **~ˌsu·cher** *m phot.* angle viewfinder. **~ˌsum·me** *f math.* angular sum. **~verˌschie·bung** *f* angular displacement. **~ˌzug** *m meist pl* (*Ausflucht*) evasion, shuffle, equivocation, (*Trick*) trick, shift, *colloq.* dodge; **Winkelzüge machen** shuffle, dodge, use tricks; **durch e-n geschickten ~** by a clever dodge.

win·ken [ˈvɪŋkən] **I** *v/i* ⟨*pp* **gewinkt**, *dial.* **gewunken**, h⟩ **1.** (make a) sign, signal, motion, *mit der Hand*: wave, (*heran~*) beckon; **mit der Hand** (**dem Taschentuch**) **~** wave one's hand (handkerchief); **sie stand am Fenster und winkte** she stood at the window and waved; **dem Kellner ~** signal to the waiter (to come); **e-m Taxi ~** hail a taxi; **j-m mit den Augen ~** give s.o. a look, wink at s.o. **2.** *fig. Belohnung etc*: be in store (*dat* for); **dem Gewinner winkt ein hoher Geldpreis** the winner can expect a large cash prize; **ihm winkt der Erfolg** he is on the way to success; **ihm winkt e-e Tracht Prügel** he is in for a good hiding. **II** *v/t* **3. j-n zu sich ~** beckon (*od.* motion) s.o. over to one, beckon s.o. (to come); **den Kellner an**

den Tisch ~ sign to the waiter (to come to the table).

'Win·ker *m* <-s; -> **1.** *mot. obs.* direction indicator. **2.** *mil. etc* signalman, (flag) signal(l)er. **~ˌflag·ge** *f* signal (*od.* semaphore) flag.

'wink·lig *adj* → **winkelig.**

'Winkˌspruch *m* semaphore message.

Win·se'lei *f* <-; *no pl*> *colloq.* whimper (-ing).

win·seln ['vɪnzəln] **I** *v/i* <h> whimper, whine; *fig. contp.* ~ **um** whimper for (*mercy, etc*). **II** ≈ *n* <-s> whimper(ing).

Win·ter ['vɪntər] *m* <-s; -> winter; **im** ~ in (the) winter. **~ˌabend** *m* winter('s) evening. **~ˌanˌfang** *m* beginning of winter. **~ˌanˌzug** *m* winter suit. **~ˌap·fel** *m* winter apple. **~ˌausˌrü·stung** *f mil. mot.* winter equipment. **~ˌfahrˌplan** *m* winter timetable. **~ˌfeldˌzug** *m mil.* winter campaign. **~ˌfell** *n zo.* winter coat. **≈ˌfest** *adj* winterproof, *bot.* hardy; *mot.* ~ **machen** winterize. **~ˌfri·sche** *f* <-; -n> winter holiday(s *pl*) (*Am.* vacation), (*Kurort*) winter resort. **~ˌfrucht** *f agr.* winter crop. **~ˌfut·ter** *n* winterfeed. **~gar·deˌro·be** *f* winter wardrobe. **~ˌgar·ten** *m arch.* conservatory, winter garden. **~ˌgast** *m* winter visitor (*od.* tourist). **~geˌtrei·de** *n* winter grain (*od.* corn). **~ˌhaar** *n der Tiere*: winter hair. **~ˌha·fen** *m* winter(ing) harbo(u)r. **~ˌhalbˌjahr** *n ped.* winter half year (*od.* term). **≈ˌhart** *adj bot.* hardy. **~ˌkleid** *n* **1.** winter dress. **2.** *zo.* winter hair (*od.* coat), *orn.* winter plumage. **~ˌklei·dung** *f* winter clothing (*od.* clothes *pl*). **~kol·lek·tiˌon** *f Mode*: winter collection. **~ˌlandˌschaft** *f* winter landscape.

'win·ter·lich I *adj* winter, wint(e)ry. **II** *adv* ~ **gekleidet sein** be dressed in winter clothes.

'Win·ter|ˌman·tel *m* winter (over)coat. **~ˌmo·de** *f* winter fashion. **~ˌmo·nat** *m* winter month. **~ˌnacht** *f* winter('s) night. **~ˌöl** *n mot.* winter oil. **~olym·pia·de** [-ˀolymˌpiaːdə] *f* → **Winterspiele.** **~pa·raˌdies** *n* winter paradise. **~ˌpelz** *m zo.* winter fur. **~quarˌtier** *n* winter quarters *pl.* **~ˌrei·fen** *m mot.* snow tyre (*Am.* tire).

'win·ters *adv* in (the) winter.

'Win·ter|ˌsaat *f agr.* winter corn. **~ˌsa·chen** *pl* → **Winterkleidung.** **~saiˌson** *f* winter season. **~ˌschlaf** *m zo.* winter sleep, hibernation; ~ **halten** hibernate. **~ˌschlä·fer** *m* winter sleeper, hibernating animal. **~ˌschluß·verˌkauf** *m* winter (clearance) sale. **~ˌschuh** *m meist pl* winter shoe. **~se·ˌme·ster** *n* winter semester (*od.* term, half year). **~ˌson·nenˌwen·de** *f* (winter) solstice. **~ˌspie·le** *pl* **Olympische** ~ Winter Olympic Games, Winter Olympics. **~ˌsport** *m* winter sport(s *pl*). **~ˌsport·geˌbiet** *n* winter sports area. **~ˌsportˌort, ~ˌsportˌplatz** *m* winter (*od.* ski) resort. **~ˌstar·re** *f zo.* torpor.

'Win·tersˌzeit *f* <-; *no pl*> wintertime, winter season; **zur** ~ in (the) wintertime.

'Win·ter|ˌtag *m* winter day. **~ˌurˌlaub** *m* winter holiday(s *pl*) (*Am.* vacation). **~ˌvorˌrat** *m* winter stock. **~ˌwet·ter** *n* winter weather.

Win·zer ['vɪntsər] *m* <-s; -> → **Weinbauer.** **~ˌfest** *n* vintage festival. **~geˌnos·sen·schaft** *f* winegrowers' cooperative (society).

win·zig ['vɪntsɪç] *adj* (*a.* ~ *klein*) tiny, wee, diminutive, minuscule, minute, *extrem*: *a.* teeny, infinitesimal; ~ **klein** *a.* teeny weeny; **ein ~es Kerlchen** a tiny little fellow, a wee tot; **ein ~er Unterschied** a minute (*od.* an infinitesimal) difference. **≈keit** *f* <-; *no pl*> tininess, diminutiveness, minuteness, infinitesimality.

Winz·ling ['vɪntslɪŋ] *m* <-s; -e> *colloq.* tiny (*od.* wee) tot, (*a. Sache*) midget.

Wip·fel ['vɪpfəl] *m* <-s; -> treetop.

Wip·pe ['vɪpə] *f* <-; -n> seesaw, teeterboard, teeter-totter. **'wip·pen** *v/i* <h> seesaw, teeter, rock, *Rock, Frisur etc*: bob; **auf den Zehenspitzen** ~ rock up and down; **mit der Fußspitze** ~ jig(gle) one's foot; *orn.* **mit dem Schwanz** ~ wag(gle) its tail.

'Wipp|ˌkran *m* luffing (*od.* derrick) crane. **~ˌschal·ter** *m* rocker switch.

wir [viːr] *personal pron* **1.** we; ~ **sind es** it is we, *colloq.* it's us; ~ **Deutsche(n)** we Germans; ~ **Armen!** poor us!; ~ **Armen müssen arbeiten** we poor things have to work; ~ **alle** all of us, we all; ~ **drei** we three, the three of us. **2.** (*Pluralis modestiae*) we; ~ **kommen zum Hauptpunkt unseres Themas** we come to the main point of our subject. **3.** *colloq. für du, ihr, Sie*: we; ~ **müssen jetzt ein tapferes Mädchen sein** we must be a brave girl now. **4.** ≈ (*Pluralis majestatis*) We; ≈, **Friedrich, König von Preußen** We, Frederick, King of Prussia.

wirb [vɪrp] *imp sg of* **werben.**

Wir·bel ['vɪrbəl] *m* <-s; -> **1.** (*schnelle Drehbewegung*) whirl, swirl, twirl, spin. **2.** *von Staub, Rauch, Schneeflocken etc*: whirl, swirl, eddy. **3.** *im Wasser, in der Luft*: eddy, whirl, vortex, *im Wasser*: *a.* whirlpool, *starker*: maelstrom. **4.** *fig.* (*Trubel, Durcheinander*) whirl(pool), swirl, vortex, turmoil, maelstrom, (*Geschäftigkeit*) hustle and bustle, hurly-burly, (*Aufsehen*) stir, sensation, *colloq.* (*Getue*) fuss, to-do, noise; **im ~ der Ereignisse** in the whirl of events; **er wurde in den ~ des gesellschaftlichen Lebens hineingezogen** he was drawn into the vortex of social life; **diese Affäre verursachte e-n ziemlichen** ~ this affair caused quite a stir; *colloq.* **e-n riesigen ~ machen** make a big fuss (*od.* noise, to-do) (**um** about). **5.** *anat.* (*Hals*≈ cervical) vertebra, (*Rücken*≈) dorsal vertebra. **6.** *bot. zo.* whirl, whorl, verticil. **7.** *im Haar*: cowlick. **8.** crown of the head. **9.** (*Trommel*≈) (drum)roll. **10.** *an Saiteninstrumenten*: peg. **~ˌbil·dung** *f meteor.* turbulence. **~ˌbruch** *m med.* vertebral fracture. **~entˌzün·dung** *f* spondylitis. **~ˌfortˌsatz** *m anat.* spinous process. **~geˌlenk** *n* vertebral joint.

'wir·be·lig *adj fig.* **1.** *Kind etc*: wild, lively. **2.** (*wirr*) dizzy, giddy; **mir wird ganz ~ (im Kopf)** *a.* my head swims.

'Wir·bel|ˌka·sten *m am Saiteninstrument*: pegbox. **~ˌkno·chen** *m* vertebra. **≈los** *adj zo.* invertebrate. **~ˌlo·se** *pl zo.* invertebrates.

wir·beln ['vɪrbəln] **I** *v/t* <h> **1.** (*Blätter, Staub etc*) whirl, swirl. **II** *v/i* **2.** <sein> *Staub, Schneeflocken, Tänzer etc*: whirl, swirl, spin; **das Mädchen wirbelte durch das Zimmer** the girl whirled through the room. **3.** <h> *fig. colloq.* **mir wirbelt der Kopf** my head is spinning. **4.** <h> *Trommel*: roll.

'Wir·bel|ˌsäu·le *f anat.* vertebral (*od.* spinal) column, spine. **~ˌstrom** *m* **1.** *electr.* eddy current. **2.** *Raumfahrt*: wake. **~ˌsturm** *m* cyclone, tornado, *Am. a.* twister. **~ˌtier** *n meist pl* vertebrate (animal). **~ˌwi·derˌstand** *m Aerodynamik*: wake resistance. **~ˌwind** *m* whirlwind (*a. fig.*).

'wirb·lig *adj* → **wirbelig.**

wirbst [vɪrpst] *2 sg pres*, **wirbt** [vɪrpt] *3 sg pres of* **werben.**

wird [vɪrt] *3 sg pres of* **werden.**

wirf [vɪrf] *imp sg*, **wirfst** [vɪrfst] *2 sg pres*, **wirft** [vɪrft] *3 sg pres of* **werfen.**

wir·ken ['vɪrkən] **I** *v/t* <h> **1.** *lit.* (*tun*) do; **Gutes** ~ do good (works); → **Wunder** 2. **2.** *tech.* knit. **II** *v/i* **3.** (*Wirkung ausüben*) take (*od.* have) effect, be effective, work, act, *med. a.* (*anschlagen*) take; ~ **als** act (*od.* serve, function) as (*a. tech.*); ~ **auf** (*acc*) have a *depressing, etc* effect on, produce an impression on, affect, *med. tech.* act on; ~ **gegen** be effective against, *a. Person*: act against, counteract, *Person*: *a.* oppose, fight (against); ~ **für** work (*od.* be active) for; **dahin ~, daß** bring one's influence to bear that, see (to it) that, endeavo(u)r to *inf*; **et. auf sich ~ lassen** let s.th. take effect on o.s., take s.th. in; **stark (berauschend)** ~ have a strong (an intoxicating) effect; **Kaffee wirkt anregend auf den Kreislauf** coffee acts as a stimulus to (*od.* has a stimulating effect on) the circulation; **dieses Erlebnis hat nachhaltig auf ihn gewirkt** this event made a lasting impression on him; **dieser Raum wirkt bedrückend auf mich** this room has a depressing effect on me; **sein Anblick wirkt auf sie wie ein rotes Tuch** the sight of him makes her see red; **das Bild wirkt erst auf die Entfernung** the picture only has full effect when viewed from a distance; **er wirkt sehr stark auf Frauen** he impresses women greatly; *colloq.* **das wirkt immer (bei ihr** *etc***)** that always works (with her, *etc*); **das hat gewirkt!** that worked!, that did it (*od.* the trick)! **4.** (*tätig sein*) work, be active; **an e-r Schule als Lehrer** ~ work as a teacher, teach at a school. **5.** (*scheinen, aussehen*) seem, look; **jünger** ~ look younger; **das wirkt komisch** that looks funny; **gehemmt** ~ give the impression of being inhibited; **überzeugend** ~ be convincing. **III** ≈ *n* <-s> **6.** work; **während s-s ≈s als Leiter der Schule** during his work (*od.* activity) as head of the school. **7.** *tech.* knitting. **'wir·kend** *adj* acting, active; **rasch** ~ quick(-acting), with a prompt effect; **zuverlässig** ~ reliable; **stark** ~ powerful, drastic, potent, highly effective; *philos.* **~e Ursache** efficient cause.

'Wir·ker *m* <-s; -> *Textil.* knitter. **Wir·ke'rei** *f* <-; -en> knitting factory.

'Wirkˌlei·stung *f* <-; *no pl*> *electr.* true (*od.* active, real) power.

'wirk·lich I *adj* **1.** *allg.* real, (*tatsächlich*) *a.* actual, (*echt*) *a.* true, genuine; **ein ~er Künstler** a real artist; **das ~e Leben ist ganz anders** real life is quite different. **II** *adv* **2.** really, in reality, actually; **wir müssen die Dinge so sehen, wie sie ~ sind** we must see things as they really are (*od.* as they are in reality). **3.** *verstärkend*: really, indeed, *colloq.* real; **es ist ~ wahr** it is really true, indeed it is true, it is true indeed; **es tut mir ~ leid** *colloq.* I'm real sorry; **willst du ~ nicht kommen?** are you sure you won't come?; ~? really?, indeed?, is that so?; ~! really, honestly. **≈keit** *f* <-; *no pl*> reality; **die rauhe** ~ harsh reality, the hard facts *pl*; ~ **werden** become reality, come true, materialize, be realized; **in** ~ in reality, in (actual) fact, actually; **auf den Boden der ~ zurückkehren** come back to reality (*od.* earth).

'wirk·lich·keits|ˌfern *adj* unrealistic. **~ˌfremd** *adj* unrealistic, starry-eyed. **~geˌtreu** *adj* true. **~ˌnah** *adj* realistic, down-to-earth. **≈ˌnä·he** *f* realism. **≈ˌsinn** *m* <-(e)s; *no pl*> realism, realistic outlook.

'Wirk·maˌschi·ne *f* knitting machine.

'wirk·sam I *adj* effective, efficient, efficacious; ~ **gegen** effective against, good for; **sehr ~** *a.* powerful, drastic; ~**e Maßnahmen ergreifen** take effectual steps; ~ **sein** *Sache*: be effective, *Person*: be active, work; ~ **werden** take effect, *bes. jur.* become effective (*od.* operative), come into force. **II** *adv* effectively (*etc*); ~ **vorgehen gegen** act effectively (*od.* take effective action) against; **Forderungen ~ geltend machen** enforce one's claims. **Ձkeit** *f* ‹-; *no pl*› effectiveness, efficiency, efficaciousness, (*Tätigkeit*) activity, *bes. jur.* (*Geltung*) operation, (*Rechts*Ձ) validity.

'Wirk|ˌspan·nung *f electr.* active voltage. ~ˌ**stoff** *m* ‹-(e)s; -e› active substance (*od.* ingredient), biocatalyst. ~ˌ**strom** *m electr.* active current.

'Wir·kung *f* ‹-; -en› *allg.* effect, (*Aus*Ձ, *Ein*Ձ, *Nach*Ձ) impact, (*Folge*) consequence, (*Ergebnis*) result, (*Eindruck*) impression, (*Einfluß*) influence, (*Anziehungskraft*) fascination, appeal, (*Tätigkeit*) operation (*a. e-r Droge*), action; **mit ~ vom** *1. März etc* with effect from, as from, as of; **mit sofortiger ~** effective immediately, as of now; ~ **erzielen** produce an effect, *a.* **s-e ~ tun** be effective, work, tell; **s-e ~ verfehlen**, **ohne ~ bleiben** fail to work, produce no effect, prove ineffectual, misfire, fall flat; **die beabsichtigte ~ erzielen** achieve the desired effect; **die ~ e-s Buches auf den Leser** the impact of a book on the reader; *Boxen*: ~ **zeigen** be groggy, wilt; **k-e ~ ohne Ursache** no effect without cause; **(das Gesetz von) Ursache und ~** (the law of) cause and effect; **kleine Ursache, große ~** (*Sprichwort*) little cause but great effect; *phys.* ~ **und Gegenwirkung** action and reaction.

'Wir·kungs|be·reich *m* **1.** sphere of activity. **2.** *mil.* range of action. ~ˌ**dauer** *f* duration of effect. ~ˌ**grad** *m tech.* efficiency. ~ˌ**kraft** *f* ‹-; *no pl*› efficacy. ~ˌ**kreis** *m* sphere of activity. Ձ**los I** *adj* inefficient, ineffective, ineffectual; ~ **bleiben** have no effect, be in vain, **bei j-m**: be lost on s.o. **II** *adv* **an j-m ~ abprallen** not to have the slightest effect on s.o., be lost on s.o.; ~ **verpuffen** misfire, fall flat. ~**lo·sig·keit** *f* ‹-; *no pl*› inefficiency, ineffectiveness, ineffectualness. ~ˌ**quan·tum** *n phys.* quantum of action. ~ˌ**ra·di·us** *m mil.* efficient range. ~ˌ**spek·trum** *n* spectrum (of activity). ~ˌ**stät·te** *f* place of activity. Ձˌ**voll** *adj* effective, *weitS.* (*eindrucksvoll*) impressive. ~ˌ**wei·se** *f* ‹-; *no pl*› *bes. tech.* mode of operation, mechanism, *e-s Mittels etc*: (mode of) action, effect.

'Wirkˌwa·ren *pl* knitwear *sg*, knit(ted) goods.

wirr [vɪr] **I** *adj* ‹-er; -st› **1.** *Haar etc*: tousled, dishevel(l)ed, *Gestrüpp etc*: tangled; **ein ~es Durcheinander** a wild (*stärker*: chaotic) mess (*od.* jumble), a chaos. **2.** *fig. allg.* confused, *geistig*: *a.* muddled(-up), mixed-up, *Gerücht, Geschichte etc*: wild, *colloq.* funny, *Rede*: incoherent; ~**es Zeug reden** talk wild; **mit ~em Blick, mit ~en Blicken** with a bewildered (*od.* wild) look; **ein ~er Kopf** → **Wirrkopf**; ~ **machen** confuse, mix *s.o.* up, muddle *s.o.* (up); **du hast mich ganz ~ gemacht** *a.* you've got me all mixed up; **mir ist ganz ~ (im Kopf)** my head is in a whirl. **II** *adv* **3. die Haare hingen ihm ~ ins Gesicht** his tousled hair hung over his face; ~ **durcheinanderliegen** be in a wild mess, be all messed up. **4.** *fig.* confusedly; ~ **daherreden** *a.* talk wild.

Wir·ren ['vɪrən] *pl politische etc*: disturbances, disorder *sg*, commotion *sg*, *des Krieges etc*: confusion *sg*; **in den ~ der Nachkriegszeit** in the postwar confusion.

'Wirr|ˌkopf *m contp.* scatterbrain, muddlehead. Ձˌ**köp·fig** [-ˌkœpfɪç] *adj* scatterbrained, muddleheaded.

'Wirr·nis *f* ‹-; -se›, **'Wirr·sal** *n* ‹-(e)s; -e›, **'Wir·rung** *f* ‹-; -en› *fig.* chaos, confusion, welter.

'Wirrˌwarr [-ˌvar] *m* ‹-s; *no pl*› mix-up, mess, jumble, muddle, confusion, chaos; *fig.* ~ **von Stimmen** hubbub (*od.* babel) of voices.

Wir·sing ['vɪrzɪŋ] *m* ‹-s; *no pl*›, ~ˌ**kohl** *m* ‹-(e)s; *no pl*› savoy (cabbage).

wirst [vɪrst] *2 sg pres of* **werden**.

Wirt [vɪrt] *m* ‹-(e)s; -e› **1.** (*Gast*Ձ) innkeeper, landlord, publican, *Am.* saloonkeeper; → **Rechnung** 1. **2.** (*Haus*Ձ) landlord. **3.** (*Gastgeber*) host (*a. biol.*).

Wir·tel ['vɪrtəl] *m* ‹-s; -› *tech.* wharve, whorl.

'Wir·tin *f* ‹-; -nen› **1.** (*Haus*Ձ, *Gast*Ձ) landlady, (*Gastwirtsfrau*) innkeeper's wife. **2.** hostess.

'Wirt·schaft[1] *f* ‹-; *no pl*› **1.** *econ. pol.* economy, *gewerbliche*: business, commerce, trade and industry, (~*sleben*) economic activity; **freie ~** a) free market economy, b) private enterprise; **die ~ ankurbeln (lahmlegen)** stimulate (*od.* boost) (paralyze) the economy; **er hat e-n hohen Posten in der ~** he has a high post in trade and industry; **aus (Kreisen) der ~ verlautete, daß** it was reported from economic circles that. **2.** (*Haus*Ձ) housekeeping; **j-m die ~ führen** do the housekeeping (*od.* keep house, run the house) for s.o. **3.** (*Land*Ձ) farm(ing). **4.** (~*sführung*) management; **schlechte ~** *a.* mismanagement. **5.** *fig. colloq.* (*Durcheinander*) mess, (*Treiben*) doings *pl*, goings-on *pl*; *iro.* **das ist ja e-e schöne** (*od.* **saubere**) **~** that is a fine mess.

'Wirt·schaft[2] *f* ‹-; -en› (licensed) restaurant, public house, *colloq.* pub, *Am.* saloon, *meist ländlich*: inn, (*Bahnhofs*Ձ) station restaurant.

'wirt·schaf·ten I *v/i* ‹h› **1.** (*den Haushalt führen*) keep house, run the house. **2.** (*mit s-m Geld umgehen*) manage one's money, (*s-e Geschäfte führen*) manage one's affairs (*od.* business); **(nicht) gut ~ können** *a.* be a good (bad) manager; **schlecht ~** *a.* mismanage (one's money, *etc*); **sparsam ~** be economical; **(sparsam) ~ mit** *Vorräten etc*: be economical with, husband, economize; → **Tasche** 5, **voll** 11. **3.** *colloq.* (*sich zu schaffen machen*) potter (about), be busy. **II** *v/t* **4. et. zugrunde ~** ruin s.th. by mismanagement.

'Wirt·schaf·ter *m* ‹-s; -› **1.** (**guter ~** good) manager. **2.** *Austrian and Swiss for* **Wirtschaftler**. **'Wirt·schaf·te·rin** *f* ‹-; -nen› housekeeper, manager.

'Wirt·schaft·ler *m* ‹-s; -› economist.

'wirt·schaft·lich I *adj* **1.** economic, (*finanziell*) financial, (*geschäftlich*) commercial, business; ~**er Fortschritt** economic progress; ~**e Probleme haben** be faced with financial problems; **sich von ~en Erwägungen leiten lassen** let o.s. be guided by financial considerations (*od.* by considerations of profitability). **2.** (*rentabel*) profitable, economically efficient. **3.** (*sparsam, rationell*) economical; ~**e Haushaltsführung** economical housekeeping; **sehr ~ im Verbrauch** very economical (in use); **ein ~es Auto** an economical (*od.* a frugal) car. **II** *adv* **4.** economically, financially; ~ **miteinander konkurrieren** compete economically; ~ **gesehen** from an economic point of view; **ihm geht es ~ nicht gut** he is not in a good financial position; ~ **arbeiten** work economically. Ձ**keit** *f* ‹-; *no pl*› **1.** (*Rentabilität*) profitability, economic efficiency. **2.** (*Sparsamkeit*) economy.

'Wirt·schafts|ab|kom·men *n* economic (*od.* trade) agreement. ~**beˌra·ter** *m* business consultant, economic adviser (*od.* consultant). ~**beˌreich** *m* economic sector. ~**beˌtrieb** *m* (business) enterprise, industrial unit. ~**beˌzie·hun·gen** *pl* economic (*od.* trade) relations. ~ˌ**block** *m* ‹-(e)s; ⸚e *od.* -s› economic bloc. ~ˌ**buch** *n* housekeeping (account) book. ~**de·le·ga·tiˌon** *f* economic delegation. ~**exˌper·te** *m* economic expert. ~ˌ**för·de·rung** *f* promotion of trade and industry. ~ˌ**form** *f* economic system. ~ˌ**for·schung** *f* economic research. ~ˌ**fra·gen** *pl* economic questions. ~ˌ**füh·rer** *m* economic leader, captain of industry. ~ˌ**füh·rung** *f* **1.** housekeeping. **2.** running (*od.* management) of the economy. ~**funk·tioˌnär** *m bes. in sozialistischen Ländern*: industrial official (*od.* functionary). ~**geˌbäu·de** *pl* **1.** farm buildings. **2.** *mil.* domestic offices. ~**geˌbiet** *n* economic area. ~**geˌfäl·le** *n* economic disparity. ~**geˌfü·ge** *n* economic structure. ~ˌ**geld** *n* housekeeping money. ~**geˌmein·schaft** *f* economic community; **Europäische ~** European Economic Community. ~**geo·graˌphie** *f* economic geography. ~**geˌschich·te** *f* ‹-; *no pl*› economic history. ~**geˌsetz** *n* economic law. ~**geˌsprä·che** *pl* economic talks. ~ˌ**gip·fel** *m* economic summit. ~ˌ**gü·ter** *pl* **1.** economic goods. **2.** *Bilanz*: assets. ~ˌ**hil·fe** *f* economic aid. ~**in·geˌnieur** *m* industrial engineer. ~ˌ**jahr** *n* business year. ~**jour·naˌlist** *m* financial journalist. ~**ka·biˌnett** *n pol.* economic cabinet. ~**ka·pa·ziˌtät** *f* economic capacity. ~**kom·mis·siˌon** *f* economic commission. ~**kon·feˌrenz** *f* economic conference. ~**konˌtrol·le** *f* industrial (*od.* business) control. ~**kor·re·sponˌdent** *m* commercial correspondent. ~ˌ**kraft** *f* economic power (*od.* resources *pl*). ~**kreˌdit** *m* business credit. ~ˌ**krei·se** *pl* business (*od.* economic) circles. ~ˌ**krieg** *m* economic war(fare). ~**kri·mi·na·liˌtät** *f* economic (*od.* white-collar) criminality. ~ˌ**kri·se** *f* economic crisis. ~ˌ**la·ge** *f* economic situation. ~ˌ**le·ben** *n* ‹-s; *no pl*› economic life. ~ˌ**len·kung** *f* economic control. ~ˌ**macht** *f* economic power. ~**miˌni·ster** *m* minister for economic affairs, *Br.* Secretary of State for Trade, *Am.* Secretary of Commerce. ~**mi·niˌste·ri·um** *n* ministry of economics, *Br.* Department of Trade and Industry, *Am.* Department of Commerce. ~**mo·noˌpol** *n* economic monopoly. ~ˌ**ord·nung** *f* economic system. ~**or·ga·ni·sa·tiˌon** *f* industrial organization. ~ˌ**plan** *m* economic plan. ~ˌ**pla·nung** *f* economic planning. ~**po·liˌtik** *f* economic policy. Ձ**po·liˌtisch** *adj* politico-economic, in terms of (*od.* in respect of) economic policy. ~**po·ten·tiˌal** *n* economic potential. ~**proˌzeß** *m* economic process. ~ˌ**prü·fer** *m* chartered accountant, *Am. a.* certified public accountant. ~ˌ**prü·fung** *f* auditing. ~ˌ**rat** *m* economic council. ~ˌ**recht** *n* commercial law. ~**re·dakˌteur** *m* financial editor. ~**re·dak·tiˌon** *f e-r Zeitung*: editorial department for economics and finance. ~**reˌform** *f* economic reform. ~ˌ**schu·le** *f* commercial (*od.* business) school.

~sek·tor *m* economic sector. **~spio·na·ge** *f* industrial espionage. **~spra·che** *f* economic terminology. **~struk·tur** *f* economic structure. **~sy·stem** *n* economic system. **~teil** *m e-r Zeitung*: commercial and financial columns *pl*, business (*od.* financial) section. **~uni·on** *f* economic union. **~un·ter·neh·men** *n* business enterprise. **~ver·band** *m* trade association. **~ver·bre·chen** *n* economic (*od.* white-collar) crime. **~ver·hand·lun·gen** *pl* economic (*od.* trade) negotiations. **~vo·lu·men** *n* volume of economic activity. **~vor·ha·ben** *n* economic project. **~wachs·tum** *n* economic growth. **~wis·sen·schaft** *f meist pl* economics *pl* (*meist als sg konstruiert*). **~wis·sen·schaft·ler** *m* economist. **~wun·der** *n* (das deutsche ~ the German) economic miracle. **~zei·tung** *f* financial (*od.* economic) paper. **~zen·trum** *n* economic cent/re (*Am.* -er). **~zu·sam·men·schluß** *m* economic union. **~zweig** *m* (branch of) industry, sector of the economy.

'Wirts|·haus *n* (licensed) restaurant, public house, *colloq.* pub, *Am.* saloon, *mit Übernachtung*: inn, small hotel. **~haus·schild** *n* inn sign. **~leu·te** *pl* landlord and his wife. **~pflan·ze** *f* host. **~tier** *n* host.

Wisch [vɪʃ] *m* ‹-(e)s; -e› *contp.* (lousy) scrap of paper.

wi·schen ['vɪʃən] **I** *v/t* ‹h› **1.** wipe, mop, (*auf~*) swab; **sich** (*dat*) **den Mund ~** wipe one's mouth; **sich** (*dat*) **die Stirn ~** wipe (*od.* mop) one's brow; **Staub ~** dust; **den Boden (feucht) ~** wipe the floor (with a damp cloth). **II** *v/i* **2.** ‹h› wipe. **3.** ‹sein› (*schlüpfen*) whisk, slip.

'Wi·scher *m* ‹-s; -› **1.** *mot.* (windscreen, *Am.* windshield) wiper. **2.** *für Holzblasinstrumente*: mop, swab. **~blatt** *n* windscreen-(*Am.* windshield-)wiper blade.

'Wisch|·lap·pen *m*, **~tuch** *n* cloth.

Wi·sent ['vi:zɛnt] *n* ‹-s; -e› *zo.* wisent, European bison.

Wis·mut ['vɪsmu:t] *n* ‹-(e)s; *no pl*› *chem.* bismuth.

wis·pern ['vɪspərn] **I** *v/t u. v/i* ‹h›. **II** **≗** *n* ‹-s› whisper.

'Wiß·be·gier·de *f* ‹-; *no pl*› thirst for knowledge, (intellectual) curiosity, (*Neugierde*) curiosity, inquisitiveness. **'wiß·be·gie·rig** *adj* eager for knowledge, anxious to learn, *weitS.* curious, inquisitive; **~ sein** *a.* thirst for knowledge.

wis·sen ['vɪsən] *v/t u. v/i* ‹**weiß, wußte, gewußt,** h› **1.** know; **~ von,** *lit.* **~ um** know of (*od.* about), *lit.* be cognizant of, *weitS.* be informed of, be aware of; **et. nicht ~** *a.* be ignorant of s.th.; **ich weiß nicht (so) recht** I'm not so sure; **ich weiß nicht recht wie** *etc* I don't quite know how, *etc*; **ich weiß von nichts** I don't know anything about it; **nicht, daß ich wüßte** not that I know of; **soviel ich weiß** as far as I know; **wer weiß!** who knows; **weißt du** you know; **weißt du noch?** do you remember?; **man kann nie ~** you never know, you never can tell; **wer weiß schon wann (wo** *etc*) who is to know when (where, *etc*); **ich weiß schon** I know what you mean; **ich möchte gern ~ warum (wie** *etc*) *a.* I wonder why (how, *etc*); **weißt du noch?** do you remember?; **ich weiß nicht mehr** I don't remember, I have forgotten; **weißt du was?** (do) you know what?; **j-n ~ lassen, wann (wie** *etc*) let s.o. know when (how, *etc*); **e-n Rat (ein Mittel, j-s Namen) ~** know a solution (a remedy, s.o.'s name); **ich möchte nicht ~ wie** *etc* don't ask me how, *etc*; *colloq.* **was weiß ich!** no idea!, search me!; **woher weißt du das?** how do you know (that)?; **woher** (*od.* **wie) soll ich das ~?** how can I know (that)?; **was ich alles ~ soll!** I'm supposed to know everything!; **das weiß ich schon, aber** I know that all right but; **daß** (*od.* **damit) du es nur weißt!** just (so) that you know!; **j-n in Gefahr (Sicherheit, gut aufgehoben) ~** know that s.o. is in danger (in safety, in good hands); **er will immer alles besser ~** he always knows better; **ich wußte gar nichts von d-m Unfall** I did not know you had an accident; **ich weiß mir kein größeres Vergnügen als** I can't think of anything nicer than; **weder ein noch aus ~, sich k-e Hilfe mehr ~** not to know where to turn to, be at one's wit's end; **ich weiß niemand(en), der es besser machen könnte** I know (of) no one who could do it (any) better; **ich weiß es aus s-m eigenen Mund** (*od.* **von ihm selbst)** I have it straight from him, he told me so himself; **et. aus eigener Erfahrung ~** know s.th. from (personal *od.* one's own) experience; **sie ist sehr hübsch, aber sie weiß es auch** she is very pretty and she knows it; **sie weiß, was sie will** she knows what she wants, she knows her (own) mind; **er wollte von mir ~, warum** *etc* he wanted to know (*od.* he wanted me to tell him) why, *etc*; **ich wüßte nicht, daß ich jemals m-e Pflicht versäumt hätte** as far as I know (*od.* to my knowledge) I have never neglected my duty; **ich weiß, was ich weiß** I know a thing or two; **ich weiß, daß ich nichts weiß** I know that I know nothing; **ich weiß nur, daß** all I know is that; **was ich nicht weiß, macht mich nicht heiß** (*Sprichwort*) what the eye doesn't see the heart doesn't grieve over; *colloq.* **weiß Gott** (*od.* **der Himmel, der Teufel, der Kuckuck), wie** God (*od.* heaven, the devil, goodness only) knows how; **er hält sich für wer weiß wie klug** he thinks he is goodness knows how clever; **sie ist wieder wer weiß wo** heaven (*od.* goodness) knows where she is; **er hat noch weiß Gott was** (*od.* **Gott weiß was, was weiß ich alles) erzählt** he told us heaven (*od.* goodness) knows what not (*Am. a.* whatnot) all; → **Dank** 2 *etc.* **2. et. zu tun ~** (*können*) know how to do s.th.; **sich (nicht) zu benehmen ~** (not to) know how to behave; **ich werde ihn schon zu finden ~** I'll find him all right; **et. zu schätzen** (*od.* **würdigen) ~** appreciate s.th.; → **helfen** 1. **3. ich will von ihm (davon) nichts ~** I will have nothing to do with him (it); **von Geld wollte er nichts ~** he didn't want money, he wouldn't hear of taking money; **sie will nichts mehr von ihm ~** she won't have anymore to do with him, she is through with him.

'Wis·sen *n* ‹-s; *no pl*› **1.** (*Kenntnisse*) knowledge, (*Gelehrsamkeit*) learning, erudition, scholarship, (*praktische Erfahrung*) technical knowledge, know-how; **er hat ein großes** (*od.* **umfangreiches) ~** he has wide (*od.* extensive) knowledge, he is very knowledgeable. **2.** (*Kenntnis*) knowledge, (*Bewußtsein*) judg(e)ment; **m-s ~s** as far as I know, to my knowledge; **ohne mein ~** without my knowledge (*od.* my knowing), unknown to me; **nach bestem ~ und Gewissen** to the best of one's knowledge and belief; **wider besseres ~** against one's better judg(e)ment; **das ~ um e-e Sache** the awareness (*od.* knowledge) of s.th.

'wis·send I *pres p* **nicht ~, daß** not knowing that, ignorant (*od.* unaware) of the fact that. **II** *adj Blick etc*: knowing.

'Wis·sen·de *m, f* ‹-n; -n› initiate.

'Wis·sens|be·reich *m* → Wissensgebiet. **~be·rei·che·rung** *f* gain in knowledge.

'Wis·sen·schaft *f* ‹-; -en› science; **die medizinische ~** medical science, medicine; **aus ~ und Forschung** of science and research; **die ~ ist der Auffassung, daß** the scientific world (*od.* scientists) hold that; *fig. colloq.* **das ist e-e ~ für sich** that is a science in itself. **~ler** *m* ‹-s; -› scientist, man of science.

'wis·sen·schaft·lich I *adj Werk, Methode etc*: scientific, *Bildung*: academic. **II** *adv* **~ arbeiten** work scientifically. **≗keit** *f* ‹-; *no pl*› scientific character.

'Wis·sens|·drang, ~durst *m* ‹-(e)s; *no pl*› → Wißbegierde. **≗dur·stig** *adj* → wißbegierig. **~ge·biet** *n* field of knowledge, discipline, domain, province, science. **~lücke** (*getr.* **-k·k-**) *f* gap in one's knowledge. **~schatz** *m* (**großer ~** great) store of knowledge. **~stand** *m* level (*od.* standard) of knowledge, *von Personen*: *a.* educational level. **≗wert I** *adj* **1.** worth knowing. **2.** interesting. **II** **≗e, das** ‹-n› **3.** the interesting facts *pl*. **~zweig** *m* → **Wissensgebiet.**

'wis·sent·lich I *adj Irreführung etc*: knowing, conscious, (*absichtlich*) deliberate, wil(l)ful. **II** *adv* knowingly, wittingly, deliberately, wil(l)fully; **~ e-e falsche Aussage machen** give false evidence deliberately.

wit·tern ['vɪtərn] *v/t* ‹h› scent, smell, *fig.* (*Gefahr, Verrat etc*) *a.* sense, suspect.

'Wit·te·rung[1] *f* ‹-; *no pl*› weather; **bei günstiger ~** weather permitting; **bei ungünstiger ~** should the weather be unfavo(u)rable; **bei jeder ~** in all weathers.

'Wit·te·rung[2] ‹-; *no pl*› *hunt.* (*Geruch u. Geruchssinn*) scent; **die ~ aufnehmen** follow the scent; **e-e feine ~ haben** have a keen sense of smell, *a. fig. Person*: have a good nose (**für** for); *fig.* **~ bekommen von** get wind of.

'wit·te·rungs|be·dingt *adj* **1.** dependent on the weather. **2.** *Absage etc*: because of the (bad) weather. **~be·stän·dig** *adj* weatherproof. **≗ein·flüs·se** *pl* (influence *sg* of the) weather, weather factors. **≗schä·den** *pl* damage *sg* caused by the weather. **≗um·schlag, ≗um·schwung** *m* (sudden) change of weather. **≗ver·hält·nis·se** *pl* weather conditions.

Wit·we ['vɪtvə] *f* ‹-; -n› **1.** widow, *von Stande*: dowager; **(zur) ~ werden** be widowed; **grüne ~** housebound and lonely suburban housewife. **2.** *zo.* **Schwarze ~** black widow (spider).

'Wit·wen|·kas·se *f* widows' fund. **~ren·te** *f* widow's pension. **~schaft** *f* ‹-; *no pl*› widowhood. **~schlei·er** *m* widow's veil. **~stand** *m* ‹-(e)s; *no pl*› widowhood.

Wit·wer ['vɪtvər] *m* ‹-s; -› widower. **~schaft** *f* ‹-; *no pl*›, **~stand** *m* ‹-(e)s; *no pl*› widowerhood.

Witz [vɪts] *m* ‹-es; -e› **1.** joke, *colloq.* gag, (*witzige Bemerkung*) witticism, *colloq.* wisecrack; **ein alter ~** an old (*od.* a stale) joke, *colloq.* a chestnut; **~e machen** (*od.* **reißen) (über** *acc* about) make (*od.* crack) jokes, joke; **mach k-e ~e!** a) *a.* **laß d-e ~e!** stop joking!, cut out your funny remarks!, b) *a.* **das ist doch wohl nur ein ~** you are (*od.* must be) joking, *colloq.* you're kidding, you don't say; **das ist kein ~** it's no joke; *fig.* **ist das nicht ein ~?** isn't that a laugh; ... **ist ein einziger** (*od.* **der reinste) ~** ... is a scream from start to finish (*od.* a perfect scream). **2.** *fig. colloq.* (*das, worauf es ankommt*) the point; **das ist doch gerade der ~ (an der Sache)** why, that's the whole point; that's exactly what it's all about; **das ist der ganze ~** that's all (there is to it). **3.** ⟨*only sg*⟩ (*Geist*) wit; **feiner ~** subtle wit; **beißender ~** biting (*od.* caustic) wit, sarcasm; **vor Geist und ~ sprühen** sparkle with wit, scintillate; **mit ~ und Laune** with wit and humo(u)r. **~ˌblatt** *n* comic (magazine *od.* paper). **~ˌblatt·fiˌgur** *f* → Witzfigur. **~ˌbold** [-ˌbɔlt] *m* ⟨-(e)s; -e⟩ *colloq.* joker; *iro.* **du (bist ein) ~!** you're a good one!, you're very funny!, big joke!

Wit·zeˈlei *f* ⟨-; -en⟩ silly jokes *pl.* **witzeln** [ˈvɪtsəln] *v/i* ⟨h⟩ (über *acc* about) joke, make (silly) jokes.

ˈWit·zeˌma·cher, ~ˌrei·ßer *m colloq.* joker.

ˈWitz·fiˌgur *f contp.* ridiculous figure; **wie e-e ~ aussehen** look a (perfect) scream.

ˈwit·zig *adj* **1.** (*geistreich*) witty. **2.** (*lustig*) funny, comic(al); *iro.* **sehr ~!** very funny!, big joke!; **du bist ja (vielleicht) ~!** you're a good one!, you're very funny!; **~ aussehen** look very comical, look a sight. **2keit** *f* ⟨-; *no pl*⟩ **1.** wittiness. **2.** funniness.

ˈwitzˌlos *adj* **1.** (*geistlos*) unwitty; **~ sein** *a.* lack (*od.* have no) wit. **2.** *colloq.* (*sinnlos*) pointless, useless, ⟨*pred*⟩ no use. **2ˌwort** *n* ⟨-(e)s; -e⟩ witty remark, witticism. **2ˌzeich·nung** *f* cartoon.

wo [voː] **I** *interrog u. relative adv* **1.** where; **~ bist du gewesen?** where have you been?; **bleib, ~ du bist** stay where you are; **überall ~, ~ auch immer** wherever; *colloq.* **die Stadt, ~ ich geboren wurde** the town where I was born; **das Jahr, ~ wir uns kennengelernt haben** the year (when) we met. **II** *indef adv* **2.** *colloq.* (*irgendwo*) somewhere. **III** *conj* **3.** *obs.* (*wenn*) if; **~ irgend möglich** if at all possible. **4. ~ ... (doch)** when, *colloq.* (*obwohl*) although, (*weil, da*) because, as, since; **~ wir doch wissen, daß** when we know (*od.* knowing) that; **warum hast du es getan, ~ du doch wußtest, daß** why did you do it when you knew that; *colloq.* **und du magst sie nicht, ~ sie doch so nett ist** and you don't like her, although she's so nice; **du solltest das nicht tun, ~ es doch so gefährlich ist** you shouldn't do that as it is so dangerous. **IV** *interj* **5. ach ~!, i ~!** not at all!, not a bit! **V 2** *n* ⟨-s; *no pl*⟩ **6. das 2** the where.

woˈan·ders [vo-] *adv* elsewhere, somewhere else, *verneint:* anywhere else. **~ˈhin** *adv* to a different place, somewhere else, elsewhere.

wob [voːp] *1 u. 3 sg pret,* **wö·be** [ˈvøːbə] *1 u. 3 sg pret subj of* **weben.**

woˈbei [vo-] **I** *interrog adv* **~ ist das passiert?** how did it happen?; **~ bist du gerade?** what are you at (*od.* about, busy with) just now? **II** *relative adv* **ich verglich die Eintragungen, ~ mir auffiel, daß** I compared the entries and while doing so I noticed that; **..., ~ mir einfällt, daß** which reminds me that; **~ ich noch sagen möchte, daß** in this connection (*od.* context) I'd like to say that; **... ~ noch zu bemerken wäre, daß ...** and it must be added that; **..., ~ es sein Bewenden hatte ...** and that was it.

Wo·che [ˈvɔxə] *f* ⟨-; -n⟩ **1.** week; **in dieser ~, diese ~** this week; **in der nächsten ~, nächste ~** next week; **in zwei ~n** in two weeks, in two weeks' time, *bes. Br.* in a fortnight('s time); **~ für ~, ~ um ~** a) (*jede Woche*) week after (*od.* for) week, b) (*jede Woche mehr*) week by week, c) (*viele Wochen lang*) for weeks (on end); **heute in drei ~n** three weeks from today, this day three weeks; **während** (*od.* **in,** *colloq.* **unter**) **der ~, die ~ über** during the week. **2.** *archaic* **in die ~n kommen** be confined, **mit** *e-m Kind:* be delivered of; **in den ~n sein** (*od.* **liegen**) be lying in.

ˈWo·chenˌbett *n med.* childbed, lying-in, confinement. **~ˌfie·ber** *n* puerperal fever. **~psyˌcho·se** *f* puerperal psychosis.

ˈWo·chenˌblatt *n* weekly ([news]paper). **~ˌendˌausˌflüg·ler** *m* weekender. **~ˌendˌbeiˌla·ge** *f e-r Zeitung:* weekend supplement. **~ˌen·de** *n* weekend; **an den ~n, am ~** *a.* weekends; **das ~ verbringen bei (in** *etc*) (spend the) weekend with (in, *etc*); **verlängertes ~** long weekend. **~ˌendˌhaus** *n* weekend house. **~ˌfluß** *m med.* lochia. **~ˌgeld** *n,* **~ˌhil·fe** *f obs.* maternity allowance. **~ˌkar·te** *f* weekly season ticket, *Am.* (weekly) commuter's (*od.* commutation) ticket. **2ˌlang I** *adj* **1.** lasting for weeks. **2.** of many weeks; **nach ~em Warten** after (many) weeks of waiting. **II** *adv* **3.** for weeks (on end), for weeks and weeks. **~ˌlohn** *m* weekly pay (*od.* wage[s *pl*]). **~ˌmarkt** *m* weekly market. **~ˌschau** *f* ⟨-; -en⟩ *Film:* newsreel. **~ˌschrift** *f* weekly (magazine *od.* publication). **~ˌtag** *m* weekday; **des ~s → 2ˌtags** *adv* (on) weekdays.

wö·chent·lich [ˈvœçəntlɪç] **I** *adj* weekly, hebdomadal. **II** *adv* weekly, every week; **zweimal ~** twice weekly (*od.* a week); **~ wechseln** change every week.

ˈWo·chenˌverˌdienst *m* weekly earnings *pl.* **2ˌwei·se** *adv* by the week, every week. **~ˌzeitˌschrift** *f* weekly (magazine).

Wöch·ne·rin [ˈvœçnərɪn] *f* ⟨-; -nen⟩ woman in childbed.

ˈWöch·ne·rin·nenˌabˌtei·lung *f* maternity ward. **~ˌheim** *n* maternity home.

Wo·dan [ˈvoːdan] *npr m* ⟨-s; *no pl*⟩ *myth.* Wodan, Odin.

Wod·ka [ˈvɔtka] *m* ⟨-s; -s⟩ vodka.

woˈdurch [vo-] **I** *interrog adv* how, by what means; **~ ist er so reich geworden?** how did he become so rich?; **~ bist du verhindert gewesen?** what kept you from coming? **II** *relative adv* through which; **alles, ~ das Unternehmen gefährdet werden kann** everything through which the undertaking might be endangered; **..., ~ alles noch komplizierter wurde ...** which greatly complicated matters.

woˈfern [vo-] *conj obs.* if, provided that.

woˈfür [vo-] **I** *interrog adv* **1.** what ... for; **~ ist das (gut)?** what's that for?; **~ halten Sie mich?** what do you take me for?; **~ hast du dich entschieden?** what (*od.* which) have you decided on? **II** *relative adv* **2.** which (*od.* that) ... for; **et., ~ ich nicht verantwortlich bin** s.th. I am not responsible for; **..., ~ ich ihm immer dankbar sein werde ...** for which I shall always be grateful to him, and I shall always be grateful to him for it; **..., ~ ich nichts konnte ...** s.th. that was not my fault. **3.** in exchange (*od.* in return) for which.

wog [voːk] *1 u. 3 sg pret,* **wö·ge** [ˈvøːgə] *1 u. 3 sg pret subj of* **wägen** *u.* **wiegen**[1].

Wo·ge [ˈvoːgə] *f* ⟨-; -n⟩ wave, surge (*beide a. fig.*), breaker, billow; *fig.* **die ~n der Erregung (Begeisterung) gingen hoch** there was a great surge of excitement (enthusiasm).

woˈge·gen [vo-] **I** *interrog adv* what ... against; **~ wehrst du dich?** what are you struggling against? **II** *relative adv* which (*od.* that) ... against; **et., ~ ich kämpfe** s.th. (which *od.* that) I fight against; **..., ~ ich nichts einzuwenden habe ...** s.th. I won't object to. **III** *conj* → **wohingegen.**

wo·gen [ˈvoːgən] **I** *v/i* ⟨h⟩ *Meer etc:* surge, heave, *a. fig. Rauch etc:* billow, *Getreide etc:* wave, sway, undulate, *fig. Menschenmenge:* surge, *Busen:* heave; **hin und her ~** *Kampf etc:* fluctuate, seesaw. **II 2** *n* ⟨-s⟩ surging (*etc*).

woˈher [vo-] **I** *interrog u. relative adv* where ... from; **~ kommst du?** a) where are you coming from?, b) (**~** *stammst du*) where do you come from?; **~ kommt das?** how is that?, *colloq.* how come?; **~ mag er das nur haben?** I wonder where he has (got) that from; **~ wußtest du?** how did you know?; **geh dahin, ~ du gekommen bist** go back to where you came from. **II** *interj colloq.* **ach, ~ (denn)!** not at all!, not a bit (of it)!, far from it!

woˈhin [vo-] *interrog u. relative adv* where (... to), *lit.* whither; **~ auch** wherever; *colloq.* **ich weiß nicht, ~ damit** I don't know where to put it.

woˌhinˈge·gen [vo-] *conj* whereas, while.

woˈhin·ter [vo-] *interrog adv* what ... behind; **~ hat er sich versteckt?** what did he hide behind?

wohl [voːl] **I** *adv* **1.** ⟨-er; am -sten⟩ (*gesund*) well, (*behaglich*) happy, at ease, comfortable; **sich ~ fühlen** be well, be in good health, *seelisch:* be happy, be at ease, feel good, be in good spirits, **(bei, in)** feel at home (with, in); **sich nicht ~ fühlen** not to be (*od.* feel) well, be unwell, *colloq.* be out of sorts, *seelisch:* feel unhappy (*od.* bad), be ill at ease; **jetzt ist (wird) mir wieder ~er** now I am feeling (I am beginning to feel) better again; *fig. colloq.* **mir ist nicht so ganz ~ dabei, mir ist nicht recht ~ bei der Geschichte** I feel quite uneasy (*od.* uncomfortable, ill at ease) about it (*od.* about this whole business); **mir ist gar nicht ~ bei dem Gedanken, daß** I don't like the idea of *her going there all by herself, etc.* **2.** ⟨**besser, am besten**⟩ (*gut*) well; **sich's ~ sein lassen** have a good time (of it); **du tätest ~ daran zu** *inf* you would do well to *inf; humor.* **(ich) wünsche, ~ geruht (gespeist) zu haben** I hope you have had a pleasant rest (you enjoyed your meal); **leb ~!, gehab dich ~!** farewell!, fare you (*humor.* thee) well!; **~ oder übel** willy-nilly; **wir müssen ~ oder übel hingehen** we cannot help going there, we have no choice but go there; → **bekommen** 10. **3.** (*vermutlich*) probably, I suppose, no doubt, I'm sure; **ob ... ~ ...?** I wonder if (*od.* whether); **wer hat (ist) ~ ...?** I wonder who has (is) ...?; **das wird ~ das beste sein** that will be the best, no doubt; **er könnte ~ noch kommen** he might come yet; **~ kaum** hardly, there is little chance that; **es wird ~ Regen geben** I'm sure it's going to rain; **er hat uns ~ für Schwestern gehalten** he must (*od.* will) have taken us for sisters; **das wird ~ endlich der letzte sein** I hope that will be the last one; **es ist ~ anzunehmen, daß** it is to be expected that; **ich habe ~ nicht recht gehört!** I can't have heard right; **das ist doch ~ nicht dein Ernst!** you don't earnestly mean that!; **das kannst du ~ nicht tun** you can't very well do that. **4.** (*etwa*) about; **es wird ~ zwei Jahre her sein** it must have been about two years ago; **ich habe es ihm ~ schon zwanzigmal gesagt** I have told him at least twenty times. **5.** *bekräftigend:* very (*od.* perfectly) well; **er weiß sehr ~, daß**

he knows very well (*od.* well enough, *colloq.* right well) that; **ich bin mir dessen ~ bewußt** I'm quite (*od.* fully) aware (*od.* conscious) of that; **willst du ~ damit aufhören!** will you stop that!; **siehst du ~ (, daß)** now you see (that); **das kann man ~ sagen!** you can say that again. **6.** (*zwar*) well; **das mag ~ sein, aber** that may well be, but; **so et. kann ~ einmal vorkommen, aber** a thing like that may happen occasionally but; **er ist ~ gesund, aber** he is healthy enough (*od.* all right), but. **7.** *archaic* (*vorteilhaft*) well; **ein bißchen mehr Höflichkeit würde dir ~ anstehen** a little more politeness would befit you well; **sehr ~ (, mein Herr)!** very well(, sir)! **II** *conj* **8.** (*zwar*) it is true, all right; **~ habe ich zugesagt, aber** I did accept but, I accepted all right (*od.* it is true) but. **III** *interj* **9.** well; **~ dem, der** (*od.* **denen, die**) happy are those who; **~ ihm, daß** good for him that, he's to be congratulated that.

Wohl *n* <-(e)s; *no pl*> well-being, welfare; **das leibliche (seelische) ~ e-s Menschen** the physical (spiritual) well-being of a person; **das ~ der Menschheit** the welfare of mankind; **um das eigene ~ besorgt sein** be concerned about one's own welfare, *colloq.* take care of number one; **das ~ und Wehe** the weal and woe; **auf j-s ~ trinken** toast (*od.* drink to) s.o.'s health; **auf dein ~!, zum ~!** your (very good) health!, here's to you!, *colloq.* cheers!

'wohl,acht·bar *adj lit.* hono(u)rable.

wohl·an [vo'lan; vo:l'ˀan] *interj poet.* well!

'wohl,an,stän·dig *adj* respectable, decent. **≈keit** *f* <-; *no pl*> respectability, decency.

wohl·auf [vo'lauf; vo:l'ˀauf] **I** *adj* <*pred*> (*gesund*) well, in good health. **II** *interj poet.* well!

'wohl|,aus·ge,wo·gen *adj* well-balanced. **~be,dacht** *adj* well-considered, well-calculated. **≈be,fin·den** *n* well-being. **~be,grün·det** *adj* well-founded. **≈be,ha·gen** *n* feeling of comfort (*od.* well-being); **mit** (*od.* **voller**) **~** with relish. **~be,hal·ten** *adj* **~ ankommen** *Person*: arrive safely (*od.* safe and sound), *Sache*: arrive in good condition. **~be,kannt** *adj* well-known, familiar, *b.s.* notorious.

'wohl·be,leibt *adj* corpulent, portly. **≈heit** *f* <-; *no pl*> corpulence, portliness.

'wohl|be,ra·ten *adj* well-advised. **~be,stallt** *adj* well-established. **~be,wan·dert** *adj* well-versed. **≈er,ge·hen** *n* <-s; *no pl*> well-being, welfare. **~er,hal·ten** *adj* well-preserved. **~er,probt** *adj* well-tried. **~er,wo·gen** *adj* well-thought-out.

'wohl·er,zo·gen *adj* well-bred, well-mannered, refined, polished. **≈heit** *f* <-; *no pl*> good manners *pl.*

'Wohl,fahrt *f* <-; *no pl*> *obs.* welfare; (**öffentliche**) **~** (public) relief.

'Wohl,fahrts... *in Zssgn* → *a.* **Fürsorge...** **~,amt** *n obs. for* **Sozialamt**. **~,ein,rich·tung** *f* welfare institution. **~,mar·ke** *f Post*: charity stamp. **~or·ga·ni·sa·ti,on** *f* charitable institution. **~,staat** *m* welfare state.

'wohl|,feil *adj obs.* inexpensive, cheap. **≈ge,fal·len** *n* <-s; *no pl*> pleasure, delight; *humor.* **sich in ~ auflösen** a) be settled to everyone's satisfaction, b) go up (*od.* end up) in smoke, c) (*auseinanderfallen*) *Gegenstand*: come apart, *a. fig. Verein etc*: disintegrate. **~ge,fäl·lig** *adj Blick etc*: satisfied, pleased; **et. mit ~em Blick** (*adv* **~**) **betrachten** look at s.th. with pleasure. **~ge,formt** *adj* shapely, well-shaped. **≈ge,fühl** *n* <-(e)s; *no pl*> sense of well-being. **~ge,lit·ten** *adj* well- (*od.* much-)liked, welcome. **~ge,meint** *adj* well-meant, well-intentioned. **~ge,merkt** *interj* mind (you)!, mark (you)! **~ge,mut** [-gə,mu:t] *adj* cheerful. **~ge,nährt** *adj* well-fed. **~ge,ord·net** *adj* well-ordered, orderly. **~ge,ra·ten** *adj* well-turned-out. **≈ge,ruch** *m* (pleasant) scent, fragrance. **≈ge,schmack** *m* flavo(u)r. **~ge,setzt** *adj Rede*: well-worded, *Worte*: well-chosen. **~ge,sinnt** *adj* well-meaning; **j-m ~ sein** be well disposed toward(s) s.o. **~ge,tan I** *pp of* **wohltun**. **II** *adj* <*pred*> well done. **~ge,zielt** *adj* well-aimed. **~,ha·bend** *adj* well-off, well-to-do, wealthy, moneyed, prosperous; **~ sein** be well off, live in easy circumstances. **≈,ha·ben·heit** [-,ha:bənhaɪt] *f* <-; *no pl*> wealth(iness), prosperity, easy circumstances *pl.*

'woh·lig I *adj Gefühl, Wärme etc*: pleasant, pleasurable, cosy, snug. **II** *adv stretch o.s., etc* with relish, luxuriously.

'Wohl|,klang *m* <-(e)s; *no pl*> melodiousness, melody, euphony. **≈,klin·gend** *adj* melodious, harmonious, musical, pleasant to the ear. **~,laut** *m* <-(e)s; -e> melodious sound, melodiousness. **~,le·ben** *n* <-s; *no pl*> life of luxury, high living. **≈,löb·lich** *adj iro. od. archaic* laudable. **≈,mei·nend** *adj* **1.** well-meant. **2.** well-meaning, friendly. **≈pro·por·tio,niert** *adj* well-proportioned. **≈,rie·chend** *adj* fragrant, sweet-smelling. **≈,schmeckend** (*getr.* -k·k-) *adj* tasty, savo(u)ry. **~,sein** *n* <-s; *no pl*> well-being, (good) health; (**zum**) **~!** *beim Zutrinken*: your (very good) health!, *wenn j-d niest*: (God) bless you! **≈si·tu,iert** *adj* well-to-do. **~,stand** *m* <-(e)s; *no pl*> prosperity, affluence, wealth.

'Wohl,stands|,bür·ger *m* member of the affluent society. **~ge,sell·schaft** *f* affluent society. **~kri·mi·na·li,tät** *f* affluence-induced criminality. **~,müll** *m* refuse of the affluent society.

'Wohl|,tat *f* **1.** good deed, charitable act; **j-m e-e ~ erweisen** do s.o. a good deed. **2.** (*Erleichterung*) relief, comfort, (*Segen*) blessing, boon, (*Wonne*) pleasure, delight, treat, bliss; **welch e-e ~!** what a relief!, what bliss! **3.** *jur.* (*Rechts≈ etc*) benefit. **~,tä·ter** *m* benefactor. **~,tä·te·rin** *f* benefactress.

'wohl,tä·tig I *adj* charitable, beneficent. **II** *adv* **~ wirken** work for charity. **≈keit** *f* <-; *no pl*> charity.

'Wohl,tä·tig·keits... *in Zssgn* charity (*od.* benefit) (*ball, concert, etc*). **~ver,an,stal·tung** *f* charity (*od.* benefit) performance, benefit. **~ver,ein** *m* charitable society. **~,zweck** *m* charitable purpose, charity.

'wohl|tem·pe,riert *adj mus.* well-tempered. **~,tö·nend** *adj* → **wohlklingend**. **~,tu·end I** *adj* pleasant, agreeable, (*lindernd*) soothing, relieving. **II** *adv* **~ warm** (**kühl** *etc*) pleasantly warm (cool, *etc*). **~,tun** *v/i* <*irr, sep,* -ge-, h> (*dat*) do (*s.o., s.th.*) good, be pleasing (to); **das tut m-m Herzen wohl** that does my heart good; **das tut e-m so richtig wohl** that's a real comfort (*stärker*: treat, delight). **~,über,legt** *adj* well-conceived, well-considered. **~,un·ter,rich·tet** *adj* well-informed. **~ver,dient** *adj Lohn, Ruhe etc*: well-earned, (well-)deserved, *Strafe etc*: deserved. **≈ver,hal·ten** *n* good behavio(u)r. **~ver,sorgt** *adj finanziell*: well-provided, *mit Proviant etc*: well-supplied. **~ver,wahrt** *adj* safe, in safe keeping. **~,weis·lich** [-,vaɪslɪç] *adv* prudently, for good reason, very wisely; **~ et. tun** *a.* be wise enough to do s.th. **≈,wol·len** *n* <-s; *no pl*> goodwill, benevolence, (*Gunst*) favo(u)r; **mit ~ betrachten** look at *s.o., s.th.* benevolently; **sich** (*dat*) **j-s ~ erwerben** win s.o.'s favo(u)r. **~,wol·len** *v/i* <*irr, sep,* -ge-, h> **j-m ~** be well disposed toward(s) s.o., wish s.o. well. **~,wol·lend I** *adj* benevolent, friendly, kind; **~e Neutralität** benevolent (*od.* friendly) neutrality. **II** *adv* benevolently; → **gegenüberstehen** 2.

'Wohn|,an,la·ge *f* housing estate, *Am.* (housing) development. **~,bau** *m* <-(e)s; -ten> residential building. **~,bau·pro,gramm** *n* housing development plan (*od.* scheme). **~,bau·pro,jekt** *n* housing project. **≈be,rech·tigt** *adj* entitled to accommodation. **~be,zirk** *m* residential district. **~,block** *m* <-(e)s; -s, *a.* ⸚e> block of flats, *Am.* apartment house. **~,dich·te** *f* occupant (*od.* housing) density. **~,ein·heit** *f* living (*od.* housing, dwelling) unit. **~ele,ment** *n meist pl* furniture element.

woh·nen ['vo:nən] *v/i* <h> **1.** *allg.* live (**in** *dat* in, **bei** with), *gewählt*: reside, dwell, *amtlich*: reside, be domiciled (**in** *dat* at), *vorübergehend*: stay (**in** *dat* at, **bei** with), *als Mieter*: lodge, *bes. Am.* room (**bei** with). **2.** *poet.* dwell, live.

'Wohn|,flä·che *f* floor (*od.* living) space. **~ge,bäu·de** *n* residential building. **~ge,biet** *n* residential district. **~,ge·gend** *f* residential neighbo(u)rhood. **~,geld** *n* housing subsidy. **~ge,mein·schaft** *f* group of people sharing a (*od.* the) flat (*Am.* an *od.* the apartment); **das Leben in ~en** (*od.* **e-r ~**) flat-sharing; **~en sind heute keine Seltenheit mehr** flat-sharing is pretty common today; **in e-r ~ leben** share a flat with someone (*od.* with several other people); **in (e-r) ~ leben mit** share a flat with; **unsere ~** the people I share a (*od.* the) flat with. **≈haft** *adj adm.* **~ sein in** (*dat*) be resident in. **~,haus** *n* dwelling (*Am.* apartment) house. **~,heim** *n* hostel, *Am.* lodging (*od.* rooming) house. **~kom,fort** *m* home comfort, housing amenities *pl.* **~,kü·che** *f* combined kitchen and living room, kitchen-cum-living room. **~kul,tur** *f* <-; *no pl*> cultivated living. **~,la·ge** *f* residential location.

'wohn·lich *adj* comfortable, liv(e)able, (*behaglich*) cozy, *Am.* cosy, snug, pleasant. **≈keit** *f* <-; *no pl*> comfort(ableness), livableness.

'Wohn|,mö·bel *pl* house furniture *sg.* **~mo,bil** *n mot.* camping bus, *Br. a.* Dormobile (*TM*), *Am.* camper, mobile home. **~,ort** *m* <-(e)s; -e> **1.** (place of) residence. **2.** → **Wohnsitz**. **~,raum** *m* **1.** <*only sg*> living space, (*Wohnfläche*) floor space. **2.** → **Wohnzimmer** 1. **~,raum·be,schaf·fung** *f* procurement of housing. **~,raum·be,wirt·schaf·tung** *f* housing control. **~,recht** *n* right of residence. **~-'Schlaf,zim·mer** *n* bed-sitting room, *colloq.* bed-sit(ter). **~,sied·lung** *f* housing estate (*Am.* development). **~,sitz** *m* domicile, residence, abode, home; **erster ~** domicile, official place of residence; **zweiter ~** second place of residence; **fester** (*od.* **ständiger**) **~** permanent residence; **s-n (ersten** *od.* **festen) ~ haben in** (*dat*) *a.* be domiciled in; **ohne festen ~** of no (*od.* without) fixed abode; **er hat e-n zweiten ~ in X** he has another place in X; **s-n ~ aufschlagen in** (*dat*) take up residence in, make one's home in. **~,stät·te** *f* dwelling. **~,stra·ße** *f* residential road (*bes.*

Am. street). **~stu·be** *f* → Wohnzimmer 1.

'Woh·nung *f* ⟨-; -en⟩ **1.** *Br.* flat, *Am.* apartment; **m-e (unsere** *etc*) **~** *a.* my (our, *etc*) place. **2.** (*Unterkunft*) lodging; **freie ~ haben** have free lodging. **3.** (*Behausung, Wohnstätte*) dwelling, habitation. **4.** *lit.* **~ nehmen in** (*dat*) take up one's abode in.

'Woh·nungs|ˌamt *n* housing office. **~ˌauf·lö·sung** *f* ⟨-; -en⟩ dissolution of a (*od.* the) household. **~bau** *m* ⟨-(e)s; *no pl*⟩ housing construction. **~bau·ge·ˌnos·sen·schaft** *f* cooperative building society. **~bau·geˌsell·schaft** *f* house-building association. **~beˌdarf** *m* housing requirement. **~einˌrich·tung** *f* furniture, furnishings *pl.* **2los** *adj* homeless. **~mak·ler** *m* house (*od.* estate) agent, *Am.* real estate broker. **~markt** *m* housing market; **die Lage auf dem ~** the housing situation. **~nachˌweis** *m* housing office. **~not** *f* shortage of housing. **~su·che** *f* house-hunting; **auf ~ sein** be house-hunting. **~su·chen·de** *m, f* ⟨-n; -n⟩ house-hunter. **~tausch** *m* exchange of flats (*Am.* apartments). **~verˌmitt·lung** *f* ⟨-; -en⟩ housing agency. **~wech·sel** *m* change of residence. **~we·sen** *n* ⟨-s; *no pl*⟩ housing.

'Wohn|verˌhält·nis·se *pl* living (*od.* housing) conditions. **~vier·tel** *n* residential district (*od.* neighbo[u]rhood). **~wa·gen** *m* **1.** (motor) caravan, *Am.* living van. **2.** → **~wa·genˌanˌhän·ger** *m* caravan, *Am.* trailer. **~wand** *f* wall unit. **~zim·mer** *n* **1.** living (*od.* sitting) room. **2.** (*Möbel*) living-(*od.* sitting-) -room furniture. **~zwecke** (*getr.* -k·k-) *pl* residential purposes.

wöl·ben ['vœlbən] **I** *v/t* ⟨h⟩ *arch.* vault. **II** *v/reflex* **sich ~** *arch.* vault, arch, *tech.* curve, bend. **'Wöl·bung** *f* ⟨-; -en⟩ **1.** *arch.* vault, arch, (*Kuppel*) dome. **2.** *e-r Fläche etc*: curve, curvature; **~ nach außen (innen)** *a.* convexity (concavity). **3.** *tech.* (*Überhöhung*) camber(ing), crossfall.

Wolf [vɔlf] *m* ⟨-(e)s; ⸗e⟩ **1.** *zo.* wolf; **junger ~** wolf cub, whelp; *fig.* **mit den Wölfen heulen** cry (*od.* howl) with the pack. **2.** *med.* chafing, intertrigo; **sich** (*dat*) **e-n ~ laufen** get sore. **3.** (*Fleisch2*) mincer, meat grinder; *humor.* **ich bin wie durch den ~ gedreht** I am aching all over. **4.** → **Reißwolf.**

Wölf·chen ['vœlfçən] *n* ⟨-s; -⟩ wolfling.

Wöl·fin ['vœlfɪn] *f* ⟨-; -nen⟩ she-wolf, bitch (wolf). **wöl·fisch** ['vœlfɪʃ] *adj fig.* wolfish, wolflike.

Wolf·ram ['vɔlfram] *n* ⟨-s; *no pl*⟩ *chem.* tungsten, wolfram. **~lam·pe** *f* tungsten lamp. **~stahl** *m* tungsten steel.

'Wolfs|ˌhund *m* Alsatian (dog). **~hun·ger** *m fig. colloq.* wolfish appetite; **e-n ~ haben** *a.* be ravenous. **~milch** *f bot.* wolf's-milk, spurge. **~ra·chen** *m med.* cleft palate. **~ru·del** *n* pack of wolves.

Wölk·chen ['vœlkçən] *n* ⟨-s; -⟩ little cloud.

Wol·ke ['vɔlkə] *f* ⟨-; -n⟩ cloud (*a. fig., a. Trübung in e-r Flüssigkeit, Fehler in e-m Edelstein*); **mit ~n bedeckt** clouded; *a. fig.* **dunkle ~n am Horizont** dark clouds on the horizon; *fig.* **über** (*od.* **in**) **den ~n schweben** have one's head in the clouds; *colloq.* **(wie) aus allen ~n gefallen** absolutely flabbergasted, thunderstruck; **das ist 'ne ~!** that's terrific (*od.* great)!

'Wol·ken|ˌbank *f* ⟨-; ⸗e⟩ bank of clouds. **~bil·dung** *f* cloud formation. **~bruch** *m* cloudburst. **~decke** (*getr.* -k·k-) *f* ⟨-; *no pl*⟩ cloud cover; **geschlossene ~** overcast (sky). **~echo** *n Radar*: cloud return. **~fet·zen** *pl* wisps (*od.* bits) of clouds, scud *sg.* **~him·mel** *m* clouded (*stärker*: overcast) sky. **~hö·he** *f* height of cloud, cloud height. **~krat·zer** *m* skyscraper. **~'kuckucksˌheim** (*getr.* -k·k-) [ˌvɔlkən-] *n* ⟨-(e)s; *no pl*⟩ cloud-cuckoo-land. **~kun·de** *f* ⟨-; *no pl*⟩ *meteor.* nephology. **~land·schaft** *f* skyscape. **2los** *adj* cloudless (*a. fig.*), clear. **~meer** *n* sea of clouds. **~ober·ˌgren·ze** *f* cloud top. **~schicht** *f* layer of clouds. **~schlei·er** *m* veil of clouds, haze. **2umˌhüllt** *adj* wreathed in (*od.* hidden under) clouds. **~un·terˌgren·ze** *f* cloud base. **~wand** *f* ⟨-; *no pl*⟩ bank of clouds.

wol·kig ['vɔlkɪç] *adj* cloudy (*a. chem. min. phot.*), clouded.

'Woll|ˌabˌfäl·le *pl* waste wool *sg.* **~ˌat·las** *m* wool(l)en satin. **~bal·len** *m* wool bale. **~decke** (*getr.* -k·k-) *f* wool(l)en blanket.

Wol·le ['vɔlə] *f* ⟨-; *für Wollarten* -n⟩ **1.** wool (*a. fig. colloq. Haar*); **das Kleid ist aus reiner ~** the dress is all (*od.* pure) wool; *a. fig.* **in der ~ gefärbt** dyed in the wool; *fig. colloq.* **j-n in die ~ bringen** enrage (*od.* infuriate) s.o., get s.o.'s goat; **in der ~ sitzen** be in clover; **sie geraten sich ständig in die ~** they are constantly quarrel(l)ing; **sich in der ~ haben** (*od.* **sich in die ~ kriegen**) (have a) fight (**mit** with). **2.** *e-s Hasen etc*: hair, coat.

wol·len[1] ['vɔlən] *adj* (*aus Wolle*) wool(l)en.

'wol·len[2] **I** *v/aux* ⟨will, wollte, gewollt, h⟩ **1.** *zur Bezeichnung e-s Wunsches, e-r Absicht etc*: want; **et. haben ~** want (to have) s.th.; **et. tun ~** a) want to do s.th., b) be going (*od.* be about) to do s.th., be on the point of doing s.th.; **willst du et. sagen?** do you want to say s.th.?; **ich wollte gerade sagen, daß** I was going to say that; **was ich sagen wollte ist** what I meant to say is; **was ~ Sie damit sagen?** what do you mean (by that)?, *stärker*: what are you driving at?; **das will ich nicht** (*od.* **ich will nichts**) **gesehen haben** I didn't see that; **das will ich nicht gehört haben!** mind your tongue!; **sie wollte mich nicht kennen** she pretended not to know me; **ich will gern glauben, daß** I can well believe that; **wir ~ gehen** let's go; **wir ~ sehen** we'll see; **ich will sehen, was sich tun läßt** I will see what can be done; **ich will es mir überlegen** I will think about it; **das will ich hoffen!** I should hope so! **2.** *zur Bezeichnung e-r Behauptung Dritter*: claim; **er will es selbst gesehen haben** he claims (that) he saw it with his own eyes; **man will wissen, daß** rumo(u)r has it that. **3.** *höfliche Aufforderung*: **~ Sie bitte** ... would you please ...; **alle Kandidaten ~ sich bitte im Büro melden** all candidates are requested to report at the office. **4.** *in irrealen Konditionalsätzen*: **wenn mir doch j-d helfen wollte!** if only s.o. would help me! **5.** *zur Verstärkung, oft unübersetzt*: **es will mir scheinen, daß** I have the impression (*od.* it seems to me) that; **das will et. heißen** that is saying s.th. (*colloq.* a lot); **das will nichts heißen** that doesn't mean anything (*od.* a thing); **das will genau überlegt sein** that wants to be considered carefully; *colloq.* **die Arbeit will mir heute nicht schmecken** I (simply) don't feel like work today; **es will einfach nicht schneien (aufhören** *etc*) it simply won't snow (stop, *etc*). **II** *v/i* ⟨*pp* **gewollt**⟩ **6.** want, (*gewillt sein*) be willing, (*mögen*) like; **wenn du nur richtig willst** *you can do it* if you (really) want (to); **er will (einfach,** *colloq.* **nun mal) nicht** he (just) doesn't want to; **ganz wie du willst** just as you like; **ob du willst oder nicht** whether you like it (*od.* want to) or not; **wann du willst** whenever you like (*od.* please); **behalt es, wenn du willst** keep it if you like (*od.* want to); *colloq.* **da ist nichts mehr zu ~** there's nothing that can be done about it. **7.** *mit weggelassenem inf*: **wohin willst du?** where are you going (to)?; **~ Sie zu mir?** do you want to see me?; **ich will heute ins Kino** I want to go to the cinema today; **ich will nach Hause** a) I'm going (*od.* on my way) home, b) I want to go home; **sie will zum Film (Fernsehen, Theater)** she wants to be a film actress (go into television, go on the stage); **er will ins Ausland** he wants to go abroad; **m-e Beine ~ nicht mehr** my legs won't carry me any further. **III** *v/t* ⟨*pp* **gewollt**⟩ **8.** want (to have); **er weiß, was er will** he knows what he wants; **er weiß nicht, was er will** he doesn't know his own mind; **was willst du von mir?** what do you want from (*od.* of) me?; **sie will kein Kind** she does not want (to have) a child; **er wollte s-e Ruhe** he wanted (to have) a bit of peace (and quiet); **ich wollte nur dein Bestes** I meant it for your good; **das wollte sie auf k-n Fall** she would not have it at all, she would have none of it; **er will, daß ich mitkomme** he wants me to go with him; **was willst du mehr?** what more do you want?; **was willst du denn damit?** what do you want with that?; **du kannst sagen, was du willst, mir gefällt es** say what you want, I like it; *colloq.* **du hast gar nichts zu ~** you have no say in the matter; **du hast es so gewollt** a) that's the way you wanted (to have) it, b) *a.* **du hast es ja nicht anders gewollt** you asked for it; **ohne es zu ~** without wanting to, unintentionally; *colloq.* **er will (et)was von ihr** *sl.* he's hot on her; **was du nicht willst, daß man dir tu', das füg auch k-m andern zu** (*Sprichwort*) do (by others) as you would be done by. **9.** (*mögen*) like; **tu** (*od.* **mach**), **was du willst** do as you like (*od.* please), do whatever you like, please (*od.* suit) yourself, *trotzig*: do your worst; **soviel (alles was) du willst** as much as (anything) you like. **10.** (*wünschen*) wish; **ich wollte, ich wäre (hätte, könnte)** ... I wish I were (had, could) ... **11. et. lieber ~ (als)** prefer s.th. (to), like s.th. better (than). **12.** (*brauchen*) need, want. **IV 2** *n* ⟨-s⟩ **13.** will, *philos. psych. a.* volition; **gegen mein 2** against my will. **14.** (*Bestreben*) ambition, aspiration.

'wol·len[3] *pp of* **wollen**[2] I.

'Woll|ˌfa·den *m* wool(l)en thread. **~fär·ber** *m* wool dyer. **~fett** *n* wool fat (*od.* grease), *gereinigtes*: lanolin(e). **~filz** *m* wool felt. **~flocke** (*getr.* -k·k-) *f* (wool) flock. **~garn** *n* wool(l)en yarn, spun wool. **~geˌwe·be** *n* wool(l)en fabric. **~ˌgras** *n* cotton grass (*od.* rush). **~haar** *n* **1.** wool fib/re (*Am.* -er). **2.** *fig. e-r Person*: fuzzy hair. **3.** *anat.* lanugo. **~han·del** *m* wool trade. **~händ·ler** *m* wool-merchant. **~handˌschuh** *m* wool(l)en glove.

'wol·lig *adj* wool(l)y, *bot. zo.* laniferous.

'Woll|in·duˌstrie *f* wool(l)en industry. **~jacke** (*getr.* -k·k-) *f* cardigan. **~ˌkamm** *m tech.* wool comb. **~käm·meˌrei** *f* wool combing works *pl.* **~ˌkleid** *n* wool(l)en dress. **~klei·dung** *f* wool(l)en clothing, wool(l)ens *pl.* **~ˌknäu·el** *m, n* ball of wool. **~krem·pel** *f tech.* wool card. **~mus·seˌlin** *m* wool muslin. **~ₗmüt·ze** *f* wool(l)en cap. **~ₗsa·chen** *pl* wool(l)en things, wool(l)ens. **~ₗsack** *m* wool sack. **~ₗsamt** *m* wool (*od.* worsted) velvet. **~ₗschaf** *n* wool sheep. **~ₗschal** *m* wool(l)en scarf. **~ₗsche·re** *f* wool shears *pl*. **~ₗschweiß** *m* wool fat (*od.* grease), suint. **~ₗsie·gel** *n* wool seal. **~ₗsocke** (*getr.* -k·k-) *f* wool(l)en sock. **~ₗspin·neₗrei** *f* wool-spinning mill. **~ₗstoff** *m* wool fabric, wool(l)en fabric (*od.* cloth, material), *feiner*: broadcloth, *pl* wool(l)ens. **~ₗstrumpf** *m* wool(l)en stocking.

Wol·lust ['vɔlʊst] *f* <-; *rare* ⸚e> lust, sensual (*od.* voluptuous) pleasure, voluptuousness; *fig.* **et. mit wahrer ~ tun** do s.th. with great relish.

wol·lü·stig ['vɔlʏstɪç] *adj* lustful, voluptuous, sensual; → *a.* lüstern. **2keit** *f* <-; *no pl*> voluptuousness.

Wol·lüst·ling ['vɔlʏstlɪŋ] *m contp.* voluptuary, debauchee, lecher, libertine.

'Woll|ₗwa·ren *pl* wool(l)en articles (*od.* goods), wool(l)ens. **~ₗwä·sche** *f tech.* wool scouring (*od.* washing). **~ₗwasch·ₗmit·tel** *n* wool detergent. **~ₗwe·ber** *m* wool weaver.

wo|'mit [vo-] **I** *interrog adv* what ... with; **~ kann ich dienen?** what can I do for you?; **~ habe ich das verdient?** how have I deserved this? **II** *relative adv* with which, by which; **et., ~ ich nicht zufrieden bin** s.th. (which *od.* that) I am dissatisfied with (*od.* about), s.th. with which I am dissatisfied; **~ ich nicht sagen will, daß** ... by which I do not mean (to say) that. **~'mög·lich** *adv* **1.** (*wenn möglich*) if possible. **2.** (*vielleicht*) possibly, perhaps; **das Bild ist ~ noch schlechter als** ... the picture is if anything worse than ... **~'nach I** *interrog adv* **~ suchst du?** what are you looking for?; **~ fragte er?** what was he asking about?; **~ schmeckt es?** what does it taste of? **II** *relative adv* **et., ~ ich schon immer fragen wollte** s.th. (which *od.* that) I always meant to ask about; **~ ich mich sehne ist** what I long for is; **die Meldung, ~ er verunglückt ist, trifft nicht zu** the report that (*od.* according to which) he has had an accident is not true.

Won·ne ['vɔnə] *f* <-; -n> (*Glück*) bliss, (*Vergnügen*) delight, joy; **es ist e-e (wahre) ~ zu** *inf* it's a (real) delight (*od.* treat, *stärker*: it's bliss *od.* paradise) to *inf*; **das Kind ist ihre ganze ~** the child is all her joy; **es ist ihm e-e wahre ~, andere zu necken** he delights in teasing others; *fig.* **in eitel ~ schwimmen** be blissfully happy; *colloq.* **mit ~** with the greatest pleasure, with relish. **~geₗfühl** *n* feeling of bliss (*od.* delight). **~ₗmo·nat, ~ₗmond** *m poet.* month of delight, May. **~ₗprop·pen** [-ₗprɔpən] *m* <-s; -> *humor.* roly-poly baby. **~ₗschau·er** *m* thrill of delight. **~ₗschrei** *m* cry of delight. **2ₗtrun·ken** *adj lit.* drunk with joy. **2ₗvoll** *adj* blissful.

'won·nig *adj* blissful, delightful, delicious, gorgeous.

wor·an [vo'ran] **I** *interrog adv* **~ denkst du?** what are you thinking about (*od.* of)?; **~ erkennst du es?** what do you know it by?, how do you know it?; **~ liegt es, daß ...?** how (*od.* why) is it (that)?; **~ ist er gestorben?** what did he die of?; **ich weiß nicht, ~ ich bin** I don't know where I stand (*od.* am); **bei ihm weiß man nie, ~ man ist** you don't know where you are with him (*od.* what to make of him). **II** *relative adv* **et., ~ du dich erinnern solltest** s.th. (which *od.* that) you should remember; ... **~ man merkte, daß** ... which showed that; **(das,) ~ ich gedacht hatte, war** what I had in mind (*od.* what I thought of) was.

wor·auf [vo'rauf] **I** *interrog adv* **~ wartest du (noch)?** what are you (still) waiting for?; **~ freust du dich am meisten?** what are you looking forward to most?; **~ sitzt du?** what are you sitting on? **II** *relative adv* **et., ~ ich überhaupt k-n Wert lege** s.th. to which I attach no importance at all; **et., ~ er besteht** s.th. (which *od.* that) he insists (up)on; ..., **~ der junge Mann erwiderte, daß** ... to which (*od.* whereupon) the young man replied that; **~ alle fortgingen** whereupon everyone left. **~'hin** [-ₗrauf-] *relative adv* whereupon.

wor·aus [vo'raus] **I** *interrog adv* **~ schließt du das?** what do you conclude that from?, what makes you think that?; **~ ist das gemacht?** what is that made of (*od.* from, out of)? **II** *relative adv* **et., ~ man lernen kann** s.th. (which *od.* that) one can learn from (*od.* by); **~ zu entnehmen war, daß** from which we gathered (*od.* understood) that.

wor·ein [vo'raɪn] **I** *interrog adv* **~ soll ich es stellen?** what shall I put it in(to)? **II** *relative adv* **et., ~ er sich nie schicken würde** s.th. to which he would never resign himself.

wor·feln ['vɔrfəln] *v/t* <h> (*Getreide*) winnow, fan.

wor·in [vo'rɪn] **I** *interrog adv* **~ besteht der Unterschied?** where (*od.* what) is the difference?; **~ liegt der Grund dafür?** where does the reason lie?, what is the reason for it? **II** *relative adv* in which, where; **et., ~ wir verschiedener Meinung sind** s.th. in which our opinions differ.

Wort [vɔrt] *n* <-(e)s; ⸚er *u.* -e> **1.** <*pl* ⸚er> (*Vokabel*) word; **ein anderes ~ für Reise** another word (*od.* a synonym) for journey; **ein neues ~** a new word, a neologism; *fig.* **Wörter verschlucken** swallow (*od.* slur) (one's) words. **2.** <*pl* -e> (*Äußerung*) word; **~e** *pl* (*Text*) words; **~ für ~** word for word; **das ist mein letztes ~** that's my last word; **das letzte ~ haben** have the final say; **er muß** (*od.* **will**) **immer das letzte ~ haben** he always has to have the last word; **in dieser Angelegenheit ist das letzte ~ noch nicht gesprochen** (*od.* **gefallen**) that is not the end of the matter; **j-m ein gutes ~ geben** give s.o. a friendly word; **ein (gutes) ~ für j-n einlegen** put in a good word for s.o.; **ein ernstes** (*od.* **vernünftiges**) **~ mit j-m reden** have a good talk with s.o.; **das ist ein ~!** that is the very thing!; **das soll ein ~ sein!** that's (*od.* it's) a deal!; **kein ~ darüber!** not a word of it!, keep it dark!; **kein ~ mehr (davon** *od.* **darüber)!** not another word (about it)!; **kein ~ über e-e Sache verlieren** not to mention a word about s.th.; **ich habe kein ~ davon gewußt** I didn't know a word (*od.* thing) about it; **dieses ~ ist nie gefallen** this word was never mentioned; **kein ~ hervorbringen** not to be able to say a word, be tongue-tied; **genug der ~e!** enough has been said; **spare dir d-e ~e!** save your breath; **ein ~ gab das andere** one word led to another; **ohne viele ~e zu machen, ohne ein ~ zu verlieren** without further ado; **um nicht viele ~e zu machen** to put it briefly (*od.* in a few words); **er macht nicht viel ~e** he is a man of few words; **viele ~e machen** talk a lot; **sein ~ geben (brechen, halten, zurücknehmen)** give (break, keep, go back on) one's word; **j-s ~ haben** have s.o.'s word on it; **s-n ~en die Tat folgen lassen** suit one's action to one's words; **Sie haben das ~** it is your turn to speak; **das ~ hat Herr X** Mr. X will now speak (to you); **kein ~ anbringen können** not to be able to get a word in (edgewise); **j-m das ~ erteilen** ask s.o. to speak, *parl. a.* admit s.o. to the floor; **das ~ ergreifen** (begin to) speak, *parl. a.* take the floor; **ein ~ in die Unterhaltung (ein)werfen** throw in a word; **das ~ führen** do the talking, be the spokesman; **das große ~ führen** do all the talking, (*sich aufspielen*) talk big, (*den Ton angeben*) lay down the law; **ein ~ mitzureden haben** have a say in it (*od.* in the matter); **des ~es mächtig sein** have mastery of one's words; **die Magie des ~es** the magic of the word (*od.* of words); **bei diesem Lärm kann man sein eigenes ~ nicht verstehen** you cannot hear yourself speak in this noise; **mir fehlen die ~e!** it leaves me speechless; **hast du (da noch) ~e!**, *colloq.* **hat der Mensch ~e!** well, I never (did)!, did you ever!; → **entziehen** 3, **reden** III, **richten** 4 *etc.* **3.** *in Verbindung mit Präpositionen*: **auf ein ~!** a word with you; **j-m aufs ~ gehorchen** obey s.o. implicitly (*od.* to the letter), *a. Hund*: obey s.o. at a word; **höre auf m-e ~e** mark my word(s); **bei diesen ~en** at these words; **j-n beim ~ nehmen** take s.o. at his word, *als Antwort*: *a.* take s.o. up on that (*od.* it); **40 Mark (in ~en: vierzig)** 40 marks (in writing *od.* in words: forty); **in ~ und Bild** with text and illustrations; **in ~ und Tat** in word and deed; **in** (*od.* **mit**) **wenigen** (*od.* **kurzen**) **~en** in a few words; **j-m ins ~ fallen** cut s.o. short; **in ~e fassen** (*od.* **kleiden**) word, formulate, express (in words); **mit anderen ~en** in other words; **mit 'einem ~** in a word; **mit den ~en ... anfangen (schließen)** start (wind up) with the remark (*od.* by saying) that ...; **et. mit k-m ~ berühren (erwähnen)** make no reference to (no mention of) s.th.; **nach ~en ringen** struggle for words (*od.* to speak); **nach s-n eigenen ~en** from (*od.* according to) what he (has) said himself, according to his own words; **ohne ein ~ zu sagen** without saying a word; **ums ~ bitten** ask leave (*od.* permission) to speak; **j-n nicht zu ~(e) kommen lassen** not to let s.o. get a word in (edgewise); **sich zu(m) ~ melden** ask leave (*od.* permission) to speak, *parl. a.* ask for (*od.* claim) the floor. **4.** <*only sg*> (*Ehren2*) word (of hono[u]r); **auf mein ~!** upon my word!; **~ halten** be as good as one's word, keep one's word; → **Mann** 1. **5.** <*pl* -e> (*Ausspruch, Zitat*) quotation; **ein ~ Goethes (aus der Bibel)** a quotation from Goethe (the Bible). **6.** <*only sg*> *relig.* **das ~** the Word; **am Anfang war das ~** in the beginning was the Word; **das ~ des Evangeliums** the Gospel.

'Wort|akₗzent *m* word stress. **2ₗarm** *adj language* of meag/re (*Am.* -er) vocabulary. **~ₗar·mut** *f* verbal poverty. **~ₗart** *f ling.* part of speech. **~ₗaufₗwand** *m* verbosity, wordiness. **~beₗdeu·tung** *f* meaning of a word. **~beₗdeu·tungs·ₗleh·re** *f* <-; *no pl*> semantics *pl* (*meist als sg konstruiert*). **~ₗbil·dung** *f* word formation. **~ₗbruch** *m* breach of promise. **2ₗbrü·chig** *adj* not true to one's word; **(an j-m) ~ werden** break one's word (to s.o.).

Wört·chen ['vœrtçən] *n* <-s; -> *fig. colloq.* **ein (gewichtiges) ~ mitzureden haben** have (quite) a say in the matter; **ich habe noch ein ~ mit dir zu reden** I want to have a word with you, I have a thing or two to tell you.

'Wor·teₗma·cher *m contp.* big talker.

ˈ**Wör·ter|buch** *n* dictionary. **~ver·zeich·nis** *n* vocabulary, list of words.

ˈ**Wort|fa·mi·lie** *f ling.* word family. **~feld** *n* semantic field. **~fet·zen** *pl* snatches (of conversation). **~fol·ge** *f ling.* word order. **~füh·rer** *m* spokesman. **~fül·le** *f* richness of vocabulary. **~ge·bühr** *f bei Telegrammen*: rate per word. **~ge·fecht** *n* battle of words, argument. **~ge·fü·ge** *n ling.* construction. **~ge·klin·gel** *n contp.* empty talk. **~ge·plän·kel** *n* banter, playful argument. **~ge·prän·ge** *n lit.* bombast. **2ge·treu I** *adj* literal, verbatim, *Übersetzung*: close, word-for-word. **II** *adv* **et. ~ wiedergeben** repeat s.th. word for word. **2ge·wandt** *adj* eloquent, well-spoken, *b.s.* glib. **~grup·pe** *f ling.* group of words. **~gut** *n* vocabulary. **2karg** *adj* taciturn, tight-lipped, silent. **~karg·heit** *f* taciturnity. **~klau·ber** [-ˌklaʊbər] *m* <-s; -> *contp.* hairsplitter, quibbler. **~klau·beˈrei** [ˌvɔrt-] *f* <-; *no pl*> *contp.* hairsplitting, quibbling. **~kun·de** *f* lexicology. **~laut** *m* <-(e)s; *no pl*> wording, (*Inhalt*) text, *jur.* (*genauer* ~) tenor; **im vollen ~ zitieren** quote the exact wording; **mit folgendem ~, folgenden ~s** *a note, etc* with the following wording (*od.* worded as follows); **der Brief hat folgenden ~** the letter reads (*od.* runs) as follows. **~leh·re** *f* lexicology.

Wört·lein [ˈvœrtlaɪn] *n* <-s; -> → Wörtchen.

wört·lich [ˈvœrtlɪç] **I** *adj* literal, *Übersetzung, Zitat etc*: *a.* word-for-word, verbatim; *ling.* **~e Rede** direct speech. **II** *adv* literally, word for word, verbatim; **so hat er ~ gesagt** that is literally what he said, those were his exact words; **et. ~ übersetzen** translate s.th. literally (*od.* word for word); **~ zitieren** quote literally.

ˈ**Wort|li·ste** *f* list of words, glossary. **2los** *adv* wordlessly, without words, nonverbally, (*ohne ein Wort zu sagen*) without a word. **~mel·dung** *f* request for leave to speak. **2reich** *adj* **1.** *a language* with a rich vocabulary; **~ sein** have a rich vocabulary. **2.** *Erklärung, Entschuldigung etc*: wordy, verbose. **~reich·tum** *m* <-s; *no pl*> **1.** rich vocabulary. **2.** wordiness, verbosity. **~sa·lat** *m colloq.* jumble of words, word salad. **~schatz** *m* <-es; *no pl*> vocabulary. **~schatz·test** *m* verbal comprehension test. **~schöp·fung** *f* (word) coinage. **~schwall** *m* <-(e)s; *no pl*> flood (*od.* torrent) of words, verbiage. **~sinn** *m* lexical meaning. **~spiel** *n* play on words, pun, wordplay. **~stamm** *m* radical, root, (word) stem. **~stel·lung** *f* word order. **~streit** *m* argument, altercation, dispute, wordy war(fare); **e-n ~ haben** *a.* have words (**mit** with). **~ver·dre·her** *m* <-s; -> *contp.* word twister. **~ver·dre·hung** *f* distortion of words. **~ver·stüm·me·lung** *f* **1.** mutilation of a word. **2.** *tel.* clipping. **~wahl** *f* choice of words. **~wech·sel** *m* argument, dispute; **e-n ~ haben** *a.* have words (**mit** with). **~witz** *m* pun. **2ˈwört·lich** *adj u. adv* → **wörtlich**.

wor·über [voˈryːbər] **I** *interrog adv* what ... about; **~ lacht er?** what is he laughing about? **II** *relative adv* **et., ~ ich sehr verärgert war** s.th. I was very angry about (*od.* at); **et., ~ man nicht gerne spricht** s.th. one does not like to talk about; **..., ~ man nur lachen kann** ... which is an absolute farce; **~ er sich maßlos aufregt, ist** what he gets all worked up about is.

wor·um [voˈrʊm] **I** *interrog adv* what ... about; **~ handelt es sich?** what is it about? **II** *relative adv* **et., ~ ich dich bitten möchte** s.th. (which *od.* that) I want to ask you for; **~ er besorgt ist, ist** what he is concerned about is.

wor·un·ter [voˈrʊntər] **I** *interrog adv* what ... under; **~ muß ich das Wort suchen?** what do I have to look the word up under? **II** *relative adv* **et., ~ ich mir wenig vorstellen kann** s.th. which means (*od.* says) nothing to me; **~ er besonders leidet, ist die Hitze** what he particularly suffers under is the heat.

woˈselbst [vo-] *adv obs.* where.

woˈvon [vo-] **I** *interrog adv* **~ leben sie?** what do they live on?; **~ sprecht ihr?** what are you talking about? **II** *relative adv* which (*od.* that) ... about; **et., ~ ich nur zu träumen wage** s.th. I can only dream about (*od.* of); **et., ~ du nichts verstehst** s.th. (which *od.* that) you know nothing about; **..., ~ er auch nicht abzubringen war** ... and there was no dissuading him; **~ ich träume, ist** what I dream of (doing) is.

woˈvor [vo-] **I** *interrog adv* what ... of; **~ fürchtest du dich?** what are you afraid of? **II** *relative adv* **et., ~ sie Angst hat** s.th. she is afraid of; **et., ~ er großen Respekt hat** s.th. (which *od.* that) he has great respect for, s.th. for which he has great respect; **~ ihr euch hüten müßt, ist** what you must be careful of is.

woˈzu [vo-] **I** *interrog adv* **1. ~ verwendet man das?** what is it used for?; **~ hast du dich entschlossen?** what did you decide upon?; → *a.* **gut** 11. **2.** (*warum*) why, for what reason (*od.* purpose); **~ auch?** what on earth for? **II** *relative adv* **3. et., ~ ich nur raten kann** s.th. (which *od.* that) I can (highly) recommend; **..., ~ es dann aber zu spät wurde** ... but then it was too late; **~ ich euch rate, ist** what I advise you to do is.

Wrack [vrak] **I** *n* <-(e)s; -s> wreck (*a. fig. Mensch*). **II 2** *adj* wrecked; **2es Schiff** (Auto) wreck. **~gut** *n*, **~trüm·mer** *pl* wreckage *sg*, *treibende(s)*: flotsam *sg*.

wrang [vraŋ] *1 u. 3 sg pret*, **wrän·ge** [ˈvrɛŋə] *1 u. 3 sg pret subj of* **wringen**.

wrig·gen [ˈvrɪgən] *v/t* <h> (*Boot*) scull.

wrin·gen [ˈvrɪŋən] *v/t* <wringt, wrang, gewrungen, h> (*Wäsche*) wring.

ˈ**Wring·ma·schi·ne** *f* wringing machine.

Wu·cher [ˈvuːxər] *m* <-s; *no pl*> usury, (*Preistreiberei*) profiteering; **~ treiben** practise usury; *colloq.* **das ist ja ~!** that's an exorbitant price! **~blu·me** *f* oxeye daisy.

Wu·cheˈrei *f* <-; *no pl*> usury. ˈ**Wu·che·rer** *m* <-s; ->, ˈ**Wu·che·rin** *f* <-; -nen> usurer, (*Preistreiber*) profiteer. ˈ**wu·che·risch** *adj* usurious, (*preistreiberisch*) profiteering.

ˈ**Wu·cher|kre·dit** *m* usurious loan. **~mie·te** *f* rack rent, usurious rent.

wu·chern [ˈvuːxərn] **I** *v/i* <h *u.* sein> **1.** *Pflanzen etc*: grow rampant, grow rank(ly), spread (rankly), *a. Bart etc*: grow profusely, *a. med. wildes Fleisch, fig. Phantasie etc*: proliferate. **2.** <h> *fig. Mißstände etc*: be rampant, run riot. **3.** <h> **~ (mit** with) a) *Geld*: practise usury, b) *Waren*: profiteer. **II 2** *n* <-s> **4.** rampant (*od.* rank) growth, proliferation. **5.** *fig. von Mißständen etc*: rampancy. **6.** *mit Geld*: usury, *mit Waren*: profiteering.

ˈ**wu·chernd** *adj* proliferous, rampant, rank; **üppig ~** luxuriant, growing in wild profusion. ˈ**Wu·cher·preis** *m* exorbitant (*od.* usurious) price. ˈ**Wu·che·rung** *f* <-; -en> **1.** *bot.* rank growth, proliferation, (*Auswuchs*) excrescence. **2.** *med.* (*Auswuchs*) excrescence, (*Tumor*) tumo(u)r, *in Nase, Rachen*: adenoid vegetation, (*Zell2*) proliferation, (*wildes Fleisch*) proud flesh. ˈ**Wu·cher·zins** *m* usurious interest.

wuchs [vuːks] *1 u. 3 sg pret of* **wachsen**[1].

Wuchs *m* <-es; *no pl*> **1.** (*Wachstum*) growth. **2.** (*Gestalt*) build, physique; **von hohem ~** of a tall build.

wüch·se [ˈvyːksə] *1 u. 3 sg pret subj of* **wachsen**[1].

wüch·sig [ˈvyːksɪç] *adj Pflanze*: vigorous.

Wucht [vʊxt] *f* <-; *no pl*> **1.** (*Kraft, Gewalt*) force, (*Gewicht*) weight, (*Schwung*) impetus, *e-s Zs.-stoßes, Aufpralls etc*: impact, shock; **die volle** (*od.* **ungeminderte**) **~ e-s Angriffs** (**Schlages** *etc*) **aushalten** *a.* bear the brunt of an attack (a blow, *etc*); **mit voller ~** a) *gegen j-n, et. rennen etc*: (with) full force, (at) full tilt, slap-bang, b) *hinfallen, aufschlagen etc*: with one's (*od.* its) full weight, slap-bang, c) *zuschlagen, j-n treffen etc*: (with) full force. **2.** *fig. colloq.* **e-e** (**ganze**) **~** a load, quite a bit; **das ist 'ne ~!** (that's) super, it's a wow (*od.* smasher)! **3.** *phys.* active force, (*Stoß*) momentum, impact, (*Bewegungsenergie*) kinetic energy.

wuch·ten [ˈvʊxtən] **I** *v/t* <h> (*hoch~*) heave, *mit Hebel*: lever *s.th.* up. **II** *v/i fig. colloq.* work like a horse.

ˈ**wuch·tig** *adj* **1.** (*massig*) massive, (*schwer*) weighty, heavy, (*klotzig*) bulky. **2.** (*kraftvoll*) forceful, powerful, *Schlag etc*: *a.* hard, heavy. **2keit** *f* <-; *no pl*> **1.** massiveness, heaviness, weightiness, bulkiness. **2.** force(fulness), power.

ˈ**Wühl·ar·beit** *f pol.* subversive (*od.* underground) activity, destructive (*od.* undermining) agitation.

wüh·len [ˈvyːlən] **I** *v/i* <h> **1.** dig, *Tier*: burrow, *Schwein etc*: root, grub; **im Schlamm ~** grub in the mud; *fig.* **im Schmutz ~** wallow in filth (*od.* dirt). **2.** (*suchen*) (**in** *dat* in) rummage, root, grub. **3. sich** (*dat*) **in den Haaren ~** tousle one's hair. **4.** *fig. Hunger, Schmerz etc*: gnaw; **der Hunger wühlte ihm im Leib** hunger gnawed at his body; **~der Schmerz** gnawing pains *pl.* **5.** *fig.* (*schwer arbeiten*) slave, drudge. **6.** *fig.* (*hetzen*) agitate. **II** *v/t* **7.** (*e-n Gang, ein Loch etc*) dig, burrow. **8. s-n Kopf in die Kissen ~** bury one's face in the (*od.* one's) pillow(s). **III** *v/reflex* **9. sich in** *die Erde etc* **~** burrow (o.s.) into *the ground, etc*; **sich durch** *e-e Menge etc* **~** burrow one's way through *a crowd, etc.*

ˈ**Wüh·ler** *m* <-s; -> *fig.* **1.** (*Aufwiegler*) (political) agitator. **2.** (*Arbeitstier*) slaver. ˈ**wüh·le·risch** *adj pol.* agitating, subversive, rabble-rousing.

ˈ**Wühl|maus** *f* vole. **~tisch** *m colloq. im Kaufhaus etc*: rummage (*od.* oddments, bargain) counter.

Wulst [vʊlst] *m* <-es; ⸚e>, *f* <-; ⸚e> **1.** roll, (*Verdickung, a. med.*) bulge, *zum Ausstopfen*: pad. **2.** *arch. med.* torus. **3.** *tech.* (*Schweiß2*) bead, reinforcement, *mot.* (*Reifen2*) bead, *am Schiffsbug*: bulb. **~bug** *m mar.* bulb bow. **~fel·ge** *f am Fahrrad*: clinch rim, *mot.* beaded edge rim.

ˈ**wul·stig** *adj* bulging, bulgy, *Lippen*: thick, pouting, protruding, *Arme, Nacken etc*: fleshy, tumid.

ˈ**Wulst|lip·pen** *pl* thick (*od.* pouting, protruding) lips, *contp.* blubber lips. **2los** *adj Reifen*: straight-side. **~naht** *f tech.* reinforced seam. **~rei·fen** *m mot.* beaded edge tyre (*Am.* tire).

wum·mern [ˈvʊmərn] *v/i* <h> *colloq.* **1.** (*dröhnen*) boom. **2.** (*schlagen*) drum, thump.

wund [vʊnt] *adj* sore, *stärker*: raw, *vom*

Liegen: bedsore, (~ *gerieben*) chafed, galled, (*verwundet*) wounded (*a. fig. Herz etc*); **sich** (*dat*) **die Füße ~ laufen** get sore feet (*od.* become footsore) from walking, *fig. colloq.* run from pillar to post; **sich ~ reiten** become saddlesore; **~ reiben** gall, chafe; **~e Stelle** sore, sore (*od.* chafed) spot, *stärker*: raw, *fig.* sore point; *fig.* **sich** (*dat*) **die Finger ~ schreiben** write one's fingers to the bone; → **Punkt** 4. **~ˌarzt** *m hist.* surgeon. **~beˌhand·lung** *f* treatment of wounds. **~benˌzin** *n* surgical spirits *pl.* **~ˌbrand** *m med.* gangrene.

Wun·de [ˈvʊndə] *f* ‹-; -n› wound, (*Schnitt*2) cut, (*Stich*2) stab (wound), (*Verletzung*) injury, (*wunde Stelle*) sore (*a. fig.*); **klaffende ~** gaping wound, gash; **aus e-r ~ bluten** bleed from a wound; **j-m e-e ~ schlagen** (*od.* **beibringen**) inflict a wound (up)on s.o.; *fig.* **in e-r (alten) ~ wühlen, e-e alte ~ wieder aufreißen** open an old sore, turn the knife in the wound; **s-n Finger auf e-e offene ~ legen** put one's finger on an open sore; **den Finger auf die ~ legen** put one's finger on the sore spot; **der Krieg hat tiefe ~n geschlagen** war has caused great destruction, disaster and suffering; → **Zeit** 5.

Wun·der [ˈvʊndər] *n* ‹-s; -› **1.** (*et. Übernatürliches*) miracle (*a. relig.*), wonder; **an ~ glauben** believe in miracles; **die ~ Jesu** the miracles of Jesus; **~ tun, ~ vollbringen** work (*od.* perform) miracles; **das grenzt an ein ~** it is little short of miraculous, it is almost a miracle; **wie durch ein ~ blieb er am Leben** he miraculously survived, his life was saved by a miracle; **wenn nicht ein ~ geschieht, sind wir verloren** only a miracle can save us; → **Zeichen** 4. **2.** *fig.* (*~tat, wunderbare Person od. Sache*) miracle, wonder, marvel, prodigy; **die ~ der Welt (Natur)** the wonders (*od.* prodigies, marvels) of the world (of nature); **ein ~ der Technik** a wonder (*od.* prodigy, marvel, miracle) of technology; **ein ~ an Schönheit (Perfektion)** a wonder (*od.* marvel, prodigy) of beauty (perfection); **ein kleines ~** (*~werk*) a little marvel (*od.* miracle); **~ wirken** (*od.* **tun**) **(bei j-m)** *Arznei etc*: work wonders (in s.o.), do wonders (for s.o.); **es ist ein ~, daß (wie)** it is a wonder (*od.* miracle) that (how); **das ist ein wahres ~** that is really a wonder (*od.* miracle); **(das ist) kein ~** (it is) no (*od.* little, small) wonder; **ist es ein ~, wenn er müde ist?** is it any wonder that he is tired?; **was ~, daß** (*od.* **wenn**) small wonder that; *colloq.* **du wirst noch dein blaues ~ erleben** you'll get the surprise of your life. **3.** *mit Kleinschreibung*: **2 was (wer, wie)** goodness knows what (who, how); **ich dachte 2(s) was es wäre** I was expecting goodness knows what, I thought it would be s.th. wonderful; **er denkt, er sei 2 wer** he thinks he is goodness knows who; **er glaubt, 2 was er getan hat** he thinks a world of what he has done; **er bildet sich 2 was ein** he thinks he is marvel(l)ous (*od.* wonderful); **er bildet sich 2 was darauf ein** he prides himself ever so much on it.

ˈ**wun·der|bar I** *adj* **1.** miraculous, (*wundersam*) wondrous; **~e Rettung** miraculous rescue; **die Wege Gottes sind ~** God has many wondrous ways. **2.** wonderful, marvel(l)ous, *colloq.* great; **es hat ~ geschmeckt** it tasted wonderful, it was excellent (*od.* delicious); **e-e ~e Stimme** a wonderful (*od.* glorious) voice. **II 2e, das** ‹-n› **3. et. 2es** s.th. wonderful. **4. das grenzt ans 2e** that borders on the miraculous. **~ba·rer·ˈwei·se** *adv* miraculously.

ˈ**Wun·der|ˌding** *n* wonder(ful thing), marvel, prodigy; *fig.* **~e erzählen (hören) (von** about**)** tell (hear) great (*od.* marvel[l]ous) things (*od.* stories). **~ˌdok·tor** *m* wonder doctor, quack. **~ˌdro·ge** *f* miracle (*od.* wonder) drug. **~ˌglau·be** *m* belief in miracles. **2ˌgläu·big** *adj person* who believes in miracles. **~ˌhei·ler** [-ˌhaɪlər] *m* ‹-s; -› miracle healer. **~ˌhei·lung** *f* **1.** healing miracle. **2.** miracle cure. **~ˌhorn** *n myth.* magic horn. **2hübsch** *adj* very lovely, *Mädchen etc*: exceedingly pretty. **~ˌker·ze** *f* sparkler. **~ˌkind** *n* infant (*od.* child) prodigy, wonder child. **~ˌkna·be** *m* boy wonder. **~ˌlam·pe** *f* magic lamp (*od.* lantern). **~ˌland** *n* wonderland.

ˈ**wun·der·lich** *adj* queer, odd, strange, peculiar, cranky; *colloq.* **ein ~er Heiliger** (*od.* **Kauz**) a queer fish. **2keit** *f* ‹-; *no pl*› queerness, oddness, oddity, strangeness, peculiarity, crankiness.

ˈ**Wun·derˌmit·tel** *n* wonder (*od.* miracle) drug.

wun·dern [ˈvʊndərn] **I** *v/t* ‹h› surprise, astonish; **das wundert mich** *a.* I am surprised (*od.* astonished) at that; **es sollte mich nicht ~, wenn** I should not wonder (*od.* be surprised) if. **II** *v/reflex* **sich ~ (über** *acc* at**)** be surprised, be astonished, wonder, marvel; **ich wunderte mich sehr (darüber), daß er das getan hat** I really wondered (*od.* I was very surprised) at him doing that (*od.* that he did that); **sie konnte sich nicht genug ~** she could not get over it; *colloq.* **da wirst du dich aber ~!, du wirst dich ~!** you'll be surprised!, you are in for a shock!; **ich muß mich doch sehr ~!** I am surprised at you!

ˈ**wun·derˌneh·men I** *v/t* ‹*irr, sep,* -ge-, h› surprise, astonish. **II** *v/impers* **es nimmt mich wunder, daß** it surprises me that, I am surprised (*od.* astonished) that.

ˈ**wun·ders** → **Wunder** 3.

ˈ**wun·der|sam** *adj poet.* wondrous; **ihm wurde ganz ~ zumute** he was overcome by a wondrous feeling. **~ˈschön** *adj* very beautiful, of breathtaking beauty, lovely, *weitS.* wonderful, marvel(l)ous. **2ˌtat** *f* miracle, wonder(work); **~en vollbringen** work (*od.* perform) miracles (*od.* wonders). **2ˌtä·ter** *m* miracle-worker, wonder-worker. **~ˌtä·tig** *adj* miracle-working, wonder-working. **2ˌtier** *n* **1. j-n anstarren wie ein ~** stare at s.o. as if he were a legendary animal. **2.** *fig. colloq.* prodigy. **2ˌtü·te** *f* surprise packet. **~ˌvoll** *adj* wonderful, marvel(l)ous. **2ˌwaf·fe** *f* miracle weapon. **2ˌwelt** *f* ‹-; *no pl*› world of wonders. **2ˌwerk** *n* wonder(work), miracle, marvel. **2ˌzei·chen** *n* miraculous sign, miracle.

ˈ**Wund|ˌfie·ber** *n* wound (*od.* traumatic) fever. **~ˌflä·che** *f* wound area. **2ge·ˌle·gen** *adj* sore (from lying); **~e Stelle** bedsore. **~ˌhei·lung** *f* healing (*od.* closing) of a wound. **~in·fek·tiˌon** *f* wound infection. **~ˌklam·mer** *f* wound (*od.* surgical) clip. **2ˌlie·gen** *v/reflex* ‹*irr, sep,* -ge-, h› **sich ~** get bedsores. **~ˌmal** *n* ‹-(e)s; -e› **1.** scar. **2.** *relig.* stigma; **die fünf ~e Christi** the five stigmata of Christ. **~ˌnaht** *f* (wound) suture. **~ˌpfla·ster** *n* adhesive plaster (*od.* tape). **~ˌrand** *m* lip (of a wound). **~ˌro·se** *f* (traumatic) erysipelas. **~ˌsal·be** *f* (healing) ointment, salve. **~ˌschmerz** *m* traumatic pain. **~ˌschorf** *m* scab, crust. **~ˌsein** *n* soreness, *e-s Säuglings*: diaper rash. **~ˌstarrˌkrampf** *m* lockjaw, tetanus. **~verˌsor·gung** *f* (wound) toilet. **~ˌwat·te** *f* surgical cotton.

Wunsch [vʊnʃ] *m* ‹-(e)s; ⸚e› **1.** wish, *stärker*: desire; **haben Sie sonst noch e-n ~** (*od.* **Wünsche**)? is there anything else (that) you want (*od.* [that] I can do for you)?; **du hast drei Wünsche frei** you can make three wishes; **ich habe nur den ˈeinen ~, so bald wie möglich nach Hause zu fahren** my one and only wish is to go home; **ein eigenes Haus war schon immer mein ~** I always wished for (*od.* wanted to have) a house of my own; **es war schon immer mein ~, segeln zu lernen** I always wanted to learn to sail; *humor.* **dein ~ ist mir Befehl** your wish is my command; **hier ist der ~ der Vater des Gedankens** here the wish is father to the thought; **es geht alles nach ~ (und Willen)** everything is going smoothly (*od.* well); **ihr geht alles nach ~** everything goes just as she wants it. **2.** (*Bitte*) request; **auf ~** a) by request, (up)on request, b) if desired; **auf allgemeinen ~** by popular request; **auf vielfachen ~** by (*od.* at, [up]on) the request of many people; **auf j-s (besonderen) ~ (hin)** at s.o.'s (special) request; **auf eigenen ~ (hin)** at his own request; **(je) nach ~** as desired, as required. **3.** (*Glück*2) wish; **mit allen guten (mit den besten) Wünschen für ...** with all good (with best) wishes for ...; **mit den besten Wünschen Ihr(e)** *in Briefen*: (with the) best wishes, Yours, X. **~ˌbild** *n* ideal. **~ˌden·ken** *n* ‹-s; *no pl*› wishful thinking.

ˈ**Wün·schelˌru·te** [ˈvʏnʃəl-] *f* divining (*od.* dowsing) rod. **~nˌgän·ger** *m* ‹-s; -› diviner, dowser.

wün·schen [ˈvʏnʃən] **I** *v/t* ‹h› *allg.* wish, (*verlangen*) desire, want (to have), (*bitten*) request; **ich wünschte, ich wäre zu Hause** I wish I were at home; **ich wünschte, ich hätte damit nichts mehr zu tun** I wish myself out of that affair; **es ist (sehr) zu ~, daß ...** it is (most *od.* highly) desirable that *this should happen immediately, etc*; **es wird gewünscht, daß wir gehen** we are requested to leave; **wenn er es so wünscht** if he desires so, if he wishes (it); **ich wünsche, daß das getan wird** I wish this to be done; **ich wünsche in Ruhe gelassen zu werden** I wish to be left alone; **was ~ Sie (von mir)?** what can I do for you?, what do you want (of *od.* from me)?; **was wünschst du dir (zum Geburtstag, zum Abendessen)?** what do you want (to have) (for your birthday, for dinner)?; **was wünschst du dir von mir (zu Weihnachten)?** what do you want me to give you (for Christmas)?; **ich wünsche mir (von dir), daß du ...** I'd like you to *be more careful, stay at home, etc*; **du darfst dir et. ~** you can make a wish; **sich** (*dat*) **et. ~** want (to have) s.th., *stärker*: wish (*od.* long) for s.th.; **sie wünscht sich nichts sehnlicher als ...** her fondest (*od.* her one and only) wish is to ...; **sie haben alles, was man sich (nur) ~ kann** they have everything one could wish for; **j-m (viel) Glück (alles Gute) ~** wish s.o. (good) luck (all the best); **j-m guten Morgen ~** bid s.o. good morning; **ich wünsche niemandem et. Schlechtes** I wish nobody ill; **das wünsche ich m-m ärgsten Feind nicht** I wouldn't wish that on my worst enemy. **II** *v/i* **Sie ~, bitte?** what can I do for you?, can I help you?; **(ganz) wie Sie ~** very well, *a. iro.* (just) as you wish (*od.* please), *iro.* suit yourself; **et. läßt sehr zu ~ übrig** s.th. leaves much (*od.* a great deal, *colloq.* a lot) to be desired.

ˈ**wün·schensˌwert** *adj* desirable; **nicht** ~ *a.* undesirable.

ˈ**Wunsch**|ˌ**form** *f ling.* optative (form). &**geˌmäß** *adv* as desired, according to one's (*od.* s.o.'s) wishes. ~ˌ**kind** *n* eagerly awaited child. ~**konˌzert** *n* (musical) request program(me *Br.*). &**los I** *adj* content, happy. **II** *adv* ~ **glücklich** quite (*od.* perfectly) happy. ~ˌ**satz** *m ling.* optative clause. ~ˌ**traum** *m* **1.** *psych.* wish dream. **2.** *fig.* dream (of one's dreams), fondest wish. ~ˌ**vorˌstel·lung** *f* wishful thinking. ~ˌ**zet·tel** *m* list of wishes, *zu Weihnachten*: *a.* letter to Santa Claus.

wupp [vʊp], ˈ**wuppˌdich, wupps** *interj* pop; **und** ~ **war er fort** and he was gone in (*od.* like) a flash.

wür·be [ˈvʏrbə] *1 u. 3 sg pret subj of* **werben.**

wur·de [ˈvʊrdə] *1 u. 3 sg pret,* **wür·de** [ˈvʏrdə] *1 u. 3 sg pret subj of* **werden.**

ˈ**Wür·de** *f* <-; -n> **1.** <*only sg*> dignity; **die** ~ **des Menschen (des Alters)** the dignity of man (of age); **unter aller** ~ beneath contempt; **er findet es** (*od.* **hält es für**) **unter s-r** ~ he deems (*od.* considers) it beneath his dignity, he considers it below him; *humor.* **mit** ~ **tragen** wear (*one's age, etc*) with dignity, *iro.* bear *s.th.* not without dignity. **2.** (*Amt, Ehre, Titel*) rank, dignity, title, office, (position of) hono(u)r; **zu hohen** ~**n gelangen** advance to high rank; **die königliche** ~ the royal dignity; **akademische** ~ academic degree; **in Amt und** ~**n sein** a) be in high rank and hono(u)r, b) be well established. &**los** *adj* undignified. ~**lo·sig·keit** *f* <-; *no pl*> lack of dignity.

ˈ**Wür·denˌträ·ger** *m* <-s; -> dignitary.

ˈ**wür·deˌvoll I** *adj* dignified, (*feierlich*) solemn. **II** *adv* with dignity.

ˈ**wür·dig I** *adj* **1.** (*würdevoll*) dignified. **2.** worthy (*gen* of), (*verdient*) deserving; **ein** ~**er Nachfolger** a worthy successor; **er ist dessen nicht** ~ *a.* he does not deserve it; → **erweisen** 3. **II** *adv* **3.** with dignity, in a dignified manner. ˈ**wür·di·gen** *v/t* <h> **1.** (*schätzen*) appreciate, do justice to, (*anerkennen*) acknowledge, recognize, (*beachten*) pay attention to, consider, (*ehren*) hono(u)r, pay tribute to; **er weiß e-n guten Wein zu** ~ he appreciates a good wine; **ihre Leistungen wurden durch e-e Prämie gewürdigt** their work was recognized by a prize; **j-s Verdienste (Werk)** ~ pay tribute to s.o.'s merits (work). **2. j-n k-r Antwort** ~ not to do so much as (to) answer s.o., not to deign to answer s.o., not to vouchsafe an answer; **j-n k-s Blickes** ~ not to do so much as look at s.o., ignore s.o. completely. ˈ**wür·di·gend** *adj* appreciative, appreciatory.

ˈ**Wür·dig·keit** *f* <-; *no pl*> worthiness.

ˈ**Wür·di·gung** *f* <-; -en> **1.** <*only sg*> appreciation, assessment (*beide a. jur.*), (*Anerkennung*) recognition, appraisal; **in** ~ (*gen*) in recognition (*od.* appreciation) of *his merits, etc*; **nach eingehender** ~ **aller Gründe** after close consideration of all reasons; *jur.* **bei (verständiger)** ~ *des Tatbestandes etc* on a true assessment of. **2.** appreciation, laudatory article (*od.* speech, *etc*).

Wurf [vʊrf] *m* <-(e)s; ⸚e> **1.** <*only sg*> (*das Werfen*) throwing; **beim** ~ when throwing; **zum** ~ **ausholen** draw (*od.* swing) back to throw (*od.* for a throw). **2.** *allg.* throw (*a. Speer&, a. beim Ringen*), *beim Handball etc*: *a.* shot, *beim Baseball*: *a.* pitch, *mit Würfeln*: *a.* cast, *beim Kegeln*: bowl; **den ersten** ~ **haben** have the first throw, be the first to throw; **mit** ˈ**einem** ~ with one throw; **alles auf** ˈ**einen** ~ **setzen** stake all on a single throw, *fig. a.* put all one's eggs in one basket; *fig.* **glücklicher** ~ lucky hit, *Am. a.* ten-strike; **großer** ~ big hit, big success; **j-m gelingt ein großer** ~ (**der große** ~) s.o. does a magnificent job (the job of his life), *colloq.* s.o. hits the jackpot. **3.** *zo.* litter. **4.** (*Falten&*) *e-s Gewandes etc*: fall, folds *pl.* **5.** (*Bomben&*) (bomb) release. ~ˌ**bahn** *f* trajectory. ~**dis·ziˌplin** *f Sport*: throwing event.

wür·fe [ˈvʏrfə] *1 u. 3 sg pret subj of* **werfen.**

Wür·fel [ˈvʏrfəl] *m* <-s; -> **1.** (*Spiel&*) die, *pl* dice; **falsche** ~ loaded dice; **mit** ~**n spielen,** ~ **spielen** play (at) dice; *fig.* **der** ~ **ist** (*od.* **die** ~ **sind**) **gefallen** the die is cast. **2.** *allg.* cube (*a. Eis&, Zucker&*), *math. a.* hexahedron; *bes. gastr.* **et. in** ~ **schneiden** (cut s.th. into) dice, cube s.th. ~ˌ**be·cher** *m* dice cup, dicebox. ~ˌ**brett** *n* dice board. &ˌ**för·mig** *adj* cube-shaped, cubic(al), cubiform.

ˈ**wür·fe·lig** *adj bes. gastr.* ~ **schneiden** dice, cube.

ˈ**Wür·fel**|ˌ**inˌhalt** *m math.* cubic contents *pl* (*od.* volume). ~**ka·piˌtell** *n arch.* cushion (*od.* block, cubiform) capital. ~ˌ**mu·ster** *n auf Stoffen*: check(s *pl*), chequ(er)ed (*Am.* check[er]ed) pattern (*od.* design).

wür·feln [ˈvʏrfəln] **I** *v/t* <h> **1.** throw; **sechs Augen** (*od.* **e-e Sechs**) ~ throw a six. **2.** *gastr.* dice, cube. **II** *v/i* **3.** play (at) dice, dice; **um e-e Sache** ~ cast (*od.* throw) dice for s.th.

ˈ**Wür·fel**|ˌ**spiel** *n* dice *pl*, (*Partie*) game of dice. ~ˌ**spie·ler** *m* dice player. ~ˌ**zucker** (*getr.* -k·k-) *m* lump (*od.* cube) sugar.

ˈ**Wurf**|**geˌschoß** *n* missile, projectile. ~ˌ**kreis** *m Sport*: throwing circle. ~ˌ**lei·ne** *f mar.* heaving line. ~ˌ**li·nie** *f* trajectory. ~ˌ**mes·ser** *n* throwing knife. ~ˌ**netz** *n mar.* cast(ing) net. ~ˌ**pfeil** *m* dart. ~ˌ**schei·be** *f Sport*: discus. ~ˌ**schlin·ge** *f* lasso. ~ˌ**sen·dung** *f* **1.** (*Post&*) unaddressed printed papers *pl* (posted in bulk). **2.** house-to-house delivery of advertising matter. ~ˌ**speer,** ~ˌ**spieß** *m* javelin. ~ˌ**tau·be** *f Schießsport*: clay pigeon. ~ˌ**tau·benˌschie·ßen** *n* clay-pigeon shooting, trap-shooting, skeet-shooting. ~ˌ**wei·te** *f* throw(ing range). ~ˌ**zeit** *f zo.* birth, parturition.

ˈ**Wür·ge**|ˌ**griff** *m* stranglehold (*a. fig.*). ~ˌ**mal** *n meist pl* mark of strangulation.

wür·gen [ˈvʏrgən] **I** *v/t* <h> strangle, throttle, choke; **der Bissen würgte ihn** the morsel choked him, he choked on the morsel; *fig.* **Angst würgte ihn** fear choked him, he choked with fear. **II** *v/i* choke, *bei Brechreiz*: retch, heave, gag; *fig. colloq.* **an e-r Arbeit** ~ struggle at (*od.* sweat over) a piece of work. **III** & *n* <-s> strangling (*etc*).

ˈ**Würgˌen·gel** *m Bibl.* destroying angel.

ˈ**Wür·ger** *m* <-s; -> **1.** strangler. **2.** *orn.* shrike. **3.** *poet.* **der** ~ Death.

ˈ**Würg**|**reˌflex** *m* gag (*od.* retching) reflex. ~ˌ**schrau·be** *f hist.* garrotte.

Wurm[1] [vʊrm] *m* <-(e)s; ⸚er> **1.** worm (*a. med. u. fig.*), (*Made*) maggot, mite; **von Würmern zerfressen** eaten by worm(s), worm-eaten; *med.* **Würmer haben** have (*od.* suffer from) worms; *fig.* **sich krümmen wie ein** ~ writhe and squirm; *colloq.* **da ist** (*od.* **sitzt**) **der** ~ **drin** a) there is s.th. fishy about that, b) there is s.th. wrong with it, there's a bug in it somewhere; **j-m die Würmer aus der Nase ziehen** worm secrets out of s.o. **2.** *myth.* (*Lind&*) dragon.

Wurm[2] *n* <-(e)s; ⸚er> *fig. colloq.* (*Kind*) mite (of a child); **das arme** ~! poor little mite (*od.* thing)! **Würm·chen** [ˈvʏrmçən] *n* <-s; -> **1.** little worm. **2.** *fig. colloq.* (*Kind*) (**armes** ~ poor) little mite.

wur·men [ˈvʊrmən] *v/t* <h> *colloq.* annoy, rile, gall, rankle (in) *s.o.* (*od.* in *s.o.'s mind*).

ˈ**Wurm**|ˌ**farn** *m bot.* male fern. &ˌ**för·mig** *adj* wormlike, vermiform. ~ˌ**fortˌsatz** *m anat.* (vermiform) appendix. ~ˌ**fraß** *m* damage caused by worms.

ˈ**wur·mig** *adj* wormy, worm-eaten, (*madig*) maggoty.

ˈ**Wurm**|ˌ**krank·heit** *f* worms *pl.* ~ˌ**kur** *f* **1.** deworming. **2.** → **Wurmmittel.** ~ˌ**loch** *n* wormhole. ~ˌ**mehl** *n* worm(-hole) dust. ~ˌ**mit·tel** *n pharm.* vermifuge. ~ˌ**stich** *m* wormhole. &ˌ**sti·chig** *adj* worm-eaten, wormy, full of worms.

Wurscht [vʊrʃt] *colloq.* **das ist mir ganz** (*od.* **völlig**) ~ I don't care a rap (*od.* hang). **Wursch·teˈlei** *f* <-; -en>, ˈ**wursch·teln** [-təln] *v/i u. v/reflex* <h> → **Wurstelei** *etc.*

Wurst [vʊrst] *f* <-; ⸚e> sausage; *fig. colloq.* **jetzt geht es um die** ~! now or never!, it's do or die!; ~ **wider** ~ tit for tat; **mit der** ~ **nach der Speckseite werfen** cast a sprat to catch a mackerel; **das ist mir (ganz** *od.* **völlig)** ~ I don't care (a rap), I couldn't care less. ~ˌ**blatt** *n fig. colloq.* (*Zeitung*) (lousy) rag. ~ˌ**brot** *n* slice of bread and (*od.* with) sausage. ~ˌ**brü·he** *f* sausage broth.

Würst·chen [ˈvʏrstçən] *n* <-s; -> small sausage; **heiße** ~! hot sausages!; *fig. colloq.* **er ist ein** ~ he is a nobody; **armes** ~ poor thing (*od.* soul). ~ˌ**bu·de** *f,* ~ˌ**stand** *m* sausage stand.

ˈ**Wurstˌdarm** *m* sausage skin.

Wur·steˈlei *f* <-; -en> *colloq.* muddling. **wur·steln** [ˈvʊrstəln] *colloq.* **I** *v/i* <h> muddle (*od.* blunder) along. **II** *v/reflex* **sich durchs Leben** ~ muddle along (through life).

wur·sten [ˈvʊrstən] *v/i* <h> make sausages.

ˈ**Wurst**|ˌ**en·de** *n* sausage end. ~**faˌbrik** *f* sausage factory. ~ˌ**fin·ger** *m meist pl contp.* fat finger. ~ˌ**fleisch** *n* sausage meat. &ˌ**för·mig** *adj* sausage-shaped. ~ˌ**haut** *f* sausage skin.

wur·stig [ˈvʊrstɪç] *adj colloq.* absolutely indifferent, devil-may-care. &**keit** *f* <-; *no pl*> *colloq.* absolute indifference, devil-may-care attitude.

ˈ**Wurst**|ˌ**kes·sel** *m* sausage boiler. ~ˌ**mas·se** *f* sausage mixture (*od.* meat). ~ˌ**schei·be** *f* slice of sausage. ~ˌ**sup·pe** *f* sausage broth. ~**verˌgif·tung** *f* sausage poisoning, botulism. ~ˌ**wa·ren** *pl* sausages. ~ˌ**zip·fel** *m* sausage tip (*od.* end).

Wür·ze [ˈvʏrtsə] *f* <-; -n> **1.** (*Gewürz*) spice, seasoning, relish (*alle a. fig.*), (*Aroma*) flavo(u)r, (*pikanter Geschmack*) zest, relish, piquancy (*alle a. fig.*); *bes. fig.* ~ **verleihen** (*dat*), **die (rechte)** ~ **geben** (*dat*) add spice (*od.* zest) to; **die** ~ **des Lebens** the spice (*od.* salt) of life; *bes. fig.* **e-r Sache fehlt die (rechte)** ~ s.th. lacks spice, s.th. is spiceless (*od.* insipid). **2.** *Brauerei*: wort.

Wur·zel [ˈvʊrtsəl] *f* <-; -n> **1.** root (*a. Zahn&, Haar&, Zungen& u. fig.*); *a. fig.* ~(**n**) **schlagen** (*od.* **fassen**) take (*od.* strike) root; ~**n treiben** grow (*od.* send out, develop) roots, root; **tiefe** ~**n schlagen** grow deep roots; **mit der** ~ **ausreißen** pull *s.th.* out (*od.* up) by the roots, uproot, *fig.* (*a.* **mit der** ~ **ausrotten**) root *s.th.* out, uproot, eradicate; *fig.* **die** ~ **allen Übels** the root of all evil; **das**

Übel an (*od.* **bei**) **der ~ packen** get down to the root of the trouble. **2.** *ling. math.* root, radical; *math.* **zweite** (**dritte**) **~** square (cubic) root; **die ~** (**aus**) **e-r Zahl ziehen** extract (*od.* calculate) the (square) root of a number. **~ˌbal·len** *m bot.* root bale. **≈beˌhan·deln** *v/t* ‹*only inf u. pp* **wurzelbehandelt**, **h**› *med.* (*Zahn*) root-treat. **~beˌhand·lung** *f med.* root(-canal) treatment. **~ˌbil·dung** *f bot.* rooting. **~ˌbür·ste** *f* coarse scrubbing brush.

Wür·zel·chen [ˈvʏrtsəlçən] *n* ‹**-s**; **-**› small root, rootlet.

ˈ**Wur·zel|ex·poˌnent** *m math.* radical index. **~ˌfa·ser** *f bot.* root fib/re (*Am.* -er). **~ˌfül·lung** *f med.* root-canal filling. **~ˌfü·ßer, ~ˌfüß·ler** [-ˌfyːslər] *m* ‹**-s**; **-**› *zo.* rhizopod. **~geˌflecht** *n bot.* wickerwork of roots. **~geˌmü·se** *n* root vegetables *pl.* **~ˌgrö·ße** *f math.* radical quantity. **~ˌhaut** *f anat.* dental (*od.* alveolar) periosteum. **~ˌholz** *n* root wood. **~kaˌnal** *m e-s Zahns*: root (*od.* pulp) canal. **~ˌknol·le** *f* root tuber. **≈los** *adj a. fig.* rootless.

wur·zeln [ˈvʊrtsəln] *v/i* ‹**h**› *a. fig.* **~ in** (*dat*) be rooted in, *fig. a.* root in; **tief** (**fest**) **in der Erde ~** be rooted deep (firmly) in the ground; *fig.* **j-d wurzelt in der Heimat** s.o. has deep roots in his home country; **das Mißtrauen wurzelt fest in ihm** mistrust is deeply rooted in him, his mistrust is deep-rooted.

ˈ**Wur·zel|re·sek·tiˌon** *f med.* root resection, radiectomy. **~ˌschöß·ling** *m bot.* (root) sucker (*od.* runner). **≈ˌstän·dig** *adj bot.* growing from the root, radical. **~ˌstock** *m* ‹**-(e)s**; **¨-e**› rootstock. **~ˌwerk** *n* ‹**-(e)s**; *no pl*› roots *pl.* **~ˌwort** *n* root (*od.* radical) word. **~ˌzahl** *f* root (number). **~ˌzei·chen** *n math.* radical sign. **~ˌzie·hen** *n math.* root extraction.

wür·zen [ˈvʏrtsən] *v/t* ‹**h**› spice, season, flavo(u)r, *fig. a.* give zest to. ˈ**wür·zig** *adj* spicy, well-seasoned, zesty, piquant, *fig. Luft*: fragrant.

ˈ**Würz|ˌkräu·ter** *pl* (pot) herbs. **~ˌmit·tel** *n* condiment. **~ˌpfan·ne** *f Brauerei*: wort kettle.

wusch [vuːʃ] *1 u. 3 sg pret*, **wü·sche** [ˈvyːʃə] *1 u. 3 sg pret subj of* **waschen**.

ˈ**Wu·schelˌhaar** [ˈvʊʃəl-] *n colloq.* fuzzy hair. ˈ**wu·sche·lig** *adj colloq.* fuzzy. ˈ**Wu·schelˌkopf** *m colloq.* mop of fuzzy hair.

wuß·te [ˈvʊstə] *1 u. 3 sg pret*, **wüß·te** [ˈvʏstə] *1 u. 3 sg pret subj of* **wissen**.

Wust [vuːst] *m* ‹**-(e)s**; *no pl*› *colloq.* (*Durcheinander*) tangle, mess, jumble, (*Gewirr*) (tangled) mass, (*Kram*) rubbish, trash.

wüst [vyːst] *adj* ‹**-er**; **-est**› **1.** (*öde*) desert, waste, desolate; **e-e ~e Gegend** a desert region. **2.** (*wirr*) confused, chaotic, (*liederlich*) wild, dissolute, depraved, (*roh*) vulgar; **ein ~es Durcheinander** a wild (*od.* chaotic) mess; **ein ~es Leben führen** lead a dissolute life; **hier sieht es ja ~ aus** this place is (in) a wild mess. **3.** *dial.* (*häßlich*) ugly.

Wü·ste [ˈvyːstə] *f* ‹**-**; **-n**› desert, *fig. a.* waste, wilderness; **die ~ Gobi** the Gobi desert; *fig.* **e-e ~ von Eis und Schnee** a waste of ice and snow; *colloq.* **j-n in die ~ schicken** send s.o. into the wilderness; → **Rufer**, **Schiff**.

wü·sten [ˈvyːstən] *v/i* ‹**h**› *colloq.* **~ mit** *Geld, Kraft etc*: waste, squander, dissipate, *Gesundheit*: ruin.

ˈ**Wü·sten·beˌwoh·ner** *m* inhabitant of the desert.

Wü·ste·nei [vyːstəˈnaɪ] *f* ‹**-**; **-en**› *obs. od. lit.* desert, waste(land), wilderness.

ˈ**Wü·sten|ˌsand** *m* desert sand. **~ˌschiff** *n humor.* (*Kamel*) ship of the desert. **~ˌsohn** *m* son of the desert. **~ˌspring·ˌmaus** *f* jerboa. **~ˌwind** *m* desert wind. **~ˌzo·ne** *f* desert belt (*od.* zone).

ˈ**Wüst·ling** *m* ‹**-s**; **-e**› libertine, rake, roué, debauchee, lecher.

Wut [vuːt] *f* ‹**-**; *no pl*› **1.** rage, fury (*a. fig. der Elemente etc*), violent anger; **e-e** (**fürchterliche**) **~ haben** (**auf** *acc*) be (absolutely) furious (with *s.o.*, at *s.th.*), *colloq.* be (absolutely) mad (at *s.o.*, *s.th.*); **e-e ~ bekommen** (*colloq.* **kriegen**), **in ~ geraten** (*od.* **kommen**) become furious, fly into a rage, *colloq.* get mad; **mich packt die ~, wenn ich daran denke, daß** it makes me furious (*colloq.* mad) to think of it (to think that, to think of how); **in blinder ~** in a blind fury; **sich in ~ steigern** work o.s. into a fury; **in ~ bringen** infuriate, enrage, incense, *Am. colloq.* burn *s.o.* up; **vor ~ kochen** (*od.* **schäumen**) boil with rage, foam (at the mouth), fume; *colloq.* **vor ~ platzen** hit the ceiling, blow one's top; → **auslassen** 2. **2.** (*Manie, z.B. Lese≈, Tanz≈ etc*) mania, passion, craze, (*Begeisterung*) frenzy. **~ˌanˌfall** *m* fit of rage (*od.* fury), blaze of anger, flare-up; **e-n ~ bekommen** (*colloq.* **kriegen**) have (*od.* fly into) a fit of rage, fly into a tantrum. **~ˌausˌbruch** *m* outburst of fury (*od.* rage), *launischer*: tantrum.

wü·ten [ˈvyːtən] **I** *v/i* ‹**h**› **1.** (*wütend sein*) rage, fume, foam; **~ gegen** (*Mißstände, Widersacher etc*) *a.* storm at. **2.** *fig. Sturm, Feuer, Seuche, Schmerz etc*: rage; (**schrecklich**) **~** (**unter** *dat*, **in** *dat*) cause (*od.* create, work) havoc (among, in). **II ≈** *n* ‹**-s**› **3.** raging (*etc*), rage. **~d I** *adj* **1.** furious, enraged, infuriated, raving, fuming, convulsed with rage, incensed, *colloq.* mad; **~ auf** (*acc*) furious with *s.o.* (*od.* at *s.o.*, *s.th.*), mad at *s.o.*, *s.th.*; **~ machen** *a.* infuriate, enrage, incense, *colloq.* put (*od.* get) *s.o.'s* back up, *Am. colloq.* burn *s.o.* up. **2.** *fig. Kampf etc*: furious, fierce, *Orkan, Schmerz etc*: raging. **II** *adv* **3.** furiously, in a fury; **~ anblicken** *a.* glare at, glower at, look daggers at; **~ anschreien** *a.* storm at, fume at.

ˈ**wut·entˌbrannt** *adj* incensed, enraged, infuriated, furious.

Wü·te·rich [ˈvyːtərɪç] *m* ‹**-s**; **-e**› **1.** hothead. **2.** maniac, tartar, (ruthless) tyrant.

ˈ**Wut|geˌheul** *n* howl of fury (*od.* frenzy). **≈ˌschäu·mend, ≈ˌschnau·bend** *adj* fuming (*od.* foaming) with rage, in a towering rage. **≈verˌzerrt** *adj* distorted with rage.

X

X, x [ɪks] *n* ⟨-; -⟩ **1.** X, x (*Buchstabe*); *fig. colloq.* **j-m ein X für ein U vormachen** fool (*od.* hoodwink) s.o.; **er läßt sich kein X für ein U vormachen** you can't fool him, he is nobody's fool. **2. x** *colloq.* (*unbestimmte Anzahl*) umpteen; **x Leute habe ich gefragt** I've asked umpteen people. **3. x** *math.* x. **4. X** (*röm. Zahl für 10*) X.

X-ˌAch·se [ˈɪks-] *f math.* x-axis.

Xan·thip·pe [ksanˈtɪpə] *f* ⟨-; -n⟩ *fig. colloq.* xant(h)ippe, battle-ax(e).

X-ˌBei·ne [ˈɪks-] *pl* knock-knees; **~ haben** *a.* be knock-kneed. **x-ˌbei·nig** [ˈɪks-] *adj* knock-kneed.

x-beˈlie·big [ˌɪks-] **I** *adj* any (... you like); **jeder ~e** any person, anybody, any Tom, Dick or Harry. **II ℒe, das** ⟨-n⟩ **et. ℒes** anything (you like).

X-Chro·moˌsom [ˈɪks-] *n biol.* X chromosome.

Xe·non [ˈkseːnɔn] *n* ⟨-s; *no pl*⟩ *chem.* xenon.

xe·no|phob [ksenoˈfoːp] *adj* xenophobic. **ℒphoˈbie** [-foˈbiː] *f* ⟨-; *no pl*⟩ xenophobia, hatred of foreigners.

Xe·ro·gra·phie [kserograˈfiː] *f* ⟨-; *no pl*⟩ *print.* xerography.

x-ˌfach [ˈɪks-] *adv colloq.* ever so often.

x-ˌför·mig [ˈɪks-] *adj* x-shaped, decussate.

x-ˌmal [ˈɪks-] *adv colloq.* umpteen times, ever so many times.

x-te [ˈɪkstə] *adj* **1.** *colloq.* umpteenth; **zum ~n Male, zum ~nmal** for the umpteenth time. **2.** *math.* **~ Potenz** nth power.

Xy·lo·phon [ksyloˈfoːn] *n* ⟨-s; -e⟩ *mus.* xylophone.

Y

Y, y [ˈʏpsilɔn] *n* ⟨-; -⟩ **1.** Y, y (*Buchstabe*). **2. y** *math.* y.

Y-ˌAch·se [ˈʏpsilɔn-] *f math.* y-axis.

Yak [jak] *m* ⟨-s; -s⟩ *zo.* yak.

Y-Chro·moˌsom [ˈʏpsilɔn-] *n biol.* Y chromosome.

Yen [jɛn] *m* ⟨-(s); -(s)⟩ (*jap. Währungseinheit*) yen.

Ye·ti [ˈjeːti] *m* ⟨-s; -s⟩ yeti, abominable snowman.

Yo·ga [ˈjoːga] *m u. n* ⟨-(s); *no pl*⟩ yoga.

Yp·si·lon [ˈʏpsilɔn] *n* ⟨-(s); -s⟩ **1.** (letter) y. **2.** *im griech. Alphabet*: upsilon.

Yt·ter·bi·um [ʏˈtɛrbĭʊm] *n* ⟨-s; *no pl*⟩ *chem.* ytterbium.

ˈYt·terˌer·den [ˈʏtər-] *pl chem.* yttrium earths.

Yu·an [ˈjuːan] *m* ⟨-(s); -(s)⟩ (*chines. Währungseinheit*) yuan (dollar).

Yuc·ca [ˈjʊka], **Yuk·ka** [ˈjʊka] *f* ⟨-; -s⟩ *bot.* yuc(c)a.

Z

Z, z [tsɛt] *n* ⟨-; -⟩ Z, z (*Buchstabe*).

zack [tsak] *interj* snap.

Zack *m colloq.* **auf ~ sein** be on the ball; **auf ~ bringen** smarten *s.o., s.th.* up.

Zacke (*getr.* **-k·k-**) [ˈtsakə] *f* ⟨-; **-n**⟩ **1.** (sharp) point, pointed projection, (*Fels*≈ *etc*) jag, *e-r Krone, e-s Sterns etc*: point, (*Zahn*) *e-s Kammes, e-r Säge etc*: tooth, (*Zinke*) tine, prong, (*Eisenspitze*) spike. **2.** (*Kerbe*) notch, indent(ation), *e-r Briefmarke, e-s Blattes*: serration, tooth. **3.** *Radar*: blip. ˈ**Zacken** (*getr.* **-k·k-**) *m* ⟨**-s**; -⟩ *bes. dial. and Austrian for* **Zacke**; *fig. colloq.* **du wirst dir schon k-n ~ aus der Krone brechen** it won't hurt (*od.* kill) you.

ˈ**zacken** (*getr.* **-k·k-**) *v/t* ⟨**h**⟩ (*kerben*) notch, indent, (*zähnen*) tooth, *ungleichmäßig*: jag, (*ausschneiden*) (*Papier, Stoffrand etc*) pink. **~ˌar·tig, ~ˌför·mig** *adj* pointed, jagged, serrate(d).

ˈ**zackig** (*getr.* **-k·k-**) **I** *adj* **1.** (sharply) pointed, (*gezahnt*) serrate(d), toothed, dentate(d), (*gezinkt*) pronged, *Linie, Umrisse, Blitz, Felsen etc*: jagged, *Krone, Stern etc*: pointed. **2.** *fig. colloq.* (*schneidig*) smart, snappy. **II** *adv* **3. ~ grüßen** salute smartly, give a snappy salute.

zag [tsaːk] *adj poet. for* **zaghaft**.

za·gen [ˈtsaːgən] *v/i* ⟨**h**⟩ *lit.* fear, lose heart, quail. **~d** *adv* timidly.

ˈ**zag·haft I** *adj allg. Person, Lächeln, Stimme, Versuch etc*: timid, (*scheu, schüchtern*) *a.* shy, (*furchtsam*) faint-hearted, fearful, (*zögernd*) hesitant, tentative, (*vorsichtig*) cautious, gingerly. **II** *adv* timidly (*etc*), in a gingerly way, gingerly. ˈ**Zag·haf·tig·keit** *f* ⟨-; *no pl*⟩ timidity, timidness, fearfulness.

zäh [tsɛː] **I** *adj* ⟨**-er**; **-(e)st**⟩ **1.** *allg.* tough, tenacious, *Flüssigkeit, Masse*: *a.* viscous, glutinous, ropy, *Fleisch*: tough, stringy. **2.** *fig. Person, Tier, Pflanze etc*: tough, (*drahtig*) wiry, (*ausdauernd*) *Fleiß, Arbeit etc*: tenacious, persevering, (*hartnäckig*) *Bemühungen etc*: stubborn, persistent, (*verbissen*) *Fleiß, Kampf etc*: grim, dogged; **ein ~es Leben haben** be tenacious of life, *fig.* have nine lives; **ein ~er Bursche** a hard customer; **ein Mensch von ~em Fleiß** a dogged (*od.* very hard) worker. **II** *adv* **3.** *fig.* (*hartnäckig*) tenaciously, doggedly, stubbornly. **4.** *fig.* (*schleppend*) sluggishly. ˈ**Zä·heit** *f* ⟨-; *no pl*⟩ toughness.

ˈ**zähˌflüs·sig I** *adj* **1.** viscous, sticky, ropy. **2.** *fig. Verkehr*: slow-moving, crawling. **II** *adv* **3.** *fig.* (*schleppend*) sluggishly. **≈keit** *f* ⟨-; *no pl*⟩ viscosity, stickiness.

ˈ**Zä·hig·keit** *f* ⟨-; *no pl*⟩ **1.** tenacity, toughness, (*Viskosität*) viscosity. **2.** *fig.* (*Ausdauer*) toughness, stamina, (*Hartnäckigkeit*) tenacity, (*Verbissenheit*) doggedness.

Zahl [tsaːl] *f* ⟨-; **-en**⟩ **1.** number, (*Betrag, Wert*) *a.* figure, (*Ziffer*) numeral, *arabische von 1–9*: cipher, (*Stelle*) digit; **gerade (ungerade, ganze) ~** even (odd, whole) number; **genaue (runde) ~** exact (round) number (*od.* figure); **genaue ~en** exact figures; **vierstellige ~** 4-digit-number; **arabische (römische) ~en** Arabic (Roman) numerals; → **rot** 1. **2.** ⟨*only sg*⟩ (*An*≈) number; **e-e große ~ (von) Menschen** a great number of people; **5000 an der ~** 5,000 in number; **in großer ~** in large numbers; **ohne ~** without number, countless, innumerable; **an ~ überlegen sein** (*od.* **übertreffen**) outnumber. **3.** *ling.* (*Numerus*) number.

ˈ**zahl·bar** *adj* payable (**an** *acc* to, **bei** at); **~ an den Überbringer** payable to bearer; **~ nach** (*od.* **bei**) **Erhalt der Ware** payable (up)on receipt of goods; **sofort ~** spot cash; **~ machen** (*od.* **stellen**) make payable, (*Wechsel*) domiciliate.

ˈ**zähl·bar** *adj* countable. **≈keit** *f* ⟨-; *no pl*⟩ countability.

ˈ**zähˌle·big** [-ˌleːbɪç] *adj* tenacious of life, tough. **≈keit** *f* ⟨-; *no pl*⟩ toughness.

zah·len [ˈtsaːlən] **I** *v/t* ⟨**h**⟩ *allg.* pay, (*Rechnung, Schulden*) *a.* settle; *a. fig.* **dafür zahlt er jeden Preis** he will pay any price (*od.* anything) for that; **Kinder ~ die Hälfte** children (pay) half-price. **II** *v/i* pay; **(Herr Ober,) ~, bitte** (waiter,) the bill (*Am. a.* the check), please; **ich hoffe, daß er heute endlich zahlt** I hope he pays up today. **III ≈** *n* ⟨**-s**⟩ **wenn's ans ≈ geht** when it comes to paying.

zäh·len [ˈtsɛːlən] **I** *v/t* ⟨**h**⟩ **1.** *allg.* count (*things, persons, money, hours, etc*), *Sport, tech.* score. **2.** *fig.* **j-n zu s-n Freunden ~** number s.o. among one's friends, count s.o. as one of one's friends. **3. 20 000 Einwohner ~** *Stadt etc*: number (*od.* have) 20,000 inhabitants; **20 Jahre ~** be 20 years old. **II** *v/i* **4.** count; **ich zähle bis drei(, dann)** *drohend*: I'll count up to three(, and then); *tech.* **~des Meßgerät** integrating meter. **5. nach Tausenden ~** (*sich belaufen auf*) number in the thousands. **6.** *fig.* **zu** *den Besten etc* **~** rank with, belong to, be reckoned among, be considered one of, be classed with; **zu j-s Freunden ~** number (*od.* be numbered) among s.o.'s friends. **7.** *fig.* **~ auf** (*acc*) count (*od.* rely, depend) (up)on; **du kannst darauf ~** you can count on it. **8.** *fig.* (*gelten*) count; **er (es) zählt nicht** he (it) does not count.

ˈ**Zah·len|akroˌba·tik** *f* juggling with figures. **~ˌanˌga·ben** *pl* numerical data, figures. **~ˌbeiˌspiel** *n* numerical example. **~beˌreich** *m* range of numbers; **im ~ 100 bis 1000** within the range of 100 to 1,000. **~ˌfol·ge** *f* numerical order. **~geˌdächt·nis** *n* memory (*colloq.* head) for figures (*od.* numbers). **~ˌglei·chung** *f math.* numerical equation. **~ˌgrö·ße** *f* numerical quantity. **~lot·teˌrie** *f*, **~ˌlot·to** *n* → **Lotto** 1. **≈ˌmä·ßig I** *adj* numerical; **~e Überlegenheit** *a.* superiority in number. **II** *adv* numerically, in terms of figures; **~ überlegen sein** be superior in number, **j-m**: outnumber s.o. **~ma·te·riˌal** *n* → **Zahlenangaben**. **~quaˌdrat** *n* number square. **~ˌrei·he** *f* number sequence. **~ˌschloß** *n* combination lock. **~ˌstem·pel** *m* numbering stamp. **~symˌbo·lik** *f* number symbolism. **~syˌstem** *n* numerical system. **~theoˌrie** *f* theory of numbers, number theory. **~verˌhält·nis** *n* numerical proportion. **~ˌwert** *m* numerical value.

ˈ**Zah·ler** *m* ⟨**-s**; -⟩ **pünktlicher (säumiger) ~** prompt (dilatory) payer.

ˈ**Zäh·ler** *m* ⟨**-s**; -⟩ **1.** counter, *Bank, parl.* teller. **2.** *math.* numerator. **3.** *tech.* counter, *für Gas, Strom etc*: (integrating) meter. **4.** *Sport*: (*Punkt*) point. **~ˌabˌle·sung** *f tech.* meter reading. **~geˌhäu·se** *n electr.* meter case. **~ˌta·fel** *f* meter board.

ˈ**Zahl||gren·ze** *f* fare stage. **~ˌkar·te** *f Post*: Giro inpayment form. **≈los** *adj* countless, numberless, innumerable. **~ˌmei·ster** *m* **1.** *mil.* paymaster. **2.** *mar.* purser. **≈ˌreich I** *adj* (*viel*) numerous, a great many, *Familie, Versammlung etc*: large (*family, etc*). **II** *adv* in large numbers, in great number.

ˈ**Zählˌrohr** *n nucl.* counter tube.

ˈ**Zahlˌstel·le** *f* disbursing office.

ˈ**Zählˌstrich** *m* tally.

ˈ**Zahl||tag** *m* payday. **~ˌtel·ler** *m* plate.

ˈ**Zah·lung** *f* ⟨-; **-en**⟩ **1.** ⟨*only sg*⟩ payment, settlement; **bei sofortiger ~** on immediate payment; **gegen ~** (up)on (*od.* against) payment; **mangels ~** in default of payment; **an ~s Statt** instead (*od.* in lieu) of payment; **die ~ erfolgt in Dollar** payment will be made in dollars; **et. in ~ geben** offer s.th. as a trade-in, trade s.th. in; **et. in ~ nehmen** accept (*od.* take) s.th. as a trade-in, trade s.th. in. **2.** payment; **e-e ~ leisten** make (*od.* effect) a payment; **~en entgegennehmen (einstellen)** receive (stop) payments.

ˈ**Zäh·lung** *f* ⟨-; **-en**⟩ count, (*Volks*≈) census; **e-e ~ durchführen** take a count.

ˈ**Zah·lungs||abˌkom·men** *n* payment(s) agreement. **~ˌanˌwei·sung** *f* order to pay, (*Postanweisung*) postal (*od.* money) order. **~ˌanˌzei·ge** *f* advice of payment. **~ˌaufˌfor·de·rung** *f* request for payment. **~ˌaufˌschub** *m* extension of credit; **~ gewähren** grant a delay in payment. **~ˌausˌgleich** *m* settlement of payments. **~beˌdin·gun·gen** *pl* terms of payment. **~beˌfehl** *m obs.* judicial order to pay. **~beˌleg** *m* **1.** → Quittung 1. **2.** *bei Überweisungen etc*: counterfoil. **~beˌreit·schaft** *f* willingness to pay. **~biˌlanz** *f* balance of payments. **~bi-ˌlanzˌde·fi·zit** *n* payments (*od.* trade) deficit. **~biˌlanz·kreˌdit** *m* balance of payments credit. **~ˌeinˌgang** *m* **1.** in-payment. **2.** *pl* payments received. **~ˌeinˌstel·lung** *f* stoppage of payment. **~empˌfän·ger** *m* payee. **~erˌleich-te·run·gen** *pl* easy terms (for payment); **mit ~** on extended terms. **≈-ˌfä·hig** *adj* solvent. **~ˌfä·hig·keit** *f* ⟨-; *no pl*⟩ solvency. **~ˌfreiˌgren·ze** *f* free quota (for payments). **~ˌfrist** *f* term of payment. **≈ˌkräf·tig** *adj* fully solvent. **~ˌmit·tel** *n* **1.** means (*sg or pl*) of payment; **bargeldloses ~** credit instrument. **2.** (*Währung*) currency; **gesetzliches ~** legal tender. **~ˌmo·dus** *m* mode of payment. **~moˌral** *f* paying habits *pl*. **~ˌort** *m* place of payment, *e-s Wechsels*: domicile. **≈ˌpflich·tig** *adj* liable to pay. **~ˌplan** *m* settlement (*od.* payments) plan. **~ˌrückˌstand** *m* **1.** *meist pl* (payment) arrear. **2.** → Zahlungsverzug. **~ˌschwie·rig·kei·ten** *pl* financial difficulties. **~ˌsper·re** *f* stoppage of payments, blocking. **≈-ˌtech·nisch I** *adj* relating to payments. **II** *adv* **~ bedingt** due to payment factors. **~terˌmin** *m* date of payment. **≈-ˌunˌfä·hig** *adj* unable to pay, insolvent. **~ˌunˌfä·hig·keit** *f* ⟨-; *no pl*⟩ inability to pay, insolvency. **~uniˌon** *f* **Europäische ~** European Payments Union. **~verˌbot** *n an Drittschuldner*: garnishment. **~verˌeinˌba·rung** payments agreement. **~verˌkehr** *m* payments system, *konkret*: transfers *pl*, payments *pl*, payment transactions *pl*; **bargeldloser ~** clearance system, cashless transfer system. **~verˌpflich·tung** *f* payments obligation, liability to pay; **s-n ~en pünktlich nachkommen** be punctual in one's payments. **~ver-ˌspre·chen** *n* promise to pay. **~ver-ˌwei·ge·rung** *f* refusal of payment. **~-verˌzug** *m* default (of payment); **in ~ geraten** default. **~ˌwei·se** *f* mode of payment. **~ˌziel** *n* credit, date of payment.

ˈZählˌvorˌrich·tung *f*, **~ˌwerk** *n* counter, counting mechanism, meter.

ˈZahlˌwort *n* ⟨-(e)s; -wörter⟩ *ling.* numeral.

ˈZählˌzeit *f mus.* beat, time.

zahm [tsaːm] *adj* tame (*a. fig.*), domestic(ated); **~ werden** *Tier*: *a.* tame, *Person*: *a.* tame down; *fig.* **~e Kritik** mild criticism; *colloq.* **der Film war recht ~** the film was pretty tame.

ˈzähm·bar *adj* tam(e)able. **≈keit** *f* ⟨-; *no pl*⟩ tam(e)ability.

zäh·men [ˈtsɛːmən] **I** *v/t* ⟨h⟩ **1.** tame (*a. fig.*), domesticate, (*abrichten*) break in. **2.** *fig.* (*Ungeduld, Neugier etc*) contain, restrain, control. **II** *v/reflex* **sich ~ 3.** *fig.* (*sich beherrschen*) contain (*od.* restrain) o.s., hold back.

ˈZahm·heit *f* ⟨-; *no pl*⟩ *a. fig.* tameness.

ˈZäh·mung *f* ⟨-; *no pl*⟩ taming (*a. fig.*), domestication.

Zahn [tsaːn] *m* ⟨-(e)s; ⸚e⟩ **1.** tooth; **falsche** (*od.* **künstliche**) **Zähne**, *humor.* **die dritten Zähne** (a set of) false (*od.* artificial) teeth; **Zähne bekommen** → zahnen I; **sich** (*dat*) **e-n ~ ziehen lassen** have a tooth pulled (out) (*od.* extracted), have a tooth out; **j-m e-n ~ ziehen** pull s.o. a tooth; *fig. colloq.* **den ~ habe ich ihm gezogen** I put that (idea) out of his head; *fig.* **der ~ der Zeit** the ravages *pl* of time; *fig. colloq.* **j-m auf den ~ fühlen** sound s.o. (out); **et. für den hohlen ~** precious little; **j-m die Zähne lang machen** make s.o. envious (*od.* jealous); **j-m die Zähne zeigen** show one's teeth to s.o.; **er kriegt die Zähne nicht auseinander** he won't open his mouth; **bis an die Zähne bewaffnet** armed to the teeth; **Haare auf den Zähnen haben** have a sharp tongue; → **Auge** 1, **ausbeißen**, **knirschen**. **2.** *zo.* tooth, (*bes. Reiß≈, Gift≈*) fang, (*Stoß≈*) tusk; **die Zähne fletschen** bare one's fangs (*a. fig. colloq.*). **3.** *e-r Säge, e-s Zahnrads etc*: tooth. **4.** *fig. colloq.* (*Tempo*) terrific speed, lick; **e-n ~ draufhaben** be doing (*od.* going at) a terrific lick; **e-n ~ zulegen** step on it; **mit e-m tollen ~** at a roaring speed. **5.** *fig. colloq.* (*Mädchen, Frau*) *sl.* (**steiler ~**) groovy) chick (*Am. a.* broad). **~ˌar·me** *pl zo.* edentates. **~ˌarzt** *m*, **~ˌärz·tin** *f* dentist, dental surgeon. **≈ˌärzt·lich** *adj* dental. **~ˌarztˌpra·xis** *f* dental practice. **~ˌarztˌstuhl** *m* dentist's chair. **~-beˌhand·lung** *f* dental treatment. **~-ˌbein** *n anat.* dentin(e). **~beˌlag** *m* film (on the teeth). **~ˌbett** *n anat.* tooth socket. **~ˌbür·ste** *f* toothbrush.

ˈZähn·chen *n* ⟨-s; -⟩ small tooth, *bes. bot. zo.* denticle.

ˈZahnˌcreme *f* toothpaste.

ˈzäh·ne|ˌflet·schend *adj* with teeth bared. **≈ˌklap·pern** *n* chattering of teeth; **mit ~** → **~ˌklap·pernd** *adj* with chattering teeth, with teeth chattering. **≈ˌknir·schen** *n* grinding (*od.* gnashing) of teeth; **mit ~** → **~ˌknir·schend** *adv fig.* very (*od.* most) reluctantly, gritting one's teeth.

zah·nen [ˈtsaːnən] **I** *v/i* ⟨h⟩ *med.* teethe, cut (*od.* grow) teeth. **II** *v/t tech.* tooth.

ˈZahn|erˌsatz *m* (artificial) denture, dental prosthesis. **~ˌfach** *n anat.* tooth socket, alveolus. **~ˌfäu·le** *f* dental caries. **~ˌfi·stel** *f* alveolar (*od.* dental) fistula.

ˈZahnˌfleisch *n* gum(s *pl*), gingiva; *fig. colloq.* **auf dem ~ gehen** (*od.* **kriechen**) be completely fagged out. **~ˌblu·ten** *n*, **~ˌblu·tung** *f* bleeding from the gums. **~entˌzün·dung** *f* inflammation of the gums, gingivitis. **~ˌschwund** *m* shrinking of the gums, gum recession.

ˈZahn|ˌfül·lung *f med.* filling, stopping. **~ˌhals** *m* neck of a tooth, dental neck. **~ˌheilˌkun·de** *f* dentistry. **~ˌhöh·le** *f* socket, alveolus, *bei e-m Defekt*: (dental) cavity. **~in·fek·tiˌon** *f* dental infection. **~ˌkli·nik** *f* dental clinic. **~ˌkranz** *m tech.* gear rim. **~ˌkrem** *f* toothpaste. **~ˌkro·ne** *f med.* crown (of a tooth), corona. **~ˌlaut** *m ling.* dental (sound). **≈los** *adj* toothless, *zo.* edentate. **~ˌlücke** (*getr.* -k·k-) *f* **1.** missing tooth, gap in one's teeth. **2.** *tech.* tooth space. **≈-ˌlückig** (*getr.* -k·k-) [-ˌlʏkɪç] *adj* with widely-spaced teeth. **~ˌmark** *n anat.* (dental) pulp, pulpa. **~me·diˌzin** *f* dentistry, dental medicine. **~me·diˌzi·ner** *m* **1.** dentist. **2.** dental (*od.* dentistry) student. **~ˌnerv** *m anat.* odontic nerve. **~ˌpa·sta, ~ˌpa·ste** *f* toothpaste. **~-ˌpfle·ge** *f* dental care (*od.* hygiene). **~-ˌplom·be** *f* filling, stopping. **~pro-ˌthe·se** *f* dental prosthesis, (*Gebiß*) (artificial) denture. **~ˌpul·ver** *n* tooth powder. **~ˌputzˌglas** *n* toothbrush glass.

ˈZahnˌrad *n tech.* gear (wheel), cogwheel. **~ˌanˌtrieb** *m* gear drive. **~ˌbahn** *f* cog (*od.* rack) railway (*Am.* railroad). **~-ˌfrä·ser** *m* gear (*od.* tooth) cutter. **~ge-ˌtrie·be** *n* toothed gearing. **~ˌschleif-maˌschi·ne** *f* gear grinder. **~ˌüber-ˌset·zung** *f* toothed wheel gear (*od.* transmission).

ˈZahn|ˌrei·he *f* row of teeth. **~ˌschmelz** *m* (dental) enamel. **~ˌschmerz** *m meist pl* toothache; **~en haben** have (a) toothache. **~ˌschutz** *m Sport*: mouthpiece, gumshield. **~ˌspan·ge** *f med.* brace. **~-ˌstan·ge** *f tech.* (toothed) rack. **~ˌstein** *m med.* tartar; **den ~ entfernen** scale ([the] tartar from) the teeth. **~ˌsto·cher** *m* toothpick. **~ˌtech·ni·ker** *m* dental technician (*od.* mechanic).

ˈZah·nung *f* ⟨-; -en⟩ *tech.* toothing, indentation.

ˈZahn|ˌwal *m zo.* toothed whale. **~ˌwech·sel** *m* second dentition. **~ˌweh** *n* toothache; **~ haben** have (a) toothache. **~ˌwerk** *n tech.* rack work. **~ˌwur·zel** *f anat.* root (of a tooth), dental root. **~-ˌzan·ge** *f med.* extractor, dental forceps. **~ˌzie·hen** *n* tooth extraction, pulling of a tooth.

Zäh·re [ˈtsɛːrə] *f* ⟨-; -n⟩ *poet.* tear.

Zan·der [ˈtsandər] *m* ⟨-s; -⟩ *ichth.* zander.

Zan·ge [ˈtsaŋə] *f* ⟨-; -n⟩ **1.** *tech. allg.* nippers *pl*, *kleine*: pliers *pl*, (*bes. Schmiede≈*) tongs *pl*, (*Beiß≈*) pincers *pl*, *für Fingernägel*: clippers *pl*, *med.* forceps; **e-e ~** (a pair of) tongs, *etc.* **2.** *zo.* (*Greifwerkzeug*) nippers *pl*, pincers *pl*, forceps *pl*. **3.** *fig. colloq.* **in die ~ nehmen** press *s.o.* hard, put the screw(s) on, corner, *Fußball*: sandwich, *mil.* (*Gegner etc*) envelop; **ich möchte das nicht einmal mit der ~ anfassen** I would not touch that with a barge pole (*Am.* a ten-foot pole). **4.** *fig. colloq.* (*zänkisches Weib*) battle-ax(e).

ˈZan·gen|be|we·gung *f mil.* pincer movement. **≈ˌför·mig** *adj* forcipate(d). **~geˌburt** *f* forceps delivery. **~ˌgriff** *m Ringen*: double grip.

Zank [tsaŋk] *m* ⟨-(e)s; *no pl*⟩ quarrel; **bei ihnen gibt es immer ~ und Streit** they are always quarrel(l)ing (*od.* bickering). **~ˌap·fel** *m* ⟨-s; *no pl*⟩ bone of contention, apple of discord.

zan·ken [ˈtsaŋkən] **I** *v/i* ⟨h⟩ (**mit j-m**) **~** scold (s.o.). **II** *v/reflex* **sich ~** quarrel (*od.* have words) (**über** *acc* about, **um** over). **Zan·keˈrei** *f* ⟨-; *no pl*⟩ *colloq.* quarrel(l)ing, bickering. **Zän·keˈrei** *f* ⟨-; -en⟩ *meist pl colloq.* quarrel, haggle. **zän·kisch** [ˈtsɛŋkɪʃ] *adj* cantankerous, quarrelsome, *Ehefrau*: nagging. **ˈZank-sucht** *f* ⟨-; *no pl*⟩ quarrelsomeness. **ˈzankˌsüch·tig** *adj* → zänkisch.

Zäpf·chen [ˈtsɛpfçən] *n* ⟨-s; -⟩ **1.** *anat.* uvula. **2.** *pharm.* suppository.

zap·fen [ˈtsapfən] **I** *v/t* ⟨h⟩ **1.** (*bes. Bier*) tap. **2.** *tech.* (*Bretter etc*) mortise, mortice. **II** *v/i* **3.** *mot.* fill.

ˈZap·fen *m* ⟨-s; -⟩ **1.** *bot.* cone. **2.** (*Faßhahn*) tap, spigot, *Am.* faucet. **3.** *tech.* (*Pflock*) peg, pin, (*Spund*) bung, (*Verbindungs≈*) tenon, (*Wellen≈*) stud, journal, (*Dreh≈*) pivot, (*Führungs≈*) pilot. **4.** *anat.* (retinal) cone. **~ˌboh·rer** *m tech.* tap borer. **≈ˌför·mig** *adj* cone-shaped, peg-shaped. **~ˌla·ger** *n* journal (*od.* pivot) bearing. **~ˌloch** *n tech.* pivot hole, *Tischlerei*: mortise. **~ˌstreich** *m mil.* (*Signal*) tattoo, *bes. Am. a.* taps *pl* (*meist als sg konstruiert*), (*Zeremoniell*) military tattoo; **den ~ blasen** sound the tattoo; **der Große ~** retirement ceremony, *Am.* the Tattoo; *colloq.* **jetzt ist ~!** (it's) time for bed! **~verˌbin·dung** *f Tischlerei*: mortise (and tenon) joint.

ˈZapf|ˌhahn *m* **1.** tap, *Am.* faucet. **2.** *mot.* (*a.* **~piˌsto·le** *f*) nozzle. **~ˌsäu·le** *f* petrol (*Am.* gasoline) pump. **~ˌstel·le** *f für Wasser*: tap connection.

Zaˈponˌlack [tsaˈpoːn-] *m* cellulose lacquer.

Zap·pe'lei *f* ‹-; *no pl*› *colloq.* fidgeting. **'zap·pe·lig** *adj colloq.* fidgety, restless. **≈keit** *f* ‹-; *no pl*› fidgetiness, restlessness.

zap·peln ['tsapəln] **I** *v/i* ‹h› **1.** fidget (**vor Ungeduld** with excitement). **2.** struggle, (*sich winden*) wriggle; **der Fisch zappelt an der Angel** (**im Netz**) the fish wriggles on the hook (in the net); *fig. colloq.* **j-n ~ lassen** keep s.o. dangling (*od.* on tenterhooks). **II ≈** *n* ‹-s› **3.** fidgeting (*etc*).

'Zap·pel,phi·lipp *m* ‹-s; -e *u.* -s› *colloq.* fidget(er).

'zap·pen'du·ster ['tsapən-] *adj colloq.* pitch-black, pitch-dark; *fig.* **dann wird's ~** things will be pretty tough.

'zapp·lig *adj* → **zappelig.**

Zar [tsa:r] *m* ‹-en; -en› czar, tsar. **'Za·ren,reich** *n* czarist (*od.* tsarist) realm. **'Za·ren·tum** *n* ‹-s; *no pl*› czarism, tsarism. **Za·re·witsch** [tsa're:vɪtʃ] *m* ‹-(e)s; -e› czarevitch, tsarevitch.

Zar·ge ['tsargə] *f* ‹-; -n› **1.** *tech.* (*Nut*) notch, groove. **2.** (*Tür≈, Fenster≈*) frame, case. **3.** *e-r Geige*: side.

'Za·rin *f* ‹-; -nen› czarina, tsarina. **Za·ris·mus** [tsa'rɪsmʊs] *m* ‹-; *no pl*› czarism, tsarism. **za'ri·stisch** [-tɪʃ] *adj* czarist(ic), tsarist(ic); **das ~e Rußland** czarist Russia.

zart [tsart] **I** *adj* ‹-er; -est› **1.** *Fleisch, Blätter etc, a. fig. Alter*: tender; **vom ~esten Kindesalter an** from one's most tender years. **2.** *Gewebe, Haut, Knochenbau etc*: delicate, *Person*: *a.* slight, dainty, *Gesundheit etc*: *a.* frail, fragile; *humor.* **das ~e Geschlecht** the gentle(r) sex. **3.** *fig. Rücksichtnahme, Aufmerksamkeit etc*: delicate, *Gemüt, Gewissen etc*: *a.* sensitive, tender, *Berührung, Behandlung etc*: gentle; **~e Bande** bonds of affection; **nicht für ~e Ohren** not for tender (*od.* sensitive) ears; **ein ~er Wink** a gentle (*od.* subtle) hint. **4.** *Klang, Stimme etc*: soft, gentle, delicate, *Farbe*: *a.* pale, subdued. **II** *adv* **5.** gently; **mit j-m ~ umgehen** *a.* handle s.o. with kid-gloves. **~be,sai·tet** *adj* ‹-er, **zarter besaitet**; -st, **zartest besaitet**› (highly) sensitive, highly strung, *a person* of sensibility; **(sehr) ~ sein** *a.* have (great) sensibility. **~,füh·lend** *adj* ‹-er; -st› delicate, tactful. **≈ge,fühl** *n* ‹-(e)s; *no pl*› delicacy (of feeling), tact(fulness). **~,glie·de·rig, ~,glied·rig** *adj* delicate, gracile. **~,grün** *adj* pale-green. **≈heit** *f* ‹-; *no pl*› **1.** *von Fleisch, Blättern etc*: tenderness. **2.** *von Gewebe, Haut etc*: delicacy, delicateness. **3.** (*Sanftheit*) gentleness, *von Klang, Stimme, Farben*: *a.* softness, delicacy.

zärt·lich ['tsɛ:rtlɪç] *adj* tender, (*liebevoll*) affectionate, loving, fond (*mother, wife, etc*); **zu j-m ~ sein** be affectionate with s.o.; **~** (*intim*) **werden** become amorous; **~e Worte** tender (*od.* fond) words, words of love. **≈keit** *f* ‹-; -en› **1.** ‹*only sg*› tenderness, fondness. **2.** endearment, (*Liebkosung*) *a.* caress, embrace. **≈keits·be,dürf·nis** *n* ‹-ses; *no pl*› need of affection.

Za·ster ['tsastər] *m* ‹-s; *no pl*› *colloq.* (*Geld*) dough, brass, *Br. sl.* lolly.

Zä·sur [tsɛ'zu:r] *f* ‹-; -en› **1.** *metr. mus.* c(a)esura. **2.** *fig.* turning point.

Zau·ber ['tsaʊbər] *m* ‹-s; -› **1.** ‹*only sg*› magic, witchcraft; **wie durch ~** as if by magic. **2.** spell, charm, *fig. a.* magic, enchantment, fascination; **den ~ lösen** break the spell; *fig.* **dem ~ der Musik erliegen** be spellbound by the magic of the music. **3.** ‹*only sg*› *fig. colloq. contp.* mumbo-jumbo, (*Aufhebens*) hullaba(l)loo, fuss, goings-on; **fauler ~** humbug, swindle; **den ganzen ~** the whole bag of tricks; **ich bin den ganzen ~ leid** I am fed up with the whole business; **den ~ kenne ich** I've been through all that; **was kostet der ganze ~?** what is the whole lot going to cost? **~,bann** *m* spell, charm. **~,buch** *n* book of spells (*od.* charms).

Zau·be'rei *f* ‹-; -en› **1.** ‹*only sg*› (black) magic, witchcraft. **2.** → **Zauberkunststück.** **'Zau·be·rer** *m* ‹-s; -› **1.** wizard (*a. fig.*), magician, sorcerer. **2.** → **Zauberkünstler.**

'Zau·ber|,for·mel *f* spell, charm, magic formula. **~,gar·ten** *m* enchanted garden. **≈haft** *adj fig.* charming, enchanting, delightful, lovely.

'Zau·be·rin *f* ‹-; -nen› sorceress, *fig.* enchantress.

'Zau·ber|,in·sel *f* enchanted island. **~,klang** *m* magic (*od.* enchanting) sound. **~,kraft** *f* magic power. **≈,kräf·tig** *adj* magic(al). **~,kreis** *m* magic circle. **~,kunst** *f* ‹-; -künste› **1.** ‹*only sg*› magic art, (black) magic, witchcraft. **2.** *pl* magic art *sg.* **~,künst·ler** *m* magician, conjurer. **~,kunst,stück** *n* conjuring trick, sleight of hand. **~,land** *n* land of magic, Fairyland. **~,lehr·ling** *m* sorcerer's apprentice. **~,macht** *f* magic power. **~,man·tel** *m* magic cloak. **~,mit·tel** *n* charm, spell.

zau·bern ['tsaʊbərn] **I** *v/t* ‹h› produce *s.th.* by magic, conjure (up); **j-n irgendwohin ~** charm s.o. somewhere; *fig.* **ein phantastisches Essen ~** conjure up a phantastic meal. **II** *v/i* practise (*od.* do, perform) magic, *weitS.* do conjuring tricks, conjure; *a. fig.* **~ können** *a.* be a magician, be able to work miracles. **III ≈** *n* ‹-s› → **Zauberei** 1.

'Zau·ber|,reich *n fig.* magic realm. **~,ring** *m* magic ring. **~,schloß** *n* enchanted castle. **~,spie·gel** *m* magic mirror. **~,spruch** *m* spell, charm. **~,stab** *m* (magic) wand. **~,trank** *m* magic potion. **~,trick** *m* conjuring trick. **~,wald** *m* magic wood, enchanted forest. **~,werk** *n* ‹-(e)s; *no pl*› → **Zauberei** 1. **~,we·sen** *n* magic being. **~,wort** *n* ‹-(e)s; -e› magic word, spell.

'Zau·de·rer *m* ‹-s; -› hesitater, waverer, temporizer.

zau·dern ['tsaʊdərn] **I** *v/i* ‹h› hesitate, waver, *hinhaltend*: temporize, shilly-shally. **II ≈** *n* ‹-s› hesitation, wavering; **ohne ≈** without hesitation, unhesitatingly. **~d** *adj* hesitating, hesitant.

Zaum [tsaʊm] *m* ‹-(e)s; **Zäume**› bridle; *fig.* **im ~ halten** (*Leidenschaften etc*) control, keep *s.th.* in check, curb, bridle, restrain; **sich (selbst) im ~ halten** control (*od.* restrain) o.s.; → **Zunge** 1.

zäu·men ['tsɔʏmən] *v/t* ‹h› bridle.

'Zaum|,pfad *m* bridle path. **~,zeug** *n* headgear, bridle.

Zaun [tsaʊn] *m* ‹-(e)s; **Zäune**› fence, (*Bretter≈, Bau≈*) hoarding, boarding, *Am.* billboard; **lebender ~** hedge, quickset (hedge); *fig.* **vom ~e brechen** (*e-n Streit*) pick (*a quarrel*), (*e-n Krieg*) start (*a war*). **~,gast** *m* ‹-(e)s; -gäste› outside spectator, *fig.* looker-on. **~,kö·nig** *m orn.* wren. **~,lat·te** *f* picket. **~,lücke** (*getr.* **-k·k-**) *f* gap in a (*od.* the) fence. **~,pfahl** *m* pale; *fig. colloq.* **ein Wink mit dem ~** a broad (*od.* an unmistakable) hint; **mit dem ~ winken, j-m e-n Wink mit dem ~ geben** give (*od.* drop) s.o. a broad hint. **~,re·be** *f bot.* Virginia creeper.

zau·sen ['tsaʊzən] *v/t* ‹h› (*Haar etc*) tousle, ruffle; **sich (gegenseitig) ~** (have a) tussle (*od.* scuffle); *fig.* **j-n ~** (*j-m übel mitspielen*) treat s.o. rough, buffet s.o. (about).

Ze·bra ['tse:bra] *n* ‹-s; -s› zebra. **~,strei·fen** *m für Fußgänger*: zebra crossing.

Ze·bu ['tse:bu] *m, n* ‹-s; -s› *zo.* zebu.

'Zech,bru·der *m colloq.* toper, tippler, boozer.

Ze·che[1] ['tsɛçə] *f* ‹-; -n› bill, *bes. Am.* check; **e-e große ~ machen** run up a big bill; **die ~ (be)zahlen** pay one's bill, *a. fig. colloq.* foot the bill, *fig.* pay the piper; *colloq.* **die ~ prellen** dodge (*bes. Am.* duck) paying the bill.

'Ze·che[2] *f* ‹-; -n› (coal) mine, colliery, pit, (*Bergwerksgesellschaft*) mining company.

ze·chen ['tsɛçən] *v/i* ‹h› carouse, *colloq.* tipple, booze. **'Ze·cher** *m* ‹-s; -› carouser, *colloq.* tippler, boozer. **Ze·che'rei** *f* ‹-; -en› carouse, *colloq.* booze.

'Zech|ge,la·ge *n* carousal, revelry, *colloq.* booze. **~kum,pan** *m colloq.* boozing pal. **~,prel·ler** *m* bill dodger, bilk. **~prel·le'rei** [,tsɛç-] *f* ‹-; -en› bill dodging, bilking. **~,tour** *f* (*a.* **e-e ~ machen**) *sl.* pub-crawl.

Zecke (*getr.* **-k·k-**) ['tsɛkə] *f* ‹-; -n› *meist pl zo.* tick.

Ze·dent [tse'dɛnt] *m* ‹-en; -en› *jur.* conveyer, transfer(r)or, assignor.

Ze·der ['tse:dər] *f* ‹-; -n› *bot.* cedar. **~n,holz** *n* cedar(wood).

ze·die·ren [tse'di:rən] *v/t* ‹*no* **ge-**, h› *jur.* (*dat* to) cede, convey, assign, transfer.

Zeh [tse:] *m* ‹-s; -en› → **Zehe** 1.

Ze·he ['tse:ə] *f* ‹-; -n› **1.** *anat. zo.* toe; **große (kleine) ~** big (little) toe; *a. fig. colloq.* **j-m auf die ~n treten** step (*od.* tread) on s.o.'s toes. **2.** (*Knoblauch≈*) clove (of garlic).

'Ze·hen|,bal·len *m anat. zo.* ball of a toe. **~,gän·ger** *m* ‹-s; -› *meist pl zo.* digitigrade. **~,na·gel** *m* toenail. **~,spit·ze** *f* tip (*od.* end) of the toe; **auf ~n** on tiptoe; **sich auf die ~n stellen** stand on tiptoe. **~,stand** *m gym.* **im ~** standing on one's toes.

zehn [tse:n] **I** *adj* **1.** ten; → *a.* **acht, Finger** *Bes. Redewendungen etc.* **II ≈** *f* ‹-; -en› **2.** (number) ten. **3.** *colloq.* (tram, *Am.* streetcar) number ten. **~,bän·dig** [-,bɛndɪç] *adj* ten-volume(d), in (*od.* of) ten volumes. **≈eck** *n* ‹-(e)s; -e› *math.* decagon. **~,eckig** (*getr.* **-k·k-**) *adj* decagonal. **≈,en·der** [-,ʔɛndər] *m* ‹-s; -› *hunt.* ten-pointer.

'Zeh·ner[1] *m* ‹-s; -› **1.** *colloq.* (number) ten. **2.** *colloq.* a) ten-pfennig piece, b) tenner. **3.** *math.* ten. **4.** *Kartenspiel*: ten, *Am. a.* ten-spot. **5.** *Fußballtoto*: ten (numbers) right; **e-n ~ haben** have ten right.

'Zeh·ner[2] *f* ‹-; -› *colloq.* ten-pfennig (postage) stamp.

'zeh·ner'lei *adj* ‹*invariable*› of ten (different) kinds (*od.* sorts), ten different (kinds *od.* sorts of).

'Zeh·ner|,packung (*getr.* **-k·k-**) *f* packet (*bes. Am.* pack) of ten. **~,rei·he** *f* **1.** *math.* decade. **2.** *bes. mil.* row of ten. **~,stel·le** *f math.* ten's (*od.* tens) place, (the) tens *pl.*

'zehn,fach I *adj* tenfold, decuple; **e-e ~e Vergrößerung** an enlargement ten times the size. **II** *adv* tenfold, ten times. **III ≈e, das** ‹-n› the decuple, the tenfold (amount), ten times the amount; **um das ≈e** *increase, etc* tenfold; **(sich) um das ≈e vermehren** decuple.

,Zehn'fin·ger·sy,stem *n* ‹-s; *no pl*› *beim Maschineschreiben*: touch system.

'Zehn|,flach *n* ‹-(e)s; -e› *math.* decahedron. **≈,flä·chig** *adj* decahedral. **~'jah·res,fei·er** [,tse:n-] *f* tenth anniversary. **≈,jäh·rig** *adj* **1.** ten-year-old, of ten (years); **ein ~es Kind** a ten-year-old (child), a child of ten. **2.** ten-year, lasting (*od.* of) ten years; **e-e ~e Pause** an interval of ten years, a ten-year interval. **3.** ten-year, decennial; **~es Jubiläum** ten-year (*od.* tenth) anniversary. **~ˌjäh·ri·ge** *m, f* ‹-n; -n› ten-year-old (boy, girl, child); **die ~n** the ten-year-olds. **2ˌjähr·lich** *adj u. adv* (occurring) every ten years. **~ˌkampf** *m Sport*: decathlon. **~ˌkämp·fer** *m* decathlete. **~ˈklas·senˌschu·le** [ˌtseːn-] *f DDR* ten-year general and polytechnical school. **2ˌköp·fig** [-ˌkœpfɪç] *adj a family, etc* of ten. **2ˌmal** *adv* ten times. **2ˌma·lig** *adj* done (*od.* repeated) ten times; **nach ~em Versuch** after the tenth attempt, after ten attempts. **~ˈmarkˌschein** [ˌtseːn-] *m* ten-mark note (*bes. Am.* bill), *colloq.* tenner. **2ˌmo·na·tig** [-ˌmoːnatɪç] *adj* **1.** ten-month-old, of ten months. **2.** ten-month, lasting (*od.* of) ten months. **2ˌmo·nat·lich** *adj u. adv* (occurring) every ten months.

ˌZehn|ˈmo·natsˌkind *n* ten-month baby. **~ˈpfen·nig(ˌbrief)ˌmar·ke** *f* ten-pfennig (postage) stamp. **~ˈpfen·nigˌstück** *n* ten-pfennig piece.

ˈzehn|proˌzen·tig [-proˌtsɛntɪç] *adj* ten-percent. **~ˌsei·tig** *adj* **1.** ten-page (*letter, etc*). **2.** *math.* ten-sided, decagonal. **~ˌstel·lig** [-ˌʃtɛlɪç] *adj math.* ten-figure. **~ˌstöckig** (*getr.* -k·k-) [-ˌʃtœkɪç] *adj* ten-storeyed (*bes. Am.* -storied), ten-stor(e)y. **~ˌstün·dig** [-ˌʃtʏndɪç] *adj* ten-hour, lasting (*od.* of) ten hours.

zehnt *adj* tenth; → *a.* **acht.**

Zehnt [tseːnt] *m* ‹-en; -en› *hist.* tithe.

ˈzehn|ˌtä·gig *adj* ten-day, lasting (*od.* of) ten days. **~ˈtau·send I** *adj* ten thousand. **II 2** *pl fig.* **die oberen 2** the upper ten (thousand). **2ˈtau·send** *n* ‹-s; -e› ten thousand; **~e von Menschen** tens of thousands of people; **die Kosten gehen in die ~e** the costs run into the ten thousands (*od.* five figures).

ˈZehn·te[1] *m* ‹-n; -n› *hist.* tithe.

ˈZehn·te[2] *m, f* ‹-n; -n›, *n* ‹-n; *no pl*› **1.** tenth; **heute ist der ~** this (*od.* today) is the tenth. **2.** *mit Kleinschreibung*: tenth; **der 2 von links** the tenth from the left.

ˈZehn·tel I *n* ‹-s; -› tenth (part); **ein ~ der Summe** a (*od.* one) tenth of the sum. **II 2** *adj* tenth; **ein 2 Gramm** a (*od.* one) tenth of a gram(me). **~seˌkun·de** *f* tenth of a second.

ˈzehn·tens *adv* tenth(ly), in the tenth place.

ˈzehntˌgrößt *adj* tenth largest.

ˈzehntˌpflich·tig *adj hist.* tithable.

ˈzehn|ˌwö·chig [-ˌvœçɪç] *adj* **1.** of ten weeks, ten-week-old. **2.** ten-week, lasting (*od.* of) ten weeks. **2ˌzei·ler** [-ˌtsaɪlər] *m* ‹-s; -› *metr.* ten-line poem, decastich.

zeh·ren [ˈtseːrən] *v/i* ‹h› **1. ~ von** live (*od.* exist) on, *a. fig. von s-m Ruhm, s-n Erinnerungen etc*: live off; **der Körper zehrt von s-m Fett** the body draws on its fat; *fig.* **von diesem Urlaub zehre ich noch lange** this holiday will give me pleasure for months to come; **von der Erinnerung an et. ~** remember s.th. fondly. **2.** *Seeluft, fig. Liebeskummer etc*: take weight off, be slimming. **3.** *fig.* **~ an** (*dat*) (*Gesundheit etc*) weaken, undermine, sap, (*j-s Kräften etc*) eat up, waste away, consume, (*j-s Herz*) gnaw at. **~d** *adj* wasting, consumptive.

ˈZehr|ˌgeld *n*, **~ˌpfen·nig** *n obs.* travel(l)ing money.

ˈZeh·rung *f* ‹-; *no pl*› *lit.* provisions *pl.*

Zei·chen [ˈtsaɪçən] *n* ‹-s; -› **1.** *allg.* sign, (*Merk2*) *a.* mark, (*Kenn2*) *a.* characteristic, (*Signal*) signal, (*Symbol*) symbol; **akustische (mathematische, magische) ~** acoustic (mathematic[al], magic) signs; **chemisches ~** chemical symbol; **j-m ein ~ geben** (*od.* **machen**) give s.o. a sign (*od.* signal), sign (*od.* signal) to s.o.; *bes. mot.* **~ geben** (give a) signal *when turning to the left, etc*; **er gab das ~ zum Aufbruch** he gave the sign to leave; **ein ~ mit dem Kopf** a nod; **sich** (*dat*) **an e-r Stelle im Buch ein ~ machen** mark a place in the book. **2.** (*An2*) sign, indication (mark), mark, *bes. med.* symptom; **ein ~ sein für** be a sign of, be indicative of; **ein ~ von Schwäche** a sign of weakness; **ein untrügliches ~** an unmistakable sign; **das ist ein ~ der Zeit** that is a symptom of our times. **3.** *fig.* (*Beweis*) token, mark, sign; **zum ~** (*gen*) in (*od.* as a) sign of, as a mark (*od.* proof) of; **als** (*od.* **zum**) **~ m-r Dankbarkeit** as a token (*od.* mark) of my gratitude; **zum ~, daß** as a proof that; **zum ~, daß ich dich liebe** as a token of my love for you; **mit allen ~ der Hochachtung** with every mark of respect. **4.** (*Vor2, Omen*) sign, omen, augury; **ein ~ des Himmels** a sign from heaven; *humor.* **es geschehen noch ~ und Wunder** wonders never cease. **5.** (*Satz2*) punctuation mark. **6.** (*Stern2*) sign; **er ist im ~ des Löwen geboren** he was born under the sign of Leo; *fig.* **im ~ e-s Ereignisses** *etc* **stehen** be marked by an event, *etc*; **unser Jahrhundert steht im** (*od.* **unter dem**) **~ der Technisierung** our century is marked by technological progress. **7.** (*Akten2*) reference (number), (*Diktat2*) reference (*abbr.* Ref.); **unser (Ihr) ~** our (your) reference. **8.** *Computer*: character. **9.** (*Waren2*) brand, trademark. **10.** (*Einsatz2*) *für Sprecher, Musiker etc*: cue. **11. er ist s-s ~s ein Bäcker** he is a baker by trade.

ˈZei·chen|ˌblock *m* ‹-(e)s; -s, *a.* ⸚e› drawing block. **~ˌbrett** *n* drawing (*od.* drafting) board. **~büˌro** *n* drawing office, drafting room. **~ˌdeu·ter** *m* augur, diviner. **~ˌdreiˌeck** *n math.* triangle, set square. **~erˌklä·rung** *f* list of conventional signs, signs and symbols *pl*, *auf Fahrplänen etc*: key, *auf Landkarten*: legend. **~ˌfe·der** *f* drawing pen. **~geˌrät** *n* **1.** drawing instrument. **2.** *collect.* drawing instruments *pl* (*od.* equipment). **~ˌheft** *n* drawing book. **~ˌkoh·le** *f* charcoal. **~ˌkrei·de** *f* chalk, crayon. **~ˌkunst** *f* ‹*only sg*› (art of) drawing. **~ˌleh·rer** *m*, **~ˌleh·re·rin** *f* art teacher. **~ˌmap·pe** *f* portfolio. **~ma·te·riˌal** *n* drawing material. **~paˌpier** *n* drawing paper. **~ˌsaal** *m* **1.** art room. **2.** → Zeichenbüro. **~ˌschutz** *m* protection of trademarks. **~ˌset·zung** *f* ‹-; *no pl*› punctuation. **~ˌspra·che** *f* ‹-; *no pl*› sign language. **~ˌstift** *m* (drawing) pencil. **~ˌstun·de** *f* drawing (*od.* art) lesson. **~syˌstem** *n* code. **~ˌtisch** *m* drawing table. **~ˌtrickˌfilm** *m* (animated) cartoon film. **~ˌun·terˌricht** *m* drawing lessons *pl*, (*Schulfach*) art. **~ˌvorˌla·ge** *f* drawing copy (*od.* model).

zeich·nen [ˈtsaɪçnən] **I** *v/t* ‹h› **1.** draw, (*Kurve, Diagramm etc*) plot, (*skizzieren*) sketch (out), outline, delineate, (*entwerfen*) draw up, draft, design; **ein Pferd ~** draw a horse; **et. in verkleinertem Maßstab ~** draw s.th. on a reduced scale. **2.** (*kenn~*) mark. **3.** *econ.* a) (*Geldsumme*) subscribe (**für** to, toward[s]), b) (*Anleihe*) subscribe for, (*Aktien*) *a.* take up, c) (*Versicherung*) underwrite. **4.** *fig.* (*Charaktere, Atmosphäre etc*) depict, portray, draw, delineate. **5.** (*unter~*) sign. **6.** *fig.* (*prägen*) leave its mark on, mark, tell on; **die Jahre des Leids haben ihr Gesicht gezeichnet** the years of sorrow have left their mark on (*od.* have marked) her face. **II** *v/i* **7.** draw; **gut ~ können** *a.* be a good drawer; **mit Bleistift (Kreide) ~** draw in pencil (chalk); **mit der Feder ~** draw with a pen; **nach der Natur ~** draw from nature. **8.** (*unter~*) sign; **ich zeichne ...** *am Briefende*: I am ..., I remain ...; *fig.* **verantwortlich ~ für** be responsible for. **9.** *hunt.* leave a trail. **III 2** *n* ‹-s› **10.** drawing (*etc*), (*Schulfach*) art. **11.** *fig.* depiction.

ˈZeich·ner *m* ‹-s; -› **1.** drawer, draughtsman, *Am.* draftsman. **2.** *e-r Anleihe etc*: subscriber (*gen* for).

ˈZeich·ne·rin *f* ‹-; -nen› **1.** drawer, draughtswoman, *Am.* draftswoman. **2.** → Zeichner 2. **ˈzeich·ne·risch I** *adj* **~e Begabung, ~es Talent** talent for drawing; **~e Darstellung** drawing, graphic representation. **II** *adv* **~ begabt sein** have (a) talent for drawing; **~ darstellen** make a drawing of. **ˈZeich·nung** *f* ‹-; -en› **1.** drawing, *tech. a.* design, delineation, (*Skizze*) sketch, outline, (*Illustration*) illustration, *tech.* diagram, figure. **2.** *bot. zo.* marking(s *pl*), patterning, *im Holz*: grain. **3.** ‹*only sg*› *e-r Anleihe etc*: subscription; **zur ~ aufliegen** be offered for subscription; **e-e Anleihe zur ~ auflegen** invite subscriptions for a loan.

ˈZeich·nungs|ˌan·geˌbot *n econ.* subscription offer. **2beˌrech·tigt** *adj* authorized to sign (on behalf of the firm), having signatory power. **~beˌrech·ti·gung** *f* right to sign. **~beˌtrag** *m* subscription amount. **~ˌfrist** *f* subscription period. **~ˌli·ste** *f* subscription list. **~ˌpreis** *m* price of subscription. **~ˌvollˌmacht** *f* signing (*od.* signatory) power, authority to sign.

ˈZei·geˌfin·ger *m* index (finger), forefinger.

zei·gen [ˈtsaɪgən] **I** *v/t* ‹h› **1.** *allg.* show, (*Film etc*) *a.* present, (*zur Schau stellen*) *a.* exhibit, display; **j-m die Stadt ~** show s.o. ([a]round) the town; **ich zeige dir, wie man es macht** I'll show you how to do it. **2.** (*an~*) show, indicate, mark; **das Thermometer zeigt 23°** the thermometer shows 23°; **was zeigt die Waage?** what weight do the scales indicate?; **die Uhr zeigt halb vier** the clock says half past three. **3.** (*darlegen*) show, demonstrate, point out. **4.** *fig.* show, manifest; **s-n Ärger ~** show one's annoyance, let one's annoyance be felt; **nicht das geringste Interesse ~** not to show (*od.* manifest) the slightest interest; **er zeigt nie s-e wahren Gefühle** he never shows (*od.* reveals) his real feelings, he never lets his real feelings show; **er will nur s-e Macht ~** he just wants to show (*od.* demonstrate) his power; *colloq.* **dir werd' ich's ~** *drohend*: I'll show (*od.* fix) you!; **jetzt zeig mal, was du kannst** come on, show what you can do. **II** *v/i* **5.** (*deuten*) point (**auf** *acc* at); **in e-e Richtung ~** point in a direction; **die Magnetnadel zeigt nach Norden** the compass needle points (to the) north; → **Finger** 1. **III** *v/reflex* **sich ~ 6.** *Person*: show o.s., *bes. kurz*: make (*od.* put in) an appearance, (*erscheinen*) appear, *colloq.* show (up), *mit e-m neuen Freund, in e-m neuen Kleid etc*: appear, present o.s.; *fig.* **sich von s-r besten Seite** (*od.* **im besten Licht**) **~** present o.s. to best advantage. **7.** (*sichtbar werden*) show (itself), appear, become apparent, come out, come to light; **am Himmel zeigten sich die ersten Sterne** the first stars showed (*od.* came out, appeared) in the sky. **8. sich dankbar ~** be grateful, be appreciative, show one's appreciation; sich erstaunt ~ be much surprised; sie hat sich nicht besonders erfreut gezeigt she was not particularly pleased, she was not exactly overjoyed; → erkenntlich. **IV** *v/impers* **9.** (*sich erweisen*) turn out, become apparent; es zeigte sich, daß it turned out (*od.* appeared) that; es wird sich ja ~, wer recht hat we'll see who is right in the end.

Zei·ger [ˈtsaɪgər] *m* <-s; -> **1.** *der Uhr*: hand, *von Meßinstrumenten*: *a.* pointer, index, *e-r Waage*: needle, tongue; großer ~ minute (*od.* big) hand; kleiner ~ hour (*od.* little) hand. **2.** *math.* index, exponent. **~ausˌschlag** *m* pointer deflection, *Radar*: needle deviation. **~ˌstand** *m* reading of a pointer. **~ˌwaa·ge** *f* dial (*od.* indicator) balance. **~ˌwerk** *n e-r Uhr*: dial train, motion work.

ˈZei·geˌstab *m* <-(e)s; ¨-e> pointer.

zei·hen [ˈtsaɪən] *v/t* <zeiht, zieh, geziehen, h> *lit.* j-n e-r Sache ~ accuse s.o. of s.th.

Zei·le [ˈtsaɪlə] *f* <-; -n> **1.** *gedruckte etc, a. TV*: line; e-e neue ~ anfangen start a new line; j-m ein paar ~n schreiben drop s.o. a line; nach ~n bezahlen pay (*a translator, etc*) by the line; *fig.* zwischen den ~n lesen read between the lines. **2.** (*Reihe*) row; in ~n in rows.

ˈZei·len|ˌabˌstand *m* **1.** *bei der Schreibmaschine*: (line) space, spacing; doppelter ~ double (line) space. **2.** *TV* distance between the lines. **~abˌta·stung** *f TV* line scanning. **~bauˌwei·se** *f arch.* ribbon development. **~ˌbild** *n* line image. **~ˌbrei·te** *f* width of a line. **~ˌdrucker** (*getr.* -k·k-) *m Computer*: line(-at-a--time) printer. **~ˌdurchˌschuß** *m print.* reglet. **2ˌfrei** *adj TV* line-free. **~ˌgieß·maˌschi·ne** *f print.* line-casting machine. **~ˌguß** *m* slug. **~ho·noˌrar** *n* lin(e)age; ~ bekommen be paid by the line. **~ˌra·ster** *n TV* line-scanning pattern. **~ˌschal·ter, ~ˌschaltˌhe·bel** *m Schreibmaschine*: line space and carriage return lever. **~ˌschin·der** *m contp.* **1.** line padder. **2.** penny-a-liner. **~ˌsetz·maˌschi·ne** *f print.* line-composing machine. **~ˌsprung** *m TV* line interlacing. **2ˌwei·se** *adv* by the line. **~ˌzahl** *f* **1.** *print.* number of lines, lin(e)age. **2.** *TV* definition.

Zei·sig [ˈtsaɪzɪç] *m* <-s; -e> *orn.* siskin.

zeit [tsaɪt] *prep* <*gen*> ~ m-s (s-s, d-s) Lebens all my (his, your) life.

Zeit *f* <-; -en> **1.** (*~raum*) time; lange (kurze) ~ warten wait for a long (short) time; (auf *od.* für) einige ~ (for) some time, (for) a while; das wird einige ~ dauern that will take (some) time; die ganze ~, in der ganzen ~, in all der ~, die ganze ~ hindurch the whole time, all this while; wir haben noch e-e Stunde ~ we have another hour; das hat ~ bis morgen that can wait until tomorrow; das hat (*od.* damit hat es) noch ~ there is no hurry (*od.* rush); die längste ~ s-s Lebens the greater part of his life; *iro.* ich war die längste ~ in dieser Firma I have been (quite) long enough in this firm; ihr wird die ~ lang she has time on her hands; mir wird die ~ nie lang I am never lost (*od.* at a loss) for s.th. to do; j-m ~ lassen give s.o. time; laß dir ~ take your time (over it); dazu fehlt mir leider die ~ I'm afraid I just don't have the time for it; sich (*dat*) ~ für et. nehmen take (the) time for (*od.* to do) s.th.; s-e ~ ist vorbei his time is up (*od.* over), *fig. a.* er hat s-e beste ~ hinter sich he has had his day; die ~en sind vorbei, wo there was a time when, *colloq.* time was when; einige ~ verstreichen lassen, bevor ... wait a while (*od.* awhile) before ...; in ihrer freien ~ in her spare time, in her leisure hours; in der ~ von zwei bis vier between two and four o'clock; in (*od.* nach) kurzer ~ in a short time (*od.* while); in ganz kurzer ~ *a.* in no time; in letzter ~ lately, recently, this past while; in nächster ~ shortly, soon, presently; das war in der ~, als ... that was during the time (when); mit der ~, im Laufe der ~ in (*od.* with, in the course of) time; vor langer, langer ~ a long, long time ago; vor kurzer ~ a short time (*od.* while) ago; ~ ist Geld (*Sprichwort*) time is money. **2.** (*~punkt*) time; e-e ~ festsetzen (*od.* bestimmen) fix a time; es ist (*od.* wird) (höchste) ~, daß wir aufbrechen it is (high) time that we were going; *colloq.* es ist (*od.* wird) auch höchste ~ (, daß du ...) it's about time (you ...); alles zu s-r ~ there is a time for everything; ihre ~ ist gekommen (*Niederkunft*) her time has come; d-e ~ ist gekommen (*Todesstunde*) your time has come; es ist (an der) ~ zu handeln it is time (*od.* the time has come) to act; seit der ~ since then; um diese ~ *I am generally in bed, etc* by that time; morgen um diese ~ this time tomorrow, tomorrow at this time; von ~ zu ~ from time to time, now and again; von der ~ an from that time on; vor der ~ prematurely; zu der ~ at that time, at the time, then; zur ~ at the moment, at present; gerade zur rechten ~ just at the right moment; wer nicht kommt zur rechten ~, der muß essen (*od.* nehmen), was übrigbleibt (*Sprichwort*) first come, first served. **3.** (*~abschnitt*) time(s *pl*); unsere ~, die heutige ~ our time, the present day; ich verstehe die ~ nicht mehr I don't understand the times anymore; das waren schwere (*od.* schlechte) ~en those were hard times; *colloq.* das waren noch ~en! those were the days; die gute alte ~ the good old days *pl*; sie hat bessere ~en gesehen she has seen better days; diese ~en sind vorbei (kommen nicht wieder) those times (*od.* days) are over (will never return); die ~ wird kommen, in der the time will come when; für kommende ~en ist gesorgt the future is provided for; die ~en ändern sich (the) times are changing; in ~en der Not in times of distress; für schlechte ~en *save, etc* for a rainy day; in alten ~en, *poet.* vor ~en in olden days; andere ~en, andere Sitten (*Sprichwort*) other times, other manners; *colloq.* (ach,) du liebe ~! for goodness' (*od.* heaven's) sake! **4.** (*~alter*) period, time, age, era, epoch; im Jahre 400 vor unserer ~ in the year 400 B.C.; die ~ der Französischen Revolution the period (*od.* time) of the French Revolution; der Geschmack der damaligen ~ the taste of the period (*od.* time); zur ~ (*gen*) in the time of; zur ~ Goethes in Goethe's time (*od.* day); *der größte etc* aller ~en *the biggest*-ever, ... of all time, all-time. **5.** (*als unendliche Größe*) time; ~ und Raum time and space; der Gang der ~ the progress of time; die ~ arbeitet für uns we have time on our side; die ~ wird es lehren time will tell (*od.* show); darüber verging die ~ months and years passed; die ~ heilt (alle) Wunden (*Sprichwort*) time is a great healer; → kommen 1, Rat 1, Zeichen 2. **6.** (*Uhr2*) time; hast du (die) genaue ~? have you the right (*od.* exact) time?; es ist zehn Uhr mitteleuropäischer ~ it is ten a.m. Central European Time; um welche ~? (at) what time?; morgen um dieselbe ~ the same time tomorrow, tomorrow at the same time. **7.** (*Frist*) time; ich gebe dir 14 Tage (bis morgen) ~ I'll give you two weeks (till tomorrow). **8.** (*Jahres2*) season; die stille ~ a) the off-season, b) Advent, the Advent (season). **9.** *Sport*: time; e-e gute ~ erzielen (laufen, fahren *etc*) clock a good time; j-s ~ stoppen (*od.* nehmen) time s.o.; auf ~ spielen play for time. **10.** *ling.* tense; einfache (zs.-gesetzte) ~en simple (compound) tenses. **11.** auf ~ *bes. econ.* forward; Beamter auf ~ *etwa* temporary civil servant.

ˈZeit|ˌabˌschnitt *m* period, epoch, time. **~ˌabˌstand** *m* (time) interval; in regelmäßigen Zeitabständen at regular intervals (of time), periodically. **~ˌal·ter** *n* age, era, epoch; das ~ der Technik the age of technology; in unserem ~ in our age, in our time(s); ein neues ~ a new era. **~ˌanˌga·be** *f* exact (date and) time, (*Datum*) date; ohne ~ undated. **~ˌanˌsa·ge** *f Radio*: announcement of the time, time-check, *teleph.* speaking-clock announcement. **~ˌar·beit** *f* temporary work. **~ˌar·bei·ter** *m*, **~ˌar·bei·te·rin** *f* person under contract with an employment agency. **~ˌaufˌnah·me** *f phot.* time exposure. **~ˌaufˌstel·lung** *f* time sheet. **~ˌaufˌwand** *m* expenditure of time; mit großem ~ verbunden sein take (up) a great deal of time. **2ˌaufˌwen·dig** *adj* time-consuming. **2beˌdingt** *adj* caused by the time(s) (*od.* prevailing circumstances). **~beˌgriff** *m* concept(ion) of time. **~beˌrech·nung** *f* timing, scheduling. **~beˌstim·mung** *f* dating. **2beˌzo·gen** *adj* topical. **~ˌbild** *n* portrayal (*od.* depiction) of the times. **~ˌbom·be** *f a. fig.* time bomb. **~ˌdau·er** *f* **1.** length of time. **2.** period, term, duration. **~do·kuˌment** *n* document of the times. **~ˌdruck** *m* <-(e)s; *no pl*> pressure (of time); unter ~ stehen (arbeiten) be (work) under pressure, be pressed for time. **~ˌein·heit** *f* unit of time. **~ˌeinˌtei·lung** *f* **1.** division of time. **2.** organization of (one's) time.

ˈZei·ten|ˌfol·ge *f* <-; *no pl*> *ling.* sequence of tenses. **~ˌwen·de** *f* turn of an era.

ˈZeit|erˌeig·nis *n* event. **~erˌspar·nis** *f* saving of time; das ist e-e ~ that saves time. **~ˌfah·ren** *n Radsport*: time trials *pl*. **~ˌfak·tor** *m* time factor. **~ˌfeh·ler** *m Springreiten*: time fault. **~ˌform** *f ling.* tense. **~ˌfra·ge** *f* **1.** question of time. **2.** topic of the day. **~ˌfunk** *m Radio*: topics *pl* of the day. **~ˌge·ber** *m tech.* timer. **2geˌbun·den** *adj* tied to specific times. **~ˌgeist** *m* <-(e)s; *no pl*> spirit of the time(s), zeitgeist. **2geˌmäß** *adj* modern, up-to-date; nicht mehr ~ outmoded, out-of-date. **~geˌnos·se** *m*, **~geˌnos·sin** *f* **1.** contemporary. **2.** *contp.* (ein übler Zeitgenosse a nasty) customer. **2geˌnös·sisch** [-gəˌnœsɪʃ] *adj* contemporary. **~geˌsche·hen** *n* **1.** current affairs *pl*. **2.** topics *pl* of the day. **~geˌschich·te** *f* <-; *no pl*> contemporary history. **~geˌschmack** *m* taste of the time(s), prevailing taste. **~geˌwinn** *m* gain (*od.* saving) of time; das bedeutet e-n ~ von drei Stunden that saves three hours. **2ˌgleich I** *adj* **1.** *tech.* isochronous. **2.** *Sport*: with the same time. **II** *adv* **3.** *Sport*: ~ ins Ziel kommen be clocked at the same time.

ˈzei·tig *adj u. adv* early.

zei·ti·gen [ˈtsaɪtɪgən] *v/t* <h> *lit.* produce (*a result, etc*).

ˈzeit·in·tenˌsiv *adj* time-consuming.

ˈZeit|ˌkar·te *f* season ticket. **~ˌkar·ten-**

ˌ**inˌha·ber** *m* season-ticket holder. **~konˌstan·te** *f* time constant. **~konˌtrol·le** *f* time study. **≈kri·tisch** *adj* critical of contemporary issues. **~lang** *f* e-e ~ for a while (*od.* time), for some time. **~lauf** *m* <-(e)s; -läufte [-ˌlɔyftə], *a.* ⸗e> *meist pl* conjuncture, trend of the times.

ˌ**zeitˈle·bens** *adv* all one's life.

ˈ**zeit·lich I** *adj* **1.** time (*factor, difference, etc*), chronological; **~e Abstimmung** timing; **~es Nebeneinander** simultaneity, simultaneousness; **in ~er Reihenfolge** in chronological order. **2.** *bes. relig.* temporal, transitory. **II** *adv* **3.** ~ **zusammenfallen** coincide; ~ **begrenzt** limited in time; **das paßt mir ~ nicht** I can't fit it in(to my timetable); **ich schaffe es ~ nicht** a) (*habe nicht die Zeit dazu*) I haven't got the time to do it, b) (*nicht rechtzeitig*) I can't make it in time; ~ **(aufeinander) abstimmen** time, synchronize; ~ **günstig** well-timed; ~ **schlecht gewählt** ill-timed. **III ≈e, das** <-n> → **segnen. ≈keit** *f* <-; *no pl*> *bes. relig.* earthly life, temporality.

ˈ**Zeit|ˌli·mit** *n* time limit. **~lohn** *m* time wage(s *pl, a. als sg konstruiert*). **≈los** *adj* timeless, ageless, dateless; **ein ~es Kleid** a dress that will not date. **~lo·sig·keit** *f* <-; *no pl*> timelessness. **~lu·pe** *f* <-; *no pl*> *Film*: slow motion.

ˈ**Zeitˌlu·pen|ˌaufˌnah·me** *f* slow-motion picture. **~ka·me·ra** *f* slow-motion camera. **~tem·po** *n* slow motion; *a. fig.* **im ~** in slow motion. **~wie·derˌho·lung** *f Sport*: *e-r Spielszene etc*: action replay.

ˈ**Zeit|ˌman·gel** *m* <-s; *no pl*> (**aus ~** for) lack of time. **~maß** *n* tempo, *mus. a.* time. **~mes·ser** *m* chronometer. **~ˌmes·sung** *f* **1.** → **Zeitnahme. 2.** chronometry. **≈nah, ≈na·he** *adj Problem etc*: topical, of current interest. **~nah·me** *f* <-; *no pl*> *Sport*: timekeeping. **~neh·mer** *m* **1.** *Sport*: timekeeper. **2.** *tech.* time-study man. **~not** *f* <-; *no pl*> **in ~ sein** be pressed for time. **~per·soˌnal** *n* workers *pl* under contract with an employment agency. **~plan** *m* (time) schedule, timetable. **~proˌblem** *n* **1.** problem of the time(s). **2.** question of time. **~punkt** *m* **1.** time, moment, instant, juncture; **zu diesem ~** a) by that time, b) at that (particular) time; **der entscheidende (richtige) ~** the decisive (right) moment; **der ~ war gut (schlecht) gewählt** the time was well (badly) chosen, it was well (badly) timed; **zu genau ˈdem ~** at that very moment (*od.* instant). **2.** (*Datum*) date; **zu e-m früheren (späteren) ~** at an earlier (a later) date. **~raf·fer** [-ˌrafər] *m* <-s; -> quick-motion (*od.* time-lapse) camera. **~raf·fer...** *in Zssgn* time-lapse (*picture, etc*). **~raf·fung** *f* quick-motion effect. **≈rau·bend** *adj* time-consuming. **~ˌraum** *m* period, stretch. **~rech·nung** *f* **1.** chronology. **2.** era, time; **die christliche ~** the Christian era; **nach unserer ~** (according to) our time. **~reˌlais** *n electr.* time-lag relay. **~schal·ter** *m*, **~schaltˌwerk** *n* time switch, timer. **~schin·den** *n Sport*: time-wasting.

ˈ**Zeitˌschrift** *f* magazine, journal, periodical, *literarische*: review.

ˈ**Zeitˌschrif·ten|ˌwer·ber** *m* periodicals salesman (*od.* canvasser). **~wer·bung** *f* press advertising.

ˈ**Zeit|ˌsinn** *m* <-(e)s; *no pl*> sense of time. **~solˌdat** *m member of the West-German Armed Forces who signs up for military duty for a specific period of time.* **~ˌspan·ne** *f* space (*od.* stretch) of time; **kurze ~** *a.* (short) spell. **≈spa·rend** *adj* timesaving. **~stem·pel** *m* (automatic) time stamp. **~stil** *m* style of the period; **Haus im ~** period house. **~stra·fe** *f Sport*: time penalty. **~strö·mung** *f* tendency of the period, trend. **~stück** *n thea.* topical drama. **~stu·di·en** *pl tech.* time (and motion) study *sg.* **~ta·fel** *f* chronological table, chronology. **~ˌumˌstän·de** *pl* circumstances of the time(s).

Zei·tung [ˈtsaɪtʊŋ] *f* <-; -en> **1.** (newspaper, journal, *amtliche*: gazette; **in der ~ steht, daß** it says in the paper that, the paper says that; **durch die ~** through (an advertisement in) the newspaper; **e-e Anzeige in die ~ setzen** put an announcement (*od.* an advertisement) in the newspaper; *colloq.* **das habe ich aus der ~** I read that in the newspaper; **er arbeitet** (*colloq.* **ist) bei der ~** he works for a newspaper, he is a newspaperman; **er ist** (*od.* **kommt) von der ~** he is from the press (*od.* from a newspaper). **2.** *obs.* (*Botschaft*) tiding(s *pl*).

ˈ**Zei·tungs|abon·neˌment** *n* subscription to a newspaper. **~abonˌnent** *m* subscriber to a newspaper. **~anˌnon·ce, ~anˌzei·ge** *f* newspaper advertisement, *colloq.* ad. **~arˌti·kel** *m* newspaper article. **~ausˌschnitt** *m* (newspaper) cutting (*Am.* clipping). **~ˌausˌträ·ger** *m*, **~ausˌträ·ge·rin** *f* newspaper carrier. **~beiˌla·ge** *f* newspaper supplement. **~beˌricht** *m* newspaper report. **~deutsch** *n contp.* journalese. **~en·te** *f fig. colloq.* (newspaper) hoax, canard, false press report. **~frau** *f* **1.** newspaper carrier. **2.** → **Zeitungshändlerin. 3.** → **Zeitungsverkäuferin. ~geld** *n* subscription (charges *pl*). **~hal·ter** *m* newspaper holder. **~ˌhänd·ler** *m*, **~händ·le·rin** *f* newsagent, *bes. Am.* news dealer. **~in·seˌrat** *n* → **Zeitungsannonce. ~jun·ge** *m* newsboy, paperboy. **~kiˌosk** *m* newspaper stand (*od.* kiosk), *bes. Am.* newsstand. **~kor·re·sponˌdent** *m* press (*od.* newspaper) correspondent. **~le·ser** *m*, **~le·se·rin** *f* newspaper reader. **~ˌmann** *m* <-(e)s; ⸗er *u.* -leute> **1.** newspaper carrier. **2.** → **Zeitungshändler. 3.** → **Zeitungsverkäufer. ~noˌtiz** *f* press item (*od.* notice). **~paˌpier** *n* newspaper, (*Papierqualität*) *a.* newsprint. **~re·dakˌteur** *m* newspaper editor. **~re·dak·tiˌon** *f* press editorial department. **~reˌkla·me** *f* **1.** newspaper advertisement. **2.** press advertising. **~roˌman** *m novel serialized in a newspaper.* **~stand** *m* → **Zeitungskiosk. ~stil** *m contp.* journalese. **~trä·ger** *m*, **~trä·ge·rin** *f* <-; -nen> newspaper carrier. **~verˌkäu·fer** *m*, **~verˌkäu·fe·rin** *f* news vendor, newspaper seller. **~verˌlag** *m* newspaper publishers *pl* (*od.* publishing company). **~verˌle·ger** *m* newspaper publisher. **~wer·bung** *f* press (*od.* newspaper) advertising. **~we·sen** *n* <-s; *no pl*> journalism, (the) press. **~ˌwis·sen·schaft** *f* (science of) journalism.

ˈ**Zeit|ˌun·terˌschied** *m* difference in time. **~verˌgeu·dung** *f* waste of time. **~verˌhält·nis·se** *pl* → **Zeitumstände. ~verˌlust** *m* loss of time, delay. **~verˌschie·bung** *f* time shift. **~verˌschwen·dung** *f* waste of time. **≈verˌsetzt** *adj Fernsehübertragung etc*: deferred. **~verˌsi·che·rung** *f econ.* term insurance. **~verˌtreib** *m* <-(e)s; -e> pastime, amusement, diversion; **zum ~** as a pastime, to pass the time. **~vorˌsprung** *m* start; **j-m gegenüber e-n ~ haben** have a start over s.o. **≈wei·lig** [-ˌvaɪlɪç] **I** *adj* (*vorübergehend*) temporary, (*gelegentlich*) occasional, intermittent. **II** *adv* → **≈wei·se** *adv* (*vorübergehend*) temporarily, for a time, (*gelegentlich*) occasionally, intermittently, at times. **~wen·de** *f* → **Zeitenwende. ~wert** *m econ.* time value, present (market) value. **~wort** *n* <-(e)s; ⸗er> *ling.* verb. **~zei·chen** *n* time signal, pips *pl.* **~zo·ne** *f geogr.* time zone. **~zün·der** *m mil.* time fuse (*Am.* fuze); **Bombe mit ~** time(-fuse) bomb.

ze·le·brie·ren [tseleˈbriːrən] *v/t* <*no* ge-, h> *R.C.* (*Messe*) celebrate.

ˈ**Zell|ˌat·mung** *f* vesicular breathing. **~bau** *m* <-(e)s; *no pl*> cell structure. **≈bil·dend** *adj biol.* cytogenous. **~bil·dung** *f* cell formation, cytogenesis.

Zel·le [ˈtsɛlə] *f* <-; -n> **1.** *allg.* cell (*a. biol. pol., a. Gefängnis≈ etc*). **2.** *electr.* cell, element. **3.** *aer.* airframe. **4.** *teleph.* booth, call box, phone box.

ˈ**zel·len|ˌför·mig** *adj* cellular. **≈geˌnos·se** *m jur.* cellmate. **≈haft** *f* cellular confinement.

ˈ**Zell|entˌste·hung, ~entˌwick·lung** *f biol.* development of cells, cytogenesis. **~fa·ser** *f chem.* cellulose fibre (*Am.* fiber). **~flüs·sig·keit** *f* cell sap, enchylema. **~geˌwe·be** *n biol.* cellular tissue. **~kern** *m* (cell) nucleus. **~kör·per** *m* cell body. **~memˌbran** *f* cell membrane. **~plas·ma** *n* cell plasm, cytoplasm. **~stoff** *m chem. tech.* cellulose. **~stoffˌwat·te** *f* Cellucotton (*TM*). **~strukˌtur** *f biol.* cell structure. **~tei·lung** *f* cell division.

zel·lu|lar [tsɛluˈlaːr] *adj biol.* cellular. **≈ˈli·tis** [-ˈliːtɪs] *f* <-; -litiden [-liˈtiːdən]> *med.* cellulitis. **≈loid** [-ˈlɔyt; *rare* -loˈiːt] *n* <-(e)s; *no pl*> celluloid. **≈ˈlo·se** [-ˈloːzə] *f* <-; *no pl*> cellulose.

ˈ**Zell|ˌwand** *f biol.* cell wall. **~wol·le** *f Textil.* rayon staple.

Ze·lot [tseˈloːt] *m* <-en; -en> zealot. **zeˈlo·tisch** *adj* zealotic.

Zelt [tsɛlt] *n* <-(e)s; -e> tent, (*Fest≈ etc*) marquee, pavilion, *poet.* (*Himmels≈ etc*) vault, canopy; **ein ~ aufbauen** (*od.* **aufschlagen**) pitch (*od.* put up) a tent; **ein ~ abbrechen** strike a tent; *fig. colloq.* **s-e ~e aufschlagen** pitch one's tent; **s-e ~e abbrechen** strike one's tent, pack up. **~ausˌrü·stung** *f* camping (*od.* tent) equipment. **~bahn** *f* tent square, *Am.* shelter half. **~bau** *m* <-(e)s; *no pl*> pitching of a tent. **~dach** *n* **1.** tent roof. **2.** *arch.* tented (*od.* tent-shaped) roof.

zel·ten [ˈtsɛltən] **I** *v/i* <h> camp (out), tent. **II ≈** *n* <-s> camping.

Zel·ter [ˈtsɛltər] *m* <-s; -> (*Reitpferd*) palfrey.

ˈ**Zelt|ˌla·ger** *n* (tent) camp. **~leinˌwand** *f* canvas(s). **~mast** *m* (circus) tent mast (*od.* pole). **~pflock** *m* tent peg. **~pla·ne** *f* tarpaulin, awning. **~ˌplatz** *m* camp(ing) ground (*od.* site). **~stadt** *f* tent city. **~stan·ge** *f* tent pole.

Ze·ment [tseˈmɛnt] *m* <-(e)s; -e> cement. **~beˌton** *m* cement concrete. **~beˌwurf** *m* cement facing. **~bo·den** *m* concrete floor. **~fül·lung** *f im Zahn*: cement filling.

ze·men·tie|ren [tsemɛnˈtiːrən] *v/t* <*no* ge-, h> **1.** *civ.eng.* cement, *metall. a.* case-harden, carburize. **2.** *fig.* cement, consolidate, solidify. **≈rung** *f* <-; *no pl*> *a. fig.* cementation.

Zeˈment|ˌmör·tel *m* cement mortar. **~ofen** *m* cement kiln. **~putz** *m* cement facing. **~rohr** *n* cement duct. **~sack** *m* cement bag.

Zen [zɛn; tsɛn] *n* <-(s); *no pl*> *relig.* Zen.

Ze·nit [tseˈniːt] *m* <-(e)s; *no pl*> *astr. u. fig.*

zenith; **die Sonne steht im ~** the sun is in (*od.* at) the zenith; *fig.* **er stand im ~ s-r Laufbahn** he was at the zenith of his career.

Ze·no·taph [tseno'ta:f] *n* <-s; -e> cenotaph.

zen·sie·ren [tsɛn'zi:rən] *v/t* <*no* ge-, h> **1.** (*Bücher, Briefe etc*) censor. **2.** *ped.* mark, grade. **Zen·sor** ['tsɛnzɔr] *m* <-s; -en [-'zo:rən]> censor. **Zen·sur** [tsɛn'zu:r] *f* <-; -en> **1.** <*only sg*> censorship; **der Film ist von der ~ verboten** the film has been censored; **e-r strengen ~ unterliegen** be subject to severe censorship; **durch die ~ gehen** be censored. **2.** *ped.* mark, grade, *pl* (*Zeugnis*) (term's) report *sg*; **gute ~en** good marks. **zen·su·rie·ren** [tsɛnzu'ri:rən] *v/t* <*no* ge-, h> *Austrian and Swiss for* **zensieren.**

Zen'sur|,stel·le *f* censor's (*od.* censorship) office. **~ver,merk** *m* censorship remark.

Zen·sus ['tsɛnzʊs] *m* <-; -> (*Volkszählung*) census.

Zen·taur [tsɛn'taʊər] *m* <-en; -en> *myth.* centaur.

zen·te·si·mal [tsɛntezi'ma:l] *adj* centesimal.

Zen·ti|gramm [tsɛnti'gram] *n* centigram(me *Br.*). **~'li·ter** [-'li:tər] *m, n* centilit/re (*Am.* -er).

Zen·ti·me·ter [tsɛnti'me:tər] *m, n* centimet/re (*Am.* -er). **~-'Gramm-Se'kunde-Sy,stem** *n* centimetre-gramme-second system, c.g.s.-system. **~,maß** *n* tape measure.

Zent·ner ['tsɛntnər] *m* <-s; -> (metric) hundredweight, centner. **~,last** *f fig.* heavy burden (*od.* load); **mir fällt e-e ~ vom Herzen** that is a great load (*od.* weight) off my mind. **≈,schwer** *fig.* **I** *adj* excessively (*od.* very) heavy. **II** *adv* **es liegt mir ~ auf der Seele, es lastet ~ auf mir** it weighs very heavily on my mind. **≈,wei·se** *adv* by the (metric) hundredweight.

zen·tral [tsɛn'tra:l] *adj* central, *fig. a.* crucial; **e-e ~e Lage** a central location; *fig.* **das ist das ~e Problem** that is the crucial problem, that is the crux of the matter. **~afri,ka·nisch** *adj* Central African. **~ame·ri,ka·nisch** *adj* Central American.

Zen'tral|,bahn,hof *m* central (railway, *Am.* railroad) station. **~,bank** *f econ.* central bank. **~,bank,rat** *m BRD* Central Bank Council. **~,bau** *m arch.* centralized building. **~be,hör·de** *f* central authority.

Zen·tra·le [tsɛn'tra:lə] *f* <-; -n> **1.** (*Bank≈, Firmen≈ etc*) central (*od.* main, head) office, (*a. Taxi≈*) headquarters *pl* (*oft als sg konstruiert*). **2.** telephone exchange, *e-s Betriebs etc*: switchboard. **3.** *tech.* control room. **4.** *electr.* central power station. **5.** *mar. mil.* control station. **6.** (*Mittelpunkt*) centre, *Am.* center.

Zen'tral|ge,walt *f pol.* central power. **~,hei·zung** *f* central heating.

Zen·tra·li|sa·ti·on [tsɛntraliza'tsĭo:n] *f* <-; *no pl*> centralization. **≈'sie·ren** [-'zi:rən] *v/t* <*no* ge-, h> centralize. **~'sie·rung** *f* <-; *no pl*> centralization.

Zen·tra·lis·mus [tsɛntra'lɪsmʊs] *m* <-; *no pl*> *pol.* centralism. **zen·tra'li·stisch** [-tɪʃ] *adj* centralist(ic).

Zen'tral|ko·mi,tee *n pol.* central committee. **~,ner·ven·sy,stem** *n* central nervous system. **~or,gan** *n* **1.** *med. zo.* central organ. **2.** official party organ. **~re,gie·rung** *f* central government. **~,stel·le** *f* centre, *Am.* center. **~ver,band** *m* central association. **~ver,mitt·lungs,stel·le** *f teleph.* central exchange. **~ver,wal·tung** *f* central administration.

Zen'trier,boh·rer *m tech.* centre (*Am.* center) drill.

zen·trie·ren [tsɛn'tri:rən] *v/t* <*no* ge-, h> *tech.* centre, *Am.* center.

zen·tri·fu·gal [tsɛntrifu'ga:l] *adj* centrifugal. **≈,kraft** *f phys.* centrifugal force.

Zen·tri|fu·ge [tsɛntri'fu:gə] *f* <-; -n> centrifuge. **≈fu'gie·ren** [-fu'gi:rən] *v/t* <*no* ge-, h> centrifuge, (*Milch*) *a.* separate.

zen·tri·pe·tal [tsɛntripe'ta:l] *adj phys.* centripetal. **≈,kraft** *f* centripetal force.

zen·trisch ['tsɛntrɪʃ] *adj* centric.

'Zen·tri,win·kel ['tsɛntri-] *m math.* cent/re (*Am.* -er) angle.

Zen·trum ['tsɛntrʊm] *n* <-s; -tren> **1.** centre, *Am.* center; **das absolute ~** the dead centre; **im ~ New Yorks** in the centre of New York, *bes. Am. a.* (in) downtown New York; *fig.* **im ~ des Interesses stehen** be the centre (*od.* focus) of interest. **2.** *e-r Schießscheibe*: bull's-eye. **3.** → **~s·par,tei, die** *pol. hist.* the Cent/re (*Am.* -er) Party.

Zen·tu·rie [tsɛn'tu:rĭə] *f* <-; -n> *antiq.* century. **Zen'tu·rio** [-'tu:rĭo] *m* <-s; -nen [-tu'rĭo:nən]> centurion.

Ze·pha·lo·po·de [tsefalo'po:də] *m* <-n; -n> *zo.* (*Kopffüßer*) cephalopod.

Ze·phyr ['tse:fyr] *m* <-s; -e [-fy:rə]> **1.** <*only sg*> *poet.* zephir. **2.** *Textil.* zephyr.

Zep·pe·lin ['tsɛpəli:n; tsɛpə'li:n] *m* <-s; -e> *aer.* zeppelin.

Zep·ter ['tsɛptər] *n, rare m* <-s; -> scept/re (*Am.* -er); *fig.* **das ~ führen** (*od.* **schwingen**) rule the roost.

zer'bei·ßen *v/t* <*irr, no* ge-, h> crunch, bite (*od.* gnaw) *s.th.* to pieces.

zer'ber·sten *v/i* <*irr, no* ge-, sein> burst.

Zer·be·rus ['tsɛrbərʊs] *m* <-; -se> *fig. humor.* cerberus, watchdog.

zer|'beu·len *v/t* <*no* ge-, h> (*Auto, Hut etc*) dent, batter, (*Hose etc*) make *s.th.* baggy. **~'bom·ben** [-'bɔmbən] *v/t* <*no* ge-, h> destroy *s.th.* by bombs, bomb. **~'bombt** *adj* bomb-wrecked, bombed (-down). **~'bre·chen I** *v/t* <*irr, no* ge-, h> break *s.th.* to pieces, crack, smash, shatter; → **Kopf** 1. **II** *v/i* <sein> break in(to) pieces; *fig.* **alle s-e Hoffnungen zerbrachen** all his hopes were dashed (*od.* shattered); **an e-r Sache ~** be broken (*od.* crushed) by s.th.

zer'brech·lich *adj* fragile, frail, (*zart*) delicate, dainty (*alle a. fig. Person, Gesundheit etc*), *Gegenstand*: *a.* breakable; **Vorsicht, ~!** (*Aufschrift*) fragile, handle with care. **≈keit** *f* <-; *no pl*> *a. fig.* fragility, frailness, delicateness, delicacy.

zer|'bröckeln (*getr.* -k·k-) *v/t* <*no* ge-, h> *u. v/i* <sein> crumble, break up. **~'drücken** (*getr.* -k·k-) *v/t* <*no* ge-, h> *allg.* crush, (*Kartoffeln etc*) *a.* mash, (*Kleider*) *a.* (c)rumple, (*Hut etc*) *a.* squash.

ze·re·bral [tsere'bra:l] *adj anat.* cerebral.

Ze·re·mo·nie [tseremo'ni:; -'mo:nĭə] *f* <-; -ien [-'ni:ən; -'mo:nĭən]> ceremony. **ze·re·mo·ni·ell** [tseremo'nĭɛl] **I** *adj.* **II** ≈ *n* <-s; -e> ceremonial. **Ze·re'mo·ni·en,mei·ster** *m* master of ceremonies. **ze·re·mo·ni·ös** [tseremo'nĭø:s] *adj* ceremonious.

zer'fah·ren[1] *adj Straße etc*: rutted, rutty.

zer'fah·ren[2] *adj fig.* (*zerstreut*) absentminded, distracted, unconcentrated, (*wirr*) muddleheaded, scatterbrained. **≈heit** *f* <-; *no pl*> absentmindedness, muddleheadedness.

Zer'fall *m* <-(e)s; *no pl*> *allg.* disintegration, decay (*beide a. nucl. phys.*), *e-s Gebäudes, fig. e-s Reiches etc*: *a.* ruin, (*Auflösung*) *a. chem.* decomposition.

zer'fal·len[1] *v/i* <*irr, no* ge-, sein> **1.** *allg.* disintegrate (**in** *acc*, **zu** into), decay (*beide a. nucl. phys.*), (*sich auflösen*) *a. chem.* decompose, *Gebäude etc, a. fig. Reich etc*: *a.* crumble, fall into ruin (*od.* decay); **in s-e Bestandteile ~** *a.* break up into its elements. **2.** *fig.* (*geteilt werden*) be divided (**in** *acc* into); **das Buch zerfällt in vier Kapitel** *a.* the book has four chapters.

zer'fal·len[2] *adj* **1.** *Burg etc*: in ruins. **2.** *fig.* **mit j-m ~ sein** be at variance with s.o.; **mit sich und der Welt ~ sein** be discontented with life.

Zer'falls|,elek·tron *n nucl.* disintegration electron. **~ener,gie** *f* disintegration (*od.* decay) energy. **~ge,schwin·dig·keit** *f* **1.** *nucl.* rate of decay per unit of time. **2.** *chem.* rate of decomposition. **~pro,dukt** *n nucl.* disintegration (*od.* decay) product. **~,rei·he** *f* disintegration (*od.* decay) series; **radioaktive ~** radioactive family, decay chain. **~,zeit** *f* decay period (*od.* time).

zer|'fa·sern I *v/t* <*no* ge-, h> reduce *s.th.* to fibres (*Am.* fibers), (*Stoff etc*) fray, fret, ravel, frazzle. **II** *v/i* <sein> *Stoff etc*: fray, (un)ravel. **~'fet·zen** [-'fɛtsən] *v/t* <*no* ge-, h> tear *s.th.* to pieces (*od.* shreds, bits), (*in kleine Stücke*) shred, (*Arm, Fuß etc*) mangle, maul, lacerate. **~'fled·dern** *v/t* <*no* ge-, h> *colloq.* tatter. **~'flei·schen** [-'flaɪʃən] **I** *v/t* <*no* ge-, h> maul, mangle, lacerate, (*in Stücke reißen*) tear *s.th.* to pieces; *fig.* **sich gegenseitig** (*od.* **einander**) **~** tear each other to pieces, *im Krieg*: *lit.* slaughter each other. **II** *v/reflex* **sich (selbst) ~** *fig.* torment (*od.* torture) o.s. **~'flie·ßen** *v/i* <*irr, no* ge-, sein> *Farben, Tinte etc*: run, (*schmelzen*) melt, (*sich auflösen*) dissolve, *chem.* deliquesce, *fig. Hoffnung etc*: melt away; *fig.* **vor Mitleid ~** melt with pity. **~'fres·sen**[1] *v/t* <*irr, no* ge-, h> **1.** *Motten, Würmer etc*: eat (holes in), gnaw *s.th.* to pieces, gnaw holes in. **2.** *med.* corrode (*a. chem.*), erode (*a. geol.*). **~'fres·sen**[2] *adj* (**von Motten**) **~** moth-eaten, (**von Würmern**) **~** worm-eaten, (**vom Rost**) **~** corroded. **~'furcht** *adj Gesicht, Stirn*: furrowed, *Weg etc*: *a.* rutted, rutty. **~'ge·hen** *v/i* <*irr, no* ge-, sein> melt, dissolve; **et. im Munde ~ lassen** melt s.th. in one's mouth; **et. im Wasser ~ lassen** dissolve s.th. in water; *fig.* **et. zergeht (e-m) auf der Zunge** s.th. melts in one's mouth. **~'glie·dern** *v/t* <*no* ge-, h> *fig.* analyze (*a. ling. math.*), (*e-n Satz*) *a.* parse, *oft a. zu genau*: dissect. **≈'glie·de·rung** *f* <-; *no pl*> *fig.* analysis, dissection. **~'hacken** (*getr.* -k·k-) *v/t* <*no* ge-, h> **1.** hack (*od.* cut, chop) *s.th.* up (*od.* [in]to pieces), *ganz fein*: mince. **2.** *electr.* chop, mince. **≈'hacker** (*getr.* -k·k-) *m* <-s; -> *electr.* chopper, vibrator. **~'hau·en** *v/t* <*irr, no* ge-, h> **1.** hack *s.th.* up (*od.* to pieces), crush. **2.** *fig.* (*Knoten*) cut. **~'kau·en** *v/t* <*no* ge-, h> chew (up), masticate. **~'klei·nern** [-'klaɪnərn] *v/t* <*no* ge-, h> reduce *s.th.* to small pieces, comminute, (*zerschneiden*) cut (*od.* chop) *s.th.* up (*od.* into pieces), *ganz fein*: mince, (*zermalmen*) crush, break, (*zermahlen*) grind (down), *ganz fein*: pulverize. **≈'klei·ne·rung** *f* <-; *no pl*> breaking up, cutting to bits, comminution, chopping, mincing, crushing, grinding, pulverization. **~'klüf·tet** [-'klyftət] *adj Felsen, Gebirge etc*: jagged, *a. med. Mandeln*: rugged. **~'knal·len** *v/i* <*no* ge-, sein> burst. **~'knaut·schen** *v/t* <*no* ge-, h> *colloq.* crumple (up). **~'knirscht** *adj* shamefaced, remorseful, contrite. **≈-**

'knirscht·heit, ≈'**knir·schung** *f* ⟨-; *no pl*⟩ shamefacedness, remorse (-fulness), contrition. ~'**knit·tern** *v/t* ⟨*no* ge-, h⟩ (c)rumple, crease. ~'**knit·tert** *adj fig. colloq.* crestfallen, down in the mouth. ~'**knül·len** *v/t* ⟨*no* ge-, h⟩ screw up, crumple up. ~'**ko·chen** *v/i* ⟨*no* ge-, sein⟩ *u. v/t* ⟨h⟩ overcook, overboil, cook (*od.* boil) too long. ~'**krat·zen** *v/t* ⟨*no* ge-, h⟩ scratch, scrape. ~'**krü·meln** *v/t* ⟨*no* ge-, h⟩ *u. v/i* ⟨sein⟩ crumble. ~'**las·sen** *v/t* ⟨*irr, no* ge-, h⟩ (*Butter etc*) melt, dissolve. ~'**lau·fen** *v/i* ⟨*irr, no* ge-, sein⟩ *Eis, Fett etc*: melt, dissolve.

zer'leg·bar *adj* **1.** separable, dismountable, *bes. Möbel etc*: knock-down. **2.** *math.* reducible, *a. chem.* decomposable; *math.* **in Faktoren** ~ factorable. ≈**keit** *f* ⟨-; *no pl*⟩ **1.** dismountability. **2.** *math.* reducibility, *in Faktoren*: factorability, *a. chem.* decomposability.

zer'le|gen *v/t* ⟨*no* ge-, h⟩ **1.** take *s.th.* apart (*od.* to pieces), disassemble, dismount, dismantle, *bes. für den Transport*: knock down. **2.** (*Schlachtvieh, Wild etc*) cut *s.th.* up, (*Braten etc*) carve (up). **3.** *fig.* analyze, *ling.* (*e-n Satz*) *a.* parse, *ganz genau*: dissect. **4.** *math.* reduce, decompose, *in Faktoren*: factorize, (*Kräfte*) resolve. **5.** *chem.* decompose. **6.** *opt.* disperse. **7.** *mus.* (*Akkord*) break, spread. ≈**gung** *f* ⟨-; *no pl*⟩ **1.** disassembly, dismantlement. **2.** *fig.* analysis (*a. ling.*), dissection. **3.** *math.* reduction, decomposition, *in Faktoren*: factorization, *von Kräften*: resolution. **4.** *chem.* decomposition. **5.** *opt.* dispersion.

zer|'le·sen *adj Buch etc*: well-thumbed. ~'**lö·chern** *v/t* ⟨*no* ge-, h⟩ make holes in, perforate. ~'**lö·chert** *adj* full of holes. ~'**lumpt** *adj* ragged, tattered (and torn). ~'**mah·len** *v/t* ⟨*irr, no* ge-, h⟩ grind *s.th.* (fine *od.* down, up), *ganz fein*: pulverize. ~'**mal·men** [-'malmən] *v/t* ⟨*no* ge-, h⟩ *a. fig.* crush. ~'**man·schen** *v/t* ⟨*no* ge-, h⟩ *colloq.* crush, mash. ~'**mar·tern I** *v/reflex* ⟨*no* ge-, h⟩ **sich** ~ *fig.* torment (*od.* torture) o.s. **II** *v/t fig.* **sich** (*dat*) **den Kopf** ~ rack (*od.* cudgel) one's brains.

zer'mür|ben [-'myrbən] **I** *v/t* ⟨*no* ge-, h⟩ **1.** *physisch*: wear *s.o.* out (*od.* down), jade, *colloq.* frazzle *s.o.* (out), *seelisch*: wear (*od.* get) *s.o.* down, *nervlich*: fray *s.o.'s* nerves; **die Sorgen haben ihn allmählich zermürbt** worry has worn him down. **2.** *mil.* wear down the resistance of (*the enemy*). **II** ≈ *n* ⟨-s⟩ **3.** *mil.* attrition. ~**bend** *adj* wearing, trying, *physisch*: *a.* punishing, *nervlich*: *a.* nerve-(w)racking. ≈**bung** *f* ⟨-; *no pl*⟩ **1.** wearing down (*etc*). **2.** *mil.* attrition. ≈**bungs·krieg** *m* war of attrition. ≈**bungs·tak·tik** *f* tactics *pl* (*meist als sg konstruiert*) of attrition.

zer|'na·gen *v/t* ⟨*no* ge-, h⟩ gnaw *s.th.* to pieces. ~'**pflücken** (*getr.* -k·k-) *v/t* ⟨*no* ge-, h⟩ *bes. fig. colloq.* pick *s.th.* to pieces. ~'**plat·zen** *v/i* ⟨*no* ge-, sein⟩ *a. fig.* burst, explode, *colloq.* bust (up). ~'**quält** *adj* (*verhärmt*) haggard, drawn. ~'**quet·schen** *v/t* ⟨*no* ge-, h⟩ crush, *zu Brei*: squash, mash; *fig. colloq.* **e-e Träne** ~ squeeze a tear. ~'**rau·fen** *v/t* ⟨*no* ge-, h⟩ ruffle, rumple (*one's hair*).

'**Zerr,bild** *n bes. fig.* caricature, travesty, (*verfälschende Darstellung*) distorted picture.

zer|'re·den *v/t* ⟨*no* ge-, h⟩ (*Thema etc*) talk too much about (*a subject, etc*). ~'**rei·ben** *v/t* ⟨*irr, no* ge-, h⟩ grind *s.th.* (down), (**zu Pulver**) ~ pulverize, rub *s.th.* to powder, *chem.* triturate; **et. zwischen (mit) den Fingern** ~ rub s.th. between (with) one's fingers.

zer'reiß|bar *adj* tearable; **leicht** ~ **sein** tear easily. ≈**bar·keit** *f* ⟨-; *no pl*⟩ tearableness. ≈**be,la·stung** *f tech.* ultimate tensile stress, breaking load.

zer'rei·ßen I *v/t* ⟨*irr, no* ge-, h⟩ **1.** tear *s.th.* up (*od.* to pieces), (*entzweireißen*) tear *s.th.* in two, (*auseinanderreißen*) tear *s.th.* apart, rend; **et. in kleine Stücke** ~ tear s.th. (up) into shreds (*od.* small pieces); **sich** (*dat*) **die Hose** *etc* ~ tear (*od.* rip) one's pants, *etc*; **von e-r Granate (e-m Löwen) zerrissen werden** be torn to pieces by a shell (a lion); **der Wind zerreißt die Wolkendecke** the wind rends (*od.* breaks up) the clouds; *lit.* **sein Gewand** ~ *als Zeichen der Trauer*: rend one's raiment; *fig.* **der Lärm zerriß mir fast das Trommelfell** the noise was earsplitting; **ein Schrei zerriß die Stille** a cry pierced the silence; *fig. colloq.* **j-n (in der Luft)** ~ *aus Wut*: tear s.o. apart limb by limb, kill s.o. with one's bare hands, *durch Kritik*: tear s.o. to pieces (*od.* shreds). **2.** (*Faden, Draht etc*) break, snap, (*Fesseln, Kette etc, a. fig.*) break, burst, (*Blutgefäß, Schlauch etc*) burst, rupture. **3.** *fig.* (*Bindungen etc*) break (off), sever, rupture; **ein Blitz zerriß das Dunkel** a flash of lightning rent the darkness; **ein Schuß zerriß die Stille** a shot broke (*od.* pierced) the silence; **j-m das Herz** ~ break s.o.'s heart. **II** *v/i* ⟨sein⟩ **4.** *Stoff, Papier etc*: tear, rip, *Faden etc*: snap, break, *Nebel, Wolkendecke etc*: break up, *Sack, Schlauch etc*: burst, *med. tech. a.* rupture, tear. **III** *v/reflex* ⟨h⟩ **sich** ~ **5.** *fig. colloq.* **ich könnte mich vor Wut** ~ I am bursting with rage; **ich kann mich doch nicht** ~ I can't be in two places at once; **sich fast** ~ *bei der Arbeit, beim Sport etc*: do one's utmost, extend o.s. to the last; **sie zerreißt sich förmlich, um zu** *inf* she bends over backwards to *inf*; → Maul 2.

Zer'reiß|,fe·stig·keit *f tech.* tensile strength. ~**,gren·ze** *f* breaking limit. ~**,pro·be** *f* **1.** *tech.* tension (*od.* breaking) test. **2.** *fig.* gruel(l)ing (*od.* endurance) test, ordeal, severe trial; **das war e-e** ~ **für unsere Freundschaft** our friendship was tried to (the) breaking point. ~**ver,such** *m tech.* tension (*od.* tensile) test.

zer·ren ['tsɛrən] **I** *v/t* ⟨h⟩ **1.** drag, haul; **j-n aus dem Bett** ~ drag s.o. out of bed; *fig.* **et. an die Öffentlichkeit** ~ drag s.th. into the limelight; **j-n vor Gericht** (*colloq.* **vor den Kadi**) ~ drag s.o. to court, haul s.o. before a court; → Schmutz 1. **2.** *med.* (over)strain, pull, (over)stretch; **sich** (*dat*) **e-n Muskel** ~ strain (*od.* pull) a muscle. **II** *v/i* **3.** ~ **an** (*dat*) pull (*od.* tug, *stärker*: strain) at; **der Hund zerrte an der Leine** the dog pulled (*od.* strained) at its lead; *fig.* **der Lärm zerrt an m-n Nerven** the noise jars on my nerves.

zer'rin·nen *v/i* ⟨*irr, no* ge-, sein⟩ melt away (*a. fig. Geld, Vermögen etc*), *fig. Hoffnungen, Pläne etc*: fade, vanish, come to nothing; **das Geld zerrinnt ihm unter den Händen** (*od.* **zwischen den Fingern**) money runs through his fingers like water; → **gewinnen** 2.

zer'ris·sen *adj* torn (*a. fig.*), (**innerlich**) ~ *Mensch etc*: torn by inner conflicts (*od.* by conflicting penchants). ≈**heit** *f* ⟨-; *no pl*⟩ *fig.* (**innere**) ~ inner conflicts *pl.*

'**Zerr,spie·gel** *m* distorting mirror.

'**Zer·rung** *f* ⟨-; -en⟩ *med.* a) strain, b) (over)straining.

zer|'rup·fen *v/t* ⟨*no* ge-, h⟩ *a. fig. colloq.* pick *s.th.* to pieces. ~'**rupft** *adj fig. colloq.* ~ **aussehen** look rather the worse for wear. ~'**rüt·ten** *v/t* ⟨*no* ge-, h⟩ (*Ordnung, Staat, Moral, Finanzen etc*) destroy, ruin, disrupt, (*Ehe*) ruin, wreck, *jur.* cause the breakdown of, (*Geist, Verstand*) derange, unhinge, (*Nerven, Gesundheit*) shatter, ruin. ~'**rüt·tet** *adj* broken, disrupted; **e-e** ~**e Ehe** a disrupted marriage, *jur.* a(n irretrievably) broken down marriage; **in** ~**en Verhältnissen leben** live in a broken home. ≈'**rüt·tung** *f* ⟨-; *no pl*⟩ disruption, ruin, *des Verstandes*: derangement, (*Zustand*) ruinous state; *jur.* (**unheilbare**) ~ **der Ehe** (irretrievable) breakdown of a marriage. ~'**sä·gen** *v/t* ⟨*no* ge-, h⟩ saw *s.th.* up. ~'**schel·len** *v/i* ⟨*no* ge-, sein⟩ be smashed (to pieces), smash, *Schiff*: *a.* be wrecked, *Flugzeug*: *a.* crash, *Vase etc*: *a.* shiver, *weitS.* shatter, be shattered. ~'**schie·ßen** *v/t* ⟨*irr, no* ge-, h⟩ (*Gebäude etc*) shoot *s.th.* to pieces, shell (down), bombard, (*a. Arm etc*) riddle *s.th.* with bullets. ~'**schla·gen**[1] **I** *v/t* ⟨*irr, no* ge-, h⟩ **1.** beat (*od.* smash, hammer) *s.th.* to pieces, smash, shatter, *Sturm, Hagel etc*: batter, (*zerbrechen*) break; **in kleine Stücke** ~ break (*od.* smash) *s.th.* (in)to small pieces (*od.* bits, smithereens, shivers); **ein Stein zerschlug die Fensterscheibe** a stone shattered the windowpane; **der Hagel hat die Ernte zerschlagen** the hail battered (*od.* beat down) the crops. **2.** *fig.* (*Staat, Besitz etc*) dismember, disintegrate, split up, (*Organisation, Spionagering etc*) smash. **II** *v/reflex* **sich** ~ **3.** *fig. Plan, Projekt etc*: fall through, come to nothing, *Hoffnung etc*: be dashed, be shattered; **die Verlobung hat sich** ~ they did not get engaged after all. ~'**schla·gen**[2] **I** *pp of* **zerschlagen**[1]. **II** *adj fig. colloq.* (*erschöpft*) dead-beat, fagged out, whacked, washed out. ≈'**schla·gen·heit** *f* ⟨-; *no pl*⟩ (state of) utter exhaustion. ≈'**schla·gung** *f* ⟨-; *no pl*⟩ *fig. von Staat, Besitz etc*: disintegration. ~'**schlei·ßen** *v/t* ⟨*irr, no* ge-, h⟩ wear out. ~'**schlis·sen** *adj* tattered, worn to shreds. ~'**schmei·ßen** *v/t* ⟨*irr, no* ge-, h⟩ *colloq.* smash, bust. ~'**schmel·zen** *v/i* ⟨*irr, no* ge-, sein⟩ *u. v/t* ⟨h⟩ *a. fig.* melt. ~'**schmet·tern** *v/t* ⟨*no* ge-, h⟩ dash (*od.* smash) *s.th.* to pieces, (*zermalmen*) crush, *a. fig.* shatter; **e-e Kugel zerschmetterte sein Bein** a bullet shattered his leg (*od.* blew his leg to pieces); *fig. colloq.* **die Nachricht hat ihn völlig zerschmettert** the news quite shattered him. ~'**schmol·zen** *adj* melted. ~'**schnei·den** *v/t* ⟨*irr, no* ge-, h⟩ (*durchschneiden*) cut (*a ribbon, thread, etc*), *in Stücke*: cut *s.th.* up, cut *s.th.* into pieces, (*tranchieren*) cut up, carve (up), (*sezieren, a. fig.*) dissect; **in kleine Stücke** ~ *a.* shred, mince; **in zwei Teile (Hälften)** ~ cut *s.th.* in two (in half); **ich habe mir die Hand an e-r Glasscherbe zerschnitten** I cut my hand on a piece of broken glass; *fig.* **j-m das Herz** ~ break s.o.'s heart; *poet.* **ein Schrei zerschnitt die Stille** a cry pierced (*od.* broke) the silence. ~'**schnip·peln,** ~'**schnip·seln** *v/t* ⟨*no* ge-, h⟩ *colloq.* snip *s.th.* to pieces. ~'**schos·sen** *adj* shot to pieces, *Gebäude etc*: shelled(-down). ~'**schram·men** *v/t* ⟨*no* ge-, h⟩ scratch. ~'**schrün·det** [-'ʃryndət] *adj geol.* dissected, cracked. ~'**schun·den** *adj* grazed, barked.

zer'set|zen I *v/t* ⟨*no* ge-, h⟩ **1.** *bes. chem.* decompose, disintegrate, *durch Säure*: corrode, erode. **2.** *fig.* (*Moral, Ordnung etc*) corrupt, undermine, corrode; **moralisch** ~ corrupt the morals of (*a com-*

munity, etc), demoralize. **II** *v/reflex* **sich** ~ **3.** decay, *bes. chem.* decompose, *durch Säure*: corrode. **~zend** *adj bes. chem.* decomposing, *a. fig. Äußerung, Schriften, Kritik etc*: corrosive. **~zung** *f* <-; *no pl*> **1.** decay, *bes. chem.* decomposition, breakdown, disintegration, corrosion, erosion. **2.** *fig.* corruption, corrosion; ~ **der Moral** *a.* demoralization; *mil.* ~ **der Wehrkraft** demoralization of the troops, sedition. **~zungs·pro,dukt** *n biol. chem.* waste product, product of decomposition. **~zungs,wär·me** *f chem. phys.* heat of decomposition.

zer|'sie·deln *v/t* <*no* **ge-**, **h**> spoil (*the countryside*) (by uncontrolled development). **~'sie·de·lung** *f* <-; *no pl*> spoliation of the countryside, uncontrolled urban spread. **~'spal·ten** *v/t u.* **sich** ~ *v/reflex* <*irr, no* **ge-**, **h**> split, cleave. **~'spa·nen** *v/t* <*no* **ge-**, **h**> *tech.* machine. **~'spa·nungs,werk,zeug** *n* metal-cutting tool. **~'split·tern I** *v/t* <*no* **ge-**, **h**> split (up), sliver (to pieces), splinter; *fig.* **s-e Kräfte** ~ dissipate one's strength. **II** *v/i* <**sein**> shatter, shiver, *a. fig.* splinter. **III** *v/reflex* **sich** ~ <**h**> *fig.* a) dissipate one's strength (*od.* energies), b) do too many things at once. **~'split·te·rung** *f* <-; *no pl*> *fig.* fragmentation, *von Kraft, Energie*: dissipation. **~'spren·gen** *v/t* <*no* **ge-**, **h**> **1.** burst, break (open), blow up; *fig.* **der Schmerz zersprengt mir fast die Brust** the pain is breaking my heart. **2.** (*Menschenmenge*) disperse, *a. mil.* scatter, break up. **~'sprin·gen** *v/i* <*irr, no* **ge-**, **sein**> shatter, splinter, shiver, (*Sprünge bilden*) crack, *Holz*: *a.* split, (*zerplatzen*) burst; **in tausend Stücke** ~ shatter into a thousand pieces; *fig.* **vor Wut (Freude)** ~ burst with anger (joy). **~'stamp·fen** *v/t* <*no* **ge-**, **h**> **1.** crush, *zu Brei*: mash, *im Mörser etc*: pound. **2.** crush *s.th.* (underfoot), trample down. **~'stäu·ben** *v/t* <*no* **ge-**, **h**> **1.** (*Flüssigkeit*) atomize, spray. **2.** (*Pulver*) dust, sprinkle. **~'stäu·ber** *m* <-**s**; -> atomizer, sprayer. **~'ste·chen** *v/t* <*irr, no* **ge-**, **h**> **1.** *Insekten*: bite *s.o.* all over. **2.** (*durchstechen*) pierce; **sich** (*dat*) **die Finger** ~ prick one's fingers. **~'stie·ben** *v/i* <*irr, no* **ge-**, **sein**> *Wasser, Gischt etc*: spray, *Schneeflocken*: scatter, be scattered, *fig. Menschenmenge etc*: scatter, disperse, be scattered (as dust). **~'sto·chen** *adj von Insekten*: covered with bites, bitten all over.

zer|'stör·bar *adj* destructible, destroyable. **~'stö·ren** *v/t* <*no* **ge-**, **h**> **1.** destroy, demolish, ruin, *mutwillig*: wreck, vandalize, (*verwüsten*) devastate, ravage, havoc. **2.** *fig.* (*Gesundheit etc*) destroy, ruin, (*zugrunde richten*) *a.* wreck (*one's marriage, etc*), (*zunichte machen*) shatter (*hopes, illusions, etc*). **~'stö·rend** *adj* destructive. **~'stö·rer** *m* <-**s**; -> destroyer (*a. mar. mil.*). **~'stö·re·risch** *adj* destructive. **~'stö·rung** *f* <-; -**en**> **1.** <*only sg*> destruction, ruin(ation), wreck(age) (*alle a. fig.*), demolition, vandalization, devastation, ravage, havoc. **2.** *pl* destruction *sg*, wreckage *sg*.

zer'stö·rungs|,frei *adj tech.* ~**e Prüfung** nondestructive test. **~,kraft** *f* destructive force. **~,trieb** *m psych.* destructive instinct. **~,werk** *n* (**sein** ~ **vollenden** complete one's) work of destruction. **~,wut** *f* destructive frenzy, vandalism.

zer|'sto·ßen *v/t* <*irr, no* **ge-**, **h**> crush. **~'strah·lung** *f* <-; *no pl*> *nucl.* annihilation radiation. **~'strei·ten** *v/reflex* <*irr, no* **ge-**, **h**> **sich mit j-m** ~ fall out with s.o. (**über** *acc* over). **~'streu·en I** *v/t* <*no* **ge-**, **h**> **1.** scatter, disperse, (*Demonstranten, e-e Menge etc*) *a.* break up. **2.** *fig.* (*Argwohn, Zweifel etc*) dispel, dissipate. **3.** *fig.* **j-n** ~ take s.o.'s mind off things. **4.** *phys.* (*Licht*) diffuse, disperse, scatter. **II** *v/reflex* **sich** ~ **5.** scatter, disperse (themselves), *Menge etc*: *a.* break up. **6.** *fig. Argwohn, Zweifel etc*: be dispelled, be dissipated. **7.** (*sich ablenken*) take one's mind off things. **~'streut** *adj* **1.** scattered, dispersed, *Licht*: *a.* diffused. **2.** *fig.* absentminded, distracted. **~'streut·heit** *f* <-; *no pl*> absentmindedness. **~'streu·ung** *f* <-; -**en**> **1.** <*only sg*> dispersion, dispersal, *des Lichts*: *a.* diffusion, *fig. von Argwohn etc*: dissipation. **2.** *fig.* a) <*only sg*> (*Ablenkung*) amusement, distraction, b) (*Unterhaltung*) entertainment; ~ **suchen** seek amusement; **allerlei** ~**en bieten** offer a variety of entertainments. **3.** → **Zerstreutheit**. **~'streu·ungs,lin·se** *f opt.* dispersing lens. **~'strit·ten** *adj the parties, etc* at variance; **sie ist mit ihm** ~ she has fallen out with him. **~'stückeln** (*getr.* -**k·k**-) *v/t* <*no* **ge-**, **h**> **1.** cut *s.th.* (up) (*od.* [in]to pieces), (*Körper etc*) dismember. **2.** *fig.* (*Land*) dismember, disintegrate, (*parzellieren*) parcel out. **~'stücke·lung** (*getr.* -**k·k**-) *f* <-; *no pl*> **1.** cutting up, dismemberment. **2.** *fig. von Land etc*: dismemberment, disintegration, parcel(l)ing out. **~'tei·len I** *v/t* <*no* **ge-**, **h**> **1.** divide *s.th.* up (in *acc* into *pieces, sections, etc*), *math. a.* resolve; → *a.* **zerschneiden**. **2.** (*Menge, Nebel, Wolken etc*) disperse, break up; *poet.* **die Wogen** ~ part the waves. **3.** → **zerlegen** 2. **II** *v/reflex* **sich** ~ **4.** divide (in *acc* into). **5.** *Menge, Nebel, Wolken etc*: disperse (*a. med. Geschwulst etc*), break up. **~'tei·lung** *f* <-; *no pl*> division, dispersion (*a. med.*). **~'tep·pern** [-'tɛpərn] *v/t* <*no* **ge-**, **h**> *colloq.* smash, bust.

Zer·ti·fi·kat [tsɛrtifi'ka:t] *n* <-(**e**)**s**; -**e**> certificate.

zer|'tram·peln *v/t* <*no* **ge-**, **h**> trample all over (*the lawn, etc*), (*niedertrampeln*) trample *s.th.* down (*od.* underfoot), crush. **~'tren·nen** *v/t* <*no* **ge-**, **h**> **1.** (*Kleid etc*) rip (open *od.* out) the seams of. **2.** → **trennen** 2. **~'tre·ten** *v/t* <*irr, no* **ge-**, **h**> walk (*od.* tread) all over (*the lawn, etc*), (*Käfer, Blume etc*) crush (*a. fig.*), (*Feuer, Glut etc*) stamp out. **~'trüm·mern** [-'trʏmərn] *v/t* <*no* **ge-**, **h**> **1.** (*in Stücke schlagen*) smash, shatter, (*demolieren*) demolish, wreck. **2.** *nucl.* cause (*atom*) to split. **~'trüm·me·rung** *f* <-; *no pl*> demolition, smashing.

Zer·ve'lat,wurst [tsɛrve'la:t-] *f* saveloy, *Am.* cervelat, servelas.

zer'wüh·len *v/t* <*no* **ge-**, **h**> (*Erdboden etc*) root up, *mit Rädern etc*: churn (up), (*Haar*) dishevel, tousle, (*a. Bett*) rumple; **ein zerwühltes Bett** rumpled bedclothes *pl*.

Zer'würf·nis [-'vʏrfnɪs] *n* <-**ses**; -**se**> discord, disagreement, (*Streit*) quarrel, (*Bruch*) split, rupture.

zer|'zau·sen *v/t* <*no* **ge-**, **h**> (*Haar*) tousle, dishevel, rumple; **j-n** ~ tousle, *etc* s.o.'s hair. **~'zup·fen** *v/t* <*no* **ge-**, **h**> pull (*od.* pick) *s.th.* to pieces.

Zes·si·on [tsɛ'sĭo:n] *f* <-; -**en**> *jur.* cession, assignment, transfer, *von Grundeigentum*: *a.* conveyance. **Zes·sio'nar** [-sĭo'na:r] *m* <-**s**; -**e**> cessionary, assign(ee), transferee.

Ze·ter ['tse:tər] *n colloq.* ~ **und Mord(io) schreien** cry blue murder, raise a hullabal(l)oo (*od.* shindy, hue and cry). **~ge,schrei** *n colloq.* hullabal(l)oo, hue and cry, shindy. **~'mor·dio** *n* <-**s**; *no pl*> *colloq.* **1.** → **Zetergeschrei**. **2.** *mit Kleinschreibung*: ~ **schreien** → **Zeter**.

ze·tern ['tse:tərn] *v/i* <**h**> *colloq.* **1.** (*schimpfen*) scold, put up a squawk. **2.** (*laut jammern*) lament, wail.

Zet·tel[1] ['tsɛtəl] *m* <-**s**; -> *Weberei*: warp.

'**Zet·tel**[2] *m* <-**s**; -> slip (of paper), (scrap of) paper, (*Notiz~, kurze Mitteilung*) note, (*Klebe~, Anhänge~*) label, *Am.* sticker, (*Hand~*) leaflet, handbill, *thea.* playbill, (*Kartei~*) card; **zu Hause fand ich e-n** ~ **vor** I found a note at home. **~kar,tei** *f* card index, (card) index file. **~,ka·sten** *m* slip box. **~ka·ta,log** *m* card catalog(ue *Br.*).

Zeug [tsɔʏk] *n* <-(**e**)**s**; *no pl*> **1.** *colloq.* (*Sachen*) *allg.* things *pl*, (*Kleider*) *a. sl.* duds *pl*, *zum Essen, Trinken, Rauchen etc*: stuff, *contp.* (*Plunder*) stuff, junk, rubbish, trash; **dummes** ~ (stuff and) nonsense, rubbish, *sl.* bilge; **tolles** ~ *sl.* hot stuff. **2.** (*Handwerks~*) tools *pl*. **3.** <*pl* ~**e**> *Textil.* cloth, fabric, stuff, material. **4.** (*Wäsche*) linen. **5.** *fig. colloq.* **das** ~ **haben zu** *e-m Künstler etc*: have the stuff (*od.* makings) of *an artist, etc*, be cut out for, have it in one to be; **er hat das** ~ **dazu** he has got what it takes; **was das** ~ **hält** *allg.* for all one is worth, *bes. Am. a.* to beat the band, *work, shout, etc* as hard as one can, *run, etc* hell for leather; **j-m am** ~(**e**) **flicken** find fault with s.o.; **sich ins** ~ **legen** put one's shoulder to the wheel, pitch in, **für j-n**: go all out for s.o.; **scharf ins** ~ **gehen mit** criticize *s.o., s.th.* severely, slash. **~,amt** *n mil.* arsenal.

Zeu·ge ['tsɔʏgə] *m* <-**n**; -**n**> **1.** *bes. jur.* witness; ~ **der Anklage (Verteidigung)** witness for the prosecution (defen/ce, *Am.* -se); **vor** ~**n**, **in Anwesenheit** (*od.* **im Beisein**) **von** ~**n** in the presence of witnesses; ~ **sein von** *e-m Unfall etc*: be (a) witness to (*od.* of), witness; *relig.* ~**n Jehovas** Jehovah's Witnesses. **2.** *fig. meist pl der Vergangenheit, Geschichte etc*: relic, monument.

zeu·gen[1] ['tsɔʏgən] *v/t* <**h**> **1.** *biol.* procreate, (*Kinder*) beget, engender. **2.** *fig.* (*hervorbringen*) generate, produce, create.

'**zeu·gen**[2] *v/i* <**h**> **1.** *jur.* **für (gegen) j-n** ~ testify (*od.* give evidence) for (against) s.o. **2.** *fig.* ~ **von** bespeak, testify (to), be evidence of, show; **von großer Erfahrung** ~ bespeak great experience.

'**Zeu·gen|auf,ruf** *m jur.* calling of witnesses. **~,aus,sa·ge** *f* testimony, evidence, statement by (*od.* made by a) witness, *zu Protokoll gegebene, eidliche*: deposition; **sich widersprechende** ~**n** conflicting evidence *sg*, divergent testimonies. **~,bank** *f* <-; **⸚e**> witness stand (*bes. Br.* box). **~be,ein,flus·sung** *f* subornation (of witnesses). **~be,weis** *m* evidence (of a witness), parole (*od.* oral) evidence. **~,eid** *m* oath of a witness. **~,ein·ver,nah·me** *f* → **Zeugenverhör**. **~,geld** *n* witness expenses (*od.* fees) *pl*, (*Reisekosten*) conduct money. **~,la·dung** *f* summons (of a witness), *unter Strafandrohung*: subpoena. **~,stand** *m* witness stand (*bes. Br.* box). **~ver,ei·di·gung** *f* swearing (in) of a witness. **~ver,hör** *n*, **~ver,neh·mung** *f* hearing (*od.* examination) of a witness.

'**Zeug,haus** *n* arsenal.

'**Zeu·gin** *f* <-; -**nen**> *bes. jur.* (female) witness.

Zeug·nis ['tsɔʏgnɪs] *n* <-**ses**; -**se**> **1.** (*Schul~*) report, (*Prüfungs~*) certificate, diploma, credential; **er hat ein gutes** ~ he was given a good report. **2.** *pl* (~*papiere*) credentials, (*Führungs~ für Angestellte*) reference, testimonial, character; **s-e** ~**se vorlegen** present one's credentials; **j-m ein** ~ **ausstellen** write s.o. a reference; **j-m ein gutes ~ geben** give s.o. a good character; *fig.* **ich kann ihm nur das beste ~ ausstellen** I cannot speak highly enough of him. **3.** (*Bescheinigung*) certificate, attestation, witness; **ärztliches ~** doctor's (*od.* medical) certificate. **4.** *jur. u. lit.* witness, testimony, evidence; **~ ablegen für (gegen)** testify for (against); **falsches ~ ablegen** bear false witness; **zum ~ von** (*od. gen*) in witness of; **zum ~ dessen** in witness (*od.* testimony) whereof; *fig.* **(beredtes) ~ ablegen von** bear (eloquent) witness to (*od.* of), bear (vivid) testimony to. **~ˌabˌschrift** *f* copy of a certificate (*od.* diploma). **~kon·feˌrenz** *f ped.* reports conference. **~ˌpflicht** *f jur.* obligation to give evidence. **~verˌwei·ge·rung** *f* refusal to give evidence. **~verˌwei·ge·rungsˌrecht** *n* right to refuse to give evidence.

Zeugs [tsɔyks] *n* ⟨-; *no pl*⟩ *colloq. contp.* → Zeug 1.

ˈZeu·gung *f* ⟨-; -en⟩ *biol.* procreation, begettal.

ˈZeu·gungs|ˌakt *m biol.* progenitive act. **≈ˌfä·hig** *adj* procreative, capable of procreation. **~ˌfä·hig·keit** *f* ⟨-; *no pl*⟩ procreative capacity. **~ˌkraft** *f* procreative power, potency, virility. **~orˌga·ne** *pl* genital (*od.* reproductive) organs. **≈unˌfä·hig** *adj* impotent, sterile. **~ˌunˌfä·hig·keit** *f* ⟨-; *no pl*⟩ impotence, sterility.

ˈZi·betˌkat·ze [ˈtsiːbɛt-] *f* civet (cat).

Zi·cho·rie [tsɪˈçoːrĭə] *f* ⟨-; -n⟩ **1.** *bot.* chicory. **2.** *gastr.* (roasted) chicory.

Zicke (*getr.* -k·k-) [ˈtsɪkə] *f* ⟨-; -n⟩ **1.** she-goat, nanny (goat). **2.** → **Ziege** 2.

Zicken (*getr.* -k·k-) [ˈtsɪkən] *pl colloq.* funny tricks; **~ machen** act funny, act up.

ˈzickig (*getr.* -k·k-) *adj colloq.* prim, prudish, funny.

ˈZick·lein *n* ⟨-s; -⟩ kid.

ˈZickˌzack [ˈtsɪk-] *m* ⟨-(e)s; -e⟩ zigzag; **im ~** (*od. adv* ≈) **gehen (fahren)** zigzag. **≈ˌför·mig** *adj* zigzag(gy). **~ˌkurs** *m a. fig.* zigzag (course); **im ~ fahren** zigzag. **~ˌli·nie** *f* zigzag (line). **~ˌmu·ster** *n* zigzag pattern, zigzags *pl.* **~ˌschal·tung** *f electr.* zigzag connection.

Zie·ge [ˈtsiːgə] *f* ⟨-; -n⟩ **1.** *zo.* goat, *engS.* she-goat, nanny (goat). **2.** *colloq. contp.* **dumme** (*od.* **blöde**) **~** silly goose; **alte ~** old bag.

Zie·gel [ˈtsiːgəl] *m* ⟨-s; -⟩ **1.** (**~stein**) brick, *pl collect.* brickwork *sg.* **2.** (*Dach*≈) (roofing) tile, *pl collect.* tiling *sg*; **mit ~n decken** tile. **~ˌbau** *m* ⟨-(e)s; -ten⟩ brick building (*od.* construction). **~ˌbren·nen** *n* brick (*od.* tile) burning. **~bren·neˈrei** [ˌtsiːgəl-] *f* brickworks *pl* (*als sg od. pl konstruiert*). **~ˌdach** *n* (clay-)tiled roof.

Zie·geˈlei *f* ⟨-; -en⟩ brickworks *pl* (*als sg od. pl konstruiert*), brickyard, *für Dachziegel*: tilery.

ˈZie·gel|ˌer·de *f* brick earth. **~ˌmau·er** *f* brick wall. **~ˌmehl** *n* brick dust. **~ˌofen** *m* brick-kiln, *für Dachziegel*: tilery. **~ˌpfla·ster** *n* brick paving. **≈ˌrot** *adj* brick-red. **~ˌstein** *m* brick.

ˈZie·gen|ˌbock *m* he-goat, billy goat. **~ˌfell** *n* goatskin, kidskin. **~ˌher·de** *f* flock of goats. **~ˌkä·se** *m* goat's cheese. **~ˌle·der** *n* goatskin, kidskin, kid leather. **~ˌmel·ker** *m orn.* nightjar. **~ˌmilch** *f* goat's milk. **~ˌpe·ter** *m* ⟨-s; *no pl*⟩ *med.* mumps *pl* (*als sg konstruiert*).

zieh [tsiː] *1 u. 3 sg pret of* zeihen.

ˈzieh|bar *adj tech.* drawable. **≈ˌbrücke** (*getr.* -k·k-) *f* drawbridge. **≈ˌbrun·nen** *m* draw well. **≈ˌel·tern** *pl* foster parents.

zie·hen [ˈtsiːən] **I** *v/t* ⟨zieht, zog, gezogen, h⟩ **1.** (*Wagen, Pflug etc*) draw, (*a. Handbremse etc*) pull, (*schwere Lasten etc*) haul. **2.** (*heraus~*) draw, pull; **s-e Brieftasche ~** *a.* take out one's wallet; **das Schwert ~** draw one's sword; → *a.* **Niete** 1, **Zahn** 1. **3.** (*Linien etc*) draw; **e-e Senkrechte ~** *a.* drop a perpendicular; *fig.* **e-n Schlußstrich ~** put an end to it, let bygones be bygones. **4.** (*Gräben, Furchen*) run, cut. **5.** (*Mauer etc*) build, erect. **6.** (*Wäscheleine*) put up. **7. den Hut ~** raise (*od. a. fig.* take off) one's hat (**vor** to); → *a.* **Bilanz** 1, **Blase** 1, 2 *etc.* **8.** *in Verbindung mit Präpositionen*: **j-n an den Ohren (am Ärmel) ~** pull s.o. by the ears (sleeve), pull (*stärker*: tug) (at) s.o.'s ears (sleeve); **j-n an sich ~** draw s.o. to one, draw s.o. close (to one); **Perlen auf e-e Schnur ~** thread beads; **Saiten auf die Geige ~** string the violin; **j-n auf die Seite ~** draw s.o. aside; *fig.* **j-n auf s-e Seite ~** win s.o. over; **die Aufmerksamkeit** (*od.* **die Blicke**) **auf sich ~** attract attention, *weitS.* be rather conspicuous; **j-s Aufmerksamkeit auf sich ~** attract s.o.'s attention (*od.* notice), *des Publikums etc*: focus s.o.'s attention on o.s.; **alle Blicke auf sich ~** attract every eye; **j-s Haß (Unmut, Zorn) auf sich ~** incur s.o.'s hatred (annoyance, anger); **et. aus der Tasche ~** pull s.th. out of one's pocket; **aus dem Wasser ~** a) draw (*a boat, etc*) out of the water, b) pull (*a drowning person*) from the water; **ein Netz durchs Wasser ~** draw a net through the water; **j-n in e-e Ecke ~** draw s.o. into a corner; **j-n mit sich in die Tiefe ~** pull s.o. down (*od.* under) with one; **j-n mit sich ~** pull (*od.* drag) s.o. with one; **et. nach oben ~** pull (*od.* draw) s.th. up; *fig.* **nach sich ~** (*Folgen*) have, bring (*consequences*) in its train, (*Kosten, weitere Maßnahmen etc*) involve, entail; **e-n Pullover über die Bluse ~** put a pullover on over the blouse; **die Mütze über die Ohren ~** pull (*od.* draw) down one's cap over one's ears; **den Ring vom Finger ~** take the ring off one's finger; **die Gardine vors Fenster ~** draw (*od.* pull) the curtain across the window; **die schwere Last zog ihn zu Boden** the heavy load weighed him down. **9.** *bot.* cultivate, breed. **10.** *med.* (*Fäden*) take out. **11.** (*Kerzen*) dip, draw. **12.** *tech. allg.* draw, (*Gewehrlauf*) rifle, (*Gußblöcke*) pull, (*Rohre*) sink. **II** *v/i* ⟨h *u.* sein⟩ **13.** ⟨sein⟩ *Wolken, Rauch etc*: drift, float, move; **der Rauch zieht ins Zimmer** the smoke drifts (*od.* comes) into the room; **das Gewitter ist nach Westen gezogen** the thunderstorm has moved (*od.* shifted) west. **14.** ⟨sein⟩ (*gehen*) go, (*wandern, streifen*) roam, rove, travel; **durch die Welt ~** roam (*od.* travel) the world; **in die Fremde ~** go abroad; **j-n ungern ~ lassen** be sorry to see s.o. go; **s-s Weges ~** go one's way; **laß ihn ~!** let him go (there)!; *colloq.* **ich muß ~** I must be off. **15.** ⟨sein⟩ *Zugvögel*: fly, migrate. **16.** ⟨h⟩ **~ an** (*dat*) *e-m Seil etc*: pull at (*od.* on), give a pull at, *heftig*: tug at (*a rope, etc*), *der Pfeife, Zigarre etc*: (take a) puff at, have a draw on, pull at (*one's pipe, etc*), *e-r Flasche*: take a pull at (*the bottle*); **der Hund zieht an der Leine** the dog pulls (*od.* strains) at its leash. **17.** ⟨h⟩ *Ofen, Kamin, Pfeife etc*: draw. **18.** ⟨sein⟩ (*um~*) (re)move; **aufs Land (in die Stadt) ~** move to the country ([in]to the city); **in ein anderes Haus ~** move (to another) house; **sie zog zu ihrer Tochter** she went to live (*od.* she moved in) with her daughter, she moved to her daughter's. **19.** ⟨h⟩ *Tee*: draw, infuse; **der Tee muß fünf Minuten ~** *a.* the tea must stand for five minutes. **20.** ⟨h⟩ *colloq.* (*wirken*) *Ausrede, Schmeichelei etc*: work, (*ankommen*) go down well; **das zieht bei ihm nicht** that does not work (*od.* that cuts no ice, that won't wash) with him; **das zog endlich** that finally worked, that did the trick. **21.** ⟨h⟩ *Schachspiel etc*: move; **mit dem König ~** move the king; **wer zieht?** whose move is it?, who is to move? **22.** ⟨h⟩ *Sport u. fig.* set the pace. **23.** ⟨h⟩ (*schmerzen*) hurt, sting, smart; **~der Schmerz** *a.* twinge. **III** *v/reflex* ⟨h⟩ **24.** *a.* **sich ~ lassen** (*sich dehnen*) stretch, give; → **Länge** 1. **25.** (*sich erstrecken*) stretch, extend, run, (*verlaufen*) run, lead; **die Straße zieht sich in vielen Kurven auf den Berg** the road runs up the mountain in serpentines; *fig.* **dieses Motiv zieht sich durch die ganze Oper** this motif runs through the whole opera. **IV** *v/impers* ⟨h⟩ **26. es zieht** there is a draught (*Am.* draft). **27. es zieht j-n zu j-m** (*et.*) s.o. feels attracted to s.o. (s.th.), s.o. (s.th.) attracts s.o.; **mich zieht es nicht nach X** *a.* X has no attraction for me; **es zog ihn in die Ferne** he had an urge to go abroad; **es zieht mich nicht zu dieser Gesellschaft** I am not very keen to see these people. **V** ≈ *n* ⟨-s⟩ **28.** pulling, drawing (*etc*). **29.** *math. e-r Wurzel*: extraction. **30.** (*Schmerz, Reißen*) twinge, ache. **31.** *bot.* cultivation.

ˈZieh|ˌfe·der *f* drawing pen. **~harˌmo·ni·ka** *f mus.* a) concertina, b) accordion. **~ˌkind** *n* foster child. **~ˌmut·ter** *f* foster-mother. **~ˌpres·se** *f tech.* drawing press.

ˈZie·hung *f* ⟨-; -en⟩ *a. e-s Wechsels*: drawing, *Lotterie*: draw. **~sˌli·ste** *f* drawing list. **~sˌtag** *m* drawing day.

ˈZiehˌva·ter *m* foster-father.

Ziel [tsiːl] *n* ⟨-(e)s; -e⟩ **1.** *e-r Reise, Wanderung etc*: destination; **wir sind am ~ (angelangt)** we are at our destination; **wer langsam geht, kommt auch zum ~** (*Sprichwort*) slow and (*od.* but) sure (*od.* steady) wins the race. **2.** *bes. mil.* mark, aim, (*a.* **~scheibe**) target, *taktisches*: objective; **das ~ ansprechen** designate the target; **das ~ erfaßt haben** be on target; **ein ~ unter Beschuß nehmen** engage a target; **et. als** (*od.* **zum**) **~ nehmen** take s.th. as a (*od.* one's) target; *a. fig.* **(weit) über das ~ hinausschießen** overshoot the mark. **3.** *fig.* goal, aim, object(ive), end, *a. econ.* target (*cf. a.* 6); **sich** (*dat*) **ein ~ setzen** set o.s. a goal; **sich** (*dat*) **ein hohes ~ setzen** (*od.* **stecken**) aim high, set o.s. an ambitious goal; **gerade aufs ~ losgehen** go (*od.* head) straight for one's goal; **er hat es sich zum ~ gesetzt** (*od.* **er hat sich das ~ gesetzt**) **zu** *inf* he aims to *inf* (*od.* at *ger*); **ein ~ im Auge haben** aim at a goal; **das ~ im Auge behalten (aus den Augen verlieren)** keep (lose) sight of the goal; **sein ~ erreichen, zum ~ gelangen, ans ~ kommen** reach (*od.* achieve) one's goal, attain (*od.* gain) one's end(s), achieve one's object, win through, *colloq.* get there; **zum ~e führen** succeed, be successful, achieve its purpose; **nicht zum ~e führen** fail, miscarry; **er ist weit vom ~** he is far afield; **ich bin am ~ m-r Wünsche** I have got all I wanted. **4.** *fig.* (*Grenze*) bounds *pl*, limits *pl*; *e-r Sache* **ein ~ setzen** *a.* put a stop to s.th.; **et. mit (ohne) Maß und ~ tun** do s.th. with moderation (to excess); **sein Ehrgeiz kennt weder Maß noch ~** his ambition knows no bounds. **5.** *Sport*: finish, winning (*od.* finishing) post; **durchs ~ ge-**

hen reach the winning post; **als Sieger durchs ~ gehen** finish first (*od.* as the winner); **als Zweiter durchs ~ gehen** come in (*od.* run) second; **sich ins ~ werfen** lunge into the tape. **6.** *econ.* a) credit, b) term, period of payment; **auf ~ kaufen** buy on account (*od.* credit); **3 Monate ~** *grant s.o.* three months' credit; **mit kurzem (langem) ~** on a short-term (long-term) basis, with a short (long) credit; **et. auf ~ verkaufen** a) sell s.th. on credit, b) *Termingeschäft*: sell s.th. forward. **~ˌanˌflug** *m aer. mil.* approach run. **~ˌanˌga·ben** *pl mil.* target data. **~ˌanˌsteue·rung** *f aer.* homing; **automatische ~** homing guidance. **~ˌband** *n* <-(e)s; ⸗er> *Sport*: finishing tape; **das ~ durchreißen** beat (*od.* break) the tape. **2beˌwußt** *adj u. adv* → **zielstrebig.**

zie·len ['tsiːlən] *v/i* <h> (**auf** *acc*) (take) aim (at), level (at), sight (for), *fig. Bemerkung, Kritik etc*: be aimed (at), be level(l)ed (at); **mit e-m Gewehr** *etc* **auf j-n ~** aim (*od.* level) a gun, *etc* at s.o.; *fig.* **das war auf dich gezielt** *a.* that was meant for you; → *a.* **abzielen, gezielt.** **~d** *adj ling.* transitive (*verb*).

'Ziel|er·fas·sung *f mil.* target acquisition (*od.* pickup). **~ˌfahrt** *f Sport*: (motor) rally. **~ˌfernˌrohr** *n* aiming telescope. **~ˌflag·ge** *f Motorsport*: chequered (*Am.* checkered) flag. **~ˌflug** *m aer.* homing. **~ˌfo·to** *n,* **~fo·to·graˌphie** *f* → **Zielphoto(graphie).** **~geˌbiet** *n mil.* target area. **~geˌnau·ig·keit** *f* aiming accuracy. **~geˌra·de** *f Sport*: home straight, *bes. Am.* home stretch. **~geˌrät** *n mil.* (gun)sight, *für Bomben*: bombsight. **2geˌrich·tet** *adj* purposeful, purposive. **~ˌgrup·pe** *f bes. Werbung*: target group. **~ˌka·me·ra** *f Sport*: photo-finish camera. **~ˌlan·dung** *f aer.* precision (*od.* spot) landing. **~ˌli·nie** *f* **1.** *Sport*: finish(ing) line. **2.** *mil.* line of sight. **2los** *adj* aimless; **~er Mensch** *a.* drifter. **~lo·sig·keit** *f* <-; *no pl*> aimlessness. **~ˌpfo·sten** *m Pferderennen*: goal. **~ˌpho·to** *n,* **~pho·to·graˌphie** *f Sport*: picture of the finish. **~ˌpunkt** *m* aiming point, *fig.* goal. **~ˌrich·ter** *m Sport*: judge at the finish. **~ˌschei·be** *f* **1.** (practice) target. **2.** *fig. der Kritik etc*: target, butt, object; **j-n zur ~ des Spottes machen** make s.o. the butt, make a laughingstock out of s.o. **~ˌset·zung** *f* <-; -en> objective, target. **2ˌsi·cher I** *adj Schütze*: unerring, sure; **~ sein** have a good aim, be a dead shot. **II** *adv* **~ auf j-n losgehen** go straight up to s.o. **~ˌspra·che** *f* target language. **2ˌstre·big** [-ˌʃtreːbɪç] **I** *adj* purposeful, determined, single-minded. **II** *adv* purposefully, with determination. **~ˌstre·big·keit** *f* <-; *no pl*> purposefulness, determination, single-mindedness. **~ˌsu·che** *f aer. mil.* homing guidance. **~ˌsuchˌkopf** *m* homing head. **~ˌübung** *f* target practice. **~verˌfol·gung** *f Radar*: target tracking. **~ˌvorˌga·be** *f fig.* set target. **~ˌvorˌrich·tung** *f* aiming device, *für Bomben*: bombsight.

zie·men ['tsiːmən] *v/reflex u. v/impers* <h> **sich ~** *lit.* → **geziemen.**

Zie·mer ['tsiːmər] *m* <-s; -> *gastr.* haunch (of venison).

'ziem·lich I *adj* **1.** *colloq.* (*beträchtlich*) fair, considerable, quite a; **e-e ~e Anzahl** quite a number, a fair (*od.* good) number; **e-e ~e Strecke** quite a (*od.* a considerable) distance, a long way; **das ist e-e ~e Frechheit!** that's rather a (*od.* a fair) cheek! **2.** *archaic for* **geziemend** 1, 2. **II** *adv* **3.** (*recht, einigermaßen*) rather, quite, pretty; **~ groß** rather (*od.* pretty, quite) big; **ich mußte mich ~ beeilen** I had to hurry quite a bit; **ich bin ~ sicher** I am reasonably sure; **~ viele Leute** a good many (*od.* quite a few, quite a lot of) people; **~ ausführlich** at some length. **4.** (*fast*) almost, nearly, more or less, practically, just about, pretty well; *colloq.* **ich bin so ~ fertig** I'm more or less (*od.* I'm just about) ready; **so ~ alles** practically everything; **so ~ dasselbe** pretty much (*od.* very nearly, more or less) the same thing.

zie·pen ['tsiːpən] *colloq.* **I** *v/t* <h> **j-n (an den Haaren) ~** tweak s.o.('s hair). **II** *v/i* hurt, smart.

Zier [tsiːr] *f* <-; *no pl*> *obs. od. poet.* → **Zierde.** **~ˌaf·fe** *m fig. contp.* (*Geck*) fop, coxcomb.

Zie·rat ['tsiːraːt] *m* <-(e)s; -e> *lit.* ornament, decoration, adornment.

Zier·de ['tsiːrdə] *f* <-; -n> **1.** <*only sg*> decoration, adornment, *fig.* credit; **zur ~** as a decoration; *fig.* **zur ~ gereichen** be a credit (*dat* to). **2.** embellishment.

'Zierˌdeck·chen *n* doily, mat.

zie·ren ['tsiːrən] **I** *v/t* <h> **1.** *lit.* adorn, grace (*a. fig.*), embellish, decorate; **Kupferstiche zierten die Wände** engravings adorned the walls. **II** *v/reflex* **sich ~ 2.** make a fuss, (*zögern*) hesitate; **sich nicht lange ~** *a.* not to need much pressing; **zier dich doch nicht so!** don't make such a fuss, don't be funny. **3.** (*sich affektiert benehmen*) behave affectedly, (*verschämt tun*) play coy. **Zie·re'rei** *f* <-; *no pl*> *contp.* **1.** fuss, affected modesty, (*Zögern*) hesitation. **2.** affectation, coyness.

'Zier|ˌfisch *m zo.* toy fish. **~ˌgar·ten** *m* ornamental garden. **~ˌlei·ste** *f an Türen, Schränken etc, a. print.* border, *mot.* styling strip, belt mo(u)lding.

'zier·lich *adj* nice, fine, dainty, delicate, *Person*: graceful, gracile, *Frau*: *a.* petite. **2keit** *f* <-; *no pl*> niceness, daintiness, delicacy, gracefulness.

'Zier|ˌna·gel *m* ornamental nail (*od.* stud). **~ˌpflan·ze** *f* ornamental (plant). **~ˌpup·pe** *f fig. contp.* dressy woman. **~ˌschrift** *f* ornamental letters *pl* (*od.* print type). **~ˌstich** *m beim Nähen*: fancy (*od.* ornamental) stitch. **~ˌstrauch** *m* ornamental (shrub). **~ˌta·schenˌtuch** *n* fancy handkerchief.

Zif·fer ['tsɪfər] *f* <-; -n> **1.** numeral, *in e-r Zahl*: figure, digit; **römische ~n** Roman numerals; **arabische ~n** Arabic numerals, ciphers; **in ~n** in figures; **e-e Zahl mit drei ~n** a three-figure number. **2.** (*Unterabsatz in amtlichen Schriftstücken*) subparagraph, (*Punkt*) item. **~ˌblatt** *n* dial, face. **~(n)ˌka·sten** *m print.* figure case. **2nˌmä·ßig** *adj* numerical, in figures.

-zig [tsɪç] *adj* <*invariable*> *colloq.* (*sehr viele*) umpteen (*people, things, etc*).

Zi·ga·ret·te [tsiga'rɛtə] *f* <-; -n> cigarette, *Am. a.* cigaret.

Zi·ga'ret·ten|au·toˌmat *m* cigarette (slot *od.* vending) machine. **~etui** [-ʔɛtˌviː] *n* cigarette case. **~faˌbrik** *f* cigarette factory. **~ˌlän·ge** *f colloq.* **e-e ~ Pause machen** stop for a smoke. **~ˌmar·ke** *f* brand of cigarettes. **~ˌpackung** (*getr.* -k·k-) *f* cigarette packet (*Am.* pack). **~paˌpier** *n* cigarette paper. **~ˌpau·se** *f* **e-e ~ machen** stop for a smoke. **~ˌrau·cher** *m,* **~ˌrau·che·rin** *f* <-; -nen> cigarette smoker. **~ˌschach·tel** *f* cigarette packet (*Am.* pack). **~ˌspit·ze** *f* cigarette holder. **~ˌstum·mel** *m* cigarette end, (cigarette) stub. **~ˌta·bak** *m* cigarette tobacco. **~verˌkäu·fe·rin** *f* cigarette girl.

Zi·ga·ril·lo [tsiga'rɪlo; *rare* -'rɪljo] *m, n* <-s; -s> small cigar.

Zi·gar·re [tsi'garə] *f* <-; -n> cigar; *fig. colloq.* **j-m e-e ~ verpassen** give s.o. a good dressing down.

Zi'gar·ren|abˌschnei·der *m* cigar cutter. **~ˌanˌzün·der** *m* cigar lighter. **~ˌasche** *f* cigar ash. **~ˌdeckˌblatt** *n* wrapper. **~etui** [-ʔɛtˌviː] *n* cigar case. **~ˌhänd·ler** *m* tobacconist. **~ˌki·ste** *f* cigar box. **~ˌrau·cher** *m* cigar smoker. **~ˌschach·tel** *f* cigar box. **~ˌspit·ze** *f* cigar holder. **~ˌstum·mel** *m* cigar end, (cigar) stub.

Zi·geu·ner [tsi'gɔynər] *m* <-s; -> **1.** gipsy, *Am.* gypsy, *ungarischer*: *a.* tzigane. **2.** *fig. colloq.* gipsy, vagabond, *weitS.* rascal, scoundrel. **2haft** *adj* gipsylike, *Am.* gypsylike.

Zi'geu·ne·rin *f* <-; -nen> gipsy (*Am.* gypsy) (woman *od.* girl).

Zi'geu·ner|kaˌpel·le *f* gipsy (*Am.* gypsy) band. **~ˌla·ger** *n* gipsy (*Am.* gypsy) camp. **~ˌle·ben** *n* <-s; *no pl*> gipsy (*Am.* gypsy) life, *fig. colloq.* Bohemianism. **~muˌsik** *f* gipsy (*Am.* gypsy, tzigane) music. **~ˌpri·mas** *m* primas. **~ˌspra·che** *f* Romany. **~tum** *n* <-s; *no pl*> gipsydom, *Am.* gypsydom. **~ˌwa·gen** *m* gipsy (*Am.* gypsy) caravan.

'zig|ˌfach *adj colloq.* umpteen-times. **~ˌmal** *adv colloq.* umpteen times, ever so often. **~'tau·send** *adj colloq.* thousands and thousands of. **2'tau·sen·de** *pl colloq.* thousands and thousands.

Zi·ka·de [tsi'kaːdə] *f* <-; -n> *zo.* cicada.

Zim·bal ['tsɪmbal] *n* <-s; -e *u.* -s> *mus.* dulcimer.

Zim·mer ['tsɪmər] *n* <-s; -> room; **in** (*od.* **auf**) **sein ~ gehen** go to one's room; **haben Sie ein ~ (frei)?** *im Hotel*: have you a room vacant?; **das ~ hüten** stay in (*od.* keep to) one's room. **~anˌten·ne** *f* indoor aerial (*Am.* antenna). **~beˌstel·lung** *f* → **Zimmerreservierung.** **~ˌdecke** (*getr.* -k·k-) *f* ceiling.

Zim·me'rei *f* <-; *no pl*> carpentry, carpentering.

'Zim·mer|einˌrich·tung *f* **1.** (*Möbel*) furniture. **2.** interior, décor, furnishings *pl*.

'Zim·me·rer *m* <-s; -> carpenter.

'Zim·mer|ˌflucht *f* <-; -en> suite of rooms. **~geˌnos·se** *m* roommate. **~geˌsel·le** *m* journeyman carpenter. **~ˌhandˌwerk** *n* carpentry, carpenter's trade. **~ˌherr** *m* lodger, *Am. a.* roomer. **~ˌkell·ner** *m* room waiter. **~ˌlautˌstär·ke** *f* (**auf ~ stellen** turn [*one's radio*] down to) moderate volume. **~ˌlin·de** *f bot.* African hemp. **~ˌmäd·chen** *n* chambermaid. **~ˌmann** *m* <-(e)s; -leute> carpenter; *fig. colloq.* **j-m zeigen, wo der ~ das Loch gelassen hat** show s.o. the door; → **Axt** 1. **~ˌmei·ster** *m* master carpenter.

zim·mern ['tsɪmərn] *v/t* <h> **1.** (*Dachstuhl etc*) carpenter, (*Boot, Regal, Tisch etc*) build, make. **2.** *fig.* make, shape; **sich** (*dat*) **sein Leben ~** shape one's own life.

'Zim·mer|ˌnach·bar *m* next-door neighbo(u)r. **~ˌnachˌweis** *m* accommodation bureau. **~ˌpflan·ze** *f* indoor plant. **~re·serˌvie·rung** *f im Hotel*: reservation (*od.* booking) of a room (*od.* of rooms). **~ˌschlüs·sel** *m* room key. **~ˌsu·che** *f* room hunting; **auf ~ sein** be looking for a room. **~te·leˌphon** *n* telephone in one's room. **~tem·pe·raˌtur** *f* <-; *no pl*> room temperature. **~thea·ter** [-teˌaːtər] *n* little theat/re (*Am.* -er). **~ther·moˌme·ter** *n* indoor thermometer. **~verˌmie·ter** *m* landlord. **~verˌmie·te·rin** *f* landlady. **~verˌmie-**

tung *f* renting (*bes. Br.* letting) of rooms. **~ver͵mitt·lung** *f* accommodation agency. **~͵werk͵statt** *f* carpenter's workshop.

zim·per·lich ['tsɪmpərlɪç] **I** *adj* (*wehleidig*) soft, oversensitive, (*empfindlich*) squeamish, (*heikel*) fastidious, finicky, (*verweichlicht*) mollycoddled, (*prüde*) prim, prudish, coy; **sei nicht so ~** *colloq.* don't be a sissy (*od.* softie); *colloq.* **er ist wenig** (*od.* **nicht gerade**) **~** he is none too scrupulous. **II** *adv colloq.* **nicht gerade ~, wenig ~** a) *treat s.o.* none too gently, b) *act* none too gingerly (*od.* scrupulously). **≗keit** *f* ‹-; *no pl*› softness, oversensitiveness, squeamishness, fastidiousness, finickiness, (*Prüderie*) prudishness, primness, coyness.

'Zim·per͵lie·se ['tsɪmpər-] *f* ‹-; -n› *colloq.* softie, sissy.

Zimt [tsɪmt] *m* ‹-(e)s; -e› **1.** *gastr.* cinnamon. **2.** → Zinnober 3. **≗͵far·ben, ≗͵far·big** *adj* cinnamon-colo(u)red. **~͵rin·de** *f* cinnamon bark. **~͵stan·ge** *f* stick (*od.* quill) of cinnamon. **~͵stern** *m gastr.* cinnamon star.

Zink[1] [tsɪŋk] *n* ‹-(e)s; *no pl*› *chem. min.* zinc, zincum.

Zink[2] *m* ‹-(e)s *od.* -en; -e *od.* -en› *mus. hist.* cornett, zink(e).

'Zink|͵blech *n* sheet zinc. **~͵blen·de** *f chem. min.* zinc blende. **~͵blü·te** *f* zinc bloom.

Zin·ke ['tsɪŋkə] *f* ‹-; -n› **1.** *am Kamm*: tooth, *an Gabel, Rechen etc*: prong, tine. **2.** *auf Spielkarten*: (secret) mark.

Zin·ken ['tsɪŋkən] *m* ‹-s; -› **1.** → Zinke 1. **2.** *colloq.* (*große Nase*) nozzle, pecker. **3.** (*Gauner≗*) tramp's sign; → *a.* Zinke 2.

'zin·ken[1] *adj chem. tech.* (of) zinc.

'zin·ken[2] *v/t* ‹h› (*Karten*) mark (*cards*) (with secret signs).

'Zink|͵erz *n* zinc ore. **~͵far·be** *f* zinc paint. **≗͵hal·tig** *adj chem.* zinciferous, zincic. **~͵le͵gie·rung** *f* zinc alloy. **~͵leim·ver͵band** *m med.* Unna's paste dressing. **~oxid** [-ʔɔ͵ksiːt], **~oxyd** [-ʔɔ͵ksyːt] *n* zinc oxide. **~phos͵phat** *n* zinc (ortho)phosphate. **~͵sal·be** *f* zinc (oxide) ointment. **~͵spat** *m min.* smithsonite, zinc spar. **~sul͵fat** *n chem.* zinc sulphate (*Am.* -f-), white vitriol. **~ver͵gif·tung** *f* zinc poisoning. **~͵wan·ne** *f* zinc bath (*od.* tub). **~͵weiß** *n chem.* zinc oxide.

Zinn [tsɪn] *n* ‹-(e)s; *no pl*› **1.** *chem.* tin. **2.** *legiertes, für Hausgerät*: pewter, *mittelhartes*: trifle. **3.** → Zinngeschirr. **~͵be·cher** *m* pewter beaker (*od.* mug). **~͵blech** *n* tin sheet.

Zin·ne ['tsɪnə] *f* ‹-; -n› *arch.* merlon.

'zin·nern *adj* (of) tin, (of) pewter.

'Zinn|͵erz *n* tin ore. **~fi͵gur** *f* pewter figure. **~ge͵schirr** *n* pewter(ware). **~͵gie·ßer** *m* tinsmith, tinner, pewterer. **~gie·ße͵rei** *f* tin foundry. **≗͵hal·tig** *adj* stanniferous, tin-bearing. **~͵kraut** *n* horsetail. **~͵krug** *m* pewter mug. **~le͵gie·rung** *f* tin (base) alloy.

Zin·no·ber [tsɪ'noːbər] *m* ‹-s; -› **1.** *min.* cinnabar, natural vermil(l)ion. **2.** (*Farbe*) red cinnabar. **3.** *fig. colloq.* (*Kram*) stuff, trash, junk, (*Quatsch*) rubbish, (*Getue*) fuss; **der ganze ~** a) the whole business, the (whole) lot, b) all that fuss. **≗͵rot** *adj* vermil(l)ion.

'Zinn|sol͵dat *m* tin soldier. **~͵tel·ler** *m* pewter plate.

Zins[1] [tsɪns] *m* ‹-es; -en› *meist pl econ.* interest; **zu 4% ~en** at 4% interest; **zu hohen ~en** at a high interest (rate); **abzüglich der ~en** less (*od.* minus) interest; **ohne ~en** ex (*od.* without) interest; **3% ~en bringen** (*od.* **abwerfen**) bear (*od.* carry, yield) interest at 3%; **auf** (*od.* **gegen**) **~en** *lend s.th.* at interest; **~en zum Satz von** interest at the rate of; **die ~en zum Kapital schlagen** add the interest to the capital; **j-m et. mit ~en zurückzahlen** a) pay s.th. back to s.o. with interest, b) → Zinseszins.

Zins[2] *m* ‹-es; -e› (*Miete, Pacht*) rent, (*Abgabe*) rate.

'Zins|͵ab͵kom·men *n* interest (rates) agreement. **~͵aus͵fall** *m* loss of interest. **~͵bo·gen** *m* interest sheet. **≗͵brin·gend I** *adj* interest-bearing. **II** *adv* **Geld ~ anlegen** invest money at interest. **~͵ein͵kom·men** *n* income from interest.

'Zin·sen|͵dienst *m* interest service (*od.* payment). **~͵gut͵schrift** *f* **1.** interest crediting. **2.** interest credited. **~͵kon·to** *n* interest account. **~͵last** *f* interest charge, burden of interest (to be paid).

'Zins|er͵hö·hung *f* → Zinssatzerhöhung. **~er͵mä·ßi·gung** *f* reduction of interest. **~er͵trag** *m* interest yield.

'Zin·ses͵zins *m* ‹-es; -en› *meist pl econ.* compound interest; *fig.* (j-m) **et. mit Zins und ~ zurückzahlen** (*od.* **heimzahlen**) repay (*od.* return) s.th. (to s.o.) with interest. **~͵rech·nung** *f* computation (*od.* calculation) of compound interest.

'Zins|͵for·de·rung *f* interest claim, *Bilanz*: interest receivable. **~͵fuß** *m* ‹-es; ⸚e› interest rate, rate of interest. **~ge͵fäl·le** *n* interest margin (*od.* differential). **≗͵gün·stig** *adj* low-interest (*loan, etc*). **~͵gut͵schrift** *f* **1.** interest crediting. **2.** interest credited. **~ku͵pon** *m* (interest) coupon. **≗los** *adj* interest-free. **~͵mehr͵auf͵wand** *m Bilanz*: net interest paid. **~͵mehr·er͵trag** *m Bilanz*: net interest received. **~pa͵pier** *n* interest-bearing security (*od.* paper). **≗͵pflich·tig** *adj* **1.** *econ.* subject to the payment of interest. **2.** *hist.* liable to pay rent. **~po·li͵tik** *f* interest rate policy. **~͵rech·nung** *f* computation (*od.* calculation) of interest. **~͵satz** *m* interest (rate), rate of interest; **Darlehen mit niedrigem ~** low-interest loan. **~͵satz·er͵hö·hung** *f* increase (*od.* raising) of interest rates. **~ta͵bel·le** *f* interest table. **~͵ta·ge** *pl* days considered for interest purposes. **~ver͵lust** *m* loss of interest. **~͵wu·cher** *m* charging of (*od.* lending at) exorbitant interest, usury.

Zio·nis·mus [tsi̯o'nɪsmʊs] *m* ‹-; *no pl*› Zionism. **Zio'nist** [-'nɪst] *m* ‹-en; -en›, **zio'ni·stisch** *adj* Zionist.

Zip·fel ['tsɪpfəl] *m* ‹-s; -› tip, point, end, (*Ecke*) corner, tag, *anat. tech.* lobe. **'zip·fe·lig** *adj Saum etc*: uneven. **'Zip·fel͵müt·ze** *f* pointy cap. **'zip·feln** *v/i* ‹h› *Kleid etc*: have an uneven hem.

Zip·per·lein ['tsɪpərlaɪn] *n* ‹-s; *no pl*› *med. humor.* gout.

'Zipp·ver͵schluß *m Austrian for* **Reißverschluß.**

'Zir·bel|͵drü·se ['tsɪrbəl-] *f anat.* pineal body (*od.* gland). **~͵kie·fer** *f bot.* Swiss stonepine.

zir·ka ['tsɪrka] *adv* about, approximately; **~ 1000 Mark** *a.* s.th. in the neighbo(u)rhood of (*od.* s.th. like) 1,000 marks, 1,000 marks or thereabouts. **≗͵preis** *m* approximate price.

Zir·kel ['tsɪrkəl] *m* ‹-s; -› **1.** (*Instrument*) (**ein ~** a pair of) compasses *pl*, divider(s *pl*). **2.** (*Kreis*) *a. fig.* circle; **literarischer ~** literary society. **~͵bo·gen** *m math.* arc. **~de·fi·ni·ti͵on** *f philos.* circular definition. **~͵ka·sten** *m* compass box (*od.* case, set).

zir·keln ['tsɪrkəln] **I** *v/i* ‹h› make measurements with compasses. **II** *v/t* → abzirkeln 1.

'Zir·kel͵schluß *m philos.* vicious circle, *a.* circular reasoning.

Zir·kon [tsɪr'koːn] *m* ‹-s; -e› *min.* zircon.

Zir·ku·lar [tsɪrku'laːr] *n* ‹-s; -e› circular (letter).

zir·ku'lar, zir·ku'lär [-'lɛːr] *adj* circular; *med.* **~es Irresein** circular (*od.* cyclic) insanity.

Zir·ku·la·ti·on [tsɪrkula'tsi̯oːn] *f* ‹-; *no pl*› circulation. **~s͵stö·rung** *f med.* disturbed circulation.

zir·ku·la·to·risch [tsɪrkula'toːrɪʃ] *adj* circulatory.

zir·ku·lie·ren [tsɪrku'liːrən] *v/i* ‹*no* **ge-**, h› (*a.* **~ lassen**) circulate.

Zir·kum|flex [tsɪrkʊm'flɛks] *m* ‹-es; -e› *ling.* circumflex (accent). **~po'lar͵stern** [-po'laːr-] *m* circumpolar star.

Zir·kus ['tsɪrkʊs] *m* ‹-; -se› **1.** circus; **er ist beim ~** he is with (*od.* in) the circus. **2.** ‹*only sg*› *fig. colloq.* a) (*Getue*) fuss, to-do, carryings-on *pl*, (*Durcheinander*) crazy business, b) *mil.* (*Einheit etc*) circus. **~di͵rek·tor** *m* circus director. **~͵le·ben** *n* circus (*od.* sawdust) life. **~͵pferd** *n* circus horse. **~͵rei·ter** *m*, **~͵rei·te·rin** *f* circus rider. **~͵zelt** *n* circus tent, (*Hauptzelt*) *a.* big top.

zir·pen ['tsɪrpən] **I** *v/i* ‹h› chirp. **II ≗** *n* ‹-s› chirp(ing).

Zir·rho·se [tsɪ'roːzə] *f* ‹-; -n› *med.* cirrhosis.

Zir·ro|ku·mu·lus [tsɪro'kuːmulʊs] *m meteor.* cirrocumulus. **~'stra·tus** [-'straːtʊs] *m* ‹-; -› cirrostratus.

Zir·rus ['tsɪrʊs] *m* ‹-; - *od.* Zirren›, **~͵wol·ke** *f* cirrus (cloud).

zir·zen·sisch [tsɪr'tsɛnzɪʃ] *adj* circensian (*games, etc*).

Zi·sche'lei *f* ‹-; -en› *colloq. contp.* whispering. **zi·scheln** ['tsɪʃəln] **I** *v/i u. v/t* ‹h› whisper. **II ≗** *n* ‹-s› whisper(ing).

zi·schen ['tsɪʃən] **I** *v/i* ‹h› **1.** *Schlange, Dampf, a. fig. Publikum*: hiss, *Fett etc*: sizzle, frizz(le), *Pfeil etc*: whiz(z). **II** *v/t* **2.** hiss. **3.** *fig. colloq.* **einen ~** (*trinken*) have a quick one. **III ≗** *n* ‹-s› **4.** hiss(ing), sizzle, sizzling, (*Mißfallenskundgebung*) hisses *pl*. **'Zi·scher** *m* ‹-s; -› hisser. **'Zisch͵laut** *m ling.* sibilant.

Zi·se|leur [tsize'løːr] *m* ‹-s; -e› engraver. **~'lier͵ar·beit** *f* engraved work. **≗'lie·ren** [-'liːrən] *v/t* ‹*no* **ge-**, h› engrave. **~'lie·rung** *f* ‹-; -en› engraving.

Zis·soi·de [tsɪso'iːdə] *f* ‹-; -n› *math.* cissoid.

Zi·ster·ne [tsɪs'tɛrnə] *f* ‹-; -n› cistern.

Zi·ster·zi·en·ser [tsɪstər'tsi̯ɛnzər] *m* ‹-s; -› *R.C.* Cistercian. **~...** *in Zssgn* Cistercian (*abbey, etc*).

Zi·ta·del·le [tsita'dɛlə] *f* ‹-; -n› citadel.

Zi·tat [tsi'taːt] *n* ‹-(e)s; -e› quotation; **falsches ~** misquotation; **Ende des ~s** unquote. **Zi'ta·ten͵le·xi·kon** *n* dictionary of quotations.

Zi·ther ['tsɪtər] *f* ‹-; -n› *mus.* zither. **~͵ring** *m* zither ring, plectrum. **~͵spie·ler** *m* zither player, zitherist.

zi·tie·ren [tsi'tiːrən] *v/t* ‹*no* **ge-**, h› **1.** quote, cite; **ich zitiere wörtlich** I quote literally (*od.* verbatim); **ich zitiere: ..., Ende des Zitats** quote, ... unquote; **falsch ~** misquote. **2.** (*vorladen*) summon, cite, *unter Strafandrohung*: subpoena. **3.** (*Geister*) invoke, conjure up.

Zi·trin [tsi'triːn] *n* ‹-s; *no pl*› *chem.* citrine.

Zi·tro·nat [tsitro'naːt] *n* ‹-(e)s; -e› *gastr.* (candied) lemon peel.

Zi·tro·ne [tsi'troːnə] *f* ‹-; -n› lemon.

Zi'tro·nen|͵baum *m* lemon tree. **~bon͵bon** *m, n* lemon drop. **~͵eis** *n* lemon ice (cream). **~͵fal·ter** *m zo.* brimstone (butterfly). **~͵gelb I** *n* ‹-s; *no pl*› lemon (yellow). **II ≗** *adj* lemon(-colo[u]red). **~li·mo,na·de** *f* lemonade, *mit Sodawasser*: lemon soda (*od.* squash). **~me,lis·se** *f bot.* lemon balm. **~,öl** *n* citron oil. **~,pres·se** *f* lemon squeezer. **~,saft** *m* lemon juice. **~,säu·re** *f* <-; *no pl*> *chem.* citric acid. **~,scha·le** *f* lemon peel. **~,schei·be** *f* slice of lemon. **~,was·ser** *n gastr.* lemon water, lemonade.

'Zi·trus,frucht ['tsi:trus-] *f meist pl* citrus fruit.

'Zit·ter|,aal *m* electric eel. **~,gras** *n* quaking grass.

'zit·te·rig I *adj allg.* shaky, trembly, *Person, bes. vor Altersschwäche*: *a. colloq.* doddering, doddery. **II** *adv* ~ **schreiben** have a shaky hand.

zit·tern ['tsɪtərn] **I** *v/i* <h> *allg.* tremble, shake, quiver (*alle*: **vor** *Angst, Kälte etc* with), *Stimme, Ton*: *a.* quaver, *a. Erde*: quake, (*schaudern*) shiver, (*vibrieren*) vibrate; **mir ~ die Knie** my knees are shaking (*od.* trembling); **am ganzen Körper ~** tremble all over (*od.* from top to toe); *fig.* **für** (*od.* **um**) **j-n ~** tremble for s.o.; **vor j-m ~** be terrified of s.o.; **vor j-s Zorn ~** fear s.o.'s anger; **bei dem Gedanken an e-e Sache ~** tremble (*od.* quake) at the thought of s.th.; **~ und beben** shiver and shake, shake in one's shoes. **II** ≗ *n* <-s> tremble, shake, vibration, shudder, quake, quiver, *med. a.* tremor; **mit ≗ und Zagen** trembling, fearfully; *colloq.* **das große ≗ kriegen** get the willies.

'Zit·ter|,pap·pel *f bot.* trembling poplar, (European) aspen. **~,ro·chen** *m ichth.* electric ray, torpedo (fish). **~,wels** *m* electric catfish.

Zit·ze ['tsɪtsə] *f* <-; -n> **1.** *zo.* teat, dug, nipple. **2.** *vulg.* tit.

zi·vil [tsi'vi:l] *adj* **1.** civil, (*Ggs. militärisch*) civilian (*aviation, etc*); **~er Ersatzdienst** alternative service (for conscientious objectors); → **Bevölkerungsschutz. 2.** *fig.* (*nichtberuflich*) normal, everyday; **im ~en Leben** in normal life. **3.** *fig. Preise etc*: reasonable, moderate.

Zi'vil *n* <-s; *no pl*> **1.** (*Ggs. Militär*) civilians *pl.* **2.** (*Ggs. Uniform*) civilian (*od.* plain) clothes *pl, bes. mil. sl.* civvies *pl*, mufti; **Kriminalbeamter in ~** plainclothesman. **~an,zug** *m* <-(e)s; *no pl*> → Zivil 2. **~be,ruf** *m* civilian profession (*od.* trade); **im ~ ist er Lehrer** his civilian profession is teaching. **~be,völ·ke·rung** *f* civilian population, civilians *pl.* **~cou,ra·ge** *f* courage of one's convictions, personal courage. **~,dienst** *m* → Wehrersatzdienst. **~,ehe** *f jur.* civil marriage. **~ge,richt** *n* court for civil law cases, civil court. **~ge,setz,buch** *n Swiss* civil code.

Zi·vi·li·sa·ti·on [tsiviliza'tsĭo:n] *f* <-; *no pl*> civilization. **~s,krank·heit** *f* disease caused by civilization. **~s,schä·den** *pl* damages caused by civilization.

zi·vi·li|sa·to·risch [tsiviliza'to:rɪʃ] *adj* civilizatory. **~'sie·ren** [-'zi:rən] *v/t* <*no* ge-, h> civilize. **≗'sie·rung** *f* <-; *no pl*> civilization.

Zi·vi·list [tsivi'lɪst] *m* <-en; -en> civilian.

Zi'vil|,kam·mer *f jur.* civil division (of a "Landgericht"). **~,kla·ge** *f* civil suit. **~,klei·dung** *f* → Zivil 2. **~,le·ben** *n* normal (*od.* everyday) life. **~,li·ste** *f* civil list. **~,luft,fahrt** *f* civil aviation. **~per,son** *m* civilian. **~pro,zeß** *m* civil suit (*od.* action). **~pro,zeß,ord·nung** *f* code of civil procedure. **~,recht** *n* <-(e)s; *no pl*> civil law. **≗,recht·lich I** *adj* civil. **II** *adv* **j-n ~ verfolgen** bring a civil action (*od.* suit) against s.o., sue s.o. **~,rich·ter** *m* judge in a civil court. **~,sa·che** *f* civil case. **~,schutz** *m Swiss and Austrian* civil defen/ce (*Am.* -se) (service). **~,stand** *m* <-(e)s; *no pl*> *Swiss* **1.** (*Familienstand*) marital status. **2.** (*Personenstand*) personal (*od.* civil) status. **~,trau·ung** *f* civil marriage. **~ver,fah·ren** *n jur.* civil proceedings *pl.* **~ver,tei·di·gung** *f mil.* civil defen/ce (*Am.* -se). **~ver,wal·tung** *f* civil administration (*mil.* government).

Zlo·ty ['zlɔti; '(t)slɔti] *m* <-s; -s> (*polnische Währungseinheit*) zloty.

Zo·bel ['tso:bəl] *m* <-s; -> **1.** *zo.* sable. **2.** → **~,fell** *n* sable (skin). **~,man·tel** *m* sable coat. **~,pelz** *m* sable (fur).

zockeln (*getr.* -k·k-) ['tsɔkəln] *v/i* <sein> *colloq.* jog along.

Zocker (*getr.* -k·k-) ['tsɔkər] *m* <-s; -> *sl.* gambler, sharp.

Zo·dia·kus [tso'di:akus] *m* <-; *no pl*> *astr.* zodiac.

Zo·fe ['tso:fə] *f* <-; -n> lady's maid.

zog [tso:k] *1 u. 3 sg pret,* **zö·ge** ['tsø:gə] *1 u. 3 sg pret subj of* **ziehen.**

'Zö·ge·rer *m* <-s; -> → **Zauderer.**

zö·gern ['tsø:gərn] **I** *v/i* <h> *allg.* hesitate, (*schwanken*) *a.* waver, shilly-shally, (*sich aufhalten*) tarry, linger, (*Zeit verlieren*) delay; **ohne (lange) zu ~** without (much) hesitation; **er hat zu lange (damit) gezögert** he hesitated (*od.* delayed, hung back) too long; **er zögerte nicht zu** *inf* he did not hesitate to *inf*, he lost no time in *ger.* **II** ≗ *n* <-s> hesitation; **ohne ≗** *a.* unhesitatingly; **nach anfänglichem ≗** after (some) initial hesitation. **~d I** *adj* hesitant, hesitating, (*hinhaltend*) dilatory, (*langsam*) slow, gradual; **~en Schrittes** with hesitating (*od.* halting, faltering) steps. **II** *adv* hesitantly, slowly, haltingly; **die Antwort kam nur ~** the reply came hesitantly.

Zög·ling ['tsø:klɪŋ] *m* <-s; -e> pupil.

Zö·li·bat [tsøli'ba:t] *n, relig. m* <-(e)s; *no pl*> celibacy; **im ~ leben** practise celibacy, live a celibate life.

Zoll[1] [tsɔl] *m* <-(e)s; ⸚e> **1.** *econ.* (customs) duty (*od.* tariff); **~ zahlen** pay duty (**für** on); **e-m ~ unterliegen** be subject to duty. **2.** <*only sg*> (*~behörde, ~stelle*) customs *pl* (*als sg konstruiert*); **durch den ~ schmuggeln** smuggle *s.th.* through the customs; *colloq.* **er ist beim ~** he is with (*od.* works for) the customs. **3.** *fig.* (*Tribut*) *u. hist.* (*Brücken≗ etc*) toll; *fig.* **die Natur fordert ihren ~** nature takes its toll.

Zoll[2] *m* <-(e)s; -> (*Längenmaß*) inch; **drei ~ lang** three inches long; *fig.* **jeder ~ ein Ehrenmann** every inch a gentleman.

'Zoll|ab,fer·ti·gung *f* **1.** customs clearance. **2.** → **~ab,fer·ti·gungs,stel·le** *f* customs clearance (office). **~,ab,kom·men** *n* tariff agreement, customs convention.

'Zolla·ger (*getr.* -ll,l-) *n* bonded warehouse (*od.* store).

'Zoll|,amt *n* customs office. **≗,amt·lich I** *adj* customs (*certificate, inspection, etc*). **II** *adv* **~ abfertigen** clear *s.th.* through the customs. **~,an,mel·dung** *f* (customs) entry. **~,an,schluß·ge,biet** *n* area belonging to a customs territory, customs enclave. **~,auf,sicht** *f* customs supervision. **~,aus,land** *n* countries *pl* outside customs frontiers. **~be,am·te** *m* customs officer. **~be,gleit,schein** *m* customs (bond) warrant. **~be,hör·de** *f* customs authorities *pl*, customs *pl* (*als sg konstruiert*). **~be,stim·mun·gen** *pl* customs (*od.* tariff) regulations. **~,breit** *m fig.* **k-n ~ (zurück)weichen** not to budge (*od.* yield) an inch. **~,brücke** (*getr.* -k·k-) *f hist.* toll bridge. **~,ein,nah·men** *pl* customs revenue *sg.*

zol·len ['tsɔlən] *v/t* <h> **j-m Bewunderung ~** show s.o. one's admiration, admire s.o.; **j-m Beifall ~** applaud s.o.; **j-m Dank ~** express one's gratitude (*od.* thanks) to s.o.

'Zoll|er,klä·rung *f* customs declaration. **~,fahn·der** [-,fa:ndər] *m* <-s; -> customs surveillance officer, customs investigator. **~,fahn·dung** *f* **1.** customs investigation. **2.** → **~,fahn·dungs,stel·le** *f* customs investigation office. **≗,frei** *adj* duty-free; **~e Waren** *a.* duty frees. **~,frei·heit** *f* customs exemption, exemption from duty. **~,frei,la·ger** *n* bonded warehouse (*od.* store). **~,frei,li·ste** *f* free list. **~,frei,zo·ne** *f* bonded area. **~ge,bäu·de** *n* customs house. **~ge,biet** *n* customs territory. **~ge,büh·ren** *pl* duty *sg*, customs duties, tariffs. **~ge,fäl·le** *n* customs differential. **~ge,setz** *n* tariff law. **~ge,wahr·sam** *m* customs custody. **~,grenz·be,zirk** *m* customs control area. **~,gren·ze** *f* customs frontier (*od.* boundary). **~,ha·fen** *m* port of entry. **~,haus** *n* custom(s) house. **~,hin·ter,zie·hung** *f* evasion of (the) customs (duties), *bes. jur.* defraudation of the customs; **~ begehen** evade customs (duties). **~,ho·heit** *f* customs jurisdiction. **~,in,halts·er,klä·rung** *f* customs declaration. **~,in,land** *n* territory within the customs frontiers. **~in·spek·ti,on** *f* customs inspection. **~in,spek·tor** *m* customs officer. **~kon,trol·le** *f* customs examination (*od.* inspection). **~,krieg** *m* tariff war.

Zöll·ner ['tsœlnər] *m* <-s; -> **1.** customs officer. **2.** *Bibl.* publican.

'Zoll|nie·der,la·ge *f* bonded warehouse (*od.* store). **~pa,pie·re** *pl* customs documents. **≗,pflich·tig** *adj* dutiable, liable (*od.* subject) to duty. **~,plom·be** *f* customs seal. **~po·li,tik** *f* tariff (*od.* customs) policy. **~re,form** *f* tariff reform. **~re·vi·si,on** *f* customs inspection. **~,rück·er,stat·tung** *f* (customs) drawback. **~,satz** *m* rate of duty, tariff rate. **~,schiff** *n* customs cutter. **~,schran·ke** *f fig. meist pl* customs (*od.* tariff) barrier. **~,schup·pen** *m* customs shed. **~sta·ti,on** *f* customs post. **~,stra·fe** *f* customs fine. **~ta,rif** *m* (customs) tariff. **~- ,und 'Han·dels,ab,kom·men** *n* **Allgemeines ~** General Agreement on Tariffs and Trade. **~uni,on** *f* customs (*od.* tariff) union. **~ver,ein, 'Deut·scher** *m hist.* Zollverein. **~ver,ge·hen** *n* customs offen/ce (*Am.* -se). **~ver,schluß** *m* customs seal, bond; **Waren unter ~** goods in bond, bonded goods. **~ver,trag** *m* tariff agreement, customs treaty. **~ver,wal·tung** *f* customs administration. **~,vor,schrif·ten** *pl* customs regulations. **~,wert** *m* dutiable (*od.* customs) value. **~,we·sen** *n* <-s; *no pl*> customs *pl* (*als sg konstruiert*). **~,zu,schlag** *m* additional duty.

zo·nal [tso'na:l] *adj* zonal.

Zo·ne ['tso:nə] *f* <-; -n> **1.** *allg.* zone (*a. anat. math. teleph. etc*), *geogr. a.* area, region; **heiße (kalte, gemäßigte) ~** torrid (frigid, temperate) zone; *a. fig.* **~ des Schweigens** zone of silence; → *a.* **tot** 9. **2.** (*Gebühren≗*) *bei öffentlichen Verkehrsmitteln*: stage. **3.** *pol. hist. colloq.* **die ~** a) *a.* **die sowjetisch besetzte ~** the Soviet-occupied zone, b) the German Democratic Republic, the GDR.

'Zo·nen|ge,bühr *f teleph.* zone rate. **~,gren·ze** *f* **1.** *pol. colloq.* demarcation line (between East and West Germany). **2.** *bei öffentlichen Verkehrsmitteln*: stage border. **3.** *teleph.* zonal border. **~,rand-**

geˌbiet *n pol. colloq.* zonal border area. **~taˌrif** *m bei öffentlichen Verkehrsmitteln*: stage tariff. **~ˌzeit** *f* zone time.

Zoo [tso:] *m* ‹-s; -s› zoo. **~beˌsu·cher** *m* visitor at (*od.* to) the zoo. **~diˌrek·tor** *m* zoo director.

Zoo|geo·gra·phie [tsoogeograˈfi:] *f* zoo(geo)graphy. **~graˈphie** [-graˈfi:] *f* ‹-; -n [-ən]› zoography.

ˈZooˌhand·lung *f* pet shop.

Zoo|lo·ge [tsooˈlo:gə] *m* ‹-n; -n› zoologist. **~loˈgie** [-loˈgi:] *f* ‹-; *no pl*› zoology. **⁓ˈlo·gisch** [-ˈlo:gɪʃ] *adj* zoologic(al); **~er Garten** zoological garden(s *pl*).

ˈZoom·ob·jekˌtiv [ˈzu:m-] *n* zoom (*od.* variable-focus) lens.

zoo|phag [tsooˈfa:k] *adj biol.* zoophagous, carnivorous. **⁓ˈplank·ton** [-ˈplaŋktɔn] *n* zooplankton.

Zopf [tsɔpf] *m* ‹-(e)s; ⸗e› **1.** plait, braid, *dünner, bes. bei Mädchen*: pigtail, *bei Männern*: *a.* queue; *fig. colloq.* **ein alter ~** a) an antiquated custom, b) dated convictions *pl.* **2.** (*Gebäck*) twist, plait. **~ˌband** *n* ‹-(e)s; -bänder› pigtail ribbon.

ˈzop·fig *adj fig.* antiquated, old-fashioned.

ˈZopf|ˌmu·ster *n Stricken*: cable stitch (pattern), cable. **~ˌstil** *m Kunst*: late rococo (style). **~ˌzeit** *f* late rococo.

Zo·res [ˈtso:rɛs] *m* ‹-; *no pl*› *colloq.* fuss.

Zorn [tsɔrn] *m* ‹-(e)s; *no pl*› anger, rage, temper, fury, *lit.* wrath, ire; **heiliger** (*od.* **gerechter**) **~** righteous anger; **der ~ Gottes** the wrath of God; **der ~ packte ihn** he was seized with anger; **(leicht) in ~ geraten** be (easily) moved to anger, blow up (easily); **j-n in ~ bringen** anger (*od.* incense, infuriate) s.o.; **e-n furchtbaren ~ auf j-n haben** be terribly angry (*colloq.* be mad) at s.o. **~ˌader** *f fig.* vein of anger; **j-m schwillt die ~ (an)** s.o.'s anger rises. **~ˌausˌbruch** *m* fit (*od.* [out]burst) of anger, outburst. **⁓entˌbrannt, ⁓ˌglü·hend** *adj* incensed, furious, fuming, boiling with rage.

ˈzor·nig I *adj* **(auf, über** *acc*) angry (with *od.* at *s.o.*, at *od.* about *s.th.*), *colloq.* mad (at); **~ werden** *a.* be angered, *colloq.* throw a fit; **leicht ~ werden** *a.* anger easily; **j-n ~ machen** *a.* anger s.o.; *Literatur*: **die ~en jungen Männer** the Angry Young Men. **II** *adv* angrily.

ˈZornˌrö·te *f* flush of anger.

Zo·te [ˈtso:tə] *f* ‹-; -n› smutty (*stärker*: filthy, bawdy) joke, obscenity; **~n reißen** talk smut, make obscene jokes. **ˈzo·ten·haft** *adj* → **zotig. ˈZo·tenˌrei·ßer** *m* bawdy joker. **ˈzo·tig** *adj* smutty, *stärker*: filthy, bawdy.

Zot·te [ˈtsɔtə] *f* ‹-; -n› **1.** *zo.* tuft (of hair). **2.** *anat.* (*Darm⁓*) villus.

Zot·tel [ˈtsɔtəl] *f* ‹-; -n› *meist pl* strand (*zo.* tuft) of shaggy hair. **~ˌbär** *m* shaggy bear. **~ˌhaar** *n* shaggy hair.

ˈzot·te·lig *adj* **1.** *Hund etc*: shaggy. **2.** *colloq.* unkempt.

zot·teln [ˈtsɔtəln] *v/i* ‹sein› *colloq.* stroll.

ˈzot·tig *adj* **1.** *Haar, Mähne etc*: shaggy. **2.** *anat.* villiferous.

ˈzott·lig *adj* → **zottelig.**

zu [tsu:] **I** *prep* ‹*dat*› **1.** *räumlich*: to, toward(s); **komm ~ mir** come to me; **~ s-n Eltern fahren** go to see one's parents; **~m Arzt (Bäcker) gehen** go to the doctor (baker's); **~r Schule (Kirche) gehen** go to school (church); **er wies ~r Tür (hin)** he pointed to the door; **er stand mit dem Rücken ~ mir** he was standing with his back towards me; **das Zimmer liegt ~r Straße hin** the room looks out over (*od.* out on, toward[s]) the street; **~r Tür hinausgehen** go out (of) the door; **~r Tür hereinkommen** come in through (*od.* by) the door; **~m Fenster hineinsehen** look in (at *od.* through) the window; *fig.* **von Frau ~ Frau** between women. **2.** *räumlich*: at, on; **~ j-s Füßen** at s.o.'s feet; **~ beiden Seiten des Rheins** on both sides of the Rhine; **Gasthof ~m Goldenen Löwen** Golden Lion Inn. **3.** *vor Ortsnamen*: in (*Berlin, etc*); **der Dom ~ Köln** Cologne Cathedral. **4.** (*Adelspartikel*) of; **Graf ~ Mansfeld** Count of Mansfeld; **Freiherr vom und ~m Stein** Baron Stein. **5.** *zeitlich*: at; **~ Anfang** at the beginning; **~m Schluß** at the end; **~ Mittag** at noon; **~ Ostern** at Easter; → **bis** 6, 11, **Zeit** 2, 4 *etc.* **6.** *e-e Verwandlung bezeichnend*: (in)to; **~ Asche verbrennen** burn to ashes; **~ Brei** (*od.* **Mus**) **zerquetschen** crash *s.th.* to pulp; **sich entwickeln ~** develop into (*a fine young woman, etc*); → *a.* **werden** 8. **7. j-n ~m Direktor ernennen** appoint s.o. director; **j-n ~m König wählen** elect s.o. king; **sich** (*dat*) **j-n ~m Feind machen** make s.o. one's enemy. **8.** *e-n Zweck, ein Ziel bezeichnend*: for; **~r Erholung aufs Land fahren** go into the country for recreation; **~r besseren Information** for better information; **~r Zeitersparnis** in order to save time; **Stoff ~ e-m Kleid** material for a dress; **Papier ~m Schreiben** paper to write on (*od.* for writing on); **Platz ~m Spielen** room to play (*od.* for playing); **et. ~m Essen** s.th. to eat. **9.** (*als*) as; **j-n ~m Freund haben** have s.o. as (*od.* for) a friend. **10.** *das Ergebnis bezeichnend*: to; **~ s-m Ergötzen (Erstaunen)** to his amusement (surprise); **j-n ~ Tode prügeln** flog s.o. to death. **11.** *e-n Anlaß bezeichnend*: for; **~m** (*od.* **~ j-s**) **Geburtstag** for s.o.'s birthday; **~ Weihnachten** for Christmas; **~m Abschied** a) *he gave her a kiss* when they said goodbye, b) *they had a drink* before they said goodbye; **~m Abschluß** before we wind up *let's sing a song.* **12.** *e-e Verbindung bezeichnend*: with; **Brot ~m Fleisch essen** have bread with one's meat; **Zucker ~m Kaffee nehmen** take sugar with (*od.* in) one's coffee; **Lieder ~r Laute** songs to the lute; **~ alledem kommt hinzu, daß** and what is more. **13.** *ein Verhältnis bezeichnend*: for; **aus Freundschaft ~ ihm** out of friendship for him; → *a.* **Liebe** 1, **Zuneigung** *etc.* **14.** *e-e Bestimmung bezeichnend*: to, for; **der Schlüssel ~ m-m Schreibtisch** the key to my desk; **die Tür ~m Versteck** the door to the hiding place. **15.** *die Art u. Weise bezeichnend*: a) on (*foot, etc*), b) by (*ship, etc*); **~ deutsch** in German. **16.** *bei Zahlenangaben*: at; **Äpfel ~ 80 Pfennig das Pfund** apples at (*od.* for) 80 pfennigs a pound; **wir sind ~ dreien** (*od.* **dritt**) there are three of us; **sie kamen ~ Hunderten** they came in (their) hundreds; → **Hälfte** 1. **17.** *bei Verhältnisangaben*: to; **mit 7 ~ 5 Punkten gewinnen** win 7 points to 5; **7 ~ 5 verlieren** lose 7 (to) 5, lose 7–5; → **Verhältnis** 2. **18.** *vor Ordnungszahlen*: for; **~m ersten Mal** for the first time; **~m ersten ..., ~m zweiten ...** first(ly) (*od.* in the first place, for one thing) ... second(ly) (*od.* in the second place). **II** *conj* **19.** *in Infinitivsätzen*: to; **j-n bitten, et. ~ tun** ask s.o. to do s.th.; **ich habe die Gelegenheit, nach England ~ fahren** I have the opportunity of going to England; → **anstatt** II, **ohne** II, **um** III. **20.** *Notwendigkeit od. Möglichkeit bezeichnend*: **er ist ~ bedauern (beneiden)** he is to be pitied (envied); **et. ist nicht ~ finden** s.th. is not to be found, s.th. cannot be found; **et. ist gut ~ gebrauchen** s.th. is quite usable (*od.* serviceable); **et. ist nicht ~ verstehen (machen)** s.th. cannot be understood (done); **es ist ~ hoffen (erwarten)** it is to be hoped (expected); **was ~ beweisen wäre** which (still) is to be proved; **nicht ~ unterschätzende Schwierigkeiten** difficulties which must not be underestimated; **der ~ Prüfende** the person to be examined, the examinee; → **brauchen** 3, **haben** 5, 10, **sein**[1] 4. **III** *adv* **21.** *ein Übermaß bezeichnend*: too (*big, fast, early, much, etc*); **das Loch ist ~ groß, als daß man es noch flicken könnte** the hole is too big to be mended. **22.** *Richtung*: toward(s); **dem Walde (Ende) ~** toward(s) the wood (end); **nun geht es der Heimat ~** we are heading for home now. **23.** (*geschlossen*) closed, shut; **Tür ~!** close the door!; **das Geschäft hat montags ~** the shop is closed on Mondays. **24.** *colloq.* **nur ~!** (*weiter*) go ahead!; **mach ~!** hurry up!, come on!, get a move on! **IV** *adj* **25.** *colloq.* closed; **die Tür ist ~** the door is closed (*od.* shut).

zuˈal·lerˈ|erst [tsu-] *adv* first of all. **~ˈletzt** *adv* last of all.

ˈzuˌbau·en *v/t* ‹*sep*, -ge-, h› (*Gelände etc*) build *s.th.* up, (*versperren, a. Blick*) block *s.th.* (with a building).

ˈZu·beˌhör [-bəˌhø:r] *n* ‹-(e)s; *rare* -e› accessories *pl*, *bes. tech. a.* equipment, attachment; **mit allem ~** *Wohnung*: with all conveniences. **~in·duˌstrie** *f* accessories industry. **~ˌteil** *n* ‹-(e)s; -e› *meist pl tech.* accessory (part *od.* unit).

ˈzuˌbei·ßen *v/i* ‹*irr, sep*, -ge-, h› bite, snap.

ˈzu·beˌkom·men *v/t* ‹*irr, sep, no* -ge-, h› *colloq.* (*Tür, Koffer etc*) get *s.th.* shut (*od.* to close, to shut).

Zu·ber [ˈtsu:bər] *m* ‹-s; -› tub.

ˈzu·beˌrei|ten *v/t* ‹*sep, no* -ge-, h› *allg.* prepare, make, (*Getränk*) *a.* mix, (*Speise, bes. Salat*) *a.* dress (*a. tech.*). **⁓tung** *f* ‹-; *no pl*› preparation.

Zuˈbettˌge·hen [tsu-] *n* **beim (vor dem) ~** when (before) going to bed.

ˈzuˌbil·li|gen *v/t* ‹*sep*, -ge-, h› grant, allow, concede (**j-m et.** s.o. s.th.); **e-m Angeklagten mildernde Umstände ~** allow a defendant mitigating circumstances. **⁓gung** *f* ‹-; *no pl*› grant(ing), concession; *jur.* **~ mildernder Umstände** allowing mitigating circumstances.

ˈzuˌbin·den *v/t* ‹*irr, sep*, -ge-, h› (*Sack etc*) tie (*od.* bind) *s.th.* up (*od.* shut), (*Schuhe*) lace up, (*Schnürsenkel etc*) tie.

ˈzuˌblei·ben *v/i* ‹*irr, sep*, -ge-, sein› *colloq.* stay closed (*od.* shut).

ˈzuˌblin·zeln *v/i* ‹*sep*, -ge-, h› **j-m ~** wink at s.o., give s.o. a wink.

ˈzuˌbrin·gen *v/t* ‹*irr, sep*, -ge-, h› **1.** (*verbringen*) spend, pass; **die Zeit mit e-r Sache ~** spend one's time at (*od.* with) s.th. **2. j-m et. ~** a) take s.o. s.th., take s.th. to s.o., b) *fig.* (*hinterbringen*) inform s.o. about s.th. **3.** → **zubekommen. 4.** *tech.* feed, convey.

ˈZuˌbrin·ger *m* ‹-s; -› **1.** (*~straße*) feeder (road). **2.** (*~bus*) feeder bus. **3.** *tech.* feeder, conveyor. **4.** *fig.* informer. **~ˌbus** *m* feeder bus. **~ˌdienst** *m* feeder service. **~ˌli·nie** *f* feeder line. **~ˌstra·ße** *f* feeder (road). **~verˌkehr** *m* feeder traffic.

ˈzuˌbrül·len *v/t* ‹*sep*, -ge-, h› **j-m et. ~** yell (*od.* roar) s.th. at s.o.

ˈZuˌbu·ße *f* allowance, (*Beitrag*) contribution, additional payment.

ˈzuˌbut·tern *v/t* ‹*sep*, -ge-, h› *colloq.* (*zuschießen*) chip *s.th.* in, contribute, add.

Zuc·chi·ni [tsuˈki:ni] *pl gastr.* courgettes.

Zucht [tsuxt] *f* ‹-; *no pl*› **1.** (*Züchten*) breeding, rearing, raising, *von Bakterien, Bienen, Perlen etc*: culture, *von Pflanzen*: breeding, cultivation, growing. **2.** ‹*pl* -en› (*Rasse*) breed. **3.** (*Farm*) breeding farm. **4.** *fig.* (*a.* ~ **und Ordnung**) discipline; **in ~ halten** keep strict control (*od.* a tight rein) over; (**sich selbst**) **in ~ nehmen** discipline (o.s.); *colloq. iro.* **hier herrscht ja e-e schöne** (*od.* **tolle**) **~** this is absolute chaos. **~ˌbuch** *n agr.* studbook. **~ˌbul·le** *m* breeding bull.

züch·ten [ˈtsʏçtən] *v/t* ‹h› **1.** (*Tiere*) breed, raise, rear, (*Bakterien, Bienen, Perlen etc*) culture, (*Pflanzen etc*) breed, grow, cultivate. **2.** (*Rasse, a. iro. Nachwuchs, a. fig. Haß etc*) breed. **ˈZüch·ter** *m* ‹-s; -› *von Tieren*: breeder, raiser, *von Perlen etc*: culturist, *von Pflanzen etc*: breeder, grower, cultivator.

ˈZucht·erˌfolg *m* breeding success.

ˈZüch·ter·verˌband *m* breeders' association.

ˈZucht|ˌhaus *n jur. obs.* **1.** prison (for capital offenders), *Am.* penitentiary, state prison. **2.** ‹*only sg*› (*~strafe*) prison sentence, imprisonment; **zwei Jahre ~** sentence of two years' imprisonment (**wegen** for); **j-n zu zehn Jahren ~ verurteilen** sentence s.o. to ten years' imprisonment. **~ˌhäus·ler** [-ˌhɔʏslər] *m obs.* ‹-s; -› convict, *colloq.* jailbird. **~ˌhausˌstra·fe** *f obs.* imprisonment, prison sentence, *Am.* confinement in a penitentiary.

ˈZucht|ˌhengst *m* studhorse, stallion. **~ˌher·de** *f* breeding herd.

züch·tig [ˈtsʏçtɪç] *adj* modest, chaste, virtuous.

züch·ti·gen [ˈtsʏçtɪgən] *v/t* ‹h› *körperlich*: flog, chastise, punish.

ˈZüch·tig·keit *f* ‹-; *no pl*› modesty, chasteness, virtuousness.

ˈZüch·ti·gung *f* ‹-; -en› chastisement, (**körperliche ~** corporal) punishment.

ˈzucht|los *adj* undisciplined, disorderly. **≈lo·sig·keit** *f* ‹-; *no pl*› lack of discipline, disorderliness.

ˈZucht|ˌper·le *f* culture(d) (*od.* seeded) pearl. **~ˌras·se** *f* pedigree breed. **~ˌru·te** *f fig.* **unter j-s ~ stehen** be under s.o.'s thumb. **~ˌstier** *m* breeding bull. **~ˌstu·te** *f* breeding mare. **~ˌtier** *n* breeding animal; **~e** *pl a.* breeding stock *sg.*

ˈZüch·tung *f* ‹-; -en› → Zucht 1, 2.

ˈZucht|verˌbes·se·rung *f* genetical (*agr.* livestock) improvement. **~ˌvieh** *n* breeding cattle. **~ˌwahl** *f* selective breeding, selection. **~ˌwert** *m* breeding value.

zuckeln (*getr.* -k·k-) [ˈtsʊkəln] *v/i* ‹sein› *colloq.* jog along. **ˈZuckelˌtrab** (*getr.* -k·k-) *m colloq.* jog(trot).

zucken (*getr.* -k·k-) [ˈtsʊkən] **I** *v/i* ‹h› **1.** jerk, *krampfhaft*: move convulsively, twitch, *vor Schmerz*: wince, flinch; **ein Fisch zuckte an der Angel** a fish twitched on the line; *colloq.* **es zuckt mir in allen Gliedern** I have twinges all over; *fig. colloq.* **es zuckte mir in den Fingern zu** *inf* I was itching to *inf*; **es zuckt mir in den Beinen** I'm itching to dance; → **Achsel, Schulter, Wimper. 2.** *fig. Blitz, Lichtstrahl etc*: flash, *Flammen*: flare, flicker. **II ≈** *n* ‹-s› **3.** twitch (-ing) (*etc*); *med.* **nervöses ≈** nervous twitch, tic.

zücken (*getr.* -k·k-) [ˈtsʏkən] *v/t* ‹h› (*Schwert etc*) draw, *colloq.* (*Bleistift, Portemonnaie etc*) pull out, produce.

Zucker (*getr.* -k·k-) [ˈtsʊkər] *m* ‹-s; *no pl*› **1.** sugar; **ein Stück ~** a lump of sugar; **nehmen Sie ~** (**zum Tee** *etc*)? do you take sugar (in *od.* with your tea, etc)?; *fig. colloq.* **du bist doch nicht aus ~** don't be so soft; (**das ist**) **~!** (that's) marvel(l)ous!, (that's) super! **2.** *med. colloq.* (*~krankheit*) diabetes; **er hat ~** he is (a) diabetic. **~ˌabˌbau** *m physiol.* breaking down of sugar. **~ˌahorn** *m bot.* sugar maple. **≈ˌar·tig** *adj* sugarlike, sugary, *chem.* saccharoid. **~ˌausˌschei·dung** *f physiol.* glycorrh(o)ea. **~ˌbäcker** (*getr.* -k·k-) *m obs.* confectioner. **~ˌbäckerˌstil** (*getr.* -k·k-) *m contp.* pastry cook's architecture, over-elaborate decorated style. **~beˌstim·mung** *f med.* detection of sugar, glucose determination. **~ˌbil·dung** *f* **1.** *chem.* saccharification. **2.** *physiol.* glycogenesis. **~ˌbrot** *n obs.* pastry, cake; *fig.* **mit ~ und Peitsche** with a stick and a carrot. **~ˌdo·se** *f* sugar bowl (*od.* basin). **~ˌerb·se** *f bot.* sugar pea. **~faˌbrik** *f* sugar factory. **~geˌhalt** *m* sugar (*physiol.* glucose) content. **~geˌwin·nung** *f* sugar extraction (*od.* manufacture), sugaring. **~glaˌsur** *f*, **~ˌguß** *m gastr.* icing, frosting, sugarcoating; **mit ~ überzogen** iced, frosted, sugarcoated. **≈ˌhal·tig** *adj* containing sugar, *chem.* sacchariferous. **~ˌhut** *m gastr.* sugarloaf.

ˈzucke·rig (*getr.* -k·k-) *adj* sugary.

ˈzucker|ˌkrank (*getr.* -k·k-) *adj*, **≈ˌkran·ke** *m, f* diabetic. **≈ˌkrank·heit** *f* diabetes.

ˈZucker|ˌlecken (*getr.* -k·k-) *n colloq.* **das ist kein ~** that's no picnic. **~ˌlö·sung** *f* sugar solution. **~ˌman·gel** *m med.* blood sugar deficiency, hypoglyc(a)emia. **~meˌlo·ne** *f* sweet melon, muskmelon.

zuckern (*getr.* -k·k-) [ˈtsʊkərn] *v/t* ‹h› (sweeten *s.th.* with) sugar.

ˈZucker|ˌpflan·zung (*getr.* -k·k-), **~planˌta·ge** *f* sugar plantation. **~ˌplätz·chen** *n* sugared biscuit (*Am.* cookie). **~ˌpup·pe** *f fig. colloq.* sugar doll, peach. **~raf·fiˌna·de** *f* refined sugar. **~raf·fi·neˌrie** *f* sugar refinery. **~ˌrohr** *n bot.* (sugar)cane. **~ˌrü·be** *f* sugar beet. **~ˌsaft** *m* syrup, sirup. **~ˌscha·le** *f* sugar bowl (*od.* basin). **~ˌsi·rup** *m* molasses *pl*, *bes. Br.* treacle. **~ˌspie·gel** *m physiol.* blood sugar level. **~ˌstoffˌwech·sel** *m* sugar metabolism, glycometabolism. **~ˌstreu·er** *m* sugar caster. **≈ˈsüß** *adj* (as) sweet as sugar, *a. fig.* sugary. **~ˌtest** *m med.* sugar (*od.* glucose) test. **~ˌüberˌzug** *m gastr.* sugarcoating. **~verˌbin·dun·gen** *pl chem.* saccharates. **~ˌwas·ser** *n* sugared water. **~ˌwat·te** *f* candy floss, *Am.* floss candy. **~ˌwerk** *n* confectionery, sweetmeats *pl*, sweets *pl*, *Am.* candy. **~ˌzan·ge** *f* (e-e ~ a pair of) sugar tongs *pl* (*meist als sg konstruiert*).

ˈZuckung (*getr.* -k·k-) *f* ‹-; -en› twitch (-ing), (*Reflex*) jerk, (*Krampf*) convulsion, spasm; *a. fig.* **letzte ~en** death throes.

ˈZuˌdecke (*getr.* -k·k-) *f colloq. for* **Bettdecke. ˈzuˌdecken** (*getr.* -k·k-) **I** *v/t* ‹*sep*, -ge-, h› **1.** cover, cover *s.o.* (up) (**mit e-r Decke** *etc* with a blanket, *etc*); *fig. colloq.* **j-n ~ mit** *Fragen, Vorwürfen etc*: rain (*od.* shower) *s.th.* on s.o., bombard s.o. with. **2.** *fig.* (*übertönen*) drown. **II** *v/reflex* **sich ~ 3.** cover o.s. (up).

zu·dem [tsuˈdeːm] *adv* besides, moreover, in addition (to this).

ˈzuˌden·ken *v/t* ‹*irr, sep*, -ge-, h› *meist pp* **j-m et. zugedacht haben** have intended s.th. for s.o.

ˈzu·dikˌtie·ren *v/t* ‹*sep, no* -ge-, h› **j-m et. ~** (*zuweisen*) assign s.th. to s.o., (*Strafe etc*) impose s.th. (up)on s.o.

ˈZuˌdrang *m* ‹-(e)s; *no pl*› rush, run; → *a.* Andrang.

ˈzuˌdre·hen I *v/t* ‹*sep*, -ge-, h› **1.** (*Heizung, Hahn etc*) turn *s.th.* off. **2. j-m den Rücken ~** turn one's back on s.o. **II** *v/reflex* **3. sich j-m ~** turn round to s.o.

ˈzuˌdring·lich *adj allg. Person, Frage, Benehmen etc*: impertinent, intrusive, importunate, importune, *Person*: *a.* urgent, pushing; **j-m gegenüber ~ werden** importune s.o., *e-r Frau etc gegenüber*: *a.* make (improper) advances (*colloq.* make a pass) at s.o. **≈keit** *f* ‹-; -en› **1.** ‹*only sg*› *allg.* impertinence, intrusiveness, importunity, *e-r Person*: *a.* urgency. **2.** (*zudringliche Frage etc*) impertinence, (*Belästigung*) (improper) advance, *colloq.* pass.

ˈzuˌdrücken (*getr.* -k·k-) *v/t* ‹*sep*, -ge-, h› close, press (*od.* push) *s.th.* shut; → **Auge** 1, **Gurgel**.

ˈzuˌeig|nen *v/t* ‹*sep*, -ge-, h› (*widmen*) dedicate (*dat* to). **≈nung** *f* ‹-; -en› dedication.

ˈzuˌei·len *v/i* ‹*sep*, -ge-, sein› **~ auf** (*acc*) hurry (*od.* rush) up to; *meist fig.* **~** (*dat*) hasten toward(s).

zu·einˈan·der [tsu-] *adv* to each other, to one another; **Vertrauen ~ haben** trust each other (*od.* one another). **~ˌfin·den** *v/i* ‹*irr, sep*, -ge-, h› **1.** meet (one another) eventually. **2.** *fig.* discover common ground, reach an understanding. **~geˌhö·ren** *v/i* ‹*sep, pp* zueinandergehört, h› belong together.

ˈzu·erˌken|nen *v/t* ‹*irr, sep, no* -ge-, h› **j-m et. ~** a) *allg.* (*Preis etc*) *u. jur.* award s.o. s.th., award (*od.* adjudge, adjudicate) s.th. to s.o., b) (*Würde, Titel etc*) confer (*od.* bestow) s.th. on s.o. **≈nung** *f* ‹-; *no pl*› award, *jur.* adjudication.

zuˈerst [tsu-] *adv* **1.** (*als erster*) first; **er kam ~ an** *a.* he was the first to arrive; **wer schoß ~?** who shot first?, who started (the) shooting?; → **kommen** 4. **2.** (*vor allem übrigen*) first (of all), in the first place, above all, (*zunächst einmal*) to begin with. **3.** (*anfangs*) at first, at the beginning, initially. **4.** (*zum ersten Mal*) for the first time, first.

ˈzu·erˌtei·len *v/t* ‹*sep, no* -ge-, h› → **zuerkennen**.

ˈzuˌfä·cheln *v/t* ‹*sep*, -ge-, h› **j-m** (**sich** *dat*) **Kühlung** (**Luft**) **~** fan s.o. (o.s.).

ˈzuˌfah·ren *v/i* ‹*irr, sep*, -ge-, sein› **1.** drive (*od.* go) on; **fahr** (**doch**) **zu!** go on! **2. ~ auf** (*acc*) drive toward(s) (*od.* in the direction of), head (*od.* make) for.

ˈZuˌfahrt *f* **1.** approach, *zu e-m Haus etc*: drive, *bes. Am.* driveway. **2.** → **~sˌstra·ße** *f* approach (*od.* access) road.

ˈZuˌfall *m* ‹-s; ≈e› chance, accident, (*Zs.-treffen*) coincidence; **blinder** (*od.* **bloßer**) **~** pure chance, mere accident; **glücklicher ~** lucky chance, *Am.* (lucky) break; **unglücklicher ~** piece of ill-luck, unfortunate accident, *Am.* bad break; **was für ein ~!, so ein ~!** what a coincidence, that's some coincidence; **durch ~** by chance, by accident; → *a.* **zufällig** II; **ein Spiel** (**Werk**) **des ~s** a whim (the working) of chance; **der ~ wollte es, daß** chance would have it that; **wie es der ~ will** as chance will (have it); **es dem ~ überlassen** leave it to chance.

ˈzuˌfal·len *v/i* ‹*irr, sep*, -ge-, sein› **1.** *Klappe, Tür etc*: bang (shut), slam (shut), *Augen*: close; **die Augen fallen mir zu** I cannot keep my eyes open. **2. j-m ~** *Erbe, Vermögen etc*: fall (*od.* come) to s.o., *Preis*: be awarded to s.o., *Gewinne*: accrue to s.o., *Aufgabe, Rolle etc*: be assigned (*od.* given) to s.o., *schicksalhaft*: fall to s.o.'s lot, *Ideen, Kenntnisse etc*: come (quite) naturally to s.o.

ˈzu|fäl·lig I *adj* **1.** accidental, chance, fortuitous, coincidental: **rein** ~ purely accidental (*od.* coincidental); **~es Zs.-treffen** chance encounter, *von Umständen*: coincidence. **2.** (*gelegentlich*) random, incidental, casual. **II** *adv* **3.** by chance, by coincidence, by accident, coincidentally, accidentally, as it happens (*od.* happened); **rein** ~ purely by chance, purely accidentally; ~ **et. tun** do s.th. by chance, happen (*od.* chance) to do s.th.; ~ **stoßen auf** (*acc*) chance (*od.* stumble) (up)on, come across; **ich traf ihn** ~ I happened (*od.* chanced) to meet him, I met him by chance (*od.* coincidence), *colloq.* I met up with him; **könnten Sie mir** ~ **et. Geld leihen?** could you possibly (*od.* by any chance) lend me some money? **ˈzu|fäl·li·gerˈwei·se** *adv* → zufällig II. **ˈZu|fäl·lig·keit** *f* ⟨-; -en⟩ **1.** ⟨*only sg*⟩ coincidence, accidentalness, fortuitousness. **2.** *meist pl* fortuity, contingency. **ˈZu|fäl·lig·keits|grad** *m Marktforschung*: degree of randomness.

ˈZu|falls||an|ord·nung *f Marktforschung*: random order. **⁀be|dingt** *adj* accidental. **~be|kannt·schaft** *f* chance acquaintance. **~er|geb·nis** *n* chance result. **~mo|ment** *n* chance factor. **~streu·ung** *f Statistik*: random dispersion (*od.* variation). **~tor** *n Sport*: chance goal. **~tref·fer** *m* chance (*colloq.* fluke) hit.

ˈzu|fas·sen *v/i* ⟨*sep*, -ge-, h⟩ **1.** take hold of it, grasp it. **2.** *fig. colloq.* (*helfen*) give (*od.* lend) a hand, help. **3.** *fig.* (*die Gelegenheit wahrnehmen*) jump at the opportunity.

ˈzu|flie·gen *v/i* ⟨*irr, sep*, -ge-, sein⟩ **1.** *colloq. Tür, Fenster etc*: slam (shut), bang (shut), shut with a bang. **2.** ~ **auf** (*acc*) fly toward(s), *aer. a.* head for. **3. j-m** ~ a) *Vogel*: fly (*od.* stray) into s.o.'s home, b) *fig. Kenntnisse, Ideen etc*: come easily to s.o.; **ihm fliegt alles nur so zu** everything comes easily to him; **die Herzen aller flogen ihm zu** he won the heart of everyone.

ˈzu|flie·ßen *v/i* ⟨*irr, sep*, -ge-, sein⟩ **1.** *Fluß etc*: flow to(wards) (*the sea, etc*), *Frischwasser etc*: flow into. **2.** *fig. Einnahmen, Spenden etc*: flow into, be given to, go to; **j-m et.** ~ **lassen** let s.o. have s.th., grant s.o. s.th.

ˈZu|flucht *f* ⟨-; *no pl*⟩ **1.** refuge, shelter, asylum; ~ **finden (suchen)** find (seek) refuge (**bei** with *one's friends, etc*); **j-m** ~ **gewähren** grant s.o. shelter (*od.* asylum); *fig.* **bei der Musik** ~ **finden** find refuge in music. **2.** *fig.* (*Ausweg*) resort; **s-e** ~ **zu Ausreden nehmen** resort (*od.* have recourse) to excuses. **~s|ort** *m*, **~s|stät·te** *f* (place of) refuge, retreat, asylum.

ˈZu|fluß *m* **1.** *allg.* influx, inflow, afflux, *econ.* (*Waren*⁀) supply. **2.** *zum Meer etc*: inlet, (*Nebenfluß*) tributary, affluent; **der See hat mehrere Zuflüsse** the lake has several inlets. **~ge|biet** *n* river (*od.* lake) basin. **~reg·ler** *m tech.* flow regulator. **~rohr** *n* supply pipe.

zuˈfol·ge [tsu-] *prep* ⟨*dat u. gen*⟩ **1.** (*gemäß*) according to, in accordance with, in compliance with; **dem Befehl** ~ → **befehlsgemäß**. **2.** in consequence of, as a result of, due (*od.* owing) to.

zuˈfrie·den [tsu-] *adj* (**mit** with) *mit dem Leben etc*: content(ed), *mit Leistungen etc*: satisfied, pleased; **glücklich und** ~ happy and contented; **ein ~er Kunde** a satisfied customer; **nie** (*od.* **mit nichts**) ~ **sein** *a.* be always discontented (*od.* dissatisfied), *weitS.* be a malcontent; **mit wenigem** ~ easily satisfied; *iro.* **bist du nun** ~? are you satisfied now? **~ge·ben** *v/reflex* ⟨*irr, sep*, -ge-, h⟩ **sich** ~ content o.s., **mit et.**: *a.* make do with s.th. **⁀heit** *f* ⟨-; *no pl*⟩ contentment, contentedness, satisfaction; **innere** ~ inner contentment; **zu m-r größten** ~ to my greatest satisfaction; **zur allgemeinen** ~ to the satisfaction of everyone. **~las·sen** *v/t* ⟨*irr, sep*, -ge-, h⟩ leave (*od.* let) *s.o.* alone, leave *s.o.* in peace. **~stel·len** *v/t* ⟨*sep*, -ge-, h⟩ satisfy, please, content; **leicht zufriedenzustellen** easily satisfied, easy to please; **schwer zufriedenzustellen** hard (*od.* difficult) to please, exacting. **~stel·lend** *adj* satisfactory.

ˈzu|frie·ren *v/i* ⟨*irr, sep*, -ge-, sein⟩ freeze (over *od.* up).

ˈzu|fü·gen *v/t* ⟨*sep*, -ge-, h⟩ **1.** (*hin*~) add (*dat* to). **2. j-m et.** ~ (*antun*) do (*od.* cause) s.o. s.th.; **j-m Verluste (e-e Niederlage** *etc*) ~ inflict losses (defeat, *etc*) upon s.o.; **j-m (e-n) Schaden** ~ do s.o. harm, harm s.o.; **j-m (ein) Unrecht** ~ wrong s.o.

ˈZu|fuhr *f* ⟨-; -en⟩ *allg.* supply, *meteor. von Meeresluft etc*: influx, (*Versorgungsgüter*) supplies *pl*; **e-r Stadt die** ~ **abschneiden** cut off a city's supplies.

ˈzu|füh|ren I *v/t* ⟨*sep*, -ge-, h⟩ (*dat* to) carry (up), bring, lead, *tech.* feed, (*a. Versorgungsgüter etc*) supply; **dem Körper Nahrung** ~ feed the body; **e-m Geschäftsmann Kunden** ~ bring customers to a businessman; **dem Hengst die Stute** ~ bring the stallion to the mare; *fig.* **frisches Blut** ~ instil(l) fresh blood (*dat* into); **et. s-r Bestimmung** ~ direct s.th. to its destined purpose; **j-n s-r (verdienten) Strafe** ~ punish s.o. (as he deserves). **II** *v/i* ~ **auf** (*acc*) lead to (*a. fig.*). **⁀rung** *f* ⟨-; *no pl*⟩ conveyance, *tech.* feeding, *a. econ.* supply, delivery, *electr.* (*Zuleitung*) lead; ~ **von Hand** hand feed.

ˈZu|füh·rungs||draht *m electr.* feed (*od.* lead-in) wire. **~lei·tung** *f* feed(er) (*od.* supply) line. **~rohr** *n* feed(ing) pipe.

Zug[1] [tsu:k] *m* ⟨-(e)s; ⸚e⟩ train; **mit dem** ~ **fahren** go by train; **im** ~ on (*od.* in, aboard) the train; **j-n zum** (*od.* **an den**) ~ **bringen** see s.o. off at the station; *fig. colloq.* **im falschen** ~ **sitzen** be on the wrong track; **der** ~ **ist weg** (*od.* **abgefahren**)! it's too late for that now!; → *a.* Bahn[1] 1.

Zug[2] *m* ⟨-(e)s; ⸚e⟩ **1.** *von Menschen, Wagen etc*: *allg.* procession, (*Fest*⁀) *a.* parade, pageant, (*Kolonne*) line, column, (*Marschreihe*) file; **der** ~ **der Demonstranten** the procession of demonstrators; **der** ~ **der Gefangenen nahm kein Ende** the line of prisoners went on and on. **2.** (*Reise*) journey, (*Marsch*) march, *engS.* (*Kriegs*⁀, *Beute*⁀) raid. **3.** ⟨*only sg*⟩ *von Tieren*: passage, migration, *von Wolken*: movement, drift. **4.** (*Vogelschwarm*) flight, (*Fischschwarm*) school, shoal. **5.** (*Fang*) catch, haul. **6.** *mil.* (*Abteilung*) platoon, *von Fahrzeugen*: convoy. **7.** (*Gespann*) team (*of oxen, etc*). **8.** *ped. naturwissenschaftlicher etc*: stream.

Zug[3] ⟨-(e)s; ⸚e⟩ **1.** ⟨*only sg*⟩ (*Luft*⁀, *a. e-s Ofens etc*) draught, *Am.* draft; **der Ofen hat k-n** ~ the stove does not draw well. **2.** (*Atem*⁀) draught, *Am.* draft, breath, draw; **die Luft in vollen Zügen einatmen** breathe deeply; **in den letzten Zügen liegen** (*sterben*) draw one's last breath, *a. fig. iro.* be at one's last gasp, *fig. colloq. Arbeit etc*: be nearing its end. **3.** *beim Rauchen*: draw, drag, pull, *bes. an der Pfeife*: *a.* puff, *beim Trinken*: draught, *Am.* draft, pull, swig; **sein Glas auf ˈeinen** (*od.* **mit, in ˈeinem**) ~ **austrinken** empty one's glass in one draught (*od.* at one go); → **genießen** 2.

Zug[4] *m* ⟨-(e)s; ⸚e⟩ **1.** ⟨*only sg*⟩ (*Ziehen*) pull (**an der Leine** on the cord), *heftiger*: tug, *ruckartiger*: jerk. **2.** *Schach etc*: (*a.* **e-n** ~ **machen**) move; **Weiß ist am** ~ it's white's (turn to) move; *fig.* **Sie sind am** ~ it is your turn; **zum ~(e) kommen** be given a chance, *in e-r Diskussion*: get a word in; ~ **um** ~ one after the other, step by step, without delay, *econ.* concurrently; **Zahlung** ~ **um** ~ cash on delivery; ~ **um** ~ **zu erfüllende Bedingungen** concurrent conditions. **3.** (*~band*) drawstring, drawing string, (*Gummi*⁀) elastic band, *am Schuh*: elastic strap. **4.** (*Ziehvorrichtung*) pull, *an der Orgel*: stop (knob), *an der Posaune*: slide, position. **5.** *phys. tech.* tension, pull, traction, (*~kraft*) tensible force, (*Spannung*) tension, (*Saugkraft*) suction; **unter Anwendung von** ~ **und Druck prüfen** subject *s.th.* to a tension and pressure test. **6.** (*Gewehr*⁀) groove, *pl* rifling *sg.* **7.** *Gewichtheben, Ringen etc*: pull, *Schwimmen*: stroke; **e-n** ~ **machen** do a stroke. **8.** (*Heizkanal, Kamin*) flue. **9.** → **Flaschenzug**.

Zug[5] *m* ⟨-(e)s; ⸚e⟩ **1.** (*Gesichts*⁀) feature, lineament, (*Ausdruck*) line, look; **ein bitterer** ~ **um s-n Mund** a bitter line about his mouth. **2.** (*Charakter*⁀) characteristic, trait; **j-s Züge tragen** take after s.o.; **das ist ein sympathischer** ~ **an ihm** that is a nice trait of his; **das ist ein schöner** ~ **von ihm gewesen** that was nice of him (to do that). **3.** (*Neigung, Hang*) tendency, propensity, proneness, trend; **der** ~ **der Zeit** the trend (*od.* current) of the times; ~ **des Herzens** inner voice, promptings (*od.* dictates) *pl* of one's heart; **e-n** ~ **ins Lächerliche** *etc* **haben** tend (*od.* incline) to be ridiculous, *etc*, have a sound of the ridiculous, *etc* (about it). **4.** (*Verlauf*) course; **im ~e der Neugestaltung** in the course of reorganization; **im ~e des Aufbauprogramms werden 1000 Wohnungen gebaut** 1,000 homes are planned as part of the construction program(me *Br.*). **5.** (*Strich*) stroke, (*Umriß*) outline, (*Schrift*⁀) character, writing; *a. fig.* **in** (*od.* **mit**) **ˈeinem** ~ in one stroke; **et. in kräftigen Zügen skizzieren** sketch s.th. with firm strokes; *fig.* **in groben Zügen berichten** report in broad outlines; **in kurzen, knappen Zügen** briefly, in short, in a nutshell.

ˈZu|ga·be *f* **1.** extra, (*Prämie*) bonus, premium. **2.** *tech.* addition, allowance, *an Gewicht*: makeweight. **3.** *im Konzert etc*: encore; **er mußte mehrere ~n geben** he got (*od.* had to give) several encores, he was encored several times.

ˈZug||ab|fer·ti·gung *f* train dispatch. **~ab|teil** *n* compartment.

ˈZu|gang *m* **1.** (*Eingang*) entrance, entry, (*Tor*) gateway, (*Tür*) door, (*Öffnung*) opening, (*Weg*) access road, approach. **2.** (*Zutritt*) access (**zu** to) (*a. fig.*); ~ **zu Urkunden gewähren** give access to documents; *fig.* **zu j-m (k-n)** ~ **finden** (not to) get near (*od.* through) to s.o.; **ich habe k-n** ~ **zur modernen Musik** modern music leaves me cold. **3.** (*Zuwachs*) increase, *meist pl* (*Neuerwerb*) accession. **4.** *meist pl econ. auf Konten*: credit entry, (*Einnahmen*) receipts *pl*, (*Ware*) arrivals *pl*, incoming stocks *pl*. **5.** *pl im Hotel*: new registrations, *im Krankenhaus*: new admissions, *an e-r Universität etc*: new enrol(l)ments, *zu e-r Partei, e-m Club etc*: new members.

ˈzu|gäng·lich [-|gɛŋlɪç] *adj* **1.** *allg.* accessible, approachable (*dat*, für to) (*beide a. fig. verständlich*), get-at-able, (*verfügbar*) available; **leicht (schwer)** ~ *a.* easy (difficult) of access, easy (hard) to get at (*od.* to); **allgemein** ~ open (*od.* accessible) to everyone; **et.** ~ **machen** (*a. fig. Dokumente etc*) make s.th. accessible (*od.* available), *engS.* (*Schloß, Archiv etc*) open s.th.; *fig.* **der breiten Öffentlichkeit** ~ **machen** throw open to the public, bring within the reach of the masses, popularize. **2.** *fig.* (*aufgeschlossen*) *Person*: accessible, approachable, get-at-able; **Vernunftgründen** ~ amenable to reason; **(für) Schmeicheleien** ~ accessible (*od.* open) to flattery. **2keit** *f* <-; *no pl*> *allg.* accessibility, approachability (*a. fig. e-r Person*), *fig.* (*Empfänglichkeit*) (für to) amenability, openness.

'Zu,gangs,weg *m* access road, approach.

'Zug|be,an,spru·chung *f tech.* tensile strain. **~be,ein,flus·sung** *f rail.* train control. **~be,gleit·per·so,nal** *n* train staff (*Am.* crew). **~,brücke** (*getr.* -k·k-) *f* drawbridge. **~,dich·te** *f* interval between trains.

'zu,ge·ben *v/t* <*irr, sep,* -ge-, h> **1.** (*eingestehen*) admit, own (*a mistake, etc*), (*einräumen*) admit, concede, grant; ~, **et. getan zu haben** admit having done s.th.; **ich gebe zu, daß ich mich geirrt habe** I admit that I was wrong; **ich gebe ja zu, daß du dich bemüht hast, aber** ... I admit (*od.* grant you) that you tried hard but ...; **man muß** ~, **daß** ... it must be granted (*od.* admitted) that ...; **zugegeben** granted; **zugegeben, sie ist nicht klug** true she is not smart. **2.** (*zulassen*) allow, tolerate, permit. **3.** (*hin~*) add (*dat* to). **4.** *Musiker, Sänger etc*: give *s.th.* as an encore. **'zu·ge,ge·be·ner'ma·ßen** *adv* admittedly.

zu'ge·gen [tsu-] *adj* <*pred*> *lit.* present (**bei** at).

'zu,ge·hen I *v/i* <*irr, sep,* -ge-, sein> **1.** *Tür etc*: close, shut. **2. j-m** ~ *Brief, Antwort etc*: reach s.o.; **j-m et.** ~ **lassen** send s.th. (*od.* have s.th. sent) to s.o., let s.o. have s.th. **3.** ~ **auf** (*acc*) a) go (*od.* walk) toward(s) (*od.* up to), b) *fig.* be going (*od.* getting) on for (*seventy, etc*); **dem Ende** ~ be nearing the (*od.* its) end. **4.** (*sich abspielen*) happen; **das kann doch nicht mit rechten Dingen** ~ there is s.th. funny about that. **5. geh zu!** *colloq.* move on!, *fig. dial.* come on!, go on! **II** *v/impers* **6. wie es manchmal so zugeht (im Leben)** as it happens (in life); **es geht im Leben manchmal seltsam zu** life is strange sometimes; **wie geht es zu, daß** ...? how is it that ...?, *colloq.* how come ...?; **so geht es nun einmal in der Welt zu** such is life; **bei ihnen geht es immer lebhaft zu** they are a lively group; → *a.* **hergehen** 3. **7. es geht auf** (*acc*) ... **zu** it is getting (*od.* going) on for (*eight o'clock, midnight, etc*); **es geht dem Winter (dem Ende) zu** winter (the end) is drawing near.

'Zu,geh,frau *f dial.* charwoman, cleaner.

'zu·ge,hö·ren *v/i* <*sep, pp* zugehört, h> *lit.* belong (*dat* to).

'zu·ge,hö·rig *adj e-r Person od. Sache*: belonging to, *e-r Sache*: *a.* appertaining to, pertinent to, (*begleitend*) accompanying, *in Farbe, Form etc*: matching, *colo(u)r, etc* to match. **2keit** *f* <-; *no pl*> (zu) *e-m Verein etc*: membership (in), *e-r Konfession etc*: affiliation (to, with).

'zu·ge,knöpft *adj fig. colloq.* close (-lipped), tight-lipped, reserved, silent.

Zü·gel ['tsy:gəl] *m* <-s; -> **1.** rein; **ein Pferd am kurzen (langen)** ~ **führen** lead a horse on a tight (long) rein; **e-m Pferd in die** ~ **fallen** rein a horse; **die** ~ **anziehen** draw rein, rein up (*od.* in, back). **2.** *fig.* ~ **anlegen** (*dat*) put a curb on (*one's passions, etc*); **die** ~ **schießen lassen** (*dat*) give rein to (*one's imagination, anger, etc*); **bei j-m die** ~ **kurz halten** keep s.o. on a tight rein; **j-m in die** ~ **fallen** check (*od.* stop, restrain) s.o.; **die** ~ **lockern** (*od.* **schleifen lassen**) loosen the reins; **die** ~ **fest in der Hand haben** (*od.* **halten**) have a firm hold of things; **die** ~ **aus der Hand geben** hand over the reins.

'zu·ge,las·sen *adj* **1.** allowed. **2.** *Auto etc*: licen/ced (*Am.* -sed), *Arzt etc*: *a.* registered; **amtlich** ~ authorized; **staatlich** ~ certified.

'Zü·gel|,hil·fe *f meist pl* rein aid, hand. **2los** *adj* **1.** *Pferd*: unreined. **2.** *fig. Begierden, Leidenschaften etc*: unbridled, unrestrained, (*undiszipliniert*) undisciplined, (*ausschweifend*) dissolute, licentious. **~lo·sig·keit** *f* <-; *no pl*> *fig. von Begierden etc*: unrestrainedness, (*mangelnde Selbstdisziplin*) lack of (self-)discipline, (*Ausschweifung*) dissoluteness, licentiousness.

zü·geln ['tsy:gəln] **I** *v/t* <h> **1.** (*Pferd*) rein (up *od.* in, back). **2.** *fig.* bridle, curb, rein (up *od.* in). **II** *v/reflex* **sich** ~ **3.** *fig.* restrain o.s., curb o.s. **'Zü·ge·lung** *f* <-; *no pl*> *fig.* bridling, curbing, restraint.

'Zu·ge,rei·ste *m, f* <-n; -n> newcomer.

'zu·ge,rit·ten *adj Pferd*: broken(-in).

'zu·ge,sel·len *v/reflex* <*sep, pp* zugesellt, h> **sich** *e-r Gruppe etc* ~ join (*a group, etc*).

'zu·ge,spitzt *adj* **1.** pointed. **2.** *fig. Formulierung etc*: exaggerated, *Lage*: precarious, critical, tight.

'zu·ge,stan·de·ner'ma·ßen *adv* admittedly.

'Zu·ge,ständ·nis *n* <-ses; -se> concession; **~se machen** (*dat*) make concessions (to), *fig.* make allowance(s) (for); **ich muß ihm das** ~ **machen, daß er sich bemüht hat** I must admit that he made an effort.

'zu·ge,ste·hen *v/t* <*irr, sep, pp* zugestanden, h> **1.** (*Recht, Vergünstigung etc*) (*dat* to) concede, grant. **2.** (*zugeben*) admit; **ich muß ihm** ~, **daß er Geschmack hat** I must admit that he has good taste.

'zu·ge,tan *adj lit.* ~ **sein** (*dat*) be attached to *s.o.*, be fond of *s.o., s.th.*, have a liking for *s.th.*; **j-m sehr** ~ **sein** *a.* have (a) great affection for s.o.

'Zu·ge,wan·der·te *m, f* <-n; -n> newcomer.

'zu·ge,wandt *adj* (*dat*) **1.** facing (*od.* overlooking) (*the street, etc*). **2.** *fig.* interested (in), devoted (to), *in Zssgn* ...-conscious, ...-minded, ...-orientated.

'Zu·ge,winn *m, im Eherecht*: accrued gain, goods *pl* (*od.* property) acquired during marriage. **~ge,mein·schaft** *f* community of accrued gain.

'Zu·ge,zo·ge·ne *m, f* <-n; -n> newcomer.

'Zug|,fe·der *f tech.* tension spring, *der Uhr*: main spring. **~,fe·stig·keit** *f* <-; *no pl*> tensile strength. **~,fol·ge** *f rail.* **1.** train succession. **2.** → **Zugdichte**. **2,frei** *adj* protected from draught (*Am.* draft), draught-free, *Am.* draft-free. **~,füh·rer** *m* **1.** *rail.* chief guard, *Am.* train conductor. **2.** *mil.* platoon leader. **~,funk** *m* train radio.

'zu,gie·ßen *v/t* <*irr, sep,* -ge-, h> **1.** add; **darf ich Ihnen noch Kaffee** ~? may I pour you some more coffee? **2.** (*Öffnung etc*) fill (up).

zu·gig ['tsu:gɪç] *adj* draughty, *Am.* drafty.

zü·gig ['tsy:gɪç] **I** *adj* (*rasch*) brisk, swift, speedy, efficient, (*reibungslos*) smooth, free, easy, (*ohne Unterbrechung*) uninterrupted. **II** *adv* briskly (*etc*), ~ *gehen etc*: *a.* at a good pace, *fahren*: smartly, speedily, *schalten, schreiben etc*: smoothly; *a. fig.* ~ **vorankommen** make good headway. **2keit** *f* <-; *no pl*> swiftness, briskness, speediness, efficiency, smoothness, *des Verkehrs*: easy flow.

'Zug|,kraft *f* <-; *no pl*> **1.** *phys. tech.* tractive (*od.* traction) power. **2.** *fig.* draw(ing power), attraction, appeal, *e-r Person*: personal pull, magnetism, *e-r Anzeige*: attention value. **2,kräf·tig** *adj* attractive, popular; ~ **sein** *a.* be a draw; **~er Artikel** draw.

zu'gleich [tsu-] *adv* at the same time; **man kann nicht überall** ~ **sein** one cannot be everywhere at once; **schön und klug** ~ both beautiful and intelligent.

'Zug|,lei·stung *f tech.* tractive power. **~,luft** *f* draught, *Am.* draft. **~ma,schi·ne** *f* tractor. **~,mel·de·sy,stem** *n* train signal(l)ing system. **~,mit·tel** *n fig.* draw, attraction, bait. **~,num·mer** *f fig.* draw(ing card). **~,och·se** *m* draught (*Am.* draft) ox. **~per·so,nal** *n* train staff (*Am.* crew). **~,pferd** *n* **1.** draught (*Am.* draft) horse. **2.** *fig.* draw(ing card). **~,pfla·ster** *n pharm.* blistering plaster. **~,reg·ler** *m am Kamin*: draught (*Am.* draft) regulator.

'zu,grei·fen *v/i* <*irr, sep,* -ge-, h> **1.** (make a) grab for (*od.* at) it. **2.** *fig.* (*helfen*) lend (*od.* give) a hand, (*einschreiten*) act, move, intervene; **die Polizei hat rasch zugegriffen** the police intervened quickly. **3.** *fig.* (*e-e Gelegenheit ausnützen*) take advantage of (*rasch*: jump at, grasp at) the opportunity; **er braucht nur zuzugreifen** he can (*od.* may) have it for the asking. **4.** *bei Tisch*: help o.s.; **die Kinder griffen tüchtig zu** the children fell to (*od.* tucked in).

'Zu,griff *m* <-(e)s; -e> **1.** grasp, grip, clutch. **2.** *fig.* action, intervention; **durch raschen** ~ by quick action; **sich dem** ~ *der Polizei etc* **entziehen** evade, get out of (the) reach of, hide from. **3.** *Computer etc*: access. **~s,zeit** *f Computer*: access time.

zu·grun·de [tsu'grʊndə] *adv* **1.** ~ **gehen an** (*dat*) *allg.* perish (of), (*sterben*) *a.* die (of), be killed (by), (*vernichtet werden*) be destroyed (*od.* wrecked, ruined) (by, through); **daran wird er noch** ~ **gehen** *a.* that will be his ruin yet. **2. et.** ~ **legen** take s.th. as a basis (*dat* for); **der Predigt ein Bibelwort** ~ **legen** base the sermon on a quotation from the Bible. **3.** ~ **liegen** (*dat*) be (*od.* form) the basis of, underlie (*acc*), be at the bottom (*od.* root) of; **s-m Buch liegt die Auffassung** ~, **daß** his book is based on the idea that. **4.** ~ **richten** ruin, destroy, wreck; **j-n** ~ **richten** *a.* be s.o.'s ruin. **5.** ~ **wirtschaften** bring *s.th.* to ruin, ruin, wreck. **2,ge·hen** *n* ruin. **2,le·gung** *f* <-; *no pl*> **unter** ~ (*gen od.* **von**) taking *s.th.* as a basis. **~,lie·gend** *adj Gedanke etc*: basic, underlying.

'Zug|,sal·be *f pharm.* blistering ointment. **~,schaff·ner** *m* train conductor, *Am. a.* carman. **~,schal·ter** *m electr.* pull switch. **~,seil** *n tech.* traction rope, hauling cable. **~,si·che·rung** *f rail.* track control. **~,stan·ge** *f tech.* connecting (*od.* tie) rod, *rail.* drawbar. **~,stück** *n thea.* box-office draw. **~te·le,phon** *n* telephone on the train. **~,tier** *n* draught (*Am.* draft) animal.

'**zuˌgucken** (*getr.* -k·k-) *v/i* ‹*sep*, -ge-, h› *colloq. for* **zusehen** 1.
'**Zugˌunˌglück** *n* train accident (*stärker*: disaster).
zu·gun·sten [tsuˈgʊnstən] *prep* ‹*gen*, *rare dat*› to the advantage of, for the benefit of, in favo(u)r of; *jur.* **die Geschworenen haben ~ des Angeklagten entschieden** the jury found for the defendant.
zu·gu·te [tsuˈguːtə] *adv* **1. j-m et. ~ halten** *anerkennend*: give s.o. credit for s.th., grant s.o. s.th., (*verzeihen*) pardon s.o. s.th. (*od.* for doing s.th.); **j-m s-n Mangel an Erfahrung (s-e Jugend** *etc*) **~ halten** make allowance(s) for s.o.'s lack of experience (s.o.'s youth, *etc*). **2. ~ kommen** (*dat*) a) (*zufließen*) be for the benefit of (*the children's home, etc*), b) (*nützen*) be of benefit (*od.* advantage) to, benefit (*acc*), (*zustatten kommen*) stand *s.o.* in good stead; **et. ~ kommen lassen** give (*bes. jur.* donate) s.th. (*dat* to). **3. sich** (*dat*) **et. ~ halten** (*od.* **tun**) **auf** (*acc*) pride o.s. on.
'**Zug|verˌband** *m* → **Streckverband**. **~verˌbin·dung** *f* train connection. **~verˌkehr** *m* railway (*Am.* railroad) traffic. **~ˌvo·gel** *m* migrant, migratory bird, bird of passage. **~ˌzwang** *m Schach*: zugzwang; **j-n in ~ bringen** put s.o. in zugzwang, *fig.* force s.o.'s hand, force s.o. to move; **in ~ geraten** get into zugzwang, *fig.* be forced to move.
'**zuˌha·ken** *v/t* ‹*sep*, -ge-, h› hook *s.th.* up.
'**zuˌhal·ten I** *v/t* ‹*irr*, *sep*, -ge-, h› keep *s.th.* shut, (*Augen*) *a.* close, (*Hand*) clench; **sich** (*dat*) **die Ohren ~** hold (*od.* stop) one's ears; **sich** (*dat*) **die Nase ~** hold one's nose. **II** *v/i* **~ auf** (*acc*) head for.
'**Zuˌhäl·ter** [-ˌhɛltər] *m* ‹-s; -› procurer, pimp. ˌ**Zu·häl·te'rei** *f* ‹-; *no pl*› procuring, poncing, pimping.
'**Zuˌhal·tung** *f* ‹-; -en› *am Schloß*: tumbler.
'**zuˌhän·gen** *v/t* ‹*sep*, -ge-, h› hang s.th. across (*od.* over).
'**zuˌhau·en I** *v/t* ‹*irr*, *sep*, -ge-, h› **1.** → **behauen** I. **2.** *colloq.* slam (*od.* bang) *s.th.* (shut). **II** *v/i* **3.** *colloq.* hit; **hau zu!** hit him hard!, let him have it!
zu·hauf [tsuˈhaʊf] *adv poet.* in large numbers.
Zu·hau·se [tsuˈhaʊzə] *n* ‹-; *no pl*› home.
'**zuˌhei·len** *v/i* ‹*sep*, -ge-, sein› heal (up *od.* over).
Zu'hil·feˌnah·me [tsu-] *f* ‹-; *no pl*› **unter ~ von** (*od. gen*) with the aid of; **ohne ~ von** (*od. gen*) without resorting (*od.* recourse) to.
zu'hin·terst [tsu-] *adv* at the (very) end.
zu'höchst [tsu-] *adv* at the very top.
'**zuˌhö·ren** *v/i* ‹*sep*, -ge-, h› listen (*dat* to); **er kann gut ~** he is a good listener; **hör mal zu!** listen!; **hört mir mal genau zu!** listen carefully to what I am going to say; **heimlich ~** (*dat*) eavesdrop (on), listen in (on, to).
'**Zuˌhö·rer** *m* ‹-s; -› listener; **die ~** *pl a.* the audience *sg.* **~ˌbank** *f* ‹-; ¨-e› listeners' bench.
'**Zuˌhö·re·rin** *f* ‹-; -nen› listener.
'**Zuˌhö·rer|ˌraum** *m* auditorium. **~schaft** *f* ‹-; *no pl*› audience.
zu'in·nerst [tsu-] *adv* in one's heart of hearts, in one's innermost heart, deeply.
'**zuˌjauch·zen**, '**zuˌju·beln** *v/i* ‹*sep*, -ge-, h› **j-m ~** cheer s.o.
'**zuˌkau·fen** *v/t* ‹*sep*, -ge-, h› buy (some) more, buy *s.th.* in addition.
'**zuˌkeh·ren I** *v/t* ‹*sep*, -ge-, h› turn (*dat* to[wards]); **j-m den Rücken ~** turn one's back (up)on s.o. **II** *v/reflex* **sich j-m ~** turn to s.o.; **sich der Wand ~** turn (one's face) to the wall.
'**zuˌkit·ten** *v/t* ‹*sep*, -ge-, h› cement (*od.* putty) *s.th.* (up).
'**zuˌklap·pen I** *v/t* ‹*sep*, -ge-, h› (*Buch, Deckel etc*) clap *s.th.* shut, (*Taschenmesser*) fold up, (*Maul*) snap *s.th.* shut. **II** *v/i* ‹sein› clap shut.
'**zuˌklat·schen** *v/i* ‹*sep*, -ge-, h› **j-m ~** applaud (*od.* clap) s.o.
'**zuˌkle·ben** *v/t* ‹*sep*, -ge-, h› paste (*od.* glue) up, (*Briefumschlag*) seal (up).
'**zuˌklin·ken** *v/t* ‹*sep*, -ge-, h› (*Tür*) latch.
'**zuˌknal·len I** *v/t* ‹*sep*, -ge-, h› slam (*od.* bang) *s.th.* (shut). **II** *v/i* ‹sein› slam (*od.* bang) (shut).
'**zuˌknei·fen** *v/t* ‹*irr*, *sep*, -ge-, h› (*Augen*) shut, close; **er kniff** *listig* **ein Auge zu** he winked.
'**zuˌknöp·fen** *v/t* ‹*sep*, -ge-, h› button (up); **Mantel** *etc* **zum ≈** coat, *etc* with buttons.
'**zuˌkom·men** *v/i* ‹*irr*, *sep*, -ge-, sein› **1. ~ auf** (*acc*) a) come up to, approach (*od.* come near) (*acc*), b) *fig.* **j-n**: contact s.o., get in touch with s.o., c) *fig.* **j-n**: (*j-m bevorstehen*) be ahead of s.o., be in store for s.o.; *fig.* **et. auf sich ~ lassen** deal with s.th. when it happens, not to anticipate s.th.; **die Dinge** (*od.* **alles**) **auf sich ~ lassen** *a.* let things take their course, wait and see (how things turn out); **er ahnte nicht, was mit dieser Arbeit auf ihn zukam** he had no idea of what he was in for with this work. **2. j-m et. ~ lassen** a) (*senden*) have s.th. sent to s.o., send s.o. s.th., b) (*geben*) let s.o. have s.th., give s.o. s.th.; **j-m gelegentlich et.** (**Geld**) **~ lassen** give s.o. some money now and then. **3. j-m ~** a) (*zustehen*) be due to s.o., b) (*anstehen*) befit s.o.; **e-e solche Bemerkung kommt dir nicht zu** (*a. v/impers* **es kommt dir nicht zu, e-e solche Bemerkung zu machen**) such a remark does not befit you, it is not for you (*od.* you have no right, no business) to make such a remark; **e-r Sache kommt große** (**k-e**) **Bedeutung zu** s.th. is of great (no) importance.
'**zuˌkor·ken** *v/t* ‹*sep*, -ge-, h› cork (up).
'**Zuˌkost** *f* ‹-; *no pl*› → **Beilage** 2.
'**zuˌkrie·gen** *v/t* ‹*sep*, -ge-, h› *colloq.* get *s.th.* shut.
'**Zuˌkunft** *f* ‹-; *no pl*› **1.** future; **Blick in die ~** forward glance; **abwarten, was die ~ bringt** wait and see what the future has in store (*od.* holds for us); **die ~ wird es lehren** time will tell; **wie stellst du dir d-e ~ vor?** how do you see your future?; **e-e große ~ vor sich** (*dat*) **haben** look forward to a great future; **dieser Beruf hat k-e ~** there is no future in this profession; *colloq.* **das hat k-e ~** there's no future in it; **in ~** in future, from now on, henceforth; **für alle ~** forever (and ever), till the end of times; **in naher** (**nächster**) **~** in the near (immediate *od.* very near) future; **in** (**nicht allzu**) **ferner ~** in the (not too) distant future; **in die ~ blicken** look ahead; **der Mann der ~** the coming man. **2.** *ling.* future (tense).
'**zuˌkünf·tig I** *adj* future, *jur.* expectant, *Person*: *a.* prospective, would-be, *nachgestellt*: to be; **ihr ~er Ehemann** her future husband, her husband-to-be; **ihr ~er Schwiegersohn** their prospective son-in-law. **II** *adv* in (the) future. '**ZuˌKünf·ti·ge** *m*, *f* ‹-n; -n› *colloq.* **m-e ~, mein ~r** my intended.
'**Zuˌkunfts|ˌfor·scher** *m* futurologist, futurist. **~ˌfor·schung** *f* futurology. **~muˌsik** *f fig. colloq.* dreams *pl* of the future; **das ist noch ~** that is still in the distant future. **~ˌplä·ne** *pl* plans for the future. **~ˌpla·nung** *f* forward planning. **≈ˌreich** *adj Beruf etc*: promising, with a great future. **~roˌman** *m* science fiction (novel). **≈ˌträch·tig** *adj* promising. **≈ˌwei·send** *adj* trend-setting.
'**zuˌlä·cheln** *v/i* ‹*sep*, -ge-, h› smile (*dat* at); **j-m freundlich ~** *a.* give s.o. a friendly smile.
'**Zuˌla·dung** *f* ‹-; -en› additional (*aer.* useful) load.
'**Zuˌla·ge** *f* ‹-; -n› extra (*od.* additional) pay, (additional) allowance, (*Gehalts≈ etc*) (pay) rise, *bes. Am.* raise, (*Prämie*) bonus.
zu·lan·de [tsuˈlandə] *adv* **bei uns ~** in my (*od.* our) country, where I (*od.* we) come from.
'**zuˌlan·gen** *v/i* ‹*sep*, -ge-, h› **1.** → **zugreifen** 4. **2.** *colloq.* (*genügen*) be enough, be sufficient, do.
'**zuˌläng·lich** *adj* adequate, sufficient.
'**zuˌlas·sen** *v/t* ‹*irr*, *sep*, -ge-, h› **1.** (*erlauben*) allow, permit, tolerate, suffer, *meist negativ*: allow (*od.* permit, admit) (of), *jur.* approve, authorize, grant leave for; **nicht ~** (*ausschließen*) *a.* rule out, make *s.th.* impossible; **ich kann nicht ~, daß so et. geschieht** I cannot permit such a thing (to happen); **die Tatsachen lassen k-n Zweifel zu** the facts do not admit (of) any doubt; *jur.* **Kaution ~** grant bail. **2.** (*Zutritt gewähren, aufnehmen*) admit, allow (*od.* give) *s.o.* admittance; **Reporter zu e-r Gerichtsverhandlung ~** admit reporters to a trial; **j-n zur Prüfung** (**zum Studium**) **~** admit s.o. to an examination (to a university); **j-n als Zeugen ~** admit s.o. as (a) witness. **3.** *beruflich*: licen/ce (*Am.* -se), qualify; **amtlich ~** authorize; **staatlich ~** certify; **als Arzt zugelassen werden** be licenced (*od.* qualify) as a physician; **j-n als Rechtsanwalt ~** call (*od.* admit) s.o. to the bar. **4.** (*Auto etc*) licen/ce (*Am.* -se), register. **5.** *colloq.* (*Tür etc*) leave *s.th.* shut, (*Geschäft etc*) keep *s.th.* closed; **wir lassen montags das Geschäft zu** *a.* we stay closed (*od.* we do not open) on Mondays.
'**zuˌläs·sig** *adj* admissible (*a. jur.*), permissible, allowable; **das ist nicht ~** that is not allowed (*od.* permitted); *tech.* **~e Abweichung** permissible variation, tolerance, allowance; **~e Beanspruchung** safe load; *mot.* **~es Gesamtgewicht** licen/ce (*Am.* -se) weight. **≈keit** *f* ‹-; *no pl*› admissibility (*a. jur.*), permissibility, allowability.
'**Zuˌlas·sung** *f* ‹-; -en› **1.** *zu e-r Prüfung, zum Studium, zu e-m Amt etc*: admission (zu to). **2.** *bes. mot.* registration, *a.* (**~sschein**) licen/ce (*Am.* -se).
'**Zuˌlas·sungs|beˌschrän·kung** *f* restriction of admissions. **~geˌbühr** *f* admission (*od.* entrance, *mot.* registration) fee. **~ˌnum·mer** *f bes. mot.* registration number. **~ˌprü·fung** *f* entrance examination. **~ˌschein** *m bes. mot.* licen/ce (*Am.* -se), registration. **~ˌstel·le** *f* registration office.
'**Zuˌlauf** *m* ‹-(e)s; *no pl*› **1.** (*Andrang*) rush (of people), throng; **großen ~ haben** *allg.* be very popular, be much run (*od.* sought) after, be much in demand, *im Moment*: *a.* be the in-thing, *bes. Theaterstück etc*: draw large crowds, be a good draw, *a. Redner etc*: have large audiences, *Arzt, Anwalt etc*: have an extensive practice, *Geschäft etc*: have a large clientele (*od.* patronage), *plötzlich*: have a rush of customers. **2.** *tech.* supply, inflow, feed.
'**zuˌlau·fen** *v/i* ‹*irr*, *sep*, -ge-, sein› **1. ~ auf** (*acc*) run up to *s.o.*, *s.th.* **2.** *colloq.* run

on; lauf zu! a) run on!. b) hurry up! 3. j-m ~ *Hund etc*: find a new home with s.o., stray to s.o.; die Katze ist mir vor e-r Woche zugelaufen *a.* the cat adopted me a week ago. 4. (*einlaufen*) run (*od.* flow) in; heißes Wasser ~ lassen add hot water, run hot water in. 5. spitz ~ taper off (*od.* to a point).

'zu,le·gen I *v/t* ⟨*sep*, -ge-, h⟩ 1. (*hinzutun*) *allg.* add (zu to); j-m hundert Mark ~ increase s.o.'s pay by a hundred marks. 2. *colloq.* sich (*dat*) et. ~ a) (*anschaffen*) buy (*od.* get) o.s. s.th., b) (*annehmen*) adopt s.th.; sich (*dat*) e-n anderen Namen ~ adopt (*od.* assume) another name; sie hat sich e-e neue Frisur zugelegt she has changed her hairstyle; *humor.* sich e-e Freundin ~ get o.s. a girlfriend; er hat sich e-n Bauch zugelegt he has developed a paunch; sich e-e Erkältung ~ catch (*od.* get) a cold. 3. *colloq.* (*draufzahlen*) lose (bei on). II *v/i colloq.* 4. *an Gewicht*: put on weight, *im Tempo*: hot up the pace, step on it; → *a.* Zahn 4. 5. ~ bei *e-m Handel etc*: lose money on.

zu·lei·de [tsu'laɪdə] *adv* j-m et. ~ tun harm (*od.* hurt) s.o., do s.o. harm; was hat er dir ~ getan? what harm has he done (to) you?, what has he done to you?

'zu,lei|ten *v/t* ⟨*sep*, -ge-, h⟩ 1. *tech.* supply, feed, pipe in, (*Wasser etc*) let in. 2. (*dat* to) conduct, direct, (*weitergeben*) pass *s.th.* on, (*Nachrichten*) *a.* transmit, *auf dem Amtsweg*: channel. **≈tung** *f* ⟨-; -en⟩ 1. ⟨*only sg*⟩ a) *tech.* supply(ing), feed(ing), b) *von Mitteilungen etc*: transmission. 2. *tech.* feeding pipe. 3. *electr.* feeder, feed line, (*Drahtleitung*) lead(-in). **≈tungs,draht** *m*, **≈tungs,ka·bel** *n* lead(s *pl*), lead-in, feed wire. **≈tungs,rohr** *n tech.* supply (*od.* feed) pipe.

zu'letzt [tsu-] *adv* 1. (*als letzte[r]*) last; er kommt immer ~ he is always (the) last (to arrive); ganz ~ last of all. 2. bis ~ to the (very) end; wir blieben bis ~ *a.* we saw it out. 3. (*schließlich*) finally, in the end, eventually, ultimately; ~ verlor er die Geduld in the end he lost patience. 4. (*zum letzten Mal*) last; wann hast du ihn ~ gesehen? when did you see him last?, when did you last see him? 5. nicht ~ not least; nicht ~ e-e Frage des Geldes not least a question of money.

zu'lie·be [tsu-], **zu'lieb** *adv* j-m et. ~ tun do s.th. for s.o.'s sake (*od.* to please s.o.); tu es mir ~ do it for my sake.

'Zu,lie·fer·be,trieb, 'Zu,lie·fe·rer *m* subcontractor. **'Zu,lie·fer·in·du,strie** *f* ancillary (*od.* subcontracting) industry. **'zu,lie·fern** *v/t* ⟨*sep*, -ge-, h⟩. **'Zu,lie·fe·rung** *f* supply.

Zu·lu ['tsu:lu] *m* ⟨-(s); -(s)⟩, *n* ⟨*generally undeclined*⟩ *ling.* Zulu.

zum [tsum] *short for* zu dem.

'zu,ma·chen *colloq.* I *v/t* ⟨*sep*, -ge-, h⟩ 1. *allg.* shut, close, (*Geschäft auflösen*) *a.* shut down, (*Loch etc*) fill up, (*Schirm*) put down, (*Jacke etc*) button (up), do up, (*Brief*) seal; *fig.* ich habe die ganze Nacht kein Auge zugemacht I didn't sleep a wink (last night). II *v/i* 2. *Geschäft etc*: close, shut (up shop), *für immer*: close down. 3. (*sich beeilen*) hurry up, be quick; nun mach doch endlich zu! hurry up!, come on!, step on it!

zu'mal [tsu-] I *adv* (*besonders*) particularly, especially, above all. II *conj* ~ (da) particularly (*od.* especially) since, (all) the more so since (*od.* as); ich möchte nicht darüber sprechen, ~ (da) ich es nicht ganz sicher weiß I don't want to speak about it, particularly since (*od.* [all] the less so since) I'm not quite sure about it.

'zu,mau·ern *v/t* ⟨*sep*, -ge-, h⟩ brick up, wall (up).

zu'meist [tsu-] *adv* mostly, for the most part.

'zu,mes·sen *v/t* ⟨*irr, sep*, -ge-, h⟩ (*dat* to) measure out, mete out, allot, apportion.

zu'min·dest [tsu-] *adv* at least.

'zu,mut·bar *adj* reasonable; et. ist (für j-n) (nicht) ~ s.th. can(not) reasonably be expected (of s.o.). **≈keit** *f* ⟨-; *no pl*⟩ reasonableness.

zu·mu·te [tsu'mu:tə] *adv* wie ist dir ~? how do you feel?; mir ist recht fröhlich (jämmerlich) ~ I feel quite happy (miserable), I feel fine (bad); ihm ist bei dieser Sache (gar) nicht wohl ~ he doesn't feel (at all *od.* a bit) happy about it; ihr könnt euch denken, wie mir ~ war you can imagine how I felt; mir ist nicht nach Tanzen ~ I don't feel like dancing, I'm not in the mood for dancing; mir ist ganz sonderbar ~ I have a strange (*od.* funny) feeling, I feel strange (*od.* odd).

'zu,mu|ten *v/t* ⟨*sep*, -ge-, h⟩ j-m et. ~ a) expect s.th. of s.o., b) burden (*od.* saddle) s.o. with s.th.; das kann man ihm nicht ~ one cannot expect that of him; sich (*dat*) zuviel ~ take on too much, overtax o.s., *colloq.* bite off more than one can chew. **≈tung** *f* ⟨-; -en⟩ unreasonable (*od.* exacting) demand, exaction, (*Unverschämtheit*) impertinence; das ist e-e starke (*od.* ziemliche) ~ that is a tall order, that's expecting (*od.* asking) a bit much; was für e-e ~! what a thing to ask for!

zu'nächst [tsu-] I *adv* 1. (*vor allem*) first (of all), above all. 2. (*erstens*) for one thing, in the first place, to begin with. 3. (*vorerst*) for the time being, for the moment (*od.* present). II *prep* ⟨*dat*⟩ 4. next to.

'zu,na·geln *v/t* ⟨*sep*, -ge-, h⟩ (*Kiste etc*) nail up, (*Deckel*) nail down, *mit Brettern*: board up.

'zu,nä·hen *v/t* ⟨*sep*, -ge-, h⟩ sew up.

'Zu,nah·me *f* ⟨-; -n⟩ increase, (*Anstieg*) rise, (*Wachstum*) growth, accretion, (*Wertzuwachs*) increment, gain.

'Zu,na·me *m* surname, last name.

'Zünd,ein,stel·lung *f mot.* ignition (*Diesel*: injection) timing.

zün·deln ['tsʏndəln] *v/i* ⟨h⟩ *dial.* play with fire.

zün·den ['tsʏndən] I *v/i* ⟨h⟩ 1. kindle, catch fire, *Streichholz*: light, *Sprengladung*: ignite, fire. 2. *electr. mot.* ignite, fire, spark. 3. *Funke, Blitz etc*: cause (*od.* touch off) a fire, ignite. 4. *fig. Ideen, Vorschlag etc*: catch on, *stärker*: inspire (*od.* arouse) enthusiasm, electrify (the audience); bei j-m ~ make s.o. sit up. II *v/t* 5. *bes. mot.* ignite, (*Sprengladung*) detonate, fire. III *v/impers* 6. *fig. colloq.* bei ihm hat's gezündet (*er hat es begriffen*) the penny has dropped with him, he has cottoned on. **≈d** *adj fig.* rousing, stirring, electrifying; → *a.* Funke 3.

Zun·der ['tsʊndər] *m* ⟨-s; -⟩ (brennen wie ~ burn like) tinder; *fig. colloq.* j-m ~ geben give s.o. hell; warte, gleich gibt es ~! wait, you'll catch it!

Zün·der ['tsʏndər] *m* ⟨-s; -⟩ *electr.* igniter, ignitor, *für Sprengstoff*: fuse, *Am.* fuze.

'Zünd|,flam·me *f Gasherd*: pilot flame. **~,fol·ge** *f mot.* firing (*od.* ignition) order. **~,fun·ke** *m* (ignition) spark. **~,holz, ~,hölz·chen** [-,hœltsçən] *n* match. **~,holz,schach·tel** *f* matchbox. **~,hüt·chen** *n* percussion cap. **~,ka·bel** *n mot.* ignition cable. **~,kap·sel** *f* priming cap, detonator (cap). **~,ker·ze** *f mot.* spark(ing) plug. **~,ker·zen,schlüs·sel** *m* spark plug spanner. **~,la·dung** *f* priming charge. **~,na·del·ge,wehr** *n hist.* needle gun. **~,punkt** *m chem.* ignition point. **~,punkt,ein,stel·lung** *f mot.* ignition timing. **~,satz** *m des Zünders*: priming charge, (*Munition*) igniting charge. **~,schal·ter** *m mot.* ignition switch. **~,schloß** *n* ignition lock. **~,schlüs·sel** *m* ignition key. **~,schnur** *f Bergbau*: (safety) fuse, *Am.* fuze, (*Lunte*) slow match wick. **~,spu·le** *f mot.* ignition coil. **~,steue·rung** *f* ignition timing. **~,stoff** *m fig.* dynamite, tinder. **~tem·pe·ra,tur** *f* ignition temperature.

'Zün·dung *f* ⟨-; *no pl*⟩ ignition.

'Zünd|,un·ter,bre·cher *m mot.* contact breaker. **~ver,stel·lung** *f* ignition control. **~ver,tei·ler** *m* (ignition) distributor. **~ver,zug** *m* ignition lag. **~,vor,rich·tung** *f* ignition device.

'zu,neh·men I *v/i* ⟨*irr, sep*, -ge-, h⟩ 1. *an Gewicht*: put on (weight). 2. *zahlen-, umfang-, wertmäßig etc*: *allg.* increase, (*wachsen*) grow, augment, (*größer, stärker, länger, schlimmer etc werden*) grow (*od.* become, get) bigger (stronger, longer, worse, *etc*); an Umfang (Zahl, Wert *etc*) ~ increase in volume (number, value, *etc*); an Stärke (Gewicht) ~ *a.* gain (in) strength (weight); an Kräften ~ gather strength; an Bedeutung ~ gain in importance, gain increasing importance; an Weisheit ~ grow (*od.* become, get) wiser; an Alter ~ advance (*od.* get on) in years; die Tage nehmen zu the days are growing longer (*od.* drawing out). 3. *Mond*: wax. 4. *beim Stricken*: increase. II *v/t* 5. (*Gewicht, Pfunde etc*) put on, gain (*five pounds, etc*) (in weight). III **≈** *n* ⟨-s⟩ 6. increase (*gen* in); → *a.* Zunahme; im ≈ (begriffen) sein be on the increase, *Mond*: be waxing. **~d** I *adj* 1. increasing (*etc*) (*cf.* zunehmen 2); in ~em Maße increasingly, to an increasing extent (*cf. a.* II); mit ~em Alter, mit ~en Jahren as one advances (*od.* gets on) in years, as one grows older; mit ~em Alter as he (she) grew older. 2. *Mond*: waxing; bei ~em Mond when the moon is waxing. II *adv* 3. increasingly (*colder, better, etc*); ~ an Einfluß (Bedeutung) gewinnen gain increasing influence (importance).

'zu,nei·gen I *v/reflex* ⟨*sep*, -ge-, h⟩ (*dat*) bend (toward[s] *od.* down to), lean (*od.* incline) (toward[s]); *fig.* das Glück neigte sich ihm zu fortune favo(u)red him; sich dem Ende ~ draw to a close. II *v/i* der Meinung (*od.* Ansicht) ~, daß be inclined (*od.* tend) to think that.

'Zu,nei·gung *f* ⟨-; *no pl*⟩ (für, zu) affection (for), attachment (to); ~ zu j-m fassen take (a liking) to s.o.; ~ zu j-m empfinden (*od.* hegen) have affection for s.o., feel affection towards s.o.

Zunft [tsʊnft] *f* ⟨-; ⸚e⟩ 1. *hist.* guild. 2. *fig. colloq.* brotherhood (*of doctors, journalists, etc*), *contp.* crowd, lot, tribe; er ist von der ~ he is an expert; ihr seid mir ja e-e saubere ~! a nice lot you are! **~,brief** *m hist.* guild charter.

zünf·tig ['tsʏnftɪç] I *adj* 1. *fig.* (*fachmännisch*) competent, expert, *Kleidung, Ausrüstung etc*: proper, good. 2. *colloq. Schluck etc*: good, fair. II *adv* 3. *colloq.* es ging recht ~ zu everybody was having a great time.

'Zunft|,mei·ster *m hist.* chief warden (of a guild). **~,we·sen** *n* ⟨-s; *no pl*⟩ guilds *pl*, guild system. **~,zwang** *m* compulsory guild membership.

Zun·ge ['tsʊŋə] *f* ⟨-; -n⟩ 1. tongue (*a. gastr., a. poet. Sprache*); mit der ~ anstoßen (have a) lisp; sich (*dat*) auf die ~

beißen bite one's tongue (*fig.* lips); j-m die ~ herausstrecken stick (*od.* put) one's tongue out at s.o.; sich (*dat*) die ~ verbrennen burn one's tongue, *fig.* say too much, open one's mouth too wide; *fig.* e-e böse (spitze *od.* scharfe) ~ haben have a malicious (sharp) tongue; e-e feine ~ haben have a delicate palate, be a gourmet; e-e schwere ~ haben (*schwerfällig sprechen*) have a heavy tongue, *nach Alkoholgenuß*: have a thick voice; lieber würde ich mir die ~ abbeißen, als das Geheimnis zu verraten I'd rather do anything than disclose the secret; *colloq.* an dem Wort kann man sich die ~ abbrechen that word is an awful tongue twister; es brennt mir auf der ~, es dir zu sagen I'm dying to tell you; *colloq.* mit hängender ~ with one's tongue hanging out; mir klebt die ~ am Gaumen my throat is (*od.* I'm) parched; es liegt mir auf der ~ I have it (*od.* it is) on the tip of my tongue; der Wein hat ihm die ~ gelöst the wine has loos(en)ed his tongue; et. geht j-m schwer von der ~ s.o. cannot bring himself to say s.th.; die ~ stockte mir, mir war die ~ wie angewachsen I was tongue-tied; *lit.* s-e ~ im Zaum halten (*od.* zügeln, hüten) mind one's tongue; böse ~n behaupten, daß malicious tongues (*od.* gossips) say that; → Herz *bes. Redewendungen etc.* 2. *am Schuh*: tongue, *e-r Waage*: *a.* needle, index. 3. *e-r Orgel etc*: tongue, *der Mundharmonika etc*: reed.

zün·geln ['tsʏŋəln] I *v/i* <h> 1. *Schlange*: dart its tongue in and out. 2. *fig. Feuer, Flamme etc*: lick, flicker. II ≗ *n* <-s> 3. *von Flammen etc*: licking, flicker(ing).

'Zun·gen|bänd·chen *n anat.* frenulum of the tongue. **~bein** *n* hyoid (bone). **~be|lag** *m med.* coat(ing) (*od.* fur) of the tongue. **~|bre·cher** *m fig. colloq.* tongue twister. **≗|bre·che·risch** *adj fig. colloq.* jaw-breaking, crackjaw (*word*). **≗|fer·tig** *adj* glib. **~|fer·tig·keit** *f* <-; *no pl*> glibness, *colloq.* gift of the gab. **≗|för·mig** *adj* tongue-shaped. **~|krebs** *m* cancer of the tongue. **~|kuß** *m* French (*od.* deep) kiss. **~|laut** *m* lingual (sound). **~|mus·kel** *m* lingual muscle. **~-R** [-ˌʔɛr] *n ling.* trilled (*od.* rolled) r. **~|schlag** *m* (*Sprachstörung*) stammer, *nach Alkoholgenuß*: slur(red speech); *fig.* falscher ~ slip of the tongue. **~|spit·ze** *f* tip of the tongue.

Züng·lein ['tsʏŋlaɪn] *n* <-s; -> *fig.* das ~ an der Waage sein tip the scales.

zu·nich·te [tsu'nɪçtə] *adv* ~ machen *allg.* wreck, ruin, frustrate, (*Hoffnungen, Glück etc*) *a.* shatter, dash, blight, (*Pläne etc*) *a.* thwart, foil; ~ werden be wrecked (*etc*).

'zu|nicken (*getr.* -k·k-) *v/i* <*sep*, -ge-, h> nod (*dat* to, at); j-m freundlich ~ *a.* give s.o. a friendly nod.

zu·nut·ze [tsu'nʊtsə] *adv* sich (*dat*) et. ~ machen use, utilize, turn *s.th.* to account, avail o.s. of, make good use of, (*ausnützen*) take advantage of (*a. b.s.*), make the most of, *b.s.* capitalize (on).

zu'oberst [tsu-] *adv* uppermost, at the very top; das Unterste ~ kehren turn everything upside down.

'zu|ord|nen *v/t* <*sep*, -ge-, h> 1. → beiordnen. 2. (*in Beziehung setzen zu*) (*dat*) class (with), relate (to), assign (to). 3. *Computer*: allocate. **≗nung** *f* <-; -en> 1. classification, assignment. 2. *Computer*: allocation.

'zu|packen (*getr.* -k·k-) *v/i* <*sep*, -ge-, h> *colloq.* 1. grip, clutch, grasp. 2. (*kräftig arbeiten*) work hard, knuckle down. 3. (*mithelfen*) lend a hand.

zu·paß [tsu'pas], **zu·pas·se** [tsu'pasə] *adv* j-m gut (nicht) ~ kommen come at the right (wrong) time for s.o.

zup·fen ['tsʊpfən] I *v/t* <h> 1. pull, pick, pluck; j-n am Ärmel ~ pull s.o.'s sleeve. 2. Unkraut ~ weed, pull weeds. 3. *mus.* (*Saite*) pluck. II *v/i* 4. ~ an (*dat*) pull (*od.* pluck, twitch) at.

'Zupf|gei·ge *f colloq.* guitar. **~in·stru|ment** *n* plucked (string) instrument.

'zu|pfrop·fen *v/t* <*sep*, -ge-, h> cork (up), stopper (up).

'zu|pro·sten *v/i* <*sep*, -ge-, h> j-m ~ raise one's glass to s.o.

zur [tsuːr; tsʊr] *short for* zu der.

'zu|ra·ten I *v/i* <*irr, sep*, -ge-, h> j-m ~, et. zu tun advise (*od.* recommend) s.o. to do s.th.; ich kann dir nur ~ I can only recommend it; ich rate dir weder zu noch ab I won't advise you one way or the other. II ≗ *n* <-s> auf j-s ≗ (up)on s.o.'s advice (*od.* recommendation).

'zu|rau·nen *v/t* <*sep*, -ge-, h> j-m et. ~ whisper (*od.* murmur) s.th. to s.o.

'zu|rech·nen *v/t* <*sep*, -ge-, h> (*dat*) 1. (*hin~*) add (to). 2. (*zuordnen*) reckon (*od.* number) (among), class (with). 3. *fig.* (*zuschreiben*) ascribe (*od.* attribute) (to), (*bes. Schlechtes*) impute (to).

'zu|rech·nungs|fä·hig *adj* sound of mind, sane, *bes. jur.* responsible, compos mentis. **≗keit** *f* <-; *no pl*> soundness of mind, *bes. jur.* responsibility; strafrechtliche (verminderte) ~ criminal (diminished) responsibility.

zu'recht|ba·steln [tsu-] *v/t* <*sep*, -ge-, h> *meist* sich (*dat*) et. ~ rig up, make, *fig. colloq.* concoct, make *s.th.* up (for o.s.). **~|bie·gen** *v/t* <*irr, sep*, -ge-, h> 1. bend *s.th.* into shape. 2. *fig. colloq.* put *s.th.* straight (*od.* right) again. **~|fin·den** *v/reflex* <*irr, sep*, -ge-, h> sich ~ *in e-r Stadt etc*: find one's way (about *od.* around), *fig. im Leben etc*: get along, get by, manage, cope, *in et. Verworrenem etc*: find one's way through, be able to make sense of. **~|kom·men** *v/i* <*irr, sep*, -ge-, sein> 1. (*rechtzeitig kommen*) come in (good) time. 2. *fig.* mit j-m ~ get along (*od.* on) with s.o., *weitS.* have a way with (*children, etc*); mit et. ~ (be able to) manage (*od.* cope) with s.th.; gut ~ *a.* do very well (in the world). **~|le·gen** *v/t* <*sep*, -ge-, h> 1. (*Sachen etc*) lay *s.th.* out ready, prepare. 2. *fig.* sich (*dat*) et. ~ (*ausdenken*) think s.th. out, (*Entschuldigung etc*) have s.th. ready. **~|ma·chen** *colloq.* I *v/t* <*sep*, -ge-, h> *allg.* get *s.th.* ready, (*bes. Speisen etc*) prepare, make, *Am. a.* fix, (*Zimmer*) tidy (up), (*Bett*) make up, (*nett herrichten*) do up. II *v/reflex* sich ~ *allg.* get ready, *bes. Frau*: do o.s. up, (*sich schminken*) make up. **~|rücken** (*getr.* -k·k-) *v/t* <*sep*, -ge-, h> put (*od.* move) *s.th.* in (its) place, (*Bild, Hut, Krawatte etc*) straighten, put straight (*a. fig.*), (*Brille*) adjust; → *a.* Kopf 1. **~|set·zen** I *v/t* <*sep*, -ge-, h> adjust; → *a.* Kopf 1. II *v/reflex* sich ~ settle o.s. **~|stut·zen** *v/t* <*sep*, -ge-, h> *a. fig.* trim (to size). **~|wei·sen** *v/t* <*irr, sep*, -ge-, h>, **≗|wei·sung** *f* <-; -en> reprimand, rebuke.

'zu|re·den I *v/i* <*sep*, -ge-, h> j-m (gut) ~ (, et. zu tun) encourage (*stärker*: persuade) s.o. (to do s.th.), (*drängen*) urge s.o. (to do s.th.), (*beschwatzen*) coax s.o. (into doing s.th.); j-m gut ~ a) cheer s.o. up, give s.o. a word of encouragement, b) reason with s.o. II ≗ *n* <-s> encouragement, *stärker*: persuasion, (*Drängen*) urgent request, urging, (*Schmeicheln*) coaxing; auf mein ≗ (hin) upon my encouragement; alles ≗ nützte (*od.* half) nichts all persuasion was in vain.

'zu|rei·chen *v/t* <*sep*, -ge-, h> (*dat* to) hand, pass. **~d** *adj* sufficient.

'zu|rei|ten I *v/t* <*irr, sep*, -ge-, h> break (in) (*a horse*). II *v/i* <sein> ~ auf (*acc*) ride up to. **≗ter** *m* (horse)breaker, roughrider.

'zu|rich·ten *v/t* <*sep*, -ge-, h> 1. prepare. 2. *tech.* (*ausrichten*) adjust, set, (*glätten*) finish, dress, (*Leder*) *a.* curry, (*behauen, beschneiden*) cut, trim, square. 3. *print.* make (*od.* get) *s.th.* ready. 4. *fig. colloq.* (*j-n*) use *s.o.* badly, handle *s.o.* roughly, injure, maul, (*a. et.*) batter, wreck; *iro.* et. schön ~ make a nice mess of s.th.; → übel 7.

'zu|rie·geln *v/t* <*sep*, -ge-, h> bolt (up).

zür·nen ['tsʏrnən] *v/i* <h> *lit.* j-m ~ be angry with s.o., bear s.o. a grudge.

zur·ren ['tsʊrən] *v/t* <h> *mar.* lash (up).

Zur'schau|stel·lung *f* <-; *no pl*> display, *a. contp.* exhibition.

zu·rück [tsu'rʏk] I *adv* 1. *örtlich u. zeitlich*: back; ~ sein be back, have come back (*cf.* 2); ~! a) go back!, b) stand back!; ~ an Absender return to sender. 2. *fig.* ~ sein *in der Schule etc*: lag (*od.* be) behind (hinter den anderen the others), *körperlich, geistig*: be retarded, *kulturell*: be backward, be behind(hand), *Pflanzen, Bäume etc*: be late; ~ sein (mit der Arbeit, Zahlungen etc) be behind (-hand) (in, with), be in arrears (with); hinter der Zeit ~ sein be behind times; *Sport*: acht Punkte ~ eight points down (*od.* behind). 3. → hin 10. II ≗ *n* <-s; *no pl*> 4. es gibt kein ≗ mehr there's no going back. **~be|ge·ben** *v/reflex* <*irr, sep, no* -ge-, h> sich ~ return. **~be|glei·ten** *v/t* <*sep, no* -ge-, h> accompany *s.o.* back. **~be|hal·ten** *v/t* <*irr, sep, no* -ge-, h> keep *s.th.* back, retain, (*einbehalten*) withhold. **≗be|hal·tung** *f* <-; *no pl*> retention. **≗be|hal·tungs|recht** *n* right of detention, lien. **~be|kom·men** *v/t* <*irr, sep, no* -ge-, h> get (*od.* be given) *s.th.* back, (*Gestohlenes, Verlorenes etc*) *a.* recover. **~be|or·dern** *v/t* <*sep, no* -ge-, h> order *s.o.* back. **~be|ru·fen** *v/t* <*irr, sep, no* -ge-, h> call *s.o.* back, (*abberufen*) recall. **~|beu·gen** *v/t* <*sep*, -ge-, h> *u. v/reflex* sich ~ bend back. **~be|zah·len** *v/t* <*sep, no* -ge-, h> → zurückzahlen. **~|bil·den** *v/reflex* <*sep*, -ge-, h> sich ~ *biol.* regress, *med.* recede. **≗|bil·dung** *f* <-; -en> *biol.* regression, *med.* recession. **~|blei·ben** *v/i* <*irr, sep*, -ge-, sein> 1. (*dableiben*) stay (*od.* remain, be left) behind. 2. (*nicht weitergehen*) keep (*od.* stay) back, (*nicht Schritt halten*) lag behind, *Sport*: *a.* drop back; *fig.* hinter der Zeit zurückgeblieben sein be behind the times. 3. *Uhr*: go (*od.* run) slow, lose (time). 4. *fig. in der Schule etc*: lag behind, *geistig, körperlich*: be retarded; geistig zurückgeblieben mentally retarded, backward. 5. *fig.* ~ hinter (*dat*) (*Erwartungen, frühere Leistungen etc nicht erreichen*) come (*od.* fall) short of; hinter dem letzten Jahr ~ *Produktion etc*: drop off from last year. 6. (*übrigbleiben*) be left; als Witwe ~ be left behind (as a widow). **~|blen·den** *v/i* <*sep*, -ge-, h> *a. fig.* flash back. **~|blicken** (*getr.* -k·k-) *v/i* <*sep*, -ge-, h> (auf *acc*) look back (at), *fig.* look back ([up]on). **~|brin·gen** *v/t* <*irr, sep*, -ge-, h> 1. bring (*od.* take) *s.th.* back, return, (*Verlorenes, Gestohlenes etc*) *a.* restore; j-n ins Leben ~ bring s.o. back to life. 2. *in der Entwicklung, Leistung etc*: retard, keep *s.o.* back. **~da|tie·ren** *v/t* <*sep, no* -ge-, h> (auf *acc* to) date *s.th.* back, antedate. **~|den·ken** *v/i* <*irr, sep*, -ge-, h> (an *acc*) think back (to), recall (*acc*). **~|drän·gen** *v/t* <*sep*, -ge-, h> 1. (*Men-*

schenmenge etc) push (*od.* press, force) *s.o.* back. **2.** *fig.* (*e-e Regung etc*) repress. **~ˌdre·hen** *v/t* ⟨*sep*, -ge-, h⟩ turn (*od.* put) back; *fig.* **man kann das Rad der Geschichte nicht ~** the wheel of history cannot be turned back. **~ˌdür·fen** *v/i* ⟨*irr, sep*, -ge-, h⟩ *colloq.* be allowed to go back. **~ˌei·len** *v/i* ⟨*sep*, -ge-, sein⟩ hurry back. **~erˌbit·ten** *v/t* ⟨*irr, sep, no* -ge-, h⟩ ask for *s.th.* back. **~erˌhal·ten** *v/t* ⟨*irr, sep, no* -ge-, h⟩ → **zurückbekommen. ~erˌin·nern** *v/reflex* ⟨*sep, no* -ge-, h⟩ **sich ~** → **zurückdenken. ~erˌobern** *v/t* ⟨*sep, no* -ge-, h⟩ *bes. mil.* reconquer, *bes. fig.* win *s.o., s.th.* back. **~erˌobe·rung** *f* reconquest. **~erˌstat·ten** *v/t* ⟨*sep, no* -ge-, h⟩ restore, return, (*Kosten etc*) repay, refund; **j-m s-e Auslagen ~** *a.* reimburse s.o. (for) his expenses. **~erˌstat·tung** *f* return, restitution, restoration, *von Auslagen etc*: repayment, refund, reimbursement. **~erˌwar·ten** *v/t* ⟨*sep, no* -ge-, h⟩ expect *s.o.* back. **~ˌfah·ren I** *v/i* ⟨*irr, sep*, -ge-, sein⟩ **1.** drive back, *weitS.* go (*od.* travel) back, return; **fahr ein Stück zurück!** *mit dem Auto*: back up a little! **2.** *fig. entsetzt, erschreckt etc*: start back, recoil. **II** *v/t* ⟨h⟩ **3.** drive *s.o., s.th.* back. **~ˌfal·len** *v/i* ⟨*irr, sep*, -ge-, sein⟩ **1.** fall back. **2.** *Strahlen etc*: be reflected. **3.** *fig.* (*zurückbleiben*) fall behind (*a. ped.*), *Sport*: *a.* drop back; **er ist in Englisch sehr zurückgefallen** he has gone down in English very much; **auf den dritten Platz (um e-e Länge) ~** drop back to third place (a length). **4.** *fig.* **auf j-n ~** reflect (up)on s.o. **5.** *fig.* **an j-n ~** *Besitz etc*: revert to s.o. **6.** *fig.* **~ in** (*Fehler, alte Angewohnheiten etc*) relapse (*od.* fall back) into; **in den alten Schlendrian ~** fall back into the old rut. **~ˌfin·den** *v/i* ⟨*irr, sep*, -ge-, h⟩ find one's way back (**zu** to); *fig.* **~ zu** come back to (*religion, etc*), go back (*od.* return) to (*one's first love, etc*), *weitS.* regain (*one's peace of mind, etc*); **zu sich selbst ~** find o.s. again. **~ˌflie·ßen** *v/i* ⟨*irr, sep*, -ge-, sein⟩ *a. fig.* flow back. **~ˌflu·ten** *v/i* ⟨*sep*, -ge-, sein⟩ flood back (*a. fig.*), *mil.* sweep back. **~ˌfor·dern** *v/t* ⟨*sep*, -ge-, h⟩ claim (*od.* demand) *s.th.* back, reclaim. **~ˌfor·de·rung** *f* reclamation.

zuˈrück|ˌfüh·ren I *v/t* ⟨*sep*, -ge-, h⟩ **1.** lead (*od.* guide, take) *s.o.* back, *in die Heimat*: repatriate; *jur.* **j-n in die Haft ~** remand s.o. in custody. **2.** *fig.* **et. ~ auf** (*acc*) (*e-r Sache zuschreiben*) attribute (*od.* ascribe, assign) s.th. to, put s.th. down to, explain s.th. by; **zurückzuführen auf** (*acc*) due (*od.* traceable, ascribable) to; **et. auf** *ein Minimum, e-n Nenner, e-e Regel* **~** reduce s.th. to. **II** *v/i* **3.** *Weg etc*: lead back; *fig.* **es führt kein Weg zurück** there is no going back. **~ˌfüh·rung** *f* ⟨-; *no pl*⟩ **1.** leading back (*etc*), *in die Heimat*: repatriation. **2.** *fig.* reduction (**auf** *acc* to). **~ˌge·ben** *v/t* ⟨*irr, sep*, -ge-, h⟩ **1.** give *s.th.* back, return, (*Verlorenes, Gestohlenes etc*) *a.* restore; *fig.* **das gab ihm sein Selbstvertrauen zurück** that gave him back (*od.* restored) his confidence. **2.** (*entgegnen*) retort, rejoin. **3.** *fig.* (*Schläge, Beleidigungen etc*) give back; **sie hat es ihm kräftig zurückgegeben** she gave him as good as she got. **4.** *Sport*: **den Ball ~** pass the ball back. **~geˌblie·ben** *adj fig.* retarded, backward. **~ˌge·hen I** *v/i* ⟨*irr, sep*, -ge-, sein⟩ **1.** go back (*a. fig.*), return, (*denselben Weg* **~**) *a.* retrace one's steps, *mil.* retreat, fall back, (*zurückgeschickt werden*) be sent back, be returned; **et. ~ lassen** return, send *s.th.* back; **zwei Schritte ~** step back two paces; *fig.* **bis ins Altertum ~** go back to antiquity. **2.** *fig.* (*abnehmen*) *allg.* (be on the) decrease, diminish, decline, become less, lessen, (*fallen*) *Preise, Kurse etc*: go down, give way, fall off, drop (off), *Geschäfte etc*: *a.* recede, *Temperatur*: drop, fall, *Hochwasser etc*: subside, abate, go down, recede, *Fieber*: go down, abate, fall, *Schwellung etc*: go down, recede, *Ausschlag etc*: fade (away), *Symptome*: lessen. **3.** *fig.* **~ auf** (*acc*) originate from, trace back to, have its origin in, *e-e Zeit*: date back to. **II** *v/t* **4.** go back (**denselben Weg** the same way), (*umkehren*) retrace one's steps. **III ~** *n* ⟨-s⟩ **5.** → **Rückgang. ~geˌlei·ten** *v/t* ⟨*sep, pp* **zurückgeleitet**, h⟩ *lit.* escort *s.o.* back. **~geˌsetzt** *adj fig.* **sich ~ fühlen** feel slighted (*od.* neglected). **j-m gegenüber**: feel less favo(u)red (in comparison with s.o. else). **~geˌwin·nen** *v/t* ⟨*irr, sep, pp* **zurückgewonnen**, h⟩ win *s.o., s.th.* back, *fig.* (*Gesundheit etc*) regain, recover (*a. tech.*). **~geˌwin·nung** *f* ⟨-; *no pl*⟩ winning back, *fig.* recovery (*a. tech.*).

zuˈrück·geˌzo·gen I *adj Lebensweise*: secluded, retired. **II** *adv* **~ leben** live a secluded life, live in seclusion. **~heit** *f* ⟨-; *no pl*⟩ seclusion, retirement.

zuˈrück|ˌgrei·fen *v/i* ⟨*irr, sep*, -ge-, h⟩ *fig.* **~ auf** (*acc*) (*Vorräte etc*) fall back (up)on, (*Thema, Methode etc*) go back (*od.* return) to; **weit ~** *beim Erzählen*: go far back into the past. **~ˌhal·ten I** *v/t* ⟨*irr, sep*, -ge-, h⟩ **1.** (*festhalten*) hold, hold *s.o., s.th.* back, (*aufhalten*) keep *s.o.* back, detain; *fig.* **j-n davon ~, et. zu tun** keep (*od.* stop) s.o. from doing s.th.; **nichts konnte ihn mehr ~** there was no holding him. **2.** (*vorenthalten*) hold *s.th.* back, withhold (*information, etc*). **3.** *fig.* (*unterdrücken*) suppress, restrain, contain, check, (*Tränen, Lachen etc*) *a.* hold (*od.* keep) *s.th.* back. **II** *v/reflex* **sich ~ 4.** contain (*od.* control, restrain) o.s., *im Essen, Trinken, in s-n Äußerungen etc*: be careful; **ich mußte mich ~, um nicht ...** I had to control (*od.* hold on to) myself so as not to ... **5.** keep aloof, keep to o.s., keep one's distance, act in a reserved manner, *Käufer etc*: hold back; **er hat sich sehr zurückgehalten** a) he kept very much in the background, b) he was very tactful (*od.* discreet), c) he was very reticent, d) he was very moderate in his demands. **III** *v/i* **6. ~ mit** *Urteil, Meinung etc*: withhold, refrain from expressing, *Gefühlsäußerungen*: keep back, hide; **mit s-n Gefühlen nicht ~** give vent to one's feelings; **mit s-r Meinung ~** reserve judgement. **~ˌhal·tend I** *adj* **1.** (*reserviert*) reserved, distant, *in (Gefühls)Äußerungen*: reticent, (*vorsichtig*) careful, guarded, cautious, (*nicht mitteilsam*) uncommunicative; **~ sein mit** *Lob, Kritik etc*: be sparing in (*od.* with); **nicht ~ sein mit** *Lob etc*: *a.* be lavish with. **2.** *Börse*: reserved, inactive. **II** *adv* **3.** reservedly, reticently, *act, etc* in a reserved manner, *treat s.o.* with reserve; **sich ~ äußern** be reticent (**über** *acc* about); **das Publikum reagierte sehr ~** the reaction of the audience was very cool. **~ˌhal·tung** *f* ⟨-; *no pl*⟩ **1.** *fig.* reserve(dness), reticence, (*Vorsicht*) caution, discretion, *bei Lohnverhandlungen etc*: moderation; **mit ~** → **zurückhaltend** II; **sich** (*dat*) **~ auferlegen, ~ üben** exercise restraint. **2.** *an der Börse*: dul(l)ness, inactivity.

zuˈrück|ˌho·len *v/t* ⟨*sep*, -ge-, h⟩ fetch *s.o., s.th.* back, go and get *s.th.* back, ask (*od.* get) *s.o.* to come back. **~ˌkäm·men** *v/t* ⟨*sep*, -ge-, h⟩ **sich** (*dat*) **das Haar ~** comb one's hair back. **~ˌkau·fen** *v/t* ⟨*sep*, -ge-, h⟩ buy *s.th.* back, repurchase. **~ˌkeh·ren** *v/i* ⟨*sep*, -ge-, sein⟩ *a. fig.* come (*od.* go) back, return. **~ˌklapp·bar** *adj Sitz etc*: folding. **~ˌklap·pen** *v/t* ⟨*sep*, -ge-, h⟩ fold *s.th.* back. **~ˌkom·men** *v/i* ⟨*irr, sep*, -ge-, sein⟩ **1.** come back. **2.** *fig.* **~ auf** (*acc*) come (*od.* go) back to, (*erneut aufgreifen*) reconsider, take *s.th.* up again; **auf j-s Angebot ~** *a.* refer to s.o.'s offer, take s.o. up on his offer; *econ.* **wir kommen zurück auf Ihr Schreiben** we revert (*od.* refer) to your letter; **immer wieder auf et. ~** harp on s.th. **~ˌkön·nen** *v/i* ⟨*irr, sep*, -ge-, h⟩ *colloq.* be able to go back; *fig.* **du kannst nicht mehr zurück** there is no going back. **~ˌlas·sen** *v/t* ⟨*irr, sep*, -ge-, h⟩ **1.** (*j-n, et., a. fig. Spuren, Erinnerungen etc*) leave, (*verlassen*) abandon, desert. **2. j-n (weit) hinter sich ~** leave s.o. (far) behind, outdistance s.o. (by far), *a. fig.* outstrip s.o. (by far). **3.** *colloq.* allow *s.o.* back (*od.* to return). **~ˌlas·sung** *f* ⟨-; *no pl*⟩ **unter ~** (*gen*) leaving behind. **~ˌlau·fen** *v/i* ⟨*irr, sep*, -ge-, sein⟩ run (*od.* walk) back. **~ˌle·gen I** *v/t* ⟨*sep*, -ge-, h⟩ **1.** put *s.th.* back (**an s-n Platz** in its place). **2. den Kopf ~** lean one's head back. **3.** (*aufheben*) keep, put *s.th.* aside, (*sparen*) put by, save, lay aside (*money*), (*reservieren*) (*Karten etc*) keep, reserve. **4.** (*Weg, Strecke etc*) cover, do, *a. Licht, Strahlen etc*: travel, *zu Fuß*: *a.* walk; **zurückgelegte Strecke** distance covered, *mot. etc a.* mileage. **II** *v/reflex* **sich ~ 5.** lie back, recline. **~ˌleh·nen** *v/t u.* **sich ~** *v/reflex* ⟨*sep*, -ge-, h⟩ lean back. **~ˌlei·ten** *v/t* ⟨*sep*, -ge-, h⟩ lead back, (*Postsendung*) return. **~ˌlen·ken** *v/t* ⟨*sep*, -ge-, h⟩ *fig.* **1. s-e Schritte ~** retrace one's steps. **2.** (*Aufmerksamkeit etc*) bring *s.th.* back, revert. **~ˌlie·gen** *v/i* ⟨*irr, sep*, -ge-, h *u.* sein⟩ **dies liegt schon lange zurück** this took place a long time ago; **es liegt fünf Jahre zurück, daß** it is five years since. **~marˌschie·ren** *v/i* ⟨*sep, no* ge-, sein⟩ march back. **~ˌmel·den** *v/reflex* ⟨*sep*, -ge-, h⟩ **sich ~** report back (**bei** to). **~ˌmüs·sen** *v/i* ⟨*irr, sep*, -ge-, h⟩ *colloq.* have to go back (*od.* return); **das Buch muß zurück** the book has to be returned; **der Tisch muß ein Stück zurück** the table has to go (*od.* be moved) back a bit. **~ˌnah·me** *f* ⟨-; -n⟩ **1.** taking back (*etc*) (*cf.* **zurücknehmen**). **2.** *e-r Beleidigung, a. jur. e-r Klage*: withdrawal, *e-s Versprechens etc*: *a.* retraction, recantation, *e-s Angebots etc*: cancellation. **~ˌneh·men** *v/t* ⟨*irr, sep*, -ge-, h⟩ **1.** (*Ware etc*) take *s.th.* back. **2.** *fig.* (*Beleidigung, Behauptung etc*) take *s.th.* back, *a. jur.* (*Klage*) withdraw, (*Versprechen etc*) *a.* go back on, retract, recant, (*Angebot, Auftrag etc*) cancel. **3.** (*Truppen, die Front, a. Fußballspieler*) take *s.o., s.th.* back, withdraw. **4.** *Schach etc*: **e-n Zug ~** take back a move. **~ˌpfei·fen** *v/t* ⟨*irr, sep*, -ge-, h⟩ **1. e-n Hund ~** whistle a dog back. **2.** *fig. colloq.* warn *s.o.* not to go too far, remind *s.o.* to toe the line. **~ˌpral·len** *v/i* ⟨*sep*, -ge-, sein⟩ **1.** rebound, bounce back (*od.* off), *Geschoß*: ricochet. **2.** *fig.* **vor** *Schreck etc*: recoil, start (*od.* shrink) back (**vor** *dat* from). **~ˌrech·nen** *v/i* ⟨*sep*, -ge-, h⟩ reckon back. **~ˌrei·chen I** *v/t* ⟨*sep*, -ge-, h⟩ hand *s.th.* back, (*Schriftstücke etc*) return. **II** *v/i* **~ bis** go back to, *Brauch etc*: *a.* date back to (*the Middle Ages, etc*). **~ˌrei·sen** *v/i* ⟨*sep*, -ge-, sein⟩ travel (*od.* go) back. **~ˌren·nen** *v/i* ⟨*irr, sep*, -ge-, sein⟩ run back. **~ˌru·fen I** *v/t* ⟨*irr, sep*, -ge-, h⟩ **1.** call *s.o.* back. **2.** shout (*od.* call) *s.th.* back. **3.** *teleph. colloq.* call *s.o.* back. **4.** call (*od.* summon) *s.o.*

back, (*Autos etc*) recall, (*e-n Wechsel*) withdraw. **5. ins Gedächtnis** ~ recall, call *s.th.* to mind. **6.** *fig.* **j-n ins Leben** ~ bring s.o. back to life. **II** *v/i* **7.** *teleph.* call back. **~ˌschaf·fen** *v/t* ‹sep, -ge-, h› bring (*od.* take) *s.th.* back, return. **~ˌschal·ten** *v/i* ‹sep, -ge-, h› *mot.* change (*Am.* shift) down. **~ˌschau·dern** *v/i* ‹sep, -ge-, **sein**› (**vor** *dat* from) recoil, shrink back. **~ˌschau·en** *v/i* ‹sep, -ge-, h› → **zurückblicken**. **~ˌscheu·en** *v/i* ‹sep, -ge-, **sein**› shy (**vor** *dat* at) (*a. Pferd*); → *a.* **zurückschrecken** 2. **~ˌschicken** (*getr.* **-k·k-**) *v/t* ‹sep, -ge-, h› send *s.o., s.th.* back, return *s.th.* **~ˌschie·ben** *v/t* ‹irr, sep, -ge-, h› push *s.th.* back. **~ˌschla·gen I** *v/t* ‹irr, sep, -ge-, h› **1.** (*Feind, Angriff etc*) beat off, repel, repulse. **2.** (*Tennisball*) return. **3.** (*Bettdecke, Schleier, Verdeck etc*) fold back, (*Kapuze etc*) put down, (*Mantel etc*) blow *s.th.* open. **II** *v/i* **4.** hit back, *mil. u. fig.* retaliate. **5.** *Flamme*: flash back. **~ˌschleu·dern** *v/t* ‹sep, -ge-, h› fling *s.th.* back. **~ˌschnei·den** *v/t* ‹irr, sep, -ge-, h› *hort.* cut, prune. **~ˌschnel·len** *v/i* ‹sep, -ge-, **sein**› recoil, spring back. **~ˌschrau·ben** *v/t* ‹sep, -ge-, h› *fig. colloq.* (*Ansprüche etc*) cut down, *weitS.* reduce. **~ˌschrecken** (*getr.* **-k·k-**) **I** *v/i* ‹**schreckt** *od.* **schrickt zurück, schrak zurück, zurückgeschreckt**, *rare* **zurückgeschrocken, sein**› **1.** *entsetzt etc*: (**vor** *dat* from) start back, recoil. **2.** *fig.* ~ **vor** (*dat*) (*sich scheuen vor*) shrink (*od.* flinch) from; **vor nichts** ~ *a.* stop (*od.* stick) at nothing. **II** *v/t* **3.** frighten *s.o.* away, put *s.o.* off, deter. **~ˌschrei·ben** *v/i u. v/t* ‹irr, sep, -ge-, h› write back. **~ˌseh·nen** *v/reflex* ‹sep, -ge-, h› **sich** ~ **nach** *e-m Ort*: long (*od.* yearn) to be back in, *e-r Zeit*: long for *s.th.* to be back, (*sehnsüchtig denken an*) think back of *s.o., s.th.* with nostalgia. **~ˌsen·den** *v/t* ‹meist irr, sep, -ge-, h› → **zurückschicken**.

zuˈrückˌset|zen I *v/t* ‹sep, -ge-, h› **1.** place (*od.* put) *s.th.* back, (*Wand etc*) inset. **2.** (*Auto*) back (up). **3.** *fig.* **j-n** ~ (*benachteiligen*) treat s.o. unfairly, discriminate against s.o., (*übergehen*) slight (*od.* neglect, ignore) s.o. **4.** *econ.* (*Preis*) lower, reduce; **zurückgesetzte Waren** marked-down articles, seconds. **II** *v/reflex* **sich** ~ **5.** sit back (**im Sessel** in one's armchair). **6.** *weiter nach hinten*: sit further back. **III** *v/i* **7.** *mot.* back (up). **♀zung** *f* ‹-; -en› *fig.* unfair treatment, discrimination, slight.

zuˈrück|ˌsin·ken *v/i* ‹irr, sep, -ge-, **sein**› (**in** *acc* into) sink (*od.* fall) back, *fig. a.* relapse. **~ˌspie·len** *v/t* ‹sep, -ge-, h› *Sport*: **den Ball** ~ pass the ball back. **~ˌsprin·gen** *v/i* ‹irr, sep, -ge-, **sein**› **1.** jump back. **2.** *arch.* recess. **~ˌstecken** (*getr.* **-k·k-**) **I** *v/t* ‹sep, -ge-, h› put *s.th.* back; *fig. colloq.* **e-n Pflock** ~ (**müssen**) *cf.* **II** *v/i fig.* moderate one's demands, come down a peg or two, climb down. **~ˌste·hen** *v/i* ‹irr, sep, -ge-, h *u.* **sein**› **1.** *Haus etc*: be set (further) back. **2.** *fig.* (*verzichten*) stand down (*od.* aside), (*warten*) wait, (*hintanstehen*) take second place, be inferior; ~ **hinter** (*dat*) not to come up to (*standards, etc*); **hinter j-m** ~ (**müssen**) (*benachteiligt werden*) come off worse than s.o., get the poor end of the deal with s.o.; **nicht** ~ **wollen** not to want to stand aside, want to do (*od.* give) one's share, want to take part. **~ˌstel·len** *v/t* ‹sep, -ge-, h› **1.** move (*od.* put, set) *s.th.* back (**an den alten Platz** in its place). **2.** (*Uhr, Zeiger etc*) put *s.th.* back; *fig.* **man kann die Zeiger der Uhr nicht** ~ one cannot put the clock (*od.* time) back. **3.** *mil.* exempt *s.o.* from service, *zeitweilig*: defer. **4.** *fig.* (*hintansetzen*) put *s.th.* aside (*od.* last), (*verschieben*) postpone, defer. **♀stel·lung** *f* ‹-; -en› deferment, *mil. a.* exemption from service. **~ˌsto·ßen I** *v/t* ‹irr, sep, -ge-, h› **1.** push *s.o., s.th.* back. **2.** *fig.* (*abstoßen*) repel, be repulsive to. **II** *v/i* **3.** (**mit dem Auto** ~) back (one's car) up. **~ˌstrah·len** *phys.* **I** *v/t* ‹sep, -ge-, h› reflect, reverberate. **II** *v/i* be reflected. **~ˌstrei·chen** *v/t* ‹irr, sep, -ge-, h› **sich** (*dat*) **das Haar** ~ smooth one's hair back. **~ˌströ·men** *v/i* ‹sep, -ge-, **sein**› *a. fig.* stream (*od.* pour) back. **~ˌstu·fen** *v/t* ‹sep, -ge-, h› downgrade, put *s.o.* in a lower income bracket. **~ˌtau·meln** *v/i* ‹sep, -ge-, **sein**› reel (*od.* stagger) back. **~ˌtra·gen** *v/t* ‹irr, sep, -ge-, h› carry *s.th., s.o.* back. **~ˌtrei·ben** *v/t* ‹irr, sep, -ge-, h› drive *s.o., s.th.* back. **~ˌtre·ten** *v/i* ‹irr, sep, -ge-, **sein**› **1.** step (*od.* stand) back (*od.* aside), *mil.* fall back (into the ranks). **2.** *Fluß nach Hochwasser*: subside, *a. fig. Ufer, Berge etc*: recede. **3.** *fig.* (*in den Hintergrund treten*) be unimportant (*od.* of secondary importance) (**gegenüber** in comparison with), (*sich verringern*) *Einfluß etc*: diminish, decline; ~ **müssen** have to come second (*od.* take second place), *Pläne etc*: have to wait; **et.** ~ **lassen** put s.th. into the background, throw s.th. into the shade. **4.** *fig. Minister, Regierung etc*: resign, step down; **von s-m Amt** (*od.* **Posten**) ~ resign one's office (*od.* post). **5.** *fig.* ~ **von** *e-m Kauf, Vertrag etc*: withdraw (*od.* recede) from, back out of, cancel (*a bargain, an agreement, etc*), *e-r Forderung*: renounce, resign (*a claim*); **vom Kauf** ~ *a.* withdraw one's offer to buy. **~ˌtun** *v/t* ‹irr, sep, -ge-, h› *colloq.* **1. et.** (**an s-n Platz**) ~ put s.th. back (in its place). **2. e-n Schritt** ~ take a step back. **~ˌüberˌset·zen** *v/t* ‹sep, no -ge-, h› → **rückübersetzen**. **~verˌfol·gen** *v/t* ‹sep, no -ge-, h› *fig.* trace *s.th.* back. **~verˌset·zen I** *v/t* ‹sep, no -ge-, h› **1.** (*Beamten etc*) transfer *s.o.* back (**nach** to), (*Schüler*) move *s.o.* down, demote. **2.** *fig.* carry *s.o.* back. **II** *v/reflex* **sich** ~ **3.** *fig.* think (*od.* turn one's mind) back (**in s-e Kindheit** *etc* to the time when one was a child, *etc*); **sich ins Mittelalter zurückversetzt fühlen** feel to have stepped back into the Middle Ages. **~verˌwan·deln** *v/t* ‹sep, no -ge-, h› *u. v/reflex* **sich** ~ change back (**in** *acc* into). **~verˌwei·sen** *v/t* ‹irr, sep, no -ge-, h› (**an** *acc* to) refer *s.o., s.th.* back, *parl. a.* recommit. **~ˌwei·chen** *v/i* ‹irr, sep, -ge-, **sein**› **1.** stand (*od.* draw) back. **2.** *mil.* give ground (*od.* way), fall back. **3.** *fig.* ~ **vor** (*dat*) *e-m Gegner, e-r Drohung etc*: yield, give way (to), *fig. e-r Anstrengung etc*: (try to) avoid (*acc*), shrink (back) from. **4.** → **zurücktreten** 2.

zuˈrückˌwei|sen *v/t* ‹irr, sep, -ge-, h› **1.** *allg.* refuse (to accept), decline, *grob*: rebuff, (*Angebot, Bewerber etc*) *a.* turn *s.o., s.th.* down, *a.* (*Ansinnen, Zumutung*) reject, (*Behauptung, Vorwurf etc*) repudiate. **2.** *jur.* (*Klage*) dismiss. **3.** (*Wechsel*) dishono(u)r. **4.** (*abweisen*) turn *s.o.* back, refuse *s.o.* entry, send *s.o.* away. **5.** *mil.* (*Angriff etc*) repel, repulse. **6.** *fig.* **j-n in s-e Grenzen** ~ put s.o. (back) in his place. **♀sung** *f* ‹-; no pl› refusal (to accept), rejection, rebuff, repudiation, *jur. e-r Klage*: dismissal, *mil. e-s Angriffs*: repulsion.

zuˈrück|ˌwen·den I *v/reflex* ‹*a.* irr, sep, -ge-, h› **sich** ~ turn back. **II** *v/t* (*Kopf etc*) turn *s.th.* back; **den Blick** ~ turn one's eyes back. **~ˌwer·fen** *v/t* ‹irr, sep, -ge-, h› **1.** *allg.* throw *s.o., s.th.* back, (*Strahlen*) *a.* reflect, (*Schall*) *a.* reverberate; **den Kopf** ~ toss one's head back; *fig.* **den Feind** ~ repulse (*od.* repel) the enemy. **2.** *fig. in der Entwicklung, Arbeit etc*: set *s.o., s.th.* back (*considerably,* [*by*] *ten years, etc*). **~ˌwir·ken** *v/i* ‹sep, -ge-, h› (**auf** *acc* [up]on) react, retroact, reverberate. **~ˌwün·schen** *v/t* ‹sep, -ge-, h› **j-n** (**et.**) ~ wish (that) s.o. (s.th.) were back. **~ˌzah·len** *v/t* ‹sep, -ge-, h› (*Geld*) pay back, repay, (*Darlehen*) *a.* redeem, (*Schulden*) *a.* pay off, (*Auslagen*) refund, reimburse; *fig. colloq.* **j-m e-e Gemeinheit** ~ pay s.o. back (*od.* repay s.o.) for a mean trick. **~ˌzie·hen I** *v/t* ‹irr, sep, -ge-, h› **1.** (*Vorhang etc*) draw (*od.* pull) *s.th.* back, (*Fuß etc*) draw *s.th.* back, withdraw. **2.** *fig.* (*Antrag, Kündigung, Klage etc*) withdraw, (*Beschwerde etc*) *a.* retract. **3.** *mil.* (*Truppen etc*) withdraw. **II** *v/reflex* **sich** ~ **4.** retire, withdraw, *mil. a.* retreat, *engS.* retire (to one's room *od.* to bed); **sich in** (*acc*) **sich selbst** ~ retire (*od.* withdraw, retreat) into o.s.; **sich ins Privatleben** ~ retire into private life; **sich aus dem Geschäftsleben** (**aus der Öffentlichkeit, von der Welt**) ~ retire (*od.* withdraw) from business (public life, the world); **sich** ~ **von** *e-r Tätigkeit etc*: *a. oft* give up, quit; *bes. jur.* **sich zur Beratung** ~ retire for deliberation; **sich von j-m** ~ dissociate o.s. from s.o. **III** *v/i* ‹sein› **5.** move back. **♀ˌzie·her** *m* ‹-s; -› *rare for* **Rückzieher** 1. **♀zie·hung** *f* ‹-; no pl› *fig. e-s Antrages, e-r Kündigung, Beschwerde, Klage etc*: withdrawal. **~ˌzucken** (*getr.* **-k·k-**) *v/i* ‹sep, -ge-, **sein**› flinch.

ˈZuˌruf *m* shout (**aus dem Publikum** from the audience), *anfeuernder*: *a.* cheer; **Wahl durch** ~ election by acclamation; **durch** ~ **wählen** elect *s.o.* by acclamation. **ˈzuˌru·fen** *v/t* ‹irr, sep, -ge-, h› **j-m et.** ~ shout s.th. at s.o.

zurˈzeit *adv Austrian and Swiss* at present.

ˈZuˌsa·ge *f* ‹-; -n› **1.** (*Versprechen*) promise, word, pledge; **j-m e-e** ~ **geben** (*od.* **machen**) give (*od.* make) s.o. a promise. **2.** *auf e-e Einladung*: acceptance. **3.** (*Einwilligung*) assent, consent. **ˈzuˌsa·gen I** *v/t* ‹sep, -ge-, h› **1.** promise; **sein Kommen** ~ promise to come. **2.** *colloq.* **j-m et. auf den Kopf** ~ tell s.th. to s.o.'s face. **II** *v/i* **3.** accept (an invitation), promise to come. **4.** (*einwilligen*) agree. **5. j-m** ~ *Klima, Speise etc*: agree with s.o., (*gefallen*) please s.o., be to s.o.'s taste (*od.* liking), appeal to s.o., (*passen*) suit s.o., *colloq.* be all right (*od.* okay) with s.o.

zu·sam·men [tsuˈzamən] *adv* together, (*gemeinschaftlich*) *a.* jointly; ~ **mit** together (*od.* along) with, in company with; **alle** ~ all in a body, all of them, *singend etc*: in chorus; **alles** ~ (all) in all, all together, *colloq.* the whole lot; ~ **betragen** amount (*od.* come) to, total; **sie verdienen** ~ **3000 Mark** they earn 3,000 marks together (*od.* between them).

Zuˈsam·men|ˌar·beit *f* ‹-; no pl› cooperation, collaboration (*a. pol.* **mit dem Feind** with the enemy), *in e-r Gemeinschaft*: teamwork; **in** ~ **mit** in collaboration with. **♀ˌar·bei·ten** *v/i* ‹sep, -ge-, h› (**mit** with) cooperate, collaborate (*a. pol.* **mit dem Feind** with the enemy), *in e-m Team*: work together; **gut** ~ *a.* be (*od.* make) a good team. **♀ˌbacken** (*getr.* **-k·k-**) *v/i* ‹sep, -ge-, h *u.* **sein**› stick together. **♀ˌbal·len** *v/t* ‹sep, -ge-, h› *u. v/reflex* **sich** ~ mass (together *od.* up), conglomerate, gather (into a mass), *Wolken*: *a.* bank up, *fig. a.* concentrate; *fig. lit.* **Unheil ballt sich über j-m zusammen** disaster is looming over s.o. **~ˌbal·lung** *f* ‹-; *no pl*› conglomeration, mass(ing), *fig. a.* concentration. **~ˌbau** *m* ‹-(e)s; -e› *tech.* assembly. **≈ˌbau·en** *v/t* ‹*sep*, -ge-, h› assemble.

zu'sam·men|ˌbei·ßen *v/t* ‹*irr, sep*, -ge-, h› *a. fig.* **die Zähne ~** clench (*od.* set) one's teeth. **~beˌkom·men** *v/t* ‹*irr, sep, no* -ge-, h› get (*things*) together, (*Geld*) raise, scrape together. **~ˌbet·teln** *v/t* ‹*sep*, -ge-, h› beg *s.th.* together. **~ˌbin·den** *v/t* ‹*irr, sep*, -ge-, h› tie (*od.* bind) *s.th.* together. **~ˌblei·ben** *v/i* ‹*irr, sep*, -ge-, sein› stay together. **~ˌbrau·en I** *v/t* ‹*sep*, -ge-, h› *colloq.* (*Getränk etc*) concoct, brew. **II** *v/reflex* **sich ~** *Gewitter, fig. Unheil etc*: be brewing. **~ˌbre·chen** *v/i* ‹*irr, sep*, -ge-, sein› **1.** *Stuhl, Brücke etc, fig. Angriff, Widerstand etc, a. Mensch, physisch u. moralisch*: break down, collapse; *fig.* **unter der Last der Beweise ~** break down under the weight of the evidence; **der Verkehr brach vollständig zusammen** traffic came to a complete standstill. **2.** *econ. Firma etc*: fail, fold up, break down. **~ˌbrin·gen** *v/t* ‹*irr, sep*, -ge-, h› **1. j-n mit j-m ~** introduce s.o. to s.o., bring s.o. together (*od.* into contact) with s.o. **2.** (*vereinigen*) unite; **wieder ~** (*aussöhnen*) reconcile, bring together. **3.** *allg.* bring (*od.* get) together, (*Geld*) raise, collect, (*Vermögen*) amass. **4.** *fig. colloq.* bring off, manage, *im Gedächtnis*: remember, think of; **er hat k-e drei Sätze zusammengebracht** he couldn't manage (*od.* he wasn't able to say) three sentences; **ich weiß nicht, ob ich das Gedicht noch zusammenbringe** I don't know whether I remember all of the poem. **≈ˌbruch** *m* ‹-(e)s; ⸗e› *econ. mil. pol., a. fig. e-s Menschen*: breakdown, collapse, *völliger*: debacle, *finanzieller*: *a.* ruin. **~ˌdrän·gen I** *v/t* ‹*sep*, -ge-, h› **1.** crowd (*od.* crush) (*persons, animals*) together. **2.** *fig.* condense, compress. **II** *v/reflex* **sich ~ 3.** *Menschen, Tiere etc*: crowd (*od.* huddle [up]) together. **~ˌdre·hen** *v/t* ‹*sep*, -ge-, h› twist (*things*) together. **~ˌdrücken** (*getr.* -k·k-) *v/t* ‹*sep*, -ge-, h› press (*od.* squeeze) *s.th.* together. **~ˌfah·ren** *v/i* ‹*irr, sep*, -ge-, sein› **1.** → **zusammenstoßen** 1. **2.** *fig. erschreckt etc*: give a start.

Zu'sam·men|ˌfall *m* ‹-(e)s; *no pl*› (**zeitlicher ~**) coincidence. **≈ˌfal·len** *v/i* ‹*irr, sep*, -ge-, sein› **1.** *allg. Gebäude etc*: tumble down (*od.* to pieces), *a. fig. Argumentation etc*: collapse, *Ballon etc*: collapse, deflate, *Hefeteig etc*: go down (in the middle), *Feuer etc*: go down, die down; **die Hütte ist in** (*acc*) **sich zusammengefallen** the hut caved in; *fig.* **m-e Pläne fielen zusammen wie ein Kartenhaus** my plans collapsed like a house of cards. **2.** *zeitlich*: coincide (**mit** with). **3.** *fig.* (*abmagern*) become emaciated, lose flesh.

zu'sam·men|ˌfal·ten *v/t* ‹*sep*, -ge-, h› fold up. **~ˌfas·sen I** *v/t* ‹*sep*, -ge-, h› **1.** *organisatorisch*: unite, combine, integrate, *zentral*: centralize; **zu Gruppen ~** group. **2.** (*straffen*) condense, (*kurz darstellen*) summarize, sum up, (*kurz wiederholen*) recapitulate, *colloq.* recap; **et. in 'einem Satz ~** summarize s.th. in (*od.* with) one sentence; **et. in Stichworten ~** sum s.th. up in key words; **et. unter e-m Oberbegriff ~** class s.th. under a general term; **in Kategorien (Klassen) ~** categorize (classify). **3.** *mil.* (*Truppen, Feuer etc*) concentrate, (*Material*) pool. **II** *v/i* **4.** summarize, sum up; **wenn ich kurz ~ darf** just to sum up. **~ˌfas·send I** *adj Darstellung, Bericht etc*: summary. **II** *adv* **~ läßt sich** (*od.* **kann man**) **sagen, daß** to sum up it can be said that. **≈ˌfas·sung** *f* ‹-; -en› **1.** (*Vereinigung*) combination, integration. **2.** (*Straffung*) condensation, (*kurze Darstellung*) summary, summing-up, *a. ped.* précis, (*kurze Wiederholung*) recapitulation, résumé; **~ unter** *e-m Oberbegriff etc*: subsumption under. **3.** *mil.* concentration. **~ˌfe·gen** *v/t* ‹*sep*, -ge-, h› sweep *s.th.* together. **~ˌfin·den I** *v/i* ‹*irr, sep*, -ge-, h› *Partner*: come together, find each other. **II** *v/reflex* **sich ~** meet, come together. **~ˌflicken** (*getr.* -k·k-) *v/t* ‹*sep*, -ge-, h› *a. fig.* patch *s.th.* up. **~ˌflie·ßen** *v/i* ‹*irr, sep*, -ge-, sein› flow together, meet, join. **≈ˌfluß** *m* confluence, junction. **~ˌfü·gen** *v/t* ‹*sep*, -ge-, h› join (*od.* fit) (*things*) together, connect, *tech.* assemble, fit. **~ˌfüh·ren** *v/t* ‹*sep*, -ge-, h› bring (*persons*) together; **wieder ~** reunite. **≈ˌfüh·rung** *f von Familien etc*: reunion. **~geˌbis·sen** *adj fig. colloq.* **mit ~en Zähnen** with teeth clenched, with gritted teeth. **~ˌge·hen** *v/i* ‹*irr, sep*, -ge-, sein› **1.** *Linien*: join, meet. **2.** (*sich schließen lassen*) close. **3.** (*einlaufen*) shrink. **4.** *fig.* **~ mit** (*begleitet sein von*) be accompanied by. **5.** *fig.* (*gemeinsame Sache machen*) make common cause, join. **~geˌhö·ren** *v/i* ‹*sep, pp* **zusammengehört**, h› belong together, *Schuhe etc*: *a.* be (*od.* make) a pair.

zu'sam·men·geˌhö·rig *adj* belonging together. **≈keit** *f* ‹-; *no pl*› unity, solidarity, *geistige*: fellowship. **≈keits·geˌfühl** *n* (feeling of) solidarity, fellow feeling.

zu'sam·men|geˌra·ten *v/i* ‹*irr, sep, pp* **zusammengeraten**, sein› *fig.* (**mit** with) clash, quarrel, *stärker*: come to blows. **~geˌschu·stert** *adj fig.* botchy. **~geˌsetzt** *adj math.* composite, *a. ling.* compound; **~es Wort** compound (word); **~ sein aus** be composed of. **~geˌstop·pelt** *adj colloq.* **1.** patched up, patchwork..., patchy, *Mahlzeit*: patchy (*od.* scratch, pickup) (*meal*). **2.** → **~geˌwür·felt** *adj fig.* (**bunt ~**) motley, *bes. Mannschaft etc*: scratch (*od.* pickup) (*team, etc*).

Zu'sam·men|ˌhalt *m* ‹-(e)s; *no pl*› *fig.* unity, (feeling of) solidarity. **≈ˌhal·ten I** *v/t* ‹*irr, sep*, -ge-, h› **1.** hold *s.th.* together (*a. fig. persons, a party, etc*), keep (*persons*) together; *fig.* **s-e Gedanken ~** keep track of one's thoughts; *colloq.* **sein Geld ~** be careful with one's money. **2.** (*vergleichen*) compare. **II** *v/i* **3.** *Geklebtes etc*: hold together, cohere. **4.** *fig.* keep (*colloq.* stick) together; → **Pech** 1.

Zu'sam·men|ˌhang *m* ‹-(e)s; ⸗e› **1.** connection, *e-r Rede etc*: continuity, coherence, *e-s Textes*: context; **im** (*od.* **in**) **~ stehen** be connected (**mit** with); **in k-m ~ stehen** *a.* have no connection (**mit** with); **in ~ bringen** (**mit**) establish a connection (between), connect (*od.* link) *s.th.* (with); **in diesem ~** in this connection (*od.* context); **sein Name wurde im ~ mit dem politischen Skandal genannt** his name was mentioned in connection with the political scandal; **e-n Satz aus dem ~ reißen** take a sentence out of its context; **die Dinge im ~ sehen** see things in their context; **ich sehe (da) k-n ~** I don't see the connection. **2.** (*Beziehung*) (cor)relation. **≈ˌhän·gen** *v/i* ‹*irr, sep*, -ge-, h› **1.** (*verbunden sein*) (**mit**) be joined (to), be linked (with); **die Insel hing früher mit dem Festland zusammen** the island was formerly joined to the continent. **2.** *fig.* be connected (**mit** with, to); **nicht ~ mit** *a.* have nothing to do with; **wie hängt das zusammen?** how is that linked up? **≈ˌhän·gend I** *adj Gedanken, Rede etc*: coherent. **II** *adv relate s.th.* coherently. **≈ˌhang(s)·los** *adj* incoherent, disconnected. **~ˌhang(s)·lo·sig·keit** *f* ‹-; *no pl*› incoherence.

zu'sam·men|ˌhau·en *v/t* ‹*irr, sep*, -ge-, h› *colloq.* **1.** smash *s.th.* (to pieces), beat *s.o.* up (*od.* to a pulp). **2.** *fig.* (*hinschludern*) throw (*od.* knock, patch) *s.th.* together, (*Aufsatz etc*) scribble *s.th.* down any old way. **~ˌhef·ten** *v/t* ‹*sep*, -ge-, h› **1.** *in e-m Ordner*: file. **2.** *tech.* staple *s.th.* together, *Buchbinderei*: stitch *s.th.* together. **3.** *Schneiderei*: tack *s.th.* together. **~ˌhei·len** *v/i* ‹*sep*, -ge-, sein› *Wunden*: heal (up), *Knochen*: consolidate, knit. **~ˌho·len** *v/t* ‹*sep*, -ge-, h› bring (*things, persons*) together. **~ˌkau·ern** *v/reflex* ‹*sep*, -ge-, h› **sich ~** huddle up, *ängstlich*: cower. **~ˌkau·fen** *v/t* ‹*sep*, -ge-, h› buy up. **~ˌket·ten** *v/t* ‹*sep*, -ge-, h› chain (*persons, things*) together. **~ˌkit·ten** *v/t* ‹*sep*, -ge-, h› cement, *fig.* patch up. **≈ˌklang** *m a. fig.* harmony. **~ˌklapp·bar** *adj* folding (*knife, chair, etc*), foldaway, collapsible; **der Stuhl ist ~** *a.* the chair folds. **~ˌklap·pen I** *v/t* ‹*sep*, -ge-, h› **1.** (*Tisch, Stuhl etc*) fold up, collapse, (*Buch, Messer*) shut. **2. die Hacken ~** click one's heels. **II** *v/i* ‹sein› **3.** *fig. colloq. vor Erschöpfung etc*: break down, collapse, go to pieces. **~ˌkle·ben I** *v/t* ‹*sep*, -ge-, h› stick (*od.* paste) (*things*) together. **II** *v/i* ‹h *u.* sein› stick together. **~ˌknei·fen** *v/t* ‹*irr, sep*, -ge-, h› (*Mund, Lippen*) press together, purse, (*Augen*) squint. **~ˌknül·len** *v/t* ‹*sep*, -ge-, h› crumple *s.th.* up (into a ball). **~ˌkom·men** *v/i* ‹*irr, sep*, -ge-, sein› **1.** come together, (*sich treffen*) meet, *zwanglos*: get together, (*sich versammeln*) assemble, gather; **mit j-m ~** meet (*od.* see) s.o. **2.** *fig. Umstände, Gründe etc*: combine, concur, coincide. **3.** (*sich ansammeln*) accumulate, mount up; **es ist nicht viel Geld zusammengekommen** there hasn't been much money collected; *colloq.* **da kommt ganz schön was zusammen** it all mounts up, that comes to quite a lot in the end. **~ˌkra·chen** *v/i* ‹*sep*, -ge-, sein› *colloq.* **1.** *Stuhl etc*: break down. **2.** *Autos etc*: smash into each other. **3.** *fig. Firma*: crash. **~ˌkramp·fen** *v/reflex* ‹*sep*, -ge-, h› **sich ~** cramp; *fig.* **mein Herz krampfte sich bei diesem Anblick zusammen** it broke my heart to see that. **~ˌkrat·zen** *v/t* ‹*sep*, -ge-, h› scrape *s.th.* together. **≈ˌkunft** *f* ‹-; ⸗e› meeting, (*Versammlung*) assembly, gathering, conference, (*zwangloses Treffen*) get-together. **~ˌläp·pern** *v/reflex* ‹*sep*, -ge-, h› **sich ~** *colloq.* add up, mount up, *engS. a.* run into money. **~ˌlau·fen** *v/i* ‹*irr, sep*, -ge-, sein› **1.** *Leute*: gather. **2.** *Linien, Straßen etc*: meet, converge; → **Faden**[1] 2, **Wasser** 2. **3.** *Milch*: curdle. **4.** *Farben etc*: coagulate. **5.** *Stoff*: shrink. **~ˌle·ben I** *v/i* ‹*sep*, -ge-, h› live together. **II** *v/reflex* **sich ~** adapt to each other. **≈ˌle·ben** *n* ‹-s; *no pl*› living together; **das ~ mit j-m** life with s.o.; **ein ~ mit ihm ist unmöglich** it is impossible to live with him; *jur.* **außereheliches ~** cohabitation.

zu'sam·men|ˌleg·bar *adj* folding, collapsible. **~ˌle·gen I** *v/t* ‹*sep*, -ge-, h› **1.** put (*od.* lay) (*things*) in one place. **2.** (*Patienten etc*) put (*persons*) together (*od.* in the same room). **3.** *organisatorisch*: put *s.th.* together, (*Betriebe etc*) amalgamate, combine, consolidate, merge, fuse, (*Verwaltungen etc*) centralize, integrate; *econ.* **Aktien ~** reduce share capital (*Am.* capital stock). **4.** (*Veranstaltungen, Feste etc*) hold together. **5.** (*falten*) fold up. **6.** (*Geld*) pool (*one's money*), club together. **II** *v/i* **7.** club together (*od.* pool one's money) (**für ein Geschenk** for a present). **≗le·gung** *f* ⟨-; -en⟩ consolidation (*a. von Aktien, Grundstücken*), integration, *organisatorische*: amalgamation, fusion, merger. **~lü·gen** *v/t* ⟨*irr, sep*, -ge-, h⟩ *colloq.* make up, invent, concoct; **was er alles zusammengelogen hat** the pack of lies he has told. **~na·geln** *v/t* ⟨*sep*, -ge-, h⟩ nail *s.th.* together. **~nä·hen** *v/t* ⟨*sep*, -ge-, h⟩ sew *s.th.* together. **~neh·men I** *v/t* ⟨*irr, sep*, -ge-, h⟩ **1.** take together; **alles zusammengenommen** a) all together, b) all things considered, all in all. **2.** (*zs.-raffen*) gather (up). **3.** *fig.* **s-e Gedanken ~** collect one's thoughts; **s-e Kräfte ~** brace o.s., summon all one's strength; **ich mußte all m-n Mut ~** I had to muster up all my courage. **II** *v/reflex* **sich ~ 4.** control o.s., *a. zu e-r Anstrengung*: pull o.s. together, (*sich anständig benehmen*) behave o.s.; **nimm dich zusammen!** *drohend*: watch out!, be careful! **~packen** (*getr.* -k·k-) *v/t* ⟨*sep*, -ge-, h⟩ pack up. **~pas·sen I** *v/i* ⟨*sep*, -ge-, h⟩ (**gut ~**) *allg.* harmonize (well) (with each other), *Dinge, Farben etc*: *a.* go (well) together, *bes. zwei*: *a.* match (well *od.* up), be a good match, *Mannschaft etc*: *a.* be a good team, (*Ehe*)*Partner*: *a.* be well suited (to one another), be well matched, be a good match; **nicht ~, schlecht ~** not to harmonize (*etc*), *Farben etc*: *a.* clash, *Paar*: *a.* be a mismatch; *fig. iro.* **das paßt alles zusammen** it all adds up. **II** *v/t tech.* adjust, fit *s.th.* together, match. **~pfer·chen** *v/t* ⟨*sep*, -ge-, h⟩ *fig.* crowd together, pack (*people*) like sardines.

Zu'sam·men|prall *m* collision, (*Aufprall*) impact, *fig.* clash. **≗pral·len** *v/i* ⟨*sep*, -ge-, sein⟩ collide, clash (*a. fig.*); **~ mit** bump (*od.* crash) against (*od.* into).

zu'sam·men|pres·sen *v/t* ⟨*sep*, -ge-, h⟩ **1.** → **zusammendrücken. 2. die Lippen ~** press one's lips together. **~raf·fen I** *v/t* ⟨*sep*, -ge-, h⟩ **1.** gather up, snatch up, collect in haste. **2.** *fig.* (*Vermögen*) amass. **II** *v/reflex* **sich ~ 3.** *fig. colloq.* pull o.s. together; **sich noch einmal ~** rally. **~rau·fen** *v/reflex* ⟨*sep*, -ge-, h⟩ **sich ~** *fig. colloq.* come together (*od.* make one's peace) (after endless quarrels). **~rech·nen** *v/t* ⟨*sep*, -ge-, h⟩ add *s.th.* up (*od.* together); **alles zusammengerechnet** all together, *fig.* all things considered, all in all. **~rei·men I** *v/t* ⟨*sep*, -ge-, h⟩ **sich** (*dat*) **et. ~** work (*bes. Am.* figure) s.th. out, put two and two together. **II** *v/reflex* **sich ~** make sense, add up; **sich ~ mit** tally with (*what one has said, done, etc*); **wie reimt sich das zusammen?** how do you account for (*od.* reconcile) that? **~rei·ßen** *v/reflex* ⟨*irr, sep*, -ge-, h⟩ **sich ~** *colloq.* pull o.s. together. **~rin·geln** *v/reflex* ⟨*sep*, -ge-, h⟩ **sich ~** *Schlange etc*: coil (*od.* curl) (itself) up. **~rol·len I** *v/t* ⟨*sep*, -ge-, h⟩ roll up. **II** *v/reflex* **sich ~** roll o.s. up into a ball, *Tier*: *a.* curl (itself) up. **~rot·ten** *v/reflex* ⟨*sep*, -ge-, h⟩ **sich ~** band together, gang up, *Aufrührer*: riot, gather into a mob. **≗rot·tung** *f* ⟨-; -en⟩ riot(ing), *konkret*: riotous assembly. **~rücken** (*getr.* -k·k-) **I** *v/t* ⟨*sep*, -ge-, h⟩ (*Möbel etc*) move (*things*) closer together. **II** *v/i* ⟨sein⟩ move up (*od.* over), sit closer, make room. **~ru·fen** *v/t* ⟨*irr, sep*, -ge-, h⟩ call (*persons*) together, *förmell*: convene. **~sacken** (*getr.* -k·k-) *v/i* ⟨*sep*, -ge-, sein⟩ (**in** *acc* **sich**) **~** slump, fall in a heap, collapse, drop. **~scha·ren** *v/reflex* ⟨*sep*, -ge-, h⟩ **sich ~** flock together, gather. **~schar·ren** *v/t* ⟨*sep*, -ge-, h⟩ scrape *s.th.* together.

Zu'sam·men|schau *f* ⟨-; *no pl*⟩ synopsis.

zu'sam·men|schieb·bar *adj* telescopic, folding. **~schie·ben** *v/t* ⟨*irr, sep*, -ge-, h⟩ push (*things*) together, (*ineinanderschieben*) telescope. **~schie·ßen** *v/t* ⟨*irr, sep*, -ge-, h⟩ **1.** shoot *s.o., s.th.* to pieces (*od.* bits), *mit Artillerie*: batter *s.o., s.th.* down, (*niederschießen*) shoot *s.o.* down, *colloq.* bump *s.o.* off. **2.** → **zusammenlegen** 6. **~schla·gen I** *v/t* ⟨*irr, sep*, -ge-, h⟩ **1.** (*Hacken, Absätze etc*) click, (*Hände*) clap, *mus.* (*Becken*) clash (*cymbals*) together; *fig. colloq.* **die Hände über dem Kopf ~** throw up one's hands *in surprise, etc.* **2.** (*zs.-falten*) fold (up). **3.** *colloq.* smash *s.th.* (to pieces); **j-n ~** beat s.o. up (*od.* to a pulp), *sl.* give s.o. the works. **II** *v/i* ⟨sein⟩ **4. ~ über** (*dat*) *Wellen*: break over, engulf; *fig.* **das Unglück** (*od.* **Verhängnis**) **schlug über ihm zusammen** disaster descended upon him. **~schlie·ßen I** *v/reflex* ⟨*irr, sep*, -ge-, h⟩ **sich ~** join up, unite, join forces, *econ.* amalgamate, consolidate, integrate (**zu** into), *pol. zu e-m Bund*: federate; **sich ~ zu** (join up, *etc*, to) form (*an organization, alliance, etc*). **II** *v/t* unite, *econ.* amalgamate, consolidate, integrate; **~ zu** unite, *etc* in (*an organization, etc*). **≗schluß** *m* union, *econ.* amalgamation, consolidation, integration, *pol.* federation, (*Bündnis*) alliance. **~schmel·zen I** *v/t* ⟨*irr, sep*, -ge-, h⟩ *metall.* melt down. **II** *v/i* ⟨sein⟩ melt (*fig. a.* dwindle) away. **~schmie·den** *v/t* ⟨*sep*, -ge-, h⟩ *fig.* weld (*persons*) together. **~schmie·ren** *v/t* ⟨*sep*, -ge-, h⟩ *contp.* (*Aufsatz, Roman etc*) throw *s.th.* together, scribble *s.th.* down any old way, (*Bild etc*) daub. **~schnü·ren** *v/t* ⟨*sep*, -ge-, h⟩ lace up, (*Paket etc*) cord up, tie up; *fig.* **die Angst schnürte ihm die Kehle zusammen** he choked with fear; **der Anblick schnürte mir das Herz zusammen** the sight made my heart bleed. **~schrau·ben** *v/t* ⟨*sep*, -ge-, h⟩ screw (*od.* bolt) *s.th.* together. **~schrecken** (*getr.* -k·k-) *v/i* ⟨*irr, sep*, -ge-, sein⟩ give a start.

zu'sam·men|schrei|ben *v/t* ⟨*irr, sep*, -ge-, h⟩ **1.** write *s.th.* in one word. **2.** (*Rechnung*) make out. **3.** (*zs.-stellen*) compose, compile, *contp.* copy *s.th.* from various sources. **4.** *contp.* scribble; *fig. colloq.* **sich** (*dat*) **ein Vermögen ~** make a fortune by one's pen. **≗bung** *f* writing in one word.

zu'sam·men|schrump·fen *v/i* ⟨*sep*, -ge-, sein⟩ shrivel (up), shrink (up), *fig. a.* dwindle, run short. **~schu·stern** *v/t* ⟨*sep*, -ge-, h⟩ *colloq.* throw *s.th.* together. **~schüt·ten** *v/t* ⟨*sep*, -ge-, h⟩ pour (*things*) together. **~schwei·ßen** *v/t* ⟨*sep*, -ge-, h⟩ *a. fig.* weld (together). **≗sein** *n* ⟨-s; *no pl*⟩ meeting, gathering. **~set·zen I** *v/t* ⟨*sep*, -ge-, h⟩ **1.** (*Scherben, Teile etc*) put *s.th.* together, *tech. a.* assemble, compose, (*Arznei, Wort*) compound. **2.** seat (*persons*) together. **II** *v/reflex* **sich ~ 3.** sit together. **4.** (*zs.-kommen*) get together. **5. sich ~ aus** consist (*od.* be composed, be made up) of. **III ≗** *n* ⟨-s⟩ **6.** putting together, assembling, assembly. **≗setz|spiel** *n* jigsaw puzzle. **≗set·zung** *f* ⟨-; -en⟩ **1.** → **zusammensetzen** 6. **2.** composition, *e-r Mannschaft, e-s Kabinetts etc*: make-up, *chem. ling.* compound, *chem. a.* chemical analysis, (*Bestandteile*) ingredients *pl*, (*Gefüge*) structure. **~sin·ken** *v/i* ⟨*irr, sep*, -ge-, sein⟩ (**in** *acc* **sich**) **~** sink down, collapse, fall in a heap. **~sit·zen** *v/i* ⟨*irr, sep*, -ge-, h *u.* sein⟩ sit together. **~span·nen** *v/t* ⟨*sep*, -ge-, h⟩ *a. fig.* team (up). **~spa·ren** *v/t* ⟨*sep*, -ge-, h⟩ save up. **~sper·ren** *v/t* ⟨*sep*, -ge-, h⟩ lock (*persons, animals*) up together. **≗spiel** *n* **1.** *Sport, thea.* teamwork, *Fußball etc*: *a.* combination. **2.** (*Zs.-arbeit*) cooperation. **3.** *fig.* interplay (**der Kräfte** of forces). **4.** *mus.* ensemble playing. **~stau·chen** *v/t* ⟨*sep*, -ge-, h⟩ *fig. colloq.* **j-n ~** bawl s.o. out, blow s.o. up. **~stecken** (*getr.* -k·k-) **I** *v/t* ⟨*sep*, -ge-, h⟩ put (*things*) together, join; *fig. colloq.* **die Köpfe ~** whisper (gossip) to each other. **II** *v/i fig. colloq.* **dauernd** (*od.* **ewig**) **~** be inseparable. **~ste·hen** *v/i* ⟨*irr, sep*, -ge-, h *u.* sein⟩ **1.** stand together (*od.* side by side). **2.** *fig.* (*zs.-halten*) keep (*colloq.* stick) together. **~stel·len I** *v/t* ⟨*sep*, -ge-, h⟩ **1.** put (*od.* set) (*things*) together. **2.** (*anordnen*) arrange, (*Blumenstrauß etc*) make up, (*Farben, Kleidungsstücke etc*) combine, (*Tee etc*) *in e-r Mischung*: blend; **nach Gruppen ~** group; **nach Klassen ~** classify; **nach Sorten ~** assort; **nach Farben** (*od.* **Aussehen**) **~** match. **3.** (*Liste, Rechnung etc*) make out, (*Menü*) compose, (*Bericht, Katalog, Buch etc*) put together, compile, (*Programm*) draw up, make, do, (*Ausstellung etc*) organize. **4.** (*Mannschaft, Gruppe etc*) make up, form, *mil.* (*Truppen*) assemble. **5.** *rail.* (*Zug*) marshal. **≗stel·lung** *f* ⟨-; -en⟩ **1.** putting together. **2.** arrangement, combination, grouping, classification, assortment. **3.** (*Tabelle*) table, schedule, list, (*Übersicht*) survey, summarizing sheet, synopsis. **4.** formation, assembly. **5.** *rail.* marshal(l)ing.

zu'sam·men|stim·men *v/i* ⟨*sep*, -ge-, h⟩ harmonize, *fig. a.* agree, tally, *colloq.* add up. **~stop·peln** *v/t* ⟨*sep*, -ge-, h⟩ *colloq.* patch *s.th.* together. **≗stoß** *m* **1.** *von Fahrzeugen*: collision, crash; → **frontal. 2.** (*Aufprall*) impact, shock. **3.** *fig.* clash; **es kam zu Zusammenstößen mit der Polizei** there were clashes with the police. **~sto·ßen I** *v/i* ⟨*irr, sep*, -ge-, sein⟩ **1.** *Fahrzeuge*: collide; **~ mit** *a.* run (*od.* bump) into. **2.** *fig.* **~ mit** *j-m, der Polizei etc*: have a clash with. **3.** *fig.* (*aneinandergrenzen*) adjoin, abut, meet. **II** *v/t* **4.** ⟨h⟩ bang (*things*) together. **5.** (*Gläser*) clink. **~strei·chen** *v/t* ⟨*irr, sep*, -ge-, h⟩ (*Text, Szene etc*) shorten. **~strö·men** *v/i* ⟨*sep*, -ge-, sein⟩ *Personen*: flock together, gather. **~stücke(l)n** (*getr.* -k·k-) *v/t* ⟨*sep*, -ge-, h⟩ piece *s.th.* together. **≗sturz** *m* collapse. **~stür·zen** *v/i* ⟨*sep*, -ge-, sein⟩ collapse, fall (*od.* cave) in. **~su·chen** *v/t* ⟨*sep*, -ge-, h⟩ gather *s.th.* up, *zu e-r Sammlung*: collect. **~tra·gen** *v/t* ⟨*irr, sep*, -ge-, h⟩ *a. fig.* collect, gather *s.th.* together, *fig.* (*Fakten, Material etc*) compile. **~tref·fen I** *v/i* ⟨*irr, sep*, -ge-, sein⟩ **1.** meet (**mit j-m** s.o.). **2.** *Umstände, Ereignisse etc*: coincide, concur. **II ≗** *n* ⟨-s⟩ **3.** meeting, *bes. unerwartetes, unangenehmes*: encounter; **ich möchte ein ≗ mit ihm vermeiden** I want to avoid meeting him. **4.** *von Umständen, Ereignissen etc*: concurrence, coincidence. **~trei·ben** *v/t* ⟨*irr, sep*, -ge-, h⟩ drive (*animals, persons*) together, round up. **~tre·ten I** *v/t* ⟨*irr, sep*, -ge-, h⟩ crush *s.th.* under foot. **II** *v/i* ⟨sein⟩ *Kommission, Vorstand etc*: meet, assemble, convene. **~trom·meln** *v/t* ⟨*sep*, -ge-, h⟩ *fig. colloq.* (*Leute*) call (*persons*) together, *weitS.* round up, get hold of. **~tun I** *v/t* ⟨*irr, sep*, -ge-, h⟩ **1.** *colloq.* put (*things*) together. **II** *v/reflex*

sich ~ **2.** join up, *colloq.* team up, (*gemeinsame Sache machen*) join forces, *b.s.* gang up (**mit** with, **gegen** on). **3.** (*Geld zs.-legen*) pool one's money, club together. **~ˌwach·sen** *v/i* ‹*irr, sep,* **-ge-, sein**› *a. fig.* grow together. **~ˌwer·fen** *v/t* ‹*irr, sep,* **-ge-, h**› **1.** throw (*things*) together. **2.** *fig.* (*verwechseln*) confound, mix up, jumble up, (*in einen Topf werfen*) lump *s.th.* together. **~ˌwickeln** (*getr.* **-k·k-**) *v/t* ‹*sep,* **-ge-, h**› roll *s.th.* up. **~ˌwir·ken I** *v/i* ‹*sep,* **-ge-, h**› *fig. Umstände, Kräfte etc*: combine, concur. **II** ≈ *n* ‹**-s**› combination, concurrence. **~ˌwür·feln** *v/t* ‹*sep,* **-ge-, h**› *fig.* lump (*things, persons*) together. **~ˌzäh·len** *v/t* ‹*sep,* **-ge-, h**› add (*od.* cast, count, sum, tot) up, total (up).

zuˈsam·menˌzieh·bar *adj* contractile, contractible. **≈keit** *f* ‹**-**; *no pl*› contracti(bi)lity.

zuˈsam·men‖zie·hen I *v/t* ‹*irr, sep,* **-ge-, h**› **1.** pull (*od.* draw) *s.th.* together. **2. die Augenbrauen** ~ knit one's brow, frown; **der Zitronensaft zieht mir den Mund zusammen** the lemon juice sets my teeth on edge. **3.** (*Loch im Strumpf etc*) mend *s.th.* superficially. **4.** *fig.* (*Truppen etc*) concentrate, gather, mass. **5.** *fig.* (*kürzen*) condense, (*Wörter, Vokale*) contract. **6.** → **zusammenzählen. II** *v/reflex* **sich** ~ **7.** contract (*a. phys.*). **8.** (*schrumpfen*) shrink. **9.** *med. Muskel*: contract, tense (up), *Gefäße*: constrict, become constricted. **10.** *Gewitter etc*: gather, *a. fig. Unheil etc*: brew, be brewing. **III** *v/i* ‹**sein**› **11. mit j-m** ~ *in e-e Wohnung*: move in (together) with s.o., go to live with s.o. **~ˌzie·hend** *adj med.* (*a.* **~es Mittel**) astringent. **≈ˌzie·hung** *f* ‹**-**; *no pl*› contraction (*a. ling. phys.*), *med. a.* constriction, *mil.* concentration. **~ˌzucken** (*getr.* **-k·k-**) *v/i* ‹*sep,* **-ge-, sein**› (**vor** *dat* with) wince, flinch.

ˈZuˌsatz *m* ‹**-es; Zusätze**› **1.** addition, *zu Nahrungsmitteln, Kraftstoff etc*: additive, (*Beimischung*) admixture, (*Prise, Schuß*) dash; **ohne künstliche Zusätze** contains no artificial additives. **2.** (*Anmerkung*) addition(al remark), *bes. schriftlicher*: addendum, (*Nachschrift*) postscript, (*Ergänzung*) supplement, *zu e-m Gesetz, e-r Versicherung etc*: rider; *zu e-m Testament*: codicil. **~...** *in Zssgn* additional, supplementary, *tech. a.* booster (*rocket, etc*). **~ˌabˌkom·men** *n pol.* supplementary agreement. **~ag·greˌgat** *n electr.* additional (*od.* booster) set. **~ˌan·ˌtrag** *m parl.* supplementary motion, amendment. **~ˌausˌrü·stung** *f* extra (*od.* auxiliary) equipment. **~bat·teˌrie** *f electr.* booster battery. **~ˌdü·se** *f aer. tech.* auxiliary jet. **~geˌrät** *n tech.* attachment, accessory unit. **~ˌklau·sel** *f jur. pol.* additional clause. **~ˌlast** *f tech.* additional load.

ˈzuˌsätz·lich [-ˌzɛtslɪç] **I** *adj* **1.** *Kosten, Belastung, Arbeit etc*: additional, extra, added, further. **2.** (*ergänzend*) supplementary, supplemental, (*Hilfs...*) auxiliary. **II** *adv* **3.** in addition (**zu** to), besides, on top of this (*od.* that), into the bargain.

ˈZuˌsatz‖meˌtall *n beim Schweißen etc*: added metal, filler. **~ˌsteu·er** *f econ.* supplementary tax. **~verˌsi·che·rung** *f* supplementary insurance.

ˈzuˌschal·ten *v/t* ‹*sep,* **-ge-, h**› *electr.* (*dat od.* **zu** to) connect, hook up.

zu·schan·den [tsuˈʃandən] *adv* ~ **fahren** ruin, wreck, smash (up); ~ **machen** ruin, wreck, spoil, (*Erwartungen, Hoffnungen etc*) destroy, blight, shatter, (*Pläne etc*) thwart, foil, defeat, frustrate; ~ **werden** be(come) ruined (*etc*), go to ruin; **ein Pferd** ~ **reiten** founder a horse; *colloq.* **sich** ~ **arbeiten** kill o.s. working.

ˈzuˌschan·zen *v/t* ‹*sep,* **-ge-, h**› *colloq.* **j-m et.** ~ help s.o. to s.th., play s.th. s.o.'s way.

ˈzuˌschar·ren *v/t* ‹*sep,* **-ge-, h**› (*Loch etc*) cover (*od.* fill) *s.th.* up.

ˈzuˌschau·en *v/i* ‹*sep,* **-ge-, h**› watch, look on; **j-m** (**bei et.**) ~ watch s.o. (do[ing] s.th.).

ˈZuˌschau·er *m* ‹**-s; -**› **1.** *thea. Sport etc*: spectator, *TV*: viewer; **die** ~ *pl a.* the audience. **2.** looker-on, onlooker, (*Beistehender*) bystander, (*Beobachter*) observer, (*Augenzeuge*) eyewitness. **ˈZu·ˌschaue·rin** *f* ‹**-; -nen**› **1.** spectatress. **2.** → **Zuschauer 2.**

ˈZuˌschau·er‖ˌraum *m thea. etc*: auditorium, house. **~triˌbü·ne** *f* (spectator) stand, *im Stadion*: *a.* terraces *pl.*

ˈzuˌschau·feln *v/t* ‹*sep,* **-ge-, h**› shovel (*od.* fill) *s.th.* up.

ˈzuˌschicken (*getr.* **-k·k-**) *v/t* ‹*sep,* **-ge-, h**› (*dat* to) send, *mit der Post*: *a.* mail, post, (*Waren*) consign, forward.

ˈzuˌschie·ben *v/t* ‹*irr, sep,* **-ge-, h**› **1.** (*Schublade, Tür etc*) shut, close, (*Riegel*) shoot. **2. j-m et.** ~ push s.th. over to s.o.; *fig.* **j-m die Verantwortung** ~ lay the responsibility (for it) on s.o.; → **Peter** 1, **Schuld** 1.

ˈzuˌschie·ßen *colloq.* **I** *v/t* ‹*irr, sep,* **-ge-, h**› (*Geld*) contribute. **II** *v/i* ‹**sein**› ~ **auf** (*acc*) dash (*od.* dart) up to.

ˈZuˌschlag *m* **1.** (*zusätzliche Gebühr*) extra (*od.* additional) charge, surcharge, *zum Fahrpreis*: supplement, excess fare. **2.** (*Sondervergütung*) bonus, extra pay. **3.** *bei Ausschreibungen*: award (of the contract), acceptance of tender, *bei Auktionen*: knocking down, award; **den** ~ (**für den Auftrag**) **erhalten** (*od.* **bekommen**) obtain (*od.* be awarded) the contract; **Herr X erhielt den** ~ **für das Gemälde** the painting was knocked down (*od.* went) to Mr. X. **4.** *civ.eng. metall.* addition.

ˈzuˌschla·gen I *v/t* ‹*irr, sep,* **-ge-, h**› **1.** (*Deckel, Tür etc*) slam (*od.* bang) *s.th.* (shut *od.* to). **2.** (*Buch etc*) close. **3. j-m den Ball** ~ *Tennis etc*: hit the ball (over) to s.o. **4.** *fig.* (*aufschlagen*) add *s.th.* (on), put *s.th.* on; **auf den Preis werden 10% zugeschlagen** *a.* the price is increased (*od.* put up) by 10%. **5. j-m et.** ~ *bei e-r Ausschreibung*: award s.th. to s.o., *bei e-r Auktion*: knock s.th. down to s.o.; **der Auftrag wurde der Firma X zugeschlagen** the firm of X obtained (*od.* was awarded) the contract. **II** *v/i* ‹**h** *u.* **sein**› **6.** ‹**sein**› *Tür etc*: slam (*od.* bang) (shut *od.* to). **7.** ‹**h**› strike, hit, *Boxer*: *a.* swing, deliver a blow; **schlag zu!** hit him hard! **8.** ‹**h**› *fig.* strike, pounce, (make one's) move, *Polizei*: *a.* crack down; **erbarmungslos** ~ *Feind, Schicksal etc*: strike mercilessly; *humor.* (**schwer**) ~ *beim Einkaufen, Essen etc*: really go to town.

ˈzuˌschlag(s)‖ˌfrei *adj* without extra charge(s). **≈geˌbühr** *f* → **Zuschlag** 1. **≈ˌkar·te** *f rail.* extra (*od.* supplementary) ticket. **~ˌpflich·tig** *adj* subject to (an) extra charge.

ˈzuˌschlie·ßen *v/t* ‹*irr, sep,* **-ge-, h**› lock (up).

ˈzuˌschmei·ßen *v/t* ‹*irr, sep,* **-ge-, h**› *colloq.* → **zuwerfen.**

ˈzuˌschmie·ren *v/t* ‹*sep,* **-ge-, h**› (*Fugen etc*) smear *s.th.* up.

ˈzuˌschnal·len *v/t* ‹*sep,* **-ge-, h**› buckle, fasten.

ˈzuˌschnap·pen *v/i* ‹*sep,* **-ge-, h** *u.* **sein**› **1.** *Türschloß, Taschenmesser etc*: snap shut. **2.** ‹**h**› *Hund*: snap.

ˈzuˌschnei·den *v/t* ‹*irr, sep,* **-ge-, h**› **1.** *Schneiderei*: cut out (**nach e-m Schnittmuster** from a pattern). **2.** (*Holz, Blech etc*) (cut *s.th.* to) size. **ˈZuˌschnei·der** *m* cutter. **ˌZu·schnei·deˈrei** *f* cutting-out room.

ˈZuˌschnei·de‖ˌsche·re *f Schneiderei*: cutting-out scissors *pl* (*meist als sg konstruiert*). **~ˌtisch** *m* cutting board.

ˈZuˌschnitt *m* cut, *weitS. u. fig.* style, pattern, (*Format*) calib/re (*Am.* -er), kind; *fig.* **ein Mann s-s ~s** a man of his calibre; **der** ~ **s-s Lebens** the pattern of his life.

ˈzuˌschnü·ren *v/t* ‹*sep,* **-ge-, h**› (*Paket etc*) tie (*od.* cord) up, (*Schuhe, Mieder etc*) lace up; **j-m die Kehle** ~ strangle s.o., *fig. colloq.* (*ruinieren*) cut s.o.'s throat; *fig.* **(die) Angst schnürte ihm die Kehle zu** fear choked him, he was choked with fear; **die Kehle war ihm wie zugeschnürt** he felt a lump in his throat, he choked with emotion.

ˈzuˌschrau·ben *v/t* ‹*sep,* **-ge-, h**› (*Glas, Dose etc*) screw *s.th.* shut, (*Deckel etc*) screw *s.th.* on.

ˈzuˌschrei·ben *v/t* ‹*irr, sep,* **-ge-, h**› **1.** *colloq. for* **dazuschreiben. 2.** *fig.* **j-m et.** ~ ascribe (*od.* attribute) s.th. to s.o., (*Schuld, Mißerfolg etc*) *a.* impute s.th. to s.o., blame s.o. for s.th.; **das Verdienst wird ihm zugeschrieben** he is given credit for it, he is credited with it; **das Bild wird Rembrandt zugeschrieben** the painting is ascribed to (*od.* said to be by) Rembrandt; **das hast du dir selbst zuzuschreiben** it is your own fault (*od.* doing), you have to blame (*od.* thank) yourself for it. **3.** *fig.* **et. e-r Sache** ~ attribute (*od.* ascribe, assign, accredit, impute) s.th. to s.th., put s.th. down to s.th., *b.s.* blame s.th. for s.th.; **es ist dem Umstand zuzuschreiben, daß** it is due (*od.* owing) to the fact that. **4.** *econ.* **j-m e-n Betrag** ~ place an amount to s.o.'s credit. **5.** (*Grundstück*) transfer.

ˈzuˌschrei·en *v/t* ‹*irr, sep,* **-ge-, h**› **j-m et.** ~ shout s.th. at s.o.

ˈzuˌschrei·ten *v/i* ‹*irr, sep,* **-ge-, sein**› **1.** ~ **auf** (*acc*) stride (*od.* walk) up to. **2.** → **ausschreiten.**

ˈZuˌschrift *f* **1.** (*Leserbrief*) letter. **2.** *auf e-e Anzeige*: reply, answer.

zuˈschul·den [tsu-] *adv* **sich** (*dat*) **et.** ~ **kommen lassen** do s.th. wrong.

ˈZuˌschuß *m einmaliger*: contribution, *regelmäßiger*: allowance, *bes. staatlicher*: subsidy, subvention, grant. **~beˌtrieb** *m* subsidized enterprise.

ˈzuˌschu·stern *v/t* ‹*sep,* **-ge-, h**› → **zuschanzen.**

ˈzuˌschüt·ten *v/t* ‹*sep,* **-ge-, h**› **1.** (*Loch etc*) fill *s.th.* up. **2.** *colloq.* (*hin~*) add.

ˈzuˌse·hen I *v/i* ‹*irr, sep,* **-ge-, h**› **1.** watch, look on; **j-m bei der Arbeit** ~ watch s.o. work(ing) (*od.* at work). **2.** *fig.* (*abwarten*) wait (and see), (*dulden*) tolerate, (*untätig bleiben*) sit (*od.* stand) back and watch, sit on one's hands; **jetzt kann ich nicht mehr länger** ~ I can't stand it any longer. **3.** *fig. colloq.* ~, **daß** (*sich bemühen*) see (to it) that, take care that (*od.* to *inf*); **sieh doch zu, daß du mitkommen kannst** see if you can (*od.* try to) come with us; **sieh zu, daß du nicht fällst** be careful (*od.* mind, watch) (that) you don't fall. **II** ≈ *n* ‹**-s**› **4. bei näherem** ≈ (up)on closer inspection (*od.* examination); **schon vom** ≈ **wird mir schwindlig** the mere sight (of it) makes me dizzy.

ˈzuˌse·hends [-ˌzeːənts] *adv* **1.** (*sichtlich*) appreciably, noticeably, visibly. **2.** (*sehr schnell*) rapidly.

ˈzuˌsein *v/i* ‹*irr, sep,* **-ge-, sein**› *colloq.* be shut, be closed.

'zu‚sen·den *v/t* ⟨*meist irr, sep*, **-ge-**, **h**⟩ → zuschicken.

'zu‚set·zen I *v/t* ⟨*sep*, **-ge-**, **h**⟩ **1.** (*hinzufügen*) add (*dat* to). **2.** *fig. colloq.* **Geld ~** lose money (**bei** on); **einiges (nicht viel) zuzusetzen haben** have some (not to have much) spare fat; *Sport*: **noch einiges zuzusetzen haben** have still plenty in reserve. **II** *v/i* **3. j-m ~** a) (*j-n drängen*) press (*od.* urge) s.o., (*j-n belästigen*) **mit** *Bitten, Fragen etc*: badger (*od.* pester, tease) s.o. (with *requests, questions, etc*), b) *meist* **j-m hart ~** (*Gegner etc*) press s.o. hard, give s.o. a bad time of it, give s.o. hell, c) *a.* **j-m stark** (*od.* **sehr, ziemlich**) **~** (*j-n mitnehmen*) *allg.* affect s.o. (badly), *Anstrengung, Krankheit etc*: take it (*od.* a lot) out of s.o., tell (heavily) on s.o., *Schicksalsschlag, Erlebnis etc*: *a.* hit s.o. hard, *Hitze etc*: give s.o. (quite) a hard time, make s.o. suffer (a lot). **4.** *colloq.* lose money.

'zu‚si|chern *v/t* ⟨*sep*, **-ge-**, **h**⟩ **j-m et. ~** assure s.o. of s.th., guarantee s.th. to s.o., (*versprechen*) promise s.o. s.th. **2che·rung** *f* ⟨**-; -en**⟩ promise, assurance, guarantee.

Zu'spät‚kom·men·de [tsu-] *m, f* ⟨**-n; -n**⟩ latecomer.

'zu‚sper·ren *v/t* ⟨*sep*, **-ge-**, **h**⟩ lock (up).

'Zu‚spiel *n* ⟨**-(e)s**; *no pl*⟩ *Sport*: passing, pass(es *pl*). **'zu‚spie·len** *v/t* ⟨*sep*, **-ge-**, **h**⟩ **1. j-m den Ball ~** pass the ball to s.o. **2.** *fig.* **j-m et. ~** play s.th. into s.o.'s hands.

'zu‚spit|zen I *v/t* ⟨*sep*, **-ge-**, **h**⟩ (*Pfahl etc*) point. **II** *v/reflex* **sich ~** *Lage etc*: come to a head, become (more and more) critical; **die Dinge haben sich derart zugespitzt, daß** things have come to such a pass that. **2zung** *f* ⟨**-**; *no pl*⟩ critical development (*od.* situation); **~ der Lage** increasing gravity of the situation.

'zu‚spre|chen I *v/t* ⟨*irr, sep*, **-ge-**, **h**⟩ **1. j-m Trost ~** comfort (*od.* console) s.o.; **j-m Mut ~** cheer s.o. up, encourage s.o. **2. j-m et. ~** (*zuerkennen*) a) *jur.* (*Erbe etc*) adjudicate s.th. to s.o., (*Kind bei Scheidung*) grant custody of (*a child*) to s.o., b) (*Preis*) award s.th. to s.o. **II** *v/i* **3. j-m begütigend ~** calm (*od.* placate) s.o.; **j-m freundlich (ermutigend) ~** speak gently (encouragingly) to s.o.; **j-m gut ~** reason with s.o.; **j-m tröstend ~** comfort (*od.* console) s.o. **4.** *colloq.* **e-r Speise (dem Wein** *etc*) **(tüchtig** *od.* **wakker) ~** do (full *od.* ample) justice to a dish (the wine, *etc*), partake (freely) of a dish (the wine, *etc*). **2chung** *f* ⟨**-**; *no pl*⟩ adjudication, award, adjudg(e)ment.

'Zu‚spruch *m* ⟨**-(e)s**; *no pl*⟩ **1.** *ermutigender*: encouragement, *tröstender*: consolation, words *pl* of comfort, (*Ermahnung*) exhortation, lecture. **2.** (*Zulauf*) *von Kunden*: run (of customers), (*Kundschaft*) custom, clientele, (*Anklang*) approval, appreciation, (*Beliebtheit*) popularity; **sich e-s großen ~s erfreuen** be much sought after, be very popular, be very much in demand; **das neue Lokal erfreut sich großen ~s** the new restaurant enjoys great popularity; **das kalte Büfett fand regen ~** the cold buffet was greatly appreciated.

'Zu‚stand *m* ⟨**-(e)s; ⸚e**⟩ **1.** (*Verfassung*) condition, state (*a. phys.*), order, *colloq.* shape; **körperlicher (seelischer) ~** physical (mental) state; **der ~ des Patienten ist ernst** the patient's condition is serious; **in gutem (schlechtem) ~** *Haus, Auto etc*: in good (bad) condition (*od.* repair), in a good (bad) state (of repair); **im ~ der Trunkenheit, in betrunkenem ~** in a drunken state, while under the influence (of alcohol); **in diesem ~ möchte ich dich nicht allein lassen** I wouldn't like to leave you alone in your condition; *colloq.* **Zustände kriegen** get into a state. **2.** (*Lage*) state of affairs, *pl* (*Verhältnisse*) conditions; **ein unerträglicher** (*od.* **unhaltbarer**) **~** an intolerable state of affairs; **ich fand alles in demselben ~ vor, wie ich es verlassen hatte** I found everything as I had left it; **es herrschen katastrophale Zustände** conditions are catastrophic; *colloq.* **das ist doch kein ~!** that's intolerable!

zu‚stan·de [tsu'ʃtandə] *adv* **1. ~ bringen** (*Kunststück, et. Schwieriges etc*) bring *s.th.* off, manage (*od.* be able) to do, (*Großes, Erstaunliches, ein Meisterwerk etc*) achieve, accomplish; **et. Vernünftiges ~ bringen** manage to do s.th. sensible; **er hat noch nie et. ~ gebracht** he has never achieved (*colloq.* made a go of) anything; **er brachte kaum ein paar Sätze ~** he hardly managed (to say) a few sentences. **2. ~ kommen** be made, be done, come off, *stärker*: be achieved, be accomplished, *Einigung etc*: be reached, *Vertrag etc*: be signed, (*stattfinden*) take place; **ist et. ~ gekommen?** are there any results?; **das kam dadurch ~, daß** ... the reason for this is (that); **das Gesetz kommt nicht ~** the bill will not pass. **2‚kom·men** *n* **das ~ des Werkes (des Treffens, der Einigung, des Vertrages)** a) **verdanken wir ihm** we owe it to him that the work was carried out (the meeting came off, an agreement was reached, the treaty was signed), b) **ist noch nicht sicher** it is not yet quite sure whether the work will be carried out (*etc*).

'zu‚stän·dig *adj* **1. j-d ist für et. ~** a) (*verantwortlich*) s.o. is responsible for (*od.* in charge of) s.th., b) (*kompetent*) s.th. is s.o.'s province; **der ~e Beamte** the responsible official, the official in charge; **wer ist dafür ~?** *a.* who is supposed to deal with that?; *colloq.* **dafür ist m-e Frau ~** that's my wife's department. **2.** *jur.* having jurisdiction (**für** over), competent; **~es Gericht** court of competent jurisdiction; **~e Stelle** competent (*od.* appropriate) authority; **sich in e-r Sache für ~ erklären** assume jurisdiction over a case, *weitS.* declare o.s. competent in s.th.; **für die Berufung ~ sein** have appellate jurisdiction; **in erster Instanz ~ sein** have original jurisdiction. **2keit** *f* ⟨**-**; *no pl*⟩ **1.** responsibility. **2.** *jur. sachliche*: competence, jurisdiction (**für** over), *örtliche*: (territorial) jurisdiction, venue. **2keits·be‚reich** *m* **1.** (sphere of) responsibility, purview. **2.** *jur.* competence, jurisdiction.

'Zu‚stands|‚än·de·rung *f phys.* change of state. **~dia‚gramm** *n* state diagram. **~‚grö·ße** *f* variable of state.

zu·stat·ten [tsu'ʃtatən] *adv* **j-m (gut, sehr) ~ kommen** a) (*nützen*) stand s.o. in good stead, be (very) useful to s.o., b) (*gelegen kommen*) come in (very) handy to s.o.

'zu‚stecken (*getr.* **-k·k-**) *v/t* ⟨*sep*, **-ge-**, **h**⟩ **1.** pin *s.th.* together. **2. j-m et. ~** (*heimlich geben*) slip s.o. s.th., slip s.th. into s.o.'s hands.

'zu‚ste·hen *v/i* ⟨*irr, sep*, **-ge-**, **h** *u.* **sein**⟩ **1. j-m steht et. zu** s.o. is entitled (*od.* has a claim) to s.th., s.th. is due to s.o.; **das steht mir von Rechts wegen zu** I am lawfully entitled to that; **dieser Titel steht mir nicht zu** I have no right to this title. **2. es steht j-m nicht zu, et. zu tun** s.o. has no right (*od.* it is not for s.o.) to do s.th.; **darüber steht Ihnen kein Urteil zu** it's not for you to judge that.

'zu‚stei·gen *v/i* ⟨*irr, sep*, **-ge-**, **sein**⟩ *in Bus, Zug etc*: get on, get aboard.

'Zu‚stell|be‚zirk *m Post*: delivery area. **~dienst** *m* delivery service.

'zu‚stel·len[1] *v/t* ⟨*sep*, **-ge-**, **h**⟩ **1.** *a. Post*: deliver. **2.** *jur.* serve; **j-m e-e Ladung ~** serve a citation (up)on s.o., serve s.o. with a citation.

'zu‚stel·len[2] *v/t* ⟨*sep*, **-ge-**, **h**⟩ (*Öffnung, Tür etc*) block.

'Zu‚stel·ler *m* ⟨**-s; -**⟩ postman, *Am.* mailman, (*Telegramm2*) telegram messenger.

'Zu‚stell|ge‚bühr *f* postal delivery fee. **~post‚amt** *n* delivery (post) office.

'Zu‚stel·lung *f* ⟨**-**; *no pl*⟩ **1.** *Post*: delivery. **2.** *jur.* service. **~s·be‚am·te** *m jur.* process server. **~s‚ur‚kun·de** *f* documentary evidence of the delivery, *jur.* certificate of service.

'Zu‚stell·ver‚merk *m Post*: indication of reason for nondelivery.

'zu‚steu·ern I *v/i* ⟨*sep*, **-ge-**, **h** *u.* **sein**⟩ **1. ~ auf** (*acc*) a) *bes. mar.* steer (*od.* make, head) for, b) *fig.* be aiming (*od.* getting, *im Gespräch*: *a.* be driving) at, c) *fig.* (*e-e Krise, Katastrophe etc*) be heading for, drift towards. **2.** ⟨**sein**⟩ **auf j-n (et.) ~** *ohne Umweg*: make (*od.* head, make a beeline) for s.o. (s.th.). **II** *v/t* ⟨**h**⟩ **3.** *colloq.* contribute.

'zu‚stim|men *v/i* ⟨*sep*, **-ge-**, **h**⟩ (*dat*) agree (to *s.th.*, with *s.o.*), consent (to), (give one's) assent (to), approve (of), acquiesce (in), *colloq.* okay (*s.th.*); **er stimmte mir nicht zu** *a.* he disagreed with me. **~mend I** *adj* affirmative; **~e Antwort** consent, positive answer. **II** *adv* in the affirmative, approvingly; **~ nicken** nod assent. **2mung** *f* ⟨**-**; *no pl*⟩ consent, assent, agreement, approval; **s-e ~ geben (verweigern)** give (refuse) one's consent (**zu** to); **allgemeine ~ finden** meet with unanimous approval.

'zu‚stop·fen *v/t* ⟨*sep*, **-ge-**, **h**⟩ **1.** (*Loch etc*) stop (up), plug. **2.** (*Loch im Strumpf*) darn, mend.

'zu‚stöp·seln *v/t* ⟨*sep*, **-ge-**, **h**⟩ stopper.

'zu‚sto·ßen I *v/t* ⟨*irr, sep*, **-ge-**, **h**⟩ **1.** (*Tür etc*) push *s.th.* shut (*od.* to), *laut*: bang, slam. **II** *v/i* ⟨**h** *u.* **sein**⟩ **2.** ⟨**h**⟩ *mit e-m Messer etc*: stab, *beim Fechten*: thrust, lunge. **3.** ⟨**sein**⟩ happen; **ihm muß et. zugestoßen sein** s.th. must have happened to him, *ein Unfall etc*: he must have had (*od.* have met with) an accident; **falls mir et. ~ sollte** should anything happen to me.

'zu‚stre·ben *v/i* ⟨*sep*, **-ge-**, **h** *u.* **sein**⟩ (*dat*) **1.** ⟨**sein**⟩ make (*od.* head) for (*the exit, etc*). **2.** ⟨**h**⟩ *fig.* aim at, strive for (*od.* after), aspire to.

'Zu‚strom *m* ⟨**-(e)s**; *no pl*⟩ *meist fig. von Einwanderern, Arbeitskräften, Kapital etc*: inflow, influx, (*Andrang*) rush, run; *meteor.* **~ frischer Meeresluft** inflow of fresh sea air. **'zu‚strö·men** *v/i* ⟨*sep*, **-ge-**, **sein**⟩ (*dat* toward[s]) *Flüsse*: stream, *fig. Menschenmenge etc*: *a.* throng, pour, mill.

'zu‚stür·men, 'zu‚stür·zen *v/i* ⟨*sep*, **-ge-**, **sein**⟩ **~ auf** (*acc*) rush up to.

'zu‚stut·zen *v/t* ⟨*sep*, **-ge-**, **h**⟩ *a. fig.* trim, cut *s.th.* to size.

zu·ta·ge [tsu'ta:gə] *adv* **~ bringen** (*od.* **fördern**) bring *s.th.* to light, *fig. a.* unearth; **~ kommen** come to light; **~ treten** a) *fig. Eigenschaft, Fähigkeit etc*: become manifest, manifest (itself), show, b) *geol.* crop out, outcrop, c) *fig. meist* **klar** (*od.* **offen**) **~ treten**, *a.* **offen ~ liegen** *Absicht, Schuld etc*: be quite evident (*od.* manifest), *stärker*: be obvious.

ˈZuˌtat *f* ‹-; -en› *meist pl* **1.** *gastr.* ingredient. **2.** *beim Nähen*: accessory.

zuˈteil [tsu-] *adv lit.* **j-m wird et. ~** *Behandlung, Aufmerksamkeit etc*: s.o. is given s.th., *Glück etc*: s.th. is bestowed (up)on s.o.; **dieses Glück ist mir nie ~ geworden** *a.* this good fortune did not fall to my share (*od.* lot), I never met with this good fortune; **et. ist j-m in reichem Maße ~ geworden** s.th. was lavished on s.o.; **j-m e-e Vergünstigung ~ werden lassen** grant (*od.* allow) s.o. a privilege; **ihm wurde e-e freundliche Aufnahme ~** he met with a kind reception, he was kindly received.

ˈzuˌteil|len *v/t* ‹*sep*, -ge-, h› **1.** (*Lebensmittel etc*) allot, apportion, ration (*od.* portion) out, (*Wohnung*) assign. **2.** (*zuweisen*) assign, allot, allocate; **j-m e-e Aufgabe ~** assign a task to s.o., assign s.o. (to) a task, allot s.o. a task; *a. fig.* **j-m e-e Rolle ~** assign s.o. a role; *a. mil.* **j-n ~** (*dat* to) *ständig*: assign s.o., *vorübergehend*: attach s.o. **3.** (*Aktien etc*) allot. **2lung** *f* ‹-; -en› **1.** allotment, apportionment. **2.** (*Zuweisung*) allocation, *a. dienstliche*: assignment, *vorübergehende*: attachment. **3.** (*Kontingent*) quota, (*Ration*) ration. **2lungsˌkurs** *m für Aktien*: allotment rate. **2lungs·syˌstem** *n* quota system.

zuˈtiefst [tsu-] *adv* deeply, exceedingly; **~ gekränkt** badly offended, cut to the quick.

ˈzuˌtra·gen I *v/t* ‹*irr*, *sep*, -ge-, h› **1.** carry. **2.** *fig.* (*berichten*) report (*dat* to). **II** *v/reflex* **sich ~ 3.** happen, take place, occur. **ˈZuˌträ·ger** *m* ‹-s; -› informer, talebearer. **ˌZu·trä·geˈrei** *f* ‹-; *no pl*› informing, talebearing, (*Klatsch*) gossip.

ˈzuˌträg·lich [-ˌtrɛːklɪç] *adj* **1.** (*gesundheitsfördernd*) (*dat* for) healthy, wholesome, salutary, *bes. Klima*: salubrious; **j-m (nicht) ~ sein** *a.* (dis)agree with s.o. **2.** (*förderlich*) (*dat* to) conducive, beneficial, (*vorteilhaft*) advantageous. **2keit** *f* ‹-; *no pl*› **1.** healthiness, wholesomeness, salutariness, salubrity. **2.** conduciveness, beneficialness.

ˈzuˌtrau·en *v/t* ‹*sep*, -ge-, h› **j-m et. ~** a) (*Tat etc*) think (*od.* believe) s.o. capable of s.th., b) (*Fähigkeit etc*) credit s.o. with s.th.; **das hätte ich ihm nie zugetraut** *anerkennend*: I never knew he had it in him; **das traue ich mir nicht zu** I don't think I am capable of doing it, I don't think I can do it; **sich zuviel ~** a) (*zumuten*) take on too much, b) (*sich überschätzen*) overrate o.s.; **sich nichts ~** have no self-confidence; **dem ist alles zuzutrauen** he stops at nothing; **ich traue ihm nicht viel zu** I don't have a very high opinion of him; **ich hätte dir e-n besseren Geschmack zugetraut** I would have thought (that) you had better taste; **das ist ihm (glatt** *od.* **ohne weiteres) zuzutrauen!** I wouldn't put it past him!

ˈZuˌtrau·en *n* ‹-s; *no pl*› confidence (**zu** in); **zu j-m ~ fassen** begin to have confidence in s.o.

ˈzuˌtrau·lich *adj Kind etc*: trusting, confiding, *Tier*: friendly, tame. **2keit** *f* ‹-; *no pl*› confidingness, *e-s Tieres*: friendliness, tameness.

ˈzuˌtref·fen *v/i* ‹*irr*, *sep*, -ge-, h› **1.** (*richtig sein*) be right, be correct, be the case, be true (**bei, für, auf** *acc* of); **das dürfte nicht ganz ~** that is not quite correct. **2.** (*gelten*) apply; **diese Regel trifft nicht immer zu** this rule does not always apply (*od.* follow); **das trifft für alle zu** that applies to (*od.* is true for, goes for) everybody. **3.** (*passen*) *Beschreibung etc*: fit (**auf j-n** s.o.). **~d I** *adj* right, true, correct, *Beschreibung, Bemerkung etc*: apt. **II 2e, das** ‹-n› **2es bitte unterstreichen** *auf Formularen*: please underline what is (*od.* where) applicable.

ˈzuˌtrei·ben *v/i* ‹*irr*, *sep*, -ge-, **sein**› (*dat od.* **auf** *acc*) drift toward(s) (*a. fig.*).

ˈzuˌtre·ten *v/i* ‹*irr*, *sep*, -ge-, **sein**› **~ auf** (*acc*) step (up) to, approach (*s.o., s.th.*).

ˈzuˌtrin·ken *v/i* ‹*irr*, *sep*, -ge-, h› **j-m ~** drink (*od.* raise one's glass) to s.o.

ˈZuˌtritt *m* ‹-(e)s; *no pl*› admission, admittance, entry; **kein ~!**, **~ verboten!** no admittance!, no entry!, private!, *mil.* out of bounds!, *Am. a.* off limits!; **Unbefugten ist der ~ verboten!** no admittance except on business!, admittance for authorized persons only!; **(freien) ~ haben zu** have (free) admission (*od.* admittance, access) to; **sich gewaltsam ~ verschaffen** force one's way (**zu** into *a house, etc*).

ˈzuˌtun *v/t* ‹*irr*, *sep*, -ge-, h› shut, close; → **Auge** 1.

ˈZuˌtun *n* ‹-s› **ohne mein ~** a) without my help, b) through no fault of mine; **es geschah ohne mein ~** I had nothing to do with it.

zu·un·gun·sten [tsuˈʔʊnˌɡʊnstən] *prep* ‹*gen*› to the disadvantage of.

zuˈun·terst [tsu-] *adv* right at the bottom.

ˈzu·verˌläs·sig I *adj allg. Person, Sache*: reliable, dependable (*beide a. tech.*), trustworthy, (*treu*) *Freund, Mitarbeiter etc*: loyal, sta(u)nch, faithful, (*sicher*) safe (*a. tech.*), (*verbürgt*) *Nachricht etc*: safe, authentic; **aus ~er Quelle** from a reliable source; **von ~er Seite erfahren haben, daß** have it on good authority that. **II** *adv* for sure, for certain; **ich weiß ~, daß** *a.* I am quite certain that. **2keit** *f* ‹-; *no pl*› reliability, dependability (*beide a. tech.*), trustworthiness, loyalty. **2keitsˌprü·fung** *f mot.* reliability test. **2keitsˌüberˌprü·fung** *f pol. des Personals*: security clearance, screening.

ˈZu·verˌsicht *f* ‹-; *no pl*› confidence, trust; **die (feste) ~ haben, daß** be confident that; **voll ~** with confidence, confidently.

ˈzu·verˌsicht·lich I *adj* confident, optimistic. **II** *adv* **~ hoffen, daß** be quite confident that. **2keit** *f* ‹-; *no pl*› confidence, optimism.

zuˈviel [tsu-] *indef pron* **I** *adjektivisch*: too much, *vor pl* too many; *colloq.* **es ist ihr alles ~** everything is too much of an effort to her; **was ~ ist, ist ~** there's a limit to everything; *iro.* **das ist des Guten ~** (*od.* **~ des Guten**) that's too much of a good thing. **II** *adverbial*: too much, too many; **einer** *etc* **~** one, *etc* too many; *colloq.* **er hat einen ~ getrunken** he has had one too many. **III** *substantivisch*: too much, too many; **er hat mir ~ berechnet** he charged me too much, he overcharged me; **viel ~** far (*od.* much) too much; **es sind ~ gekommen** too many have come. **Zuˈviel** *n* ‹-s; *no pl*› (**an** *dat* of) excess, surfeit; **ein ~ an** *a.* too much, too many, *iro.* an overkill (of).

zuˈvor [tsu-] *adv* **1.** before(hand), previously; **kurz ~** shortly before; **ich habe ihn nie ~ gesehen** I have never seen him before; **am Tag ~** the day before, (on) the previous day; **ich hatte mich ~ erkundigt** I had inquired beforehand; **so klug als wie ~** none the wiser for it. **2.** (*zunächst*) first, beforehand.

zuˈvor·derst [tsu-] *adv* right in front.

zu·vör·derst [tsuˈfœrdərst] *adv obs.* first of all.

zuˈvorˌkom·men *v/i* ‹*irr*, *sep*, -ge-, **sein**› **1. e-r Sache ~** a) *e-r Frage, e-m Wunsch etc*: anticipate s.th., b) (*durch rasches Handeln verhindern*) forestall s.th., prevent s.th. **2. j-m ~** forestall s.o., anticipate s.o., get the better (*od.* the start) of s.o., *colloq.* steal a march on s.o. (**mit, in** *dat* with), beat s.o. to it (*od.* to the draw). **~d** *adj* obliging, kind, (*höflich*) polite, courteous. **2heit** *f* ‹-; *no pl*› obligingness, politeness, courtesy.

zuˈvorˌtun *v/t* ‹*irr*, *sep*, -ge-, h› **es j-m ~ in** (*od.* **an**) (*dat*) surpass s.o. in s.th.

ˈZuˌwachs [-ˌvaks] *m* ‹-es; *no pl*› **1.** (**an** *dat*) increase (in), augmentation (of), growth (in), *econ.* (capital) gain, increment, *jur. an Grundeigentum*: accession (of). **2.** *colloq.* (*Kind*) addition to the family, little newcomer, baby. **3.** *colloq.* **et. auf ~ kaufen** buy s.th. big enough to allow for growth. **ˈzuˌwach·sen** *v/i* ‹*irr*, *sep*, -ge-, **sein**› **1.** *Wunde etc*: heal up (*od.* over), close. **2.** *Weg etc*: become overgrown, *Aussicht etc*: be blocked by new growth. **3.** *fig.* **j-m ~** (*zufallen*) accrue to s.o.

ˈZuˌwachs|ˌra·te *f econ.* ratio of increase, growth rate. **~ˌsteu·er** *f* increment tax.

ˈZuˌwan·de·rer *m* newcomer, immigrant. **ˈzuˌwan·dern** *v/i* ‹*sep*, -ge-, **sein**› come to (*od.* settle in) this place, immigrate. **ˈZuˌwan·de·rung** *f* (**starke ~** many) newcomers *pl*, (heavy) afflux.

ˈzuˌwar·ten *v/i* ‹*sep*, -ge-, h› wait (patiently), wait and see.

Zuˈwas·serˌlas·sen [tsu-] *n von Schiffen*: launching, *von Rettungsbooten*: lowering.

zu·we·ge [tsuˈveːɡə] *adv* **1. et. ~ bringen** bring s.th. off (*od.* to pass), manage to do s.th., accomplish s.th., get s.th. done; **es ~ bringen zu** *inf* succeed in *ger*; **mit et. (nicht) ~ kommen** (not to be able to) manage s.th.; → *a.* **zustande**. **2.** *colloq.* **gut ~ sein** be quite well.

ˈzuˌwe·hen I *v/i* ‹*sep*, -ge-, **sein**› **~ auf** (*acc*) waft (*od.* float) to(ward[s]). **II** *v/t* ‹h› *mit Schnee, Sand etc*: block (up).

zuˈwei·len [tsu-] *adv* occasionally, sometimes, now and then, at times.

ˈzuˌwei|sen *v/t* ‹*irr*, *sep*, -ge-, h› assign (*dat* to); → *a.* **zuteilen** 2. **2sung** *f* ‹-; -en› assignment.

ˈzuˌwen|den I *v/t* ‹*a. irr*, *sep*, -ge-, h› **1.** turn (*dat* toward[s]); **j-m den Rücken ~** turn one's back on s.o.; **j-m das Gesicht ~** face s.o. **2. j-m et. ~** *allg.* give s.o. s.th., *fig.* (*Liebe, Aufmerksamkeit etc*) *a.* devote s.th. to s.o., bestow s.th. on s.o. **II** *v/reflex* **sich ~ 3.** *e-r Person, der Tür etc*: turn to(wards); *fig.* **endlich wandte sich ihr das Glück wieder zu** luck came her way again at last. **4.** *fig. e-m Thema etc*: turn to, (*sich widmen*) *e-r Aufgabe etc*: devote (*od.* apply) o.s. to. **2dung** *f* ‹-; -en› **1.** (*Geld2*) grant, *regelmäßige*: allowance, (*Schenkung*) donation, gift, (*Zahlung*) payment, (*Vermächtnis*) bequest; **soziale ~en** social benefits. **2.** *fig.* attention, (*liebevolle ~*) care, love.

zuˈwe·nig [tsu-] *indef pron* **I** *adjektivisch* **1.** too little, *vor pl* too few; **er hat ~ Freunde** he has too few (*od.* not enough) friends; **das ist ~ für ihn** that isn't sufficient (*od.* enough) for him. **II** *adverbial* **2.** too little, too few; **er schläft ~** he sleeps too little, he does not get enough sleep; **einer** *etc* **~** one, *etc* too few. **3.** (*nicht gründlich genug*) not well enough; **du hast dich ~ vorbereitet** you did not prepare yourself well enough. **III** *substantivisch* **4.** too little, too few; **er weiß ~** he knows too little; **es sind ~ gekommen** too few have come. **Zuˈwe·nig** *n* ‹-s; *no pl*› (**an** *dat* of) lack, dearth; **ein ~ an** *a.* too little, too few.

'zuˌwer·fen *v/t* ⟨*irr, sep,* -ge-, h⟩ **1.** j-m et. ~ (*Ball etc*) throw (*od.* toss) s.th. to s.o.; *fig.* j-m e-n Blick ~ cast (*od.* dart, *wütend*: flash) a glance at s.o.; → **Kuß-hand. 2.** (*Tür etc*) slam (*od.* bang) *s.th.* (shut).

zu'wi·der [tsu-] **I** *adj* ⟨*pred*⟩ j-m ist et. (j-d) ~ s.o. hates (*od.* detests) s.th. (s.o.), *stärker*: s.th. (s.o.) disgusts s.o.; **es ist mir ~, das zu tun** I hate doing that; **dieser Mensch ist mir ~** I find this person odious (*od.* repulsive). **II** *prep* ⟨*dat*⟩ against, contrary to, opposed to. **~ˌhan·deln** *v/i* ⟨*sep,* -ge-, h⟩ (*dat*) act against, act contrary to, (*Gesetzen, Vorschriften etc*) contravene, violate, infract, offend against. **≈han·deln·de** *m, f* ⟨-n; -n⟩ *jur.* contravener, offender. **≈ˌhand·lung** *f* contravention, violation, offen/ce (*Am.* -se). **~ˌlau·fen** *v/i* ⟨*irr, sep,* -ge-, sein⟩ (*dat*) be contrary to, run counter to.

'zuˌwin·ken *v/i* ⟨*sep,* -ge-, h⟩ (*j-m*) make a sign to, motion (*od.* signal) to (*s.o. to do s.th.*), *grüßend*: wave to (*od.* at), (*heranwinken*) beckon to; **j-m zum Abschied ~** wave s.o. goodbye, wave goodbye to s.o.

'zuˌzah·len *v/t* ⟨*sep,* -ge-, h⟩ pay extra (*od.* in addition), pay an additional (*20 marks, etc*).

'zuˌzäh·len *v/t* ⟨*sep,* -ge-, h⟩ add.

zu·zei·ten [tsu'tsaɪtən] *adv* → **zuweilen.**

'zuˌzie|hen I *v/t* ⟨*irr, sep,* -ge-, h⟩ **1.** (*Knoten, Schlinge etc*) pull (*od.* draw) *s.th.* tight, tighten, (*Vorhänge*) draw. **2.** *fig.* (*Arzt, Sachverständigen etc*) call *s.o.* in (for advice), consult; **j-n als Zeugen ~** call s.o. as (*od.* to) witness. **3. sich** (*dat*) **et. ~** (*Krankheit etc*) contract (*od.* catch, get) s.th., *fig.* (*Tadel, Strafe, Haß, Zorn etc*) incur s.th. **II** *v/reflex* **sich ~ 4.** *Schlinge etc*: tighten, pull tight. **III** *v/i* ⟨sein⟩ **5.** *Mieter*: move in, (*sich niederlassen*) settle (down). **≈hung** *f* ⟨-; *no pl*⟩ *e-s Arztes, Fachmannes etc*: consultation.

'ZuˌZug *m* **1.** (re)move. **2.** → Zuwanderung.

'Zuˌzüg·ler [-ˌtsyːklər] *m* ⟨-s; -⟩ newcomer.

'zuˌzüg·lich [-ˌtsyːklɪç] *prep* ⟨*gen*⟩ *bes. econ.* plus; **~ (der) Nebenkosten** plus extras.

'ZuˌZugs·geˌneh·mi·gung *f* residence permit.

'zuˌzwin·kern *v/i* ⟨*sep,* -ge-, h⟩ **j-m ~** wink at s.o., give s.o. a wink.

zwacken (*getr.* -k·k-) ['tsvakən] *v/t* ⟨h⟩ pinch, *fig.* torment.

zwang [tsvaŋ] *1 u. 3 sg pret of* **zwingen.**

Zwang *m* ⟨-(e)s; ⸚e⟩ **1.** compulsion, (*hemmender ~*) constraint, *bes. jur.* (*Nötigung*) coercion, duress, (*Druck*) pressure, (*Gewalt*) force; **unter ~ stehen (handeln)** be (act) under duress; **et. nur aus ~ tun** do s.th. under compulsion (*od.* pressure); **(die) Teilnahme ist ~** participation is compulsory. **2.** *moralischer*: constraint, restraint, *a. psych.* (*innerer ~*) compulsion, (*Verpflichtung*) (moral) obligation; **sich von allen Zwängen freimachen** break loose from all restraint; **~ antun** (*od.* **auferlegen**) (*dat*) put restraint (*od.* constraint) upon, restrain (*od.* constrain) (*one's feelings, o.s., etc*); **sich** (*dat*) (*od.* **s-n Gefühlen**) **k-n ~ antun** *a.* behave quite naturally; *colloq. meist iro.* **tu d-n Gefühlen k-n ~ an!** you just go ahead!, don't be shy!

zwän·ge ['tsvɛŋə] *1 u. 3 sg pret subj of* **zwingen.**

zwän·gen ['tsvɛŋən] *v/t* ⟨h⟩ press, squeeze, force.

'zwang|haft *adj psych.* compulsive, obsessive. **~los I** *adj* **1.** *allg. Beisammensein, Unterhaltung, Kleidung etc*: informal, casual, *Benehmen etc*: *a.* free and easy, unceremonious, unconstrained. **2. in ~er Folge erscheinen** *Zeitschrift etc*: appear at irregular intervals (*od.* in no set order). **II** *adv* **3. sich ~ benehmen** have a casual (*od.* free and easy) manner, not to stand on ceremony; **es ging ziemlich ~ zu** things were very informal; **sich ganz ~ treffen** meet quite informally. **≈lo·sig·keit** *f* ⟨-; *no pl*⟩ informality, casualness, ease of manner, unceremoniousness.

'Zwangs|ˌabˌga·be *f* compulsory levy. **~ˌanˌlei·he** *f* compulsory loan. **~ˌar·beit** *f* forced labo(u)r. **~ˌar·bei·ter** *m* forced labo(u)r convict. **~ˌausˌgleich** *m* compulsory settlement. **~ˌbeiˌtrei·bung** *f jur.* forcible collection. **~ˌbei·ˌtritt** *m* compulsory membership. **≈be·ˌwirt·schaf·tet** *adj* under (economic) control, controlled. **~beˌwirt·schaf·tung** *f* (economic) control; **die ~ von et. aufheben** decontrol s.th. **~ˌden·ken** *n psych.* obsession, compulsive thinking. **~ˌeinˌwei·sung** *f in e-e Heilanstalt etc*: compulsory hospitalization. **~entˌeig·nung** *f* compulsory expropriation, *Am.* condemnation. **~erˌnäh·rung** *f* forcible feeding. **~erˌschei·nung** *f meist pl psych.* obsessional (*od.* compulsive) phenomenon. **~ˌhaft** *f* coercive detention. **~ˌhand·lung** *f* obsessional (*od.* compulsive) act. **~ˌherr·schaft** *f* despotism, tyranny. **~idee** [-ʔiˌdeː] *f* → **Zwangsvorstellung. ~ˌjacke** (*getr.* -k·k-) *f* (*a.* **in e-e ~ stecken**) straitjacket (*a. fig.*). **~ˌkauf** *m* (en-)forced purchase. **~kol·lek·tiˌvie·rung** *f* compulsory collectivization. **~ˌkurs** *m econ.* compulsory rate. **~ˌla·ge** *f* predicament, difficult (*od.* awkward) situation, (*Notlage*) exigency, (*Dilemma*) quandary; **sich in e-r ~ befinden** a) be in a predicament (*etc*), be hard pressed, b) (*k-e andere Wahl haben*) have no choice.

'zwangsˌläu·fig I *adj* **1.** *tech.* guided, geared; **~er Antrieb** geared drive. **2.** *fig.* inevitable, necessary. **II** *adv* **3.** inevitably, of necessity, automatically; **er mußte ~ davon hören** he could not fail (*od.* he was bound) to hear of it; **es mußte ~ so kommen** it was bound to happen. **≈keit** *f* ⟨-; *no pl*⟩ *fig.* inevitability, necessity.

'Zwangs|li·qui·da·tiˌon *f* compulsory liquidation (*od.* winding-up). **≈ˌmä·ßig** *adj* (en)forced, *psych.* compulsive, obsessive. **~ˌmaßˌnah·me** *f meist pl* compulsory (*jur.* coercive) measure, *pol.* sanction, (*Repressalie*) reprisal. **~ˌmie·ter** *m* assigned tenant. **~ˌmit·tel** *n* coercive means *pl* (*als sg od. pl konstruiert*). **~neu·ˌro·se** *f psych.* compulsion (*od.* obsessional, *bes. Am.* obsessive-compulsive) neurosis. **~neuˌro·ti·ker** *m* obsessional (*bes. Am.* obsessive-compulsive) neurotic. **~ˌpau·se** *f fig.* forced break; **e-e ~ einlegen müssen** be forced to take a break. **~pen·sioˌnie·rung** *f* compulsory retirement. **~ˌräu·mung** *f* compulsory evacuation. **~ˌschmie·rung** *f mot.* force-feed lubrication. **~ˌumˌsied·ler** *m pol.* displaced person. **~ˌun·terˌbrin·gung** *f jur.* committal to an institution. **~verˌfah·ren** *n* coercive proceedings *pl.* **~verˌgleich** *m* enforced settlement. **≈verˌpflich·tet** *adj* conscript(ed). **~verˌsi·che·rung** *f* → **Pflichtversicherung. ≈verˌstei·gern** *v/t* ⟨*only inf u. pp* **zwangsversteigert,** h⟩ put *s.th.* up for compulsory auction. **~verˌstei·ge·rung** *f* compulsory auction. **~verˌwal·ter** *m* (official) receiver, judicial trustee, sequestrator. **~verˌwal·tung** *f* forced administration, sequestration. **≈vollˌstrecken** (*getr.* -k·k-) *v/i* ⟨*only inf u. pp* **zwangsvollstreckt,** h⟩ *jur.* issue (*od.* levy) execution. **~vollˌstreckung** (*getr.* -k·k-) *f* execution.

'Zwangsˌvollˌstreckungs|beˌfehl (*getr.* -k·k-) *m* warrant of attachment. **~verˌfah·ren** *n* execution proceedings *pl.*

'Zwangs|ˌvorˌfüh·rung *f* enforced appearance in court. **~ˌvorˌstel·lung** *f meist pl psych.* obsessive (*od.* compulsive) idea, obsession; **von e-r ~ befallen** obsessed; **er ist von der ~ befallen, daß** he is obsessed with (*od.* by) the idea that. **≈ˌwei·se I** *adj* compulsory, *Verkauf etc*: (en)forced, forcible. **II** *adv* on a compulsory basis, compulsorily, by force. **~ˌwirt·schaft** *f* government control, controlled economy; **Aufhebung der ~** decontrol.

zwan·zig ['tsvantsɪç] **I** *adj* twenty; **etwa ~ (Jahre alt) sein** be about twenty, *Br. colloq. a.* be twentyish. **II ≈** *f* ⟨-; -en⟩ (number) twenty; **Mitte (Ende) (der) ≈ sein** be in one's mid- (late) twenties.

'zwan·zi·ger *adj* ⟨*invariable*⟩ **die (goldenen) ~ Jahre** the (roaring) twenties.

'Zwan·zi·ger[1] *m* ⟨-s; -⟩ **1.** man of twenty; **die ~** *pl* (*Alter*) the twenties; **in den ~n sein** be in one's (*od.* the) twenties. **2. die goldenen ~** the roaring twenties. **3.** *colloq.* twenty-mark note (*Am.* bill).

'Zwan·zi·ger[2] *f* ⟨-; -⟩ *colloq.* twenty-pfennig (postage) stamp.

'Zwan·zi·ge·rin *f* ⟨-; -nen⟩ woman (*od.* girl) of twenty (*od.* in her twenties).

'Zwan·zi·ger|ˌjah·re, die *pl* the twenties. **~packung** (*getr.* -k·k-) *f* pack(et) of twenty.

'zwan·zig|ˌfach I *adj* twentyfold. **II** *adv* twentyfold, twenty times. **III ≈e, das** ⟨-n⟩ twenty times as much. **~ˌjäh·rig I** *adj* **1.** twenty-year-old, *a girl, etc* of twenty (years). **2.** lasting (*od.* of) twenty years. **3.** *Jubiläum etc*: twentieth. **II ≈e** *m, f* ⟨-n; -n⟩ **4.** twenty-year-old (person); **die ≈en** the twenty-year-olds. **~ˌmal** *adv* twenty times. **≈'markˌschein** [ˌtsvantsɪç-] *m* twenty-mark note (*Am.* bill).

'zwan·zigst I *adj* twentieth. **II ≈e** *m, f, n* ⟨-n⟩ (the) twentieth.

'Zwan·zig·stel I *n* ⟨-s; -⟩ twentieth. **II ≈** *adj* twentieth (part) of.

zwar [tsvaːr] *adv* **1. ~ ..., aber ...** it is true ..., but; **er kam ~, aber** he did come, but; he came all right, but; (al)though he came, he ... **2. und ~** a) *erklärend*: namely, to be more precise, that is, b) *verstärkend*: in fact, indeed, (it is) true; *colloq.* **ich habe die Nase voll, und ~ gründlich** I'm absolutely fed up.

Zweck [tsvɛk] *m* ⟨-(e)s; -e⟩ **1.** *allg.* purpose, (*Ziel*) object (*a. jur. e-r Gesellschaft, Erfindung etc*), aim, end, (*Verwendungs≈*) use, application, (*Funktion*) function; **zu diesem ~** for that purpose; **zu welchem ~?, für welchen ~?** for what purpose?, what for?; **zu diesem ~e** to this end; **ein Mittel zum ~** a means to an end; **s-n ~ erfüllen** answer (*od.* serve) its purpose; **s-n ~ erreichen** achieve one's purpose; **s-n ~ verfehlen** defeat its purpose, miss its mark, fail of its object; **ohne ~ und Ziel** without aim and purpose; **Räume für gewerbliche (private) ~e** rooms for commercial (private) use; **für wohltätige** (*od.* **karitative**) **~e** for charity; **der ~ heiligt die Mittel** the end justifies the means; → **dienen** 10, **verfolgen** 6. **2.** (*Sinn*) point, use, good; **es hat k-n ~ zu warten** there is no point in waiting, it's no use (*od.* good) waiting;

es hat k-n ~, wenn wir warten it's no use (*od.* good) our waiting; **was hat das alles für e-n ~?** what's the use (*od.* good) of all this?; **was soll das für e-n ~ haben?** what's the point (*od.* use, good) of that?, what's the idea?; **das wird wenig ~ haben** there is little point in that, that hardly will be any good; **das ist ja (gerade) der ~ der Übung!** that's precisely the idea. **~ˌbau** *m* ⟨-(e)s; -ten⟩ functional building. **2beˌtont** *adj* **1.** utilitarian. **2.** purposeful, purposive, *arch. tech.* functional. **~ˌbin·dung** *f von Geldern*: earmarking for specific purposes. **~ˌden·ken** *n* utility thinking, utilitarianism.

ˈ**zweckˌdien·lich** *adj* **1.** (*nützlich*) useful, helpful, expedient. **2.** (*sachdienlich*) pertinent, relevant; **wenig (sehr) ~ sein** *a.* be little (very much) to the purpose. **3.** → **zweckmäßig** 2. **2keit** *f* ⟨-; *no pl*⟩ **1.** usefulness, helpfulness, expediency. **2.** pertinence, relevance.

Zwecke (*getr.* -k·k-) [ˈtsvɛkə] *f* ⟨-; -n⟩ tack, pin; → *a.* **Reißzwecke.**

ˈ**zweck|entˌfrem·den** *v/t* ⟨*only inf u. pp* **zweckentfremdet**, h⟩ use *s.th.* for a purpose or purposes other than originally intended, misuse. **2entˌfrem·dung** *f* ⟨-; *no pl*⟩ misuse. **~entˌspre·chend** *adj* answering the purpose, appropriate, proper, purposive. **~ˌfrei** *adj* non-utility. **~ˌfremd** *adj* foreign to the purpose. **~geˌbun·den** *adj bes. econ.* tied (*grant, etc*), *Gelder*: earmarked, appropriated. **~geˌmäß** *adj* suitable, appropriate. **~los** *adj* pointless, useless, ⟨*pred*⟩ of no use, to no purpose (*od.* point), (*vergeblich*) futile, (*ziellos*) aimless; **es ist ~, zu** *inf a.* there is no point in *ger*, it's no use (*od.* good) *ger*. **2lo·sig·keit** *f* ⟨-; *no pl*⟩ pointlessness, uselessness, futility, aimlessness. **~ˌmä·ßig** *adj* **1.** (*praktisch*) practical, serviceable, convenient, (*nützlich*) useful, (*passend*) suitable. **2.** (*angebracht*) wise, appropriate, (*vorteilhaft*) expedient, (*ratsam*) advisable, (*günstig*) advantageous. **3.** *arch. tech.* functional. **2ˌmä·ßig·keit** *f* ⟨-; *no pl*⟩ **1.** practicality, serviceability, convenience. **2.** wiseness, appropriateness, expedience, advisability, advantageousness. **3.** *arch. tech.* functionality. **2op·tiˌmis·mus** *m* purposive optimism. **2pes·siˌmis·mus** *m* purposive pessimism.

zwecks [tsvɛks] *prep* ⟨*gen*⟩ for the purpose of, with a view to.

ˈ**Zweck|ˌspa·ren** *n* goal-directed (*od.* specific) saving. **~verˌband** *m* (local) administration union. **~verˌmö·gen** *n jur.* assets *pl* earmarked for a special purpose.

zwei [tsvaɪ] **I** *adj* ⟨*cardinal number*⟩ **1.** two; **zu ~en** in (*od.* by) twos, two by two; **halb ~ (Uhr)** half past one; **wir ~** we two, the two of us; **Mutter ~er Kinder** (*od.* **von ~ Kindern**) mother of two (children); **für ~ arbeiten** do the work of two people; *colloq.* **dazu gehören immer ~!** it always takes two. **II 2** *f* ⟨-; -en⟩ **2.** (number *od.* figure) two; **e-e 2 würfeln** throw a two. **3.** *ped.* (*Note*) B. **4.** *colloq.* (tram, *Am.* streetcar) number two. **2ˌach·ser** [-ˌʔaksər] *m* ⟨-s; -⟩ *mot.* two-axle vehicle. **~ˌach·sig** [-ˌʔaksɪç] *adj* **1.** *bes. math.* biaxial. **2.** *mot.* two-axle. **~ˌar·mig** [-ˌʔarmɪç] *adj Leuchter etc*: two-branch. **~ato·mig** [-ʔaˌtoːmɪç] *adj chem.* diatomic. **~ˌbah·nig** [-ˌbaːnɪç] *adj Straße*: two-lane(d). **~ˌbän·dig** [-ˌbɛndɪç] *adj* two-volume, in two volumes. **~ˌba·sig** [-ˌbaːzɪç], **~ˌba·sisch** *adj chem. Säure*: bibasic, dibasic. **2ˌbei·ner** *m* ⟨-s; -⟩ *humor.* man, human being. **~ˌbei·nig** *adj* two-legged. **2ˌbettˌzim·mer** *n* double room. **~ˌblät·te·rig, ~ˌblätt·rig** *adj* two-leaved, bifoliate(d). **2ˌdecker** (*getr.* -k·k-) *m aer.* biplane.

ˈ**zweiˌdeu·tig** [-ˌdɔʏtɪç] *adj* ambiguous, equivocal, (*anstößig*) *Witz etc*: suggestive, risqué, off-colo(u)r. **2keit** *f* ⟨-; -en⟩ **1.** ⟨*only sg*⟩ ambiguity, *b.s.* suggestiveness. **2.** suggestive remark, risqué joke.

ˈ**zwei·di·men·sioˌnal** *adj* two-dimensional.

ˌ**Zweiˈdrit·telˌmehr·heit** *f bes. pol.* majority of two thirds, two-thirds majority.

ˈ**zweiˌei·ig** [-ˌʔaɪɪç] *adj biol.* dizygotic, binovular; **~e Zwillinge** *a.* fraternal (*od.* nonidentical) twins.

ˈ**Zwei·er** *m* ⟨-s; -⟩ **1.** *dial. for* Zwei. **2.** (*Ruderboot*) pair-oars *pl*; **~ mit Steuermann** coxed two. **~ˌbob** *m* two-man bob. **2ˈlei** *adj* ⟨*invariable*⟩ two different (kinds of), two kinds of, of two (different) kinds; **auf ~ Art und Weise** in two different ways; **Versprechen und Halten sind ~** it is one thing to make a promise and another to keep it. **~ˌrei·he** *f* row of two; **in ~n** *march, etc* in twos. **~ˌtakt** *m* duple time.

ˈ**zweiˌfach** *adj u. adv* double, twofold; **in ~er Ausfertigung** in two copies, in duplicate; → *a.* **dreifach. 2ˌstecker** (*getr.* -k·k-) *m electr.* two-pin plug.

ˈ**Zweiˌfa·denˌlam·pe** *f mot.* two-filament bulb.

ˌ**Zwei|faˈmi·li·enˌhaus** *n* duplex (*od.* two-family) house. **~ˈfar·benˌdruck** *m* two-colo(u)r print(ing).

ˈ**zweiˌfar·big** *adj* two-colo(u)red, two-tone ..., dichromatic.

Zwei·fel [ˈtsvaɪfəl] *m* ⟨-s; -⟩ doubt (**an** *dat*, **wegen** about); **berechtigter ~** reasonable doubt; **außer ~** beyond doubt; **ohne ~** without (a) doubt, no doubt, doubtless, unquestionably; **im ~ sein** be in (some) doubt, be (*od.* feel) doubtful (*od.* dubious), be in two minds; **über allen ~ erhaben** beyond all doubt; **~ haben** (*od.* **hegen**) **(hinsichtlich, wegen)** have some (*od.* one's) doubts (concerning, about), be (*od.* feel) doubtful (of, about); **ich habe (so) gewisse ~** I have my doubts; **mir kommen ~** I am beginning to feel doubtful; **es bestehen (gewisse) ~** a) **an s-r Ehrlichkeit** *etc* there is some doubt about (*od.* as to) his being honest, his honesty is somewhat doubtful, b) **ob er ehrlich ist** *etc* there is some doubt (about *od.* as to) whether he is honest; **es bestehen (immer noch) gewisse ~** there is (still) room for doubt; **es bestehen berechtigte ~ (an** *dat*) there is good reason (*od.* it is legitimate) to be doubtful (about *od.* of) (*od.* to doubt *s.th.*); **darüber besteht kein (nicht der geringste) ~, das unterliegt k-m (nicht dem geringsten) ~** there is not the slightest (*od.* not the shadow of a) doubt about it; **j-n nicht im ~ lassen** leave s.o. in no doubt (**über** *acc* about); **k-n ~ daran lassen, daß** make it quite plain that; **in ~ ziehen** doubt, question, challenge; → **aufkommen** 5.

ˌ**Zweiˈfel·derˌwirt·schaft** *f* two-field system (*od.* crop rotation).

ˈ**zwei·fel|haft** *adj* doubtful, dubious, (*fragwürdig*) *a.* questionable, *colloq.* shady; *econ.* **~e Außenstände** doubtful claims (*od.* debts), *Am.* bad debts; *iro.* **ein ~es Vergnügen** a dubious pleasure; **von ~em Wert** of doubtful (*od.* dubious) value, of debatable merit; *et.* **~ machen** cast a doubt on, call *s.th.* in question; **es erscheint kaum ~, daß** there is little doubt that; **es erscheint ~** ob it seems doubtful whether. **2haf·tig·keit** *f* ⟨-; *no pl*⟩ doubtfulness, dubiousness. **~los** *adv* undoubtedly, doubtless, without (a) doubt, beyond (all) doubt; **sie ist ~ das hübscheste Mädchen** *a.* she is the prettiest girl, and no doubt about it.

zwei·feln [ˈtsvaɪfəln] *v/i* ⟨h⟩ doubt; **~ an** (*dat*) doubt (*acc*), be (*od.* feel) doubtful about (*od.* of), (*in Frage stellen*) question (*acc*), doubt of; **ich zweifle daran** I doubt it, I have my doubts (about it); **daran ist nicht zu ~** there is no doubting it (*od.* no doubt about it); **ich zweifelte, ob ich gehen sollte** I was in doubt (*od.* in two minds) about going; **am Erfolg ~** doubt (*od.* be doubtful) of success; *colloq.* **ich zweifle an s-m Verstand** I doubt his mental faculties. **~d** *adj* doubting; **ein ~es Gesicht machen** look sceptic(al); **~ schüttelte er den Kopf** he shook his head in doubt.

ˈ**Zwei·fels|ˌfall** *m* **im ~** in case of doubt, when (*od.* if) in doubt. **~ˌfra·ge** *f* doubtful case. **2ˌfrei** *adj* free of doubt(s). **2ˈoh·ne** [ˌtsvaɪfəls-] *adv* → **zweifellos.**

ˈ**zwei|ˌflä·chig** *adj math.* dihedral. **~ˌflam·mig** *adj Gasherd etc*: two-flame.

ˈ**Zweif·ler** *m* ⟨-s; -⟩, ˈ**Zweif·le·rin** *f* ⟨-; -nen⟩ doubter, sceptic. ˈ**zweif·le·risch** *adj* sceptic(al).

ˈ**zweiˌflü·ge·lig** [-ˌflyːgəlɪç] *adj* **1.** two-winged; **~e Tür** double(-winged) door. **2.** *Insekt*: dipterous. **3.** *aer.* two-bladed (*propeller, etc*).

ˌ**Zweiˈfron·tenˌkrieg** *m* war on two fronts.

ˈ**Zweiˌfü·ßer** *m* ⟨-s; -⟩ *zo.* biped.

Zweig [tsvaɪk] *m* ⟨-(e)s; -e⟩ branch (*a. fig.*), *dünner*: branchlet, twig, *mit Blättern, Blüten etc*: sprig, spray; **trockener ~** stick; → **grün** 1.

ˈ**Zwei|ˌgang...** *in Zssgn* two-speed (*transmission, etc*). **2ˌgän·gig** *adj Schraube*: double-thread(ed), two-start.

ˈ**Zweig|ˌbahn** *f* branch line. **~beˌtrieb** *m* branch (establishment). **~büˌro** *n* sub-office, branch (office).

ˈ**zwei·geˌschlech·tig** [-gəˌʃlɛçtɪç] *adj biol.* bisexual. **2keit** *f* ⟨-; *no pl*⟩ bisexuality.

ˈ**Zwei|geˌspann** *n* **1.** team of two horses. **2.** *fig. colloq.* twosome, duo. **2geˌstri·chen** *adj mus. Note*: two-line, twice-accented. **2geˌteilt** *adj* divided in(to) two, *a. bot. etc* bipartite.

ˈ**Zweig|geˌschäft** *n* branch (shop, *bes. Am.* store). **~geˌsell·schaft** *f* affiliated (*od.* subsidiary) company, *Am. a.* affiliate.

ˈ**zwei|ˌglei·sig** [-ˌglaɪzɪç] *adj rail.* double-tracked. **~ˌglied·rig** [-ˌgliːdrɪç] *adj math.* binomial, two-termed.

ˈ**Zweig|ˌli·nie** *f rail.* sideline, branch line. **~ˌnie·derˌlas·sung** *f econ.* branch (establishment); **~ im Ausland** foreign branch. **~ˌpostˌamt** *n* sub post office. **~ˌstel·le** *f* branch (office). **~ˌwerk** *n econ.* branch (factory).

ˈ**zwei|ˌhän·dig** [-ˌhɛndɪç] **I** *adj* **1.** two-handed. **2.** *Musikstück*: for two hands. **II** *adv* **3. ~ spielen** play with both hands. **~ˌhäu·sig** [-ˌhɔʏzɪç] *adj bot.* di(o)ecious. **2heit** *f* ⟨-; *no pl*⟩ duality. **~ˌhen·ke·lig** [-ˌhɛŋkəlɪç] *adj* two-handled. **~ˌhöcke·rig** (*getr.* -k·k-) *adj* two-humped. **2ˌhu·fer** [-ˌhuːfər] *m* ⟨-s; -⟩ → **Paarhufer. ~ˈhun·dert** *adj* ⟨*cardinal number*⟩ two hundred. **2ˌhun·dertˈjahrˌfei·er** [ˌtsvaɪ-] *f* bicentennial. **~ˈhun·dertst** *adj* ⟨*ordinal number*⟩ two hundredth. **2ˈjah·resˌplan** [ˌtsvaɪ-] *m* two-year plan. **~ˌjäh·rig I** *adj* **1.** two-year, lasting (*od.* of) two years. **2.** two-year-old (*child, etc*). **3.** *bot.* biennial.

nial. **II ≈e** *m, f* ‹-n; -n› **4.** two-year-old (child). **~ˌjähr·lich I** *adj* (occurring) every two years, biennial. **II** *adv* every two years. **≈ˈkam·mer·syˌstem** [ˌtsvaɪ-] *n pol.* two-chamber system. **≈ˌkampf** *m a. Sport*: duel. **~ˌkeim·ˌblätt·rig** *adj bot.* dicotyledonous. **~ˌkie·mig** [-ˌkiːmɪç] *adj ichth.* dibranchiate. **~ˌköp·fig** [-ˌkœpfɪç] *adj* **1.** *myth.* two-headed. **2.** **e-e ~e Familie** a family of two. **≈ˌkreisˌbrem·se** *f mot.* dual-circuit brake. **≈ˌlei·terˌka·bel** *n electr.* twin-(*od.* two-)core cable. **~ˌlip·pig** [-ˌlɪpɪç] *adj bot.* bilabiate. **≈ˈmäch·teˌabˌkom·men** [ˌtsvaɪ-] *n pol.* two-power agreement.

ˈzweiǀˌmal *adv* twice; **~ pro** (*od.* **im**) **Monat** (**Jahr**) twice a month (a year), bimonthly (biannually); **es sich** (*dat*) **~ überlegen** think twice (*about od. before doing s.th.*); *colloq.* **das habe ich mir nicht ~ sagen lassen** I didn't need (*od.* wait) to be told twice, I jumped at the offer. **~ˌma·lig** *adj* done (*od.* repeated) twice; **nach ~em Versuch** after the second attempt, after two attempts.

ˌZweiˈmarkˌstück *n* two-mark piece.

ˈZweiǀˌma·ster [-ˌmastər] *m* ‹-s; -› *mar.* two-master. **≈ˌmo·na·tig** [-ˌmoːnatɪç] *adj* **1.** of (*od.* lasting) two months, two-month. **2.** two-month-old (*baby, etc*). **≈ˌmo·nat·lich I** *adj* bimonthly. **II** *adv* bimonthly, every two months. **~ˈmo·natsˌschrift** [ˌtsvaɪ-] *f* bimonthly (publication). **≈moˌto·rig** [-moˌtoːrɪç] *adj* twin-engined, two-engined.

ˌZweiǀparˈtei·en·syˌstem *n* two-party system. **~ˈpfen·nigˌstück** *n* two-pfennig piece. **~ˈpha·sen...** *in Zssgn electr.* two-phase (*current, etc*).

ˈzweiǀˌpha·sig [-ˌfaːzɪç] *adj electr.* two-phase. **~ˌpo·lig** *adj* bipolar, *electr. a.* two-pole; **~er Stecker** two-pin plug. **≈ˌpolˌröh·re** *f* diode. **~proˌzen·tig** [-proˌtsɛntɪç] *adj chem. econ.* two-percent. **≈ˌrad** *n* bicycle, *colloq.* bike. **~ˌräd·rig** [-ˌrɛːdrɪç] *adj* two-wheel(ed). **≈ˌrei·her** *m* ‹-s; -› *Mode*: double-breasted suit. **~ˌrei·hig** [-ˌraɪɪç] *adj* **1.** in two rows, two-row. **2.** *Anzug etc*: double-breasted. **≈ˌru·de·rer** *m antiq.* bireme.

ˈZwei·sam·keit *f* ‹-; *no pl*› twosomeness.

ˈzweiǀˌsäu·rig [-ˌzɔyrɪç] *adj chem.* diacid. **~ˌschläf·rig** *adj Bett etc*: double, for two persons. **~ˌschnei·dig** *adj Schwert etc, a. fig.* double- (*od.* two-)edged; *fig.* **das ist e-e ~e Angelegenheit** (*od.* **ein ~es Schwert**) *a.* that can go either way, that can have a boomerang effect.

ˈzweiˌsei·tig I *adj* **1.** *tech. coating, etc* on both sides, two-sided, *Textil.* reversible, double-face. **2.** *Vertrag etc*: bilateral, *Verhandlungen etc*: bipartite. **3.** *Brief etc*: two-page(d); **~e Anzeige** double(-page) spread. **II** *adv* **4.** **~ beschichtet** (**bedruckt**) coated (printed) on both sides. **5.** **~ verbindlich** *etc* bilaterally binding. **≈keit** *f* ‹-; *no pl*› *jur. pol.* bilaterality.

ˈzweiǀˌsil·big [-ˌzɪlbɪç] *adj ling.* two-syllable(d), dis(s)yllabic. **≈ˌsit·zer** [-ˌzɪtsər] *m* ‹-s; -› *mot.* two-seater; **offener ~** roadster. **~ˌspal·tig** [-ˌʃpaltɪç] *adj Zeitungsartikel etc*: two-column(ed). **≈ˌspän·ner** [-ˌʃpɛnər] *m* ‹-s; -› carriage and pair. **~ˌspän·nig** [-ˌʃpɛnɪç] **I** *adj* drawn by two horses. **II** *adv* **~ fahren** drive (in) a carriage and pair. **≈ˌspitz** *m hist.* two-cornered hat. **~ˌspra·chig** [-ˌʃpraːxɪç] *adj* bilingual, *Schriftstück etc*: *a.* in two languages; **er ist ~** *a.* he has two languages. **≈ˌspra·chig·keit** *f* ‹-; *no pl*› bilingualism. **~ˌspu·rig** *adj Fahrbahn*: two-lane(d), *rail.* double-track(ed). **≈ˈstär·kenˌglas** [ˌtsvaɪ-] *n opt.* bifocal lens. **~ˌstel·lig** [-ˌʃtɛlɪç] *adj Zahl*: two-digit, *Dezimalbruch*: two-place. **~ˌstim·mig** [-ˌʃtɪmɪç] *mus.* **I** *adj* for two voices, two-part. **II** *adv* **~ singen** sing in duet. **~ˌstöckig** (*getr.* -k·k-) [-ˌʃtœkɪç] *adj Haus*: two-storey(ed), *Am.* two-storied, *Bett*: double-deck(ed). **~ˌstrah·lig** [-ˌʃtraːlɪç] *adj Triebwerk*: twin-jet.

ˌZweiˈstromˌland, das *geogr.* Mesopotamia. **~ˈstu·fen·raˌke·te** *f* two-stage rocket.

ˈzweiǀˌstu·fig *adj tech.* two-stage, double-stage. **~ˌstün·dig** [-ˌʃtyndɪç] *adj* two-hour, lasting (*od.* of) two hours. **~ˌstünd·lich** *adv* every two hours.

zweit *adj* ‹*ordinal number*› **1.** second; **~er April** April 2nd, *Am.* April 2; **ein ~er** another; **ein ~er Paganini** another Paganini; **~es Ich** other self, alter ego; **jeder ~e** every other person; **wie kein ~er** better than anybody else; **jeden ~en Tag** every other (*od.* second) day; **zu ~** (*paarweise*) by twos, two by two, in pairs; **wir waren zu ~** we were two of us; **zum ~en** secondly, in the second place; **der ~e Band** volume two; **~er Klasse** second-class (*hotel, etc, a. contp. citizens, etc*); **das ≈e Deutsche Fernsehen** the Second German Television program(me *Br.*); → **Geige, Gesicht** 6, **Hand** *Verbindungen mit Präpositionen,* **Natur** 3. **2.** *Buchhalter etc*: junior.

ˈzweiǀˌtä·gig *adj* two-day, lasting (*od.* of) two days, two days' ... **≈ˌtak·ter** *m* ‹-s; -›, **≈ˌtaktˌmo·tor** *m* two-stroke engine.

ˈzweitˌäl·test I *adj* second (eldest). **II ≈e** *m, f* ‹-n; -n› second eldest.

ˈzweiǀˈtau·send *adj* two thousand. **≈ˈtau·sen·der** *m* ‹-s; -› *colloq.* (*Berg*) twothousander. **≈ˌtau·sendˈjahrˌfei·er** [ˌtsvaɪ-] *f* bimillennial. **~ˈtau·sendst** *adj* two thousandth.

ˈZweitǀˌausˌfer·ti·gung *f* duplicate, *e-s Wechsels*: second of exchange. **≈ˈbest I** *adj,* **II ≈e** *m, f* ‹-n; -n› second best. **~ˌdruck** *m* ‹-(e)s; -e› second print.

ˈZwei·te *m, f* ‹-n; -n›, *n* ‹-n; *no pl*› **1.** (the) second; *Sport*: **er ist der ewige ~** he is always second (*od.* runner-up); **als ~r das Ziel erreichen** come in (*od.* finish) second; **heute ist der ~,** **wir haben heute den ~n** today is the second; **es ist noch ein ~s zu erwähnen** there is another point to be mentioned. **2.** *mit Kleinschreibung*: **du bist der ≈, der mich danach fragt** you are the second (person) to ask me that; *a. fig.* **jeder ≈** one out of two people; *fig.* **wie kein ≈r** like nobody else.

ˈzweiǀˌtei·len *v/t* ‹*only inf u. pp* **zweigeteilt**, h› divide *s.th.* into two (parts). **~ˌtei·lig** *adj* in (*od.* consisting of) two parts, bipartite, two-part (*opus, etc*), *Mode*: two-piece (*bathing suit, etc*). **≈ˌtei·lung** *f* ‹-; *no pl*› bipartition, bisection, division into two parts.

ˈzwei·tenˌmal **zum ~** for the second time.

ˈzwei·tens *adv* secondly, in the second place.

ˈZweitǀfriˌsur *f humor.* (*Perücke*) wig, head-falsie. **≈geˌbo·ren** *adj* second, younger. **≈ˈgrößt** *adj* second biggest (*od.* largest). **≈ˈhöchst** *adj* second highest. **~ˌimp·fung** *f* second vaccination. **≈ˌjüngst** *adj* second youngest. **≈ˌklas·sig** [-ˌklasɪç] *adj* second-class, second-rate. **≈ˌletzt** *adj* second last, last but one, next to the last; **~e Silbe** penultimate (syllable). **≈ˌran·gig** [-ˌraŋɪç] *adj* second-rate, second-string, *stärker*: inferior. **≈ˈschlech·test I** *adj,* **II ≈e** *m, f* ‹-n; -n›, *n* ‹-n; *no pl*› worst but one. **~ˌschrift** *f* duplicate. **~ˌschuld·ner** *m* secondary debtor. **~ˌstim·me** *f pol.* second vote.

ˈzweiˌtü·rig [-ˌtyːrɪç] *adj Auto*: two-door.

ˈZweitǀˌwa·gen *m* second car. **~ˌwoh·nung** *f* second home.

ˈZweiˌundˈdrei·ßig·stel *n,* **~ˌno·te** *f mus.* demisemiquaver, *Am.* thirty-second (note). **~ˌpau·se** *f* demisemiquaver-rest, *Am.* thirty-second rest.

ˌZweiˈvier·telˌtakt *m mus.* two-four time.

ˈZweiˌweg..., **ˌZweiˈwe·ge...** *electr. tech. in Zssgn* two-way (*tap, etc*).

ˈzweiˌwer·tig *adj chem. nucl.* bivalent. **≈keit** *f* ‹-; *no pl*› bivalence.

ˈzweiǀˌwö·chent·lich I *adj* two-weekly, *bes. Br.* fortnightly. **II** *adv* every two weeks, *bes. Br.* fortnightly. **~ˌwö·chig** [-ˌvœçɪç] *adj* two-week, of (*od.* lasting) two weeks. **~ˌzackig** (*getr.* -k·k-) *adj* two-pronged. **≈ˌzei·ler** [-ˌtsaɪlər] *m* ‹-s; -› distich, *gereimter*: couplet. **~ˌzei·lig** [-ˌtsaɪlɪç] *adj* **1.** two-line, having two lines. **2.** *Abstand bei der Schreibmaschine*: double-spaced. **~ˌzim·me·rig** [-ˌtsɪmərɪç] *adj* double-roomed. **≈ˈzim·mer·ˌwoh·nung** [ˌtsvaɪ-] *f* two-room flat (*bes. Am.* apartment). **~ˌzin·kig** [-ˌtsɪŋkɪç] *adj* two-pronged. **≈zyˌlin·der·ˌmo·tor** *m* two-cylinder engine.

ˈZwerchˌfell *n anat.* diaphragm, midriff. **~ˌat·mung** *f* abdominal breathing. **≈erˌschüt·ternd** *adj fig.* sidesplitting.

Zwerg [tsvɛrk] *m* ‹-(e)s; -e› dwarf, *myth. a.* gnome, *fig. a.* midget. **~...** *in Zssgn* dwarf (*plant, tree, animal, race, etc*), *bes. tech.* miniature. **~ˌbil·dung** *f biol.* dwarfism, nanism.

ˈzwer·gen·haft *adj* dwarfish.

ˈZwergˌhuhn *n orn.* Baillon's crake, Bantam.

Zwer·gin [ˈtsvɛrgɪn] *f* ‹-; -nen› dwarf, *fig. a.* midget.

ˈZwergǀka·nin·chen *n* pygmy rabbit. **~ˌmensch** *m* pygmy. **~ˌpin·scher** *m zo.* pet terrier. **~ˌpu·del** *m* pygmy poodle. **~ˌschu·le** *f* one-room school. **~ˌstaat** *m* ‹-(e)s; -en› miniature (*od.* pocket-size) state. **~-ˌU-ˌBoot** *n* midget submarine. **~ˌvolk** *n anthrop.* dwarf (*od.* pygmy) tribe. **~ˌwuchs** *m* **1.** *biol. med.* dwarfism, nanism. **2.** *bot.* dwarf growth. **≈ˌwüch·sig** [-ˌvyːksɪç] *adj* **1.** *biol. med.* dwarfish, pygm(a)ean. **2.** *bot.* dwarf (*plant, etc*).

Zwet·sche [ˈtsvɛtʃə], **Zwetsch·ge** [ˈtsvɛtʃgə] *f* ‹-; -n› plum, *gedörrte*: prune.

ˈZwetsch·genǀˌbaum *m* plum tree. **~ˌmus** *n* plum jam. **~ˌschnaps** *m,* **~ˌwas·ser** *n* ‹-s; ≈› plum brandy.

Zwickel (*getr.* -k·k-) [ˈtsvɪkəl] *m* ‹-s; -› **1.** *Schneiderei*: gore, gusset. **2.** *arch.* spandrel.

zwicken (*getr.* -k·k-) [ˈtsvɪkən] **I** *v/t u. v/i* ‹h› pinch, nip; **j-n (ins Ohr) ~** *a.* give s.o. a pinch (*od.* nip) (in the ear); **die Schuhe ~ (mich)** these shoes pinch (me). **II** *v/impers colloq.* **es zwickt mich hier (im Rücken)** I have a twinge here (in my back). **III ≈** *n* ‹-s› *colloq.* twinge(s *pl*). **ˈZwicker** (*getr.* -k·k-) *m* ‹-s; -› pince-nez.

ˈZwickˌmüh·le *f* **1.** *Mühlespiel*: double mill (*od.* row). **2.** *fig. colloq.* (bad) fix, dilemma; **in e-r ~ sein** (*od.* **sitzen**) *a.* be (caught) in a cleft stick (*od.* on the horns of a dilemma).

Zwie..., zwie... → Zwei..., zwei...

ˈZwieˌback [ˈtsviː-] *m* ‹-(e)s; -e *u.* ≈e› zwieback, rusk, *Am. a.* biscuit.

Zwie·bel [ˈtsviːbəl] *f* ‹-; -n› **1.** onion, (*Blumen≈*) bulb. **2.** *fig. colloq.* (*Uhr*) turnip. ~ˌ**fisch** *m print.* pi, pie. 2ˌ**för·mig** [-ˌfœrmıç] *adj* bulbiform. ~**geˌwächs** *n bot.* bulbous plant, bulb. ~ˌ**ku·chen** *m* onion tart (*od.* cake). ~ˌ**mu·ster** *n* ‹-s; *no pl*› *auf Porzellan*: onion pattern.

zwie·beln [ˈtsvi:bəln] *v/t* ‹h› *colloq.* give *s.o.* hell (*od.* a bad time).

ˈ**Zwie·bel**‖**ring** *m meist pl gastr.* onion ring. ~ˌ**scha·le** *f* onion skin. ~ˌ**sup·pe** *f* onion soup. ~ˌ**turm** *m arch.* onion tower.

ˈ**zwie**‖**fach** [ˈtsvi:-] *adj* twofold. 2**geˌspräch** *n* dialog(ue *Br.*), conversation, talk. 2ˌ**licht** *n* ‹-(e)s; *no pl*› twilight; *fig.* **ins ~ geraten** make o.s. (*od.* become) suspect. ~ˌ**lich·tig** *adj fig.* dubious, *colloq.* shady. 2ˌ**spalt** *m* ‹-(e)s; *no pl*› conflict, (*Uneinigkeit*) disunion, discord, *bes. relig.* schism; **innerer ~** inner conflict; **j-n in e-n ~ bringen** (*od.* **stürzen**) bring s.o. into conflict. ~ˌ**späl·tig** [-ˌʃpɛltıç] *adj* **1.** *Mensch etc*: with conflicting traits. **2.** *Gefühle etc*: conflicting; **mein Eindruck war ~** my impressions were mixed. 2ˌ**späl·tig·keit** *f* ‹-; *no pl*› conflicting nature. 2ˌ**spra·che** *f* ‹-; *no pl*› dialog(ue *Br.*); *fig.* **~ halten mit** commune with (*God, nature, etc*). 2ˌ**tracht** *f* ‹-; *no pl*› discord, disunion, dissension, (*Hader*) strife, (*Fehde*) feud; **~ säen, ~ stiften** sow the seeds of discord; **~ zwischen Freunden stiften** set friends at variance; → **Apfel** 1, **Saat** 2.

Zwil·lich [ˈtsvılıç] *m* ‹-s; -e› *Textil.* tick(ing), drill.

Zwil·ling[1] [ˈtsvılıŋ] *m* ‹-s; -e› **1.** *med.* twin. **2.** *pl astr.* Gemini *pl* (*meist als sg konstruiert*).

ˈ**Zwil·ling**[2] (*TM*) *m* ‹-s; -e› (*Gewehr*) double-barrel(l)ed gun.

ˈ**Zwil·lings**|**beˌrei·fung** *f* → **Zwillingsreifen**. ~ˌ**bru·der** *m* twin brother. ~**geˌburt** *f* birth of twins, twin birth. ~**geˌschwi·ster** *pl* twins, twin brothers (*od.* sisters). ~**kriˌstall** *m* twin crystal, macle. ~ˌ**paar** *n* pair of twins. ~ˌ**reifen** *pl* double (*od.* dual, twin) tyres (*Am.* tires). ~ˌ**schwe·ster** *f* twin sister.

ˈ**Zwingˌburg** *f hist.* stronghold, citadel.

Zwin·ge [ˈtsvıŋə] *f* ‹-; -n› *tech.* clamp, cramp, (*Stock*2) ferrule.

zwin·gen [ˈtsvıŋən] **I** *v/t* ‹**zwingt, zwang, gezwungen,** h› **1.** force, compel, constrain; **j-n (durch Willenskraft) zu et. ~** will s.o. to do s.th.; **j-n ~, et. zu tun** force (*od.* compel, constrain) s.o. to do s.th.; **j-n zur Arbeit ~** force s.o. to work, make s.o. work; **j-n zum Handeln ~** force s.o. into action (*od.* to act); **e-e Festung zur Übergabe ~** force (*od.* reduce) a stronghold to surrender; **ich lasse mich zu nichts ~** I will not be forced into anything; **das Glück läßt sich nicht ~** fortune cannot be forced; → **gezwungen, Knie** 1. **2.** *colloq.* (*bewältigen*) master, cope with, (*Essen*) be able to manage. **II** *v/i* **3. zu et. ~** (*erforderlich machen*) necessitate s.th.; **die Wirtschaftslage zwingt zu Kosteneinsparungen** the economic situation necessitates cutting down expenses. **III** *v/reflex* **sich ~ 4.** force o.s., make an effort; **sich zur Arbeit** (*od.* **zum Arbeiten**) **~** force (*stärker*: will) o.s. to work, make o.s. work; **sich zur Höflichkeit ~** force o.s. (*od.* make an effort) to be polite; **sich zu e-m Lächeln ~** force a smile; **ich mußte mich dazu ~** it cost me an effort (to do that). ~**d** *adj Notwendigkeit, Grund etc*: compelling, absolute, imperative, *Argument, Beweis etc*: forcible, cogent, *a. jur. Beweisgrund etc*: conclusive.

ˈ**Zwin·ger** *m* ‹-s; -› **1.** *hist.* (*Burghof*) outer bailey. **2.** (*Käfig*) cage, (*Hunde*2) kennel, (*Bären*2) bear-pit.

ˈ**Zwingˌherr** *m hist.* tyrant, despot. ~**schaft** *f* ‹-; *no pl*› tyranny, despotism.

zwin·kern [ˈtsvıŋkərn] *v/i* ‹h› wink, *lustig*: *a.* twinkle, *geblendet*: blink; **mit dem Auge ~** wink (one's eye).

zwir·beln [ˈtsvırbəln] *v/t* ‹h› twirl, twist.

Zwirn [tsvırn] *m* ‹-(e)s; -e› *Textil.* twist, twine, double yard; → **Himmel** 4.

ˈ**zwir·nen** *v/t* ‹h› twist, double, (*Seide*) throw.

ˈ**Zwirn**‖**handˌschuh** *m* cotton glove. ~**maˌschi·ne** *f* twister, doubling (*od.* throwing) frame. ~ˌ**sei·de** *f* thrown silk. ~**sˌfa·den** *m* thread; *fig. colloq.* **an e-m ~ hängen** hang by a thread.

zwi·schen [ˈtsvıʃən] *prep* ‹*dat u. acc*› *räumlich u. zeitlich*: between, (*inmitten*) among; **er saß ~ mir und m-r Schwester** he sat between me and my sister; **ich bin ~ 3 und 4 Uhr zu Hause** I'll be at home between 3 and 4 o'clock; **es hat Streit ~ ihnen gegeben** they quarrelled, *colloq.* they have had a row.

ˈ**Zwi·schen**‖**akt** *m thea.* entr'acte. ~ˌ**akt·muˌsik** *f* interlude, entr'acte. ~ˌ**auf·entˌhalt** *m* stopover. ~**beˌmerkung** *f* incidental remark, (*Einwurf*) interjection. ~**beˌreich** *m* interface, *fig.* borderland, twilight zone. ~**beˌricht** *m* interim report. ~**beˌscheid** *m* provisional reply. ~**biˌlanz** *f* interim results *pl, econ.* interim financial statement; *fig.* **e-e ~ ziehen** make an interim stocktaking. ~ˌ**blatt** *n* interleaf. ~ˌ**blu·tung** *f med.* breakthrough bleeding. ~ˌ**bo·den** *m arch.* false floor. ~ˌ**deck** *n mar.* **1.** 'tween-decks *pl.* **2.** (*unterste Passagierklasse*) steerage. ~ˌ**decke** (*getr.* -k·k-) *f arch.* false ceiling. ~ˌ**decks·pas·saˌgier** *m mar.* steerage passenger. ~ˌ**ding** *n* intermediate, in-between, cross; **es ist ein ~** it is a bit of both, it is halfway between the two.

ˌ**zwi·schen**|ˈ**drein,** ~ˈ**drin** *adv* in between. ~ˈ**durch** *adv colloq.* **1.** *drive, fall, go, etc* right through (the middle). **2.** (*zur Abwechslung*) for a change. **3.** → **zeitweise.**

ˈ**Zwi·schen**‖**eisˌzeit** *f geol. hist.* interglacial period. ~**entˌschei·dung** *f* interim (*od.* temporary) decision. ~**erˌgeb·nis** *n* intermediate (*od.* interim) result; **die ersten ~se liegen vor** we have the first intermediate results. ~ˌ**fall** *m* incident; **ohne (e-n) ~** without (an) incident; **ohne ~** (*reibungslos*) without a hitch; **ohne ~ ankommen** arrive safely. 2**fi·nanˌzie·ren** *v/t* ‹*only inf u. pp* **zwischenfinanziert,** h› finance *s.th.* temporarily (*od.* provisionally). ~**fi·nanˌzie·rung** *f* interim financing. ~ˌ**flä·che** *f* interface. ~ˌ**fra·ge** *f* (interposed) question, (*Unterbrechung*) interruption; *bes. pol.* **j-m mit (ständigen) ~n zusetzen** heckle s.o. ~**freˌquenz** *f Radio*: intermediate frequency. ~ˌ**frucht** *f agr.* (*a.* **als ~ anbauen**) intercrop. ~ˌ**fut·ter** *n Mode*: interlining. ~ˌ**gas** *n mot.* **~ geben** double-clutch. ~**geˌricht** *n gastr.* entrée. 2**geˌschal·tet** *adj electr.* interposed, interconnected. ~**geˌschoß** *n arch.* mezzanine. ~ˌ**glied** *n* connecting link. ~ˌ**grö·ße** *f econ.* intermediate size. ~ˌ**han·del** *m* intermediate trade, commission business, (*Durchfuhrhandel*) transit trade, (*Großhandel*) wholesale trade. ~ˌ**händ·ler** *m* (merchant) middleman, intermediary. ~ˌ**hand·lung** *f* episode, *im Drama etc*: interlude. ~ˌ**hirn** *n anat.* interbrain, diencephalon. ~ˌ**hoch** *n meteor.* ridge of high pressure. ~ˌ**kern** *m nucl.* compound nucleus. ~ˌ**kie·fer(ˌkno·chen)** *m* intermaxillary (bone). ~**kreˌdit** *m* intermediate credit. 2ˌ**lan·den** *v/i* ‹*only inf u. pp* **zwischengelandet,** sein› make an intermediate landing, stop. ~ˌ**lan·dung** *f* intermediate landing, stop(over); **ohne ~** nonstop. ~ˌ**lauf** *m Sport*: intermediate heat. 2ˌ**lie·gend** *adj* intermediate, *Zeit*: *a.* intervening. ~ˌ**lö·sung** *f* interim solution. ~ˌ**mahlˌzeit** *f* snack between meals. ~ˌ**mau·er** *f* partition wall. 2ˌ**mensch·lich** *adj* interpersonal; **~e Beziehungen** human relations. ~ˌ**pau·se** *f* interval, intermission, break. ~ˌ**pfei·ler** *m* intermediate pillar. ~**proˌdukt** *n* semifinished product. ~ˌ**prü·fung** *f ped.* intermediate examination (*od.* test). ~ˌ**raum** *m allg.* (empty) space, interspace, (*Abstand*) distance, interval (*a. zeitlich*), (*Lücke*) interstice, gap, (*Spielraum*) clearance, (*Zeilenabstand*) spacing; **e-n ~ lassen** leave (a) space; **e-e Zeile ~** a space; **5 m ~** 5 metres interval. ~ˌ**raumˌta·ste** *f der Schreibmaschine*: space bar, spacer. ~ˌ**rech·nung** *f* intermediate bill (*od.* invoice). ~ˌ**re·ge·lung** *f* interim settlement. ~**reˌgie·rung** *f* interim (*od.* temporary, caretaker) government. ~ˌ**rip·pe** *f anat.* intermediate rib. ~ˌ**rip·penˌmus·kel** *m* intercostal (muscle). ~ˌ**ruf** *m* (loud) interruption, heckler's shout; **empörte ~e** angry heckling; **durch ~e aus der Fassung bringen** heckle. ~ˌ**ru·fer** *m* heckler. ~ˌ**run·de** *f Sport*: intermediate round. 2ˌ**schal·ten** *v/t* ‹*only inf u. pp* **zwischengeschaltet,** h› *electr.* interconnect, connect *s.th.* in series. ~ˌ**schal·ter** *m* intermediate switch. ~ˌ**schal·tung** *f* insertion, interconnection. ~ˌ**schicht** *f* intermediate layer. ~ˌ**sen·der** *m Radio, TV* relay station (*od.* transmitter). ~ˌ**spei·cher** *m Computer*: buffer store (*od.* storage). ~ˌ**spiel** *n mus. thea., a. fig.* interlude. ~ˌ**spurt** *m Sport*: (sudden) spurt; **e-n ~ einlegen** put in a burst of speed, spurt off. 2ˌ**staat·lich** *adj* international, intergovernmental, *zwischen Bundesstaaten*: interstate. ~ˌ**sta·di·um** *n* intermediate stage (*od.* phase), intermediary (stage). ~**sta·tiˌon** *f auf e-r Reise*: intermediate stop, stopover; **~ machen** stop (over *od.* off). ~ˌ**stecker** (*getr.* -k·k-) *m electr.* adapter (plug). ~ˌ**stel·lung** *f* **1.** *tech.* intermediate position. **2.** *fig.* **e-e ~ einnehmen** be (*od.* act) as an intermediate (*od.* intermediary) (**zwischen** between), be (*od.* come in somewhere) in between. ~ˌ**stock** *m arch.* mezzanine. ~ˌ**stück** *n tech.* intermediary, transition piece, *electr.* adaptor. ~ˌ**stu·fe** *f* intermediate stage (*od.* state). ~ˌ**sum·me** *f* subtotal. ~ˌ**text** *m* (inserted) caption. ~ˌ**tief** *n meteor.* ridge of low pressure. ~ˌ**trä·ger** *m* talebearer, telltale, informant. ~ˌ**urteil** *n* interim judg(e)ment. ~**verˌkauf** *m* intermediate sale; **~ vorbehalten** subject to prior sale. ~**verˌstär·ker** *m electr.* intermediate repeater. ~**verˌteiler** *m* intermediate distributing frame. ~ˌ**vorˌhang** *m thea.* drop scene. ~ˌ**wand** *f* partition (wall). ~ˌ**wir·bel...** *in Zssgn* intervertebral (*cartilage, etc*). ~ˌ**wirt** *m biol.* intermediate host. ~ˌ**zei·le** *f* **1.** *print.* space line. **2.** *TV* interline, interlace. ~ˌ**zeit** *f* **1.** ‹*only sg*› time in between; **in der ~** (in the) meantime, (in the) meanwhile. **2.** *Sport*: intermediate time. 2ˌ**zeit·lich I** *adj* intermediate, interim. **II** *adv* (in the) meantime. ~ˌ**zeug·nis** *n* intermediate (*od.* intermediary) report.

Zwist [tsvıst] *m* ‹-(e)s; -e›, ˈ**Zwi·stigkeit** *f* ‹-; -en› (*Zwietracht*) discord, (*Streit*) quarrel, strife, (*Fehde*) feud.

zwit·schern [ˈtsvıtʃərn] **I** *v/i u. v/t* ‹h›

1. twitter, chirp, (*singen*) warble. **2.** *fig. colloq.* **e-n ~** (*trinken*) have a quick one. **II** ≗ *n* ⟨-s⟩ **3.** twitter(ing), chirp(ing), warble, warbling.

Zwit·ter [ˈtsvɪtər] *m* ⟨-s; -⟩ *biol.* hermaphrodite. **~ˌbil·dung** *f* hermaphrod(it)ism. **~ˌblü·te** *f* hermaphrodite (flower). **~ˌding** *n fig.* hermaphrodite. **≗haft** *adj* hermaphroditic. **~ˌwe·sen** *n* hermaphrodite.

ˈ**zwitt·rig** *adj biol.* hermaphroditic. **≗keit** *f* ⟨-; *no pl*⟩ hermaphrod(it)ism.

zwo [tsvoː] *adj colloq. for* **zwei**.

zwölf [tsvœlf] *adj* twelve; **um ~ (Uhr)** at twelve (o'clock), *mittags*: *a.* at noon, *nachts*: *a.* at midnight; *fig.* **fünf Minuten vor ~** at the eleventh hour.

Zwölf *f* ⟨-; -en⟩ **1.** (number *od.* figure) twelve. **2.** *colloq.* (tram, *Am.* streetcar) number twelve. **~ˌeck** *n* ⟨-(e)s; -e⟩ *math.* dodecagon. **≗ˌeckig** (*getr.* **-k·k-**) *adj* dodecagonal. **~ˌen·der** [-ˌʔɛndər] *m* ⟨-s; -⟩ *hunt.* stag with twelve tines, twelve-pointer.

ˈ**Zwöl·fer** *m* ⟨-s; -⟩ *colloq. for* **Zwölf** 1.

ˈ**zwöl·ferˈlei** *adj* ⟨*invariable*⟩ twelve different (kinds of), twelve kinds of, of twelve (different) kinds.

ˈ**zwölfˌfach** *adj u. adv* twelvefold.

ˌ**Zwölfˈfin·gerˌdarm** *m anat.* duodenum. **~geˌschwür** *n* duodenal ulcer.

ˈ**zwölf|ˌflä·chig** *adj math.* dodecahedral. **~ˌjäh·rig I** *adj* **1.** twelve-year, lasting (*od.* of) twelve years. **2.** twelve-year-old, of twelve (years). **II ≗e** *m, f* ⟨-n; -n⟩ **3.** twelve-year-old (child). **~ˌmal** *adv* twelve times. **~ˌma·lig** *adj* done (*od.* repeated) twelve times. **~ˌstün·dig** [-ˌʃtʏndɪç] *adj* twelve-hour, lasting (*od.* of) twelve hours.

zwölft [tsvœlft] *adj* twelfth; **wir waren zu ~** there were twelve of us, we were twelve; *fig.* **in ~er Stunde** at the eleventh hour.

ˈ**zwölfˈtau·send** *adj* twelve thousand.

ˈ**Zwölf·te** *m, f* ⟨-n; -n⟩, *n* ⟨-n; *no pl*⟩ twelfth.

ˈ**zwölfˌtei·lig** *adj* consisting of twelve parts, twelve-part.

ˈ**Zwölf·tel I** *n* ⟨-s; -⟩ twelfth (part). **II** ≗ *adj* twelfth (part) of.

ˈ**zwölf·tens** *adv* in the twelfth place.

ˈ**Zwölfˌton|muˌsik** *f* twelve-tone music. **~ˌrei·he** *f* twelve-tone series.

Zy·an [tsyˈaːn] *n* ⟨-s; *no pl*⟩ *chem.* cyanogen. **~ˌbad** cyanide bath. **~ˌei·sen** *n* cyanide of iron.

Zya·nid [tsyaˈniːt] *n* ⟨-s; -e⟩ *chem.* cyanide.

Zyˌanˈka·li *n* ⟨-s; *no pl*⟩ *chem.* potassium cyanide.

zyˈan|sau·er *adj chem.* cyanic; **zyansaures Salz** cyanate. **≗ˌsäu·re** *f* cyanic acid. **≗verˌbin·dung** *f* cyanogen compound. **≗ˈwas·serˌstoff** [tsyˌaːn-] *m* hydrogen cyanide.

zy·klisch [ˈtsyːklɪʃ; ˈtsy-] *adj* cyclic(al).

zy·klo·id [tsykloˈiːt] *adj math. psych.* cycloid.

Zy·klon [tsyˈkloːn] *m* ⟨-s; -e⟩ cyclone.

Zy·klo·ne [tsyˈkloːnə] *f* ⟨-; -n⟩ *meteor.* (*Tiefdruckgebiet*) cyclone, depression.

Zy·klop [tsyˈkloːp] *m* ⟨-en; -en⟩ *myth.* Cyclops; **die ~en** the Cyclopes. **zyˈklo·pisch** *adj* cyclopean.

Zy·klo·tron [ˈtsyːklotroːn; ˈtsyklo-; tsykloˈtroːn] *n* ⟨-s; -e [tsykloˈtroːnə], *a.* -s⟩ *nucl.* cyclotron.

Zy·klus [ˈtsyːklʊs; ˈtsy-] *m* ⟨-; **Zyklen**⟩ **1.** cycle (*a. mus. Literatur*), *von Vorträgen etc*: course, series (*of talks, etc*). **2.** *med.* cycle, *der Frau*: menstrual cycle.

Zy·lin·der [tsiˈlɪndər; tsy-] *m* ⟨-s; -⟩ **1.** (*~hut*) top hat, silk hat. **2.** *chem. math. mot.* cylinder. **~ˌblock** *m* ⟨-(e)s; ⸚e⟩ *mot. tech.* cylinder block. **~ˌboh·rung** *f* cylinder bore. **~ˌflä·che** *f math.* surface of a cylinder. **≗ˌför·mig** [-ˌfœrmɪç] *adj* cylindric(al). **~funk·tiˌon** *f math.* cylindrical function. **~ˌglas** *n* ⟨-es; ⸚er⟩ *opt.* cylindrical lens. **~ˌhut** *m* → **Zylinder** 1. **~ˌkopf** *m mot. tech.* cylinder head. **~ˌkopfˌdich·tung** *f* cylinder-head gasket. **~ˌkopfˌschrau·be** *f* cylinder-head screw. **~ˌman·tel** *m* cylinder jacket. **~ˌschloß** *n* cylinder lock. **~ˌuhr** *f* watch with cylinder escapement.

zy·lin·drisch [tsiˈlɪndrɪʃ; tsy-] *adj* cylindric(al).

Zy·ma·se [tsyˈmaːzə] *f* ⟨-; *no pl*⟩ *biol. chem.* zymase.

Zym·bal [ˈtsʏmbal] *n* ⟨-s; -s⟩ *mus.* cymbalom.

Zy·mo·tech·nik [tsymoˈtɛçnɪk] *f* ⟨-; *no pl*⟩ *chem.* zymotechnics *pl* (*als sg od. pl konstruiert*).

Zy·ni·ker [ˈtsyːnikər] *m* ⟨-s; -⟩ cynic (*a. antiq. philos.*). ˈ**zy·nisch** [-nɪʃ] **I** *adj* cynical. **II** *adv* **~ lachen** laugh cynically, give a cynical laugh. **Zy·nis·mus** [tsyˈnɪsmʊs] *m* ⟨-; **-nismen**⟩ cynicism.

Zy·prer [ˈtsyːprər] *m* ⟨-s; -⟩ Cypriote.

Zy·pres·se [tsyˈprɛsə] *f* ⟨-; -n⟩ *bot.* cypress. **~nˌhain** *m* cypress grove.

Zy·pri·ot [tsypriˈoːt] *m* ⟨-en; -en⟩, **Zy·prio·tin** [-ˈoːtɪn] *f* ⟨-; -nen⟩ Cypriote.

zy·prisch [ˈtsyːprɪʃ] **I** *adj*. **II** *ling.* ≗ ⟨*generally undeclined*⟩, **das ≗e** ⟨-n⟩ Cyprian.

Zy·ste [ˈtsʏstə] *f* ⟨-; -n⟩ *bot. med. zo.* cyst. **~nˌbil·dung** *f med.* cyst formation, cystogenesis.

Zy·sto|skop [tsystoˈskoːp] *n* ⟨-s; -e⟩ *med.* (*Blasenspiegel*) cystoscope. **~skoˈpie** [-skoˈpiː] *f* ⟨-; -n [-ən]⟩ cystoscopy; **bei j-m e-e ~ vornehmen** cystoscope s.o.

Zy·to|blast [tsytoˈblast] *m* ⟨-en; -en⟩ *meist pl* (*Zellkern*) cytoblast. **~ˈlo·ge** [-ˈloːgə] *m* ⟨-n; -n⟩ *biol. med.* cytologist. **~loˈgie** [-loˈgiː] *f* ⟨-; *no pl*⟩ (*Zellenlehre*) cytology. **≗ˈlo·gisch** [-ˈloːgɪʃ] *adj* cytologic(al). **~ˈplas·ma** [-ˈplasma] *n* ⟨-s; *no pl*⟩ *biol.* cytoplasm. **~ˈsta·ti·kum** [-ˈstaːtikʊm] *n* ⟨-s; -tika [-ka]⟩ cytostatic drug (*od.* agent). **≗ˈsta·tisch** [-ˈstaːtɪʃ] *adj* cytostatic. **~ˈstom** [-ˈstoːm] *n* ⟨-s; -e⟩, **~ˈsto·ma** [-ˈstoːma] *n* ⟨-s; -ta [-ta]⟩ *biol.* cytostome, cell mouth. **≗ˈto·xisch** [-ˈtɔksɪʃ] *adj* cytotoxic.

I. ABKÜRZUNGEN
I. ABBREVIATIONS

Dieser Anhang enthält deutsche Abkürzungen und solche fremdsprachigen, die auch im Deutschen gebräuchlich sind.

Abkürzungen von Substantiven, für die als Auflösung nur eine maskuline Form angegeben ist, werden im allgemeinen auch für die entsprechende feminine Form gebraucht:

Fachl. Fachlehrer; ...
aber auch: Fachlehrerin.

Abkürzungen von Substantiven, für die als Auflösung nur die Singularform angegeben ist, stehen im allgemeinen auch für die entsprechende Pluralform:

S. ... Seite; ...
aber auch: Seiten.

This appendix contains German abbreviations as well as those foreign ones which are commonly used in German.

Abbreviations of nouns for which an explanation is given in masculine form only are in general also used for the corresponding feminine form:

Fachl. Fachlehrer; ...
but also: Fachlehrerin.

Abbreviations of nouns for which an explanation is given in the singular form only generally stand for the corresponding plural form as well:

S. ... Seite: ...
but also: Seiten.

A

A *electr.* Ampere; *mot.* Augsburg, Austria.
A. *mus.* Alt.
Å *phys.* Ångström(einheit).
a Ar.
AA Auswärtiges Amt.
a.A. anderer Ansicht.
a.a.O. am angegebenen *od.* angeführten Ort (*in books*).
a.a.S. auf angegebener *od.* angeführter Seite (*in books*).
ab. abends; aber.
Abb. Abbildung; *civ.eng.* Abbinden.
Abd. Abend.
abds. abends.
ABez, A.-Bez. Amtsbezirk.
Abf. Abfahrt; Abfassung; Abfertigung; Abflug; Abfüllung (*of wine*).
Abg. Abgeordnete.
abg. abgeändert; abgefaßt.
ABGB Allgemeines Bürgerliches Gesetzbuch (*Austria*).
abgek. abgekürzt.
abgel. abgeleitet.
Abh. Abhandlung.
Abk. Abkommen; Abkunft; Abkürzung.
abk. abkürzen.
Abk-Verz. Abkürzungsverzeichnis.
ABl. Amtsblatt; Anwaltsblatt.
Abl. Ablage; *ling.* Ablaut; Ablieferung; Ablösung.
abl. *ling.* ablauten(d).
Abl.-Term. Ablieferungstermin.
Abn. Abnahme(stelle), Abnehmer.
Abo Abonnement.
Abs. Absatz; Absender.
abs. abseits; absolut.
Abschl. Abschlag; Abschluß.
Abschn. Abschnitt.
Abschr. *econ.* Abschreibung; Abschrift.
Abspr. Absprache.
Abst. Abstammung; Abstand; *Sport*: Absteiger; Abstieg.
Abstr. Abstraktion; *ling.* Abstraktum.
Abt. Abtei; Abteil(ung).
Abtr. Abtrennung; Abtretung.
Abw. *tech.* Abwärme; Abwasser.
abw. abwärts; abwesend.
ABz Amtsbezirk.
Abz. Abzahlung; Abzeichen; Abzug.
abz. abzahlbar; abziehbar; abzüglich.
abzgl. abzüglich.
Abzw. Abzweig(ung).
A.D. (*Lat.*) Anno Domini, im Jahre des Herrn.
a.D. auf Dienstreise; außer Dienst.
a.d. an dem *od.* der; auf dem *od.* der; aus dem *od.* der.
ADAC Allgemeiner Deutscher Automobil-Club.
a.d.D. *geogr.* an der Donau.
a.d.E. *geogr.* an der Elbe.
ADHGB Allgemeines Deutsches Handelsgesetzbuch.
A.d.Hrsg. Anmerkung des Herausgebers.
ADir., A.-Dir. Amtsdirektor; Archivdirektor.
Adj. *ling.* Adjektiv; Adjunkt.
adj. *ling.* adjektivisch.
a.d.L. *geogr.* an der Lahn *od.* Limmat.
Adm. *mar.* Admiral(ität).
ADN *mot.* Aden; Allgemeiner Deutscher Nachrichtendienst (*DDR*).
a.d.O. *geogr.* an der Oder.
Adr. Adressat, Adresse.
a.d.R. *geogr.* an der Ruhr.
a.d.S. *geogr.* an der Saale; an der See.
A.d.Ü. Anmerkung des Übersetzers.
Adv. *relig.* Advent; *ling.* Adverb.
adv. *ling.* adverbial, adverbiell; *ling.* adversativ.
a.d.W. *geogr.* an der Weinstraße *od.* Weser *od.* Wupper.
AE Abfindungserklärung; *econ.* Arbeitseinheit; astronomische Einheit.
ae. altenglisch.
AEG (*TM*) Allgemeine Elektricitäts-Gesellschaft.
a.F. alte Fassung; alte Folge; alte Form.
AFB *teleph.* Amtliches Fernsprechbuch; Ausführungsbestimmung.
AFeB *teleph.* Amtliches Fernsprechbuch.
AFG Arbeitsförderungsgesetz.
AFP (*Fr.*) Agence France Presse

(*French news agency*).
AFR *electr.* automatische Frequenzregelung.
Afr. Afrika; *ling.* Afrikaans; Afrikaner.
afrik. afrikanisch.
afrz. altfranzösisch.
AfV Amt für Verteidigungslasten.
AG Aktiengesellschaft; Amtsgericht; Arbeitsgemeinschaft; Arbeitsgruppe.
Ag. Agent(ur); *med.* Antigene *pl.*
aG auf Gegenseitigkeit.
a. G. *econ.* ab Grenze; auf Gegenseitigkeit.
AGBz Amtsgerichtsbezirk.
agerm. altgermanisch.
Aggr. *tech.* Aggregat.
Agitprop Agitation und Propaganda (*DDR*).
a. gl. O. am gleichen Ort (*in books*).
a. Gr. *econ.* ab Grenze.
Ah *electr.* Amperestunde.
ahd. althochdeutsch.
Ahg. Anhang; *mot.* Anhänger.
AK Anwaltskammer; *econ.* Arbeitskraft(einheit); Arbeitskreis; *mil.* Armeekorps.
ak altkatholisch.
Akad. Akademie, Akademiker.
akad. akademisch.
Akk. Akkord; Akkordeon; *ling.* Akkusativ.
Akkr. *econ.* Akkreditiv.
Akku *electr.* Akkumulator.
AKO *mil.* Armeekommando (*Austria*).
Akt. Aktion; Aktionär; *econ.* Aktiva.
AktZ, Akt.-Z. Aktenzeichen.
Akz. Aktenzeichen; Akzent; *econ.* Akzept.
AL Abteilungsleiter; *Sport:* Amateurliga.
al. alemannisch; (*Lat.*) alias, sonst, auch ... genannt.
Alb. Albanien, Albanier, *ling.* Albanisch; Album.
alb. albanisch.
Alg. Algebra; Algerien, Algerier; Algier; Algorithmus.
alg. algebraisch; algerisch.
alleinst. alleinstehend.
Allg. *geogr.* Allgäu; Allgemeinheit.
allg. allgemein.
Alm. Almanach; Almosen.
alph. alphabetisch.
altd(t.) altdeutsch.
altgr. altgriechisch.
Alu Aluminium.
AM *electr.* Amperemeter.
Am. Amateur; Amerika, Amerikaner, *ling.* Amerikanisch, Amerikanismus.
a.M. *geogr.* am Main.
Amb. Ambulanz.
amb. ambulant.
Amer(ik). Amerikaner, *ling.* Amerikanisch.
amer(ik). amerikanisch.
Amp. *electr.* Ampere; Ampulle.
amtl. amtlich.
Amtsbl. Amtsblatt.
An. Analyse; *electr.* Anode; Arbeitnehmer.
an. altnordisch; analog; ano(r)mal.
a. N. *geogr.* am Neckar.
Anat. *geogr.* Anatolien; Anatom(ie).
anat. anatolisch; anatomisch.
Änd. Änderung.
Anerk. Anerkennung.
anerk. anerkannt.
Anf. Anfang, Anfänger; Anforderung.
Anfr. Anfrage, Anfrager.
Ang. Angabe; Angebot; Angehörige.
Angeb. Angebot.
Angekl. Angeklagte.
angekl. angeklagt.
Angel. Angelegenheit.
Angesch. *jur.* Angeschuldigte.
Angest. Angestellte.
angew. angewandt, angewendet.
Angl. *relig.* Anglikaner.
angl. *relig.* anglikanisch.
Anh. Anhalt; Anhalter; Anhang.
Ank. Ankauf; Ankunft.
Ankl. *jur.* Anklage, Ankläger.
Anl. Anlage; *tech.* Anlasser.
anl. anläßlich; anliegend.
Anm. Anmeldung; Anmerkung.
Ann. Annahme; Annalen *pl*; Annonce.
ann. annoncieren, -ciert.
anon. anonym.
Anord. Anordnung.
anord. altnordisch; anordnen.
anorg. anorganisch.
Anp. Anpassung.
ANr. Aktennummer.
Ans. Ansage, Ansager; Ansehen; Ansicht.
Ansch. Anschaffung; Anschuldigung.
Ansch.-K. Anschaffungskosten *pl.*
Anschl. Anschlag; Anschluß.
anschl. anschließen(d).
Anschr. Anschrift.
Anspr. Ansprache; Anspruch.
anspr. ansprechen(d); anspringen.
Anst. Anstalt; Anstellung; Anstoß.
anst. anstellen; ansteuern; anstoßen.
Ant. Anteil; Antenne; *print.* Antiqua; Antiquar(iat), Antiquitäten *pl.*
ant. anteilig; antik; antiquarisch.
Anth(ol). Anthologie.
Anthrop(ol). Anthropologe, -logie.
anthrop(ol). anthropologisch.
Antiq. Antiquar(iat), Antiquitäten *pl.*
Antr. Antrag; *tech.* Antrieb; Antritt.
Antw. Antwort.
AnV Angestelltenversicherung; Arbeitnehmervertreter, -vertretung.
Anw. *jur.* Anwalt(schaft); Anwärter.
AnwK Anwaltskammer.
Anw.-K. Anwaltskosten *pl.*
Anw.-L. Anwesenheitsliste.
Anz. Anzahl; Anzeige; Anzeiger; Anzug.
AOK Allgemeine Ortskrankenkasse; *mil.* Armeeoberkommando.
APA Austria Presse-Agentur.
Apart. Apartment.
Apo Außerparlamentarische Opposition.
App. Apparat(ur); Appartement; Appell.
Appos. *ling.* Apposition.
Appr. *Textil.* Appretur; Approbation.
Apr. April.
apr. *philos.* apriorisch; apropos.
a pr. (*Lat.*) *philos.* a priori, von vornherein.
Aq. Aquarell; Aquarium.
Äq. Äquator; Äquivalent, -valenz.
äq. äquatorial; äquivalent.
AR Amtsrat; Amtsrichter; Aufsichtsrat; Außenhandelsrecht (*DDR*).
Arab. Araber, Arabien, *ling.* Arabisch.
arab. arabisch.
Arb. Arbeit(er).
ArbA Arbeitsamt; Arbeitsanweisung.
Arbf. Arbeitsfeld; Arbeitsförderung.
Arbg. Arbeitgeber.
ArbN, Arbn. Arbeitnehmer.
ArbNV Arbeitnehmervertreter, -vertretung.
Arch. Archäologe, -logie; Architekt(ur); Archiv(ar).
arch. archaisch; archäologisch; architektonisch; archivalisch, archivieren.
ARD Arbeitsgemeinschaft der öffentlich-rechtlichen Rundfunkanstalten der Bundesrepublik Deutschland.
Arg. Argentinien, -tinier; Argument.
Arge Arbeitsgemeinschaft.
a. Rh. *geogr.* am Rhein.
ARI Allgemeine Rundfunk Information.
Arr. *mus.* Arrangement, Arrangeur; Arrest(ant).
arr. arrangieren.
Arret. Arretierung.
Art. Artikel; *mil.* Artillerie; Artist.
ärztl. ärztlich.
as. altsächsisch; *med.* aseptisch; asiatisch; asymmetrisch.
a. S. auf Seite (*in books*); auf Sicht.
Asp. Aspekt; Aspirant; Aspiration.
Ass. Assessor; Assimilation; Assistent.
Assist. Assistent, Assistenz.
ASt(.) Amtsstelle; Anmeldestelle; Antragsteller, -stellung.
Ast Antragsteller; *rail.* Außenstelle.
Ast. *opt.* Astigmatismus.
ast. *opt.* astigmatisch.
Asta Allgemeiner Studentenausschuß.
Ästh. Ästhetik(er), -tizismus.
ästh. ästhetisch, -tisieren, -tizistisch.
Astrol. Astrologe, -logie.
astrol. astrologisch.
Astron. Astronom(ie).
astron. astronomisch.
ASV Arbeiterselbstverwaltung; Armeesportverein(igung) (*DDR*); Atlas der Schweizerischen Volkskunde.
ASVÖ Allgemeiner Sportverband Österreichs.
asym. asymmetrisch.
asyn(chr). asynchronisch.
A.T. *Bibl.* Altes Testament.
At. Atelier; Atom.
Äth. Äther; Äthiopien, -pier; Äthyl.
äth. ätherisch; äthiopisch.
Atl. Atlantik; Atlas.
atl. atlantisch.
ATM *mot.* Austauschmotor.
Atm. Atmosphäre; Atmung.
Att. Attaché; Attentat, -täter; Attest.
Attr. Attraktion; Attrappe; *ling.* Attribut.
attr. attraktiv; *ling.* attributiv.
atü *tech.* Atmosphärenüberdruck.
AUA (*Engl.*) Austrian Airlines *pl.*
Auf. Aufenthalt.
Aufb. Aufbau(ten *pl*); Aufbewahrung.
Aufbew. Aufbewahrung.
Auff. Auffassung; Aufführung.
Aufg. Aufgabe; Aufgang; Aufgebot; *econ.* Aufgeld.
Aufkl. *mil.* Aufklärer; *meteor.* Aufklarung; *mil.* Aufklärung.
Aufl. Auflage; Auflösung.
Aufn. Aufnahme.
Aufs. Aufsatz; Aufseher, Aufsicht.
Aufsch. Aufschub.
Aufschr. Aufschrift.
Auftr. Auftrag; *thea.* Auftritt.
Aufw. Aufwand; Aufwertung.
Aufz. Aufzeichnung; Aufzug.
Aug. August; *R.C.* Augustiner.
ausbez. ausbezahlen, ausbezahlt.
Ausf. Ausfahrt; Ausfall; Ausfertigung; *econ.* Ausfuhr; Ausführung.
Ausf.-Verb. *econ.* Ausfuhrverbot.
Ausg. Ausgabe; Ausgang.
ausgegl. ausgeglichen.
ausgen. ausgenommen; ausgenutzt.

ausgeschl. ausgeschlossen.
ausgew. ausgewählt; ausgewiesen.
ausgez. ausgezahlt; ausgezählt.
Aush. Aushang; Aushilfe.
Ausk. Auskommen; Auskunft.
Ausl. Auslage(n *pl*); Ausland, Ausländer; Ausleihe; Auslieferung; Auslosung.
ausl. ausländisch; *ling.* auslautend; auslegen; ausliefern; auslosen; auslösen.
Ausl.-Term. Auslieferungstermin.
Ausn. Ausnahme; Ausnutzung.
Außenst. *econ.* Außenstände *pl*; Außenstelle.
Austr. Australien, -lier; (*Lat.*) Austria, Österreich.
Ausv(erk). Ausverkauf.
Ausw. Auswahl; Auswanderer, Auswanderung; Ausweis.
Ausz. Auszahlung; Auszählung; Auszeichnung; Auszug.
Aut. Automat(ion); Autonomie.
aut. autark; automatisch, automatisiert; autonom.
auth. authentisch.
autor. autorisieren, -siert.
AV Alpenverein; Altersversicherung, -versorgung; Angestelltenversicherung; Arbeitslosenversicherung.
AvD Automobilclub von Deutschland.
AVers, AVers. Altersversicherung; Angestelltenversicherung; Arbeitslosenversicherung.
AVL Amt für Verteidigungslasten; Armeeverpflegungslager.
AVON *teleph.* Amtliches Verzeichnis der Ortsnetzkennzahlen.
AW *econ.* Anschaffungswert; *rail.* Ausbesserungswerk; Außenwirtschaft.
a.W. *econ.* ab Werk; auf Widerruf; auf Wunsch.
AWO Arbeiterwohlfahrt.
AZ Aktenzeichen.
Az. Aktenzeichen; Amtszeichen.

B

B Bauer (*in chess*); *mot.* Belgien, Berlin (West); Bund; Bundesstraße; *mot.* Burgenland (*Austria*).
B. Bad; Beispiel; Boliviano (*monetary unit*); Bund.
b *meteor.* bar.
b. bei(m).
BA *mus.* Bach-Archiv; *Bergbau:* Bergakademie, -amt; Bundesamt, -anstalt; Bundesanzeiger.
BAA Bauaufsichtsamt.
BAB Bundesautobahn.
Bad. Baden(er).
bad. badisch.
Bad.-Württ. *geogr.* Baden-Württemberg.
BAFÖG Bundesausbildungsförderungsgesetz.
BAG Bundesarbeitsgericht.
bair. *ling.* bairisch.
Bakt. Bakterie(n *pl*), Bakteriologe, -logie.
bakt. bakteriell, bakteriologisch.
balt. baltisch.
BAM Bundesarbeitsminister(ium).
B.-Ang(est). Bankangestellte; Bundesangestellte.
B.-Anst. Bundesanstalt.
BAnw. Bundesanwalt(schaft).
BAnz., Banz. Bundesanzeiger (*a journal*).
Bapt. Baptist.
bapt. baptistisch.
Bar. Baracke; Bariton.
bar. barock.
Barbest. *econ.* Barbestand.
Barpr. *econ.* Barpreis.
Barz(ahl). *econ.* Barzahlung.
BAT Bundesangestellten-Tarif(vertrag).
bauf. baufällig.
Bauj. Baujahr.
BauO Bauordnung.
Baupol. Baupolizei.
BAV Bundesaufsichtsamt für das Versicherungs- und Bausparwesen.
Bav. (*Lat.*) Bavaria, Bayern.
b.a.W. bis auf Widerruf.
b.a.w. bis auf weiteres.
Ba.-Wü. *geogr.* Baden-Württemberg.
Bay. Bayern.
bay. bay(e)risch.
BAZ Bundesanzeiger (*a journal*).
BB Beamtenbund; Berufsberater, -beratung.
Bb. *mar.* Backbord.
Bbf. Betriebsbahnhof.
Bbl. Beiblatt; Bundesblatt (*a journal, Switzerland*).
BBS Betriebsberufsschule (*DDR*).
Bch. Buch.
Bchst. Buchstabe.
Bck. *mus.* Becken.
BD Bezirksdirektion; *mot.* Bundesrat *od.* Bundesregierung *od.* Bundestag.
Bd. Bad; Band.
BDA Bund Deutscher Architekten; Bundesvereinigung der Deutschen Arbeitgeberverbände.
Bde. Bände *pl* (*volumes*); Binde.
BdF Bundesminister(ium) der Finanzen.
Bdg. *med.* Bindegewebe; Bindung.
BDI Bund Deutscher Ingenieure; Bundesverband der Deutschen Industrie.
BdI Bundesminister(ium) des Innern.
BDM *hist.* (*in NS-Zeit*) Bund Deutscher Mädchen.
BDO Bundesdisziplinarordnung.
BDP Bund Deutscher Pfadfinder(innen); Bund Deutscher Polizeibeamten.
Bd.-R. Bundesrat.
Bdr. Buchdruck, Buchdrucker(ei).
Bd.-Reg. Bundesregierung.
bds. beiderseits.
BdSt. Bund der Steuerzahler.
Bdtg. Bedeutung.
Bdw. *ling.* Bindewort.
BE *med.* Broteinheit; Bundesgerichtsentscheidung (*Switzerland*).
BEA Bundeserziehungsanstalt (*Austria*).
Bea(mt). Beamte.
Bearb. Bearbeiter, -tung.
bearb. bearbeitet.
Bed. Bedarf; Bedeutung; Bedingung; Bedürfnis.
Bef. Befehl(shaber); Befugnis; Befürchtung.
Befh. *mil.* Befehlshaber.
Befr. Befreiung; Befried(ig)ung; Befristung.
befr. befreit; befriedigend, befriedigt; befristet.
Beg. Beginn.
Begl. Beglaubigung; Begleiter, -tung.
begl. beglaubigt; begleitet; beglichen.
Begl.-Schr. Beglaubigungsschreiben; Begleitschreiben.
Begr. Begriff; Begründer, Begründung.
begr. begreifen; begriffen, begrifflich; begründen, -det.
Beh. Behörde.
beil. beiliegend.
Beis. Beisitzer.
Beisp. Beispiel.
Beitr. Beitrag, Beiträge *pl*; Beitritt.
BEK Barmer Ersatzkasse.
Bekl. *jur.* Beklagte; Bekleidung.
Bel. Belag; Beleg.
bel. beladen; belegt.
Belg. Belgien, Belgier.
belg. belgisch.
Bem. Bemerkung.
Ben. Benachrichtigung.
ben. benachrichtigen, -tigt.
Benelux Belgien, Niederlande, Luxemburg.
Beob. Beobachter, -tung.
beob. beobachten, -tet.
Ber. Berater, Beratung; Bereich; Bericht.
Ber.-Fr. *jur.* Berufungsfrist.
Bergb. Bergbau.
Ber.-Gen. Berufsgenossenschaft.
Berl. Berlin(er).
berl. berlin(er)isch.
bes. besichtigen, -tigt; besonder, besonders.
Besch. Beschädigung; Bescheid; Beschluß.
besch. beschädigen, -digt; beschäftigen, -tigt; bescheinigen, -nigt.
Beschl. Beschlagnahme; Beschluß.
beschl. beschlagnahmen, -nahmt; beschließen; beschlossen.
Beschr. Beschränkung; Beschreibung; Beschriftung.
beschr. beschrankt; beschränkt; beschrieben; beschriften, -tet.
Beschw. Beschwerde.
Bespr. Besprechung.
bespr. besprochen.
Best. Bestand; Bestellung; Bestimmung(en *pl*).
best. bestätigen, -tigt; bestellt; bestens; bestimmt.
Best.-Nr. Bestellnummer.
Best.-Sch. Bestellschein.
Bet. Beteiligung.
Betr. Betrag; Betreff; Betrieb.
betr. betreffen(d), betreffs; betrifft.
beurl. beurlaubt.
Bev. Bevölkerung; Bevollmächtigte.
bev. bevölkert; bevollmächtigt; bevor.
Bew. Bewegung; Bewerber, -bung.
bew. beweglich, bewegt; bewerben; bewölkt.
Bez. Bezahlung; Bezeichnung; Bezirk.
bez. bezahlen, bezahlt; bezeichnen(d), -net; bezüglich.
BezA Bezirksamt; Bezirksausgabe.
bezgl. bezüglich.
BF *electr.* Bandfilter; Berufsfeuerwehr.
Bf. Bahnhof; Brief.
BfA Bundesversicherungsanstalt für Angestellte.
BfB Bundesmonopolverwaltung für Branntwein.
Bfg. Befähigung.
BFH Bundesfinanzhof.
BFM Bundesfinanzminister(ium).
bfr belgische Franc (*monetary unit*).
BFV Bundesfinanzverwaltung.
BfV Bundesamt für Verfassungsschutz.
BG *mot.* Bulgarien; Bundesgericht (*Switzerland*); *mot.* Bundesgrenzschutz.

BGB Bauern-, Gewerbe- und Bürgerpartei (*Switzerland*); Bürgerliches Gesetzbuch.
BGBl. Bundesgesetzblatt.
BGH Bundesgerichtshof.
Bgl. Beglaubigung; Begleitung.
bgl. begleiten, -tet; bürgerlich.
bgr. begründen, -det.
BGS Bundesgrenzschutz.
BH *mot.* Bundesheer (*Austria*); Büstenhalter.
Bhf. Bahnhof.
Bi. Bischof, Bistum.
bi bisexuell.
Bib. Bibel.
bibl. biblisch.
bil. bilateral.
Bill. Billion.
Bio. Billion.
Biogr. Biograph(ie).
bisw. bisweilen.
Bj. Baujahr; Betriebsjahr.
Bk. Bank.
BKA Bundeskanzleramt; Bundeskriminalamt.
Bkl. *jur.* Beklagte(r); Bekleidung.
Bl. *mus.* Bläser; Blatt, Blätter *pl* (*of paper*); Block.
blg. bahnlagernd; beiliegend.
Bln. Berlin.
Bl.-Nr. Blattnummer.
BMW Bayerische Motorenwerke AG (*automobile works*).
Bn. Beiname; Berlin.
BND Bundesnachrichtendienst.
bo *econ.* brutto.
Bot. Botanik(er).
bot. botanisch.
BP *mot.* Bundespost.
Bp Bahnpolizei; Bahnpost.
BPA Bahnpostamt; Bundespresseamt.
B.P.a. Bundespatent angemeldet.
BPr. Bundespräsident.
BPrA Bundespräsidialamt.
BR Bayerischer Rundfunk; Bundesrat; Bundesrichter; Mitglied des Bundesrates (*Austria*).
Br. Branche; Breite; Bremse.
br. braun; breit; britisch.
Bras. Brasilianer, Brasilien.
bras. brasilianisch.
BRD Bundesrepublik Deutschland.
BRH Bundesrechnungshof.
brit. britisch.
BRK Bayerisches Rotes Kreuz.
BRT *mar.* Bruttoregistertonnage, -tonne.
Bs. *jur.* Beisitzer; Besitzer.
Bschr. Beschreibung.
bsd. besonders.
BSG Bundessozialgericht.
Bsg. *mus.* Besetzung.
Bspr. Besprechung.
bspw. beispielsweise.
Bst. Bahnstation; *civ.eng.* Baustoff.
BStG Bundesstrafgericht (*Switzerland*).
bto. *econ.* brutto.
Btr. Beitrag; Betrag; Betrieb.
Bulg. Bulgare, Bulgarien, *ling.* Bulgarisch.
bulg. bulgarisch.
Bull. Bulletin.
BV Bundesverband; Bundesverfassung (*Switzerland*).
BVG Berliner Verkehrsgesellschaft; Bundesverfassungsgericht; Bundesverwaltungsgericht.
bvr. bevorrechtigt.
BW *geogr.* Baden-Württemberg; Bergwacht.
Bw. Baumwolle; Bundeswehr.
b.w. bitte wenden.
Bwg. Bewegung.
bwgl. beweglich.
BWL *mot.* Baden-Württemberg, Landesregierung und Landtag; Betriebswirtschaftslehre.
By. Bayern.
BYL *mot.* Bayern, Landesregierung und Landtag.
Bz. *econ.* Bestellzettel; Bezahlung.
bz *econ.* bezahlt.
bzgl. bezüglich.
bzw. beziehungsweise.

C

C *phys.* Celsius.
c (*Lat.*) *phys.* celeritas, Lichtgeschwindigkeit; Cent; Centavo; Centesimo; Centime; Centimo; *phys.* (neues) Curie; Karat; Zenti...
c. Cent; Centavo; Centesimo; Centime; Centimo.
ca. (*Lat.*) circa, ungefähr; (*Lat.*) contra, gegen.
cal *phys.* (Gramm)Kalorie.
cand. (*Lat.*) candidatus, Kandidat.
cbm Kubikmeter.
CC (*Fr.*) *mot.* Corps Consulaire, Konsularisches Corps.
CD (*Fr.*) *mot.* Corps Diplomatique, Diplomatisches Corps.
CDN *mot.* Kanada.
CDU Christlich-Demokratische Union.
Cel. *phys.* Celsius.
Cels. *phys.* Celsius.
CEMA Centrale Marketinggesellschaft der deutschen Agrarwirtschaft.
CERN, C.E.R.N. Conseil Européen pour la Recherche Nucléaire, Europäische Organisation für Kernforschung.
cf. (*Lat.*) confer, vergleiche.
CGB Christlicher Gewerkschaftsbund Deutschlands.
CH (*Lat.*) *mot.* Confoederatio Helvetica, Schweizerische Eidgenossenschaft.
Champ. *Sport*: Champion(at).
Char. Charakter; Charge.
char. charakterisiert; charakteristisch.
Chem. Chemie, Chemiker.
chem. chemisch.
chiff(r). chiffrieren, chiffriert.
chil. chilenisch.
Chin. Chinese, *ling.* Chinesisch; *pharm.* Chinin.
Chir. Chirurg(ie).
chir. chirurgisch.
Chr. Christ(entum); Chronik.
chr. christlich; chronisch; chronologisch.
christl. christlich.
chrom. chromatisch; chromatisieren, -siert.
Chron. Chronik, -nist; Chronologie.
chron. chronisch; chronologisch.
Cie. (*Fr.*) *obs. econ.* Compagnie, Kompanie.
Cl. Club.
cl Zentiliter.
cm Zentimeter.
cmm Kubikmillimeter.
cm/s Zentimeter pro Sekunde.
Cntr. *econ.* Container.
Co (*Fr.*) *econ.* Compagnie, Kampanie.
Comp. *print.* Composer; Computer.
Cont. *econ.* Container; *mus.* Continuo.
Cont.-Term. *econ.* Containerterminal.
Conv. *tech.* Converter, Umformer.
cos *math.* Kosinus.
cot(g) *math.* Kotangens.
Court. Courtage.
Cous. Cousin(e).
CS *mot.* Tschechoslowakei.
ČSSR (*Czech.*) Československá Socialistická Republika, Tschechoslowakische Sozialistische Republik.
CSU Christliche-Soziale Union (*of Bavaria*).
CVJM Christlicher Verein Junger Männer.
CVP Christlichdemokratische Volkspartei (*Switzerland*).
CY *mot.* Zypern.

D

D Dame (*in chess*); *econ.* Debet; Deka; *mot.* Bundesrepublik Deutschland; *tech.* Dieselmotor; *mot.* Düsseldorf.
D. Doktor der (protestantischen) Theologie; *tech.* Durchmesser.
d Dezi...; *tech.* Durchmesser.
d. das, dem, den, der, des; deutsch.
d.Ä. der Ältere.
DAAD Deutscher Akademischer Austauschdienst.
Dachg. Dachgeschoß.
Dachorg. Dachorganisation.
Dachverb. *econ.* Dachverband.
DAG Deutsche Angestellten-Gewerkschaft.
DAK Deutsche Angestellten-Krankenkasse.
dam. damalig, damals.
Dän. Däne(mark), *ling.* Dänisch.
dan. danach.
dän. dänisch.
dargest. dargestellt.
Darst. Darsteller, -lung.
dass. dasselbe.
Dat. *ling.* Dativ; Datum.
DAV Deutscher Alpenverein.
dazw. dazwischen.
DB Deutsche Bundesbahn; Deutsche Bundesbank.
dB *phys.* Dezibel.
d.B. dieses Bandes *od.* Buches; durch Boten.
DBB Deutsche Bundesbank.
Dbd. Doppelband (*of books*).
DBGM Deutsches Bundes-Gebrauchsmuster.
Dbl. Deckblatt; Dienstblatt; Doppelblatt.
DBP Deutsche Bundespost; Deutsches Bundespatent.
DBPa Deutsches Bundespatent angemeldet.
d.c. (*Ital.*) *mus.* da capo, noch einmal (von Anfang an).
DCV Deutscher Caritasverband.
DDD Deutscher Depeschen-Dienst (*a news agency*).
DDR Deutsche Demokratische Republik.
DDT *chem.* Dichlordiphenyltrichlormethylmethan (*an insecticide*); *electr.* Doppeldrehtransformator.
d.E. *Post*: durch Eilboten.
Deb. Debatte; *econ.* Debitor(en *pl*).
DED Deutscher Entwicklungsdienst.
Def. Defekt; Defensive; Definition.

def. defekt; defensiv; definieren, -niert.
DEK Deutsche Einheitskurzschrift; Dortmund-Ems-Kanal.
Dekl. Deklamation; Deklaration; Deklination.
dekl. deklamieren; deklarieren, -riert; deklinieren, -niert.
Deko. Dekoration.
Demo Demonstration.
den *Textil.* Denier.
Denkm. Denkmal.
Denkschr. Denkschrift.
DER Deutsche Eisenbahn-Reklame; Deutsches Reisebüro.
dergl. dergleichen.
derj. derjenige.
ders. derselbe.
dess. desselben.
DESY *nucl.* Deutsches Elektronen-Synchrotron.
Det. Detail; Detektiv; Detonation.
Dev. Devise; Devisen *pl.*
Dez. Dezember; Dezernat, -nent; Dezimale.
dez. dezent; dezimal.
DFB Deutscher Fußballbund.
DFF Deutscher Fernsehfunk (*DDR*).
DFG Deutsche Forschungsgemeinschaft.
DFU Deutsche Friedensunion.
DG Dampfschiffahrtsgesellschaft.
DGB Deutscher Gewerkschaftsbund.
dgl. der-, desgleichen.
DGM Deutsches Gebrauchsmuster.
d.Gr. der *od.* die Große.
DGRS Deutsche Gesellschaft zur Rettung Schiffbrüchiger.
d.h. das heißt.
Di. Dienst; Dienstag.
di. dienstags; dienstlich.
d.i. das ist.
Diab. *med.* Diabetes, Diabetiker.
diab. diabetisch; diabolisch.
diag. diagonal.
Dial. Dialekt; Dialektik(er); Dialog.
dial. dialektisch.
diej. diejenige(n *pl*).
dienst. dienstags.
dienstl. dienstlich.
dies. dieselbe(n *pl*); dieses; *meteor.* diesig.
diess. diesseits.
DIHT Deutscher Industrie- und Handelstag.
DIN Deutsche Industrie-Norm(en *pl*).
Dipl. Diplom(and); Diplomat(ie); Diplomatik.
Dir.-Übertr. *Radio TV*: Direktübertragung.
Dir.-Verb. *teleph.* Direktverbindung.
Disc. *econ.* Discount(er).
Disko Diskothek.
Diskr. Diskretion; Diskriminierung.
diskr. diskret; diskriminieren(d), diskriminiert.
Diss. Dissertation.
Distr. Distrikt.
Disz. Disziplin.
disz. disziplinarisch, diszipliniert.
Div. Diverses; Dividende; *mil.* Division.
DIW Deutsches Institut für Wirtschaftsforschung.
d.J. der *od.* die Jüngere; dieses Jahr(es).
DJH Deutsche Jugendherberge; Deutscher Jugendherbergsverband.
DK *mot.* Dänemark; *electr.* Drehkondensator.
dkg Dekagramm (*Austria*).
d.Kl. der *od.* die Kleine; d(ies)er Klasse.
dkl. dunkel.
Dkm. Denkmal.
DKP Deutsche Kommunistische Partei.
dkr dänische Krone (*monetary unit*).
DLF Deutschlandfunk (*a radio station*).
DLRG Deutsche Lebens-Rettungs-Gesellschaft.
DM Deutsche Mark.
d.M. d(ies)es Monats.
D-Mark Deutsche Mark.
d.Mts. d(ies)es Monats.
DNA Deutscher Normenausschuß.
DNS *biol. chem.* Desoxyribonukleinsäure.
Do Dornier (*aircraft*).
Do. Donnerstag; Doppel.
d.O. der *od.* die Obige.
do. (*Ital.*) detto, dito, ditto (*Austria*), dasselbe, ebenso; donnerstags.
DOB Damenoberbekleidung(sindustrie).
Dok. Dokument(ation).
Dolm. Dolmetscher.
dopp. doppelt.
Doppelz. Doppelzentner; Doppelzimmer.
dorth. dorther; dorthin.
Doz. Dozent(ur).
Do.-Z(i). Doppelzimmer.
DP Deutsche Post (*DDR*).
DPA Deutscher Personalausweis; Deutsches Patentamt.
dpa Deutsche Presse-Agentur.
Dpp. Doppel.
dpp. doppelt.
DR Deutsche Reichsbahn (*DDR*); *hist.* Deutsches Reich.
Dr. Doktor.
d.R. *mil.* der Reserve; des Ruhestandes.
drgl. dergleichen.
DRGM Deutsches Reichs-Gebrauchsmuster.
Dr.h.c. (*Lat.*) doctor honoris causa, Doktor ehrenhalber, Ehrendoktor.
Dr.-Ing. Doktoringenieur, Doktor der Ingenieurwissenschaften.
Dr. j. u(tr). (*Lat.*) doctor juris utriusque, Doktor beider Rechte.
Dr. jur. (*Lat.*) doctor juris, Doktor der Rechte.
DRK Deutsches Rotes Kreuz.
Dr. med. (*Lat.*) doctor medicinae, Doktor der Medizin.
Dr. med. dent. (*Lat.*) doctor medicinae dentariae, Doktor der Zahnmedizin.
DRP *hist.* Deutsches Reichspatent.
Dr. phil. (*Lat.*) doctor philosophiae, Doktor der Philosophie.
Dr. rer. nat. (*Lat.*) doctor rerum naturalium, Doktor der Naturwissenschaften.
Dr. rer. pol. (*Lat.*) doctor rerum politicarum, Doktor der Staatswissenschaften.
Dr. theol. (*Lat.*) doctor theologiae, Doktor der Theologie.
Drucks. *Post*: Drucksache.
d.s. das sind.
DSG *rail.* Deutsche Schlafwagen- und Speisewagen-Gesellschaft.
dsgl. desgleichen.
ds.J(s). dieses Jahr(es).
ds.M(ts). dieses Monats.
dspr. deutschsprachig.
Dst. Dienst(stelle).
dstl. dienstlich.
DT *med.* Delirium tremens.
dt. deutsch.
DTB Deutscher Turnerbund.
D. theol. (*Lat.*) doctor theologiae, Doktor der (evangelischen) Theologie.
Dtl(d). Deutschland.
dto. (*Ital.*) detto, dito, ditto (*Austria*), dasselbe, ebenso.
Dtz(d). Dutzend.
d.U. der Unterzeichnete.
DUD Deutschland-Union-Dienst (*news agency of the CDU*).
Dupl. Duplikat.
Durchf. Durchfahrt; Durchführung.
d.V. der Verfasser; der Vertreter, die Vertretung; durch Vertrag.
d.Verf. der Verfasser.
d.Vertr. der Vertreter, die Vertretung; durch Vertrag.
d.v.J. des vorigen Jahres.
DW Deutsche Welle (*a radio station*).
d.W. diese(r) Woche.
Dyn. Dynamik; Dynamit; Dynamo.
dyn. dynamisch.
DZ Doppelzimmer.
Dz. Doppelzentner; Dozent; Dutzend.
dz Doppelzentner.
dz. derzeit(ig).
dzt(g). derzeit(ig).

E

E Eilzug; *Post*: Einschreiben; (*Span.*) *mot.* España, Spanien, Essen, Europa; Europastraße.
e. ein(e), einem, einen einer, eines; *Post*: eingeschrieben; eingetragen.
ea. ehrenamtlich.
Eb. Ebene.
ebd. ebenda.
Edeka Einkaufsgenossenschaft deutscher Kolonialwarenhändler.
EDV(A) Elektronische Datenverarbeitung(sanlage).
EEG *med.* Elektroenzephalogramm, -graphie.
eff. effektiv; effizient.
EG Erdgeschoß; Europäische Gemeinschaft.
e.G. eingetragene Gesellschaft.
EGmbH, eGmbH eingetragene Genossenschaft mit beschränkter Haftpflicht.
E.h. Ehren halber.
ehel. ehelich; ehelos.
ehem. ehemalig, ehemals.
Eidg(en). Eidgenossenschaft.
eidg(en). eidgenössisch.
eigenh. eigenhändig.
eigentl. eigentlich.
Einb. Einband.
einf. einfach.
eingem. eingemeindet.
eingeschl. eingeschlossen.
eingetr. eingetragen.
Eing.-Nr. Eingangsnummer.
Einh. Einheit; Einheitlichkeit.
EinhW Einheitswert (*of buildings*).
Eink.-Pr. Einkaufspreis.
Eink.-St. Einkommensteuer.
einschl. einschlägig; einschließlich.
einsp. einspurig.
einstm. einstmalig, -mals.
Einw. Einwand; Einwohner.
einwdfr. einwandfrei.
einz. einzeln.
EK *hist.* Eisernes Kreuz.
EKD Evangelische Kirche in Deutschland.
EKG, Ekg *med.* Elektrokardiogramm.
El. Elektrik; Elektrizität.

el. elektrisch.
Elektr. Elektrizität.
elektr. elektrisch; elektronisch.
Ell. Ellipse.
Ellok, E-Lok *rail.* elektrische Lokomotive.
EMD Eidgenössisches Militärdepartement.
Empf. Empfang, Empfänger; Empfehlung.
empf. empfohlen.
E-Musik ernste Musik.
Engl *geogr.* England, Engländer; *ling.* Englisch.
engl. englisch.
Entf. Entfernung.
entg. entgangen; entgegen.
Enzykl. *R.C.* Enzyklika; Enzyklopädie.
EOS Erweiterte Oberschule (*DDR*).
EPA Europäisches Patentamt.
epd Evangelischer Pressedienst.
erb. erbaut.
Erbf. Erbfolge.
Erbl. *jur.* Erblasser.
Erdg. Erdgeschoß.
erf. erfolgt; erforderlich; erfunden.
Erg. Ergänzung; Ergebnis.
erh. erhalten.
Erkl. Erklärung.
Erl. Erlaß.
Ers. Ersatz.
erstg(en). erstgenannt.
erstkl. erstklassig.
erstm. erstmalig, -mals.
Ertr. Ertrag, Erträge *pl.*
Erw. Erwachsene.
Erz. Erzähler.
ESG Evangelische Studentengemeinde in Deutschland.
Eßl. Eßlöffel.
ESt. Einkommensteuer.
etc. (*Lat.*) et cetera, und so weiter.
etw. etwaig, etwas.
euphem. euphemistisch.
Eur. Europa, Europäer.
eur. europäisch.
EURATOM, Euratom Europäische Atomgemeinschaft.
e.V. eingetragener Verein.
ev. evangelisch.
ev.-luth. evangelisch-lutherisch.
EVP Einzel(handels)verkaufspreis.
ev.-ref. evangelisch-reformiert.
evtl. eventuell.
ew. einstweilig; ewig.
EWF Europäischer Währungsfonds.
EWG Europäische Wirtschaftsgemeinschaft.
e.Wz. *econ.* eingetragenes Warenzeichen.
exempl. exemplarisch.
exkl. exklusiv(e).
Exp. *econ.* Export.
Expl. Exemplar.
Expr. Expreß.
Exz. Exzellenz.
EZ Einzelzimmer.
E-Zug *rail.* Eilzug.

F

F *phys.* Fahrenheit; *rail.* Fernschnellzug; *mot.* Frankfurt, Frankreich.
f. folgende (Seite) (*of books*).
Fa. Firma.
Fabr. Fabrikat(ion).
Fachber. Fachbereich.
Fachl. Fachlehrer; Fachliteratur.
fahrb. fahrbar; fahrbereit.
Fahrg(est).-Nr. Fahrgestellnummer.
Fak. Fakultät.
Faks. Faksimile.
Fam. Familie.
fam. familiär.
Fbl. Faltblatt; Formblatt.
FC Fußballclub.
FD *rail.* Ferndurchgangszug, Fernschnellzug.
FDGB Freier Deutscher Gewerkschaftsbund (*DDR*).
FDJ Freie Deutsche Jugend (*DDR*).
fdl. *mil.* feindlich.
FDP, F.D.P. Freie Demokratische Partei.
Febr. Februar.
Feingeh. *metall.* Feingehalt.
Fem. Femininum.
fem. feminin.
Fernr. *teleph.* Fernruf.
Fernschr. Fernschreiben, -schreiber.
FF französischer Franc.
F.f. Fortsetzung folgt.
ff sehr fein.
ff. folgende (Seiten) (*of books*).
FG Fachgruppe.
FH Fachhochschule.
Fh. Fähre; Forsthaus.
Fhrz. Fahrzeug.
Fig. Figur.
fig. figurativ, figürlich.
Fil. *econ.* Filiale.
Fin. *mus. Sport*: Finale; Finanz(en *pl*).
fin. finanziell.
finn. finnisch.
FKK Freikörperkultur.
FL *mot.* Fürstentum Liechtenstein.
Fl. Fläche; Fluß.
Fla *mil.* Flieger- *od.* Flug(zeug)abwehr.
Flak *mil.* Flieger- *od.* Flug(zeug)abwehrkanone.
flg. folgend(e).
fl.k.u.w.W. fließend kaltes und warmes Wasser.
fl.W. fließendes Wasser.
FmK Finnmark (*monetary unit of Finland*).
Fn. Familienname; Fußnote.
folg. folgend(e).
Form. Formular.
Forstw. Forstwesen, -wirtschaft; Forstwissenschaft.
fortl. fortlaufend.
Forts. Fortsetzung.
Forts. f. Fortsetzung folgt.
FPÖ Freiheitliche Partei Österreichs.
Fr. Franken (*monetary unit of Switzerland*); Frau; Frühstück.
fr Franc (*monetary unit of France*).
fr. *econ.* franko; französisch; frei; freitags.
franz. französisch.
frbl. freibleibend.
frdl. freundlich.
freiw. freiwillig.
frhtl. freiheitlich.
fries. friesisch.
Frk(r). *geogr.* Frankreich.
Frl. Fräulein.
frz. französisch.
FS Fachschule; Fernschreiben, -schreiber.
FSK Freiwillige Selbstkontrolle der Filmwirtschaft.
FU Freie Universität (*Berlin West*).
Fut. *ling.* Futur(um); *Kunst*: Futurismus, -rist.
fut. *ling.* futurisch; futuristisch.

G

G Gas; *econ.* Geld; Gesetz; *mot.* Graz (*Austria*).
g Gramm; Groschen (*monetary unit of Austria*).
Ga. Garage; Garten.
Gal. *Bibl.* Galater; Galerie; Galopp.
galv. *tech.* galvanisch; galvanisieren, -siert.
Gar. Garage; Garant(ie).
gar. garantieren, -tiert.
garn. garnieren, -niert.
gastr. gastronomisch.
GB *econ.* Geld und Brief; *mot.* Großbritannien.
Gbd. Gebäude; Großband (*of books*).
gbd. gebunden (*book*).
Gbf *rail.* Güterbahnhof.
gbr. gebraucht.
Gbt. Gebiet.
Gde. Gemeinde; Gründe *pl.*
Geb. Gebäude; Gebiet; Gebirge; Geburt.
geb. gebaut; geboren(e).
Gebr. Gebrauch, Gebräuche *pl*; Gebrüder *pl.*
gebr. gebraucht.
Gebr.-A. Gebrauchsanleitung, -anweisung.
gedr. gedruckt.
gef. *mil.* gefallen; gefällig(st).
Gefr. *mil.* Gefreite.
gegr. gegründet.
Geh. Gehalt, Gehilfe.
geh. geheftet (*book*); geheim; gehoben.
geistl. geistlich.
gek. gekocht; gekürzt.
Gel. Gelatine.
gel. gelegen.
gelt. geltend.
Gem. Gemeinde; Gemüse.
gem. gemacht; gemahlen; gemäß; gemein.
GEMA Gesellschaft für musikalische Aufführungs- und mechanische Vervielfältigungsrechte.
Gen. Genehmigung; *mil.* General; Generation.
gen. genannt; genau; genehmigen, -migt.
Gend. Gendarm(erie).
Gen.-Dir. Generaldirektor.
Gen.-Sekr. Generalsekretär, -sekretariat.
geogr. geographisch.
geol. geologisch.
geom. geometrisch.
Gep. Gepäck.
gepfl. gepflanzt; gepflegt.
gepr. geprüft.
ger. gerade; gerichtlich; gerieben.
Ges. Gesandte, Gesandtschaft; *econ.* Gesellschaft(er); Gesetz(gebung).
ges. gesammelt; gesamt; gesandt; gesehen; gesetzlich.
gesch. geschädigt; geschäftlich; geschieden; geschützt.
Geschl. Geschlecht.
geschl. geschlechtlich; geschlossen.
Geschw. Geschwindigkeit; Geschwister *pl.*
ges.gesch. gesetzlich geschützt.
gesp. gesperrt.
gespr. gesprochen.
GESt. Grunderwerbssteuer.
gest. gestaltet; gestern; gestorben.
Gestapo *hist.* Geheime Staatspolizei.
ges.Vertr. gesetzlicher Vertreter.
Getr. Getränk(e *pl*); *tech.* Getriebe.
getr. getrennt; getrocknet.
GEW Gas, Elektrizität, Wasser; Gewerkschaft Erziehung und Wissenschaft.

Gew. Gewähr(leistung); Gewalt; Gewicht.
gew. gewählt; gewaschen; gewerblich; gewünscht.
Gez. Gezeiten *pl.*
gez. gezählt; gezahnt, gezähnt; gezeichnet.
gfl. gefällig.
GG Grundgesetz.
ggbfs. gegebenenfalls.
ggr. *gastr.* gegrillt; gegründet.
Ggs. Gegensatz.
ggs. gegensätzlich; gegenseitig.
ggz. gegengezeichnet, -zeichnen.
gk griechisch-katholisch.
g.Kdos. *mil.* geheime Komandosache.
Gld. Ganzleder(einband) (*of books*).
gleichn. gleichnamig.
Gln. Ganzleinen(einband) (*of books*).
glt. gültig.
GMD Generalmusikdirektor.
Gmde. Gemeinde.
gpr. gepreßt; geprüft.
grad. graduell; graduieren, -duiert.
Gram(m). Grammatik.
gram(m). grammatisch.
gran. granulieren, -liert, granulös.
graph. graphisch.
Grat. Gratifikation; Gratulant, Gratulation.
grat. gratis.
grch. griechisch.
Grchl. *geogr.* Griechenland.
Grdfl. Grundfläche.
Grds. Grundsatz.
gr.-orth. griechisch-orthodox.
Grz. Grenze.
GS Geschäftsstelle; Grenzschutz.
GST Gesellschaft für Sport und Technik (*DDR*).
Gttg. Gattung.
Gült.-D. Gültigkeitsdauer.
G.W. Gesammelte Werke *pl.*
Gymn. Gymnasiast, Gymnasium; Gymnastik, Gymnastin.
Gyn(äk). *med.* Gynäkologe, -logie.
gyn(äk). *med.* gynäkologisch.
gz. ganz; gezeichnet.
gzj. ganzjährig.

H

H *econ.* Haben; Haltestelle; *mot.* Hannover; *geogr.* Hessen; *rail. etc* Hinfahrt; *meteor.* Hoch(druck); *mot.* Hungaria, Ungarn.
h Hekto-.
ha Hektar.
habil. (*Lat.*) habilitatus, habilitiert.
Haftpfl. Haftpflicht.
halbj(hl). halbjährlich.
haltb. haltbar.
Handb. Handbuch.
handl. handlich.
Handw. Handwerk(er).
haupts. hauptsächlich.
HB *mot.* Hansestadt Bremen; Hofbräu.
Hbf. Hauptbahnhof; Heimatbahnhof.
Hbg. *geogr.* Hamburg.
Hbj. Halbjahr.
HBV Gewerkschaft Handel, Banken und Versicherungen.
h.c. (*Lat.*) honoris causa, ehrenhalber.
Hd. Hand; Hundert.
hdgm. handgemacht.
hdl. handlich.
Hdlg. Handlung.
HD-Öl (*Engl.*) *tech.* Heavy-duty Öl, Öl für schwere Betriebsbelastung.
hdschr. handschriftlich.
hdt. hundert.
HEL *mot.* Hessen, Landesregierung und Landtag.
helv. helvetisch.
herg(est). hergestellt.
Herk.-Ang. Herkunstsangabe.
Herst.-K. *econ.* Herstellungskosten *pl.*
Hf. Hafen.
hfl holländischer Gulden (*monetary unit*).
HG Handelsgenossenschaft; Handelsgesellschaft.
Hg. Herausgeber.
Hgb. Herausgeber.
hgb. herausgegeben.
hgg. herausgegeben.
HH *mot.* Hansestadt Hamburg.
Hi. Hilfs-.
HiFi, Hi-Fi, Hifi (*Engl.*) *Radio*: high fidelity, höchste Klangtreue.
Hins. Hinsicht.
hins. hinsichtlich.
Hist. *med.* Histologie; Historie, Historiker.
hist. *med.* histologisch; historisch.
HJ *hist.* (*in NS-Zeit*) Hitlerjugend.
Hj. Halbjahr.
HK Handelskammer; Handwerkskammer; Hauptkasse.
HL *mot.* Hansestadt Lübeck.
hl Hektoliter.
hl. heilig.
h.M. herrschende Meinung.
HNO *med.* Hals, Nase(n), Ohren.
HO Handelsorganisation (*DDR*).
hochd. *ling.* hochdeutsch.
Hochw. Hochwasser; *R.C.* Hochwürden.
höfl. höflich(st).
hohtl. hoheitlich.
Holl. *geogr.* Holland, Holländer, *ling.* Holländisch.
holl(änd). holländisch.
holst. holsteinisch.
Hon. Honorar.
hor(iz). horizontal.
HP Halbpension.
Hpfl. Haftpflicht.
Hpt. Haupt-.
Hptm. *mil.* Hauptmann.
hpts. hauptsächlich.
HQ, H.-Qu. *mil.* Hauptquartier.
HR Hessischer Rundfunk; Hofrat (*Austria*).
Hr. Herr; *mus.* Horn.
HReg. Handelsregister.
Hrsg. Herausgeber.
hrsg. herausgegeben.
Hrst. Hersteller, Herstellung.
hs. handschriftlich.
Hs.-Nr. Hausnummer.
HSV Hamburger Sportverein.
HTL Höhere Technische Lehranstalt.
Hubr. *tech.* Hubraum.
HUK Haftpflicht-, Unfall- und Kraftverkehrsversicherung.
HVerw., H.-Verw. Hauptverwaltung; Hausverwalter, -verwaltung.
hwG, h.w.G. häufig wechselnde Geschlechtspartner *pl.*
Hy. *tech.* Hydraulik.
hy. *tech.* hydraulisch.
hydr. *tech.* hydraulisch.
hyg. hygienisch.
Hyp. *econ. jur.* Hypothek; Hypothese.
hypoth. hypothetisch.
Hz *phys.* Hertz.
hzb. heizbar.
Hzg. Heizung.

I

I *mot.* Italien.
i *math.* imaginäre Einheit.
i. im, in; innen; innerhalb; innerlich.
i.A. im Aufbau; im Auftrag; in Abwesenheit; in Ausbildung.
i.a. im allgemeinen.
i.allg. im allgemeinen.
i.Auftr. im Auftrag.
i.Ausb. im *od.* in Ausbau; in Ausbildung.
i.a.W. in anderen Worten.
i.B. im *od.* in Bau; in Bayern; im *od.* in Betrieb; in Buchstaben.
i.b. im besonderen.
ib. (*Lat.*) ibidem, ebenda, -dort.
ibd. (*Lat.*) ibidem, ebenda, -dort.
i.Br. *geogr.* im Breisgau.
IC *rail.* Intercity-Zug.
i.D. im Dienst; im Durchschnitt.
i.d. in das, in dem, in den, in der, in die.
i.d.F. *jur.* in der Fassung; in der Form.
i.d.M(in). in der Minute.
i.d.R. in der Regel; in der Reserve.
i.d.S. in dem Sinne; in der Sache; in der Sekunde.
i.d.Sek. in der Sekunde.
i.d.St(d). in der Stunde.
I.E. *med.* Insulineinheit.
i.e. im einzelnen.
i.e.S. im eigentlichen *od.* engeren Sinne.
i.Fa. in Firma.
i.flag(r). (*Lat.*) *jur.* in flagranti, auf frischer Tat.
i.folg. im folgenden.
i.F.v. in Form von.
i.G. *mil.* im Generalstab.
i.g. im ganzen.
IGB Internationaler Gewerkschaftsbund.
IGM Industriegewerkschaft Metall.
i.H. im Hause.
IHK Industrie- und Handelskammer; Internationale Handelskammer.
i.Hs. im Hause.
i.H.v. in Höhe von.
i.J. im Jahre.
i.K. *econ.* in Kommission; im *od.* in Konkurs; in Kürze.
IKRK Internationales Komitee vom Roten Kreuz.
i.L. *econ.* in Liquidation.
Ill. Illustrierte.
ill. illustriert.
i.M. im Mittel; im Monat.
i.m. *med.* intramuskulär.
im allg. im allgemeinen.
im bes. im besonderen.
Imm. Immission; Immobilien *pl.*
Imp. *ling.* Imperativ; Imperator, Imperatrix; *ling.* Imperfekt; Imperialismus; Imperium; Import; Impuls.
Imper. *ling.* Imperativ.
Imperf. *ling.* Imperfekt.
imst. imstande.
i.N. im Namen.
inbegr. inbegriffen.
Ind. Inder; Index; *geogr.* Indien; *ling.* Indikativ; Industrie, Industrielle.
indef. *ling.* indefinit.
Indik. Indikation; *ling.* Indikativ; Indikator.
Indiv. Individualität; Individuum.
indiv. individuell.
Indusi *rail.* induktive (Zug)Sicherung.
Inf. *mil.* Infanterie; *ling.* Infinitiv; Information.
inf. infolge; informativ; informieren, -miert.

Info Information.
Ing. Ingenieur.
Inh. Inhaber; *med.* Inhalation; Inhalt.
Inh.-Verz. Inhaltsverzeichnis.
Inj. *med.* Injektion; Injurie.
inkl. inklusive.
Inl. Inland.
inoff. inoffiziell.
Ins. Insekt; Insel.
Inschr. Inschrift.
insg. insgesamt.
Inst. Installateur, Installation, Installierung; Instinkt; Institut(ion).
int. interessant; intern; international.
intern. international.
Inv. Invalide, Invalidität.
inv. invalide; invariabel.
inzw. inzwischen.
i.O. *geogr.* in Oldenburg; in Ordnung.
IOK Internationales Olympisches Komitee.
IQ, I.Q. *psych.* Intelligenzquotient.
i.R. im Ruhestand.
ir. irisch; ironisch.
i.Res. in Reserve.
IRK Internationales Rotes Kreuz.
IRL *mot.* Irland.
Irl. *geogr.* Irland.
irreg. irregulär.
i.S. im Sinne.
i.Sa. in Sachen; *geogr.* in Sachsen; in summa.
ISBN Internationale Standardbuchnummer.
i.Schw. *geogr.* im Schwarzwald.
i.S.d. im Sinne des.
Isr. *geogr.* Israel, Israeli.
isr. israel(it)isch.
i.S.v. im Sinne von.
It. *geogr.* Italien, Italiener.
i.T. im Text; in Tausend; *geogr.* in Tirol.
it(al). italienisch.
i.Th. *geogr.* in Thüringen.
i.Tr. in der Trockenmasse (*percentage of fat in cheese*).
i.ü. im übrigen.
IV Industrieverband, -vereinigung.
I.V. In Vertretung; In Vollmacht.
i.V. in Vertretung; in Vorbereitung.
i.v. *med.* intravenös.
i.V(bdg).m. in Verbindung mit.
i.w.S. im weiteren Sinne.

J

Jahrb. Jahrbuch.
Jahrg. Jahrgang.
Jahrh. Jahrhundert.
Jan. Januar.
jap. japanisch.
Jb. Jahrbuch.
jem. jemals; jemand; jemenitisch.
jens. jenseitig, jenseits.
Jgd. Jugend.
JH Jugendherberge.
Jhdt. Jahrhundert.
Jhtsd. Jahrtausend.
jidd. jiddisch.
jmd. jemand.
j.Mts. jedes *od.* jeden Monats.
JU Junge Union (*in the CDU, CSU*).
Judo(s *pl***)** Jungdemokrat(en *pl*) (*in the FDP*).
Jun. Junior(en *pl*), *Sport*: Jugendliche *pl.*
jur. juridisch, juristisch.
Juso(s *pl***)** Jungsozialist(en *pl*) (*in the SPD*).

K

K *mot.* Kärnten; *electr.* Kathode; *phys.* Kelvin; *mot.* Köln; König (*in chess*).
K. Kap; Kirche; Kopf; Korps.
k Kilo-.
k. kalt.
KAB Katholische Arbeiterbewegung.
KAJ Katholische Arbeiterjugend.
Kaj. Kajüte.
Kal. Kalender; Kaliber.
Kan. *geogr.* Kanada, Kanadier; Kanal.
Kap. Kapazität; Kapelle; Kapital(ismus), Kapitalist; Kapitel.
Kapt. Kapitän.
Kard. *R.C.* Kardinal.
kart. kartographisch; kartoniert (*of books*).
Kat. Katalog.
kath. katholisch.
kaufm. kaufmännisch.
k.b.V. keine besonderen Vorkommnisse.
kcal *phys.* Kilo(gramm)kalorie.
KD Kontrolldienst; Kundendienst.
KdF *hist.* (*in NS-Zeit*) Kraft durch Freude.
Kdo. *mil.* Kommando.
KDV Kriegsdienstverweigerer, -verweigerung.
kelt. keltisch.
Kennz. Kennzahl; Kennzeichen; Kennziffer.
Kfm. Kaufmann.
kfm. kaufmännisch.
KFZ Kraftfahrzeug; *med.* Krebsforschungszentrum (Heidelberg).
Kfz Kraftfahrzeug.
Kfz-Vers. Kraftfahrzeugversicherer, -versicherung.
KG Kommanditgesellschaft; Kreisgericht (*Austria*).
Kg. König.
K.g. Kenntnis genommen.
kg Kilogramm.
Kgf. Kriegsgefangene, -gefangenschaft.
kgl. königlich.
Kgn. Königin.
Kgr. Kongreß; Königreich.
kHz *phys.* Kilohertz.
kin. kinetisch.
Kj. Kalenderjahr.
KK Kleinkaliber.
KKW Kernkraftwerk.
Kl. *jur.* Klage, Kläger; Klasse, Klassifikation, Klassifizierung.
klass. klassisch.
km Kilometer.
km/h Kilometer pro Stunde.
km/st Kilometer pro Stunde.
KNA Katholische Nachrichtenagentur.
Koeff. *math. phys.* Koeffizient.
Koll. Kollege; Kollektion.
koll. kollegial; kollektiv.
Kom. Komiker; Komitee; Komödie.
komf. komfortabel.
Komm. Kommune; Kommunismus, Kommunist.
komm. kommunal; kommunistisch.
Komp. *econ. mil.* Kompanie; *ling.* Komparativ.
kompl. komplett; komplex.
Kond. Kondensat(ion); Kondition; *ling.* Konditional.
Konf. Konfektion(är); Konferenz; *relig.* Konfession.
Konfl. Konflikt.
Konj. *ling.* Konjugation; *ling.* Konjunktiv; *econ.* Konjunktur.
konkr. konkret, konkretisieren, -siert.
Ko.-Nr. Kontonummer.
Konst. *math.* Konstante; Konstellation; Konstitution.
konst. konstant; konstituieren(d), -tuiert.
Konstr. Konstrukteur, -tion.
konstr. konstruieren, -iert; konstruktiv.
Kont. Kontext; Kontinent; Kontingent.
Kontr. Kontrast; Kontrolle, Kontrolleur.
Konv. Konvent; Konvention.
konv. konventionell; *phys.* konvex.
Koop. Kooperation.
korr. korrekt; korrodieren, -diert; korrupt.
KP Kommunistische Partei.
KPD Kommunistische Partei Dänemarks *od.* Deutschlands.
KPdSU Kommunistische Partei der Sowjetunion.
kpl. komplett.
kr Krone (*monetary unit*).
Krad Kraftrad.
Krh. Krankenhaus.
krit. kritisch.
Krs. Kreis.
KSG Katholische Studentengemeinde.
kstl. köstlich; künstlerisch; künstlich.
KSZE Konferenz über Sicherheit und Zusammenarbeit in Europa.
Kt. Kanton (*Switzerland*); Kaution.
Kto. *econ.* Konto.
Kto.-Ausz. *econ.* Kontoauszug.
Ktr.-Nr. Kontrollnummer.
Kü. Küche; Küste.
Kü.-Ben. Küchenbenutzung.
k.u.k. *hist.* kaiserlich und königlich.
Kümo Küstenmotorschiff.
künstl. künstlerisch; künstlich.
KV *mus.* Köchelverzeichnis.
kv. kriegsverwendungsfähig.
KW Kraftwerk; *Radio*: Kurzwelle.
kW *electr.* Kilowatt.
kWh *electr.* Kilowattstunde.
KZ *hist.* Konzentrationslager.
Kzf. Kurzfassung, -form.
kzfr. kurzfristig.

L

L Läufer (*in chess*); *mot.* Linz, Luxemburg.
L. Lira, Lire *pl* (*monetary unit of Italy*).
l Liter.
l. lies!; links.
l.A. laut Akte(n); laut Angabe(n).
Lab. Laboratorium.
Lag.-Best. *econ.* Lagerbestand.
Landkr. Landkreis.
langfr. langfristig.
langj. langjährig.
lat. lateinisch; latent; *med.* lateral.
lbd. lebendig.
Lbd-Gew. Lebendgewicht.
LD *pharm.* Letaldosis, letale Dosis.
ld. ledig; luftdicht.
Ldg. Ladung; Landung.
Ld.-Kr., Ldkr. Landkreis.
Ldtg. Landtag.
ldw. landwirtschaftlich.
led. ledig; lediglich.
Leist. Leistung.
Lekt. Lektion; Lektor(at); Lektüre.

letztw. letztwillig.
Lex. Lexikon.
lex. lexikalisch.
Lf. Läufer; *econ.* Lieferant, Lieferung.
Lf.-Bed. *econ.* Liefer(ungs)bedingungen *pl.*
lfd. laufend.
lfd.J. laufenden Jahres, laufendes Jahr.
lfd.M. laufenden Monats, laufender Monat.
lfdm, lfd.m. laufende Meter *pl.*
lfd.Nr. laufende(r) Nummer.
Lfg(n). Lieferung(en *pl*).
lfm laufende Meter *pl.*
lfr. Luxemburger Franc (*monetary unit*).
Lfrg. *econ.* Lieferung.
Lf.-Zt., Lfzt. *econ.* Laufzeit; *econ.* Lieferzeit.
Lg. Lager(ung); Leitung; Lösung.
lg. lang; ledig.
LH Lufthansa (*German airline*).
Limo Limonade.
Lin. Linie.
lin. linear.
Liq. *econ.* Liquidation; (*Lat.*) *pharm.* Liquor, Flüssigkeit.
liq. liquide; liquidieren.
Lit. Literat(ur).
Liz. Lizenz.
Liz.-Geb. Lizenzgebühr(en *pl*).
l.J. laufenden Jahres, laufendes Jahr.
Lkr. Landkreis.
LKW, Lkw Lastkraftwagen.
l.M. laufenden Monats, laufender Monat; *econ.* laut Muster.
Log. Logik; Logistik.
log. logisch; logistisch.
lok. lokal.
lösl. *chem.* löslich.
LP Langspielplatte.
LPG Landwirtschaftliche Produktionsgenossenschaft (*DDR*).
l.R. laut Rechnung.
lrh. linksrheinisch.
LSD *pharm.* Lysergsäurediäthylamid.
Lsg. Losung; Lösung.
lt. laut; leitend.
ltd. leitend.
Ltg(n). Leitung(en *pl*).
Ltr. Leiter; Liter.
luftd. *tech.* luftdicht.
luth. *relig.* lutherisch.
Lux. *geogr.* Luxemburg, Luxemburger.
lux. luxemburgisch.
LVA Landesversicherungsamt, -anstalt.
LvD, L.v.D. Leiter vom Dienst.
LW *Radio*: Langwelle(n *pl*); *mil.* Luftwaffe.
l.W. laufende(r) Woche; letzte(r) Woche; *tech.* lichte Weite.
lx *phys.* Lux.
lyr. lyrisch.
Lyz. Lyzeum.
LZ *aer.* Landezone; Leerzimmer.
LZB Landeszentralbank.

M

M Mark (*DDR, monetary unit*); *mot.* München.
M. Magister; Monat; Montag.
m (*Lat.*) masculinum, männlich; Meter; Milli-.
m. männlich; maskulin.
MA Medizinalassistent.
MA. Mittelalter.
M.A. (*Lat.*) Magister Artium, Magister der freien Künste.
mA *electr.* Milliampere.
m.Abb. mit Abbildung(en).
MAD Militärischer Abschirmdienst.
Mag. Magazin; Magister; Magistrat.
magn. magnetisch.
Maj. *mil.* Major.
Makl.(-Geb.) *econ.* Makler(gebühr).
m.A.n. meiner Ansicht nach.
Mar. Marine.
mar. maritim; marokkanisch.
Marktfl. Marktflecken.
masc. (*Lat.*) *ling.* masculinum, männlich.
Masch. Maschine, Maschinist.
masch. maschinell.
maschr. maschinenschriftlich.
Mask. *ling.* Maskulinum.
mask. maskieren, maskiert; maskulin.
math. mathematisch.
m.a.W. mit anderen Worten.
Max. Maximum.
MAZ *TV* magnetische Aufzeichnung.
mbH, m.b.H. *econ.* mit beschränkter Haftung *od.* Haftpflicht.
mbl. möbliert.
MdB, M.d.B. Mitglied der Bürgerschaft; Mitglied des Bundestages.
mdj. minderjährig.
MdL, M.d.L. Mitglied des Landtages.
mdl. mündlich.
MdR *hist.* Mitglied des Reichstages.
m.E. meines Erachtens; mit Einschränkung(en).
Med. Medikament; Medizin(er).
med. medikamentös; medizinisch.
mehrj. mehrjährig.
MEZ mitteleuropäische Zeit.
m.fl.k.u.w.W. mit fließend kaltem und warmem Wasser.
MG *mil.* Maschinengewehr.
mg Milligramm.
Mgl. Mitglied.
Mgr. (*Ital.*) *R.C.* Monsignore.
mhd. *ling.* mittelhochdeutsch.
MHz *phys.* Megahertz.
Mia. Milliarde(n *pl*).
Mil. Militär; Miliz.
mil. militant; militärisch.
milit. militant; militärisch; militaristisch.
Mill. Milliarde(n *pl*); Million(en *pl*), Millionär.
min Minute.
min. minimal; minus.
minderj. minderjährig.
minderw. minderwertig.
Mio. Million(en *pl*).
Mitbest. Mitbestimmung.
Mitbew. Mitbewerber; Mitbewohner.
Mitgl. Mitglied.
Mittelw. Mittelwert; *ling.* Mittelwort.
Mittw. Mittwoch.
Mitw. Mitwirkende, Mitwirkung.
Mjr. *mil.* Major.
ML Marxisten-Leninisten.
ml Milliliter.
mm Millimeter.
Mo. Monat; Montag; Morgen; Motor.
Mob. Mobilmachung.
möbl. möbliert.
mod. modern; modisch.
Modem *Computer*: Modulator-Demodulator.
Mofa Motorfahrrad.
mögl. möglich(st).
Mot. Motor; *med.* Motorik.
MOZ mittlere Ortszeit; *tech.* Motoroktanzahl.
MP *mil.* Maschinenpistole; Militärpolizei.
MPi *mil.* Maschinenpistole.
Mrd. Milliarde(n *pl*).
Mrz. März; Mehrzahl.
MS Manuskript; *mar.* Motorschiff; *med.* multiple Sklerose.
ms Millisekunde.
m/s Meter pro Sekunde.
msec Millisekunde.
m/sec Meter pro Sekunde.
mst. meist(ens), meistenteils.
Mt. Monat.
MTA medizinisch-technische Assistentin.
Mte. Miete; Monate *pl.*
mtl. monatlich.
M&S, M+S *mot.* Matsch und Schnee (*tires*).
Mus. Museum; Musik(er).
mV *electr.* Millivolt.
mW *electr.* Milliwatt.
m.W. meines Wissens; mit Worten.
MwSt., Mw.-St. *econ.* Mehrwertsteuer.
Myth. Mythologie; Mythos.

N

N *mot.* Niederösterreich; Nord(en); *mot.* Norwegen, Nürnberg.
n. nach; *ling.* Neutrum; nördlich.
Nachf. Nachfolge(r).
Nachm. Nachmieter; Nachmittag.
nachm. nachmittäglich; nachmittags.
Nachn. *Post*: Nachnahme.
Nachr. Nachricht(en *pl*).
näml. nämlich.
Nat. Nation; Natur.
nat. national(istisch); natürlich.
nat.Gr. natürliche(r) Größe.
NATO (*Engl.*) North Atlantic Treaty Organization, Nordatlantikpakt.
NB (*Lat.*) notabene, übrigens.
n.B. nördliche(r) Breite.
Nbk. *econ.* Nebenkosten.
NC (*Lat.*) Numerus clausus, zahlenmäßig beschränkte Zulassung (*at universities*).
Nchf. Nachfolge(r).
n.Chr. nach Christus.
ND Nachrichtendienst.
NDR Norddeutscher Rundfunk.
Ndrh. *geogr.* Niederrhein.
neb. neben.
neg. negativ; negiert.
neutr. neutral.
neuw. neuwertig.
Nf. Nachfolge(r).
n.F. neue Fassung; neue Form.
nf. nachfolgend.
n.f. nur für.
n. Gew. *econ.* nach Gewicht.
nhd. *ling.* neuhochdeutsch.
n.J. nächsten Jahres.
nkr norwegische Krone (*monetary unit*).
NL *mot.* Niederlande *pl.* Niedersachsen, Landtag und Landesregierung.
n.M. nach Meinung; nächsten Monat(s).
NN (*Lat.*) nomen nominandum *od.* nescio, der Name ist noch zu nennen; Normalnull(punkt).
NO Nordost(en).

NOK Nationales Olympisches Komitee.
Nom. Nomade; *ling.* Nominativ.
norm. normal(erweise).
Norw. *geogr.* Norwegen, Norweger, *ling.* Norwegisch.
norw. norwegisch.
notf. notfalls.
notw. notwendig.
NPD Nationaldemokratische Partei Deutschlands.
Nr. Nummer.
NRW *geogr.* Nordrhein-Westfalen.
NS Nachschrift; *econ.* nach Sicht; *hist.* Nationalsozialismus, Nationalsozialistisch.
NSDAP *hist.* Nationalsozialistische Deutsche Arbeiterpartei.
NSG Naturschutzgebiet.
NSt Nebenstelle.
N.T. *Bibl.* Neues Testament.
nto(.) *econ.* netto.
nukl. nuklear.
n.V. nach Vereinbarung.
NVA Nationale Volksarmee (*DDR*).
NW Nordwest(en).
n.W. nächste(r) Woche.

O

O *mot.* Oberösterreich; Ost(en).
o. oben, oberhalb; ohne; ordentlich.
o.a. oben angeführt *od.* angegeben; oder andere(s).
ÖAMTC Österreichischer Automobil-, Motorrad- und Touring-Club.
OB Oberbürgermeister.
o.B. *med.* ohne Befund.
ÖBB Österreichische Bundesbahnen *pl.*
Obb. *geogr.* Oberbayern.
Oberfl. Oberfläche.
obgl. obgleich.
obj. objektiv.
oblig. obligatorisch.
obs. obskur; obsolet.
od. oder.
o.d.T. *geogr.* ob der Tauber.
OEZ osteuropäische Zeit.
offiz. offiziell; offiziös.
öfftl. öffentlich.
Offz. *mil.* Offizier.
OG Obergeschoß.
o.G. ohne Gewähr.
o.g. oben genannt.
OHG offene Handelsgesellschaft.
o.J. ohne Jahr(esangabe) (*in books*).
ökol. ökologisch.
ökon. ökonomisch.
OLG(er). Oberlandesgericht.
ÖOC Österreichisches Olympisches Comité.
OP *med.* Operationssaal.
Op. Oper; Operation; (*Lat.*) *mus.* Opus, Werk.
op. operativ; (*Lat.*) *mus.* opus, Werk.
op.cit. (*Lat.*) opere citato, im angegebenen Werk.
OPD Oberpostdirektion.
o.Prof. *ped.* ordentlicher Professor.
Orch. Orchester; Orchidee.
ord. ordentlich; ordiniert.
Ordn. Ordnung.
ORF Österreichischer Rundfunk.
ORG Ostschweizerische Radio-Gesellschaft.
org. organisatorisch; organisieren, -siert.
orient. orientalisch.
Orig. Original(ität).
orig. original; originär; originell.
orth. *relig.* orthodox; orthographisch; *med.* orthopädisch.
örtl. örtlich.
o.St. *mar. Sport*: ohne Steuermann.
österr. österreichisch.
östl. östlich.
ÖTV Gewerkschaft Öffentliche Dienste, Transport und Verkehr.
o.U. ohne Unterschied; ohne Untersuchung.
Ouv. *mus.* Ouvertüre.
OvD, O.v.D. *mil.* Offizier vom Dienst.
ÖVP Österreichische Volkspartei.
OZ *tech.* Oktanzahl.
Oz. *geogr.* Ozean.
ÖZH Ölzentralheizung.
o.Zw. ohne Zweifel; ohne Zwischenfall.

P

P Parkplatz; *rail.* Personenzug; Post.
P. Paar; Pater.
p *econ.* pari; Penni (*monetary unit of Finland*); Peso (*monetary unit*).
p. per; pro.
PA Patentanmeldung; Personalabteilung; Postamt.
p.A. per Adresse, bei.
pa. prima.
Päd. Pädagoge, -gogik.
päd. pädagogisch.
p.Adr. per Adresse, bei.
PAL (*Engl.*) Phase Alternating Line (*German colo[u]r television system*).
Parl. Parlament.
parl(ament). parlamentarisch.
Part. Partei; Parterre; *ling.* Partizip; Partner.
Pass. *ling.* Passiv; *econ.* Passiva *pl.*
Pat. Patent.
pat. patent; patentieren, -tiert.
Pbd. Pappband (*of books*).
Pck(g). *econ.* Packung.
PDA Pressedienst der Deutschen Arbeitgeberverbände.
Perf. *ling.* Perfekt.
perf. perfekt; perforieren, -riert.
Pers. Person(en *pl*).
pers. persönlich.
Pf Pfennig.
Pf. Pfand, Pfarrer; Pfund.
Ph *phys.* Phon.
pH (*Lat.*) *chem.* pondus hydrogenii, Wasserstoffionenkonzentration.
Ph. Philosophie; *phys.* Phon; Photo (-zelle).
pharm. pharmakologisch; pharmazeutisch.
Phil. Philologe, -logie; Philosoph, -sophie.
phil. philologisch; philosophisch.
Phys. Physik(er).
phys. physikalisch; physisch.
Pkg. *econ.* Packung.
Pkt. Paket; Punkt.
PKW, Pkw Personenkraftwagen.
PL *mot.* Polen.
Pl. Plakat; Plan(ung); Platz; Plenum; *ling.* Plural.
plötzl. plötzlich.
PLZ *Post*: Postleitzahl.
pol. politisch; polizeilich.
Polio *med.* Poliomyelitis.
poln. polnisch.
pos. positiv.
Postf. *Post*: Postfach.
postw. postwendend.
ppa, p.pa. (*Lat.*) *econ.* per procura(tionem), in Vollmacht.
Präd. Prädikat.
prakt. praktisch.
Präs. *ling.* Präsens; Präsident(schaft), Präsidium.
Prf(g). Prüfung.
priv. privat; privatisiert; privilegiert.
Probl. Problem(atik).
Prof. Professor.
Profi Professional, Berufssportler.
Prok. *econ.* Prokura, Prokurist.
Prom. Promille.
Pron. *ling.* Pronomen.
Prosp. Prospekt.
Prot. *relig.* Protestant(ismus).
prot. *relig.* protestantisch.
Prov. Provinz.
prov. provisorisch.
PS *tech.* Pferdestärke; Postskript(um).
PSch Postscheck.
PSchA Postscheckamt.
PSchK(to) Postscheckkonto.
Pseud. Pseudonym.
Psych. Psychiater, Psychiatrie; Psychologe, -logie; *med.* Psychose.
psych. psychiatrisch; psychisch; psychologisch.
Pt. Pilot; Punkt.
PTT Post, Telephon, Telegraph (*Switzerland*).
PU *ped.* programmierte Unterweisung.
Publ. Publikation; Publikum; Publizistik.

Q

Q. Qualität; Quartier; Querschnitt.
q.e.d. (*Lat.*) quod erat demonstrandum, was zu beweisen war.
qkm Quadratkilometer.
qm Quadratmeter.
Qual. Qualifikation; Qualität.
Quant. Quantität.

R

R *phys.* Reaumur; *mot.* Regensburg, Rumänien.
r. rechts.
RA Rechtsanwalt.
RAnw, R.-Anw. Rechtsanwalt.
RB Radio Bremen.
Rbl Rubel (*monetary unit of the USSR*).
RCDS Ring Christlich-Demokratischer Studenten.
Rd. Rand.
Rechn(g). *econ.* Rechnung.
Red. Redakteur, -tion.
Ref. Referat; Referendar; Referent.
refl. *ling.* reflexiv.
reform. reformieren, -miert.
Reg. Regierung; *mil.* Regiment.
reg. regional; registrieren, -striert; regulär.
Reg.-Bez. Regierungsbezirk.

Rel. Religion.
rel. relativ(ieren); relevant; religiös.
Reorg. Reorganisation.
Rep. Reparatur; Republik(aner).
Repr. Repräsentant, Repräsentation.
Res. Reserve; Residenz; Resultat.
res. reservieren, -viert.
Resp. Respekt.
resp. respektable, respektieren; respektive.
Rest. *gastr.* Restaurant.
restl. restlich; restlos.
Rez. Rezensent, Rezension; Rezept.
RGW Rat für gegenseitige Wirtschaftshilfe (= *Engl. COMECON*).
rh *med.* Rhesusfaktor.
RIAS, Rias Rundfunk im amerikanischen Sektor (Berlin).
RK Rotes Kreuz.
rk, r.-k. römisch-katholisch.
RNS *biol. chem.* Ribonukleinsäure.
r.o. rechts oben.
röm. römisch.
RPL *mot.* Rheinland-Pfalz, Landesregierung und Landtag.
Rückf. Rückfahrt.
Rückg. Rückgabe.
Rücks. Rückseite; Rücksendung; Rücksicht.
rückw. rückwärtig; rückwärts; rückwirkend.
russ. russisch.
Rzt. Rezensent; Rezept.

S

S *mot.* Salzburg; Schilling (*monetary unit of Austria*); *mot.* Schweden; Springer (*in chess*); *mot.* Stuttgart; Süd(en).
S. Seite; Soll.
s Sekunde.
s. siehe!
SA *hist.* (*in NS-Zeit*) Sturmabteilung.
Sa. *geogr.* Sachsen; Samstag; Summa.
s.a. siehe auch.
Sachb. Sachbearbeiter; Sachbuch.
sächs. sächsisch.
Sakr. *relig.* Sakrament.
SAL *mot.* Saarland, Landesregierung und Landtag.
Samml. Sammlung.
san. sanitär.
Sanat. Sanatorium.
Sa.-Nr. *teleph.* Sammelnummer.
SB *econ.* Selbstbedienung.
s.B. südliche(r) Breite.
S-Bahn Stadtbahn.
SBB Schweizerische Bundesbahnen *pl.*
Sbd. Sammelband; Sonderband (*book*); Sonnabend.
SBZ *hist.* Sowjetische Besatzungszone.
schott. schottisch.
Schr. Schreiben, Schrift(en *pl*).
Schriftf. Schriftführer.
schriftl. schriftlich.
Schufa *econ.* Schutzgemeinschaft für allgemeine Kreditsicherung.
Schw. Schwabe, *geogr.* Schwaben; *geogr.* Schwarzwald; *geogr.* Schweiz, Schweizer; Schwester.
schw. schwäbisch; schwach; schwedisch; schweizerisch.
schwb. schwäbisch.
schwed. schwedisch.
schweiz. schweizerisch.
scil. (*Lat.*) scilicet, nämlich.
SD Sicherheitsdienst.
s.d. siehe dies; siehe dort.
Sdg. Sendung.
sdl. südlich.
SDR Süddeutscher Rundfunk.
sec Sekunde.
SECAM, Secam (*Fr.*) sequentielle à mémoire (*French colo[u]r television system*).
SED Sozialistische Einheitspartei Deutschlands (*DDR*).
seitw. seitwärts.
Sek. Sekunde.
sek Sekunde.
sel. selig.
selbst. selbständig.
selbstv(erst). selbstverständlich.
Sem. Semester.
sen. (*Lat.*) senior, der Ältere, älter.
senkr. senkrecht.
Sept. September.
sex. sexuell.
SF *mot.* Finnland; *econ.* Schadenfreiheit(sklasse).
SFB Sender Freies Berlin.
sFr., sfr. Schweizer Franken (*monetary unit*).
Sg. *ling.* Singular.
s.g. so genannt.
SGB Schweizerischer Gewerkschaftsbund.
SH *mot.* Schleswig-Holstein, Landesregierung und Landtag; Sommerhalbjahr.
SHB Sozialdemokratischer Hochschulbund.
sign. signiert.
sin *math.* Sinus.
SJ (*Lat.*) Societatis Jesu, von der Gesellschaft Jesu, Jesuit.
Sk. *econ.* Skonto.
skand. skandinavisch.
S.Kgl.H. Seine Königliche Hoheit.
skr schwedische Krone (*monetary unit*).
Skt. Sankt; Sektion; Sektor.
Slg(n). Sammlung(en *pl*).
SLRG Schweizerische Lebensrettungsgesellschaft.
S.M. Seine Majestät.
sm Seemeile.
S.M.S. *hist.* Seiner Majestät Schiff.
SMV Schülermitverwaltung.
s.o. siehe oben.
SOC Schweizerisches Olympisches Comitee.
sof. sofern; sofort(ig).
sog(en). sogenannt.
sol. solange.
sonst. sonstige(s).
SOS (*Engl.*) save our ship, rettet unser Schiff, *od.* save our souls, rettet unsere Seelen.
souv. souverän.
sowj(et). sowjetisch.
soz. sozial, sozialistisch; soziologisch.
Sp. *print.* Spalte; *geogr.* Spanien, Spanier, *ling.* Spanisch.
span. spanisch.
Spark. Sparkasse; Sparkonto.
SPD Sozialdemokratische Partei Deutschlands.
Sped. Spediteur; Spedition.
Spez. Spezialist; Spezialität.
spez. speziell; spezifisch; spezifiziert.
SPÖ Sozialistische Partei Österreichs.
Sprachw(iss). Sprachwissenschaft (-ler).
SPS Sozialdemokratische Partei der Schweiz.
Spvg(g). Spiel-, Sportvereinigung.
SR Saarländischer Rundfunk; *Radio*: Schweizerischer Rundspruchdienst.
Sr. (*Lat.*) Senior, der Ältere.
s.R. siehe Rückseite.
SRG Schweizerische Radio- und Fernsehgesellschaft.
SRK Schweizerisches Rotes Kreuz.
SS *hist.* (*in NS-Zeit*) Schutzstaffel; Sommersemester.
SSD Staatssicherheitsdienst (*DDR*).
SSR Sozialistische Sowjetrepublik.
SSV Sommerschlußverkauf; Sport- und Spielverein.
SSW Südschleswigscher Wählerverband.
St. Sankt; Staat; Stadt; Station.
staatl. staatlich.
staatl. gepr. staatlich geprüft.
ständ. ständig.
St.-Anw. Staatsanwalt(schaft).
stat. stationär; statisch; statistisch.
stattl. stattlich.
Stckpr. Stückpreis.
Stckz. Stückzahl.
Stellv. Stellvertreter, -vertretung.
stellv. stellvertretend.
StGB Strafgesetzbuch.
St(.-)Kl. Steuerklasse.
Stm. *geogr.* Steiermark; *mar.* Steuermann.
stpfl. steuerpflichtig.
StPO Strafprozeßordnung.
Str. Straße.
Stud. Student, Studie(n *pl*); Studierende, Studium.
stud. studentisch; (*Lat.*) studiosus, Student, Studierende.
StUffz *mil.* Stabsunteroffizier.
Stv. Stadtverordnete; Stellvertreter, -vertretung.
StVO Straßenverkehrsordnung.
StVZO Straßenverkehrszulassungsordnung.
SU Sowjetunion.
s.u. siehe unten; siehe unter.
Subj. Subjekt.
südd(t). süddeutsch.
südl. südlich.
SVP Saarländische Volkspartei; Südtiroler Volkspartei.
SWF Südwestfunk.
sym. symmetrisch.
Syn. *relig.* Synode.
synth. synthetisch.
syst. systematisch; *med.* systolisch.
s.Z. seinerzeit.
szs. sozusagen.

T

T Tausend; *meteor.* Tief, Tiefdruck (-gebiet); *mot.* Tirol.
t Tonne (*weight*).
Tab. Tabelle, Tabellierer; Tabulator.
Tabl. *pharm.* Tablette(n *pl*).
tägl. täglich.
tan *math.* Tangens.
Tang. Tangente.
TASS (*Russ.*) Telegrafnoje Agentstwo Sowetskogo Sojusa (*Soviet news agency*).
Tats. Tatsache.
tats. tatsächlich.
Tb *med.* Tuberkulose.
Tb. Taschenbuch.
Tbc *med.* Tuberkulose.
Tbl. *pharm.* Tablette; Titelblatt.
Tech(n). Technik(er); Technikum.
techn. technisch; technologisch.
TEE *rail.* Trans-Europ-Express.

Teiln. Teilnahme, -nehmer.
teilw. teilweise.
Teilz. *econ.* Teilzahlung.
Tel. Telefon; Telegraf(ie), -gramm.
tel. telefonieren, -fonisch; telegrafieren, -grafisch.
telef. telefonieren, -fonisch.
Telegr. Telegrafie, -gramm.
telegr. telegrafisch.
Tel.-Nr. Telefonnummer.
Temp. Temperament; Temperatur.
term. tech. (*Lat.*) terminus technicus, Fachausdruck.
Tfl. Tafel.
tgl. täglich.
TH Technische Hochschule.
theor. theoretisch.
Thür. *geogr.* Thüringen, Thüringer.
thür. thüringisch.
THW Technisches Hilfswerk.
Tl. Teil.
tlw. teilweise.
TNT *chem.* Trinitrotoluol.
tödl. tödlich.
Toil. Toilette.
Torp. *mil.* Torpedo.
Trad. Tradition, Traditionalismus, -list.
trad. traditionell.
Trafo *electr.* Transformator.
tragb. tragbar.
Ts. *geogr.* Taunus.
tsch. tschechisch.
Tsd. Tausend.
TU Technische Universität; Technische Unterlagen *pl.*
TÜ Technische Überwachung.
TÜA Technisches Überwachungsamt.
türk. türkisch.
TÜV Technischer Überwachungsverein.
TV Television; *Computer*: Textverarbeitung.
typ. typisch; *print.* typographisch; typologisch.
TZ *econ.* Teilzahlung.

U

U *tech.* Umdrehung; Untergrundbahn.
u. und.
u.a. und andere(s); unter anderem *od.* anderen.
u.ä. und ähnliche(s).
ü.a. über alles.
U.A.w.g., u.A.w.g. um Antwort wird gebeten (*in written invitations*).
UB Universitätsbibliothek.
Üb. Übung.
U-Bahn Untergrundbahn.
Übern. Übernachtung; Übernahme.
Übers. Übersee; Übersetzer, -setzung.
übers. übersetzen, -setzt.
Überschr. Überschrift.
übl. üblich.
üblw. üblicherweise.
U-Boot *mar. mil.* Unterseeboot.
u.dergl.(m.) und dergleichen (mehr).
u.d.M. unter dem Meeresspiegel.
ü.d.M. über dem Meeresspiegel.
UdSSR Union der Sozialistischen Sowjetrepubliken.
u.E. unseres Erachtens *od.* Ermessens.
u.f. und ferner; und folgende.
Uffz. *mil.* Unteroffizier.
UFO, Ufo unbekanntes Flugobjekt.
UG Untergeschoß; Untersuchungsgefängnis.
U-Haft Untersuchungshaft.
uk *mil. hist.* unabkömmlich.
UKW *Radio*: Ultrakurzwelle(n *pl*).
ult. *econ.* ultimo.
Umarb. Umarbeitung.
U/min *tech.* Umdrehungen *pl* pro Minute.
ums. umseitig.
U-Musik Unterhaltungsmusik.
u.N. unter Naturschutz; unter Normal; unter Null.
unang. unangemeldet.
unb. unbekannt.
unbek. unbekannt.
unbez. *econ.* unbezahlt.
unehel. unehelich.
unentsch. unentschieden.
unerh. unerheblich.
unerw. unerwünscht.
unfrw. unfreiwillig.
ungar. ungarisch.
ungeb. ungebunden.
ungebr. ungebräuchlich; ungebraucht.
ungek. ungekündigt.
ungew. ungewiß; ungewöhnlich.
ungezw. ungezwungen.
Univ. Universität; Universum.
univ. universal, universell.
Unk. Unkenntnis; *econ.* Unkosten *pl.*
unkl. unklar.
ü. NN über Normalnull.
unreg(elm). unregelmäßig.
Unt. Unterricht.
unt. unten; unter; unterhalb.
Unterg. Untergeschoß.
unterh. unterhalb.
Unters. Untersuchung.
untersch. unterschiedlich.
Unterz. Unterzeichner, -zeichnete, -zeichnung.
unverb. unverbindlich.
unverh. unverheiratet.
unvollst. unvollständig.
unzerbr. unzerbrechlich.
UpM, U.p.M. *tech.* Umdrehungen *pl* pro Minute.
Urf. Urfassung; Urform.
Urk. Urkunde.
urk(dl). urkundlich.
Url. Urlaub.
urspr. ursprünglich.
U/s *tech.* Umdrehungen *pl* pro Sekunde.
U/sec. *tech.* Umdrehungen *pl* pro Sekunde.
usw. und so weiter.
u.U. unter Umständen.
UV *phys.* Ultraviolett.
u.V. unter Vorbehalt.
u.v.a.(m.) und viele(s) andere (mehr).
UvD *mil.* Unteroffizier vom Dienst.
Ü-Wagen *Radio TV*: Übertragungswagen.

V

V *electr.* Volt; *mot.* Vorarlberg.
V. *med.* Vene; *ling.* Verb; Violine; *ling.* Vokal.
v. (*Lat.*) versus, gegen; vom, von; vor.
V.a.G. Verein auf Gegenseitigkeit.
VB Verhandlungsbasis.
vbdl. verbindlich; vorbildlich.
Vbem. Vorbemerkung.
Vbr. Verbrauch(er).
v.Chr. vor Christo *od.* Christus.
v.Chr.G. vor Christi Geburt.
v.D. vom Dienst.
v.d.H. vor der Höhe.
VEB Volkseigener Betrieb (*DDR*).
ver. vereinigt.
Verantw. Verantwortliche, Verantwortung.
verantw. verantworten, verantwortlich.
Verb. Verband; Verbesserung.
verb. verbessern, -bessert; verboten; verbunden.
Verbdg. Verbindung.
Verbr. *econ.* Verbrauch(er).
verbr. verbrauchen, -braucht.
Verbr.-Pr. *econ.* Verbraucherpreis.
Verd. Verdacht, Verdächtigung; Verdienst.
verd. verdächtigen, -tigt; verdecken, -deckt; verdienen, -dient.
Vereinb. Vereinbarung.
vereinf. vereinfachen, -facht.
vereinh. vereinheitlichen, -licht.
Verf. Verfasser; Verfassung; Verfügung.
Vergl. Vergleich.
vergl. vergleiche!, vergleichen, -glichen.
vergr. vergriffen; vergrößern, -größert.
verh. verheiratet.
Verj.-Fr. *jur.* Verjährungsfrist.
Verk. Verkauf, -käufer.
verk. verkaufen, -kauft.
Verk.-Pr. Verkaufspreis.
Verl. Verlag; Verleger.
verl. verlegen, -legt; verlobt.
Verm. Vermächtnis; Vermerk; Vermögen.
verm. vermieten, -mietet.
veröff. veröffentlichen, -licht.
verp. verpacken, -packt.
Verpfl. Verpflegung; Verpflichtung.
verpfl. verpflegen, -pflegt; verpflichten, -pflichtet.
Vers. Versehen; Versicherung; Versorgung; Versuch.
vers. versichern, -sichert; versorgen, -sorgt.
VersA Versicherungsamt, -anstalt.
Vers.-Bed. Versicherungsbedingungen *pl.*
versch. verschieden(tlich).
verschl. verschließen, -schlossen.
Vers.-Empf. Versorgungsempfänger.
Vertr. Vertrag; Vertreter, -tung; *econ.* Vertrieb.
vertr. vertraglich; vertraulich; vertreten.
Verv(ielf). Vervielfältigung.
Verw. Verwalter, -tung; Verwandte; Verwendung; Verwundete, Verwundung.
verw. verwalten, -waltet; verwandt; verwenden, -wendet; verwitwet; verwundet.
Verz. Verzeichnis; Verzug.
verz. verzeichnen, -zeichnet.
Vet. *mil.* Veteran; Veterinär.
Vf. Verfasser.
Vfg. Verfassung; Verfügung.
Vgl. Vergleich.
vgl.(a.) vergleiche (auch)!
v.g.u. vorgelesen, genehmigt, unterschrieben.
vH vom Hundert.
vh. verheiratet.
VHS Volkshochschule.
v.i. (*Lat.*) *ling.* verbum intransitivum, intransitives Verb.
viell. vielleicht.

v.J. vom Jahre; vorigen Jahres, voriges Jahr.
V-Leute Verbindungs-, Vertrauensleute *pl.*
Vlg. Verlag; Verleger.
v.l.n.r. von links nach rechts.
VM *electr.* Voltmeter.
v.M. vergangenen *od.* vorigen Monats.
V-Mann Verbindungs-, Vertrauensmann.
VN Versicherungsnehmer.
Vn. Vorname.
v.o. von oben.
Volksw. Volkswirt, -wirtschaft(ler).
Vopo *colloq.* Volkspolizei, -polizist (*DDR*).
Vorb. Vorbedingung; Vorbemerkung; Vorbereitung.
Vorbeh. Vorbehalt.
Vorbest. Vorbestellung.
vorg(es). vorgesehen.
vorh. vorhanden; vorher(gehend).
Vorj. Vorjahr.
vorl. vorläufig; vorliegend.
Vorm. Vormittag.
vorm. vormals; vormittags.
Vors. Vorsicht; Vorsitz(er), Vorsitzende.
vors. vorsichtig; vorsitzend.
Vorschr. Vorschrift(en *pl*).
Vorst. Vorstand, Vorsteher.
vorw. vorwärts; vorwiegend.
VP Verkaufspreis; Versuchsperson; Volkspolizei (*DDR*).
Vpfl. Verpflegung; Verpflichtung.
vpfl. verpflegt; verpflichtet.
VR Volksrepublik.
vrgr. vergriffen; vergrößert.
vs. (*Lat.*) versus, gegen.
v.T. vom Tage; vom Tausend.
v.t. (*Lat.*) *ling.* verbum transitivum, transitives Verb.
Vtr. Vertrag; Vertreter.
v.u. von unten.
VW Volkswagen(werk).
VWL Volkswirtschaftslehre.

W

W *electr.* Watt; West(en); *mot.* Wien, Wuppertal.
w. warm; weiblich; werktags; westlich.
wahrsch. wahrscheinlich.
wbl. weiblich.
WC Wasserklosett.
Wdh(lg). Wiederholung.
WDR Westdeutscher Rundfunk.
WE *tech.* Wärmeeinheit.
Wegw. Wegweiser.
Weinstr. *geogr.* Weinstraße.
werkt. werktäglich, -tags.
westd(t). westdeutsch.
Westf. *geogr.* Westfalen.
westf. westfälisch.
westl. westlich.
WEU Westeuropäische Union.
WEZ westeuropäische Zeit.
Wh. Wiederholung; Wirtshaus; Wohnhaus.
wh. wiederholt.
Whg(n). Wohnung(en *pl*).
Wiss. Wissenschaft(ler), -schaftlichkeit.
wiss. wissenschaftlich; wissentlich.
w.J. *Sport:* weibliche Jugend.
Wk. Werk.
wktgs. werktags.
WM *Sport:* Weltmeisterschaft.
Wo. Woche; Wohnung; Wolle.
wö. wöchentlich.
w.o. weiter oben; wie oben.
WR Wirtschaftsrat; Wirtschaftsredaktion; Wissenschaftsrat.
WRK Westdeutsche Rektorenkonferenz.
WS Wintersemester.
WSV Winterschlußverkauf.
WTA Wissenschaftlich-Technische Assistentin.
w.u. weiter unten; wie unten.
Wv. Weiter-, Wiederverwendung; Wiedervorlage.
w.Vn. weiblicher Vorname.
Wwe. Witwe.
WZ Warenzeichen; Wasserzeichen; Wohnzimmer.
Wz Warenzeichen; Wasserzeichen.
Wzg. Werkzeug.

Y

Y *mot.* Bundeswehr.
YU *mot.* Jugoslawien.

Z

Z *mot.* Zoll; Zone; *rail.* Zug.
Z. Zahl; Zeile; Zeit; Zimmer.
z. zu, zum, zur.
z.A. zur Ansicht; zur Anstellung.
zahlr. zahlreich.
z.B. zum Beispiel.
z.b.V. zur besonderen Verfügung *od.* Verwendung.
z.d.A. zu den Akten.
ZDF Zweites Deutsches Fernsehen.
zeitgen. zeitgenössisch.
zeitl. zeitlich; zeitlos.
Zeitschr. Zeitschrift.
zeitw. zeitweilig, -weise.
Zentr. Zentrale; Zentrum.
zentr. zentral.
zerl. zerlassen; zerlaufen; zerlegen, -legt.
zgl. zugleich.
zgs. zusammengesetzt.
ZH Zentralheizung.
z.Hd(n).(v.) zu Händen (von).
Zi. Ziffer; Zimmer.
zit.(n.) zitiert (nach).
Ziv. Zivil; Zivilisation; Zivilist.
ziv. zivil; zivilisatorisch; zivilisiert.
ZK Zentralkomitee.
z.K. zur Kenntnisnahme.
Zkft. Zukunft; Zusammenkunft.
Zl Zloty (*monetary unit of Poland*).
Zlg. Zahlung; Zerlegung.
ZOB Zentraler Omnibusbahnhof.
zool. zoologisch.
ZPO Zivilprozeßordnung.
Zs. Zeitschrift.
z.S. zur Sache; *mil.* zur See.
Zschr. Zeitschrift.
zsges. zusammengesetzt.
Zstzg. Zusammensetzung.
z.T. zum Teil; zum Termin.
Ztg. Zeitung; Zuteilung.
Ztr. Zentner; Zutritt.
Zub. Zubehör.
zuk. zukünftig.
zul. zulässig; zuletzt.
zur. zurück.
zus. zusammen; zusätzlich.
Zuschr. Zuschrift.
zust. zuständig; zustellen.
zuz. zuzüglich.
zw. zwar; zwecks; zwei; zwischen.
Zwgst. Zweigstelle.
z.Wv. zur Wiederverwendung; zur Wiedervorlage.
zzgl. zuzüglich.
z.Z(t). zur Zeit.

II. BIOGRAPHISCHE NAMEN

II. BIOGRAPHICAL NAMES

A

Ab·be, Ernst ['abe] *German physicist; 1840–1905.*

Abra·ham a Sanc·ta (*od.* **San·ta**) **Cla·ra** ['a:braham a: 'zaŋkta (*od.* 'santa) 'kla:ra] *Austrian theologian and satirical writer; 1644–1709.*

Abra·ham, Paul ['a:braham] *Hungarian-German composer of operettas; 1892–1960.*

Ade·nau·er, Konrad ['a:dənaʊər] *German politician, first chancellor of the BRD; 1876–1967.*

Ad·ler, Alfred ['a:dlər] *Austrian psychologist; 1870–1937.*

Ador·no, Theodor W. [a'dɔrno] *German philosopher, sociologist, and composer; 1903–69.*

Al·ber·tus Ma·gnus [al'bɛrtʊs 'magnʊs] *German scholastic philosopher; 1193?–1280.*

Alt·dor·fer, Albrecht ['alt͵dɔrfər] *German painter and engraver; 1480?–1538.*

An·dersch, Alfred ['andərʃ] *German writer; 1914–1980.*

An·dres, Stefan ['andrəs] *German writer, dramatist, and lyric poet; 1906–1970.*

An·zen·gru·ber, Ludwig ['antsən͵gru:bər] *Austrian dramatist; 1839–89.*

Ar·mi·ni·us [ar'mi:nɪʊs], **Ar·min** ['armi:n] *Leader of the Cherusci; 17? B.C.–21 A.D.*

Arndt, Ernst Moritz [arnt] *German political writer and poet; 1769–1860.*

Ar·nim, Achim (*od.* Ludwig Joachim) von ['arnɪm] *German poet; 1781–1831.*

Ar·nim, Bettina (*od.* Anna Elisabeth) von ['arnɪm] *German writer; 1785–1859.*

Arp, Hans [arp] *German painter and writer; 1887–1966.*

Asam ['a:zam] *German artists:* Hans Georg (*fresco painter and stucco worker; 1649–1711*); *his sons* Cosmas Damian (*painter and architect; 1686–1739*) *and* Egid Quirin (*sculptor, stucco worker, and architect; 1692–1750*).

Au·er·bach, Berthold ['aʊər͵bax] *German novelist; 1812–82.*

Au·gust II (der Starke) ['aʊgʊst] Augustus II (the Strong). *King of Poland; as elector of Saxony* Friedrich August I. Frederick Augustus I; *1670–1733.*

B

Bach [bax] *German composers:* Johann Sebastian (*1685–1750*); *his sons* Carl Philipp Emanuel (*1714–88*), Johann Christian (*1735–82*), Johann Christoph Friedrich (*1732–95*), *and* Wilhelm Friedemann (*1710–84*).

Bach·mann, Ingeborg ['bax͵man] *Austrian lyric poet and author; 1926–1973.*

Back·haus, Wilhelm ['bak͵haʊs] *German pianist; 1884–1969.*

Bae·de·ker, Karl ['bɛ:dəkər] *German publisher, founder of a series of guidebooks; 1801–59.*

Bamm, Peter [bam] *German writer; 1897–1975.*

Bar·ba·ros·sa [barba'rɔsa] → Friedrich I. (Barbarossa).

Bar·lach, Ernst ['barlax] *German sculptor and graphic artist; 1870–1938.*

Barth, Karl [ba(:)rt] *Swiss Protestant Reformed theologian and educator; 1886–1968.*

Ba·se·dow, Karl von ['ba:zədo] *German physician; 1799–1854.*

Bas·ser·mann, Albert ['basər͵man] *German actor; 1867–1952.*

Bäu·mer, Gertrud ['bɔʏmər] *German feminist leader, teacher, and writer; 1873–1954.*

Be·bel, Ferdinand August ['be:bəl] *German labo(u)r politician and writer; 1840–1913.*

Bech·stein, Ludwig ['bɛç͵ʃtaɪn] *German poet, folklorist, and novelist; 1801–60.*

Beck, Ludwig [bɛk] *colonel general and participant in the July plot, 1944, against Hitler; 1880–1944.*

Beck·mann, Max ['bɛk͵man] *German painter and engraver; 1884–1950.*

Beet·ho·ven, Ludwig van ['be:t͵ho:fən] *German composer; 1770–1827.*

Beh·ring, Emil von ['be:rɪŋ] *German physiologist; 1854–1917.*

Bel·sa·zar [bɛl'za:tsar] Belshazzar. *Last king of Babylonia; ?–538 B.C.*

Ben·ja·min, Walter ['bɛnjami:n] *German writer, essayist, and critic; 1892–1940.*

Benn, Gottfried [bɛn] *German expressionist writer; 1886–1956.*

Benz, Carl [bɛnts] *German engineer and automobile manufacturer; 1844–1924.*

Berg, Alban [bɛrk] *Austrian composer; 1885–1935.*

Ber·gen·gruen, Werner ['bɛrgən͵gry:n] *German novelist and poet; 1892–1964.*

Ber·li·chin·gen, Götz (*od.* Gottfried) von ['bɛrlɪçɪŋən] *German feudal knight, one of the leaders of the peasant revolt in 1525; 1480?–1562.*

Bin·ding, Rudolf Georg ['bɪndɪŋ] *German poet and novelist; 1867–1938.*

Bis·marck(-Schön·hau·sen), Fürst Otto Eduard Leopold von ['bɪsmark ('ʃø:n͵haʊzən)] *Prussian statesman, creator and first chancellor of the German Empire; 1815–1898.*

Bloch, Ernst [blɔx] *German philosopher; 1885–1977.*

Blü·cher, Gebhard Leberecht von ['blʏçər] *Prussian field marshal; 1742–1819.*

Böck·lin, Arnold ['bœkli:n] *Swiss painter; 1827–1901.*

Böhm, Karl [bø:m] *Austrian conductor; 1894–1981.*

Böll, Heinrich [bœl] *German writer; *1917.*

Bon·hoef·fer, Dietrich ['bo:n͵hœfər; 'bɔn-] *Protestant theologian and member of the resistance movement against Hitler; 1906–1945.*

Bo·ni·fa·ti·us, der heilige [boni'fa:tsɪʊs] (*originally* Winfrid, Wynfrith) St. Boniface. *English missionary, apostle of Germany; 674?–754.*

Bor·chert, Wolfgang ['bɔrçərt] *German poet; 1921–47.*

Born, Max [bɔrn] *German nuclear physicist; 1882–1970.*

Bör·ne, Ludwig ['bœrnə] *German satirist and political writer; 1786–1837.*

Bosch, Carl [bɔʃ] *German industrial chemist and industrialist; 1874–1940.*

Bött·ger, Johann Friedrich ['bœtgər] *German chemist, discoverer of the process by which Dresden china is made; 1682–1719.*

Brahms, Johannes [bra:ms] *German composer; 1833–97.*

Brandt, Willy [brant] (*originally* Herbert Karl Frahm) *German politician, 4th chancellor of the BRD; *1913.*

Braun, Wernher von [braʊn] *German-American physicist and rocketeer; 1912–1977.*

Brecht, Bert(olt) [brɛçt] *German dramatist; 1898–1956.*

Brehm, Alfred [bre:m] *German naturalist and travel(l)er; 1829–84.*

Bren·ta·no, Clemens [brɛn'ta:no] *German romantic poet and novelist; 1778–1842.*

Broch, Hermann [brɔx] *Austrian novelist; 1886–1951.*

Bruch, Max [brʊx] *German composer; 1838–1920.*

Bruck·ner, Anton ['brʊknər] *Austrian composer and organist; 1824–96.*

Bu·ber, Martin ['bu:bər] *Jewish religious philosopher; 1878–1965.*

Büch·ner, Georg ['by:çnər] *German dramatist; 1813–37.*

Bud·dha ['bʊda] *Indian philosopher and religious leader, founder of Buddhism; 560?–?480 B.C.*

Bult·mann, Rudolf ['bʊlt͵man] *German Protestant theologian; 1884–1976.*

Burck·hardt, Carl Jakob ['bʊrk͵hart] *Swiss historian, writer, and diplomat; 1891–1974.*

Busch, Wilhelm [bʊʃ] *German draftsman, painter and poet; 1832–1908.*
Bux·te·hu·de, Dietrich [ˌbʊkstəˈhuːdə] *German composer and organist; 1637–1707.*

C

Cae·sar, Gajus Julius [ˈtsɛːzar] → Cäsar.
Cal·vin, Johann [kalˈviːn] (*originally* Jean Chauvin [*od.* Cauvin]) John Calvin. *French-Swiss theologian and Protestant reformer; 1509–64.*
Ca·na·ris, Wilhelm [kaˈnaːrɪs] *German admiral and chief of the German secret service, participant in the resistance movement against Hitler; 1887–1945.*
Ca·ros·sa, Hans [kaˈrɔsa] *German writer and physician; 1878–1956.*
Cä·sar, Gajus Julius [ˈtsɛːzar] Gaius Julius Caesar. *Roman general, statesman, and writer; 100?–44 B.C.*
Cel·si·us, Anders [ˈtsɛlzĭʊs] *Swedish astronomer; 1701–44.*
Cha·mis·so, Adelbert von [ʃaˈmɪso] *German poet and naturalist; 1781–1838.*
Clau·se·witz, Karl von [ˈklaʊzəvɪts] *Prussian officer and military writer; 1780–1831.*
Co·rinth, Lovis [koˈrɪnt] *German genre and portrait painter; 1858–1925.*
Courths-Mah·ler, Hedwig [ˈkʊrtsˈmaːlər] *German novelist; 1867–1950.*
Cra·nach [ˈkraːnax] *German painters:* Lucas (der Ältere) Lucas (the Elder) *(1472–1553) and his son* Lucas (der Jüngere) Lucas (the Younger) *(1515–86).*
Cu·vil·li·és, François de [kyviˈlĭeː; -viˈjeː] *French-German architect and stucco worker; 1695–1768.*

D

Dach, Simon [dax] *German poet; 1605–59.*
Dahl·mann, Friedrich Christoph [ˈdaːlˌman] *German historian and politician; 1785–1860.*
Daim·ler, Gottlieb Wilhelm [ˈdaɪmlər] *German engineer and inventor, pioneer manufacturer of automobiles; 1834–1900.*
Dal·berg, Karl Theodor Reichsfreiherr von [ˈdaːlˌbɛrk] *German nobleman, prelate, and littérateur, last archbishop-elector of Mainz; 1744–1817.*
Di·be·li·us, Otto [diˈbeːlĭʊs] *German Protestant theologian; 1880–1967.*
Die·sel, Rudolf [ˈdiːzəl] *German engineer and inventor of the Diesel engine; 1858–1913.*
Diet·rich, Marlene [ˈdiːtrɪç] *German-American actress; *1904.*
Dil·they, Wilhelm [ˈdɪltaɪ] *German philosopher; 1833–1911.*
Dix, Otto [dɪks] *German painter; 1891–1969.*
Döb·lin, Alfred [ˈdøːbliːn; døˈbliːn] *German physician and novelist; 1878–1957.*
Do·de·rer, Heimito von [ˈdoːdərər] *Austrian writer; 1896–1966.*
Doll·fuß, Engelbert [ˈdɔlˌfuːs] *Austrian politician; 1892–1934.*
Dö·nitz, Karl [ˈdøːnɪts] Karl Doenitz (*auch* Dönitz). *German admiral; 1891–1980.*
Dor·ni·er, Claudius [dɔrˈnĭeː] Claude Dornier. *German aircraft designer and industrialist; 1884–1969.*
Dro·ste-Hüls·hoff, Anette von [ˈdrɔstəˈhylsˌhɔf] *German poetess; 1797–1848.*
Dschin·gis-Khan [ˈdʒɪŋgɪsˈkaːn] Genghis (*od.* genghiz, ginghis) Khan. *Mongol conqueror; 1162–1227.*
Du·den, Konrad [ˈduːdən] *German lexicographer; 1829–1911.*
Dü·rer, Albrecht [ˈdyːrər] *German painter, draftsman, and engraver; 1471–1528.*
Dür·ren·matt, Friedrich [ˈdyrənˌmat] *Swiss dramatist and narrative writer; *1921.*

E

Eb·bing·haus, Hermann [ˈɛbɪŋˌhaʊs] *German psychologist; 1850–1909.*
Ebert, Friedrich [ˈeːbərt] *German statesman, first president of the Weimar Republic; 1871–1925.*
Eb·ner-Eschen·bach, Marie von [ˈeːbnərˈʔɛʃənˌbax] *Austrian writer; 1830–1916.*
Eck, Johann [ɛk] (*originally* Johann Maier) *German Roman Catholic theologian, opponent of Luther and the Reformation; 1486–1543.*
Eckart (*getr.* -k·k) [ˈɛkart], **Ecke·hart** [ˈɛkəˌhart] (*called* Meister Eckart) *Dominican friar and German mystic; 1260?–?1328.*
Ecker·mann, Johann Peter (*getr.* -k·k-) [ˈɛkərˌman] *German writer, friend and literary executor of Goethe; 1792–1854.*
Egk, Werner [ɛk] *German composer; *1901.*
Eibl-Ei·bes·feldt, Irenäus [ˈaɪbəlˈʔaɪbəsˌfɛlt] *Austrian behavio(u)rist; *1928.*
Eich, Günter [aɪç] *German writer; 1907–1972.*
Ei·chen·dorff, Joseph Freiherr von [ˈaɪçənˌdɔrf] *German poet and narrative writer; 1788–1857.*
Ein·stein, Albert [ˈaɪnˌʃtaɪn] *German-American physicist; 1879–1955.*
Ei·sen·barth, Ey·sen·barth, Johannes Andreas [ˈaɪzənˌbaːrt] *German physician; 1663–1727.*
En·gels, Friedrich [ˈɛŋəls] *German socialist leader, with Karl Marx one of the founders of modern socialism; 1820–95.*
En·zens·ber·ger, Hans Magnus [ˈɛntsənsˌbɛrgər] *German writer; *1929.*
Eras·mus, Desiderius [eˈrasmʊs] (*called* Erasmus von Rotterdam) *Dutch humanist and theological scholar; 1466 od. 69–1536.*
Er·hard, Ludwig [ˈeːrˌhart] *German politician, 2nd chancellor of the BRD; 1897–1977.*
Ernst, Max [ɛrnst] *German surrealist painter and graphic artist; 1891–1976.*
Eu·gen, Prinz von Savoyen [ɔyˈgeːn] Eugene (*od.* Eugène), Prince of Savoy. *Austrian general and statesman; 1663–1736.*
Eu·ler, Leonhard [ˈɔylər] *Swiss mathematician and physicist; 1707–83.*

F

Fah·ren·heit, Daniel Gabriel [ˈfaːrənˌhaɪt] *German physicist; 1686–1736.*
Fal·la·da, Hans [ˈfalada] (*originally* Rudolf Ditzen) *German writer; 1893–1947.*
Faul·ha·ber, Michael von [ˈfaʊlˌhaːbər] *German cardinal; 1869–1952.*
Feucht·wan·ger, Lion [ˈfɔyçtˌvaŋər] *German novelist and dramatist; 1884–1958.*
Feu·er·bach, Anselm [ˈfɔyərˌbax] *German painter; 1829–80.*
Feu·er·bach, Ludwig [ˈfɔyərˌbax] *German philosopher; 1804–72.*
Fich·te, Johann Gottlieb [ˈfɪçtə] *German philosopher; 1762–1814.*
Fla·ke, Otto [ˈflaːkə] (*pseudonym* Leo F. Kotta) *German writer; 1880–1963.*
Flo·tow, Friedrich von [ˈfloːto] *German composer; 1812–83.*
Focke, Henrich (*getr.* -k·k-) [ˈfɔkə] *German aircraft designer; 1890–1979.*
Fon·ta·ne, Theodor [fɔnˈtaːnə] *German poet, novelist, and essayist; 1819–98.*
Forst, Willy [fɔrst] *Austrian film actor and director; 1903–1980.*
Fraun·ho·fer, Joseph von [ˈfraʊnˌhoːfər] *German physicist and optician; 1787–1826.*
Frei·lig·rath, Ferdinand [ˈfraɪligraːt; -lɪçˌraːt] *German poet; 1810–76.*
Freud, Sigmund [frɔyt] *Austrian neurologist and psychoanalyst, founder of psychoanalysis; 1856–1939.*
Frey·tag, Gustav [ˈfraɪˌtaːk] *German writer; 1816–95.*
Fried·land, Herzog von [ˈfriːtˌlant] → Wallenstein.
Fried·rich I. (Barbarossa) [ˈfriːdrɪç] Frederick I (Barbarossa). *Emperor of the Holy Roman Empire and king of Germany, of the Hohenstaufen line; 1125?–90.*
Fried·rich II. (der Große) [ˈfriːdrɪç] Frederick II (the Great). *King of Prussia; 1712–86.*
Fried·rich, Caspar David [ˈfriːdrɪç] *German landscape painter; 1774–1840.*
Frisch, Karl von [frɪʃ] *Austrian behavio(u)rist, animal psychologist, and zoologist; 1886–1982.*
Frisch, Max [frɪʃ] *Swiss writer and playwright; *1911.*
Fritz, der Alte [frɪts] → Friedrich II. (der Große).
Frö·bel, Friedrich [ˈfrøːbəl] *German educator; 1782–1852.*
Fug·ger [ˈfʊgər] *German merchants and bankers to the Hapsburgs in the 16th century.*
Furt·wäng·ler, Wilhelm [ˈfʊrtˌvɛŋlər] *German conductor; 1886–1954.*

G

Gauß, Carl Friedrich [gaʊs] Carl Friedrich Gauss. *German mathematician and astronomer; 1777–1855.*
Ge·or·ge, Stefan [geˈɔrgə] *German poet; 1868–1933.*
Gluck, Christoph Willibald Ritter von [glʊk] *German composer; 1714–87.*
Gnei·se·nau, August Graf Neidhardt von [ˈgnaɪzənaʊ] *Prussian general; 1760–1831.*
Goeb·bels, Joseph [ˈgœbəls] *German Nazi politician and propagandist; 1897–1945.*

Goe·the, Johann Wolfgang von [ˈgøːtə] *German poet, dramatist, novelist, philosopher, statesman, and scientist; 1749–1832.*
Goetz, Curt [gœts] *German actor and playwright; 1888–1960.*
Gö·ring, Hermann [ˈgøːrɪŋ] *German Nazi politician; 1893–1946.*
Gott·fried von Straß·burg [ˈgɔtˌfriːt fɔn ˈʃtraːsˌbʊrk] *Middle High German epic poet; about 1200.*
Gott·helf, Jeremias [ˈgɔtˌhɛlf] (*originally* Albert Bitzius) *Swiss narrative writer; 1797–1854.*
Gott·sched, Johann Christoph [ˈgɔtʃeːt] *German scholar and writer; 1700–1766.*
Graf, Oskar Maria [graːf] *German writer; 1894–1967.*
Grass, Graß, Günter [gras] *German writer, sculptor, and graphic artist; *1927.*
Grill·par·zer, Franz [ˈgrɪlˌpartsər] *Austrian poet and dramatist; 1791–1872.*
Grimm [grɪm] *German philologists and collectors of fairy tales:* Jacob (*1785–1863*) *and his brother* Wilhelm (*1786–1859*).
Grim·mels·hau·sen, Hans Jacob Christoph von [ˈgrɪməlsˌhauzən] *German writer; 1620/21–76.*
Grock [grɔk] (*originally* Adrian Wettach) *Swiss musical clown; 1880–1959.*
Gro·pi·us, Walter [ˈgroːpɪʊs] *German architect; 1883–1969.*
Gro·te·wohl, Otto [ˈgroːtəˌvoːl] *German politician, minister-president of the DDR; 1894–1964.*
Gründ·gens, Gustav [ˈgrʏntgəns] *German actor, stage director, and theater manager; 1899–1963.*
Grü·ne·wald, Matthias [ˈgryːnəˌvalt] *German painter; 1470 od. 75–1528.*
Gu·ten·berg, Johannes [ˈguːtənˌbɛrk] (*originally* Johannes Gensfleisch) *German inventor of printing from movable type; 1397?–1468.*

H

Haeckel, Ernst (*getr.* -k·k-) [ˈhɛkəl] *German naturalist and philosopher; 1834–1919.*
Ha·gen·beck, Karl [ˈhaːgənˌbɛk] *German circus manager, established the Zoological Garden at Hamburg; 1844–1913.*
Hahn, Otto [haːn] *German chemist; 1879–1968.*
Hall·stein, Walter [ˈhalˌʃtaɪn] *German politician and jurist; 1901–1982.*
Hän·del, Georg Friedrich [ˈhɛndəl] George Frederick Handel. *German composer; 1685–1759.*
Han·ni·bal [ˈhanibal] *Carthaginian general; 247/46–?183 B.C.*
Har·den·berg, Karl August Fürst von [ˈhardənˌbɛrk] *Prussian statesman; 1750–1822.*
Hart·mann von Aue [ˈhartˌman fɔn ˈaʊə] *Middle High German poet; 1160?–?1210.*
Ha·sen·cle·ver, Walter [ˈhaːzənˌkleːvər] *German expressionist poet and dramatist; 1890–1940.*
Hauff, Wilhelm [hauf] *German novelist and poet; 1802–27.*
Haupt·mann, Gerhart [ˈhauptˌman] *German dramatist and writer; 1862–1946.*
Haydn, Joseph [ˈhaɪdən] *Austrian composer; 1732–1809.*
Heb·bel, Friedrich [ˈhɛbəl] *German dramatist; 1813–63.*
He·gel, Georg Wilhelm Friedrich [ˈheːgəl] *German philosopher; 1770–1831.*
Hei·deg·ger, Martin [ˈhaɪdɛgər] *German philosopher; 1889–1976.*
Hei·ne, Heinrich [ˈhaɪnə] *German poet and writer; 1797–1856.*
Hei·ne·mann, Gustav [ˈhaɪnəˌman] *German politician, 3rd president of the BRD; 1899–1976.*
Hein·kel, Ernst Heinrich [ˈhaɪŋkəl] *German aircraft designer and manufacturer; 1888–1958.*
Hei·sen·berg, Werner Karl [ˈhaɪzənˌbɛrk] *German physicist; 1901–1976.*
Heis·sen·büt·tel, Helmut Dietrich [ˈhaɪsənˌbʏtəl] *German writer; *1921.*
Her·der, Johann Gottfried von [ˈhɛrdər] *German poet and philosopher; 1744–1803.*
Her·mann der Che·rus·ker [ˈhɛrman der çeˈrʊskər] → **Arminius.**
Hertz, Heinrich Rudolf [hɛrts] *German physicist; 1857–94.*
Herzl, Theodor [ˈhɛrtsəl] *Austrian writer, founder of Zionism; 1860–1904.*
Hess, Rudolf [hɛs] *German Nazi politician; *1894.*
Hes·se, Hermann [ˈhɛsə] *German poet and novelist; 1877–1962.*
Heuss, Theodor [hɔʏs] *German writer and politician, first president of the BRD; 1884–1963.*
Hil·pert, Heinz [ˈhɪlpərt] *German stage director and theatre manager; 1890–1967.*
Himm·ler, Heinrich [ˈhɪmlər] *German Nazi politician; 1900–1945.*
Hin·de·mith, Paul [ˈhɪndəˌmɪt] *German composer; 1895–1963.*
Hin·den·burg, Paul von [ˈhɪndənˌbʊrk] *German field marshal, second president of the Weimar Republic; 1847–1934.*
Hit·ler, Adolf [ˈhɪtlər] *German chancellor and Nazi dictator; 1889–1945.*
Ho·fer, Andreas [ˈhoːfər] *Tyrolese patriot; 1767–1810.*
Hoffmann, August Heinrich *od.* **Hoff·mann von Fal·lers·le·ben** [ˈhɔfˌman fɔn ˈfalərsˌleːbən] *German philologist and poet; 1798–1874.*
Hoff·mann, Ernst Theodor Amadeus [ˈhɔfˌman] *German writer, composer, and illustrator; 1776–1822.*
Hof·manns·thal, Hugo von [ˈhoːfˌmansˌtaːl] *Austrian poet, dramatist, and writer; 1874–1929.*
Hol·bein [ˈhɔlˌbaɪn] *German painters:* Hans (der Ältere) Hans (the Elder) (*1465?–1524*) *and his son* Hans (der Jüngere) Hans (the Younger) (*1497–1543*).
Höl·der·lin, Johann Christian Friedrich [ˈhœldərliːn] *German poet; 1770–1843.*
Hor·vath, Ödön von [ˈhɔrvaːt] *Austrian writer; 1901–38.*
Hu·ber, Kurt [ˈhuːbər] *Swiss philosopher, spiritual centre of the anti-Nazi student movement "Weiße Rose"; 1893–1943.*
Huch, Ricarda [huːx] *German novelist and poet; 1864–1947.*
Hum·boldt, Alexander Freiherr von [ˈhʊmbɔlt] *German naturalist and geographer; 1769–1859.*
Hum·boldt, Wilhelm Freiherr von [ˈhʊmbɔlt] *German philologist, philosopher, and statesman; 1767–1835.*
Hum·per·dinck, Engelbert [ˈhʊmpərˌdɪŋk] *German composer; 1854–1921.*
Hut·ten, Ulrich von [ˈhʊtən] *German humanist; 1488–1523.*

J

Jahn, Friedrich Ludwig [jaːn] (*called* der Turnvater) *German educator* (*called* father of gymnastics); *1778–1852.*
Jas·pers, Karl [ˈjaspərs] *German philosopher; 1883–1969.*
Jeanne d'Arc [ʒanˈdark] St. Joan of Arc. *French national heroine; 1410 od. 12–31.*
Jean Paul [ʒɑ̃ˈpaʊl] (*originally* Johann Paul Friedrich Richter) *German writer and poet; 1763–1825.*
Je·sus (Chri·stus) [ˈjeːzʊs (ˈkrɪstʊs)] Jesus (Christ). *Source of the Christian religion and Savio(u)r in the Christian faith; 8 od. 4? B.C.–?30 A.D.*
Jo·han·na von Or·lé·ans, die heilige [joˈhana fɔn ɔrleˈɑ̃ː] → **Jeanne d'Arc.**
Jung, Carl Gustav [jʊŋ] *Swiss psychologist and psychiatrist; 1875–1961.*
Jün·ger, Ernst [ˈjʏŋər] *German writer; *1895.*
Jung·frau von Or·lé·ans [ˈjʊŋˌfrau fɔn ɔrleˈɑ̃ː] → **Jeanne d'Arc.**
Jun·kers, Hugo [ˈjʊŋkərs] *German aircraft designer and manufacturer; 1859–1935.*

K

Kaf·ka, Franz [ˈkafka] *Austrian writer; 1883–1924.*
Kan·din·sky, Wassily [kanˈdɪnski] Vasili Kandinski. *Russian painter and graphic artist; 1866–1944.*
Kant, Immanuel [kant] *German philosopher; 1724–1804.*
Karl I. (der Große) [karl] Charlemagne, Charles I (the Great). *King of the Franks and emperor of the West; 742–814.*
Käst·ner, Erich [ˈkɛstnər] *German writer; 1899–1974.*
Kei·tel, Wilhelm [ˈkaɪtəl] *German field marshal; 1882–1946.*
Kel·ler, Gottfried [ˈkɛlər] *Swiss poet and novelist; 1819–90.*
Kep·ler, Johannes [ˈkɛplər] *German astronomer; 1571–1630.*
Kerr, Alfred [kɛr] (*originally* Alfred Kempner) *German writer and theatre critic; 1867–1948.*
Ker·schen·stei·ner, Georg [ˈkɛrʃənˌʃtaɪnər] *German educator; 1854–1932.*
Kie·sin·ger, Kurt Georg [ˈkiːzɪŋər] *German politician, 3rd chancellor of the BRD; *1904.*
Kirch·hoff, Gustav Robert [ˈkɪrçˌhɔf] *German physicist; 1824–87.*
Kirch·ner, Ernst Ludwig [ˈkɪrçnər] *German painter and graphic artist; 1880–1938.*
Kirch·schlä·ger, Josef [ˈkɪrçˌʃlɛːgər] *Austrian politician, president of the Republic of Austria; *1915.*
Klee, Paul [kleː] *Swiss painter and graphic artist; 1879–1940.*
Kleist, Heinrich von [klaɪst] *German dramatist and narrative writer; 1777–1811.*
Klem·pe·rer, Otto [ˈklɛmpərər] *German conductor; 1885–1973.*
Klen·ze, Franz Karl Leo von [ˈklɛntsə] *German architect; 1784–1864.*
Klop·stock, Friedrich Gottlieb [ˈklɔpˌʃtɔk] *German poet; 1724–1803.*
Knap·perts·busch, Hans [ˈknapərtsˌbʊʃ] *German conductor; 1888–1965.*

Kneipp, Sebastian [knaɪp] *German Roman Catholic priest, skilled in the art of healing; 1821–97.*
Knig·ge, Adolf Freiherr von [ˈknɪgə] *German writer, best known for his collection of maxims and precepts; 1751–96.*
Koch, Robert [kɔx] *German bacteriologist; 1843–1910.*
Ko·kosch·ka, Oskar [koˈkɔʃka; ˈkɔkɔʃka] *Austrian expressionist painter, graphic artist, and writer; 1886–1980.*
Kolb, Annette [kɔlp] *German writer; 1870–1967.*
Koll·witz, Käthe [ˈkɔlvɪts] *German painter and graphic artist; 1867–1945.*
Ko·lum·bus, Christoph [koˈlʊmbʊs] Christopher Columbus. *Genoese navigator; discoverer of America; 1447?–1506.*
Kon·fu·zi·us (Konfutse) [kɔnˈfuːtsiʊs] Confucius. *Chinese philosopher; 551?–?479 B.C.*
Ko·per·ni·kus, Nikolaus [koˈpɛrnikʊs] Nicolaus Copernicus. *Polish-German astronomer; 1473–1543.*
Kort·ner, Fritz [ˈkɔrtnər] *Austrian actor, stage and film director; 1892–1970.*
Kot·ze·bue, August von [ˈkɔtsəˌbuː] *German dramatist; 1761–1819.*
Kraus, Karl [kraʊs] *Austrian writer and satirist; 1874–1936.*
Krei·sky, Bruno [ˈkraɪski] *Austrian politician, chancellor of the Republic of Austria.*
Krö·sus [ˈkrøːzʊs] Croesus. *King of Lydia; amassed vast wealth; ?–546 B.C.*
Krupp [krʊp] *German steel manufacturers.*

L

Lan·ge, Helene [ˈlaŋə] *German feminist leader; 1848–1930.*
Lang·gäs·ser, Elisabeth [ˈlaŋˌgɛsər] *German poet; 1899–1950.*
Lan·ner, Joseph [ˈlanər] *Austrian composer of dances; 1801–43.*
Las·ker-Schü·ler, Else [ˈlaskərˈʃyːlər] *German poet; 1869–1945.*
Las·salle, Ferdinand [laˈsal] *German socialist; 1825–64.*
Laue, Max von [ˈlaʊə] *German physicist; 1879–1960.*
La·va·ter, Johann Kaspar [ˈlaːvaːtər] *Swiss philosopher and theologian; 1741–1801.*
Le·hár, Franz [ˈleːhar; leˈhaːr] *Hungarian composer of operettas; 1870–1948.*
Leib·niz, Gottfried Wilhelm Freiherr von [ˈlaɪbnɪts] Leibniz, *auch* Leibnitz. *German philosopher and mathematician; 1646–1716.*
Le·nau, Nikolaus [ˈleːnaʊ] (*originally* Nikolaus Franz Niembsch) *Austrian poet; 1802–1850.*
Lenz, Jakob Michael Reinhold [lɛnts] *German poet; 1751–92.*
Les·sing, Gotthold Ephraim [ˈlɛsɪŋ] *German critic and dramatist; 1729–81.*
Let·tow-Vor·beck, Paul von [ˈlɛtoˈfoːrˌbɛk] *German general, commander of the colonial forces in East Africa; 1870–1964.*
Ley·den, Ernst Victor von [ˈlaɪdən] *German physician; 1832–1910.*
Lie·ber·mann, Max [ˈliːbərˌman] *German painter; 1847–1935.*
Lie·big, Justus Freiherr von [ˈliːbɪç] *German chemist; 1803–73.*
Lieb·knecht, Karl [ˈliːpˌknɛçt] *German socialist politician; 1871–1919.*
Lieb·knecht, Wilhelm [ˈliːpˌknɛçt] *German socialist politician; 1826–1900.*
Li·li·en·cron, Detlev von [ˈliːliənˌkroːn] *German poet; 1844–1909.*
Li·li·en·thal, Otto [ˈliːliənˌtaːl] *German aeronautical pioneer; 1848–96.*
Lin·cke, Paul [ˈlɪŋkə] *German composer of operettas; 1866–1946.*
Liszt, Franz von [lɪst] *Hungarian composer and pianist; 1811–86.*
Loch·ner, Stephan [ˈlɔxnər] *German painter; 1410?–51.*
Loe·we, Karl [ˈløːvə] *German composer; 1796–1869.*
Löns, Hermann [løːns; lœns] *German writer; 1866–1914.*
Lo·renz, Konrad [ˈloːrɛnts] *Austrian behavio(u)rist and animal psychologist; *1903.*
Lort·zing, Albert [ˈlɔrtsɪŋ] *German composer of comic operas; 1801–51.*
Lüb·ke, Heinrich [ˈlʏpkə] *German politician, 2nd president of the BRD; 1894–1972.*
Luck·ner, Felix Graf von [ˈlʊknər] *German naval officer; 1886–1966.*
Lu·den·dorff, Erich von [ˈluːdənˌdɔrf] *German general and politician; 1865–1937.*
Lu·ther, Martin [ˈlʊtər] *German Reformation leader and translator of the Bible; 1483–1546.*
Lüt·zow, Ludwig Adolf Freiherr von [ˈlʏtso] *Prussian general; 1782–1834.*
Lu·xem·burg, Rosa [ˈlʊksəmˌbʊrk] *German socialist politician; 1870–1919.*

M

Mach, Ernst [max] *Austrian physicist; 1838–1916.*
Macke (*getr.* -k·k-), August [ˈmakə] *German painter; 1887–1914.*
Mah·ler, Gustav [ˈmaːlər] *Austrian composer and conductor; 1860–1911.*
Ma·kart, Hans [ˈmakart] *Austrian painter; 1840–84.*
Mann, Golo (Gottfried) [man] *German historian; *1909.*
Mann, Heinrich [man] *German writer; 1871–1950.*
Mann, Klaus [man] *German writer; 1906–1949.*
Mann, Thomas [man] *German writer; 1875–1955.*
Marc, Franz [mark] *German expressionist painter and graphic artist; 1880–1916.*
Mar·cu·se, Herbert [marˈkuːzə] *German-American philosopher; 1898–1979.*
Mar·ga·re·te Maul·tasch [margaˈreːtə ˈmaʊlˌtaʃ] Margaret Maultasch. *Countess of Tyrol; 1318–69.*
Ma·ria The·re·sia [maˈriːa teˈreːzia] Maria Theresa. *Archduchess of Austria and Queen of Hungary and Bohemia, wife of the emperor Francis I; 1717–80.*
Ma·rie An·toi·nette [maˈriː ãtoaˈnɛt] *Queen of France, wife of Louis XVI; 1755–93.*
Marx, Karl [marks] *German economist, philosopher, and socialist; 1818–83.*
May, Karl [maɪ] *German author of adventure and travel stories; 1842–1912.*
Meit·ner, Lise [ˈmaɪtnər] *Austrian physicist; 1878–1968.*
Me·lan·chthon, Philipp [meˈlançtɔn] (*originally* Philipp Schwarzerd) *German scholar and Protestant reformer; 1497–1560.*
Men·del, Gregor Johann [ˈmɛndəl] *Austrian biologist; 1822–84.*
Men·dels·sohn-Bar·thol·dy, Felix [ˈmɛndəlsˌzoːnbarˈtɔldi] *German composer; 1809–1847.*
Men·zel, Adolph von [ˈmɛntsəl] *German painter; 1815–1905.*
Me·ri·an, Matthäus (der Ältere) [ˈmeːrian] Matthäus Merian (the Elder). *Swiss engraver; 1593–1650.*
Mes·ser·schmitt, Willy [ˈmɛsərˌʃmɪt] *German aircraft designer; 1898–1978.*
Met·ter·nich, Klemens Wenzel Nepomuk Lothar Fürst von [ˈmɛtərnɪç] *Austrian statesman; 1773–1859.*
Mey·er, Conrad Ferdinand [ˈmaɪər] *Swiss poet and novelist; 1825–98.*
Mey·er·beer, Giacomo [ˈmaɪərˌbeːr] (*originally* Jakob Liebmann Meyer Beer) *German composer; 1791–1864.*
Mies van der Ro·he, Ludwig [ˈmiːs fan der ˈroːə] *German-American architect; 1886–1969.*
Mil·löcker (*getr.* -k·k-), Karl [ˈmɪlœkər] *Austrian composer of operettas; 1842–99.*
Mo·ham·med [ˈmoːhamɛt] Muhammad, *auch* Mohammed, Mahomet. *Arab prophet, founder of Islam; 570?–632.*
Molt·ke, Helmuth Graf von [ˈmɔltkə] *Prussian field marshal; 1800–1891.*
Momm·sen, Theodor [ˈmɔmzən] *German historian; 1817–1903.*
Mon·tez, Lola [ˈmɔntes] *British dancer, mistress of Louis I of Bavaria; 1818–61.*
Mor·gen·stern, Christian [ˈmɔrgənˌʃtɛrn] *German poet; 1871–1914.*
Mö·ri·ke, Eduard [ˈmøːrɪkə] *German poet; 1804–75.*
Möss·bau·er, Rudolf Ludwig [ˈmœsˌbaʊər] *German physicist; *1929.*
Mo·zart, Wolfgang Amadeus [ˈmoːtsart] *Austrian composer; 1756–91.*
Münch·hau·sen, Karl Friedrich Hieronymus Freiherr von [ˈmʏnçˌhaʊzən] Munchausen. *German cavalry officer and reputed exaggerator; 1720–97.*
Mün·zer, Thomas [ˈmʏntsər] *German religious enthusiast; 1489?–1525.*
Mu·sil, Robert [ˈmuːzɪl] *Austrian novelist; 1880–1942.*

N

Nach·ti·gal, Gustav [ˈnaxtɪgal] *German travel(l)er in Africa; 1834–85.*
Nau·mann, Friedrich [ˈnaʊˌman] *German politician and Protestant theologian; 1860–1919.*
Ne·bu·kad·ne·zar II. [nebukatˈneːtsar] Nebuchadnezzar II, *auch* Nebuchadrezzar II. *King of Babylonia; 604?–562 B.C.*
Neu·ber, Friederike Caroline [ˈnɔʏbər] *German actress; 1697–1760.*
Neu·mann, Johann Balthasar [ˈnɔʏˌman] *German architect; 1687–1753.*
Nie·buhr, Barthold Georg [ˈniːbuːr] *German historian and diplomat; 1776–1831.*
Nie·hans, Paul [ˈniːˌhans] *Swiss physician; 1882–1971.*
Nie·möl·ler, Martin [ˈniːˌmœlər] *German Protestant theologian; *1892.*

Nietz·sche, Friedrich Wilhelm [ˈniːtʃə; ˈniːtsʃə] *German philosopher; 1844–1900.*

Ni·ko·laus, der heilige [ˈniːkolaus; ˈnɪ-] St. Nicholas. *Bishop of Myra, Asia Minor, and patron saint of children; ?–?350.*

Ni·ko·laus von Kues [ˈniːkolaus fɔn ˈkuːs; ˈnɪ-] Nicholas of Cusa. *German philosopher and theologian; 1401–64.*

No·bel, Alfred Bernhard [noˈbɛl] *Swedish chemist and engineer; 1833–96.*

Nol·de, Emil [ˈnɔldə] (*originally* Emil Hansen) *German expressionist painter; 1867–1956.*

No·va·lis [noˈvaːlɪs] (*originally* Friedrich Leopold Freiherr von Hardenberg) *German lyric poet; 1772–1801.*

O

Oberth, Hermann [ˈoːbɛrt] *German rocketeer; *1894.*

Odoa·ker [odoˈaːkər] Odoacer. *First barbarian ruler of Italy; 433–493.*

Oet·ker [ˈœtkər] *German industrialists.*

Of·fen·bach, Jacques (Jacob) [ˈɔfənˌbax] *German-French composer; 1819–80.*

Ohm, Georg Simon [oːm] *German physicist; 1789–1854.*

Opel [ˈoːpəl] *German industrialists, manufacturers of automobiles.*

Opitz, Martin [ˈoːpɪts] *German poet; 1597–1639.*

Orff, Carl [ɔrf] *German composer; 1895–1982.*

Os·si·etz·ki, Carl von [ɔˈsi̯ɛtski] *German journalist and pacifist; 1889–1938.*

Os·wald von Wol·ken·stein [ˈɔsˌvalt fɔn ˈvɔlkənˌʃtaɪn] *Austrian lyric poet of the Late Middle Ages; 1377?–1445.*

Ot·to [ˈɔto] *Emperors of the Holy Roman Empire and kings of Germany:* Otto I. (der Große) Otto I (the Great) (*912–973*); Otto II. Otto II (*955–983*); Otto III. Otto III (*980–1002*); Otto IV. von Braunschweig Otto IV (*1175?–1218*).

Ot·to, Nikolaus August [ˈɔto] *German engineer and inventor of the Otto engine; 1832–1891.*

Oxen·stier·na, Axel Gustafsson Graf [ˈʊksənˌstiɛrna] *Swedish statesman; 1583–1654.*

P

Pal·len·berg, Max [ˈpalənˌbɛrk] *Austrian comedian; 1877–1934.*

Pa·pen, Franz von [ˈpaːpən] *German politician and diplomat; 1879–1969.*

Pa·ra·cel·sus, Philippus Aureolus Theophrastus [paraˈtsɛlzʊs] (*originally* Theophrastus Bombastus von Hohenheim) *German physician and naturalist; 1493–1541.*

Pay·er, Julius Ritter von [ˈpaɪər] *Austrian arctic explorer; 1842–1915.*

Pen·zoldt, Ernst [ˈpɛntsɔlt] *German writer and sculptor; 1892–1955.*

Pe·sta·loz·zi, Johann Heinrich [pɛstaˈlɔtsi] *Swiss educational reformer; 1746–1827.*

Pet·ten·ko·fer, Max von [ˈpɛtənˌkoːfər] *German hygienist; 1818–1901.*

Pfitz·ner, Hans [pfɪtsnər] *German composer; 1869–1949.*

Pic·co·lo·mi·ni, Ottavio, Herzog von Amalfi [pɪkoˈloːmini] Octavio Piccolomini, Duke of Amalfi. *General in the Thirty Years' War, in the imperial and later in the Spanish service; 1599–1656.*

Pieck, Wilhelm [piːk] *German politician, president of the DDR; 1876–1960.*

Pip·pin III. (der Jüngere *od.* der Kleine) [pɪˈpiːn] Pepin (the Younger *od.* the Short). *King of the Franks; 715?–768.*

Pir(c)k·hei·mer, Willibald [ˈpɪrkˌhaɪmər] *German humanist; 1470–1530.*

Planck, Max [plaŋk] *German physicist; 1858–1947.*

Pla·ten, August Graf von [ˈplaːtən] *German poet; 1796–1835.*

Pol·gar, Alfred [ˈpɔlgar] *Austrian writer and critic; 1875–1955.*

Por·sche, Ferdinand [ˈpɔrʃə] *German engineer and manufacturer of automobiles; 1875–1951.*

Prae·to·ri·us, Michael [prɛˈtoːri̯ʊs] *German composer and music historian; 1571–1621.*

Pregl, Fritz [ˈpreːgəl] *Austrian chemist; 1869–1930.*

Q

Quid·de, Ludwig [ˈkvɪdə] *German historian, politician, and pacifist; 1858–1941.*

R

Raab, Julius [raːp] *Austrian politician, chancellor of the Republic of Austria; 1891–1964.*

Raa·be, Wilhelm [ˈraːbə] (*pseudonym* Jakob Corvinus) *German writer; 1831–1910.*

Ra·detz·ky, Joseph Wenzel Graf Radetzky von Radetz [raˈdɛtski] *Austrian field marshal; 1766–1858.*

Rae·der, Erich [ˈrɛːdər] *German admiral; 1876–1960.*

Raiff·ei·sen, Friedrich Wilhelm [ˈraɪfˌʔaɪzən] *German economist; 1818–88.*

Rai·mund, Ferdinand [ˈraɪˌmʊnt] (*originally* Ferdinand Raimann) *Austrian playwright and actor; 1790–1836.*

Ran·ke, Leopold von [ˈraŋkə] *German historian; 1795–1886.*

Ra·the·nau, Walther [ˈraːtənaʊ] *German industrialist and politician; 1867–1922.*

Ray·mond, Fred [ˈraɪmɔnt] (*originally* Friedrich Vesely) *Austrian composer; 1900–1954.*

Re·ger, Max [ˈreːgər] *German composer; 1873–1916.*

Rein·hardt, Max [ˈraɪnˌhart] (*originally* Max Goldmann) *Austrian stage director and theatre manager; 1873–1943.*

Rein·mar von Ha·ge·nau [ˈraɪnmar fɔn ˈhaːgənaʊ] *Middle High German lyric poet and minnesinger; 1160/70–1205/10.*

Reis, Johann Philipp [raɪs] *German physicist; 1834–74.*

Re·marque, Erich Maria [rəˈmark] (*originally* Erich Paul Remark) *German writer; 1898–1970.*

Ren·ner, Karl [ˈrɛnər] *Austrian politician, president of the Republic of Austria; 1870–1950.*

Reuch·lin, Johannes [ˈrɔʏçliːn] *German humanist; 1455–1522.*

Reu·ter, Ernst [ˈrɔʏtər] *German politician; 1889–1953.*

Reu·ter, Fritz [ˈrɔʏtər] *German writer; 1810–1874.*

Rez·ni·cek, Emil Nikolaus Freiherr von [ˈrɛsnitʃɛk] *Austrian composer and conductor; 1860–1945.*

Rib·ben·trop, Joachim von [ˈrɪbənˌtrɔp] *German Nazi politician; 1893–1946.*

Rich·ter, (Adrian) Ludwig [ˈrɪçtər] *German painter and illustrator; 1803–84.*

Richt·ho·fen, Manfred Freiherr von [ˈrɪçtˌhoːfən] *German fighter pilot; 1892–1918.*

Rie·men·schnei·der, Tilman [ˈriːmənˌʃnaɪdər] *German sculptor and wood-carver; 1460?–1531.*

Rie·se, Adam [ˈriːzə] (*originally* Adam Ries) *German arithmetician; 1492–1559.*

Ril·ke, Rainer Maria [ˈrɪlkə] *Austrian poet; 1875–1926.*

Rin·gel·natz, Joachim [ˈrɪŋəlˌnats] (*originally* Hans Bötticher) *German poet and writer of satirical nonsense verse; 1883–1934.*

Ro·da Ro·da, Alexander [ˈroːda ˈroːda] (*originally* Alexander Friedrich Rosenfeld) *Austrian writer, author of anecdotes and satirical plays; 1872–1945.*

Rom·mel, Erwin [ˈrɔməl] *German field marshal; 1891–1944.*

Rönt·gen, Wilhelm Conrad [ˈrœntgən] Wilhelm Conrad Roentgen (*od.* Röntgen). *German physicist; 1845–1923.*

Ror·schach, Hermann [ˈroːrʃax] *Swiss psychiatrist and psychologist; 1884–1922.*

Ro·seg·ger, Peter [ˈroːzɛgər; roˈzɛgər] (*pseudonym* P[etri] K[ettenfeier]) *Austrian writer; 1843–1918.*

Roth·schild, Mayer Amschel [ˈroːtˌʃɪlt] *German banker, founder of the house of Rothschild; 1744–1812.*

Rückert (*getr.* -k·k-), Friedrich [ˈrʏkərt] (*pseudonym* Freimund Reimark) *German orientalist, poet, and translator; 1788–1866.*

Ru·dolf [ˈruːdɔlf] Rudolf of Hapsburg (*od.* Habsburg). *Archduke and crown prince of Austria, son of the emperor Francis Joseph I; 1858–89.*

Ru·dolf I. von Habs·burg [ˈruːdɔlf fɔn ˈhaːpsˌbʊrk] Rudolf I of Hapsburg (*od.* Habsburg). *King of Germany and founder of the Hapsburg dynasty; 1218–91.*

Run·ge, Philipp Otto [ˈrʊŋə] *German painter; 1777–1810.*

Rup·precht, Kronprinz [ˈrʊprɛçt] Rupert. *Last Crown prince of Bavaria and German field marshal; 1869–1955.*

S

Sachs, Hans [zaks] *German Meistersinger and poet; 1494–1576.*

Sachs, Nelly [zaks] *German-Swedish lyric poet; 1891–1970.*

Sal·ten, Felix [ˈzaltən] (*originally* Siegmund Salzmann) *Austrian writer; 1869–1945.*

Sand·rock, Adele ['zandrɔk] *German actress; 1863–1937.*
Sau·er·bruch, Ernst Ferdinand ['zauər,brux] *German surgeon; 1875–1951.*
Scha·dow, Johann Gottfried ['ʃa:do] *German sculptor; 1764–1850.*
Schärf, Adolf [ʃɛrf] *Austrian politician, president of the Republic of Austria; 1890–1965.*
Scharn·horst, Gerhard Johann David von ['ʃarn,hɔrst] *Prussian general; 1755–1813.*
Scheel, Walter [ʃe:l] *German politician, 4th president of the BRD; *1919.*
Schef·fel, Joseph Victor von ['ʃɛfəl] *German poet and novelist; 1826–86.*
Sche·ler, Max ['ʃe:lər] *German philosopher; 1874–1928.*
Schel·ling, Friedrich Wilhelm Joseph von ['ʃɛlɪŋ] *German philosopher; 1775–1854.*
Scheuch·zer, Johann Jakob ['ʃɔʏçtsər] *Swiss naturalist; 1672–1733.*
Schil·ler, Johann Christoph Friedrich von ['ʃɪlər] *German poet, dramatist, and historian; 1759–1805.*
Schin·kel, Karl Friedrich ['ʃɪŋkəl] *German architect and painter; 1781–1841.*
Schle·gel, August Wilhelm von ['ʃle:gəl] *German poet and critic; 1767–1845.*
Schlei·cher, Kurt von ['ʃlaɪçər] *German politician and general; 1882–1934.*
Schlei·er·ma·cher, Friedrich Ernst Daniel ['ʃlaɪər,maxər] *German philosopher and Protestant theologian; 1768–1834.*
Schlie·mann, Heinrich ['ʃli:,man] *German arch(a)eologist and travel(l)er; 1822–90.*
Schlü·ter, Andreas ['ʃly:tər] *German sculptor and architect; 1664?–1714.*
Schmidt, Arno [ʃmɪt] *German writer; 1914–1979.*
Schmidt, Helmut [ʃmɪt] *German politician, 5th chancellor of the BRD; *1918.*
Schnei·der, Reinhold ['ʃnaɪdər] *German writer and essayist; 1903–58.*
Schnitz·ler, Arthur ['ʃnɪtslər] *Austrian writer and physician; 1862–1931.*
Scholl [ʃɔl] *Members of the anti-Nazi student movement "Weiße Rose":* Hans *(1918–43) and his sister* Sophie *(1921–43).*
Schön·berg, Arnold ['ʃø:n,bɛrk] *Austrian composer; 1874–1951.*
Schon·gau·er, Martin ['ʃo:n,gauər] *German engraver and painter; 1435?–91.*
Scho·pen·hau·er, Arthur ['ʃo:pən,hauər] *German philosopher; 1788–1860.*
Schu·bert, Franz ['ʃu:bɛrt] *Austrian composer; 1797–1828.*
Schu·len·burg, Friedrich Werner Graf von ['ʃu:lən,bʊrk] *German diplomat and participant in the July plot, 1944, against Hitler; 1875–1944.*
Schu·ma·cher, Kurt ['ʃu:,maxər] *German socialist politician; 1895–1952.*
Schu·mann, Robert ['ʃu:,man] *German composer; 1810–56.*
Schusch·nigg, Kurt von ['ʃʊʃnɪk] *Austrian politician; 1897–1977.*
Schütz, Heinrich [ʃʏts] *German composer; 1585–1672.*
Schwab, Gustav [ʃva:p] *German poet; 1792–1850.*
Schweit·zer, Albert ['ʃvaɪtsər] *Alsatian Protestant clergyman, physician, philosopher, and musicologist; 1875–1965.*
Schwind, Moritz von [ʃvɪnt] *German painter; 1804–71.*
Seals·field, Charles ['zi:ls,fi:lt] *(originally* Karl Postl) *Austrian writer; 1793–1864.*
Sei·del, Heinrich ['zaɪdəl] *German writer; 1842–1906.*
Sei·del, Ina ['zaɪdəl] *German poet and novelist; 1885–1974.*
Se·ne·fel·der, Alois ['ze:nə,fɛldər] *Austrian inventor, discoverer of the process of lithography; 1771–1834.*
Sickin·gen *(getr.* **-k·k-**), Franz von ['zɪkɪŋən] *German knight; 1481–1523.*
Sie·mens, Werner von ['zi:məns] *German inventor and founder of electrotechnology; 1816–92.*
Sle·vogt, Max ['sle:,fo:kt] *German painter, lithographer, and engraver; 1868–1932.*
Sle·zak, Leo ['slɛzak] *Austrian tenor; 1873–1946.*
Speng·ler, Oswald ['ʃpɛŋlər] *German cultural philosopher; 1880–1936.*
Spitz·weg, Carl ['ʃpɪts,ve:k] *German painter and illustrator; 1808–85.*
Stauf·fen·berg, Graf Schenk von ['ʃtaufən,bɛrk] *Participants in the July plot, 1944, against Hitler:* Berthold *(1905–44) and his brother* Claus *(1907–44).*
Stein, Charlotte von [ʃtaɪn] *German lady noted for her friendship with Goethe; 1742–1827.*
Stein, Karl Reichsfreiherr vom und zum [ʃtaɪn] *Prussian statesman; 1757–1831.*
Stei·ner, Rudolf ['ʃtaɪnər] *Austrian philosopher, founder of anthroposophy; 1861–1925.*
Stern·heim, Carl ['ʃtɛrn,haɪm] *German writer and playwright; 1878–1942.*
Steu·ben, Friedrich Wilhelm von ['ʃtɔʏbən] *Prussian and American general; 1730–94.*
Stif·ter, Adalbert ['ʃtɪftər] *Austrian poet; 1805–86.*
Storm, Theodor [ʃtɔrm] *German poet; 1817–1888.*
Stoß, Veit [ʃto:s] Veit Stoss. *German sculptor; 1445?–1533.*
Straus, Oscar [ʃtraus] *Austrian composer of operettas; 1870–1954.*
Strauß [ʃtraus] Strauss. *Austrian composers and conductors:* Johann *(1804–49) and his son* Johann *(1825–99).*
Strauss, Richard [ʃtraus] *German composer and conductor; 1864–1949.*
Strauß und Tor·ney, Lulu von ['ʃtraus ,ʊnt 'tɔrnaɪ] *German writer; 1873–1956.*
Stre·se·mann, Gustav ['ʃtre:zə,man] *German statesman of the Weimar Republic; 1878–1929.*
Su·der·mann, Hermann ['zu:dər,man] *German playwright and novelist; 1857–1928.*
Sup·pé, Franz von [zʊ'pe:] *Austrian composer; 1819–95.*
Sut·ter, John Augustus ['zʊtər] *(originally* Johann August Suter) *Swiss-American pioneer in California; 1803–80.*
Sutt·ner, Bertha Freifrau von ['zʊtnər] *Austrian novelist; 1843–1914.*

T

Tau·ber, Richard ['taubər] *Austrian tenor; 1892–1948.*
Te·le·mann, Georg Philipp ['te:lə,man] *German composer; 1681–1767.*
Tell, Wilhelm [tɛl] William Tell. *Legendary national hero of Switzerland.*
Thäl·mann, Ernst ['tɛ:l,man] *German Communist leader; 1886–1944.*
Theo·de·rich (der Große) [te'o:dərɪç] Theodoric (the Great). *King of the East Goths; 456?–526.*
Tho·ma, Ludwig ['to:ma] *German writer of stories, novels, and plays dealing with rural Bavarian life; 1867–1921.*
Tieck, Ludwig [ti:k] *German poet and critic; 1773–1853.*
Til·ly, Johann Tserclaes Reichsgraf von ['tɪli] *General in the Spanish, Bavarian, and imperial service, commander of the forces of the Catholic League in the Thirty Years' War; 1559–1632.*
Tisch·bein ['tɪʃ,baɪn] *German painters:* Johann Heinrich (der Ältere) Johann Heinrich (the Elder) *(1722–89) and his nephew and pupil* Johann Heinrich Wilhelm *(1751–1829).*
Tol·ler, Ernst ['tɔlər] *German dramatist and poet; 1893–1939.*
Trakl, Georg ['tra:kəl] *Austrian poet; 1887–1914.*
Tu·chol·sky, Kurt [tʊ'xɔlski] *(pseudonyms* Kaspar Hauser, Peter Panter, Theobald Tiger, Ignaz Wrobel) *German journalist and writer; 1890–1935.*

U

Uh·land, Johann Ludwig ['u:,lant] *German lyric poet; 1787–1862.*
Ul·bricht, Walter ['ʊlbrɪçt] *German politician of the DDR; 1893–1973.*
Ul·fi·las ['ʊlfilas] *Bishop to the Goths and translator of the Bible; 311?–?383.*

V

Va·len·tin, Karl ['falɛnti:n] *(originally* Valentin Ludwig Fey) *Bavarian comic actor; 1882–1948.*
Vir·chow, Rudolf ['fɪrço; 'vɪrço] *German pathologist, anthropologist, and politician; 1821–1902.*
Vi·scher ['fɪʃər] *German sculptors:* Peter (der Ältere) Peter (the Elder) *(sculptor and bronze founder; 1460?–1529) and his son* Peter (der Jüngere) Peter (the Younger) *(1487–1528).*
Voß, Johann Heinrich [fɔs] *German poet and translator of classical poets; 1751–1826.*
Vul·pi·us, Christiane ['vʊlpɪʊs] *Wife of Johann Wolfgang von Goethe; 1765–1816.*

W

Wag·gerl, Karl Heinrich ['vagərl] *Austrian narrative writer; 1897–1973.*
Wag·ner, Richard ['va:gnər] *German composer; 1813–83.*

Wald·mül·ler, Ferdinand Georg [ˈvaltˌmʏlər] *Austrian painter; 1793–1865.*

Wal·len·stein, *auch* **Wald·stein,** Albrecht Wenzel Eusebius von, Herzog von Friedland [ˈvalənˌʃtaɪn, ˈvaltˌʃtaɪn] (*called* der Friedländer) *Austrian general in the Thirty Years' War; 1583–1634.*

Wal·ther von der Vo·gel·wei·de [ˈvaltər fɔn der ˈfoːgəlˌvaɪdə] *Middle High German lyric poet; 1170?–?1230.*

Was·ser·mann, Jakob [ˈvasərˌman] *German writer; 1873–1934.*

We·ber, Carl Maria von [ˈveːbər] *German composer; 1786–1826.*

We·bern, Anton von [ˈveːbərn] *Austrian composer; 1883–1945.*

We·de·kind, Frank [ˈveːdəˌkɪnt] *German dramatist; 1864–1918.*

Weill, Kurt [vaɪl] *German-American composer; 1900–1950.*

Wein·he·ber, Josef [ˈvaɪnˌheːbər] *Austrian lyric poet; 1892–1945.*

Wel·ser, Bartholomäus [ˈvɛlzər] *German banker, head of one of the richest banking and commercial firms of his time in Augsburg; 1484?–1561.*

Wer·fel, Franz [ˈvɛrfəl] *Austrian novelist, poet, and playwright; 1890–1945.*

Wert·hei·mer, Max [ˈveːrtˌhaɪmər] *German psychologist, founder of Gestalt psychology; 1880–1943.*

Wi·du·kind [ˈviːduˌkɪnt] Wittekind, *auch* Widukind. *Leader of the Saxons against Charlemagne; ?–?807.*

Wie·chert, Ernst [ˈviːçərt] (*pseudonym* Barany Bjell) *German writer; 1887–1950.*

Wie·land, Christoph Martin [ˈviːˌlant] *German poet and novelist; 1733–1813.*

Wil·helm [ˈvɪlˌhɛlm] *Emperors of Germany and kings of Prussia:* **Wilhelm I.** William I (*1797–1888*); **Wilhelm II.** William II (*1859–1941*).

Win·ckel·mann, Johann Joachim [ˈvɪŋkəlˌman] *German arch(a)eologist, founder of scientific arch(a)eology; 1717–68.*

Win·kel·ried, Arnold von [ˈvɪŋkəlˌriːt] *Swiss national hero; ?–1386.*

Wit·te·kind [ˈvɪtəˌkɪnt] → **Widukind.**

Witt·gen·stein, Ludwig [ˈvɪtgənˌʃtaɪn] *Austro-English philosopher; 1889–1951.*

Wolf, Hugo [vɔlf] *Austrian composer; 1860–1903.*

Wölff·lin, Eduard [ˈvœlfliːn] *Swiss classical scholar; 1831–1908.*

Wolf·ram von Eschen·bach [ˈvɔlfram fɔn ˈɛʃənˌbax] *Middle High German poet; 1170?–?1220.*

Wul·fi·la [ˈvʊlfila] → **Ulfilas.**

Z

Zeiss, Carl [tsaɪs] *German optician and precision mechanic; 1816–88.*

Zel·ler, Carl [ˈtsɛlər] *Austrian composer of operettas; 1842–98.*

Zel·ter, Carl Friedrich [ˈtsɛltər] *German composer; 1758–1832.*

Zep·pe·lin, Ferdinand Graf von [ˈtsɛpəliːn; tsɛpəˈliːn] *German general and aeronaut; designer and manufacturer of the Zeppelin; 1838–1917.*

Zieh·rer, Carl Michael [ˈtsiːrər] *Austrian composer of operettas; 1843–1922.*

Zil·le, Heinrich [ˈtsɪlə] *German illustrator; 1858–1929.*

Zim·mer·mann, Dominikus [ˈtsɪmərˌman] *German architect; 1685–1766.*

Zuck·may·er, Carl [ˈtsʊkˌmaɪər] *German-Swiss playwright; 1896–1977.*

Zweig, Arnold [tsvaɪk] *German writer; 1887–1968.*

Zweig, Stefan [tsvaɪk] *Austrian novelist, dramatist, and biographer; 1881–1942.*

Zwing·li, Ulrich (Ulricus Zvinglius) [ˈtsvɪŋli] *Swiss Protestant reformer; 1484–1531.*

III. VORNAMEN
III. CHRISTIAN NAMES

A

Abel ['a:bəl] *m* Abel.
Abra·ham ['a:braham] *m* Abraham.
Achim ['axım] *m short for* **Joachim**.
Adal·bert ['a:dal,bert] *m* Adalbert.
Adam ['a:dam] *m* Adam.
Ade·le [a'de:lə] *f* Adele, *auch* Adela.
Adel·heid ['a:dəl,haıt] *f* Adelheid.
Adolf ['a:dɔlf] *m* Adolf, *auch* Adolph, Adolphe, Adolphus.
Adri·an ['a:dria:n] *m* Adrian.
Aga·the [a'ga:tə] *f* Agatha.
Agnes ['agnɛs] *f* Agnes.
Al·ban ['alba:n; al'ba:n] *m* Alban.
Al·bert ['albɛrt] *m* Albert, Elbert.
Al·brecht ['albrɛçt] *m*.
Alex ['a:lɛks] *m* a) *short for* **Alexander**, b) Alex, *auch* Alec(k), Alix.
Alex·an·der [alɛ'ksandər] *m* Alexander.
Alex·an·dra [alɛ'ksandra] *f* Alexandra.
Alf [alf] *m short for* **Alfred**, **Adolf**.
Al·fons ['alfɔns], **Al·fon·so** [al'fɔnzo] *m* Alphonso, *auch* Alonso, Alonzo.
Al·fred ['al,fre:t] *m* Alfred.
Ali·ce [a'li:sə] *f* Alice, *auch* Alyce, Alys.
Al·ma ['alma] *f* Alma.
Alois ['a:loıs; 'a:loi:s], *auch* **Aloi·si·us** [alo'i:zīʊs] *m* Aloysius.
Ama·lie [a'ma:liə], *auch* **Ama·lia** [a'ma:līa] *f* Amelia, *auch* Amalia.
An·drea [an'dre:a] *f* Andrea.
An·dre·as [an'dre:as] *m* Andrew.
An·ge·la ['aŋgela; aŋ'ge:la] *f* Angela.
An·ge·li·ka [aŋ'ge:lika] *f* Angelica, Angelic.
Ani·ta [a'ni:ta] *f* Anita.
An·ja ['anja] *f*.
An·ke ['aŋkə] *f*.
An·na ['ana] *f* Ann(e), Anna.
An·ne ['anə] *f variant of* **Anna**.
An·ne·gret ['ana,gre:t] *f*.
An·ne·lie·se ['anə,li:zə] *f*.
An·ne·ma·rie ['anəma,ri:] *f*.
An·ne·mie ['anəmi] *f short for* **Annemarie**.
An·net·te [a'nɛtə] *f* Annette.
An·ni ['ani] *f pet form of* **Anna**.
Ant·je ['antjə] *f Low G. dim. and pet form of* **Anna**.
An·ton ['anto:n] *m* Anthony, *auch* Antony.
An·to·nia [an'to:nīa], *auch* **An·to·nie** [an'to:nīə] *f* Antonia.
Ar·min ['armi:n] *m* Armin.
Ar·no ['arno] *m* a) *short for* **Arnold**, b) Arno.
Ar·nold ['arnɔlt] *m* Arnold.
Ar·nulf ['arnʊlf] *m*.
Ar·t(h)ur ['artʊr] *m* Arthur, *auch* Artur.
Astrid ['astri:t] *f* Astrid.
Au·gust ['august] *m* August(us).
Au·gu·ste [au'gʊstə] *f* Augusta.
Axel ['aksəl] *m* Axel.

B

Ba·bet·te [ba'bɛtə] *f* Babette, *auch* Barbette.
Bar·ba·ra ['barbara] *f* Barbara.
Bär·bel ['bɛrbəl] *f dim. and pet form of* **Barbara**.
Ba·sti·an ['bastīa(:)n], **Ba·sti·en** [bas'tīɛ̃:] *m short for* **Sebastian**.
Bea·te [be'a:tə], *auch* **Bea·ta** [be'a:ta] *f* Beata.
Bea·tri·ce [bea'tri:sə] *f* Beatrice.
Bea·trix [be'a:trıks; 'be:atrıks] *f* Beatrix.
Ben·ja·min ['bɛnjami:n] *m* Benjamin.
Ben·no ['bɛno] *m short for* **Bernhard**.
Bernd [bɛrnt], *auch* **Bernt** [bɛrnt] *m short for* **Bernhard**.
Bern·hard ['bɛrn,hart] *m* Bernard, Barnard.
Bert [bɛrt] *m short for* **A(da)lbert**, **Bertram**, **Herbert**.
Ber·ta ['bɛrta], *auch* **Ber·tha** ['bɛrta] *f* Bertha, Berta.
Bert·hold ['bɛrtɔlt; 'bɛrt,hɔlt], *auch* **Ber·told** ['bɛrtɔlt] *m* Berthold.
Bert·ram ['bɛrtram] *m* Bertram, Bartram.
Bet·ti·na [bɛ'ti:na], *auch* **Bet·ti·ne** [bɛ'ti:nə] *f* Bettina.
Bi·an·ca ['bīaŋka], **Bi·an·ka** ['bīaŋka] *f* Bianca.
Bir·git ['bırgıt], **Bir·git·ta** [bır'gıta] *f*.
Bir·ke ['bırkə] *f*.
Bir·te ['bırtə] *f short for* **Birgit**.
Björn [bjœrn] *m*.
Bo·do ['bo:do] *m*.
Bo·to ['bo:to], *auch* **Bo·tho** ['bo:to] *m variant of* **Bodo**.
Bri·git·te [bri'gıtə], *auch* **Bri·git·ta** [bri'gıta] *f* Bridget, Brigid, Brigit.
Bro·der ['bro:dər] *m*.
Bru·no ['bru:no] *m* Bruno.
Burk·hard ['bʊrk,hart], *auch* **Burk·hart** ['bʊrk,hart] *m*.

C

Cä·ci·lie [tsɛ'tsi:līə], *auch* **Cä·ci·lia** [tsɛ'tsi:līa] *f* Cecile, Cecilia, Cecily, Cicely, Celia.
Ca·ri·na [ka'ri:na] *f* Carina.
Ca·ro·la [ka'ro:la; 'ka:rola] *f* Carola.
Car·sten ['karstən] *m Low G. for* **Christian**.
Char·lot·te [ʃar'lɔtə] *f* Charlotte.
Chri·sta ['krısta] *f short for* **Christiane**.
Chri·stel ['krıstəl] *f dim. and pet form of* **Christiane**, **Christa**.
Chri·sti·an ['krıstīan] *m* Christian.
Chri·stia·ne [krıs'tīa:nə], *auch* **Chri·stia·na** [krıs'tīa:na] *f* Christiana.
Chri·sti·ne [krıs'ti:nə], *auch* **Chri·sti·na** [krıs'ti:na] *f* Christina, Christine.
Chri·stoph ['krıstɔf], *auch* **Chri·stof** ['krıstɔf] *m* Christopher.
Clau·dia ['klaudīa] *f* Claudia.
Cle·mens ['kle:məns] *m* Clement.
Cor·du·la ['kɔrdula] *f*.
Co·rin·na [ko'rına] *f* Corinna, *auch* Corinne, Corynne.
Cor·ne·lia [kɔr'ne:līa] *f* Cornelia.
Cor·ne·li·us [kɔr'ne:līʊs] *m* Cornelius.
Co·si·ma ['ko:zıma] *f*.

D

Dag·mar ['dag,mar] *f* Dagmar.
Da·ni·el ['da:nīɛl] *m* Daniel.
Da·nie·la [da'nīe:la] *f* Daniela.
Da·vid ['da:fıt; -vıt] *m* David.
Det·lef ['de:tlɛf; 'dɛtlɛf], *auch* **Det·lev** ['de:tlɛf; 'dɛtlɛf] *m*.
Dia·na ['dīa:na] *f* Diana, *auch* Diane, Dyana, Dyane.
Di·di ['didi] *m pet form of* **Dieter**.
Die·ter ['di:tər] *m short for* **Dietrich**.
Diet·helm ['di:t,hɛlm] *m*.
Die·ther ['di:tər; 'di:t,hɛr] *m variant of* **Dieter**.
Diet·lind ['di:t,lınt], **Diet·lin·de** [,di:t'lındə] *f*.
Diet·mar ['di:tmar] *m*.
Diet·rich ['di:trıç] *m*.
Dirk [dırk] *m Low G. short for* **Dietrich**.
Do·mi·nik ['do:minık] *m* Dominic.
Do·ra ['do:ra] *f* Dora.
Do·ris ['do:rıs] *f* Doris.
Do·ro·thea [doro'te:a] *f* Dorothea, Dorothy, Dorothee.
Do·ro·thee ['do:rote; doro'te:(ə)] *f variant of* **Dorothea**.
Dor·te ['do:rtə], **Dör·te** ['dørtə], *auch* **Dor·the** ['do:rtə] *f Low G. short for* **Dorothea**.

E

Eber·hard ['e:bər,hart], *auch* **Eber·hart** ['e:bɛr,hart] *m*.
Eckart (*getr.* -**k·k**-) ['ɛkart] *m variant of* **Eckehard**.

Eck·bert ['ɛkbɛrt] *m* Egbert.
Ecke·hard (*getr.* **-k·k-**) ['ɛkəˌhart], *auch* **Ecke·hart** (*getr.* **-k·k-**) ['ɛkəˌhart], **Eck·hart** ['ɛkˌhart; 'ɛkart] *m* Eckhardt.
Ed·da ['ɛda] *f*.
Ed·gar ['ɛtgar] *m* Edgar.
Edith ['e:dɪt] *f* Edith, *auch* Edithe, Edyth(e).
Ed·mund ['ɛtˌmʊnt] *m* Edmund, Edmond.
Edu·ard ['e:dŭart] *m* Edward.
Eg·bert ['ɛkbɛrt], **Eg·brecht** ['ɛkbrɛçt] *m variant of* **Eckbert**.
Egon ['e:gɔn] *m*.
Ehr·hard ['e:rˌhart] *m variant of* **Erhard**.
Ei·ke[1] ['aɪkə] *m Low G. short for* **Eckehard**.
Ei·ke[2] ['aɪkə] *f*.
Eleo·no·re, [eleo'no:rə], *auch* **Eleo·no·ra** [eleo'no:ra] *f* Eleanor(a), Eleonora, Eleonore, Elenor(e), Elinor.
El·frie·de [ɛl'fri:də] *f*.
Eli·sa·beth [e'li:zabɛt] *f* Elizabeth, Elisabeth.
El·ke ['ɛlkə] *f Frisian pet form of* **Adelheid**.
El·len ['ɛlən] *f* Ellen, *auch* Ellin.
El·mar ['ɛlmar], *auch* **El·mer** ['ɛlmər] *m* Elmer.
El·sa ['ɛlza] *f* Elsa.
Els·beth ['ɛlsbɛt] *f* Elspeth.
El·se ['ɛlzə] *f* Elsie.
Ema·nu·el [e'ma:nŭɛl] *m* Em(m)anuel, *auch* Immanuel.
Emil ['e:mi:l] *m* Emil(e).
Em·ma ['ɛma] *f* Emma.
En·gel·bert ['ɛŋəlˌbɛrt] *m*.
Er·hard ['e:rˌhart], **Er·hart** ['e:rˌhart] *m*.
Erich ['e:rɪç] *m* Eric, Erik.
Eri·ka ['e:rika] *f* Erica, Erika.
Er·na ['ɛrna] *f* Erna.
Ernst [ɛrnst] *m* Ernest.
Er·win ['ɛrvi:n] *m* Erwin.
Es·ther ['ɛstər] *f* Est(h)er, Hester.
Eu·gen ['ɔyge:n; -'ge:n] *m* Eugene.
Eu·ge·nie [ɔy'ge:nĭə] *f* Eugenia, *auch* Eugenie.
Eva ['e:fa; 'e:va] *f* Eve, Eva.
Eve·lyn ['e:vəli:n], *auch* **Eve·li·ne** ['e:vəli:n; evə'li:nə; eve'li:nə] *f* Evelyn, *auch* Evelynne, Eveline, Evelina, Eveleen.
Ewald ['e:ˌvalt] *m*.

F

Fa·bi·an ['fa:bĭa:n] *m* Fabian.
Fe·lix ['fe:lɪks] *m* Felix.
Fe·li·zi·tas [fe'li:tsitas] *f* Felicity, *auch* Felicita.
Fer·di·nand ['fɛrdinant] *m* Ferdinand.
Flo·ri·an ['flo:rĭa:n] *m*.
Frank [fraŋk] *m* Frank.
Franz [frants] *m* Francis.
Fran·zis·ka [fran'tsɪska] *f* Frances.
Frau·ke ['fraukə] *f*.
Fred [fre:t; frɛt] *m short for* **Alfred, Manfred**.
Frie·da ['fri:da] *f* Frieda, Freda.
Frie·del[1] ['fri:dəl] *m dim. and pet form of* **Friedrich, Gottfried**.
Frie·del[2] ['fri:dəl] *f dim. and pet form of* **Frieda, Elfriede**.
Frie·der ['fri:dər] *m short for* **Friedrich**.
Frie·de·ri·ke [fri:də'ri:kə] *f* Frederica, Frederika.
Fried·rich ['fri:drɪç] *m* Frederic(k), Fredric, Fredrich, Friedrich.
Fritz [frɪts] *m* a) *short for* **Friedrich**, b) Fritz.

G

Ga·bi ['ga:bi] *f short for and pet form of* **Gabriele**.
Ga·bri·el ['ga:briɛl] *m* Gabriel.
Ga·brie·le [gabri'e:lə] *f* Gabriella, Gabrielle, *auch* Gabriela.
Geb·hard ['gɛpˌhart] *m*.
Ge·org ['ge:ɔrk; ge'ɔrk] *m* George.
Gerd [gɛrt] *m short for* **Gerhard**.
Ger·da ['gɛrda] *f* Gerda.
Ger·hard ['ge:rˌhart] *m* Gerard.
Ger·lin·de [ˌge:r'lɪndə], *auch* **Ger·lind** ['ge:rˌlɪnt] *f*.
Ger·not ['ge:rˌno:t] *m*.
Ger·traud ['gɛrˌtraut], *auch* **Ger·trau·de** [ˌgɛr'traudə], **Ger·traut** ['gɛrˌtraut] *f variant of* **Gertrud**.
Ger·trud ['gɛrˌtru:t], *auch* **Ger·tru·de** [ˌgɛr'tru:də] *f* Gertrude.
Gi·se·la ['gi:zəla] *f*.
Gott·fried ['gɔtˌfri:t] *m* Godfrey, Geoffrey, Jeffrey.
Gott·hold ['gɔtˌhɔlt] *m*.
Gott·lieb ['gɔtˌli:p] *m*.
Götz [gœts] *m short for* **Gottfried**.
Gre·gor ['gre:gɔr] *m* Gregory.
Gre·ta ['gre:ta] *f short for* **Margarete**.
Gre·te ['gre:tə] *f short for* **Margarete**.
Gu·drun ['gu:dru:n] *f*.
Gun·ter ['gʊntər] *m variant of* **Günter**.
Gün·ter ['gʏntər] *m*.
Gu·stav ['gʊstaf], *auch* **Gu·staf** ['gʊstaf] *m* Gustavus, Gustave.

H

Han·na ['hana] *f short for* **Johanna**.
Han·ne ['hanə] *f variant of* **Hanna**.
Han·ne·lo·re ['hanəˌlo:rə] *f*.
Han·nes ['hanəs] *m short for* **Johannes**.
Han·no ['hano] *m short for* **Johannes**.
Hans [hans], *auch* **Hanns** [hans] *m short for* **Johannes**.
Ha·rald ['ha:ralt] *m* Harold.
Hart·mut ['hartˌmu:t] *m*.
Hed·wig ['he:tvɪç] *f* Hedwig.
Hei·de ['haɪdə] *f variant of* **Heidi**.
Hei·de·ma·rie ['haɪdəmaˌri:], *auch* **Hei·de·ma·ria** ['haɪdəma'ri:a] *f*.
Hei·di ['haɪdi] *f short for and pet form of* **Adelheid, Heidemarie, Heidrun**.
Heid·run ['haɪdru:n] *f*.
Hei·ke ['haɪkə] *f Frisian short for and pet form of* **Heinrike**.
Hei·ner ['haɪnər] *m short for* **Heinrich**.
Hei·ni ['haɪni] *m short for and pet form of* **Heinrich**.
Hei·no ['haɪno] *m short for* **Heinrich**.
Hein·rich ['haɪnrɪç] *m* Henry.
Hein·ri·ke [haɪn'ri:kə] *f*.
Heinz [haɪnts] *m short for* **Heinrich**.
He·le·ne [he'le:nə], *auch* **He·le·na** ['he:lena] *f* Helen(a), Ellen, Eileen.
Hel·ga ['hɛlga] *f* Helga.
Hel·mut ['hɛlˌmu:t], *auch* **Hel·muth** ['hɛlˌmu:t] *m*.
Hen·ri·et·te [hɛnri'ɛtə] *f* Henrietta.
Her·bert ['hɛrbɛrt], *auch* **He·ri·bert** ['he:riˌbɛrt] *m* Herbert.
Her·mann ['hɛrman] *m* Herman.
Her·ta ['hɛrta], *auch* **Her·tha** ['hɛrta] *f* Hert(h)a.
Hil·de ['hɪldə], *auch* **Hil·da** ['hɪlda] *f* Hilda.
Hil·de·gard ['hɪldəˌgart] *f* Hildegard(e).
Horst [hɔrst] *m*.
Hu·bert ['hu:bɛrt] *m* Hubert, Hobert.
Hu·go ['hu:go] *m* Hugh, Hugo.

I

Ilo·na ['i:lona; 'ɪlona; i'lo:na] *f* Ilona, *auch* Ilone.
Il·se ['ɪlzə], *auch* **Il·sa** ['ɪlza] *f* a) *short for* **Elisabeth**, b) Ilse.
Ina ['i:na], *auch* **Ine** ['i:nə] *f* Ina.
Ines ['i:nɛs] *f* Ines, Inez.
In·ge ['ɪŋə] *f short for* **Ingeborg**.
In·ge·borg ['ɪŋəˌbɔrk] *f*.
In·go ['ɪŋgo] *m*.
In·grid ['ɪŋgrɪt] *f* Ingrid.
Ire·ne [i're:nə] *f* Irene, Irena, Irina.
Iris ['i:rɪs] *f* Iris.
Ir·ma ['ɪrma] *f short for* **Irmgard**.
Irm·gard ['ɪrmˌgart] *f* Ermengarde.
Isaak ['i:za(:)k] *m* Isaac.
Isa·bel·la [iza'bɛla], *auch* **Isa·bel·le** [iza'bɛlə] *f* Isabel(la), Isabelle, Isobel.

J

Ja·kob ['ja:kɔp] *m* Jacob.
Jan [jan] *m Low G. and Frisian* Jan.
Jas·min [jas'mi:n] *f* Jasmine, Jasmin, Jasmina.
Jens [jɛns] *m*.
Joa·chim ['jo:axɪm; jo'axɪm] *m* Joachim.
Jo·chen ['jɔxən] *m short for* **Joachim**.
Jo·hann [jo'han; 'jo:han] *m variant of* **Johannes**.
Jo·han·na [jo'hana] *f* Joan, Jo(h)anna, Joann(e), Jane, Jean.
Jo·han·nes [jo'hanəs] *m* John, Johannes.
Jo·nas ['jo:nas] *m* Jonah, Jonas.
Jörg [jœrk] *m short for* **Georg**.
Jo·sef ['jo:zɛf] *m* Joseph.
Ju·dith ['ju:dɪt] *f* Judith.
Ju·lia ['ju:lĭa] *f* Julia, Julie, Juliet.
Ju·li·us ['ju:lĭʊs] *m* Julius.
Jür·gen ['jʏrgən] *m*.
Jut·ta ['jʊta] *f pet form of* **Judith**.

K

Ka·rin ['ka:ri:n; -rɪn] *f* Karen, Karin, Karyn(ne), Caren, Carin, Caryn.
Karl [karl] *m* Charles, Carl, Karl.
Kar·la ['karla] *f* Carla, Karla.

Karl·heinz [ˌkarlˈhaɪnts] *m.*
Ka·ro·la [kaˈroːla; ˈkaːrola] *f* Carola.
Ka·ro·li·ne [karoˈliːnə] *f* Caroline, Carolyn, Karoline.
Kar·sten [ˈkarstən] *m Low G. for* **Christian.**
Ka·tha·ri·na [kataˈriːna] *f* Catherine, Catharine, Catharina, Catheryn, Katherine, Katharine, Kathryn(ne), Katharina, Katrina, Caterina, Katryna.
Kä·the [ˈkɛːtə] *f* Kate.
Ka·the·ri·na [kateˈriːna] *f variant of* **Katharina.**
Kat·ja [ˈkatja] *f.*
Ker·stin [ˈkɛrstiːn] *f.*
Ki·li·an [ˈkiːlĭan] *m.*
Kir·sten [ˈkɪrstən] *f* Kirsten.
Kir·stin [ˈkɪrstiːn] *f variant of* **Kirsten.**
Kla·ra [ˈklaːra] *f* Clare, Claire, Clair.
Klaus [klaʊs] *m* a) *short for* **Nikolaus,** b) Claus.
Kle·mens [ˈkleːməns] *m* → **Clemens.**
Knut [knuːt] *m* Canute, Knut.
Kon·rad [ˈkɔnraːt] *m* Konrad, *auch* Conrad.
Kurt [kʊrt] *m* Kurt, *auch* Curt.

L

Le·na [ˈleːna] *f variant of* **Lene.**
Le·ne [ˈleːnə] *f* a) *short for* **Helene, Magdalena,** b) Lena.
Leo [ˈleːo] *m* Leo.
Le·on·hard [ˈleːɔnˌhart] *m* Leonard.
Leo·no·re [leoˈnoːrə] *f* Leonora, Leonore.
Leo·pold [ˈleːopɔlt] *m* Leopold.
Lia [ˈliːa] *f short for* **Julia.**
Lie·sa [ˈliːza], **Lies·beth** [ˈliːsbɛt] *f* a) *short for* **Elisabeth,** b) Lisa.
Lie·se [ˈliːzə] *f short for* **Elisabeth.**
Lie·se·lot·te [ˈliːzəˌlɔtə; ˌliːzəˈlɔtə] *f* Liselotte.
Lil·li [ˈlɪli], **Lil·ly** [ˈlɪli] *f* Lil(l)y, Lil(l)i.
Li·lo [ˈliːlo] *f short for* **Lieselotte.**
Li·sa [ˈliːza] *f* a) *variant of* **Liesa,** b) Liz.
Lis·sy [ˈlɪsi] *f* Lizzy, *auch* Lizzie.
Lo·re [ˈloːrə] *f* Lore.
Lo·thar [ˈloːtar] *m.*
Lot·te [ˈlɔtə], **Lot·ti** [ˈlɔti] *f* a) *short for* **Charlotte,** b) Lottie, *auch* Lotta, Lotty.
Lud·wig [ˈluːtvɪç] *m* Louis, Lewis, Ludovic, Ludowick.
Lui·se [ˈlŭiːzə] *f* Louise, Louisa.
Lutz [lʊts] *m short for* **Ludwig.**
Lu·zia [ˈluːtsĭa] *f* Lucia.
Ly·dia [ˈlyːdĭa] *f* Lydia.

M

Mag·da [ˈmakda] *f short for* **Magdalena.**
Mag·da·le·na [makdaˈleːna], *auch* **Mag·da·le·ne** [makdaˈleːnə] *f* Magdalen(e), Magdalena, Magdalenne.
Mal·te [ˈmaltə] *m.*
Man·fred [ˈmanˌfreːt] *m.*
Ma·nu·el [ˈmaːnŭɛl] *m* Manuel.
Ma·nue·la [maˈnŭeːla] *f.*
Mar·ga·re·te [margaˈreːtə], *auch* **Mar·ga·re·ta** [margaˈreːta] *f* Margaret, Margaret(t)a, Margaret(t)e.
Mar·git [ˈmargɪt] *f short for* **Margarete.**
Mar·got [ˈmargɔt] *f* Margot.
Ma·ria [maˈriːa] *f* Mary, Maria, Marie.
Ma·ri·an·ne [maˈrĭanə] *f* Marian, Marianne, *auch* Maryanne, Marianna.
Ma·rio [ˈmaːrĭo] *m* Mario.
Mark [mark] *m* Mark, Marc.
Mar·kus [ˈmarkʊs] *m* Marcus, Mark.
Mar·le·ne [marˈleːnə] *f* Marlene, Marleen(e), Marlena.
Mar·tha [ˈmarta] *f* Martha.
Mar·tin [ˈmartiːn] *m* Martin.
Mar·ti·na [marˈtiːna] *f* Martina.
Mat·hil·de [maˈtɪldə] *f* Mat(h)ilda.
Mat·thi·as [maˈtiːas] *m* Matthias.
Max [maks] *m* Max.
Ma·xi·mi·li·an [maksiˈmiːlĭaːn] *m* Maximilian.
Mecht·hild [ˈmɛçtɪlt; ˈmɛçtˌhɪlt], *auch* **Mecht·hil·de** [ˌmɛçtˈhɪldə; mɛçˈtɪldə] *f variant of* **Mathilde.**
Mei·ke [ˈmaɪkə] *f Frisian dim. and pet form of* **Maria.**
Mein·rad [ˈmaɪnraːt] *m.*
Me·la·nie [meˈlaːnĭə; melaˈniː; ˈmeːlani; ˈmɛlani] *f* Melanie.
Mel·chi·or [ˈmɛlçĭɔr] *m.*
Mi·cha·el [ˈmɪçaɛl] *m* Michael.
Mi·chae·la [mɪçaˈeːla] *f.*
Mi·chel [ˈmɪçəl] *m short for* **Michael.**
Mi·mi [ˈmiːmi], *auch* **Mim·mi** [ˈmɪmi] *f pet form of* **Maria.**
Mo·ni·ka [ˈmoːnika] *f* Monica.
Mo·ritz [ˈmoːrɪts], *Austrian auch* **Mo·riz** [ˈmoːrɪts] *m* Maurice, Morris.

N

Na·di·ne [naˈdiːnə] *f* Nadine.
Nad·ja [ˈnadja] *f.*
Ni·co [ˈniːko] *m.*
Ni·cole [niˈkɔl] *f* Nicole.
Ni·ko·laus [ˈniːkolaʊs; ˈnɪ-] Nic(h)olas.
Nils [nɪls] *m Low G. for* **Nikolaus.**
No·ra [ˈnoːra] *f* Nora.
Nor·bert [ˈnɔrbɛrt] *m* Norbert.

O

Olaf [ˈoːlaf] *m* Olaf, *auch* Olav.
Ol·ga [ˈɔlga] *f* Olga.
Oli·ver [ˈoːlivər] *m* Oliver.
Os·kar [ˈɔskar], *auch* **Os·car** [ˈɔskar] *m* Oscar.
Os·wald [ˈɔsˌvalt] *m* Oswald, Oswold.
Ot·mar [ˈɔtmar] *m,* **Ott·mar** [ˈɔtmar] *m.*
Ot·to [ˈɔto] *m* Otto.
Ot·to·kar [ˈɔtokar] *m.*

P

Pa·me·la [paˈmeːla; paˈmɛla] *f* Pamela.
Pat·rick [ˈpatrɪk; ˈpɛtrɪk] *m* Patrick.
Pa·tri·zia [paˈtriːtsĭa] *f* Patricia, *auch* Patrecia.
Paul [paʊl] *m* Paul.
Pau·la [ˈpaʊla] *f* Paula.
Peer [peːr] *m.*
Pe·ter [ˈpeːtər] *m* Peter.
Pe·tra [ˈpeːtra] *f.*
Phil·ip(p) [ˈfiːlɪp] *m* Philip, *auch* Philipp.
Pia [ˈpiːa] *f* Pia.

R

Rai·mund [ˈraɪˌmʊnt] *m* Raymond, Raymund.
Rai·ner [ˈraɪnər] *m* Rainer, *auch* Rayner.
Ralf [ralf], *auch* **Ralph** [ralf] *m* Ralph.
Re·bek·ka [reˈbɛka] *f* Rebecca, *auch* Rebekah.
Re·gi·na [reˈgiːna] *f* Regina.
Rei·ner [ˈraɪnər] *m variant of* **Rainer.**
Rein·hold [ˈraɪnˌhɔlt] *m variant of* **Reinold.**
Rei·nold [ˈraɪnɔlt] *m* Reynold.
Re·na·te [reˈnaːtə] *f* Renata.
Ria [ˈriːa] *f short for* **Maria.**
Ri·chard [ˈrɪçart] *m* Richard.
Ri·ta [ˈriːta] *f* Rita.
Ro·bert [ˈroːbɛrt] *m* Robert.
Ro·land [ˈroːlant] *m* Roland, Rolland, Rowland.
Rolf [rɔlf] *m* Rolf, Rolph.
Ro·sa [ˈroːza] *f* Rosa, Rose.
Ro·sa·lin·de [rozaˈlɪndə] *f* Rosalind.
Ro·sa·mun·de [rozaˈmʊndə] *f* Rosamond, Rosamund.
Ro·se [ˈroːzə] *f variant of* Rosa.
Ro·se·ma·rie [ˈroːzəmaˌriː], *auch* **Ro·se·ma·ry** [ˈroːzəmaˌriː] *f* Rosemary, Rosemarie.
Ros·wi·tha [rɔsˈviːta] *f.*
Ru·di [ˈruːdi] *m pet form of* **Rudolf.**
Rü·di·ger [ˈryːdigər] *m* Roger.
Ru·dolf [ˈruːdɔlf] *m* Rudolph, Rudolf.
Ruth [ruːt] *f* Ruth.

S

Sa·bi·ne [zaˈbiːnə], *auch* **Sa·bi·na** [zaˈbiːna] *f* Sabina.
San·dra [ˈzandra] *f* Sandra, *auch* Saundra, Sondra.
Sa·ra [ˈzaːra], *auch* **Sa·rah** [ˈzaːra] *f* Sara(h).
Se·ba·sti·an [zeˈbastĭan] *m* Sebastian.
Si·byl·le [ziˈbɪlə], *auch* **Si·byl** [ˈziːbɪl] *f* Sibyl, Sybil, Sibylle, Syble.
Sieg·fried [ˈziːkˌfriːt] *m* Siegfried.
Sieg·lin·de [ˌziːkˈlɪndə], *auch* **Sieg·lind** [ˈziːkˌlɪnt] *f.*
Sieg·mund [ˈziːkˌmʊnt] *m.*
Sig·rid [ˈziːgrɪt] *f* Sigrid.
Sil·ke [ˈzɪlkə] *f Low G. and Frisian pet form of* **Cäcilie.**
Sil·via [ˈzɪlvĭa] *f* Silvia, Sylvia.
Si·mon [ˈziːmɔn] *m* Simon.
Si·mo·ne [ziˈmoːnə] *f* Simona.
So·fie [zoˈfiː(ə); ˈzɔfi] Sophia, Sophie, Sofia, Sophy.
Son·ja [ˈzɔnja] *f* Sonia, Sonya, Sonja.
Ste·fan [ˈʃtɛfan] *m variant of* **Stephan.**
Ste·fa·nie [ˈʃtɛfani; ʃtefaˈniː] *f variant of* **Stephanie.**

Stef·fen [ˈʃtɛfən] *m Low G. short for* Stephan.
Stef·fi [ˈʃtɛfi] *f short for and dim. of* Stephanie.
Ste·phan [ˈʃtɛfan] *m* Stephen, Steven.
Ste·pha·nie [ˈʃtɛfani; ʃtɛfaˈniː] *f* Stephana, Stephanie, Stephany, Stephania, Stefana, Stefanie, Stefania.
Su·san·ne [zuˈzanə], *auch* **Su·san·na** [zuˈzana] *f* Susanna(h), Susanne.
Sven [svɛn], *auch* **Swen** [svɛn] *m.*
Sy·bil·le [zyˈbɪlə] *f variant of* **Sibylle**.
Syl·via [ˈzʏlvĭa; ˈzɪlvĭa], *auch* **Syl·vie** [ˈzɪlvi] *f variant of* **Silvia**.

T

Tan·ja [ˈtanja], *auch* **Ta·nia** [ˈtania] *f* Tanya.
Thea [ˈteːa] *f* Thea.
Thek·la [ˈteːkla] *f* Thecla, Thekla.
Theo [ˈteːo] *m short for* **Theobald**, **Theodor**, **Theophil**.
Theo·bald [ˈteːoˌbalt] *m* Theobold.
Theo·dor [ˈteːodoːr] *m* Theodore, *auch* Theodor.
Theo·phil [ˈteːofiːl], *auch* **Theo·phi·lus** [teˈoːfilʊs] *m* Theophilus.
The·re·se [teˈreːzə], *auch* **The·re·sia** [teˈreːzĭa] *f* Theresa.
Thi·lo [ˈtiːlo] *m short for* **Dietrich**.
Tho·mas [ˈtoːmas] *m* Thomas.
Tim [tɪm], *auch* **Timm** [tɪm] *m* Tim.
Ti·na [ˈtiːna], **Ti·ne** [ˈtiːnə], **Ti·ni** [ˈtiːni] *f* Tina, *auch* Teena.
To·bi·as [toˈbiːas] *m* Tobias, *auch* Tobiah.
To·ni[1] [ˈtoːni] *m* Tony.
To·ni[2] [ˈtoːni] *f* Toni, Tony.
Tor·sten [ˈtɔrstən] *m.*
Trau·de [ˈtraʊdə] *f short for* **Gertraud**, **Waltraud**.
Tru·de [ˈtruːdə] *f short for* **Gertrud**.

U

Udo [ˈuːdo] *m.*
Ulf [ʊlf] *m.*
Uli[1] [ˈuːli] *m short for and pet form of* **Ulrich**.
Uli[2] [ˈuːli] *f short for and pet form of* **Ulrike**.
Ul·la [ˈʊla] *f short for* **Ulrike**, **Ursula**.
Ul·rich [ˈʊlrɪç] *m* Ulric.
Ul·ri·ke [ʊlˈriːkə] *f* Ulrica, *auch* Ulrika.
Ur·sel [ˈʊrzəl] *f short for* **Ursula**.
Ur·su·la [ˈʊrzula] *f* Ursula.
Uschi [ˈʊʃi] *f dim. and pet form of* **Ursula**.
Ute [ˈuːtə], *auch* **Uta** [ˈuːta] *f.*
Uwe [ˈuːvə] *m.*

V

Ve·ra [ˈveːra] *f* Vera.
Ve·re·na [veˈreːna] *f* Verena.
Ve·ro·ni·ka [veˈroːnika] *f* Veronica, Veronika.
Vicki (*getr.* **-k·k-**) [ˈvɪki], *auch* **Vicky** (*getr.* **-k·k-**) [ˈvɪki] *f* Vicky, Vickie.
Vik·tor [ˈvɪktɔr] *m* Victor.
Vik·to·ria [vɪkˈtoːrĭa] *f* Victoria.
Vin·zenz [ˈvɪntsɛnts] *m* Vincent.
Vol·ker [ˈfɔlkər] *m.*

W

Wal·de·mar [ˈvaldəmar] *m.*
Wal·ter [ˈvaltər], *auch* **Wal·ther** [ˈvaltər] *m* Walter.
Wal·traud [ˈvalˌtraʊt], *auch* **Wal·traut** [ˈvalˌtraʊt] *f.*
Wer·ner [ˈvɛrnər] *m* Werner.
Wern·her [ˈvɛrnˌhɛr] *m.*
Wieb·ke [ˈviːpkə] *f.*
Wil·fried [ˈvɪlˌfriːt] *m* Wilfred, Wilfrid.
Wil·helm [ˈvɪlˌhɛlm] *m* William.
Wil·li [ˈvɪli], *auch* **Will** [vɪl] *m* Willy, Willie, Will.
Wil·li·bald [ˈvɪliˌbalt] *m.*
Win·fried [ˈvɪnˌfriːt] *m* Winfred.
Wolf [vɔlf] *m short for* **Wolfgang**.
Wolf·diet·rich [ˌvɔlfˈdiːtrɪç], *auch* **Wolf·die·ter** [ˌvɔlfˈdiːtər] *m.*
Wolf·gang [ˈvɔlfˌgaŋ] *m* Wolfgang.
Wolf·ram [ˈvɔlfram] *m.*

Z

Za·cha·ri·as [tsaxaˈriːas] *m* Zachariah, Zacharias, Zachary, Zechariah.

IV. GEOGRAPHISCHE NAMEN
IV. GEOGRAPHICAL NAMES

A

Aa·chen ['a:xən] *n* Aachen, Aix-la-Chapelle (*city and district in North Rhine-Westphalia*).

Abes·si·ni·en [abɛ'si:nĭən] *n hist.* Abyssinia (→ **Äthiopien**).

Achen·paß ['a:xən,pas] **(der)** (the) Achen Pass (*mountain pass between the Tegernsee and the Achen Lake, Bavaria, BRD*).

Achen·see ['a:xən,ze:] **(der)** (the) Achen Lake (*in the north of the Tyrol, Austria*).

Ad·dis Abe·ba ['adɪs 'a:beba; - a'be:ba] *n* Addis Ababa (*capital of Ethiopia*).

Adel·bo·den ['a:dəl,bo:dən] *n resort in the Bernese Oberland, Switzerland.*

Adria ['a:dria] **(die)** → **Adriatische Meer.**

Adria·ti·sche Meer [adri'a:tɪʃə 'me:r] **(das)** (the) Adriatic (Sea) (*between Italy and Yugoslavia*).

Afri·ka ['a:frika; 'afrika] *n* Africa.

Ägä·is [ɛ'gɛ:ɪs] **(die)** → **Ägäische Meer.**

Ägäi·sche Meer [ɛ'gɛ:ɪʃə 'me:r] **(das)** (the) Aegean Sea (*between Greece and Turkey*).

Ägäi·schen In·seln [ɛ'gɛ:ɪʃən 'ɪnzəln] **(die)** *pl* (the) Aegean Islands (*in the Aegean Sea*).

Ägyp·ten [ɛ'gʏptən] *n* Egypt (*now* → **Arabische Republik Ägypten**).

Aleu·ten [ale'u:tən] **(die)** *pl* (the) Aleutian Islands (*archipelago between Alaska and Kamchatka*).

Al·ge·ri·en [al'ge:rĭən] *n* Algeria (*now* → **Demokratische Volksrepublik Algerien**).

Al·gier ['alʒi:r] *n* Algiers (*capital of Algeria*).

All·gäu ['al,gɔʏ] **(das)** (the) Al(l)gäu (*region in Bavaria and Baden-Württemberg, BRD*).

All·gäu·er Al·pen ['al,gɔʏər 'alpən] **(die)** *pl* (the) Al(l)gäu Alps (*mountain group between Bavaria and the Tyrol*).

Al·pen ['alpən] **(die)** *pl* (the) Alps (*mountain range in Southern Europe*).

Ama·zo·nas [ama'tso:nas] **(der)** (the) Amazon (*river in the north of South America*).

Ame·ri·ka [a'me:rika] *n* America.

Ame·ri·ka·ni·schen Jung·fern·in·seln [ameri'ka:nɪʃən 'jʊŋfərn,ˀɪnzəln] **(die)** *pl* (the) Virgin Islands of the United States (*in the West Indies*).

Am·mer·see ['amər,ze:] **(der)** *lake in Upper Bavaria, BRD.*

An·den ['andən] **(die)** *pl* (the) Andes (*mountain range in the west of South America*).

An·go·la [aŋ'go:la] *n* Angola (*now* → **Volksrepublik Angola**).

Ant·ark·tis [ant'ˀarktɪs] **(die)** (the) Antarctica, (the) Antarctic Continent.

Ant·wer·pen [,ant'vɛrpən; 'ant,vɛrpən] *n* Antwerp (*seaport in the north of Belgium*).

Ap·pa·la·chen [apa'laxən] **(die)** *pl* (the) Appalachian Mountains, (the) Appalachians (*mountain range in the east of North America*).

Ap·pen·zell [,apən'tsɛl; 'apən,tsɛl] *n* a) *canton in northeast Switzerland, divided into two independent areas*: **Appenzell Außerrhoden** (Appenzell Ausser Rhoden), **Appenzell Innerrhoden** (Appenzell Inner Rhoden), b) *capital of Appenzell Inner Rhoden.*

Ara·bi·sche Re·pu·blik Ägyp·ten [a'ra:bɪʃə repu'bli:k ɛ'gʏptən] **(die)** (the) Arab Republic of Egypt.

Ar·gen·ti·ni·en [argɛn'ti:nĭən] *n* Argentina, *auch* the Argentine.

Ark·tis ['arktɪs] **(die)** (the) Arctic.

Är·mel·ka·nal ['ɛrməlka,na:l] **(der)** (the) English Channel, (the) Channel (*between England and France*).

Asi·en ['a:zĭən] *n* Asia.

Athen [a'te:n] *n* Athens (*capital of Greece*).

Äthio·pi·en [ɛ'tĭo:pĭən] *n* Ethiopia (*republic in East Africa*).

At·lan·tik [at'lantɪk], **At·lan·ti·sche Oze·an** [at'lantɪʃə 'o:tsea:n] **(der)** (the) Atlantic (Ocean).

Augs·burg ['aʊks,bʊrk] *n capital of Swabia, Bavaria, BRD.*

Au·rich ['aʊrɪç] *n* a) *area of Lower Saxony, BRD,* b) *capital of* a.

Ausch·witz ['aʊʃvɪts] *n* a) Oświęcim (*town in Poland*), b) *hist. town in Upper Silesia, site of a former Nazi concentration camp.*

Au·stra·li·en [aʊs'tra:lĭən] *n* Australia.

B

Ba·by·lon ['ba:bylɔn] *n antiq. capital of Babylonia.*

Ba·by·lo·ni·en [baby'lo:nĭən] *n antiq.* Babylonia.

Ba·den ['ba:dən] *n* a) *hist. Land in the southwest of the BRD, now incorporated into Baden-Württemberg,* b) → **Baden-Baden,** c) *town to the southeast of Bremen, BRD,* d) *town in Lower Austria,* e) *town in the Swiss canton of Aargau.*

Ba·den-Ba·den ['ba:dən'ba:dən] *n city in Baden-Württemberg, BRD.*

Ba·den-Würt·tem·berg ['ba:dən'vʏrtəm,bɛrk] *n Land of the BRD.*

Ban·gla·desch, *auch* **Ban·gla Desh, Ban·gla·desh** [,baŋgla'dɛʃ] *n* Bangladesh (*people's republic at the Bay of Bengal*).

Ba·sel ['ba:zəl] *n* Basel, *auch* Basle: a) *canton in northern Switzerland, divided into two independent areas*: → **Basel-Land, Basel-Stadt,** b) *capital of Basel-Stadt.*

Ba·sel-Land [,ba:zəl'lant] *n demicanton of Basel.*

Ba·sel-Stadt [,ba:zəl'ʃtat] *n demicanton of Basel.*

Baye·ri·schen Al·pen ['baɪərɪʃən 'alpən] **(die)** *pl* (the) Bavarian Alps (*mountain range in the south of Upper Bavaria, BRD*).

Baye·ri·sche Wald ['baɪərɪʃə 'valt] **(der)** (the) Bavarian Forest (*wooded range in the east of Bavaria, BRD*).

Bay·ern ['baɪərn] *n* Bavaria (*Land of the BRD*).

Bay·reuth [baɪ'rɔʏt] *n capital of Upper Franconia, Bavaria, BRD; annual Wagner music festivals.*

Bei·jing [be'dʒɪŋ] *n* Beijing (*other name for Peking*).

Bel·gi·en ['bɛlgĭən] *n* Belgium (*kingdom in West Europe*).

Ber·lin [bɛr'li:n] *n former capital of Germany, now divided into* → **Ost-Berlin, West-Berlin.**

Bern [bɛrn] *n* Bern(e): a) *capital of Switzerland,* b) *canton in the west of Switzerland,* c) *capital of* b.

Ber·ni·na·paß [bɛr'ni:na,pas] **(der)** (the) Bernina Pass (*mountain pass between Switzerland and Italy*).

Beth·le·hem ['be:tlehɛm] *n town in Palestine near Jerusalem; birthplace of Jesus and David.*

Bir·ma ['bɪrma] *n* Burma (*now* → **Sozialistische Republik Birmanische Union**).

Blaue Nil ['blaʊe 'ni:l] **(der)** (the) Blue Nile (*tributary of the Nile, Africa*).

Blind·heim ['blɪnt,haɪm] *n* Blenheim (*village near Augsburg, BRD; victory of the Duke of Marlborough over the French, 1704*).

Bo·den·see ['bo:dən,ze:] **(der)** Lake Constance, (the) Lake of Constance (*bounded by the BRD, Austria, and Switzerland*).

Böh·men ['bø:mən] *n* a) Čechy (*region in the west of Czechoslovakia*), b) *hist.* Bohemia (*formerly region in Austria; 1939–1945 part of Bohemia-Moravia*).

Böh·men und Mäh·ren ['bø:mən ,ʊnt 'mɛ:rən] *n hist.* Bohemia-Moravia (*German protectorate, 1939–1945*).

Bonn [bɔn] *n capital of the BRD, on the Rhine river.*

Bo·zen ['bo:tsən] *n* Bolzano (*city in South Tyrol, Italy*).

Bran·den·burg ['brandən,burk] *n* a) *hist. region in the northeast of central Germany; margraviate and electorate; Prussian province,* b) *hist. Province, 1946–1952,* c) *city in the district of Potsdam, DDR.*
Bra·si·li·en [bra'zi:liən] *n* Brazil, *auch* Brasil (*republic in South America*).
Braun·schweig ['braun,ʃvaɪk] *n* Brunswick: a) *area of Lower Saxony, BRD,* b) *capital of* a.
Bre·men ['bre:mən] *n* a) *Land of the BRD,* b) *capital of* a.
Bre·mer·ha·ven [,bre:mər'ha:fən] *n seaport at the mouth of the Weser river, BRD; port of Bremen.*
Bres·lau ['brɛslau] *n* a) Wroclaw (*city in Poland*), b) *hist. capital of Lower Silesia.*
Bre·ta·gne [bre'tanjə; brə-] **(die)** Brittany (*peninsula in the northwest of France*).
Bri·tan·ni·en [bri'taniən] *n* Britain, Britannia: a) *hist. island of Great Britain,* b) *short for* **Großbritannien.**
Bri·tisch-Ko·lum·bi·en ['brɪtɪʃko'lumbiən] *n* British Columbia (*province in the west of Canada on the Pacific coast*).
Brom·berg ['brɔm,bɛrk] *n* Bydgoszcz (*city in Poland*).
Brüs·sel ['brysəl] *n* Brussels, Bruxelles, Brussel (*capital of Belgium*).
Bu·chen·wald ['bu:xən,valt] *n village near Weimar, DDR; site of a former Nazi concentration camp.*
Bu·ka·rest ['bu:karɛst] *n* Bucharest (*capital of Rumania*).
Bul·ga·ri·en [bul'ga:rɪən] *n* Bulgaria (*people's republic in Southeast Europe*).
Bun·des·re·pu·blik Deutsch·land ['bundəsrepu,bli:k 'dɔʏtʃ,lant] **(die)** (the) Federal Republic of Germany.

C

Ca·pri ['ka:pri] *n island in the Bay of Naples, Italy.*
Cham [ka:m] *n* a) *town in Upper Palatinate, BRD,* b) *town in the Swiss canton of Zug.*
Chiem·gau ['ki:m,gau] **(der)** *region around Lake Chiem, Upper Bavaria, BRD.*
Chiem·see ['ki:m,ze:] **(der)** Lake Chiem (*in Upper Bavaria, BRD*).
Chi·na ['çi:na] *n* China.

D

Dä·ne·mark ['dɛ:nə,mark] *n* Denmark, Danmark (*kingdom in North Europe*).
Dan·zig ['dantsɪç] *n* a) Gdansk (*seaport on the Baltic Sea, Poland*), b) *hist.* (Free City of) Danzig (*self-governing territory including the seaport of Danzig*).
De·mo·kra·ti·sche Kam·pu·chea [demo'kra:tɪʃə kampu'tʃea] **(das)** Democratic Kampuchea.
De·mo·kra·ti·sche Volks·re·pu·blik Al·ge·ri·en [demo'kra:tɪʃə 'fɔlksrepu,bli:k al'ge:rīən] **(die)** (the) Democratic and Popular Republic of Algeria.
De·mo·kra·ti·sche Volks·re·pu·blik Ko·rea [demo'kra:tɪʃə 'fɔlksrepu,bli:k ko're:a] **(die)** (the) Democratic People's Republic of Korea.
Den Haag [den 'ha:k] The Hague (*city in the Netherlands*).
Deut·sche De·mo·kra·ti·sche Re·pu·blik ['dɔʏtʃə demo'kra:tɪʃə repu'bli:k] **(die)** (the) German Democratic Republic.
Deutsch·land ['dɔʏtʃ,lant] *n* Germany (*country in central Europe, now divided into East Germany* [→ **Deutsche Demokratische Republik**] *and West Germany* [→**Bundesrepublik Deutschland**]).
Dith·mar·schen ['dɪt,marʃən; 'di:t-] *n* Ditmarsh (*region in the southwest of Schleswig-Holstein, BRD, between the Elbe and Eider rivers*).
Do·lo·mi·ten [dolo'mi:tən] **(die)** *pl* (the) Dolomites (*mountain range in the Alps, Italy*).
Do·nau ['do:nau] **(die)** (the) Danube (*river in Central Europe, rising in the BRD and flowing into the Black Sea*).
Drau [drau] **(die)** (the) Drava, *auch* (the) Drave (*river rising in East Tyrol, Austria, and flowing along the border between Hungary and Yugoslavia into the Danube*).
Dres·den ['dre:sdən] *n* a) *district of the DDR,* b) *capital of* a, c) *hist. capital of Saxony.*
Duis·burg ['dy:s,burk] *n industrial city in North Rhine-Westphalia, BRD.*
Dün·kir·chen ['dy:n,kɪrçən] *n* Dunkirk (*seaport in the north of France; scene of the evacuation of a British expeditionary force, 1940*).

E

Edin·burg ['e:dɪnburk] *n* Edinburgh (*capital of Scotland*).
El·fen·bein·kü·ste [1] ['ɛlfən,baɪn,kʏstə] **(die)** (the) Ivory Coast (*region in West Africa, along the Atlantic coast*).
El·fen·bein·kü·ste [2] ['ɛlfən,baɪn,kʏstə] *n* (Republic of the) Ivory Coast (*West Africa*).
El·saß ['ɛlzas] **(das)** Alsace (*region in the northeast of France*).
El·saß-Loth·rin·gen ['ɛlzas'lo:trɪŋən] *n* Alsace-Lorraine (*region in the northeast of France*).
Eng·land ['ɛŋ,lant] *n* England.
Eng·li·sche Ka·nal ['ɛŋlɪʃə ka'na:l] **(der)** → **Ärmelkanal.**
Erie·see ['e:ri,ze:] **(der)** Lake Erie (*one of the Great Lakes, between the USA and Canada*).
Erz·ge·bir·ge ['e:rtsgə,bɪrgə; 'ɛrts-] **(das)** (the) Erz Gebirge, (the) Erz (*od.* Ore) Mountains *pl* (*mountain range between the DDR and Czechoslovakia*).
Est·land ['e:st,lant] *n* Estonia, *auch* Esthonia: a) *hist. republic on the east side of the Baltic Sea,* b) *constituent republic of the Soviet Union in Europe.*
Etsch [ɛtʃ] **(die)** (the) Adige (*Italian river rising in South Tyrol and flowing into the Adriatic Sea*).
Eu·phrat ['ɔʏfrat] **(der)** (the) Euphrates (*river in Asia*).
Eu·ra·si·en [ɔʏ'ra:ziən] *n* Eurasia (*Europe and Asia considered as a whole*).
Eu·ro·pa [ɔʏ'ro:pa] *n* Europe.

F

Finn·land ['fɪn,lant] *n* Finland (*republic in North Europe*).
Flo·renz [flo'rɛnts] *n* Florence (*city in central Italy*).
Fran·ken ['fraŋkən] *n* Franconia: a) *region in the north of Bavaria, BRD, comprising districts of Upper, Middle, and Lower Franconia,* b) *hist. medieval duchy in Germany.*
Frank·furt (am Main) ['fraŋk,furt (am 'maɪn)] *n* Frankfort (on the Main), *auch* Frankfurt-on-Main (*city in Hesse, BRD*).
Frank·reich ['fraŋk,raɪç] *n* France.
Fran·zö·sisch-Gua·ya·na [fran'tsø:zɪʃgŭa'ja:na] *n* French Guiana (*on the northeastern coast of South America*).
Freie Han·se·stadt Bre·men ['fraɪə 'hanzə,ʃtat 'bre:mən] **(die)** → **Bremen** b.
Freie und Han·se·stadt Ham·burg ['fraɪə ,unt 'hanzə,ʃtat 'ham,burk] **(die)** → **Hamburg.**

G

Gdin·gen ['gdɪŋən] *n* a) Gdynia (*seaport in Poland*), b) *hist. port near Danzig.*
Genf [gɛnf] *n* Geneva: a) *canton in the southwest of Switzerland,* b) *capital of* a.
Gen·fer See ['gɛnfər 'ze:] **(der)** Lake Geneva, (the) Lake of Geneva, Lake Leman (*Switzerland*).
Ger·ma·ni·en [gɛr'ma:niən] *n hist.* Germania.
Gi·bral·tar [gi'braltar; gibral'ta:r] *n seaport and fortress near the southern tip of Spain.*
Grau·bün·den [,grau'bʏndən] *n* (the) Grisons (*canton in the east of Switzerland*).
Grau·bünd·ner Al·pen [,grau'bʏndnər 'alpən] **(die)** *pl* (the) Grisons Alps (*Switzerland*).
Grie·chen·land ['gri:çən,lant] *n* Greece.
Grön·land ['grø:n,lant] *n* Greenland.
Groß·bri·tan·ni·en ['gro:sbri'taniən] *n* Great Britain.
Gui·nea [gi'ne:a] *n* a) *coastal region in West Africa,* b) *republic in West Africa* (*now* → **Revolutionäre Volksrepublik Guinea**).

H

Habs·burg ['ha:ps,burk] *n small town in the Swiss canton of Aargau; original seat of the Hapsburgs.*
Hai·ti [ha'i:ti] *n* a) *island in the Greater Antilles, in the West Indies,* b) *republic.*
Hal·le (an der Saa·le) ['halə (an der 'za:lə)] *n* Halle (on the Saale): a) *district of the DDR,* b) *capital of* a.
Ham·burg ['ham,burk] *n* a) *Land of the BRD,* b) *capital of* a, c) *seaport.*
Han·au ['ha:nau] *n city in Hesse, BRD.*
Han·no·ver [ha'no:fər] *n* Hanover: a) *capital of Lower Saxony, BRD,* b) *area in Lower Saxony.*

He·bri·den [heˈbriːdən] **(die)** *pl* (the) Hebrides (*group of islands off the west coast of and belonging to Scotland*).
Hes·sen [ˈhɛsən] *n* Hesse (*Land of the BRD*).
Hin·ter·rhein [ˈhɪntərˌraɪn] **(der)** (the) Hinter Rhein (*headstream of the Rhine, Switzerland*).
Hoek van Hol·land [ˈhuːk fan ˈhɔlant] *n* Hook of Holland (*cape and seaport in the Netherlands*).

I

In·di·en [ˈɪndĭən] *n* India.
In·do·chi·na [ˈɪndoˈçiːna] *n peninsula in the southeast of Asia.*
In·do·ne·si·en [ɪndoˈneːzĭən] *n* Indonesia (*republic in the Malay Archipelago*).
Inns·bruck [ˈɪnsˌbrʊk] *n capital of the Tyrol, Austria.*
Irak [iˈraːk; ˈiːrak] **(der)** *od. n* Iraq, *auch* Irak (*republic in the southwest of Asia.*
Iran [iˈraːn] **(der)** *od. n* Iran (*republic in the southwest of Asia, now* → **Islamische Republik Iran**).
Ir·land [ˈɪrˌlant] *n* a) Ireland (*large western island of the British Isles, comprising Northern Ireland and the Republic of Ireland*), b) (the) Republic of Ireland.
Is·la·mi·sche Re·pu·blik Iran [ɪsˈlaːmɪʃə repuˈbliːk iˈraːn] **(die)** (the) Islamic Republic of Iran.
Is·land [ˈiːsˌlant] *n* Iceland (*island and republic in the North Atlantic*).
Is·ra·el [ˈɪsraɛl] *n* Israel (*republic in the Near East*; → **Staat Israel**).
Ita·li·en [iˈtaːlĭən] *n* Italy.

J

Jal·ta [ˈjalta] *n* Yalta (*seaport in the southern Ukraine, Soviet Union in Europe; wartime conference, February 1945*).
Ja·pan [ˈjaːpan] *n* Japan.
Ja·pa·ni·sche Meer [jaˈpaːnɪʃə ˈmeːr] **(das)** (the) Sea of Japan (*branch of the Pacific between Russia, Korea, and Japan*).
Je·ru·sa·lem [jeˈruːzalɛm] *n* a) *capital of the State of Israel*, b) *ancient holy city.*
Jor·dan [ˈjɔrdan] **(der)** (the) Jordan.
Jor·da·ni·en [jɔrˈdaːnĭən] *n* Jordan (*kingdom in the southwest of Asia*).
Ju·go·sla·wi·en [jugoˈslaːvĭən] *n* Yugoslavia, Jugoslavia (*republic in South Europe*).
Jüt·land [ˈjyːtˌlant] *n* Jutland (*peninsula comprising the continental portion of Denmark*).

K

Ka·li·for·ni·en [kaliˈfɔrnĭən] *n* California (*state in the southwest of the USA*).
Kal·kut·ta [kalˈkʊta] *n* Calcutta: a) *capital of West Bengal, India*, b) *seaport.*
Kam·bo·dscha [kamˈbɔdʒa] *n* Cambodia (*now* → **Demokratische Kampuchea**).
Ka·me·run [ˈka(ː)məruːn; kaməˈruːn] *n* Cameroon (*West Africa*).
Ka·na·da [ˈkanada] *n* Canada.
Ka·nal·in·seln [kaˈnaːlˌˀɪnzəln] **(die)** *pl* (the) Channel Islands (*British island group in the English Channel*).
Ka·na·ren [kaˈnaːrən], **Ka·na·ri·schen In·seln** [kaˈnaːrɪʃən ˈɪnzəln] **(die)** *pl* (the) Canary Islands, *auch* (the) Canaries (*in the Atlantic Ocean, near the northwest coast of Africa*).
Kap der Gu·ten Hoff·nung [ˈkap der ˈguːtən ˈhɔfnʊŋ] **(das)** (the) Cape of Good Hope, *auch* (the) Cape (*promontory in South Africa*).
Kap Hoorn (*od.* **Horn**) [ˌkap ˈhoːrn (ˈhɔrn)] *n* Cape Horn, the Horn (*southernmost point of South America*).
Kap Ska·gen [ˌkap ˈskaːgən] *n* The Skaw, *auch* Cape Skagen (*cape at the northern tip of Denmark*).
Kap·stadt [ˈkapˌʃtat] *n* Cape Town, *auch* Capetown: a) *legislative capital of the Republic of South Africa*, b) *seaport.*
Ka·ri·bik [kaˈriːbɪk] **(die)**, **Ka·ri·bi·sche Meer** [kaˈriːbɪʃə ˈmeːr] **(das)**, **Ka·ri·bi·sche See** [kaˈriːbɪʃə ˈzeː] **(die)** (the) Caribbean Sea, *auch* (the) Caribbean (*part of the Atlantic Ocean bounded by Central America, the West Indies, and South America*).
Kärn·ten [ˈkɛrntən] *n* Carinthia (*province in the south of Austria*).
Kar·pa·ten [karˈpaːtən] **(die)** *pl* (the) Carpathian Mountains, *auch* (the) Carpathians (*mountain range in central Europe, extending from Czechoslovakia to central Rumania*).
Khai·ber·paß [ˈkaɪbərˌpas] **(der)** (the) Khyber (*auch* Khaibar) Pass (*chief mountain pass between Pakistan and Afghanistan*).
Ki·li·ma·ndscha·ro [kilimanˈdʒaːro] **(der)** Mount Kilimanjaro (*volcanic mountain in Tanzania; highest peak in Africa*).
Klein·asi·en [ˌklaɪnˈˀaːzĭən] *n* Asia Minor.
Kle·ve [kleːvə] *n* Cleves (*city on the Rhine river, North Rhine-Westphalia, BRD*).
Köln [kœln] *n* Cologne: a) *area of North Rhine-Westphalia, BRD*, b) *capital of* a.
Ko·lum·bi·en [koˈlʊmbĭən] *n* Colombia (*republic in South America*).
Kö·nigs·berg [ˈkøːnɪçsˌbɛrk] *n* a) Kaliningrad (*seaport in the west of the Soviet Union in Europe*), b) *hist. capital of East Prussia.*
Ko·pen·ha·gen [ˌkoːpənˈhaːgən] *n* Copenhagen (*capital of Denmark*).
Kra·kau [ˈkraːkaʊ] *n* Kraków, Cracow (*city and voivodeship in the south of Poland*).
Krim [krɪm] **(die)** (the) Crimea (*peninsula in the Soviet Union in Europe, between the Black Sea and the Sea of Azov*).
Kü·sten·ge·bir·ge [ˈkʏstəngəˌbɪrgə] **(das)** (the) Coast Range (*od.* Mountains *pl*) (*along the Pacific coast of North America*).

L

La·tein·ame·ri·ka [laˈtaɪnˀaˌmeːrika] *n* Latin America (*Central and South America*).
Lau·sitz [ˈlaʊzɪts] **(die)** Lusatia (*region between the Elbe and Oder rivers, DDR*).
Lem·berg [ˈlɛmˌbɛrk] *n* a) Lvov (*city in the Ukraine, Soviet Union in Europe*), b) *hist.* Lwów (*city in Poland*).
Lett·land [ˈlɛtˌlant] *n* Latvia: a) *hist. republic on the east side of the Baltic Sea*, b) *constituent republic of the Soviet Union in Europe.*
Li·ba·non [ˈliːbanɔn] **(der)** (the) Lebanon (*republic in the Near East*).
Lis·sa·bon [ˈlɪsabɔn] *n* Lisbon (*capital of Portugal*).
Li·tau·en [ˈlɪtaʊən] *n hist.* Lithuania (*republic on the Baltic Sea*).
Liv·land [ˈliːfˌlant] *n hist.* Livonia (*region on the Baltic Sea*).
Lon·don [ˈlɔndɔn] *n capital of England.*
Lo·re·ley [loːrəˈlaɪ; ˈloːrəlaɪ], *auch* **Lo·re·lei** [loːrəˈlaɪ; ˈloːrəlaɪ] **(die)** *cliff overlooking the Rhine river near St. Goarshausen, BRD.*
Lo·thrin·gen [ˈloːtrɪŋən] *n* Lorraine (*region in the northeast of France*).
Lö·wen [ˈløːvən] *n* a) Louvain, Leuven (*city in central Belgium*), b) Lewin Brzeski (*city in Poland*), c) *hist. city in Lower Silesia.*
Lu·ga·ner See [luˈgaːnər ˈzeː] **(der)** Lake Lugano (*Switzerland*).
Lü·ne·bur·ger Hei·de [ˈlyːnəˌbʊrgər ˈhaɪdə] **(die)** (the) Lüneburg Heath (*region in Lower Saxony, BRD*).
Lüt·tich [ˈlʏtɪç] *n* Liège: a) *city in Belgium*, b) *province in the east of Belgium.*
Lu·xem·burg [ˈlʊksəmˌbʊrk] *n* Luxemb(o)urg: a) *grand duchy between the BRD, France, and Belgium*, b) *capital of* a.
Lu·zern [luˈtsɛrn] *n* Lucerne: a) *canton in central Switzerland*, b) *capital of* a.
Lyon [lĭõː] *n* Lyons, Lyon (*city in central France*).

M

Mäh·ren [ˈmɛːrən] *n* a) Moravia, Morava (*region in central Czechoslovakia*), b) *hist.* Moravia (*former province of Austria; 1939–1945 part of Bohemia-Moravia*).
Mai·land [ˈmaɪˌlant] *n* Milan, *auch* Milano (*industrial city in the north of Italy*).
Main [maɪn] **(der)** *West German river flowing into the Rhine river near Mainz.*
Ma·lai·ische Ar·chi·pel [maˈlaɪɪʃə arçiˈpeːl] **(der)** (the) Malay Archipelago, *auch* Malaysia (*extensive island group in the Indian and Pacific Oceans*).
Ma·lay·sia [maˈlaɪzĭa] *n* a) (Federation of) Malaysia (*independent federation in the southeast of Asia*), b) → **Malaiische Archipel**.
Mal·lor·ca [maˈlɔrka; maˈjɔrka] *n* Majorca, Mallorca (*Spanish island in the west of the Mediterranean Sea; the largest of the Balearic Islands*).
Ma·rok·ko [maˈrɔko] *n* Morocco (*kingdom in the northwest of Africa*).
Mit·tel·meer [ˈmɪtəlˌmeːr] **(das)** (the) Mediterranean (Sea).
Mol·dau [ˈmɔldaʊ] **(die)** a) (the) Vltava, b) *hist.* (the) Moldau (*Czech river flowing into the Elbe river*).
Mo·sel [ˈmoːzəl] **(die)** (the) Moselle, *auch* (the) Mosel (*river in the west of Central Europe, rising in France and flowing into the Rhine river near Koblenz, BRD*).

Mos·kau ['mɔskaʊ] *n* Moscow (*capital of the Soviet Union*).
Mün·chen ['mʏnçən] *n* Munich: a) *capital of Bavaria*, b) *capital of Upper Bavaria, BRD*.

N

Na·del·kap ['na:dəl,kap] **(das)** Cape Agulhas (*southernmost point of Africa*).
Na·mi·bia [na'mi:bĭa] *n* Namibia (*country in southwest Africa*).
Na·za·reth ['na:tsarɛt] *n town in Galilee, Israel*.
Nea·pel [ne'a:pəl] Naples (*city and seaport in the southwest of Italy*).
Neu·braun·schweig [,nɔʏ'braʊn,ʃvaɪk] *n* New Brunswick (*province in Canada*).
Neu·eng·land [,nɔʏ'ˀɛŋ,lant] *n* New England (*northeast section of the USA*).
Neu·fund·land [,nɔʏ'fʊnt,lant] *n* Newfoundland: a) *large island in the east of Canada*, b) *province in the east of Canada*.
Neu·schott·land [,nɔʏ'ʃɔt,lant] *n* Nova Scotia (*peninsula and province in the southeast of Canada*).
Neu·see·land [,nɔʏ'ze:,lant] *n* New Zealand (*country in the South Pacific*).
Neu·see·län·di·schen Al·pen [,nɔʏ'ze:,lɛndɪʃən 'alpən] **(die)** *pl* (the) Southern Alps (*mountain range in New Zealand*).
Neu·süd·wales ['nɔʏ,zy:t,ve:ls] *n* New South Wales (*state in Australia*).
Nia·ga·ra [nĭa'ga:ra] **(der)** *river between Lake Erie and Lake Ontario, on the border between the USA and Canada*.
Nie·der·ka·li·for·ni·en ['ni:dərkali'fɔrnĭən] *n* Lower California (*peninsula on the west coast of Mexico*).
Nie·der·lan·de ['ni:dər,landə] **(die)** *pl* (the) Netherlands, *auch* Holland *sg* (*kingdom in West Europe*).
Nie·der·öster·reich ['ni:dər,ˀø:stəraɪç] *n* Lower Austria (*province in the northeast of Austria*).
Nie·der·sach·sen ['ni:dər,zaksən] *n* Lower Saxony (*Land of the BRD*).
Ni·ger[1] ['ni:gər] **(der)** (the) Niger (*river in West Africa*).
Ni·ger[2] ['ni:gər] *n* (the) Niger (*republic in the northwest of Africa*).
Ni·ge·ria [ni'ge:rĭa] *n republic in West Africa*.
Nil [ni:l] **(der)** (the) Nile (*river in East Africa*).
Niz·za ['nɪtsa] *n* Nice (*seaport and resort on the Mediterranean Sea, France*).
Nord·ame·ri·ka ['nɔrtˀa'me:rika] *n* North America.
Nord·da·ko·ta ['nɔrtda'ko:ta] *n* North Dakota (*state in the central USA*).
Nord·ir·land ['nɔrtˀɪr,lant] *n* Northern Ireland (*part of the United Kingdom*).
Nord·ka·ro·li·na ['nɔrtkaro'li:na] *n* North Carolina (*state on the Atlantic coast of the USA*).
Nord·ko·rea ['nɔrtko're:a] *n* North Korea (→ **Demokratische Volksrepublik Korea**).
Nord-Ost·see-Ka·nal [,nɔrt'ˀɔst,ze:ka,na:l] **(der)** (the) Kiel Canal (*connecting the North and Baltic seas, BRD*).
Nord·po·lar·meer ['nɔrtpo,la:r,me:r] **(das)** (the) Arctic Ocean.
Nord·rhein-West·fa·len ['nɔrt,raɪn,vɛst'fa:lən] *n* North Rhine-Westphalia (*Land of the BRD*).
Nord·see ['nɔrt,ze:] **(die)** (the) North Sea (*arm of the Atlantic Ocean between Great Britain and the European mainland*).
Nor·man·die [nɔrman'di:] **(die)** Normandy (*region in the north of France*).
Nor·man·ni·schen In·seln [nɔr'manɪʃən 'ɪnzəln] **(die)** *pl* → **Kanalinseln**.
Nor·we·gen ['nɔrve:gən] *n* Norway (*kingdom in Northern Europe*).
Nürn·berg ['nʏrn,bɛrk] *n* Nuremberg (*city in Middle Franconia, Bavaria, BRD*).

O

Ober·bay·ern ['o:bər,baɪərn] *n* Upper Bavaria (*administrative district of the south of Bavaria, BRD*).
Obe·re See ['o:bərə 'ze:] **(der)** Lake Superior (*northernmost of the Great Lakes, between the USA and Canada*).
Ober·öster·reich ['o:bər,ˀø:stəraɪç] *n* Upper Austria (*province in the north of Austria*).
On·ta·rio·see [ɔn'ta:rĭo,ze:] **(der)** Lake Ontario (*smallest of the Great Lakes, between the USA and Canada*).
Oran·je·frei·staat [o'ranjə,fraɪ,ʃta:t] **(der)** Orange Free State (*province in the central Republic of South Africa*).
Ost-Berlin ['ɔstbɛr,li:n] *n* East Berlin (*capital of the DDR; eastern part of the former capital of Germany*).
Ost·deutsch·land ['ɔst,dɔʏtʃ,lant] *n* East Germany (*now* → **Deutsche Demokratische Republik**).
Ost·en·de [,ɔst'ˀɛndə] *n* Ostend (*seaport in the northwest of Belgium*).
Oster·in·sel ['o:stər,ˀɪnzəl] **(die)** Easter Island (*island in the South Pacific*).
Öster·reich ['ø:stəraɪç] *n* Austria (*republic in Central Europe*).
Öster·reich-Un·garn ['ø:stəraɪç'ˀʊŋgarn] *n hist.* Austria-Hungary.
Ost·in·di·en ['ɔst'ˀɪndĭən] *n* (the) East Indies *pl*, (the) Indies *pl*, Indonesia.
Ost·preu·ßen ['ɔst,prɔʏsən] *n hist.* East Prussia (*former province in the northeast of Germany, now divided between Poland and the Soviet Union*).
Ost·see ['ɔst,ze:] **(die)** (the) Baltic (Sea).

P

Pa·lä·sti·na [palɛs'ti:na] *n* a) *Bibl.* Palestine, b) *hist.* Palestine (*now divided between Israel and Jordan*).
Pan·kow ['paŋko] *n administrative district of East Berlin, DDR*.
Pa·ris [pa'ri:s] *n capital of France*.
Pa·zi·fik [pa'tsi:fɪk; 'pa:tsifɪk] **(der)** (the) Pacific (Ocean).
Pe·king ['pe:kɪŋ] *n capital of China*.
Penn·syl·va·ni·en [pɛnzɪl'va:nĭən] *n* Pennsylvania (*state in the east of the USA*).
Per·si·sche Golf ['pɛrzɪʃə 'gɔlf] **(der)** (the) Persian Gulf (*arm of the Arabian Sea, between Iran and Arabia*).
Pfalz [pfalts] **(die)** (the) Palatinate, *auch* Lower (*od.* Rhine) Palatinate (*district in the southwest of the BRD*).
Plat·ten·see ['platən,ze:] **(der)** Lake Balaton (*in the west of Hungary*).
Po·len ['po:lən] *n* Poland (*people's republic in East[ern] Europe*).
Pom·mern ['pɔmərn] *n* a) Pomorze (*region in Poland*), b) *hist.* Pomerania (*former province of Prussia on the Baltic Sea*).
Por·tu·gal ['pɔrtugal] *n republic on the Iberian Peninsula*.
Po·sen ['po:zən] *n* Poznán (*city in Poland*).
Prag [pra:k] *n* Prague: a) *capital of Czechoslovakia*, b) *capital of Čechy*, c) *hist. capital of Bohemia*.
Preu·ßen ['prɔʏsən] *n hist.* Prussia (*former kingdom and state in the north of Germany*).
Py·re·nä·en [pyre'nɛ:ən] **(die)** *pl* (the) Pyrenees (*mountain range along the border between Spain and France*).

R

Ran·gun [raŋ'gu:n] *n* Rangoon (*capital of Burma*).
Re·pu·blik Ko·rea [repu'bli:k ko're:a] **(die)** (the) Republic of Korea.
Re·pu·blik Süd·afri·ka [repu'bli:k 'zy:t'ˀa:frika] **(die)** (the) Republic of South Africa.
Re·vo·lu·tio·nä·re Volks·re·pu·blik Gui·nea [revolutsĭo'nɛ:rə 'fɔlksrepu,bli:k gi'ne:a] **(die)** (the) Revolutionary People's Republic of Guinea.
Re·val ['re:val] *n* a) Tallin(n) (*capital of the Estonian Republic, Soviet Union in Europe*), b) *hist. capital of Estonia*.
Rhein [raɪn] **(der)** (the) Rhine (*river in West Europe, rising in Switzerland and flowing through the BRD into the North Sea*).
Rhein·gau ['raɪn,gaʊ] **(der)** (the) Rhinegau (*wine-growing region between Hochheim and Lorch, Hesse, BRD*).
Rhein·hes·sen ['raɪn,hɛsən] *n* Rhinehessen, *auch* Rhenish Hesse (*part of Rhineland-Palatinate*).
Rhein·land ['raɪn,lant] **(das)** (the) Rhineland (*part of the BRD to the west of the Rhine river*).
Rhein·land-Pfalz ['raɪn,lant'pfalts] *n* Rhineland-Palatinate (*Land of the BRD*).
Rie·sen·ge·bir·ge ['ri:zəngə,bɪrgə] **(das)** (the) Riesen Gebirge, (the) Riesengebirge, (the) Giant Mountains *pl* (*mountain range, on the boundary between Germany and Czechoslovakia; section of the Sudeten Mountains*).
Ro·te Meer ['ro:tə 'me:r] **(das)** (the) Red Sea (*between Africa and Arabia, connected to the Mediterranean Sea by the Suez Canal*).
Ro·then·burg (ob der Tau·ber) ['ro:tən,bʊrk (ɔp der 'taʊbər)] *n city in Middle Franconia, Bavaria, BRD*.
Ruhr [ru:r] **(die)** (the) Ruhr (*West German river flowing into the Rhine river*).
Ruhr·ge·biet ['ru:rgə,bi:t] **(das)** (the) Ruhr (District) (*mining and industrial centre of the BRD*).
Ru·mä·ni·en [ru'mɛ:nĭən] *n* Rumania, *auch* Ro(u)mania (*republic in Southeast Europe*).
Ruß·land ['rʊs,lant] *n* Russia.

S

Saar·land [ˈzaːrˌlant] (**das**) (the) Saar (-land) (*Land of the BRD*).
Sach·sen [ˈzaksən] *n hist.* Saxony.
Salz·burg [ˈzaltsˌbʊrk] *n* a) *province in the west of Austria*, b) *capital of* a.
Sankt-Lo·renz-Strom [ˌzaŋktˈloː-rɛntsˌʃtroːm] (**der**) (the) St. Lawrence (*river in the southeast of Canada, forming part of the border between the USA and Canada*).
San·si·bar [ˈzanzibaːr] *n* Zanzibar (*island off the east coast of Africa*).
Sar·di·ni·en [zarˈdiːniən] *n* Sardinia: a) *large island in the Mediterranean Sea, to the west of Italy*, b) *hist. kingdom, 1720–1860, including Sardinia and Savoy, Piedmont and Genoa*.
Schle·si·en [ˈʃleːziən] *n* a) Slask (*region in the southwest of Poland*), b) Slezsko (*region in the north of Czechoslovakia*), c) *hist.* Silesia (*now region in Poland*).
Schles·wig-Hol·stein [ˈʃleːsvɪçˈhɔl-ˌʃtaɪn] *n Land of the BRD*.
Schott·land [ˈʃɔtˌlant] *n* Scotland.
Schwa·ben [ˈʃvaːbən] *n* Swabia: a) *administrative district in the southwest of Bavaria, BRD*, b) *hist. medieval duchy in the southwest of Germany*.
Schwar·ze Meer [ˈʃvartsə ˈmeːr] (**das**) (the) Black Sea (*between Europe and Asia*).
Schwarz·wald [ˈʃvartsˌvalt] (**der**) (the) Black Forest (*wooded mountain range in the southwest of the BRD*).
Schwe·den [ˈʃveːdən] *n* Sweden (*kingdom in Northern Europe*).
Schweiz [ʃvaɪts] (**die**) Switzerland (*republic in Central Europe*).
Schwyz [ʃviːts] *n* a) *canton in central Switzerland*, b) *capital of* a.
See Ge·ne·za·reth [ˈzeː geˈneːtsarɛt] (**der**) (the) Sea of Galilee, (the) Lake of Genesaret, *auch* (the) Sea of Tiberias (*lake in the northeast of Israel*).
Si·bi·ri·en [ziˈbiːriən] *n* Siberia.
Sie·ben·bür·gen [ˌziːbənˈbʏrgən] *n* Transylvania, Transilvania: a) *region in central Rumania*, b) *hist. principality; part of Hungary, 1867–1918*.
Sim·ba·bwe [zɪmˈbaːbve] *n* Zimbabwe (*republic in eastern Africa*).
Si·nai[1] [ˈziːnai] *n* Sinai, *auch* (the) Sinai Peninsula (*in the northeast of the Arab Republic of Egypt*).
Si·nai[2] [ˈziːnai] (**der**), **Si·nai·ge·bir·ge** [ˈziːnaigəˌbɪrgə] (**das**) Mount Sinai (*on the Sinai Peninsula*).
Sin·ga·pur [ˈzɪŋgaˌpuːr] *n* Singapore: a) *island and republic in the South China Sea, to the south of the Malay Peninsula*, b) *seaport on and capital of* a.
Si·zi·li·en [ziˈtsiːliən] *n* Sicily (*island in the Mediterranean Sea, Italy*).
Skan·di·na·vi·en [skandiˈnaːviən] *n* Scandinavia: a) *consisting of Norway, Sweden, Denmark, and the northwest of Finland*, b) *auch* (the) Scandinavian Peninsula (*consisting of Norway and Sweden*).
So·wjet·uni·on [zɔˈvjɛtˀuˌnioːn] (**die**) (the) Soviet Union, *auch* Russia, (the) Union of Soviet Socialist Republics.
So·zia·li·sti·sche Re·pu·blik Bir·ma·ni·sche Uni·on [zotsiaˈlɪstɪʃə repuˈbliːk bɪrˈmaːnɪʃə uˈnioːn] (**die**) (the) Socialist Republic of the Union of Birma.
Spa·ni·en [ˈʃpaːniən] *n* Spain.
Staat Israel [ˈʃtaːt ˈɪsraɛl] (**der**) (the) State of Israel.
Stei·er·mark [ˈʃtaɪərˌmark] (**die**) Styria (*province in the southeast of Austria*).
Stet·tin [ʃtɛˈtiːn] *n* a) Szczecin (*seaport in the northwest of Poland*), b) *hist. capital of Pomerania*.
Stil·le Oze·an [ˈʃtɪlə ˈoːtseaːn] (**der**) → **Pazifik**.
Straß·burg [ˈʃtraːsˌbʊrk] *n* Strasbourg (*city in the Alsace, France*).
Stra·ße von Gi·bral·tar [ˈʃtraːsə fɔn giˈbraltar] (**die**) (the) Strait of Gibraltar.
Süd·afri·ka [ˈzyːtˈˀaːfrika] *n* a) South Africa, b) → **Republik Südafrika**.
Süd·ame·ri·ka [ˈzyːtˀaˈmeːrika] *n* South America.
Süd·da·ko·ta [ˈzyːtdaˈkoːta] *n* South Dakota (*state in the central USA*).
Süd·deutsch·land [ˈzyːtˌdɔʏtʃˌlant] *n* South(ern) Germany.
Su·de·ten [zuˈdeːtən] (**die**) *pl* (the) Sudeten, *auch* (the) Sudetes, (the) Sudetic Mountains (*mountain range on the northern boundary of Czechoslovakia*).
Su·de·ten·land [zuˈdeːtənˌlant] (**das**) *hist.* Sudetenland, *auch* Sudeten (*region including the Sudeten and the Erz Gebirge; annexed by Germany, 1938, and returned to Czechoslovakia, 1945*).
Süd·ka·ro·li·na [ˈzyːtkaroˈliːna] *n* South Carolina (*state on the Atlantic coast of the USA*).
Süd·ko·rea [ˈzyːtkoˈreːa] *n* South Korea (→ **Republik Korea**).
Süd·see [ˈzyːtˌzeː] (**die**) (the) South Seas *pl* (*the seas south of the equator*).
Süd·ti·rol [ˈzyːtˀtiˌroːl] *n* South Tyrol (*od.* Tirol) (*autonomous region in the north of Italy*).
Süd·west·afri·ka [ˌzyːtˈvɛstˌˀaːfrika] *n* South-West Africa (*now* → **Namibia**).

T

Ta·fel·berg [ˈtaːfəlˌbɛrk] (**der**) Table Mountain (*near Cape Town, Republic of South Africa*).
Tan·ger [ˈtaŋər] *n* Tangier: a) *seaport in the north of Morocco*, b) *hist. capital of the former Tangier Zone*.
Tes·sin [tɛˈsiːn] (**das**) Ticino (*canton in the south of Switzerland*).
Them·se [ˈtɛmzə] (**die** (the) Thames (*river in the south of England*).
Thü·rin·gen [ˈtyːrɪŋən] *n* Thuringia (*region in the DDR*).
Thü·rin·ger Wald [ˈtyːrɪŋər ˈvalt] (**der**) (the) Thuringian Forest (*wooded mountain range in Thuringia, DDR*).
Til·sit [ˈtɪlzɪt] *n* a) Tilsit, *auch* Sovetsk (*city in the Soviet Union in Europe*), b) *hist. city in East Prussia*.
Ti·rol [tiˈroːl] *n* a) (the) Tyrol, *auch* (the) Tirol (*province in the west of Austria*), b) → **Südtirol**.
To·des·tal [ˈtoːdəsˌtaːl] (**das**) (the) Death Valley (*arid basin in California and Nevada, USA*).
To·kio [ˈtoːkio] *n* Tokyo, *auch* Tokio.
Tos·ka·na [tɔsˈkaːna] (**die**) Tuscany (*region in central Italy*).
To·te Meer [ˈtoːtə ˈmeːr] (**das**) (the) Dead Sea (*salt lake between Israel and Jordan*).
Trier [triːr] *n* Treves: a) *area of Rhineland-Palatinate, BRD*, b) *capital of* a.
Tsche·cho·slo·wa·kei [tʃɛçoslovaˈkaɪ] (**die**) Czechoslovakia, *auch* Czecho-Slovakia (*republic in Central Europe*).
Tu·ne·si·en [tuˈneːziən] *n* Tunisia (*republic in North Africa*).
Tu·nis [ˈtuːnɪs] *n* a) *capital of Tunisia*, b) *hist.* → **Tunesien**.

Tür·kei [tʏrˈkaɪ] (**die**) Turkey (*republic in West Asia and Southeast Europe*).

U

Un·garn [ˈʊŋgarn] *n* Hungary (*people's republic in Central Europe*).
Uni·on der So·zia·li·sti·schen So·wjet·re·pu·bli·ken [uˈnioːn der zotsiaˈlɪstɪʃən zɔˈvjɛtrepuˌbliːkən] (**die**) (the) Union of Soviet Socialist Republics.
Ural [uˈraːl] (**der**) (the) Ural Mountains *pl*, *auch* (the) Urals *pl* (*mountain range in the west of the Soviet Union, forming a natural boundary between Europe and Asia*).
Utah·see [ˈjuːtaˌzeː] (**der**) Lake Utah (*to the southeast of the Great Salt Lake, Utah, USA*).

V

Va·ti·kan·stadt [vatiˈkaːnʃtat] (**die**) (the) Vatican City.
Ve·ne·dig [veˈneːdɪç] *n* Venice (*capital of the Italian province of Venezia and seaport*).
Ve·ne·ti·en [veˈneːtsiən] *n* Venezia, *auch* Venetia, Veneto (*region in the northeast of Italy*).
Ver·ei·nig·te Kö·nig·reich (von Groß·bri·tan·ni·en und Nord·ir·land) [fɛrˈˀaɪnɪçtə ˈkøːnɪgˌraɪç (fɔn ˈgroːsbriˈtaniən ˌʊnt ˈnɔrtˈˀɪrˌlant)] (**das**) (the) United Kingdom (of Great Britain and Northern Ireland).
Ver·ei·nig·ten Ara·bi·schen Emi·ra·te [fɛrˈˀaɪnɪçtən aˈraːbɪʃən emiˈraːtə] (**die**) *pl* (the) United Arab Emirates.
Ver·ei·nig·ten Staa·ten (von Ame·ri·ka) [fɛrˈˀaɪnɪçtən ˈʃtaːtən (fɔn aˈmeː-rika)] (**die**) *pl* (the) United States (of America).
Ve·suv [veˈzuːf] (**der**) (Mount) Vesuvius (*active volcano near Naples, Italy*).
Vier·wald·stät·ter See [ˌfiːrˈvaltˌʃtɛtər ˈzeː] (**der**) (the) Lake of Lucerne, *auch* (the) Lake of the Four Forest Cantons (*Switzerland*).
Vo·ge·sen [voˈgeːzən] (**die**) *pl* (the) Vosges (Mountains) (*in the northeast of France*).
Volks·re·pu·blik An·go·la [ˈfɔlksrepuˌbliːk aŋˈgoːla] (**die**) (the) People's Republic of Angola.
Volks·re·pu·blik Chi·na [ˈfɔlksrepuˌbliːk ˈçiːna] (**die**) (the) People's Republic of China.
Vor·der·asi·en [ˈfɔrdərˌˀaːziən] *n* (the) Near East, Southwest Asia.

W

Wal·lis [ˈvalɪs] (**das**) Valais (*canton in the southwest of Switzerland*).
War·schau [ˈvarʃaʊ] *n* Warsaw (*capital of Poland*).

Wa·ter·loo [ˈvaːtərˌloː] *n village in central Belgium; decisive defeat of Napoleon, 1815.*
Weich·sel [ˈvaɪksəl] **(die)** (the) Vistula (*Polish river flowing from the Carpathian Mountains into the Baltic Sea*).
West-Berlin [ˈvɛstbɛrˌliːn] *n* West Berlin (*western part of the former capital of Germany*).
Wien [viːn] *n* Vienna: a) *capital of the Federal Republic of Austria,* b) *province in the east of Austria,* c) *capital of* b *and Lower Austria.*
Wie·ner·wald [ˈviːnərˌvalt] **(der)** *district to the west of Vienna, Austria.*
Wind·huk [ˈvɪntˌhuːk] *n* Windhoek (*capital of Namibia*).
Worms [vɔrms] *n city on the Rhine river, Rhineland-Palatinate, BRD.*
Würt·tem·berg [ˈvʏrtəmˌbɛrk] *n hist. state in the southwest of the BRD, now part of Baden-Württemberg.*

Z

Za·bern [ˈtsaːbərn] *n* Saverne (*town in the Alsace, France*).
Zen·tral·afri·ka [tsɛnˈtraːlˌʔaːfrika] *n* Central Africa.
Zen·tral·afri·ka·ni·sche Re·pu·blik [tsɛnˈtraːlʔafriˌkaːnɪʃə repuˈbliːk] **(die)** (the) Central African Republic.
Zi·on [ˈtsiːɔn] **(der)** (Mount) Zion (*auch* Sion) (*hill in Jerusalem*).
Zü·rich [ˈtsyːrɪç] *n* Zurich: a) *canton in the north of Switzerland,* b) *capital of* a.
Zü·rich·see [ˈtsyːrɪçˌzeː], *auch* **Zü·ri·cher See** [ˈtsyːrɪçər ˈzeː] **(der)** (the) Lake of Zurich (*Switzerland*).
Zy·pern [ˈtsyːpərn] *n* Cyprus (*island republic in the Mediterranean Sea*).

V. MASSE UND GEWICHTE

V. WEIGHTS AND MEASURES

1. DAS SI-SYSTEM

1. THE SI SYSTEM

(SI = Système International d'Unités)

a) SI-Basiseinheiten

a) SI Basic Units

Basisgröße *Basic physical quantity*	Basiseinheit *Basic unit*	
	Name *Name*	Zeichen *Symbol*
Länge *length*	Meter *m, n* *meter, metre*	m
Masse *mass*	Kilogramm *n* *kilogram(me)*	kg
Zeit *time*	Sekunde *f* *second*	s
elektrische Stromstärke *electrical current*	Ampere *n* *ampere*	A
Temperatur *temperature*	Kelvin *n* *kelvin*	K
Lichtstärke *luminous intensity*	Candela *f* *candela*	cd
Stoffmenge *amount of substance*	Mol *n* *mole*	mol

b) Dezimale Vielfache und Teile von Einheiten

b) Decimal Multiples and Subdivisions of Units

Dezimale Vielfache und Teile von Einheiten werden durch Vorsilben („Vorsätze") ausgedrückt:

Decimal multiples and subdivisions of units are expressed by prefixes:

	Vorsatz	*Prefix*	Zeichen *Symbol*
10^{12}	Tera	*tera*	T
10^{9}	Giga	*giga*	G
10^{6}	Mega	*mega*	M
10^{3}	Kilo	*kilo*	k
10^{2}	Hekto	*hecto*	h
10	Deka	*deca*	da
10^{-1}	Dezi	*deci*	d
10^{-2}	Zenti	*centi*	c
10^{-3}	Milli	*milli*	m
10^{-6}	Mikro	*micro*	μ
10^{-9}	Nano	*nano*	n
10^{-12}	Piko	*pico*	p
10^{-15}	Femto	*femto*	f
10^{-18}	Atto	*atto*	a

2. DEUTSCHE MASSE UND GEWICHTE

2. GERMAN WEIGHTS AND MEASURES

a) Längenmaße — Linear Measure

1 mm		=	0.0394 inch
1 cm	= 10 mm	=	0.3937 inch
1 dm	= 10 cm	=	3.9370 inches
1 m	= 10 dm	=	1.0936 yards
1 dkm	= 10 m	=	10.9361 yards
1 hm	= 10 dkm	=	109.3614 yards
1 km	= 10 hm	=	0.6214 mile

b) Flächenmaße — Square Measure

1 mm²		=	0.00155 square inch
1 cm²	= 100 mm²	=	0.15499 square inch
1 dm²	= 100 cm²	=	15.499 square inches
1 m²	= 100 dm²	=	1.19599 square yards
1 dkm²	= 100 m²	=	119.5993 square yards
1 hm²	= 100 dkm²	=	2.4711 acres
1 km²	= 100 hm²	=	247.11 acres = 0.3861 square mile

1 m²		=	1,549.9 square inches
1 a	= 100 m²	=	119.5993 square yards
1 ha	= 100 a	=	2.4711 acres
1 km²	= 100 ha	=	247.11 acres = 0.3861 square mile

c) Raummaße — Cubic Measure

1 mm^3		= 0.000061	cubic inch
1 cm^3	= 1 000 mm^3	= 0.061023	cubic inch
1 dm^3	= 1 000 cm^3	= 61.024	cubic inches
1 m^3	= 1 000 dm^3	= 35.315	cubic feet = 1.3079 cubic yards

d) Hohlmaße — Measure of Capacity

		Britisch British		Amerikanisch American
1 ml	= 1 cm^3	= 16.89 minims		16.23 minims
1 cl	= 10 ml	= 0.352 fluid ounce		0.338 fluid ounce
1 dl	= 10 cl	= 3.52 fluid ounces		3.38 fluid ounces
1 l	= 10 dl	= 1.76 pints		1.06 liquid quarts
			od.	0.91 dry quart
1 dkl	= 10 l	= 2.1998 gallons		2.64 gallons
			od.	0.284 bushel
1 hl	= 10 dkl	= 2.75 bushels		26.418 gallons
1 kl	= 10 hl	= 3.437 quarters		264.18 gallons

e) Gewichte — Weight

			Avoirdupois	Troy
1 mg				= 0.0154 grain
1 cg	= 10 mg			= 0.1543 grain
1 dg	= 10 cg			= 1.543 grains
1 g	= 10 dg			= 15.432 grains
1 dkg	= 10 g		= 0.353 ounce	= 0.321 ounce
1 hg	= 10 dkg		= 3.527 ounces	= 3.215 ounces
1 kg	= 10 hg		= 2.205 pounds	= 2.679 pounds
1 dz	= 100 kg	*Br.*	= 1.9684 hundredweights	
		Am.	= 2.2046 hundredweights	
1 t	= 1 000 kg	*Br.*	= 0.9842 long ton	
		Am.	= 1.102 short tons	

				Avoirdupois
1 Pfd	= 500 g	= $^1/_2$ kg		= 1.1023 pounds
1 Ztr.	= 100 Pfd	= 50 kg	*Br.*	= 0.9842 hundredweight
			Am.	= 1.1023 hundredweights

f) Metrische Karatgewichte — Metric Carat Weight

200 mg	= 1 carat	
100 mg	= $^1/_2$ carat	= 0.5 carat
50 mg	= $^1/_4$ carat	= 0.25 carat
20 mg	= $^1/_{10}$ carat	= 0.10 carat
10 mg	= $^1/_{20}$ carat	= 0.05 carat
2 mg	= $^1/_{100}$ carat	= 0.01 carat

3. UMRECHNUNGSFAKTOREN FÜR MASSE UND GEWICHTE

3. CONVERSION FACTORS FOR WEIGHTS AND MEASURES

Längenmaße — **Linear Measure**

Umzurechnen *To convert*	*in* *into*	*Multiplizieren mit* *Multiply by*
cm	inch (″)	0.3937
m	foot (′)	3.2808
m	yard (yd)	1.0936
km	statute mile (st. mi)	0.6214
inch	cm	2.5400
foot	m	0.3048
yard	m	0.9144
statute mile	km	1.6093

Flächenmaße — **Square Measure**

Umzurechnen *To convert*	*in* *into*	*Multiplizieren mit* *Multiply by*
cm^2	square inch (sq. in)	0.1550
m^2	square foot (sq. ft)	10.7639
m^2	square yard (sq. yd)	1.1960
1000 m^2	acre (ac)	0.2471
km^2	square mile (sq. mi)	0.3861
square inch	cm^2	6.4516
square foot	m^2	0.0929
square yard	m^2	0.8361
acre	m^2	4046.8
square mile	km^2	2.5900

Volumenmaße (allgemein) — **Cubic Measure**

Umzurechnen *To convert*	*in* *into*	*Multiplizieren mit* *Multiply by*
cm^3	cubic inch (cu. in)	0.06102
Liter	cubic foot (cu. ft)	0.03531
m^3	cubic yard (cu. yd)	1.308
m^3	register ton (reg. tn)	0.3531
cubic inch	cm^3	16.387
cubic foot	Liter	28.317
cubic yard	m^3	0.7646
register ton	m^3	2.8317

Hohlmaße für Trockensubstanzen — **Measure of Capacity (Dry)**

Umzurechnen *To convert*	*in* *into*		*Multiplizieren mit* *Multiply by*
Liter	pint, dry	(USA)	1.8162
Liter	quart, dry	(USA)	0.9081
Liter	peck	(USA)	0.1135
Liter	bushel	(USA)	0.0284
m^3	barrel	(USA)	8.6484
m^3	barrel Petrol	(USA)	6.2972
m^3	quarter	(USA)	4.1305
Liter	peck	(Brit.)	0.1100
Liter	bushel	(Brit.)	0.0275
Liter	kilderkin	(Brit.)	0.0122
m^3	barrel	(Brit.)	6.1103
m^3	quarter	(Brit.)	3.4370

Umzurechnen *To convert*		*in* *into*	*Multiplizieren mit* *Multiply by*
pint, dry	(USA)	Liter	0.5506
quart, dry	(USA)	Liter	1.1012
peck	(USA)	Liter	8.8098
bushel	(USA)	Liter	35.2393
barrel	(USA)	m^3	0.1156
barrel Petrol	(USA)	m^3	0.1588
quarter	(USA)	m^3	0.2421
peck	(Brit.)	Liter	9.0922
bushel	(Brit.)	Liter	36.3687
kilderkin	(Brit.)	Liter	81.829
barrel	(Brit.)	m^3	0.1637
quarter	(Brit.)	m^3	0.2909

Hohlmaße für Flüssigkeiten — **Measure of Capacity (Liquid)**

Umzurechnen *To convert*	*in* *into*		*Multiplizieren mit* *Multiply by*
cm^3	minim	(USA)	16.2306
Liter	gill (liqu)	(USA)	8.4534
Liter	pint (liqu)	(USA)	2.1134
Liter	quart (liqu)	(USA)	1.0567
Liter	gallon	(USA)	0.2642
Liter	gill (liqu)	(Brit.)	7.0390
Liter	pint (liqu)	(Brit.)	1.7598
Liter	quart (liqu)	(Brit.)	0.8799
Liter	pottle	(Brit.)	0.4399
Liter	gallon	(Brit.)	0.2200
minim (USA)	cm^3		0.0616
gill (liqu) (USA)	Liter		0.1183
pint (liqu) (USA)	Liter		0.4732
quart (liqu) (USA)	Liter		0.9464
gallon (USA)	Liter		3.7854
gill (liqu) (Brit.)	Liter		0.1421
pint (liqu) (Brit.)	Liter		0.5683
quart (liqu) (Brit.)	Liter		1.1365
pottle (Brit.)	Liter		2.2730
gallon (Brit.)	Liter		4.5461

Gewichte — **Avoirdupois Weights**

System avoirdupois (av.) für den allgemeinen Gebrauch

Umzurechnen *To convert*	*in* *into*	*Multiplizieren mit* *Multiply by*
g	grain	15.4323
g	dram (av.)	0.5644
g	ounce (av.)	0.0353
kg	pound (av.)	2.2046
t	short ton (USA)	1.1023
t	long ton (Brit.)	0.9842
grain	g	0.0648
dram	g	1.7718
ounce	g	28.3495
pound	kg	0.4536
short ton (USA)	kg	907.2
long ton (Brit.)	kg	1016.05

Apotheker-Maßsystem für Feststoffe (ap.) — **Apothecaries' Weight — Troy Weight**

sowie Troy-System (t) für Edelmetalle und Drogen

Umzurechnen / *To convert*	*in* / *into*	*Multiplizieren mit* / *Multiply by*
g	grain	15.4323
g	scruple (ap.)	0.7716
g	pennyweight (t)	0.6430
g	dram *od.* drachm	0.2572
g	ounce (ap. *od.* t)	0.03215
kg	pound (ap. *od.* t)	2.67923
grain	g	0.064799
scruple (ap.)	g	1.295978
pennyweight (t)	g	1.555174
dram *od.* drachm	g	3.887935
ounce (ap. *od.* t)	g	31.103481
pound (ap. *od.* t)	g	373.24177

Apotheker-Maßsystem für Flüssigkeiten — **Apothecaries' Fluid Measure**

Umzurechnen / *To convert*	*in* / *into*	*Multiplizieren mit* / *Multiply by*
cm^3	fluid dram (USA)	0.27052
cm^3	fluid ounce (USA)	0.03381
cm^3	minim (Brit.)	16.892
cm^3	fluid dram (Brit.)	0.2815
cm^3	fluid ounce (Brit.)	0.0352
fluid dram (USA)	cm^3	3.69661
fluid ounce (USA)	cm^3	29.5729
minim (Brit.)	cm^3	0.0592
fluid dram (Brit.)	cm^3	3.552
fluid ounce (Brit.)	cm^3	28.412

Aus: Horn-Schönberg UMWANDLUNGSTABELLEN für U.S.- und britische Einheiten ins metrische System und umgekehrt, 4. Auflage, Carl Hanser Verlag, München.

VI. TEMPERATUR-UMRECHNUNGSTABELLEN

VI. CONVERSION TABLES OF TEMPERATURES

1. VON —273 °C BIS +1000 °C

1. FROM —273 °C TO +1000 °C

Celsius °C	Kelvin K	Fahrenheit °F	Réaumur °R
1000	1273	1832	800
950	1223	1742	760
900	1173	1652	720
850	1123	1562	680
800	1073	1472	640
750	1023	1382	600
700	973	1292	560
650	923	1202	520
600	873	1112	480
550	823	1022	440
500	773	932	400
450	723	842	360
400	673	752	320
350	623	662	280
300	573	572	240
250	523	482	200
200	473	392	160
150	423	302	120
100	373	212	80
95	368	203	76
90	363	194	72
85	358	185	68
80	353	176	64
75	348	167	60
70	343	158	56
65	338	149	52
60	333	140	48
55	328	131	44
50	323	122	40
45	318	113	36
40	313	104	32
35	308	95	28
30	303	86	24
25	298	77	20
20	293	68	16
15	288	59	12
10	283	50	8
+ 5	278	41	+ 4
0	273.15	32	0
— 5	268	23	— 4
— 10	263	14	— 8
— 15	258	+ 5	— 12
— 17.8	255.4	0	— 14.2
— 20	253	— 4	— 16
— 25	248	— 13	— 20
— 30	243	— 22	— 24
— 35	238	— 31	— 28
— 40	233	— 40	— 32
— 45	228	— 49	— 36
— 50	223	— 58	— 40
— 100	173	— 148	— 80
— 150	123	— 238	— 120
— 200	73	— 328	— 160
— 250	23	— 418	— 200
— 273.15	0	— 459.4	— 218.4

2. FIEBERTHERMOMETER

2. CLINICAL THERMOMETER

Celsius °C	Fahrenheit °F	Réaumur °R
42.0	107.6	33.6
41.8	107.2	33.4
41.6	106.9	33.3
41.4	106.5	33.1
41.2	106.2	33.0
41.0	105.8	32.8
40.8	105.4	32.6
40.6	105.1	32.5
40.4	104.7	32.3
40.2	104.4	32.2
40.0	104.0	32.0
39.8	103.6	31.8
39.6	103.3	31.7
39.4	102.9	31.5
39.2	102.6	31.4
39.0	102.2	31.2
38.8	101.8	31.0
38.6	101.5	30.9
38.4	101.1	30.7
38.2	100.8	30.6
38.0	100.4	30.4
37.8	100.0	30.2
37.6	99.7	30.1
37.4	99.3	29.9
37.2	99.0	29.8
37.0	98.6	29.6
36.8	98.2	29.4
36.6	97.9	29.3

3. UMRECHNUNGSREGELN

3. RULES FOR CONVERTING TEMPERATURES

	Celsius	*Kelvin*	*Fahrenheit*	*Réaumur*
x°C	—	$= x + 273.15$ K	$= \frac{9}{5}x + 32$ °F	$= \left(\frac{4}{5}x\right)$ °R
x K	$= x - 273.15$ °C	—	$= \frac{9}{5}(x - 273.15) + 32$ °F	$= \frac{4}{5}(x - 273.15)$ °R
x°F	$= \frac{5}{9}(x - 32)$ °C	$= \frac{5}{9}(x - 32) + 273.15$ K	—	$= \frac{4}{9}(x - 32)$ °R
x°R	$= \frac{5}{4}x$ °C	$= \left(\frac{5}{4}x\right) + 273.15$ K	$= \left(\frac{9}{4}x\right) + 32$ °F	—

VII. ZAHLWÖRTER

VII. NUMERALS

1. GRUNDZAHLEN

1. CARDINAL NUMBERS

0	null	nought, zero, cipher
1	eins	one
2	zwei	two
3	drei	three
4	vier	four
5	fünf	five
6	sechs	six
7	sieben	seven
8	acht	eight
9	neun	nine
10	zehn	ten
11	elf	eleven
12	zwölf	twelve
13	dreizehn	thirteen
14	vierzehn	fourteen
15	fünfzehn	fifteen
16	sechzehn	sixteen
17	siebzehn	seventeen
18	achtzehn	eighteen
19	neunzehn	nineteen
20	zwanzig	twenty
21	einundzwanzig	twenty-one
22	zweiundzwanzig	twenty-two
30	dreißig	thirty
31	einunddreißig	thirty-one
40	vierzig	forty
41	einundvierzig	forty-one
50	fünfzig	fifty
51	einundfünfzig	fifty-one
60	sechzig	sixty
61	einundsechzig	sixty-one
70	siebzig	seventy
71	einundsiebzig	seventy-one
80	achtzig	eighty
90	neunzig	ninety
100	(ein)hundert	a (*od.* one) hundred
101	hundert(und)eins	hundred and one
200	zweihundert	two hundred
572	fünfhundert(und)-zweiundsiebzig	five hundred and seventy-two
1,000*)	(ein)tausend	a (*od.* one) thousand
2,000*)	zweitausend	two thousand
1,000,000*)	eine Million	a (*od.* one) million
2,000,000*)	zwei Millionen	two million

2. ORDNUNGSZAHLEN

2. ORDINAL NUMBERS

1. erste	**1st**	first
2. zweite	**2(n)d**	second
3. dritte	**3(r)d**	third
4. vierte	**4th**	fourth
5. fünfte	**5th**	fifth
6. sechste	**6th**	sixth
7. siebente	**7th**	seventh
8. achte	**8th**	eighth
9. neunte	**9th**	ninth
10. zehnte	**10th**	tenth
11. elfte	**11th**	eleventh
12. zwölfte	**12th**	twelfth
13. dreizehnte	**13th**	thirteenth
14. vierzehnte	**14th**	fourteenth
15. fünfzehnte	**15th**	fifteenth
16. sechzehnte	**16th**	sixteenth
17. siebzehnte	**17th**	seventeenth
18. achtzehnte	**18th**	eighteenth
19. neunzehnte	**19th**	nineteenth
20. zwanzigste	**20th**	twentieth
21. einundzwanzigste	**21st**	twenty-first
22. zweiundzwanzigste	**22(n)d**	twenty-second
23. dreiundzwanzigste	**23(r)d**	twenty-third
30. dreißigste	**30th**	thirtieth
31. einunddreißigste	**31th**	thirty-first
40. vierzigste	**40th**	fortieth
41. einundvierzigste	**41st**	forty-first
50. fünfzigste	**50th**	fiftieth
51. einundfünfzigste	**51st**	fifty-first
60. sechzigste	**60th**	sixtieth
61. einundsechzigste	**61st**	sixty-first
70. siebzigste	**70th**	seventieth
71. einundsiebzigste	**71st**	seventy-first
80. achtzigste	**80th**	eightieth
81. einundachtzigste	**81st**	eighty-first
90. neunzigste	**90th**	ninetieth
100. (ein)hundertste	**100th**	(one) hundredth
101. hundertunderste	**101st**	hundred and first
200. zweihundertste	**200th**	two hundredth
300. dreihundertste	**300th**	three hundredth
572. fünfhundert(und)-zweiundsiebzigste	**572(n)d**	five hundred and seventy-second
1 000. (ein)tausendste	**1,000th**	(one) thousandth
2 000. zweitausendste	**2,000th**	two thousandth
1 000 000. (ein)millionste	**1,000,000th**	(one) millionth
2 000 000. zweimillionste	**2,000,000th**	two millionth

***)** Deutsche Schreibweise mit Zwischenraum oder Punkt statt des Kommas: *1 000* oder *1.000.*

***)** In German the comma is replaced by a space or a full point: *1 000* or *1.000.*

3. BRUCHZAHLEN

3. FRACTIONAL NUMBERS

$^1/_2$	ein halb	one (*od.* a) half
$1^1/_2$	anderthalb	one and a half
$^1/_2$ km	ein halber Kilometer	half a km
$^1/_3$	ein Drittel	one (*od.* a) third
$^2/_3$	zwei Drittel	two thirds
$^1/_4$	ein Viertel	one (*od.* a) fourth one (*od.* a) quarter
$^3/_4$	drei Viertel	three fourths three quarters
$2^1/_4$ Std.	zwei und eine viertel Stunde	two hours and a quarter
$^1/_5$	ein Fünftel	one (*od.* a) fifth
$^1/_6$	ein Sechstel	one (*od.* a) sixth
$3^4/_5$	drei vier Fünftel	three and four fifths
.4	null Komma vier (0,4)	point four
2.5	zwei Komma fünf (2,5)	two point five

Bei Dezimalzahlen steht im Deutschen ein Komma: *10,41 m*, im Englischen ein Punkt. Das britische Englisch zentriert den Punkt: *10·41 m*, das amerikanische Englisch läßt ihn auf der Zeile: *10.41 m*.

4. ANDERE ZAHLENWERTE

4. OTHER NUMERICAL VALUES

einfach	single
zweifach	double
dreifach	threefold, treble, triple
vierfach	fourfold, quadruple
fünffach *etc*	fivefold *etc*
einmal	once
zweimal	twice
dreimal	three times
viermal	four times
fünfmal *etc*	five times *etc*
zweimal soviel(e)	twice as much (*od.* many)
noch einmal	once more
erstens	firstly, in the first place
zweitens	secondly, in the second place
drittens *etc*	thirdly, in the third place *etc*

In German a comma is used instead of a decimal point: *10,41 m*. In British English the decimal point is centred: *10·41 m*, in American English it is not: *10.41 m*.

VIII. DEUTSCHE KORREKTURZEICHEN
VIII. GERMAN PROOFREADER'S MARKS

Zeichen am Rand *Marginal Mark*	Zeichen im Text *Mark in the text*	Ausgeführte Korrektur *Correction made*	Erklärung *Explanation*
___ halbfett └___ kursiv ~~~~	Erklärungen in deutscher und englischer Sprache	**Erklärungen** in *deutscher* und *englischer* Sprache	*Bold(face) type* — Halbfett *Italic type* — Kursiv
/h	Das 20. Jahr/undert	Das 20. Jahrhundert	*Damaged letter* — Beschädigter Buchstabe
/t ┌b	Überse/zer und Fachmitar┌eiter	Übersetzer und Fachmitarbeiter	*Wrong fo(u)nt* — Falsche Type (Zwiebelfisch)
/h ⊢ und └d ⅂r	Falsc/e Buchstaben ⊢mit⊣ Wörter, verkehrt o└er que ⅂ stehende Buchstaben	Falsche Buchstaben und Wörter, verkehrt oder quer stehende Buchstaben	*Wrong types and words* — Falsche Buchstaben und Wörter *Invert type, reverse* — Verkehrt oder quer stehender Buchstabe
⊓ ff	Affe	Affe	*Ligature* — Ligatur
⊓ o/e	Phœnix	Phoenix	*Substitute separate letters for ligature or diphthong* — Keine Ligatur
┌ ₰ / st	Ich habe ihn ge┌ /ern getroffen.	Ich habe ihn ge- stern getroffen.	*Wrong syllabification* — Falsche Silbentrennung
⊢₰ /₰	sehr ⊢sehr⊣ viel/ Arbeit	sehr viel Arbeit	*Delete* — Buchstaben oder Wörter tilgen
└₰ ◌	gleich└bleiben	gleichbleiben	*Delete and close up* — Tilgen und anschließen
└₰ Z	hoch└spielen	hoch spielen	*Delete and add space* — Tilgen und getrennt schreiben
/ti ┌ der	wich/ge Ausdrücke ┌ Umgangssprache	wichtige Ausdrücke der Umgangssprache	*Caret, insert matter indicated in margin* — Auslassung
┌s. Ms. S. 7	... wurde in┌und ging später nach Amerika.	... wurde in England gebo- ren und ging später nach Amerika.	*Insert omitted portion of copy* — Nach Manuskript zu ergänzende Auslassung
⊢ ⊠ ⊢└ ⊠	Chemie, ⊢Musik⊣, Ma- thematik s. S. ⊢└	Chemie, ■■■, Ma- thematik s. S. ■■	*Refer to appropriate authority anything the accuracy or suitability of which is doubted* — Fragliche Textstelle. Manuskript prüfen; wenn nötig, Rückfrage beim Verfasser.

Zeichen am Rand *Marginal Mark*	Zeichen im Text *Mark in the text*	Ausgeführte Korrektur *Correction made*	Erklärung *Explanation*
⊢ 1943	Er wurde im Jahre ⊢~~1349~~⊣geboren.	Er wurde im Jahre 1943 geboren.	
⊓⊔	Er⊓im⊔wurde⊣Jahre 1943 geboren.	Er wurde im Jahre 1943 geboren.	*Transpose words or letters indicated* — Umstellen
1–4	1 4 3 2 Er Jahre im wurde 1943 geboren.	Er wurde im Jahre 1943 geboren.	
— sperren	eine wesentliche Frage	eine w e s e n t l i c h e Frage	*Add space between letters* — Sperren
⌊ nicht sperren	das ist ⌊k e i n Problem	das ist kein Problem	*Reduce space between letters* — Nicht sperren
Z	heute undmorgen	heute und morgen	*Insert space* — Fehlender Wortzwischenraum
⁀‿	heu te und morgen		*No space* — Kein Wortzwischenraum
⊤	heute ⊤ und morgen		*Less space* — Weniger Wortzwischenraum
#	England und Amerika	England und Amerika	*Push down space to avoid printing* — Spieße (hochgekommener Durchschuß oder Ausschluß)
═	dr^{u}$_{n}$t^{e}r und drüber	drunter und drüber	*Straighten line* — Nicht Linie haltende Stelle
) — (—	Der deutsch-englische Teil dieses Wörterbuchs um- faßt über 200 000 Stich- wörter.	Der deutsch-englische Teil dieses Wörterbuchs um- faßt über 200 000 Stich- wörter.	*Insert lead* — Fehlender Durchschuß *Reduce space between lines* — Zu großer Durchschuß
⌐	... fast 25% mehr Text geboten als beim ersten Teil.⌐Bei der Auswahl der deutschen Stichwörter ...	... fast 25% mehr Text geboten als beim ersten Teil. Bei der Auswahl der deutschen Stichwörter ...	*Start new paragraph* — Neuer Absatz
∼	... ein bedeutender Politiker.) (Er wurde im Jahre ...	... ein bedeutender Politiker. Er wurde im Jahre ...	*No new paragraph here* — Wegfall eines Absatzes
⊢	Abenteuer Abenteuerbuch abenteuerdurstig ⊢Abenteuerer Abenteuerfilm	Abenteuer Abenteuerbuch abenteuerdurstig Abenteuerer Abenteuerfilm	*No indent* — Kein Einzug
⊏	Abenteuer ⊏~buch	Abenteuer ~buch	*Indent (1 em)* — (1 Geviert) Einzug
⊢ ~~auf~~	⊢~~in~~⊣derselben Straße	in derselben Straße	*Leave as printed* — Rückgängigmachen von fälschlich Korrigiertem

IX. UNREGELMÄSSIGE VERBEN
IX. IRREGULAR VERBS

In dieser Übersicht sind folgende Formen der unregelmäßigen Verben erfaßt:

Infinitiv,
1., 2., 3. Person Singular Präsens,
1., 3. Person Singular Präteritum,
Partizip Perfekt,
Singular Imperativ.

Weniger gebräuchliche Formen stehen in Klammern. Das Zeichen * verweist auf das betreffende Stichwort im Wörterverzeichnis, wo sich nähere Angaben zum Gebrauch der Formen finden.

Exponenten zeigen an, daß die angegebenen Formen nur für das Stichwort mit dem gleichen Exponenten im Wörterverzeichnis gelten.

Ableitungen von Verben (z. B. „empfinden") und zusammengesetzte Verben (z. B. „zurückgeben") sind unter dem Grundverb (z. B. „finden", „geben") nachzuschlagen.

The following grammatical forms of the irregular verbs are included in the list below:

infinitive,
1st, 2nd, 3rd sg present,
1st, 3rd sg past,
past participle,
sg imperative.

Forms not in general use are given in brackets. An asterisk (*) refers to the entry word in the dictionary where more detailed information about the use of the forms is given.

Superscription has been used to indicate that the forms listed here refer only to the entry word with the same superscript.

For derived verbs (e.g. "empfinden") and compound verbs (e.g. "zurückgeben") look up the base verbs (e.g. "finden", "geben").

Infinitiv **Infinitive**	**Präsens (1./2./3. Pers. Sg.)** **Present (1st, 2nd, 3rd sg)**	**Präteritum** **Past**	**Partizip Perfekt** **Past Participle**	**Imperativ** **Imperative**
backen[1]	backe/bäckst (backst)/bäckt (backt)	backte (buk)	gebacken [h]	back(e)!
befehlen	befehle/befiehlst/befiehlt	befahl	befohlen [h]	befiehl!
beginnen	beginne/beginnst/beginnt	begann	begonnen [h]	beginn(e)!
beißen	beiße/beißt/beißt	biß	gebissen [h]	beiß(e)!
bergen	berge/birgst/birgt	barg	geborgen [h]	birg!
bersten	berste/birst/birst	barst	geborsten [sein]	(birst!)
bewegen[2]	bewege/bewegst/bewegt	bewog	bewogen [h]	beweg(e)!
biegen	biege/biegst/biegt	bog	gebogen [h, *v/i* sein]	bieg(e)!
bieten	biete/bietest/bietet	bot	geboten [h]	biet(e)!
binden	binde/bindest/bindet	band	gebunden [h]	bind(e)!
bitten	bitte/bittest/bittet	bat	gebeten [h]	bitt(e)!
blasen	blase/bläst/bläst	blies	geblasen [h]	blas(e)!
bleiben	bleibe/bleibst/bleibt	blieb	geblieben [sein]	bleib(e)!
braten	brate/brätst/brät	briet	gebraten [h]	brat(e)!
brechen[1]*	breche/brichst/bricht	brach	gebrochen [h *u.* sein]	brich!
brennen	brenne/brennst/brennt	brannte	gebrannt [h]	brenn(e)!
bringen	bringe/bringst/bringt	brachte	gebracht [h]	bring(e)!
denken	denke/denkst/denkt	dachte	gedacht [h]	denk(e)!
dingen	dinge/dingst/dingt	dingte (dang)	gedungen (gedingt) [h]	ding(e)!
dreschen	dresche/drischst/drischt	drosch	gedroschen [h]	drisch!
dringen*	dringe/dringst/dringt	drang	gedrungen [h *u.* sein]	dring(e)!
dünken	dünkt (deucht)	dünkte (deuchte)	gedünkt (gedeucht) [h]	—
dürfen*	darf/darfst/darf	durfte	dürfen, gedurft [h]	—
empfehlen	empfehle/empfiehlst/empfiehlt	empfahl	empfohlen [h]	empfiehl!
essen	esse/ißt/ißt	aß	gegessen [h]	iß!
fahren*	fahre/fährst/fährt	fuhr	gefahren [sein *u.* h]	fahr(e)!
fallen	falle/fällst/fällt	fiel	gefallen [sein]	fall(e)!
fangen	fange/fängst/fängt	fing	gefangen [h]	fang(e)!
fechten	fechte/fich(t)st/ficht	focht	gefochten [h]	ficht!
finden	finde/findest/findet	fand	gefunden [h]	find(e)!
flechten	flechte/flich(t)st/flicht	flocht	geflochten [h]	flicht!
fliegen*	fliege/fliegst/fliegst	flog	geflogen [sein *u.* h]	flieg(e)!
fliehen*	fliehe/fliehst/flieht	floh	geflohen [sein *u.* h]	flieh(e)!
fließen	fließe/fließt/fließt	floß	geflossen [sein]	fließ(e)!
fragen	frage/fragst (frägst)/fragt (frägt)	fragte (frug)	gefragt [h]	frag(e)!

Infinitiv Infinitive	Präsens (1./2./3. Pers. Sg.) Present (1st, 2nd, 3rd sg)	Präteritum Past	Partizip Perfekt Past Participle	Imperativ Imperative
fressen	fresse/frißt/frißt	fraß	gefressen [h]	friß!
frieren*	friere/frierst/friert	fror	gefroren [h *u.* sein]	frier(e)!
gären*	gäre/gärst/gärt	gor (gärte)	gegoren (gegärt) [h *u.* sein]	(gär[e]!)
gebären*	gebäre/gebärst (gebierst)/gebärt (gebiert)	gebar	geboren [h]	(gebär[e]! gebier!)
geben	gebe/gibst/gibt	gab	gegeben [h]	gib!
gedeihen	gedeihe/gedeihst/gedeiht	gedieh	gediehen [sein]	gedeih(e)!
gehen	gehe/gehst/geht	ging	gegangen [sein]	geh(e)!
gelingen	gelingt	gelang	gelungen [sein]	(geling[e]!)
gelten	gelte/giltst/gilt	galt	gegolten [h]	(gilt!)
genesen	genese/genest/genest	genas	genesen [sein]	genese!
genießen	genieße/genießt/genießt	genoß	genossen [h]	genieß(e)!
geschehen[1]	geschieht	geschah	geschehen [sein]	—
gewinnen	gewinne/gewinnst/gewinnt	gewann	gewonnen [h]	gewinn(e)!
gießen	gieße/gießt/gießt	goß	gegossen [h]	gieß(e)!
gleichen	gleiche/gleichst/gleicht	glich	geglichen [h]	gleich(e)!
gleiten	gleite/gleitest/gleitet	glitt (gleitete)	geglitten (gegleitet) [sein]	gleit(e)!
glimmen	glimme/glimmst/glimmt	glomm, glimmte	geglommen, geglimmt [h]	(glimm[e]!)
graben	grabe/gräbst/gräbt	grub	gegraben [h]	grab(e)!
greifen	greife/greifst/greift	griff	gegriffen [h]	greif(e)!
haben	habe/hast/hat	hatte	gehabt [h]	hab(e)!
hangen	hange/hangst/hangt	hing	gehangen [h]	—
hängen *v/i**	hänge/hängst/hängt	hing (hängte)	gehangen (gehängt) [h (sein)]	häng(e)!
hängen *v/t**	hänge/hängst/hängt	hängte (hing)	gehängt (gehangen) [h]	häng(e)!
hauen *v/t*	haue/haust/haut	haute (hieb)	gehauen [h]	hau(e)!
hauen *v/i*	haue/haust/haut	hieb (haute)	gehauen [h]	hau(e)!
heben	hebe/hebst/hebt	hob (hub)	gehoben [h]	heb(e)!
heißen[1]*	heiße/heißt/heißt	hieß	geheißen (gehießen) [h]	heiß(e)!
helfen	helfe/hilfst/hilft	half	geholfen [h]	hilf!
kennen	kenne/kennst/kennt	kannte	gekannt [h]	kenn(e)!
klimmen	klimme/klimmst/klimmt	klomm, klimmte	geklommen, geklimmt [sein]	klimm(e)!
klingen	klinge/klingst/klingt	klang	geklungen [h]	kling(e)!
kneifen	kneife/kneifst/kneift	kniff	gekniffen [h]	kneif(e)!
kommen	komme/kommst/kommt	kam	gekommen [sein]	komm(e)!
können[1]*	kann/kannst/kann	konnte	können, gekonnt [h]	—
kreischen*	kreische/kreischst/kreischt	kreischte (krisch)	gekreischt (gekrischen) [h]	kreisch(e)!
küren	küre/kürst/kürt	kürte (kor)	gekürt (gekoren) [h]	kür(e)!
laden*	lade/lädst (ladest)/lädt (ladet)	lud	geladen [h]	lad(e)!
lassen*	lasse/läßt/läßt	ließ	lassen, gelassen [h]	lasse! laß!
laufen*	laufe/läufst/läuft	lief	gelaufen [h *u.* sein]	lauf(e)!
leiden	leide/leidest/leidet	litt	gelitten [h]	leid(e)!
leihen	leihe/leihst/leiht	lieh	geliehen [h]	leih(e)!
lesen	lese/liest/liest	las	gelesen [h]	lies!
liegen	liege/liegst/liegt	lag	gelegen [h *u.* sein]	lieg(e)!
lügen	lüge/lügst/lügt	log	gelogen [h]	lüg(e)!
mahlen	mahle/mahlst/mahlt	mahlte	gemahlen [h]	mahl(e)!
meiden	meide/meidest/meidet	mied	gemieden [h]	meid(e)!
melken	melke/melkst, milkst/melkt, milkt	melkte, molk	gemolken, gemelkt [h]	melk(e)! (milk!)
messen	messe/mißt/mißt	maß	gemessen [h]	miß!
mißlingen	mißlingt	mißlang	mißlungen [sein]	—
mögen*	mag/magst/mag	mochte	mögen, gemocht [h]	—
müssen*	muß/mußt/muß	mußte	müssen, gemußt [h]	—
nehmen	nehme/nimmst/nimmt	nahm	genommen [h]	nimm!
nennen	nenne/nennst/nennt	nannte	genannt [h]	nenn(e)!
pfeifen	pfeife/pfeifst/pfeift	pfiff	gepfiffen [h]	pfeif(e)!
pflegen III*	pflege/pflegst/pflegt	pflog	gepflogen [h]	pfleg(e)!
preisen	preise/preist/preist	pries	gepriesen [h]	preis(e)!
quellen I	quelle/quillst/quillt	quoll	gequollen [sein]	(quill!)
raten	rate/rätst/rät	riet	geraten [h]	rat(e)!

Infinitiv **Infinitive**	**Präsens (1./2./3. Pers. Sg.)** **Present (1st, 2nd, 3rd sg)**	**Präteritum** **Past**	**Partizip Perfekt** **Past Participle**	**Imperativ** **Imperative**
reiben	reibe/reibst/reibt	rieb	gerieben [h]	reib(e)!
reißen*	reiße/reißt/reißt	riß	gerissen [h *u.* sein]	reiß(e)!
reiten	reite/reitest/reitet	ritt	geritten [sein *u.* h]	reit(e)!
rennen	renne/rennst/rennt	rannte (rennte)	gerannt [sein *u.* h]	renn(e)!
riechen	rieche/riechst/riecht	roch	gerochen [h]	riech(e)!
ringen	ringe/ringst/ringt	rang	gerungen [h]	ring(e)!
rinnen	rinne/rinnst/rinnt	rann	geronnen [sein]	rinn(e)!
rufen	rufe/rufst/ruft	rief	gerufen [h]	ruf(e)!
salzen	salze/salzt/salzt	salzte	gesalzen (gesalzt) [h]	salz(e)!
saufen	saufe/säufst/säuft	soff	gesoffen [h]	sauf(e)!
saugen*	sauge/saugst/saugt	sog, saugte	gesogen, gesaugt [h]	saug(e)!
schaffen[1]	schaffe/schaffst/schafft	schuf	geschaffen [h]	schaff(e)!
schallen	schalle/schallst/schallt	schallte (scholl)	geschallt [h]	schall(e)!
scheiden	scheide/scheidest/scheidet	schied	geschieden [h *u.* sein]	scheid(e)!
scheinen	scheine/scheinst/scheint	schien	geschienen [h]	schein(e)!
scheißen	scheiße/scheißt/scheißt	schiß	geschissen [h]	scheiß(e)!
schelten	schelte/schiltst/schilt	schalt	gescholten [h]	schilt!
scheren[1]	schere/scherst/schert	schor (scherte)	geschoren (geschert) [h]	scher(e)!
schieben	schiebe/schiebst/schiebt	schob	geschoben [h]	schieb(e)!
schießen*	schieße/schießt/schießt	schoß	geschossen [h *u.* sein]	schieß(e)!
schinden	schinde/schindest/schindet	schindete	geschunden [h]	schind(e)!
schlafen	schlafe/schläfst/schläft	schlief	geschlafen [h]	schlaf(e)!
schlagen*	schlage/schlägst/schlägt	schlug	geschlagen [h *u.* sein]	schlag(e)!
schleichen*	schleiche/schleichst/schleicht	schlich	geschlichen [sein *u.* h]	schleich(e)!
schleifen[1]	schleife/schleifst/schleift	schliff	geschliffen [h]	schleif(e)!
schließen	schließe/schließt/schließt	schloß	geschlossen [h]	schließ(e)!
schlingen	schlinge/schlingst/schlingt	schlang	geschlungen [h]	schling(e)!
schmeißen	schmeiße/schmeißt/schmeißt	schmiß	geschmissen [h]	schmeiß(e)!
schmelzen	schmelze/schmilzt/schmilzt (schmelzt)	schmolz	geschmolzen [h *u.* sein]	schmilz!
schnauben*	schnaube/schnaubst/schnaubt	schnaubte (schnob)	geschnaubt (geschnoben) [h]	schnaub(e)!
schneiden	schneide/schneidest/schneidet	schnitt	geschnitten [h]	schneid(e)!
schreiben	schreibe/schreibst/schreibt	schrieb	geschrieben [h]	schreib(e)!
schreien	schreie/schreist/schreit	schrie	geschrie(e)n [h]	schrei(e)!
schreiten	schreite/schreitest/schreitet	schritt	geschritten [sein]	schreit(e)!
schweigen	schweige/schweigst/schweigt	schwieg	geschwiegen [h]	schweig(e)!
schwellen *v/i* **I**	schwelle/schwillst/schwillt	schwoll	geschwollen [sein]	(schwill!)
schwimmen*	schwimme/schwimmst/schwimmt	schwamm	geschwommen [sein *u.* h]	schwimm(e)!
schwinden	schwinde/schwindest/schwindet	schwand	geschwunden [sein]	schwind(e)!
schwingen	schwinge/schwingst/schwingt	schwang	geschwungen [h]	schwing(e)!
schwören	schwöre/schwörst/schwört	schwor (schwur)	geschworen [h]	schwör(e)!
sehen	sehe/siehst/sieht	sah	gesehen [h]	sieh(e)!
sein[1]	bin/bist/ist/wir sind/ihr seid/sie sind	war	gewesen [sein]	sei!
senden[1]	sende/sendest/sendet	sandte (sendete)	gesandt (gesendet) [h]	send(e)!
sieden	siede/siedest/siedet	sott, siedete	gesotten, gesiedet [h]	(sied[e]!)
singen	singe/singst/singt	sang	gesungen [h]	sing(e)!
sinken	sinke/sinkst/sinkt	sank	gesunken [sein]	sink(e)!
sinnen	sinne/sinnst/sinnt	sann	gesonnen [h]	sinn(e)!
sitzen	sitze/sitzt/sitzt	saß	gesessen [h *u.* sein]	sitz(e)!
sollen[1] *	soll/sollst/soll	sollte	sollen, gesollt [h]	—
spalten	spalte/spaltest/spaltet	spaltete	gespaltet, gespalten [h]	spalt(e)!
speien	speie/speist/speit	spie	gespie(e)n [h]	spei(e)!
spinnen	spinne/spinnst/spinnt	spann	gesponnen [h]	spinn(e)!
spleißen	spleiße/spleißt/spleißt	spliß	gesplissen [h]	spleiß(e)!
sprechen	spreche/sprichst/spricht	sprach	gesprochen [h]	sprich!
sprießen	sprieße/sprießt/sprießt	sproß	gesprossen [sein]	(sprieß[e]!)
springen*	springe/springst/springt	sprang	gesprungen [sein *u.* h]	spring(e)!
stechen*	steche/stichst/sticht	stach	gestochen [h *u.* sein]	stich!
stecken *v/i**	stecke/steckst/steckt	steckte (stak)	gesteckt [h]	steck(e)!
stehen*	stehe/stehst/steht	stand	gestanden [h *u.* sein]	steh(e)!

Infinitiv Infinitive	Präsens (1./2./3. Pers. Sg.) Present (1st, 2nd, 3rd sg)	Präteritum Past	Partizip Perfekt Past Participle	Imperativ Imperative
stehlen	stehle/stiehlst/stiehlt	stahl	gestohlen [h]	stiehl!
steigen	steige/steigst/steigt	stieg	gestiegen [sein]	steig(e)!
sterben	sterbe/stirbst/stirbt	starb	gestorben [sein]	stirb!
stieben*	stiebe/stiebst/stiebt	stob (stiebte)	gestoben (gestiebt) [sein *u.* h]	(stieb[e]!)
stinken	stinke/stinkst/stinkt	stank	gestunken [h]	stink(e)!
stoßen*	stoße/stößt/stößt	stieß	gestoßen [h *u.* sein]	stoß(e)!
streichen*	streiche/streichst/streicht	strich	gestrichen [h *u.* sein]	streich(e)!
streiten	streite/streitest/streitet	stritt	gestritten [h]	streit(e)!
tragen	trage/trägst/trägt	trug	getragen [h]	trag(e)!
treffen	treffe/triffst/trifft	traf	getroffen [h]	triff!
treiben*	treibe/treibst/treibt	trieb	getrieben [h *u.* sein]	treib(e)!
treten*	trete/trittst/tritt	trat	getreten [h *u.* sein]	tritt!
triefen*	triefe/triefst/trieft	triefte (troff)	getrieft (getroffen) [h *u.* sein]	trief(e)!
trinken	trinke/trinkst/trinkt	trank	getrunken [h]	trink(e)!
trügen	trüge/trügst/trügt	trog	getrogen [h]	trüg(e)!
tun	tue/tust/tut	tat	getan [h]	tu(e)!
verderben*	verderbe/verdirbst/verdirbt	verdarb	verdorben [h *u.* sein]	verdirb!
verdrießen	verdrießt	verdroß	verdrossen [h]	verdrieß(e)!
vergessen	vergesse/vergißt/vergißt	vergaß	vergessen [h]	vergiß!
verlieren	verliere/verlierst/verliert	verlor	verloren [h]	verlier(e)!
wachsen[1]	wachse/wächst/wächst	wuchs	gewachsen [sein]	wachs(e)!
wägen	wäge/wägst/wägt	wog (wägte)	gewogen (gewägt) [h]	wäg(e)!
waschen	wasche/wäschst/wäscht	wusch	gewaschen [h]	wasch(e)!
weben*	webe/webst/webt	webte (wob)	gewebt (gewoben) [h]	web(e)!
weichen[1]	weiche/weichst/weicht	wich	gewichen [sein]	weich(e)!
weisen	weise/weist/weist	wies	gewiesen [h]	weis(e)!
wenden*	wende/wendest/wendet	wendete, wandte	gewendet, gewandt [h]	wend(e)!
werben	werbe/wirbst/wirbt	warb	geworben [h]	wirb!
werden*	werde/wirst/wird	wurde (ward)	worden, geworden [sein]	werd(e)!
werfen	werfe/wirfst/wirft	warf	geworfen [h]	wirf!
wiegen[1]	wiege/wiegst/wiegt	wog	gewogen [h]	wieg(e)!
winden[1]	winde/windest/windet	wand	gewunden [h]	wind(e)!
winken*	winke/winkst/winkt	winkte	gewinkt (gewunken) [h]	wink(e)!
wissen	weiß/weißt/weiß	wußte	gewußt [h]	wisse!
wollen[1] *	will/willst/will	wollte	wollen, gewollt [h]	(wolle!)
wringen	wringe/wringst/wringt	wrang	gewrungen [h]	wring(e)!
zeihen	zeihe/zeihst/zeiht	zieh	geziehen [h]	zeih(e)!
ziehen*	ziehe/ziehst/zieht	zog	gezogen [h *u.* sein]	zieh(e)!
zwingen	zwinge/zwingst/zwingt	zwang	gezwungen [h]	zwing(e)!

X. MATHEMATISCHE SYMBOLE

X. MATHEMATICAL SYMBOLS

Symbol	*Bedeutung*	*Anwendung*	*englische Lesart*	*deutsche Lesart*
+	a) **plus sign** Pluszeichen	8 + 7 = 15	8 and (*od.* plus) 7 are (*od.* make) 15	8 und (*od.* plus) 7 ist 15
	b) **positive sign** positives Vorzeichen	+3	plus 3	plus 3
—	a) **minus sign** Minuszeichen	7 — 3 = 4	7 less (*od.* minus) 3 are (*od.* leaves *od.* make) 4	7 weniger (*od.* minus) 3 ist 4
	b) **negative sign** negatives Vorzeichen	—8	minus 8	minus 8
±, ∓	a) **plus or minus** plus oder minus	5 ± 3 = 8 or 2	5 plus or minus 3 are 8 or 2	5 plus oder minus 3 ist 8 oder 2
	b) **positive or negative** positiv oder negativ	$\sqrt{9} = \pm 3$	the (square) root of 9 is plus or minus 3	(Quadrat)Wurzel aus 9 ist 3 *od.* plus/minus 3
×	**multiplication sign** Multiplikationszeichen	2 × 4 = 8 7 × 8 = 56	twice 4 are (*od.* make) 8 7 times 8 make 56	2 mal 4 ist 8 7 mal 8 ist 56
·	**multiplication dot** Multiplikationspunkt	7 · 8 = 56	7 (multiplied) by 8 is equal to 56 minus by minus gives plus	7 mal 8 ist *od.* gleich 56 minus mal minus gibt plus
÷, :,	**division sign** Divisionszeichen	12 ÷ 4 *od.* 12 : 4 *od.*	12 divided by 4 gives (*od.* make) 3	12 (geteilt) durch 4 ist (*od.* ergibt) 3
—, /	**fraction bar, slant** Bruchstrich, Schrägstrich	$\frac{12}{4}$ *od.* 12/4 = 3		
		$\frac{a+b+c}{d}$	a plus b plus c all over d	a plus b plus c langer (*od.* großer) Bruchstrich d
∻	**geometric proportion** geometrische Proportion	∻ x : a :: b : c (*dt.* x : a = b : c)	x is to a as b is to c	x (verhält sich) zu a wie b zu c
::	**as (in ratios)** wie (in Verhältnis-gleichungen)			
=	**sign of equality** Gleichheitszeichen	a = b	a equals (*od.* is equal to) b	a gleich b
∓, ≠, ≷	**sign of inequality** Ungleichheitszeichen	a ∓ (*od.* ≠ *od.* ≷) b	a is not equal to b	a ungleich b
>	**is greater than** ist größer als	a > b	a is greater than b	a (ist) größer als b
<	**is less than** ist kleiner als	b < a	b is less than a	b (ist) kleiner als a

Symbol	Bedeutung	Anwendung	englische Lesart	deutsche Lesart
$\ngtr$, $\leqq$, $\leq$	**is not greater than** *od.* **is equal to or less than** ist nicht größer als *od.* ist gleich oder kleiner als	a $\ngtr$ (*od.* $\leqq$ *od.* $\leq$) b	a is not greater than b *od.* a is equal to or less than b	a (ist) nicht größer als b *od.* a (ist) gleich b oder kleiner als b
$\nless$, $\geqq$, $\geq$	**is not less than** *od.* **is equal to or greater than** ist nicht kleiner als *od.* ist gleich oder größer als	b $\nless$ (*od.* $\geqq$ *od.* $\geq$) a	b is not less than a *od.* b is equal to or greater than a	b (ist) nicht kleiner als a *od.* b (ist) gleich a oder größer als a
$\approx$, $\simeq$, $\doteqdot$	**is approximately equal to** ist ungefähr gleich	a $\approx$ (*od.* $\simeq$ *od.* $\doteqdot$) b	a is approximately equal to b	a (ist) ungefähr gleich b
$\sim$	**the difference between** die Differenz zwischen	$x \sim y$	the difference between x and y (according as x or y is the greater)	die Differenz zwischen x und y (je nachdem ob x oder y größer ist)
∞	**sign of infinity** Zeichen für unendlich	$y = \infty$	y is indefinitely great	y gleich unendlich *od.* ist unendlich groß
!, $\lfloor$	**(the) factorial of** -Fakultät	4! (*od.* $\lfloor 4$) = 24	(the) factorial (of) 4 is equal to 24	4-Fakultät ist *od.* gleich 24
$\ldots^n$	**exponent** Exponent	x^n	the n-th power of x *od.* x (raised) to the n-th power	nte Potenz von x *od.* x hoch n
$\ldots^2$		$9 = 3^2$	9 are 3 squared	9 ist 3 hoch 2 *od.* 3 zur 2. (Potenz)
$\ldots^3$		$27 = 3^3$	27 are 3 cube(d)	27 ist 3 hoch 3 *od.* 3 zur 3. (Potenz)
$\ldots^4$		$2^4 = 16$	2 (raised) to the 4th power makes 16	2 hoch 4 ist 16
$\ldots^0$		n^0	the zero power of n *od.* n to the zero power	nullte Potenz von n *od.* n hoch Null
$\sqrt{\ }$	**radical sign** Wurzelzeichen	$\sqrt{9} = 3$	the (square) root of 9 is 3	(Quadrat)Wurzel aus 9 ist 3
$\sqrt[n]{\ }$	**index n** Index n	$\sqrt[n]{x}$ $\sqrt[3]{27} = 3$	the n-th root of x the cube (*od.* cubic) root of 27 is 3	nte Wurzel aus x Kubikwurzel (*od.* dritte Wurzel) aus 27 ist 3
(...)	**parentheses** (*od.* **round** *od.* **curved brackets)** runde Klammern	(... ...)	brackets open, brackets closed	Klammer auf, Klammer zu
[...]	**(square) brackets** eckige Klammern	[... ...]	square brackets open, square brackets closed	eckige Klammer auf, eckige Klammer zu
{...}	**braces** geschweifte Klammern	{... ...}	braces open, braces closed	geschweifte Klammer auf, geschweifte Klammer zu
f, F	**(a) function (of)** Funktion (von)	f (x)	a function of x	Funktion von x

Symbol	*Bedeutung*	*Anwendung*	*englische Lesart*	*deutsche Lesart*
…′	a) **prime** Strich b) **foot** *od.* **feet** Fuß	x′ 10′	x prime 10 feet	x Strich 10 Fuß
…″	a) **double** (*od.* **two** *od.* **second) prime** zwei Strich *od.* zweigestrichen b) **inch(es)** Zoll	x″ 4″	x double (*od.* two *od.* second) prime 4 inches	x zwei Strich *od.* zweigestrichen 4 Zoll
…‴	**triple** (*od.* **three** *od.* **third) prime** drei Strich *od.* dreigestrichen	x‴	x triple (*od.* three *od.* third) prime	x drei Strich *od.* dreigestrichen
…*	**star** Stern	x*	x star	x Stern
$\ldots_1$ $\ldots_2$ $\ldots_3$	**sub one** eins **sub two** zwei **sub three** drei	x_1 x_2 x_3	x sub one x sub two x sub three	x eins x zwei x drei
$\propto$	**varies (directly) as** *od.* **is directly proportional to** ist direkt proportional zu	$y \propto x$	y varies (directly) *od.* y is directly proportional to x	y ist direkt proportional zu x
$\to$	**approaches the limit** nähert sich dem Grenzwert	$x \to a$	x approaches the limit a	x nähert sich dem Grenzwert a *od.* x gegen a
∠, *pl* ∠s	**angle(s)** Winkel	∠ ABC	(the) angle ABC	Winkel ABC
∟	**right angle** rechter Winkel	∟ BCA	(the) right angle BCA	rechter Winkel BCA
$\triangle$, *pl* $\triangle$s	**triangle(s)** Dreieck(e)	$\triangle$ ABC	(the) triangle ABC	Dreieck ABC
▭	**rectangle** Rechteck	▭ ABCD	(the) rectangle ABCD	Rechteck ABCD
□	**square** Quadrat	□ ABCD	(the) square ABCD	Quadrat ABCD
▱	**parallelogram** Parallelogramm	▱ ABCD	(the) parallelogram ABCD	Parallelogramm ABCD
○, *pl* ⓢ	**circle(s), circumference** Kreis(e), Kreisumfang			
⌒	**arc (of a circle)** (Kreis)Bogen			
…°	**degree(s)** Grad	90°	90 degrees	90 Grad
…′	**minute(s) (of arc)** (Bogen)Minute(n)	45°10′	45 degrees and 10 minutes	45 Grad, 10 Minuten
…″	**second(s) (of arc)** (Bogen)Sekunde(n)	45°10′12″	45 degrees, 10 minutes, and 12 seconds	45 Grad, 10 Minuten, 12 Sekunden

Symbol	*Bedeutung*	*Anwendung*	*englische Lesart*	*deutsche Lesart*
⊥	**is perpendicular to** steht senkrecht auf	DE ⊥ FG	DE is perpendicular to FG	DE steht senkrecht auf FG
⊥, *pl* ⊥s	**the perpendicular(s) to** die Senkrechte(n) auf			
∥	**is parallel to**	AB ∥ CD	AB is parallel to CD	AB (ist) parallel zu CD
∥, ∥s	**the parallel(s) to** die Parallele(n) zu			
≅	**is congruent to** ist kongruent mit	△ ABC ≅ △ DEF	the triangle ABC is congruent to the triangle DEF	Dreieck ABC ist kongruent mit Dreieck DEF
∽, ∼	**is similar to** ist ähnlich	△ ABC ∼ △ BCD	the triangle ABC is similar to the triangle BCD	Dreieck ABC ist ähnlich (dem) Dreieck BCD